Prof. Dr. Ingo Saenger | Dr. Lutz Aderhold |
Dr. Karlheinz Lenkaitis | Dr. Gerhard Speckmann [Hrsg.]

Handels- und Gesellschaftsrecht

Praxishandbuch

Dr. Lutz Aderhold, Rechtsanwalt und Notar, Dortmund | **Dr. Alexander Bartz**, Rechtsanwalt, Düsseldorf | **Dr. Ralf Bergjan**, LL.M., Rechtsanwalt, München | **Dr. Rainer Bertram**, Rechtsanwalt, Düsseldorf | **Dr. Michael Boger**, Maître en droit, Rechtsanwalt, München | **Martin Brück von Oertzen**, Rechtsanwalt, Fachanwalt für Handels- und Gesellschaftsrecht, Hamm | **Dr. Tilman Coenen**, Rechtsanwalt, Hamm | **Dr. Jens-Peter Damas**, Rechtsanwalt, Fachanwalt für Steuerrecht, Düsseldorf | **Marc Dewald**, Rechtsanwalt, Fachanwalt für Handels- und Gesellschaftsrecht, Hamm | **Dr. Andreas Eickhoff**, Rechtsanwalt und Notar, Bochum | **Dr. Anna Gregoritza**, Rechtsanwältin, Düsseldorf | **Dr. Georg Greitemann**, LL.M., Rechtsanwalt, München | **Dr. Christian Hoppe**, Rechtsanwalt, Dortmund | **Dr. Alexander Kessler**, LL.M., Rechtsanwalt, Düsseldorf | **Dr. Martin Klein**, Rechtsanwalt, Düsseldorf | **Dr. Gunther Lehleiter**, LL.M., Rechtsanwalt, Dortmund | **Dr. Karlheinz Lenkaitis**, Rechtsanwalt und Notar, Fachanwalt für Steuerrecht, Bochum | **Dr. Ulrich Müller**, Rechtsanwalt, Hamm | **Dr. Thomas Peschke**, Rechtsanwalt, Düsseldorf | **Dr. Thorsten Reinhard**, Rechtsanwalt, Berlin | **Dr. Oliver Rothe**, LL.M., Rechtsanwalt, Düsseldorf | **Prof. Dr. Ingo Saenger**, Westfälische Wilhelms-Universität, Münster | **Dr. Martin Schlüter**, Rechtsanwalt und Notar, Fachanwalt für Arbeitsrecht, Hamm | **Dr. Stephan Schmitz-Herscheidt**, Rechtsanwalt, Fachanwalt für Handels- und Gesellschaftsrecht, Hamm | **Dr. Gerhard Speckmann**, Rechtsanwalt, Fachanwalt für gewerblichen Rechtsschutz, Hamm | **Dr. Wolfram Theiss**, Rechtsanwalt, München | **Dr. Ingo Theusinger**, Rechtsanwalt, Düsseldorf | **Dr. Robert F. Thoma**, Notarassessor, Düsseldorf | **Dr. Alexander Ulrich**, Rechtsanwalt, Fachanwalt für Arbeitsrecht, Düsseldorf | **Dr. Marc Weßling**, Rechtsanwalt, Düsseldorf

Die Deutsche Nationalbibliothek verzeichnet diese Publikation in
der Deutschen Nationalbibliografie; detaillierte bibliografische Daten
sind im Internet über http://www.d-nb.de abrufbar.

ISBN 978-3-8329-2029-6

1. Auflage 2008
© Nomos Verlagsgesellschaft, Baden-Baden 2008. Printed in Germany. Alle Rechte, auch die des
Nachdrucks von Auszügen, der photomechanischen Wiedergabe und der Übersetzung, vorbehalten.

Vorwort

Umfassende Kenntnisse in handels- und gesellschaftsrechtlichen Fragen gehören seit jeher zu den Kernkompetenzen anwaltlicher Beratung. Die Einführung einer entsprechenden Fachanwaltschaft zum 1. Juli 2006 unterstreicht dies. Das vorliegende Buch bietet einen professionellen Einstieg in die Praxis des Handels- und Gesellschaftsrechts. Es soll aber auch dem erfahrenen Praktiker als Grundlage für die Bearbeitung einzelner Rechtsfragen und Gestaltungsmöglichkeiten dienen.

Wichtige Querbezüge vom Arbeitsrecht bis hin zum Bilanzrecht sind berücksichtigt. Das Werk ist als Vademecum für die tägliche Beratungspraxis angelegt. Berücksichtigung findet aber auch der Fächerkanon der Fachanwaltsausbildung. Ohne auf dem Niveau einer reinen Übersichtsdarstellung zu verharren, eignet sich das Werk gleichzeitig für die Vorbereitung zur Fachanwaltsausbildung.

Die Herausgeber verbindet eine mehrjährige gemeinsame akademische Arbeit in der universitären Schwerpunktbereichsausbildung an der Westfälischen Wilhelms-Universität Münster. Dort haben sie die Forschungsstelle Anwaltsrecht gegründet und bereits 2001 die Zusatzausbildung „Rechtsgestaltung und Streitbeilegung" ins Leben gerufen. Diese ist inzwischen zum festen Bestandteil praxisorientierter Schwerpunktbereichsausbildung geworden. In der Forschungsstelle Anwaltsrecht wurde auch die Idee geboren, langjährige berufliche Erfahrungen auf den Gebieten „Vertragsgestaltung im Wirtschaftsrecht" sowie „Verhandlungsstrategien und forensische Taktik" weiterzugeben und in ein an die Anwaltschaft gerichtetes Praxishandbuch einfließen zu lassen.

Diese Idee haben die weiteren Mitautoren, sämtlich Praktiker aus Anwaltschaft und Notariat mit einschlägiger beruflicher Erfahrung, aufgegriffen. Ziel war es dabei, praktische Schwerpunktsetzung mit Genauigkeit in der Einzeldarstellung zu verbinden und zugleich konkrete Formulierungsvorschläge und taktische Fragen zum richtigen Vorgehen zu benennen. Für die Zukunft sind Autoren und Verlag auf eine kritische Begleitung und Unterstützung durch die Benutzer des so entstandenen Praxishandbuchs angewiesen und deshalb für jeden Hinweis zur Verbesserung dankbar!

Münster/Dortmund/Bochum/Hamm,

im Oktober 2007

Ingo Saenger
Lutz Aderhold
Karlheinz Lenkaitis
Gerhard Speckmann

Zuschriften an die Herausgeber bitte an:
Prof. Dr. Ingo Saenger
Westfälische Wilhelms-Universität Münster
Institut für Internationales Wirtschaftsrecht
Universitätsstr. 14–16
48143 Münster
saenger@uni-muenster.de

Bearbeiterverzeichnis

Dr. *Lutz Aderhold*, Rechtsanwalt und Notar, Aderhold von Dalwigk Knüppel, Dortmund (Personengesellschaften: Offene Handelsgesellschaft)
Dr. *Alexander Bartz*, Rechtsanwalt, Kliemt & Vollstädt, Düsseldorf (Dienstvertragsrecht der GmbH)
Dr. *Ralf Bergjan*, LL.M., Rechtsanwalt, Pöllath + Partners, München (Unternehmens- und Beteiligungskauf [gemeinsam mit Greitemann])
Dr. *Rainer Bertram*, Rechtsanwalt, Streitbörger Speckmann, Düsseldorf (Kapitalgesellschaften: Genossenschaft)
Dr. *Michael Boger*, Maître en droit, Rechtsanwalt, Nörr Stiefenhofer Lutz, München (Unternehmensnachfolge [gemeinsam mit Theiss])
Martin Brück von Oertzen, Rechtsanwalt, Fachanwalt für Handels- und Gesellschaftsrecht, Wolter Hoppenberg, Hamm (Rechtsformwahl)
Dr. *Tilman Coenen*, Rechtsanwalt, Streitbörger Speckmann, Hamm (Kapitalgesellschaften: Gesellschaft mit beschränkter Haftung [gemeinsam mit Schmitz-Herscheidt])
Dr. *Jens-Peter Damas*, Rechtsanwalt, Fachanwalt für Steuerrecht, Hemmelrath & Partner, Düsseldorf (Bilanzrecht, Steuerrecht)
Marc Dewald, Rechtsanwalt, Fachanwalt für Handels- und Gesellschaftsrecht Wolter Hoppenberg, Hamm (Kapitalgesellschaften: Aktiengesellschaft)
Dr. *Andreas Eickhoff*, Rechtsanwalt und Notar, Aulinger, Bochum (Mittelbare Unternehmensbeteiligung: Unterbeteiligung, Treuhand, Nießbrauch)
Dr. *Anna Gregoritza*, Rechtsanwältin, Aderhold von Dalwigk Knüppel, Düsseldorf (GmbH & Co. KG)
Dr. *Georg Greitemann*, LL.M., Rechtsanwalt, Pöllath + Partners, München (Unternehmens- und Beteiligungskauf [gemeinsam mit Bergjan])
Dr. *Christian Hoppe*, Rechtsanwalt, Aderhold von Dalwigk Knüppel, Dortmund (Personengesellschaften: Gesellschaft bürgerlichen Rechts, Partnerschaftsgesellschaft)
Dr. *Alexander Kessler*, LL.M., Rechtsanwalt, Hengeler Mueller, Düsseldorf (Kapitalgesellschaften: Kommanditgesellschaft auf Aktien; Internationales Gesellschaftsrecht: Überblick über das Europäische Gesellschaftsrecht; Umwandlungsrecht: Verschmelzung)
Dr. *Martin Klein*, Rechtsanwalt, Freshfields Bruckhaus Deringer, Düsseldorf (Handelsgeschäfte: Handelskauf, allgemeine Vorschriften [gemeinsam mit Theusinger])
Dr. *Gunther Lehleiter*, LL.M., Rechtsanwalt, Aderhold von Dalwigk Knüppel, Dortmund (Personengesellschaften: Kommanditgesellschaft)
Dr. *Karlheinz Lenkaitis*, Rechtsanwalt und Notar, Fachanwalt für Steuerrecht, Aulinger, Bochum (Kapitalgesellschaften: Stiftung; Mittelbare Unternehmensbeteiligung: Stille Gesellschaft)
Dr. *Ulrich Müller*, Rechtsanwalt, Streitbörger Speckmann, Hamm (Recht des Handelsstandes: Handelsvertreter, Handelsmakler)
Dr. *Thomas Peschke*, Rechtsanwalt, KPMG Rechtsanwaltsgesellschaft Steuerberatungsgesellschaft, Düsseldorf (Internationales Gesellschaftsrecht: Scheinauslandsgesellschaften)
Dr. *Thorsten Reinhard*, Rechtsanwalt, Nörr Stiefenhofer Lutz, Berlin (Internationales Gesellschaftsrecht: Europäische Rechtsformen)
Dr. *Oliver Rothe*, LL.M., Rechtsanwalt, Nörr Stiefenhofer Lutz, Düsseldorf (Internationales Kaufrecht)
Prof. Dr. *Ingo Saenger*, Universitätsprofessor, Westfälische Wilhelms-Universität, Münster (Recht des Handelsstandes: Kaufleute, Handelsregister, Prokura und Handlungsvollmacht; Internationales Gesellschaftsrecht: IPR)
Dr. *Martin Schlüter*, Rechtsanwalt und Notar, Fachanwalt für Arbeitsrecht, Streitbörger Speckmann, Hamm (Mitbestimmungsrecht)

Dr. *Stephan Schmitz-Herscheidt*, Rechtsanwalt, Fachanwalt für Handels- und Gesellschaftsrecht, Streitbörger Speckmann, Hamm (Kapitalgesellschaften: Gesellschaft mit beschränkter Haftung [gemeinsam mit Coenen])

Dr. *Gerhard Speckmann*, Rechtsanwalt, Fachanwalt für gewerblichen Rechtsschutz, Streitbörger Speckmann, Hamm (Recht des Handelsstandes: Handelsfirma, Wettbewerbsverbote)

Dr. *Wolfram Theiss*, Rechtsanwalt, Nörr Stiefenhofer Lutz, München (Unternehmensnachfolge [gemeinsam mit Boger])

Dr. *Ingo Theusinger*, Rechtsanwalt, Freshfields Bruckhaus Deringer, Düsseldorf (Handelsgeschäfte: Kommissionsgeschäft, allgemeine Vorschriften [gemeinsam mit Klein])

Dr. *Robert F. Thoma*, Notarassessor, Düsseldorf (Umwandlungsrecht)

Dr. *Alexander Ulrich*, Rechtsanwalt und Abogado (Madrid), Fachanwalt für Arbeitsrecht, Kliemt & Vollstädt, Düsseldorf (Dienstvertragsrecht der AG)

Dr. *Marc Weßling*, Rechtsanwalt, Bird & Bird, Düsseldorf (Konzernrecht)

Inhaltsverzeichnis

Vorwort 5
Bearbeiterverzeichnis 7
Abkürzungsverzeichnis 13
Verzeichnis der abgekürzt zitierten Literatur 17

1. Teil: Handelsrecht 23

§ 1   Recht des Handelsstandes, §§ 1–104 HGB 23
        Einleitung 28
      A. Kaufleute, §§ 1–7 HGB 28
      B. Handelsregister, §§ 8–16 HGB 41
      C. Handelsfirma 59
      D. Handelsrechtliche Vollmachten, §§ 48–58 HGB 78
      E. Wettbewerbsverbote 92
      F. Der Handelsvertreter gem. § 84 HGB 126
      G. Der Handelsmakler (Versicherungsmakler) 187
§ 2   Handelsgeschäfte 199
        Einleitung 200
      A. Allgemeine Vorschriften 200
      B. Handelskauf 226
      C. Kommission 250
§ 3   Internationales Kaufrecht 267
        Einleitung 267
      A. UN-Kaufrecht 268
      B. Kaufrecht nach EGBGB 316
§ 4   Rechtsformwahl 323
      A. Einführung 323
      B. Die Gesellschaftsformen im Überblick 324
      C. Wesentliche Merkmale der Personengesellschaften 325
      D. Wesentliche Merkmale der Kapitalgesellschaften 331
      E. Europäische bzw ausländische Gesellschaften 333
      F. Die Wahl zwischen Personen- und Kapitalgesellschaften vor dem Hintergrund des Gesellschafts-, Steuer-, und Mitbestimmungsrechts 336
      G. Methodisches Vorgehen bei der Wahl der Rechtsform 355
§ 5   Personengesellschaften 359
        Einleitung 362
      A. Gesellschaft bürgerlichen Rechts 362
      B. Offene Handelsgesellschaft 421
      C. Kommanditgesellschaft 437
      D. GmbH & Co. KG 457
      E. Die Partnerschaftsgesellschaft 528

§ 6	Recht der Kapitalgesellschaften	537
	A. GmbH	540
	B. Aktiengesellschaft	631
	C. Kommanditgesellschaft auf Aktien	699
	D. Eingetragene Genossenschaft	731
	E. Stiftung	776
§ 7	Mittelbare Unternehmensbeteiligung	823
	Einleitung	824
	A. Die stille Gesellschaft	825
	B. Die Unterbeteiligung	854
	C. Die Treuhand	872
	D. Der Nießbrauch	887
§ 8	Internationales Gesellschaftsrecht	897
	Einleitung	899
	A. Internationales Privatrecht	899
	B. Überblick über das Europäische Gesellschaftsrecht	908
	C. Europäische Rechtsformen	946
	D. „Scheinauslandsgesellschaften" mit Sitz in Deutschland	1007
§ 9	Konzernrecht	1097
	Einleitung	1097
	A. Arten der Unternehmensverbindungen	1099
	B. Mitteilungspflichten	1122
	C. Leitungsmacht und Verantwortlichkeit	1125
	D. Eingliederung gem. §§ 319 ff AktG	1130
	E. GmbH-Konzernrecht	1134
	F. Konzernrecht für Personengesellschaften und anderer Organisationen	1135
§ 10	Umwandlungsrecht	1139
	A. Einleitung	1141
	B. Verschmelzung	1144
	C. Spaltung	1179
	D. Formwechsel	1197
§ 11	Unternehmens- und Beteiligungskauf	1211
	A. Grundlagen des Unternehmens- und Anteilskaufs	1212
	B. Vorvertragliches Stadium	1217
	C. Unternehmenskaufvertrag	1224
	D. Besonderheiten des Unternehmenskaufs bei Leveraged Buyout, Management Buyout und Owner's Buyout	1265
	E. Besonderheiten des Unternehmenskaufs in Krise und Insolvenz	1272
§ 12	Unternehmensnachfolge	1277
	A. Allgemeine rechtliche Darstellung	1278
	B. Vorweggenommene Erbfolge	1293
	C. Unternehmensnachfolge von Todes wegen	1311

§ 13	Handels- und Steuerbilanzrecht	1341
	A. Handelsrechtliche Rechnungslegung	1342
	B. Steuerbilanzrecht	1355
§ 14	Unternehmenssteuerrecht	1391
	A. Die Personengesellschaft	1392
	B. Besteuerung der Kapitalgesellschaft	1411
	C. Gewerbesteuer	1421
	D. Umwandlungssteuerrecht	1430
	E. Umsatzsteuer	1446
	F. Grunderwerbsteuer	1447
	G. Finanzierung von Gesellschaften	1457
	H. Sanierung von Gesellschaften	1465
§ 15	Dienstvertragsrecht	1469
	A. Das Dienstvertragsrecht in der GmbH	1469
	B. Das Dienstvertragsrecht in der AG	1499
	C. Exkurs: Der leitende Angestellte	1521
§ 16	Mitbestimmung	1523
	A. Grundlagen der betrieblichen Mitbestimmung	1523
	B. Unternehmensmitbestimmung	1549

Stichwortverzeichnis 1555

Abkürzungsverzeichnis

aA	anderer Ansicht
aaO	am angegebenen Ort
abl.	ablehnend
Abschn.	Abschnitt
Abs.	Absatz
abw.	abweichend
aE	am Ende
aF	alte Fassung
AG	Amtsgericht
allg.	allgemein
allgA	allgemeine Ansicht
allgM	allgemeine Meinung
aM	anderer Meinung
Aufl.	Auflage
Anh.	Anhang
Anm.	Anmerkung
ausdr.	ausdrücklich
ausf.	ausführlich
Az	Aktenzeichen
Bd.	Band
Bek.	Bekanntmachung
ber.	berichtigt
Begr.	Begründung
Bl.	Blatt
bzgl	bezüglich
bzw	beziehungsweise
Beschl.	Beschluss
bestr.	bestritten
ber.	berichtigt
bes.	besonders
bespr.	besprochen
bez.	bezüglich
bspw	beispielsweise
ders.	derselbe
dh	das heißt
dies.	dieselbe
Dok.	Dokument
E.	Entwurf
ebd	ebenda
Einf.	Einführung
Einl.	Einleitung
einschl.	einschließlich
einschr.	einschränkend
eingetr.	eingetragen
Entw.	Entwurf
Entsch.	Entscheidung
Erkl.	Erklärung
Erl.	Erlass; Erläuterung
evtl	eventuell
entspr.	entsprechend
etc.	et cetera
e.V.	eingetragener Verein
Einl.	Einleitung
f, ff	folgende, fortfolgende
Fn	Fußnote
geänd.	geändert
gem.	gemäß
ggf	gegebenenfalls

13

grds.	grundsätzlich
Hs	Halbsatz
hA	herrschende Auffassung
hL	herrschende Lehre
hM	herrschende Meinung
Hdb	Handbuch
Hrsg.	Herausgeber
hrsg.	herausgegeben
iA	im Auftrag
idF	in der Fassung
idR	in der Regel
idS	in diesem Sinne
iE	im Ergebnis
iHv	in Höhe von
ieS	im engeren Sinne
insb.	insbesondere
insg.	insgesamt
iS	im Sinne
iÜ	im Übrigen
iVm	in Verbindung mit
iwS	im weiteren Sinne
inkl.	inklusive
Kap.	Kapitel
krit.	kritisch
lit.	littera
Lit.	Literatur
LS	Leitsatz
m.Anm.	mit Anmerkung
mE	meines Erachtens
mN	mit Nachweisen
mWv	mit Wirkung von
mind.	mindestens
Mitt.	Mitteilung(en)
mwN	mit weiteren Nachweisen
Nachw.	Nachweise
Nov.	Novelle
Nr.	Nummer
nF	neue Fassung
n.r.	nicht rechtskräftig
n.v.	nicht veröffentlicht
oa	oben angegeben, angeführt
oä	oder ähnliches
og	oben genannt
resp.	respektive
Rspr	Rechtsprechung
Rn	Randnummer
S.	Satz/Seite
s.	siehe
Slg	Sammlung
sog.	so genannt
s.a.	siehe auch
s.o.	siehe oben
str.	streitig/strittig
s.u.	siehe unten
u.a.	unter anderem
uÄ	Und Ähnliches
u.a.m.	und anderes mehr
uE	unseres Erachtens
uU	unter Umständen

uVm	und Vieles mehr
umstr.	umstritten
unstr.	unstreitig
Urt.	Urteil
usw	und so weiter
v.	von
vgl	vergleiche
vorl.	vorläufig
wN	weitere Nachweise
VO	Verordnung
zB	zum Beispiel
zT	zum Teil
zit.	zitiert
zust.	zustimmend
zutr.	zutreffend
zzgl	zuzüglich

Verzeichnis der abgekürzt zitierten Literatur

Soweit nicht anders angegeben, sind Kommentare nach § und Rn, Monographien nach der Seitenzahl zitiert. Spezial- und Aufsatzliteratur ist darüber hinaus, wenn erforderlich, in Literaturhinweisen vor den entsprechenden Kapiteln verzeichnet.

AGB-Klauselwerke/*Bearbeiter*	Graf von Westphalen, Vertragsrecht und AGB-Klauselwerke, 2007
AnwaltkommentarAktR/*Bearbeiter*	Heidel, Anwaltkommentar zum Aktienrecht, 2003
Bamberger/Roth/*Bearbeiter*	Bamberger/Roth, Kommentar zum Bürgerlichen Gesetzbuch, 2. Aufl. 2007
BankrechtsHdb/*Bearbeiter*	Schimansky/Bunte/Lwowski (Hrsg.), Bankrechts-Handbuch, 3 Bände, 2. Aufl. 2001
Baumbach/Hefermehl	Baumbach/Hefermehl, Wettbewerbsrecht, 22. Aufl. 2001[1]
Baumbach/Hopt/*Bearbeiter*	Baumbach/Hopt, Handelsgesetzbuch, 32. Aufl. 2006
Baumbach/Hueck/*Bearbeiter*	Baumbach/Hueck, GmbH-Gesetz, 18. Aufl. 2006
BeckFormularbuch BHWR/*Bearbeiter*	Hoffmann-Becking/Rawert (Hrsg.), Beck'sches Formularbuch Bürgerliches, Handels- und Wirtschaftsrecht, 9. Aufl. 2006
BeckHdbAG/*Bearbeiter*	Müller (Hrsg.), Beck'sches Handbuch der AG, 2004
BeckHdbGmbH/*Bearbeiter*	Müller/Hense (Hrsg.), Beck'sches Handbuch der GmbH – Gesellschaftsrecht, Steuerrecht, 2. Aufl. 1999
BeckHdbPersGes/*Bearbeiter*	Müller/Hoffmann (Hrsg.), Beck'sches Handbuch der Personengesellschaften – Gesellschaftsrecht, Steuerrecht, 2. Aufl. 2002
BeckNotarHdb/*Bearbeiter*	Brambring/Jeschke (Hrsg.), Beck'sches Notarhandbuch, 4. Aufl. 2006
Blaurock	Blaurock, Handbuch der Stillen Gesellschaft, 6. Aufl. 2003
Bonefeld/Daragan/Wachter/*Bearbeiter*	Bonefeld/Daragan/Wachter (Hrsg.), Der Fachanwalt für Erbrecht, 2006
Böttcher/Ries	Böttcher/Ries, Formularpraxis des Handelsregisterrechts, 2003
Braun	Braun, Insolvenzordnung (InsO), 2004
Canaris, HandelsR	Canaris, Handelsrecht, 24. Aufl. 2006
Canaris, SchuldRMod	Canaris, Schuldrechtsmodernisierung 2002, 2002
Dauner-Lieb/Büdenbender	Dauner-Lieb/Büdenbender, Das neue Schuldrecht, 2002
Däubler/*Bearbeiter*	Däubler/Kittner/Klebe, Betriebsverfassungsgesetz 10. Auflage 2006
Deutsches Rechts-Lexikon/*Bearbeiter*	Tilch/Arloth (Hrsg.), Deutsches Rechts-Lexikon, 3. Aufl. 2001
Ebenroth/Boujong/Joost/*Bearbeiter*	Ebenroth/Boujong/Joost, Handelsgesetzbuch, Band 1, §§ 1-342a, 2001
Emmerich/Habersack/*Bearbeiter*	Emmerich/Habersack, Aktien- und GmbH-Konzernrecht, Kommentar, 4. Aufl. 2005
Emmerich/Sonnenschein/Habersack	Emmerich/Sonnenschein/Habersack, Konzernrecht, 8. Aufl. 2005
Ensthaler/*Bearbeiter*	Ensthaler, HGB, 7. Aufl. 2007
ErfK/*Bearbeiter*	Dieterich/Müller-Glöge/Preis/Schaub, Erfurter Kommentar zum Arbeitsrecht, 7. Aufl. 2007
Erman/*Bearbeiter*	Westermann (Hrsg.), Erman, Bürgerliches Gesetzbuch, Handkommentar, 11. Aufl. 2004
Fitting	Fitting, Betriebsverfassungsgesetz, 23. Aufl. 2006.
Fitting/*Bearbeiter*, MitbestG	Fitting/Wlotzke/Wissmann, Mitbestimmungsgesetz mit Wahlordnungen, 2. Aufl. 1978

---

[1] Folgeauflage Hefermehl/Köhler/Bornkamm (s.u.).

Flume, PersG	Flume, Die Personengesellschaft, 1977
FormularbuchUmw/*Bearbeiter*	Engl (Hrsg.), Formularbuch Umwandlungen, 2004
Geßler/Hefermehl/*Bearbeiter*	Geßler/Hefermehl/Eckardt/Kropff (Hrsg.), Aktiengesetz, Kommentar, Band V (§§ 241 – 290), 1984[2]
GK-BetrVG/*Bearbeiter*	Kraft/Wiese/Kreutz/Oetker/Raab/Weber/Franzen, Gemeinschaftskommentar zum Betriebsverfassungsgesetz, 8. Aufl. 2005
Glenk	Die eingetragene Genossenschaft, 1996
Goette	Goette, Die GmbH, 2. Aufl. 2002
Groll/*Bearbeiter*	Groll (Hrsg.), Praxis-Handbuch Erbrechtsberatung, 2. Aufl. 2005
GroßkommAktG/*Bearbeiter*	Hopt/Wiedemann (Hrsg.), Großkommentar zum Aktiengesetz, 4. Aufl. 1992 ff
Grundmann	Grundmann, Europäisches Gesellschaftsrecht, 2004
Grunewald	Grunewald, Das neue Schuldrecht in der Praxis, 2003
Gustavus/Böhringer/Melchior	Gustavus/Böhringer/Melchior, Handelsregister-Anmeldungen, 6. Aufl. 2005.
Habersack, Europäisches GesR	Habersack, Europäisches Gesellschaftsrecht, 3. Aufl. 2006
Hachenburg/*Bearbeiter*	Großkommentar zum Gesetz betreffend die Gesellschaften mit beschränkter Haftung, 8. Aufl. 1989 ff
Hahn/Mugdan	Hahn/Mugdan, Die gesamten Materialien zu den Reichs-Justizgesetzen, 6. Bd., Materialien zum Handelsgesetzbuch, 1897
Happ/*Bearbeiter*	Happ (Hrsg.), Aktienrecht, 2. Aufl. 2004
HdbVorstR/*Bearbeiter*	Fleischer (Hrsg.), Handbuch des Vorstandsrechts, 2006
Heckschen/Simon	Heckschen/Simon, Umwandlungsrecht – Gestaltungsschwerpunkte in der Praxis, 2003
Hefermehl/Köhler/Bornkamm	Hefermehl/Köhler/Bornkamm, Wettbewerbsrecht, 25. Aufl. 2007.
Hesselmann/Tillmann/Mueller-Thuns/*Bearbeiter*	Hesselmann/Tillmann/Mueller-Thuns, Handbuch der GmbH & Co. KG, 19. Aufl. 2005
Hettrich/Pöhlmann/Gräser/Röhrich, GenG (*Bearbeiter*, in:)	Hettrich/Pöhlmann/Gräser/Röhrich, Genossenschaftsgesetz, Kommentar, 2. Aufl. 2001
Heymann/*Bearbeiter*	Heymann, Handelsgesetzbuch, Band 4, §§ 343 – 475h, 2. Aufl. 2005
Hillebrand/Keßler/*Bearbeiter*	Hillebrand/Keßler, Berliner Kommentar zum Genossenschaftsgesetz, 2001.
Hk-BGB/*Bearbeiter*	Schulze/Dörner/Ebert/Eckert/Hoeren/Kemper/Saenger/Schulte-Nölke/Staudinger, Bürgerliches Gesetzbuch, Handkommentar, 5. Aufl. 2007
HK-HGB/*Bearbeiter*	Glanegger/Kirnberger/Kusterer (Hrsg.), Heidelberger Kommentar zum Handelsgesetzbuch, 7. Aufl. 2007
HK-InsO/*Bearbeiter*	Eickmann/Flessner/Irschlinger/Kirchhoff/Kreft/Landfermann/Marotzke/Stephan, Heidelberger Kommentar zur Insolvenzordnung, 4. Aufl. 2006
Hk-ZPO/*Bearbeiter*	Saenger (Hrsg.), Zivilprozessordnung, Handkommentar, 2. Auflage 2007
Hopt, Vertrags- und Formularbuch	Vertrags- und Formularbuch zum Handels-, Gesellschafts-, Bank- und Transportrecht, 3. Aufl. 2007
Huber/Faust/*Bearbeiter*	Huber/Faust, Schuldrechtsmodernisierung, 2002
Hübner	Hübner, Handelsrecht, 5. Aufl. 2004
Hübschmann/Hepp/Spitaler/*Bearbeiter*	Hübschmann/Hepp/Spitaler, Abgabenordnung (Loseblatt), Stand: 06/2006
Hüffer, GesR	Hüffer, Gesellschaftsrecht, 7. Aufl. 2005.

---

[2] In der 2. Auflage fortgeführt als Münchener Kommentar zum Aktiengesetz, s.u.

Hüffer/*Bearbeiter*	Hüffer, Kommentar zum AktG, 7. Aufl. 2006
Ingerl/Rohnke	Ingerl/Rohnke, MarkenG, 2. Aufl. 2003
Jäger	Jäger, Aktiengesellschaft – unter besonderer Berücksichtigung der KGaA, 2004
Jannott/Frodermann/*Bearbeiter*	Jannott/Frodermann (Hrsg.), Handbuch der europäischen Aktiengesellschaft – Societas Europaea, 2005
Jung	Jung, Handelsrecht, 5. Aufl. 2006
K. Schmidt, GesR	K. Schmidt, Karsten, Gesellschaftsrecht, 4. Aufl. 2002
K. Schmidt, HandelsR	K. Schmidt, Karsten, Handelsrecht, 5. Aufl. 1999
K. Schmidt, Informationsrechte	Schmidt, Karsten, Informationsrechte in Gesellschaften und Verbänden, 1984
Kallmeyer/*Bearbeiter*	Kallmeyer (Hrsg.), UmwG, 3. Aufl. 2006
Kegel/Schurig	Internationales Privatrecht, 9. Auf. 2004
Kilian	Europäisches Wirtschaftsrecht, 2. Aufl. 2003
Klamroth	Klamroth, Die GmbH & Co. KG, 1998
Knott/Mielke	Knott/Mielke, Unternehmenskauf, 2. Aufl. 2006
Koller/Roth/Morck/*Bearbeiter*	Koller/Roth/Morck, Handelsgesetzbuch, 5. Aufl. 2005
KölnKomm/*Bearbeiter*	Zöllner (Hrsg.), Kölner Kommentar zum Aktiengesetz, Band 5/3, §§ 262–290 AktG, 2. Aufl. 2004; 2. Aufl. seit 1988
KompaktkommGesR/*Bearbeiter*	Schwerdtfeger (Hrsg.), Kompaktkommentar Gesellschaftsrecht, 2007
Krafka/Willer	Krafka/Willer, Registerrecht, 7. Aufl. 2007
Kümpel	Kümpel, Bank- und Kapitalmarktrecht, 3. Aufl. 2004
Küstner/Thume (*Bearbeiter*, in:)	Handbuch des gesamten Außendienstrechts, Band 3, Vertriebsrecht, 3. Aufl. 2000
Lang/Weidmüller/*Bearbeiter*	Lang/Weidmüller, Genossenschaftsgesetz, Kommentar, 35. Aufl. 2006
Limmer/*Bearbeiter*	Limmer (Hrsg.), Handbuch der Unternehmensumwandlung, 2. Aufl. 2001
Loewenheim/Meessen/Riesenkampff	Loewenheim/Meessen/Riesenkampff, KartellR, Bd. 2, 2005.
Lutter/*Bearbeiter*	Lutter (Hrsg.), Umwandlungsgesetz, Kommentar, 3. Aufl. 2004
Lutter/Hommelhoff, Europ. Gesellschaft (*Bearbeiter*, in:)	Lutter/Hommelhoff (Hrsg.), Die Europäische Gesellschaft, 2005
Lutter/Hommelhoff/*Bearbeiter*, GmbH	GmbH-Gesetz Kommentar, 16. Aufl. 2004.
Lutter/Krieger	Lutter/Krieger, Rechte und Pflichten des Aufsichtsrates, 2. Aufl. 2002
Manz/Mayer/Schröder/*Bearbeiter*	Manz/Mayer/Schröder, Europäische Aktiengesellschaft, SE, 2005
Melchior/Schulte	Melchior/Schulte, Handelsregisterverordnung, 2003
Meyn/Richter	Meyn/Richter, Die Stiftung, 2004
Müller, GenG	Müller, Klaus, Kommentar zum Gesetz betreffend die Erwerbs- und Wirtschaftsgenossenschaften, Bd. 1 §§ 1 – 33, 2. Aufl. 1991; Bd. 2 §§ 33 – 42, 2. Aufl. 1996; Bd. 3 §§ 43 – 64b, 2. Aufl. 1998; Bd. 4, 64c-164, 2. Aufl. 2000
Münch AnwHdb ErbR/*Bearbeiter*	Scherer (Hrsg.), Münchener AnwaltsHandbuch Erbrecht, 2002
Münch AnwHdb PersGesR/*Bearbeiter*	Gummert (Hrsg.), Münchener AnwaltsHandbuch Personengesellschaftsrecht, 2005
MünchHdb GesR I/*Bearbeiter*	Gummert/Rieger/Weipert (Hrsg.), Münchener Handbuch des Gesellschaftsrechtes, Band 1, BGB-Gesellschaft, Offene Handelsgesellschaft, Partnerschaftsgesellschaft, Partenreederei, EWIV, 2. Aufl. 2004

MünchHdb GesR II/*Bearbeiter*	Riegger/Weipert (Hrsg.), Münchener Handbuch des Gesellschaftsrechtes, Band 2, Kommanditgesellschaft, GmbH & Co. KG, Publikums-KG und Stille Gesellschaft, 2. Aufl. 2004
MünchHdb GesR III/*Bearbeiter*	Priester/Manger (Hrsg.), Münchener Handbuch des Gesellschaftsrechtes, Band 3, Gesellschaft mit beschränkter Haftung, 2. Aufl. 2003
MünchHdb GesR IV/*Bearbeiter*	Hoffmann-Becking (Hrsg.), Münchener Handbuch des Gesellschaftsrechtes, Band 4, Aktiengesellschaft, 3. Aufl. 2007
MünchKommAktG/*Bearbeiter*	Kropff/Semler (Hrsg.), Münchener Kommentar zum Aktiengesetz, 2. Auflage 2000 ff
MünchKommBGB/*Bearbeiter*	Rebmann (Hrsg.), Münchener Kommentar zum Bürgerlichen Gesetzbuch, 4. Aufl. 2000 ff
MünchKommHGB/*Bearbeiter*	K. Schmidt (Hrsg.), Münchener Kommentar zum Handelsgesetzbuch, 2. Auflage 2005 ff
MünchVertragsHdb Bd. 1 (usw.)/*Bearbeiter*	Münchener Vertragshandbuch, Bd. 1 Gesellschaftsrecht, 6. Aufl. 2005; Bd. 6, Bürgerliches Recht II, 5. Aufl. 2003
Nieder/*Bearbeiter*	Nieder (Hrsg.), Handbuch der Testamentsgestaltung, 2. Aufl. 2000
Oetker	Oetker, Handelsrecht, 5. Aufl. 2006
Palandt/*Bearbeiter*	Palandt, BGB, Kommentar zum bürgerlichen Gesetzbuch, 66. Aufl. 2007
Pöllath, Formularbuch	Formularbuch Recht und Steuern, 5. Aufl. 2004
Pöllath, Unternehmensfortführung	Unternehmensfortführung durch Nachfolge oder Verkauf, 2006
Raiser	Raiser, Mitbestimmungsgesetz, Kommentar, 4. Aufl. 2002
Reinicke/Tiedtke	Reinicke/Tietdke, Kaufrecht, 7. Aufl. 2004
RGRK/*Bearbeiter*	Mitglieder des Bundesgerichtshofs (Hrsg.), Das Bürgerliche Gesetzbuch, 12. Aufl. 1974 ff
Richardi	Richardi, Betriebsverfassungsgesetz, 10. Aufl. 2006
Rödder/Hötzel/Mueller-Thuns	Rödder/Hötzel/Mueller-Thuns, Unternehmenskauf/Unternehmensverkauf. Zivilrechtliche und steuerrechtliche Gestaltungspraxis, 6. Aufl. 2005.
Röhricht/Graf von Westphalen/*Bearbeiter*	Röhricht/Graf von Westphalen, Handelsgesetzbuch, 2. Aufl. 2001
Roth/Altmeppen	Roth/Altmeppen, GmbHG, 5. Aufl. 2005.
Rotthege/Wassermann	Rotthege/Wassermann, Mandatspraxis Unternehmenskauf, 2002.
Rowedder/*Bearbeiter*	Schmidt-Leithoff (Hrsg.), GmbHG, Kommentar, begr. von Rowedder, 4. Aufl. 2002
Saenger, Casebook EuropGesR	Saenger (Hrsg.), Casebook Europäisches Gesellschafts- und Unternehmensrecht, 2002
Sagasser/Bula/Brünger/*Bearbeiter*	Sagasser/Bula/Brünger, Umwandlungen, 3. Aufl. 2002
Schaub/*Bearbeiter*	Schaub, Arbeitsrechtshandbuch, 11. Aufl. 2005.
Schaumburg/Schulte	Schaumburg/Schulte, Die KGaA – Recht und Steuern in der Praxis, 2000
Scheifele	Scheifele, Die Gründung der Europäischen Aktiengesellschaft (SE), 2004
Schick/Schmidt/Ries/Walbröl	Schick/Schmidt/Ries/Walbröl, Praxis-Handbuch Stiftungen, 2001
Schlegelberger/*Bearbeiter*	Schlegelberger, Handelsgesetzbuch, Kommentar von Geßler, Hefermehl, Hildebrandt, Schröder, 5. Aufl. 1973 ff
Schmidt EStG/*Bearbeiter*	Schmidt, Ludwig, EStG, Kommentar zum Einkommensteuergesetz, 25. Aufl. 2006

Schmitt/Hörtnagl/Stratz/*Bearbeiter*	Schmitt/Hörtnagl/Stratz, Umwandlungsgesetz Umwandlungssteuergesetz, 4. Aufl. 2006
Scholz/*Bearbeiter*	Crezelius, Emmerich, Priester, K. Schmidt, Schneider, Tiedemann, Westermann, Winter (Hrsg.), GmbHG-Gesetz, begr. von Scholz, I. Band, §§ 1 34, 10. Aufl. 2006; II. Band, §§ 45 – 87, 9. Aufl. 2002
Schütz/Bürgers/Riotte (*Bearbeiter*, in:)	Schütz/Bürgers/Riotte, Die Kommanditgesellschaft auf Aktien – Handbuch, 2004
Schwarz	Schwarz, Europäisches Gesellschaftsrecht, 2000
Seifart/von Campenhausen (*Bearbeiter*, in:)	Seifart/v. Campenhausen (Hrsg.), Handbuch des Stiftungsrechts, 2. Aufl. 1999
Semler/Stengel/*Bearbeiter*	Semler/Stengel (Hrsg.), UmwG, 2003
Semler/von Schenck/*Bearbeiter*	Semler/von Schenck, Arbeitshandbuch für Aufsichtsratsmitglieder, 2. Aufl. 2004
Soergel/*Bearbeiter*	Soergel, BGB, 13. Aufl. 2002 ff
Sölch/Ringleb/*Bearbeiter*	Sölch/List/Ringleb, Umsatzsteuergesetz, 56. Aufl. 2006
Spahlinger/Wegen, IntGesR	Spahlinger/Wegen, Internationales Gesellschaftsrecht in der Praxis, 2005
Staub/*Bearbeiter*	Canaris/Schilling/Ulmer (Hrsg.), Großkommentar, begr. von Staub, 4. Aufl. 2005
Staudinger/*Bearbeiter*	Kommentar zum Bürgerlichen Gesetzbuch mit Einführungsgesetz und Nebengesetzen
Steding	Steding, Genossenschaftsrecht, 2002.
Steuerliches Vertrags- und Formularbuch (*Bearbeiter*, in:)	Bopp/Engl/Gast-de Haan (Hrsg.), Steuerliches Vertrags- und Formularbuch, Handbuch, 2004
Strachwitz/Mercker (*Autor*, Aufsatztitel, in:)	Strachwitz/Mercker (Hrsg.), Stiftungen in Theorie, Recht und Praxis, 2005
Streinz, EuropaR	Streinz, Rudolf, Europarecht, 6. Aufl. 2003
Streinz/*Bearbeiter*, EUV/EGV	Streinz, Rudolf, EUV/EGV, 2003
Sudhoff/*Bearbeiter*	Sudhoff, Unternehmensnachfolge, 5. Aufl. 2005
Thomas/Putzo	Thomas/Putzo, ZPO, 27. Aufl. 2005
Troll/Gebel/Jülicher	Troll/Gebel/Jülicher, Erbschaftsteuer- und Schenkungsteuergesetz, Kommentar, Loseblatt-Ausgabe
Ulmer/Brandner/Hensen/*Bearbeiter*	Ulmer/Brandner/Hensen, AGB-Recht, 10. Aufl. 2006
Ulmer/Habersack/Henssler, MitbestG	Ulmer/Habersack/Henssler, Mitbestimmungsgesetz, 2. Aufl. 2006.
Ulmer/Habersack/Winter (*Bearbeiter*, in:)	Ulmer/Habersack/Winter, GmbH-Gesetz, Großkommentar, Band 1, §§ 1 bis 28, 2005.
von Bar/Mankowski	Internationales Privatrecht, Band 1: Allgemeine Lehren, 2. Aufl., München 2003
von der Groeben/Schwarze/*Bearbeiter*	von der Groeben/Schwarze, Kommentar zum Vertrag über die Europäische Union und zur Gründung der Europäischen Gemeinschaft, 6. Aufl. 2003
Wachter	Wachter, Stiftungen, Zivil- und Steuerrecht in der Praxis, 2001
Wagner/Rux	Wagner/Rux, Die GmbH & Co. KG, 10. Aufl. 2004.
Weitz/*Bearbeiter*	Weitz (Hrsg.), Rechtshandbuch für Stiftungen, Stand August 2006
Westermann HdbPersG/*Bearbeiter*	Westermann (Hrsg.), Handbuch der Personengesellschaften, Loseblatt. Band I, 37. Ergänzungslieferung 2006
Wichert	Wichert, Die Finanzen der Kommanditgesellschaft auf Aktien, 1999
Widmann/Mayer/*Bearbeiter*	Widmann/Mayer, Umwandlungsrecht, Loseblatt
Wieland	Wieland, Handelsrecht I: Das kaufmännische Unternehmen und die Handelsgesellschaften, 1921.
Willemsen/Hohenstatt/Schweibert/Seibt	Willemsen/Hohenstatt/Schweibert/Seibt, Umstrukturierung und Übertragung von Unternehmen, 2. Aufl. 2003

Verzeichnis der abgekürzt zitierten Literatur

Wolf/Horn/Lindacher/*Bearbeiter*   Wolf/Horn/Lindacher, AGB-Gesetz, 4. Aufl. 1999
Wurm/Wagner/Zartmann   Wurm/Wagner/Zartmann, Rechtsformularbuch, 15. Aufl. 2007
Zöller/*Bearbeiter*   Zivilprozessordnung, 26. Aufl. 2007

1. Teil: Handelsrecht

Handelsrecht ist das zum Privatrecht gehörende **Sonderrecht für Kaufleute**.[1] Es trägt der Tatsache Rechnung, dass im Handelsverkehr eine besondere Interessenlage herrscht, insbesondere Rechtsgeschäfte unkompliziert durchgeführt werden müssen und Kaufleute in anderer Weise schutzwürdig sind als sonstige am Privatverkehr beteiligte Personen. Das Handelsrecht ist vor allem in dem bereits 1900 in Kraft getretenen Handelsgesetzbuch (HGB)[2] geregelt, das nahezu ein Jahrhundert im Wesentlichen unverändert blieb. Mit dem am 1.7.1998 in Kraft getretenen Handelsrechtsreformgesetz (HRefG)[3] erfolgte die Neuregelung des Kaufmannsbegriffs. Das HGB enthält jedoch keine erschöpfende Regelung. Vielmehr beinhaltet es lediglich Bestimmungen, welche entsprechend den Bedürfnissen des kaufmännischen Rechtsverkehrs nach Rechtsklarheit, Publizität, Professionalität und Selbstverantwortung der Handelnden die Regelungen des bürgerlichen Rechts ergänzen und teilweise durch Sondervorschriften völlig ersetzen. Somit kommt das allgemeine Privatrecht im Handelsrecht nur subsidiär zur Geltung, falls es nicht durch handelsrechtliche Sondervorschriften verdrängt oder ergänzt wird.[4]

Für seine **Anwendbarkeit** knüpft das HGB – mit wenigen Ausnahmen (Rn 11)[5] – an die Kaufmannseigenschaft an und nicht etwa an die Art des Geschäfts. Es enthält Sonderregelungen für die Handelsgeschäfte, Regelungen über das Handelsregister, das Firmenrecht, besondere Rechtsgeschäfte (Frachtrecht, Speditionsrecht, Lagervertrag, Kontokorrent, Kommission, Handelskauf) und das Seehandelsrecht (Seerecht). Zum Handelsrecht im weiteren Sinn gehören auch das Gesellschaftsrecht, das Wertpapierrecht, das Bank- und Börsenrecht sowie das Recht des gewerblichen Rechtsschutzes. Neben dem Handelsgesetzbuch bestehen eine Reihe handelsrechtlicher Nebengesetze, insbesondere auf dem Gebiet des Transportrechts. Weitere Rechtsquellen für das Handelsrecht sind Handelsgewohnheitsrecht und Handelsbrauch. Soweit die Gerichtsbarkeit in Anspruch genommen wird, ist teils die streitige Gerichtsbarkeit (Zivilprozess; Kammern für Handelssachen bei den Landgerichten) und teils die Freiwillige Gerichtsbarkeit (Handelsregister) zuständig.

§ 1 Recht des Handelsstandes, §§ 1–104 HGB

Einleitung 1	2. Kleingewerbetreibender als Kannkaufmann, § 2 HGB 16
A. **Kaufleute, §§ 1–7 HGB** 2	a) Allgemeines 16
I. Begriff des Kaufmanns 2	b) Rechtsfragen aus der Praxis 17
1. Gewerbe 5	3. Kaufmann im Bereich der Land- und Forstwirtschaft, § 3 HGB 18
a) Begriff 5	a) Allgemeines 18
b) Rechtsfragen aus der Praxis 6	b) Rechtsfragen aus der Praxis 20
2. Handelsgewerbe 8	4. Kaufmann kraft Rechtsform, § 6 HGB ... 21
II. Kleingewerbetreibender 10	a) Personenhandelsgesellschaften 22
1. Allgemeines 11	b) Juristische Personen 24
2. Rechtsfragen aus der Praxis 12	5. Kaufmann kraft Rechtsschein 25
III. Einteilung der Kaufleute 13	a) Kaufmann kraft Eintragung, § 5 HGB 26
1. (Ist-) Kaufmann, § 1 HGB 14	b) Scheinkaufmann 27
a) Allgemeines 14	6. Handelsregistereintrag 29
b) Rechtsfragen aus der Praxis 15	

---

1 *Canaris*, Handelsrecht, § 1 Rn 1; Deutsches Rechts-Lexikon/*Saenger*, Stichwort „Handelsrecht".
2 Das HGB vom 10.5.1897 (RGBl. S. 219) ist aufgrund Art. 1 Abs. 1 EGHGB und Art. 1 Abs. 1 EGBGB zugleich mit dem Bürgerlichen Gesetzbuch am 1.1.1900 in Kraft getreten.
3 Das Gesetz zur Neuregelung des Kaufmanns- und Firmenrechts und zur Änderung anderer handels- und gesellschaftsrechtlicher Vorschriften (Handelsrechtsreformgesetz – HRefG) vom 22.6.1998, BGBl. I 1998 S. 1474, ist am 1.7.1998 in Kraft getreten. Siehe hierzu *Bokelmann* GmbHR 1998, 57; *Busch* Rpfleger 1998, 178; *Gustavus* GmbHR 1998, 17; *Kögel*, BB 1997, 793; *Kornblum* DB 1997, 1217; *Lamprecht* ZIP 1997, 919; *Schaefer* DB 1998, 1269; *K. Schmidt* ZIP 1997, 909; *ders.* DB 1998, 61; *ders.* NJW 1998, 2161.
4 Vgl Art. 2 Abs. 1 EGHGB.
5 Die Vorschriften der §§ 84 Abs. 4, 93 Abs. 3, 383 Abs. 2, 407 Abs. 3 S. 2, 453 Abs. 3 S. 2 und 467 Abs. 3 S. 2 HGB finden auch auf Kleingewerbetreibende Anwendung.

IV. Prozessuales 30	C. Handelsfirma 116
1. FGG-Verfahren 30	I. Allgemeine rechtliche Darstellung 116
2. Zivilprozess 31	1. Funktionen der Firma 116
a) Gerichtsstand 31	2. Firmenführungsrecht und Firmenführungspflicht 117
b) Kammern für Handelssachen 32	3. Rechtsnatur der Firma 118
3. Schiedsverfahren 33	a) Absolutes Recht 118
a) Zweck und Abgrenzung 33	b) Doppelnatur 119
b) Rechtsgrundlagen 34	4. Arten der Firma 120
c) Anwendungsbereich (§§ 1025–1028 ZPO) 35	a) Inhalt 121
	b) Herkunft 122
d) Schiedsvereinbarung (§§ 1029–1033 ZPO) 36	5. Firmenrechtsgrundsätze 123
	a) Firmenwahrheit 124
e) Bildung des Schiedsgerichts (§§ 1034–1039 ZPO) 40	b) Firmenbeständigkeit 125
	c) Firmeneinheit 126
f) Zuständigkeit des Schiedsgerichts (§§ 1040–1041 ZPO) 41	d) Firmenausschließlichkeit 127
	e) Firmenöffentlichkeit 128
g) Schiedsverfahren (§§ 1042–1050 ZPO) 42	6. Abgrenzungen 129
h) Schiedsspruch (§§ 1051–1058 ZPO) ... 43	a) Geschäftsbezeichnungen 130
i) Anerkennung und Vollstreckung von Schiedssprüchen (§§ 1060–1061 ZPO) 45	b) Geschäftliche Bezeichnungen 131
	c) Marken 132
j) Gerichtliches Verfahren (§§ 1062–1065 ZPO) 46	d) Internet-Domain 133
	II. Das Recht zur Firmenführung 134
B. Handelsregister, §§ 8–16 HGB 47	1. Kaufmannseigenschaft 134
I. Funktion des Handelsregisters 47	a) Istkaufmann 134
1. Grundlagen 47	b) Handelsgesellschaften 135
2. Aufbau 51	c) Kaufmann kraft Eintragung 136
3. Einsichtsrecht und Publizitätsfunktion 57	d) Kannkaufmann 137
4. Elektronisches Handelsregister 58	2. Bestehen eines Handelsgewerbes/Gewerbebetriebs 138
II. Führung des Handelsregisters 59	
1. Grundsätze des Handelsregisterverfahrens 59	3. Name 139
a) Rechtsgrundlagen 60	4. Mehrere Namen/Firmen 140
b) Zuständigkeit 61	III. Entstehung der Firma 141
c) Antragsgrundsatz 65	1. Tatsächliche und formale Voraussetzungen 141
d) Registerzwang 66	
2. Anmeldeverfahren 67	a) Ingebrauchnahme 141
a) Anmeldung und Form 67	b) Konstitutivität der Eintragung 142
b) Eintragungsgegenstände 74	2. Materielle Voraussetzungen 144
c) Entscheidung 84	a) Bedeutung des § 18 144
d) Rechtsmittel 87	b) Kennzeichnungseignung/Unterscheidungskraft 145
e) Wirkungen der Eintragung 88	
f) Bekanntmachung der Eintragung 89	IV. Erlöschen der Firma 146
3. Weitere Verfahrensarten 90	1. Aufgabe der Benutzung 146
a) Verfahren bei Verstoß gegen Anmeldepflichten 90	2. Löschung im Handelsregister 150
	V. Die Firma als Vermögensrecht im Rechtsverkehr 151
b) Verfahren bei unzulässigem Firmengebrauch 92	
	1. Keine isolierten Verfügungen über die Firma 151
4. Kosten 93	
III. Einsicht in das Handelsregister 94	a) Unter Lebenden 151
1. Recht zur Einsichtnahme 94	b) Von Todes wegen 155
2. Erteilung von Abschriften und Bescheinigungen 96	2. Gesamtverfügungen über Handelsgeschäft und Firma 156
3. Kosten 97	a) Erwerb unter Lebenden (§ 22 HGB) ... 156
IV. Registerpublizität 98	b) Erwerb von Todes wegen 166
1. Regelfall der richtigen Eintragung und Bekanntmachung, § 15 Abs. 2 HGB 99	c) Nießbrauch, Pacht 167
	d) Umwandlungen (§ 18 UmwG) 168
a) Situation und Schutzzweck 99	3. Veränderungen der Inhaberschaft des Handelsgeschäfts (§ 24 HGB) 173
b) Rechtsfolge 101	
2. Divergenz zwischen „wahrer" Rechtslage und Eintragung im Handelsregister 102	a) Normzweck 173
	b) Anwendungsbereich 174
a) Negative Publizität, § 15 Abs. 1 HGB – Fehlende Eintragung und Bekanntmachung 102	c) Anwendungsvoraussetzungen 176
	d) Recht zur Firmenfortführung 179
	VI. Registerrechtliche Anforderungen an die Firmenbildung 181
b) Positive Publizität, § 15 Abs. 3 HGB – Unrichtige Bekanntmachung 108	
	1. Allgemeine Anforderungen an die Firma . 181
3. Besonderheiten bei Zweigniederlassungen, § 15 Abs. 4 HGB 113	a) Kennzeichnungskraft 181
4. Allgemeine Rechtsscheinsgrundsätze 114	b) Unterscheidbarkeit 182

§ 1 Recht des Handelsstandes, §§ 1–104 HGB

c) Irreführungsverbot (§ 15 Abs. 2 HGB) 183
d) Freie Wahl der Firmenart 184
2. Zwingende formale Firmenbestandteile ... 185
  a) Kaufmanns- bzw Rechtsformzusatz 185
  b) Firmenkern 186
3. Fakultative Firmenzusätze 187
VII. Firmenbildungen 188
1. Personenfirma 188
  a) Firma des Kaufmanns 188
  b) Die Firma der OHG 190
  c) Die Firma der KG 191
  d) Die Firma der GmbH & Co. KG 192
  e) Die Firma der GmbH 193
  f) Die Firma der AG 194
2. Sachfirma 195
3. Fantasiefirma 196
VIII. Publizitätspflichten 197
1. Anmeldung der Firma zum Handelsregister ... 197
  a) Anmeldepflicht 197
  b) Prüfungspflicht des Registergerichts ... 198
  c) EU-Gesellschaft 199
2. Offenlegung im Geschäftsverkehr 200
  a) Angaben auf Geschäftsbriefen 200
  b) Geschäftsbriefe 201
IX. Firmenschutz 203
1. Firmenschutz im öffentlichen Interesse 203
  a) Schutz durch das Registergericht 203
  b) Schutz durch den Verletzten 204
2. Firmenschutz im privaten Interesse 206
3. Praxishinweise 207
  a) Unterlassungsantrag 207
  b) Schadensersatzansprüche 208
D. **Handelsrechtliche Vollmachten, §§ 48–58 HGB** 210
I. Zivilrechtliche Vollmacht, §§ 164–181 BGB . 211
1. Erteilung 212
2. Inhalt und Umfang 213
3. Vertrauensschutz 214
4. Erlöschen 215
5. Insichgeschäfte 216
6. Handeln unter fremdem Namen 219
7. Vertretung ohne Vertretungsmacht und Überschreitung der Vertretungsmacht 220
8. Duldungs- und Anscheinsvollmacht 221
II. Prokura, §§ 48–53 HGB 223
1. Begriff 223
2. Innenverhältnis 224
  a) Erteilung 225
  b) Umfang 227
  c) Arten 231
  d) Übertragung 239
  e) Erlöschen 240
3. Außenverhältnis 244
4. Prokura im Gesellschaftsrecht 245
III. Handlungsvollmacht, §§ 54–58 HGB 247
1. Begriff 248
2. Innenverhältnis 249
  a) Erteilung 249
  b) Umfang 250
  c) Arten 251
  d) Erlöschen 255
3. Außenverhältnis 256
4. Sonderformen 257
  a) Abschlussvertreter, § 55 HGB 257
  b) Angestellte in Laden oder Warenlager, § 56 HGB 258

IV. Registervollmacht 261
E. **Wettbewerbsverbote** 262
I. Vorbemerkung 262
1. Begriff 262
2. Wettbewerbsverbote und Geschäftschancengebote 263
II. Typische Inhalte von Wettbewerbsverboten . 264
1. Tätigkeits- und Beteiligungsverbote 264
  a) Tätigkeitsverbote 264
  b) Beteiligungsverbote 265
  c) Einzelheiten 266
2. Mandatsschutzklausel/Übernahmeklausel 273
3. Niederlassungsverbot 274
III. Gesetzliche Schranken für Wettbewerbsverbote 275
1. Spezialgesetzliche Schranken 275
2. Allgemeine gesetzliche Schranken 276
  a) § 138 BGB iVm Art. 12 GG 276
  b) § 1 GWB 288
3. EG-Vertrag 297
  a) Art. 39 EGV 297
  b) Art. 81 EGV 298
IV. Rechtsfolgen bei Verstößen gegen Wettbewerbsverbote 300
1. Unterlassungsanspruch 300
2. Schadensersatzanspruch 301
3. Auskunftsanspruch 305
V. Einzelne Wettbewerbsverbote 306
1. Wettbewerbsverbot für Arbeitnehmer ... 306
  a) Allgemeines 306
  b) Persönlicher Anwendungsbereich 307
  c) Einzelheiten und Besonderheiten 308
2. Wettbewerbsverbote für Handelsvertreter 329
  a) Allgemeines 329
  b) Einzelheiten 330
3. Wettbewerbsverbote für BGB-Gesellschafter 368
  a) Während der Vertragszeit 368
  b) Nachvertragliches Wettbewerbsverbot 373
4. Wettbewerbsverbote für OHG-Gesellschafter 378
  a) Während der Vertragszeit 378
  b) Nachvertragliches Wettbewerbsverbot 408
5. Wettbewerbsverbote für KG-Gesellschaft 411
  a) KG 411
  b) GmbH & Co. KG 416
6. Wettbewerbsverbote in der GmbH 421
  a) Während der Zugehörigkeit zur Gesellschaft 421
  b) Nachvertragliche Wettbewerbsverbote 430
7. Wettbewerbsverbote in der AG 437
  a) Vorstandsmitglieder 437
  b) Aktionäre 439
8. Wettbewerbsverbote in Austauschverträgen 440
  a) Grundsatz 440
  b) Gesetzliche Schranken 442
  c) Doppeltes Wettbewerbsverbot 446
  d) Rückabwicklung eines Unternehmenskaufvertrages 447
F. **Der Handelsvertreter gem. § 84 HGB** 448
I. Definition des Handelsvertreters 450
1. Grundsätzliches 451
2. Gewerbetreibender 452
3. Selbständigkeit 453
4. Geschäftsvermittlung 456
5. Ständige Betreuung 458

6. Unternehmereigenschaft 459
7. Abgrenzungen 461
   a) Der Vertragshändler (Eigenhändler) ... 462
   b) Der Kommissionär 463
   c) Der Franchisenehmer 464
   d) Der Makler (Handelsmakler) 465
8. Der Handelsvertreter im Nebenberuf 468
9. Gerichtsbarkeit 471
II. Vertragsurkunde 474
1. Formfreiheit, Formzwang 475
2. Vertragsurkunde 477
III. Unabdingbare Bestimmungen, Wirksamkeit von AGB-Klauseln 478
1. Zwingende Vorschriften 478
2. Allgemeine Geschäftsbedingungen 479
   a) Grundsätzliches 479
   b) Zur Wirksamkeit einzelner Klauseln ... 481
IV. Vertragsgestaltung 482
1. Grundsätzliches 482
2. Einzelheiten 483
V. Pflichten des Handelsvertreters und des Unternehmers 486
1. Grundsätzliches 486
2. Pflichten des Handelsvertreters (§ 86 HGB) 488
   a) Bemühenspflicht 488
   b) Interessenwahrnehmungspflicht 491
   c) Wettbewerbsverbot (Konkurrenzverbot) 497
   d) Weisungsgebundenheit des Handelsvertreters und Weisungsbefugnis des Unternehmers 502
   e) Verschwiegenheitspflicht 505
   f) Unabdingbarkeit 506
3. Pflichten des Unternehmers, § 86 a HGB . 507
   a) Aushändigung von Unterlagen 507
   b) Informationspflicht 510
   c) Dispositionsfreiheit des Unternehmers, Grenzen 513
   d) Verbot der Schädigung 516
   e) Konkurrenzverbot 517
   f) Treuepflicht 518
   g) Unabdingbarkeit 519
VI. Provisionsanspruch des Handelsvertreters gem. § 86 b HGB, § 87 HGB 520
1. Delkredereprovision 520
2. Provision 523
   a) Provisionspflichtige Geschäfte 523
   b) Rechtsnatur der Provision 526
   c) Ursächlichkeit, Mitursachlichkeit 529
   d) Provision bei verflochtenen Unternehmen 531
   e) Provision bei Nachbestellungen und Folgegeschäften 532
3. Bezirksvertreterprovision 533
   a) Bezirksvertretung 534
   b) Zuweisung 535
   c) Alleinvertretung 536
   d) Umfang der Bezirksvertreterprovision . 537
   e) Bezirksvertreterprovision bei mehreren Handelsvertretern 540
4. Provision bei Geschäften nach Vertragsbeendigung 541
5. Inkassoprovision 546
6. Abdingbarkeit 547
7. Rechtslage bei Insolvenz 548

VII. Fälligkeit und Höhe der Provision, § 87 a HGB, § 87 b HGB 549
1. Voraussetzungen des § 87 a HGB 549
   a) Grundsätzliches 549
   b) Vorschuss 550
   c) Ausführung 552
   d) Nichtleistung des Dritten, Nichtausführung des Geschäfts 554
   e) Beweislast 561
   f) Unabdingbarkeit 562
2. Höhe der Provision 563
   a) Üblichkeit, Beweislast 563
   b) Berechnung der Provision 565
   c) Provision bei Dauerschuldverhältnissen 567
   d) Abdingbarkeit 570
VIII. Abrechnung über die Provision, Kontroll- und Sicherungsrechte des Handelsvertreters, § 87 c HGB 571
1. Abrechnung über die Provision 571
   a) Die Abrechnung im Einzelnen 571
   b) Durchsetzung des Abrechnungsanspruchs 575
2. Kontroll- und Sicherungsrechte – Buchauszug 577
3. Auskunftsanspruch 587
4. Anspruch auf Einsicht in die Geschäftsbücher 588
5. Anspruch auf Ergänzung des Buchauszuges 590
6. Unabdingbarkeit 591
7. Vorgehen im Streitfall 592
IX. Verjährung, Ersatz von Aufwendungen sowie Zurückbehaltungsrecht, § 88 HGB aF, § 87 d HGB, § 88 a HGB 602
1. Verjährung, § 88 HGB aF, §§ 195 f BGB . 602
   a) Rechtslage vor und nach dem VerjährungsanpassungG 602
   b) Verjährung der Hilfsansprüche des § 87 c HGB 605
   c) Abdingbarkeit 608
2. Ersatz von Aufwendungen, § 87 d HGB .. 611
   a) Voraussetzungen des §§ 87 d HGB 611
   b) Abdingbarkeit 616
3. Zurückbehaltungsrecht, § 88 a HGB 617
   a) Grundsätzliches 617
   b) Voraussetzungen des § 88 a HGB 618
X. Kündigung des Handelsvertretervertrages, § 89, § 89 a HGB 621
1. Fristgemäße Kündigung 621
   a) Verträge auf unbestimmte Zeit 621
   b) Verträge auf bestimmte Zeit 626
   c) Ausschluss der ordentlichen Kündigung 627
2. Fristlose Kündigung 628
   a) Wichtiger Grund 629
   b) Abmahnung 633
   c) Unabdingbarkeit 635
   d) Kündigungserklärung 637
   e) Fallgestaltungen 642
   f) Schadensersatzanspruch 643
   g) Beweislast 649
3. Vorgehen im Streitfall 650
XI. Geschäfts- und Betriebsgeheimnisse, § 90 HGB, Umfang der Vollmacht des Handelsvertreters, § 91, 91 a HGB 656
1. Geschäfts- und Betriebsgeheimnisse 656
   a) Voraussetzungen des § 90 HGB 656

	b) Rechtsfolgen bei Verletzung der Geheimhaltungspflicht 662
	2. Umfang der Vollmacht des Handelsvertreters 663
	3. Mangel der Vertretungsmacht 665
XII.	Handelsvertreter außerhalb der EG, Schifffahrtsvertreter, § 92 c HGB 668
	1. Tätigkeit des Handelsvertreters außerhalb der EG 668
	a) Rechtswahlfreiheit 669
	b) Rechtslage bei fehlender Rechtswahl .. 670
	c) Fallgestaltungen 673
	2. Schifffahrtsvertreter 676
XIII.	Der Versicherungs- und Bausparkassenvertreter gemäß § 92, §§ 84 f HGB 677
	1. Der Versicherungsvertreter 677
	a) Definition des Versicherungsvertreters . 677
	b) Buchauszug 680
	c) Abweichungen von den §§ 84 f HGB .. 681
	d) Nachbearbeitung 687
	e) Klageverzichtsklauseln 693
	f) Stornoreserve 694
	g) Darlegungs- und Beweislast 695
	2. Der Bausparkassenvertreter 697
XIV.	Der Ausgleichsanspruch des Handelsvertreters (Warenvertreters) gemäß § 89 b HGB 698
	1. Grundsätzliches 698
	a) Sinn und Zweck des § 89 b HGB 698
	b) Anwendungsbereich 699
	2. Voraussetzungen des Ausgleichsanspruchs 701
	a) Beendigung des Handelsvertretervertrages 701
	b) Geschäftsverbindung mit vom Handelsvertreter geworbenen Neukunden 704
	c) Erhebliche Vorteile 711
	d) Provisionsverlust 719
	e) Billigkeit 730
	f) Abzinsung 736
	g) Zinsen 738
	3. Kappungsgrenze 739
	4. Formel für die Berechnung des Ausgleichsanspruchs 742
	5. Ausschluss des Ausgleichsanspruchs gemäß § 89 b Abs. 3 Nr. 1–3 HGB 743
	a) Grundsätzliches 743
	b) Eigenkündigung des Handelsvertreters, § 89 b Abs. 3 Nr. 1 HGB 744
	c) Kündigung des Unternehmers, § 89 b Abs. 3 Nr. 2 HGB 753
	d) Vereinbarung zwischen Unternehmer und Handelsvertreter, § 89 b Abs. 3 Nr. 3 HGB 758
	6. Abweichende Vereinbarungen, Ausschlussfrist gemäß § 89 b Abs. 4 HGB 759
	a) Ausschluss des Ausgleichsanspruchs im Voraus 759
	b) Ausschlussfrist 766
XV.	Der Ausgleichsanspruch des Versicherungs- und Bausparkassenvertreters gemäß § 89 b Abs. 5 HGB 774
	1. Grundsätzliches 774

	2. Besonderheiten 775
	a) Im Rahmen des § 89 b Abs. 1, 3, 4 HGB 776
	b) Gemäß § 89 b Abs. 5 S. 2 HGB (Kappungsgrenze) 785
	3. Anwendbarkeit des § 89 b Abs. 4 HGB ... 786
XVI.	Der Ausgleichsanspruch des Vertragshändlers (Eigenhändlers), § 89 b HGB analog 791
	1. Vertragshändler, Vertragshändlervertrag . 791
	2. Analoge Anwendung der §§ 84 f HGB ... 792
	a) Voraussetzungen einer analogen Anwendung der §§ 84 f HGB 792
	b) Voraussetzungen einer analogen Anwendung des § 89 b HGB 795
	c) Besonderheiten bei der Berechnung 800
	d) Analoge Anwendung des § 89 b Abs. 4 HGB 802
XVII.	Prozessuale Hinweise bei der Geltendmachung des Ausgleichsanspruchs 803
	1. Gerichtliche Zuständigkeit 803
	2. Vorgehensweise 804
G.	**Der Handelsmakler (Versicherungsmakler)** .. **812**
I.	Begriff des Handelsmaklers, Abgrenzung zum Zivilmakler 812
	1. Grundsätzliches 812
	2. Subsidiäre Anwendung der §§ 652 f BGB . 814
II.	Das Recht des Zivilmaklers 815
	1. Gesetzliches Leitbild des Maklervertrages . 815
	2. Voraussetzungen des § 652 BGB 816
	a) Provisionsanspruch 816
	b) Verwirkung, § 654 BGB 829
III.	Das Handelsmaklerrecht gemäß § 93 HGB .. 832
	1. Rechte und Pflichten des Handelsmaklers 832
	a) Tätigkeit des Handelsmaklers 832
	b) Gesetzliches Schuldverhältnis 833
	c) Provisionsanspruch 834
	d) Pflichten des Handelsmaklers 838
	e) Verwirkung 840
	f) Verjährung 841
IV.	Die einzelnen Bestimmungen der §§ 94 f HGB 842
	1. Die Schlussnote, §§ 94, 95 HGB 842
	a) Funktion der Schlussnote 842
	b) Schlussnote unter Vorbehalt 849
	2. Aufbewahrung von Proben, § 96 HGB ... 855
	3. Keine Inkassovollmacht, § 97 HGB 857
	4. Haftung gegenüber beiden Parteien, § 98 HGB 858
	5. Lohnanspruch gegen beide Parteien, § 99 HGB 860
	6. Tagebuch, Auszüge, Vorlegung im Rechtsstreit, Ordnungswidrigkeit, §§ 100–103 HGB 862
	a) Tagebuch 862
	b) Vorlegungspflicht 868
	7. Krämermakler, § 104 HGB 871
V.	Der Versicherungsmakler 873
	1. Rechtsstellung des Versicherungsmaklers . 873
	2. Provisionsanspruch 878
	2. Maklerwechsel, Maklereinbruch 884

Einleitung

1 Das erste Buch des HGB enthält die **grundlegenden Regeln** für den kaufmännischen Betrieb. Maßgeblich für die Anwendbarkeit des Handelsrechts ist die Kaufmannseigenschaft. Dem subjektiven System folgend wird zunächst der Begriff des Kaufmanns definiert und schließen sich register- (Anmeldung, Eintragung, Publizität) und firmenrechtliche (Firma, Haftung bei Veräußerung, Vererbung und Erweiterung des Handelsgeschäfts) Regelungen an. Entsprechend den arbeitsteiligen Erfordernissen werden weiterhin die besonderen handelsrechtlichen Vollmachten (Prokura und Handlungsvollmacht) sowie die für kaufmännische Hilfspersonen (Handelsvertreter, Handelsmakler) geltenden Besonderheiten geregelt. Die ebenfalls im HGB enthaltenen Bestimmungen über Handlungsgehilfen und Handlungslehrlinge (§§ 59–83 HGB) betreffen hingegen das Arbeitsrecht und sind daher in diesem Zusammenhang nicht gesondert zu behandeln.

A. Kaufleute, §§ 1–7 HGB

I. Begriff des Kaufmanns

2 Der weit gefasste Kaufmannsbegriff bildet den Mittelpunkt des Handelsrechts, das damit einem subjektiven System folgt. Allein die Kaufmannseigenschaft ist für die Anwendbarkeit der besonderen handelsrechtlichen Bestimmungen maßgeblich. Kaufmann ist nach § 1 Abs. 1 HGB jeder, der ein Handelsgewerbe betreibt, mit Ausnahme der Kleingewerbetreibenden.

3 Die Kaufmannseigenschaft ist damit an zwei Kriterien geknüpft:
- zum einen muss ein **Gewerbe betrieben** werden;
- zum anderen muss dieses als **Handelsgewerbe** zu qualifizieren sein, was aber nach § 1 Abs. 2 HGB im Zweifel auf jeden Gewerbebetrieb zutrifft, wenn nicht der Betreiber zu belegen vermag, dass er eines nach Art oder Umfang in kaufmännischer Weise eingerichteten Geschäftsbetriebs nicht bedarf (Kleingewerbetreibender).

4 Wer diese Kriterien erfüllt ist Kaufmann allein aufgrund seiner Betätigung und unabhängig davon, ob er seiner Pflicht zur Eintragung in das Handelsregister nachkommt, die in diesem Fall nur deklaratorische Wirkung hat (**Istkaufmann**). Gleichwohl können Nichtkaufleute, wie die Kleingewerbetreibenden, unter bestimmten Voraussetzungen die Kaufmannseigenschaft durch (konstitutive) Eintragung erlangen (Kannkaufmann). Noch weiter gefasst ist der Begriff des **Unternehmers** (§ 14 BGB); dieser erfasst – als Oberbegriff – nicht nur den Kaufmann, sondern auch Kleingewerbetreibende und die Vertreter freier Berufe. § 14 BGB beschreibt den Unternehmer als Vertragspartei, wohingegen es sich bei dem Kaufmann des § 1 HGB um einen Statusbegriff handelt: Ein Kaufmann ist dies ohne Ausnahme und ununterbrochen; seine Kaufmannseigenschaft kann nicht abgelegt werden. Die Unternehmereigenschaft beurteilt sich hingegen nach dem einzelnen Rechtsgeschäft.[6]

1. Gewerbe

a) Begriff

5 Nach dem im Grundgesetz (Art. 12 Abs. 1 GG) und in der Gewerbeordnung (§ 1 GewO) verankerten Prinzip der Gewerbefreiheit ist jedermann berechtigt, ein Gewerbe zu betreiben. Unter **Gewerbe** versteht man herkömmlich[7] eine
- planmäßig und auf gewisse Dauer (was Saisonbetriebe nicht ausschließt, aber für eine ARGE im Baugewerbe zu verneinen ist, deren Zweck sich mit der Durchführung eines Projekts erledigt),
- nach außen hin in Erscheinung tretende (woran es bei der Verwaltung eigenen Vermögens fehlt,[8] vgl aber § 105 Abs. 2 HGB),

---

6 Erman/*Saenger* § 14 Rn 2.
7 Vgl nur *Canaris*, Handelsrecht, § 2 Rn 2 ff; Baumbach/Hopt/*Hopt* § 1 Rn 12 ff; MünchKommHGB/*K. Schmidt* § 1 Rn 22–36, insbesondere auch zur Abgrenzung vom Gewerbebegriff des Gewerberecht, des Steuerrechts und des BGB.
8 Koller/Roth/Morck/*Roth* § 1 Rn 7 a.

- erlaubte,[9]
- rechtliche, nicht notwendigerweise wirtschaftlich, selbständige (was eine Tätigkeit im Angestelltenverhältnis ausschließt),
- entgeltliche und auf Gewinnerzielung gerichtete Tätigkeit,
- auf wirtschaftlichem Gebiet,
- die nicht zu den freien Berufen gehört.[10]

b) Rechtsfragen aus der Praxis

aa) Gewinnerzielungsabsicht

Das Erfordernis der Gewinnerzielungsabsicht – wobei es nur auf die Absicht, nicht aber darauf ankommt, ob tatsächlich Gewinne gemacht werden – wird von der Rechtsprechung vorausgesetzt;[11] dies ist aber nicht unumstritten.[12] Nach überwiegender Ansicht ist nämlich jede **wirtschaftliche Tätigkeit am Markt** als gewerbliche Tätigkeit anzusehen, auch wenn aus steuerlichen Gründen kein Gewinn erzielt oder nur Hilfsfunktionen in einem Konzernverbund wahrgenommen werden sollen. Ebenso ist bei öffentlichen Unternehmen (Eigenbetrieben) von gewerblicher Tätigkeit auszugehen, wenn diese entgeltlich nach betriebswirtschaftlichen Grundsätzen geführt werden und am Markt in Wettbewerb mit Privatunternehmen treten, wobei auch auf die Verkehrsanschauung abzustellen ist.[13]

6

bb) Freiberufliche Tätigkeit

Gerade die **Abgrenzung** des Kaufmanns **vom freien Beruf** wirft Schwierigkeiten auf. Als Freiberufler können bspw Rechtsanwälte, Notare, Wirtschaftsprüfer, Steuerberater, Ärzte und Zahnärzte keine Kaufleute sein. Der ebenfalls einen freien Beruf ausübende Apotheker ist hingegen als Kaufmann zu qualifizieren. Zwar kann die detaillierte Aufzählung der freien Berufe in § 1 Abs. 2 S. 2 PartGG einen ersten Anhaltspunkt geben. Gleichwohl ist die an § 18 EStG angelehnte Regelung zu weit gefasst und berücksichtigt nicht das für die Freiberuflichkeit charakteristische Kriterium der individuellen Fähigkeit und höchstpersönlichen Leistungserbringung.[14] Insoweit werden für die freiberufliche Tätigkeit hohe Anforderungen gestellt: Die in § 1 Abs. 2 PartGG genannte Tätigkeit des Heilpraktikers[15] wurde ebenso wie die des Softwareentwicklers (insbesondere wegen Fehlens einer Berufsordnung)[16] als gewerbliche Tätigkeit qualifiziert. Bei Mischtätigkeiten ist maßgeblich, welche Tätigkeit den Schwerpunkt bildet.[17]

7

2. Handelsgewerbe

Liegen die Voraussetzungen für den Betrieb eines Gewerbes vor, begründet § 1 Abs. 2 HGB grundsätzlich die **Vermutung für** das Vorliegen eines **Handelsgewerbes** und damit für die Kaufmannseigenschaft. Ein nicht eingetragener Unternehmer, der den handelsrechtlichen Sonderregelungen entgehen will, hat diese Vermutung zu widerlegen und trägt die Darlegungs- und Beweislast dafür, dass lediglich ein Kleingewerbe betrieben wird, weil entweder nach der Art oder nach dem **Umfang** seines Unternehmens kein in kaufmännischer Weise eingerichteter Geschäftsbetrieb erforderlich und er deshalb „Nichtkaufmann" oder „Kleingewerbetreibender" ist. Dies führt im Rechtsverkehr freilich eher

8

---

9 Das Erfordernis öffentlich-rechtlicher Erlaubtheit ist umstritten, aber letztlich nicht von besonderer Relevanz, vgl dazu *Canaris*, Handelsrecht, § 2 Rn 13.
10 Ebenso ist eine künstlerische oder wissenschaftliche Tätigkeit nicht als Gewerbe zu qualifizieren, MünchKommHGB/ *K. Schmidt* § 1 Rn 32 f.
11 BGHZ 36, 273, 276; 95, 155, 157 ff.
12 Ebenroth/Boujong/Joost/*Kindler* § 1 Rn 27 ff; Baumbach/Hopt/*Hopt* § 1 Rn 16; *Canaris*, Handelsrecht, § 2 Rn 14; MünchKommHGB/*K. Schmidt* § 1 Rn 31.
13 Baumbach/Hopt/*Hopt* § 1 Rn 16.
14 Koller/Roth/Morck/*Roth* § 1 Rn 15; *Canaris*, Handelsrecht, § 2 Rn 10; MünchKommHGB/*K. Schmidt* § 1 Rn 34 befürwortet hingegen die Anlehnung an die Regelung im PartGG.
15 BayObLG, Rpfleger 2002, 454.
16 BGHZ 144, 86.
17 Koller/Roth/Morck/*Roth* § 1 Rn 15; abw. MünchKommHGB/*K. Schmidt* § 1 Rn 35.

zu Rechtsunsicherheit. Ob jemand Kleingewerbetreibender ist bzw es ihm gelingt, dies auch nachzuweisen, erweist sich letztlich erst im Prozess.

9 Die Kriterien Art und Umfang sind nämlich gesetzlich nicht definiert und bedürfen der Konkretisierung durch die Rechtsprechung. Zur Abgrenzung sind die Maßstäbe heranzuziehen, die nach altem Recht zur Unterscheidung von Vollkaufmann und Minderkaufmann entwickelt wurden. Entscheidend ist nicht, ob eine kaufmännische Einrichtung tatsächlich vorhanden ist, sondern ob sie den Umständen nach erforderlich ist. Im Rahmen einer Gesamtwürdigung können dabei folgende qualitativen und quantitativen **Kriterien** Berücksichtigung finden, ohne dass die Aufzählung erschöpfend wäre:[18]

- hinsichtlich der Art der Geschäftstätigkeit:
  - Art und Zahl der Geschäftsabschlüsse,
  - die Vielfalt der Erzeugnisse und Leistungen,
  - die aktive oder passive Teilnahme am Frachtverkehr,
  - die Teilnahme am Wechselverkehr und
  - eine grenzüberschreitende Tätigkeit;
- hinsichtlich des **Umfangs**:
  - Umsatzvolumen,
  - Anlage- und Betriebskapital,
  - Zahl und Funktion der beschäftigten Mitarbeiter sowie
  - Größe, Zahl und Organisation der Betriebsstätten, wobei das Gesamtbild des Betriebes maßgeblich ist.

Indes wurde bewusst davon Abstand genommen, bestimmte Mindestgrößenanforderungen im Gesetz zu konkretisieren. Vielmehr bedarf es jeweils einer individuellen Bewertung von Art und Umfang der Geschäftstätigkeit, weshalb die vorgenannten Kriterien allenfalls Indizwirkung haben können.

II. Kleingewerbetreibender

10 Fällt die Abwägung nach § 1 Abs. 2 HGB gegen die Annahme eines Handelsgewerbes und damit gegen die (Ist-)Kaufmannseigenschaft aus, vermag ein solcher Kleingewerbetreibender gleichwohl unter den Voraussetzungen des § 2 HGB die Kaufmannseigenschaft zu erlangen (**Kannkaufmann**). Ansonsten finden auf Kleingewerbetreibende die für Kaufleute geltenden Regelungen in der Regel keine Anwendung; insbesondere können sie nicht in das Handelsregister eingetragen werden, führen keine Firma, können keine handelsrechtlichen Vollmachten erteilen und führen abgesehen von steuerrechtlichen Vorgaben auch keine Handelsbücher (zu Ausnahmen sogleich Rn 11).

1. Allgemeines

11 Dieser Grundsatz wird aber durch gezielte **Einzelregelungen** wieder durchbrochen. Bestimmte handelsrechtliche Vorschriften finden nämlich auf Kleingewerbetreibende, die sich nicht in das Handelsregister eintragen lassen, gleichwohl Anwendung. Diese Ausnahme vom allgemeinen Grundsatz, nur zwischen Kaufleuten und Nichtkaufleuten zu unterscheiden (subjektives System), hat (objektiv) bezüglich bestimmter Arten von Geschäften die Entstehung eines „Sonderprivatrechts für Gewerbetreibende"[19] zur Folge, dass allerdings nur einen engen Bereich erfasst. Dies gilt nach

- § 84 Abs. 4 HGB für das Handelsvertreterrecht (Rn 448 ff) und damit auch für die dort niedergelegten Schutzvorschriften;
- § 93 Abs. 3 HGB für das Handelsmaklerrecht (Rn 812 ff);
- § 383 Abs. 2 HGB für das Kommissionsrecht (§ 2 Rn 167 ff).

Für nichtkaufmännische Kleinkommissionäre gelten aufgrund § 383 Abs. 2 HGB zudem die §§ 343–372 HGB mit Ausnahme der §§ 348–350 HGB.[20] Gleiches gilt für Frachtführer, Spediteure

---

18 Vgl nur Baumbach/Hopt/*Hopt* § 1 Rn 23; MünchKommHGB/*K. Schmidt* § 1 Rn 70–74.
19 *Canaris*, Handelsrecht, § 3 Rn 26.
20 Begründung des Regierungsentwurfs HRefG, BT-Drucks. 13/8444, S. 61 f.

und Lagerhalter aufgrund der durch das Transportrechtsreformgesetz (TRG)[21] neu gefassten §§ 407 Abs. 3 S. 2, 453 Abs. 3 S. 2 und 467 Abs. 3 S. 2 HGB. Es handelt sich dabei sämtlich um solche Unternehmungen, die nach früherem Recht als Minderkaufleute galten und deshalb dem Handelsrecht unterfielen. Auch können auf Kleingewerbetreibende einzelne handelsrechtliche Bestimmungen und Grundsätze **analog** anzuwenden sein, wie bspw die Grundsätze über die Rechtsscheinshaftung und über das kaufmännische Bestätigungsschreiben, jedenfalls soweit es sich bei dem Kleingewerbetreibenden um den Absender handelt.[22]

2. Rechtsfragen aus der Praxis

Zu Recht ist darauf hingewiesen worden, dass diese flickstückartige Regelung zu **Ungereimtheiten** und zu einer neuen Analogiedebatte im Bereich des Handelsschuldrechts führt.[23] So finden etwa die Vorschriften des § 362 HGB über den Vertragsschluss durch Stillschweigen (§ 2 Rn 14 ff), § 366 HGB über den gutgläubigen Erwerb auch bei Vertrauen auf die bloße Verfügungsmacht des Veräußerers (§ 2 Rn 60 ff), § 377 HGB über die Untersuchungs- und Rügelast beim Kauf (§ 2 Rn 124 ff) und § 56 HGB über die Ladenvollmacht (Rn 258) auf nicht eingetragene Kleingewerbetreibende nur Anwendung, wenn es sich um kleine Handelsvertreter, Handelsmakler oder Kommissionäre handelt.[24] Dies führt aber dazu, dass die Anwendung strengerer handelsrechtlicher Vorschriften alleine davon abhängt, ob sich ein Kleingewerbetreibender eintragen lässt. Auch kann die Anwendung handelsrechtlicher Vorschriften vom Zufall abhängen, etwa wenn ein kleiner Händler teilweise den Regelungen unterfällt, nämlich wenn es sich um Kommissionsware handelt, und andernfalls die Regelungen keine Anwendung finden. Übersehen wurde offenbar auch, dass Handelsgewohnheitsrecht, wie etwa die Grundsätze über das kaufmännische Bestätigungsschreiben (§ 2 Rn 19 ff), durchaus auch auf nicht eingetragene Kleingewerbetreibende Anwendung finden kann, was zu weiteren Divergenzen mit dem gesetzlichen Handelsrecht führen kann.[25] Hinzuweisen ist schließlich darauf, dass auch auf nicht eingetragene Kleingewerbetreibende die verbraucherschützenden Normen unanwendbar sind.[26]

12

III. Einteilung der Kaufleute

Demzufolge unterscheidet das Handelsrecht folgende Arten von Kaufleuten:

13

1. (Ist-) Kaufmann, § 1 HGB

a) Allgemeines

Kaufmann ist nach § 1 Abs. 1 HGB wer ein Handelsgewerbe betreibt. Der Gewerbebegriff, der Freiberufler grundsätzlich ausnimmt, bestimmt sich nach den traditionellen Merkmalen (selbständige, planmäßige, auf Dauer angelegte nach außen in Erscheinung tretende Tätigkeit mit Gewinnerzielungsabsicht). Als Handelsgewerbe gilt jede gewerbliche Tätigkeit mit Ausnahme der Kleinbetriebe. Die Kaufmannseigenschaft folgt alleine aus der Aufnahme der gewerblichen Tätigkeit. Die Eintragung in das Handelsregister hat nur deklaratorische Bedeutung. Unter den weiten Begriff des Handelsgewerbes lassen sich erst seit Inkrafttreten des HRefG auch das Handwerk und das weite Feld der Dienstleistungen subsumieren. Gerade dem Dienstleistungsbereich kommt seit langem mit etwa 85 % der Unternehmensgründungen die größte Bedeutung zu, wobei nicht nur an die Bereiche Telekommunikation, Datenverarbeitung, Kredit- und Versicherungsunternehmen zu denken ist. Soweit das Handelsrecht an die Kaufmannseigenschaft besondere Rechtsfolgen knüpft, gelten diese nur für

14

---

21 Gesetz zur Neuregelung des Fracht-, Speditions- und Lagerrechts (Transportrechtsreformgesetz – TRG) vom 25.6.1998, BGBl. I S. 1588.
22 Baumbach/Hopt/*Hopt* § 1 Rn 10 und § 346 Rn 18 f.
23 Siehe hierzu und zu den nachfolgenden Beispielen nur *K. Schmidt*, NJW 1998, 2161, 2163 f.
24 Indes soll nach der Gesetzesbegründung § 56 auf Kleingewerbetreibende entsprechend anwendbar sein, Begründung des Regierungsentwurfs HRefG, BT-Drucks. 13/8444, S. 30. Dazu auch *Bülow/Artz*, JuS 1998, 680, 681 und kritisch *K. Schmidt*, NJW 1998, 2161, 2163.
25 Dazu *K. Schmidt*, NJW 1998, 2161, 2164 unter Hinweis auf BGHZ 40, 42.
26 Dies folgt aus § 24 a AGBG, § 6 Nr. 1 HausTWG, § 1 I VerbrKrG; Art. 2 Nr. 2 Fernabsatzrichtlinie; s. dazu auch *Bülow/Artz* JuS 1998, 680.

den handelsgewerblichen Betrieb, nicht aber für Privatgeschäfte des Kaufmanns, wobei dieser freilich die nach § 344 HGB regelmäßig für ein Handelsgeschäft sprechende Vermutung (§ 2 Rn 8) zu widerlegen hat.

b) Rechtsfragen aus der Praxis

15 Weil die Handelsregistereintragung keine konstitutive Bedeutung für die Kaufmanns-Eigenschaft hat, kommt dem Betreiben des Handelsgewerbes besondere Bedeutung zu.[27] Aufgenommen wird der Betrieb bereits mit dem Tätigen bloßer Vorbereitungsgeschäfte.[28] Auch kann eine Person mehrere selbständige Gewerbe nebeneinander betreiben und in dem einen als Kaufmann, in dem anderen aber als Kleingewerbetreibender gelten;[29] bezüglich des zweiten Unternehmens finden dann die besonderen handelsrechtlichen Regelungen keine Anwendung. Für das Betreiben kommt es nicht darauf an, dass Geschäfte auf eigene Rechnung getätigt werden oder welche Eigentumsverhältnisse an dem Unternehmen bestehen. **Betreiber** des Gewerbes ist der, für und gegen den die im Rahmen des Handelsgewerbes geschlossenen Geschäfte wirken.[30] Daher sind auch Pächter und Nießbraucher Kaufmann.[31] Auch Minderjährige und Entmündigte können Kaufmannseigenschaften besitzen; für sie handelt ihr gesetzlicher Vertreter, der für bestimmte Geschäfte der Genehmigung des Vormundschaftsgerichts bedarf.[32] Führt ein Erbe oder eine Erbengemeinschaft das geerbte Handelsgeschäft fort, so ist der Erbe bzw die – auch als solche einzutragende – Miterbengemeinschaft Kaufmann; freilich entsteht – auch nicht nach längerer Fortführung – keine Handelsgesellschaft.[33] Keine Kaufleute sind Insolvenzverwalter[34] (Kaufmann bleibt der Gemeinschuldner) und der Testamentsvollstrecker, wenn er das Gewerbe im Namen der Erben fortführt (Vollmachtlösung); wohl aber der Testamentsvollstrecker, der als Treuhänder im eigenen Namen für die Erben tätig und auch mit Testamentsvollstreckervermerk in das Handelsregister eingetragen wird (Treuhandlösung).[35] Kaufleute sind ebenfalls die Gesellschafter einer OHG und die Komplementäre einer KG,[36] nicht aber Kommanditisten[37] und Gesellschafter von Kapitalgesellschaften, weil das Halten eines Geschäftsanteils keine gewerbliche Tätigkeit, sondern Vermögensverwaltung ist;[38] selbst dem geschäftsführenden Gesellschafter der GmbH wird keine Kaufmannseigenschaft zuerkannt.[39] Ebenso sind Mitarbeiter des Unternehmens, auch leitende Angestellte und Prokuristen, keine Kaufleute.[40]

2. Kleingewerbetreibender als Kannkaufmann, § 2 HGB

a) Allgemeines

16 Kleingewerbetreibende, deren Unternehmen nach Art und Umfang keinen in kaufmännischer Weise eingerichteten Geschäftsbetrieb erfordert, sind nach § 1 Abs. 2 HGB grundsätzlich **keine Kaufleute** (Rn 10). Ihnen wird aber in § 2 HGB die Möglichkeit eröffnet, die uneingeschränkte Kaufmannseigenschaft durch konstitutive Eintragung zu erlangen. Dies ist eine Berechtigung, aber keine Verpflichtung. Lässt sich ein Kleingewerbetreibender mit einer kaufmännischen Firma in das Handelsregister eintragen, gilt er als Kaufmann und unterliegt uneingeschränkt dem HGB. Diese Option ist nach § 2 S. 3 HGB jederzeit frei widerruflich („Kaufmann mit Rückfahrschein"), wenn er Kleinge-

---

27 MünchKommHGB/*K. Schmidt* § 1 Rn 12.
28 MünchKommHGB/*K. Schmidt* § 1 Rn 7.
29 Baumbach/Hopt/*Hopt* § 1 Rn 29; MünchKommHGB/*K. Schmidt* § 1 Rn 38.
30 MünchKommHGB/*K. Schmidt* § 1 Rn 53.
31 OLG Köln, NJW 1963, 541; Baumbach/Hopt/*Hopt* § 1 Rn 30; MünchKommHGB/*K. Schmidt* § 1 Rn 54.
32 Baumbach/Hopt/*Hopt* § 1 Rn 32–39; MünchKommHGB/*K. Schmidt* § 1 Rn 56.
33 BGHZ 92, 259 = NJW 1985, 136, 137; Baumbach/Hopt/*Hopt* § 1 Rn 37 f; MünchKommHGB/*K. Schmidt* § 1 Rn 52.
34 BGH NJW 1987, 1940; Baumbach/Hopt/*Hopt* § 1 Rn 47.
35 RGZ 132, 138, 143; Baumbach/Hopt/*Hopt* § 1 Rn 41 f; MünchKommHGB/*K. Schmidt* § 1 Rn 58–61.
36 BGHZ 34, 293, 296; 45, 282, 284.
37 BGHZ 45, 282, 284.
38 BGH NJW 1996, 2156, 2158.
39 BGHZ 5, 133, 134; BGH NJW-RR 1987, 42.
40 Baumbach/Hopt/*Hopt* § 1 Rn 31; MünchKommHGB/*K. Schmidt* § 1 Rn 55.

werbetreibender geblieben ist und nicht zwischenzeitlich die Voraussetzungen des § 1 Abs. 2 HGB erfüllt.[41] Die Eigenschaft des Kannkaufmanns bleibt auch bei der Rechtsnachfolge erhalten, soweit die Firma vom Erwerber fortgeführt wird.[42]

b) Rechtsfragen aus der Praxis

Ob das **Optieren** zur Kaufmannseigenschaft vorteilhaft ist, muss jeweils im Einzelfall beurteilt werden. Grundsätzliche Gesichtspunkte sprechen hierfür jedoch nicht. Zwar steht einem Kaufmann bspw nach § 352 HGB der gesetzliche Zinssatz von 5 % (§ 2 Rn 58), der Provisionsanspruch des § 354 HGB (§ 2 Rn 58) oder das erweiterte Zurückbehaltungsrecht nach §§ 369 ff HGB (§ 2 Rn 83 ff) zu. Hingegen kann sich aber das Recht des Verkäufers, sich beim beiderseitigen Handelskauf auf die Rügeobliegenheit des Käufers nach § 377 HGB (§ 2 Rn 124 ff) zu berufen, als nachteilig erweisen, wenn der Kannkaufmann gerade nicht als Verkäufer, sondern als Käufer auftritt. Als ungünstig können sich auch der Verlust des Schutzes der Formerfordernisse bei Bürgschaft, Schuldversprechen und -anerkenntnis nach § 350 HGB (§ 2 Rn 58), die registerrechtliche Haftung des § 15 HGB und das Entstehen von Buchführung-, Inventarisierungs- und Bilanzierungspflichten nach §§ 238 ff, 242 ff HGB (§ 13 Rn 1 ff) erweisen.

17

3. Kaufmann im Bereich der Land- und Forstwirtschaft, § 3 HGB

a) Allgemeines

Land- und Forstwirt ist, wer eine Tätigkeit ausübt, bei der durch **Bearbeitung und Ausnutzung des Bodens** organische Rohstoffe gewonnen werden (Ackerbau, Holzwirtschaft, mit selbsterzeugtem Futter betriebene Viehzucht, selbstgezogene Produkte verkaufende Gärtnereien).[43] Hierunter fallen mangels Bodennutzung nicht Fischerei, Fisch-, Hunde-, Vogelzucht und, mangels pflanzlicher oder tierischer Rohstoffe, Urproduktionen wie Kies-, Torf- oder Mineraliengewinnung.[44] Ein Land- und Forstwirt ist, auch wenn er eines in kaufmännischer Weise eingerichteten Geschäftsbetriebes bedarf, nach § 3 Abs. 1 HGB **kein Istkaufmann** – was wegen der Unanwendbarkeit des „strengen" Handelsrechts als Privilegierung zu verstehen ist. Ein solches Unternehmen kann aber nach § 3 Abs. 2 HGB zur (Kann-)Kaufmannseigenschaft optieren,

18

- soweit es einen nach Art oder Umfang in kaufmännischer Weise eingerichteten Geschäftsbetrieb erfordert *und*
- der Unternehmer von seiner Berechtigung Gebrauch macht, die Eintragung in das Handelsregister herbeizuführen.

Diese Regelung, wonach die Kaufmannseigenschaft nur durch Handelsregistereintrag begründet werden kann, wird in § 3 Abs. 3 HGB auch auf solche Unternehmen ausgedehnt, die ein **Nebengewerbe** des land- und forstwirtschaftlichen Unternehmens darstellen. Ein Nebengewerbe ist ein besonderes, selbständiges, aber demselben Geschäftsherrn gehörendes Unternehmen, das in einer inneren Abhängigkeit von dem Hauptgewerbe der Land- und Forstwirtschaft steht. Dies ist insbesondere der Fall bei der

19

- Verarbeitung der Erzeugnisse des Hauptbetriebes im Nebenbetrieb (zB Brauereien, Brennereien)
- Gewinnung oder Verarbeitung anorganischer Bestandteile des land- und forstwirtschaftlichen Grundstücks im Nebenbetrieb (zB Schieferbrüche, Ziegeleien).

Typische Nebengewerbe sind etwa der An- und Verkauf von Futtermitteln, dagegen nicht aber die Tätigkeit als Vertragshändler für landwirtschaftliche Maschinen.[45]

---

41 Koller/Roth/Morck/*Roth* § 2 Rn 3; MünchKommHGB/*K. Schmidt*, § 2 Rn 22.
42 So bereits zu § 2 HGB aF BGHZ 59, 179, 182; 73, 217, 220.
43 *Canaris*, Handelsrecht, § 3 Rn 33.
44 Baumbach/Hopt/*Hopt* § 3 Rn 4; zu Abgrenzungsfragen vgl MünchKommHGB/*K. Schmidt* § 3 Rn 14–18.
45 Zur Kasuistik vgl MünchKommHGB/*K. Schmidt* § 3 Rn 33–36.

b) Rechtsfragen aus der Praxis

20 Optiert der Land- und Forstwirt als größeres Unternehmen zur Kaufmannseigenschaft, ist dies – anders als beim Kannkaufmann nach § 2 HGB – **nicht widerruflich**, sondern entfällt die Kaufmannseigenschaft lediglich bei Absinken zum Kleingewerbe („Kaufmann ohne Rückfahrschein")[46] und auch im Fall der Rechtsnachfolge nur, wenn die Firma vom Erwerber nicht fortgeführt wird. Die eigentlich als Privileg verstandene Sonderregelung ist aber gerade deshalb unbefriedigend und hinderlich. Kaufmannseigenschaft nach § 3 HGB kann ein solches Unternehmen nämlich nur erlangen, wenn es sich nicht um einen Kleingewerbebetrieb handelt. Die Freiheit des Kleingewerbetreibenden, über Erwerb und Ausstieg aus der Kaufmannseigenschaft nach § 2 HGB frei zu entscheiden, bleibt Land- und Forstwirten im Grunde verwehrt.[47] In der Praxis werden diese kleingewerblichen Unternehmen deshalb erforderlichenfalls unter Berufung auf eine (daneben bestehende) Handelstätigkeit die Eigenschaft als Kannkaufmann nach § 2 HGB anstreben. Auf Art und Umfang des gewerblichen Unternehmens wird es damit zwar für die Eintragung nicht mehr ankommen, wohl aber für die Möglichkeit der Löschung aus dem Handelsregister.

4. Kaufmann kraft Rechtsform, § 6 HGB

21 Formkaufmann ist, wer wegen der Rechtsform, in der er am Handelsverkehr teilnimmt, als Kaufmann dem Handelsrecht unterstellt wird, ohne dass die Voraussetzungen der §§ 1 ff HGB vorliegen müssen. Formkaufleute sind alle **Handelsgesellschaften** sowie **juristische Personen**, also OHG, KG, AG, KGaA, GmbH, nicht aber die stille Gesellschaft. Aus der Kaufmannseigenschaft der Handelsgesellschaften folgt, dass alle Geschäfte, die sie nach außen vornehmen, Handelsgeschäfte sind. § 6 HGB gilt grundsätzlich nur für inländische Gesellschaften. Niemals Kaufmannseigenschaft haben die Gesellschaft des bürgerlichen Rechts und der nichtrechtsfähige Verein.

a) Personenhandelsgesellschaften

aa) Allgemeines

22 Indes hat § 6 Abs. 1 HGB für die Personenhandelsgesellschaften OHG und KG **keine eigenständige Bedeutung**. Gesellschafter, die gemeinsam ein Handelsgewerbe betreiben, bilden auch ohne Eintragung gem. § 123 Abs. 2 HGB eine OHG bzw KG. OHG und KG sind daher Kaufmann kraft Betreibens eines Handelsgewerbes, nicht kraft Rechtsform.[48] Eigenständige Bedeutung hat § 6 Abs. 1 HGB aber für die vermögensverwaltende OHG und für eine kleingewerbetreibende Gesellschaft. § 105 Abs. 2 HGB sieht nämlich vor, dass eine Gesellschaft, deren Gewerbebetrieb nicht schon nach § 1 Abs. 2 HGB ein Handelsgewerbe ist oder die nur eigenes Vermögen verwaltet, als OHG eingetragen werden kann. Entsprechendes gilt nach § 161 Abs. 2 HGB für die KG. Damit sind bei entsprechender Option kleingewerbliche und auch vermögensverwaltende Handelsgesellschaften möglich.

bb) Rechtsfragen aus der Praxis

23 Hinsichtlich der **vermögensverwaltenden** Handelsgesellschaften kann dahinstehen, ob in Form der KG eingetragene Holdings, Besitzgesellschaften bei der Betriebsaufspaltung, Immobilienfonds und Komplementär-Personengesellschaften bei der doppelstöckigen GmbH & Co. überhaupt ein Gewerbe betreiben. Dies gilt jedenfalls, wenn man dem Vorschlag folgt, § 105 Abs. 2 HGB weit auszulegen und jede nichtgewerbliche Tätigkeit genügen zu lassen, auch soweit nicht „nur" eigenes Vermögen verwaltet wird.[49] Dies würde sogar Freiberuflern den Zugang zur KG bzw GmbH & Co. KG eröffnen. Letzteres wird aber unter Hinweis auf den Charakter einer Spezialregelung für einen atypischen Teilbereich und auch auf den Wortlaut der Vorschrift noch überwiegend abgelehnt.[50] Diese Frage wird indes im Hinblick auf anhaltende Bestrebungen um eine Liberalisierung des Handelsrechts und auch angesichts der

---

46 MünchKommHGB/*K. Schmidt* § 2 Rn 23.
47 MünchKommHGB/*K. Schmidt* § 3 Rn 27.
48 Baumbach/Hopt/*Hopt* § 6 Rn 2.
49 *K. Schmidt* NJW 1998, 2161 (2165); *ders.* DB 1998, 61 f; *ders.* ZIP 1997, 909 (916 f).
50 *Schön* DB 1998, 1169 (1174); *Schaefer* DB 1998, 1269 (1273 f).

Schwierigkeit, im Einzelfall zwischen Gewerbe und freiem Beruf abzugrenzen,[51] weiterhin Gegenstand kontroverser Diskussionen bleiben. § 105 Abs. 2 HGB hat im übrigen zur Folge, dass Handelsgesellschaften, die zum Kleingewerbe absinken, nicht mehr nach § 142 FGG von Amts wegen zu löschen sind, wenn sie Handelsgesellschaften bleiben wollen und deshalb Widerspruch nach §§ 142 Abs. 3, 141 Abs. 3, 4 FGG erheben.[52]

b) Juristische Personen

Die Kapitalgesellschaften AG, KGaA und GmbH haben unabhängig vom Betreiben eines Handelsgewerbes die Kaufmannseigenschaft kraft Rechtsform. Das gilt sogar, wenn sie nicht nur kein Handelsgewerbe, sondern überhaupt kein Gewerbe betreiben (vgl § 3 AktG, § 13 Abs. 3 GmbHG). Die Eintragung der Kapitalgesellschaften lassen juristische Personen entstehen (§§ 41 Abs. 1 Satz 1, 278 Abs. 3 AktG, § 11 Abs. 1 GmbHG) (§ 6 Rn 467 und § 6 Rn 42), denen alsdann wegen ihrer Rechtsform die **Eigenschaft** eines Kaufmanns **beigelegt** wird (§§ 3, 278 Abs. 3 AktG, § 13 Abs. 3 GmbHG). Vor Eintragung kann eine Vorgesellschaft, die mit Abschluss des Gesellschaftsvertrages bzw der Errichtung der Satzung entsteht[53] (§ 6 Rn 23 ff, § 6 B Rn 501) – nur nach §§ 1 ff HGB Kaufmannseigenschaft haben.[54] Die (Form-) Kaufmannseigenschaft der Kapitalgesellschaft endet, sobald deren Rechtspersönlichkeit erlischt. Neben den Handelsgesellschaften gibt es Verbände, die zwar keine Formkaufleute sind, aber nach den für sie geltenden Sondervorschriften dem Handelsrecht unterliegen, so die Genossenschaften (§ 17 Abs. 2 GenG) und Versicherungsvereine auf Gegenseitigkeit (§ 16 VersAufsG). Für AG, KGaA, GmbH und Genossenschaft bestimmt § 6 Abs. 2 HGB, dass sie niemals den Bestimmungen für Kleingewerbetreibende (§ 2 HGB) unterfallen können.

5. Kaufmann kraft Rechtsschein

Von Kaufleuten kraft Rechtsschein spricht man, wenn jemand nach §§ 1 ff HGB zwar kein Kaufmann ist, aber aus Gründen der Rechtssicherheit und des Verkehrsschutzes[55] in folgenden Fällen **als Kaufmann behandelt** wird:

a) Kaufmann kraft Eintragung, § 5 HGB

Im Fall des **eingetragenen** Scheinkaufmanns des § 5 HGB (sog. **Fiktivkaufmann**), muss sich der eingetragene Gewerbetreibende für und gegen alle – also anders als im Rahmen der Rechtsscheinshaftung auch zu seinen Gunsten – so behandeln lassen, als ob er Kaufmann sei.[56] Dies gilt, obgleich er mangels Betreibens eines Handelsgewerbes „Nichtkaufmann" ist. Gleichwohl behandelt ihn das Gesetz allein aufgrund der Eintragung der Firma im Handelsregister – auch wenn diese nur versehentlich erfolgt – grundsätzlich als Kaufmann.[57] Gemäß § 5 HGB kann deshalb gegenüber demjenigen, der sich auf die Eintragung beruft, nicht geltend gemacht werden, dass das unter der Firma betriebene Gewerbe kein Handelsgewerbe sei.[58] Die Kenntnis des Dritten von der wahren Sachlage steht dem nicht entgegen. Geschützt wird die Institution des Handelsregisters. Die Rechtsfolgen des § 5 HGB gelten allerdings weder im Straf- noch im öffentlichen Recht.[59]

b) Scheinkaufmann

Beim Kaufmann kraft Rechtsscheins[60] knüpft man – über den Verkehrsschutz des § 5 HGB hinausgehend – an ein bestimmtes **äußeres Verhalten** in gewissem Umfang die Rechtsfolge an, dass er wie

---

51 Auf diesen Aspekt weist auch P. *Bydlinski* ZIP 1998, 1169 (1172) hin.
52 Begründung des Regierungsentwurfs HRefG, BT-Drucks. 13/8444, S. 64. Dazu auch *Bülow/Artz* JuS 1998, 680, 681.
53 BGHZ 80, 129; 134, 333.
54 Baumbach/Hopt/*Hopt* § 6 Rn 6; MünchKommHGB/*K. Schmidt* § 6 Rn 12.
55 Dazu MünchKommHGB/*K. Schmidt* § 5 Rn 1.
56 MünchKommHGB/*K. Schmidt* § 5 Rn 31; Baumbach/Hopt/*Hopt* § 5 Rn 6.
57 Zu den von der Fiktion erfassten Rechtsfolgen vgl iE MünchKommHGB/*K. Schmidt* § 5 Rn 33–44.
58 MünchKommHGB/*K. Schmidt* § 5 Rn 21–25, der zudem bezweifelt, dass die Anwendung der Norm voraussetzt, dass überhaupt ein Gewerbe betrieben werden muss.
59 MünchKommHGB/*K. Schmidt* § 5 Rn 42–44.
60 Baumbach/Hopt/*Hopt* § 5 Rn 9 ff; MünchKommHGB/*K. Schmidt*, Anh. § 5 Rn 16 ff.

ein Kaufmann zu behandeln ist, obwohl eine Eintragung im Handelsregister bzw die materiellen Voraussetzungen für die Kaufmannseigenschaft gemäß §§ 1, 2 HGB fehlen. Es muss
- durch ein **zurechenbares** Verhalten (wobei Tun ebenso wie pflichtwidriges Unterlassen in Betracht kommt)[61]
- ein Rechtsschein hervorgerufen worden sein, an den das Gesetz die Kaufmannseigenschaft anknüpft,
- der Geschäftspartner muss gutgläubig gewesen sein
- und im Vertrauen auf den Rechtsschein gehandelt haben (Kausalität).

Seine Erklärung an die Öffentlichkeit ruft einen Rechtsschein hervor, auf den sich gutgläubige Dritte verlassen dürfen und denen deshalb ein Wahlrecht zusteht, ob die handelsrechtlichen Grundsätze zum Zuge kommen oder nicht.[62] Das gilt auch für den Umfang des Anscheins, inwieweit er als Kaufmann auftritt.

28 Für den Scheinkaufmann gilt im Wesentlichen, dass er so **zu behandeln ist, wie er sich im Außenverhältnis gibt**. Indes kann er sich nicht zu seinen Gunsten auf das Handelsrecht berufen. Geschützt werden nur **gutgläubige** Dritte,[63] und auch nur solange, wie der Rechtsschein andauert. Dritte können sich nur soweit auf den Rechtsschein berufen, als ihr Verhalten gerade hierdurch ausgelöst wurde; es bedarf also stets des Nachweises der **Kausalität**.[64] Die Rechtsfolgen gelten nur im bürgerlichen Recht, nicht im Prozessrecht. Das bürgerliche Recht kommt zu Lasten des Scheinkaufmanns nur soweit zur Anwendung, als nicht zwingende Vorschriften entgegenstehen, weshalb etwa die Formfreiheit des § 350 HGB nicht für Scheinkaufleute gilt. Durch die Anwendung der Lehre vom Scheinkaufmann dürfen auch Drittinteressen nicht beeinträchtigt werden. So kommt auch § 366 HGB über den Gutglaubensschutz im Handelsrecht nicht zur Anwendung.

6. Handelsregistereintrag

29 Den Istkaufmann im Sinne von § 1 HGB trifft nach § 29 HGB die Pflicht zu Anmeldung seiner Firma (§ 17) zum Handelsregister (Rn 47 ff). Die Kaufmanns-Eigenschaft ist davon unberührt; die Eintragung hat nur **deklaratorische** Bedeutung. Der Kleingewerbebetreibende, der zur Kaufmanns-Eigenschaft nach § 2 HGB optiert, erlangt diese erst durch die Ausübung seines Wahlrechts und eine **konstitutive** Eintragung in das Handelsregister. Nimmt der Kleingewerbebetreibende irrig an, er sei Kaufmann und bereits deshalb nach § 29 HGB zur Anmeldung verpflichtet, wird er nicht Kannkaufmann nach § 2 HGB, sondern allenfalls Kaufmann kraft Eintragung nach § 5 HGB. Gleiches gilt beim nachträglichen Wegfall der Istkaufmannseigenschaft; in diesem Fall hat die Löschung der Eintragung zu erfolgen, soweit nicht der Betreiber als Kleingewerbebetreibender die Option des § 2 HGB ausübt. Der zur Kaufmannseigenschaft optierende Kleingewerbebetreibende – der auch ein solcher geblieben ist und nicht zwischenzeitlich die Voraussetzungen des § 1 Abs. 2 HGB erfüllt – kann im Übrigen nach § 2 S. 3 HGB jederzeit auch wieder die Löschung der Firma im Handelsregister beantragen.[65]

IV. Prozessuales

1. FGG-Verfahren

30 Der freiwilligen Gerichtsbarkeit unterfallen Angelegenheiten des **Handelsregisters** (§§ 8 ff HGB), der **Firma** (§§ 17 ff HGB) und verschiedene Gesellschaftssachen (etwa §§ 146 Abs. 2, 147, 157 Abs. 2, 166 Abs. 3, 233 Abs. 3, 318 Abs. 3–5 HGB). Das Verfahren richtet sich nach dem 7. Abschnitt des FGG über Handelssachen (**§§ 125–158 FGG**). Entsprechendes gilt für Partnerschaftssachen (§ 160 b FGG) und Genossenschaftssachen (§ 145 FGG). Für das Handelsregister ist vor allem die aufgrund § 127 Abs. 2 FGG erlassene Handelsregisterverordnung (HRV) von Bedeutung. Funktional sind Han-

---

61 Baumbach/Hopt/*Hopt* § 5 Rn 11.
62 MünchKommHGB/*K. Schmidt*, Anh. § 5 Rn 27; Baumbach/Hopt/*Hopt* § 5 Rn 15.
63 BGHZ 22, 240; Baumbach/Hopt/*Hopt* § 5 Rn 12.
64 Baumbach/Hopt/*Hopt* § 5 Rn 13.
65 Koller/Roth/Morck/*Roth* § 2 Rn 3; MünchKommHGB/*K. Schmidt*, § 2 Rn 22.

delssachen bei dem Amtsgericht grundsätzlich dem **Rechtspfleger** als Vorbehaltsaufgabe übertragen (§ 3 Nr. 2 d RPflG). Bestimmte Geschäfte sind nach § 17 RPflG dem Richter vorbehalten, wobei der Vorbehalt jedoch nach § 19 RPflG landesrechtlich aufgrund von Rechtsverordnungen aufgehoben sein kann. Dies betrifft vor allem Kapitalgesellschaften und hier insbesondere die Ersteintragung, die Eintragung von Satzungsänderungen, Eingliederung oder Umwandlung, Unternehmensverträgen (insbesondere § 17 Nr. 1 RPflG).

2. Zivilprozess

a) Gerichtsstand

Von den Gerichtsständen (§§ 12–37 ZPO) sind für Kaufleute vor allem der allgemeine Gerichtsstand juristischer Personen (§ 17 ZPO) und die besondere Gerichtsständen der Niederlassung (§ 21 ZPO), der Mitgliedschaft (§ 22 ZPO) und des Erfüllungsorts (§ 29 ZPO) von Bedeutung. Unter Kaufleuten sind **Gerichtsstandsvereinbarungen** in uneingeschränkter Weise gestattet (§ 38 Abs. 1 ZPO);[66] entsprechendes gilt für die Vereinbarung eines Erfüllungsortes (§ 29 Abs. 2 ZPO). Außerhalb des Anwendungsbereichs der EuGVVO können Parteien eines Rechtsstreits mit **Auslandsberührung** die Zuständigkeit eines deutschen oder eines ausländischen Gerichts nach § 38 Abs. 2 ZPO frei vereinbaren. Im Anwendungsbereich der Verordnung geht – der nicht nach Kaufleuten und Nichtkaufleuten unterscheidende – Art. 23 EuGVVO als lex specialis vor;[67] der besondere materielle[68] und in Abs. 1 S. 3 und Abs. 2 formelle[69] Voraussetzungen regelt. Freilich können Kaufleute eine Zuständigkeitsregelung über die Vereinbarung des Erfüllungsortes nach Art. 5 Nr. 1 b EuGVVO auch ohne Einhaltung der Form des Art. 23 EuGVVO treffen, soweit die Vereinbarung nur festlegt, an welchem Ort die materiellen Voraussetzungen tatsächlich erfüllt werden sollen.[70] Bezweckt die Vereinbarung eines Erfüllungsortes dagegen nur die Begründung eines bestimmten Gerichtsstandes, handelt es sich also um eine abstrakte Erfüllungsortvereinbarung, sind die Voraussetzungen des Art. 23 EuGVVO zu beachten.[71]

b) Kammern für Handelssachen

Bei den Landgerichten bestehen Kammern für Handelssachen (KfH). Deren Zuständigkeit in Handelssachen ergibt sich aus § **95 GVG**, der keine abschließende Aufzählung der in Betracht kommenden Sachgebiete enthält.[72] Die Verhandlung vor der KfH setzt – außer im Fall des § 104 GVG – voraus, dass der Kläger dies bereits in der Klageschrift (§ 96 Abs. 1 GVG) oder der Beklagte vor der Verhandlung zur Sache **beantragt** (§ 98 Abs. 1 GVG) und er bei Klageerhebung Kaufmann ist.[73] Besonderheiten des Verfahrens vor diesen Spruchkörpern, die sich unter Beteiligung von zwei Laienrichtern durch besondere Sachkunde in kaufmännischen Dingen und die Kenntnis von Handelsbräuchen auszeichnen (dazu § 114 GVG), regeln §§ 93–115 GVG.

3. Schiedsverfahren

a) Zweck und Abgrenzung

Schiedsverfahren kommt im nationalen wie internationalen Bereich größte Bedeutung zu. Im Wege der Schiedsvereinbarung kann die Zuständigkeit staatlicher Gerichte **derogiert** und die Entscheidung eines privaten Gerichts ermöglicht werden, die vor staatlichen Gerichten nicht oder jedenfalls nur eingeschränkt (§ 1062 ZPO) überprüfbar ist. Daraus resultieren **Vor- und Nachteile** des Schiedsverfahrens gegenüber dem Verfahren vor staatlichen Gerichten. Ein Schiedsverfahren ist mangels eines

---

66 Hk-ZPO/*Kayser* § 38 Rn 9 f.
67 Hk-ZPO/*Kayser* § 38 Rn 16 ff.
68 Dazu Hk-ZPO/*Dörner* Art. 23 EuGVVO Rn 12–23.
69 Hk-ZPO/*Dörner* Art. 23 EuGVVO 30–43.
70 BGH NJW 1996, 1819; Baumbach/Hopt/*Hopt* vor § 1 Rn 87; Hk-ZPO/*Dörner* Art. 5 EuGVVO 13.
71 EuGH NJW 1997, 1431, 1433; BGH NJW-RR 1998, 755; Hk-ZPO/*Dörner* Art. 5 EuGVVO 13.
72 Hk-ZPO/*Rathmann* § 95 GVG Rn 1.
73 Baumbach/Hopt/*Hopt* vor § 1 Rn 84.

Instanzenzugs in der Regel **schneller und billiger**. Es ermöglicht die **Auswahl von Schiedsrichtern**, die auf dem betreffenden Gebiet über besondere Sachkunde verfügen. Zudem gewährleistet es **Vertraulichkeit**, welche das staatliche Verfahren wegen des in § 169 GVG normierten Grundsatzes der Öffentlichkeit nicht zu bieten vermag. In internationalen Fällen bietet das Schiedsverfahren zudem den Vorteil **internationaler Freizügigkeit** von Schiedssprüchen – insbesondere mit den Erleichterungen unter Geltung des UN-Übereinkommens über die Anerkennung und Vollstreckung ausländischer Schiedssprüche vom 10.6.1958[74] – und vermeidet zuweilen besonders mühsame und kostspielige Prozesse vor ausländischen staatlichen Gerichten. Abzugrenzen ist das Schiedsverfahren vom **Schiedsgutachten** sowie **sonstigen Formen außergerichtlicher Streiterledigung**. Hinzuweisen ist dabei vor allem auf die Mediation als eine Form der Alternative Dispute Resolution (ADR), bei der die gemeinsame Entwicklung einvernehmlicher Lösungen im Vordergrund steht.

b) Rechtsgrundlagen

34 Das 10. Buch der ZPO wurde durch das SchiedsVfG vom 22.12.1997[75] vollständig neu gefasst, welches sich am **UNCITRAL-ModellG** über die internationale Handelsgerichtsbarkeit **orientiert**. Freilich gelten **§§ 1025 ff ZPO** gleichermaßen für nationale wie internationale Schiedsstreitigkeiten und auch solche nicht handelsrechtlicher Art. Das Schiedsverfahrensrecht im 10. Buch der ZPO gliedert sich in zehn Abschnitte. Im Anschluss an allgemeine Vorschriften (§§ 1025–1028 ZPO) finden sich Regelungen über die Schiedsvereinbarung (§§ 1029–1033 ZPO), die Bildung (§§ 1034–1039 ZPO) und Zuständigkeit (§§ 1040–1041 ZPO) des Schiedsgerichts, die Durchführung des Verfahrens (§§ 1042–1050 ZPO), den Schiedsspruch und die Beendigung des Verfahrens (§§ 1051–1058 ZPO), die Voraussetzungen der Anerkennung und Vollstreckung von Schiedssprüchen (§§ 1060–1061 ZPO) und über das gerichtliche Verfahren (§§ 1062–1065 ZPO).

c) Anwendungsbereich (§§ 1025–1028 ZPO)

35 Grundlage des Schiedsverfahrensrechts ist das **Territorialitätsprinzip**. Der Anwendungsbereich deutschen autonomen Rechts wird durch § 1025 ZPO bestimmt. Nach Abs. 1 ist dieses anwendbar, wenn der von den Parteien vereinbarte und andernfalls von den Schiedsrichtern festzulegende Schiedsort in Deutschland liegt. Lediglich die Vorschriften über die Schiedseinrede (§ 1032 ZPO), den einstweiligen Rechtsschutz (§ 1033 ZPO) und die gerichtlich Unterstützung bei der Beweisaufnahme und bei sonstigen richterlichen Handlungen (§ 1050 ZPO) sind nach Abs. 2 auch anwendbar, wenn der Schiedsort im Ausland liegt oder noch nicht bestimmt ist. Solange der Schiedsort noch nicht bestimmt ist und der Beklagte oder Kläger seinen Sitz oder gewöhnlichen Aufenthalt in Deutschland hat, sind die deutschen Gerichte nach Abs. 3 ferner im Zusammenhang mit der Bestellung (§§ 1034, 1035 ZPO) und Ablehnung (§ 1037 ZPO) der Schiedsrichter zuständig. Weitere Anwendungsbereiche ergeben sich nach Abs. 4 in Bezug auf die Anerkennung und Vollstreckung ausländischer Schiedssprüche (§§ 1061–1065 ZPO).

d) Schiedsvereinbarung (§§ 1029–1033 ZPO)

36 **Schiedsfähig** sind nach § 1030 Abs. 1 ZPO sämtliche **vermögensrechtliche** Ansprüche; hingegen sind **nichtvermögensrechtliche** Ansprüche nur schiedsfähig, soweit die Parteien berechtigt sind, über den Streitgegenstand einen Vergleich im Sinne von § 779 ZPO zu schließen. Die Schiedsvereinbarung hat die **Wirkung** einer prozesshindernden Einrede, weshalb das Gericht eine Klage auf die Rüge des Beklagten hin nach § 1032 Abs. 1 ZPO als unzulässig abzuweisen hat.

37 **Formerfordernisse** der Schiedsvereinbarung sind insbesondere im nicht gewerblichen Bereich zu beachten. Bei Beteiligung von Verbrauchern (§ 13 BGB) bedürfen Schiedsvereinbarungen nach § 1031 Abs. 1 und 5 ZPO der vollen Schriftform, also der Unterzeichnung beider Parteien in einer Urkunde (§ 126 Abs. 2 BGB), die, soweit keine notarielle Beurkundung erfolgt, keine anderen Regelungen außer der Schiedsvereinbarung enthalten darf, weshalb eine Vereinbarung in AGB ausschei-

---

74 BGBl. 1961 II S. 122; abgedruckt Hk-ZPO/*Saenger* Anh. I zu § 1061.
75 BGBl. 1997 I S. 3224.

det. Formerleichterungen bestehen demgegenüber im **unternehmerischen** Bereich, der keine Kaufmannseigenschaft voraussetzt. Hier
- bedarf es keiner von beiden Parteien unterschriebenen Urkunde, weshalb insbesondere die Vereinbarung durch Briefwechsel, Telegramm oder Telefax in Betracht kommen (§ 1031 Abs. 1 ZPO);
- ausreichend ist halbe Schriftform, also jede Form der Annahme eines schriftlichen Angebots (§ 1031 Abs. 2 ZPO), insbesondere auch das Schweigen auf ein kaufmännisches Bestätigungsschreiben;
- ebenso genügt die Bezugnahme auf andere Schriftstücke, die eine Schiedsvereinbarung enthalten, also auch die Bezugnahme auf vereinbarte AGB (§ 1031 Abs. 3 ZPO).[76]

Im Übrigen wird ein Formmangel durch die **rügelose Einlassung** auf die schiedsgerichtliche Verhandlung zur Hauptsache geheilt (§ 1031 Abs. 6 ZPO).

Inhalt einer Schiedsvereinbarung – als selbständiger Vereinbarung (Schiedsabrede) oder Klausel im Hauptvertrag (Schiedsklausel) – ist nach § 1029 Abs. 1 ZPO die Einigung darüber, dass ein Rechtsstreit durch ein Schiedsgericht entschieden werden soll. Weitergehende Vereinbarungen stehen zur Disposition der Parteien. Zu empfehlen sind Bestimmungen über die Reichweite der Schiedsvereinbarung (erfasste Ansprüche, Möglichkeit von Aufrechnung und Widerklage); Besetzung, Bestellung und Vergütung des Schiedsgerichts; das anwendbare materielle Recht; die Verfahrenssprache; den Schiedsort (§ 1043 ZPO), der nach § 1025 Abs. 1 ZPO zugleich das anwendbare Verfahrensrecht bestimmt; die Durchführung des Verfahrens und seine einzelnen Modalitäten; den Zeitraum bis zum Erlass einer Entscheidung; die Entbindung von dem Beratungsgeheimnis. Des Weiteren können die Parteien die Verteilung der Kostentragung des schiedsrichterlichen Verfahrens regeln. Unterlassen sie eine solche Vereinbarung, hat das Schiedsgericht auch über die Kosten zu entscheiden (§ 1057 ZPO). 38

Hinsichtlich der **Organisation** von Schiedsgericht u Schiedsverfahren können die Parteien zum einen auf für bestimmte Streitigkeiten dauernd eingerichtete Schiedsinstitutionen – wie bspw die Deutsche Institution für Schiedsgerichtsbarkeit (DIS) oder die der International Chamber of Commerce in Paris (ICC) – zurückgreifen und die von diesen vorgegebenen Schiedsordnungen[77] vertraglich einbeziehen (**institutionelles** Schiedsverfahren). Bedienen sich die Parteien hingegen nicht der Unterstützung einer solchen Einrichtung, müssen sie die Organisation des Verfahrens selbst übernehmen und es ist für die jeweilige Streitigkeit ein sog. **Ad-hoc**-Schiedsgericht (Gelegenheitsschiedsgericht) zu bilden. Dies schließt es nicht aus, auch in diesem Fall wegen des Verfahrens die Geltung der Schiedsgerichtsordnung einer Schiedsgerichtsorganisation zu vereinbaren.[78] 39

e) Bildung des Schiedsgerichts (§§ 1034–1039 ZPO)

Zahl und Bestellung der Schiedsrichter stehen zur Disposition der Parteien (§§ 1034, 1035 ZPO). Fehlt eine Vereinbarung über die Zahl der Schiedsrichter, sieht das Gesetz als Regelfall ein **Dreierschiedsgericht** vor. Grundlage des Rechtsverhältnisses des Schiedsrichters zu den Parteien ist ein Schiedsrichtervertrag. Als Schiedsrichter kann abgelehnt werden, wer die zwischen den Parteien vereinbarten Voraussetzungen nicht erfüllt. Ablehnungsgrund ist nach der Generalklausel des § 1036 Abs. 2 ZPO darüber hinaus jeder Umstand, der berechtigte Zweifel an der Unparteilichkeit oder Unabhängigkeit des Schiedsrichters aufkommen lassen könnte.[79] Dementsprechend begründet § 1036 Abs. 1 ZPO eine Offenbarungspflicht der Schiedsrichter in Bezug auf mögliche Ablehnungsgründe. 40

f) Zuständigkeit des Schiedsgerichts (§§ 1040–1041 ZPO)

Das Schiedsgericht hat nach § 1040 Abs. 1 ZPO die Befugnis zur Entscheidung über die eigene Zuständigkeit und in diesem Zusammenhang zugleich über das Bestehen oder die Gültigkeit der 41

---

76 Hk-ZPO/*Saenger* § 1031 Rn 7.
77 Bspw. ist die DIS-Schiedsgerichtsordnung unter http://www.dis-arb.de/scho/schiedsordnung98.html im Internet verfügbar (zuletzt besucht 7.1.2007).
78 Hk-ZPO/*Saenger* § 1029 Rn 13.
79 Vgl im Einzelnen Hk-ZPO/*Saenger* § 1036 Rn 7–11.

Schiedsvereinbarung. Die **Kompetenz-Kompetenz** besteht also sowohl hinsichtlich der Wirksamkeit der Schiedsvereinbarung und der Bestellung des Schiedsgerichts als auch im Hinblick auf die Entscheidung über Einreden der Parteien, welche die mangelnde Zuständigkeit schon zur Vermeidung einer Zuständigkeit infolge rügelosen Einlassens nach § 1040 Abs. 2 ZPO zu rügen haben. Nach § 1041 ZPO besteht die Möglichkeit des Schiedsgerichts zur Anordnung vorläufiger oder sichernder Maßnahmen, also von Arrest und einstweiliger Verfügung. Die Bestimmungen über den **einstweiligen Rechtsschutz**, schließen einen im Schiedsverfahren geltend zu machenden Schadensersatzanspruch für den Fall ein, dass sich die angeordnete und vollzogene Maßnahme als von Anfang an ungerechtfertigt erweist (§ 1041 Abs. 4 ZPO).

g) Schiedsverfahren (§§ 1042–1050 ZPO)

42 Für das Verfahren gelten allgemeine Verfahrensgrundsätze, nämlich der Gleichbehandlungsgrundsatz und der Grundsatz rechtlichen Gehörs (§ 1042 Abs. 1 ZPO). Von entscheidender Bedeutung für das Schiedsverfahren ist der **Schiedsort**. Dieser ist nicht nur für die Anwendung deutschen oder ausländischen Verfahrensrechts, sondern auch für die Qualifikation eines Schiedsspruchs als in- oder ausländisch maßgeblich. Soweit die Parteien keine Vereinbarung über den Schiedsort treffen, wird dieser Ort vom Schiedsgericht bestimmt, wobei die Interessen der Parteien zu berücksichtigen sind. Dem steht es im Übrigen nicht entgegen, dass das Schiedsgericht auch an einem anderen Ort zusammentritt (§ 1043 Abs. 2 ZPO). Das anzuwendende **Schiedsverfahrensrecht** beurteilt sich nach dem Territorialitätsgrundsatz. Deutsches Verfahrensrecht findet deshalb nach § 1025 ZPO immer Anwendung, wenn der Schiedsort in Deutschland liegt.[80] Das Schiedsverfahren beginnt nach § 1044 ZPO mit dem Zugang des Antrags an den Beklagten, die Streitigkeit einem Schiedsgericht vorzulegen. Diese **Schiedshängigkeit** hat die Wirkungen der Rechtshängigkeit. Diese hemmt nach § 204 Abs. 1 Nr. 11 BGB die Verjährung. Hiervon zu unterscheiden ist die **Schiedsklage** im Sinne von § 1046 ZPO, in welcher der Kläger sodann seinen Anspruch und die Tatsachen darzulegen hat, auf die sich dieser Anspruch stützt.

h) Schiedsspruch (§§ 1051–1058 ZPO)

43 Liegt der Sitz des Schiedsgerichts in Deutschland und finden deshalb §§ 1025 ff ZPO Anwendung, enthält § 1051 ZPO zur Bestimmung des **anwendbaren materiellen Rechts** eine Kollisionsnorm, die Art. 27 und Art. 28 EGBGB nachgebildet ist. Maßgeblich ist zunächst der Parteiwille. Ist keine Rechtswahl getroffen, kommt das Recht zur Anwendung, das mit dem Gegenstand des Schiedsverfahrens die engste Verbindung aufweist. Insoweit besteht die widerlegliche Vermutung, dass der Vertrag die engsten Verbindungen zu dem Staat aufweist, in dem die Partei, welche die vertragscharakteristische Leistung zu erbringen hat, ihren gewöhnlichen Aufenthalt bzw die Hauptverwaltung hat.[81]

44 Das **Schiedsverfahren** endet mit dem Schiedsspruch (§ 1056 Abs. 1 ZPO), der zwischen den Parteien die Wirkungen eines rechtskräftigen gerichtlichen Urteils hat (§ 1055 ZPO). Wird der Konflikt durch einen Vergleich beigelegt, eröffnet § 1053 ZPO den Parteien zwei Möglichkeiten: Einerseits können sie die **Verfahrenseinstellung** durch das Schiedsgericht (nach § 1053 Abs. 1 S. 1 ZPO) betreiben, andererseits können sie beantragen, dass es den Vergleich in Form eines **Schiedsspruchs mit vereinbartem Wortlaut** gem. § 1054 ZPO festhält, der ebenfalls die Wirkungen eines rechtskräftigen gerichtlichen Urteils entfaltet. Das Schiedsverfahren ist regelmäßig einstufig. Als Rechtsbehelf besteht deshalb lediglich der **Aufhebungsantrag** an das Gericht, wobei die Aufhebungsgründe, die innerhalb von drei Monaten nach Zustellung des Schiedsspruchs geltend gemacht werden können, in § 1059 Abs. 2 ZPO abschließend geregelt sind.

---

80 Eine Wahl des anwendbaren Schiedsverfahrensrechts ist nur möglich, wenn der Schiedsort im Ausland liegt und die lex fori insoweit Parteiautonomie gewährt, vgl Hk-ZPO/*Saenger* § 1025 Rn 2.
81 Hk-ZPO/*Saenger* § 1051 Rn 4.

i) Anerkennung und Vollstreckung von Schiedssprüchen (§§ 1060–1061 ZPO)

Die Zwangsvollstreckung eines **inländischen** Schiedsspruchs setzt voraus, dass dieser vom Gericht 45
nach § 1060 ZPO für vollstreckbar erklärt worden ist. Die Vollstreckbarerklärung erfolgt, wenn ein wirksamer Schiedsspruch vorliegt, der die Förmlichkeiten des § 1054 ZPO erfüllt, es sich um einen nationalen Schiedsspruch handelt, den ein Schiedsgericht mit Sitz in Deutschland erlassen hat, es sich nicht um eine bloße Prozessentscheidung über die Zulässigkeit des Schiedsverfahrens handelt und keine Aufhebungsgründe im Sinne von § 1059 Abs. 2 ZPO vorliegen (§ 1060 Abs. 2). Gegen den Beschluss über den Antrag auf Vollstreckbarerklärung findet nach § 1065 Abs. 1 ZPO die Rechtsbeschwerde zum Bundesgerichtshof statt, wenn gegen die Entscheidung, wäre diese durch Endurteil ergangen, die Revision gegeben wäre. Die Anerkennung und Vollstreckung **ausländischer** Schiedssprüche richtet sich gem. § 1061 ZPO nach dem Übereinkommen vom 10.6.1958 über die Anerkennung und Vollstreckung ausländischer Schiedssprüche,[82] wobei andere Staatsverträge[83] unberührt bleiben.

j) Gerichtliches Verfahren (§§ 1062–1065 ZPO)

Ein Tätigwerden staatlicher Gerichte ist nur in einzelnen Angelegenheiten vorgesehen (§ 1026 ZPO). 46
Nach § 1062 ZPO besteht die Zuständigkeit des **Oberlandesgerichts** u.a. für gerichtliche Entscheidungen betreffend die Bestellung, Ersetzung (§§ 1034, 1035 ZPO) und Ablehnung eines Schiedsrichters (§ 1037 ZPO), die Feststellung der Zulässigkeit oder Unzulässigkeit eines Schiedsverfahrens (§ 1032 ZPO), die Vollziehung, Aufhebung oder Änderung der Anordnung vorläufiger oder sichernder Maßnahmen des Schiedsgerichts (§ 1041 ZPO), die Vollstreckbarerklärung eines inländischen (§ 1060 ZPO) oder ausländischen Schiedsspruchs sowie die Aufhebung der Vollstreckbarerklärung eines ausländischen Schiedsspruchs nach dessen Aufhebung im Ausland (§ 1061 ZPO). Die Mitwirkung des **Amtsgerichts** (§ 1062 Abs. 4 ZPO) ist u.a. erforderlich im Hinblick auf Unterstützungsmaßnahmen und Hilfsfunktionen nach § 1050 ZPO wie die Vernehmung von Zeugen oder Sachverständigen, die nicht freiwillig erscheinen und aussagen, und die Beeidigung von Zeugen und Sachverständigen. Die **örtliche** Zuständigkeit der staatlichen Gerichte bestimmt sich gem. § 1062 Abs. 1 ZPO nach der Parteivereinbarung und bei fehlender Parteivereinbarung nach dem Schiedsort, bei fehlendem inländischen Schiedsort nach Sitz, Wohnsitz oder gewöhnlichen Aufenthalt des Antragstellers (§ 1062 Abs. 2 ZPO). Das OLG entscheidet nach § 1063 ZPO im Beschlussverfahren. Es besteht die Möglichkeit der Rechtsbeschwerde zum BGH (§ 1065 ZPO).

B. Handelsregister, §§ 8–16 HGB

I. Funktion des Handelsregisters

1. Grundlagen

Das Handelsregister dient der Unterrichtung der Öffentlichkeit über rechtserhebliche Verhältnisse in 47
kaufmännischen Unternehmen. Entsprechendes gilt für das Genossenschafts- und das Partnerschaftsregister. Das Register hat Publizitäts- und Informationsfunktion hinsichtlich der Tatsachen und Rechtsverhältnisse der Kaufleute und Handelsgesellschaften. Zugleich dient es dem Verkehrsschutz und kommt ihm wegen der Berechtigung und Verpflichtung des Registergerichts zur Prüfung in formeller wie materieller Hinsicht auch eine Kontrollfunktion zu.[84] Es wird bei den Amtsgerichten – seit Inkrafttreten des Gesetzes über elektronische Handelsregister und Genossenschaftsregister sowie

---

[82] BGBl. 1961 II S. 122; abgedruckt Hk-ZPO/*Saenger* Anh. I zu § 1061.
[83] Praktisch relevante Staatsverträge sind insbesondere das Europäische Übereinkommen über die internationale Handelsschiedsgerichtsbarkeit v. 21.4.1961 (EuÜ; BGBl. II 1964, S. 425; abgedruckt Hk-ZPO/*Saenger*, Anh. II zu § 1061), das Genfer Protokoll über Schiedsklauseln im Handelsverkehr v. 24.9.1923 (RGBl. 1925 II S. 47) und das Genfer Abkommen zur Vollstreckung ausländischer Schiedssprüche v. 26.9.27 (RGBl. 1930 II S. 1068) sowie bilaterale Verträge (vgl Musielak/*Voit* § 1061 Rn 7).
[84] Vgl nur MünchKommHGB/*Krafka* § 8 Rn 3–15; *Canaris*, Handelsrecht, § 4 Rn 1–6.

das Unternehmensregister (EHUG)[85] zum 1.1. 2007 – nur noch **elektronisch als öffentliches und bundesweit vernetztes Register** geführt (§ 8 Abs. 1 HGB). Zwar obliegen Organisation und Verwaltung der Handelsregister – anders als in zahlreichen EU-Staaten, in denen zentrale Register geschaffen wurden[86] – weiterhin (dezentral) den Amtsgerichten. Auf diese Datenbanken können Dritte aber entweder über die einheitlichen Internetseiten der verschiedenen Bundesländer[87] oder die den zentralen Zugang zu allen Handelsregistern in Deutschland bildende Internetseite **www.handelsregister.de** (§ 9 Abs. 1 HGB) ebenso wie über die zentrale Internetseite des zunächst vom Bundesjustizministerium geführten Unternehmensregisters **www.unternehmensregister.de** (§ 9 Abs. 1 und 6, § 8 b Abs. 2 Nr. 1 HGB, dazu Rn 2) online zugreifen.

48 Alle Eintragungen im Handelsregister haben zumindest rechtsbezeugende Funktion (**Beweisfunktion**). Es gibt Aufschluss über Tatsachen, die sowohl bei dem Abschluss von Rechtsgeschäften mit Kaufleuten bzw Handelsgesellschaften als auch im Fall der klageweisen Geltendmachung von Ansprüchen von erheblicher praktischer Bedeutung sind, bspw über die Gesellschafter von Personengesellschaften (nicht die von Kapitalgesellschaften), Vertretungsverhältnisse (Vertretungsbefugnis von Gesellschaftern, Prokura) und Haftungsausschlüsse (bei Firmenfortführung). Die Tatsache der Eintragung in das Handelsregister und das zuständige Registergericht müssen sich auch aus den **Geschäftsbriefen** ergeben (§§ 37 a Abs. 1, 125 a Abs. 1 HGB, § 35 a Abs. 1 GmbHG, § 80 Abs. 1 AktG), ebenso wie aus E-Mail und, soweit eingerichtet, der Internetseite.

49 Die Vielzahl publizitätspflichtiger Informationen des Handels-, Gesellschafts-, Bilanz- und Kapitalmarktrechts hat in der Vergangenheit zur Unübersichtlichkeit geführt. Dem wird mit dem zum 1.1.2007 eingerichteten elektronischen **Unternehmensregister** (§ 8 b HGB) begegnet. Dieses Portal, das zunächst vom Bundesjustizministerium als Teil des Bundesanzeigers geführt wird,[88] weist nach dem Prinzip des „one-stop-shoppings" sämtliche Publikationen relevanter Unternehmensdaten zentral unter der Internet-Adresse www.unternehmensregister.de nach. Es fungiert zugleich als amtlich bestelltes System für die zentrale Speicherung vorgeschriebener Informationen iSv Art. 21 Abs. 2 der EU-Transparenzrichtlinie.[89] Das Unternehmensregister umfasst auch den Zugang zu den Handelsregistern nebst eingereichter Dokumente (§ 8 b Abs. 2 Nr. 1 HGB). Entsprechendes gilt für das daneben bestehende **Genossenschaftsregister**, in das die Genossenschaft (eG, § 10 GenG; § 8 b Abs. 2 Nr. 2 HGB) und die Europäische Genossenschaft (SCE) eingetragen werden (§ 3 SCEAG), sowie das **Partnerschaftsregister** (§ 5 Rn 793) für die Partnerschaftsgesellschaft (PartG, § 14 PartGG; § 106 Abs. 1, § 8 b Abs. 2 Nr. 3 HGB). Weiterhin werden Inhalte aus dem elektronischen Bundesanzeiger sowie von Unternehmen und Insolvenzgerichten zugeliefert.

50 Bestimmungen über die Einrichtung und Führung des Handelsregisters sowie darüber, was in das Handelsregister eingetragen werden soll und darf und wer die Eintragungen herbeizuführen hat sowie über die Bedeutung der Eintragungen finden sich vor allem in §§ 8–16 HGB, im FGG, in der aufgrund von § 127 Abs. 2 FGG erlassenen Handelsregisterverordnung (HRV) sowie in zahlreichen Einzelregelungen. Von praktischer Bedeutung ist – abgesehen von den Bestimmungen über die **Anmeldung** (Rn 67 ff) sowie die Voraussetzungen der **Eintragung** (Rn 74 ff) und **Einsicht** (Rn 94 ff) – vor allem die zentrale Norm des § 15 HGB über die **Publizität des Handelsregisters**. Diese regelt die Rechtsfolgen der zutreffenden sowie der fehlenden Eintragung und Bekanntmachung sowie der unrichtigen Bekanntmachung (Rn 98 ff).

---

85 Gesetz vom 10.11.2006, BGBl. I S. 2553. Vgl dazu nur *Liebscher/Scharff* NJW 2006, 3745; *Schlotter* BB 2007, 1.
86 Zur europäischen Handelsregisterpraxis vgl nur *Meyding/Bödeker* BB 2006, 1009.
87 Bspw. für Nordrhein-Westfalen vgl www.handelsregister.nrw.de.
88 § 9 a HGB enthält die Verordnungsermächtigung des BMJ zur Übertragung der Führung des Unternehmensregisters an eine juristische Person des Privatrechts.
89 Richtlinie 2004/109/EG zur Harmonisierung der Transparenzanforderungen in Bezug auf Informationen über Emittenten, deren Wertpapiere zum Handel auf einem geregelten Markt zugelassen sind, und zur Änderung der Richtlinie 2001/34/EG, ABl. EU Nr. L 390 S. 38.

2. Aufbau

Das Handelsregister wird in zwei getrennten Abteilungen (HR A und HR B; §§ 40, 43 HRV) geführt, wobei das **Registerblatt** wiederum in Spalten unterteilt ist. Bei der Führung des elektronischen Handelsregisterblattes gelten nach § 12 HRV strenge Formvorschriften. Alle Eintragungen sind öffentlich bekannt zu machen (§ 10 HGB). Die Bekanntmachungen erfolgen in elektronischer Form über das einheitliche Internetportal www.handelsregister.de und nicht mehr in Papierform.[90] Daneben werden ein Registerordner und ein Hauptband geführt

Abteilung A enthält die Eintragungen für

- Einzelkaufleute,
- Offene Handelsgesellschaften (OHG),
- Kommanditgesellschaften (KG),
- Europäische Wirtschaftliche Interessenvereinigungen (EWIV, § 2 EWIVAG),
- juristische Personen iSv § 33 HGB, die nicht Formkaufleute sind (bspw wirtschaftliche Vereine, § 22 BGB; aufgrund des Nebenzweckprivilegs ein kaufmännisches Unternehmen betreibende Idealvereine, § 21 BGB; Unternehmensträgerstiftungen, § 80 BGB; bestimmte Körperschaften des öffentlichen Rechts, etwa Regie- und Eigenbetriebe sowie Sparkassen).[91]

In den Spalten des Registerblattes (§ 13 HRV) des **HR A** sind nach § 40 HRV im Wesentlichen verzeichnet:
1. Lfd. Nr. der die Firma betreffenden Eintragung;
2. a) Firma;
   b) Ort/Sitz;
   c) [bei EWIV/jur. Personen] Gegenstand des Unternehmens;
3. a) Vertretungsregelung;
   b) Angabe des Einzelkaufmanns bzw persönlich haftender Gesellschafter;
4. Prokura;
5. a) [bei jur. Personen] Rechtsform /Datum von Satzungserstellung bzw -änderung;
   b) [bei EWIV/jur. Personen] Bestimmungen über die Zeitdauer;
   Angaben betreffend Insolvenzverfahren;
   [bei EWIV] Klausel über Haftungsbefreiung für Altverbindlichkeiten;
   Angaben betreffend Auflösung/Erlöschen;
   Eintragungen nach dem UmwG;
   von § 25 Abs. 1 HGB abweichende Vereinbarungen bei Firmenfortführung;
   von § 28 Abs. 1 HGB abweichende Vereinbarungen bei Eintritt eines persönlich haftenden Gesellschafters;
   c) Kommanditisten/Mitglieder der EWIV;
6. a) Tag der Eintragung;
   b) Sonstige Bemerkungen;
7. Angabe von Ort und Registernummer in der Eintragung genannter Rechtsträger.

Abteilung B enthält die Eintragungen für

- Aktiengesellschaften (AG),
- Kommanditgesellschaften auf Aktien (KGaA),
- Gesellschaften mit beschränkter Haftung (GmbH),
- Europäische Gesellschaften (SE, § 3 SEAG),
- Versicherungsvereine auf Gegenseitigkeit (VVaG).

---

90 Zur übergangsweisen Beibehaltung der Veröffentlichung in einer Tageszeitung vgl Rn 89.
91 S. im Einzelnen MünchKommHGB/*Krafka* § 33 Rn 2.

55 In den Spalten des Registerblattes (§ 13 HRV) des **HR B** sind nach § 43 HRV im Wesentlichen verzeichnet:
1. Lfd. Nr. der die Gesellschaft betreffenden Eintragung;
2. a) Firma;
   b) Ort/Sitz;
   c) Gegenstand des Unternehmens;
3. Höhe des Grundkapitals/Stammkapitals (bzw Mindestkapitals, Gründungsfonds);
4. a) Vertretungsregelung;
   b) Vorstandsmitglieder/Geschäftsführer, auch Abwickler und Liquidatoren;
5. Prokura;
6. a) Rechtsform, Datum von Erstellung/Änderung von Satzung/Gesellschaftsvertrag;
   b) weitere Angaben betreffend Insolvenzverfahren; Zeitdauer der Gesellschaft; Eingliederung; Unternehmensverträge; Auflösung, Fortsetzung und Nichtigkeit; Eintragungen nach dem UmwG; Erlöschen, Löschung; bedingtes Kapital, genehmigtes Kapital;
7. a) Tag der Eintragung;
   b) Sonstige Bemerkungen;
8. Angabe von Ort und Registernummer in der Eintragung genannter Rechtsträger.

56 Das Registerblatt ist ebenso frei einsehbar wie der diesem zugeordnete und ebenfalls elektronisch geführte **Registerordner** (§ 9 HRV, früher Sonderband genannt), in den alle zum Handelsregister (zwingend in elektronischer Form) eingereichten Schriftstücke wie Anmeldungen, Gründungsverhandlungen, Gesellschaftsverträge bzw Satzungen und Gesellschafterlisten eingestellt werden.[92] Weiterhin wird als Registerakte iSv § 8 HRV ein **Hauptband** mit gerichtlichen Verfügungen und Schriftverkehr geführt, was auch künftig in Papierform geschehen kann. Dieser Teil des Registers kann nach § 34 Abs. 1 FGG nur bei Glaubhaftmachung eines berechtigten Interesses eingesehen werden.

3. Einsichtsrecht und Publizitätsfunktion

57 Das Handelsregister ist ein öffentliches Register. Nach § 9 Abs. 1 HGB ist jedem ohne besondere Voraussetzungen **unbeschränkt Einsicht** zu Informationszwecken gestattet. Indes begründet das Recht auf Einsichtnahme keine Pflicht zur Einsichtnahme in das Register. Das Einsichtsrecht erstreckt sich nicht nur auf das eigentliche Registerblatt, sondern auch auf den Registerordner mit allen zum Register eingereichten Urkunden und Schriftstücken. Hiervon können auch Abschriften (bei elektronischer Führung Abschriften von der Wiedergabe, § 8 a Abs. 3 HGB), nämlich Handelsregisterauszüge verlangt werden (§ 9 Abs. 2 HGB). Einschränkungen bestehen hinsichtlich der Einsicht in den Hauptband mit gerichtlichen Verfügungen und Schriftverkehr; insoweit ist ein berechtigtes Interesse glaubhaft zu machen (§ 34 Abs. 1 FGG). Tatsache und Inhalt der Registereintragung sind durch Vorlage eines beglaubigten **Handelsregisterauszuges** zu beweisen (§ 9 Abs. 3 und 4 HGB); ein Beweisantrag auf Beiziehung der Registerakten kommt nicht in Betracht.

4. Elektronisches Handelsregister

58 Das EHUG setzt die Vorgaben der geänderten EU-Publizitätsrichtlinie[93] in nationales Recht um. Seit 2007 sind flächendeckend elektronische Handelsregister für jedermann zugänglich sowie die elektronische Einreichung von Dokumenten zum Handelsregister und die elektronische Erteilung von Auskünften aus dem Handelsregister über das Internet möglich. Die **Einreichung auf elektronischem Wege** ist **zwingend** vorgeschrieben. Auch die Erteilung von Handelsregisterauszügen kann auf elektronischem Wege beantragt werden. Die EU-Publizitätsrichtlinie erlaubt ferner ausdrücklich die Füh-

---

92 Vor 2007 in Papierform im Sonderband vorliegende Dokumente werden – anders als die Eintragungen auf einem Registerblatt – nach Art. 61 Abs. 3 EGHGB nur auf Antrag (zu den Kosten vgl Rn 97) in elektronische Dokumente übertragen und in dieser Form in den Registerordner übernommen.
93 Richtlinie 2003/58/EG zur Änderung der Ersten gesellschaftsrechtlichen Richtlinie (68/151/EWG; ABl. EG Nr. L 65 S. 8) in Bezug auf die Offenlegungspflichten von Gesellschaften bestimmter Rechtsformen erlassen (sog. EU-Publizitätsrichtlinie), ABl. EU Nr. L 221 S. 13.

rung des nationalen Amtsblatts für die Bekanntmachungen aus dem Handelsregister in elektronischer Form. Von dieser Möglichkeit wurde mit der Umstellung auf elektronische Bekanntmachungen, die über die zentrale Internetadresse www.handelsregister.de abgerufen werden können, Gebrauch gemacht. Für einen Übergangszeitraum bis Ende 2008 erfolgen daneben Bekanntmachungen zusätzlich in gedruckter Form (Art. 61 Abs. 4 EGHGB).

II. Führung des Handelsregisters

1. Grundsätze des Handelsregisterverfahrens

Das Eintragungsverfahren ist ein Verfahren der **freiwilligen Gerichtsbarkeit**. Das Handelsregister wird beim Amtsgericht als Registergericht geführt (§§ 8 HGB, 125 Abs. 1 FGG). Seit 2002 wird die Führung auf ein Amtsgericht je Landgerichtsbezirk konzentriert und im Zuge der elektronischen Registerführung noch weiter konzentriert werden.[94] Diesem haben die Gerichte, Beamten der Staatsanwaltschaft, Polizei- und Gemeindebehörden sowie die Notare über die zu ihrer amtlichen Kenntnis gelangenden Fälle einer unrichtigen, unvollständigen oder unterlassenen Anmeldung Mitteilung zu machen (§ 125 a Abs. 1 FGG). Ebenso haben die Steuerbehörden eine Auskunftspflicht gegenüber dem Registergericht (§ 125 a Abs. 2 FGG). Bei der Verhütung unrichtiger Eintragungen wird das Registergericht von den Industrie- und Handelskammern sowie Handwerkskammern unterstützt (§ 126 FGG).

59

a) Rechtsgrundlagen

Die Eintragungsgegenstände ergeben sich aus den jeweiligen Einzelregelungen des Unternehmensrechts betreffend **Kaufleute und Handelsgesellschaften** im **HGB** (vor allem §§ 8–16 HGB) sowie **Kapitalgesellschaften** im **GmbHG** und **AktG**. Ferner ist auf die Bestimmungen über die Europäische Wirtschaftliche Interessenvereinigung (**EWiV**, § 2 EWIVAG) und die Europäische Gesellschaft (**SE**, § 3 SEAG; § 145 FGG) hinzuweisen. Das Handelsregisterverfahren ist ein Verfahren der freiwilligen Gerichtsbarkeit und richtet sich nach dem 7. Abschnitt des FGG über Handelssachen (§§ 125–158 FGG). Nähere Bestimmungen über die Einrichtung und Führung des Handelsregisters, die Einsicht und das Verfahren bei Anmeldungen, Eintragungen und Bekanntmachungen (nebst Mustern) enthält die aufgrund § 125 Abs. 3 FGG erlassene Handelsregisterverordnung (HRV).[95] Handelssache ist nach § 147 FGG weiterhin die Führung des (gesonderten) **Genossenschaftsregisters** in das nicht nur die eG, sondern auch die Europäische Genossenschaft (**SCE**, § 3 SCEAG; § 145 FGG) eingetragen wird; insoweit ist das Registerverfahren im Wesentlichen entsprechend ausgestaltet. Dies gilt gleichfalls für das gesonderte Partnerschaftsregister der Partnerschaftsgesellschaft (**PartG**, § 14 PartGG, § 106 Abs. 1 HGB, § 160 b FGG).

60

b) Zuständigkeit

Für die Führung des Handelsregisters ist die Zuständigkeit des Amtsgerichts am Sitz des Unternehmens gegeben. Die Registertätigkeit obliegt im Wesentlichen dem Rechtspfleger.

61

aa) Sachliche Zuständigkeit

Das Handelsregister wird von den Gerichten geführt (§ 8 HGB). Registergericht ist das **Amtsgericht**. Innerhalb eines Landgerichtsbezirks ist die Zuständigkeit grundsätzlich auf das Amtsgericht konzentriert, in dessen Bezirk das Landgericht seinen Sitz hat (§ 125 Abs. 1 FGG); durch Rechtsverordnungen der Länder auf der Grundlage von § 125 Abs. 3 FGG ist dies teilweise abweichend geregelt. Nach § 145 FGG ist daneben die Zuständigkeit des Amtsgerichts in weiteren Angelegenheiten gegeben, die der gerichtlichen Mitwirkung bedürfen (bspw Ernennung und Abberufung von Liquidatoren, Verwahrung von Büchern und Papieren, Bestellung von Abschluss-, Gründungs- und Sonderprüfern etc.). Nur ausnahmsweise begründet § 143 Abs. 1 FGG eine erstinstanzielle und mit der des Register-

62

---

94 *Seibert/Decker* DB 2006, 2446.
95 Abgedruckt bspw bei Baumbach/Hopt Ordnungsziffer 4.

gerichts konkurrierende Zuständigkeit des Landgerichts (dort regelmäßig der Kammer für Handelssachen) zur Verfügung von Löschungen unzulässiger Eintragungen (§ 142 FGG) sowie nichtiger Gesellschaften und Beschlüsse (§ 144 FGG) von Amts wegen im Handelsregister.

bb) Örtliche Zuständigkeit

63 Grundsätzlich ist die örtliche Zuständigkeit des Amtsgerichts gegeben, in dessen Register das Unternehmen bereits eingetragen ist. Dies ist nach § 29 HGB das Gericht am Ort der (Haupt-) **Niederlassung** des Unternehmens; maßgeblich ist dabei der Ort, an dem die tatsächliche Geschäftsführung ausgeübt wird.[96] Die Zuständigkeit dieses Gerichts ist ebenso für die Anmeldung einer Sitzverlegung (§ 13 h HGB) oder von Zweigniederlassungen betreffende Anmeldungen (§ 13 Abs. 1 u. 5; § 13 c Abs. 1 HGB) begründet. Bei juristischen Personen bestimmt sich die Registerzuständigkeit nach dem in Gesellschaftsvertrag bzw Satzung angegebenen Sitz.

cc) Funktionale Zuständigkeit

64 Handels(register)sachen sind bei dem Amtsgericht grundsätzlich dem **Rechtspfleger** als Vorbehaltsaufgabe übertragen (§ 3 Nr. 2 d RPflG). Bestimmte Geschäfte sind nach § 17 RPflG dem Richter vorbehalten, wobei der Vorbehalt jedoch nach § 19 RPflG landesrechtlich aufgrund von Rechtsverordnungen aufgehoben sein kann. Dies betrifft vor allem Kapitalgesellschaften und hier insbesondere die Ersteintragung, die Eintragung von Satzungsänderungen, von Eingliederung oder Umwandlung sowie von Unternehmensverträgen (insbesondere § 17 Nr. 1 RPflG).

c) Antragsgrundsatz

65 In das Handelsregister wird eine Tatsache nur eingetragen, wenn eine darauf gerichtete „Anmeldung" vorliegt (**Antragsgrundsatz**). Dies gilt unabhängig davon, ob es sich um eine lediglich eintragungsfähige oder aber um eine einzutragende, also eintragungspflichtige Tatsache handelt (Rn 75 ff). Daneben hat das Registergericht im Wege des **Amtsverfahrens** zur Richtigkeit des Registers beizutragen (§ 142 FGG). So ist etwa die Löschung einer Firma von Amts wegen einzutragen (§ 31 Abs. 2 S. 2 HGB, § 141 FGG). Die Einleitung eines Amtslöschungsverfahrens und die Löschung liegen im pflichtgemäßen Ermessen des Gerichts. Vermögenslose Gesellschaften (AG, KGaA, GmbH, Genossenschaften) können nach §§ 2, 3 des Gesetzes über die Auflösung und Löschung von Gesellschaften und Genossenschaften (LöschG) im Handelsregister gelöscht werden. Von Amts wegen ist auch das Verfahren wegen unzulässigen Firmengebrauchs (§ 37 Abs. 1 HGB) einzuleiten.

d) Registerzwang

66 Die **Pflicht zur Anmeldung** und zur Einreichung von Dokumenten zum Handelsregister – hingegen nicht mehr die Zeichnung der Unterschrift – kann nach § 14 HGB zwangsweise durchgesetzt werden. Das Verfahren richtet sich nach §§ 132–140 FGG. Adressaten sind natürliche Personen ebenso wie juristische Personen bzw deren Organe. Gegen eine Registerzwang einleitende Verfügung findet der Einspruch statt (§§ 132 Abs. 2, 134 FGG), gegen den Festsetzungs- oder Verwerfungsbeschluss die sofortige Beschwerde (§ 139 FGG). Die Vollstreckung richtet sich nach der JBeitrO in Verbindung mit Landesrecht. Die Verpflichtung zur Anmeldung zum Handelsregister kann **durch Urteil ersetzt** werden (§ 16 HGB); ebenso kann eine Eintragung durch Urteil verhindert werden.

2. Anmeldeverfahren

a) Anmeldung und Form

aa) Allgemeines

67 Die Anmeldung ist eine verfahrensrechtliche Erklärung im Sinne von § 11 FGG gegenüber dem Gericht. Diese kann weder an eine Bedingung geknüpft noch befristet werden und ist auch nicht

---

96 MünchKommHGB/*Krafka* § 13 Rn 6.

wegen Willensmangels anfechtbar, wohl aber bis zur Eintragung widerruflich.[97] Die Anmeldung ist von dem hierzu Verpflichteten (bspw im Fall des § 29 HGB) oder dazu Berechtigten (etwa nach § 25 Abs. 2 HGB) nach § 12 Abs. 1 HGB zwingend **elektronisch in öffentlich beglaubigter Form** (§ 129 BGB) bei Gericht einzureichen. Das Dokument wird hierzu vom Notar mit einem einfachen elektronischen Zeugnis iSv § 39 BeurkG versehen und an das elektronische Gerichtspostfach des Registergerichts übermittelt.[98] Auf die Zeichnungen von Unterschriften wird verzichtet (vgl § 14 S. 1 HGB). Eine Verpflichtung des Kaufmanns zur Zeichnung der Namensunterschrift unter Angabe der Firma, wie nach § 29 HGB aF, besteht deshalb nicht. Einreichungen in Papierform sind grundsätzlich unbeachtlich und unwirksam; von Übergangsfristen, während der eine Einreichung in Papierform zulässig bleibt, haben die Bundesländer nur begrenzt Gebrauch gemacht.[99]

Da die Register elektronisch geführt werden, ist nach § 12 Abs. 2 HGB auch die Zulieferung aller **Anlagen** auf diesem Wege zu bewerkstelligen. Ist eine Urschrift, eine einfache Abschrift oder ein Dokument in Schriftform einzureichen, genügt die Übermittlung einer elektronischen Aufzeichnung. Zum Handelsregister einzureichende Dokumente wie Satzungen oder Gesellschafterlisten sind also in elektronischer Form einzureichen, ohne dass es der öffentlich beglaubigten Form oder einer qualifizierten elektronischen Signatur bedürfte. Ist ein notariell beurkundetes Dokument oder eine öffentlich beglaubigte Abschrift einzureichen, ist das elektronische Dokument mit einer qualifizierten elektronischen Signatur (§ 39 a BeurkG) zu versehen. Öffentliche Urkunden können nach § 371 a ZPO auch in elektronischer Form eingereicht werden (§ 371 a Abs. 2 ZPO).[100] Zusätzlich zu der deutschen Fassung können Dokumente nach § 11 HGB auch in jeder Amtssprache eines Mitgliedstaates der Europäischen Union übermittelt werden.

68

Weitere Vorgaben hinsichtlich des Inhalts jeder Anmeldung sind § 24 HRV zu entnehmen. Danach sind bei der Anmeldung anzugeben

69

- das Geburtsdatum anzumeldender natürlicher Personen;
- die Lage der Geschäftsräume, auch bei einer Zweigniederlassung;
- der Unternehmensgegenstand, soweit sich dieser nicht aus der Firma ergibt.

bb) Rechtsfragen aus der Praxis

(1) „Technisches Procedere"[101]

Für die **Übersendung** von Registeranmeldung nebst Anlagen ist ausschließlich eine besondere Kommunikationssoftware, das Elektronische Gerichts- und Verwaltungspostfach (EGVP), zugelassen. Die Handelsregisteranmeldung und ihre Anlagen werden in Form von sog. OSCI-Nachrichten an das Registergericht übertragen. Dabei finden auf Seiten der Gerichte zwei unterschiedliche Registersysteme Verwendung, nämlich RegisSTAR und (nur in Berlin, Brandenburg, Bremen und Schleswig-Holstein) AUREG. Es handelt sich um einen E-Government-Standard bei der sicheren und vertraulichen Übermittlung von Nachrichten, in den auch Funktionen der qualifizierten elektronischen Signatur integriert sind.

70

Technisch werden die einzelnen zu versendenden Dateien – Handelsregisteranmeldung, Anlagen und die zusätzlich stets in Form einer (nicht beglaubigten) XML-Datei zu übermittelnden anmelderelevanten Strukturdaten, welche der Justizverwaltung überhaupt erst die Möglichkeit einer automatisierten

71

---

97 Baumbach/Hopt/*Hopt* § 12 Rn 1 f; MünchKommHGB/*Krafka* § 12 Rn 4 ff.
98 Bei der Beglaubigung durch den Notar findet eine entsprechende Signatursoftware (wie bspw SigNotar) Verwendung.
99 Übergangsfristen auf der Grundlage von Art. 61 Abs. 1 EGHGB gelten bei Drucklegung nur in Rheinland-Pfalz (bis 30.9.2007) und Niedersachsen (bis 31.12.2007); vgl http://www.bnotk.de/Service/Elektronischer_Rechtsverkehr/elektronisches_Handelsregister.html (zuletzt besucht 7.7.2007).
100 Die Rechtsverordnungen der Länder können Vorgaben hinsichtlich der zu verwendenden Datenformate treffen, § 8 a Abs. 2 HGB.
101 Für wertvolle Hinweise hinsichtlich der Verfahrensweise nach der Einführung des elektronischen Handelsregisters gebührt dem Geschäftsführer der Westfälischen Notarkammer, Herrn RA Christoph Sandkühler, besonderer Dank.

Weiterverarbeitung eröffnen – in einem virtuellen Briefumschlag zusammengefasst, auf den sich die Signatur bezieht.[102] Die Komponente der Versendung von Handelsregisteranmeldungen in Form von OSCI-Nachrichten ist in die zur Vorbereitung der Anmeldung erforderliche Notar-Software (XNotar) automatisch eingebunden, so dass in der praktischen Handhabung keine nennenswerten Probleme entstehen dürften.[103] Indes dürfte es etwa GmbH-Geschäftsführern ausgesprochen schwer fallen, ohne juristischen Beistand die Pflicht zur Einreichung der Liste der Gesellschafter (§ 40 Abs. 1 GmbHG) nachzukommen.

(2) Rechtsnachfolge und Vertretung

72 Die **Rechtsnachfolge** (§ 12 Rn 1 ff) ist durch öffentliche Urkunden (§ 415 ZPO) nachzuweisen (§ 12 Abs. 1 S. 3 HGB), soweit sich diese nicht aus den Akten des Registergerichts oder aus bei demselben Gericht geführten Nachlassakten ergibt.[104] Zum Nachweis der Rechtsnachfolge von Todes wegen durch Erbschein reicht grundsätzlich die Übermittlung eines beglaubigten elektronischen Dokuments aus, das zur Abbildung des Erbscheins hergestellt worden ist, sofern der Beglaubigungsvermerk zeitnah zur Übermittlung erstellt wurde. So wird gewährleistet, dass zumindest eine Ausfertigung des Erbscheins bei der beglaubigenden Stelle vorgelegen hat und diese Ausfertigung nicht bereits eingezogen oder für kraftlos erklärt worden war.[105] Im Fall der nach § 13 S. 2 FGG zulässigen **Vertretung** bedarf die Vollmacht der gleichen Form, also muss ebenfalls elektronisch in öffentlich beglaubigter Form eingereicht werden (§ 12 Abs. 1 S. 2 HGB).[106] Gesetzliche Vertreter haben sich durch Registerauszug oder Bestallungsurkunde auszuweisen.[107] Prokuristen benötigen eine gesonderte Handelsregistervollmacht (Rn 261).[108] Die Ermächtigung des beurkundenden bzw beglaubigenden **Notars** zur Anmeldung anmeldepflichtiger Tatsachen ergibt sich aus § 129 Abs. 1 FGG.

(3) Anmeldung von Zweigniederlassungen

73 Besondere Regelungen gelten für die Anmeldung von **Zweigniederlassungen**, also vom Unternehmen abhängigen Unternehmensteilen ohne eigene Rechtspersönlichkeit, die zur Abgrenzung von unselbständigen Betriebsabteilungen eine räumliche und organisatorische Selbständigkeit aufweisen müssen.[109] Dabei ist zwischen Zweigniederlassungen inländischer Unternehmen (§ 13 HGB) und von Unternehmen mit Sitz im Ausland (§§ 13 d–13 g HGB) zu unterscheiden. Eine Zweigniederlassung eines **inländischen** Unternehmens sowie diese betreffende Änderungen sind nach § 13 Abs. 1 HGB allein bei dem Gericht der inländischen Hauptniederlassung bzw des Sitzes anzumelden. Dementsprechend werden Zweigniederlassungen gem. § 13 Abs. 2 HGB nur noch auf dem Registerblatt der Hauptniederlassung oder des Sitzes mit dem Ort der Zweigniederlassung und einem eventuellen Firmenzusatz eingetragen. Weil alle Daten über Haupt- und Zweigniederlassungen zentral abgerufen werden können, sind separate Registerführungen weniger bedeutsam. Besondere Regelungen für die Eintragung inländischer Zweigniederlassungen von Unternehmen mit Sitz im **Ausland** treffen §§ 13 d–13 g HGB. Dabei enthält § 13 d HGB allgemeine Vorschriften, § 13 e HGB ergänzende Regelungen für AG und GmbH mit Sitz im Ausland, die dann für die AG in § 13 f HGB und die GmbH in § 13 g HGB noch weiter spezifiziert werden.

---

102 S. dazu das Rundschreiben 25/2006 der Bundesnotarkammer vom 7.12.2006 „Hinweise und Anwendungsempfehlungen für den elektronischen Handels-, Genossenschafts- und Partnerschaftsregisterverkehr", http://www.bnotk.de/Service/Empfehlungen+Hinweise/RS25-06_El-Handelsregisterverkehr.html, zuletzt besucht 28.12.2006.
103 Vgl iE *Gassen/Wegerhoff*, Elektronische Beglaubigung und elektronische Handelsregisteranmeldung in der Praxis, 2006.
104 Baumbach/Hopt/*Hopt* § 12 Rn 4; MünchKommHGB/*Krafka* § 12 Rn 37 ff.
105 Begründung des Regierungsentwurfs zum EHUG, BT-Drucks. 16/960 S. 45.
106 MünchKommHGB/*Krafka* § 12 Rn 23.
107 Baumbach/Hopt/*Hopt* § 12 Rn 4.
108 LG Berlin Rpfleger 1973, 173, 174; MünchKommHGB/*Krafka* § 12 Rn 17.
109 MünchKommHGB/*Krafka* § 13 Rn 9–11.

b) Eintragungsgegenstände

Eingetragen werden können nur solche Tatsachen, deren **Eintragungsfähigkeit** sich aus dem Gesetz ergibt, wobei zwischen einzutragenden und bloßen eintragungsfähigen Tatsachen zu unterscheiden ist. Wer bei anmeldepflichtigen Tatsachen seiner Pflicht nicht nachkommt, kann durch Zwangsgeld dazu angehalten werden (§ 14 HGB, vgl Rn 66).[110]

aa) Einzutragende Tatsachen

Bei einer einzutragenden Tatsache ist der Kaufmann kraft gesetzlicher Anordnung **verpflichtet**, eine Tatsache zur Eintragung anzumelden.

Dies gilt etwa für den **Kaufmann** bei der Eintragung

- der Firma und den Ort der Niederlassung bei Beginn eines Gewerbebetriebes, bei Erweiterung des bestehenden Betriebes über die Kleingewerblichkeit hinaus sowie bei Übernahme eines Handelsgeschäfts, § 29 HGB;
- von Zweigniederlassungen, §§ 13–13 g HGB;
- einer Sitzverlegung, § 13 h HGB;
- von Änderungen in Bezug auf Firma, Inhaber, Niederlassung, § 31 Abs. 1 HGB;
- des Erlöschens der Firma, § 31 Abs. 2 HGB;
- der Insolvenzeröffnung, § 32 HGB;
- der Erteilung und des Erlöschen der Prokura, § 53 Abs. 1, 3 HGB.

Entsprechendes gilt bei **Personengesellschaften** für die Eintragung

- der Gesellschaft bzw von Firmenänderungen, Sitzverlegungen und des Eintritts neuer Gesellschafter, §§ 106, 107, 162 HGB;
- der Auflösung der Gesellschaft bzw des Ausscheidens von Gesellschaftern, § 143 HGB;
- der Fortsetzung nach einem Insolvenzverfahren, § 144 HGB;
- der Liquidatoren, §§ 148, 150 HGB;
- des Kommanditisten und seiner Einlage, § 162 Abs. 1, 3 HGB (die aber nicht bekannt gemacht werden, § 162 Abs. 2 HGB);
- des Erlöschens (§ 157 HGB).

Ferner sind in diesem Zusammenhang die Eintragung **juristischer Personen** (§ 33 HGB) und Satzungsänderungen juristischer Personen (§ 34 Abs. 1 HGB) zu nennen.

Einzutragen sind insbesondere bei der **GmbH**

- die Firma, der Sitz der Gesellschaft, der Gegenstand des Unternehmens, die Höhe des Stammkapitals, der Tag des Abschlusses des Gesellschaftsvertrages und die Personen der Geschäftsführer nebst Vertretungsbefugnisse (§§ 7 Abs. 1, 10 Abs. 1 GmbHG), sowie gegebenenfalls die Bestimmung einer Zeitdauer der Gesellschaft (§ 10 Abs. 2 GmbHG);
- jede Änderung in den Personen der Geschäftsführer sowie die Beendigung der Vertretungsbefugnis eines Geschäftsführers (§ 39 GmbHG);
- die Auflösung (§ 65 Abs. 1 GmbHG);

und bei der **AG**

- die Firma, der Sitz der Gesellschaft, der Gegenstand des Unternehmens, die Höhe des Grundkapitals, der Tag der Feststellung der Satzung und die Vorstandsmitglieder nebst Vertretungsbefugnisse (§§ 36 Abs. 1, 39 AktG), sowie gegebenenfalls die Bestimmung einer Zeitdauer der Gesellschaft und des genehmigten Kapitals (§ 39 Abs. 2 AktG);
- jede Änderung des Vorstands oder der Vertretungsbefugnis eines Vorstandsmitglieds (§ 81 AktG).

Zwar kommt eine Eintragung grundsätzlich nur in den gesetzlich vorgesehenen Fällen in Betracht. Gleichwohl ist anerkannt, dass eine Eintragung zu erfolgen hat, wenn Sinn und Zweck des Handelsregisters dies erfordern. Auch **ohne gesetzliche Regelung** kann eine Eintragung nämlich im Interesse

---

110 Umfassende Einzeldarstellung möglicher Eintragungsgegenstände bei Gustavus/Böhringer/Melchior, Teil A.

des Rechtsverkehrs dringend geboten bzw unumgänglich und deshalb verpflichtend sein.[111] Dabei wird noch weiter zwischen – bei Eintragungen mit deklaratorischer Wirkung – erzwingbar und – bei Eintragungen mit bloß konstitutiver Wirkung – nicht erzwingbar anmelde- und eintragungspflichtigen Tatsachen unterschieden.[112] Ein solches dringendes Bedürfnis, welches die erzwingbare Anmeldepflicht begründet, ist etwa für die generelle Befreiung eines GmbH-Geschäftsführer vom Verbot der Insichgeschäfte nach § 181 BGB anerkannt.[113] Gleiches gilt für die Befreiung vom Verbot des Selbstkontrahierens des vertretungsberechtigten Gesellschafters einer Personenhandelsgesellschaft,[114] eines Prokuristen[115] und der Vorstandsmitglieder einer AG.[116] Erzwingbar ist auch die Eintragung der dem Prokuristen nach § 49 Abs. 2 HGB erteilten Befugnis zur Veräußerung und Belastung von Grundstücken.[117] Nicht erzwingbar ist hingegen bspw die Anmeldung des Bestehens eines Beherrschungs- und Gewinnabführungsvertrages in das Handelsregister der beherrschten GmbH.[118]

bb) Eintragungsfähige Tatsachen

82 Bei einer **eintragungsfähigen** Tatsache handelt es sich um eine solche, die in das Handelsregister eingetragen werden kann, ohne dass eine Verpflichtung zur Anmeldung besteht, zB die Eintragung
- des Kleingewerbebetreibenden, der zum Kannkaufmann optiert, § 2 S. 2 HGB;
- des land- oder forstwirtschaftlichen Unternehmers, § 3 Abs. 2 und 3 HGB;
- von Haftungsausschlüssen bei Firmenfortführung (§ 25 Abs. 2 HGB) bzw Eintritt in das Geschäft eines Einzelkaufmanns (§ 28 Abs. 2 HGB);
- der Abänderung des Gesellschaftsvertrages der GmbH (§ 54 Abs. 1 GmbHG) und von Satzungsänderungen bei der AG (§ 181 Abs. 1 AktG).[119]

Auch insoweit ist zu berücksichtigen, dass eine Eintragung im Interesse des Rechtsverkehrs auch **ohne gesetzliche Regelung** dringend geboten sein kann, um dem Bedürfnis nach richtiger Auskunft über die tatsächlichen Verhältnisse Rechnung zu tragen. Eintragungsfähig ist deshalb etwa die nachträgliche Veränderung von im Handelsregister eingetragener Personalien.[120]

cc) Eintragungsunfähige Tatsachen

83 Eintragungsunfähig und damit **unzulässig** ist die Eintragung einer Tatsache, die nicht gesetzlich vorgesehen ist und für die auch kein besonderes sachliches Bedürfnis besteht, wie etwa die Eintragung
- des Unternehmensgegenstands einer OHG oder KG;[121]
- der Anordnung der Testamentsvollstreckung;[122]
- eines Nacherbenvermerks;[123]
- des Erlöschens der Geschäftsfähigkeit;
- der gesetzlichen Vertretung eines Minderjährigen;[124]
- von güterrechtlichen Beschränkungen;[125]
- der handelsrechtlichen Vollmachten außer der Prokura, wie etwa der Handlungsvollmacht.[126]

---

111 BGH NJW 1992, 1452; 1998, 1071; MünchKommHGB/*Krafka* § 8 Rn 31 f.
112 Dazu iE MünchKommHGB/*Krafka* § 8 Rn 33–38.
113 BGHZ 87, 59, 60 f.
114 OLG Hamburg BB 1986, 1255.
115 BayObLGZ 80, 195, 201.
116 Wegen der besonderen Regelung des § 112 AktG nur hinsichtlich des Verbots der Mehrfachvertretung.
117 KG JRJA 9, 159, 162; MünchKommHGB/*Krafka* § 8 Rn 50.
118 BGHZ 105, 324; 116, 37, 43; MünchKommHGB/*Krafka* § 8 Rn 37.
119 Diese wird nach § 407 Abs. 2 AktG nicht erzwungen.
120 MünchKommHGB/*Krafka* § 8 Rn 40.
121 KG JW 1934, 1730.
122 MünchKommHGB/*Krafka* § 8 Rn 55, str.
123 Baumbach/Hopt/*Hopt* § 8 Rn 5.
124 MünchKommHGB/*Krafka* § 8 Rn 55.
125 RG JW 1906, 405.
126 Baumbach/Hopt/*Hopt* § 8 Rn 5.

c) Entscheidung

Das Registergericht hat bei einem gestellten Antrag dessen Zulässigkeit und Begründetheit zu prüfen. Zu den **Zulässigkeitsvoraussetzungen** gehören u.a.
- die Zuständigkeit des Registergerichts (sachliche Zuständigkeit, § 125 FGG; örtliche Zuständigkeit, § 1 HRV; funktionelle Zuständigkeit, § 17 RPflG);
- Partei- und Prozessfähigkeit des Antragstellers;
- Form des Antrags (§ 12 Abs. 1 HGB);
- Vollmachten (§ 12 Abs. 1 S. 2 HGB; gem. § 129 FGG gelten Notare, die eine erforderliche Erklärung beurkundet haben, als bevollmächtigt);
- die Eintragungsfähigkeit des entsprechenden Vorganges;
- die Antragsberechtigung und das Vorliegen aller der Anmeldung beizufügen Unterlagen.

84

Die **Begründetheit** eines Antrages richtet sich nach dem materiellen Recht. Weiterhin prüft das Gericht die materiellrechtlichen Voraussetzungen der Eintragung. Dabei gilt im FGG-Verfahren nach § 12 FGG der **Amtsermittlungsgrundsatz**. Das Gericht kann sich in der Regel zur Beschaffung der für seine Entscheidung erheblichen Tatsachen mit formlosen Ermittlungen begnügen (Freibeweis),[127] zumal es wegen der detaillierten Regelung von mit der Anmeldung beizubringenden Nachweisen meist keiner weiteren Ermittlungen bedarf. Das Gericht hat über die Eintragung nach § 25 Abs. 1 S. 2 HRV unverzüglich nach Eingang der Anmeldung zu entscheiden, also nach § 121 Abs. 1 BGB ohne schuldhaftes Zögern. Dies kann – bei entsprechender Vorbereitung der standardisierten elektronischen Anmeldung und soweit der Notar nach § 8 Abs. 2 S. 2 Nr. 3 KostO die persönliche Haftung für die Kostenschuld des Antragstellers übernimmt – eine Eintragung binnen Stundenfrist ermöglichen; dies ist auch im Hinblick auf den „Wettbewerb" mit ausländischen Rechtsformen wie der englischen Limited bedeutsam.

85

Folgende **Entscheidungen** kommen in Betracht:

86

- Bei der Verfügung der **Eintragung** (§ 25 Abs. 1 S. 1 HRV) handelt es sich um keine gerichtliche Entscheidung, weshalb ein Rechtsbehelf hiergegen nicht besteht.
- Eine **Zwischenverfügung** wird erlassen, wenn die Anmeldung zur Eintragung unvollständig ist oder der Eintragung ein Hindernis entgegensteht; zur Behebung der Mängel wird eine Frist gesetzt (§ 26 S. 2 HRV).
- Durch Beschluss erfolgt die **Zurückweisung** der Anmeldung bei Vorliegen von nicht behebbaren Mängeln oder soweit Beanstandungen nicht behoben werden; die Ablehnung ist mit Gründen zu versehen (§ 26 S. 1 HRV).

d) Rechtsmittel

Gegen die Zwischenverfügung und den Zurückweisungsbeschluss ist die **Beschwerde** zulässig, über die das Landgericht entscheidet (§ 19 FGG, in der Regel Kammer für Handelssachen, § 30 Abs. 1 S. 2 FGG). Beruht die Entscheidung auf einer Rechtsverletzung, kommt gegen die Entscheidung des Beschwerdegerichts die **weitere Beschwerde** in Betracht, über die das OLG entscheidet (§§ 27, 28 Abs. 1 FGG); gegebenenfalls besteht Vorlagemöglichkeit an den BGH (§ 28 Abs. 2 FGG). Hingegen sind der Hinweis des Registergerichts auf ein nicht behebbares Eintragungshindernis oder eine Meinungsäußerung des Gerichts zu Firmierungsanfragen nicht anfechtbar.[128] Gegen Handelsregistereintragungen findet eine Beschwerde nicht statt;[129] unzulässige Eintragungen sind (auch auf entsprechende Anregung hin) nach §§ 142, 144, 144 a FGG von Amts wegen zu löschen.[130]

87

---

127 Keidel/Kuntze/Winkler/*Schmidt* § 12 FGG Rn 80.
128 Gustavus/Böhringer/Melchior, S. 8.
129 OLG Köln, NotBZ 2004, 199.
130 Gustavus/Böhringer/Melchior, S. 9.

e) Wirkungen der Eintragung

88 Eine Eintragung in das Handelsregister wird nach § 8 a Abs. 1 HGB wirksam, sobald sie in den für die Handelsregistereintragungen bestimmten Datenspeicher aufgenommen ist und auf Dauer inhaltlich unverändert in lesbarer Form wiedergegeben werden kann. Soweit die Eintragung – wie in den meisten Fällen – Vorgänge bezogen, die außerhalb des Registers vollendet sind (bspw die Tatsache der Kaufmannseigenschaft iSv § 1 HGB oder der Erteilung oder des Erlöschens der Prokura nach § 53 HGB), kommt ihr lediglich rechtsbekundende, dh **deklaratorische** Wirkung zu. Bedarf es hingegen zur rechtlichen Vollendung eines Aktes erst der Eintragung, wirkt die Eintragung rechtsbegründend, also **konstitutiv**. Rechtsbegründend sind etwa das Optieren von Kleingewerbetreibenden bzw Land- und Forstwirten zur Kaufmannschaft (§ 2 S. 2, § 3 Abs. 2 HGB) sowie die Eintragung einer AG oder GmbH, welche diese erst als solche entstehen lässt (§ 41 Abs. 1 S. 1 AktG, § 11 Abs. 1 GmbHG), des Haftungsausschlusses nach §§ 25 Abs. 2, 28 Abs. 2 HGB, der OHG (§ 123 Abs. 1 HGB, soweit die Gesellschaft ihre Geschäfte nicht bereits vor der Eintragung beginnt) und der Beschränkung der Haftung des Kommanditisten (§§ 176, 174 HGB). Kommt es zu einer (versehentlichen) Falscheintragung durch das Gericht, kann dies die Staatshaftung (Art. 34 GG, § 839 BGB) auslösen.[131]

f) Bekanntmachung der Eintragung

89 Die Bekanntmachung der Handelsregistereintragungen erfolgt nach § 10 HGB in dem von der Landesjustizverwaltung bestimmten elektronischen Informations- und Kommunikationsmedium – und nur noch bis Ende 2008 zudem in einer Tageszeitung oder einem sonstigen Blatt (wobei es für die Wirkungen allein auf die elektronische Bekanntmachung ankommt, Art. 61 Abs. 4 EGHGB) – in der zeitlichen Folge nach Tagen geordnet. Die Bekanntmachungen sind unter der Adresse www.handelsregisterbekanntmachungen.de jedermann (und, weil an keine Papierform gebunden, überall) kostenfrei zugänglich; überdies sind gegen Entgelt zu abonnierende elektronische Push-Dienste verfügbar. Ausnahmsweise erfolgt eine Eintragung ohne Bekanntmachung. Dies gilt etwa für die Eintragungen betreffend Kommanditisten (§ 162 Abs. 2 und 3, § 175 S. 2 HGB) und Insolvenzvermerke (§ 32 Abs. 2 HGB).

3. Weitere Verfahrensarten

a) Verfahren bei Verstoß gegen Anmeldepflichten

aa) Allgemeines

90 Werden anzumeldende Tatsachen nicht angemeldet, kann der Verpflichtete vom Registergericht durch Festsetzung von **Zwangsgeld** hierzu angehalten werden (§ 14 HGB). Das Verfahren richtet sich nach §§ 132 ff FGG (Rn 66).

bb) Rechtsfragen aus der Praxis

91 Besondere Risiken können sich aufgrund einer Neuregelung im Rahmen des EHUG ergeben, auf die man sich in der Praxis wird einstellen müssen: Zwar ist die Verpflichtung zur Einreichung des Jahresabschlusses zum Handelsregister entfallen – die nach dem vor 2007 geltenden Recht ohnehin nur von allenfalls 5 % der hierzu verpflichteten Unternehmen erfüllt wurde.[132] Nach § 325 Abs. 1 HGB haben gesetzliche Vertreter von Kapitalgesellschaften aber ungeachtet ihrer Größe den **Jahresabschluss** – gegebenenfalls auch den Konzernabschluss – vor Laufe des zwölften Monats des dem Schlussstichtag nachfolgenden Geschäftsjahrs[133] beim Betreiber des elektronischen Bundesanzeigers ebenfalls elektronisch einzureichen; von diesem wird er an den Betreiber des Unternehmensregisters weitergeleitet und dort eingestellt (§ 8 b Abs. 3 Nr. 1 HGB). Diese Pflicht trifft nach § 264 a HGB auch die dort

---

131 Etwa RGZ 131, 14 für den Fall der Nichteintragung des Haftungsausschlusses bei der Geschäftsübernahme.
132 *Liebscher/Scharff* NJW 2006, 3745, 3750.
133 Nach § 325 Abs. 4 HGB beträgt die Einreichungsfrist bei Kapitalgesellschaften, die einen organisierten Markt iSv § 2 Abs. 5 WpHG in Anspruch nehmen und keine Kapitalgesellschaft im Sinne von § 327 a HGB lediglich vier Monate.

genannten haftungsbeschränkten Personengesellschaften und nach § 325 Abs. 3 HGB die gesetzlichen Vertreter von Kapitalgesellschaften, die einen Konzernabschluss aufzustellen haben. Gleiches gilt für Gesellschaften mit Sitz in der Europäischen Union bzw im Europäischen Wirtschaftsraum wie etwa die englische Limited (§ 325 a HGB). Pflichtverstöße führen gem. § 335 HGB von Amts wegen zur Verhängung eines (umsatzabhängigen) **Ordnungsgeldes** von mindestens 2 500 EUR und höchstens 25 000 EUR durch das Bundesamt für Justiz; zudem sind die Kosten des Verfahrens zu tragen. Angesichts des nicht besonders aufwendigen Abgleichs der Datenbestände und der deshalb leichten Ermittlung säumiger Gesellschaften ist davon auszugehen, dass von dieser Sanktion anders als früher reger Gebrauch gemacht werden wird.[134]

b) Verfahren bei unzulässigem Firmengebrauch

Gleichfalls ist derjenige, der eine unzulässige Firma gebraucht, vom Registergericht von Amts wegen durch Festsetzung von Ordnungsgeld zur Unterlassung des Gebrauchs anzuhalten (§ 37 Abs. 1 HGB; §§ 140, 132 ff FGG).

4. Kosten

Für Eintragungen in das Handelsregister entstehen Kosten. Zum einen sind die Kosten des Notars für die Beurkundung oder Beglaubigung der Handelsregisteranmeldungen sowie Firmen- und Unterschriftszeichnungen zu berücksichtigen (§ 38 Abs. 2 Nr. 7, §§ 41 a–41 c KostO). Zum anderen werden aufwandsbezogene, feste Gerichtsgebühren nach der aufgrund §§ 79, 79 a KostO erlassenen Verordnung über Gebühren in Handels-, Partnerschafts- und Genossenschaftsregistersachen (HRegGebV, vgl insb. das Gebührenverzeichnis GVHR als Anl. zu § 1 HRegGebV) erhoben. Neben den Gebühren entstehen Auslagen für die öffentliche Bekanntmachung der Eintragung. Für die elektronische Bekanntmachung einer Eintragung fallen Kosten von 1 EUR an (§ 137 KostO).[135] Sowohl wegen der Gebühren als auch der Auslagen kann das Gericht nach § 8 Abs. 2 KostO Kostenvorschuss erheben.

III. Einsicht in das Handelsregister

1. Recht zur Einsichtnahme

Das Recht zur Einsichtnahme nach § 9 Abs. 1 HGB erstreckt sich sowohl auf die elektronisch geführten Handelsregister als auch auf die bisherigen Papierregister sowie die (früher in Schriftform und spätestens seit 2007 nur noch elektronisch) zum Handelsregister eingereichten Dokumente. Für die Einsicht in das **Registerblatt** und den **Registerordner** ist es unerheblich, ob die Einsichtnahme zur Befriedigung eigener Informationszwecke oder zur Erfüllung eines Informationsinteresses eines Dritten erfolgt.[136] Die Grenze des **Rechts zur unbeschränkten Einsicht** zu Informationszwecken bildet freilich die offenkundige Verfolgung unlauterer und rechtswidriger Zwecke.[137] Einschränkungen bestehen hinsichtlich der Einsicht in den **Hauptband** mit gerichtlichen Verfügungen und Schriftverkehr; insoweit ist ein berechtigtes Interesse glaubhaft zu machen (§ 34 Abs. 1 FGG).

Auf die elektronischen Registerdaten kann – eher selten – in herkömmlicher Weise auf der Geschäftsstelle des Gerichts während der Dienststunden über ein Datensichtgerät (§ 10 HRV) oder – im Regelfall – online auf zwei Wegen zugegriffen werden, nämlich unmittelbar über die **elektronischen Handelsregister der Länder** (§ 9 Abs. 1 HGB; ebenso wie die Genossenschafts- und Partnerschaftsregister verfügbar unter www.handelsregister.de) oder zentral über das **Unternehmensregister** (§ 9 Abs. 6 HGB; www.unternehmensregister.de). Die Daten des Handelsregisters werden dabei nicht gespiegelt im Unternehmensregister vorgehalten; das Unternehmensregister hat nämlich nur Portalfunktion und keine Bekanntmachungsfunktion. Die Registergerichte liefern dem Unternehmensregister gem. § 8 b Abs. 3 S. 2 HGB lediglich Indexdaten (zB Registernummer, Firma, Sitz des Unternehmens), die den

---

134 Dazu auch *Noack*, NZG 2006, 801, 805 f.; *Leuering/Simon* NJW-Spezial 12/2006, 555, 556. Zu den begrenzten Möglichkeiten, die Veröffentlichungspflicht zu vermeiden, *Liebscher/Scharff* NJW 2006, 3745, 3751.
135 *Seibert/Decker* DB 2006, 2446, 2449.
136 Vgl die Begründung des Regierungsentwurfs zum EHUG, BT-Drucks. 16/960, S. 41 f.
137 OLG Köln, NJW-RR 1991, 1255, 1256.

Aufbau eines zentralen Zugangs mit Suchfunktion in den Originaldatenbanken der Länder über die Internetseite des Unternehmensregisters ermöglichen (§ 8 b Abs. 3 S. 2 HGB). Denn den Publizitätswirkungen des § 15 HGB können nur die Originaldatenbestände der Handels-, Genossenschafts- und Partnerschaftsregister, nicht aber Datenbestände im Unternehmensregister unterfallen.[138] Alle Abrufe werden protokolliert (§ 53 Abs. 1 HRV).

2. Erteilung von Abschriften und Bescheinigungen

96 § 9 Abs. 1 bis 4 HGB regelt die Form der Erteilung von Abschriften und Bescheinigungen. Grundsätzlich erfolgt die Einsichtnahme durch Übermittlung elektronischer Dokumente (§ 9 Abs. 1 HGB). Auf Verlangen sind **Ausdrucke elektronischer Dokumente** zur Verfügung zu stellen (§ 9 Abs. 4 HGB). Auf Verlangen ist die Richtigkeit übermittelter Dokumente in elektronischer Form unter Verwendung einer qualifizierten elektronischen Signatur zu **beglaubigen** (§ 9 Abs. 3 HGB). Die Beglaubigung erfolgt dann mittels elektronischer Signatur und bezieht sich auf die Übereinstimmung der übermittelten Daten mit dem Inhalt des Handelsregisters bzw den zum Handelsregister eingereichten Dokumenten, nicht aber auf die inhaltliche Richtigkeit des Handelsregisterinhalts bzw der zum Handelsregister eingereichten Dokumente selbst. Altdokumente, die vor dem 31.12.1996 eingereicht wurden, müssen nach § 9 Abs. 2 HGB nicht in elektronischer Form zur Verfügung gestellt werden; es besteht weiterhin die Möglichkeit der Einsichtnahme bei Gericht einschließlich der Fertigung von Kopien in Papierform. Darüber hinaus hat nach § 9 Abs. 5 HGB jedermann ohne Darlegung eines berechtigten Interesses das Recht, vom Registergericht eine Bescheinigung darüber zu erhalten, dass bezüglich einer erfolgten Eintragung zulässige weitere Eintragungen nicht vorhanden sind oder eine bestimmte Eintragung nicht erfolgt ist. Dieses ebenfalls in elektronischer Form zu übermittelnde **Negativtestat**, dem Bedeutung insbesondere im Hinblick auf die negative Publizität des § 15 Abs. 1 HGB zukommt, begründet im Prozess nach § 418 Abs. 1 ZPO den vollen Beweis der in ihm bezeugten Tatsachen.

3. Kosten

97 Für den Online-Abruf der Eintragungen zu einem bestimmten Rechtsträger sowie jedes weiteren Dokuments aus dem Handelsregister wird eine **Gebühr von jeweils 4,50 EUR** erhoben (Nr. 400 und 401 Gebührenverzeichnis JVKostO), die über ein elektronisches System bezahlt wird. Die Gebühren fallen auch an, wenn die Daten des Handelsregisters (ebenso wie die des Partnerschafts- und Genossenschaftsregisters) über das Portal des Unternehmensregisters abgerufen werden; im Übrigen ist der Abruf von Daten aus dem Unternehmensregister grundsätzlich kostenfrei. Damit sind bspw für die eine GmbH betreffende Standardabfrage (Ermittlung des Geschäftsführers, Einsicht in Gesellschaftsvertrag und Gesellschafterliste) Gebühren von 13,50 EUR zu veranschlagen. Sind Dokumente nur in Papierform vorhanden, kann die elektronische Übermittlung nur für solche Schriftstücke verlangt werden, die weniger als zehn Jahre vor dem Zeitpunkt der Antragstellung zum HR eingereicht wurden (§ 9 Abs. 2 HGB, Art. 61 Abs. 3 EGHGB), wovon wohl aufgrund der damit verbundenen hohen Gebühren (2 EUR pro Seite, mindestens 25 EUR; GVHR Nr. 5007) nur zurückhaltend Gebrauch gemacht werden wird. Die Einsichtnahme auf der Geschäftsstelle des Registergerichts ist kostenfrei (§ 90 KostO).[139] Die nach § 10 HGB auf elektronischem Wege erfolgenden **Bekanntmachungen** der Registereintragungen – nicht jedoch die Registereintragungen selbst – sind hingegen für jedermann im Internet (www.handelsregisterbekanntmachungen.de) kostenfrei einsehbar.

IV. Registerpublizität

98 An die Eintragung im Handelsregister und die Bekanntmachung schließt sich ein Rechtsschein an. Hat die Eintragung lediglich deklaratorische Wirkung, ergeben sich Probleme, wenn Eintragung und Bekanntmachung mit den zutreffenden Rechtsverhältnissen, also der wahren Rechtslage nicht übereinstimmen. Die sich **aus Handelsregistereintrag und -bekanntmachung ergebenden Rechtsfolgen** regelt

---

138 Begründung des Regierungsentwurfs zum EHUG, BT-Drucks. 16/960 S. 40.
139 S. auch *Seibert/Decker* DB 2006, 2446, 2448.

§ 15 HGB.[140] Mittelbar erfasst der Anwendungsbereich dieser Norm auch die Bekanntmachungen im Unternehmensregister, in welches die Handelsregistereintragungen und Bekanntmachungen nach § 8 b Abs. 2 Nr. 1 HGB eingestellt werden.[141] Grundsätzlich ist § 15 HGB auf eintragungspflichtige, aber nicht bekanntzumachende Tatsachen nicht – auch nicht entsprechend – anwendbar.[142] Dies gilt für die Eintragung betreffend Kommanditisten (§ 162 Abs. 2 und 3, § 175 S. 2 HGB) indes nur mit Einschränkungen.[143] Denn § 15 HGB ist nach dem Wortlaut und auch der Entstehungsgeschichte[144] des § 162 Abs. 2 2. Hs HGB nur „insoweit" nicht anzuwenden, als es auch auf die Bekanntmachung ankommt.[145] Dies ist aber allein bei § 15 Abs. 2 und 3 HGB der Fall, weshalb die Anwendbarkeit des § 15 Abs. 1 HGB zu bejahen ist, der gerade keine eintragungs- und bekanntmachungspflichtige, sondern nur eine eintragungspflichtige Tatsache voraussetzt.[146] Weiterhin gilt, dass der Minderjährigenschutz des §§ 1629 a BGB Vorrang vor dem Verkehrsschutz des § 15 HGB genießt.[147] Im Einzelnen ist zwischen den folgenden Fällen zu unterscheiden:

1. Regelfall der richtigen Eintragung und Bekanntmachung, § 15 Abs. 2 HGB

a) Situation und Schutzzweck

Ist eine einzutragende, also eintragungspflichtige Tatsache im Handelsregister richtig eingetragen und bekannt gemacht, wird der **Eintragungspflichtige** regelmäßig durch § 15 Abs. 2 HGB **geschützt**. Hingegen erstreckt sich dieser Schutz nicht auch auf lediglich eintragungsfähige Tatsachen. Im Rechtsverkehr muss ein Dritter also Tatsachen, welche die wahre Rechtslage wiedergeben, gegen sich gelten lassen. Dabei stellt § 15 HGB nicht allein die Fiktion auf, dass außer der eingetragenen Tatsache keine weitere Tatsache existiert. Weil § 15 Abs. 2 HGB den sich an die Eintragung anschließenden Rechtsschein schützt, muss sich derjenige, der eine Eintragung veranlasst, gegenüber gutgläubigen Dritten auch so behandeln lassen, als sei die Eintragung materiell-rechtlich korrekt.[148] Gutgläubig ist dabei, wer die Unrichtigkeit des Registers, auch infolge Fahrlässigkeit, nicht kennt.

99

Freilich gewährt § 15 Abs. 2 S. 2 HGB Dritten eine **Schonfrist**. Diese können sich (müssen dies aber nicht zwingend) für einen Zeitraum von **15 Tagen nach** der **Bekanntmachung** darauf berufen, dass sie die Veränderung des Handelsregisters unverschuldet nicht kannten. Mit dieser Regelung trägt der Gesetzgeber der Tatsache Rechnung, dass die Bekanntmachungen eine Zeit brauchen, bis sie den Empfänger erreichen. Ein Dritter hat aber zu beweisen, dass er die Eintragung weder kannte noch kennen musste. Es schadet bereits leichte Fahrlässigkeit (§ 122 Abs. 2 BGB);[149] deshalb wird angesichts der seit 2007 erfolgenden und ohne weiteres zur Kenntnis zu nehmenden elektronischen Bekanntmachung die Schonfrist erheblich an Bedeutung verlieren.

100

b) Rechtsfolge

Der Eintragungspflichtige kann sich damit unter folgenden Voraussetzungen nach § 15 Abs. 2 HGB gegenüber einem Dritten **auf den Inhalt des Handelsregisters berufen** und muss dieser die eingetragene Tatsache gegen sich gelten lassen:

101

---

140 Entsprechendes gilt für die Parallelnorm des § 29 GenG, dessen Regelungsbereich aber auf die Eintragung und Bekanntmachung der Vorstandsmitglieder und deren Vertretungsbefugnis beschränkt ist; über § 42 Abs. 1 S. 3 GenG erstreckt sich die Norm zudem auf Prokuristen.
141 MünchKommHGB/*Krafka* vor § 8 Rn 9.
142 MünchKommHGB/*Krebs* § 15 Rn 28 f.
143 Grundsätzlich gegen die Anwendung dagegen *K. Schmidt* ZIP 2002, 413, 414, 417 f; MünchKommHGB/ *K. Schmidt* § 173 Rn 36.
144 Vgl BT-Drucks. 14/4051 S. 18 f.
145 *Paul* MDR 2004, 849, 851; *Wilhelm* DB 2002, 1979, 1984; zweifelnd, aber ein solches Verständnis des § 162 Abs. 2 HGB ausdrücklich nicht ausschließlich *Grunewald* ZGR 2003, 541, 544 f.
146 Ebenso *Paul* MDR 2004, 849, 851; *Wilhelm* DB 2002, 1979, 1984; aA *K. Schmidt* ZIP 2002, 413, 419; eingehend zum Meinungsstreit *Saenger/Wackerbeck* JA 2006, 771 f.
147 MünchKommHGB/*Krebs* § 15 Rn 20.
148 MünchKommHGB/*Krebs* § 15 Rn 75 ff; Baumbach/Hopt/*Hopt* § 15 Rn 15.
149 Baumbach/Hopt/*Hopt* § 15 Rn 14.

- es liegt eine einzutragende, also eintragungspflichtige Tatsache vor (wozu bspw nicht die Handlungsvollmacht nach § 54 HGB oder die Haftungsbeschränkung nach § 25 Abs. 1 HGB zählen);
- Eintragung und Bekanntmachung sind erfolgt;
- der rechtsbegründende Vorgang ist dem rechtsgeschäftlichen Verkehr zuzuordnen;
- die Schonfrist nach § 15 Abs. 2 S. 2 HGB ist abgelaufen bzw der Dritte kannte die Tatsache bzw diese war ihm infolge Fahrlässigkeit unbekannt;
- es besteht kein widersprechender Rechtsschein (zB wenn dem Dritten die Registereinsicht überflüssig erscheinen musste, etwa bei Verwendung einer Prokura-Bezeichnung auf dem Briefkopf).

2. Divergenz zwischen „wahrer" Rechtslage und Eintragung im Handelsregister

a) Negative Publizität, § 15 Abs. 1 HGB – Fehlende Eintragung und Bekanntmachung

aa) Situation und Schutzzweck

102 Ist eine in das Handelsregister einzutragende Tatsache nicht eingetragen und folglich auch nicht bekannt gemacht, kann sich nach § 15 Abs. 1 HGB im Rechtsverkehr derjenige, in dessen Angelegenheiten die Tatsache einzutragen war, nicht auf sie berufen (negative Publizität).

103 Geschützt ist – anders als beim Grundbuch nach § 891 BGB und mit der Ausnahme des § 15 Abs. 3 HGB – grundsätzlich nicht das Vertrauen auf die Richtigkeit einer Eintragung, sondern **das Vertrauen auf das Fehlen weiterer eintragungspflichtiger Umstände.**

Beispiel: Entzieht der Kaufmann K seinem Mitarbeiter P die Prokura und wird die eintragungspflichtige Tatsache des Erlöschens der Prokura nicht im Handelsregister eingetragen, gilt P gegenüber Dritten, die keine Kenntnis von der Entziehung der Prokura haben, weiterhin als Prokurist des K. Die Eintragungspflicht nach § 53 Abs. 3 HGB besteht selbst, wenn der Voreintrag der Prokuraerteilung nach § 53 Abs. 1 HGB unterblieben ist (sog. sekundäre Unrichtigkeit des Handelsregisters). Denn es spielt keine Rolle, ob die Tatsache, deren Wegfall nicht eingetragen worden ist, obwohl diese hätte eingetragen werden müssen, ihrerseits aus dem Handelsregister ersichtlich war.[150] Weitere relevante Fälle sind die Abberufung oder Veränderung der Vertretungsbefugnis eines GmbH-Geschäftsführers, § 39 Abs. 1 GmbHG; von Vorstandsmitgliedern der AG, § 81 Abs. 1 AktG; von Veränderungen der Vertretungsmacht von OHG-Gesellschaftern, § 107 HGB.

104 Dritte können sich damit unter folgenden Voraussetzungen nach § 15 Abs. 1 HGB **auf die fehlende Eintragung und Bekanntmachung**, also die negative Publizität **berufen:**
- es liegt eine einzutragende, also eintragungspflichtige Tatsache vor;
- eine wahr gewesene Tatsache (also etwa die Entziehung einer Prokura) ist nicht eingetragen oder zumindest nicht bekannt gemacht;
- der Dritte hat keine positive Kenntnis von der einzutragenden Tatsache, also der wahren Rechtslage (die Kenntnis eines Vertreters ist dem Dritten nach § 166 Abs. 1 BGB zuzurechnen);
- der rechtsbegründende Vorgang ist dem rechtsgeschäftlichen Verkehr zuzuordnen.

105 § 15 Abs. 1 HGB gewährt einen abstrakten Verkehrsschutz. Es kommt nicht darauf an, ob der Dritte Einblick in das Handelsregister genommen hat. Kausalität des Registerinhalts für das Verhalten des Dritten ist deshalb – anders als im Rahmen der Haftung nach den allgemeinen Rechtsscheinsgrundsätzen (dazu Rn 25 ff) – nicht erforderlich.[151]

bb) Rechtsfolge

106 Liegen die Voraussetzungen vor, kann der Dritte **wählen** zwischen
- der Geltendmachung der Rechte, die bei Zugrundelegung der eintragungspflichtigen Tatsache begründet sind, und

---

150 BGHZ 55, 267, 272.
151 BGHZ 65, 309, 311; Baumbach/Hopt/*Hopt* § 15 Rn 9; vgl dazu *Saenger/Wackerbeck* JA 2006, 771, 772.

- der Geltendmachung der Rechte, die unter Außerachtlassung der einzutragenden Tatsache begründet sind.[152]

Dabei steht es dem Dritten sogar frei, die für ihn **günstigste Rechtsposition** zu wählen („Rosinentheorie"). So kann er sich bspw bezüglich der Vertretungsmacht auf die wahre Rechtslage der Einzelvertretungsmacht bei eingetragener Gesamtvertretungsmacht berufen und hinsichtlich der Haftung auf die fehlende Bekanntmachung des Ausscheidens des gesamtvertretungsberechtigten Gesellschafters.[153] Hingegen kann sich derjenige, in dessen Angelegenheiten die Tatsache einzutragen war, Dritten gegenüber nicht darauf berufen (sog. Wirkungshemmung). 107

b) Positive Publizität, § 15 Abs. 3 HGB – Unrichtige Bekanntmachung

aa) Situation und Schutzzweck

Ist eine in das Handelsregister eintragungspflichtige[154] Tatsache – ungeachtet der Richtigkeit oder Unrichtigkeit ihrer Eintragung[155] – unrichtig bekannt gemacht, kann sich ein Dritter demjenigen gegenüber, in dessen Angelegenheiten die Tatsache einzutragen war, **auf die bekannt gemachte Tatsache berufen**, es sei denn, dass er die Unrichtigkeit kannte. Rechtsscheinsgrundlage ist die unrichtige Bekanntmachung. Die Vorschrift erfasst den Fall, dass sowohl Eintragung als auch Bekanntmachung unrichtig sind, und ebenso den der fehlenden Eintragung. Streitig ist dagegen, ob die Norm über den Wortlaut hinaus auch auf den umgekehrten Fall Anwendung findet, dass die Bekanntmachung richtig ist oder gar fehlt, aber die Eintragung unrichtig ist.[156] Dies ist – nicht zuletzt wegen des Wortlauts der Vorschrift und auch nach der Gesetzesbegründung[157] – zu verneinen;[158] gleichwohl ergeben sich regelmäßig keine Unterschiede im Hinblick auf die Rechtsfolge, die dann auf die allgemeinen Rechtsscheinsgrundsätze zu stützen ist (Rn 25 ff). 108

Freilich ist eine Besonderheit zu berücksichtigen: Zwar bedarf es – ebenso wie im Rahmen von § 15 Abs. 1 HGB (Rn 105) – nicht des Nachweises der Kausalität, dass gerade die fehlerhafte Bekanntmachung ausschlaggebend für das Verhalten des Dritten gewesen ist. Gleichwohl muss wegen des mit dem Grundsatz der positiven Publizität verbundenen hohen Risikos der Rechtsschein dem Betroffenen zurechenbar sein und dieser deshalb die Eintragung veranlasst haben. Eine Tatsache nur „in dessen Angelegenheiten" einzutragen, der auch einen Eintragungsantrag gestellt und so die Tätigkeit des Registergerichts veranlasst hat.[159] Sonst blieben die Interessen des Betroffenen unberücksichtigt, der, wenn die fehlerhafte Bekanntmachung in keinem Zusammenhang mit einem Eintragungsantrag steht, keine Möglichkeit hat, zu prüfen, ob eine Registeranmeldung zutreffend umgesetzt wurde. Insoweit wird das Rechtsscheinsprinzip durch das **Veranlassungsprinzip** ergänzt.[160] 109

Allerdings ist auch insoweit dem Schutz Minderjähriger Rechnung zu tragen (vgl Rn 98) und § 15 Abs. 3 HGB nicht zu Lasten Geschäftsunfähiger oder beschränkt Geschäftsfähiger anwendbar.[161] 110

Beispiel: Sind A und B Gesellschafter einer OHG, die zwar ordnungsgemäß im Handelsregister eingetragen ist, werden die Namen der Gesellschafter aber versehentlich nicht mit A und B, sondern mit A und C bekannt gemacht, können Dritte annehmen, dass C nach § 125 Abs. 1 HGB Vertretungsmacht für die Gesellschaft zusteht und mit diesem Rechtsgeschäfte schließen, welche die Gesellschaft verpflichten.

---

152 BGHZ 55, 267, 273; *Canaris*, Handelsrecht, § 5 Rn 24.
153 BGHZ 55, 267, 273; MünchKommHGB/*Krebs* § 15 Rn 54.
154 Dazu nur *Canaris*, Handelsrecht, § 5 Rn 47. Entgegen der hM wird auch die Ansicht einer analogen Anwendung von § 15 Abs. 3 HGB auf lediglich eintragungsfähige Tatsachen vertreten; vgl MünchKommHGB/*Krebs* § 15 Rn 87.
155 MünchKommHGB/*Krebs* § 15 Rn 81.
156 Für eine Anwendbarkeit von § 15 Abs. 3 HGB Baumbach/Hopt/*Hopt* § 15 Rn 18; Koller/Roth/Morck/*Roth* § 15 Rn 28.
157 BT-Drucks. V/3862, S. 11.
158 *Canaris*, Handelsrecht, § 5 Rn 45.
159 HM, vgl nur Baumbach/Hopt/*Hopt* § 15 Rn 19; *Canaris*, Handelsrecht, § 5 Rn 52; aA MünchKommHGB/*Krebs* § 15 Rn 91.
160 BGHZ 22, 238; Baumbach/Hopt/*Hopt* § 15 Rn 19; aA MünchKommHGB/*Krebs* § 15 Rn 83–85.
161 *Canaris*, Handelsrecht, § 5 Rn 54.

111 Dritte können sich damit unter folgenden Voraussetzungen nach § 15 Abs. 3 HGB **auf die fehlerhafte Bekanntmachung**, also die positive Publizität **berufen:**
- es liegt eine einzutragende, also eintragungspflichtige Tatsache vor;
- diese Tatsache ist (zumindest) unrichtig bekannt gemacht (§ 15 Abs. 3 HGB umfasst also nicht den Fall einer unrichtigen Eintragung bei richtiger bzw fehlender Bekanntmachung, wohl aber den, dass sowohl Eintragung als auch Bekanntmachung falsch sind);
- der Dritte hat keine positive Kenntnis von der wahren Rechtslage;
- der rechtsbegründende Vorgang ist dem rechtsgeschäftlichen Verkehr zuzuordnen;
- die Tätigkeit des Registergerichts muss dem, in dessen Angelegenheiten die Tatsache einzutragen war, zuzurechnen sein (was etwa nicht der Fall ist, wenn die Eintragung nicht aufgrund eines Eintragungsantrags des Betroffenen veranlasst wurde oder es sich dabei um einen Minderjährigen handelt).

bb) Rechtsfolge

112 Sind die Voraussetzungen gegeben, kann sich der Geschäftsgegner auf den Inhalt der (fehlerhaften) Bekanntmachung berufen, muss dies aber nicht tun.

3. Besonderheiten bei Zweigniederlassungen, § 15 Abs. 4 HGB

113 Divergenzen zwischen Eintragung und Bekanntmachung beim Gericht der Hauptniederlassung und dem Gericht der Zweigniederlassung können entstehen, wenn sowohl eine Eintragung und Bekanntmachung bei der Hauptniederlassung als auch eine, wenn auch eingeschränkte, Eintragung und Bekanntmachung durch das Gericht am Ort der Zweigniederlassung erfolgt. Der frühere Grundsatz, dass die für den Rechtsverkehr entscheidende Eintragung und Bekanntmachung durch das Gericht der Zweigniederlassung erfolgt, ist nach der Neuregelung von § 15 Abs. 4 HGB – welche an § 13 Abs. 1 HGB anknüpft, wonach Zweigniederlassungen eines inländischen Unternehmens allein bei dem Gericht der Hauptniederlassung anzumelden sind – auf Zweigniederlassungen **ausländischer Unternehmen** einzugrenzen, deren Hauptniederlassung bzw Sitz nicht im deutschen Handelsregister eingetragen ist. Für Zweigniederlassungen von Unternehmen mit Hauptniederlassung bzw Sitz im Inland ist demgegenüber die Eintragung und Bekanntmachung durch das Gericht der Hauptniederlassung bzw des Sitzes maßgebend, bei dem nach § 13 HGB die Eintragung erfolgt.[162]

4. Allgemeine Rechtsscheinsgrundsätze

114 Die Publizitätsnorm des § 15 HGB erfasst nicht alle denkbaren Fehler, die im Zusammenhang mit dem Handelsregister auftreten. Deshalb beanspruchen die im Wege richterlicher Rechtsfortbildung schon vor Inkrafttreten von § 15 Abs. 3 HGB entwickelten **Grundsätze** weiter Geltung, die sich wie folgt zusammenfassen lassen:[163]
- Wer eine ihn betreffende unrichtige Eintragung zurechenbar veranlasst hat, muss sich von einem ohne Fahrlässigkeit auf die Richtigkeit vertrauenden Dritten so behandeln lassen, als ob die Eintragung richtig wäre.[164]
- Wer eine ihn betreffende unrichtige Eintragung, die er (etwa mangels Antragstellung) nicht veranlasst hat, schuldhaft nicht beseitigen lässt, kann sich gegenüber einem ohne Fahrlässigkeit auf die Richtigkeit vertrauenden Dritten nicht auf die Unrichtigkeit berufen.[165]

Veranlassen ist dabei zwar einerseits nicht als Zurechnung im Sinne von Verschulden zu verstehen, eröffnet andererseits aber nicht die Möglichkeit der Belastung schutzwürdiger Personen, wie etwa (beschränkt) Geschäftsunfähiger. Weiterhin muss zwischen der Kenntnis des Scheintatbestandes und der Vornahme der Disposition grundsätzlich **Kausalität** bestehen. Der Dritte muss in seinem Verhal-

---

[162] Begründung des Regierungsentwurfs zum EHUG, BT-Drucks. 16/960 S. 4547.
[163] *Canaris*, Handelsrecht, § 5 Rn 43.
[164] St. Rspr, RGZ 50, 428, 431; 142, 98, 104; BGHZ 22, 235, 238; dazu iE *Canaris*, Handelsrecht, § 6 Rn 2–5.
[165] RGZ 131, 12, 14 ff.

ten durch den Scheintatbestand beeinflusst worden sein. Im Interesse praktischer Effizienz wird insoweit eine Umkehr der Beweislast zu Gunsten des Dritten befürwortet. Derjenige, gegen den der Rechtsschein spricht, hat den Gegenbeweis zu führen, dass der Dritte auch bei Kenntnis der wahren Rechtslage genauso gehandelt hätte.[166] Hierin liegt ein maßgeblicher Unterschied zur Rechtsscheinshaftung aus § 15 HGB, wonach die Haftung unabhängig von der Kenntnis des Rechtsscheinstatbestandes, also der fehlerhaften Eintragung in das Handelsregister, eingreift (**abstrakte Kausalität**).[167]

Den allgemeinen Rechtsscheinsgrundsätzen kommt eine **Auffangfunktion** zu.[168] Diese ist aber wegen des nach herrschender Ansicht weiten Anwendungsbereichs von § 15 Abs. 3 HGB nur von begrenzter Bedeutung.[169] Die Grundsätze sind etwa maßgeblich

- wenn die Eintragung unrichtig und eine Bekanntmachung noch nicht erfolgt ist (Zwischenfehler);
- wenn die Eintragung und/oder Bekanntmachung einer nicht eintragungspflichtigen Tatsache erfolgt ist;
- für das Veranlassen eines Rechtsscheins ohne Antragstellung;
- für das Unterlassen des Einschreitens gegen eine unrichtige Eintragung.[170]

C. Handelsfirma

I. Allgemeine rechtliche Darstellung

1. Funktionen der Firma

Die Firma eines Kaufmannes ist der Name, unter dem er seine Geschäfte betreibt und die Unterschrift abgibt (§ 17 Abs. 1 HGB). Sie individualisiert den Kaufmann als Inhaber eines Unternehmens und unterscheidet ihn von anderen Teilnehmern am geschäftlichen Verkehr.

2. Firmenführungsrecht und Firmenführungspflicht

Die Individualisierung eines Kaufmanns durch seine Firma liegt nicht nur in seinem persönlichen geschäftlichen Interesse, sondern auch im Interesse der Öffentlichkeit. Diese hat ein Interesse daran, den Unternehmensträger über seine Firma identifizieren zu können, damit die anderen Marktteilnehmer bei ihren geschäftlichen Dispositionen dessen Identität, Seriosität, sein Haftungsvolumen, seine Kreditwürdigkeit, Leistungsfähigkeit etc. beurteilen können. Kaufleute im Sinne des § 17 Abs. 1 HGB sind deshalb nicht nur berechtigt, sondern auch verpflichtet, eine Firma anzunehmen und sie im geschäftlichen Verkehr zu führen.

3. Rechtsnatur der Firma

a) Absolutes Recht

Die Firma eines Kaufmannes ist wie der Name einer persönlichen Person ein absolutes Recht und unterliegt dem Namensschutz unabhängig davon, ob der Firmenträger eine natürliche Person, eine Personenhandelsgesellschaft oder eine juristische Person ist und ob es sich um eine Personenfirma oder um eine Sachfirma, Fantasiefirma oder Mischfirma handelt.[171]

---

166 Ebenroth/Boujong/Joost/*Kindler* § 5 Rn 77; Koller/Roth/Morck/*Roth* § 15 Rn 57; *Canaris*, Handelsrecht, § 6 Rn 77. Die Rechtsprechung ist uneinheitlich; zunächst wurde davon ausgegangen, dass die Beweislast den Dritten trifft (BGHZ 17, 13, 19); für die Rechtsscheinhaftung wegen Firmierung ohne gebotenen Rechtsformzusatz wurde hingegen eine Umkehr der Beweislast ausdrücklich angenommen (BGHZ 64, 11, 18).
167 Dazu *Saenger/Wackerbeck* JA 2006, 771, 772.
168 Baumbach/Hopt/*Hopt* § 15 Rn 17.
169 *Canaris*, Handelsrecht, § 6 Rn 4.
170 MünchKommHGB/*Krebs* § 15 Rn 101–103; *Canaris*, Handelsrecht, § 6 Rn 4 f.
171 Vgl dazu auch MünchHdb GesR I *Bezzenberger*, Rn 12.

b) Doppelnatur

119 Die Firma ist nicht nur wie der Name ein Persönlichkeitsrecht, sondern auch, und zwar gleichgültig, ob sie Personen- oder Sachfirma ist, ein Vermögensrecht, das zum Unternehmen des Inhabers und damit im Falle des Konkurses zur Konkursmasse gehört.[172]

4. Arten der Firma

120 Firmen können nach ihrem Inhalt und ihrer Herkunft eingeteilt werden.

a) Inhalt

121 Inhaltlich ist zwischen einer Personenfirma, Sachfirma, Fantasiefirma und Mischfirma zu unterscheiden. Eine Personenfirma wird entweder aus dem Familiennamen des Inhabers des Unternehmens oder eines Gesellschafters mit oder ohne Firmenzusätze gebildet, eine Sachfirma aus dem Gegenstand des Unternehmens gewählt und eine Fantasiefirma aus dem allgemeinen Sprachschatz entnommen. Eine Mischfirma setzt sich aus einer Kombination dieser Arten zusammen.[173] Die Firmen können Einfache oder Zusammengesetzte sein. Zusammengesetzte Firmen bestehen aus einem Firmenkern und Firmenzusätzen. Diese Firmenzusätze können freiwillig oder zwingend sein, wie zB die nach § 19 Abs. 1 HGB vorgesehenen Rechtsformenzusätze.

b) Herkunft

122 Weiter ist zwischen einer originären Firma und einer abgeleiteten Firma zu unterscheiden. Während die originäre Firma vom ursprünglichen Rechtsinhaber gebildet worden ist, ist die abgeleitete Firma im Wege der Rechtsnachfolge übernommen worden, zB beim Erwerb und der Fortführung eines Handelsgeschäfts gem. § 22 HGB.

5. Firmenrechtsgrundsätze

123 Zur Sicherung der Funktion der Firma haben sich im materiellen Firmenrecht und Firmenordnungsrecht Firmenrechtsgrundsätze herausgebildet, die sich teilweise überschneiden und nur rudimentär ausdrücklich gesetzlich geregelt sind.

a) Firmenwahrheit

124 Eine Firma muss in ihrem Kern wahr sein, sie darf keine Angaben enthalten, die geeignet sind, über geschäftliche Verhältnis, die für die angesprochenen Verkehrskreise wesentlich sind, irrezuführen (§ 18 Abs. 2 S. 1 HGB). Dieser Grundsatz gilt durchgängig, dh sowohl bei Firmenneubildungen als auch bei nachträglichen Veränderungen; denn das Interesse der angesprochenen Verkehrskreise, nicht irregeführt zu werden, besteht immer.

b) Firmenbeständigkeit

125 Zum Erhalt des mit einer Firma verbundenen good will darf eine einmal angenommene Firma auch bei Veränderungen des Namens oder des Inhabers weitergeführt werden (§§ 21, 22, 24 HGB), was insbesondere bei Änderungen des Inhabers im Hinblick auf den höchstpersönlichen Teilcharakter der Firma nicht selbstverständlich ist.

c) Firmeneinheit

126 Für ein Unternehmen darf immer nur eine Firma geführt werden. Lediglich ein Einzelkaufmann, der mehrere selbständige Unternehmen führt, ist berechtigt, für diese selbständigen Unternehmen jeweils eine andere Firma zu führen. Dies gilt aber nicht für Handelsgesellschaften (Rn 140).

---

172 BGHZ 85, 221, 223.
173 MünchHdb GesR I *Bezzenberger*, § 49 Rn 7.

d) Firmenausschließlichkeit

Nach § 30 Abs. 1 HGB muss sich jede neue Firma von allen an demselben Ort oder in derselben Gemeinde bestehenden und in das Handelsregister eingetragenen Firmen deutlich unterscheiden.

127

e) Firmenöffentlichkeit

Der Kaufmann muss seine Firma nicht nur im Geschäftsverkehr führen, er muss sie auch in das Handelsregister eintragen lassen (§§ 29, 31 Abs. 1).

128

6. Abgrenzungen

Die Firma ist gegenüber anderen Unternehmenskennzeichen abzugrenzen.

129

a) Geschäftsbezeichnungen

Nichtkaufleute, wie zB Kleingewerbetreibende und Freiberufler dürfen zwar keine Firma führen, sie haben aber ein Recht auf eine Geschäftsbezeichnung zur Kennzeichnung ihres **Geschäftsbetriebs**, dh nicht zur Kennzeichnung des Inhabers. Die Geschäftsbezeichnung darf aus dem Namen des Inhabers des Geschäfts oder aus einer Sach- oder Fantasiebezeichnung oder aus ihrer Kombination bestehen und firmenähnlich verwandt werden.[174] Die Abgrenzung der Nichtkaufleute, die eine Geschäftsbezeichnung firmenmäßig verwenden, gegenüber Kaufleuten im Sinne des § 1 HGB erfolgt letztlich nur dadurch, dass Letztere gem. § 19 HGB einen Rechtsform- bzw Gesellschaftsformzusatz führen müssen.

130

b) Geschäftliche Bezeichnungen

Dieser Begriff ist umfassend. Geschäftliche Bezeichnungen sind solche im Sinne des § 5 MarkenG. Sie erfassen Unternehmenskennzeichen und Werktitel. Unternehmenskennzeichen sind Zeichen, die im geschäftlichen Verkehr als Name, als Firma oder als besondere Bezeichnung eines Geschäftsbetriebes oder eines Unternehmens benutzt werden. Der besonderen Bezeichnung eines Geschäftsbetriebes stehen solche Geschäftsabzeichen und sonstige zur Unterscheidung des Geschäftsbetriebs von anderen Geschäftsbetrieben bestimmte Zeichen gleich, die innerhalb beteiligter Verkehrskreise als Kennzeichen des Geschäftsbetriebes gelten (§ 5 Abs. 2 MarkenG). Der Begriff der „geschäftlichen Bezeichnung" erstreckt sich mithin auf alle Unternehmenskennzeichen, die im geschäftlichen Verkehr als Name (§ 12 BGB), Firma (§ 17 HGB) oder als besondere Geschäftsbezeichnung mit einer Firma oder ohne eine solche geführt werden.[175] Die besondere Bezeichnung eines Geschäftsbetriebes und eines Unternehmens weist auch als Name und Firma nicht auf den Unternehmensträger, sondern auf das Objekt als organisatorische Einheit hin.[176]

131

c) Marken

Marken, die üblicherweise durch die Eintragung eines Zeichens als Marke in das vom DPMA geführte Register (§ 4 Abs. 1 MarkenG), ausnahmsweise außerhalb des Registers durch Benutzung im geschäftlichen Verkehr (§ 4 Abs. 2 MarkenG) entstehen, kennzeichnen im Unterschied zu Namen und Firmen nicht die Unternehmensinhaber oder Unternehmen, sondern Waren oder Dienstleistungen (§ 3 Abs. 1 MarkenG).

132

d) Internet-Domain

Die Internet-Domain ist kein eigenes Recht, insbesondere kein Immaterialgüterrecht,[177] sie ist wie eine Telefonnummer eine rein tatsächliche Adresse. Über diese tatsächliche Funktion hinaus hat der Domainname aber eine Namensfunktion, wenn er mit dem Namen oder einer Firma identisch ist

133

---

174 Baumbach/Hopt, § 17 Rn 13.
175 Ingerl/Rohnke, MarkenG, § 5 Rn 26.
176 Ingerl/Rohnke, aaO.
177 BGH GRUR 2002, 622, 626 schell.de.

oder sich aus ihm bzw ihr ableitet.[178] Darüber hinaus können über den Gebrauch der Domain auch Kennzeichenrechte, insbesondere das Recht an einer besonderen geschäftlichen Bezeichnung im Sinne des § 5 MarkenG erworben werden. In Fällen dieser Art begründet aber nicht die Anmeldung und Eintragung der Domain bei der Denic das Recht an sich, sondern ihre Benutzung.[179]

II. Das Recht zur Firmenführung

1. Kaufmannseigenschaft

a) Istkaufmann

134 Kaufmann im Sinne des § 17 Abs. 1 HGB ist jeder, der ein Handelsgewerbe betreibt (§ 1 Abs. 1 HGB). Handelsgewerbe ist jeder Gewerbebetrieb, der einen nach Art oder Umfang in kaufmännischer Weise eingerichteten Geschäftsbetrieb erfordert (§ 1 Abs. 2 HGB). Die vor dem HRefG aus dem Jahre 1998 bestehende Einschränkung auf Geschäfte „im Handel" ist aufgehoben worden. Handelsgewerbe ist jeder Gewerbebetrieb, dh auch Produktions- oder Dienstleistungsbetriebe.

b) Handelsgesellschaften

135 Kaufleute sind auch Handelsgesellschaften, wenn sie ein Handelsgewerbe betreiben. Handelsgesellschaften sind zunächst die Personalhandelsgesellschaften, dh die offene Handelsgesellschaft und die Kommanditgesellschaft, die die Kaufmannseigenschaft entweder ohne Eintragung nach § 105 Abs. 1 HGB oder auf Grund ihrer Eintragung nach § 105 Abs. 2 iVm § 2 HGB erreichen (§ 6 Abs. 1 HGB). Handelsgesellschaften sind ferner die Kapitalgesellschaften wie die GmbH, die AG, die KGA und die eingetragene Genossenschaft, die auf Grund ihrer Eintragung in das Handelsregister bzw das Genossenschaftsregister zur Führung einer Firma berechtigt sind (§ 13 Abs. 3 GmbHG, §§ 3 Abs. 1, 278 Abs. 3 AktG, § 17 Abs. 2 GenG). Die Kapitalgesellschaften (GmbH, AG, KGaA, eG) entstehen durch Eintragung und sind zugleich Formkaufleute im Sinne des § 6 Abs. 2 HGB. Für Formkaufleute ist es im Unterschied zu den Handelsgesellschaften (§ 6 Abs. 1 HGB) unerheblich, ob sie ein Handelsgewerbe oder überhaupt ein Gewerbe betreiben.[180]

c) Kaufmann kraft Eintragung

136 Ist eine Firma im Handelsregister eingetragen, so kann gegenüber demjenigen, welcher sich auf die Eintragung beruft, nicht geltend gemacht werden, dass das unter der Firma betriebene Gewerbe kein Handelsgewerbe sei (§ 5 HGB). Voraussetzung für die unwiderlegbare Vermutung der Kaufmannseigenschaft ist neben der Eintragung die Führung eines **Gewerbebetriebs**. § 5 HGB ist deshalb auf Nichtgewerbetreibende wie Kleingewerbetreibende und Freiberufler nicht anwendbar.[181]

d) Kannkaufmann

137 Ein Kleingewerbetreibender, der keinen nach Art oder Umfang in kaufmännischer Weise eingerichteten Geschäftsbetrieb führt, hat nach § 2 HGB die Möglichkeit, die Firma seines Unternehmens in das Handelsregister eintragen zu lassen und dadurch Kaufmann kraft Eintragung zu werden. Dies gilt gem. § 3 Abs. 1 HGB auch für Land- und Forstwirte. Die Eintragung wirkt hier konstitutiv. Die vor dem HRefG 1998 bestehende gesetzliche Differenzierung zwischen einem Voll- und Minderkaufmann ist durch das HRefG aufgegeben worden.

2. Bestehen eines Handelsgewerbes/Gewerbebetriebs

138 Das HGB enthält keine gesetzliche Definition des Handelsgewerbes. Allgemein versteht man unter einem Handelsgewerbe im Sinne des HGB eine

---

178 BGH NJW 2003, 2978.
179 Ingerl/Rohnke, § 15 Rn 38.
180 Baumbach/*Hopt*, § 6 Rn 3.
181 BGHZ 32, 315.

- erkennbar planmäßige, auf Dauer angelegte,
- selbständige,
- auf Gewinnerzielung ausgerichtete oder jedenfalls wirtschaftliche Tätigkeit am Markt
- unter Ausschluss freiberuflicher, wissenschaftlicher und künstlerischer Tätigkeit.[182]

3. Name

Der Namensbegriff ist identisch mit dem in § 12 BGB. Der Name ist eine aus Buchstaben bestehende aussprechbare sprachliche Kennzeichnung einer Person zur Unterscheidung von anderen.[183] Die Firma kennzeichnet nicht das Unternehmen, sondern die natürliche oder juristische Person oder die Personenhandelsgesellschaft, die Inhaber des Handelsgeschäftes ist.[184] Namen können daher nur solche Bezeichnungen sein, denen tatsächlich eine Unterscheidungskraft zukommt.[185]

4. Mehrere Namen/Firmen

Der Einzelkaufmann, der in § 17 HGB als Normalfall unterstellt wird, hat grundsätzlich zwei Namen, seinen bürgerlichen Namen und den Handelsnamen, unter dem er sein Unternehmen betreibt. Betreibt ein Einzelkaufmann mehrere Unternehmen, die organisatorisch getrennt sind, ist er berechtigt, mehrere verschiedene Firmen zu führen.[186] Dieses Recht steht Handelsgesellschaften und eG nicht zu. Die können stets nur eine einzige Firma führen, die zuglich ihr Name schlechthin ist.[187] Dies gilt wiederum nicht für juristische Personen, die wie Einzelkaufleute bei entsprechenden organisatorischen Voraussetzungen mehrere Firmen führen dürfen.[188]

III. Entstehung der Firma

1. Tatsächliche und formale Voraussetzungen

a) Ingebrauchnahme

Die Firma des Einzelkaufmannes entsteht durch tatsächliche Handlungen, nicht durch eine registerrechtliche Eintragung. Notwendig und ausreichend ist die Ingebrauchnahme der Firma im geschäftlichen Verkehr. Dies gilt auch für Handelsgesellschaften (§ 123 Abs. 2 HGB), sofern sie schon vor der Eintragung mit ihrer Geschäftstätigkeit beginnen.[189] Es genügt jede Art der nach außen gerichteten geschäftlichen Tätigkeit im Inland, sofern sie auf eine dauernde wirtschaftliche Betätigung schließen lässt.[190] Ausreichend sind bereits Vorbereitungshandlungen wie zB die Anmietung eines Ladenlokals oder das Anwerben von Personal.[191] Die Eintragung ins Handelsregister ist in Fällen dieser Art rein deklaratorischer Bedeutung.[192]

b) Konstitutivität der Eintragung

Erwirbt ein Nichtkaufmann (§ 1 Abs. 2 HGB) oder eine Personengesellschaft (§ 123 Abs. 1 HGB) oder ein Formkaufmann (§ 6 Abs. 2 HGB) die Kaufmannseigenschaft mit der Eintragung in das Handelsregister, entsteht die Firma mit der Eintragung.

Hat sich der Nichtkaufmann schon vor der Eintragung geschäftlich betätigt und seinen Namen als geschäftliche Bezeichnung firmenmäßig geführt, hat er diese geschäftliche Bezeichnung durch den tatsächlichen Gebrauch erworben. Eine nicht eingetragene Vorgesellschaft einer GmbH ist darüber

---

182 Baumbach/Hopt, § 1 Rn 12.
183 BGH NJW 1959, 525.
184 BGHZ 32, 103, 109.
185 BGHZ 79, 265.
186 Baumbach/Hopt, § 17 Rn 8.
187 BGHZ 67, 166.
188 Baumbach/Hopt, § 17 Rn 8.
189 BGHZ 21, 85, 88.
190 BGH WRP 1997, 1081 GARONOR.
191 Ingerl/Rohnke, § 5 Rn 56.
192 BGHZ 10, 196, 204.

hinaus nach §§ 17, 1 HGB, soweit sie nach Außen tätig wird, berechtigt, eine Firma zu führen und durch Benutzung zu erwerben.[193] Mit der Eintragung der Gesellschaft gehen die in der Vorgesellschaft erworbenen Namensrechte unter Beibehaltung der Priorität auf die GmbH über.[194]

2. Materielle Voraussetzungen

a) Bedeutung des § 18

144 Die Firma muss nach § 18 HGB zur Kennzeichnung des Kaufmanns geeignet sein und Unterscheidungskraft besitzen. Diese Norm ist zwar nur eine Norm des Firmenordnungsrechts, nämlich des Handelsregisterrechts, nicht aber des Immaterialgüterrechts[195] und regelt keine materiellen Entstehungsvoraussetzungen der Firma, sie knüpft aber an die Kennzeichnungs- und Unterscheidungskraft als materiellrechtliche Schutzvoraussetzung des § 5 MarkenG an.

b) Kennzeichnungseignung/Unterscheidungskraft

145 Die Kennzeichnungseignung beschreibt die Namensfunktion der Firma, dh ihre Eignung den Inhaber eines Handelsgeschäfts durch seinen Namen zu individualisieren und zu kennzeichnen,[196] während die Unterscheidungskraft die Verwechslungsmöglichkeit mit anderen Firmen ausschließen soll.[197] In der Praxis werden beide Begriffe synonym verwandt, weil eine inhaltliche Abgrenzung kaum möglich ist. Auch der BGH verwendet die Begriffe austauschbar.[198] Die Firma muss mithin geeignet sein, den Unternehmensinhaber zu individualisieren und von anderen Unternehmensträgern zu unterscheiden. Diese Unterscheidungskraft kommt regelmäßig allen Familiennamen zu, und zwar auch dann, wenn es sich um sog. „Allerweltsnamen" wie „Meier", „Schmidt" oder „Schulze" handelt, weil die Familiennamen natürlicher Personen das Grundanliegen der Unterscheidung wiedergeben.[199]

IV. Erlöschen der Firma

1. Aufgabe der Benutzung

146 Wie die Entstehung ist auch das Erlöschen der Firma von tatsächlichen Handlungen abhängig. Gibt der Kaufmann die Benutzung der Firma vollständig oder hinsichtlich kennzeichnungskräftiger Bestandteile endgültig auf, erlischt die Firma.[200] Bei Aufgabe von kennzeichnungskräftigen Bestandteilen der Firma bildet der Rest die neue Firma, wenn der Kaufmann unter dieser neu gebildeten Firma seine Geschäfte fortsetzt. Hat der Kaufmann die Firma vollständig aufgegeben und entschließt er sich später, das Handelsgewerbe unter der aufgegebenen Firma wieder aufzunehmen, entsteht die Altfirma als neue Firma mit späterem Zeitrang, so dass die von einem Dritten inzwischen für die Führung eines Handelsgewerbes berechtigterweise in Benutzung genommene Altfirma vorrangig ist. Die Altfirma scheidet deshalb als Neufirma für den wieder aufgenommenen Geschäftsbetrieb aus (§ 6 MarkenG).

147 In gleicher Weise führt die endgültige Geschäftsaufgabe zum Erlöschen der Firma, weil das Recht an der Firma gem. § 17 Abs. 1 HGB nur in Verbindung mit dem Handelsgeschäft besteht.[201] Die Firma erlischt auch, wenn ein nicht im Handelsregister eingetragenes Unternehmen nach Art und Umfang keinen in kaufmännischer Weise eingerichteten Geschäftsbetrieb mehr erfordert (§ 1 Abs. 2 HGB), sie besteht in Fällen dieser Art jedoch als besondere Geschäftsbezeichnung (§§ 5, 15 MarkenG) fort. Ist das Unternehmen jedoch im Handelsregister eingetragen, bleibt es gem. § 5 HGB zur Firmenführung berechtigt.[202]

---

193 BGH WRP 1997, 952, 954 L'Orange.
194 BGH GRUR 1993, 404 Columbus.
195 Baumbach/Hopt, § 18 Rn 1.
196 BGHZ 79, 270.
197 MünchHdb GesR I *Bezzenberger*, § 49 Rn 26.
198 Z.B. BGH GRUR 1995, 507, 508 City-Hotel.
199 Ingerl/Rohnke, § 5 Rn 37.
200 BayObLG WM 1984, 1535.
201 BayObLG WM 1984, 52.
202 MünchHdb GesR I *Bezzenberger*, § 49 Rn 33.

Wird das Handelsgewerbe verpachtet und führt der Pächter die Firma nicht fort, erlischt sie ebenfalls.[203] Führt der Pächter die Firma fort, bleibt das Firmenrecht bestehen (§ 22 Abs. 2 HGB), der Verpächter kann nach Beendigung des Pachtvertrages das Handelsgewerbe unter seiner Firma mit altem Rang fortführen. 148

Bei Personenhandelsgesellschaften erlischt die Firma nicht schon mit der Auflösung der Gesellschaft, sondern erst mit der Vollbeendigung, dh mit dem Abschluss der Auseinandersetzung, und zwar selbst dann, wenn der Geschäftsbetrieb in der Liquidationsphase eingestellt oder veräußert wird.[204] 149

2. Löschung im Handelsregister

Die Löschung der Firma im Handelsregister hat ebenso wie ihre Eintragung grundsätzlich keine konstitutive, sondern nur eine deklaratorische Bedeutung. Dies trifft allerdings nicht auf Kaufleute kraft Eintragung wie Kannkaufleute (§ 2 HGB) und Formkaufleute (§ 6 Abs. 2 HGB) zu. 150

V. Die Firma als Vermögensrecht im Rechtsverkehr

1. Keine isolierten Verfügungen über die Firma

a) Unter Lebenden

aa) Übertragung

Eine isolierte Übertragung der Firma ist gem. § 23 HGB unzulässig. Die Firma kann nicht ohne das Handelsgeschäft veräußert werden. Im Unterschied zum Markenrecht (§ 27 MarkenG) sind mithin Leerübertragungen von Firmen ausgeschlossen.[205] 151

Umstritten ist, ob § 23 HGB auch auf den sog. „Mantelkauf" Anwendung findet, wenn zB Anteile einer vermögenslosen GmbH als leere Unternehmenshülse übertragen werden.[206] Eine höchstrichterliche Entscheidung steht dazu noch aus.[207] 152

bb) Verpfändung/Zwangsvollstreckung

Da die Firma nicht selbständig übertragen werden kann, kann sie auch nicht Gegenstand einer Verpfändung (§ 1274 Abs. 2 BGB) oder der Zwangsvollstreckung (§ 857 Abs. 3 ZPO) sein. 153

cc) Firmenlizenz

Eine isolierte Firmenlizenz ist ebenfalls mit § 23 HGB unvereinbar. § 30 MarkenG erlaubt nur die Lizenzierung von Marken, nicht aber von Firmen oder geschäftlichen Bezeichnungen. Höchstrichterlich anerkannt ist allerdings die schuldrechtliche Gestaltung der Benutzung eines neben einer Firma benutzten Firmenschlagwortes, welches gleichzeitig als Marke geschützt ist.[208] 154

b) Von Todes wegen

Auch von Todes wegen kann die Firma nur in Verbindung mit dem Handelsgeschäft erworben werden (§ 22 Abs. 1 HGB). 155

2. Gesamtverfügungen über Handelsgeschäft und Firma

a) Erwerb unter Lebenden (§ 22 HGB)

aa) Normzweck

Da die Firma der Name eines Kaufmannes ist, unter dem er seine Geschäfte betreibt (§ 17 Abs. 1 HGB), ist es ihre Funktion, den Kaufmann als Unternehmensträger und nicht das Handelgeschäft zu kennzeichnen. Wegen dieser Bindung an die Person des Unternehmensträgers als persönliches Recht 156

---

203 AA Baumbach/Hopt, § 17 Rn 23.
204 Baumbach/Hopt, § 1 Rn 52.
205 BGH BB 1994, 1239.
206 Baumbach/Hopt, § 23 Rn 4.
207 Kritisch und differenziert: *Beater*, GRUR 2000, 119 ff.
208 BGHZ 122, 71 ff.

könnte die Firma im Falle der Übertragung des Handelsgeschäfts eigentlich nicht mitübertragen werden, da sie als Persönlichkeitsrecht an den Veräußerer gebunden und unübertragbar ist. Da andererseits mit der Übertragung des Handelsgeschäfts die Firma des veräußernden Kaufmannes erlöschen würde, weil sie nur für ein bestehendes Handelsgeschäft geführt werden kann, müsste der Erwerber des Handelsgeschäftes die erlöschende Firma des veräußernden Kaufmannes als neue Firma annehmen und führen. Dies hätte aber zur Folge, dass in der Zwischenzeit ein dritter Kaufmann die erloschene Firma des Veräußerers annehmen könnte und der Erwerber des Handelsgeschäfts diese Firma als Prioritätsältere zu respektieren hätte (§ 6 MarkenG). Er wäre gehindert, die erloschene Firma als eigene Firma zu führen. Damit ginge der gesamte good will, der mit der Firma des Veräußerers des Handelsgeschäfts verbunden ist, verloren.

157 Um diese Zerschlagung des wirtschaftlichen Wertes der Firma zu verhindern, erlaubt § 22 HGB unter bestimmten Voraussetzungen die Übertragbarkeit und Vererblichkeit der Firma.

bb) Die Voraussetzungen im Einzelnen

(1) Handelsgeschäft

158 Als Handelsgeschäft ist ein kaufmännisches Unternehmen im Sinne des HGB zu verstehen, also die aus sachlichen, personellen und finanziellen Mitteln gebildete und organisierte Wirtschaftseinheit, die ihrem Inhaber, dem Unternehmer, zum Betrieb eines Handelsgewerbes dient.[209] Das Handelsgeschäft muss bestehen und darf sich nicht erst im Stadium der Planung befinden.[210] Andererseits genügt ein werdender Geschäftsbetrieb, der sich bereits im Stadium der Verwirklichung befindet.[211] Als bestehendes Handelsgeschäft gilt auch ein nur vorrübergehend eingestelltes,[212] nicht aber ein Abgewickeltes.[213]

(2) Firma

159 Der Erwerb eines bestehenden Handelsgeschäfts mit Firma setzt das Bestehen und die rechtmäßige Führung der Firma voraus. Der Veräußerer muss zur Führung der Firma berechtigt und Kaufmann im Sinne des HGB sein,[214] die Firma muss zudem zulässig sein. Unzulässige Firmen dürfen nicht fortgeführt werden.[215]

(3) Übertragung des Handelsgeschäfts

160 Der Übergang des Handelsgeschäfts erfolgt auf der Grundlage eines schuldrechtlichen Vertrages, zB eines Unternehmenskaufvertrages und dessen Vollzug durch Übertragung des Geschäftsbetriebes als einer Sachgesamtheit unter Einbeziehung des Firmenrechts.[216] Die Übertragung der Firma mit dem Handelsgeschäft muss ausdrücklich vereinbart werden.[217] Die Vereinbarung kann auch konkludent getroffen worden sein. Ist der Kaufpreis für das Handelsgeschäft aus seinem Ertragswert abgeleitet worden, ist im Zweifel davon auszugehen, dass die Firma mit dem Handelsgeschäft übertragen werden sollte, weil sich der Firmenwert im Ertragswert niederschlägt.

161 Das Handelsgeschäft muss entweder vollständig oder zumindest in seinem Kern übertragen werden, dh mit den Bestandteilen, die eine Betriebsführung im Rahmen einer Unternehmenskontinuität ermöglicht.[218] Im Falle der Liquidation und Insolvenz sind etwas geringere Anforderungen an den Übergang zu stellen. In der Insolvenz eines Vertriebsunternehmens kann zB schon die Übertragung des Kundenstammes und der Schutzrechte genügen, weil diese den Kern eines Vertriebsunternehmens ausmachen.

---

209 MünchHdb GesR I Bezzenberger, § 49 Rn 72.
210 Baumbach/Hopt, § 22 Rn 3.
211 RG GRUR 39, 638.
212 BGHZ 6, 137.
213 BGHZ 152, 368.
214 BayObLG DB 88, 2559.
215 BGHZ 30, 291.
216 MünchHdb GesR I, Bezzenberger, § 49 Rn 75.
217 BGH NJW 1994, 2025, 2026.
218 BGH NJW 1991, 1353, 1354.

… C. Handelsfirma **1**

(4) Ausdrückliche Einwilligung in die Firmenfortführung

Die Einwilligung in die Firmenfortführung ist die Abtretungserklärung des Einwilligenden gem. §§ 398, 413 BGB.[219] Ausdrücklich bedeutet nur zweifelsfrei.[220] Bei Personengesellschaften müssen alle Gesellschafter einwilligen, weil es sich um ein Grundlagengeschäft handelt,[221] wenn nach dem Gesellschaftsvertrag keine Mehrheitsentscheidung vorgesehen ist.[222] Dies gilt aber nur für den schuldrechtlichen Vertrag, durch welchen die Verpflichtung zur Übertragung begründet wird, nicht aber für den dinglichen Vollzug. Dieser kann allein durch die vertretungsberechtigten Gesellschafter erklärt werden. Die fehlende Zustimmung aller Gesellschafter berührt die Wirksamkeit der Übertragung nicht.[223] Nach der allgemeinen Auffassung in der Literatur soll aber die Wirksamkeit der Übertragung in jedem Fall von der Einwilligung des namensgebenden Gesellschafters abhängig sein.[224] Wird das Handelsgeschäft im Rahmen einer Liquidation veräußert, ist auch die dingliche Übertragung von der Zustimmung aller Gesellschafter abhängig.[225]   **162**

In der Insolvenz gehört die Firma zur Masse.[226] Der Insolvenzverwalter kann sie daher mit dem Handelsgeschäft auch ohne Zustimmung des namensgebenden Gesellschafters veräußern.[227]   **163**

(5) Recht zur Firmenfortführung

Soweit sich der Erwerber im schuldrechtlichen Vertrag nicht zur Fortführung der Firma verpflichtet hat, steht es ihm nach § 22 HGB frei („darf"), die Firma nicht zu benutzen. In diesem Fall erlischt sie.[228]   **164**

(6) Fortführung

Die bisherige Firma ist grundsätzlich unverändert fortzuführen, damit Klarheit über die Identität der fortgeführten Firma besteht.[229] Das Hinzufügen oder Weglassen von Firmenteilen ist jedoch zulässig, wenn diese keine kennzeichnende Wirkung besitzen. Die Änderung des Firmenkerns oder individualisierender Firmenbestandteile ist unzulässig.[230] Das Hinzufügen oder Weglassen kennzeichnungskräftiger Elemente begründet eine neue Firma, für die nicht mehr der Zeitrang (§ 6 MarkenG) der Firma des Veräußerers in Anspruch genommen werden kann. Ausdrücklich gestattet, aber nicht erforderlich sind **Nachfolgevermerke**.[231]   **165**

b) Erwerb von Todes wegen

Insoweit gelten die Grundsätze, die im Falle des Erwerbs unter Lebenden Anwendung finden, allerdings mit einer Ausnahme: Erben erwerben das Handelsgeschäft mit Firmenrecht von Todes wegen (§ 1922 BGB), so dass die Einwilligung des Erblassers in die Firmenfortführung nicht erforderlich ist.[232] Der Erblasser kann aber umgekehrt die Auflage anordnen, die Firma zu ändern (§ 1940 BGB).   **166**

c) Nießbrauch, Pacht

Die Bestimmung des § 22 Abs. 1 HGB findet entsprechende Anwendung auf Nutzungsverträge, mit denen ein Kaufmann einem Vertragspartner die Nutzung seines Handelsgeschäfts unter Übernahme des Geschäftsbetriebs und Fortführung der Firma entgeltlich oder unentgeltlich gestattet.[233]   **167**

---

219 Baumbach/Hopt, § 22 Rn 9.
220 Baumbach/Hopt, § 22 Rn 9.
221 BGH BB 1952, 221.
222 BGH ZIP 2007, 475, 476.
223 BGH NJW 1991, 2564.
224 Baumbach/Hopt, § 22 Rn 9.
225 RGZ 158, 226.
226 BGHZ 85, 221.
227 MünchHdb GesR I, § 49 Rn 78; aA Baumbach/Hopt, § 17 Rn 47.
228 KG OLGZ 1965, 315, 319.
229 Baumbach/Hopt, § 22 Rn 15.
230 BGHZ 44, 119.
231 Baumbach/Hopt, § 22 Rn 15.
232 Baumbach/Hopt, § 22 Rn 8.
233 BayObLG BB 1973, 956 f.

d) Umwandlungen (§ 18 UmwG)

aa) Verschmelzung

168 Gem. § 18 Abs. 1 UmwG hat der übernehmende Rechtsträger im Falle einer Verschmelzung durch Aufnahme (§ 2 Abs. 2 UmwG) oder durch Neugründung (§ 2 Abs. 2 UmwG) das Recht („darf"), die Firma eines der übertragenden Rechtsträger, dessen Handelsgeschäft er durch die Verschmelzung erwirbt, mit oder ohne Beiführung eines das Nachfolgeverhältnis andeutenden Zusatzes fortführen. Im Unterschied zu § 22 HGB ist mithin die Einwilligung des übertragenden Rechtsträgers nicht erforderlich, weil dieser durch die Verschmelzung aufgelöst wird und deshalb kein Interesse daran haben kann, dass sein Name nicht weiter verwendet wird.[234] Anders ist die Rechts- und Interessenlage, wenn an einem der übertragenden Rechtsträger eine natürliche Person mit ihrem Namen beteiligt ist, die an dem übernehmenden Rechtsträger nicht beteiligt wird. In diesem Fall darf der übernehmende Rechtsträger gem. § 18 Abs. 2 UmwG den Namen dieses ausscheidenden Anteilsinhabers nur dann in der nach § 18 Abs. 1 UmwG fortgeführten oder in der neu gebildeten Firma verwenden, wenn der betroffene Anteilsinhaber oder dessen Erben ausdrücklich in die Verwendung einwilligen. Diese Ausnahme gilt unabhängig davon, ob der übertragende Rechtsträger eine Kapitalgesellschaft oder eine Personenhandelsgesellschaft ist.[235] Der übernehmende Rechtsträger, der weder seine alte Firma noch die des übertragenden Rechtsträgers fortführen will, kann eine völlig neue Firma bilden, für die die §§ 18, 19 HGB gelten.[236]

bb) Spaltung

(1) Aufspaltung

169 Auf die Aufspaltung, dh die gleichzeitige Übertragung der Vermögensteile jeweils als Gesamtheit auf andere bestehende oder neu gegründete Rechtsträger gegen Gewährung von Anteilen oder Mitgliedschaften dieser Rechtsträger an die Anteilsinhaber des übertragenden Rechtsträgers (§ 123 Abs. 1 UmwG) findet gem. § 125 UmwG die Regelung des § 18 UmwG Anwendung. Im Unterschied zu § 22 HGB sowie zur Verschmelzung ist das Recht des übernehmenden Rechtsträgers zur Firmenfortführung nicht davon abhängig, dass das Unternehmen des übertragenden Rechtsträgers wenigstens in seinem Kern übergeht; denn die Aufspaltung setzt im Unterschied zur Verschmelzung die Übertragung des gesamten Vermögens des übertragenden Rechtsträgers auf mindestens zwei neue Rechtsträger voraus, so dass die übernehmenden Rechtsträger nur partielle Gesamtrechtsnachfolger sein können.[237]

(2) Abspaltung

170 Da bei einer Abspaltung der übertragende Rechtsträger nicht sein gesamtes Vermögen an einen oder mehrere übernehmende Rechtsträger überträgt, und demzufolge auch nicht aufgelöst wird, scheidet eine Anwendung des § 18 UmwG und damit eine Firmenfortführung aus (§ 125 Abs. 1 UmwG).

(3) Ausgliederung

171 Auch im Falle einer Ausgliederung bleibt das übertragende Unternehmen bestehen, es überträgt lediglich „aus seinem Vermögen einen Teil oder mehrere Teile" auf einen oder mehrere Rechtsträger (§ 123 Abs. 3 UmwG). Es findet mithin keine Übertragung des Handelsgeschäfts statt, so dass eine Firmenfortführung ausscheidet (§ 125 Abs. 1 UmwG).

bb) Formwechsel

172 An einem Formwechsel im Sinne des § 190 Abs. 1 UmwG ist nur ein einziger Rechtsträger beteiligt, der in einen Rechtsträger anderer Rechtsform umgewandelt wird.[238] Es ändert sich mithin nur die

---

234 MünchHdb GesR I *Bezzenberger*, § 49 Rn 88.
235 MünchHdb GesR I *Bezzenberger*, § 49 Rn 88.
236 *Bork* in Lutter, UmwG, 3. Aufl., 2004, § 18 Rn 9.
237 *Teichmann* in Lutter, UmwG, 3. Aufl., 2004; § 123 Rn 19.
238 Decher in Lutter, UmwG, 3. Aufl., 2004, § 190 Rn 1.

Rechtsform des Rechtsträgers, so dass dieser gem. § 200 Abs. 1 UmwG auch seine bisher geführte Firma beibehalten darf. Wegen der Änderung der Rechtsform darf allerdings der bisherige Rechtsformzusatz nicht beibehalten werden, er muss vielmehr der neuen Rechtsform angepasst werden. Wechselt beispielsweise eine KG in die Rechtsform einer GmbH, muss der Rechtsformzusatz „KG" durch den Rechtsformzusatz „GmbH" ersetzt werden. In Fällen dieser Art darf auch nicht das Nachfolgeverhältnis mit dem Zusatz „vormals KG" angedeutet werden (§ 200 Abs. 1 S. 2 UmwG). War an dem formwechselnden Rechtsträger eine natürliche Person beteiligt, deren Beteiligung an dem Rechtsträger neuer Rechtsform entfällt, so darf der Name dieses Anteilsinhabers nur dann in der beibehaltenen bisherigen oder in der neu gebildeten Firma verwendet werden, wenn der betroffene Anteilsinhaber oder dessen Erben ausdrücklich in die Verwendung des Namens einwilligen (§ 200 Abs. 3 UmwG).

3. Veränderungen der Inhaberschaft des Handelsgeschäfts (§ 24 HGB)

a) Normzweck

Während § 22 HGB das Recht zur Firmenfortführung bei einem vollständigen Wechsel des Inhabers vorsieht, regelt § 24 HGB das Recht zur Firmenfortführung im Falle einer Änderung der Zusammensetzung der Inhaberschaft eines Handelsgeschäfts. Beide Regelungen sind Ausprägungen des Grundsatzes der Firmenbeständigkeit.[239] Wenn schon ein Recht zur Firmenfortführung bei einem vollständigen Wechsel der Identität des Inhabers besteht, muss dies erst Recht im Falle des Fortbestehens der Identität oder Teilidentität der Inhaberschaft gelten.

173

b) Anwendungsbereich

Wird jemand in ein bisher von einem Einzelkaufmann betriebenes Handelsgeschäft als Gesellschafter aufgenommen oder tritt ein neuer Gesellschafter in eine Handelsgesellschaft ein oder scheidet ein Gesellschafter aus einer solchen Handelsgesellschaft aus, kann ungeachtet dieser Veränderung die bisherige Firma fortgeführt werden, auch wenn sie den Namen des bisherigen Geschäftsinhabers oder Gesellschafters enthält. Beim Ausscheiden eines Gesellschafters, dessen Name in der Firma enthalten ist, bedarf es allerdings zur Fortführung der Firma der ausdrücklichen Einwilligung des Gesellschafters oder seiner Erben (§ 24 Abs. 2 HGB).

174

Für den Anwendungsbereich des § 24 HGB sind folgende Besonderheiten zu beachten: Scheidet ein Gesellschafter aus einer zweigliedrigen Gesellschaft aus, wird der verbleibende Gesellschafter als Einzelkaufmann Unternehmensträger, so dass die Anwendung des § 22 HGB naheliegen würde. Gleichwohl geht § 24 HGB als Spezialregelung vor.[240] Übertragen alle Gesellschafter einer Personenhandelsgesellschaft ihre Anteile auf einen außenstehenden Dritten als Erwerber, wird das Handelsgeschäft von dem Erwerber ohne Liquidation im Wege der Gesamtrechtsnachfolge übernommen, so dass die Gesellschaft erlischt. In diesem Fall wird überwiegend die Meinung vertreten, dass sich das Recht zur Firmenfortführung nach § 22 HGB und nicht nach § 24 HGB richtet.[241] Anders ist die Rechtslage, wenn lediglich alle Gesellschafter ausgetauscht werden, indem die Altgesellschafter ihre Anteile auf Neugesellschafter übertragen. In diesem Fall greift § 24 HGB Platz, weil die rechtliche Identität der Personenhandelsgesellschaft unberührt bleibt.[242] § 24 HGB ist auch bei Änderungen der Rechtsstellungen der Gesellschafter – Komplementär wird Kommanditist oder umgekehrt – anwendbar.[243]

175

---

239 Baumbach/Hopt, § 24 Rn 1.
240 BGH NJW 1989, 1799.
241 MünchHdb GesR I *Bezzenberger*, § 49 Rn 97.
242 Baumbach/Hopt, § 24 Rn 1.
243 Baumbach/Hopt, § 24 Rn 10.

c) Anwendungsvoraussetzungen
aa) Allgemeine Voraussetzungen

176 Wie bei § 22 HGB setzt das Recht zur Firmenfortführung das Bestehen eines Handelsgeschäfts bzw einer Handelsgesellschaft sowie einer rechtmäßigen Firma voraus.[244]

bb) Firmenfortführung und Einwilligung
(1) Grundsatz

177 Im Unterschied zu § 22 HGB setzt § 24 Abs. 1 HGB keine Einwilligung des ausscheidenden Gesellschafters in die Firmenfortführung voraus, es sei denn, sein Name wäre in der Firma enthalten (§ 24 Abs. 2 HGB). Ebenso wenig müssen die Altgesellschafter bei Eintritt neuer Gesellschafter in die Firmenfortführung einwilligen, obgleich sie in der Praxis ihre notwendige Einwilligung zur Aufnahme neuer Gesellschafter mit der Frage der Firmenfortführung verknüpfen können.

(2) Einwilligung ausscheidender Namensträger (§ 24 Abs. 2 HGB)

- Kapitalgesellschaften
  Anerkanntermaßen entfällt bei Kapitalgesellschaften im Wege der teleologischen Reduktion das Einwilligungserfordernis.[245] Bei Kapitalgesellschaften sind Inhaber des betriebenen Handelsgeschäftes nicht deren Gesellschafter, sondern die Kapitalgesellschaft selbst, so dass die Inhaberschaft von einem Gesellschafterwechsel nicht berührt wird.[246] Diese Rechtsprechung gilt auch nach Inkrafttreten des HRefG.[247]

- Personenhandelsgesellschaften
  Auf diese ist § 24 Abs. 2 HGB uneingeschränkt anwendbar. Die Einwilligungsbefugnis über die Weiterwendung des Namens hat bei seinem Ausscheiden nur derjenige Gesellschafter oder statt seiner sein Erbe, der seinen Namen in die Firma eingebracht hat. Späteren Trägern desselben Namens oder ihren Erben steht dieses Recht im Interesse der Firmenkontinuität nicht mehr zu. Die von dem Erben des Firmenstifters nach dessen Tod gegebene Einwilligung zur Fortführung des Erblassernamens in der Gesellschafterfirma macht den Erben nicht selbst zum Namensgeber, so dass die Fortführung der Firma bei seinem späteren Ausscheiden nicht von seiner Einwilligung abhängig ist.[248] Die Einwilligung muss ausdrücklich, dh unzweideutig erklärt werden.[249] Im Unterschied zu § 22 HGB ist sie nicht auf die Übertragung der Firma auf einen neuen Rechtsträger, sondern nur auf eine einseitige Gestattung des Ausscheidenden in die Fortführung der Firma gerichtet.[250]

(3) Umfang der Einwilligung

178 Die Einwilligung besteht grundsätzlich auch bei einem späteren Rechtsformwechsel fort. Ist die Fortführungsbefugnis beispielsweise einer Gesellschaft bürgerlichen Rechts erteilt worden, umfasst sie grundsätzlich auch die Weiterverwendung des Namens als Name einer Partnerschaft, in die die Sozietät umgewandelt wird.[251]

d) Recht zur Firmenfortführung

179 Wie bei § 22 HGB besteht auch in den Fällen des § 24 HGB keine Pflicht, sondern nur ein Recht zur Firmenfortführung. Macht die neue Inhaberschaft von diesem Recht Gebrauch, ist die Firma wie bei der Firmenfortführung nach § 22 HGB grundsätzlich unverändert fortzuführen, weil im Geschäfts-

---

244 Vgl insoweit Rn 150.
245 BGH WM 1980, 1360.
246 BGHZ 58, 322, 325.
247 Baumbach/Hopt, § 24 Rn 12.
248 BGH NJW 1987, 2081, 2082.
249 BGH NJW 1994, 2025, 2026.
250 BayObLG NJW 1998, 1159.
251 BGH NJW 2002, 2093–2096.

verkehr Klarheit über die Identität der fortgeführten Firma herrschen muss.[252] Solche Änderungen sind zulässig, die im Interesse der Allgemeinheit notwendig oder wünschenswert sind. Fehlt ein solches Interesse, sind Änderungen nur zulässig, die den Grundsätzen der Firmenbildung entsprechen, keinen Zweifel an der Identität der geänderten mit der bisherigen Firma aufkommen lassen und vom Standpunkt der Gesellschaft bei objektiver Beurteilung in Folge nachträglicher Änderungen der Verhältnisse gerechtfertigt sind.[253] Werden diese zwingenden Voraussetzungen nicht eingehalten, und werden neue kennzeichnungskräftige Elemente in die Firma aufgenommen, wird die bisherige Firma nicht fortgeführt und eine neue Firma mit neuem Zeitrang (§ 6 Abs. 3 MarkenG) gebildet.

Ein Nachfolgezusatz ist nur gestattet, wenn eine Rechtsnachfolge in das Unternehmen stattfindet, also beispielsweise bei Aufnahme eines Gesellschafters in das Handelsgeschäft eines Einzelkaufmannes.[254] Er ist aber auch in Fällen dieser Art nicht geboten.[255]

VI. Registerrechtliche Anforderungen an die Firmenbildung

1. Allgemeine Anforderungen an die Firma

a) Kennzeichnungskraft

Die erste Anforderung an die Firma ist ihre Eignung als Name, den Unternehmensträger zu individualisieren (Rn 144). Diese Eignung setzt voraus, dass die Firma lautlich wie ein Name auszusprechen ist.[256] Diese Fähigkeit fehlt Bildzeichen.[257] Auch Buchstabenkombinationen, die nicht als Namen aussprechbar sind, zB „DB", sind nach neuerer Rechtsprechung des Bundesgerichtshofs kennzeichnungskräftig.[258] Branchenbezeichnungen bzw Gattungsbezeichnungen für Waren oder Dienstleistungen sind regelmäßig ohne individualisierenden Zusatz nicht kennzeichnungskräftig, weil sie auf eine unbestimmte Vielzahl von Unternehmen derselben Branche zutreffen, wie zB „Transportbeton"[259] oder „Industrie- und Baubedarf"[260] oder Ähnliches. Anders kann dies sein, wenn fremdsprachliche Gattungsbezeichnungen gewählt werden, die im deutschen Sprachraum überwiegend unbekannt sind. Ausnahmsweise können Gattungsbezeichnungen eine Kennzeichnungskraft durch individualisierende Zusätze, wie zB „DAS BAD GmbH ... alles aus einer Hand",[261] oder durch Verkehrsgeltung, zB die Bezeichnung „Kaufhaus für alle, KFA"[262] erlangen.

b) Unterscheidbarkeit

Zu der Kennzeichnungskraft muss gem. § 30 HGB eine allgemeine firmenrechtliche Unterscheidbarkeit von anderen Firmen am Ort gegeben sein, die ggf durch individualisierende Zusätze erreicht werden kann. Der Rechtsformzusatz begründet allein keine Unterscheidbarkeit.[263]

c) Irreführungsverbot (§ 15 Abs. 2 HGB)

Die Firma darf keine Angaben enthalten, die geeignet sind, über geschäftliche Verhältnisse, die für die angesprochenen Verkehrskreise wesentlich sind, irrezuführen. Das Irreführungsverbot entspricht dem Grundsatz der Firmenwahrheit (Rn 124). Maßgeblich ist die objektive Eignung zur Irreführung. Auf die Frage, ob es tatsächlich zur Irreführung gekommen ist, kommt es nicht an.[264] Die Irreführung muss sich auf geschäftliche Verhältnisse beziehen, die für die angesprochenen Verkehrskreise wesent-

---

252 Baumbach/Hopt, § 24 Rn 3.
253 BGHZ 44, 116–121.
254 MünchHdb GesR I *Bezzenberger*, § 49 Rn 99.
255 Baumbach/Hopt, § 24 Rn 3.
256 BGHZ 14, 159.
257 BGHZ 14, 160.
258 BGH WRP 2001, 274.
259 OLG Hamm NJW 1961, 2018.
260 OLG Hamm DNotZ 1978, 112.
261 BayObLG BB 1997, 1707.
262 BGHZ 11, 217.
263 BGHZ 24, 245.
264 BGHZ 22, 90.

lich sind. Wesentlich sind solche, die objektiv geeignet sind, den durchschnittlichen, informierten, aufmerksamen und verständigen Marktteilnehmer in seiner Entscheidung zu beeinflussen. Primär ist auf den Gesamteindruck der Firma abzustellen, doch können auch einzelne Bestandteile der Firma die Irreführung begründen, wenn die Möglichkeit besteht, dass sie isoliert, insbesondere als Schlagworte oder besondere Bezeichnungen im Geschäftsverkehr verwandt werden.[265]

d) Freie Wahl der Firmenart

184 Während nach früherem Recht Einzelkaufleute sowie Personenhandelsgesellschaften eine Personenfirma und Kapitalgesellschaften eine Sachfirma führen mussten, steht es jedem Kaufmann und jeder Handelsgesellschaft heute frei, eine Personen-, Sach- oder Fantasiefirma zu führen.[266]

2. Zwingende formale Firmenbestandteile

a) Kaufmanns- bzw Rechtsformzusatz

185 Der Einzelkaufmann muss die Bezeichnung „eingetragener Kaufmann"/„eingetragene Kauffrau" oder eine allgemein verständliche Abkürzung dieser Bezeichnung, insbesondere „e.K.", „e.Kfm." oder „e.Kfr" oder eine andere allgemein verständliche Abkürzung der Kaufmannseigenschaft verwenden (§ 19 Abs. 1 S. 1 HGB). Offene Handelsgesellschaften müssen die Bezeichnung „offene Handelsgesellschaft" oder eine allgemein verständliche Abkürzung dieser Bezeichnung, zB OHG, in ihre Firma aufnehmen (§ 19 Abs. 1 S. 2 HGB), Kommanditgesellschaften die Bezeichnung „Kommanditgesellschaft" oder eine allgemein verständliche Abkürzung dieser Bezeichnung (§ 19 Abs. 1 S. 3 HGB), wie zB KG. Wenn in einer offenen Handelsgesellschaft oder Kommanditgesellschaft keine natürliche Person persönlich haftet, muss die Firma, auch wenn sie nach den §§ 21, 22, 24 HGB oder nach anderen gesetzlichen Vorschriften fortgeführt wird, eine Bezeichnung enthalten, welche die Haftungsbeschränkung kennzeichnet (§ 19 Abs. 2 HGB). Auch Kapitalgesellschaften müssen einen Rechtsformhinweis führen (§ 4 GmbHG, § 4 AktG).

b) Firmenkern

186 Der Firmenkern ist der notwendige Bestandteil der Firma. Er begründet ihre Namensfunktion und individualisiert den Unternehmensträger. Bei Personenfirmen bilden beispielsweise die Namen den Firmenkern, bei Fantasiefirmen das Fantasiewort wie zB OBI oder IKEA.

3. Fakultative Firmenzusätze

187 Dem Unternehmensträger steht es frei, die zwingenden Bestandteile einer Firma durch andere Firmenzusätze zu erweitern, um seine Identifizierung zu erleichtern oder auf Art, Umfang, Größe, Bedeutung oder Sitz des Unternehmens hinzuweisen.[267] Demzufolge können beispielsweise akademische Titel oder bei Handelsgeschäften die Handelsstufe („Großhandel"/„Einzelhandel") zusätzliche Firmenbestandteile sein.

VII. Firmenbildungen

1. Personenfirma

a) Firma des Kaufmanns

188 Die Personenfirma eines Kaufmanns muss seinen Familiennamen enthalten, der mit dem im Personenstandsrechtsregister Eingetragenen identisch sein muss.[268] Veränderungen sind unzulässig. Vornamen müssen nicht in die Personenfirma aufgenommen werden, erst recht nicht ausgeschrieben. Wenn sie in die Firma übernommen werden, kann dies auch in abgekürzter Form geschehen, zB „Ed." statt „Edu-

---

265 BGHZ 22, 88.
266 MünchHdb GesR I *Bezzenberger*, § 49 Rn 23.
267 MünchHdb GesR I *Bezzenberger*, § 49 Rn 51.
268 Baumbach/Hopt, § 19 Rn 6.

ard".[269] Ob Pseudonyme und Künstlernamen als Personenfirma geführt werden können, ist streitig.[270] Als ein an sich zulässiger Zusatz zum Familiennamen kann ein Pseudonym nur verwendet werden, wenn eine Irreführung der Öffentlichkeit nicht zu besorgen ist.[271] Ehegatten haben den nach § 1355 BGB gewählten Namen zu führen, wenn sie eine Personenfirma bilden möchten.

Problematisch ist die Verwendung des Familiennamens durch Gleichnamige. Grundsätzlich darf jedermann von seinem Persönlichkeitsrecht auch in der Weise Gebrauch machen, dass er unter seinem Namen im geschäftlichen Verkehr auftritt. Daran hat sich auch durch das HRefG nichts geändert, obwohl danach Einzelkaufleute und Personalgesellschaften nicht mehr gezwungen sind, für ihre Firma ihren bürgerlichen Namen zu wählen. Die Rechtsprechung löst den Konflikt in der Weise, dass sie dem Träger des prioritätsjüngeren Namens innerhalb der Grenzen der Zumutbarkeit auferlegt, sich unter Beibehaltung seines Namens von dem prioritätsälteren Namen möglichst so weit abzusetzen, dass eine Verwechslungsgefahr und damit eine Irreführung der Öffentlichkeit ausgeschlossen ist. Eine Lösung kann darin bestehen, den abweichenden Vornamen in den Namensgebrauch mit aufzunehmen,[272] was jedoch nur ausreichen kann, wenn auch der prioritätsältere Name mit dem Vornamen benutzt wird.[273] Je nach Lage des Einzelfalls können auch durch andere unterscheidende Zusätze und Aufmachungen Verwechslungen ausgeschlossen werden.[274] Mit zunehmender Verkehrsgeltung des prioritätsälteren Namens und mit dem Grad der Branchenübereinstimmung steigen die Anforderungen an die Abgrenzungsmaßnahmen des Neulings.[275] Ausnahmsweise können auf Grund einer Interessenabwägung auch vom Träger des prioritätsälteren Namens Maßnahmen zur Verbesserung der Abgrenzung und die Duldung eines gewissen Maßes an Verwechslungsgefahr[276] verlangt werden.

b) Die Firma der OHG

In die Personenfirma einer Personenhandelsgesellschaft darf nach bisher überwiegender Meinung in der Literatur nur der Name persönlich haftender Gesellschafter aufgenommen werden.[277] Sofern sie persönlich haftende Gesellschafter sind, können damit Namensgeber für die Personenfirma natürliche Personen, Handelsgesellschaften, europäische wirtschaftliche Interessenvereinigungen, Genossenschaften und ausländische rechtsfähige Gesellschaften sein.[278] Ist eine Handelsgesellschaft persönlich haftender Gesellschafter und Namensgeber, ist die Firma der Handelsgesellschaft unverändert zu übernehmen,[279] und zwar auch mit ihrem Rechtsformzusatz, der in ausgeschriebener oder abgekürzter Form übernommen werden muss.[280] Auch eine ausländische „private limited company" kann in einer offenen Handelsgesellschaft persönlich haftender Gesellschafter und Namensgeber sein. In diesem Fall ist die ausländische Firma vollständig und wörtlich, also einschließlich des ausländischen Rechtsformzusatzes zu übernehmen.[281]

c) Die Firma der KG

Die Personenfirma einer KG muss ebenfalls den Familiennamen mindestens eines Komplementärs enthalten.[282] Insoweit kann auf die Ausführungen zur OHG verwiesen werden.

---

269 BGHZ 30, 291.
270 BayObLG NJW 1954, 1934.
271 OLG Frankfurt DB 2003, 602 f.
272 So schon RGZ 116, 205 Stollwerk.
273 BGH GRUR 1991, 475, 476 Caren Pfleger.
274 BGH GRUR 1991, 393 OTT International; OLG Köln WRP 1983, 640, 642 Farina.
275 BGH GRUR 1960, 33, 36 Zamek.
276 BGH GRUR 1991, 155, 156 Realto.
277 MünchHdb GesR I *Bezzenberger*, § 49 Rn 37.
278 MünchHdb GesR I *Bezzenberger*, § 49 Rn 38.
279 OLG Celle NJW 1976, 2022.
280 OLG Frankfurt BB 1974, 433.
281 MünchHdb GesR I *Bezzenberger*, § 49 Rn 41.
282 Baumbach/Hopt, § 19 Rn 21.

d) Die Firma der GmbH & Co. KG

192 Auch insoweit gelten die Ausführungen zur OHG. Die Firma der KG muss, wenn sie eine Personenfirma wählt, die Firma der GmbH als den Namen ihres persönlich haftenden Gesellschafters enthalten, und zwar einschließlich des Rechtsformzusatzes.[283]

e) Die Firma der GmbH

193 Im Unterschied zu den Personalgesellschaften ist bei Kapitalgesellschaften die Gesellschaftereigenschaft des Namensträgers nicht mehr zwingend erforderlich.[284] Die Verwendung von Drittnamen wird nur durch die Irreführungs- und Verwechslungsgefahr begrenzt.[285] Die Gesellschaftereigenschaft des Namensträgers ist allerdings bei einer Rechtsanwaltsgesellschaft unabdingbar (§ 59 k BRAO).

f) Die Firma der AG

194 Die Personenfirma einer AG kann nach dem Namen einer natürlichen oder juristischen Person oder einer namensfähigen Personenvereinigung wie GbR, OHG oder KG gewählt werden.[286] Sie kann von Anfang an auch aus dem Namen eines Nichtaktionärs gebildet werden. Demgemäß braucht auch ein Namensgebender Aktionär nicht maßgeblich an der AG beteiligt zu sein.[287]

2. Sachfirma

195 Die Sachfirma ist dem Gegenstand des Unternehmens in der Weise zu entnehmen, dass der Unternehmensgegenstand für die beteiligten Verkehrskreise erkennbar ist.[288] Sieht die Satzung mehrere Unternehmensgegenstände vor, kann die Sachfirma aus einem Oberbegriff oder aus einem der wesentlichen Gegenstände gebildet werden. Maßgeblich für die Firmenbildung ist der Unternehmensgegenstand, der in der Satzung vorgesehen ist, nicht aber der tatsächliche.[289] Weitere Schranken bei der Bildung einer Sachfirma sind die allgemeinen Anforderungen wie Unterscheidungskraft, Unterscheidbarkeit und Irreführungsverbot. Diese Anforderungen gelten in gleicher Weise für Kaufleute und Handelsgesellschaften. Sachfirmen sind häufig so an Gattungsbegriffe angelehnt, dass ihnen die Unterscheidungskraft fehlt (Rn 181). Ausreichend unterscheidungskräftig ist beispielsweise die Bezeichnung „DEUTRANS" für ein deutsches Speditionsunternehmen. Bei zweifelhafter Unterscheidungskraft müssen individualisierende Zusätze verwandt werden.[290]

3. Fantasiefirma

196 Im Unterschied zur Sachfirma muss eine Fantasiefirma nicht dem Unternehmensgegenstand entnommen werden. Sie kann als Firmenkern für Kaufleute und Handelsgesellschaften frei gewählt werden, sofern sie den allgemeinen Firmenbildungsgrundsätzen genügt.

VIII. Publizitätspflichten

1. Anmeldung der Firma zum Handelsregister

a) Anmeldepflicht

197 Jeder Kaufmann ist gemäß § 29 HGB verpflichtet, seine Firma bei dem Gericht, in dessen Bezirk sich die Niederlassung befindet, zur Eintragung in das Handelsregister anzumelden. Sondervorschriften gelten insoweit für juristische Personen (§§ 33–35 HGB), Personenhandelsgesellschaften (§§ 106, 108, 162 HGB) und nach dem GmbHG, AktG, GenG sowie VAG.

---

[283] BGHZ 71, 354.
[284] *Fastrich* in Baumbach/Hueck, § 4 Rn 12.
[285] *Fastrich* in Baumbach/Hueck, aaO.
[286] *Hüffer*, § 4 Rn 14.
[287] *Hüffer*, aaO.
[288] Baumbach/Hopt, § 19 Rn 9.
[289] Baumbach/Hopt, § 19 Rn 9; aA KG NJW 1958, 1831.
[290] BGH WM 1979, 922.

b) Prüfungspflicht des Registergerichts

Das Registergericht ist berechtigt und verpflichtet, die angemeldete Firma in formeller und materieller Hinsicht zu prüfen.[291] Bei dieser Überprüfung handelt es sich jedoch nicht um umfassende Ermittlungen zur Feststellung der objektiven Richtigkeit der Anmeldung. Die Prüfung ist auf Umstände beschränkt, bei denen sich Anhaltspunkte für die Unrichtigkeit der Anmeldung ergeben.[292]

198

c) EU-Gesellschaft

Nach der Rechtsprechung des Europäischen Gerichtshofes (EuGH) muss ein EU-Mitgliedstaat die Rechtspersönlichkeit einer Gesellschaft, die nach dem Recht eines anderen Mitgliedstaats gegründet worden ist und dort ihren satzungsmäßigen Sitz hat, auch dann anerkennen, wenn sie ihren tatsächlichen Verwaltungssitz in sein Hoheitsgebiet verlegt.[293] Eine in Deutschland ansässige englische Ldt., die ihren Sitz in England hat, ist verpflichtet, ihren tatsächlichen Verwaltungssitz in Deutschland als Zweigniederlassung beim örtlich zuständigen Handelsregister anzumelden (§§ 13 d Abs. 1, 13 e Abs. 2 S. 1 HGB).[294] Die Erfüllung dieser Verpflichtung kann vom Registergericht mit Zwangsgeld durchgesetzt werden. Eine analoge Anwendung des § 11 Abs. 2 GmbH kommt aber als Sanktion nicht in Betracht.[295]

199

2. Offenlegung im Geschäftsverkehr

a) Angaben auf Geschäftsbriefen

Gem. § 37 a Abs. 1 HGB muss ein Kaufmann auf Geschäftsbriefen, die an einen bestimmten Empfänger gerichtet werden, u.a. seine Firma angeben. Die gleiche Verpflichtung trifft Handelsgesellschaften (§§ 125 a S. 1, 177 a HGB, § 35 a GmbHG, § 80 AktG) sowie Genossenschaften (§ 25 a GenG). Durch diese Verpflichtung sollen Geschäftspartnern der Kaufleute bzw Handelsgesellschaften relevante Informationen übermittelt und die Einholung registergerichtlicher Informationen über sie erleichtert werden.

200

b) Geschäftsbriefe

Dieser Begriff ist weit auszulegen. Er umfasst den gesamten externen Schriftverkehr des Unternehmens, dh jede an einen Empfänger außerhalb des Unternehmens, auch an verbundene Unternehmen gerichtete schriftliche geschäftsbezogene Mitteilung, und zwar auch bei formularmäßiger Abfassung.[296] Erfasst sind alle Erklärungen in Textform (§ 126 b BGB), dh auch Mitteilungen per Email, Telefax und Fernschreiben. Bei Internseiten, die individuell zusammengestellt sind und wie Geschäftsbriefe wirken, treten die Pflichtangaben nach § 37 a HGB neben die Kennzeichnungspflichten nach § 6 TDG und §§ 312 c, 312 e HGB iVm der BGB-Info V, soweit es um Individualkommunikation geht.[297]

201

Geschäftsbriefe müssen an einen bestimmten Empfänger gerichtet sein. Damit scheiden solche Mitteilungen als Geschäftsbriefe aus, die beispielsweise wie allgemeine Angebote, Kataloge, Rundschreiben allgemein an Kunden verschickt werden.[298]

202

---

291 BayObLG DB 1988, 1487.
292 OLG Köln, GmbH-R 1990, 400, 401.
293 EuGH, NJW 1999, 2027 ff Centros; NJW 2002, 3614 ff Überseering.
294 BGH NJW 2005, 1648 ff.
295 BGH aaO.
296 Vgl *Zöllner/Noack* in Baumbach/Hueck, § 35 a Rn 13.
297 *Zöllner/Noack* in Baumbach/Hueck, § 35 a Rn 15.
298 Baumbach/Hopt, § 37 a Rn 4.

IX. Firmenschutz

1. Firmenschutz im öffentlichen Interesse

a) Schutz durch das Registergericht

203 Wer eine nach den firmenrechtlichen Vorschriften des HGB nicht zustehende Firma gebraucht, kann vom Registergericht zur Unterlassung des Gebrauches in einem Zwangsgeldverfahren nach §§ 140, 132–138 FGG durch die Festsetzung von Ordnungsgeld angehalten werden. Diese Eingriffsmöglichkeit dient dem öffentlichen Interesse an der Einhaltung des Firmenrechts im Geschäftsverkehr, sie eröffnet dem Registergericht die Möglichkeit, von Amts wegen einzuschreiten.[299] Das Registergericht kann sowohl gegen Kaufleute einschreiten, die eine nicht den firmenrechtlichen Vorschriften entsprechende Firma (§§ 18, 19, 21–24, 30 HGB) führen, als auch gegen Nichtkaufleute, die zu Unrecht wie Kaufleute eine Firma oder eine andere Bezeichnung wie eine Firma führen.[300] Verstöße gegen außerfirmenrechtliche Vorschriften wie zB Namens-, Marken- und Wettbewerbsbestimmungen unterfallen nicht dem § 37 Abs. 1 HGB.

b) Schutz durch den Verletzten

204 Nach § 37 Abs. 2 HGB kann derjenige, der dadurch in seinen Rechten verletzt wird, dass ein anderer eine Firma unbefugt gebraucht, trotz der Eingriffsmöglichkeit des Registergerichts nach § 37 Abs. 1 HGB vom Verletzer die Unterlassung des Gebrauchs der Firma verlangen. Dieser Unterlassungsanspruch dient ebenfalls der Durchsetzung des öffentlichen Interesses an einem ordnungsgemäßen Gebrauch firmenrechtlicher Kennzeichen im Handelsverkehr, er bezweckt aber auch den materiellen Firmenschutz des Verletzten, der allerdings primär außerhalb des HGB in den namens- und kennzeichnungsrechtlichen Vorschriften der §§ 12 BGB, 14, 15 MarkenG geregelt ist.[301]

205 Der Unterlassungsanspruch richtet sich gegen den unzulässigen Gebrauch der Firma. Im Unterschied zu Absatz 1 kann der Gebrauch nicht nur nach Firmenrecht (§§ 18, 19, 21–24, 30 HGB sowie §§ 4, 279 AktG, § 4 GmbH, § 3 GenG unzulässig sein, sondern auch wegen der Verletzung des Namens-, Marken- oder sonstigen Kennzeichnungsrechts eines anderen (§ 12 BGB, §§ 14, 15 MarkenG) oder wegen unlauteren Wettbewerbs (§§ 3, 4, 5 UWG).[302] In seinen Rechten verletzt kann nicht nur der Inhaber eines absoluten Rechts wie zB eines Namens-, Firmen-, Marken- oder Patentrechts sein, sondern jeder, der durch den unzulässigen Firmengebrauch unmittelbar in seinen rechtlichen Interessen verletzt wird, wie es zB beim Bestehen eines Wettbewerbsverhältnisses der Fall sein kann.[303] Eine Verbandsklagebefugnis gem. § 8 Abs. 3 UWG besteht bezüglich des Unterlassungsanspruches aus § 37 Abs. 2 HGB nicht.[304]

2. Firmenschutz im privaten Interesse

206 Die Bestimmung des § 37 HGB regelt den Firmenschutz, wenn man von der Doppelfunktion des § 37 Abs. 2 HGB absieht, im öffentlichen Interesse. Daneben wird die Firma für den Berechtigten nach materiellem Recht geschützt. Deshalb stehen firmenrechtliche Ansprüche nach § 37 Abs. 2 HGB und Ansprüche wegen der Verletzung absoluter Rechte wie zB Namens-, Firmen- oder Markenrechte (§ 12 BGB, §§ 14, 15 MarkenG) oder wegen des Verstoßes gegen das wettbewerbsrechtliche Irreführungsverbot (§ 5 Abs. 2 Ziff. 1 UWG) nebeneinander. Gegenüber diesem materiellrechtlichen Schutz hat § 37 Abs. 2 HGB in der Gerichtspraxis kaum eine selbständige Bedeutung.

---

299 BayObLG 1989, 50.
300 BayObLG 1960, 696; OLG Frankfurt DB 1981, 153.
301 BGH WM 1993, 1248, 1251.
302 Baumbach/Hopt, § 37 Rn 10.
303 BGHZ 53, 65, 70.
304 BGH NJW 1987, 2819.

3. Praxishinweise

a) Unterlassungsantrag

Wie beim wettbewerbsrechtlichen Unterlassungsanspruch erstreckt sich auch beim kennzeichenrechtlichen Unterlassungsanspruch die Wiederholungsgefahr auf alle im Kern gleichen konkreten Verletzungsformen.[305] Die bei der Formulierung eines Unterlassungsantrages an sich gebotene Verallgemeinerung der konkreten Verletzungsform ist bei Firmenverletzungen schwierig, weil durch Zusätze der Verwechslungsbereich schnell verlassen werden kann. Der Unterlassungsanspruch muss daher grundsätzlich auf die Unterlassung des Gebrauchs der konkret verwandten Firma gerichtet sein. Ebenso wenig kann die Unterlassung der Benutzung einzelner Bestandteile der Firma, die in anderer Zusammenstellung zulässig sein können,[306] verlangt werden, und zwar selbst dann nicht, wenn nur ein einzelner Bestandteil der Firma kollisionsbegründend ist. Ist ein Bestandteil der Firma allerdings in Alleinstellung verwandt worden, kann auch diese konkrete Verletzungsform verboten werden, ohne dass allerdings ein Schlechthinverbot erreichbar wäre.[307] Der Unterlassungsanspruch begründet auch die Verpflichtung des Schuldners, eine schon eingetragene unzulässige Firma zu löschen, so dass es eines zusätzlichen Löschungsantrages nicht bedarf. Die Vollstreckung des Unterlassungstitels erfolgt gem. §§ 890, 280 ZPO. Ein Löschungsantrag ist andererseits als Beseitigungsanspruch zulässig. Je nach Antragsfassung, die auf die Abgabe einer Löschungserklärung, dh auf die Abgabe einer Willenserklärung, oder auf die Vornahme der Löschung gerichtet sein kann, ist ein Löschungstitel entweder gem. § 894 ZPO oder gem. § 888 ZPO durchsetzbar. Verletzt beispielsweise die Firma Gedo Grundstückserwerbs- und -verwertungsgesellschaft GmbH eine prioritätsältere Firma, muss der Unterlassungsantrag wie folgt formuliert werden:

▶ Die Beklagte wird verurteilt, es bei Meidung der gesetzlichen Ordnungsmittel zu unterlassen, im geschäftlichen Verkehr zur Kennzeichnung ihres Geschäftsbetriebs die Bezeichnung
Gedo Grundstückerwerbs- und -verwertungsgesellschaft GmbH
zu verwenden. ◀

b) Schadensersatzansprüche

Soweit durch die unzulässige Firmierung absolute Schutzrechte verletzt und Schadensersatzansprüche begründet worden sind (zB § 15 Abs. 5 MarkenG), ist die Berechnung des entgangenen Gewinns in dreifacher Weise möglich:[308]

Der Verletzte kann

- dem ihm konkret entstandenen Schaden einschließlich Gewinnentgang (§§ 249 ff BGB) oder
- eine angemessene (fiktive) Lizenzgebühr oder
- die Herausgabe des Verletzergewinns

verlangen. Da der Nachweis des konkreten Schadens üblicherweise scheitert, scheidet eine Schadensberechnung auf dieser Grundlage regelmäßig aus. In der Praxis wird entweder eine angemessene Lizenzgebühr oder die Herausgabe des Verletzergewinns verlangt. Beide Schadensersatzarten begründen für den Verletzer wirtschaftliche Haftungsrisiken. Die übliche Stücklizenz beläuft sich je nach Bekanntheitsgrad der Firma unter Zugrundelegung der Nettoverkaufspreise auf Prozentsätze zwischen 3–20 Prozent.[309] Bei der Herausgabe des Verletzergewinns ist nicht nur der Nettogewinn herauszugeben, sondern der Kostendeckungsbeitrag, soweit er auf der Rechtsverletzung beruht. Von diesem ist grundsätzlich kein Gemeinkostenanteil abzuziehen.[310]

---

305 BGH GRUR 1995, 825, 828 Torres.
306 BGH GRUR 1998, 165, 167 RBB.
307 BGH WRP 1994, 260 ff Mozzarella.
308 BGH NJW-RR 2006, 834 Noblesse.
309 BGH GRUR 1991, 914, 917 Kastanienmuster.
310 BGH GRUR 2001, 329, 331 Gemeinkostenanteil; BGH NJW 2007, 1524, 1526 Steckverbindergehäuse.

D. Handelsrechtliche Vollmachten, §§ 48–58 HGB

210 Der Kaufmann ist auf die Möglichkeit der Arbeitsteilung angewiesen und kann sich beim Betrieb seines Handelsgewerbes verschiedener Arten von **Hilfspersonen** bedienen. Dabei unterscheidet man **selbständige** – wie Handelsvertreter (Rn 448 ff), Vertragshändler oder Handelsmakler (Rn 812 ff) – und **unselbständige**, als Arbeitnehmer im Unternehmen des Kaufmanns tätige Hilfspersonen. Hinsichtlich der rechtlichen Beziehungen ist zwischen dem Innen- und dem Außenverhältnis zu unterscheiden. Im **Innenverhältnis** regelt ein **schuldrechtlicher Vertrag**, zumeist ein Dienst- oder Arbeitsvertrag, die vertraglichen Beziehungen zwischen Kaufmann und Hilfsperson und bestimmt die Befugnisse des Vertreters im Verhältnis zum Vertretenen. Demgegenüber ist im **Außenverhältnis** die Fähigkeit einer Hilfsperson, Rechtsgeschäfte abzuschließen, die für und gegen den Kaufmann wirken, vom Umfang der rechtsgeschäftlich erteilten **Vertretungsmacht** (Vollmacht) abhängig.[311] Aus dieser ergibt sich also, was der Vertreter im Außenverhältnis kann. Auch wenn §§ 164 ff BGB durchaus Raum für die individuelle Ausgestaltung einer Vollmacht lassen, werden die allgemeinen Vorschriften doch häufig den besonderen Bedürfnissen des Handelsverkehrs nicht gerecht. Das HGB sieht deshalb **spezifische** Arten der Vertretungsmacht vor. Deren Besonderheit besteht darin, dass Vertragspartner aus Gründen der Verkehrssicherheit von einem fest umrissenen Inhalt und einem bestimmten Umfang der Vertretungsmacht ausgehen dürfen (sog. Gattungsvollmacht). Dies gilt insbesondere für die im Handelsregister einzutragende **Prokura**, deren Inhalt gesetzlich festgelegt ist, und die nicht eintragungsfähige **Handlungsvollmacht**, deren Umfang widerleglich vermutet wird. Gleichwohl beinhaltet das Handelsrecht keine eigenständige Regelung der Stellvertretung, sondern knüpft an die allgemeinen Bestimmungen der §§ 164 ff BGB an.

I. Zivilrechtliche Vollmacht, §§ 164–181 BGB

211 Grundsätzlich treffen die Folgen des Handelns den Handelnden selbst. Der Kaufmann kann sich aber bei der Abgabe von Willenserklärungen bzw dem Abschluss von Verträgen seiner Hilfspersonen bedienen. Dabei beurteilt sich die Wirksamkeit der Stellvertretung zunächst nach §§ **164 ff BGB**. Die Stellvertretung muss **zulässig** sein, was nicht der Fall ist, wenn es sich um höchstpersönliche Rechtsgeschäfte handelt oder das Gesetz ausdrücklich das persönliche Handeln des Kaufmanns vorsieht. Dies ist etwa für Grundlagengeschäfte der Fall, wie bspw das eigene Handelsgeschäft betreffende Anmeldungen zum Handelsregister (vgl §§ 12, 31, 33, 53, 29, 41, 48 HGB).[312] Des Weiteren muss der Vertreter eine **eigene Willenserklärung** abgeben, also nicht bloß als Bote auftreten, und **im Namen des Vertretenen** handeln. Er muss also ersichtlich machen, dass er nicht für sich selbst, sondern für einen anderen handeln will (Offenkundigkeitsprinzip). Dies kann ausdrücklich oder stillschweigend geschehen. Weiterhin benötigt der Stellvertreter **Vertretungsmacht**. Insoweit ist – soweit keine gesetzliche Vertretungsmacht besteht – eine rechtsgeschäftlich erteilte Vollmacht erforderlich.

1. Erteilung

212 Für die durch einseitige Willenserklärung nach § 167 Abs. 1 BGB gegenüber dem zu Bevollmächtigenden (also der Hilfsperson) oder auch gegenüber dem Dritten, gegenüber dem die Vertretung stattfinden soll (etwa einem Geschäftspartner des Kaufmanns), zu erteilende Vollmacht ist eine Form grundsätzlich nicht vorgeschrieben (167 Abs. 2 BGB). Ausnahmen gelten bspw bei der GmbH für die Vollmacht zur Errichtung (§ 2 Abs. 2 GmbHG), die Stimmrechtsvollmacht (§ 47 Abs. 3 GmbHG), die Vollmacht zur Übernahme neuer Stammeinlagen (§ 55 Abs. 1 GmbHG), bei der AG für die Vollmacht zur Gründung (§ 23 Abs. 1 AktG bzw § 280 Abs. 1 S. 3 AktG bei der KGaA), die Stimmrechtsvollmacht allgemein (§ 134 Abs. 3 S. 2 AktG) und für Kreditinstitute (§ 135 AktG). Auch wenn die **Vollmacht** damit grundsätzlich **formlos** erteilt werden kann, kann eine schriftliche Vollmachterteilung zu Beweiszwecken empfehlenswert – und aus verfahrensrechtlichen Gründen, etwa zur Register-

---

311 Von der rechtsgeschäftlich erteilten Vollmacht ist die gesetzliche Vertretungsmacht zu unterscheiden, die insb. auch die organschaftliche Vertretung einer Personengesellschaft durch ihre Gesellschafter bzw einer Kapitalgesellschaft durch ihren Geschäftsführer bzw ihre Vorstandsmitglieder umfasst; vgl dazu nur Hk-BGB/*Dörner* vor § 164 Rn 3.
312 Baumbach/Hopt/*Hopt* § 49 Rn 2, § 12 Rn 3.

anmeldung (zum Handelsregister nach § 12 Abs. 1 S. 2 HGB und zum Grundbuch nach §§ 29, 30 GBO) oder zur Vertretung in Prozess bzw Verfahren (§ 80 ZPO, § 13 S. 2 FGG) auch erforderlich – sein. Diese mag bei Streit über den Umfang der Vertretungsmacht und mögliche Schadensersatzansprüche wegen deren etwaiger Überschreitung sowohl im Interesse des die Vollmacht erteilenden Kaufmanns wie auch des Vertreters liegen. Zudem kann nach § 172 BGB eine **Vollmachtsurkunde**, welche die Person des Stellvertreters, Inhalt und Umfang der Vollmacht und eventuell deren Dauer enthalten soll, ausgestellt werden, der bei ihrer Vorlage verbindliche Wirkung gegenüber Dritten zukommen kann. Da in einem solchen Fall die Vertretungsmacht nach § 172 Abs. 2 BGB auch nach dem Widerruf bis zur Rückgabe der Vollmachtsurkunde bestehen bleibt, ist ein besonderes Augenmerk auf die Einhaltung der Verpflichtung zur Rückgabe der Vollmachtsurkunde (§ 175 BGB) zu legen. Vermag der Bevollmächtigende diese nicht zurückzuerlangen, muss er sie notfalls nach § 176 BGB für kraftlos erklären lassen.

2. Inhalt und Umfang

Welche Arten von Geschäften der Bevollmächtigte mit Wirkung für und gegen den Vollmachtgeber tätigen kann und bis zu welchem Umfang die Verpflichtungsfähigkeit reicht, bestimmt bei der bürgerlich-rechtlichen Vollmacht in erster Linie der Vollmachtgeber. Der **individuellen** Ausgestaltung sind dabei grundsätzlich keine Grenzen gesetzt. Die denkbaren Varianten reichen bis hin zur wohlklingenden „Generalvollmacht", deren Inhalt im Einzelfall sogar über den gesetzlich normierten Umfang der Prokura hinausgehen kann. Freilich lässt sich auf diese Weise nicht die höchstpersönliche organschaftliche Vertretung weiter übertragen.[313]

3. Vertrauensschutz

Vertrauensschutz besteht grundsätzlich nicht für die Bevollmächtigung als solche und für deren Umfang. Ein Dritter muss also grundsätzlich **prüfen**, ob die Vertretungsmacht besteht. Dies kann insbesondere bei Gesellschaften bürgerlichen Rechts Schwierigkeiten bereiten, weil weder die Gesellschaftereigenschaft noch die konkret vereinbarte Vertretungsregelung aus einem Register ersichtlich sind; in diesem Fall kann letztlich allein die schriftliche Bevollmächtigung durch jeden einzelnen Mitgesellschafter Sicherheit verschaffen. Bei **einseitigen Rechtsgeschäften**, etwa der Kündigung, kann ein Dritter bei Bedenken das Rechtsgeschäft nach § 174 BGB unverzüglich zurückweisen. Ist dies zu erwarten – vor allem, wenn bei Nichteinhaltung eines Kündigungstermins so die Kündigungsfrist nach hinten hingeschoben wird – ist der Vollmachtgeber gut beraten, den Bevollmächtigten mit einer Vollmachtsurkunde auszustatten, die dieser bei der Vornahme des Rechtsgeschäfts vorlegen und so eine Zurückweisung von vornherein ausschließen kann. Der **gutgläubige Dritte** wird aber geschützt und die Vollmacht gilt als weiter bestehend, solange bei einer ihm nach § 170 BGB erklärten Vollmacht nicht das Erlöschen angezeigt wird und bei öffentlicher Bekanntmachung nicht der Widerruf in gleicher Weise erfolgt (§ 171 BGB) bzw eine ausgestellte Vollmachtsurkunde nicht zurückgegeben oder für kraftlos erklärt worden ist (§§ 172, 176 BGB). Besonderheiten können sich darüber hinaus aus den Grundsätzen über die Duldungs- und Anscheinsvollmacht ergeben (dazu Rn 221 f).

4. Erlöschen

Die Vollmacht erlischt nach § 168 BGB mit dem Erlöschen bzw der Beendigung des der Vollmacht im Innenverhältnis **zu Grunde liegenden Rechtsverhältnisses**, also etwa des Arbeits- oder Handelsvertretervertrages. Ebenso ist, soweit nichts anderes vereinbart wurde, der Widerruf jederzeit möglich.

5. Insichgeschäfte

§ 181 BGB verbietet grundsätzlich – sofern nicht ein Ausnahmetatbestand es gestattet – die Vornahme von Insichgeschäften. Solche liegen vor, wenn jemand als Vertreter eines anderen mit sich selbst (**Selbstkontrahieren**) oder als Vertreter zweier Parteien (**Mehrvertretung**) ein Rechtsgeschäft

---

[313] BGHZ 36, 292, 295 = NJW 1962 738, 739. Zur Generalvollmacht im Einzelnen Ebenroth/Boujong/Joost/*Weber* vor § 48 Rn 4 ff.

abschließt. Die Bestimmung gilt nicht allein für die gewillkürte, sondern auch für die gesetzliche und organschaftliche Vertretung und findet in entsprechender Weise auch auf Verwalter fremder Vermögen Anwendung, etwa auf Testamentsvollstrecker, Insolvenzverwalter, Zwangs- und Nachlassverwalter.[314]

217 Bis zur **Genehmigung** durch den Vertretenen, die auch konkludent erfolgen kann, ist das Geschäft analog § 177 BGB schwebend unwirksam. **Zulässig** ist ein Insichgeschäft bei gesetzlicher (etwa nach § 125 Abs. 2 S. 2 HGB, § 78 Abs. 4 S. 1 AktG) oder vorheriger rechtsgeschäftlicher Gestattung (Einwilligung, § 183 BGB), die auch bei Formbedürftigkeit des Vertretergeschäfts formlos möglich ist (§ 182 Abs. 2 BGB). Gleiches gilt, wenn das Geschäft nur in der Erfüllung einer Verbindlichkeit besteht (§ 181 Hs 2 BGB) oder das Insichgeschäfte dem Vertretenen lediglich einen rechtlichen Vorteil bringt, wie zB die Schenkung der Eltern an ihre Kinder.[315]

218 **Organe** juristischer Personen und in entsprechender Weise auch Gesellschafter von OHG und KG können im Zusammenhang mit der Beschlussfassung über Maßnahmen der Geschäftsführung oder sonstige Angelegenheiten auf der Grundlage von Satzung oder Gesellschaftsvertrag von den Beschränkungen des § 181 BGB freigestellt werden, weil keine gegensätzlichen persönlichen Interessen berührt sind.[316] Eine generelle oder auf den Einzelfall bezogene Gestattung durch das Bestellungsorgan ist auch durch schlüssiges Verhalten möglich.[317] Eine durch Satzung vorgesehene Befreiung ist im Register einzutragen.[318] Die Befreiung erfasst indes keine Beschlüsse, die eine Änderung der Satzung oder des Gesellschaftsvertrages herbeiführen sollen.[319] Auch kann sich der Gesellschafter einer Gesellschaft bürgerlichen Rechts, der von seinen Mitgesellschaftern zur Vertretung in der Mitgliederversammlung bevollmächtigt ist, nicht selbst zum Geschäftsführer bestellen.[320] Für Insichgeschäfte des geschäftsführenden Alleingesellschafters einer GmbH gilt nach § 35 Abs. 4 GmbHG die Vorschrift des § 181 BGB ebenfalls.

6. Handeln unter fremdem Namen

219 Von der Stellvertretung in Form des Handelns in fremdem Namen ist das Handeln unter fremdem Namen zu unterscheiden. Die Rechtsfolgen beurteilen sich danach, wie der Dritte das Verhalten des Handelnden verständigerweise auffassen durfte.[321] Bei fingiertem, also erfundenem Namen (**Namenstäuschung**) soll das Geschäft erkennbar mit dem Handelnden abgeschlossen werden, ohne dass es auf dessen Identität mit dem Namensträger ankommt. In diesem Fall liegt von vornherein keine Stellvertretung, sondern ein Eigengeschäft des Handelnden vor und ist der unrichtige Namensgebrauch unerheblich. Beim Handeln im Namen einer existierenden Person soll hingegen der Gebrauch des falschen Namens beim Geschäftspartner eine unrichtige Identitätsvorstellung erwecken (**Identitätstäuschung**), etwa weil dieser Wert darauf legt, gerade mit dem Namensträger zu kontrahieren. Demzufolge steht das Handeln unter fremden Namen der Stellvertretung gleich und kommt es für die rechtliche Wirkung darauf an, ob der Namensträger das Geschäft genehmigt (§ 177 Abs. 1 BGB).[322] Soweit dies nicht geschieht, ist der Handelnde als Vertreter ohne Vertretungsmacht anzusehen und wird selbst verpflichtet, wenn der Vertragspartner nicht geltend macht, mit ihm keinen Vertragsschluss gewollt zu haben, und deshalb Schadensersatz wählt (§ 179 Abs. 1 BGB).

---

314 Hk-BGB/*Dörner* § 181 Rn 3; Bamberger/Roth/*Habermeier* § 181 Rn 10 ff.
315 Hk-BGB/*Dörner* § 181 Rn 13.
316 BGHZ 56, 97 = WM 1971, 587. Zu Personengesellschaften vgl BGH MDR 1970, 398 = WM 1970, 249; BGHZ 65, 98 = WM 1975, 1128. Dazu auch Hk-BGB/*Dörner* § 181 Rn 14.
317 BGH NJW 1976, 1538 f.
318 BGHZ 87, 59 = NJW 1983, 1676; Palandt/*Heinrichs* § 181 Rn 21.
319 BGH NJW 1976, 1538 f; NJW 1989, 169.
320 BGHZ 112, 340 = NJW 1991, 691.
321 Hk-BGB/*Dörner* § 161 Rn 9; Bamberger/Roth/*Habermeier* § 164 Rn 32 ff.
322 BGHZ 145, 193, 195 f = NJW 1966, 1069.

7. Vertretung ohne Vertretungsmacht und Überschreitung der Vertretungsmacht

Ist der Handelnde nicht bevollmächtigt oder überschreitet er die ihm erteilte Vertretungsmacht im Hinblick auf den Inhalt (bspw Einkauf bei Verkaufsvollmacht) oder den Umfang (etwa beim Abschluss über den betragsmäßig festgesetzten Rahmen hinaus), fehlt es an der Vertretungsmacht und ist das Rechtsgeschäft zunächst **schwebend unwirksam** (§ 177 Abs. 1 BGB). Die Rechtsfolgen ergeben sich aus §§ 177–180 BGB: Der anderen Vertragsteile kann den Vertretenen auffordern, das Geschäft zu genehmigen. Diese Aufforderung hat nach § 177 Abs. 2 BGB zur Folge, dass eine Genehmigung nur noch gegenüber dem anderen Vertragsteil und nicht mehr gegenüber dem Vertreter erklärt werden kann. Zum anderen wird eine bereits gegenüber dem Vertreter erklärte Genehmigung oder deren Verweigerung unwirksam und erhält der Vertretenen die erneute Möglichkeit, über die Wirksamkeit des Vertrages binnen einer Frist von zwei Wochen zu entscheiden. Freilich ist der andere Vertragsteil bis zur Genehmigung zum Widerruf seiner Erklärung berechtigt (§ 178 BGB). Genehmigt der Vertretene das Geschäft nicht, **haftet der Vertreter** nach Wahl des anderen Vertragsteils auf Erfüllung oder Schadensersatz (§ 179 BGB). Darüber hinaus kommt eine Eigenhaftung des Vertreters auch aus Verschulden bei Vertragsverhandlungen nach §§ 280, 311 Abs. 2 und 3 BGB in Betracht, vor allem bei besonderem Verhandlungsvertrauen.[323] Hingegen ist eine Vertretung ohne Vertretungsmacht bei **einseitigen** Rechtsgeschäften nach § 180 BGB grundsätzlich unzulässig, das Geschäft folglich nichtig und auch nicht genehmigungsfähig. Dies gilt aber nicht, soweit der Erklärungsempfänger die behauptete Vertretungsmacht nicht beanstandet oder sich sogar mit dem Handeln ohne Vertretungsmacht einverstanden erklärt.

220

8. Duldungs- und Anscheinsvollmacht

In Ausnahmefällen ist aus Rechtsscheingründen zum Schutz Dritter vom Bestehen einer nicht erteilten oder – über §§ 170–173 BGB hinaus – vom Fortbestand einer widerrufenen Vollmacht auszugehen und trifft den Vertretenen auf der Grundlage von § 242 BGB eine Vertrauenshaftung.[324] Dies gilt zum einen für die sog. **Duldungsvollmacht**, nämlich wenn es der Vertretenen wissentlich zulässt, dass ein anderer als sein Vertreter auftritt ohne eine Vollmacht zu besitzen, und ein Dritter gerade wegen dieses Duldens auf das Bestehen einer Vollmacht vertraut.[325] Zu denken ist etwa an den Fall, dass eine hierzu nicht bevollmächtige Angestellte regelmäßig Büromaterial einkauft und ihr Arbeitgeber dies zwar weiß, aber nicht verhindert. In einem solchen Fall ist die Erklärung dem Vertretenen also zuzurechnen, wenn

221

- ein vollmachtloser Vertreter im Namen des Vertretenen eine Vertragserklärung abgibt,
- der Vertretenen durch das Dulden vorheriger vollmachtloser Vertretung einen Rechtsschein gesetzt hat und
- der Dritte nach den Umständen und der Verkehrsanschauung von der Bevollmächtigung des handelnden Vertreters durch den Vertretenen ausgehen darf.

Darüber geht die sog. **Anscheinsvollmacht** noch hinaus. Hierfür ist es schon ausreichend, wenn der Vertretene schuldhaft den Rechtsschein einer Vollmacht veranlasst hat, so dass der Geschäftsgegner nach Treu und Glauben mit Rücksicht auf die Verkehrssitte von einer Bevollmächtigung ausgehen darf und von ihr ausgegangen ist. Das kommt in Betracht, wenn er nach Lage der Dinge ohne Fahrlässigkeit annehmen darf, der Vertretene kenne und dulde das Verhalten des für ihn auftretenden Vertreters. Das ist aber in der Regel nur der Fall, wenn das Verhalten des einen Teils, aus dem der Geschäftsgegner auf die Bevollmächtigung eines Dritten schließen zu können glaubt, von einer gewissen Häufigkeit und Dauer ist.[326] Der Vertretene muss also ein Geschäft gegen sich gelten lassen, wenn

222

---

323 Dazu auch Baumbach/Hopt/*Hopt* vor § 48 Rn 9.
324 Vgl zum Ganzen Hk-BGB/*Dörner* § 179 Rn 7 ff; Bamberger/Roth/*Habermeier* § 167 Rn 14 ff.
325 BGHZ 5, 111, 116 = NJW 1952, 657, 658; BGHZ 102, 60, 64 = NJW 1988, 697; BGH NJW 2003, 2091, 2092; Baumbach/Hopt/*Hopt* vor § 48 Rn 5; Bamberger/Roth/*Habermeier* § 167 Rn 15.
326 BGH NJW-RR 1986, 1169; NJW 1998, 1854, 1855; Baumbach/Hopt/*Hopt* vor § 48 Rn 6; Bamberger/Roth/*Habermeier* § 167 Rn 16.

- ein Vertreter im Namen des Vertretenen eine Vertragserklärung abgibt,
- der Vertretene zurechenbar einen Rechtsschein der Vertretung gesetzt hat, indem er durch Nichtausübung pflichtgemäßer Sorgfalt das von gewisser Dauer und Häufigkeit gekennzeichnete Auftreten seines „Vertreters" nicht erkannte, und
- der Vertragspartner nach den Umständen und der Verkehrsanschauung von einer Bevollmächtigung des handelnden Vertreters durch den Vertretenen ausgehen darf.

II. Prokura, §§ 48–53 HGB

1. Begriff

223 Die in §§ 48 ff HGB geregelte Prokura ist eine besondere gesetzliche Ausformung einer rechtsgeschäftlich erteilten Vertretungsmacht im Sinne von § 167 BGB. Die Regelung ist nur unvollständig; §§ 164 ff BGB gelten subsidiär. Die Prokura erfüllt zwei im Handelsverkehr wichtige Zwecke: Zum einen dient sie der **Sicherheit und** zum anderen der **Leichtigkeit des Rechtsverkehrs**. Der Prokurist gehört zu den kaufmännischen Hilfspersonen mit den weitestgehenden Befugnissen und wird deshalb als „Zweites Ich" des Kaufmanns bezeichnet. Geschäftspartner können – im Gegensatz zur einfachen Stellvertretung nach §§ 164 ff BGB – darauf vertrauen, dass ein vom Prokuristen geschlossenes Rechtsgeschäft auch von der Vertretungsmacht gedeckt ist. Sie sind insoweit nicht auf den meist wirtschaftlich wertlosen Anspruch gegen den Vertreter ohne Vertretungsmacht gem. § 179 Abs. 1 BGB beschränkt. Der Kaufmann selbst kann Geschäfte leicht und schnell abschließen, da ihm bei Bestellung eines Prokuristen Rückfragen seitens der Vertragspartner erspart bleiben und auch in seiner Abwesenheit das Handelsgewerbe voll funktionsfähig ist.[327]

2. Innenverhältnis

224 Der Prokurist ist nichts anderes als ein kaufmännischer Angestellter, dessen Wirkungsbereich im Interesse der Rechtssicherheit nach außen durch eine gesetzlich umschriebene, **typisierte Vertretungsmacht** festgelegt ist.

a) Erteilung

225 Die Prokura kann unter folgenden **Voraussetzungen** wirksam erteilt werden: Die Prokura kann nach § 48 Abs. 1 HGB nur von dem **Inhaber eines Handelsgeschäfts** (also nur von einem Kaufmann, nicht hingegen von einem Kleingewerbetreibenden) oder seinem gesetzlichen Vertreter nur einer natürlichen Person erteilt werden (§ 48 Abs. 1 HGB).[328] Inhaber des Handelsgeschäfts ist, wer es betreibt. Ist eine Handelsgesellschaft Trägerin des Unternehmens, erfolgt die Prokuraerteilung durch die organschaftlichen Vertreter (Vorstand, Gesellschafter) im Wege des Beschlusses (§ 46 Nr. 7 GmbHG). Bei OHG und KG ist die Zustimmung aller geschäftsführenden Gesellschafter zur Bestellung erforderlich; den Widerruf der Prokura kann dagegen schon ein einziger Gesellschafter aussprechen (§ 116 Abs. 3 HGB). Gesetzliche Vertreter bedürfen der Genehmigung des Vormundschaftsgerichts (§§ 1643 Abs. 1, 1822 Nr. 11 BGB). Fehlt diese, ist die Prokuraerteilung gem. § 1643 Abs. 3 BGB iVm § 1831 BGB unwirksam. Es kommt aber nach § 140 BGB die Möglichkeit der Umdeutung in eine gewöhnliche Vollmacht im Sinne von §§ 164, 167 BGB in Betracht. Gesetzliche Vertreter können auch Personen sein, die das Handelsgeschäft kraft Amtes für den Inhaber führen, zB Testamentsvollstrecker, Nachlasspfleger und Nachlassverwalter,[329] jedenfalls wenn die Fortführung des Handelsgewerbes zu ihren Pflichten gehört, sowie der Insolvenzverwalter.[330] Andere als in § 48 Abs. 1 HGB genannte Personen, insbesondere rechtsgeschäftlich bestellte Vertreter, können keine Prokura erteilen.

226 Die Prokuraerteilung ist eine empfangsbedürftige Willenserklärung. Sie muss, wie sich aus der gegenüber § 167 BGB spezielleren Regelung des § 48 HGB ergibt, **ausdrücklich** erfolgen und ist regelmäßig

---

327 Vgl K. Schmidt Handelsrecht, § 16 III 1 d.
328 Baumbach/Hopt/Hopt vor § 48 Rn 1 f.
329 Ebenroth/Boujong/Joost/Weber § 48 Rn 13.
330 Ensthaler/Schmidt § 48 Rn 3; Baumbach/Hopt/Hopt § 48 Rn 1; K. Schmidt BB 1989, 229, 233; aA BGH WM 1985, 430, 431 zum Konkursverwalter.

an keine bestimmte Form gebunden. Zwar ist die Verwendung des Wortes „Prokura" nicht zwingend erforderlich; die Erteilung muss jedoch eindeutig und unzweifelhaft zum Ausdruck gebracht werden, so dass eine konkludente Prokuraerteilung nicht möglich ist.[331] Ist die Prokura nicht ausdrücklich erklärt, kommt unter den Voraussetzungen des § 140 BGB eine Umdeutung in eine Handlungsvollmacht nach § 54 HGB oder in eine gewöhnliche Vollmacht nach § 167 BGB in Betracht. Die Erteilung der Prokura ist nach § 53 Abs. 1 HGB von dem Inhaber des Handelsgeschäfts zur Eintragung in das Handelsregister **anzumelden**. Es handelt sich um eine lediglich deklaratorische Eintragung. Die Anmeldung zur Eintragung in das Handelsregister ist gem. § 12 HGB elektronisch in öffentlich beglaubigter Form einzureichen.

b) Umfang

Der Umfang der Prokura ergibt sich aus § 49 HGB. Die Prokura ermächtigt zu **allen Arten von gerichtlichen und außergerichtlichen Geschäften** und Rechtshandlungen, die der Betrieb (**irgend-**) **eines Handelsgewerbes** mit sich bringt. Der Prokurist darf also alle Geschäfte vornehmen, die in einem beliebigen Handelsgewerbe gleich welcher Art und welchen Gegenstandes vorkommen können, und ist nicht auf den Bereich des betreffenden Handelsgewerbes beschränkt.

227

Die Prokura gilt

228

- nur für das **Handelsgewerbe**, nicht für private Rechtsgeschäfte des Inhabers,
- nur für den **Betrieb**; der Bestand des Unternehmens darf hingegen nicht verändert werden (erfasst werden also keine Grundlagengeschäfte wie Auflösung, Veräußerung, Stilllegung, Insolvenzanmeldung, Sitzverlegung, Änderung von Firma oder Unternehmensgegenstand);
- **nicht** für die vom Inhaber nach dem Gesetz vorzunehmenden Rechtsgeschäfte, die sog. **Inhabergeschäfte** (bspw §§ 12, 29, 41, 48, 245 HGB; vgl zur Registeranmeldung Rn 72);
- nach § 49 Abs. 2 HGB **nicht** für die **Veräußerung und Belastung von Grundstücken** ohne besondere Befugnis, wohl aber zum Erwerb von Grundstücken, auch mit Bestellung einer Restkaufgeldhypothek bzw -grundschuld. Die Formulierung „Veräußerung" bezieht sich dabei sowohl auf das Verpflichtungs- wie auf das Verfügungsgeschäft.[332] Soll der Prokurist gem. § 49 Abs. 2 HGB nach dem Willen des Prinzipals zur Veräußerung und Belastung von Grundstücken befugt sein, ist diese Erlaubnis – auch wenn diese stillschweigend erteilt werden kann – zur Eintragung in das Handelsregister anzumelden.[333] Als von der Prokura nicht umfasste Belastungen gelten insbesondere die Bestellung einer Vormerkung oder eines Vorkaufsrechts und ebenso die Bestellung oder Übertragung einer Eigentümergrundschuld.
- **nicht** für **Insichgeschäfte** gem. § 181 BGB, es sei denn der Prokurist wurde vom Selbstkontraktionsverbot befreit (eintragungspflichtige Tatsache).[334]

Grundsätzlich kann die Prokura nach § 50 HGB **nur im Innenverhältnis** wirksam **beschränkt** werden. Formuliert kann dann werden:

229

▶ ... erteilen wir Ihnen für unsere Firma ... Prokura, von der sie nur für die im Zusammenhang mit Ihrem Aufgabengebiet ... üblichen Geschäfte Gebrauch machen dürfen. ◀

Anderes gilt aber bei arglistigem Zusammenwirken zwischen Drittem und Prokuristen zum Nachteil des Kaufmanns (Kollusion). In einem solchen Fall ist das Geschäft wegen Sittenwidrigkeit nach § 138 Abs. 1 BGB nichtig.[335] Auch in Fällen, in denen der Prokurist seine Vertretungsmacht bewusst **missbraucht** und der Dritte dies auch erkennt oder es ihm aufgrund besonderer Umstände zumindest ohne weiteres erkennbar ist, kann sich der Dritte nicht auf die Wirksamkeit der Vertretung berufen. Die Rechtfertigung für die Unwirksamkeit wird aus § 242 BGB hergeleitet.[336] Hinsichtlich der Rechtsfolgen wird überwiegend in entsprechender Anwendung auf §§ 177 ff BGB zurückgegriffen. Der Vertrag ist

230

---

331 *Canaris* Handelsrecht, § 14 Rn 4.
332 *K. Schmidt* Handelsrecht, § 16 III 3 b; Koller/Roth/*Morck* § 49 Rn7; MüKo/*Krebs* § 49 Rn 43.
333 Baumbach/Hopt/*Hopt* § 53 Rn 3; MünchKommHGB/*Krebs* § 49 Rn 56.
334 MünchKommHGB/*Krebs* § 53 Rn 5.
335 BGH NJW 1989, 26, 27; MünchKommHGB/*Krebs* § 50 Rn 68; Baumbach/Hopt/*Hopt* vor § 50 Rn 5.
336 *Canaris* Handelsrecht, § 14 Rn 40; *K. Schmidt* Handelsrecht, 16 III 4 b aa.

dann schwebend unwirksam und seine Wirksamkeit hängt gem. § 177 Abs. 1 BGB von der Genehmigung des Vertretenen (§ 184 BGB) ab.[337] Indes scheidet eine Haftung des Vertreters entsprechend § 179 Abs. 1 BGB aus, weil der Geschäftspartner den Mangel der Vertretungsmacht kannte bzw kennen musste (§ 179 Abs. 3 BGB).[338] **Überschreitet** der Prokurist seine ihm im Innenverhältnis gesetzte Beschränkung und entsteht dem Kaufmann dadurch ein Schaden, kann dieser wegen der darin liegenden Pflichtverletzung einen Schadensersatzanspruch aus § 280 BGB gegen den Prokuristen geltend machen.[339]

c) Arten

231 Folgende Formen der Prokura kommen in Betracht:

aa) Einzelprokura

232 Die für den Prokuristen weitestgehende Vertretungsmacht begründet die Einzelprokura, die den gesetzlichen Standardfall bildet. Der Prokurist vermag in diesem Fall – mit wenigen Ausnahmen (zum Umfang der Prokura vgl Rn 227 ff) – sämtliche Geschäfte des Kaufmanns **allein** zu tätigen. Er wird damit sozusagen zum „Zweiten Ich" des Kaufmanns. Indes ist diese Form der Prokura allein aufgrund ihres Umfangs und der damit verbundenen weit reichenden Konsequenzen in der Praxis eher seltener anzutreffen und sollte regelmäßig das Bestehen eines besonderen Vertrauensverhältnisses gegenüber dem Mitarbeiter voraussetzen. Sie wird wie folgt beim Amtsgericht angemeldet:

▶ An das Amtsgericht
– Registergericht –
Postleitzahl, Ort
Betr.: HRA ...
... e.K. in ... (Ort)
Zum Handelsregister A ... melde ich an:
Als Inhaber der Firma ... e.K. habe ich Herrn A, wohnhaft in ... (Anschrift), geb. am ... , Einzelprokura erteilt.
(Ort), den ...
Unterschrift des Inhabers
Beglaubigungsvermerk ◀

bb) Gesamtprokura

233 Bei der Gesamtprokura erteilt der Kaufmann mehreren Personen nach § 48 Abs. 2 HGB gemeinschaftlich Prokura. Die Gesamtprokuristen haben nur Gesamtvertretungsmacht. Da sie nur **gemeinsam** handeln können, setzt jedes Rechtsgeschäft die Mitwirkung der betreffenden Gesamtprokuristen voraus. Handelt nur einer von mehreren, ist er Vertreter ohne Vertretungsmacht im Sinne von § 177 BGB. Soweit es gem. § 166 BGB auf die Kenntnis des Vertreters ankommt, genügt es, wenn nur ein Gesamtprokurist die Umstände kennt.

234 Da gleichzeitiges Auftreten nach außen in der **Praxis** häufig nur schwer zu realisieren ist,
- brauchen die Erklärungen der einzelnen Gesamtprokuristen nicht gleichzeitig abgegeben zu werden, sondern können auch nacheinander erfolgen;
- genügt es bereits, wenn der nicht beteiligte Gesamtprokurist seine Einwilligung gegenüber dem mit einem Dritten kontrahierenden Gesamtprokuristen erteilt;
- ist es zulässig, dass ein Gesamtprokurist den anderen zur Vornahme bestimmter Geschäfte bevollmächtigt – obwohl hier ein Fall des, allerdings gestatteten, Selbstkontrahierens im Sinne von § 181 BGB vorliegt;
- genügt es bei Willenserklärungen Dritter (Passivvertretung), dass diese einem Gesamtvertreter gegenüber abgegeben werden;

---

337 *Canaris* Handelsrecht, § 14 Rn 40; *K. Schmidt* Handelsrecht, 16 III 4 b aa.
338 *K. Schmidt* Handelsrecht, § 16 III 4 b aa.
339 MünchKommHGB/*Krebs* § 50 Rn 17.

- ist es für § 166 Abs. 1 BGB, wonach bei Willensmängeln und dergleichen auf die Vorstellungen des Vertreters abzustellen ist, hinreichend, dass die entsprechenden Vorstellungen bei einem der Gesamtprokuristen vorliegen; diese gelten dann als Willensmängel des Geschäftsinhabers.[340]

Die Gesamtprokura ist nach § 53 Abs. 1 S. 2 HGB als solche in das Handelsregister **einzutragen**. Bei fehlender Eintragung dürfen gutgläubige Dritte deshalb grundsätzlich gem. § 15 Abs. 1 HGB von einer Einzelprokura ausgehen. Ist die Gesamtprokura hingegen richtig eingetragen und bekannt gemacht worden, kann sich der vertretene Kaufmann nach § 15 Abs. 2 HGB darauf berufen, dass der Prokurist keine Vertretungsmacht zum Alleinhandeln hatte.[341] Anmeldung einer Gesamtprokura beim Amtsgericht:

235

▶ An das Amtsgericht
– Registergericht –
... (Postleitzahl, Ort)
Betr.: HRA ...
... e.K. in ...
Zum Handelsregister A ... (Registernummer) melde ich als Inhaber der Firma ... (Firmenname) e.K. an:
Frau ... (Name), wohnhaft in ... (Adresse), geb. am ... (Datum)
und
Herrn ... (Name), wohnhaft in ... (Adresse), geb. am ... (Datum)
wurde Gesamtprokura erteilt. Jeder von ihnen kann die Firma gemeinsam mit einem anderen Prokuristen vertreten.
(Ort), den ... (Datum)
(Unterschrift des Inhabers)
(Beglaubigungsvermerk) ◀

cc) Gemischte (oder unechte) Gesamtprokura

Von einer gemischten oder unechten Gesamtprokura spricht man, wenn ein Prokurist nur **gemeinsam mit Gesellschaftern** bzw **Geschäftsführern oder Vorstandsmitgliedern** einer OHG, KG, GmbH,[342] AG oder Genossenschaft Vertretungsmacht hat bzw umgekehrt, ein solcher organschaftlicher Vertreter nur zusammen mit einem Prokuristen handeln kann (§ 125 Abs. 3 S. 1 HGB, § 78 Abs. 3 AktG, § 25 Abs. 2 GenG).[343] Dem kommt Bedeutung zu, wenn diese Organe nicht allein vertretungsberechtigt sind (sog. allseitige Gesamtvertretung; zur halbseitigen Gesamtvertretung vgl dagegen Rn 237). Freilich müssen die vertretungsberechtigten Organe – also persönlich haftende Gesellschafter bzw Geschäftsführer oder Vorstandsmitglieder – auch unabhängig von einem Prokuristen (gemeinsam) zur Vertretung berechtigt sein.[344] Nicht zulässig hingegen ist eine gemischte Gesamtvertretung zwischen einem Prokuristen und einem Handlungsbevollmächtigten, weil die gemeinschaftliche Vertretungsmacht dann nur den Umfang der Handlungsvollmacht hätte und damit gegen die Unbeschränkbarkeit der Prokura gem. § 50 Abs. 1 HGB verstoßen würde.[345] Zu beachten ist, dass in den Fällen der gemischten Gesamtvertretung der Prokurist nicht an die Beschränkungen des § 49 HGB gebunden ist und sich der Umfang der Vertretungsmacht nach den Vorschriften für die organschaftliche Vertretungsmacht richtet.[346] Angemeldet wird die gemischte Gesamtprokura beim Amtsgericht wie folgt:

236

---

340 Baumbach/Hopt/*Hopt* § 48 Rn 5; Ebenroth/Boujong/Joost/*Weber* § 48 Rn 38 ff.
341 BGH NJW-RR 1991, 357.
342 Auch wenn für die GmbH eine entsprechende Regelung nicht vorgesehen ist, vgl BGHZ 13, 61, 63 ff = NJW 1954, 1158.
343 BGHZ 62, 166, 170 ff = NJW 1974, 1194; Baumbach/Hopt/*Hopt* § 48 Rn 6; Ebenroth/Boujong/Joost/*Weber* § 48 Rn 41 ff.
344 BGHZ 26, 330, 332 f = NJW 1958, 668; BGHZ 99, 76, 78 = NJW 1987, 841; Ebenroth/Boujong/Joost/*Weber* § 48 Rn 44.
345 BGH WM 1961, 321, 322.
346 BGHZ 99, 76, 81 = NJW 1987, 841; *Canaris* Handelsrecht, § 12 Rn 24; *Oetker* Handelsrecht, § 5 Rn 35.

▶ An das Amtsgericht
– Registergericht –
... (Postleitzahl, Ort)
Betr.: HRA ...
... e.K. in ...
Zum Handelsregister A ... (Registernummer) melde ich als Inhaber der Firma ... (Firmenname) e.K. an:
Frau ... (Name), wohnhaft in ... (Adresse), geb. am ... (Datum)
wurde Gesamtprokura in der Art erteilt, dass sie die Firma ... (Firmenname) e.K. nur mit einem Geschäftsführer oder einem anderen Prokuristen gemeinsam vertritt.
Die Prokura erstreckt sich nicht auf Grundstücksgeschäfte.
(Ort), den ... (Datum)
(Unterschrift des Inhabers)
(Beglaubigungsvermerk) ◀

dd) Halbseitige (gemischte) Gesamtprokura

237 Zulässig ist es auch, einem Teil der Prokuristen Einzelprokura zu erteilen, während anderen Prokuristen nur Gesamtprokura **mit einem oder mehreren der Einzelprokuristen gemeinsam** erteilt wird (sog. halbseitige Gesamtprokura).[347] Als halbseitige gemischte Gesamtprokura bezeichnet man die Fälle, in denen der Prokurist nur gemeinsam mit einem organschaftlichen Vertreter, der organschaftliche Vertreter jedoch auch allein vertretungsberechtigt ist.[348]

ee) Filialprokura

238 Die Prokura kann schließlich auch unter **Beschränkung auf eine Niederlassung** erteilt werden, wenn diese unter verschiedener Firma oder mit besonderem Zusatz eingetragen ist (§ 50 Abs. 3 HGB). Zum Schutz des Rechtsverkehrs hat diese Beschränkung nur Wirksamkeit gegenüber Dritten, wenn sich bereits aus der Firma ergibt, dass es sich um eine Zweigniederlassung handelt. Dann nämlich kann der Geschäftspartner ohne weiteres erkennen, dass der Prokurist gerade nur diese Filiale und nicht das gesamte Unternehmen vertritt.

d) Übertragung

239 Eine Übertragung der Prokura durch den Prokuristen ist nach § 52 Abs. 2 HGB **nicht zulässig**. Dies gilt selbst dann, wenn der Vertretene einer solchen Übertragung zustimmt. Denn Sinn und Zweck der Regelung ist nicht der Schutz des Inhabers, sondern die Wahrung des Interesses des Rechtsverkehrs, Unsicherheiten über die Existenz der Prokura zu vermeiden.[349] Der Prokurist kann auch keine Untervollmacht erteilen.

e) Erlöschen

240 Die Prokura ist ohne Rücksicht auf das der Erteilung zugrunde liegende Rechtsverhältnis jederzeit **frei widerruflich** (§ 52 Abs. 1 HGB). Hierbei handelt es sich grundsätzlich um eine zwingende Regelung, die verhindern soll, dass der Inhaber eines Handelsgewerbes seine unternehmerische Selbstbestimmung aufgibt.[350] Der Widerruf ist aufgrund der angestrebten Rechtssicherheit und Verkehrsfreundlichkeit der Prokura bedingungsfeindlich und darf nicht befristet werden.[351] Das Erlöschen einer Gesamtprokura eines Prokuristen lässt die des anderen Prokuristen unberührt, sie erstarkt jedoch nicht zur Einzelprokura.[352] Der Widerruf der Prokura kann gem. § 168 S. 3 iVm § 167 Abs. 1 BGB sowohl gegenüber dem Prokuristen als auch gegenüber dem Dritten, dem gegenüber die Vertretung erfolgen sollte, erfolgen. Ist die Prokura durch Erklärung gegenüber Dritten erteilt,

---

347 Baumbach/Hopt/*Hopt* § 48 Rn 6 f; Ebenroth/Boujong/Joost/*Weber* § 48 Rn 46.
348 BGHZ 62, 166, 171 = NJW 1974, 1194; *K. Schmidt* Handelsrecht, § 16 III b cc ddd.
349 MünchKommHGB/*Krebs* § 52 Rn 21.
350 *Canaris* Handelsrecht, § 14 Rn 9; *Oetker* Handelsrecht, § 5 Rn 22; *K. Schmidt* Handelsrecht, § 16 III 5 b.
351 MünchKommHGB/Krebs § 52 Rn 15; Ebenroth/Boujong/Joost/*Weber* § 52 Rn 9.
352 Baumbach/Hopt/*Hopt* § 52 Rn 6.

bleibt sie diesen gegenüber so lange in Kraft, bis ihnen der Widerruf angezeigt wurde (§ 170 BGB). Bei Prokuraerteilung durch besondere Mitteilung an einen Dritten oder öffentliche Bekanntmachung muss der Widerruf in gleicher Weise erfolgen (§ 171 BGB).

Die Prokura ist losgelöst von Bestimmungen des Arbeitsverhältnisses. **Ausnahmen** von der freien Widerruflichkeit der Prokura können aber aus gesellschaftsrechtlichen Gründen bestehen. Wurde ein von der organschaftlichen Vertretung ausgeschlossener Gesellschafter einer Personengesellschaft (bspw ein Kommanditist) im Gesellschaftsvertrag zum Prokuristen bestellt, ist entsprechend §§ 117, 127 HGB der Entzug der Prokura nur aus wichtigem Grund zulässig.[353] Erlischt allerdings das zugrunde liegende Rechtsverhältnis, also der Arbeits- oder Dienstvertrag, endet auch die Prokura (§ 168 BGB). Auch beim Betriebsübergang nach § 613 a BGB bleibt die Prokura nicht für den neuen Arbeitgeber bestehen.[354] 241

Die Prokura **erlischt** nicht durch den Tod des Inhabers des Handelsgeschäfts (§ 52 Abs. 3 HGB in Abweichung vom Grundsatz des § 168 BGB), wohl aber bei Tod oder Geschäftsunfähigkeit des Prokuristen (Rückschluss aus § 52 Abs. 3 HGB),[355] Insolvenz des Kaufmanns (§§ 115 f. InsO), Einstellung des Handelsgeschäfts und Verlust der Kaufmannseigenschaft. 242

Das Erlöschen der Prokura ist gemäß § 53 Abs. 3 HGB in gleicher Weise wie die Erteilung zur Eintragung in das Handelsregister **anzumelden,** da sowohl die Erteilung als auch das Erlöschen der Prokura „einzutragende Tatsachen" sind. Ebenso wie bei der Erteilung ist auch beim Erlöschen der Prokura die Eintragung im Handelsregister nur deklaratorisch. Das Erlöschen der Prokura ist auch dann einzutragen, wenn bereits versäumt wurde, die Erteilung der Prokura in das Handelsregister einzutragen. Anderenfalls trifft den Kaufmann, obwohl das Handelsregister nun die wahre Rechtslage ausweist, die Rechtsscheinshaftung des § 15 Abs. 1 HGB (sog. sekundäre Unrichtigkeit des Handelsregisters).[356] Das Erlöschen der Prokura wird beim Amtsgericht wie folgt angemeldet: 243

▶ An das Amtsgericht
  – Registergericht –
  Postleitzahl, Ort
  Betr.: HRA ...
  ... e.K. in ...
  Zum Handelsregister A ... (Registernummer) melde ich als Inhaber der Firma ... (Firmenname) e.K. an, dass die Prokura des Herrn ... (Name), wohnhaft in ... (Adresse), geb. am ... (Datum), erloschen ist.
  (Ort), den ... (Datum)
  (Unterschrift des Inhabers)
  (Beglaubigungsvermerk) ◀

3. Außenverhältnis

Die Prokura hat regelmäßig dieselben Wirkungen wie jede andere Vertretungsmacht nach §§ 164 ff BGB. Sie unterscheidet sich davon durch den zwingend **gesetzlich** in § 49 HGB **definierten Umfang,** der nach § 50 Abs. 1 HGB im Außenverhältnis nicht beschränkt werden kann. Dabei ist die Aufzählung möglicher unzulässiger Beschränkungstatbestände in § 50 Abs. 2 HGB nur beispielhaft und nicht umfassend. Der Prokurist muss sich Dritten gegenüber als solcher zu erkennen geben und zeichnet mit seinem Namen und Prokurazusatz (ppa. = per Prokura), § 51 HGB. Die Vorschrift ist jedoch keine Formvorschrift, sondern hat nach allgemeiner Ansicht nur Ordnungscharakter,[357] so dass die Vertretungswirkungen nach Maßgabe der Prokura auch eintreten, wenn der Prokurist diese Zeichnung unterlässt, sofern das Handeln im Namen des Inhabers erkennbar wird. 244

---

353 BGHZ 17, 392, 396 = WM 1955, 1118; *K. Schmidt* Handelsrecht, § 16 III 5 b.
354 Staub/*Joost* § 52 Rn 61; *Oetker* Handelsrecht, § 5 Rn 23.
355 Baumbach/Hopt/*Hopt* § 52 Rn 4.
356 Vgl dazu oben Rn 102 ff.
357 Ensthaler/*Schmidt* § 51 Rn 2; MünchKommHGB/*Krebs* § 51 Rn 2.

4. Prokura im Gesellschaftsrecht

245 Da sämtliche Handelsgesellschaften Kaufleute im Sinne von § 6 HGB sind, kann eine Gesellschaft ebenfalls einen Prokuristen bestellen. Zur **Erteilung** der Prokura sind die **organschaftlichen Vertreter** befugt. Hinsichtlich des Umfangs der Handlungsbefugnisse des Prokuristen gelten die gewöhnlichen Regeln. Hervorzuheben ist jedoch die Möglichkeit, einen Prokuristen zusammen mit einem persönlich haftenden Gesellschafter einer OHG oder KG, dem Geschäftsführer einer GmbH oder dem Vorstand einer AG zur Gesamtvertretung zu berechtigen (§ 125 Abs. 3 HGB, § 78 Abs. 3 AktG, sog. unechte Gesamtvertretung, dazu oben Rn 236), was im Rahmen der vertraglichen oder statutarischen Regelungen der Vertretung zumindest in den mittelständischen Unternehmensformen verbreitet ist. Die Grenze dieser Gestaltungsmöglichkeit liegt darin, dass stets eine Vertretung der Gesellschaft allein durch Gesellschafter (bei der Personenhandelsgesellschaft – Anwendung des Prinzips der Selbstorganschaft) oder durch die hierfür bestellten Organe (bei der Kapitalgesellschaft) möglich sein muss.[358]

246 Besonderheiten gelten für die Bestellung und Abberufung von Prokuristen in der **Personenhandelsgesellschaft**. Soweit es sich um die Gültigkeit des Bestellungsakts im Außenverhältnis, also auch gegenüber dem Prokuristen selbst handelt, kommt es allein auf die Regelung der Vertretungsbefugnis unter den Gesellschaftern an. Im Innenverhältnis bedarf jedoch die Bestellung eines Prokuristen wegen seiner weitergehenden Handlungsbefugnisse der Zustimmung aller geschäftsführungsbefugten Gesellschafter, es sei denn, dass der Gesellschaft durch eine verzögerte Bestellung Schaden droht (§ 116 Abs. 3 S. 1 HGB).[359] Während bei der Bestellung im Regelfall alle geschäftsführungsbefugten Gesellschafter gemeinsam handeln müssen, kann der Widerruf der Prokura durch jeden von ihnen einzeln erfolgen. Darin kommt zum Ausdruck, dass fehlendes Vertrauen auch nur eines einzigen der geschäftsführenden Gesellschafter Grund für die Beendigung der Befugnisse des Prokuristen sein soll.[360] In der **GmbH** zählt nach § 46 Nr. 7 GmbHG die Bestellung eines Prokuristen zum – freilich abdingbaren – Aufgabenkreis der Gesellschafterversammlung. Dagegen setzt der Widerruf der Bestellung keinen Gesellschafterbeschluss voraus; die Geschäftsführer können hierüber auch im Innenverhältnis allein befinden.[361]

III. Handlungsvollmacht, §§ 54–58 HGB

247 Der Handlungsbevollmächtigte ist im Verhältnis zum Prokuristen eine kaufmännische Hilfsperson mit **geringeren Befugnissen**. Prokura und Handlungsvollmacht schließen einander aus. Die verschiedenen Arten der Handlungsvollmacht regelt § 54 HGB. **Sonderformen** sind die Vollmachten der Abschlussvertreter (§ 55 HGB) und der Angestellten in Läden oder Warenlagern (§ 55 HGB).

1. Begriff

248 Als Handlungsvollmacht wird nach § 54 Abs. 1 HGB jede von einem Kaufmann im Rahmen seines Handelsgewerbes erteilte Vollmacht bezeichnet, die nicht Prokura ist. Deren **Umfang** wird **vom Vollmachtgeber** bestimmt. Die Vorschrift des § 54 Abs. 1 und 2 HGB enthält keine Vermutung für das Bestehen einer Handlungsvollmacht, sondern lediglich eine gesetzliche **Vermutung** für deren Umfang, und dient damit dem Verkehrsschutz.

2. Innenverhältnis

a) Erteilung

249 Die Handlungsvollmacht kann von **jedem Kaufmann** und auch von deren rechtsgeschäftlich bestellten Vertretern erteilt werden. Im Gegensatz zur Prokura ist § 54 HGB auch auf nicht eingetragene **Kleingewerbetreibende** entsprechend anwendbar,[362] aber hingegen wohl nicht auch auf Freiberufler.

---

358 Baumbach/Hopt/*Hopt* § 48 Rn 7 und oben Rn 236.
359 Ebenroth/Boujong/Joost/*Weber* § 48 Rn 10.
360 Ebenroth/Boujong/Joost/*Weber* § 52 Rn 6.
361 Baumbach/Hueck/*Zöllner* § 46 Rn 53.
362 *K. Schmidt* Handelsrecht, § 16 IV 2 a aa; MünchKommHGB/*Krebs* § 54 Rn 8; Baumbach/Hopt/*Hopt* § 54 Rn 6. AA aber Staub/*Joost* § 54 Rn 12; *Oetker* Handelsrecht, § 5 Rn 48.

D. Handelsrechtliche Vollmachten, §§ 48–58 HGB

Anders als die Prokura kann eine Handlungsvollmacht nicht nur natürlichen, sondern auch juristischen Personen erteilt werden.[363] Die Erteilung richtet sich nach den allgemeinen Bestimmungen des bürgerlichen Rechts (§§ 167, 171 BGB). Sie erfolgt durch einseitige, empfangsbedürftige Willenserklärung. Im Unterschied zur Prokura kann die Handlungsvollmacht auch stillschweigend erteilt werden. Eine Eintragung ins Handelsregister ist weder erforderlich noch möglich.[364] Die Übertragung der Handlungsvollmacht auf andere ist nach § 58 HGB nur mit Zustimmung des Inhabers möglich. Auch hierin liegt ein entscheidender Unterschied zur Prokura, welche nach § 52 Abs. 2 HGB selbst bei Zustimmung des Inhabers nicht übertragbar ist. Die Handlungsvollmacht kann wie folgt erteilt werden:

▶ Frau ... (Name)
   Hiermit erteile ich, ... (Name), Alleininhaber des im Handelsregister des Amtsgerichts unter der Firma ... e.K. in ... (Ort) eingetragenen Unternehmens,
   Frau ... (Name), wohnhaft in ... (Adresse), geb. am ... (Datum),
   für meinen Betrieb Handlungsvollmacht. Die Handlungsvollmacht ist beschränkt auf die gewöhnlich im Wareneinkauf vorkommenden Geschäfte und Rechtshandlungen.
   Der Handlungsbevollmächtigte ist ferner befugt, Wechselverbindlichkeiten für mich einzugehen, Wechsel zu vollziehen und Darlehen aufzunehmen. Der Betrag von 50 000 EUR darf im Einzelfall jedoch nicht überschritten werden.
   (Ort), den ... (Datum)
   (Unterschrift des Inhabers) ◀

b) Umfang

Der Umfang der Vollmacht ergibt sich aus § 54 HGB und wird in erster Linie durch den vom Vollmachtgeber gewählten Inhalt bestimmt. Die Handlungsvollmacht wird immer **in Bezug auf das Handelsgeschäft** erteilt. Sie unterscheidet sich von der Vollmacht nach bürgerlichem Recht dadurch, dass sie zu den üblichen Geschäften ermächtigt, die der Betrieb des vom Vollmachtgeber geführten Handelsgeschäfts gewöhnlich mit sich bringt. Im Unterschied zur Prokura beschränkt sie sich auf die Ermächtigung zum Abschluss von Rechtsgeschäften, die ein Betrieb gerade der betreffenden Art **gewöhnlich** mit sich bringt. Außergewöhnliche Geschäfte sind von der Handlungsvollmacht nicht gedeckt. Welche Geschäfte als „gewöhnliche" im Sinne des § 54 HGB anzusehen sind, richtet sich nach der Verkehrsanschauung. Gewöhnlich bedeutet nicht, dass die Geschäfte häufig oder gar alltäglich vorkommen müssen. Es ist vielmehr allein darauf abzustellen, ob das betreffende Geschäft branchenüblich ist.[365] Zusätzlich kommt auch Art und Größe des vom Handlungsbevollmächtigten vertretenen Unternehmens Bedeutung zu.[366] § 54 Abs. 2 HGB nennt darüber hinaus die Rechtsgeschäfte, welche **nicht** ohne besondere Befugnis von der Handlungsvollmacht gedeckt sind, nämlich die Veräußerung oder Belastung von Grundstücken, die Eingehung von Wechselverbindlichkeiten, die Aufnahme von Darlehen und die Prozessführung. Demzufolge sind etwa die Eingehung von Bürgschaften und der Erwerb von Grundstücken durch Handlungsbevollmächtigte möglich.

c) Arten

Die Handlungsvollmacht kann nach § 54 Abs. 1 HGB in drei Formen erteilt werden:

aa) Generalhandlungsvollmacht

Die Generalhandlungsvollmacht erstreckt sich auf den **gesamten Bereich des betreffenden Handelsgewerbes**. Sie gilt für alle Rechtsgeschäfte, die zum Betrieb eines derartigen Handelsgeschäfts gewöhn-

---

363 *K. Schmidt* Handelsrecht, § 16 IV 1 a; *Schlegelberger/Schröder* § 54 Rn 2.
364 Vgl aber den Sonderfall des § 13 e Abs. 2 S. 4 Nr. 3 HGB betreffend Zweigniederlassungen von Kapitalgesellschaften mit Sitz im Ausland.
365 MünchKommHGB/*Krebs* § 54 Rn 28; Baumbach/Hopt/*Hopt* § 54 Rn 10.
366 BGH DB 1978, 2118, 2119 = WM 1978, 1047.

lich gehören. In der Praxis spielt die Generalhandlungsvollmacht keine allzu große Rolle.[367] Allerdings können eine nichtige Prokura (zB eine vom Prokuristen erteilte Unterprokura) oder eine nichtige unbeschränkte Generalvollmacht[368] nach § 140 BGB in eine Generalhandlungsvollmacht umgedeutet werden.[369]

bb) Arthandlungsvollmacht

253 Demgegenüber ist die Arthandlungsvollmacht auf **bestimmte Geschäftsarten** wie bspw Ein- und Verkauf, Kasse etc. beschränkt ist. Die Erteilung einer Arthandlungsvollmacht kann wie folgt formuliert werden:
▶ Herrn ... (Name)
Hiermit erteile ich, ... (Name), Alleininhaber des im Handelsregister des Amtsgerichts unter der Firma ... e.K. in ... (Ort) eingetragenen Unternehmens,
Herrn ... (Name), wohnhaft in ... (Adresse), geb. am ... (Datum)
Handlungsvollmacht. Die Vollmacht ist beschränkt auf das derzeitige Arbeitsgebiet als Leiter der Abteilung Vertrieb.
Herr ... (Name) ist von den Beschränkungen des § 181 BGB befreit.
(Ort), den ... (Datum)
(Unterschrift des Inhabers) ◀

cc) Spezialhandlungsvollmacht

254 Noch enger auf die Vornahme einzelner, ganz **konkreter Geschäfte** (zB ein bestimmtes Bauvorhaben; Ankauf von Waren für ein bestimmtes Projekt) ist die spezial Handlungsvollmacht beschränkt.

d) Erlöschen

255 Für das Erlöschen der Handlungsvollmacht gelten die allgemeinen Grundsätzen des bürgerlichen Rechts (§§ 168–173 HGB). Insbesondere kann die Handlungsvollmacht jederzeit **widerrufen** werden. Allerdings kann die Widerrufsmöglichkeit im Gegensatz zur Prokura durch vertragliche Vereinbarungen ausgeschlossen werden (§ 168 S. 2 2. Hs BGB).[370] Ansonsten erlischt die Handlungsvollmacht insbesondere nach § 168 BGB durch Beendigung des der Vertretungsmacht zugrunde liegenden Innenverhältnisses, vor allem bei dessen Kündigung. Im Unterschied zur Prokura (vgl § 52 Abs. 3 HGB) können die Parteien vereinbaren, dass die Handlungsvollmacht mit dem Tode des Vollmachtgebers erlöschen soll, im Zweifel ist jedoch von einem Fortbestehen der Handlungsvollmacht auszugehen.[371]

3. Außenverhältnis

256 Der Umfang der Vertretungsmacht richtet sich nach dem Umfang der Vollmacht. **Beschränkungen** muss ein Dritter nach § 54 Abs. 3 HGB nur gegen sich gelten lassen, wenn er sie kannte oder (im Sinne von § 122 Abs. 2 BGB) kennen musste (etwa bei einem Aushang mit der Aufschrift „Zahlung nur an der Kasse"). Der Dritte ist verpflichtet, konkreten Verdachtsmomenten für Beschränkungen der Handlungsvollmacht durch Rücksprache mit dem Vollmachtgeber nachzugehen; eine allgemeine Nachforschungspflicht trifft ihn jedoch nicht.[372] Für das Vorliegen der Voraussetzungen des § 54 Abs. 3 HGB trägt der Vertretene die Beweislast. Der Handlungsbevollmächtigte muss sich als solcher zu erkennen geben. Er **zeichnet** mit einem Zusatz, der das Vertretungsmachtverhältnis ausdrückt (§ 57 2. Hs HGB), üblicherweise „in Vertretung" (iV) oder „im Auftrag" (iA). Nach § 57 1. Hs HGB darf der Handlungsbevollmächtigte keinen Zusatz verwenden, der auf eine Prokura hindeuten könnte.

---

367 Baumbach/Hopt/*Hopt* § 48 Rn 1; § 54 Rn10; *Canaris* Handelsrecht, § 15 Rn 16.
368 Zur Unzulässigkeit der vollinhaltlichen Übertragung der organschaftlichen Vertretungsbefugnis vgl BGHZ 36, 292, 295 = NJW 1962 738, 739; Ebenroth/Boujong/Joost/*Weber* vor § 48 Rn 8.
369 Baumbach/Hopt/*Hopt* Rn 10; Canaris § 15 Rn 16.
370 Ebenroth/Boujong/Joost/*Weber* § 54 Rn 30.
371 *K. Schmidt* Handelsrecht, § 16 IV 2 a gg.
372 Ebenroth/Boujong/Joost/*Weber* § 54 Rn 26.

4. Sonderformen

a) Abschlussvertreter, § 55 HGB

Abschlussvertreter oder -bevollmächtigte sind nur **Handelsvertreter** (§ 84 Abs. 1 S. 1 HGB) und **Handlungsgehilfen** (§ 59 HGB), die **im Außendienst** als Hilfspersonen des Kaufmanns tätig sind. Auf diese findet nach § 55 Abs. 1 HGB die Regelung über den Handlungsbevollmächtigten (§ 54 HGB) Anwendung. Auf Handelsmakler, Eigenhändler, Kommissionäre und Kommissionsagenten ist § 55 HGB nicht, auch nicht analog anwendbar.[373] § 55 Abs. 2 HGB stellt klar, dass – soweit besondere Abreden fehlen – die erteilte Abschlussvollmacht nicht zur Änderung abgeschlossener Verträge berechtigt. Insbesondere darf der Abschlussbevollmächtigte keine Zahlungsfristen gewähren. Zur Zahlungsannahme ist er nach § 55 Abs. 3 HGB nur berechtigt, wenn diesbezüglich eine besondere Bevollmächtigung vorliegt. Gemäß § 55 Abs. 4 HGB erstreckt sich seine Ermächtigung auf die Entgegennahme von Mängelanzeigen, Erklärungen über die Zurverfügungstellung von Waren oder ähnlichen Erklärungen, durch die ein Dritter seine Rechte aus mangelhafter Leistung geltend macht oder vorbehält. Weiterhin kann der Abschlussvertreter die Rechte des Kaufmanns auf Beweissicherung geltend machen. Ebenfalls im Außendienst tätig ist der in § 75 g HGB genannte **Vermittlungsgehilfe**. Dieser ist mit der Vermittlung von Geschäften beauftragt, wobei das Zustandekommen des Vertrags von der Entscheidung des Unternehmers abhängt. Dem Vermittlungsgehilfen stehen ebenfalls die in § 55 Abs. 4 HGB genannten Rechte des Abschlussbevollmächtigten zu.

b) Angestellte in Laden oder Warenlager, § 56 HGB

Nach § 56 HGB gilt derjenige, der in einem Laden oder in einem offenen Warenlager angestellt ist, als ermächtigt zu **Verkäufen und Empfangnahmen, die in einem derartigen Laden oder Warenlager gewöhnlich geschehen**. Ankäufe werden von der Vorschrift hingegen nicht erfasst.[374] Für die Beurteilung der Frage, ob ein Verkauf als in einem derartigen Warenlager gewöhnlich anzusehen ist, ist wie im Rahmen der Handlungsvollmacht auf die Branchenüblichkeit abzustellen. Zu beachten ist, dass § 56 HGB auf Einkäufe durch Ladenangestellte nicht, auch nicht entsprechend angewandt werden kann.[375] Das Gesetz soll lediglich den Kunden schützen, der nicht in jedem Einzelfall überprüfen kann, ob der ihn bedienende Angestellte eines Kaufmanns auch zur Vornahme derartiger Rechtsgeschäfte ermächtigt ist.[376]

§ 56 HGB begründet somit die **Vermutung** der Erteilung einer Vollmacht mit bestimmtem Inhalt. Es handelt sich um eine gesetzliche Ausgestaltung der Anscheinsvollmacht,[377] die bewirkt, dass der Kunde im Ladenlokal selbst mit befreiender Wirkung zahlen kann. Die Vermutung des § 56 HGB greift ein, wenn es sich handelt um

- einen **Laden** oder ein offenes Warenlager (eines Kaufmanns ebenso wie eines Kleingewerbetreibenden),
- einen **Angestellten**, der mit Wissen und Wollen des Prinzipals im Laden oder offenen Warenlager mit dem Publikum verkehrt,
- einen **örtlichen Zusammenhang** zwischen Laden und Geschäftsabschluss und
- einen **gutgläubigen** Dritten (entsprechend § 54 Abs. 3 HGB).

Abweichende Regelungen sind möglich. Sie setzen jedoch entsprechend § 54 Abs. 3 HGB voraus, dass der Dritte sie kannte oder kennen musste. Häufig werden etwa Inkassobefugnisse durch Hinweise wie „Zahlung ausschließlich an der Kasse" auch mit Wirkung gegenüber Dritten eingeschränkt oder ausgeschlossen. Neben den handelsrechtlichen Vorschriften können aber auch die allgemeinen Grundsätze über die Duldungs- und Anscheinsvollmacht (dazu Rn 221 f) eingreifen, die über die engen tatbestandlichen Voraussetzungen des § 56 HGB hinausgehen.

---

[373] MünchKommHGB/*Krebs* § 55 Rn 5; Baumbach/Hopt/*Hopt* § 55 Rn 4.
[374] Baumbach/Hopt/*Hopt* § 56 Rn 4.
[375] BGH NJW 1988, 2109.
[376] BGH NJW 1975, 2191.
[377] *Drexl/Mentzel* Jura 2002, 375. Zur Anscheinsvollmacht vgl Rn 222.

IV. Registervollmacht

261 Durch Bevollmächtigte können grundsätzlich auch **Anmeldungen zum Handelsregister** vorgenommen werden (§ 13 S. 2 FGG, § 12 Abs. 1 S. 2 HGB). Die Vollmacht bedarf der öffentlich beglaubigten Form (§ 12 Abs. 1 S. 2, S. 1 HGB). Indes bedarf ein Prokurist in eigenen Angelegenheiten zur Vornahme von Registeranmeldungen einer gesonderten Bevollmächtigung, soweit kein Fall der unechten Gesamtvertretung mit einem Geschäftsführer oder Vorstand vorliegt.[378] § 181 BGB findet insoweit keine Anwendung.[379] Keine Vertretung kommt dagegen bei der Abgabe höchstpersönlicher Versicherungen bei Anmeldungen (bspw nach §§ 8 Abs. 2, 57 Abs. 2 GmbHG, §§ 37 Abs. 2, 188 Abs. 2 AktG, § 16 Abs. 2 S. 1 UmwG) in Betracht.

E. Wettbewerbsverbote

I. Vorbemerkung

1. Begriff

262 Wettbewerbsverbote im Sinne der nachfolgenden Ausführungen beruhen auf einer vertraglichen Abrede oder auf einer besonderen gesetzlichen Regelung und zielen darauf ab, zum Schutz der rechtlichen und wirtschaftlichen Interessen des Begünstigten den Wettbewerb des durch das Verbot Belasteten zu verhindern oder einzuschränken. Unter dieser Voraussetzung sind sie eine besondere Ausprägung der den Vertragsparteien obliegenden Treuepflicht (§ 242 BGB).

2. Wettbewerbsverbote und Geschäftschancengebote

263 Deren Abgrenzung ist schwierig. Geschäftschancen sind konkrete Umsatz- oder Investitionschancen des Begünstigten, zB zum Erwerb einer erfolgversprechenden Produktlinie oder eines Unternehmens bzw Unternehmensanteils, die sowohl zum Geschäftsbereich des Begünstigten gehören können als auch außerhalb des Geschäftsbereiches liegen können. Das Geschäftschancengebot/-verbot verbietet dem Belasteten nicht nur, die Geschäftschance für sich persönlich zu nutzen, sie verpflichtet ihn auch im Falle einer über das Wettbewerbsverbot hinausgehenden schuldrechtlichen Sonderbeziehung, zB eines Gesellschaftsverhältnisses, die Geschäftschancen an den Begünstigten heranzutragen, um ihm eine Entscheidung über ihre Wahrnehmung zu ermöglichen. Soweit die Geschäftschance dem Geschäftsbereich des Begünstigten zuzurechnen ist, überschneidet sie sich hinsichtlich der Unterlassungsverpflichtung mit dem Wettbewerbsverbot.[380]

II. Typische Inhalte von Wettbewerbsverboten

1. Tätigkeits- und Beteiligungsverbote

a) Tätigkeitsverbote

264 In der Praxis wird zwischen tätigkeits- oder unternehmensbezogenen Verboten unterschieden.[381] Tätigkeitsbezogene Verbote verbieten nur bestimmte Arten von Tätigkeiten, wie zB eine Designertätigkeit für Möbel, während unternehmensbezogene Wettbewerbsverbote Tätigkeiten für bestimmte Unternehmen verbieten, zB für IKEA. Es kann wie folgt formuliert werden:

▶ ... ist verpflichtet, für die Dauer von zwei Jahren nach seinem Ausscheiden nicht in selbständiger, unselbständiger oder sonstiger Weise, unmittelbar oder mittelbar für ein Konkurrenzunternehmen tätig zu werden. ◀

---

378 Ebenroth/Boujong/Joost/*Weber* § 49 Rn 14.
379 BayObLG DNotZ 1977, 683.
380 Vgl auch *Seck* GmbHR 2005, 1157, 1158 ff.
381 Baumbach/Hopt, § 74 Rn 6.

b) Beteiligungsverbote

Beteiligungsverbote werden üblicherweise in Verbindung mit tätigkeitsbezogenen Verboten vereinbart, indem im einleitenden Beispielsfall zusätzlich folgende Vereinbarung aufgenommen wird:
▶ ... oder ein solches Unternehmen zu errichten, zu erwerben, zu betreiben oder sich an einem solchen Unternehmen unmittelbar oder mittelbar zu beteiligen. ◀

265

c) Einzelheiten
aa) „Unmittelbar oder mittelbar"

Die unmittelbare Tätigkeit bedeutet die Eingehung eines Dienstverhältnisses als Arbeitnehmer oder freier Mitarbeiter, während mit dem Verbot einer mittelbaren Tätigkeit regelmäßig das Vorschieben von „Strohmännern" verhindert werden soll.

266

bb) „Selbständig und unselbständige Tätigkeit"

Das Verbot der selbständigen Tätigkeit umfasst eigene unternehmerische Tätigkeiten für ein Konkurrenzunternehmen, zB als Unternehmensberater, das Verbot einer unselbständigen Tätigkeit verbietet insbesondere die Eingehung eines Dienst- oder Arbeitsverhältnisses.

267

cc) „Konkurrenz machen"

Damit ist im Zweifel nur eine selbständige Tätigkeit durch ein eigenes oder von dem Ausgeschiedenen verantwortlich mitgetragenes Konkurrenzunternehmen gemeint.

268

dd) „Für ein Konkurrenzunternehmen/Wettbewerber"

Diese Formulierung deckt sowohl eine selbständige als auch unselbständige Tätigkeit für ein Konkurrenzunternehmen/Wettbewerber ab. Konkurrenzunternehmen bzw Wettbewerber sind solche Unternehmen, die in einem tatsächlichen oder – wenn zB die Ausdehnung in ein weiteres Geschäftsgebiet oder Geschäftsfeld beschlossen oder aus betriebswirtschaftlichen Gründen geboten ist – in einem potentiellen Konkurrenzverhältnis zum Begünstigten stehen.

269

ee) „Für das Gebiet"

Das Wettbewerbsverbot kann sich auf ein bestimmtes Gebiet, zB eine Stadt, ein Land oder auch einen Kontinent beschränken. In solchen Fällen greift der Gebietsschutz nicht ein, wenn nur die Tätigkeit im verbotenen Gebiet entfaltet wird und ihre Auswirkungen außerhalb des Gebietes eintreten. Wenn beispielsweise für die Bundesrepublik Deutschland ein Vertriebsverbot vereinbart ist, darf die Vertriebszentrale in Deutschland geführt werden, solange die Vertriebsaktivitäten selbst nur im Ausland entfaltet werden.[382]

270

ff) „Kundenschutz/Mandantenschutz"

Häufig wird das Wettbewerbsverbot nur auf die Kunden bzw Mandanten des geschützten Unternehmens oder der geschützten Gesellschaft erstreckt. Kundenschutzklauseln haben üblicherweise folgenden Inhalt:
▶ Der Belastete ist verpflichtet, bei Kunden des Begünstigten keine Werbung für eigene Zwecke zu betreiben, insbesondere auch keine eigenen Verträge mit Kunden des Begünstigten abzuschließen. ◀

271

Mandantenschutzklauseln werden üblicherweise von Freiberuflern vereinbart und haben im Wesentlichen folgenden Inhalt:
▶ Ein ausgeschiedener Gesellschafter darf innerhalb eines Zeitraumes von zwei Jahren nach seinem Ausscheiden keine Mandate von Mandanten der Gesellschaft übernehmen, mit Ausnahme von solchen, die er selbst in die Gesellschaft eingebracht hat. ◀

272

---

[382] *Bauer/Diller* Rn 135 a.

2. Mandatsschutzklausel/Übernahmeklausel

273 Von Mandantenschutzklauseln sind Mandatsschutzklauseln/Übernahmeklauseln zu unterscheiden. Diese verbieten dem Ausgeschiedenen keinen Wettbewerb, er muss jedoch für einen bestimmten Zeitraum einen Teil seiner Honorare aus Mandaten von Mandanten der Gesellschaft, die zu ihm gewechselt sind, abführen. Solche Klauseln können beispielsweise folgenden Inhalt haben:

▶ Scheidet ... , gleich aus welchem Grunde, aus, so hat er für die unmittelbare oder mittelbare Übernahme der bisher von der Gesellschaft betreuten Mandanten für die Dauer von fünf Jahren je 5 % der jährlichen Honorareinnahmen aus den übernommenen Mandaten als Entschädigung an die Gesellschaft zu zahlen. ◀

Auch diese Klauseln werden üblicherweise von Freiberuflern in Sozietätsverträgen verwandt.

3. Niederlassungsverbot

274 Niederlassungsverbote verbieten Ausgeschiedenen, sich nach Beendigung ihrer Gesellschafterstellung im räumlichen Einzugsbereich der Gesellschaft niederzulassen. Solche Niederlassungsverbote finden sich häufig in Sozietätsverträgen von Anwälten und Ärzten. Sie sind regelmäßig nichtig, weil sie den Verpflichteten übermäßig in seiner Berufsausübung beschränken.

III. Gesetzliche Schranken für Wettbewerbsverbote

1. Spezialgesetzliche Schranken

275 Soweit Wettbewerbsverbote ausdrücklich gesetzlich geregelt sind, zB für Arbeitnehmer (§ 74 ff HGB), Handelsvertreter (§ 90 a HGB) oder persönlich haftende Gesellschafter einer Personengesellschaft (§ 112 HGB), gehen gesetzlich geregelte Einschränkungen für die Vereinbarung von Wettbewerbsverboten den allgemeinen gesetzlichen Schranken aus den §§ 138 BGB (Art. 12 GG), 1 GWB und Art. 81 EGV vor.

2. Allgemeine gesetzliche Schranken

a) § 138 BGB iVm Art. 12 GG

aa) Zweistufige Anwendungsvoraussetzungen

276 Nach der ständigen höchstrichterlichen Rechtsprechung finden wettbewerbsbeschränkende Abreden ihre Rechtfertigung allein in dem anerkennenswerten Bestreben des von ihnen begünstigten Teils, sich davor zu schützen, dass der andere Teil die Erfolge seiner Arbeit illoyal verwertet oder sich in sonstiger Weise zu Lasten des Begünstigten die Freiheit der Berufsausübung missbräuchlich zu Nutze macht. Ist dieses Interesse nicht betroffen, beschränken derartige Abreden die Freiheit der Berufsausübung unangemessen und sind sittenwidrig.[383]

277 Anerkennenswert ist das sachliche Interesse des begünstigten Teils einer Wettbewerbsabrede zudem auch nur insoweit, als die Wettbewerbsbeschränkung örtlich, zeitlich und gegenständlich das notwendige Maß nicht überschreitet.[384] Die Zulässigkeit von Wettbewerbsverboten ist mithin, soweit spezialgesetzliche Regelungen nicht eingreifen, auf zwei Stufen zu prüfen:

278 Auf der ersten Stufe ist zu prüfen, ob der begünstigte Vertragspartner ein anerkennenswertes Interesse daran hat, zu verhindern, dass der Verpflichtete die gemeinsam erarbeiteten Erfolge illoyal verwertet. Ist ein solches anerkennenswürdiges Interesse nicht festzustellen, verstößt das Wettbewerbsverbot ohne weiteres gegen § 138 BGB und ist nichtig. Ist ein anerkennenswertes Interesse des begünstigten Teils zu bejahen, ist auf der zweiten Stufe zu prüfen, ob das Verbot zur Wahrung des berechtigten Interesses des begünstigten Teils in räumlicher, gegenständlicher und zeitlicher Hinsicht das notwendige Maß nicht überschreitet.[385]

---

383 BGH NJW 1997, 3089.
384 BGH NJW 1997, 3089.
385 BGH ZIP 2005, 1778, 1779 f.

bb) Einzelheiten

(1) Berechtigtes Interesse

Das berechtigte Interesse des begünstigten Teils kann durch Kenntnisse über firmeninterne Angelegenheiten begründet sein, zB durch Kenntnisse über Planrechnungen, Bezugsquellen, Produktionsverfahren, Produktzusammensetzungen, Kundenlisten, Preiskalkulationen oder grundlegende Rahmenverträge, nicht aber durch das Interesse, den ausgeschiedenen Partner als potentiellen Wettbewerber auszuschalten[386] oder zu bestrafen.[387]

(2) Räumlich, gegenständlich, zeitlich

Räumlich: Unternehmen haben kein anerkennenswertes Interesse daran, ein Wettbewerbsverbot auf Räume zu erstrecken, in denen sie nicht oder nicht relevant tätig sind, nach ihrer betrieblichen Planung auch nicht tätig werden wollen und in die eine Ausweitung ihrer Geschäftstätigkeit nicht betriebswirtschaftlich geboten ist.

Bei Freiberuflern hat die Festlegung des räumlichen Geltungsbereiches der Wettbewerbsabrede eine besondere Bedeutung. Üblicherweise haben Freiberufler an dem Ort und im Umfeld des Ortes, an welchem sie tätig gewesen sind, ihren beruflichen und persönlichen Lebensmittelpunkt. Wenn sie gezwungen werden, dieses Gebiet zu verlassen, kann dies bei einem Rechtsanwalt oder Arzt einem Berufsverbot gleichkommen und zu einem unangemessenen Eingriff in die Berufsausübungsfreiheit führen.[388]

Gegenständlich: Bei Unternehmen kann nur ein anerkennenswertes Interesse daran bestehen, dass das der Verpflichtete nicht im Geschäftsbereich des Unternehmens tätig wird (vgl zB § 112 HGB). Darüber hinausgehend wird ihr Interesse nicht betroffen.

Bei Freiberuflern (zB Rechtsanwälten, Wirtschaftsprüfern, Steuerberatern oder Architekten) entsprechen Wettbewerbsverbote in Form von generellen Tätigkeitsverboten regelmäßig nicht einem anerkennenswerten Interesse des Begünstigten. In Fällen dieser Art besteht grundsätzlich nur ein anerkennenswertes Interesse für Mandanten-/Kundenschutzklauseln oder Mandatsschutzklauseln.[389]

Zeitlich: Zeitlich ist für nachvertragliche Wettbewerbsverbote über einen Zeitraum von zwei Jahren hinaus grundsätzlich kein anerkennenswertes Interesse des Begünstigten anzuerkennen.[390]

cc) Rechtsfolgen

(1) Nichtigkeit der Wettbewerbsabrede

Besteht für das Wettbewerbsverbot kein anerkennenswertes Interesse oder geht es räumlich, gegenständlich oder zeitlich über das notwendige Maß hinaus, ist es gem. § 138 BGB nichtig. Nach der höchstrichterlichen Rechtsprechung kann diese Nichtigkeit im Wege der geltungserhaltenden Reduktion geheilt werden, wenn die Nichtigkeit der Wettbewerbsklausel ausschließlich aus einer Überschreitung der zulässigen zeitlichen Grenze resultiert. In einem solchen Fall kann die Dauer des Wettbewerbsverbotes auf das zeitlich zulässige Maß – regelmäßig zwei Jahre – eingeschränkt werden. Ist die Wettbewerbsklausel wegen einer Missachtung der gegenständlichen und/oder räumlichen Grenzen nichtig, hat dies die Nichtigkeit des Gesamtverbotes zur Folge.[391]

(2) Salvatorische Klauseln

Häufig finden sich in Verträgen sogenannte salvatorische Klauseln, mit denen im Falle einer Teilnichtigkeit die Wirksamkeit des Vertrages gesichert werden soll. Solche Klauseln haben typischerweise folgenden Inhalt:

---

386 BGH ZIP 2000, 1337, 1339.
387 BGH ZIP 2005, 1778.
388 Vgl dazu BGH NJW 1997, 3089.
389 BGH ZIP 2005, 1778, 1780.
390 BGH ZIP 2005, 1778, 1780.
391 BGH ZIP 2005, 1778, 1780.

▶ Sollten einzelne Bestimmungen dieses Vertrages ganz oder teilweise unwirksam sein oder werden, so wird hierdurch die Gültigkeit der übrigen Bestimmungen nicht berührt. An Stelle der unwirksamen Bestimmung gilt diejenige wirksame Bestimmung als vereinbart, welche dem Sinn und dem Zweck der unwirksamen Bestimmung am nächsten kommt. ◀

287 Eine solche Klausel enthält zwei Elemente, nämlich eine Erhaltungsklausel und eine Ersetzungsklausel.[392] Während Erhaltungsklauseln grundsätzlich nur zur Folge haben, dass demjenigen, der sich auf die Gesamtnichtigkeit des Vertrages beruft, in Abweichung von § 139 BGB die Beweislast dafür obliegt, dass der Vertrag nicht ohne den nichtigen Teil abgeschlossen worden wäre, eröffnen Ersetzungsklauseln die Möglichkeit, eine Regelung festzulegen, die an die Stelle der Nichtigen treten und damit die Anwendung des § 139 BGB verdrängen soll. Eine solche Ersetzungsklausel eröffnet nach Auffassung mehrerer Oberlandesgerichte auch eine geltungserhaltende Reduktion hinsichtlich der inhaltlichen Reichweite von Wettbewerbsverboten.[393] Der BGH hat diese Frage bisher nicht entschieden.

Hinweis: Der Vertragspartner, für den die Wirksamkeit des Wettbewerbsverbotes wichtig ist, sollte in jedem Fall dafür Sorge tragen, dass eine salvatorische Klausel in den Vertrag aufgenommen wird, damit eine etwaige Unwirksamkeit des Wettbewerbsverbots geheilt werden kann.

b) § 1 GWB

aa) Abgrenzungen

288 Jede wettbewerbsbeschränkende Abrede zwischen Unternehmen oder ihnen gleichzustellenden natürlichen oder juristischen Personen wirft die Frage ihrer Vereinbarkeit mit § 1 GWB auf, weil nach dieser Bestimmung u.a. Vereinbarungen, die eine Einschränkung des Wettbewerbs bezwecken oder zur Folgen haben, verboten sind.

289 Möglich ist, dass mit dem Vertrag selbst kartellrechtswidrige Ziele verfolgt werden, wie zB mit einem Gesellschaftsvertrag, den zwei marktbeherrschende Unternehmen für das beherrschte Gebiet abschließen, um ihre gegenseitige Konkurrenz auszuschließen und den Markt abzuschotten, wie dies bei einem Gemeinschaftsunternehmen der Fall sein kann. Um diese Problematik geht es bei den nachfolgenden Ausführungen nicht. Bei ihnen wird unterstellt, das der Vertrag im Übrigen kartellrechtsneutral und dass das Wettbewerbsverbot als Nebenabrede vereinbart worden ist.

bb) Anwendbarkeit/Immanenztheorie

290 Abreden zwischen aktuellen oder potentiellen Wettbewerbern unterfallen dann nicht der Anwendung des § 1 GWB, wenn sie zeitlich, räumlich und gegenständlich notwendig sind, um die Ziele des Vertrages zu erreichen.[394] In solchen Fällen korrespondiert das vertraglich vereinbarte Wettbewerbsverbot mit der dem Vertrag immanenten Leistungstreuepflicht (§ 242 BGB), die beide Parteien verpflichtet, alles zu unterlassen, was den Vertragszweck oder den Leistungserfolg beeinträchtigen oder gefährden könnte.[395] Demzufolge ist beispielsweise der Verkäufer eines Unternehmens allein schon auf Grund der Treuepflicht gehalten, für eine bestimmte Zeit kein Konkurrenzunternehmen zu eröffnen, weil er anderenfalls dem Käufer die gegen Entgelt übertragenen Unternehmenswerte wieder entziehen würde.[396]

291 Die Treuepflicht ist deshalb der Maßstab für die Unterscheidung zwischen funktionsnotwendigen Wettbewerbsbeschränkungen, die nicht gegen § 1 GWB verstoßen, und funktionsfördernden Wettbewerbsverboten, die vom Kartellverbot erfasst werden können.[397] Dies gilt nicht nur für Austauschverträge, sondern auch für Gesellschaftsverträge. Dient ein Wettbewerbsverbot allein dem Bestand und der Erhaltung der Gesellschaft und soll es nur verhindern, dass diese von Innen her ausgehöhlt oder gar zer-

---

392 BGH NJW 2005, 2225.
393 OLG Celle GmbHR 1980, 35; OLG Köln NZG 2001, 165.
394 BGH NJW 2004, 66.
395 BGHZ 93, 39.
396 BGHZ 16, 75.
397 MünchHdb GesR I/*Mattfeld*, § 59 Rn 64.

stört wird, und geht es nicht über das Maß dessen hinaus, was zum Schutz des Gesellschaftsunternehmens notwendig ist, so dass es auch von der Treuepflicht gefordert wird, ist ein solches Wettbewerbsverbot dem Gesellschaftsrechtsverhältnis immanent und verstößt nicht gegen § 1 GWB.[398]

cc) Weitere Anwendungsvoraussetzungen

(1) Unternehmen

Unternehmen im Sinne des § 1 GWB sind alle Unternehmen, die eine selbständige Tätigkeit im geschäftlichen Verkehr betreiben, die auf den Austausch von Waren oder gewerblichen Leistungen gerichtet ist und sich nicht auf die Deckung des privaten Lebensbedarfs beschränkt.[399] Unternehmen sind nach der Rechtsprechung auch die Angehörigen freier Berufe, zB Rechtsanwälte, Wirtschaftsprüfer, Steuerberater, Apotheker, Architekten, ebenso die Gesellschafter von Personalgesellschaften sowie GmbH-Gesellschafter.[400]

292

(2) Spürbarkeit

Ungeschriebenes Tatbestandsmerkmal des § 1 GWB ist weiterhin die Spürbarkeit der Wettbewerbsbeschränkung.[401] Für die Spürbarkeit ist nicht auf die Spürbarkeit bei den Beteiligten abzustellen, sondern auf die Außenwirkungen. Die Einschränkung der Wettbewerbsfreiheit muss in einer praktisch ins Gewicht fallenden Weise zu einer Veränderung der Marktverhältnisse führen können.[402] Bei der Ermittlung der Spürbarkeit ist primär auf die Anzahl der Marktteilnehmer sowie deren Marktanteile abzustellen. Üblicherweise ist die Spürbarkeitsgrenze mit Erreichen eines Marktanteils von 5 % überschritten.[403]

293

dd) Rechtsfolgen

(1) Teilnichtigkeit

Verstößt ein vertraglich vereinbartes Wettbewerbsverbot gegen § 1 GWB, ist es nichtig. Ob der Gesamtvertrag nichtig ist, richtet sich nach § 139 BGB.

294

(2) Salvatorische Klauseln

Folgt die Kartellrechtswidrigkeit aus der Dauer des vereinbarten Wettbewerbsverbotes, kann wie im Falle einer Nichtigkeit aus § 138 BGB die Dauer des Wettbewerbsverbots auf das angemessene Maß reduziert werden. Ein inhaltliche Reduktion des Wettbewerbsverbots ist über eine Ersetzungsklausel, wenn überhaupt (Rn 287), nur bis auf den Umfang eines mit der Treuepflicht korrespondierenden Verbotes möglich. Gebietet die Treuepflicht, wie zB bei einem nicht geschäftsführenden und auch nicht mehrheitlich beteiligten GmbH-Gesellschafter, keine Unterlassung von Wettbewerb, scheidet eine Reduktion aus. Das Wettbewerbsverbot ist unheilbar nichtig.

295

ee) Praxishinweis

§ 1 GWB erlangt neben § 138 BGB regelmäßig keine größere praktische Bedeutung, weil die Bewertung einer Vereinbarung nach § 138 BGB im Ausgangspunkt nach ähnlichen Kriterien, wie sie bei § 1 GWB zu Grunde zu legen sind, erfolgt,[404] wenn auch die Schutzzwecke der Normen unterschiedlich sind. Während bei § 1 GWB die Interessen der Allgemeinheit an einem freien Wettbewerb im Vordergrund stehen, geht es bei der Anwendung des § 138 BGB um die Frage, in welchem Umfang die berechtigten Interessen des durch eine Beschränkung Begünstigten eine Einschränkung der Freiheit

296

---

398 BGHZ 89, 162/169.
399 BGH NJW 1962, 196, 199 f.
400 BGHZ 38, 306.
401 *Nordemann* in Loewenheim/Meessen/Riesenkampf, KartellR, Bd. 2, § 1 Rn 141.
402 BGH NJW 2001, 3782.
403 WuW/E BGH 369, 372.
404 BGH NJW 1994, 384, 386.

gewerblicher Betätigung auf Seiten des anderen Teils rechtfertigen können.[405] Im Übrigen ist es auch im Hinblick auf die aus § 1 GWB herleitbaren Wirksamkeitsbedenken stets empfehlenswert, eine salvatorische Klausel in den Vertrag aufzunehmen.

3. EG-Vertrag

a) Art. 39 EGV

297 Art. 39 Abs. 1 gewährleistet die Freizügigkeit der Arbeitnehmer innerhalb der Gemeinschaft. Er kann daher nur Wettbewerbsverbote betreffen, die sich auch auf eine Arbeitnehmertätigkeit erstrecken. Nachvertragliche Wettbewerbsverbote, um die es allein gehen kann, fallen anerkanntermaßen nicht in den Schutzbereich des Diskriminierungsverbotes nach Art. 39 Abs. 2 EGV, sondern der Freizügigkeitsgarantie nach Art. 39 Abs. 1 EGV.[406] Adressaten des Art. 39 Abs. 2 EGV sind aber nur die Mitgliedstaaten und keine privaten Firmen.[407]

b) Art. 81 EGV

298 Diese Bestimmung ist ebenfalls regelmäßig nicht auf Wettbewerbsverbote anwendbar, weil sie nur solche betrifft, die den Handel zwischen den Mitgliedstaaten spürbar beeinträchtigen können. Maßnahmen von Unternehmen, die sich nur auf den Wettbewerb innerhalb eines Mitgliedsstaates auswirken, fallen nicht in seinen Anwendungsbereich.[408]

299 Da die Wettbewerbsbeschränkung spürbar sein und ein Umsatzanteil der Beteiligten mit dem betroffenen Produkt im gemeinsamen Markt von 10 oder 15 % erreichen muss, sind Anwendungsfälle des Art. 81 EGV auf Wettbewerbsverbote fernliegend.

IV. Rechtsfolgen bei Verstößen gegen Wettbewerbsverbote

1. Unterlassungsanspruch

300 Das Wettbewerbsverbot selbst begründet einen originären vertraglichen Unterlassungsanspruch, der mit einem gesetzlichen Unterlassungsanspruch nicht zu verwechseln ist. Er setzt im Unterschied zu diesem kann keine Begehungsgefahr voraus.[409] Eine Begehungsgefahr begründet allerdings erst das Rechtsschutzinteresse für die klageweise Geltendmachung des vertraglichen Unterlassungsanspruches.[410] Der Unterlassungsanspruch setzt kein Verschulden voraus. Er kann im Wege der einstweiligen Verfügung (§§ 935, 940 ZPO) oder im normalen Klageverfahren geltend gemacht werden. Einer vorherigen Abmahnung bedarf es im Unterschied zur Verfolgung von UWG-Ansprüchen nicht, weil es um die Verfolgung vertraglicher Unterlassungsansprüche geht, die keine Begehungsgefahr zur Voraussetzung haben, so dass diese auch nicht entsprechend ihrer Funktion durch die Abgabe einer strafbewehrten Unterlassungserklärung ausgeräumt werden kann. Bei nicht offenkundigen Verstößen sollte gleichwohl zur Vermeidung des Kostenrisikos aus § 93 ZPO vorsorglich eine Abmahnung ausgesprochen werden und über den Abschluss eines Unterwerfungsvertrages bzw der Vereinbarung einer erhöhten Vertragsstrafe eine außergerichtliche Regelung angestrebt werden.

2. Schadensersatzanspruch

aa) Allgemeiner Schadensersatzanspruch

301 Im Falle eines schuldhaften Verstoßes gegen das Wettbewerbsverbot schuldet der Verpflichtete Schadensersatz gem. § 280 BGB. Gem. § 280 Abs. 1 S. 2 BGB hat der Verpflichtete darzutun und zu beweisen, dass er den Verstoß nicht zu vertreten hat. Der Umfang des Schadens bestimmt sich nach allgemeinen Vorschriften (§§ 249 ff BGB). Da nach diesen beispielsweise der Ersatz entgangenen

---

405 BGH aaO.
406 *Bauer/Diller*, Rn 235 h.
407 *Bauer/Diller*, aaO.
408 EuGH 1966, 389 Consten-Grundig.
409 BGH GRUR 1999, 522, 524 Datenbankabgleich.
410 BGH aaO.

Gewinns (§ 252 BGB) von dem Nachweis abhängig ist, dass das geschützte Unternehmen das verbotene Geschäft selbst in der gleichen Weise getätigt hätte, ist der Anspruch in der Praxis selten durchsetzbar, weil nicht beweisbar.

bb) Vertragsstrafe

Haben die Vertragspartner für den Fall der Zuwiderhandlung gegen das Wettbewerbsverbot eine Vertragsstrafe vereinbart, kann die Vertragsstrafe gem. § 340 Abs. 2 BGB als Mindeststrafe unter Anrechnung auf den weitergehenden Schadensersatzanspruch verlangt werden.

302

cc) Eintrittsrecht, Gewinnherausgabe

Nur in den gesetzlich vorgesehenen Fällen hat der Gläubiger das Recht, an Stelle der Geltendmachung eines allgemeinen Schadensersatzanspruches intern in die für eigene Rechnung des Verpflichten eingegangenen Geschäfte einzutreten oder die aus Geschäften, die für fremde Rechnung angegangen worden sind, bezogene Vergütung herauszuverlangen. Dieses Recht besteht bei Wettbewerbsverstößen des Handlungsgehilfen während der Vertragszeit (§ 61 HGB) sowie im Rahmen der Anwendbarkeit des § 113 HGB. Insoweit wird auf die Ausführungen zu § 113 HGB verwiesen (Rn 391).

303

dd) Geschäfts- oder Betriebsgeheimnisse

Hat der Verpflichtete verbotswidrigerweise ein Geschäfts- oder Betriebsgeheimnis verwertet, kann an Stelle des konkret nachzuweisenden Schadens im Wege der Lizenzanalogie eine fiktive Lizenzgebühr oder die Herausgabe des Verletzergewinns verlangt werden.[411] Bei der Geltendmachung einer Lizenzgebühr ist der Unternehmer berechtigt, diejenige Lizenzgebühr zu verlangen, die er bei einer Lizenzvergabe erzielt hätte.[412] Da im Falle einer verbotenen Verwertung von Geschäfts- oder Betriebsgeheimnissen üblicherweise auch § 17 UWG verletzt wird, kann die Zwangslizenzgebühr auch als Rechtsfolge der Verletzung dieses Straftatbestandes verlangt werden.[413] Der Anspruch auf Herausgabe des Verletzergewinns erstreckt sich auf den Kostendeckungsbeitrag ohne Berücksichtigung eines Gemeinkostenanteils,[414] soweit er auf der Rechtsverletzung beruht, dh durch diese anteilig verursacht ist.

304

3. Auskunftsanspruch

Dem Gläubiger stehen ferner die allgemeinen Hilfsrechte auf Auskunft (§ 242 BGB) und Rechnungslegung (§ 666 BGB) über den Umfang der Verletzungshandlungen und die herauszugebenden Vorteile zu.

305

V. Einzelne Wettbewerbsverbote

1. Wettbewerbsverbot für Arbeitnehmer

a) Allgemeines

Nach § 60 Abs. 1 HGB darf der Handlungsgehilfe ohne Einwilligung des Prinzipals während des **bestehenden Dienstverhältnisses** weder ein Handelsgewerbe betreiben noch in dem Handelszweige des Prinzipals für eigene oder für fremde Rechnung Geschäfte machen. Nach der Beendigung des Dienstverhältnisses unterliegt er keinem Wettbewerbsverbot. Auch eine nachvertragliche Verschwiegenheit- oder nachvertragliche Treuepflicht vermögen regelmäßig keine Ansprüche auf Unterlassung von Wettbewerbshandlungen zu begründen.[415] Arbeitnehmer können daher im Rahmen der allgemeinen gesetzlichen Grenzen (§ 3 UWG, §§ 823, 826 BGB) zu ihrem ehemaligen Arbeitgeber in Wettbewerb treten.[416] Ein nachvertragliches Wettbewerbsverbot kann aber unter Wahrung der gesetzlichen Voraussetzungen bei Beginn oder während des Dienstverhältnisses wirksam vereinbart werden (§ 74 Abs. 1 HGB).

306

---

411 BGH GRUR 1977, 539, 154 Prozessrechner.
412 BAG AP 4 zu § 611 BGB.
413 BGH GRUR 1977, 539, 541 Prozessrechner.
414 BGH GRUR 2001, 329, 332 Gemeinkostenanteil.
415 BAG ZIP 1999, 295–299.
416 BGH WM 77, 618.

b) Persönlicher Anwendungsbereich

307 Die §§ 60 ff HGB, insbesondere die §§ 74 ff HGB gelten nicht nur für kaufmännische Angestellte, sondern für alle Arbeitnehmer (§ 110 GewO) sowie wegen des vergleichbaren Schutzbedürfnisses auch für wirtschaftlich abhängige freie Mitarbeiter.[417] Organmitglieder wie zB die Geschäftsführer einer GmbH oder Vorstandsmitglieder einer AG unterfallen nicht der Geltung der §§ 74 ff HGB.[418]

c) Einzelheiten und Besonderheiten

aa) Wettbewerbsverbot während des Bestehens des Dienstverhältnisses

308 Im Falle einer Verletzung des Wettbewerbsverbotes aus § 60 HGB durch den Handlungsgehilfen kann der Arbeitgeber gem. § 61 Abs. 1 HGB an Stelle des Ersatzes des ihm konkret entstandenen Schadens, insbesondere des entgangenen Gewinns, verlangen, dass der Arbeitnehmer den von ihm erzielten **Verletzergewinn** herausgibt.[419] Verstöße gegen das Wettbewerbsverbot berechtigen den Arbeitgeber grundsätzlich nicht, die Vergütung der Dienste zu verweigern.[420]

309 Zu beachten ist ferner, dass Ansprüche aus § 61 HGB einer kurzen **Verjährungsfrist von drei Monaten** ab Kenntnisnahme bzw fahrlässiger Nichtkenntnisnahme unterliegen. Diese kurze Verjährungsfrist gilt nach der Rechtsprechung des BAG auch für konkurrierende Ansprüche aus unerlaubter Handlung, dh für Ansprüche aus dem UWG sowie den §§ 823 ff BGB.[421]

bb) Nachvertragliche Wettbewerbsabreden

(1) Formale Anforderungen

310 Die Wettbewerbsabrede muss vor oder bei Abschluss des Vertrages oder während der Dauer des Arbeitsverhältnisses, und zwar vor Ablauf der Kündigungsfrist abgeschlossen werden.[422] Die Vereinbarung bedarf zu ihrer Wirksamkeit der Schriftform und der Aushändigung einer vom Prinzipal unterzeichneten Urkunde an den Arbeitnehmer (§ 74 Abs. 1 HGB). Unterbleibt die Übergabe der Originalurkunde an den Arbeitnehmer, hindert ihn dies nicht, sich auf das Wettbewerbsverbot zu berufen, falls die vorgesehene Schriftform eingehalten worden ist.[423] Wettbewerbsabreden können auch in Formularabreden vereinbart werden. Sie sind keine überraschenden Klauseln im Sinne von § 305 c Abs. 1 BGB.[424] Die formalen Anforderungen sind zwingend (§ 75 d Abs. 1 HGB).

(2) Inhaltliche Anforderungen

311 **Allgemeine Anforderungen:** In der Form bedingten Wettbewerbsabreden, bei denen sich der Arbeitgeber die Entscheidung vorbehält, ob er eine Wettbewerbsabrede entschädigungslos in Anspruch nehmen will, sind unverbindlich, weil sie den betroffenen Arbeitnehmer benachteiligen.[425] Abgesehen von einer solchen Potestativbedingung ist die Vereinbarung einer aufschiebend bedingten Wettbewerbsabrede zulässig, wenn die Vertragsparteien zB die Wirksamkeit der Wettbewerbsabrede von einem zweijährigen Bestand des Arbeitsverhältnisses abhängig machen.[426] Eine solche Abrede kann auch in einem Formularvertrag getroffen werden.[427] Zulässig ist die Vereinbarung einer Vertragsstrafe für den Fall der Zuwiderhandlung (§ 75 c Abs. 1 HGB). Dies kann auch in einem Formularvertrag geschehen, obwohl Vertragsstrafenabreden in Formularverträgen nach § 309 Nr. 6 BGB generell unzulässig sind (§ 310 Abs. 4 S. 1 BGB).[428] Ihre Unwirksamkeit kann aber aus einer unangemessenen

---

417 BGH NJW 2003, 1864, 1865; BAG NJW 1998, 99, 100.
418 BGHZ 1991, 1 ff; BGH NJW 2002, 1876.
419 Vgl Baumbach/Hopt, § 62 Rn 3.
420 BGH ZIP 1988, 47 f.
421 BAG ZIP 2000, 2079 f.
422 BAG NJW 1995, 151.
423 BAG ZIP 2005, 823 ff.
424 BAG DB 2005, 2415 LS.
425 BAG AP 36, 51 zu § 74 HGB.
426 BAG DB 2005, 2415 LS.
427 BAG aaO.
428 BAGE 110, S. 8 ff.

Benachteiligung folgen (§ 307 Abs. 1 BGB). Eine geltungserhaltende Reduktion scheidet aus.[429] Im Unterschied zu § 61 HGB kann der Arbeitgeber nicht die Herausgabe des Verletzergewinns verlangen.

Karenzentschädigung: Unabdingbare Voraussetzung für die Verbindlichkeit der Wettbewerbsabrede ist die Vereinbarung einer Karenzentschädigung für die Dauer seiner Geltung. Sie muss für jedes Jahr des Verbotes mindestens die Höhe der von dem Arbeiter zuletzt bezogenen vertragsgemäßen Leistung erreichen (§ 74 Abs. 2 HGB). Die Zahlung der Karenzentschädigung muss nicht konkret vereinbart werden, es ist ausreichend, wenn bei der Vereinbarung eines Wettbewerbsverbots zusätzlich vereinbart wird, dass im Übrigen die gesetzlichen Vorschriften der §§ 74 ff HGB gelten sollen.[430] Auf Umgehungsgeschäfte kann sich der Arbeitgeber nicht berufen (§ 75 d S. 2 HGB). Demgemäß ist die arbeitsvertragliche Verpflichtung einer Steuerassistentin, im Falle ihres Ausscheidens für fünf Jahre 20 % des Jahresumsatzes aus mitgenommen Mandanten an ihren ehemaligen Arbeitgeber abzuführen, eine verdeckte Mandantenschutzklausel und eine Umgehung im Sinne von § 75 d S. 2 HGB.[431] Ist dem Arbeitnehmer keine Entschädigung zugesagt worden, ist die Vereinbarung nichtig,[432] ist ihm eine zu niedrige Karenzentschädigung zugesichert worden, hat (nur) der Arbeitnehmer das Wahlrecht, sich entweder von der Wettbewerbsabrede zu lösen oder den Arbeitgeber daran festzuhalten. Im letzteren Falle sind beide Parteien zur Erfüllung der Wettbewerbsabrede verpflichtet.[433] Auf die Karenzentschädigung ist das während der Dauer der Wettbewerbsabrede durch anderweitige Verwendung der Arbeitskraft tatsächlich erzielte oder böswillig nicht erzielte Einkommen anzurechnen (§ 74 c Abs. 1 HGB).

(3) Inhalt und Umfang der Wettbewerbsvereinbarung

Tätigkeitsverbot: § 74 Abs. 1 HGB erfasst jede Beschränkung des Arbeitnehmers in seiner gewerblichen Tätigkeit. Damit wird jede Vereinbarung erfasst, die geeignet ist, den Arbeitnehmer „in seiner beruflichen Betätigung und seinem Fortkommen" zu behindern (§ 110 GewO). Eine selbständige Tätigkeit wird mithin nicht vorausgesetzt, ebenso wenig eine Wettbewerbstätigkeit. Vorbereitungshandlungen für Konkurrenzgeschäfte oder die Errichtung eines Konkurrenzunternehmens unterfallen grundsätzlich nicht dem Tätigkeitsverbot. Der Arbeitnehmer darf daher beispielsweise Geschäftsräume anmieten und Arbeitskräfte einstellen.[434] Letzteres ist aber zweifelhaft, weil der Arbeitnehmer in diesem Fall als Wettbewerber auf dem Personalmarkt tätig wird. Das in der Praxis häufig zu beobachtende Vorschieben eines Angehörigen oder Treuhänders als konkurrierenden Unternehmer ist eine unzulässige Umgehung des Verbotes,[435] die allerdings regelmäßig schwer nachweisbar ist. Bei einem ausreichenden Verdacht für eine Straftat (zB §§ 17, 18 UWG; 263 StGB) können häufig über eine Strafanzeige und beantragte Durchsuchung der Geschäftsräume und Privaträume des Arbeitnehmers die notwendigen Beweismittel, insbesondere Treuhandurkunden, sichergestellt werden.

Eingeschränkte Tätigkeitsverbote: Den §§ 74 ff HGB unterfallen nicht nur umfassende, sondern auch eingeschränkte Tätigkeitsverbote, zB Wettbewerbsverbote, Mandatsschutzklauseln, Mandantenschutzklausel oder Ähnliches (s.o.). Auch in solchen Abreden darf nicht zum Nachteil des Arbeitnehmers von den Vorschriften der §§ 74–75 c HGB abgewichen werden (§ 75 d HGB).

(4) Inhaltliche Schranken von Wettbewerbsvereinbarungen

(a) § 74 a HGB

Allgemeines: Nach dieser Bestimmung sind Wettbewerbsabreden unverbindlich, als sie nicht dem Schutze eines berechtigten geschäftlichen Interesses des Prinzipals dienen und/oder das Fortkommen

---

429 BAGE, aaO.
430 BAG DB 2006, 2181 f.
431 BAGE 102, 145 ff.
432 BAG BB 1970, 35.
433 BAG BB 1987, 2166.
434 BAGE 14, 72.
435 BGH BB 1970, 1375.

des Arbeitnehmers unter Berücksichtigung der gewährten Entschädigung nach Ort, Zeit oder Gegenstand unbillig erschweren. Maßgeblich sind daher die Interessen beider Vertragsparteien, dh sowohl des Arbeitgebers als auch des Arbeitnehmers. Der Zweck des § 74 a Abs. 1 HGB erstreckt sich nicht auf den Schutz des Wettbewerbs, der von den Normen des GWB bezweckt wird.

316 **Berechtigtes geschäftliches Interesse:** Nach der Rechtsprechung des BAG ist ein berechtigtes geschäftliches Interesse des Arbeitgebers anzuerkennen, wenn die Wettbewerbsabrede entweder dem Schutz von Betriebsgeheimnissen dienen oder den Einbruch in den Kunden- oder Lieferantenkreis verhindern soll. Das bloße Interesse, Konkurrenz einzuschränken, genügt nicht. Die nachvertragliche Wettbewerbsabrede ist deshalb nur dann verbindlich, wenn ein höherrangiges Interesse des Arbeitgebers besteht.[436] Dieses Interesse muss den Inhalt der Wettbewerbsabrede sowohl sachlich als auch örtlich als auch zeitlich rechtfertigen. Das berechtigte Interesse ist konkret für den in den Vertrag einbezogenen Arbeitgeber und nicht abstrakt für die Branche oder vergleichbare Arbeitgeber zu ermitteln.[437]

317 Die Definition des Geschäfts- oder Betriebsgeheimnisses ist schwierig. Es kann sich um technisches oder kaufmännisches Wissen handeln. Das Bestehen eines gewerblichen Schutzrechts am Geheimgehaltenen ist nicht erforderlich. Die geheimzuhaltende Tatsache darf nur einem engen begrenzten Personenkreis bekannt sein. Sie muss zum Geschäftsbetrieb des Arbeitgebers in Beziehung stehen und von dem ausdrücklichen oder konkludenten Geheimhaltungswillen des Arbeitgebers erfasst werden.[438] Beispiele für mögliche Geschäftsbetriebsgeheimnisse sind Kundenlisten,[439] Musterbücher, Jahresabschlüsse, Preisberechnungen, Zahlungsbedingungen, Kalkulationsunterlagen, Computerprogramme.[440] Klassische Fälle des Geheimnisverrats können sich beim Ausscheiden von leitenden technischen oder kaufmännischen Mitarbeitern ergeben, die das von ihrem ehemaligen Arbeitgeber genutzte Know How in ein eigenes oder drittes Wettbewerbsunternehmen einzubringen beabsichtigen.

318 **Unbillige Erschwerung des Fortkommens des Arbeitnehmers:** Ob die Wettbewerbsvereinbarung unter Berücksichtigung der gewährten Entschädigung nach Ort, Zeit oder Gegenstand eine unbillige Erschwerung des Fortkommens des Arbeitnehmers enthält, ist im Einzelfalls schwer zu beantworten. Nach herrschender Meinung ist eine örtlich oder sachlich umfassende Bindung des Arbeitnehmers für kurze Zeit legitim.[441] Zu berücksichtigen sind u.a. die Position des Arbeitnehmers, seine Mobilität, sein Alter und seine Betriebszugehörigkeit.[442] Vereinfachend lässt sich sagen, dass regelmäßig keine unbillige Erschwerung des Fortkommens des Arbeitnehmers gegeben ist, wenn der Arbeitgeber ein berechtigtes geschäftliches Interesse an der Bindung des Arbeitnehmers hat.

319 **Zeitliche Grenze:** Die Wettbewerbsabrede darf nur für Dauer von zwei Jahren nach Beendigung des Dienstverhältnisses getroffen werden. Eine für längere Zeit vereinbarte Wettbewerbsabrede ist nicht insgesamt unwirksam, sondern für zwei Jahre wirksam und nur darüber hinaus unwirksam.[443] Diese Teilunwirksamkeit gilt für beide Teile.[444]

320 **Rechtsfolgen bei Verletzung des § 74 a HGB:** Gem. § 74 a Abs. 1 S. 1 HGB ist das Wettbewerbsverbot bei fehlendem berechtigten geschäftlichen Interesse des Arbeitgebers „insoweit unverbindlich". Dies führt zu folgender Unterscheidung:

321 Verstößt die Wettbewerbsabrede insgesamt gegen § 74 a Abs. 1 S. 1 HGB, ist sie insgesamt unverbindlich. Der Arbeitnehmer hat jedoch das Wahlrecht, ob er entschädigungslos eine Konkurrenztätigkeit aufnehmen oder aber sich an die Wettbewerbsabrede halten und die Karenzentschädigung beziehen will. Der Arbeitgeber kann sich auf das Fehlen des geschäftlichen Interesses nicht berufen.[445]

---

436 BGH NJW 1996, 1364, 1365.
437 *Bauer/Diller*, Rn 197.
438 Vgl *Baumbach/Hefermehl*, 22. Aufl., § 17 UWG Rn 3 ff.
439 BAG NJW 1988, 1686, BGH WRP 2006, 1511 ff. Kundendatenprogramm.
440 Vgl *Baumbach/Hefermehl*, § 17 UWG Rn 9.
441 BAG AP 7 zu Art. 12 GG.
442 Vgl *Bauer/Diller*, Rn 227.
443 BAG BB 1984, 535.
444 Baumbach/Hopt, § 74 b Rn 4.
445 Vgl BAG AP 25 zu § 74 HGB.

Ist die Wettbewerbsabrede nicht insgesamt, sondern nur teilweise unwirksam, bleibt sie insoweit wirksam, als es von einem berechtigen geschäftlichen Interesse des Arbeitgebers gedeckt wird.[446] Diese Aufrechterhaltung vollzieht sich ipso jure und bedarf keines gestaltenden Richterspruches. Trotz der teilweisen Unverbindlichkeit steht dem Arbeitnehmer die volle Entschädigung zu. Soweit die Wettbewerbsabrede unverbindlich ist, steht es dem Arbeitnehmer frei, eine Konkurrenztätigkeit aufzunehmen und im Rahmen eines späteren Unterlassungs- oder Schadensersatzprozesses die Unverbindlichkeit geltend zu machen.[447]

322

(b) § 138 BGB

§ 74 a Abs. 3 HGB sieht ausdrücklich die Anwendbarkeit des § 138 BGB neben §§ 74 ff HGB vor. Da die Wirksamkeitsanforderungen nach § 74 Abs. 1 HGB (berechtigtes geschäftliches Interesse des Arbeitgebers – unbillige Erschwerung des Fortkommens des Arbeitnehmers) schärfer sind als die allgemeinen Sittenwidrigkeitsanforderungen, hat § 138 BGB bei nachvertraglichen Wettbewerbsabreden im Sinne der §§ 74 ff HGB keine praktische Relevanz.

323

(c) § 1 GWB

Soweit die gesetzlichen Grenzen des § 74 Abs. 1 HGB eingehalten sind, werden Wettbewerbsabreden mit Arbeitnehmern nicht von den Vorschriften des GWB erfasst.[448]

324

(d) EG-Vertrag

Selbst grenzüberschreitende Wettbewerbsabreden sind grundsätzlich mit Art. 39 Abs. 1 EGV, der die Freizügigkeit der Arbeitnehmer innerhalb der Gemeinschaft garantiert, vereinbar, weil die dem Arbeitnehmer auferlegte Einschränkung bei einem berechtigten geschäftlichen Interesse des Arbeitgebers im Sinne von § 74 a Abs. 1 S. 1 HGB verhältnismäßig ist.[449]

325

Für die Anwendung des Art. 81 EGV fehlt es bei nachvertraglichen Wettbewerbabreden im Sinne der §§ 74 ff HGB regelmäßig an der notwendigen Spürbarkeit der Beeinträchtigung des Handels zwischen den Mitgliedstaaten.

326

(e) Prozessuales

Die Bestimmung des § 74 a HGB enthält rechtshindernde Einwendungen, für die der Arbeitnehmer grundsätzlich darlegungs- und beweispflichtig ist.[450]

327

(5) Verzicht des Arbeitgebers auf die Wettbewerbsabrede (§ 75 a HGB)

Gem. § 75 a HGB kann der Arbeitgeber vor der Beendigung des Arbeitsverhältnisses durch schriftliche Erklärung auf die Wettbewerbsabrede mit der Wirkung verzichten, dass er mit dem Ablauf eines Jahres seit der Erklärung von der Verpflichtung zur Zahlung der Entschädigung frei wird. Der Verzicht muss vor Ende des Dienstverhältnisses erklärt werden. Der Verzicht lässt die Verpflichtung des Arbeitnehmers, keinen Wettbewerb zu machen, mit sofortiger Wirkung entfallen, während die Verpflichtung des Arbeitgebers zur Zahlung der Entschädigung erst ein Jahr nach Zugang der Erklärung entfällt. Wegen der Möglichkeit der Lossagung von der Wettbewerbsabrede im Falle einer außerordentlichen Kündigung durch den Arbeitnehmer bzw einer ordentlichen Kündigung durch den Arbeitgeber wird auf § 75 HGB verwiesen.

328

---

446 Vgl BAG AP 22 zu § 74 HGB.
447 *Bauer/Diller*, Rn 222 b.
448 BGHZ 1991, 1; *Baumbach/Hefermehl*, 22. Aufl., § 1 Rn 825.
449 EuGH RIW 2000, 619, 620 Angonese.
450 *Bauer/Diller*, Rn 218.

2. Wettbewerbsverbote für Handelsvertreter

a) Allgemeines

329 Hinsichtlich der Wettbewerbsbeschränkungen von Handelsvertretern (HV) sind wie beim Arbeitnehmer zwei Phasen zu unterscheiden: Die Vertragszeit und die Zeit nach Beendigung des Vertrages. Während der HV in der Vertragszeit ohne besondere Vereinbarung gem. § 86 Abs. 1 S. 2 HGB. Abs. aufgrund seiner allgemeinen Interessenwahrungspflicht einem Wettbewerbsverbot unterliegt, bedarf es für die Zeit nach Vertragsende einer besonderen Wettbewerbsabrede (§ 90 a HGB). Ohne eine solche Wettbewerbsabrede steht es dem HV frei, zum Unternehmer in Wettbewerb zu treten, und zwar auch in dem Bereich, in dem er vorher tätig gewesen ist.[451] Geschäfts- und Betriebsgeheimnisse, die ihm während der Vertragszeit anvertraut worden sind, darf er allerdings auch nach Beendigung des Vertragsverhältnisses grundsätzlich nicht verwerten oder anderen mitteilen (§ 90 HGB). Seine Wettbewerbstätigkeit muss sich im Übrigen im Rahmen der allgemeinen gesetzlichen Schranken bewegen (Rn 306).

b) Einzelheiten

aa) Vertragszeit

(1) Inhaltliche Voraussetzungen

330 Die wettbewerbsbeschränkende Interessenwahrungspflicht aus § 86 Abs. 1 S, 2 HGB setzt das Bestehen einer Wettbewerbssituation voraus. Das Unternehmen und Drittunternehmen, für welche der HV ebenfalls tätig werden möchte, müssen sich auf demselben sachlichen und räumlichen Markt betätigen.

331 Der **sachliche** Markt wird von der Produkt- bzw Dienstleistungspalette des vertretenen Unternehmens bestimmt. Maßgeblich und eine Konkurrenzsituation begründend sind dabei nicht wie bei Wettbewerbsverboten in Austausch- oder Gesellschaftsverträgen Produkte oder Dienstleistungen ihrer Gattung nach, zB Schuhe schlechthin, sondern Produkte bzw Dienstleistungen nach ihrer konkreten Beschaffenheit, Preisklasse und ihrem Verwendungszweck. Der sachliche Markt kann daher im Unterschied zu Wettbewerbsverboten anderer Vertragsverhältnisse nicht abstrakt nach Gattungsmerkmalen und Oberbegriffen, sondern nur anhand der Umstände des Einzelfalles festgelegt werden. Demgemäß genügt auch nicht die Identität des Kundenkreises beider Unternehmen, obwohl der identische Kundenkreis ein erstes Indiz für eine Konkurrenzsituation ist. Keine Wettbewerbssituation liegt beispielsweise vor, wenn ein Unternehmen nur Kühlschränke für Privathaushalte vertreibt und der HV zusätzlich für ein Drittunternehmen im Bereich Kühlschränke für gewerbliche Unternehmen tätig wird.[452] Der Hersteller eleganter Damenschuhe mit hohen Absätzen steht im Verhältnis zum HV in keinem Wettbewerbsverhältnis zu einem Hersteller, der Damenschuhe sportlicher Machart mit flachen Absätzen herstellt und vertreibt, weil die Schuhe unterschiedlichen Bedürfnissen und Zwecken dienen.[453] Nicht erforderlich ist, dass sich die Produktpaletten der Unternehmen vollständig decken. Ausreichend ist, wenn nur einzelne Sortimentsteile in Konkurrenz stehen, weil schon dann die Gefahr besteht, dass der Kunde seinen gesamten Bedarf bei einem Drittunternehmen deckt, von dem er bereits die vom Auftraggeber des HV nicht angebotenen Produkte bezieht.[454] Ausreichend ist eine potenzielle Wettbewerbssituation. Erkennbar bevorstehende oder naheliegende Produkt- und Kundenerweiterungen werden mitumfasst.[455]

332 Der **räumliche Markt** erstreckt sich auf das gesamte Absatzgebiet des Unternehmens und erkennbar bevorstehende oder naheliegende Gebietserweiterungen.[456]

---

451 Baumbach/Hopt, § 90 a Rn 2.
452 OLG München BB 1993, 1835.
453 Vgl *Küstner/Thume*, Rn 480.
454 OLGR Düsseldorf 2002, 275 ff.
455 Baumbach/Hopt, § 86 Rn 27.
456 Baumbach/Hopt, § 86 Rn 27.

E. Wettbewerbsverbote

(2) Gesetzliche Schranken

Soweit sich das Wettbewerbsverbot des HV aus seiner Interessenwahrungspflicht ergibt, gibt es keine über § 86 Abs. 1 HGB hinausgehenden Schranken. Wird aber das gesetzliche Wettbewerbsverbot vertraglich geregelt und in ein umfassendes Wettbewerbsverbot (schlechthin) ausgeweitet, ist seine Wirksamkeit an den allgemeinen gesetzlichen Schranken, insbesondere an § 1 GWB sowie § 138 BGB zu messen, weil es nicht in vollem Umfange durch die Verpflichtung des HV zur Wahrnehmung der Interessen des Geschäftsherren gedeckt und zur sachgerechten ordnungsgemäßen Vermittlungtätigkeit notwendig sein muss.[457] Insoweit wird auf die Ausführungen unter Rn 331 verwiesen.

333

(3) Rechtsfolgen

Im Falle einer Verletzung des Wettbewerbsverbotes ist der HV zur Unterlassung und zum Schadensersatz verpflichtet (§ 89 Abs. 2 HGB). Im Gegensatz zum Arbeitnehmer braucht der HV den erzielten Gewinn nicht herauszugeben. § 61 HGB ist nicht entsprechend anwendbar.[458] Zudem ist der HV über die für einen Konkurrenten vermittelten Geschäfte auskunftspflichtig.[459]

334

(4) Wettbewerbsbeschränkung zu Lasten des Unternehmers

Der Unternehmer verstößt umgekehrt gegen die ihm gegenüber dem HV obliegende Treue- und Loyalitätspflicht, wenn er die Adressen von Kunden des HV an andere Händler oder HV weitergibt, so dass diese zwecks des Abschlusses neuer Verträge oder der Verlängerung von Verträgen mit den Kunden Kontakt aufnehmen können. Dies gilt auch dann, wenn dem HV kein Alleinvertriebsrecht eingeräumt worden ist.[460]

335

bb) Nachvertragliches Wettbewerbsverbot

(1) Grundsatz

Der HV ist nach Vertragsende frei. Er ist berechtigt, dem Unternehmer Wettbewerb zu machen und auch Kunden seines bisherigen Unternehmers für einen Drittunternehmer zu werben.[461] Will der Unternehmer einen nachvertraglichen Wettbewerb seines HV verhindern, muss er mit ihm u.a. in den Grenzen des § 90a Abs. 1 HGB ein nachvertragliches Wettbewerbsverbot vereinbaren, welches den HV in seiner gewerblichen Tätigkeit beschränkt.

336

(2) Anwendungsbereich des § 90 a Abs. 1 HGB

§ 90 a Abs. 1 HGB erstreckt sich auf alle Vereinbarungen, die den HV nach Beendigung des Vertragsverhältnisses **in seiner gewerblichen Tätigkeit** beschränken. Unerheblich ist, ob der HV diese gewerbliche Tätigkeit als Selbständiger, Gesellschafter oder Arbeitnehmer erbringt.[462] Insoweit deckt sich die Bestimmung mit dem Anwendungsbereich des § 74 Abs. 1 HGB für Arbeitnehmer.

337

(3) Zeitpunkt

Wettbewerbsbeschränkende Abreden zwischen Unternehmer und HV unterliegen nur dann den Beschränkungen des § 90 a HGB, wenn sie vor der Beendigung des Handelsvertreterverhältnisses getroffen werden, dh vor Vertragsbeginn oder während der Vertragszeit.[463] Die nach Vertragsbeendigung getroffenen Vereinbarungen unterliegen demgegenüber nicht den einschränkenden Voraussetzungen des § 90 a Abs. 1 HGB. Dies gilt nach der Rechtsprechung des BGH auch dann, wenn die Wettbewerbsabrede im Zeitpunkt der Vertragsbeendigung getroffen wird, weil sie beispielsweise

338

---

457 Vgl auch BGHZ 1997, 317, 326.
458 Baumbach/Hopt, § 86 Rn 32.
459 BGH NJW 1996, 2097.
460 OLGR Düsseldorf 2005, 169 ff.
461 OLGR Düsseldorf 2003, 252 ff.
462 Baumbach/Hopt, § 90 a Rn 12.
463 BGHZ 53, 89 ff = BB 1970, 101.

Bestandteil einer Beendigungsvereinbarung ist.[464] Abweichend beurteilt die Rechtsprechung eine Aufhebungsvereinbarung, die keine sofortige Beendigung des Vertrages vorsieht.[465]

(4) Form

339 Die Wirksamkeit von Wettbewerbsabreden ist von der Einhaltung strenger Formvorschriften abhängig. Sie müssen schriftlich abgeschlossen werden (§ 126 BGB). Beide Vertragspartner müssen mithin eine oder mehrere Urkunden, die den gesamten Inhalt der Wettbewerbsabrede wiedergeben, eigenhändig unterzeichnen. Wenn mehrere gleichlautende Urkunden aufgenommen werden, genügt es, wenn jede Partei die für die andere Partei bestimmte Urkunde unterzeichnet (§ 126 Abs. 2 BGB). Die schriftliche Bestätigung eines mündlich vereinbarten nachvertraglichen Wettbewerbsverbotes im Bestätigungsschreiben des Unternehmers genügt diesen Anforderungen nicht.[466] Unzureichend ist auch die Aufnahme der Wettbewerbsabrede in eine gesonderte Urkunde, die als Anlage dem schriftlichen Handelsvertretervertrag beigefügt wird, wenn sie nicht ebenfalls unterzeichnet wird. Dies gilt selbst dann, wenn im Handelsvertretervertrag ausdrücklich auf die Wettbewerbsabrede Bezug genommen und eine gedankliche Verbindung hergestellt wird.[467]

340 Weitere Wirksamkeitsvoraussetzung ist die Aushändigung einer vom Unternehmer unterzeichneten, die vereinbarten Bestimmungen enthaltende Urkunde an den HV. Diese Aushändigung muss nach der vorherrschenden Meinung in der Literatur innerhalb einer angemessenen Frist erfolgen.[468] Diese Angemessenheit ist nicht automatisch gewahrt, wenn die Aushändigung vor Beendigung des Vertreterverhältnisses erfolgt.[469]

(5) Inhaltliche Schranken

(a) Geographische Schranke

341 Die Wettbewerbsabrede darf sich geographisch nur auf den dem HV zugewiesenen Bezirk oder Kundenkreis (§ 87 Abs. 2 HGB) und sachlich nur auf die Gegenstände erstrecken, die Gegenstand des Handelsvertretervertrages sind.

342 Die Abhängigkeit der Wirksamkeit der Wettbewerbsabrede vom geographischen Umfang der Handelsvertretertätigkeit kann zu der vorschnellen Annahme führen, dass einem HV, der kein Bezirksvertreter ist, ein umfassenderes Wettbewerbsverbot auferlegt werden kann, als einem Bezirksvertreter, obwohl für ein solches umfassendes Wettbewerbsverbot wegen der geringen Marktdurchdringung kein sachliches Bedürfnis für das Unternehmen bestehen kann. Insoweit wird allerdings die allgemeine Schranke des § 138 BGB (Rn 276 ff) eingreifen.

(b) Gegenständliche Schranke

343 Die Wettbewerbsabrede darf sich des Weiteren nur auf Gegenstände erstrecken, auf die sich bis zur Vertragsbeendigung die vertraglichen Leistungen des HVs erstreckten, dh bezüglich derer der HV seine Tätigkeit zu entfalten hatte.[470]

(c) Zeitlicher Umfang

344 Nach dem Gesetz ist für nachvertragliche Wettbewerbsabreden eine Höchstdauer von zwei Jahren – gerechnet von der Vertragsbeendigung – vorgesehen.

---

464 BGH aaO.
465 BGH aaO.
466 Vgl *Küstner/Thume*, Rn 2207.
467 Vgl LAG Hamm, DB 1974, 1532.
468 Vgl *Küstner/Thume*, Rn 2209.
469 *Küstner/Thume*, aaO.
470 *Küstner/Thume*, Rn 2221.

(d) Rechtsfolgen bei Verstößen gegen § 90 a Abs. 4 HGB

Gem. § 90 a Abs. 4 HGB können abweichende für den HV nachteilige Vereinbarungen nicht getroffen werden. Verstöße gegen den erlaubten geographischen und sachlichen Umfang nachvertraglicher Wettbewerbsabreden führen daher zur Unwirksamkeit der Wettbewerbsabrede, nicht jedoch zur Unwirksamkeit des Handelsvertretervertrages, § 139 BGB ist nicht anwendbar.[471] Wettbewerbsabreden von über zwei Jahren sind nicht insgesamt nichtig, ein für eine längere Dauer vereinbartes Wettbewerbsverbot wird nach Ablauf der zweijährigen Höchstdauer unverbindlich.[472]

345

(e) Karenzentschädigung

Im Unterschied zu § 74 Abs. 2 HGB für Arbeitnehmer hängt die Wirksamkeit eines mit dem HV vereinbarten nachvertraglichen Wettbewerbsverbotes nicht von der ausdrücklichen Vereinbarung einer Karenzentschädigung ab.[473] Der Unternehmer schuldet vielmehr gem. § 90 a Abs. 1 S. 3 HGB dem HV kraft Gesetzes für die Dauer der Wettbewerbsbeschränkung eine „angemessene Entschädigung". Die vertragliche Ausschließung der gesetzlichen Entschädigungspflicht wäre gem. § 90 a Abs. 4 HGB unwirksam. Der Unternehmer schuldet auch in diesen Fällen die angemessene Entschädigung.[474]

346

(6) Höhe der Karenzentschädigung

Die nach § 90 a Abs. 1 S. 3 HGB zu zahlende Entschädigung ist kein Schadensersatz, sondern ein angemessenes Entgelt für das vereinbarte Unterlassen von Wettbewerb.[475] Die Entschädigung ist angemessen, wenn sie unter Berücksichtigung aller Umstände der Billigkeit entspricht.[476] Der für Arbeitnehmer geltende § 74 Abs. 2 HGB (mindestens die Hälfte der vertragsgemäßen Leistung) findet keine Anwendung, ebenso wenig der § 74 c HGB hinsichtlich der Anrechenbarkeit anderweitiger Bezüge, doch sind solche im Rahmen der Angemessenheitsprüfung zu berücksichtigen.[477] Im Regelfall bestimmt sich die Höhe der Karenzentschädigung nach der Höhe der letzten vertragsgemäßen Bezüge, ohne dass eine Mindestgrenze vorgeschrieben wäre.[478] Zu berücksichtigen sind nicht nur solche Umstände, die beim HV gegeben sind, sondern auch solche, die beim Unternehmer vorliegen.[479] Außer Betracht zu bleiben hat ein etwaiger Ausgleichsanspruch des HV gem. § 89 b HGB, weil er auf einer unterschiedlichen Rechtsgrundlage beruht.[480] Die Wettbewerbsentschädigung ist gem. § 90 a Abs. 1 S. 3 HGB in Geld zu entrichten, doch kann ausnahmsweise die Zuwendung anderer Vermögenswerte in Betracht kommen.[481] Ist im Handelsvertretervertrag eine unangemessen niedrige Entschädigung vereinbart worden, hat der Handelsvertreter einen Anspruch auf eine angemessene Entschädigung.[482]

347

(7) Wegfall der Wettbewerbsabrede

(a) Verzicht (§ 90 a Abs. 2 HGB)

Der Unternehmer kann einseitig auf die Wettbewerbsabrede verzichten. Der Verzicht kann bis zum Vertragsende erklärt werden, und zwar schriftlich (§ 126 BGB). Mit der Verzichtserklärung muss der Unternehmer deutlich zum Ausdruck bringen, dass durch den Verzicht die beiderseitigen Pflichten aus der Wettbewerbsabrede entfallen sollen.[483] Der Verzicht kann sich entweder auf die gesamte Wettbewerbsbeschränkung oder einen Teil von ihr beziehen.[484] Mit Zugang der Verzichtserklärung

348

---

471 Baumbach/Hopt, § 90 a Rn 31.
472 OLG München BB 1963, 1194.
473 OLG Nürnberg BB 1960, 1261; OLG Karlsruhe VersR, 1973, 857.
474 BAG NJW 1964, 1641.
475 BGHZ 63, 355.
476 BGH NJW 1975, 388.
477 BGHZ 63, 356.
478 *Küstner/Thume*, Rn 2260.
479 BGHZ 63, 355.
480 *Küstner/Thume*, Rn 2261.
481 BGH NJW 1962, 1346.
482 BAG NJW 1964, 1641.
483 BAG MDR 1978, 786; BGH BB 1992, 723 f für GmbH-Geschäftsführer.
484 Baumbach/Hopt, § 90 a, Rn 23.

wird der HV mit sofortiger Wirkung von der nachvertraglichen Einhaltung der Wettbewerbsabrede befreit. Die Entschädigungsverpflichtung des Unternehmers verkürzt sich auf sechs Monate seit Zugang der Verzichtserklärung. Endet der Vertrag beispielsweise am 31.12.2007 und geht dem HV die Verzichtserklärung am 30.11.2007 zu, endet die Entschädigungspflicht zum 31.5.2008.

(b) Aufhebungsvertrag

349 Während und nach Ende des Vertrages ist für die Zukunft eine einvernehmliche vollständige oder teilweise entschädigungslose (§ 90 a Abs. 2 HGB ist nicht anwendbar) Aufhebung der Wettbewerbsabrede zulässig.

(c) Lossagung von der Wettbewerbsabrede

(aa) Voraussetzungen

350 Im Falle einer Kündigung des Vertragsverhältnisses aus wichtigem Grund wegen schuldhaften Verhaltens des anderen Teils kann sich der Kündigende binnen eines Monats nach der Kündigung durch schriftliche Erklärung von der Wettbewerbsabrede lossagen (§ 90 a Abs. 3 HGB). Diese mit dem Handelsrechtsreformgesetz vom 22.6.1998[485] eingeführte Regelung gilt gem. Art. 29 a EGHGB auch für die vor dem 1.7.1998 abgeschlossenen Handelsvertreterverhältnisse.

351 Die Kündigung muss aus wichtigem Grund wegen schuldhaften Verhaltens des anderen Teils erfolgen. Dazu müssen die allgemeinen Kündigungsvoraussetzungen des § 89 a HGB gewahrt sein. Kündigungsgrund ist ausschließlich ein schuldhaftes Verhalten des Vertragspartners, zB ein unzulässiger Wettbewerb durch den Unternehmer oder HV. Die Lossagung muss schriftlich (§ 126 BGB) erfolgen und dem anderen Vertragsteil innerhalb eines Monats nach Zugang der Kündigung zugehen (§ 130 BGB).

352 Mit dem Zugang der Erklärung entfällt die nachvertragliche Wettbewerbsvereinbarung. Der HV ist in seiner nachvertraglichen gewerblichen Tätigkeit frei, der Unternehmer schuldet keine Karenzentschädigung.

353 Der aus wichtigem Grund kündigende Vertragsteil ist allerdings nicht verpflichtet, sich von der Wettbewerbsabrede loszusagen. Er hat das Wahlrecht, an ihr festzuhalten. In diesem Fall hat der HV die Wettbewerbsabrede einzuhalten, der Unternehmer die Entschädigung zu zahlen. Im Falle einer Kündigung wegen schuldhaften Verhaltens des HV durch den Unternehmer kann das schuldhafte Verhalten des HV bei der Bemessung der angemessenen Karenzentschädigung berücksichtigt werden.[486] Dem HV droht überdies der Verlust des Ausgleichsanspruches (§ 89 b Abs. 3 Nr. 2 HGB) sowie eine Verpflichtung zum Schadensersatz (§ 89 a Abs. 2 HGB).

(d) Unwirksamkeit der Kündigung aus wichtigem Grund

354 In diesem Fall steht es der jeweils gekündigten Vertragspartei frei, am Vertrag festzuhalten oder wegen der unbegründeten fristlosen Kündigung des Vertragspartners selbst das Vertragsverhältnis gem. § 89 a HGB fristlos zu kündigen. Im Falle des Festhaltens am Vertrag ist die Wettbewerbsabrede von beiden Vertragsteilen vollständig zu erfüllen.[487] Im Falle einer fristlosen Gegenkündigung steht dem kündigenden Vertragsteil das Wahlrecht gem. § 90 a Abs. 3 HGB zu.

(8) Allgemeine gesetzliche Schranken

(a) § 138 BGB

355 § 90 a HGB ist eine Spezialnorm für Wettbewerbsabreden zu Lasten von Handelsvertretern. Hält sich eine Wettbewerbsabrede im Rahmen des § 90 a HGB ist sie regelmäßig auch an § 138 BGB gemessen wirksam. Im Einzelfall können jedoch Korrekturen über § 138 BGB geboten sein, weil im Rahmen des § 90 a HGB im Unterschied zu § 74 a Abs. 1 weder das berechtigte geschäftliche Interesse des Unternehmers noch eine unbillige Erschwerung des Fortkommens des HV zu prüfen ist. Darüber hinaus ist

---

485 BGBl. I S. 1474.
486 Baumbach/Hopt, § 90 a, Rn 25.
487 BGH NJW-RR 2003, 981 ff.

§ 138 BGB stets zu prüfen, soweit § 90 a HGB als lex specialis nicht einschlägig ist, zB bei nach Vertragsende getroffenen Vereinbarungen.[488]

(b) § 1 GWB

Wettbewerbsverbote für die Zeit nach Vertragsende sind, soweit sie sich im Rahmen des § 90 a HGB halten, grundsätzlich mit dem Kartellrecht vereinbar, nicht aber insoweit, als sie darüber hinausgehen.[489]

356

(c) Art. 81 EGV

Diese Bestimmung findet auf HV nur eingeschränkt Anwendung. Wettbewerbsverbote der HV sind in der Regel zulässig.[490] Wettbewerbsverbote nach der Vertragszeit können unter Art. 81 Abs. 1 EGV fallen, wenn sie zur Abschottung des relevanten Marktes führen oder wenn sie abgestimmte Verhaltensweisen fördern.[491]

357

(d) Rechtsfolgen bei Verstößen

Während der Dauer des Verstoßes und seiner Auswirkungen entfällt der Anspruch des HV auf Zahlung der Karenzentschädigung.[492] Im Übrigen lösen die Verstöße die allgemeinen Ansprüche aus (s.o. Rn 300 ff).

358

cc) Geschäfts- und Betriebsgeheimnisse (§ 90)

(1) Grundsatz

Der HV darf Geschäfts- und Betriebsgeheimnisse, die ihm anvertraut oder als solche durch seine Tätigkeit für den Unternehmer bekannt geworden sind, auch nach Beendigung des Vertragsverhältnisses nicht verwerten oder anderen mitteilen, soweit dies nach den gesamten Umständen der Berufsauffassung eines ordentlichen Kaufmannes widersprechen würde (§ 90 HGB). Auch hinsichtlich der Betriebs- und Geschäftsgeheimnisse ist mithin zwischen der Vertragszeit und der nachvertraglichen Zeit zu differenzieren. Während in § 90 HGB für die Vertragszeit ein offensichtlich uneingeschränktes Geheimhaltungsgebot bzw Verwertungsgebot vorrausgesetzt wird, werden für die Geheimhaltung bzw Verwertung von Betriebs- und Geschäftsgeheimnissen in der nachvertraglichen Zeit bestimmte Tatbestandsvoraussetzungen aufgestellt. Die Verpflichtungen während der Vertragszeit reichen mithin weiter als die nach Vertragsende.[493] Das Geheimhaltungsgebot bzw Verwertungsverbot folgt aus der allgemeinen Interessenwahrnehmungspflicht des HV gem. § 86 Abs. 1 S. 1, 2. Hs HGB.[494] § 90 HGB konkretisiert die Interessenwahrnehmungspflicht des HV für die nachvertragliche Zeit.[495]

359

(2) Vertragszeit

Insoweit gilt das Geheimhaltungsgebot bzw Verwertungsverbot fast uneingeschränkt. Begrenzt werden die Verpflichtungen des HV durch seine eigenen schutzwürdigen Interessen.[496] Der in der Praxis bedeutsamste Fall ist die Verwendung der Kundenliste. Der HV darf sie auch außerhalb der Branche des Unternehmers Dritten nicht zugänglich machen oder für sich selbst verwerten.[497]

360

---

488 Vgl Baumbach/Hopt, § 90 a, Rn 7.
489 Baumbach/Hopt, § 86 Rn 37.
490 EuGH 1966, 321, Grundig-Consten; Baumbach/Hopt, § 86 Rn 38.
491 Vgl Baumbach/Hopt, § 86 Rn 38.
492 BGH NJW 1964, 1641.
493 Baumbach/Hopt, § 90 Rn 2.
494 *Küstner/Thume*, Rn 2164.
495 Baumbach/Hopt, § 90 Rn 4.
496 Baumbach/Hopt, § 90 Rn 2.
497 Baumbach/Hopt, § 90 Rn 2.

(3) Nach Vertragsende

(a) Tatbestandsvoraussetzungen

361 **Geschäfts- und Betriebsgeheimnisse** im Sinne des § 90 HGB sind die mit einem Geschäftsbetrieb zusammenhängenden Tatsachen, die nur einem eng begrenzten Personenkreis bekannt sind und nach dem bekundeten Willen des Unternehmers geheimgehalten werden sollen.[498] Im Zweifel ist stets ein Geheimhaltungswille anzunehmen.[499] Betriebs- bzw Geschäftsgeheimnisse können u.a. Produktionsverfahren, Kalkulationsunterlagen,[500] Vorzugspreise, die bestimmten Kunden gewährt werden,[501] einzelne Verträge, insbesondere Rahmenverträge mit bestimmten Kunden, Kundenlisten oder Lieferantenlisten sein.

362 **Das Geheimnis ist dem HV anvertraut worden,** wenn es ihm auf Grund des Handelsvertreterverhältnisses vom Unternehmer bzw anderen autorisierten Geheimnisträgern als Geheimnis bekannt gegeben worden ist. Dem HV muss also der Geheimnischarakter bekannt sein, fahrlässiges Nichterkennen genügt nicht.[502] „Anvertraut" verlangt nicht, dass die Geheimhaltung auch ausdrücklich zur Pflicht gemacht worden ist. Diese Verpflichtung kann sich aus den Umständen ergeben. Der HV muss nur wissen, dass ein Geheimnis vorliegt.[503]

363 **Berufsauffassung eines ordentlichen Kaufmannes:** Zur Ermittlung dieses einschränkenden Tatbestandsmerkmals bedarf es einer Abwägung aller durch die Verwertung berührten Belange des Unternehmers und Handelsvertreters. Für das Geheimschutzinteresse des Unternehmers kann eine Ausgleichszahlung nach § 89 b HGB sprechen, wenn dadurch die wirtschaftliche Lage des HV konsolidiert worden ist.[504] Zu Gunsten des Verwertungsinteresses des HV kann sich auswirken, dass dieser beträchtliche Provisionsverluste hinzunehmen hat, weil er den von ihm während der Vertragszeit aufgebauten Kundenstamm zu Gunsten des Unternehmers zu respektieren hat oder wenn die Gewinnung und Erhaltung von Kunden in hohem Maße von seinem Arbeitseinsatz abhängig gewesen ist.[505] Kundenlisten sind auch nach Vertragsende grundsätzlich zu Gunsten des Unternehmers geschützt. Verboten ist deshalb die Mitteilung von Namen von Kunden, auch soweit sie vom HV selbst geworben worden sind, an einen neuen Auftraggeber derselben Branche.[506] Eine branchenfremde Verwertung der Namen und Anschriften selbstgeworbener Kunden ist zulässig.[507] Grundsätzlich steht es dem HV aber frei, Adressen von Kunden zu verwerten, die in seinem Gedächtnis haftengeblieben sind oder die keinen dauerhaften Kontakt zum alten Unternehmer gehabt haben.[508] Vorbereitungshandlungen zur Begründung einer eigenen nachvertraglichen Geschäftstätigkeit, zB die Anmietung von Geschäftsräumen, die Einstellung von Personal oder der Kauf von Maschinen, sind keine Geschäfte im Sinne des § 112 Abs. 1 HGB und daher zulässig. Unzulässig sind jedoch solche Vorbereitungshandlungen, die in den Geschäftsbereich des Unternehmens eingreifen, wie zB die Abwerbung von Personal oder Kunden des Unternehmens.[509]

364 **Verwertung** ist die wirtschaftliche Ausschlachtung des Geheimnisses für sich oder andere durch eigenes oder fremdes Handeln, zB durch Verschenken, Verkaufen oder die bloße Herstellung einer Maschine. Mitteilung ist jede beliebige Bekanntgabe, die die Ausnutzung des Geheimnisses in irgendeiner Form ermöglicht. Der Empfänger muss im Stande sein, das Geheimnis selbst auszunutzen oder es an Personen weiterzugeben, die es ausnutzen könnten.[510]

---

498 BGH 15.05.1955, bei *Glaser*, DB 1957, Beilage 2 Nr. 12; OLG Koblenz NJW-RR 1987, 95, 97.
499 Baumbach/Hopt, § 90 Rn 5.
500 OLG Hamm WRP 1959, 182.
501 OLG Düsseldorf WRP 1959, 182.
502 Baumbach/Hopt, § 90 Rn 6.
503 *Baumbach/Köhler/Bornkamm*, § 17 Rn 11.
504 *Küstner/Thume*, Rn 2171; aA Baumbach/Hopt, § 90 Rn 7.
505 *Küstner/Thume*, Rn 2173.
506 OLG Koblenz NJW-RR 1987, 95.
507 Baumbach/Hopt, § 90 Rn 7.
508 BGH NJW 1993, 1876; BB 99, 1452.
509 MünchHdb GesR I/*Mattfeld*, § 59 Rn 14.
510 *Baumbach/Köhler/Bornkamm*, § 17 Rn 41.

(4) Dauer

Im Unterschied zum nachvertraglichen Wettbewerbsverbot (§ 90 a HGB) besteht für das Geheimhaltungsgebot/Verwertungsverbot keine zeitliche Begrenzung. Die Verpflichtung besteht so lange, als es der Geheimhaltungszweck verlangt.[511] Die Dauer bestimmt sich mithin nach den gleichen Grundsätzen, die auch für den Anfang des Geheimhaltungsgebotes und des Verwertungsverbotes maßgeblich sind. Diese ist auf Grund einer abwägenden Entscheidung über die betroffenen Interessen der Vertragsparteien festzulegen.[512]

(c) Verhältnis zum nachvertraglichen Wettbewerbsverbot (§ 90 a HGB)

Der Einhaltung des zeitlich unbefristeten Geheimhaltungsgebotes und Verwertungsverbotes ist im Unterschied zu § 90 a HGB nicht von der Zahlung einer Karenzentschädigung abhängig. Da andererseits das vertragliche Schweigegebot die gewerbliche Tätigkeit des HV nachhaltig behindern kann, ist die Abgrenzung beider Bestimmungen von erheblicher praktischer Bedeutung. Der Grad einer Wettbewerbsabrede im Sinne des § 90 a HGB kann beispielsweise dann erreicht werden, wenn der HV eine Kundenliste, in der der wesentliche Teil der relevant in Betracht kommenden Kunden erfasst ist, nicht benutzen darf. Damit hätte der HV im Ergebnis jede Wettbewerbsbetätigung zu unterlassen.

(5) Rechtsfolgen

Neben Unterlassungs-, Beseitigungs-, Auskunfts- und Schadensersatzansprüchen (Rn 300 ff) kann der Gläubiger bei der Verletzung eines Geschäfts- oder Betriebsgeheimnisses den durch die verbotene Verwertung erzielten Gewinn unter den Voraussetzungen des § 687 Abs. 2 BGB herausverlangen.[513]

3. Wettbewerbsverbote für BGB-Gesellschafter

a) Während der Vertragszeit

aa) Grundsatz

BGB-Gesellschafter unterliegen während des Bestehens der Gesellschaft im Unterschied zu OHG-Gesellschaftern (§ 112 HGB) keinem ausdrücklichen **gesetzlichen** Wettbewerbsverbot. Nach herrschender Meinung sind aber zumindest die geschäftsführenden Gesellschafter auf Grund ihrer Treuepflicht zur Unterlassung von Wettbewerb verpflichtet.[514]

Da aber auch die nicht geschäftsführenden Gesellschafter der Treuepflicht unterliegen, kann sich aus ihr für sie im Einzelfall die Verpflichtung ergeben, bestimmte Handlungen zu unterlassen, insbesondere Kenntnisse über interne Angelegenheiten und Geschäftschancen für eine konkurrierende Tätigkeit auszunutzen.[515]

bb) Freie Berufe

Freiberufler unterliegen auf Grund ihrer Treuepflicht einem allgemeinen Wettbewerbsverbot analog § 112 HGB. Sämtliche Gesellschafter einer Freiberuflersozietät sind insoweit geschäftsführend tätig, als sie nach innen und außen Aufträge für die Sozietät abwickeln, so dass sie stets als geschäftsführende Gesellschafter anzusehen sind. Darüber hinaus widerspricht eine Wettbewerbstätigkeit dem Gesamtinteresse der Sozietät. Wäre eine Wettbewerbstätigkeit zulässig, würde der konkurrierende Gesellschafter entgegen der ausdrücklichen Zielsetzung der Gesellschaft Aufträge nicht für die Gesellschaft, sondern für sich persönlich akquirieren. Das Gesellschaftsinteresse würde auch dadurch tangiert, dass eine gemeinsame Sozietätsphilosophie nicht glaubwürdig nach außen vertreten werden könnte. Überdies wären die Geldflüsse nicht zu kontrollieren.

---

511 Baumbach/Hopt, § 90 Rn 4.
512 *Küstner/Thume*, Rn 2179.
513 Baumbach/Hopt, § 90 Rn 8.
514 MünchHdb GesR I/*Schmid*, § 24 Rn 81.
515 MünchHdb GesR I/*Schmid*, § 24 Rn 82.

371 Freiberufler, die in einer Sozietät mandantenberatend tätig sind, müssen daher notwendigerweise einem uneingeschränkten Wettbewerbsverbot unterliegen.

cc) Vertragliches Wettbewerbsverbot

372 Für vertragliche Wettbewerbsverbote besteht während der Dauer einer Dienstleistungsgesellschaft regelmäßig ein anerkennenswertes Interesse der Gesellschaft, so dass ein Wettbewerbsverbot für alle Gesellschafter zulässigerweise vereinbart werden kann.[516]

b) Nachvertragliches Wettbewerbsverbot

aa) Kein gesetzliches Wettbewerbsverbot

373 Ein Gesellschafter unterliegt auch nach seinem Ausscheiden aus der Gesellschaft keinem gesetzlichen Wettbewerbsverbot. Vertraglich vereinbarte nachvertragliche Wettbewerbsverbote unterliegen wegen des überragenden Interesses des ausgeschiedenen Gesellschafters an der Freiheit seiner Berufsausübung engen Grenzen.

bb) Gesetzliche Schranken für nachvertragliche Wettbewerbsverbote

(1) Anerkennenswertes Interesse

374 Nach der höchstrichterlichen Rechtsprechung besteht beim Ausscheiden eines **Freiberuflers** aus einer Sozietät regelmäßig kein anerkennenswertes Interesse für ein generelles Wettbewerbsverbot, sondern allenfalls für Mandantenschutzklauseln oder Mandantenübernahmeklauseln (Rn 271 ff). Ein Niederlassungsverbot oder eine Verpflichtung, den Bezirk oder Ort der Niederlassung zu wechseln, sind ebenfalls regelmäßig unzulässig, weil Freiberufler üblicherweise am Sitz der Gesellschaft, aus der sie ausgeschieden sind, ihren beruflichen und persönlichen Lebensmittelpunkt haben, so dass sie im Falle eines Ortswechsels in ihrer grundgesetzlich verbürgten Freiheit der Berufsausübung in nicht zu billigender Weise beeinträchtigt werden.[517]

(2) Art und Höhe der Abfindung als Maßstab

375 Das anerkennenswerte Interesse der Gesellschaft an der Vereinbarung eines nachvertraglichen Wettbewerbsverbotes für Freiberufler muss an der Art und der Höhe der Abfindung als Gegenleistung für das eingegangene Wettbewerbsverbot gemessen werden. Wird dem ausgeschiedenen Gesellschafter der innere Wert bzw good will seines Anteils, der sich in der Höhe seines Umsatzanteils wiederspiegelt, vergütet, besteht ein Interesse der Gesellschaft daran, sich diesen „gekauften Wert" des Anteils nicht wieder entziehen zu lassen und für eine notwendige Zeit beispielsweise durch eine Mandantenschutzklausel[518] zu sichern. Erhält der ausgeschiedene Gesellschafter hingegen nur eine Vergütung für den Buchwert seiner Beteiligung, dh seiner Beteiligung am Sachvermögen der Gesellschaft, besteht kein anerkennenswertes Interesse der Gesellschaft an der Vereinbarung von Klauseln zur Sicherung des von ihr entschädigungslos zu übernehmenden Mandantenstammes des ausgeschiedenen Gesellschafters.

(3) Allgemeine Schranken

376 Im Übrigen sind auch hier die allgemeinen Schranken für nachvertragliche Wettbewerbsverbote zu beachten (Rn 267 ff).

cc) Treuepflicht

377 Auch ohne ausdrückliche Vereinbarung eines nachvertraglichen Wettbewerbsverbotes kann sich ein solches durch Treu und Glauben (§ 242 BGB) sowie der Verkehrssitte aus einer Schutzandeutung im Vertrag („Es besteht grundsätzlich Mandantenschutz für die Sozietät") ergeben. Scheidet beispielsweise ein Gesellschafter aus einer Freiberuflersozietät gegen Zahlung einer Abfindung aus, welche

---

516 *Schmidt* in Sozietätsrecht, § 8 Rn 87.
517 Vgl dazu auch BGH NJW 1997, 3089.
518 BGH NJW 2000, 2584.

auch den Wert des Mandantenstammes abgelten soll, so hat dies mangels abweichender Abreden zur Folge, dass der ausscheidende Gesellschafter die Mandanten der Sozietät nicht mitnehmen darf, sondern sie – längstens für zwei Jahre – seinen bisherigen Partnern belassen muss.[519]

4. Wettbewerbsverbote für OHG-Gesellschafter

a) Während der Vertragszeit

aa) Gesetzliches Wettbewerbsverbot (§ 112 HGB)

(1) Inhalt

Nach § 112 Abs. 1 HGB darf ein Gesellschafter ohne Einwilligung der anderen Gesellschafter weder in dem Handelszweig der Gesellschaft Geschäfte machen noch an einer anderen gleichartigen Handelsgesellschaft als persönlich haftender Gesellschafter teilnehmen. **378**

(2) Normzweck

Dieses Wettbewerbsverbot ist Ausfluss der allgemeinen Treuepflicht der Gesellschafter.[520] Die Treuepflicht verbietet es, dass ein Gesellschafter die eigene Gesellschaft durch Wettbewerb schädigt und ihre Geschäftschancen beeinträchtigt. Schutzzweck des Wettbewerbsverbotes ist daher, potentielle Interessenkonflikte zwischen der Gesellschaft und den Gesellschaftern präventiv auszuschließen. **379**

(3) Anwendungsvoraussetzungen

(a) Adressaten

Adressaten des Wettbewerbsverbotes sind zunächst alle unmittelbaren Gesellschafter, und zwar unabhängig davon, ob sie geschäftsführungsbefugt, geschäftsunfähig oder beschränkt geschäftsfähig sind.[521] Adressaten können zudem alle mittelbar beteiligten Gesellschafter wie zB Treugeber, Unterbeteiligte oder Nießbraucher sein, sofern ihnen eigene Mitsprache- und Informationsrechte in der Gesellschaft zustehen.[522] Bei einem mehrstufigen Konzern unterliegt zudem die Obergesellschaft dem Wettbewerbsverbot, wenn der persönlich haftende Gesellschafter von dem Konzernunternehmer abhängig ist und seine Geschicke von diesem bestimmt werden können.[523] Der gesetzliche Vertreter eines Gesellschafters ist keinem Gesellschafter gleichgestellt, obwohl sich der Gesellschafter dessen Verhalten gem. § 278 BGB zurechnen lassen muss.[524] **380**

(b) Handelszweig

Handelszweig ist der räumlich und sachlich relevante Markt. Der räumliche Markt ist das Gebiet, in dem die Gesellschaft ihre Geschäfte betreibt. Der sachliche Markt ist ihr Unternehmensgegenstand, dh ihr gewerbliches Angebot. Maßgeblich für den Handelszweig ist der Gesellschaftsvertrag und die betriebliche Praxis, so dass auch spätere Weiterentwicklungen und Einschränkungen der Unternehmenstätigkeit zu berücksichtigen sind,[525] sofern ihr alle Gesellschafter zumindest stillschweigend zugestimmt haben. Der örtlich relevante Markt umfasst auch Gebiete, in die die Gesellschaft ihre Unternehmenstätigkeit ausdehnen will oder aus betriebswirtschaftlichen Gründen ausdehnen sollte. Der Handelszweig ist mithin weit zu interpretieren.[526] Zum sachlich relevanten Markt gehören nicht nur identische Produkte und/oder Leistungsangebote, sondern auch solche, die aus der Sicht der angesprochenen Verkehrskreise diejenigen der Gesellschaft ersetzen können. **381**

---

519 BGH NJW 2000, 2584.
520 BGHZ 89, 165.
521 Baumbach/Hopt, § 112 Rn 2.
522 MünchHdb GesR I/*Mattfeld*, § 59 Rn 11.
523 BGHZ 89, 162/169.
524 Baumbach/Hopt, § 112 Rn 2.
525 BGHZ 70, 333; BGHZ 89, 162, 170.
526 BGHZ 70, 331, 333.

(c) Verbotshandlungen

382 **Geschäfte:** Geschäfte sind nicht nur Rechtsgeschäfte und Handelsgeschäfte im formalrechtlichen Sinne, sondern jede Art von unternehmerischer Tätigkeit, welche zu Erwerbszwecken entfaltet wird.[527] „Geschäfte" zur Deckung des persönlichen Bedarfes werden nicht vom Wettbewerbsverbot umfasst. Ein Geschäft kann ausreichen, eine Gewerbsmäßigkeit ist nicht erforderlich. Unerheblich ist, ob das Geschäft für eigene oder fremde Rechnung getätigt wird.[528] Der Gesellschafter darf demzufolge zB auch nicht als Handlungsgehilfe, Makler, Handelsvertreter oder als Geschäftsführer bzw Vorstand einer juristischen Person im Handelszweig der Gesellschaft tätig werden.

383 **Beteiligung:** Verboten ist dem Gesellschafter ferner eine Beteiligung als persönlich haftender Gesellschafter an einer gleichartigen Handelsgesellschaft. Formal betrifft dies nur eine Beteiligung als persönlich haftender Gesellschafter an einer OHG, einer KG oder einer KG aA Nach dem Normzweck können aber auch andere Handelsgesellschaften erfasst sein, zB eine Erwerbs-GbR oder eine ausländische Gesellschaft.[529] Nicht verboten ist dem Gesellschafter eine reine Kapitalbeteiligung als Kommanditist, stiller Gesellschafter, Aktionär oder Gesellschafter einer GmbH.[530] Entscheidend ist aber auch insoweit nicht die formale, sondern die materielle Stellung des Gesellschafters in der Wettbewerbsgesellschaft. Beschränkt sie sich nicht auf eine reine kapitalmäßige Beteiligung und entspricht sie inhaltlich dem gesetzlichen Leitbild eines persönlich haftenden Gesellschafters, unterliegt er ebenfalls dem Wettbewerbsverbot des § 112 Abs. 1 HGB.[531] Hat beispielsweise ein Gesellschafter als Kommanditist oder GmbH-Gesellschafter in einer anderen Gesellschaft eine Stellung wie ein persönlich haftender Gesellschafter inne, unterliegt er nach dem Normzweck trotz des Fehlens der persönlichen Haftung dem Wettbewerbsverbot.[532]

384 Gleichartig muss die Handelsgesellschaft nicht nach ihrer Form, sondern nach ihrem Unternehmensgegenstand sein. Sie muss mithin auf demselben räumlich und sachlich relevanten Markt tätig sein.[533] Die Tatbestandsmerkmale „in dem Handelszweig der Gesellschaft" und „gleichartige Handelsgesellschaften" sind deckungsgleich.

385 Für das Eingreifen des Wettbewerbsverbotes genügt bereits eine partielle Marktüberschneidung, die nicht nur ein Randgebiet betrifft oder einen gänzlich unerheblichen Umfang hat.[534]

(4) Einwilligung

(a) Zustimmung

386 Mit Zustimmung (Einwilligung oder Genehmigung gem. §§ 182/184 BGB) aller anderen Gesellschafter einschließlich der nicht Geschäftsführenden ist die Wettbewerbstätigkeit erlaubt. Die Zustimmung muss von allen anderen Gesellschaftern erteilt werden, so dass ein mit Mehrheit gefasster Gesellschafterbeschluss (§ 119 Abs. 2 HGB) nicht ausreicht.[535] Als empfangsbedürftige Willenserklärung kann die Zustimmung auch konkludent erklärt werden. Von ihr wird regelmäßig auszugehen sein, wenn allen Gesellschaftern eine auf Dauer angelegte Wettbewerbstätigkeit bekannt ist und ihr nicht in angemessener Zeit widersprochen wird. Als empfangsbedürftige Willenserklärung kann die Einwilligung nur bis zu ihrem Zugang widerrufen werden (§ 130 BGB). Danach ist ein Widerruf nur zulässig, wenn er ausdrücklich vorbehalten worden ist.[536] Ist die Zustimmung einem Gesellschafter zu einem Dauerwettbewerb erteilt worden, kann die Zustimmung aus wichtigen Gründen widerrufen werden, wenn sich zB die Wettbewerbslage zu Lasten der Gesellschaft relevant geändert hat. Der Widerruf muss von allen anderen Gesellschaftern erklärt werden.

---

527 MünchHdb GesR I/*Mattfeld*, § 59 Rn 17.
528 BGH WM 1972, 1229.
529 Baumbach/Hopt, § 112 Rn 6.
530 MünchHdb GesR I/*Mattfeld*, § 59 Rn 21.
531 BGHZ 70, 331/334.
532 MünchHdb GesR I/*Mattfeld*, § 59 Rn 21.
533 Baumbach/Hopt, § 112 Rn 7.
534 Baumbach/Hopt, § 112 Rn 7.
535 Baumbach/Hopt, § 112 Rn 9.
536 MünchHdb GesR I/*Mattfeld*, § 59 Rn 26.

(b) Unwiderleglich vermutete Einwilligung (§ 112 Abs. 2 HGB)

Die Einwilligung der anderen Gesellschafter wird unwiderleglich vermutet, wenn ihnen bei Eingehung der Gesellschaft bekannt ist, dass der Gesellschafter an einer anderen Gesellschaft als persönlich haftender Gesellschafter teilnimmt und sie gleichwohl die Aufgabe dieser Beteiligung nicht ausdrücklich ausbedingen. Wegen des eindeutigen Wortlauts gilt die Bestimmung nur für § 112 Abs. 1 2. Alt. HGB, dh der Beteiligung an einer anderen gleichartigen Handelsgesellschaft als persönlich haftender Gesellschafter und nicht für das Verbot „Geschäfte im Handelszweig der Gesellschaft zu machen".[537] Bei dieser Form einer Wettbewerbstätigkeit ist bei denselben tatsächlichen Voraussetzungen von einer tatsächlichen, aber widerlegbaren Vermutung für die Erteilung der Zustimmung auszugehen.[538]

(5) Dauer

Das Wettbewerbsverbot ist an die Mitgliedschaft des Gesellschafters zur Gesellschaft gebunden. Es endet mit dem Ausscheiden des Gesellschafters aus der Gesellschaft oder deren Beendigung.[539] Zwischen Auflösung und Beendigung der Gesellschaft, dh in der Liquidationsphase, gilt das Wettbewerbsverbot soweit und solange das gesamte Unternehmen ganz oder teilweise weitergeführt wird.[540] Wird die Gesellschaft nicht mehr fortgeführt, erlischt zwar das Wettbewerbsverbot, den Gesellschaftern ist aber auf Grund der Treuepflicht die Nutzung von Gesellschaftsvermögen, zB des Kundenstammes oder der Herstellungsverfahren ohne Ausgleich verboten.[541]

(6) Rechtsfolgen (§ 113 Abs. 1 HGB)

(a) Grundsatz

Im Falle einer Verletzung des Wettbewerbsverbotes nach § 112 HGB kann die Gesellschaft nach den allgemeinen Bestimmungen Schadensersatz (§§ 249 ff BGB) verlangen. Sie kann aber stattdessen von dem Gesellschafter fordern, dass er die für eigene Rechnung gemachten Geschäfte als für Rechnung der Gesellschaft eingegangen gelten lässt und die aus Geschäften für fremde Rechnung bezogene Vergütung herausgibt oder seinen Anspruch auf die Vergütung an die Gesellschaft abtritt (§ 113 Abs. 1 HGB).

(b) Anwendungsbereich

§ 113 Abs. 1 HGB regelt nur die Rechtsfolgen für einen Verstoß gegen § 112 Abs. 1 HGB, nicht jedoch für einen Verstoß gegen ein nachvertragliches Wettbewerbsverbot[542] oder ein vertraglich über § 112 Abs. 1 HGB hinausgehendes vertragliches Wettbewerbsverbot.

(c) Wahlrecht

Optionen: § 113 Abs. 1 HGB räumt der Gesellschaft ein Wahlrecht ein. Die Gesellschaft kann Schadensersatz verlangen oder in das Ergebnis des wettbewerbswidrigen Geschäfts des ungetreuen Gesellschafters eintreten (Eintrittsrecht). Beide Anspruchsinhalte setzen ein Verschulden des Gesellschafters (§ 708 BGB) voraus.

Schadensersatz: Die Gesellschaft kann zunächst den ihr konkret entstandenen Schaden, insbesondere den entgangenen Gewinn, verlangen. Ein solcher Anspruch ist aber schwer durchzusetzen. Zwar muss der ungetreue Gesellschafter gem. § 280 BGB nachweisen, dass er die Wettbewerbsverletzungen nicht zu vertreten hat, doch obliegt der Gesellschaft der volle Nachweis der Ursächlichkeit des Wettbewerbsverstoßes für den entgangenen Gewinn. Die Gesellschaft muss dazu konkret nachweisen, dass das Geschäft mit ihr getätigt worden wäre, wenn der Gesellschafter dieses nicht für eigene oder fremde Rechnungen abgeschlossen hätte. Dieser Nachweis ist kaum zu führen. Der Kunde des unge-

---

537 Baumbach/Hopt, § 112 Rn 10.
538 MünchHdb GesR I/*Mattfeld*, § 59 Rn 29.
539 Baumbach/Hopt, § 112 Rn 3.
540 BGH WM 1961, 631; NJW 1980, 1627.
541 BGH WM 1971, 442; NJW 1980, 1628.
542 Baumbach/Hopt, § 113 Rn 1.

treuen Gesellschafters wird regelmäßig nicht gegen ihn aussagen wollen, zudem gefährdet die Einbeziehung eines solchen Kunden jede bestehende oder künftige Geschäftsbeziehung der Gesellschaft mit diesem Kunden. Die Geltendmachung eines solchen Schadensersatzanspruches ist daher in der Praxis nicht erfolgversprechend.

393 Die **Ausübung des Eintrittsrechts** begründet praktisch ein Auftragsverhältnis zwischen der Gesellschaft und dem ungetreuen Gesellschafter hinsichtlich der betroffenen Geschäfte,[543] mit der Folge, dass der ungetreue Gesellschafter alles aus dem Geschäft Erlangte herauszugeben hat, während er umgekehrt die Erstattung seiner Aufwendungen verlangen kann (§ 670 BGB). Zwischen dem Dritten und der Gesellschaft wird durch den Eintritt kein Rechtsverhältnis begründet. Die Gesellschaft ist nur im Verhältnis zum ungetreuen Gesellschafter berechtigt, das wirtschaftliche Ergebnis des Geschäfts an sich zu ziehen.[544] Der Gesellschafter kann gegenüber der Gesellschaft nicht einwenden, die Gesellschaft habe das Geschäft nicht selbst tätigen können und/oder keinen Gewinn aus dem Geschäft gezogen.[545]

394 **Eigene Rechnung/fremde Rechnung:** Ist der Gesellschafter das Geschäft für eigene Rechnung eingegangen, muss er sich so behandeln lassen, als ob er wie ein Beauftragter im eigenen Namen auf Rechnung der Gesellschaft tätig geworden wäre. Die Gesellschaft kann sich darauf beschränken, den vom ungetreuen Gesellschafter erzielten Gewinn herauszuverlangen, sie kann darüber hinaus aber auch das gesamte vereinnahmte Entgelt gegen Erstattung der Aufwendungen verlangen. Nach dem Normzweck der §§ 112, 113 HGB umfasst der Aufwendungsersatz allerdings keine Tätigkeitsvergütung für den ungetreuen Gesellschafter. Bei für fremde Rechnung getätigten Geschäften hat der ungetreue Gesellschafter nicht nur den erzielten Gewinn,[546] sondern die „bezogene Vergütung", dh das gesamte erzielte Entgelt herauszugeben oder den entsprechenden Vergütungsanspruch an die Gesellschaft abzutreten, und zwar gegen entsprechenden Aufwendungsersatz (§ 670 BGB).

395 **Verbotene Beteiligung:** Besteht das verbotene Geschäft in einer Beteiligung an einer anderen gleichartigen Gesellschaft, hat die Gesellschaft ebenfalls ein Eintrittsrecht.[547] Der Eintritt hat keine Außenwirkung. Die Gesellschaft wird weder Gesellschafterin noch hat sie in Abweichung von § 667 BGB einen Anspruch auf Abtretung des (abtretbaren) Anteils an der Wettbewerbsgesellschaft.[548] Ihr steht vielmehr ein Anspruch auf Auskehrung des vollen Ertrages, den der Gesellschafter durch die Beteiligung an der anderen Gesellschaft erlangt, zu.[549] Dies soll selbst dann gelten, wenn die andere Gesellschaft nur in einem Teilsegment konkurrierend tätig ist[550] und der Ertrag auch auf Eigenleistungen des Gesellschafters beruht. Eine Vollabschöpfung hat in Fällen dieser Art einen strafähnlichen Charakter und dürfte von dem Normzweck des § 113 HGB nicht mehr gedeckt sein.[551]

396 **Verbotene Organtätigkeit:** Besteht das verbotene Geschäft in einer Organtätigkeit für eine juristische Person und erhält der Gesellschafter hierfür Bezüge, stellt sich bei nur partieller Überschneidung der Unternehmensgegenstände in gleicher Weise die Frage, ob die Gesellschaft die Herausgabe der vollen Bezüge oder nur eines der tatsächlichen Konkurrenztätigkeit entsprechenden Anteils der Bezüge verlangen kann.

(d) Ausübung des Wahlrechts

397 Gem. § 113 Abs. 2 HGB bedarf die Geltendmachung der Ansprüche aus § 113 Abs. 1 HGB und damit auch die Ausübung des Wahlrechts eines Beschlusses der übrigen Gesellschafter. Dieser Beschluss ist zur Vermeidung der in § 113 Abs. 3 HGB geregelten Verjährungsfrist bei Kenntnis des Verstoßes innerhalb von drei Monaten nach Kenntniserlangung zu fassen und dem ungetreuen Gesellschafter

---

543 MünchHdb GesR I/*Mattfeld*, § 59 Rn 44.
544 MünchHdb GesR I/*Mattfeld*, § 59 Rn 39.
545 Baumbach/Hopt, § 113 Rn 2.
546 Baumbach/Hopt, § 113 Rn 2.
547 BGHZ 38, 306/309.
548 BGHZ 89, 170.
549 BGHZ 89, 162, 172 f.
550 Vgl dazu Baumbach/Hopt, § 113 Rn 3.
551 Vgl MünchHdb GesR I/*Mattfeld*, § 59 Rn 41.

innerhalb der Dreimonatsfrist mitzuteilen.[552] Nach herrschender Meinung erlischt das Wahlrecht der Gesellschaft zwischen dem Schadensersatzanspruch und dem Eintrittsrecht mit dem Zugang des Gesellschafterbeschlusses an den ungetreuen Gesellschafter.[553] Diese Auffassung ist problematisch, weil üblicherweise erst nach Auskunftserteilung durch den ungetreuen Gesellschafter entschieden werden kann, ob die Geltendmachung eines Schadensersatzanspruches oder die Ausübung des Eintrittsrechts für die Gesellschaft opportun ist. Mit der Ausübung des Eintrittsrechts läuft die Gesellschaft Gefahr, in ein verlustbringendes Geschäft einzutreten. Die notwendige Abklärung kann aber bei einer Weigerung des Gesellschafters, freiwillig Auskunft zu erteilen, innerhalb der Dreimonatsfrist des § 113 Abs. 3 HGB auch nicht über eine einstweilige Verfügung durchgesetzt werden, weil die Auskunftsansprüche auf Erfüllung gerichtet sind und nur in den gesetzlich vorgesehenen Ausnahmefällen im summarischen Verfahren geltend gemacht werden können. Da § 113 Abs. 1 HGB der Gesellschaft im Ergebnis nur unterschiedliche Schadensberechnungsarten zur Verfügung stellt, sollte der Gesellschaft die Ausübung des Wahlrechts bis zur Erfüllung oder bis zur rechtskräftigen Entscheidung über eines der in § 113 Abs. 1 HGB gewährten Rechte eröffnet sein.

(e) Verjährung (§ 113 Abs. 3 HGB)

Verjährungsfrist: Für die Ansprüche aus § 113 Abs. 1 HGB gilt kumulativ eine doppelte Verjährungsfrist. Sowohl der Schadensersatzanspruch als auch das Eintrittsrecht verjähren innerhalb von drei Monaten ab Kenntnis oder grobfahrlässiger Unkenntnis;[554] ohne Rücksicht darauf in fünf Jahren von ihrer Entstehung an.

398

Beginn der Verjährungsfrist: Da die dreimonatige Verjährungsfrist mit der Kenntnis bzw grob fahrlässigen Unkenntnis aller übrigen Gesellschafter von dem Geschäft beginnt, reicht in einer mehrgliedrigen Gesellschaft die Kenntnis eines einzelnen Gesellschafters nicht aus.

399

Für die Kenntnis bzw grob fahrlässige Unkenntnis ist nicht erforderlich, dass die übrigen Gesellschafter alle Einzelheiten des Wettbewerbsverstoßes gekannt oder in Folge grober Fahrlässigkeit nicht erkannt haben. Das Wissen bzw potentielle Wissen muss sie in die Lage versetzen, einen Beschluss nach § 113 Abs. 2 HGB zu fassen und notwendigenfalls eine Feststellungsklage zur Hemmung der Verjährung zu erheben (§ 204 Abs. 1 S. 1 BGB).

400

Die fünfjährige Verjährungsfrist beginnt ab Anspruchsentstehung (§ 199 BGB) ohne Rücksicht auf Kenntnis oder grob fahrlässige Unkenntnis der Gesellschafter. Bei Dauerdelikten wie zB der Aufnahme eines selbständigen Konkurrenzgewerbes oder einer Beteiligung an einer Wettbewerbsgesellschaft beginnt die Verjährungsfrist nicht erst mit der Beendigung des Dauerverstoßes, sondern mit der Aufnahme der Konkurrenztätigkeit bzw Übernahme der Beteiligung.

401

Andere Ansprüche: Die Verjährungsbestimmung des § 113 Abs. 3 HGB gilt nur für die Ansprüche aus Absatz 1[555] und die diesbezüglichen Hilfsansprüche wie den Anspruch auf Auskunft (§ 242 BGB) und auf Rechnungslegung (§ 666 BGB), nicht aber für den Anspruch auf Unterlassung und andere Rechtsfolgen sowie Ansprüche aus anderem Rechtsgrund.[556]

402

bb) Vertragliche Gestaltungen für die Vertragszeit

(1) Gestaltungsfreiheit

Das in § 112 Abs. 1 HGB geregelte Wettbewerbsverbot ist dispositiv. Es kann im Gesellschaftsvertrag wortgetreu als konkrete vertragliche Vereinbarung wiederholt, aufgehoben, eingeschränkt oder verschärft werden. Solche Regelungen unterliegen den durch Art. 81 Abs. 1 EGV, § 1 GWB sowie § 138 BGB gezogenen Grenzen. Sofern mit der Rechtsform der OHG nicht selbst kartellrechtswidrige Ziele verfolgt werden und das vereinbarte Wettbewerbsverbot nur den Bestand und den Erhalt der Gesell-

403

---

552 MünchHdb GesR I/Mattfeld, § 59 Rn 53.
553 Baumbach/Hopt, § 113 Rn 8.
554 NF VerjährungsanpassG v. 9.12.2004, BGBl. S. 3214.
555 Baumbach/Hopt, § 113 Rn 10; aA MünchHdb GesR I/*Mattfeld*, § 59 Rn 54.
556 Baumbach/Hopt, § 113 Rn 9.

schaft sichert sowie verhindern soll, dass diese von innen her ausgehöhlt oder gar zerstört wird,[557] sind entsprechende Abreden zulässig.

(2) Gestaltungen

(a) Aufnahme des gesetzlichen Wettbewerbsverbotes (§ 112 Abs. 1 HGB) in den Gesellschaftsvertrag

404 Unproblematisch ist die vertragliche Vereinbarung des gesetzlichen Wettbewerbsverbots. Das gesetzliche Wettbewerbsverbot ist grundsätzlich für den Erhalt der Gesellschaft funktionsnotwendig und verhindert, dass die Gesellschaft von innen ausgehüllt wird. Es ist als Ausfluss der allgemeinen Treuepflicht der Gesellschafter dem Gesellschaftsverhältnis immanent, so dass § 1 GWB keine Anwendung findet,[558] ebenso wenig § 138 BGB. Unerheblich ist, ob der Gesellschafter eine natürliche oder eine juristische Person ist.[559] An dieser Rechtslage kann sich dadurch nichts ändern, dass das Wettbewerbsverbot des § 112 HGB wortgetreu in den Gesellschaftsvertrag aufgenommen wird.

405 Problematisch ist aber die Erstreckung des gesetzlichen Wettbewerbsverbotes auf einen von der Geschäftsführung ausgeschlossenen persönlich haftenden Gesellschafter, obwohl das Wettbewerbsverbot des § 112 HGB auch für einen solchen Gesellschafter gilt.[560] Ist ein von der Geschäftsführung ausgeschlossener persönlich haftender Gesellschafter im Wesentlichen nur mit einer Kapitaleinlage an der Gesellschaft beteiligt und beschränkt das Wettbewerbsverbot seine Tätigkeit außerhalb der Gesellschaft, verstößt das Wettbewerbsverbot bei Spürbarkeit der Wettbewerbsbeschränkung gegen § 1 GWB.[561] Auch bei personalistischer Ausgestaltung der Beteiligung verstößt das Wettbewerbsverbot für einen nicht geschäftsführenden Gesellschafter gegen § 1 GWB, wenn ihm das umfassende Informationsrecht gem. § 118 Abs. 1 HGB entzogen worden ist.[562] In diesen Fällen besteht keine Gefahr, dass die Gesellschaft durch den nicht zur Geschäftsführung befugten Gesellschafter von innen ausgehöhlt werden könnte.

(b) Befreiung vom Wettbewerbsverbot

406 Durch eine entsprechende Regelung im Gesellschaftsvertrag können alle oder einzelne Gesellschafter vom gesetzlichen Wettbewerbsverbot ganz oder teilweise befreit werden.[563] Der Gesellschaftsvertrag kann auch einen Gesellschafterbeschluss, der mit Mehrheit gefasst werden kann, vorsehen. Der betroffene Gesellschafter hat in diesem Fall kein Stimmrecht, die Befreiung muss zudem durch ein sachliches Interesse der Gesellschaft gerechtfertigt sein.[564]

(c) Erweiterung des Wettbewerbsverbotes

407 Ein im Gesellschaftsvertrag vereinbartes Wettbewerbsverbot, welches über den Umfang des gesetzlichen Wettbewerbsverbotes (§ 112 HGB) hinausgeht, muss durch die gesellschaftliche Treuepflicht geboten und für den Bestand und Erhalt der Gesellschaft notwendig sein,[565] anderenfalls ist es unwirksam (§ 1 GWB, § 138 BGB).

b) Nachvertragliches Wettbewerbsverbot

aa) Vertragliche Grundlage

408 Das gesetzliche Wettbewerbsverbot (§§ 112, 113 HGB) erlischt mit der Beendigung der Gesellschaft oder dem Ausscheiden des Gesellschafters, und zwar auch dann, wenn der Gesellschafter sein Ausscheiden schuldhaft mit dem Ziel herbeigeführt hat, nach seinem Ausscheiden in Wettbewerb zu der

---

557 BGHZ 70, 331 ff, 336; BHGZ 89, 162 ff, 166.
558 BGHZ 70, 331 Gabelstapler.
559 BGHZ 89, 162/165 ff.
560 BGHZ 89, 162.
561 BGHZ 38, 306 Kino.
562 Baumbach/Hopt, § 113 Rn 15.
563 Baumbach/Hopt, § 112 Rn 13.
564 BGHZ 80, 71/74 (GmbH).
565 BGHZ 70, 331 Gabelstapler.

Gesellschaft treten zu können.⁵⁶⁶ Ein nachvertragliches Wettbewerbsverbot bedarf daher einer besonderen Vereinbarung, deren Wirksamkeit an den §§ 1 GWB, 138 BGB zu messen ist. Ein Verstoß gegen §§ 1 GWB, 138 BGB scheidet aus, wenn das nachvertragliche Wettbewerbsverbot für den Bestand der Gesellschaft erforderlich ist und dieser Bestand nach dem Inhalt des Gesellschaftsvertrages oder der Ausscheidungsvereinbarung rechtlich unbedenklich der Gesellschaft zugewiesen ist. In solchen Fällen können die Gesellschafter und die fortbestehende Gesellschaft Schutz vor einer illoyalen Ausnutzung der Kenntnisse und Verbindungen beanspruchen, die der Ausscheidende auf Grund seiner Funktionen in der Gesellschaft erworben hat. Ein rechtlich schutzwürdiger Bestand der Gesellschaft ist grundsätzlich dann zu bejahen, wenn der Ausscheidende eine Abfindung für seinen Gesellschaftsanteil erhält.⁵⁶⁷ In diesen Fällen kommen Ausscheidungsvereinbarungen in ihrer wirtschaftlichen Bedeutung einem Unternehmenskauf nahe.⁵⁶⁸ Erhält der Ausgeschiedene den Verkehrswert seines Anteils als Abfindung, werden ihm über die Abfindung die abgezinsten künftigen Gewinnanteile seines Gesellschaftsanteils vergütet. Schon die Leistungstreuepflicht aus § 242 BGB verpflichtet aber den Ausgeschiedenen bei einer solchen Sachlage, der Gesellschaft die ihm vergüteten Gewinnanteile zu belassen und nicht durch Wettbewerb zu entziehen.

Nach §§ 138 BGB, 1 GWB, 138 BGB muss sich das Wettbewerbsverbot auf das zeitlich, räumlich und gegenständlich notwendige Maß beschränken.⁵⁶⁹ Die Dauer des nachvertraglichen Wettbewerbsverbotes darf grundsätzlich zwei Jahre nicht überschreiten.⁵⁷⁰ Diese Grundsätze finden auch auf Wettbewerbsverbote in Unternehmensveräußerungs- und Gesellschaftsanteilskaufverträgen Anwendung. Im Übrigen wird auf die Ausführungen unter Rn 276 ff verwiesen.

bb) Treuepflicht

Die nachwirkende gesetzliche Treuepflicht begründet zwar kein Wettbewerbsverbot für den ausgeschiedenen Gesellschafter, sie verpflichtet ihn aber, die Belange der Gesellschaft nicht durch unlautere Handlungen zu beeinträchtigen und insbesondere keine Geschäfts- und Betriebsgeheimnisse zu verraten.⁵⁷¹

5. Wettbewerbsverbote für KG-Gesellschaft

a) KG

aa) Während der Vertragszeit

(1) Gesetzliches Wettbewerbsverbot

(a) Komplementär

Diesen trifft wie den OHG-Gesellschafter das Wettbewerbsverbot aus § 112 HGB (§§ 161, 165 HGB), und zwar auch dann, wenn er von der Geschäftsführung und Vertretung der KG ausgeschlossen ist.⁵⁷² Wegen des Inhalts, Umfangs und der Rechtsfolgen des Wettbewerbsverbotes wird auf Rn 378 ff verwiesen.

(b) Kommanditist

Auf Kommanditisten findet das Wettbewerbsverbot des § 112 HGB dem Wortlaut nach keine Anwendung (§ 165 HGB). Bei bestimmten Fallgestaltungen, insbesondere dann, wenn ein maßgeblicher Einfluss auf die Geschäftsführung besteht, kann das Wettbewerbsverbot auch auf den Kommanditisten, den atypischen stillen Gesellschafter und den Gesellschafter einer GmbH zu erstrecken sein.⁵⁷³ Davon ist dann auszugehen, wenn der Kommanditist als Geschäftsführer tätig oder Mehr-

---

566 MünchHdb GesR I/Mattfeld, § 59 Rn 13.
567 BGH NJW 1994, 384, 386 (GmbH).
568 BGH NJW 1994, 384, 385.
569 BGH NJW 2004, 66.
570 BGH aaO.
571 Baumbach/Hopt, § 131 Rn 37.
572 Vgl BGHZ 89, 162, 165.
573 BGH NJW 2002, 1046, 1047.

heitsgesellschafter ist. In diesen Fällen besteht durch eine konkurrierende Tätigkeit des Kommanditisten eine besondere Gefährdungslage für die Gesellschaft, weil er im Innenverhältnis ausschlaggebend die Geschicke der Gesellschaft beeinflussen kann und ihm zudem durch seine beherrschende Stellung die Möglichkeit gegeben ist, gesellschaftsinterne Informationen zu erlangen und zu Lasten der Gesellschaft auszubeuten.[574] Ob für die Anwendung des § 112 HGB die bloße Möglichkeit eines beherrschenden Einflusses genügt, hat der BGH bislang nicht entschieden. Für die Einflussnahme spricht jedoch eine tatsächliche Vermutung.[575] Eine beherrschende Stellung ist auch dann gegeben, wenn ein Kommanditist nur mit 50 % am Kommanditkapital beteiligt, auf Grund eines Sonderrechts aber berechtigt ist, einen der beiden Geschäftsführer vorzuschlagen und jederzeit abzuberufen.[576] Ob ein Kommanditist mit erweiterten Kontroll- und Informationsrechten nach § 118 HGB, der Zugang zu Insiderkenntnissen hat, ebenfalls § 112 HGB unterliegt, ist vom BGH bislang nicht entschieden worden,[577] in der Literatur aber anerkannt.[578] Ist Kommanditistin eine Holding-Gesellschaft, derer sich die Muttergesellschaft beim Erwerb der Mehrheitsbeteiligung bedient hat, kann das Wettbewerbsverbot auch gegenüber der Muttergesellschaft durchgreifen.[579]

413 Ist der Kommanditist unterhalb der Geschäftsführung als Arbeitnehmer tätig, unterliegt er nicht § 112 HGB, sondern den §§ 60, 61 HGB.[580]

(2) Vertragliches Wettbewerbsrecht

414 § 165 HGB ist nicht zwingend. Vertragliche Wettbewerbsverbote sind den allgemeinen Schranken der §§ 1 GWB, 138 BGB unterworfen. Ist die Gesellschaft kartellrechtsneutral und dient das Wettbewerbsverbot dem Bestand und der Erhaltung des Gesellschaftsunternehmens, ist es nicht zu beanstanden. Insoweit wird auf die Ausführungen unter Rn 407, 412 verwiesen.

bb) Nachvertragliches Wettbewerbsverbot

(1) Komplementär (Rn 408)

(2) Kommanditist

415 Ein nachvertragliches Wettbewerbsverbot kann für einen Kommanditisten zulässigerweise (§ 138 BGB, § 1 GWB) nur in Betracht kommen, wenn er während seiner Zugehörigkeit zur Gesellschaft maßgeblichen Einfluss auf die Geschäftsführung hatte und er dem Wettbewerbsverbot aus § 112 HGB unterlag (Rn 412). Nur dann können ihm Betriebsinterna bekanntgeworden sein, an deren illoyaler Verwertung er durch ein nachvertragliches Wettbewerbsverbot gehindert werden müsste. Ist der Kommanditist danach einem Komplementär gleichzustellen, finden auf ein nachvertragliches Wettbewerbsverbot die für Komplementäre geltenden Regeln Anwendung (Rn 408, 409).

b) GmbH & Co. KG

aa) Wettbewerbsverbot während der Vertragszeit

(1) Gesetzliches Wettbewerbsverbot (§§ 112, 113 HGB)

416 **Komplementär-GmbH und Kommanditisten:** Als persönlich haftende Gesellschafterin der KG unterliegt die Komplementär-GmbH kraft Gesetzes dem Wettbewerbsverbot nach §§ 161 Abs. 2, 112, 113 HGB. Für Kommanditisten gilt dies nur in Ausnahmefällen (Rn 412).

417 **GmbH-Geschäftsführer:** Im Verhältnis zur Komplementär-GmbH ist dem Geschäftsführer während der Dauer seines Amtes auch ohne Regelung in der Satzung oder im Anstellungsvertrag jeder Wettbewerb im Geschäftszweig der Gesellschaft verboten.[581] Höchstrichterlich nicht entschieden ist die

---

574 BGH NJW 2002, 1046, 1047.
575 BGHZ 89, 162, 167.
576 BGHZ 104, 246 ff für GmbH.
577 BGH NJW 2002, 1046, 1047.
578 Baumbach/Hopt, § 165 Rn 3.
579 BGHZ 89, 162.
580 MünchHdb GesR II/*Mattfeld*, § 12 Rn 30.
581 BGH ZIP 1989, 1394; Rn 421.

Frage, ob der Komplementär-Geschäftsführer auch im Verhältnis zur KG auf Grund seiner ihm obliegenden Treuepflicht im Geschäftsbereich der KG jeden Wettbewerb zu unterlassen hat. Davon ist aber auszugehen. Als Geschäftsführer der Komplementär-GmbH hat er deren Zwecke zu fördern und dafür Sorge zu tragen, dass die Komplementär-GmbH das ihr nach § 112 HGB obliegende Wettbewerbsverbot einhält. Diese Verpflichtung wäre aber nicht zu erfüllen, wenn er zur KG in Wettbewerb treten würde, weil er der KG Geschäftschancen nehmen könnte. Der KG könnten beispielsweise Aufträge entgehen oder im Hinblick auf Konkurrenzangebote des GmbH-Geschäftsführers Preisnachlässe abverlangt werden. Der Komplementär-Geschäftsführer könnte im Rahmen einer erlaubten Wettbewerbstätigkeit das gesamte für die KG gesammelte Wissen für eigene Zwecke ausnutzen.[582]

GmbH-Gesellschafter: Aus der einem GmbH-Gesellschafter gegenüber der Komplementär-GmbH obliegenden allgemeinen Treuepflicht kann nur wie bei einem Kommanditisten unter ganz besonderen Voraussetzungen ein die KG begünstigendes Wettbewerbsverbot hergeleitet werden.[583]

(2) Vertragliches Wettbewerbsverbot

Während das Verbot einer Wettbewerbstätigkeit im Geschäftsbereich der KG zu Lasten des Komplementär-Geschäftsführers unproblematisch ist, weil nur so die Gefahr einer Aushöhlung der KG von Innen verhindert werden kann, bedarf ein Wettbewerbsverbot zu Lasten der Komplementär-Gesellschafter im Hinblick auf die §§ 138 BGB, 1 GWB einer besonderen Rechtfertigung, die aus der Notwendigkeit zur Sicherung der Funktionsabläufe und des Bestandes der KG abzuleiten ist. Eine Rechtfertigung ist dann gegeben, wenn der Komplementärgesellschafter maßgeblichen Einfluss auf die Komplementärin und damit auf die Geschäftsführung der KG hat. Insoweit finden die Grundsätze Anwendung, die für die Erstreckung von Wettbewerbsverboten auf Kommanditisten entwickelt worden sind.[584]

bb) Nachvertragliches Wettbewerbsverbot

Für KG-Gesellschafter wird auf die Ausführungen unter Rn 408, 412, 415, für Komplementär-Geschäftsführer auf die unter Rn 430 und für Komplementär-Gesellschafter auf die unter Rn 436 verwiesen.

6. Wettbewerbsverbote in der GmbH

a) Während der Zugehörigkeit zur Gesellschaft

aa) Geschäftsführer

(1) Gesetzliches Wettbewerbsverbot

(a) Treuepflicht

Das Gesetz sieht für den GmbH-Geschäftsführer kein ausdrückliches Wettbewerbsverbot vor. Er unterliegt jedoch auch ohne dahingehende Regelungen im Anstellungsvertrag oder in der Satzung während der Dauer seines Amtes einem Wettbewerbsverbot.[585] Das Wettbewerbsverbot verbietet dem Geschäftsführer, seine genauen Kenntnisse der Geschäftsinterna und Geschäftsbeziehungen zum Schaden der Gesellschaft für sich auszubeuten. Darüber hinaus hat er grundsätzlich seine ganze Arbeitskraft der Gesellschaft zu widmen. Da sich in einer Ein-Mann-GmbH das Gesellschaftsinteresse und das Gesellschafterinteresse decken, unterliegt der Einmanngesellschafter weder als Gesellschafter noch als Geschäftsführer dem Wettbewerbsverbot.[586]

---

582 Vgl insoweit BGH NJW 2002, 1046, 1047.
583 Vgl BGHZ 89, 162, 165.
584 Rn 412.
585 BGH ZIP 1989, 1394.
586 BGH GmbHR 1993, 38.

(b) Inhalt und Umfang

422 Das Wettbewerbsverbot verbietet Geschäftsführern, im Geschäftszweig der Gesellschaft keine Geschäfte zu machen.[587]

(c) Befreiung vom Wettbewerbsverbot

423 Das Wettbewerbsverbot kann in der Satzung oder durch satzungsändernden Beschluss aufgehoben werden. Letzterer bedarf in der Regel der Zustimmung aller Gesellschafter, da die Zweckbindung der Gesellschaft berührt wird.[588]

424 Von einer generellen Aufhebung ist der Dispens für eine einzelne vom Geschäftsführer beabsichtigte oder durchgeführte Maßnahmen zu unterscheiden. Der Dispens bedarf keiner Satzungsänderung und kann durch Mehrheitsentscheidung beschlossen werden, wenn er im Gesellschaftsinteresse liegt und für eventuelle Nachteile der Gesellschaft zusätzlich Ausgleich geleistet wird.[589] Ein durch den Dispens begünstigter Gesellschafter unterliegt dem Stimmverbot gem. § 47 Abs. 4 1 GmbHG.[590]

(d) Rechtsfolgen

425 Verstöße gegen das Wettbewerbsverbot lösen neben den allgemeinen Ansprüchen (Rn 360 ff) Ansprüche der Gesellschaft analog § 113 HGB aus.[591]

(2) Vertragliches Wettbewerbsverbot

426 Da der Geschäftsführer der Gesellschaft seine Kenntnisse über die Geschäftsinterna und Geschäftsbeziehungen schon auf Grund seiner Treuepflicht nicht für eigene Zwecke ausnutzen darf und er zudem seine Arbeitskraft der Gesellschaft voll zu widmen hat, bestehen gegen die Vereinbarung entsprechender Wettbewerbsverbote im Anstellungsvertrag oder in der Satzung keine rechtlichen Bedenken. Sie dienen dem Bestand und dem Erhalt der Gesellschaft.

bb) GmbH-Gesellschafter

(1) Gesetzliches Wettbewerbsverbot

427 Für den GmbH-Gesellschafter sieht das Gesetz im Unterschied zu den Handelsgesellschaften (§ 112 HGB) kein ausdrückliches gesetzliches Wettbewerbsverbot vor. Auf Grund der Treuepflicht unterliegt ein GmbH-Gesellschafter analog § 112 HGB aber dann nach der Rechtsprechung des BGH einem Wettbewerbsverbot, wenn er die Gesellschaft beherrscht.[592] Insoweit wird auf die Ausführungen unter Rn 412 verwiesen. Weitergehend wird der GmbH-Gesellschafter in der Literatur auch dann einem Wettbewerbsverbot unterworfen, wenn die GmbH insgesamt personalistisch strukturiert ist[593] oder er auf Grund besonderer Informations- und Auskunftsrechte Zugang zu den Gesellschaftsinterna hat.[594] Wegen des Inhalts, Umfangs des Wettbewerbsverbotes und der Rechtsfolgen bei Verstößen wird auch auf die Ausführungen zu §§ 112, 113 HGB verwiesen (Rn 380, 388).

(2) Vertragliches Wettbewerbsverbot

428 Geht ein in der Satzung geregeltes Wettbewerbsverbot nach Inhalt und Umfang über den Rahmen des durch die Treuepflicht begründeten Wettbewerbsverbotes hinaus, ist regelmäßig ein Verstoß gegen §§ 1 GWB, § 138 BGB und, soweit die weiteren Voraussetzungen vorliegen, gegen Art. 81 EGV indiziert. Die Treuepflicht gebietet aber allenfalls dann die Unterlassung von Wettbewerb, wenn der GmbH-Gesellschafter maßgeblichen Einfluss auf die Geschäftsführung oder erweiterte Kontroll-

---

587 Vgl dazu § 112 HGB.
588 *Zöllner/Noack* in Baumbach/Hueck, § 35 Rn 43.
589 BGH GmbHR 1981, 190.
590 *Zöllner/Noack* in Baumbach/Hueck, § 35 Rn 43.
591 Vgl *Zöller/Noack* in Baumbach/Hueck, S. 35 Rn 42.
592 BGHZ 89, 162; NJW 2002, S. 1046, 1047.
593 *Lutter/Beyer* in Lutter/Hommelhoff, § 14 Rn 24.
594 MünchHdb GesR I/*Mattfeld*, § 59 Rn 70 f.

und Informationsrechte hat. Insoweit finden die für Kommanditisten geltenden Grundsätze entsprechende Anwendung (Rn 412).

cc) Befreiung vom Wettbewerbsverbot

Insoweit wird auf die Ausführungen zu Rn 413 verwiesen. Besteht das Wettbewerbsverbot, kann die Befreiung in der Satzung oder durch satzungsändernden Beschluss erfolgen. Kann die Befreiung nach der Satzung mehrheitlich erfolgen, ist die Zustimmung dann keine missbräuchliche Ausübung des Stimmrechts, wenn die Befreiung im Interesse der GmbH geboten ist.[595] In der entgeltlosen Befreiung von einem bestehenden Wettbewerbsverbot kann eine verdeckte Gewinnausschüttung an den Gesellschafter liegen, wenn der GmbH unter Verstoß gegen § 30 GmbHG Vermögen entzogen wird.[596]

429

b) Nachvertragliche Wettbewerbsverbote

aa) GmbH-Geschäftsführer

(1) Nachvertragliche Wirkungen kraft Gesetzes

Das Gesetz sieht für den GmbH-Geschäftsführer kein nachvertragliches Wettbewerbsverbot vor, und zwar weder ausdrücklich noch auf Grund der Treuepflicht. Der ausgeschiedene Geschäftsführer hat die Geschäftstätigkeit der Gesellschaft nicht mehr zu fördern und ist ohne besondere Vereinbarungen nicht verpflichtet, durch eine eigene geschäftliche Zurückhaltung wirtschaftliche Nachteile für die Gesellschaft zu vermeiden.[597]

430

Auf Grund seiner nachvertraglichen Treuepflicht ist es ihm jedoch verboten, Verträge an sich zu ziehen, welche die Gesellschaft während seiner Amtszeit abgeschlossen hat[598] oder hätte abschließen können.[599] Überdies unterliegt der Geschäftsführer auch nachvertraglich dem Verbot aus § 85 GmbHG Geheimnisse der Gesellschaft, insbesondere Betriebs- oder Geschäftsgeheimnisse, die ihm in seiner Eigenschaft als Geschäftsführer bekannt geworden sind, Unbefugten zu offenbaren oder zu verwerten. Aus der Rechtsprechung des BGH[600] kann tendenziell gefolgert werden, dass dieses Verbot auch eine Verwertung eines Betriebs- oder Geschäftsgeheimnisses im Rahmen eines neuen Anstellungsverhältnisses bzw im Rahmen einer selbständigen Erwerbstätigkeit verbietet. Wegen der Vergleichbarkeit im Übrigen wird auf die Ausführungen zu § 90 HGB (Rn 359) verwiesen.

431

(2) Vertragliche Vereinbarungen

(a) Keine Anwendbarkeit der §§ 74 ff HGB

Nach der ständigen Rechtsprechung des BGH sind GmbH-Geschäftsführer ebenso wenig wie Vorstandsmitglieder einer Aktiengesellschaft Arbeitnehmer im Sinne der §§ 74 ff HGB.[601] Der BGH lehnt auch eine analoge Anwendung der §§ 74 ff HGB auf Organmitglieder ab, und zwar auch auf Fremdgeschäftsführer.[602] Die Wirksamkeit des nachvertraglichen Wettbewerbsverbotes ist daher nicht von dem Versprechen einer Karenzentschädigung abhängig.[603]

432

(b) Allgemeine gesetzliche Schranken

Für die Zulässigkeit von Wettbewerbsverboten mit Gesellschafter-Geschäftsführern stellt die Rechtsprechung im Hinblick auf § 138 BGB iVm Art. 12 GG sowie § 1 GWB strenge Anforderungen.[604] Wettbewerbsverbote sind danach nur zulässig, wenn sie dem Schutze eines berechtigten Interesses

433

---

595 BGHZ 80, 69 ff.
596 BFH 178, 371 ff.
597 BGH GmbHR 1991, 15.
598 BGH DB 1977, 158.
599 BGH ZIP 1989, 986.
600 BGHZ 91, 6.
601 BGH DB 1990, 676.
602 BGH GmbHR 2002, 431.
603 BGH GmbHR 2002, 431, 432.
604 BGH WM 1965, 311.

des Unternehmens dienen und nach Ort, Zeit und Gegenstand die Berufsausübung und die wirtschaftliche Betätigung des Organmitgliedes nicht unbillig erschweren.[605] Die Zulässigkeitsprüfung erfolgt auf zwei Stufen. Zunächst ist zu prüfen, ob das Wettbewerbsverbot einem berechtigten Interesse des Unternehmens dient. Sodann ist die Prüfung darauf zu erstrecken, ob das Verbot nach Ort, Zeit und Gegenstand die Berufsausübung und die wirtschaftliche Betätigung des Organmitgliedes nicht unbillig erschwert. Im Rahmen der Prüfung der Unbilligkeit erlangt regelmäßig die Frage, ob eine Karenzentschädigung versprochen worden ist, insbesondere bei Fremdgeschäftsführern, eine entscheidende Bedeutung. Gegenständlich kann dem ausgeschiedenen Geschäftsführer ein vollständiges Tätigkeitsverbot auferlegt werden.[606] Räumlich darf es regelmäßig das Gebiet nicht überschreiten, in welchem die Gesellschaft relevant tätig ist oder tätig werden sollte (siehe auch die Ausführungen zu § 112 HGB, Rn 280). Zeitlich angemessen ist im Regelfall ein Zeitraum von zwei Jahren.[607]

434 Maßgeblicher Beurteilungszeitpunkt ist der des Ausscheidens, nicht des Vertragsschlusses.[608] Im Übrigen wird auf die Ausführungen unter Rn 279 verwiesen.

(c) Verzicht auf das Wettbewerbsverbot

435 Auch ohne entsprechende vertragliche Regelung ist die Gesellschaft analog § 75 a HGB berechtigt, einseitig auf die Einhaltung des Wettbewerbsverbotes zu verzichten.[609] Offen ist, ob im Falle der Vereinbarung einer Karenzentschädigung die Jahresfrist des § 75 a HGB gilt. Die vereinbarte Karenzentschädigung entfällt mit dem Verzicht der GmbH auf das Wettbewerbsverbot jedenfalls dann nicht, wenn der Verzicht nach ordentlicher Kündigung des Anstellungsvertrages erst zu einem Zeitpunkt erklärt wird, in dem der Geschäftsführer sich auf die mit dem Wettbewerbsverbot verbundenen Einschränkungen seiner neuen beruflichen Tätigkeit eingerichtet hat.[610] Ebenso wenig wird die Gesellschaft von ihrer Karenzentschädigungspflicht befreit, wenn sie den Geschäftsführer nach erklärter ordentlicher Kündigung von seinen Dienstpflichten freistellt.[611]

bb) GmbH-Gesellschafter

436 Ein GmbH-Gesellschafter unterliegt auch nach seinem Ausscheiden aus der Gesellschaft keinem gesetzlichen Wettbewerbsverbot. Zulässig sind jedoch Wettbewerbsabreden unter Beachtung der allgemeinen Schranken aus §§ 1 GWB, 138 BGB sowie Art. 81 EGV. Ein zu Gunsten der Gesellschaft vereinbartes Wettbewerbsverbot ist nur in dem Umfang gerechtfertigt, in dem für die Beschränkung der gewerblichen Tätigkeit ein anzuerkennendes Bedürfnis besteht, um den Bestand der Gesellschaft zu sichern und den Ausscheidenden an einer illoyalen Verwertung der während seiner Zugehörigkeit zur Gesellschaft erworbenen Kenntnisse und Verbindungen zu hindern.[612] Entscheidende Bewertungskriterien sind daher wie bei der anlogen Anwendung des § 112 HGB auf Kommanditisten und GmbH-Gesellschafter die Kenntnisse des Ausscheidenden über die technischen und/oder kaufmännischen Verhältnisse der Gesellschaft, die er auf Grund seines tatsächlichen oder potentiellen Einflusses auf die Geschäftsführung oder auf Grund von Sonderrechten erlangt hat oder erlangen konnte.[613] Insoweit gelten die Grundsätze für nachvertragliche Wettbewerbsverbote von Kommanditisten entsprechend (Rn 415) Das gesetzliche Auskunfts- und Einsichtsrecht des Gesellschafters aus § 51 a GmbHG kann allein kein nachvertragliches Wettbewerbsverbot rechtfertigen. Zeitlich darf das nachvertragliche Wettbewerbsverbot grundsätzlich zwei Jahre nicht überschreiten.[614]

---

605 BGHZ 91, 5.
606 BGHZ 91, 1.
607 BGH NJW 2004, S. 66.
608 *Hommelhoff/Kleindiek* in Lutter/Hommelhoff, § 6 Rn 25.
609 Vgl aber BGH GmbHR 2002, 431.
610 BGH GmbHR 2002, S. 431.
611 BGH aaO.
612 BGH NJW 1994, 384 ff.
613 BGH NJW 2002, S. 1046, 1047.
614 BGH NJW 1994, 384.

7. Wettbewerbsverbote in der AG

a) Vorstandsmitglieder

Nach § 88 AktG unterliegen Vorstandsmitglieder für die Dauer ihrer Bestellung einem umfassenden Wettbewerbs- und Tätigkeitsverbot. Regelungszweck des § 88 AktG ist der Schutz der Gesellschaft vor Wettbewerbshandlungen und vor anderweitigem Einsatz der Arbeitskraft ihrer Vorstandsmitglieder.

Nach § 88 Abs. 1 S. 3 AktG ist im Unterschied zur GmbH keine generelle Befreiung vom Wettbewerbsverbot zulässig, der Aufsichtsrat kann vielmehr nur für bestimmte Handelsgewerbe oder Handelsgesellschaften oder für bestimmten Arten von Geschäften eine Einwilligung, dh eine vorherige Zustimmung, erteilen. Eine Genehmigung ist ausgeschlossen. Die Vereinbarung eines nachvertraglichen Wettbewerbsverbotes ist grundsätzlich zulässig. Die Schutzvorschriften der §§ 74 ff HGB finden keine Anwendung.[615] Für die Zulässigkeit nachvertraglicher Wettbewerbsverbote sind die Bewertungskriterien heranzuziehen, die auch für nachvertragliche Wettbewerbsverbote von ausgeschiedenen GmbH-Geschäftsführern gelten.[616]

b) Aktionäre

Im Unterschied zu Personengesellschaften und der GmbH ist eine analoge Anwendung der §§ 112 HGB, 88 AktG nicht möglich. Auf kapitalistisch verfasste Gesellschaften lassen sich diese Grundsätze nicht übertragen.[617] Auch Mehrheitsgesellschafter können sich daher konkurrierend unternehmerisch betätigen.

8. Wettbewerbverbote in Austauschverträgen

a) Grundsatz

aa) Austauschverträge

Wettbewerbsverbote werden oft in Unternehmensveräußerungsverträgen zu Lasten des Veräußerers oder in Gesellschafterauseinandersetzungsverträgen zu Lasten ausscheidender Gesellschafter vereinbart, ebenso in Erbauseinandersetzungsverträgen.[618]

bb) Sicherungsbedürfnis

In Verträgen solcher Art sollen Wettbewerbsverbote verhindern, dass rechtliche und vermögensrechtliche Positionen, die nach dem Inhalt des Vertrages dem Begünstigten rechtlich unbedenklich zugewiesen sind oder nach der Rechtsordnung zustehen, nicht durch Wettbewerb des Verpflichteten wieder entzogen werden. Setzen sich beispielsweise Gesellschafter einer Vertriebsgesellschaft mit den Vertriebsgebieten Deutschland, Österreich und der Schweiz in der Weise auseinander, dass jedem Gesellschafter ein bestimmtes Vertriebsgebiet oder mehrere zugewiesen werden, liegt es nahe, die Zuweisung der Vertriebsgebiete durch die Vereinbarung wechselseitiger Wettbewerbsverbote zu sichern, indem sich die Gesellschafter wechselseitig verpflichten, für eine bestimmte Dauer die Aufteilung der Vertriebsgebiete zu respektieren und Wettbewerb in dem jeweils der anderen Seite zugewiesenen Vertriebsgebiet zu unterlassen.[619]

b) Gesetzliche Schranken

aa) § 138 BGB, § 1 GWB

Wettbewerbsverbote dieser Art sind, wie unter Rn 290 ausgeführt, von der Anwendung des § 1 GWB ausgenommen, wenn sie als Nebenbestimmung im Übrigen kartellrechtsneutraler Verträge erforderlich sind, um deren Zwecke zu erreichen und zu gewährleisten, dh die ohnehin durch Treu und Glau-

---

615 BGHZ 91, 1.
616 Rn 432.
617 Vgl MünchHdb GesR IV/*Krieger*, § 69 Rn 17.
618 BGH NJW 1980, 185.
619 Vgl dazu BGH NJW 1994, 384.

ben sowie die Verkehrssitte (§ 242, 157 BGB) kraft Gesetzes bestehende Verpflichtungen aufgreifen und konkretisieren.[620]

443 Soweit die Treuepflicht die Unterlassung von Wettbewerb gebietet, besteht auch im Hinblick auf § 138 BGB sowie § 1 GWB regelmäßig ein anerkennenswertes Interesse der Vertragsparteien an der Vereinbarung des Wettbewerbsverbotes.

444 Kein anerkennenswertes Interesse liegt beispielsweise vor, wenn der Kundenstamm eines Unternehmens Gegenstand des Vertrages ist und die Sicherung dieses gekauften Vermögenswertes nicht durch eine Kundenschutzabrede, sondern durch ein generelles Wettbewerbsverbot erfolgen soll.[621]

bb) Umfang der Wettbewerbsverbote

445 Insoweit gelten grundsätzlich die allgemeinen Anforderungen (Rn 280). Lediglich über den zulässigen Zeitraum des Wettbewerbsverbotes bestehen in Rechtsprechung und Literatur abweichende Auffassungen. Während nach der Rechtsprechung[622] zwei Jahre zulässig sind, sollen nach anderer Auffassung drei bis fünf Jahre – jeweils abhängig vom Einzelfall – vereinbart werden können.[623]

c) Doppeltes Wettbewerbsverbot

446 Bei der Vereinbarung von Wettbewerbsverboten in Unternehmenskaufverträgen kann ein Konkurrenzverhältnis zwischen diesen und weiteren Wettbewerbsabreden eintreten, wenn zB bei einem Anteilsverkauf der veräußernde Gesellschaftergeschäftsführer von der Käuferin als Geschäftsführer übernommen und zu dessen Lasten für die Zeit nach seinem Ausscheiden aus der Geschäftsführung ein Wettbewerbsverbot vereinbart wird. In einem solchen Fall können sich beide Wettbewerbsverbote überlagern, ohne dass ihre wechselseitige Wirksamkeit in Frage zu stellen wäre. Beide gelten nebeneinander oder, soweit sie sich zeitlich nicht überlagern, nacheinander. Das im Unternehmenskaufvertrag vereinbarte Wettbewerbsverbot beginnt mit dem Erwerb des Unternehmens durch den Käufer, das im Geschäftsführeranstellungsvertrag Vereinbarte mit dem Ausscheiden des Geschäftsführers aus den Diensten der Gesellschaft.

d) Rückabwicklung eines Unternehmenskaufvertrages

447 Ist ein Unternehmenskaufvertrag oder ein Praxiskaufvertrag nichtig und auf der Grundlage der §§ 812 ff BGB rückabzuwickeln, unterliegt der Bereicherungsschuldner, der ein Unternehmen oder eine freiberufliche Praxis herauszugeben hat, keinem gesetzlichen Wettbewerbsverbot.[624]

F. Der Handelsvertreter gem. § 84 HGB

448 Das Handelsvertreterrecht ist in den §§ 84 f HGB geregelt. Von Bedeutung ist aber auch als **EU-Recht** die **Richtlinie** vom 18.12.1986 zur Koordinierung der Rechtsvorschriften der Mitgliedstaaten betreffend die selbständigen Handelsvertreter (86/653/EWG, ABl. EG Nr. L 382 vom 31.12.1986 S. 17 – HV-Rili).[625] Diese HV-Richtlinie hat sich stark am deutschen Recht orientiert. Ihr Sinn und Zweck ist es, die Rechtsvorschriften der Mitgliedstaaten über die Rechtsbeziehungen zwischen den Parteien eines Handelsvertretervertrages unabhängig von irgendwelchen grenzüberschreitenden Faktoren zu **harmonisieren**. Ihr Anwendungsbereich geht also über den der im Vertrag verankerten Grundfreiheiten hinaus.[626] Eine nicht angemessen in nationales Recht umgesetzte Richtlinie kann nicht selbst Verpflichtungen für den Einzelnen begründen, so dass ihm gegenüber eine Berufung auf die Richtlinie als solche nicht möglich ist.[627]

---

620 BGH NJW 1994, 384.
621 BGH NJW 1997, 3087.
622 BGH ZIP 2000, 1337, 1339; 2005, 1778, 1780.
623 *Nordemann* in Loewenheim/Meessen/Riesenkampf, § 1 Rn 163.
624 BGHZ 168, 220–245.
625 Abgedruckt bei Hopt, HVR 3. Aufl. 2003, Materialien I.
626 EuGH NJW 2000, 3268.
627 EuGH NJW 1994, 2473; EuGH 2000, 3268.

Das nationale Gericht, das das nationale Recht – ob es sich nun um vor oder nach der Richtlinie erlassene Vorschriften handelt – bei dessen Anwendung auszulegen hat, muss eine Auslegung soweit wie möglich am Wortlaut und am Zweck der Richtlinie ausrichten, um das mit dieser Richtlinie verfolgte Ziel zu erreichen und auf diese Weise Art. 249 Abs. 3 EG nachzukommen.[628]

I. Definition des Handelsvertreters

Gem. § 84 Abs. 1 S. 1 HGB ist Handelsvertreter, wer als selbständiger Gewerbetreibender ständig damit betraut ist, für einen anderen Unternehmer Geschäfte zu vermitteln oder in dessen Namen abzuschließen. Selbständig ist, wer im Wesentlichen frei seine Tätigkeit gestalten und seine Arbeitszeit bestimmen kann.

1. Grundsätzliches

Maßgebend für die **rechtliche Einordnung** ist nicht die von den Parteien gewählte Bezeichnung, sondern die vereinbarungsgemäß und tatsächlich ausgeübte Tätigkeit.[629] Entscheidend ist das Gesamtbild der vertraglichen Gestaltung und der tatsächlichen Handhabung (**Schwerpunkttheorie**).[630] Dabei soll das Kriterium der tatsächlichen Handhabung maßgebend sein.[631] Eine Herabstufung des Handelsvertreters zum nebenberuflichen Vertreter, der nach der Verkehrsauffassung hauptberuflich tätig ist, ist nicht möglich.[632] Handelsvertreter kann jede natürliche oder juristische Person sein, folglich nach der neuen Rechtsprechung des BGH auch die (Außen-)GbR.[633]

2. Gewerbetreibender

Handelsvertreter kann nur sein, wer ein **Gewerbe betreibt**. Unter Gewerbe ist jede selbständige außengerichtete und planmäßige Tätigkeit in Gewinnerzielungsabsicht zu verstehen.[634] Dabei finden die Vorschriften der §§ 84 f HGB auch Anwendung, wenn das Unternehmen des Handelsvertreters nach Art oder Umfang einen in kaufmännischer Weise eingerichteten Gewerbebetrieb nicht erfordert, § 84 Abs. 4 HGB. Kaufmann ist der Handelsvertreter nur, wenn er ein Handelsgewerbe im Sinne des § 1 Abs. 2 HGB betreibt oder in das Handelsregister eingetragen ist, §§ 2 f HGB.

3. Selbständigkeit

Die Betreibung des Gewerbebetriebs muss **selbständig** erfolgen. Insoweit enthält § 84 Abs. 1 S. 2 HGB ein typisches Abgrenzungsmerkmal, das über den unmittelbaren Anwendungsbereich hinaus eine allgemeine gesetzgeberische Wertung erkennen lässt.[635] Danach ist derjenige selbständig, der im Wesentlichen frei seine Tätigkeit gestalten und seine Arbeitszeit bestimmen kann. Unselbständig und deshalb persönlich abhängig ist derjenige Mitarbeiter, dem dies nicht möglich ist, weil er hinsichtlich Inhalt, Durchführung, Zeit, Dauer und Ort der Ausführung der versprochenen Dienste einem umfassenden Weisungsrecht unterliegt oder weil der Freiraum für die Erbringung der geschuldeten Leistung durch die rechtliche Vertragsgestaltung oder die tatsächliche Vertragsdurchführung stark eingeschränkt ist.[636] Maßgeblich ist die **rechtliche** Selbständigkeit; denn wirtschaftlich sind auch Handelsvertreter vielfach mehr oder weniger abhängig von dem von ihnen vertretenen Unternehmen, besonders wenn es sich um Einfirmenvertreter handelt.[637]

---

628 EuGH NJW 2000, 3268.
629 BGH NJW 1982, 1757.
630 BVerfG NJW 1978, 365; BGH NJW 1999, 648.
631 BAG NJW 2004, 462.
632 BGH NJW 1999, 639.
633 BGHZ 146, 341; Baumbach/Hopt, HGB, 32. Aufl., § 84 Rn 9.
634 BGHZ 33, 324; BGHZ 74, 276; vgl Koller/Roth/Morck HGB, 5. Aufl., § 1 Rn 3 f.
635 BGH ZIP 1998, 2176.
636 BGH ZIP 1998, 2176.
637 BGH VersR 1964, 331.

454 **Kriterien für Selbständigkeit** sind u.a.: Unabhängigkeit von Weisungen des Unternehmers, Erfolgsabhängigkeit der Vergütung, Tragen von Kosten und Risiken der Geschäftstätigkeit.[638] Die Selbständigkeit des Inhabers eines Einzelhandelsgeschäfts wird nicht dadurch beeinträchtigt, dass er sein Geschäft regelmäßig während der üblichen Verkaufszeiten geöffnet hält. Ausschlaggebend ist hier, dass keine Weisungen des Unternehmers bestehen, sondern dass eine Vertretung durch Angestellte möglich ist.[639]

455 **Kriterien gegen eine Selbständigkeit** sind u.a.: Festvergütung, Abführen von Lohnsteuern, Sozialabgaben, Urlaubsregelungen,[640] Weisungsgebundenheit bzgl Inhalt, Durchführung, Zeit, Ort, Gestaltung der Dauer der Tätigkeit.[641] Fehlt es an der Selbständigkeit, gilt der Gewerbetreibende unter den Voraussetzungen des § 84 Abs. 2 HGB als Angestellter (unselbständiger Handelsvertreter).

4. Geschäftsvermittlung

456 **Vermittlung von Geschäften** bedeutet Förderung ihres Abschlusses durch Einwirkung auf einen Dritten,[642] wobei Mitursächlichkeit genügt.[643] Demgemäß reichen der bloße Nachweis von Geschäftsbeziehungen sowie zB Kundenbetreuung, Kontaktpflege und reine Werbetätigkeit nicht aus.[644]

457 Bei Vorliegen eines besonderen Auftrages und einer Vollmacht (§§ 54, 55 HGB) kann der Handelsvertreter im Namen des Unternehmers Geschäfte abschließen (**Abschlussvertreter**). Als Geschäft kommt jede Absatzmittlung in Betracht,[645] wie zB nicht nur von Waren, sondern auch zB von Rechten und Dienstleistungen.

5. Ständige Betreuung

458 **Ständige Betrauung** bedeutet Beauftragung im Sinne der §§ 611 f, 675 BGB, und zwar auf gewisse Zeit,[646] wobei die Dauer von untergeordneter Bedeutung ist. So kann eine ständige Beauftragung zB für die Dauer einer Ausstellung oder für eine Saison erfolgen. Erforderlich ist nur, dass eine Tätigkeitspflicht besteht.[647]

6. Unternehmereigenschaft

459 Mit **Unternehmer** im Sinne des § 84 Abs. 1 HGB ist jeder Unternehmer unabhängig von der Rechtsform gemeint. Hieraus folgt, dass der Handelsvertreter selbst Unternehmer sein kann, § 84 Abs. 3 HGB. Allerdings darf zwischen Handelsvertreter und Unternehmer weder eine persönliche noch eine wirtschaftliche Identität bestehen.[648]

460 Der Handelsvertreter kann nicht nur für ein Unternehmen tätig werden (Einfirmenvertreter), sondern auch für mehrere Unternehmen (Mehrfachvertreter). Beabsichtigt ein Einfirmenvertreter ein oder mehrere weitere Unternehmen zu vertreten, ist dies im Einzelnen mit dem Unternehmer abzustimmen. Mehrfachvertretungen müssen miteinander vereinbar sein und dürfen insbesondere nicht miteinander kollidieren.

7. Abgrenzungen

461 Demgemäß sind **keine Handelsvertreter** gem. § 84 HGB:

---

638 BGH VersR 1964, 331.
639 BGH VersR 1964, 331; BGH WM 1998, 1254.
640 BAG NJW 2004, 462.
641 BAG NJW 2004, 462.
642 BGH NJW 1983, 42.
643 BGH NJW 1980, 1793.
644 BGH NJW 1983, 42; BGH NJW 1984, 2695.
645 Koller/Roth/Morck, aaO, § 84 Rn 4.
646 BGH NJW 1992, 2819.
647 BGH NJW 1992, 2818 = WM 1992, 1193.
648 Vgl BGH BB 1985, 823.

a) Der Vertragshändler (Eigenhändler)

Er wird im eigenen Namen und auf eigene Rechnung tätig. Er erhält keine Provision, sondern eine Marge. Es gibt keine unmittelbare Beziehung zwischen dem Unternehmer und dem Endabnehmer. Auf den Vertragshändler (wie zB den Kfz-Händler) können aber die Vorschriften der §§ 84 f HGB uU entsprechend anwendbar sein, und zwar dann, wenn sich das Vertragsverhältnis zwischen ihm und dem Unternehmer nicht in einer reinen Käufer-Verkäufer-Beziehung erschöpft.[649] Von besonderer Bedeutung ist die analoge Anwendung des § 89 b HGB.[650]

b) Der Kommissionär

Nach dem Leitbild der §§ 383 f HGB führt er die Geschäfte im eigenen Namen, aber auf Rechnung des Kommittenten, wobei er für seine Tätigkeit typischerweise eine Provision (§ 396 HGB) und im Fall der Verkaufskommission die abzusetzende Ware nicht zum Eigentum, sondern zur Verwahrung und zum Verkauf erhält.[651]

c) Der Franchisenehmer

Im Unterschied zum Kommissionär handelt der Franchisenehmer, wenn er nicht als Vertragshändler tätig wird, nicht nur im eigenen Namen, sondern auch auf eigene Rechnung. Er hat in einem solchen Falle die Ware vom Franchisegeber entgeltlich zu erwerben, behält dafür aber den Erlös aus dem Warenabsatz als Eigengeschäft und hat dem Franchisegeber für dessen Leistungen Gebühren zu entrichten.[652] Auch im Franchiserecht wird die analoge Anwendung der §§ 84 f HGB diskutiert.[653]

d) Der Makler (Handelsmakler)

Gem. § 652 Abs. 1 BGB weist der Zivilmakler einem Dritten die Gelegenheit zum Abschluss eines Vertrages nach oder vermittelt Vertragsabschlüsse gegen Provision. Handelsmakler ist, wer gewerbsmäßig für andere die Vermittlung von Verträgen über Gegenstände des Handelsverkehrs übernimmt, ohne von ihnen ständig damit betraut zu sein, § 93 HGB.[654]

Typisch für eine **Handelsvertretertätigkeit** ist, dass es dem Unternehmer darum geht, mit Hilfe des Handelsvertreters immer wieder neu produzierte Objekte zu veräußern. Demgemäß sprechen Unbestimmtheit und Vielzahl der zu veräußernden Objekte und das Interesse an der Umsatzförderung für eine Einordnung als Handelsvertreter und gegen eine Maklertätigkeit. Wenn auch der Handelsvertreter selbständiger Gewerbetreibender ist, so ist er mangels anderer Abreden im Zweifel als Beauftragter in gewissem Umfange weisungsgebunden.

Typisch für eine **Maklertätigkeit** ist, dass der Makler weisungsunabhängig ist, auch wenn er einen Alleinauftrag hat. Typisch ist des Weiteren, dass die Maklertätigkeit auf ein bestimmtes Objekt bezogen ist, dass der Makler dafür im Nachweisfall einen abschlussbereiten Käufer benennt oder im Vermittlungsfall den Abschluss des Kaufvertrages fördert.[655]

8. Der Handelsvertreter im Nebenberuf

Für einen **Handelsvertreter im Nebenberuf** enthält § 92 b Abs. 1 HGB eine abweichende Regelung bezüglich der Kündigungsfristen, des Ausgleichsanspruchs sowie des Provisionsvorschusses.

Der Unternehmer kann den Handelsvertreter nur dann auf § 92 b HGB verweisen, wenn er ihn ausdrücklich als Handelsvertreter im Nebenberuf mit der Vermittlung oder dem Abschluss von Geschäften betraut hat, § 92 b Abs. 2 HGB. Ob ein Handelsvertreter als Handelsvertreter im Nebenberuf

---

649 Zur analogen Anwendung einzelner Vorschriften: Baumbach/Hopt aaO, § 84 Rn 11 f; vgl unten Rn 792 f.
650 Vgl BGH NJW 2000, 1413 sowie unten Rn 792 f.
651 BGH WM 2004, 132, 135.
652 BGH WM 2004, 132, 135.
653 Vgl BGH NJW-RR 1987, 612; BGH NJW-RR 2002, 1555; OLG Hamm NJW-RR 1994, 243; OLG München BB 2002, 2523.
654 Vgl die Ausführungen zu § 93 HGB unten Rn 832 f.
655 BGH WM 1992, 1193.

tätig ist, bestimmt sich dabei nach der Verkehrsauffassung, § 92 b Abs. 3 HGB. Die Bestimmung des § 92 b Abs. 2 HGB ist zwingend.[656] Aus ihrer Fassung ergibt sich, dass sich der Handelsvertreter jederzeit darauf berufen kann, dass er, sofern die Voraussetzungen des § 92 b Abs. 3 HGB gegeben sind, Handelsvertreter im Nebenberuf sei.

470 Wird die nebenberufliche Tätigkeit zu einer hauptberuflichen, gelten die §§ 84 f HGB uneingeschränkt, wenn der Unternehmer bei Vertragsabschluss keine Erklärung gem. § 92 b Abs. 2 HGB abgegeben hat. Wird die hauptberufliche Tätigkeit zu einer nebenberuflichen, kann sich nur der Handelsvertreter hierauf berufen.[657] Im Übrigen fällt der Handelsvertreter im Nebenberuf in den Anwendungsbereich von § 92 a HGB.[658]

9. Gerichtsbarkeit

471 Für alle Rechtsstreitigkeiten aus einem Handelsvertreterverhältnis sind die **ordentlichen Gerichte** zuständig. Ist der Handelsvertreter nicht nur Gewerbetreibender im Sinne des § 84 Abs. 1 HGB, sondern auch Kaufmann, ist die Zuständigkeit der Kammer für Handelssachen gegeben, § 95 Abs. 1 S. 1 GVG.

472 Die Zuständigkeit der **Gerichte für Arbeitssachen** ist gegeben, wenn die Voraussetzungen des § 2 Abs. 1 Nr. 3, § 5 Abs. 3 ArbGG vorliegen. Dies ist der Fall, wenn der Handelsvertreter zu dem Personenkreis gehört, für den nach § 92 a HGB die untere Grenze der vertraglichen Leistungen des Unternehmers festgesetzt werden kann und wenn er während der letzten sechs Monate des Vertragsverhältnisses, bei kürzerer Dauer während dieser, im Durchschnitt monatlich nicht mehr als 1 000,00 EUR aufgrund des Vertragsverhältnisses an Vergütung einschließlich Provision und Ersatz für im regelmäßigen Geschäftsbetrieb entstandene Aufwendungen bezogen hat. In einem solchen Falle gilt der Handelsvertreter als Arbeitnehmer im Sinne des ArbGG. Dabei stellt § 5 Abs. 3 S. 1 ArbGG die von dieser Bestimmung erfassten selbständigen Einfirmenvertreter Arbeitnehmern lediglich prozessual gleich. Die Anwendung arbeitsrechtlicher Vorschriften oder Grundsätze auf das Rechtsverhältnis eines selbständigen Einfirmenvertreters regelt diese Vorschrift nicht.[659]

473 Im Übrigen kommt es für die Abgrenzung des freien Handelsvertreters vom Arbeitnehmer im Sinne des § 5 ArbGG und der daran anschließenden Frage der Zuständigkeit der Zivilgerichte oder der Arbeitsgerichte auf das Gesamtbild der vertraglichen Gestaltung und auf die tatsächliche Handhabung an.[660]

II. Vertragsurkunde

474 Gem. § 85 HGB kann jeder Teil verlangen, dass der Inhalt des Vertrages sowie spätere Vereinbarungen zu dem Vertrag in eine von dem anderen Teil unterzeichnete Urkunde aufgenommen werden. Dieser Anspruch kann nicht ausgeschlossen werden.

1. Formfreiheit, Formzwang

475 Aus dieser Bestimmung folgt, dass der Handelsvertretervertrag **keiner Form** bedarf, also mündlich wirksam abgeschlossen werden kann. Eine nationale Regelung, die die Gültigkeit eines Handelsvertretervertrages von der Eintragung des Handelsvertreters in das dazu vorgesehene Register abhängig macht (Italien), ist unwirksam.[661]

476 **Formzwang** besteht im Falle der Übernahme der Delkredere-Haftung gem. § 86 b Abs. 1 S. 3 HGB sowie bei Vereinbarung eines nachvertraglichen Wettbewerbverbots gem. § 90 a Abs. 1 S. 1 HGB jeweils für die einzelne Klausel.

---

656 BGH ZIP 1988, 2155.
657 Im Einzelnen streitig; vgl Baumbach/Hopt, § 92 b Rn 5.
658 OLG Saarbrücken, VersR 2006, 1216.
659 BAG NJW 2003, 2627.
660 BGH NJW 1982, 1757; BAG VersR 2000, 1501; OLG Hamm, VersR 2004, 1133.
661 EuGH NJW 2000, 3267.

2. Vertragsurkunde

Sowohl der Handelsvertreter als auch der Unternehmer können die Aufnahme des Vertragsinhalts in einer von dem anderen unterzeichneten Urkunde verlangen. Insoweit besteht sowohl für den Handelsvertreter als auch für den Unternehmer ein einklagbarer Anspruch, der auf Errichtung der Urkunde und eigenhändige Unterschrift gerichtet ist, § 126 BGB. Dieser Anspruch entsteht mit jeder Vertragsänderung neu, § 85 S. 1 HGB, und ist unabdingbar, § 85 S. 2 HGB. Die unterzeichnete Urkunde begründet eine widerlegbare Vermutung für ihre Richtigkeit und Vollständigkeit, § 416 ZPO. Der mittels Leistungsklage geltend zu machende Anspruch ist im Falle der Titulierung gem. § 888 ZPO und nicht gem. § 894 ZPO zu vollstrecken.[662]

III. Unabdingbare Bestimmungen, Wirksamkeit von AGB-Klauseln

1. Zwingende Vorschriften

Das Handelsvertreterrecht enthält zahlreiche **zwingende gesetzliche Regelungen**, die nicht abgeändert werden können. Demgemäß sind Vereinbarungen der Parteien, die gegen zwingende Bestimmungen des Handelsvertreterrechts verstoßen, unwirksam. Folgende Bestimmungen sind nicht dispositiv und einer abweichenden Vereinbarung nicht bzw. nur eingeschränkt zugänglich:

- Der Anspruch sowohl des Handelsvertreters als auch des Unternehmers auf **schriftliche Niederlegung des Vertrages** und späterer Änderungen in einer von dem anderen Teil unterzeichneten Urkunde kann nicht ausgeschlossen werden, § 85 S. 2 HGB.
- Die **Pflicht** des Handelsvertreters, sich um die Vermittlung oder den Abschluss von Geschäften zu **bemühen**, die Interessen des Unternehmers **wahrzunehmen** sowie ihn unverzüglich zu **unterrichten**, § 86 Abs. 1, Abs. 2 HGB, kann weder erweitert noch beschränkt werden, § 86 Abs. 4 HGB.
- Die **Pflicht** des Unternehmers, dem Handelsvertreter die zur Ausübung seiner Tätigkeit erforderlichen **Unterlagen zur Verfügung zu stellen** und ihm die erforderlichen **Nachrichten zu geben**, § 86 a Abs. 1, Abs. 2 HGB kann ebenfalls nicht abbedungen werden, § 86 a Abs. 3 HGB.
- Ein **Vorausverzicht** des Handelsvertreters auf die **Delkredereprovision** ist ausgeschlossen, § 86 b Abs. 1 S. 2 HGB. Die Verpflichtung des Handelsvertreters, für die Erfüllung der Verbindlichkeit aus einem Geschäft einzustehen, bedarf grundsätzlich der Schriftform, § 86 b Abs. 1 S. 3 HGB, vgl aber § 86 b Abs. 3 HGB.
- Gem. § 87 a Abs. 1 S. 1 HGB ist der Provisionsanspruch des Handelsvertreters **fällig**, sobald und soweit der Unternehmer das Geschäft ausgeführt hat. In diesem Falle kann eine abweichende Vereinbarung getroffen werden, § 87 a Abs. 1 S. 2 HGB, jedoch sind dabei § 87 a Abs. 1 S. 2, 2. Hs HGB sowie § 87 a Abs. 1 S. 3 HGB zu beachten. Für Handelsvertreter im Nebenberuf gilt zudem § 92 b Abs. 1 S. 3 HGB.
- Nicht wirksam sind Vereinbarungen, die von § 87 a Abs. 2 1. Hs HGB sowie von § 87 a Abs. 3, 4 HGB abweichen, § 87 a Abs. 5 HGB. Die Provisionspflicht des Unternehmers entfällt somit nur, wenn die Nichtleistung des Dritten feststeht. Ferner steht dem Handelsvertreter in jedem Falle die volle Provision auch bei Nichtausführung des Geschäftes zu, wenn diese vom Unternehmer zu vertreten ist. Auch der Fälligkeitszeitpunkt des § 87 a Abs. 4 HGB steht nicht zur Disposition, § 87 a Abs. 5 HGB.
- Die in § 87 c Abs. 1–4 HGB geregelten Ansprüche des Handelsvertreters (Anspruch auf **Abrechnung**, auf Erteilung eines **Buchauszuges**, auf weitere **Information** sowie auf **Einsicht in die Geschäftsbücher** etc.) können weder ausgeschlossen noch beschränkt werden, § 87 c Abs. 5 HGB.
- Ein Vorausverzicht des Handelsvertreters auf gesetzliche **Zurückbehaltungsrechte** ist ausgeschlossen.
- Die **Kündigungsfristen** gem. § 89 Abs. 1 HGB können nur unter den Voraussetzungen des § 89 Abs. 2 HGB verlängert bzw verkürzt werden. Im Übrigen ist im Falle des § 89 Abs. 3 S. 1 HGB die Gesamtdauer des Vertragsverhältnisses maßgeblich, § 89 Abs. 3 S. 2 HGB.

---

662 Str.; vgl Baumbach/Hopt, aaO, § 85 Rn 9.

- Das Recht zur **fristlosen** Kündigung kann weder ausgeschlossen noch beschränkt werden, § 89 Abs. 1 S. 2 HGB.
- Auch der **Ausgleichsanspruch** des Handelsvertreters kann im Voraus nicht ausgeschlossen werden, § 89 b Abs. 4 S. 1 HGB.
- Jede für den Handelsvertreter nachteilige Abweichung von den gesetzlichen Bestimmungen über Form und Inhalt einer **nachvertraglichen Wettbewerbsabrede** ist gem. § 90 a Abs. 4 HGB ausgeschlossen.

2. Allgemeine Geschäftsbedingungen

a) Grundsätzliches

479 Handelsvertreterverträge enthalten mitunter **Allgemeine Geschäftsbedingungen (AGB)**. Bei ihnen handelt es sich um für eine Vielzahl von Verträgen vorformulierte Vertragsbedingungen, die eine Vertragspartei (Verwender) der anderen Vertragspartei bei Abschluss des Vertrages stellt, § 305 Abs. 1 S. 1 BGB.

480 AGB liegen nicht vor, soweit die Vertragsbedingungen zwischen den Parteien im Einzelnen ausgehandelt sind, § 305 Abs. 1 S. 3 HGB. Aushandeln bedeutet dabei mehr als bloßes Verhandeln.[663] Der Verwender muss den gesetzesfremden Kerngehalt seiner AGB inhaltlich ernsthaft zur Disposition stellen und dem anderen Teil Gestaltungsfreiheit zur Wahrnehmung eigener Interessen einräumen; die andere Vertragspartei muss die reale Möglichkeit erhalten, den Inhalt der Vertragsbedingungen zu beeinflussen.[664]

481 AGB werden dann Bestandteil eines Vertrages, wenn sie wirksam in das Vertragsverhältnis einbezogen worden sind, § 305 Abs. 2 BGB. Dabei ist bei jeder einzelnen Klausel zu prüfen, ob es sich bei ihr um eine überraschende bzw mehrdeutige Klausel im Sinne des § 305 c Abs. 1 BGB handelt, die dann nicht Vertragsbestandteil wird. Zweifel bei der Auslegung von AGB gehen zu Lasten des Verwenders, § 305 c Abs. 2 BGB. Im Übrigen gilt § 306 BGB. Des Weiteren ist bei jeder einzelnen Klausel zu prüfen, ob sie einer Inhaltskontrolle gem. den §§ 307 f BGB (vgl aber auch § 310 BGB) standhält, insbesondere ob der Vertragspartner des Verwenders durch die AGB unangemessen benachteiligt wird, § 307 BGB.

b) Zur Wirksamkeit einzelner Klauseln

- Klauseln, die den Handelsvertreter verpflichten, an seinen Vorgänger eine **Abfindung** für die Überlassung des Handelsvertreterbezirkes (vgl § 87 Abs. 2 HGB) zu erbringen, sind grundsätzlich wirksam.[665]
- Die Klausel: „Der Vertragsnehmer zahlt einmalig für die Alleinvertriebsrechte in seinem Wirtschaftsraum einen Pauschalbetrag von ... EUR zzgl der gesetzlichen Mehrwertsteuer" unterliegt nicht der Inhaltskontrolle,[666] da die Klausel unmittelbar den Preis bestimmt, der für die Alleinvertriebsrechte zu zahlen war. Es ist grundsätzlich Sache der Vertragsparteien, durch Vereinbarung festzulegen, wie die beiderseits zu erbringenden Leistungen beschaffen sein sollen und ob zwischen ihnen ein Äquivalenzverhältnis besteht.[667]
- Klauseln, die die Höhe der Provision mittelbar über die Einbeziehung von Bemessungsgrundlagen regeln (**Preisnebenabreden**), sind kontrollfähig und unterliegen der Inhaltskontrolle gem. den §§ 307 f BGB.[668]

---

663 BGH NJW 1991, 1679.
664 BGH NJW 2000, 1110; Palandt/*Heinrichs*, 66. Aufl., § 305 Rn 21 mwN.
665 BGH NJW 1985, 58; BGH WM 1993, 753; bzgl der Auswirkung einer derartigen Abfindungszahlung im Rahmen des § 89 b HGB vgl BGH NJW 1985, 58.
666 BGH WM 1993, 753.
667 BGH WM 1993, 753.
668 BGH WM 2003, 687.

- Für Klauseln, die die **Verjährung** abkürzen, gilt: Bis zum Inkrafttreten des VerjährungsanpassungsG vom 9.12.2004[669] war anerkannt, dass die seinerzeit geltende Verjährungsfrist des § 88 HGB abgekürzt werden konnte, wenn und soweit billigenswerte Interessen zumindest einer der Vertragsparteien eine angemessene Beschränkung der Verjährungsfrist rechtfertigten und insgesamt der Grundsatz der Gleichbehandlung von Handelsvertreter und Unternehmer gewahrt blieb.[670] Eine Abkürzung der Verjährungsfrist auf sechs Monate war zulässig, wenn für den Beginn des Laufs der abgekürzten Frist die Kenntnis von der Anspruchsentstehung war;[671] dh es musste für beide Parteien eine einheitliche Verjährungsfrist gelten. Klauseln, die eine Partei hinsichtlich der Abkürzung der Verjährungsfrist einseitig bevorzugte, waren hingegen unwirksam.[672]
- Nach Inkrafttreten des VerjährungsanpassungsG vom 9.12.2004 ist anstelle des aufgehobenen § 88 HGB die Regelverjährung von drei Jahren gem. § 197, § 199 BGB getreten. Abweichende Vereinbarungen sind im Rahmen des § 202 BGB zulässig. Dabei kann die Rechtsprechung zum früheren Recht, soweit die Regelungen und Strukturen des neuen Verjährungsrechts nicht entgegenstehen, bei der Inhaltskontrolle nach Prüfung des Einzelfalles weiter herangezogen werden.[673]
- Die Klausel, dass der Unternehmer bei Kündigung im Falle einer **Wettbewerbsverletzung** des Handelsvertreters von diesem Schadensersatz verlangen und daneben sämtliche auf dem Stornokonto aufgelaufenen Stornoreserven als Vertragsstrafe für sich in Anspruch nehmen kann, ist unwirksam.[674]

IV. Vertragsgestaltung
1. Grundsätzliches

Im Rahmen einer **vertriebsrechtlichen Beratung**, in der es um einen abzuschließenden Vertrag geht, ist es zunächst die Aufgabe des Rechtsanwalts, mit dem Mandanten zu eruieren, welcher Vertragstypus für seine Ziele am Sinnvollsten ist. Je nachdem, wie der Sachverhalt gelagert ist, kommen folgende rechtliche Einordnungen in Betracht: 482

- Als Handelsvertreter gem. §§ 84 f HGB
- Als Vertragshändler gem. §§ 84 f HGB analog
- Als Kommissionär gem. §§ 383 f HGB
- Als Franchisenehmer

2. Einzelheiten

Ergibt die Beratung, dass ein Handelsvertretervertrag zu entwerfen ist, ist die Ausgestaltung an den jeweiligen Zielen des Mandanten auszurichten. Je nach dem, ob der Mandant Unternehmer oder Handelsvertreter ist, ist eine unternehmerfreundliche bzw eine handelsvertreterfreundliche Formulierung geboten, wobei in jedem Falle die zwingenden Vorschriften des Handelsvertreterrechts zu beachten sind. 483

In dem Vertrag sollten u.a. folgende Punkte angesprochen bzw geregelt werden: 484
- Der **Vertragsgegenstand** sollte so genau wie möglich bezeichnet und beschrieben werden.
- Im Falle der Übertragung einer **Bezirksvertretung** sollte der Bezirk genau gekennzeichnet werden, etwa durch Angabe der PLZ bzw durch Beifügung eines Kartenausschnitts.
- Die jeweiligen **Pflichten** und **Rechte** des Unternehmers sowie des Handelsvertreters sollten präzisiert werden.

---

669 BGBl. I S. 3214.
670 BGH WM 1990, 2085; BGH NJW-RR 1991, 35; BGH WM 1996, 1550.
671 BGH WM 1980, 38; BGH WM 1990, 2085.
672 BGH BB 1996, 1188 = WM 1996, 1550; BGH NJW 2003, 1670.
673 Palandt/*Heinrichs*, 66. Aufl., § 202 Rn 14 f.
674 BGH WM 1992, 829.

- Es sollte klargestellt werden, ob eine **Mehrfirmenvertretung** gestattet ist oder nicht. Eine spätere Mehrfachvertretung sollte jeweils von der Zustimmung des Unternehmers abhängig gemacht werden.
Bei Abschluss des Handelsvertretervertrages bietet sich folgende Formulierung an:
▶ Der Handelsvertreter vertritt zur Zeit die in der Anlage ... aufgeführten Unternehmen bzw Erzeugnisse. Der Handelsvertreter darf weitere Vertretungen nur mit Zustimmung des Unternehmers übernehmen. Der Unternehmer darf die Zustimmung nur dann verweigern, wenn seine Interessen durch die von dem Handelsvertreter beabsichtigte Tätigkeit bzw durch die von ihm geplanten Maßnahmen beeinträchtigt werden. ◀
- Die Provisionsregelung sollte nicht nur den Provisionssatz, sondern auch eine Provisionsberechnung gemäß § 87 b Abs. 2, 3 HGB enthalten.
- Die **Laufzeit** des Vertrages bzw die Kündigungsfristen bei unbestimmter Vertragsdauer sollten angegeben werden. In Betracht kommt folgende Regelung:
▶ Das Vertragsverhältnis beginnt am ... und wird auf bestimmte Zeit bis zum ... (auf unbestimmte Zeit) abgeschlossen. Ist der Vertrag für eine bestimmte Zeit abgeschlossen, so verlängert er sich um jeweils weitere ... Monate/Jahre, wenn er nicht spätestens 6 Monate vor Ablauf gekündigt wird.
Der Vertrag endet mit dem Tod des Handelsvertreters.
Ist das Vertragsverhältnis auf unbestimmte Zeit eingegangen, gelten die Kündigungsfristen des § 89 HGB.
Das Recht zur Kündigung des Vertrages aus wichtigem Grund bleibt unberührt. ◀

Der Vertrag sollte Regelungen über **Schriftform, Teilunwirksamkeit, anwendbares Recht** und **Gerichtsstand** enthalten. Hier bietet sich folgende Formulierung an:
▶ Nebenabreden zu diesem Vertrag sind nicht getroffen worden. Änderungen oder Ergänzungen des Vertrages sind unwirksam, wenn sie nicht schriftlich erfolgen. Auch der Verzicht auf das Schriftformerfordernis bedarf der Schriftform.
Im Falle der Unwirksamkeit einer oder mehrerer Bestimmungen des Vertrages werden die Vertragspartner eine der unwirksamen Regelung wirtschaftlich möglichst nahe kommende Ersatzregelung treffen.
Auf alle Ansprüche im Zusammenhang mit dem Vertrag findet ausschließlich deutsches Recht Anwendung.
Gerichtsstand für alle Streitigkeiten im Zusammenhang mit diesem Vertrag ist der Sitz des Handelsvertreters (bzw des Unternehmers). Jeder Vertragspartner ist auch berechtigt, den anderen an dem für diesen allgemein geltenden Gerichtsstand zu verklagen. ◀

485 Bei **Verhandlungen** über einen abzuschließenden Vertrag sollte nach Möglichkeit immer ein eigener Vertragsentwurf vorgelegt werden. Es sollte nicht auf der Grundlage eines Vertragsentwurfs des potenziellen Vertragspartners verhandelt werden.

V. Pflichten des Handelsvertreters und des Unternehmers

1. Grundsätzliches

486 Der Handelsvertretervertrag ist ein Dienstvertrag mit Geschäftsbesorgungscharakter, §§ 611, 675 BGB. Bei den §§ 84 f HGB handelt es sich folglich um Sonderregelungen. Dies bedeutet, dass das Dienstvertrags- bzw Auftragsrecht zur Anwendung gelangt, soweit es an einer entsprechenden Regelung in den §§ 84 f HGB fehlt.

487 Aus dem Dienstvertragsrecht sind anwendbar die §§ 613, 615, 618 und 625 BGB. Nicht anwendbar sind die §§ 613 a, 620 Abs. 2, 621, 622, 626–628, 629 und 630 BGB, sofern der Handelsvertreter nicht als arbeitnehmerähnlich im Sinne des § 92 a HGB einzustufen ist. Aus dem Auftragsrecht sind über § 675 BGB anwendbar die §§ 663, 666–670, 672–674 BGB.[675] Handelsbräuche können die gesetzlichen Regelungen ersetzen bzw ergänzen, § 346 HGB.

---

675 Vgl *Emde* MDR 2002, 190 f.

2. Pflichten des Handelsvertreters (§ 86 HGB)

a) Bemühenspflicht

Der Handelsvertreter ist verpflichtet, sich um die Vermittlung oder den Abschluss von Geschäften zu bemühen (sog. **Bemühenspflicht**, § 86 Abs. 1 1. Hs). Bei dieser Pflicht handelt es sich um eine Hauptpflicht im Sinne des § 84 HGB und nicht lediglich um eine Nebenpflicht.[676] Eine gelegentliche Tätigkeit des Handelsvertreters genügt nicht. Überobligatorischer Einsatz hingegen wird auch nicht geschuldet. Allerdings hängt die Intensität der Tätigkeitspflicht des Handelsvertreters von den Umständen ab; so kann bei der Erschließung eines neuen Marktes besonderer Einsatz geboten sein.[677]

Die Tätigkeitspflicht des Handelsvertreters erstreckt sich auf das gesamte Angebot (Produktion, Sortiment) des Unternehmers, sofern nichts anderes vereinbart ist.[678] Eine Konkretisierung der Bemühenspflicht, auch im Sinne einer Erweiterung oder einer Beschränkung, ist zulässig, soweit der zwingenden Vorschrift des § 86 Abs. 4 HGB Rechnung getragen wird.

Grundsätzlich hat sich der Handelsvertreter um die Werbung von Kunden zu bemühen; er hat nicht nur die als Kunden in Betracht kommenden Personen zu bearbeiten, sondern auch ganz allgemein den Markt auf seine Aufnahmebereitschaft und auf Wünsche der Abnehmerschaft zu beobachten. Er hat sich ein Bild über die geschäftlichen Verhältnisse der Kundschaft zu machen und die Beziehungen zur Kundschaft zu pflegen.[679] Hingegen zählen nicht zur Bemühenspflicht des Handelsvertreters eine allgemeine Markt- oder Produktpflege, eine Marktanalyse bzw eine allgemeine Kundenpflege.[680]

b) Interessenwahrnehmungspflicht

Bei seiner gesamten Tätigkeit obliegt dem Handelsvertreter eine sog. **Interessenwahrnehmungspflicht**, dh er hat stets das Interesse des Unternehmers wahrzunehmen, § 86 Abs. 1 2. Hs HGB.[681] Daher ist er verpflichtet, alles zu unterlassen, was eine Schädigung der Interessen des Unternehmers herbeizuführen geeignet wäre.[682]

Im Einzelnen

Der Handelsvertreter schuldet dem Unternehmer unverzügliche **Unterrichtung**, insbesondere über seine Vermittlungstätigkeit sowie über Geschäftabschlüsse. Auf Verlangen des Unternehmers hat er ihn gem. § 666 BGB über den Stand des Geschäftes und über die Aussichten eines Geschäftsabschlusses zu unterrichten. Unter Umständen ist er zur Erstellung eines Zwischenberichtes verpflichtet (**Informationspflicht**).

Nach jeder Ausführung eines Geschäftes hat der Handelsvertreter Rechenschaft abzulegen, § 666 BGB, und alle für den Unternehmer wichtigen Einzelheiten, wie zB erfolgreiche oder erfolglose Werbemethoden, mitzuteilen. Art, Inhalt und Häufigkeit der von dem Handelsvertreter zu erstellenden Berichte bestimmen sich nach den jeweiligen Umständen, wobei der Unternehmer bestimmte Anforderungen stellen kann, soweit sie zumutbar sind.[683] Dabei hat der Unternehmer die Selbständigkeit des Handelsvertreters zu respektieren.[684] Besondere Anforderungen an die **Berichtspflicht** des Handelsvertreters können dann gestellt werden, wenn der Umsatz nicht unerheblich zurückgegangen ist.[685]

---

676 BGH NJW 1972, 251; BGHZ 30, 102.
677 BGH DB 1981, 1772.
678 BGH DB 1981, 1772.
679 OLG Hamm, HVR (70), Rn 432.
680 Baumbach/Hopt, aaO, § 86 Rn 13.
681 BGHZ 42, 61.
682 BGHZ 42, 61.
683 Vgl BGH WM 1989, 1060, 1062.
684 Vgl unten Rn 504.
685 BGH NJW 1966, 882; BGH NJW-RR 1988, 287.

494 Bei allem hat der Handelsvertreter den Unternehmer auch über Pflichtverletzungen von Kunden zu informieren, und zwar selbst dann, wenn dies für ihn von Nachteil ist.[686] Ferner hat er auch dem Unternehmer Bedenken über die Bonität von Kunden mitzuteilen, und zwar auch dann, wenn er selbst von der Richtigkeit der ihm zugegangenen Mitteilungen nicht überzeugt ist.[687]

495 Eine besondere Form der Unterrichtung ist grundsätzlich nicht vorgeschrieben, es sei denn, sie sei von dem Unternehmer vorgegeben worden. Zulässig ist es, wenn der Unternehmer dem Handelsvertreter vorformulierte Fragebögen mit der Bitte um Ausfüllung und Rücksendung übergibt.[688] Der Handelsvertreter hat dem Unternehmer auch Umstände mitzuteilen, die ihn persönlich betreffen, wie zB Krankheit, Absicht einer Übernahme weiterer Vertretungen, insbesondere einer Konkurrenzvertretung.

496 **Unterlagen**, die der Handelsvertreter vom Unternehmer erhalten hat, wie zB **Musterkollektionen**, hat er unter Beachtung des Maßstabs des § 86 Abs. 3 HGB aufzubewahren, wobei die ihm obliegende Sorgfaltspflicht umso höher anzusiedeln ist, je wertvoller das anvertraute Gut ist.[689] In jedem Falle hat der Handelsvertreter nach Beendigung des Vertragsverhältnisses die Unterlagen herauszugeben, soweit sie nicht bestimmungsgemäß in den Verkehr gegeben worden sind. Soweit der Handelsvertreter aus der Geschäftsführung etwas erlangt hat (zB einkassierte Gelder, auch Schmiergelder), hat er sie herauszugeben, § 667 BGB.

c) Wettbewerbsverbot (Konkurrenzverbot)

497 **Während** der Vertragsdauer besteht immer ein **Wettbewerbsverbot** des Handelsvertreters, auch wenn dies nicht besonders vereinbart ist.[690] Dies gilt auch für einen Handelsvertreter, der nach einer unwirksamen fristlosen Kündigung seitens des Unternehmers am Vertrag festhalten und die sich hieraus ergebenden Rechte nach wie vor in Anspruch nehmen will.[691] **Nach** Beendigung des Vertrages ist ein Wettbewerbsverbot nur unter den Voraussetzungen des § 90 a HGB möglich.[692]

498 Das Wettbewerbsverbot **während** der Vertragsdauer setzt in räumlicher, sachlicher und zeitlicher Hinsicht eine Wettbewerbssituation voraus. Eine bloße Kontaktaufnahme schafft noch keine Wettbewerbssituation, ist folglich zulässig.[693]

- In **räumlicher** Hinsicht erfasst das Wettbewerbsverbot das gesamte Absatzgebiet des Unternehmers. Bei einem Bezirksvertreter ist das Wettbewerbsverbot nicht auf den Bezirk beschränkt, es sei denn, es sei vertraglich etwas anderes vereinbart worden.
- In **sachlicher** Hinsicht gilt das Wettbewerbsverbot nur für Konkurrenzprodukte, dh für konkurrierende Waren oder Leistungen. Dabei kommt es darauf an, ob die angesprochenen Kundenkreise die Produkte des Unternehmers als austauschbar ansehen bzw die Gefahr einer Verwechslung oder Fehldeutung besteht.[694] Erweitert der Unternehmer im Nachhinein seine Produktpalette, dürfte die Priorität der Vertretung entscheidend sein.[695]
- In **zeitlicher** Hinsicht spielt somit das Prioritätsprinzip eine erhebliche Rolle, so zB in den Fällen, in denen eine Wettbewerbssituation erst im Nachhinein durch Wachstum oder Änderung der Produktpalette oder durch Aufteilung nach einer Erbschaft eintritt.

Ist zweifelhaft, ob eine Wettbewerbssituation vorliegt, ist der Handelsvertreter gehalten, den Unternehmer zu unterrichten und Weisungen einzuholen. Den Parteien ist es unbenommen, ein bestehendes Konkurrenzverbot einvernehmlich aufzuheben.[696]

---

686 BGH BB 1979, 242.
687 BGH BB 1969, 1196.
688 BGH WM 1988, 33.
689 BGH NJW-RR 1993, 926.
690 BGHZ 42, 61; BGHZ 112, 218.
691 BGH NJW-RR 2003, 981.
692 Vgl die Ausführungen zu § 90 a HGB.
693 BGHZ 42, 62.
694 BGH BB 1970, 228; vgl auch OLG Düsseldorf OLGR 1999, 53.
695 BGH NJW 1987, 778.
696 OLG Hamm NJW-RR 1992, 364; *Thume*, WRP 2000, 1033 f, 1036.

Das handelsrechtliche Wettbewerbsverbot ist stets auf Verstoß gegen **Kartellrecht** zu überprüfen.[697] 499
Geht nämlich ein Wettbewerbsverbot über die dem Handelsvertretervertrag weseneigene und zur sachgerechten Interessenwahrnehmung notwendige Bindung hinaus, kann sich die Frage einer missbräuchlichen kartellrechtlichen Wettbewerbsbeschränkung mit entsprechenden Eingriffsbefugnissen der Kartellbehörden stellen.[698]

Eine **Umgehung** des Wettbewerbsverbotes, zB durch Vorschieben der Ehefrau oder eines Strohmannes, steht einem Verstoß gleich.[699] Dabei ist unerheblich, ob der Handelsvertreter zB an dem Ertrag des Konkurrenzbetriebes der Ehefrau oder des Strohmannes partizipiert. 500

Liegt ein Verstoß des Handelsvertreters gegen das Wettbewerbsverbot vor, besteht ein **Schadensersatzanspruch** des Unternehmers gegen ihn.[700] Den durch den Verstoß erzielten Gewinn braucht der Handelsvertreter allerdings nicht herauszugeben.[701] 501

d) Weisungsgebundenheit des Handelsvertreters und Weisungsbefugnis des Unternehmers

Die Befugnis des Unternehmers, dem Handelsvertreter **Weisungen** zu erteilen, sowie die Pflicht des Handelsvertreters, die Weisungen zu befolgen, korrespondieren miteinander; sie ergeben sich mittelbar aus § 665 BGB. 502

Der Umfang des **Weisungsrechts** des Unternehmers hängt vorrangig von den vertraglichen Vereinbarungen sowie den Umständen des Einzelfalles ab. Dabei kann das Weisungsrecht sowohl inhalts- (produkt-) als auch tätigkeitsbezogen sein.[702] Denn grundsätzlich bestimmt der Unternehmer Art und Umfang der Geschäfte. Der Handelsvertreter muss derartige Weisungen beachten, auch wenn dadurch sein Interesse an der Erlangung von Provisionen beeinträchtigt wird.[703] Allerdings darf er von den Weisungen des Unternehmers abweichen, wenn er den Umständen nach annehmen darf, dass der Unternehmer bei Kenntnis der Sachlage die Abweichung billigen würde. Vor der Abweichung hat er dem Unternehmer Anzeige zu machen und dessen Entschließung abzuwarten, wenn nicht der Aufschub mit Gefahr verbunden ist, § 665 BGB. Im gegebenen Falle ist der Handelsvertreter verpflichtet, den Unternehmer von etwaigen Bedenken gegen dessen Weisungen zu unterrichten.[704] 503

Die Weisungsbefugnis des Unternehmers kann unter Umständen mit dem Status des Handelsvertreters als eines selbständigen Gewerbetreibenden kollidieren, § 84 Abs. 1 HGB. Dabei soll der uneingeschränkten Unabhängigkeit des Handelsvertreters nicht der Vorrang vor den Interessen des Handelsvertreters einzuräumen sein.[705] Die in § 84 Abs. 1 HGB sanktionierte Selbständigkeit des Handelsvertreters darf aber nicht durch Weisungen des Unternehmers in ihrem Kerngehalt angetastet werden.[706] Selbständigkeit bedeutet nicht unbeschränkte Unabhängigkeit, sondern freie Gestaltung der Tätigkeit und der Arbeitszeit im Wesentlichen, § 84 Abs. 1 S. 2 HGB. Die Vertriebspolitik ist grundsätzlich Angelegenheit des Unternehmers. 504

e) Verschwiegenheitspflicht

Der Handelsvertreter darf Geschäfts- und Betriebsgeheimnisse, die ihm anvertraut oder als solche durch seine Tätigkeit für den Unternehmer bekannt geworden sind, nicht verwerten oder anderen mitteilen, soweit dies nach den gesamten Umständen der Berufsauffassung eines ordentlichen Kaufmanns widersprechen würde. Auch diese **Verschwiegenheitspflicht** folgt aus der Interessenwahrnehmungspflicht des Handelsvertreters. Für den Zeitraum nach der Beendigung des Vertragsverhältnisses ergibt 505

---

697 Vgl BGH NJW 1984, 2101; EuGH 75, 1663; Baumbach/Hopt, aaO, § 86 Rn 34 f; *Kapp*, BB 2006, 2256.
698 BGHZ 112, 222.
699 BGH BB 1964, 409; BGH VersR 1969, 372.
700 BGH WM 1996, 1550.
701 BGH NJW 1964, 817; BGH NJW 1996, 2097; OLG Hamm NJW-RR 1987, 1114.
702 BGH BB 1960, 574; BGH NJW 1966, 882.
703 BGH BB 1960, 574.
704 BGH NJW 1985, 43.
705 BGH NJW 1966, 882.
706 BGH NJW 1966, 882; BAG NZA 1995, 649.

sich diese Pflicht aus § 90 HGB.[707] Dabei reicht die Verschwiegenheitspflicht während der Laufzeit des Vertrages naturgemäß weiter als nach Beendigung des Vertrages.[708]

f) Unabdingbarkeit

506 Die in § 86 Abs. 1 und Abs. 2 sanktionierten Pflichten des Handelsvertreters sind **zwingendes Recht**, § 86 Abs. 4 HGB. Sie können folglich weder erweitert noch beschränkt werden. Dies gilt allerdings nur für den Kerngehalt des § 86 Abs. 1 und Abs. 2 HGB. Hingegen können die Pflichten zur Interessenwahrnehmung und zur Information vertraglich konkretisiert werden, wie zB die Frage, welche Nachrichten erforderlich im Sinne des § 86 Abs. 2 HGB sein sollen. Derartige Konkretisierungen von Formularklauseln unterliegen lediglich einer Überprüfung durch die §§ 305 f BGB.

In einem Vertrag könnten die Pflichten des Handelsvertreters wie folgt festgehalten werden:
▶ Der Handelsvertreter hat sich um die Vermittlung von Geschäften zu bemühen. Er ist befugt, Geschäfte im Namen des Unternehmers zu den üblichen Konditionen abzuschließen, ist jedoch zum Inkasso nicht berechtigt. Er darf ohne vorherige Zustimmung des Unternehmers keine Eigengeschäfte mit den Erzeugnissen des Unternehmers tätigen.

Der Handelsvertreter ist verpflichtet, die Interessen des Unternehmers mit der Sorgfalt eines ordentlichen Kaufmanns wahrzunehmen. Er hat Kunden regelmäßig zu besuchen und dem Unternehmer über seine Tätigkeit und Beobachtungen am Markt zu berichten; insbesondere hat er den Unternehmer über die Konkurrenzsituation und relevante Entwicklungen bei einzelnen Kunden (zB Kreditwürdigkeit) unverzüglich zu informieren. Er hat dabei Weisungen bzgl Form und Häufigkeit der Berichte zu beachten.

Der Handelsvertreter darf ohne Zustimmung des Unternehmers nicht für Konkurrenzprodukte tätig werden oder ein Konkurrenzunternehmen finanziell oder auf andere Weise (zB durch direkte oder indirekte Beteiligung) unterstützen. ◀

3. Pflichten des Unternehmers, § 86 a HGB

a) Aushändigung von Unterlagen

507 Der Unternehmer hat dem Handelsvertreter die zur Ausübung seiner Tätigkeit erforderlichen **Unterlagen**, wie Muster, Zeichnungen, Preislisten, Werbedrucksachen, Geschäftsbedingungen zur Verfügung zu stellen, § 86 a Abs. 1 HGB. Diese Bestimmung regelt nur einen Teil der Pflichten des Unternehmers. Die Hauptpflicht, nämlich die Pflicht zur Zahlung der Provision, ist nicht in § 86 a HGB, sondern in § 87 HGB geregelt.

508 Die Aufzählung der zu überlassenden Unterlagen in § 86 a Abs. 1 HGB ist lediglich beispielhaft, wie sich aus dem Gesetzeswortlaut („wie") ergibt. Zu den Unterlagen gem. § 86 a Abs. 1 HGB gehört alles, was der Handelsvertreter für die Darbietung und Anpreisung der Ware des Unternehmers benötigt, wie zB Kundenlisten, Musterkollektion etc. Die überlassenen Unterlagen verbleiben im Regelfall im Eigentum des Unternehmers und sind vereinbarungsgemäß, spätestens mit Beendigung des Vertrages, vom Handelsvertreter zurückzugeben. Die Überlassung der Unterlagen hat unentgeltlich zu erfolgen; sie darf nicht davon abhängig gemacht werden, dass der Handelsvertreter die Unterlagen bezahlt.[709] Eine entgegenstehende Vereinbarung würde gegen § 86 a Abs. 3 HGB verstoßen.[710] Bei der Überlassung der Unterlagen handelt es sich um eine „Bringschuld", dh der Unternehmer hat die Unterlagen auf seine Kosten im Zweifel dem Handelsvertreter an dessen Niederlassungsort zu überlassen und sie auch wieder abzuholen.[711] Zulässig ist, dass der Handelsvertreter aus freien Stücken die Kollektion ganz oder teilweise käuflich erwirbt.[712]

---

707 Vgl unten Rn 656 f.
708 Vgl BGH ZIP 1993, 704.
709 OLG München BB 1999, 2320.
710 OLG München, aaO.
711 OLG München, aaO.
712 OLG München, aaO.

Nicht unter § 86 a Abs. 1 HGB fallen handelsvertretertypische Aufwendungen wie zB Geschäftseinrichtung, Büromaterial, Kraftfahrzeug etc., ferner auch nicht der Warenvorrat zur Auslieferung.[713] Diese Aufwendungen sind grundsätzlich vom Handelsvertreter zu tragen, es sei denn, es sei etwas anderes vereinbart worden.

b) Informationspflicht

Neben der Pflicht, dem Handelsvertreter die zur Ausübung seiner Tätigkeit erforderlichen Unterlagen zur Verfügung zu stellen, hat der Unternehmer ihm des Weiteren die erforderlichen **Nachrichten** zu geben, § 86 a Abs. 2 HGB.

Dem Unternehmer obliegt eine weitreichende **Informationspflicht**. Er hat dem Handelsvertreter alles mitzuteilen, was für dessen Tätigkeit von Bedeutung ist.[714] Einzelheiten sind in § 86 a Abs. 2 HGB aufgeführt. So hat der Unternehmer dem Handelsvertreter unverzüglich die Annahme oder die Ablehnung eines von diesem vermittelten oder ohne Vertretungsmacht abgeschlossenen Geschäfts und die Nichtausführung eines von ihm vermittelten oder abgeschlossenen Geschäfts mitzuteilen und ihn unverzüglich zu unterrichten, wenn er Geschäfte voraussichtlich nur in erheblich geringerem Umfange abschließen kann oder will, als der Handelsvertreter unter gewöhnlichen Umständen erwarten konnte. Der Handelsvertreter ist folglich nicht lediglich auf die sich aus § 87 c Abs. 2, 3 HGB ergebenden Rechte (Erteilung eines Buchauszuges; Auskunftserteilung) angewiesen.

Die von dem Unternehmer geschuldeten Nachrichten müssen so gefasst sein, dass der Handelsvertreter unschwer die Auswirkungen auf Geschäft und Provision beurteilen kann.[715] Mitteilungspflichtig sind u.a.: Änderungen des Produktionsprogramms sowie des Vertriebssystems; Änderungen im Kundenkreis,[716] Umstellung in der Fabrikation,[717] qualitative Veränderungen bei der Ware,[718] Gründe für die Nichtausführung eines Geschäftes; eine bevorstehende Betriebsstilllegung[719] sowie die Veräußerung eines Betriebsteils nebst Kundenstamm.[720] Ferner hat der Unternehmer, wenn er dem Handelsvertreter ein bestimmtes Gebiet zur Bearbeitung überlassen hat, ihn eine angemessene Zeit vorher davon zu unterrichten, wenn er mit Kunden dieses Gebietes keine Geschäfte (mehr) abschließen will.[721] Die Informationspflicht des Unternehmers kann durch sein Geheimhaltungsinteresse, zB bei einer bestimmten Produktentwicklung, begrenzt sein.[722]

c) Dispositionsfreiheit des Unternehmers, Grenzen

Grundsätzlich ist für die Vertragsbeziehungen zwischen dem Unternehmer und dem Handelsvertreter von der **kaufmännischen Entschließungsfreiheit** des Unternehmers bei der Führung seines Handelsgeschäftes auszugehen.[723] Dabei ist zunächst unerheblich, ob der Unternehmer wirtschaftlich zu einer bestimmten Maßnahme gezwungen ist oder nicht. Den Unternehmer trifft aber im Rahmen seiner kaufmännischen Entschließungsfreiheit bzw Dispositionsbefugnis die Pflicht zur Rücksichtnahme auf die schutzwerten Belange des Handelsvertreters, da die berechtigten Erwartungen des Handelsvertreters auf den Erfolg seiner Arbeit und auf den Erfolg seiner Aufwendungen einen entsprechenden Schutz verdienen.[724] Der Unternehmer darf folglich nicht willkürlich, ohne irgendeinen vertretbaren Grund, bei seinen geschäftlichen Dispositionen den Interessen des Handelsvertreters zuwider handeln.[725]

---

713 OLG Düsseldorf BB 1990, 1087.
714 BGHZ 26, 163; BGHZ 49, 44; BGH NJW 1974, 795; BGH NJW-RR 1987, 873.
715 BGHZ 49, 44.
716 BGHZ 49, 44.
717 BGH DB 1972, 525.
718 BGHZ 26, 167.
719 BGH NJW 1974, 795.
720 BGH NJW-RR 1987, 873.
721 BGH WM 1987, 595.
722 BGH NJW 1974, 795.
723 BGHZ 26, 161.
724 BGHZ 26, 165; BGH BB 1997, 1860.
725 BGHZ 26, 166; BGH WM 1993, 1725; BGH BB 1997, 1860.

514 Bei seinen Entscheidungen ist der Unternehmer nicht auf bewährte Maßnahmen beschränkt; er braucht nicht den sichersten Weg zu gehen. Vielmehr fordert die Eigenart gewinnorientierter unternehmerischer Tätigkeit vielfach, dass neue Wege gesucht und auch risikobehaftete Entscheidungen getroffen werden.[726] Eine generelle Auskunftspflicht des Unternehmers über die wirtschaftliche Lage seines Unternehmens gegenüber dem Handelsvertreter dürfte nicht bestehen,[727] es sei denn, es bestände ein berechtigter Anlass.

515 Ausfluss der kaufmännischen Entschließungsfreiheit des Unternehmers ist seine Befugnis, ein von dem Handelsvertreter angetragenes Angebot auf Abschluss eines Vertrages anzunehmen oder abzulehnen.[728] Allerdings muss seine Entscheidung auf vernünftigen Gründen beruhen.[729] Dabei besteht grundsätzlich keine Gleichbehandlungspflicht des Unternehmers gegenüber anderen Handelsvertretern. Die **Beweislast** für ein vertragswidriges Verhalten des Unternehmers trägt der Handelsvertreter.[730]

d) Verbot der Schädigung

516 Generell ist der Unternehmer verpflichtet, alles zu unterlassen, was eine Schädigung der Interessen des Handelsvertreters herbeizuführen geeignet ist.[731] So darf er den Handelsvertreter bei seinen Kunden nicht anschwärzen und keine Mitarbeiter abwerben.[732] Er darf auch nicht schon vor einer Kündigung des Handelsvertreters dem Untervertreter die Übertragung der Vertretung versprechen oder in Aussicht stellen oder ihn zur Kündigung des Untervertreterverhältnisses veranlassen.[733]

e) Konkurrenzverbot

517 Der Unternehmer darf dem Handelsvertreter weder unmittelbar noch mittelbar **Konkurrenz** machen, insbesondere dann nicht, wenn der Handelsvertreter Kunden- bzw Bezirksschutz genießt. Dabei ist das Konkurrenzverbot des Unternehmers nicht wie bei dem des Handelsvertreters dem Vertragsverhältnis immanent, sondern hängt von dem Inhalt des Vertrages sowie der Ausgestaltung des Absatzsystems ab. So können dem Unternehmer unter Umständen Eigengeschäfte erlaubt sein.[734] Bei einer Alleinvertretung des Handelsvertreters ist ein Direktvertrieb allerdings nicht zulässig.[735] Nimmt der Unternehmer den Direktvertrieb zulässigerweise auf, muss er den Handelsvertreter davon vorab in Kenntnis setzen.[736] In keinem Fall darf der Unternehmer den Handelsvertreter durch eigenen Wettbewerb systematisch schädigen.[737]

f) Treuepflicht

518 Insgesamt unterliegt der Unternehmer in seinem Verhältnis zum Handelsvertreter einer sich aus § 242 BGB ergebenden **Treuepflicht**, wobei die beiderseitigen Interessen voneinander abzugrenzen sind.

g) Unabdingbarkeit

519 Die in § 86 a Abs. 1, 2 HGB geregelten Pflichten sind nicht abdingbar, § 86 a Abs. 3 HGB, können folglich weder beschränkt noch erweitert werden, auch nicht zum Vorteil des Handelsvertreters. Eine vertragliche Konkretisierung ist aber zulässig, da § 86 a Abs. 2 HGB nur Beispiele anführt.

---

726 BGH BB 1997, 1860.
727 BGH BB 1960, 606.
728 BGH WM 1993, 1726.
729 BGH, aaO.
730 BGHZ 26, 166.
731 BGH BB 1982, 1626.
732 BGHZ 42, 62.
733 BGH BB 1982, 1626.
734 BGH NJW-RR 1993, 683.
735 OLG Köln BB 2000, 2595.
736 OLG München BB 1993, 1473.
737 BGH BB 1982, 1626.

Die Pflichten des Unternehmers lassen sich in einem Handelsvertretervertrag wie folgt umschreiben:
▶ Der Unternehmer hat dem Handelsvertreter Proben, Muster, Drucksachen und Werbemittel in ausreichendem Maße ohne Berechnung frachtfrei zur Verfügung zu stellen. Des Weiteren hat der Unternehmer dem Handelsvertreter alle für den Verkauf wichtigen Informationen wie zB Preis- oder Produktionsänderungen unverzüglich mitzuteilen. Ferner hat er ihn unverzüglich zu unterrichten, wenn er Aufträge voraussichtlich nur in begrenztem Umfang annehmen kann.
Der Unternehmer hat dem Handelsvertreter unverzüglich Kopien von dem Schriftwechsel mit Kunden des Bezirks sowie von Rechnungen zu übersenden. ◀

VI. Provisionsanspruch des Handelsvertreters gem. § 86 b HGB, § 87 HGB

1. Delkredereprovision

Verpflichtet sich der Handelsvertreter, für die Erfüllung der Verbindlichkeit aus einem Geschäft einzustehen, kann er eine besondere Vergütung (**Delkredereprovision**) beanspruchen, § 86 b Abs. 1 S. 1 HGB. Im Zweifel handelt es sich bei einer derartigen Verpflichtung um eine Bürgschaft im Sinne der §§ 765 f BGB, es sei denn, es sei etwas anderes vereinbart worden, wie zB Schuldbeitritt. 520

Zum Schutze des Handelsvertreters ist die Übernahme des Delkredere grundsätzlich nur zulässig bei Wahrung des **Bestimmtheitsgrundsatzes**, dh die Verpflichtung kann nur für ein bestimmtes Geschäft oder für solche Geschäfte mit bestimmten Dritten übernommen werden, die der Handelsvertreter vermittelt oder abschließt, § 86 b Abs. 1 S. 2 HGB. Zum weiteren Schutze des Handelsvertreters bedarf die Übernahme darüber hinaus der Schriftform, § 86 b Abs. 1 S. 3 HGB. Dabei ist formgebunden nur die Verpflichtung des Handelsvertreters, nicht die Annahme des Unternehmers. Ist die Delkredere-Haftung eine Bürgschaft, erfasst § 86 b Abs. 1 S. 3 HGB, der § 350 HGB vorgeht, auch den Kaufmann. Bei Erfüllung der Verpflichtung wird der Mangel der Form geheilt. § 766 S. 3 BGB ist anwendbar. 521

Der Anspruch auf Delkredereprovision besteht neben dem Provisionsanspruch gem. § 87 HGB und entsteht mit dem Abschluss des Geschäftes, § 86 b Abs. 2 HGB. Der Anspruch kann nicht im Voraus ausgeschlossen werden, § 86 b Abs. 1 S. 1 HGB. Unter den Voraussetzungen des § 86 b Abs. 3 HGB gilt § 86 b Abs. 1 HGB nicht, zB bei Auslandsgeschäften bzw unbeschränkter Vollmacht des Handelsvertreters. 522

2. Provision

a) Provisionspflichtige Geschäfte

Gem. § 87 Abs. 1 S. 1 HGB hat der Handelsvertreter Anspruch auf **Provision** für alle während des Vertragsverhältnisses abgeschlossenen Geschäfte, die auf seine Tätigkeit zurückzuführen sind oder mit Dritten abgeschlossen werden, die er als Kunden für Geschäfte der gleichen Art geworben hat. 523

Die Provision ist eine Erfolgsvergütung für die nach § 86 Abs. 1 HGB geschuldete und erbrachte Tätigkeit des Handelsvertreters. Zusatzleistungen sind besonders zu vergüten (zB § 86 b HGB, § 87 Abs. 4 HGB). Im Übrigen gilt für besondere Tätigkeiten des Handelsvertreters § 354 HGB.[738] Zulässig sind aber auch andere Vergütungsformen, wie zB Umsatz- oder Gewinnbeteiligungen. 524

Provisionspflichtig sind nur **während** des Vertragsverhältnisses abgeschlossene Geschäfte, die der Handelsvertreter vertragsgemäß zu vermitteln oder abzuschließen übernommen hatte. Ein Vorvertrag löst noch keine Provisionspflicht aus, da hierfür Voraussetzung der Abschluss eines endgültigen rechtswirksamen Vertrages ist.[739] Für Geschäfte, die während des Vertrages abgeschlossen, aber erst nach Beendigung ausgeführt worden sind, fallen sog. **Überhangprovisionen** an.[740] 525

---

738 BGH BB 1962, 1345 - für Handlungen zur Abwehr von Mängelrügen über das normale Maß hinaus.
739 Vgl BGH NJW 1958, 180 für Rahmenbezugsvertrag.
740 BGH WM 1998, 724; BGH NJW 1997, 317.

b) Rechtsnatur der Provision

526 Der Provisionsanspruch des Handelsvertreters steht unter einer aufschiebenden und einer auflösenden Bedingung.

527 Er entsteht **aufschiebend bedingt** bereits mit dem Abschluss des Vertrages zwischen dem Unternehmer und dem Dritten, § 87 Abs. 1 HGB. In diesem Zeitpunkt ist die Provisionsforderung nach Grund und Höhe – vorbehaltlich des § 87 b Abs. 2 S. 1 HGB – festgelegt. Eine anschließende Beendigung des Vertreterertrages beeinträchtigt die Forderung nicht. Der Handelsvertreter hat eine gefestigte Rechtsposition erlangt, die übertragen und gepfändet werden kann. Die aufschiebende Bedingung für den Provisionsanspruch tritt nach § 87 a Abs. 1 S. 1 HGB ein, sobald und soweit der Unternehmer das Geschäft ausgeführt hat.

528 Der Provisionsanspruch steht ferner unter der **auflösenden Bedingung** des Feststehens der Nichtleistung durch den Dritten, § 87 a Abs. 2 HGB.[741] Er entfällt, wenn feststeht, dass der Dritte nicht leistet.

c) Ursächlichkeit, Mitursächlichkeit

529 Voraussetzung für den Provisionsanspruch gem. § 87 Abs. 1 HGB ist die **Ursächlichkeit** der Tätigkeit des Handelsvertreters, wobei **Mitursächlichkeit** genügt.[742] Erforderlich ist somit nicht die alleinige oder überwiegende Verursachung. Andererseits muss die Tätigkeit des Handelsvertreters feststellbar zum Abschluss des Vertrages beigetragen haben. Reine Schreibarbeit würde nicht ausreichen. Ob Mitursächlichkeit vorliegt, kann im Übrigen davon abhängen, welche Mitwirkung von dem Handelsvertreter vertraglich geschuldet war.[743]

530 Da Mitursächlichkeit ausreicht, könnte bei einer berechtigten Tätigkeit mehrerer Handelsvertreter **nebeneinander** eine mehrfache Provision anfallen. Für die Lösung dieser Fallgestaltung fehlt eine gesetzliche Regelung, so dass eine vertragliche Regelung dringend anzuraten ist. Wird sie nicht getroffen, ist problematisch, ob eine **stillschweigende Teilungsabrede** angenommen werden kann.[744] Werden Handelsvertreter **nacheinander** tätig, besteht ein Provisionsanspruch des Nachfolgers nicht, wenn und soweit die Provision nach § 87 Abs. 3 HGB dem ausgeschiedenen Handelsvertreter zusteht, § 87 Abs. 1 S. 2 HGB.

d) Provision bei verflochtenen Unternehmen

531 Der Unternehmer ist auch provisionspflichtig in Fällen **wirtschaftlicher Einheit**, zB wenn nicht er selbst, sondern ein von ihm beherrschtes Unternehmen das Geschäft abschließt[745] oder der Abschluss durch ein den Unternehmer beherrschendes anderes Unternehmen erfolgt.[746]

e) Provision bei Nachbestellungen und Folgegeschäften

532 Provisionspflichtig können ferner auch **Nachbestellungen** und **Folgegeschäfte** sein. Nach § 87 Abs. 1 S. 1 HGB sind auch solche Geschäfte provisionspflichtig, die nicht unmittelbar auf der Tätigkeit des Handelsvertreters beruhen, aber mit von ihm geworbenen Kunden geschlossen werden, soweit es sich um Geschäfte der gleichen Art handelt.

Der Provisionsanspruch des Handelsvertreters könnte vertraglich wie folgt geregelt werden:

▶ Der Handelsvertreter erhält Provision für alle während des Vertragsverhältnisses abgeschlossenen Geschäfte, die auf seine Tätigkeit zurückzuführen sind oder mit Dritten abgeschlossen werden, die er als Kunden für Geschäfte der gleichen Art geworben hat.
Im Übrigen gilt § 87 HGB.

---

741 BGH NJW 1990, 1665.
742 BAG BB 1971, 492; BGH NJW 1980, 1793.
743 BAG BB 1971, 492.
744 Vgl KG BB 1969, 1062.
745 BGH NJW 1981, 1785.
746 BGH WM 1987, 546.

Die Provision beträgt ... % des Netto-Rechnungsbetrages. Barzahlungsnachlässe sind in Abzug zu bringen. Ebenso in Abzug gebracht werden Nebenkosten wie Fracht, Verpackung sowie Entgelte für Montage und ähnliche Nebenleistungen, die im wesentlichen aus Arbeitsaufwand bestehen.

Zzgl. zu der Provision erhält der Handelsvertreter die darauf entfallende Mehrwertsteuer, wenn und soweit er selbst mehrwertsteuerpflichtig ist. ◄

3. Bezirksvertreterprovision

§ 87 Abs. 2 HGB regelt die Provision des Bezirksvertreters (**Bezirksvertreterprovision**). 533

a) Bezirksvertretung

Bezirksvertretung liegt vor, wenn dem Handelsvertreter ein bestimmter Bezirk oder ein bestimmter Kundenkreis zugewiesen ist. Ist dies der Fall, hat der Handelsvertreter Anspruch auf Provision auch für solche Geschäfte, die ohne seine Mitwirkung mit Personen seines Bezirks oder seines Kundenkreises während des Vertragsverhältnisses abgeschlossen sind. 534

b) Zuweisung

Zuweisung im Sinne des § 87 Abs. 2 HGB ist nicht als einseitige Maßnahme des Unternehmers zu verstehen; vielmehr erfolgt sie durch Vereinbarung (auch konkludent) des Unternehmers mit dem Handelsvertreter.[747] Sie beinhaltet nicht zwangsläufig, dass der Handelsvertreter auf den Bezirk beschränkt ist.[748] Vielmehr hängt dies von der vertraglichen Gestaltung ab. Liegt eine Zuweisung vor, ist der Bezirksvertreter zur Betreuung des ihm zugewiesenen Bezirks-/Kundenkreises verpflichtet.[749] 535

c) Alleinvertretung

Bezirksvertretung bedeutet nicht zwangsläufig **Alleinvertretung**.[750] Bei einer Alleinvertretung des Handelsvertreters darf der Unternehmer weder unmittelbar (zB durch Eigengeschäfte/Direktabschlüsse) noch mittelbar (zB durch Einsatz anderer Handelsvertreter) konkurrierend tätig werden. Geschieht dies, stehen dem Handelsvertreter ein Schadensersatzanspruch bzw das Recht zur fristlosen Kündigung zu.[751] Bei einer Verletzung des Bezirks- oder Kundenkreisschutzes durch den Unternehmer hat der Handelsvertreter Anspruch auf die Bezirksvertreterprovision gem. § 87 Abs. 2 HGB, also den Erfüllungsanspruch.[752] 536

d) Umfang der Bezirksvertreterprovision

Der Bezirksvertreter hat Anspruch auf Provision auch für Geschäfte, die ohne seine Mitwirkung mit Personen seines Bezirkes oder seines Kundenkreises während des Vertragsverhältnisses abgeschlossen werden (**Bezirksvertreterprovision**). Der Provisionsanspruch entsteht folglich auch, wenn die Tätigkeit des Handelsvertreters für den Geschäftsabschluss in seinem Bezirk oder in seinem Kundenkreis nicht ursächlich geworden ist.[753] Die Bezirksvertreterprovision ist die Gegenleistung für die Betreuungspflicht des Handelsvertreters in dem Bezirk bzw in dem Kundenkreis. Hieraus folgt, dass der Anspruch des Handelsvertreters auf Bezirksvertreterprovision unter Umständen bei verschuldeter gänzlicher Untätigkeit entfallen bzw einen Schadensersatzanspruch des Unternehmers auslösen kann. Anders ist die Rechtslage zB bei schuldloser Arbeitsunfähigkeit[754] sowienach unberechtigter fristloser Kündigung.[755] 537

---

747 BGH WM 1982, 635; OLG Nürnberg BB 1957, 560.
748 BGH WM 1971, 564.
749 BGHZ 41, 295; OLG München NJW-RR 2003, 402.
750 BGH NJW 1958, 180; BGH DB 1961, 601.
751 BGH BB 1975, 1409.
752 BGH BB 1992, 1162.
753 BGH BB 1978, 1137; OLG Düsseldorf NJW 1982, 1232.
754 BGHZ 41, 295; OLG Braunschweig NJW-RR 1994, 35.
755 BGH BB 1992, 1162 - ohne Minderung unter dem Gesichtspunkt der Ersparnis oder der Möglichkeit anderweitigen Erwerbs oder aus dem Gesichtspunkt des Vorteilsausgleichs.

538 Der Provisionsanspruch des Handelsvertreters entsteht hinsichtlich aller Geschäfte mit Personen bzw Firmen, die in seinem Bezirk ansässig sind bzw zu seinem Kundenkreis gehören. Bei Bestellungen durch eine Gesellschaft ist der Ort ihrer tatsächlichen geschäftlichen Tätigkeit maßgebend, auch wenn die Lieferung an einen anderen Ort bzw in einen anderen Bezirk erfolgt.[756] Entscheidend ist, welches Unternehmen bzw welche Filiale bestellt, nicht an wen geliefert wird. Hieraus folgt, dass die Bestellung einer bezirksfremden Filiale eines bezirksansässigen Unternehmens keine Bezirksvertreterprovision auslöst.[757]

539 Bei Sitzverlegung des Kunden in einen anderen Bezirk entfällt die Provisionspflicht.[758] Wird der Bezirksvertreter mit Zustimmung des Unternehmers außerhalb seines Bezirks bzw des ihm zugewiesenen Kundenkreises tätig, hat er in der Regel auch für solche Geschäfte den vollen vertraglichen Provisionsanspruch gemäß § 87 Abs. 1 HGB, wenn nichts anderes vereinbart ist.[759]

e) Bezirksvertreterprovision bei mehreren Handelsvertretern

540 Für Bezirksvertreter, die **nacheinander** tätig werden, bestimmt § 87 Abs. 2 S. 2 HGB, dass kein Provisionsanspruch besteht, wenn und soweit die Provision nach § 87 Abs. 3 HGB dem ausgeschiedenen Handelsvertreter zusteht. Werden mehrere Handelsvertreter **nebeneinander** tätig, fehlt für diese Fallgestaltung auch hier wie in § 87 Abs. 1 HGB eine gesetzliche Regelung, so dass eine vertragliche Regelung dringend geboten ist. Ob eine stillschweigende Teilungsabrede angenommen werden kann, ist strittig und kann nur je nach Lage des Einzelfalles entschieden werden.
Soll dem Handelsvertreter ein bestimmter **Bezirk** übertragen werden, könnte dies wie folgt vereinbart werden:

▶ Der Unternehmer überträgt dem Handelsvertreter mit Wirkung vom ... die Vertretung für die in der Anlage ... aufgeführten Erzeugnisse in dem nachstehend bezeichneten Bezirk. Sollte der Unternehmer den Vertrieb anderer Erzeugnisse aufnehmen, kann er verlangen, dass der Handelsvertreter auch für diese Erzeugnisse die Vertretung übernimmt. Von der Vertretung ausgenommen sind die Kunden gemäß Anlage ...
Der dem Handelsvertreter zugewiesene Bezirk umfasst die PLZ-Gebiete ... und ergibt sich aus dem als Anlage ... beigefügten Landkartenausschnitt (Bezirk markieren)
In seinem Bezirk übernimmt der Handelsvertreter einen bereits vorhandenen Kundenstamm, der im Einzelnen in der Anlage ... aufgeführt ist.
Der Unternehmer hat das Recht, in dem dem Handelsvertreter zugewiesenen Bezirk selbst oder durch Dritte tätig zu werden. ◀

Die **Bezirksvertreterprovision** könnte vertraglich wie folgt geregelt werden:
▶ Der Handelsvertreter erhält Provision nur für während der Vertragsdauer mit Kunden in seinem Bezirk abgeschlossene und vom Unternehmer ausgeführte Geschäfte. Die Provision beträgt ... % des Netto-Rechnungsbetrages. Barzahlungsnachlässe sind in Abzug zu bringen. Ebenso in Abzug gebracht werden Nebenkosten wie Fracht, Verpackung sowie Entgelte für Montage und ähnliche Nebenleistungen, die im Wesentlichen aus Arbeitsaufwand bestehen.
Zzgl. zu der Provision erhält der Handelsvertreter die darauf entfallende Mehrwertsteuer, wenn und soweit er selbst mehrwertsteuerpflichtig ist.
Für Geschäfte mit Kunden, die ihren Sitz in seinem Bezirk haben, erhält der Handelsvertreter den halben Provisionssatz, wenn die Lieferung in einen anderen Bezirk erfolgt. Umgekehrt erhält der Handelsvertreter ebenfalls den halben Provisionssatz, wenn aufgrund von Geschäften mit Kunden in anderen Bezirken Lieferungen in seinem Bezirk erfolgen. ◀

4. Provision bei Geschäften nach Vertragsbeendigung

541 Für ein Geschäft, das erst **nach** Beendigung des Vertragsverhältnisses abgeschlossen ist, hat der Handelsvertreter Anspruch auf Provision nur unter folgenden Voraussetzungen, § 87 Abs. 3 S. 1 HGB:

---

[756] BGH NJW 1958, 180; BGH BB 1960, 956.
[757] BGH BB 1997, 9; BGH BB 1978, 1137.
[758] OLG Nürnberg NJW-RR 2002, 601.
[759] BGH VersR 2006, 1359.

Der Handelsvertreter muss das Geschäft vermittelt oder es eingeleitet und so vorbereitet haben, dass der Abschluss überwiegend auf seine Tätigkeit zurückzuführen ist; das Geschäft muss dann innerhalb einer angemessenen Frist nach Beendigung des Vertragsverhältnisses abgeschlossen worden sein, § 87 Abs. 3 S. 1 Nr. 1 HGB. 542

Eine Einleitungs- bzw Vorbereitungstätigkeit des Handelsvertreters liegt zB vor, wenn er Musterkäufe veranlasst hat und später die Abnehmer nach Erprobung der aus den Mustern gefertigten Waren größere Mengen bestellen.[760] Hingegen werden von § 87 Abs. 3 S. 1 Nr. 1 HGB nicht Nachbestellungen und Folgeaufträge erfasst, die in die Zeit nach Beendigung des Vertreterverhältnisses fallen.[761] 543

Die in § 87 Abs. 3 S. 1 Nr. 1 HGB angesprochene Angemessenheit der Frist beurteilt sich je nach Art und Bedeutung des Geschäfts und der Branche. Die Frist läuft ab Vertragsende.[762] Ferner muss das Angebot des Dritten zum Abschluss eines Geschäftes, für das der Handelsvertreter nach § 87 Abs. 1 S. 1 HGB oder § 87 Abs. 2 S. 1 HGB Anspruch auf Provision hat, dem Handelsvertreter oder dem Unternehmer vor Beendigung des Vertragsverhältnisses zugegangen sein. Erforderlich ist, dass das Angebot verbindlich und annahmefähig ist. Lediglich ein ernsthaftes Interesse des Dritten reicht nicht aus. 544

Nach § 87 Abs. 3 S. 2 HGB steht der Anspruch auf Provision gem. § 87 Abs. 3 S. 1 HGB dem nachfolgenden Handelsvertreter anteilig zu, wenn wegen besonderer Umstände eine Teilung der Provision der Billigkeit entspricht. Dies ist zB der Fall, wenn der nachfolgende Handelsvertreter bei dem Geschäftsabschluss mitgewirkt hat; dabei dürfte der Grad der Mitwirkung maßgeblich sein. 545

5. Inkassoprovision

Neben dem Anspruch auf Provision für abgeschlossene Geschäfte hat der Handelsvertreter Anspruch auf **Inkassoprovision** für die von ihm auftragsgemäß eingezogenen Beträge, § 87 Abs. 4 HGB. Im Gegensatz zur Delkredereprovision ist die Inkassoprovision auch im Voraus abdingbar. 546

6. Abdingbarkeit

Die Bestimmung des § 87 HGB ist insgesamt nicht zwingend.[763] Abändernde Vereinbarungen sind folglich zulässig. 547

7. Rechtslage bei Insolvenz

Mit Eröffnung des Insolvenzverfahrens über das Vermögen des Unternehmers erlischt der Handelsvertretervertrag, §§ 116 S. 1, 115 Abs. 1 InsO. In diesem Falle ist der Handelsvertreter einfacher Insolvenzgläubiger, auch wenn sich der Insolvenzverwalter für die Vertragserfüllung nach § 103 InsO entscheidet.[764] Bei einer Insolvenz des Handelsvertreters erlischt der Handelsvertretervertrag nicht. Für beide Teile ist eine fristlose Kündigung möglich.[765] 548

VII. Fälligkeit und Höhe der Provision, § 87 a HGB, § 87 b HGB

1. Voraussetzungen des § 87 a HGB

a) Grundsätzliches

Da die Provision des Handelsvertreters keine Leistungs-, sondern eine Erfolgsvergütung ist, tritt **Fälligkeit** erst dann ein, sobald und soweit der Unternehmer das Geschäft ausgeführt hat, § 87 a Abs. 1 S. 1 HGB. Es gilt somit der Grundsatz: Keine Provision ohne Ausführung des abgeschlossenen Geschäfts. Der Zeitpunkt der Fälligkeit bestimmt sich dabei nach § 87 a Abs. 4 HGB (Fälligkeit der Provision am letzten Tag des Monats, in dem nach § 87 c Abs. 1 HGB über einen Anspruch abzurechnen ist). 549

---

760 BGH BB 1957, 1086.
761 BGH BB 1957, 1086.
762 BGH DB 1957, 1068.
763 BGH WM 1998, 724.
764 BGH NJW 1990, 1665 zu § 17 KO.
765 Baumbach/Hopt, HGB, 32. Aufl., § 84 Rn 48.

b) Vorschuss

550 Eine von § 87 a Abs. 1 S. 1 HGB abweichende Vereinbarung kann getroffen werden, § 87 a Abs. 1 S. 2 1. Hs HGB. Geschieht dies, hat der Handelsvertreter mit der Ausführung des Geschäfts durch den Unternehmer Anspruch auf einen angemessenen **Vorschuss**, der spätestens am letzten Tage des folgenden Monats fällig ist, § 87 a Abs. 1 S. 2 2. Hs HGB. Dieser Anspruch ist nicht abdingbar.

551 Von der Möglichkeit einer abweichenden Vereinbarung wird häufig in der Weise Gebrauch gemacht, dass die Provision nicht bei Ausführung des Geschäftes durch den Unternehmer (zB bei der Lieferung), sondern erst bei Ausführung durch den Dritten (zB nach Zahlung des Kaufpreises) verdient ist. In jedem Falle, dh unabhängig von einer Vereinbarung, hat der Handelsvertreter jedoch Anspruch auf Provision, sobald und soweit der Dritte das Geschäft ausgeführt hat, § 87 a Abs. 1 S. 3 HGB.

c) Ausführung

552 **Ausführung** des Geschäfts durch den **Unternehmer** gemäß § 87 a Abs. 1 S. 1 HGB bedeutet Erbringung der vertraglich geschuldeten Leistung, auch durch einen Dritten gemäß § 267 BGB. Wird das Geschäft teilweise ausgeführt, entsteht ein Anspruch auf eine entsprechende Teilprovision („soweit").

553 Eine **Ausführung** des Geschäfts durch den **Dritten** (Vertragsgegner) liegt vor, wenn der Unternehmer die ihm nach den vertraglichen Vereinbarungen zustehende Gegenleistung erhalten hat, dh wenn der mit dem Vertrag für den Unternehmer bezweckte wirtschaftliche Erfolg durch eine Erfüllungsleistung des **Dritten** in vollem Umfange eingetreten ist.[766] Bei einer Teilleistung entsteht ein entsprechender Anspruch auf eine Teilprovision. Eine Vorausleistung des Dritten führt ebenfalls zu einem Provisionsanspruch des Handelsvertreters.[767] Im Rahmen der Erfüllung reichen **Erfüllungssurrogate** aus, ebenfalls **Ersatzleistungen** bei Wertgleichheit, wie zB, wenn bei einer mangelhaften Lieferung Schadensersatz geleistet wird.[768]

d) Nichtleistung des Dritten, Nichtausführung des Geschäfts

554 Für den Fall der **Nichtleistung** des Dritten bzw der **Nichtausführung des Geschäfts durch den** Unternehmer gilt Folgendes:

555 Bei einer **Nichtleistung des Dritten** entfällt der Anspruch auf Provision; bereits empfangene Beträge sind zurückzugewähren, § 87 a Abs. 2 HGB. Die Nichtleistung des Dritten ist erst dann gegeben, wenn objektiv endgültig feststeht, dass der Dritte das Geschäft nicht bzw nicht weiter ausführt.[769] Aus diesem Grunde muss der Unternehmer grundsätzlich erst seine Ansprüche gerichtlich geltend machen, es sei denn, dies wäre aus wirtschaftlichen Gründen nicht zumutbar.[770] Eine Nichtleistung des Dritten liegt zB nicht vor, wenn dieser einen Werk- oder Werklieferungsvertrag kündigt und der Vergütungsanspruch gemäß § 649 S. 2 BGB entsteht.[771] Eine Nichtleistung des Dritten liegt des Weiteren nicht vor, wenn sie auf einer Nichtleistung des Unternehmers zurückzuführen ist.

556 Entfällt der Provisionsanspruch des Handelsvertreters gemäß § 87 Abs. 2 HGB, sind schon gezahlte Provisionen und Vorschüsse zurückzugewähren. Dieser Rückzahlungsanspruch des Unternehmers ist ein vertraglicher Anspruch, so dass die §§ 346 f BGB anzuwenden sind. Der Handelsvertreter kann sich nicht auf die §§ 812 ff BGB, insbesondere nicht auf den Wegfall der Bereicherung gemäß § 818 Abs. 3 BGB berufen.[772]

557 Steht fest, dass der **Unternehmer** das Geschäft ganz oder teilweise nicht oder nicht so **ausführt**, wie es abgeschlossen ist, hat der Handelsvertreter gleichwohl einen Anspruch auf Provision, § 87 a Abs. 3 S. 1 HGB. Der Anspruch entfällt hingegen, wenn und soweit die Nichtausführung auf Umständen beruht, die vom Unternehmer nicht zu vertreten sind, § 87 a Abs. 3 S. 2 HGB. Dabei muss auch hier

---

766 BGHZ 85, 138.
767 BGHZ 85, 138.
768 BGH WM 1957, 213; BGH WM 1991, 77.
769 BGH WM 1984, 271.
770 Vgl BGH BB 1971, 1430 zu § 87 a III 2 HGB.
771 BGH WM 1984, 271.
772 BGH BB 1963, 8.

die Nicht-, Teil- bzw Andersausführung durch den Unternehmer objektiv feststehen.⁷⁷³ Soweit eine Teilausführung vorliegt, richtet sich der Provisionsanspruch des Handelsvertreters nach § 87 a Abs. 1 S. 1 HGB. Bezüglich des nicht ausgeführten Teils des Geschäftes durch den Unternehmer gilt § 87 a Abs. 3 HGB.

Von dem gemäß § 87 a Abs. 3 S. 1 HGB generell gegebenen Provisionsanspruch des Handelsvertreters macht § 87 a Abs. 3 S. 2 HGB insoweit eine Ausnahme, als im Falle der Nichtausführung des Geschäfts bei Umständen, die vom Unternehmer nicht zu vertreten sind, der Provisionsanspruch entfällt. Ob der Unternehmer die Nichtausführung des Geschäftes zu vertreten hat, ist im Rahmen des § 87 a Abs. 3 S. 2 HGB nicht allein nach § 276 BGB zu beurteilen. Vielmehr hat der Unternehmer die Nichtausführung des Geschäftes immer dann zu vertreten, wenn der dafür maßgebliche Umstand in seiner unternehmerischen Risikosphäre liegt. Dies ist nicht nur bei Handlungen (Tun oder Unterlassen) des Unternehmers der Fall, sondern auch bei Geschehnisabläufen, die mit dem Betrieb des Handelsgewerbes des Unternehmers zusammenhängen, wie zB bei Lieferschwierigkeiten des Vorlieferanten.⁷⁷⁴

Hingegen soll der Unternehmer die Nichtausführung nicht zu vertreten haben zB bei Streik, unvermeidbaren Transportschwierigkeiten (infolge von Naturkatastrophen), bei Insolvenz des Dritten. Verweigert der Unternehmer zu Recht die Ausführung des Geschäftes wegen Vermögensverschlechterung des Dritten, § 321 BGB, hat er dies ebenfalls nicht zu vertreten.

Der Handelsvertreter kann grundsätzlich keinen **Schadensersatz** vom Unternehmer wegen der Nichtausführung des Geschäftes verlangen, wenn ihm zB weitere Aufträge des Kunden entgehen. Denn der Unternehmer ist nur gegenüber dem Dritten zur Ausführung des Geschäftes verpflichtet, nicht aber gegenüber dem Handelsvertreter. Etwas anderes mag zB bei sittenwidriger Schädigung gelten.

e) Beweislast

Nach § 87 a Abs. 3 S. 1 HGB hat der Handelsvertreter darzulegen und ggf zu beweisen, dass ein provisionspflichtiges Geschäft zustande gekommen ist, der Unternehmer dieses aber entgegen der von ihm übernommenen Vertragspflicht ganz oder teilweise nicht oder nicht gehörig ausgeführt hat. Der Unternehmer trägt demgegenüber die Darlegungs- und Beweislast dafür, dass ihm die Ausführung des Geschäftes aus von ihm nicht zu vertretenden Gründen unmöglich geworden oder ihm nicht zuzumuten ist.⁷⁷⁵ Der Unternehmer muss sich folglich insoweit entlasten.

f) Unabdingbarkeit

Gemäß § 87 a Abs. 5 HGB können keine von § 87 a Abs. 2 1. Hs, § 87 a Abs. 3 und § 87 a Abs. 4 HGB abweichende, für den Handelsvertreter nachteilige Vereinbarungen geschlossen werden. Abweichungen zugunsten des Handelsvertreters sind hingegen wirksam.⁷⁷⁶ Ein nachträglicher Verzicht des Handelsvertreters auf den nach § 87 a Abs. 3 S. 1 HGB entstandenen Provisionsanspruch ist für wirksam erachtet worden.⁷⁷⁷

2. Höhe der Provision

a) Üblichkeit, Beweislast

Wenn die **Höhe der Provision** nicht bestimmt ist, ist der übliche Satz als vereinbart anzusehen, § 87 b Abs. 1 HGB. Welcher Satz üblich ist, bestimmt sich nach dem räumlichen und sachlichen Arbeitsgebiet des Handelsvertreters.

Macht der Handelsvertreter den üblichen Satz geltend, muss er beweisen, dass die vom Unternehmer behauptete bestimmte Provisionshöhe nicht vereinbart ist.⁷⁷⁸ Gelingt ihm der Beweis nicht, steht ihm

---

773 BGH ZIP 1989, 707.
774 BGH WM 1991, 867.
775 BGH ZIP 1989, 707.
776 Vgl BGH WM 2003, 2114.
777 BGH BB 1961, 147; BGH WM 2003, 214.
778 LAG Bremen, DB 1960, 1212; BGH NJW 1983, 1782; BGH VersR 2002, 1570 zu § 632 BGB.

nur eine Provision in der vom Unternehmer behaupteten Höhe zu.[779] Kann ein üblicher Satz nicht festgestellt werden, ist der Provisionsanspruch nach billigem Ermessen zu bestimmen, §§ 315, 316 BGB.

b) Berechnung der Provision

565 Die Provision ist von dem (Brutto-)Entgelt zu berechnen, das der Dritte oder der Unternehmer zu leisten hat,[780] § 87 b Abs. 2 S. 1 HGB. **Nachlässe** bei Barzahlung (Skonti) sind nicht abzuziehen, § 87 b Abs. 2 S. 2 HGB. Hingegen wird das Entgelt durch Nachlässe, die dem Dritten von vornherein zugesagt worden sind, gemindert.

566 **Nebenkosten** wie zB für Fracht, Verpackung, Zoll, Steuern sind ebenfalls nicht abzuziehen, es sei denn, sie seien dem Dritten besonders in Rechnung gestellt worden.[781] Nicht besonders in Rechnung gestellte Nebenkosten gelten als von dem Entgelt umfasst; sie mindern deshalb die Provision nicht.[782] Die **Mehrwertsteuer**, die lediglich aufgrund steuerrechtlicher Vorschriften in der Rechnung gesondert ausgewiesen ist, gilt nicht als besonders in Rechnung gestellt, § 87 b Abs. 2 S. 3 HGB.

c) Provision bei Dauerschuldverhältnissen

567 Bei **Dauerschuldverhältnissen** (Gebrauchsüberlassungs- und Nutzungsverträgen) von **bestimmter** Dauer ist die Provision vom Entgelt für die Vertragsdauer zu berechnen, § 87 b Abs. 3 S. 1 HGB. Hierzu gehören zB Miet-, Pacht- und Lizenzverträge. Wird der Vertrag nach Ablauf der bestimmten Frist fortgesetzt, wird ein neuer Provisionsanspruch des Handelsvertreters begründet.

568 Hat das Dauerschuldverhältnis eine **unbestimmte** Dauer, ist die Provision vom Entgelt bis zu dem Zeitpunkt zu berechnen, zu dem erstmals von dem Dritten gekündigt werden kann, § 87 b Abs. 3 S. 2 1. Hs HGB. Besteht der Vertrag weiter, hat der Handelsvertreter Anspruch auf weitere entsprechend berechnete Provisionen, § 87 b Abs. 3 S. 2 2. Hs HGB.

569 Wird das Dauerschuldverhältnis **vorzeitig** beendet, bestimmt sich der Provisionsanspruch des Handelsvertreters in analoger Anwendung nach § 87 a Abs. 3 HGB. Wird der Handelsvertretervertrag vor dem Dauerschuldverhältnis beendet, gilt:
- bei bestimmter Dauer verbleibt dem Handelsvertreter die Provision für die gesamte Zeit des Dauerschuldverhältnisses,
- bei unbestimmter Dauer erhält der Handelsvertreter die Provision nur noch bis zu dem Zeitpunkt, zu dem das Dauerschuldverhältnis erstmals von dem Dritten gekündigt werden kann.[783]

d) Abdingbarkeit

570 § 87 b HGB ist dispositiv. Zulässig ist zB bei Dauerschuldverhältnissen die Vereinbarung einer Einmalprovision, die bei Vertragsschluss fällig ist.[784]

VIII. Abrechnung über die Provision, Kontroll- und Sicherungsrechte des Handelsvertreters, § 87 c HGB

1. Abrechnung über die Provision

a) Die Abrechnung im Einzelnen

571 Gemäß § 87 c Abs. 1 S. 1 HGB hat der Unternehmer über die Provision, auf die der Handelsvertreter einen Anspruch hat, monatlich **abzurechnen**; der Abrechnungszeitraum kann auf höchstens drei Monate erstreckt werden, § 87 c Abs. 1 S. 1 2. Hs HGB. Einer Aufforderung des Handelsvertreters zur Abrechnung bedarf es somit nicht.

---

779 BGH NJW 1989, 1782.
780 BGH NJW-RR 2004, 1206.
781 BGH NJW-RR 2004, 1206.
782 BGH NJW-RR 2004, 1206.
783 Str.; vgl OLG Düsseldorf DB 1977, 817; OLG Hamm DB 1984, 674.
784 BGHZ 30, 107.

Die Abrechnung muss in klarer und vollständiger Zusammenstellung alle für die Berechnung der Provision wesentlichen Angaben enthalten, damit dem Handelsvertreter eine umfassende Überprüfung der Richtigkeit der Abrechnung möglich ist.[785] In die Abrechnung aufzunehmen sind u.a. gezahlte Vorschüsse sowie sämtliche ausgeführten Geschäfte, auch wenn sie noch unter einer auflösenden Bedingung stehen. Hingegen sollen zB abgeschlossene Geschäfte, die noch nicht ausgeführt sind, nicht in die Abrechnung einzustellen sein.[786]

572

Die Abrechnung stellt ein abstraktes Schuldanerkenntnis des Unternehmers gemäß § 781, 782 BGB dar,[787] hingegen nicht des Handelsvertreters, wenn er die Abrechnungen lediglich stillschweigend entgegennimmt, auch wenn dies jahrelang geschieht.[788] Die Rechtfertigung für diese Differenzierung liegt u.a. darin, dass die Rechte des Handelsvertreters gemäß § 87 a Abs. 5, § 87 c Abs. 5 HGB insoweit nicht ausgeschlossen oder beschränkt werden können.

573

Die Abrechnung hat schriftlich zu erfolgen und entfällt auch dann nicht, wenn der Handelsvertreter die Provisionsansprüche anhand eigener Unterlagen feststellen kann. Der Unternehmer hat die Abrechnung unverzüglich nach jedem Ende des Abrechnungszeitraums, spätestens bis zum Ende des nächsten Monats zu erstellen, § 87 c Abs. 1 S. 2 HGB. Nach Vertragsbeendigung hat der Unternehmer die Abrechnung unverzüglich, unabhängig vom Abrechnungszeitraum, vorzunehmen.[789]

574

b) Durchsetzung des Abrechnungsanspruchs

Hält der Handelsvertreter die Abrechnung für unrichtig oder unvollständig, kann er **Klage auf Abrechnung** erheben.[790] Im Hinblick auf die Verjährungsproblematik[791] ist es geboten, die Klage auf Abrechnung im Wege der Stufenklage gemäß § 254 ZPO mit der Klage auf Zahlung des sich aus der Abrechnung ergebenden Betrages nebst Zinsen zu verbinden. Die **Vollstreckung** aus einem der Klage auf Abrechnung stattgebenden Titel richtet sich nach § 887 ZPO.[792]

575

In der **Insolvenz** des Unternehmers ist der Abrechnungsanspruch des Handelsvertreters vom Insolvenzverwalter zu erfüllen.[793]

576

2. Kontroll- und Sicherungsrechte – Buchauszug

Gemäß § 87 c Abs. 2 HGB kann der Handelsvertreter bei der Abrechnung einen **Buchauszug** über alle Geschäfte verlangen, für die ihm nach § 87 HGB Provision gebührt. Dieser Anspruch des Handelsvertreters ist eine der stärksten Waffen, die ihm zur Vorbereitung und Durchsetzung seiner Provisionsansprüche zur Verfügung stehen. Der Buchauszug dient dem Zweck, dem Handelsvertreter die Möglichkeit zu verschaffen, Klarheit über seine Provisionsansprüche zu gewinnen und die vom Unternehmer erteilte Abrechnung zu überprüfen.[794] Im Gegensatz zur Abrechnung ist der Unternehmer aber nur auf Anfordern des Handelsvertreters zur Erstellung eines Buchauszuges verpflichtet.

577

Der Anspruch des Handelsvertreters auf Erteilung eines Buchauszuges ist grundsätzlich umfassend und deckt auch Geschäfte ab, bei denen nicht feststeht, ob sich aus ihnen ein konkreter Provisionsanspruch des Handelsvertreters ergibt. Strittige Geschäfte sind daher anzugeben.[795] Nur bei zweifelsfrei nicht provisionspflichtigen Geschäften ist der Buchauszug ausgeschlossen.[796] Die Klärung von Zweifelsfällen bleibt somit einer etwaigen Zahlungsklage vorbehalten.

578

---

785 BGH 1989, 1074; BGH WM 1990, 710.
786 OLG Nürnberg BB 1966, 265.
787 BGH WM 1990, 711.
788 BGH NJW 1996, 588; OLG Hamm NJW-RR 2004, 1266.
789 BGH WM 1991, 873.
790 BGH WM 1990, 710.
791 Vgl unten Rn 602 f.
792 OLG Köln NJW-RR 1996, 100; OLG Hamm, NJW-RR 1994, 489 – str. aA Vollstreckung nach § 888 ZPO OLG München, BB 1960, 188; KG HVR (01) Nr. 1004.
793 Vgl OLG Naumburg NJW-RR1996, 993.
794 BGH VersR 2006, 1682.
795 BGH WM 1989, 1074; vgl auch OLG Hamm NJW-RR 1997, 1323.
796 OLG Bamberg NJW-RR 2004, 475.

579 Was den **Inhalt** des Buchauszuges anbelangt, muss er die im Zeitpunkt seiner Erstellung für die Berechnung, die Höhe und die Fälligkeit der Provisionen relevanten Geschäftsverhältnisse vollständig widerspiegeln, soweit sie sich aus den Büchern des Unternehmers entnehmen lassen. Er muss eine vollständige, geordnete und übersichtliche Darstellung aller Angaben enthalten, die für die Provision von Bedeutung sind, die der Handelsvertreter mithin zur Überprüfung der Provisionsansprüche benötigt.[797] Welche Angaben über die Geschäfte für die Provision des Handelsvertreters im Einzelfall von Bedeutung sind, hängt von der zwischen dem Handelsvertreter und dem Unternehmer vereinbarten Provisionsregelung ab.[798]

580 In den Buchauszug sind somit alle sich aus schriftlichen Unterlagen des Unternehmers ergebenden und für die Provision bedeutsamen Angaben aufzunehmen. Dabei ist der Begriff „Buchauszug" in § 87 c Abs. 2 HGB nicht im Sinne des in § 259 S. 1 HGB angesprochenen Auszugs aus den Handelsbüchern zu verstehen.[799] Der Buchauszug reicht auch weiter als die Abrechnung gemäß § 87 c Abs. 1 HGB.[800]

581 Der Buchauszug muss u.a. enthalten: Name und Anschrift des Kunden, Datum und Umfang des Vertragsschlusses, Datum der Lieferungen, Rechnungsbetrag, gewährte Nachlässe, Datum und Höhe der Zahlungen, Gründe für eine etwaige Nichtleistung des Kunden bzw für eine etwaige Nichtausführung des Geschäfts durch den Unternehmer. Hingegen braucht der Buchauszug nicht zu enthalten, was der Handelsvertreter selbst unschwer feststellen kann wie zB den Provisionssatz.[801] Ferner sind nicht wiederzugeben Tatsachen, die allein dem Vertragsverhältnis zwischen Unternehmer und Handelsvertreter entspringen.[802]

582 Was die **Form** des Buchauszuges anbelangt, ist er in klarer, übersichtlicher und vollständiger Weise zu erstellen.[803] Allerdings besteht kein Anspruch des Handelsvertreters auf eine bestimmte, zB tabellarische Darstellung, da dem Unternehmer nicht die Möglichkeit genommen werden kann, unter mehreren gleich geeigneten Darstellungsweisen die für ihn kostengünstigste zu wählen.[804]

583 Der Anspruch des Handelsvertreters auf Erteilung eines Buchauszuges ist nur in seltenen Fällen **rechtsmissbräuchlich**. So kann zB der Unternehmer den Buchauszug nicht deshalb wegen Unzumutbarkeit nach § 242 BGB verweigern, weil er für dessen Erstellung unverhältnismäßig hohe **Kosten** aufzuwenden hat.[805] Ein Unternehmer, der mit Handelsvertretern arbeitet, muss sich von vornherein auf ein mögliches Buchauszugsverlangen einstellen und demzufolge seine Buchführung so einrichten, dass er der Forderung des Handelsvertreters unschwer und mit möglichst geringem eigenen Aufwand nachkommen kann.[806] Hat er dies versäumt, geht ein durch die erforderliche umständliche Auswertung der Geschäftsbücher entstehender Aufwand zu seinen Lasten.[807]

584 Der Handelsvertreter kann den Anspruch auf Erteilung eines Buchauszuges als Grundlage für weitere Provisionsansprüche nicht mehr geltend machen, wenn er sich mit dem Unternehmer über die Abrechnung der Provisionen geeinigt hat.[808] Ein Einverständnis des Handelsvertreters mit den Provisionsabrechnungen des Unternehmers und damit das Anerkenntnis, keine weiteren Ansprüche zu haben, kann jedoch im allgemeinen nicht aus einer zB jahrelangen **widerspruchslosen Hinnahme** der Provisionsabrechnungen gefolgert werden; für eine Einigung über die Abrechnung zwischen Unternehmer und Handelsvertreter bedarf es vielmehr in der Regel einer eindeutigen Willenserklärung des Handelsvertreters.[809] Eine Vereinbarung in einem Handelsvertretervertrag, derzufolge bei nicht erhobenen

---

797 BGH VersR 2006, 1682.
798 BGH NJW 2001, 2333 = VersR 2001, 760; OLG Hamm NJW-RR 1997, 1322.
799 BGH, NJW 2001, 2333.
800 BGH NJW 1995, 229.
801 BGH NJW 2001, 2333; OLG Hamm, VersR 2004, 1603.
802 BGH NJW 2001, 2333.
803 BGH WM 1982, 153, BGH NJW 2001, 2333; BGH VersR 2006, 1682.
804 BGH NJW 2001, 2333.
805 BGH VersR 2006, 1682.
806 BGH NJW 2001, 2333.
807 BGHZ 56, 296; BGH NJW 2001, 2333.
808 BGH VersR 2006, 1682; OLG Hamm NJW-RR 2004, 1266.
809 BGH WM 1982, 152; BGH NJW 1996, 588; BGH VersR 2006, 1682.

Einwendungen die Provisionsabrechnungen als anerkannt gelten, ist wegen Verstoßes gegen § 87 c Abs. 5 HGB nichtig.[810]

Ferner ist der Anspruch des Handelsvertreters auf Erteilung eines Buchauszuges nicht schon durch die ihm regelmäßig übersandten Abrechnungen erfüllt. Denn Provisionsabrechnungen können einen Buchauszug nur dann **ersetzen**, wenn sie sich lückenlos über den gesamten Vertragszeitraum erstrecken und wenn sie entweder zusätzlich alle in einen Buchauszug aufzunehmenden Angaben enthalten oder der Unternehmer mit ihrer Überlassung alle Angaben macht, die für einen ordnungsgemäßen Buchauszug erforderlich sind.[811]

Der Unternehmer genügt seiner Verpflichtung zur Erteilung eines Buchauszuges auch nicht bereits dadurch, dass er dem Handelsvertreter während der Vertragslaufzeit den Zugriff auf ein elektronisches Agenturinformationssystem ermöglicht, das jeweils nur den aktuellen Stand der provisionsrelevanten Daten wiedergibt und aus dem sich ein Gesamtüberblick über den Zeitraum, auf den sich der Buchauszug zu erstrecken hat, allenfalls dadurch gewinnen lässt, dass der Handelsvertreter die nur vorübergehend zugänglichen Daten „fixiert" und sammelt.[812]

3. Auskunftsanspruch

Gemäß § 87 c Abs. 3 HGB kann der Handelsvertreter außerdem Mitteilung über alle Umstände verlangen, die für den Provisionsanspruch, seine Fälligkeit und seine Berechnung wesentlich sind. Dieser **Auskunftsanspruch** des Handelsvertreters ergänzt seine Ansprüche auf Abrechnung und Erteilung eines Buchauszuges. Er greift ein, wenn trotz Abrechnung und schriftlichem Buchauszug noch Fragen hinsichtlich der Entstehung, der Fälligkeit und der Berechnung des Provisionsanspruchs offen bleiben oder ein Buchauszug mangels Unterlagen nicht erstellt werden kann.[813]

4. Anspruch auf Einsicht in die Geschäftsbücher

Wird der Buchauszug verweigert oder bestehen begründete Zweifel an der Richtigkeit oder Vollständigkeit der Abrechnung oder des Buchauszuges, so kann der Handelsvertreter verlangen, dass nach Wahl des Unternehmers entweder ihm oder einem von ihm zu bestimmenden Wirtschaftsprüfer oder vereidigten Buchsachverständigen **Einsicht** in die Geschäftsbücher oder die sonstigen Urkunden so weit gewährt wird, wie dies zur Feststellung der Richtigkeit oder Vollständigkeit der Abrechnung oder des Buchauszuges erforderlich ist, § 87 c Abs. 4 HGB.

Macht der Handelsvertreter den Anspruch auf Bucheinsicht gemäß § 87 c Abs. 4 HGB erfolgreich geltend, so ist für den Anspruch auf Erteilung eines Buchauszuges kein Raum mehr, da der Anspruch auf Bucheinsicht gegenüber dem auf Erteilung eines Buchauszuges das weitergehende Recht darstellt.[814] Das Einsichtsrecht des Handelsvertreters nach § 87 c Abs. 4 HGB ist bereits gegeben, wenn begründete Zweifel auch nur in einem Punkt bestehen.[815] Verursacht die Bucheinsicht **Kosten**, sind sie zunächst vom Handelsvertreter zu tragen. Führt die Bucheinsicht zu einem für den Handelsvertreter positiven Ergebnis, muss ihm der Unternehmer die Kosten unter dem Gesichtspunkt des Schadensersatzes erstatten.[816]

5. Anspruch auf Ergänzung des Buchauszuges

Neben dem Einsichtsrecht des Handelsvertreters kommt bei Unvollständigkeit des erteilten Buchauszuges, wenn zB Teilbezirke oder Zeitabschnitte nicht erfasst sind, ein Anspruch auf **Ergänzung** des Buchauszuges in Betracht.[817] Voraussetzung dieses Ergänzungsanspruchs ist die konkrete Darlegung

---

810 OLG Hamm NJW-RR 2004, 1266.
811 BGH WM 1991, 196; BGH NJW 2001, 2333.
812 BGH VersR 2006, 1682.
813 OLG Hamm DB 1967, 593; BGH NJW 2001, 2333.
814 BGH NJW 1959, 1964.
815 OLG Köln DB 2000, 2269.
816 BGH NJW 1959, 1964; BGHZ 32, 302 f.
817 OLG Hamm VersR 2004, 1603.

der beanstandeten Unvollständigkeit, die zugleich den Umfang der geschuldeten Ergänzung absteckt.[818]

6. Unabdingbarkeit

591 Die Rechte des Handelsvertreters gemäß § 87 c Abs. 1–4 HGB können weder ausgeschlossen noch beschränkt werden, § 87 c Abs. 5 HGB.

7. Vorgehen im Streitfall

592 Bestehen zwischen dem Handelsvertreter und dem Unternehmer Meinungsverschiedenheiten über etwaige Provisionsansprüche, sollte der Handelsvertreter seine Rechte gemäß § 87 c HGB wie folgt wahrnehmen:

593 Möglich ist eine **Klage auf Abrechnung**, § 87 c Abs. 1 HGB.[819] In der Praxis kommt sie aber eher seltener vor.

594 In der Regel wird eine Auseinandersetzung um Provisionen durch eine **Klage auf Erteilung eines Buchauszuges** vorbereitet. Der entsprechende **Antrag** sollte so gefasst sein, dass er folgende Angaben enthält, die dann auch vollstreckungsfähig sind:
- Name und Anschrift des Kunden
- Kundennummer, sofern vorhanden
- Datum der Auftragserteilung
- Umfang des erteilten Auftrages
- Datum der Auftragsbestätigung
- Datum der Lieferungen bzw Teillieferungen
- Art und Menge der Lieferungen bzw Teillieferungen
- etwaige Nachbestellungen
- Datum und Nummer der Rechnung bzw der Rechnungen bei Teillieferungen
- Rechnungsbetrag (brutto/netto)
- gewährte Nachlässe (Skonti, Rabatte, Preisnachlässe etc.)
- Datum der Zahlung bzw der Einzelzahlungen
- Höhe der gezahlten Beträge/Einzelbeträge
- Datum der vollständigen Abwicklung
- im Falle der Nichtleistung des Dritten: Angabe der Gründe, soweit bekannt (§ 87 a Abs. 2 HGB)
- im Falle der Nichtausführung durch den Unternehmer: Angabe der Gründe (§ 87 a Abs. 3 HGB)
- Stornierungen/Retouren unter Angabe der Gründe

595 Auch der **Auskunftsanspruch** gemäß § 87 c Abs. 3 HGB kann im Klagewege durchgesetzt werden. In dem Antrag sind die konkreten Umstände anzugeben, über die Auskunft erteilt werden soll.

596 Liegen die Voraussetzungen des § 87 c Abs. 4 HGB vor, ist zu überprüfen, ob das **Bucheinsichtsrecht** klageweise geltend gemacht werden soll. Dabei ist zu berücksichtigen, dass der Handelsvertreter (zunächst) die manchmal nicht unerheblichen Kosten zu übernehmen hat. Bei einer Unvollständigkeit des Buchauszuges ist zu prüfen, ob die Geltendmachung des **Anspruchs auf Ergänzung** des Buchauszuges nicht sinnvoller ist.

597 Die Rechte des § 87 c HGB dienen der Feststellung der Provisionsansprüche und nicht der Vorbereitung anderer Ansprüche wie zB des Ausgleichsanspruchs gemäß § 89 b HGB.[820] Zweckmäßig ist es daher, zunächst Klage auf Erteilung eines Buchauszuges sowie auf Zahlung der sich aus dem Buchauszug ergebenden Provisionen zu erheben. Anschließend kann bei einer Klage auf Zahlung des Ausgleichs auf den Buchauszug zurückgegriffen werden.

598 Ist eine Verurteilung des Unternehmers zur Erteilung eines Buchauszuges bzw einer Auskunft erfolgt und beabsichtigt der Unternehmer die Einlegung der **Berufung**, ist zunächst zu überprüfen, ob eine

---

818 OLG Hamm VersR 2004, 1603.
819 BGH WM 1990, 710.
820 Vgl BGH NJW 1996, 2100; OLG Düsseldorf HVR (03) Nr. 1082.

derartige Berufung überhaupt zulässig ist. Dies ist nach § 511 Abs. 2 S. 1 ZPO nur dann der Fall, wenn der Wert des Beschwerdegegenstandes 600,00 EUR übersteigt. Bei einer Verurteilung zur Erstellung eines Buchauszuges bzw zur Auskunftserteilung bemisst sich der Wert der **Beschwer** im Falle der Einlegung der Berufung im Wesentlichen nach dem Aufwand an Zeit und Kosten, den die Erfüllung des titulierten Anspruchs erfordert.[821] Dabei ist der Umfang der Beschwer grundsätzlich nach dem Zeitpunkt der Berufungseinlegung zu berechnen.[822] Eine nachträgliche Klageerweiterung ist somit für die Berechnung der Beschwer unbeachtlich.[823]

Da ein auf § 87 c HGB gestützter Titel keine Rechtsbindung für den Zahlungsantrag entfaltet, besteht das Interesse des Unternehmers nur darin, den Buchauszug bzw die Auskunft nicht erteilen zu müssen. Der Unternehmer muss folglich in der Berufungsinstanz glaubhaft machen (§ 511 Abs. 3 ZPO, § 294 ZPO unter Ausschluss der Versicherung an Eides statt), dass die mit der Erstellung des Buchauszuges bzw mit der Auskunftserteilung verbundenen Kosten den Betrag von 600,00 EUR übersteigen. 599

Eine Klage gemäß § 87 c Abs. 1–4 HGB sollte im Wege einer **Stufenklage** gemäß § 254 ZPO erfolgen, dh die Klage gemäß § 87 c HGB sollte immer mit der Klage auf Zahlung des sich aus der Abrechnung bzw dem Buchauszug bzw der Auskunft bzw der Bucheinsicht ergebenden Betrages nebst Zinsen verbunden werden. Denn die Hilfsansprüche des § 87 c HGB verjähren grundsätzlich jeweils selbständig; mit der Verjährung des Provisionsanspruches, den sie vorbereiten sollen, werden sie allerdings gegenstandslos.[824] Der Zahlungsantrag ist daher geboten, um eine Hemmung der Verjährung des Provisionsanspruches sicherzustellen.[825] 600

Die **Vollstreckung** richtet sich nach § 887 ZPO bzw nach § 888 ZPO. 601
- Bei einem Titel auf Abrechnung nach § 887 ZPO.[826]
- Bei einem Titel auf Erstellung eines Buchauszuges nach § 887 ZPO.[827]
- Bei einem Titel auf Auskunft nach § 887 ZPO bzw nach § 888 ZPO.[828]
- Bei einem Titel auf Bucheinsicht nach § 887 ZPO bzw nach § 883 ZPO.[829]

IX. Verjährung, Ersatz von Aufwendungen sowie Zurückbehaltungsrecht, § 88 HGB aF, § 87 d HGB, § 88 a HGB

1. Verjährung, § 88 HGB aF, §§ 195 f BGB

a) Rechtslage vor und nach dem VerjährungsanpassungG

Die früher geltende Bestimmung des § 88 HGB ist durch das VerjährungsanpassungsG vom 9.12.2004 (BGBl. I 3214) mit Wirkung zum 15.12.2004 aufgehoben worden. Es gilt nunmehr für alle Ansprüche aus einem Handelsvertreterverhältnis die **Regelverjährung** von drei Jahren, § 195 BGB. Der Verjährungsbeginn bestimmt sich nach den §§ 199 f BGB. 602

Die Bestimmung des § 88 HGB aF galt für alle Ansprüche aus dem Handelsvertreterverhältnis,[830] dh auch für die Hilfsansprüche gemäß § 87 c HGB, für Ansprüche auf Schadensersatz,[831] auf Rückzahlung von Vorschüssen etc. Hingegen galt sie nicht für Ansprüche, die ihre Grundlage nicht in dem Handelsvertreterverhältnis hatten, wie zB bei Ansprüchen aus ungerechtfertigter Bereicherung oder unerlaubter Handlung. 603

Für Ansprüche, deren Verjährungsbeginn vor dem 15.12.2004 liegt und bei denen zu diesem Zeitpunkt noch keine Verjährung eingetreten war, gilt die Überleitungsvorschrift des Art. 229, § 6 604

---

821 BGH WM 1989, 1073; BGH WM 1998, 1463.
822 BGH NJW 1983, 1063.
823 BGH VersR 1983, 1160.
824 BGH NJW 1982, 235.
825 Vgl zur Verjährung unten Rn 600.
826 OLG Köln NJW-RR 1996, 100; str. nach § 888 ZPO OLG Neustadt NJW 1965, 257.
827 OLG Köln NJW-RR 1996, 100; OLG Bamberg NJW-RR 2004, 476.
828 Vgl OLG Hamm NJW-RR 1994, 489.
829 Vgl OLG Frankfurt BB 2002, 428.
830 BGH WM 2003, 251.
831 BGH WM 1982, 635.

EGBGB. Da die ab dem 15.12.2004 geltende Regelverjährung kürzer ist als die Regelung des § 88 HGB aF, findet Art. 229 § 6 Abs. 4 EGBGB Anwendung.

b) Verjährung der Hilfsansprüche des § 87 c HGB

605 Die **Hilfsansprüche** des § 87 c HGB verjähren grundsätzlich **selbständig**, da sie, auch im Verhältnis zum Provisionsanspruch, von unterschiedlichen Voraussetzungen abhängen.[832] So kann ein Buchauszug ebenso wie die Auskunft gemäß § 87 c Abs. 3 HGB immer bei der Abrechnung verlangt werden, während die Verjährungsfrist für den Anspruch auf Bucheinsicht gemäß § 87 c Abs. 4 HGB am Ende des Jahres zu laufen beginnt, in dem der Buchauszug erteilt worden ist.[833] Bezüglich der Schadensersatzansprüche ist eine differenzierte Betrachtung geboten, je nachdem, ob ein einmaliger Vorfall, wiederholte Handlungen oder eine Dauerhandlung vorliegen.[834]

606 Die Hilfsansprüche werden allerdings **gegenstandslos**, wenn die Provisionsansprüche, die sie vorbereiten sollen, verjährt sind oder aus anderen Gründen nicht mehr durchgesetzt werden können.[835] Dies bedeutet: Wird in unverjährter Zeit lediglich der Anspruch auf Erteilung eines Buchauszuges geltend gemacht, kann der sich aus dem Buchauszug ergebende Provisionsanspruch verjähren. Tritt insoweit Verjährung ein, wird der Anspruch auf Erteilung des Buchauszuges gegenstandslos.

607 Aus diesem Grunde ist es dringend geboten, neben dem Antrag auf Erteilung eines Buchauszuges den weiteren Antrag zu stellen, den Beklagten bzw die Beklagte zu verurteilen, den sich aus dem Buchauszug ergebenden Provisionsbetrag nebst Zinsen zu zahlen.

c) Abdingbarkeit

608 Verjährungsrecht ist nunmehr grundsätzlich nachgiebiges, zur Disposition der Parteien stehendes Recht. Der Grundsatz der Vertragsfreiheit gilt im Verjährungsrecht des BGB ohne Einschränkung.[836]

609 Im Handelsvertreterrecht ist dieser Grundsatz aber eingeschränkt. Zum einen sind die in den §§ 84 f HGB enthaltenen zwingenden Vorschriften zu beachten, die eine abweichende Vereinbarung nicht zulassen, zum anderen gilt allgemein der Grundsatz der Gleichbehandlung. Die bis zum 15.12.2004 geltende vierjährige Verjährungsfrist des § 88 HGB aF konnte abgekürzt werden, wenn und soweit billigenswerte Interessen zumindest einer der Vertragsparteien eine angemessene Beschränkung der Verjährungsfrist rechtfertigte und insgesamt der **Grundsatz der Gleichbehandlung** von Handelsvertreter und Unternehmer gewahrt blieb. Entscheidend war, dass die Abkürzung nicht einseitig zu Lasten des Handelsvertreters ging.[837] Unter Beachtung dieses Grundsatzes ist zB eine Abkürzung der Verjährungsfrist auf 6 Monate, beginnend mit der Kenntnis von der Anspruchsentstehung, für wirksam erachtet worden.[838]

610 Für die Frage, ob der Grundsatz der Gleichbehandlung gewahrt war, kam es nach altem Recht nicht darauf an, ob die Abkürzung der Verjährung formularmäßig abbedungen war oder nicht.[839] Es spricht alles dafür, dass die zu § 88 HGB aF ergangene Rechtsprechung auch unter der Geltung der §§ 194 f BGB beibehalten wird.

In einem Handelsvertretervertrag könnte folgende Verjährungsregelung enthalten sein:

▶ Alle Ansprüche aus diesem Vertrag verjähren nach 12 Monaten. Die Frist beginnt mit dem Ende des Monats, in dem der Anspruch fällig geworden ist, jedoch nicht, bevor der Anspruchsberechtigte Kenntnis von der Fälligkeit der Forderung erlangt hat. ◀

---

832 BGH NJW 1979, 764; BGH NJW 1982, 235.
833 BGH NJW 1979, 764.
834 BGH WM 2003, 251.
835 BGH NJW 1982, 235; BGH NJW 1996, 2100.
836 Palandt/*Heinrichs*, 66. Aufl. § 202 Rn 1.
837 BGHZ 75,218; BGH NJW 2003, 1670; OLG Hamm NJW-RR 1999, 1713.
838 BGH NJW-RR 1991, 35.
839 BGH WM 2003, 2101.

2. Ersatz von Aufwendungen, § 87 d HGB

a) Voraussetzungen des §§ 87 d HGB

Der Handelsvertreter kann den Ersatz seiner im regelmäßigen Geschäftsbetrieb entstandenen **Aufwendungen** nur verlangen, wenn dies handelsüblich oder vereinbart ist, § 87 d HGB. Aus der Fassung dieser Bestimmung lässt sich der Grundsatz ableiten, dass der Handelsvertreter seine im regelmäßigen Geschäftsbetrieb entstandenen Aufwendungen selbst zu tragen hat, da er für seine Handelsvertretertätigkeit Provision erhält. Bei Aufwendungen außerhalb des regelmäßigen Geschäftsbetriebes sowie bei überobligatorischen Aufwendungen kommt ein Anspruch aus § 670 BGB in Betracht. Im Zweifel geht die Bestimmung des § 87 d HGB vor.

Aufwendungen sind alle Auslagen des Handelsvertreters, nicht jedoch Zufallsschäden sowie andere unfreiwillige Vermögensopfer des Handelsvertreters bei Ausführung seiner Tätigkeit, da diese nicht zum regelmäßigen Geschäftsbetrieb gehören. Auch hier kommt aber ein Anspruch aus § 670 BGB bzw nach dem Grundsatz der Risikozurechnung in Betracht.[840]

Zum **regelmäßigen Geschäftsbetrieb** gehören alle Aufwendungen, die bei der Erfüllung des Handelsvertretervertrages anfallen, wie zB Kosten des eigenen Betriebs (u.a. Miete), Kfz-Kosten, Reisekosten bei Kundenbesuchen etc.

Nicht unter § 87 d HGB fallen hingegen Aufwendungen für Leistungen, die der Unternehmer nach § 86 a HGB zu erbringen hat,[841] sowie Aufwendungen, die der Handelsvertreter aufgrund konkreter Weisungen des Unternehmers tätigt. Im letzteren Fall kommt ebenfalls ein Anspruch gemäß § 670 BGB in Betracht. Zweifelhaft ist, ob **Schmiergelder**, die im Ausland ortsüblich sind, als zum regelmäßigen Geschäftsbetrieb gehörende Aufwendungen zu rechnen sind.[842]

Ein Anspruch gemäß § 87 d HGB besteht nur bei **Handelsüblichkeit**, die nicht zB mit der Ortsüblichkeit gleichzusetzen ist. Entscheidend sind die Handelsbräuche in der jeweiligen Branche.

b) Abdingbarkeit

Die Bestimmung des § 87 d HGB ist **abdingbar**. Der Anspruch auf Ersatz von Aufwendungen kann vertraglich anders geregelt werden. Je nach Art der zu vermittelnden Geschäfte sollte von der Möglichkeit einer anderweitigen Regelung Gebrauch gemacht werden.

3. Zurückbehaltungsrecht, § 88 a HGB

a) Grundsätzliches

Dem Handelsvertreter stehen grundsätzlich die **gesetzlichen Zurückbehaltungsrechte** gemäß § 369 HGB, § 273 BGB zu. Auf **vertragliche Zurückbehaltungsrechte** findet § 88 a HGB keine Anwendung. Sie sind zulässig.

b) Voraussetzungen des § 88 a HGB

Die Bestimmung des § 88 a HGB enthält bzgl der gesetzlichen Zurückbehaltungsrechte zwei Besonderheiten:

Im Voraus kann der Handelsvertreter nicht auf gesetzliche Zurückbehaltungsrechte verzichten, § 88 a Abs. 1 HGB. Insoweit ist diese Bestimmung weder abdingbar noch einschränkbar.

Nach Beendigung des Vertragsverhältnisses hat der Handelsvertreter ein nach allgemeinen Vorschriften bestehendes Zurückbehaltungsrecht an den ihm zur Verfügung gestellten Unterlagen, §§ 86 a Abs. 1 HGB nur wegen seiner fälligen Ansprüche auf Provision und Ersatz von Aufwendungen, § 88 a Abs. 2 HGB.[843] Hieraus folgt, dass der Handelsvertreter nach Beendigung des Vertragsverhältnisses kein Zurückbehaltungsrecht zB wegen eines Ausgleichsanspruchs gemäß § 89 b HGB oder wegen eines Schadensersatzanspruches aus Verletzung des Handelsvertretervertrages hat.

---

840 Vgl hierzu BAG NJW 1995, 2372; BAG NJW 2000, 3371; BGHZ 89, 157.
841 Vgl oben Rn 507 f.
842 Vgl BGHZ 94, 272; Baumbach/Hopt, 32. Aufl.,§ 87 d Rn 4.
843 Vgl OLG Düsseldorf, BB 1990, 1086 bzgl Videokassetten.

X. Kündigung des Handelsvertretervertrages, § 89, § 89 a HGB

1. Fristgemäße Kündigung

a) Verträge auf unbestimmte Zeit

621 Wenn das Handelsvertreterverhältnis auf **unbestimmte Zeit** eingegangen worden ist, kann es unter Beachtung der in § 89 Abs. 1 HGB angegebenen Fristen **ordentlich gekündigt** werden.

622 Die **Kündigungsfrist** ist gestaffelt. Im 1. Jahr der Vertragsdauer beträgt sie 1 Monat, im 2. Jahr 2 Monate und im 3. bis 5. Jahr 3 Monate. Nach einer Vertragsdauer von 5 Jahren kann das Vertragsverhältnis mit einer Frist von 6 Monaten gekündigt werden. Dabei ist die Kündigung nur für den Schluss eines Kalendermonats zulässig, sofern keine abweichende Vereinbarung getroffen ist, § 89 Abs. 1 S. 2 HGB.

623 Die **Kündigungserklärung** ist formlos, auch konkludent möglich, falls der Handelsvertretervertrag nicht eine bestimmte Form vorsieht. Sie muss unzweideutig sein und bedarf keines besonderen Grundes. Allerdings kann die Kündigung uU wegen Verstoßes gegen die guten Sitten unwirksam sein.[844]

624 Die **Teilkündigung** eines einheitlichen Vertrages ist grundsätzlich unwirksam.[845] Hingegen soll vertraglich eine Teilkündigung hinsichtlich bestimmter Vertragsbedingungen vereinbart werden können.[846] Der für das Kündigungsrecht geltende Grundsatz der Unzulässigkeit einer Teilkündigung soll verhindern, dass der Unternehmer den Vertrag teilweise einseitig abändert (zB durch Bezirksverkleinerung) und der Handelsvertreter vor die Wahl gestellt wird, ob er den Handelsvertretervertrag insgesamt kündigen soll oder nicht. Bei einer vertraglichen Regelung stellt eine Teilkündigung keinen einseitigen Akt des Unternehmers dar, sondern bedeutet die Ausübung eines vertraglich vorgesehenen Rechts.[847] Eine **Änderungskündigung** (ordentliche Kündigung verbunden mit dem Angebot der Vertragsfortsetzung zu geänderten Bedingungen) ist bei Einhaltung der Fristen zulässig.[848]

625 Die Kündigungsfristen des § 89 Abs. 1 HGB können durch Vereinbarung verlängert werden. Die Frist darf für den Unternehmer dabei nicht kürzer sein als für den Handelsvertreter. Bei Vereinbarung einer kürzeren Frist für den Unternehmer gilt die für den Handelsvertreter vereinbarte Frist, § 89 Abs. 2 HGB.

b) Verträge auf bestimmte Zeit

626 Wenn das Vertragsverhältnis auf **bestimmte Zeit** eingegangen ist und nach Ablauf der vereinbarten Laufzeit von beiden Teilen fortgesetzt wird, gilt es als auf unbestimmte Zeit verlängert. Für die Bestimmung der Kündigungsfristen gemäß § 89 Abs. 1 HGB ist dann die Gesamtdauer des Vertragsverhältnisses maßgeblich, § 89 Abs. 3 HGB.

c) Ausschluss der ordentlichen Kündigung

627 Ist in einem Handelsvertretervertrag das Recht zur ordentlichen Kündigung **ausgeschlossen**, kann dieser Ausschluss bei einer langfristigen Vertragsbindung sittenwidrig sein. Dabei kommt es auf die jeweiligen vertragstypischen und durch die Besonderheiten des Einzelfalls geprägten Umstände an.[849]

2. Fristlose Kündigung

628 Die **außerordentliche Kündigung** eines auf unbestimmte oder auf bestimmte Zeit abgeschlossenen Handelsvertretervertrages ist in § 89 a HGB geregelt. Nach dieser Bestimmung, die eine Sondervorschrift des § 314 BGB darstellt, kann das Vertragsverhältnis sowohl vom Handelsvertreter als auch vom Unternehmer aus wichtigem Grunde ohne Einhaltung einer Kündigungsfrist gekündigt werden. Dieses Recht kann nicht ausgeschlossen oder beschränkt werden, § 89 a Abs. 1 S. 2 HGB.

---

844 BGH NJW 1970, 855.
845 Vgl BGH BB 1977, 964; BGH NJW 2000, 518; OLG Karlsruhe DB 1978, 293.
846 BAG BB 1958, 194; OLG Karlsruhe DB 1978, 293.
847 OLG Karlsruhe, DB 1978, 293 – str.
848 BGH BB 1984, 235.
849 BGH NJW 1995, 2350; OLG München NJW-RR 1997, 1057.

a) Wichtiger Grund

Ein **wichtiger Grund** zur außerordentlichen Kündigung im Sinne des § 89 a Abs. 1 S. 1 HGB ist gegeben, wenn dem Kündigenden unter Berücksichtigung aller Umstände eine Fortsetzung des Vertragsverhältnisses auch nur bis zum Ablauf der Frist für eine ordentliche Kündigung nicht zugemutet werden kann.[850] Ob ein wichtiger Grund im Sinne des § 89 a Abs. 1 HGB vorliegt, hängt von allen Umständen des Einzelfalles ab, die im Wege einer Interessenabwägung zu bewerten sind. Dabei spielen u.a. eine Rolle: Bisherige Vertragsdauer, Laufzeit des Vertrages bis zum Vertragsende bei ordentlicher Kündigung, Art und Schwere des Vertragsverstoßes, längere Vorhersehbarkeit des Grundes, Aussicht auf Abhilfe, Grad des Verschuldens sowie eigene Vertragsuntreue des Kündigenden.[851] Der wichtige Grund nach § 89 a HGB und nach § 89 b HGB ist gleich zu verstehen.[852]

629

Ein wichtiger Grund für den **Handelsvertreter**, das Vertragsverhältnis fristlos zu kündigen, liegt vor, wenn der Unternehmer die ihm obliegenden Vertragspflichten in schwerwiegender Weise schuldhaft verletzt. Dies kann zB der Fall sein, wenn der Unternehmer die vom Handelsvertreter vermittelten Geschäfte mangelhaft ausführt,[853] wenn er eigenmächtig eine Bezirksverkleinerung vornimmt oder wenn er dem Handelsvertreter unzulässig Konkurrenz macht,[854] zB durch Einrichtung eines parallelen Direktvertriebs.[855]

630

Ein wichtiger Grund für den **Unternehmer**, das Vertragsverhältnis fristlos zu kündigen, liegt vor, wenn der Handelsvertreter – wie beim Unternehmer – wesentliche Vertragspflichten nachhaltig schuldhaft verletzt. Hierzu zählen zB Pflichtverstöße wie u.a. unzureichende Gebietsbetreuung mit der Folge des Umsatzrückganges,[856] gravierende Missachtung von Weisungen des Unternehmers,[857] Vertrauensverletzungen wie zB Beleidigung des Unternehmers oder leitender Angestellter,[858] Nichtangabe von Geschäftsabschlüssen und Verschweigen von Informationen, die für den Unternehmer von besonderer Bedeutung sind,[859] unzulässiger Wettbewerb,[860] Insolvenzverfahren des Handelsvertreters.[861] In bestimmten Ausnahmefällen kann der Unternehmer die fristlose Kündigung auf eigene betriebsbezogene Gründe stützen wie zB Betriebsein- und umstellung aus Gründen höherer Gewalt.[862]

631

Was die fristlose Kündigung sowohl des Handelsvertreters als auch des Unternehmers anbelangt, gibt es eine umfassende Kasuistik. Hier darf auf die Kommentierungen verwiesen werden.[863] **Kumulierende Gründe** können in ihrer Gesamtheit eine fristlose Kündigung rechtfertigen,[864] auch wenn jeder einzelne Grund für sich gesehen nicht als wichtig im Sinne des § 89 a Abs. 1 HGB zu bewerten ist.

632

b) Abmahnung

Vor Ausspruch der außerordentlichen Kündigung ist grundsätzlich immer eine **Abmahnung** erforderlich, wenn der wichtige Grund in einer Störung des **Leistungselements** besteht, § 314 Abs. 2 BGB,[865] dh in den Fällen, in denen der Unternehmer oder der Handelsvertreter nicht die vertraglich geschuldeten Leistungen erbringen. Das gleiche gilt grundsätzlich auch bei einer Störung des **Vertrauensele-**

633

---

850 BGH ZIP 1999, 1307; BGH WM 2001, 1031; BGH NJW-RR 2003, 981.
851 BGH WM 1982, 632.
852 BGH NJW 2000, 1866.
853 BGH WM 1986, 623.
854 BGH WM 1971, 562.
855 BGH NJW-RR 1993, 683; OLG München BB 1993, 1472.
856 OLG München NJW-RR 2003, 401.
857 OLG Saarbrücken NJW-RR 2002, 542.
858 OLG Saarbrücken NJW-RR 2002, 542.
859 BGH BB 1979, 242.
860 BGH NJW 1987, 57; BGH ZIP 1999, 1307.
861 BGHZ 129, 296.
862 BGH VersR 1958, 243; OLG Hamm NJW-RR 1988, 550.
863 ZB *Küstner/Thume*, Handbuch des gesamten Außendienstrechts, Bd. I, 3. Aufl. 2000, Rn 1830 f - alphabetische Übersicht über wichtige Kündigungsgründe.
864 BGHZ 44, 274; OLG Saarbrücken NJW-RR 2002, 542.
865 Vgl BGH NJW-RR 2003, 928; BGH NJW-RR 1999, 539.

ments,[866] dh in den Fällen, in denen das Vertrauensverhältnis noch nicht endgültig zerrüttet ist und Anlass zu einer Heilung besteht.

634 In Ausnahmefällen ist eine Abmahnung **entbehrlich**. Liegt der wichtige Grund in einer Störung des Leistungselements, ist eine Abmahnung entbehrlich, wenn die Leistung endgültig und ernsthaft verweigert wird, vgl § 323 Abs. 2 Nr. 1 BGB. Liegt der wichtige Grund in der Störung des Vertrauenselements, kommt es darauf an, ob das Fehlverhalten des Vertragspartners die Vertrauensgrundlage in so schwerwiegender Weise erschüttert hat, dass diese auch durch eine erfolgreiche Abmahnung nicht mehr wieder hergestellt werden kann.[867] Ob mit einer Abmahnung gleichzeitig die **Androhung** einer **Beendigung** des Handelsvertretervertrages zu verbinden ist, ist strittig.[868] Vorsorglich sollte dies geschehen.

c) Unabdingbarkeit

635 Das Recht zur fristlosen Kündigung kann nicht **ausgeschlossen** oder **beschränkt** werden, § 89 a Abs. 1 S. 2 HGB. So ist jedwede vertragliche Vereinbarung, die das Recht zur fristlosen Kündigung tangiert, unwirksam. Dies gilt auch für eine Abänderung der Beweislast bzgl der Frage, ob ein wichtiger Grund vorliegt.[869]

636 Hingegen hat die Rspr die einvernehmliche **Vorausbewertung** bestimmter Sachverhalte des wichtigen Grundes im Sinne des § 89 a HGB in engem Rahmen für zulässig erachtet.[870] Unzulässig sind hingegen Absprachen, denenzufolge bestimmte Sachverhalte eine fristlose Kündigung nicht rechtfertigen sollen.[871]

d) Kündigungserklärung

637 Die **Kündigungserklärung** bedarf keiner Form. Sie muss aber unzweideutig erkennen lassen, dass das Vertragsverhältnis fristlos aus wichtigem Grund gekündigt wird. Grundsätzlich beendet eine fristlose Kündigung das Vertragsverhältnis sofort.[872] Zulässig ist aber, die fristlose Kündigung mit einer sog. **Auslauffrist** zu versehen,[873] dh der Kündigende kann dem Kündigungsgegner mit dem Ausspruch einer außerordentlichen Kündigung aus wichtigem Grund eine Auslauffrist einräumen und dadurch die Kündigungsfolgen der Vertragsbeendigung auf einen in der Zukunft liegenden Zeitpunkt hinausschieben.[874]

638 Für die außerordentliche Kündigung besteht **grundsätzlich kein Begründungszwang**.[875] Denn das Wesen der fristlosen Kündigung als einer Gestaltungserklärung erfordert lediglich die unzweideutige Ausübung des Rechts. Beim Fehlen einer dahingehenden Vorschrift gehört die Begründung nicht zum notwendigen Inhalt der Kündigungserklärung.[876] Allerdings muss der Kündigende dem anderen Teil auf Verlangen den Kündigungsgrund entsprechend § 626 Abs. 2 S. 3 BGB unverzüglich mitteilen.

639 Dem Kündigenden ist es grundsätzlich gestattet, zum Zeitpunkt des Ausspruchs der fristlosen Kündigung bereits vorhandene, aber noch nicht vorgebrachte Gründe nachträglich mit der Wirkung geltend zu machen, dass sie die Kündigung bereits für den Zeitpunkt ihres Ausspruchs rechtfertigen (**Nachschieben von Gründen**).[877] Hingegen können **nach** der Kündigung entstandene Gründe nicht mehr nachgeschoben werden.[878] Geschieht dies gleichwohl, kann darin eine erneute (konkludente) außerordentliche Kündigung liegen. Vorsorglich sollte sie **erneut ausgesprochen** werden.

---

866 OLG Düsseldorf HVR (01) Nr. 1073.
867 BGH ZIP 1999, 1307; BGH WM 2001, 1031; BGH NJW-RR 2003, 928.
868 Vgl OLG München NJW-RR 2003, 402.
869 OLG Karlsruhe VersR 1973, 858.
870 BGH WM 1974, 351; BGH WM 1992, 1162; OLG Saarbrücken NJW-RR 1999, 1713.
871 Vgl BGH NJW 1986, 3134.
872 BGH NJW 1999, 946.
873 BGH NJW 1999, 946.
874 BGH NJW 1999, 946.
875 BGHZ 27, 225 - str.
876 BGHZ 27, 225.
877 BGHZ 27, 225.
878 BGH ZIP 1999, 280.

Die außerordentliche Kündigung ist nicht **fristgebunden**. Die Bestimmung des § 626 Abs. 2 BGB (2-Wochen-Frist) findet auf die fristlose Kündigung des Handelsvertretervertrages keine Anwendung.[879] Allerdings muss der Kündigungsberechtigte innerhalb einer **angemessenen Frist** die Kündigung aussprechen, nachdem er von dem Kündigungsgrund Kenntnis erlangt hat, vgl § 314 Abs. 3 BGB. Innerhalb dieser Frist hat der Kündigungsberechtigte Gelegenheit, den Sachverhalt im Einzelnen aufzuklären sowie die Rechtsfolgen einer fristlosen Kündigung zu bedenken.[880] Die angemessene Frist beträgt mehr als drei Tage und kann im Einzelfall bis zu zwei Monaten gehen.[881] Die Frist beginnt mit dem Zeitpunkt, in dem der Kündigungsberechtigte einen konkret begründeten Verdacht hat. Sichere Kenntnis ist nicht erforderlich. 640

Zögert der Kündigungsberechtigte zu lange mit dem Ausspruch der fristlosen Kündigung, tritt **Verfristung** ein, da er durch sein Verhalten zu erkennen gibt, dass er selbst den Grund für nicht so wichtig erachtet, dass das Vertragsverhältnis sofort beendet werden müsste. 641

e) Fallgestaltungen

Bei **eigener Vertragsuntreue** des Kündigenden kann eine außerordentliche Kündigung ausgeschlossen sein.[882] Eine unwirksame außerordentliche Kündigung kann in eine ordentliche Kündigung **umgedeutet** werden, wenn der Kündigende das Vertragsverhältnis erkennbar in jedem Falle beenden wollte, vgl § 140 BGB.[883] Liegt ein wichtiger Grund nicht vor, kann die folglich unwirksame außerordentliche Kündigung ihrerseits einen wichtigen Grund für den Gekündigten sein, seinerseits das Handelsvertreterverhältnis fristlos zu kündigen.[884] 642

f) Schadensersatzanspruch

Bei **berechtigter Kündigung** steht dem Kündigenden unter den Voraussetzungen des § 89 a Abs. 2 HGB ein **Schadensersatzanspruch** zu. Die berechtigte außerordentliche Kündigung muss durch ein Verhalten veranlasst worden sein, das der andere Teil zu vertreten hat.[885] 643

Der Schadensersatzanspruch des § 89 a Abs. 2 HGB ist sowohl bei einer einvernehmlichen Vertragsaufhebung als auch bei einer ordentlichen Kündigung gegeben, sofern die Voraussetzungen auch einer außerordentlichen Kündigung vorgelegen haben.[886] 644

Der Schadensersatzanspruch ist gemäß § 249 BGB zu bemessen. Allerdings ist im Rahmen des § 89 a Abs. 2 HGB nur der Schaden zu ersetzen, der bis zu dem von vornherein vereinbarten oder durch ordentliche Kündigung herbeigeführten Vertragsende entsteht (Begrenzung der Schadensersatzpflicht durch den Schutzzweck der Haftungsnorm; keine Zuerkennung eines Endlosschadens).[887] Für den Handelsvertreter bedeutet dies, dass ihm grundsätzlich die Provisionen zustehen, die er bei Fortsetzung seiner Tätigkeit bis zum Ablauf der ordentlichen Kündigungsfrist verdient hätte.[888] 645

Ein Schadensersatzanspruch steht dem Kündigenden nicht zu, wenn zur Zeit seiner Kündigung auch der andere Vertragsteil aus einem von dem Kündigenden zu vertretenden wichtigen Grunde fristlos hätte kündigen können. Dabei kommt es nicht darauf an, ob dieser von seiner Kündigungsbefugnis auch tatsächlich Gebrauch gemacht hätte.[889] 646

Bei einer **unberechtigten Kündigung** ist § 89 a Abs. 2 HGB nicht anzuwenden. Ein Schadensersatzanspruch des anderen Vertragsteils des Kündigenden kann aber gemäß § 280 Abs. 1, § 281 Abs. 2 BGB gegeben sein.[890] 647

---

879 BGH NJW 1987, 575; BGH ZIP 1999, 1310.
880 BGH WM 1970, 870.
881 BGH ZIP 1999, 1310; KG NJW-RR 2000, 1566.
882 Vgl BGHZ 44, 271; OLG Saarbrücken NJW-RR 1999, 134.
883 BGH BB 1992, 1163; BGH ZIP 1999, 279.
884 BGH NJW-RR 2003, 982.
885 §§ 276, 278 BGB.
886 BGH NJW 1982, 2432.
887 BGH WM 1993, 1259; OLG Karlsruhe NJW-RR 2004, 191.
888 BGH WM 1993, 1259; BGH NJW-RR 2003, 982; OLG Karlsruhe NJW-RR 2004, 191.
889 BGHZ 44, 271.
890 BGH WM 1991, 197.

648 Setzt der zu Unrecht fristlos gekündigte Handelsvertreter den Unternehmer in Annahmeverzug und bietet er seine Dienste an, steht ihm der Vergütungsanspruch nach § 615 BGB zu.[891] Hat der Handelsvertreter seinerseits zu Unrecht fristlos gekündigt, kann der Unternehmer den ihm zustehenden Schadensersatzanspruch in Gestalt des entgangenen Gewinns sowohl abstrakt als auch konkret berechnen.[892]

g) Beweislast

649 Die tatsächlichen Voraussetzungen eines wichtigen Grundes zur außerordentlichen Kündigung hat derjenige **darzulegen** und zu **beweisen**, der sich auf die Wirksamkeit der Kündigung beruft.[893] Im Rahmen eines Schadensersatzanspruchs braucht der Geschädigte nur die Umstände darzulegen und zu beweisen, die gewöhnlich oder nach den Umständen des Falles die Erzielung eines Gewinnes wahrscheinlich machen. Dabei dürfen keine zu strengen Anforderungen gestellt werden.[894]

3. Vorgehen im Streitfall

650 Die Frage, ob ein Handelsvertreterverhältnis beendet werden kann und sollte, sei es durch eine außerordentliche oder eine ordentliche Kündigung, nimmt einen Großteil **anwaltlicher Beratung** in Anspruch.

651 Zunächst ist der Sachverhalt so umfassend wie möglich aufzuklären. Beweismittel (Urkunden, Zeugen) sind festzuhalten. Ergibt sich aus dem Sachverhalt, dass ein wichtiger Grund im Sinne des § 89 a Abs. 1 HGB gegeben ist, sollte unverzüglich eine Abmahnung mit einer zur Abhilfe bestimmten Frist ausgesprochen werden, es sei denn, sie wäre entbehrlich, § 314 Abs. 2 BGB.

652 Sollte die Abmahnung entbehrlich sein oder erfolglos bleiben, ist die Entscheidung zu treffen, ob die außerordentliche Kündigung ausgesprochen werden soll. Bei der Abwägung aller Umstände sollten auch die Auswirkungen einer fristlosen Kündigung auf den Ausgleichsanspruch gemäß § 89 b Abs. 3 HGB bedacht werden.[895]

653 Soll die außerordentliche Kündigung ausgesprochen werden, sollte die Kündigungserklärung nach Möglichkeit schriftlich, evt. durch Einschreiben mit Rückschein, erfolgen und mit allen bekannten Gründen, auf die die Kündigung gestützt wird, versehen werden. Ferner sollte geprüft werden, ob die außerordentliche Kündigung mit einer Auslauffrist zu versehen ist.

654 Vorsorglich sollte auch für den Fall, dass sich die außerordentliche Kündigung als unwirksam erweisen sollte, die ordentliche Kündigung ausgesprochen werden. Sollten nach Ausspruch der fristlosen Kündigung neue Tatsachen bekannt werden, die im Zeitpunkt der Kündigung schon bestanden und einen wichtigen Grund im Sinne des § 89 a Abs. 1 HGB darstellen, sollten sie unverzüglich nachgeschoben werden; die fristlose Kündigung sollte noch einmal wiederholt werden. Entstehen nach Ausspruch der fristlosen Kündigung neue wichtige Gründe, sollte unverzüglich eine erneute fristlose Kündigung, verbunden mit einer – vorsorglich erklärten – ordentlichen Kündigung ausgesprochen werden.

655 Erweist sich eine fristlose Kündigung des Unternehmers als unbegründet, sollte der Handelsvertreter ihn in Annahmeverzug setzen und ihm unverzüglich seine Dienste anbieten, um seinen Vergütungsanspruch zu behalten. Unabhängig davon ist stets zu prüfen, ob und welche Schadensersatzansprüche bestehen.

---

891 BGH WM 1991, 196.
892 BGH DB 2001, 2189.
893 BGH NJW-RR 1999, 539.
894 BGH WM 1990, 281.
895 Vgl Rn 743 f.

XI. Geschäfts- und Betriebsgeheimnisse, § 90 HGB, Umfang der Vollmacht des Handelsvertreters, § 91, 91 a HGB

1. Geschäfts- und Betriebsgeheimnisse

a) Voraussetzungen des § 90 HGB

Der Handelsvertreter darf **Geschäfts- und Betriebsgeheimnisse**, die ihm anvertraut oder als solche durch seine Tätigkeit für den Unternehmer bekannt geworden sind, auch nach Beendigung des Vertragsverhältnisses nicht verwerten oder anderen mitteilen, soweit dies nach den gesamten Umständen der Berufsauffassung eines ordentlichen Kaufmanns widersprechen würde, § 90 HGB. 656

Der Handelsvertreter unterliegt einer umfassenden **Geheimhaltungspflicht**. Dies gilt nicht nur für die Dauer des Handelsvertretervertrages, sondern auch für die Zeit nach seiner Beendigung, wie dies in § 90 HGB als nachvertragliche Pflicht konkretisiert ist. 657

Geschäfts- und Betriebsgeheimnisse sind alle Vorgänge und Tatsachen, die mit dem Geschäftsbetrieb des Unternehmers zusammenhängen und nur einem eng begrenzten Personenkreis, also nicht der Allgemeinheit, bekannt, folglich nicht offenkundig sind und nach dem Willen des Unternehmers geheim gehalten werden sollen.[896] Zu den Geschäfts- und Betriebsgeheimnissen zählen zB Fabrikationsverfahren, Kalkulationsunterlagen, Computerprogramme, Bezugsquellen, Ausschreibungsunterlagen, Vertriebsstrategien. 658

Die Geheimhaltungspflicht des Handelsvertreters betrifft nur Vorgänge und Tatsachen, die dem Handelsvertreter vertraulich mitgeteilt oder ihm sonstwie durch seine Tätigkeit für den Unternehmer als Geheimnis bekannt geworden sind und die der Unternehmer – für den Handelsvertreter erkennbar – geheim halten will. Die Geheimhaltungspflicht nach Beendigung des Vertrages reicht aber nicht soweit wie die Geheimhaltungspflicht während der Laufzeit des Vertrages. 659

Die Geheimhaltungspflicht des Handelsvertreters ist zeitlich nicht begrenzt. Allerdings ist die Offenbarung von Geschäfts- und Betriebsgeheimnissen gemäß § 90 HGB nur insoweit verboten, als dies nach den gesamten Umständen der Berufsauffassung eines ordentlichen Kaufmanns widersprechen würde. Bei der vorzunehmenden Interessenabwägung ist u.a. zu berücksichtigen, dass der Handelsvertreter nach Beendigung des Vertragsverhältnisses in seiner Tätigkeit frei ist, sofern nicht eine Wettbewerbsabrede gemäß § 90 a HGB besteht.[897] 660

Unzulässig ist in der Regel die Mitteilung bzw Weitergabe von Kundenlisten, und zwar unabhängig davon, ob der Handelsvertreter selbst Kunden geworben hat oder nicht,[898] sofern es um die **branchengleiche Verwertung** der Kundennamen geht. Sie soll allerdings dann zulässig sein, wenn die Kunden ohnehin, dh ohne Beeinflussung durch den Handelsvertreter, entschlossen sind, die Geschäftsbeziehungen zu dem Unternehmer nicht mehr fortzusetzen.[899] Eine **branchenfremde Verwertung** der Kundennamen ist hingegen zulässig. Zulässig soll ferner die Verwertung von Kundenadressen sein, die der Handelsvertreter in seinem Gedächtnis gespeichert hat.[900] 661

b) Rechtsfolgen bei Verletzung der Geheimhaltungspflicht

Wird die Geheimhaltungspflicht verletzt, haftet der Handelsvertreter dem Unternehmer auf Schadensersatz bzw auf Unterlassung.[901] Unter den Voraussetzungen des § 687 Abs. 2 BGB hat der Handelsvertreter den durch die unbefugte Verwertung erzielten Gewinn an den Unternehmer herauszugeben. Zu prüfen ist ferner, ob auch Ansprüche nach dem UWG in Betracht kommen, zB aufgrund eines Verstoßes des Handelsvertreters gegen § 17 Abs. 2 UWG.[902] 662

---

896 OLG Koblenz NJW-RR 1987, 97.
897 BGH ZIP 1993, 704; OLG Celle BB 1970, 226; vgl die Ausführungen zu § 90 a HGB.
898 OLG Koblenz NJW-RR 1987, 95.
899 OLG Koblenz NJW-RR 1987, 95.
900 BGH NJW 1993, 1876; BGH NJW-RR 1999, 1132.
901 § 280 BGB.
902 BGH NJW-RR 2003, 833.

2. Umfang der Vollmacht des Handelsvertreters

663 Nach § 91 Abs. 1 HGB gilt die Bestimmung des § 55 HGB (**Abschlussvertreter**) auch für einen Handelsvertreter, der zum Abschluss von Geschäften des Unternehmers bevollmächtigt ist, der nicht Kaufmann ist. Demnach bestimmt sich der **Umfang der Vollmacht** für Abschlussvertreter von Kaufleuten und Nichtkaufleuten gleichermaßen nach § 55 HGB iVm § 54 HGB.

664 Ist der Handelsvertreter kein Abschlussvertreter, sondern nur Vermittlungsvertreter, bestimmt sich der Umfang seiner Vollmacht nach § 91 Abs. 2 HGB. So gilt er zur Entgegennahme von Mängelanzeigen oder weiteren Erklärungen im Sinne des § 91 Abs. 2 S. 1 HGB als ermächtigt. Eine Beschränkung dieser Rechte braucht ein Dritter gegen sich nur gelten zu lassen, wenn er sie kannte oder kennen musste, § 91 Abs. 2 S. 2 HGB.

3. Mangel der Vertretungsmacht

665 Hat der Handelsvertreter, der mit der Vermittlung von Geschäften betraut ist, ein Geschäft im Namen des Unternehmers abgeschlossen und war dem Dritten der Mangel der Vertretungsmacht nicht bekannt, so gilt das Geschäft als vom Unternehmer **genehmigt**, wenn dieser nicht unverzüglich, nachdem er von dem Handelsvertreter oder dem Dritten über den Abschluss und den wesentlichen Inhalt des Geschäftes benachrichtigt worden ist, dem Dritten gegenüber das Geschäft ablehnt, § 91 a Abs. 1 HGB.

666 § 91 a Abs. 1 HGB enthält einen handelsrechtlichen Vertrauenstatbestand, der die Geltung der §§ 177 f HGB im Übrigen nicht tangiert. Der Dritte kann folglich den Unternehmer zur Genehmigung des Geschäfts binnen zwei Wochen gemäß § 177 Abs. 2 BGB auffordern; ferner kann er das Geschäft so lange widerrufen, bis es durch die Genehmigung des Unternehmers wirksam geworden ist, § 178 BGB. Ist der Handelsvertreter Abschlussvertreter, gilt die Bestimmung des § 91 a Abs. 1 HGB auch für die Fälle, in denen der Umfang der Vollmacht überschritten wird, § 91 a Abs. 2 HGB.

667 Eine **Anfechtung** der Genehmigungsfiktion gemäß § 91 a Abs. 1 HGB kommt gemäß den §§ 119 f BGB in Betracht.

XII. Handelsvertreter außerhalb der EG, Schifffahrtsvertreter, § 92 c HGB

1. Tätigkeit des Handelsvertreters außerhalb der EG

668 Hat der Handelsvertreter seine Tätigkeit für den Unternehmer nach dem Vertrag nicht innerhalb des Gebietes der Europäischen Gemeinschaft oder der anderen Vertragsstaaten des Abkommens über den Europäischen Wirtschaftsraum auszuüben, so kann hinsichtlich aller Vorschriften dieses Abschnittes etwas anderes vereinbart werden, § 92 c Abs. 1 HGB.

a) Rechtswahlfreiheit

669 Grundsätzlich unterliegt der Handelsvertretervertrag dem von den Parteien gewählten Recht. Es gilt der Grundsatz der **Rechtswahlfreiheit**, Art. 27 Abs. 1 S. 1 EGBGB. Die Rechtswahl muss ausdrücklich sein oder sich mit hinreichender Sicherheit aus den Bestimmungen des Vertrages oder aus den Umständen des Falles ergeben. Dabei können die Parteien die Rechtswahl für den ganzen Vertrag oder nur für einen Teil treffen, Art. 27 Abs. 1 S. 2, 3 EGBGB. Eine spätere Änderung der Rechtswahl ist unter den Voraussetzungen des Art. 27 Abs. 2 EGBGB möglich.

b) Rechtslage bei fehlender Rechtswahl

670 Soweit das auf das Handelsvertreterverhältnis anzuwendende Recht nicht nach Art. 27 EGBGB vereinbart worden ist, unterliegt der Vertrag dem Recht des Staates, mit dem er die **engsten Verbindungen** aufweist, Art. 28 Abs. 1 S. 1 EGBGB. Lässt sich ein Teil des Vertrages von dem übrigen Teil des Vertrages trennen und weist dieser Teil eine engere Verbindung mit einem anderen Staat auf, so kann auf ihn ausnahmsweise das Recht dieses anderen Staates angewandt werden, Art. 28 Abs. 1 S. 2 EGBGB.

671 Nach Art. 28 Abs. 2 EGBGB wird **vermutet**, dass der Vertrag die engsten Verbindungen mit dem Staat aufweist, in dem die Partei, die die **charakteristische Leistung** zu erbringen hat, im Zeitpunkt des Ver-

tragsabschlusses ihren gewöhnlichen Aufenthalt oder, wenn es sich um eine Gesellschaft, einen Verein, oder eine juristische Person handelt, ihre Hauptverwaltung hat,[903] sofern sich aus der Gesamtheit der Umstände nicht ergibt, dass der Vertrag engere Verbindungen zu einem anderen Staat aufweist, Art. 28 Abs. 5 EGBGB.

Es entspricht überwiegender Meinung, dass die charakteristische Leistung bei einem Handelsvertretervertrag nicht vom Unternehmer, sondern vom Handelsvertreter erbracht wird, so dass maßgeblich das Recht am Ort der Niederlassung des Handelsvertreters (nicht seines privaten Wohnsitzes) ist, von dem aus die Leistung nach dem Handelsvertretervertrag zu erbringen ist.[904]

c) Fallgestaltungen

Haben die Parteien das Recht eines Nicht-EU/EWR-Staates gewählt, sind die zwingenden Bestimmungen des Handelsvertreterrechts über Art. 34 EGBGB anzuwenden, sofern der Handelsvertreter seine Tätigkeit in der BRD ausübt.[905]

Wird in einem Handelsvertretervertrag zwischen einem inländischem Unternehmer und einem **ausländischen Handelsvertreter** die Geltung deutschen Rechts vereinbart, sind die §§ 84 f HGB anzuwenden. Treffen die Parteien keine Rechtswahl, gilt in der Regel ausländisches Recht, wenn der Handelsvertreter seine Tätigkeit im Ausland von der ausländischen Niederlassung aus ausübt. Die §§ 84 f HGB sind dann auch für deutsche Gerichte nicht anwendbar.[906]

Für den Handelsvertretervertrag zwischen einem **ausländischen Unternehmer** und einem inländischen Handelsvertreter gelten in der Regel die §§ 84 f HGB, wenn die Parteien keine Rechtswahl getroffen haben und der Handelsvertreter seine Leistung überwiegend im Inland von seiner inländischen Niederlassung aus erbringt.[907]

2. Schifffahrtsvertreter

Bei **Schifffahrtsvertretern** gemäß § 92 c Abs. 2 HGB in der See- und Binnenschifffahrt sind auch zwingende Bestimmungen der §§ 84 f HGB unter den Voraussetzungen des § 92 c Abs. 1 HGB abdingbar. Hingegen soll eine analoge Anwendung des § 92 c Abs. 2 HGB auf den Luftverkehr nicht in Betracht kommen.[908]

XIII. Der Versicherungs- und Bausparkassenvertreter gemäß § 92, §§ 84 f HGB

1. Der Versicherungsvertreter

a) Definition des Versicherungsvertreters

Versicherungsvertreter ist, wer als Handelsvertreter damit betraut ist, Versicherungsverträge zu vermitteln oder abzuschließen, § 92 Abs. 1 HGB. Dabei sind Versicherungsvertreter unabhängig von ihrer Bezeichnung (General- oder Hauptagent, Generalvertreter etc.) nur diejenigen, die Handelsvertreter im Sinne des § 84 HGB sind, hingegen nicht sog. Gelegenheitsvermittler, da es an einer ständigen Betrauung im Sinne des § 84 Abs. 1 HGB fehlt.[909]

Für das Vertragsverhältnis zwischen dem Versicherungsvertreter und dem Versicherungsunternehmen gelten grundsätzlich die Vorschriften für das Vertragsverhältnis zwischen dem Handelsvertreter und dem Unternehmer. Dies bedeutet, dass bis auf die in § 92 Abs. 3 und Abs. 4 bzw in Sondervorschriften (§ 89 b Abs. 5, § 92 a Abs. 2, § 92 b Abs. 4 HGB) geregelten Ausnahmen die Ausführungen zum Rechtsverhältnis zwischen dem Handelsvertreter und dem Unternehmer auf das Vertragsverhältnis zwischen dem Versicherungsvertreter und dem Versicherungsunternehmen anzuwenden sind. Der Unterschied zwischen einem Handelsvertreter und einem Versicherungsvertreter besteht lediglich

---

903 Vgl BGH NJW-RR 2002, 1433.
904 BGHZ 127, 371; BGH NJW 1993, 2753.
905 Vgl *Emde* MDR 2002, 194, bzgl des Ausgleichsanspruchs vgl Baumbach/Hopt, § 92 c Rn 10.
906 Baumbach/Hopt, § 92 c Rn 4.
907 Vgl BGHZ 53, 332.
908 Koller/Roth/Morck, 5. Aufl., § 92 c Nr. 4.
909 Vgl OLG Hamm VersR 1995, 168.

darin, dass sich die Tätigkeit des Handelsvertreters vornehmlich auf Waren bezieht (sog. Warenvertreter), während die Tätigkeit des Versicherungsvertreters die Vermittlung oder den Abschluss von Versicherungsverträgen beinhaltet.

679 Die Vorschriften des HGB über den Versicherungsvertreter betreffen das sog. **Innenverhältnis**, dh die Vertragsbeziehungen des Versicherungsvertreters zum Versicherungsunternehmen. Davon zu unterscheiden ist das sog. **Außenverhältnis**, dh die Geschäftsbeziehungen des Versicherungsvertreters zum Kunden, das in den §§ 43 f VVG geregelt ist.[910]

b) Buchauszug

680 Dem Versicherungsvertreter steht gegen das Versicherungsunternehmen unter den Voraussetzungen des § 92 Abs. 2, § 87 c Abs. 2 HGB wie dem Handelsvertreter ein **Buchauszug** zu. Der Antrag eines Versicherungsvertreters auf Erteilung eines Buchauszuges sollte folgende Angaben enthalten:[911]

- Name und Anschrift des Versicherungsnehmers
- Datum des Auftrags und der Vertragsannahme
- Art, Inhalt und Umfang des Versicherungsvertrages (Sparte, Tarif, relevante Sondervereinbarungen)
- Kennzeichnung, ob Neugeschäft oder Folgegeschäft, Zweck des Folgegeschäfts
- Ursächlichkeit des Versicherungsvertreters für das Zustandekommen des Vertrages
- Beitragshöhe (ggf Jahresprämie) und Zahlungsweise
- Datum des Versicherungsbeginns
- Versicherungsschein-Nr.
- bei Lebensversicherungsverträgen: Versicherungssumme, Eintrittsalter des Versicherungsnehmers, Laufzeit des Vertrages, ev. bei Dynamisierung Erhöhung der Versicherungssumme, Zeitpunkt der Erhöhung und Erhöhung der Jahresprämie
- im Stornofall
  - Datum der Stornierung
  - Stornogrund,
  - Nachbearbeitungsmaßnahmen (Stornogefahrmitteilungen)
- Höhe der entgangenen Jahresprämie bzw des etwaigen Rückzahlungsanspruchs
- Höhe der geleisteten Beitragszahlungen
- Höhe und Fälligkeit der offenen Beitragszahlungen
- Angaben zum Stand und zur Entwicklung eines Stornoreservekontos.[912]

Bereits bekannte Tatsachen braucht das Versicherungsunternehmen nicht noch einmal in einem Buchauszug mitzuteilen. Hierzu gehören alle Fakten, die sich aus dem Vertragsverhältnis zwischen dem Versicherungsvertreter und dem Versicherungsunternehmen ergeben, die also unschwer vom Versicherungsvertreter selbst festzustellen sind, wie zB Provisionssatz, Ablauf von vereinbarten Stornohaftzeiten.[913]

c) Abweichungen von den §§ 84 f HGB

681 **Abweichungen** vom Recht des Handelsvertreters (Warenvertreters) sind in § 92 Abs. 3 und Abs. 4 HGB normiert.

682 Gemäß § 92 Abs. 3 S. 1 HGB hat ein Versicherungsvertreter in Abweichung von § 87 Abs. 1 S. 1 HGB Anspruch auf Provision nur für Geschäfte, die auf seine Tätigkeit zurückzuführen sind. Hieraus folgt, dass für **Folgeaufträge** und **Nachbestellungen** grundsätzlich keine Provision anfällt,[914] es sei

---

910 Vgl BGHZ 102, 194.
911 Vgl BGH NJW 2001, 2333; OLG Celle r + s. 2004, 349.
912 OLG Hamm NJW-RR 1997, 1322 f.
913 OLG Hamm NJW-RR 1997, 1322 f.
914 BGH NJW-RR 1986, 1478.

denn, der Versicherungsvertreter habe selbst mitgewirkt, so dass ein Fall des § 92 Abs. 3 S. 1 HGB vorliegt.

Hingegen soll ein Provisionsanspruch bei sog. **Ergänzungsverträgen** bestehen, dh bei Geschäften, die in unmittelbarem wirtschaftlichen Zusammenhang mit dem vom Versicherungsvertreter vermittelten Abschluss stehen.[915] Die Abgrenzung zwischen Folgeauftrag/Nachbestellung und Ergänzungsvertrag dürfte allerdings schwierig sein.

683

Gemäß § 92 Abs. 3 S. 2 HGB gilt die Bestimmung des § 87 Abs. 2 HGB nicht für den Versicherungsvertreter; dh für einen Versicherungsvertreter gibt es keine Bezirks- oder Kundenschutzprovision. Der Status des Versicherungsvertreters als Bezirksvertreter hat lediglich zur Folge, dass seine Vertretungsmacht gemäß § 46 VVG beschränkt ist. Provision erhält der Versicherungsvertreter nur für von ihm vermittelte Geschäfte.[916] Die Regelung in § 92 Abs. 3 HGB ist dispositiv. Abweichende Vereinbarungen sind zulässig.

684

In Abweichung von § 87 a Abs. 1 S. 1 HGB hat der Versicherungsvertreter Anspruch auf Provision, sobald der Versicherungsnehmer die Prämie gezahlt hat, aus der sich die Provision nach dem Vertragsverhältnis berechnet, § 92 Abs. 4 HGB. Es kommt somit nicht auf die Ausführung des Geschäftes, sondern auf die Zahlung der Prämie (Jahresprämie) durch den Versicherungsnehmer an.[917]

685

§ 92 Abs. 4 HGB ist ebenfalls dispositiv, so dass zB auch die Zahlung einer **Einmalprovision** vereinbart werden kann. Die Provision wird dann nicht aus der Prämie berechnet, sondern orientiert sich an der Höhe der Versicherungssumme (zB 25 % oder 30 %) mit der Begrenzung auf 70 % der vom Versicherungsnehmer zu zahlenden Jahresprämie.[918]

686

d) Nachbearbeitung

Da § 92 Abs. 4 HGB nur eine Abweichung von § 87 a Abs. 1 S. 1 HGB enthält, gelten die §§ 87 a Abs. 2–4 HGB auch für den Versicherungsvertreter.[919] Nach § 87 a Abs. 3 HGB entfällt der Provisionsanspruch im Falle der Nichtausführung, wenn und soweit diese auf Umständen beruht, die vom Unternehmer nicht zu vertreten sind.[920] Für den Versicherungsvertreter bedeutet dies, dass sein Provisionsanspruch bestehen bleibt, wenn und soweit die Leistungsstörung auf Umständen beruht, die das Versicherungsunternehmen zu **vertreten** hat.

687

Für die Zeit **bis zur Beendigung des Versicherungsvertreterverhältnisses** werden **Nachbearbeitungsmaßnahmen**, zB Stornogefahrmitteilungen an den Versicherungsvertreter überwiegend für erforderlich gehalten;[921] dh das Versicherungsunternehmen muss dem Versicherungsvertreter mitteilen, welche Versicherungsverträge im einzelnen notleidend geworden sind. Bereits bekannte Gründe sind anzugeben. Das Versicherungsunternehmen hat seiner Nachbearbeitungspflicht erst dann Genüge getan, wenn es den Versicherungsvertreter in die Lage versetzt hat, seinerseits vertragserhaltende Maßnahmen wie zB Kundenbesuche, zu ergreifen.

688

Für die Zeit **nach Beendigung des Versicherungsvertreterverhältnisses** kann das Versicherungsunternehmen entweder eigene Nachbearbeitungsmaßnahmen ergreifen, die dann nach Art und Umfang ausreichend sein müssen, oder es kann sich darauf beschränken, dem Versicherungsvertreter durch eine Stornogefahrmitteilung Gelegenheit zu geben, den notleidend gewordenen Vertrag selbst nachzubearbeiten.[922] Das Versicherungsunternehmen istt seiner Nachbearbeitungspflicht erst dann nachgekommen, wenn es den Versicherungsvertreter in die Lage versetzt hat, seinerseits vertragserhaltende Maßnahmen zu ergreifen.

689

---

915 BGH DB 1961, 269.
916 BAG BB 2000, 932.
917 Vgl BAG NJW 1968, 520; OLG Saarbrücken NJW-RR 1998, 1192.
918 *Küstner/Thume*, Handbuch des gesamten Außendienstrechts, Bd. I, 3. Aufl., Rn 970; Baumbach-Hopt, HGB 32. Aufl., § 92 Rn 9.
919 Vgl BGH VersR 2001, 760 bzgl des § 87 a III HGB; BGH NJW-RR 1988, 546; BGH DB 1983, 2135.
920 Vgl oben Rn 557.
921 BGH VersR 2005, 1078.
922 BGH VersR 2005, 1078.

690 Auch im Verhältnis des **Hauptvertreters** zum **Untervertreter** gilt der für Versicherer und Versicherungsvertreter bestehende Grundsatz, dass der Provisionsanspruch des Untervertreters gegen den Hauptvertreter nur dann entfällt, wenn der Kunde nach ausgeführtem Geschäft nicht zahlt (§ 87 a Abs. 2 HGB) oder das vermittelte Geschäft nicht ausgeführt wird und der Hauptvertreter dies nicht zu vertreten hat.[923]

691 Die Nachbearbeitungspflicht für stornierte Verträge besteht auch im mehrstufigen Vertreterverhältnis. Hat der Hauptvertreter mit dem Versicherungsunternehmen vereinbart, dass dieses der Nachbearbeitungspflicht nachzukommen hat, so muss er sich dessen Pflichtverletzung im Verhältnis zum Untervertreter zurechnen lassen.[924]

692 Das Versicherungsunternehmen ist im Regelfall nicht gehalten, im Klagewege gegen säumige Versicherungsnehmer vorzugehen, wenn außergerichtliche Maßnahmen zur Stornoabwehr erfolglos geblieben sind.[925]

e) Klageverzichtsklauseln

693 In vielen Fällen werden sog. **Klageverzichtsklauseln** vereinbart. Nach ihnen ist das Versicherungsunternehmen u.a. nicht verpflichtet, im Provisionsinteresse des Versicherungsvertreters Prämien einzuklagen. Durch derartige Klageverzichtsklauseln wird das Versicherungsunternehmen aber seiner Nachbearbeitungspflicht nicht enthoben. Vielmehr bedeuten diese Klauseln lediglich, dass die Klageerhebung nicht von der geschuldeten Nachbearbeitungspflicht umfasst wird. Das Versicherungsunternehmen ist weiterhin verpflichtet, den Versicherungsnehmer mit allen zumutbaren Mitteln zur Erfüllung des Versicherungsvertrages anzuhalten. Es braucht nur nicht den Klageweg zu beschreiten. Nach hL sind derartige Klageverzichtsklauseln wirksam; der Unabdingbarkeitsgrundsatz des § 92 Abs. 2, § 87 a Abs. 5 HGB soll nicht entgegenstehen.[926]

f) Stornoreserve

694 Da das Versicherungsunternehmen verpflichtet ist, etwaige Rückzahlungsansprüche wegen geleisteter Vermittlungs- bzw Abschlussprovisionen oder geleisteter Vorschüsse abzusichern, wird von ihm eine sog. **Stornoreserve** gebildet. Es wird dann ein bestimmter Anteil (oft in Höhe von 10 %) der dem Versicherungsvertreter jeweils zustehenden Provision einbehalten, und zwar bis zur Höhe des jeweils vereinbarten Selbstbehalts.[927] Derartige Rückzahlungsansprüche können unter den Voraussetzungen des § 92 Abs. 4, § 87 a Abs. 3 HGB entstehen. Die Stornoreserve ist unverzüglich an den Versicherungsvertreter auszukehren, wenn der Haftungszeitraum abgelaufen ist.[928]

g) Darlegungs- und Beweislast

695 Das Versicherungsunternehmen ist dafür **darlegungs- und beweispflichtig**, dass es alle ihm zumutbaren Nachbearbeitungsmaßnahmen getroffen hat.[929] In der Praxis scheitert die Darlegung der Nachbearbeitungsmaßnahmen sehr häufig an der fehlenden Substantiierung. Es reicht nicht aus, auf ein allgemein gehandhabtes Verfahren zu verweisen. Vielmehr ist es erforderlich, die erfolgten Nachbearbeitungsmaßnahmen so konkret wie möglich unter Angabe der Beweismittel darzulegen.[930] Sehr häufig kommt es vor, dass der Zugang von Stornogefahrmitteilungen durch den Versicherungsvertreter bestritten wird. Aus diesem Grunde ist es für das Versicherungsunternehmen ratsam, schon im Vorfeld sicherzustellen, dass die Absendung und nach Möglichkeit auch der Zugang von Stornogefahrmitteilungen bewiesen werden können.

---

923 OLG Köln r + s. 2006, 220.
924 OLG Köln r + s. 2006, 220.
925 BGH VersR 2005, 1078.
926 OLG Frankfurt VersR 1960, 510; OLG Frankfurt BB 1977, 1170 zum alten Recht.
927 OLG Hamm NJW-RR 1997, 1322; *Küstner/Thume* Handbuch des gesamten Außendienstrechts, Bd. I, 3. Aufl., 3. Rn 1551.
928 BAG NJW 1968, 52; OLG Saarbrücken NJW-RR 1998, 1192.
929 BGH VersR 1983, 371; BGH VersR 1988, 490.
930 BGH VersR 1983, 371.

Verlangt zB das Versicherungsunternehmen vom Versicherungsvertreter wegen stornierter Versicherungsverträge Provisionen zurück, so hat es wegen § 87 a Abs. 3 HGB für jeden Einzelfall die Gründe der Beendigung des Verfahrens, Zeitpunkt und Art der Mahnung und der Unterrichtung des Versicherungsvertreters über die Stornogefahr darzulegen sowie die Höhe der zurückzuzahlenden Abschlussprovisionen vorzurechnen.[931]

2. Der Bausparkassenvertreter

Die Vorschriften für den Versicherungsvertreter gelten sinngemäß auch für Bausparkassenvertreter, § 92 Abs. 5 HGB. **Bausparkassenvertreter** ist, wer als Handelsvertreter damit betraut ist, Bausparverträge zu vermitteln oder abzuschließen.

XIV. Der Ausgleichsanspruch des Handelsvertreters (Warenvertreters) gemäß § 89 b HGB

1. Grundsätzliches

a) Sinn und Zweck des § 89 b HGB

§ 89 b HGB wird als die in der Praxis und Rechtsprechung wichtigste und prozessträchtigste Norm des Handelsvertreterrechts angesehen.[932] **Sinn und Zweck** dieser Bestimmung ist es, dem Handelsvertreter einen Ausgleich dafür zu schaffen, dass der Unternehmer aus der vom Handelsvertreter geschaffenen Geschäftsverbindung durch weitere Geschäftsabschlüsse auch dann noch erhebliche Vorteile hat, wenn der Handelsvertreter infolge der Beendigung seines Vertragsverhältnisses eine Provision für Folgegeschäfte mit den von ihm geworbenen Kunden nicht mehr erhält.[933] Der Ausgleichsanspruch hat demnach zum Inhalt, dass der Handelsvertreter für einen auf seiner Tätigkeit beruhenden, ihm aber infolge der Beendigung des Vertragsverhältnisses nicht mehr vergüteten Vorteil eine Gegenleistung erhält.[934] Er ist somit kein Versorgungsanspruch, aber auch kein reiner Vergütungsanspruch, da mit einem Vergütungsanspruch nicht vereinbar wäre, dass der Handelsvertreter den Anspruch bei einer von ihm ohne begründeten Anlass ausgesprochene Kündigung verliert, § 89 b Abs. 3 Nr. 1 HGB. Der Ausgleichsanspruch wird zudem sowohl in seiner Entstehung als auch in seiner Bemessung weitgehend durch Gesichtspunkte der Billigkeit beeinflusst.[935] Er enthält darüber hinaus eine sozialpolitische Komponente.[936]

b) Anwendungsbereich

Der **Anwendungsbereich** des § 89 b HGB erstreckt sich auf **alle** Handelsvertreter, unabhängig davon, ob es sich um natürliche oder juristische Personen handelt, ob sie Haupt- (General-) Vertreter oder Untervertreter sind.[937] Der Ausgleichsanspruch des Untervertreters richtet sich gegen den Vertragspartner, den jeweiligen Hauptvertreter.[938]

Hingegen gilt die Bestimmung des § 89 b HGB nicht für Handelsvertreter im Nebenberuf, § 92 b Abs. 1 S. 1 HGB. Die Bestimmung des § 89 b HGB findet, wenn auch mit erheblichen Besonderheiten, auf sog. Vertragshändler (Eigenhändler) Anwendung.[939]

---

931 OLG Hamm NJW-RR 2004, 1266.
932 Baumbach/Hopt, HGB, 32. Aufl., § 89 b Rn 1.; *Saenger*, DB 2000, 129.
933 BGH NJW-RR 2002, 1549.
934 BGHZ 24, 222; BGH NJW 1998, 68; BGH NJW 1998, 73; BGH WM 2003, 496.
935 BGHZ 24, 222.
936 Vgl BVerfG NJW, 1996, 381; BGHZ 43, 162.
937 BGH BB 1969, 510; BGH BB 1971, 887.
938 BGHZ 52,5.
939 Vgl dazu im Einzelnen unten Rn 791 f.

2. Voraussetzungen des Ausgleichsanspruchs

a) Beendigung des Handelsvertretervertrages

701 Der Ausgleichsanspruch des Handelsvertreters entsteht und wird fällig mit der **Beendigung des Handelsvertretervertrages**.[940]

702 Als Beendigungsgründe kommen in Betracht: Zeitablauf, Kündigung, einvernehmliche Aufhebung,[941] Tod des Handelsvertreters,[942] Insolvenz des Unternehmers gemäß § 116 InsO, berechtigte Anfechtung des Handelsvertretervertrages zB wegen arglistiger Täuschung.[943] Auch ein fehlerhafter, in Vollzug gesetzter Handelsvertretervertrag kann zB durch Kündigung beendet werden[944] mit der Konsequenz, dass ein Ausgleichsanspruch entsteht, wenn der Unternehmer die vom Handelsvertreter hergestellten Geschäftsverbindungen künftig weiterhin nutzen kann.[945]

703 Auch die **Teilbeendigung** eines Handelsvertretervertrages kann zu einer Anwendung des § 89 b HGB führen.[946] Eine wirksame Teilbeendigung liegt u.a. vor, wenn sie auf einer vertraglich ausbedungenen oder einer späteren einvernehmlichen wesentlichen quantitativen Einschränkung, wie zB einer Bezirksverkleinerung, beruht. Eine Teilkündigung kommt aber als Beendigungsgrund nicht in Betracht, da sie bei einheitlichem Handelsvertretervertrag unzulässig ist.[947]

b) Geschäftsverbindung mit vom Handelsvertreter geworbenen Neukunden

704 Voraussetzung für einen Ausgleichsanspruch ist gemäß § 89 b Abs. 1 Nr. 1 HGB des Weiteren, dass der Unternehmer aus der Geschäftsverbindung mit neuen Kunden, die der Handelsvertreter geworben hat, auch nach Beendigung des Handelsvertreterverhältnisses erhebliche Vorteile hat.

705 Eine **Geschäftsverbindung** liegt dann vor, wenn Aussicht auf weitere Vertragsabschlüsse (Nachbestellungen) in einem überschaubaren Zeitraum besteht, dh wenn damit zu rechnen ist, dass der Kunde nach einem Vertragsabschluss auch in Zukunft weitere Geschäfte mit dem Unternehmer tätigen wird.[948] Dabei ist das Wiederholungsintervall für Folgegeschäfte (Nachbestellungen) bei häufig wiederkehrendem Verbrauch bei Geschäften des täglichen Lebens kleiner zu bemessen als bei Geschäften über **langlebige Wirtschaftsgüter**.[949]

706 Unter den vom Handelsvertreter geworbenen **Neukunden** sind in Abgrenzung zum **Laufkunden** nur sog. **Stammkunden** zu verstehen.[950] Stammkunden sind alle **Mehrfachkunden**, die in einem überschaubaren Zeitraum mehr als nur einmal ein Geschäft mit dem Unternehmer abgeschlossen haben oder voraussichtlich abschließen werden.[951] Maßgeblicher Zeitpunkt ist nicht der Zeitpunkt der Leistung, sondern der Zeitpunkt des Vertragsabschlusses,[952] weil hiermit die Vermittlungsleistung des Handelsvertreters erbracht ist.

707 Ein Stammkunde ist gemäß § 89 b Abs. 1 Nr. 1 HGB als **neu** anzusehen, wenn ihn der Handelsvertreter seit Beginn seiner Tätigkeit hinzugeworben hat. Einem Neukunden stehen die sog. **intensivierten Altkunden** gleich, § 89 b Abs. 1 S. 2 HGB. Bei ihnen handelt es sich um Kunden, zu denen der Handelsvertreter die Geschäftsverbindung so wesentlich erweitert hat, dass dies wirtschaftlich der Werbung eines Neukunden entspricht. Dabei ist es unerheblich, ob die wesentliche Erweiterung der

---

940 BGH NJW 1998, 75.
941 BGH NJW 1989, 36.
942 BGHZ 24, 223.
943 BGH NJW 1995, 1958.
944 Vgl BGHZ 129, 290; BGH NJW 1997, 655.
945 BGH NJW 1997, 655.
946 Str.; vgl BGH NJW 1994, 193; BGH BB 2000, 86; Baumbach/Hopt, 32. Aufl., § 89 b Rn 10 mwN.
947 Vgl OLG Köln NJW-RR 2002, 603; Rn 624.
948 BGH NJW-RR 2003, 822.
949 BGH WM 2003, 1501.
950 BGH NJW 1998, 73.
951 BGH NJW-RR 2002, 1549; BGH VersR 2003, 768.
952 BGH NJW 1997, 1505.

Geschäftsverbindung auf einer quantitativen Steigerung (Umsatzsteigerung der Produkte) oder auf einer qualitativen Steigerung (Erweiterung der Produktpalette) beruht.[953]

Keine Neukunden sind Kunden, die dem Handelsvertreter von seinem Vorgänger überlassen worden sind, und zwar auch dann nicht, wenn der Handelsvertreter im Einverständnis mit dem Unternehmer an den Vorgänger eine Abfindung gezahlt hat.[954]

Geworben im Sinne des § 89 b Abs. 1 Nr. 1 HGB ist ein Kunde durch den Handelsvertreter dann, wenn dessen Tätigkeit zumindest **mitursächlich** für eine Geschäftsverbindung zwischen dem Kunden und dem Unternehmer geworden ist. Dies setzt voraus, dass der Handelsvertreter für den Unternehmer Verträge vermittelt oder abgeschlossen hat, aus denen sich eine Geschäftsverbindung zum Kunden entwickelt, die auch nach Beendigung des Handelsvertreterverhältnisses weitere Geschäftsabschlüsse zwischen dem Unternehmer und dem Kunden erwarten lässt.[955] Für die Mitursächlichkeit genügt auch uU ein geringerer Grad.[956] So reicht bei Tankstellen schon das bloße Offenhalten aus.[957]

Nicht geworben sind Kunden, für die ein **Bezirksvertreter** gemäß § 87 Abs. 2 HGB die sog. Bezirksvertreterprovision erhält. Im Rahmen des Ausgleichsanspruchs des Bezirksvertreters sind nur solche Kunden als Neukunden oder als intensivierte Altkunden zu berücksichtigen, die dieser geworben bzw bei dessen Werbung er mitursächlich tätig geworden ist.

c) Erhebliche Vorteile

Der Unternehmer hat aus der Geschäftsverbindung mit vom Handelsvertreter geworbenen Neukunden bzw intensivierten Altkunden auch nach Beendigung des Vertragsverhältnisses dann **erhebliche Vorteile**, wenn er die Geschäftsbeziehung weiter nutzen kann, also Aussicht auf Unternehmergewinn ohne Provisionszahlungspflicht besteht, und dies in erheblichem Maße.[958]

Um abschätzen zu können, ob und wie lange der Unternehmer aus der vom Handelsvertreter geschaffenen Geschäftsbeziehung erhebliche Vorteile ziehen kann, ist eine **Prognose** über die zukünftige Entwicklung der Verhältnisse erforderlich. Da der Ausgleichsanspruch mit der Beendigung des Handelsvertreterverhältnisses entsteht und fällig wird, kann Grundlage seiner Berechnung somit nur eine zu diesem Zeitpunkt zu stellende Prognose sein, die sich als richtig oder als unrichtig erweisen, aber nicht durch später eintretende Umstände ändern kann.[959] Solche Umstände können deshalb nur dann in die Prognose einfließen, wenn sie im Zeitpunkt der Vertragsbeendigung bereits abzusehen sind. Von unvorhergesehenen tatsächlichen Entwicklungen kann die Höhe des bereits entstandenen Anspruchs dagegen nicht mehr beeinflusst werden.[960] Anderenfalls könnten Rückzahlungs- bzw Nachzahlungsansprüche ausgelöst werden, falls sich die Prognose nachträglich als unzutreffend erweisen sollte. Eine derartige Konsequenz wird aber abgelehnt.[961]

Der **Prognosezeitraum** lässt sich nicht schematisch erfassen, sondern hängt von den Gegebenheiten der jeweiligen Branche sowie von den Umständen des Einzelfalles ab. Maßgeblich für den Prognosezeitraum ist, ob und wie lange es zu Nachbestellungen der Kunden unter Berücksichtigung des Neubedarfs aller Wahrscheinlichkeit nach kommen wird.[962] In der Regel wird ein Prognosezeitraum von 2-3 Jahren angenommen,[963] bei langlebigen Wirtschaftsgütern von bis zu 5 Jahren.[964] Im Neuwagenkauf beträgt bei Privatkunden der Zeitraum zwischen Erstkauf und erster Nachbestellung im Durchschnitt 5 Jahre.[965]

---

953 BGHZ 56, 242.
954 BGH NJW 1985, 58.
955 BGH NJW 1998, 66; BGH WM 2003, 495.
956 BGH NJW 1996, 2304.
957 BGH NJW 1998, 69; BGH NJW 1998, 75; BGH WM 2003, 495.
958 Vgl BGH NJW 1998, 68; BGH NJW 1998, 74.
959 BGH NJW 1998, 75.
960 BGH NJW 1998, 75.
961 BGH NJW 1998, 75.
962 BGH WM 1993, 393.
963 Baumbach/Hopt 32. Aufl., § 89 b Nr. 16.
964 BGH NJW 1985, 860; BGH NJW 1994, 1350.
965 BGH ZIP 1997, 843; vgl auch OLG Saarbrücken NJW-RR 2003, 900.

714 Der Vorteil im Sinne des § 89 b Abs. 1 Nr. 1 HGB wird auch dann zu bejahen sein, wenn der Unternehmer den Kundenstamm im Rahmen einer **Geschäftsveräußerung**[966] oder einer **Geschäftsverpachtung** verwerten kann, zB durch Erzielung eines höheren Übernahmepreises, wobei eine gesonderte Aufschlüsselung nicht unbedingt erforderlich ist,[967] bzw durch Vereinbarung eines höheren Pachtzinses. Bei einer Veräußerung des Geschäftsbetriebes spricht eine **Vermutung** dafür, dass der Kaufpreis bei Beibehaltung des Firmennamens und Vertriebsnetzes den durch die Nutzungsmöglichkeit des Kundenstamms bedingten Mehrwert enthält.[968]

715 Auch bei einer **Geschäftsaufgabe** oder einer **Geschäftsänderung** kommen Vorteile im Sinne des § 89 b Abs.1 Nr. 1 HGB in Betracht, zB wenn Stilllegungsprämien oder Abfindungen gezahlt werden.[969] Hingegen wird der Vorteil **gemindert**, wenn der Umsatz aus Gründen, die nicht einmal in der Sphäre des Handelsvertreters zu liegen brauchen, rückläufig ist wie zB bei fehlender Akzeptanz des Produkts des Unternehmers auf dem Markt oder bei Rezession. Bei Betriebs- und Produkteinstellung aufgrund unternehmerischer Entscheidung kann der Vorteil sogar ganz **entfallen**.[970] Allerdings darf der Unternehmer dabei nicht willkürlich aus wirtschaftlich nicht nachvollziehbaren Gründen handeln. Geschieht dies, kann er sich nicht darauf berufen, dass der Vorteil entfallen sei, bzw macht er sich gegenüber dem Handelsvertreter schadensersatzpflichtig.[971]

716 Die **Darlegungs- und Beweislast** für die Vorteile des Unternehmers liegt bei dem Handelsvertreter.[972] Allerdings besteht eine widerlegbare **Vermutung** dafür, dass die von dem Handelsvertreter geschaffene Geschäftsverbindung auch nach Beendigung des Handelsvertretervertrages fortbesteht.[973]

717 Zur Ermittlung der Stammkunden bzw des Stammkundenumsatzes kann sich der Handelsvertreter sog. Kundenerfassungslisten oder Kundenbefragungen bedienen. Liefern sie kein zuverlässiges Ergebnis oder bestehen tatsächliche Schwierigkeiten, den Stammkundenumsatzanteil konkret zu ermitteln, hat der BGH eine **Schätzung** nach § 287 Abs. 2 ZPO zugelassen und somit dem Handelsvertreter sowohl die Darlegung als auch die Beweisführung erleichtert.[974] Zudem hat der BGH die Schätzung des Stammkundenumsatzanteils vor allen Dingen im Rahmen der Berechnung des Ausgleichsanspruchs eines **Tankstellenhalters** dadurch erleichtert, dass er hierfür auch die Verwendung **statistischen Materials** gebilligt hat.[975] Im anonymen Massengeschäft zB einer Selbstbedienungstankstelle ist der Verwertung vorhandenen statistischen Materials der Vorzug zu geben vor zeit- und kostenaufwendigen Beweiserhebungen, deren Aussagekraft im Vergleich zu professionell durchgeführten statistischen Untersuchungen eher zweifelhaft sein soll.[976] Im Tankstellenbereich können auch Umfragen von Mineralölfirmen **geeignete Schätzunterlagen** sein. Dass sie keine statistisch sichere Aussage für einzelne Großstädte bzw den Kundenkreis einer einzelnen Tankstelle liefern, steht ihrer Verwertung nicht entgegen.[977]

718 In Zukunft dürfte jedoch eine Darlegung konkreter Anhaltspunkte für eine fallbezogene Schätzung des Stammkundenumsatzanteils an einer bestimmten Tankstelle aufgrund fortschreitender elektronischer Erfassung der Zahlungsvorgänge weniger schwierig und daher von dem Tankstellenhalter auch zu verlangen sein, so dass sich eine Heranziehung des weniger aussagekräftigen statistischen Materials weitgehend erübrigen kann.[978]

---

966 BGH NJW 1986, 1932; BGH BB 1996, 1026.
967 BGH NJW 1996, 1752.
968 BGH NJW 1996, 1752.
969 OLG Frankfurt BB 1985, 687 – Aufgabe einer Tankstelle.
970 BGH BB 1959, 864.
971 Baumbach/Hopt, 32. Aufl. § 89 b Rn 20.
972 BGHZ 55, 52; BGHZ 135, 24; BGH WM 2003, 493, 501.
973 BGH NJW 1985, 859; BGH NJW-RR 1991, 157.
974 BGH WM 2003, 501.
975 BGH NJW 1996, 2100; BGH WM 1998, 31; BGH WM 2003, 501.
976 BGH NJW 1998, 68.
977 BGH NJW 1998, 68.
978 BGH NJW-RR 2002, 1550; BGH WM 2003, 501.

d) Provisionsverlust

Weitere Voraussetzung für einen Ausgleichsanspruch ist gemäß § 89 b Abs. 1 Nr. 2 HGB, dass der Handelsvertreter infolge der Beendigung des Vertragsverhältnisses Ansprüche auf Provision verliert, die er bei Fortsetzung desselben aus bereits abgeschlossenen oder künftig zustande kommenden Geschäften mit den von ihm geworbenen Kunden hätte. Der in dieser Bestimmung angesprochene **Provisionsverlust** korrespondiert mit den erheblichen Vorteilen im Sinne des § 89 b Abs. 1 Nr. 1 HGB. Aus diesem Grunde laufen die Auslegungen von § 89 b Abs. 1 Nr. 1 HGB sowie von § 89 b Abs. 1 Nr. 2 HGB weitgehend parallel. 719

Grundsätzlich hat der Handelsvertreter gemäß § 87 Abs. 1 S. 1 HGB Anspruch auf Provision für alle während des Vertragsverhältnisses **abgeschlossenen** Geschäfte, da es auf den Zeitpunkt des Vertragsabschlusses und nicht der Ausführung ankommt.[979] Tritt aber aufgrund einer im Rahmen des § 87 Abs. 1 S. 1 HGB zulässigen anderweitigen Vertragsvereinbarung ein Provisionsverlust ein, findet die Alternative des § 89 b Abs. 1 S. 1 Nr. 2 HGB „aus bereits abgeschlossenen Geschäften" Anwendung, wie zB bei Ausschluss des Anspruchs auf Überhangprovisionen entgegen § 87 HGB.[980] 720

Unter **Provision** im Sinne dieser Bestimmung ist nur das Entgelt zu verstehen, das für werbende Maßnahmen bei einer Vermittlungs- oder Abschlusstätigkeit gezahlt wird,[981] hingegen nicht der Provisionsanteil, den der Handelsvertreter für **vermittlungsfremde (verwaltende)**, damit **handelsvertreteruntypische**[982] Tätigkeiten erhält.[983] Den Vermittlungs- und Abschlussprovisionen gegenüberzustellen sind die für den Ausgleichsanspruch nicht zu berücksichtigenden Provisionen oder Provisionsanteile, die der Handelsvertreter für Tätigkeiten bekommt, die über seine werbende (vermittelnde, abschließende) Tätigkeit hinausgehen und mit denen er zusätzliche, für die Schaffung eines Kundenstamms aber nicht ausschlaggebende Aufgaben erfüllt, die ihm der Unternehmer übertragen hat.[984] 721

Nicht zu berücksichtigen sind folglich Provisionen, die der Handelsvertreter für handelsvertreteruntypische Tätigkeiten erhält. Wie diese Tätigkeiten im Einzelfall zuzuordnen sind, hängt von der jeweiligen Branche ab.[985] Während zu den vermittlungsfremden, verwaltenden Tätigkeiten normalerweise zB Bestandspflege, Inkasso, Lagerhaltung, Schadensregulierung und Delkredere gehören,[986] hat die Rechtsprechung im Tankstellenbereich zum Teil eine andere Zuordnung vorgenommen.[987] Nicht zu berücksichtigen sind ferner reine Bezirksvertreterprovisionen gemäß § 87 Abs. 2 HGB. Etwas anderes gilt, wenn der Bezirksvertreter die Provision aufgrund werbender Tätigkeit erhält.[988] 722

Ferner können dem Handelsvertreter gemäß § 89 b Abs. 1 S. 1 Nr. 2 HGB auch Provisionen aus **künftig zustande kommenden** Geschäften mit von ihm geworbenen Kunden entgehen. Um diese Geschäfte erfassen zu können, wird die Fortsetzung des Handelsvertretervertrages bei gleichbleibender Tätigkeit des Handelsvertreters unterstellt.[989] Die Provisionen des Handelsvertreters aus künftigen Geschäften werden folglich aufgrund einer **Prognose** fiktiv errechnet. Hierbei kommt es nicht auf die Gründe an, die zur Beendigung des Handelsvertretervertrages geführt haben. Unerheblich ist des Weiteren, ob der Handelsvertreter überhaupt noch weitere provisionspflichtige Geschäfte hätte vermitteln können,[990] wie zB im Todesfalle,[991] bei einer Betriebseinstellung sowie bei einer auf Initiative des Handelsvertreters erfolgten einverständlichen Vertragsaufhebung.[992] 723

---

979 Vgl Rn 523 f.
980 BGH NJW 1997, 317.
981 BGH NJW-RR 2002, 1551.
982 BGH NJW 1996, 2303.
983 BGH NJW-RR 2002, 1551.
984 BGH NJW 1998, 69; BGH NJW 1998, 72; BGH NJW-RR 2002,1551; BGH NJW-RR 2003, 824.
985 BGH NJW 1998, 69.
986 BGH NJW 1985, 860; BGH NJW 1998, 69; BGH NJW 1998, 72.
987 Im Einzelnen Koller/Roth/Morck, HGB, 5. Aufl., § 89 b Rn 9.
988 BGH WM 1992, 1442.
989 BGHZ 141, 252; BGH NJW 1998, 1070.
990 BGH NJW 1998, 1070.
991 BGHZ 24, 224, BGHZ 41, 129.
992 BGH NJW 1998, 1070.

724 Die Provisionen aus künftigen Geschäften müssen allerdings dem Handelsvertreter tatsächlich entgehen; die bloße Aussicht auf Werbung neuer Kunden reicht nicht aus.[993] Ein Provisionsverlust scheidet ferner aus, wenn der Unternehmer die Provision nach Vertragsbeendigung aufgrund einer Einigung mit dem Handelsvertreter weiter zahlt.

725 Im Rahmen der **Prognoseberechnung** sind als **Bemessungsgrundlage** grundsätzlich diejenigen Provisionen heranzuziehen, die der Handelsvertreter im Laufe der letzten 12 Monate seiner Tätigkeit vor Beendigung des Handelsvertreterverhältnisses verdient hat (**Basisjahr**).[994] Lediglich dann, wenn das letzte Vertragsjahr einen atypischen Verlauf genommen hat, kann ein Durchschnittswert unter Heranziehung eines anderen Zeitraums gebildet werden.[995] War der Handelsvertreter eine kürzere Zeit als 12 Monate für den Unternehmer tätig, steht dies einem Ausgleichsanspruch nicht entgegen.[996] Bei einem im sog. **Rotationssystem** eingesetzten Handelsvertreter ist von der Fiktion auszugehen, dass er nach Beendigung des Handelsvertreterverhältnisses diejenigen Bereiche, die er im letzten Jahr seiner Tätigkeit betreut hat, weiter betreuen wird.[997]

726 Ausgangspunkt bei der Berechnung sind die zu erwartenden **Bruttoprovisionen** unter Einbeziehung der **Mehrwertsteuer**.[998] Mehrwertsteuer auf den Ausgleichsanspruch fällt nur bei entsprechender Vereinbarung an.[999] Abzuziehen sind durchlaufende Posten wie zB Zahlungen einer Bausparkasse, die der Bezirksvertreter aufgrund des Handelsvertretervertrages an freie Mitarbeiter weiterzuleiten hat.[1000] Hingegen sind nicht abzuziehen ersparte Unkosten. Allerdings sind sie im Rahmen der Billigkeitsprüfung zu berücksichtigen.[1001]

727 Im Rahmen des Prognosezeitraums ist die sog. **Abwanderungsquote** zu berücksichtigen, dh die Umsatzminderung, die auf der Abwanderung neu geworbener Stammkunden im Prognosezeitraum beruht.[1002] Dabei kann die tatsächliche Entwicklung der Verhältnisse nur insoweit berücksichtigt werden, als sie im Zeitpunkt der Vertragsbeendigung bereits abzusehen war.[1003]

728 Die der Prognose der Provisionsverluste vorausgehende Frage, wie viele Stammkunden nach Vertragsbeendigung abwandern, ist selbst Gegenstand einer Prognose und damit einer Schätzung gemäß § 287 Abs. 2 ZPO, die auf den Zeitpunkt der Vertragsbeendigung auszurichten ist. Maßgebend für diese Schätzung sind vorweg die konkreten Verhältnisse während der Vertragszeit.[1004] Lässt sich die Abwanderungsquote mangels ausreichender Anhaltspunkte für die Kundenbewegungen während der Vertragszeit nicht konkret ermitteln, kann auf Erfahrungswerte zurückgegriffen werden. Von den Tatsachengerichten und den beteiligten Verkehrskreisen ist in einer beträchtlichen Anzahl von Ausgleichsberechnungen eine Abwanderungsquote von 20 % als Erfahrungswert zugrundegelegt worden.[1005] Die Ansetzung der Abwanderungsverluste schematisch mit einer Quote von 20 % sowie des Prognosezeitraums mit 4 Jahren verbietet sich aber dann, wenn Anhaltspunkte dafür vorliegen, dass im Zeitpunkt der Beendigung des Handelsvertreterverhältnisses aufgrund der Kundenbewegungen während der Vertragszeit oder anderer konkreter Umstände mit einer stärkeren oder geringeren Abwanderung der vom Handelsvertreter geworbenen Stammkunden zu rechnen war.[1006]

729 Die **Darlegungs- und Beweislast** für die Voraussetzungen des § 89 b Abs. 1 S. 1 Nr. 2 HGB liegt ebenfalls beim Handelsvertreter, wobei ihm allerdings häufig die Grundsätze des Anscheinsbeweises

---

993 BGHZ 34, 314; BGHZ 135, 21.
994 BGH NJW 1999, 2668.
995 BGH NJW 1999, 2668.
996 LG Freiburg, NJW-RR 2000, 110.
997 BGH NJW 1999, 2668.
998 BGHZ 41, 134; BGH NJW-RR 1988, 44.
999 BGH NJW 1998, 70.
1000 BGH BB 1989, 1075.
1001 BGH NJW-RR 2003, 825.
1002 BGH NJW 1998, 70; BGH NJW 1998, 75.
1003 BGH NJW 1998, 71.
1004 BGH NJW 1997, 1503; BGH WM 2003, 503.
1005 BGH NJW 1998, 75; BGH WM 2003, 503.
1006 BGH NJW-RR 2000, 109; BGH WM 2003, 503.

zugute kommen.[1007] Demgemäß trägt der Handelsvertreter grundsätzlich die Beweislast auch dafür, dass der Berechnung des Ausgleichsanspruchs nur solche Provisionsanteile zugrunde liegen, die auf seine werbende Tätigkeit entfallen.[1008] Wenn aber in einem von dem Unternehmer, zB einem Mineralölunternehmen vorgegebenen Vertrag nicht geregelt ist, in welchem Umfange mit den Provisionen bestimmte Tätigkeiten vergütet werden, obliegt es ihm, im Falle einer Auseinandersetzung um die Auslegung des von ihm vorformulierten Vertrages im Einzelnen darzulegen, welche Aufteilung der Provision nach dem Vertrag angemessen ist, wenn sie von der Beurteilung seines Vertragspartners abweichen soll.[1009]

e) Billigkeit

Letztendlich ist Voraussetzung für einen Ausgleichsanspruch, dass die Zahlung unter Berücksichtigung aller Umstände der **Billigkeit** entspricht, § 89 b Abs. 1 S. 1 Nr. 3 HGB. 730

Dabei kann in die Billigkeitsprüfung erst eingetreten werden, wenn Unternehmensvorteile sowie Provisionsverluste gemäß § 89 b Abs. 1 Nr. 1 und Nr. 2 HGB feststehen.[1010] Unzulässig ist es, ohne Prüfung der Voraussetzungen des § 89 b Abs. 1 Nr. 1 und Nr. 2 den Ausgleichsanspruch nur unter Billigkeitsgesichtspunkten zu ermitteln. 731

§ 89 b Abs. 1 S. 1 Nr. 3 HGB ist eine **selbständige Voraussetzung** und erst im Anschluss an die Voraussetzungen des § 89 b Abs. 1 S. 1 Nr. 1 und Nr. 2 HGB zu prüfen.[1011]

Im Rahmen der Billigkeitsprüfung sind alle sog. **vertragsbezogenen Umstände** des Einzelfalles zu berücksichtigen. Dabei ist strittig, ob und in welchem Maße zB wirtschaftliche Lage, soziale Verhältnisse, Alter und Erwerbsfähigkeit des Handelsvertreters den vertragsbezogenen Umständen zuzuordnen sind.[1012] 732

Als **ausgleichsmindernd** kommen u.a. in Betracht: 733

- **Umstände der Vertragsbeendigung** wie zB eine Vertragsverletzung des Handelsvertreters, die nicht zu einem Ausschluss des Ausgleichsanspruchs gemäß § 89 b Abs. 3 Nr. 2 HGB führt. Auch Tod (zB durch Unfall) bzw Selbsttötung des Handelsvertreters können uU ausgleichsmindernd sein.[1013]
- **Umstände**, die sich aus dem **beendeten Vertrag** ergeben, wie zB eine feste **Mindestvergütung**, die sich als besonders günstig für den Handelsvertreter erweist, weil sie erheblich höheren Provisionssätzen entspricht, als sie von dem Unternehmer in vergleichbaren Fällen gezahlt wurde.[1014] **Aufwendungen** des Unternehmers für Werbung und Umsatzförderung können sich nur dann ausgleichsmindernd auswirken, wenn sie das übliche Maß übersteigen.[1015]
- Bei dem Ausgleichsanspruch des **Tankstellenhalters** können die **Lage** der Tankstelle sowie die **Marke** des Produkts gemäß § 89 b Abs. 1 S. 1 Nr. 3 HGB ausgleichsmindernd sein. Ein für die Billigkeit maßgeblicher Umstand liegt darin, dass die Verkaufsbemühungen des Handelsvertreters in nicht unerheblichem Maße durch die von der Marke des Produkts ausgehende **Sogwirkung** gefördert werden.[1016] Dabei gehört die Abwägung der Ursächlichkeit von werbender Tätigkeit des Handelsvertreters einerseits und der Sogwirkung der Marke, die der Verkaufsförderung des Unternehmers selbst zuzuordnen ist, andererseits zum Kernbereich tatrichterlichen Schätzungsermessens im Rahmen der Billigkeitsprüfung.[1017] Ein Billigkeitsabschlag von 10 % bewegt sich im Rahmen des tatsächlich Vertretbaren.[1018] Im Einzelfall sind höhere Abschläge anerkannt worden.[1019]

1007 BGH WM 2003, 503.
1008 BGH WM 1988, 1204; BGH WM 2003, 503.
1009 BGH WM 2003, 503.
1010 BGHZ 43, 154; BGH NJW 1997, 656.
1011 BGH NJW 2000, 1867.
1012 BGHZ 43, 162, Baumbach/Hopt, 32. Aufl., § 89 b Rn 31.
1013 BGHZ 24, 223; BGHZ 41, 132; BGHZ 45, 388.
1014 BGHZ 43, 154; BGH NJW 1967, 249.
1015 BGHZ 56, 245.
1016 BGH NJW 1996, 2302; BGH WM 2003, 498; BGH WM 2003, 504.
1017 BGH WM 2003, 498.
1018 BGH WM 2003, 498.
1019 Vgl BGH ZIP 1997, 845.

- **Rückgang des Gesamtumsatzes:** Ein **Rückgang des Gesamtumsatzes** trotz Werbung neuer Kunden kann ausgleichsmindernd sein. Hierbei kommt es darauf an, inwieweit er vom Handelsvertreter veranlasst worden ist und von ihm hätte verhindert werden können.[1020]
- **Konkurrenzvertretung:** Nimmt der Handelsvertreter zulässigerweise, zB als Mehrfirmenvertreter, eine **Konkurrenzvertretung** auf, ist dies dann ausgleichsmindernd zu berücksichtigen, wenn er den Kundenstamm für die andere Firma weiter nutzen kann, da dann die Gefahr einer Umorientierung der Stammkunden besteht.[1021] Nimmt der Handelsvertreter vertragswidrig, trotz Konkurrenzverbots, eine Konkurrenzvertretung auf, ist dies, wenn nicht deswegen der Ausgleichsanspruch ganz entfällt (vgl. § 89 b Abs. 3 Nr. 2 HGB), jedenfalls im Rahmen der Billigkeitsprüfung zu berücksichtigen.[1022]
- **Altersversorgung:** Eine vom Unternehmer finanzierte **Altersversorgung** kann auf den Ausgleichsanspruch angerechnet werden, wenn und soweit die ungekürzte Zuerkennung des Ausgleichsanspruchs unter Berücksichtigung aller Umstände des Einzelfalles unbillig wäre.[1023] Dies ist wegen der „funktionellen Verwandtschaft zwischen Ausgleichsanspruch und Altersversorgung" dann bejaht worden, wenn die Altersversorgung einem Handelsvertreter gewährt wird, der wegen Erreichung der Altersgrenze aus seiner Tätigkeit ausscheidet.[1024] Auch bei einer Fälligkeitsdifferenz zwischen Ausgleichsanspruch einerseits und Altersversorgung andererseits von 24 Jahren hat der BGH eine Kürzung des Ausgleichsanspruchs anerkannt, wenn dies zwischen den Parteien vertraglich vereinbart war.[1025] Derartige Vereinbarungen stellen keinen Verstoß gegen § 89 b Abs. 4 HGB dar, da bei der Prüfung der Frage, ob und inwieweit ein Ausgleichsanspruch entstanden ist, aus Billigkeitsgründen auch auf solche Umstände abzustellen ist, deren Berücksichtigung im Rahmen des § 89 b Abs. 1 S. 1 Nr. 3 HGB die Vertragsparteien vereinbart haben.[1026] Hingegen hat der BGH bei Fehlen einer derartigen Vereinbarung bereits bei einer Fälligkeitsdifferenz von 21 Jahren die Nichtanrechnung der Altersvorsorge auf den Ausgleichsanspruch unbeanstandet gelassen.[1027]
- AGB-Klauseln, die eine Anrechnung der Altersvorsorge zwingend und unter Ausschluss der Berücksichtigung anderer Billigkeitskriterien vorschreiben, die erforderliche einzelfallbezogene Billigkeitsabwägung damit gerade ausschließen und zu einer automatischen Herabsetzung führen, sind mit der gesetzlich vorgeschriebenen Abwägung nach § 89 b Abs. 1 S. 1 Nr. 3 HGB nicht vereinbar.[1028] Indes soll eine formularmäßige Bestimmung, derzufolge der Handelsvertreter mit der Geltendmachung des Ausgleichsanspruchs auf Leistungen aus einer unternehmerfinanzierten Altersversorgung verzichtet, wirksam sein.[1029]

734 Nicht als **ausgleichsmindernd** sind u.a. angesehen worden:
- Kurze Vertragsdauer,[1030]
- Verlust alter Kunden neben der Gewinnung neuer Kunden,[1031]
- anderweitige Einkünfte des Mehrfirmenvertreters, sofern keine Pflichtverletzung vorliegt,[1032]
- Einstellung des Geschäftsbetriebes seitens des Handelsvertreters.[1033]

1020 BGHZ 42, 247; BGH NJW 1990, 2891.
1021 BGH NJW 1997, 656; BGH DB 1981, 1773.
1022 BGH WM 1975, 858; BGH NJW 1996, 2304.
1023 BGH NJW 2003, 1246.
1024 BGH NJW 1982, 1814.
1025 BGH VersR 1984, 184.
1026 BGH VersR 1984, 186; BGH NJW 2003, 3351.
1027 BGH NJW 1994, 1350; BGH NJW 2003, 1246.
1028 BGH NJW 2003, 1244; BGH NJW 2003, 1246.
1029 BGH NJW 2003, 3350.
1030 BGH NJW 1997, 655.
1031 BGH NJW 1990, 2891.
1032 BGH NJW 1997, 656.
1033 BGH NJW-RR 2003, 825.

Auch bezüglich der Voraussetzungen des § 89 b Abs. 1 S. 1 Nr. 3 HGB ist der Handelsvertreter **darlegungs- und beweispflichtig**.[1034] Allerdings spricht eine Vermutung dafür, dass der Ausgleich auch der Billigkeit entspricht, wenn die Voraussetzungen des § 89 b Abs. 1 S. 1 Nr. 1 und Nr. 2 HGB gegeben sind.[1035]

f) Abzinsung

Der Ausgleichsbetrag ist **abzuzinsen**, da der Handelsvertreter ohne Beendigung des Handelsvertretervertrages den Gesamtbetrag erst innerhalb mehrerer Jahre verdient hätte.[1036] Für die Berechnung der Abzinsung gibt es keine allgemein gültige Formel.[1037] Zulässig ist somit die Abzinsung nach der Multifaktoren-Formel von Gillardon sowie nach der sog. Hoffmann'schen Formel.[1038]

Auf den Zeitpunkt der Ausgleichszahlung kommt es bei der Abzinsung nicht an; sie ist folglich auch dann vorzunehmen, wenn der Ausgleichsbetrag erst längere Zeit nach Fälligkeit oder sogar erst nach Ablauf des Prognosezeitraums gezahlt wird.[1039] Der Nachteil, den der Handelsvertreter durch eine verspätete Zahlung erleidet, wird durch Fälligkeits-, Prozess- und Verzugszinsen ausgeglichen.[1040]

g) Zinsen

Fälligkeitszinsen fallen mit dem Entstehen des Ausgleichsanspruchs, dh mit der Beendigung des Handelsvertreterverhältnisses an und bestimmen sich nach den §§ 352, 353 HGB.[1041] **Verzugszinsen** fallen unter den Voraussetzungen der §§ 286 f, 288 BGB, **Prozesszinsen** gemäß § 291 BGB an.

3. Kappungsgrenze

Nach § 89 b Abs. 2 HGB beträgt der Ausgleich eine nach dem Durchschnitt der letzten 5 Jahre der Tätigkeit des Handelsvertreters berechnete Jahresprovision oder sonstige Jahresvergütung; bei kürzerer Dauer des Vertragsverhältnisses ist der Durchschnitt während der Dauer der Tätigkeit maßgebend.

Diese **Kappungsgrenze** kommt erst dann zum Tragen, wenn sich nach der Berechnung des **Rohausgleichs** gemäß § 89 b Abs. 1 Nr. 1–3 HGB ein höherer Ausgleichsbetrag ergäbe. Der sich aus § 89 b Abs. 2 HGB ergebende Höchstbetrag begrenzt folglich den nach § 89 b Abs. 1 HGB errechneten Ausgleichsbetrag;[1042] er kann nicht gemäß § 89 b Abs. 1 S. 1 Nr. 3 HGB aus Billigkeitsgründen herabgesetzt werden.[1043]

Bei der Berechnung der Kappungsgrenze sind grundsätzlich alle Arten von Provisionsansprüchen jeweils mit ihrem Bruttobetrag zu erfassen.[1044] Dabei kommt es nicht darauf an, ob tatsächlich Zahlungen erfolgt sind, so dass auch verjährte Ansprüche einzubeziehen sind.[1045] Auch **Überhangprovisionen** sind bei der Berechnung der Ausgleichshöchstgrenze nach § 89 b Abs. 2 HGB zu berücksichtigen, während sie als nach § 87 HGB bereits vor Ende des Vertragsverhältnisses bedingt entstandene Provisionsansprüche bei der Berechnung des Ausgleichs nach § 89 b Abs. 1 HGB außer Betracht bleiben.[1046] Zu berücksichtigen sind ferner auch Provisionen für **verwaltende Tätigkeiten** wie zB Inkasso, Lagerhaltung, Materialpflege, Delkredere etc.[1047]

1034 BGH WM 2003, 493; BGH WM 2003, 501.
1035 Vgl BGH NJW 1990, 2891.
1036 BGH WM 2003, 499; BGH WM 1987, 1465.
1037 BGH WM 2003, 499.
1038 BGH WM 2003, 499.
1039 BGH NJW 1998, 75.
1040 BGH NJW 1998, 75.
1041 Vgl OLG Köln, VersR 1968, 966.
1042 BGH NJW 1997, 656.
1043 BGH NJW 2000, 186.
1044 BGH NJW 1997, 317.
1045 BGH NJW 1982, 235; BGH NJW 1997, 317.
1046 BGH NJW 1997, 317.
1047 BGH NJW 1985, 861.

Die **Beweislast** für die Kappungsgrenze des § 89 b Abs. 2 HGB liegt bei dem Unternehmer, da es sich bei dieser Bestimmung um eine Begrenzung des Ausgleichsanspruchs handelt.

4. Formel für die Berechnung des Ausgleichsanspruchs

742 In der Praxis wird der Ausgleichsanspruch in der Regel wie folgt berechnet:[1048]

Provisionsverluste aus bereits abgeschlossenen Geschäften zuzüglich

Provisionsverluste aus künftig zustande kommenden Geschäften mit bleibenden Neukunden bzw intensivierten Altkunden, dh zuzüglich der prognostizierbaren Provisionsverluste für den nach dem Einzelfall zugrundezulegenden Prognosezeitraum auf der Bemessungsgrundlage der Gesamtprovisionseinnahmen der letzten 12 Monate vor Beendigung des Handelsvertreterverhältnisses

abzüglich ggf

- Provisionen von nicht vom Handelsvertreter intensivierten Altkunden (Altkundensockelbestand)
- Provisionen von nicht vom Handelsvertreter gewonnenen Bezirkskunden (Spezialkundenbestand)
- Provisionen aus Geschäften mit Kunden, mit denen künftig keine Geschäfte mehr zu erwarten sind
- schematisierte Abwanderungsquote, die sich aus der Entwicklung in den Vorjahren ableitet.[1049]
- gezahlte Provisionen für erst nach Vertragsbeendigung zustande gekommene Geschäfte
- Abschlag aufgrund gemäß der §§ 89 b Abs. 1 S. 1 Nr. 3 HGB vorzunehmenden Billigkeit
- Abzinsungsabschlag, zB nach der Multifaktoren-Formel von Gilladon oder der Hoffmańnschen Formel

Im Anschluss hieran ist die Kappungsgrenze gemäß § 89 b Abs. 2 HGB zu ermitteln und der Ausgleichsbetrag ggf auf diese Kappungsgrenze festzulegen. Es geht hingegen nicht an, in einem Verfahren lediglich den Kappungsbetrag geltend zu machen, ohne vorher den Ausgleich an Hand des § 89 b Abs. 1 S. 1 Nr. 1–3 HGB berechnet zu haben.[1050]

5. Ausschluss des Ausgleichsanspruchs gemäß § 89 b Abs. 3 Nr. 1–3 HGB

a) Grundsätzliches

743 Der Ausgleichsanspruch besteht nicht, wenn eine der drei in § 89 b Abs. 3 HGB aufgeführten Ausnahmen vorliegt. Bei diesen Ausnahmen handelt es sich um eine **abschließende Regelung,** die wegen ihres Ausnahmecharakters eng auszulegen ist.[1051] Dabei bedarf es für die Auslegung der Ausnahmetatbestände keines Rückgriffs auf die Regelung des § 89 Abs. 1 S. 1 Nr. 3 HGB.[1052] Die Systematik des § 89 b HGB verbietet es nicht, in Fällen, in denen aufgrund der tatsächlichen Gegebenheiten zB ein Ausschluss gemäß § 89 b Abs. 3 Nr. 2 HGB in Betracht kommt, zunächst diesen Ausschlusstatbestand zu prüfen und das unter diesem Gesichtspunkt zu beurteilende Verhalten des Handelsvertreters, wenn es zur Bejahung eines wichtigen Grundes zur außerordentlichen Kündigung wegen schuldhaften Verhaltens nicht ausreicht, bei der dann anzustellenden Prüfung der Anspruchsvoraussetzungen des § 89 b Abs. 1 S. 1 HGB im Rahmen der Billigkeitskontrolle nach § 89 b Abs. 1 S. 1 Nr. 3 HGB unter dem Gesichtspunkt zu würdigen, ob und in welchem Maße die Billigkeit eine Verminderung des zuvor rechnerisch ermittelten Ausgleichsbetrages – im äußersten Fall auf Null – gebietet.[1053] Demgemäß ist ein bestimmtes Verhalten des Handelsvertreters gegebenenfalls zunächst daraufhin zu überprüfen, ob es einen wichtigen, schuldhaft veranlassten Grund zur außerordentlichen Kündigung des Unternehmers darstellt, dh ob die Voraussetzungen des § 89 b Abs. 3 Nr. 2 HGB vorliegen. Ist dies der Fall, besteht

---

1048 Berechnungsbeispiele enthalten zB die Entscheidungen des BGH in BGH NJW 1996, 2301; BGH NJW 1998,71; BGH NJW 1999, 2671; BGH WM 2003, 499; vgl auch OLG Köln, VersR 1968, 967). Zur sog. Münchener Formel vgl LG München I HVR (98) Nr. 909; vgl allerdings hierzu OLG Saarbrücken NJW-RR 2003, 900; vgl auch Emde, VersR 2006, 1592 f: Wege zur vereinfachten Berechnung des Handelsvertreterausgleichs.
1049 Vgl Rn 727 f.
1050 BGH NJW 2000, 186.
1051 BGH NJW 2000, 186.
1052 BGH NJW 2000, 186.
1053 BGH NJW 2000, 186.

kein Ausgleichsanspruch. Ist dies nicht der Fall, ist das Verhalten des Handelsvertreters im Rahmen des § 89 b Abs. 1 S. 1 Nr. 3 HGB bei der allgemeinen Billigkeitskontrolle zu würdigen.

b) Eigenkündigung des Handelsvertreters, § 89 b Abs. 3 Nr. 1 HGB

Der Ausgleichsanspruch entfällt gemäß § 89 b Abs. 3 Nr. 1 HGB, wenn der Handelsvertreter das Vertragsverhältnis gekündigt hat, es sei denn, dass ein Verhalten des Unternehmers hierzu begründeten Anlass gegeben hat oder dem Handelsvertreter eine Fortsetzung seiner Tätigkeit wegen seines Alters oder wegen Krankheit nicht zugemutet werden kann (**Eigenkündigung** des Handelsvertreters).

Unerheblich ist, ob die Eigenkündigung als ordentliche oder als außerordentliche erfolgt ist. Entscheidend ist vielmehr, dass der Handelsvertreter das Vertragsende selbst herbeiführt.[1054]

Der Ausschlusstatbestand des § 89 b Abs. 3 Nr. 1 HGB soll anwendbar sein, wenn der Vertrag einvernehmlich früher beendet wird, sofern der Handelsvertreter zuvor die Kündigung erklärt hat.[1055] Hingegen soll eine einvernehmliche Vertragsaufhebung der Eigenkündigung nicht gleichstehen, wenn sie nicht auf einer Kündigung, sondern lediglich auf einer Initiative des Handelsvertreters beruht.[1056] Einer Eigenkündigung steht gleich, wenn der Handelsvertreter eine Vertragsofferte des Unternehmers ablehnt, mit dem das durch **Kettenverträge** begründete Handelsvertreterverhältnis auch für ein weiteres Geschäftsjahr fortgesetzt werden soll.[1057]

Trotz Eigenkündigung entfällt der Ausgleichsanspruch des Handelsvertreters nicht, wenn ein **Verhalten** des Unternehmers hierzu **begründeten Anlass** gegeben hat. Dabei ist der Begriff des Verhaltens des Unternehmers weit auszulegen.[1058] **Verhalten** ist nicht nur ein Tun oder Unterlassen, sondern auch eine aus dem betrieblichen Verhalten des Unternehmers entwickelte wirtschaftliche Lage, wobei es nicht darauf ankommt, ob der Unternehmer das Ergebnis seiner Maßnahmen verschuldet hat oder nicht.[1059]

An den Begriff des **begründeten Anlasses** sind weniger strenge Anforderungen zu stellen als an einen wichtigen Kündigungsgrund. Auch ein unverschuldetes oder sogar rechtmäßiges Verhalten des Unternehmers kann genügen. Erforderlich, aber auch ausreichend ist, dass durch das Verhalten des Unternehmers eine für den Handelsvertreter nach Treu und Glauben nicht mehr hinnehmbare Situation geschaffen wird.[1060] Für den begründeten Anlass ist die Ursächlichkeit des Verhaltens des Unternehmers sowie die Kenntnis des Handelsvertreters hiervon nicht erforderlich.[1061] Es kommt lediglich darauf an, ob im Zeitpunkt der Kündigung des Handelsvertreters objektiv ein Verhalten des Unternehmers vorlag, aus dem der Handelsvertreter einen begründeten Anlass für seine Kündigung herbeiführen konnte. Allerdings ist es dann erforderlich, dass sich der Handelsvertreter wenigstens nachträglich auf diesen Grund zur Rechtfertigung seiner Kündigung beruft.[1062]

Ein begründeter Anlass zur Kündigung liegt zB vor, wenn der Unternehmer den Anspruch des Handelsvertreters aus § 85 HGB auf Aufnahme des Vertragsinhalts in eine von ihm unterzeichnete Urkunde trotz mehrfacher Aufforderung nicht erfüllt.[1063] Ferner liegt ein begründeter Anlass für den Handelsvertreter, das Vertragsverhältnis zu kündigen, vor, wenn ihm vom Unternehmer ohne hinreichenden Grund fristlos gekündigt worden ist.[1064] Denn durch sein Verhalten verweigert der Unternehmer dem Handelsvertreter die Weiterbeschäftigung und gefährdet sein Einkommen. Der Handelsvertreter hat ein schutzwürdiges Interesse, die Rechtslage zu klären und eine Beendigung des Vertragsverhältnisses jedenfalls durch seine Kündigung herbeizuführen.[1065]

1054 Vgl BverfG NJW 1996, 381 zur Verfassungsmäßigkeit des § 89 b III Nr. 1 HGB.
1055 BGH VersR 1960, 1111; OLG Hamm BB 1987, 1761 – str. vgl Koller/Roth/Morck, HGB, 5. Aufl., § 89 b Rn 16.
1056 BGHZ 52, 12.
1057 BGH NJW 1996, 848.
1058 BGH NJW 1976, 671; vgl insgesamt *Saenger* DB 2000, 129 f.
1059 BGH NJW 1976, 671; BGH NJW 1984, 2529.
1060 BG H VersR 2006, 835; vgl auch BGH NJW 1987, 778, BGH WM 1989, 1060; BGH NJW 1996, 848.
1061 Vgl BGHZ 40, 13.
1062 BGHZ 40, 13.
1063 BGH VersR 2006, 835.
1064 BGH NJW 1987, 248.
1065 BGH NJW 1967, 248.

750 Andererseits kann eine nicht gerechtfertigte fristlose Kündigung des Handelsvertreters Anlass für den Unternehmer sein, seinerseits eine fristlose Kündigung mit der Folge des § 89 b Abs. 3 Nr. 2 HGB auszusprechen, weil von einem Handelsvertreter, der zwar einen begründeten Anlass zu einer fristgerechten Kündigung, jedoch keinen wichtigen Grund zu einer fristlosen Kündigung hat, verlangt werden kann, dass er auch bei einem bestehenden Interessengegensatz die Interessen des Unternehmers nicht außer Acht lässt, indem er plötzliche seine Tätigkeit einstellt.[1066] Problematisch ist die Frage, ob ein begründeter Anlass auch dann zu bejahen ist, wenn sich die Prognose des Handelsvertreters im Nachhinein als falsch erweist, die Kündigung also aus einem nur **vermeintlich** begründeten Anlass ausgesprochen wurde.[1067]

751 Trotz Eigenkündigung entfällt der Ausgleichsanspruch des Weiteren nicht, wenn dem Handelsvertreter eine Fortsetzung seiner Tätigkeit wegen seines **Alters** oder wegen **Krankheit** nicht zugemutet werden kann.

752 Das Kriterium „Alter" ist grundsätzlich mit Erreichen des allgemeinen Renten- bzw Pensionsalters anzunehmen. Eine **Krankheit** im Sinne des § 89 b Abs. 3 Nr. 1 HGB liegt dann vor, wenn eine Störung des gesundheitlichen Zustands schwerwiegend und von nicht absehbarer Dauer ist und dadurch zu einer auch mit Ersatzkräften nicht behebbaren nachhaltigen Beeinträchtigung führt.[1068] Dabei decken sich die tatbestandlichen Voraussetzungen für die Bejahung einer Schwerbehinderteneigenschaft und für die Bejahung der krankheitsbedingten Unzumutbarkeit der Vertragsfortführung nicht. Allerdings stellt die Anerkennung als Schwerbehinderter ein Indiz dafür dar, dass die von dem Handelsvertreter beklagte Gesundheitsbeeinträchtigung nicht unerheblich ist.[1069] Für das Bestehenbleiben des Ausgleichsanspruchs ist nicht erforderlich, dass der Handelsvertreter die Tätigkeit tatsächlich aufgibt bzw erheblich reduziert. Vielmehr kommt es einzig und allein auf den objektiven Begriff der Unzumutbarkeit an.[1070] Dieser Gesichtspunkt kann aber im Rahmen der Billigkeitskontrolle gemäß § 89 b Abs. 1 S. 1 Nr. 3 HGB berücksichtigt werden.[1071]

c) Kündigung des Unternehmers, § 89 b Abs. 3 Nr. 2 HGB

753 Der Ausgleichsanspruch des Handelsvertreters entfällt gemäß § 89 b Abs. 3 Nr. 2 HGB ferner, wenn der **Unternehmer** das Vertragsverhältnis **gekündigt** hat und für die Kündigung ein **wichtiger Grund** wegen schuldhaften Verhaltens des Handelsvertreters vorlag.

754 Erforderlich ist, dass eine **Kündigung** des Unternehmers vorliegt.[1072] Die Möglichkeit oder die Absicht einer Kündigung reichen nicht aus.[1073] Irrelevant ist es, ob die Kündigung als ordentliche oder als außerordentliche ausgesprochen worden ist.[1074]

755 Der Wegfall des Ausgleichsanspruchs gemäß § 89 b Abs. 3 Nr. 2 HGB setzt nicht eine fristlose Kündigung, sondern nur eine Kündigung aus wichtigem Grund wegen schuldhaften Verhaltens des Handelsvertreters voraus.[1075] Sie kann nicht auf das Verhalten des Handelsvertreters **nach** Beendigung des Vertragsverhältnisses gestützt werden.[1076] Eine Anfechtung des Handelsvertretervertrages wegen arglistiger Täuschung des Handelsvertreters soll der Kündigung gleichstehen,[1077] eine einverständliche Vertragsaufhebung aber nicht.[1078]

1066 BGH VersR 2006, 836.
1067 Vgl hierzu im Einzelnen *Saenger*, DB 2000, 129 f.
1068 BGH WM 1993, 1681.
1069 BGH WM 1993, 1681.
1070 BGH WM 1993, 1681.
1071 BGH WM 1993, 1681.
1072 BGH NJW 1990, 2890.
1073 BGH NJW 1984, 2529.
1074 BGH WM 1975, 856; BGH NJW 2000, 1868.
1075 BGH WM 1975, 856.
1076 BGH WM 1975, 857.
1077 Str. – vgl Baumbach/Hopt, 32. Aufl., § 89 b Rn 64.
1078 Vgl OLG Nürnberg BB 1959, 318 – str.

Der Begriff des **wichtigen Grundes** zur außerordentlichen Kündigung im Sinne des § 89 b Abs. 3 Nr. 2 HGB stimmt inhaltlich mit dem Begriff des wichtigen Grundes im Sinne des § 89 a Abs. 1 S. 1 HGB überein.[1079] Der Begriff des wichtigen Grundes ist in beiden Bestimmungen gleich zu interpretieren.[1080] Es reicht aber für den Fortfall des Ausgleichsanspruchs nicht aus, dass der Unternehmer sich bei der Kündigung auf einen wichtigen Grund berufen kann, vielmehr ist ferner erforderlich, dass der wichtige Grund auf einem schuldhaften Verhalten des Handelsvertreters beruht. Nach heute hL muss der **wichtige Grund** ursächlich für die Vertragsbeendigung sein.[1081]

756

Wenn der Unternehmer dem Handelsvertreter ohne hinreichenden Grund fristlos kündigt, liegt darin im Allgemeinen ein begründeter Anlass im Sinne des § 89 b Abs. 3 Nr. 1 HGB für eine Kündigung des Handelsvertreters.[1082] Andererseits kann der Unternehmer eine nicht gerechtfertigte fristlose Kündigung des Handelsvertreters zum Anlass nehmen, seinerseits eine fristlose Kündigung auszusprechen.[1083]

757

d) Vereinbarung zwischen Unternehmer und Handelsvertreter, § 89 b Abs. 3 Nr. 3 HGB

Schließlich entfällt der Ausgleichsanspruch gemäß § 89 b Abs. 3 Nr. 3 HGB, wenn aufgrund einer **Vereinbarung** zwischen dem Unternehmer und dem Handelsvertreter ein Dritter an Stelle des Handelsvertreters in das Vertragsverhältnis eintritt; dabei kann die Vereinbarung nicht vor Beendigung des Vertragsverhältnisses getroffen werden.

758

6. Abweichende Vereinbarungen, Ausschlussfrist gemäß § 89 b Abs. 4 HGB

a) Ausschluss des Ausgleichsanspruchs im Voraus

Gemäß § 89 b Abs. 4 S. 1 HGB kann der Ausgleichsanspruch nicht im **Voraus** ausgeschlossen werden. **Sinn und Zweck** dieser Vorschrift ist es, den Handelsvertreter vor der Gefahr zu bewahren, sich aufgrund seiner wirtschaftlichen Abhängigkeit von dem Unternehmer auf ihn benachteiligende Abreden einzulassen.[1084] Aus Gründen der Rechtssicherheit gilt diese Vorschrift auch dann, wenn der Handelsvertreter im Einzelfall dieses gesetzlichen Schutzes nicht bedarf.[1085] Bei der Bestimmung des § 89 b Abs. 4 S. 1 HGB handelt es sich um eine **Verbotsnorm** im Sinne des § 134 BGB.[1086]

759
760

Im **Voraus** bedeutet, dass der Ausschluss des Ausgleichsanspruchs nicht vor der Beendigung des Handelsvertretervertrages vereinbart werden kann. Dabei ist unter Ausschluss nicht nur der völlige Ausschluss des Ausgleichsanspruchs zu verstehen. Vielmehr verbietet § 89 b Abs. 4 S. 1 HGB auch solche Abreden, durch die der Ausgleichsanspruch nur im Ergebnis mehr oder weniger **eingeschränkt** wird.[1087] Dementsprechend hält zB eine vorformulierte Vertragsbedingung in einem zwischen einem Mineralölunternehmen und einem Tankstellenhalter geschlossenen Handelsvertretervertrag, nach dem 50 % der Gesamtvergütung des Tankstellenhalters für „verwaltende" Tätigkeit gezahlt werden, wegen Verstoßes gegen § 89 b Abs. 4 S. 1 HGB der Inhaltskontrolle nach § 307 Abs. 1 S. 1 BGB nicht stand.[1088] Hingegen können Unternehmer und Handelsvertreter zB Grund und Höhe der Provision nach § 87 HGB frei aushandeln, auch wenn sich diese Abrede – mittelbar – auf die Höhe des Ausgleichsanspruchs auswirkt.[1089] Denn Vereinbarungen, die sich nur mittelbar auf den Ausgleichsanspruch auswirken, verstoßen nicht gegen § 89 b Abs. 4 S. 1 HGB.[1090]

761

1079 BGH NJW 2000, 1866.
1080 BGH NJW 2000, 1867.
1081 Vgl OLG München NJW-RR 1994, 104.
1082 BGH NJW 1967, 248.
1083 BGH NJW 1984, 2529.
1084 BGH NJW 1990, 2889.
1085 BGH NJW 1990, 2889; BGH NJW 1996, 2867.
1086 BGH NJW-RR 2002, 1551; BGH NJW 2003, 293.
1087 BGH NJW 1967, 248; BGH NJW 1990, 2889; BGH NJW 2003, 293; BGH NJW 2003, 3350.
1088 BGH NJW 2003, 290, 293; BGH WM 2003, 496.
1089 BGH NJW 2003, 293; BGH NJW 2003, 3350.
1090 BGH NJW 2003, 3350: Zur Wirksamkeit einer Bestimmung, wonach der Handelsvertreter mit der Geltendmachung des Ausgleichsanspruchs auf Leistungen aus einer unternehmerfinanzierten Altersversorgung (Treuegeld) verzichtet.

762 Aus §§ 89 Abs. 4 S. 1 HGB folgt des Weiteren, dass Abreden, durch die der Ausgleichsanspruch eingeschränkt oder ausgeschlossen wird, **wirksam** sind, wenn sie **nach** Beendigung des Handelsvertretervertrages oder in einer **Aufhebungsvereinbarung**, die gleichzeitig den Vertrag beendet, getroffen werden.[1091] Unwirksam sind ausgleichsabhängige Abreden allerdings dann, wenn die gleichzeitig vereinbarte Auflösung des Handelsvertretervertrages erst in einem späteren Zeitpunkt wirksam werden soll.[1092]

763 Nicht selten kommt es zu Vereinbarungen zwischen dem Handelsvertreter und dem Unternehmer, in die ein Dritter (Vorgänger oder Nachfolger des Handelsvertreters) mittelbar oder unmittelbar einbezogen wird.

764 Eine **Abwälzung** der Ausgleichsschuld auf den Nachfolger des Handelsvertreters ist unwirksam, soweit der Unternehmer von der Ausgleichszahlung befreit werden soll.[1093] Tritt der Nachfolger aufgrund einer Vereinbarung nach Beendigung des Vertragsverhältnisses zwischen dem Unternehmer und dem Handelsvertreter in das Vertragsverhältnis ein, entfällt der Ausgleichsanspruch des Handelsvertreters gegen den Unternehmer nach § 89 b Abs. 3 S. 3 HGB. Um ein solches Ergebnis zu vermeiden, sollte der Handelsvertreter den Ausgleichsanspruch in einer Vereinbarung mit dem Nachfolger sicherstellen. Eine derartige Vereinbarung verstößt nicht gegen § 89 b Abs. 4 S. 1 HGB, da diese Vorschrift nur Absprachen zwischen dem Handelsvertreter und dem Unternehmer, nicht aber Absprachen zwischen dem Handelsvertreter bzw dem Unternehmer einerseits und dem Dritten andererseits betrifft.[1094]

765 Grundsätzlich kann sich der Handelsvertreter auch verpflichten, dem Unternehmer den Ausgleichsbetrag zu erstatten, den dieser einem früher für ihn tätig gewesenen Handelsvertreter zu zahlen hat.[1095]

b) Ausschlussfrist

766 Gemäß § 89 b Abs. 4 S. 2 HGB ist der Ausgleichsanspruch innerhalb eines Jahres nach Beendigung des Vertragsverhältnisses geltend zu machen.

767 **Sinn und Zweck** dieser Bestimmung ist, dass der Unternehmer alsbald Klarheit darüber erhalten soll, ob der Handelsvertreter einen Ausgleichsanspruch geltend machen will oder nicht, damit er bei Beendigung des Handelsvertreterverhältnisses entsprechende Dispositionen treffen kann.[1096]

768 Bei der Frist des § 89 b Abs. 4 S. 2 HGB handelt es sich um eine **Ausschlussfrist** dh der Anspruch erlischt mit Ablauf der Frist, wenn er nicht vorher geltend gemacht worden ist. Die Frist beginnt mit dem Tage nach der Beendigung des Vertrages, § 187 Abs. 1 BGB. Eine Aufrechnung mit dem Ausgleichsanspruch ist nach Ablauf der Frist nicht mehr möglich.[1097] Die Bestimmung des § 390 S. 2 BGB aF, § 215 BGB nF ist nicht anwendbar.

769 Die **Geltendmachung** der Frist ist an keine besondere Form gebunden; sie kann sowohl gerichtlich durch Klage als auch außergerichtlich erfolgen.[1098] Erfolgt sie außergerichtlich, ist eine unzweideutige Formulierung, dass der Ausgleichsanspruch geltend gemacht werde, erforderlich.[1099]

770 Eine Bezifferung des Anspruchs der Höhe nach ist hingegen (noch) nicht Voraussetzung für die Wirksamkeit der außergerichtlichen Geltendmachung.[1100] Ferner braucht sie nicht begründet zu werden, da § 89 b Abs. 4 S. 2 HGB nicht verlangt, dass nachträglich geltend gemachte Kündigungsgründe

---

1091 BGH NJW 1990, 2889.
1092 BGH NJW 1990, 2889; BGH NJW 1996, 2868.
1093 BGH BB 1967, 935.
1094 OLG Hamm, BB 1980, 1819.
1095 BGH DB 1968, 1486; BGH NJW 1975, 58; BGH NJW 1985.
1096 BGH WM 1987, 22.
1097 OLG Karlsruhe WM 1985, 237.
1098 BGHZ 53, 332.
1099 BGHZ 53, 332.
1100 BGHZ 50, 88.

nur berücksichtigt werden können, wenn sie binnen der Ausschlussfrist nachgeschoben werden. Die zeitliche Grenze für ein solches Nachschieben bestimmt sich nach § 242 BGB.[1101]

Die Geltendmachung des Ausgleichsanspruchs kann auch schon vor Vertragsende erfolgen, zB in dem Kündigungsschreiben des Handelsvertreters bzw in seiner Erwiderung auf die Kündigung des Unternehmers, ferner natürlich auch in der weiteren Korrespondenz.[1102]

Im Falle des Todes des Handelsvertreters ist die für die Verjährung geltende Vorschrift des § 207 BGB aF = § 211 BGB (**Ablaufhemmung in Nachlassfällen**) entsprechend auf den Ablauf der Ausschlussfrist anzuwenden, weil der Unternehmer gewisse Erschwernisse, die durch die erbrechtlichen Vorschriften bedingt sind, hinnehmen muss.[1103] Insoweit tritt eine Ablaufhemmung ein.

Dem Unternehmer ist die Berufung auf die Ausschlussfrist des § 89 b Abs. 4 S. 2 HGB verwehrt, wenn er selbst dazu beiträgt und Anlass gibt, dass die in seinem Interesse liegende Frist für die Geltendmachung des Ausgleichsanspruchs nicht eingehalten wird. Auch in solchen Fällen kann es unter dem Gesichtspunkt von Treu und Glauben gerechtfertigt sein, dass dem Unternehmer der Ablauf der Frist nicht zugute kommt.[1104]

XV. Der Ausgleichsanspruch des Versicherungs- und Bausparkassenvertreters gemäß § 89 b Abs. 5 HGB

1. Grundsätzliches

Für das **Vertragsverhältnis** zwischen dem Versicherungs- und dem Bausparkassenvertreter (§ 92 Abs. 5 HGB) gelten grundsätzlich die Vorschriften für das Vertragsverhältnis zwischen dem Handelsvertreter und dem Unternehmer, § 92 Abs. 2 HGB.[1105] Für den **Ausgleichsanspruch** des Versicherungs- und Bausparkassenvertreters enthält § 89 b Abs. 5 HGB eine **branchenspezifische Sonderregelung**.

2. Besonderheiten

§ 89 b Abs. 5 S. 1 HGB stellt klar, dass grundsätzlich die Bestimmungen des § 89 b Abs. 1, 3 und 4 HGB auch auf Versicherungs- und Bausparkassenvertreter Anwendung finden.[1106] Für den Versicherungsvertreter und damit auch für den Bausparkassenvertreter gelten aber folgende **Besonderheiten**:

a) Im Rahmen des § 89 b Abs. 1, 3, 4 HGB

An die Stelle der Geschäftsverbindung mit neuen (Stamm-)Kunden, die der Handelsvertreter geworben hat, tritt gemäß § 89 b Abs. 5 S. 1 HGB die Vermittlung **neuer Versicherungsverträge** durch den Versicherungsvertreter; der Vermittlung eines Versicherungsvertrages steht es gleich, wenn der Versicherungsvertreter einen bestehenden Versicherungsvertrag so wesentlich erweitert hat, dass dies der wirtschaftlichen Vermittlung eines neuen Versicherungsvertrages entspricht. Ein Versicherungsvertrag ist **neu**, wenn nach Vertragsablauf das Versicherungsverhältnis neu begründet oder bei einem Altkunden ein anderes Risiko gedeckt wird.[1107]

Für die Feststellung **erheblicher Vorteile** des Versicherungsvertreters kommt es allein auf den Bestand der von dem Versicherungsvertreter während der Vertragsdauer vermittelten neuen Versicherungsverträge an, soweit diese bei Beendigung des Vertreterverhältnisses noch laufen,[1108] sowie auf Ergänzungsverträge (insbesondere Verlängerung oder Summenerhöhung).[1109] Dagegen sind **Zweitabschlüsse** eines Versicherungsnehmers oder Bausparers, die nicht mehr demselben Versicherungs- bzw

---

[1101] BGHZ 40, 18.
[1102] Vgl BGHZ 40, 18; BGHZ 50, 88; KG NJW 1960, 631.
[1103] BGHZ 73, 99.
[1104] BGH WM 1987, 22.
[1105] Bezüglich der Ausnahmen gemäß § 92 Abs. 3 und 4 HGB vgl Rn 677 f.
[1106] Vgl hierzu im Einzelnen oben zu § 89 b Abs. 1, 3, 4 HGB Rn 698 f.
[1107] Vgl BGHZ 59, 131.
[1108] OLG Stuttgart, DB 1957, 379.
[1109] BGHZ 34, 319; BGHZ 59, 130.

778 Nach § 89 b Abs. 5 S. 1 HGB ist bezüglich der **Provisionsverluste** des Versicherungsvertreters darauf abzustellen, ob und welche Provisionsansprüche ohne Vertragsbeendigung aus den während der Laufzeit des Versicherungsvertrages vermittelten neuen Verträgen entstanden wären.[1112] Dabei gehören zu den Provisionen, für deren Verlust dem Versicherungsvertreter ein Ausgleichsanspruch zusteht, nur die **Abschlussprovisionen,** dh die Provisionen, die der Versicherungsvertreter für Vermittlung und Abschluss neuer Versicherungsverträge erhält.[1113] Nicht gehören hierzu die Provisionen, die für die **Verwaltung** des vom Versicherungsvertreter geworbenen oder ihm übertragenen Versicherungsbestandes gewährt werden.[1114]

Bausparbedürfnis dienen, für den Ausgleichsanspruch des ausgeschiedenen Versicherungs- bzw Bausparkassenvertreters regelmäßig nicht zu berücksichtigen.[1110] Auf die Differenz zwischen dem Gesamtbestand zu Beginn und bei Beendigung des Vertreterverhältnisses kommt es nicht an.[1111]

779 Wird die Abschlussprovision bei der Lebensversicherung und der Krankenversicherung als **Einmalprovision** gewährt, sind keine Provisionsansprüche nach Vertragsende zu erwarten.[1115] Die **Folgeprovisionen** sind in der Regel Verwaltungsprovision und somit nicht ausgleichspflichtig.[1116]

780 Ein Ausgleichsanspruch kann aber auch für Provisionsverluste aus Verträgen in Betracht kommen, die zwar nach Beendigung des Versicherungsvertrages abgeschlossen werden, aber in engem wirtschaftlichen Zusammenhang mit von dem Versicherungsvertreter früher vermittelten Verträgen stehen, insbesondere eine Verlängerung oder Summenerhöhung solcher Verträge zum Inhalt haben.[1117] Sie sind dann im Rahmen des Provisionsverlustes gemäß § 89 b Abs. 1 Nr. 2 HGB zu berücksichtigen, wenn sie als sog. **Abschlussfolgeprovisionen** gezahlt, also auch noch für den Abschluss gewährt werden, und nicht lediglich Verwaltungsleistungen abdecken.[1118]

781 Häufig werden in Versicherungsverträgen **Provisionsverzichtsklauseln** vereinbart. Sind sie wirksam, haben sie zur Folge, dass jeder Provisionsanspruch mit der Beendigung des Vertrages entfällt. Somit erlöschen im Zeitpunkt der Vertragsbeendigung die Provisionsansprüche, die erst nach der Vertragsbeendigung fällig werden. Provisionsverzichtsklauseln sind somit Voraussetzung für die Entstehung des Ausgleichsanspruchs bei dem Versicherungsvertreter.[1119] Sie führen dazu, dass dem Versicherungsvertreter nunmehr ein Ausgleichsanspruch zusteht. Der Versicherungsvertreter profitiert auch zu Beginn seiner Tätigkeit von einer derartigen Provisionsverzichtsklausel, da er seinerseits Provisionen aus dem ihm übertragenen Bestand nur deshalb ziehen konnte, weil sein Vorgänger, von dem er den Bestand übernommen hat, seinerseits auf die Folgeprovisionen gemäß § 92 Abs. 4 HGB verzichtet hat.[1120]

782 Den Versicherungsvertreter trifft die **Darlegungs- und Beweislast** dafür, dass die ihm im Vertrag versprochenen Provisionen trotz anderer oder nicht eindeutiger Bezeichnung tatsächlich nach Art und Umfang der ihm übertragenen Aufgaben ganz oder teilweise ein Entgelt für seine Abschluss- bzw Vermittlungstätigkeit darstellen.[1121]

783 Die Rechtsprechung des BGH für die werbende und die verwaltende Tätigkeit eines Tankstellenhalters auf einen Versicherungsvertretervertrag, der jeweils gesonderte Provisionen für die Vermittlung von Versicherungsverträgen, für deren Erweiterung und Bestandspflege vorsieht und diese Provisionen jeweils den entsprechenden Aufgaben des Vertreters zuordnet, ist nicht übertragbar.

1110 BGHZ 34, 319.
1111 OLG Stuttgart, DB 1957, 379.
1112 Vgl BGHZ 34, 311.
1113 BGHZ 30, 103.
1114 BGHZ 55, 49; BGH WM 2004, 1485.
1115 BGHZ 30, 105; OLG Frankfurt NJW-RR 1996, 549.
1116 BGH WM 2004, 1485; OLG Stuttgart DB 1957, 379.
1117 BGHZ 34, 311; BGHZ 59, 131.
1118 BGHZ 55, 49.
1119 BGH NJW 2003, 1245; OLG Frankfurt BB 1978, 728; OLG Köln VersR 2001, 1377.
1120 OLG Köln, VersR 2001, 1377.
1121 BGH WM 2004, 1487.

Leistungen des Versicherungsunternehmens zum Zwecke der **Altersversorgung** des Versicherungsvertreters können im Rahmen der Billigkeitsprüfung gemäß § 89 b Abs. 5, § 89 b Abs. 1 S. 1 Nr. 3 HGB von Bedeutung sein, wenn und soweit die ungekürzte Zuerkennung des Ausgleichsanspruchs unter Berücksichtigung aller Umstände unbillig wäre.[1122]

b) Gemäß § 89 b Abs. 5 S. 2 HGB (Kappungsgrenze)

Nach dieser Vorschrift beträgt der Ausgleich des Versicherungsvertreters abweichend von § 89 b Abs. 2 HGB höchstens drei Jahresprovisionen oder Jahresvergütungen.

3. Anwendbarkeit des § 89 b Abs. 4 HGB

Auch der Ausgleichsanspruch des Versicherungsvertreters sowie des Bausparkassenvertreters kann im Voraus nicht ausgeschlossen werden.

Abweichende Vereinbarungen, die sich zu Lasten des Versicherungsvertreters auswirken, sind vor Beendigung des Vertragsverhältnisses unzulässig, § 89 b Abs. 5 S. 1, § 89 b Abs. 4 S. 1 HGB.[1123] Demgemäß wirksam sind Vereinbarungen, die gleichzeitig oder nach der Vertragsbeendigung getroffen werden.[1124]

Die zwischen den Spitzenverbänden der Versicherungswirtschaft und des Versicherungsaußendienstes vereinbarten „**Grundsätze zur Errechnung der Höhe des Ausgleichsanspruchs**", wie zB die Grundsätze – Sach, die Grundsätze – Leben, die Grundsätze – Kranken, die Grundsätze im Bausparbereich erleichtern dem Versicherungsvertreter die Darlegung seiner Provisionsverluste, binden ihn aber im Hinblick auf § 89 b Abs. 4 S. 1 HGB nicht.[1125] Hingegen können sie bei und nach Vertragsende zur Errechnung des Ausgleichsanspruchs wirksam vereinbart werden.[1126]

Die Grundsätze zur Errechnung der Höhe des Ausgleichsanspruchs stellen keinen **Handelsbrauch** im Sinne des § 346 HGB dar;[1127] sie sind AGB und unterliegen somit den §§ 305 f BGB.[1128] Aber auch wenn zB eine bestimmte Regelung der Grundsätze – Sach gegen § 89 b Abs. 4 S. 1 HGB in Verbindung mit den §§ 305 f BGB verstößt, führt dies nicht dazu, dass sie bei der gemäß § 89 b Abs. 1 Nr. 3 HGB vorzunehmenden Billigkeitsprüfung nicht zu berücksichtigen wäre.[1129] Darüber hinaus enthalten die Grundsätze zur Errechnung der Höhe des Ausgleichsanspruchs Erfahrungswerte, die im Rahmen einer Schätzung gemäß § 287 ZPO zu berücksichtigen sind.[1130]

Einer Geltendmachung des Ausgleichsanspruchs seitens des Versicherungsvertreters innerhalb der Frist des § 89 b Abs. 4 S. 2 HGB bedarf es dann nicht, wenn das Versicherungsunternehmen fristgerecht den Ausgleichsanspruch – wenn auch nur dem Grunde nach – anerkannt hat.[1131]

XVI. Der Ausgleichsanspruch des Vertragshändlers (Eigenhändlers), § 89 b HGB analog

1. Vertragshändler, Vertragshändlervertrag

Der **Vertragshändler** wird im Gegensatz zum Handelsvertreter in eigenem Namen und auf eigene Rechnung tätig.[1132] Als Vertragshändlervertrag wird ein auf gewisse Dauer gerichteter Rahmenvertrag eigener Art bezeichnet, durch den sich der Vertragshändler verpflichtet, Waren des Herstellers oder des Lieferanten im eigenen Namen und auf eigene Rechnung zu vertreiben und durch den der

---

1122 BGH NJW 1996, 381; OLG Köln, VersR 2001, 1379, zu der Fallgestaltung, dass zwischen der Beendigung des Versicherungsvertrages und dem Eintritt des Versicherungsvertreters in das Rentenalter eine mehrjährige Zeitspanne liegt.
1123 Vgl BGH NJW-RR 2006, 1542.
1124 Vgl Rn 759 f.
1125 OLG Hamm VersR 2001, 1155.
1126 BGH WM 1975, 856; BGH NJW 2003, 1245; OLG Köln VersR 2001, 1377.
1127 OLG Frankfurt NJW-RR 1996, 548.
1128 OLG Köln VersR 2001, 1379.
1129 OLG Köln VersR 2001, 1379 zur finanziellen Altersversorgung.
1130 Vgl OLG Hamburg VersR 1993, 476 - str. vgl OLG Frankfurt NJW-RR 1996, 548.
1131 BGH NJW-RR 2006, 1442.
1132 Vgl Rn 462; generell zum Vertrags- oder Eigenhändlervertrag Baumbach/Hopt, 32. Aufl. vor § 373 Rn 35 f.

Vertragshändler in die Verkaufsorganisation des Herstellers bzw des Lieferanten eingegliedert wird.[1133]

2. Analoge Anwendung der §§ 84 f HGB

a) Voraussetzungen einer analogen Anwendung der §§ 84 f HGB

792 Da ein Vertragshändlervertrag je nach Fallgestaltung starke Ähnlichkeiten mit einem Handelsvertretervertrag aufweisen kann, stellt sich die Frage, ob und unter welchen Voraussetzungen eine **analoge Anwendung** einzelner Vorschriften des Handelsvertreterrechts in Betracht kommt. Nach der st. Rspr. des BGH ist dies der Fall, wenn das Rechtsverhältnis zwischen dem Vertragshändler und dem Hersteller bzw Lieferanten derart ausgestaltet ist, dass es sich nicht in einer bloßen Verkäufer-Käufer-Beziehung erschöpft, sondern der Vertragshändler aufgrund vertraglicher Abmachungen in die **Absatzorganisation** des Herstellers bzw Lieferanten derart **eingegliedert** ist, dass er wirtschaftlich in erheblichem Umfange einem Handelsvertreter vergleichbare Aufgaben zu erfüllen hat.[1134]

793 Ob im konkreten Falle eine Eingliederung des Vertragshändlers in die Absatzorganisation des Herstellers bzw Lieferanten vorliegt, lässt sich nur an Hand der einzelnen Bestimmungen des Handelsvertretervertrages feststellen.[1135] Von Bedeutung ist dabei insbesondere, ob dem Vertragshändler zB die Interessenwahrnehmungspflicht des § 86 HGB obliegt,[1136] ob der Hersteller bzw Lieferant Kontroll- und Überwachungsbefugnisse hat,[1137] sowie ob der Vertragshändler konkretisierte Vertriebs- und Berichtspflichten zu erfüllen hat.[1138]

794 Die **Übertragung des Alleinvertriebs** für ein bestimmtes Gebiet ist hingegen nicht als eine zwingende Voraussetzung der Gleichbehandlung von Handelsvertreter und Vertragshändler, sondern lediglich als ein Indiz für eine der Eingliederung eines Handelsvertreters vergleichbare Einordnung in die Absatzorganisation des Herstellers bzw Lieferanten zu werten.[1139] Auch das Fehlen eines **Gebietsschutzes** steht der Annahme einer Eingliederung nicht entgegen.[1140] Nicht erforderlich ist ferner die Vereinbarung eines **Konkurrenzverbotes**, da selbst beim Handelsvertreter ein Wettbewerbsverbot nicht notwendig Voraussetzung des Ausgleichsanspruchs ist und für den Vertragshändler nichts anderes gelten kann.[1141] Ob einzelne Bestimmungen eines Vertragshändlervertrages der Inhaltskontrolle gemäß § 307 BGB standhalten, beurteilt sich u.a. an dem Handelsvertreterrecht als Leitbild.[1142]

b) Voraussetzungen einer analogen Anwendung des § 89 b HGB

795 Von Bedeutung für die Praxis ist die Frage, unter welchen Voraussetzungen ein Ausgleichsanspruch eines Vertragshändlers in Betracht kommt. Die Rechtsprechung hat unter folgenden Voraussetzungen eine **analoge Anwendung des § 89 b HGB** bejaht:

796 Zunächst müssen die Voraussetzungen vorliegen, die allgemein für eine analoge Anwendung der §§ 84 f HGB aufgestellt worden sind. Vor allem muss der Handelsvertreter in die **Absatzorganisation** des Herstellers bzw Lieferanten **eingegliedert** sein.[1143]

797 Nach der Rspr des BGH ist weitere Voraussetzung, dass der Vertragshändler **vertraglich verpflichtet** ist, dem Hersteller oder Lieferanten seinen **Kundenstamm zu übertragen**, so dass dieser sich die Vorteile sofort und ohne weiteres nutzbar machen kann.[1144] Hingegen lässt das Schrifttum zu einem gro-

---

1133 BGH BB 2002, 1520.
1134 BGH BB 2002, 1520; BGH NJW 2000, 1413; BGH NJW-RR 1992, 422; BGH NJW 1983, 2878.
1135 BGH NJW 1983, 2878.
1136 OLG Köln BB 1997, 2451.
1137 BGH NJW-RR 1992, 422.
1138 BGH NJW-RR 1993, 679; OLG Hamm NJW-RR 1996, 226.
1139 BGH DB 1986, 1069; BGH NJW 1983, 2878.
1140 BGH NJW 1983, 2878.
1141 BGH NJW 1983, 2878.
1142 BGH NJW-RR 1988, 1080; BGH WM 2005, 2002.
1143 Vgl Rn 892 f.
1144 BGH WM 2006, 1920; BGH NJW-RR 2003, 895; BGH NJW 2000,1413.

ßen Teil die tatsächliche Möglichkeit des Herstellers bzw Lieferanten, den Kundenstamm des Vertragshändlers zu nutzen, ausreichen.[1145]

Die analoge Anwendung des § 89 b HGB setzt nicht voraus, dass der Vertragshändler zur Übertragung des Kundenstamms erst bei Vertragsende verpflichtet ist. Diese Verpflichtung kann auch durch laufende Unterrichtung des Herstellers bzw des Lieferanten während der Vertragszeit zu erfüllen sein.[1146] Ferner braucht sich die Verpflichtung des Vertragshändlers zur Übermittlung von Kundendaten nicht ausdrücklich und unmittelbar aus dem schriftlichen Händlervertrag zu ergeben; sie kann auch aus anderen, dem Vertragshändler auferlegten Pflichten folgen.[1147] Entscheidend ist, dass der Hersteller bzw der Lieferant in die Lage versetzt wird, den Kundenstamm nach Beendigung des Vertragsverhältnisses zu nutzen.[1148] Es reicht somit aus, wenn der Vertragshändler, seiner vertraglichen Verpflichtung folgend, den Hersteller bzw Lieferanten fortlaufend über das Verkaufsgeschäft berichtet, zB ihm insbesondere unverzügliche Auftragseingangsmeldungen zuleitet.[1149]

Unerheblich ist, ob der Hersteller bzw Lieferant den Kundenstamm tatsächlich nutzt.[1150] Ferner kommt es nicht auf die Schutzwürdigkeit oder auf die wirtschaftliche Abhängigkeit des Vertragshändlers an,[1151] da beide Kriterien nicht zu dem tragenden Grundgedanken des Ausgleichsanspruchs gehören.[1152] Sie können aber im Rahmen der Billigkeitsprüfung gemäß § 89 b Abs. 1 Nr. 3 HGB Berücksichtigung finden.[1153]

c) Besonderheiten bei der Berechnung

Bei der **Berechnung** des Ausgleichsanspruchs ist bezüglich der **Rabatte** folgende Besonderheit zu beachten: Rabatte, die ein Vertragshändler von dem Hersteller bzw Lieferanten auf seinen Listenpreis erhält, nehmen – wirtschaftlich betrachtet – die Stelle der Provisionen eines Handelsvertreters ein. Um eine Vergleichbarkeit zu erzielen, ist es notwendig, diejenigen Teile des Rabatts herauszurechnen, die der Vertragshändler aufgrund seiner vom Handelsvertreter abweichenden Stellung für Leistungen erhält, die der Handelsvertreter üblicherweise nicht zu erbringen hat, wie zB die Vergütung für das Absatz-, Lager-, Kredit- und Preisschwankungsrisiko,[1154] (auch bezüglich der Berechnungsmethoden; zur Berechnung des Ausgleichsanspruchs eines Kfz-Vertragshändlers).[1155]

Die **Sogwirkung** einer Marke im Tankstellenbereich schließt die Mitursächlichkeit der Tätigkeit des Vertragshändlers nicht aus, ist aber im Rahmen der Billigkeitsprüfung gemäß § 89 b Abs.1 Nr. 3 HGB zu berücksichtigen.[1156]

d) Analoge Anwendung des § 89 b Abs. 4 HGB

Liegen die Voraussetzungen für eine entsprechende Anwendung des § 89 b Abs. 1 HGB vor, ist auch die Bestimmung des § 89 b Abs. 4 S. 1 HGB entsprechend anzuwenden. Auch hier kommt es auf die Schutzbedürftigkeit des Vertragshändlers nicht an.[1157]

1145 Vgl Baumbach/Hopt, 32. Aufl., § 84 Rn 14.
1146 BGH ZIP 1997, 842.
1147 BGH ZIP 1997, 842; BGH WM 1993, 1464.
1148 BGH NJW 1997, 657.
1149 BGH WM 2006, 1920.
1150 BGH NJW-RR 1994, 100.
1151 BGH NJW 1983, 1789.
1152 BGH NJW 1983, 1789.
1153 BGH NJW 1983, 1789.
1154 BGH NJW 1996, 2302.
1155 Vgl BGH VersR 2006, 1640; BGH NJW 1996, 2298; BGH NJW 1996, 2302; BGH ZIP 1997, 841.
1156 BGH WM 1987, 1465; BGH NJW 1983, 2879; vgl Rn 752.
1157 BGH NJW 1985, 3076.

XVII. Prozessuale Hinweise bei der Geltendmachung des Ausgleichsanspruchs

1. Gerichtliche Zuständigkeit

803 Für einen Rechtsstreit über den Ausgleich gemäß § 89 b HGB ist grundsätzlich die **ordentliche Gerichtsbarkeit** sachlich zuständig. Vor die **Amtsgerichte** gehören Rechtsstreitigkeiten über Ansprüche, deren Gegenstand an Geld oder Geldeswert die Summe von 5 000,00 EUR nicht übersteigt, § 23 Nr. 1 GVG. Vor das **Landgericht** gehören alle Rechtsstreitigkeiten, die nicht dem Amtsgericht zugewiesen sind, § 71 Abs. 1 GVG. Unter den Voraussetzungen des § 95 Abs. 1 Nr. 1 GVG sind die **Kammern für Handelssachen** zuständig. Ausnahmsweise ist der Rechtsstreit vor dem **Arbeitsgericht** auszutragen. Dies ist der Fall, wenn die Voraussetzungen des § 2 Abs. 1 Nr. 3, § 5 Abs. 3 ArbGG gegeben sind.[1158]

2. Vorgehensweise

804 Solange Meinungsverschiedenheiten und Unklarheiten bezüglich der Provisionsansprüche des Handelsvertreters bestehen, ist es ratsam, zunächst den Provisionsanspruch im Rahmen einer **Stufenklage** zusammen mit den Rechten aus § 87 c HGB geltend zu machen. Denn die Nebenansprüche des § 87 c Abs. 2, 3 HGB bestehen nur, wenn Streit über die Provisionsabrechnung besteht. Sie können nicht zur Vorbereitung eines Ausgleichsanspruchs geltend gemacht werden.

Zu überlegen ist, ob nicht zusätzlich auch der Ausgleichsanspruch in derselben Stufenklage geltend gemacht werden soll. Geboten ist dies, wenn Verjährung droht.

805 Bezüglich des Antrags auf Zahlung eines Ausgleichs empfiehlt es sich, einen unbezifferten Antrag zu stellen, der die Höhe des Ausgleichs dem Ermessen des Gerichts überlässt. Für die Begründung des Antrages ist erforderlich, dass sämtliche Tatsachen vorgetragen werden, aus denen sich der Ausgleichsanspruch ableitet. Soweit wie möglich, ist die Größenordnung des Anspruchs anzugeben. Im übrigen ist sorgfältig zu prüfen, ob ein **Auskunftsanspruch** des Handelsvertreters zur Vorbereitung des Ausgleichsanspruchs besteht.

806 Eine Klage auf Auskunft, zB über die in den letzten fünf Jahren gezahlte Provision,[1159] kann uU eine Klage gemäß § 89 b HGB vorbereiten. Einem Versicherungsvertreter steht allerdings kein Anspruch auf Auskunft über die nach Vertragsende eingetretene Entwicklung der Versicherungsverträge zu, deren Abschluss oder erhebliche Erweiterung er vermittelt hat, da Grundlage der Berechnung des Ausgleichsanspruchs nicht die tatsächliche Entwicklung, sondern eine Prognose über die nach Vertragsbeendigung zu erwartenden Unternehmervorteile und Provisionsverluste ist.[1160] Der Versicherungsvertreter hat in der Regel auch keinen Auskunftsanspruch zur Vorbereitung des Ausgleichsanspruchs gegen das Versicherungsunternehmen, weil er zum einen auf die Grundsätze zur Errechnung der Höhe des Ausgleichsanspruchs zurückgreifen kann und weil er zum anderen die Provisionen, die Vertragsdauer und die Stornoquote der von ihm abgeschlossenen Versicherungen kennt und unter zusätzlicher Berücksichtigung statistischer Materialien und Erfahrungswerte die Höhe eines konkret berechneten Ausgleichs schätzen kann.[1161]

807 Macht der Handelsvertreter einen Ausgleichsanspruch gerichtlich geltend, sind in der Klageschrift zunächst entsprechend der gesetzlichen Regelung die Anspruchsvoraussetzungen des § 89 b Abs.1 Nr. 1–3 HGB darzulegen und ggf unter Beweis zu stellen.

808 Unzulässig ist es, den Ausgleichsanspruch lediglich unter Billigkeitskriterien zu ermitteln, ohne vorher die Voraussetzungen des § 89 b Abs. 1 Nr. 1–2 HGB zu prüfen.[1162] Bei § 89 b Abs.1 Nr. 3 HGB handelt es sich um eine selbständige anspruchsbegründende Norm, die erst dann zum Tragen kommt, wenn sich ein Rohausgleich feststellen lässt.[1163] Des Weiteren geht es nicht an, die Berech-

---

[1158] Vgl Rn 472.
[1159] BGH BB 1960, 796 zum Streitwert.
[1160] BGH NJW 1996, 2100.
[1161] OLG Hamm VersR 2001, 1154.
[1162] BGHZ 43, 154; BGH NJW 1997, 656.
[1163] BGH NJW 2000, 1867.

nung des Ausgleichsanspruchs ausschließlich an der Kappungsgrenze des § 89 b Abs. 2 HGB zu orientieren.

Wenn der Sachverhalt Anlass dazu gibt, ist es sinnvoll, zunächst darzulegen, ob und warum ein Ausgleichsanspruch gemäß § 89 b Abs. 3 HGB ausgeschlossen oder nicht ausgeschlossen ist. Aber auch wenn viel dafür spricht, dass ein Ausschluss des Ausgleichsanspruchs in Betracht kommt, sollte aus anwaltlicher Vorsorge zu den Voraussetzungen des § 89 b Abs. 1 Nr. 1–3, § 89 b Abs. 2 HGB vorgetragen werden. Dasselbe gilt bezüglich der Ausschlussfrist des § 89 b Abs. 4 S. 2 HGB. Die Einhaltung dieser Frist sollte auch zunächst überprüft werden.

Kommt es zu einem **Grund** – bzw **Teilurteil** in der I. Instanz, muss bereits allein deswegen geprüft werden, ob Rechtsmittel eingelegt werden soll. Die Vorabentscheidung über den Grund eines Ausgleichsanspruchs setzt voraus, dass sämtliche Voraussetzungen des § 89 b Abs.1 Nr. 1–3 HGB gegeben sind.[1164] Ein **Grundurteil** über einen Ausgleichsanspruch ist daher nur dann zulässig, wenn der Unternehmer mit **hoher Wahrscheinlichkeit** nach Vertragsende erhebliche Vorteile aus der Geschäftsverbindung mit den vom Handelsvertreter geworbenen Kunden hat und wenn die Zuerkennung eines Ausgleichsanspruchs nicht unbillig ist.[1165]

Der Erlass eines unzulässigen **Grundurteils** stellt einen wesentlichen Verfahrensmangel im Sinne des § 538 ZPO dar.[1166] Ein **Teilurteil** über die Mindesthöhe eines Ausgleichsanspruchs ist unzulässig. Ebenso wenig kann durch Teilurteil über den Ausgleichs- oder den Provisionsanspruch entschieden werden, wenn der Handelsvertreter beide geltend macht.[1167]

G. Der Handelsmakler (Versicherungsmakler)

I. Begriff des Handelsmaklers, Abgrenzung zum Zivilmakler

1. Grundsätzliches

Die Rechte und Pflichten eines **Handelsmaklers** hat, wer gewerbsmäßig für andere Personen, ohne von ihnen aufgrund eines Vertragsverhältnisses ständig damit betraut zu sein, die Vermittlung von Verträgen über Anschaffungen oder Veräußerungen von Waren oder Wertpapieren, über Versicherungen, Güterbeförderungen, Schiffsmiete oder sonstige Gegenstände des Handelsverkehrs übernimmt, § 93 Abs. 1 HGB.

Demgegenüber richten sich die Rechte und Pflichten des **Zivilmaklers** nach § 652 BGB. Zivilmakler ist, wer den Abschluss von Verträgen zwischen dem Maklerkunden und einem Dritten **vermittelt** bzw die Gelegenheit zum Abschluss eines Vertrages **nachweist**. Auch der Zivilmakler kann Kaufmann gemäß § 1 § 2, § 5, § 6 HGB sein.[1168] Andererseits braucht der Handelsmakler nicht zwingend Kaufmann zu sein, § 93 Abs. 3 HGB. Es gibt somit den nichtkaufmännischen Handelsmakler sowie den kaufmännischen Zivilmakler.[1169]

2. Subsidiäre Anwendung der §§ 652 f BGB

Das für den Zivilmakler geltende Maklerrecht gemäß den §§ 652 BGB findet auf den Handelsmakler (nur) **subsidiär** Anwendung.[1170] Zudem stimmt die zum Handelsmakler ergangene Rechtsprechung in nicht unerheblichem Maße mit der Rechtsprechung zum Zivilmakler überein, so dass eine kurze Darstellung der Grundsätze der §§ 652 f BGB geboten ist.

1164 BGH NJW 1996, 848; BGH NJW 1982, 1757.
1165 BGH NJW 1996, 848.
1166 BGH NJW 1996, 848, BGH NJW-RR 1989, 1149.
1167 OLG München NJW-RR 1992, 1191.
1168 Vgl dazu Palandt/*Sprau*, 66. Aufl., Einf. vor § 652 BGB Rn 3.
1169 Vgl hierzu im Einzelnen Koller/Roth/Morck, 5. Aufl., § 93 Rn 1 f.
1170 Palandt/*Sprau*, 66. Aufl., Einf. vor § 652 BGB Rn 3.

II. Das Recht des Zivilmaklers

1. Gesetzliches Leitbild des Maklervertrages

815 Grundsätzlich gehört zu dem **gesetzlichen Leitbild** des Maklervertrages,[1171] dass es sich bei der Tätigkeit des Maklers um eine Nachweis- oder Vermittlungstätigkeit handelt, eine Vergütungspflicht im Grundsatz an den erfolgreichen Nachweis oder die erfolgreiche Vermittlung anknüpft und dass der Auftraggeber in der Entscheidung frei ist, ob er das nachgewiesene Geschäft abschließen will oder nicht.[1172]

2. Voraussetzungen des § 652 BGB

a) Provisionsanspruch

816 Der **Provisionsanspruch** des Zivilmaklers hängt von folgenden Voraussetzungen ab:

817 Zwischen dem Makler und dem Auftraggeber (Maklerkunde) muss ein wirksamer **Maklervertrag** zustande gekommen sein. Erforderlich ist somit ein Angebot, das der andere Teil anzunehmen hat, §§ 145 f BGB. Die Annahme kann sowohl ausdrücklich als auch konkludent erfolgen, zB durch die Entgegennahme einer wesentlichen Maklerleistung.[1173] Ein Kaufinteressent, der in Kenntnis des eindeutigen Provisionsverlangens die Dienste des Maklers in Anspruch nimmt, gibt damit grundsätzlich in schlüssiger Weise zu erkennen, dass er den in dem Provisionsbegehren liegenden Antrag auf Abschluss eines Maklervertrages annehmen will.[1174] Der Makler hat nur dann Anspruch auf eine Provision, wenn er unmissverständlich, klar und eindeutig zu erkennen gibt, dass er von seinem Vertragspartner im Erfolgsfalle eine Provision begehrt.[1175] Sache des Maklers ist es, klare Verhältnisse zu schaffen.[1176]

818 Der Maklervertrag kann auch in der Form eines **Alleinauftrages** abgeschlossen werden. Mit ihm will der Makler in der Regel erreichen, dass der Kunde keinen anderen Makler einschaltet. Dafür ist er zum Tätigwerden verpflichtet.[1177] Ein Verbot von Eigengeschäften bzw Direktabschlüssen besteht bei einem einfachen **Alleinauftrag** nicht.[1178]

819 Der Maklervertrag bedarf grundsätzlich keiner Form. Eine notarielle Beurkundung ist nur dann erforderlich, wenn der Vertrag eine unmittelbare oder mittelbare Pflicht zum Abschluss eines Grundstücksgeschäfts enthält.[1179] Der Maklervertrag kann individualvertragliche Abweichungen in den Grenzen der §§ 134, 138 BGB enthalten. **Allgemeine Geschäftsbedingungen** sind an den §§ 305 f, 307 f BGB zu messen.[1180]

820 Weitere Voraussetzung für den Provisionsanspruch des Maklers ist, dass er eine (wesentliche) **Maklerleistung** erbracht hat. Diese kann in einem Nachweis oder in einer Vermittlung bestehen. Der **Nachweismakler** muss seinen Vertragspartner in die Lage versetzen, unmittelbar in konkrete Verhandlungen über den von ihm angestrebten Hauptvertrag einzutreten, wobei nicht das Objekt, sondern eine Vertragsgelegenheit nachzuweisen ist.[1181] **Vermittlungstätigkeit** bedeutet die bewusste, finale Förderung der Abschlussbereitschaft.[1182]

821 Des Weiteren ist Voraussetzung für den Provisionsanspruch des Maklers, dass ein wirksamer **(Haupt-)Vertrag** mit dem Dritten zustande gekommen ist.

1171 Vgl BGH NJW 1988, 967 zum Maklerwerkvertrag bzw zum Maklerdienstvertrag.
1172 BGH NJW-RR 2003, 700.
1173 BGH NJW 2002, 1945.
1174 BGH NJW 2002, 817; BGH NJW 2002, 1945.
1175 BGH NJW-RR 1996, 1459, BGH NJW 2002, 1945.
1176 BGH NJW-RR 1987, 173.
1177 BGH NJW-RR 1987, 944.
1178 BGH NJW 1961, 307; zum qualifizierten Alleinauftrag vgl Palandt/*Sprau*, 66. Aufl., § 652 Rn 75.
1179 BGH NJW-RR 1990, 57; BGH NJW 1971, 557.
1180 Bzgl typischer Klauseln im Maklerrecht vgl Palandt/*Sprau*, 66. Aufl., § 652 Rn 63 f.
1181 Vgl BGH NJW-RR 1990, 1008; BGH VersR 2006, 1494.
1182 BGH NJW-RR 1997, 884; BGH NJW 1976, 1844.

Wird der Hauptvertrag innerhalb der Fristen der §§ 121, 124 BGB zu Recht **angefochten**, entfällt seine Wirkung von Anfang an (ex tunc), § 142 BGB. Damit entfällt auch der Provisionsanspruch des Maklers, da es nicht zum Abschluss eines Hauptvertrages gekommen ist. 822

Problematisch ist die Frage, wie der **Rücktritt** vom Hauptvertrag zu beurteilen ist, der Vertrag folglich mit ex nunc-Wirkung endet. Grundsätzlich gilt, dass bei einer Vertragsbeendigung mit ex nunc-Wirkung der Provisionsanspruch des Maklers erhalten bleibt.[1183] Dies ist aber nicht der Fall, wenn der Rücktritt aus Gründen erfolgt, die auch eine Anfechtung wegen arglistiger Täuschung ermöglicht hätte.[1184] Des Weiteren wird zwischen der Ausübung eines gesetzlichen und eines vertraglichen Rücktrittsrechts differenziert.[1185] 823

Da der Makler unabhängig sein und zwischen den Parteien stehen muss, fällt kein Provisionsanspruch an, wenn er mit einer der Parteien des Hauptvertrages wirtschaftlich identisch ist (**echte Verflechtung**)[1186] oder wenn er zu dem Vertragspartner seines Kunden in einer Beziehung steht, aufgrund derer er sich, unabhängig vom Verhalten im Einzelfall, wegen eines institutionalisierten Interessenkonflikts im Streitfall bei regelmäßigem Verlauf auf die Seite des Vertragspartners seines Auftraggebers stellen wird (**unechte Verflechtung**).[1187] 824

Darüber hinaus entsteht ein Provisionsanspruch des Maklers nur dann, wenn zwischen dem nach dem Maklervertrag beabsichtigten und dem tatsächlich zustande gekommenen Hauptvertrag eine **wirtschaftliche Identität** besteht;[1188] dh der mit dem Maklervertrag beabsichtigte Hauptvertrag darf nicht wesentlich von dem tatsächlich abgeschlossenen Hauptvertrag abweichen. Der Abschluss des Hauptvertrages muss sich als Verwirklichung einer Gelegenheit darstellen, die bei wertender Betrachtung unter Berücksichtigung der Verkehrsauffassung als identisch mit der vom Makler nachgewiesenen Gelegenheit zum Vertragsschluss anzusehen ist.[1189] 825

Des Weiteren entfällt der Provisionsanspruch des Maklers, wenn es an der **persönlichen Identität** (**Kongruenz**) fehlt. Dies ist der Fall, wenn nicht der Maklerkunde, sondern ein Dritter den beabsichtigten Hauptvertrag abschließt. Ausnahmsweise entsteht aber eine Provisionspflicht, wenn zwischen dem Maklerkunden und dem Dritten besonders enge persönliche oder besonders ausgeprägte wirtschaftliche Beziehungen bestehen und der Maklerkunde den beabsichtigten wirtschaftlichen Erfolg noch auf diese Weise erreichen kann,[1190] zB bei Abschluss des Hauptvertrages durch die Ehefrau des Maklerkunden. 826

Ferner muss die Tätigkeit des Maklers **ursächlich**, zumindest aber **mitursächlich** für den Abschluss des Hauptvertrages gewesen sein. Insoweit besteht eine **Vermutung** zugunsten des Maklers, wenn der Maklerkunde in sachlich und zeitlich engem Zusammenhang den Hauptvertrag abgeschlossen hat.[1191] Die Kausalität ist zu verneinen, wenn dem Maklerkunden im Zeitpunkt des Nachweises die Vertragsgelegenheit bereits bekannt war (sog. **Vorkenntnis**).[1192] 827

Eine **Unterbrechung des Kausalzusammenhanges** wird nur in seltenen Fällen von der Rechtsprechung anerkannt, zB dann, wenn der Maklerkunde mit dem Dritten unabhängig von der Tätigkeit des Maklers völlig neue Verhandlungen führt. Dies ist u.a. der Fall, wenn der Maklerkunde, der sein Objekt verkaufen will, endgültig die Verkaufsabsicht aufgibt, sich aber später aufgrund geänderter Umstände erneut zum Verkauf entschließt.[1193] 828

1183 BGH NJW-RR 2002, 50; BGH NJW-RR 1997, 1581.
1184 BGH NJW 2001, 966.
1185 Vgl hierzu im Einzelnen Palandt/*Sprau*, 66. Aufl., § 652 Rn 39, 40.
1186 BGH NJW 1987, 1008.
1187 BGHZ 138, 70; BGH MDR 1992, 562; vgl hierzu Palandt/*Sprau*, 66. Aufl., § 652 Rn 30 f.
1188 BGH NJW 1995, 3311; BGH NJW 1988, 967.
1189 BGH NJW-RR 1996, 1791.
1190 BGH NJW-RR 1998, 411.
1191 BGH NJW 2006, 3063; BGH NJW 1999, 1257.
1192 BGH NJW-RR 1998, 411.
1193 BGH VersR 1991, 774; OLG Düsseldorf NJW-RR 1993, 1272.

b) Verwirkung, § 654 BGB

829 Nach § 654 BGB ist der Anspruch auf Provision sowie auf Ersatz von Aufwendungen ausgeschlossen, wenn der Makler dem Inhalt des Vertrages zuwider auch für den anderen Teil tätig gewesen ist (**Verwirkung**). Dabei kommt es nicht darauf an, ob ein Schaden eingetreten ist.

830 Eine **Doppeltätigkeit**, dh eine Tätigkeit zB sowohl für den Verkäufer als auch für den Käufer des Hauptvertrages, ist dem Makler durch § 654 BGB grundsätzlich nicht untersagt.[1194] Unzulässig ist eine Doppeltätigkeit dann, wenn sie zu einer vertragswidrigen Interessenkollision führt. Dies ist zB der Fall bei einer Vermittlungstätigkeit des Maklers für beide Seiten des Hauptvertrages, nicht hingegen, wenn der Makler für den einen Teil Vermittlungsmakler und für den anderen Teil Nachweismakler ist.[1195]

831 Auch eine grobe Verletzung von Pflichten des Maklers führt zu einer Treuwidrigkeit und damit zur Verwirkung des Provisionsanspruchs.[1196] Der Makler hat seinem Vertragspartner alle ihm bekannten tatsächlichen und rechtlichen Umstände mitzuteilen, die sich auf den Geschäftsabschluss beziehen und die für den Willensentschluss des Vertragspartners von Bedeutung sein können.[1197] Zu eigenen Recherchen ist der Makler ohne besondere vertragliche Vereinbarung nicht verpflichtet.[1198] Darüber hinaus besteht die Pflicht des Maklers, den ihm erteilten Auftrag treu und gewissenhaft im Interesse seines Auftraggebers auszuführen.[1199] Verstößt der Makler gegen diese Pflichten, macht er sich schadensersatzpflichtig. Hat der Makler den Lohnanspruch verwirkt und sich gleichzeitig schadensersatzpflichtig gemacht, ist der Schadensbetrag um die Provision zu mindern, die der Makler gemäß § 654 BGB zurückzuzahlen hat.[1200]

III. Das Handelsmaklerrecht gemäß § 93 HGB

1. Rechte und Pflichten des Handelsmaklers

a) Tätigkeit des Handelsmaklers

832 Im Gegensatz zu § 652 BGB erstreckt sich die Tätigkeit des Handelsmaklers auf die gewerbsmäßige **Vermittlung** von Verträgen über Anschaffungen oder Veräußerungen von Waren oder Wertpapieren, über Versicherungen, Güterbeförderungen, Schiffsmiete oder sonstige Gegenstände des Handelsverkehrs, § 93 Abs. 1 HGB. Was Gegenstände des **Handelsverkehrs** sind, bestimmt sich nach der Verkehrsauffassung. Hierunter fallen zB Bankgeschäfte.[1201] Der Finanzmakler (Kreditmakler) ist Handelsmakler.[1202] Ferner sind Gegenstände des Handelsverkehrs gewerbliche Schutzrechte,[1203] Leasingverträge, im Hinblick auf § 93 Abs. 2 HGB aber nur über bewegliche Sachen, ferner Aktien und GmbH-Anteile. Zu den sonstigen Gegenständen des Handelsverkehrs zählen nicht Geschäfte über unbewegliche Sachen, auch wenn die Vermittlung durch einen Handelsmakler erfolgt.[1204]

b) Gesetzliches Schuldverhältnis

833 Generell hat der Handelsmakler eine etwas andere Stellung als der Zivilmakler. Während der Zivilmakler, wenn er keine Doppeltätigkeit ausübt, nur seinem Auftraggeber vertraglich verbunden ist, besteht zwischen dem Handelsmakler und dem Geschäftsgegner ein **gesetzliches Schuldverhältnis**, das über den allgemeinen Vertrauensschutz hinausreicht und dem Pflichtenkreis des Handelsmaklers gegenüber seinem Auftraggeber angenähert ist.[1205] Das gesetzliche Schuldverhältnis begründet unter

---

1194 BGH NJW-RR 1998, 992.
1195 BGH NJW-RR 2003, 991; BGH NJW-RR 1998, 992.
1196 Vgl Palandt/*Sprau*, 66. Aufl., § 654 Rn 5, 6.
1197 BGH NJW 2000, 3642; BGH WM 1988, 41.
1198 BGH NJW 1982, 1147.
1199 BGH NJW 1983, 1847.
1200 OLG Hamm NJW-RR 1997, 370.
1201 OLG München NJW 1970, 1925.
1202 OLG München NJW 1970, 1925.
1203 OLG Hamburg BB 1950, 658.
1204 Vgl § 93 Abs. 2 HGB.
1205 BGH WM 1963, 433.

den Voraussetzungen des § 99 HGB einen gesetzlichen Provisionsanspruch des Handelsmaklers gegen den Geschäftsgegner des Auftraggebers.[1206]

c) Provisionsanspruch

Grundlage für den Provisionsanspruch und das Tätigwerden des Handelsmaklers ist der **Handelsmaklervertrag**. 834

Der Handelsmaklervertrag kann wie der Maklervertrag gemäß § 652 BGB ausdrücklich oder konkludent abgeschlossen werden. Insoweit gelten die Ausführungen zum Abschluss eines Maklervertrages.[1207] Auch der Handelsmaklervertrag bedarf grundsätzlich keiner Form.[1208] 835

In der Regel schuldet der Handelsmakler seinem Auftraggeber weder Tätigkeit noch Erfolg. Vertraglich kann aber eine Tätigkeitspflicht vereinbart werden wie zB bei Abschluss eines Handelsmaklervertrages in der Form eines **Alleinauftrages**.[1209] 836

Die **Maklerleistung** des Handelsmaklers besteht darin, den Abschluss von Verträgen gemäß § 93 Abs. 1 HGB zu **vermitteln**. Eine Nachweistätigkeit des Handelsmaklers reicht – im Gegensatz zu § 652 BGB – nicht aus. Vermittlung bedeutet auch im Rahmen des § 93 Abs. 1 HGB die bewusste, finale Förderung der Abschlussbereitschaft;[1210] Der **Provisionsanspruch** des Handelsmaklers setzt voraus, dass infolge seiner Vermittlung ein wirksamer **Hauptvertrag** zustandegekommen ist. Er besteht gegenüber dem Auftraggeber Auch hinsichtlich des Hauptvertrages und der Kausalität gelten die Ausführungen zu § 652 BGB. 837

d) Pflichten des Handelsmaklers

Der Handelsmakler schuldet wie der Zivilmakler seinem Auftraggeber jegliche Information und Aufklärung über alle ihm bekannten Umstände, die für die Entschließung des Auftraggebers von Bedeutung sein können.[1211] Hingegen trifft den Handelsmakler ebenfalls keine allgemeine Nachprüfungs- und Erkundigungspflicht.[1212] 838

Des Weiteren hat der Handelsmakler alles zu unterlassen, was zu einer Gefährdung des Abschlusses sowie der Durchführung des vermittelten Vertrages führen könnte.[1213] Verstößt der Handelsmakler gegen die ihm obliegenden Pflichten, macht er sich schadensersatzpflichtig.[1214] 839

e) Verwirkung

Auch der Handelsmakler geht seines Lohnanspruchs verlustig, wenn die Voraussetzungen des § 654 BGB (**Verwirkung**) vorliegen. Eine Doppeltätigkeit des Handelsmaklers ist grundsätzlich zulässig. Etwas anderes gilt allerdings im Falle einer Interessenkollision.[1215] Wird der Handelsmakler für beide Parteien tätig, ist er zu strenger Unparteilichkeit verpflichtet.[1216] So darf zB der Handelsmakler den Preis nicht zu beeinflussen versuchen.[1217] 840

f) Verjährung

▶ Der Provisionsanspruch des Handelsmaklers **verjährt** in 3 Jahren, § 195 BGB, § 199 BGB. ◀ 841

1206 Vgl Rn 860.
1207 Vgl Rn 817.
1208 Vgl Rn 817, 821 f, 827.
1209 BGH NJW 1988, 368; BGH NJW-RR 1987, 944; vgl Rn 818.
1210 BGH NJW 1976, 1844; BGH NJW-RR 1997, 884; vgl Rn 820.
1211 BGH WM 2001, 92; BGH NJW 1981, 2685.
1212 BGH NJW 1982, 1147; BGH NJW 1970, 1271.
1213 BGH NJW 1983, 1848; BGH NJW 1969, 1628.
1214 Vgl Rn 831.
1215 BGH NJW 1983, 1848; BGH NJW 1974, 1130.
1216 BGH NJW 2004, 157; BGHZ 61, 22.
1217 BGHZ 48, 347.

IV. Die einzelnen Bestimmungen der §§ 94 f HGB
1. Die Schlussnote, §§ 94, 95 HGB
a) Funktion der Schlussnote

842 Ist der Handelsmakler kein sog. **Krämermakler** iSd § 104 HGB, hat er, sofern die Parteien ihm dies nicht erlassen oder der Ortsgebrauch mit Rücksicht auf die Gestattung der Ware davon entbindet, unverzüglich nach dem Abschluss des Geschäfts jeder Partei eine von ihm unterzeichnete **Schlussnote** zuzustellen, welche die Parteien, den Gegenstand und die Bedingungen des Geschäfts, insbesondere bei Verkäufen von Waren oder Wertpapieren, deren Gattung und Mängel sowie den Preis und die Zeit der Lieferung enthält, § 94 Abs. 1 HGB.

843 Die Erteilung der **Schlussnote** (**Maklerschlussschein**) ist nicht Voraussetzung für das Zustandekommen und die Wirksamkeit des vermittelten Geschäfts.[1218] Die Schlussnote soll nach Abschluss des Geschäfts, der entweder durch unmittelbare Erklärungen der Parteien oder durch solche gegenüber dem Makler erfolgt, die vereinbarten Bedingungen als **Beweisurkunde** niederlegen, wobei dem Schlussschein weder eine formelle Beweiskraft noch die Eigenschaft eines Formerfordernisses zukommt.[1219] Die Schlussnote ist folglich nur Beweismittel für den Abschluss sowie den Inhalt des vermittelten Geschäfts. Förmliche Beweiskraft hat sie indessen nicht. Sie ist lediglich Privaturkunde im Sinne des § 416 ZPO für die in ihr niedergelegte Erklärung des Handelsmaklers.[1220]

844 Die Schlussnote entfaltet die (widerlegbare) Vermutung der **Vollständigkeit** und Richtigkeit für alle Abreden und Kriterien, die in § 93 Abs. 1 HGB aufgeführt sind, folglich Angabe der Parteien, Gegenstand und Bedingungen des Geschäfts sowie Preis- und Zeitpunkt der Lieferung, bei Verkäufen von Waren oder Wertpapieren deren Gattung und Menge.

845 Die Schlussnote ist jeder Partei unverzüglich zuzustellen. Die **Unterschrift** der Partei ist bei Geschäften erforderlich, die nicht sofort erfüllt werden sollen, wie zB bei Termingeschäften. Jeder Partei ist dann die von der anderen Partei unterschriebene Schlussnote zu übersenden, § 94 Abs. 2 ZPO. Verweigert eine Partei die Annahme oder Unterschrift der Schlussnote, hat der Handelsmakler der anderen Partei davon unverzüglich Anzeige zu machen, § 94 Abs. 3 HGB.

846 Erfolgt kein **Widerspruch** seitens der Parteien gegen die Schlussnote, gilt das **Schweigen**, sofern die Parteien Kaufleute sind, kraft Handelsbrauchs gemäß § 346 HGB als Genehmigung des Geschäfts zu den in der Schlussnote aufgeführten Bedingungen.[1221] Dies gilt auch dann, wenn es vorher noch nicht zu einem bindenden Abschluss gekommen ist.[1222] Dabei hat die widerspruchslose Hinnahme eines übersandten Schlussscheins die gleiche Wirkung wie das Unterlassen eines Widerspruchs gegen ein kaufmännisches Bestätigungsschreiben.[1223]

847 Eine Partei, die die Genehmigungswirkung der Schlussnote verhindern will, muss ihr unverzüglich widersprechen. Der Widerspruch ist gegenüber dem Vertragspartner zu erklären,[1224] kann aber auch bei entsprechender Vereinbarung bzw bei Handelsbrauch gegenüber dem Handelsmakler erfolgen.[1225]

848 Enthält die Schlussnote einen Hinweis darauf, dass eine Partei die bisherigen Erklärungen noch nicht als endgültig und ausreichend ansieht, sondern sich Erklärungen durch eigene Bestätigung vorbehält, entfällt damit die Beweisfunktion der Schlussnote. Auch die unwidersprochene Annahme kann keinen Abschluss zur Folge haben.[1226]

1218 BGH WM 1963, 434.
1219 BGH NJW 1955, 1916.
1220 BGH NJW 1955, 1917; RGZ 90, 168.
1221 BGH NJW 1955, 1916.
1222 BGH NJW 1955, 1917.
1223 BGH WM 1983, 684.
1224 BGH WM 1983, 684.
1225 BGH WM 1983, 684.
1226 BGH NJW 1955, 1917.

b) Schlussnote unter Vorbehalt

Nimmt eine Partei eine Schlussnote an, in der sich der Handelsmakler die Bezeichnung der anderen Partei **vorbehalten** hat, so ist sie an das Geschäft mit der Partei, welche ihr nachträglich bezeichnet wird, gebunden, es sei denn, dass gegen diese begründete Einwendungen zu erheben sind, § 95 Abs. 1 HGB. Wird die andere Partei in der Schlussnote lediglich nicht bezeichnet, obwohl sie von Anfang an feststeht und bekannt ist, stellt dies keinen Vorbehalt iSd § 95 Abs. 1 HGB dar. Ferner findet § 95 HGB keine Anwendung, wenn der einen Partei gleichgültig ist, mit wem das Geschäft zustande kommt.[1227]

849

Gemäß § 95 Abs. 2 HGB hat die Bezeichnung der anderen Partei innerhalb der ortsüblichen Frist, in Ermangelung einer solchen innerhalb einer den Umständen nach angemessenen Frist zu erfolgen. Bis zur Benennung des Vertragsgegners besteht ein Schwebezustand.[1228] Erfolgt die Benennung verspätet, gelten die §§ 149, 150 BGB. Schweigen des Auftraggebers auf eine verspätete Bezeichnung bedeutet nicht Zustimmung.

850

Der Vertrag kommt in dem Zeitpunkt zustande, in dem die andere Partei gemäß § 95 Abs. 2 HGB bezeichnet wird und ihre Annahmeerklärung dem Auftraggeber zugeht. Die Bindung des Auftraggebers an das Geschäft besteht aber nur insoweit, als von dem Auftraggeber keine **begründeten Einwendungen** gegen die andere Partei erhoben werden. Derartige Einwendungen sind unverzüglich zu erheben und dürfen sich nur auf die andere Partei beziehen, § 95 Abs. 1 HGB.

851

Nach § 95 Abs. 3 HGB besteht eine **Eigenhaftung** des Handelsmaklers, wenn die Bezeichnung der anderen Partei unterbleibt oder gegen sie begründete Einwendungen bestehen. Der Auftraggeber ist dann befugt, den Handelsmakler auf Erfüllung des Geschäfts in Anspruch zu nehmen. Der Handelsmakler tritt damit in die volle Rechts- und Pflichtenbindung des anderen Vertragspartners ein.[1229] Denn von ihm kann erwartet werden, dass er, wenn er seine Schlussnote gemäß § 95 Abs. 1 HGB erteilt, sich seiner gesetzlich festgelegten, auf Erfüllung gerichteten Haftung bewusst ist.[1230] Dies gilt umso mehr, als im Falle des § 95 HGB – anders als bei § 179 BGB – offen ist, ob der Handelsmakler einen Vertragspartner findet.[1231]

852

Mit dem Eintritt des Handelsmaklers in die volle Rechts- und Pflichtenbindung des vorgesehenen Vertragspartners wird kraft Gesetzes ein Vertragsverhältnis zwischen dem Auftraggeber und dem Handelsmakler zu den Bedingungen der Schlussnote begründet.[1232] Der Handelsmakler hat im Zweifel kein Recht zum Selbsteintritt.[1233] Benennt er sich selbst als Geschäftsgegner, kann der Auftraggeber ihn ohne weitere Begründung ablehnen.[1234]

853

Der Anspruch gemäß § 95 Abs. 3 S. 1 HGB ist ausgeschlossen, wenn sich der Auftraggeber auf die Aufforderung des Handelsmaklers hin nicht unverzüglich darüber erklärt, ob er Erfüllung verlangt, § 95 Abs. 3 S. 2 HGB.

854

2. Aufbewahrung von Proben, § 96 HGB

Gemäß § 96 HGB hat der Handelsmakler, sofern nicht die Parteien ihm dies erlassen oder der Ortsgebrauch mit Rücksicht auf die Gestattung der Ware davon entbindet, von jeder durch seine Vermittlung nach Probe verkauften Ware die Probe, falls sie ihm übergeben ist, solange aufzubewahren, bis die Ware ohne Einwendung gegen ihre Beschaffenheit angenommen oder das Geschäft in anderer Weise erledigt wird. Er hat die Probe durch ein Zeichen kenntlich zu machen.

855

Diese Vorschrift dient der Beweissicherung. Die Aufbewahrungspflicht des Handelsmaklers besteht gegenüber beiden Parteien, und zwar solange, bis die Ware rügelos angenommen oder das Geschäft

856

1227 OLG Hamburg MDR 1955, 363.
1228 OLG Hamburg MDR 1955, 363.
1229 BGH NJW 1977, 1399.
1230 BGH NJW 1977, 1400.
1231 BGH NJW 1977, 1400.
1232 BGH NJW 1977, 1399.
1233 OLG Hamburg, OLGZ 36, 268.
1234 OLG Hamburg, OLGZ 36, 268.

in anderer Weise erledigt wird. Eine Vergütung kann der Handelsmakler für die Aufbewahrung nicht beanspruchen, es sei denn, dies sei vereinbart worden.

3. Keine Inkassovollmacht, § 97 HGB

857 Der Handelsmakler gilt nicht als ermächtigt, eine Zahlung oder eine andere im Vertrag bedungene Leistung in Empfang zu nehmen, § 97 HGB. Diese Bestimmung ist dispositiv, so dass die Parteien jederzeit dem Handelsmakler die erforderliche Vollmacht erteilen können. Ob sich die Bevollmächtigung aus einem Handelsbrauch ergeben kann, ist nicht unstritten.[1235]

4. Haftung gegenüber beiden Parteien, § 98 HGB

858 Gemäß § 98 HGB haftet der Handelsmakler jeder der beiden Parteien für den durch sein Verschulden entstehenden Schaden. Die Haftung besteht demnach nicht nur gegenüber der Partei, die ihn zugezogen hat, sondern auch gegenüber der anderen Partei, mit der er den Vertrag zu vermitteln begonnen oder vermittelt hat.[1236] Durch § 98 HGB wird eine aus der Stellung des Handelsmaklers als getreuen Sachwalters der Parteien abgeleitete Vertragshaftung auch der Partei gegenüber begründet, die ihn nicht beauftragt hat.[1237] Bei § 98 HGB handelt es sich um eine Sondervorschrift zu § 280 BGB.

859 Der Handelsmakler haftet nicht nur, wenn das vermittelte Geschäft zustandegekommen und durch sein Verschulden ein Schaden entstanden ist, sondern auch dann, wenn es durch sein Verschulden nicht zu einem Geschäftsabschluss gekommen ist. Der zu ersetzende Schaden ist nicht auf das negative Interesse begrenzt. Die Bestimmung des § 98 HGB ist dispositiv, so dass eine abweichende Regelung vereinbart werden kann.

5. Lohnanspruch gegen beide Parteien, § 99 HGB

860 Ist unter den Parteien nichts darüber vereinbart, wer den Maklerlohn bezahlen soll, so ist er in Ermangelung eines abweichenden Ortsgebrauchs von jeder Partei zur Hälfte zu entrichten, § 99 HGB. Diese Bestimmung regelt weder den Grund noch die Höhe des Provisionsanspruchs, sondern nur die Frage, wer von den beiden Parteien bei fehlender Vereinbarung und in Ermangelung eines Ortsgebrauchs dem Handelsmakler in welcher Höhe verpflichtet ist. § 99 HGB kommt folglich nur dann zur Anwendung, wenn die Voraussetzungen für einen Provisionsanspruch des Handelsmaklers grundsätzlich gegeben sind.

861 Die gesetzgeberische Lösung des § 99 HGB sieht vor, dass jede Partei die Provision je zur Hälfte an den Handelsmakler zu entrichten hat. Dies gilt nur dann nicht, wenn für den Geschäftspartner erkennbar ist, dass der Handelsmakler ausschließlich die Interessen seines Auftraggebers wahrzunehmen hat. Abweichende Vereinbarungen sind möglich, da § 99 HGB dispositiv ist.

6. Tagebuch, Auszüge, Vorlegung im Rechtsstreit, Ordnungswidrigkeit, §§ 100–103 HGB

a) Tagebuch

862 Nach § 100 Abs. 1 HGB ist der Handelsmakler, auch wenn er Nichtkaufmann ist, § 93 Abs. 3 HGB, verpflichtet, ein **Tagebuch** zu führen und in dieses alle abgeschlossenen Geschäfte täglich einzutragen. Die Eintragung hat chronologisch zu erfolgen und muss die Angaben enthalten, die gemäß § 94 Abs. 1 HGB in einer Schlussnote aufzuführen sind.

863 § 100 HGB ist sowohl öffentlich-rechtlicher als auch privatrechtlicher Natur. Diese Bestimmung dient einerseits dem öffentlichen Beweisinteresse (vgl § 103 HGB) und andererseits dem Beweisinteresse der Parteien. Aus dieser Doppelnatur folgt, dass die Parteien des Handelsmaklervertrages die Pflichten des § 100 Abs. 1 HGB nur insoweit abbedingen dürfen, als sie privatrechtlicher, dh vertraglicher Natur sind.

[1235] Vgl RGZ 97, 218 bzgl der Abschlussvollmacht.
[1236] OLG München NJW 1970, 1924.
[1237] OLG München NJW 1970, 1924 – str. vgl Koller/Roth/Morck, HGB, 5. Aufl., § 98 Rn 1: Gesetzliches Schuldverhältnis.

Das Tagebuch gehört nicht zu den Handelsbüchern im Sinne der §§ 238 f HGB. Gleichwohl sind die Vorschriften über die Einbeziehung und die Aufbewahrung der Handelsbücher entsprechend anwendbar, § 100 Abs. 2 HGB. Die Aufbewahrungspflicht besteht 10 Jahre lang, § 257 Abs. 4, 5 HGB. 864

Kommt der Handelsmakler seinen Pflichten gemäß § 100 Abs. 1 HGB nicht nach, tangiert dies die Wirksamkeit des Geschäftes nicht. Der Handelsmakler haftet allerdings nach § 98 HGB gegenüber Dritten gemäß § 823 Abs. 2 BGB iVm § 100, 103 HGB bzw § 826 BGB.[1238] 865

Gemäß § 101 HGB ist der Handelsmakler verpflichtet, den Parteien jederzeit auf Verlangen **Auszüge aus dem Tagebuch** zu geben, die von ihm unterzeichnet sind und alles enthalten, was von ihm in Ansehung des von ihm vermittelten Geschäfts eingetragen ist. Hingegen erstreckt sich die Verpflichtung gemäß § 101 HGB nicht auf das, was gemäß § 100 Abs. 1, § 94 Abs. 1 HGB einzutragen gewesen wäre, aber nicht eingetragen worden ist. 866

Verpflichtet ist der Handelsmakler sowohl der Partei, die ihn beauftragt hat, als auch der anderen Partei, die ihn nicht beauftragt hat. Unabhängig von § 101 HGB besteht bei rechtlichem Interesse ein Anspruch auf Einsicht in das Tagebuch gemäß § 810 BGB. 867

b) Vorlegungspflicht

Im Verlauf eines Rechtsstreits kann das Gericht auch ohne Antrag einer Partei die Vorlegung des Tagebuchs anordnen, um es mit der Schlussnote, den Auszügen oder anderen Beweismitteln zu vergleichen, § 102 HGB. 868

Sinn und Zweck dieser Vorschrift ist es, von Amtswegen einen Beweismittelvergleich durchzuführen. Hingegen ist es nicht Sinn und Zweck dieser Vorschrift, von Amtswegen weitere Beweismittel zu erhalten, um sie auszuwerten. Neben § 102 HGB bestehen die Rechte gemäß § 810 BGB, §§ 422, 423 ZPO, sofern die Voraussetzungen gegeben sind. 869

Die Verletzung der Tagebuchführungs- und Aufbewahrungspflicht stellt eine Ordnungswidrigkeit dar und wird unter den Voraussetzungen des § 103 HGB geahndet. 870

7. Krämermakler, § 104 HGB

Nach § 104 HGB finden auf Personen, die die Vermittlung von Warengeschäften im Kleinverkehr besorgen (**Krämermakler**), die Vorschriften über Schlussnoten und Tagebücher keine Anwendung. Auf Personen, welche die Vermittlung von Versicherungs- oder Bausparverträgen übernehmen, sind die Vorschriften über Tagebücher nicht anzuwenden, § 104 S. 2 HGB. 871

Warengeschäfte im Kleinverkehr sind überschaubare Geschäfte von relativ geringem Umfang und geringem Wert. Dabei kommt es nicht auf den Geschäftsbetrieb des Krämermaklers an, sondern auf den Umfang der von ihm vermittelten Geschäfte. Ein Krämermakler kann daher durchaus Inhaber eines in kaufmännischer Weise eingerichteten Geschäftsbetriebs und somit Kaufmann sein. Ein Handelsmakler gemäß § 93 Abs. 3 HGB braucht hingegen nicht zwangsläufig Krämermakler zu sein. Wenn ein Krämermakler Schlussnoten erteilt bzw ein Tagebuch führt, sei es aufgrund vertraglicher Verpflichtung, sei es freiwillig, sollen die §§ 94, 95 HGB bzw die §§ 100 f HGB mit Ausnahme des § 103 HGB entsprechend anwendbar sein.[1239] 872

V. Der Versicherungsmakler

1. Rechtsstellung des Versicherungsmaklers

Der Versicherungsmakler ist im Gegensatz zum Versicherungsvertreter nicht ständig iSd § 84 HGB mit der gewerbsmäßigen Vermittlung von Versicherungsverträgen betraut; vielmehr ist er gegenüber dem Versicherungsunternehmen unabhängig. Er ist in der Regel Handelsmakler gemäß den §§ 93 f HGB,[1240] aber von der Verpflichtung zur Tagebuchführung befreit, § 104 S. 2 HGB. Als Handelsmak- 873

1238 BGH WM 1963, 433.
1239 Vgl Baumbach-Hopt, HGB, 32. Aufl., § 104 Rn 1.
1240 BGHZ 94, 359; BGH VersR 1986, 236; OLG Hamm VersR 1995, 658.

ler ist er Kaufmann, zumeist gemäß § 1 HGB, und **treuhänderischer Sachwalter** des Versicherungsnehmers mit weitreichenden Pflichten.[1241]

874 Der Versicherungsmakler wird für den Versicherungsnehmer aufgrund eines **Maklervertrages** tätig. Der Zustimmung des Versicherungsunternehmens bedarf es nicht. Aufgrund des Maklervertrages obliegen dem Versicherungsmakler umfassende Untersuchungs-, Prüfungs-, Betreuungs- und Beratungspflichten.[1242] Insbesondere schuldet er dem Versicherungsnehmer die Auswahl und Aufrechterhaltung des bestmöglichen Versicherungsschutzes.[1243]

875 Aufgrund dieser dem Versicherungsmakler obliegenden Pflichten trifft ihn bei Verletzung einer vertraglichen Aufklärungs- und Beratungspflicht die Beweislast dafür, dass der Schaden trotz Pflichtverletzung, dh auch bei vertragsgerechter Erfüllung seiner Aufklärungs- und Beratungspflichten eingetreten wäre.[1244]

876 Mit der Aufnahme der Vermittlertätigkeit seitens des Versicherungsmaklers aufgrund des mit dem Versicherungsnehmer geschlossenen Maklervertrages entsteht zwischen dem Versicherungsmakler und dem Versicherungsunternehmen ein **gesetzliches** (vertragsähnliches) **Schuldverhältnis**. Für den Versicherungsmakler wird somit ein sog. **Doppelrechtsverhältnis** begründet.[1245] Im Hinblick auf dieses gesetzliche (vertragsähnliche) Schuldverhältnis ist der Versicherungsmakler verpflichtet, dem Versicherungsunternehmen alles mitzuteilen, was für die Risikobeurteilung von Bedeutung ist. Dies gilt erst recht, wenn zwischen dem Versicherungsmakler sowie dem Versicherungsunternehmen ergänzende vertragliche Vereinbarungen (Rahmenabkommen) bestehen. Allerdings dürfen derartige Vereinbarungen nicht mit den Rechten und Pflichten aus dem Maklervertrag zwischen dem Versicherungsmakler und dem Versicherungsnehmer kollidieren. Der Maklervertrag ist im Zweifelsfalle vorrangig; dh Pflichten aus dem Maklervertrag gehen im Kollisionsfalle den Pflichten aus dem gesetzlichen (vertragsähnlichen) Schuldverhältnis vor.

877 Das Versicherungsunternehmen kann den Antrag des Versicherungsnehmers auf Abschluss eines Versicherungsvertrages ohne Begründung ablehnen. Es besteht kein Kontrahierungszwang, sondern **Abschlussfreiheit**. Kommt es zu einem Vertragsabschluss zwischen dem Versicherungsnehmer und dem Versicherungsunternehmen, ist dieses zur weiteren Zusammenarbeit mit dem Versicherungsmakler verpflichtet, es sei denn, es läge ein wichtiger Grund vor:[1246] Ob ein wichtiger Grund gegeben ist, ist nach den §§ 89 a HGB, 626 BGB zu beurteilen.

2. Provisionsanspruch

878 Hinsichtlich des **Provisionsanspruchs** (**Courtageanspruchs**) des Versicherungsmaklers haben sich folgende Grundsätze herausgebildet:

879 Der Versicherungsmakler erhält seine Provision in der Regel nicht vom Versicherungsnehmer, sondern vom Versicherungsunternehmen.[1247] Rechtsgrund der Courtageschuld sind der Versicherungsvertrag und dessen Vermittlung.[1248]

880 In der Regel erhält der Versicherungsmakler – insbesondere im Bereich der Industrieversicherungen – nicht eine einmalige Provision, sondern laufend Prozente von dem Prämieneinkommen des Versicherers.[1249] Die Courtage gilt die Vermittlung und die spätere Betreuung ab, und zwar so, dass auch in der Courtage ab dem 2. Versicherungsjahr noch Vermittlungsentgelt enthalten ist.[1250] Man-

---

1241 BGHZ 94, 359; BGH VersR 1987, 663; OLG Hamm VersR 1995, 658.
1242 BGHZ 94, 359; BGH NversZ 2000, 389; OLG Hamm VersR 2001, 583.
1243 BGHZ 94, 359.
1244 BGHZ 94, 363.
1245 BGHZ 95, 93 – str.
1246 OLG Frankfurt VersR 1995, 93: auch kein Handelsbrauch im Bereich der Lebensversicherung.
1247 OLG Hamm VersR 1995, 658.
1248 BGHZ 94, 356; str. vgl Prölss/Martin/*Kollhosser*, VVG, 27. Aufl., nach § 48 Rn 28.
1249 BGH VersR 1986, 236; OLG Hamm VersR 1995, 658.
1250 BGH VersR 1986, 58; BGH VersR 1986, 236; OLG Hamm VersR 1995, 658.

gels abweichender Vereinbarung ist der Vermittlungsanteil im Allgemeinen mit 50 % der Gesamtcourtage anzusetzen.[1251]

Im überwiegenden Maße werden zwischen dem Versicherungsmakler sowie dem Versicherungsunternehmen **Courtageabkommen** abgeschlossen. Sie regeln die Einzelheiten des Courtageanspruchs für alle Versicherungsverträge, die der Versicherungsmakler in der Zukunft vermittelt und betreut.

Da sich die Courtageregelung für Versicherungsmakler an der Provisionsregelung für Versicherungsvertreter orientiert, gilt für den Versicherungsmakler mangels anderweitiger Vereinbarung die Bestimmung des § 92 Abs. 4 HGB analog. Auch der Versicherungsmakler hat wie der Versicherungsvertreter Anspruch auf Provision, sobald der Versicherungsnehmer die Prämie gezahlt hat, aus der sich die Provision nach dem Vertragsverhältnis berechnet, § 92 Abs. 4 HGB. Abweichend von § 652 BGB verdient der Versicherungsmakler somit seine Provision nicht schon mit dem Abschluss des von ihm vermittelten Versicherungsvertrages. Voraussetzung seines Courtageanspruchs ist vielmehr die Ausführung des Versicherungsvertrages, also die Prämienzahlung durch den Versicherungsnehmer. Es gilt der Grundsatz, dass die Courtage das Schicksal der Prämie teilt (**Schicksalsteilungsgrundsatz**).[1252]

Die Zahlung der vereinbarten Prämie stellt sich als aufschiebende Bedingung für das Entstehen des Courtageanspruchs dar. Soweit der Versicherungsmakler auf seine Courtage Zahlungen erhält, bevor der Versicherungsnehmer die Prämien in der maßgeblichen Höhe entrichtet hat, handelt es sich deshalb um **Vorschusszahlungen**, die ggf zurückzuzahlen sind, wenn die Provision nicht verdient wird.[1253] Allerdings kann der Versicherungsmakler bzgl etwaiger Stornierungen im Einzelfalle genauso schutzwürdig sein wie ein Versicherungsvertreter.[1254]

2. Maklerwechsel, Maklereinbruch

Nicht selten kommt es in der Praxis zu einem **Maklerwechsel** (Versicherungsnehmer kündigt den Maklervertrag und schließt einen neuen Maklervertrag mit einem anderen Makler ab) oder zu einem **Maklereinbruch** (Versicherungsnehmer kündigt den Versicherungsvertretervertrag und schließt mit einem Makler einen Maklervertrag ab).

Wird dem Versicherungsunternehmen bezüglich eines Versicherungsvertrages, der von einem seiner Versicherungsvertreter vermittelt wurde und seitdem von diesem betreut wird, ein Maklerauftrag vorgelegt, führt dies allein noch nicht dazu, dass es die fraglichen Verträge fortan der Betreuung durch den Versicherungsmakler überlassen muss. Das Versicherungsunternehmen behält vielmehr weiterhin die **Entscheidungsfreiheit** darüber, wen es mit der Verwaltung und Betreuung der bestehenden Versicherungsverträge betrauen will, muss dabei allerdings sowohl auf die Interessen des Versicherungsnehmers als auch auf die seines Versicherungsvertreters Rücksicht nehmen. Entscheidet es sich dafür, die Verwaltung und Betreuung nicht dem Versicherungsmakler zu übertragen, sondern weiterhin bei seinem Versicherungsvertreter zu belassen, so hat es jedenfalls dem Wunsch des Kunden dadurch Rechnung zu tragen, dass alle Korrespondenz mit diesem fortan nur noch über den (vom Versicherungsnehmer beauftragten) Makler zu führen ist. Damit akzeptiert das Versicherungsunternehmen den Makler aber nur als Vertreter seines Versicherungsnehmers, ohne ihn gleichzeitig – mit der Folge einer eigenen Courtageverpflichtung – als eigenen Verwalter der betroffenen Versicherungsverträge einzusetzen.[1255]

Gibt das Versicherungsunternehmen den Vertragsbestand nicht frei und hält der Versicherungsnehmer andererseits an dem erteilten Maklerauftrag fest, besteht allerdings für ihn die Möglichkeit, über seinen Makler die bestehenden Versicherungsverträge kündigen und umdecken zu lassen.[1256]

1251 OLG Hamm VersR 1987, 177; OLG Hamm VersR 1995, 658; Prölss/Martin/*Kollhosser*, VVG, 27. Aufl., nach § 48 Rn 38 f.
1252 BGH NJW-RR 1994, 1306.
1253 OLG Hamm, NJW-RR 1994, 1306.
1254 OLG Hamm, NJW-RR 1994, 1306; OLG Saarbrücken OLGR 1997, 334.
1255 OLG Hamm, Urt. v. 24.11.2004, 35 Urt. 17/04.
1256 OLG Hamm, Urt. v. 24.11.2004, 35 Urt. 17/04.

887 Sowohl bei einem Maklerwechsel als auch bei einem Maklereinbruch gilt grundsätzlich, dass das Versicherungsunternehmen die **Courtage nur einmal schuldet** und dass sich der Inhalt des Courtageanspruchs nicht verändert. Die Frage ist lediglich, ob und wie der Courtageanspruch gegen das Versicherungsunternehmen zwischen dem 1. und dem 2. Makler bzw zwischen dem Versicherungsvertreter und dem Makler aufzuteilen ist.[1257]

888 In der **Lebens-** und **Krankenversicherung** wird die Abschlusscourtage, dh die Courtage für die Vermittlung des Vertrages alsbald nach Vertragsabschluss gezahlt. Die während der Laufzeit des Versicherungsvertrages gezahlten relativ minimalen Folgecourtagen sind Betreuungsentgelt. Sie stehen nach einem Maklerwechsel bzw einem Maklereinbruch ggf dem 2. Makler zu, wenn und weil er die Betreuungsleistung erbringt.[1258]

889 In der **Sachversicherung** findet das System der gleichbleibend laufenden Courtage Anwendung. Während die Courtage des 1. Jahres Abschlusscourtage ist, enthalten die Folgecourtagen stets einen Vermittlungs- und einen Betreuungsanteil.[1259] Wenn nach Abschluss des Versicherungsvertrages die Tätigkeit des 1. Maklers aus einem Grund entfällt, den er nicht zu vertreten hat, insbesondere bei Kündigung des Maklervertrages durch den Versicherungsnehmer (Verzicht auf weitere Betreuung), bleibt der vertragliche Courtageanspruch des 1. Maklers bestehen, soweit er auf die Vermittlung entfällt, also mangels anderweitiger Vereinbarung in der Regel zu 50 %.[1260] Hingegen steht der auf die Betreuung entfallende Anteil dem 2. Makler zu. Wie lange der 1. Makler das in der Folgecourtage enthaltene Vermittlungsentgelt weiter beanspruchen kann, bestimmt sich in erster Linie nach den getroffenen Vereinbarungen, ansonsten nach Treu und Glauben unter Berücksichtigung etwaiger Handelsbräuche.[1261]

890 Maßgebender Berechnungszeitpunkt bei einem Maklerwechsel bzw einem Maklereinbruch ist im Streitfalle der Zeitpunkt der Vorlage einer ordnungsgemäßen Vollmacht durch den neuen Makler.[1262]

891 **Provisionsteilungsabkommen** zwischen Versicherungsmakler bzw Versicherungsvertreter sowie Versicherungsnehmer sind nicht gemäß § 134, 138 BGB nichtig.[1263] Denn das aufsichtsrechtliche **Provisionsabgabeverbot** dient allein dazu, die Belange der Gesamtheit der Versicherten aus einer übermäßigen Belastung mit Provisionskosten infolge von Sondervergütungen an einzelne Versicherungsnehmer zu schützen. Es richtet sich jedoch nicht an den einzelnen Versicherungsnehmer. Deshalb braucht der Versicherungsnehmer das Versicherungsunternehmen bei Abschluss von Versicherungsverträgen nicht darüber **aufzuklären**, dass er die erste Jahresprämie nicht aus seinem eigenen Vermögen bestritten hat, sondern dass dieser Betrag vom Versicherungsmakler bezahlt worden ist.[1264] Ohne entsprechende Fragestellung oder einen sonstigen Hinweis des Versicherungsunternehmens ist der Versicherungsnehmer auch darüber hinaus nicht zur Aufklärung darüber verpflichtet, dass er die Prämie nicht vollständig aus seinem eigenen Vermögen zu bezahlen beabsichtigt.[1265]

1257 Im Einzelnen Prölss/Martin/*Kollhosser*, VVG, 27. Aufl., nach § 48 Rn 44 f.
1258 Prölss/Martin/*Kollhosser*, VVG 27. Aufl., nach § 48 Rn 39, 46.
1259 Prölss/Martin/*Kollhosser*, VVG 27. Aufl., nach § 48 Rn 40, 47.
1260 OLG Hamm, VersR 1995, 658.
1261 Vgl Prölss/Martin/*Kollhosser*, VVG, 27. Aufl., nach § 48 Rn 47.
1262 Prölss/Martin/*Kollhosser*, VVG 27. Aufl., nach § 48 Rn 52.
1263 OLG Celle VersR 1994, 856; OLG Hamburg VersR 1997, 817; Palandt/*Heinrichs*, 66. Aufl., § 134 Rn 24.
1264 OLG Hamburg VersR 1995, 817.
1265 OLG Hamburg VersR 1995, 817.

§ 2 Handelsgeschäfte

Einleitung	1
A. Allgemeine Vorschriften	2
I. Anwendungsbereich der Vorschriften über Handelsgeschäfte	2
1. Kaufmannseigenschaft	3
a) Kaufmann gem. §§ 1 bis 6 HGB	3
b) Erweiterung des Anwendungsbereichs	4
2. Zugehörigkeit zum Handelsgewerbe	7
3. Geltung auch für einseitige Handelsgeschäfte	9
4. Praktische Bedeutung der Einordnung als Handelsgeschäft	10
II. Modifikationen des Allgemeinen Teils des BGB	12
1. Schweigen im kaufmännischen Rechtsverkehr	13
a) § 362 HGB	14
b) Kaufmännisches Bestätigungsschreiben	19
c) Sonstige Fälle des rechtlich relevanten Schweigens	25
d) Praktische Hinweise	29
2. Handelsbräuche	30
a) Bedeutung und Funktion	31
b) Voraussetzungen	32
c) Rechtsfolgen	35
d) Beispiele für Handelsbräuche	43
e) Prozessuales	44
f) Praktische Hinweise	45
III. Modifikationen des Schuldrechts	46
1. Vertragliche Abtretungsverbote gem. § 354 a HGB	47
a) Voraussetzungen	48
b) Rechtsfolgen	49
2. Das Kontokorrent gem. §§ 355–357 HGB	50
a) Voraussetzungen	51
b) Rechtsfolgen	52
3. Leistungszeitpunkt und -inhalt sowie spezifische Sonderregelungen gem. §§ 347–354, 358–361 HGB	58
IV. Modifikationen des Sachenrechts	59
1. Gutgläubiger Erwerb	60
a) Normzweck	60
b) Gutgläubiger Erwerb beweglicher Sachen	61
c) Lastenfreier Erwerb	77
d) Gutgläubiger Erwerb von Pfandrechten	78
e) Gutgläubiger Erwerb von Wertpapieren	81
f) Prozessuales	82
2. Das Kaufmännische Zurückbehaltungsrecht	83
a) Zweck	83
b) Voraussetzungen	84
c) Rechtsfolgen	89
d) Ausschluss	94
e) Übergang	96
f) Erlöschen	97
g) Insolvenzrechtliche Behandlung	98
h) Vertragliche Gestaltungsmöglichkeiten	99
B. Handelskauf	100
I. Begriff und Bedeutung des Handelskaufs	100
II. Vertragsschluss beim Handelskauf	102
1. Standard- und Musterklauseln	103
2. Einbeziehung Allgemeiner Einkaufs- und Verkaufsbedingungen	106
III. Kaufgegenstand und Preis	108
1. Bestimmungskauf gem. § 375 HGB	109
2. Nettogewicht gem. § 380 HGB	111
3. Umsatzsteuer	112
4. Hinweise zur Vertragsgestaltung	113
a) Käuferperspektive	113
b) Verkäuferperspektive	114
IV. Leistungszeit	115
1. Relatives Fixgeschäft gem. § 376 HGB	116
2. Annahmeverzug des Käufers gem. §§ 373, 374 HGB	118
3. Hinweise zur Vertragsgestaltung	120
a) Käuferperspektive	120
b) Verkäuferperspektive	121
V. Gewährleistungsrecht	123
1. Die Rügelast des Käufers gem. § 377 HGB	124
a) Bedeutung und Gesetzeszweck	124
b) Beidseitiger Handelskauf über eine Ware	127
c) Mängel und gleichgestellte Tatbestände	130
d) Unverzügliche Rüge	135
e) Besonderheiten bei Einschaltung von Zwischenhändlern	147
f) Rechtsfolgen einer unterlassenen oder nicht ordnungsgemäßen Rüge	149
g) Hinweise zur Vertragsgestaltung	157
2. Modifikationen beim Distanzkauf gem. § 379 HGB	162
VI. Überblick über die Steuerfolgen von Kaufverträgen	164
C. Kommission	167
I. Allgemeines	167
1. Struktur	168
2. Interessenlage	169
3. Praktische Bedeutung	170
II. Kommissionsgeschäft	171
1. Anwendungsbereich	171
2. Rechtliche Einordnung	172
3. Abschluss und vorzeitige Beendigung des Vertrags	174
4. Rechte und Pflichten der Vertragsparteien	176
a) Kommissionär	176
b) Kommittent	192
III. Ausführungsgeschäft	193
1. Struktur	193
2. Schuldrecht	194
a) Verletzung allgemeiner Pflichten	195
b) Pflichtverletzung durch mangelhafte Lieferung	196
c) Schutz des Kommittenten vor Gläubigern des Kommissionärs	199
3. Sachenrecht	201
a) Einkaufskommission	202
b) Verkaufskommission	203
IV. Abwicklungsgeschäft	206
V. Selbsteintritt	207
VI. Arbeitsrechtliche Bewertung	209
VII. Wettbewerbsrechtliche Behandlung	210
VIII. Insolvenzrechtliche Behandlung	211
1. Insolvenz des Kommittenten	212
a) Vor Ausführung des Kommissionsgeschäfts	212

b) Nach Ausführung des Kommissionsgeschäfts 213	f) Abtretung von Forderungen aus dem Ausführungsgeschäft 223
2. Insolvenz des Kommissionärs 214	g) Selbsteintritt 224
a) Vor Ausführung des Kommissionsgeschäfts 214	h) Verantwortung für das Kommissionsgut 225
b) Nach Ausführung des Kommissionsgeschäfts 215	i) Informationspflichten 227
	j) Sonstiges 228
IX. Steuerliche Behandlung 216	2. Verkaufskommission 229
X. Hinweise für die Vertragsgestaltung .. 217	a) Gegenstände 230
1. Allgemeines 217	b) Zahlung und Vollzugsmodalitäten .. 231
a) Gegenstand und Pflichtkreis 218	c) Ersatzansprüche gegen den Kommissionär 232
b) Preis 219	
c) Provision 220	3. Einkaufskommission 233
d) Delkrederehaftung und Delkredereprovision 221	a) Zahlungsmodalitäten und Vorschuss .. 233
	b) Prüfungspflichten 234
e) Kosten 222	c) Übereignung der Ware 235

Einleitung

1 Das vierte Buch des HGB enthält die wesentlichen handelsrechtlichen Bestimmungen für **Handelsgeschäfte**. Diesem Buch sind Allgemeine Vorschriften (§§ 343–372 HGB) vorangestellt, die Definitionen und Bestimmungen enthalten, die für alle Handelsgeschäfte gelten. Insoweit entspricht die Regelungssystematik der des BGB. Der zweite bis sechste Abschnitt des vierten Buchs regeln nach Auffassung des historischen Gesetzgebers jeweils im Handelsverkehr besonders relevante Vertragstypen. Dazu zählen der **Handelskauf** (§§ 373–382 HGB), das **Kommissionsgeschäft** (§§ 383–406 HGB), das **Frachtgeschäft** (§§ 407–452 d HGB, das seinerseits in drei Unterabschnitte gegliedert ist), das **Speditionsgeschäft** (§§ 453–466 HGB) sowie das **Lagergeschäft** (§§ 467–475h HGB). Die Allgemeinen Vorschriften modifizieren und ergänzen die Regelungen des Bürgerlichen Gesetzbuches im Hinblick auf die Besonderheiten des Handelsverkehrs. Sie lassen sich einteilen in Modifikationen des Allgemeinen Teils des BGB, des Schuldrechts und des Sachenrechts.

A. Allgemeine Vorschriften

I. Anwendungsbereich der Vorschriften über Handelsgeschäfte

2 § 343 HGB definiert den Begriff des Handelsgeschäfts, der von dem in den §§ 22 ff HGB verwendeten Begriff zu unterscheiden ist. In den §§ 22 ff HGB geht es um das Handelsgeschäft im Sinne des kaufmännischen Unternehmens, das den Inbegriff einer planmäßigen, dauerhaften, selbständigen, anbietenden, entgeltlichen und rechtsgeschäftlichen Tätigkeit am Markt bildet.[1] Nach § 343 HGB sind Handelsgeschäfte alle Geschäfte eines Kaufmanns, die zum Betrieb seines Handelsgewerbes gehören. Diese Norm stellt also auf einen Teil der unternehmerischen Tätigkeit ab, das einzelne von einem Kaufmann getätigte Geschäft.

1. Kaufmannseigenschaft

a) Kaufmann gem. §§ 1 bis 6 HGB

3 Wer **Kaufmann** ist, richtet sich nach den §§ 1 bis 6 HGB.[2] Die Kaufmannseigenschaft muss im Zeitpunkt der Vornahme des Rechtsgeschäfts gegeben sein. Praktisch relevant kann die Frage nach dem **Zeitpunkt** werden, wenn Abgabe und Zugang der auf die Herbeiführung des Rechtsgeschäfts gerichteten Willenserklärungen auseinanderfallen und sich die Kaufmannseigenschaft in diesem Zeitraum verändert. Wird sie verloren, bietet sich nach ganz überwiegender Meinung eine analoge Anwendung der §§ 130 Abs. 2, 153 BGB an, wonach es ausreicht, wenn die Kaufmannseigenschaft bei Abgabe der Willenserklärung vorlag. Wenn die Kaufmannseigenschaft in der Zeit zwischen Abgabe und Zugang der relevanten Willenserklärungen erworben wurde, wie es in der Praxis bei

---

[1] Ebenroth/Boujong/Joost/*Kort* § 343 Rn 1.
[2] Siehe zur Kaufmannseigenschaft ausführlich § 1 Rn 4 ff.

der Eintragung eines Kann-Kaufmanns gem. § 2 HGB geschehen kann, ist der relevante Zeitpunkt umstritten. Nach zutreffender Auffassung sind auf solche Fälle die §§ 343 ff HGB nicht anwendbar, weil im Zeitpunkt der Abgabe der Willenserklärung der Betroffene nicht von den strengen Vorschriften des HGB erfasst werden sollte.[3] Schließt ein **Stellvertreter** das Geschäft ab, kommt es auf die **Kaufmannseigenschaft des Vertretenen** an, da er aus dem Geschäft berechtigt und verpflichtet wird.[4] Handelt der Vertreter ohne Vertretungsmacht und wird er aus § 179 BGB in Anspruch genommen, gelten die §§ 343 ff HGB nur, wenn auch der Vertreter ohne Vertretungsmacht Kaufmann ist.[5]

b) Erweiterung des Anwendungsbereichs

Die Anwendung der Normen des HGB auch auf Nichtkaufleute wird seit längerem unter verschiedenen Gesichtspunkten diskutiert. Weitgehende Einigkeit besteht inzwischen darüber, dass eine **Gesamtanalogie**, die zu einer Anwendbarkeit aller handelsrechtlichen Normen auf Nichtkaufleute führen würde, **abzulehnen** ist. In welchen **Einzelfällen** die handelsrechtlichen Normen auch auf Nichtkaufleute anzuwenden sind, ist teilweise gesetzlich geregelt, teilweise durch die Rechtsprechung geklärt. Vieles ist aber noch immer offen.[6] Zu den Normen, die die Einbeziehung von nicht ins Handelsregister eingetragenen Kleingewerbebetreibenden regeln gehören unter anderen die §§ 383 Abs. 2, 407 Abs. 3, 453 Abs. 3 sowie 467 Abs. 3 HGB.

Darüber hinaus geben der Sinn und Zweck anderer Vorschriften und Rechtsinstitute Anlass, über ihre Anwendung auch auf Nichtkaufleute nachzudenken. So sind die §§ 356 f, 361 HGB Ausprägungen allgemein-bürgerlichrechtlicher Rechtsgedanken und deshalb in weiten Teilen auch auf Rechtsgeschäfte zwischen Nichtkaufleuten anwendbar. Auch die erweiternde Anwendbarkeit der Normen über bestimmte **Handelsbräuche**[7] und die Grundsätze über das **kaufmännische Bestätigungsschreiben**[8] auf Nichtkaufleute ist – jedenfalls in bestimmten Konstellationen – durch die Rechtsprechung des BGH bestätigt. Voraussetzung ist, dass die Nichtkaufleute „in ähnlicher Weise wie ein Kaufmann am Geschäftsverkehr" teilnehmen.[9] Wann diese Voraussetzungen vorliegen, hängt vom jeweiligen Einzelfall ab. Als Absender und Empfänger eines kaufmännischen Bestätigungsschreibens kommen auch Freiberufler wie Architekten[10] und Rechtsanwälte[11] in Betracht. Bei Rechtsanwälten ist allerdings Voraussetzung, dass sie in eigenem Namen handeln. Ein Handeln für Mandanten ist nicht ausreichend.[12] Auch auf Wirtschaftsprüfer,[13] öffentliche Unternehmen ohne Ansehung der Rechtsform sowie Behörden im fiskalischen Tätigkeitskreis[14] können – unter bestimmten Voraussetzungen – die Grundsätze des kaufmännischen Bestätigungsschreibens angewendet werden.[15]

Die darüber hinausgehende Erweiterung des Anwendungsbereichs handelsrechtlicher Normen – sei es auf die Öffentliche Hand, sei es auf Gesellschafter von Handelsgesellschaften und ihre Vertretungsorgane – wird kontrovers diskutiert,[16] kann hier aber aus Gründen des Zuschnitts dieses Werkes nichtnäher erörtert werden.

---

3 Staub/*Koller* § 343 Rn 9; *Canaris*, HandelsR, § 20 Rn 4; aA *Oetker*, HandelsR, § 7 Rn 9.
4 *Canaris*, HandelsR, § 20 Rn 5.
5 Staub/*Koller* § 343 Rn 8; *Oetker*, HandelsR § 7 Rn 10.
6 MünchKommHGB/*K. Schmidt* § 1 Rn 70 ff.
7 BGH NJW 1952, 257; OLG Koblenz NJW-RR 1988, 1306.
8 Siehe bereits BGHZ 11, 1, 3.
9 BGH WM 1980, 1122, 1123; BGH NJW 1963 1922, 1923; OLG Düsseldorf GmbHR 2004, 428.
10 OLG Düsseldorf NJW-RR 1995, 501.
11 OLG Düsseldorf ZMR 2005, 943; OLG Bamberg BB 1973, 1371, 1372.
12 BGH NJW 1975, 1358, 1359.
13 BGH DB 1967, 1362.
14 BGH NJW 1964, 1223.
15 Siehe zum Ganzen auch Ebenroth/Boujong/Joost/*Kort* § 346 Rn 50.
16 Siehe als Einführung dazu Koller/Roth/Morck/*Roth*, § 1 Rn 30 ff.

2. Zugehörigkeit zum Handelsgewerbe

7 Der Begriff des **Handelsgewerbes** ist weit **auszulegen**. Hierzu zählen die typischerweise mit der Geschäftstätigkeit verbundenen Geschäfte, aber auch alle Hilfsgeschäfte. Nach der Rechtsprechung des BGH zählen zu den Handelsgeschäften alle Geschäfte, die sich zumindest mittelbar auf das Handelsgewerbe beziehen, dh mit ihm noch in einem entfernten, lockeren Zusammenhang stehen.[17] Entsprechendes gilt für Geschäfte mit einem gemischten Verwendungszweck.[18] Auf **Realakte** finden die Vorschriften über Handelsgeschäfte **keine Anwendung**, da diese bereits nicht unter den Wortlaut der §§ 343 ff HGB fallen.

8 Die Einordnung eines Rechtsgeschäfts als zum Betrieb des Handelsgewerbes gehörig wird durch die **Vermutungsregelung des § 344 HGB** erleichtert. Danach gelten im Zweifel alle von einem Kaufmann vorgenommenen Geschäfte als zum Betrieb des Handelsgewerbes gehörig. Etwas anderes gilt nur, wenn es sich ersichtlich um Privatgeschäfte des Kaufmannes handelt. Unerkennbare Umstände widerlegen die Vermutung des § 344 HGB daher nicht.[19] Die **Beweislast** für das Nichtvorliegen der die Vermutung des § 344 HGB begründenden Umstände liegt beim Kaufmann.[20] Bei Formkaufleuten nach § 6 HGB gibt es diese Abgrenzungsproblematik regelmäßig nicht, da ihre Geschäfte fast ausnahmslos Handelsgeschäfte sind. Allerdings kann in Sonderfällen, beispielsweise bei einer juristischen Person des öffentlichen Rechts, eine Abgrenzung zwischen fiskalischer und nicht fiskalischer Tätigkeit erforderlich werden.[21]

3. Geltung auch für einseitige Handelsgeschäfte

9 § 345 HGB stellt klar, dass die Vorschriften für Handelsgeschäfte grundsätzlich für beide Parteien gelten, selbst wenn es sich lediglich für eine Partei um ein Handelsgeschäft im Sinne des § 343 HGB handelt. So kann Handelsrecht auch gegenüber Nichtkaufleuten angewendet werden. § 345 HGB umfasst Verträge und einseitige Rechtsgeschäfte sowie rechtsgeschäftsähnliche Handlungen. Ausnahmen von dieser Norm gelten nur, wenn sich aus dem Wortlaut oder dem Sinn und Zweck einer Vorschrift etwas anderes ergibt.[22] Als Beispiele hierfür seien die §§ 346, 353, 369, 377, 379 und 391 HGB genannt. Wieder andere Normen (zB §§ 347, 348 HGB) gelten auch für einseitige Handelsgeschäfte, allerdings nur für die Partei, die Kaufmann ist.[23]

4. Praktische Bedeutung der Einordnung als Handelsgeschäft

10 Die Einordnung eines Rechtsgeschäfts als Handelsgeschäft ist zunächst von zentraler Bedeutung innerhalb des HGB: Sie führt zur Anwendbarkeit der im ersten Abschnitt des Vierten Buchs des HGB befindlichen Regelungen. Daneben dient dieser Begriff in anderen Rechtsgebieten zur Unterscheidung zwischen privater und gewerblicher Tätigkeit. Als Beispiele dafür können das Marken-,[24] Versicherungs-[25] und Steuerrecht[26] angeführt werden. Auch im Prozessrecht spielt er bei der Einordnung einer Sache als Handelssache nach den §§ 95 ff GVG eine Rolle.

11 Schließlich sei darauf hingewiesen, dass regelmäßig eine Kollision mit den Regelungen des Verbraucherschutzes im BGB ausscheidet: Der Anwendungsbereich des Verbraucherschutzrechts wird durch §§ 13 und 14 BGB bestimmt, die zur Bestimmung des Verbraucher- bzw Unternehmerbegriffs nicht an den Tatbestand des Handelsgeschäfts anknüpfen. In Einzelfällen – beispielsweise bei so genannten gemischten Geschäfte, die sowohl dem privaten als auch dem geschäftlichen Bereich der kaufmännischen Tätigkeit zuzurechnen sind – kann es allerdings zu einer Kollision zwischen beiden Regelungs-

---

17 BGHZ 63, 32, 35.
18 Staub/*Koller* § 343 Rn 6; MünchKommHGB/*K. Schmidt* § 343 Rn 14 f.
19 *Canaris*, HandelsR, § 20 Rn 9.
20 BGHZ 63, 32, 33.
21 Vgl BGHZ 36, 273, 275.
22 MünchKommHGB/*K. Schmidt* § 345 Rn 1.
23 Gruppierung nach *Oetker*, HandelsR, § 7 Rn 13.
24 OLG Hamburg MMR 2006, 476, 478.
25 OLG Koblenz r + s 1995, 103; OLG Hamm NJW-RR 1989, 344, 345.
26 FG Hamburg, Urt. v. 15.6.2006 – 2 K 267/04 unter 2.

systemen kommen. Ob der Verbraucherschutz oder das Handelsrecht in solchen Fällen vorrangig ist, ist einzelfallabhängig zu entscheiden.[27]

II. Modifikationen des Allgemeinen Teils des BGB

Zu den wesentlichen Ergänzungen des Allgemeinen Teils des BGB gehören die Sonderregelungen zum Schweigen im kaufmännischen Rechtsverkehr (§ 362 HGB) sowie besondere handelsrechtliche Auslegungsregeln, die auf kaufmännischen Gewohnheiten basieren (§ 346 HGB). 12

1. Schweigen im kaufmännischen Rechtsverkehr

Der Rechtssatz „qui tacet consentire non videtur", der das Bürgerliche Recht bestimmt, gilt grundsätzlich auch im Handelsrecht. Da aber der Handelsverkehr vielfach in Form von typisierten und häufig wiederkehrenden Geschäften abgewickelt wird, wäre eine strikte Befolgung dieses Grundsatzes nicht angemessen und für die rasche Abwicklung von Geschäften hinderlich. Gesetzgebung, Rechtsprechung und Literatur haben daher bestimmte Fälle normiert bzw herausgearbeitet, in denen das Schweigen wie eine Willenserklärung behandelt wird. Im HGB behandeln beispielsweise die §§ 75 h, 91 a, 362 und 386 Abs. 1 HGB das Schweigen wie eine Willenserklärung. Darüber hinaus kann das Schweigen im Handelsverkehr eine Obliegenheitsverletzung darstellen, die – wie § 377 Abs. 2 HGB zeigt – zum Verlust von Rechten führen kann. In diesem Abschnitt werden § 362 HGB, die Regeln über das Schweigen auf ein **kaufmännisches Bestätigungsschreiben** sowie **sonstige in der Praxis relevante Fälle** der Rechtsfolgen des Schweigens im Handelsverkehr dargestellt. 13

a) § 362 HGB

aa) Rechtliche Einordnung

Nach § 362 HGB hat ein Kaufmann, dessen Gewebebetrieb die Besorgung von Geschäften für andere mit sich bringt, auf einen Antrag über die Besorgung solcher Geschäfte unverzüglich zu antworten, wenn er mit dem Antragenden in Geschäftsverbindung steht. Andernfalls gilt sein Schweigen als Annahme. Dadurch wird dem Kaufmann eine Handlungspflicht auferlegt, deren Verletzung anders als in anderen Fällen beispielsweise bei § 663 BGB nicht lediglich zum Schadensersatz, sondern unmittelbar zum Vertragsschluss führt. Die dogmatische Einordnung der Norm ist umstritten, nach wohl überwiegender Auffassung handelt es sich um einen Tatbestand der **Rechtsscheinhaftung**.[28] Dieser Grundgedanke ist wichtig, um die ungeschriebenen Tatbestandsvoraussetzungen der Norm herleiten und Zweifelsfragen bei ihrer Auslegung klären zu können. 14

bb) Tatbestand

§ 362 Abs. 1 HGB sieht ausdrücklich lediglich objektive Kriterien vor: Der Schweigende muss Kaufmann sein, seine Tätigkeit muss in einer Geschäftsbesorgung bestehen, er muss in geschäftlicher Verbindung zum Antragenden stehen (oder sich zur Geschäftsbesorgung erboten haben) und schließlich muss der Antrag zugegangen sein. Die Subsumtion unter diese Voraussetzungen bereitet regelmäßig keine großen Schwierigkeiten. Der Kaufmannsbegriff richtet sich nach den §§ 1 ff HGB. Auch bei dieser Norm wird eine Erweiterung auf Personen, die wie Kaufleute am Handelsverkehr teilnehmen, diskutiert und wohl zu Recht angenommen.[29] Der Begriff der Geschäftsbesorgung ist weit auszulegen. Darunter fällt jede selbständige Tätigkeit wirtschaftlicher Art für einen anderen, unabhängig davon, ob es sich um eine rechtsgeschäftliche oder tatsächliche handelt. Eine dauerhafte Geschäftsverbindung besteht, wenn die beteiligten Parteien wiederholt miteinander Geschäfte getätigt haben und ihre geschäftliche Beziehung objektiv auf eine gewisse Dauer angelegt ist.[30] Entsprechendes gilt, wenn der Kaufmann seine Tätigkeit einer gewissen Personenzahl, zum Beispiel durch individuell ver- 15

---

27 Canaris, HandelsR, § 20 Rn 15; Hoffmann, BB 2005, 2090, 2092 f.
28 Ebenroth/Boujong/Joost/Eckert § 362 Rn 2; Canaris, HandelsR, § 23 Rn 3; Oetker, HandelsR § 7 Rn 24.
29 Baumbach/Hopt/Hopt § 362 Rn 3; MünchKommHGB/Welter § 362 Rn 17; K. Schmidt, HandelsR, § 19 II 2 d aa; aA Heymann/Horn § 362 Rn 5; Ebenroth/Boujong/Joost/Eckert § 362 Rn 9 f.
30 MünchKommHGB/Welter § 362 Rn 22; Baumbach/Hopt/Hopt § 362 Rn 3.

sendete Rundschreiben, angeboten hat.[31] Der Antrag muss hinreichend bestimmt sein[32] und sich im Zweifel an denjenigen richten, mit dem der Kaufmann die Geschäfte auch in der Vergangenheit abgewickelt hat. Für den Zugang gilt § 130 BGB.

16 Da es sich bei § 362 HGB um einen normierten Tatbestand der Rechtsscheinhaftung handelt, muss dem Kaufmann sein **Schweigen** bzw eine nicht unverzügliche Antwort als haftungsbegründend **zuzurechnen** sein, obwohl sich das Erfordernis der Zurechnung nicht aus dem Wortlaut des Gesetzes ergibt. Das ist der Fall, wenn er nicht unverzüglich im Sinne des § 121 Abs. 1 S. 1 BGB antwortet. Bei der Bestimmung einer Antwortfrist sind allgemeine Auslegungskriterien wie Branchenüblichkeit und Eilbedürftigkeit des Antrags heranzuziehen.[33] Fraglich ist, unter welchen Voraussetzungen der Kaufmann sich auf etwaige Unkenntnis vom Zugang des Antrags berufen kann und ihm deshalb der durch sein Schweigen gesetzte Rechtsschein nicht zuzurechnen ist. Nach wohl überwiegender und überzeugender Auffassung hängt dies davon ab, ob die Unkenntnis vom Zugang des Antrags ihren Grund in den spezifischen Risiken eines ideal organisierten kaufmännischen Betriebs hat.[34]

Beispiel: Wenn ein Angestellter den Antrag nicht an eine entscheidungsbefugte Person weiterleitet, dürfte dies in der Risikosphäre des Kaufmanns liegen. Verbrennt der Antrag hingegen im Briefkasten des Unternehmens, liegt das regelmäßig nicht in der betrieblichen Organisation des Kaufmanns.

cc) Folge des gesetzten Rechtsscheins

17 Lehnt der Kaufmann einen Antrag nicht unverzüglich ab, obwohl sein Schweigen ihm nach den oben dargestellten Kriterien zuzurechnen ist, gilt er als angenommen. Das Gesetz ordnet also einen **Vertragsschluss** und nicht nur eine Schadensersatzpflicht an. Folglich ist ein Erklärungsbewusstsein des Schweigenden nicht erforderlich.[35]

18 Der zugrunde liegende Rechtsgedanke der Norm schützt den Rechtsverkehr vor der Obliegenheitsverletzung des Kaufmanns, die dieser durch sein Schweigen bzw seine nicht unverzügliche Antwort begeht. Es besteht darüber hinaus allerdings keine Veranlassung, ihn schlechter zu stellen, als denjenigen, der durch eine ausdrückliche Willenserklärung einen Vertragsschluss herbeiführt. Der Kaufmann kann daher zwar nicht wegen eines Irrtums über die Rechtsfolgen seines Schweigens gem. §§ 119 ff BGB seine Willenserklärung anfechten, alle übrigen **Anfechtungsmöglichkeiten** kann er aber nach überwiegender Auffassung wahrnehmen.[36]

b) Kaufmännisches Bestätigungsschreiben

aa) Rechtliche Einordnung

19 Die Lehre vom kaufmännischen Bestätigungsschreiben ist eng verwandt mit dem Rechtsgedanken des § 362 HGB. Rechtsprechung und Lehre haben dieses Institut entwickelt, das nunmehr als **Gewohnheitsrecht** angesehen werden kann.[37] Wie bei § 362 HGB steht die Haftung des Kaufmanns für den durch sein Verhalten gesetzten **Rechtsschein** im Vordergrund.

bb) Voraussetzungen

20 Um ein Schreiben als kaufmännischen Bestätigungsschreibens einordnen zu können, müssen die nachfolgend dargestellten Voraussetzungen vorliegen. Die einzelnen objektiven und subjektiven Voraussetzungen sind jeweils vor dem Hintergrund der Rechtsscheinhaftung und der jeweiligen Schutzbedürftigkeit auszulegen.

---

31 Baumbach/Hopt/*Hopt* § 362 Rn 4.
32 Baumbach/Hopt/*Hopt* § 362 Rn 3.
33 OLG Thüringen OLG-NL 2006 54, 55; OLG Koblenz NJOZ 2004 2297, 2301; MünchKommHGB/*Welter* § 362 Rn 29.
34 *Canaris*, HandelsR, § 23 Rn 5; *K. Schmidt*, HandelsR, § 19 II 2 d ff;*Oetker*, HandelsR, § 7 Rn 29; ähnlich MünchKommHGB/*Welter* § 362 Rn 30.
35 *Canaris*, HandelsR, § 23 Rn 4 f.
36 BGHZ 11, 1, 4 f; Baumbach/Hopt/*Hopt* § 362 Rn 6; *Oetker*, HandelsR, § 7 Rn 30.
37 BGH, WM 2007, 303, 305 f; *Canaris*, HandelsR, § 23 Rn 10.

Absender und Empfänger müssen regelmäßig **Kaufleute** im Sinne der §§ 1 ff HGB sein oder wie Kaufleute am Geschäftsverkehr teilnehmen.[38] Nach der Rechtsprechung des BGH müssen sich Absender und Empfänger des Schreibens das Verhalten ihrer Vertreter bei Vertragsverhandlungen zurechnen lassen.[39] Ferner muss zwischen dem Zugang des Bestätigungsschreibens und dem tatsächlichen oder vermeintlichen Vertragsschluss ein unmittelbarer **zeitlicher Zusammenhang** bestehen.[40] Welche Bedeutung dem Schweigen auf ein Schreiben, das kaufmännische Vereinbarungen wiedergibt, beizumessen ist, wenn im selben Schreiben um Gegenbestätigung gebeten wurde, ist einzelfallabhängig.[41] Das Bestätigungsschreiben muss den wesentlichen **Inhalt der Einigung** der Vertragsparteien wiedergeben. Unwesentliche Punkte, über die nicht gesprochen wurde, dürfen in das Schreiben aufgenommen werden, ohne dass es seinen bestätigenden Charakter verliert. Eine wesentliche Änderung ist hingegen nicht gestattet. Wesentlich ist die Änderung dann, wenn der Absender aufgrund der Abweichung zwischen vereinbartem und bestätigtem Inhalt vernünftiger Weise nicht mit einer Zustimmung rechnen kann.[42]

Beispiel: Unter dem Stichwort sich **kreuzender Bestätigungsschreiben** werden Fälle behandelt, in denen beide Parteien sich wechselseitig, aber mit unterschiedlichem Inhalt, den Vertragsschluss bestätigen. Praktisch relevant wird dies häufig dann, wenn die Parteien nachträglich die Geltung ihrer Allgemeinen Geschäftsbedingungen vereinbaren wollen. Der Zweck des kaufmännischen Bestätigungsschreibens wird in solchen Fällen verfehlt, ein Vertrag kommt nicht zustande. Dies gilt jedenfalls dann, wenn von den Abweichungen die *essentialia negotii* betroffen sind. Andernfalls ist einzelfallabhängig zu entscheiden, ob die Parteien trotz der Abweichung gebunden bleiben wollen. Hinsichtlich der sich widersprechenden Teile gilt dann dispositives Gesetzesrecht.

Nach einer Auffassung kommt es auch nicht zum Vertragsschluss, wenn bei einem Mangel der Vertretungsmacht der Absender des Bestätigungsschreibens redlicherweise nicht mit einer umgehenden Aufdeckung des Mangels rechnen konnte. Das kann beispielsweise der Fall sein, wenn das Schreiben lediglich an den – nicht ordnungsgemäß bevollmächtigten – Verhandlungspartner und nicht auch an die Geschäftsführung gesendet wird. Das Schweigen des Verhandlungspartners soll in solchen Fällen nicht zu einem Vertragsschluss führen.[43] Die Rechtsprechung ist allerdings anderer Auffassung. Sie legt das Risiko, dass ein Mangel der Vertretungsmacht durch die Adressierung eines kaufmännischen Bestätigungsschreibens an den vermeintlich vertretungsberechtigten Angestellten nicht aufgedeckt wird, wohl zutreffend der betroffenen Partei auf. Der Absender habe durch die Adressierung an die vermeintliche Vertragspartei alles seinerseits Erforderliche getan, auch wenn er den Firmennamen mit dem Zusatz „zu Händen" seines Verhandlungspartners versehen habe.[44] Schließlich darf **kein Widerspruch** des Empfängers vorliegen. Hinsichtlich der zeitlichen und sachlichen Anforderungen an den Widerspruch sowie die Zurechnung des Schweigens kann grundsätzlich auf die Ausführungen zu § 362 HGB verwiesen werden, die insoweit entsprechend gelten.

Subjektiv müssen die folgenden Voraussetzungen erfüllt sein: Der Absender des Schreibens muss **gutgläubig** sein im Hinblick auf den Charakter des Schweigens als Zeichen des Einverständnisses mit der im Bestätigungsschreiben wiedergegebenen Regelung. Diese Gutgläubigkeit wird **regelmäßig vermutet**.[45] § 166 Abs. 1 BGB ist entsprechend anzuwenden, so dass der böse Glaube von Stellvertretern dem Vertretenen zugerechnet wird, selbst wenn dieser das Bestätigungsschreiben gutgläubig verfasst

---

38 Siehe zur Erweiterung des persönlichen Anwendungsbereichs oben unter Rn 4 ff.
39 Vgl BGH NJW 2007, 987, 988.
40 Statt vieler: BGH NJW-RR 2001, 680, 680.
41 BGH NJW-RR 2007, 325, 327.
42 BGH NJW -RR 2001, 680, 681; BGHZ 93, 338, 343; OLG Koblenz NJW – RR 2007, 813, 814; OLG Thüringen OLG – NL, 2006, 54, 55; OLG Köln NJW-RR 2003, 612, 612.
43 In diesem Sinne *Canaris*, HandelsR, § 23 Rn 30.
44 BGH, NJW 1990, 386, 386; BGH, NJW 1964, 1951, 1951.
45 BGH NJW 1974, 991, 992.

hat.⁴⁶ Böser Glaube kann nicht nur bei positiver Kenntnis, sondern auch bei fahrlässiger Unkenntnis vorliegen.⁴⁷

Beispiel: Der Bestätigende wird nicht geschützt, wenn er die Fälschung der Unterschrift eines zweiten Gesamtvertreters kannte oder kennen musste.⁴⁸

cc) Rechtsfolge

24 Liegen die zuvor genannten Voraussetzungen vor, kommt der Vertrag regelmäßig mit dem Inhalt des Bestätigungsschreibens zustande. Der Absender des Schreibens muss nach allgemeinen Grundsätzen beweisen, dass die Voraussetzungen eines kaufmännischen Bestätigungsschreibens vorliegen, wenn er aus dem Schweigen des Geschäftsgegners Rechte herleiten will. Der Empfänger ist – wiederum nach allgemeinen Grundsätzen – verpflichtet, Umstände darzutun und zu beweisen, die das Vorliegen eines Bestätigungsschreibens im rechtlichen Sinne widerlegen.⁴⁹ Der Schweigende ist wie bei § 362 HGB nur hinsichtlich der Wirkung seines Schweigens gebunden, nicht aber im Hinblick auf andere Willensmängel im Sinne der §§ 116 ff BGB. Insoweit ist er zur Anfechtung berechtigt und kann sich vom Vertrag lösen.

c) Sonstige Fälle des rechtlich relevanten Schweigens

25 Neben den in diesem Kapitel zuvor angesprochenen Konstellationen kann das bloße Schweigen im kaufmännischen bzw kaufmannsähnlichen Rechtsverkehr in den folgenden in der Praxis relevanten Fällen rechtliche Bedeutung haben:

aa) Schweigen auf die Schlussnote eines Handelsmaklers

26 Der Handelsmakler⁵⁰ hat gem. § 94 HGB grundsätzlich unverzüglich nach dem Abschlusse des Geschäfts jeder Partei eine von ihm unterzeichnete Schlussnote zuzustellen, welche die Parteien, den Gegenstand und die Bedingungen des Geschäfts enthält. Dieses Dokument dient als Beweismittel für Abschluss und Inhalt des Geschäfts. Nach Handelsbrauch führt das Schweigen der Parteien auf die Schlussnote zur Verbindlichkeit des Abschlusses mit dem in der Schlussnote angegebenen Inhalt.⁵¹

bb) Schweigen auf Vertragsangebot

27 In der Regel ist das Schweigen auf ein Vertragsangebot auch im kaufmännischen Rechtsverkehr keine Annahme. Ausnahmen von diesem Grundsatz können sich nach übereinstimmender Auffassung in Rechtsprechung und Literatur ergeben, wenn das Schweigen als konkludente Willenserklärung anzusehen ist. Dies kann beispielsweise der Fall sein, wenn ein „freibleibendes", dh ohne Bindung, unterbreitetes Angebot durch eine dem Angebot genau entsprechende Bestellung angenommen wird und der Anbietende daraufhin schweigt.⁵² Entsprechendes gilt, wenn B auf ein Angebot des A verspätet reagiert, A daraufhin schweigt, es sei denn, besondere Umstände oder die Länge der Zeit zwischen Angebot und verspäteter Annahme deuten auf eine andere Entschließung des A hin.⁵³ Die darüber hinausgehende Formel des BGH, nach der Schweigen stets als Annahme zu interpretieren ist, wenn Treu und Glauben oder die Verkehrssitte einen ausdrücklichen Widerspruch des Vertragspartners verlangen,⁵⁴ begegnet in der Literatur starken Bedenken. Dieser Auffassung wird zu Recht entgegengehalten, dass dadurch der Grundsatz, nach dem Schweigen keine Rechtswirkung zukommt, aus-

---

46 BGHZ 40, 42, 45 ff.
47 Ebenroth/Boujong/Jost/*Kort* § 346 Rn 68; *Canaris*, HandelsR, § 23 Rn 44.
48 BGHZ 20, 149, 153.
49 BGH NJW-RR 2001, 680, 680 ff; OLG Koblenz NJW-RR 2007, 813 ff.
50 Näher zum Handelsmakler unter § 1 Rn 465 ff und Rn 831.
51 BGH, WM 1983, 684; BGH NJW 1955, 1916, 1917; Baumbach/Hopt/*Hopt* § 94 Rn 2.
52 RGZ 102, 229, 229; Baumbach/Hopt/*Hopt* § 346 Rn 36.
53 Beispiel nach BGH, NJW 1951, 313; siehe auch *Canaris*, HandelsR, § 23 Rn 48; MünchKommHGB/*K. Schmidt* § 346 Rn 137 ff; Baumbach/Hopt/*Hopt* § 346 Rn 36.
54 BGH NJW 1995, 1281, 1281; BGH, WM 1991, 554, 557; BGH NJW 1951, 711, 711.

gehöhlt wird. Auch dogmatisch ist die Position des BGH angreifbar, da die Verletzung einer Widerspruchspflicht, wie sie in den vom BGH entschiedenen Fällen bestehen mag, regelmäßig nicht zu einem Erfüllungs-, sondern zu einem Schadensersatzanspruch gegenüber dem Schweigenden führen dürfte.[55]

cc) Abgrenzung: Schweigen auf Auftragsbestätigung

Das Schweigen auf eine Auftragsbestätigung wird von Rechtsprechung und Literatur regelmäßig nicht als Zustimmung gewertet.[56] Der Unterschied zwischen Auftragsbestätigung und kaufmännischem Bestätigungsschreiben liegt darin, dass erstere den Vertragsschluss erst herbeiführen will oder lediglich Teile eines bindenden Auftrags wiederholt. Beide Fälle sind mit der Wirkung eines kaufmännischen Bestätigungsschreibens, das den in der Regel bereits geschlossenen Vertrag in seinen wesentlichen Grundzügen wiedergibt, nicht vergleichbar. Deshalb hält man den Absender einer Auftragsbestätigung für weniger schutzbedürftig als den eines kaufmännischen Bestätigungsschreibens. Darüber hinaus fehlt es an einer entsprechenden Verkehrssitte, die den Vertrauensschutz begründen könnte. In der Praxis können die Übergänge zwischen Auftragsbestätigung und kaufmännischem Bestätigungsschreiben fließend sein, so dass unabhängig von der Bezeichnung durch die Parteien sorgfältig zu prüfen ist, ob die Voraussetzungen einer Vertrauenshaftung gegeben sind.[57]

28

d) Praktische Hinweise

Das Schweigen im kaufmännischen Rechtsverkehr hat für den Schweigenden regelmäßig nur dann rechtliche Konsequenzen, wenn ihm dieses Schweigen im Rahmen von Vertrauensschutztatbeständen als rechtlich bedeutsam zuzurechnen ist. Im Rahmen der Organisation seines Unternehmens sollte der Kaufmann sicherstellen, dass alle Schreiben an die zuständigen und entsprechend bevollmächtigten Mitarbeiter gelangen. Ferner ist es empfehlenswert, allen Mitarbeitern die Folgen des Schweigens im Handelsverkehr zu erläutern. Senden der Kaufmann oder seine Mitarbeiter selbst Auftragsbestätigungen oder so genannte kaufmännische Bestätigungsschreiben, sollten diese immer jedenfalls auch an die Geschäftsführung bzw ihnen bekannte Prokuristen der Vertragspartei geschickt werden, um sicherzustellen, dass die Schreiben – auch unter Berücksichtigung der Auffassung von Teilen der Literatur[58] – ihre beabsichtigte Rechtswirkung entfalten.

29

2. Handelsbräuche

Nach § 346 HGB ist unter Kaufleuten in Ansehung der Bedeutung und Wirkung von Handlungen und Unterlassungen auf die im Handelsverkehr geltenden Gewohnheiten und Gebräuche Rücksicht zu nehmen. Diese Norm zeigt die rechtliche Bedeutung von kaufmännischen Gewohnheiten für den Handelsverkehr, die verkürzt als Handelsbräuche bezeichnet werden. Sie ergänzt und präzisiert für die Handelsgeschäfte § 157 BGB, nach dem Verträge mit Rücksicht auf die Verkehrssitte auszulegen sind. Handelsbräuche können daher auch als **kaufmännische Verkehrssitte** bezeichnet werden.[59]

30

a) Bedeutung und Funktion

Sie spielen im Handelsverkehr eine erhebliche Rolle[60] und bilden regelmäßig **kein Gewohnheitsrecht**. Sie sind deshalb auch keine Rechtsquelle, sondern lediglich in Verbindung mit der Auslegung von Handlungen und Unterlassungen im Handelsverkehr beachtlich. § 346 HGB wird sowohl für die Aus-

31

---

55 MünchKommHGB/*K. Schmidt* § 362 Rn 4; *Canaris*, HandelsR, § 23 Rn 51 ebenfalls kritisch Baumbach/Hopt/*Hopt* § 346 Rn 32.
56 BGHZ 61, 282, 285; BGHZ 18, 212, 215 f; Baumbach/Hopt/*Hopt* § 346 Rn 32.
57 BGH, NJW 1974, 991, 992; BGHZ 54, 236, 239; Baumbach/Hopt/*Hopt* § 346 Rn 34.
58 Vgl Rn 22.
59 MünchKommHGB/*K. Schmidt* § 346 Rn 7.
60 Beispielsweise BGH WM 2007, 303 ff; OLG Hamm, NJOZ 2005, 2220 ff; OLG Schleswig NJW-RR 2004, 1027 ff; OLG München NJOZ 2006, 2175 ff; KG ZMR 2005, 948 ff.

b) Voraussetzungen

32 Nach der ständigen Rechtsprechung des BGH liegt ein Handelsbrauch vor, wenn es sich dabei um eine im Verkehr der Kaufleute untereinander verpflichtende Regel handelt, die auf einer gleichmäßigen, einheitlichen und freiwilligen tatsächlichen Übung beruht, die sich innerhalb eines angemessenen Zeitraums für vergleichbare Geschäftsvorfälle gebildet hat und der eine einheitliche Auffassung der Beteiligten zugrunde liegt.[62] Erkennen weniger als 25 des betroffenen Verkehrskreises eine entsprechende Regel nicht an, liegt ein Handelsbrauch regelmäßig nicht vor.[63] Erfasst werden davon alle Handlungen und Unterlassungen eines Kaufmanns, also nicht nur Willenserklärungen und Rechtsgeschäfte.[64]

33 Der Handelsbrauch muss sich auf einen bestimmten öffentlichen Verkehrskreis beziehen, der allerdings regional und branchenspezifisch begrenzt sein kann. Diese Merkmale müssen hinreichend bestimmbar sein.[65] Um als Handelsbrauch gewertet zu werden, muss eine entsprechende Übung auch tatsächlich praktiziert werden. Allerdings kann die Häufigkeit ihrer Anwendung von der Art und Häufigkeit des Geschäfts abhängen.[66] Auch das Merkmal des „angemessenen Zeitraums", in dem sich ein Handelsbrauch bildet, ist abhängig von den Umständen des Geschäfts flexibel zu beurteilen.[67] Die Freiwilligkeit ist gegeben, wenn der Handelsbrauch nicht aufgrund einer wirtschaftlichen Übermacht einer Partei diktiert, sondern von beiden potentiellen Vertragsseiten akzeptiert wird.[68] Die **tatsächliche Übung** muss regelmäßig bei Vertragsschluss[69] **an dem Ort** vorliegen, **an dem das Geschäft seinen Schwerpunkt hat**.[70] Ist ein solcher nicht ermittelbar, gelten die am Erfüllungsort bestehenden Handelsbräuche.[71]

34 Grundsätzlich wirken Handelsbräuche lediglich zwischen Kaufleuten. Die Rechtsprechung hat den Anwendungsbereich auf Personen ausgedehnt, die wie Kaufleute am Geschäftsleben teilnehmen.[72] Der Handelsbrauch muss keiner Partei bekannt sein, um zur Auslegung bzw zur Bestimmung der an eine bestimmte Handlung anknüpfenden Rechtsfolgen herangezogen werden zu können.[73] Sollte allerdings eine Partei bei Vertragsverhandlungen bemerken, dass die andere Seite einen Handelsbrauch nicht kennt, können sich nach allgemeinen Regeln Aufklärungspflichten ergeben.[74]

c) Rechtsfolgen

aa) Heranziehung des Handelsbrauchs zur Auslegung

35 Wird eine Handlung oder Unterlassung von einem Handelsbrauch erfasst, so ist sie dementsprechend auszulegen bzw ihr die entsprechende Bedeutung beizumessen. Das kann im Bereich der Rechtsgeschäfte und Willenserklärungen zum einen durch die Auslegung bereits vereinbarter Klauseln erfolgen, zum anderen durch ergänzende Vertragsauslegung. Die §§ 133, 157, 242 BGB können auch im kaufmännischen Verkehr neben § 346 HGB herangezogen werden. Sie werden allerdings durch § 346 HGB modifiziert: Zum einen ist nicht auf die allgemeine Verkehrssitte abzustellen, sondern

---

61 MünchKommHGB/*K. Schmidt* § 346 Rn 2; Baumbach/Hopt/*Hopt* § 346 Rn 1.
62 Vgl nur BGH NJW 1994, 659, 660; BGH BB 1984, 1191; OLG Frankfurt aM NJW-RR 2001, 1498, 1499.
63 Vgl BGH NJW 2001, 2464, 2465; OLG München NJOZ 2006, 2175, 2179.
64 Ebenroth/Boujong/Joost/*Kort* § 346 Rn 1.
65 Ablehnend für einen vermeintlich auf „erstklassige Kunsthandlungen" abstellenden Handelsbrauch RGZ 135, 339, 345; *Canaris*, HandelsR, § 22 Rn 6.
66 BGH NJW 1966, 502, 503 f; OLG Hamburg MDR 1963, 849.
67 *Canaris*, HandelsR, § 22 Rn 7.
68 MünchKommHGB/*K. Schmidt* § 346 Rn 13.
69 *Canaris*, HandelsR, § 22, Rn 27.
70 BGH BB 1976, 480, 480 f; *Oetker*, HandelsR, § 7 Rn 51.
71 BGH WM 1984, 1000, 1003; Ebenroth/Boujong/Joost/*Kort* § 346 Rn 23.
72 Vgl BGH WM 1980, 1122, 1123; BGH WM 1970, 695, 696; NJW 1952, 257.
73 BGH BB 1973, 635, 636; OLG Frankfurt WM 1986, 838, 839; Baumbach/Hopt/*Hopt*, § 346 Rn 8.
74 BGH WM 1984, 1000, 1003; MünchKommHGB/*K. Schmidt* § 346 Rn 34.

auf die unter Kaufleuten geltende Verkehrssitte. Zum anderen unterliegen sowohl die interpretierende als auch insbesondere die ergänzende Auslegung von Willenserklärungen und Verträgen Besonderheiten, die sich aus der Relevanz von Handelsbräuchen ergeben.[75]

Häufig werden Handelsbräuche herangezogen zur **Auslegung standardisierter Klauseln,** denen der Handelsverkehr üblicherweise eine bestimmte Bedeutung beimisst. Bei einzelnen Randbereichen hingegen helfen auch die Handelsbräuche nicht. In diesen Fällen kann auf die allgemeine Auslegungsregel des § 157 BGB zurückgegriffen werden. 36

Beispiel: Enthält ein Vertrag eine so genannte „fob" („free on board") Klausel, ist der Verkäufer unter anderem verpflichtet, die Sache auf seine Kosten an Bord des ihm vom Käufer zu benennenden Schiffes zu liefern. Der Käufer ist unter anderem verpflichtet, die Kosten der Verstauung und des Transports zu übernehmen. Diese Verteilung der Pflichten ergibt sich aus einem Handelsbrauch. Der Handelsbrauch bei Verwendung dieser Klausel erfasst aber nicht die Frage, ob der Ausgangs- oder der Zielhafen als Ablieferungsort im Sinne des § 377 HGB anzusehen ist. Dies ist aufgrund der Umstände des Einzelfalls durch Auslegung gem. § 157 BGB zu ermitteln.[76]

Das Zusammenspiel von vereinbarten Standardklauseln und ihrer Auslegung durch Handelsbräuche findet sich in der Praxis häufig: 37

Beispiel: In Kaufverträgen über der Gattung nach bestimmte Sachen, die der Verkäufer noch nicht im Besitz, aber bereits an den Käufer verkauft hat, findet sich häufig folgende Klausel: „Richtige und rechtzeitige Selbstbelieferung vorbehalten". Diese Klausel wird nach einem Handelsbrauch so ausgelegt, dass sie bei einem Vertragsbruch des Lieferanten eingreift, aber auch den Abschluss eines kongruenten Deckungsgeschäfts des Verkäufers mit seinem Lieferanten voraussetzt. Kraft Handelsbrauch ist der Verkäufer verpflichtet, dem Käufer den Liefer- bzw Schadensersatzanspruch gegen den Lieferanten abzutreten.[77]

Werden Handelsbräuche zur ergänzenden Vertragsauslegung herangezogen, sollen sie im Vertrag nicht enthaltenen, aber üblicherweise befolgten Regelungen Geltung verschaffen.[78] Als Beispiele hierfür können Handelsbräuche angeführt werden, die die Delkrederehaftung des Kommissionärs (§ 394 HGB) oder seinen Provisionsanspruch (§ 396 HGB) begründen können. 38

Sowohl bei der Auslegung von Klauseln als auch bei der ergänzenden Vertragsauslegung gilt grundsätzlich die Vermutung, dass die Klauseln mit der dem Handelsbrauch entsprechende Bedeutung zu verstehen bzw die vertragliche Lücke entsprechend zu schließen ist. 39

Eine Anfechtung wegen mangelnden Erklärungsbewusstseins oder eines Inhaltsirrtums gem. § 119 Abs. 1 BGB ist nach herrschender Auffassung aus Gründen des Vertrauensschutzes nicht zulässig. In Einzelfällen kann allerdings eine Anfechtung möglich sein, wenn der Irrtum nicht im Zusammenhang mit dem Handelsbrauch steht.[79] 40

bb) Verhältnis zu zwingendem und dispositivem Gesetzesrecht

Zwingendes Recht geht Handelsbräuchen stets vor. Das Verhältnis zwischen Handelsbrauch und dispositivem Recht ist nach überwiegender Auffassung abhängig von der Art der Norm, von der der Handelsbrauch abweicht. Grundsätzlich gehen Handelsbräuche dem dispositiven Recht vor, Ausnahmen können sich aber ergeben, wenn der Zweck des Gesetzes einen entsprechenden Handelsbrauch ausschließt. Dies wird beispielsweise angenommen, wenn die Normen einem gerechten Interessenausgleich oder dem besonderen Schutz einer Partei dienen sollen.[80] 41

---

75 MünchKommHGB/*K. Schmidt* § 346 Rn 7; Ebenroth/Boujong/Joost/*Kort* § 346 Rn 16.
76 Beispiel nach *Canaris*, HandelsR, § 22 Rn 19.
77 Beispiel nach BGHZ 49, 388 ff; siehe die ausführliche Besprechung bei *Canaris*, HandelsR, § 22 Rn 21.
78 Vgl BGH NJW-RR 2004, 555; BGH NJW 1977, 385, 386.
79 *Canaris*, HandelsR, § 22 Rn 30 ff; *Oetker*, HandelsR, § 7 Rn 52.
80 Vgl OLG Celle, BB 1961, 1341; MünchKommHGB/*K. Schmidt* § 346 Rn 39.

cc) Verhältnis zu einzelvertraglichen Regelungen und AGB

42 Auch vertragliche Vereinbarungen sowie Allgemeine Geschäftsbedingungen gehen Handelsbräuchen regelmäßig vor. Sie sind aber in ihrem Licht auszulegen, wenn die Parteien nicht ausdrücklich vereinbart haben, dass sie von Handelsbräuchen abweichen wollen. Sollte also das übereinstimmende Verständnis der Parteien vom Inhalt eines Handelsbrauchs abweichen, kann der Handelsbrauch nicht herangezogen werden, weil die Parteien eine andere Regelung vereinbart haben und sich insofern – wenn auch konkludent – gegen die Anwendung des Handelsbrauchs auf ihre vertragliche Beziehung entschieden haben.[81] Die Handelsbräuche selbst unterliegen keiner Kontrolle nach den §§ 305 ff BGB.

d) Beispiele für Handelsbräuche

43 Eine umfassende Auflistung bestehender Handelsbräuche lässt sich nicht aufstellen. Aus den **Jahresberichten der Industrie- und Handelskammern** lassen sich häufig die jeweils in einem Berichtszeitraum festgestellten Handelsbräuche entnehmen. Regelwerke, die Handelsbräuche schriftlich festhalten, sind beispielsweise die im Holzhandel üblichen Tegernseer Gebräuche[82] oder die Allgemeinen Deutschen Seeversicherungsbedingungen.[83]

e) Prozessuales

44 Die **Beweislast für das Bestehen eines Handelsbrauchs** liegt bei der Partei, die sich darauf beruft. Die Feststellung erfolgt durch die Gerichte, die dazu regelmäßig die ortsansässigen Industrie- und Handelskammern mit der Erstellung eines entsprechenden Gutachtens beauftragen. Diese orientieren sich bei dessen Erstellung an einem Merkblatt des Deutschen Industrie- und Handelstages über die Ermittlung von Handelsbräuchen.[84] Grundsätzlich werden die Industrie- und Handelskammern nur auf gerichtlichen Beweisbeschluss tätig. Informationen zu bereits festgestellten Handelsbräuchen dürfen sie allerdings unter Umständen auch im Vorfeld eines Prozesses erteilen. Die Feststellung eines Handelsbrauchs ist nicht revisibel, wohl aber die Methodik, die dazu geführt hat.[85]

f) Praktische Hinweise

45 Vor dem Abschluss von Verträgen, die ihren Schwerpunkt in Gebieten haben, in denen der Mandant die Handelsbräuche nicht kennt, ist dringend zu empfehlen, Erkundigungen bei den ortsansässigen Industrie- und Handelskammern einzuholen. In jedem Fall empfiehlt es sich, die Anwendbarkeit von Handelsbräuchen mit dem Vertragspartner zu diskutieren und ggf ausdrücklich vertraglich zu regeln, um diesbezügliche Streitigkeiten zu vermeiden. Wenn der Mandant erst im Streitfall Rat sucht, ist zu bedenken, dass in einem etwaigen Prozess derjenige beweisbelastet ist, der sich auf die Geltung eines Handelsbrauchs beruft. Da der Handelsbrauch, sofern er bei der jeweiligen Industrie- und Handelskammer bzw den Gerichten nicht aufgrund jüngerer Erhebungen bekannt ist, auch auf der Basis einer Umfrage unter den Unternehmen der Branche ermittelt wird, ist das Ergebnis einer entsprechenden Beweisaufnahme nur schwer vorherzusagen. Ein derartiges Vorgehen birgt daher ein nicht unerhebliches Risiko, so dass in jedem Fall alle übrigen Möglichkeiten sorgfältig geprüft werden müssen, den vom Mandanten behaupteten Inhalt der vertraglichen Vereinbarung bzw des Handelsbrauchs zu beweisen. Dabei können unter Umständen die Verhandlungsunterlagen des Mandanten bzw in der entsprechenden Angelegenheit geführte Korrespondenz zwischen den Vertragsparteien hilfreich sein.

---

81 BGHZ 23, 131, 137; MünchKommHGB/K. *Schmidt* § 346 Rn 40.
82 BGH, NJW-RR 1987, 94, 95; BGH NJW 1983, 684; OLG Thüringen, OLG-NL 2003, 241 ff; OLG Koblenz, NJW-RR 1988, 1306; LG Köln, BB 1988, 1139.
83 Ulmer/Brandner/*Hensen* § 2 Rn 91. Siehe für weitere Beispiele für Handelsbräuche MünchKommHGB/K. *Schmidt* § 346 Rn 29 ff.
84 Das Merkblatt ist im MünchKommHGB/K. *Schmidt* § 346, Rn 171 ff abgedruckt.
85 BGH WM 1973, 363, 364; BGH NJW 1966, 502, 503; vgl auch BGH NJW-RR 2005, 568, 569.

III. Modifikationen des Schuldrechts

Neben den mit separaten Abschnitten im HGB bedachten Modifikationen und Ergänzungen des Besonderen Schuldrechts für den Handelskauf,[86] das Kommissions-[87] und das Frachtgeschäft enthalten auch die allgemeinen Vorschriften der §§ 343–372 HGB zahlreiche Modifikationen des Allgemeinen und Besonderen Schuldrechts, deren praktische Relevanz jedoch sehr unterschiedlich ist.

1. Vertragliche Abtretungsverbote gem. § 354 a HGB

Die als Ausprägung der Vertragsfreiheit grundsätzlich bestehende Möglichkeit, ein Abtretungsverbot iSd § 399 2. Fall BGB[88] zu vereinbaren, wird unter Kaufleuten durch § 354 a HGB maßgeblich eingeschränkt. **Zweck** der 1994 nachträglich in das HGB aufgenommenen Regelung ist es, durch eine erhöhte Verkehrsfähigkeit von Geldforderungen die Kreditfähigkeit von kaufmännischen Lieferanten und Dienstleistern zu verbessern.[89] Häufig werden von Großabnehmern gegenüber ihren Lieferanten Abtretungsverbote vereinbart, um im Sinne einer möglichst einfachen Vertragsabwicklung sicherzustellen, dass der Zahlungsschuldner allein einem einzelnen Ansprechpartner gegenüber zur Erfüllung verpflichtet ist. Für die betroffenen Lieferanten hat dies bis zur Einführung des § 354 a HGB bedeutet, dass entsprechende Forderungen weder zur Liquiditätsverbesserung im Wege eines Factoring, noch als Mobiliarsicherheiten zur Verfügung standen. Zulieferer des Verkäufers scheiterten mit einem verlängerten Eigentumsvorbehalt gleichfalls an einem vertraglichen Abtretungsverbot.[90] Die praktische Bedeutung des § 354 a HGB ist mithin entsprechend der weiten Verbreitung insbesondere der Sicherungszession, einschließlich der Vorabtretungsklauseln beim verlängerten Eigentumsvorbehalt, und des Factoring hoch. § 354 a HGB ist gemäß dessen Satz 3 **zwingendes Recht**.

a) Voraussetzungen

§ 354 a HGB findet Anwendung auf Geldforderungen für die ein vertragliches Abtretungsverbot in einem Rechtsgeschäft, das für beide Vertragsteile ein Handelskauf iSd § 343 f HGB ist, vereinbart wurde. Angesichts der sachlichen Beschränkung auf **Geldforderungen** greift § 354 a HGB nicht für Sach-, Dienstleistungs- oder Werkleistungsforderungen. Die Beschränkung des § 354 a HGB auf **beiderseitige Handelsgeschäfte** (oder Geldforderungen gegenüber einer juristischen Person des öffentlichen Rechts) wird im Schrifttum zum Teil nicht allein rechtspolitisch kritisiert, sondern darüber hinausgehend im Wege einer Analogie für sämtliche Gewerbetreibende und Freiberufler partiell revidiert.[91] Über den unmittelbaren Wortlaut hinaus erfasst § 354 a HGB nicht allein **vertragliche Abtretungsverbote**, sondern auch Verpfändungsverbote (arg. § 1274 Abs. 1 S. 1 BGB) sowie Abreden, wonach die Abtretung einer Geldforderung der Zustimmung des Schuldners bedarf, was einem vertraglichen Abtretungsverbot gleichzustellen ist.[92] Auf das kontokorrentrechtliche Abtretungsverbot[93] findet § 354 a HGB hingegen nach zutreffender ganz herrschender Meinung keine Anwendung. Zwar wird ein Kontokorrent als solches durch eine entsprechende vertragliche Abrede begründet, jedoch stellt, je nach Begründungsansatz innerhalb der ganz herrschenden Meinung, das kontokorrentrechtliche Abtretungsverbot ein gesetzliches, im Gesetzeswortlaut allerdings nicht ausdrücklich erwähntes Abtretungsverbot dar bzw zwingt der gesetzgeberische Wille zur Durchsetzung des Kontokorrents zu einer teleologischen Reduktion des § 354 a HGB.[94] Dies kann gegebenenfalls, bis zur Grenze einer unzulässigen Umgehung des § 354 a HGB,[95] aus Sicht des Geldschuldners gestalterisch genutzt werden.

---

86 Vgl Rn 100 ff.
87 Vgl Rn 167 ff.
88 Welches auch in Allgemeinen Geschäftsbedingungen wirksam vereinbart werden kann; BGH NJW 1988, 1210, 1211.
89 BT-Drucks. 12/7912, S. 24.
90 So die hM; vgl Palandt/*Weidenkaff* § 449 Rn 18 mwN.
91 So zB MünchKomm HGB/*K. Schmidt* § 354 a Rn 8; *Canaris*, HandelsR, § 26 Rn 35; aA, Differenzierung des Gesetzgebers muss respektiert werden, Heymann/*Horn* § 354 a Rn 14.
92 BGH NJW-RR 2005, 624.
93 Vgl Rn 52.
94 Für die ganz herrschende Meinung Heymann/*Horn* § 354 a Rn 4 mwN.
95 Vgl MünchKomm HGB/*K. Schmidt* § 354 a Rn 33.

b) Rechtsfolgen

49 Nach § 354 a S. 1 HGB ist die Abtretung entgegen § 399 2. Fall BGB grundsätzlich voll wirksam, dh nicht nur relativ gegenüber dem Schuldner. Der neue Gläubiger (Zessionar) kann sich daher gegenüber Dritten auf seine Inhaberschaft berufen, im Falle der Insolvenz durch ein Aus- oder Absonderungsrecht nach §§ 47, 51 InsO, im Falle der Zwangsvollstreckung durch eine Drittwiderspruchsklage gem. § 771 ZPO. Im Verhältnis zum Schuldner hingegen wird die absolute Wirksamkeit der Abtretung insoweit maßgeblich relativiert, als dass § 354 a S. 2 HGB dem Schuldner die Möglichkeit lässt, **nach seiner Wahl** an den neuen oder alten Gläubiger zu leisten (durch Erfüllung oder Erfüllungssurrogate).[96] Soweit der Schuldner an den Zedenten leistet, kann der Zessionar dem Zedenten gegenüber § 816 Abs. 2 BGB und ggf Schadensersatzansprüche geltend machen. Durch diese erhebliche Einschränkung der Wirkung des § 354 a S. 1 HGB sollte sich in der Praxis der Zessionar nicht auf § 354 a HGB verlassen, sondern zB eine vertragliche Aufhebung des Abtretungsverbotes oder anderweitige Sicherheiten fordern. Anders als bei § 407 Abs. 1 BGB greift die befreiende Wirkung einer Leistung des Schuldners an den Zedenten grundsätzlich selbst dann, wenn der Schuldner **positive Kenntnis** von der Abtretung hat. Ebenso kann der Schuldner auch mit einer Forderung gegen den bisherigen Gläubiger aufrechnen, wenn er diese in Kenntnis der Aufrechnung erwirbt oder wenn diese später als die abgetretene Forderung fällig wird, dh § 406 BGB ist nicht anwendbar.[97] Eine eng anzuwendende Ausnahme von der Befreiungswirkung gem. § 354 a S. 2 HGB ist im Missbrauchfall gem. § 242 BGB zu machen, wofür angesichts des Vergleichs zu § 407 Abs. 1 HGB allein die positive Kenntnis der Abtretung nicht ausreichen kann. Ein derartiger Missbrauch kann beispielsweise dann vorliegen, wenn dem Schuldner ein schutzwürdiges Eigeninteresse an einer Leistung an den Zedenten fehlt und der Schuldner um eine drohende Insolvenz des Zedenten oder ein nicht zu erwartende Weiterleitung des Geldes durch den Zedenten an den Zessionar weiß.[98] Umstritten ist, ob auch sonstige Rechtsgeschäfte (zB Stundung, Vergleich oder Erlass) bei Kenntnis der Abtretung gegenüber dem Zedenten möglich sind oder dies entsprechend § 407 Abs. 1 BGB durch entsprechende Kenntnis ausgeschlossen wird.[99]

Hinweis: Die Möglichkeit des Schudners, grundsätzlich nach seiner Wahl an den neuen oder alten Gläubiger zu leisten, bedeutet zivilprozessual, dass der neue Gläubiger vorsichtshalber nur auf Leistung an sich *oder* an den Zedenten klagen sollte.[100]

2. Das Kontokorrent gem. §§ 355–357 HGB

50 Ebenso von großer praktischer Relevanz ist das in §§ 355–357 HGB nur unvollkommen geregelte Kontokorrent (von italienisch conto corrente = laufende Rechnung). Entsprechend der Legaldefinition in § 355 Abs. 1 HGB handelt es sich um ein Kontokorrent, wenn jemand mit einem Kaufmann derart in Geschäftsverbindung steht, dass die aus der Verbindung resultierenden beiderseitigen Ansprüche in Rechnung gestellt und in regelmäßigen Zeitabschnitten durch Verrechnung und Feststellung des Überschusses ausgeglichen werden. Neben dem Bankkonto sind weit verbreitete Anwendungsfälle ständige Beziehung von Unternehmen mit deren Vertriebsmittlern oder dauerhaften Abnehmern, Verrechnungskonten bei Einkaufsgemeinschaften zB im Einzelhandel oder auch konzerninterne Verrechnungskonten für Konzernumlagen, konzerninterne Lieferungen und Leistungen sowie ein Cash Pooling bzw Cash Management. Das Kontokorrent verfolgt als **Zweck** sowohl die Vereinfachung der Abwicklung gegenseitiger Ansprüche, als auch die gesicherte Durchsetzung der Ansprüche durch deren Verrechnung. Die rechtliche Struktur des Kontokorrents lässt sich wohl am

---

96 Für die Aufrechnung BGH WM 2003, 2338, 2340.
97 BGH NJW-RR 2005, 624, 626.
98 *Canaris*, HandelsR, § 26 Rn 25 mwN; vgl auch LG Hamburg WM 1999, 428, 431 f.
99 Vgl MünchKomm HGB/*K. Schmidt* § 354 a Rn 22 mwN.
100 Dies hält die hM für erforderlich, zB Baumbach/Hopt/*Hopt* § 354 a Rn 2; *Canaris*, HandelsR, § 26 Rn 20 mwN; aA, mit beachtlichen Argumenten, MünchKomm HGB/*K. Schmidt* § 354 a Rn 12.

einfachsten erfassen, wenn man – was sich bereits im Wortlaut des § 355 Abs. 1 HGB andeutet – zumindest drei verschiedene Vorgänge differenziert:[101]
- Grundlage des Kontokorrents ist die schuldrechtliche Abrede, die gegenseitigen Abrechnungsbeziehungen durch ein Kontokorrent erleichtern zu wollen; Kontokorrentabrede.
- Mit der Einstellung eines Anspruchs in das Kontokorrent findet zunächst als rechtlicher Zwischenschritt deren Verrechnung statt.
- Von der unmittelbar eingreifenden Verrechnung ist schließlich die erst nach Abschluss der Rechnungsperiode eingreifende Feststellung des Überschusses zu trennen, wodurch die bereits verrechneten Ansprüche durch den sich ergebenden Saldo ersetzt werden (so die hM).[102]

a) Voraussetzungen

Die Durchführung eines Kontokorrents setzt voraus und macht nur Sinn, wenn zumindest zwei Parteien aus ihrer beabsichtigt dauerhaften Geschäftsbeziehung eine Mehrzahl wechselseitiger Ansprüche und Leistungen erwarten.[103] Ob die Geschäftsbeziehung objektiv dauerhaft Bestand hat ist unerheblich; vgl § 355 Abs. 3 HGB. Auf die Streitfrage, ob die kontokorrentfähigen Ansprüche und Leistungen zwingend auf Geldzahlung gerichtet sein müssen (so die hM),[104] kommt es aus praktischer Sicht nicht an, da andere Konstellationen kaum praxisrelevant sind. Die Legaldefinition des Kontokorrents in § 355 Abs. 1 HGB verlangt ferner, dass zumindest eine Partei **Kaufmann** ist. Tatsächlich ist die Kaufmannseigenschaft allerdings nur dafür erforderlich, entsprechend § 355 Abs. 1 HGB das Zinseszinsverbot des § 248 BGB ausschließen zu können. Davon abgesehen steht es auch Nicht-Kaufleuten frei, ein Kontokorrent zu vereinbaren, was teilweise als „unechtes Kontokorrent" bezeichnet wird. Wichtigste Voraussetzung des Kontokorrents ist der Abschluss einer entsprechenden **Kontokorrentabrede**. Die Kontokorrentabrede kann formfrei getroffen und konkludent zu Stande kommen, insbesondere durch eine entsprechende Handhabung der Parteien.[105] Der Inhalt der Kontokorrentabrede wird zum einen durch die beabsichtigten Rechtsfolgen (Verrechnung und Feststellung),[106] zum anderen durch den Umfang der vom Kontokorrent erfassten Ansprüche bestimmt. Soweit die Parteien keine anderweitige Abrede treffen, ist im Zweifel davon auszugehen, dass alle gegenseitigen Ansprüche und Leistungen aus der Geschäftsverbindung der Parteien kontokorrentgebunden sind, sofern es sich nicht nach Art und Umfang um ungewöhnliche Geschäfte handelt.[107] Schon nicht kontokorrentfähig sind hingegen rückständige Einlagen bei Kapitalgesellschaften und Genossenschaften[108] sowie Ansprüche, über die der Gläubiger nicht durch Aufrechnung verfügen kann, zB unpfändbare Forderungen gem. § 394 BGB.[109] Rechtstechnisch ist die Kontokorrentabrede häufig mit einer **Kreditgewährung**, dh mit einer (Geld-)Darlehensabrede iSd § 488 BGB, verbunden. Die Verknüpfung von Kontokorrent und Darlehen für den sich ergebenden Saldo ist zwar häufig interessengerecht, jedoch keine zwingende Voraussetzung eines Kontokorrents. Fehlt es an einer ausdrücklichen oder konkludenten Darlehensabrede, kann die andere Partei selbst vor Abschluss der Rechnungsperiode grundsätzlich den Ausgleich des zu ihren Gunsten bestehenden Überschusses verlangen.[110] Formulierungsbeispiel:

▶ 1. Gegenseitige Zahlungsansprüche der Parteien aus ihrer gesamen Geschaftsverbindung werden in laufender Rechnung gem. § 355 HGB (Kontokorrent) mit [vierteljährlichem] Rechnungsabschluss geführt.

---

101 Ausführlich Staub/*Canaris* § 355 Rn 11 ff.
102 Vgl Rn 55 f.
103 Vgl zB MünchKomm HGB/*Hefermehl* § 355 Rn 10; Heymann/*Horn* § 355 Rn 5 mwN.
104 Vgl MünchKomm HGB/*Hefermehl* § 355 Rn 19 mwN, der selbst der aA folgt.
105 BGH WM 1970, 184, 185 BGH NJW-RR 1991, 1251.
106 Dazu nachfolgend ausführlich unter Rn 52 ff.
107 BGH NJW 1982, 1150, 1151; BGH WM 1970, 184, 186; OLG Köln NZI 2004, 668, 670; Heymann/*Horn* § 355 Rn 10.
108 Staub/*Canaris* § 355 Rn 72 ff mwN.
109 BGHZ 162, 349, 351 f.
110 So BGH WM 1979, 417, 419; vgl ausführlich Staub/*Canaris* § 355 Rn 7 ff.

2. Bis zum Abschluss der jeweiligen Rechnungsperiode räumt jede Partei der jeweils anderen Partei einen Kreditrahmen für die sich auf dem Kontokorrent rechnerisch ergebenden Tagessalden in Höhe von maximal EUR [...] ein. Bei der Berechnung des Kreditrahmens sind gegenseitige Verbindlichkeiten der Parteien auf Grundlage anderweitiger vertraglicher oder sonstiger Beziehung mit einzubeziehen. Soweit der Kreditahmen durch eine Partei überschritten wird, ist die jeweils andere Partei berechtigt, auch vor Abschluss der Rechnungsperiode Ausgleich für denjenigen Betrag zu verlangen, der den Kreditrahmen übersteigt.
3. [Name] erstellt binnen [drei] Wochen nach Ablauf einer Rechnungsperiode einen Rechnungsabschluss, aus dem sich die Entwicklung des Kontokorrentkontos während der Rechnungsperoide ergibt, einschließlich der Tagessalden sowie des Saldos zum Ende der Rechnungsperiode.
4. Einwendungen gegen den Rechnungsabschluss müssen unverzüglich erhoben werden. Ein Rechnungsabschluss gilt als genehmigt, wenn ihm nicht innerhalb von [vier] Wochen nach Zugang schriftlich widersprochen wird.[111] Ein genehmigter Rechnungsabschluss beschränkt Ansprüche der Parteien ausschließlich auf den im Rechnungsabschluss ausgewiesenen Saldo.[112] ◄

b) Rechtsfolgen

aa) Verrechnung

52 Mit Abschluss der Rechnungsperiode erfolgt entsprechend der Kontokorrentabrede grundsätzlich automatisch die Verrechnung der kontokorrentgebundenen Aktiv- und Passivposten. Die Folgen der Verrechnung werden plastisch verbreitet als „Lähmung" der Einzelansprüche umschrieben. Während der laufenden Rechnungsperiode ist eine selbständige Geltendmachung der gebundenen Einzelansprüche durch den jeweiligen Gläubiger ausgeschlossen.[113] Die Ansprüche und Leistungen werden zu unselbständigen Rechnungsposten. Weder kann der Gläubiger über die Ansprüche verfügen (sei es durch Abtretung, sei es durch Verpfändung), noch kann der Schuldner in Schuldnerverzug geraten. Vielmehr ist die Verjährung der Einzelansprüche bis zum nächsten Rechnungsabschluss analog § 205 BGB gehemmt.[114] Eine Tilgung der Einzelforderungen durch Erfüllung oder deren Surrogate ist ausgeschlossen.

Hinweis: Soweit zivilprozessual in das Kontokorrent eingestellte Ansprüche geklärt werden sollen, ist regelmäßig statt einer Leistungsklage auf eine weiter grundsätzlich mögliche Feststellungsklage auszuweichen.[115] Von den vorstehenden Grundsätzen abweichend können jedoch kontokorrentgebundene Ansprüche selbständig geltend gemacht werden, zivilprozessual dann auch im Wege einer Leistungsklage, wenn sich dies aus der konkreten Kontokorrentabrede ergibt, beispielsweise bei zwischenzeitlich aufgelaufenen (Netto-)Schulden der anderen Seite die Kontokorrentabrede keine Kreditierung oder diese nur bis zu einem geringeren Höchstbetrag vorsieht.[116]

53 Hinsichtlich des Zeitpunkts, zu dem die Verrechnung stattfindet, lassen sich das Periodenkontokorrent und das Staffelkontokorrent unterscheiden. Abweichend von dem sowohl praktischen als auch gesetzlichen Regelfall (vgl § 355 Abs. 2 HGB) des **Periodenkontokorrents**, bei dem die in das Kontokorrent eingestellten Ansprüche allein in regelmäßigen Zeitabständen verrechnet werden, findet bei Vereinbarung eines Staffelkontokorrents die Verrechnung fortlaufend, dh unmittelbar mit Einstellung neuer Ansprüche in das Kontokorrent statt.[117] Insbesondere für den praktisch häufigsten Fall des Bankkontokorrents ergibt sich jedoch aus der vertraglich vereinbarten Möglichkeit Tagessalden zu

---

111 In Allgemeinen Geschäftsbedingungen ist die Genehmigungsfiktion an § 308 Nr. 5 BGB zu messen, der im unternehmerischen Verkehr nach hM über §§ 307, 310 Abs. 1 BGB gleichfalls Anwendung findet; vgl BGHZ 101, 357, 365. In den allgemeinen Vertragsbedingungen für Rechtsschutzversicherungen hat der BGH eine Frist von einem Monat für den Widerspruch bei Vertragsanpassungen als unangemessen kurz bewertet; BGH NJW 1999, 1865, 1866.
112 Was im Ergebnis allein zu einer Beweislastumkehr zu Lasten des Schuldners führt; vgl Rn 55.
113 BGH NJW 1970, 560; BGH NJW 1979, 1206, 1207; OLG Köln NZI 2004, 668, 670.
114 BGHZ 49, 24, 27.
115 Vgl RGZ 125, 411, 416.
116 BGH WM 1970, 184, 186; BGH WM 1979, 417, 419.
117 Vgl BGHZ 50, 277, 279 f.

ziehen und über diese zu verfügen nicht schon dessen Qualifizierung als Staffelkontokorrent. Vielmehr handelt es sich regelmäßig nach zutreffender hM um ein Periodenkontokorrent, wie beispielsweise an den meist quartals- oder monatsweisen Zins- und Spesenabrechnungen deutlich wird.[118]

Nach wie vor umstritten ist die genaue **Zusammensetzung der Saldoforderung**. Insbesondere der BGH verfolgt die Theorie der verhältnismäßigen Gesamtaufrechnung, wonach die Ansprüche des Saldoschuldners anteilig auf die Ansprüche des Saldogläubigers im Verhältnis dieser Ansprüche angerechnet werden.[119] Der Saldo ergibt sich dann mosaikartig aus den übersteigenden Rest-Einzelansprüchen des Saldogläubigers, so dass für jeden Rest-Einzelanspruch dessen rechtliche Charakteristika (Verjährung, Gerichtsstand etc.) erhalten bleiben. Demgegenüber geht die im Schrifttum herrschende Auffassung davon aus, dass sich die Tilgungswirkung analog §§ 366, 396 BGB primär nach einer entsprechenden Tilgungsbestimmung und subsidiär nach Fälligkeit und Sicherheit bestimmt.[120] Auch wenn die herrschende Literatur sowohl praktikabler (sieht man von einem sich ggf ergebenden umfangreichen Prozessstoff für den Nachweis der Tilgungsreihenfolge aller eingestellten Ansprüche ab) als auch interessengerechter erscheint, verliert in der Praxis eine die Verrechnungslogik ausdrücklich in diese Richtung festlegende Vertragsregelung durch das nachfolgende Schuldanerkenntnis der Saldoforderung, welches nach der Novationstheorie des BGH an die Stelle der bisherigen Einzelansprüche tritt, regelmäßig an Gewicht.[121]

54

bb) Feststellung und Schuldanerkenntnis

Mit der Übermittlung des Rechnungsabschlusses und dessen Anerkennung durch den Vertragspartner wird der sich ergebende Saldo im Wege eines **abstraktes Schuldanerkenntnisses** iSd §§ 781, 782 BGB anerkannt.[122] Dieses Anerkenntnis wirkt in beide Richtungen: Mit dem positiven Anerkenntnis des Saldos ist zugleich das negative Anerkenntnis verbunden, dass weitere kontokorrentgebundenen Ansprüche für die jeweilige Rechnungsperiode nicht bestehen.[123] Trotz des abstrakten Schuldanerkenntnisses können einzelne Posten des Kontokorrents noch dadurch nachträglich beanstandet werden, dass das abgegebene Anerkenntnis mit einer Leistungskondiktion gem. § 812 Abs. 2 BGB beanstandet wird (außer bei positiver Kenntnis von Verrechnungsfehlern oder Einwendungen bei Abgabe des Schuldanerkenntnisses; § 814 BGB).[124] Einem Zahlungsanspruch der Gegenseite kann die Bereicherungseinrede des § 821 BGB entgegen gehalten werden. Aus praktischer Sicht ist allerdings zu beachten, dass die Notwendigkeit einer Kondiktion jedoch im Ergebnis zu einer **Beweislastumkehr** führt, da nun der Schuldner den Beweis führen muss, dass das Anerkenntnis unrichtig ist, weil er keinen oder einen niedrigeren Betrag schuldet.[125] Mit dem Anerkenntnis wird (auch bei Anwendung der Theorie von der verhältnismäßigen Gesamtaufrechnung)[126] eine einheitliche Saldoforderung begründet, welche nach §§ 195, 199 BGB mit Ablauf von drei Jahren nach Schluss des Jahres, in dem die Forderung entstanden ist, verjährt. Gerichtsstand ist einheitlich derjenige des Erfüllungsortes gem. §§ 269 BGB, 12 ZPO.[127]

55

Die rechtliche Bedeutung der Feststellung neben dem abstrakten Schuldanerkenntnis ist umstritten. Nach der vom BGH vertretenen **Novationstheorie** entsteht das abstrakte Schuldanerkenntnis durch eine Schuldumwandlung der bisherigen Ansprüche[128] während nach herrschender Auffassung im Schrifttum die kausale Saldoforderung fortbesteht und lediglich das abstrakte Schuldanerkenntnis gem. § 364 Abs. 2 BGB neben diese Saldoforderung tritt.[129] Praktische Relevanz kommt diesem

56

---

118 BGHZ 50, 277, 279 ff; aA Heymann/*Horn* § 355 Rn 31.
119 BGHZ 77, 256, 261; BGHZ 49, 24, 30; differenzierend BGH NJW 1999, 1709, 1710.
120 Exemplarisch Staub/*Canaris* § 355 Rn 154 ff mwN.
121 Vgl Rn 55 f.
122 St. Rspr BGHZ 80, 172, 176; OLG Köln NZI 2004, 668, 670.
123 BGH NJW 1985, 3010 f; OLG Köln NZI 2004, 668, 670.
124 BGH NJW-RR 1991, 1251 f; OLG Köln NZI 2004, 668, 671.
125 BGH WM 1975, 556, 557; Staub/*Canaris* § 355 Rn 214.
126 Vgl Rn 54.
127 OLG Köln NZI 2004, 668, 671.
128 BGHZ 26, 142, 150; BGHZ 50, 277, 279.
129 So die hLit, zB MünchKomm HGB/*Hefermehl* § 355 Rn 58; Staub/*Canaris* § 355 Rn 119 ff, insb. 124, jeweils mwN.

unverändert schwelenden Streit kaum zu, insbesondere da gem. § 356 HGB auch auf Basis der Novationstheorie akzessorische Sicherungsrechte teilweise fortbestehen.[130]

cc) Sicherheiten

57 Sicherheiten, die für in das Kontokorrent eingestellte Einzelforderungen gegeben wurden, bestehen (auch auf Basis der Novationstheorie des BGH)[131] nach § 356 HGB fort. Beim Regelfall des Periodenkontokorrents ist die Höhe der zu sichernden Forderung nach hM jedoch auf den höchsten zum Ende einer Rechnungsperiode anerkannten Saldo begrenzt; ein zwischenzeitliches weitergehendes Absinken des (hypothetischen) Saldos während der Rechnungsperiode hat hingegen kein weiteres Absinken der gesicherten Forderung zur Folge.[132] Konsequenterweise ist beim Staffelkontokorrent der niedrigste Saldo relevant, der sich nach einem beliebigen Geschäftsvorgang ergeben hat.[133]

3. Leistungszeitpunkt und -inhalt sowie spezifische Sonderregelungen gem. §§ 347–354, 358–361 HGB

58 Neben den beiden praxisrelevanten Bestimmungen für vertragliche Abtretungsverbote und das Kontokorrent werden durch die §§ 343 ff HGB eine Reihe weiterer Sonderregelungen von unterschiedlichem praktischem Gewicht getroffen, von denen viele eher selten relevant werden:

- In § 347 Abs. 1 HGB wird ein besonderer **kaufmännischer Sorgfaltsmaßstab** zur Konkretisierung der Haftungsvoraussetzung bei fahrlässigen Pflichtverletzungen festgelegt. Der allgemein-schuldrechtliche Sorgfaltsmaßstab des § 276 Abs. 2 BGB wird dahingehend modifiziert, dass Kaufleute für ihre Handelsgeschäfte mit der (verobjektivierten) Sorgfalt eines ordentlichen Kaufmanns einstehen müssen, was sich im Ausgangspunkt nach der Art des Geschäfts (und nicht der Person des Kaufmanns) richtet.[134] Damit folgt § 347 Abs. 1 HGB dem bereits in § 276 Abs. 2 BGB festgelegten Kriterium der Erforderlichkeit im entsprechenden Verkehrskreis und ist jedenfalls aus heutiger Sicht überflüssig.[135] Als Grundsatz kann jedoch festgehalten werden, dass der kaufmännische Verkehr regelmäßig eine gegenüber dem allgemeinen Verkehr erhöhte Sorgfalt erfordert.[136] Die weitere Konkretisierung des Sorgfaltsmaßstabs erfolgt kasuistisch und umfasst beispielsweise die Pflicht auf wichtige Briefe in Vertragsverhandlungen alsbald zu antworten[137] und bei Zweifeln die Personenidentität des Geschäftspartners[138] (vgl auch für Kredit- und Finanzinstitute, Rechtsanwälte und andere Berufsgruppen §§ 2–4 GwG) und die Echtheit von Dokumenten[139] zu prüfen.[140] Nach § 347 Abs. 2 HGB hat der kaufmännische Sorgfaltsmaßstab keine Auswirkungen auf die Fälle geminderter Sorgfaltsmaßstäbe (grobe Fahrlässigkeit und Sorgfalt in eigenen Angelegenheiten iSd § 277 BGB).

- Verspricht ein Kaufmann im Rahmen seines Geschäftsbetriebs eine **Vertragsstrafe** iSd §§ 339 ff BGB,[141] so kann eine unverhältnismäßig hohe Vertragsstrafe gem. § 348 HGB nicht auf einen angemessenen Betrag herabgesetzt werden gem. § 343 BGB. Gesetzeszweck ist, dass ein Kaufmann weniger schutzwürdig sei und der Geschäftsverkehr auf dessen Wort stärker vertrauen können soll.[142] Dessen ungeachtet kann eine exorbitant hohe Vertragsstrafe dennoch iSd § 138 BGB unwirksam sein, da nach § 348 HGB dem Kaufmann zwar grundsätzlich auch unverhältnismäßige

---

130 Vgl Rn 57.
131 Vgl Rn 56.
132 BGH NJW 2003, 61, 63; aA, Haftung Sicherungsgeber richtet sich auch hier nach konkretem Saldo auf Basis von Tilgungsbestimmungen, zB Staub/*Canaris* § 355 Rn 27.
133 BGH NJW 2003, 61, 63.
134 Vgl RGZ 64, 254, 257.
135 MünchKomm HGB/*K. Schmidtl* § 347 Rn 2 mwN.
136 Heymann/*Horn* § 347 Rn 24 mwN.
137 RGZ 105, 389: in weniger als 1 Woche.
138 OLG Düsseldorf WM 1972, 816.
139 Für Schecks: BGH WM 1986, 123; OLG Hamm WM 1985, 1032.
140 Vgl für weitere Beispiele Heymann/*Horn* § 347 Rn 27 f.
141 Vgl dazu ausführlicher Rn 120.
142 Heymann/*Horn* § 348 Rn 12 mwN.

Vertragsstrafen zumutbar sind, nicht jedoch § 138 BGB vollständig ausgeschlossen ist.[143] Bei Allgemeinen Geschäftsbedingungen kommt § 348 HGB auch im unternehmerischen Verkehr kaum Bedeutung zu.[144]

- Bei **Bürgschaften** kann sich ein Kaufmann gem. § 349 HGB nicht auf die Einrede der Vorausklage gegen den Hauptschuldner gem. § 771 BGB berufen, was ohnehin häufig vertraglich vereinbart wird. Ferner sind zur Erleichterung des Handelsverkehrs von hinderlichen Formvorschriften entgegen §§ 766, 780, 781 BGB auch mündliche Bürgschaften, Schuldanerkenntnis und -versprechen wirksam, wenn dies auf Seiten des Verpflichteten ein Handelsgeschäft ist.

- Für **Zinsansprüche** wird gem. § 352 HGB der gesetzliche Zinssatz von 4 % gem. § 246 BGB auf 5 % hochgesetzt. Darüber hinaus wird durch § 353 HGB für beiderseitige Handelsgeschäfte der Beginn der Verzinsungspflicht vorverlagert. Während bürgerlich-rechtlich Verzug oder Rechtshängigkeit gem. §§ 288 Abs. 1 S. 1, 291 S. 1 BGB erforderlich ist, können Kaufleute gem. § 353 S. 1 HGB Zinsen bereits ab Fälligkeit verlangen. Ähnliches gilt gem. § 354 Abs. 2 HGB für Darlehen, Vorschüsse, Auslagen und andere Verwendungen. Praktisch relevant werden sämtliche dieser handelsrechtlichen Sondervorschriften allein bis zum Verzugseintritt, da dann der höhere Verzugszins gem. § 288 Abs. 1, Abs. 2 BGB einsetzt.

- Nach § 354 Abs. 1 HGB steht dem Kaufmann auch ohne vertragliche Regelung für Dienstleistungen und Geschäftsbesorgungen ein **Vergütungsanspruch** zu, wenn er diese in Ausübung seines Handelsgewerbes erbringt. Nach der Rechtsprechung geht die Regelung über den Ausgleich einer fehlenden Vergütungsabrede hinaus und findet auch dann als eigenständige Anspruchsgrundlage Anwendung, wenn der Vertrag aus anderen Gründen als Einigungs- oder Willensmängeln (§§ 145 ff, 104 ff, 116 ff BGB) und nicht auf Grundlage einer Vorschrift nichtig ist, die den Schutz einer Vertragspartei im Blick hat, unwirksam ist.[145] Beispielsweise wenn ein Dienstvertrag durch Fehlen der Vertretungsmacht (noch) nicht wirksam ist, billigt die Rechtsprechung dem Dienstverpflichteten somit auch ohne vertragliche Grundlage einen Vergütungsanspruch gem. § 354 Abs. 1 HGB zu.

- Für die **Leistungszeit** allgemein, die sich auch bei Handelsgeschäften im Zweifel nach § 271 BGB richtet, konkretisiert § 358 HGB das Verbot zur Leistung zur Unzeit gem. § 242 BGB dahingehend, dass die Leistung nur während der gewöhnlichen Geschäftsstunden – was sich nach der jeweiligen Branche richtet und daher durchaus Nachtstunden und Sonn- und Feiertage einschließen kann[146] – erbracht und gefordert werden darf. Nach zutreffender, allerdings umstrittener Ansicht kommt es bei einseitigen Handelsgeschäften nicht darauf an, ob der Kaufmann Leistender oder Leistungsempfänger ist.[147] Kaum bzw nicht praxisrelevant sind die Detailregelungen des § 359 HGB.

- Hinsichtlich der allgemein-schuldrechtlichen Regelungen zum **Leistungsinhalt** wird für Gattungsschulden der Maßstab des § 243 Abs. 1 BGB durch § 360 HGB geringfügig modifiziert. Noch weniger bzw nicht praxisrelevant ist § 361 HGB.

IV. Modifikationen des Sachenrechts

Im Wesentlichen ergänzt das Handelsrecht die allgemeinen sachenrechtlichen Bestimmungen in zwei für den Handelsverkehr maßgeblichen Bereichen: Dem **gutgläubigen Erwerb** (§ 366 HGB) und dem **kaufmännischen Zurückbehaltungsrecht** und den daraus folgenden Befriedigungsrechten (§§ 369 ff HGB).

---

143 MünchKomm HGB/*K. Schmidt* § 348 Rn 11 mwN.
144 Vgl dazu Rn 120.
145 BGHZ 163, 332, 337 f mwN; aA Staub/*Canaris* § 354 Rn 2 f mwN.
146 Heymann/*Horn* § 358 Rn 7; Baumbach/Hopt/*Hopt* § 358 Rn 3.
147 Vgl MünchKomm HGB/*Welter* § 358 Rn 11 mwN auch zur aA.

1. Gutgläubiger Erwerb

a) Normzweck

60 § 366 HGB modifiziert die Vorschriften der §§ 932 ff BGB den handelsrechtlichen Bedürfnissen entsprechend. Während ein gutgläubiger Erwerb beweglicher Sachen nach bürgerlichem Recht nur möglich ist, wenn der Erwerber im guten Glauben an das Eigentum des Verfügenden ist, ist dem Erwerber im Handelsverkehr häufig bekannt, dass der Verfügende nicht der Eigentümer der Waren ist. Da aber bei Kaufleuten eine besondere Wahrscheinlichkeit für das Bestehen der Verfügungsmacht spricht, hat der Gesetzgeber den guten Glauben an diese durch § 366 HGB geschützt.[148] Diese ratio legis ist für die Auslegung der Norm bedeutsam, da ein schützenswerter guter Glaube an die Verfügungsbefugnis des Kaufmanns von dessen Geschäft und den Umständen eines Vertragsschlusses abhängig sein kann. In der Praxis spielt § 366 HGB häufig bei Geschäften mit Kommissionären sowie so genannten Warenkaufleuten, die Ware unter Eigentumsvorbehalt veräußern, eine Rolle.[149]

b) Gutgläubiger Erwerb beweglicher Sachen

61 Nach § 366 HGB finden die Regelungen über den gutgläubigen Erwerb gem. §§ 932 ff BGB Anwendung, wenn ein Kaufmann im Betrieb seines Handelsgewerbes eine ihm nicht gehörige bewegliche Sache veräußert und der gute Glaube des Erwerbers die Befugnis des Veräußerers, über die Sache für den Eigentümer zu verfügen, betrifft.

aa) Kaufmann

62 Diese Norm greift ein, wenn der **Verfügende Kaufmann** ist oder aufgrund gesetzlicher Bestimmungen in Ansehung bestimmter Geschäfte als solcher zu behandeln ist, wie zum Beispiel der Klein-Kommissionär gem. § 383 Abs. 2 Satz 2 HGB oder der kleingewerbliche Frachtführer gem. § 407 Abs. 3 HGB.[150] Darüber hinaus ist der **persönliche Anwendungsbereich** in vielen Punkten **umstritten**:

63 Nach noch überwiegender Auffassung findet § 366 HGB auf den Scheinkaufmann keine Anwendung.[151] Eine im Vordringen befindliche Auffassung tritt dagegen für die Anwendbarkeit des § 15 HGB ein.[152] Der Erwerber soll in solchen Fällen nach § 366 HGB gutgläubig erwerben können. Für die Praxis ebenfalls bedeutsam ist die Frage der **Anwendbarkeit** des § 366 HGB **auf kleingewerbetreibende Verkäufer**, die nicht von den Verweisungsnormen des HGB erfasst sind. Nach dem Wortlaut der Norm kommt ein gutgläubiger Erwerb gem. § 366 HGB wegen der fehlenden Kaufmannseigenschaft nicht in Betracht. Eine starke Literaturmeinung tritt allerdings für eine analoge Anwendung ein, da der Sinn und Zweck der Norm eine Unterscheidung zwischen Kleinkommissionären und Kleingewerbetreibenden nicht zulasse.[153] Rechtsprechung existiert zu dieser Frage soweit ersichtlich nicht.

64 Wenn eine analoge Anwendung des § 366 HGB im Einzelfall ausscheidet, kann eine analoge Anwendung der Regeln über die Anscheins- oder Duldungsvollmacht letztlich ebenfalls zum selben Ergebnis führen.

---

148 *Canaris*, HandelsR, § 27 Rn 2.
149 Vgl BGH NJW-RR 2004, 555; BGH NJW 1999, 425 ff.
150 Weitere Beispiele: §§ 453 Abs. 3 S. 2 HGB (Spediteur), 467 Abs. 3 S. 2 HGB (Lagerist).
151 OLG Düsseldorf DB 1999, 89 f; Baumbach/Hopt/*Hopt* § 366 Rn 4; Heymann/*Horn* § 366 Rn 4; aA *Canaris*, HandelsR, § 27 I Rn 1 Seite 404; Koller/Roth/*Morck* § 366 Rn 2; offengelassen von BGH NJW 1999, 425, 426.
152 *Canaris*, HandelsR, § 27 Rn 5; Heymann/Horn § 366 Rn 4; aA Schlegelberger/*Hefermehl* § 366 Rn 26.
153 Ausführlich dazu *Canaris*, HandelsR, § 27 Rn 7; zustimmend: Baumbach/Hopt/*Hopt* § 366 Rn 4; MünchKommHGB/*Welter* § 366 Rn 32.

Beispiel:[154] Ein nichtkaufmännischer Landwirt veräußert wiederholt erkennbar unter Eigentumsvorbehalt geliefertes Saatgut. Der Eigentümer des Saatgutes hat dieses Vorgehen wiederholt geduldet. Der Käufer erwirbt dann möglicherweise nicht gutgläubig gem. § 366 HGB, sondern aufgrund einer Duldungsvollmacht das Eigentum.

bb) Im Betrieb des Handelsgewerbes

Die Verfügung muss im Betrieb des Handelsgewerbes im Sinne der §§ 343 ff HGB stattfinden, so dass auch die Vermutung des § 344 HGB eingreift. 65

cc) Gegenstand der Verfügung

Die Verfügung muss sich auf **bewegliche Sachen** beziehen, Grundstücke und Rechte können nicht unter Berufung auf § 366 HGB gutgläubig erworben werden. 66

dd) Vorliegen der allgemeinen Voraussetzungen der §§ 932 ff BGB

Da die allgemeinen Regeln des BGB über den gutgläubigen Erwerb vom Nichtberechtigten durch § 366 HGB lediglich im Hinblick auf das Ziel des guten Glaubens – Eigentum bzw Verfügungsbefugnis – modifiziert werden, geltend die übrigen Voraussetzungen der §§ 932 ff BGB fort. Welche im Einzelnen zu beachten sind, hängt daher von der Art des Eigentumsübergangs ab. In jedem Fall kann ein gutgläubiger Erwerb nur erfolgen, wenn die Sache nicht im Sinne des § 935 BGB abhanden gekommen ist. 67

ee) Bezugspunkt des Guten Glaubens

§ 366 HGB schützt den guten Glauben des Erwerbers an die Verfügungsbefugnis, dh die vom Eigentümer aufgrund eines Rechtsgeschäfts abgeleitete Befugnis über eine fremde Sache im eigenen Namen zu verfügen.[155] Insofern unterscheidet sich der Bezugspunkt des guten Glaubens von § 932 BGB, so dass bei der Entscheidung über das Vorliegen des guten Glaubens andere Umstände relevant werden können als bei der Prüfung im Rahmen des § 932 BGB. Von Bedeutung bei der Prüfung des § 366 HGB sind beispielsweise die berufliche Stellung des Verfügenden, der Gegenstand der Verfügung (Vorbehalts- oder Sicherungsgut) sowie die Einordnung des Geschäfts in den gewöhnlichen Geschäftsbetrieb des Verfügenden. Diese Merkmale sind heranzuziehen, um zu ermitteln, ob der Erwerber berechtigt an die Verfügungsbefugnis glauben durfte. Insofern besteht weitgehende Einigkeit.[156] 68

Zahlreiche Einzelheiten sind hingegen umstritten: 69
- Erfasst § 366 HGB auch den guten Glauben an die gesetzliche Verfügungsbefugnis bzw die Verfügungsbefugnis kraft Amtes?
- Überwindet der gute Glaube an die Verfügungsbefugnis auch gesetzliche Verfügungsbeschränkungen?
- Erfasst § 366 HGB auch den guten Glauben an die Vertretungsmacht?

Jedenfalls die ältere Rechtsprechung[157] und die Literatur[158] sehen auch den guten Glauben an die gesetzliche Verfügungsbefugnis bzw die **Verfügungsbefugnis kraft Amtes** als von § 366 HGB erfasst an, während Canaris die Auffassung vertritt, dass in solchen Fällen allenfalls § 1244 BGB analog angewendet werden könne.[159]

Der Meinungsstand zur Frage der **Überwindung von gesetzlichen Verfügungsbeschränkungen** (zum Beispiel: gesetzlicher Güterstand §§ 1365, 1369 BGB oder § 81 InsO) ist uneinheitlich. Bereits der Wortlaut des § 366 HGB spricht dagegen, da in diesen Fällen der Kaufmann eine ihm gehörende 70

---

154 Beispiel nach Staub/*Canaris* § 366 Rn 24.
155 BGH NJW 1980, 2245, 2246.
156 Staub/*Canaris* § 362 Rn 39 ff; MünchKommHGB/*Welter* § 366 Rn 45 ff; *Oetker*, HandelsR, § 7 Rn 98.
157 OGHZ 3, 195, 196; BGHZ 2, 37, 49; offen gelassen allerdings in BGH NJW 1992, 2570, 2575.
158 Vgl MünchKommHGB/*Welter* § 366 Rn 39; Baumbach/Hopt/*Hopt* § 366 Rn 5; Heymann/*Horn* § 366 Rn 15.
159 *Canaris*, HandelsR, § 27 Rn 14.

Sache veräußert und selbst die §§ 932 ff BGB in solchen Fällen keinen gutgläubigen Eigentumserwerb zulassen.[160] Gegen diese Argumentation werden in der Literatur allerdings Wertungsgesichtspunkte angeführt: Der Kaufmann könne das Eigentum seiner Ehefrau unter Vorspiegelung ihrer Zustimmung an einen gutgläubigen Dritten veräußern, so dass dieser gem. § 366 HGB Eigentümer werden könne, so dass § 366 HGB auch zur Überwindung gesetzlicher Verfügungsbeschränkungen herangezogen werden könne.[161]

71 Eine im Vordringen befindliche Auffassung will über § 366 HGB auch den **guten Glauben an die Vertretungsmacht** schützen, obwohl der Wortlaut des Gesetzes dem entgegensteht. Der Sinn und Zweck der Vorschrift gebiete eine extensive teleologische Auslegung der Norm. Denn im Handelsverkehr sei oft nicht zu unterscheiden, ob der Verfügende im eigenen oder fremden Namen gehandelt habe und nur schwer festzustellen, woran der Erwerber nun geglaubt habe.[162] Das schuldrechtliche Geschäft wäre allerdings unwirksam mit der Folge, dass dem Eigentümer ein Bereicherungsanspruch zustünde. Manche Vertreter dieser Auffassung sehen daher in § 366 HGB auch den Rechtsgrund für das Behaltendürfen.[163] In der Praxis wird aber auch die Gegenmeinung häufig zu ähnlichen Ergebnissen führen, da sie in derartigen Fällen über die Anwendung der Grundsätze der Duldungs- bzw Anscheinsvollmacht eine wirksame Verfügung sowie eine wirksame schuldrechtliche Verpflichtung begründen kann.[164]

ff) Guter Glaube

72 Der Erwerber darf weder Kenntnis von der fehlenden Verfügungsbefugnis des Veräußerers haben, noch darf ihm diese grob fahrlässig nicht bewusst sein. Der gute Glaube kann sich aus der Unkenntnis bzw irrigen Annahme von Tatsachen oder aus einer fehlerhaften rechtlichen Würdigung der Umstände der Verfügung ergeben.[165] In diesem Zusammenhang ist grobe Fahrlässigkeit anzunehmen, wenn der Erwerber die im Verkehr erforderliche Sorgfalt außer Acht lässt.[166]

73 In der Praxis ist die positive Kenntnis von der fehlenden Verfügungsbefugnis schwer nachzuweisen. Häufig ist daher entscheidend, ob dem Erwerber grob fahrlässige Unkenntnis nachzuweisen ist. Dazu müssen die Umstände der Veräußerung in eine Gesamtwürdigung einbezogen werden. Die Rechtsprechung setzt sich dabei häufig mit der Frage auseinander, ob den Erwerber **Nachforschungspflichten** treffen, deren Verletzung die Gutgläubigkeit ausschließt.[167] Dabei haben die Gerichte folgende Leitlinien herausgearbeitet: Grundsätzlich trifft den Erwerber keine umfassende Nachforschungspflicht. Ergeben sich aber aus den Umständen des Einzelfalls Anhaltspunkte für eine fehlende Verfügungsbefugnis des Veräußerers, ist der Erwerber verpflichtet, Nachforschungen anzustellen.[168] Kommt er diesen nicht nach, scheidet nach der Rechtsprechung ein gutgläubiger Erwerb aus, weil das Handeln des Erwerbers als grob fahrlässig eingestuft wird.[169] Teile der Literatur vertreten die Auffassung, dass die Verletzung der Nachforschungspflichten nur dann einen gutgläubigen Erwerb ausschließt, wenn der Erwerber dadurch von der fehlenden Verfügungsbefugnis erfahren hätte.[170] Das ist allerdings mit der Rechtsprechung abzulehnen, da der Erwerber auch dann grob fahrlässig handelt, wenn eine Nachforschung Zweifel an der Verfügungsbefugnis des Vertragspartners nicht ausräumen kann.

74 Die Rechtsprechung muss sich regelmäßig mit den zuvor skizzierten Fragestellungen beschäftigen. Entscheidungen zum gutgläubigen Erwerb von unter verlängertem Eigentumsvorbehalt gelieferten

---

160 *Canaris*, HandelsR, § 27 Rn 15.
161 Beispiel nach MünchKommHGB/*Welter* § 366 Rn 40.
162 MünchKommHGB/*Welter* § 366 Rn 42; Heymann/*Horn* § 366 Rn 16; *K. Schmidt*, HandelsR, § 23 III 1; Baumbach/Hopt/*Hopt* § 366 Rn 5; nicht eindeutig BGH NJW 1992, 2570, 2575.
163 *K. Schmidt*, HandelsR, § 23 III 2.
164 *Canaris*, HandelsR, § 27 Rn 17.
165 BGH NJW 1961, 777, 778; BGHZ 2, 37, 51 ff; MünchKommHGB/*Welter* § 366 Rn 45.
166 BGH NJW 1994, 2022 f; BGHZ 10, 14, 16.
167 MünchKommHGB/*Welter* § 366 Rn 48.
168 BGH WM 1975, 362 f; BGH NJW 1966, 1959 f; OLG Düsseldorf NJW – RR 1999, 615, 617 ff.
169 BGH NJW 1994, 2022, 2024; BGH NJW 1991, 1415, 1417.
170 MünchKommHGB/*Welter* § 366 Rn 48.

Waren sowie zum Erwerb von Kraftfahrzeugen spielen dabei eine wesentliche Rolle: Verlängerte Eigentumsvorbehalte sind im Geschäftsleben üblich.[171] Der Erwerber kann daher regelmäßig auf das Vorliegen der Ermächtigung zur Weiterveräußerung vertrauen. Vor Inkrafttreten des § 354 a HGB im August 1994 nahm die Rechtsprechung allerdings grobe Fahrlässigkeit des Erwerbers an, wenn der Zwischenhändler mit ihm ein Abtretungsverbot gem. § 399 2. Fall BGB vereinbart hat.[172] Denn die Weiterveräußerung wird vom Eigentümer regelmäßig nur gegen Abtretung der aus dem Veräußerungsgeschäft resultierenden Forderung gestattet. Wird in diesem Geschäft ein Abtretungsverbot vereinbart, das die unmittelbare Weiterleitung des Kaufpreises an den Eigentümer verhindert, kann der Erwerber nicht von der Verfügungsbefugnis des Zwischenhändlers ausgehen. Seit Inkrafttreten des § 354 a HGB ist folgendes zu bedenken: § 354 a HGB ordnet die Unwirksamkeit solcher Abtretungsverbote bei beiderseitigen Handelsgeschäften an, so dass der Kaufpreis von Zwischenhändler an den Eigentümer fließen kann. Insofern lässt sich argumentieren, dass, ein derartiges Abtretungsverbot jedenfalls bei Vorliegen der Voraussetzungen des § 354 a HGB einem gutgläubigen Erwerb nicht mehr entgegensteht.[173]

Beim **Erwerb eines Kraftfahrzeugs** muss sich der Erwerber stets den Kraftfahrzeugbrief vorlegen lassen, um die Möglichkeit eines gutgläubigen Erwerbs zu haben. Dabei ist zwischen dem Erwerb nach § 932 ff BGB und dem nach § 366 Abs. 1 HGB zu unterscheiden: Ist der Verfügende nicht der letzte eingetragene Halter, begründet dies im Fall des § 932 BGB Nachforschungspflichten, die nach § 366 HGB nicht gegeben sind, weil sich der gute Glaube nicht auf das Eigentum, sondern auf die Verfügungsbefugnis bezieht. Die fehlende Voreintragung allein hindert also keinen gutgläubigen Erwerb nach § 366 HGB. Treten allerdings Umstände hinzu, die Zweifel an der Verfügungsbefugnis wecken, muss der Erwerber Nachforschungen anstellen.[174] 75

Die zuvor herausgearbeiteten Grundsätze hinsichtlich der Nachforschungspflicht gelten grundsätzlich bei jeder Form des gutgläubigen Erwerbs nach § 366 HGB, sobald die tatsächlichen Umstände von den von einem redlichen Erwerber zu erwartenden negativ abweichen. Beispielsweise darf jeder Erwerber grundsätzlich an die Verfügungsbefugnis des Kommissionärs glauben. Bietet aber der Kommissionär die Ware zu Schleuderpreisen an oder trifft Abreden, die regelmäßig nicht den Interessen eines Veräußerers entsprechen, bestehen Nachforschungspflichten des Erwerbers. 76

c) Lastenfreier Erwerb

§ 366 Abs. 2 HGB modifiziert die Regelung des § 936 BGB. Er regelt den lastenfreien Erwerb einer beweglichen Sache und schützt auch den guten Glauben des Erwerbers, an die Befugnis des Veräußerers, trotz einer Belastung der Sache mit dem Recht eines Dritten darüber verfügen zu dürfen. Insoweit erweitert diese Norm den Anwendungsbereich des § 936 BGB, bei dem die Kenntnis der Belastung der Sache einen gutgläubigen lastenfreien Erwerb verhindern würde. Im Übrigen gelten die für § 366 Abs. 1 HGB herausgearbeiteten Grundsätze entsprechend. 77

d) Gutgläubiger Erwerb von Pfandrechten

aa) Vertragliche Pfandrechte

Vertragliche Pfandrechte können gem. § 366 Abs. 1 HGB gutgläubig erworben werden. Diese Norm modifiziert die allgemeinen Regelungen der §§ 1207 ff BGB über den gutgläubigen Erwerb von Pfandrechten. Die Ausführungen zum gutgläubigen Erwerb von Sachen gelten entsprechend mit der Abweichung, dass grundsätzlich die Voraussetzungen der §§ 1207 ff BGB erfüllt sein müssen. Der gute Glaube muss sich auf die Befugnis des Veräußerers beziehen, Gegenstände verpfänden zu dürfen. 78

---

171 Siehe dazu in einer neueren Entscheidung BGH NJW-RR 2004, 555 ff.
172 BGH NJW 1999, 425, 426 für einen Fall vor der Anwendbarkeit des § 354 a HGB.
173 Siehe dazu ausführlich MünchKommHGB/*Welter* § 366 Rn 49 f; *K.Schmidt*, NJW 1999, 400 ff.
174 Beispiele aus der umfangreichen Judikatur: BGH NJW 2006 3488, 3489 f; BGH NJW 2005, 1365, 1366 f; BGH NJW 1992, 2570, 2575; BGH NJW 1975, 735; OLG Stuttgart NJW-RR 1990, 635; OLG Hamburg NJW-RR 1987, 1266 f; MünchKommHGB/*Welter* § 366 Rn 53 f.

bb) Gesetzliche Pfandrechte

79 § 366 Abs. 3 1. Hs HGB ermöglicht den gutgläubigen Erwerb der dort genannten handelsrechtlichen Pfandrechte. Vertrauen Kommissionär, Frachtführer, Spediteur und Lagerhalter auf die Befugnis, die rechtlichen und tatsächlichen Voraussetzungen für die Entstehung des gesetzlichen Pfandrechts zu schaffen, erwerben sie die entsprechenden Rechte. Der Vertragspartner muss nicht Kaufmann sein, was sich aus der Zielsetzung der Vorschrift, die der besonderen Lage der dort genannten Personen geschuldet ist, ergibt.[175]

80 § 366 Abs. 3 2. Hs HGB schränkt die Möglichkeit des umfassenden Pfandrechtserwerbs für Frachtführer,[176] Spediteure und Lagerhalter ein. Sie können ein Pfandrecht an Gut, das nicht Gegenstand des Vertrags ist, aus dem die durch das Pfandrecht zu sichernde Forderung herrührt, nur gutgläubig erwerben, wenn sie an das Eigentum des Vertragspartners glauben. Kommissionäre sind von dieser Regelung ausgenommen, da sich das Pfandrecht des Kommissionärs bereits aufgrund gesetzlicher Anordnung gem. § 397 HGB auf inkonnexe Forderungen bezieht.

e) Gutgläubiger Erwerb von Wertpapieren

81 § 367 HGB regelt den gutgläubigen Erwerb abhandengekommener Inhaberpapiere. Der praktische Anwendungsbereich dieser Norm, die auf die Veräußerung bzw Verpfändung effektiver Stücke abstellt, ist gering, weil sich Wertpapiere heute überwiegend in der Sammelverwahrung befinden. Von einer weiteren Erläuterung wird daher im Rahmen dieses Buches abgesehen.[177]

f) Prozessuales

82 Die Rechtsprechung vermeidet häufig eine Entscheidung zwischen den §§ 366 HGB auf der einen und den §§ 932 ff BGB auf der anderen Seite. Beide Arten des gutgläubigen Erwerbs schließen sich nicht aus, so dass es für den Erwerber regelmäßig empfehlenswert ist, im Prozess darzutun, er habe an das Eigentum, jedenfalls aber an die Verfügungsbefugnis des Veräußerers geglaubt.[178] Dabei kann der gute Glaube an das Eigentum durch grobe Fahrlässigkeit ausgeschlossen sein, der an die Verfügungsbefugnis hingegen noch bestehen.[179] Im Verfahren ist derjenige **beweisbelastet**, der den gutgläubigen Eigentumserwerb bestreitet.[180] Da §§ 932 ff BGB und § 366 HGB nebeneinander anwendbar sind, muss der frühere Eigentümer beweisen, dass nach beiden Vorschriften ein gutgläubiger Erwerb nicht erfolgen konnte.[181]

2. Das Kaufmännische Zurückbehaltungsrecht

a) Zweck

83 Die §§ 369 bis 372 HGB regeln das kaufmännische Zurückbehaltungsrecht, das neben den bürgerlich-rechtlichen Zurückbehaltungsrechten wie § 273 BGB besteht und teilweise über diese hinausgeht. Diese Normen kommen dem **Sicherungsbedürfnis des Handelsverkehrs** entgegen, das nach allgemeiner Auffassung durch die gesetzlichen Pfandrechte des HGB alleine nicht hinreichend geschützt wäre.[182]

b) Voraussetzungen

aa) Kaufmannseigenschaft

84 Gläubiger und Schuldner der fälligen Forderung müssen Kaufleute im Sinne der §§ 1 bis 6 HGB sein. Ist der Gläubiger Scheinkaufmann, kann er sich nicht auf die ihn begünstigenden Regelungen der

---

175 Baumbach/Hopt/*Hopt* § 366 Rn 9; MünchKommHGB/ *Welter* § 366 Rn 69.
176 Ausführlich zu Sicherungsrechten des Frachtführers: *Didier*, NZI 2003, 513 ff.
177 Ausführlich zu § 367 HGB: *Einsele*, Wertpapierrecht als Schuldrecht, 1995.
178 BGH ZIP 1980, 634, 636.
179 BGH NJW 1959, 1080; BGH NJW 1975, 735.
180 BGH LM HGB § 366 Nr. 4; BGH WM 1959, 533;.
181 MünchKommHGB/*Welter* § 366 Rn 62.
182 *Canaris*, HandelsR, § 28 Rn 1; *Oetker*, HandelsR, § 7 Rn 102.

§§ 369 ff HGB berufen, während diese Normen Anwendung finden, wenn der Schuldner Scheinkaufmann ist.[183] Beide Teile müssen zum Zeitpunkt des Entstehens der Forderung und bei Entstehung des Zurückbehaltungsrechts Kaufleute sein, nicht unbedingt in dem Moment, in dem sich eine Partei darauf beruft.[184]

bb) Fällige Forderungen

Die durch das Zurückbehaltungsrecht gesicherte Forderung muss gem. § 369 Abs. 1 HGB bei Geltendmachung des Zurückbehaltungsrechts fällig sein, nicht notwendigerweise bei Erlangung des Besitzes. Die Verjährung der Forderung hat abhängig vom Zeitpunkt des Eintritts unterschiedliche Auswirkungen. Ist die Forderung vor Bestehen der Voraussetzungen des Zurückbehaltungsrechts verjährt, kann das Zurückbehaltungsrecht nicht mehr entstehen. Verjährt sie erst nach dessen Entstehung, bleibt es bestehen.[185]

Die zu sichernde Forderung, zu der neben den primären Leistungsansprüchen auch Sekundäransprüche zB aus § 280 BGB oder §§ 812 ff BGB gehören,[186] muss dem Wortlaut nach aus einem **beiderseitigen Handelsgeschäft** zwischen dem Schuldner der Forderung und dem Zurückhaltenden stammen.[187] Nach wohl überwiegender Auffassung hat der Gesetzgeber die Beschränkung auf unmittelbar zwischen Schuldner und Gläubiger entstandene Forderungen eingeführt, um die künstliche Schaffung von Zurückbehaltungsrechten zu verhindern. Der Wortlaut ist allerdings zu weit geraten. Der Anwendungsbereich des kaufmännischen Zurückbehaltungsrechts ist daher auch auf solche Forderungen zu erweitern, die nicht unmittelbar zwischen Schuldner und Gläubiger entstanden, aber auch nicht künstlich zur Schaffung eines Zurückbehaltungsrechts kreiert worden sind.[188] Dazu zählen beispielsweise Forderungen, die im Erbfall oder aufgrund der Anwendung von § 25 HGB übergehen.[189] Die vorstehenden Ausführungen zeigen, dass sich das kaufmännische Zurückbehaltungsrecht anders als das bürgerlich-rechtliche aus § 273 BGB auf Forderungen aus unterschiedlichen Arten von Verträgen und vor allem **auch auf inkonnexe Forderungen** erstreckt.

cc) Gegenstand des Zurückbehaltungsrechts

Nach § 369 Abs. 1 HGB erfasst das Zurückbehaltungsrecht **beweglichen Sachen** und **Wertpapiere des Schuldners**. Zu den Wertpapieren im Sinne dieser Vorschrift zählen Inhaber und Order-, nicht aber Rektapiere, die ausschließlich als Rechte zu behandeln sind. Diese Gegenstände müssen im Zeitpunkt des Vorliegens aller übrigen Voraussetzungen des Zurückbehaltungsrechts im Eigentum des Schuldners stehen. An Sachen eines Dritten kann auch gutgläubig nach wohl überwiegender Auffassung kein Zurückbehaltungsrecht begründet werden.[190] § 369 Abs. 1 Satz 2 HGB erweitert das Zurückbehaltungsrecht auf Gegenstände, die im Eigentum des Gläubigers stehen, die dieser vom Schuldner als Eigentümer erworben hat, aber wieder auf den Schuldner zurück übertragen muss. Das kann der Fall sein, wenn der Schuldner vom Vertrag zurücktritt oder eine Anfechtung nicht bereits das dingliche Geschäft erfasst.

dd) Besitz des Gläubigers

Schließlich müssen sich die Sachen oder Wertpapiere mit Willen des Schuldners aufgrund eines Handelsgeschäfts im Besitz des Gläubigers befinden. Mitbesitz reicht aus.[191] Auch der mittelbare Besitz des Gläubigers kann aufgrund entsprechender Anwendung des § 1205 Abs. 2 BGB nach herrschender

---

183 *Oetker*, HandelsR, § 7 Rn 104.
184 Baumbach/Hopt/*Hopt* § 369 Rn 3.
185 Vgl BGHZ 53, 122; BGHZ 48, 116; Baumbach/Hopt/*Hopt* § 369 Rn 5.
186 BGH NJW 1985 2417, 2418.
187 *Canaris*, HandelsR, § 28 Rn 15.
188 MünchKommHGB/*Welter* § 369 Rn 22 ff; Ebenroth/Boujong/Jost/*Stadler* § 369 Rn 9; *Canaris*, HandelsR, § 28 Rn 16 ff;*Oetker*, HandelsR, § 7, Rn 104.
189 Baumbach/Hopt/*Hopt* § 369 Rn 6.
190 RGZ 69, 13, 17; MünchKommHGB/*Welter* § 369 Rn 49; aA Heymann/*Horn* § 369 Rn 20.
191 BGH WM 1963, 560, 561.

Meinung ausreichen, wenn der Schuldner der gesicherten Forderung dem Besitzmittler eine Anzeige von der Übertragung des mittelbaren Besitzes bzw des Herausgabeanspruchs erstattet.[192]

c) Rechtsfolgen
aa) Wirkungen zwischen Gläubiger und Schuldner

89 Das kaufmännische Zurückbehaltungsrecht gewährt dem Gläubiger eine **Einrede**. Es muss daher geltend gemacht und darf nicht von Amts wegen berücksichtigt werden. Die berechtigte Geltendmachung gegen einen Herausgabeanspruch des Schuldners führt zu einer Verurteilung des Gläubigers Zug-um-Zug (§ 274 BGB analog) gegen Befriedigung der ihm zustehenden Ansprüche.[193] Das Zurückbehaltungsrecht gibt dem Gläubiger auch ein **Recht zum Besitz** im Sinne des § 986 Abs. 1 BGB. Zudem hat die Geltendmachung der Einrede analog § 389 BGB **ex-tunc Wirkung**. Sie führt daher beispielsweise zum Wegfall von Verzug.[194]

90 Der besondere dingliche Charakter des kaufmännischen Zurückbehaltungsrechts ergibt sich aus § 371 HGB, der dem Gläubiger ein **Befriedigungsrecht aus den zurückbehaltenen Gegenständen** gewährt. Gem. § 371 Abs. 2 HGB erfolgt die Befriedigung nach den für das Pfandrecht geltenden Vorschriften des BGB. Aufgrund der Regelung des § 371 Abs. 3 HGB ist die Durchführung der Befriedigung allerdings eher an das Hypothekenrecht angelehnt. Der Gläubiger hat zwei Möglichkeiten: Er muss entweder seine Forderungen gegen den Schuldner gerichtlich geltend machen und dann aus einem auf Zahlung gerichteten Titel in den zurückbehaltenen Gegenstand vollstrecken (so genannte **Vollstreckungsbefriedigung**) oder gem. § 371 Abs. 4 HGB Klage „auf Gestattung der Befriedigung" aus dem Gegenstand erheben (so genannte **Verkaufsbefriedigung**). Der erst genannte Weg hat den Vorteil, dass aus dem Titel auch in das übrige Vermögen des Schuldners vollstreckt werden kann. Nachteilig ist allerdings, dass die zurückbehaltene Sache gem. § 814 ff ZPO nur durch den Gerichtsvollzieher versteigert, nicht aber freihändig verkauft werden darf.[195]

bb) Verhältnis zu Dritten

91 Im Verhältnis zu Dritten entfaltet das kaufmännische Zurückbehaltungsrecht verschiedene Wirkungen: § 369 Abs. 2 HGB ordnet an, dass das kaufmännische Zurückbehaltungsrecht auch gegenüber Dritten insoweit gilt, als dem Dritten die Einwendungen gegen den Anspruch des Schuldners auf Herausgabe des Gegenstands entgegengesetzt werden können. Wann dies der Fall ist, richtet sich nach den allgemeinen bürgerlich-rechtlichen Vorschriften der §§ 985 ff BGB. In entsprechender Anwendung des § 986 Abs. 2 BGB kann das Zurückbehaltungsrecht daher jedenfalls einem Dritten entgegengehalten werden, wenn die zurückgehaltene Sache gem. § 931 BGB durch Abtretung des Herausgabeanspruchs übereignet wird. Auch für die Übereignung gem. § 930 BGB wird die Anwendung des § 369 Abs. 2 HGB wohl überwiegend befürwortet.

92 § 372 HGB ergänzt § 369 Abs. 2 HGB und ist nur dann heranzuziehen, wenn die Voraussetzungen des § 369 Abs. 2 HGB vorliegen. Gem. § 372 Abs. 1 HGB ist der gute Glaube des Gläubigers an das Eigentum des Schuldners geschützt, wenn dieser sein Eigentum ohne Kenntnis des Gläubigers an einen Dritten übertragen hat. Grob fahrlässige Unkenntnis ist dabei unschädlich.[196] Gegenüber dem Gläubiger gilt der Schuldner noch immer als Eigentümer, so dass beispielsweise alle in einem etwaigen Vollstreckungsverfahren erforderlichen Benachrichtigungen an ihn gerichtet werden können.[197] § 372 Abs. 2 HGB führt die Anordnung des § 372 Abs. 1 HGB im prozessualen Bereich fort: Ein Urteil, das der Gläubiger gegen den Schuldner erwirkt, erstreckt sich auch gegen den neuen Eigentümer, sofern der Gläubiger bei Rechtshängigkeit nichts von der Eigentumsübertragung weiß und diese nach dem Besitzerwerb durch den Gläubiger stattfand. Hat der Gläubiger Kenntnis vom Eigentums-

---

192 MünchKommHGB/*Welter* § 369 Rn 49.
193 OLG Köln MDR 1999, 319.
194 *Canaris*, HandelsR, § 28, Rn 23.
195 *Canaris*, HandelsR, § 28, Rn 24 ff; vgl auch MünchKommHGB/*Welter* § 371 Rn 5.
196 Baumbach/Hopt/*Hopt* § 372 Rn 1.
197 MünchKommHGB/*Welter* § 372 Rn 3; *Canaris*, HandelsR, § 28 Rn 29.

übergang, ist er nach wohl überwiegender Auffassung berechtigt, analog § 727 ZPO die Erteilung einer vollstreckbaren Ausfertigung gegen den neuen Eigentümer zu beantragen bzw Klage auf Erteilung der Vollstreckungsklausel nach § 731 ZPO zu erheben.[198]

Schließlich ist das kaufmännische Zurückbehaltungsrecht auch durch § 823 Abs. 1 BGB geschützt, wobei dahinstehen kann, ob es als „sonstiges Recht" oder über den Schutz des Besitzes in den Anwendungsbereich der Norm einzubeziehen ist. Wenn ein Dritter also die zurückbehaltene Sache beschädigt oder zerstört, ist der Gläubiger berechtigt, Schadensersatzansprüche geltend zu machen. Sie richten sich auf Ersatz des Sicherungsinteresses, das vom Wert des Gegenstandes abweichen kann.[199] Darüber hinaus dürften dem Gläubiger die Herausgabeansprüche aus § 861 BGB oder § 1007 BGB zustehen. Ob diese Ansprüche im Einzelfall gegeben sind, hängt von der Auslegung dieser allgemeinen bürgerlich-rechtlichen Vorschriften und dem Vorliegen der jeweiligen Voraussetzungen ab.

d) Ausschluss

Das kaufmännische Zurückbehaltungsrecht ist gem. § 369 Abs. 3 HGB ausgeschlossen, wenn die Zurückbehaltung des Gegenstands Weisungen des Schuldners oder Verpflichtungen des Gläubigers widerspricht. Diese Norm konkretisiert die Grundsätze von Treu und Glauben gem. § 242 BGB. Daher ist das kaufmännische Zurückbehaltungsrecht nicht ausgeschlossen, wenn der Gläubiger dem Schuldner gegenüber aus dem Rechtsverhältnis, auf dessen Grundlage er die Sache erlangt hat, zur Rückgabe verpflichtet ist. Hinzukommen müssen vielmehr weitere Umstände, die sich auch aus der für das jeweilige Geschäft typischen Eigenart ergeben können. So dürfte beispielsweise der Kommissionär regelmäßig nicht berechtigt sein, das kaufmännische Zurückbehaltungsrecht an der Kommissionsware geltend zu machen, da er diese an einen Dritten weiterzugeben hat.[200]

Neben dem gesetzlichen Ausschluss gem. § 369 Abs. 3 HGB können die Parteien dieses Recht auch vertraglich abbedingen. Darüber hinaus kann die Geltendmachung des Zurückbehaltungsrechts wegen Verstoßes gegen § 242 BGB ausgeschlossen sein. In der Rechtsprechung finden sich dafür beispielhaft folgende Fälle: Ausschluss des Zurückbehaltungsrechts, wenn der zurückbehaltene Gegenstand vom Schuldner für seinen wirtschaftlichen Betrieb als Fortbewegungsmittel benötigt wird,[201] der Gläubiger bereits anderweitig hinreichend gesichert ist[202] oder wenn der Wert der zurückbehaltenen Sache den Wert der Forderung um ein Vielfaches übersteigt.[203]

e) Übergang

Beim Übergang des kaufmännischen Zurückbehaltungsrechts ist **zwischen der Einzel- und der Gesamtrechtsnachfolge zu unterscheiden**. Einigkeit besteht darüber, dass das Zurückbehaltungsrecht nicht isoliert übertragen werden kann.[204] Welche Anforderungen an eine Übertragung im Wege der Einzelrechtsnachfolge zu stellen sind, ist umstritten. Die herrschende Meinung verlangt die Abtretung der zu sichernden Forderung sowie die Übergabe der zurückbehaltenen Sache.[205] Bei einer Gesamtrechtsnachfolge, die die zu sichernde Forderung und die zurückbehaltene Sache umfasst, wird der Rechtsnachfolger auch Inhaber des Zurückbehaltungsrechts.[206]

f) Erlöschen

Gem. § 369 Abs. 4 HGB kann der Schuldner die Ausübung des Zurückbehaltungsrechts durch **Sicherheitsleistung** abwenden. Wird eine entsprechende Sicherheit gem. § 232 ff BGB geleistet, erlischt das

---

198 MünchKommHGB/*Welter* § 372 Rn 5; Baumbach/Hopt/*Hopt* § 372 Rn 1.
199 *Oetker*, HandelsR, § 7 Rn 106.
200 MünchKommHGB/*Welter* § 369 Rn 57.
201 OLG Frankfurt MDR 1985, 502, 503.
202 BGHZ 7, 123, 127.
203 BGH NJW 1988, 2607; BGH NJW 1966, 115.
204 Statt vieler: Baumbach/Hopt/*Hopt* § 369 Rn 6.
205 MünchKommHGB/*Welter* § 369 Rn 78; Ebenroth/Boujong/Jost/*Stadler* § 369 Rn 41; Heymann/*Horn* § 369 Rn 44; *Oetker*, HandelsR § 7, Rn 108; aA *Canaris*, HandelsR, § 28 Rn 33 ff.
206 Baumbach/Hopt/*Hopt* § 369 Rn 6.

Zurückbehaltungsrecht. Der Gläubiger erwirbt nach § 233 BGB ein Pfandrecht an der Sicherheit. Im Übrigen erlischt das Zurückbehaltungsrecht, wenn seine Voraussetzungen entfallen, zB bei Verlust des Besitzes, Untergang der zurückbehaltenen Sache sowie Erlöschen bzw Stundung der zu sichernden Forderung.[207] Das Zurückbehaltungsrecht kann allerdings bei unfreiwilligem Besitzverlust wiederaufleben, wenn der Gläubiger erneut in den Besitz der Sache gelangt.[208]

g) Insolvenzrechtliche Behandlung

98 Die insolvenzrechtliche Behandlung hängt ab von dem Zeitpunkt des Eintritts der Insolvenz sowie dem Vorliegen der Voraussetzungen des kaufmännischen Zurückbehaltungsrechts. Wenn mit Ausnahme der Fälligkeit der zu sichernden Forderung (§ 41 InsO) alle Voraussetzungen des kaufmännischen Zurückbehaltungsrechts **vor Eröffnung des Insolvenzverfahrens** vorliegen, steht dem Gläubiger ein **Absonderungsrecht** gem. § 50, 51 Nr. 3 InsO zu. Darauf gestützt kann der Gläubiger die Herausgabe der Sache verweigern und diese gem. § 371 HGB iVm § 173 Abs. 1 InsO verwerten. Die erforderlichen Titel sind dementsprechend gegen den Insolvenzverwalter zu erwirken. Wenn die Voraussetzungen des Zurückbehaltungsrechts erst **nach Eröffnung des Insolvenzverfahrens** vorliegen, kann wegen § 91 Abs. 1 InsO **kein Absonderungsrecht** mehr begründet werden.[209]

h) Vertragliche Gestaltungsmöglichkeiten[210]

99 Nach überwiegender Auffassung ist die rechtsgeschäftliche Bestellung eines kaufmännischen Zurückbehaltungsrechts zulässig.[211] Einzelheiten sind aber stark umstritten, insbesondere die Frage, ob ein so bestelltes Recht auch die vollen dinglichen Wirkungen entfaltet.[212] Vor diesem Hintergrund ist von der vertraglichen Bestellung eines kaufmännischen Zurückbehaltungsrechts abzuraten. In aller Regel wird den Interessen der Mandanten die Bestellung eines Pfandrechts gerecht. Bei der Auslegung von Vereinbarungen ist zu beachten, dass der Regelfall entweder die Begründung eines vertraglichen Pfandrechts oder die Einräumung eines schuldrechtlichen Zurückbehaltungsrechts gem. § 273 BGB ist. Für die Annahme einer vertraglichen Einräumung eines kaufmännischen Zurückbehaltungsrechts bedarf es daher besonderer Umstände.

B. Handelskauf

I. Begriff und Bedeutung des Handelskaufs

100 Der Handelskauf ist das in der Praxis **häufigste Handelsgeschäft**. Auch wenn volkswirtschaftlich in Deutschland die Wertschöpfung in Dienstleistungsbranchen mittlerweile diejenige des Handels und der produzierenden Gewerbe übersteigt,[213] werden im HGB Beratung, Service und andere Dienstleistungen lediglich von den allgemeinen Vorschriften der §§ 343 ff HGB erfasst. Von den gesondert geregelten Handelsgeschäften hingegen kommt dem Handelskauf eine überragende Bedeutung zu. Daran gemessen nehmen sich die handelsrechtlichen Sonderregelungen in §§ 373 bis 381 HGB bescheiden aus. Dementsprechend werden die Spezifika des Handelskaufs gegenüber dem bürgerlich-rechtlichen Kaufvertrag der §§ 433 ff BGB nicht allein durch die handelsrechtlichen Sonderregelungen, sondern auch durch die Kautelarpraxis geprägt.

101 Anders als für Handelsgeschäfte allgemein (vgl § 343 HGB) findet sich für den Handelskauf keine gesetzliche Legaldefinition. Aus dem Regelungsbereich der §§ 373 bis 381 HGB lässt sich jedoch systematisch ableiten, dass **jeder Kauf- und gleichgestellte Warenumsatzvertrag**[214] gemeint ist, der ein

---

207 MünchKommHGB/*Welter* § 369 Rn 81.
208 *Canaris*, HandelsR, § 28 Rn 36.
209 MünchKommHGB/*Welter* § 369 Rn 77; Baumbach/Hopt/*Hopt* § 369 Rn 12.
210 Siehe zum Ganzen Staub/*Canaris* §§ 369–372 Rn 110 ff.
211 Staub/*Canaris* §§ 369–372 Rn 110; MünchKommHGB / *Welter* § 369 Rn 8; *K. Schmidt*, HandelsR, § 22 IV 5.
212 Vgl BGH BB 1973, 307, 307; RGZ 118, 250, 252; Ebenroth/Boujong/Joost/*Stadler* § 369 Rn 7 (gegen dingliche Wirkung); Staub/*Canaris* §§ 369–372 Rn 110; MünchKommHGB/*Welter* § 369 Rn 8.
213 Statistisches Jahrbuch 2006, S. 246 ff.
214 Vgl Rn 128.

Handelsgeschäft iSd §§ 343–345 HGB darstellt und **eine Ware bzw bewegliche Sache oder ein Wertpapier** (vgl § 381 Abs. 1 BGB) zum Gegenstand hat. Nach hM nicht vom Handelskaufbegriff des HGB umfasst sind demnach insbesondere der Kauf von Immobilien und Grundstücken, nicht in Wertpapieren verbrieften Rechten und der Unternehmenskauf.[215] Rechtstatsächlich bzw umgangssprachlich lässt sich der Begriff des Handelskaufs auch durchaus weiter fassen. Im kaufmännischen Verkehr übliche Vertragsklauseln werden, soweit sachgerecht, durchaus nicht allein auf den Warenumschlag beweglicher Sachen, sondern auch im Factoring oder Immobilienkauf verwandt.

II. Vertragsschluss beim Handelskauf

Da der Warenumsatz im Handelsverkehr auf Effizienz ausgerichtet ist, gilt dies konsequenterweise zumeist auch für dessen vertragliche Dokumentation. Der voll umfänglich ausverhandelte Einzelvertrag ist in der kaufmännischen Praxis eher die Ausnahme. Stattdessen ist die rechtliche Dokumentation häufig geprägt von Regelungen, die nicht in jedem Einzelfall neu ausformuliert werden müssen, sondern, falls sachgerecht, möglichst häufig verwandt werden können. Aus rechtlicher Sicht stellen daher Vertragsklauseln häufig **Allgemeine Geschäftsbedingungen** dar und sind als solche an §§ 305 ff BGB zu messen. Die Einbeziehung der erforderlichen Vertragsklauseln erfolgt dabei – in Abhängigkeit vom Grad der angestrebten Rationalisierung der Vertragsdokumentation – über die schlichte (Wieder-)Verwendung einzelner Standard- oder Musterklauseln, die Festlegung allgemeiner Vertragskonditionen in Rahmenverträgen bis hin zur Einbeziehung Allgemeiner Einkaufsbedingungen des Käufers bzw Allgemeiner Verkaufsbedingungen des Verkäufers. Die Willenseinigung über den konkreten Kauf im Sinne von Angebot und Annahme gem. §§ 145 ff BGB erfolgt dann häufig allein durch eine kurze schriftliche oder mündliche Bestellung einerseits und deren Bestätigung oder die schlichte Lieferung andererseits.

102

1. Standard- und Musterklauseln

Bereits die erneute Verwendung einzelner Vertragsklauseln und die erstmalige Verwendung einzelner Klauseln aus einem **Vertragsmuster** in einem ansonsten individualvertraglich ausgehandelten Vertrag kann für die jeweilige Vertragsklausel deren Qualifikation als Allgemeine Geschäftsbedingung bedeuten. Voraussetzung ist allein, dass es sich um eine für eine Vielzahl von Verträgen vorformulierte, vom Verwender gestellte und nicht im Einzelnen ausgehandelte Regelung gem. § 305 Abs. 1 S. 1, S. 3 BGB handelt. Dabei besteht insbesondere angesichts einer diesbezüglich nicht konsistenten Rechtsprechung des BGH das Risiko, dass bei Verwendung von zB in **Formularbüchern** publizierten Musterverträgen selbst bei nur einmaliger Verwendungsabsicht des konkreten Verwenders (durch die vom Ersteller des Mustervertrages beabsichtigte mehrfache Benutzung seines Musters durch Dritte) bereits alle nicht individuell angepassten Regelungen als Allgemeine Geschäftsbedingungen zu qualifizieren sind.[216]

103

Soweit allein einzelne Regelungen in einem im Übrigen individualvertraglich vereinbarten Vertrag Allgemeine Geschäftsbedingungen darstellen, kann jedoch dem Vertragspartner des potentiellen Verwenders unter praktischen Gesichtspunkten der seinerseits erforderliche **Beweis** schwer fallen, dass abweichend vom Vertrag im Übrigen die entsprechende Einzelklausel Allgemeine Geschäftsbedingungen darstellt.[217] Beweiserleichterungen im Wege eines *prima facie* Beweises, beispielsweise wenn sich durch zahlreiche formelhafte, nicht auf die konkrete Vertragssituation abgestimmte Klauseln die Absicht einer mehrfachen Verwendung ergibt,[218] sind zunehmend unwahrscheinlich je weniger Einzelregelungen als Allgemeine Geschäftsbedingungen in Betracht kommen. Soweit dieser Beweis den-

104

---

215 Vgl im Detail Rn 129.
216 Für die wohl hM BGH ZIP 2005, 1604; Ulmer/Brandner/Hensen/*Ulmer* § 305 BGB Rn 24 mwN; aA allerdings BGH NJW-RR 2002, 13, 14: der Verwender selbst muss die Absicht der Mehrfachverwendung haben. Zu den Konsequenzen für anwaltliche Datenbanken *v. Westphalen* NJW 2006, 2228.
217 BGH NJW 1992, 2160, 2162.
218 BGH NJW 2004, 502, 503.

noch gelingt, ist der Verwender beweis- und substantiiert darlegungspflichtig, dass die entsprechende Vertragsbedingung ausgehandelt wurde iSd § 305 Abs. 1 S. 3 BGB.[219]

105 In der Praxis wird teilweise versucht, die rechtliche Qualifikation als Allgemeine Geschäftsbedingungen dadurch zu vermeiden, dass der Verwender vorformulierter Vertragsbedingungen beispielsweise bei der Übersendung explizit betont, dass der übersendete Formulierungsvorschlag verhandelbar und er zu dessen Änderung bereit sei. Dies allein reicht jedoch nicht.[220] Vielmehr ist nach ständiger Rechtsprechung des BGH das **„Aushandeln"** mehr noch als ein reines Verhandeln. Ein Aushandeln iSd § 305 Abs. 1 S. 3 BGB liegt nur dann vor, wenn die entsprechende Regelung durch den Verwender ernsthaft zur Disposition gestellt und dem Vertragspartner Gestaltungsfreiheit zur Wahrung eigener Interessen mit der zumindest realen Möglichkeit eingeräumt wird, die inhaltliche Ausgestaltung der Vertragsbedingungen zu beeinflussen.[221] Da sich eine solche Bereitschaft in aller Regel auch in einer Änderung des vorformulierten Textes niederschlägt, kann allenfalls unter besonderen Umständen eine vertragliche Regelung als Ergebnis eines Aushandelns gewertet werden, wenn es nach gründlicher Erörterung bei dem gestellten Entwurf bleibt.[222]

2. Einbeziehung Allgemeiner Einkaufs- und Verkaufsbedingungen

106 Im Massengeschäft erweist sich oftmals bereits die textliche Zusammenstellung eines spezifisch auf den einzelnen Kauf abgestellten Vertragstextes aus Einzel- und Standardregelungen als uneffizient. Daher werden häufig allein die *essentialia negotii* aus Kaufgegenstand (Artikel, Menge etc.) und Kaufpreis sowie wenige Detailfragen, wie zB der Liefertermin, individualvertraglich vereinbart und im Übrigen auf die Allgemeinen Einkaufsbedingungen des Käufers oder Allgemeinen Verkaufsbedingungen des Verkäufers hingewiesen. Da es im Geschäftsverkehr zwischen Unternehmern gem. § 310 Abs. 1 S. 1 BGB auf die ergänzenden Voraussetzungen einer Einbeziehung Allgemeiner Geschäftsbedingungen gem. § 305 Abs. 2 BGB nicht ankommt, muss die Geltung der Allgemeinen Einkaufs- oder Verkaufsbedingungen allein zwischen den Vertragsparteien ausdrücklich oder konkludent vereinbart werden iSd §§ 145 ff BGB. Dafür reicht der in der Praxis nach wie vor anzutreffende Hinweis des Verkäufers auf seine Allgemeinen Verkaufsbedingungen erst in **Rechnungen oder Lieferscheinen** nicht aus, da diese regelmäßig nach Vertragsschluss übersandt werden.[223] Vielmehr sollte der Käufer auf seine Allgemeinen Einkaufsbedingungen in der Bestellung hinweisen, der Verkäufer sollte auf seine Allgemeinen Verkaufsbedingungen bereits in einem eventuellen Angebotsschreiben, spätestens in der Auftragsbestätigung als Vertragsbestandteil aufmerksam machen. Soweit der Verkäufer erstmals in der Auftragsbestätigung auf seine Allgemeinen Verkaufsbedingungen hinweist, ist jeweils zu klären, ob dieses **modifizierte Angebot** iSd § 150 Abs. 2 BGB durch den Käufer zB durch die widerspruchslose Entgegennahme der Lieferung oder die Zahlung des Kaufpreises angenommen wird.[224] Soweit die Vertragsparteien in **laufenden Geschäftsbeziehungen** stehen und sich nicht zuvor darüber geeinigt haben, ob die bei einem früheren Kauf wirksam einbezogenen Allgemeinen Geschäftsbedingungen auch zukünftig Anwendung finden sollen, ergibt sich eine entsprechende konkludente Einigung nach hM auch aus der vorausgehenden regelmäßig vereinbarten Einbeziehung der Allgemeinen Geschäftsbedingungen,[225] nicht hingegen schon aus einer einmaligen früheren Verwendung.[226]

107 Für das allgemeine Problem kollidierender Allgemeiner Geschäftsbedingungen[227] wird versucht, durch Verwendung von **Ausschließlichkeits- bzw Abwehrklauseln** sicherzustellen, dass bei widersprechenden Regelungen der in den Allgemeinen Geschäftsbedingungen von Verkäufer und Käufer jeweils

---

219 BGHZ 83, 56, 58; BGH ZIP 1996, 1997, 1999.
220 BGH NJW-RR 2005, 1040, 1041; vgl auch BGH NJW 1977, 624, 625 f für eine Vertragsklausel entsprechenden Inhalts.
221 BGH NJW-RR 2005, 1040.
222 BGH NJW 2000, 1110, 1111 f mwN.
223 BGH NJW 1978, 2243, 2243; Ulmer/Brandner/Hensen/*Ulmer* § 305 BGB Rn 127.
224 Vgl dazu Wolf/Horn/Lindacher/*Wolf* § 2 Rn 70.
225 BGHZ 7, 187, 191; BGH DB 1971, 2106.
226 BGH NJW 1992, 1232 ff.
227 Vgl dazu Ulmer/Brandner/Hensen/*Ulmer* § 305 BGB Rn 182 ff.

nur die eigenen Allgemeinen Geschäftsbedingungen Anwendung finden. Nach Ansicht des BGH gibt der Verwender einer Abwehrklausel eindeutig zu erkennen, dass er mit der Geltung anderer abweichender Geschäftsbedingungen weder ganz noch teilweise einverstanden ist, unabhängig davon, ob die abgewehrte Klausel des Vertragspartners branchen- oder handelsüblich ist.[228] Dadurch wird eine stillschweigende Einigung über die Einbeziehung der abgewehrten Klausel ausgeschlossen, so dass stattdessen gem. § 306 Abs. 2 BGB einschlägiges Gesetzesrecht Anwendung findet. Formulierungsbeispiel (aus Käuferperspektive):

▶ Von diesen Einkaufsbedingungen abweichende oder diese Einkaufsbedingungen ergänzende Regelungen in Allgemeinen Geschäftsbedingungen des Lieferanten finden nur mit ausdrücklicher schriftlicher Zustimmung des Bestellers Anwendung, ohne dass es eines ergänzenden Widerspruchs des Bestellers gegen derartige Regelungen des Lieferanten bedarf. ◀

III. Kaufgegenstand und Preis

Kaufgegenstand und Preis werden als *essentialia negotii* zumeist individualvertraglich zwischen den Vertragsparteien festgelegt. Dennoch werden Detailaspekte, soweit nicht auch diese vertraglich geregelt sind, durch die handelsrechtlichen Sonderregelungen der §§ 375, 380 HGB modifiziert.

1. Bestimmungskauf gem. § 375 HGB

Bei dem Bestimmungs- bzw Spezifikationskauf gem. § 375 HGB handelt es sich um einen Sonderfall des allgemeinen Bestimmungsrechts gem. § 315 BGB. Ein Bestimmungskauf in diesem Sinne liegt vor, wenn dem Käufer die nähere Bestimmung über Form, Maß oder ähnliche Verhältnisse (zB Farbe, nicht jedoch Leistungsort oder -zeit)[229] vorbehalten ist. Nach hM liegt allein eine allgemeine Wahlschuld iSd §§ 262 ff BGB, und nicht auch ein Bestimmungskauf iSd § 375 HGB, vor, wenn der Käufer lediglich die Auswahl zwischen mehreren von vornherein bestimmten Leistungen hat.[230] Ebenso betrifft das Bestimmungsrecht des Käufers nach hM keine „ähnlichen Verhältnisse", wenn es sich nicht mehr allein auf eine Konkretisierung innerhalb einer Warengattung bezieht, sondern unterschiedliche Warengattungen umfasst.[231]

Auf der Rechtsfolgenseite verbessert § 375 Abs. 1 HGB die Position des Verkäufers dadurch, dass – anders als bei der bürgerlich-rechtlichen Wahlschuld[232] – den Käufer auch eine Bestimmungspflicht trifft. Kommt der Käufer dieser Pflicht nicht nach, kann der Verkäufer nach § 375 Abs. 2 S. 1 HGB bei Verzug des Käufers[233] wahlweise die Spezifikation selbst vornehmen oder die Rechte gem. §§ 280, 281 BGB oder § 323 BGB geltend machen. Aus praktischer Sicht birgt die Spezifikation durch den Verkäufer selbst das Risiko, dass der Käufer mit der getroffenen Bestimmung nicht einverstanden ist und die Zahlung des Kaufpreises (unberechtigt) verweigert, während der Verkäufer noch weitere Aufwendungen getätigt hat. Für die daher für den Verkäufer häufig vorzugswürdige Möglichkeiten Schadensersatz nach §§ 280, 281 BGB geltend zu machen oder – entsprechend § 325 BGB in der Fassung des SchuldRModG alternativ oder kumulativ[234] – vom Vertrag gem. § 323 BGB zurückzutreten, stellt der Verweis in § 375 Abs. 2 S. 1 HGB einen Rechtsgrundverweis dar, so dass – neben dem Verzug nach § 286 BGB[235] – die weiteren Voraussetzungen der §§ 280, 281, 323 BGB zu beachten sind.

---

228 BGH NJW 1985, 1838, 1839 f; BGH NJW-RR 2001, 484, 485.
229 So die hM, zB MünchKomm HGB/*Grunewald* § 375 Rn 8 mwN; offengelassen BGH NJW 1972, 99, 100.
230 BGH NJW 1960, 674 f; Heymann/*Emmerich/Hoffmann* § 375 Rn 6 ff mwN.
231 BGH WM 1976, 124 f; kritisch MünchKomm HGB/*Grunewald* § 376 Rn 7 ff.
232 Palandt/*Heinrichs* § 264 Rn 1.
233 So die hM; aA *Canaris* FS Konzen 2006, 43, 45 f.
234 Vgl *Canaris* FS Konzen 2006, 43, 44 f sowie für den Parallelfall des § 376 Abs. 1 S. 1 HGB nachfolgend Rn 116.
235 So die hM, vgl zB Heymann/*Emmerich/Hoffmann* § 375 Rn 10, was widersprüchlich ist zu § 264 Abs. 2 BGB, wo lediglich verschuldensunabhängiger Annahmeverzug verlangt wird; MünchKomm BGB/*Krüger* § 264 Rn 10; Palandt/*Heinrichs* § 264 Rn 3.

2. Nettogewicht gem. § 380 HGB

111 Soweit sich der Preis einer Ware nach deren Gewicht richtet, enthält § 380 Abs. 1 HGB für den Handelskauf eine Auslegungsregel, dass im Zweifel das Nettogewicht für den Preis maßgeblich ist.[236] Die Auslegungsregel ist widerlegt, wenn beispielsweise die Parteien bezüglich des Preises „brutto für netto" vereinbaren.

3. Umsatzsteuer

112 Ein vereinbarter Kaufpreis schließt grundsätzlich die hierauf zu entrichtende Umsatzsteuer mit ein, falls nicht etwas anderes vereinbart wurde.[237] Im Verkehr gegenüber nicht-gewerblichen Endverbrauchern wird dies bereits bußgeldbewährt durch §§ 1 Abs. 1 S. 1, 9 Abs. 1 PAngV gefordert. Im Verkehr zwischen vorsteuerabzugsberechtigten Kaufleuten wurde zwar versucht, einen gegenteiligen allgemeinen Handelsbrauch zu konstatieren,[238] dies blieb jedoch ohne Einfluss auf die Rechtsprechung des BGH, der am Bruttoprinzip grundsätzlich auch für zum Vorsteuerabzug berechtigte Unternehmer festhält.[239] Soweit ausnahmsweise Käufer und Verkäufer irrtümlich davon ausgegangen sind, dass der Kaufvertrag nicht der Umsatzsteuerpflicht unterliege und deshalb von einer Regelung abgesehen haben, ist der vereinbarte Preis im Wege der ergänzenden Vertragsauslegung bei einem vorsteuerabzugsberechtigten Käufer nach Treu und Glauben regelmäßig als Nettopreis zu verstehen, da den Käufer die Umsatzsteuer wirtschaftlich kaum belastet, während andernfalls für den Verkäufer sein Kostenfaktor um den Betrag der Umsatzsteuer erhöht würde.[240] Um nicht auf den Nachweis eines entsprechenden Handelsbrauchs oder des Irrtums über die Umsatzsteuerfreiheit angewiesen zu sein, sollte der Verkäufer auf eine klarstellende Regelung achten.

Beispiel: „ ... zuzügl. USt" genügt bereits im unternehmerischen Verkehr.[241]

4. Hinweise zur Vertragsgestaltung

a) Käuferperspektive

113 Da die Zahlung des Kaufpreises die Hauptleistungspflicht des Käufers ist, kommen aus seiner Sicht begünstigende Vertragsklauseln meist nur für Detailaspekte in Betracht, beispielsweise die Gewährung eines Skontos oder eine späte Fälligkeit des Kaufpreises. Mangels allgemeinem Handelsbrauchs bedarf die Gewährung eines Skontos an den Käufer einer entsprechenden Vereinbarung, die rechtstechnisch zu einem aufschiebend bedingten Teilerlass der Forderung iSd §§ 397, 158 Abs. 1 BGB für den Fall fristgerechter Zahlung führt.[242] Konsistent zur Bewertung der Geldschuld als qualifizierte Schickschuld gem. § 270 Abs. 1, Abs. 4 BGB[243] genügt für die Wahrung der Skontofrist, falls nicht Abweichendes vereinbart wurde, bereits die Rechtzeitigkeit der Leistungshandlung (zB fristgerechte Versendung eines Schecks, Abschluss des Überweisungsvertrages iSd § 676 a BGB).[244] Formulierungsbeispiel:

▶ Der Kaufpreis ist innerhalb von [14] Tagen mit [3] % Skonto oder innerhalb von [90] Tagen in voller Höhe, jeweils gerechnet ab Lieferung und Rechnungserhalt,[245] zu zahlen. ◀

---

236 Vgl allgemein zum Recht der Verpackung Heymann/*Emmerich/Hoffmann* § 380 Rn 4 ff.
237 BGHZ 58, 292, 295 mwN; BGHZ 103, 284, 287.
238 Vgl *Schaumburg/Schaumburg* NJW 1975, 1261.
239 BGH NJW 2002, 2312; BGH NJW 2001, 2464.
240 BGH BB 2000, 690.
241 Gegenüber Verbrauchern vgl § 1 Abs. 1 S. 1 PAngV und bei Allgemeinen Geschäftsbedingungen Verstoß gegen § 309 Nr. 1 BGB; Ulmer/Brandner/Hensen/*H. Schmidt* § 306 a Rn 10 aE.
242 Palandt/*Heinrichs* § 157 Rn 16 mwN; vgl auch Staub/*Koller* Vor § 373 Rn 284.
243 So die hM, zB MünchKomm BGB/*Krüger* § 270 Rn 1.
244 BGH NJW 1998, 1302; OLG Karlsruhe NJW 2003, 2922, 2923 mwN; neuerdings zweifelnd, ob für den kaufmännischen Verkehr mit der EG-Zahlungsverzugsrichtlinie vereinbar OLG Köln ZIP 2006, 1986 (Vorlagebeschluss zum EuGH); ausführlich *Herresthal* ZGS 2007, 48 ff.
245 Aus Verkäufersicht zB „ab Rechnungsdatum".

b) Verkäuferperspektive

Aus Sicht des Verkäufers kommen für begünstige Vertragsregelungen, neben allgemeinen Abreden, wie zB einer frühen Fälligkeit des Kaufpreises, insbesondere Preisanpassungs- und -vorbehaltsklauseln sowie die Einschränkung der Aufrechnungs- und Zurückbehaltungsmöglichkeiten des Käufers in Betracht. Preisanpassungsklauseln kommen insbesondere bei langfristigen Geschäftsbeziehungen in Betracht, wo häufig auf Preislisten des Verkäufers verwiesen wird. Dies ist, die Angemessenheit im Einzelfall vorausgesetzt, im unternehmerischen Verkehr auch in Allgemeinen Geschäftsbedingungen zulässig.[246] Bezüglich der Einschränkung der Aufrechnungsmöglichkeiten des Käufers findet bei Allgemeinen Geschäftsbedingungen, wozu Standardklauseln wie diese besonders häufig zählen, der § 309 Nr. 3 BGB im unternehmerischen Verkehr über §§ 307 Abs. 1 Nr. 2, 310 Abs. 1 BGB gleichfalls Anwendung.[247] Eine Aufrechnung wird allerdings individualvertraglich durch Klauseln wie „Kasse gegen Dokument" oder „Kasse gegen Nachnahme/cash on delivery" wirksam ausgeschlossen.[248] Formulierungsbeispiel:

▶ Rechte des Käufers zur Aufrechnung [und zur Ausübung eines Zurückbehaltungsrechts][249] gegen Ansprüche des Verkäufers sind ausgeschlossen, es sei denn, es handelt sich um unbestrittene oder rechtskräftig festgestellte Ansprüche des Käufers. ◀

IV. Leistungszeit

Wenn die vereinbarte Leistungszeit nicht eingehalten wird, werden die bürgerlich-rechtlichen Vorschriften des relativen Fixgeschäfts durch § 376 HGB und des Annahmeverzugs durch §§ 373 f HGB modifiziert. Die jeweiligen Anpassungen beschränken sich jedoch auf spezifische Detailänderungen, die aus praktischer Sicht nicht von hoher Relevanz sind, wohl aber im Einzelfall bedeutsam werden können. Sowohl § 376 HGB als auch §§ 373 f HGB finden entsprechend § 345 HGB bereits beim einseitigen Handelskauf Anwendung.

1. Relatives Fixgeschäft gem. § 376 HGB

Wird die vereinbarte Leistungszeit überschritten, greift schon bürgerlich-rechtlich ein dreistufiges Leistungsstörungsregime. Neben den allgemeinen Regelungen bei Verzug bzw verzögerter Leistung führt das relative Fixgeschäft, bei dem das Rechtsgeschäft nach dem Parteiwillen mit der Einhaltung der Leistungszeit „stehen und fallen soll",[250] zum erleichterten Rücktrittsrecht gem. § 323 Abs. 2 Nr. 2 BGB[251] sowie das absolute Fixgeschäft, bei dem die verspätete Leistung keine Erfüllung mehr darstellen kann, zur Unmöglichkeit iSd § 275 Abs. 1 BGB.[252] Für den Handelskauf modifiziert § 376 HGB allein die **Rechtsfolgen des relativen Fixgeschäfts** und dies primär in zweierlei Hinsicht. Zum einen bleibt der Primäranspruch auf verspätete Erfüllung, anders als im bürgerlichen Recht, beim Handelskauf allein dann bestehen, wenn der Gläubiger entsprechend § 376 Abs. 1 S. 2 HGB sofort – ggf konkludent zB durch Nachfristsetzung[253] – auf der weiteren Vertragserfüllung besteht. Erstattet der Gläubiger diese Anzeige, entfällt damit automatisch der Fixschuldcharakter der Verbindlichkeit, die sich dann mit einfachen Verzugsfolgen nach BGB richtet.[254] Zum anderen wird der Schadensersatz statt der Leistung erleichtert, indem für diesen Schadensersatz unstreitig keine Nachfrist erforderlich ist, was im BGB angesichts des Fehlens einer Parallelregelung zu § 323 Abs. 2 Nr. 2 BGB in § 281 Abs. 2 BGB von der hM abgelehnt wird.[255] Nach zutreffender ghM besteht hingegen kein Unterschied

---

[246] BGH NJW 1985, 853 ff; Ulmer/Brandner/Hensen/*Hensen* § 309 Nr. 1 Rn 22 mwN.
[247] BGH NJW 1985, 319; BGH NJW 1994, 657.
[248] BGH NJW 1985, 550 mit weiteren Beispielen.
[249] Gem. § 307 Abs. 2 BGB gegenüber Verbrauchern unwirksam; im unternehmerischen Verkehr nach hM zulässig (BGH NJW 1992, 575, 577), wobei der BGH zwischenzeitlich offengelassen hat, ob ein sachlicher Grund erforderlich ist; BGH NJW-RR 2003, 834, 836.
[250] BGHZ 110, 88, 96 f.
[251] Zum umstrittenen sofortigen Schadensersatz statt der Leistung vgl Fn 252.
[252] BGHZ 60, 14, 16.
[253] BGH NJW-RR 1998, 1489, 1490.
[254] BGH LM Nr. 4 zu § 376 HGB.
[255] Vgl Palandt/*Heinrichs* § 281 Rn 15 mwN auch zur aA.

zwischen Handelskauf und BGB bei der Frage des Konkurrenzverhältnisses zwischen Rücktritt und Schadensersatz. Obwohl der Wortlaut des § 376 Abs. 1 S. 1 HGB suggerieren mag, dass Schadensersatz und Rücktritt nur alternativ geltend gemacht werden können („oder"), hat sich der Gesetzgeber durch das SchuldRModG in § 325 BGB gegenteilig entschieden, so dass Schäden auch parallel zum Rücktritt geltend gemacht werden können. Diese nach dem lex posterior-Grundsatz gegenüber § 376 HGB vorrangige Wertung strahlt auch auf den Handelskauf aus.[256] Auch die Nennung des Rücktrittsrechts in § 376 Abs. 1 S. 1 HGB erklärt sich nur noch historisch, indem vor Einführung des § 323 Abs. 2 Nr. 2 BGB durch das SchuldRModG auch das Rücktrittsrecht im Handelskauf durch § 376 Abs. 1 S. 1 HGB erleichtert wurde.[257]

117 Für die Frage, ob tatbestandlich ein relatives Fixgeschäft vorliegt, werden gerade im Handelsverkehr gebräuchliche Klauseln relevant, die indiziell auf ein relatives Fixgeschäft schließen lassen, häufig auch als **Fixklauseln** bezeichnet. Dazu zählen beispielsweise „fix",[258] „prompt",[259] „präzis", „genau", „sofort"[260] und im internationalen Abladegeschäft bei Verwendung von Incoterms Abladeklauseln (insbesondere cif – cost und fob),[261] die jeweils bei ergänzender Vereinbarung eines bestimmten Liefertermins indiziell für ein relatives Fixgeschäft sprechen.

2. Annahmeverzug des Käufers gem. §§ 373, 374 HGB

118 Soweit der Käufer seiner Abnahmepflicht nach § 433 Abs. 2 BGB trotz vertragsgemäßer Lieferung des Verkäufers nicht nachkommt, befindet sich der Käufer sowohl im Schuldner- als auch im Annahmeverzug gem. §§ 293 ff BGB. Handelsrechtlich werden diesbezüglich durch § 373 HGB allein die **Rechtsfolgen des Annahmeverzugs** gegenüber dem bürgerlichen Recht erweitert, dh sowohl für den Schuldnerverzug als auch für die Voraussetzungen des Annahmeverzugs bleibt es bei den allgemeinen Regelungen. Hinsichtlich der Rechtsfolgen des Annahmeverzugs erweitert § 373 HGB ergänzend zu den Rechtsfolgen nach BGB (vgl § 374 HGB) – insbesondere der Haftungserleichterung sowie des Gefahrübergangs nach § 300 Abs. 1, Abs. 2 BGB und dem Erstattungsanspruch für Mehraufwendungen gem. § 304 BGB – zugunsten des Verkäufers dessen Hinterlegungsmöglichkeit nach § 372 BGB als auch dessen Verwertungsmöglichkeiten nach §§ 383–386 BGB. Beide Befugnisse des Verkäufers werden dabei primär in zweierlei Hinsicht über die entsprechenden Regelungen des BGB hinaus ausgedehnt. Zum einen wird der Kreis der **hinterlegungsfähigen bzw verwertbaren Gegenstände** von den jeweiligen Beschränkung (bei der Hinterlegung auf Geld, Wertpapiere, sonstige Urkunden und Kostbarkeiten sowie bei der Verwertung auf nicht hinterlegungsfähige bewegliche Sachen) erweitert hin zu jeder „Ware", die Gegenstand eines Handelskaufs sein kann.[262] Anders als im bürgerlichen Recht kann der Verkäufer dadurch grundsätzlich zwischen Hinterlegung und Verwertung wählen. Zum anderen werden die jeweiligen **örtlichen Beschränkungen** der Verkäuferbefugnisse weitgehend aufgehoben. Während die Hinterlegung im bürgerlichen Recht nach § 374 Abs. 1 BGB allein bei der Hinterlegungsstelle[263] des Leistungsortes möglich ist, welcher bei Bringschulden beim Käufer, bei Hol- und Schickschulden beim Verkäufer liegt, kann nach § 373 Abs. 1 HGB der Verkäufer auf jedes öffentliche Lagerhaus oder jede anderweitige sichere Hinterlegungsweise auch an seinem Ort ausweichen. Ebenso kann der Verkäufer bei der Versteigerung der Ware den Ort des Selbsthilfeverkaufs frei wählen (anders als gem. § 383 Abs. 1, Abs. 2 BGB).

119 Darüber hinaus unterscheidet sich § 373 Abs. 1 HGB für die Hinterlegung vom bürgerlichen Recht ferner dadurch, dass der Hinterlegung regelmäßig noch **keine Erfüllungswirkung** zukommt, da –

---

256 So zB MünchKomm HGB/*Grunewald* § 376 Rn 16; Baumbach/Hopt/*Hopt* §§ 373, 374 Rn 11; *Canaris* FS Konzen 2006, 43, 44 f.
257 Nach § 361 BGB aF war der Gläubiger nur „im Zweifel" zum Rücktritt ohne Nachfristsetzung berechtigt.
258 BGH BB 1983, 1813, 1814.
259 RGZ 89, 419, 420 f.
260 OLG München DB 1975, 1789, 1790; zu Recht relatives Fixgeschäft ohne konkreten Liefertermin ablehnend OLG Hamburg BB 1954, 613.
261 BGH MDR 1955, 343, 344; enger - allein Vereinbarung einer „cif"-Klausel genügt nicht - BGH NJW 1959, 933.
262 Vgl Rn 129.
263 Nach § 1 Abs. 2 HinterlO die Amtsgerichte, bei denen funktional nach § 30 RPflG die Rechtspfleger diese Aufgabe wahrnehmen.

anders als nach § 378 BGB – die Rücknahme der hinterlegten Ware durch den Verkäufer nicht ausgeschlossen ist.[264] Soweit es zu einer ordnungsgemäßen Verwertung der Ware mittels Selbsthilfeverkauf kommt, hat diese hingegen in Höhe des Nettoerlöses Erfüllungswirkung.[265] Ferner folgt aus § 373 Abs. 3 HGB für den Selbsthilfeverkauf, dass der Käufer wie ein Beauftragter des Verkäufers zu behandeln ist, er also beispielsweise zur Erlösherausgabe nach § 667 BGB verpflichtet ist. Ob dem Verkäufer neben dem Anspruch auf Aufwendungsersatz gem. § 670 BGB auch ein Provisionsanspruch gem. § 354 HGB zusteht, ist umstritten.[266] Insbesondere hinsichtlich der weiteren Formalitäten der Verwertung (Androhung und Details des Verkauf „aus freier Hand") stimmt § 373 HGB weitgehend mit den §§ 383 ff BGB überein.

3. Hinweise zur Vertragsgestaltung

a) Käuferperspektive

Aus Sicht des Käufers kann sich sein Interesse an einer weitergehenden Modifikation der gesetzlichen Verzugsregelungen insbesondere darauf richten, eine höhere Gewähr für die Einhaltung des vereinbarten Liefertermins durch eine Verschärfung der Rechtsfolgen zu erreichen. Neben der Vereinbarung eine Fixgeschäfts[267] bieten sich hierfür – wie auch allgemein im Falle eines gesteigerten Interesses an der Erfüllung bestimmter Pflichten – alternativ insbesondere Regelungen über einen **pauschalisierten Schadensersatz** oder eine **Vertragsstrafe** iSd §§ 339 ff BGB, häufig auch als Pönalen bezeichnet, an.[268] Beide unterscheiden sich dadurch, dass der pauschalisierte Schadensersatz allein der vereinfachten Durchsetzung eines Schadensersatzes dient während die Vertragsstrafe doppelfunktional auch als Druckmittel den Schuldner zur Erbringung der geschuldeten Leistung anhalten soll.[269] Auf der Rechtsfolgenseite kommt die Vertragsstrafe den Käuferinteressen noch weiter entgegen, da diese selbst dann eingreift, wenn im Einzelfall überhaupt kein Schaden entstanden ist.[270] Für die Vereinbarung eines pauschalisierten Schadensersatzes in Allgemeinen Geschäftsbedingungen sind insbesondere die Vorgaben des § 309 Nr. 5 BGB zu beachten, welche über §§ 307 Abs. 2 Nr. 1, 301 Abs. 1 BGB auch im unternehmerischen Verkehr greifen.[271] Sehen Allgemeine Geschäftsbedingungen hingegen eine Vertragsstrafe vor, sind über § 309 Nr. 6 BGB hinaus die aus praktischer Sicht häufig wichtigeren Gestaltungsbeschränkungen durch die Rechtsprechung auf Basis des § 307 Abs. 1 BGB (bzw früher § 9 AGBG) entwickelt worden. Auch bei einer Vertragsstrafe darf die Sanktion nicht außer Verhältnis zum Gewicht des Vertragsverstoßes und seinen Folgen für den Vertragpartner stehen (für Schadenspauschalisierung explizit in § 309 Nr. 5 BGB geregelt) und muss daher insbesondere durch eine betragliche Obergrenze limitiert werden.[272] Soweit eine Vertragsstrafe abweichend von § 339 S. 1 BGB verschuldensunabhängig eingreift,[273] steht dies zwar nicht pauschal der Wirksamkeit in Allgemeinen Geschäftsbedingungen entgegen, kann allerdings nur durch ausreichende sachliche Gründe auch für den Ausschluss des Verschuldenserfordernisses gerechtfertigt werden.[274] Wird eine

120

---

264 Allg Meinung, vgl zB Staub/*Koller* §§ 373 f Rn 32.
265 RGZ 110, 127, 130.
266 Ablehnend zB Staub/*Koller* §§ 373 f Rn 55; wohl iE ebenso BGH WM 1984, 165, 166; aA, Provisionsanspruch besteht generell, zB Ebenroth/Boujong/Joost/*Müller* § 373 Rn 60; Baumbach/Hopt/*Hopt* §§ 373, 374 Rn 24; *Canaris*, HandelsR, § 29 Rn 10; aA, Provisionsanspruch besteht, wenn Voraussetzungen des § 354 Abs. 1 HGB erfüllt sind, MünchKomm HGB/*Grunewald* §§ 373, 374 Rn 29.
267 Was in Allgemeinen Geschäftsbedingungen gegen § 305 c BGB und § 307 BGB verstößt; BGH NJW 1990, 2065, 2067.
268 Zu weiteren Alternativen vgl Palandt/*Grüneberg* Vorb v. § 339 Rn 4 ff.
269 BGHZ 63, 256, 259; BGHZ 49, 84, 89.
270 BGH NJW 1975, 163, 164.
271 BGH NJW 1984, 2941 f.
272 Gerade auch gegenüber Kaufleuten BGH NJW 1981, 1509, 1510; BGHZ 85, 305, 314; BGH ZIP 1988, 169, 170.
273 Soweit eine explizite Regelung zum Verschulden fehlt, hat der BGH schon aus der objektiven Formulierung der Voraussetzungen einer Vertragsstrafe eine konkludente Abbedingung des Verschuldenserfordernisses (vgl § 339 S. 1 BGB) mit entsprechender Verschärfung der AGB-rechtlichen Inhaltskontrolle abgeleitet; vgl BGH NJW 1979, 105, 106.
274 BGH NJW 1975, 105, 106; BGH NJW-RR 1991, 1013, 1015; tendenziell härter – regelmäßig unwirksam – BGH NJW 1997, 135.

Schadenspauschalisierung oder eine Vertragsstrafe **individualvertraglich** vereinbart, dehnt sich der Gestaltungsspielraum erheblich aus. Insbesondere ergibt sich aus § 343 BGB, dass – anders als bei Allgemeinen Geschäftsbedingungen[275] – nicht schon eine unverhältnismäßige Höhe der Vertragsstrafe zur Unwirksamkeit nach § 138 BGB führt, sondern vielmehr besondere Umstände hinzutreten müssen.[276] Formulierungsbeispiel:

▶ Im Falle der Nichteinhaltung eines vereinbarten Liefertermins über eine Karenzfrist von ... Wochen hinaus ist der Verkäufer zur Zahlung einer Vertragsstrafe in Höhe von ... % der für die verspätete Ware zu zahlenden Vergütung pro vollendeter Woche der Verzögerung verpflichtet, maximal jedoch je Lieferung ... % der für die verspätete Ware zu zahlenden Vergütung. [Die Vertragsstrafe greift nicht, wenn den Verkäufer nachweisbar kein Verschulden an der Verzögerung trifft.] Der Nachweis eines wesentlich höheren oder geringeren Schadens bleibt beiden Seiten vorbehalten. Ein nachgewiesener Schaden wird bis zur Höhe der Vertragsstrafe auf diese angerechnet. Sämtliche weitergehenden Rechte des Käufers bleiben unberührt. ◀

b) Verkäuferperspektive

121 Aus Sicht des Verkäufers sind insbesondere Klauseln geläufig, durch die das Haftungsrisiko des Verkäufers für Verzögerungsschäden iSd §§ 280 Abs. 2, 286 BGB begrenzt werden soll. Während individualvertraglich die gesetzlichen Regelungen der §§ 286 ff BGB als dispositives Recht entsprechend modifiziert werden können,[277] ist im Rahmen Allgemeiner Geschäftsbedingungen ein vollständiger Ausschluss der Haftung für Verzögerungsschäden nach hM unwirksam.[278] Soweit die Haftung hingegen allein betragsmäßig begrenzt wird, hat der BGH für Neuwagen-Verkaufsbedingungen entschieden, dass im Verkehr gegenüber Verbrauchern eine Haftungsbegrenzung (im entschiedenen Fall auf 5 % des Kaufpreises) grundsätzlich auch in Allgemeinen Geschäftsbedingungen wirksam möglich ist, weil der Käufer alternativ die weitergehenden Rechte der §§ 281, 323 BGB auf Schadensersatz statt der Leistung und Rücktritt vom Vertrag (ggf nach Setzung einer angemessenen Nachfrist) wahrnehmen und dadurch die reinen Verzögerungsschäden zeitlich begrenzen kann.[279] Diese Entscheidung erscheint übertragbar gem. §§ 307 Abs. 2 Nr. 1, 310 Abs. 1 BGB auf den unternehmerischen Verkehr. Erforderlich bleibt allerdings in beiden Fällen, dass die vereinbarte Regelung, insbesondere die Höhe der Haftungsbegrenzung, die Umstände des Einzelfalls angemessen berücksichtigt.[280] Dementsprechend weisen die in der Praxis verwandten Klauseln eine erhebliche, häufig branchen- und produktabhängige Spannbreite auf (für Lieferbeziehungen ohne außergewöhnliche Besonderheiten häufig im Rahmen von 0,5 % pro Woche/insgesamt maximal 5 % des Kaufpreises bis hin zu 3 % pro Woche/insgesamt maximal 15 % des Kaufpreises). Formulierungsbeispiel:

▶ Im Falle der Nichteinhaltung eines vereinbarten Liefertermins ist die Haftung des Verkäufers für Verzögerungsschäden iSd § 280 Abs. 2 BGB begrenzt auf maximal [0,5] % der für die verspätete Ware zu zahlenden Vergütung pro vollendeter Woche der Verzögerung, maximal jedoch [5] % der für die verspätete Ware zu zahlenden Vergütung. Bestehende weitergehende Rechte des Käufers auf Schadensersatz statt der Leistung und Rücktritt bleiben unberührt. ◀

122 Soweit der Verkäufer ferner sein Haftungsrisiko für den Schadensersatz statt der Leistung begrenzen will, gelten die grundsätzlichen Erwägungen für derartige, regelmäßig auch im Gewährleistungsfall oder bei anderen Pflichtverletzungen greifende Haftungsbeschränkungs- und -ausschlussklauseln (unter anderem anhand der Kriterien Schäden an Körper und Gesundheit, Verschuldensmaßstab (vgl § 309 Nr. 7 BGB), Verstoß gegen wesentliche Vertragspflichten, sog. Kardinalspflichten).[281] Für eine

---

275 Vgl zB für Bauverträge BGH NJW 2003, 1805, 1809.
276 Vgl RGZ 114, 304, 307; BGH LM Nr. 1b zu § 343; vgl im kaufmännischen Bereich zu § 348 HGB oben Rn 58.
277 Palandt/*Heinrichs* § 434 Rn 10.
278 Gegenüber Endverbrauchern BGH NJW-RR 1989, 625, 626; im unternehmerischen Verkehr AGB-Klauselwerke/*v. Westphalen*, Freizeichnungsklauseln, Rn 65.
279 BGH NJW 2001, 292, 295.
280 Vgl ausführlich zum Ganzen AGB-Klauselwerke/*v. Westphalen*, Freizeichnungsklauseln, Rn 95 ff sowie speziell gegenüber Unternehmern *Langer* WM 2006, 1233 ff.
281 Vgl ausführlich AGB-Klauselwerke/*v. Westphalen*, Freizeichnungsklauseln, Rn 1 ff.

Haftungsbeschränkung bei verzögerter Lieferung ist allerdings ergänzend zu berücksichtigen, dass im Falle eines relativen Fixgeschäfts eine Beschränkung der Rechtsfolgen in Allgemeinen Geschäftsbedingungen prinzipiell an § 307 Abs. 2 Nr. 1 BGB scheitert, da es gerade Sinn und Zweck des relativen Fixgeschäfts ist, dass der Vertrag mit der rechtzeitigen Erfüllung stehen und fallen soll.[282]

V. Gewährleistungsrecht

Das im Kaufrecht häufig zentrale Gewährleistungsrecht der §§ 434 ff BGB wird handelsrechtlich sowohl durch die Untersuchungs- und Rügeobliegenheit des § 377 HGB als auch durch die deutlich weniger praxisrelevante Aufbewahrungspflicht beim Distanzkauf gem. § 379 HGB modifiziert.

1. Die Rügelast des Käufers gem. § 377 HGB

a) Bedeutung und Gesetzeszweck

Von den verschiedenen handelsrechtlichen Sonderregelungen des Kaufrechts kommt der Untersuchungs- und Rügeobliegenheit des Käufers[283] gem. § 377 HGB die mit Abstand größte Bedeutung zu. Demnach hat der Käufer bei einem beiderseitigen Handelskauf die Ware grundsätzlich unverzüglich nach der Ablieferung zu untersuchen und Mängel, die sich bei der Untersuchung oder später zeigen, unverzüglich gegenüber dem Verkäufer zu rügen. **Sinn und Zweck** des § 377 HGB liegen darin, im Interesse des Handelsverkehrs an einer raschen und endgültigen Abwicklung von Rechtsgeschäften und im Interesse des Verkäufers, diesen in die Lage zu versetzen, entsprechende Feststellungen und notwendige Dispositionen – vor allem zur Schadensabwendung – zu treffen und den Verkäufer davor zu bewahren, sich noch längere Zeit nach der Ablieferung Ansprüchen wegen etwaiger, mit zunehmendem Zeitablauf nur unsicher feststellbarer Mängel ausgesetzt zu sehen.[284] Der angestrebte Verkäuferschutz ist allerdings insoweit bewusst unvollkommen, als dass zum einen verdeckte Mängel weiterhin bis zum Ablauf der Verjährungsfrist gerügt werden können, zum anderen der Verkäufer nur bei einem beiderseitigen Handelskauf durch die Rügelast des Käufers geschützt werden soll. Nur der kaufmännische Verkäufer hat ein entsprechend erhöhtes Bedürfnis nach Organisations-, Prozess- und Kalkulationssicherheit während nur dem kaufmännischen Käufer die erhöhte Belastung durch die Rügelast zumutbar ist.[285]

Obwohl der Wortlaut des § 377 HGB durch das **SchuldRModG** unberührt blieb, hat die Schuldrechtsreform mittelbar die ohnehin schon hohe praktische Relevanz des § 377 HGB nochmals verstärkt. Zum einen wurde die Sonderverjährung im Kaufgewährleistungsrecht von regelmäßig sechs Monaten (§ 477 BGB aF) auf regelmäßig zwei Jahre (§ 438 BGB nF) verlängert, so dass sich der Zeitgewinn für den Verkäufer durch die frühzeitig greifende Rügeobliegenheit entsprechend erhöht hat, zum anderen verliert der Käufer im bürgerlichen Recht seine Gewährleistungsrechte nicht mehr, wenn er die Ware trotz positiver Kenntnis des Mangels vorbehaltlos annimmt (so früher § 464 BGB aF; nach § 442 BGB nF schadet allein noch die Kenntnis oder ggf grob fahrlässige Unkenntnis vom Mangel bei Vertragsschluss, nicht mehr zum Zeitpunkt der Annahme). Darüber hinaus hat der Gesetzgeber des SchuldRModG den grundsätzlich zugleich für § 377 HGB maßgeblichen Mangelbegriff deutlich ausgeweitet, wobei im Detail noch umstritten ist, in welchem Umfang die Erweiterung des bürgerlich-rechtlichen Mangelbegriffs auf § 377 HGB durchschlägt.[286]

Rechtstechnisch stellt die häufig unpräzise als Rügepflicht bezeichnete Rügelast des § 377 HGB keine Rechtspflicht, sondern eine **Obliegenheit** dar,[287] was allerdings nicht zu einer Unterschätzung der Rechtsfolgen eines Verstoßes verleiten sollte. Soweit der Käufer einen bei einer anfänglichen Untersuchung erkennbaren oder sich später zeigenden Mangel nicht unverzüglich rügt, verliert der Käufer seine aus dem Mangel resultierenden Rechte.[288] Eine darüber hinausgehende, durchsetzbare und bei

---

282 BGH ZIP 1990, 237, 240.
283 Zur Rügelast des Verkäufers vgl *Stoppel* ZGS 2006, 49 ff mwN.
284 St. Rspr, zB BGHZ 101, 49, 53.
285 *Canaris*, HandelsR, § 29 Rn 42 f.
286 Vgl Rn 130 ff.
287 Für die ganz herrschende Meinung Staub/*Brüggemann* § 377 Rn 2, 60.
288 Vgl dazu näher Rn 1494 ff.

einem Verstoß gem. § 280 Abs. 1 BGB schadensersatzpflichtige Rügepflicht besteht nicht. Gleiches gilt für die Untersuchungsobliegenheit des § 377 Abs. 1 HGB, der allerdings nur eine die Rügeobliegenheit unterstützende Hilfsfunktion zukommt.[289]

b) Beidseitiger Handelskauf über eine Ware

127 Die Rügeobliegenheit setzt voraus, dass es sich um ein beiderseitiges Handelsgeschäft iSd § 343 HGB handelt, wobei auch hier die Vermutung des § 344 HGB Anwendung findet. Die in der Literatur vereinzelt vertretene Analogie zu § 377 HGB auch für andere Unternehmer (insbesondere Angehörige **freier Berufe**)[290] hat sich bislang de lege lata nicht durchsetzen können[291] und wurde zwischenzeitlich durch den Gesetzgeber des Handelsrechtsreformgesetzes 1998 bestätigt.[292] Irrelevant ist, ob das Handelsgeschäft eine Ware betrifft, die im weiteren Verlauf der Lieferkette an einen **Verbraucher** verkauft wird.[293] Zwar regelt für diesen Fall §§ 478 f BGB ausführlich den Regress innerhalb der gesamten Lieferkette – und greift damit unmittelbar in den Handelskauf ein –, jedoch stellt § 478 Abs. 6 BGB klar, dass § 377 HGB auch hier Anwendung findet und damit der von § 478 BGB beabsichtigte lückenlose Rückgriff bis zum Verursacher des Mangels[294] gegebenenfalls mangels Rüge unterbrochen wird. Für eine teleologische Reduktion des § 377 HGB ist daher kein Raum.[295]

128 Nicht zwingend erforderlich ist, dass es sich bei dem beiderseitigen Handelsgeschäft um einen Kaufvertrag iSd § 433 BGB handelt. Vielmehr greift die Rügeobliegenheit auch für andere **Veräußerungsverträge**. Dies gilt namentlich für mittlerweile gem. § 651 BGB ohnehin weitestgehend dem Kaufrecht unterstellte Werklieferungsverträge – § 381 Abs. 2 HGB kommt heute neben § 651 BGB insofern rein deklaratorische Bedeutung zu – Tauschverträge iSd § 480 BGB sowie Sachdarlehen iSd § 607 BGB.[296] Obwohl § 381 Abs. 2 HGB den Umkehrschluss nahe legt, dass § 377 HGB nur auf durch eine neben der Herstellung geschuldete Übereignung gekennzeichnete Werklieferungsverträge und somit nicht auch auf sonstige Werkverträge Anwendung findet, hat der Bundesgerichtshof entschieden, dass unter – nicht näher spezifizierten – „ganz besonderen Voraussetzungen" auch bei Werkverträgen eine unverzügliche Mängelrüge erforderlich sein könne.[297] Soweit der Erwerb durch ein **Finanzierungsleasing** ermöglicht wird, ist umstritten, ob § 377 HGB auch dann auf das Vertragsverhältnis zwischen dem Lieferanten des Leasingguts und dem Leasinggeber Anwendung finden soll, wenn der Leasingnehmer kein Kaufmann ist. Eine in der Literatur stark vertretene Ansicht lehnt dies im Wege einer teleologischen Reduktion ab, da die Einschaltung des Leasinggebers allein zu Finanzierungszwecken erfolge und der Lieferant daher nicht erwarten dürfe, dass der Leasinggeber typische Käuferpflichten übernehme.[298] Demgegenüber hat sich der Bundesgerichtshof zu Recht der gegenteiligen Auffassung angeschlossen, wonach es bei der grundsätzlichen Anwendbarkeit des § 377 HGB auf den Werklieferungs- oder anderweitigen Kaufvertrag zwischen Lieferant und Leasinggeber bleibt.[299] Es obliegt in diesem Fall dem Leasinggeber durch entsprechende vertragliche Abreden sicherzustellen, dass im Verhältnis zum Lieferant § 377 HGB ausgeschlossen oder eingeschränkt wird[300] und sich der Leasingnehmer zur Abwicklung der verbliebenen Untersuchungs- und Rügelast verpflichtet.

---

289 Vgl Rn 135.
290 So insbesondere *K. Schmidt*, HandelsR, S. 798 mwN.
291 Für die hM Ebenroth/Boujong/Joost/*Müller* § 377 Rn 14 mwN.
292 BT-Drucks. 13/8444, S. 22 f.
293 Vgl hingegen zur Kollision des § 377 HGB mit der den §§ 474 ff BGB nF zugrunde liegenden EG-Verbrauchsgüterkaufrichtlinie 1999/44/EG insbesondere bei Waren mit einem gemischt privat und gewerblichen Verwendungszweck einerseits *Hoffmann* BB 2005, 2090 ff und andererseits, angesichts des Vorrangs des Europarechts weniger überzeugend, *Canaris*, HandelsR, § 29 Rn 48.
294 BT-Drucks. 14/6040, S. 247, 249.
295 So die hM, zB MünchKomm BGB/*Lorenz* § 478 Rn 54; Heymann/*Emmerich/Hoffmann* Vor § 373 Rn 16; aA *Schubel* ZIP 2002, 2061, 2070 f; zweifelnd *Brüggemeier* WM 2002, 1376, 1386.
296 Hierzu mit weiteren Beispielen Heymann/*Emmerich/Hoffmann* § 377 Rn 9 mwN.
297 So BGH NJW-RR 1992, 626.
298 Z.B. Ebenroth/Boujong/Joost/*Müller* Vor § 373 Rn 17 mwN; Koller/Roth/Morck/*Roth* § 377 Rn 3, jeweils mwN.
299 BGHZ 110, 130, 137 ff; dem folgend zB MünchKomm HGB/*Grunewald* § 377 Rn 11 mwN.
300 Vgl zu den Gestaltungsgrenzen Rn 158 und MünchKomm HGB/*Grunewald* § 377 Rn 120 ff.

129 Der Kauf- oder anderweitige Veräußerungsvertrag muss sich ferner auf eine **Ware** iSd § 377 HGB oder ein Wertpapier iSd § 381 Abs. 1 HGB beziehen. Waren stellen bewegliche Sachen dar, so dass nach zutreffender ghM die Rügeobliegenheit des § 377 HGB nicht für Kaufverträge über Grundstücke[301] und unverbriefte Rechte greift.[302] Ebenso stellt der Verkauf eines **Unternehmens** oder eines organisatorisch hinreichend verselbständigten Unternehmensteils nach zutreffender hM keinen (ggf gem. § 377 HGB analog) rügepflichtigen Warenverkauf dar.[303] Unabhängig davon, ob der Kauf rechtstechnisch als sog. Asset Deal, dh als Veräußerung der zum Unternehmen zählenden Einzelwirtschaftsgüter, oder als sog. Share Deal, dh als Veräußerung der Beteiligung an der die Wirtschaftsgüter haltenden Gesellschaft, gestaltet wird,[304] handelt es sich bei einem Unternehmen um keine mit einer beweglichen Sache vergleichbare Ware. Beim Asset Deal darf § 377 HGB auch auf die verkauften Einzelwirtschaftsgüter keine Anwendung finden, soweit es sich bei ihnen tatsächlich um bewegliche Sachen handelt (zB das Inventar), da sie lediglich unselbständige Teile eines einheitlich verkauften Organismus sind, dessen Aufteilung in rügepflichtige und nicht-rügepflichtige Wirtschaftsgüter sich schon angesichts des einheitlichen Kaufpreises verbietet.[305]

c) Mängel und gleichgestellte Tatbestände

130 Zentrale Voraussetzung der Rügeobliegenheit ist das Vorliegen eines Mangels oder eines dem Mangel gleichgestellten Tatbestandes. Da § 377 HGB den Begriff des „Mangels" nicht näher konkretisiert, ist im Ausgangspunkt, entsprechend dem allgemein ergänzenden Charakter der §§ 373 ff HGB für das Kaufrecht, auf den bürgerlich-rechtlichen Mangelbegriff abzustellen. Dementsprechend ist zunächst allgemein anerkannt, dass jeder **Sachmangel** die Untersuchungs- und Rügeobliegenheiten auslöst. Ein Sachmangel liegt dabei seit Inkrafttreten des SchuldRModG sowohl vor, wenn die vereinbarte oder nach dem Vertragszweck vorausgesetzte oder gewöhnliche oder zu erwartende Beschaffenheit iSd § 434 Abs. 1 BGB fehlt, als auch bei einer unsachgemäßen Montage oder fehlerhaften Montageanleitung iSd § 434 Abs. 2 BGB. Auch die Erweiterung des Sachmangelbegriffs durch die Anlehnung des Beschaffenheitsbegriffs an den früheren Begriff der zusicherungsfähigen Eigenschaften[306] schlägt daher auf § 377 HGB durch.

131 Neuerdings ist umstritten, ob neben dem Sachmangel auch ein **Rechtsmangel** die Untersuchungs- und Rügeobliegenheiten gem. § 377 HGB auslöst. Während der historische Gesetzgeber allein Sachmängel durch § 377 HGB erfassen wollte[307] und, dem folgend, früher § 377 HGB auf Rechtsmängel keine Anwendung gefunden hat,[308] werden Rechtsmängel im bürgerlichen Recht seit dem SchuldRModG dem Sachmangel weitestgehend[309] gleichgestellt, insbesondere hinsichtlich der Sonderverjährungsfrist nach § 438 BGB. Eine weit verbreitete Ansicht geht dennoch davon aus, dass der Gesetzgeber des SchuldRModG Rechtsmängel allein im bürgerlichen Recht den Sachmängeln gleichstellen, hinsichtlich der ausstrahlenden Wirkung des Mangelbegriffs auf § 377 HGB allerdings an der Beschränkung auf Sachmängel festhalten wollte.[310] Vorzugswürdig scheint hingegen die gegenteilige Auffassung, wonach nicht allein die Erweiterungen des Mangelbegriffs in § 434 BGB nF, sondern auch die Erweiterung des Mangelbegriffs um Rechtsmängel auf § 377 HGB durchschlägt.[311] Die Beschränkung auf Sachmängel findet weder im Gesetzeswortlaut noch in den Materialien des SchuldRModG eine Stüt-

---

301 AA *Dreier* ZflR 2004, 416, 418 ff.
302 Wie hier zB Heymann/*Emmerich/Hoffmann* § 377 Rn 7; Baumbach/Hopt/*Hopt* § 377 Rn 2.
303 AA, ohne Begründung, *Döser* JuS 2000, 1076, 1076; *Hiddemann* ZGR 1982, 435, 442; für die hM *Schröcker* ZGR 2005, 67, 96 f mwN.
304 Vgl dazu ausführlich § 11 Rn 9 ff.
305 Staub/*Brüggemann* § 377 Rn 11.
306 Vgl Huber/Faust/*Huber*, 12. Kap. Rn 20 ff.
307 Hahn/Mugdan, S. 228.
308 Vgl zB OLG Köln VersR 1999, 1430.
309 Verbleibende Unterschiede gelten beispielsweise für den vorliegend nicht einschlägigen § 436 BGB nF.
310 So MünchKomm HGB/*Grunewald* § 377 Rn 47; Heymann/*Emmerich/Hoffmann* § 377 Rn 35; Koller/Roth/Morck/ *Roth* § 377 Rn 5; *Oetker*, HandelsR, § 8 Rn 33.
311 So Baumbach/Hopt/*Hopt* § 377 Rn 12; *Canaris*, HandelsR, § 29 Rn 52; *ders.*, FS für Konzen, 2006, S. 43, 51 ff; *Hübner*, HandelsR, Rn 595 f; *Jung*, HandelsR, Kap. 10 Rn 8.

ze. Vielmehr geht der objektiv in der Gleichstellung von Sach- und Rechtmängeln (vgl auch § 433 Abs. 1 S. 2 BGB) zum Ausdruck kommende Wille des Gesetzgebers dahin, der Abgrenzung von Sach- und Rechtsmängeln die Relevanz zu entziehen.[312] Darüber hinaus spricht auch die funktionelle Verwandtschaft von § 377 HGB mit § 438 BGB, der Sach- und Rechtsmängel ebenfalls gleich behandelt, für diese Ansicht. Die von der Gegenansicht zutreffend angeführten praktischen Schwierigkeiten für den Käufer, Rechtsmängel bei einer Untersuchung der Ware zu erkennen, sprechen hingegen nicht pauschal gegen eine Anwendung des § 377 HGB, da es sich damit zumeist schlicht um verdeckte Mängel handeln wird, für die die Rügepflicht gem. § 377 Abs. 3 HGB erst nach deren Bekanntwerden greift, so dass der Käufer nicht unbillig belastet wird.

Beispiel: Der Käufer von Textilien wird von einem Dritten wegen Verletzung gewerblicher Schutzrechte abgemahnt, wodurch sich der Rechtsmangel zeigt iSd § 377 Abs. 3 HGB.[313]

132 Zumindest sollte aus praktischer Sicht der Käufer bis zu einer höchstrichterlichen Klärung der Streitfrage vorsichtshalber die letztgenannte Ansicht unterstellen und offene, erkennbare oder sich später zeigende Rechtsmängel unverzüglich rügen.

133 Anders als bei der Gleichstellung von Rechts- mit Sachmängeln ist weitgehend anerkannt, dass die gleichfalls durch das SchuldRModG in § 434 Abs. 3 1. Alt. BGB eingeführte Gleichstellung von **Falschlieferungen** („aliud") mit einem Sachmangel zugleich den Mangelbegriff des § 377 HGB erweitert hat.[314] Die frühere, problematische Abgrenzung von genehmigungsfähigen und nicht-genehmigungsfähigen Aliud-Lieferungen hat der Gesetzgeber des SchuldRModG bewusst nicht in § 434 Abs. 3 1. Alt. BGB aufgenommen und damit beide Kategorien dem Mangelbegriff unterworfen.[315] Ob die Falschlieferung **höherwertig** ist als die geschuldete Ware („melius"), ist für die Anwendbarkeit der Untersuchungs- und Rügeobliegenheiten irrelevant, wirft allerdings auf der Rechtsfolgenseite die Frage auf, ob die Genehmigungsfiktion dem Verkäufer einen Anspruch auf einen höheren Kaufpreis einräumt.[316] Im Schrifttum wird bereits erwogen, ob und inwieweit es dem Verkäufer nach § 242 BGB in Extremsituationen verwehrt werden soll, sich auf die Genehmigungsfiktion zu berufen, wenn er eine Genehmigung des Käufers wegen des Ausmaßes der Abweichung als ausgeschlossen betrachten musste.[317] Eine derartige Einschränkung ist allerdings nur mit äußerster Vorsicht anzunehmen. Zum einen liegt schon nach allgemeinen Grundsätzen nur dann eine Falschlieferung iSd § 434 Abs. 3 1. Alt. BGB vor, wenn der Verkäufer für den Käufer erkennbar die gelieferte (falsche) Ware zur Erfüllung seiner Vertragspflicht geliefert hat.[318] Zum anderen darf nicht der Grundsatz von Treu und Glauben herangezogen werden, um die bewusste gesetzgeberische Entscheidung in § 434 Abs. 3 1. Alt. BGB als lex specialis gegenüber § 242 BGB zu konterkarieren, dass auch nicht-genehmigungsfähige Falschlieferungen einem Sachmangel gleichstehen. § 242 BGB kann somit nur dann Anwendung finden, wenn aus anderen Gründen als der fehlenden Genehmigungsfähigkeit im Einzelfall ausnahmsweise ein Berufen auf die Genehmigungsfiktion gemessen an Treu und Glauben unbillig wäre.[319]

134 Ebenfalls dem Sachmangel gleichgestellt sind in § 434 Abs. 3 2. Alt. BGB **Quantitätsmängel** soweit es sich um die Lieferung einer zu geringen Menge handelt. Davon auszunehmen sind allerdings offene Teillieferungen, bei denen der Verkäufer für den verobjektivierten Käufer erkennbar iSd §§ 133, 157 BGB bewusst nur teilweise erfüllen wollte.[320] Umstritten ist, ob auch **Zuviellieferungen** in den Anwen-

---

312 BT-Drucks. 14/6040, S. 217.
313 *Canaris*, HandelsR, § 29 Rn 52.
314 MünchKomm HGB/*Grunewald* § 377 Rn 48; Heymann/*Emmerich/Hoffmann* § 377 Rn 19; Baumbach/Hopt/*Hopt* § 377 Rn 16; Koller/Roth/Morck/*Roth* § 377 Rn 5a; *Oetker*, HandelsR, § 8 Rn 34; aA *Altmeppen/Reichard* FS Huber 2006, 73, 90 ff.
315 BT-Drucks. 14/6040, S. 216.
316 Vgl Rn 151.
317 *Oetker*, HandelsR, § 8 Rn 36..
318 BT-Drucks. 14/6040, S. 216; Palandt/*Weidenkaff* § 434 Rn 52; *Huber/Faust* Kap. 12 Rn 62 f; *Thier* AcP 203 (2003), 401, 414; aA, jede Falschlieferung erfüllungstauglich, *Wilhelm* JZ 2001, 861, 868.
319 IE ähnlich *Oetker*, HandelsR, § 8 Rn 36.
320 BT-Drucks. 14/6040, S. 216; Palandt/*Weidenkaff* § 434 Rn 53b.

dungsbereich des § 377 HGB fallen. Während vor dem SchuldRModG § 378 HGB aF Quantitätsmängel allgemein erfasst hat (und damit auch die Zuviellieferung), beschränkt sich § 434 Abs. 3 2. Alt. BGB allein auf den Fall der Zuweniglieferung. Dennoch wird im Falle der Zuviellieferung teilweise die Untersuchungs- und Rügeobliegenheit für anwendbar gehalten, soweit die Mehrleistung für den Käufer nachteilig ist.[321] Angesichts des klaren Gesetzeswortlauts in § 434 Abs. 3 2. Alt. BGB und der Streichung des früheren § 378 HGB aF vermag diese Ansicht jedoch nicht zu überzeugen.[322]

d) Unverzügliche Rüge

Soweit ein Mangel bei einem beiderseitigen Warenhandelskauf vorliegt, ist dieser vom Käufer unverzüglich zu rügen. Für die Frage, wann die Rüge noch unverzüglich erfolgt ist, sind drei Mangelkategorien zu differenzieren: offene, erkennbare und verdeckte Mängel. 135
- Bei **offenen** Mängeln, die bereits bei einer ersten groben Betrachtung erkennbar oder die dem Käufer anderweitig sicher bekannt sind, muss der Käufer diese unverzüglich nach Ablieferung der Ware rügen.[323] Anders als der Wortlaut des § 377 Abs. 1 HGB nahe legt, steht dem Käufer nicht erst die Zeit für eine weitere Untersuchung der Ware zur Verfügung. Der Käufer sollte demnach offene Mängel spätestens binnen 24 Stunden rügen[324] und parallel bzw anschließend die Ware auf weitere Mängel untersuchen. Bekannte Mängel kann der Käufer bereits vor Ablieferung rügen, muss dies aber nicht,[325] es sei denn er hat sich dazu vertraglich, beispielsweise in einer Qualitätssicherungsvereinbarung, verpflichtet.[326]
- Für alle nicht offenen Mängel sieht § 377 Abs. 1 HGB eine Untersuchung der Ware unverzüglich nach deren Ablieferung vor. Dabei **erkennbare** Mängel müssen unverzüglich gerügt werden. Ob die Untersuchung tatsächlich ganz oder teilweise durchgeführt wurde, ist für die Wirksamkeit der Rüge irrelevant.[327] Der Käufer kann mithin auch Mängel wirksam auf Verdacht bzw „ins Blaue hinein" rügen, soweit er den Mangel hinreichend klar benennt.[328] Die Genehmigungsfiktion des § 377 Abs. 2, Abs. 3 2. Hs HGB knüpft allein an die Verletzung der Rügeobliegenheit, nicht auch der Untersuchungsobliegenheit an. Die Untersuchungsobliegenheit hat daher eine reine Hilfsfunktion für die Rügeobliegenheit, indem offene und verdeckte Mängel voneinander abgegrenzt werden und dem Käufer zugleich das Recht eingeräumt wird, die Ware auf erkennbare Mängel hin zu untersuchen.
- **Verdeckte** Mängel, die auch bei einer ordnungsgemäßen Untersuchung nicht erkennbar sind, müssen nach § 377 Abs. 3 HGB unverzüglich nachdem sich der Mangel zeigt gerügt werden. Ein Mangel zeigt sich in diesem Sinne, sobald der Käufer den Mangel wahrnimmt oder diesen bei ordnungsgemäßem Verhalten (vgl § 347 Abs. 1 HGB) wahrgenommen hätte.[329] Sobald für den Käufer der Verdacht eines verdeckten Mangels auftaucht, ergibt sich aus Sinn und Zweck des § 377 HGB, dass dem Käufer auch in diesem Fall eine unverzügliche Untersuchung der Ware obliegt, selbst wenn diese sich mit der anfänglich durchgeführten Untersuchung überschneidet. Unterlässt der Käufer die Untersuchung eines Mangelverdachts und wird der Mangel dadurch später oder gar nicht gerügt, gilt auch hier die Ware als genehmigt.[330] Der Käufer kann mithin nicht bei dem Verdacht eines verdeckten Mangels risikolos abwarten, bis sich der Verdacht zur Gewissheit konkretisiert oder erledigt.

---

321 So MünchKomm HGB/*Grunewald* § 377 Rn 51; Koller/Roth/Morck/*Roth* § 377 Rn 5b; *Canaris*, HandelsR, § 29 Rn 56; bereits für Analogie zu § 434 Abs. 3 2. Alt. BGB im bürgerlichen Recht *Pfeiffer* ZGS 2002, 138, 139 f.
322 Wie hier Heymann/*Emmerich/Hoffmann* § 377 Rn 32 f; Baumbach/Hopt/*Hopt* § 377 Rn 19; *Reinicke/Tiedtke*, KaufR, Rn 1057; *Hübner*, HandelsR, Rn 606; *Oetker*, HandelsR, § 8 Rn 37.
323 RGZ 106, 359, 361; OLG München BB 1957, 663.
324 So BGH LM Nr. 10 zu § 377 HGB für Mängel, die durch eine Prüfung vor Ablieferung bereits bekannt waren; etwas großzügiger OLG Koblenz NJW-RR 2004, 1553, 1553: „Erklärungsfrist von 1–2 Tagen".
325 BGH NJW 1993, 461, 462.
326 Vgl MünchKomm HGB/*Grunewald* § 377 Rn 54.
327 RGZ 106, 359, 361; OLG Koblenz NJW-RR 2004, 1553, 1553.
328 Vgl Rn 144.
329 MünchKomm HGB/*Grunewald* § 377 Rn 69 mwN.
330 RGZ 99, 247, 249 f; BGH NJW-RR 1986, 52, 53; OLG München NJOZ 2006, 861, 865 f.

aa) Ablieferung

136 Sowohl bei offenen als auch bei erkennbaren Mängeln richtet sich der jeweilige Fristbeginn nach dem Zeitpunkt der Ablieferung, wobei offene Mängel dann unverzüglich zu rügen sind, während bei erkennbaren Mängeln die Ablieferung Beginn der Frist zur unverzüglichen Untersuchung der Ware ist.[331] Der Zeitpunkt der Ablieferung bestimmt sich nach Sinn und Zweck des § 377 HGB, so dass eine Ablieferung demnach vorliegt, wenn die Ware so in den Macht- und Zugriffsbereichs des Käufers gelangt ist, dass ihm deren Untersuchung möglich ist.[332] Der Begriff der Ablieferung iSd § 377 HGB ist mit demjenigen des § 438 Abs. 2 BGB für den Beginn der Verjährungsfrist identisch.[333] Die Ablieferung als Realakt des Verkäufers läuft häufig parallel mit demjenigen der Besitzverschaffung bzw Übergabe, ist mit diesem aber ebenso wenig zwingend identisch, wie mit demjenigen der Abnahme (§ 433 Abs. 2 BGB) oder des Gefahrübergangs (§§ 446, 447 BGB).[334]

Beispiel: Noch keine Ablieferung liegt vor, wenn der Verkäufer lediglich den mittelbaren Besitz überträgt[335] oder wenn der Käufer die Annahme verweigert. Letzterenfalls greift ggf lediglich Annahmeverzug iSd §§ 293 ff BGB ein.[336]

137 Falls **Transportpersonen** in die Auslieferung der Ware eingeschaltet sind, ist im Ausgangspunkt danach zu differenzieren, ob diese vom Verkäufer beauftragt sind (so bei der Bringschuld und der Schickschuld bzw dem Versendungskauf). In diesen Fällen tritt die Ablieferung erst mit Übergabe der Ware durch die Transportperson an den Käufer ein oder, falls vereinbart ist, dass der Käufer die Ware am Bestimmungsort abholt, mit dortiger vertragsgemäßer Bereitstellung der Ware.[337] Soweit der Käufer die Transportperson zu beauftragen hat (Holschuld; gesetzlicher Regelfall gem. § 269 Abs. 1 BGB), liegt die Ablieferung bereits mit Übergabe der Ware durch den Verkäufer an die Transportperson, nicht jedoch schon in der Bereitstellung durch den Verkäufer, vor.[338] Gleiches gilt grundsätzlich bei Lieferklauseln wie „ab Werk", „frei verladen" und „frei LKW".[339] Ist die Ware bei einer Holschuld nicht beim Verkäufer selbst, sondern bei einem Dritten, den der Verkäufer zur Herausgabe angewiesen hat, abzuholen (zB einem Lagerhalter), liegt die Ablieferung unabhängig von der tatsächlichen Abholung bereits in der Bereitstellung, da der Verkäufer seine Verfügungsgewalt aufgegeben und es allein in der Hand des Käufers liegt, sich Zugriff für die Untersuchung zu verschaffen.[340]

bb) Art und Umfang der Warenuntersuchung

138 Art und Umfang der dem Käufer obliegenden Untersuchung richten sich gem. § 377 HGB danach, was „nach ordnungsgemäßem Geschäftsgang tunlich" ist, was sich seinerseits objektiv nach den Umständen des Einzelfalls bemisst. Dabei ist das durch § 377 HGB primär geschützte Verkäuferinteresse mit dem Risiko überspannter Untersuchungsanforderungen abzuwägen, wobei beispielsweise der Kosten- und Zeitaufwand, die erforderlichen technischen Kenntnisse und die Notwendigkeit, besondere Vorkehrungen für die Untersuchung zu treffen oder die Untersuchung von Dritten vornehmen zu lassen, bedeutsam sein können.[341] Soweit dem Käufer persönlich die nötige Sachkunde zur Untersuchung der Ware fehlt, muss er nötigenfalls einen Sachverständigen zur Prüfung heranziehen.[342] Lässt sich die Beschaffenheit der Ware nur durch deren Verarbeitung, Beschädigung oder Verbrauch erkennen, so ist eine probeweise Untersuchung dennoch erforderlich.[343]

---

331 Vgl vorstehend Rn 135.
332 St. Rspr, zB BGHZ 60, 5, 6 f; BGH NJW 2000, 1415, 1416.
333 Für § 477 BGB aF BGHZ 93, 345; BGH NJW 1995, 3383.
334 BGHZ 60, 5, 6.
335 BGH NJW 1996, 586, 587 = WM 1996, 447.
336 BGH NJW 95, 3381, 3383.
337 BGH NJW 1988, 2608, 2609; BGH NJW 1995, 3381, 3382; BGHZ 93, 338, 345.
338 BGH NJW 1995, 3381, 3382.
339 Baumbach/Hopt/*Hopt* § 377 Rn 7; zu den Incoterms Heymann/*Emmerich/Hoffmann* § 377 Rn 42 mwN.
340 BGH NJW 1995, 3381, 3382; BGH NJW 1988, 2608, 2609.
341 BGH NJW 1977, 1150, 1150.
342 RGZ 59, 43, 45; RGZ 64, 159, 162; OLG München NJOZ 2006, 861, 866.
343 Vgl zB OLG Oldenburg NJW 1998, 388.

Beispiele: Bei Maschinen sind diese regelmäßig in Gang zu setzen und erforderlichenfalls für längere Probelaufzeit zu beachten, nicht jedoch zwingend in einer Serienproduktion selbst zu testen.[344] – Bei Lebensmitteln genügt regelmäßig eine einfache Untersuchung nach Aussehen, Geruch und Geschmack, während eine stichprobenartige labortechnische Untersuchung nur bei Verdachtsgründen erforderlich ist.[345]

Bei Lieferung größerer Warenmengen genügen **Stichproben**, wenn der Umfang der Stichprobe aussagekräftig ist und diese möglichst repräsentativ aus der Gesamtmenge ausgewählt wurde.[346] Wird die Ware zur Untersuchung verbraucht oder beschädigt, genügen wenige Stichproben.[347] Bei originalverpackter Qualitäts- und Markenware können neben einer äußeren Prüfung weitere Stichproben ganz entbehrlich sein.[348] Aus Sicht des Käufers ist zu beachten, dass er notfalls auch die repräsentative Auswahl im Prozess darlegen und beweisen muss,[349] so dass sich hier ggf eine entsprechende Dokumentation anbietet.

139

Beispiele: Ausreichend 5 von 2 400 Pilzkonservendosen;[350] bei Lieferung von 20 000 PC-Disketten Stichprobe von 20 Stück nicht ausreichend, eher angemessen 200 Stück.[351]

Während die Untersuchung sog. **Ausfallmuster** bei einer entsprechenden Vereinbarung die Untersuchung der gesamten Ware ersetzt (wodurch vom Käufer nicht gerügte, offene oder erkennbare Mängel des Ausfallmusters in Bezug auf die eigentliche Ware nicht mehr geltend gemacht werden können),[352] entbindet ansonsten die zufriedenstellende Untersuchung einer Probelieferung nicht von der Obliegenheit zur Prüfung der Hauptlieferung.[353] Bei **Sukzessivlieferungsverträgen** sind grundsätzlich alle Einzellieferungen zu untersuchen und zu rügen, auch wenn sie denselben Mangel aufweisen.[354]

140

Die **Kosten** der Untersuchung, einschließlich eventueller Kosten für Sachverständigengutachten zur Mangelfeststellung, sind zunächst vom Käufer zu tragen und bei Vorliegen eines Mangels vom Verkäufer nach § 280 Abs. 1 BGB zu ersetzen.[355]

141

cc) Untersuchungs- und Rügefrist

Die Rüge muss unverzüglich, dh gemäß § 121 Abs. 1 BGB ohne schuldhaftes Zögern, erhoben werden. Dabei ist erneut zwischen erkennbaren und verdeckten Mängeln zu differenzieren. Während der Käufer bei verdeckten Mängeln nach deren Bekanntwerden allein noch Zeit für die Mitteilung selbst benötigt, umfasst die Rügefrist bei erkennbaren Mängeln zugleich noch den Zeitraum für eine angemessene Untersuchung der Ware. Bei **verdeckten** Mängeln ist jeder entdeckte Mangel separat umgehend zu rügen, wofür regelmäßig eine Frist von maximal ein bis zwei Tagen nach Entdeckung des Mangels,[356] beim Handel mit verderblichen Waren (zB Obst und Gemüse) jedoch allein eine Stundenfrist,[357] zur Verfügung steht. Zumindest aus praktischer Sicht ist daher regelmäßig eine Rüge per Fax oder E-Mail notwendig und zu empfehlen.[358] Andererseits muss der Käufer auch bei verdeckten Mängeln zunächst in die Lage versetzt werden, den Gewährleistungsfall insoweit zu klären, dass

142

---

344 BGH NJW 1977, 1150, 1151.
345 BGH NJW 1991, 2633 f.
346 OLG Köln NJW-RR 1999, 565, 566.
347 RGZ 57, 7, 11; BGH BB 1977, 1019.
348 Baumbach/Hopt/*Hopt* § 377 Rn 27 aE; *K. Schmidt*, HandelsR, S. 807 mwN.
349 Streng diesbezüglich OLG Köln NJW-RR 1999, 565, 566: Vortrag Stichprobe sei „aus ganz verschiedenen Bereichen" herausgezogen worden, ist als „sehr unbestimmt und pauschal" nicht ausreichend.
350 BGH BB 1977, 1019.
351 So OLG Köln NJW-RR 1999, 565, 566; zweifelhaft.
352 RGZ 63, 219, 221; OLG Düsseldorf NJW-RR 2005, 823, 833.
353 OLG Köln BB 1955, 942; BGH LM Nr. 23 zu § 377 HGB.
354 BGHZ 101, 339.
355 Heymann/*Emmerich*/*Hoffmann* § 377 Rn 91.
356 BGH NJW 1985, 1333, 1335 lässt auch 3 Tage nach Entdeckung ausreichen; iE ähnlich BGH NJW-RR 1986, 52, 53.
357 Ebenroth/Boujong/Joost/*Müller* § 377 Rn 88; Baumbach/Hopt/*Hopt* § 377 Rn 35.
358 Vgl auch RG JW 1902, 423 Nr. 32.

dem Käufer eine hinreichend bestimmte Mangelanzeige ermöglicht wird. Während es für die Fristdauer auf die individuellen Verhältnisse des Käufers nicht ankommt (zB Personalengpässe), wird das Wochenende regelmäßig nicht mitgerechnet.[359]

Beispiel:[360] Im Rahmen langjähriger Geschäftsbeziehungen bezieht K von V Doppelmuffen für die Herstellung von Kaffeemaschinen. K erreichten am 11.11. und 12.11. mehrere undichte und daher von seinen Kunden reklamierte Kaffeemaschinen. Der BGH hat eine am 22.11. – dh elf Tage nach der ersten Reklamation – V zugegangene Rüge als unverzüglich bewertet, da K in diesem Zeitraum Informationen sammeln durfte, um auf den Mangel der Doppelmuffen zu schließen.[361]

143   Bei **erkennbaren** Mängeln hängt die Rügefrist entscheidend von der Frist ab, die dem Käufer zur Untersuchung der Ware einzuräumen ist. Hierfür kommt es auf die konkreten Umstände des Einzelfalls an.[362] Die Anforderungen der Rechtsprechung sind ausgesprochen streng. Schon eine geringe, bei objektiv ordnungsgemäßem Geschäftsgang vermeidbare Nachlässigkeit, die zu einer Verspätung der Rüge führt, hat die Genehmigung der Ware zur Folge.[363] Als grobe Orientierungshilfe wird eine Frist von **einer Woche** genannt, die jedoch nach den Umständen des Einzelfalls erheblich unter- und überschritten werden kann.[364] Prozessual ist gegebenenfalls die Dauer einer angemessenen Untersuchung durch einen Sachverständigen zu bewerten. Zeigt sich während der Untersuchung ein Mangel, so kann nach hM zuerst die Untersuchung binnen der angemessenen Frist abgeschlossen werden und der Mangel dann zusammen mit eventuell weiteren im Laufe der Untersuchung erkannten Mängeln gerügt werden.[365]

Beispiele: Drei Wochen für die Untersuchung eines Thermodruckers angemessen.[366] – Rüge 10 Tage nach Erhalt von 500 gedruckten wissenschaftlichen Broschüren ist bereits verspätet.[367] – Rüge für erkennbare Mängel eines Serienmusters eines individuell zusammengestellten PC-Rechners ist nach spätestens 5 Wochen erforderlich.[368] – Ventilatoren für Rückkühlwerk, die in konkretem Versuchsaufbau zu testen sind, sind innerhalb von zwei Monaten zu untersuchen.[369]

144   Die Mängelrüge muss hinreichend **bestimmt** sein, dh der Verkäufer muss ihr Art und Umfang des Mangels entnehmen können, um die Beanstandung auf ihre Berechtigung überprüfen zu können und gegen ein Nachschieben anderer Beanstandungen durch den Käufer geschützt zu sein. Dafür ist es nach ständiger Rechtsprechung des BGH erforderlich, dass der Käufer in seiner Rüge Art und Umfang der geltend gemachten Mängel zumindest allgemein bezeichnet, nicht jedoch schon zwingend die Ursachen aufdeckt.[370] Nicht erforderlich ist, dass sich der Käufer Rechte aus dem Mangel vorbehält oder gar schon mitteilt, welche Rechte er geltend machen will.[371]

Beispiel: Nicht ausreichend ist eine Formulierung der Rüge als „derselbe Mist wieder geliefert"[372] oder die gelieferte Maschine sei „nicht einsatzbereit" bzw „nicht funktionsfähig."[373]

145   Die Mängelanzeige unterliegt keiner bestimmten **Form**, jedoch bieten sich angesichts der engen zeitlichen Vorgaben einerseits und zu Beweiszwecken andererseits meist E-Mail oder Telefax an, was nach

---

359   BGHZ 132, 175, 179.
360   Nach BGH NJW-RR 2006, 851.
361   BGH NJW-RR 2006, 851, 853.
362   BGHZ 93, 338, 348 ff; BGH NJOZ 2003, 867, 869.
363   RGZ 106, 359, 360.
364   RGZ 47, 20, 21 f; BGH LM Nr. 9 zu § 377 HGB; BGH WM 1977, 821, 822; Heymann/*Emmerich/Hoffmann* § 377 Rn 53 mwN.
365   MünchKomm HGB/*Grunewald* § 377 Rn 56 mwN.
366   OLG Hamm NJOZ 2005, 2220, 2222.
367   OLG Köln NJOZ 2004, 4174, 4176.
368   OLG München NJW-RR 1999, 331.
369   OLG Düsseldorf NJW-RR 1999, 1714 (LS).
370   BGH NJW 1996, 2228, 2229.
371   BGH NJW 1996, 2228, 2229; OLG Hamm NJW-RR 1992, 1012, 1013.
372   OLG Düsseldorf NJW-RR 2001, 821, 822.
373   OLG Hamm NJOZ 2005, 2220, 2222.

§ 127 Abs. 2 BGB regelmäßig auch einer vertraglichen Schriftformklausel gerecht wird.[374] Nach § 377 Abs. 4 HGB genügt für die Fristwahrung die rechtzeitige **Absendung** der Rüge. Nach hM wird durch diese Regelung allein das Verzögerungsrisiko, nicht auch das Verlustrisiko für die Mängelanzeige dem Verkäufer zugewiesen. Im Hinblick auf die verkäuferschützende ratio legis des § 377 HGB müsse dem Verkäufer die Mängelanzeige, wenn auch bei rechtzeitiger Abgabe ggf verspätet, zumindest zugehen.[375]

ee) Rechtsfolgen der ordnungsgemäßen Rüge und erneute Rügeobliegenheit

Wird ein Mangel vom Käufer ordnungsgemäß gerügt, hat dies zur Folge, dass die Genehmigungsfiktion nicht eintritt und damit dem Käufer bei Sach- und Rechtsmängeln[376] alle Mängelrechte des § 437 BGB zustehen. Gleiches gilt angesichts der Gleichstellung von Falschlieferung und Lieferung einer zu geringen Menge gem. § 434 Abs. 3 BGB in diesen Fällen. Dem Käufer stehen allein die Mängelrechte des § 437 BGB zu. Die früheren Problemfragen zu den Rechtsfolgen bei unterbliebener oder nicht ordnungsgemäßer Rüge von Falschlieferungen[377] sind überholt. Liefert der Verkäufer eine erneut mangelhafte Ware nach oder bleibt die Ware auch nach erfolgter Nachbesserung mangelhaft, so hat auch der Käufer den Mangel unverzüglich **erneut** zu rügen, da andernfalls der Verkäufer davon ausgehen kann, die nacherfüllte Ware sei in Ordnung.[378]

146

e) Besonderheiten bei Einschaltung von Zwischenhändlern

Für Zwischenhändler können sich die Untersuchungs- und Rügeobliegenheiten als erhebliche Belastung darstellen, da sie den wirtschaftlichen Anreizen zum möglichst schnellen Warenumschlag zuwiderlaufen. § 377 HGB enthält jedoch **keine Ausnahme für Zwischenhändler**, so dass ein Zwischenhändler im Grundsatz der Untersuchungs- und Rügeobliegenheit des § 377 HGB ebenso unterliegt wie jeder Kaufmann als Endabnehmer.[379] Wenn der Zwischenhändler als Käufer die Ware nicht selbst untersuchen will, ist es grundsätzlich seine Aufgabe, dafür Sorge zu tragen, dass sein Kunde die Ware kurzfristig untersucht. Dieser Grundsatz wurde vom Gesetzgeber jüngst nochmals bekräftigt, indem die bei Einführung der §§ 478 f BGB zur Stärkung der unternehmerischen Rückgriffsansprüche zwischenzeitlich angedachte Ausnahmeregelung zu § 377 HGB im Falle des Weiterverkaufs bewusst nicht umgesetzt wurde; vgl jetzt § 478 Abs. 6 BGB.[380] Besonders relevant wird dies, wenn der Kunde des Zwischenlieferanten selbst kein Kaufmann ist und daher nicht schon durch § 377 HGB seinerseits zur Untersuchung und Rüge angehalten wird.

147

Angesichts der außerordentlich engen zeitlichen Vorgaben, denen ein Käufer unterliegt, um noch „unverzüglich" zu rügen,[381] kann es dafür insbesondere in Grenzfällen darauf ankommen, ob dem Zwischenhändler, der die Untersuchung allein oder bis auf eine Sichtung offener Mängel seinem Abnehmer oder dem Endabnehmer überlässt, eine **Verlängerung der Rügefrist** allein zur Weiterleitung einer Rüge des Abnehmers zusteht. Grundsätzlich ist dies abzulehnen, da die fristgerechte Einhaltung seiner Rügelast gegenüber dem Verkäufer allein Aufgabe des Zwischenhändlers ist. Etwas anderes gilt allerdings, wenn der Zwischenhändler entweder ausdrücklich oder konkludent eine Fristverlängerung zB zur Rügeweiterleitung mit dem Verkäufer vereinbart hat. Eine derartige **konkludente Abrede** ist beispielsweise bereits dann anzunehmen, wenn es sich bei der verkauften Ware um Maschinen handelt, die erst im Gebrauch erprobt werden können, der Verkäufer weiß, dass der Käufer die Ware alsbald an einen sachkundigen Abnehmer weiterveräußern wird[382] oder

148

---

374 Vgl Palandt/*Heinrichs* § 127 Rn 2.
375 So insbes. BGHZ 101, 49, 52 ff; aA mwN (auch zur hM) Heymann/*Emmerich/Hoffmann* § 377 Rn 97 f.
376 Falls man § 377 HGB auf Rechtsmängel für anwendbar hält, vgl Rn 131.
377 Vgl zB Staub/*Brüggemann* §§ 378 Rn 42 ff.
378 BGH NJW 2000, 1415, 1417; OLG Düsseldorf NJW-RR 2005, 832, 833.
379 Heymann/*Emmerich/Hoffmann* § 377 Rn 58 mwN.
380 Vgl zu § 378 HGB in der Fassung des Regierungsentwurfs zum SchuldRModG; BT-Drucks. 14/6040, S. 44, 281; BT-Drucks. 14/6857, S. 40 f; BT-Drucks. 14/7052, S. 99, 211.
381 Vgl Rn 142 f.
382 RG LZ 1920, 563; ebenso RG JW 1924, 814, 815, jedenfalls für den Fall, dass die Untersuchung Ingebrauchnahme voraussetzt.

eine Direktlieferung durch den Verkäufer an den Abnehmer des Zwischenhändlers vereinbart wurde.[383] Sobald der Zwischenhändler im Verhältnis zu seinem Verkäufer berechtigt ist, die Untersuchung seinem Abnehmer zu überlassen, reichen die rechtzeitige Mängelanzeige durch den Abnehmer und die unverzügliche Weitergabe durch den Zwischenhändler an den Verkäufer aus.[384] Als Faustformel für die geringfügige Fristverlängerung zur Weiterleitung der Mitteilung des Mangels werden im Schrifttum ca. zwei Tage genannt, wobei diese Fristverlängerung nur bei einem nichtkaufmännischen Abnehmer des Zwischenhändlers gelten soll, da bei einem kaufmännischen Abnehmer mit einer telefonischen oder elektronischen Übermittlung der Rüge an den Käufer gerechnet werden könne.[385]

f) Rechtsfolgen einer unterlassenen oder nicht ordnungsgemäßen Rüge

aa) Umfang der ausgeschlossenen Rechte

149 Soweit der Verkäufer einen Mangel nicht arglistig verschwiegen hat (§ 377 Abs. 5 HGB),[386] „gilt die Ware als genehmigt" gem. § 377 Abs. 2, Abs. 3 2. Hs HGB, wenn der Käufer eine ihm obliegende Rüge unterlässt oder er einen Mangel nicht ordnungsgemäß, insbesondere verspätet, rügt. Der Verkäufer soll damit so gestellt werden, als ob er ordnungsgemäß erfüllt hätte, während dem Käufer alle aus dem Mangel resultierenden Rechte abgeschnitten werden. Dementsprechend sind sämtliche in § 437 BGB aufgeführten Mängelrechte, die Einrede nach § 320 BGB, Rückgriffsansprüche gem. § 478 BGB sowie ergänzend vereinbarte vertragliche Gewährleistungsrechte (insbesondere Vertragsstrafen) ausgeschlossen.[387] Im Einzelfall schwierig ist die Abgrenzung, inwieweit Schadensersatzansprüche gem. § 280 BGB durch die Genehmigungsfiktion ausgeschlossen werden. Soweit Schäden durch einen Mangel verursacht wurden und daher nach § 437 Nr. 3 iVm § 280 BGB zu ersetzen sind, wird der Ersatzanspruch durch die Genehmigungsfiktion ausgeschlossen, unabhängig davon, ob es sich um einen Mangel- oder Mangelfolgeschaden handelt.[388] Soweit hingegen Schäden aus der Verletzung einer sonstigen vertraglichen Nebenpflicht des Verkäufers resultieren, bleiben entsprechende Schadensersatzansprüche nach § 280 BGB von einer unzureichenden Rüge unberührt. Auch nach dem SchuldRModG verbleibende, aus dem Mangelbegriff resultierende Abgrenzungsschwierigkeiten zwischen Gewährleistungsrecht und allgemeinem Schuldrecht spiegeln sich somit in der Reichweite der Genehmigungsfiktion bei Schadensersatzansprüchen wider.

Beispiel: Eine schadhafte, unvollständige oder fehlende **Verpackung** der Ware stellt einen Mangel dar, wenn die Mängel der Verpackung die Möglichkeit der Weiterverwendung oder des Weiterverkaufs erschweren und damit auch der Wert oder die Tauglichkeit der Sache selbst zu dem vertraglich vereinbarten Gebrauch aufgehoben und gemindert ist, andernfalls, zB wenn die Verpackung allein zur Vermeidung von Transportschäden dient, nicht.[389]

150 Ob ferner auch Ansprüche aus einer vertraglichen **Garantie** für die Mangelfreiheit der Ware durch die Genehmigungsfiktion ausgeschlossen werden, bestimmt sich nach hM danach, ob es sich um eine selbständige Garantie handelt, so dass der Verkäufer eine über den Kaufvertrag und damit über den Anwendungsbereich des § 377 HGB hinausgehende Zusage getroffen hat, oder eine unselbständige und damit an § 377 HGB zu messende Garantie handelt.[390] Nicht durch § 377 HGB ausgeschlossen werden **deliktische** Ansprüche, da der Käufer nicht durch den Vertrag mit dem Verkäufer schlechter

---

383 RGZ 102, 91 f; BGH BB 1954, 954; zustimmend BGHZ 110, 130, 138 = NJW 1990, 1290, 1292.
384 RGZ 102, 91, 92; BGH BB 1954, 954; Baumbach/Hopt/*Hopt* § 377 Rn 37; offen BGH BB 1978, 1489, 1490.
385 MünchKomm HGB/*Grunewald* § 377 Rn 31; eine Fristverlängerung bei einem kaufmännischen Empfänger der Ware ablehnend auch OLG Hamm NJOZ 2005, 2220, 2222.
386 Vgl dazu MünchKomm HGB/*Grunewald* § 377 Rn 81 ff.
387 Vgl MünchKomm HGB/*Grunewald* § 377 Rn 89 mwN.
388 BGHZ 101, 337, 339 f.
389 BGH NJW 1976, 1353, 1353 – Batteriefall –.
390 So Baumbach/Hopt/*Hopt* § 377 Rn 49; Koller/Roth/Morck/*Roth* § 377 Rn 25 aE; *G. Müller* ZIP 2002, 1178, 1181; aA, Genehmigungsfiktion greift auch bei selbständigen Garantien, *Canaris*, HandelsR, § 29 Rn 82 sowie, Genehmigungsfiktion greift weder bei selbständigen noch bei unselbständigen Garantien, *Hübner*, HandelsR, Rn 638 f.

gestellt werden darf als jeder außenstehende Dritte.³⁹¹ Ein auf die mangelbedingte Eigentumsverletzung gestützter Schadensersatzanspruch aus § 823 Abs. 1 BGB kommt allerdings nur in Betracht, soweit es sich um eine nicht mit der Verletzung des Äquivalenzinteresses für die bereits im mangelhaften Zustand übereignete Ware identische, sondern eine anhand fehlender Stoffgleichheit abgrenzbare Verletzung des Integritätsinteresses am Bestand zunächst unbeschädigten Eigentums handelt (sog. Weiterfresserschäden).³⁹² Dies gilt nach hM auch nach dem SchuldRModG.³⁹³

Bei **Falschlieferungen** („aliud") hat die Genehmigungsfiktion zur Folge, dass einerseits die Lieferung des Aliuds als vertragsgemäße Lieferung der gekauften Ware gilt, andererseits der Kaufpreis voll zu zahlen ist. Soweit das Aliud höherwertig ist als die geschuldete Ware kann der Verkäufer nach ghM aus der Genehmigungsfiktion keinen Anspruch auf einen an den Wert des Aliuds angepassten höheren Kaufpreis ableiten, da die Genehmigungsfiktion allein zu einem Rechtsverlust des Käufers und nicht zu einer darüber hinausgehenden Besserstellung des Verkäufers führen soll.³⁹⁴ Allerdings wird der Verkäufer gerade in diesem Fall, wenn das Aliud höherwertig ist als die geschuldete Ware (aber auch bei einem immateriellen Interesse an dem gelieferten Aliud), ein Interesse haben, die falsch gelieferte Ware auf bereicherungsrechtlicher Grundlage nach § 812 Abs. 1 BGB zurückzufordern und durch die Lieferung der bestellten Ware zu ersetzen. Während dies im Anschluss an das SchuldRModG teilweise für ausgeschlossen gehalten wird, da § 434 Abs. 3 BGB als abschließende Regelung der Falschlieferung allein dem Käufer Mängelrechte einräume,³⁹⁵ ist nach überwiegender Auffassung eine Kondiktion des Verkäufers möglich, da § 434 Abs. 3 BGB die Rechte des Verkäufers gar nicht regele oder die Tilgungsbestimmung des Verkäufers anfechtbar sei.³⁹⁶ Nach hM kann daher trotz Genehmigungsfiktion der Verkäufer bei einem höherwertigen Aliud über das Bereicherungsrecht seinen wirtschaftlichen Schaden aus der Falschlieferung gegebenenfalls wieder korrigieren. 151

Bei **Zuweniglieferungen** hat die Genehmigungsfiktion zur Folge, dass der Käufer aus der Zuweniglieferung zwar keine Rechte mehr herleiten kann, wohl aber verpflichtet bleibt, den vollen Kaufpreis zu zahlen.³⁹⁷ Die Genehmigungsfiktion kann nach hM allerdings nicht zur Folge haben, dass der Verkäufer besser steht als nach dem vereinbarten Kauf- oder Veräußerungsvertrag, da es sich dann nicht mehr allein um eine „Genehmigung" der mangelhaften Ware, sondern um eine Vertragsänderung der Vergütungsabrede des ursprünglichen Vertrages handeln würde. Dementsprechend kann, falls man dies überhaupt als rügepflichtigen Tatbestand bewertet,³⁹⁸ bei **Zuviellieferungen** nach hM der Verkäufer nur die Zahlung des vereinbarten Kaufpreises verlangen.³⁹⁹ Bei Mehrlieferungen kann der Verkäufer jedoch die zuviel gelieferte Ware nach § 812 Abs. 1 Satz 1 1. Alt. BGB kondizieren, wobei nach zutreffender Ansicht eine verschärfte Haftung des Käufers nach §§ 819 Abs. 1, 818 Abs. 4 BGB erst mit Kenntnis des Käufers von der Zuvielleistung eingreift.⁴⁰⁰ Ein Anspruch auf den erhöhten Kaufpreis steht dem Verkäufer ausnahmsweise dann zu, wenn der Käufer ein in der Mehr- oder Falschleistung liegendes Angebot des Verkäufers auf Vertragsänderung angenommen hat. 152

---

391 BGHZ 101, 339, 343 ff.
392 St. Rspr, zB BGH NJW 1983, 810, 811.
393 Palandt/*Sprau* § 823 Rn 177 sowie ausführlich *Koch* AcP 2003, 603; aA zB *Klose* MDR 2003, 1215.
394 OLG Hamm NJW-RR 2003, 613; MünchKomm HGB/*Grunewald* § 377 Rn 98 mwN.
395 So *Musielak* NJW 2003, 89 ff; *Canaris*, SchuldRMod, S. XXIII.
396 So Heymann/*Emmerich/Hoffmann* § 377 Rn 115; Bamberger/Roth/*Faust* § 437 Rn 196 f; Huber/Faust/*Huber* 13. Kap. Rn 157; MünchKomm BGB/*H. P. Westermann* § 434 Rn 40; *Oetker*, HandelsR, § 8 Rn 60.
397 BGH NJW 1984, 1964, 1966; MünchKomm HGB/*Grunewald* § 377 Rn 99 mwN.
398 Vgl oben Rn 134.
399 OLG Hamm NJW-RR 2003, 613; MünchKomm HGB/*Grunewald* § 377 Rn 98 ff mwN auch zur aA.
400 MünchKomm HGB/*Grunewald* § 377 Rn 101; aA, prinzipiell verschärfte Käuferhaftung, K. *Schmidt*, HandelsR, S. 825 mwN.

bb) Geltendmachung der Rechte aus § 377 HGB

153 Prozessual ist die Genehmigungsfiktion in einer gerichtlichen Auseinandersetzung nach zutreffender hM **von Amts wegen** zu beachten.[401] Aus Verkäufersicht ist jedoch zu beachten, dass entsprechend dem allgemein zivilprozessualen Beibringungsgrundsatz den Verkäufer dennoch die **Darlegungslast** für den zur Genehmigungsfiktion führenden Sachverhalt trifft. Dem Verkäufer wird von Amts wegen allein der Hinweis auf die rechtliche Bewertung als fiktive Genehmigung abgenommen, nicht aber die Darstellung der erforderlichen Tatsachen (beispielsweise, dass ein erkennbarer Mangel erst drei Wochen nach Ablieferung durch den Käufer angezeigt wurde).

154 Gleichfalls aus Verkäufersicht ist zu beachten, dass – soweit dies nicht vom Verkäufer insbesondere aus Kulanz gewollt ist – keine Anhaltspunkte für einen **Verzicht** auf die gesetzlichen Rechte des § 377 Abs. 2, Abs. 3 2. Hs HGB geboten werden. Angesichts der allgemein gebotenen Zurückhaltung bei der Annahme eines Verzichts kann ein konkludent erklärter Verzicht allerdings nur bei eindeutigen Anhaltspunkten angenommen werden, so dass hierfür allein Verhandlungen über einen vom Käufer behaupteten Mangel oder die Prüfung der Ware durch den Verkäufer nicht ausreichen.[402]

Beispiel: Die Rechtsprechung hat einen konkludenten Verzicht auf die Genehmigungsfiktion bereits darin gesehen, dass der Verkäufer die gerügte Ware anstandslos zurücknimmt, sich vorbehaltlos zur Nachbesserung oder zur Lieferung mangelfreier Ersatzware bereit erklärt hat oder er gleichfalls vorbehaltlos mit der Nachbesserung beginnt.[403]

155 Da es im Einzelfall gleichfalls bereits genügen soll, dass der Verkäufer eine als verspätet erkannte Rüge nicht sofort zurückweist,[404] ist dem Verkäufer vorsichtshalber zu raten, sich mit einer vom Käufer erhobenen Mängelrüge unverzüglich auseinanderzusetzen und diese gegebenenfalls ausdrücklich zurückzuweisen.

156 Aus Perspektive des Käufers ist Vorsicht geboten, wenn er einerseits zwar den Mangel rügt, andererseits aber (beispielsweise aus Zeitgründen) die mangelhafte Ware dennoch frühzeitig **weiterverwenden oder weiterverkaufen** möchte. Auch wenn nach zutreffender, allerdings nicht unumstrittener Auffassung, durch die ausdrückliche Mangelanzeige eine Genehmigung mit Ablauf der Untersuchungsfrist ausscheidet,[405] sollte der Käufer in diesem Fall vorsorglich zumindest Proben der mangelhaften Ware zurückbehalten, um einer Beweisvereitelung vorzubeugen.[406] Die Gewährleistungsrechte des Käufers sollen im Einzelfall auch dann trotz rechtzeitiger Rüge ausgeschlossen sein, wenn der Käufer aufgrund einer ihm als mangelhaft bekannten Probe neue Ware bestellt.[407]

g) Hinweise zur Vertragsgestaltung

157 Die Untersuchungs- und Rügelast des Käufers nach § 377 HGB erweist sich in der Praxis häufig als nur bedingt interessengerecht. Neben der allgemeinen Frage, wie angesichts der jeweiligen Verhandlungsmacht von Verkäufer und Käufer der mit der Warenuntersuchung verbundene Zeit- und Kostenaufwand zwischen beiden aufgeteilt werden soll, birgt eine starre Untersuchungs- und Rügelast des Käufers das Risiko überflüssiger Doppelprüfungen, da auch der Verkäufer regelmäßig im eigenen Interesse eine Warenausgangskontrolle durchführt, die sich dann gegebenenfalls mit der Eingangskontrolle des Käufers überschneidet. Insofern bietet sich insbesondere bei längerfristigen Geschäftsbeziehungen und wirtschaftlich gewichtigen Einzellieferungen zumindest eine inhaltliche Abstimmung beider Kontrollen an, wobei – entgegen der durch § 377 HGB dem Käufer zugewiesenen Zuständigkeit – bei komplexen Produkten der Verkäufer (zumindest falls er zugleich deren Hersteller

---

401 BGH NJW 1980, 782, 784; aA zB Ebenroth/Boujong/Joost/*Müller* HGB § 377 Rn 121: wie Verjährung rechtshemmende Einrede.
402 BGHZ 101, 49, 56; BGHZ 110, 130, 144; BGH NJW 1991, 2633.
403 BGHZ 110, 130, 144 = NJW 1990, 1290, 1293; BGH NJW 1978, 2394, 2395.
404 So Heymann/*Emmerich/Hoffmann* § 377 Rn 111 mwN.
405 Wie hier MünchKomm HGB/*Grunewald* § 377 Rn 136; aA RGZ 71, 23; Soergel/*Huber* § 459 Rn 102.
406 Vgl BGH NJW 1989, 2532, 2533; vgl allg. zur Beweisvereitelung Zöller/*Greger* § 286 Rn 14a mwN.
407 BGH LM Nr. 4 zu § 377 HGB = MDR 1959, 295.

ist) häufig über das ausgeprägtere Spezialwissen und gegebenenfalls bessere Möglichkeiten zur Untersuchung der Ware verfügt.

aa) Käuferperspektive

Aus Käufersicht bestehen verschiedene Möglichkeiten die anspruchsvolle Untersuchungs- und Rügelast vertraglich abzumildern. Anfangend bei einer Festlegung bzw Einschränkung des Prüfungsumfangs zur Abgrenzung erkennbarer und verdeckter Mängel über eine Verlängerung der Rügefristen bis hin zum vollständigen Ausschluss der Untersuchungs- und Rügeobliegenheiten bzw zur vollständigen Verlagerung der Warenprüfung auf die Ausgangskontrolle des Verkäufers sind theoretisch alle Gestaltungsmöglichkeiten denkbar. Dabei ist § 377 HGB grundsätzlich abdingbar, dh individualvertraglich kann die Rügeobliegenheit selbst vollständig ausgeschlossen werden.[408] Es liegt nahe, dass diese beim bürgerlich-rechtlichen Kauf geltende Rechtslage beim Handelskauf nicht sittenwidrig iSd § 138 BGB sein kann. Angesichts der verkäuferschützenden ratio legis des § 377 HGB ist hingegen der Spielraum für käuferbegünstigende Modifikationen in Allgemeinen Geschäftsbedingungen, beispielsweise den Allgemeinen Einkaufsbedingungen des Käufers, über § 307 Abs. 2 Nr. 1, Abs. 1 BGB maßgeblich eingeschränkt. Bereits für eine Verlängerung der Rügefristen wird regelmäßig bei offenen und erkennbaren Mängeln allein eine Verlängerung auf bis zu zwei Wochen (soweit es sich nicht um komplexe Waren handelt, bei denen ohnehin eine längere Untersuchungsfrist angemessen ist)[409] für zulässig erachtet.[410] Ein vollständiger Ausschluss der Rügeobliegenheit in Allgemeinen Geschäftsbedingungen ist nach Ansicht des BGH jedenfalls für offene Mängel unwirksam gem. § 307 Abs. 1 Nr. 2 BGB.[411] Gleichwohl werden angesichts der häufig abweichenden Interessen beider Vertragsparteien nach hM im Schrifttum zwei weitere, bislang nicht höchstrichterlich entschiedene, alternative Gestaltungen zu Recht als mit § 307 BGB vereinbar angesehen. Zum einen haben sich insbesondere in einzelnen Branchen (insbesondere der Automobilzulieferindustrie) in der Praxis unter dem Stichwort **Qualitätssicherungsvereinbarungen** ausführliche vertragliche Regelungen herausgebildet, in denen – gerade bei Vertragsbeziehungen für Just-in-Time-Lieferbeziehungen- die zumeist ausführlich geregelte Warenausgangskontrolle des Verkäufers mit der zumeist sehr limitierten Wareneingangskontrolle des Käufers abgestimmt werden sowie die weiteren Risiken insbesondere aus dem ProdHaftG, der Produzentenhaftung gem. § 823 Abs. 1 BGB und dem Geräte- und Produktsicherheitsgesetz abgegrenzt werden. Nach lebhaft diskutierter aber wohl hM kann durch eine Qualitätssicherungsvereinbarung die Rügelast des Käufers dann abbedungen und die Untersuchungsobliegenheit weitgehend auf den Verkäufer verlagert werden, wenn als Restpflichten des Käufers dieser die Ware zumindest auf typischerweise allein durch ihn feststellbaren Transportschäden sowie auf Abweichungen bei Identität und Menge der Ware untersucht.[412] Formulierungsbeispiel:

▶ Neben der Warenausgangskontrolle des Verkäufers beschränkt sich die Wareneingangskontrolle des Käufers allein auf äußerliche erkennbare Transportschäden, sonstige offen erkennbare Mängel und die Prüfung von Menge und Identität der bestellten Waren beispielsweise anhand der Lieferpapiere, Verpackungsangaben oder sonstigen Warenkennzeichnung. Dabei festgestellte Beanstandungen sowie später bekannt werdende Mängel wird der Käufer dem Verkäufer unverzüglich anzeigen. Darüber hinaus ist § 377 HGB ausgeschlossen. ◀

Zum anderen wird im Schrifttum ferner dann ein Ausschluss der Rügelast des Käufers (teilweise selbst für offene Mängel) für zulässig gehalten, wenn im Gegenzug als Kompensation für den Verkäufer vergleichbar begünstigende Regelungen getroffen werden, was beispielsweise dann der Fall ist, wenn sich der Käufer mit mindestens 50 % am Risiko von Mangelfolgeschäden beteiligt.[413]

---

408 Statt aller Heymann/*Emmerich/Hoffmann* § 377 Rn 130 mwN.
409 Vgl Rn 142 f.
410 So BGH BB 1977, 14; MünchKomm HGB/*Grunewald* § 377 Rn 132; Ebenroth/Boujong/Joost/*Müller* § 377 Rn 173.
411 BGH NJW 1991, 2633, 2634.
412 So zB Ebenroth/Boujong/Joost/*Müller* § 377 Rn 174;; *Steinmann* BB 1993, 873, 877; *Nagel* DB 1991, 319, 323; aA zB Ulmer/Brandner/Hensen/*G. Christensen* Anh. § 310 Rn 632 mwN.
413 So zB MünchKomm HGB/*Grunewald* § 377 Rn 128 mwN; *Kreifels* ZIP 1990, 489, 495.

bb) Verkäuferperspektive

160 Aus Verkäufersicht besteht angesichts der ohnehin schon hohen Anforderungen aus § 377 HGB für den Käufer zumeist weniger Interesse an weiteren begünstigenden vertraglichen Regelungen. Selbstverständlich kann es auch im Interesse des Verkäufers liegen, Ort, Umfang und Intensität der Warenuntersuchung oder die Schriftform der Mängelanzeige zu vereinbaren. Derartige Klauseln sind grundsätzlich sowohl individualvertraglich als auch in Allgemeinen Geschäftsbedingungen zulässig, soweit nicht beispielsweise durch unübliche und unangemessen aufwendige Untersuchungsmethoden oder Untersuchungsorte die Käuferinteressen unangemessen beeinträchtigt werden iSd § 307 Abs. 1 BGB.[414] Darüber hinaus kann der Verkäufer ein Interesse an einer Verkürzung der Rügefristen haben, was insbesondere bei verdeckten Mängeln relevant wird, bei denen der Verkäufer andernfalls bis zum Eintritt der Verjährung mit Rügen rechnen muss. Da die Rügefristen ohnehin für den Käufer sehr anspruchsvoll sind,[415] ist jedoch bei jeder grundsätzlich zulässigen Rügefristverkürzung Vorsicht geboten, da diese schnell die Grenze einer nicht mehr angemessenen und daher unzulässigen Käuferbenachteiligung iSd § 307 Abs. 1 BGB bzw Sittenwidrigkeit iSd § 138 BGB überschreitet. Der BGH hat hierzu Vertragsklauseln, wonach selbst bei verborgenen Mängeln die Rüge zeitnah zur Ablieferung der Ware (und nicht wie in § 377 Abs. 3 HGB vorgesehen zur Entdeckung des Mangels) erfolgen muss, für unwirksam erklärt gem. § 307 Abs. 1 bzw § 138 BGB.[416] Angesichts des Verbots der geltungserhaltenden Reduktion Allgemeiner Geschäftsbedingungen[417] – welches auch nicht vertragsgestalterisch durch salvatorische Klauselzusätze à la „soweit zulässig" ausgehebelt werden kann[418] – sind die Rügefrist verkürzende AGB-Klausel, die nicht zwischen offenen, erkennbaren und verdeckten Mängeln differenzieren, so zu verstehen, dass diese auch verdeckte Mängel erfassen.[419] Jede nicht zwischen den Mängelkategorien differenzierende Rügefristverkürzung (zB „Beanstandungen der Ware können nur binnen einer Woche nach Empfang der Ware geltend gemacht werden.") auch auf verdeckte Mängel anwendbar und damit regelmäßig unwirksam ist.

161 Außerhalb des Kaufrechts wird der Anwendungsbereich des § 377 HGB beispielsweise für **Werkverträge** (zB Reparatur, Wartung) häufig dahingehend ausgeweitet, dass auch dort eine Mängelrüge binnen kurzer Frist vertraglich vereinbart wird. In Allgemeinen Geschäftsbedingungen ist gegenüber Verbrauchern insbesondere § 309 Nr. 8 Lit. b) ee) BGB zu beachten, welcher über §§ 307 Abs. 1, 310 Abs. 1 BGB auf den unternehmerischen Bereich ausstrahlt, so dass dort hinreichende Gründe für die Fristverkürzung erforderlich sind.[420]

2. Modifikationen beim Distanzkauf gem. § 379 HGB

162 Soweit es sich um ein beiderseitiges Handelsgeschäft handelt und die Ware dem Käufer übersandt wird, modifiziert § 379 HGB die Abwicklung eines Gewährleistungsfalls geringfügig. Eine einmal vom Käufer angenommene Ware darf von ihm nicht unverzüglich an den Verkäufer zurückgesandt werden, sondern dem Verkäufer muss zunächst durch eine vorübergehende Aufbewahrung – bei begründeten Beanstandung gegen Kostenerstattung durch den Verkäufer[421] – die Gelegenheit gegeben werden, regelmäßig binnen maximal einer Woche[422] über das Schicksal der Ware zu entscheiden, bevor weitere Kosten durch deren Rücksendung entstehen. Aus Sicht des mit der Aufbewahrungspflicht belasteten Käufers kommt allerdings auch bei einem beidseitigen Handelskauf als Handlungsoption in Betracht, die Ware **gar nicht erst anzunehmen**, sondern unmittelbar zurückzuweisen. § 379

---

414 Ausführlich MünchKomm HGB/*Grunewald* § 377 Rn 108 ff mwN.
415 Vgl Rn 142 f.
416 BGH NJW 1992, 575, 576; vgl ausführlich MünchKomm HGB/*Grunewald* § 377 Rn 110 ff, 117 ff.
417 St. Rspr, grundlegend BGHZ 84, 109, 114 ff.
418 Vgl zB BGH WM 2003, 798, 800.
419 BGH NJW 1992, 575, 576.
420 BGH NJW-RR 2005, 247, 248.
421 Staub/*Brüggemann* § 379 Rn 25 mwN.
422 So Heymann/*Emmerich*/*Hoffmann* § 379 Rn 14 mwN; enger MünchKomm HGB/*Grunewald* § 377 Rn 11: „nur wenige Tage".

Abs. 1 HGB greift dann mangels Inbesitznahme der Ware nicht ein.[423] Bei unberechtigter Zurückweisung kommen allerdings Schadensersatzansprüche des Verkäufers gem. § 280 BGB in Betracht. Über das Gewährleistungsrecht beim Handelskauf geht § 379 HGB insoweit hinaus, als dass die Aufbewahrungspflicht auch bei sonstigen Beanstandungen (zB vertragswidrige Lieferzeit oder -ort) greift. Soweit die Ware dem Verderb ausgesetzt ist und ergänzend Gefahr im Verzug ist, kann der Käufer die Ware als so genannter Notverkauf verkaufen lassen gem. § 379 Abs. 2 HGB.

VI. Überblick über die Steuerfolgen von Kaufverträgen

Sowohl ertrag- als auch umsatzsteuerlich hat grundsätzlich der Abschluss eines Kaufvertrages über ein bewegliches Wirtschaftsgut noch keine unmittelbaren steuerlichen Folgen.[424] Regelmäßig kann erst durch die Lieferung des Wirtschaftsgutes und die damit verbundene Verschaffung der Verfügungsmacht an einem Wirtschaftsgut iSd § 3 Abs. 1 UStG die **Umsatzsteuer** ausgelöst werden (Ausnahme: Rechnungserstellung vor Lieferung, zB Anzahlung). Verglichen mit den zivilrechtlichen Kategorien knüpft die Umsatzsteuerpflicht daher nicht an das schuldrechtliche Verpflichtungsgeschäft, sondern eher an das dingliche Erfüllungsgeschäft an, wobei steuerrechtlich auch dies nicht maßgeblich ist, sondern vielmehr die Verschaffung des wirtschaftliche Eigentums iSd § 39 Abs. 2 Nr. 2 AO.

Beispiel: Die Lieferung einer Ware unter Eigentumsvorbehalt iSd §§ 449, 158 BGB ist bereits vor Bedingungseintritt eine Lieferung iSd UStG.[425]

Konsequenterweise hindert dann auch eine **zivilrechtliche Unwirksamkeit** des Kaufvertrages nicht die Umsatzsteuerpflicht, unabhängig davon ob der Vertrag bereits anfangs rechtsfehlerhaft war oder nachträglich zB durch einen Rücktritt untergegangen ist. Stattdessen führt allein die Rückabwicklung des Kaufvertrages dazu, dass auch die Umsatzsteuer rückgängig gemacht wird; § 17 Abs. 2 Nr. 3 UStG. Im Gegenzug zu der grundsätzlich erst an die Lieferung anknüpfenden Umsatzsteuerpflicht kann auch der belieferte Unternehmer die gesondert in Rechnung gestellte Umsatzsteuer nicht bereits bei Vertragsabschluss des Kaufvertrages als **Vorsteuer** abziehen, sondern erst dann, wenn die Lieferung an sein Unternehmen ausgeführt ist; § 15 Abs. 1 Nr. 1 UStG. Ausnahmsweise ist ein Vorsteuerabzug auch vor Erhalt der Lieferung möglich, wenn die Rechnung vorliegt und der Unternehmer die Zahlung geleistet hat; § 15 Abs. 1 Nr. 1 Satz 3 UStG. Da in der Praxis häufig der Verkäufer dem Käufer ein Zahlungsziel einräumt, geht der Verkäufer mit der an die Lieferung anknüpfenden Umsatzsteuer (ebenso wie mit den Produktions- bzw Beschaffungskosten) wirtschaftlich zumeist in Vorleistung, was seine Gewinnspanne entsprechend um den Zins- bzw Finanzierungseffekt belastet.

Auch **ertragsteuerlich** ist nicht schon der Abschluss des Kaufvertrages maßgeblich. Vielmehr entsteht beim bilanzierenden Verkäufer eine gewinnerhöhende Forderung aus dem Verkauf eines Wirtschaftsguts ebenfalls erst in dem Zeitpunkt, in dem die Lieferung erfolgt, dh im allgemeinen mit Übergabe der Sache.[426] Falls der zugrundeliegende Kaufvertrag zivilrechtlich unwirksam ist, bleibt dies steuerrechtlich irrelevant, soweit die Beteiligten den wirtschaftlichen Erfolg des zivilrechtlich unwirksamen Kaufvertrages tatsächlich eintreten lassen; §§ 41, 40 AO. Zwar wird ausnahmsweise im Einkommensteuerrecht bereits auf den Abschluss des schuldrechtlichen Kaufvertrages im Bereich der Spekulationsgeschäfte (§ 23 EStG) abgestellt,[427] jedoch kommen Spekulationsgewinne allein bei privaten Veräußerungsgeschäften als solche in Betracht. Für den **körperschaftsteuer-** und **gewerbesteuerlichen** Gewinn des Verkäufers finden regelmäßig gem. §§ 8 Abs. 1 S. 1 KStG, 7 Abs. 1 S. 1 GewStG die gleichen Grundsätze Anwendung.

---

423 BGH NJW 1979, 811, 812.
424 Anders bei Immobilien iSd § 2 Abs. 2 GrEStG, bei denen grundsätzlich bereits der Abschluss des schuldrechtlichen Kaufvertrages die Grunderwerbsteuerpflicht auslöst; § 1 Abs. 1 Nr. 1 GrEStG.
425 BFH BStBl. II 1989, 21, 23 f; ausführliche Bsp. zum wirtschaftlichen Eigentumsbegriff iSd § 39 Abs. 2 Nr. 1 AO bei Hübschmann/Hepp/Spitaler/*Fischer* § 39 Rn 54 ff.
426 BFH BStBl. II 1976, 541, 542.
427 BFH BStBl. II 1982, 618, 619; Überblick bei Schmidt EStG/*Weber-Grellet* § 23 Rn 31 ff.

C. Kommission

I. Allgemeines

167 Das in den §§ 383 bis 406 HGB geregelte Kommissionsgeschäft ist neben dem Handelskauf und den Transportgeschäften ein gesetzlich besonders ausgeformter Typus des Handelsgeschäfts.

1. Struktur

168 Gem. § 383 Abs. 1 HGB ist Kommissionär, „wer es gewerbsmäßig unternimmt, Waren oder Wertpapiere für Rechnung eines anderen (des Kommittenten) in eigenem Namen zu kaufen oder zu verkaufen." Prägend für das Kommissionsgeschäft sind regelmäßig **drei Rechtsgeschäfte**: Der Kommissionsvertrag (das so genannte **Kommissionsgeschäft**) wird zwischen dem Kommissionär und dem Kommittenten geschlossen und bestimmt deren wechselseitigen Pflichten, wie zum Beispiel Umfang der Tätigkeit des Kommissionärs sowie die Pflicht zur Provisionszahlung, § 396 HGB. Der Kommissionär wiederum schließt mit dem Dritten einen Vertrag, mit dem das Kommissionsgeschäft ausgeführt wird (das so genannte **Ausführungsgeschäft**). Regelmäßig handelt es sich dabei um einen Kaufvertrag, § 383 Abs. 1 HGB. Es kann sich nach § 406 Abs. 1 Satz 1 HGB auch um jedes andere Rechtsgeschäft handeln. Schließlich ist der Kommissionär verpflichtet, das Ergebnis des Ausführungsgeschäfts an den Kommittenten auszukehren. Dies geschieht durch das so genannte **Abwicklungsgeschäft**, das allerdings unter den Voraussetzungen des § 400 HGB durch den so genannten **Selbsteintritt** des Kommissionärs ersetzt werden kann. In diesem Fall erfüllt der Kommissionär selbst das Ausführungsgeschäft und tritt insofern erneut als Vertragspartei gegenüber dem Kommissionär auf. Darüber hinaus unterscheidet man zwischen der **Einkaufs- und der Verkaufskommission**. Bei der Einkaufskommission erwirbt der Kommissionär für den Kommittenten, bei der Verkaufskommission wird er als Verkäufer tätig. Diese Unterscheidung spielt im Rahmen des Ausführungsgeschäfts eine Rolle und wird daher dort näher behandelt.[428]

2. Interessenlage

169 Da der Kommissionär regelmäßig im eigenen Namen auftritt, wird das Kommissionsgeschäft häufig von Kommittenten gewählt, die nicht selbst am Markt auftreten wollen. Die Vereinbarung eines Kommissionsverhältnisses eignet sich auch für ein Unternehmen, das nicht auf ein eigenes Absatzsystem (wie zum Beispiel ein Filialnetz) zurückgreifen kann oder will.

3. Praktische Bedeutung

170 In der Praxis spielt das Kommissionsgeschäft häufig im
- Kunst- und Antiquitätenhandel,[429]
- im Gebrauchtwagenhandel[430] und besonders
- beim Umsatz von Wertpapieren durch als Kommissionäre handelnde Banken, so genannte Effektenkommission,[431] wobei ergänzend zu den handelsrechtlichen Vorschriften bank- und börsenrechtliche Regelungen hinzutreten[432]
- im Einzelhandel[433] sowie bei
- Internetauktionen

eine Rolle.

---

428 Siehe Rn 193 ff.
429 Siehe dazu BGHZ 63, 369 ff; OLG Zweibrücken JZ 1998, 196 ff.
430 OLG Hamm, ZIP 2003, 2262 ff; die Frage, unter welchen Umständen ein Kommissionsgeschäft als unzulässige Umgehung der Regeln über den Verbrauchsgüterkauf in den § 474 ff BGB anzusehen ist, behandelt BGH NJW 2005, 1039 ff.
431 Siehe dazu *Kümpel*, Rn 10.67 ff; Koller/Roth/Morck/*Roth* § 383 Rn 4; siehe zum Vertrieb von Hedgefonds durch als Kommissionäre handelnde Vertriebsintermediäre *Kugler/Lochmann*, BKR 2006, 41 ff.
432 Siehe dazu *Kümpel*, Rn 10.67 ff.
433 BGH BB 2007, 1412 ff; BGH WRP 2003, 981 ff.

II. Kommissionsgeschäft

1. Anwendungsbereich

171 Gem. § 383 Abs. 2 HGB erstreckt sich der persönliche Anwendungsbereich des Kommissionsgeschäfts nicht nur auf Kaufleute im Sinne des § 1 Abs. 2 HGB, sondern auch auf Kleingewerbetreibende. Sie sind hinsichtlich des Kommissionsgeschäfts mit Ausnahme der §§ 348 bis 350 HGB den strengen Regelungen der §§ 343 ff HGB unterworfen. Darüber hinaus erweitert § 406 Abs. 1 Satz 2 HGB den Anwendungsbereich auf Kaufleute, die im Rahmen ihres Handelsgewerbes ein Kommissionsgeschäft abschließen.

2. Rechtliche Einordnung

172 Der Kommissionsvertrag ist ein **Geschäftsbesorgungsvertrag** im Sinne des § 675 BGB, der seine besondere Ausgestaltung durch die §§ 383 ff HGB erfährt. Daher kann auf die §§ 663, 665–670, 672–674 BGB zurückgegriffen werden, wenn das HGB bestimmte Sachverhalte nicht regelt. Darüber hinaus wird in der Literatur die Frage diskutiert, ob der Kommissionsvertrag als **Dienst- oder Werkvertrag** einzuordnen ist. Eine Einordnung des Kommissionsgeschäfts in die eine oder andere Kategorie ist allerdings allgemeingültig wohl nicht möglich, sondern abhängig von der Ausgestaltung des Kommissionsvertrags.[434]

173 Das Kommissionsgeschäft ist insbesondere abzugrenzen von der Tätigkeit des **Kommissionsagenten** und des **Handelsmaklers** im Sinne des § 93 HGB. Der Kommissionsagent wird von einem Unternehmer ständig damit beauftragt, in eigenem Namen für Rechnung des Unternehmers Waren zu verkaufen. Gegenüber einem Dritten tritt er zwar wie ein Kommissionär auf, im Innenverhältnis zum Unternehmer ist seine Rolle aber sehr stark der eines Handelsvertreters angenähert.[435] Daher gelten für ihn im Verhältnis zum Kommittenten unter Umständen auch die Regelungen der §§ 84 ff HGB.[436] Der Handelsmakler vermittelt lediglich Verträge und schließt diese nicht selbst ab.[437] In der Praxis kann auch die Abgrenzung zwischen Kaufvertrag und Kommissionsgeschäft bisweilen schwierig sein. Sie ist im Wesentlichen abhängig vom Willen der Parteien.[438] **Indizien für das Vorliegen eines Kommissionsgeschäfts** können sein: Provisionsabrede, Lieferung direkt an Auftraggeber durch Dritten oder eine Pflicht zur Abrechnung des Ausführungsgeschäfts. Gegen das Vorliegen eines Kommissionsgeschäfts können sprechen: Fehlen jeglichen Weisungsrechts des Auftraggebers, Ausschluss des Rückgaberechts oder der Abrechnungspflicht.[439]

3. Abschluss und vorzeitige Beendigung des Vertrags

174 Abschluss und Beendigung des Kommissionsvertrags sind im HGB nicht ausdrücklich geregelt und richten sich nach den allgemeinen Regeln für Rechtsgeschäfte. Der Kommissionsvertrag kann daher grundsätzlich **formfrei** geschlossen werden, aufgrund des dem § 167 Abs. 2 BGB zugrunde liegenden Rechtsgedankens wohl auch dann, wenn das Ausführungsgeschäft formbedürftig ist.[440] Ausnahmen gelten, wenn Formvorschriften etwas anderes anordnen.[441]

175 Vor Ausführung kann der Kommissionsvertrag beispielsweise durch Kündigung oder Rücktritt vom Vertrag nach §§ 323 ff BGB beendet werden. Es hängt von der Einordnung als Werk- oder Dienstvertrag ab, welche Vorschriften für seine Kündigung anzuwenden sind, § 649 BGB oder die §§ 621 Nr. 5, 626, 627 Abs. 1, BGB. Nach den §§ 672, 675 Abs. 1 BGB führt der **Tod des Kommittenten** nicht zur Beendigung des Kommissionsvertrags, wohingegen der **Tod des Kommissionärs** nach den

---

[434] Siehe dazu auch K. *Schmidt*, HandelsR, § 31 III.
[435] BGH BB 1964, 823, 823; *Graf von Westphalen* in: Hopt, Vertrags- und Formularbuch, S. 303; Koller/Roth/Morck/*Roth* § 383 Rn 4.
[436] Baumbach/Hopt/*Hopt* § 84 Rn 19.
[437] Siehe zu weiteren Abgrenzungsfragen § 1 Rn 465 ff.
[438] Vgl zu Abgrenzungsschwierigkeiten BGH NJW 1975, 776, 777; Baumbach/Hopt/*Hopt* § 383 Rn 7.
[439] Beispiele aus Baumbach/Hopt/*Hopt* § 383 Rn 7.
[440] MünchKommHGB/*Häuser* § 383 Rn 23; Baumbach/Hopt/*Hopt* § 383 Rn 9; aA Ebenroth/Boujoung/Joost/*Krüger* § 383 Rn 18 ff.
[441] Vgl § 311 b BGB.

§§ 673, 675 Abs. 1 BGB die Beendigung des Kommissionsvertrags zur Folge hat. Dies gilt nicht, wenn die Kommission unternehmens- und nicht personenbezogen erteilt wurde.[442]

4. Rechte und Pflichten der Vertragsparteien

a) Kommissionär

aa) Pflichten

176 § 384 HGB ist die zentrale Norm, die die allgemeinen Pflichten des Kommissionärs bestimmt. Dazu zählen:
- Ausführung des Geschäfts mit der Sorgfalt eines ordentlichen Kaufmanns, § 384 Abs. 1 1. Hs HGB
- Wahrnehmung der Interessen des Kommittenten, § 384 Abs. 1 2. Hs 1. Fall HGB
- Befolgen der Weisungen des Kommittenten, § 384 Abs. 1 2. Hs 2. Fall HGB
- Informations- und Rechenschaftspflicht, § 384 Abs. 2 1. Hs und 2. Hs 1. Fall, Abs. 3 HGB
- Herausgabe des Erlangten, § 384 Abs. 2 2. Hs 2. Fall HGB

(1) Sorgfaltsplicht

177 Der Kommissionär ist verpflichtet, das Kommissionsgeschäft mit der **Sorgfalt eines ordentlichen Kaufmanns** durchzuführen. Sie umfasst nach dem Wortlaut des Gesetzes das Bemühen um den Abschluss des Ausführungsgeschäfts.[443] Von der vertraglichen Ausgestaltung des Kommissionsvertrags hängt es ab, ob der Kommissionär darüber hinaus noch die Durchführung und Abwicklung des Ausführungsgeschäfts schuldet oder nicht.[444] Im ersten Fall erfüllt der Dritte gegenüber dem Kommissionär, der das Erlangte dann an den Kommittenten weiterleitet. Im zweiten Fall weist der Kommissionär den Dritten an, direkt gegenüber dem Kommittenten zu erfüllen.

(2) Interessenwahrung

178 Charakteristisch für das Kommissionsgeschäft ist die Pflicht, die **Interessen des Kommittenten** wahrzunehmen. Der BGH hat diese Pflicht konkretisiert: Der Kommissionär hat danach die Kommission sachgerecht, vorteilhaft und zu Bedingungen auszuführen, die den Interessen des Kommittenten angemessen Rechnung tragen.[445] Eigene Interessen muss er zurück stellen, einen Interessenwiderstreit vor Abschluss des Kommissionsvertrags offen legen. Das bedeutet, dass er eigene gleichlaufende Geschäfte nicht durchführen darf, wenn dadurch die Chancen auf eine erfolgreiche Abwicklung des Ausführungsgeschäfts geschmälert werden.[446] Sollte es zu Kollisionen zwischen den Interessen mehrerer Kommittenten kommen, gilt das **Prioritätsprinzip**. Sich verändernde Bedingungen wie zum Beispiel gestiegene Preise hat er an die Kommittenten entsprechend weiterzugeben.[447] Für den praktisch bedeutsamen Fall des Wertpapierhandels stellen die §§ 31 ff WpHG, insbesondere § 33 Abs. 1 Nr. 2 WpHG sowie die **Nr. 3 WpHVerhaltensrichtlinie**[448] entsprechende Verhaltenspflichten zur Interessenwahrung der Kunden ausdrücklich für Wertpapierdienstleistungsunternehmen auf. Die Umsetzung der EU-Richtlinie über Märkte für Finanzinstrumente vom 30.4.2004 wird diese Pflichten noch konkretisieren.[449]

---

442 Baumbach/Hopt/*Hopt* § 383 Rn 12; Koller/Roth/Morck/*Roth* § 383 Rn 8.
443 *Canaris*, HandelsR, § 30 Rn 11 ff.
444 BGH LM § 384 HGB Nr. 2 Bl. 451, 454; MünchKommHGB/*Häuser* § 384 Rn 4; Staub/*Koller* § 384 Rn 2; *Canaris*, HandelsR, § 30 Rn 11 ff.
445 BGH WM 2002, 1687 ff.
446 In diesem Sinne auch Staub/*Koller* § 384 Rn 12., *Canaris*, HandelsR, § 30 Rn 14 ff; aA MünchKommHGB/*Häuser* § 384 Rn 22.
447 Baumbach/Hopt/*Hopt* § 384 Rn 1.
448 Abgedruckt in Baumbach/Hopt (17) WpHVerhaltensRi Einl.
449 Siehe nur *Fleischer* BKR 2006, 389, 392.

Der Kommissionär ist darüber hinaus verpflichtet, auf Bedenken hinsichtlich des Kommissionsgeschäfts hinzuweisen.[450] Eine umfassende Beratung über Vor- und Nachteile sowie mögliche Alternativen zum in Aussicht gestellten Geschäft schuldet er allerdings regelmäßig nicht.

Eine besondere Ausprägung erfährt die Pflicht zur Wahrnehmung der Interessen des Kommittenten durch die §§ 388 bis 390 HGB. Hervorzuheben ist dabei § 390 HGB. Diese Norm stellt zum einen klar, was sich schon aus § 384 HGB ergibt: Der Kommissionär ist für das in seiner Verwahrung befindliche Kommissionsgut verantwortlich und haftet für dessen Beschädigungen oder Verlust. § 390 Abs. 1 HGB führt zum anderen zu einer Beweislastumkehr: Der Kommittent hat darzulegen und zu beweisen, dass die Beschädigung oder der Verlust während der Verwahrungszeit eingetreten ist; der Kommissionär kann sich nur entlasten, wenn er nachweist, dass Beschädigung oder Verlust auf Umständen beruhen, die auch durch die Sorgfalt eines ordentlichen Kaufmannes nicht hätten abgewendet werden können.[451] In der Praxis kann der Kommittent den Verlust von Kommissionsgut beispielsweise durch Vorlage von Inventurberichten und Lieferscheinen beweisen, die den Anfangsbestand bzw den Zugang neuer Waren beim Kommissionär dokumentieren. Ein Verlust läge vor, wenn der so ermittelte Sollbestand unter Berücksichtigung von dokumentierten Abgängen nicht mit dem Istbestand übereinstimmt. Dabei ist allerdings zu berücksichtigen, dass zwischenzeitlich durchgeführte Inventuren und damit verbundene Abrechnungen die Wirkung eines Schuldanerkenntnisses im Kontokorrent haben können. Auch können Empfangs- oder Übernahmebescheinigung zu einer erneuten Umkehr der Beweislast führen.[452] § 390 Abs. 2 HGB schließlich schränkt die Pflicht zur Interessenwahrung aus § 384 HGB ein: Der Kommissionär ist nur dann verpflichtet, das Kommissionsgut zu versichern, wenn der Kommittent eine entsprechende Weisung erteilt. Er muss selbst dann nicht von sich aus tätig werden, wenn eine Versicherung im Interesse des Kommittenten läge.[453]

Schließlich kann auch § 393 HGB als ausdrückliche Regelung der Interessenwahrungspflicht angesehen werden. Diese Norm beschränkt die grundsätzliche Entscheidungsfreiheit des Kommissionärs zum Schutz des Kommittenten, indem sie anordnet, dass jegliche Kreditgewährung zur Ausführung des Kommissionsgeschäfts nur mit Einwilligung des Kommittenten erfolgen darf. Andernfalls handelt der Kommissionär „auf eigene Gefahr". Er ist beispielsweise verpflichtet, dem Kommittenten sofort als Schuldner den Kaufpreis zu zahlen, wenn er dem Dritten ein mit dem Kommittenten nicht abgestimmtes Zahlungsziel eingeräumt hat, § 393 Abs. 3 HGB.

Da die Vorschriften über die Kommissionsgeschäfte nicht regeln, wer das Geschäft ausführen muss, gelten je nach Einordnung als Dienst- oder Geschäftsbesorgungsvertrag § 613 BGB oder § 664 BGB. Danach ist die Ausführung des Kommissionsgeschäfts grundsätzlich nicht übertragbar, es sei denn, es ist etwas Abweichendes vereinbart. Dann haftet der Kommissionär nur für eine sorgfältige Auswahl und Überwachung, vgl § 664 BGB. Im Übrigen haftet er nicht für das Verhalten von Dritten nach § 278 BGB, insbesondere nicht im Rahmen des Ausführungsgeschäfts.

(3) Weisungsgebundenheit

Ein weiteres typisches Merkmal des Kommissionsgeschäfts ist die **Weisungsgebundenheit** des Kommissionärs. Weisungen im Sinne des § 384 Abs. 1 2. Hs 2. Fall HGB sind nach Vertragsschluss einseitig vom Kommittenten getroffene Bestimmungen zur Gestaltung des Ausführungsgeschäfts.[454] Sie wirken gestaltend auf das Vertragsverhältnis, sind einseitige, empfangsbedürftige Willenserklärungen und frei widerruflich. Der Gesetzgeber räumt dem Kommittenten ein umfassendes Weisungsrecht ein, weil dieser bis zur Ausführung der Herr des Geschäfts bleibt und deshalb auch auf seine Ausführung Einfluss haben soll. Die Reichweite des Weisungsrechts wird vom Inhalt des Kommissionsgeschäfts bestimmt.

---

450 BGHZ 8, 222, 235.
451 BGH BB 2007, 1412, 1413.
452 Instruktiv zum Ganzen BGH BB 2007, 1412, 1413 f;
453 MünchKommHGB/*Häuser* § 390 Rn 2.
454 Baumbach/Hopt/*Hopt* § 384 Rn 1; Ebenroth/Boujong/Joost/*Krüger* § 384 Rn 13; aA *Knütel* ZHR 137(1973), 285, 290.

184 Der Kommissionär ist grundsätzlich verpflichtet, die Weisungen durchzuführen. Allerdings hat er bei Zweifeln an ihrer Zweckmäßigkeit den Kommittenten darauf aufmerksam zu machen.[455] Hält der Kommittent trotz des Hinweises daran fest, ist der Kommissionär verpflichtet, die Weisung durchzuführen. Tut er dies nicht, handelt er pflichtwidrig. Wenn die Pflichtverletzung schuldhaft erfolgt, ist er gem. § 385 Abs. 1 HGB dem Kommittenten zum Schadensersatz verpflichtet. Eine Ausnahme von diesem Grundsatz gilt gem. § 665 BGB nur dann, wenn eine Weisung klar gegen die Interessen des Kommittenten verstößt und der Kommissionär nicht erkennen kann, dass der Kommittent in Kenntnis dieser Situation die Weisung dennoch aufrechterhält.[456] Darüber hinaus braucht der Kommittent gem. § 385 Abs. 1 2. Hs HGB das Geschäft nicht für seine Rechnung gelten zu lassen. In diesem Fall bleibt die Kommission bestehen und muss weiterhin erfüllt werden. Der Kommittent braucht Aufwendungen und Provision nicht zu zahlen. Etwas anderes kann allerdings gelten, wenn sich der Kommissionär in entsprechender Anwendung des § 386 Abs. 2 HGB dazu erboten hat, den aufgrund der weisungswidrigen Ausführung entstandenen Schaden zu ersetzen.[457] Ein Sonderfall der Abweichung von einer Weisung bzw einer vertraglichen Absprache regeln die §§ 386 und 387 HGB, die sich mit den Bedingungen des Ausführungsgeschäfts, insbesondere der Preisgestaltung befassen.

(4) Information und Rechenschaftslegung

185 Nach § 384 Abs. 2 1. Hs HGB ist der Kommissionär verpflichtet, alle für den Kommittenten im Rahmen des Ausführungsgeschäfts wichtigen Informationen zukommen zu lassen. Dazu zählen neben der gesetzlich angeordneten Anzeige von der Ausführung des Geschäfts, § 384 Abs. 2 1. Hs HGB, alle weiteren relevanten Tatsachen, wie zum Beispiel der Zustand der Ware bei der Anlieferung oder Erkenntnisse über eine etwaige Zahlungsunfähigkeit des Schuldners. Da die Ausführungsanzeige sicherstellen soll, dass dem Kommittenten nicht nachträglich ein ungünstigeres Geschäft zugeordnet wird, hat sie unverzüglich im Sinne des § 121 BGB zu erfolgen. Der Kommissionär ist verpflichtet, für ihren Zugang zu sorgen. Aus § 384 Abs. 3 HGB folgt, dass er diesem zeitgleich mit der Ausführungsanzeige auch seinen Vertragspartner mitteilen soll.[458] Geschieht dies nicht, haftet der Kommissionär für die Erfüllung des Geschäfts, unabhängig von seinem Verschulden. § 384 Abs. 2 2. Hs HGB statuiert die Pflicht des Kommissionärs zur **Rechenschaftslegung**. Da die §§ 383 ff HGB keine diesbezüglichen Sonderregelungen enthalten, richten sich Art und Umfang dieser vererblichen Pflicht nach den allgemeinen Regelungen der §§ 259 ff BGB.

(5) Herausgabepflicht und Delkredere

186 Typisch für die Kommission als Sonderform einer Geschäftsbesorgung ist die in § 384 Abs. 2 2. Hs 2. Alt. HGB geregelte **Herausgabepflicht**, die das aus der Geschäftsbesorgung Erlangte sowie alles, was der Kommissionär zur Ausführung erhalten, aber nicht benötigt hat, umfasst. Diese Vorschrift ist weit auszulegen, da es sich bei der Kommission um ein fremdnütziges Rechtsgeschäft handelt. Bei einer Verletzung der Herausgabepflicht kann der Kommittent grundsätzlich Ersatz des Verzögerungsschadens gem. §§ 280 Abs. 2, 286 BGB und Schadensersatz statt der Leistung verlangen. Nach § 323 Abs. 1 BGB oder § 326 Abs. 5 BGB steht ihm grundsätzlich auch ein Rücktrittsrecht zu. Darüber hinaus kann sich der Kommissionär in solchen Fällen auch wegen Untreue gem. § 266 StGB strafbar machen. Über die Herausgabepflicht hinaus steht der Kommissionär gem. § 394 HGB auch für die Erfüllung der Verbindlichkeit des Dritten ein, wenn er dies vertraglich übernommen hat oder dies am Ort seiner Niederlassung ein Handelsbrauch ist, so genannte **Delkrederehaftung**.

---

455 Baumbach/Hopt/*Hopt* § 384 Rn 2.
456 Baumbach/Hopt/*Hopt* § 385 Rn 2.
457 MünchKommHGB/*Häuser* § 385 Rn 19.
458 Str., dafür Baumbach/Hopt/*Hopt* § 384 Rn 12; dagegen und auf das Geheimhaltungsinteresse des Kommittenten abstellend *Canaris*, HandelsR, § 30 Rn 25.

bb) Rechte

Als wesentliche Rechte des Kommissionärs sind sein **Provisionsanspruch** nach § 396 HGB, sein **Anspruch auf Aufwendungsersatz** §§ 675, 679 BGB sowie seine **dinglichen Sicherungsrechte** nach den §§ 397 bis 399 HGB zu nennen.

(1) Provision

Regelmäßig beruht der **Provisionsanspruch** des Kommissionärs auf den vertraglichen Regelungen. Sollten diese fehlen, kann sich jedenfalls der Kommissionär, der Kaufmann ist, auf § 354 HGB berufen. Der Kommissionär kann die volle Provision fordern, wenn das Geschäft zur Ausführung gekommen ist oder es nur aus einem Grund gescheitert ist, der in der Person des Kommittenten liegt. Ausführung meint in diesem Zusammenhang die im Wesentlichen vertragsgemäße Erfüllung des **Ausführungsgeschäfts** durch den Dritten.[459] Ein in der Person des Kommittenten liegender Grund ist gegeben, wenn das Ereignis, das die Ausführung verhindert, vollständig aus der Risikosphäre des Kommittenten stammt.[460] Ein Verschulden des Kommittenten ist ebenso wenig erforderlich wie ein eigenes Verhalten, das die Ausführung vereitelt.[461]

§ 396 HGB regelt die Leistungsstörungen bzw die Folgen einer Nichtdurchführung des Ausführungs- bzw Abwicklungsgeschäfts nur unvollständig. Nicht ausdrücklich geregelt ist die Frage, ob der Provisionsanspruch auch von einem erfolgreichen **Abwicklungsgeschäft** abhängt.[462] Das ist umstritten, wobei entscheidend sein sollte, wie der Kommissionsvertrag ausgestaltet ist: Ist der Kommissionär, wie es regelmäßig der Fall sein wird, auch zur Abwicklung nach dem Kommissionsvertrag verpflichtet, verliert der Kommissionär seinen Anspruch nach allgemeinen Regeln, wenn er seiner Herausgabepflicht nicht nachkommen kann und der Kommittent – was in solchen Fällen wahrscheinlich ist – nach §§ 326 Abs. 5, 323 Abs. 1, 275 BGB zurücktritt.[463]

(2) Aufwendungsersatz

Der **Aufwendungsersatzanspruch** ist ein weiteres wesentliches Element des Kommissionsgeschäfts.[464] Er prägt ganz entscheidend die vertragliche Risikoverteilung. Die rechtliche Grundlage bilden die §§ 675, 670 BGB, die durch § 396 Abs. 2 HGB präzisiert werden. Praktisch besonders bedeutsam ist in diesem Zusammenhang die Eingehung der vertraglichen Verpflichtung aus dem Ausführungsgeschäft. Da es sich dabei um eine Aufwendung handelt, muss der Kommittent den Kommissionär davon freistellen (§ 257 S. 1 BGB) bzw angefallene Kosten erstatten.[465] Schäden, die der Kommissionär erleidet, sind zwar keine Aufwendungen, aber dennoch aufgrund der Risikoverteilung des Kommissionsvertrags nach diesen Vorschriften zu ersetzen.[466] Die Risikoverteilung wird besonders deutlich bei der Behandlung von Leistungsstörungen: Wenn der Kommissionär seine Herausgabepflicht unverschuldet nicht erfüllen kann oder unverschuldet ein Sachmangel entsteht, behält der Kommissionär seinen Aufwendungsersatzanspruch. Dieser bleibt von Rücktrittsrechten nach § 326 Abs. 5 oder § 323 Abs. 1 BGB unberührt, weil dieser Anspruch bereits im Zeitpunkt des Rücktritts entstanden war und dadurch nicht mehr vernichtet werden kann. Erfüllt der Kommittent den Aufwendungsersatzanspruch nicht, hat der Kommissionär nach § 323 Abs. 1 BGB ein Rücktrittsrecht. Sein Anspruch auf Aufwendungsersatz verjährt nach §§ 195, 199 BGB in drei Jahren.

---

459 Statt vieler Baumbach/Hopt/*Hopt* § 396 Rn 2.
460 Baumbach/Hopt/*Hopt* § 396 Rn 2; *Canaris*, HandelsR, § 30 Rn 43.
461 *Canaris*, HandelsR, § 30 Rn 43; enger: MünchKommHGB/*Häuser* § 396 Rn 19.
462 *Canaris*, HandelsR, § 30 Rn 45.
463 So *Canaris*, HandelsR, § 30 Rn 45; aA MünchKommHGB/*Häuser* § 384 Rn 86 ff: Der Provisionsanspruch bleibt bestehen.
464 *Canaris*, HandelsR, § 30 Rn 47.
465 Baumbach/Hopt/*Hopt* § 396 Rn 7.
466 Baumbach/Hopt/*Hopt* § 396 Rn 5; *Canaris*, HandelsR, § 30 Rn 49.

(3) Dingliche Sicherungsrechte

191 Die Rechte des Kommissionärs werden dinglich durch die §§ 397–399 HGB gesichert, die ihm ein Pfandrecht sowie ein Befriedigungsrecht aus den Forderungen gewähren. Das nach § 397 HGB gegebene **gesetzliche Pfandrecht** besteht am Kommissionsgut und sichert insbesondere Provisionsansprüche, Aufwendungsersatzansprüche sowie „alle Forderungen aus laufender Rechnung in Kommissionsgeschäften". Es sichert damit die aus dem Ausführungsgeschäft stammenden und andere, nicht zwingend damit im Zusammenhang stehende Forderungen. Der Kommissionär muss das Kommissionsgut im Besitz haben. Das Pfandrecht steht nach § 1257 BGB einem vertraglichen Pfandrecht gleich. Es richtet sich daher nach den allgemeinen Regeln, insbesondere im Hinblick auf die Verwertung (§§ 1220 ff BGB) und das Erlöschen (§ 1257 BGB iVm zB §§ 1242 Abs. 2, 1250 Abs. 2 BGB). Freiwilliger Verlust des Besitzes lässt das Pfandrecht erlöschen, unfreiwilliger hingegen nicht. Wenn der Kommissionär Eigentümer des Kommissionsgutes ist, wie regelmäßig bei der Einkaufskommission, hat er nach § 398 HGB daran ein dem Pfandrecht ähnliches Recht. Die Verwertung erfolgt entsprechend den für die Verwertung des Pfandrechts geltenden allgemeinen Regeln. § 399 HGB ergänzt die §§ 397, 398 HGB und gewährt ein Befriedigungsrecht aus den Forderungen, die aus dem Ausführungsgeschäft gegenüber Dritten entstanden sind. Das Recht sichert alle in § 397 HGB genannten Forderungen. § 399 HGB gewährt dem Kommissionär das Recht, diese Forderungen ohne vollstreckbaren Titel für sich einzuziehen.

b) Kommittent

192 Die Rechte des Kommittenten ergeben sich im Wesentlichen spiegelbildlich aus den Pflichten des Kommissionärs, insbesondere aus § 384 HGB. Zentrale Pflicht des Kommittenten ist die Vergütung der Leistung des Kommissionärs, also die Zahlung der Provision und die Erfüllung des Aufwendungsersatzanspruchs.

III. Ausführungsgeschäft

1. Struktur

193 Im Regelfall des § 383 Abs. 1 HGB schließt der Kommissionär zur Ausführung des Kommissionsgeschäfts einen Kaufvertrag ab, der den allgemeinen Regeln der §§ 433 ff BGB sowie den Vorschriften zum Handelskauf in den §§ 373 ff HGB unterliegt, wenn deren Anwendungsbereich eröffnet ist. Entsprechendes gilt für die allgemeinen Regelungen über Handelsgeschäfte in den §§ 343 ff HGB. § 406 Abs. 2 HGB erweitert den Anwendungsbereich des Kommissionsgeschäfts auf die Lieferung nicht vertretbarer Sachen, die aus einem Stoff herzustellen sind, den der Unternehmer zu beschaffen hat. Die Erfüllung des Ausführungsgeschäfts ist in den Vorschriften über die Kommission nicht geregelt. Wie eingangs erwähnt, können die Parteien frei gestalten, ob und auf welche Weise der Kommissionär bei der Erfüllung des Ausführungsgeschäfts tätig werden soll.

2. Schuldrecht

194 Charakteristisch für das Kommissionsgeschäft ist es, dass die Ansprüche und Forderungen aus dem Ausführungsgeschäft zunächst dem Kommissionär zustehen, der sie dann im Rahmen des Abwicklungsgeschäfts an den Kommittenten überträgt. Da der wirtschaftlich Begünstigte (der Kommittent) und der rechtliche Inhaber der Forderungen (der Kommissionär) jedenfalls eine Zeit lang auseinander fallen, können sich rechtliche Probleme ergeben, die in den §§ 383 ff HGB nicht gelöst sind.

a) Verletzung allgemeiner Pflichten

195 Diese Probleme zeigen sich typischerweise, wenn der Dritte die ihm aus dem mit dem Kommissionär geschlossenen Verträgen obliegenden Pflichten verletzt. Es gelten die allgemeinen bürgerlich-rechtlichen Vorschriften sowie die handelsrechtlichen Sonderregelungen, sofern diese anwendbar sind. Hat beispielsweise der Dritte die Unmöglichkeit zu vertreten, steht dem Kommissionär grundsätzlich ein Rücktrittsrecht nach § 326 Abs. 5 BGB iVm § 323 Abs. 1 BGB sowie ein Anspruch auf Schadensersatz statt der Leistung gem. § 283 BGB iVm § 280 Abs. 1 BGB zu.[467] Allerdings liegen die Voraussetzungen eines Schadensersatzanspruchs beim Kommissionär nicht vor, da ihm jedenfalls nach Abtretung der Forderung aus dem Ausführungsgeschäft kein Schaden entstanden ist. Der Schaden liegt beim Kommittenten, der ihn aber nicht geltend machen kann, weil er nicht Vertragspartner ist. Diese Situation ist ein typischer Anwendungsbereich der so genannten **Drittschadensliquidation**.[468] Dieses Rechtsinstitut berechtigt den Kommissionär, den Schaden des Kommittenten gegenüber dem Dritten geltend zu machen. Da der Kommissionär auf diese Weise etwas aus der Geschäftsbesorgung erhalten hat, ist er verpflichtet, den Schadensersatz an den Kommittenten gem. § 384 Abs. 2 HGB herauszugeben.[469] Um diesen Weg zu vereinfachen, empfiehlt es sich, im Vorfeld vertragliche Regelungen zu treffen.[470]

b) Pflichtverletzung durch mangelhafte Lieferung

Das Auseinanderfallen der wirtschaftlichen und rechtlichen Vertragspartnerstellung wirkt sich auch auf die Behandlung von Mängeln im Sinne der §§ 434, 435 BGB aus. Die Rechte aus § 437 BGB stehen bei der Einkaufskommission ausschließlich dem Kommissionär als Vertragspartner zu. Auch hier kann es sich empfehlen, den Kommittenten zur Geltendmachung dieser Rechte im Namen des Kommissionärs zu ermächtigen. Für den Fall, dass die Voraussetzungen des Handelskaufs und insbesondere der Rügeobliegenheit gem. § 377 HGB beim Ausführungsgeschäft vorliegen, trifft den Kommissionär im Verhältnis zum Dritten die Rügeobliegenheit.[471] Die Sonderregelung des § 391 HGB, die bei der Einkaufskommission im Falle eines beiderseitigen Handelsgeschäfts dem Kommittenten die Rügeobliegenheit auferlegt, bezieht sich ausschließlich auf das Verhältnis zwischen Kommissionär und Kommittenten.[472] § 377 HGB steht in enger Verwandtschaft zu der Verjährungsregelung des § 438 Abs. 1 Nr. 3 BGB, so dass viel dafür spricht, auch im Verhältnis zwischen Kommissionär und Kommittent die Verjährungsregelung des § 438 Abs. 1 Nr. 3 BGB anzuwenden.[473] Abschließend geklärt ist diese Frage allerdings nicht.

Für den Fall, dass der Dritte den Vertrag unmittelbar gegenüber dem Kommittenten erfüllt und der Kommissionär deshalb seine Rügeobliegenheit nicht erfüllen kann, empfiehlt es sich, Regelungen im Vertrag zu treffen, die den Kommittenten auch im Interesse des Kommissionärs dazu verpflichten, seiner Rügeobliegenheit nachzukommen. Auch kann der Kommittent ermächtigt werden, die Rüge gegenüber dem Dritten zu erheben, um sicherzustellen, dass sie rechtzeitig erfolgt.

Bei der Verkaufskommission stehen die Ansprüche aus § 437 BGB dem Dritten gegenüber dem Kommissionär zu. Probleme aufgrund der besonderen Konstellation der Kommission können sich ergeben, wenn der Dritte die Rückabwicklung des Kaufvertrags verlangt. Wenn der Kommissionär im Rahmen des Abwicklungsgeschäfts den Kaufpreis bereits an den Kommittenten ausgekehrt hat, könnte er einwenden, er sei entreichert, § 818 Abs. 3 BGB. Ob er dazu berechtigt ist, ist umstritten. Im Zentrum der Auseinandersetzung steht die Frage, wer das Risiko aus der besonderen Vertragssituation bei der Kommission tragen soll. Der BGH gewährt dem Kommissionär diese Einrede,[474] Teile der Literatur halten es für unbillig und wollen ihm gem. § 242 BGB die Entreicherungseinrede als treuwidrig versagen.[475]

---

467 *Oetker*, HandelsR, § 9 Rn 13.
468 Zu dieser Rechtsfigur BGH NJOZ 2006, 3464 ff; BGH NJW – RR 2005, 908, 908; Palandt/*Heinrichs* Vorb v. § 249 Rn 112 ff.
469 Sehr instruktiv *Oetker*, HandelsR, § 9 Rn 14.
470 Siehe dazu Rn 223.
471 Baumbach/Hopt/*Hopt* § 391 Rn 1. Ausführlich zur Rügeobliegenheit Rn 111 ff.
472 Missverständlich *Oetker*, HandelsR, § 9 Rn 16.
473 *Canaris*, HandelsR, § 30 II Rn 40.
474 BGHZ 47, 128, 131.
475 *Canaris*, HandelsR, § 30 Rn 87; *Oetker*, HandelsR, § 9 Rn 17.

c) Schutz des Kommittenten vor Gläubigern des Kommissionärs

199 Die Forderungen aus dem Ausführungsgeschäft stehen bis zu ihrer Auskehrung an den Kommittenten ausschließlich dem Kommissionär zu (§ 392 Abs. 1 HGB). Da diese Forderungen bei wirtschaftlicher Betrachtung auch in dieser Phase dem Kommittenten zuzuordnen sind, ordnet § 392 Abs. 2 HGB an, dass sie auch schon vor der Abtretung an den Kommittenten diesem zustehen und insofern vor dem Zugriff der Gläubiger des Kommissionärs geschützt sind. Dem Kommittenten stehen alle seiner Rechtsstellung entsprechenden Verteidigungsmittel zur Verfügung, beispielsweise die Drittwiderspruchsklage gem. § 771 ZPO. Auch eine Verfügung des Kommissionärs darüber wäre unzulässig und würde ihn gem. § 280 Abs. 1 BGB schadensersatzpflichtig machen.

200 Der sachliche und persönliche **Anwendungsbereich** des § 392 Abs. 2 HGB ist umstritten. In sachlicher Hinsicht ist fraglich, ob lediglich Forderungen oder auch das auf die Forderung Geleistete (dh abhängig davon, ob es sich um eine Verkaufs- oder Einkaufskommission handelt, der Kaufpreis- bzw Kaufgegenstand) von § 392 Abs. 2 HGB erfasst sind. Da § 392 Abs. 2 HGB den Kommittenten vor dem Zugriff der Gläubiger des Kommissionärs schützen soll, läge es nahe, diesen Paragraphen seinem Schutzzweck entsprechend weit auszulegen.[476] Die Rechtsprechung lehnt dies jedoch ab.[477] Sie verweist auf die Möglichkeit, diesen Schutz durch vertragliche Gestaltungen zwischen Kommissionär und Kommittenten vereinbaren zu können.[478] Weiter ist umstritten, ob auch der Dritte als Vertragspartner des Kommissionärs Gläubiger im Sinne des § 392 Abs. 2 HGB ist. Wenn man ihn als solchen einstufen würde, würde er sein Zurückbehaltungsrecht sowie das Recht aufzurechnen verlieren. Nach überwiegender Auffassung in Rechtsprechung und Literatur ist das durch § 392 Abs. 2 HGB nicht beabsichtigt, so dass diese Norm insoweit teleologisch reduziert wird.[479] Der Dritte ist nicht Gläubiger im Sinne des § 392 Abs. 2 HGB.

3. Sachenrecht

201 Die Erfüllung des Ausführungsgeschäfts, die nicht mit dem Abwicklungsgeschäft zu verwechseln ist, erfolgt ebenfalls abhängig von der jeweiligen vertraglichen Gestaltung und der Art der Kommission (Einkaufs- oder Verkaufskommission).

a) Einkaufskommission

202 Ein direkter Eigentumserwerb vom Dritten erfolgt, wenn der Kommissionär entweder seinen Anspruch auf Übereignung der Waren an den Kommittenten abgetreten hat oder wenn der Kommissionär aufgrund vertraglicher Regelungen offen für den Kommittenten auftritt. Im Regelfall erwirbt zunächst der Kommissionär das Eigentum im eigenen Namen und überträgt es durch das Abwicklungsgeschäft aufgrund des § 384 Abs. 2 HGB an den Kommittenten. Für dieses Geschäft gelten die allgemeinen Regeln der §§ 929 ff BGB. Vor Ausführung des Abwicklungsgeschäfts können die Gläubiger des Kommittenten darauf zugreifen. Wie bereits oben angedeutet, ist umstritten, wie der Kommittent davor geschützt werden kann. Vor diesem Hintergrund ist es ratsam, vertragliche Regelungen zum Schutz des Kommittenten in den Kommissionsvertrag aufzunehmen.[480]

b) Verkaufskommission

203 Auch bei der Verkaufskommission sind Fallgestaltungen anzutreffen, in denen der Kommittent die Forderung aus dem Ausführungsgeschäft durch Abtretung vom Kommissionär erwirbt und dann unmittelbar gegenüber dem Dritten den Kaufvertrag erfüllt. Nicht selten aber wird der Kommissionär auch mit der Abwicklung des Kommissionsgeschäfts betraut und gem. § 185 BGB ermächtigt, über das im Eigentum des Kommittenten stehende Kommissionsgut zu verfügen. Der Eigentumserwerb vollzieht sich auch in diesen Fällen unmittelbar vom Kommittenten auf den Dritten. Insoweit besteht

---

476 *Oetker*, HandelsR, § 9 Rn 21.
477 BGHZ 79, 89, 94; OLG Hamm WM 2004, 1252, 1252.
478 Siehe dazu Rn 223.
479 BGH NJW 1969, 276, 276; Baumbach/Hopt/*Hopt* § 392 Rn 12; *Canaris*, HandelsR, § 30 Rn 77 f.
480 Siehe dazu Rn 233 ff.

das für die Einkaufskommission diskutierte Schutzbedürfnis des Kommittenten nicht, da das Kommissionsgut dem Zugriff der Gläubiger des Kommissionärs entzogen ist.

Für die Übereignung an den Dritten gelten die §§ 929 ff BGB, auch die Regeln über den gutgläubigen Erwerb. Allerdings ist dabei zu berücksichtigen, dass der Dritte bei einem offen auftretenden Kommissionär weiß, dass dieser nicht Eigentümer des Kommissionsguts ist. In diesen Fällen kann § 366 HGB helfen, wonach guter Glauben an die Verfügungsbefugnis auch zum Eigentumserwerb führen kann.[481] Der Kommittent verliert sein Eigentum, erhält aber neben den vertraglichen Ansprüchen auch einen Bereicherungsanspruch aus § 816 Abs. 1 Satz 1 BGB gegen den Kommissionär.[482]

Umstritten ist, wie die Fälle zu behandeln sind, in denen weder Kommittent noch Kommissionär Eigentümer der Ware sind. Wenn der Vertragspartner des Ausführungsgeschäfts gutgläubig gem. §§ 932 ff BGB oder nach § 366 HGB das Eigentum erwirbt, stehen dem Dritten, der sein Eigentum dadurch verliert, grundsätzlich Bereicherungsansprüche gem. § 816 Abs. 1 BGB zu. Fraglich ist, ob diese sich gegen den Kommissionär oder den Kommittenten richten. Die Beantwortung dieser Frage hängt davon ab, wer als Verfügender im Sinne dieser Vorschrift anzusehen ist. Wenn das Ausführungsgeschäft ausnahmsweise unmittelbar zwischen Kommittent und Vertragspartner des Kommissionärs ausgeführt wird, ist Anspruchsgegner der Kommittent, weil dieser die erforderlichen Rechtshandlungen selbst durchführt. Nach überwiegender Auffassung ist hingegen der Kommissionär Verfügender, weil er die erforderlichen Willenserklärungen im eigenen Namen abgibt.[483] Andere wollen aufgrund einer wirtschaftlichen Betrachtungsweise den Kommittenten als Verfügenden ansehen und halten ihn daher für den richtigen Anspruchsgegner.[484] Der BGH hat hierzu soweit ersichtlich noch keine Stellung genommen. Häufig wird der Kommissionär den Erlös aus dem Ausführungsgeschäft gem. § 384 Abs. 2 HGB an den Kommittenten abgeführt haben, bevor der Dritte gegen ihn einen Bereicherungsanspruch geltend machen kann. Der Kommissionär wird sich daher auf § 818 Abs. 3 BGB berufen können. Fraglich ist, ob er den Erlös vom Kommittenten herausverlangen kann. § 816 Abs. 1 BGB scheidet als Anspruchsgrundlage aus, wenn man diese Norm wörtlich auslegt, da – wie zuvor gezeigt – der Kommissionär und nicht der Kommittent Verfügender ist. Auch eine unmittelbare Anwendung des § 822 BGB ist wegen des Wortlauts nicht möglich. Da aber weitgehende Einigkeit darüber besteht, dass der Dritte in solchen Fällen nicht schutzlos stehen soll, werden entweder § 816 Abs. 1 BGB oder § 822 BGB jedenfalls analog zum Schutz des Dritten angewendet.[485]

IV. Abwicklungsgeschäft

Das Abwicklungsgeschäft dient dazu, das wirtschaftliche Ergebnis des Kommissionsgeschäfts auf den Kommittenten zu übertragen. Die Art der vorzunehmenden Rechtsgeschäfte hängt wiederum ab von der Art der Kommission. Bei der Einkaufskommission tritt der Kommissionär die Forderung auf Übereignung der Kommissionsware an den Kommittenten ab. Wenn er darüber hinaus mit der Abwicklung des Ausführungsgeschäfts beauftragt ist, überträgt er das Eigentum an den Kommittenten. Bei der Verkaufskommission ist der Kommissionär verpflichtet, den Kaufpreisanspruch an den Kommittenten abzutreten bzw den vom Dritten erlangten Kaufpreis an den Kommittenten herauszugeben. Diese Rechtsgeschäfte richten sich nach den allgemeinen Regeln und werden daher nicht weiter erläutert.

V. Selbsteintritt

Eine Sonderform des Abwicklungsgeschäfts stellt der so genannte Selbsteintritt gem. § 400 HGB dar, der eine sinnvolle Alternative zur herkömmlichen Ausführung der Kommission sein kann, wenn der Kommissionär die nachgefragte Ware selbst auf Lager hat oder wenn er von verschiedenen Kommittenten miteinander kompatible Aufträge erhält. Der Selbsteintritt ist ohne vertragliche Regelung nur

---

481 Siehe ausführlich Rn 57 ff zu § 366 HGB.
482 BGHZ 47, 128, 130 f; *Oetker*, HandelsR, § 9, Rn 29.
483 Staub/*Koller* § 383 Rn 86; *K. Schmidt*, HandelsR, § 31 V 2 c) aa), S. 891 f.
484 *Oetker*, HandelsR, § 9, Rn 33.
485 Baumbach/Hopt/*Hopt* § 383 Rn 23; *Oetker*, HandelsR, § 9 Rn 34.

in den in § 400 HGB genannten Fällen zulässig. Dem Kommissionär kommt dabei eine Doppelrolle zu: Er wird als Geschäftsbesorger und als Partei des Vertrags, der den Gegenstand der Geschäftsbesorgung bildet, tätig. Durchführung und Abwicklung der Kommission fallen zusammen.

208 Die eingangs dieses Kapitels herausgearbeiteten Rechte und Pflichten bleiben grundsätzlich bestehen, werden allerdings durch die §§ 400 bis 405 HGB modifiziert. Der Selbsteintritt wird durch eine Erklärung des Kommissionärs ausgeübt, § 405 Abs. 1 HGB. Dadurch beschränkt sich gem. § 400 Abs. 2 HGB die Rechenschaftspflicht auf den Nachweis, dass bei dem berechneten Preis der zur Zeit der Ausführung der Kommission geltende Börsen- oder Marktpreis eingehalten ist. § 400 Abs. 2 Satz 2 HGB definiert den Zeitpunkt der Ausführung: Danach gilt als solcher der Zeitpunkt der Absendung der Anzeige des Selbsteintritts. Als Schutz des Kommittenten vor Manipulationen stellt § 401 Abs. 1 HGB ausdrücklich klar, dass der Kommissionär nur den Preis berechnen darf, der nach pflichtgemäßer Ausübung der Sorgfalt als der günstigste anzusehen ist. Entsprechendes gilt für Geschäfte, die der Kommissionär aus Anlass der Kommission mit einem Dritten abgeschlossen hat. Die Beweislast für entsprechende Abweichungen trägt der Kommittent. Dagegen wandeln sich die übrigen Pflichten in solche mit kaufrechtlicher Natur. Die Pflicht zur Herausgabe des erlangten Gutes nach § 384 Abs. 2 2. Hs HGB wandelt sich in die Pflicht zur Übereignung und Übergabe nach § 433 BGB. Die Pflicht zur Erstattung des Kaufpreises im Rahmen des Aufwendungserstattungsanspruchs gem. § 670 BGB wandelt sich in eine Pflicht zur Zahlung des Kaufpreises nach § 433 Abs. 2 BGB. Entsprechendes gilt für die Verkaufskommission. Auch die wesentlichen übrigen Rechte wie Gewährleistungsansprüche bzw die Verjährung richten sich nach den allgemeinen Regeln. Alle Vorteile aus dem Geschäft muss der Kommissionär an den Kommittenten abtreten. Alle weitergehenden Aufwendungen werden nach §§ 675, 670 BGB ausgeglichen. Pfandrecht und Provisionsansprüche bleiben nach §§ 403 und 404 HGB bestehen.

VI. Arbeitsrechtliche Bewertung

209 Bei der Bearbeitung kommissionsrechtlicher Fälle spielt das Arbeitsrecht eine Rolle, wenn es um die Bestimmung der Gerichtsbarkeit geht, vor der Ansprüche geltend gemacht werden. Wenn der Kommissionär vom Kommittenten in besonderer Weise wirtschaftlich abhängig ist, kann er unter Umständen als arbeitnehmerähnliche Person im Sinne des § 5 ArbGG anzusehen sein. Ansprüche aus dem Kommissionsverhältnis müssten dann vor den Arbeitsgerichten geltend gemacht werden.[486]

VII. Wettbewerbsrechtliche Behandlung

210 Kommissionsverträge sind auf ihre Vereinbarkeit mit § 1 GWB bzw Art. 81 EG-Vertrag zu überprüfen, wenn zwischen Kommittent und Kommissionär keine **wettbewerbliche Einheit** im Sinne dieser Vorschriften besteht. Entscheidend für die Beurteilung ist die unternehmerische Eigenständigkeit des Kommissionärs, die sich aus dem Ausmaß des finanziellen und geschäftlichen Risikos, das er in Bezug auf die ihm übertragenen Tätigkeiten übernimmt, ermitteln lässt. Ob und wann dies der Fall ist, kann nur unter Heranziehung aller Umstände des Einzelfalls beurteilt werden. Regelmäßig wird das Kartellrecht keine Anwendung finden, wenn der Kommissionär keine oder nur unbedeutende Risiken in Bezug auf seine Geschäftstätigkeit für den Kommittenten trägt. In einem solchen Fall ist seine Tätigkeit letztlich als Teil der Tätigkeit des Kommittenten zu sehen, obwohl es sich beim Kommissionär um einen eigenständigen Unternehmer handelt. Beide bilden in solchen Fällen aus kartellrechtlicher Sicht eine Einheit, § 1 GWB und Art. 81 EG-Vertrag sind nicht anwendbar.[487] Sollte eine wettbewerbliche Einheit nicht vorliegen, kann der Kommissionsvertrag an den § 1 GWB, Art. 81 EGV gemessen werden. Indizien für die Abgrenzung sind beispielsweise:

- Wer erwirbt das Eigentum am Kommissionsgut?
- Wer trägt die Transport- und Lagerkosten?
- Wer muss in Maßnahmen zur Absatzförderung investieren?

---

486 BAG AP § 5 ArbGG 1979 Nr. 38.
487 Siehe zum Ganzen Mitteilung der Kommission, Leitlinien für vertikale Beschränkungen (2000/C 291/01), ABl. EG C 291 v. 13.10.2000 S. 1.

- Wer trägt das Risiko für die Lagerung von Waren?
- Wer trägt das Risiko der Leistung durch den Vertragspartner?

Die Zulässigkeit wettbewerbsbeschränkender Vereinbarungen, die sich aus dem Kommissionsvertrag ergeben können, ist anhand der allgemeinen Rechtsprechung des BGH zur Wirksamkeit von Wettbewerbsverboten in jedem Einzelfall zu prüfen.[488]

VIII. Insolvenzrechtliche Behandlung

Die Rechte, die den Parteien des Kommissionsgeschäfts im Falle der Insolvenz des Kommissionärs oder des Kommittenten zustehen, sind abhängig vom **Zeitpunkt des Eintritts der Insolvenz**. 211

1. Insolvenz des Kommittenten

a) Vor Ausführung des Kommissionsgeschäfts

Wenn über das Vermögen des Kommittenten das Insolvenzverfahren eröffnet wird, sich das Kommissionsgeschäft auf zur Masse gehörendes Vermögen bezieht und noch nicht ausgeführt ist, erlischt das Kommissionsverhältnis nach den §§ 115, 116 InsO.[489] Der Insolvenzverwalter hat kein Recht, nach § 103 InsO in den Vertrag einzutreten und diesen zu erfüllen. 212

b) Nach Ausführung des Kommissionsgeschäfts

Wenn das Insolvenzverfahren über das Vermögen des Kommittenten nach Ausführung des Kommissionsgeschäfts eröffnet wird, gelten die §§ 116, 115 InsO nicht. Dies gilt unabhängig vom Zeitpunkt der Absendung der Ausführungsanzeige. Die Forderungen aus dem Ausführungsgeschäft gem. § 392 Abs. 2 HGB stehen dem Insolvenzverwalter zu. Im Übrigen gelten die allgemeinen insolvenzrechtlichen Regelungen, beispielsweise §§ 38 und 50 InsO. 213

2. Insolvenz des Kommissionärs

a) Vor Ausführung des Kommissionsgeschäfts

Nach überwiegender Auffassung beendet die Eröffnung des Insolvenzverfahrens über das Vermögen des Kommissionärs das Kommissionsverhältnis nicht, weil § 116 InsO nur die Insolvenz des Geschäftsherrn erfasst.[490] Allerdings kann die Insolvenz des Kommissionärs den Kommittenten zu einer **Kündigung aus wichtigem Grund** berechtigen.[491] Der Insolvenzverwalter kann gem. § 103 InsO zwischen der Erfüllung des Kommissionsauftrags oder dessen Verweigerung wählen. Entscheidet er sich für die Erfüllung, sind daraus entstehende Verpflichtungen Masseschulden gem. § 55 Abs. 1 Nr. 2 InsO. Wenn er die Erfüllung verweigert, sind etwaige Ersatzansprüche des Kommittenten gem. § 105 InsO gewöhnliche Insolvenzforderungen. Wenn der Kommittent aus wichtigem Grund kündigt, sind seine Forderungen ebenso zu behandeln. Ihm kann allerdings ein Aussonderungsrecht zustehen, wenn das an den Kommissionär überlassene Gut noch in seinem Eigentum steht. 214

b) Nach Ausführung des Kommissionsgeschäfts

Wenn das Insolvenzverfahren über das Vermögen des Kommissionärs nach Ausführung des Kommissionsgeschäfts eröffnet wird, greift § 103 InsO nicht. Der Schutz der Ware des Kommittenten vor dem Zugriff des Insolvenzverwalters bzw vor den Gläubigern des Kommissionärs richtet sich grundsätzlich nach den allgemeinen insolvenzrechtlichen Vorschriften, die durch **§ 392 Abs. 2 HGB** modifiziert werden. Ist der Kommittent Eigentümer einer beim Kommissionär vorhandenen Ware, kann er diese 215

---

488 Vgl BGH, NJW Spezial 2005, 127 f; BGH, GRUR 2005, 62 ff.
489 RGZ 105, 128 (zu § 23 KO aF); Baumbach/Hopt/*Hopt* § 383 Rn 14; Heymann/*Herrmann* § 383 Rn 11; Koller/Roth/Morck/*Roth* § 383 Rn 8.
490 RGZ 78, 91; Heymann/*Herrmann* § 383 Rn 11; MünchKomm InsO/*Ott* § 116 Rn 4; MünchKommHGB/*Häuser* § 383 Rn 97.
491 MünchKomm Inso/*Ott* § 116 Rn 4.

gem. § 47 InsO aussondern. Entsprechendes gilt für Forderungen aus dem Ausführungsgeschäft, wenn und soweit § 392 Abs. 2 HGB eingreift.[492]

IX. Steuerliche Behandlung

216 Bei der steuerrechtlichen Beratung sind insbesondere einkommens-, gewerbe- und umsatzsteuerliche Themen zu bedenken und einzelfallabhängig zu regeln. Der Kommissionär erzielt regelmäßig Einkünfte aus Gewerbebetrieb (§ 15 EStG). Dabei ist grundsätzlich das zivilrechtliche Eigentum maßgeblich für die steuerliche Zurechnung des Kommissionsgutes. Daher hat der Einkaufskommissionär das Kommissionsgut am Bilanzstichtag zu bilanzieren und steuerlich zu erfassen, wenn er Eigentümer ist. Bei der Verkaufskommission ist das Kommissionsgut dementsprechend beim Kommittenten steuerlich zu berücksichtigen, solange es nicht veräußert ist. Die Umsatzsteuerliche Behandlung richtet sich nach § 3 Abs. 3 und 11 UStG.[493] Zwischen Kommissionär und Kommittenten liegt gem. § 3 Abs. 3 UStG eine Lieferung vor. Bei der Verkaufskommission gilt der Kommissionär, bei der Einkaufskommission der Kommitent als Abnehmer. Daher ist der Kommissionär im Falle der Verkaufskommission verpflichtet, für die Lieferung dem Dritten eine Rechnung nach Maßgabe des § 14 Abs. 1 UStG zu erteilen. Für die Lieferung des Kommittenten an ihn hat der Kommissionär eine Gutschrift gem. § 14 Abs. 2 Satz 2 UStG zu erteilen, wobei Bemessungsgrundlage das um die Provision gekürzte mit dem Dritten vereinbarte Entgelt ist. § 3 Abs. 11 UStG gilt für die Dienstleistungskommission.

X. Hinweise für die Vertragsgestaltung[494]

1. Allgemeines

217 Viele Elemente eines Kommissionsvertrags sind sowohl bei der Einkaufs- als auch bei der Verkaufskommission in ähnlicher Weise zu beachten. Die nachfolgenden Punkte finden sich regelmäßig in entsprechenden Verträgen. Die Auflistung erhebt nicht den Anspruch, abschließend zu sein. Besonderheiten, die sich für die Effektenkommission durch die AGB der Banken ergeben, sind nicht berücksichtigt.[495] Ebenso können die bei formularmäßiger Verwendung von Klauseln anzuwendenden Beschränkungen der §§ 305 ff BGB in diesem kurzen Überblick nicht umfassend berücksichtigt werden.

a) Gegenstand und Pflichtenkreis

218 Es empfiehlt sich, den sachlichen Gegenstand, auf den sich das Kommissionsgeschäft bezieht, so genau wie möglich zu beschreiben und dabei auch klarzustellen, dass ein Kommissionsvertrag gewollt ist, um den Vertrag gegenüber anderen Vertragsarten abzugrenzen. Abhängig vom Gegenstand der Kommission kann sich auch die Frage nach der Formbedürftigkeit des Kommissionsvertrags stellen.[496] Darüber hinaus sollte der Pflichtenkreis des Kommissionärs klar bestimmt werden, insbesondere im Hinblick auf die Abwicklung des Ausführungs- und Abwicklungsgeschäfts. Es ist in diesem Zusammenhang auch empfehlenswert, die Zulässigkeit der Einschaltung von Hilfspersonen zu regeln.

b) Preis

219 Sowohl bei der Verkaufs- als auch bei der Einkaufskommission werden regelmäßig die Preise für Einkauf bzw Verkauf vorgegeben, Dies ist auch unter dem Gesichtspunkt der §§ 305 ff BGB unbedenklich ist, da durch die Preisvorgabe lediglich das gesetzliche ohnehin bestehende Weisungsrecht des Kommittenten umgesetzt wird.[497] Die Parteien sollten sich darauf einigen, ob Abweichungen von die-

---

[492] Siehe dazu im Einzelnen BGHZ 104, 123, 127; Heymann/ *Herrmann* § 392 Rn 5 ff; HeidelbKomm/*Ruß* § 393 Rn 4–5.
[493] Siehe dazu im Einzelnen Sölch/Ringleb-UStG/*Martin* § 3 Rn 400–430, Rn 718–740; siehe zum so genannten „Dreifachumsatz" BFH DStR 2006, 985 ff.
[494] Siehe ausführlich zur Gestaltung von Kommissionsverträgen: *Feick* in Hoffmann-Becking/Rawert, Beck'sches Formularbuch, 9. Aufl. 2006, S. 1209 ff; *Graf von Westphalen* in Hopt, Vertrags- und Formularbuch, S. 761 ff.
[495] Siehe dazu MünchKommHGB/*Ekkenga* Band 5 Effektengeschäft; *Kümpel*, Rn 10.67 ff.
[496] Siehe dazu Rn 174.
[497] Vgl BGH WRP 2003, 981, 985.

sen Vorgaben nach der gesetzlichen Regelung des § 386 HGB behandelt werden oder ob sie davon abweichende Bestimmungen treffen wollen. Eine entsprechende Formulierung abweichende Formulierung könnte wie folgt lauten:[498]

▶ Die Kommissionsgüter sind in der Anlage jeweils mit einem Mindestverkaufspreis versehen. Wenn der Kommissionär Kommissionsgüter unter dem jeweiligen Mindestverkaufspreis veräußern möchte, hat er die vorherige Zustimmung des Kommittenten einzuholen. Veräußert der Kommissionär unter dem Mindestverkaufspreis, ohne die vorherige Zustimmung des Kommittenten einzuholen, hat er dies im Rahmen der Ausführungsanzeige anzuzeigen. In diesem Fall ist der Kommittent auch dann zur Zurückweisung des Geschäfts berechtigt, wenn sich der Kommissionär zur Deckung des Preisunterschieds bereit erklärt. Der Anspruch des Kommittenten auf den Ersatz eines den Preisunterschied übersteigenden Schadens bleibt unberührt. ◀

c) Provision

Wie oben gezeigt, hat der Kommissionär Anspruch auf Provision, wenn das Geschäft zur Ausführung gekommen oder wenn die Ausführung wegen eines in der Person des Kommittenten liegenden Grundes unterblieben ist. Die Gestaltung der Provision ist weitgehend frei vereinbar. In der Praxis orientiert sie sich häufig am Entgelt des Veräußerungsgeschäfts (ausschließlich Mehrwertsteuer). Sie kann sich aber beispielsweise auch danach richten, ob ein vorgegebener Mindestpreis überschritten wurde und dann einen prozentualen Anteil an dieser Überschreitung vorsehen. Die Höhe der Provision hängt ab von der Art des Geschäfts und natürlich dem Umfang der Tätigkeit des Kommissionärs. Bei der Warenkommission sind Provisionssätze zwischen 5% und 35% des Entgelts des Veräußerungsgeschäfts nicht ungewöhnlich. Da in Rechtsprechung und Literatur nicht vollständig geklärt ist, wann ein Geschäft im Sinne des § 396 Abs. 1 HGB **„zur Ausführung gekommen ist"**, kann es sich anbieten, die entsprechenden Voraussetzungen näher zu bestimmen. Dafür kann beispielsweise auf die Erfüllung durch den Dritten abgestellt werden. In diesem Zusammenhang können auch die Voraussetzungen des Aufwendungsersatzanspruches geregelt werden.

d) Delkrederehaftung und Delkredereprovision

Nach § 394 HGB hat der Kommissionär eine Delkrederehaftung zu übernehmen, wenn dies vertraglich vereinbart oder am Ort seiner Niederlassung ein Handelsbrauch ist. Um Streitigkeiten darüber zu vermeiden, ob ein Handelsbrauch vorliegt, ist es ratsam, die Frage der Delkrederehaftung und eine entsprechende Delkredereprovision im Kommissionsvertrag zu regeln. Wenn sich die Parteien auf die Übernahme der Delkrederehaftung durch den Kommissionär einigen, könnte wie folgt formuliert werden:

▶ Der Kommissionär steht ein für die Erfüllung der Verbindlichkeiten des Geschäftspartners aus dem Geschäft, das der Kommissionär mit ihm für Rechnung des Kommittenten abgeschlossen hat. Dafür erhält der Kommissionär eine Delkredereprovision in Höhe von [X] Prozent des Verkaufspreises (ohne Mehrwertsteuer). ◀

e) Kosten

Der Kommissionsvertrag sollte auch die Verteilung der Kosten regeln, die durch den Transport des Kommissionsgutes vom Kommittenten zum Kommissionär bei der Verkaufskommission bzw umgekehrt bei der Einkaufskommission entstehen.

f) Abtretung von Forderungen aus dem Ausführungsgeschäft

Forderungen des Kommissionärs aus dem Kommissionsgeschäft werden gem. § 392 Abs. 2 HGB im Verhältnis zwischen dem Kommittenten und dem Kommissionär oder dessen Gläubigern auch ohne Abtretung als solche des Kommittenten behandelt. Er kann diese allerdings nicht geltend machen. Um sicherzustellen, dass die Forderungen so schnell wie möglich an den Kommittenten abgetreten

---

498 Vgl *Graf von Westphalen* in Hopt, Vertrags- und Formularbuch, S. 761 f.

werden, sollte dies bereits im Kommissionsvertrag geregelt werden. Schließlich sollten auch mögliche Schadensersatzansprüche des Kommissionärs, die dieser im Rahmen der Drittschadensliquidation geltend machen könnte, bereits im Kommissionsvertrag abgetreten werden. Eine entsprechende Formulierung könnte wie folgt lauten:

▶ Der Kommissionär tritt im Voraus bereits jetzt sämtliche Forderungen (insbesondere auch Schadensersatzforderungen und Forderungen gegen Versicherungen), die ihm gegenüber Dritten aus und im Zusammenhang mit Geschäften mit dem Kommissionsgut erwachsen, an den Kommittenten ab. Der Kommittent nimmt diese Abtretung an. ◀

g) Selbsteintritt

224 Es empfiehlt sich, das Selbsteintrittsrecht des Kommissionärs im Vertrag ausdrücklich anzusprechen. Dabei sind die den Kommittenten schützenden Schranken des § 402 HGB zu beachten. Entscheiden sich die Parteien gegen das Selbsteintrittsrecht, kann wie folgt formuliert werden:

▶ Das Recht des Kommissionärs, die Kommissionsgüter selbst als Käufer zu übernehmen, ist ausgeschlossen. ◀

Wenn die Parteien ein Selbsteintrittsrecht näher ausgestalten möchten, kann beispielsweise für eine Verkaufskommission wie folgt formuliert werden:

▶ Der Kommissionär hat das Recht, das Kommissionsgut selbst als Käufer zu übernehmen (Selbsteintrittsrecht). Der Kommissionär zeigt dem Kommittenten unverzüglich schriftlich an, wenn und soweit er von seinem Selbsteintrittsrecht Gebrauch gemacht hat. Diese Anzeige hat die Bestätigung und den Nachweis zu enthalten, dass bei dem berechneten Preis der zur Zeit der Ausführung der Kommission bestehende Marktpreis eingehalten ist. Der Provisionsanspruch des Kommissionärs bleibt unberührt. ◀

h) Verantwortung für das Kommissionsgut

aa) Haftung

225 Nach § 390 Abs. 1 HGB haftet der Kommissionär für Verlust und Beschädigung des in seiner Verwahrung befindlichen Gutes, es sei denn, dass der Verlust oder die Beschädigung auf Umständen beruht, die durch die Sorgfalt eines ordentlichen Kaufmannes nicht abgewendet werden konnten. Kommissionär und Kommittent können eine mildere Haftung vereinbaren, sie beispielsweise auf den Umfang der Deckung einer Versicherung beschränken.[499] Eine in Allgemeinen Geschäftsbedingungen enthaltene Verschärfung der Haftung, wonach der Kommissionär für Verlust von Ware ab einem bestimmten Prozentsatz unabhängig davon haftet, ob er den Schwund zu vertreten hat, verstößt gegen § 307 Abs. 1 Satz 1 BGB.[500]

bb) Versicherung

226 Abhängig von der Art und dem Wert des Kommissionsgutes kann über eine Versicherung des Kommissionsgutes durch den Kommissionär und die Verteilung der daraus resultierenden Kosten nachgedacht werden. Ohne nähere Regelung dürfte der Kommissionär einen Anspruch auf Ersatz der Versicherungsprämie als Aufwendung im Sinne des § 396 Abs. 2 HGB gegen den Kommittenten haben. Eventuelle Forderungen gegen die Versicherungen sollten bereits im Kommissionsvertrag abgetreten werden.

i) Informationspflichten

227 Auch der Umfang der Informationspflichten sollte genau geregelt werden, insbesondere ob eine Pflicht zur Nennung des Vertragspartners des Kommissionärs besteht. Diese Pflicht ist allerdings abdingbar, so dass der Kommissionsvertrag je nach Interessenlage gestaltet werden kann. Darüber hinaus empfiehlt es sich, die Informationspflichten des Kommissionärs so zu konkretisieren, dass er verpflichtet ist, den Kommittenten unverzüglich zu unterrichten, wenn Dritte in das Kommissionsgut

---

499 MünchKommHGB/*Häuser* § 390 Rn 13.
500 BGH BB 2007, 1412.

vollstrecken. Er kann dann rechtzeitig Verteidigungsmaßnahmen ergreifen. Eine entsprechende Klausel könnte wie folgt lauten:
▶ Sobald Dritte Pfändungen, Zwangsvollstreckungsmaßnahmen oder Maßnahmen mit ähnlicher Wirkung androhen oder bewirken, ist der Kommissionär verpflichtet, den Kommittenten unverzüglich schriftlich über Art und Umfang der angedrohten oder bewirkten Maßnahmen zu unterrichten. Soweit der Dritte die Kosten für angemessene Abwehrmaßnahmen wie zum Beispiel die Erhebung einer Drittwiderspruchsklage nicht ersetzt, hat der Kommittent einen Anspruch auf Ersatz dieser Kosten gegen den Kommissionär. ◀

Darüber hinaus kann es sinnvoll sein, auch ein Nachprüfungsrecht des Kommittenten zu vereinbaren, das wie folgt lauten könnte:
▶ Der Kommittent ist berechtigt, die der Abrechnung zugrunde liegenden Unterlagen des Kommissionärs durch einen zur Verschwiegenheit verpflichteten berufsmäßigen Parteienvertreter (zB Rechtsanwalt oder Wirtschafprüfer) einsehen zu lassen. Ergibt die Überprüfung eine Abweichung zu Ungunsten des Kommittenten, so trägt der Kommissionär die Kosten der Überprüfung, ansonsten der Kommittent. ◀

j) Sonstiges

Im Übrigen werden regelmäßig das Weisungsrecht des Kommissionärs, die Dauer des Vertrages, die Anwendbarkeit des deutschen Rechts, salvatorische Klauseln sowie Gerichtsstandsvereinbarungen geregelt. Insbesondere das Weisungsrecht und die Folgen seiner Verletzung sollten näher spezifiziert werden, um die Abgrenzung zu anderen Vertragsarten deutlich zu machen. In diesem Zusammenhang ist es nicht unüblich, dem Kommissionär das Recht einzuräumen, einen Schaden auszugleichen, der durch weisungswidriges Verhalten entstanden ist. 228

2. Verkaufskommission

Für die Gestaltung eines Vertrags für eine Verkaufskommission sei ergänzend auf folgende Punkte hingewiesen: 229

a) Gegenstände

Üblicherweise wird ausdrücklich geregelt, dass das Kommissionsgut im Eigentum des Kommittenten verbleibt. Um eine Abgrenzung von der Ware des Kommissionärs zu bewirken, sollte dieser verpflichtet werden, die Ware äußerlich erkennbar getrennt von seiner eigenen Ware zu lagern. Abhängig vom Kommissionsgut kann dabei die genaue Auflistung der Gegenstände in einer Anlage hilfreich sein, um sicherzustellen, dass der sachenrechtliche Bestimmtheitsgrundsatz eingehalten wird. In der Praxis kann dies wie folgt formuliert werden: 230
▶ Der Kommittent übergibt dem Kommissionär die in der als Anlage 1 beigefügten Aufstellung näher bezeichneten Gegenstände (Kommissionsgüter) zum kommissionsweisen Verkauf. Der Kommissionär ist verpflichtet, diese Gegenstände, die im Eigentum des Kommittenten verbleiben, getrennt von eigenen Gegenständen oder Gegenständen Dritter aufzubewahren und die Kommissionsgüter nach außen erkennbar als solche zu markieren. ◀

b) Zahlung und Vollzugsmodalitäten

Häufig wird der Kommissionär verpflichtet, nur gegen Barzahlung zu verkaufen. Abweichungen davon führen zu seiner persönlichen Haftung für das Ausfallrisiko der Forderungen (§ 393 HGB), es sei denn ein Handelsbrauch am Ort des Geschäfts bringt die Stundung des Kaufpreises mit sich und dieser Handelsbrauch ist nicht abbedungen worden (§ 393 Abs. 2 HGB). Regelmäßig wird der Kommissionär angewiesen, im eigenen Namen zu handeln und die Ware unter Eigentumsvorbehalt zu übereignen, wenn mit Einwilligung des Kommittenten nicht Zug um Zug gegen Leistung erfüllt wird. 231

c) Ersatzansprüche gegen den Kommissionär

Als Vertragspartner des Dritten kann der Kommissionär bei der Verkaufskommission Gewährleistungsansprüchen des Dritten ausgesetzt sein. Es empfiehlt sich aus seiner Sicht, diese soweit wie gesetzlich zulässig zu beschränken. Da ein beschränkter Gewährleistungskatalog zu einem Abschlag 232 beim Kaufpreis führen kann, kann es wiederum aus Sicht des Kommittenten ratsam sein, durch entsprechende Weisungen sicherzustellen, dass der Gewährleistungskatalog nicht zu stark eingeschränkt wird. Dieser Interessenkonflikt kann teilweise dadurch aufgelöst werden, dass der Kommittent und Kommissionär eine Freistellung des Kommissionärs durch den Kommittenten vereinbaren. Dazu könnte in der Praxis folgende Formulierung gewählt werden:

▶ Der Kommittent stellt den Kommissionär von allen Gewährleistungsansprüchen Dritter frei, wenn und soweit der Kommissionär sie nicht zu vertreten hat. ◀

3. Einkaufskommission

a) Zahlungsmodalitäten und Vorschuss

233 Regelmäßig begleicht der Kommittent die Kaufpreisforderung des Verkäufers. Der Kommissionär erhält nur einen Vorschuss zur Deckung notwendiger Aufwendungen (§ 669 BGB). Nur wenn der Kommittent den Kaufpreis nicht rechtzeitig erfüllen kann, sollte der Vorschuss zur Begleichung des Kaufpreises eingesetzt werden. Häufig finden sich daher Regelungen, nach denen der Kommittent den Kommissionär von den Verbindlichkeiten aus dem Ausführungsgeschäft befreien soll. Ferner empfiehlt es sich, dem Kommissionär zu untersagen, Vorleistungen zu erbringen oder Kredit zu gewähren. Darüber hinaus sollte der Kommissionsvertrag Regelungen zur Verwendung des Vorschusses enthalten.

b) Prüfungspflichten

234 Die Pflicht zur sorgfältigen Geschäftsführung im Interesse des Kommissionärs gebietet es grundsätzlich, die gekauften Waren unverzüglich auf etwaige Mängel zu prüfen und möglicherweise bestehende Rechte zu sichern bzw wahrzunehmen. Etwaige Auffälligkeiten hat er dem Kommittenten unverzüglich mitzuteilen.

c) Übereignung der Ware

235 Die Ware, dessen Eigentümer der Kommissionär wird, ist dem Zugriff seiner Gläubiger ausgesetzt. Daher ist es empfehlenswert, den Kommissionär zu verpflichten, sich darum zu bemühen, eine direkte Übereignung an den Kommittenten zu bewirken. Hierzu ist allerdings die Zustimmung der Partei des Ausführungsgeschäfts erforderlich. Da im heutigen Geschäftsverkehr Eigentumsvorbehalte üblich sind, würde ein entsprechendes Verbot den Einkaufskommissionär in seiner Tätigkeit stark einschränken. Um den Interessen des Kommittenten am Abschluss des Geschäfts, aber auch gleichzeitig seinem Sicherheitsbedürfnis entgegenzukommen, könnte wie folgt formuliert werden:
Der Kommissionär ist verpflichtet, das Kommissionsgut möglichst ohne Vereinbarung eines Eigentumsvorbehalts zu erwerben. Ist dies nicht möglich, so hat der Kommissionär das Geschäftsverhalten und die Bonität des Verkäufers mit der Sorgfalt eines ordentlichen Kaufmanns zu prüfen. Wenn er nach dieser pflichtgemäßen Prüfung zu dem Ergebnis gelangt, dass die Vereinbarung eines Eigentumsvorbehalts den Interessen des Kommittenten nicht zuwiderläuft, ist er berechtigt, das Geschäft unter Eigentumsvorbehalt abzuschließen. Allerdings dürfen auch dann keine Forderungen, die sich nicht auf Geschäfte in Ausführung des Kommissionsgeschäfts beziehen, in die Sicherung durch den Eigentumsvorbehalt einbezogen werden.[501]

---

501 Vgl *Feick* in: Beck'sches Formularbuch, 7.

§ 3 Internationales Kaufrecht

Einleitung	1	III.	Pflichten des Verkäufers	94
A. UN-Kaufrecht	3		1. Lieferpflicht des Verkäufers	96
I. Einführung	3		a) Lieferort	99
1. Überblick und Praxisrelevanz	3		b) Lieferzeit	108
2. Historie	12		2. Gefahrübergang	110
3. Vor- und Nachteile des UN-Kaufrechts	14		3. Sonstige Pflichten	113
a) Vorteile	15		4. Rechtsbehelfe des Käufers	114
b) Nachteile	22		a) Überblick und Grundsätze	114
4. Abweichungen zwischen UN-Kaufrecht und deutschem (Handels-)Kaufrecht	25		b) Einzelne Rechtsbehelfe	130
			c) Konkurrenz zum nationalen Recht	144
5. Anwendungsbereich	26		d) Beweislast	145
a) Vertragsstaaten	26	IV.	Pflichten des Käufers	146
b) Voraussetzungen	28		1. Zahlung des Kaufpreises	147
II. Vertragsabschluss	58		a) Inhalt der Kaufpreiszahlungspflicht	148
1. Vertragsangebot	59		b) Währung	151
a) Vorschlag zum Abschluss eines Vertrages	59		c) Weitere Zahlungsmodalitäten	152
			d) Fälligkeit, Zinsen	153
b) Bestimmtheitserfordernis	60		e) Zahlungsklauseln	154
c) Bindungswille	62		f) Beweislast	155
d) Zugang	63		2. Abnahme	156
e) Widerrufsmöglichkeit	64		3. Rechtsbehelfe des Verkäufers	157
2. Vertragsannahme	66		a) Arten der Rechtsbehelfe	158
a) Begriff der Annahme	67		b) Einzelne Rechtsbehelfe	162
b) Zugang	68		c) Beweislast	169
c) Frist	69	B.	**Kaufrecht nach EGBGB**	171
d) Form	78	I.	Einführung	172
3. Allgemeine Geschäftsbedingungen	81	II.	Anwendbares Recht	174
a) Einbeziehung	82		1. Rechtswahl gemäß Art. 27 EGBGB	175
b) Kenntnisverschaffungspflicht des Verwenders	83		a) Rechtswahlvertrag	176
			b) Ausdrückliche Rechtswahl	177
c) Sprachenrisiko	84		c) Konkludente Rechtswahl	182
d) Abweichende und kollidierende AGB (Battle of the forms)	85		2. Mangels Rechtswahl anzuwendendes Recht (Art. 28 EGBGB)	188
e) Auslegung und Inhaltskontrolle	87		3. Verbraucherverträge	197
f) Gerichtsstandsvereinbarungen gemäß Art. 23 EuGVVO	89	III.	Form	198

Einleitung

In den vergangenen Jahren und Jahrzehnten ist eine wachsende Bedeutung des grenzüberschreitenden Warenverkehrs festzustellen. Die Globalisierung zwingt Unternehmen dazu, Märkte im Ausland zu suchen. Dabei ist es vorstellbar, dass Waren aus dem Ausland importiert oder in Fremdländer exportiert werden. Gerade in der Bundesrepublik Deutschland als „Exportweltmeister" spielen die damit verbundenen Fragen eine wichtige Rolle. In der anwaltlichen Beratungspraxis ist es Aufgabe des Juristen, dass er dem Mandanten bei Abschluss von grenzüberschreitenden Verträgen hinsichtlich der damit verbundenen Rechtsfragen beraten kann. Die steigende Nachfrage auf dem Beratungsmarkt geht allerdings nur langsam einher mit der Ausbildung der Juristen, denen in den letzten Jahren die Materie des internationalen Privatrechts und insbesondere des internationalen Warenkaufs nur in Spezialausbildungen vermittelt wird. Zum grundlegenden Handwerkszeug des Juristen gehören diese komplexen Kodifikationen und die abstrakten Fragestellungen der Anwendbarkeit eines bestimmten Rechts nicht.

Das Kapitel „Internationales Kaufrecht" soll Klarheit verschaffen, indem es die grundlegenden Rechtsfragen klärt und das anwendbare Recht aus Sicht der Praxis erläutert. Dabei wird zunächst das UN-Kaufrecht als Einheitsrecht vorgestellt (dazu Rn 3 ff). Das UN-Kaufrecht verdrängt in seinem Anwendungsbereich nämlich auch die Vorschriften des internationalen Privatrechts, in Deutschland daher namentlich die Art. 27 ff EGBGB. Wenn das UN-Kaufrecht jedoch keine Anwendung findet, bestimmten die Art. 27 ff EGBGB das anwendbare Recht (dazu Rn 171 ff).

A. UN-Kaufrecht
I. Einführung
1. Überblick und Praxisrelevanz

3 Durch das Übereinkommen der Vereinten Nationen vom 11.4.1980 über Verträge über den internationalen Warenkauf wurde ein neues nationales Einheitsrecht geschaffen. Dieses wird verbreitet als UN-Kaufrecht, als CISG (Convention on the International Sale of Goods) oder auch nach dem Ort des Vertragsschlusses als Wiener Kaufrecht bezeichnet. Im Folgenden werden die Begriffe UN-Kaufrecht und – im Zusammenhang mit konkreten Normen – CISG benutzt.

4 Das UN-Kaufrecht ist mittlerweile in 65 Vertragsstaaten geltendes Recht.[1] Es ist von Amts wegen als nationales Recht anzuwenden.[2] In der Bundesrepublik Deutschland ist das UN-Kaufrecht seit dem 1.1.1991 aufgrund des Zustimmungsgesetzes vom 5.6.1989 mit einigen Modifikationen in Kraft getreten. In seinem Anwendungsbereich werden die Vorschriften des internationalen Privatrechts verdrängt.

5 Die Effektivität des UN-Kaufrechts wird zum einen dadurch eingeschränkt, dass dessen Vorschriften abdingbar sind (vgl dazu unten Rn 52). Zum anderen haben viele Vertragsstaaten, unter denen sich auch Deutschland befindet, bei der Übernahme des UN-Kaufrechts in das nationale Recht auf Art. 95 CISG gestützte Vorbehalte gemacht. Andere Staaten haben das UN-Kaufrecht nur teilweise in Kraft gesetzt, gemäß Art. 96 CISG Formerfordernisse des nationalen Rechts aufrechterhalten oder auch Teil-Territorien von der Geltung ausgenommen (vgl dazu unten Rn 26).

6 Dennoch darf die praktische Bedeutung des UN-Kaufrechts nicht unterschätzt werden. Trotz der genannten Einschränkungen ist die Akzeptanz des UN-Kaufrechts sehr hoch, was nicht nur durch die Anzahl der Vertragsstaaten, sondern vor allem durch den Umstand bewirkt wird, dass wichtige lateinamerikanische Länder, der überwiegende Teil der europäischen, einige Länder Afrikas und des vorderen Orients sowie vor allem die USA und China Vertragsstaaten sind. Unter diesen sind damit die wichtigsten Handelspartner Deutschlands.[3] Der Schätzung zufolge werden ca. 80 % der deutschen Exporte und ca. 70 % der deutschen Importe mit Vertragspartnern abgewickelt, die in den Vertragsstaaten des UN-Kaufrechts ansässig sind. Bereits aus diesem Grund bestimmt es das wirtschaftliche Leben in den Vertragsstaaten in erheblichem Umfang.

7 Hinzu kommt, dass aufgrund der sog. „Vorschaltlösung" in Art. 1 das UN-Kaufrecht (vgl dazu unten Rn 48) auch im Verhältnis zwischen Deutschland und Nichtvertragsstaaten das UN-Kaufrecht Anwendung findet, wenn das internationale Privatrecht des Forums zur Anwendung des Rechts eines Vertragsstaates führt.

8 Das UN-Kaufrecht ist ferner von erheblicher praktischer Relevanz, weil dessen Bestimmungen auch den Abschluss der in seinen Anwendungsbereich fallenden Verträge regeln. Der praktische Schwerpunkt der Regelungen liegt dabei auf dem Recht der Leistungsstörungen, das deutlich intensiver ausgeprägt ist als im Kaufrecht des deutschen BGB.[4]

9 Das UN-Kaufrecht hat zudem eine besondere Bedeutung, da die ansonsten notwendige Bestimmung des Vertragsstatut durch die Regeln des IPR zur Anwendung ausländischen Rechts führen könnte, was für den deutschen Vertragspartner oftmals unvorhersehbare Folgen mit sich bringen könnte.

10 In Deutschland ist ebenso wie in vielen anderen Ländern anerkannt, dass sich internationale Verträge nicht zwingend nach dem Recht des Forums richten, sondern jeweils zu klären ist, ob und inwieweit der internationale Charakter des jeweiligen Vertrages zu berücksichtigen ist. Deutsche Gerichte wenden dementsprechend nicht auf jeden Vertrag, der einen internationalen Bezug aufweist, deutsches Sachrecht an. Vielmehr muss in diesen Fällen auf das im EGBGB geregelte internationale Privatrecht zurückgegriffen werden. Dort regeln die Art. 27 ff EGBGB, welches Recht für den konkreten Fall zur Anwendung kommt (vgl dazu Rn 171 ff). Dabei geht Art. 27 EGBGB im Grundsatz davon aus, dass

---

1 *Piltz*, NJW 2005, S. 2126.
2 MünchKommBGB/*Westermann*, Band 3, 4. Aufl. 2004, vor Art. 1 CISG Rn 1.
3 MünchKommBGB/*Westermann*, vor Art. 1 CISG Rn 1.
4 MünchKommBGB/*Westermann*, vor Art. 1 CISG Rn 1.

die Parteien das anzuwendende Recht frei wählen können. Ein typischer Anwendungsfall dieser Regel ist eine Klausel wie „dieser Vertrag unterliegt dem Recht des deutschen BGB/HGB" oder einfacher „für diesen Vertrag gilt deutsches Recht". Allerdings sind für derartige Rechtwahlklauseln in der Praxis gewisse Einschränkungen zu berücksichtigen. So werden in einigen Ländern wie etwa Brasilien oder Uruguay, insbesondere aber auch in der arabischen Welt Rechtswahlklauseln eingeschränkt oder gar nicht anerkannt. Die Vereinbarung der Anwendung deutschen Rechts mit einem brasilianischen Unternehmen wäre daher weitgehend wertlos. Zudem stellt sich bei Vertragsverhandlungen das Problem der Verhandlungsstärke. Es dürfte fraglich sein, ob ein chinesischer Importeur deutscher Maschinen davon überzeugt werden kann, sich in einer Rechtswahlklausel der Anwendung deutschen Rechts zu unterwerfen. Dies ist besonders dann problematisch, wenn der deutsche Exporteur der Maschinen sehr auf das Geschäft mit seinem chinesischen Kunden angewiesen ist. Für diese Fälle bietet das UN-Kaufrecht Abhilfe.

Neben diesen unmittelbaren Auswirkungen ist ferner zu berücksichtigen, dass sich zahlreiche nationale Gesetzgebungsprojekte am UN-Kaufrecht orientiert haben. Auf EU-Ebene hat sich die Kommission bei der Schaffung der Richtlinie zum Verbrauchsgüterkauf in wesentlichen Punkten am UN-Kaufrecht orientiert. Bei der Schaffung der Grundregeln des europäischen Vertragsrechts wurde das UN-Kaufrecht als „eine besonders ergiebige Inspirationsquelle für die Grundregeln".[5] Auch die jüngst vorgestellten Principals of European Sales Law beruhen in weiten Teilen auf dem UN-Kaufrecht. Es lässt sich daher abschließend feststellen, dass das UN-Kaufrecht über den unmittelbaren Anwendungsbereich hinaus überall dort von Bedeutung ist, wo über eine Modernisierung oder Vereinheitlichung von allgemeinem Vertragsrecht oder Kaufrecht diskutiert wird. Das UN-Kaufrecht dürfte daher für die zukünftige, insbesondere europäische Rechtsentwicklung von erheblicher Bedeutung sein. Weitere Staaten werden das UN-Kaufrecht in ihre Rechtsordnung integrieren. Auch in der anwaltlichen Praxis werden Fragen im Zusammenhang mit dem UN-Kaufrecht eine zunehmende Rolle spielen, wenngleich – und darauf sollte schon zu Beginn hingewiesen werden – die exportierenden Unternehmen dem UN-Kaufrecht und seiner Anwendung zurzeit vielfach kritisch gegenüberstehen.

2. Historie

Ansatzpunkte zu einer Vereinheitlichung des Rechts des internationalen Warenkaufs bestehen bereits seit der Zeit des Völkerbundes im Zusammenhang mit den Arbeitsplänen für das im Jahre 1926 gegründete internationale Institut für die Vereinheitlichung des Privatrechts (uni droit). Diese Vorhaben sind im Wesentlichen auf Ernst Rabel zurückzuführen. Bereits vor dem zweiten Weltkrieg wurden erste Entwürfe vorgelegt.[6] Ernsthafte Verhandlungen wurden jedoch erst nach dem Krieg aufgenommen. Dies ist darauf zurückzuführen, dass erst im Zuge der europäischen Rechtsangleichung einem einheitlichen Kaufrecht Verwirklichungschancen eingeräumt wurden. Ergebnis der Beratung war das aus dem EKG und EAG bestehenden „Haager Kaufrecht", das im Rechtsverkehr zwischen Deutschland, Italien und den Beneluxländern eine gewisse Bedeutung erlangt hat. Allerdings hatten wichtige Länder wie die USA, Frankreich und Österreich das Abkommen nicht ratifiziert. Großbritannien hatte sich nur mit erheblichen Vorbehalten beteiligt. Im Übrigen hatten weder die Länder der Dritten Welt noch Ostblock-Länder Einfluss auf die Entstehung des Haager-Kaufrechts, was den Eindruck verursacht haben mag, die rechtlichen Regelungen seien zumindest teilweise ausschließlich im Interesse der Industrieländer entwickelt worden. In Art. 5 Abs. 1 des Vertragsgesetzes (Zustimmungsgesetz zum UN-Kaufrecht) hat der deutsche Gesetzgeber beide Gesetze des Haager-Kaufrechts aufgehoben und die Abkommen im Verhältnis zu den übrigen Vertragsstaaten gekündigt, so dass sie heute nicht mehr gelten.

Die nachfolgenden UNCITRAL-Verhandlungen standen unter der Prämisse, die Fehler und Schwächen des Haager-Kaufrechts nicht zu wiederholen.[7] Sie begannen im Jahre 1968 und führten erst

---

5 Vgl *Schulz*, RabelsZ 2005, S. 457, 461.
6 MünchKommBGB/*Westermann*, vor Art. 1 CISG Rn 8.
7 MünchKommBGB/*Westermann*, vor Art. 1 CISG Rn 9.

nach 12 Jahren zum Abschluss. Bei den Vorbereitungsarbeiten waren die Vertreter von zunächst 29, später 36 Staaten beteiligt, wobei ein bestimmtes Verhältnis unter den Regionen der Welt angestrebt und auch eingehalten wurde. Die Bundesrepublik Deutschland hatte seit 1974 zunächst aus der Beobachterrolle, dann aber intensiver an den Beratungen mitgewirkt. Auf der Wiener Konferenz wurde das Abkommen mit 42 von 62 Stimmen angenommen.

3. Vor- und Nachteile des UN-Kaufrechts

14 Bevor man sich entscheidet, für ein Vertragsverhältnis die Regelung des UN-Kaufrechts für anwendbar zu erklären oder es ausdrücklich ausschließt, ist es zwingend erforderlich, sich vorab über die Vor- und Nachteile, insbesondere für die Praxis, einen Überblick zu verschaffen:[8]

a) Vorteile

15 Einige Vorteile lassen sich wie folgt beschreiben:

aa) „Gleichberechtigung"

16 Bei Anwendung des UN-Kaufrechts sind die Vertragsparteien „gleichberechtigt". Bei Vertragsverhandlungen internationaler Verträge zeigt die Praxiserfahrung, dass jede Partei versucht, „ihr" Recht für anwendbar zu erklären. Oftmals wird daher die Frage der Rechtswahl – unerfreulicherweise – bis zur letzten Minute hinausgeschoben. In dieser Situation bietet das UN-Kaufrecht eine sinnvolle Kompromisslösung an, bei der beide Parteien von ihrer ursprünglichen Forderung nur teilweise abrücken müssen. Da es sich bei dem UN-Kaufrecht um ein internationales Vertragswerk handelt, bietet es den Vorteil, dass beide Vertragsparteien zumindest Teile ihrer Rechtsordnung dort wieder finden. Freilich findet der deutsche Rechtsanwender nicht sämtliche Regelungen im UN-Kaufrecht wieder, die er aus HGB und BGB kennt. Aber auch der Jurist anderer Nationalität setzt mit dem UN-Kaufrecht nur Teile seiner nationalen Rechtsordnung durch.

bb) Rechtssicherheit

17 Die Anwendung des UN-Kaurechts bietet auch für beide Seiten Rechtssicherheit. Einigt man sich nämlich auf das Recht des Verkäufers oder des Käufers oder, um sich auf „neutralen" Boden zu begeben, auf das Recht eines dritten Staates, bleibt immer noch die Unsicherheit, wie die gewählte Rechtsordnung bestimmte Fragen beurteilt. Dort bietet das UN-Kaufrecht den Vorteil, dass jeder Rechtsanwender sich sicher über das UN-Kaufrecht informieren kann und somit Fragen schon bei Abschluss des Vertrages klären kann. Es ist daher dringend davon abzuraten, sich auf eine Rechtsordnung zu einigen, die für beide Vertragsparteien unbekannt ist und dementsprechend Unsicherheiten birgt.

cc) Rechtsprechung

18 Die Abwahl des UN-Kaufrechts kann auch nicht mehr damit begründet werden, dass Rechtsunsicherheit aufgrund fehlender Rechtsprechung besteht. Offizielle Datenbanken geben bereits umfangreich Auskunft über Entscheidungen zum UN-Kaufrecht, welche in den Mitgliedsstaaten betroffen worden sind. Aber auch deutsche Gerichte haben inzwischen eine Vielzahl von Entscheidungen getroffen, welche mit den üblichen deutschen Recherchemöglichkeiten gefunden werden können. Die Praxiserfahrung zeigt auch immer wieder, dass Gerichte, insbesondere die regelmäßig zuständigen Kammern für Handelssachen, auch die Details des UN-Kaufrechts kennen. Dies gilt ebenfalls für Schiedsgerichte.

dd) Ähnlichkeiten zum reformierten deutschen Schuldrecht

19 Aufgrund der Schuldrechtsreform sind dem deutschen Juristen die Regelungen des UN-Kaufrechts nun noch einfacher verständlich. Das deutsche Handelskaufrecht ähnelt in seinen Grundstrukturen, insbesondere bei den Fragen des Fehlerbegriffs und der verfügbaren Rechtsbehelfe, dem UN-Kauf-

---

[8] Dazu im Einzelnen: *Stürner*, BB 2006, 2029.

recht stark. Dieser Vorteil ergibt sich allerdings nicht für US-amerikanische Juristen, die aus diesem Grunde möglicherweise versuchen, das UN-Kaufrecht nicht zur Anwendung kommen zu lassen. Dort ist der Versuch stark verbreitet, den Uniform Commercial Code (U.C.C.) oder vergleichbare Regelungen zu finden.

ee) Vorteile gegenüber englischem Recht

Aus deutscher Sicht ist das UN-Kaufrecht der häufig üblichen Wahl des englischen Rechts deutlich der Vorrang einzuräumen. Englisches Common Law enthält Rechtsfiguren, welche dem deutschen Juristen kaum verständlich sind. Dies spielt spätestens dann eine Rolle, wenn ein deutsches Gericht englisches Recht anwenden soll. Wenngleich es durchaus möglich ist, über die jeweilige Rechtsfrage ein sachverständiges Gutachten einzuholen, bleibt die deutliche Unsicherheit, dass deutsche Richter im Ergebnis etwas anderes unter der jeweiligen Rechtsfigur verstehen, als der deutsche Vertragspartner es bei Vertragsschluss wollte. Es ist jedoch erfahrungsmäß äußerst schwierig, einen englischen Juristen von der Anwendbarkeit des UN-Kaufrechts zu überzeugen. Dies ist schon deshalb der Fall, weil es über eine lange Zeit üblich war, englisches Recht, insbesondere vor dem Hintergrund der Bedeutung des Handelsplatzes London, für anwendbar zu erklären.

20

ff) Vereinheitlichung der AGB

Für die stark exportorientierte deutsche Wirtschaft bietet das UN-Kaufrecht auch insofern einen Vorteil, als dass Allgemeine Geschäftsbedingungen durch Anpassung an die Regelungen des UN-Kaufrechts für alle Staaten, in die exportiert werden soll, vereinheitlicht werden kann. Diese Vereinheitlichung bietet ein hohes Maß an Rechtssicherheit für den deutschen Exporteur und stellt zugleich ein erhebliches Einsparungspotenzial dar. Das deutsche Unternehmen muss nämlich nicht sämtliche Verträge, welche es mit unterschiedlichen Unternehmen in unterschiedlichen Staaten hat, einzeln bezüglich der Rechtswahl überprüfen, wenn UN-Kaufrecht gilt.

21

b) Nachteile

Freilich bestehen auch Nachteile bei der Wahl des UN-Kaufrechts:

22

aa) Unbestimmte Rechtsbegriffe unbekannt

Wenngleich es inzwischen eine Vielzahl von Entscheidungen zum UN-Kaufrecht gibt, stellt die Verwendung unbestimmter Rechtsbegriffe ein besonderes Risiko für das deutsche Unternehmen dar. Insbesondere der Begriff der „wesentlichen Vertragsverletzung" gemäß Art. 25 CISG[9] spielt eine derart zentrale Rolle, dass Unsicherheiten in der Auslegung schwerwiegende Folgen haben können. Dies wird noch dadurch erschwert, dass es im Gegensatz zum deutschen Recht keinen obersten „UN-Gerichtshof" gibt, der über die Auslegung bestimmter Begriffe entscheidet. Selbst wenn der BGH oder ein anderes deutsches Gericht eine Vertragsverletzung als wesentlich erachtet, bedeutet dies noch lange nicht, dass ein Gericht in Mexiko oder China dem folgen würde.

23

bb) Lücken

Ferner, und dieser Nachteil ist besonders schwerwiegend, birgt das UN-Kaufrecht eine Vielzahl von (bewussten) Lücken.[10] Die folgende Tabelle zeigt die Bereiche, welche die Parteien noch regeln müssen, selbst wenn sie das UN-Kaufrecht für anwendbar erklären.

24

Hinweis: Lücken im UN-Kaufrecht
a) Wirksamkeit
  – Fragen zur Rechts- und Geschäftsfähigkeit
  – Vollmacht[11]
  – Stellvertretung

---

9 Vgl unten Rn 118.
10 Vgl etwa BGH, NJW 1997, 3309 zum Wettbewerbsrecht.
11 AG Alsfeld, NJW-RR 1996, 120.

- Wirksamkeit von AGB
- Anfechtungsmöglichkeiten
- Folgen bei Rechts- und Sittenwidrigkeit des Vertragsinhalts
b) Aufrechnung
c) Verjährung
d) Zinshöhe
e) Bestimmte Fragen der Produkthaftung
f) Tod eines Vertragspartners

4. Abweichungen zwischen UN-Kaufrecht und deutschem (Handels-)Kaufrecht

25 Aufgrund der zum 1.1.2002 in Kraft getretenen Schuldrechtsreform ist das deutsche Handelskaufrecht dem UN-Kaufrecht in vielen Teilen angepasst worden. Einzelheiten der Unterschiede werden unter dem jeweiligen Gliederungspunkt behandelt. Die folgende Übersicht benennt die Unterschiede:

	UN-Kaufrecht	BGB/HGB
Vertragsschluss (Rn 58)	Angebot bis zur Annahme nicht bindend	Annahme grundsätzlich bindend
Kaufmännisches Bestätigungsschreiben (Rn 69)	„Schweigen auf ein kaufmännisches Bestätigungsschreiben" gilt nicht	„Schweigen auf ein kaufmännisches Bestätigungsschreiben" kann vertragsbegründende Wirkung haben
Vertragsgemäße Ware (Rn 118)	technische und gesetzliche Produktstandards des Exportstaates sind maßgeblich	technische und gesetzliche Produktstandards des Importstaates sind maßgeblich
Untersuchungsobliegenheiten (Rn 126)	Käufer muss die Ware bei Erhalt auf Mängel untersuchen und etwaige Mängel dem Verkäufer anzeigen	Käufer muss die Ware bei Erhalt auf Mängel untersuchen und etwaige Mängel dem Verkäufer anzeigen
Zuviellieferung (Rn 125)	Vertragserweiterung um das gelieferte Zuviel mit entsprechender Erhöhung des Kaufpreises	Grundsätze des § 377, 378 HGB
Nachlieferung durch den Verkäufer (Rn 130)	Käufer kann nur dann Ersatzlieferung verlangen, wenn der Mangel eine wesentliche Vertragsverletzung darstellt; Wahl der Art und Weise der Nacherfüllung obliegt dem Verkäufer	Verkäufer ist berechtigt, bei Lieferung mangelbehafteter Ware zunächst nachzuerfüllen; Wahl der Art und Weise Nacherfüllung obliegt dem Käufer („Zumutbarkeit")
Vertragsaufhebung (Rn 133)	nur bei wesentlicher Vertragsverletzung	Rücktritt vom Vertrag bei jeglicher Pflichtverletzung möglich
Schadensersatz (Rn 136)	verschuldensunabhängig → Garantiehaftung	grundsätzlich verschuldensabhängig, wobei gesetzliche Vermutung für das Verschulden des Verkäufers
Zinsen (Rn 142)	ab Fälligkeit ohne Mahnung	in der Regel ist Mahnung erforderlich

5. Anwendungsbereich

a) Vertragsstaaten

26 Gemäß Art. 1 CISG findet das Übereinkommen Anwendung auf Verträge, deren Parteien ihre Niederlassung in verschiedenen Vertragsstaaten haben oder wenn die Regeln des internationalen Privatrechts zur Anwendung des Rechts eines Vertragsstaates führen. Vertragsstaaten sind solche Staaten, die das UN-Kaufrecht als verbindliches Recht übernommen, also innerstaatlich umgesetzt haben.

Hinweis: Nachfolgend sind die wichtigsten Staaten aufgeführt, in denen das UN-Kaufrecht bereits gilt. Die oben bereits erwähnten Einschränkungen hinsichtlich der Anwendung des UN-Kaufrechts sind ebenfalls angegeben: Ägypten, Argentinien, Australien, Belgien, Bosnien-Herzegowina, Bulgarien, in Kraft seit 1.8.1991; Burundi, in Kraft seit 1.10.1999; Chile, in Kraft seit 1.3.1991, Vorbehalt gemäß Art. 96 (Formerfordernisse); China, in Kraft seit 1.1.1988; Dänemark, in Kraft seit 1.3.1990; Deutschland, in Kraft seit 1.1.1991 (BGBl. 1990 II S. 1477), jedoch Ausschluss der Anwendung nach Art. 1 Abs. 1 lit. b), wenn die Regeln des Internationalen Privatrechts zur Anwendung des Rechts eines Vertragsstaates führen, der einen Vorbehalt nach Art. 95 erklärt hat (Art. 2 Vertragsgesetz); Ecuador, in Kraft seit 1.2.1993; Estland, in Kraft seit 1.10.1994; Finnland, in Kraft seit 1.10.1989; Frankreich, in Kraft seit 1.1.1988; Gabun, in Kraft ab 1.1.2006; Georgien, in Kraft seit 1.9.1995; Griechenland, in Kraft seit 1.2.1999; Guinea, in Kraft seit 1.2.1992; Honduras, in Kraft seit 1.11.2003; Irak, in Kraft seit 1.4.1991; Italien, in Kraft seit 1.1.1988; Jugoslawien, in Kraft seit 1.1.1988; Kanada, in Kraft seit 1.5.1992; Kirgistan, in Kraft seit 1.6.2000; Korea, Republik, in Kraft seit 1.3.2005; Kroatien, in Kraft seit 8.10.1991; Kuba, in Kraft seit 1.12.1995; Lesotho, in Kraft seit 1.1.1988; Lettland, in Kraft seit 1.8.1998; Litauen, in Kraft seit 1.2.1996; Luxemburg, in Kraft seit 1.2.1998; Mauretanien, in Kraft seit 1.9.2000; Mexiko, in Kraft seit 1.1.1989; Moldawien, in Kraft seit 1.11.1995; Mongolei, in Kraft seit 1.1.1999; Neuseeland, in Kraft seit 1.10.1995; Niederlande, in Kraft seit 1.1.1992; Norwegen, in Kraft seit 1.8.1989; Österreich, in Kraft seit 1.1.1989; Peru, in Kraft seit 1.4.2000; Polen, in Kraft seit 1.6.1996; Rumänien, in Kraft seit 1.6.1996; Russland, in Kraft seit 24.12.1991; Sambia, in Kraft seit 1.1.1988; Schweden, in Kraft seit 1.1.1989; Schweiz, in Kraft seit 1.3.1991; Singapur, in Kraft seit 1.3.1996; Slowakei, in Kraft seit 1.1.1993; Slowenien, in Kraft seit 25.6.1991; Spanien, in Kraft seit 1.8.1991; Syrien, in Kraft seit 1.1.1988; Tschechische Republik, in Kraft seit 1.1.1993; Uganda, in Kraft seit 1.1.1988; Uruguay, in Kraft seit 1.2.2000; USA, in Kraft seit 1.1.1988; Usbekistan, in Kraft seit 1.12.1997; Weißrussland, in Kraft seit 1.11.1990; Zypern, in Kraft seit 1.4.2006.

Folgende Staaten sind noch **nicht Mitgliedstaaten:** Japan, Großbritannien, Irland, Portugal, Malta. 27

b) Voraussetzungen

aa) Kaufverträge über Waren

Das UN-Kaufrecht gilt gemäß Art. 1 Abs. 1 CISG ausschließlich für Kaufverträge über Waren. Weitere Einschränkungen enthalten Art. 2 und 3 CISG. 28

(1) Kaufverträge

In Anlehnung an Art. 30 und 53 CISG ist ein Kaufvertrag typischerweise durch folgende Pflichten der Vertragsparteien charakterisiert: 29

- der Verkäufer hat die Ware zu liefern und dem Käufer das Eigentum an der Ware zu übertragen,
- der Käufer ist verpflichtet, die Lieferung anzunehmen und Kaufpreis zu bezahlen.

Daraus lässt sich ableiten, dass alle auch im deutschen Recht bekannten Gestaltungsmöglichkeiten in der Form des Kaufvertrages von dem Begriff „Kaufvertrag" im Sinne des UN-Kaufrechts umfasst werden. Dazu zählen insbesondere der Versendungskauf,[12] der Sukzessivlieferungsvertrag, der Spezifikationskauf, der Kauf auf Probe, der Kauf nach Muster, das Streckengeschäft sowie die Vereinbarung von Vorkaufsrechten, Rückkaufsrechten und Wiederkaufoptionen.[13] Erfasst sind auch solche Verträge, die nach ihrem Gesamterscheinungsbild Kaufverträge darstellen, auch wenn sie zusätzliche, kaufuntypische Verpflichtungen (beispielsweise Montage) enthalten (gemischte Verträge). Auch diese kaufuntypischen Verpflichtungen sind dann nach den Regeln des UN-Kaufrechts zu beurteilen.[14]

Andere Vertragstypen wie beispielsweise Tauschverträge, Kompensationsgeschäfte und Mietverträge sind dagegen grundsätzlich nicht als Kaufverträge im Sinne des UN-Kaufrechts einzustufen. Die 30

---

12 BGH WM 1998, 2077, 2079.
13 *Saenger,* in: Bamberger/Roth, Art. 1 CISG Rn 3.
14 *Verweyen*/Foerster/Toufar, S. 49.

Hauptleistungspflichten dieser Vertragstypen stimmen nicht mit den in Art. 30 und 53 CISG normierten Pflichten überein. Kompensationsgeschäfte können ausnahmsweise dann erfasst sein, wenn aufgrund der Auslegung der Vertragsvereinbarung davon auszugehen ist, dass nicht ein einheitliches Kompensationsgeschäft, sondern tatsächlich mehrere wechselseitige Kaufverträge geschlossen worden sind.[15] Ein Mietkauf kann dann in den Anwendungsbereich des UN-Kaufrechts fallen, wenn eine Auslegung im konkreten Einzelfall ergibt, dass nicht das Interesse der Parteien an einer Überlassung des Gebrauches im Vordergrund steht, sondern der Schwerpunkt vielmehr auf der endgültigen Überlassung der Sache liegt.

31 Keine Anwendung findet das Abkommen ferner auf Vertriebsverträge,[16] Vertragshändlerverträge und Agenturverträge, weil diese lediglich Rahmenvereinbarungen sind, die noch keine konkreten Lieferverpflichtungen begründen. In den Anwendungsbereich des UN-Kaufrechts könnten allerdings die Kaufverträge fallen, welche diese Rahmenverträge konkretisieren.

Beispiel:[17] Die deutsche Klägerin schloss mit der italienischen Beklagten einen Alleinvertriebsvertrag, nach dessen Inhalt die Beklagte Rasenmähermotoren der Produktlinie „Toromotor" in Italien auf eigene Rechnung und im eigenen Namen vertreiben sollte. In dem in englischer Sprache verfassten Vertrag wurde im Hinblick auf die Liefer- und Gewährleistungsbedingungen auf die „Allgemeinen Liefer- und Zahlungsbedingungen" der Klägerin verwiesen. In der Zeit vom 29.1.1993 bis zum 2.4.1993 lieferte die Klägerin der Beklagten eine Reihe von hydraulischen Rasenmähermotoren, welche die Beklagte teilweise bezahlte. In einem Rechtsstreit forderte die Klägerin die Beklagte zur Zahlung der noch offenen Rechnungen auf. Die Beklagte erhob dagegen verschiedene Einwände.
Mangels einer Rechtswahl der Parteien bestimmt sich das Recht, das auf den im Juni 1992 geschlossenen Vertrag anwendbar ist, nach Art. 28 EGBGB. Bei einem Vertragshändlervertrag, der den Charakter eines Rahmenvertrages hat, wird der Vertragshändler praktisch in die Verkaufsorganisation des Herstellers eingegliedert. Daher stehen in der Regel die handelsvertreterrechtlichen Elemente – wie etwa die Bearbeitung des Marktes sowie die Marketing-Strategie – im Vordergrund. Daraus folgt, dass die charakteristischen Leistungen des Rahmenvertrages durch den Vertragshändler erbracht werden, so dass das am Ort seiner Hauptniederlassung geltende Recht auf den Vertrag anzuwenden ist. Auf die den genannten Warenlieferungen zugrunde liegenden Kaufverträge finden allerdings die Bestimmungen des CISG Anwendung. Bei den diesen Lieferungen zugrunde liegenden Kaufverträgen handelt es sich trotz der Vorgaben des Rahmenvertrages um rechtlich selbständige Verträge. Eine gesonderte Anknüpfung ist geboten, weil sich der Charakter des Einzelvertrages von dem des Rahmenvertrages trotz der engen Verbindung beider Verträge doch in wesentlichen Punkten unterscheidet. Eine derartige Sonderanknüpfung entspricht auch dem Gedanken des Art. 28 Abs. 1 Satz 2 EGBGB, der eine Trennung eines Teils eines Vertrages von dem Rest ausdrücklich zulässt.
Im Ergebnis bestimmen sich die einzelnen Kaufverträge nach UN-Kaufrecht und der Vertriebsvertrag nach italienischem Recht.

(2) Ausschluss

32 Gemäß Art. 2 CISG sind einige Verträge ausdrücklich von der Anwendbarkeit des UN-Kaufrechts ausgeschlossen:
- **Ware für den persönlichen Gebrauch** oder den Gebrauch in der Familie oder im Haushalt, es sei denn, dass der Verkäufer vor oder bei Vertragsabschluss weder wusste noch wissen musste, dass die Ware für einen solchen Gebrauch gekauft wurde. Bei dieser Ausnahme soll es sich um die „klassischen" Konsumentengeschäfte handeln, zB wenn ein amerikanischer Tourist bei seinem Aufenthalt in Deutschland zu privaten Zwecken ein Buch kauft. Problematische wird es dann, wenn der amerikanische Tourist einen Pkw oder einen Computer kauft, welchen er (auch) für berufliche Zwecke einsetzen will.

---

15 *Saenger*, in: Bamberger/Roth, Art. 1 CISG Rn 4.
16 US. District Court fort he Eastern District of Pennsylvania, IHR 2002, 28.
17 Nach OLG Düsseldorf, NJW-RR 1997, 822.

- **Versteigerungen** – Gemeint sind damit Zwangsversteigerungen und private Auktionen. Auch bei privaten Versteigerungen überbietet das Interesse des Versteigerers daran, dass sich alle Geschäfte nach einem Recht richten, das ihm vertraut ist, dh in der Regel nach dem Recht des Versteigerungsortes.
- **Kauf von Wertpapieren und/oder Zahlungsmitteln** – Wertpapiere repräsentieren dabei entweder Forderungen oder Mitgliedschaftsrechte, die bereits als solche nicht unter Art. 1 CISG fallen. Soweit Wertpapiere Waren verkörpern, zB im Falle von Konnossement, gilt für diese und damit auch für das Papier das CISG. Zahlungsmittel sind Münzen oder Scheine, die nach dem Währungsstatut kraft Gesetzes oder kraft Übung anerkannte Mittel zur Begleichung von Geld- oder Wertschulden sind.
- **Kauf von Seeschiffen, Binnenschiffen, Luftkissenfahrzeugen oder Luftfahrzeugen.** Problematisch ist die Frage der Anwendbarkeit des CISG für „kleine" Ruder- und Segelboote.[18] Da es bei der Abgrenzung teilweise darauf ankommt, ob ein „Boot" groß genug ist, um unter den Begriff des „Schiffs" subsumiert zu werden, ist es hier dringend erforderlich und empfehlenswert, eine individualvertragliche Regelung zu finden.
- **Kauf von elektrischer Energie.** Das CISG umfasst allerdings den Kauf von Gas.

(3) Waren

Weitere Voraussetzung für die Anwendung des UN-Kaufrechts ist, dass Gegenstand des Kaufvertrages Waren sind. Unter Waren sind dabei körperliche Sachen zu verstehen, die zum Zeitpunkt der Lieferung beweglich sind, wobei auch Sachgesamtheiten erfasst werden. Die Sachen brauchen im Zeitpunkt des Vertragsschlusses noch nicht zu existieren und können zu diesem Zeitpunkt auch noch „unbeweglich", also fest mit dem Boden (zB Ernte) oder mit einer Immobilie verbunden sein, wenn sie zur Lieferung ausgebaut oder getrennt werden. Die Trennung kann auch durch den Käufer selbst erfolgen. Daraus ergibt sich, dass Verträge, die die Übertragung von Rechten oder Immobilien zum Gegenstand haben, nicht unter das UN-Kaufrecht fallen. Gleiches gilt für Unternehmenskäufe, weil auch dabei in der Regel Immobilien sowie immaterielle Werte Vertragsgegenstand sind.

Wissenschaftlich-technische Ergebnisse (Konstruktionsunterlagen, Forschungsprojekte) sind dann Waren im Sinne des UN-Kaufrecht, wenn sie schriftlich auf Datenträgern (Disketten, CD-Rom etc.) fixiert sind. Wenn jedoch erst im Auftrag des Käufers Ergebnisse zusammengetragen und ein Gutachten erstellt werden, so scheitert die Anwendung des UN-Kaufrechts aufgrund Art. 3 Abs. 2, weil die Arbeitsleistung wesentlich überwiegt. Diese Differenzierung gilt auch für das Know-how, sofern es endgültig und nicht zur vorübergehenden Nutzung übertragen wurde.

Computerprogramme (Software) werden dann als Ware im Sinne des UN-Kaufrechts eingestuft, wenn sie mittels eines Datenträgers nutzbar und durch diesen verkörpert sind.[19]

Beispiel:[20] Die in Österreich ansässige Klägerin hat sich gegenüber der in der Schweiz ansässigen Beklagten verpflichtet, EDV zu installieren und die Mitarbeiter der Beklagten, einem Bahnunternehmen, zu schulen. Dabei haben die Parteien keine Rechtswahl getroffen.

Der einheitliche EDV-Vertrag ist als Innominatkontrakt[21] zu qualifizieren, der gesellschaftsrechtliche Züge annehmen kann. Daneben finden sich andere Elemente des Nominatvertragsrechts wie Kauf-, Miet-, Werkvertrag und Auftrag. Werden Hard-Software und Zusatzleistungen durch verschiedene Lieferanten erbracht, liegen meistens unabhängige Einzelverträge vor. Bei einem einheitlichen Vertrag über die Beschaffung einer Standardanlage zu Eigentum sind die einzelnen Elemente zu unterscheiden. Der Verkauf von Computerprogrammen, also von Software, gilt als Kaufgegenstand im Sinne des

---

18 Staudinger/*Magnus*, Art. 2 CISG Rn 46; *Soergel/Lüderitz/Fenge*, Art. 2 Rn 9.
19 *Schmitz*, MMR 2000, 256.
20 Nach Handelsgericht des Kantons Zürich – HG 980472, CISG-Online 637.
21 Schweiz: nicht im geschriebenen Recht geregelter Vertrag.

Wiener Kaufrechts, ebenso der gemeinsame Verkauf von Hard- und Software. Unter dessen sachlichen Anwendungsbereich fallen nämlich nach Art. 3 Abs. 1 CISG nicht nur reine Warenkäufe, sondern grundsätzlich auch Werklieferungsverträge.[22] Demnach ist auf den EDV-Vertrag zwischen den Parteien das CISG anwendbar.

36 Aber auch in Fällen, in denen die Software nicht auf Datenträgern, sondern zB über das Internet verkauft und vom Käufer heruntergeladen oder durch Verkabelung zwei Computer auf den Rechner des Käufers überspielt wird, hat dies keine Auswirkungen auf die Einordnung als Ware. Dies ergibt sich daraus, dass bei wirtschaftlicher Betrachtung ein identischer Vertragsgegenstand vorliegt. Die Anwendbarkeit des UN-Kaufrechts entfällt allerdings bei Individualsoftware, also bei eigens für den Käufer hergestellten Computerprogrammen, wegen der Regelung des Art. 3 Abs. 2 CISG.[23] Im Ergebnis bedeutet dies, dass das UN-Kaufrecht regelmäßig nur für Standardsoftware anwendbar ist.

37 Nach Art. 2 lit. d) CISG bleiben Kaufgeschäfte über Wertpapiere oder Zahlungsmittel vom UN-Kaufrecht ausgeschlossen. Typische Beispiele hierfür sind der Handel mit Aktien sowie Devisen. Kaufverträge über Warendokumente, beispielsweise Konnossements, Ladescheine, Orderlagerscheine oder sonstige Traditionspapiere hingegen sind nicht von dieser Ausnahme erfasst, da das eigentliche Objekt in diesem Fall nicht das Papier, sondern die in ihm verbriefte Ware ist.

38 Nach Art. 2 lit. e) CISG gilt das UN-Kaufrecht auch nicht für den Kauf von Schiffen, Luftkissen- oder Luftfahrzeugen. Gemeint sind hierbei jedoch nur größere Einheiten. Für Bestandteile von Schiffen, Luftkissen- oder Luftfahrzeugen ist das UN-Kaufrecht hingegen anwendbar.

39 Schließlich nimmt Art. 2 lit. f) CISG die Lieferung von elektrischer Energie aus dem Anwendungsbereich des UN-Kaufrechts heraus. Der Verkauf anderer als elektrischer Energie, also beispielsweise Gas und Öl, richtet sich nach UN-Kaufrecht.

bb) Internationale Geschäfte

40 Das UN-Kaufrecht gilt nur für internationale Kaufverträge, also nicht für Geschäfte innerhalb Deutschlands bzw innerhalb eines anderen Vertragsstaates. Allerdings erfasst das UN-Kaufrecht auch nicht alle internationalen Kaufverträge, sondern beschränkt seinen Anwendungsbereich auf Gestaltungen, die einen gewissen Bezug zumindest zu einem der Vertragstaaten des UN-Kaufrechts aufweisen. Ist ein solcher nicht gegeben, muss das für den Vertrag anwendbare Recht auf herkömmliche Weise über das internationale Privatrecht ermittelt werden.

(1) Niederlassungen

41 Den maßgeblichen Bezugspunkt für die Anwendbarkeit des UN-Kaufrechts in internationaler Hinsicht bilden die **Niederlassungen** des Verkäufers bzw Käufers, wobei die Staatsangehörigkeit der Parteien für die internationale Qualifizierung ohne Bedeutung ist. Um einen Kaufvertrag als ein internationales Geschäft im Sinne des UN-Kaufrechts zu qualifizieren, kommt es vielmehr allein auf die räumliche Ansässigkeit des Verkäufers und des Käufers in unterschiedlichen Staaten an. Der Niederlassungsbegriff ist vertragsautonom auszulegen. Vorausgesetzt wird eine Einrichtung von gewisser Dauer, Stabilität und mit bestimmten Befugnissen, an der Geschäfte betrieben werden.[24]

42 In vielen Fällen sind die Parteien des internationalen Handels nicht natürliche Personen, sondern vielmehr Gesellschaften wie etwa Kommanditgesellschaften und Gesellschaften mit beschränkter Haftung bzw vergleichbare Gesellschaftsformen ausländischer Rechtsordnungen. Unter einer Niederlassung im Sinne des UN-Kaufrechts ist dann nicht nur der Hauptverwaltungssitz dieser Gesellschaften zu verstehen. Auch unselbständige Außenstellen, über die das Unternehmen tätig ist, kommen als Niederlassungen in Betracht.

---

22 OLK Köln NJW-RR 1995, 245.
23 MünchKommBGB/*Westermann*, Art. 1 CISG Rn 6.
24 *Martiny*, in: Reithmann/Martiny, Internationales Vertragsrecht, 6. Aufl., 2004, Rn 722.

Beispiel:[25] Die Klägerin mit Sitz in Deutschland stellt Bodenbeläge her. Die Beklagte mit Sitz in Spanien baut Bodenbeläge insbesondere in Sportstätten ein. Die Klägerin setzte als Vermittlerin die Firma D.S.A., eine selbständige Gesellschaft spanischen Rechts, ein. Die Parteien streiten darüber, ob es sich bei der Firma D.S.A. um eine Niederlassung der deutschen Klägerin oder um eine selbständige spanische Gesellschaft handelt. Die Einzelheiten des Falles ergaben, dass die Niederlassung der deutschen Klägerin maßgeblich war, weil sie die engste Beziehung zu den Verträgen und ihrer Erfüllung hatte. Die Niederlassung ist nämlich der Ort, von dem aus die geschäftliche Tätigkeit tatsächlich und schwerpunktmäßig betrieben wird, wofür eine gewisse Dauer und Stabilität der Einrichtung und eine gewisse selbständige Handlungskompetenz erforderlich sind. Die Anforderungen an Dauer und Stabilität der Einrichtung und die der grundsätzlichen selbständigen Handlungskompetenz sind vorliegend bei der Firma D.S.A. erfüllt, da es sich um eine selbständige Aktiengesellschaft spanischen Rechts handelt. Auch erweckt der Name der Firma D.S.A., der ohne Angabe eines die Handelsvertretertätigkeit kennzeichnenden Zusatzes benutzt wurde, und die teilweise Identität der Vorstandsmitglieder den Eindruck einer Niederlassung. Tatsächlich besaß die Firma D.S.A. im Verhältnis zur deutschen Klägerin jedoch mangels Vertretungsmacht keine selbständige Handlungskompetenz in Form einer Entschließungs- und Abschlusskompetenz, und gegenüber der Klägerin auch nicht genügend tatsächliches Gewicht, was der Beklagten bekannt war. Über Vertragsschluss, Preise, Lieferzeiten und Gewährleistung musste mit der Klägerin verhandelt werden.

Aus diesem Fall ergeben sich die nachfolgenden Kriterien, die bei der Frage, ob eine Niederlassung im Sinne des CISG vorliegt, geprüft werden müssen:
- Die Außenstelle muss über eine gewisse Selbständigkeit und Kompetenz im Hinblick auf den Abschluss und die Durchführung von Kaufverträgen verfügen. Ein Büro, dessen Aufgabe lediglich darin besteht, neue Kontakte zu knüpfen bzw Kundenbeziehungen zu erweitern, ohne jedoch konkrete Kaufverträge abzuschließen oder durchzuführen, erfüllt diese Funktion nicht.
- Ferner ist eine tatsächliche Einrichtung von gewisser Beständigkeit Voraussetzung. Der kurzfristige Aufenthalt entscheidungsbefugter Mitarbeiter in Räumen eines Büroserviceunternehmens ist dafür ebenso wenig ausreichend wie die Anwesenheit der Geschäftsführung auf einer Messe.
- Kommen mehrere Niederlassungen in Betracht oder kann gar keine Niederlassung ausgemacht werden, ist eine Entscheidung nach Art. 10 CISG vorzunehmen.

Liegen die Niederlassungen von Käufer und Verkäufer in unterschiedlichen Staaten, so handelt es sich um ein internationales Geschäft. Allerdings schränkt Art. 1 Abs. 2 CISG den Anwendungsbereich ein. Demnach muss für beide Parteien auch erkennbar sein, dass sich die Niederlassung einer Partei im Ausland befindet, ansonsten findet der Auslandsbezug keine Berücksichtigung.[26] Die Nichterkennbarkeit der Niederlassung ist anhand objektiver Kriterien zu ermitteln. Die individuelle Kenntnis oder Unkenntnis der Parteien ist dabei unerheblich. Ebenso wenig ist erforderlich, dass die erkennbaren Niederlassungsstaaten Vertragsstaaten des UN-Kaufrechts sind und dass die Anwendbarkeit des UN-Kaufrechts den Parteien bewusst oder erkennbar war. Die Beweislast in dieser Frage ist nicht ausdrücklich im UN-Kaufrecht geregelt. In Deutschland gilt allerdings wie auch sonst das Regel-Ausnahmeverhältnis, weshalb derjenige, der sich auf die Nichterkennbarkeit beruft, diese beweisen muss.

Art. 1 Abs. 2 CISG enthält eine Aufzählung von Umständen, aus denen die Internationalität des Kaufvertrages geschlossen werden kann. Insoweit ist abzustellen auf den Vertrag selbst, Verhandlungen der Parteien vor Vertragsschluss (etwa Mitteilung eines ausländischen Firmensitzes, Lieferung ins Ausland/aus dem Ausland, Verwendung einer Fremdsprache), sonstige Auskünfte einer Partei, die ausdrücklich oder auch konkludent auf die ausländische Niederlassung hinweisen können (wie zB Werbeanzeigen), sowie auch frühere Geschäftsbeziehungen. Diese Vorschrift dürfte praktische Relevanz vor allem bei Kommissionsgeschäften in einer Common Law-Rechtsordnung entfalten. Hier kann im Gegensatz zum deutschen Stellvertretungsrecht ein verdeckter Hintermann mit ausländischer Niederlassung Vertragspartner werden, was der Partei dann nicht unbedingt erkennbar ist.

---
25 Nach OLG Stuttgart, IHR 2001, 65.
26 MünchKommBGB/*Westermann,* Art. 1 CISG Rn 5, 12.

(2) Sachliche Anwendbarkeit

46 Art. 1 Abs. 1 CISG unterscheidet zwischen der autonomen Anwendung bei Niederlassungen in Vertragsstaaten (dazu (a)) und der Anwendbarkeit aufgrund kollisionsrechtlicher Verweisung auf das Recht eines Vertragsstaates (dazu (b)).

(a) Autonome Anwendung

47 Das UN-Kaufrecht kommt unmittelbar zur Anwendung, wenn sich die Niederlassungen beider Parteien in verschiedenen Vertragsstaaten befinden. Zusätzliche Voraussetzungen sind nicht erforderlich, so dass das UN-Kaufrecht grundsätzlich ohne weiteres für einen Kaufvertrag anwendbar ist, der zwischen einem spanischen Unternehmen und einem deutschen Käufer anlässlich eines Messeaufenthalts des spanischen Geschäftsführers in Deutschland über hier bereits lagernde Ware geschlossen wird. Dabei bedarf es auch nicht einer grenzüberschreitenden Waren- oder Zahlungsbewegung oder sonstiger zusätzlicher Komponenten. Ausreichend ist, dass die beteiligten Parteien in verschiedenen Vertragsstaaten niedergelassen sind.

(b) Kollisionsrechtliche Verweisung

48 Zudem kommt das UN-Kaufrecht nach Art. 1 Abs. 1 lit. b) CISG zur Anwendung, wenn die Vorschriften des internationalen Privatrechts zur Anwendung des Rechts eines Vertragsstaates führen.[27] Voraussetzung ist natürlich auch für diese Alternative, dass die Parteien ihre Niederlassungen in verschiedenen Staaten haben. Im Übrigen darf auch keiner dieser Staaten einen Vorbehalt[28] gemäß Art. 95 CISG ausgesprochen haben. Im Gegensatz zu lit. a) wird das UN-Kaufrecht jedoch in lit. b) nicht unmittelbar herangezogen, sondern das Gericht gelangt dazu erst über die vorherige Anwendung der Regeln des IPR (sog. **Vorschaltlösung**). Für die Anwendung des UN-Kaufrechts aufgrund von Art. 1 Abs. 1 lit. b) CISG ergeben sich auf Grund des deutschen IPR folgende Konsequenzen:

- Haben die Parteien rechtlich verbindlich für den Vertrag die Maßgeblichkeit des deutschen Rechts oder die Rechtsordnung eines anderen Vertragsstaates gewählt (denkbare Klauseln wären hierbei: „Für diesen Vertrag gilt deutsches Recht" oder „Die Rechtsbeziehungen der Vertragsparteien unterliegen niederländischem Recht"), so kommt im Regelfall das UN-Kaufrecht zur Anwendung. In diesem Zusammenhang ist es unerheblich, ob den Parteien diese Konsequenz bewusst war oder ob sie überhaupt um die Existenz des UN-Kaufrechts wussten. Nur in Fällen, in denen unzweifelhaft feststeht, dass beide Parteien gerade nicht das UN-Kaufrecht, sondern beispielsweise im Fall der Verweisung auf das deutsche Recht allein die Vorschriften des deutschen BGB/HGB für anwendbar erklären wollten, kann das UN-Kaufrecht ausgeschlossen sein. Allerdings bedarf es hierfür konkreter Indizien. Ansonsten folgert die Rechtsprechung aus Rechtswahlklauseln der oben dargestellten Art in der Regel die Anwendung des UN-Kaufrechts.[29]

- Die Rechtswahl muss nicht immer ausdrücklich formuliert werden, sondern sie kann sich auch stillschweigend aus den Umständen ergeben. Indizien sind insoweit beispielsweise die Vereinbarung eines Gerichtsstandes, eines Erfüllungsortes oder eines Schiedsgerichtes. Für die Anforderung an eine stillschweigende Rechtswahl lassen sich keine festen Regeln aufstellen. Einigkeit besteht lediglich insoweit, dass aus der Vertragssprache, dem Ort des Vertragsabschlusses sowie der für den Kaufpreis vereinbarten Währung in aller Regel keine Rückschlüsse auf eine stillschweigende Rechtswahl möglich sind. Aufgrund dieser Unsicherheiten ist ausdrücklich zu empfehlen, in allen nicht ganz eindeutigen Fällen die Frage der Geltung des UN-Kaufrechts gezielt anzusprechen und ausdrücklich zum Inhalt des Kaufvertrages zu machen (vgl dazu unten Rn 53).

---

27 MünchKommBGB/*Westermann*, Art. 1 CISG Rn 15.
28 Vgl dazu OLG München NJW-RR 1996, 1532.
29 BGH NJW 1999, 1259.

Beispiel:[30] Die US-amerikanische Klägerin, welche Computer in Südamerika vertreibt, schloss mit der englischen Rechtsvorgängerin der kanadischen Beklagten einen Vertrag über die Lieferung von Computern für Südamerika. Entsprechend den Vorgaben des Vertrages wurden die Computer geliefert, bis die englische Gesellschaft von der kanadischen Beklagten übernommen wurde. Daraufhin erhob die Klägerin Klage gegen die kanadische Gesellschaft wegen Vertragsbruches.

Das UN-Kaufrecht findet diesbezüglich für diesen Vertrag keine Anwendung, wenngleich die Parteien des Rechtsstreits ihre Niederlassungen in den Vertragsstaaten haben. Der Vertriebsvertrag wurde nämlich ursprünglich zwischen einer Gesellschaft in England, also einem Nichtvertragsstaat – und einer US-amerikanischen Gesellschaft geschlossen. Dementsprechend war eine Anwendbarkeit des UN-Kaufrechts aufgrund von Art. 1 Abs. 1 lit. a) CISG nicht gegeben. Wenngleich Art. 1 Abs. 1 lit. b) CISG die Anwendbarkeit des UN-Kaufrechts zulässt, wenn eine Partei nicht aus einem Mitgliedsstaat stammt, haben die Vereinigten Staaten diesen Artikel bei der Ratifizierung für nicht anwendbar erklärt. Wenngleich der Beklagte später erst Partei des Vertriebsvertrages wurde und seine Niederlassung in einem Vertragsstaat hatte, fand das UN-Kaufrecht keine Anwendung, da es den Parteien vor oder bei Abschluss des Vertrages nicht bekannt war, dass beide Parteien ihre Niederlassung in Vertragsstaaten hatten (Art. 1 Abs. 2 CISG).

- Haben die Parteien weder ausdrücklich noch stillschweigend eine Rechtswahl getroffen und handelt es sich nicht um einen Fall des Art. 1 Abs. 1 lit. a) CISG, so ist nach deutschem Internationalen Privatrecht typischerweise die Rechtsordnung des Verkäufers maßgeblich, Art. 28 EGBGB, da dieser die für den Vertrag charakteristische Leistung erbringt. Hat der Verkäufer seine Niederlassung in Deutschland, verweist Art. 28 Abs. 2 iVm Abs. 1 EGBGB auf die Rechtsordnung des Verkäufers. Hat der Verkäufer seine Niederlassung in Deutschland, so ist demnach deutsches Recht anwendbar. In Verbindung mit Art. 1 Abs. 1 lit. b) CISG ergibt sich dann die Anwendung des UN-Kaufrechts. In Exportgeschäften, für die eine abweichende Rechtswahl nicht besteht, muss demzufolge fast immer mit der Anwendung des UN-Kaufrechts gerechnet werden. Für Importgeschäfte hingegen führt Art. 1 Abs. 1 lit. b) iVm Art. 28 EGBGB typischerweise dann zur Anwendbarkeit des UN-Kaufrechts, wenn der ausländische Verkäufer seine Niederlassung in einem Vertragsstatus des UN-Kaufrechts hat. Hat zudem der Importeur seine Niederlassung in der Bundesrepublik Deutschlands, so ergibt sich die Geltung des UN-Kaufrechts bereits aus Art. 1 Abs. 1 lit. b) CISG.

cc) Zeitlicher Anwendungsbereich

Das UN-Kaufrecht ist zu unterschiedlichen Zeitpunkten für die verschiedenen Vertragsstaaten in Kraft getreten. Je nach Lage des Falles muss daher untersucht werden, ob der zu beurteilende Sachverhalt in den zeitlichen Anwendungsbereich des UN-Kaufrechts fällt. Hierzu gilt folgende Regelung:

(1) Vertragsangebot

Gemäß Art. 100 Abs. 1 sind die Bestimmungen des UN-Kaufrechts zum Vertragsabschluss nur dann anwendbar, wenn dieser nicht vor dem Stichtag angeboten wurde. Im Fall des Art. 1 Abs. 1 lit. a) CISG darf das Angebot nicht vor dem Tag abgegeben worden sein, an dem das UN-Kaufrecht in den betreffenden Vertragsstaaten in Kraft getreten ist. Bezogen auf einen Kaufvertrag zwischen einem deutschen Käufer und einem peruanischen Exporteur bedeutet dies, dass die Abschlussregeln des UN-Kaufrechts nur eingreifen, wenn das Vertragsangebot nicht vor dem 1.4.2000 verschickt wurde. Für die Anwendungsvariante des Art. 1 Abs. 1 lit. b) CISG ist hingegen der Zeitpunkt des In-Kraft-Tretens lediglich für den Staat maßgeblich, auf dessen Rechtsordnung die Bestimmungen des internationalen Privatrechts verweisen.[31]

---

30 Nach Impuls I.D. Internacional, S.L. v. Psion-Teklogix Inc., U.S. District Court for the Southern District of Florida, 234 F. Supp. 2D, 1267 (2002).
31 OLG Frankfurt NJW 1991, 3102.

(2) Vertragsschluss

51 Betreffend alle sonstigen Regeln des UN-Kaufrechts (ausgenommen die des Vertragsabschlusses) ist gemäß Art. 100 Abs. 2 CISG nicht der Zeitpunkt des Vertragsangebotes, sondern vielmehr der Zeitpunkt des Vertragsabschlusses maßgeblich. Auch hier ist zu beachten, dass ebenso wie bei Art. 100 Abs. 1 CISG je nach Anwendungsvariante des Art. 1 Abs. 1 lit. a) CISG oder Art. 1 Abs. 1 lit. b) CISG unterschiedliche Zeitpunkte zu beachten sind. Dies bedeutet konkret: ab dem 1.2.2000 angebotene und abgeschlossene Geschäfte zwischen Parteien mit Sitz in Deutschland und Uruguay unterfallen nach Art. 1 Abs. 1 lit. a) CISG iVm Art. 100 dem UN-Kaufrecht. Für die Zeit vor diesem Datum ist hingegen die Anwendungsvariante des Art. 100 Abs. 1 lit. a) nicht einschlägig, weil das UN-Kaufrecht für Uruguay erst zum 1.2.2000 in Kraft getreten ist. Gleichwohl kann gemäß Art. 1 Abs. 1 lit. b) CISG der Export eines deutschen Unternehmens nach Uruguay auch bereits vor diesem Zeitpunkt nach UN-Kaufrecht zu beurteilen sein, wenn Art. 28 EGBGB zur Anwendung der deutschen Rechtsordnung führt; für vor dem 1.2.2000 abgeschlossene Importgeschäfte dürfte allerdings auch in dieser Anwendungsvariante im Zweifel das Recht von Uruguay gelten, weil Art. 28 EGBGB, anknüpfend an die Hauptniederlassung, in der Regel auf das Recht von Uruguay verweist.

dd) Vereinbarung zur Geltung des UN-Kaufrechts

(1) Ausschluss

52 Die Regelungen des UN-Kaufrechts sind disponibel, die Parteien können nach Art. 6 CISG durch vertragliche Einigung die Anwendung des vereinheitlichten Kaufrechts abändern oder ausschließen.[32] Für diese Vereinbarung maßgeblich sind die Vorschriften über den Vertragsschluss, Art. 14 bis 24 CISG. Erforderlich ist dabei stets, dass der Wille der Parteien mit hinreichender Sicherheit zum Ausdruck gebracht wird. Dies kann sowohl ausdrücklich als auch stillschweigend erfolgen.
Verweisen die Parteien in ihrer Rechtswahlklausel auf das Recht eines Vertragsstaates und nehmen dessen unvereinheitlichtes Recht in Bezug, führt dies zum Ausschluss des CISG.

Beispiel:[33] Die deutsche Klägerin und die schweizerische Beklagte schlossen einen Vertrag über eine Trennanlage ab. In dem Vertrag hieß es unter anderem: „Dieser Vertrag untersteht dem Schweizer Recht." Mit dieser Klausel ist auch auf UN-Kaufrecht verwiesen, da die Parteien vorliegend eine Sachnormverweisung getroffen haben und UN-Kaufrecht auch Sachnormen enthält. Wollen die Parteien dies nicht, haben sie das UN-Kaufrecht klar auszuschließen und ihrer Rechtswahl deutlich auf das autonome Kaufrecht, mithin das schweizerische Obligationenrecht, zu verweisen."

Der Ausschluss kann auch durch eine Rechtswahlvereinbarung, die das Recht eines Nichtvertragsstaates betrifft, erklärt werden.[34] Betrifft sie hingegen das Recht eines Vertragsstaates, so muss gesondert deutlich gemacht werden, dass das UN-Kaufrecht keine Anwendung finden soll. Die Vereinbarung, dass deutsches Recht anwendbar sein soll, ist insoweit nicht ausreichend, weil auch das UN-Kaufrecht Bestandteil des innerstaatlichen Rechts ist.[35] Der Ausschluss des UN-Kaufrechts kann auch noch im Rahmen eines Prozesses erfolgen, auch hier ist wiederum erforderlich, dass der Ausschlusswille der Parteien unmissverständlich zum Ausdruck kommt.

(2) Vereinbarung der Anwendbarkeit

53 Andererseits ist es auch möglich, das UN-Kaufrecht über seinen eigentlichen Anwendungsbereich hinaus als die maßgebliche Rechtsordnung zu vereinbaren (sog. „opting in").[36] Hierfür kann insbesondere die Erwägung sprechen, auf diese Weise für Export- bzw Importunternehmen einen einheitlichen rechtlichen, auf dem UN-Kaufrecht aufbauenden Rahmen für die Abwicklung aller interna-

---

32 MünchKommBGB/*Westermann*, Art. 6 CISG Rn 1; ausführlich *Ferrari*, ZEuP 2002, 737, 738; *Reifner*, IHR 2002, 52; *Koch*, NJW 2000, 910.
33 Nach Handelsgericht Zürich IHR 2003, 188, 189.
34 OLG Düsseldorf, RIW 1993, 845.
35 Vgl für Deutschland BGH NJW 1997, 3309 ff.
36 Vgl MünchKommBGB/*Westermann*, Art. 6 CISG Rn 12.

tionalen Liefergeschäfte festzulegen, der nicht davon beeinflusst wird, ob der andere Vertragspartner nun gerade in einem Vertragsstaat des UN-Kaufrechts ansässig ist. Sinnvoll kann die Vereinbarung des UN-Kaufrechts auch dann sein, wenn Unsicherheiten in Bezug auf die Eröffnung des Anwendungsbereiches[37] vorliegen. Auf diese Weise gewinnen die Parteien Klarheit, welches Recht für ihre Beziehung gilt.

Für eine derartige Vereinbarung des UN-Kaufrechtes, die über dessen gesetzlichen Anwendungsbereich hinausgeht, bedarf es allerdings einer sorgfältigen Überprüfung des internationalen Privatrechts der betroffenen Staaten. Außerhalb des gesetzlich vorgegebenen Geltungsumfanges des UN-Kaufrechts kann seine Anwendbarkeit nämlich nur auf besonderen Absprachen zwischen den Parteien beruhen. Für diese ist eine entsprechende Befugnis erforderlich, die wiederum einer Grundlage in den jeweils betroffenen Rechtsordnungen bedarf. Zwar wird in vielen Ländern vertreten, dass die Parteien für ihre kaufrechtlichen Beziehungen das maßgebliche Recht im wesentlichen frei wählen können, woraus sich ergibt, dass Käufer und Verkäufer auch die Geltung des UN-Kaufrechts ohne weiteres vereinbaren können. Wie bereits erwähnt gibt es allerdings auch Staaten, die eine solche Rechtswahlbefugnis nicht vorsehen oder nur bestimmte Gestaltungen erlauben.

(3) Hinweis

Beabsichtigen die Vertragsparteien, die Geltung des UN-Kaufrechts in jedem Fall auszuschließen (vgl dazu oben) und stattdessen die Geltung eines nationalen Rechts zu vereinbaren, so kann folgende Formulierung gewählt werden:

▶ Für den vorliegenden Vertrag gilt ausschließlich unvereinheitlichtes deutsches Recht, namentlich das BGB/HGB. Die Bestimmungen des Wiener UN-Übereinkommens vom 11.4.1980 über Verträge über den internationalen Warenkauf (UN-Kaufrecht/CISG) finden keine Anwendung
This contract shall be governed by and construed under the laws of the Federal Republic of Germany, not including the 1980 United Nations Convention on Contracts for the International Sale of Goods.
Validity and performance of this agreement shall be governed by the internal law of the state of California without regard to its rules on conflicts of law. The parties exclude the application of the 1980 United Nations Convention on Contracts for the International Sale of Goods if otherwise applicable.
Disclaimer of UN-Convention on Sale of Goods. Pursuant to Article 6 of the United Nations Conventions on Contracts for the International Sale of Goods (UN-Convention), the parties agree that the UN-Convention shall not apply to this agreement. ◀

In gewissen Fällen dürfte es allerdings sinnvoller sein, das UN-Kaufrecht nicht vollständig auszuschließen, sondern von der vorgegebenen Geltung des UN-Kaufrechts auszugehen und sodann gestützt auf Art. 6 CISG die nicht gewünschten Regelungen entsprechend anzupassen. Selbst falls das UN-Kaufrecht nicht ausgeschlossen werden soll, ist eine vertragliche Rechtsanwendungs-Klausel aus bereits genannten Gründen der Rechtssicherheit zu empfehlen. In deren Rahmen kann auch bestimmt werden, welches Recht für die Rechtsfragen gelten soll, die nicht durch das UN-Kaufrecht geregelt werden.

Die teilweise Abbedingung des UN-Kaufrechts kann wie folgt formuliert werden:

▶ Für den Vertrag gilt das Übereinkommen der Vereinten Nationen vom 11.4.1980 über die Verträge über den internationalen Warenkauf (UN-Kaufrecht/CISG) in der englischsprachigen Fassung. Außerhalb der Geltung des UN-Kaufrechts bestimmen sich die Rechtsbeziehungen der Parteien nach dem deutschen Recht.
Article(s) ... of the Convention on Contracts for the International Sale of Goods shall not apply to this contract.
Article(s) ... of the Convention on Contracts for the International Sale of Goods is (a) excluded.
Questions concerning the formation of this contract and the rights and obligations of Seller and Buyer that are not settled by the terms stated in this document shall be settled in conformity with those provisions of the United Nations Convention on Contracts for the International Sale of Goods that do not conflict with the terms agreed by the parties. Article(s) ... [insert Article number(s) of the Convention] is (are) excluded.

---

37 Vgl beispielsweise Art. 2 sowie Art. 3 Abs. 2 CISG.

Issues concerning the formation of this contract and the rights and obligations of Seller and Buyer that are not settled by the terms set out in this document shall be governed and controlled by those provisions of the United Nations Convention on Contracts for the International Sale of Goods that do not conflict with the terms agreed by the parties. Article(s) ... [insert Article number(s) of the Convention] ... of the Convention is (are) excluded."

This contract shall be governed by and construed in accordance with those provisions of United Nations Convention on Contracts for the International Sale of Goods that do not conflict with the terms agreed by the parties in this document. Article(s) ... [insert Article number(s) of the Convention] ... of the Convention is (are) excluded. ◄

Soll das UN-Kaufrecht im Verhältnis zu Geschäftspartnern Anwendung finden, die ihre Niederlassung außerhalb der Vertragsstaaten des UN-Kaufrechts haben, so ist jeweils aus der Sicht des dortigen Rechts zu überprüfen, ob und in welchem Umfang die Vereinbarung des UN-Kaufrechts rechtlich gestattet wird.

II. Vertragsabschluss

58 Im Rahmen des Vertragsabschlusses bedient sich das UN-Kaufrecht vieler Regeln und Rechtsinstitute, die sich bereits im BGB befinden. Dennoch gibt es auch leichte Abweichungen, die in der Praxis von nicht unerheblicher Bedeutung sind.

1. Vertragsangebot

a) Vorschlag zum Abschluss eines Vertrages

59 Ein Vertrag kommt ebenso wie im deutschen Recht zustande durch ein Vertragsangebot einerseits und die korrespondierende sowie rechtzeitige Vertragsannahme andererseits. Für das Angebot als empfangsbedürftige Willenserklärung sind die nach dem IPR maßgeblichen nationalen Vorschriften über Geschäftsfähigkeit, Willensmängel und Vertretungsmacht zu beachten. Zu berücksichtigen sind gegebenenfalls auch nach nationalem Recht bestehende Vorschriften des Verbraucherschutzes. Die Auslegung des Angebotes bestimmt sich nach Art. 8 CISG. Eine nicht an einen bestimmten Adressaten gerichtete Erklärung ist kein Angebot („invitatio ad offerendum"), sondern lediglich eine Publikumsofferte. Ergibt sich hingegen aus den Umständen, dass der Erklärende ungeachtet der Person des Erklärungsempfängers zum Vertragsschluss bereit ist, so ist auch eine solche Erklärung nach Art. 14 Abs. 2 CISG als Angebot zu betrachten.[38]

b) Bestimmtheitserfordernis

60 Nach Art. 14 CISG ist weiter erforderlich, dass das Angebot inhaltlich genügend bestimmt ist. Demnach ist eine Einigung über die essentialia negotii Voraussetzung. Das Gesetz verlangt zum einen als Mindestinhalt des Angebots, dass Ware und Menge bestimmt oder zumindest bestimmbar sind. Allerdings können darüber hinaus im Einzelfall auch weitere Regelungen, etwa über Leistungsort und -zeit, zu den Mindestinhalten zählen. Eine ausdrückliche Vereinbarung ist dafür nicht zwingend erforderlich. Ausreichend ist, dass eine Festsetzung gegebenenfalls auch im Wege der Auslegung möglich ist. Dem Bestimmbarkeitserfordernisse ist Genüge getan, wenn auf ein Angebot verwiesen wird. Dasselbe gilt, wenn die konkrete Bestimmung durch einen Dritten erfolgen soll.

61 Des Weiteren verlangt Art. 14 CISG – anders als das deutsche BGB – ausdrücklich auch Bestimmbarkeit im Hinblick auf den für die Ware zu zahlenden Preis.[39] Allerdings ist dabei eine Bezugnahme beispielsweise auf Preislisten oder Kataloge ausreichend. Lässt sich jedoch anhand der von den Parteien getroffenen Absprachen nebst der äußeren Umstände der Vertragsverhandlungen ein bestimmter Preis nicht ermitteln, so kann dieser Mangel dazu führen, dass kein wirksames Angebot iSd Art. 14 CISG vorliegt. Liefert in diesen Fällen der Verkäufer dennoch, so riskiert er, keine rechtliche Grundlage für die Geltendmachung des Kaufpreises zu haben.

---

38 *Saenger*, in: Bamberger/Roth, Art. 14 CISG Rn 3.
39 MünchKommHGB/*Ferrari*, Art. 14 CISG Rn 31.

Wie schwierig es ist, im Rahmen des UN-Kaufrechts die hinreichende Bestimmtheit festzustellen, zeigen die folgenden Beispiele:

Beispiel:[40] Das schwedische Unternehmen bestellte bei dem deutschen Hersteller Schrauben einer bestimmten Qualität. Während der vorangegangenen Verhandlungen war auch über bestimmte Materialqualität gesprochen worden. Die Klägerin verlangte nun Schadensersatz, da sie die bestellte Ware bereits weiterveräußert habe und, da das beklagte deutsche Unternehmen sich nun weigere, die Schrauben zu liefern, sich schadensersatzpflichtig gemacht habe.

Mangels ausreichender Bestimmtheit konnte die Bestellung der schwedischen Klägerin keinen wirksamen Vertragsabschluss darstellen. Ein Antrag ist gemäß Art. 14 Abs. 1 CISG nur dann ausreichend bestimmt, wenn im Falle der Annahme er zur Grundlage einer Entscheidung gemacht werden kann, was vorliegend nicht möglich war, weil für einen Teil der bestellten Artikel die Preise weder bekannt noch bestimmbar waren. Zwar wäre es denkbar, hinsichtlich der mit dem Angebot der Beklagten übereinstimmenden Artikel eine vertragliche Einigung anzunehmen, doch setzt dies eine Teilbarkeit der gesamten Bestellung voraus, die die Klägerin gerade nicht gewollt hat.

Beispiel:[41] Die österreichische Beklagte bestellte im März 1991 bei der deutschen Klägerin eine größere Menge Chinchilla-Felle, wobei zwischen den Parteien Felle mittlerer bis besserer Qualität mit einer Preisspanne von 35,00 DM bis 65,00 DM pro Stück vereinbart waren. Die Parteien streiten unter anderem darüber, ob und inwieweit ein Vertrag zustande gekommen ist.

Die in Art. 14 CISG geforderte Bestimmtheit des Preises ist nach Auffassung des Gerichts zu bejahen. Diesem Erfordernis wird schon dann entsprochen, wenn sich die Parteien auch ohne nähere Bezeichnung der für die Preisbestimmung maßgeblichen Faktoren stillschweigend auf einen zumindest bestimmbaren Preis bezogen haben. Darunter ist die Festlegung von Anhaltspunkten zu verstehen, die die Ermittlung eines bestimmten Preises ermöglichen. Die Parteien haben durch die Vereinbarung eines Preisrahmens zwischen 35,00 DM und 65,00 DM für Felle mittlerer bis besserer Qualität ausreichende Anhaltspunkte festgelegt, aus denen je nach Qualität der gelieferten Felle ein bestimmter Preis entnommen werden kann. Diese Preisvereinbarung ist als ausreichend bestimmt im Sinne des Art. 14 CISG anzusehen. Der Vertrag ist daher mit zumindest bestimmbarer Menge und bestimmbaren Preisen zustande gekommen.

c) Bindungswille

Darüber hinaus verlangt das Gesetz, dass der subjektive Bindungswille des Erklärenden nach außen hin erkennbar zum Ausdruck kommt. Dabei ist gemäß Art. 8 der Empfängerhorizont maßgeblich. Der Anbietende hat die Möglichkeit eine Bindung auszuschließen. Dies setzt jedoch voraus, dass dies ausdrücklich geschieht („frei bleibend") oder sich aus den Umständen ergibt. Letzteres gilt etwa für Werbung bzw Kataloge. Demgegenüber wird das Übersenden einer angefragten pro forma Rechnung gewöhnlich als Angebot zum Abschluss eines Vertrages verstanden.[42] Der Begriff „Letter of Intent" ist kein feststehendes Rechtsinstitut, denn seine Bedeutung hängt vielmehr davon ab, inwieweit von den Parteien Rechtsfolgen gewollt sind.[43] Die Übersendung einer Rechnung kann hingegen nicht als Angebot auf Abschluss eines Kaufvertrages gewertet werden. Anders ist die Formulierung „we can only propose you" zu werten, die ein verbindliches Angebot und nicht einen unverbindlichen Vorschlag darstellt.[44]

---

40 Nach OLG Frankfurt am Main, Urt. v. 4.3.1994, Az: 10 U 80/93.
41 Oberster Österreichischer Gerichtshof, Urt. v. 10.11.1994, Az: 2 O b 547/93.
42 MünchKommBGB/*Gruber*, Art. 14 CISG Rn 6; *Saenger*, in: Bamberger/Roth, Art. 14 CISG Rn 6.
43 *Hof van Beruep Gent.*, Urt. v. 17.5.2002, zitiert nach *Piltz*, NJW 2003, 2056, 2060.
44 OLG Hamburg, Urt. v. 4.7.1997, zitiert nach *Piltz*, NJW 2003, 2056, 2060.

Beispiel:[45] Die dänische Beklagte hatte bei der norwegischen Klägerin Lachs bestellt. Die Beklagte unterzeichnete dazu ein von der Klägerin an die Beklagte adressiertes englischsprachiges Faxschreiben, das als so genannte „Confirmation of Order" bezeichnet war. Die Klägerin stellt in diesem Schreiben abhängig von der Verfügbarkeit die Lieferung von bis zu 40 t Lachsseiten zum Preis von 30,60 DKK/KG in Aussicht und bat die Beklagte um umgehende Bestätigung. Nach Unterzeichnung und Stempelung durch die Beklagte gelangte das Fax an die Klägerin zurück. Neben anderem streiten die Parteien über das Zustandekommen des Vertrages.

Auf einer am objektiven Empfängerhorizont orientierten Auslegung der unstreitig von der Beklagten unterzeichneten und abgestempelten „Confirmation of Order" ergibt das Zustandekommen eines Vertrages. Nachdem der Klägerin die mit Stempel und Unterschrift der Beklagten versehene und von ihr an die Beklagte adressierte Confirmation of Order wieder zugegangen war, durfte die Klägerin berechtigt davon ausgehen, dass die Beklagte selbst mit dem ihr von der Klägerin durch Übersendung des Faxschreibens angebotenen Abschluss eines Kaufvertrages zu den im Schreiben niedergelegten Bedingungen einverstanden und insoweit die den Vertragsschluss bewirkende Annahme durch die Beklagte erklärt war.

d) Zugang

63 Das Angebot wird gemäß Art. 15 Abs. 1 CISG wirksam, sobald es dem Empfänger gemäß Art. 24 CISG zugeht, dh in seinen Verantwortungsbereich gelangt. Etwas anderes gilt gemäß Art. 15 Abs. 2 CISG nur dann, wenn der Empfänger des Angebotes spätestens bis zu diesem Zeitpunkt eine Erklärung des Anbietenden erreicht, der zufolge das Angebot nicht aufrechterhalten werden soll. Die Beweislast für den Zugang des Angebots trägt die Partei, die sich auf das Zustandekommen des Vertrags beruft.

e) Widerrufsmöglichkeit

64 Ein Angebot entfaltet keine Rechtswirkung, wenn der Anbietende das Angebot rechtzeitig zurückgenommen oder widerrufen hat. Neben der Rücknahme gemäß Art. 15 CISG eröffnet Art. 16 CISG zusätzlich die dem deutschen Recht nicht bekannte Möglichkeit, das Angebot zu widerrufen, obwohl es dem Empfänger bereits vorliegt. Die Ausübung des Widerrufs ist allerdings nur bis zur Absendung der Annahmeerklärung möglich.[46] Ein danach erklärter Widerruf ist ohne Wirkung. Den Zeitpunkt des Zugangs hat der Anbietende zu beweisen, der Annehmende trägt hingegen die Beweislast für die Absendung der Annahmeerklärung vor Zugang des Widerrufs. Allerdings ist ein Widerruf nicht möglich, wenn der Anbietende auf diese Möglichkeit verzichtet hat oder sich aus den sonstigen Umständen ergibt, dass ein Widerruf des Angebots nicht in Betracht zu ziehen war.

65 Soll ein derartiger Verzicht im Geschäftsverkehr mit angloamerikanischen Staaten vereinbart werden, so ist zu beachten dass der dortige Rechtskreis in recht großzügiger Weise den Widerruf einer bereits zugegangenen Erklärung gestattet. So versteht beispielsweise der US-amerikanische Jurist eine Erklärung wie etwa „ … gültig bis zum … " nicht als Verzicht auf die Möglichkeit des Widerrufs. Es ist daher erforderlich dass der Anbietende jedenfalls für einen gewissen Zeitraum ausdrücklich auf die Widerrufsmöglichkeit verzichtet.

2. Vertragsannahme

66 Sobald ein wirksames Angebot vorliegt, ist eine wirksame Annahme erforderlich, damit ein Vertrag zustande kommt.

a) Begriff der Annahme

67 Die Annahme kann durch eine ausdrückliche Erklärung erfolgen, deren Wirksamkeit sich nach nationalem Recht beurteilt.[47] Gemäß Art. 18 Abs. 1 CISG kann es für eine Annahme auch ausreichen, dass

---

45 Nach Landgericht Aurich, n.n.V., Urt. v. 8.5.1998, Az: 4 O 785/97.
46 MünchKommBGB/*Gruber*, Art. 16 CISG Rn 5.
47 *Saenger*, in: Bamberger/Roth, Art. 18 CISG Rn 2.

die Zustellung durch eine schlüssige Handlung, etwa durch Absendung der bestellten Ware oder Eröffnung des von dem Verkäufer gewollten Akkreditivs, zum Ausdruck gebracht wird. Eine wirksame Annahme liegt allerdings nur dann vor, wenn sich aus dieser die Zustimmung zum Angebot deutlich ergibt. Dies ist bei bloßem Schweigen oder Untätigkeit nicht der Fall. Der auf ein Vertragsangebot schlicht untätig bleibende und in keiner Weise reagierende Kaufmann hat daher keine rechtlichen Konsequenzen zu befürchten.

b) Zugang

Voraussetzung für eine wirksame Annahme ist ferner gemäß Art. 18 Abs. 2 CISG, dass die Annahmeerklärung gemäß Art. 24 CISG dem Anbietenden zugeht. Ebenso wie im deutschen Recht ist für den Zugang dabei nicht erforderlich, dass der Adressat die Annahmeerklärung tatsächlich zur Kenntnis nimmt. Die nicht ausdrücklich formulierte, sondern durch eine schlüssige Zustimmung signalisierende Handlung erklärte Annahme, kann hingegen nach Art. 18 Abs. 3 CISG in bestimmten Situationen bereits im Zeitpunkt der Vornahme der Maßnahme wirksam werden.[48]

c) Frist

Gemäß Art. 18 Abs. 3 CISG kann etwas anderes aber dann gelten, wenn zusätzliche Faktoren hinzutreten. Hat sich beispielsweise aufgrund einer längeren Geschäftsverbindung eine Gepflogenheit entwickelt oder aber haben die Parteien sogar vereinbart, dass Schweigen als Zustimmung gewertet werden soll, so ist Folge des Schweigens ausnahmsweise das Zustandekommen des Vertrages. Rechtserheblich kann das Schweigen auch dann sein, wenn dahingehende Gebräuche festgestellt werden. Insoweit ist allerdings gemäß Art. 9 Abs. 2 CISG zum einen erforderlich, dass der betreffende Brauch im internationalen Handel des betreffenden Geschäftszweiges weithin bekannt ist und regelmäßig Beachtung findet. Zum anderen ist notwendig, dass die Parteien diesen Brauch kannten oder kennen mussten. Demzufolge kann auch das aus dem deutschen Recht bekannte Schweigen auf ein kaufmännisches Bestätigungsschreiben nur dann zu einem Vertragschluss nach UN-Kaufrecht führen, wenn die Voraussetzungen nach Art. 9 Abs. 2 CISG erfüllt sind und im Zweifel von der sich darauf berufenden Partei bewiesen werden können.[49] Ferner ist Voraussetzung für eine wirksame Annahme, dass entweder die Annahmeerklärung fristgerecht zugeht oder die schlüssige, nicht zugangsbedürftige Annahmehandlung iSd Art. 18 Abs. 3 CISG innerhalb der Frist erfolgt. Teilweise lässt man genügen, wenn in den Heimatländern beider Parteien vergleichbare Bräuche bestehen.[50]

Sofern der Anbietende eine Frist gesetzt hat, bestimmt sich deren Bemessung nach Art. 20 CISG. Demzufolge beginnt die in einem Brief gesetzte Frist bereits mit dem in dem Brief angegebenen Datum und nicht erst mit dem Zugang des Briefes bei dem Empfänger zu laufen. Sieht das Angebot hingegen keine Frist für die Annahme vor, so bestimmt Art. 18 Abs. 2 CISG, dass die Annahme innerhalb einer angemessenen Zeit zugehen muss. Im Regelfall dürfte von einem Zeitraum von zwei bis drei Wochen ausgegangen werden, sofern eine Dringlichkeit nicht erkennbar ist. Dieser Zeitraum kann sich in Abhängigkeit von der Art des verwendeten Kommunikationsmittels oder nach der Art des Einzelfalles verkürzen oder verlängern, mehr als sechs Wochen sind aber in keinem Fall mehr angemessen.[51] Um diese Unsicherheit zu vermeiden, empfiehlt es sich, eindeutige Fristen zu setzen. Handelt es sich um ein mündlich vorgetragenes Angebot, so muss dieses im Zweifel sofort angenommen werden, Art. 18 Abs. 2 Satz 3 CISG. Wird die Annahme verspätet erklärt, so bestimmt Art. 21 CISG die von Fall zu Fall unterschiedlichen Konsequenzen:

aa) Verspätete Annahme

Bei einer verspäteten Annahme kommt der Vertrag nicht zustande. Allerdings kann der Anbietende die verspätete Annahme billigen, indem er das darin enthaltene neue Angebot annimmt. Obwohl diese

---

48 MünchKommBGB/*Gruber*, Art. 18 CISG Rn 8.
49 *Kröll/Hennecke*, RabelsZ 2003, 448, 565; *Kröll/Hennecke*, RabelsZ 67 (2003), 448.
50 ZG Basel-Stadt, Urt. v. 21.12.1992, BJM 1993, 310.
51 MünchKommBGB/*Gruber*, Art. 18 CISG Rn 19.

Regelung dem § 150 Abs. 1 BGB vergleichbar ist, handelt es sich bei dieser Billigung nicht um eine zugangsbedürftige Annahmeerklärung. Ausweislich des Gesetzeswortlauts ist bereits die Absendung auf schriftlichem oder mündlichem bzw fernmündlichem Wege ausreichend. Diese muss darüber hinaus unverzüglich erfolgen. Insoweit ist zu berücksichtigen dass der Anbietende die Erklärung des Annehmenden zwar nicht inhaltlich neu bewerten muss, allerdings angesichts des verspäteten Zugangs sich auch nicht mehr auf die Annahmeerklärung einstellen musste und daher nunmehr zu prüfen hat, ob der Vertrag auch jetzt noch sinnvoll ist. Aus diesem Grund ist ihm eine kurz bemessene Überlegungsfrist einzuräumen. Dabei dürften mehr als zwei Werktage ab Zugang der Annahmeerklärung in der Regel zu lang sein.[52] Ist die Bestätigungserklärung nach Art. 21 Abs. 1 CISG verspätet, kann sie allerdings unter Umständen als eigenes (erneutes) Angebot zu werten sein. Wird hingegen die Billigung rechtzeitig erklärt, so gilt der Vertrag als mit dem Zugang der verspäteten Annahmeerklärung zustande gekommen. Mit anderen Worten wirkt die Bestätigungserklärung auf den Zeitpunkt des Zugangs der Annahme zurück und führt insoweit zu einer rechtsgeschäftliche Heilung des erloschenen Angebotes.

bb) Verspätet zugegangene Annahme

72 Handelt es sich hingegen um eine lediglich verspätet zugegangene Annahme, wurde die Erklärung also rechtzeitig abgesandt und ist dem Anbietenden auch erkennbar, dass es lediglich zu einer Transportverzögerung gekommen ist, so bleibt es im Grundsatz dabei, dass das Vertragsangebot wirksam angenommen und der Vertrag damit geschlossen ist. Allerdings hat gemäß Art. 21 Abs. 2 CISG der Anbieter, also der Empfänger der verspätet zugegangenen Annahmerklärung, die Möglichkeit, den Vertragsschluss zu unterbinden. Voraussetzung ist insoweit, dass der Empfänger die andere Vertragspartei unverzüglich dahingehend informiert. Auch hier dürfte davon auszugehen sein, dass zwei Werktage in der Regel nicht mehr unverzüglich sind. Die Erklärung muss nur abgesandt werden, ist also ebenfalls nicht zugangsbedürftig. Teilweise wird in Analogie zu Art. 27 CISG gefordert, dass sie mit einem nach den Umständen geeigneten Mittel überbracht wird.[53] Daran kann es beispielsweise dann fehlen, wenn der Anbietende die Erklärung mit demselben Mittel überbringt wie der Annehmende, obwohl die für die Verzögerung der Annahmeerklärung ursächlichen Transportrisiken – etwa ein Streik – weiterhin bestehen.

cc) Abweichende Annahme

73 Nach dem Recht des deutschen BGB geht eine Annahmeerklärung mit inhaltlichen Abweichungen als Ablehnung des Angebotes und gleichzeitig als auf den Abschluss eines Vertrages mit modifiziertem Inhalt gerichtetes Gegenangebot. Das UN-Kaufrecht ist dieser Systematik nur teilweise gefolgt und unterscheidet vielmehr danach, ob es sich um eine wesentliche Abweichung handelt oder nicht. Zuvor bedarf es allerdings der Feststellung, ob die Annahme überhaupt eine Abweichung enthält. Denn auch wenn einzelne Punkte im Angebot nicht ausdrücklich geregelt sind, können diese dennoch gemäß Art. 8 Abs. 3 und Art. 9 CISG darin einbezogen sein. So stellt beispielsweise der Eigentumsvorbehalt in der Annahmeerklärung des Verkäufers keine Abweichung dar, wenn dies den Gepflogenheiten entspricht.

74 Handelt es sich um eine Annahme, die nur unwesentliche Ergänzungen oder Abweichungen enthält, so wird unter Berücksichtigung der Bedürfnisse des Handelsverkehrs die in Art. 19 Abs. 2 CISG geregelte Rügeobliegenheit des Anbietenden begründet. Den Regeln über das kaufmännische Bestätigungsschreiben vergleichbar kommt der Vertrag zu den geänderten Bedingungen zustande, wenn der Anbietende die fehlende Übereinstimmung nicht unverzüglich beanstandet. Die Beanstandung kann mündlich oder durch Absendung einer Erklärung erfolgen. Auch hier wird in Analogie zu Art. 27 CISG gefordert, dass die Beanstandung auf einem den Umständen nach tauglichem Weg übermittelt wird.[54] Unverzüglich ist die Beanstandung dann, wenn sie ohne vermeidbaren Aufschub abgesendet wird.

---

52 MünchKommBGB/*Gruber*, Art. 21 CISG Rn 7.
53 MünchKommBGB/*Gruber*, Art. 21 CISG Rn 19 mwN.
54 MünchKommBGB/*Gruber*, Art. 19 CISG Rn 15.

Sind die in der Annahmeerklärung enthaltenen Abweichungen hingegen von wesentlicher Bedeutung, so gilt die modifizierte Annahmeerklärung als Ablehnung des ursprünglichen Angebots, die mit einem Gegenangebot verbunden ist. Durch die Ablehnung erlischt das Angebot (Art. 17 CISG). Das Verfahren der Vertragsverhandlung nimmt indes seinen Fortgang, indem der Urheber des ersten Angebots nun seinerseits annehmen oder ablehnen kann. Die Annahme des Gegenangebots bestimmt sich nach Art. 18 CISG. Dies bedeutet wiederum, dass sie auch der ursprünglich Anbietende durch schlüssiges Verhalten auf die Änderungswünsche der anderen Seite einlassen kann. Er muss gegebenenfalls Sorge dafür tragen, dass die Vorbereitungshandlung für die Erfüllung, die er bereits auf der Grundlage seines ursprünglichen Angebots in die Wege geleitet hatte, nicht als schlüssige Annahme des Gegenangebots gedeutet werden kann.

75

Abstrakte Kriterien für die Abgrenzung der unwesentlichen von den wesentlichen Abweichungen lassen sich nicht aufstellen. Beispiele für wesentliche Änderungen sind in Art. 19 Abs. 3 CISG genannt. Im Einzelnen ist hier allerdings streitig, ob diese Kriterien eine widerlegbare oder eine nicht widerlegbare Vermutung begründen.[55] Neben dieser Regelung des Abs. 3 kann die Wesentlichkeit von Abweichungen im Rahmen des Abs. 2 nur unter Berücksichtigung aller Umstände des Einzelfalles ermittelt werden. Dies ist unter Einbeziehung der mit Abs. 2 verbundenen Rechtsfolge zu beurteilen. Demnach kann nur eine solche Änderung unwesentlich sein, bei der dem Anbietenden iSd Abs. 2 zugemutet werden kann, durch ein unverzügliche Beanstandung bzw Absendung einer Mitteilung zu reagieren. Insoweit sind vergleichbare Kriterien wie sie für die Frage des genehmigungsfähigen aliuds iSd § 378 Hs 2 HGB aF entwickelt wurden, maßgeblich. Als wesentlich anzusehen sind beispielsweise Forderungen in Bezug auf eine Zahlungssicherung, Rücktritts- und Widerrufsrechte, Garantien in Bezug auf die Erfüllung solcher Vertragspflichten, die nicht als „wesentlich" iSd Art. 25 CISG (vgl dazu unten ausführlich Rn 118) anzusehen wären sowie die teilweise Ausschließung oder Abminderung von Regelungen des UN-Kaufrecht. Wesentlich dürften auch Rechtswahlklauseln sowie Schieds- und Zuständigkeitsklauseln sein.

76

Vorsicht ist zudem insbesondere geboten, weil eine Abänderung auch dadurch erfolgen kann, dass die annehmende Vertragspartei in ihrer Annahme (Auftragsbestätigung) auf ihre eigenen AGB Bezug nimmt. Wenn diese AGB nicht völlig mit denen des Anbietenden bzw mit den Konditionen des Anbots übereinstimmen, so ändert die Annahme das Angebot ab und es kommt nicht zum Vertragsschluss. Tatsächlich ist dies nahezu immer der Fall, oftmals ohne dass es den Vertragsparteien bewusst ist. Die Einbeziehung der eigenen AGB erfolgt oft stillschweigend und AGB werden in der Praxis oft nicht gelesen. Es droht damit die Gefahr, dass ein Geschäft keine vertragliche Grundlage hat.[56]

77

d) Form

Grundsätzlich können Kaufverträge, die dem CISG unterliegen, formlos abgeschlossen werden. Einige Vertragsstaaten, deren Rechtsordnung ein Formerfordernis vorsieht, haben diesen Grundsatz nach Art. 12, 96 CISG ausgeschlossen (Argentinien, Chile, China, Estland, Lettland Litauen, Russische Föderation, Ukraine, Ungarn, Weißrussland).[57] Während Art. 11 CISG die Formfreiheit eines Vertrages hinsichtlich des Vertragsschlusses bestimmt, ergänzt Art. 29 Abs. 1 CISG den Anwendungsbereich auch auf Änderungen, Ergänzungen und Aufhebungen von Verträgen.

78

Art. 29 CISG ist in der Praxis des deutschen Juristen bei Verhandlungen mit Juristen aus Common-Law-Staaten von Bedeutung. Dort gilt nämlich die so genannte Consideration-Doktrin. Nach dieser Doktrin ist eine Vereinbarung in Form eines Deed zu treffen, wenn sie nur einseitige Verpflichtungen und/oder Vorteile für eine Partei begründet. Wird dieses Formerfordernis nicht eingehalten, ist der Vertrag unwirksam. Nach US-amerikanischem Recht, dort Uniform Commercial Code (UCC) § 2–201 ist ein Warenkaufvertrag auch dann nicht durchsetzbar, wenn er einen Wert von mehr als USD 500,00 betrifft und nicht schriftlich geschlossen ist.

79

---

55 Vgl dazu ausführlich MünchKommBGB/*Gruber,* aaO, Art. 19 CISG Rn 7 f.
56 *Verweyen*/Foerster/Toufar, S. 73.
57 *Martiny,* in: Reithmann/Martiny, Internationales Vertragsrecht, 6. Aufl. 2004, Rn 739.

80 Gemäß Art. 29 Abs. 2 CISG können die Parteien eine Schriftformvereinbarung treffen. Die Parteien können für bestimmte Teile oder den gesamten Vertrag ein spezielles Schriftformerfordernis verabreden. Es ist jedoch auch möglich, auf jeglichen Hinweis auf eine Schriftform zu verzichten, was wie folgt formuliert werden kann:

▶ Änderungen des abgeschlossenen Vertrages bedürfen in jedem Fall einer schriftlichen Bestätigung durch die Parteien. Eine Aufhebung dieser Schriftformklausel kann nur schriftlich erfolgen.
This contract may not be modified or terminated except by an agreement in writing signed by the party to be bound by the written modification or termination.
This contract may not be modified or terminated except by an agreement in writing signed by the party to be bound by written modification or termination. Article 29 (2) of the United Nations Convention on Contracts for the International Sale of Goods not withstanding, conduct shall not constitute a waiver of this provision and reliance on conduct shall not preclude assertion of this provision.
This contract may not be modified or terminated except by an agreement in writing signed by the party to be bound by written modification or termination. Conduct shall not constitute, or be construed as, a waiver of this provision. Reliance on conduct shall not affect the application of this provision. Article 29 (2) of the United Nations Convention on Contracts for the International Sale of Goods is excluded. ◀

3. Allgemeine Geschäftsbedingungen

81 Das Zusammenspiel von Allgemeinen Geschäftsbedingungen (AGB) und dem UN-Kaufrecht ist in der Praxis von erheblicher Bedeutung. Die Frage der Einbeziehung und der Inhaltskontrolle bereiten besondere Probleme, die jeweils am Einzelfall genau zu prüfen sind.[58] Wenngleich sich die Frage, ob Allgemeine Geschäftsbedingungen Vertragsbestandteil geworden sind, ausschließlich nach dem UN-Kaufrecht richten, ist nach nationalem materiellen Recht zu prüfen, ob AGB und einzelne Klauseln wirksam sind. Art. 4 CISG bestimmt insoweit, dass die Wirksamkeit von Vertragsbestimmungen sich nicht nach UN-Kaufrecht richten. Der deutsche Jurist wird bei der Frage der Wirksamkeitskontrolle daher wiederum auf die §§ 305 ff BGB verwiesen.

a) Einbeziehung

82 Die Einbeziehung von AGB in einem dem UN-Kaufrecht unterfallenden Kaufvertrag beurteilt sich, soweit kein Ausschluss dieses Rechts zwischen den Parteien vorliegt, nach den Bestimmungen des UN-Kaufrechts und nicht nach den §§ 305 ff BGB.[59] Die überwiegende Meinung greift insoweit auf Art. 14 iVm Art. 8 CISG zurück.[60] Das bedeutet, dass die AGB-Klauseln ebenso wie die sonstigen Vertragsinhalte in das zum Vertragsabschluss führende Vertragsangebot und damit in die vertraglichen Absprachen der Parteien aufgenommen werden müssen. In Anlehnung an die bereits dargestellten Grundsätze ergibt sich Folgendes:
- die AGB-Klauseln müssen dem Vertragspartner bis zum Zeitpunkt der Erklärung der Vertragsannahme vorliegen,
- der AGB-Verwender muss dem Vertragspartner bis zum Zeitpunkt der Erklärung der Vertragsannahme deutlich machen, dass die AGB Teil seines Vertragsangebots sind,
- die Vertragsannahme durch den anderen Vertragspartner muss in zu vermutender Kenntnis des Geltungshinweises auf die vorliegenden AGB erklärt werden.

b) Kenntnisverschaffungspflicht des Verwenders

83 Für das UN-Kaufrecht besteht im Gegensatz zum deutschen Recht eine Kenntnisverschaffungspflicht des Verwenders, dh, der Verwender hat dafür Sorge zu tragen, dass die AGB der anderen Vertragspartei zugehen. Ausreichend ist nicht, dass die Möglichkeit zumutbarer Kenntnisnahme besteht, indem

---

[58] Vgl dazu insbesondere: *Herber*, BGH-Report 2002, 265; *Pötter/Hübner*, EWiR 2002, Art. 14 CISG 1/02, 339; *Schmidt-Kessel*, NJW 2002, 3444; *Piltz*, IHR 2004, 133; *Kühl/Hingst*, in: Thume, Festgabe für Rolf Herber, S. 50; *Stiegele/Halter*, IHR 2003, 169; *Ventsch/Kluth*, IHR 2003, 61.
[59] BGH NJW 2002, 370.
[60] *Ventsch/Kluth*, IHR 2003, S. 61, 62 mwN.

die AGB bei einer Kammer, einem Gericht, im Internet oder an einem anderen Ort hinterlegt sind und dort eingesehen werden können oder auf Abruf bereitgehalten werden.[61] Vielmehr muss der Verwender die AGB der anderen Partei unaufgefordert zukommen lassen.[62] Die bloße Bezugnahme genügt nicht, allerdings ist nicht erforderlich, dass das AGB-Formular zusammen mit dem übrigen Vertragsangebot zugeht, körperlich mit dem eigenen Vertragstext verbunden ist oder von den Parteien abgezeichnet wird. Ausreichend ist zunächst der eindeutige Hinweis des Verwenders, dass die AGB in ihrer Gesamtheit Teil des Vertragsinhalts sein sollen, wenn zudem der Wortlaut der AGB der anderen Vertragspartei unaufgefordert vorgelegt wird und die Klauseln bis zum Zeitpunkt der Erklärung der Vertragsannahme vorliegen.[63] Wenn die allgemeinen Geschäftsbedingungen auf der Rückseite des Briefpapiers abgedruckt werden, genügt demnach die Versendung nur der Vorderseite nicht für die Einbeziehung. Das bloße Bereithalten der AGB auf einer Homepage begründet in der Regel keine hinreichende Möglichkeit der Kenntnisnahme, weil andernfalls die vom Verwender zu tragenden Risiken (Auffinden der aktuellen Version, der eigenen Sprachfassung etc.) in unbilliger Weise auf den Empfänger verschoben würden.[64]

c) Sprachenrisiko

Aus der Kenntnisverschaffungspflicht des Verwenders folgt, dass die AGB und auch der Hinweis auf ihre Geltung die Verständnismöglichkeit des jeweiligen Empfängers berücksichtigen müssen. Sind die AGB in einer Sprache formuliert, die der anderen Partei nicht ohne weiteres zugänglich ist, hat der Verwender seiner Kenntnisverschaffungspflicht nicht genügt, er trägt insofern das Sprachenrisiko.[65] Die AGB müssen daher entweder in der Verhandlungssprache abgefasst werden, oder aber es kann sich aus den zwischen den Parteien praktizierten Gepflogenheiten gemäß Art. 9 CISG ergeben, dass die Verwendung anderer Sprachen ausreicht. Der Verwender darf allerdings nicht davon ausgehen, dass jeder Käufer oder Verkäufer hinreichend Englisch, Französisch, Spanisch oder Deutsch versteht.[66] So werden in deutscher Sprache abgefasste AGB nicht wirksam Vertragsbestandteil, wenn Verlagssprache italienisch ist.[67]

84

Beispiel:[68] Die österreichische Beklagte bestellte bei der Klägerin mit Sitz in Hongkong 9.000 kg Tantalpulver, das die Klägerin der Beklagten in mehreren Tranchen liefern sollte. Nachdem die Beklagte die ersten Lieferungen erhalten hatte, behauptete sie, diese entsprächen nicht der vereinbarten Qualität. Vor diesem Hintergrund ist die Beklagte vom Vertrag zurückgetreten. Die Beklagte vertritt die Auffassung, dass ihre sämtlichen Bestellungen auf der Vorderseite den englischsprachigen Hinweis auf die rückseitig in deutsch abgedruckten Einkaufsbedingungen enthalten hätten und die Klägerin dieses in gleichem Vorgehen zumindest schlüssig akzeptiert habe. Dadurch sei eine Gepflogenheit im Sinne des Art. 9 Abs. 1 CISG begründet worden, dass sämtliche Bestellungen unter Zugrundelegung ihrer Einkaufsbedingungen getätigt würden. Der Umstand, dass die Einkaufsbedingungen nicht in der Vertragssprache englisch, sondern in Deutsch abgefasst worden seien, hindere ihre Wirksamkeit im Hinblick darauf, dass in der Vertragssprache auf die Bedingungen hingewiesen worden sei, nicht. Ob AGB als Bestandteil des Angebots des erklärenden Vertragspartners anzusehen sind, hängt davon ab, ob ihre gewollte Einbeziehung für den Adressaten erkennbar und ihm auch zumutbar ist. Beides, sowohl die Erkennbarkeit als auch die Zumutbarkeit, hängt von den Umständen des Einzelfalles ab. Die Erkennbarkeit, nur zu den Konditionen seiner eigenen AGB kontrahieren zu wollen, setzt eine diesbezügliche unmissverständliche Willenserklärung des Verwenders der AGB voraus. Ein Hinweis auf Geschäftsbedingungen, die der Offerte nicht beigefügt sind, muss daher so deutlich sein, dass

---

61 *Piltz*, IHR 2004, 133, 134.
62 BGH NJW 2002, 370.
63 OLG Düsseldorf, NJW-RR 2001, 1562 f.
64 *Saenger*, in: Bamberger/Roth, Art. 14 CISG, Rn 7; Staudinger/*Magnus*, Art. 14 Rn 41a; aA MünchKommBGB/*Gruber*, Art. 14, Rn 30.
65 OLG Düsseldorf, IHR 2004, 112; 2005, 24, 28; OGH IHR 2004, 148, 153.
66 *Piltz*, IHR 2004, S. 133, 135; vgl zu der Problematik ferner OLG Düsseldorf, IHR 2005, 24.
67 AG Kehl, NJW-RR 1996, 565.
68 Nach ÖstOGH IHR 2004, 148.

eine vernünftige Person „in den Schuhen des Empfängers" ihn versteht. Nach den aus Art. 8 CISG entwickelten Regeln können aber schon aufgrund der Verhandlungen zwischen den Parteien oder der zwischen ihnen entstandenen Gepflogenheiten AGB einer Seite Bestandteil der Offerte sein. Der Adressat muss allerdings auch in der Lage sein, den Inhalt der AGB kennen zu lernen, da eine „vernünftige Person in der Art des Empfängers" den Erklärungsinhalt unter den gleichen Umständen aufgefasst haben muss, also jedenfalls eine Kenntnis- und damit Verständnismöglichkeit gehabt haben muss. Was man vernünftigerweise nicht kennen kann, kann man auch nicht verstehen und auslegen. Dabei kann auch die Sprache, in der auf AGB verwiesen wird und in der sie abgefasst sind, Bedeutung gewinnen. Eine wirksame Einbeziehung der für den Vertragspartner fremdsprachigen AGB trotz dessen Sprachunkenntnis wird bejaht, wenn in der Verhandlungs- und Vertragssprache auf die AGB hingewiesen wurde und der Vertragspartner eine uneingeschränkte Annahmeerklärung abgegeben hat. Kriterien dafür, ob dem Adressaten das Verständnis der ihm in einer anderen als seiner Muttersprache oder der Vertragssprache oder sonst geläufigen Sprache übermittelten AGB zugesonnen werden kann, weil ihm etwa durch die Herstellung einer Übersetzung zumutbar ist, sind wohl die Länge, Intensität und Bedeutung der geschäftlichen Beziehungen sowie auch die Verbreitung der verwendeten Sprache im betreffenden Kulturkreis. Unter Berücksichtigung der im Sachverhalt geschilderten Akten, kam das Gericht zu dem Ergebnis, dass vorliegend die Kriterien für die Einbeziehung von AGB sprachen.

d) Abweichende und kollidierende AGB (Battle of the forms)

85 In dem Fall, dass der Empfänger des Angebots zwar schriftlich bestätigt, allerdings die Bestätigung Ergänzungen, Einschränkungen oder sonstige Änderungen aufweist, ist – wie bereits in anderem Zusammenhang erwähnt – nach Art. 19 Abs. 1 CISG nicht von einer Annahme des Angebots auszugehen, sondern von einem neuen Angebot. Problematisch kann dies sein, wenn die Parteien dennoch mit der Vertragsdurchführung beginnen und damit zeigen, dass sie sich rechtlich an das Geschäft gebunden fühlen, also von einem Vertragsabschluss ausgehen.[69]

86 Nach der oftmals vertretenen und sich aus dem Wortlaut des Art. 19 Abs. 1 CISG ergebenden „Theorie des letzten Wortes" oder „last-shot-rule" soll es darauf ankommen, welche Partei zuletzt auf ihre Bedingungen verwiesen hat.[70] Kritisiert wird an dieser Lösung insbesondere, dass sie nicht der Vertragswirklichkeit im internationalen Wirtschaftsverkehr entspricht, da die Verweisung auf AGB häufig nicht das Ergebnis einer auf den konkreten Fall bezogenen bewussten Entscheidung ist, sondern vielmehr durch die Benutzung von Standardformeln erfolgt.[71] Diese Lösung ist indes missbrauchsanfällig und führt zu zufälligen Ergebnissen. Nach der zunehmend vertretenen Restgültigkeitstheorie (knock-out-rule) wird der Vertrag daher auch bei der Verwendung kollidierender AGB aufrechtzuerhalten, wobei an die Stelle der nicht übereinstimmenden AGB die gesetzliche Regelung treten soll.[72] Führt der Adressat das Angebot mit seiner Annahmeerklärung erstmals AGB in die Verhandlungen ein, ist daher regelmäßig, wenngleich nicht stets zwingend, von inhaltlich wesentlichen Abweichungen auszugehen, da in AGB typischerweise Aspekte der in Art. 19 Abs. 3 CISG angesprochenen Art geregelt werden. Gleiches gilt aber auch, wenn dem Angebot bereits AGB des Offerenten beigefügt waren, der Annehmende jedoch nun seine eigenen AGB anstelle der Bedingungen des Offerenten durchsetzen will. Diese Darstellung zeigt, wie unübersichtlich und in der Praxis leider unbrauchbar die Regelungen des UN-Kaufrechts in diesem konkreten Fall sind. Der Rechtsanwender hat zwingend darauf zu achten, dass bei der Anwendung des UN-Kaufrechts klare Regelungen bezüglich Allgemeiner Geschäftsbedingungen gefunden werden muss. Ein bloßes „Aussetzen" des Problems kann hier nicht weiterführen. Klare, wenn auch bei Vertragsabschluss hart umkämpfte Regelungen, sind der Situation vorzuziehen, die bei Nichtregelung der Frage entstehen könnten.

---

69 *Kühl/Hingst*, in: Transport- und Vertriebsrecht 2000, 51, 54.
70 OLG Hamm, NJW 1983, 523, 524.
71 Vgl *Kröll/Hennecke*, RIW 2001, S. 736, 739.
72 BGH NJW 2002, 1651; *Staudinger/Magnus*, Art. 19 CISG Rn 24; *Schlechtriem*/Schwenzer/Schlechtriem, Rn 20.

e) Auslegung und Inhaltskontrolle

Bevor Allgemeine Geschäftsbedingungen auf ihre inhaltliche Gültigkeit hin überprüft werden, sind die einzelnen Klauseln auszulegen. Bei der Auslegung geht es nicht darum, den Inhalt der einzelnen Klausel an einem bestimmten Standard zu messen. Vielmehr ist Ziel einer Auslegung die Präzisierung der einzelnen Klauseln. Für die Auslegung von AGB-Klauseln in UN-Kaufverträgen gilt das UN-Kaufrecht.[73] Die Inhaltskontrolle von AGB richtet sich hingegen nach dem ergänzend anzuwendenden nationalen Recht. Die §§ 307 bis 309 BGB unterwerfen die in einen Vertrag einbezogenen AGB einer Inhaltskontrolle, um Gewichtsverschiebungen aufzufangen, die daraus resultieren, dass häufig der marktstärkere Teil seine Bedingungen „diktiert". 87

Für diese Inhaltskontrolle ist auch bei UN-Kaufverträgen ausschließlich nationales Recht maßgeblich, zumal Rechtsfragen der Gültigkeit des Vertrags bzw seiner Bestimmungen nicht Gegenstand des UN-Kaufrechts sind, Art. 4 lit. a) CISG.[74] Allerdings ist die Prüfung nach nationalem Recht auch immer vor dem Hintergrund des UN-Kaufrechts vorzunehmen. Dabei ist den Wertungen Rechnung zu tragen, die dem UN-Kaufrecht zu Grunde liegen und in seinen Vorschriften Niederschlag gefunden haben. So muss insbesondere für das UN-Kaufrecht gesondert festgestellt werden, ob die Nichtigkeit einer Klausel auch für internationale Verträge gelten soll. 88

Kurz seien an dieser Stelle nochmals diesbezüglich die wesentlichen Grundzüge skizziert:
- Die AGB dürfen keine „überraschenden" Klauseln enthalten, § 305 c BGB.
- Es gilt das Verbot der geltungserhaltenden Reduktion.
- Der Vertragspartner des AGB-Verwenders darf nicht entgegen den Geboten von Treu und Glauben unangemessen benachteiligt werden, § 307 Abs. 1 Satz 1 BGB.
- Die AGB dürfen nicht unklar oder unverständlich sein, § 307 Abs. 1 Satz 2 BGB.
- Die AGB dürfen nicht gegen wesentliche Grundgedanken der gesetzlichen Regelungen verstoßen, § 307 Abs. 2 Nr. 1 BGB.
- Die AGB dürfen die vertraglichen Rechte und Pflichten der Vertragsparteien nicht derart einschränken, dass die Erreichung des Vertragszweckes gefährdet ist, § 307 Abs. 2 Nr. 2 BGB.
- Auslegungszweifel gehen zu Lasten des AGB-Verwenders, § 305 c Abs. 2 BGB

f) Gerichtsstandsvereinbarungen gemäß Art. 23 EuGVVO

Im Rahmen allgemeiner Geschäftsbedingungen werden häufig Gerichtsstandsvereinbarungen für die internationale Zuständigkeit getroffen. Sofern der betreffende Vertrag in den Anwendungsbereich der Verordnung (EG) Nr. 44/2001 des Rates über die gerichtliche Zuständigkeit und Vollstreckung von Entscheidungen in Zivil- und Handelssachen (im Folgenden: EuGVVO) fällt, sind anstelle der Einbeziehungsvorschriften des UN-Kaufrechts sowie der allgemeinen Vorschriften der §§ 307 ff BGB die Voraussetzungen des Art. 23 EuGVVO zu prüfen. Demnach muss die Gerichtsstandsvereinbarung schriftlich oder mündlich mit schriftlicher Bestätigung vereinbart werden, in einer Form, welche den Gepflogenheiten entspricht, die zwischen den Parteien entstanden sind, oder im internationalen Handel in einer Form, die dem Handelsbrauch entspricht, den die Parteien kannten oder kennen mussten und den Parteien von Verträgen dieser Art in den betreffenden Geschäftszweig allgemein kennen und regelmäßig beachten. 89

Hinsichtlich des Schriftformerfordernisses gemäß Art. 23 Abs. 1 Satz 2 lit. a) EuGVVO hat der EuGH zu der insoweit mit Art. 23 EuGVVO übereinstimmenden Vorgängervorschrift (Art. 17 Abs. 1 EuGVÜ) entschieden, dass es den Erfordernissen einer Schriftlichkeit nicht genügt, wenn eine Gerichtsstandsklausel im Rahmen der AGB einer Partei auf der Rückseite eines auf dem Geschäftspapier dieser Partei niedergelegten schriftlichen Vertrages abgedruckt ist. Anders wäre dies nur zu beurteilen, wenn der Vertragstext selbst ausdrücklich Bezug nimmt.[75] 90

---

73 *Piltz*, IHR 2004, 133, 138.
74 Vgl OLG Düsseldorf, NJW-RR 2001, 1562, 1563.
75 Urt. v. 14.12.1976 Rs 24/76, NJW 1977, 494.

91 Gemäß Art. 23 lit. a) 2. Alt. EuGVVO reicht auch eine schriftliche Bestätigung einer mündlich getroffenen Gerichtsstandsvereinbarung aus. Die Einhaltung dieser sog. „halben" Schriftlichkeit setzt voraus, dass die Parteien mündlich einen Vertrag geschlossen haben, sich dabei beide Seiten erkennbar wenigstens stillschweigend über die Zuständigkeitsregelung geeinigt haben und letzteres von einer Seite in ein Bestätigungsschreiben aufgenommen worden ist. Für die Einigung reicht es nicht aus, dass sich die Parteien mündlich über die Anwendung der eine Gerichtsstandsklausel enthaltenden AGB eines Vertragspartners verständigt haben und diese der anderen Seite bei Vertragsschluss vorlagen. Nach einem Urteil des EuGH[76] gilt die Einigung „nach Treu und Glauben" auch dann als erzielt, wenn ein Vertrag im Rahmen laufender Geschäftsbeziehungen zwischen den Parteien mündlich geschlossen wird und feststeht, dass diese Beziehungen in ihrer Gesamtheit bestimmten AGB unterliegen, die eine Gerichtsstandsklausel enthalten.

92 Die Gerichtsstandsklausel kann auch kraft „Gepflogenheit" zwischen den Parteien gemäß Art. 23 Abs. 1 lit. b) EuGVVO in den Vertrag einbezogen werden. Die Gepflogenheit muss sich gerade auf die besondere Art der Einbeziehung in den Vertrag, nicht die Geltung als solche beziehen. Die Gerichtsstandsklausel kann ferner auch kraft internationalem Handelsbrauch gemäß Art. 23 Abs. 1 lit. c) EuGVVO Bestandteil des Vertrages sein. Das Institut des kaufmännischen Bestätigungsschreibens soll nach dem Willen des Gesetzgebers grundsätzlich als ein solcher Handelsbrauch gelten.[77]

93 An dieser Stelle muss noch ergänzt werden, dass die Einbeziehungsvoraussetzungen des Art. 23 EuGVVO auch nicht durch die Vereinbarung eines Erfüllungsortes gemäß Art. 5 lit. 1 a) EuGVVO umgangen werden können. Zwecks Verhinderung derartiger Konstruktionen sind an diese Vereinbarungen dieselben formalen Voraussetzungen wie an die Gerichtsstandsvereinbarung im Sinne des Art. 23 EuGVVO zu stellen.

Hinweis: Um einen wirksamen Vertragsschluss sicherzustellen, sollte auf Folgendes geachtet werden:
- Der Preis für die den Gegenstand des Kaufvertrages bildende Ware sollte unzweifelhaft bestimmt zumindest aber bestimmbar sein.
- Das Vertragsangebot sollte für einen bestimmten Zeitraum unwiderruflich gestellt werden.
- Die Annahme des Vertragsangebotes muss innerhalb der Frist erfolgen; sofern Zweifel bestehen, sollte eine ausdrückliche Klärung mit der anderen Seite herbeigeführt werden.
- Die Annahmeerklärung darf keine wesentlichen Abweichungen gegenüber dem Vertragsangebot aufweisen; auch hier sollte in Zweifelsfällen auf eine ausdrückliche Klärung mit der anderen Seite hingewirkt werden.
- Allgemeine Geschäftsbedingungen sind der anderen Vertragspartei in vollständigem Wortlaut, in einer Sprache, auf die sich die andere Seite einlassen muss, und vor allem rechtzeitig bis zum Vertragsschluss vorzulegen; die andere Seite darf nicht widersprechen.

III. Pflichten des Verkäufers

94 Die Pflichten des Verkäufers sind in Kapitel II (Art. 30 bis 52 CISG) des UN-Kaufrechts geregelt. Den Schwerpunkt der Regelungen bilden die Lieferpflicht des Verkäufers sowie die Rechtsbehelfe des Käufers für den Fall der Vertragsverletzung des Verkäufers. Neben diesen speziellen Vorschriften sind die besonderen in Kapitel IV geregelten Vorschriften für den Gefahrübergang (Art. 66 bis 70 CISG), die Bestimmungen der Art. 71 bis 88 CISG sowie die allgemeinen Regelungen der Art. 25 ff CISG zu berücksichtigen.

95 Wenngleich das UN-Kaufrecht insoweit dem deutschen Juristen bis Ende 2001 schon strukturell erhebliche Schwierigkeiten bereitete, so hat sich dies seit dem 1.1.2002 mit In-Kraft-Treten des Schuldrechtsmodernisierungsgesetzes geändert. Der deutsche Gesetzgeber hat viele Regelungen des UN-Kaufrechts für das deutsche Kaufrecht im BGB aufgegriffen und teilweise (verändert) übernommen.

---

76 Urt. v. 14.12.1976 Rs 25/76, NJW 1977, 495.
77 MünchKommZPO/*Gottwald*, Art. 17 IZPR Rn 31.

Prüfungsreihenfolge zu Pflichten des Verkäufers
- Lieferpflicht (Rn 96)
  - Vertragsgemäße Lieferhandlung
  - Liefertermin
  - Lieferort
  - Übergabe der Lieferdokumente
  - Versicherungen
  - Anzeigepflicht
- Vertragskonformität (Rn 113)
  - qualitativ / quantitativ vertragsgemäß
  - frei von Rechten
- Eigentumsverschaffungspflicht (Rn 98)

1. Lieferpflicht des Verkäufers

Die Verpflichtung des Verkäufers, die verkaufte Ware vertragsgemäß zu liefern, steht für den Käufer im Vordergrund. Sofern die Parteien keine abweichenden Abreden getroffen haben und keine nach Art. 9 CISG maßgeblichen Gebräuche oder Gepflogenheiten einzubeziehen sind, bestimmen sich die Modalitäten der Lieferung nach den Art. 31 ff CISG. Unter der „Lieferung" ist die Übergabe an den Beförderer oder Zurverfügungstellung der Ware im Sinne des Art. 31 CISG zu verstehen.[78] Die Zeit der Lieferhandlung ergibt sich aus Art. 33 CISG. Dem UN-Kaufrecht ist eine strenge Trennung zwischen der Lieferpflicht als solcher und der – in Art. 30 CISG nicht gesondert erwähnten – Pflicht zur Lieferung einer vertragsgemäßen (mangelfreien) Ware unbekannt.[79] Ob es sich um eine vertragsgemäße Ware handelt, bestimmt sich nach Art. 35 CISG. Auch die Lieferung einer anderen als der geschuldeten Sache (aliud-Lieferung) ist keine Nichtlieferung im Sinne des Art. 30 CISG, sondern eine Vertragswidrigkeit im Sinne des Art. 35 CISG. Dieses Regelungsmodell wurde im Rahmen der Schuldrechtsreform auch für das deutsche BGB übernommen.[80] 96

Neben der Verpflichtung des Verkäufers zur Lieferung der Ware besteht nach Art. 30 CISG eine Pflicht zur Übergabe der die Ware betreffenden Dokumente. Welche Dokumente im konkreten Fall zu übergeben sind, richtet sich nach der vertraglichen Vereinbarung und ist im Übrigen aus den Umständen des jeweiligen Geschäftes unter Berücksichtigung der Gepflogenheiten der Parteien nach dem Gebot von Treu und Glauben zu entscheiden.[81] Weitere Einzelheiten können sich aus international gebräuchlichen Lieferklauseln wie beispielsweise den INCOTERMS ergeben. Wenn derartige Bestimmungen durch den Verkäufer nicht eingehalten werden, so handelt es sich um einen Fall der Vertragsverletzung, der die allgemeinen Rechtsbehelfe des Verkäufers gemäß Art. 45 ff CISG (vgl dazu unten Rn 114 ff) auslöst. 97

Neben die Lieferpflicht tritt gemäß Art. 30 CISG die Verpflichtung des Verkäufers, dem Käufer das Eigentum an der Ware zu übertragen. Gemäß dieser Vorschrift ist der Verkäufer verpflichtet, alle nach dem jeweils maßgeblichen Recht erforderlichen Handlungen vorzunehmen, damit das Eigentum an der verkauften Ware auf den Käufer übergeht. Die Voraussetzungen der Eigentumsübertragung bestimmen sich nach dem vom internationalen Privatrecht berufenen unvereinheitlichten nationalen Recht (Art. 4 Satz 2 CISG). Gemäß Art. 43 EGBGB ist dabei im Grundsatz an das Recht des Ortes, an dem sich die Ware gerade befindet (lex rei sitae), anzuknüpfen. Diese Regel gilt nicht nur innerhalb des deutschen internationalen Privatrechts, sondern praktisch weltweit. Von ihr kann weder aufgrund eines individuellen Vertrages noch mittels allgemeiner Geschäftsbedingungen abgewichen werden. Für den deutschen Exporteur stellt sich insoweit das Problem, dass auch der mit dem Vertragspartner 98

---

78 MünchKommBGB/*Gruber*, Art. 30 CISG Rn 2.
79 MünchKommBGB/*Gruber*, Art. 30 CISG Rn 3.
80 BGH NJW 1995, 2099.
81 MünchKommBGB/*Gruber*, Art. 30 CISG Rn 4.

vereinbarte Eigentumsvorbehalt nur dann im Zielland fortbesteht, wenn er dort in gleicher oder aber zumindest in ähnlicher Form anerkannt wird.

a) Lieferort

99 Sobald der Verkäufer die geschuldete Lieferhandlung am (richtigen) Lieferort vorgenommen hat, hat er seine Lieferpflicht erfüllt, dh er hat bezüglich der Lieferung seinerseits alles getan, was von ihm nach dem Vertrag verlangt werden kann. Der Lieferort ist für die vertraglichen Verpflichtungen insofern von Bedeutung, als er bestimmt, in welchem Zeitpunkt die Verantwortung für die Ware von dem Verkäufer auf den Käufer übergeht (Gefahrübergang, vgl dazu unten Rn 110). Dies hat vorbehaltlich anderer Abreden oder Gebräuche Auswirkungen auf die Frage, wer (Verkäufer oder Käufer) welche Transportkosten oder Risiken zu tragen hat. Anhand der Vereinbarung eines bestimmten Lieferortes lässt sich ermitteln, welche Partei gegebenenfalls zu entrichtende Zölle oder Abgaben zu übernehmen sowie sich um erforderliche Export- bzw Importgenehmigungen und Durchfuhrfreimachungen zu kümmern hat.

aa) INCOTERMS

100 In der Praxis ergibt sich der Lieferort in den meisten Fällen aus Absprachen zwischen Verkäufer und Käufer bzw aus den einbezogenen allgemeinen Geschäftsbedingungen (vgl oben Rn 81 ff). Inhaltlich können die Parteien Vereinbarungen jeglicher Art treffen, ihnen sind dabei keinerlei Beschränkungen auferlegt. Typische Klauseln für die Bestimmung des Lieferortes sind die bereits angesprochenen INCOTERMS. Diese Bestimmungen in der seit dem 1.1.2000 geänderten Version unterscheiden ebenso wie die vorangegangene Fassung aus dem Jahre 1990 vier Gruppen:
- Nach den E-Klauseln (EXW) hat der Käufer die Ware bei dem Verkäufer abzuholen,
- wird eine F-Klausel (FAS, FCA und FOB) vereinbart, so bestellt und bezahlt der Käufer den Hauptfrachtführer. Der Verkäufer ist lediglich verpflichtet, die Ware an den von dem Käufer beauftragten Frachtführer zu liefern. Die Beförderung der Ware bis zu dem bezeichneten Lieferort bzw bis zu dem von dem Käufer benannten Frachtführer oder Transportterminal oder einer sonstigen Güteannahmestelle ist demzufolge Angelegenheit des Verkäufers,
- bei den C-Klauseln (CFR, CIF, CPT und CIP) ist der Verkäufer verpflichtet, den Beförderungsvertrag bis zu dem benannten Bestimmungsort auf eigene Kosten abzuschließen. Allerdings ist auch bei diesen Klauseln der Lieferort – wie bei den F-Klauseln – dort, wo die Ware den Frachtführer des Haupttransportes übergeben wird. Der Lieferort und die Schnittstelle für die Kostentragung bzw der Ort, an dem der Käufer die Ware zu übernehmen hat, fallen demzufolge auseinander. Diese Konstruktion ist mit dem deutschen Versendungskauf bzw dem des Art. 31 lit. a) CISG vergleichbar,
- als D-Klauseln (DAF, DES, DEQ, DDU und DDP) bezeichnet man sog. Ankunftsklauseln. Werden sie vereinbart, so ist der Verkäufer verpflichtet, für das Eintreffen der Ware an den bezeichneten Bestimmungsort Sorge zu tragen. Insoweit ist der Lieferort auf den Endpunkt des Haupttransportes verschoben, der Sache nach handelt es sich dabei um eine Bringschuld.
- Sofern der Lieferort durch eine INCOTERM-Klausel oder eine sonstige zwischen dem Verkäufer und dem Käufer getroffene Absprache vereinbart wird oder sich aus den besonderen Umständen des konkreten Vertrages ergibt, tritt das UN-Kaufrecht zurück und beansprucht keine Geltung. Die Regelung des Art. 31 CISG kommt daher erst dann zur Anwendung, wenn sich andere Hinweise zur Bestimmung des Lieferortes nicht feststellen lassen.

bb) Versendungskauf

101 Art. 31 lit. a) CISG regelt den „Versendungskauf". Dieser ist in der Praxis vorherrschend. Um einen solchen handelt es sich, wenn nach dem Kaufvertrag zwar eine Beförderung der Ware erforderlich ist, diese selbst jedoch nicht mehr zu den Pflichten des Verkäufers zählt. Weil das UN-Kaufrecht typischerweise grenzüberschreitende Geschäfte erfasst, wird im Zweifel eine Beförderung der Ware erforderlich sein. Ein Versendungskauf liegt allerdings dann nicht vor, wenn die Parteien einen bestimmten

Lieferort vereinbart haben, an dem der Verkäufer die Ware auszuliefern und der Käufer die Ware zu übernehmen hat (zB „ab Werk" oder „frei Haus"). Fallen jedoch der Lieferort und der Ort, an dem der Käufer die Ware zu übernehmen hat, auseinander, wurden keine besonderen Absprachen zwischen den Parteien zum Lieferort getroffen und ergibt sich ein solcher auch nicht aus den sonstigen Umständen des Geschäftes, so wird im Zweifel von einem Versendungskauf im Sinne des Art. 31 lit. a) CISG auszugehen sein. In den Anwendungsbereich der Vorschrift fällt allerdings nicht der Transport durch den Verkäufer selbst bzw durch eigene Leute.[82]

Beim Versendungskauf hat der Verkäufer nach Art. 32 Abs. 2 CISG die üblichen zur Beförderung erforderlichen Verträge abzuschließen. Nicht zu seinen Lasten gehen allerdings die Kosten der Beförderung. Mit Übergabe der Waren an den ersten Beförderer hat der Verkäufer seine vertraglichen Pflichten erfüllt. Unter dem „Beförderer" wird allgemein ein selbständig handelnder Transportunternehmer (beispielsweise der Frachtführer, die Eisenbahn, Post- und Paketdienste) verstanden, auch wenn dieser öffentlich rechtlich organisiert ist. Hinzuzuziehen ist auch ein Spediteur, obwohl dieser an sich nur verpflichtet ist, den Transport durchführen zu lassen.[83]

Die Pflicht des Verkäufers besteht in den Fällen des lit. a) in der Übergabe der Ware. Der Beförderer muss danach die Ware tatsächlich übernehmen. Das bloße Bereitstellen der Ware wie in lit. b) und c) (dazu unten Rn 105) genügt für die Erfüllung der Lieferpflicht nicht. Ferner muss dem Beförderer die Ware „zur Übermittlung an den Käufer" übergeben worden sein. Daran fehlt es beispielsweise, wenn die Ware zunächst nur eingelagert wird und nicht alsbald eine Übermittlung an den Käufer erfolgen soll. Von einer Übermittlung an den Käufer kann man auch dann nicht sprechen, wenn der Transport ausschließlich dazu dient, den Verkäufer in den Besitz der Ware zu setzen.[84] Die Erfüllung der Verkäuferpflicht für die Übergabe an dem Beförderer hat zur Folge, dass Untergang oder Beschädigung der Ware auf dem Transport nicht mehr zu Lasten des Verkäufers gehen. Das Beförderungsrisiko geht also mit Übergabe an den ersten Beförderer auf den Käufer über. Allerdings gilt dies nur unter dem sich aus Art. 66 CISG ergebenden Vorbehalt, dass Untergang oder Beschädigung nicht auf einer Handlung oder Unterlassung des Verkäufers zurückzuführen sind. Das kann beispielsweise der Fall sein, wenn die Ware nicht ordnungsgemäß verpackt ist oder der Verkäufer den Beförderer nicht sachgemäß angewiesen hat. In diesen Fällen hat der Verkäufer nicht vertragsgemäß geliefert.

Abschließend ist darauf hinzuweisen, dass beim Versendungskauf der Verkäufer gemäß Art. 32 Abs. 1 CISG dem Käufer die Versendung anzuzeigen hat, wenn die beispielsweise die in Sammelladung aufgegebene Ware andernfalls nicht eindeutig dem mit dem Käufer abgeschlossenen Vertrag zuzuordnen ist. Die Versendungsanzeige, die nicht als eigenständiges Formular ausgefertigt werden muss, hat also darüber Aufschluss zu geben, welche Ware letztlich für den Käufer bestimmt ist.

cc) Holschuld am Lagerort der Ware

Erfordert der Vertrag keine Beförderung der Ware, so bestimmt sich der Lieferort primär nach lit. b). Dies ist der Ort, an dem die Ware einem Bestand entnommen oder hergestellt bzw erzeugt werden muss.[85] Darüber hinaus setzt lit. b) voraus, dass die Vertragsparteien gewusst haben, dass sich die Ware bei Vertragsschluss an einem bestimmten Ort befindet oder nach Aussonderung, Herstellung oder Erzeugung befinden wird. Eine fahrlässige Unkenntnis des Abholortes steht der positiven Kenntnis dabei nicht gleich.[86] Fehlt einer Partei die erforderliche Kenntnis, so ist der Auffangtatbestand lit. c) anwendbar.

dd) Holschuld am Ort der Niederlassung

Gemäß Art. 31 lit. c) CISG hat der Verkäufer die Ware am Ort seiner Niederlassung zur Verfügung zu stellen. Verfügt der Verkäufer über mehrere Niederlassungen, so ist auf diejenige abzustellen, zu der

---

[82] MünchKommBGB/*Gruber*, Art. 31 CISG Rn 16.
[83] MünchKommBGB/*Gruber*, Art. 31 CISG Rn 18.
[84] MünchKommBGB/*Gruber*, Art. 31 CISG Rn 20.
[85] MünchKommBGB/*Gruber*, Art. 31 CISG Rn 10.
[86] MünchKommBGB/*Gruber*, Art. 31 CISG Rn 13.

der Vertrag bzw die Erfüllung die engste Beziehung hat, Art. 10 lit. a) CISG. Wenn der Verkäufer keine Niederlassung hat, so ist auf den gewöhnlichen Aufenthaltsort abzustellen, Art. 10 lit. b) CISG. Die Niederlassung bzw der Aufenthaltsort bezeichnet hierbei den genauen Abholort.[87] Für die Beurteilung sind dabei grundsätzlich die Verhältnisse zum Zeitpunkt des Vertragsschlusses ausschlaggebend. Gemäß Art. 31 lit. c) CISG hat der Verkäufer die Ware dem Käufer dann zur Verfügung gestellt, wenn er alles Erforderliche getan hat, um ihm die Abholung der Ware zu ermöglichen. Eine tatsächliche Übergabe an den Käufer der Ware ist folglich nicht notwendig. Verlegt der Verkäufer nach Vertragsschluss seine Niederlassung, so ist er innerhalb der Grenzen von Treu und Glauben verpflichtet, die Ware an der alten Niederlassung bereit zu stellen, es sei denn der Verkäufer erklärt sich bereit alle Kosten und sonstigen Nachteile, die sich aus der Änderung des Abholortes ergeben, zu übernehmen. In diesen Fällen dürfte der neue Abholort bei der neuen Niederlassung liegen. Die Zuverfügungstellung beinhaltet allerdings grundsätzlich eine Pflicht zur Benachrichtigung des Käufers.

ee) Bringschuld

107 Die Bringschuld ist in Art. 31 CISG nicht näher geregelt, kann aber dennoch zwischen den Parteien vereinbart werden. Liegt eine Bringschuld vor, so trägt der Verkäufer die Gefahr des Transportes. Ob der Verkäufer im Fall der Bringschuld verpflichtet ist, dem Käufer die Ware tatsächlich zu übergeben oder sie lediglich dem Käufer zur Verfügung stellen muss, bestimmt sich primär nach der Vereinbarung, im Übrigen nach den Umständen des Einzelfalles unter Berücksichtigung von Treu und Glauben. Allerdings ergeben sich Einschränkungen aus Art. 85 CISG. Demnach dürfte der den Käufer nicht antreffende Verkäufer beispielsweise die Sache nicht einfach ungeschützt auf der Straße stehen lassen.[88]

b) Lieferzeit

108 Die Lieferzeit ist in der Praxis neben dem Preis für die Vertragsparteien von wesentlicher Bedeutung. Sie ergibt sich deshalb häufig unmittelbar aus den Absprachen der Parteien. Das UN-Kaufrecht hat sich daher auf wenige allgemeine Regeln beschränkt:

- Sofern sich aus dem Vertrag ergibt, dass die Lieferung zu einem bestimmten Zeitpunkt erfolgen muss, so ist dieser Zeitpunkt von dem Verkäufer einzuhalten, Art. 31 lit. a) CISG.
- Für den – in der Praxis häufigen – Fall, dass Zeiträume vereinbart werden, bestimmt Art. 33 lit. b) CISG, dass der Verkäufer grundsätzlich zu jedem Zeitpunkt innerhalb der vereinbarten Frist liefern kann. Die Lieferung ist daher auch dann noch rechtzeitig, wenn sie beispielsweise am letzten Werktag einer vereinbarten Kalenderwoche vorgenommen wird. Allerdings kann sich aus den Umständen ergeben, dass der Käufer berechtigt ist, innerhalb des vereinbarten Zeitraums den maßgeblichen Lieferzeitpunkt zu bestimmen. Ein solches Recht des Käufers kann etwa gegeben sein, wenn der Verkäufer nach dem Kaufvertrag auf Abruf des Käufers zu liefern hat.
- Ergibt sich die Lieferzeit weder aus dem Vertrag noch aus den Begleitumständen, so muss der Verkäufer nach Art. 33 lit. c) CISG innerhalb einer angemessenen Frist nach Vertragsschluss liefern. Für die Bemessung dieser Frist sind alle Umstände des Einzelfalles, insbesondere die konkrete Art und Beschaffenheit der Ware, ein erkennbares Bezugsbedürfnis des Käufers sowie branchenübliche oder für den Käufer vorhersehbare Fristen für die Herstellung oder Beschaffung des Produktes zu berücksichtigen. Aus letzterem ergibt sich, dass die Frist kurz zu bemessen ist, wenn der Käufer nach dem Vertrag davon ausgehen kann, dass die Waren beim Verkäufer vorrätig sind.[89]

Grundsätzlich ist der Verkäufer verpflichtet, die jeweils maßgebliche Lieferzeit einzuhalten. Nachfristen kann der Verkäufer nur dann in Anspruch nehmen, wenn er diese mit dem Käufer vereinbart hat,

---

87 MünchKommBGB/*Gruber*, Art. 31 CISG Rn 6.
88 MünchKommBGB/*Gruber*, Art. 31 CISG Rn 23.
89 MünchKommBGB/*Gruber*, Art. 33 CISG Rn 11.

sich diese aus den Gepflogenheiten der bisherigen Geschäftsabwicklung mit dem Verkäufer ergeben oder im Sinne des Art. 9 CISG beachtlichen Gebräuchen entsprechen.

In diesem Zusammenhang von besonderer Relevanz für den Verkäufer ist das in Art. 48 CISG geregelte – und mittlerweile auch im deutschen Recht enthaltene – Recht der zweiten Andienung. Der Verkäufer ist insoweit berechtigt, die bislang noch nicht ordnungsgemäß erbrachte Leistung auch noch nach Ablauf der Lieferzeit nachzuholen, um auf diese Weise weitergehende Rechtsbehelfe des Käufers abzuwenden (vgl unten Rn 115). Die Versäumung des Liefertermins ist ohne weiteres eine Vertragsverletzung. Eine Nachfristsetzung, Mahnung oder ein Verschulden des Verkäufers sind nicht erforderlich. 109

2. Gefahrübergang

Die Art. 66 bis 70 CISG regeln den Gefahrübergang. Dessen besondere Bedeutung ergibt sich daraus, dass der Käufer in vollem Umfang zur Zahlung des Kaufpreises verpflichtet bleibt, wenn die Ware nach Gefahrübergang aufgrund zufälliger Ereignisse verloren geht oder beschädigt wird (Preisgefahr). Daraus ergibt sich Folgendes: Bis zum Gefahrübergang trägt der Verkäufer das Risiko für die Ware, ab dem Zeitpunkt des Gefahrübergangs geht die Verantwortung auf den Käufer über. Typische Gefahren sind die Verschlechterung, die Beschädigung sowie der Untergang der Kaufsache. Dem gleichzustellen ist auch der Verlust aufgrund eines Diebstahls. 110

Wann die Gefahr übergeht, bestimmt sich an erster Stelle anhand der zwischen dem Verkäufer und dem Käufer getroffenen Absprachen, der zwischen den Parteien praktizierten Gepflogenheiten bzw der nach Art. 9 CISG anzuerkennenden Gebräuche. Daneben enthalten die INCOTERMS typische Gefahrtragungsregeln, nach denen die Gefahr grundsätzlich mit der Lieferung an den jeweiligen Lieferort übergeht (vgl oben Rn 100).[90] Wird der Gefahrübergang nicht vereinbart und ergibt er sich auch nicht aus den Umständen des Geschäfts, so greifen die Art. 66 ff CISG ein. Das UN-Kaufrecht entscheidet für den Gefahrübergang vier verschiedene Konstellationen, von denen drei an den Lieferort anknüpfen: 111

- Gemäß Art. 67 CISG geht bei einem Versendungskauf (vgl dazu oben Rn 101) die Gefahr auf den Käufer über, sobald die Ware gemäß dem Kaufvertrag dem ersten Beförderer zur Übermittlung an den Käufer übergeben wird, etwa durch die Übergabe an das den Transport durchführende Unternehmen. Insoweit maßgeblich ist hier also der Lieferort, auf die diesbezüglichen Ausführungen ist zu verweisen. Rechtsfolge des Art. 67 CISG ist, dass mit Übergabe der Ware unsachgemäße Verhaltensweisen des Transportunternehmens nicht mehr in den Verantwortungsbereich des Verkäufers fallen, sondern Bestandteil der auf den Käufer übergegangenen Gefahr sind. Allerdings wird in der Praxis dieses Risiko üblicherweise durch den Abschluss einer Transportversicherung abgedeckt,
- Art. 68 CISG knüpft nicht an den Lieferort an. Die Vorschrift erfasst Geschäfte, bei denen sich die verkaufte Ware zum Zeitpunkt des Vertragsschlusses auf dem Transport befindet. Erfasst wäre beispielsweise der Verkauf von Weizen, der zurzeit des Vertragsabschlusses per Schiff von den USA nach Europa unterwegs ist. Nach Art. 68 Satz 1 CISG geht die Gefahr grundsätzlich im Zeitpunkt des Vertragsschlusses auf den Verkäufer über, die Vorschrift bewirkt also eine Vorverlagerung des Gefahrübergangs.[91] Gemäß Satz 2 geht die Gefahr erst bei Übergabe der Ware an den Beförderer über, falls sich dies aus bestimmten Umständen ergibt. Derartige Umstände können beispielsweise der Abschluss einer geschäftsüblichen den Käufer begünstigenden Transportversicherung für die Ware sein.[92]
- Art. 69 Abs. 1 CISG enthält die Regelung der Gefahrtragung für die Konstellationen, die nicht unter Art. 67 oder 68 CISG fallen, also für Fälle, die weder ein Versendungskauf noch ein Geschäft über die zurzeit des Abschlusses auf dem Transport befindliche Ware sind. Die Vorschrift gilt für Fälle, in denen der Lieferort die Niederlassung des Verkäufers ist. Die Gefahr geht gemäß Art. 69

---

90 Vgl dazu OLG Karlsruhe NJW-RR 1993, 1316.
91 MünchKommBGB/*Gruber*, Art. 68 CISG Rn 7.
92 MünchKommBGB/*Gruber*, Art. 68 CISG Rn 8.

Abs. 1 CISG entweder mit tatsächlicher Übernahme der Ware durch den Käufer oder aber zu dem Zeitpunkt über, zu dem die Übernahme durch den Käufer hätte erfolgen müssen. Der zweiten Alternative liegt der Gedanke zugrunde, dass der Käufer nicht die Möglichkeit haben soll, durch eine Verletzung seiner Abnahmeverpflichtung, den Verkäufer länger mit dem Gefahrtragungsrisiko zu belasten.[93]

- Art. 69 Abs. 2 CISG ist auf Fälle anwendbar, bei denen der Käufer die Ware an einem anderen Ort als einer Niederlassung des Verkäufers zu übernehmen hat, erfasst demnach Fälle, die keine Holschuld darstellen. Dies sind konkret die Bringschuld (vgl oben Rn 107) und der Verkauf eingelagerter Ware. In diesen Fällen geht die Gefahr über, sobald der Verkäufer die Ware dem Käufer zur Verfügung gestellt und der Käufer Kenntnis von ihrer Verfügbarkeit hat. Auf die tatsächliche Übernahme durch den Käufer kommt es hierbei nicht an.

112 Neben diesen besonderen Voraussetzungen liegt allen Gefahrtragungstatbeständen zugrunde, dass eine eindeutige Zuordnung der Ware zu dem jeweiligen Kaufvertrag möglich ist, vgl Art. 67 Abs. 2 CISG und 69 Abs. 3 CISG. Diese Zuordnung kann auch durch einen in den Frachtpapieren ausgewiesenen Hinweis herbeigeführt werden. Ergänzend ist darauf hinzuweisen, dass der Verkäufer grundsätzlich die Voraussetzung des Gefahrübergangs zu beweisen hat. Beruft sich hingegen der Käufer gegenüber dem Kaufpreisanspruch des Verkäufers auf einen nach Gefahrübergang erfolgten Untergang oder eine Beschädigung der Ware, so hat er zu beweisen, dass diese auf einem Verhalten des Verkäufers beruht.

3. Sonstige Pflichten

113 Neben der Lieferung und der Eigentumsverschaffung treffen den Verkäufer weitere (Neben-)Pflichten:
- Art. 34 CISG konkretisiert die in Art. 30 geregelte Pflicht des Verkäufers, dem Käufer die Ware betreffende Dokumente zu übergeben. Welche Dokumente zu übergeben sind, richtet sich nach den Vereinbarungen, insbesondere den INCOTERMS, subsidiär auch nach den Gepflogenheiten und Gebräuchen, Art. 9 Abs. 1 CISG. Warenbezogen sind alle für die Übernahme der Ware erforderlichen Urkunden, zB Transportpapiere (Konnossement, Ladeschein), Lagerpapiere, Versicherungspolicen und Einfuhrdokumente (Export-, Importgenehmigungen).
- Art. 32 Abs. 2 CISG verpflichtet den Verkäufer zum Abschluss eines Beförderungsvertrages. Diese Pflicht entsteht allerdings nur, wenn der Verkäufer für den Transport zu sorgen hat, also ein Versendungskauf vorliegt.
- Sollte der Verkäufer aufgrund ausdrücklicher Vereinbarungen, Gepflogenheiten oder Handelsbräuche dazu verpflichtet sein, eine Transportversicherung für die Ware abzuschließen, so sieht Art. 32 Abs. 3 CISG vor, dass die damit verbundenen Auskünfte dem Käufer zu erteilen sind.

4. Rechtsbehelfe des Käufers

a) Überblick und Grundsätze

114 Anders als im BGB und HGB kennt das UN-Kaufrecht bei der Vertragsverletzung nur ein entscheidendes Kriterium, die Schwere der Vertragsverletzung. Es ist bei der Beurteilung der Rechtsfolgen unerheblich, ob nur „eine Leistungsverzögerung" vorliegt oder eine Schlechterfüllung in Form von mangelhafter Ware oder Mengenabweichungen. Auch die Nichtlieferung in Form der Unmöglichkeit erfährt keine besondere Behandlung. Es kommt auch nicht darauf an, ob es sich bei der verletzten Pflicht um eine Haupt-, Neben- oder sonstige Pflicht des Verkäufers handelt. Vor diesem Hintergrund kommt dem Begriff der „wesentlichen Vertragsverletzung", der in Art. 20 CISG definiert und von der Rechtssprechung in einer Vielzahl von Entscheidungen inzwischen konkretisiert worden ist, eine herausragende Bedeutung zu.

---

93 MünchKommBGB/*Gruber*, Art. 69 CISG Rn 2.

aa) Arten der Rechtsbehelfe

Die folgende Übersicht zeigt die verschiedenen Arten der Käuferrechtsbehelfe.

115

Überblick: Käuferrechtsbehelfe

Rechtsbehelfe bei jeder Vertragsverletzung: ■ Anspruch auf Nacherfüllung durch Nachbesserung (Art. 45, 46 III) ■ Anspruch auf Kaufpreisminderung bei mangelhafter Ware (Art. 45, 50)	Rechtsbehelf nur bei „wesentlicher" Vertragsverletzung ■ Anspruch auf Nacherfüllung durch Ersatzlieferung (Art. 45, 46 II) ■ Anspruch auf Aufhebung des Vertrages bei Nichtlieferung (Art. 45, 49)

Ausgangspunkt für die Rechtsbehelfe des Käufers ist Art. 45. Abs. 1 CISG. Die Vorschrift enthält die verschiedenen Rechtsbehelfe, die dem Käufer im Falle einer Vertragsverletzung durch den Verkäufer zustehen. Art. 46 CISG regelt die Erfüllungsansprüche, Art. 49 CISG enthält das Recht zur Vertragsaufhebung und gemäß Art. 50 CISG steht dem Käufer das Recht zur Minderung des Kaufpreises zu (vgl u. Rn 135). Die Art. 51 und 52 CISG enthalten spezielle Regelungen für die Teillieferung, die Zuviellieferung oder die Lieferung vor Fälligkeit. Art. 47 CISG ermöglicht die Nachfristsetzung durch den Käufer. Wie die im deutschen Recht ist diese Nachfristsetzung für die Ausübung bestimmter Rechtsbehelfe erforderlich (vgl zB Art. 49 Abs. 1 lit. b CISG) (vgl u. Rn 137). Art. 48 CISG berechtigt den Verkäufer grundsätzlich, die Vertragsverletzung zu heilen und eröffnet ihm somit ein Recht zur zweiten Andienung. Art. 45 lit. b) CISG ist die Anspruchsgrundlage für die Schadensersatzansprüche des Käufers (vgl u. Rn 136). Die Art. 74 ff CISG. bestimmen nur die Schadensberechnung sowie den Umfang des ersatzfähigen Schadens (vgl u. Rn 139). Art. 45 Abs. 2 CISG stellt klar, dass der Käufer seine Schadensersatzansprüche nicht dadurch verlustig wird, dass er andere Rechtsbehelfe ausübt.

Die Rechtsbehelfe des UN-Kaufrechts sind grundsätzlich verschuldensunabhängig. Dies gilt auch für den Schadensersatzanspruch. Gemäß Art. 74 Satz 2 CISG findet allerdings ein Vorhersehbarkeitskriterium Berücksichtigung. Das Rechtsbehelfsystem der Art. 45 ff CISG ist im Grundsatz darauf ausgerichtet, die Rückabwicklung des Vertrages zu vermeiden. Dem liegt die wirtschaftliche Erwägung zugrunde, dass durch die Rückabwicklung Kosten und Risiken entstehen, die vermieden werden, wenn die Ware beim Käufer bleibt und dessen Nachteile auf andere Weise ausgeglichen werden.

116

Beabsichtigt der Käufer Rechtsbehelfe geltend zu machen, so muss er im Grundsatz Folgendes beachten:

117

- Sämtliche Rechtsbehelfe wegen der Lieferung einer nicht vertragsgemäßen Ware setzen voraus, dass der Käufer zunächst besondere Anzeigen vornimmt. Weicht die vom Verkäufer gelieferte Ware nach Art, Menge, Qualität oder aus anderen Gründen von dem ab, was nach dem abgeschlossenen Vertrag zu erwarten war, so ist der Käufer gehalten, die Abweichung zu rügen. Kommt der Käufer dieser Obliegenheit nicht nach, so besteht die Gefahr, mögliche Rechtsbehelfe wegen vertragswidriger Lieferung nicht mehr geltend machen zu können, Art. 39 CISG.[94]
- Um zu klären, ob die Ware den vertraglichen Erwartungen entspricht, verpflichtet das UN-Kaufrecht zudem den Käufer, die angelieferte Ware zu untersuchen, Art. 38 CISG. Auf diese Weise soll – auch im Interesse des Verkäufers – eine schnelle Klärung herbeigeführt werden. Dies trägt in besonderem Maße dem internationalen Handel Rechnung, der in hohem Maße auf Schnelligkeit angewiesen ist. Die Rügeverpflichtung des UN-Kaufrechts beruht damit auf ähnlichen Erwägungen wie die Rügepflicht des deutschen HGB.
- Eine Rügepflicht besteht für den Käufer auch dann, wenn die gelieferte Ware mit Rechten oder Ansprüchen Dritter belastet ist.

---

[94] BGH NJW-RR 1997, 690.

bb) Wesentliche Vertragsverletzung

118 Das CISG mach Rechtsfolgen mehrfach davon abhängig, dass eine Vertragsverletzung „wesentlich" ist:
- Art. 49 Abs. 1 lit. a) – Pflichtverletzung des Verkäufers
- Art. 51 Abs. 2 – Teilweise Nichterfüllung
- Art. 64 Abs. 1 lit. a) – Pflichtverletzung des Käufers
- Art. 72 – Bevorstehende Vertragsverletzung
- Art. 73 – Sukzessivlieferungsvertrag
- Art. 46 Abs. 2 – Ersatzlieferung
- Art. 70 – Gefahrübergang

Gemäß Art. 25 CISG ist eine Vertragsverletzung wesentlich, wenn sie für die andere Partei solchen Nachteil zur Folge hat, dass ihr im Wesentlichen entgeht, was sie nach dem Vertrag hätte erwarten dürfen, es sei denn, dass die vertragsbrüchige Partei diese Folge nicht vorausgesehen hat und eine vernünftige Person der gleichen Art diese Folge unter den gleichen Umständen auch nicht vorausgesehen hätte.[95] Bei der Frage, ob dem Käufer die in Art. 46 ff CISG genannten Rechtsbehelfe zustehen, ist also zunächst zu prüfen, ob die Erwartungen des Käufers, wie sie sich aus dem Vertrag berechtigterweise ergeben, durch die Vertragsverletzung nachhaltig enttäuscht worden sind. Dabei kommt es entscheidend auf das Interesse des Käufers an.

119 Die in Art. 25 CISG enthaltene Legaldefinition ist für das CISG insofern von grundlegender Bedeutung, als dass sie die Voraussetzung für die schwerste Sanktion, die eine Vertragspartei an die Pflichtverletzung der anderen knüpfen kann, nämlich die Aufhebung des Vertrages ohne Nachfristsetzung (Art. 49 Abs. 1 lit. a), 51 Abs. 2, 64 Abs. 1 lit. a), 72, 73 Abs. 1 und 2 CISG) darstellt.[96] Bei der Auslegung des Begriffs „wesentlich" ist ein weiter Maßstab anzulegen. Der Begriff soll alle ungünstigen Folgen jeder nur möglichen Vertragsverletzung umfassen.[97] Schon der Schaden kann ein wichtiges Indiz für das Vorliegen einer wesentlichen Vertragsverletzung sein:

Beispiel:[98] Der Käufer, ein deutsches Unternehmen, hatte bei dem schweizerischen Verkäufer Kleidungsstücke im Gesamtwert von DM 140 000,00 bestellt. Nach der Lieferung stellte sich heraus, dass die Kleidungsstücke beim Waschen bis zu 15 % einliefen. Der Käufer hat gemäß Art. 81 Abs. 2 CISG Rückabwicklung des Vertrages verlangt.

Die Pflichtverletzung bestand darin, dass der Verkäufer Bekleidungsstücke geliefert hatte, die um 10 bis 15 %, also um eine bis zwei Größennummern einliefen. Diese Pflichtverletzung stellte auch eine wesentliche Vertragsverletzung im Sinne von Art. 25 dar. Die Vertragsverletzung hatte für die Klägerin solchen Nachteil zur Folge, dass sie ihr im Wesentlichen entgangen ist, was sie nach dem Vertrag hätte erwarten dürfen. Die Bekleidungsstücke wurden nach dem Waschen nicht nur geringfügig klein und schrumpften um zwei bis drei Größennummern. Das bedeutet, dass der Endkunde diese Bekleidungsstücke nach dem ersten Waschen nicht mehr tragen kann. Der Endkunde wird diese Kleidungsstücke daher entweder seinem Verkäufer gegenüber reklamieren oder in Zukunft die Ware dieses Verkäufers nicht mehr kaufen. Dadurch erleidet der Verkäufer einen erheblichen Schaden. Das Interesse des Käufers am Kaufvertrag ist also erheblich verletzt worden. Zu berücksichtigen ist hier auch, dass sämtliche Bekleidungsstücke eingelaufen sind, so dass die gesamte Lieferung mangelhaft war.

Bei der Frage, ob eine wesentliche Vertragsverletzung vorliegt, sind zunächst die vertraglichen Vereinbarungen zu berücksichtigen. Ein Rückgriff auf Art. 25 CISG ist nämlich dann ausgeschlossen, wenn die Vertragsparteien individualvertraglich definiert haben, was als wesentliche Vertragesverletzung gelten soll. In der Praxis ist dies häufig der Fall, wenn die Vertragsparteien Lieferzeiten als wesentlich definieren. Zwar ist es grundsätzlich neben der individualvertraglichen Vereinbarung möglich, dass der Käufer in seinen Allgemeinen Geschäftsbedingungen eine Pflicht des Verkäufers als wesentlich

---

[95] BGH NJW 1996, 2364; *Schlechtriem*, Rn 191, 195; *Soergel/Lüderitz/Fenge/Budzikiewicz*, Art. 25 CISG Rn 2.
[96] *Saenger*, in: Bamberger/Roth, Art. 25 CISG Rn 1 a.
[97] *Schlechtriehm*, Schwenzer/Schlechtriehm, Rn 9.
[98] LG Landshut, Urt. v. 5.4.1995, CISG-Online 193.

im Sinne des Art. 25 CISG bezeichnet, doch ist zweifelhaft, ob und inwieweit derartige Klauseln der Inhaltskontrolle gemäß § 307 BGB standhalten, vorausgesetzt deutsches AGB-Recht ist insoweit anwendbar.[99] Wenngleich es in der Praxis regelmäßig erhebliche Schwierigkeiten bereitet, die Wesentlichkeit einer Vertragsverletzung festzustellen, hat sich inzwischen eine Judikatur herausgebildet, die zumindest einige Anhaltspunkte hier gibt.[100] Danach kann man einzelne Fallgruppen unterscheiden:

(1) Nichtlieferung

Liefert der Verkäufer die Ware endgültig nicht, ist jedenfalls eine wesentliche Vertragsverletzung festzustellen. Dabei kommt es nicht darauf an, ob eine Unmöglichkeit oder (nur) Unvermögen des Verkäufers vorliegt. Auch eine Erfüllungsverweigerung kann eine wesentliche Vertragsverletzung begründen.[101]

Beispiel:[102] Die Klägerin, eine Gesellschaft aus Hongkong, hatte mit der Beklagten, einer Gesellschaft aus Deutschland, Verträge zur Belieferung mit bestimmten Produkten aus der Volksrepublik China geschlossen. Wiederholt kam es zu Schwierigkeiten bei der Abstimmung und Einhaltung der Lieferzeiten sowie bei der für die Kunden der Beklagten geforderten Qualität. Die Klägerin verweigerte die Lieferung weiterer Ware und machte diese von der Bezahlung bereits für gelieferte Ware abhängig. in dem Rechtsstreit ging es unter anderem darum, ob die Beklagte wegen der Nichtlieferung Schadensersatz nach Art. 74 CISG verlangen konnte, mit dem sie gegebenenfalls aufrechnete.
Die Erfüllungsverweigerung der Klägerin wurde als wesentliche Vertragsverletzung angesehen, da sie erklärt hatte, dass sie überhaupt nicht liefern werde oder könne oder nur gegen zusätzliche Gegenleistung lieferbereit sei. Um eine solche unberechtigte Erfüllungsvereinbarung handelt es sich auch dann, wenn die Verkäuferin nach Abschluss eines Vorkasse-Kaufvertrages und nach Vorkasse-Eingang – wie hier – ihre Lieferung von der Bezahlung rückständiger Forderungen aus früheren Lieferungen abhängig macht. Mangels gegenteiliger Feststellungen ist eine Vorkasse-Vereinbarung allgemein – auch im internationalen Verkehr – bereits aus sich heraus dahin zu verstehen, dass die Leistung Vorkasse ausgeführt werden soll, ohne dass rückständige Rechnungsbeträge aus anderen Leistungen zuvor auszugleichen sind.[103] Zudem kann eine objektive und subjektive dauernde Unmöglichkeit eine wesentliche Vertragsverletzung darstellen.[104]

(2) Verzug

Auch der Verzug der Lieferung kann als eine wesentliche Vertragsverletzung gewertet werden, und zwar dann, wenn die genaue Einhaltung des Liefertermins individualvertraglich zu einer wesentlichen Vertragspflicht bestimmt wurde. Das ist regelmäßig dann der Fall, wenn die genaue Einhaltung des Liefertermins für den Käufer von besonderem Interesse ist.

Beispiel:[105] Die Beklagte bestellte am 26.1.1997 zum 15.3.1997 der Klägerin einen Pkw. Die Bestellung bestätigte die Beklagte mit Fax-Schreiben, auf dem sie als Lieferzeit den Monat April 1997 angab. Zugleich war auf der Bestätigung noch durch Unterstreichen hervorgehoben, dass eine Änderung im Liefertermin vorbehalten blieb. Die Beklagte hatte ihrerseits den bestellten Pkw bereits am 14.1.1997 an ihren Kunden weiterverkauft, der den Pkw spätestens bis März 1997 zur Verfügung gestellt haben wollte. Trotz mehrfacher Aufforderung kam es im März und April 1997 nicht zur Aus-

---

99 Dazu *Saenger*, in: Bamberger/Roth, Art. 25 CISG Rn 6.
100 BGH NJW 1995, 2101.
101 MünchKommBGB/*Gruber*, Art. 25 CISG Rn 20; MünchKommHGB/*Benicke*, Art. 25 CISG, Rn 32; Soergel/Lüderitz/Schüßler-Langeheine, Art. 49 CISG Rn 3.
102 Teilschiedsspruch des Schiedsgerichts der Handelskammer Hamburg vom 21.3.1996, CISG-Online 187.
103 BGH, Urt. v. 18.5.1995, RIW 1995, 776.
104 MünchKommHGB/*Benicke*, Art. 25 CISG Rn 33.
105 Nach LG Halle, Urt. v. 27.3.1998, CISG-Online 521.

lieferung und die Beklagte entschied sich, vom Vertrag zurückzutreten. Mit ihrer Klage macht die Klägerin Schadensersatzansprüche aus dem Kaufvertrag geltend.

Nach der Beweisaufnahme ergab sich, dass der Pkw erst am dem 3.6.1997 zur Abholung durch die Beklagte zur Verfügung stand. Da beiden Parteien aber bewusst war, dass eine Überschreitung des vertraglich vereinbarten Liefertermins den Interessen der Beklagten völlig entgegenstand, muss daher davon ausgegangen werden, dass die insoweit vorhandene deutliche Überschreitung des Liefertermins auch eine wesentliche Vertragsverletzung darstellte. Diese berechtigte die Beklagte dann aber auch zur Aufhebung des Vertrages.

Zudem finden sich vertragliche Vereinbarungen bezüglich des Liefertermins in den INCOTERM-Klauseln CIF und FOB. Im Übrigen gehören zu dieser Fallgruppe sämtliche Fixgeschäfte und die Fälle der Saisonware.

Beispiel:[106] Die Klägerin, eine italienische Gesellschaft, hatte Kleidung im Wert von DM 20 000,00 an die Beklagte mit Sitz in Oldenburg geliefert. Die Beklagte verweigerte die Zahlung, da sie die Ware nur teilweise, insbesondere aber zu spät erhalten habe. Das Gericht verneinte das Vorliegen einer wesentlichen Vertragsverletzung. Die Beklagte hatte nämlich die Sommerware am 9.9.1989 mit der Maßgabe bestellt, dass sie in der Zeit von Februar/März/10. April 1990 abzusenden sei. Genau das ist geschehen. Zwar ist ein Teil der Ware am 11.4.1990, und damit einen Tag verspätet, abgesandt worden. Dies ist allerdings unschädlich, weil die Beklagte die Ware behalten und nicht zurückgewiesen hat, wie es beim absoluten Fixgeschäft erforderlich gewesen wäre. Eine Absendeverzögerung von einem Tag kann mangels anderer Regelungen im Vertrag nicht als wesentlich angesehen werden, Schäden sind weder vorgetragen noch ersichtlich.

(3) Mangelhafte Lieferung

122 Eine mangelhafte Lieferung stellt nur dann eine wesentliche Vertragsverletzung dar, wenn die Möglichkeit nicht besteht, den Mangel durch Nachbesserung oder Nachlieferung in für den Käufer zumutbarer, in zeitlich aber sonst nicht übermäßig belastende Art und Weise zu beheben.[107]

123 Wenn dem Käufer die Verwertung der sachmangelhaften Ware zumutbar möglich ist, beispielsweise durch Weiterverkauf zu einem auch deutlich reduzierten Preis im Rahmen seines üblichen Geschäftsbetriebs, liegt keine wesentliche Vertragsverletzung vor.

Beispiel:[108] Die italienische Klägerin hatte an die Beklagte, eine deutsche Autovermietungsfirma, „Globen" geliefert. Dabei handelte es sich um einen aus Metall gefertigten Träger für einen Videomonitor, der auf einen kleineren bzw. größeren Gestell montiert, von einem Motor, ähnlich wie ein Ventilator, um die eigene Achse hin- und herschwenken bewegt wird. Die Beklagte wollte diese Globen in ihren Filialen aufstellen, um Filme vorzuführen. Nachdem die Beklagte einen Teil der Globen erhalten hatte, rügte sie die Mangelhaftigkeit der Globen, da sie nach einigen Tagen schon keine vollständige Hin- und Herbewegung durchführten und sich teilweise überhaupt nicht mehr bewegten. Die Klägerin verlangt Zahlung des Kaufpreises. Die Beklagte macht widerklagend die Aufhebung des Vertrages geltend, da eine wesentliche Vertragsverletzung vorliege.

Das Gericht hat das Vorliegen einer wesentlichen Vertragsverletzung im Sinne der Art. 49 Abs. 1a, 25 CISG verneint. Dabei sei zunächst zu berücksichtigen, dass das CISG die Vertragsaufhebung nur als ultima ratio angesehen habe. Bei der Frage, ob der Beklagten aufgrund der Lieferung von Globen mit minderwertigen, für einen mehrjährigen Betrieb nicht geeigneten Motoren im Wesentlichen das entgangen ist, was er nach dem Vertrag hätte erwarten dürfen, ist zu berücksichtigen, dass dieser Mangel durch Austausch der Motoren prinzipiell behebbar ist. Darüber hinaus ist die Drehfunktion der Globen im Vergleich zu ihrer Funktion als repräsentatives Showobjekt, mit dem – auch ohne

---

106 Urt. des LG Oldenburg v. 27.3.1996, CISG-Online 188.
107 OLG Koblenz, IHR 2003, 172, 175; OLG Köln, IHR 2003, 15, 16; Handelsgericht des Kantons Aargau, IHR 2003, 178, 180.
108 Nach LG München, Urt. v. 27.2.2002, IHR 2003, 233, 235.

Drehbewegung – Werbevideos vorgeführt werden können, nachrangig. Die Schwenkbewegung der Globen verstärkt lediglich den Werbe- und Showeffekt. Er ist kein zentraler Faktor. Auch ohne Schwenkbewegung stellen die Globen repräsentative und funktionsfähige Ausstattungs- und Ausstellungsstücke dar. Die Beklagte hatte somit im Kern das erhalten, was sie haben wollte: hochwertige Designerobjekte, die zu dem modernen Markenimage passten. Hat der Käufer Verwendung für die mangelhafte Ware, liegt keine wesentliche Vertragsverletzung vor.

Ob dem Käufer eine anderweitige Verwertung der Ware möglich und zumutbar ist, richtet sich in erster Linie nach ihrem Verwendungszweck, aber auch nach dem Maß der Qualitätsabweichung sowie Art und Größe des Unternehmens des Käufers.[109] Die Zumutbarkeit einer anderweitigen Verwendung ist jedenfalls dann zu verneinen, wenn eine Weiterveräußerung für den Käufer die Gefahr der Berufsschädigung nach sich zieht. Selbst wenn unter Anwendung dieser Kriterien ein die Gläubigerinteressen wesentlich beeinträchtigender Vertragsbruch festgestellt wird, ist dann nicht von einer wesentlichen Vertragsverletzung auszugehen, wenn die vertragsbrüchige Partei diese Folge weder vorausgesehen hat noch voraussehen musste. Den Maßstab für die Beurteilung, was für die vertragsbrüchige Partei vorhersehbar war, bildet die Fähigkeit einer vernünftigen Person der gleichen Art.[110] Die persönliche Unfähigkeit der vertragsbrüchigen Partei, die Folgen ihrer Vertragsverletzung vorauszusehen, genügt daher zur Entlastung nicht. Maßgeblicher Zeitpunkt ist hierbei der Zeitpunkt des Vertragsschlusses.[111] In engen Grenzen sind dabei auch nachträgliche Kenntnisse der vertragsbrüchigen Partei mit zu berücksichtigen.[112]

cc) Untersuchungs- und Rügeobliegenheit

Für einige Rechtsbehelfe des Käufers bietet die Untersuchungs- und Rügeobliegenheit eine gemeinsame Schranke, die allgemeinen Grundsätzen unterliegt. Zunächst hat der Käufer gemäß Art. 38 Abs. 1 CISG die Ware innerhalb einer so kurzen Frist zu untersuchen oder untersuchen zu lassen, wie es die Umstände erlauben. Art. 39 CISG regelt hingegen die Mängelrüge. Gemäß Art. 39 Abs. 1 CISG verliert der Käufer das Recht, sich auf eine Vertragswidrigkeit der Ware zu berufen, wenn er sie dem Verkäufer nicht innerhalb einer angemessenen Frist nach dem Zeitpunkt, in dem er sie festgestellt hat oder hätte feststellen müssen, anzeigt und dabei die Art der Vertragswidrigkeit genau bezeichnet.

(1) Untersuchungsobliegenheit

Die Untersuchungsobliegenheit nach Art. 38 CISG gilt für Sachmängel und auch für Quantitätsabweichungen. Anders als nach der deutschen Regelung des § 377 HGB trifft die Untersuchungsobliegenheit nach dem CISG auch Nichtkaufleute, sofern das UN-Kaufrecht nach Art. 2 lit. a) CISG ausnahmsweise Anwendung findet.[113] Art und Weise der notwendigen Untersuchungshandlungen sind in Art. 38 CISG nicht geregelt. Daher richten sich diese grundsätzlich nach Vereinbarungen, Art. 6 CISG, sowie Gebräuchen und Gepflogenheiten, Art. 9 CISG, zwischen den Parteien. Werden Waren in großer Stückzahl geliefert, so sind Stichproben erforderlich, aber auch hinreichend.[114] Dies gilt grundsätzlich auch, wenn die Untersuchung der Ware für den Käufer einen gewissen Aufwand bedeutet. Beeinträchtigt die Untersuchung die Ware derart, dass sie dadurch unverkäuflich wird, muss eine entsprechend geringe Anzahl von Stichproben genügen. Ob im Extremfall eine derart genaue Untersuchung ganz unterbleiben kann, erscheint zweifelhaft. Die Untersuchungskosten trägt der Käufer. Ergibt die Untersuchung jedoch eine Vertragswidrigkeit, so trägt sie der Verkäufer, da der Käufer die Kosten jedenfalls nutzlos aufgewandt hat.

---

109 *Saenger*, in: Bamberger/Roth, Art. 25 CISG Rn 8a.
110 *Saenger*, in: Bamberger/Roth, Art. 25 CISG Rn 10.
111 *Schlechtriem*, aaO, Rn 112.
112 Vgl *Saenger*, in: Bamberger/Roth, Art. 25 CISG Rn 11.
113 *Saenger*, in: Bamberger/Roth, Art. 38 CISG Rn 2.
114 Handelsgericht des Kantons Zürich, 30.11.1998, SZIER 1999, 185, 186.

127 Die Untersuchung ist, soll sie die Rechtsbehelfe wegen nicht vertragsgemäßer Lieferung erhalten, an eine flexible Frist gebunden, die vertraglich vereinbart werden kann.[115] Die Dauer der Untersuchungsfrist bestimmt sich nach den Umständen des Einzelfalls.[116] Daher sind die objektiven Möglichkeiten maßgeblich, unter zumutbaren Kosten in der üblichen Weise die Ware zu prüfen. Ist weder Verderb noch Veränderung der Qualität zu besorgen, so ist sofortige Untersuchung nicht zumutbar, wenn andere Geschäfte den Käufer in Anspruch nehmen.[117] Saisonware muss jedoch besonders zügig untersucht werden.[118] Der Käufer gepanschten Weines braucht ohne besondere Anhaltspunkte keine Untersuchungen zu veranlassen, die nicht von der herkömmlichen chemischen Analyse abgedeckt werden.[119]

(2) Rügepflicht

128 Nach Art. 39 CISG muss der Käufer die Vertragswidrigkeit der erhaltenen Ware rügen, wenn er hieraus Rechte gegen den Verkäufer geltend machen will. Der Käufer muss die Rüge innerhalb einer angemessenen Frist absenden.[120] Die Dauer der Frist hängt wiederum von den Gepflogenheiten, der Art und dem Wert der Ware, der Erheblichkeit des Mangels und der Höhe des durch weiteres Abwarten zu erwartenden Schadens ab.[121] Aus der bislang vorliegenden Rechtsprechung lassen sich sehr vergröbert folgende Leitlinien feststellen. Bei verderblichen Waren liegt die Frist unter einer Woche.[122] Bei sonstigen Waren liegt die Frist zwischen einer und zwei Wochen.[123] In Ausnahmefällen werden noch drei bis vier Wochen von den Gerichten akzeptiert.[124]

129 Der Käufer muss die Vertragswidrigkeit nach Art. 39 Abs. 1 CISG genau bezeichnen. Dies bezweckt, dass der Verkäufer eine sachgerechte Entscheidung über seine weitere Vorgehensweise treffen kann.[125] Allgemeine Beschwerden bzw Äußerungen der Unzufriedenheit genügen daher dem Substantiierungsgebot nicht.[126] Kann der Käufer Mängel der Kaufsache allein durch Ingebrauchnahme feststellen, die Kaufsache aber nur ohne vorherige Ingebrauchnahme im ordnungsgemäßen Wirtschaftsverkehr absetzen, so genügt er seiner Rügepflicht, wenn er die ihm von seinem Abnehmer gemeldeten Mängel binnen angemessener Frist dem Verkäufer gegenüber rügt.[127] Die Rügeobliegenheit kann von den Parteien konkretisiert, gelockert oder verschärft werden.[128] Ein stillschweigender (nachträglicher) Verzicht des Verkäufers ist anzunehmen, wenn er auf eine verspätete Rüge Ersatzlieferung verspricht oder die beanstandete Ware vorbehaltlos zurücknimmt.[129] Rügt der Käufer nicht ordnungsgemäß, verliert er die ihm wegen der Vertragswidrigkeit der Ware zustehenden Rechtsbehelfe nach den Art. 45 ff CISG.[130] Die Ware gilt insofern als genehmigt. Das gilt auch bei misslungener Nachbesserung, da hierin eine erneute Nichterfüllung der Pflichten des Verkäufers liegt, so dass ein zweites Mal gerügt werden muss.[131]

---

115 LG Gießen, NJW-RR 1995, 438.
116 OLG Oldenburg, DB 2001, 1088.
117 OLG Karlsruhe, BB 1998, 393; Obergericht Luzern, SJZ 1998, 515.
118 AG Kehl, NJW-RR, 565.
119 LG Trier, NJW-RR 1996, 564.
120 BGH NJW-RR 1997, 690.
121 ÖstOGH JBl. 1999, 318, 320.
122 OLG Düsseldorf, RIW 1993, 325; LG München, RiW 1996, 688; OLG Saarbrücken, NJW-RR 1999, 780 (Blumen).
123 ICC Court of Arbitration SZIER 1995, 281; OLG Köln, RiW 1994, 972; OLG Karlsruhe, BB 1998, 393; LG Aachen, RiW 1990, 491; ÖstOGH JBl. 1999, 318, 320.
124 BGH, DB 2000, 569; OLG Stuttgart, RIW 1995, 943; OLG München, SZIER 1999, 199; aA LG Stuttgart, IPRax 1990, 317.
125 BGH, RiW 2000, 381, 382.
126 MünchKommHGB/*Benicke*, Art. 39 Rn 3; Staudinger/*Magnus*, Art. 39 Rn 21.
127 LG Marburg, NJW-RR 1996, 760.
128 LG Gießen, NJW-RR 1995, 438.
129 BGH, IPRax 1999, 377, 378.
130 OLG Düsseldorf, NJW-RR 1993, 999; LG Kassel, NJW-RR 1996, 1146; LG Frankfurt am Main, NJW-RR 1994, 1264.
131 LG Oldenburg, NJW-RR 1995, 438.

b) Einzelne Rechtsbehelfe
aa) (Nach-)Erfüllungsanspruch

Der ursprüngliche Erfüllungsanspruch des Käufers ergibt sich unmittelbar aus Art. 46 Abs. 1 CISG. Wenngleich dieser Erfüllungsanspruch für den deutschen Rechtsanwender eine Selbstverständlichkeit darstellt, sieht das CISG in Art. 28 eine Beschränkung der klageweisen Durchsetzbarkeit von Erfüllungsansprüchen vor. Da im angloamerikanischen Rechtskreis eine klageweise Durchsetzung des Anspruchs auf Erfüllung in Natur (specific performance) nur ausnahmsweise zulässig ist, erlaubt das UN-Kaufrecht den Gerichten dieses Rechtskreises die Erfüllung in Natur nur dann zu gewähren, wenn dies auch nach eigenem materiellem Recht erforderlich wäre.

Die Praxisbedeutung dieser Einschränkung ist für die exportorientierte deutsche Wirtschaft eher gering, da ein deutsches Unternehmen in der Mehrzahl der Fälle vor einem deutschen Gericht verklagt wird. Da in Deutschland die Erfüllung in Natur der primäre Rechtsbehelf ist, wird ein deutsches Gericht, auch wenn UN-Kaufrecht anwendbar sein sollte, zunächst diesen Erfüllungsanspruch gewähren. Anders ist es jedoch, wenn ein deutscher Käufer seinen amerikanischen oder britischen Lieferanten verklagen will. In einem solchen Fall ist es äußerst zweifelhaft, ob ein amerikanisches oder britisches Gericht „specific performance" gewähren wird, da dies nur in Ausnahmefällen möglich ist.

Art. 46 Abs. 2 und 3 CISG befassen sich mit dem Nacherfüllungsanspruch bei Lieferung vertragswidriger Ware.[132] Dem Käufer stehen Ansprüche auf Ersatzlieferung oder auf Nachbesserung zu, beide unterliegen bestimmten Fristen.[133] Insoweit bestehen Parallelen zu § 439 BGB. Für die Frage welche Art der Nacherfüllung verlangt werden kann, stellt das UN-Kaufrecht im Gegensatz zu § 439 Abs. 3 BGB aber nicht primär auf Zumutbarkeitsgesichtspunkte ab, sondern differenziert danach, ob eine wesentliche Vertragsverletzung vorliegt oder nicht. Nur bei einer wesentlichen Vertragsverletzung gemäß Art. 46 Abs. 2 CISG besteht ein Anspruch auf Ersatzlieferung. Der Nachbesserungsanspruch ist hingegen auch bei nicht wesentlichen Vertragsverletzungen gemäß Art. 46 Abs. 3 CISG gegeben, allerdings bedarf es dann der Prüfung, ob die Nachbesserung dem Verkäufer zumutbar ist.

bb) Vertragsaufhebung

Gemäß Art. 49 CISG steht dem Käufer unter bestimmten Voraussetzungen das Recht zur Vertragsaufhebung zu.[134] Dieser Rechtsbehelf entspricht in seiner Funktion dem Rücktritt des deutschen BGB/HGB. Wie eingangs bereits erwähnt, ist die Vertragsaufhebung die ultima ratio des UN-Kaufrechts.[135] Art. 49 CISG unterscheidet zwei Fälle, den Fall der Nichtlieferung gemäß Art. 49 Abs. 1 lit. b) und die anderen Fälle der Vertragsverletzung gemäß Art. 49 Abs. 1 lit. a) CISG:

- Verletzt der Verkäufer anders als durch Nichtlieferung seine vertraglichen Pflichten, kann der Vertrag nur aufgehoben werden, wenn es sich bei dieser Vertragsverletzung um eine wesentliche handelt. Darunter fallen insbesondere die Fälle der Lieferung mangelhafter Ware.
- Sofern es sich um eine Nichtlieferung handelt, kann gemäß Art. 49 Abs. 1 lit. b) CISG der Käufer eine Nachfrist gemäß Art. 47 CISG setzen und nach deren erfolglosen Ablauf den Vertrag aufheben. Diese Fristsetzung ist nicht bei Lieferung mangelhafter Ware und sonstigen Erfüllungsmängeln möglich.

Die Vertragsaufhebung gemäß Art. 49 Abs. 2 CISG gilt für diejenigen Fälle, in denen der Verkäufer zu irgendeinem Zeitpunkt geliefert hat. In diesem Fall sind bestimmte Fristenregelungen zu beachten.[136] Da die Aufhebung des Vertrages diesen in ein so genanntes Rückgewährschuldverhältnis umwandelt, ist der Käufer, sofern er die Ware bereits erhalten hat, zur Rückgabe dieser Ware gemäß Art. 81 Abs. 2 CISG verpflichtet. Ist der Käufer nicht in der Lage, die Ware ordnungsgemäß zurückzugeben,

---

132 OLG Hamm NJW-RR 1996, 179.
133 *Fountoulakis*, IHR 2003, 160.
134 BGH NJW 1997, 3311; OLG Frankfurt NJW 1994, 1013.
135 OLG Düsseldorf NJW-RR 1994, 506.
136 Zur Angemessenheit der Frist: OLG München NJW-RR 1994, 1975.

scheidet der Rechtsbehelf der Vertragsaufhebung aus, so genannte Aufhebungssperre gemäß Art. 82 Abs. 1 CISG.

134 Art. 72 Abs. 1 CISG gibt dem Käufer die Möglichkeit, den Vertrag auch bei einem antizipierten Vertragsbruch aufzuheben. Dazu muss allerdings gemäß Art. 72 Abs. 1 CISG offensichtlich sein, dass eine Partei eine wesentliche Vertragsverletzung begehen wird. Die Vorschrift bietet dem vertragstreuen Teil, hier dem Käufer, damit präventiven Schutz und ermöglicht es ihm, seine Dispositionsfreiheit wieder zu erlangen.[137]

cc) Minderung des Kaufpreises

135 Gemäß Art. 50 CISG ist der Käufer berechtigt, bei einer Lieferung vertragswidriger Ware durch den Verkäufer den Kaufpreis zu mindern. Die Bedeutung der Minderung gemäß Art. 50 CISG in der Praxis ist eher gering, da die verschuldensunabhängige Schadensersatzhaftung gemäß Art. 45 CISG ähnlich wie das angloamerikanische Recht den Minderwert in der Regel ebenfalls umfasst. Die Berechnung des geminderten Kaufpreises ergibt sich aus folgender Formel:

$$\text{geminderter Kaufpreis} = \frac{\text{vertraglicher Kaufpreis} \times \text{Wert der mangelhaften Ware}}{\text{Wert der mangelfreien Ware}}$$

Das Minderungsrecht steht jedoch gemäß Art. 50 Satz 2 CISG unter dem Vorbehalt eines vorrangigen Nacherfüllungsrechtes. Weigert sich der Käufer unberechtigterweise eine Mängelbeseitigung nach Art. 37 oder 48 CISG oder eine vollständige Mängelbehebung anzunehmen, so scheidet eine Minderung aus. Hat der Käufer die Minderung sofort erklärt, ohne dem Verkäufer die Möglichkeit zu geben, innerhalb eines zumutbaren Zeitraums die Nacherfüllung nach Art. 48 CISG anzubieten, so steht die Erklärung der Minderung unter der auflösenden Bedingung der Nacherfüllung. Das Recht auf Herabsetzung des Kaufpreises ist an keine Fristen gebunden.

dd) Schadensersatzansprüche

136 Neben allen anderen Rechtsbehelfen, die der Käufer bei Vorliegen der jeweiligen Voraussetzungen gegen den Verkäufer hat, kann er für solche Schäden und Nachteile, für die er durch die Ausübung eines anderen Rechtsbehelfs keinen Ausgleich erlangt hat, immer auch Schadensersatz verlangen, Art. 45 Abs. 1 lit. b) CISG. Umfang und Höhe des Schadensersatzanspruchs richten sich sodann nach Art. 74 bis 77 CISG. Neben Schadensersatz können Erfüllung und Minderung ebenso geltend gemacht werden, wie die Vertragsaufhebung. Der Umfang des Schadensersatzanspruchs hängt dann von dem jeweils daneben geltend gemachten Rechtsbehelf ab.[138]

(1) Voraussetzungen

137 Schadensersatzansprüche des Käufers gemäß Art. 45 Abs. 1 lit. b) CISG setzen voraus, dass der Verkäufer eine seiner Pflichten, die sich aus dem Vertrag oder unmittelbar aus dem UN-Kaufrecht ergeben, verletzt hat. Auch der Schadensersatzanspruch setzt im Gegensatz zum deutschen Recht kein Verschulden voraus, unterliegt aber bestimmten Ausschlussgründen, insbesondere denen des Art. 79 und 80 CISG. Gemäß Art. 79 Abs. 1 CISG kann der Verkäufer sich dadurch entlasten, dass er beweist, dass die Nichterfüllung auf einem außerhalb seines Einflussbereichs liegenden Hintergrunds beruht und dass von ihm vernünftigerweise nicht erwartet werden konnte, den Hinderungsgrund bei Vertragsabschluss in Betracht zu ziehen oder den Hinderungsgrund und seine Folgen zu vermeiden und zu überwinden.

138 Da der Schadensersatzanspruch grundsätzlich an eine strenge Garantiehaftung anknüpft, sind die Anforderungen auf diesen Entlastungstatbestand des Art. 79 Abs. 1 CISG hoch. Als „Daumenregel" können für die Entlastungsgründe solche Umstände herangezogen werden, die mit dem Begriff „force

---

137 *Saenger*, in: Bamberger/Roth, Art. 72 CISG Rn 1.
138 OLG Schleswig, IHR 2003, 20, 21.

majeur" in Verbindung zu bringen sind. Dennoch ist es auch hier möglich, individualvertraglich bestimmte Tatbestände festzulegen. Weitere Einschränkungen ergeben sich aus Art. 47 Abs. 2 CISG (Fristsetzung) und Art. 48 Abs. 2 CISG (Ersatzlieferung). Besondere Fristen sind nach dem UN-Kaufrecht hingegen nicht zu beachten.

(2) Umfang und Berechnung des Anspruchs

Liegen die Voraussetzungen des Anspruchs vor, so bestimmen sich Art und Umfang des Schadensersatzes nach Art. 74 bis 77 CISG. Dabei ist Art. 74 CISG die grundlegende Norm. Besondere Regelungen enthalten darüber hinaus Art. 75 CISG für das Deckungsgeschäft und Art. 76 CISG bezüglich des Marktpreises für die Schadensberechnung nach Vertragsaufhebung. Bestimmungen über die Mitwirkung des Gläubigers zum Zwecke der Schadensminderung trifft Art. 77 CISG.[139] Der Schadensersatzanspruch umfasst grundsätzlich den gesamten materiellen Schaden des Käufers, einschließlich des entgangenen Gewinns. Immaterielle Schäden sind aber nur dann ersatzfähig, wenn sie kommerzialisiert sind. „Punitive damages" und andere nicht kompensative Schadensarten kennt das UN-Kaufrecht nicht.[140]

Aus den Art. 75 und 76 CISG ergibt sich, dass die Berechnung des Schadens – ähnlich wie im deutschen Recht – durch eine Differenzrechnung erfolgt.[141] Maßgeblicher Zeitpunkt für die Berechnung des Schadens ist im Prozess der Schluss der letzten mündlichen Verhandlung. Wichtig ist in diesem Zusammenhang darauf hinzuweisen, dass Art. 74 Satz 2 CISG einen Schadensersatz auf denjenigen Verlust begrenzt, den die vertragsbrüchige Partei bei Vertragsabschluss als mögliche Folge der Vertragsverletzung vorausgesehen hat oder unter Berücksichtigung der Umstände, die sie kannte oder kennen musste, hätte voraussehen müssen. Unbeachtlich ist, ob auch der Gläubiger mit diesem Schadenseintritt rechnen musste. Bei Handelsgeschäften unter Kaufleuten ist stets mit einer Weiterveräußerung zu rechnen. Schäden aufgrund entgangenen Gewinns gelten daher regelmäßig als vorhersehbar.

Im Einzelnen sind folgende Positionen vom Schadensersatz umfasst:

- Ersatzfähig sind in gleicher Weise Mangel- wie Mangelfolgeschäden.[142] Bei Mängeln besteht ein Anspruch auf Ersatz der angemessenen Kosten für die Mangelbeseitigung, soweit nicht nach Art. 48 CISG noch das Recht des Schuldners zur Nachbesserung besteht.[143]
- Der Verzugsschaden ist zu ersetzen, ohne dass es dazu einer vorherigen Mahnung bedarf, wenn der Verkäufer nicht innerhalb der vertraglich festgesetzten oder nicht innerhalb angemessener Frist geleistet hat.
- Der Schadensersatz in der Höhe nach begrenzt auf den vorhersehbaren Schaden. Der unmittelbar aus der Nicht- oder Schlechterfüllung folgende Schaden ist als mögliche Konsequenz einer Vertragsverletzung in der Regel voraussehbar.[144] Weil bei Handelsgeschäften unter Kaufleuten stets mit einer Weiterveräußerung gerechnet werden muss, gelten Schäden aufgrund entgangenen Gewinns im Rahmen der üblichen Gewinnspanne regelmäßig als vorhersehbar.

Schwierig ist die Frage zu beurteilen, ob auch Betriebsausfallschäden ersatzfähig sind. Dies kann nur dann angenommen werden, wenn die vertragsbrüchige Partei bei Vertragsschluss auf ein entsprechendes Risiko hingewiesen worden ist. Nicht vorhersehbar ist die Beeinträchtigung des good will, es sei denn, der Käufer hat auf dieses Risiko besonders hingewiesen. Da der Schadensersatzanspruch für den deutschen Juristen in der Form, wie es das UN-Kaufrecht vorsieht, teilweise ungewohnt ist, sollte schon aus diesem Grund überlegt werden, ob man nicht eine vertragliche Regelung findet, um hier Rechtssicherheit zu gewährleisten. Insbesondere ist hier an eine Pauschalierung des Schadensersatzes zu denken.

---

139 *Saenger,* in: Bamberger/Roth, Art. 74 CISG Rn 1.
140 *Verweyen*/Foerster/Toufar, S. 138.
141 MünchKommBGB/*Huber,* Art. 74 CISG Rn 22.
142 BGH NJW 1999, 1259, 1261.
143 OLG Hamm, IPRax 1996, 296.
144 OGH IHR 2002, 76, 80.

(3) Sonderproblem: Zinsen

142 Im Zusammenhang mit Schadensersatzansprüchen stellt sich in der Praxis häufig die Frage, ob und in welcher Höhe Zinsen geltend gemacht werden können. Der Anspruch auf Ersatz der Zinsen ergibt sich unmittelbar aus Art. 78 CISG. Der Gläubiger eines Zahlungsanspruchs erhält einen selbständigen Anspruch auf Zahlung von Verzugszinsen. Voraussetzung ist weder ein Mahnung noch Verschulden. In Art. 78 CISG ist allerdings nicht die Höhe des Zinssatzes geregelt. Auch an anderer Stelle des UN-Kaufrechts findet sich keine ausdrückliche Regelung hinsichtlich der Höhe des geschuldeten Zinses. Die Bestimmung der Zinshöhe ist eine der umstrittensten Fragen des UN-Kaufrechts.[145] Die Rechtsprechung greift auf das nationale Recht zurück, das aus Sicht des Kollisionsrechts des Forumstaates anzuwenden ist.[146] Überwiegend wird dabei auf das Vertragsstatut abgestellt. Dies wird gemäß Art. 28 Abs. 1 Satz 1, Abs. 2 EGBGB in der Regel zur Anwendung des Rechts am Ort der Niederlassung des Verkäufers führen.

143 Wenn Vertragsstatut das deutsche Recht ist, so ist der in § 288 BGB geregelte Verzugszins maßgeblich, nicht hingegen der gesetzliche Zinssatz der §§ 246 BGB, 352 HGB, wobei auch diese Frage umstritten ist. Stellt das Vertragsstatut keinen gesetzlichen Zinssatz zur Verfügung, so ist auf einen von der Notenbank festgesetzten Leitzins oder auf die durchschnittlichen Kreditkosten abzustellen.[147]

c) Konkurrenz zum nationalen Recht

144 Die durch das UN-Kaufrecht vorgesehenen Rechtsbehelfe sind grundsätzlich abschließend. Im Bereich ihrer Anwendung ist ein Rückgriff auf die Rechtsbehelfe des anwendbaren nationalen Rechts nicht möglich. Es gibt allerdings einige Ausnahmen. So ist beispielsweise die Anfechtung wegen arglistiger Täuschung nach dem anwendbaren nationalen Recht (im deutschen Recht: § 123 BGB) nicht durch das UN-Kaufrecht ausgeschlossen. Auch hinsichtlich der Haftung des Verkäufers für Personenschäden enthält das UN-Kaufrecht keine Regelungen, das nationale Recht bleibt insoweit anwendbar. Sachschäden sind allerdings nach den Schadensersatzregeln des UN-Kaufrechts ersetzbar.[148] Auch für Verjährungsfragen können mangels Regelung im UN-Kaufrecht nationale Vorschriften zur Anwendung kommen. Zwar gibt es ein an die Bestimmung des UN-Kaufrechts angepasstes Übereinkommen über die Verjährung beim internationalen Warenkauf, allerdings ist dieses für die Bundesrepublik Deutschland bislang nicht in Kraft getreten.[149] Es ist vor deutschen Gerichten demnach nur anzuwenden, wenn auf den Vertrag eine Rechtsordnung anwendbar ist, in der dieses Abkommen bereits in Kraft ist. Sofern der Vertrag deutschem Recht unterliegt, gelten die Verjährungsregeln des BGB.

d) Beweislast

145 Hinsichtlich der Beweislast sind nach der herrschenden Meinung folgende Grundsätze zu beachten: Der Käufer muss zunächst beweisen, dass eine Pflicht des Verkäufers besteht. Soweit es sich bei deren Verletzung um eine Nichterfüllung handelt, braucht der Käufer dagegen grundsätzlich nichts zu beweisen, die Beweislast trifft insoweit vielmehr den Verkäufer. Etwas anderes gilt jedoch bei der Vertragswidrigkeit: Nach rügeloser Abnahme der Ware durch den Käufer trifft diesen die Beweislast für die Vertragswidrigkeit.[150]

Hinweise zur Vertragsgestaltung: Hinsichtlich der Pflichten des Verkäufers und deren nicht ordnungsgemäße Erfüllung sollten folgende Aspekte angesprochen bzw näher ausgestaltet werden:[151]
- die Grenzen, bis zu denen der Verkäufer auf Schadensersatz haftet,
- die Umstände, die gemäß Art. 79 eine Leistung des Verkäufers herbeiführen,[152]

---

145 So auch *Ferrari*, IHR 2003, S. 153, der sich ausführlich mit der Frage auseinander setzt.
146 MünchKommBGB/*Huber*, Art. 78 CISG Rn 14.
147 MünchKommBGB/*Huber*, Art. 78 CISG Rn 16.
148 Vgl *Herber*, IHR 2001, 187.
149 *Magnus*, RIW 2002, 577, 578.
150 MünchKommBGB/*Huber*, Art. 45 CISG Rn 29.
151 *Piltz*, UN-Kaufrecht, Rn 301 ff.
152 Vgl BGH NJW 1999, 2440.

- die Liefermodalitäten einschließlich Lieferort; insoweit hilfreich und praktikabel sind die INCOTERMS,
- die Gefahrtragung und die Zuordnung der Ware zu dem jeweiligen Kaufvertrag; eine entsprechende Regelung erübrigt sich dann, wenn eine INCOTERM verwandt wird,
- die Lieferzeit gegebenenfalls auf die Möglichkeit vorzeitiger Lieferung und die Gestattung von Teillieferungen,
- die Rechtsmängelhaftung im Hinblick auf denkbare Konflikte mit gewerblichen Schutzrechten; dabei sollte auch geregelt werden, welche Länder und welche Rechte Dritter hierbei in Betracht zu ziehen sind,
- die möglichst präzise Bezeichnung der zu liefernden Ware nach Art, Anzahl sowie Eigenschaften,
- die Eignung der Ware für einen bestimmten Verwendungszweck, die an sie zu stellenden qualitativen Anforderungen einschließlich der zu beachtenden produktrechtlichen Standards,
- Art und Umfang der von dem Käufer vorzunehmenden Eingangsuntersuchungen,
- unter Umständen bestimmten Garantien zur Eignung der Ware,
- Inhalt, Adressat und Frist der bei der Lieferung vertragswidriger Ware vorzunehmenden Rüge,
- die Verkürzung oder Verlängerung von Gewährleistungsfristen,
- die zur Vertragsaufhebung berechtigenden Voraussetzungen. Hierbei sollten typische wesentliche Vertragsverletzungen bestimmt werden. Insoweit ist es auch ratsam, die Fristen zur Erklärung der Vertragsaufhebung festzulegen.

IV. Pflichten des Käufers

Die Pflichten des Käufers ergeben sich aus den Art. 53 bis 65 CISG. Daneben sind wie bei den Pflichten des Verkäufers die allgemeinen Bestimmungen der Art. 25 ff CISG, die Gefahrtragungsvorschriften der Art. 66 ff CISG sowie die in Art. 71 bis 88 CISG enthaltenen Regeln zu beachten. Für den Verkäufer steht die Verpflichtung des Käufers zur Zahlung des Kaufpreises an erster Stelle. Zwar ist in den Art. 53 und 60 CISG der Käufer wie im deutschen Recht darüber hinaus auch verpflichtet, die Ware abzunehmen. Allerdings spielt dieser Aspekt in der Praxis lediglich eine untergeordnete Rolle, die nachfolgenden Ausführungen werden daher auf die Pflicht zur Kaufpreiszahlung nebst der dem Verkäufer zustehenden Rechtsbehelfe für den Fall nicht ordnungsgemäßer Zahlung beschränkt. 146

Prüfungsreihenfolge der Pflichten des Käufers
- Kaufpreiszahlung (Rn 147)
  - fristgerecht
  - vereinbarte Höhe
- Abnahmepflicht (Rn 156)

1. Zahlung des Kaufpreises

Die Kaufpreiszahlungspflicht des Käufers beruht auf Art. 53 CISG. Diese wird näher konkretisiert in den Art. 54 bis 59 CISG. Allerdings erfassen diese Vorschriften nicht sämtliche Fragen, die sich im Zusammenhang mit der Kaufpreiszahlung ergeben. 147

a) Inhalt der Kaufpreiszahlungspflicht

Es obliegt dem Käufer, die Voraussetzung zu schaffen, welche die Kaufpreiszahlung möglich machen.[153] Sämtliche damit verbundene Vorbereitungsmaßnahmen sind bereits Teil der Kaufpreiszahlungspflicht, ein entsprechendes Versäumnis ist nicht bloß ein antizipierter Vertragsbruch, sondern eine unmittelbare Verletzung der Pflicht selbst. Der zu zahlende Kaufpreis ergibt sich im Grundsatz aus der Vereinbarung zwischen den beiden Parteien. Sofern eine solche fehlt und trotzdem ein gültiger Vertrag vorliegt, greift die Regel des Art. 55 CISG ein (üblicher Kaufpreis), ist der Preis nach dem Gewicht bestimmt, gilt hingegen Art. 56 CISG (Bestimmung nach dem Nettogewicht). 148

---
[153] Vgl OLG Düsseldorf NJW-RR 1997, 822.

149 Der vereinbarte Kaufpreis erstreckt sich grundsätzlich auf alle Leistungen, die der Verkäufer vertraglich schuldet, also gegebenenfalls auch die Kosten für Verpackung, Versendung, Versicherung sowie auch anfallende Steuern. Abweichende Vereinbarungen, etwa mittels Vereinbarung von Handelsklauseln (INCOTERMS) sind möglich. Der vereinbarte Kaufpreis ist im Grundsatz endgültig.[154] Ein Anspruch auf Vertragsanpassungen nach Verhandlung ist dem UN-Kaufrecht fremd. Insoweit ist es Sache der Parteien selbst, entsprechende Regelungen im Vertrag zu treffen.

150 Art. 57 Abs. 1 CISG bestimmt, dass der Zahlungsort sich vorrangig nach Vertrag richtet. Sofern eine derartige Vereinbarung nicht gegeben ist, gilt grundsätzlich der Niederlassungssitz des Verkäufers als Zahlungsort gemäß Art. 57 Abs. 1 lit. a) CISG. Ist Zahlung gegen Übergabe der die Ware betreffenden Dokumente vereinbart, ist der Ort Zahlungsort, an dem nach dem Vertrag die Übergabe der Dokumente stattfinden soll (Art. 57 Abs. 1 lit. b) CISG). Der Verkäufer ist verpflichtet, den Käufer rechtzeitig über die Verlegung seines Niederlassungsortes zu informieren, da sich durch diese Verlegung regelmäßig der Zahlungsort entsprechend ändert (Art. 57 Abs. 2 CISG).

b) Währung

151 Das UN-Kaufrecht regelt nicht die Frage, in welcher Währung der Kaufpreis zu zahlen ist. Abzustellen ist insoweit auf die Parteivereinbarung (Art. 6 CISG) sowie auf Gebräuche und Gepflogenheiten (Art. 9 CISG). Lässt sich anhand dieser Kriterien die Währung nicht ermitteln, so beurteilt sie sich nach nationalem Recht. Legt man das deutsche IPR zugrunde, so ist dabei das Vertragsstatut maßgeblich, bei fehlender Rechtswahl im Sinne von Art. 27 EGBGB ist danach Art. 28 Abs. 2 EGBGB auf das Verkäuferrecht abzustellen. Zumindest für solche EU-Mitgliedstaaten, die den Euro eingeführt haben, wird dies keine Probleme bereiten.

c) Weitere Zahlungsmodalitäten

152 Ergibt sich nicht aus Vertrag (Art. 6 CISG) oder Brauch (Art. 9 CISG) etwas anderes, so gilt der Grundsatz der Barzahlung, dem im internationalen Handelsverkehr die bargeldlose Zahlung durch Überweisung gleichsteht. Eine Scheckzahlung erfolgt lediglich erfüllungshalber und hat Erfüllungswirkung erst bei Einlösung, ohne dass diese auf den Zeitpunkt der Scheckübergabe zurückzubeziehen wäre. Ferner liegt Art. 59 CISG die Wertung zugrunde, dass die gesamte Summe grundsätzlich einheitlich zu zahlen ist, der Käufer also kein Recht auf Ratenzahlung hat.[155]

d) Fälligkeit, Zinsen

153 Art. 58 Abs. 1 CISG legt die Zahlungszeit fest. Sofern vertraglich keine Zahlungszeit vereinbart ist, so hat der Käufer den Preis zu zahlen, sobald ihm der Verkäufer entweder die Ware oder die Dokumente die zur Verfügung darüber berechtigen, nach dem Vertrag zur Verfügung gestellt hat. Dem Käufer muss zudem die Möglichkeit eingeräumt werden, die Ware vor Zahlung des Kaufpreises zu untersuchen, wobei diese Untersuchung nicht die Untersuchung gemäß Art. 38 CISG ersetzt. Der Käufer kann also zunächst eine erste Untersuchung bei Übernahme der Ware vornehmen. Selbst wenn er sich zu diesem Zeitpunkt nicht alle Rechte vorbehält, geht er seiner Mängelansprüche nicht verlustig, wenn er im weiteren Art. 38 und 39 CISG berücksichtigt.

e) Zahlungsklauseln

154 Für die Bezeichnung der maßgeblichen Zahlungsmodalitäten werden in der Praxis häufig Handelsklauseln herangezogen. Den Lieferklauseln (insbesondere den INCOTERMS) hinsichtlich der Anerkennung vergleichbare Zahlungsklauseln bestehen nur in sehr beschränktem Umfang, insbesondere durch die einheitlichen Richtlinien und Gebräuche für Dokumentenakkreditive der ICC. Für den Inhalt der Klauseln muss letztlich daher im konkreten Fall auf alle Gebräuche bzw Gepflogenheiten (Art. 9 CISG) abgestellt werden. Dennoch lassen sich für die Mehrzahl der Zahlungsklauseln inhaltlich in der Regel zutreffende Aussagen treffen. Wichtige Zahlungsklauseln sind folgende:

---

154 MünchKommBGB/*Huber*, Art. 53 CISG Rn 10.
155 Vgl MünchKommBGB/*Huber*, Art. 53 CISG Rn 12.

- Nettokasse nach Erhalt der Ware („net cash", offene Rechnung"): Der Käufer hat die Ware innerhalb kurzer, branchenüblicher Zeit nach Rechnungs- und Wareneingang zu zahlen. Art. 58 Abs. 1 Satz 2 CISG ist insoweit abbedungen, der Käufer wird vorleistungspflichtig. Art. 58 Abs. 3 CISG ist allerdings nicht ausgeschlossen.
- Lieferung gegen Nachnahme („cash and delivery – COD"): Der Käufer ist verpflichtet, bei Ablieferung der Ware zu zahlen, ohne dass ihm Untersuchungs- oder Einwendungsmöglichkeiten zustehen, Art. 58 Abs. 3 CISG ist insoweit abbedungen. Diese Klausel enthält einen Aufrechnungsausschluss.[156] Zahlungsort ist der Lieferort der Ware, da der Frachtführer die Zahlung als Beauftragter des Verkäufers in Empfang nimmt. Mit Ablieferung der Ware wird die Zahlungspflicht fällig.
- Kasse gegen Dokumente („cash against documents – CAD", „documents against payment – D/P"): Der Verkäufer muss die Ware absenden sowie Dokumente andienen. Der Käufer ist verpflichtet, den Kaufpreis ohne die Ware erhalten zu haben, bereits gegen Andienung der Dokumente zu bezahlen, insoweit ist er also vorleistungspflichtig.[157] Art. 58 Abs. 3 ist mit dieser Klausel abbedungen, der Käufer hat also kein Recht, die Ware vor der Zahlung zu prüfen bzw die Zahlung unter Berufung auf die Vertragswidrigkeit der Ware abzulehnen. Mängelrechte können nur nachträglich geltend gemacht werden, auch diese Klausel hält ein Aufrechnungsverbot.
- Dokumente gegen Akkreditiv („documents against letter of credit – L/C"): Im internationalen Warenhandel wird diese Klausel besonders häufig verwendet. Die Verpflichtungen decken sich mit denen der Klausel D/P, allerdings muss der Käufer zusätzlich ein Akkreditiv einer Bank in Höhe des Kaufpreises stellen. Gegebenenfalls sind zusätzlich die einheitlichen Richtlinien und Gebräuche für Dokumenten-Akkreditive (ELA) der ICC zu berücksichtigen.

f) Beweislast

Der Verkäufer, der den Kaufpreis geltend macht, trägt die Beweislast für das Bestehen der betreffenden Zahlungspflicht und insbesondere der Vereinbarung einer bestimmten Währung.[158] Allerdings trifft den Käufer die Beweislast, wenn er behauptet, er habe durch die Zahlung in einer bestimmten Währung ordnungsgemäß erfüllt. Der Käufer hat ebenfalls eine vom Grundsatz der Barzahlung abweichende Vereinbarung zu beweisen.

2. Abnahme

Neben der Zahlungspflicht trifft den Verkäufer die Pflicht, die Ware abzunehmen. Nach Art. 60 lit. b) CISG besteht die Verpflichtung zur körperlichen Entgegennahme. Gemäß Art. 60 lit. a) CISG ist der Käufer darüber hinaus verpflichtet, alle Handlungen vorzunehmen, die vernünftigerweise von ihm erwartet werden können, damit dem Verkäufer die Lieferung möglich wird. Hierzu zählen insbesondere Vorbereitungs- und Mitwirkungshandlungen.[159]

3. Rechtsbehelfe des Verkäufers

Verletzt der Käufer diese zuvor dargestellten vertraglichen Verpflichtungen, stehen dem Verkäufer die Rechtsbehelfe der Art. 61 ff CISG zur Verfügung:

Überblick: Verkäuferrechtsbehelfe

Rechtsbehelfe bei jeder Vertragsverletzung: ■ Anspruch auf Vertragserfüllung (Zahlung des Kaufpreises (Art. 61, 62 III CISG) (Rn 162) ■ Vertragsaufhebung nach Ablauf einer Nachfrist (Art. 61, 63 CISG) (Rn 164)	Rechtsbehelf nur bei einer „wesentlichen" Vertragsverletzung ■ Anspruch auf Vertragsaufhebung bei drohender Vertragsverletzung (Art. 61, 64, 72 CISG) (Rn 164)

---

156 BGH NJW 1985, 550.
157 BGH NJW 1987, 2435.
158 MünchKommBGB/*Huber*, Art. 53 CISG Rn 25.
159 *Saenger*, in: Bamberger/Roth, Art. 60 CISG Rn 3.

a) Arten der Rechtsbehelfe

158 Art. 61 CISG ist die Grundnorm für die Rechtsbehelfe des Verkäufers. Inhaltlich und strukturell ähnelt die Vorschrift der Parallelvorschrift des Art. 45 CISG. Art. 61 Abs. 1 CISG enthält einen Überblick über die dem Verkäufer bei Vertragsverletzung des Käufers zustehenden Rechtsbehelfe. Art. 62 bis 65 CISG sind Grundlage für die entsprechenden Rechtsbehelfe des Verkäufers.[160] Art. 62 CISG regelt Erfüllungsansprüche (vgl unten Rn 162), Art. 63 CISG berechtigt den Verkäufer dem Käufer eine angemessene Nachfrist zur Erfüllung seiner Pflichten zu setzen (vgl unten Rn 164), Art. 64 CISG befasst sich mit der Vertragsaufhebung (vgl unten Rn 164) und Art. 65 CISG enthält besondere Vorschriften für den Spezifikationskauf.

159 Die in den Art. 62 bis 65 CISG enthaltenen Rechtsbehelfe können grundsätzlich nicht nebeneinander, sondern allenfalls nacheinander ausgeübt werden, sofern dies nicht aufgrund der Rechtsnatur des früher ausgeübten Rechtsbehelfs unmöglich ist.[161] Art. 61 Abs. 1 lit. b) CISG ist Anspruchsgrundlage für die Schadensersatzansprüche des Verkäufers. Die Art. 74 ff CISG regeln auch wieder nur die Berechnung des Schadens sowie den Umfang. Art. 61 Abs. 2 CISG bestimmt, dass der Verkäufer Schadensersatzansprüche mit den in lit. a) genannten Rechtsbehelfen ohne weiteres kombinieren kann. So können beispielsweise Erfüllung und Schadensersatz oder Vertragsaufhebung und Schadensersatz geltend gemacht werden. Allerdings darf dies nicht zu einer Überkompensation des Verkäufers führen, der Schadensersatz erstreckt sich in diesen Fällen nur auf diejenigen Einbußen, die durch den primären Rechtsbehelf noch nicht ausgeglichen sind. Dies dürften in der Regel bereits eingetretene Begleit- oder Verspätungsschäden sein.

160 Das Rechtsbehelfssystem der Art. 61 ff CISG ist genau wie das der Art. 45 ff CISG an einen einheitlichen Vertragsverletzungstatbestand angeknüpft, wobei wiederum zwischen wesentlichen und sonstigen Vertragsverletzungen unterschieden wird. Insoweit kann auf die dortigen Ausführungen verwiesen werden. Auch die Rechtsbehelfe des Verkäufers sind verschuldensunabhängig ausgestaltet.

161 Die in Art. 61 ff CISG vorgesehenen Rechtsbehelfe entstehen, ohne dass der Verkäufer mahnen oder eine Nachfrist setzen bzw sonstige Maßnahmen ergreifen muss. Sie beruhen ausschließlich auf dem Umstand, dass der Käufer nicht wie vorgesehen zahlt oder eine andere ihm obliegende Verpflichtung nicht vertragsgemäß erfüllt.

b) Einzelne Rechtsbehelfe

aa) Erfüllungsverlangen

162 Hat der Käufer bis zum Fälligkeitszeitpunkt nicht gezahlt, so kann der Verkäufer gemäß Art. 62 CISG weiterhin auf der Zahlung des Kaufpreises bestehen. Auch hier gilt Art. 28 CISG. Danach müssen Gerichte im angloamerikanischen Rechtsraum die dort ungewöhnliche „specific performance" nur unter den in ihrer Rechtsordnung vorgesehenen Bedingungen gewähren.

163 Art. 63 CISG sieht darüber hinaus vor, dass der Verkäufer dem Käufer auch eine Nachfrist zur Zahlung des Kaufpreises setzen kann. Allerdings ist dies nicht erforderlich, um überhaupt den Zahlungsanspruch weiter zu verfolgen. Bei ausstehender Kaufpreiszahlung bringt die Nachfristsetzung dem Verkäufer daher keine rechtlichen Vorteile. Die Nachfristsetzung ist nur dann von Bedeutung, wenn der Verkäufer die Nichtzahlung zum Anlass nehmen möchte, um den Kaufvertrag aufzuheben.

bb) Vertragsaufhebung

164 Auch für den Fall, dass der Käufer die ihm obliegenden Pflichten verletzt, steht dem Vertragspartner ein auf diese Umstände gestützter Anspruch auf Aufhebung des Vertrages zu. Insoweit ist allerdings ebenfalls festzustellen, dass die Vertragsaufhebung als ultima ratio gedacht ist. Zahlt der Käufer den Kaufpreis nicht vertragsgemäß, so sieht das UN-Kaufrecht folgende Möglichkeiten der Vertragsaufhebung vor:

---

160 MünchKommBGB/*Huber*, Art. 61 CISG Rn 2.
161 MünchKommBGB/*Huber*, Art. 61 CISG Rn 2.

- Der Verkäufer kann zum einen die Aufhebung des Vertrages erklären, wenn es sich bei der Nichtzahlung des Kaufpreises um eine wesentliche Vertragsverletzung handelt. Allerdings lassen sich deren Voraussetzungen anhand der bereits erwähnten Kriterien in der Praxis nur sehr schwer beurteilen. Letztlich kann der Verkäufer erst nach einem Richterspruch Gewissheit haben, dass er den Behelf zu Recht ausgeübt hat. Die nicht rechtzeitige Zahlung des Kaufpreises ist jedoch in keinem Fall eine wesentliche Pflichtverletzung.

Beispiel:[162] Am 13.10.2000 schlossen die deutsche Klägerin und die schweizerische Beklagte einen Kaufvertrag über 1000 Meter einer Spezialfolie zum Festpreis von US-Dollar 386,00 pro Meter, wobei sich die beklagte Käuferin verpflichtete, die Ware bis spätestens Ende November 2000 zu übernehmen. In der Folge verweigerte die Beklagte die Abnehme der Ware unter Hinweis auf angebliche Gegenforderungen.
Nach Ansicht des Gerichts hatte die Käuferin das Recht zur Vertragsaufhebung gemäß Art. 61, 63 CISG. Es handelte sich um eine wesentliche Vertragsverletzung, da die Beklagte sich geweigert hat, die gekaufte Ware abzunehmen.

- Von größerer praktischer Bedeutung ist daher die Möglichkeit des Verkäufers, die Aufhebung des Vertrages zu erklären, wenn eine dem Käufer gesetzte Nachfrist fruchtlos verstrichen ist oder der Käufer erklärt hat, seine Verpflichtung auch innerhalb dieser Pflicht nicht zu erfüllen,
- Der Verkäufer kann die Aufhebung des Vertrages auch dann erklären, wenn bereits vor dem Fälligkeitszeitpunkt offensichtlich ist, dass der Käufer die vertraglichen Verpflichtungen nicht einhalten wird. Allerdings ist insoweit gemäß Art. 72 Abs. 1 CISG Voraussetzung, dass die Nichterfüllung eine wesentliche Vertragsverletzung begründet. Die nicht rechtzeitige Zahlung des Kaufpreises ist keine wesentliche Pflichtverletzung. Weil Fehleinschätzungen zu Lasten des Verkäufers gehen, ist Zurückhaltung bei der Möglichkeit vorzeitiger Vertragsaufhebung nach Art. 72 CISG geboten. Allerdings ist für den Verkäufer Art. 72 CISG für den Verkäufer insoweit von Interesse, als bereits vor dem Fälligkeitszeitpunkt die eine Dispositionsfreiheit wiedergewonnen werden kann.
- Schließlich eröffnet noch Art. 73 CISG dem Verkäufer die Möglichkeit, sich unter bestimmten Voraussetzungen von bereits eingegangenen, jedoch erst in Zukunft zu erfüllenden Leistungsverpflichtungen zu befreien.

Im Grundsatz ist es für den Verkäufer wenig vorteilhaft, die nicht vertragsgemäße Bezahlung des Kaufpreises durch den Käufer zum Anlass zu nehmen, die Aufhebung des Vertrages herbeizuführen. Konsequenz der Vertragsaufhebung ist nämlich, dass damit nach Art. 81 f CISG der Kaufvertrag rückabzuwickeln wäre und folglich auch die Verpflichtung des Käufers entfallen würde, den Kaufpreis zu bezahlen. Die den Verkäufern zustehenden Schadensersatzansprüche gleichen diesen Nachteil in der Regel nicht aus. Vorzugswürdig ist es in der Regel für den Verkäufer, weiterhin auf die Erfüllung des vertraglichen Zahlungsanspruchs zu bestehen und wegen der Zahlungsverzögerung Schadensersatz nebst Zinsen geltend zu machen. Insoweit sollte der Verkäufer auch berücksichtigen, dass die einmal erklärte Vertragsaufhebung nicht einseitig, sondern nur mit Zustimmung des Käufers rückgängig gemacht werden kann.

cc) Schadensersatz

Wie schon der Käufer, hat auch der Verkäufer das Recht, neben allen anderen Rechtsbehelfen für Schäden, für die er durch die Ausübung eines anderen Rechtsbehelfs keinen Ausgleich erlangt, Schadensersatz zu verlangen (Art. 61 Abs. 1, 2, Art. 74 ff CISG). Der Schadensersatzanspruch hat als Voraussetzung, dass der Käufer seine Pflichten aus dem Vertrag oder aus dem UN-Kaufrecht verletzt hat. Anders als im deutschen BGB müssen keine weiteren Voraussetzungen vorliegen, insbesondere nicht der Tatbestand des Verzuges nach §§ 284 f BGB. Es reicht folglich aus, dass der Käufer überhaupt nicht, verspätet, in einer anderen Währung zahlt oder sonst wie seine Zahlungspflicht nicht in der Art und Weise erbringt, wie es nach dem Vertrag bzw nach dem UN-Kaufrecht vorgesehen ist.

---

162 Kantonsgericht Zug, IHR 2004, 65.

Auch der Schadensersatzanspruch des Verkäufers unterliegt gewissen Ausschlussgründen, insbesondere der Art. 79, 80 CISG. Darüber hinaus wird er durch Art. 63 Abs. 2 CISG eingeschränkt.

167 Liegen die genannten Voraussetzungen vor, so bestimmt sich Art und Umfang des Schadensersatzes nach Art. 74 bis 77 CISG. Folge eines Schadensersatzanspruches ist es insoweit, dass der Käufer dem Verkäufer alle voraussehbaren Nachteile zu ersetzen hat, Art. 74 CISG. Für die Berechnung ist auch hier die Differenzmethode heranzuziehen. Als Schaden können alle in Geld messbaren Nachteile geltend gemacht werden, die durch die Vertragsverletzung, genauer also in Folge der nicht rechtzeitigen oder sonst nicht vertragsgemäßen Zahlung entstehen. Dazu zählen beispielsweise Kosten, die der Verkäufer für die Rechtsverfolgung aufwenden muss. Bei Kursverlusten ist insbesondere das Kriterium der Vorhersehbarkeit problematisch. Allerdings wird diese zu bejahen sein, wenn für die Zahlung des Kaufpreises eine andere als die im Land des Verkäufers maßgebliche Währung vorgesehen war.

dd) Zinsen

168 Daneben kann der Verkäufer gemäß Art. 78 CISG Zinsen geltend machen. Hinsichtlich der Zinshöhe gilt das bezüglich der Rechtsbehelfe des Käufers Gesagte.

c) Beweislast

169 Die allgemeinen Regeln über die Darlegungs- und Beweislast sind denen der Art. 45 f CISG, allerdings mit umgekehrten Vorzeichen, vergleichbar: Im Grundsatz hat der Verkäufer das Bestehen der Vertragspflicht zu beweisen und deren Verletzung schlüssig darzulegen. Dem Käufer obliegt es hingegen, die ordnungsgemäße Erfüllung zu beweisen. Dasselbe gilt für das Vorliegen von Ausschlussgründen wie zum Beispiel nach Art. 64 Abs. 2 CISG.

Hinweise zur Vertragsgestaltung: Das UN-Kaufrecht räumt der Privatautonomie insoweit einen hohen Stellenwert ein, so dass die meisten Bestimmungen hinter einer abweichenden Parteivereinbarung zurücktreten. Je nach Bedarf sollten die nachstehenden Regelungsgegenstände in einem Import- bzw Exportvertrag angesprochen werden.[163]

- konkrete Festlegung des zu zahlenden Kaufpreises oder zumindest Bezeichnung der Kriterien seiner Bestimmung; Preisvorbehalts- und Preisgleitklauseln sollten nur nach sorgfältiger rechtlicher Überprüfung verwendet werden,
- Festlegung der Währung und gegebenenfalls der Umrechnungsmodalitäten,
- Fälligkeit der Kaufpreiszahlung, insbesondere relevant bei Versendungskäufen sowie der Verwendung von INCOTERMS,
- Bestimmung des Zahlungsortes,
- Sicherstellung der Zahlung, insbesondere über Akkreditiv oder Bankgarantie namentlich bei Lieferungen außerhalb der EU bzw des EWR,
- bei Vereinbarung eines Eigentumsvorbehaltes ist stets zu prüfen, ob und in welcher Form dieser im Zielland anerkannt wird,
- nähere Konkretisierung der Möglichkeit zur vorzeitigen Vertragsaufhebung im Falle drohender Nichtzahlung des Kaufpreises,
- Regelungen zu Grund und Höhe des Schadensersatzes,
- Festlegung der zu erstattenden Zinshöhe sowie die Möglichkeiten eines Nachweises.

170 Prüfungsreihenfolge zur Anwendung des CISG
A. Anwendungsbereich des CISG
I. Sachlicher Anwendungsbereich: Art. 1–6 (Rn 26)
1. Warenbegriff, Art. 1–3 (Rn 28)
2. Abschluss des Vertrags, Art. 4 iVm Art. 14–24 (Rn 58 ff)
3. Rechte und Pflichten, Art. 4 iVm Art. 25 ff (Rn 94 ff)
4. Nicht geregelte Fragen, Art. 4, 5 iVm Art. 7 Abs. 2
a. Gültigkeit des Vertrages (Anfechtung etc.)

---

[163] *Piltz*, UN-Kaufrecht, Rn 358 ff.

b. Verjährung
c. dingliche Wirkung
5. Ausschluss des Übereinkommens, Art. 6 (Rn 52)
II. Räumlicher Anwendungsbereich: Art. 1 (Rn 26)
III. Zeitlicher Anwendungsbereich: Art. 100
B. Vertragsschluss: Art. 14 ff.
I. Angebot: Art. 14 ff (Rn 59 ff)
1. Inhalt: Art. 14 (Rn 60)
2. Wirksamkeit: Art. 15–17
II. Annahme: Art. 18 ff (Rn 66 ff)
1. Inhalt: Art. 18 Abs. 1
2. Wirksamkeit: Art. 18 Abs. 2, 3, Art. 21, 22
III. Ablehnung = Angebot? vgl Art. 19 (Rn 67)
IV. Vertragsänderung: Art. 29 iVm Art. 14 ff (ggf Art. 12 beachten)
V. Auslegung von Willenserklärungen: Art. 8
C. Rechte und Pflichten der Vertragsparteien
I. Allgemeine Bestimmungen: Art. 25 ff (insb. Definition des Begriffs der „wesentlichen Vertragsverletzung" gem. Art. 25) (Rn 118)
II. Pflichten des Verkäufers (Art. 30–35) (Rn 94 ff)
1. Erfüllungsort, Art. 31
2. Zeitpunkt der Erfüllung, Art. 33
3. Erfüllungsumfang
III. Untersuchungs- und Rügeobliegenheiten des Käufers bei Übergang der Gefahr (Art. 36 iVm 66 ff und iVm Art. 38–40, 43, 44) (Rn 125)
IV. Rechtsbehelfe des Käufers wegen Vertragsverletzung durch den Verkäufer: Art. 45–52, 74–77 (Rn 130 ff)
1. Erfüllung, Art. 46 Abs. 1, 47 (Rn 130)
2. Ersatzlieferung, Art. 46 Abs. 2 (Rn 130)
3. Nachbesserung Art. 46 Abs. 3 (Rn 130)
4. Aufhebung des Vertrags, Art. 49 iVm Art. 81 (Rn 133)
a. bei wesentlicher Vertragsverletzung Art. 49 Abs. 1 Buchst. a
b. bei Nichtlieferung: Art. 49 Abs. 1 Buchst. b
c. Verlust des Aufhebungsrechts, Art. 49 Abs. 2
5. Minderung, Art. 50 (Rn 135)
6. Schadensersatz, Art. 74–77 (Rn 136)
V. Pflichten des Käufers (Art. 53–60) (Rn 146 ff)
1. Zahlung, Art. 54–56 (Rn 147)
2. Erfüllungsort, Art. 57
3. Fälligkeit, Art. 58–59 (Rn 153)
4. Abnahme, Art. 60 (Rn 156)
VI. Rechtsbehelfe des Verkäufers wegen Vertragsverletzung durch den Käufer (Art. 61–65) (Rn 157 ff)
1. Erfüllung, Art. 62 (Rn 162)
2. Nachfrist zur Erfüllung, Art. 63
3. Aufhebung, Art. 64 iVm Art. 81 (Rn 164)
4. Schadensersatz, Art. 74–77 (Rn 166)
VII. Gefahr der Nichterfüllung der Vertragspflichten: Art. 71–73
VIII. Zinsen: Art. 78 (Rn 168)
1. Nur dem Grunde nach
2. Höhe: nach dem nach dem Vertragsstatut zu bestimmenden Recht

IX. Befreiung bei Nichterfüllung: Art. 79
X. Obhutspflichten des Verkäufers und Käufers in bestimmten Fällen: Art. 85–88
XI. Schlussbestimmungen: Art. 89 ff.

B. Kaufrecht nach EGBGB

171 Sofern das UN-Kaufrecht keine Anwendung findet, da es beispielsweise abbedungen ist oder der Anwendungsbereich[164] nicht eröffnet ist, ergeben die kollisionsrechtlichen Bestimmungen der Art. 27 ff EGBGB das anwendbare Recht.

I. Einführung

172 Das deutsche Recht enthält keine besonderen Bestimmungen zum internationalen Kaufrecht, sondern bestimmt das anwendbare Recht nach den allgemeinen Regeln, die für Verträge Anwendung finden. Grundlegend ist dabei das Prinzip der Parteiautonomie. Das bedeutet, dass die Parteien in erster Linie frei über ihre Rechtswahl entscheiden können.[165] Dieser Gedanke findet insbesondere in Art. 27 EGBGB Ausdruck, der gleich zu Beginn feststellt, dass der Vertrag dem von den Parteien gewählten Recht unterliegt. In der Praxis ist allerdings auch im internationalen Warenverkehr immer wieder zu beobachten, dass die Parteien vergessen oder es bewusst unterlassen, das anwendbare Recht zu bestimmen. Dies gilt insbesondere dann, wenn die Vertragsverhandlungen ohnehin schon schwierig sind und das „Nebenproblem" des anwendbaren Rechts unerörtert bleibt, um den Vertragsabschluss nicht zu gefährden. In diesem Fall bestimmt Art. 28 EGBGB, wie über eine objektive Anknüpfung das anwendbare Recht bestimmt wird. Dementsprechend kommt Art. 28 EGBGB eine besondere Bedeutung zu, die sich auch in der großen Anzahl an Urteilen zu diesem Komplex äußert. Besonderheiten können sich darüber hinaus für Verbraucherverträge ergeben (dazu Rn 174 ff).

173 Daneben ist zu klären, ob der Vertrag einer besonderen Form (Art. 11 EGBGB) unterliegt (dazu Rn 198). Diese Teilfrage ist gesondert einzuknüpfen und kann sich nach einer anderen Rechtsordnung richten als der Hauptvertrag.

II. Anwendbares Recht

174 Zunächst unterliegt die Frage des anwendbaren Rechts auch der Parteiautonomie, so dass die Parteien das anwendbare Recht wählen können (dazu Rn 175 ff) Liegt keine Rechtswahl vor, bestimmt Art. 28 EGBGB das Recht, welches für den Vertrag gelten soll (dazu Rn 188 ff).

1. Rechtswahl gemäß Art. 27 EGBGB

175 Das für den Kaufvertrag maßgebende Recht wählen die Parteien durch Vertragsbestimmung. Sie schließen also zwei Verträge, nämlich den Rechtswahlvertrag und den Hauptvertrag. Regelmäßig findet man die Rechtswahlklausel am Ende eines Vertrages. Dies sollte allerdings nicht über ihre Wichtigkeit hinwegtäuschen. Die im Kollisionsrecht herrschende Freiheit der Rechtswahl wird allgemein als Privatautonomie bezeichnet.[166] Haben die Parteien also eine Rechtswahl getroffen, so ist das vereinbarte Recht Vertragsstatut.

a) Rechtswahlvertrag

176 Die Rechtswahlklausel kann Bedeutung für die Auslegung des Vertrages entfalten. Sie kann ausdrücklich oder konkludent erfolgen.

---
164 Vgl dazu oben Rn 26 ff.
165 MünchKommBGB/*Martiny*, Art. 27 Rn 1.
166 *Martiny*, in: Reithmann/Martiny, Internationales Vertragsrecht, Rn 54.

b) Ausdrückliche Rechtswahl

(aa) Formulierungsbeispiele

Eine Rechtswahlklausel könnte lauten: 177
▶ This contract and all questions concerning its performance, validity and interpretation shall be governed by the law of the state of Delaware." ◀

Die deutsche Übersetzung lautet:
▶ Für diesen Vertrag sowie Fragen seiner Durchführung, Gültigkeit und Auslegung findet das Recht des Staates Delaware Anwendung. ◀

Wenngleich die Klausel präzisiert, dass ausschließlich das Recht des Staates Delaware anwendbar ist, so wird darüber hinaus zwischen der Durchführung, der Gültigkeit und der Auslegung des Vertrages differenziert. Unter Durchführung des Vertrages sind die einzelnen Vertragsverpflichtungen der Parteien, insbesondere die primären Erfüllungsverpflichtungen zu verstehen. Die Gültigkeit des Vertrages umfasst Fragen des Zustandekommens, der Form oder auch Fragen der Stellvertretung bei Vertragsabschluss.

Oftmals wird in der Praxis die Rechtswahl als „unwichtiger Annex" bis zum Ende der Vertragsverhandlungen aufgeschoben. Wenn dann die Zeit oder der Wille zur Einigung fehlt, versuchen sich die Parteien häufig dieser „Nebensächlichkeit" durch eine trügerische Kompromisslösung zu entledigen. Häufig findet man eine Klausel wie die folgende: „During the performance of the contract, any dispute in connection with a contract shall be settled by both parties through consultation in the spirit of friendliness. If no agreement can be reached after such consultation, the dispute shall be submitted to arbitration. The law applicable to the arbitration shall be mutual and be decided by the arbitration committee." 178

Die deutsche Übersetzung lautet: „Bei eventuell während der Vertragsausführung auftretenden Unstimmigkeiten sind die Parteien gehalten, diese durch Konsultation und im Sinne einer vertrauensvollen und konstruktiven Zusammenarbeit zu lösen. Sofern keine Übereinkunft im Rahmen dieser Konsultationen erzielt werden kann, werden die Fragen an ein Schiedsgericht übergeben. Das dabei anzuwendende Recht muss neutral sein und durch das Schiedsgericht bestimmt werden."

So verständlich es sein mag, dass die Parteien sich zunächst um die wesentlichen Punkte wie Kaufgegenstand, Kaufpreis, Gewährleistung oder Garantien einigen wollen, so sehr ist davon abzuraten, eine Klausel wie die vorstehende in einen Vertrag aufzunehmen. Auch wenn Schiedsgerichte häufig sehr viel Sachverstand haben, wird ohne Bezug auf eine bestimmte Schiedsordnung oder ohne konkrete Regelung, wie das Schiedsgericht die Frage lösen soll, die Rechtswahlproblematik noch verschärft. Daher ist davon abzuraten, die vorstehende Klausel als „Kompromiss" zu finden. Folgende Klauseln vermeiden zeitraubende und schwierige Auseinandersetzungen über das anwendbare Recht: 179

▶ **Applicable Law**
The validity, construction and performance of this contract shall be governed by the law of England.
Anwendbares Recht
Die Gültigkeit, Auslegung und Leistung nach diesem Vertrag wird durch englisches Recht geregelt.
Applicable Law
Regardless of the place of agreement, the place of performance, or otherwise, this Agreement and all amendments, modifications, alterations, or supplements hereto, shall be construed under, governed by, and the legal relations between the Parties hereto determined in accordance with, the laws of the Republic of the Philippines.
Anwendbares Recht
Unabhängig vom Ort des Vertragsschlusses, der Vertragserfüllung oder anderer Kriterien, sollen dieser Vertrag, seine Änderungen und Ergänzungen sowie die daraus resultierenden Rechtsbeziehungen der Parteien ausgelegt und bestimmt werden nach dem Recht der Philippinen. ◀

(bb) Freiheit und Grenzen

180 Die Parteien sind in ihrer Rechtswahl also grundsätzlich frei. So dürfen sie auch ein neutrales Recht aushandeln, mit dem der Sachverhalt in keinerlei Verbindung steht.[167] Ferner können die Parteien die Rechtswahl davon abhängig machen, welcher Vertragsteil klagt.[168] Sie können sogar losen.[169] Zumindest muss aber wohl irgendein anerkennenswertes Interesse an der Herrschaft des gewählten Rechts bestehen. So bestimmt auch Art. 27 Abs. 3 EGBGB, dass die Wahl fremden Rechts bei reinen Inlandsfällen zwingendes Inlandsrecht nicht umgehen kann. Darüber hinaus können die Parteien unterschiedliche Teile des Vertrages unterschiedlichem Recht unterwerfen.[170] Ebenso können die Parteien das Vertragsstatut nachträglich ex tunc oder ex nunc ändern.[171] Rechte Dritter und die Formgültigkeit des Vertrages werden durch die nachträgliche Änderung des Vertragsstatuts aber nicht berührt.[172]

181 Sollte die Rechtswahl gegen zwingende Vorschriften, zB Art. 27 Abs. 3 oder Art. 34 EGBGB verstoßen, bleibt die Rechtswahl auch in diesen Fällen wirksam, jedoch setzt sich das jeweils zu beachtende zwingende Recht durch, wobei dies im Falle von Art. 34 EGBGB nur deutsches Recht sein kann. Ausländisches zwingendes Recht bei deutschem Vertragsstatut kann nur über § 138 BGB Geltung erlangen.

Beispiel: Ein deutscher Staatsangehöriger und ein tunesischer Staatsangehöriger vereinbaren für den Mietvertrag über eine in München gelegene Wohnung die Anwendung tunesischen Mietrechts.
Diese Rechtswahl ist wirksam. Der Mietvertrag beurteilt sich daher grundsätzlich nach tunesischem Recht. Jedoch setzt sich das zwingende deutsche Mietrecht durch, zwar nicht nach Art. 27 Abs. 3 EGBGB, weil der Sachverhalt aufgrund der Staatsangehörigkeit des Tunesiers auch Bezug zum tunesischen Recht aufweist, jedoch nach Art. 34 EGBGB, der unter zwingenden Vorschriften all diejenigen versteht, die wirtschafts- oder sozialpolitischen Gehalts sind, wie zB Ausfuhrverbote, Preis- und Devisenbestimmungen, Mieter- oder Verbraucherschutzbestimmungen.

c) Konkludente Rechtswahl

182 Liegt keine ausdrückliche Rechtswahl vor, so muss geprüft werden, ob das maßgebliche Recht anhand einer konkludenten Rechtswahl ermittelt werden kann. Voraussetzung dafür ist jedoch stets, dass die Parteien das Erklärungsbewusstsein für eine Rechtswahl hatten, da es sich auch hierbei um einen Vertrag handelt.[173] Dies ist zuerst zu ermitteln. Fehlt es hieran, so ist das anwendbare Recht nach Art. 28 EGBGB festzustellen.

183 Die stillschweigende Rechtswahl erfolgt typischerweise durch Verweisung auf Vorschriften bestimmten Rechts,[174] durch Verweisung auf Gebräuche, die Vereinbarung von Geschäftsbedingungen oder die Benutzung von Formularen, die auf einem bestimmten Recht aufbauen.[175] Ferner wird typischerweise konkludent eine Rechtswahl getroffen durch die Vereinbarung eines einheitlichen Erfüllungs-

---

167 OLG München IPRax 86, 178: Wahl des schweizerischen Rechts in einem deutsch-türkischen Sukzessivlieferungsvertrag über türkische Erdbeeren.
168 OLG München IPRspr 1974 Nr.26: Rechtswahl für Schiedsgericht zwischen britischem Inhaber zweier Wechsel und deutscher Käuferin entscheidet sich danach, wer an das Schiedsgericht verweist; hier Anwendung des deutschen Rechts, weil die Verweisung vom Verkäufer ausgeht.
169 BGH WM 56, 1432: Bestimmung eines schwedischen Schiedsrichters und damit Wahl des schwedischen Verfahrensrechts per Los.
170 OLG Hamm NJW-RR 96, 1145: Bei einem Grundstücksgeschäft wird für die Form spanisches Recht, also Formfreiheit, im Übrigen deutsches Recht gewählt.
171 BGH WM 70, 1454: Durch nachträgliches deutschem Recht unterstellten Schuldanerkenntnis wird die belgischem Recht unterstellte Kaufpreisforderung hinsichtlich des Einwendungsausschlusses deutschem Recht unterstellt.
172 OLG Frankfurt IPRax 92, 314: Nachträgliche Vereinbarung deutschen Rechts für Grundstückskauf führt nicht zur Anwendung von § 313 BGB.
173 BGH NJW 1991, 1293.
174 BGH WM 97, 560: Verweis auf Bestimmungen des BGB.
175 AG Hamburg, NJW-RR 00, 352: Zuständigkeit deutscher Gerichte für einen Rechtsstreit zwischen einem Deutschen und einer dänischen Vermittlungsgesellschaft für Ferienhäuser, wenn diese in ihren AGB auf deutsches Reisevertragsrecht und die Informationsverordnung zugeschnitten sind.

ortes oder durch die Vereinbarung eines einheitlichen Gerichtsstandes oder des Schiedsgerichts eines bestimmten Landes.[176] Aus der Verpflichtung des Käufers, den Kaufpreis an eine vom Verkäufer bestimmte ausländische Bank zu überweisen, lässt sich jedoch keine Änderung des Erfüllungsortes ableiten. Schließlich ist die im Prozess bekundete Einigkeit der Parteien über das anwendbare Recht ein typischer Fall der stillschweigenden Rechtswahl.[177]

Von den zuvor genannten Indizien ist die vertragliche Vereinbarung eines einheitlichen und ausschließlichen Gerichtsstandes ein sehr starkes Indiz. Der Grund dafür liegt darin, dass die Parteien normalerweise davon ausgehen werden, das als zuständig vereinbarte Gericht werde am besten sein eigenes Recht anwenden.[178] Ähnlich starkes Indiz ist die Vereinbarung eines Schiedsgerichts.[179]   184

Die Vertragssprache gibt dagegen nur einen schwachen Hinweis auf die Rechtsordnung und ist deshalb allenfalls unterstützend als Indiz anzusehen. Insbesondere ist Sprache auch nicht mit Rechtsordnung gleichzusetzen; die Berücksichtigung wird häufig allzu philologisch.[180] Nicht eindeutiges Indiz ist die Verwendung von Formularen und Allgemeinen Geschäftsbedingungen. Es werden zwar die Klauseln einer bestimmten Rechtsordnung unter Benutzung einer bestimmten Sprache verwendet, aber häufig stammt das Formular von einem Verband oder einer Handelskammer und bezieht sich auf eine dort geltende Rechtsordnung. Im Ergebnis deutet die Verwendung von Allgemeinen Geschäftsbedingungen auf eine stillschweigende Rechtswahl hin, doch eine besondere Prüfung ist erforderlich.[181] Auch frühere Verträge der Parteien und ihre damalige Vertragspraxis können indizielle Wirkung haben. Wenn sich die Haltung der Parteien nicht von der früheren unterscheidet, ist anzunehmen, sie möchten den streitgegenständlichen Vertrag der gleichen Rechtsordnung unterstellen.[182] Schwer fällt die Bestimmung einer stillschweigenden Rechtswahl, wenn mehrere Umstände auf verschiedene Rechte hindeuten.[183]   185

Auch im Falle einer konkludenten Rechtswahl beurteilt sich ihr Zustandekommen und ihre Wirksamkeit gemäß Art. 31 Abs. 1 EGBGB nach dem gewählten Recht. Besondere Bedeutung kommt jedoch hier Art. 31 Abs. 2 EGBGB zu. Nach dieser Vorschrift kann sich jede Partei für den Einwand, sie habe dem Vertrag nicht zugestimmt, auf die Vorschriften des Rechts an ihrem gewöhnlichen Aufenthalt berufen,   186

- sofern das Recht, das gemäß Art. 27–30 EGBGB den Vertrag bestimmt, mit dem Aufenthaltsrecht nicht identisch ist, aber nach diesem ein Vertrag zustande gekommen ist,
- jedoch dies nach den Vorschriften des Rechts am gewöhnlichen Aufenthalt unbillig ist.

Wichtig ist diese Vorschrift insbesondere bei der Beurteilung der Frage, ob das **Schweigen** einer Partei zum Vertragsschluss führt. Das Recht des gewöhnlichen Aufenthalts ist dann als zusätzliche Voraussetzung für das Zustandekommen einer Rechtswahl zu berücksichtigen.   187

2. Mangels Rechtswahl anzuwendendes Recht (Art. 28 EGBGB)

Lässt sich weder ein ausdrücklicher noch ein stillschweigender Parteiwille mit hinreichender Sicherheit ermitteln, bestimmt Artikel 28 Abs.1 Satz 1 EGBGB, dass der Vertrag dem Recht des Staates unterliegt, mit dem er die **engsten Verbindungen** aufweist. Auch wenn es fast immer zur Anwendung eines einzigen Rechts auf den gesamten Vertrag kommt, können diese engsten Verbindungen genauso verschiedene Teile des Vertrages verschiedenen Rechten zuordnen. Zur Bestimmung der Verbindungen zieht man   188

---

176 Schiedsgericht HRGZ 1937 B 317: Verfrachter Lette, Abladeort Lettland, Empfänger Österreicher, Bestimmungsort Italien, englisches Vertragsformular, deutsches Schiedsgericht vereinbart, Anwendung des deutschen Rechts.
177 VersR 2002, 1374: Die rügelose Hinnahme der erstinstanzlichen Urteilsbegründung, in der auf das Vertragsverhältnis deutsches Recht angewandt wird, erlaubt den Rückschluss auf die Wahl des deutschen Rechts als Vertragsstatut.
178 *Martiny*, in: Reithmann/Martiny, Internationales Vertragsrecht, 6. Aufl., 2004, Rn 86.
179 BGH AWD 1970, 31; OLG Hamm NJW-RR 1993, 1445.
180 OLG Düsseldorf WM 71, 168/170: „Die Parteien haben den Vertrag in englischer Sprache geschlossen und sich dabei der amerikanischen Rechtschreibung [favor] bedient".
181 OLG Karlsruhe RIW 1979, 642; OLG Hamburg RIW 1986, 462;.
182 BHG NJW 01, 1936: Architektenvertrag folgt der konkludenten Rechtswahl im Bauvertrag.
183 BGH WM 56, 598: Handelsvertretervertrag, Sitz des Vertreters in Uruguay wird überboten durch Einigkeit über deutsches Recht im Prozess, Vertragsschluss nach den Vorschriften der JEIA, Vertreter deutsche Firma, Schriftwechsel deutsch.

sowohl typisches wie auch individuelles heran. Dabei gibt das Gesetz für die wichtigsten Vertragstypen Vermutungen vor. Diese treten hinter individuellen oder typischen Umständen zurück.

189 Kraft typischer Umstände wird meist das „Prinzip der geringsten Störung" angewandt. Danach wird das Recht, das im Interesse der an der Rechtswahl stärker interessierten Partei liegt, gewählt, weil diese durch die Anwendung des Rechts der Gegenpartei stärker getroffen wäre als eben diese.[184] Nach diesem Prinzip geht also der Staat vor dem Einzelnen, der Kaufmann vor dem Privatmann und der Schuldner von Sachen und Diensten vor dem Geldschuldner. Für Ärzte, Anwälte und Notare gilt im Zweifel das Rechts des Praxisorts, da sie eine berufstypische Leistung erbringen und demnach härter getroffen wären, würde ihre Berufstätigkeit verschiedenem Recht unterliegen.[185] Nach demselben Prinzip gilt für Gewerbetreibende im Zweifel das Recht ihres Niederlassungsorts oder, falls eine Zweigniederlassung abschließt, das Recht dessen Sitzes.[186] Dies gilt insbesondere für Adhäsionsverträge, also solche, die ein Gewerbetreibender massenhaft nach Formular abschließt.

190 Nach Art. 28 Abs. 2 S. 1 EGBGB wird vermutet, dass ein Vertrag die engste Verbindung mit dem Staat aufweist, in dem die Partei, welche die **charakteristische Leistung** zu erbringen hat, im Zeitpunkt des Vertragsschlusses ihren gewöhnlichen Aufenthalt bzw ihre Hauptverwaltung hatte. Der Grundsatz der charakteristischen Leistung soll also die engste Verbindung konkretisieren.

191 Sind die Leistungen beider Vertragsparteien berufstypisch, ist das Recht dessen vorzuziehen, der die vertragstypische Leistung erbringt, also Waren oder Dienste im Gegensatz zu Geld leistet.[187] Beim Fahrniskauf gilt also in aller Regel das Recht des Geschäftssitzes oder gewöhnlichen Aufenthalts des Verkäufers als des vertragstypisch Leistenden.[188] Ist der Käufer verpflichtet, am Niederlassungsort des Verkäufers ein Akkreditiv zu stellen, so ist dies ein Indiz für die Geltung des Verkäuferrechts.[189] Ob der Käufer die Sache weiterverkaufen oder verarbeiten will, ist unbeachtlich. Darüber hinaus gilt das Recht der vertragstypischen Leistung nicht nur für den Warenkauf, sondern auch für den Rechtskauf und den Verkauf von Wertpapieren. Käuferrecht soll dagegen gelten, wenn der Verkäufer die Preisgefahr trägt.

192 Wenn beide Parteien demselben Staat angehören oder in demselben Staat Geschäftssitz oder gewöhnlichen Aufenthalt haben, wird meist das Recht eben dieses Staates entscheiden.[190]

193 Heute spielt bei Messegeschäften, anders als früher, der Messeort keine Rolle mehr, wenn der Vertrag nicht bereits am Messe- oder Marktort erfüllt wurde.[191] Dagegen ist bei Börsengeschäft stets das Recht des Börsenplatzes ausschlaggebend. Entsprechendes gilt für den Kauf auf Versteigerungen.[192] Bei Internet-Auktionen entscheidet das Niederlassungsrecht des Verkäufers. Die Vereinbarung, dass die Geldleistung in einer bestimmten Währung erfolgen soll, gibt lediglich einen schwachen Hinweis auf die Anwendung des Rechts dieser Währung.[193] Dies liegt vor allem daran, dass die Wahl der Wäh-

---

184 BGH IPRax 98, 108: Bei einem Garantievertrag nach Vermittlung der Beteiligung an einer im Ausland ansässigen Anlegegesellschaft in Deutschland wird der Schwerpunkt im Allgemeinen am Ort des gewöhnlichen Aufenthalts oder am Geschäftssitz des Garanten gesehen. In seinem Interesse liegt es, das Ausmaß seiner Verpflichtung nach der ihm vertrauten Rechtsordnung leicht und zuverlässig feststellen zu können.
185 BGH NJW 66, 296: Für den Anknüpfungspunkt der beruflichen Niederlassung ist bei einem amerikanischen Rechtsanwalt nach der Direktive G 5 des High Commissioner for Germany der Vereinigten Staaten v. 12.12.1950 nicht der Niederlassungsort Deutschland sondern die Erwägung ausschlaggebend, dass der Vertrag mit dem Klienten demselben Recht unterworfen sein soll, dem der Rechtsanwalt für die Art seiner Berufsausübung untersteht.
186 OLG Düsseldorf IPRax 96, 423: Auf einen in Deutschland geschlossenen Sparkontenvertrag zwischen einem ausländischen Kontoinhaber und einer deutschen Bank findet deutsches Recht Anwendung.
187 LG Köln IPRax 89, 290: Ist zwischen dem deutschen Verkäufer und dem englischen Käufer der Ware keine wirksame Gerichtsstandsvereinbarung getroffen worden, so ist das deutsche Gericht als Gerichtsstand des Erfüllungsortes international zuständig.
188 LG Aachen RIW 90, 491: Auf einen Kaufvertrag zwischen einem deutschen Käufer und einem italienischen Schuhverkäufer mit Sitz und Hauptverwaltung in Italien findet italienisches Recht Anwendung.
189 OLG Schleswig IPRspr 1974 Nr. 12: Deutscher Verkäufer sollte für englische Käufer Draht nach Ghana liefern. Käufer sollte Akkreditiv in Hamburg stellen, daher Anwendung deutschen Rechts.
190 BGH NJW 90, 317: deutsches Reiseunternehmen vermietet an Deutsche Ferienhäuser in Spanien und Frankreich: Anwendung des deutschen Rechts.
191 LG Aachen IPRspr 1990 Nr.31: deutsche Messe, italienisches Verkäuferrecht.
192 OLG Düsseldorf NJW 91, 1492: Anwendung deutschen Rechts bei Versteigerung eines Gemäldes in Deutschland.
193 OLG Hamm NJW 1990, 652: Vereinbarung Schweizer Franken in einem deutsch-französischen Vertrag unbeachtlich.

rung sich häufig an Gesichtspunkten wie Wertbeständigkeit, Konvertibilität oder sonstigen Devisenbestimmungen entscheidet. Gleichwohl wird die Währung zeitweise sogar für den Nachweis einer stillschweigenden Rechtswahl bedeutsam.[194] Auch der Abschlussort hat in Deutschland keine große Bedeutung.[195] In anderen Ländern gilt er dagegen häufig als subsidiärer Anknüpfungspunkt, wenn die den Vertragsinhalt charakterisierende Leistung nicht festgestellt werden kann.

Die Mitwirkung eines Notars oder einer amtlichen Stelle an dem Vertrag ist dagegen ein wichtiger Hinweis darauf, dass das Recht, auf dem die amtliche Eigenschaft dieser Stelle beruht, angewandt werden soll. Allerdings ist dies wohl eher als stillschweigende Rechtswahl denn als Vermutung anzusehen. Anwendung findet diese Anknüpfung vor allem bei Vergleichen, notariell beurkundeten Verträgen und beglaubigten Verträgen.[196] Sogar die Mitwirkung eines Maklers mag eine indizielle Wirkung auf das Recht des Ortes seiner Berufsausübung entfalten. Dieser Hinweis wirkt umso stärker desto wirtschaftlich bedeutsamer seine Bedeutung für das Geschäft.[197] 194

Der Erfüllungsort reicht nicht als selbstständiger Anknüpfungspunkt aus, kann jedoch im Rahmen der „engsten Verbindung" Bedeutung gewinnen. Sollte es tatsächlich einmal zu dessen Anwendung kommen, gilt, falls die Vertragsparteien einen unterschiedlichen Erfüllungsort haben, für die Pflichten jedes Vertragsteils das Recht seines Erfüllungsorts. Die deutsche Rechtsprechung bestimmt den Erfüllungsort an Hand deutschen Rechts, das heißt nach §§ 269, 270 BGB. 195

Auch beim Warenkauf kann in Abweichung von der charakteristischen Leistung eine noch engere Verbindung zu einer anderen Rechtsordnung vorliegen, die nach Art. 28 Abs. 5 EGBGB zu berücksichtigen ist. Dies kann zum Beispiel bei Verträgen mit Angehörigen der ausländischen Streitkräfte der Fall sein. Die charakteristische Leistung darf allerdings nicht unter Berufung auf irrelevante Umstände vernachlässigt werden[198] 196

3. Verbraucherverträge

Im Zusammenhang mit Verbraucherverträgen bestimmt Artikel 29 EGBGB, dass das Recht des Staates in dem der Verbraucher seinen gewöhnlichen Aufenthalt hat, gilt wenn (1.) in diesem Staat geworben oder angeboten wurde und der Verbraucher hier auch die erforderlichen Handlungen zum Vertragsabschluss getätigt hat, (2.) der Vertragspartner des Verbrauchers oder sein Vertreter die Bestellung in diesem Staat entgegengenommen hat oder (3.) der Verkäufer eine Reise des Verbrauchers in einen anderen Staat veranlasst hat, um ihm dort Waren zu verkaufen. Darüber hinaus gilt, dass, wenn ein Verbrauchsgüterkaufvertrag einen engen Zusammenhang mit dem Gebiet eines EU/EWR-Staates aufweist, die Rechtswahl eines Nichtmitgliedsstaates nicht zur Beeinträchtigung des Verbraucherschutzes führen darf. 197

III. Form

Steht fest, welches Recht auf den Vertrag anzuwenden ist und ist der Vertrag nach dem anwendbaren Recht materiell-rechtlich wirksam, so stellt sich die Frage der Form. Dabei gilt die allgemeine Formvorschrift Art. 11 Abs. 1 EGBGB. Dieser sieht zwei alternative Anknüpfungstatbestände für die Form vor: 198

- Form der lex causae (Art. 11 Abs. 1 Alt. 1 EGBGB): Beachtung derjenigen Formvorschrift, die nach dem Recht bestehen, welches für den Hauptvertrag gilt. Dies gilt gemäß Art. 11 Abs. 2 EGBGB auch für grenzüberschreitende Vertragsschlüsse.

---

194 OLG Nürnberg NJW-RR 97, 1484: Bei deutsch-deutschem Kaufvertrag über Grundstück in Italien kommt dem Kaufpreis in Deutsche Mark eine indizielle Wirkung für die stillschweigende Wahl des deutschen Rechts zu.
195 RGZ 61, 343: Bei einer in Luxemburg abgeschlossenen Rückbürgschaft Anwendung deutschen Rechts.
196 OLG Köln RIW 93, 415: Auf einen deutsch-niederländischen Grundstückskauf vor einem niederländischen Notar findet das niederländische Recht Anwendung.
197 RG LZ 1909, Sp.474: Auf einen durch deutsche Agenten vermittelten Vertrag zwischen zwei Niederländern wird deutsches Recht angewandt.
198 *Martiny*, in: Reithamnn/Martiny, Internationales Vertragsrecht, 6. Aufl. 2004, Rn 770.

- Ortsform (Art. 11 Abs. 1 Alt. 2 EGBGB): Beachtung derjenigen Formvorschrift, die am Ort des Vertragsschlusses gelten, wobei gemäß Art. 11 Abs. 2 EGBGB bei grenzüberschreitenden Vertragsschlüssen Ort des Vertragsschlusses jeder Staat sein kann, wo sich ein Vertragspartner befand.

Vereinbaren die Parteien ausdrücklich ein Recht, so liegt hierin ein Ausschluss der Ortsform.[199] Bei Anwendung von Art. 11 EGBGB sind Rück- und Weiterverweisungen ausgeschlossen. Die Verweisung auf das Ortsrecht ist daher eine Sachnormverweisung. Soweit bei der Bestimmung des Geschäftsrechts eine Rück- oder Weiterverweisung beachtlich wäre (jedoch wegen Art. 35 EGBGB nicht im internationalen Vertragsrecht!), würde sich dies mittelbar auf das Formstatut auswirken, so dass wegen des Gleichlaufs vom Geschäfts- und Formstatut in Art. 11 Abs. 1 1. Alt. EGBGB eine IPR-Verweisung ausgeschlossen ist.

Prüfungsreihenfolge zur Rechtswahl nach EGBGB
I. Vorweg: Art. 3 Abs. 2 EGBGB beachten und für Kaufverträge das CISG prüfen.
II. Grundsatz: Vertragsfreiheit (Art. 27 Abs. 1 S. 1 EGBGB) (Rn 172)
1. Ausdrückliche Rechtswahl (Art. 27 Abs. 1 S. 2 1. Alt. EGBGB) durch Rechtswahlvertrag: (Rn 176)
a) Materielle Wirksamkeit: Art. 27 Abs. 1 S. 2 1. Alt. iVm Abs. 4, Art. 12, 31 EGBGB
b) Formwirksamkeit: Art. 11 EGBGB oder Art. 29 Abs. 3 EGBGB (bei Verbraucherverträgen)
oder
2. Konkludente Rechtswahl (Art. 27 Abs. 1 S. 2 2. Alt. EGBGB), sofern Erklärungsbewusstsein für eine Rechtswahl (Rn 182)
III. Falls II nicht gegeben: Engste Verbindung zu einer Rechtsordnung (Art. 28 Abs. 1 EGBGB), für die folgende Vermutungen gelten: (Rn 188)
1. bewegliche Sachen: Art. 28 Abs. 2 EGBGB (Recht des gewöhnlichen Aufenthalts oder der (Haupt-)Niederlassung desjenigen, der die vertragscharakteristische Leistung zu erbringen hat)
2. Grundstücke: Art. 28 Abs. 2 EGBGB (Recht des Lageortes)
4. Art. 28 Abs. 5 EGBGB: Art. 28 Abs. 2–4 EGBGB gelten nicht, falls engere Beziehungen mit einem anderen Staat bestehen
5. Verbraucherverträge: Art. 29 Abs. 2 EGBGB (Recht des gewöhnlichen Aufenthalts des Verbrauchers)
IV. Einschränkung des Grundsatzes II durch
1. Art. 27 Abs. 3 EGBGB bei engem Bezug nur zu einem Staat, sofern dessen zwingendes Recht berührt wird
2. Art. 29 Abs. 1 EGBGB bei Verbraucherverträgen (Rn 197)
3. Art. 34 EGBGB bei zwingendem deutschen Recht

---

199 BGH NJW 1972, 385.

§ 4 Rechtsformwahl

- A. Einführung 1
- B. Die Gesellschaftsformen im Überblick 5
- C. Wesentliche Merkmale der Personengesellschaften 8
  - I. GbR 9
  - II. OHG 13
  - III. KG 20
  - IV. Partnerschaftsgesellschaft 28
  - V. GmbH & Co. KG 32
  - VI. Stille Gesellschaft 38
  - VII. Fazit 41
- D. Wesentliche Merkmale der Kapitalgesellschaften 43
  - I. GmbH 44
  - II. AG 48
  - III. KGaA 52
  - IV. Fazit 54
- E. Europäische bzw ausländische Gesellschaften 58
  - I. Europäische Aktiengesellschaft, Societas Europea 58
  - II. Die britische Limited 65
  - III. Die niederländische B.V. 70
  - IV. Fazit 72
- F. Die Wahl zwischen Personen- und Kapitalgesellschaften vor dem Hintergrund des Gesellschafts-, Steuer-, und Mitbestimmungsrechts .. 73
  - I. Gesellschaftsrechtliche Überlegungen 74
    1. Beteiligungsstruktur 74
       - a) Anzahl der Gesellschafter bei Gründung 75
       - b) Gesellschafterbestand 80
    2. Nachfolgeplanung 84
    3. Finanzstruktur 87
       - a) Gründungsaufwand 87
       - b) Kapitalaufbringung und -erhaltung 89
       - c) Finanzierung 100
    4. Haftung 116
       - a) Grundsatz der Haftung mit dem Gesellschaftsvermögen bei den Kapitalgesellschaften 117
       - b) Grundsatz der persönlichen Haftung bei den Personengesellschaften 119
       - c) Haftungsvorteile 120
       - d) Fazit 121
       - e) Betriebsaufspaltung als Haftungsbegrenzung 122
    5. Organisationsstruktur 123
       - a) Geschäftsführung und Vertretung 123
       - b) Selbstorganschaft als Merkmal der Personengesellschaften 124
       - c) Fremdorganschaft als Merkmal der Kapitalgesellschaften 127
       - d) Fazit 128
    6. Kontrolle 129
    7. Rechnungslegungs-, Prüfungs- und Offenbarungspflichten 131
  - II. Steuerrechtliche Überlegungen 134
    1. Ein Ausblick auf die Unternehmensteuerreform 135
    2. Aktuelle Situation 137
    3. Laufende Besteuerung 142
       - a) Gewerbesteuer 143
       - b) Einkommen- und Körperschaftsteuer . 150
       - c) Weitere Steuerarten 171
       - d) Besondere Situationen der Besteuerung 172
       - e) Sonderfall: Betriebsaufspaltung 193
  - III. Mitbestimmungsrechtliche Aspekte 198
    1. (Montan-)MitbestG 199
    2. BetrVG und SprAuG 202
- G. Methodisches Vorgehen bei der Wahl der Rechtsform 203
  - I. Überblick über die Vorteile bei Personen- und Kapitalgesellschaften 205
    1. Personengesellschaften 205
    2. Kapitalgesellschaften 206
    3. Vorteile von Mischformen und Betriebsaufspaltung 207
  - II. Typische Entscheidungssituationen 208
    1. Existenzgründung 209
    2. Konsolidierung des Unternehmens 211
    3. Generationenwechsel 212
    4. Vorbereitung des Ruhestandes 213
    5. Zusammenfassung 214

A. Einführung

Die Wahl der „passenden" Rechtsform ist für den Erfolg der wirtschaftlichen Betätigung eines Unternehmens von nicht zu unterschätzender Bedeutung. Die Entscheidung für eine Rechtsform steht zunächst vor dem erstmaligen Auftreten im Geschäftsverkehr an; aber auch nach der Unternehmensgründung ist es sinnvoll und wichtig sich insbesondere bei unternehmerischen Richtungsentscheidungen, mit dieser Frage zu beschäftigen. Dies gilt selbstverständlich auch, wenn das Unternehmen ganz oder teilweise umstrukturiert bzw veräußert werden soll oder wenn Änderungen im Gesellschafterbestand bevorstehen.

Trotz des „Numerus clausus" der Rechtsformen von Gesellschaften, welcher der Rechts- und Verkehrssicherheit dient,[1] besteht bei der Gestaltung ein großer Spielraum. Dies liegt daran, dass die gesetzlichen Vorgaben – je nach Gesellschaftsform mehr oder weniger – disponibel sind und daher den Gesellschaftsvertrag zur wichtigsten Rechtsquelle machen. Insofern ist es je nach Entscheidung für die eine wie die andere rechtliche Konstruktion auch möglich, atypische Gesellschaftszwecke zu verfolgen oder ungewöhnliche Organisations- und Vermögensstrukturen umzusetzen.

---

[1] K. Schmidt Gesellschaftsrecht S. 95 ff.

3 Man kann je nach den individuellen Anforderungen sogar die Unterschiede zwischen Kapital- und Personengesellschaften relativieren, wenn man den Gestaltungsspielraum bei der Unternehmensgründung so nutzt, dass man die jeweilige Gesellschaft nicht in der für ihre Rechtsform typischen Struktur gestaltet, sondern Elemente des jeweils anderen Gesellschaftstyps mit einfließen lässt, und sog. „kapitalistische Personengesellschaften" oder „personalistische Kapitalgesellschaften" schafft. Neben den Veränderungen der inneren Gesellschaftsstruktur ist, das ist inzwischen Gemeingut, trotz des Numerus clausus der Gesellschaftsrechtsformen, eine Typenmischung der Einzelformen möglich.

4 Bei der Beratung über die Wahl der Rechtsform sind eine Vielzahl von individuellen Bedürfnissen und Anforderungen des Einzelfalls ins Kalkül zu ziehen. Eine allgemeingültige Aussagen dahingehend, welches die bessere oder gar beste Rechtsform für die unternehmerische Betätigung ist lässt sich daher nicht treffen. Es ist immer die Gesamtschau aller Einzelaspekte erforderlich, um im jeweiligen Einzelfall zum besten Ergebnis zu gelangen. Die folgenden Betrachtungen orientieren sich daher neben

- gesellschaftsrechtlichen

und

- steuerrechtlichen Aspekten,

welche die sicherlich wichtigsten Entscheidungskriterien vorgeben, auch an den anderen Rechtsgebieten, die im Hinblick auf die Rechtsformwahl von Bedeutung sind; so dem

- Familienrecht,
- Erbrecht,
- Arbeitsrecht,
- Mitbestimmungsrecht.

Zum Ausgang aller Überlegungen zur Rechtsformwahl empfiehlt sich ein Überblick über die zur Verfügung stehenden Gesellschaftsformen und deren wesentliche Strukturmerkmale, deren Vor- und Nachteile und typische Anwendungsfälle.

B. Die Gesellschaftsformen im Überblick

5 Traditionell wird zwischen den Kapitalgesellschaften einerseits und den Personengesellschaften andererseits unterschieden.

Die wichtigsten **Personengesellschafsformen** sind

- die Gesellschaft bürgerlichen Rechts (GbR), §§ 705 ff BGB,[2]
- die offene Handelsgesellschaft (OHG), §§ 105 ff HGB,[3]
- die Kommanditgesellschaft (KG), §§ 161 ff HGB,[4]
- die Partnerschaftsgesellschaft, §§ 1 ff PartGG,[5]
- die stille Gesellschaft, §§ 230 ff HGB.[6]

Die im Wirtschaftsverkehr bedeutendsten **Kapitalgesellschaften** sind

- die Aktiengesellschaft (AG), AktG,[7]
- die GmbH (GmbH), GmbHG,[8]
- die Kommanditgesellschaft auf Aktien, KGaA[9]

Aus der Kombination der vorstehenden Gesellschaftsformen miteinander entstehen gesellschaftsrechtlichen Mischformen von teils großer praktischer Bedeutung,[10] so die GmbH & Co. KG, als auch solche eher unbekannten wie die Stiftung & Co. KG (zB Lidl Stiftung & Co. KG) oder die

---

[2] § 5 Rn 1 ff.
[3] § 5 Rn 328 ff.
[4] § 5 Rn 436 ff.
[5] § 5 Rn 765 ff.
[6] § 7 Rn 3 ff.
[7] § 6 Rn 465 ff.
[8] § 6 Rn 1 ff.
[9] § 6 Rn 761 ff.
[10] K. Schmidt, Gesellschaftsrecht, S. 1621 ff.

GmbH & Co. KGaA (zB Borussia Dortmund GmbH & Co. KGaA). Die letztgenannten Erscheinungsformen dienen sehr individuellen Zielstellungen und bleiben daher bei der nachfolgenden Darstellung außer Betracht.

Erweitert wird der Kreis der zur Verfügung stehenden Gesellschaftsformen in jüngster Zeit aufgrund der Rechtsentwicklung zum einen durch ausländische Rechtsformen, die auf der Grundlage von EU-Recht nunmehr auch im Innland zur Anwendung kommen. Seit der „Überseering"-Entscheidung des EuGH[11] sowie der „Inspire Art"- Entscheidung[12] und der damit verbundenen Absage an die bis dahin vom BGH vertretene „Sitztheorie" können Gesellschaften, die im europäischen Ausland rechtmäßig in einer im jeweiligen Mitgliedstaat anerkannten Rechtsform entstanden sind, ihren Sitz nach Deutschland verlegen, ohne den Kriterien einer deutschen Rechtsform entsprechen zu müssen. Unter diesen ausländischen Varianten sind die englische Limited (Ltd.) und die niederländische B.V. die bekanntesten.

Darüber hinaus hat der europäische Gesetzgeber selbst verschiedene europäische Gesellschaftsformen geschaffen, um auf diese Weise seinem Ziel einer Vereinheitlichung des europäischen Gesellschaftsrechts ein Stück näher zu kommen.

Zu den europäischen Gesellschaftsformen zählen

- die Europäische Wirtschaftliche Interessenvereinigung (EWIV).[13] Da diese nach Art. 3 der Verordnung (EWG) Nr. 2137/85 keine eigene wirtschaftlichen Zwecke verfolgen kann, sondern ihre Tätigkeit der wirtschaftlichen Betätigung ihrer Mitglieder dienen muss, ist sie als Unternehmensform weniger bedeutsam,
- und die Europäische Aktiengesellschaft (Societas Europaea, SE),[14] SEEG (Gesetz zur Einführung der Europäischen Gesellschaft, BGBl. 2004 I S. 3675 f), SE-VO (Verordnung (EG) Nr. 2157/2001 vom 8.10.2001). Die Fresenius AG firmiert seit dem 1.1.2007 in dieser Rechtsform als „Fresenius SE".

C. Wesentliche Merkmale der Personengesellschaften

Bei der Konzeption von Personengesellschaften ging der Gesetzgeber von einer Gesellschaft mit einem kleinen, überschaubaren Kreis von Gesellschaftern aus. Daher sollte grundsätzlich der Bestand der Gesellschaft von der Zusammensetzung des Gesellschafterkreises abhängig sein. Auch sollten die Gesellschafter bei der Gestaltung des Gesellschaftsvertrages größtmögliche Freiheiten haben und sein Inhalt in Streitfragen nach dem tatsächlichen Willen der Gesellschafter auszulegen sein.[15] Das Gesellschaftsvermögen ist **Gesamthandsvermögen**. Für die Gesellschaftsverbindlichkeiten haften die Gesellschafter persönlich. Ebenfalls sind die Personengesellschaften dem Grundsatz der „**Selbstorganschaft**" verpflichtet, wonach die Vertretung und Geschäftsführung grundsätzlich nur von den Gesellschaftern selbst übernommen werden kann. Die Gestaltungsmöglichkeiten der Personengesellschaft und deren Flexibilität haben jedoch in der Praxis, teils abweichend vom gesetzlichen Leitbild, zu ganz „untypischen" Ausgestaltungen geführt. Hierbei haben sich drei Gesellschaftstypen herausgebildet, welche meist unabhängig von der jeweiligen Personengesellschaftsform gemeinsame Merkmale aufweisen und bestimmte Problemkreise gesellschaftsvertraglich intensiv regeln; dies sind die **Publikumsgesellschaft**, die **unternehmenstragende Familiengesellschaft** und die **Arbeitsgemeinschaft**.

I. GbR[16]

Die Rechtsform der GbR ist durch die Rechtsprechung des BGH,[17] wonach ihr **Rechts- und Parteifähigkeit** zugesprochen wird, zunehmend interessanter geworden. Sie entsteht gem. § 705 BGB durch

---

11 EuGH-Urteil v. 5.11.2002, Rs. C-208/00, DB 2002, 2425.
12 EuGH-Urteil v. 30.9.2003 Rs. C-167/01, Slg 2003, S. I-10155.
13 § 8 Rn 356 ff.
14 § 8 Rn 161 ff.
15 BGH NJW 1993, 3193.
16 Für die vertiefte Darstellung der Gesellschaft bürgerlichen Rechts sei auf § 5 Rn 2 ff verwiesen.
17 BGH, GmbHR 2001, 513 ff BGHZ 146, 341.

den Abschluss eines Gesellschaftsvertrages, durch welchen sich mehrere Personen verpflichten, die Erreichung eines gemeinsamen Zwecks zu fördern.

10 Die **Gründung ist formfrei** wodurch **keine bzw geringe Gründungskosten** entstehen. Häufig entsteht eine GbR schon unbeabsichtigt und nur für kurze Dauer, auch wenn es die Beteiligten noch nicht einmal gewahr werden, als sogenannte „**Gelegenheitsgesellschaft**". Als Gesellschaftszweck kommt jede erlaubte Zielsetzung in Betracht. Jedoch mit der Einschränkung, dass beim Betrieb eines Handelsgewerbes nach § 105 Abs. 1 HGB die Gesellschaft auch ohne den Willen der Gesellschafter zur OHG wird.[18] Soweit den handelnden Gesellschaftern dies nicht bewusst ist, spricht man von **Rechtsformverfehlung**. Dies gilt auch für Innengesellschaften, die mangels Beteiligung an einem Handelsgewerbe keine stille Gesellschaft iSd § 230 HGB sind.

11 Die GbR zeichnet sie sich durch ihre **hohe gesellschaftsvertragliche Flexibilität** aus; ihr Einsatzbereich ist dementsprechend vielgestaltig.[19] Anwendungsbereiche sind daher auch der Zusammenschluss von Freiberuflern oder als Innengesellschaft für Unterbeteiligungen an Gesellschaftsanteilen.

12 Von Unternehmen wird die GbR gern projektbezogen eingesetzt, zB als Arbeitsgemeinschaft oder Konsortium. Insbesondere die **fehlende Registerpublizität** kann die Attraktivität der Rechtsform steigern. Als Immobiliengesellschaft bietet die GbR den Vorteil, dass Verschiebungen der Beteiligungsverhältnisse unter den Gesellschaftern selbst keine Grundbucheintragung erfordern. Die unkomplizierte Übertragung der Gesellschaftsanteile machen die GbR als Rechtsform entgegen dem gesetzlichen Leitbild daher auch für Publikumsgesellschaften interessant.

II. OHG[20]

13 Die OHG unterscheidet sich von der GbR insofern, als dass ihr Zweck auf den Betrieb eines Handelsgewerbes gerichtet ist (vgl § 105 Abs.1 HGB). Auch die Gründung einer OHG ist grundsätzlich **formfrei** möglich, sofern sich keine Formbedürftigkeit zB aus der Verpflichtung der Gesellschafter zu formbedürftigen Einlageleistungen ergibt.[21] Ebenso wie bei der GbR ist die **hohe gesellschaftsvertragliche Flexibilität** von Vorteil. Anders als bei der GbR ist jedoch eine Eintragung ins Handelsregister erforderlich, damit sie auch im Außenverhältnis wirksam wird, § 123 Abs. 1 HGB.

14 Der gemeinsam verfolgte Zweck muss bei der OHG der **Betrieb eines Handelsgewerbes** sein. Sinkt die OHG unter die Voraussetzungen des § 1 Abs. 2 HGB ab, so wird sie auch ohne das Zutun der Gesellschafter zur GbR.[22] Das Handelsgewerbe muss zudem gem. § 105 Abs. 1 HGB unter einer gemeinsamen Firma betrieben werden.

15 Die OHG ist eine **Gesamthandsgemeinschaft**, sie kann gem. § 124 HGB unter ihrem Namen Rechte erwerben und Verbindlichkeiten begründen, Eigentum erwerben und unter ihrem Namen klagen oder verklagt werden.

16 Gemäß § 128 HGB besteht eine **persönliche und unbeschränkte Haftung der Gesellschafter** für die Verbindlichkeiten der Gesellschaft. Eine Differenzierung bei der Haftung für Gesellschaftsschulden im Außenverhältnis gibt es nicht. Dies verhindert in der Praxis, gerade bei sehr unterschiedlichen Beiträgen der Gesellschafter zur Gesellschaft (Kapital, Know-how), eine interessengerechte Haftungsdifferenzierung.

17 Die Geschäftsführung der Gesellschaft ist wie bei der GbR den Gesellschaftern vorbehalten, die auch alle gem. § 114 Abs. 1 HGB zur Geschäftsführung berechtigt und verpflichtet sind. Die Vertretung der Gesellschaft steht jedem Gesellschafter nach § 125 Abs.1 S. 2 HGB als Einzelvertreter zu. Eine Beschränkung des Umfangs dieser Vertretungsmacht ist Dritten gegenüber nach § 126 Abs. 2 HGB unwirksam. Die Tatsache, dass die Geschäftsführung nicht fremd vergeben werden kann und eine Vertretung der Gesellschaft nur durch Vollmachtserteilung erreicht werden kann, macht die OHG für Unternehmen mit zunehmender Größe unattraktiv.

---

18 BGHZ 10, 91, 95 ff.
19 Staudinger/*Habermeier* § 705 Rn 20 ff.
20 Für die vertiefte Darstellung der offenen Handelsgesellschaft sei auf § 5 Rn 328 verwiesen.
21 BGH NJW 1996, 1279; NJW 1978, 2505; NJW 1974, 2278; WM 1967, 952.
22 *K. Schmidt*, Gesellschaftsrecht, S. 103.

Nach dem Gesetz ist für alle über den gewöhnlichen Geschäftsbetrieb hinausgehenden Entscheidungen ein einstimmiger Gesellschafterbeschluss erforderlich (§§ 116 Abs. 2, 119 Abs. 2 HGB). Soweit der Gesellschaftsvertrag hiervon abweichende Regelungen trifft, so richten sich Mehrheitsentscheidungen nach der Anzahl der Köpfe (§ 119 Abs. 2 HGB), ein Umstand, den es bei der Ausgestaltung des Gesellschaftsvertrages zu beachten gilt.

Aufgrund dieser genannten Nachteile und der strukturellen Nähe zu der im Weiteren erläuterten KG bzw GmbH & Co. KG wird die OHG nur noch recht selten bewusst als Rechtsform gewählt.

III. KG[23]

Die KG ist wie die OHG auf den Betrieb eines Handelsgewerbes gerichtet. Sie wird unter einer gemeinsamen Firma mit einem **Hinweis auf die Rechtsform der Gesellschaft** „Kommanditgesellschaft" oder „KG" geführt.[24] Der Abschluss des im Hinblick auf seine Ausgestaltung sehr flexiblen Gesellschaftsvertrages ist formlos möglich, wenn auch nicht anzuraten. Die Gründungskosten der KG sind ähnlich denen der OHG gering.

Die KG besitzt gegenüber der OHG den Vorteil, dass neben dem Komplementär, der persönlich unbeschränkt haftet, auch Kommanditisten, **deren Haftung auf einen bestimmten Betrag** (ihre Kommanditeinlage) **begrenzt** ist (§ 161 Abs.1 HGB) an der Gesellschaft beteiligt werden können. Zumindest ein Kommanditist wird bereits bei der Gründung der Gesellschaft benötigt. Ebenso wie bei der OHG hat gem. § 123 HGB eine Handelsregistereintragung zu erfolgen.

Die Haftungsbeschränkung des Kommanditisten einer KG wirkt erst mit der Eintragung seiner Kommanditistenstellung im Handelsregister (§ 172 HGB), daher ist im Handelsregister nicht nur seine Kommanditistenstellung sondern auch die Höhe seiner Kommanditeinlage einzutragen. Ein Risiko für den Kommanditisten besteht daher beim Beitritt zu einer bestehenden Gesellschaft, wenn er bereits vor Eintragung der Haftungsbegrenzung in das Handelsregister Gesellschafter wird. In diesen Fällen haftet der Kommanditist mit seinem gesamten Vermögen für die im Zeitpunkt des Beitritts bestehenden Verbindlichkeiten. Gerade hier bedarf es gesellschaftsvertraglicher Regelungen, die den Erwerb der Gesellschafterstellung unter die Bedingung der Eintragung im Handelsregister stellen.[25]

Wird die Kommanditeinlage irgendwann während der Dauer der Gesellschaft an den Kommanditisten ganz oder teilweise zurückgezahlt, so führt dies zum Wiederaufleben der Haftung des Kommanditisten nach § 172 Abs. 4 HGB in Höhe des Rückzahlungsbetrages. Dieses Haftungsrisiko besteht auch bei der Ausschüttung vermeintlicher Gewinne, wenn diese gar nicht angefallen sind. Die Anwendung des § 172 Abs. 4 HGB führt auch hier dazu, dass die persönliche Haftung des Kommanditisten wieder auflebt. Dieser Umstand spielte vor allem bei Immobilienfonds in der Rechtsform einer KG in der jüngsten Vergangenheit eine große Rolle.[26]

Kommanditisten sind gem. §§ 164, 170 HGB von der Geschäftsführung und der Vertretung der Gesellschaft ausgeschlossen. Insofern kann dem Umstand, dass verschiedenen Gesellschafter häufig unterschiedliche Interessen mit ihrer Beteiligung verfolgen bzw unterschiedlich am Risiko der Unternehmungen der Gesellschaft beteiligt werden möchten, besonders Rechnung getragen werden. Dem Komplementär obliegt die aktive Geschäftsführung und damit die Risikoübernahme, während der Kommanditist passiver Gesellschafter ist. Trotz dieses Umstandes sind Entscheidungen außerhalb des gewöhnlichen Geschäftsbetriebes sowie Änderungen des Gesellschaftsvertrages von allen Gesellschaftern durch Gesellschafterbeschluss zu entscheiden.[27]

Gewinne der Gesellschaft sind nach einem Vorzugsgewinn in Höhe von 4 % auf die Kapitalbeteiligung in einem „angemessenen Verhältnis (§ 168 Abs. 2 HGB) zu verteilen. Die Änderungen im Gesellschafterbestand der KG richten sich nach den Regeln der §§ 105 ff HGB. Die Rechtsform der

---

23 Für die vertiefte Darstellung der Kommanditgesellschaft sei auf § 5 Rn 436 verwiesen.
24 § 19 Abs. 1 Nr. 3 HGB.
25 § 5 Rn 518 ff.
26 LG Braunschweig 5 O 3466/05 vom 1.12.2006.
27 BGHZ 132, 266.

KG kann, je nach Gewichtung der aktiven und passiven Gesellschafter, dem Idealbild einer personalistischen oder kapitalistischen Gesellschaft angenähert werden.

26 Aus den genannten **Gestaltungsmöglichkeiten** resultiert die Vielfältigkeit der Einsatzmöglichkeiten der KG: Sie ist zum einen in besonderem Maße als **Familiengesellschaft** geeignet, da es möglich ist, alle Familienmitglieder am Unternehmen zu beteiligen, ohne diese ins Tagesgeschäft einbinden zu müssen. Gem. § 139 Abs. 1 HGB kann der Erbe eines OHG-Gesellschafters sogar seinen Verbleib in der Gesellschaft davon abhängig machen, dass ihm die Stellung eines Kommanditisten eingeräumt wird und so die Entstehung einer KG erzwingen.

27 Weiterhin ist die KG als Rechtsform für sogenannte **Publikumsgesellschaften** prädestiniert, welche als Kapitalsammelstellen fungieren, da sie in der Lage ist, eine Vielzahl von passiven Anlegern als Kommanditisten aufzunehmen, während sich die Komplementäre aus den Projektinitiatoren zusammensetzen (sog. Fondsgesellschaften). Darüber hinaus bietet sich die KG als personengesellschaftliche Basis für eine Kombination mit juristischen Personen an, insbesondere mit der GmbH als **GmbH & Co. KG**. Eine derartige Konstellation hat den Vorteil, dass sich auf diese Weise nicht nur die gesellschaftsrechtlichen sondern auch die unterschiedlichen steuerrechtlichen Merkmale von Kapital- und Personengesellschaft kombinieren lassen.

IV. Partnerschaftsgesellschaft[28]

28 Bei der Partnerschaftsgesellschaft handelt es sich um eine Sonderform der GbR, die ausschließlich **Angehörigen freier Berufe** die in § 1 Abs. 2 S. 2 PartGG benannt sind (zB Rechtsanwälte, Steuerberater etc.) zugänglich ist. Aus diesem Grund richten sich gemäß § 1 Abs. 4 PartGG alle nicht im PartGG geregelten Fragen nach GbR-Recht, also den §§ 705 ff BGB. Partner der Partnerschaftsgesellschaft können gemäß § 1 Abs. 3 PartGG nur natürliche Personen sein. Der Partnerschaftsvertrag muss schriftlich geschlossen werden. Die Partnerschaftsgesellschaft tritt nach ihrer Eintragung ins Partnerschaftsregister (§ 4 Abs. 1 PartGG) im Rechtsverkehr unter mindestens einem Namen ihrer Partner und dem Zusatz „Partnerschaftsgesellschaft" oder „und Partner" auf (§ 2 PartGG). Sie ist gem. § 7 Abs. 2 PartGG rechts- und parteifähig. In ihrem Anwendungsbereich konkurriert die Partnerschaftsgesellschaft mit der der GbR und den Kapitalgesellschaften.

29 Grundsätzlich haften alle Partner als Gesamtschuldner mit Ihrem persönlichen Vermögen für die Verbindlichkeiten der Gesellschaft (§ 8 Abs. 1 PartGG). Im Unterschied zur GbR besteht der Vorteil der Partnerschaftsgesellschaft jedoch darin, dass bei beruflichen Fehlern die **persönliche Haftung** der mit der Bearbeitung eines Auftrags nicht befassten Partner gemäß § 8 Abs. 2 PartGG **ausgeschlossen** ist, es haften die Partnerschaft und der bearbeitende Partner. Gegenüber der Kapitalgesellschaft besitzt die Partnerschaftsgesellschaft den Vorteil, dass kein Mindestkapital erforderlich ist. Weiterhin können geringe Buchführungs- und Abschlusskosten für einen Kostenvorteil sorgen.

30 Zur Geschäftsführung und Vertretung ist jeder Partner nach dem Gesetz allein befugt. Gem. § 6 Abs. 2 PartGG ist eine Beschränkung dieses Rechts bezüglich der Berufsausübung ausgeschlossen. Gesellschafterbeschlüsse in der Partnerschaft bedürfen nach der Regelung des § 6 Abs. 3 PartGG iVm § 119 Abs. 1 HGB der Einstimmigkeit. Dies gilt insbesondere auch für die Aufnahme neuer Partner. Bei Verlust der Berufszulassung scheidet der Partner gem. § 9 Abs. 3 automatisch aus der Gesellschaft aus.

31 Der komplette Haftungsausschluss bei einer Kapitalgesellschaft gegenüber dem nur partiellen bei der Partnerschaftsgesellschaft ist dagegen unter Umständen kein Argument für die Kapitalgesellschaft, da bei vielen freien Berufen standesrechtlich auch bei einer Kapitalgesellschaft ohnehin nur eine eingeschränkte Haftungsbegrenzung möglich ist, vgl zB §§ 51 a, 59 j BRAO.

V. GmbH & Co. KG[29]

32 Die GmbH & Co. KG ermöglicht durch die Kombination der Personengesellschaft KG und dem Einsatz einer GmbH auch auf der Ebene der Personengesellschaften einen vollständigen Ausschluss der Haftung

---

28 Für die vertiefte Darstellung sei auf § 5 Rn 765 verwiesen.
29 Für die vertiefte Darstellung sei auf § 5 Rn 540 ff verwiesen.

der handelnden Personen. Bei der Rechtsform der GmbH & Co. KG wird eine GmbH, welche zunächst zu gründen und ins Handelsregister einzutragen ist, als persönlich haftenden Gesellschafterin einer KG eingesetzt. Diese KG wird erst nach Eintragung der GmbH in das Handelsregister eingetragen.

Sie kann zum einen mit demselben Gesellschafterbestand in GmbH und KG ausgestaltet sein, oder bewusst eine Trennung zwischen aktiven GmbH-Gesellschaftern und allein kapitalgebenden Kommanditisten vorsehen. Wird die GmbH & Co. KG mit identischem Gesellschafterbestand gegründet, so ist auch für die Zukunft dafür Sorge zu tragen, dass der Gesellschafterbestand sich nicht unterschiedlich entwickelt. In der Praxis versucht man diesem Problem durch die Gründung sogenannter „Einheitsgesellschaften" zu begegnen. Hierbei wird zunächst eine GmbH gegründet und danach eine KG deren Komplementärin die GmbH wird. Die Gesellschafter der GmbH bringen dann ihre GmbH-Beteiligungen als Kommanditisten in die Gesellschaft ein. Unter der Maßgabe des § 172 Abs. 6 HGB muss jedoch bei diesem Vorgehen der KG der Kommanditanteil und der Kapitalgesellschaft die Einlage zur Verfügung stehen, da ansonsten diese gegenüber den Gesellschaftsgläubigern als nicht geleistet gilt und im Insolvenzfall nachgezahlt werden muss. 33

Sofern die Kommanditisten der KG zugleich Geschäftsführer der GmbH sind, so ist darauf zu achten, dass diese durch Beschluss oder Satzung von den Beschränkungen des § 181 BGB befreit sind, um den Abschluss des Gesellschaftsvertrags der KG zu ermöglichen. Bei der Abstimmung der Gesellschaftsverträge der KG und der Komplementär-GmbH ist es erforderlich, dass insbesondere die Punkte, bei welchen die gesetzlichen Regelungen der beiden Rechtsformen voneinander abweichen, einheitlich gestaltet werden; hierbei handelt es sich um 34

- die Übertragung von Gesellschaftsanteilen,
- die Kündigung durch Gesellschafter,
- die Vererbbarkeit des Gesellschaftsanteils,
- die Gewinnbeteiligung und
- die Stimmenerfordernisse für die Gesellschafterbeschlüsse.

Die **Mindestkapitalausstattung** der Gesellschaften richtet sich nach den für die Einzelgesellschaften geltenden Regeln; so 25 000,- EUR für die GmbH, bei der KG besteht keine Mindesthaftkapital. Die **Führung der Geschäfte** der Gesellschaft **obliegt dem Geschäftsführer der Komplementärin, der GmbH** (§§ 35, 37 GmbHG). Es verbleibt auch bei der Mischform dabei, dass die Kommanditisten von der Geschäftsführung ausgeschlossen sind. **Gesellschafterbeschlüsse** bedürfen der Zustimmung aller zur Mitwirkung berufenen Gesellschafter (§ 161 Abs. 2 iVm § 119 Abs. 1 HGB). Die Stimmrechte sowie die Regelung der Notwendigkeit von Gesellschafterbeschlüssen generell, sollte im Gesellschaftsvertrag geregelt werden, um klarzustellen ob Kapitalanteile oder Kopfteile maßgeblich sind. Hinsichtlich der **Gewinn- und Verlustaufteilung** gilt das bereits oben zur KG ausgeführte, da diese Regeln auch für die GmbH & Co. KG gelten. 35

Die Haftung der Kommanditisten ist auf ihren im Handelsregister eingetragenen Kommanditanteil begrenzt, während gem. § 13 Abs. 2 GmbHG die GmbH zwar mit ihrem gesamten, aber auch nur mit ihrem Vermögen haftet. 36

Ebenso wie die KG besitzt die GmbH & Co. KG einen weiten Einsatzbereich aufgrund ihrer **hohen gesellschaftsrechtlichen und steuerrechtlichen Flexibilität**. Die Kombination mit der Kapitalgesellschaft hat jedoch den darüber hinausgehenden Vorteil, die **Vorteile der Personengesellschaft**, wie die Möglichkeit der weitgehenden, individuellen gesellschaftsvertraglichen Ausgestaltung **mit den Vorteilen der GmbH**, also die Möglichkeit der Fremdorganschaft und der Haftungsbegrenzung, **zu kombinieren**, so dass sie sich für alle für die KG genannten Einsatzfelder gleichermaßen eignet. 37

VI. Stille Gesellschaft[30]

Eine „stille" Gesellschaft zeichnet sich dadurch aus, dass ihr Gesellschafterbestand nach außen nicht erkennbar ist. Die stille Gesellschaft ist nach § 230 Abs.1 HGB eine Innengesellschaft dergestalt, dass ein stiller Gesellschafter sich an dem Handelsgewerbe eines anderen mit einer Ver- 38

---

30 Für die vertiefte Darstellung sei auf § 7 Rn 3 ff verwiesen.

mögenseinlage beteiligt. Die stille Gesellschaft begründet kein eigenständiges Handelsgewerbe,[31] sie setzt vielmehr ein solches voraus.

39 Die Einlage geht in das Vermögen des Inhabers des Handelsgewerbes über; sie ist damit keine Unterbeteiligung sondern Beteiligung am Handelsgewerbe. Inhaber des Handelsgewerbes ist und bleibt der Andere. Die Stille Gesellschaft ist daher auch weder rechts- noch parteifähig.[32] Alle eingegangenen Geschäfte berechtigen und verpflichten gem. § 230 HGB den Inhaber. Ohne gesonderte Vereinbarung ist der stille Gesellschafter am Gewinn als auch am Verlust gem. § 231 Abs. 1 HGB angemessen beteiligt.

40 Da die Ausgestaltung der stillen Gesellschaft sehr flexibel ist, kommt sie häufig als so genannte „atypische stille Gesellschaft" vor, bei der entgegen der gesetzlichen Regelung dem Stillen ein wesentlicher Einfluss als Mitunternehmer auf die Gesellschaft eingeräumt wird, um so die Mitunternehmereigenschaft nach § 15 Abs. 1 Nr. 2 EStG aus steuerlichen Gründen für den Stillen zu erlangen. Die stille Gesellschaft eignet sich daher besonders immer dann, wenn die Beteiligung an einem Handelsgewerbe nicht publik werden soll, bzw wenn der sich beteiligende Dritte im Falle der atypischen stillen Beteiligung die steuerlichen Vorteile der Mitunternehmerschaft für sich nutzen möchte.

VII. Fazit

41 Die Entscheidung zwischen einer GbR einerseits und einer OHG bzw KG andererseits wird dadurch bestimmt, ob der Unternehmenszweck der Gesellschaft der Betrieb eines Handelsgewerbes ist oder nicht. Wird ein Handelsgewerbe betrieben, so stehen die OHG oder KG bzw GmbH & Co. KG zur Wahl. Ausgehend von gesellschaftsrechtlichen Überlegungen wird hier die Wahl in erster Linie von der Frage der Übernahme der persönlichen Haftung und in zweiter Linie von der Wahl zwischen Selbst- oder Fremdorganschaft bestimmt.

42 Als Angehöriger eines freien Berufes steht Gesellschaftsgründer (mindestens 2) neben der GbR auch die Partnerschaftsgesellschaft zur Auswahl.

Übersicht über die wesentlichen Merkmale der Personengesellschaften

	GbR	OHG	KG	Stille Gesellschaft	PartG	GmbH & Co. KG
Rechts-/Parteifähigkeit	ja	ja	ja	nein	ja	ja
Formerfordernis	nein	nein	nein	nein	ja	GmbH ja
Mindestgesellschafterzahl	mind. 2	mind. 2	2	2	2 Berufsstand entscheidend	1
HR-Eintrag	nein	Ja	ja	nein	Partnerschaftsregister	ja
Gesellschaftsgegenstand	Kein Handelsgewerbe	Handelsgewerbe	Handelsgewerbe	Handelsgewerbe	Freier Beruf	Handelsgewerbe
Beschlussfassung	einstimmig	einstimmig	einstimmig	allein Inhaber	einstimmig	KG einstimmig GmbH einfache Mehrheit
Stimmgewichtung	Köpfe	Köpfe	Köpfe	Inhaber	Köpfe	KG Köpfe GmbH Beteiligung

---

31 K. *Schmidt*, Gesellschaftsrecht, S. 1838.
32 K. *Schmidt*, Gesellschaftsrecht, S. 1837.

4 D. Wesentliche Merkmale der Kapitalgesellschaften

	GbR	OHG	KG	Stille Gesellschaft	PartG	GmbH & Co. KG
Geschäftsführung/ Vertretung	Alle Gesellschafter gemeinsam	Jeder einzeln	Komplementäre einzeln	Inhaber	Jeder Partner allein	Geschäftsführer GmbH
Gewinn-/Verlustbeteiligung	Nach Köpfen	4 % nach Kapital; Rest nach Köpfen	4 % nach Kapital Rest; angemessen	Inhaber voll Stiller beschränkt auf Einlage Verlust angemessne Beteiligung	Nach Köpfen	KG 4 % auf Kapital Rest angemessen GmbH nach Beteiligung

D. Wesentliche Merkmale der Kapitalgesellschaften

Im Gegensatz zu den Personengesellschaften ist das **verbindende Element** bei den Kapitalgesellschaften nicht der Gesellschafterbestand sondern das **eingezahlte Haftkapital**, da Kapitalgesellschaften als juristische Personen **rechtlich verselbständigte Haftungsmassen** sind, Sie stehen eigenständig neben den Gesellschaftern. Entgegen einer Vielzahl von Personengesellschaften entstehen sie erst mit Ihrer Eintragung ins Handelsregister (*konstitutive Wirkung*). Alle Kapitalgesellschaften eint die denknotwendige **Fremdorganschaft** und die **am Kapitalanteil des jeweiligen Gesellschafters orientierte Gewinnausschüttung**. 43

I. GmbH[33]

Die GmbH kann gemäß § 1 GmbHG *„zu jedem gesetzlichen Zweck durch eine oder mehrer Personen errichtet werden"*, womit das Gesetz die Einpersonengründung ausdrücklich zulässt. Sie ist mit geschätzt über 800 000 Gesellschaften[34] die am weitesten verbreitete Kapitalgesellschaftsform und eignet sich für jede Branche. Die GmbH ist eine **selbständige juristische Person** (§ 13 Abs. 1 GmbHG) und entsteht mit Ihrer Eintragung ins Handelsregister (§ 11 Abs. 1 GmbHG). Sie ist besteht daher auch unabhängig von einem Wechsel ihrer Gesellschafter fort. Ihr **Gesellschaftsvertrag** bedarf gem. § 2 GmbHG der **notariellen Beurkundung** und muss von allen Gesellschaftern unterzeichnet sein. Da eine neue Rechtspersönlichkeit entsteht, sieht das Gesetz deutlich strengere Formvorschriften vor, als dies bei den Personengesellschaften der Fall ist. Das Gesetz bestimmt über § 3 GmbHG auch den Mindestinhalt des Gesellschaftsvertrages, in dem 44

- die Firma und der Sitz der Gesellschaft,
- der Gegenstand des Unternehmens,
- der Betrag des Stammkapitals,
- den Betrag der von jedem Gesellschafter auf das Stammkapital zu leistenden Einlage

enthalten sein müssen. Die Beliebtheit der GmbH macht es aus, dass über diesen Mindestinhalt hinaus der GmbH-Vertrag im Wesentlichen frei gestaltet werden und daher an eine Vielzahl unterschiedlicher Situationen und Interessenlagen angepasst werden kann.

Das **Mindeststammkapital** beträgt nach § 5 GmbHG **25 000,- EUR**.[35] Die Geschäftsführung und Vertretung der Gesellschaft erfolgt durch deren Geschäftsführer als Organ der Gesellschaft. Diese Aufgabe kann von einem oder allen Gesellschaftern der Gesellschaft übernommen werden, sie kann jedoch auch durch einen ansonsten mit der Gesellschaft nicht verbundenen Dritten ausgeübt werden (§ 6 GmbHG). 45

---
33 Für die vertiefte Darstellung sei auf § 6 Rn 1 ff verwiesen.
34 *Hansen* GmbHR 1999, 24.
35 Zur Frage inwieweit dieses bei der Gründung bereits vorhanden sein muss siehe § 6 Rn 7.

§ 4 Rechtsformwahl

46 Da der Geschäftsführer die Gesellschaft nach außen umfassend und uneingeschränkt vertreten kann, ist es mehr als ratsam, seinem Handeln im Gesellschaftsvertrag Grenzen zu setzen, jenseits derer die Gesellschafterversammlung zu entscheiden hat. In der Gesellschafterversammlung entscheiden die Gesellschafter über die ihnen per Gesetz (§ 46 GmbHG) zugewiesenen oder im Gesellschaftsvertrag geregelten Bereiche. Nach dem Gesetz entscheidet in der Gesellschafterversammlung die einfache Mehrheit der Stimmen, wobei je 50 EUR eines Gesellschaftsanteils eine Stimme gewähren (§ 47 GmbHG). Die Gewinnausschüttung der Gesellschaft erfolgt nach Beschluss der Gesellschafter auf der Grundlage der Kapitalbeteiligungen. GmbH-Geschäftsanteile sind nach § 15 Abs.1 GmbHG veräußerlich und vererblich.

47 Größter Vorteil der GmbH sind unbestreitbar zum einen die Haftungsbeschränkung auf das Gesellschaftsvermögen (§ 13 Abs. 2 GmbHG), zum anderen die umfangreichen Gestaltungsmöglichkeiten des Gesellschaftsvertrages, die die Berücksichtigung fast aller Individualanforderungen ermöglicht.

II. AG[36]

48 Neben der GmbH ist die Aktiengesellschaft die bedeutendste Kapitalgesellschaftsform. Die AG war und ist von der Idee des Gesetzgebers geprägt, mit ihr eine Gesellschaft zu schaffen, die sich besonders zur Kapitalsammlung eignet, weshalb ihr Grundkapital in Aktien aufgeteilt ist, die an der Börse gehandelt werden können. Da die Kapitalbeteiligungen an der Gesellschaft in einem standardisierten Verfahren gehandelt werden können soll, unterliegt die Aktiengesellschaft hinsichtlich ihrer Verfasstheit strengen inhaltlichen wie formellen Anforderungen. Gerade diese Formvorschriften sind es, die die Gründung der Gesellschaft komplizierter und teurer machen, als dies bei der GmbH der Fall ist.

49 Diesen Umstand erkennend wird seit 1994 zwischen den Erscheinungsformen der sog. „kleinen" und „großen" AG differenziert, wobei es zur Unterscheidung auf die Überschaubarkeit und die namentliche Bekanntheit des Aktionärskreises ankommt.[37] Zweck der Gesetzesänderungen war es, durch teilweise weniger strenge Formvorschriften für die „kleine AG" diese Rechtform auch für den Mittelstand attraktiver zu machen und die Kapitalsammlung durch und mit solchen Gesellschaften zu erleichtern.

50 Neben der Schaffung der Möglichkeit der Gründung von **Einpersonenaktiengesellschaften** werden bei einer „*kleinen*" AG zB Erleichterungen bei der Einberufung (§ 121 Abs. 4 AktG), der Durchführung[38] und der Protokollierung der Hauptversammlung gewährt. Auch kann die Aktieneinzelverbriefung gem. § 10 Abs. 5 AktG eingeschränkt oder ausgeschlossen werden. Grundsätzlich ist die Aktiengesellschaft eine selbständige juristische Person. Sie entsteht mit ihrer Eintragung in Handelsregister.

51 Die Vorteile der AG liegen zu einen ebenso wie bei der GmbH in der **Haftungsbeschränkung** auf das Gesellschaftsvermögen, § 1 Abs. 1 AktG, darüber hinaus auch in der **freien Handelbarkeit der Gesellschaftsanteile** und deren leichter Übertragung. Fast gänzlich zu vernachlässigen ist sicherlich zwischenzeitlich der in der Vergangenheit gern herangezogene Vorteil der größeren Reputation der AG gegenüber der GmbH. Hieran hat vor allem der Zusammenbruch des Neuen Marktes Mitte der Neunziger einen großen Anteil, dessen Unternehmen sich fast ausschließlich der Rechtsform der AG bedienten.

III. KGaA[39]

52 Die Kommanditgesellschaft auf Aktien ist eine **Mischform mit Elementen der Aktien- und der Kommanditgesellschaft**. Ebenso wie die AG ist die KGaA eine juristische Person; neben den (Kommandit-)Aktionären gibt es ebenso wie in der KG einen persönlich haftenden Gesellschafter. Sofern sich aus den §§ 278 ff AktG nichts anderes ergibt, finden die Vorschriften des 1. Buches des AktG Anwendung auf die KGaA. Für ihre Gründung sind jedoch weiterhin 5 **Gründer** erforderlich.

---

36 Für die vertiefte Darstellung sei auf § 6 Rn 465 ff verwiesen.
37 „Gesetz für kleine Aktiengesellschaften und zur Deregulierung des Aktienrechts" BGBl. 1994 I S. 1961.
38 Sog. „Vollversammlungsprivileg": bei Anwesenheit aller Aktionäre kann auf sämtliche Formvorschriften der §§ 121–128 AktG verzichtet werden.
39 Für die vertiefte Darstellung sei auf § 6 Rn 761 ff verwiesen.

Aufgrund der persönlichen Haftung des Komplementärs ist die praktische Relevanz dieser Rechtsform bislang gering, obwohl mittlerweile anerkannt ist, dass der persönlich haftende Gesellschafter der KGaA auch eine andere juristische Person, also zB eine GmbH, sein kann.[40] Wird als Komplementär eine Kapitalgesellschaft gewählt, ergibt sich jedoch der Nachteil, dass die rechtliche Konstruktion deutlich komplizierter wird als beispielsweise bei einer AG. Diesem Nachteil steht in aller Regel kein kompensierender Vorteil gegenüber.

IV. Fazit

Für ein mittelständisches Unternehmen ist die Rechtsform der Aktiengesellschaft in der Regel aus gesellschaftsrechtlicher Sicht weniger geeignet als die der GmbH. Dies resultiert vornehmlich aus der Tatsache, dass für die AG das Prinzip der **Satzungsstrenge** (§ 23 Abs. 5 AktG) gilt, während bei der Gestaltung von GmbH-Gesellschaftsverträgen eine weitgehende Gestaltungsfreiheit gem. § 45 GmbHG besteht. Sie können daher wesentlich besser und flexibler den Anforderungen des Einzelfalls angepasst werden.

Ein weiterer Nachteil der AG für den Mittelstand ist darin zu sehen, dass § 95 AktG zwingend die Berufung eines Aufsichtsrats vorschreibt, während dies bei der GmbH zwar möglich jedoch nicht zwingend ist (§ 52 GmbHG). Die Bildung des Aufsichtsrates löst somit auch dann Kosten aus, wenn er wegen des Umfangs der getätigten Geschäfte noch gar nicht notwendig ist oder die Gesellschaft gar keine Mittelaufnahme am Kapitalmarkt beabsichtigt.

Generell verursacht eine **AG einen höheren Verwaltungsaufwand und höhere Kosten im Vergleich zur GmbH**. Zu diesen zählen insbesondere § 32 AktG (Gründungsbericht), §§ 33–35 AktG (Gründungsprüfung) und § 130 AktG (notarielle Beurkundung von Beschlüssen der Hauptversammlung).

Die letztgenannte Vorschrift ist jedoch gemäß § 130 Abs.1 S. 3 AktG insoweit dispositiv, als dass es bei einer nicht börsennotierten Gesellschaft bei einfachen Mehrheitsentscheidungen ausreichend ist, wenn die Hauptversammlungsbeschlüsse vom Aufsichtsratvorsitzenden unterzeichnet werden.

E. Europäische bzw ausländische Gesellschaften[41]

I. Europäische Aktiengesellschaft, Societas Europea[42]

Unter den bereits oben genannten europäischen Gesellschaftsrechtsformen kommt, nachdem sich die EWIV in den vergangenen 20 Jahren nicht durchgesetzt hat, für eine wirtschaftliche Betätigung einzig ein Unternehmen in der Rechtsform der SE in Betracht. Seit dem 8.10.2004 steht den Mitgliedern der Europäischen Gemeinschaft diese neue – gemeinsame – Kapitalgesellschaft zur Verfügung.[43] Da die **Verordnung über das Statut** aber **nur Teilbereiche der Gründung und Organisation der Europa-AG regelt** und im Übrigen auf die jeweiligen **nationalen Ausführungsbestimmungen** der Mitgliedstaaten verweist, gibt es im Ergebnis keine einheitliche Europa-AG. Die deutschen Ausführungsbestimmungen enthält das am 29.12.2004 in Kraft getretene „Gesetz zur Einführung der europäischen Gesellschaft" (SEEG).[44]

Die SE (Europa-AG) ist eine neue Rechtsform für Unternehmen, die in verschiedenen Mitgliedstaaten der Europäischen Union tätig sind oder tätig werden wollen. Die Europa-AG ist eine **juristische Person** und führt den offiziellen **Rechtsformzusatz „SE"**. Eine Besonderheit der Europa-AG ist, dass diese

---

40 BGH NJW 1997, 1923.
41 Für eine kurze aber gute Übersicht über die europäischen Rechtsformen und ihre wesentlichen Bestimmungen siehe www.europaeische-rechtsformen.de.
42 Für die vertiefte Darstellung sei auf § 8 Rn 161 ff verwiesen.
43 über das Statut der Europäischen Aktiengesellschaft (Verordnung (EG) Nr. 2157/2001 des Rates über das Statut der Europäischen Gesellschaft (SE) vom 8.10.2001, ABl. Nr. L 294 vom10.11.2001 S. 1) und zur Ergänzung des Statuts der Europäischen Aktiengesellschaft hinsichtlich der Beteiligung der Arbeitnehmer (Richtlinie 2001/86/EG des Rates vom 8.10.2001 zur Ergänzung des Statuts der europäischen Gesellschaft hinsichtlich der Beteiligung der Arbeitnehmer, ABl. Nr. L 294 vom 10.11.2001 S. 22).
44 BGBl. 2004 I S. 3675.

§ 4 Rechtsformwahl

ihren Sitz innerhalb der Mitglied staaten ohne vorherige Auflösung grenzüberschreitend verlegen kann.

60 Zweck der Europa-AG ist nicht, die herkömmlichen Aktiengesellschaften zu ersetzen oder zu verdrängen. Sie stellt lediglich eine Option für grenzüberschreitend tätige Gesellschaften dar, sich in **einer Rechtsform als Europa-AG** zusammenzuschließen. So bietet die Europa-AG eine Alternative zu der bisher geübten umständlichen Praxis, Tochtergesellschaften in einzelnen Mitgliedstaaten nach den jeweiligen spezifischen Regelungen zu gründen. So zB durch die Verschmelzung von Aktiengesellschaften aus mindestens zwei Mitgliedstaaten oder die Gründung einer Holding-SE durch Aktiengesellschaften oder GmbHs, sofern mindestens zwei von ihnen dem Recht verschiedener Mitgliedstaaten unterliegen oder seit mindestens zwei Jahren eine dem Recht eines anderen Mitgliedstaats unterliegenden Tochtergesellschaft oder eine Zweigniederlassung in einem anderen Mitgliedstaat haben, oder in anderer im Ausführungsgesetz wiedergegebener Weise.

61 Nicht möglich ist eine formwechselnde Umwandlung einer GmbH in eine Europa-AG oder die Beteiligung einer GmbH an einer Verschmelzung. Hier bleibt nur der umständliche Weg einer vorherigen Umwandlung der GmbH in eine Aktiengesellschaft nationalen Rechts. Auch eine Bar- oder Sachgründung durch natürliche Personen ist nicht möglich. Das Mindestkapital der Europa-AG beträgt in jedem Fall 120 000 EUR.

62 Die Europa-AG wird in das **Handelsregister des Mitgliedstaates** eingetragen, in dem sie ihren satzungsmäßig bestimmten Sitz hat. Dieser Sitz muss dem Ort ihrer Hauptverwaltung entsprechen. Es ist später möglich, den Sitz innerhalb der Europäischen Union zu verlegen, ohne dass dies zur Auflösung oder der Gründung einer neuen Europa-AG führt. Die Eintragung wird im Amtsblatt der Europäischen Union veröffentlicht.

63 Ein Organ der SE ist die Hauptversammlung der Aktionäre. Bezüglich der Leitungsstruktur besteht Wahlfreiheit zwischen dem dualistischen System (ein Aufsichtsorgan und ein Leitungsorgan, wie bei der AG in Deutschland) oder dem monistischen System (ein Verwaltungsorgan, wie zum Beispiel in Großbritannien). Dadurch werden die verschiedenen Traditionen in den Mitgliedstaaten berücksichtigt.

64 Wie die vorstehenden Ausführungen zeigen, nimmt die SE im Rahmen einer Rechtsformwahlentscheidung eine Ausnahmestellung ein. Sie wird daher nur in wenigen Fällen mit deutlich prägendem Auslandsbezug einer Entscheidungsalternative sein.

II. Die britische Limited[45]

65 Spätestens seit den EuGH-Urteilen zur **Niederlassungsfreiheit** („Überseering"[46] und „inspire art"),[47] steht auch die Wahl ausländischer Rechtsformen zur Diskussion. Die englische Rechtsform *private company limited by shares (Ltd.)* ist dabei auch aufgrund einer intensiven, kommerziellen Bewerbung in Deutschland die bekannteste und wohl auch beliebteste.

66 Rechtsgrundlagen der Limited finden sich in verschiedenen englischen Gesetzen (Companies Act 1985, 1989, Financial Services Act 1986) sowie im englischen „case law". Strukturell ist die Limited am ehesten mit der deutschen GmbH vergleichbar; ebenso wie diese muss die Limited in ihrem **Gründungsvertrag** (memorandum of association) ein festes Grundkapital bestimmen; **ein Mindestkapital ist hingegen nicht vorgeschrieben**, was sie bei den häufig eigenkapitalschwachen Gründern beliebt macht und als größter Vorteil gegenüber einer deutschen GmbH gilt. Einen Umstand, den der Gesetzgeber mit der GmbH-Reform und der damit zu erwartenden Absenkung des Mindeststammkapitals auf 10 000,- EUR aufzufangen sucht.[48]

67 Als weitere Vorteile werden das Nicht-Erfordernis einer notariellen Beurkundung des Gesellschaftsvertrags, sowie das Nicht-Vorhandensein von Kapitalerhaltungsregeln (zumindest nach englischem Recht) genannt. Nachteile ergeben sich jedoch insoweit, als dass die Limited grundsätzlich dem eng-

---

45 Für die Einzelheiten siehe § 8 Rn 469 ff.
46 EuGH-Urteil vom 5.11.2002, Rs. C-208/00, DB 2002, 2425.
47 EuGH-Urteil vom 30.9.2003 Rs. C-167/01, Slg 2003, S. I-10155.
48 Zum Inhalt der Reform zB *Wulfetange*, BB-Special 2006 Heft 7, 19–24.

lischen Recht unterliegt, selbst wenn sie ausschließlich in Deutschland tätig ist, und es insofern zu erheblichen Rechtsunsicherheiten kommen kann.[49]

Viele der als Vorteile propagierten Merkmale der Limited erweisen sich daher auf den zweiten Blick als keine. Auch wenn es zur Gründung faktisch keines Eigenkapitals bedarf, so ist es nicht möglich, ohne Eigenkapital ein lebensfähiges Unternehmen zu schaffen. Für eine etwaige Kreditaufnahme werden somit persönliche Sicherheiten der Gesellschafter von Nöten sein, welche den haftungsmäßigen Vorteil gegenüber der GmbH erheblich relativieren. Dasselbe gilt für die Akzeptanz der Rechtsform bei Vertragspartnern, welche bei einer Limited deutlich geringer ist.

Ein weiterer Nachteil der Limited besteht darin, dass sämtliche Steuererklärungen sowohl in Deutschland als auch in England eingereicht werden müssen, wobei ungeklärt ist, ob die derzeit in England überwiegend abgegebenen Null-Erklärungen zulässig sind; ebenso müssen die Buchführungs- und Abschlusspflichten beider Länder beachtet werden. Insgesamt dürfte somit eine Limited der deutschen GmbH nur in Ausnahmefällen und wohl am ehesten in Fällen mit Auslandsbezug vorzuziehen sein.

III. Die niederländische B.V.

Neben der vorgenannten Limited ist als weitere ausländische Gesellschaftsform, die sich in Deutschland nennenswerter Beliebtheit erfreut, die „Besloten Vennootschap met beperkte aansprakelijkheid" (BV) zu erwähnen. Auch bei ihr handelt es sich um eine Kapitalgesellschaftsform, die mit einem Mindeststammkapital von 18 000,- EUR gegründet werden kann, das bei Gründung voll eingezahlt werden muss (Art. 2:178 BW). Zur Gründung ist ein notariell beglaubigter Gesellschaftsvertrag („akte van oprichting") erforderlich, bzw eine notariell beglaubigte Gründungsurkunde im Falle der Gründung durch einen alleinigen Gesellschafter-Geschäftsführer. Diese Urkunden sind sodann innerhalb von zwei Monaten beim Justizministerium („Ministerie van Justitie") zur Überprüfung der Gesellschaft (in Bezug auf frühere Betrugs- oder Insolvenzfälle) und zur Erteilung einer Unbedenklichkeitsbescheinigung (notwendige Genehmigung zur Eintragung der Gesellschaft in das Handelsregister) vorzulegen. Mit der letztgenannten Bescheinigung erfolgt dann die Eintragung der Gesellschaft bei der örtlichen Handelskammer („Kammer van Koophandel en Fabrieken"). Die Eintragung der Gesellschaft wird im Staatsanzeiger („Staatscourant") veröffentlicht. Das Gründungsprocedere nimmt ca. 2 bis 6 Monate in Anspruch. Als weitere Verpflichtung besteht die Erstellung einer verkürzten Bilanz und GuV, die beim Handelsregister zu hinterlegen sind.

Die Attraktivität der B.V. besteht bei genauerer Betrachtung daher wie bei der Limited allein in den niedrigeren Anforderungen an das Mindeststammkapital. Einem Umstand, dem der Deutsche Gesetzgeber mit der Modernisierung des GmbH-Rechts Rechnung tragen will. Weitere Vorteile gegenüber der Wahl einer Deutschen Rechtsform beschert die B.V. nicht.

IV. Fazit

Zusammenfassend lässt sich festhalten, dass der entscheidende Vorteil der europäischen Rechtsformen fast ausschließlich in den durchweg niedrigeren Anforderungen an die Mindestkapitalausstattung gegenüber der deutschen GmbH liegt. Diesen Standortnachteil hat der Gesetzgeber erkannt und einen Reformprozess in die Wege geleitet, der kurzfristig dieses Manko der in Deutschland bestehenden Kapitalgesellschaftsformen beseitigen wird. Darüber hinaus sind noch die geringeren Gründungskosten im Ausland ein Argument für die Wahl einer ausländischen Rechtsform. In der Praxis zeigt sich jedoch, dass die möglicherweise gesparten Gründungskosten durch die Kosten der laufenden Betreuung der Gesellschaft mit der Zeit aufgezehrt werden. Da die betroffenen Gesellschaften ausländischem Recht unterliegen, ist es nachgerade zwingend, sich eines Beraters zu bedienen, der in der Anwendung der ausländischen Rechtsordnung firm ist und verhindert, dass aus Unkenntnis Pflichtversäumnisse mit nicht unerheblichen Haftungsfolgen begangen werden. Es ist daher zu erwar-

---

[49] Was in einer der ersten Entscheidung zur Frage der Insolvenzantragspflicht zur vollständigen persönlichen Haftung des deutschen Directors einer Limited geführt hat. LG Kiel vom 20.4.2006 (Az: 10 S. 44/05.).

ten, dass nach dem Inkrafttreten des MoMiG[50] die Nachfrage nach ausländischen Gesellschaften deutlich rückläufig sein wird.

F. Die Wahl zwischen Personen- und Kapitalgesellschaften vor dem Hintergrund des Gesellschafts-, Steuer-, und Mitbestimmungsrechts

73 Die **grundsätzliche Weichenstellung der Wahl der Rechtsform** vollzieht sich zwischen der Personen- und den Kapitalgesellschaft. Zwischen der Rechtsform der GbR einerseits und der OHG oder KG andererseits besteht kein Wahlrecht, da sich die Entscheidung zwingend aus dem Vorliegen bzw Nicht-Vorliegen der Kaufmannseigenschaft der Gesellschaft ergibt. Ansonsten weisen alle diese Personengesellschaften relativ ähnliche Strukturen auf; Gleiches gilt für die Kapitalgesellschaften. Die folgende Darstellung soll die einzelnen rechtlichen Aspekte beleuchten, die in der Entscheidungsmatrix die Rechtsformwahl bestimmen.

I. Gesellschaftsrechtliche Überlegungen

1. Beteiligungsstruktur

74 Die passende Rechtsform hängt zunächst von der **Anzahl der Gesellschafter**, der **Kontinuität des Gesellschafterbestandes** sowie der **Alters- und Erfahrungsstruktur der Gesellschafter** ab.

a) Anzahl der Gesellschafter bei Gründung

75 Die Wahl der Rechtsform wird durch verschiedene **Rechtsformzwänge** eingeschränkt. Bereits bei der Gründung einer Gesellschaft können je nach Anzahl der Gründer oder wegen des Unternehmensgegenstands bestimmte Gesellschaftsformen von vornherein ausscheiden:

aa) Einzelperson

76 Handelt es sich beim Gesellschaftsgründer um eine **Einzelperson**, so kommt – neben der Tätigkeit als Einzelkaufmann – nur die Gründung einer Kapitalgesellschaft in Form der GmbH oder AG in Betracht (§§ 1 GmbHG, 2 AktG), da dies die einzigen Gesellschaftsformen sind, welche eine **Einzelgründung** zulassen.

77 Wird die Rechtsform der Personengesellschaft gewünscht, so ist dies auch als Einzelperson möglich, wenn man den Gestaltungsspielraum des Gesellschaftsrechts nutzt und die personenidentische GmbH & Co. KG wählt, indem die Einzelperson sukzessive zunächst als Alleingesellschafter eine GmbH und anschließend gemeinsam mit dieser GmbH eine KG gründet, an der sie sich als einziger Kommanditist beteiligt (sog. Einheitsgesellschaft).[51] Diese Gestaltungsform ist zwar zulässig (vgl §§ 172 Abs. 6, 264 c Abs. 4 HGB), bringt jedoch erhebliche praktische und technische Nachteile. Diese beginnen mit der Frage der ordnungsgemäßen Kapitalaufbringung des Stammkapitals der GmbH und des Kommanditanteils. Es muss sichergestellt sein, dass das Stammkapital nicht gleichzeitig als Kommanditanteil verwendet wird, da der Gesellschafter ansonsten sowohl mit der Nachforderung des Stammkapitals (§ 19 GmbHG) als auch mit einer Haftung in Höhe des nicht erbrachten Kommanditanteils konfrontiert ist. Ein Umstand dem gerade in der Vergangenheit häufig keine Aufmerksamkeit geschenkt worden ist, mit der Folge von ärgerlichen Nachforderungen im Insolvenzfall.[52]

bb) Mehrere Personen

78 Ab einer **Gründerzahl von zwei Personen** stehen im Hinblick auf die erforderliche Gesellschafteranzahl **grundsätzlich alle Personengesellschaften und Kapitalgesellschaften mit Ausnahme der KGaA** zur Verfügung, an welcher gemäß § 280 Abs.1 S. 1 AktG mindestens fünf Personen beteiligt sein

---

50 Gesetzentwurf vom 23.5.2007 (www.bmj.bund.de).
51 Zu den Einzelheiten siehe § 5 Rn 556 ff.
52 OLG Frankfurt vom 18.7.2005, 1 U 109/05;.

müssen. **Einschränkungen** können sich jedoch auch hier noch dadurch ergeben, dass einige **Personengesellschaftsformen**, wie die Partnerschaftsgesellschaft (§§ 1 ff PartGG), die Partenreederei (§§ 491–509 HGB) oder die EWIV, **nur bei der Erfüllung der jeweiligen persönlichen, sachlichen, oder räumlichen Voraussetzungen zur Verfügung** stehen. Die Wahl zwischen der Gründung einer GbR oder einer OHG bzw KG wird vom Unternehmensgegenstand bestimmt, da die letztgenannten Rechtsformen nur für den Betrieb eines Handelsgewerbes (§ 1 Abs. 2 HGB) zulässig sind.[53]

Beschränkungen hinsichtlich einer Personenhöchstzahl bei Personengesellschaften bestehen in rechtlicher Hinsicht zwar nicht, jedoch werden bei einer größeren Anzahl von Gesellschaftern Personengesellschaften wegen ihrer gesetzlichen Abstimmungs- und Vertretungsregelungen unpraktikabel. Soweit daher bei einer Vielzahl von Gesellschaftern aus anderen, zB steuerlichen Gründen, das Festhalten an einer Personengesellschaft notwendig ist, kommt allein die **Publikums-KG** in Betracht, die gerade bei Fondskonstruktionen sich großer Beliebtheit erfreut. Durch die Beteiligung der Anleger als Kommanditisten am Fonds besteht die Möglichkeit der Kapitalbeteiligung bei gleichzeitigem Ausschluss eines Eingriffs der Kommanditisten in das Tagesgeschäft der Gesellschaft. Bestehen keine steuerrechtlich indizierten Notwendigkeiten, so ist vielfach die nach der Vorstellung des Gesetzgebers für eine Vielzahl von Gesellschaftern (Aktionären) konzipierte AG die Gesellschaft der Wahl.

b) Gesellschafterbestand

Die Frage, ob man sich einer Personengesellschaft oder Kapitalgesellschaft bedient, hängt weiterhin vom Gesellschafterbestand ab und wie groß die Fluktuation innerhalb dieses Kreises ist oder sein soll.

aa) Personengesellschaften

Da Personengesellschaften durch eine **enge Verbindung zwischen der Person und dem Privatvermögens des Gesellschafters** gekennzeichnet sind, bedürfen Änderungen des Gesellschafterbestandes, sofern nicht ausnahmsweise etwas anderes im Gesellschaftsvertrag vereinbart ist, der Zustimmung aller übrigen Gesellschafter.

bb) Kapitalgesellschaften

Kapitalgesellschaften sind hingegen in ihrem **Bestand unabhängig von der konkreten Zusammensetzung der Gesellschafter**, daher bedürfen Änderungen des Gesellschafterbestandes nach dem Gesetz keiner Zustimmung, sondern die Gesellschaftsanteile sind frei übertragbar.

Soweit die Beteiligungsstruktur daher von Anfang an möglichst offen gehalten werden soll, haben Kapitalgesellschaften wegen der erleichterten Übertragbarkeit ihrer Anteile Vorzüge gegenüber den Personengesellschaften. Zu Beachten ist jedoch, dass die Abtretung von GmbH-Gesellschaftsanteilen aufwendig in notariell beurkundeter Form vorgenommen muss (§ 15 Abs.3 GmbHG). Bei der Planung eines **häufigen Gesellschafterwechsels** ist daher die Rechtsform der **AG** grundsätzlich **empfehlenswert**. Wie bereits oben ausgeführt, können die gleichen Ziele unter bestimmten Voraussetzungen auch mit einer KG in der speziellen Ausprägung der Publikumsgesellschaft erreicht werden.

2. Nachfolgeplanung

Gerade für kleine und mittelständische Unternehmen ist die rechtzeitige Beschäftigung mit der Frage der Unternehmensnachfolge von Bedeutung. Seit geraumer Zeit spielt diese Fragestellung auch beim **Rating** von Unternehmen unter Basel-II-Gesichtspunkten eine entscheidende Rolle und wirkt sich unmittelbar auf die Kreditkonditionen des betroffenen Unternehmens aus.[54] Empfehlenswert ist es, die **Fragen der Unternehmensnachfolge** wenn möglich **bereits im Gründungsstatut der Gesellschaft zu regeln**, da spätere Regelungen immer der Mehrheit oder gar qualifizierten Mehrheit aller Gesellschafter bedürfen, die nicht notwendigerweise gleichgerichtete Interessen im Hinblick auf die Fortführung der Gesellschaft haben müssen.

---

53 Siehe § 5 Rn 329, 437.
54 RATINGaktuell, Ausgabe 04/2002 S. 11.

85 Grundsätzlich gestaltet sich die Nachfolge in eine Kapitalgesellschaft einfacher, da vorbehaltlich anderweitiger gesellschaftsvertraglicher Regelungen der Übergang der Beteiligung nicht von der Zustimmung der Mitgesellschafter abhängig ist und Gesamtrechtsnachfolge an den Gesellschaftsanteilen eintritt.[55] Gerade bei mehreren Erben sollte daher die Nachfolge in eine Personengesellschaft bereits im Vorfeld und unter genauer Bestimmung der zur Nachfolge berechtigten Personen geregelt werden (**qualifizierte Nachfolgeklauseln**); etwa nur ein Erbe aus einer Erbengemeinschaft oder, bei einer starken familiären Prägung der Gesellschaft, nur leibliche Nachkommen.

86 Will man in einer **Personengesellschaft** die **Nachfolgegeneration an die Unternehmensführung heranführen**, ohne sie dem Risiko einer umfänglichen Haftung auszusetzen, empfiehlt sich die Rechtsform einer **GmbH & Co. KG**, da der Nachfolger zunächst als Kommanditist beteiligt und dann später Geschäftsführer der GmbH sein kann. Die Kommanditistenstellung allein schließt eine geschäftsführende Tätigkeit aus, da Kommanditisten von der Führung der Geschäfte ausgeschlossen sind (§ 164 HGB). Problematisch ist zudem, wenn bei Eintritt des Nachfolgefalls des persönlich haftenden Gesellschafters die designierten Nachfolger noch minderjährig sind.[56] Bei der GbR regelt § 723 Abs. 1 BGB, dass jeder volljährig gewordene Gesellschafter zur außerordentlichen Kündigung der Gesellschaft berechtigt ist. Weil außerdem wegen der potenziellen persönlichen Haftung die Vormundschaftsgerichte häufig die notwendige Genehmigung verweigern,[57] ist die GbR für die Aufnahme Minderjähriger ungeeignet.

3. Finanzstruktur

a) Gründungsaufwand

87 Im **Normalfall** kommt dem **Gründungsaufwand** im Verhältnis zu den übrigen anfallenden Kosten eines Unternehmens **keine maßgebliche Bedeutung** zu; trotzdem kann er im Einzelfall bei einer Wahlalternative zwischen zwei ansonsten „gleichwertigen" Rechtsformen ausschlaggebend sein. Während der Aufwand bei der GbR aufgrund der Formfreiheit am geringsten ist, nimmt er bereits bei der OHG und KG aufgrund der handelsregisterlichen Anmeldepflichten zu. Bei der GmbH wird die Gründung zusätzlich durch die Mitwirkungspflicht des Notars verteuert; dies trifft in noch größerem Umfang auch auf die AG zu.

88 Bei den Kapitalgesellschaften hängt der Aufwand weiterhin von der Frage ab, ob es sich um eine Bar- oder Sachgründung handelt, da letztere aufgrund der intensiveren Prüfung erheblich kostenintensiver sein kann. Der höchste Gründungsaufwand ist bei den Mischformen zu verzeichnen, da hier mehrere Gesellschaften zu gründen sind und darauf geachtet werden muss, dass die jeweiligen Gesellschaftsverträge inhaltlich aufeinander abgestimmt sind.

b) Kapitalaufbringung und -erhaltung

aa) Mindestkapital

89 Für **Personengesellschaften** ist gesetzlich **weder** ein **Mindestkapital noch** eine **Mindesteinlage** vorgeschrieben; weiterhin steht es den Gesellschaftern weitestgehend frei, ihren Beitrag zur Gesellschaft festzulegen. Sie unterliegen keiner behördlichen oder registerrechtlichen Prüfung bzw einer gesetzlichen Pflicht zur Sicherheitsleistung. Einzige **Ausnahme** von dieser Regel ist die **Anwendung der Regeln zur Unterkapitalisierung** gem. §§ 32 a, 32 b GmbHG,[58] die gem. § 129 a HGB auch auf die **OHG** und gem. § 172 a HGB auf die **KG** entsprechend Anwendung finden.

90 Bei **AG** und **KGaA** ist ein **Mindestkapital von 50 000,- EUR** vorgeschrieben (§§ 7, 278 Abs. 3 AktG); hiervon muss bei einer Bargründung vor Anmeldung der Gesellschaft mindestens ein Viertel aufgebracht werden, bei einer Sachgründung ist die Einlage vollständig zu erbringen (§§ 36 a, 278 Abs. 3 AktG). Für die **GmbH** ist ein **Mindestkapital von 25 000,- EUR** erforderlich, von dem bei Anmeldung

---

55 Siehe § 6 Rn 206 ff.
56 Siehe § 12 Rn 71.
57 BGH ZIP 1997,1027; OLG Karlsruhe ZIP 1996, 1787 (Vorinstanz.).
58 Siehe § 6 Rn 397.

der Gesellschaft sowohl bei Bar- als auch bei Sachgründung mindestens auf jeden Gesellschaftsanteil ein Viertel und insgesamt die Hälfte des Stammkapitals erbracht sein müssen (§§ 5 Abs. 1, 7 Abs. 2 S. 2 GmbHG). Ausnahme hiervon ist die **Einpersonengründung**, bei der die **Hälfte des Stammkapitals sofort aufzubringen** und der Gesellschafter gemäß § 7 Abs. 2 S. 3 GmbHG in Höhe der **Differenz zwischen dem Mindeststammkapital und des aufgebrachten Betrages Sicherheiten** stellen muss.[59]

Insgesamt ist bei Kapitalgesellschaften die **Sachgründung** durch verschärfte Anforderungen **gegenüber der Bargründung erschwert** (§§ 27, 31 ff AktG für die AG; § 278 Abs. 3 AktG für die KGaA; §§ 5 Abs. 4, 7 Abs. 2 S. 3 GmbHG für die GmbH). Es sind vor allem die strengen Kapitalaufbringungs- und Kapitalerhaltungsvorschriften zu beachten (AG: §§ 46 ff, 57 AktG; KGaA: § 278 Abs. 3 AktG; GmbH: §§ 19 ff, 30 ff GmbHG).

Soweit daher bei der Aufnahme der Geschäftstätigkeit nicht genügend Eigenkapital zur Gründung einer Kapitalgesellschaft zur Verfügung steht, sollte man angesichts der in der Praxis häufig anzutreffenden Schwierigkeiten eher zur Gründung einer Personengesellschaft raten, als den Mandanten dem Risiko von Nachforderungen auf die Erbringung des Stammkapitals auszusetzen.

bb) Gewinnausschüttung

Die **Gewinnentnahme aus Personengesellschaften** begegnet **keinen** erwähnenswerten **Schwierigkeiten** (OHG §§ 120,121 HGB/KG §§ 167, 168 HGB). Rechtliche Grenzen bestehen auch nicht durch die Vorschrift des § 122 Abs. 1 HGB, da es sich hierbei um eine nach § 109 HGB dispositive Vorschrift handelt. Trotz der Gestaltungsfreiheit der Gewinnentnahmeregeln ist es in der Praxis jedoch **ratsam, Grenzen zu definieren**, in denen eine Gewinnausschüttung erfolgen soll, um der Gesellschaft nicht die Liquidität zu entziehen, die zur Durchführung ihrer Geschäfte erforderlich ist.

Zwar bedarf die **Gewinnausschüttungen bei einer GmbH** gem. § 46 GmbHG eines **förmlichen Gesellschafterbeschlusses**, in der **Gestaltung von Ausschüttungsregeln** ist die GmbH aber **ähnlich flexibel wie die Personengesellschaften**. Die Gesellschafter haben nach § 29 Abs.1 S. 1 GmbHG grundsätzlich einen Anspruch auf die Ausschüttung des Jahresüberschusses zuzüglich eines Gewinnvortrags und abzüglich eines etwaigen Verlustvortrages. Die Gesellschafter können jedoch auch beschließen, gem. § 29 Abs. 2 GmbHG einen Teil des festgestellten Jahresüberschusses in die Gewinnrücklage einzustellen oder den Gewinn vorzutragen.

Bei der **AG** hingegen sind bei Gewinnausschüttungen eine Reihe **zwingender Vorschriften** zu beachten. Nach der Regelung des § 59 Abs. 1 AktG können zwar nach dem Ablauf des Geschäftsjahres Abschläge auf den voraussichtlichen Bilanzgewinn gezahlt werden, jedoch wird im Umkehrschluss gefolgert, dass Vorabausschüttungen vor Abschluss des Geschäftsjahres unzulässig sind.[60] Die **Gewinnverteilung** bei der AG ist daher vergleichsweise **unflexibel**.

cc) Kapitalrückzahlung

Rückzahlungen von Eigenkapital sind je nach Rechtsform unterschiedlich leicht oder schwer möglich. So ist beim **Einzelkaufmann** eine **jederzeitige Entnahme** des von ihm der Gesellschaft zur Verfügung gestellten Geldes möglich. Sie wird nur durch eine etwaig drohenden Zahlungsunfähigkeit oder den drohenden Verlust der Kreditwürdigkeit begrenzt. Auch bei **Personengesellschaften** kann ein **weitgehendes Entnahmerecht** entweder im Gesellschaftsvertrag vereinbart oder durch Gesellschafterbeschluss herbeigeführt werden. Im Interesse einer gedeihlichen Entwicklung des Unternehmens ist es jedoch ratsam, das Entnahmerecht zu begrenzen.

Bei den **Kapitalgesellschaften** greifen dagegen die **Kapitalerhaltungs-**[61] sowie die **Kapitalherabsetzungsregeln**.[62] Die Kapitalerhaltungsregeln (§§ 30 Abs. 1 GmbHG, 57 AktG) bestimmen, dass das **eingebrachte Mindestkapital grundsätzlich nicht rückzahlbar** ist. Zahlungen, die diesen Regelungen

---

59 § 6 Rn 7 ff.
60 BGH NJW 1978, 425–426.
61 §§ 30–32 GmbHG; § 57 AktG.
62 §§ 58–58 f GmbHG; §§ 222- 240 AktG.

zuwider geleistet wurden, müssen nach § 31 Abs. 1 GmbHG bzw § 62 Abs. 1 AktG an die jeweilige Gesellschaft zurückgezahlt werden.

98 Nach den Kapitalherabsetzungsregeln, sind Herabsetzungen des Stammkapitals einer GmbH zum Zwecke der Rückzahlung von Vermögen an die Gesellschafter nur unter den engen Voraussetzungen des § 58 GmbHG zulässig.[63] Für die Aktiengesellschaft ergibt sich aus § 230 AktG, dass Kapitalherabsetzungen, die eine Rückzahlung von Einlagen vorbereiten sollen, nur als ordentliche Kapitalherabsetzung iSd § 222–228 AktG und nicht als vereinfachte Kapitalherabsetzung iSd §§ 229–236 AktG durchgeführt werden können.[64]

99 Steht daher der flexible Umgang mit dem der Gesellschaft zur Verfügung gestellten Kapital im Vordergrund, so ist die Aktiengesellschaft hierfür ungeeignet. Jedoch darf nicht verkannt werden, dass der flexible Umgang mit Kapitalrückzahlungen bei Personengesellschaften immer mit einer unmittelbaren persönlichen Haftung einhergeht.

c) Finanzierung

100 Unter den Oberbegriff *„Finanzierung"* fallen **alle Maßnahmen der Mittelbeschaffung für betriebliche Zwecke**. Während die Mittelbeschaffung bei einer **Innenfinanzierung** allein vom Betrieb und seinen Betreibern abhängt. So spielen Fragen der Rechtsformwahl vor allem bei der **Außenfinanzierung** eines Unternehmens eine Rolle.

aa) Innenfinanzierung

101 Die wichtigste Form der **Innen- oder Selbstfinanzierung** ist die **Finanzierung aus Umsatzerlösen**; sie ist **rechtsformunabhängig**, da die Organisationsform des Unternehmens abgesehen von möglichen steuerlichen Effekten keinen Einfluss auf die Höhe seiner Umsatzerlöse hat.

102 Neben der Finanzierung aus Umsatzerlösen kann ein Unternehmen sich selbst durch die **Verhinderung oder Verlagerung von Auszahlungen** finanzieren (*Thesaurierung*). Dies können Steuerauszahlungen sein; steuerbilanzpolitische Maßnahmen, dh die Ausübung von Wahlrechten und Ermessensspielräumen bei der Bilanzierung und Bewertung in der Steuerbilanz,[65] können bei jeder Rechtsform ausgeübt werden, sie können sich jedoch aufgrund der verschiedenen Ertragsteuersätze in unterschiedlicher Höhe auswirken, je nach dem ob es sich um eine Personen- oder Kapitalgesellschaft handelt.

bb) Außenfinanzierung

103 Bei der Finanzierung des Unternehmens von außen, ist zwischen der **Eigen- und Fremdfinanzierung durch Dritte** zu unterscheiden.

cc) Eigenfinanzierung

104 Für eine **Finanzierung durch Eigenkapital** eignen sich **Kapitalgesellschaften**, insbesondere die AG, am besten. Sie sind auf einen einfachen und schnellen Vertrieb ihrer Anteilsrechte angelegt. Aktien sind leicht übertragbar und Anleger können aus diesem Grund beim Aktienerwerb damit rechnen, dass sie diese bei Bedarf vergleichsweise leicht und einfach wieder veräußern können. Voraussetzung ist jedoch, dass es sich um Inhaberaktien iSd § 10 Abs. 1 AktG handelt. Ein Börsengang der AG erhöht die Fungibilität ihrer Anteile und damit die Möglichkeit der Eigenkapitalbeschaffung zusätzlich.

105 Bei einer GmbH sind die Gesellschaftsanteile aufgrund der gemäß § 15 Abs. 3 GmbHG erforderlichen notariellen Beurkundung bei der Übertragung ist der Wechsel der Inhaberschaft der Aktien jedoch nicht ganz so einfach und leicht zu übertragen, wie bei der AG. Alle **Kapitalgesellschaftsformen haben aber gemein**, dass sich relativ **leicht Kapitalgeber am Unternehmen beteiligen** lassen, was in aller Regel die Bereitschaft zum finanziellen Engagement steigert. Nur **bei der Unternehmensbeteiligung partizipiert der Investor auch am steigenden Wert des Unternehmens**, während bei der reinen Kreditgewährung nur die vereinbarten Zinsen vereinnahmt werden können.

---

63 § 6 Rn 380.
64 § 6 Rn 737.
65 Für eine vertiefte Darstellung sei auf § 13 verwiesen.

Personengesellschaften sind **für diese Art der Eigenkapitalbeschaffung ungeeignet**. Dies beruht darauf, dass selbst bei der Einräumung einer Mitgesellschafterstellung Dritte nur selten bereit sein werden, die Rechtsstellung eines Vollhafters einzunehmen (GbR und OHG). Beide Rechtsformen sind nicht dazu geschaffen, möglichst viele Anteilseigner als Eigenkapitalgeber zu gewinnen.

Unter den Personengesellschaften ist die **KG** diejenige Rechtsform, welche **am besten geeignet ist Kapital zu sammeln**, da beliebig viele Kommanditanteile an ihr ausgegeben werden können und die Beteiligung wegen der Haftungsbegrenzung in Bezug auf ihr Risiko überschaubar ist. Dies führt dazu, dass gerade Fondsgesellschaften sich dieser Rechtsform als Publikums-KG bedienen. In der Praxis werden Kommanditanteile häufig von einem Treuhänder gehalten, um so ständigen Änderungen im Handelsregister (§ 162 HGB) zu entgehen und den Verwaltungsaufwand zu minimieren.

Im Hinblick auf eventuelle Kapitalerhöhungen ist die KG den Kapitalgesellschaften sogar insofern überlegen, als die Ausgabe von Kommanditanteilen unkomplizierter ist, als das entsprechende Vorgehen bei GmbH und AG, da für diese dezidierte gesetzliche Regeln gelten. (AG: § 182 ff AktG; KGaA: § 278 Abs. 3 AktG; GmbH: § 55 ff GmbHG).

dd) Fremdfinanzierung

(1) Durch Dritte

Aussagen zur Beschaffung von Fremdkapital lassen sich naturgemäß nicht pauschal treffen, da die Kreditwürdigkeit eines Unternehmens unabhängig von seiner Rechtsform von seiner Substanz, der erwarteten wirtschaftlichen Entwicklung und den gewährten Sicherheiten abhängt.

Unter diesem Aspekt ist auch die häufig getätigte Aussage, Personengesellschaften seien aufgrund ihrer persönlichen Haftung generell kreditwürdiger als die haftungsbegrenzten Kapitalgesellschaften, nur relativ. Banken fordern für die Finanzierung von Kapitalgesellschaften in aller Regel persönliche Sicherheiten der Anteilseigner, die deutlich über die Mindesteinlage hinausgehen, so dass sich ein Kreditwürdigkeitsvorteil von GmbH und AG nicht pauschal feststellen lässt.

(2) Durch die Gesellschafter selbst, durch Gesellschafterdarlehen und Überlassung von Wirtschaftsgütern

Aufgrund von Risikoerwägungen kann es für den Unternehmer interessant sein, dem Betrieb anstelle von Eigenkapital ein **Gesellschafterdarlehen zu gewähren** oder für den **Unternehmensbetrieb erforderliche Wirtschaftsgüter** im Privatvermögen zu halten und **dem Unternehmen nur miet- oder pachtweise zur Verfügung** zu stellen. Die Möglichkeit dieser Gestaltung variiert je nach Rechtsform: Während bei **Einzelunternehmen derartige Rechtsgeschäfte nicht durchführbar sind**, sind schuldrechtliche Verträge zwischen einer Personengesellschaft und ihren Gesellschaftern grundsätzlich möglich. Handelt es sich bei dem Vertragspartner der Gesellschaft um einen der geschäftsführenden Gesellschafter, ist jedoch das **Selbstkontrahierungsverbot** des § 181 BGB zu beachten. Insofern ist zu beachten, dass entweder eine generelle Befreiung ins Handelsregister eingetragen wird oder die Gesellschafterversammlung das Insichgeschäft des betroffenen Gesellschafters genehmigt.

Gleiches gilt auch für Kapitalgesellschaften; auch hier ist § 181 BGB anwendbar. § 35 Abs. 4 GmbHG bestimmt dies auch für den alleinigen Gesellschafter-Geschäftsführer einer GmbH. Eine Befreiung muss neben der notariellen Beurkundung auch im Handelsregister eingetragen werden.[66]

Risiken birgt diese Art der Mittelzuführung vor allem in der Krise des Unternehmens. Gerade in den Fällen „*Eigenkapital ersetzender Gesellschafterdarlehen*", werden die ursprünglich als Darlehen gewährten Mittel wie Eigenkapital behandelt, sodass im Falle einer Insolvenz **kein Rückforderungsanspruch** mehr besteht.[67] Dies gilt sowohl für Gesellschafter einer GmbH nach § 32 a GmbHG als auch für Kommanditisten einer KG nach § 172 a HGB.

Echte Finanzierungsvorteile sind daher zwischen den einzelnen Rechtsformen anhand der gesetzlichen Regeln nicht feststellbar. Es ist daher eine Frage des jeweiligen Einzelfalls und der wirtschaftli-

---

66 BGHZ 87, 59.
67 § 6 Rn 332 ff.

chen Ausstattung der beteiligten Personen welche Rechtsform sich unter Finanzierungsgesichtspunkten als vorteilhaft darstellt.

4. Haftung

116 Gerade hinsichtlich der Haftung unterscheiden sich Personen- und Kapitalgesellschaften erheblich, was häufig dazu verleitet, gerade diesen Aspekt zur wesentlichen Entscheidungsgrundlage für die Wahl Rechtsform zu machen. Wie bereits die vorangegangenen Ausführungen gezeigt haben, ist es die Betrachtung der Vielzahl der Aspekte, die zu einer belastbaren und richtigen Entscheidung führt.

a) Grundsatz der Haftung mit dem Gesellschaftsvermögen bei den Kapitalgesellschaften

117 Aufgrund der Tatsache, dass die **Kapitalgesellschaften** bei ihrer Gründung ein **gesetzlich vorgeschriebenes Mindestkapital** aufweisen müssen, welches dem Rechtsverkehr als Haftungsfonds zur Verfügung steht, haften diese nur mit dem Gesellschaftsvermögen. Nur in ganz bestimmten Ausnahmefällen ist auch hier eine persönliche Haftung der Gesellschafter für Verbindlichkeiten der Gesellschaft vorgesehen (sog. Durchgriffshaftung, § 1 Abs. 1 S. 2 AktG; § 13 Abs.2 GmbHG).[68] Daneben kann sich eine persönliche Haftung noch aus allgemeinen Missbrauch- oder Konzerntatbeständen ergeben (§§ 302, 303 AktG).

118 Bei der KGaA muss gemäß § 278 Abs. 1 AktG obligatorisch ein persönlich haftender Gesellschafter beteiligt sein, welcher nach der Rechtsprechung des BGH[69] auch eine juristische Person sein kann. Insofern ist die Rechtsform der GmbH & Co. KGaA nunmehr höchstrichterlich anerkannt.

b) Grundsatz der persönlichen Haftung bei den Personengesellschaften

119 Bei den Personengesellschaften haften die Gesellschafter grundsätzlich unbeschränkt und persönlich (§ 128 HGB (analog)). Dies gilt sowohl für neu eintretende Gesellschafter hinsichtlich der bereits zuvor begründeten Gesellschaftsverbindlichkeiten (§ 130 HGB), als auch für bereits ausgetretene Gesellschafter für eine Übergangszeit von 5 Jahren (§§ 159, 160 HGB; § 736 Abs. 2 BGB).

c) Haftungsvorteile

120 Der auf den ersten Blick vermeintlich große **Haftungsvorteil der Kapitalgesellschaft,** sofern das Mindestkapital aufgebracht ist, **relativiert sich** meist drastisch, wenn das Unternehmen auf eine **Fremdfinanzierung** angewiesen ist. Da mangels ausreichender Haftungsmasse die Bonität der Gesellschaft keine Bank überzeugt, wird die **Bonität** in der Praxis durch die **Stellung persönlicher oder dinglicher Sicherheiten aus dem Privatvermögen der Gesellschafter** kompensiert. Gegenüber der Bank als Hauptkreditgeber ist damit der Vorteil der Haftungsbegrenzung in aller Regel aufgehoben, bleibt jedoch gegenüber anderen Gläubigern bestehen. Dies kann im Einzelfall bereits ein entscheidender Gesichtspunkt sein.

d) Fazit

121 Der Aspekt der persönlichen Haftung der Gesellschafter kann je nach Einzelfall von unterschiedlicher Wichtigkeit für die Rechtsformwahl sein. Vielfach spielen neben den rechtlichen Erwägungen auch psychologische Erwägungen der Firmengründer eine nicht zu unterschätzende Rolle.
Als Einflussfaktoren für die Bedeutung der persönlichen Haftung sind zu nennen:
- die tatsächlichen Haftungsrisiken,
- die Möglichkeiten und Kosten, sich gegen diese zu schützen,
- die persönliche Risikobereitschaft,
- die Höhe des Privatvermögens.

---

[68] § 6 Rn 391 f.
[69] BGH ZIP 1997, 1027.

F. Die Wahl zwischen Personen- und Kapitalgesellschaften

Mit der Wahl einer Kapitalgesellschaft lässt sich somit in aller Regel die persönliche Haftung der Gesellschafter begrenzen, in den seltensten Fällen ganz ausschließen. Das Gesellschaftsvermögen haftet jedoch in jedem Falle bis zur vollen Höhe.

e) Betriebsaufspaltung als Haftungsbegrenzung

Vielfach wird daher für eine Haftungsbegrenzung im Mittelständischen Bereich auf die Konstruktion der **Betriebaufspaltung** zurückgegriffen. Hierbei werden die **werthaltigen Betriebsgrundlagen** (Grundstücke, Maschinen, Patente, etc.) aus dem Unternehmensvermögen herausgenommen und **der Gesellschaft über Miet- oder Pachtverträge zur Verfügung gestellt**. Diese Konstruktion ist jedoch gerade wegen ihrer erheblichen steuerlichen Folgen genau auf ihre konkreten Vor- und Nachteile zu prüfen.[70]

5. Organisationsstruktur

a) Geschäftsführung und Vertretung

Im Hinblick auf Geschäftsführung und Vertretung in der Gesellschaft unterscheiden sich die **Personengesellschaften**, die vom Grundsatz der **Selbstorganschaft** und **Kapitalgesellschaften**, die durch den Grundsatz der **Fremdorganschaft** geprägt sind.

b) Selbstorganschaft als Merkmal der Personengesellschaften

Bei den **Personengesellschaften** und der KGaA wird die **Geschäftsführung** und die Vertretung grundsätzlich in die Hände der **persönlich haftenden Gesellschafter** gelegt (GbR: §§ 709 ff, 714 ff BGB; OHG: §§ 114 ff, 125 ff HGB; KG: §§ 161 Abs. 1, 164 HGB; KGaA: § 278 Abs. 2 AktG); es scheiden demnach Dritte sowie die Kommanditisten einer KG aus.[71]

Nicht-Gesellschaftern können Handlungsbefugnisse nur über die Einräumung von Vollmachten so zB durch Bestellung als **Prokuristen** oder **Handlungsbevollmächtigte** verschafft werden. Hierdurch lässt sich der Nachteil, dass nur Gesellschafter Geschäftsführer werden können zumindest teilweise wieder ausgleichen. Allerdings bleiben die besonderen Verantwortlichkeiten und damit auch **Haftungsrisiken**, die an die Geschäftsführertätigkeit geknüpft sind, **für mindestens einen Gesellschafter** bestehen.

Die Frage, ob gesetzlich Gesamtgeschäftsführung und Gesamtvertretung wie bei der GbR, oder Einzelgeschäftsführung und Einzelvertretung wie bei OHG, KG und KGaA vorgegeben ist, ist in der Praxis unerheblich, da die jeweiligen Regelungen im Gesellschaftsvertrag abbedungen und den individuellen Bedürfnissen angepasst werden können.

c) Fremdorganschaft als Merkmal der Kapitalgesellschaften

Bei den **Kapitalgesellschaften** bestimmt der Grundsatz der **Fremdorganschaft**, dass gerade Dritte (§ 76 Abs. 3 AktG, § 6 Abs. 3 GmbHG) die Geschäftsführung und Vertretung übernehmen können.[72] Bei der **Aktiengesellschaft** ist sogar die **reine Fremdgeschäftsführung der gesetzliche Leitgedanke**. Das Gesetz sieht bei Kapitalgesellschaften als Regelfall Gesamtvertretung bzw Gesamtgeschäftsführung vor (§ 77 Abs. 1 S. 1 AktG, § 35 Abs. 2 S. 2 GmbHG); in der Praxis wird hiervon aus Gründen der Praktikabilität schon im Gesellschaftsvertrag zugunsten von Einzelvertretung/-geschäftsführung bzw „unechter Gesamtvertretung" mit einem Prokuristen abweichen.

d) Fazit

Wie die vorstehenden Unterschiede zwischen Personen- und Kapitalgesellschaften zeigen, ist die Personengesellschaft die Rechtsform der Wahl, wenn zumindest ein Gesellschafter die Verantwortung der Geschäftsführung übernehmen und die Geschicke des Unternehmens selbst bestimmen will. Wollen die Gesellschafter jedoch am Tagesgeschäft nicht beteiligt sein und möglicherweise ihren Einfluss allein in den Aufsichtsgremien ausüben, dann sollte die Entscheidung zu Gunsten einer Kapitalgesellschaft fallen.

---

70 Für weitere Einzelheiten siehe Rn 84.
71 § 5 Rn 455 ff.
72 § 6 Rn 67 ff, 510 ff.

6. Kontrolle

129 Ein weiterer Unterschied zwischen Personen- und Kapitalgesellschaften liegt in der gesetzlichen Anordnung der Überwachung der Handlungen der Geschäftsführung durch ein anderes Gesellschaftsorgan. Während bei den Kapitalgesellschaften ein Aufsichtsrat entweder als zwingendes Erfordernis angeordnet (AG: §§ 30, 95 ff AktG; KGaA: §§ 278 Abs. 3, 287 AktG) oder zumindest fakultativ vorgesehen ist (GmbH: § 52 GmbHG), fehlen entsprechende Vorschriften bei den Personengesellschaften völlig. Augrund der Vertragsfreiheit bleibt es jedoch auch diesen unbenommen, ein Aufsichtsgremium einzurichten und deren Ausgestaltung auf die konkreten Belange des Einzelfalls anzupassen.

130 Die Geschäftsführung bei Personengesellschaften hat somit grundsätzlich einen weiterreichenden Handlungs- und Entscheidungsspielraum, der seine Grenze erst bei der Vornahme außerordentlicher Geschäftsführungsmaßnahmen iSv § 116 Abs. 2 HGB findet.

7. Rechnungslegungs-, Prüfungs- und Offenbarungspflichten

131 Grundsätzlich unterfallen **Kapitalgesellschaften strengeren Rechnungslegungsvorschriften als Personengesellschaften** (§§ 238 ff, 264 ff HGB).[73] Darüber hinaus unterliegen Kapitalgesellschaften Prüfungs- und Offenbarungspflichten (§§ 316 ff, 325 ff HGB), die Personengesellschaften nicht zu erfüllen haben. Ausnahmen bestehen insofern, als dass **kleine Kapitalgesellschaften** iSd § 267 HGB von diesen Prüfungs- und Offenbarungspflichten ausgenommen sind, während sie gemäß § 264 a HGB auch für Personengesellschaften, bei denen ausschließlich eine juristische Person persönlich haftender Gesellschafter ist, also insbesondere bei der GmbH & Co. KG, gelten.

132 Durch die **erweiterten Pflichten der Kapitalgesellschaften** können bei diesen daher **Nachteile** gegenüber den Personengesellschaften **in Form von höheren Kosten für die Abschlusserstellung und Prüfung** entstehen. Die Aufstellungs- und Offenbarungspflichten sind bei kleine Kapitalgesellschaften dabei vernachlässigbar gering, so dass für die Nachteile unerheblich sind. Bei mittelgroßen und großen Unternehmen fallen jedoch zusätzlich zum Teil beträchtliche Prüfungskosten an.

133 Hierbei ist jedoch zu beachten, dass alle genannten Kosten abzugsfähige Betriebsausgaben darstellen, so dass die Nettobelastung nur etwa 60 % der Kosten beträgt. Zudem sind mit steigender Unternehmensgröße Prüfungskosten nur insofern als Nachteil zu betrachten, wenn sie tatsächlich zusätzlich anfallen. Dies ist nur dann und insoweit der Fall, als bei einem alternativen Personenunternehmen keine freiwillige Prüfung vorgenommen würde. Häufig steht aber den zusätzlichen Kosten auch ein zusätzlicher betriebswirtschaftlicher Nutzen gegenüber, da Banken häufig nur geprüfte Jahresabschlüsse akzeptieren.

II. Steuerrechtliche Überlegungen

134 Es sind gerade die steuerrechtlichen Überlegungen, die in wesentlichem Maße neben dem Gesellschaftsrecht die Wahl der Rechtsform beeinflussen; sie jedoch, wie **nicht** selten, **zum alleinigen Kriterium der Entscheidung zu machen,** ist gefährlich. Unternehmen müssen letztlich am Markt erfolgreich sein und nicht vor dem Finanzamt. Die steuerlichen Auswirkungen entscheiden, welchen finanziellen Belastungen ein Unternehmen außerhalb des operativen Geschäfts ausgesetzt ist. Auch die auf dem Steuerrecht basierenden Überlegungen hinsichtlich der Rechtsformwahl sind traditionell von der klassischen Zweiteilung zwischen Personenunternehmen und Kapitalgesellschaft geprägt, obwohl der Gesetzgeber in der Vergangenheit stets versucht hat die Rechtsformneutralität des Steuerrechts herzustellen. Dies ist, wie die nachfolgenden Ausführungen zeigen werden, bislang jedenfalls nicht gelungen.

1. Ein Ausblick auf die Unternehmensteuerreform

135 Dieses häufig angeprangerte Manko soll durch die **Unternehmensteuerreform**, welche am 1.1.2008 in Kraft treten soll, beseitigt werden. Neben der **Rechtsformneutralität** werden mit der Reform wei-

---

[73] Siehe im Einzelnen hierzu § 13.

tere Ziele, wie die **Verbesserung der Wettbewerbfähigkeit, Steuervereinfachung, Steuergerechtigkeit, Finanzierungsneutralität, Sicherung der Investitionskraft** und die **langfristige Sicherung der Staatseinnahmen** angestrebt.

Zukünftig soll die Besteuerung der Unternehmen durch eine föderale Unternehmensteuer, welche die bisherige Körperschaftsteuer ersetzt und eine kommunale Unternehmensteuer, welche die bisherige Gewerbesteuer ersetzt, erfolgen. Beide Steuern bekommen eine gemeinsame einheitliche Bemessungsgrundlage. Für den Bereich der Personengesellschaften soll entweder eine Investitionsrücklage oder eine generelle Thesaurierungsbegünstigung geschaffen werden. Daneben sollen erbschaftsteuerliche Erleichterungen bei der Unternehmensnachfolge dergestalt eingeführt werden, dass die Steuerbelastung sich bis auf null reduziert, wenn das Unternehmen nach dem Übergang 10 Jahre fortgeführt wurd und so die Arbeitsplätze erhalten bleiben. Ob sich das angestrebte Ziel der Rechtsformneutralität durch die Unternehmensteuerreform tatsächlich erreichen lassen wird, bleibt abzuwarten.[74]

2. Aktuelle Situation

Im Moment jedenfalls sind **Analyse und Vergleich** der **unterschiedlichen Steuerbelastungen bei Personen- und Kapitalgesellschaften** „noch" unerlässlich und sind nach der Unternehmensgründung **auch während der unternehmerischen Tätigkeit** immer wieder vorzunehmen. Da Unternehmen sich weiterentwickeln, sind gegebenenfalls Rechtsformanpassungen vorzunehmen, die dem aktuellen Unternehmensumfang und oder der mittel- und langfristigen Unternehmensplanung gerecht werden. Mit der Einführung des Umwandlungs- und Umwandlungssteuerrechts im Jahre 1995[75] sind solche gestaltenden Maßnahmen deutlich erleichtert worden.

Um die tatsächliche steuerliche Situation eines Unternehmens zu bestimmen, sind immer mehrere, sich **gegenseitig beeinflussende Steuerarten zu berücksichtigen**, sowohl **im regelmäßigen Geschäftsbetrieb** als auch **bei Sondervorfällen** wie **Umstrukturierungsmaßnahmen** oder der Unternehmensnachfolge. Zu beachten ist jedoch, dass allgemeingültige Aussagen zur Vorteilhaftigkeit von Rechtsformen nur bedingt möglich sind und die jeweilige steuerliche Belastung eines Unternehmens immer im Einzelfall durch eine **steuerlichen Belastungsvergleich für verschiedene Rechtsformalternativen** simuliert und berechnet werden sollte, um eine belastbare Entscheidungsgrundlage zu schaffen.

In steuerlicher Hinsicht braucht in aller Regel nicht zwischen den Rechtsformen OHG und KG unterschieden zu werden, da beide zu den Mitunternehmerschaften iSd § 15 Abs. 1 S. 1 Nr. 2 EStG gehören; ebenso wenig ist eine Unterscheidung zwischen GmbH und AG als Kapitalgesellschaften erforderlich.

Auch die Sonder- bzw Mischformen von Unternehmensstrukturen, wie die verbreitete GmbH & Co. KG, die Betriebsaufspaltung sowie die „internen" Beteiligungen, wie zB die stille Gesellschaft, lassen sich letztendlich einer der beiden großen Gruppen zuordnen. Bei der häufigsten Mischform, der GmbH & Co. KG ist steuerrechtlich zwischen der Komplementär-GmbH, welche der für Kapitalgesellschaften geltenden Besteuerung unterliegt, und der KG, für welche die Regelungen für die Besteuerung von Personengesellschaften gelten, zu unterscheiden.

Da typischerweise die Komplementär-GmbH die einzige persönlich haftende Gesellschafterin einer GmbH & Co. KG ist, erzielt diese aufgrund der Regelung des § 15 Abs. 3 Nr. 2 EStG Einkünfte aus Gewerbebetrieb; mit der Folge, dass sie gewerbesteuerpflichtig wird. Diese gewerbliche Prägung lässt sich jedoch durch gestalterische Maßnahmen verhindern, so zum Beispiel durch den Eintritt einer natürlichen Person als weiteren persönlich haftenden Gesellschafter oder der Bestellung eines Kommanditisten zum Geschäftsführer.

---

[74] Instruktiv zur geplanten Steuerreform *Lang* „Unternehmensteuerreform Quo vadis?" BB 2006, 1769–1773.
[75] Für die Einzelheiten sei auf die Darstellung in § 10 verwiesen.

3. Laufende Besteuerung

142 Will man die tatsächliche steuerliche Situation eines Unternehmens im Wege eines Belastungsvergleiches bestimmen, ist es notwendig, alle maßgeblichen Steuerzahlungen zu ermitteln. Folgende, regelmäßig anfallende Steuerarten sind von Belang:
- Gewerbesteuer,
- Einkommen-/Körperschaftsteuer,
- Umsatzsteuer,
- Grundsteuer.

Gewerbe- und Einkommen- bzw Körperschaftsteuer sind nicht nur die wichtigsten und ertragsstärksten Steuerarten, zum anderen bestehen bei Ihnen auch die **maßgeblichsten Unterschiede zwischen Personen- und Kapitalgesellschaften**.

a) Gewerbesteuer

143 Die **Gewerbesteuer ist rechtsformneutral**, so dass sowohl Personen- als auch Kapitalgesellschaften gemäß § 2 GewStG Besteuerungssubjekt der Gewerbesteuer sind (anders als bei Ertragsteuern). Unterschiede ergeben sich jedoch hinsichtlich der Frage, ob die Gesellschaften bereits kraft Rechtsform gewerbesteuerpflichtig sind und welche Positionen in die Bemessungsgrundlage der Gewerbesteuer einfließen.

aa) Gewerbesteuerpflicht

144 Aufgrund der Tatsache, dass die **wirtschaftliche Betätigung von Kapitalgesellschaften** schon **qua Rechtsform** als **gewerbliche Tätigkeit** gilt (§ 8 Abs. 2 KStG iVm §§ 238 Abs. 1, 6 Abs. 1 HGB iVm § 3 Abs. 1 AktG, § 13 Abs. 3 GmbHG), unterliegen GmbH, AG und KGaA grundsätzlich der Gewerbesteuer.[76] **Personengesellschaften** hingegen sind nur **gewerbesteuerpflichtig**, wenn ihre Betätigung die **Voraussetzungen eines Gewerbebetriebs** (§ 15 Abs. 2 EStG) erfüllt. Die Gewerbesteuerpflicht kann auch entstehen, wenn ihre **Tätigkeit als gewerblich festlegt** ist, so nach § 15 Abs. 3 Nr. 1 und 2 EStG, wonach sowohl die Tätigkeit einer OHG oder KG als auch die Tätigkeit einer sog. gewerblich geprägten Personengesellschaft[77] als Gewerbebetrieb gelten.[78]

bb) Inhalte der Bemessungsgrundlage

145 **Bemessungsgrundlage** der Gewerbesteuer ist grundsätzlich der **Gewerbeertrag**. Dieser basiert auf dem Gewinn aus der Steuerbilanz (§ 7 GewStG), wird aber durch Hinzurechnungen (§ 8 GewStG) und Kürzungen (§ 9 GewStG) modifiziert.

146 Bei den **Personengesellschaften** entspricht der **Gewerbeertrag** der Summe der auf die einzelnen Mitunternehmer entfallenden Gewinnanteile einschließlich der Ergebnisse aus ihren Sonderbilanzen.[79] Hieraus ergibt sich ein Vorteil für die Kapitalgesellschaft. Während bei den Personengesellschaften die Sondervergütungen der Gesellschaft an die Gesellschafter (zB Geschäftsführergehälter, Miet- und Pachtzinsen) gem. § 15 Abs. 1 Nr. 2 EStG in die Sonderbilanzen eingestellt werden müssen und somit die gewerbesteuerliche Bemessungsgrundlage erhöhen, sind bei **Kapitalgesellschaften Leistungsvergütungen an die Gesellschafter**, soweit sie angemessen sind, **Betriebsausgaben**. Diese werden dem aus dem Gesellschaftsgewinn berechneten Gewerbeertrag nur hinzugerechnet, wenn sie dem Katalog des § 8 GewStG unterfallen (was regelmäßig nicht der Fall ist). So können Unternehmensgewinne auf die Gesellschafterebene transferiert und Gewerbesteuer gespart werden.

147 Während Vergütungen für Dienstverträge in vollem Umfang als Betriebsausgaben abzugsfähig sind, müssen **Miete und Pacht für nicht in Grundbesitz bestehende Wirtschaftsgüter sowie Zinsen auf Gesellschafterdarlehen** gemäß § 8 Nr. 7 und 1 GewStG **hälftig** wieder **zum Gewerbeertrag hinzugerechnet**

---

76 § 14 Rn 139 ff.
77 Ausschließlich eine oder mehrere Kapitalgesellschaften sind persönlich haftende Gesellschafter und nur diese oder Personen, die nicht Gesellschafter sind, sind zur Geschäftsführung befugt.
78 § 14 Rn 145.
79 § 14 Rn 150.

werden. Gleichzeitig bleiben jedoch die Aufwendungen für die überlassenen Wirtschaftsgüter bei der Gewerbesteuerermittlung außer Betracht. Der Vorteil kann sich daher in bestimmten Konstellationen auch zum Nachteil wenden.

cc) Freibeträge

Ein **Vorteil der Personengesellschaften** ergibt sich hingegen bei den **gewerbesteuerlichen Freibeträgen**. Anders als bei Kapitalgesellschaften wird für Personengesellschaften gemäß § 11 Abs. 1 S. 3 GewStG ein Freibetrag von 24 500 EUR gewährt; daneben gibt es bis zu einer Höhe von 72 500 EUR gestaffelte Steuermesszahlen. Erst danach gilt die für Kapitalgesellschaften uneingeschränkt geltende Messzahl von 5 %. 148

Am Ende des Staffeltarifs, dh bei 72 000 EUR beträgt für Personengesellschaften der Steuermessbetrag nach dem Gewerbeertrag erst 1 200 EUR. Bei Kapitalgesellschaften ist ein Steuermessbetrag in dieser Höhe bereits bei einem Gewerbeertrag von 24 000 EUR erreicht. Personengesellschaften können somit einen maximalen Freibetrag, errechnet aus einer Gesamtwirkung von gesetzlichem Freibetrag und den Wirkungen des Staffeltarifs, von 48 500 EUR erreichen. Ein Umstand, der gerade bei kleineren Unternehmungen Beachtung verdient. 149

b) Einkommen- und Körperschaftsteuer

aa) Gewinnermittlung und Besteuerungsprinzip

Die Ertragsbesteuerung der Personengesellschaften weicht erheblich von derjenigen der Kapitalgesellschaften ab. 150

bb) Kapitalgesellschaften[80]

Bei den Kapitalgesellschaften gilt das **Trennungsprinzip**, nach welchem zwischen der Gewinnermittlungs- und Steuerebene der Gesellschaft einerseits und der Steuerebene der Gesellschafter andererseits unterschieden wird. Es erfolgt **keine direkte Zurechnung der Gewinne und Verluste an die Anteilseigner**; vielmehr unterliegt die Kapitalgesellschaft als juristische Person einer eigenen Ertragsteuer, der **Körperschaftsteuer**, während der Gesellschafter Gewinne nur im Ausschüttungsfall nach den jeweils für ihn geltenden einkommensteuerlichen Bestimmungen zu versteuern hat. 151

Alle Gewinne, egal ob einbehalten oder ausgeschüttet, sind seit der Abschaffung des sog. Anrechnungsverfahrens durch das Steuersenkungsgesetz mit Wirkung zum 1.1.2001 einheitlich **mit 25 % zu versteuern**.[81] **Ausgeschüttete Gewinne** unterliegen auf Gesellschafterebene einer nochmaligen Besteuerung, die nach dem **Halbeinkünfteverfahren** jeweils die Hälfte des individuellen Steuersatzes des Gesellschafters beträgt. Damit soll, wenigstens teilweise, die bereits auf der Ebene der Gesellschaft erfolgte Besteuerung Berücksichtigung finden. Nachteilig wirkt sich das Halbeinkünfteverfahren für die Anteilseigner insofern aus, als dass die mit dem Gesellschaftsanteil zusammenhängenden Aufwendungen als Werbungskosten ebenfalls nur hälftig abzugsfähig sind (§ 3 c Abs. 2 EStG).[82] 152

Bemessungsgrundlage der Steuer ist der Gewinn der Gesellschaft, welcher nach den besonderen Vorschriften des Körperschaftsteuergesetzes in Verbindung mit den allgemeinen Regelungen des Einkommensteuergesetzes zu ermitteln ist. Gemäß § 8 Abs. 2 KStG erzielt die Kapitalgesellschaft stets gewerbliche Einkünfte und ist buchführungspflichtig. 153

Der Gewinn wird daher nach den Grundsätzen ordnungsgemäßer Buchführung und den einkommensteuerlichen Bilanzierungs- und Bewertungsvorschriften ermittelt.[83] Zur Bestimmung des der Körperschaftsteuer unterliegenden Einkommens werden noch einige körperschaftsteuerliche Korrekturen durchgeführt, von welchen von praktischer Bedeutung insbesondere die nicht abziehbaren Betriebsausgaben und die steuerfreien Betriebseinnahmen (§§ 3, 3 c, 4 Abs. 4–7 KStG) sind. 154

---

80 Zur Vertiefung sei auf § 14 Rn 82 ff.
81 BGBl. 2000 S. 1433.
82 *Schmidt/Heinicke* EStG § 3 c Rn 25.
83 § 13 Rn 67.

155 Eine Besonderheit des Körperschaftsteuerrecht stellt das sog. **körperschaftsteuerliche Schachtelprivileg** gemäß § 8 b Abs. 2 KStG dar. Hiernach sind Gewinnanteile einer Kapitalgesellschaft aus der Beteiligung an einer anderen (in- oder ausländischen) Kapitalgesellschaft bzw die Veräußerung eines Anteils an einer anderen Kapitalgesellschaft grundsätzlich von der Körperschaftsteuerpflicht befreit. Durch diese Vorschrift soll sowohl eine in- als auch ausländische Doppelbesteuerung vermieden werden. Gerade bei Holding-Strukturen hat diese Regelung den Vorteil, dass lediglich auf der Ebene der Muttergesellschaft die Besteuerung stattfindet, während die Tochter- und Enkelgesellschaften köperschaftsteuerrechtlich keine Rolle spielen.

156 Hinsichtlich des Zeitpunkts der Besteuerung der Gesellschafter gilt bei der Kapitalgesellschaft das **Zuflussprinzip**, wonach der Anteilseigner die Gewinne erst zu versteuern hat, wenn er sie erhält. Dividendenzahlungen können hierdurch in solche Jahre verlagert werden, in denen die persönlichen Einkommensteuersätze des oder der Gesellschafter niedrig liegen, zB wegen niedriger Einkünfte aus anderen Einkunftsarten bzw wegen Verlustausgleichsmöglichkeiten.

cc) Personengesellschaften

157 Aufgrund des für **Personengesellschaften** geltenden **Transparenzprinzips** ist die Personengesellschaft anders als die Kapitalgesellschaft **selbst kein Steuersubjekt** einer eigenen Ertragsteuer. Die **Gewinne** werden zwar **auf der Ebene der Gesellschaft ermittelt**, den Gesellschaftern dann jedoch entsprechend ihrer Beteiligung mit dem Anfall zugerechnet und werden **bei jedem Gesellschafter** im Rahmen seiner Einkommensteuer und **nach seiner individuellen Steuerprogression** besteuert. Die Gewinnermittlung erfolgt im Wege der einheitlichen und gesonderten Feststellung nach § 180 AO, dh nach einheitlicher Feststellung wird das Ergebnis verteilt. Es kommen alle sieben Einkunftsarten nach § 2 Abs. 1 EStG mit Ausnahme von Einkünften aus unselbständiger Tätigkeit in Betracht. Personengesellschaften, die nicht gewerblich tätig sind, können auch andere Einkünfte als solche aus § 15 EStG erzielen.

158 Nach § 15 Abs. 3 Nr. 1 EStG gelten allerdings alle Tätigkeiten mit Einkunftserzielungsabsicht als Gewerbebetrieb, solange die Gesellschaft auch nur teilweise gewerblich tätig ist (sog. **Abfärbetheorie**).[84] Dies beinhaltet die Gefahr, dass auch nur geringe Anteile gewerblicher Einkünfte die gesamten restlichen Einkünfte infizieren und der Gewerbesteuer unterwerfen.[85] Nach der Rechtsprechung des BFH soll eine zwar eine „Infektion" dann nicht angenommen werden, wenn der gewerbliche Teil einen „äußerst geringen Anteil" nicht überschreitet,[86] jedoch empfiehlt es sich dringend in Fällen, in denen die Gefahr der Infektion besteht, die gewerblichen Tätigkeiten in eine separate Gesellschaft auszugliedern, um von Anfang an jeglichen Diskussionen zu entgehen.

159 Aufgrund der Tatsache, dass die Besteuerung bei jedem Gesellschafter individuell im Rahmen seiner Einkommensteuerlast erfolgt, ergibt sich **kein einheitlicher Steuersatz**. Die Interessen der Gesellschafter im Hinblick auf die steuerliche Gestaltung können daher mitunter sehr gegensätzlich sein. Positiv für gewerblich tätige Personengesellschaften wirkt sich die Regelung des § 35 EStG aus, wonach die **von der Gesellschaft entrichtete Gewerbesteuer** auf die von den Gesellschaftern zu entrichtende **Einkommensteuer anzurechnen** ist.

160 Ein weiteres, bedenkenswertes Problem besteht darin, dass bei Personengesellschaften nach dem „Feststellungsgrundsatz" das ermittelte Jahresergebnis **im Jahr der Entstehung des Gewinns** bei der Gesellschaft **den Gesellschaftern zugerechnet** wird. Die Zurechnung erfolgt dabei ohne Rücksicht auf einen tatsächlichen Liquiditätszufluss bei den Gesellschaftern.

161 Thesauriert die Gesellschaft die erwirtschafteten Gewinne oder investiert sie in ihr Wachstum, so kann es dazu kommen, dass die Gesellschafter Einkommensteuer auf Gewinnanteile zahlen müssen, die ihnen noch gar nicht zugeflossen sind. Gerade in der Gründungsphase von Unternehmen ist es hier Sache des steuerlichen Beraters, durch Hilfestellungen bei der Liquiditätsplanung Liquiditätsengpässe auf Gesellschafterseite zu vermeiden. Ein Recht des Gesellschafters auf Entnahme zumindest des auf seinen Gewinnanteil entfallenden Einkommensteuerbetrages in einer derartigen Situa-

---

84 *Schmidt/Wacker* EStG § 15 Rn 185 ff.
85 *Schulze zur Wiesche* BB 2006, 75–78.
86 BFH, BStBl. II 2000, S. 229.

tion wird von der Literatur regelmäßig gefordert[87] von der Rechtsprechung jedoch nur in Einzelfällen gewährt.[88]

Steuerbegünstigungen in Form von Befreiungen, Ermäßigungen oder Tarifvergünstigungen kommen den Gesellschaftern einer Personengesellschaft aufgrund des Transparenzprinzips unmittelbar zugute, während sie bei der Kapitalgesellschaft im Ausschüttungsfall dem Halbeinkünfteverfahren unterliegen und so teilweise wieder verloren gehen.

dd) Fazit

Aus den **unterschiedlichen ertragsteuerlichen Prinzipien** ergeben sich **mehrere Konsequenzen:** Sind mehrere Gesellschafter, insbesondere Kinder, an dem Unternehmen als Gesellschafter beteiligt, so senkt dies bei einer Personengesellschaft häufig den durchschnittlichen Einkommensteuersatz aller Gesellschafter. Bei Kapitalgesellschaften bleibt der Körperschaftsteuersatz immer konstant. Zudem geht die Steuerfreiheit steuerfreier Gewinne bei einer Ausschüttung aus einer Kapitalgesellschaft verloren, bei einer Entnahme aus einem Personenunternehmen hingegen nicht. Schließlich werden Gewinne einer Personengesellschaft vielfach niedriger belastet als bei einer Kapitalgesellschaft einschließlich deren Gesellschafter.

Bei vollständiger Einbehaltung des Gewinns erscheint zunächst im Hinblick auf den niedrigen Körperschaftsteuersatz von linear 25 % die Kapitalgesellschaft in jedem Fall gegenüber der Personengesellschaft deutlich vorteilhafter, weil bei dieser der Spitzensteuersatz der Gesellschafter bei 42 % liegt und die Einkommensteuerpflicht auf Gesellschafterebene aufgrund des Transparenzprinzips auch entsteht, wenn keine Gewinnausschüttung erfolgt. Jedoch ist die Vorteilhaftigkeit der Kapitalgesellschaft tatsächlich nur bei höheren Gewinnsituationen gegeben. Dies liegt zum einen daran, dass im Bereich der Einkommensteuer zunächst die Freibeträge greifen und der Tarif nur allmählich progressiv vom Eingangssteuersatz bis zum Spitzensteuersatz ansteigt. Darüber hinaus besteht bei einem Personenunternehmen die Möglichkeit, durch Beteiligung von Angehörigen und der damit einhergehenden Ausschöpfung der Grundfreibeträge und Progressionsmilderung, die Vorteil noch zu potenzieren.

Bei einem Gewinn bzw Gewinnanteil eines Personengesellschafters von bis etwa 50 000 EUR vor Steuern steht auch bei Thesaurierung das Personenunternehmen günstiger da. Bei offenen Gewinnausschüttungen erweist sich das Personenunternehmen durch die pauschalierte Gewerbesteueranrechnung nach § 35 EStG[89] bzw durch das Halbeinkünfteverfahren auf Seiten der Kapitalgesellschaft ohnehin als günstiger als die Kapitalgesellschaft.

ee) Verlustbehandlung

Bei **Verlusten** wirkt sich das **Transparenzprinzip für Personengesellschaften positiv** aus: Ebenso wie die Gewinne werden die Verluste entsprechend der Ergebnisverteilungsregelung im Verlustentstehungsjahr dem Gesellschafter direkt zugerechnet, so dass für ihn die Möglichkeit eröffnet ist, diese zugewiesenen Verlusten mit eventuelle positive Einkünfte aus anderen Einkommensquellen zu verrechnen. Hierin liegt trotz der bestehenden Verlustausgleichsbeschränkungen des § 2 Abs. 3, 2a, 2 b EStG und der Begrenzung der Verrechnungsmöglichkeit auf die Höhe der Einlagen nach § 15 a EStG, ein erheblicher Vorteil der Personengesellschaft.[90] Bei Kapitalgesellschaften ist eine Verlustzurechnung an den Anteilseigner nur möglich, wenn eine verlustbedingte Teilwertabschreibung auf die Beteiligung vorgenommen wird, oder eine körperschaftsteuerliche Organschaft begründet wird.

ff) Leistungsvergütungen

Schuldrechtliche Verträge zwischen Gesellschaft und Gesellschafter sind grundsätzlich sowohl bei Kapital- als auch bei Personengesellschaften möglich. Bei den **Personengesellschaften** wirkt sich das Transparenzprinzip jedoch insoweit nachteilig aus, als die **schuldrechtlich begründeten Vergütungen,**

---

87 Vgl zB *Priester* DStR 2001, 795 (799 f) mwN.
88 BGHZ 132, 263 (277).
89 *Schmidt/Glanegger* EStG § 35 Rn 12.
90 *Schmidt/Wacker* EStG § 15 a Rn 30 ff.

wie Geschäftsführungsentgelt, Miete, Pacht, oder Darlehen, gemäß § 15 Abs. 1 Nr. 2 EStG **immer** zu den „**Einkünften aus Gewerbebetrieb**" zählen, für die es – anders als bei anderen Einkunftsarten – keine Pausch- oder Freibeträge gibt. Dies ist dadurch bedingt, dass Gesellschaftervergütungen handelsrechtlich zwar Betriebsausgaben der Gesellschaft darstellen und somit nicht mehr Bestandteil der Gesellschaftsbilanz als solche sind; jedoch werden sie in der Sonderbilanz des jeweiligen Gesellschafters aufgeführt, welche in den gemäß § 180 Abs. 1 Nr. 2 lit. a AO einheitlich und gesondert festzustellenden steuerlichen Gesamtgewinn einfließen.

168 Demgegenüber sind **Entgelte für auf schuldrechtlicher Grundlage basierende Leistungen des Gesellschafters an die Gesellschaft**, bei **Kapitalgesellschaften** als **Betriebsausgaben abzugsfähig** und auf Gesellschafterebene entsprechend der jeweiligen Einkunftsart unter Berücksichtigung der üblichen Frei- und Pauschbeträge zu versteuern. Vorteilhaft ist insofern, dass sich der Gesellschaftsgewinn entsprechend mindert. Die **Grenze der Abzugsfähigkeit** wird jedoch durch den von den Finanzbehörden vorgenommenen **Drittvergleich** gezogen. Steuerlich werden nur solche Vergütungen (gerade Geschäftsführergehälter) nur dann akzeptiert, wenn sie angemessen und branchenüblich sind. Überschreiten die vereinbarten Vergütungen diese Grenze, so stellt der **überschießende Betrag** eine „verdeckte Gewinnausschüttung" dar.[91] Dies hat zur Konsequenz, dass diese sowohl auf Seiten der Gesellschaft, als auch des Gesellschafters mit allen Folgen nach zu versteuern ist.

169 Auf den ersten Blick scheinen somit die Personengesellschaften in Hinblick auf die Behandlung der Leistungsvergütungen benachteiligt zu sein. Es bleibt jedoch zu berücksichtigen, dass aufgrund des geltenden Halbeinkünfteverfahrens bei Kapitalgesellschaften die mit den Vergütungen im Zusammenhang stehenden Aufwendungen ebenfalls nur zur Hälfte berücksichtigt werden können.(§ 3 c Abs. 1 EStG).

gg) Qualifizierung des der Gesellschaft zur Nutzung überlassenen Vermögens

170 Im Gegensatz zu den Kapitalgesellschaften, kann der Personengesellschafter aufgrund des für die **Personengesellschaften geltenden Einheitsprinzips** nicht selbst entscheiden, ob Wirtschaftsgüter zum Betriebs- oder Privatvermögen gehören sollen. Es zählen **alle Wirtschaftsgüter, die der Gesellschaft oder der Beteiligung des Gesellschafters an dieser dienen**, zum (Sonder-)Betriebsvermögen, mit der Konsequenz, dass alle der Gesellschaft überlassenen Wirtschaftsgüter steuerrechtlich „verstrickt" sind und damit **alle positiven oder negativen Wertveränderungen einkommensteuerlich relevant** werden. Dies wirkt sich insofern negativ aus, als dass bei einer Veräußerung des jeweiligen Wirtschaftsgutes eine Aufdeckung der gegebenenfalls darin enthaltenen stillen Reserven unvermeidbar ist. Als vorteilhaft für Personengesellschaften erweist sich dieses System jedoch insofern, als Verschiebungen einzelner Wirtschaftsgüter zwischen verschiedenen betrieblichen Einheiten eines Unternehmens leichter sind, als dies bei Kapitalgesellschaften der Fall ist, da ein Wechsel von dem einen in ein anderes Betriebsvermögen ohne Aufdeckung von stillen Reserven möglich ist. Bei der **Kapitalgesellschaft** hingegen **bleibt das vom Gesellschafter der Gesellschaft überlassene Vermögen steuerlich Privatvermögen** und kann somit außerhalb der Spekulationsfristen des § 23 EStG steuerfrei veräußert werden.

c) Weitere Steuerarten

171 Wie oben bereits angesprochen, bestehen neben Gewerbe- und Ertragsteuern eine Reihe weiterer steuerlicher Zahlungspflichten für Unternehmen. Die praktisch wichtigsten sind insbesondere die Umsatz- und Grundsteuer. Alle diese Steuerarten haben jedoch gemeinsam, dass sie rechtsformneutral sind und sie insofern bei der Wahl der Rechtsform keine maßgebliche Rolle spielen.

d) Besondere Situationen der Besteuerung[92]
aa) Gründung

172 Grundsätzlich sind die **Steuerfolgen einer Unternehmungsgründung weitgehend rechtsformneutral**. Gründungskosten gehören bei allen Rechtsformen zu den abzugsfähigen Betriebsausgaben im Rah-

---

91 § 14 Rn 28, 96 ff.
92 Für die Einzelheiten sei auf die Ausführungen in § 14 verwiesen.

men der Einkommensteuer der Gesellschafter. Umsatzsteuerlich führt die Ausgabe von Gesellschaftsanteilen zwar zu steuerbaren sonstigen Leistungen, diese sind jedoch nach § 4 Nr. 8 UStG steuerbefreit. Auch Bareinlagen durch die Gesellschafter stellen regelmäßig nichtsteuerbare Vorgänge dar.

Ausnahmsweise können sich Personengesellschaften bei der Gesellschaftsgründung als vorteilhaft erweisen, sofern die Gesellschafter Grundstücke in die Gesellschaft einbringen. Gemäß § 5 Abs.1 GrEStG wird die Grundsteuer in dem Maße nicht erhoben, wie sich Gesellschaftsanteil und Grundstücksanteil in einer Person entsprechen (Entsprechendes gilt gemäß § 6 GrEStG auch für den Fall des Übergangs eines Grundstücks von der Gesamthand auf den Gesellschafter).

173

Was die Möglichkeiten steuerneutraler **Übertragungen von Wirtschaftsgütern** aus einem (Sonder-)Betriebsvermögen in ein anderes Betriebsvermögen desselben Steuerpflichtigen zu übertragen betrifft, ist die **Personengesellschaft** auch hier **im Vorteil**, weil dies, wie bereits oben angesprochen, gemäß § 6 Abs. 5 EStG erfolgsneutral möglich ist. Bei **Kapitalgesellschaften** hingegen ist die **steuerneutrale Übertragung von Wirtschaftsgütern** nur nach den **Regeln des UmwStG** möglich, wobei regelmäßig die Übertragung von sog. Teilbetrieben für eine steuerneutrale Übertragung vorausgesetzt wird.

174

bb) Veräußerung von Gesellschaftsanteilen

Die Veräußerung des gesamten Betriebes – egal ob Personen- oder Kapitalgesellschaft – unterliegt immer in vollem Umfang der Ertragsbesteuerung. Es gelten jedoch die Privilegierungen nach §§ 16 Abs. 4, 34 Abs. 3 bzw Abs. 1 EStG (Freibeträge, ermäßigter Steuersatz bzw uU die Möglichkeit der Anwendung der sog. Fünftel-Regelung). Näher dazu unten unter dem Stichwort „Liquidation". Werden jedoch nur Gesellschaftsanteile veräußert, so bestehen wiederum grundsätzliche Unterschiede zwischen Kapital- und Personengesellschaften:

175

(1) Kapitalgesellschaften

Grundsätzlich ist die **Veräußerung von Kapitalgesellschaftsanteilen, welche im Privatvermögen gehalten werden, steuerfrei**, es sei denn, der Gesellschafter ist gemäß § 17 EStG zu mehr als 1 % an der Gesellschaft beteiligt, es liegt ein Spekulationsgeschäft iSv § 23 EStG vor oder es handelt sich um verschmelzungs-, spaltungs- oder einbringungsgeborene Anteile (§§ 13 Abs. 2 S. 2; 15 Abs. 1; 21 UmwStG).[93] Ist in einem dieser Fälle die Steuerpflicht gegeben, so unterliegt der Veräußerungsgewinn gemäß § 17 Abs. 3 EStG nach Abzug des Freibetrages von 10 300 EUR dem Halbeinkünfteverfahren. Es gelten Steuersatzvergünstigungen und ein – altersabhängiger – Freibetrag, vgl § 16 Abs. 4 EStG.

176

Bei **Veräußerungsgewinnen von im Betriebsvermögen gehaltenen Kapitalgesellschaftsbeteiligungen** gilt, dass diese **als laufender Gewinn zu versteuern** sind; §§ 16, 34 EStG greifen nur, sofern die Beteiligung das gesamte Nennkapital erfasst. Handelt es sich bei dem Veräußerer um eine Kapitalgesellschaft, so gilt das bereits oben angesprochene Schachtelprivileg, wonach gemäß § 8 b Abs. 2 KStG der Veräußerungsgewinn grundsätzlich steuerfrei ist. Veräußert dagegen eine Personengesellschaft im Betriebsvermögen gehaltene Kapitalgesellschaftsanteile, so richtet sich die Anwendbarkeit der §§ 3 Nr. 40 EStG iVm § 3 c Abs. 2 EStG bzw des § 8 b Abs. 2 ff KStG nach der steuerlichen Einordnung des jeweiligen Personengesellschaft-Gesellschafters.

177

Der Grundsatz der Halbeinkünftebesteuerung wird durch § 3 Nr. 40 S. 3–5 EStG bzw § 8 b Abs. 4 KStG wesentlich eingeschränkt: Danach ist in bestimmten Fällen das Verstreichen einer siebenjährigen Sperrfrist Voraussetzung für die hälftige Steuerbefreiung, zB bei einbringungsgeborenen Anteilen iSd § 21 UmwStG.

178

(2) Personengesellschaften

Gewinne aus der Veräußerung von Personengesellschaftsanteilen sind unabhängig von der Höhe der Beteiligung grundsätzlich voll steuerpflichtig und gemäß § 16 Abs.1 S. 2 EStG als laufende Gewinne zu versteuern; eine Unterscheidung zwischen Anteilen im Privatvermögen und solchen im Betriebsvermögen besteht insofern nicht.

179

---

93 Siehe hierzu § 14 Rn 82 ff.

(3) Gewerbesteuerpflicht bei Veräußerung von Anteilen im Betriebsvermögen

180 Gewinne aus dem Verkauf von Mitunternehmeranteilen, egal ob Kapital- oder Personengesellschaft, erhöhen gemäß § 7 GewStG den Gewebeertrag und unterliegen somit der Gewerbesteuer; dies gilt allerdings im Regelfall nur für Anteile, die im Betriebsvermögen gehalten werden.

(4) Gewerbeverlust

181 Aufgrund des **Trennungsprinzips** wird bei **Kapitalgesellschaften der Gewerbeverlust** gemäß § 10 a GewStG durch einen **Gesellschafterwechsel nicht berührt**, während das **Ausscheiden eines Gesellschafters bei einer Personengesellschaft** zu einer **anteiligen Minderung des Gewerbeverlustes** führt. Der Erwerber eines Personengesellschaftsanteils kann den Buchwert des Anteils übersteigenden Veräußerungspreises in einer Ergänzungsbilanz aktivieren und steuermindernd abschreiben. Beim Erwerb eines Kapitalgesellschaftsanteils können die Erwerbsaufwendungen nur steuerlich genutzt werden, wenn die Anteile im Betriebsvermögen gehalten werden und die restriktiven Voraussetzungen einer Teilwertabschreibung erfüllt sind.

cc) Umwandlung[94]

182 Seit 1995 ist nach Einführung des neuen Umwandlungs- und Umwandlungssteuerrecht die Umwandlung einer Kapitalgesellschaft in eine Personengesellschaft und umgekehrt prinzipiell ertragsteuerneutral möglich.

dd) Unternehmensnachfolge[95]

183 Beim **Übergang von Gesellschaftsanteilen von Todes wegen** oder aufgrund **vorweggenommener Erbfolge**, differieren die **Erbschaftsteuerbelastungen** je nach Gesellschaftsform **zum Teil erheblich**, so dass die gleiche Vermögens- oder Ertragssituation bei unterschiedlicher Rechtsform zu sehr unterschiedlichen erbschaftsteuerlichen Ergebnissen führen kann. Aus diesem Grund kann der Rechtsformwahl in Hinblick auf diese Steuerart wesentlich größere Bedeutung zukommen, als in Hinblick auf die laufende Besteuerung.

184 Zwar gelten seit einiger Zeit die ehemals wesentlichen erbschaft- und schenkungsteuerlichen Privilegierungen der Personenunternehmen auch für die Kapitalgesellschaften: So wird gemäß § 13 a Abs. 1, Abs. 2 EStG grundsätzlich bei allen Betrieben ein Betriebsvermögensfreibetrag von 225 000 EUR und ein Bewertungsabschlag von 35 % gewährt. Gleiches gilt für die Tarifbegrenzung mit dem sog. Entlastungsbetrag nach § 19 a Abs. 1 S. 4 ErbStG. Trotzdem bestehen nach wie vor Unterschiede, welche die Kapitalgesellschaft im Bereich der Erbschaft- und Schenkungsteuer nach wie vor ungünstiger stellen.

(1) Personengesellschaften

185 **Personengesellschaften werden unabhängig von ihrer Ertragskraft bewertet.** Bei der Ermittlung der schenkung- bzw erbschaftsteuerlich relevanten Werte gilt der Grundsatz der Bestands- und Bewertungsidentität zwischen dem ertrag- und erbschaftsteuerlichen Betriebsvermögen. Von Ausnahmen abgesehen[96] erfolgt die **Bewertung des Betriebsvermögens** demnach im Wesentlichen mit dem **steuerbilanziellen Buchwert**, vgl § 12 Abs. 5 ErbStG iVm §§ 95–99, 103, 104 ErbStG und §§ 109 Abs. 1, 2 BewG.

186 Weiterhin kann der Erwerber gemäß § 28 ErbStG um Stundung der Erbschaftsteuer bis zu 10 Jahre bitten, wenn er die Gesellschaftsanteile im Betriebsvermögen hält. **Nachteilig** ist jedoch bei der Personengesellschaft, dass dem Unternehmensnachfolger der **gewerbesteuerliche Verlustvortrag** (§10 a GewStG) **verloren geht,** was sich durch vorherige Aufdeckung der stillen Reserven oder – eventuell – durch Begründung einer doppelstöckigen Personengesellschaft vermeiden lässt. Der Verlustabzug

---

94 .Siehe hierzu § 14 Rn 82 ff.
95 Für die Einzelheiten sei auf die Darstellung in § 12 verwiesen.
96 Bei Betriebsgrundstücken erfolgt die Grundstücksbewertung nach dem Bedarfswertverfahren gemäß § 12 Abs. 3 ErbStG iVm § 138 Abs. 1, Abs. 3 BewG; Anteile an Kapitalgesellschaften, § 12 Abs. 5 ErbStG iVm § 11 BewG.

gemäß § 10 d EStG geht nur auf den Erben, nicht aber auf den Vermächtnisnehmer und nicht auf den Beschenkten über.

(2) Kapitalgesellschaften

Bei **Kapitalgesellschaften** beeinflusst die **Rentabilität des Unternehmens den Steuerwert** erheblich. Bei Börsennotierung ist gemäß § 11 Abs. 1 BewG der Kurswert maßgeblich; ist dieser nicht feststellbar, so gilt der aus Verkäufen innerhalb des letzten Jahres abgeleitete gemeine Wert als steuerlich relevanter Wert. Das Stuttgarter Verfahren (§ 12 Abs. 2 S. 1 ErbStG) findet Anwendung, wenn bei börsennotierten Unternehmen ein gemeiner Wert mangels Verkäufe im letzten Jahr nicht ermittelt werden kann. Die Schätzung erfolgt dann unter Berücksichtigung des Vermögens und der Ertragsaussichten.

Im Unterschied zu den Personengesellschaften ist im Hinblick auf den Verlustvortrag gemäß § 10 d EStG und § 10 a GewStG der Gesellschafterwechsel in der Regel ohne Bedeutung.

(3) Fazit

Von der Tendenz her führt die **Bewertung von Anteilen an Kapitalgesellschaften** trotz gleicher Ertrags- und Vermögenslage im **Vergleich zu Personengesellschaftsanteilen zu einem höheren Wertansatz**. In der Regel wird die Bewertung nur dann günstiger als die von Personengesellschaften sein, wenn die Rentabilität der Kapitalgesellschaft schlecht ist. Die Rechtsform der Personengesellschaft ist bezogen auf die Unternehmensnachfolge somit bei hoher Rentabilität günstiger, die der Kapitalgesellschaft bei niedriger.

ee) Liquidation

(1) Personengesellschaft

Der **Aufgabegewinn** aus einer Personengesellschaftsbeteiligung **unterliegt** zwar stets **der Einkommensteuer**, ist aber gleichzeitig auch immer und unabhängig von der Beteiligungshöhe gemäß § 34 Abs. 1 EStG tarifbegünstigt. Bei Vorliegen der Voraussetzungen kann der Steuerpflichtige anstelle der Anwendung der Fünftelregelung des § 34 Abs. 1 EStG auch die Anwendung des ermäßigten Steuersatzes nach § 34 Abs. 3 EStG sowie des Freibetrags nach § 16 Abs. 4 EStG beantragen. Diese zuletzt genannten Begünstigungsvorschriften können aber nur einmal im Leben des Steuerpflichtigen zur Anwendung kommen.

(2) Kapitalgesellschaft

Die genauen Voraussetzungen der sog. „Abwicklung" einer Kapitalgesellschaft sind in § 11 KStG geregelt; der hiernach entstandene **Liquidationsgewinn einer Kapitalgesellschaft** unterliegt auf Gesellschafterebene der **regulären Besteuerung und dem Halbeinkünfteverfahren** gemäß § 20 Abs. 1 Nr. 1 iVm § 3 Nr. 40 EStG. Wird ein Aufgabegewinn erzielt, so entstehen bei den Gesellschaftern mithin Einkünfte aus Kapitalvermögen, § 20 Abs. 1 Nr. 1 S. 1 EStG.

Sind die Voraussetzungen des § 17 EStG erfüllt, so hat der Gesellschafter darüber hinaus Einkünfte aus dieser Norm soweit es um die Rückzahlung von Nennkapital oder Einlagen handelt zu versteuern. Bei Gewinnen aus dieser Einkunftsart findet § 34 EStG ebenso wie bei den Personengesellschaften Anwendung. Die Gewerbesteuerpflicht endet nicht schon mit Einstellung der werbenden Tätigkeit, sondern erst mit der letzten Abwicklungshandlung, regelmäßig also der Vermögensauskehrung an die Gesellschafter nach Ablauf des Sperrjahrs.

e) Sonderfall: Betriebsaufspaltung

Eine häufig, insbesondere unter steuerlichen Gesichtspunkten gewählte Gestaltungsform ist die sog. Betriebsaufspaltung. Hierbei handelt es sich um die Aufspaltung eines einheitlichen Unternehmens in zwei oder mehrere rechtlich selbständige Betriebe, üblicherweise in eine Besitz-Personengesellschaft und eine Betriebs-Kapitalgesellschaft, meist GmbH. Regelmäßig hält das Personenunternehmen das Anlagevermögen als Betriebsvermögen und verpachtet dieses an die GmbH, während die GmbH den Geschäftsbetrieb führt.

§ 4 Rechtsformwahl

194 Die Betriebsaufspaltung beruht zunächst auf zivilrechtlichen, nämlich insbesondere haftungsrechtlichen Überlegungen.[97] Sie dient der **Trennung von unternehmerischem Risiko und werthaltigem unternehmensgebundenen Vermögen.** Daneben biete sie die Gestaltungsoption, dass die Gehälter des Gesellschafter-Geschäftsführers einer Betriebs-Kapitalgesellschaft als Betriebsausgaben den Gewinn und somit den Gewerbeertrag der Kapitalgesellschaft mindern können.

195 Für die laufende Ertragbesteuerung sind Besitz- und Betriebsunternehmen selbständige Steuerrechtssubjekte und als solche getrennt zu beurteilen. Das Betriebsunternehmen erzielt Einkünfte aus Gewerbebetrieb aufgrund seiner gewerblichen Tätigkeit. Was die Einkünfte des Besitzunternehmens betrifft, so werden die Einkünfte aus der Verpachtungstätigkeit von der Rspr[98] ebenfalls als gewerbliche Einkünfte qualifiziert, da aufgrund der personellen Verflechtung ein einheitlicher Betätigungswille bestehe, über den das Besitzunternehmen am allgemeinen wirtschaftlichen Verkehr teilnehme.

196 Positive Konsequenz dieser Qualifizierung der Einkünfte ist, dass bei der „Aufspaltung" des ursprünglichen Unternehmens die Wirtschaftsgüter weiterhin Betriebsvermögen bleiben; die **Begründung der Betriebsaufspaltung** kann somit **steuerneutral** erfolgen. Dies ist jedoch nur solange möglich, wie die **Voraussetzungen der Betriebsaufspaltung,** nämlich die **sachliche und auch personelle Verflechtung** vorliegen.

197 Zur Belastung wird die Betriebsaufspaltung daher in aller Regel bei der Aufgabe oder der Veräußerung des Betriebes, wenn Grund und Boden oder wesentliche Betriebsmittel in der Besitzgesellschaft verbleiben sollen. Die **Beendigung der Betriebsaufspaltung** führt als **Betriebsaufgabe des Besitzunternehmens zur Aufdeckung der dort vorhandenen stillen Reserven** und deren entsprechender Besteuerung.[99]

III. Mitbestimmungsrechtliche Aspekte[100]

198 Auch die Mitbestimmung, welcher ein Unternehmen unterliegt, kann bei der Frage der Rechtsformwahl einen „mitbestimmenden" Einfluss haben. Mitbestimmungsrechtliche Vorschriften finden sich im **Drittelbeteiligungsgesetz** (DrittelbG), **Mitbestimmungsgesetz** (MitbestG), **Montan-Mitbestimmungsgesezt** (Montan-MitbestG) sowie im **Betriebsverfassungsgesetz** (BetrVG) und **Sprecherausschussgesetz** (SprAuG).

1. (Montan-)MitbestG

199 Durch die in den ersten drei Gesetzen enthaltenden Vorschriften soll die Mitbestimmung der Arbeitnehmer durch deren Beteiligung im Aufsichtsrat sichergestellt werden. **Voraussetzung** für die Mitbestimmung **nach den Mitbestimmungsgesetzen** ist somit, dass die Gesellschaftsform ein **Kontrollorgan in Form des Aufsichtsrates** vorsieht, was nur bei den Kapitalgesellschaften der Fall ist.

200 Bei **Kapitalgesellschaften mit mehr als 500 Arbeitnehmern** gilt gemäß §§ 1 Abs. 1 Nr. 1, 2; 4 DrittelbG, dh dass der **Aufsichtsrat einer AG zu einem Drittel aus Arbeitnehmern** bestehen muss. Gleiches schreibt § 1 Abs. 1 Nr. 3 DrittelbG für die **GmbH mit mehr als 500 Arbeitnehmern** vor; in diesen Fällen wird zudem der ansonsten bei dieser Kapitalgesellschaft fakultative Aufsichtsrat ebenfalls obligatorisch.

201 Beschäftigt die Gesellschaft **mehr als 2000 Arbeitnehmer,** ist das MibestG einschlägig, welches in § 7 Abs.1 Nr. 1 vorschreibt, dass nunmehr die **Hälfte des Aufsichtsrates mit Arbeitnehmervertretern zu besetzen** ist. Besonderheiten ergeben sich gemäß § 4 MitbestG für den Fall der Beteiligung der Kapitalgesellschaft an einer KG, sowie gemäß § 5 MitbestG, wenn die Kapitalgesellschaft herrschendes Unternehmen eines Konzerns im Sinne von § 18 Abs.1 AktG ist. Sonderregelungen bestehen schließlich nach §§ 118 BetrVG, 1 Abs. 4 MitbestG für Tendenzunternehmen, sowie für den Montanbereich. Für Personengesellschaften ist dagegen gesetzlich kein Aufsichtsrat vorgeschrieben. Sie werden daher – mit Ausnahme von § 4, 5 MitbestG – grundsätzlich von keiner Mitbestimmungsnorm erfasst, was häufig als Vorteil angesehen wird.

---

97 Vgl Rn 122.
98 BFH/NV 2000, 1135.
99 BFH BB 1997, 1291.
100 Für die Einzelheiten sei auf die Darstellung in § 16 verwiesen.

2. BetrVG und SprAuG

Das Betriebsverfassungsgesetz stellt ebenso wie das Sprecherausschussgesetz nicht auf den Aufsichtsrat, sondern auf die Anzahl der im Unternehmen Beschäftigten ab (BetrVG: Zahl der beschäftigten Arbeitnehmer, SprAuG: Zahl der beschäftigten leitenden Angestellten). Aus diesem Grund sind die Bestimmungen dieser beiden Gesetze grundsätzlich rechtsformneutral; allenfalls in Ausnahmesituationen kann dieser Grundsatz durch Betriebsaufspaltungen durchbrochen werden.[101]

G. Methodisches Vorgehen bei der Wahl der Rechtsform

Steht die Entscheidung über die Wahl der Rechtsform an, so empfiehlt sich ein methodisch sauberes und vor allem ergebnisoffenes Vorgehen. In der Praxis wird dem Thema Rechtsformwahl häufig nur eingeschränkte Aufmerksamkeit geschenkt, oder die Entscheidung wird durch den Rückgriff auf Allgemeinplätze determiniert, die, wie die vorstehenden Ausführungen gezeigt haben, häufig vordergründig, wenn nicht gar falsch sind.

In der Methodik sind zunächst diejenigen Kriterien zu ermitteln, die unabdingbar durch die zu wählende Rechtsform erfüllt werden müssen, so zB:

- Vermeidung eines persönlichen Haftungsrisikos,
- zwingende Fremdgeschäftsführung,
- möglichst geringe Offenlegungspflichten,
- fehlende persönliche Eignung des Gesellschafters für bestimmte Rechtsformen,
- zwingende berufsrechtliche Vorgaben.

Wenn unter Beachtung dieser Kriterien die Gesellschaftsformen gefunden sind, die die zwingenden Vorgaben erfüllen können, kann mit einem Vorteilsvergleich begonnen werden. Hierbei sind die Aspekte heranzuziehen, die in Teil 1 Gegenstand der Darstellung gewesen sind. Als Ergebnis können dann eine oder mehrere Rechtsformen festgestellt werden, die alle positiven Aspekte im jeweiligen Einzelfall in sich vereinen. Soweit steuerliche Aspekte in den Vorteilsvergleich einfließen sollen, so ist dringend die Einschaltung eines steuerlichen Beraters angeraten, da gerade unter dem Aspekt der Unternehmensnachfolge bzw Fortführung ein erhebliches Haftungsrisiko bei steuerschädlichen Gestaltungsentscheidungen besteht.

I. Überblick über die Vorteile bei Personen- und Kapitalgesellschaften

1. Personengesellschaften

Die Vorteile der Personengesellschaften sind:
- kein Mindestkapital,
- keine Kapitalerhaltungsvorschriften,
- kein Kontrollorgan,
- Möglichkeit der Verlustsaldierung,
- keine grundsätzliche Gewerbesteuerpflicht,
- hohe gewerbesteuerliche Freibeträge,
- Anrechnungsmöglichkeit der Gewerbesteuer auf die Einkommensteuer, § 35 EStG,
- Steuerbegünstigungen jeglicher Art kommen den Gesellschaftern unmittelbar und in voller Höhe zugute (kein Halbeinkünfteverfahren),
- Verlustzurechnung an die Gesellschafter,
- volle Berücksichtigung der Betriebsausgaben (kein Halbeinkünfteverfahren),
- keine Gefahr der verdeckten Gewinnausschüttungen,
- Vorteile bei der Erbschaft- und Schenkungsteuer (Bewertung der Gesellschaft unabhängig von ihrer Ertragskraft).

---

101 Siehe zur Begründung *Brandmüller*, Betriebsaufspaltung, 1997, A 38 ff.

2. Kapitalgesellschaften

206 Kapitalgesellschaften bieten folgende Vorteile:
- Fungibilität der Gesellschaftsanteile,
- Haftungsbegrenzung,
- Möglichkeit der Fremdgeschäftsführung,
- Mögliche Anonymität des Gesellschafterkreises ,
- Stärkung der Recht von Minderheitsgesellschaftern,
- Leistungsvergütungen an die Gesellschafter mindern Gewerbeertrag,
- leichtere Gestaltung der Unternehmensnachfolge bzw einer Unternehmensveräußerung,
- Inanspruchnahme der Halbeinkünftebesteuerung,
- Abzugsfähigkeit der Unternehmervergütung bzw der Rückstellungen für die Altersversorgung des Unternehmers, auch bei gewerbesteuerlicher Bemessungsgrundlage,
- Abschirmungswirkung der Kapitalgesellschaften in steuerlicher Hinsicht für ihre Gesellschafter, insbesondere bei Thesaurierung von Gewinnen bzw durch gezielte Ausschüttungspolitik,
- Gestaltungsfreiheit hinsichtlich des Umfangs des Betriebsvermögens (kein Sonderbetriebsvermögen),
- keine insolvenzrechtliche Haftung für bezogene Dienstvergütung.

3. Vorteile von Mischformen und Betriebsaufspaltung

207 Diese kombinieren die Vorteile der Personen- und Kapitalgesellschaften

II. Typische Entscheidungssituationen

208 In der Praxis stellt sich die Frage nach der richtigen Rechtsform vornehmlich in bestimmten „*Standardsituationen*". So zB die Unternehmensgründung durch einen oder mehrere eigenkapitalschwache Existenzgründer, oder ein Unternehmen hat sich nach der Gründungsphase positiv entwickelt und sich stark vergrößert, oder es gilt, einen Generationenwechsel vorzubereiten.

1. Existenzgründung

209 Die Gründung der Mehrzahl aller Unternehmen erfolgt durch Personen, die zwar über eine gute Kenntnis des von ihnen anzubietenden Produktes oder der Dienstleistung verfügen, nicht jedoch über Erfahrung bei der Leitung eines Unternehmens. Weiterhin verfügen **Firmengründer tendenziell nur über ein geringes Vermögen**, welches Sie zur Firmengründung einsetzen können, sie sind daher weitestgehend auf die Aufnahme von Darlehen angewiesen.

210 Gerade in diesen Fällen empfiehlt es sich häufig, ein **Einzelunternehmen** zu gründen. Die Frage der persönlichen Haftung des Unternehmensgründers ist in aller Regel nachrangig, da bei zwingender Kreditaufnahme und der damit unweigerlichen einhergehenden persönlichen Haftung sich eine nennenswerte Haftungsbegrenzung ohnehin nicht erreichen lässt. Vielmehr verhindert das Einzelunternehmen, dass der Unternehmensgründer den gesetzlichen Pflichten eines Geschäftsführers unterliegt, deren Verletzung teilweise sanktioniert und mithin für den Existenzgründer eine zusätzliche Belastung darstellen.

2. Konsolidierung des Unternehmens

211 Hat der **Unternehmer geschäftlichen Erfolg** und hat sich daher auch sein Eigenkapital im Laufe der Jahre positiv entwickelt, so steht die Frage im Raum, die Rechtsform des Unternehmens den geänderten Verhältnissen anzupassen. Mit dem gestiegenen Vermögen werden dann Konstruktionen gesucht, die das **Vermögensverlustrisiko minimieren** und gleichzeitig neue Steuergestaltungsmöglichkeiten eröffnen. Dies ist meist der Zeitpunkt zu dem die Rechtsform reiner Personengesellschaften diese Anforderung zu erfüllen nicht mehr in der Lage ist. Hier empfiehlt in aller Regel ein **Wechsel in die Rechtsform der GmbH** oder in eine Mischform, insbesondere die der Betriebsaufspaltung. Erkauft wird diese vorteilhaft Gestaltung jedoch durch die mit der Wahl einer Kapitalgesellschaft unweigerlich einhergehenden Offenlegungspflichten.

3. Generationenwechsel

Die **Vorbereitung des Generationenwechsels** an der Spitze eines Unternehmens gehört zweifelsohne zu den größten Herausforderungen im Lebenszyklus einer Gesellschaft. Ein Patentrezept für die Gestaltung des Generationenwechsels gibt es nicht. Vielmehr hängt die Gestaltung davon ab, ob der bisherige Inhaber sich sukzessive oder schlagartig aus dem Geschäftsleben zurückziehen will und ob er auch in der Zukunft noch die Verfügungsmacht über wesentliche Vermögensgegenstände des Unternehmens behalten will. In vielen Fällen dürfte jedoch die **Umwandlung des Unternehmens in eine GmbH & Co. KG** oder die Beibehaltung einer bereits bestehenden Betriebsaufspaltung sich als vorteilhaft erweisen.

212

4. Vorbereitung des Ruhestandes

Ein weiterer Anknüpfungspunkt für eine Überprüfung der richtigen Wahl der Rechtsform eines Unternehmens ist die **Planung des Ruhestandes** des bisherigen Unternehmensinhabers. Soweit dieser sich aus dem Unternehmen zurückzuziehen gedenkt, stellt sich die Frage, ob er einen geeigneten Nachfolger gefunden hat oder ob er sich endgültig von dem Unternehmen zu trennen beabsichtigt. Wird aufgrund der Nachfolgesituation ein **Fremdgeschäftsführer** zwingend benötigt, so führt kein Weg an der **GmbH oder einer ihrer Mischformen** vorbei. Kommt allein eine Veräußerung ein Betracht, so kann der Unternehmer meist von einer Gestaltung Abstand nehmen und diese einem etwaigen Erwerber überlassen, da bei einem vollständigen Verkauf des Unternehmens die Rechtsform des Veräußerungsgegenstandes steuerlich keine Rolle spielt.

213

5. Zusammenfassung

Die vorstehenden Ausführungen zeigen, dass es notwendig und lohnend ist, sich bei einer Veränderung der Rahmenbedingungen unternehmerischen Handelns auch Gedanken über die Frage zu machen, ob die gewählte Rechtsform immer noch die richtige Wahl ist. Sie zeigen auch, dass die Frage der „richtigen" Rechtsform sich nicht pauschal beantworten lässt, sondern immer eine Einzelfallentscheidung bleibt. Die zu den „Standardsituationen" getroffenen Aussagen ersparen daher keine genaue Einzelfallprüfung.

214

§ 5 Personengesellschaften

Einleitung	1
A. Gesellschaft bürgerlichen Rechts	2
I. Grundlagen und Erscheinungsformen	2
1. Begriffsmerkmale	2
2. Abgrenzungen	4
a) Bruchteilsgemeinschaft	7
b) Interessengemeinschaften	8
c) Partiarische Rechtsverhältnisse	10
d) Gesellschaftsähnliche Rechtsverhältnisse	13
3. Einzelne Erscheinungsformen der GbR	14
II. Entstehen der Gesellschaft	17
1. Gründung	17
a) Gesellschafter	20
b) Gesellschaftsvertrag	27
2. Umwandlung	48
3. GbR auf fehlerhafter Rechtsgrundlage („Grundsätze der fehlerhaften Gesellschaft")	51
a) Voraussetzungen	53
b) Sachlicher Anwendungsbereich	63
c) Rechtsfolgen	65
d) Grenzen der fehlerhaften Gesellschaft	68
III. Innenrecht der GbR	73
1. Mitgliedschaft	74
a) Erwerb der Mitgliedschaft	76
b) Rechte der Gesellschafter	77
c) Pflichten der Gesellschafter	92
d) Verlust der Mitgliedschaft	99
e) Tod eines Gesellschafters	115
2. Gesellschafterwechsel	133
a) Aufnahme eines neuen Gesellschafters und Gesellschafterwechsel	133
b) Übertragung der Mitgliedschaft/des Gesellschaftsanteils	135
c) Pfändbarkeit von Gesellschaftsanteilen	137
3. Geschäftsführung	138
a) Grundlagen	138
b) Gesetzliche Regelung	145
c) Vertragliche Regelung	147
d) Entziehung und Kündigung der Geschäftsführung	158
e) Notgeschäftsführung und Geltendmachung von Sozialansprüchen	165
f) Rechte und Pflichten der Gesellschafter-Geschäftsführer	167
g) Rechte und Pflichten des angestellten Geschäftsführers	176
h) Gestaltungsmöglichkeiten in der Praxis	177
4. Willensbildung	179
a) Rechtsnatur des Beschlusses	180
b) Formelle Anforderungen an die Beschlussfassung	182
c) Gesellschafterversammlung	185
d) Beschlussmängel	196
5. Einlage und Gesellschaftsvermögen	198
a) Einlageverpflichtung	198
b) Gesellschaftsvermögen	201
c) Kapitalanteil	204
d) Kapitalkonten der Gesellschafter	206
e) Rechnungsabschluss und Ergebnisverteilung	211
IV. Geltendmachung von Ansprüchen der Gesellschaft und der Gesellschafter	216
1. Drittansprüche	216
2. Sozialansprüche	217
3. Statusstreitigkeiten	219
V. Außenrecht der GbR	221
1. GbR als Trägerin von Rechten und Pflichten	221
a) Allgemeine Konsequenzen	223
b) Besitz	227
c) Grundbuchfähigkeit	229
d) Erbfähigkeit	232
e) Mitgliedsfähigkeit	233
f) Deliktsfähigkeit	235
2. Vertretung der GbR	237
a) Grundlagen	237
b) Umfang der Vertretungsmacht	240
c) Insbesondere: Analoge Anwendung von § 174 BGB	247
d) Weigerung, Verhinderung oder Wegfall eines von mehreren Gesamtvertretern	249
e) Beendigung der Vertretungsmacht	254
3. Gesellschafterhaftung	256
a) Grundlagen	256
b) Analoge Anwendung von §§ 128 f HGB	258
c) Haftung für Altverbindlichkeiten (§ 130 HGB)	281
d) Haftung ausgeschiedener Gesellschafter	285
e) Haftung nach Auflösung der GbR	288
f) Gesellschafterhaftung in der Insolvenz	292
4. Prozessuale Fragen	294
a) Unterscheidung zwischen Gesellschafts- und Gesellschafterprozess	294
b) Zulässigkeitsvoraussetzungen	297
c) Pfändung von Gesellschaftsanteilen	298
VI. Auflösung und Beendigung der GbR	299
1. Einzelne Auflösungsgründe	299
2. Rechtsfolgen der Auflösung	300
a) Grundlagen	301
b) Entbehrlichkeit der Auseinandersetzung	305
c) Gesetzliche Regelung der Auseinandersetzung	306
d) Abweichende Gestaltungen	312
3. Insbesondere: Insolvenz der GbR	313
a) Insolvenzfähigkeit der GbR	313
b) Insolvenzgründe	314
c) Folgen	324
B. Offene Handelsgesellschaft	328
I. Grundlagen	328
1. Begriffsmerkmale und Abgrenzungen	328
a) Handelsgewerbe	329
b) Unbeschränkte Haftung	331
2. Anmeldepflicht	332
a) Entstehen der Anmeldepflicht	333
b) Inhalt der Anmeldung	334
c) Anmeldepflichtige Personen	337
d) Anmeldung von Änderungen	339
3. Wirksamwerden der OHG	341
a) Spätestens: Wirksamwerden infolge Eintragung	342
b) Zuvor: Wirksamwerden infolge Geschäftsbeginn	343

II. Besonderheiten im Innenrecht der OHG 345
1. Geschäftsführung 345
2. Wettbewerbsverbot 349
   a) Anwendungsbereich 350
   b) Inhalt 353
   c) Ausnahmen 355
   d) Rechtsfolgen eines Verstoßes 356
3. Jahresabschluss und Ergebnisverteilung ... 360
   a) Aufstellung des Jahresabschlusses 360
   b) Prüfung des Jahresabschlusses 366
   c) Feststellung des Jahresabschlusses 367
   d) Ergebnisverteilung 369
   e) Entnahmerecht 373
III. Besonderheiten im Außenrecht der OHG 386
1. Vertretung 386
2. Gesellschafterhaftung 389
3. Sonderregelungen für die atypische OHG . 390
   a) Kennzeichnung der atypischen OHG .. 390
   b) Anwendung des Eigenkapitalersatzrechts (§ 129 a HGB) 392
   c) Insolvenzantrags- und Masseerhaltungspflicht (§ 130 a HGB) 393
IV. Auflösung der Gesellschaft und Ausscheiden von Gesellschaftern 400
1. Grundlagen 400
2. Auflösung der Gesellschaft 402
   a) Auflösungsgründe 402
   b) Rechtsfolgen der Auflösung 405
   c) Eintragung der Auflösung 407
3. Liquidation der Gesellschaft 410
   a) Grundlagen 410
   b) Liquidatoren 413
   c) Aufgaben der Liquidatoren 418
   d) Verteilung des Gesellschaftsvermögens . 421
4. Ausscheiden eines Gesellschafters 430
   a) Ausscheidensgründe 430
   b) Sonderfall: Tod eines Gesellschafters .. 432
C. **Kommanditgesellschaft** 436
I. Grundlagen und Erscheinungsformen 436
1. Begriffsmerkmale 436
2. Entstehung und Erlöschen 438
II. Stellung des Kommanditisten 440
1. Wesensmerkmale 440
   a) Mitgliedschaft 440
   b) Gesamthand 443
   c) Anteilsübertragung 444
2. Kaufmannseigenschaft 445
3. Wettbewerbsverbot 447
4. Mitgliedschaftliche Rechte und Pflichten . 452
5. Geschäftsführung 455
6. Vertretung 462
7. Kontrollrechte 466
   a) Grundsätzliches 466
   b) Auskunfts- und Einsichtsrechte 467
   c) Außerordentliches Prüfungsrecht 472
   d) Rechte nach Ausscheiden 474
8. Vermögensrechte und Aufwendungsersatz 475
   a) Grundsätzliches 475
   b) Verluste 479
   c) Aufwendungsersatzanspruch 480
9. Tod des Kommanditisten 481
III. Einlage und Haftung des Kommanditisten ... 483
1. Grundkonzeption 483
2. Beschränkung der Haftung 486
3. Haftungsbefreiende Leistung der Pflichteinlage 490
   a) Leistung auf die Einlage 492
   b) Wertdeckung 496
4. Haftungsbefreiende Leistung auf die Haftsumme 498
IV. Wiederaufleben der Haftung 502
1. Einlagenrückgewähr 502
2. Gewinnentnahme 509
3. Rechtsfolgen 512
4. Scheingewinne 513
5. Ausscheiden und Eintritt des Kommanditisten 516
   a) Ausscheiden 516
   b) Eintritt 518
V. Haftung vor Eintragung, § 176 HGB 529
1. Haftung vor Eintragung gemäß § 176 Abs. 1 S. 1 HGB 529
2. Haftung des eintretenden Kommanditisten gemäß § 176 Abs. 2 HGB 536
3. Eintragung im Handelsregister 539
D. **GmbH & Co. KG** 540
I. Allgemeine rechtliche Darstellung 540
1. Begriff 540
2. Allgemeines/Grundlinien 541
   a) Rechtliche Einordnung und Zulässigkeit 541
   b) Praktische Bedeutung 542
3. Erscheinungsformen 552
   a) Personen- und beteiligungsgleiche GmbH & Co. KG 552
   b) Einpersonengesellschaft 554
   c) Nicht personen- und beteiligungsgleiche GmbH & Co KG 555
   d) Einheits-GmbH & Co. KG 556
   e) Doppelstöckige (mehrstufige) GmbH & Co. KG 558
   f) Kapitalistische GmbH & Co. KG; Publikumsgesellschaft 559
   g) Andere Gesellschaften als Komplementäre der KG 560
II. Gründung 561
1. Gesellschafter 561
2. Entstehungsmöglichkeiten 562
3. Gründung der Komplementär-GmbH 563
   a) Gründungsvoraussetzungen 563
   b) Vor-GmbH 564
4. Gründung der KG 565
5. Einlage 566
   a) Einlagen der Kommanditisten 567
   b) Einlage der Komplementär-GmbH 570
   c) Stammeinlagen der GmbH-Gesellschafter 571
6. Haftungsverhältnisse im Gründungsstadium 572
   a) GmbH & Co. KG 572
   b) Haftung der Komplementärin und ihrer Gesellschafter 573
   c) Haftung der Kommanditisten 581
   d) Handelndenhaftung 583
7. Firma 584
   a) Firma der GmbH 585
   b) Firma der KG 586
III. Innenverhältnis 589
1. Entstehen der GmbH & Co. KG 590
2. Rechte und Pflichten der Gesellschafter .. 591
   a) Treuepflicht 591
   b) Wettbewerbsverbot 592
   c) Kontroll- und Informationsrechte 597
   d) Gewinn und Verlust 604

3. Geschäftsführung 605	a) Liquidatoren 726
a) Zuständigkeit 606	b) Aufgaben der Liquidatoren 727
b) Umfang 608	c) Vollbeendigung 729
c) Sorgfaltsmaßstab 609	3. Insolvenz 730
d) Gesellschaftsvertragliche Regelungen .. 610	a) Insolvenzgründe 731
e) Rechtsverhältnis zwischen GmbH und	b) Insolvenzantrag 736
Geschäftsführer 611	c) Eigenkapitalersetzende Gesellschafter-
f) Rechtsverhältnis zwischen KG und	leistungen 737
GmbH-Geschäftsführer 615	d) „Gesplittete" Pflichteinlage; Finanz-
g) Sozialversicherungspflicht des GmbH-	plankredit 746
Geschäftsführers 618	VIII. Sonderfragen der Publikumsgesellschaft 747
h) Beschränkungen der Geschäftsführungs-	1. Beitritt zu einer Publikums-KG 748
befugnis 619	2. Gesellschaftsvertrag 749
4. Gesellschafterversammlung 622	a) Auslegung 750
a) Die Gesellschafterversammlung der	b) Inhaltskontrolle 751
Komplementär-GmbH 623	3. Rechte und Pflichten der Kommanditisten .. 752
b) Die Gesellschafterversammlung der	a) Beitragspflichten 752
GmbH & Co. KG 630	b) Informationsrechte 753
5. Kontrolle 639	4. Gesellschafterbeschlüsse (Bestimmtheits-
a) Aufsichtsrat in der GmbH 640	grundsatz) 754
b) Aufsichtsrat in der GmbH & Co. KG .. 645	5. Treuhänder 756
6. Ansprüche aus dem Gesellschafts-	6. Kündigung 758
verhältnis 648	a) Ordentliche Kündigung 758
IV. Gesellschafterstreit 651	b) Außerordentliche Kündigung 759
1. Gerichtlich 652	7. Prospekthaftung 761
2. Außergerichtlich 654	E. Die Partnerschaftsgesellschaft 765
V. Außenverhältnis 655	I. Grundlagen 765
1. Wirksamwerden der GmbH & Co. KG 656	1. Abgrenzungen 766
2. Vertretung 657	2. Freie Berufe 767
a) Organschaftliche Vertretung 658	a) Wesensmerkmale des „Freien Berufs"
b) Rechtsgeschäftliche Vertretung 660	und Begriff 768
c) Selbstkontrahierungsverbot (§ 181 BGB) 662	b) Katalog der „Freien Berufe" 770
d) Entziehung der Vertretungsmacht 666	c) Interprofessionelle Zusammenschlüsse .. 772
3. Haftung 667	3. Name der Partnerschaft 773
a) Haftung der GmbH & Co. KG 667	a) Die Zulässigkeit von Partnerzusätzen . 775
b) Haftung der Komplementär-GmbH ... 668	b) Sonstige Namenszusätze 776
c) Haftung der Kommanditisten 669	c) Berufsbezeichnungen 777
d) Haftung des Geschäftsführers 677	d) Schutz der Partnerbezeichnung, § 11
VI. Gesellschafterwechsel 682	PartGG 778
1. Anteilsübertragung 683	e) Rechtsfolgen unbefugter Verwendung
a) GmbH 683	des Partner-Zusatzes 781
b) GmbH & Co. KG 684	4. Steuer 783
c) Wahrung der Beteiligungsidentität 687	5. Rechtsfähigkeit 785
2. Kündigung 688	II. Entstehen der Partnerschaft 786
a) GmbH 688	1. Partnerschaftsvertrag 787
b) GmbH & Co. KG 690	2. Anmeldung zum Partnerschaftsregister ... 790
c) Wahrung der Beteiligungsidentität 692	3. Eintragung 793
3. Ausschließung 693	III. Besonderheiten im Innenrecht der Partnerschaft 795
a) GmbH 693	1. Beitragsleistungen der Partner 796
b) GmbH & Co. KG 698	2. Geschäftsführung 798
c) Wahrung der Beteiligungsidentität 699	3. Wettbewerbsverbot 802
4. Wegfall eines Gesellschafters 700	4. Informations- und Kontrollrechte 803
a) GmbH 700	5. Beschlüsse der Partner 804
b) GmbH & Co. KG 702	6. Anteilsübertragung 805
c) Wahrung der Beteiligungsidentität 705	7. Ergebnisermittlung und Ergebnis-
5. Abfindung 706	verteilung 806
a) Abfindungshöhe 707	IV. Besonderheiten im Außenrecht der Partner-
b) Geltendmachung 708	schaft 808
c) Abfindungsklauseln 709	1. Vertretung 808
6. Haftung der Alt- und der Neugesellschafter 714	2. Haftung 810
a) Komplementär-GmbH 714	a) Allgemeines 811
b) Kommanditisten 717	b) Die Haftungskonzentration nach § 8
VII. Beendigung 720	Abs. 2 PartGG 812
1. Auflösung 721	c) Nachhaftung 814
a) Auflösungsgründe 721	V. Auflösung und Liquidation der Partnerschaft
b) Rechtsfolgen der Auflösung 723	sowie Ausscheiden eines Partners 815
2. Liquidation 725	VI. Liquidation der Partnerschaft 818

Einleitung

1   Die Gesellschaft bürgerlichen Rechts ist die Grundform der Personengesellschaften. Dies gilt umso mehr, seitdem ihre Teilrechtsfähigkeit unter Übernahme der Haftungsstruktur der offenen Handelsgesellschaft (§§ 128 ff HGB) mittlerweile höchstrichterlich bestätigt wurde. Die offene Handelsgesellschaft ist wiederum die Grundform der Personenhandelsgesellschaften, insbesondere der Kommanditgesellschaft. Mit Rücksicht auf dieses Stufenverhältnis werden in den nachfolgenden Ausführungen die einzelnen Regelungskreise (etwa das Entstehen der Gesellschaft, ihr Innen- und Außenrecht sowie ihre Abwicklung), soweit möglich und tunlich, anhand der Gesellschaft bürgerlichen Rechts dargestellt. Sodann werden die Besonderheiten der offenen Handelsgesellschaft gegenüber der Gesellschaft bürgerlichen Rechts und die der Kommanditgesellschaft gegenüber der offenen Handelsgesellschaft besprochen. Die Darstellungen der GmbH & Co. KG sowie der Partnerschaftsgesellschaft schließen sich an.

A. Gesellschaft bürgerlichen Rechts

I. Grundlagen und Erscheinungsformen

1. Begriffsmerkmale

2   Die Gesellschaft bürgerlichen Rechts (im Folgenden: GbR), vielfach auch als BGB-Gesellschaft bezeichnet, findet ihre Regelung in §§ 705 ff BGB. Der Gesetzgeber hat sie damit als **Vertragsverhältnis** mit wechselseitigen Pflichten und Ansprüchen in das besondere Schuldrecht eingeordnet. Diese schuldrechtliche Einordnung wird dem heutigen Rechtscharakter der GbR jedoch nur noch bedingt gerecht. Denn unstreitig kommt der GbR darüber hinaus ein gewisser **verbandsrechtlicher Charakter** zu. Dieser wird in der mittlerweile vom BGH anerkannten Fähigkeit der GbR, im Rechtsverkehr Trägerin von Rechten und Pflichten zu sein,[1] sowie in der Charakterisierung ihrer Gesellschafter nicht als Mitverpflichtete, sondern als Haftungsschuldner deutlich.

3   Bestimmendes Begriffsmerkmal der GbR ist die **Förderung eines gemeinsamen Zwecks** durch die Gesellschafter. Im Gesellschaftsvertrag verpflichten sich die Gesellschafter, gewisse Beiträge zur Förderung dieses Zwecks zu leisten (§ 705 BGB). Nicht notwendig ist das Vorhandensein von Gesellschaftsvermögen. Als Personengesellschaft ist die GbR ferner durch die starke Personenbezogenheit des Gesellschaftsverhältnisses geprägt. Diese kommt zum Ausdruck etwa im **Prinzip der Selbstorganschaft**, wonach Organe der Gesellschaft grundsätzlich die Gesellschafter sind, oder im Einstimmigkeitsprinzip hinsichtlich der Beschlussfassung der Gesellschafter. Folge des gesellschaftlichen Zusammenschlusses ist zudem eine allgemeine gesellschaftliche **Treuepflicht**, die alle Gesellschafter gleichsam trifft.[2] Weiteres Kennzeichen der GbR ist die gesellschaftsvertraglich nicht abdingbare **persönliche Haftung** der Gesellschafter.

2. Abgrenzungen

4   Die GbR ist die **Grundform der Personengesellschaften**. Die Personengesellschaften als solche sind von den Bruchteilsgemeinschaften, den Interessengemeinschaften sowie den partiarischen und den gesellschaftsähnlichen Rechtsverhältnissen abzugrenzen. Innerhalb der Personengesellschaften ist eine Differenzierung der GbR von den Personenhandelsgesellschaften erforderlich.

5   Von den Personenhandelsgesellschaften (OHG, KG) unterscheidet sich die GbR dadurch, dass der Gesellschaftszweck nicht im Betrieb eines Handelsgewerbes begründet ist.[3] Dem Recht der GbR kommt jedoch vielfach eine **Auffangfunktion für die Personenhandelsgesellschaften** zu. So finden sich in §§ 105 Abs. 3 und 161 Abs. 2 HGB weitreichende Verweisungen in das Recht der GbR. Die Auffangfunktion kommt ferner darin zum Ausdruck, dass eine Personenhandelsgesellschaft, deren

---

1   Dazu unter Rn 221 ff.
2   *MünchKommBGB/Ulmer*, Vor § 705 BGB Rn 7.
3   Vgl zur Begründung der Kaufmannseigenschaft nach § 1 Abs. 2 HGB: *Baumbach/Hopt*, § 1 HGB Rn 22.

Gewerbe auf den Stand eines Kleingewerbes herabsinkt, nach Löschung aus dem Handelsregister kraft Gesetzes ohne weiteres Zutun der Gesellschafter zur GbR wird.[4]

Eine Abgrenzung zu den Körperschaften, dh zu den Kapitalgesellschaften, zum eingetragenen Verein, zur eingetragenen Genossenschaft und zur Partnerschaftsgesellschaft sowie zu den Europäischen Rechtsformen[5] bereitet in der Praxis[6] regelmäßig keine Probleme, da deren Entstehung von besonderen Formerfordernissen abhängig ist.

a) Bruchteilsgemeinschaft

Von der Bruchteilsgemeinschaft (§§ 741 ff BGB) unterscheidet sich die GbR vor allem dadurch, dass sie ein Schuldverhältnis ist, mit dem ein als Gesellschaftszweck festgelegtes **gemeinsames Ziel der Gesellschafter** verfolgt wird. Die Bruchteilsgemeinschaft verknüpft hingegen lediglich parallele Interessen der Teilhaber an einem Vermögensgegenstand. Hintergrund ist, dass die Bruchteilsgemeinschaft einzig durch die gemeinschaftliche Berechtigung an einem Gegenstand entsteht (vgl § 741 BGB). Daraus folgt auch, dass, anders als bei der GbR, die Existenz eines gemeinsamen Vermögensgegenstandes zwingende Voraussetzung der Bruchteilsgemeinschaft ist. Jeder Teilhaber kann über sein Bruchteilseigentum frei verfügen. Hingegen ist die Existenz der GbR **unabhängig vom Vorhandensein gemeinschaftlichen Vermögens**. Bildet eine GbR dennoch Gesellschaftsvermögen, so entsteht dieses nach § 718 BGB „zur gesamten Hand" der Gesellschafter, die nicht separat über ihren Anteil hieran verfügen dürfen, § 719 Abs. 1 BGB.

b) Interessengemeinschaften

Ebenfalls nicht ohne weiteres als GbR anzusehen ist die (schlichte) Interessengemeinschaft. Der Begriff der Interessengemeinschaft kennzeichnet verschiedenartige Rechtsbeziehungen zwischen mehreren Personen, wird insofern aber nicht als homogene Bezeichnung verwendet. Das Reichsgericht hat die Bezeichnung etwa für mehrere nur anteilig befriedigte Gläubiger einer beschränkten Gattungsschuld eines einzigen Schuldners verwendet.[7] Ebenfalls als Interessengemeinschaft bezeichnet werden die durch ein Sammeldepot nach § 6 DepotG oder ein Sammellager nach § 419 HGB verbundenen Personen. Auch der Fall der Sammelladung wird vom Reichsgericht erwähnt.[8] Mangels eines Gesellschaftsvertrags handelt es sich in diesen Fällen nicht um eine GbR. Desgleichen soll es sich bei **ärztlichen Praxisgemeinschaften** oder den **Bürogemeinschaften von Rechtsanwälten** um schlichte Interessengemeinschaften in Abgrenzung zu einer GbR handeln.[9] Bei diesen stehe nicht die gemeinschaftliche Ausübung der Berufstätigkeit sondern die gemeinsame Nutzung einer Sachgesamtheit im Vordergrund.

Hingegen kann die Verwendung des Begriffs Interessengemeinschaft im allgemeinen Sprachgebrauch auch ein Hinweis gerade für das Bestehen einer GbR sein, etwa wenn Pool-Verträge zwischen Aktionären oder Aktionärsgruppen als Interessengemeinschaftsverträge bezeichnet werden.[10]

c) Partiarische Rechtsverhältnisse

Als Partiarische Rechtsverhältnisse werden Verträge bezeichnet, bei denen dem einen Vertragsteil vom anderen als Gegenleistung **neben oder anstelle einer festen Vergütung eine Gewinn- oder Umsatzbeteiligung** eingeräumt wird.[11] Diese Beteiligung hat zur Folge, dass beide Vertragsparteien ein Interesse daran haben, dass der eine Teil Gewinne erzielt/Umsatz macht. Um eine GbR handelt es sich bei partiarischen Rechtsverhältnissen gleichwohl nicht zwangsläufig. Denn zum einen bedeutet der **Interessengleichlauf der Parteien** hinsichtlich der Gewinne/Umsätze des einen Vertragsteils noch

---

4 Ausführlich zur Umwandlung durch Formwechsel § 10 Rn 222, 225.
5 Dazu unten § 8 D.
6 Zur Abgrenzung der Personengesellschaften von den Körperschaften siehe *K. Schmidt*, Gesellschaftsrecht, S. 46 f.
7 Vgl RGZ 84, 125, 128.
8 RGZ 88, 389, 391.
9 *H.P. Westermann*, Handbuch der Personengesellschaften, § 2 Rn 49.
10 MünchHdb GesR/*Schücking*, Band I, § 2 Rn 21.
11 BGH NJW 1951, 308, 309.

nicht, dass beide einen gemeinsamen Zweck verfolgen. Vielmehr beteiligen sich auch weiterhin beide Vertragspartner auf eigene Rechnung wirtschaftlich.[12]

11 Partiarische Rechtsverhältnisse sind in verschiedenen Ausgestaltungen denkbar. In der Praxis treten vor allem partiarische Darlehen, Kaufverträge, Nutzungsüberlassungen und Dienstverträge auf. Bei partiarischen Kauf- und Nutzungsüberlassungsverträgen ist regelmäßig nicht vom Vorliegen einer GbR auszugehen. Bei diesen Verträgen ist vielmehr im Zweifel ein Austauschverhältnis anzunehmen.[13] Bei partiarischen Dienstverträgen bietet sich eine Abgrenzung zum Gesellschaftsverhältnis anhand des Kriteriums der Weisungsabhängigkeit des Dienstverpflichteten an.[14]

12 Etwas problematischer stellt sich die Abgrenzung zur GbR bei **partiarischen Darlehensverträgen** dar. Maßgebliches Abgrenzungskriterium kann hier die Vereinbarung einer Verlustbeteiligung sein. Wird eine solche getroffen, ist von einer GbR in Form einer stillen Gesellschaft auszugehen. Fehlt es hingegen an einer Verlustbeteiligung, ist dies nicht charakteristisch für einen partiarischen Darlehensvertrag, da auch bei der stillen Gesellschaft gem. § 231 Abs. 2 HGB die Verlustbeteiligung ausgeschlossen werden kann.[15] Die Rechtsprechung überprüft zur Abgrenzung daher in einer Gesamtschau die von den Parteien verfolgten Ziele und die hierzu getroffenen Vereinbarungen.[16] Indizien für eine GbR können beispielsweise die Einräumung von Geschäftsführungsbefugnissen oder Zustimmungsvorbehalten oder eine Beteiligung an stillen Reserven sein.

d) Gesellschaftsähnliche Rechtsverhältnisse

13 In der Rechtsprechung ist verschiedentlich auch von „gesellschaftsähnlichen Rechtsverhältnissen" die Rede.[17] Mit diesem eher irreführenden Begriff werden häufig **typengemischte Verträge** bezeichnet, die sich aus Elementen von Austausch- und Gesellschaftsverträgen zusammensetzen. Die Praxis versucht mit Hilfe des Konzepts des gesellschaftsähnlichen Rechtsverhältnisses die Anwendung einzelner gesellschaftsrechtlicher Normen zu begründen.[18]

3. Einzelne Erscheinungsformen der GbR

14 Die GbR ist – aufgrund ihrer großen Flexibilität und Gestaltbarkeit – die wohl am vielseitigsten erscheinende Gesellschaftsform. Hinsichtlich ihrer Erscheinungsformen lässt sich zunächst zwischen Innen- und Außengesellschaften unterscheiden. Diese Unterscheidung hat vor allem seit der Anerkennung der Rechtsfähigkeit der Außen-GbR durch den BGH[19] an Bedeutung gewonnen.

15 Außengesellschaften sind solche, die nach dem Gesellschaftsvertrag am Rechtsverkehr teilnehmen und damit nach außen in Erscheinung treten sollen.[20] Innengesellschaften nehmen hingegen nicht am Rechtsverkehr teil, die Gesellschafter haben daher regelmäßig auch keine Absprache über die Vertretung der Gesellschaft nach außen getroffen.[21] Bei einer Innengesellschaft treten die handelnden Gesellschafter im Außenverhältnis immer für sich selbst und nicht für die GbR auf. Nimmt eine Innengesellschaft doch am Rechtsverkehr teil, wird sie jedoch ohne weiteres zur Außengesellschaft.[22] Typische **Außengesellschaften** sind etwa:

- Sozietäten und Gemeinschaftspraxen der Angehörigen der freien Berufe (Anwälte, Ärzte, Architekten, Steuerberater, usw);

---

12 BGHZ 3, 75, 81; BGH WM 1967, 321.
13 Vgl zum Nutzungsüberlassungsvertrag BGH NJW 1951, 308, 309.
14 BGHZ 8, 249, 255.
15 MünchKommBGB/*Ulmer* Vor § 705 BGB Rn 108.
16 BGH BB 1951, 848 Nr. 2153.
17 RGZ 81, 233, 235; RGZ 142, 212, 214; RG JW 1926, 2529; BGH BB 1955, 78; BGH LM Nr. 6 zu § 723 BGB; BGH BB 1988, 12.
18 Siehe etwa BGH GRUR 1955, 338.
19 Dazu unten Rn 221 ff.
20 Vgl zu den praktischen Abgrenzungsproblemen: BGH NJW 1960, 1851; BGH WM 1965, 1134, 1135; BGH WM 1966, 31.
21 BGHZ 12, 308, 314 ff.
22 Vgl BGH WM 1975, 268.

- GbR, die zwar gewerblich tätig sind, als Minderkaufleute aber den Voraussetzungen des § 1 Abs. 2 HGB nicht genügen;
- Bau-Arbeitsgemeinschaften (ARGE);
- Bauherrengemeinschaften;
- Grundbesitzgesellschaften, insbesondere auch als (geschlossene) Immobilienfonds;
- Kreditkonsortien und Sicherheitenpools mehrerer Kreditgeber.

Typische Innengesellschaften sind etwa die **Gelegenheitsgesellschaften des täglichen Lebens**, wie etwa Fahrgemeinschaften. Auch die Ehegatten-Innengesellschaften fallen hierunter. Die Rechtsprechung verwendet dieses Modell etwa zur Begründung ehelicher Ausgleichsansprüche, wenn es an einer ehegüterrechtlichen Regelung fehlt.[23] Ein weiterer wichtiger Anwendungsfall der Innengesellschaft ist die stille Gesellschaft des bürgerlichen Rechts. Diese entspricht im Ansatz der stillen Gesellschaft nach §§ 230 ff HGB, mit dem Unterschied, dass sich der stille Gesellschafter nicht am Geschäft eines Kaufmanns beteiligt.

16

II. Entstehen der Gesellschaft

1. Gründung

Eine GbR wird durch den **Abschluss des Gesellschaftsvertrages** gegründet. Der Gesellschaftsvertrag ist eine rechtsgeschäftliche Einigung der Gesellschafter über die notwendigen und die fakultativen Vertragsbestandteile, für den die allgemeinen Regeln der Rechtsgeschäftslehre gelten. Kern der Einigung ist die Förderung eines gemeinsamen Zwecks durch die Gesellschafter. Der Abschluss des Gesellschaftsvertrages kann **auch stillschweigend** geschehen, so dass sich in der Praxis Abgrenzungsschwierigkeiten, etwa zu bloßen Gefälligkeitsverhältnissen ergeben können. Hinzu kommt, dass der Gesellschaftsvertrag grundsätzlich keiner besonderen Form bedarf. Etwas anderes kann gelten, wenn der Gesellschaftsvertrag mit einem formbedürftigen Rechtsgeschäft kombiniert wird, zB wenn ein Gesellschafter ein Grundstück in die Gesellschaft einbringt. Fehlt es an einem Gesellschaftsvertrag, so liegt keine GbR vor, auch nicht etwa eine fehlerhafte.[24] Die Einschaltung eines Stellvertreters bei Abschluss des Gesellschaftsvertrags ist zulässig.[25]

17

Entstehungszeitpunkt der Gesellschaft ist – mangels förmlichen Gründungsverfahrens – im Zweifel der **Zeitpunkt des Vertragsschlusses**. Jedoch können die Gesellschafter die Wirksamkeit des Vertragsschlusses vom Eintritt weiterer Umstände abhängig machen, etwa durch einen bedingten Vertragsschluss im Sinne von § 185 BGB. In diesem Fall entsteht die Gesellschaft selbstverständlich erst mit Wirksamwerden des Vertrages. Die Gesellschafter können auch die Entstehung der Gesellschaft im Gesellschaftsvertrag auf einen anderen Zeitpunkt als den des Vertragsschlusses festlegen. Vereinbaren die Gesellschafter eine Vorverlegung der Gesellschaftsgründung, wirkt dies allerdings nur im Innenverhältnis.[26]

18

Ist am Abschluss des Gesellschaftsvertrags ein **Treuhänder** beteiligt, wird dieser selbst Gesellschafter.[27] Dem Treugeber können im Verhältnis zur Gesellschaft mitgliedschaftliche Rechte nur durch eine besondere Vereinbarung mit den Mitgesellschaftern eingeräumt werden.[28]

19

a) Gesellschafter

Parteien des Gesellschaftsvertrags sind die Gesellschafter. Mit Abschluss des Gesellschaftsvertrages entstehen ihnen mitgliedschaftliche Rechte und Pflichten. Außer durch Neugründung einer Gesellschaft kann die Mitgliedschaft auch durch späteren Erwerb der Gesellschafterstellung begründet werden.[29]

20

---

23 Vgl etwa BGH WM 1973, 296.
24 BGHZ 11, 190. Zur fehlerhaften Gesellschaft siehe unten Rn 51 ff.
25 OLG München NZG 2002, 623.
26 BGH WM 1976, 972, 974; BGH NJW 1978, 264, 266.
27 BGH WM 1962, 1354.
28 BGH NJW-RR 2003, 1392.
29 Dazu unten Rn 76.

21 Die **Mindestzahl der Gesellschafter** einer GbR beträgt zwei. Dies ergibt sich aus dem Charakter der GbR als schuldrechtlichem Vertrag. Fallen sämtliche Gesellschaftsanteile in einer Hand zusammen, etwa wenn einer von zwei Gesellschaftern entfällt, erlischt daher nach vorzugswürdiger Ansicht das Gesellschaftsverhältnis.[30] Es tritt also sofortige Vollbeendigung ein. Der Kreis der potentiellen Gesellschafter einer GbR ist weit. Neben natürlichen und juristischen Personen können ihr auch teilrechtsfähige Personenzusammenschlüsse angehören.

aa) Natürliche Personen

22 Gesellschafter einer GbR kann **jede natürliche Person** sein, auch wenn sie geschäftsunfähig oder in ihrer Geschäftsfähigkeit beschränkt ist. Zwar müssen diese Personen sowohl bei Abschluss des Gesellschaftsvertrages als auch bei der späteren Wahrnehmung ihrer mitgliedschaftlichen Rechte durch ihre gesetzlichen Vertreter handeln. Die Gesellschafterstellung nehmen sie gleichwohl selbst ein.

bb) Juristische Personen

23 **Juristische Personen** können aufgrund ihrer Rechtssubjektivität ebenfalls uneingeschränkt Gesellschafter einer GbR sein.[31] Dies gilt auch für die juristischen Personen des öffentlichen Rechts, wie etwa Anstalten und Körperschaften.[32] Möglich ist daher ein Zusammenschluss mehrerer Gemeinden zur Verfolgung eines gemeinsamen Zwecks in der Rechtsform der GbR. Ebenso können sich Vorgesellschaften, wenngleich noch nicht juristische Person, an einer GbR beteiligen. Soweit diese als Rechtsform sui generis anzusehen sind, folgt dies aus der weitgehenden Annäherung an die juristische Person.[33]

24 Auch **ausländischen juristischen Personen** ist die Beteiligung an einer GbR möglich. Kommen diese aus dem Bereich der EU, gebietet dies bereits die Niederlassungsfreiheit nach Art. 43, 48 EGV. Der EuGH hat bereits mehrfach das Erfordernis der Anerkennung der Rechtsfähigkeit ausländischer Kapitalgesellschaft aus der Niederlassungsfreiheit abgeleitet.[34] Daraus folgt konsequenterweise auch die Möglichkeit zur Beteiligung an einer GbR. Für juristische Personen aus Nicht-EU-Staaten und Nicht-EWR-Staaten (Island, Liechtenstein und Norwegen) dürfte nach der nunmehr wohl anzuwendenden Gründungstheorie entsprechendes gelten, wenn die betreffende Gesellschaft nach dem Recht ihres Gründungsstaats Gesellschafterin einer GbR sein kann.[35]

cc) Teil- und nichtrechtsfähige Zusammenschlüsse

25 Bereits seit langem in der Rechtsprechung anerkannt ist die Fähigkeit der **Personenhandelsgesellschaften**, Mitglied einer GbR zu sein.[36] Jedenfalls aus der Anerkennung der Fähigkeit der **GbR**, im Rechtsverkehr Trägerin von Rechten und Pflichten zu sein, lässt sich auch deren – schon zuvor bejahte –[37] Fähigkeit, Gesellschafterin einer anderen GbR zu sein, ableiten. Beteiligt sich eine Personengesellschaft an einer GbR, werden nicht etwa deren Gesellschafter, sondern die Gesellschaft selbst Mitglied der GbR. Die Gesellschaft übt ihre mitgliedschaftlichen Rechte und Pflichten in der GbR durch ihre Gesellschafter als Organe aus.

---

30 *MünchKommBGB/Ulmer* § 705 BGB Rn 62; *K. Schmidt*, Gesellschaftsrecht, § 45 I 2 b.
31 RGZ 105, 101.
32 RGZ 163, 142, 149; BAG NJW 1989, 3034.
33 BGHZ 80, 129, 132; BGH WM 1985, 165 f. Ausführlich zu den Vorgesellschaften unten § 6 A. Rn 23 ff; § 6 B. Rn 35 ff.
34 Vgl die Urteile des EuGH, Rs. C-212/97 („*Centros*"), Slg 1999, I-1459 ff, Rs. C-208/00 („*Überseering*"), Slg 2002, I-9919 ff und Rs. 167/01 („*Inspire Art*"), Slg 2003, I-10155 ff.
35 Der BGH hat über die Anwendung von Sitz- oder Gründungstheorie auf außereuropäische juristische Personen nach Anpassung seiner Rechtsprechung an die Vorgaben des EuGH noch nicht entschieden. Für die Gründungstheorie aber: OLG Hamm ZIP 2006, 1822 ff (Nicht rechtskräftig); vgl auch OLG Hamburg ZIP 2007, 1108 ff. Instruktiv zum Ganzen: *Eidenmüller*, JZ 2003, 526, 528.
36 RGZ 142, 13, 21; BGH WM 1959, 288.
37 RGZ 136, 236, 240; BGH ZIP 1997, 2120, 2121.

Die Beteiligung einer **Erbengemeinschaft** als solcher an einer GbR scheitert an der fehlenden Fähigkeit der Erbengemeinschaft, selbständig Träger von Rechten und Pflichten zu sein.[38] Auch bei einer gesellschaftsrechtlichen Nachfolgeklausel für den Fall des Todes eines Gesellschafters geht die Gesellschafterstellung des verstorbenen Gesellschafters nicht etwa auf die Erbengemeinschaft über, sondern auf die im Vertrag bestimmten Erben.[39] Auch eheliche Gütergemeinschaften und Bruchteilsgemeinschaften können mangels (Teil-)Rechtsfähigkeit nicht Gesellschafter einer GbR werden. Die Gesellschafterstellung fällt hier vielmehr den Ehegatten oder Miteigentümern zu. 26

b) Gesellschaftsvertrag

Der Gesellschaftsvertrag ist die **Grundlage des Gesellschaftsverhältnisses**. Nach ihm bestimmen sich die Rechtsbeziehungen der Gesellschafter untereinander und zur Gesellschaft. Auch die Außenbeziehungen der Gesellschaft können – etwa hinsichtlich der Vertretungsbefugnisse – beeinflusst werden. Der Gesellschaftsvertrag ist ein **schuldrechtlicher Vertrag**, dem eine zusätzliche, gemeinschaftsbegründende Komponente zukommt. Gleichwohl handelt es sich, da alle Gesellschafter auf einen gemeinsamen Zweck verpflichtet werden, nicht um einen Austauschvertrag. 27

Der Mindestinhalt des Gesellschaftsvertrags besteht aus den gesetzlich festgelegten Grundmerkmalen der GbR (vgl § 705 BGB). Eine Begrenzung der im Gesellschaftsvertrag zu treffenden Regelungen besteht nicht. Vielmehr können (und sollten!) die Gesellschafter im Gesellschaftsvertrag alle Regelungen treffen, die sie für regelungsbedürftig halten. 28

aa) Notwendiger Inhalt

Notwendiger Inhalt des Gesellschaftsvertrages sind die Personen, die Gesellschafter werden sollen, der gemeinsame Zweck und die Zweckförderungspflicht der Gesellschafter, vor allem durch Beitragsleistungen. 29

(1) Gemeinsamer Zweck

Der gesellschaftsvertraglich festgelegte gemeinsame Zweck der Gesellschafter, der Gesellschaftszweck, beeinflusst als **maßgebliches Element** das gesamte Vertragsverhältnis. Erst mit seiner Festlegung gelangt die GbR zur Entstehung, er wird häufig auch auf das Ende der Gesellschaft Einfluss haben. Der Gesellschaftszweck dient zudem der Abgrenzung der GbR von anderen Vertragsverhältnissen und Personenzusammenschlüssen. 30

Inhaltlich unterliegt der Gesellschaftszweck im Sinne des § 705 BGB – anders als etwa der Zweck der eingetragenen Genossenschaft, der (noch) auf die Förderung der Mitgliederinteressen begrenzt ist –[40] keinerlei Vorgaben. Es kann vielmehr **„jeder erlaubte, dauernde oder vorübergehende, auch ideelle Zweck"** Gegenstand der Gesellschaft sein.[41] Demnach kommen wirtschaftliche Zwecke genau wie kulturelle, politische, religiöse und auch wissenschaftliche Zwecke in Betracht. 31

Auch **in zeitlicher Hinsicht** ist der Gesellschaftszweck **unbeschränkt**. Vereinbart werden kann die einmalige Erreichung eines bestimmten Zwecks, wie etwa die gemeinsame Errichtung eines Bauwerks, oder auch die vorübergehende Verfolgung eines gemeinsamen, möglicherweise fortdauernden Zwecks, wie dies etwa bei Fahrgemeinschaften mit Kostenteilung der Fall ist. Bei diesen Gelegenheitsgesellschaften erlischt die Gesellschaft planmäßig entweder durch Zweckerreichung oder durch Zeitablauf. Von den Gelegenheitsgesellschaften können die Dauergesellschaften abgegrenzt werden, bei denen die gemeinsame Zweckverfolgung auf unbefristete Zeit oder gar lebenslang erfolgen soll. Hierunter fallen etwa die Sozietäten der Freiberufler. Die Abgrenzung von Gelegenheits- und Dauergesellschaften ist praktisch nicht unbedeutsam. Sie kommt zum Tragen bei der Gewichtung der Inter- 32

---

38 Zuletzt: BGH NJW 2006, 3715 ff.
39 Vgl BGHZ 22, 186, 192; BGH WM 1983, 672. Ausführlich dazu unten Rn 116 ff.
40 *Schulze/Wiese*, ZfgG 2006, 108, 122; auch zur Entwicklung des Förderzwecks im Rahmen der Reform des Genossenschaftsrechts.
41 BGHZ 135, 387.

essen von Gesellschaft und Gesellschaftern, etwa wenn es um eine Kündigung der Gesellschaft oder die Möglichkeit eines Gesellschafterwechsels geht.

33 Vom Gesellschaftszweck zu unterscheiden ist der Gegenstand eines von der Gesellschaft möglicherweise betriebenen Unternehmens. Während der Gesellschaftszweck hier womöglich im Betrieb des Unternehmens liegt, bezeichnet der **Unternehmensgegenstand** die Art und Weise, auf welche der Zweck der Gesellschaft verfolgt werden soll, er ist ein „Zweckerreichungsmittel". Als solches muss er nicht zwingend im Gesellschaftsvertrag geregelt werden, auch wenn dies zur Vorbeugung späterer Missverständnisse unter den Gesellschaftern ratsam erscheinen. Die Festlegung des Gesellschaftszwecks in einem Gesellschaftsvertrag über eine freiberufliche Sozietät in einfacher Form könnte daher etwa lauten:

▶ A, B und C schließen sich in Form einer Gesellschaft bürgerlichen Rechts zur gemeinsamen Berufsausübung zusammen. ◀

Zweck der Gesellschaft ist hier einzig die gemeinsame Berufsausübung. Enthält der Gesellschaftsvertrag darüber hinaus Festlegungen über die Ausrichtung der gemeinsamen Berufsausübung, über die Anstellung von Mitarbeitern, die Anmietung von Büroräumlichkeiten etc., so sind dies Vereinbarungen hinsichtlich des Unternehmensgegenstandes.

(2) Beitragspflicht

34 Zwingender Bestandteil eines jeden Gesellschaftsvertrages ist die Übernahme einer Förderungspflicht in Hinblick auf den Gesellschaftszweck durch die Gesellschafter. Die Beitragspflicht muss entsprechend dem Gesellschaftszweck ausgestaltet sein. Sie darf sich daher nicht in einer einmaligen Leistung erschöpfen, sondern ist regelmäßig auf eine **dauerhafte Förderung des Gesellschaftszwecks** gerichtet.[42] Ausreichend ist jede Leistung, die geeignet ist, den Gesellschaftszweck zu fördern. In Betracht kommt eine Pflicht zur Beteiligung an Geschäftsführung und Vertretung, die Einbringung von Sachen oder Dienstleistungen oder auch ein Wettbewerbsverbot.

35 Umfang und Details der Förderpflicht müssen nicht Bestandteil des Gesellschaftsvertrages sein. Ist eine vertragliche Regelung diesbezüglich nicht getroffen, haben die Gesellschafter gem. § 706 Abs. 1 BGB gleiche Beiträge zu leisten.

bb) Fakultativer Inhalt

36 Vom notwendigen Inhalt des Gesellschaftsvertrages zu unterscheiden sind die fakultativen Regelungen. Als Ausfluss der Privatautonomie sind die Gesellschafter berechtigt, ihre Angelegenheiten weitgehend selbst zu regeln. Die vertraglichen Bestimmungen können die gesetzlichen Regeln ergänzen oder auch ersetzen. Erfolgt eine vertragliche Regelung nicht, so findet – soweit vorhanden – die gesetzliche Regelung Anwendung, die häufig schon als Auffang- oder Ersatzregelung formuliert ist. Im Recht der GbR finden sich vergleichsweise **wenige Schranken der Gestaltungsfreiheit** (vgl etwa §§ 716 Abs. 2, 723 Abs. 3, 724 BGB). Es sind jedoch immer die allgemeinen Grenzen der §§ 134, 138 BGB zu beachten.

37 Je nach Gesellschaftstyp besteht ein unterschiedliches Bedürfnis an Regelung durch den Gesellschaftsvertrag. Während sich den bei vielen Gelegenheitsgesellschaften stillschweigend oder mündlich geschlossenen Gesellschaftsverträgen oftmals nur die notwendigen Merkmale der Gesellschaft entnehmen lassen, enthalten schriftliche Gesellschaftsverträge regelmäßig eine Fülle zusätzlicher Bestimmungen. Grundsätzlich ist bei der Formulierung eines Gesellschaftsvertrags von den Interessen der Gesellschafter auszugehen. Regelungsbedürftig ist daher vor allem, was die Gesellschafter als regelungsbedürftig erachten. Hinzu kommen, abhängig von der Art der Gesellschaft, regelmäßig weitere Aspekte.

(1) Name der GbR

38 Häufig findet sich der Name der Gesellschaft im Gesellschaftsvertrag festgehalten. Fehlt es an einem Namen der Gesellschaft, wird diese durch Aufzählung der Namen der Gesellschafter benannt.[43] Die GbR kann einen eigenen Namen tragen, der nicht mit den Namen der einzelnen Gesellschafter iden-

---

42 *MünchKommBGB/Ulmer* § 705 BGB Rn 153; vgl auch BGH NJW-RR 1991, 1186, 1187.
43 *Palandt/ Sprau* § 705 BGB Rn 25.

tisch sein muss.⁴⁴ Insbesondere sind auch **Sachbezeichnungen oder reine Phantasienamen**, verbunden mit dem Zusatz „GbR" zulässig. Daneben ist aber selbstverständlich auch eine Bezeichnung unter Verwendung sämtlicher oder ausgewählter Namen der Gesellschafter möglich.

Beispiele: „Grundstücksgesellschaft D-Straße 23 GbR" oder „A, B und C GbR"

Die **Verwendung einer Rechtsformbezeichnung** ist gesetzlich nicht vorgeschrieben. Jedoch ist das allgemeine Irreführungsgebot zu beachten. Hieraus wird abgeleitet, dass zum Schutze des Rechtsverkehrs auch aus der Bezeichnung einer (Außen-)GbR deren Rechtsform erkennbar sein müsse.⁴⁵ Dies könne durch den Zusatz „GbR" oder eine gleichwertige Bezeichnung geschehen. Bei einer Bauarbeitsgemeinschaft solle hingegen die Bezeichnung „ARGE" ausreichen. Diese Anforderung kann jedoch nur dann gelten, wenn die Gesellschaft nicht unter dem Namen ihrer Gesellschafter auftritt. Setzt sich der Gesellschaftsname allein aus den Namen der Gesellschafter zusammen, ist ein Rechtsformzusatz entbehrlich. Weiterhin ist es einer GbR wegen des Irreführungsverbots nicht gestattet, die Bezeichnung „GbRmbH" zu führen,⁴⁶ ungeachtet der fehlenden Möglichkeit einer gesellschaftsvertraglichen oder AGB-mäßigen Haftungsbeschränkung auf das Gesellschaftsvermögen.⁴⁷ Gem. § 11 Abs. 1 S. 1 PartGG darf der Name einer GbR ferner nicht die Bezeichnungen „Partnerschaft" oder „& Partner" enthalten,⁴⁸ wie dies lange Zeit vor allem bei Freiberufler-Sozietäten gebräuchlich war.

39

(2) Geschäftsführung und Vertretung

Jedenfalls bei einer GbR mit einer größeren Gesellschafterzahl sollte der Gesellschaftsvertrag unbedingt eine Regelung über die Geschäftsführung und Vertretung enthalten. **Gesetzliche Regelfall ist eine Gesamtgeschäftsführungs- und damit auch -vertretungsbefugnis aller Gesellschafter** (vgl §§ 709 Abs. 1, 714 BGB). Zudem sieht das Gesetz bei Vorliegen einer entsprechenden gesellschaftsvertraglichen Bestimmung die Möglichkeiten zur Einzelgeschäftsführung aller Gesellschafter und zur Übertragung der Geschäftsführung auf einen oder mehrere Gesellschafter vor. In jedem Fall muss das **Prinzip der Selbstorganschaft** gewahrt bleiben.

40

Nach dem gesetzlichen Regelfall können die Gesellschafter nur im gemeinschaftlichen Zusammenwirken entscheiden und die Gesellschaft vertreten. Insbesondere bei größeren Gesellschaften kann dies in der Praxis die Flexibilität der Entscheidungs- und Handlungsprozesse erheblich hemmen. Dem lässt sich etwa durch eine Verteilung der Verantwortungsbereiche entgegenwirken, ggf verbunden mit einer Einzelgeschäftsführungs- und -vertretungsbefugnis für bestimmte Geschäfte und dem Beibehalt einer Gesamtgeschäftsführungs- und -vertretungsbefugnis im Übrigen.⁴⁹

41

(3) Gewinn- und Verlustverteilung; Entnahmeregelungen

Regelmäßig empfiehlt sich auch eine explizite **Regelung der Gewinn- und Verlustverteilung** unter den Gesellschaftern. Mangels abweichender Regelung erfolgt die Aufteilung von Gewinnen und Verlusten gem. § 722 Abs. 1 BGB ohne Rücksicht auf die Art und Größe der Beiträge der einzelnen Gesellschafter zu gleichen Teilen. Insbesondere dann, wenn die Gesellschafter unterschiedliche Beiträge zur Gesellschaft zu leisten haben, ist daher eine anderweitige Regelung sinnvoll. So kann etwa eine Gewinn-/Verlustverteilung nach Kapitalanteilen in Anlehnung an §§ 120, 121 HGB gewünscht sein, wie dies vor allem bei wirtschaftlich orientierten GbR häufig der Fall ist. In diesem Fall bietet sich auch eine Einrichtung von Gesellschafterkonten an.⁵⁰

42

Gleichsam sollte eine gesellschaftsvertragliche Regelung über die Berechtigung der Gesellschafter zur **Entnahme erzielter Gewinne** getroffen werden. Insbesondere sollte festgehalten werden, ob und wenn ja, zu welchem Zeitpunkt die Gesellschafter sämtliche, ihrem Kapitalkonto gutgeschriebenen

43

---

44 RG JW 1906, 452; BGHZ 136, 254, 258.
45 *Staudinger/ Habermeier*, Vor §§ 705–740 BGB Rn 23. Vgl auch *MünchKommBGB/ Ulmer* § 705 BGB Rn 271.
46 BGHZ 142, 315, 318; BayObLG NJW 1999, 297; BayObLG NJW-RR 1998, 1728.
47 Vgl dazu unten Rn 268 ff.
48 BGHZ 135, 257, 259. Im Einzelnen dazu unten Rn 778 ff.
49 Vgl dazu im Einzelnen unten Rn 150.
50 Vgl dazu im Einzelnen unten Rn 206 ff.

Gewinne entnehmen dürfen. § 721 BGB sieht als Zeitpunkt für die Gewinnverteilung erst die Auflösung der Gesellschaft, oder bei einer dauerhaften GbR das Ende eines jeden Geschäftsjahres vor. Denkbar ist auch eine Einschränkung der Entnahmerechte der Gesellschafter, etwa zur Bildung von Rücklagen zugunsten der Gesellschaft.

(4) Beschlussfassung

44 Das Gesetz geht entsprechend dem gesetzlichen Leitbild einer kleinen, stark personalisierten Gesellschaftsform davon aus, dass Beschlüsse der Gesellschafter grundsätzlich einstimmig zu fassen sind, § 709 Abs. 1, 2. Hs BGB. Dies wird eine effektive Entscheidungsfindung zumindest in größeren GbR mehr oder weniger unmöglich machen, so dass die Vereinbarung eines Mehrheitsprinzips sinnvoll erscheint. Das Gesetz geht im Falle der Vereinbarung eines Mehrheitsprinzips davon aus, dass die Mehrheit nach Köpfen zu bestimmen ist (vgl § 709 Abs. 2 BGB). Insbesondere bei einer Beteiligung der Gesellschafter in unterschiedlichem Ausmaß stellt sich die Frage, ob nicht eine **Stimmrechtsverteilung nach Kapitalanteilen** eher den Interessen der Gesellschafter entspricht.[51]

(5) Kündigungsrecht

45 Eine unbefristete Gesellschaft kann gem. § 723 Abs. 1 BGB von jedem Gesellschafter grundsätzlich jederzeit grundlos gekündigt werden, wenn auch bei einer Kündigung zur Unzeit gem. § 723 Abs. 2 ein wichtiger Grund erforderlich ist. Dieses Kündigungsrecht ist nach § 723 Abs. 3 BGB auch nicht abdingbar. Denkbar ist jedoch die **Vereinbarung einer Kündigungsfrist**, die allerdings nicht zu einem faktischen Ausschluss des Kündigungsrechts führen darf.[52] Eine solche Kündigungsfrist führt dazu, dass die Gesellschaft als auf bestimmte Zeit eingegangen gilt, so dass unter Missachtung der Kündigungsfrist nur aus wichtigem Grund gekündigt werden kann.

46 Mit der Kündigung entsteht dem ausscheidenden Gesellschafter weiterhin ein **Abfindungsanspruch**, in dem die Ansprüche auf Einlagenrückerstattung (§ 733 BGB) und Überschusszahlung (§ 734 BGB) aufgehen.[53] Die Modalitäten dieses Abfindungsanspruchs sollten, soweit dies möglich ist, durch den Gesellschaftsvertrag festgelegt werden. Ein vollständiger Ausschluss dürfte zwar regelmäßig wegen Verstoßes gegen § 138 BGB unwirksam sein, denkbar ist aber, etwa eine Stundung des Abfindungsanspruchs oder Ratenzahlungen zugunsten der Gesellschaft zu vereinbaren, um die Liquidität zu sichern.[54]

(6) Folgen des Todes eines Gesellschafters

47 Vor erheblichen Problemen kann eine GbR bei dem Tod eines ihrer Gesellschafter stehen. Gem. § 727 Abs. 1 BGB führt der **Tod eines Gesellschafters** regelmäßig zur Auflösung der GbR. Oftmals ist diese Folge nicht nur in größeren Gesellschaften unerwünscht. Zur Verhinderung der Auflösung der GbR bieten sich verschiedene Gestaltungsmöglichkeiten an.[55] Möglich ist etwa die Aufnahme einer sogenannten qualifizierten erbrechtlichen Nachfolgeklausel. Diese regelt – zur Vermeidung einer Zersplitterung des Gesellschaftsanteils – dass nur ein ausgewählter Erbe des verstorbenen Gesellschafters die Gesellschafterstellung erwirbt, sofern er die erbrechtlichen Voraussetzungen erfüllt.

2. Umwandlung

48 Außer durch Neugründung kann eine GbR auch durch **Umwandlung einer bestehenden Gesellschaft** entstehen. Als Ausgangsgesellschaft kommen dabei sowohl Kapitalgesellschaften (GmbH, AG, KGaA) als auch andere Personengesellschaften (OHG, KG) in Betracht. Eine Genossenschaft kann hingegen nicht ohne weiteres in eine GbR umgewandelt werden (vgl § 258 Abs. 1 UmwG). Bei jeder

---

51 Vgl dazu im Einzelnen unten Rn 187.
52 Vgl BGH NJW 2005, 1784; BGH-Report 2007, 156 (unzulässiger Kündigungsausschluss für 30 Jahre im Sozietätsvertrag).
53 Palandt/*Sprau* § 738 BGB Rn 4.
54 Vgl dazu im Einzelnen unten Rn 109 ff.
55 Vgl dazu im Einzelnen unten Rn 116 ff.

Form der Umwandlung handelt es sich streng genommen allerdings nicht um die Entstehung eines neuen Rechtsträgers, sondern lediglich um den Formwechsel eines bestehenden.[56] Die wirtschaftliche und rechtliche **Identität des Rechtsträgers** bleibt gewahrt.

Die **Umwandlung einer Kapitalgesellschaft** in eine GbR ist im Umwandlungsgesetz abschließend geregelt. Sie kann nur **im Wege des Formwechsels** gem. §§ 190 ff UmwG erfolgen. Dies geschieht durch Einbringung sämtlicher Vermögenswerte in die Personengesellschaft, ohne dass jedoch eine anschließende Liquidation der Kapitalgesellschaft erforderlich wäre. Es handelt sich um einen Fall der Gesamtrechtsnachfolge der GbR in die Aktiva und Passiva der sich umwandelnden Kapitalgesellschaft. Die Umwandlung erfordert gem. §§ 193, 233 Abs. 1 UmwG einen einstimmigen Beschluss aller Anteilsinhaber auf der Grundlage eines vom Vertretungsorgan der Ausgangsgesellschaft zu erstellenden Umwandlungsberichts (§ 192 UmwG) sowie die Eintragung der Umwandlung in das Register der Ausgangsgesellschaft (§§ 198 Abs. 1, 235 UmwG). 49

Die **Umwandlung einer anderen Personengesellschaft** in eine GbR ist im UmwG nicht geregelt (vgl § 214 Abs. 1 UmwG). Sie erfolgt **nach allgemeinen gesellschaftsrechtlichen Grundsätzen**, etwa durch einen Beschluss der Gesellschafter, ggf verbunden mit der Löschung der Gesellschaft aus dem Handelsregister. Ein Verlust der Rechtsidentität der Gesellschaft ist damit nicht verbunden (Grundsatz der Einheitlichkeit der Personengesellschaften).[57] Die Umwandlung erfolgt bei Verlust der Aufgabe der Voraussetzungen eines Handelsgewerbes im Sinne von § 1 Abs. 2 HGB auch ohne Beschluss der Gesellschafter, selbst ein entgegenstehender Wille ist unbeachtlich. Gleichermaßen erfolgt auch die „Umwandlung" einer Vorgründungs- oder auch einer Vorgesellschaft (Vor-GmbH, Vor-AG) in eine GbR, wenn deren Gesellschafter das Bestreben nach der Eintragung der ursprünglich zu gründenden Kapitalgesellschaft aufgeben, den Geschäftsbetrieb aber gleichwohl fortführen. Ist dieser Betrieb kein Handelsgewerbe im Sinne von § 1 Abs. 2 HGB und ist die Gesellschaft nicht in das Handelsregister eingetragen, entsteht ohne weiteres Zutun der Gesellschafter eine GbR.[58] 50

3. GbR auf fehlerhafter Rechtsgrundlage („Grundsätze der fehlerhaften Gesellschaft")

Enthält der Gesellschaftsvertrag Mängel, die ihn anfechtbar oder nichtig machen, so stellt sich die Frage, wie eine solche GbR auf fehlerhafter Rechtsgrundlage zu behandeln ist, insbesondere wenn die Gesellschaft bereits in Vollzug gesetzt wurde. Die Nichtigkeit des Gesellschaftsvertrages kann uU erst geraume Zeit nach Aufnahme von Geschäftstätigkeiten durch die Gesellschaft bedeutsam werden. Ein aktuelles Beispiel ist etwa der Widerruf einer Beitrittserklärung zu einer Publikums-Personengesellschaft wegen fehlerhafter Belehrung über das Widerrufsrecht nach den einschlägigen Verbraucherschutzvorschriften[59] oder wegen einer Stellvertretung beim Gesellschaftsbeitritt bei unwirksamer Vollmacht aufgrund eines Verstoßes gegen die Vorschriften des Rechtsberatungsgesetzes. In diesen Fällen würden sich regelmäßig erhebliche Schwierigkeiten bei der Rückabwicklung der Rechtsbeziehungen im Innen- wie auch im Außenverhältnis ergeben. 51

Vor dem Hintergrund dieser Problematik hat sich die **Lehre der fehlerhaften Gesellschaft** herausgebildet. Danach kann unter gewissen Voraussetzungen eine Gesellschaft trotz Nichtigkeit des Gesellschaftsvertrages als fortbestehend angesehen werden. Sie kann dann allerdings von den Gesellschaftern mit Wirkung für die Zukunft aus wichtigem Grund gem. § 723 BGB gekündigt werden.[60] Eine Grenze findet die Anerkennung der fehlerhaften Gesellschaft, wenn vorrangige Interessen der Allgemeinheit oder schutzwürdiger Individuen dem Fortbestand der Gesellschaft entgegenstehen.[61] 52

---

56 Vgl BGH BB 1967, 143.
57 Vgl BGHZ 32, 307.
58 Andernfalls entsteht eine OHG, vgl BGHZ 22, 240, 243; BGHZ 51, 30, 32.
59 Vgl dazu *Lehleiter/Hoppe* WM 2005, S. 2213 ff.
60 BGHZ 11, 190; BGHZ 55, 5, 8; BGHZ 62, 20, 26 f.
61 BGHZ 3, 285, 288; BGHZ 17, 160, 167; BGHZ 26, 330, 335; BGHZ 55, 5, 9; BGHZ 62, 234, 241; BGHZ 75, 214, 217 f; BGH NJW 1992, 1503, 1504; BayObLG NJW-RR 1990, 476, 477; OLG Rostock NZG 2000, 930; OLG Celle ZIP 1999, 1128.

a) Voraussetzungen
aa) Fehlerhaftigkeit

53 Grundvoraussetzung der Anwendung der Lehre von der fehlerhaften Gesellschaft ist das Vorliegen von auf die **Gesellschaftsgründung** gerichteten Willenserklärungen der Beteiligten, wenn diese auch fehlerhaft und damit unwirksam sind. Bei einem solchen Grundkonsens kommt es nicht darauf an, ob die Gesellschafter betreffend jede einzelne Bestimmung, die sie in den Gesellschaftsvertrag aufnehmen wollten, eine Einigung herbeigeführt haben.

54 Die Fehlerhaftigkeit des Gesellschaftsvertrags kann aus den verschiedensten Quellen resultieren. Denkbar sind Fehler der einzelnen Willenserklärungen der Gesellschafter, wie auch speziell gesellschaftsrechtliche Fehler des Gesellschaftsvertrags, etwa bei der Vereinbarung unwirksamer Klauseln.

(1) Formmängel

55 Zu denken ist an eine Unwirksamkeit des Gesellschaftsvertrages wegen eines **Verstoßes gegen Formvorschriften**. Zwar ist der Gesellschaftsvertrag einer GbR grundsätzlich formfrei. Wird dieser jedoch mit einem formbedürftigen Rechtsgeschäft kombiniert, etwa einem Grundstücksgeschäft,[62] bei Einbringung des ganzen Vermögens eines Gesellschafters (§ 311 b Abs. 2 BGB) oder bei Einbringung des Geschäftsanteils an einer GmbH (§ 15 Abs. 4 S. 1 GmbHG), so erstreckt sich die Formbedürftigkeit auch auf den Gesellschaftsvertrag. Wird die Formungültigkeit nicht geheilt (vgl etwa § 311 b Abs. 1 S. 2 BGB), liegt eine fehlerhafte Gesellschaft vor.[63]

(2) Anfechtung und Widerruf nach Verbraucherschutzvorschriften

56 Möglicher Anknüpfungspunkt für die Lehre von der fehlerhaften Gesellschaft ist auch das Bestehen eines Anfechtungsrechts, das bei seiner Ausübung gem. § 142 Abs. 1 BGB grundsätzlich zur rückwirkenden Beseitigung des Gesellschaftsvertrages führen würde. Während ein relevanter Irrtum iSd § 119 BGB beim Abschluss eines Gesellschaftsvertrags eher selten sein dürfte, kommt der **Anfechtung wegen arglistiger Täuschung** beim Vertragsabschluss durchaus praktische Bedeutung zu. Bereits häufig Gegenstand gerichtlicher Entscheidungen war die angeblich arglistige Täuschung beim Beitritt zu einem Immobilienfonds in Form einer Publikums-GbR.[64] In diesen Fällen kommt nach der Rechtsprechung die Anwendung der Lehre von der fehlerhaften Gesellschaft in Betracht.[65]

57 Auch das Widerrufsrecht nach Verbraucherschutzvorschriften betrifft vor allem die Fallgestaltung des Beitritts zu einer **Publikumspersonengesellschaft**.

(3) Vertretungsmängel

58 Ein weiterer denkbarer Grund für die Unwirksamkeit des Gesellschaftsvertrages können Mängel in der Vertretung eines Gesellschafters bei Abschluss des Gesellschaftsvertrags sein. Ein Gesellschafter kann sich bei Abschluss des Gesellschaftsvertrags ohne weiteres rechtsgeschäftlich vertreten lassen. Ist die Stellvertretung unwirksam, etwa wegen Mängeln der Bevollmächtigung, wirkt die Erklärung grundsätzlich nicht für den Vertretenen, es kommen jedoch die Grundsätze der fehlerhaften Gesellschaft zur Anwendung. Als solcher Mangel wird häufig vorgebracht, die einem Treuhänder zum Zwecke des Gesellschaftsbeitritts erteilte Vollmacht sei wegen Verstoßes gegen das Rechtsberatungsgesetz nach § 134 BGB nichtig. Mittlerweile hat der BGH jedoch entschieden, dass ein **Verstoß gegen das RBerG** nicht vorliegt, wenn der Treuhänder mit seiner Beteiligung am Gesellschaftsbeitritt des Anlegers eine Geschäftsführungsaufgabe für die GbR wahrnimmt.[66]

---

62 BGHZ 101, 396; BGH NJW 1992, 3238.
63 BGH DStR 1991, 622; BGH DStR 1995, 1844; OLG Stuttgart NZG 2000, 93.
64 Vgl etwa OLGR Schleswig 2004, 375 ff.
65 OLGR Schleswig 2004, 375 ff; BGH ZIP 2003, 1592, 1593 f; BGH WM 2001, 1464, 1465 f.
66 BGH BB 2006, 2319.

(4) Sittenwidrigkeit; Verstoß gegen ein gesetzliches Verbot

Als Mangel kommt auch ein Verstoß gegen § 138 BGB in Betracht, was allerdings eine Sittenwidrigkeit des Gesellschaftszwecks erfordert,[67] sowie ein Verstoß gegen ein gesetzliches Verbot (§ 134 BGB). 59

(5) Fehlende Geschäftsfähigkeit

Schließlich kann sich die Unwirksamkeit des Gesellschaftsvertrags auch aus der Einbeziehung eines nicht oder nur beschränkt geschäftsfähigen Gesellschafters ergeben, vgl §§ 105, 106, 107 BGB. 60

(6) Rechtsformverfehlung?

Keine Frage der Fehlerhaftigkeit der Gesellschaft ist der Fall der **Rechtsformverfehlung**. Hierunter fällt etwa eine Gesellschaft, die als KG gegründet wird, mangels konstitutiver Registereintragung aber als GbR anzusehen ist. Hierbei handelt es sich nach vorzugswürdiger herrschender Ansicht nicht um eine fehlerhafte KG, sondern um eine wirksame GbR. Eine Kündigung der Gesellschaft nach den Grundsätzen der fehlerhaften Gesellschaft kommt demzufolge nicht in Betracht. 61

bb) Vollzug der Gesellschaft

Die Anwendung der Grundsätze der fehlerhaften Gesellschaft, erfordert dass der **Gesellschaftsvertrag bereits vollzogen** worden ist. Vollzug in diesem Sinne bedeutet, dass Maßnahmen durchgeführt worden sein müssen, die nicht ohne weiteres rückgängig gemacht werden könnten.[68] Bei der Gründung einer (Außen-)Gesellschaft ist entscheidendes Kriterium die Bildung von Gesellschaftsvermögen oder die Begründung von Verbindlichkeiten mit Dritten.[69] Bei Außen- wie Innengesellschaften dürfte entscheidend sein, ob das geschaffene Organisationsgefüge in Gang gesetzt wurde.[70] 62

b) Sachlicher Anwendungsbereich

Der sachliche Anwendungsbereich der Lehre von der fehlerhaften Gesellschaft ist weit. Sie erstreckt sich auf sämtliche Personengesellschaften, die Kapitalgesellschaften unterliegen weitgehend ähnlichen Regeln.[71] Insbesondere die Vorgesellschaften können als fehlerhafte Gesellschaften angesehen werden.[72] Auch bei reinen Innengesellschaften kann ein Bedürfnis nach Anwendung der Grundsätze der fehlerhaften Gesellschaft bestehen.[73] Bei Innengesellschaften, die nur aus zwei Personen bestehen, kann dies aber anders zu sehen sein.[74] 63

Neben dem **Grundfall des Abschlusses des Gesellschaftsvertrages** findet die Lehre der fehlerhaften Gesellschaft auch auf **alle weiteren gesellschaftsrechtlichen Akte**, die zu einer Veränderung des Gesellschaftsverhältnisses führen, Anwendung. Hierzu zählen Veränderungen des Gesellschafterkreises, wie etwa der häufig auftretende Fall des fehlerhaften Beitritts zu einer bestehenden Gesellschaft,[75] der fehlerhafte Austritt aus einer Gesellschaft und weitere fehlerhafte, zum Ausscheiden führende Akte[76] sowie fehlerhafte Anteilsübertragungen.[77] Auch Änderungen des Gesellschaftsvertrages können nach der Lehre der fehlerhaften Gesellschaft zu behandeln sein. 64

---

67 OLG Hamm NZG 2001, 747, 748.
68 Vgl BGH NJW 1978, 2505, 2506.
69 RGZ 165, 193, 204; RGZ 166, 51, 58 f; BGHZ 3, 285, 287; BGHZ 13, 320, 321; BGHZ 116, 37, 40.
70 OLG Oldenburg NZG 2000, 1141. Ähnlich auch *K. Schmidt*, Gesellschaftsrecht, S. 148.
71 Vgl dazu *K. Schmidt*, Gesellschaftsrecht, S. 141 ff.
72 BGHZ 13, 320. Dazu unten § 6 A. Rn 21.
73 Vgl *K. Schmidt*, Gesellschaftsrecht, S. 144 ff.
74 BGH BB 1990, 1997.
75 BGHZ 26, 330, 341; BGHZ 44, 235; BGHZ 63, 338, 345 f; BGH NJW 1992, 1501.
76 Vgl BGH NJW 1969, 1483; BGH WM 1975, 512; BGH NJW 1992, 1503.
77 Vgl BGH NJW 1988, 1324 f.

c) Rechtsfolgen

65 Die Anwendung der Lehre der fehlerhaften Gesellschaft hat zur Folge, dass die fehlerhaft gegründete Gesellschaft als **nach innen und außen wirksam** anzusehen ist. Ihre organisatorische Ausgestaltung bestimmt sich weiterhin nach dem Gesellschaftsvertrag. Ist lediglich eine einzelne Klausel eines Gesellschaftsvertrags etwa wegen Täuschung oder Sittenwidrigkeit unwirksam, entfaltet diese Klausel bei Fortgeltung des Vertrags im Übrigen keine Wirkung.[78]

66 Das Vorliegen einer fehlerhaften Gesellschaft stellt jedoch ohne das Hinzutreten weiterer Umstände einen zur außerordentlichen Kündigung der Gesellschaft (§ 723 Abs. 1 S. 2, S. 3 BGB) berechtigenden wichtigen Grund dar.[79] Das **Recht zur fristlosen Kündigung** der Beteiligung braucht zwar nicht in einer bestimmten Frist nach Kenntniserlangung von dem Mangel geltend gemacht zu werden, es unterliegt aber der Verwirkung. Es ist verwirkt, wenn sich die Gesellschaft wegen der Untätigkeit des Gesellschafters über einen gewissen Zeitraum hinweg bei objektiver Beurteilung darauf einrichten durfte und eingerichtet hat, dieser werde von seinem Recht nicht mehr Gebrauch machen, und die verspätete Geltendmachung daher gegen Treu und Glauben verstieße.[80]

67 Die Rückabwicklung des Gesellschaftsverhältnisses nach erfolgter Kündigung richtet sich nach den allgemeinen gesellschaftsrechtlichen Vorschriften (§§ 731 ff BGB) unter Berücksichtigung der gesellschaftsvertraglichen Bestimmungen.[81]

d) Grenzen der fehlerhaften Gesellschaft

68 Die Lehre von der fehlerhaften Gesellschaft ist begrenzt durch überwiegende Interessen der Allgemeinheit oder schutzwürdiger Einzelpersonen.[82]

aa) Minderjährigenschutz

69 Überwiegend wird ein Vorrang entgegenstehender Interessen angenommen, wenn am Abschluss des Gesellschaftsvertrages ein Geschäftsunfähiger oder ein beschränkt Geschäftsfähiger ohne ordnungsgemäße Vertretung und/oder vormundschaftsgerichtliche Genehmigung beteiligt war.[83] Die damit verbundenen Rechtsfolgen sind aber umstritten. Vielfach wird angenommen, dass die Gesellschaft ohne den Betroffenen entsteht.[84] Es spricht jedoch viel für die Annahme, dass eine fehlerhafte **Gesellschaft unter Beteiligung auch des nicht voll Geschäftsfähigen** entsteht.[85] Erfüllungs- und Haftungsansprüche können dann gegenüber dem nicht voll Geschäftsfähigen allerdings weder im Innen- noch im Außenverhältnis geltend gemacht werden. Mit Rückwirkung kann der Betroffene zudem eine rechnerische Abwicklung seiner Beteiligung im Innenverhältnis verlangen.

bb) Gesetzes- oder Sittenverstoß

70 Die Gesellschaft kann nach herrschender Ansicht insbesondere dann nicht als fehlerhafte Gesellschaft aufrechterhalten werden, wenn der Gesellschaftsvertrag als solcher, vor allem der Gesellschaftszweck oder der Unternehmensgegenstand, gegen das Gesetz oder gegen die guten Sitten verstößt.[86] Nach anderer Ansicht sollen im Fall von Gesetzes- oder Sittenverstößen die Grundsätze der fehlerhaften Gesellschaft anwendbar sein.[87] Die Sanktionierung soll nur anhand des entsprechenden staatlichen Eingriffsinstrumentariums (zB Bußgeld, Entzug von Genehmigungen) erfolgen.

---

78 Vgl BGHZ 47, 293, 301; BGH NJW 1982, 877, 879; OLG Celle ZIP 1999, 1128. Vgl auch BGH NJW 2000, 2586.
79 BGHZ 3, 285; BGHZ 47, 293, 300; BGH WM 1974, 318, 319; BGH NJW 2000, 2586; OLG Celle ZIP 1999, 1128.
80 BGH ZIP 2003, 1592, 1593 f.
81 BGHZ 3, 285, 289.
82 Vgl BGH NJW 1952, 1252, 1254.
83 Vgl BGH NJW 1983, 748; NJW 1992, 1503, 1504.
84 Vgl *E/B/J/ Boujong*, § 105 HGB Rn 189.
85 So *MünchKommBGB/ Schmidt*, § 105 HGB Rn 239.
86 Vgl BGH NJW 1971, 375, 376; NJW 1980, 638, 639.
87 Vgl *MünchKommBGB/Schmidt*, § 105 HGB Rn 243.

cc) Arglistige Täuschung

Bei einer arglistigen Täuschung, Drohung oder sittenwidrigen Benachteiligung von Gesellschaftern sollen die Grundsätze der fehlerhaften Gesellschaft gleichwohl anzuwenden sein.[88] Der Gesellschafter, dessen Interessen beeinträchtigt wurden, wird dadurch geschützt werden, dass er im Innenverhältnis Ansprüche auf Vertragsanpassung oder Schadensersatz oder ein Austrittsrecht geltend machen kann.[89]

dd) Verbraucherschutz

Vorschriften des Verbraucherschutzes schließen die Grundsätze der fehlerhaften Gesellschaft grundsätzlich nicht aus. Widerruft der Gesellschafter seine Beitrittserklärung, weil diese aufgrund einer Haustürsituation abgegeben wurde, sind die Grundsätze der fehlerhaften Gesellschaft anzuwenden.[90] Das ist auch dann der Fall, wenn der Gesellschafter beim Beitritt durch eine Person vertreten wurde, deren Bevollmächtigung gegen das Rechtsberatungsgesetz verstößt.[91]

III. Innenrecht der GbR

Die Rechtsbeziehungen im Innenverhältnis der GbR, dh zwischen der Gesellschaft und den Gesellschaftern sowie zwischen den Gesellschaftern untereinander werden in erster Linie **durch den Gesellschaftsvertrag bestimmt**. Erst wenn sich dort keine Regelung findet, sind die gesetzlichen Vorschriften (§§ 705 ff BGB) heranzuziehen.

1. Mitgliedschaft

Die **Rechtsstellung der Gesellschafter der GbR** lässt sich unter dem Begriff der Mitgliedschaft zusammenfassen. Aus der Mitgliedschaft erwachsen den Gesellschaftern Rechte und Pflichten, die von den aus anderen Rechtsbeziehungen des Gesellschafters zur Gesellschaft (Miete, Dienstvertrag, etc.) möglicherweise entstammenden Ansprüchen streng zu unterscheiden sind. Die Mitgliedschaftsrechte entstehen grundsätzlich auch ohne ausdrückliche gesellschaftsvertragliche Regelung. Das Gesetz geht hierbei vom **Grundsatz der Gleichbehandlung der Gesellschafter** aus. Dieser kommt etwa in der Gesamtgeschäftsführung nach § 709 Abs. 1 BGB oder der grundsätzlich zu gleichen Teilen erfolgenden Aufteilung von Gewinnen und Verlusten gem. § 722 Abs. 1 BGB zum Ausdruck. Es ist den Gesellschaftern allerdings möglich, im Gesellschaftsvertrag die Rechte und Pflichten der einzelnen Gesellschafter festzulegen und ihrem Umfang nach zu bestimmen. Ein vollständiger Ausschluss aller Rechte eines Gesellschafters ist allerdings nicht möglich. Es gibt einen, wenn auch der Reichweite nach unklaren, Kernbereich an unentziehbaren Gesellschafterrechten.

Aus dem Mitgliedschaftsverhältnis können Rechte und Pflichten sowohl im Verhältnis des Gesellschafters zur Gesellschaft, als auch zu den anderen Gesellschaftern entstehen. Es wird insofern zwischen der **Sozialsphäre** (Verhältnis Gesellschafter–Gesellschaft) und der **Individualsphäre** (Verhältnis Gesellschafter–Mitgesellschafter) unterschieden. Je nach Sphäre ergeben sich gewichtige Unterschiede, etwa hinsichtlich der Befugnis zur Geltendmachung der Ansprüche.[92]

a) Erwerb der Mitgliedschaft

Der Erwerb der Mitgliedschaft erfolgt mit dem **Eintritt in die Gesellschaft**. Dies kann bei Neugründung der Gesellschaft durch den Abschluss des Gesellschaftsvertrages geschehen. Ferner kann ein Gesellschafter auch in eine bereits bestehende Gesellschaft eintreten. Auch die Vererbung der Gesellschaftsanteile ist möglich. Die Voraussetzungen des Erwerbs der Mitgliedschaft bestimmen sich nach dem Gesellschaftsvertrag.[93]

---

88 Vgl BGH NJW 1966, 107, 108; NJW 1975, 1022, 1024; NJW 1982, 877, 879; DB 2001, 1775, 1776.
89 Vgl Kompaktkommentar Gesellschaftsrecht/*Lehleiter*, § 105 HGB Rn 91.
90 Vgl BGH ZIP 2005, 254.
91 Vgl BGH BKR 2003, 149.
92 Vgl dazu unten Rn 216 ff.
93 Zur Neugründung siehe oben Rn 17 ff; zum Eintritt in eine bestehende Gesellschaft siehe unten Rn 133 ff.

b) Rechte der Gesellschafter

77 Hinsichtlich der den Gesellschaftern der GbR aus dem Erwerb der Mitgliedschaft erwachsenden Rechte wird zwischen Teilhabe- und Vermögensrechten unterschieden. Die **Teilhaberechte** lassen sich als Rechte auf Mitgestaltung der Gesellschaftsangelegenheiten einordnen. Unter dem Begriff der **Vermögensrechte** können die Ansprüche der Gesellschafter auf materielle Beteiligung am Gesellschaftsvermögen, etwa durch Auskehr des Gewinns, verstanden werden. Während die Teilhaberechte grundsätzlich höchstpersönlich von den Gesellschaftern wahrgenommen werden müssen, sind die Vermögensrechte innerhalb gewisser Grenzen übertragbar.

aa) Teilhaberechte
(1) Stimmrecht

78 Als Ausfluss der Mitgliedschaft ist das Recht auf Mitgestaltung der Gesellschaftsangelegenheiten wichtigstes Recht der Gesellschafter. Es ermöglicht den Gesellschaftern, Einfluss auf das bei der GbR immer bestehende Risiko ihrer persönlichen Haftung zu nehmen. Daher steht jedem Gesellschafter das Recht auf Mitwirkung an Gesellschafterbeschlüssen zu, einschließlich des Rechts auf aktive und passive Teilnahme an den Gesellschafterversammlungen. Hinzu kommt ein von der Mitgliedschaft nicht abspaltbares Stimmrecht in allen Gesellschaftsangelegenheiten. Die Ausübung des Stimmrechts erfolgt grundsätzlich durch die Gesellschafter persönlich oder deren gesetzlichen Vertreter, nur in besonderen Fällen ist eine rechtsgeschäftliche Stimmrechtsvertretung durch einen Mitgesellschafter oder Dritten zulässig.[94] Grundsätzlich hat die Stimme jedes Gesellschafters gleiches Gewicht. Der Gesellschaftsvertrag kann jedoch eine davon abweichende Stimmgewichtung festlegen, etwa orientiert an der Kapitalbeteiligung der Gesellschafter.

79 Ausnahmsweise kann ein Gesellschafter von der Ausübung seines Stimmrechts ausgeschlossen sein. Ein solcher **Stimmrechtsausschluss** kann auf gesetzlicher oder vertraglicher Grundlage beruhen. Ein gesetzlicher Stimmrechtsausschluss hinsichtlich bestimmter Beschlussgegenstände findet sich etwa in §§ 712 Abs. 1, 737 S. 2 BGB („ … den übrigen Gesellschaftern … ").[95] Darüber hinaus ist gem. §§ 34 BGB, 47 GmbHG, 136 Abs. 1 AktG analog ein Gesellschafter von der Beschlussfassung über seine Entlastung, seine Befreiung von einer Verbindlichkeit oder über einen Rechtsstreit gegen ihn ausgeschlossen.[96] Auch bei der Entscheidung über den Abschluss von Rechtsgeschäften durch die Gesellschaft mit einem Gesellschafter ist dieser gem. § 34 BGB, 47 Abs. 4 GmbHG analog nicht stimmberechtigt.[97]

80 Auch ein **vertraglicher Ausschluss des Stimmrechts** eines Gesellschafters ist mit dessen Zustimmung möglich. So können auch in einer GbR stimmrechtslose Gesellschaftsanteile geschaffen werden, auch wenn das praktische Bedürfnis hierfür wohl überschaubar ist, da ein Gesellschafter die persönliche Haftung in der GbR wohl nur gegen Einräumung umfassender Mitwirkungsbefugnisse übernehmen wird.[98] Eine Grenze findet die Möglichkeit des Ausschlusses der Stimmberechtigung nach der vom BGH entwickelten **Kernbereichslehre**[99] dort, wo der Kernbereich der Mitgliedschaft betroffen wird. Die Reichweite dieses Kernbereichs ist umstritten. Es ist daher in jedem Einzelfall eine Abwägung der Interessen der Gesellschaft an der Durchsetzung einer Entscheidung und des Gesellschafterinteresses an einer Verweigerung seiner Zustimmung vorzunehmen.

81 Zum Kernbereich der Mitgliedschaft gehören nach ganz überwiegender Ansicht etwa:
- der Bestand der Gesellschaft;[100]
- der Zweck der Gesellschaft;

---

94 Vgl dazu unten Rn 191 ff.
95 Vgl BGHZ 102, 172; BGH NJW 1969, 1483.
96 OLG Hamm NZG 2003, 627; RGZ 162, 373.
97 *MünchKommBGB/Ulmer* § 709 BGB Rn 70, mwN.
98 Ein Stimmrechtsausschluss ist daher vor allem in der KG von Bedeutung. Vgl dazu unten Rn 452.
99 Vgl BGHZ 20, 363; BGHZ 85, 260, BGHZ 85, 361; BGHZ 98, 266, 271; BGH NJW 1985, 874; BGH NJW 1995, 194.
100 Vgl OLG Hamm DB 1989, 815.

- der Bestand der Gesellschafterstellung;
- die Ausgestaltung der Gesellschafterstellung, insbesondere:
- das Stimmrecht des Gesellschafters;
- Gewinnansprüche des Gesellschafters;
- Informationsrechte des Gesellschafters in Gesellschaftsangelegenheiten.

In diese unentziehbaren Gesellschafterrechte darf ohne Zustimmung des betroffenen Gesellschafters nicht eingegriffen werden. Auch eine Mehrheitsentscheidung kann nicht erfolgen, wenn der betroffene Gesellschafter nicht ausdrücklich zustimmt.[101] Allerdings kann im Einzelfall aus der gesellschaftlichen Treuepflicht eine Pflicht des Gesellschafters zur Zustimmung zu Entscheidungen über Fragen, die den Kernbereich betreffen, abzuleiten sein.[102]

82

(2) Recht zur Geschäftsführung

Ausdruck des Mitgestaltungsrechts ist auch die grundsätzliche **Berechtigung jedes Gesellschafters zur Geschäftsführung** gem. § 709 Abs. 1 BGB. Anstelle der Gesamtgeschäftsführung aller Gesellschafter kann allerdings gesellschaftsvertraglich eine Einzelgeschäftsführungsbefugnis oder die Übertragung der Geschäftsführungsbefugnisse auf einzelne Gesellschafter vorgesehen werden. Das **Prinzip der Selbstorganschaft** gebietet allerdings, dass zumindest einem Gesellschafter Geschäftsführungsbefugnisse verbleiben.[103]

83

(3) Informations- und Kontrollrechte, § 716 BGB

Abgesichert werden die Mitgestaltungsrechte der Gesellschafter durch **Informations- und Kontrollrechte**. § 716 BGB (wortgleich für die OHG: § 118 HGB) gewährt auch den von der Geschäftsführung ausgeschlossenen Gesellschaftern ein Recht auf Unterrichtung über die Gesellschaftsangelegenheiten und Einsicht in die Papiere der Gesellschaft, um sich so eine Übersicht über den Stand des Gesellschaftsvermögens anzufertigen. Das Kontrollrecht nach § 716 BGB kann als Sozialanspruch gegen die Gesellschaft selbst klageweise geltend gemacht werden.[104] Mit dem Ausscheiden eines Gesellschafters erlöschen seine Kontrollrechte, und zwar auch für den Zeitraum seiner Mitgliedschaft.[105] Bei der Ausübung seiner Kontrollrechte kann der Gesellschafter, etwa zur Einsichtnahme in die Gesellschaftsunterlagen einen Sachverständigen hinzuziehen.[106] Die Kosten hierfür hat der Gesellschafter grundsätzlich selbst zu tragen.[107] Ein über die Kontrollrechte hinausgehender Auskunftsanspruch besteht nur, wenn die erforderlichen Angaben aus den Gesellschaftsunterlagen nicht ersichtlich sind und der Gesellschafter sich daher ohne eine Auskunft keine Klarheit über die Gesellschaftsunterlagen verschaffen könnte.[108]

84

bb) Vermögensrechte

(1) Einzelne Vermögensrechte

Wohl wichtigstes mitgliedschaftliches Vermögensrecht dürfte das Recht eines jeden Gesellschafters auf Beteiligung an den von der Gesellschaft erzielten Gewinnen sein. Die Höhe der **Gewinnbeteiligung** ist regelmäßig im Gesellschaftsvertrag festgelegt, andernfalls erfolgt die Verteilung gem. § 722 Abs. 1 BGB nach Köpfen. Der sich aus der Gewinnbeteiligung ergebende Anspruch der Gesellschafter auf Feststellung und Auskehr des Gewinns entsteht ebenfalls **nach Maßgabe der gesellschaftsvertraglichen Regelungen**. Fehlen solche, entsteht er grundsätzlich erst mit Auflösung der Gesellschaft, bei

85

---

101 Vgl dazu unten Rn 189.
102 BGH NJW 1985, 874; BGH NJW 1995, 194.
103 Näher dazu unten Rn 142 ff.
104 BGH NJW 1992, 1890, 1891.
105 BGH NJW 1989, 3272; BGH WM 1961, 1329.
106 BGHZ 25, 115, 123.
107 BGH BB 1970, 187; OLG München BB 1954, 669.
108 BGH MDR 1984, 27; OLG Saarbrücken NZG 2002, 669.

auf Dauer angelegten Gesellschaften am Schluss eines Geschäftsjahres, § 721 Abs. 1 oder Abs. 2 BGB. Der Gesellschaftsvertrag kann auch besondere Entnahmerechte der Gesellschafter enthalten.[109]

86 Das Gewinnbeteiligungsrecht wird ergänzt durch den **Anspruch auf das Auseinandersetzungsguthaben**. Der Auseinandersetzungsanspruch entsteht gem. § 730 BGB mit Auflösung der Gesellschaft,[110] kann jedoch erst nach Erstellung der Auseinandersetzungsbilanz geltend gemacht werden. Er richtet sich sodann auf den Anteil an dem in der Auseinandersetzungsbilanz aufgestellten Saldo.[111] Scheidet ein Gesellschafter aus der fortbestehenden Gesellschaft aus, so entsteht ihm ein Abfindungsanspruch, und zwar mangels anderweitiger gesellschaftsvertraglicher Regelung in Höhe des Auseinandersetzungsguthabens (§§ 738, 740 BGB).[112]

87 Ein weiteres Vermögensrecht der Gesellschafter besteht darin, dass sie von der Gesellschaft für Aufwendungen in Gesellschaftsangelegenheiten zu entschädigen sind. Dies gilt sowohl für Aufwendungen aus der Geschäftsführungstätigkeit der Gesellschafter und Schäden, die bei der Geschäftsführungstätigkeit entstanden sind (§ 713 iVm § 670 BGB),[113] als auch für Leistungen, die der Gesellschafter im Rahmen seiner Haftung für die Gesellschaftsverbindlichkeiten Dritten gegenüber erbracht hat.[114]

(2) Verfügung über Vermögensrechte

88 Die aus dem Mitgliedschaftsverhältnis resultierenden individuellen Rechte der Gesellschafter sind grundsätzlich **nicht abspaltbare Bestandteile der Mitgliedschaft** und können daher gem. § 717 S. 1 BGB nicht gesondert übertragen werden. Dies gilt sowohl hinsichtlich der Vermögens- als auch hinsichtlich der Teilhaberechte und unterliegt nicht der Disposition der Gesellschafter.[115] Ungehindert bleibt es den Gesellschaftern, einvernehmlich gewisse Rechte Dritten zur Ausübung zu überlassen. Möglich ist daher etwa die Bestellung eines externen Dritten zum Geschäftsführer oder die Vergabe von Stimmrechtsvollmachten. Eine unwirksame Übertragung eines Mitgliedschaftsrechtes kann auch in eine Überlassung zur Ausübung umgedeutet werden.[116]

89 Eine Ausnahme vom grundsätzlichen Abspaltungsverbot macht das Gesetz in § 717 S. 2 BGB hinsichtlich einiger Vermögensrechte, die mit ihrer Entstehung von der Mitgliedschaft als solcher separiert werden und den Gesellschaftern gewissermaßen als selbständige Gläubigerrechte entstehen.[117] Als **gesondert übertragbare Rechte** benennt § 717 S. 2 BGB den **Aufwendungsersatzanspruch** des geschäftsführenden Gesellschafters, den **Anspruch auf Auszahlung des Gewinnanteils** und den **Anspruch auf Auszahlung des Auseinandersetzungsguthabens**. Darüber hinaus ist auch die Abtretung eines gesellschaftsvertraglich eingeräumten, gewinnunabhängigen Entnahmerechts zulässig, soweit sämtliche Gesellschafter der Abtretung, etwa im Gesellschaftsvertrag, zugestimmt haben.[118]

90 Die nach § 717 S. 2 BGB übertragbaren Vermögensrechte können auch sicherungshalber abgetreten werden. Eine Abtretung der genannten Vermögensrechte kann bereits vor ihrer eigentlichen Entstehung erfolgen. Die Rechtsposition des Zessionars (häufig des Sicherungsnehmers) hängt allerdings davon ab, dass der Zedent in der Zwischenzeit nicht über seinen Gesellschaftsanteil verfügt hat. Dies gilt vor allem für den Anspruch auf das Auseinandersetzungsguthaben. Auch hierbei handelt es sich um einen künftigen Anspruch.[119]

91 Die Vorschrift des § 717 S. 2 BGB kann durch den Gesellschaftsvertrag abbedungen werden.[120] Die Gesellschafter können daher die vollständige Unübertragbarkeit sämtlicher Vermögensrechte nach § 399 BGB vereinbaren, oder diese an ein Zustimmungserfordernis seitens der Gesellschaft binden.

---

109 Ausführlich dazu oben Rn 43.
110 BGHZ 88, 205; BGH NJW 1989, 453. Vgl auch BGH NJW 1997, 3370.
111 BGH NJW 1995, 188.
112 Vgl dazu unten Rn 109 ff.
113 Vgl dazu unten Rn 171 ff.
114 Vgl dazu unten Rn 272 f.
115 BGHZ 3, 354, 357; BGHZ 20, 363, 365; BGHZ 36, 292, 293 ff.
116 Vgl etwa BGHZ 20, 363, 366; OLG Koblenz ZIP 1992, 844, 846; OLG Hamm NZG 1999, 995.
117 *MünchKommBGB/ Ulmer* § 717 BGB Rn 14.
118 *MünchKommBGB/ Ulmer* § 717 BGB Rn 15, 36.
119 BGHZ 88, 205, 207; BGHZ 104, 351, 353; BGH NJW 1997, 3370, 3371.
120 BGH WM 1978, 514, 515.

c) Pflichten der Gesellschafter

Aus der Mitgliedschaft ergeben sich nicht nur Rechte, sondern auch Pflichten für die Gesellschafter. Neben der bereits erörterten **Beitragspflicht** besteht eine Vielzahl weiterer Pflichten der Gesellschafter, sowohl gegenüber der Gesellschaft als auch gegenüber den Mitgesellschaftern. Wiederum lässt sich unterscheiden zwischen **Vermögens- und Verwaltungspflichten**. Hinzu kommen die **allgemeine gesellschaftliche Treuepflicht** und deren Ausprägungen. 92

aa) Vermögens- und Verwaltungspflichten

Mit Abschluss des Gesellschaftsvertrages entsteht der zum Gesellschaftsvermögen zu rechnende Anspruch der Gesellschaft auf **Erbringung der vereinbarten Beiträge** durch die Gesellschafter. Dieser wird nach Art und Umfang durch den Gesellschaftsvertrag ausgestaltet, im Zweifel sind die Gesellschafter gem. § 706 Abs. 1 BGB zu gleichen Beiträgen verpflichtet.[121] Hinzu tritt in der Liquidation ggf eine **Nachschusspflicht** (§ 735 BGB), der die Haftung des ausscheidenden Gesellschafters für einen aus der Abfindungsbilanz folgenden anteiligen Fehlbetrag entspricht. 93

Wichtigste Verwaltungspflicht ist die **Pflicht jedes Gesellschafters zur Geschäftsführung und Vertretung**, die jedoch – je nach gesellschaftsvertraglicher Regelung – auch auf einzelne Gesellschafter übertragen werden kann. 94

bb) Allgemeine Treuepflicht

Überlagert wird das gesamte Mitgliedschaftsverhältnis durch die **allgemeine gesellschaftliche Treuepflicht**. Danach hat jeder Gesellschafter zur Förderung des gemeinsamen Zwecks beizutragen und dabei die Belange der Gesellschaft und seiner Mitgesellschafter angemessen zu berücksichtigen. Grundlage der allgemeinen Treuepflicht ist der Gesellschaftsvertrag. Die Treuepflicht erfasst nicht nur das Verhältnis zwischen Gesellschafter und Gesellschaft, sondern auch die Rechtsbeziehungen der Gesellschafter untereinander. 95

Inhaltlich können sich aus der allgemeinen Treuepflicht **Handlungs- und Unterlassungspflichten** der Gesellschafter ergeben.[122] Besonders betroffen sind die zur Geschäftsführung berufenen Gesellschafter.[123] So kann die Treuepflicht die Vornahme gewisser Geschäftsführungsmaßnahmen gebieten, wie auch deren Unterlassen. Gleichsam können sich aus der gesellschaftlichen Treuepflicht auch Zustimmungspflichten zu bestimmten Beschlüssen ergeben. 96

cc) Insbesondere: Wettbewerbsverbot

Das Gesetz sieht für die GbR – anders als in §§ 112, 113 HGB für die OHG[124] – ein besonderes Verbot der Gesellschafter, in Wettbewerb mit der Gesellschaft zu treten, nicht vor. Fehlt es auch an der gesellschaftsvertraglichen Vereinbarung eines Wettbewerbsverbots, kann dieses uU **aus der allgemeinen gesellschaftlichen Treuepflicht** abgeleitet werden.[125] Teilweise wird zur Begründung daneben auch auf eine analoge Anwendung von §§ 112, 113 HGB verwiesen.[126] Die Gesellschafter sind daher verpflichtet, gewisse Wettbewerbshandlungen zu unterlassen. Insbesondere dürfen sie nicht auf dem Tätigkeitsfeld der Gesellschaft anderweitig aktiv werden, sich etwa an einer konkurrierenden Gesellschaft beteiligen. Auch dürfen sie keine gesellschaftsinternen Informationen zur Förderung von Wettbewerbshandlungen nutzen. 97

Für ein **nachvertragliches Wettbewerbsverbot** dürfte die gesellschaftliche Treuepflicht hingegen keine Grundlage bieten. Es bedarf daher einer ausdrücklichen vertraglichen Vereinbarung, die jedoch nur in bestimmten Grenzen zulässig ist. Die Interessen des ausscheidenden Gesellschafters sind insofern zu 98

---

121 Siehe Rn 34 ff und Rn 198 ff.
122 Vgl *MünchKommBGB/ Ulmer* § 705 BGB Rn 223.
123 Vgl BGH NJW-RR 1986, 256. Dazu unten Rn 167 ff.
124 Dazu unten Rn 349 ff.
125 MünchKommBGB/*Ulmer* § 705 BGB Rn 235.
126 *K. Schmidt*, Gesellschaftsrecht, S. 1722.

berücksichtigen. Ein nachvertragliches Wettbewerbsverbot über einen Zeitraum von 2 Jahren hinaus ist daher gem. § 138 BGB unwirksam.[127]

d) Verlust der Mitgliedschaft

99 Die Mitgliedschaft kann auf verschiedene Weisen enden. Neben dem (freiwilligen) Ausscheiden eines Gesellschafters durch Vereinbarung mit der Gesellschaft, ggf verbunden mit der Übertragung des Gesellschaftsanteils auf einen Dritten, oder durch Austrittskündigung kann ein Gesellschafter unter gewissen Voraussetzungen auch durch Beschluss der Mitgesellschafter ausgeschlossen werden.

aa) Ausscheiden durch Vereinbarung

100 Ebenso, wie ein Gesellschafter durch Vereinbarung mit den übrigen Gesellschaftern in eine bestehende GbR aufgenommen werden kann, kann er auch durch eine Vereinbarung ausscheiden. Im Einzelfall kann sich aus der gesellschaftlichen Treuepflicht eine Pflicht zum Ausscheiden[128] oder auch zur Zustimmung zum Ausscheiden eines Mitgesellschafters[129] ergeben.

101 Von dem Ausscheiden eines Gesellschafters durch Vereinbarung mit der Gesellschaft ist der Fall des Gesellschafterwechsels, dh die Übertragung des Gesellschaftsanteils auf eine andere Person zu unterscheiden. Dem Gesellschafterwechsel liegt einzig eine Vereinbarung zwischen altem und neuem Gesellschafter zugrunde.[130]

bb) Austrittskündigung

102 Gesellschaftsvertraglich kann die Möglichkeit eines Austritts durch Kündigung der Mitgliedschaft vereinbart werden. Nach dem gesetzlichen Regelfall bei der GbR – anders die Rechtslage bei der OHG seit dem Handelsrechtsreformgesetz – führt eine Kündigung allerdings zur Auflösung der Gesellschaft (vgl §§ 723, 736 BGB). Haben die Gesellschafter jedoch im Gesellschaftsvertrag eine entsprechende **Fortsetzungsklausel** vereinbart, so besteht die Gesellschaft gem. § 736 Abs.1 BGB bei Kündigung durch einen Gesellschafter unter den übrigen Gesellschaftern fort.

103 Eine **gesetzliche Regelung** des ordentlichen Kündigungsrechts findet sich in §§ 723, 724 BGB. Gem. § 723 Abs. 1 BGB kann eine auf unbestimmte Zeit eingegangene GbR jederzeit gekündigt werden, eine befristete GbR hingegen nur bei Vorliegen eines wichtigen Grundes. Gem. § 724 BGB besteht das jederzeitige Kündigungsrecht auch bei Gesellschaften auf Lebenszeit des Gesellschafters. Die weit reichenden gesetzlichen Kündigungsmöglichkeiten sind in der Praxis häufig nicht gewünscht. Häufig wird gesellschaftsvertraglich daher eine Kündigung für einen bestimmten Zeitraum ausgeschlossen. Ein vollständiger **Ausschluss des Kündigungsrechts** ist hingegen gem. § 723 Abs. 3 BGB unwirksam. Zeitliche Beschränkungen des ordentlichen Kündigungsrechts sind zulässig,[131] sie dürfen allerdings nicht zu einem faktischen Ausschluss des Kündigungsrechts führen.[132]

104 Hinsichtlich **Form und Frist der Kündigungserklärung** enthält das Gesetz keine Regelung. Als empfangsbedürftige Willenserklärung wird die Kündigung mit Zugang bei allen Mitgesellschaftern wirksam,[133] bei Publikumsgesellschaften genügt der Zugang bei der Gesellschaft.[134] Sind die Geschäftsführer gesellschaftsvertraglich zur Entgegennahme von Beitrittserklärungen ermächtigt, so genügt auch eine Kündigungserklärung gegenüber den Geschäftsführern.[135] Im Übrigen können Form und Frist der Kündigungserklärung **gesellschaftsvertraglich ausgestaltet** werden. Allerdings darf hierin keine unzulässige faktische Beschränkung des Kündigungsrechts liegen. Unzulässig sind daher etwa zu lange

---

127 BGH NJW 2004, 66.
128 BGH NJW-RR 1986, 256.
129 BGH NJW 1961, 724.
130 Dazu unten Rn 133 f.
131 BGHZ 10, 91.
132 Vgl BGH NJW 2005, 1784; BGH-Report 2007, 156.
133 BGH WM 1993, 460, 461.
134 BGH NJW 2000, 3558.
135 Vgl OLG Celle NJW-RR 1999, 1337.

Kündigungsfristen, wobei die Grenze im Einzelfall zu bestimmen ist, oder die Bindung des Kündigungsrechts an die Mitwirkung eines Mitgesellschafters.[136]

Die **außerordentliche Kündigung** aus wichtigem Grund ist nur bei befristeten Gesellschaften oder bei zeitweiligem Ausschluss des ordentlichen Kündigungsrechts von Bedeutung, da anderenfalls eine jederzeitige Kündigung ohne besonderen Grund möglich ist (§ 723 Abs. 1 BGB). Ein wichtiger Grund liegt nach § 723 Abs. 1 S. 3 BGB insbesondere in der vorsätzlichen oder grob fahrlässigen Verletzung einer gesellschaftsvertraglichen Pflicht durch einen Mitgesellschafter und in der Vollendung des 18. Lebensjahres durch den Gesellschafter. Ein **wichtiger Grund** liegt allgemein dann vor, wenn dem Kündigenden unter Würdigung der Umstände des Einzelfalls und bei Abwägung der beiderseitigen Interessen die Fortsetzung der Gesellschaft nach Treu und Glauben nicht mehr zugemutet werden kann.[137] Als wichtige Gründe hat die Rechtsprechung beispielsweise anerkannt:

- Endgültige Verweigerung der Erfüllung einer wesentlichen Vertragspflicht[138]
- Andauernder Vollmachtsmissbrauch durch die Mitgesellschafter[139]
- Änderung des Gesellschaftszwecks durch Mehrheitsbeschluss[140]
- Zerstörung des gesellschaftlichen Vertrauensverhältnisses[141]

Eine Frist zur Ausübung des außerordentlichen Kündigungsrechts besteht nicht. Allerdings unterliegt das außerordentliche Kündigungsrecht der Verwirkung.[142]

cc) Ausschließung

Enthält der Gesellschaftsvertrag eine Fortsetzungsklausel, kann ein Gesellschafter, in dessen Person ein wichtiger Kündigungsgrund vorliegt, gem. § 737 S. 1 BGB aus der Gesellschaft ausgeschlossen werden. Dies geschieht durch – mangels entgegenstehender Vereinbarung einstimmigen – Beschluss der übrigen Gesellschafter (§ 737 S. 2 BGB). Der Beschluss ist gerichtlich uneingeschränkt überprüfbar.[143] Wirksam wird die Ausschließung mit der Mitteilung des Beschlusses an den betroffenen Gesellschafter.[144]

Voraussetzung ist das **Vorliegen eines wichtigen Grundes**, der den Ausschluss sachlich rechtfertigt. Andernfalls ist der Ausschluss sittenwidrig gem. § 138 BGB.[145] Entscheidend ist, dass ein wichtiger Grund, dessen Vorliegen nach den soeben genannten Maßstäben zu bestimmen ist, in der Person des auszuschließenden Gesellschafters vorliegt. Haben die Mitgesellschafter den Ausschlussgrund in wesentlichem Maße mitverursacht, steht dies einem Ausschluss entgegen.[146]

dd) Rechtsfolgen des Ausscheidens

Die Rechtsfolgen des Ausscheidens eines Gesellschafters, gleich ob dies aufgrund einer Vereinbarung, durch einseitige Kündigung oder durch Ausschließung geschieht, bestimmen sich grundsätzlich nach §§ **738 ff BGB**. Gem. § 738 Abs. 1 S. 1 BGB **wächst der Anteil des ausscheidenden Gesellschafters den Mitgesellschaftern zu**, und zwar zu gleichen Teilen.[147] Er hat zudem gem. § 738 Abs. 1 S. 2 BGB einen **Anspruch auf Rückgabe von Gegenständen**, die er der Gesellschaft zur Benutzung überlassen hat. Auf Grundlage der insofern auch nachvertraglich geltenden gesellschaftlichen Treuepflicht kann er allerdings verpflichtet sein, dringend von der Gesellschaft benötigte Gegenstände zunächst bei der Gesellschaft zu belassen.[148]

---

136 Vgl RGZ 21, 93, 94.
137 BGH NJW 1982, 1821.
138 BGH NZG 2005, 467, 470.
139 BGH WM 1985, 997.
140 BGH WM 1980, 868.
141 BGH WM 1966, 31; BGH NJW 2000, 3491; OLG München, NZG 2002, 85.
142 Zur Verwirkung siehe Rn 66.
143 BGHZ 13, 5, 10; BGHZ 31, 295, 299.
144 BGHZ 31, 295, 301.
145 BGHZ 68, 212, 215; BGHZ 81, 263, 266 f; BGHZ 105, 213, 216; BGHZ 107, 351, 353; BGH NJW 1985, 2421, 2422.
146 BGH WM 2003, 1084.
147 OLG Hamm Rpfleger 1985, 289.
148 BGH WM 1981, 1126.

110 Weiterhin kann er gem. § 738 Abs. 1 S. 2 BGB von der Gesellschaft **Befreiung von den gemeinschaftlichen Schulden** verlangen. Der Anspruch kann durch Tilgung der gemeinschaftlichen Verbindlichkeit oder durch Schuldentlassung des ausgeschiedenen Gesellschafters erfüllt werden.[149] Ist die Verbindlichkeit noch nicht fällig, hat dieser gem. § 738 Abs. 1 S. 3 BGB einen Anspruch auf Sicherheitsleistung durch die Gesellschaft. Gesellschaftsvertraglich kann sowohl der Schuldbefreiungsanspruch als auch der Sicherheitsleistungsanspruch ausgeschlossen werden.[150]

111 Wichtigster Anspruch des ausscheidenden Gesellschafters ist der **Abfindungsanspruch**. Gem. § 738 Abs. 1 S. 2 BGB kann der ausscheidende Gesellschafter die Auszahlung dessen verlangen, was er bei der Auseinandersetzung erhalten würde, wenn die Gesellschaft zum Ausscheidenszeitpunkt aufgelöst worden wäre. Die zur Bestimmung des Auseinandersetzungsguthabens erforderliche Ermittlung des Gesellschaftsvermögens erfolgt gem. § 738 Abs. 2 BGB grundsätzlich durch Schätzung. Bewertungsstichtag ist der Tag des Ausscheidens aus der Gesellschaft. Üblich ist heute die Anwendung der **Ertragswertmethode** zur Ermittlung des Unternehmenswerts. Zwingend ist dies allerdings nicht, vielmehr ist der Richter bei der Schätzung des Wertes nicht an eine bestimmte Methode gebunden.

112 Der Abfindungsanspruch kann **durch den Gesellschaftsvertrag näher ausgestaltet** werden. Denkbar sind vor allem Vereinbarungen zur Vereinfachung der Bestimmung des Werts des Gesellschaftsvermögens oder zur Sicherung der Gesellschaft vor übermäßigem Kapitalabfluss.[151] Die Rechtsprechung hat die grundsätzliche Zulässigkeit der Beschränkung des Abfindungsanspruchs mehrfach bejaht.[152]

113 **Grenzen des vertraglichen Ausschlusses** von abfindungsbeschränkenden Klauseln finden sich vor allem in §§ 723 Abs. 3 und 138 BGB. So kann sich eine Abfindungsbeschränkung faktisch als unzulässige Kündigungsschranke iSv § 723 Abs. 3 BGB darstellen. Davon ist auszugehen, wenn der Wert der vertraglichen Abfindung etwa aufgrund der positiven Entwicklung der Gesellschaft in einem derartigen Missverhältnis zum Anteil des Gesellschafters am Verkehrswert des Gesellschaftsvermögens steht, dass der Gesellschafter von seinem Kündigungsrecht aus wirtschaftlichen Gründen keinen Gebrauch machen kann. In diesem Fall soll die Klausel allerdings nicht unwirksam sein, mit der Folge, dass die Abfindung in Anwendung von § 738 Abs. 2 BGB am Verkehrswert zu bemessen wäre. Vielmehr soll die vertraglich vereinbarte Abfindung unter Berücksichtigung der Wertentwicklung an die Interessen der Parteien angeglichen werden.[153]

114 Wird die Abfindung in besonders krassem Maße beschränkt, kann die hierin liegende Beschränkung der Rechte des ausscheidenden Gesellschafters als sittenwidrig gem. § 138 BGB anzusehen sein. Hiervon ist etwa bei einem vollständigen Ausschluss einer Abfindung auszugehen. Aber auch bereits eine Beschränkung des Abfindungsanspruchs auf die Hälfte des Buchwerts zieht das Verdikt der Sittenwidrigkeit auf sich,[154] ohne dass es einer Schädigungsabsicht oder des Bewusstseins einer Schädigung bedürfte.[155] Lediglich bei rein ideellen Gesellschaften, die nicht auf eine wirtschaftliche Beteiligung zielen, hält die Rechtsprechung einen vollständigen Abfindungsausschluss oder eine Beschränkung der Abfindung auf die geleisteten Einlagen für zulässig.[156] Folge der Sittenwidrigkeit einer Abfindungsklausel ist nach der Rechtsprechung deren volle Nichtigkeit. Der ausgeschiedene Gesellschafter ist nach § 738 BGB mit dem vollen Wert seines Anteils abzufinden.[157]

e) Tod eines Gesellschafters

aa) Gesetzlicher Regelfall

115 Stirbt ein Gesellschafter, führt dies nach dem gesetzlichen Regelfall zur **Auflösung der Gesellschaft**.

---

149 RGZ 132, 29, 31.
150 BGH WM 1976, 809.
151 Vgl BGH NJW 1992, 892; *Westermann*, AnwBl. 2007, 103.
152 BGH NJW 1985, 192; BGH DB 1989, 1399; BGH NJW 1992, 892; BGH NJW 1993, 2101.
153 BGH NJW 1993, 2101, 2103; BGH NJW 1994, 2536.
154 BGH DB 1989, 1400, 1401; BGH NJW 1992, 892; BGH NJW 1994, 2536, 2539.
155 BGH NJW 1993, 1587, 1588; BGH NJW 1994, 2536, 2539.
156 BGH NJW 1997, 2592.
157 BGH NJW 1979, 104; BGHZ 116, 359; BGH NZG 2000, 1027.

bb) Gestaltungsmöglichkeiten

Da dies im Regelfall den Interessen weder der übrigen Gesellschafter noch der Gläubiger der Gesellschaft entspricht, enthalten Gesellschaftsverträge typischerweise **Fortsetzungsklauseln**, wonach die Gesellschaft mit den übrigen Gesellschaftern fortgesetzt wird. Bei einer solchen reinen Fortsetzungsklausel scheidet der Erbe des verstorbenen Gesellschafters aus der Gesellschaft aus. In den Nachlass fällt nicht der Gesellschaftsanteil, sondern der Abfindungsanspruch.

Über die reine Fortsetzungsklausel hinaus kann im Gesellschaftsvertrag vereinbart werden, dass mit dem Tod eines Gesellschafters ein Dritter entweder automatisch in die Gesellschafterstellung eintritt (sogenannte **Nachfolgeklausel**) oder das Recht erhält, in die Gesellschafterstellung des verstorbenen Gesellschafters einzurücken (sogenannte Eintrittsklausel).

(1) Nachfolgeklauseln

Eine Nachfolgeklausel führt dazu, dass ein Dritter ohne besondere Aufnahme durch die weiteren Gesellschafter in die Stellung des verstorbenen Gesellschafters eintritt. Der Eintritt kann an die Erbenstellung des Dritten geknüpft werden. In diesem Fall spricht man von einer erbrechtlichen Nachfolgeklausel. Wird hingegen eine bestimmte Person im Gesellschaftsvertrag unabhängig von ihrer Erbenstellung als Nachfolger bestimmt, handelt es sich um eine rechtsgeschäftliche Nachfolgeklausel.

Die einfache erbrechtliche Nachfolgeklausel führt dazu, dass sämtliche Erben kraft Universalsuksession in die Stellung des verstorbenen Gesellschafters einrücken. Zwar kann eine Erbengemeinschaft nicht Inhaberin eines Gesellschaftsanteils an einer werbend tätigen Personengesellschaft sein. Gleichwohl wird der Anteil im Fall einer einfachen erbrechtlichen Nachfolgeklausel Nachlassbestandteil, allerdings in der Weise, dass jeder Miterbe entsprechend seiner Nachlassquote Anteilsinhaber wird. Dies gilt auch bei minderjährigen (Mit-)Erben. Sie werden ohne vormundschaftsgerichtliche Zustimmung Gesellschafter.[158] Der Minderjährigenschutz wird über § 1629 a BGB gewährleistet.

Bei einer **qualifizierten erbrechtlichen Nachfolgeklausel** wird nur ein Erbe oder bestimmte Erben automatisch Gesellschafter. Der Erbe, der Nachfolger werden soll, kann bereits im Gesellschaftsvertrag namentlich bestimmt werden. Der Gesellschaftsvertrag kann sich allerdings auch darauf beschränken, dem Gesellschafter vorzugeben, dass er nur einen oder eine bestimmte Zahl seiner Erben als Nachfolger festlegen darf. Ziel ist jeweils, eine Zersplitterung der Mitgliedschaft zu vermeiden.

Der zum Nachfolger bestimmte Erbe tritt im Wege der Sonderrechtsnachfolge und ohne Rücksicht auf seine Erbquote in die Gesellschafterstellung ein. Sind mehrere Miterben als Nachfolger zugelassen, fallen ihnen die Gesellschaftsanteile anteilig zu. Erhalten die Nachfolger durch die Sonderrechtsnachfolge in den Gesellschaftsanteil mehr, als ihnen aufgrund ihrer jeweiligen Erbquote zustehen würde, erfolgt die vermögensrechtliche Korrektur durch einen Ausgleichsanspruch der nicht zu Nachfolgern bestimmten Miterben. Die Höhe des Ausgleichsanspruchs richtet sich nach den erbrechtlichen Auseinandersetzungsregeln.

Bei der **rechtsgeschäftlichen Nachfolgeklausel** soll der Gesellschaftsanteil beim Tod eines Gesellschafters automatisch auf eine im Gesellschaftsvertrag benannte Person unabhängig von deren Erbenstellung übergehen. Es handelt sich um eine aufschiebend auf den Tod bedingte Übertragung des Gesellschaftsanteils, die nur unter Lebenden und mit Zustimmung sämtlicher Beteiligten, insbesondere auch des Nachfolgers, wirksam vereinbart werden kann. Ansonsten würde es sich um einen unzulässigen Vertrag zu Lasten Dritter handeln, da sich nicht typifizierend feststellen lässt, dass die Vorteile einer Gesellschafterstellung deren Nachteile überwiegen.[159]

Mit einer **Eintrittsklausel** räumt der Gesellschaftsvertrag einem bestimmten Dritten einen Anspruch auf Eintritt in die Gesellschaft ein. Es handelt sich dabei um einen echten Vertrag zu Gunsten Dritter. Die Vereinbarung einer Eintrittspflicht ist als Vertrag zu Lasten Dritter unwirksam,[160] soweit der Dritte dieser Vereinbarung nicht zugestimmt hat.

---

158 Vgl BGH BB 1972, 1474.
159 Vgl BGH 68, 225, 231 ff.
160 Vgl BGHZ 68, 225, 231.

124 Da die Existenz der Eintrittsklausel nicht verhindert, dass die nicht zu Nachfolgern bestimmten Erben mit dem Tod des Gesellschafters einen Abfindungsanspruch gegenüber der Gesellschaft erwerben, bietet es sich an zu regeln, dass auch der Abfindungsanspruch dem Dritten und nicht den Erben zukommt. Dies kann entweder durch ein Vorausvermächtnis, eine Teilungsanordnung und die Einbringung des Abfindungsanspruchs in die Gesellschaft oder, soweit möglich, durch Ausschluss des Abfindungsanspruchs und Erlass der Einlageleistung geschehen.

(2) Vor- und Nacherbfolge

125 Verfügt der über eine erbrechtliche Nachfolgeklausel in die Gesellschafterstellung des Erblassers eingerückte Vorerbe bereits über einen eigenen Gesellschaftsanteil oder erwirbt er zu einem späteren Zeitpunkt einen solchen, bleiben die beiden Gesellschaftsanteile trotz des personengesellschaftsrechtlichen Grundsatzes der einheitlichen Beteiligung bestehen.

126 Während der Dauer der Vorerbschaft ist der Vorerbe uneingeschränkter Rechteinhaber. Mit Eintritt des Nacherbfalls wird der Nacherbe Rechtsnachfolger des Erblassers und nicht des Vorerben. Er erwirbt den Gesellschaftsanteil allerdings in dem Zustand und dem Umfang, wie er sich aufgrund der Verwaltung durch den Vorerben darstellt.[161] Bei der Verwaltung treffen den Vorerben die Beschränkungen der §§ 2113 ff BGB. Der Vorerbe darf also keine unentgeltlichen Verfügungen oder Verfügungen über den Gesellschaftsanteil ohne vollwertige Gegenleistung[162] treffen und auch keiner Änderung des Gesellschaftsvertrages zustimmen, die ausschließlich zu einer Belastung des Nacherben führt.

127 Bei einer qualifizierten erbrechtlichen Nachfolgeklausel müssen sowohl der Vor- als auch der Nacherbe die gesellschaftsvertraglich vereinbarten Voraussetzungen erfüllen. Trifft dies für den Vorerben nicht zu, erlischt die Mitgliedschaft und die Nacherben können allenfalls einen Abfindungsanspruch erben,[163] auch wenn sie selbst die vereinbarten Voraussetzungen erfüllen würden.

(3) Beschränkung der Erbenhaftung analog § 139 HGB?

128 Nach § 139 HGB[164] hat der in die Mitgliedschaft eines OHG-Gesellschafters einrückende Erbe die **Möglichkeit, seine Haftung durch Ausübung eines gestuften Wahlrechts einzuschränken**. Ob diese Vorschrift auch auf den Eintritt eines Erben in die Mitgliedschaft eines GbR-Gesellschafters angewendet werden kann, ist ungeklärt. Bislang wurde einer entsprechenden Anwendung entgegengehalten, dass der Erbe für vor seinem Beitritt begründete Altverbindlichkeiten ohnehin nicht nach gesellschaftsrechtlichen Grundsätzen haftet. Mit der Änderung der höchstrichterlichen Rechtsprechung zur Haftungsverfassung der GbR und insbesondere mit Blick auf die (rückwirkende) Anwendbarkeit auch des § 130 HGB spricht viel dafür, auch die Vorschrift des § 139 HGB analog im Recht der GbR anzuwenden.

(4) Testamentsvollstreckung und Nachlassverwaltung

129 Fehlt es bereits an einer Fortsetzungsklausel, wird die Gesellschaft also mit dem Tod eines Gesellschafters aufgelöst, unterliegen sowohl die Mitgliedschaft als auch der Abfindungsanspruch des Nachlasses der Testamentsvollstreckung.

130 Ist eine Fortsetzungsklausel, jedoch keine Nachfolgeklausel vereinbart worden, wird der dann lediglich in den Nachlass fallende Abfindungsanspruch ebenfalls von der Testamentsvollstreckung erfasst.[165]

131 Im Fall einer Nachfolgeklausel erstreckt sich nach der Rechtsprechung des BGH eine vom Erblasser angeordnete Testamentsvollstreckung auch ohne Zustimmung der Mitgesellschafter auf die selbständig abspaltbaren Vermögensrechte[166] (sogenannte Außenseite der vererbten Mitgliedschaft). Die Mit-

---

161 Vgl Großkomm HGB/*Schäfer*, § 139 HGB Rn 83.
162 Vgl BGH NJW 1984, 366.
163 Vgl BGH NJW-RR 1987, 989, 990.
164 Dazu unten Rn 432 f.
165 Vgl BGH NJW 1985, 1953, 1954.
166 Vgl BGH NJW 1998, 1313, 1314.

gliedschafts- und Mitwirkungsrechte (sogenannte Innenseite der Mitgliedschaft) sind der Testamentsvollstreckung hingegen entzogen. Dem Testamentsvollstrecker stehen allenfalls gewisse Auskunfts- und Informationsrechte zu, soweit dies für die Ausübung der Vermögensrechte erforderlich ist. Ob diese Einschränkung auch dann gilt, wenn die Mitgesellschafter zustimmen, ist umstritten. Für den Fall, dass nicht nur die Ausübung der Vermögensrechte, sondern die Mitgliedschaft als solche der Testamentsvollstreckung unterliegen soll, bietet es sich daher an, eine Ersatzkonstruktion zu wählen. Diese kann in einer Erteilung von Vollmachten an den Testamentsvollstrecker zur Ausübung der Mitgliedschaftsrechte, in einer Treuhandlösung oder in einer Umwandlung des Gesellschaftsanteils in einen Kommanditanteil bestehen. Für die Kommanditbeteiligung nimmt der BGH[167] an, dass die Anordnung der Testamentsvollstreckung sowohl auf die Außen- als auch auf die Innenseite der Mitgliedschaft erstreckt werden kann. Bei diesen Ersatzlösungen ist jedoch jeweils die Zustimmung der Mitgesellschafter erforderlich.

Auch die Nachlassverwaltung an einem Gesellschaftsanteil erfasst nur die Außenseite der Mitgliedschaft. Dem Nachlassverwalter stehen gewisse Auskunfts- und Informationsrechte zu, soweit diese zur Ausübung der Vermögensrechte erforderlich sind. Außerdem kann er das Gesellschaftsverhältnis analog § 725 BGB (bei der OHG: analog § 135 HGB) kündigen, um den Abfindungsanspruch der Erben zu Gunsten der Nachlassgläubiger zu realisieren.

2. Gesellschafterwechsel

a) Aufnahme eines neuen Gesellschafters und Gesellschafterwechsel

Die **Aufnahme eines neuen Gesellschafters** erfolgt mangels einer abweichenden Regelung im Gesellschaftsvertrag durch Vertrag mit sämtlichen Gesellschaftern, nicht durch Vertrag mit der Gesellschaft.[168] Mit Abschluss des Vertrages wächst dem neuen Gesellschafter sein Anteil unter entsprechender Abwachsung bei den übrigen Gesellschaftern zu.

Der Eintritt eines neuen Gesellschafters kann mit dem Austritt eines bisherigen Gesellschafters verbunden werden. In einem solchen Fall wächst der Anteil des Austretenden zunächst den übrigen Gesellschaftern an und anschließend kommt es bei ihnen zu einem Abwachsen in Höhe des dem Eintretenden anwachsenden Anteils.[169]

b) Übertragung der Mitgliedschaft/des Gesellschaftsanteils

Nach mittlerweile ganz herrschender Ansicht ist der Gesellschaftsanteil an einer GbR – anders als die in ihm enthaltenen, einzelnen Mitgliedschaftsrechte – **bei Zustimmung aller Gesellschafter** oder entsprechender **gesellschaftsvertraglicher Bestimmung** ohne weiteres übertragbar. Zulässig ist bei entsprechender Zustimmung der Mitgesellschafter oder gesellschaftsvertraglicher Regelung auch die Übertragung eines Teils dieser Beteiligung.

Der Gesellschaftsanteil geht bei einer Übertragung ohne An- und Abwachsungsvorgänge bei den übrigen Gesellschaftern vom Veräußerer auf den Erwerber über. Die Übertragung ist ein Verfügungsgeschäft und vom Rechtsgrund für die Übertragung (Kaufvertrag, Schenkung, Treuhandvertrag) zu unterscheiden.

c) Pfändbarkeit von Gesellschaftsanteilen

Aus der Übertragbarkeit wird auch die Pfändbarkeit von Gesellschaftsanteilen abgeleitet.[170] Sie bedarf der **Zustimmung sämtlicher Mitgesellschafter**, die auch im Gesellschaftsvertrag erteilt werden kann. Der Pfandgläubiger kann bei Pfandreife sein Kündigungsrecht nach § 725 Abs. 1 BGB ausüben, um so Zugriff auf das Auseinandersetzungsguthaben zu erhalten. Möglich ist auch eine Verwertung durch Veräußerung des Gesellschaftsanteils nach Pfändung desselben gem. § 857 ZPO.

---

167 BGHZ 108, 187.
168 Vgl BGH WM 1976, 15 ff.
169 Vgl BGH NJW 1975, 166, 167; Kompaktkommentar Gesellschaftsrecht/*Lehleiter*, § 105 HGB Rn 57.
170 OLG Hamm DB 1977, 579.

3. Geschäftsführung

a) Grundlagen

aa) Begriff der Geschäftsführung

138 Zur Geschäftsführung zählen alle Maßnahmen, die den Gesellschaftszweck unmittelbar fördern sollen, unabhängig davon, ob es rechtsgeschäftliche oder tatsächliche Handlungen sind und ob der Handlung Außenwirkung zukommt.[171] Die Frage nach der Geschäftsführungsbefugnis betrifft demnach die Kompetenz zum Tätigwerden in Gesellschaftsangelegenheiten und ist als solche zu unterscheiden von der Macht zur Vertretung der Gesellschaft nach außen als Befugnis zur rechtsgeschäftlichen Verpflichtung der Gesellschaft Dritten gegenüber.[172]

139 Für die Einordnung als Geschäftsführung ist der Gegenstand einer Maßnahme unerheblich, entscheidend ist, dass sie vom Gesellschaftszweck gedeckt ist.[173] Auch ungewöhnliche Maßnahmen zählen daher zur Geschäftsführung. Bestandteil der Geschäftsführung ist neben der Abwicklung der Rechtsbeziehungen zu Dritten, wie etwa dem Abschluss von Verträgen oder der Durchsetzung daraus resultierender Forderungen auch die Geltendmachung von Forderungen der Gesellschaft gegenüber den Gesellschaftern, wie etwa die Einziehung der Beiträge oder Nachschüsse. Allerdings ist ein Gesellschafter bei der Geltendmachung von Forderungen gegen ihn selbst von der Geschäftsführung ausgeschlossen.[174]

140 Nicht in den Bereich der Geschäftsführung fallen die sogenannten **Grundlagengeschäfte**. Grundlagengeschäfte sind Maßnahmen, die die Grundlagen der Gesellschaft, etwa ihren Zweck, ihre Organisation oder den Gesellschafterkreis betreffen. Beispiele für Grundlagengeschäfte sind etwa:
- die Aufnahme neuer Gesellschafter[175]
- die Ausschließung von Gesellschaftern
- Änderungen des Gesellschaftszwecks
- die Herabsetzung des Anteils am Gewinn oder am Liquidationserlös[176]
- die Feststellung der Bilanz/des Jahresabschlusses[177]
- die Übertragung des gesamten Vermögens der Gesellschaft[178]
- die Übertragung einzelner Güter, die für die Verfolgung des Gesellschaftszwecks wesentlich sind[179]
- Verzicht auf die Geltendmachung von Schadensersatzansprüchen gegen einzelne Gesellschafter[180]

Die Entscheidung über Grundlagengeschäfte ist zwingend den Gesellschaftern vorbehalten.[181] Die Ausführung entsprechender Gesellschafterbeschlüsse ist hingegen wieder Bestandteil der Geschäftsführung.

141 Die **Geschäftsführungsbefugnis** bezeichnet das rechtliche Dürfen im Innenverhältnis. Der Begriff ist damit enger als der Begriff der Geschäftsführung selbst. Der Umfang der Geschäftsführungsbefugnis richtet sich nach dem Gesellschaftsvertrag. Findet sich dort keine Regelung, ist auf die gesetzlichen Regelungen zurückzugreifen. Eine vergleichsweise ausführliche Regelung der Geschäftsführungsbefugnisse in der GbR findet sich in §§ 709–713 BGB. Die Geschäftsführungsbefugnis ist ein unentziehbares Recht der Gesellschafter. Mit der Geschäftsführungsbefugnis korrespondiert aber auch eine Pflicht der Gesellschafter zur Geschäftsführung, die notfalls auch eingeklagt werden kann.[182]

---

171 OLG Hamm DB 1992, 2233.
172 Näher zum Verhältnis von Geschäftsführung und Vertretung siehe unten Rn 245 f.
173 RGZ 158, 308.
174 BGH WM 1983, 60.
175 BGHZ 76, 160, 164.
176 BGHZ 20, 363, 370.
177 BGHZ 132, 263; BGH NJW 1999, 571, 572.
178 BGH NJW 1995, 596.
179 *MünchKommBGB/Ulmer* § 709 BGB Rn 11.
180 BGH NJW 1985, 2830.
181 Zur Beschlussfassung über Grundlagengeschäfte siehe unten Rn 189.
182 RGZ 142, 13, 18; BGH NJW 1982, 862.

Der Umfang der Geschäftsführungspflicht ergibt sich ebenfalls aus dem Gesellschaftsvertrag, ist aber durch § 138 BGB begrenzt.[183]

bb) Prinzip der Selbstorganschaft

Besonderes Kennzeichen der Personengesellschaften ist das Prinzip der Selbstorganschaft. Den Kapitalgesellschaften unbekannt, besagt es, dass die Geschäftsführung als Ausfluss der Mitgliedschaft **zwingend in den Händen der Gesellschafter** zu bleiben hat.[184] Es verbietet die Abspaltung der Geschäftsführung vom Gesellschaftsanteil zur Übertragung der Geschäftsführung auf einen Dritten genauso wie den Ausschluss sämtlicher Gesellschafter von ihren Geschäftsführungsbefugnissen. Das Prinzip der Selbstorganschaft erstreckt sich auch auf die Vertretungsbefugnis.

142

Die Übertragung von Geschäftsführungsaufgaben auf Dritte ist aber – anders als etwa bei der eingetragenen Genossenschaft –[185] nicht ausgeschlossen. Im Rahmen sowohl des Gesellschaftsvertrages oder eines bloßen schuldrechtlichen Vertrages einem Dritten die Geschäftsführung umfassend oder in Teilen übertragen werden.[186] Dies bedeutet auch keinen Verstoß gegen das RBerG.[187]

143

In diesem Fall muss das Prinzip der Selbstorganschaft jedoch gewahrt werden, indem zumindest einem Gesellschafter ebenfalls die Geschäftsführungsbefugnis verbleibt. Fehlt es an einer solchen Regelung, besteht neben der Geschäftsführungsbefugnis des angestellten Geschäftsführers eine Gesamtgeschäftsführungsbefugnis aller Gesellschafter fort. Vereinbarungen, mit denen sich die Gesellschafter verpflichten, keine Geschäftsführungsmaßnahmen im Widerspruch zur Geschäftsführung eines angestellten Geschäftsführers vorzunehmen, sind unwirksam.[188] Die Befugnis zur Geschäftsführung kann dem angestellten Geschäftsführer jederzeit entzogen werden.

144

b) Gesetzliche Regelung

Gesetzlich normierter Regelfall der Geschäftsführung ist – anders als bei der OHG –[189] die **Gesamtgeschäftsführung**. Geschäftsführer ist, wer Gesellschafter der Gesellschaft ist. Die Geschäftsführung kann aber nur von allen Geschäftsführern gemeinsam ausgeübt werden, wobei dies grundsätzlich nach dem Einstimmigkeitsprinzip zu erfolgen hat, § 709 Abs. 1 BGB. Nach dem **Einstimmigkeitsprinzip** gem. § 709 Abs. 1 BGB ist für jedes Geschäft die Zustimmung sämtlicher Gesellschafter erforderlich, wobei eine stillschweigende Zustimmung ausreicht. Eine Ausnahme vom Einstimmigkeitsprinzip gilt lediglich für den Fall der Notgeschäftsführung.[190] Nicht erforderlich ist ferner die Zustimmung eines Gesellschafters, der von seiner Geschäftsführungsbefugnis hinsichtlich der konkreten Maßnahme ausgeschlossen ist, etwa weil es um die Geltendmachung von Sozialansprüchen gegen ihn selbst geht.

145

Eine Pflicht zur Zustimmung besteht grundsätzlich nicht. Den Gesellschaftern ist ein Spielraum für Zweckmäßigkeitserwägungen zuzugestehen, der nicht der gerichtlichen Kontrolle unterliegt.[191] Verweigert ein Gesellschafter die Zustimmung zu einem Geschäftsführungsbeschluss, muss er dies allerdings den Mitgesellschaftern gegenüber begründen.[192] Im Einzelfall kann sich aus der gesellschaftlichen Treuepflicht eine **Pflicht zur Zustimmung zu bestimmten Geschäftsführungsbeschlüssen** ergeben, wenn eine Verweigerung der Zustimmung gegen Treu und Glauben verstoßen würde. In diesem Fall kann und muss die Zustimmung im Wege der Leistungsklage gerichtlich eingefordert wer-

146

---

183 BGHZ 37, 381, 385.
184 BGHZ 36, 292, 293 ff; BGH NJW 1982, 877, 878.
185 Vgl hierzu *Wiese*, Die Europäische Genossenschaft im Vergleich zur eingetragenen Genossenschaft deutschen Rechts, 2006, S. 168 ff.
186 Vgl zur Fremdgeschäftsführung im Einzelnen *Lehleiter/Hoppe*, WM 2005, 2213, 2214.
187 Vgl nur BGH BB 2006, 2319.
188 BGHZ 33, 105, 106 ff; BGHZ 146, 341, 360; BGH WM 1994, 237, 238; BGH NJW 1982, 1817.
189 Dort gilt der Grundsatz der Einzelgeschäftsführung, siehe unten Rn 345 ff.
190 Dazu unten Rn 165.
191 BGH, NJW 1972, 862.
192 BGH NJW 1972, 862, 863.

den.[193] Nur wenn die Maßnahme von existentieller Bedeutung für die Gesellschaft ist, darf ohne die treuwidrig verweigerte Zustimmung gehandelt werden.[194]

c) Vertragliche Regelung

147 Die Gesellschafter können die Geschäftsführung abweichend von den gesetzlichen Regelungen grundsätzlich frei durch den Gesellschaftsvertrag gestalten. Eine Grenze der vertraglichen Gestaltungsfreiheit ergibt sich lediglich aus den allgemeinen Vorschriften, etwa § 138 BGB. §§ 709 Abs. 2, 710 bis 712 BGB enthalten einzelne (abdingbare) Vorgaben, für den Fall dass die Gesellschafter durch eine Regelung der Geschäftsführungsbefugnisse von ihrer Gestaltungsfreiheit Gebrauch machen.

aa) Mehrheitsgrundsatz

148 Im Gesellschaftsvertrag kann vorgesehen werden, dass die Geschäftsführung zwar entsprechend den gesetzlichen Vorgaben allen Gesellschaftern zustehen soll, dass Geschäftsführungsbeschlüsse aber durch eine Mehrheitsentscheidung gefasst werden können. Gem. § 709 Abs. 2 BGB ist hierfür im Zweifelsfalle eine einfache Mehrheit ausreichend, die nach der Zahl der Gesellschafter zu berechnen ist. Die Mehrheitsregelung kann durch den Gesellschaftsvertrag beliebig ausgestaltet werden. So kann etwa für bestimmte Geschäftsführungsmaßnahmen eine qualifizierte Mehrheit vorgesehen werden. Denkbar ist auch, die Mehrheit nicht nach Köpfen sondern nach Kapitalanteilen/Einlagen zu berechnen. Nicht möglich ist eine Mehrheitsentscheidung bei Grundlagengeschäften.[195]

bb) Einzelgeschäftsführung

(1) Ausgestaltung der Einzelgeschäftsführung

149 In § 711 BGB findet sich eine Entsprechung zur gesetzlichen Regelung der Geschäftsführungsbefugnisse in der OHG in § 115 HGB. Aus der Vorschrift ergibt sich die Möglichkeit, für sämtliche Geschäftsführer eine Einzelgeschäftsführungsbefugnis vorzusehen. Unter dem Begriff Einzelgeschäftsführungsbefugnis ist die Berechtigung jedes Geschäftsführers zum alleinigen Handeln zu verstehen.

150 Die Vereinbarung einer Einzelgeschäftsführungsbefugnis ist besonders geeignet, **flexible Handlungsmöglichkeiten** der Gesellschaft sicherzustellen. Denn es entfällt die Notwendigkeit der Abstimmung sämtlicher Geschäftsführer untereinander, die bei Gesellschaften mit einem größeren Gesellschafterkreis und mehreren Geschäftsführern zeitintensiv ausfallen kann. Denkbar ist auch eine **Abstufung von Einzel- und Gesamtgeschäftsführungsbefugnissen**, etwa in dem Sinne, dass die Geschäftsführer zu Geschäften mit geringem Umfang allein befugt sein sollen, bei umfangreichen Geschäften hingegen eine Abstimmung der Geschäftsführer erfolgen muss. Auch eine Ressortverteilung ist so gestaltbar.

(2) Widerspruchsrecht

151 Sieht der Gesellschaftsvertrag Einzelgeschäftsführung vor, steht nach § 711 S. 1 BGB jedem Geschäftsführer das **Recht** zu, **Geschäftsführungsmaßnahmen eines Mitgeschäftsführers zu widersprechen**. Gem. § 711 S. 2 BGB muss im Falle eines Widerspruchs das betroffene Geschäft unterbleiben. Der Unterschied zur Gesamtgeschäftsführung besteht darin, dass bei dieser jeder Geschäftsführer seine Zustimmung zu einer Maßnahme erklären muss, während bei der Einzelgeschäftsführung die Zustimmung eines jeden Geschäftsführers gewissermaßen fingiert wird, solange nicht der Widerspruch erklärt wird. Das Widerspruchsrecht kann im Gesellschaftsvertrag abbedungen werden.

152 Die Ausübung des Widerspruchsrechts ist ebenfalls eine **Maßnahme der Geschäftsführung**. Widerspruch erheben kann daher nur, wer hinsichtlich der zu unterlassenden Maßnahme ebenfalls geschäftsführungsbefugt wäre. Der Widerspruch eines nicht zur Geschäftsführung berufenen Gesellschafters ist hingegen rechtlich unbeachtlich. Freilich wird der Geschäftsführer die tatsächliche Beachtlichkeit des Widerspruchs bei seiner Entscheidungsfindung berücksichtigen. Aus der Einord-

---

193 RGZ 97, 329, 331; BGH NJW 1982, 641; BGH NJW 1983, 1192.
194 BGH WM 1986, 1556, 1557; BGH BB 1960, 112.
195 BGH NJW 1985, 2830, 2831.

nung des Widerspruchsrechts als Geschäftsführungsmaßnahme folgt, dass ein Geschäftsführer, der die Nachteiligkeit einer beabsichtigten Geschäftsführungsmaßnahme kennt, zum Widerspruch verpflichtet ist. Widerspricht er einer solchen Maßnahme nicht, kann er sich der Gesellschaft gegenüber nach dem Maßstab des § 708 BGB haftbar machen.[196]

Ein Widerspruch, der willkürlich erfolgt und gegen die gesellschaftliche Treuepflicht verstößt, ist **unbeachtlich**.[197] Hierbei ist zu beachten, dass dem widersprechenden Gesellschafter ein Beurteilungsspielraum zukommt, der gerichtlich nicht überprüfbar ist.[198] Vor Gericht kann lediglich die Überschreitung dieses Beurteilungsspielraums gerügt werden.[199] Der Beurteilungsspielraum ist überschritten, wenn der Gesellschafter den Widerspruch nicht ausschließlich zur Wahrung der Belange der Gesellschaft, sondern (auch) zur Durchsetzung persönlicher Interessen erhoben hat.

Der Widerspruch kann sich **nur gegen hinreichend bestimmte Geschäftsführungsmaßnahmen**, auch gegen die Ausführung eines bestimmten Geschäftsführungsplans[200] richten, nicht hingegen generell gegen die Geschäftsführung eines oder mehrerer Gesellschafter. Ausgenommen vom Widerspruchsrecht sind Notgeschäftsführungsmaßnahmen.[201] Als empfangsbedürftige Willenserklärung muss der Widerspruch dem handelnden Gesellschafter zugehen, und zwar vor der Ausführung der geplanten Maßnahme. Den Mitgeschäftsführern ist der Gebrauch ihres Widerspruchsrechts dementsprechend nur möglich, wenn sie rechtzeitig über geplante Geschäftsführungsmaßnahmen unterrichtet werden. Die Rechtsprechung nimmt daher eine Unterrichtungspflicht der Mitgeschäftsführer an, jedenfalls bei Geschäften von einer gewissen Bedeutung.[202] Kommt der handelnde Gesellschafter dieser Unterrichtungspflicht nicht nach, können die Mitgeschäftsführer der Maßnahme auch noch nachträglich widersprechen und gegebenenfalls Gegenmaßnahmen treffen.[203]

Folge des ordnungsgemäß erhobenen Widerspruchs ist, dass die beabsichtigte Maßnahme unterbleiben muss. Dem handelnden Gesellschafter fehlt es infolge des Widerspruchs an der notwendigen Geschäftsführungsbefugnis. Der Widerspruch wirkt jedoch nur im Innenverhältnis, die Vertretungsmacht des handelnden Gesellschafters bleibt bestehen.[204] Eine Ausnahme kommt nach den Grundsätzen über den Missbrauch der Vertretungsmacht in Betracht.[205]

cc) Übertragung der Geschäftsführung

§ 710 BGB sieht ferner die Möglichkeit vor, die Geschäftsführungsbefugnisse auf einen oder mehrere Gesellschafter zu übertragen. Die sich aus dem Prinzip der Selbstorganschaft ergebenden Grenzen müssen selbstredend gewahrt bleiben.[206]

Wird die Geschäftsführung **mehreren Gesellschaftern übertragen**, sind diese gem. §§ 710 S. 2, 709 Abs. 1 BGB grundsätzlich gemeinsam geschäftsführungsbefugt. Davon abweichend kann im Gesellschaftsvertrag auch der Mehrheitsgrundsatz oder Einzelgeschäftsführungsbefugnis vereinbart werden. Möglich ist es auch, einzelnen Gesellschaftern die alleinige Geschäftsführungsbefugnis hinsichtlich besonderer Sachbereiche einzuräumen und im Übrigen bei der Geschäftsführungsbefugnis sämtlicher Mitgesellschafter zu bleiben. Die **verbleibenden Gesellschafter** sind von ihrer Geschäftsführungsbefugnis ausgeschlossen, ihr Widerspruchsrecht entfällt. Die sonstigen Mitgliedschaftsrechte, wie das Stimmrecht und die Vermögensrechte bleiben jedoch unberührt. Auch ist eine jederzeitige Änderung der Geschäftsführungsbefugnisse durch einen Gesellschafterbeschluss möglich.

---

196 *MünchKommBGB/ Ulmer* § 711 BGB Rn 10.
197 RGZ 109, 54, 59; RGZ 158, 302, 310.
198 Vgl dazu bereits oben Rn 146.
199 BGH WM 1985, 1316; BGH BB 1988, 1205.
200 RGZ 84, 136, 139; RGZ 109, 54, 58.
201 BGH NJW 1955, 1027. Vgl dazu auch unten Rn 165.
202 Vgl BGH BB 1971, 759.
203 BGH BB 1971, 759.
204 BGHZ 16, 394, 398 f.
205 BGHZ 16, 194, 400. Vgl dazu *Palandt/ Heinrichs* § 164 BGB, Rn 13 ff.
206 Vgl dazu bereits oben Rn 142.

d) Entziehung und Kündigung der Geschäftsführung

aa) Entziehung

158 Nach § 712 Abs. 1 BGB kann die einem Gesellschafter durch den Gesellschaftsvertrag übertragene Geschäftsführungsbefugnis **durch einen einstimmigen Beschluss**, oder wenn nach dem Gesellschaftsvertrag zulässig, durch Mehrheitsbeschluss der übrigen Gesellschafter entzogen werden, wenn ein wichtiger Grund hierfür vorliegt. § 712 BGB erfasst damit seinem Wortlaut nach den Fall der übertragenen Geschäftsführungsbefugnis nach § 711 BGB. Gleichsam erfasst er nach einhelliger Ansicht auch den Fall der gesellschaftsvertraglich vereinbarten Einzelgeschäftsführungsbefugnis nach § 710 BGB.[207]

159 Streitig ist, ob § 712 Abs. 1 BGB auch auf die **Gesamtgeschäftsführung nach § 709 BGB** angewendet werden kann. Nach der gesetzlichen Konzeption kann die Geschäftsführungsbefugnis bei Gesamtgeschäftsführung nicht ohne die Zustimmung des betroffenen Gesellschafters erfolgen. Eine Möglichkeit der Entziehung aus wichtigem Grund sieht das Gesetz nicht vor. Der Ausschluss eines Gesellschafters von der Geschäftsführung erfordert daher immer eine Kündigung der Gesellschaft (§ 721 BGB) oder den Ausschluss des Gesellschafters aus wichtigem Grund gem. § 737 BGB. Denkbar ist auch eine Leistungsklage gegen den betroffenen Gesellschafter auf Zustimmung zur Änderung des Gesellschaftsvertrags auf Grundlage der gesellschaftlichen Treuepflicht.

160 Teilweise wird daher eine analoge Anwendung der Vorschrift gefordert,[208] mit der Begründung, dass eine Unterscheidung zwischen der gesetzlichen und der übertragenen Geschäftsführung nicht mehr sachgemäß sei. Auch bei der GbR bestehe ein praktisches Bedürfnis für die Entziehung der Geschäftsführungsbefugnis bei Gesamtgeschäftsführung, ohne dass dies über einen Ausschluss aus der Gesellschafterstellung insgesamt erfolgen müsse. Dem ist entgegenzuhalten, dass das BGB anders als etwa § 117 HGB in Hinblick auf die OHG eine Entziehung der Geschäftsführungsbefugnis ausdrücklich nur für den Fall der übertragenen Geschäftsführung einräumt. Die Gesamtgeschäftsführungsbefugnis ist hingegen unmittelbarer Ausfluss der Gesellschafterstellung und als solches ein unentziehbares Recht der Gesellschafter. Auch ist die Rechtslage bei der GbR nicht mit dem Recht der OHG vergleichbar, wo dem Gesellschafter kraft Gesetzes eine Alleingeschäftsführungsbefugnis zukommt und daher ein Schutzbedürfnis der Mitgesellschafter vor zweckwidrigen Geschäftsführungsmaßnahmen besteht. Bei der gesetzlichen Gesamtgeschäftsführung in der GbR ist eher der von der Geschäftsführung auszuschließende Gesellschafter schutzwürdig, der ohnehin nicht ohne seine Mitgesellschafter handeln kann, aber bei einem Ausschluss von einer persönlichen Haftung für das Handeln der Mitgesellschafter bedroht ist, ohne hierauf Einfluss ausüben zu können. Eine analoge Anwendung von § 712 Abs. 1 BGB auf die Gesamtgeschäftsführung ist daher mangels Planwidrigkeit der Regelungslücke abzulehnen.[209]

161 Ein wichtiger Grund liegt nach § 712 Abs. 1 letzter Hs BGB insbesondere in einer groben Pflichtverletzung oder der Unfähigkeit zur ordnungsgemäßen Geschäftsführung. Das Vorliegen eines wichtigen Grundes ist unter Beachtung der gesellschaftlichen Treuepflicht und unter sorgfältiger Abwägung aller Gesichtspunkte des Einzelfalles zu beurteilen.[210] **Beispiele für einen wichtigen Grund** sind etwa:

- Tiefgreifende Störungen des Vertrauensverhältnisses zwischen den Geschäftsführern;[211]
- Unheilbare Zerwürfnisse unter den Gesellschaftern;[212]
- Arglistiges oder sittenwidriges Verhalten eines Geschäftsführers;[213]

---

207 Siehe nur *Palandt/Sprau* § 712 BGB Rn 1; *MünchKommBGB/Ulmer* § 712 BGB Rn 1.
208 *Erman/Westermann* § 712 BGB Rn 2; MünchKommBGB/*Ulmer* § 712 BGB Rn 4 ff; MünchHdb GesR/*v. Ditfurth*, Band I, § 7 Rn 66.
209 *Palandt/Sprau* § 712 BGB Rn 1; *Staudinger/Keßler* § 712 BGB Rn 2; *RGRK/v. Gamm* § 712 BGB Rn 1; *H.P. Westermann/Wertenbruch*, Handbuch der Personengesellschaften, § 19 Rn 366b.
210 BGH WM 1967, 417.
211 BGH WM 1967, 417.
212 RGZ 162, 78, 83.
213 RG JW 1935, 696.

- Andauerndes Blockieren der Geschäftsführung aus sachfremden Gründen;[214]
- Systematisches Ignorieren der Mitwirkungsrechte anderer Gesellschafter.[215]

Der Entziehungsbeschluss erfolgt durch die übrigen Mitgesellschafter einstimmig, oder, wenn im Gesellschaftsvertrag vorgesehen, durch Mehrheitsentscheidung. Die gesellschaftliche Treuepflicht kann die Gesellschafter uU zur Mitwirkung an einem Entziehungsbeschluss verpflichten.[216] Eine Besonderheit gilt für die Entziehung der Geschäftsführerposition bei **Publikumsgesellschaften**. Da hier ein einstimmiger Beschluss, wie er nach § 712 BGB grundsätzlich erforderlich ist, regelmäßig nicht erreichbar sein dürfte, ist eine Entziehung der Geschäftsführung nach der Rechtsprechung des BGH unabhängig von der gesellschaftsvertraglichen Regelung immer durch eine einfache Mehrheit der Mitgesellschafter möglich.[217]

Folge der Entziehung der übertragenen Geschäftsführungsbefugnis ist mangels anderweitiger gesellschaftsvertraglicher Regelung, dass an Stelle der vertraglichen die gesetzliche Geschäftsführungsbefugnis nach § 709 Abs. 1 BGB tritt.[218] Regelmäßig kann selbst bei Verbleiben eines einzigen Gesamtgeschäftsführers nicht davon ausgegangen werden, dass diesem eine Alleingeschäftsführungsbefugnis zukommen soll.[219]

bb) Kündigung

Gleichermaßen sieht § 712 Abs. 2 BGB ein **Kündigungsrecht des Geschäftsführers** selbst aus wichtigem Grund vor und verweist insofern auf das Auftragsrecht. Das Kündigungsrecht bezieht sich wie auch schon die Möglichkeit der Entziehung der Geschäftsführungsbefugnis nur auf die übertragene Geschäftsführung nach §§ 710, 711 BGB. Der Gesellschafter kann sich seiner gesetzlichen Geschäftsführungspflicht hingegen nicht durch Kündigung entziehen.[220]

e) Notgeschäftsführung und Geltendmachung von Sozialansprüchen

Nach ständiger Rechtsprechung steht jedem Gesellschafter unabhängig von der jeweiligen Regelung der Geschäftsführungsbefugnisse unter gewissen Umständen ein Notgeschäftsführungsrecht analog § 744 Abs. 2 BGB zu.[221] Voraussetzung dieses Rechts ist, dass eine bestimmte Maßnahme zur Abwendung einer konkreten Gefahr für das Gesellschaftsvermögen notwendig ist[222] und die ordentlichen Geschäftsführer untätig bleiben.[223] Abweichend vom Wortlaut des § 744 Abs. 2 BGB ist hingegen keine Gefahr für einen bestimmten Gegenstand des Gesellschaftsvermögens erforderlich, da diese Voraussetzung speziell auf die Bruchteilsgemeinschaft zugeschnitten ist.

Ebenfalls unabhängig von der Regelung der Geschäftsführungsbefugnisse ist die Befugnis zur Geltendmachung von Sozialansprüchen der Gesellschaft gegen die Gesellschafter im Rahmen der **actio pro socio**. So kann jeder Gesellschafter von seinen Mitgesellschaftern die Erfüllung der gesellschaftsvertraglichen Verpflichtungen verlangen, ohne auf die Mitwirkung der übrigen Mitgesellschafter angewiesen zu sein.[224]

f) Rechte und Pflichten der Gesellschafter-Geschäftsführer

Die Rechte und Pflichten der Gesellschafter-Geschäftsführer ergeben sich aus dem **Gesellschaftsvertrag**. Daneben finden gem. § 713 BGB die **Vorschriften des Auftragsrechts** subsidiäre Anwendung, sofern der Gesellschaftsvertrag nichts anderes bestimmt.

---

214 BGH NJW 19872, 862, 864.
215 BGH NJW 1984, 173.
216 Vgl BGHZ 192, 172, 176.
217 BGHZ 102, 172, 178 f.
218 RGZ 162, 78, 83.
219 BGH NJW 1964, 1624.
220 *Palandt/Sprau* § 712 BGB Rn 2; *Staudinger/Keßler* § 712 BGB Rn 5; RGRK/*v. Gamm* § 712 BGB Rn 4.
221 BGHZ 17, 181, 183.
222 BGHZ 17, 181, 183.
223 BGH MDR 2003, 1172.
224 RGZ 90, 300, 304; BGHZ 10, 91; BGHZ 25, 47.

aa) Auskunfts- und Rechenschaftspflichten

168 Der Geschäftsführer ist der Gesellschaft gegenüber gem. §§ 713, 666 BGB verpflichtet, Auskunft über den Stand seiner Geschäftsführung zu geben und nach deren Beendigung Rechenschaft abzulegen. Die **Rechenschaftspflicht** richtet sich hinsichtlich ihres Umfangs nach § 259 BGB. Führt die Gesellschaft nicht nur unerhebliche Geschäfte, folgt daraus die Verpflichtung der Geschäftsführer, bereits während der Geschäftsführungszeit Bücher zu führen.[225] Jedenfalls muss eine Kontrolle der einzelnen Geschäftsvorgänge durch die Gesellschafter möglich sein. Die ordnungsgemäße Rechnungslegung dient auch der Entlastung der Geschäftsführer.[226]

169 Ergänzt werden diese Pflichten gegenüber der Gesellschaft durch **das gesellschafterliche Informations- und Prüfungsrecht** gem. § 716 BGB. Danach haben auch die von der Geschäftsführung ausgeschlossenen Gesellschafter ein Recht, sich persönlich über die Angelegenheiten der Gesellschaft zu unterrichten und Einsicht in die Geschäftsbücher und Papiere der Gesellschaft zu nehmen, um sich so eine Übersicht über den Stand des Gesellschaftsvermögens anzufertigen. Diese Vorschrift begründet allerdings keine grundsätzliche Buchführungspflicht der Geschäftsführer, sie setzt vielmehr voraus, dass eine solche in dem oben bezeichneten Umfang besteht.[227] Das Einsichts- und Auskunftsrecht besteht sowohl gegenüber den Geschäftsführern persönlich als auch gegenüber der Gesellschaft.[228] Bei Ausübung dieser Rechte dürfen die Gesellschafter **Sachverständige hinzuziehen**, sofern diese zur Verschwiegenheit verpflichtet sind und berechtigte Interessen der Gesellschaft nicht entgegenstehen.[229]

170 Ein vertraglicher Ausschluss der Auskunfts- und Rechenschaftspflichten erscheint zwar nicht ausgeschlossen, dürfte aber gegen § 138 BGB verstoßen, zumindest wenn das Gesellschaftsvermögen einen nicht unerheblichen Wert hat.[230] Zudem kann das Recht der Gesellschafter auf Auskunft und Einsichtnahme ausnahmsweise beschränkt werden, wenn die Gesellschaft ein berechtigtes Geheimhaltungsinteresse nachweisen kann.[231]

bb) Aufwendungsersatz und Vergütung

171 Der Geschäftsführer einer GbR kann gem. § 713 BGB iVm §§ 669, 670 BGB wie ein Beauftragter Ersatz der von ihm zum Zwecke der Geschäftsführung getätigten Aufwendungen verlangen. Schuldner des Aufwendungsersatzanspruchs ist die Gesellschaft.[232] Eine vorzeitige Ausgleichspflicht der Mitgesellschafter kommt hingegen nur bei ausdrücklicher gesellschaftsvertraglicher Vereinbarung in Betracht.[233] Ersatzfähige Aufwendungen sind nicht nur freiwillige Vermögensopfer, sondern auch unfreiwillige Vermögensnachteile, die der Geschäftsführer infolge des tätigkeitsspezifischen Risikos erleidet.

172 Die Geschäftsführung einer GbR erfolgt als Ausfluss aus der Gesellschafterstellung **grundsätzlich unentgeltlich**. Sie wird als Beitrag des Gesellschafters zur Gesellschaft bereits durch dessen Gewinnbeteiligung hinreichend ausgeglichen. Sie kann daher auch nicht als Bestandteil des soeben geschilderten Aufwendungsersatzanspruches angesehen werden.[234] Eine besondere Vergütung bedarf daher einer ausdrücklichen oder stillschweigenden gesellschaftsvertraglichen Grundlage.[235] Nach der Rechtsprechung soll eine besondere Vergütung konkludent vereinbart sein, wenn die Geschäftsführungstätigkeit über das übliche Maß hinausgeht.[236] Problematisch ist, ob eine derartige vertragliche Regelung als dienstvertragsähnliche Vergütung oder als Gewinnverteilungsabrede anzusehen ist. Die

---

225 RGZ 103, 71, 72. Weitergehend: MünchKommBGB/*Ulmer* § 713 BGB, Rn 11.
226 BGH WM 1983, 912.
227 Palandt/*Sprau*, § 716 BGB Rn 1.
228 BGH BB 1962, 899; OLG Saarbrücken NZG 2002, 669, 670.
229 Vgl BGH BB 1962, 899, 900.
230 BGH WM 1965, 709, 710.
231 OLG Köln ZIP 1985, 800, 802.
232 BGH NJW 1980, 339, 340.
233 RGZ 153, 305, 314; BGH NJW 1980, 339, 340.
234 Vgl OLG Koblenz WM 1986, 590.
235 BGHZ 44, 40, 41 f; OLG Koblenz WM 1986, 590, 591.
236 BGH NJW 1955, 1227.

Rechtsprechung geht regelmäßig von einer besonderen Gewinnverteilungsabrede, verbunden mit einer Gewinnvorauszahlungsvereinbarung aus, jedenfalls soweit dem Geschäftsführer feste monatliche Zahlungen gewährt werden.[237] Solche Zahlungen stellen aber jedenfalls dann keine Gewinnverteilungsabrede dar, wenn sie unabhängig vom wirtschaftlichen Ergebnis der Gesellschaft geleistet werden.[238] In dem Fall ist von einer dienstvertragsähnlichen Abrede auszugehen, die zu einer analogen Anwendung von §§ 611 ff BGB führt.[239] Findet das Dienstvertragsrecht Anwendung, so gilt im Falle der Verhinderung des Geschäftsführers die Regelung des § 616 BGB, wonach der Geschäftsführer auch bei vorübergehender Verhinderung seinen Vergütungsanspruch behält.[240] Ist die Vereinbarung hingegen als gesellschaftsvertragliche Regelung anzusehen, entfällt ein derartiger Entgeltfortzahlungsanspruch. Auch kann ein Ausschluss des § 616 BGB möglicherweise im Wege der Vertragsauslegung unmittelbar der Vergütungsabrede entnommen werden.[241]

cc) Haftung

Verletzt der Geschäftsführer die ihm obliegenden Pflichten, macht er sich der Gesellschaft gegenüber schadensersatzpflichtig. Dies gilt im Übrigen auch für die von der Geschäftsführung ausgeschlossenen Gesellschafter. Für diese gelten die folgenden Ausführungen entsprechend. 173

Der Haftungsmaßstab folgt aus § 708 BGB. Danach haftet ein Gesellschafter bei der Erfüllung der ihm obliegenden Verpflichtungen nur für **eigenübliche Sorgfalt**.[242] Der Sorgfaltsmaßstab kann im Gesellschaftsvertrag verschärft oder abgeschwächt werden. Die Haftungserleichterung kommt den Geschäftsführern nicht zugute, wenn es an einem besonderen Vertrauensverhältnis zwischen den Gesellschaftern fehlt. Dies nimmt die Rechtsprechung etwa bei Publikumsgesellschaften an[243] oder, wenn ein Gesellschafter seinen Mitgesellschaftern vor Beitritt zur Gesellschaft wissentlich falsche Informationen mitgeteilt hat.[244] Ferner setzt die Anwendung der Haftungserleichterung des § 708 BGB voraus, dass der Geschäftsführer der Gesellschaft in Erfüllung seiner gesellschafterlichen Pflichten gehandelt hat. Sie gilt daher nicht, wenn der Geschäftsführer der Gesellschaft wie ein beliebiger Dritter gegenüber tritt, etwa auf der Grundlage eines weiteren Vertragsverhältnisses (zB als Vermieter)[245] oder im Straßenverkehr.[246] 174

Relevante Pflichtverletzung kann zum einen das Unterlassen gebotener oder die Vornahme unzweckmäßiger Geschäftsführungsmaßnahmen sein. Zum anderen macht sich der Geschäftsführer auch bei Überschreitung der Geschäftsführungsbefugnisse schadensersatzpflichtig. Das Verschulden bezieht sich insofern allerdings auf die Vornahme der Geschäftsführungsmaßnahme an sich, nicht auf deren Durchführung.[247] 175

g) Rechte und Pflichten des angestellten Geschäftsführers

Anders als bei den Gesellschafter-Geschäftsführern ergeben sich die Rechte und Pflichten angestellter Fremdgeschäftsführer maßgeblich aus dem Anstellungs- oder Auftragsverhältnis. Aus der gesellschaftlichen Treuepflicht können keine Pflichten abgeleitet werden.[248] Ferner kommt dem angestellten Geschäftsführer auch die Haftungserleichterung des § 708 BGB nicht zugute. Die Vorschrift des 176

---

237 BGH NJW 1963, 1051, 1052; OLG Koblenz WM 1986, 590, 591.
238 BGH NJW 1963, 1051, 1052.
239 BGH NJW 1963, 1051, 1052; Palandt/*Sprau* § 713 BGB, Rn 1; *Soergel/Hadding* § 712 BGB Rn 13; Staudinger/*Keßler* § 713 BGB Rn 18; H.P. *Westermann/Wertenbruch*, Handbuch der Personengesellschaften, § 19 Rn 371; aA: OLG Celle OLGZ 1973, 242; OLG Hamm DB 1977, 717; OLG Koblenz WM 1986, 590; MünchHdb GesR/*v. Ditfurth*, Band I, § 7 Rn 22; MünchKommBGB/*Ulmer* § 709 BGB Rn 34.
240 BGH NJW 1963, 1051, 1052; aA: OLG Koblenz DB 1980, 247, 248.
241 Vgl BGHZ 10, 44, 53.
242 Zum Begriff der *diligentia quam in suis* siehe Palandt/*Heinrichs* § 277 BGB Rn 2, 3.
243 Zur Publikums-KG: BGHZ 69, 207, 209; BGHZ 75, 321, 327.
244 KG NZG 1999, 199.
245 RGZ 89, 99, 102.
246 BGH NJW 1967, 858.
247 BGH NJW 1997, 314.
248 BGHZ 36, 292, 294 (zur OHG).

§ 712 BGB findet auf die angestellten Geschäftsführer ebenfalls keine Anwendung.[249] Auch insofern gelten die Vorschriften des Auftrags- oder Dienstvertragsrechts.

h) Gestaltungsmöglichkeiten in der Praxis

177 In der Praxis empfiehlt sich zur Vermeidung späterer Streitigkeiten eine **detaillierte Ausgestaltung der Geschäftsführungsbefugnisse**, auch wenn sich die Gesellschafter für eine Gesamtgeschäftsführung entsprechend dem gesetzlichen Vorbild entschieden haben. Bei der Wahl der vertraglichen Ausgestaltung der Geschäftsführungsbefugnisse sind immer die Grenzen des Prinzips der Selbstorganschaft zu beachten.

178 Häufig wird in der Praxis eine **Aufteilung der Geschäftsführungsbefugnisse** unter mehreren Geschäftsführern etwa nach Kompetenzbereichen sinnvoll sein. Zur Umsetzung dieses Gestaltungswunsches bietet sich eine (Teil-)Übertragung der Geschäftsführungskompetenzen nach § 710 BGB an. Diese kann mit einer Kontrollregelung verbunden werden, wonach der handelnde Gesellschafter etwa nur gemeinsam mit einem weiteren zur Zeichnung berechtigt sein soll. Sinnvoll kann bei einer Aufteilung der Geschäftsführungsbefugnisse nach Kompetenzbereichen auch eine Abbedingung des Widerspruchsrechts nach § 711 BGB sein.[250] Angesichts der schwierigen rechtlichen Einordnung einer Vergütungsvereinbarung zugunsten der Geschäftsführer sollte diese unbedingt ausführlich im Gesellschaftsvertrag festgehalten werden.

4. Willensbildung

179 Die Willensbildung in der GbR erfolgt durch **Beschlüsse der Gesellschafter**. Das Gesetz enthält diesbezüglich nur rudimentäre Regelungen. Vorschriften zur Abhaltung einer Gesellschafterversammlung fehlen völlig. Das gesetzliche Leitbild der GbR geht davon aus, dass die Willensbildung durch einstimmige Beschlüsse sämtlicher Gesellschafter geschieht, weshalb besondere Vorschriften über die Beschlussfassung und den Minderheitenschutz entbehrlich erschienen.[251] Vor allem in Publikums-GbR, aber auch in anderen GbR mit einer größeren Gesellschafterzahl zeigt sich jedoch eine deutliche Abkehr von diesem gesetzlichen Leitbild. Häufig werden etwa eine Beschlussfassung nach dem Mehrheitsprinzip und ein abgestuftes System der Geschäftsführungsbefugnisse gewünscht sein. In solchen Gesellschaften besteht ein starkes Bedürfnis nach einer dauerhaften Festlegung der Voraussetzungen der Willensbildung.

a) Rechtsnatur des Beschlusses

180 Gegenstand gesellschafterlicher Willensbildung können Fragen des Gesellschaftsverhältnisses (zB Änderungen des Gesellschaftsvertrages) oder Grundlagengeschäfte, aber auch Maßnahmen der Geschäftsführung und andere Themen sein, die keinen unmittelbaren Einfluss auf die Gesellschafterstellung haben. Bei den Geschäftsführungsbeschlüssen handelt es sich um reine organschaftliche Akte der als Organ der Gesellschaft fungierenden Geschäftsführer.[252] Im Übrigen handelt es sich um **mehrseitige Rechtsgeschäfte**, wobei jeder Gesellschafter durch die Stimmabgabe seine Mitgliedschaftsrechte ausübt. Soweit Beschlüsse über die Änderung oder Erweiterung des Gesellschaftsvertrags gefasst werden, sind diese als vertragliche Vereinbarung gleich dem Abschluss des Gesellschaftsvertrages anzusehen. Lässt sich bei der Beschlussfassung über eine Änderung des Gesellschaftsvertrages ein Gesellschafter von einem anderen Gesellschafter vertreten, findet daher auch § 181 BGB Anwendung.[253] Eine Änderung des Gesellschaftsvertrages ist bei einstimmiger Beschlussfassung auch möglich, wenn der Gesellschaftsvertrag selbst dies nicht vorsieht.[254] Auch die gesellschaftsvertraglichen Formvoraussetzungen müssen nicht eingehalten werden, da die Gesellschafter diese jederzeit abän-

---

249 BGH NJW 1962, 738; BGH NJW 1982, 2495.
250 Vgl dazu *H.P. Westermann/Wertenbruch*, Handbuch der Personengesellschaften, § 19 Rn 369.
251 Vgl *Ulmer*, FS Niederländer, S. 415.
252 Vgl BGHZ 65, 93.
253 BGHZ 65, 93, 97; BGHZ 112, 339.
254 BGH WM 1990, 714, 715.

dern könnten. Sie kann daher auch stillschweigend, etwa durch andauernde Übung,[255] erfolgen.[256]
Als weitere Beschlusskategorie können die **Beschlüsse über Grundlagengeschäfte** angesehen werden. Diese betreffen nicht zwangsläufig den Gesellschaftsvertrag als Bestimmung des Verhältnisses der Gesellschafter zueinander. Vielmehr sind Grundlagengeschäfte daneben auch solche, die unmittelbar das Verhältnis des einzelnen Gesellschafters zur Gesellschaft betreffen, wie zB die Bilanzfeststellung[257] oder der Verzicht auf Schadensersatzansprüche wegen Vertragsverletzung gegen einen geschäftsführenden Gesellschafter.[258] Soweit Grundlagengeschäfte keine Änderung des Gesellschaftsvertrages mit sich bringen, fallen sie dennoch nicht in den Bereich der Geschäftsführung. Sie werden vielmehr als derart bedeutsam für das Gesellschaftsverhältnis erachtet, dass sie an die förmlichen Änderungen des Gesellschaftsvertrages angenähert werden, weshalb das Vertragsrecht Anwendung finden soll.[259]

181

b) Formelle Anforderungen an die Beschlussfassung

Das BGB enthält **keinerlei formelle Anforderungen** an die Beschlussfassung durch die Gesellschafter. Ein Beschluss wird daher regelmäßig mit Abgabe der Zustimmungserklärungen aller Gesellschafter wirksam. Ein besonderer Minderheitenschutz ist bei Geltung des Einstimmigkeitsprinzips entbehrlich. Sind nach dem Gesellschaftsvertrag Mehrheitsentscheidungen zulässig, genügt zwar ebenfalls grundsätzlich die Erklärung der Zustimmung durch die erforderliche Mehrheit der Gesellschafter. Nach der Rechtsprechung ist allerdings sicherzustellen, dass bei Beschlüssen nach dem Mehrheitsgrundsatz kein stimmberechtigter Gesellschafter überrumpelt wird.[260] Dieses Erfordernis ist Ausfluss der gesellschaftlichen Treuepflicht.

182

Beschlüsse müssen – wenn nicht der Gesellschaftsvertrag anderes verlangt – nicht notwendigerweise zeitgleich, etwa im Rahmen einer Gesellschafterversammlung getroffen werden. Auch ein **Umlaufverfahren** ist zulässig, wobei jeder Gesellschafter bis zur Einholung der Stimme des letzten an seine eigene Zustimmung gebunden ist.[261] Schließlich kann die Beschlussfassung auch konkludent erfolgen, etwa durch gemeinsames Handeln der Gesellschafter nach außen ohne vorherige Absprache.[262] Die Zustimmungserklärung ist eine empfangsbedürftige Willenserklärung und als solche auch anfechtbar.[263]

183

Auch die Beschlussfassung über **Änderungen des Gesellschaftsvertrags** bedarf grundsätzlich keiner besonderen Form. Sie kann auch konkludent erfolgen, die Rechtsprechung fordert hierfür aber eine länger dauernde und einverständliche Übung der Gesellschafter.[264] **Besonderheiten** sollen aber **bei Publikumsgesellschaften** gelten. Hier ist eine Vertragsänderung durch schlüssiges Verhalten nicht möglich, sie erfordert vielmehr immer eine schriftliche Änderung des bestehenden Vertragsdokuments.[265] Im Gesellschaftsvertrag können besondere Formvorschriften für die Beschlussfassung vorgesehen werden. Schriftformklauseln – zumindest für Vertragsänderungen – und Bestimmungen über die Einberufung der Gesellschaftsversammlung und die Bekanntmachung der Tagesordnung sind in der Praxis recht häufig anzutreffen und bei größeren GbR auch unbedingt empfehlenswert. Beschlüsse bedürfen zu ihrer Wirksamkeit dann der Einhaltung dieser besonderen Erfordernisse.[266] Durch einen einstimmigen Beschluss aller Gesellschafter können die Formerfordernisse allerdings umgangen werden,[267] selbst wenn sich die Gesellschafter des Umgehens der Formbestimmung nicht bewusst waren.[268]

184

---

255 BGH NJW 1996, 1678, 1680; OLG Köln NZG 1998, 767.
256 BGH NJW-RR 2005, 1195.
257 BGH NJW 1999, 571.
258 BGH NJW 1985, 2830.
259 Palandt/*Sprau* Vorb v. § 709 BGB Rn 11.
260 BGH ZIP 1994, 1523, 1525.
261 OLG Köln NZG 1998, 767.
262 BayObLG BB 1987, 713.
263 BGHZ 14, 264.
264 BGH NJW 1990, 2684, 2685. Vgl auch BGH NJW 1966, 826; BGH NJW 1978, 300.
265 BGH NJW 1990, 2684.
266 BGH WM 1961, 1275; BGHZ 58, 115; BGH WM 1972, 312.
267 BGHZ 58, 115; BGH WM 1972, 312.
268 BGHZ 71, 164.

c) Gesellschafterversammlung

185 Das Gesetz sieht für die GbR **keine förmliche Gesellschafterversammlung** vor. Selbstverständlich kann eine solche aber durch den Gesellschaftsvertrag eingeführt werden. Die rechtlichen Voraussetzungen für ihre Einberufung und Abhaltung, Tagesordnung und sonstige Formalia sind dann ebenfalls dem Gesellschaftsvertrag zu entnehmen. Aus dem gesellschaftlichen Treueverhältnis können sich allerdings besondere Anforderungen ergeben, insbesondere zum Schutz von Minderheitsgesellschaftern.

aa) Einberufung der Gesellschafterversammlung

186 Die **Einladung zur Gesellschafterversammlung** obliegt den Geschäftsführern als Organen der Gesellschaft. Kommen die Geschäftsführer dieser Pflicht nicht nach, kann jeder Gesellschafter eine Gesellschafterversammlung anberaumen.[269] Formvorschriften bestehen bei der Einladung zur Gesellschafterversammlung grundsätzlich nicht. Jedoch müssen alle Gesellschafter entsprechend den gesellschaftsvertraglichen Vorgaben ordnungsgemäß eingeladen werden.[270] Haben die Gesellschafter zudem die Geltung des Mehrheitsgrundsatzes vereinbart, so kann die gesellschaftliche Treuepflicht es zudem gebieten, die **Tagesordnung der Gesellschafterversammlung** mit ausreichendem zeitlichem Abstand anzukündigen. Jedenfalls dürfte dies notwendig sein, wenn Beschlüsse in überraschenden und schwerwiegenden Angelegenheiten gefasst werden sollen.[271]

bb) Mehrheitserfordernisse und Stimmabgabe

(1) Mehrheitserfordernisse

187 Die Beschlussfassung in der Gesellschafterversammlung erfolgt **im Grundsatz einstimmig**. Dies folgt hinsichtlich der Geschäftsführungsbeschlüsse aus § 709 Abs. 1 BGB, im Übrigen aus dem Grundsatz der Gleichbehandlung der Gesellschafter. Allerdings können im Gesellschaftsvertrag davon **abweichende Mehrheitsanforderungen** vorgesehen werden. Üblicherweise wird daher zumindest in GbR mit einem größeren Gesellschafterkreis für Geschäftsführungsbeschlüsse eine einfache Mehrheit vorgesehen. Der **Maßstab für die Verteilung der Stimmrechte** kann ebenfalls durch den Gesellschaftsvertrag bestimmt werden, etwa anhand der Kapitalanteile.

188 Besonderheiten gelten jedoch für Mehrheitsklauseln betreffend außergewöhnliche Geschäftsführungsmaßnahmen, Grundlagengeschäfte und Vertragsänderungen. Solche sind zwar ebenfalls zulässig, unterliegen jedoch einer gesonderten Kontrolle. Zu beachten ist zum einen der Bestimmtheitsgrundsatz, wonach die Mehrheitsfähigkeit auf eine Regelung im Gesellschaftsvertrag gestützt werden können muss, die eindeutig auch den konkreten Beschlussgegenstand erfasst. Dabei sind die Anforderungen an den Grad der Konkretisierung des Beschlussgegenstandes umso strenger zu fassen, je schwerer der drohende Eingriff in die Gesellschafterstellung wiegt.[272]

189 Zum anderen findet die Verwendbarkeit des Mehrheitsgrundsatzes nach der **Kernbereichslehre** eine Grenze dort, wo ein Beschluss die unentziehbaren Gesellschafterrechte betrifft.[273]

(2) Zustimmungspflichten

190 Zustimmungspflichten der einzelnen Gesellschafter können sich aus **Stimmbindungsabsprachen** ergeben. Diese sind im Rahmen der allgemeinen Normen (§§ 134, 138 BGB) zulässig,[274] entfalten jedoch nur schuldrechtliche Wirkung. Stimmbindungsabsprachen können im Wege der Leistungsklage durchgesetzt und gem. § 894 ZPO vollstreckt werden. Möglich ist auch eine Einwirkung auf die Beschlussfassung in der Gesellschafterversammlung mittels einstweiliger Verfügung.[275] Schließlich

---

269 BGHZ 102, 172.
270 BGH LM BGB § 242 [Cd] Nr. 252.
271 BGH ZIP 1994, 1523, 1525; OLG Düsseldorf NZG 2000, 588; vgl auch BGH NJW 1995, 1253, 1356.
272 Vgl BGH NJW 1988, 411.
273 Zur Kernbereichslehre siehe oben Rn 80 f.
274 BGH NJW 1951, 268.
275 OLG Koblenz NJW 1986, 1693; OLG Stuttgart NJW 1987, 2449.

kann die allgemeine gesellschaftliche **Treuepflicht** die Gesellschafter zur Zustimmung verpflichten.[276] Der Anspruch auf Stimmabgabe in einer der gesellschaftlichen Treuepflicht oder unmittelbar dem Gesellschaftsvertrag zu entnehmenden Weise kann ebenfalls im Wege der einstweiligen Verfügung durchgesetzt werden.[277]

cc) Vertretung und Beistand in der Gesellschafterversammlung

Die Stimmabgabe stellt sich, jedenfalls soweit es sich nicht um Geschäftsführungsbeschlüsse handelt, als rechtsgeschäftliche Willenserklärung dar. Auf diese finden grundsätzlich die Vorschriften über die Stellvertretung (§ 164 ff BGB) Anwendung. Jedenfalls zulässig ist die Ausübung der Gesellschafterrechte durch den gesetzlichen Vertreter eines Gesellschafters, etwa wenn durch einen Erbfall ein Minderjähriger Gesellschafter wird. Dieser kann sowohl das Stimmrecht des Gesellschafters ausüben[278] als auch dessen ggf bestehende Geschäftsführungsbefugnisse wahrnehmen, soweit der Gesellschaftsvertrag keine besonderen Vorschriften enthält.[279] 191

Bedenken bestehen allerdings an der Möglichkeit der Gesellschafter, einen Mitgesellschafter oder einen Dritten zur Ausübung seines Stimmrechts zu bevollmächtigen. Die enge persönliche Bindung zwischen den Gesellschaftern der GbR gebietet insofern eine differenzierte Betrachtungsweise. Jedenfalls unzulässig ist die vollständige Übertragung des Stimmrechts, da es sich um einen Ausfluss der Mitgliedschaft handelt (§ 717 S. 1 BGB). Eine dem nahekommende unwiderrufliche Bevollmächtigung ist daher ebenfalls als unzulässig zu erachten. 192

Im Übrigen kann die Hinzuziehung eines Stellvertreters in der Gesellschafterversammlung das Vertrauensverhältnis der Gesellschafter stören. Grundsätzlich ist daher die **rechtsgeschäftliche Bevollmächtigung unzulässig**, wenn die Mitgesellschafter nicht (gesellschaftsvertraglich) etwas anderes vereinbart haben. Sofern die Mitgesellschafter zustimmen, ist es daher jedem Gesellschafter gestattet, sich bei der Ausübung ihrer Gesellschafterrechte rechtsgeschäftlich vertreten zu lassen.[280] Ferner ist eine rechtsgeschäftliche Stimmrechtsvertretung dann als zulässig zu erachten, wenn dies zur sachgerechten Wahrnehmung der Interessen des vertretenen Gesellschafters erforderlich ist und dies den Mitgesellschaftern mit Rücksicht auf das gesellschaftliche Vertrauensverhältnis zugemutet werden kann. Dies ist etwa der Fall, wenn der Gesellschafter selbst aus triftigem Grund an der persönlichen Stimmabgabe gehindert ist.[281] In solchen Fällen können die Mitgesellschafter aufgrund der gesellschaftlichen Treuepflicht dazu verpflichtet sein, einer Stimmrechtsvertretung zuzustimmen.[282] Nehmen die Mitgesellschafter über einen längeren Zeitraum die rechtsgeschäftliche Vertretung eines Gesellschafters in der Gesellschafterversammlung unbeanstandet hin, kann darin auch eine konkludente Zustimmung zur Stimmrechtsvertretung liegen.[283] 193

Auch eine **Gruppenvertretung** ist bei entsprechender Vereinbarung der Gesellschafter möglich und in der Praxis insbesondere bei einem großen, zersplitterten Gesellschafterkreis, etwa in Publikums-GbR auch häufig anzutreffen.[284] Im Rahmen der Gruppenvertretung werden die Stimmrechte einer Gesellschaftergruppe einheitlich durch einen Stimmrechtsvertreter ausgeübt, der gesellschaftsvertraglich an die Weisung der vertretenen Gesellschafter gebunden werden kann. Die Gruppe der vertretenen Gesellschafter ist ebenfalls regelmäßig als GbR anzusehen.[285] Die zum Kernbereich der Mitgliedschaft gehörenden Rechte können und müssen allerdings auch bei der Gruppenvertretung durch die einzelnen Mitglieder wahrgenommen werden.[286] 194

---

276 Vgl dazu bereits oben Rn 95 f.
277 OLG Hamburg NJW 1992, 186.
278 BGHZ 44, 98, 100.
279 BGH NJW 1959, 192; BGH WM 1982, 1170.
280 Palandt/*Sprau* Vorb v. § 709 BGB Rn 12.
281 BGHZ 65, 93.
282 BGH NZG 2005, 33, 34; BGH NJW 1970, 706.
283 BGH NZG 2005, 33, 34.
284 Vgl dazu zuletzt BGH NZG 2005, 33 ff.
285 BGH NZG 2005, 33, 34; BGHZ 46, 291, 295.
286 BGHZ 119, 346, 354.

195 Es kann sich für einen Gesellschafter zudem das Bedürfnis ergeben, einen **sachkundigen Berater** (Rechtsanwalt, Wirtschaftsprüfer, etc.) als Beistand hinzuzuziehen, der nicht selbst mitstimmen soll. Die Teilnahmemöglichkeiten einer solchen außenstehenden Person sind nach den gleichen Grundsätzen zu bestimmen wie das Recht zur Stimmrechtsvertretung. Entscheidend ist also, ob der Gesellschafter zur sachgerechten Wahrnehmung seiner Interessen eines Beistands bedarf und dies den Mitgesellschaftern mit Rücksicht auf das gesellschaftliche Vertrauensverhältnis zugemutet werden kann.[287]

d) Beschlussmängel

196 Ist ein Beschluss der Gesellschafter mit Rechtsmängeln behaftet, etwa wenn die Stimmabgabe eines Gesellschafters nach §§ 119 ff BGB anfechtbar ist oder der Beschluss unter Verstoß gegen die gesellschaftsvertraglichen Mehrheits- oder Formvorschriften zustande gekommen ist, so führt dies grundsätzlich zur vollständigen **Nichtigkeit des Beschlusses**. Er darf von den Geschäftsführern nicht umgesetzt werden, aufbauende Beschlüsse können nicht wirksam gefasst werden.

197 Die Unwirksamkeit eines Beschlusses kann von den Gesellschaftern jederzeit durch **Feststellungsklage** gem. § 256 ZPO gegen die widersprechenden Gesellschafter geltend gemacht werden.[288] Allerdings ist eine gesonderte Feststellung der Nichtigkeit eines Beschlusses nicht erforderlich, eine Überprüfung kann vielmehr auch inzident, etwa in einem Rechtsstreit gegen die Gesellschaft erfolgen.[289] Zum Schutz der Gesellschaft vor der Rückabwicklung der Folgen eines bereits vollzogenen unwirksamen Beschlusses nimmt die Rechtsprechung unter gewissen Voraussetzungen eine **Verwirkung der Beschlussmängelfeststellungsbefugnis** an.[290] Ist ein Gesellschafter ausgeschieden, kann er ebenfalls keine Beschlussmängel mehr geltend machen.[291] Im Gesellschaftsvertrag können weitere Einschränkungen der Beschlussmängelfeststellungsmöglichkeiten vorgesehen werden, etwa eine zeitliche Befristung.[292]

5. Einlage und Gesellschaftsvermögen

a) Einlageverpflichtung

aa) Begriffsbestimmung

198 Das Gesetz verwendet zur Bezeichnung der Leistungen der Gesellschafter an die GbR verschiedene Begriffe. Während in §§ 705–707, 718 BGB von „Beiträgen" die Rede ist, befassen sich §§ 733–735 BGB mit der Rückerstattung von „Einlagen". Es besteht Einigkeit darüber, dass beide Begriffe nicht etwa synonym verwendet werden,[293] die genaue Bedeutung beider Begriffe ist jedoch umstritten.[294]

199 Ein **Beitrag** ist nach vorzugswürdiger Ansicht jede Leistung eines Gesellschafters an die Gesellschaft, die den Gesellschaftszweck fördern und zur Erfüllung der gesellschaftsvertraglichen Beitragspflicht dienen soll.[295] Darunter fallen Geld- und Sachleistungen, Nutzungsüberlassungen sowie Werk- oder Dienstleistungen[296] (vgl auch § 706 Abs. 3 BGB) aller Art. Weitere Beispiele aus der Rechtsprechung sind die Überlassung eines Abonnentenstammes[297] oder gewerblicher Schutzrechte.[298] **Einlagen** sind demgegenüber nur solche Leistungen, die an die Gesellschaft geleistet sind, also in das Gesellschaftsvermögen übergehen und bei der Gesellschaft als Vermögensmehrung aktiviert werden können.[299] Auch dies kann in Form der Bareinlage und der Sacheinlage geschehen. Entscheidend ist, dass die Haf-

---

287 LG Köln NJW 1975, 981. Vgl auch MünchKommBGB/*Ulmer* § 709 BGB Rn 61.
288 BGH NJW 1999, 3113; OLG Düsseldorf, Urt. v. 27.7.2005, Az: 15 U 173/04 (nicht veröffentlicht).
289 OLG München NZG 2004, 807.
290 BGH NJW 1999, 3113; BGH NJW 1987, 1262; BGH WM 1973, 100 f. Zur Verwirkung siehe Rn 66.
291 OLG Frankfurt NZG 1999, 990.
292 BGH NJW 1995, 1218; BGH WM 1987, 1103; BGHZ 68, 212, 216.
293 H.P. *Westermann*/*Wertenbruch*, Handbuch der Personengesellschaften, § 20 Rn 376; MünchHdb GesR/*Weipert*, Band I, § 6 Rn 20; K. *Schmidt*, Gesellschaftsrecht, S. 567.
294 Vgl MünchKommBGB/*Ulmer* § 706 BGB Rn 4 mwN.
295 K. *Schmidt*, Gesellschaftsrecht, S. 567. Zur Ausgestaltung der Beitragspflicht siehe bereits oben Rn 34.
296 Vgl BGH DB 1980, 731; BGH NJW 1987, 3124.
297 KG NZG 1999, 489.
298 BGH DB 2000, 1394.
299 K. *Schmidt*, Gesellschaftsrecht, S. 567.

tungsmasse der Gesellschaft tatsächlich gemehrt wird. In Höhe der Mehrung des Gesellschaftsvermögens ist ein Beitrag daher als Einlage geleistet. Es lässt sich folglich festhalten, dass jede Einlage ein Beitrag ist, nicht aber jeder Beitrag eine Einlage.[300]

bb) Keine Mindesteinlage

Eine Mindesteinlage gibt es bei der GbR ebenso wenig wie bei den anderen Personengesellschaften. Der Schutz der Gläubiger erfolgt über die Möglichkeit der Inanspruchnahme der persönlich haftenden Gesellschafter. 200

b) Gesellschaftsvermögen

Die Existenz von Gesellschaftsvermögen ist für den Bestand einer GbR nicht erforderlich. Dennoch wird jede dauerhafte wirtschaftliche Zusammenarbeit aus praktischen Gründen wohl nicht ohne die Schaffung eines gemeinschaftlichen Vermögens auskommen. § 718 Abs. 1 BGB definiert das Gesellschaftsvermögen als das gemeinschaftliche Vermögen der Gesellschafter. Die **Anerkennung der Rechtssubjektivität der GbR**[301] bringt das Erfordernis mit sich, zwischen der Gesellschaft, den Gesellschaftern und dem Gesellschaftsvermögen zu differenzieren. Die Gesellschaft ist als selbständiger und von den Gesellschaftern verschiedener Rechtsträger zu behandeln. Das Gesellschaftsvermögen ist der Gesellschaft zugeordnet, ohne mit dieser identisch zu sein. Die Gesellschafter sind nur über ihren Anteil an der Gesellschaft auch an deren Vermögen beteiligt. Separate Rechte der Gesellschafter am Gesellschaftsvermögen bestehen hingegen nicht, was § 719 Abs. 1 BGB klarstellt. Mangels unmittelbarer Rechte der Gesellschafter am Gesellschaftsvermögen sind bei Ausscheiden einzelner Gesellschafter auch keine rechtsgeschäftlichen Verfügungsakte hinsichtlich des Gesellschaftsvermögens erforderlich. Vielmehr bleibt dieses der Gesellschaft zugeordnet. 201

aa) Erwerb und Veräußerung von Gesellschaftsvermögen

Zum Gesellschaftsvermögen gehören gem. § 718 Abs. 1 BGB die Beiträge – nicht nur die Einlagen – der Gesellschafter und die durch die Geschäftsführung für die Gesellschaft erworbenen Gegenstände. Ergänzend führt § 718 Abs. 2 BGB aus, dass auch das, was auf Grund eines zu dem Gesellschaftsvermögen gehörenden Rechts oder als Surrogat für Gesellschaftsvermögen erworben wird, in das Gesellschaftsvermögen fließt. Das Vermögen der Gesellschaft kann ihr durch Veräußerung wieder entzogen werden. 202

bb) Vollstreckung in das Gesellschaftsvermögen

Da die GbR parteifähig ist, genügt ein gegen sie erwirkter Titel zur Vollstreckung in das Gesellschaftsvermögen. Ein gegen alle Gesellschafter erwirkter Titel berechtigt auch zur Vollstreckung in das Gesellschaftsvermögen, wobei umstritten ist, ob dies auch bei nicht mit der Gesellschafterstellung zusammenhängenden Ansprüchen berechtigt ist.[302] Aus einer Unterwerfungserklärung der Gesellschafter kann – ungeachtet der Anerkennung der Rechtsfähigkeit der GbR – gem. § 800 Abs. 1 ZPO in ein Grundstück, das zum Gesellschaftsvermögen der GbR gehört, vollstreckt werden.[303] 203

c) Kapitalanteil

Die §§ 705 ff BGB kennen den Begriff des Kapitalanteils – anders als das HGB (§§ 120, 121, 122, 155 HGB) – zwar nicht, er ist jedoch auch bei der GbR gebräuchlich. Eine gesetzliche Definition des Kapitalanteils findet sich nicht. Es handelt sich lediglich um eine **Rechnungsziffer**, die die Beteiligung des Gesellschafters am Bilanzvermögen der Gesellschaft ausdrückt und somit den Maßstab darstellt, wenn der Wert der Beteiligung der Verteilung von Rechten und Pflichten auf die Gesellschafter 204

---

300 MünchHdb GesR/*Weipert*, Band I, § 6 Rn 20.
301 Grundlegend: BGHZ 146, 341; BGH NJW 2002, 1207.
302 Vgl *Scholz*, NZG 2002, 153, 163; kritisch *Gesmann-Nuissl*, WM 2001, 973, 976.
303 BGH NJW 2004, 3632.

zugrunde gelegt wird.[304] Da es grundsätzlich nur eine einheitliche Gesellschaftsbeteiligung gibt, hat jeder Gesellschafter auch nur einen einheitlichen Kapitalanteil.

205 Als bloße Rechnungsgröße kann der Kapitalanteil auch nicht abgetreten, belastet, ver- oder gepfändet werden und ist auch nicht mit dem Anteil des Gesellschafters am Gesellschaftsvermögen zu verwechseln, der die Beteiligung des Gesellschafters am gesamthänderisch gebundenen Vermögen und die einzelnen Vermögensrechte des Gesellschafters zum Ausdruck bringt.

d) Kapitalkonten der Gesellschafter

206 Der Kapitalanteil eines Gesellschafters wird buchmäßig auf seinem **Kapitalkonto** ausgewiesen. Zu unterscheiden sind das bewegliche und das feste Kapitalkonto.

aa) Bewegliches Kapitalkonto

207 Nach dem gesetzlichen Leitbild (vgl § 120 Abs. 2 HGB) ist das Kapitalkonto **beweglich ausgestaltet**. Danach werden Einlage, Gewinne, Verluste und Entnahmen auf einem Konto gebucht. Dadurch kann der Kapitalanteil auch negativ werden, bleibt aber weiterhin eine bloße Rechnungsziffer, vermittelt der Gesellschaft also insbesondere keinen Nachschussanspruch gegenüber dem betroffenen Gesellschafter. Allerdings entfällt dessen Entnahmerecht. Wegen der sich ständig ändernden Beteiligungsverhältnisse ist das bewegliche Kapitalkonto in der Praxis nicht zweckmäßig.

bb) Festes Kapitalkonto

208 Im System fester Kapitalanteile wird der Kapitalanteil als bestimmter Betrag, der regelmäßig der Einlage entspricht, festgelegt und auf dem sogenannten **Kapitalkonto I** gebucht. Dadurch entstehen eindeutige Verteilungsschlüssel und Abstimmungsverhältnisse.

209 Sämtliche Vermögensvorgänge, wie insbesondere die Zuschreibung von Gewinnen und die Abschreibung von Verlusten, werden auf einem sogenannten **Kapitalkonto II** gebucht. Auch bei einem negativen Kapitalkonto II entsteht keine Nachschusspflicht des Gesellschafters. Im Fall der Liquidation sind die Kapitalkonten I und II zusammenzuführen, um so die Liquidationsanteile der Gesellschafter zu ermitteln.

210 Daneben wird noch ein weiteres **Gesellschafterkonto** geführt, auf dem die jederzeit fälligen wechselseitigen Ansprüche (zB Aufwendungsersatzansprüche, Ansprüche aus Geschäften mit dem Gesellschafter) zwischen Gesellschafter und Gesellschaft gebucht werden. Scheidet der Gesellschafter aus, ist der Saldo gesondert auszugleichen.

e) Rechnungsabschluss und Ergebnisverteilung

aa) § 721 BGB

211 Rechnungsabschluss und Ergebnisverteilung sind in § 721 BGB geregelt. Diese Vorschrift unterscheidet zwischen der Gelegenheitsgesellschaft und einer auf längere Dauer angelegten Gesellschaft. Für die **Dauergesellschaft** bestimmt § 721 Abs. 2 BGB, dass die Rechnungslegung und die Gewinnverteilung am Schluss jedes Geschäftsjahres erfolgen, soweit die Gesellschafter keine anderweitige Abrechnungsperiode vereinbart haben.

212 Bei einer **Gelegenheitsgesellschaft** können Rechnungsabschluss und Ergebnisverteilung hingegen erst nach Auflösung der Gesellschaft verlangt werden (§ 721 Abs. 1 BGB). Rechnungsabschluss und Ergebnisverteilung sind bei der Gelegenheitsgesellschaft damit Bestandteil des Abwicklungsverfahrens nach § 730 BGB. Auch dies können die Gesellschafter jedoch abweichend gestalten. Soweit die Gesellschafter keine anders lautende Vereinbarung getroffen haben, sind Verluste erst bei Auflösung der (Gelegenheits- oder Dauer-)Gesellschaft auszugleichen.

---

304 Vgl BGH NJW 1999, 2438.

bb) § 722 BGB

Der Maßstab für die Gewinn- und Verlustverteilung ist in § 722 BGB festgelegt. Diese Vorschrift geht zunächst davon aus, dass die Gesellschafter einen entsprechenden **Verteilungsschlüssel vereinbart** haben. Typischerweise orientiert sich dieser an den Kapitalanteilen der Gesellschafter mit einer gesonderten Tätigkeitsvergütung für den oder die geschäftsführenden Gesellschafter. 213

Eine solche Vereinbarung kann auch konkludent oder stillschweigend durch langjährige Übung getroffen werden. Die Beteiligungsquoten an Gewinn und Verlust müssen, wie sich aus § 722 Abs. 2 BGB ergibt, nicht notwendigerweise miteinander korrespondieren. 214

Fehlt es an einer gesellschaftsvertraglichen Regelung des Verteilungsschlüssels, greift die gesetzliche Ersatzregelung des § 722 Abs. 1 BGB ein, die eine Verteilung nach Köpfen vorsieht. 215

IV. Geltendmachung von Ansprüchen der Gesellschaft und der Gesellschafter

1. Drittansprüche

Ansprüche der Gesellschaft gegenüber einem Dritten sind von den geschäftsführungsbefugten Gesellschaftern namens der Gesellschaft geltend zu machen. Dies gilt auch für Ansprüche gegen einen Gesellschafter, die auf einer einem Drittvergleich genügenden Sonderrechtsbeziehung beruhen (Darlehensvertrag, Kaufvertrag etc.). 216

2. Sozialansprüche

Die Sozialansprüche der Gesellschaft gegenüber einem Gesellschafter werden von der Gesellschaft selbst, vertreten durch die Geschäftsführung, außergerichtlich und gerichtlich geltend gemacht. 217

Daneben können auch die Mitgesellschafter im Wege der **actio pro socio**[305] vorgehen und den Schuldner-Gesellschafter im eigenen Namen, allerdings auf Leistung an die Gesellschaft in Anspruch nehmen. Ob die actio pro socio dem klagenden Gesellschafter eine materiell-rechtliche Berechtigung und/oder die Berechtigung gibt, als Prozessstandschafter der Gesellschaft aufzutreten, ist im Einzelnen umstritten, spielt im Ergebnis für die Klagebefugnis jedoch keine Rolle. Umstritten ist des Weiteren, ob die actio pro socio lediglich subsidiär für den Fall der Untätigkeit der Geschäftsführung gegeben ist.[306] Die Rechtsprechung beschränkt die Klagebefugnis wohl nur in dem Fall, dass der Gesellschafter mit seiner eigenen Klage einen Treuepflichtverstoß begeht.[307] Dessen ungeachtet sollte der Gesellschafter, der eine eigene Klage gegen den säumigen Mitgesellschafter beabsichtigt, zur Vermeidung eines Kostenrisikos zunächst unter Fristsetzung eine Entscheidung der Geschäftsführung über die Verfolgung des Anspruchs einholen. 218

3. Statusstreitigkeiten

Kommt es zu einem Streit über Statusfragen, ist dieser **zwischen den Gesellschaftern** und nicht zwischen dem betroffenen Gesellschafter und der Gesellschaft auszutragen.[308] Dazu muss entweder der betroffene Gesellschafter Feststellungsklage gegenüber sämtlichen Mitgesellschaftern erheben oder sämtliche Mitgesellschafter müssen Feststellungsklage gegenüber dem betroffenen Gesellschafter erheben. Die Mitgesellschafter sind dabei notwendige Streitgenossen (§ 62 ZPO), da Statusfragen nur einheitlich entschieden werden können.[309] 219

Der Gesellschaftsvertrag kann eine abweichende Regelung dahingehend enthalten, dass die Feststellungsklage gegen die Gesellschaft zu richten oder von dieser gegen den betroffenen Gesellschafter zu erheben ist.[310] Eine solche Regelung kann auch noch nach Entstehen der Streitigkeit durch Gesellschafterbeschluss herbeigeführt werden. Die Mitgesellschafter bleiben allerdings subsidiär, dh für den Fall der Untätigkeit der Gesellschaft, klagebefugt. 220

---

305 Vgl *Kort*, DStR 2001, 2162.
306 So *MünchKommBGB/Schmidt*, § 105 HGB Rn 201.
307 Vgl BGH NJW 1985, 2830, 2831; OLG Düsseldorf NZG 2000, 475.
308 Vgl *Ulmer*, ZIP 2001, 591; kritisch *Scholz*, NZG 2002, 160.
309 Vgl *Flume*, Die Personengesellschaft, 1977, S. 129; aA BGH NJW 1999, 571.
310 Vgl BGHZ 85, 350 (353).

V. Außenrecht der GbR

1. GbR als Trägerin von Rechten und Pflichten

221 Das Außenrecht der GbR ist entscheidend von der Frage nach der Rechtsfähigkeit der GbR geprägt. Diese bedeutsame Frage ist in der Praxis inzwischen als geklärt zu betrachten. In seiner Grundsatzentscheidung vom 29.1.2001[311] ist der BGH einer bis dahin bereits weitgehend in der Literatur vertretenen[312] und zwischenzeitlich wohl auch vom Gesetzgeber zum Ausdruck gebrachten[313] Ansicht gefolgt und hat erstmals die Rechtsfähigkeit der Außen-GbR bejaht. Die Annahme der **Rechtssubjektivität der GbR** bietet ein praktikables Modell für die Absonderung des Gesellschaftsvermögens vom Privatvermögen der Gesellschafter und vermag ein systemkonformes Haftungssystem zu begründen.[314] Ferner können damit identitätswahrende Umwandlungen von GbR in andere Personengesellschaftsformen und aus anderen Personengesellschaftsformen erklärt werden.[315]

222 Die praktischen Konsequenzen der Anerkennung der Rechtsfähigkeit der GbR sind mannigfaltig, jedoch hat sich noch nicht hinsichtlich sämtlicher Aspekte ein praxisgerechter und systemkonformer Lösungsansatz herausgebildet.

a) Allgemeine Konsequenzen

aa) Rechtsgeschäftliche Beziehungen der GbR

223 Entsprechend der Rechtssubjektivität der Gesellschaft entstehen rechtsgeschäftliche Beziehungen, die die Gesellschafter im Namen der Gesellschaft zu Dritten eingehen, regelmäßig nur zur Gesellschaft selbst. Das bedeutet, dass zuvorderst **die Gesellschaft aus Rechtsgeschäften berechtigt und verpflichtet** wird. Anspruchsinhaber werden nicht die Gesellschafter (in ihrer gesamthänderischen Verbundenheit), sondern die Gesellschaft. Direkter Schuldner wird ebenfalls die Gesellschaft selbst. Gläubiger können von der Gesellschaft die Erfüllung der Verbindlichkeiten verlangen. Die Gesellschafter haften hierfür lediglich akzessorisch.[316]

224 Dies hat zur Folge, dass Gesellschafterwechsel oder das Ausscheiden einzelner Gesellschafter ohne Außenwirkung bleiben. Rechtsbeziehungen der Gesellschaft zu Dritten werden hierdurch nicht berührt. Weitere Folge ist die **Scheck- und Wechselfähigkeit der GbR**, mithin die Fähigkeit, im eigenen Namen, dh im Namen der Gesellschaft ohne Bezeichnung der Gesellschafter, eine Scheck- oder Wechselverbindlichkeit einzugehen, die der BGH bereits ausdrücklich bejaht hat.[317] Die aus der fehlenden Registerpublizität der GbR folgende eingeschränkte Klarheit über die Person des Wechselschuldners steht dem nicht entgegen.[318]

bb) Einschränkungen des Auftretens der GbR im Rechtsverkehr

225 Auch wenn die GbR den Personenhandelsgesellschaften mit Anerkennung ihrer Rechtsfähigkeit weitgehend gleichgestellt ist, ergibt sich ein wesentlicher Unterschied hinsichtlich des Auftretens im Rechtsverkehr daraus, dass die GbR anders als OHG oder KG keinerlei Registerpublizität unterliegt. Es ist für den Rechtsverkehr nicht möglich, sich verlässlich über den Gesellschafterbestand (und damit die Bonität!) oder die Vertretungsverhältnisse einer GbR zu informieren.[319]

226 Diese mangelnde Publizität führt dazu, dass die Rechtsprechung der GbR ungeachtet ihrer Rechtsfähigkeit weiterhin die Einnahme gewisser Rechtspositionen untersagt. So soll die GbR nicht Verwal-

---

311 BGH NJW 2001, 1056 („*ARGE Weißes Ross*"); bestätigt in BGH NJW 2003, 1043; BGH NJW 2004, 3632; BGH WuM 2005, 792.
312 *Flume*, AT, S. 50 ff; ders. ZHR 136 (1972), 177; *MünchKommBGB/Ulmer*, 3. Aufl., § 705 BGB Rn 130 ff; *K. Schmidt*, Gesellschaftsrecht, S. 203 ff; *Hüffer*, Gesellschaftsrecht, S. 47 ff.
313 So ist in § 11 Abs. 2 Nr. 1 InsO ausdrücklich die Insolvenzfähigkeit der GbR festgelegt worden.
314 Vgl *Aderhold*, Das Schuldmodell der BGB-Gesellschaft, S. 148, S. 259 f.
315 Zur dogmatischen Begründung im Einzelnen siehe BGH NJW 2001, 1056.
316 Dazu unten Rn 258 ff.
317 BGHZ 136, 254, 257 ff; BGHZ 146, 341, 358 ff.
318 BGHZ 136, 254, 257.
319 In der Literatur sind dementsprechend auch bereits Forderungen nach der Einführung eines GbR-Registers laut geworden, vgl hierzu *Kesseler*, ZIP 2007, 421 ff; *Stöber*, WuB II J § 705 BGB 1.07; *Schöpflin*, NZG 2003, 606 ff.

ter einer **Wohnungseigentümergemeinschaft** nach §§ 26, 27 WEG sein können.[320] Die besonderen Verwalterbefugnisse dienten dem Schutz des Rechtsverkehrs, welcher aber bei einer GbR nicht gewährleistet sei, da keine ausreichenden Informationen über die Person und die Befugnisse der als Verwalter auftretenden GbR für die Allgemeinheit zugänglich seien.[321] Diese Problematik findet sich auch in anderen Bereichen wieder, so etwa hinsichtlich der (formellen) Grundbuchfähigkeit der GbR.

b) Besitz

Als Konsequenz der Anerkennung der Rechtsfähigkeit der GbR dürfte auch deren Fähigkeit, Besitzer im Sinne von §§ 854 ff BGB zu sein, bejaht werden können. Ausgeübt wird der Besitz durch die Organe der Gesellschaft, mithin die geschäftsführenden Gesellschafter, oder durch Dritte als Besitzdiener (§ 855 BGB). Folge der **Besitzfähigkeit der GbR** ist etwa, dass bewegliche Sachen, die der Gesellschaft übereignet werden sollen, auch in deren Besitz gelangen müssen (vgl §§ 929 ff BGB). Gleich zu beurteilen ist die Frage nach dem vollstreckungsrechtlichen Gewahrsam an beweglichen Gegenständen.[322] Gewahrsam in diesem Sinne ist nach § 118 Abs. 1 GVG der GbR zuzurechnen, soweit deren geschäftsführende Gesellschafter ihn ausüben. Daraus folgt, dass bewegliche Sachen, die im Eigentum eines Gesellschafters, aber im Gewahrsam der GbR stehen, gem. § 809 ZPO nur mit Zustimmung der vertretungsberechtigten Personen der GbR gepfändet werden dürfen.

c) Grundbuchfähigkeit

Die Grundbuchfähigkeit der GbR ist noch immer eine – auch unter den Obergerichten[323] – nicht abschließend geklärte Frage. Zur Erörterung des Problems bietet sich eine Unterscheidung zwischen der materiellen und der formellen Grundbuchfähigkeit an.[324]

Unter dem Begriff der **materiellen Grundbuchfähigkeit** soll hier demnach die Fähigkeit zum Erwerb des Eigentums an Grundstücken verstanden werden. Die materielle Grundbuchfähigkeit lässt sich als Konsequenz der Rechtsfähigkeit der GbR bejahen. Betrachtet man die Gesellschaft selbst als Trägerin des Gesellschaftsvermögens, muss diese auch selbst Eigentum an Grundstücken erwerben können.[325] Problematisch ist allerdings, dass der Erwerb des Eigentums an einem Grundstück immer auch die Eintragung der Person des Erwerbers in das Grundbuch voraussetzt (§ 873 Abs. 1 BGB). Geht man nun davon aus, dass eine GbR sowohl unter einem eigenen (Gesamt-)Namen auftreten kann, als auch durch Benennung der Namen sämtlicher Gesellschafter,[326] ist es für den Erwerb der Rechtsposition des Grundstückseigentums durch die GbR selbst unerheblich, ob die GbR unter eigenem Namen eingetragen werden kann, oder ob zwingend eine Eintragung sämtlicher Gesellschafter „als Gesellschafter bürgerlichen Rechts" zu erfolgen hat. Entscheidend ist, dass auch im letzteren Fall nicht etwa die Gesellschafter, sondern aufgrund ihrer Rechtssubjektivität die Gesellschaft selbst das Eigentum an dem Grundstück erwirbt. Diese gesellschaftsrechtliche Implikation ist in der Rechtsprechung bislang noch nicht ausreichend berücksichtigt worden.

Der Begriff der **formellen Grundbuchfähigkeit** bezeichnet hingegen die Frage, ob die GbR als solche, dh etwa unter einem eigenen Gesellschaftsnamen eingetragen werden kann, oder ob die Eintragung – wie dies in der Grundbuchpraxis bislang der Regelfall ist – immer unter Angabe der Namens aller Gesellschafter mit einem Hinweis auf die bestehende GbR (vgl § 47 S. 2 GBO) erfolgen muss. Die obergerichtliche Rechtsprechung lehnt die formelle Grundbuchfähigkeit der GbR mit dem (überzeugenden) Hinweis auf die fehlende Publizität der Gesellschaft, die in keinerlei Register eingetragen wer-

---

[320] BGH NJW 2006, 2189 ff.
[321] BGH NJW 2006, 2189, 2190 f.
[322] Vgl Thomas/Putzo § 808 ZPO, Rn 6.
[323] Vgl etwa die einander widersprechenden Entscheidungen des II. und des III. Zivilsenats des BayObLG NJW 2003, 70, 71 oder NJW-RR 2002, 1363. Dagegen auch OLG Celle NJW 2006, 2194 ff. Die Grundbuchfähigkeit bejahend nunmehr OLG Stuttgart ZIP 2007, 419 ff.
[324] Ebenso MünchHdb GesR/*Gummert*, Band I, § 17 Rn 33 und im Ergebnis auch *H.P. Westermann/Wertenbruch*, Handbuch der Personengesellschaften, § 33 Rn 850. Vgl auch BGH BB 2006, 2490 ff; OLG Stuttgart ZIP 2007, 419, 420 f; OVG NRW DB 2002, 1545.
[325] BGH BB 2006, 2490 ff; BayObLG NJW-RR 2002, 1363, 1364; aA BayObLG NJW 2003, 70, 71.
[326] Vgl dazu bereits oben Rn 38.

den muss, bislang überwiegend ab.[327] Bis zum Erlass einer höchstrichterlichen Entscheidung ist daher die Grundbucheintragung einer GbR immer unter Hinzufügung sämtlicher Gesellschafter zu beantragen.

Beispiel: „A, B und C als Grundstücksgesellschaft D-Straße 23 GbR" oder „Grundstücksgesellschaft D-Straße 23 GbR, bestehend aus A, B und C"

d) Erbfähigkeit

232 Ebenfalls noch unklar ist, ob die GbR selbst Erbin sein kann. Die bislang herrschende Ansicht in der Literatur[328] – Rechtsprechung zu dieser Frage existiert bislang nicht – lehnte die Erbfähigkeit unter Hinweis darauf ab, dass die erbrechtlichen Regelungen nur auf einzelne Personen zugeschnitten seien. Erkennt man aber die Rechtssubjektivität der GbR an, ist nicht ersichtlich, warum weiterhin zwischen Kapital- und Personenhandelsgesellschaften und der GbR differenziert werden sollte.[329]

e) Mitgliedsfähigkeit

233 Die GbR kann in juristischen Personen und auch in anderen Personengesellschaften Gesellschafterin/Mitglied sein. Sie kann Geschäftsanteile an einer GmbH oder Aktien erwerben und auch Gründungsmitglied einer GmbH, AG oder einer eingetragenen Genossenschaft sein.[330] Nicht anderes kann für die Mitgliedschaft in einem eingetragenen Verein gelten.

234 Seit langem anerkannt ist auch, dass eine GbR **Gesellschafterin einer anderen GbR** sein kann.[331] Kontrovers diskutiert wurde lange, ob eine GbR auch **Gesellschafterin einer Personenhandelsgesellschaft** sein kann. Die Möglichkeit der Beteiligung einer GbR als Kommanditistin an einer KG hat der Gesetzgeber in § 162 Abs. 1 S. 2 HGB nunmehr ausdrücklich vorgesehen.[332] Bedenken an der fehlenden Publizität der GbR versucht die Vorschrift auszuräumen, indem sie den Gesellschafterbestand der GbR und dessen Änderungen als eintragungspflichtige Tatsache behandelt. In der Rechtsprechung noch ungeklärt[333] ist aber, ob eine GbR auch Gesellschafterin einer OHG oder Komplementärin einer KG sein kann.[334] Auch der Neuregelung des § 162 Abs. 1 S. 2 HGB kann diesbezüglich keine Aussage entnommen werden. Insofern stellt sich vor allem das Problem der mangelnden Publizität der GbR in Bezug auf ihre Vertretungsverhältnisse. Derartige Bedenken lassen sich jedoch ausräumen, wenn man die Vertretungsverhältnisse der GbR als **eintragungspflichtige Tatsachen im Sinne von § 15 HGB** behandelt.[335] In der Praxis bringt dies für die betroffene OHG/KG natürlich einen gestiegenen Eintragungsaufwand mit sich.

f) Deliktsfähigkeit

235 Die GbR selbst ist – da eine nicht schuldfähige Personenvereinigung – **nicht deliktsfähig, soweit das Verschuldensprinzip** reicht. Im Bereich der Gefährdungshaftung ist die GbR nach der Anerkennung ihrer Rechtsfähigkeit hingegen ohne weiteres selbst als haftbar anzusehen. Eine deliktische Verschuldenshaftung der GbR setzt daher eine Zurechnung von Verletzungshandlungen und Verschulden der für die GbR handelnden Personen voraus. Insofern ergeben sich keine Unterschiede zu den übrigen Personen- oder den Kapitalgesellschaften.

---

327 OLG Celle NJW 2006, 2194, 2195; BayObLG NJW 2003, 70, 71; BayObLG NJW-RR 2005, 43; anders nunmehr OLG Stuttgart ZIP 2003, 419 ff. Offengelassen in BGH BB 2006, 2490 ff.
328 Vgl etwa Staudinger/Keßler § 718 BGB, Rn 6.
329 MünchKommBGB/Ulmer § 718 BGB Rn 22. In diese Tendenz gehend auch FG Münster StE 2007, 218.
330 BGHZ 116, 86, 88.
331 RGZ 136, 236, 240.
332 Er hat sich damit der Entwicklung in der Rechtsprechung angeschlossen, vgl BayObLG NZG 2001, 123; BGH DB 2001, 1983 f.
333 Vgl aber LG Berlin ZIP 2003, 1201 ff.
334 Die mittlerweile wohl herrschende Ansicht in der Literatur bejaht dies, vgl Baumbach/Hopt § 105 HGB, Rn 28; MünchHdb GesR/Gummert, Band I, § 17 Rn 40 mwN.
335 LG Berlin ZIP 2003, 1201, 1202; vgl auch bereits BGH DB 2001, 1983, 1984.

Außerhalb vertraglicher Sonderbeziehungen erfolgt eine solche Zurechnung, soweit Handlungen der Organe der GbR, dh ihrer geschäftsführenden Gesellschafter, betroffen sind, **analog § 31 BGB**, wie auch der BGH in Abkehr von seiner bisherigen Rechtsprechung mittlerweile bestätigt hat.[336] § 831 BGB findet hingegen bei einem Handeln der geschäftsführenden Gesellschafter keine Anwendung, da diese nicht weisungsabhängig sind.[337]

236

2. Vertretung der GbR

a) Grundlagen

Gesteht man der GbR die Fähigkeit zu, im Rechtsverkehr Trägerin von Rechten und Pflichten zu sein, so muss sie auch im Rechtsverkehr durch Vertreter tätig werden können. Als solche kommen vor allem die Geschäftsführer in Betracht. Nach der nunmehr auch vom BGH vertretenen[338] **Akzessorietätstheorie** wird – anders als nach dem überholten Modell der Doppelverpflichtungstheorie – durch einen Vertragsschluss im Namen der GbR ausschließlich die Gesellschaft berechtigt und verpflichtet. Die Gesellschafter haften hingegen – analog zum Recht der OHG – lediglich akzessorisch für die Verbindlichkeiten der Gesellschaft.[339]

237

Vertretung im Sinne des § 714 BGB bedeutet ein Handeln für die Gesellschaft mit Wirkung für das Gesellschaftsvermögen. Es handelt sich, soweit die Gesellschafter-Geschäftsführer tätig werden, um eine **organschaftliche Vertretung**.[340] Werden hingegen angestellte Geschäftsführer auch mit der Vertretung der GbR beauftragt, handelt es sich um einen Fall rechtsgeschäftlicher Bevollmächtigung.[341] Allerdings kann auch ein Gesellschafter rechtsgeschäftliche Vollmacht erhalten.[342] Auch bei der Vertretung ist das Prinzip der Selbstorganschaft zu berücksichtigen. Es ist daher nicht zulässig, alle Gesellschafter von der Vertretung auszuschließen und nur einen Dritten zu bevollmächtigen.[343]

238

Während die Geschäftsführungsbefugnis das rechtliche Dürfen im Innenverhältnis der Gesellschafter betrifft, begründet die Vertretungsmacht das **rechtliche Können** der Vertretung im Außenverhältnis. Beide Begriffe kennzeichnen damit verschiedene Aspekte ein- und derselben tatsächlichen Handlung. Zwar bedarf mangels Außenwirkung nicht jeder Akt der Geschäftsführung gleichzeitig auch der Vertretungsmacht. Jede Handlung, bei der die Gesellschaft rechtsgeschäftlich vertreten wird, ist aber zugleich eine Geschäftsführungsmaßnahme, soweit sie vom Gesellschaftszweck gedeckt ist. Bei der GbR entspricht die Vertretungsmacht gem. § 714 BGB grundsätzlich der Geschäftsführungsbefugnis.[344] Fallen beide ausnahmsweise auseinander, etwa wegen eines Widerspruchs eines Mitgesellschafters, bleibt die Vertretungsmacht hiervon unberührt.[345]

239

b) Umfang der Vertretungsmacht

aa) Grundsatz der Gesamtvertretung

Die Vertretung der GbR ist in §§ 714, 715 BGB geregelt. § 714 BGB verknüpft die Vertretungsmacht in ihrem Umfang mit der Geschäftsführungsbefugnis. Nach dem gesetzlichen Regelfall der Gesamtgeschäftsführungsbefugnis sind daher grundsätzlich **alle Gesellschafter nur gemeinsam zur Vertretung der GbR** befugt. Ein Rechtsgeschäft vermag die GbR daher nur dann zu binden, wenn bei seinem Abschluss sämtliche Gesellschafter mitwirken. Für den Rechtsverkehr birgt dies ein gewisses Maß an Rechtsunsicherheit, da für Dritte nicht erkennbar ist, welche Personen zum Gesellschafterkreis seines Vertragspartners gehören, und ob der abzuschließende Vertrag daher Wirkungen entfaltet. Auch durch eine Einsichtnahme in den ggf nicht aktuellen Gesellschaftsvertrag kann dem nicht zwingend

240

---

336 BGH NJW 2003, 1445.
337 BGHZ 45, 311, 313.
338 BGH NJW 2001, 1056, 1060.
339 Ausführlich zum Disput zwischen Doppelverpflichtungs- und Akzessorietätstheorie siehe unten Rn 257.
340 Vgl BGH DStR 2005, 614.
341 Vgl BGH NJW 2000, 3272; OLG Köln NZG 2002, 33.
342 Vgl BGH NZW 2005, 345.
343 BGH WM 1994, 237, 238.
344 Zur abweichenden Rechtslage bei OHG und KG siehe unten Rn 386 f.
345 BGH NJW 1955, 825, 826.

abgeholfen werden. Jedoch muss sich die GbR den durch die Vorlage eines Gesellschaftsvertrags hervorgerufenen Rechtsschein nach den Grundsätzen der Anscheinsvollmacht zurechnen lassen.

241 Den Gesamtvertretern ist es möglich, einen von ihnen **zum Alleinhandeln zu ermächtigen**, um so die Notwendigkeit eines gemeinsamen Auftretens zu umgehen.[346] Diese Ermächtigung stellt nicht etwa eine rechtsgeschäftliche Vollmacht dar, vielmehr handelt es sich auch hierbei um eine Form der organschaftlichen Stellvertretung.[347] Die Ermächtigung muss sich allerdings auf **bestimmte Geschäfte** oder einen begrenzten Geschäftskreis begrenzen, eine Generalermächtigung ist unzulässig.[348]

242 Sieht der Gesellschaftsvertrag eine Gesamtgeschäftsführung nach dem **Mehrheitsprinzip** gem. § 709 Abs. 2 BGB vor, so genügt für einen wirksamen Vertragsschluss ein Mitwirken der Mehrheit der Gesellschafter.

bb) Vertretung bei übertragener Geschäftsführung

243 Sieht der Gesellschaftsvertrag nach § 710 BGB die Übertragung der Geschäftsführungsbefugnisse auf einen oder mehrere Gesellschafter vor, so sind diese auch vertretungsbefugt, und zwar je nach Regelung im Gesellschaftsvertrag gemeinsam oder alleine.

244 Der **Widerspruch eines Mitgeschäftsführers** (§ 711 BGB) führt dazu, dass der handelnde Geschäftsführer das Geschäft nicht vornehmen darf. Er vermag sich indes aus Gründen der Rechtssicherheit nicht auf die Vertretungsmacht des handelnden Gesellschafters auszuwirken.[349] Als Ausnahme hiervon schlägt der Widerspruch nach den Grundsätzen des Missbrauchs der Vertretungsmacht[350] auf die Vertretungsmacht und damit auf die Wirksamkeit des abgeschlossenen Rechtsgeschäfts durch, wenn der Vertragspartner bewusst zum Nachteil der Gesellschaft mit dem Geschäftsführer zusammengewirkt hat, oder wenn ihm der Widerspruch bekannt war.

cc) Begrenzung der Vertretungsmacht

245 Denkbar ist eine differenzierte Ausgestaltung von Geschäftsführungs- und Vertretungsbefugnissen im Gesellschaftsvertrag. Unzweifelhaft kann der Gesellschaftsvertrag etwa eine unbegrenzte Alleinvertretungsmacht der Geschäftsführer vorsehen, hinsichtlich der Geschäftsführungsbefugnis aber ein Zusammenwirken fordern. Fraglich ist jedoch, ob eine Begrenzung der Vertretungsmacht im Vergleich zu den Geschäftsführungsbefugnissen Wirkungen gegenüber Dritten entfalten kann. Ein Beispiel für eine derartige Beschränkung wäre etwa eine unbeschränkte Alleingeschäftsführungsbefugnis der Geschäftsführer verbunden mit dem vertretungsrechtlichen Erfordernis einer gemeinschaftlichen Zeichnung oder der Beschränkung der Vertretungsmacht auf bestimmte Geschäfte. Dafür spräche, dass § 714 BGB nur „im Zweifel" eine Koppelung der Vertretungsmacht an die Geschäftsführungsbefugnisse anordnet. Ebenso fehlt es im Recht der GbR an einer § 126 Abs. 2 HGB entsprechenden Regelung. Nach dieser Vorschrift entfalten Beschränkungen des Umfangs der Vertretungsmacht Dritten gegenüber keine Wirkung. Eine **Beschränkung der Vertretungsbefugnisse auf bestimmte Rechtsgeschäfte** erscheint damit möglich. Konsequenterweise ist daher auch die Beschränkung der Vertretungsbefugnisse auf Rechtsgeschäfte für zulässig zu erachten, in denen der handelnde Gesellschafter eine Haftungsbeschränkung auf das Gesellschaftsvermögen vereinbart.[351]

246 Eine gewisse Sicherung des Rechtsverkehrs ergibt sich aus der Anwendung der Grundsätze der **Anscheinsvollmacht**. So wird die GbR auch durch ein Handeln nicht vertretungsbefugter Gesellschafter verpflichtet, wenn ein Rechtsschein für eine unbeschränkte Geschäftsführungsbefugnis besteht.[352]

---

346 BGHZ 64, 72, 75 f.
347 BGHZ 64, 72, 75 f; vgl zu § 125 Abs. 2 S. 2 HGB: *Baumbach/Hopt* § 125 Rn 17. Der vom BGH in NZG 2005, 345 entschiedene Fall betraf hingegen keine Ermächtigung in diesem Sinne durch alle Gesamtvertreter, sondern hatte eine (stillschweigende) rechtsgeschäftliche Bevollmächtigung eines Gesellschafters durch den einzigen Mitgesellschafter zum Gegenstand.
348 BGH NJW-RR 1986, 778 (zur GmbH).
349 BGH NJW 1955, 825, 826.
350 Vgl dazu Palandt/*Heinrichs* § 164 BGB Rn 13 ff.
351 MünchKommBGB/*Ulmer* § 714 BGB, Rn 68 f, mwN Vgl auch BGHZ 142, 315, 318, 320 ff.
352 Vgl zu den Grundsätzen der Anscheinsvollmacht: Palandt/*Heinrichs* § 173 BGB Rn 14 mwN.

Dieser ist regelmäßig anzunehmen, wenn der handelnde Gesellschafter nicht ausdrücklich auf das Gegenteil hinweist. Auch der Hinweis auf eine bestehende Beschränkung der Vertretungsmacht durch den Zusatz „GbRmbH" genügt nicht.[353]

c) Insbesondere: Analoge Anwendung von § 174 BGB

Die rechtsgeschäftliche Verpflichtung einer GbR erfordert je nach Ausgestaltung der Vertretungsbefugnisse ein Handeln der jeweils einzeln oder gemeinsam vertretungsberechtigten Personen. Bei der GbR stellt sich für den Rechtsverkehr das Problem, dass mangels Registerpublizität der GbR die Vertretungsverhältnisse nicht eingesehen werden können. Besonders schutzbedürftig ist der Rechtsverkehr bei einseitigen Rechtsgeschäften.

247

§ 174 BGB konstatiert daher die Unwirksamkeit eines einseitigen Rechtsgeschäfts, wenn eine Vollmachtsurkunde nicht vorgelegt wird und der Empfänger der Willenserklärung das Rechtsgeschäft aus diesem Grund unverzüglich zurückweist. Allerdings ist die Vorschrift ihrem Wortlaut nach nur auf rechtsgeschäftlich erteilte Vollmachten anwendbar. Die (originäre) Vertretungsbefugnis der GbR-Gesellschafter ist hingegen eine organschaftliche. Dennoch bejaht die Rechtsprechung eine analoge Anwendung von § 174 BGB auf die GbR mit dem Hinweis auf eine aus der fehlenden Registerpublizität und der Anerkennung der Rechtssubjektivität der GbR folgende planwidrige Regelungslücke.[354]

248

d) Weigerung, Verhinderung oder Wegfall eines von mehreren Gesamtvertreters

Verweigert einer der Gesamtvertreter treuwidrig seine Mitwirkung an einer Vertretungsmaßnahme, so lässt dies grundsätzlich nicht das Erfordernis seiner Mitwirkung entfallen, mit der Folge, dass die übrigen Gesamtvertreter ohne ihn handeln könnten.[355] Vielmehr müssen die anderen Gesamtvertreter den sich weigernden zunächst im Wege der Leistungsklage auf dessen Mitwirkung verklagen. Eine Ausnahme davon macht die Rechtsprechung hinsichtlich der Befugnis zur Einziehung einer Forderung der Gesellschaft gegen einen Dritten. Steht die Geltendmachung einer solchen Forderung im Interesse der Gesellschaft und wirkt der Schuldner mit dem oder den die Mitwirkung an der Durchsetzung verweigernden Mitgesellschafter(n) zusammen, ist jeder Gesellschafter berechtigt, im Namen der Gesellschaft Klage gegen den Dritten zu erheben.[356]

249

Ein besonderes Problem stellt sich, wenn einer von mehreren Gesellschaftern, die gemeinsam zur Vertretung der Gesellschaft befugt sind, etwa aus rechtlichen (zB § 181 BGB) oder gesundheitlichen Gründen an der Vertretung gehindert ist oder durch Tod, Austritt aus der Gesellschaft oder ähnlichem vollständig als Vertreter ausfällt. Haben die Parteien keine explizite gesellschaftsvertragliche Regelung diesbezüglich vereinbart, stellt sich die Frage, wie sich die Verhinderung oder der Wegfall auf die Vertretungsbefugnis der verbleibenden Gesamtvertreter auswirkt.

250

Ist einer von mehreren Gesamtvertretern vorübergehend aus tatsächlichen Gründen, etwa weil er erkrankt oder verreist ist, an der Ausübung seiner Vertretungsbefugnisse gehindert, so führt dies nicht etwa dazu, dass die verbleibenden Gesamtvertreter ohne ihn tätig werden können. Vielmehr bleibt zum Schutz der Rechtssicherheit auch dann grundsätzlich die **Mitwirkung des verhinderten Gesellschafters erforderlich**.[357] Eine Vertretungsbefugnis der verbleibenden Gesamtvertreter besteht auch nicht, wenn die Voraussetzungen der Notgeschäftsführungsbefugnis gem. § 744 Abs. 2 BGB analog vorliegen.[358] **Eine „Notvertretungsmacht" existiert nicht.** Es empfiehlt sich daher, für den Fall der tatsächlichen Verhinderung eines Gesellschafters Vorkehrungen im Gesellschaftsvertrag zu treffen, etwa in Form einer Ermächtigung gem. § 125 Abs. 2 S. 2 HGB analog.[359]

251

---

353 BGHZ 142, 315, 321.
354 BGH NJW 2002, 1194, 1195.
355 BGHZ 41, 367, 368 f (zur OHG).
356 BGHZ 39, 14, 16 f; BGH NJW 2000, 734; OLG Oldenburg NZG 2002, 1056. Vgl auch OLG Düsseldorf NZG 2003, 323.
357 Vgl BGHZ 34, 27, 29 f (zur GmbH).
358 BGHZ 17, 181, 186.
359 Vgl dazu BGH WM 1986, 315, 316.

252 Problematischer ist die Rechtslage, wenn einer von mehreren Gesamtvertretern aus rechtlichen Gründen, etwa gem. § 181 BGB, an der Vertretung gehindert ist oder vollständig wegfällt, etwa durch Tod oder Austritt aus der Gesellschaft. Ist einer von zwei Gesamtvertretern gem. § 181 BGB am Abschluss eines Vertrags gehindert, so ist nach der Rechtsprechung der verbleibende Gesamtvertreter grundsätzlich nicht allein zur Vertretung berechtigt.[360] Eine Ausnahme macht der BGH nur dann, wenn die Interessen des von der Vertretung ausgeschlossenen Gesamtvertreters nicht gefährdet sind, etwa weil der verbleibende Gesellschafter seine Gesellschaftsanteile nur treuhänderisch für den anderen hält[361] oder dieser den verbleibenden Gesellschafter zum Alleinhandeln ermächtigt hat.[362]

253 Verbleiben außer dem nach § 181 BGB ausgeschlossenen Gesamtvertreter hingegen mehr als ein weiterer vertretungsberechtigter Gesellschafter, so sollen diese die Gesellschaft durchaus allein vertreten können, auch ohne Ermächtigung des ausgeschlossenen Gesellschafters.[363] Ein hinreichender Schutz der Gesellschaft vor nachteiligen Rechtsgeschäften ist hingegen nicht gegeben, wenn die Vertretung gem. §§ 710, 714 auf eine Auswahl der Gesellschafter übertragen ist, andere hingegen von der Vertretung ausgeschlossen sind. Ist in dieser Situation einer der vertretungsberechtigten Gesellschaft nach § 181 BGB von der Vertretung ausgeschlossen, soll die Vertretungsmacht daher nicht ohne weiteres den verbleibenden Vertretern zufallen.[364] Um Zweifeln vorzubeugen, empfiehlt es sich, in jedem Fall eine Regelung dieser Frage in den Gesellschaftsvertrag aufzunehmen.

e) Beendigung der Vertretungsmacht

254 Wie auch die Geschäftsführungsbefugnis kann die Vertretungsmacht als mitgliedschaftliches Recht der Gesellschafter nur aus wichtigem Grund entzogen werden. § 715 BGB verweist insofern auf die Voraussetzungen des § 712 Abs. 1 BGB.[365] Die rechtsgeschäftlich erteilte Vertretungsmacht hingegen kann jederzeit widerrufen werden (§ 168 BGB).

255 Eine separate Kündigung der Vertretungsbefugnis sieht das Gesetz nicht vor. Jedoch erlischt die Vertretungsmacht mit Kündigung der Geschäftsführungsbefugnis gem. § 712 Abs. 2 BGB.

3. Gesellschafterhaftung

a) Grundlagen

256 Hinsichtlich der Haftung für Verbindlichkeiten der GbR ist als Folge der Anerkennung der Rechtssubjektivität der GbR strikt zu unterscheiden zwischen einer Haftung der Gesellschaft mit dem Gesellschaftsvermögen und einer persönlichen Haftung der Gesellschafter.

257 Die Ausgestaltung der persönlichen Haftung der GbR-Gesellschafter war – aufgrund des Fehlens ausdrücklicher gesetzlicher Bestimmungen – lange Zeit höchst umstritten. Ausgehend von der Rechtsfähigkeit der GbR vertrat die **Akzessorietätstheorie** den Ansatz, dass beim Abschluss von Rechtsgeschäften im Namen der Gesellschaft auch nur die Gesellschaft selbst vertraglich verpflichtet werde. Eine Haftung der Gesellschafter sei nicht als unmittelbare vertragliche Haftung der Gesellschafter, sondern als akzessorische Haftung gem. § 128 HGB analog zu begründen. Hingegen waren die Vertreter der **Doppelverpflichtungstheorie** der Ansicht, dass die persönliche Haftung der Gesellschafter Folge einer besonderen vertraglichen Verpflichtung der Gesellschafter neben einer ebenfalls erfolgenden vertraglichen Verpflichtung der Gesellschaft war. Diese Auffassung stieß auf enorme Schwierigkeiten bei der Begründung der Haftung der Gesellschafter für gesetzliche Verbindlichkeiten der Gesellschaft. Der BGH hat die Frage im Zuge der Anerkennung der Rechtsfähigkeit der GbR zugunsten der Akzessorietätstheorie entschieden[366] und damit die Rechtspraxis in eine eindeutige Richtung gewiesen.

---

360 RGZ 116, 116, 117; BGH NJW 1960, 91; BGHZ 64, 72, 76 f; BGH NJW-RR 1991, 1441.
361 BGH NJW-RR 1991, 1441.
362 BGHZ 64, 72, 76 f.
363 BGH WM 1983, 60.
364 RGZ 116, 116, 117; BGHZ 41, 367, 368 f. So auch ein Teil der Literatur, vgl *Staub/Habersack*, § 125 HGB Rn 44; aA etwa: MünchKommBGB/*Ulmer* § 714 BGB Rn 30.
365 Vgl dazu oben Rn 158 f.
366 BGH NJW 2001, 1056, 1060.

A. Gesellschaft bürgerlichen Rechts

b) Analoge Anwendung von §§ 128 f HGB

aa) § 128 HGB

Mit Anerkennung der Akzessorietätstheorie hat der BGH § 128 HGB für entsprechend anwendbar auf die GbR erklärt.[367] Gem. § 128 S. 1 HGB haften die Gesellschafter für die Verbindlichkeiten der Gesellschaft den Gläubigern als Gesamtschuldner persönlich.

258

(1) Merkmale der persönlichen Haftung

Die persönliche Haftung der Gesellschafter analog § 128 HGB ist als **unbeschränkte, unmittelbare, persönliche Außenhaftung der Gesellschafter** ausgestaltet. Die Gesellschafter haften primär und jeder für sich auf die ganze Verbindlichkeit. Untereinander haften die Gesellschafter als Gesamtschuldner. Jeder Gesellschafter kann von den Gläubigern der Gesellschaft mit seinem gesamten Vermögen unmittelbar für die Verbindlichkeiten der Gesellschaft in Anspruch genommen werden. Er kann seine Haftung nicht entsprechend dem Umfang seiner Beteiligung an der Gesellschaft beschränken, sondern muss sich im Wege des Gesamtschuldnerausgleichs von den Mitgesellschaftern Zahlungen auf Gesellschaftsverbindlichkeiten anteilsmäßig erstatten lassen.

259

260

(2) Tatbestandsvoraussetzungen

(a) Gesellschafterstellung

Die persönliche Haftung der Gesellschafter nach § 128 HGB analog erfordert zunächst, dass überhaupt eine **Gesellschaft in Form einer GbR** besteht. Ausreichend ist allerdings auch das Vorliegen einer sogenannten **fehlerhaften Gesellschaft**[368] oder einer **Scheingesellschaft**.[369] Haben die Gesellschafter in zurechenbarer Weise den Rechtsschein einer Personengesellschaft gesetzt, ist hiermit zugleich der Rechtsschein einer persönlichen Haftung für die Gesellschaftsverbindlichkeiten gesetzt. Eine Haftung der Gesellschafter unter dem Gesichtspunkt der Scheingesellschaft wurde etwa angenommen, wenn diese als Gesellschafter einer tatsächlich nicht existierenden Gesellschaft auftreten[370] oder wenn eine GmbH im Rechtsverkehr als Personengesellschaft auftritt.[371] Nach den Grundsätzen der Rechtsscheingesellschaft haften allerdings nicht sämtliche Gesellschafter persönlich, sondern nur diejenigen, die den Rechtsschein in zurechenbarer Weise gesetzt haben.[372]

261

Die Haftung nach § 128 HGB erfasst nur die Personen, die im Zeitpunkt des Entstehens der Forderung der Gesellschaft angehören. Bei Dauerschuldverhältnissen kommt es hinsichtlich des Zeitpunktes des Entstehens der Forderung auf den Zeitpunkt des Abschlusses des Vertrages und nicht auf die daraus folgenden Einzelverbindlichkeiten an.[373] Ist die Forderung während der **Gesellschaftszugehörigkeit** entstanden, so besteht sie grundsätzlich auch nach dem Ausscheiden des Gesellschafters fort.[374] Die Haftung von Gesellschaftern für Forderungen, die vor ihrem Beitritt zur Gesellschaft entstanden sind, richtet sich nach § 130 HGB analog.[375]

262

Auch das Erfordernis der Gesellschaftszugehörigkeit kann sich aus Rechtsscheinsgesichtspunkten ergeben. Tritt eine Person im Rechtsverkehr als Gesellschafter einer GbR auf, ohne dies tatsächlich zu sein, und ruft er hierdurch den Anschein seiner Gesellschaftszugehörigkeit vor, so kann dies seine Haftung für Verbindlichkeiten der Gesellschaft begründen.[376] Denkbar ist schließlich auch, dass beide

263

---

367 BGH NJW 2001, 1056, 1060.
368 Vgl dazu oben Rn 51 f.
369 BGHZ 17, 13, 16 ff.
370 Vgl BGH NJW 1991, 2527; BGH NJW 1996, 2645.
371 BGHZ 64, 11; BGH NJW 1981, 2569. Vgl auch BGHZ 71, 354, 356; BGH NJW 1972, 1418, 1419, für den Fall, dass eine GmbH & Co. KG als OHG auftritt.
372 BGHZ 17, 13, 16 ff.
373 BGH NJW 2006, 765, 766.
374 Siehe unten Rn 285 f.
375 Siehe unten Rn 281 f.
376 Vgl BGHZ 17, 13 ff; BGH BB 1970, 684; BGH NJW 1972, 1418; OLG Hamm MDR 1965, 580.

Rechtsscheinstatbestände zusammenkommen, etwa wenn jemand als Scheingesellschafter einer Scheingesellschaft auftritt.[377]

(b) Verbindlichkeit der Gesellschaft

264 Die Haftung der Gesellschafter ist akzessorisch zur Haftung der Gesellschaft und erfordert daher zwingend das **Bestehen einer Gesellschaftsverbindlichkeit**. Erfasst sind sämtliche Verbindlichkeiten der Gesellschaft, gleich aus welchem Rechtsgrund. Insbesondere erstreckt sich die Haftung neben vertraglichen auch auf gesetzliche Verbindlichkeiten. Sie wurde auch für arbeitsrechtliche Pensionszusagen[378] und öffentlich-rechtliche Verbindlichkeiten[379] bejaht.

265 Die Gesellschafter einer GbR haften auch für deliktische Verbindlichkeiten der Gesellschaft. Rechnet man der GbR in analoger Anwendung von § 31 BGB das deliktische Verhalten ihrer Gesellschafter in Gesellschaftsangelegenheiten zu, so ist in konsequenter Anwendung der Akzessorietätstheorie auch eine persönliche Haftung der Gesellschafter anzunehmen. Dementsprechend hat auch die Rechtsprechung eine persönliche Haftung der GbR-Gesellschafter für Ansprüche aus unerlaubter Handlung eines Mitgesellschafters bejaht.[380] Aus den gleichen Erwägungen lässt sich auch eine Haftung der Gesellschafter für eine ungerechtfertigte Bereicherung der GbR begründen. Für Steuerverbindlichkeiten der GbR haften die Gesellschafter ebenfalls persönlich und unbeschränkbar.[381]

266 Grundsätzlich besteht eine Haftung der Gesellschafter aus § 128 HGB auch für **Verbindlichkeiten der Gesellschaft gegenüber einem Mitgesellschafter**. Dies gilt jedenfalls für Forderungen aus Rechtsverhältnissen, in denen der Gesellschafter der Gesellschaft wie ein beliebiger Dritter gegenübersteht.[382] Ob die Gesellschafter für Sozialansprüche nicht nach § 128 HGB, und zwar selbst dann nicht, wenn das Gesellschaftsvermögen nicht zur Befriedigung der Forderung ausreicht, haften,[383] erscheint zumindest fragwürdig.

267 Drittverbindlichkeiten in diesem Sinne sind auch die **Abfindungsansprüche ausgeschiedener Gesellschafter**.[384] Die Geltendmachung von Drittansprüchen eines Gesellschafters gegen die Mitgesellschafter kann allerdings durch die gesellschaftliche Treuepflicht ausgeschlossen sein, etwa wenn dadurch der Gesellschaftszweck gefährdet wird.[385] Zudem kann der Gesellschafter erst dann über § 128 HGB gegen seine Mitgesellschafter vorgehen, wenn eine Befriedigung aus dem Gesellschaftsvermögen ausgeschlossen erscheint.[386] Er muss sich zudem seinen eigenen Anteil an den Verlusten der Gesellschaft (§§ 721, 722 BGB) anrechnen lassen.[387]

(3) Haftungsbegrenzungen

268 Die persönliche Haftung der Gesellschafter nach § 128 HGB analog ist im Grundsatz **unbeschränkbar**. Dies folgt aus § 128 S. 2 HGB, der auch auf die GbR anwendbar ist. Danach entfalten gesellschaftsvertragliche Vereinbarungen, mit denen die persönliche Haftung der Gesellschafter ausgeschlossen werden soll, gegenüber Dritten keine Wirkung, selbst wenn diese Beschränkung dem Gläubiger zur Kenntnis gebracht wird, etwa durch den Zusatz „mbH".[388] Versuchen, eine Haftungsbegrenzung durch eine Beschränkung der organschaftlichen Vertretungsmacht im Gesellschaftsvertrag herbeizuführen, ist dabei bereits durch die Anerkennung der Akzessorietätstheorie der Boden entzogen, ohne dass es einer Anwendung von § 128 S. 2 HGB überhaupt bedürfte.

---

377 BGHZ 17, 13 ff.
378 BGHZ 87, 286, 288.
379 OVG Brandenburg NJW 1998, 3513, 3514.
380 BGH NJW 2003, 1445, 1446 f. Vgl auch OLG Koblenz VersR 2005, 655.
381 BFH NJW-RR 1998, 1185; BFH NJW 1990, 3294.
382 BGH NJW 1983, 749; BGH NZG 2006, 459, 460.
383 BGH ZIP 1989, 852. Zum Begriff der Sozialansprüche und zu deren Durchsetzung siehe Rn 166.
384 BGHZ 148, 201, 206 f.
385 BGH WM 1970, 280, 281 f; BGH NJW 1983, 749.
386 BGH NJW 1983, 749.
387 BGH NJW 1983, 749.
388 BGH NJW 1999, 3482, 3484 f. Vgl auch bereits *Aderhold*, Grundstrukturen der Gesamthand, JA 1980, S. 136, 141.

Ein Ausschluss der persönlichen Haftung der Gesellschafter ist daher nur durch **vertragliche Vereinbarung mit dem Gläubiger** möglich, etwa durch einen Verzicht des Gläubigers.[389] Dieser Ausschluss kann zudem nur individualvertraglich vereinbart werden. Einer im praktischen Interesse der GbR sicherlich vorzugswürdigen AGB-mäßigen Vereinbarung steht § 307 Abs. 1, Abs. 2 Nr. 1 BGB (§ 9 AGBG aF) entgegen.[390] Denn die unbeschränkte, akzessorische Haftung der Gesellschafter ist ein wesentliches Merkmal der GbR, so dass ein Abweichen hiervon als unangemessene Benachteiligung des Vertragspartners anzusehen wäre. Etwas anderes gilt lediglich bei der Anwalts-, Steuerberater- und Wirtschaftsprüfer-GbR. Nach Maßgabe von §§ 51 a BRAO, 67 a StBerG und 54 a WPO können die Mitglieder dieser Sozietäten ihre persönliche Haftung auch durch AGB einschränken. 269

Weitere **Ausnahmen** von der unbeschränkten persönlichen Haftung macht der BGH aus Gründen des Vertrauensschutzes **bei geschlossenen Immobilienfonds**, soweit diese bereits vor Änderung der Rechtsprechung des BGH[391] Verträge abgeschlossen haben.[392] Eine gesellschaftsvertragliche Beschränkung der Haftung auf die Beteiligungsquote des Gesellschafters oder auf das Gesellschaftsvermögen soll für Verträge, die vor der Rechtsprechungsänderung geschlossen wurden, Wirkung entfalten, soweit die Haftungsbeschränkung dem Vertragspartner gegenüber kenntlich gemacht wurde. Auch soll eine formularmäßige Beschränkung der Haftung auf das Gesellschaftsvermögen durch geschlossene Immobilienfonds in Zukunft weiterhin möglich sein.[393] Aufgrund der rechtlichen Eigenart dieser Gesellschaften als reine Kapitalanlagen ist darin keine unangemessene Benachteiligung des Vertragspartners zu sehen. 270

Bei **Bauherrengemeinschaften** hat nach der maßgeblichen Rechtsprechung des BGH ebenfalls eine haftungsrechtliche Privilegierung Bestand. So sollen werdende Wohnungseigentümer, die gemeinschaftlich eine Wohnungseigentumsanlage errichten, für die daraus entstehenden Verbindlichkeiten auch nach Änderung der Rechtsprechung nur anteilig nach den bisherigen Grundsätzen haften.[394] 271

(4) Rechtsfolgen

Die Rechtsfolgen der Gesellschafterhaftung gem. § 128 HGB werden in der Literatur bereits seit langer Zeit kontrovers diskutiert. Unter den Stichworten **Haftungstheorie und Erfüllungstheorie** stehen sich zwei Ansichten zu der Frage gegenüber, ob und in welchen Fällen die Gesellschafter unmittelbar auf die Erfüllung einer Gesellschaftsverbindlichkeit in Anspruch genommen werden können. Die Reinform der Haftungstheorie vertritt den Standpunkt, dass die Gesellschafter grundsätzlich nur das Interesse des Dritten an der Erfüllung in Geld auszugleichen hätten, niemals aber unmittelbar auf Erfüllung in Anspruch genommen werden könnten.[395] Die Erfüllungstheorie leitet hingegen aus dem Zweck des § 128 HGB, der in dem umfassenden Schutz der Gesellschaftsgläubiger liege, ab, dass jeder Gesellschafter grundsätzlich genau wie die Gesellschaft auf Erfüllung hafte.[396] 272

Richtig erscheint eine an der Rechtsprechung des BGH, der eine vermittelnde Position einnimmt,[397] orientierte, **einzelfallbezogene Auslegung des Inhalts der Gesellschafterhaftung**.[398] So lässt sich vor allem nach dem Inhalt der Verpflichtung der Gesellschaft differenzieren. Hat sich die Gesellschaft verpflichtet, für die Leistungserbringung durch ihre Gesellschafter zu sorgen, so spricht dies für eine Erfüllungspflicht der Gesellschafter.[399] Gleiches gilt, wenn es sich um eine reine Geldschuld der Gesellschaft handelt. In diesem Fall decken sich Erfüllungs- und Haftungsinteresse ohnehin. Im Übrigen dürfte eine Erfüllungspflicht der Gesellschafter jedenfalls dann anzunehmen sein, wenn den 273

---

389 Vgl BGH BB 1971, 975.
390 BGH NJW 1999, 3482, 3485.
391 Vgl BGH NJW 1999, 3482 ff und BGH NJW 2001, 1056 ff.
392 BGHZ 150, 1.
393 BGHZ 150, 1.
394 BGHZ 150, 1. Vgl zu den bisherigen Grundsätzen BGHZ 75, 26; BGH NJW 1980, 992.
395 *Staub/Fischer* (3. Aufl.) § 128 HGB Rn 9 ff; *Wieland*, Handelsrecht I, 1921, 631, 636 f.
396 *Flume*, Die Personengesellschaft, 1977, § 16 III 2; *Staub/Habersack* (4. Aufl.) § 128 HGB Rn 28 ff; *K. Schmidt*, Gesellschaftsrecht, S. 1423 ff.
397 Vgl etwa BGHZ 23, 302, 305; BGHZ 73, 217, 221; BGHZ 104, 76, 78; BGH NJW 1987, 2367, 2369.
398 Ähnlich wohl auch *Baumbach/Hopt* § 128 HGB Rn 8 ff; MünchHdb GesR/*Gummert*, Band I, § 18 Rn 32 ff.
399 BGHZ 23, 302, 305; BGH BB 1974, 482.

Gesellschaftern eine Erfüllung nicht unmöglich oder unzumutbar ist.[400] Beispielsfälle für die Unzumutbarkeit der Erfüllung sind etwa:
- Übereignung von Sachen aus dem Gesellschaftsvermögen oder dem Privatvermögen eines Mitgesellschafters;
- Herausgabe von Sachen aus dem Gesellschaftsvermögen oder dem Privatvermögen eines Mitgesellschafters;
- Unvertretbare Handlungen;
- Unterlassungsverpflichtungen.

274 **Erfüllungsort** der akzessorischen Gesellschafterverbindlichkeit ist der Ort, an dem die Gesellschaftsschuld zu erbringen ist.[401]

bb) Verteidigung des Gesellschafters (§ 129 HGB)

275 Wird ein Gesellschafter persönlich für Verbindlichkeiten der Gesellschaft in Anspruch genommen, stellt sich die Frage nach den Verteidigungsmöglichkeiten des Gesellschafters. Aus der Anerkennung der Akzessorietätstheorie folgt, dass diesbezüglich § 129 HGB Anwendung findet.[402]

276 § 129 Abs. 1 HGB bestätigt zunächst den allgemeinen Rechtsgrundsatz, dass der Gesellschafter sich auf **Einwendungen, die in seiner Person begründet liegen**, stützen kann. Solche persönlichen Einwendungen sind etwa besondere Vereinbarungen mit dem Gläubiger, zB über Stundung oder Erlass der Forderung. Auch die Sonderverjährung gem. § 159 HGB analog[403] und die Begrenzung der Nachhaftung gem. §§ 736 Abs. 2 BGB, 160 HGB zählen hierzu. Auch kann der Gesellschafter mit einer persönlichen Forderung gegen die Forderung des Gesellschaftsgläubigers aufrechnen.[404]

277 Weiterhin kann sich der Gesellschafter gem. § 129 Abs. 1 HGB auf **Einwendungen der Gesellschaft** berufen. Einwendungen im Sinne der Vorschrift sind dabei sämtliche sowohl rechtshindernden als auch rechtsvernichtenden Einwendungen sowie Einreden im materiell-rechtlichen Sinne. Als Einwendungen kommen daher beispielsweise Erfüllung, Erlass, Stundung, Unmöglichkeit der Leistung oder auch Zurückbehaltungsrechte in Betracht. Auch die Verjährung der Forderung gegenüber der Gesellschaft zählt hierzu. Hat allerdings der Gläubiger etwa wegen Vermögenslosigkeit der Gesellschaft nur den Gesellschafter persönlich verklagt, und verjährt die Forderung gegen die Gesellschaft nach Klageerhebung gegen den Gesellschafter, kann sich dieser ausnahmsweise nicht auf die Einrede der Verjährung berufen.[405]

278 Auf die Einwendungen der Gesellschaft kann sich der Gesellschafter auch dann stützen, wenn die Gesellschaft diese Einwendungen noch nicht geltend gemacht hat. Entscheidend ist lediglich, dass sie von der Gesellschaft noch erhoben werden könnten.[406] Hat die Gesellschaft hingegen auf ihre Einwendungen verzichtet oder diese verwirkt, oder sind diese anderweitig fortgefallen, wirkt dies auch zu Lasten des Gesellschafters.[407]

279 Darüber hinaus finden sich in § 129 Abs. 2, Abs. 3 HGB **besondere Leistungsverweigerungsrechte** zugunsten des Gesellschafters für den Fall, dass der Gesellschaft Anfechtungs- oder Aufrechnungsmöglichkeiten zustehen. Kann die Gesellschaft das der Verbindlichkeit zugrunde liegende Rechtsgeschäft anfechten, ergibt sich für den Gesellschafter hieraus die Einrede der Anfechtbarkeit. Praxisrelevant dürfte aufgrund der kurzen Anfechtungsfrist des § 121 Abs. 1 BGB für die Irrtumsanfechtung lediglich die Anfechtbarkeit aufgrund arglistiger Täuschung gem. § 123 BGB sein.

280 Entsprechend zum Fall der Anfechtbarkeit in Abs. 2 gewährt § 129 Abs. 3 HGB für den Fall, dass der Gesellschaft eine Aufrechnungsbefugnis zusteht, dem Gesellschafter die Einrede der Aufrechenbar-

---

400 Vgl BGHZ 73, 217, 221; BGH NJW 1987, 2367, 2369.
401 BayOBLG ZIP 2002, 1998.
402 BGH NJW 2001, 1056, 1061; BGH NZG 2006, 459, 460.
403 Zur Anwendbarkeit von § 159 HGB auf die GbR siehe unten Rn 288 f.
404 Vgl *K. Schmidt*, Gesellschaftsrecht, § 49 II 3 d).
405 BGHZ 104, 76, 79 f (zur OHG).
406 BGHZ 95, 330.
407 Vgl BGHZ 73, 217, 223.

keit. Entgegen dem unklaren Wortlaut der Vorschrift, der auf eine Aufrechnungsbefugnis des Gesellschaftsgläubigers abzustellen scheint, kann der Gesellschafter nur bei einer Aufrechnungslage zugunsten der Gesellschaft, nicht aber zugunsten des Gläubigers die Leistung verweigern.[408]

c) Haftung für Altverbindlichkeiten (§ 130 HGB)

In konsequenter Fortführung seiner Rechtsprechung zur persönlichen Haftung der GbR-Gesellschafter hat der BGH zwischenzeitlich auch § 130 HGB für entsprechend anwendbar auf die GbR erklärt.[409] Gem. § 130 Abs. 1 HGB haften auch neu eintretende Gesellschafter für die vor ihrem Eintritt in die Gesellschaft begründeten Gesellschaftsverbindlichkeiten.

aa) Tatbestandsvoraussetzungen

§ 130 Abs. 1 HGB erfordert zunächst den Eintritt in eine bestehende Gesellschaft. Dieser kann auch durch den Erwerb eines Gesellschaftsanteils von einem anderen Gesellschafter der GbR erfolgen.[410] Ausreichend ist auch ein fehlerhafter Eintritt nach den Grundsätzen der fehlerhaften Gesellschaft[411] und ein Scheineintritt oder der tatsächliche Eintritt in eine Scheingesellschaft. Entscheidender Zeitpunkt ist der des Wirksamwerdens des Eintritts, mithin des Entstehens der Mitgliedschaftsrechte.
Der eintretende Gesellschafter haftet sodann für alle im Zeitpunkt des Eintritts bestehenden **Altverbindlichkeiten** nach Maßgabe von §§ 128, 129 HGB, gleich ob es sich um vertragliche oder gesetzliche Verbindlichkeiten handelt. Die Möglichkeit der Ausnahme von Verbindlichkeiten aus beruflichen Haftungsfällen in analoger Anwendung von § 8 Abs. 2 PartGG hat der BGH zwar angedeutet, bislang aber ausdrücklich offengelassen.[412] Abweichende Vereinbarungen des eintretenden Gesellschafters mit der Gesellschaft über eine Befreiung von der Haftung für Altverbindlichkeiten entfalten gem. § 130 Abs. 2 HGB analog keine Wirkung gegenüber Dritten. Im Innenverhältnis ist der eintretende Gesellschafter jedoch von einer Inanspruchnahme durch Dritte freizustellen.

bb) Rückwirkung

Die Vorschrift des § 130 HGB ist auch auf **Sachverhalte vor Änderung der höchstrichterlichen Rechtsprechung zur Haftungsverfassung der GbR** anzuwenden.[413] Der Gesellschafter kann nur ausnahmsweise Vertrauensschutz für sich in Anspruch nehmen. Ein schutzwürdiges Vertrauen ist jedenfalls dann ausgeschlossen, wenn der Gesellschafter die Gesellschaftsverbindlichkeit bei seinem Beitritt kannte oder bei geringer Aufmerksamkeit hätte erkennen könne.[414] Im Fall der Beteiligung an einem geschlossenen Immobilienfonds muss der Gesellschafter grundsätzlich mit einer schon bestehenden Fremdfinanzierung rechnen.[415]

d) Haftung ausgeschiedener Gesellschafter

Die Haftung eines ausscheidenden Gesellschafters nach § 128 HGB besteht in jedem Fall fort, wenn die Verbindlichkeit vor seinem Ausscheiden entstanden ist.[416] Als Begründung führt die Rechtsprechung an, dass § 128 HGB die persönliche Haftung der Gesellschafter als Ausgleich für das bei der Personengesellschaft fehlende Mindestkapital anordne.[417] Dieser Ausgleich dürfe nicht durch einen Austritt des Gesellschafters umgangen werden können. Diese zur OHG ergangene Rechtsprechung lässt sich in konsequenter Fortführung der Rechtsprechung des BGH zur Akzessorietätstheorie auch auf die GbR übertragen. Eine Haftung ausgeschiedener Gesellschafter für Verbindlichkeiten, die

---

408 Vgl BGHZ 38, 122, 129 f; BGHZ 42, 396, 397 f.
409 BGHZ 154, 370, 377 f; BGH NJW 2006, 765, 766.
410 BGHZ 81, 82, 84; BGHZ 71, 296, 299.
411 BGHZ 44, 235, 236 f.
412 BGHZ 154, 370, 377.
413 Vgl hierzu im Einzelnen *Lehleiter/Hoppe*, WM 2005, 2213, 2216 ff.
414 BGH NJW 2006, 765, 766.
415 BGH BB 2006, 2319.
416 BGHZ 36, 224, 225; BGHZ 50, 232, 235 f; BGHZ 55, 267, 269.
417 BGHZ 50, 232, 235 f.

nach ihrem Ausscheiden begründet wurden, kommt hingegen grundsätzlich nicht in Betracht. Etwas anderes kann nur gelten, wenn etwa der Rechtsschein eines Fortbestands der Gesellschafterstellung gesetzt wurde.

286 Voraussetzung der Nachhaftung ist, dass die **Rechtsgrundlage der Verbindlichkeit noch vor dem Ausscheiden** des Gesellschafters gesetzt wurde.[418] Nicht erforderlich ist hingegen, dass die Forderung bereits vor Ausscheiden fällig wurde.[419] Bei vertraglichen Ansprüchen, auch wenn sie zunächst unter einer Bedingung stehen,[420] ist daher grundsätzlich der Zeitpunkt des Vertragsschlusses entscheidend.[421] Dies gilt auch für Ansprüche aus Dauerschuldverhältnissen,[422] gleich ob es sich um Erfüllungs- oder Schadensersatzansprüche handelt.[423] Wird ein Vertrag allerdings nach Ausscheiden eines Gesellschafters einvernehmlich geändert, so treffen die daraus, dh gerade aus der Änderung, gegen die Gesellschaft resultierenden Forderungen den ausgeschiedenen Gesellschafter nicht.[424] Bei gesetzlichen Verbindlichkeiten ist ebenfalls die Entstehung des Rechtsgrundes maßgeblich. Bei deliktischen Ansprüchen ist daher auf den Zeitpunkt der Verletzungshandlung, bei Ansprüchen aus Geschäftsführung ohne Auftrag auf den Zeitpunkt der Übernahme der Geschäftsführung abzustellen.[425]

287 Allerdings ist die Nachhaftung der aus einer GbR ausscheidenden Gesellschafter **in zeitlicher Hinsicht begrenzt**. § 736 Abs. 2 BGB erklärt insofern § 160 HGB für entsprechend anwendbar. Nach Abs. 1 der Vorschrift haften die ausscheidenden Gesellschafter für die bis zu ihrem Ausscheiden begründeten Verbindlichkeiten nur, wenn diese innerhalb von fünf Jahren nach dem Ausscheiden fällig und in der nach § 160 Abs. 1 HGB vorgeschriebenen Weise geltend gemacht wurden.[426] Andernfalls erlischt die Haftung mit Ablauf der Fünf-Jahres-Frist. Fristbeginn ist bei der GbR mangels Registerpublizität nicht, wie in § 160 Abs. 1 S. 2 HGB vorgesehen, die Eintragung des Ausscheidens des Gesellschafters in das Handelsregister, sondern die **Kenntnis des Gläubigers vom Ausscheiden des Gesellschafters**.[427] Es ist daher jedem aus einer GbR ausscheidenden Gesellschafter anzuraten, die Gläubiger darüber zu informieren.[428]

e) Haftung nach Auflösung der GbR

aa) § 159 HGB analog

288 In ihrem direkten Anwendungsbereich begrenzt die Vorschrift des § 159 HGB das Haftungsrisiko des OHG-Gesellschafters, indem sie für seine Haftung nach Auflösung der Gesellschaft eine gesonderte Verjährungsfrist von fünf Jahren anordnet. Auch wenn § 736 BGB nur auf § 160 HGB verweist, ist die entstehende Lücke durch analoge Anwendung des § 159 HGB zu schließen.[429]

289 Die Vorschrift gilt allerdings **ausschließlich für die akzessorische Gesellschafterhaftung**, nicht auch für weitere Haftungstatbestände wie beispielsweise eine Gesellschafterbürgschaft oder eine Schuldmitübernahme durch einen Gesellschafter. Außerdem findet die Vorschrift keine Anwendung auf Sozialverbindlichkeiten eines Gesellschafters (Ausnahme: Fehlbetragshaftung nach §§ 735, 736 BGB).[430]

bb) Frist(beginn)

290 Die Verjährungsfrist beträgt fünf Jahre und beginnt nach § 159 Abs. 2 HGB grundsätzlich mit dem Ende des Tages, an dem die Auflösung der OHG – oder der Insolvenzvermerk – im Handelsregister

---

418 BGH NJW 2000, 208, 209; BGH NJW 1986, 1690; BGHZ 55, 267, 269; vgl zu den maßgeblichen Zeitpunkten auch Kompaktkommentar Gesellschaftsrecht/*Lehleiter*, § 128 HGB Rn 54 ff.
419 BGH NJW 2000, 208, 209.
420 BGHZ 73, 217, 220.
421 BGHZ 36, 224, 225; BGH NJW 1983, 2256, 2258.
422 BGHZ 142, 324, 328 f; BGHZ 150, 373, 376; BAG NJW 2004, 3287, 3288.
423 BGHZ 48, 203, 204 f; BGHZ 36, 224, 228.
424 Vgl BGH NJW 2002, 2170, 2171.
425 Vgl BGH NJW 1986, 1690.
426 Vgl hierzu im Einzelnen Kompaktkommentar Gesellschaftsrecht/*Lehleiter*, § 160 HGB Rn 16 ff.
427 Vgl BGHZ 117, 168, 175 ff; OLG Dresden NJW-RR 1997, 162, 163.
428 Vgl BGHZ 117, 168, 179.
429 Vgl BFH NZG 1998, 238, 239.
430 Vgl *MünchKommBGB/Schmidt*, § 159 HGB Rn 22.

eingetragen wird. Bei der GbR tritt an die Stelle der Registereintragung der Zeitpunkt, zu dem der Gläubiger der Gesellschaft Kenntnis von der Auflösung erlangt hat (arg. e § 160 HGB). Wird der Anspruch erst zu einem Zeitpunkt danach fällig, beginnt die Verjährung mit Eintritt der Fälligkeit. Werden bei Dauerschuldverhältnissen auch nach Auflösung der Gesellschaft ständig neue Verbindlichkeiten fällig, verjähren diese jeweils gesondert nach Ablauf von fünf Jahren ab Fälligkeit und nicht einheitlich fünf Jahre ab Eintragung oder Kenntnis der Auflösung. Dies birgt zwar die Gefahr einer Endloshaftung in sich, ist aber zum Schutz des Gläubigers dieser Verbindlichkeiten geboten.[431]

cc) Hemmung und Neubeginn der Verjährung

Hemmung und Neubeginn der Verjährung nach oder analog § 159 HGB richten sich nach den allgemeinen Verjährungsvorschriften des BGB. § 159 Abs. 4 HGB enthält zugunsten des Gesellschaftsgläubigers eine Sonderbestimmung dahingehend, dass er mit Handlungen, die gegenüber der Gesellschaft eine Hemmung nach § 204 (andere Hemmungstatbestände sind nicht erfasst) oder einen Neubeginn der Verjährung herbeiführen, auch gegenüber den Gesellschaftern wirken. Dies bedeutet Zweierlei: Zum einen können sich die Gesellschafter nicht auf eine Verjährung der Gesellschaftsschuld berufen. Zum anderen erfasst die Hemmung oder der Neubeginn auch die Verjährung der Gesellschafterhaftung. Der Gesellschaftsgläubiger muss also nicht zusätzlich auch gegenüber den Gesellschaftern Maßnahmen im Sinne der §§ 204, 212 BGB ergreifen. Maßnahmen lediglich gegenüber einem Gesellschafter haben hingegen keine Auswirkungen die Verjährungseinrede der Gesellschaft und der Mitgesellschafter.

291

f) Gesellschafterhaftung in der Insolvenz

Inhaltlich wird die persönliche Haftung der Gesellschafter durch die Eröffnung eines Insolvenzverfahrens über das Vermögen einer GbR nicht berührt. Jedoch können die Gläubiger mit Eröffnung des Insolvenzverfahrens ihre Ansprüche nicht mehr selbst gegen die Gesellschafter geltend machen. § 93 InsO ordnet an, dass die persönliche Haftung der Gesellschafter für die Gesellschaftsverbindlichkeiten einer „Gesellschaft ohne Rechtspersönlichkeit" nur vom Insolvenzverwalter geltend gemacht werden kann. Ungeachtet der Anerkennung der Fähigkeit der GbR, im Rechtsverkehr Träger von Rechten und Pflichten zu sein, fällt unter diese Vorschrift auch die GbR. Ziel der Regelung ist es, den **Grundsatz der gleichmäßigen Gläubigerbefriedigung auch auf das Privatvermögen der Gesellschafter** zu erstrecken.

292

§ 93 InsO ist seinem Anwendungsbereich nach beschränkt auf Altverbindlichkeiten der Gesellschaft, dh solche Verbindlichkeiten, die vor Eröffnung des Insolvenzverfahrens entstanden sind. Danach entstandene Neuverbindlichkeiten (zB Masseverbindlichkeiten iSv § 55 Abs. 1 Nr. 1 InsO) sind aus der Insolvenzmasse zu befriedigen, die Gesellschafter haften nicht mehr persönlich für diese.

293

4. Prozessuale Fragen

a) Unterscheidung zwischen Gesellschafts- und Gesellschafterprozess

Ebenso wie materiellrechtlich zwischen der Gesellschaft und den Gesellschaftern als jeweils selbständigen Trägern von Rechten und Pflichten zu unterscheiden ist, sind der Gesellschaftsprozess von der gerichtlichen Inanspruchnahme der Gesellschafter sowie die Zwangsvollstreckung in Gesellschaftsvermögen von der ins persönliche Vermögen der Gesellschafter strikt zu trennen. Nach § 129 Abs. 4 HGB ermöglicht das in einem Gesellschaftsprozess ergangene Urteil nur die Zwangsvollstreckung in das Gesellschaftsvermögen, nicht aber in das Gesellschaftervermögen. Auch ohne entsprechende gesetzliche Regelung berechtigt umgekehrt das in einem Gesellschafterprozess ergangene Urteil auch nur zum Zugriff auf das persönliche Vermögen dieses Gesellschafters.

294

Im Erkenntnisverfahren bedingt diese Unterscheidung, dass eine bereits anhängige Klage gegen die Gesellschaft nicht zum Einwand anderweitiger Rechtshängigkeit und damit zur Unzulässigkeit einer später gegenüber einem Gesellschafter erhobenen Klage führt. Es ist daher auch möglich, die Klagen

295

---

[431] Vgl *MünchKommBGB/Schmidt*, § 159 HGB Rn 47.

gegen die Gesellschaft und gegen einzelne oder sämtliche Gesellschafter zu verbinden. Die Gesellschafter sind untereinander ebenso wie im Verhältnis zur Gesellschaft **einfache Streitgenossen**. Auch wenn materiellrechtlich zwischen der Gesellschaft und dem einzelnen Gesellschafter kein Gesamtschuldverhältnis besteht, findet sich in der Praxis häufig eine Tenorierung dahingehend, dass beide als Gesamtschuldner verurteilt werden. Dies ist zwar – insbesondere für die nachfolgende Zwangsvollstreckung – unschädlich, vorzugswürdig sind jedoch Formulierungen wie „als wären sie Gesamtschuldner" oder „wie Gesamtschuldner".

296 Ist ein Gesellschaftsprozess rechtskräftig abgeschlossen, so hat dies trotz der zuvor beschriebenen Trennung über § 129 Abs. 1 HGB Auswirkungen auf das Rechtsverhältnis zwischen Gläubiger und Gesellschafter. Wurden im Rahmen des Gesellschaftsprozesses Einwendungen der Gesellschaft als unbegründet erachtet, können sich die Gesellschafter auf diese Einwendung nicht mehr berufen.[432] Wurden die Einwendungen der Gesellschaft hingegen rechtskräftig zuerkannt, sind sie auch von dem mit dem Gesellschafterprozess befassten Gericht ohne weiteres zu berücksichtigen.

b) Zulässigkeitsvoraussetzungen

297 Die Zulässigkeit der Klagen ist für die Gesellschaft und für die Gesellschafter grundsätzlich gesondert zu prüfen. Beinhaltet der zwischen der Gesellschaft und dem Gläubiger geschlossene Vertrag prozessuale Regelungen, insbesondere eine Schiedsgerichtsvereinbarung oder eine Gerichtsstandsvereinbarung, ist der Gesellschafter aufgrund der Akzessorietät seiner Haftung hieran gebunden.[433] Eine solche Bindung besteht auch hinsichtlich des besonderen Gerichtsstandes des Erfüllungsortes der Gesellschaftsverbindlichkeit (§ 29 ZPO). Es bietet sich an, im Vertrag zwischen Gesellschaft und Gläubiger klarzustellen, dass prozessuale Vereinbarungen auch gegenüber den Gesellschaftern gelten sollen.

c) Pfändung von Gesellschaftsanteilen

298 Im Rahmen der Zwangsvollstreckung aus einem gegen einen Gesellschafter ergangenen Urteil kann dessen Gesellschaftsanteil gepfändet werden. Die Auswirkungen dieser Pfändung sind in § 725 BGB geregelt. Danach führt die Anteilspfändung nicht dazu, dass der Pfändungsgläubiger in das Gesellschaftsverhältnis einrückt. Die Pfändung berechtigt den Gläubiger nur dazu, den Gewinnanteil geltend zu machen und die Gesellschaft gegebenenfalls zu kündigen. Die **Pfändung betrifft damit die vermögensrechtliche Beteiligung des Gesellschafters** am Gesellschaftsvermögen, nicht hingegen die sich aus der Mitgliedschaft ergebenden sogenannten kooperationsrechtlichen Rechte, vor allem seine Verwaltungs- und Informationsrechte. Diese können auch nach der Pfändung allein vom betroffenen Gesellschafter ausgeübt werden.

VI. Auflösung und Beendigung der GbR

1. Einzelne Auflösungsgründe

299 Gründe für die Auflösung der GbR sind in den §§ 723 bis 728 BGB normiert. Diese Vorschriften sind jedoch nicht abschließend und zudem in weiten Teilen dispositiv. Zu berücksichtigen sind zudem im Gesellschaftsvertrag vereinbarte Auflösungsgründe sowie solche aufgrund allgemeiner Rechtsgrundsätze. Danach kommen grundsätzlich folgende Auflösungsgründe in Betracht:
- Ordentliche Kündigung durch einen Gesellschafter, es sei denn der Gesellschaftsvertrag enthält – wie üblich – eine § 736 BGB entsprechende Fortsetzungsklausel
- Kündigung durch einen Gesellschafter aus wichtigem Grund, es sei denn der Gesellschaftsvertrag enthält – wie üblich – eine § 736 BGB entsprechende Fortsetzungsklausel
- Kündigung durch einen Pfändungsgläubiger, es sei denn – § 736 BGB ist insofern analog anwendbar – im Gesellschaftsvertrag ist eine Fortsetzungsklausel vereinbart worden

---

432 Vgl BGH WM 1976, 1085, 1086.
433 Vgl BGH NJW 1981, 2644, 2646.

- Erreichen des Gesellschaftszwecks oder Unmöglichkeit der Zweckerreichung, wobei eine abweichende gesellschaftsvertragliche Vereinbarung nicht in Betracht kommt
- Tod eines Gesellschafters, es sei denn, die Gesellschafter haben eine Fortsetzungsklausel vereinbart[434]
- Insolvenz der Gesellschaft,[435] wobei eine abweichende gesellschaftsvertragliche Gestaltung nicht zulässig ist
- Insolvenz eines Gesellschafters, es sei denn, der Gesellschaftsvertrag enthält eine Fortsetzungsklausel, wobei eine Fortsetzung nur ohne den betroffenen Gesellschafter möglich ist
- Auflösung infolge Zeitablaufs, soweit der Gesellschaftsvertrag eine entsprechende Regelung enthält
- Vereinigung aller Gesellschaftsanteile in einer Hand
- Fassung eines Auflösungsbeschlusses durch die Gesellschafter, wobei regelmäßig eine einstimmige Beschlussfassung notwendig ist, soweit nicht der Gesellschaftsvertrag mit der bei Grundlagengeschäften notwendigen Bestimmtheit die Mehrheitsfähigkeit des Beschlusses zulässt

2. Rechtsfolgen der Auflösung

Mit Auflösung der GbR beginnt ihre **Auseinandersetzung**, die der Liquidation[436] der Personenhandelsgesellschaften OHG und KG entspricht. Die Auseinandersetzung der GbR ist in §§ 730 bis 735 BGB geregelt. 300

a) Grundlagen

Die Auflösung der Gesellschaft wandelt die Gesellschaft in eine Auseinandersetzungsgesellschaft um. Sie ist zwar rechtlich **mit der werbend tätigen GbR identisch**, jedoch ändert sich ihr **Gesellschaftszweck**, der nunmehr **auf die Auseinandersetzung gerichtet** ist. Die Rechtsverhältnisse zu Dritten bleiben unberührt, soweit nicht die Auflösung der Gesellschaft nach dem Inhalt der vertraglichen Drittbeziehung zur Ausübung von Gestaltungsrechten (zB Rücktritt oder Kündigung) berechtigt. 301

Die Gesellschafter sind – als Ausfluss der Treuepflicht – untereinander verpflichtet, die Auseinandersetzung voranzutreiben. Diese Verpflichtung erstreckt sich auch auf die Vornahme einzelner Auseinandersetzungsmaßnahmen und kann erforderlichenfalls im Wege der Feststellungsklage oder der Leistungsklage geltend gemacht werden. 302

Während der Auseinandersetzung obliegt die Geschäftsführung sämtlichen Gesellschaftern, auch wenn sie von der Geschäftsführung für die werbend tätige Gesellschaft ausgeschlossen waren. Es ist jedoch zulässig, die Auseinandersetzung bestimmten Gesellschaftern oder auch Dritten zu übertragen. Die Übertragung auf Dritte kann auch unter Ausschluss der Gesellschafter geschehen, da der Grundsatz der Selbstorganschaft im Auseinandersetzungsstadium nicht mehr gilt.[437] 303

Im Auseinandersetzungsstadium greift der **Grundsatz der Durchsetzungssperre**. Danach können Ansprüche des Gesellschafters gegenüber der Gesellschaft nicht mehr gesondert geltend gemacht werden. Sie werden vielmehr zu unselbständigen Rechnungsposten in der Auseinandersetzungsabrechnung. Eine Ausnahme hiervon besteht insbesondere dann, wenn schon vor dem Ende der Auseinandersetzung feststeht, dass der Gesellschafter jedenfalls den eingeklagten Betrag aus dem liquiden Gesellschaftsvermögen verlangen kann.[438] Von der Durchsetzungssperre werden Ansprüche eines Gesellschafters aufgrund einer einem Drittvergleich genügenden Sonderrechtsbeziehung grundsätzlich nicht erfasst.[439] 304

---

434 Dazu oben Rn 118 ff.
435 Dazu unten Rn 313 ff.
436 Dazu unten Rn 410 ff.
437 Vgl *MünchKommBGB/ Ulmer*, § 730 BGB Rn 47.
438 Vgl BGH NJW-RR 1988, 1249.
439 Zu Ausnahmen vgl MünchHdb GesR/*Gummert*, Band I, § 21 Rn 109.

b) Entbehrlichkeit der Auseinandersetzung

305 In folgenden Fällen tritt mit Auflösung der GbR und ohne Auseinandersetzung sofort **Vollbeendigung** der Gesellschaft ein:
- Vereinigung sämtlicher Gesellschaftsanteile in einer Hand
- Fehlen eines aktiven Gesellschaftsvermögens, wobei die Nachschusspflicht nach § 735 BGB auszublenden ist, da diese Vorschrift ohne Zugriffsmöglichkeit der Gesellschaftsgläubiger ausschließlich im Innenverhältnis der Gesellschafter Anwendung findet
- Eindeutigkeit der den einzelnen Gesellschaftern zustehenden Ansprüche
- Innengesellschaft, wobei die Vorschriften der §§ 730 bis 735 BGB bei Bedarf ihrem Sinn entsprechend angewendet werden können

c) Gesetzliche Regelung der Auseinandersetzung

306 Im Rahmen der Auseinandersetzung sind erstens **laufende Geschäfte zu beendigen** (§ 730 Abs. 2 S. 1 BGB). Dies bedeutet, dass Dauerschuldverhältnisse, soweit möglich, gekündigt und die übrigen Verträge möglichst rasch abgewickelt werden. Neue Verträge können abgeschlossen werden, soweit dies der Abwicklung noch laufender Geschäfte dient.

307 Zweitens sind solche **Gegenstände, die ein Gesellschafter der Gesellschaft zur Benutzung überlassen hat** und die daher nicht Bestandteil des Gesellschaftsvermögens geworden sind, an diesen Gesellschafter zurückzugeben (§ 732 BGB). Dies gilt nicht für Gegenstände, die der Gesellschaft aufgrund eines Überlassungsvertrages überlassen wurden. Der Gesellschaft steht im Übrigen ein Zurückbehaltungsrecht zu, wenn die Gegenstände zu Abwicklungszwecken notwendig sind oder der betroffene Gesellschafter mit hoher Wahrscheinlichkeit nachschusspflichtig im Sinne des § 735 BGB sein wird.[440]

308 Drittens sind gemäß § 733 BGB die **gemeinschaftlichen Schulden** zu **tilgen**. Hierbei handelt es sich ausschließlich um einen Anspruch der Gesellschafter untereinander, was die Gläubiger allerdings nicht benachteiligt, da die Gesellschafter im Außenverhältnis ohnehin analog §§ 128 ff HGB haften.

309 Viertens sind die **Einlagen (in Geld) zu erstatten**. Für Sacheinlagen ist Wertersatz zu leisten, der sich nach dem Wert bei Einbringung richtet. Der Wert geleisteter Dienste ist nur dann zu erstatten, wenn dies gesellschaftsvertraglich vereinbart ist[441] oder sich die Dienstleistungen dauerhaft im Gesellschaftsvermögen niedergeschlagen haben.[442] Zum Zwecke der Einlagenrückerstattung ist das Gesellschaftsvermögen zu verwerten, soweit die Liquidität der GbR hierzu nicht ausreicht.

310 Verbleibt anschließend noch ein aktives Gesellschaftsvermögen, ist dieser **Überschuss** fünftens auf die Gesellschafter entsprechend ihrer Anteile am Gewinn zu **verteilen**. Abweichende Verteilungsschlüssel sind zulässig. Befinden sich im Gesellschaftsvermögen teilbare Gegenstände, sind diese grundsätzlich in Natur zu teilen. Unteilbare Gegenstände sind entsprechend den Regeln des Pfandverkaufs mit anschließender Verteilung des Erlöses zu verwerten. Die Gesellschaft ist sodann beendet.

311 Beendigung tritt aber auch ein, sobald die Gesellschaft über kein aktives Vermögen mehr verfügt, auch wenn nicht sämtliche Gesellschaftsverbindlichkeiten getilgt wurden. Zwar sind die Gesellschafter untereinander verpflichtet, die zur Schuldentilgung erforderlichen Nachschüsse nach § 735 BGB einzuziehen. Dies hindert die Beendigung jedoch nicht, da weder die Gesellschaft noch die Gläubiger diesen Anspruch geltend machen können, ändert aber auch nichts daran, dass die Gesellschaftsgläubiger auch weiterhin auf die akzessorische Gesellschafterhaftung zugreifen können.

---

440 Vgl BGH NJW 1981, 2802.
441 Vgl BGH WM 1962, 1068 f.
442 Vgl BGH BJW 1986, 51 f.

A. Gesellschaft bürgerlichen Rechts

d) Abweichende Gestaltungen

Die Vorschriften der §§ 730 bis 735 BGB sind abdingbar. Die Gesellschafter können eine abweichende Form der Auseinandersetzung sowohl durch eine gesellschaftsvertragliche Vereinbarung als auch durch einen einstimmigen Gesellschafterbeschluss festlegen. Als solche kommen in Betracht:
- Veräußerung des gesamten Gesellschaftsvermögens an einen Dritten
- Veräußerung sämtlicher Gesellschaftsanteile an einen Dritten, der dadurch im Wege der Gesamtrechtsnachfolge das Gesellschaftsvermögen erwirbt
- Ausübung eines vereinbarten oder gesetzlichen Übernahmerechts, wobei ein gesetzliches Übernahmerecht analog § 737 BGB, §§ 140 Abs. 1 S. 2, 131 Abs. 3 Nr. 2, 4 HGB nur in Betracht kommt, wenn die Gesellschafter durch die Aufnahme einer Fortsetzungsklausel in den Gesellschaftsvertrag grundsätzlich zum Ausdruck gebracht haben, dass sie ein Interesse an der Aufrechterhaltung des Gesellschaftsvermögens als Einheit haben[443]
- Einstimmiger Beschluss der Gesellschafter, die Gesellschaft als wieder werbend tätig fortzusetzen[444]

3. Insbesondere: Insolvenz der GbR

a) Insolvenzfähigkeit der GbR

Die GbR ist nach § 11 Abs. 2 InsO insolvenzfähig. Ein Bedürfnis, Einschränkungen bei Gelegenheitsgesellschaften vorzunehmen, besteht nicht.[445] Denn soweit es sich um eine reine Innengesellschaft ohne Gesamthandsvermögen handelt, gibt es ohnehin kein Vermögen, das Gegenstand eines Insolvenzverfahrens sein könnte. Handelt es sich um eine Außengesellschaft, dürfte die Schutzbedürftigkeit der Gesellschaftsgläubiger nicht davon abhängen, ob die Gesellschaft auf Dauer errichtet war oder nicht.

b) Insolvenzgründe

aa) Zahlungsunfähigkeit

Nach § 17 Abs. 2 S. 1 InsO ist eine GbR **zahlungsunfähig**, wenn sie nicht in der Lage ist, ihre fälligen Zahlungsverpflichtungen zu erfüllen. Erfasst sind sämtliche Verbindlichkeiten der Gesellschaft unabhängig davon, ob der jeweilige Gesellschaftsgläubiger sie ernsthaft einfordert.

Gemäß § 17 Abs. 2 S. 2 InsO wird die Zahlungsunfähigkeit der GbR widerlegbar vermutet, wenn sie ihre Zahlungen eingestellt hat. Dies ist anzunehmen, wenn sie nicht in der Lage ist, einen wesentlichen Teil ihrer fälligen Zahlungsverpflichtungen zu erfüllen, und dieser Umstand für die beteiligten Verkehrskreise erkennbar wird.[446]

Die Zahlungsunfähigkeit ist von der Zahlungsstockung und vom geringfügigen **Liquiditätsengpass** abzugrenzen, die noch keinen Insolvenzgrund darstellen. Als Zahlungsstockung ist eine Illiquidität der Gesellschaft anzusehen, die einen Zeitraum von zwei bis drei Wochen nicht überschreitet, da dies die Zeitspanne ist, innerhalb derer sich eine kreditwürdige Person die notwendigen Mittel beschaffen kann.[447]

Als Schwellenwert für die Annahme der Geringfügigkeit einer Liquiditätslücke hat der BGH 10 % angesetzt,[448] der überschritten wird, wenn die Gesellschaft mehr als 10% ihrer fälligen Gesamtverbindlichkeiten nicht innerhalb von höchstens drei Wochen erfüllen kann. An das Unter- oder Überschreiten dieses Schwellenwertes knüpfen sich jeweils widerlegbare Vermutungen.

Wird der Schwellenwert unterschritten, wird die Zahlungsfähigkeit vermutet und es müssen besondere Umstände für die Annahme von Zahlungsunfähigkeit hinzukommen. Wird der Schwellenwert hingegen überschritten, wird die Zahlungsunfähigkeit vermutet und es müssen zur Widerlegung die-

---

[443] Vgl *MünchKommBGB/ Ulmer*, § 730 BGB Rn 66.
[444] Vgl BGH NZG 2004, 227.
[445] Vgl hierzu im Einzelnen MünchHdb GesR/*Gummert*, Band I, § 22 Rn 8.
[446] Vgl BGH NJW 1984, 1953.
[447] Vgl BGH NJW 2005, 3062, 3064.
[448] Vgl BGH NJW 2005, 3062, 3064.

ser Vermutung besondere Umstände dargetan werden, die die Annahme rechtfertigen, die Liquiditätslücke lasse sich in überschaubarer Zeit beseitigen.

bb) Drohende Zahlungsunfähigkeit

319 Der Insolvenzgrund der drohenden Zahlungsunfähigkeit ist neu in die InsO aufgenommen worden. Er liegt vor, wenn die Gesellschaft voraussichtlich nicht in der Lage sein wird, die bestehenden Zahlungspflichten im Zeitpunkt ihrer Fälligkeit zu erfüllen. Es werden also nicht nur die schon fälligen Forderungen, sondern auch die künftig fällig werdenden Forderungen in die Betrachtung einbezogen. Dieser Insolvenzgrund berechtigt allerdings nur die Gesellschaft zum Eigenantrag und schafft keine Verpflichtung. Gläubiger der Gesellschaft können die drohende Zahlungsunfähigkeit nicht zum Anlass nehmen, einen Insolvenzantrag zu stellen.

cc) Überschuldung

320 Bei einer Personengesellschaft ist die **Überschuldung nur ausnahmsweise Insolvenzgrund**, nämlich bei einer **atypischen Personengesellschaft**, bei der kein persönlich haftender Gesellschafter oder ein Gesellschafter eines Gesellschafters eine natürliche Person ist (§ 19 Abs. 3 InsO). Eine solche atypische Personengesellschaft ist überschuldet, wenn ihr Vermögen ihre Verbindlichkeiten nicht mehr deckt. Die ist in folgenden Schritten zu überprüfen:

321 In einem ersten Schritt ist mittels eines Überschuldungsstatus unter Ansatz von Liquidationswerten zu ermitteln, ob eine rechnerische Überschuldung der Gesellschaft vorliegt. Ein Firmenwert darf in diesem Rahmen nur berücksichtigt werden, wenn entweder die Firma als solche verwertet werden kann oder im Fall einer Veräußerung des Unternehmens im Ganzen oder in Teilen ein Zusatzertrag in Höhe des Firmenwertes als gesichert zu erwarten ist.

322 **Nicht zu aktivieren ist die akzessorische Gesellschafterhaftung** nach oder analog §§ 128 ff HGB, weil diese nach § 93 InsO die Masse nicht stärkt. Liegt nach diesem Überschuldungsstatus keine rechnerische Überschuldung vor, ist die Überschuldungsprüfung bereits mit dem Ergebnis beendet, dass die Gesellschaft im insolvenzrechtlichen Sinne nicht überschuldet ist. Liegt eine rechnerische Überschuldung vor, ist in einem zweiten Schritt eine **Fortführungsprognose** anzustellen. Fällt diese negativ aus, ist die Gesellschaft überschuldet.

323 Fällt die Fortführungsprognose hingegen positiv aus, ist in einem dritten Schritt der anhand von Liquidationswerten erstellte Überschuldungsstatus zu korrigieren, indem die Vermögenswerte der Gesellschafter nunmehr nicht mit Liquidationswerten, sondern mit Fortführungswerten angesetzt werden. Beseitigt diese Korrektur die rechnerische Überschuldung, ist die Gesellschaft im insolvenzrechtlichen Sinne nicht überschuldet. Andernfalls liegt (endgültig) Überschuldung vor.

c) Folgen

324 Liegt ein Insolvenzgrund vor, sind die Gesellschaft und deren Gläubiger berechtigt, einen Insolvenzantrag zu stellen, letztere allerdings nicht im Fall bloß drohender Zahlungsunfähigkeit. Eine Verpflichtung der Gesellschaft, Insolvenzantrag zu stellen, besteht – außerhalb des Anwendungsbereichs des § 130 a HGB[449] und des für die Kommanditgesellschaft geltenden § 177 a HGB – nicht.

325 Wird das Insolvenzverfahren eröffnet, wird die GbR aufgelöst (§ 728 Abs. 1 S. 1 BGB). Die Befugnis, die akzessorische Gesellschafterhaftung geltend zu machen, geht auf den Insolvenzverwalter über.

326 Wird der Eröffnungsbeschluss im Nachhinein wieder aufgehoben, entfällt der Auflösungsgrund rückwirkend. Die GbR wird so behandelt, als sei sie ständig werbend tätig geblieben. Wird das Insolvenzverfahren lediglich eingestellt oder nach der Bestätigung des Insolvenzplans, der eine Fortführung der Gesellschaft vorsieht, aufgehoben, führt dies nicht automatisch dazu, dass die Gesellschaft wieder werbend tätig ist. Erforderlich ist zusätzlich ein Fortsetzungsbeschluss der Gesellschaft (§ 728 Abs. 1 S. 2 BGB).

---

449 Dazu unten Rn 393.

Wird die Eröffnung des Insolvenzverfahrens mangels Masse abgelehnt, führt dies nicht zur Auflösung der Gesellschaft. 327

B. Offene Handelsgesellschaft
I. Grundlagen
1. Begriffsmerkmale und Abgrenzungen

Die offene Handelsgesellschaft (im Folgenden OHG) findet ihre Regelung in §§ 105 ff HGB. Während die Gesellschaft bürgerlichen Rechts (im Folgenden GbR) die Grundform der Personengesellschaften, somit auch der OHG, darstellt, ist die OHG ihrerseits die **Grundform der Personenhandelsgesellschaften**. 328

a) Handelsgewerbe

Die Abgrenzung der OHG von der GbR erfolgt anhand des Gesellschaftszwecks. Dieser ist bei der OHG auf den **Betrieb eines Handelsgewerbes unter gemeinschaftlicher Firma** gerichtet. Handelsgewerbe ist nach § 1 Abs. 2 HGB jeder Gewerbebetrieb, es sei denn, dass das Unternehmen nach Art und Umfang einen in kaufmännischer Weise eingerichteten Geschäftsbetrieb nicht erfordert. Der Begriff des Gewerbebetriebs ist nicht gesetzlich definiert, sondern von der Rechtsprechung ausgefüllt worden. Gewerbe ist danach die mit der Absicht der Gewinnerzielung vorgenommene erlaubte Tätigkeit, die selbständig, auf Dauer angelegt und planmäßig betrieben wird, am Markt nach außen erkennbar in Erscheinung tritt und wirtschaftlicher, aber nicht freiberuflicher, wissenschaftlicher oder künstlerischer Art ist. 329

Ausnahmsweise kann auch eine nichtgewerbliche Gesellschaft OHG sein. Die Handelsrechtsreform hat das Recht der OHG für **Kleinunternehmen** (Kleingewerbetreibende und „nur" eigenes Vermögen verwaltende Gesellschaften) geöffnet. Diese Gesellschaften haben die Wahlmöglichkeit, die Firma ihres Unternehmens in das Handelsregister eintragen zu lassen. Machen sie hiervon Gebrauch, werden sie zur OHG. 330

b) Unbeschränkte Haftung

Von der Kommanditgesellschaft (KG) grenzt sich OHG dadurch ab, dass bei keinem ihrer Gesellschafter die Haftung gegenüber den Gesellschaftsgläubigern beschränkt ist. 331

2. Anmeldepflicht

Zum Schutz des Rechtsverkehrs bestimmt § 106 HGB, dass die OHG bei dem Gericht, in dessen Bezirk sie ihren Sitz hat, zur Eintragung ins Handelsregister anzumelden ist. 332

a) Entstehen der Anmeldepflicht

Besteht der Gesellschaftszweck im Betrieb eines Handelsgewerbes, ist der Anmeldepflicht **unverzüglich nach Aufnahme der Geschäfte** nachzukommen.[450] Handelt es sich um eine Gesellschaft im Sinne des § 2 HGB, entsteht die Anmeldepflicht dagegen erst, sobald die Geschäftstätigkeit einen der Vorschrift des § 1 Abs. 2 HGB entsprechenden Umfang erreicht. Von der Anmeldepflicht zu unterscheiden ist die Anmeldeberechtigung. Die Gesellschafter sind mit dem Abschluss des Gesellschaftsvertrages auch schon dann zur Anmeldung der Gesellschaft zur Eintragung ins Handelsregister berechtigt, wenn die Gesellschaft ihre Geschäftstätigkeit noch nicht aufgenommen hat. 333

b) Inhalt der Anmeldung

Als notwendigen Inhalt der Anmeldung definiert § 106 Abs. 2 HGB die Bezeichnung der Gesellschafter, die Firma der Gesellschaft und ihren Sitz sowie die Vertretungsmacht der Gesellschafter. 334

---

450 Vgl GroßkommHGB/*Ulmer*, § 106 HGB Rn 7.

335 Über diesen Katalog hinaus sind auch solche Tatsachen, die das **Außenverhältnis** der Gesellschaft betreffen, eintragungsfähig,[451] so beispielsweise die Befreiung vom Verbot des Selbstkontrahierens[452] oder der Beschluss, die Gesellschaft nach ihrer Auflösung fortzusetzen.[453]

336 Nicht eintragungsfähig sind demgegenüber Tatsachen, die lediglich das **Innenverhältnis** der Gesellschaft betreffen, so beispielsweise Vereinbarungen über die Beteiligung an Gewinn und Verlust und Einschränkungen oder Erweiterungen der Gesellschafterrechte.

c) Anmeldepflichtige Personen

337 Anmeldepflichtig sind nicht nur die geschäftsführungs- und vertretungsberechtigten Gesellschafter, sondern sämtliche Gesellschafter (§ 108 HGB). Die Anmeldung muss jedoch **nicht höchstpersönlich** durch jeden Gesellschafter bewirkt werden. Die Gesellschafter können sich durch Dritte oder durch einen Mitgesellschafter vertreten lassen, ohne dass dem § 181 BGB entgegen stünde. Erforderlich ist lediglich eine öffentlich beglaubigte Vollmacht (§ 12 Abs. 1 HGB).

338 Die frühere Zeichnungspflicht der vertretungsberechtigten Gesellschafter ist durch das EHUG ab 1.1.2007 abgeschafft worden.

d) Anmeldung von Änderungen

339 Die Vorschrift des § 106 HGB wird durch die des § 107 HGB dahingehend ergänzt, dass auch spätere Veränderungen der Gesellschaft bis zu ihrer Vollbeendigung zur Eintragung in das Handelsregister anzumelden sind. Anmeldepflichtig sind die (vollständige oder teilweise) Änderungen der Firma, die Sitzverlegung der Gesellschaft, Änderungen der Vertretungsmacht sowie der Eintritt neuer Gesellschafter. Der Austritt eines Gesellschafters ist nach § 143 Abs. 2 HGB anmeldepflichtig.

340 Nicht anmeldepflichtig sind dagegen Änderungen in den Beteiligungsverhältnissen der Gesellschafter. Gleiches gilt für Änderungen in den Personalien eines Gesellschafters, die jedoch anmeldefähig sind.

3. Wirksamwerden der OHG

341 Im **Innenverhältnis** wird die OHG – wie die GbR insgesamt – mit Abschluss des Gesellschaftsvertrages wirksam. Für das Wirksamwerden im **Außenverhältnis** verlangt § 123 HGB – in gegenüber Dritten unabdingbarer Form – zusätzlich entweder die **Eintragung** der Gesellschaft in das Handelsregister oder den **Geschäftsbeginn**. Bis zu diesem Zeitpunkt ist die Gesellschaft noch eine GbR, auf deren Innenrecht allerdings schon OHG-Recht anwendbar ist, soweit die Gesellschafter den Betrieb eines in kaufmännischer Weise eingerichteten Geschäftsbetriebs beabsichtigen.[454] Dies soll auch für die Vertretungsverhältnisse gelten,[455] was allerdings nur dann eine Rolle spielt, wenn mit der Wahrnehmung der Vertretungsmacht nicht zugleich von einem Geschäftsbeginn im Sinne des § 123 Abs. 2 HGB auszugehen ist.

a) Spätestens: Wirksamwerden infolge Eintragung

342 Die OHG entsteht spätestens mit ihrer Eintragung.[456] Gleichzusetzen ist die Übernahme eines bereits eingetragenen Unternehmens.[457]

b) Zuvor: Wirksamwerden infolge Geschäftsbeginn

343 Die OHG kann jedoch auch bereits vor ihrer Eintragung nach außen wirksam werden, nämlich wenn sie zuvor mit dem Betrieb ihres Handelsgewerbes beginnt. Dabei soll nicht erforderlich sein, dass das

---

451 Vgl BGH NJW 1989, 295, 299.
452 Vgl BayObLG ZIP 2000, 701.
453 Vgl *Ulmer*, NJW 1990, 73, 82.
454 Vgl BGH BB 1971, 973 f.
455 Vgl BGH BB 1979, 286 f.
456 Hierzu bereits oben Rn 332.
457 Vgl BGHZ 59, 179.

Handelsgewerbe sofort mit einem in kaufmännischer Weise eingerichteten Gewerbebetrieb ausgeübt wird. Es reicht aus, wenn die Gesellschaft hierauf ausgerichtet ist.[458]

Für den Geschäftsbeginn bedarf es eine dem Gesellschaftszweck dienende Handlung gegenüber Dritten im Namen der Gesellschaft, die im Einverständnis sämtlicher Gesellschafter vorgenommen wird.[459] Dabei reichen vorbereitende Maßnahmen aus. Als solche kommen beispielsweise in Betracht:

- Werbeaufträge und Werbung an sich
- Erwerb der Geschäftsausstattung
- Abschluss von Miet- oder Pachtverträgen für das Betriebsgrundstück
- Abschluss von Dienstverträgen

II. Besonderheiten im Innenrecht der OHG

1. Geschäftsführung

Die gesetzlichen Regelungen zur Geschäftsführung in der OHG und in der GbR unterscheiden sich dadurch, dass für die OHG der **Grundsatz der Einzelgeschäftsführungsbefugnis sämtlicher Gesellschafter** (§ 115 Abs. 1 HGB) und für die GbR der Grundsatz der Gesamtgeschäftsführungsbefugnis sämtlicher Gesellschafter (§ 709 Abs. 1 BGB) aufgestellt wird. Jeweils durch gesellschaftsvertragliche Vereinbarung kann bei der OHG zur Gesamtgeschäftsführung (§ 115 Abs. 2 HGB) und bei der GbR zur Einzelgeschäftsführung (§ 711 BGB) übergegangen werden. Im Fall der (gesetzlich vorgesehenen oder gesellschaftsvertraglich vereinbarten) Einzelgeschäftsführung steht den übrigen Gesellschafter-Geschäftsführern ein Widerspruchsrecht zu (§ 115 Abs. 1 2. Hs HGB einerseits und § 711 S. 1 BGB andererseits).

Bei der OHG wie bei der GbR kann die Geschäftsführung unter Ausschluss der übrigen Gesellschafter auf einen oder mehrere Gesellschafter übertragen werden (§ 114 Abs. 2 HGB einerseits und § 710 BGB andererseits). Auch diese Gestaltung ist sowohl in Form der Einzel- wie der Gesamtgeschäftsführungsbefugnis der mit der Geschäftsführung betrauten Gesellschafter möglich.

Letztlich unterscheiden sich die denkbaren Formen der Geschäftsführung in der OHG und GbR daher nicht, sondern hängen davon ab, was im Gesellschaftsvertrag vereinbart worden ist oder nicht vereinbart worden ist. Die einzelnen Geschäftsführungsformen sind oben Rn 138 f dargestellt worden.

Weitere Besonderheiten bestehen bei der OHG darin,

- dass die Bestellung eines Prokuristen – soweit nicht Gefahr im Verzuge ist – der Zustimmung aller geschäftsführenden Gesellschafter bedarf (§ 116 Abs. 3 HGB) und
- dass die Entziehung der Geschäftsführung aus wichtigem Grund einer von den übrigen Gesellschaftern zu beantragenden gerichtlichen Entscheidung bedarf (§ 117 HGB), wobei allerdings zulässig ist, durch eine Bestimmung im Gesellschaftsvertrag die für die GbR geltende Regelung des § 712 BGB zu übernehmen und so eine Entziehung der Geschäftsführung durch Gesellschafterbeschluss zu ermöglichen.

Hinweis: Die Einzelgeschäftsführungsbefugnis sollte für Maßnahmen, die über den gewöhnlichen Geschäftsbetrieb hinausgehen an den Zustimmungsvorbehalt der Gesellschafterversammlung gekoppelt werden oder – bei unaufschiebbaren Entscheidungen – an die Zustimmung mindestens eines weiteren geschäftsführenden Gesellschafters. Ggf sollte ein nicht abschließend formulierter Katalog dergestalt zustimmungspflichtiger Geschäfte im Gesellschaftsvertrag aufgelistet werden.

Das in der Praxis auch häufig zu Obstruktionszwecken ausgeübte Widerspruchsrecht nach § 115 Abs. 1 HGB sollte im Gesellschaftsvertrag auf den Fall beschränkt werden, dass es nur bei der Vornahme unaufschiebbarer zustimmungspflichtiger Geschäfte durch zwei Geschäftsführer gilt.

Der Gesellschaftsvertrag sollte eine Regelung über die Vergütung der für die Gesellschaft tätigen geschäftsführenden Gesellschafter enthalten und dabei gleichzeitig auch eine Regelung über die Zuständigkeiten bezüglich späterer Anpassungen. Die gesetzliche Regelung des sog. Kapitalentnah-

---

458 Vgl BGHZ 10, 91 96.
459 HM, vgl GroßkommHGB/*Habersack*, § 123 HGB Rn 20.; aA Schlegelberger/Schmidt, § 123 HGB Rn 10.

merechtes nach § 122 Abs. 1, erste Alternative HGB, ist als Korrelat für eine Tätigkeitsvergütung viel zu unflexibel und sollte daher im Gesellschaftsvertrag zugunsten einer konkreten Tätigkeitsvergütungs-Regelung ausdrücklich abbedungen werden. Bei mehreren geschäftsführenden Gesellschaftern sollte der Gesellschaftsvertrag eine klare Regelung der einzelnen Geschäftsführungs-Ressorts aufweisen. Es sollte insbesondere klargestellt werden, wer für die Aufstellung des Jahresabschlusses zuständig ist, damit dessen Aufstellung nicht durch Kompetenzstreitigkeiten zwischen den Geschäftsführern verzögert wird.

2. Wettbewerbsverbot

349 Anders als das BGB für die GbR-Gesellschafter enthalten die §§ 112, 113 HGB für die Gesellschafter einer OHG ein ausdrückliches Wettbewerbsverbot.

a) Anwendungsbereich

350 Das Wettbewerbsverbot trifft sämtliche Gesellschafter unabhängig davon, ob sie geschäftsführungs- oder vertretungsbefugt sind. Schon die Möglichkeit der von der Geschäftsführung und Vertretung ausgeschlossenen Gesellschafter, sich über § 118 HGB einen tiefen Einblick in sämtliche Gesellschaftsangelegenheiten zu verschaffen, rechtfertigt die Auferlegung des Verbots. Das Wettbewerbsverbot erstreckt sich auch auf Personen, denen die Mitgliedschaft wirtschaftlich zuzuordnen ist, wie insbesondere einem Treugeber, der seinen Gesellschaftsanteil durch einen Treuhänder halten lässt. In der KG gilt das Wettbewerbsverbot nur für die persönlich haftenden Gesellschafter, es sei denn, ein Kommanditist verfügt über atypische Informations- oder Mitwirkungsrechte.[460]

351 In zeitlicher Hinsicht endet das Wettbewerbsverbot erst mit dem Ausscheiden des Gesellschafters, selbst wenn die OHG bis dahin schon zur Liquidationsgesellschaft wurde, aber noch ganz oder teilweise weitergeführt wird.[461]

352 Ein **nachvertragliches Wettbewerbsverbot** bedarf einer gesonderten Vereinbarung, die jedoch nur wirksam ist, wenn ein schützenswertes Interesse der Gesellschaft vor einer Konkurrenztätigkeit des ausscheidenden Gesellschafters besteht und eine räumliche, zeitliche (höchstens zwei Jahre) und gegenständliche Begrenzung vorgenommen wird.

b) Inhalt

353 Das Wettbewerbsverbot untersagt zum einen zu Erwerbszwecken getätigte Geschäfte im gleichen Handelszweig (§ 112 Abs. 1 Fall 1 HGB). Erfasst ist sowohl ein Tätigwerden auf eigene als auch auf fremde Rechnung, so dass beispielsweise die Übernahme von Geschäftsführungsaufgaben in einem Konkurrenzunternehmen untersagt ist. Die bloße Kapitalbeteiligung oder die Übernahme eines Aufsichtsratsamtes soll hingegen zulässig sein.[462]

354 Zum anderen ist die Teilnahme als persönlich haftender Gesellschafter an einer gleichartigen Handelsgesellschaft verboten (§ 112 Abs. 1 Fall 2 HGB). Erfasst sein dürfte auch die mittelbare Beteiligung über einen Treuhänder oder als Kommanditist mit atypischen Kontroll- und Mitwirkungsrechten.

c) Ausnahmen

355 Ein Verstoß gegen das Wettbewerbsverbot scheidet aus, wenn alle übrigen Gesellschafter dem Tätigwerden zugestimmt haben oder das Wettbewerbsverbot gesellschaftsvertraglich abbedungen wurde. Unter den Voraussetzungen des § 112 Abs. 2 HGB wird unwiderleglich vermutet, dass die Gesellschafter in eine Beteiligung des Gesellschafters an einer gleichartigen Handelsgesellschaft eingewilligt haben.

---

460 Vgl MünchKommHGB/*Langhein*, § 112 Rn 4.
461 Vgl BGH WM 1961, 631.
462 Vgl BGHZ 38, 306.

d) Rechtsfolgen eines Verstoßes

Die Rechtsfolgen eines Wettbewerbsverstoßes sind weitgehend in § 113 HGB geregelt. Danach steht der Gesellschaft bei einem schuldhaften Verstoß zunächst ein **Anspruch auf Ersatz des ihr dadurch entstandenen Schadens** zu.

Da sich dieser regelmäßig kaum berechnen lässt, hat die Gesellschaft zudem ein **Eintrittsrecht**. Sie kann vom betroffenen Gesellschafter verlangen, dass der Gesellschafter die aus den für eigene Rechnung getätigten Geschäften erzielten Einnahmen an sie herausgibt oder seine hierauf gerichteten Ansprüche an sie abtritt. Abgeschöpft werden dabei allerdings nur die Einnahmen, die aus Konkurrenzgeschäften herrühren, wenngleich dies zu erheblichen Abgrenzungsschwierigkeiten führen kann.

Die Gesellschaft hat ein **Wahlrecht**, ob sie entweder den Schadensersatzanspruch oder das Eintrittsrecht geltend macht. Die Ausübung dieses Wahlrechts erfolgt durch einstimmigen Beschluss der übrigen Gesellschafter und führt zu einer Bindung der Gesellschaft an die gewählte Sanktion.[463] Sowohl der Schadensersatzanspruch als auch das Eintrittsrecht verjähren innerhalb einer kurzen Verjährungsfrist von drei Monaten ab Kenntnis aller übrigen Gesellschafter vom Wettbewerbsverstoß, kenntnisunabhängig spätestens in fünf Jahren.

Neben den in § 113 HGB normierten Rechtsfolgen kommen weitere in Betracht. So hat die OHG nach allgemeinen Grundsätzen einen **Unterlassungsanspruch**. Außerdem kann der Wettbewerbsverstoß einen wichtigen Grund für den Entzug der Geschäftsführung und Vertretung sowie für den Ausschluss des betroffenen Gesellschafters aus der Gesellschaft darstellen.

3. Jahresabschluss und Ergebnisverteilung

a) Aufstellung des Jahresabschlusses

Nach § 242 Abs. 1 HGB hat jeder Kaufmann, so auch die OHG, zu Beginn seines Handelsgewerbes eine Eröffnungsbilanz und für den Schluss eines jeden Geschäftsjahres einen sich aus einer Bilanz und einer Gewinn- und Verlustrechnung zusammensetzenden Jahresabschluss aufzustellen. Auf dieser Grundlage wird das Jahresergebnis der OHG ermittelt (§ 120 Abs. 1 HGB).

aa) Inhalt

Die Aufstellung des Jahresabschlusses bedeutet die **gegliederte Zusammenfassung der Zahlen aus der Buchhaltung und den ergänzenden Abschlussbuchungen**. Die Aufstellung richtet sich nach den allgemeinen Vorschriften der §§ 242 ff HGB. Insbesondere sind die Grundsätze ordnungsgemäßer Buchführung, die Grundsätze der Klarheit, Übersichtlichkeit und Vollständigkeit sowie das Saldierungsverbot zu beachten. Der Ansatz von Aktiva und Passiva ist in den §§ 247–251 HGB, deren Bewertung in den §§ 252–256 HGB geregelt.

bb) Geschäftsführungsmaßnahme

Bei der Aufstellung des Jahresabschlusses handelt es sich um eine Geschäftsführungsmaßnahme. Ausschließlich die geschäftsführungsbefugten Gesellschafter sind zur Aufstellung berechtigt und verpflichtet.[464] Sie haben sämtliche Bilanzierungsentscheidungen zu treffen und Wahlrechte auszuüben. Die Verpflichtung ist jedoch nicht höchstpersönlich zu erfüllen. Die geschäftsführenden Gesellschafter können sich eigener Mitarbeiter[465] oder Dritter (zB Wirtschaftsprüfer) bedienen. Notwendig ist jedoch, dass die Ausfüllung des bilanziellen Beurteilungsrahmens letztlich durch die geschäftsführenden Gesellschafter selbst zu erfolgen hat.

Hat die OHG mehrere geschäftsführende Gesellschafter, ist grundsätzlich jeder Geschäftsführer allein zur Aufstellung des Jahresabschlusses berechtigt und verpflichtet. Durch den Gesellschaftsvertrag kann diese Aufgabe jedoch einem Geschäftsführer unter Ausschluss der übrigen Geschäftsführer übertragen werden. Eine interne und nicht im Gesellschaftsvertrag festgelegte Geschäftsverteilung ändert

---

463 Vgl KompaktkommGesR/*Lehleiter*, § 113 HGB Rn 5.
464 Vgl BGHZ 76, 338, 342; 132, 263, 266.
465 Vgl BGH WM 1961, 886, 887.

an der Aufstellungszuständigkeit und -verpflichtung jedes geschäftsführenden Gesellschafters hingegen nichts. Zwar fällt dann die Aufstellung des Jahresabschlusses in erster Linie in den Aufgabenbereich des für die kaufmännische Geschäftsführung zuständigen Gesellschafters. Die übrigen geschäftsführenden Gesellschafter können sich an der Aufstellung jedoch beteiligen und insbesondere das Widerspruchsrecht des § 115 HGB geltend machen.

cc) Aufstellungsfrist

364 Eine bestimmte Aufstellungsfrist gibt es für die OHG, anders als bei den Kapitalgesellschaften (§ 264 Abs. 1 HGB) nicht. Nach § 243 Abs. 3 HGB muss der Jahresabschluss nur innerhalb der einem ordentlichen Geschäftsgang entsprechenden Zeit aufgestellt werden. Zur Ausfüllung dieses unbestimmten Rechtsbegriffes kann auf die für die Kapitalgesellschaften geltenden gesetzlichen Fristen zurückgegriffen werden. Diese reichen von drei bis zehn Monaten. Teilweise wird auch die Aufstellung innerhalb einer Frist von 12 Monaten noch als ordnungsgemäß angesehen. Es bietet sich an, im Gesellschaftsvertrag eine bestimmte, diesem Rahmen entsprechende Frist festzulegen.

dd) Sanktionen

365 Kommen die geschäftsführenden Gesellschafter ihrer Verpflichtung zur Aufstellung des Jahresabschlusses nicht nach, können die übrigen Gesellschafter im Wege der Leistungsklage vorgehen. Davon abgesehen machen sich die Geschäftsführer durch eine nicht rechtzeitige Aufstellung des Jahresabschlusses schadensersatzpflichtig.

b) Prüfung des Jahresabschlusses

366 Die OHG ist grundsätzlich nicht zur Jahresabschlussprüfung verpflichtet. Eine Prüfungspflicht kann sich zum einen aus § 6 PublG ergeben. Zum anderen können die Gesellschafter im Gesellschaftsvertrag oder durch Beschluss bestimmen, dass eine Jahresabschlussprüfung zu erfolgen hat. Der Beschluss muss allerdings mit satzungsändernder Mehrheit gefasst werden.

c) Feststellung des Jahresabschlusses

367 Ohne eine abweichende Festlegung im Gesellschaftsvertrag entfaltet die Aufstellung (sowie die Prüfung) des Jahresabschlusses noch keine Bindungswirkung. Der Jahresabschluss wird erst mit seiner Feststellung, also mit seiner Billigung durch die Gesellschafter, verbindlich.

368 Bei der Feststellung des Jahresabschlusses handelt es sich um ein Grundlagengeschäft, das in die Zuständigkeit sämtlicher Gesellschafter fällt.[466] Der Gesellschaftsvertrag kann abweichendes regeln. So kann die Zuständigkeit für die Feststellung des Jahresabschlusses einzelnen Gesellschaftern übertragen werden. Möglich ist auch die Ersetzung der Einstimmigkeit durch einen Mehrheitsbeschluss. Die Mehrheitsfähigkeit des Feststellungsbeschlusses muss jedoch ausdrücklich im Gesellschaftsvertrag vereinbart sein. Kommt es zu Streitigkeiten über die ordnungsgemäße Beteiligung an der Feststellung des Jahresabschlusses oder über die Richtigkeit der Bilanzansätze, sind diese unter den Gesellschaftern[467] und nicht gegenüber der Gesellschaft auszutragen.

d) Ergebnisverteilung

369 Die Verteilung eines im Jahresabschluss festgestellten Gewinnes oder Verlustes auf die Gesellschafter ist in § 121 HGB geregelt. Der mit der Feststellung des Jahresabschlusses entstehende Gewinnanspruch des Gesellschafters setzt sich aus zwei Komponenten zusammen, nämlich aus dem Vorzugsgewinnanteil und aus dem Anteil an einem etwaigen Mehrgewinn.

aa) Vorzugsdividende

370 Von dem bilanziell festgestellten Gewinn steht jedem Gesellschafter vorab ein Anteil in Höhe von 4 % seines Kapitalanteils zu (§ 121 Abs. 1 S. 1 HGB). Reicht der Gewinn der Gesellschaft nicht aus, um

---

466 Vgl BGHZ 132, 263, 266 f.
467 Vgl BGH NJW 1999, 571, 572.

diese Vorzugsdividende zu bedienen, werden die Ansprüche der Gesellschafter im Verhältnis ihrer Kapitalanteile gekürzt. Gesellschafter ohne oder mit einem negativen Kapitalanteil erhalten keine Vorzugsdividende. Unterjährige Veränderungen des Kapitalanteils sind bei der Berechnung der Vorzugsdividende zu berücksichtigen (§ 121 Abs. 2 HGB).

bb) Verteilung des Mehrgewinns

Verbleibt nach Abzug der Vorzugsdividende ein Mehrgewinn, wird dieser auf die Gesellschafter **nach Köpfen** verteilt (§ 121 Abs. 3 HGB). Der Gesellschaftsvertrag kann von diesem Maßstab – in den Grenzen der §§ 134, 138 BGB – beliebig abweichen. Häufig wird statt der Verteilung des Mehrgewinns nach Köpfen eine Gewinnverteilung **nach Kapitalanteilen** vereinbart. Es ist auch möglich, Gesellschafter von einer Beteiligung am Jahresergebnis der OHG vollständig auszuschließen.[468]

371

cc) Verlustverteilung

Weist der Jahresabschluss einen Verlust aus, wird dieser nach § 121 Abs. 3 HGB ebenfalls nach Köpfen auf die Gesellschafter verteilt. Die Verlustanteile werden nach § 120 Abs. 2 HGB von den Kapitalanteilen der Gesellschafter abgezogen oder neben festen Kapitalanteilen gebucht. Auch wenn dies zu negativen Kapitalanteilen führen kann, wird hierdurch keine Nachschusspflicht der Gesellschafter begründet. Auch die Verlustverteilung kann im Gesellschaftsvertrag abweichend geregelt werden, beispielsweise dadurch, dass als Maßstab die Kapitalanteile der Gesellschafter herangezogen werden.

372

e) Entnahmerecht
aa) Grundlagen

Das Gesetz geht davon aus, dass die Gesellschafter einer OHG ihren Lebensunterhalt mit ihrem Tätigwerden in der Gesellschaft bestreiten. Um dies sicherzustellen, sind die Gesellschafter nach § 122 berechtigt, in einem bestimmten Umfang Beträge aus dem Gesellschaftsvermögen zu entnehmen. Die Vorschrift unterscheidet zwischen zwei Entnahmeformen. Das Kapitalentnahmerecht des § 122 Abs. 1 1. Hs HGB ist gewinnunabhängig und richtet sich nach der Höhe des Kapitalanteils, das Gewinnentnahmerecht des § 122 Abs. 1 2. Hs HGB ist gewinnabhängig.

373

Die Entnahme muss nicht auf Geld gerichtet sein. Erfasst sind vielmehr alle unmittelbaren oder mittelbaren vermögenswerten Leistungen aus dem Vermögen der Gesellschaft an den Gesellschafter aufgrund seiner Gesellschafterstellung.[469] Leistungen auf Ansprüche des Gesellschafters aus einer dem Drittvergleich genügenden Sonderrechtsbeziehung zur Gesellschaft stellen keine Entnahme dar.

374

Das Kapitalentnahmerecht entsteht ebenso wie das Gewinnentnahmerecht mit der Feststellung des Jahresabschlusses für das vorangegangene Geschäftsjahr oder mit der Gewinnverwendungsentscheidung der Gesellschafter, soweit eine solche gesellschaftsvertraglich vorgesehen ist.

375

Vorbehaltlich einer anders lautenden Vereinbarung im Gesellschaftsvertrag ist der Gesellschafter zur Entnahme nur berechtigt, nicht aber verpflichtet. Übt er sein Entnahmerecht nicht aus, erlischt es mit der Feststellung des nachfolgenden Jahresabschlusses.[470] Bei variablen Kapitalanteilen wird der nicht entnommene Betrag dann dem Kapitalanteil des Gesellschafters gutgeschrieben. Bei im Gesellschaftsvertrag vereinbarten festen Kapitalanteilen wird der nicht entnommene Betrag entweder dem Privatkonto oder dem Kapitalkonto II gutgeschrieben.[471] Inwieweit der Gesellschafter berechtigt ist, Entnahmen von diesen Konten vorzunehmen, richtet sich nach dem Gesellschaftsvertrag.

376

Der Entnahmeanspruch richtet sich gegen die Gesellschaft. Der Gesellschafter muss den Anspruch nötigenfalls klageweise geltend machen; zu einer eigenmächtigen Entnahme ist er nicht berechtigt. Etwas anderes gilt für die geschäftsführenden Gesellschafter. Diese können die ihnen zustehenden Entnahmen ohne Einschränkungen nach § 181 BGB selbst dem Gesellschaftsvermögen entnehmen.

377

---

468 Vgl BGH WM 1987, 689.
469 Vgl BGH NJW 1995, 1089 f.
470 Vgl BGH MDR 1976, 123.
471 Vgl MünchKommHGB/*Priester*, § 122 Rn 32.

378 Vorschusszahlungen auf das Entnahmerecht vor Feststellung des Jahresabschlusses sind zulässig, soweit das voraussichtliche Jahresergebnis dies rechtfertigt. Ist die Höhe des sich nach Bilanzfeststellung ergebenden Entnahmerechts niedriger als der geleistete Vorschuss, ist die Differenz an die Gesellschaft zurückzuerstatten.[472] Auch im Übrigen ist der Gesellschafter verpflichtet, unzulässige Entnahmen zurückzuzahlen und gemäß § 111 Abs. 2 HGB bis zur Rückzahlung zu verzinsen.

bb) Kapitalentnahmerecht

379 Nach § 122 Abs. 1 1. Hs HGB ist der Gesellschafter berechtigt, 4 % des Betrages seines positiven Kapitalanteils am letzten Geschäftsjahresende zu entnehmen. Dies gilt unabhängig davon, ob ein positives oder negatives Jahresergebnis vorliegt.[473] Der Kapitalanteil des Gesellschafters wird in Höhe der Kapitalentnahme gemindert.

380 Da der Gesellschafter nach dem gesetzlichen Leitbild seinen Lebensunterhalt durch die Kapitalentnahme bestreitet, wird eine Abtretbarkeit und Pfändbarkeit dieses Anspruchs weitgehend verneint. Dagegen wird es teilweise als zulässig angesehen, dass die Gesellschaft oder ein Dritter gegen den Kapitalentnahmeanspruch aufrechnet.[474]

381 Einschränkungen des Kapitalentnahmerechts sind im Gesetz nicht vorgesehen. Der Ausnahmetatbestand des § 122 Abs. 1 HGB bezieht sich lediglich auf den Gewinnauszahlungsanspruch. Die Gesellschaft kann dem Kapitalentnahmerecht daher insbesondere nicht entgegenhalten, sie verfüge nicht über die notwendigen Mittel. Diese müssen im Wege der Kreditaufnahme beschafft werden. Etwas anderes kann sich nur ausnahmsweise aus der Treuepflicht des Gesellschafters ergeben,[475] wenn der Gesellschaft durch die Bedienung des Kapitalentnahmerechts ein schwerer und nicht zu behebender Schaden entstehen würde und die Leistungsverweigerung mit Blick auf die wirtschaftlichen Verhältnisse des betroffenen Gesellschafters zumutbar erscheint.

cc) Gewinnentnahmerecht

382 Nach § 122 Abs. 1 2. Hs HGB kann der Gesellschafter zudem die Auszahlung eines über dem Betrag der zugelassenen Kapitalentnahme hinausgehenden Gewinnanteils verlangen. Das Gewinnentnahmerecht entsteht nur bei einem positiven Jahresergebnis.

383 Der Gewinnauszahlungsanspruch kann nach § 717 S. 2 BGB verpfändet, gepfändet und abgetreten werden.

384 Der Gesellschaft steht ein Leistungsverweigerungsrecht zu, soweit die Entnahme des Mehrgewinns zu einem offenbaren Schaden der Gesellschaft führen würde. Davon ist auszugehen, wenn die Gesellschaft mit einer Bedienung des Gewinnentnahmerechts die liquiden Mittel verlieren würde, die zur Fortführung ihres Unternehmens erforderlich sind. Dass ohne diese Mittel lediglich Geschäftschancen nicht wahrgenommen werden können, genügt dagegen grundsätzlich nicht. Wird das Leistungshindernis beseitigt, entfällt auch das Leistungsverweigerungsrecht. Hat die Gesellschaft Zahlungen vorgenommen, können diese nicht mit der Begründung zurückverlangt werden, dass im Zahlungszeitpunkt bereits ein Leistungsverweigerungsrecht bestanden habe.

dd) Steuerentnahmerecht

385 Die Gesellschafter einer OHG haben ihre Gewinne als Einkünfte aus Gewerbebetrieb zu versteuern. Es ist umstritten, ob den Gesellschaftern zum Zwecke der Begleichung ihrer Steuerschuld ein Steuerentnahmerecht zusteht. In der Literatur wird ein solches Steuerentnahmerecht entweder mit der Treuepflicht der Gesellschaft[476] oder mit der Vorschrift des § 110 HGB[477] begründet. Da der BGH ein Steuerentnahmerecht dagegen nur bei einer satzungsmäßigen Bestimmung annimmt,[478] sollte

---

[472] Vgl BGHZ 48, 70, 75.
[473] Vgl BGH MDR 1976, 123.
[474] Vgl MünchKommHGB/*Priester*, § 122 Rn 25.
[475] Vgl BGH 132, 276 ff.
[476] So GroßkommHGB/*Ulmer*, § 122 HGB Rn 30.
[477] So MünchKommHGB/*Priester*, § 122 Rn 61.
[478] Vgl BGHZ 132, 163.

der Gesellschaftsvertrag das Steuerentnahmerecht zumindest klarstellend regeln. Insbesondere sollte vereinbart werden, ob die Gesellschafter auch das Recht haben, die auf die Beteiligung entfallenden Steuern dann (noch) zu entnehmen, wenn ihre Privatkonten im Einzelfall kein Guthaben mehr ausweisen.

Hinweis: Das gesetzliche Modell der variablen Kapitalkonten hat sich in der Praxis nicht bewährt. Der Gesellschaftsvertrag sollte die Regelungen in § 120 Abs. 2, § 121 und § 122 HGB abbedingen und für jeden Gesellschafter ein festes Kapitalkonto in Höhe seiner Pflichteinlage vorsehen und daneben ein sog. Kapitalkonto II (Rücklagenkonto), auf das die nicht entnahmefähigen Gewinnanteile gebucht werden. Das feste Kapitalkonto ist maßgeblich für die Beteiligung am Vermögen der Gesellschaft, ggf für das Stimmrecht, für die Beteiligung am Gewinn und an einem evtl Auseinandersetzungsguthaben. Evtl. Verlustanteile der Gesellschafter sollten auf Verlustvortragskonten gebucht werden. Die entnahmefähigen Gewinne und alle anderen Buchungen zwischen Gesellschaft und den Gesellschaftern sollten über jeweilige Gesellschafter-Privatkonten erfasst werden. Bis auf diese Privatkonten sind alle anderen Konten unverzinslich.

Hinsichtlich der Ergebnisverteilung sollte klargestellt werden, dass die Tätigkeitsvergütungen und die Zinsen auf den Privatkonten als Aufwand bzw Ertrag der Gesellschaft im Verhältnis der Gesellschafter zueinander gelten. Empfehlenswert ist auch eine Regelung darüber, ob und inwieweit bestimmte Gewinnanteile den nicht entnahmefähigen Rücklagenkonten zugewiesen werden oder ob dies nur aufgrund eines Gesellschafterbeschlusses erfolgen soll. Hinsichtlich der entnahmefähigen Privatkonten können ggf bei größeren Guthaben der Gesellschafter Kündigungsnotwendigkeiten vereinbart werden, um zu hohe Liquiditätsabflüsse in zu kurzer Zeit zu vermeiden. Ebenfalls empfehlenswert sind Regelungen darüber, ob und inwieweit die Gesellschafter im Einzelfall ihre Privatkonten überziehen können. Schließlich sollte geregelt werden, ob und inwieweit die Gesellschafter turnusmäßige Abschlagszahlungen auf den Gewinnanteil des laufenden Geschäftsjahres zulasten ihrer Privatkonten entnehmen können.

III. Besonderheiten im Außenrecht der OHG

1. Vertretung

Ein wesentlicher Unterschied in den gesetzlichen Regelungen zur Vertretung der OHG und der GbR besteht darin, dass – mangels einer anderslautenden Festlegung im Gesellschaftsvertrag – bei der OHG der Grundsatz der Alleinvertretungsbefugnis jedes einzelnen Gesellschafters (§ 125 Abs. 1 HGB) gilt, während die Vertretung bei der GbR grundsätzlich an die Geschäftsführungsbefugnis geknüpft wird. Allerdings kann die Vertretung der OHG abweichend gestaltet werden. In Betracht kommen insbesondere

- die Gesamtvertretung durch alle oder eine bestimmte Anzahl von Gesellschaftern (§ 125 Abs. 2 HGB), wobei Willenserklärungen auch dann gegenüber einem einzelnen vertretungsbefugten Gesellschafter abgegeben werden können,
- die Beschränkung der Vertretungsbefugnis auf bestimmte Gesellschafter durch gesellschaftsvertraglichen Ausschluss der übrigen Gesellschafter von der Vertretung der Gesellschaft (§ 125 Abs. 1 2. Hs HGB)
- und durch Kombination dieser Gestaltungsmöglichkeiten auch eine Anknüpfung der Vertretungsbefugnis an die Geschäftsführungsbefugnis.

Letztlich unterscheiden sich die denkbaren Formen der Vertretung in der OHG und GbR daher nicht grundlegend, sondern hängen davon ab, was im Gesellschaftsvertrag vereinbart oder nicht vereinbart worden ist. Inhalt der Vertretung und die einzelnen Gestaltungsformen sind oben in Rn 237 f dargestellt worden.

Weitere Besonderheiten bestehen bei der Vertretung der OHG darin,

- dass Beschränkungen des Umfangs der Vertretungsmacht Dritten gegenüber unwirksam sind (§ 126 Abs. 2 HGB) und

- dass die Entziehung der Vertretung aus wichtigem Grund einer von den übrigen Gesellschaftern zu beantragenden gerichtlichen Entscheidung bedarf (§ 127 HGB), wobei allerdings zulässig ist, durch eine Bestimmung im Gesellschaftsvertrag eine Entziehung der Vertretung durch Gesellschafterbeschluss zu ermöglichen.

Hinweis: Es hat sich in der Praxis bewährt, die Regelung über die Vertretung der gesellschaftsvertraglichen Regelung über die Geschäftsführung anzupassen, so dass beide Zuständigkeiten parallel geregelt sind.

2. Gesellschafterhaftung

389 Die Haftung der Gesellschafter einer OHG für deren Verbindlichkeiten ist in den Vorschriften der §§ 128, 129, 130, 159, 160 HGB geregelt. Nach Änderung der höchstrichterlichen Rechtsprechung zur Haftungsverfassung der GbR gelten diese Vorschriften im Prinzip auch für die Haftung von GbR-Gesellschaftern. Die Grundsätze der akzessorischen Gesellschafterhaftung sind daher bereits oben in Rn 256 f dargestellt worden.

3. Sonderregelungen für die atypische OHG

a) Kennzeichnung der atypischen OHG

390 Für die atypische OHG enthalten die §§ 129 a, 130 a HGB zum Schutz der Gläubiger einer solchen Gesellschaft Sonderregelungen. Bei einer atypischen OHG im Sinne dieser Vorschriften handelt es sich um eine solche, bei der kein Gesellschafter eine natürliche Person ist. Ausdrücklich ausgenommen ist der Fall, dass an der OHG eine Personenhandelsgesellschaft beteiligt ist, für deren Verbindlichkeiten mindestens eine natürliche Person als persönlich haftender Gesellschafter haftet (§§ 129 a S. 2, 130 a Abs. 1 S. 1 2. Hs HGB). Im Wege der erweiternden Auslegung gilt diese Ausnahme auch dann, wenn erst auf einer tieferen Beteiligungsebene eine natürliche Person als persönlich haftender Gesellschafter vorhanden ist, oder wenn auf der zweiten oder einer tieferen Beteiligungsstufe nicht eine Personenhandelsgesellschaft, sondern eine KGaA, EWIV, Partnerschaftsgesellschaft oder eine (Außen-)GbR mit einer natürlichen Person als unbeschränkt haftendem Gesellschafter beteiligt ist.

391 Es spricht viel dafür, dass die Schutzvorschriften der §§ 129 a, 130 a HGB auf die atypische (Außen-)GbR seit Anerkennung ihrer Insolvenzfähigkeit (§ 11 Abs. 2 Nr. 1 InsO) sowie ihrer Teilrechtsfähigkeit entsprechend anwendbar sind. Dies gilt jedoch nicht für die strafrechtliche Sanktionsnorm des § 130 b HGB. Einer analogen Anwendung steht das verfassungsrechtliche Analogieverbot des Art. 103 Abs. 2 GG entgegen.

b) Anwendung des Eigenkapitalersatzrechts (§ 129 a HGB)

392 Grundsätzlich gelten im Recht der OHG (und der GbR) keine eigenkapitalersatzrechtlichen Bindungen. Eine Ausnahme gilt für die atypische OHG (und GbR). Für eine solche Gesellschaft erklärt § 129 a HGB die Vorschriften der §§ 32 a und 32 b GmbHG ausdrücklich für anwendbar. Von der Verweisung dürften allerdings auch §§ 30, 31 GmbHG analog, § 135 InsO und § 6 AnfG erfasst sein.[479]

c) Insolvenzantrags- und Masseerhaltungspflicht (§ 130 a HGB)

aa) Normadressaten

393 Die Verhaltenspflichten des § 130 a HGB treffen zum einen die organschaftlichen Vertreter der zur Vertretung der OHG ermächtigten Gesellschaften und die Liquidatoren. Dies gilt auch dann, wenn ihre Bestellung fehlerhaft ist.[480] Bei mehrköpfigen Leitungsorganen ist jedes Organmitglied unabhängig von der konkreten Ausgestaltung der Vertretungsmacht und einer internen Geschäftsverteilung verpflichtet.[481] Zum anderen hat aber auch ein sogenannter faktischer Organwalter die Pflichten des

---

479 Vgl MünchKommHGB/*Schmidt*, § 129 a Rn 5.
480 Vgl Baumbach/Hopt/*Hopt*, § 130 a HGB Rn 12.
481 Vgl BGH NJW 1994, 2149, 2150.

§ 130 a HGB zu erfüllen, dh derjenige, der ohne Organstellung tatsächlich wie ein geschäftsführendes Organ tätig wird,[482] indem er typische Geschäftsführungsaufgaben wahrnimmt und die Geschicke der Gesellschaft durch nach außen hervortretende Maßnahmen bestimmt.[483]

bb) Pflichteninhalt

Die (organschaftlichen und faktischen) Vertreter der Gesellschaft und die Liquidatoren sind bei Zahlungsunfähigkeit oder Überschuldung der OHG verpflichtet, unverzüglich, spätestens drei Wochen nach Eintritt eines dieser, einen Antrag auf Eröffnung des Insolvenzverfahrens zu stellen. Der weitere Insolvenzgrund der drohenden Zahlungsunfähigkeit begründet hingegen nur ein Recht der Geschäftsleitung, einen Insolvenzantrag zu stellen, aber keine Pflicht. Hintergrund ist, dass die Geschäftsleitung in diesem Stadium noch die Wahlmöglichkeit haben soll, ob sie der wirtschaftlichen Situation der Gesellschaft mit einem Insolvenzantrag oder mit anderen Maßnahmen begegnet.

Die **Dreiwochenfrist** beginnt im Fall der Zahlungsunfähigkeit mit Vorliegen ihrer objektiven Tatbestandsvoraussetzungen.[484] Ob im Fall der Überschuldung subjektive Elemente hinzutreten müssen, ist nicht abschließend geklärt. Während der BGH eine Insolvenzantragspflicht erst ab positiver Kenntnis der Geschäftsleitung von der Überschuldung verlangte,[485] ließ er später die Erkennbarkeit der Überschuldung durch die Geschäftsleitung genügen.[486] In der Literatur wird angenommen, dass die Frist bereits mit der Erkennbarkeit der die Überschuldung begründenden Tatumstände beginnt.[487]

Mit Eintritt von Zahlungsunfähigkeit oder Überschuldung (und nicht erst mit Ablauf von weiteren drei Wochen) wird den Organwaltern zudem ein **Zahlungsverbot** auferlegt (§ 130 a Abs. 2 HGB), durch das die verteilungsfähige Vermögensmasse der Gesellschaft zugunsten der Gesamtheit der Gesellschaftsgläubiger erhalten werden soll. Der Begriff der Zahlung ist dabei weit auszulegen und umfasst sämtliche masseschmälernde Leistungen.[488] Vom Verbot ausgenommen sind allerdings solche Zahlungen, die mit der Sorgfalt eines ordentlichen und gewissenhaften Geschäftsleiters vereinbar sind. Das sind Leistungen, die der Erhaltung des Gesellschaftsvermögens und der Abwehr von Schäden[489] und damit jeweils dem Interesse der Gläubigergesamtheit dienen.

cc) Sanktionen

Verletzt der Organwalter schuldhaft seine Insolvenzantrags- oder Masseerhaltungspflicht, macht er sich **schadensersatzpflichtig**. Anspruchsinhaber ist zwar die Gesellschaft, die den Schadensersatzanspruch geltend machen kann, und nicht der einzelne durch die Masseschmälerung beeinträchtigte Gesellschaftsgläubiger. Die Gesellschaft oder deren Insolvenzverwalter werden dabei jedoch im Interesse der Gläubigergesamtheit tätig. Der zu leistende Ersatz dient der Auffüllung des Gesellschaftsvermögens, um so eine gleichmäßige Befriedigung der Gesellschaftsgläubiger zu fördern. Letztlich handelt es sich daher um einen besonderen Fall der **Drittschadensliquidation**. Solange der Ersatz zur Befriedigung der Gesellschaftsgläubiger erforderlich ist, kann die Ersatzpflicht nicht durch einen Verzicht der Gesellschaft oder durch Vergleich beseitigt werden. Auch der Umstand, dass die sanktionierte Handlung des Organwalters auf einem Gesellschafterbeschluss beruhte, entlastet dann nicht.

Die Vorschrift des § 130 a HGB stellt zudem ein Schutzgesetz im Sinne des § 823 Abs. 2 BGB zugunsten der Gesellschaftsgläubiger dar. Hat ein Gesellschaftsgläubiger seinen Anspruch vor Insolvenzreife erworben (Altgläubiger), kann er nur Ersatz für die Verminderung seiner Quote an der Insolvenzmasse infolge der schuldhaft verspäteten Insolvenzantragstellung beanspruchen. Während des Insolvenzverfahrens kann dieser Quotenschaden nicht vom Gläubiger selbst verfolgt werden, sondern wird vom Insolvenzverwalter als Bestandteil des Gesamtgläubigerschadens geltend gemacht. Hat ein

---

482 Vgl BGH NJW 1979, 1823, 1826.
483 Vgl BGH NJW 1988, 1789, 1790.
484 BGH NJW 2005, 3062, 3064.
485 BGH NJW 1979, 1823.
486 BGH NJW 2000, 668.
487 Vgl MünchKommHGB/*Schmidt*, § 130 a HGB Rn 26.
488 Vgl BGH NJW 2000, 668.
489 Vgl BGH NJW 1974, 1088, 1089.

Gesellschaftsgläubiger seinen Anspruch nach Insolvenzreife und vor Eröffnung des Insolvenzverfahrens erworben (Neugläubiger), kann er Ersatz für seinen vollen Schaden verlangen, der dadurch entstanden ist, dass er in Rechtsbeziehung zu einer insolvenzreifen Gesellschaft getreten ist. Anspruchs- und klageberechtigt ist ausschließlich der Neugläubiger.[490] Außerhalb des Schutzzwecks des § 130 a HGB stehen hingegen die Gesellschaftsgläubiger, die ihren Anspruch erst nach Eröffnung des Insolvenzverfahrens erworben haben.[491]

399 Schließlich können sich aus § 130 b HGB strafrechtliche Sanktionen ergeben.

IV. Auflösung der Gesellschaft und Ausscheiden von Gesellschaftern

1. Grundlagen

400 Die Gründe, die zu einer Auflösung der Gesellschaft oder zu einem Ausscheiden eines Gesellschafters aus der Gesellschaft führen, sind in § 131 HGB geregelt. Diese Vorschrift hat durch die Handelsrechtsreform eine grundsätzliche Änderung erfahren. Bis dahin bewirkte der Eintritt bestimmter Umstände in der Person des Gesellschafters (Tod, Eröffnung des Insolvenzverfahrens über das Gesellschaftervermögen, Kündigung durch einen Privatgläubiger des Gesellschafters) die Auflösung der Gesellschaft. Dies entspricht im Regelfall nicht den wirtschaftlichen Interessen der Gesellschafter und führte häufig dazu, dass von der gesetzlichen Regelung durch gesellschaftsvertragliche Fortsetzungsklauseln abgewichen wurde. Eine solche Fortsetzungsklausel bewirkt, dass lediglich der betroffene Gesellschafter ausscheidet und der Fortbestand der Gesellschaft unberührt bleibt. Diese Praxis hat der Gesetzgeber bei der Neufassung des § 131 HGB übernommen. Nach dessen Absatz 3 stellen die gesellschafterbezogenen Gründe keine Auflösungsgründe, sondern nur noch Ausscheidensgründe dar.

401 Art. 41 S. 1 EGHGB enthält eine Übergangsregelung. Danach ist das bis zum 30.6.1998 geltende Recht mangels anderweitiger vertraglicher Regelung weiter anzuwenden, sofern ein Gesellschafter bis zum 31.12.2001 die Anwendung der alten Vorschriften gegenüber der Gesellschaft schriftlich verlangt hat, bevor ein Auflösungs- oder Ausscheidensgrund eingetreten ist. Dieses Verlangen kann nach Art. 41 S. 2 EGHGB jedoch durch einen Gesellschafterbeschluss zurückgewiesen werden. In diesem Fall ist die Neuregelung anzuwenden.

2. Auflösung der Gesellschaft

a) Auflösungsgründe

402 Die Gründe für eine Auflösung der Gesellschaft sind in § 131 Abs. 1 HGB normiert. Weitere Auflösungsgründe finden sich in spezialgesetzlichen Bestimmungen (zB § 38 KWG). Die gesetzlich vorgesehenen Auflösungsgründe sind nicht abdingbar, können also weder erweitert noch eingeschränkt werden.

403 § 131 Abs. 1 HGB nennt folgende Auflösungsgründe:
- Zeitablauf für den Fall, dass die Gesellschaft nur für eine bestimmte Zeit eingegangen wurde.
- Auflösungsbeschluss, der mangels einer anderweitigen Regelung im Gesellschaftsvertrag einstimmig, allerdings grundsätzlich formfrei gefasst werden muss.
- Eröffnung des Insolvenzverfahrens über das Vermögen der Gesellschaft, nicht jedoch bereits der Eröffnungsantrag, die Anordnung von Sicherheitsmaßnahmen oder die Bestellung eines vorläufigen Insolvenzverwalters.
- Rechtskräftige gerichtliche Entscheidung.

404 Für eine OHG, bei der kein persönlich haftender Gesellschafter eine natürliche Person ist, sieht § 131 Abs. 2 zum Schutz der Gesellschaftsgläubiger weitere Auflösungsgründe vor, und zwar
- die rechtskräftige Ablehnung der Eröffnung eines Insolvenzverfahrens mangels Masse
- und die Löschung der OHG wegen Vermögenslosigkeit nach § 141 FGG.

---

490 Vgl BGH NJW 1994, 2220, 2224.
491 Vgl BGH NJW 1990, 1725, 1730.

b) Rechtsfolgen der Auflösung

Durch die Auflösung der OHG ändert sich ihr Gesellschaftszweck. Aus der werbend tätigen Gesellschaft wird eine Liquidationsgesellschaft, deren Zweck die Auseinandersetzung unter den Gesellschaftern bis zur Herbeiführung der Vollbeendigung ist. 405

Erfolgt die Auflösung in Folge der Eröffnung des Insolvenzverfahrens, tritt an die Stelle der Liquidation die Durchführung des Insolvenzverfahrens. 406

c) Eintragung der Auflösung

Die Auflösung der Gesellschaft ist gem. § 143 HGB zur Eintragung in das Handelsregister anzumelden. Dies gilt auch dann, wenn die OHG zuvor zu Unrecht nicht eingetragen war. In diesem Fall wird die Gesellschaft zugleich mit ihrer Auflösung im Handelsregister eingetragen. 407

Die Anmeldepflicht trifft sämtliche Gesellschafter. Sie muss jedoch nicht höchstpersönlich wahrgenommen werden, so dass beispielsweise auch der geschäftsführende Gesellschafter bevollmächtigt werden kann, die Anmeldung im Namen aller Mitgesellschafter vorzunehmen. 408

Die Eintragung hat zwar lediglich deklaratorische Funktion, da die Gesellschaft mit Eintritt des Auflösungsgrundes aufgelöst ist. Die unterlassene Anmeldung hat jedoch Nachteile für die Gesellschafter. So knüpft zum einen die Sonderverjährung der Gesellschafterhaftung nach § 159 HGB an die Eintragung der Auflösung an. Zum anderen können die Gesellschafter eine nicht eingetragene Auflösung der Gesellschaft Dritten gegenüber nicht geltend machen, wenn der Dritte nicht positive Kenntnis von der Auflösung der Gesellschaft hat (§ 15 HGB). 409

3. Liquidation der Gesellschaft

a) Grundlagen

Mit Eintritt eines Auflösungsgrundes wird die OHG ohne weitere Rechtsakte zur **Liquidationsgesellschaft**.[492] Diese ist zwar mit der zuvor werbend tätigen Gesellschaft rechtlich identisch, ihr Gesellschaftszweck beschränkt sich jedoch auf die Abwicklung und Aufteilung des Gesellschaftsvermögens. Die Liquidationsgesellschaft bleibt Handelsgesellschaft und ist weiterhin rechts- und parteifähig. Die Rechtsverhältnisse zu Dritten bleiben ebenfalls unberührt, soweit nicht die Auflösung der Gesellschaft nach dem Inhalt der vertraglichen Drittbeziehung zur Ausübung von Gestaltungsrechten (zB Rücktritt oder Kündigung) berechtigt. 410

Die Gesellschafter sind untereinander verpflichtet, die Liquidation der OHG voranzutreiben. Eine Aufschiebung der Liquidation kann ausnahmsweise gerechtfertigt sein, wenn beachtliche Gründe vorliegen,[493] so etwa, wenn die Verwertung des Gesellschaftsvermögens zu einem späteren Zeitpunkt zu einem höheren Erlös führen würde. 411

Nach der Auflösung der Gesellschaft können die Gesellschafter Forderungen gegen die OHG oder gegen Mitgesellschafter nicht mehr selbständig geltend machen. Diese Forderungen werden zu Rechnungsposten in der Auseinandersetzung.[494] Etwas anderes gilt allenfalls dann, wenn feststeht, dass der betroffene Gesellschafter im Rahmen der Auseinandersetzung zumindest den klageweise geltend gemachten Betrag wird beanspruchen können,[495] oder wenn sich ein Gesellschafter erst in der Liquidationsphase schadensersatzpflichtig gemacht hat, insbesondere weil er die Liquidation absichtlich verzögert.[496] 412

b) Liquidatoren

Das Gesetz unterscheidet in § 146 HGB zwischen geborenen und gekorenen Liquidatoren. Ohne abweichende Vereinbarung obliegt die Liquidation sämtlichen Gesellschaftern als geborenen Liquida- 413

---

[492] Vgl schon RGZ 155, 75, 84.
[493] Vgl BGHZ 1, 324 ff; BGH NJW 1995, 2843, 2844.
[494] Vgl BGHZ 37, 299, 304; BGH NJW 1968, 2005.
[495] Vgl BGH NJW 1995, 188.
[496] Vgl BGH NJW 1968, 2005.

toren. Einbezogen sind insbesondere auch die Gesellschafter, die zuvor nicht geschäftsführungs- und vertretungsbefugt waren. Die geborenen Liquidatoren erlangen ihre Stellung kraft Gesetzes, ohne dass es einer Annahme dieses Amtes bedarf.

414 Die Gesellschafter können im Gesellschaftsvertrag oder durch Beschluss bestimmen, dass die Liquidation der Gesellschaft stattdessen nur durch einzelne Gesellschafter oder auch durch Dritte erfolgen soll. Diese gekorenen Liquidatoren erlangen ihre Amtsstellung nicht kraft Gesetzes, sondern erst mit der Annahme des Amtes.

415 Bei Vorliegen eines wichtigen Grundes kann die Benennung der Liquidatoren auf Antrag eines Beteiligten durch das Gericht erfolgen. Antragsberechtigte Beteiligte sind Gesellschafter und ihre Rechtsnachfolger, Gläubiger im Fall des § 135 HGB, der Insolvenzverwalter über das Vermögen eines Gesellschafters sowie der von einem Gesellschafter bestimmte Testamentsvollstrecker. Ein wichtiger Grund liegt vor, wenn anzunehmen ist, dass ohne eine Benennung durch das Gericht die Interessen entweder der Liquidationsgesellschaft oder eines Beteiligten erheblich beeinträchtigt werden könnten.[497] Hiervon ist bei folgenden Umständen auszugehen:

- Feindseliges Verhältnis der Liquidatoren zueinander[498]
- Pflichtverstöße der Liquidatoren,[499] insbesondere eine Verschleppung der Liquidation
- Zweifel an der Kompetenz der Liquidatoren[500]
- Gefahr eines Interessenkonflikts[501]

416 In diesen Fällen kann das Gericht auf Antrag eines Beteiligten auch den bisherigen Liquidator abberufen (§ 147 2. Hs HGB). Abgesehen von dieser gerichtlichen Abberufung können Liquidatoren durch einstimmen Beschluss der Beteiligten abberufen werden. Der Gesellschaftsvertrag kann auch eine Mehrheitsentscheidung vorsehen. Soll ein auf Antrag eines Beteiligten durch das Gericht ernannter Liquidator abberufen werden, ist auch bei satzungsmäßiger Mehrheitsfähigkeit des Abberufungsbeschlusses zumindest die Zustimmung dieses Beteiligten erforderlich. Soll ein durch den Gesellschaftsvertrag bestimmter Liquidator abberufen werden, muss zusätzlich immer ein wichtiger Grund vorliegen.

417 Die Liquidatoren und ihre Vertretungsmacht sowie jede diesbezügliche Änderung sind zur Eintragung in das Handelsregister anzumelden. Die Anmeldung hat grundsätzlich durch alle Gesellschafter zu erfolgen, wobei eine Stellvertretung jedoch zulässig ist. Ist bei dem Vermögen eines Gesellschafters das Insolvenzverfahren eröffnet worden, hat der Insolvenzverwalter dessen Anmeldepflicht wahrzunehmen. Bei der gerichtlichen Ernennung eines Liquidators erfolgt die Handelsregistereintragung von Amts wegen.

c) Aufgaben der Liquidatoren

418 Die Aufgaben der Liquidatoren werden in § 149 HGB definiert. Danach haben die Liquidatoren erstens laufende Geschäfte zu beendigen. Dies bedeutet, dass Dauerschuldverhältnisse nach Möglichkeit gekündigt und die übrigen Verträge möglichst zügig abgewickelt werden. Soweit dies zum Zwecke einer raschen Abwicklung angezeigt ist, können die laufenden Geschäfte auch durch den Abschluss von Vergleichen mit den Geschäftsgegnern beendet werden. Gleiches gilt für laufende Rechtsstreite. Die Liquidatoren dürfen neue Geschäfte eingehen,[502] soweit dies der Beendigung schwebender Geschäfte dient. Diese Zweckbestimmung ist nach der Rechtsprechung des BGH weit auszulegen.[503] So kann es beispielsweise auch zulässig sein, den Geschäftsbetrieb vorläufig als Ganzes aufrecht zu erhalten. Zulässig sind neue Geschäfte auch dann, wenn sie der Erhaltung des Gesellschaftsvermögens dienen oder ansonsten wirtschaftlich sinnvoll sind.[504] Wirtschaftlich sinnvoll kann beispielsweise der

---

497 Vgl OLG Hamm, 1958, 497.
498 KG NJW-RR 1999, 831.
499 OLG Hamm 1958, 497.
500 BayObLG WM 1978, 1164.
501 OLG Hamm 1958, 497.
502 Vgl BGHZ 1, 324, 329; BGH WM 1964, 152.
503 Vgl BGH WM 1959, 323, 324.
504 Vgl BGH WM 1959, 323, 324.

Erwerb des bis dahin nur gepachteten Betriebsgrundstücks sein, wenn hierdurch eine Veräußerung des Gesamtbetriebs zu einem höheren Preis ermöglicht wird.

Die Liquidatoren haben zweitens offenstehende Forderungen einzuziehen und nötigenfalls gerichtlich durchzusetzen. Dies gilt in erster Linie für Forderungen der Liquidationsgesellschaft gegen Dritte. Forderungen gegen Gesellschafter können hingegen nur dann eingezogen werden, wenn Liquidatoren hierzu entweder im Gesellschaftsvertrag oder durch Gesellschafterbeschluss ausdrücklich ermächtigt sind. Auch im Fall einer solchen Ermächtigung können die Forderungen nur in dem Umfang eingezogen werden, als die Beträge zur Bedienung der Verbindlichkeiten der Gesellschaft benötigt werden. Innerhalb dieser Grenze steht den Liquidatoren ein Ermessensspielraum zu, ob sie sämtliche Gesellschafter anteilig oder lediglich einzelne Gesellschafter wegen des gesamten erforderlichen Betrages in Anspruch nehmen.

Die Liquidatoren haben drittens die Vermögenswerte der Gesellschaft zu veräußern und viertens die Gläubiger der Gesellschaft zu befriedigen. Stellt sich heraus, dass die vorhandenen Vermögenswerte nicht ausreichen, um sämtliche Gesellschaftsverbindlichkeiten gegenüber Dritten auszugleichen und lässt sich mit den Gläubigern auch keine Einigung über einen Teilverzicht erzielen, müssen die Liquidatoren Insolvenz anmelden.

d) Verteilung des Gesellschaftsvermögens

Die Verteilung des Gesellschaftsvermögens an die Gesellschafter ist in § 155 HGB geregelt. Diese Vorschrift unterscheidet zwischen einer Zwischenverteilung und der Schlussverteilung.

aa) Zwischenverteilung

Bereits während der Liquidation haben die Gesellschafter einen Anspruch darauf, dass **entbehrliches Geld** vorläufig verteilt wird. Nicht entbehrlich sind solche Beträge, die zur Deckung noch nicht fälliger oder streitiger Verbindlichkeiten sowie zur Sicherung der den Gesellschaftern bei der Schussverteilung zukommenden Beträge nötig werden.

Stellt sich zu einem späteren Zeitpunkt heraus, dass im Rahmen der Zwischenverteilung zuviel ausgezahlt worden ist, hat der Empfänger den **Differenzbetrag** zu erstatten und zu verzinsen, ohne sich auf einen etwaigen Wegfall der Bereicherung berufen zu können.[505]

bb) Schlussverteilung

Die Schlussverteilung erfolgt erst nach Berichtigung sämtlicher Gesellschaftsschulden auf der Grundlage der nach § 154 HGB aufzustellenden Schlussbilanz. Maßstab für die Schlussverteilung sind die Verhältnisse der Kapitalanteile der Gesellschafter, wie sie sich aufgrund der Schlussbilanz ergeben.

Sind die Kapitalkonten sämtlicher Gesellschafter aktiv, entspricht die Summe der Gesellschaftsanteile dem Gesellschaftsvermögen. Jedem Gesellschafter ist dann der entsprechende Anteil auszuzahlen, ohne dass es noch eines Ausgleichs unter den Gesellschaftern bedarf. Sind sämtliche Kapitalkonten der Gesellschafter passiv, gibt es kein zu verteilendes Gesellschaftsvermögen mehr. Die Gesellschafter müssen dann den Betrag ihrer Kapitalkonten an die Gesellschaftsgläubiger zahlen. Fällt ein Gesellschafter als vermögenslos aus, ist dessen Beitrag auf die Mitgesellschafter entsprechend ihren Verlustanteilen zu verteilen.

Gibt es sowohl Gesellschafter mit aktiven als auch Gesellschafter mit passiven Kapitalkonten, wird das restliche Vermögen der Gesellschaft unter den Gesellschaftern mit einem aktiven Kapitalkonto verteilt. Im Übrigen erfolgt der Saldenausgleich ohne Beteiligung der Liquidatoren im Innenverhältnis der Gesellschafter. Kann ein Gesellschafter mit aktivem Kapitalkonto von einem Gesellschafter mit passivem Kapitalkonto den auf diesen entfallenden Betrag mangels Leistungsfähigkeit nicht erhalten, haben die Mitgesellschafter hierfür entsprechend ihren Verlustanteilen und unabhängig davon aufzukommen, ob sie über ein aktives oder passives Kapitalkonto verfügen.

---

505 Vgl BGH WM 1988, 1494, 1496.

cc) Streitigkeiten unter dem Gesellschaftern

427 Kommt es zwischen den Gesellschaftern zu einem Streit über die Verteilung des Gesellschaftsvermögens, ist dieser im Innenverhältnis der Gesellschafter auszutragen und betrifft die Liquidatoren grundsätzlich nicht. Die Liquidatoren haben lediglich die Schlussverteilung bis zu einer Beendigung des Streits auszusetzen. Treffen die Gesellschafter eine Einigung oder wird der Streit gerichtlich entschieden, sind die Liquidatoren an dieses Ergebnis gebunden, auch wenn es nicht den Vorgaben des § 155 Abs. 1 HGB entspricht.

dd) Löschung und Nachtragsliquidation

428 Mit dem Abschluss der Schlussverteilung ist die OHG vollbeendigt. Die Liquidatoren haben dann das Erlöschen der Firma zur Eintragung in das Handelsregister anzumelden.

429 Stellt sich zu einem späteren Zeitpunkt heraus, dass die Gesellschaft noch über Vermögenswerte verfügt, existiert sie weiter. Die (fälschlicherweise eingetragene) Löschung ist zu berichtigen und es erfolgt eine Nachtragsliquidation. Die bisherigen Liquidatoren haben den nachträglich bekannt gewordenen Vermögenswert zu verwerten und den Erlös zu verteilen.

4. Ausscheiden eines Gesellschafters

a) Ausscheidensgründe

430 Ein Gesellschafter scheidet bei Eintritt eines der nachfolgenden Gründe aus der OHG aus:
- Tod des Gesellschafters, soweit der Gesellschaftsvertrag keine Nachfolgeklausel enthält, wonach sämtliche oder bestimmte Erben des Erblasser-Gesellschafters in die Mitgliedschaft einrücken,
- rechtskräftiger Beschluss über die Eröffnung des Insolvenzverfahrens über das Vermögen des Gesellschafters, nicht aber die Eröffnung eines Nachlassinsolvenzverfahrens oder die Ablehnung der Eröffnung des Insolvenzverfahrens mangels Masse,
- Kündigung des Gesellschafters,
- Kündigung durch den Privatgläubiger des Gesellschafters,
- Eintritt eines im Gesellschaftsvertrag vereinbarten Ausscheidensgrundes, soweit die Regelung hinreichend bestimmt ist und nicht gegen §§ 134, 138 BGB und verfassungsrechtlich gebotene Grenzen verstoßen (Beispiele zulässiger Ausscheidensgründe: Arbeitsunfähigkeit, Entzug der Berufszulassung, Scheidung eines angeheirateten Familiengesellschafters),
- Fassung eines mehrheitsfähigen Beschlusses der Mitgesellschafter, wenn diese Möglichkeit im Gesellschaftsvertrag – insbesondere im Hinblick auf die eine Ausschließung rechtfertigenden wichtigen Gründe – hinreichend bestimmt vereinbart worden ist.

431 Die Rechtsfolgen bei Eintritt eines Ausscheidensgrundes entsprechen denen im Recht der GbR und sind in Rn 109 f dargestellt worden.

b) Sonderfall: Tod eines Gesellschafters

432 Enthält der Gesellschaftsvertrag eine Nachfolgeklausel, treten sämtliche oder bestimmte Erben des verstorbenen Gesellschafters in dessen Mitgliedschaft ein. Vor dem Hintergrund, dass die Erben den Eintritt in die Gesellschafterstellung und die damit verbundenen Haftungsfolgen nicht ohne Ausschlagung der Erbschaft im Ganzen vermeiden können, gewährt das Gesetz ihnen in § 139 HGB die Möglichkeit, eine Beschränkung ihrer Haftung herbeizuführen. Dies geschieht durch Einräumung eines gestuften und nicht abdingbaren **Wahlrechts**:

433 In einem ersten Schritt kann der in die Gesellschafterstellung eingerückte Erbe wählen, ob er als persönlich haftender Gesellschafter in der Gesellschaft verbleibt oder ob er seinen Verbleib in der Gesellschaft von der Einräumung einer Kommanditistenstellung unter Belassung des bisherigen Gewinnanteils abhängig macht. Die Ausübung des Wahlrechts erfolgt durch einen – formlos möglichen – Antrag an die Mitgesellschafter und muss **innerhalb von drei Monaten** erfolgen. Diese Frist beginnt mit der Kenntnis vom Anfall der Erbschaft, wobei es grundsätzlich keine Rolle spielt, ob der Erbe Kenntnis vom Berufungsgrund, der Nachfolgeklausel oder dem Gesellschaftsverhältnis hat. Der

Gesellschafter wird in bedingtem Umfang dadurch geschützt, dass die Frist jedenfalls so lange läuft, als die Erbschaft noch ausgeschlagen werden kann, was Kenntnis vom Anfall und dem Grund der Berufung voraussetzt. Während dieser Schwebezeit haftet der Gesellschafter nach §§ 128, 130 HGB sowohl für Altschulden als auch für in der Schwebezeit begründete Zwischenneuschulden. Neben diese akzessorische Gesellschafterhaftung tritt die erbrechtliche Haftung nach §§ 1967 ff BGB, § 128 HGB mit der Möglichkeit der Beschränkung nach §§ 1975 ff BGB. Auch dies gilt für Altverbindlichkeiten wie für Zwischenneuschulden.

Wird der Antrag des Nachfolgegesellschafters mit der im Gesellschaftsvertrag vorgesehenen Mehrheit angenommen, wird er durch Vertrag mit den Mitgesellschaftern, Kommanditist. Gesellschaftsrechtlich beschränkt sich sein Haftungsrisiko für Alt-, Zwischenneu- und Neuschulden auf die Kommanditistenhaftung nach §§ 171 bis 173 HGB. Für Altverbindlichkeiten und Zwischenneuschulden tritt die erbrechtliche Haftung nach §§ 1967 ff BGB, § 128 HGB mit der Möglichkeit der Beschränkung nach §§ 1975 ff BGB hinzu.

434

Wird der Antrag des Erben nicht mit der notwendigen Mehrheit angenommen, hat der Erbe im nächsten Schritt ein zweites Wahlrecht dahingehend, ob er in der Gesellschaft verbleibt oder sein Ausscheiden erklärt. Verbleibt er als persönlich haftender Gesellschafter in der Gesellschaft, bleibt es auch bei seiner Gesellschafterhaftung nach §§ 128, 130 HGB für Alt-, Zwischenneu- und Neuschulden. Scheidet der Erbe demgegenüber aus der Gesellschaft aus, haftet er nur noch nach erbrechtlichen Grundsätzen mit der Beschränkungsmöglichkeit nach §§ 1975 ff BGB. Sieht der Gesellschaftsvertrag eine Abfindungsbeschränkung für den Fall der Kündigung vor, ist im Zweifel anzunehmen, dass diese nicht für den Erben gilt, der nach Ablehnung seines Umwandlungsantrages aus der Gesellschaft ausscheidet. Wird die Eintragung des Ausscheidens des Gesellschafter-Erben nicht unverzüglich herbeigeführt, ergibt sich ein Haftungsrisiko nach § 15 Abs. 1 HGB.[506]

435

C. Kommanditgesellschaft

I. Grundlagen und Erscheinungsformen

1. Begriffsmerkmale

Die Kommanditgesellschaft (im Folgenden: KG) gilt als die älteste Form der Handelsgesellschaften und findet ihre Regelung in §§ 161 bis 177 a HGB. Soweit sich dort keine Sonderregelungen finden, wird auf das Recht der OHG verwiesen, § 161 Abs. 2 HGB. Neben der Grundform der KG existieren noch die Sonderformen der Publikums-KG und der GmbH & Co. KG.

436

Von der OHG unterscheidet sich die KG dadurch, dass zwei Formen von Gesellschaftern vorhanden sind. Es muss jeweils mindestens einen persönlich haftenden Gesellschafter, Komplementär, und einen Kommanditisten geben. Die Haftung der Kommanditisten ist „auf den Betrag einer bestimmten Vermögenseinlage beschränkt", § 161 Abs. 1 HGB. Ansonsten ist die KG wie die OHG eine Personengesellschaft, deren Gesellschaftszweck auf den Betrieb eines Handelsgewerbes gerichtet ist.

437

2. Entstehung und Erlöschen

Im Innenverhältnis entsteht die KG durch einen – regelmäßig formfreien – schuldrechtlichen Vertrag sämtlicher Gesellschafter untereinander, im Außenverhältnis durch die tatsächliche Aufnahme[507] eines Handelsgewerbes im Sinne von § 1 Abs. 2 HGB bzw durch Eintragung ins Handelsregister. Sie kann auch durch gesetzliche[508] oder rechtsgeschäftliche[509] Umwandlung entstehen. Auch können zwei Kommanditgesellschaften außerhalb der Regelungen des UmwG dadurch vereinigt werden, dass die eine Gesellschaft ihre Anteile auf die andere Gesellschaft überträgt.[510]

438

---

506 BGHZ 66, 98, 102.
507 Vgl BGH BB 2004, 1357.
508 Etwa durch Eintritt eines beschränkt haftenden Gesellschafters.
509 Etwa nach den Regelungen des UmwG.
510 OLG Frankfurt NZG 2004, 808, 809: die übertragende Gesellschaft wird dadurch aufgelöst und vollbeendet.

439 Den zwei Formen von Gesellschaftern folgend muss die Festsetzung der Haftsumme für die Kommanditisten im Gesellschaftsvertrag geregelt werden. Sie muss auf einen bestimmten Geldbetrag lauten[511] und ist im Handelsregister anzumelden.

440 Betreffend das Erlöschen durch Auflösung und Liquidation bis zur Vollbeendigung bzw Umwandlung kann auf die Regelungen zur OHG verwiesen werden. Das Ausscheiden des letzten Komplementärs führt zur Auflösung der KG,[512] sie existiert zunächst als Liquidationsgesellschaft fort,[513] und kann bei entsprechendem Beschluss der verbleibenden Gesellschafter als OHG weitergeführt werden. Handelte es sich um eine Zweipersonen-KG, so führt dies zur liquidationslosen Vollbeendigung unter Gesamtrechtsnachfolge, wobei die Haftung des verbleibenden Kommanditisten auf das ihm zugefallene Gesellschaftsvermögen beschränkt ist.[514] In der Liquidation sind, falls nicht anderes im Gesellschaftsvertrag geregelt ist,[515] alle Gesellschafter und damit auch die Kommanditisten geborene Liquidatoren.[516]

II. Stellung des Kommanditisten

1. Wesensmerkmale

a) Mitgliedschaft

441 Der im Recht der OHG geltende Grundsatz der Gleichbehandlung erfährt im Recht der KG, den zwei Gruppen von Gesellschaftern entsprechend, zwischen diesen Modifizierungen. Während die Rechtsstellung des Komplementärs derjenigen eines OHG-Gesellschafters entspricht, stehen den Kommanditisten in erster Linie Kontroll- und Verwaltungsrechte, nicht aber das Recht der Geschäftsführung und der Vertretung zu.

442 Die Beteiligung an der KG ist, dem Wesen der Personengesellschaft folgend, eine einheitliche,[517] so dass bei Hinzuerwerb nicht eine Addition mehrerer Anteile,[518] sondern eine Vereinigung zu einem (größeren) Anteil stattfindet.[519] Bei Hinzuerwerb eines Kommanditanteils entsteht ein einheitlicher (größerer) Komplementäranteil, bei Hinzuerwerb eines Komplementäranteils wandelt sich der Kommanditanteil in einen (größeren) Komplementäranteil um.[520] Auch kann ein Kommanditist, der die KG gekündigt hat, im Zeitraum zwischen Kündigungserklärung und Wirksamwerden der Kündigung ohne Verstoß gegen den Grundsatz der Einheitlichkeit der Mitgliedschaft einen zusätzlichen Kommanditanteil erwerben, soweit er nach dem Gesellschaftsvertrag nur berechtigt wäre, nach seinem Ausscheiden durch Erwerb eines anderen Kommanditanteils erneut in die Gesellschaft einzutreten.[521] Kann nach dem Gesellschaftsvertrag einer Wohnungsbewirtschaftungs-KG nur ein Eigentümer einer Wohnung Kommanditist sein, führt der Verkauf der Wohnung zum automatischen Ausscheiden des Kommanditisten aus der KG, er ist dann nach Maßgabe des Gesellschaftsvertrages bzw des Gesetzes abzufinden.[522]

443 Eine BGB-Gesellschaft kann Komplementär einer KG sein,[523] die Ehegatten-Gütergemeinschaft nicht.[524]

---

511 Westermann/*Aderhold*, Handbuch der Personengesellschaft, § 48 Rn 2226 ff.
512 BayObLG ZIP 2000, 1214.
513 BGH MDR 1982, 908.
514 BGH ZIP 2004, 1047.
515 Nach hM können auch Nichtgesellschafter zu Liquidatoren bestimmt werden, *Schmid*, MünchHdb GesR II, § 46 Rn 2 mwN.
516 BGH WM 1982, 1170; OLG Hamm NZG 2003, 627.
517 Vgl *Lehleiter*, Kompaktkommentar, § 105 Rn 18 ff.
518 Anders in den Fällen der Beerbung bei angeordneter Testamentsvollstreckung (BGHZ 98, 48, 57 für OHG), Vorerbschaft (vgl *Ulmer*, ZHR 167 [2003], 103, 114 f), des Nießbrauchs (differenzierend OLG Schleswig ZIP 2006, 615, 617) und Nachlassinsolvenz (vgl OLG Hamm ZEV 1999, 234, 236).
519 BGH WM 1963, 989, 990 Westermann/*Aderhold*, Handbuch der Personengesellschaft, § 49 Rn 2303.
520 BGH NJW 1987, 3184; WM 1963, 989, 990.
521 OLG München NZG 2004, 37, 38.
522 BGH NZG 2003, 525, 526.
523 LG Berlin GmbHR 2003, 719, aA *Koller*/Roth/Morck § 105 Rn 19: Umkehrschluss aus § 161 Abs. 1 S. 2 BGB.
524 BayObLG 2003 NZG 2003, 431, vgl dazu aber auch *Wertenbruch*, NZG 2006, 408, 412.

b) Gesamthand

Die Beiträge der Kommanditisten bilden zusammen mit denjenigen der Komplementäre das Gesamthandsvermögen der KG.[525]

c) Anteilsübertragung

Der Natur der KG als Personengesellschaft folgend ist der Kommanditanteil im Prinzip unübertragbar,[526] wohl aber mit Zustimmung aller Gesellschafter oder Zulassung im Gesellschaftsvertrag[527] durch Abtretung. Es liegt dann kein Fall eines Austritts mit anschließendem Eintritt, sondern lediglich eine inhaltliche Änderung vor;[528] insbesondere ist nicht die zweifache Erbringung einer Einlage erforderlich.[529] Auch wird bei Änderungen im Gesellschafterbestand die Identität der Gesellschaft nicht verändert.[530] Dies gilt auch bei einem gleichzeitigen Wechsel aller Gesellschafter.[531] In den Fällen fehlerhafter Anteilsübertragung gelten die Grundsätze der fehlerhaften Gesellschaft entsprechend.[532]

2. Kaufmannseigenschaft

Der Kommanditist ist – wiewohl als Gesellschafter am Gesellschaftsvermögen des von der KG betriebenen Handelsgewerbes Beteiligter – nicht Kaufmann.[533] Anderes gilt nach überwiegender Ansicht für den Komplementär.[534]

3. Wettbewerbsverbot

Im Grundsatz trifft den Kommanditisten, § 165 HGB, kein Wettbewerbsverbot, da §§ 112, 113 HGB, die den Komplementär betreffenden Vorschriften, ausdrücklich für nicht anwendbar erklärt werden. Ratio ist die typischerweise nur kapitalmäßige Beteiligung des Kommanditisten.

Das Wettbewerbsverbot ist aber der Hauptanwendungsfall der auch dem Kommanditisten obliegenden allgemeinen Treuepflichten. Anwendungsfälle allgemeiner Treuepflichten sind etwa die Verpflichtung zur Vertraulichkeit, die Verpflichtung zur Zustimmung zu bestimmten Gesellschafterbeschlüssen,[535] zum Hinweis auf drohende Gefahren und zur Rücksichtnahme auf die Gesellschaft. Hier muss im Einzelfall entschieden werden, so auch unter Berücksichtigung besonderer Umstände wie einer rein kapitalistischen Beteiligung.[536] Gerade letztere kann eine im Verhältnis zu derjenigen des Komplementärs abgeschwächte Treuepflicht begründen.[537] Ganz grundsätzlich darf der Kommanditist auch nicht Geschäftschancen der KG nutzen.[538] Keine Geschäftschance ist eine solche, die sich vor Gründung der KG bietet.[539]

Ist dem Kommanditisten jedoch Geschäftsführungsbefugnis eingeräumt, so kann anderes gelten. Hat der Kommanditist im Wesentlichen die Stellung eines Komplementärs, gilt § 112 HGB sinngemäß.[540] Hat er Geschäftsführungsbefugnis (lediglich) in bestimmten Bereichen, beschränkt sich das Wettbewerbsverbot auf diese Bereiche.[541] Streitig ist, ob bei Kommanditisten mit weitergehenden Informa-

---

525 Westermann/*Aderhold*, Handbuch der Personengesellschaft, § 49 Rn 2306; vgl auch BGH ZIP 1996, 750, 751.
526 V. Falkenhausen/*Henning C. Schneider*, Handbuch KG § 25 Rn 1; es handelt sich nicht um eine Frage des § 719 BGB, RG WM 1964, 1130.
527 Dieser kann auch niedrigere Anforderungen stellen.
528 MünchKommHGB/*Grunewald* § 161 Rn 40.
529 BGHZ 81, 82.
530 Mit den Ausnahmen, dass kein Kommanditist oder Komplementär mehr verbleibt.
531 BGHZ 44, 229.
532 Vgl zum Beitritt BGH NJW 2007, 1127, 1128.
533 Baumbach/*Hopt* § 161 Rn 5.
534 Baumbach/*Hopt* § 161 Rn 5.
535 BGH NJW 1995, 1739 (Minderheitsaktionär bei AG).
536 BGH ZIP 2006, 562 (Nachschusspflicht).
537 MünchKommHGB/*Grunewald* § 161 Rn 29.
538 Jedenfalls, soweit die Geschäftschance für ihn nur untergeordnete Bedeutung hat; in den Einzelheiten aber streitig, vgl Westermann/*Aderhold*, Handbuch der Personengesellschaft, § 49 Rn 2330 einerseits und Doehner/*Hoffmann*, Hdb KG § 16 Rn 25 andererseits; BGH WM 1989, 1216, 1218.
539 BGH NJW 1998, 1225, 1226.
540 BGHZ 89, 162, 166; BGH NJW 2002, 1046, 1047.
541 Westermann/*Aderhold*, Handbuch der Personengesellschaft, § 49 Rn 2326.

tionsrechten ein auf diese Bereiche beschränktes Wettbewerbsverbot gilt[542] oder ob in einem solchen Fall die Informationsrechte einzuschränken sind.[543] Hat ein Kommanditist eine Mehrheitsbeteiligung inne und ist er zudem in einem weiterem weiteren Unternehmen engagiert, gilt eine – widerlegliche – Vermutung für ein Wettbewerbsverbot.[544]

450 Das (gesetzliche) Wettbewerbsverbot endet im Grundsatz mit dem Ausscheiden aus der Gesellschaft.[545] Dem Kommanditisten kann in den Grenzen der § 138 BGB, § 1 GWB rechtsgeschäftlich oder per Satzung ein Wettbewerbsverbot auferlegt werden.[546] Ist ein Dienstvertrag mit dem Kommanditisten abgeschlossen worden, gelten die Regeln zum Wettbewerbsverbot aufgrund Dienstverhältnisses.[547] Es ist in örtlicher, zeitlicher und gegenständlicher Hinsicht einzuschränken.[548]

451 Der Kommanditist kann bei Annahme eines Wettbewerbsverbots wie ein Komplementär hiervon befreit werden, wobei der Gesellschaftsvertrag hierzu Einstimmigkeit nicht vorsehen braucht.[549] Der betroffene Kommanditist ist hierbei nicht abstimmungsberechtigt.[550] Im Falle eines Verstoßes gilt § 113 HGB analog.

4. Mitgliedschaftliche Rechte und Pflichten

452 Der Kommanditist hat jedenfalls bei Vorliegen eines wichtigen Grundes das Recht zur Einberufung einer Gesellschafterversammlung, wobei eine bestimmte Tagesordnung vorzugeben ist.[551] Voraussetzung für eine Einberufung durch den Kommanditisten ist, dass der Komplementär zuvor die Einberufung auf Anforderung abgelehnt hat.[552] In den Gesellschafterversammlungen selbst hat der Kommanditist ein (unentziehbares) Teilnahmerecht, das Recht sich zu äußern, Anträge zu stellen und abzustimmen. Das Stimmrecht ist allerdings abbedingbar.[553]

453 Streit über Beschlussmängel ist – wie in der OHG – zwischen den Gesellschaftern auszutragen.[554] Diese können die Nichtigkeit im Grundsatz unbefristet durch negative Feststellungsklage geltend machen.[555] Der Gesellschaftsvertrag kann aber auch anderes, die Gesellschaft als Passivlegitimierte, vorsehen.[556] Dabei gilt die Frist des § 246 AktG als Leitbild. Auch dem Kommanditisten steht die actio pro socio zu.[557]

454 Der Kommanditist hat ein Recht auf ordentliche Kündigung (Austrittsrecht) im Fall der auf unbestimmte Zeit eingegangenen KG, §§ 161 Abs. 2, 132 HGB. Im Fall der auf bestimmte Zeit eingegangenen KG muss unterschieden werden. Liegt ein wichtiger Grund (nur) beim austrittswilligen Kommanditisten vor, so kann damit ein Austritt gerechtfertigt werden. Liegt dieser Grund bei allen Gesellschaftern vor, muss die KG aufgelöst werden.[558]

5. Geschäftsführung

455 Die Kommanditisten sind von der Geschäftsführung nach dem Gesetz ausgeschlossen, § 164 S. 1 HGB. Auch können sie Handlungen der Geschäftsführung nur, soweit sie über den gewöhnlichen Betrieb des Handelsgewerbes hinausgehen, widersprechen.

---

542 So die wohl hM, vgl nur Ebenroth/Boujong/Joost/*Weipert* § 165 Rn 8.
543 So MünchKommHGB/*Grunewald* § 165 Rn 9.
544 BGH NJW 1984, 1351.
545 Selbst bei einem Verstoß vor Ausscheiden, OLG Düsseldorf, ZIP 1990, 861.
546 Vgl zu Letzterem OLG Düsseldorf WUW/E 3328, 3330 (bei kapitalistisch strukturierter Publikums-KG).
547 GroßKommHGB/*Schilling* § 165 Rn 4.
548 Vgl nur BGH NJW 1979, 1605; NJW 1991, 699, 700; NZG 2005, 843, 844.
549 MünchKommHGB/*Grunewald* § 165 Rn 20.
550 BGHZ 80, 71, 74 (GmbH).
551 Westermann/*Aderhold*, Handbuch der Personengesellschaft, § 49 Rn 2348.
552 Vgl BGH NJW 1988, 969, 970.
553 BGHZ 20, 363, 366 ff; BGH NJW 1993, 2100, 2101.
554 BGH NJW 1995, 1218; BGH BB 2006, 1925, 1927.
555 BGH NJW 1999, 3113.
556 BGH NJW 2003, 1729; BGH BB 2006, 1925, 1927; OLG Düsseldorf, Urt. v. 27.7.2005, 15 U 173/04.
557 BGH NJW 1985, 2830; MünchKommHGB/*Grunewald* § 161 Rn 35.
558 Vgl dazu MünchKommHGB/*Grunewald* § 161 Rn 37.

Bei nicht ordnungsgemäßer Geschäftsführung im Bereich gewöhnlicher Geschäfte durch den Komplementär kann der Kommanditist nicht im Wege der actio pro socio vorgehen,[559] da andernfalls die vereinbarte Organisationsstruktur durchbrochen würde, es verbleibt lediglich die auf Leistung an die KG gerichtete Schadensersatzklage.

Im Gesellschaftsvertrag kann die Geschäftsführungsbefugnis auch abweichend geregelt werden, der Kommanditist kann zur Geschäftsführung berufen werden.[560] Weitergehend kann der Komplementär von der Geschäftsführung[561] ausgeschlossen oder in der Geschäftsführung an die Weisungen des Kommanditisten gebunden werden.[562] Rechtsgeschäftlich kann auch Dritten die Geschäftsführungsbefugnis übertragen werden.[563]

Die Bestellung eines Prokuristen, ebenso wie der Widerruf der Bestellung, bedarf nicht der Zustimmung der Kommanditisten, §§ 164 S. 2, 116 Abs. 3 HGB. Dies soll selbst dann gelten, wenn es sich bei der Erteilung der Prokura um ein außergewöhnliches Geschäft oder ein Grundlagengeschäft handelt.[564] Erteilung oder Widerruf können im Außenverhältnis nur von einer vertretungsberechtigten Person vorgenommen werden, auch wenn im Innenverhältnis die Zustimmung aller Gesellschafter notwendig sein sollte.[565]

Außergewöhnliche Geschäfte sind solche, die über den gewöhnlichen Betrieb genau der in Rede stehenden KG hinausgehen. Die Zustimmung der Kommanditisten ist vor Durchführung einzuholen. Sie ist nicht in das Belieben des Kommanditisten gestellt, dieser hat sich von seinen Treuepflichten leiten zu lassen.[566] Im Fall der pflichtwidrigen Versagung kann der Kommanditist auf Zustimmung verklagt werden,[567] nach anderer Ansicht wird von Unbeachtlichkeit ausgegangen.[568] Jedenfalls machen die geschäftsführenden Gesellschafter sich bei Hinwegsetzen über eine pflichtwidrig verweigerte Zustimmung nicht schadensersatzpflichtig. Beabsichtigt ein Komplementär ein außergewöhnliches Geschäft ohne Zustimmung der Kommanditisten vorzunehmen, steht diesen ein vorbeugender Unterlassungsanspruch zu,[569] nicht nur wie bei gewöhnlichen Geschäften ein Schadensersatzanspruch.

Grundlagengeschäfte gehören nicht zur Geschäftsführung.[570] Für deren Durchführung ist also auch die Zustimmung der Kommanditisten erforderlich. Betreffend Unterlassungsanspruch und Schadensersatz gilt das zu außergewöhnlichen Geschäften Gesagte.

In Notsituationen hat der Kommanditist (im Innenverhältnis) eine Notgeschäftsführungsbefugnis, die sich typischerweise in Hinweispflichten erschöpft. Ihre Grenze findet die Verpflichtung zum Vorgehen allerdings in gegen den Kommanditisten selbst gerichteten Maßnahmen.[571]

6. Vertretung

Die Kommanditisten sind zur Vertretung nach dem Gesetz nicht ermächtigt, § 170 HGB. Die Vorschrift ist nach hM zwingend mit der Folge, dass einem Kommanditisten organschaftliche Vertretungsmacht nicht eingeräumt werden kann.[572] Eine dennoch eingeräumte organschaftliche Vertretungsbefugnis ist nichtig, kann jedoch in eine (zulässige) rechtsgeschäftliche Vollmacht umgedeutet werden.[573]

---

559 BGHZ 76, 160, 167 f; OLG Celle GmbHR 2000, 388 (einstweilige Verfügung).
560 BGH BB 1976, 526; vgl auch BGH ZIP 2004, 2282, 2284.
561 BGHZ 51, 198, 201, anders aber für die Vertretung.
562 BGHZ 51, 198, 201.
563 Vgl hierzu die GbR betreffend BGH BB 2006, 2319; *Lehleiter/Hoppe*, WM 2005, 2213 ff.
564 AA Baumbach/*Hopt* § 164 Rn 5.
565 Streitig, vgl nur MünchKommHGB/*Grunewald* § 164 Rn 19, weil nur so im Außenverhältnis keine Unsicherheit betreffend die Beurteilung der Charakterisierung des Geschäfts besteht.
566 MünchKommHGB/*Grunewald* § 164 Rn 11.
567 Vgl BGH WM 1973, 1291, 1294.
568 So wohl Ebenroth/Boujong/Joost/*Weipert* § 164 Rn 25.
569 Westermann/*Aderhold*, Handbuch der Personengesellschaft, § 49 Rn 2364.
570 Siehe dazu oben.
571 Westermann/*Aderhold*, Handbuch der Personengesellschaft, § 49 Rn 2368.
572 BGHZ 51, 198, 200; vgl aber auch Ebenroth/Boujong/Joost/*Weipert* § 170 Rn 3 f.
573 Baumbach/*Hopt* § 170 Rn 1.

463 Rechtsgeschäftlich, insbesondere bereits im Gesellschaftsvertrag, können Abweichungen vorgenommen werden.[574] Die Erteilung von Geschäftsführungsbefugnis ist nicht Voraussetzung für die Erteilung von Vertretungsmacht. Die im Gesellschaftsvertrag eingeräumte Vertretungsmacht ist nur unter Änderung des Gesellschaftsvertrags entziehbar.

464 So wie die Geschäftsführungsbefugnis des Komplementärs an die Zustimmung des Kommanditisten geknüpft werden kann, ist dies auch bei der Vertretungsmacht möglich, ausnehmlich allerdings des Falls, dass der einzige Komplementär[575] gebunden wird. Dann liegt ein Verstoß gegen das Prinzip der Selbstorganschaft vor.[576]

465 Während dem Kommanditisten eine Notgeschäftsführungsbefugnis zukommen kann, ist er nach hM nicht zur (Not-)Vertretung berechtigt.[577] Handelt der Kommanditist ohne Vertretungsmacht, haftet er nach § 179 BGB.

7. Kontrollrechte

a) Grundsätzliches

466 Seiner gesetzlichen Stellung als „lediglich kapitalmäßig" beteiligter Gesellschafter folgend, hat der Kommanditist auch nur wenige Kontrollrechte. Diese sind im Verhältnis zum von der Geschäftsführung ausgeschlossenen Komplementär noch herabgesetzt, § 166 Abs. 2 HGB.

b) Auskunfts- und Einsichtsrechte

467 Zu unterscheiden sind Auskunfts- und Einsichtsrecht. Ein Auskunftsrecht hat der Kommanditist dem Wortlaut nach nicht. Richtigerweise geht man jedoch davon aus, dass der Kommanditist Auskunft über diejenigen Angelegenheiten der KG verlangen kann, die er für die Ausübung seiner Rechte in der KG benötigt.[578] Auch soweit der Kommanditist bei Änderungen in der Gesellschaftsstruktur ein Stimmrecht hat, besteht vorbereitend ein Auskunftsanspruch.[579] Anhaltspunkt für dessen Reichweite kann § 131 AktG sein.[580]

468 Das Einsichtsrecht ist beschränkt auf die abschriftliche Mitteilung des Jahresabschlusses[581] und der Prüfung desselben unter Einsicht der Bücher und Papiere. Hierzu gehören das Rechnungswesen und die Prüfungsberichte.[582] Der Kommanditist kann dabei einen Sachverständigen hinzuziehen.[583] Testamentsvollstrecker, Nacherben, Pfandrechtsinhaber, Nießbraucher und Treugeber haben kein eigenes Einsichtsrecht.[584] Das Einsichtsrecht ist in den Räumlichkeiten der KG wahrzunehmen, ein Recht auf Mitnahme von Unterlagen besteht nicht. Der Kommanditist wird sich allerdings vor Ort, wenn auch auf eigene Kosten, Fotokopien und Aufzeichnungen machen können. Auch wenn der Kommanditist dem Jahresabschluss zugestimmt oder die Bilanz unterzeichnet hat, hat er ein Einsichts- und Prüfungsrecht,[585] jedenfalls wenn er ein besonderes Interesse hieran nachweisen kann. Umstritten ist, inwieweit das Einsichtsrecht auch verbundene Unternehmen erfasst. Unmittelbare Rechtsbeziehungen zu diesen sind solche der KG und damit unkritisch; parallel liegt der Fall einer hundertprozentigen Toch-

---

574 Vgl hierzu die GbR betreffend BGH BB 2006, 2319; *Lehleiter/Hoppe*, WM 2005, 2213 ff.
575 Oder (bei mehreren) alle Komplementäre.
576 MünchKommHGB/*Grunewald* § 170 Rn 3, mit dem zutreffenden Hinweis, dass formal ein Verstoß gerade nicht vorliegt.
577 AA MünchKommHGB/*Grunewald* § 170 Rn 7 mwN.
578 OLG Stuttgart NZG 2002, 1105.
579 BGH WM 1992, 875, 876.
580 OLG Düsseldorf DB 2004, 2685, 2687; MünchKommHGB/*Grunewald* § 166 Rn 14, vgl zum Umfang aber auch OLG Hamm DB 2005, 2683.
581 Streitig ist, ob hierunter der bloß aufgestellte und noch nicht festgestellte Jahresabschluss gehört, in diesem Sinne etwa *Koller*/Roth/Morck § 166 Rn 1.
582 BGH WM 1989, 878, 880.
583 BGHZ 25, 115.
584 MünchKommHGB/*Grunewald* § 166 Rn 23.
585 AA OLG Hamm GmbHR 1994, 127, 128 für den ausgeschiedenen Kommanditisten; vgl auch OLG Nürnberg NZG 2002, 578; KG GmbHR 1988, 221, 224 (GmbH).

ter aufgrund fehlender Schutzbedürftigkeit.[586] Gleiches dürfte gelten, wenn die Verhältnisse in ihren Auswirkungen objektiv bedeutsam für die KG sind.[587]

Der KG steht allerdings das Recht zu, die Einsicht und Information zu solchen Sachverhalten zu verweigern, wo überwiegende Interessen dies verbieten. Im Zweifel muss die KG aber beweisen, dass vom Kommanditisten in diesem Sinne verlangte Unterlagen nicht unter das Einsichtsrecht fallen.[588]

Das ordentliche Informationsrecht ist einschränkbar, nicht aber das Bilanzmitteilungs- und Prüfungsrecht.[589] Das Einsichtsrecht kann bei Publikumsgesellschaften strukturbedingt auf die Wahrnehmung durch einen Beirat beschränkt werden.[590]

Die Durchsetzung der Informationsrechte erfolgt durch Klage durch bzw einstweilige Verfügung. Passivlegitimiert ist die KG,[591] nach weitergehender Ansicht sind dies auch die geschäftsführenden Gesellschafter.[592]

c) Außerordentliches Prüfungsrecht

Ein außerordentliches Prüfungsrecht steht dem Kommanditisten im Falle eines wichtigen Grundes zu, § 166 Abs. 3 HGB. Es bestehen – auch in zeitlicher Hinsicht – besondere Anforderungen.[593] Es ist nicht abbedingbar.[594] In seiner Reichweite kann es über das ordentliche Informationsrecht hinausgehen, wenn die Aufklärung des Kommanditisten dies erfordert. Auch in einer kapitalistisch strukturierten GmbH & Co. KG gilt § 166 Abs. 3 HGB, nicht § 51 a GmbHG.[595]

Für die Anordnung von Unterlagen nach 166 Abs. 3 HGB ist das Registergericht zuständig, § 145 FGG. Daneben kann der Kommanditist vor einem ordentlichen Gericht klagen oder eine einstweilige Verfügung beantragen.[596] Auch hier ist streitig, ob nur die KG[597] oder auch die geschäftsführenden Gesellschafter passivlegitimiert sind.[598]

d) Rechte nach Ausscheiden

Nach Ausscheiden aus der KG stehen dem Kommanditisten nicht mehr die Rechte nach § 166 HGB zu, auch wenn es sich um Vorfälle aus der Zeit der Mitgliedschaft handelt,[599] sondern diejenigen nach § 810 BGB. Typischer Anwendungsfall sind die für die Bestimmung des Abfindungsanspruchs notwendigen Informationen.

8. Vermögensrechte und Aufwendungsersatz

a) Grundsätzliches

Für die Ermittlung des Gewinns und Verlusts gelten die Ausführungen zur OHG,[600] § 167 Abs. 1 HGB. Der Kommanditist ist am Gewinn und Verlust der KG in den Grenzen der Absätze 2 und 3 wie der Komplementär beteiligt. Wie bei der OHG ist der Kapitalanteil nur Rechnungsziffer. Grundlage ist der Jahresabschluss, der von dem Komplementär aufgestellt, aber von den sämtlichen Gesellschaftern festgestellt wird.[601]

---

586 BGHZ 25, 115, 118.
587 Vgl dazu OLG Köln WM 1986, 39; OLG Hamm DB 1986, 580.
588 Vgl BGH WM 1979, 1061.
589 Vgl hierzu insgesamt BGH NJW 1989, 225; BayObLG WM 1988, 1789, 1790 (GmbH).
590 OLG Düsseldorf DB 2004, 2685, 2687.
591 BayObLG, BB 1991, 1590.
592 *Koller/Roth/Morck* § 118 Rn 2; vgl auch BGH NJW 1984, 2470.
593 BayObLG DB 2003, 333.
594 OLG Hamm BB 1970, 509, 510.
595 BayObLG DB 2003, 333.
596 Streitig, BGH NJW 84, 2470, 2471 einerseits und BayObLG DB 1991, 1590 andererseits.
597 BayObLG NZG 2003, 26.
598 *Koller/Roth/Morck* § 166 Rn 5.
599 BGH ZIP 1988, 1175; OLG Hamm GmbHR 1994, 127, 128; OLG Düsseldorf NZG 1999, 876.
600 Dazu siehe oben.
601 BGH ZIP 1996, 750, 751.

476 Thesaurierungsinteresse und Ausschüttungsinteresse sind gegeneinander abzuwägen, wobei dann, wenn die Entwicklung der KG abgesichert ist, das Ausschüttungsinteresse überwiegt.[602]

477 Der Kapitalanteil des Kommanditisten ist im Grundsatz variabel. Den Kommanditisten betreffende Buchungen werden auf dem Kapitalkonto vorgenommen. Dies gilt jedenfalls für die Einlage, ebenso wie die Verbuchungen von Gewinnen, Verlusten und Entnahmen. Allerdings finden Zuschreibungen von Gewinnen nicht mehr statt, wenn die Pflichteinlage[603] erreicht ist, § 167 Abs. 2 HGB. Ein etwa darüber hinausgehender Gewinnbetrag ist einem gesonderten Konto, typischerweise einem Privat- oder Darlehenskonto, gutzuschreiben, auf das der Kommanditist auch in Krisenzeiten zugreifen kann.[604] Es handelt sich um ein Darlehenskonto, da die entsprechende, gegen die KG gerichtete Forderung regelmäßig in ein Darlehen umgewandelt wird. Da mit Buchung der Gewinn als bezogen gilt, kommt eine Verrechnung mit späteren Verlusten, außer in den Fällen der Treupflichtverletzung oder bei Funktion des Gewinns als Eigenkapitalersatz,[605] nicht in Betracht.[606] Dem Kommanditisten kann im Gesellschaftsvertrag das Recht eingeräumt werden, seinen Kapitalanteil über die Grenze des § 167 Abs. 2 HGB hinaus aufzustocken.

478 Ein Recht auf Auszahlung von Gewinn hat der Kommanditist erst wieder, wenn das Kapitalkonto ein höheres Guthaben als die Pflichtanlage ausweist und, § 169 Abs. 1 S. 2 HGB, zunächst ist das negative Kapitalkonto abzubauen.[607] Allerdings gilt § 169 (nur) im Innenverhältnis zwischen den Gesellschaftern und ist damit disponibel.[608] Der Schutz der Gläubiger wird über § 172 Abs. 4 HGB hergestellt. Passivlegitimiert ist die KG, nach Ansicht des BGH auch der zuständige, die Zahlung verweigernde Gesellschafter.[609]

b) Verluste

479 Verluste sind entsprechend ihrem Verlustanteil, § 168 Abs. 2, vom beweglichen Kapitalkonto[610] abzuschreiben, so dass auch dieses negativ wird.[611] Am Verlust nimmt der Kommanditist jedoch nur bis zur Höhe seines Kapitalanteils zuzüglich einer noch zu erbringenden Pflichteinlage teil, § 167 Abs. 3 HGB, er muss also in der Liquidation oder bei seinem Ausscheiden keine Nachschüsse leisten.[612] Auch bei negativem Kapitalkonto besteht keine Ausgleichspflicht über die Höhe der Pflichteinlage hinaus, es sei denn, der Passivsaldo beruht auf unrechtmäßigen Entnahmen.

c) Aufwendungsersatzanspruch

480 Dem Kommanditisten steht nach vorzugswürdiger Ansicht ebenfalls ein Aufwendungsersatzanspruch nach §§ 161 Abs. 2, 110 HGB zu.[613] Dies gilt nicht mehr nach seinem Ausscheiden oder bei Handeln aufgrund Vertrages, dann gelten die allgemeinen Vorschriften.[614] Besteht ein Aufwendungsersatzanspruch gegen die Gesellschaft, kann bei deren Unfähigkeit oder Weigerung zur Zahlung auch, ggf. gemindert um den eigenen Verlusttragungsanteil, der Komplementär in Anspruch genommen werden.[615] Im Übrigen kann der Kommanditist die geschuldete Pflichteinlage auch durch Aufrechnung mit einem solchen Anspruch erbringen.[616]

---

602 BGH ZIP 1996, 750, 755.
603 Auf die im Handelsregister ausgewiesene Haftsumme kommt es nicht an.
604 Vgl BGH BB 1978, 630, 631.
605 *Koller*/Roth/Morck § 167 Rn 2.
606 Westermann/*Aderhold*, Handbuch der Personengesellschaft, § 49 Rn 2416.
607 MünchKommHGB/*Grunewald* § 167 Rn 15.
608 BGH WM 1979, 803; NJW 1982, 2065.
609 BGH NJW-RR 2003,1393.
610 Bei festem Kapitalkonto dann vom Kapitalkonto II.
611 *Koller*/Roth/Morck § 167 Rn 4.
612 Vgl BGHZ 86, 122, 126.
613 Vgl Ebenroth/Boujong/Joost/*Goette* § 110 Rn 6 f.
614 BGH NJW 1963, 1873; WM 2005, 1701 (auch wenn zugleich zur Vermeidung einer Haftung nach § 172 Abs. 4 HGB bezahlt wird).
615 BGH ZIP 2002, 394.
616 OLG Hamm NZG 2000, 200 (sogar nach Titulierung des Einlageanspruchs); auch muss – wie üblich – die zur Aufrechnung gestellte Forderung werthaltig sein, BGHZ 95, 188: Freiwerden nur in der Höhe der Werthaltigkeit.

9. Tod des Kommanditisten

Der gesetzliche Regelfall bei Tod des Kommanditisten ist, anders als beim Komplementär (Ausscheiden desselben, § 131 Abs. 3 Nr. 1 HGB), die Fortsetzung der Gesellschaft mit seinen Erben. Es handelt sich um einen Fall der Gesamtrechtsnachfolge nach § 1922 BGB. Die Kommanditistenstellung des Vorerben gehört als Surrogat zum Nachlass.[617]

Besondere auf die Person abgestellte Rechte des verstorbenen Erblasser-Kommanditisten gehen nicht ohne weiteres auf den Erben über, so etwa eine Geschäftsführungsbefugnis[618] oder Prokura, anders bei Rechten, die die Ausübung der Kommanditistenstellung ermöglichen. Beim erbenden Komplementär vereinigen sich die Anteile zu einem (größeren) Komplementäranteil.[619] Im Falle mehrerer Erben spaltet sich die Beteiligung in mehrere Beteiligungen auf.[620] Gesellschaftsvertraglich sind mannigfaltige Regelungen möglich. In Kürze zu den Wichtigsten:

481

482

- Bei der **qualifizierten Nachfolgeklausel** rückt nur einer von mehreren Erben in die Gesellschafterstellung ein. Dies geschieht dann unmittelbar. Im Innenverhältnis zwischen den Erben ist dann im Zweifel eine Abfindung zu zahlen.[621]
- Bei der **Fortsetzungs- und Ausschließungsklausel** tritt keiner der Erben in die Gesellschaft ein. Ob dies auch im Fall der Publikums-KG wirksam vereinbart werden kann, ist allerdings mangels schutzwürdiger Interessen fraglich.[622] Die (schwächere) Kündigungsklausel sieht vor, dass die übrigen Gesellschafter ein Kündigungsrecht haben. Es wirkt schuldrechtlich auf den Todeszeitpunkt zurück.
- Im Fall der **Auflösungsklausel** wird die Gesellschaft mit dem Tod des ausscheidenden Gesellschafters aufgelöst. In einem solchen Fall kann auch eine Erbengemeinschaft Gesellschafterin der Liquidationsgesellschaft sein.[623]
- Mit der **Eintrittsklausel** wird in der Form eines Vertrages zugunsten Dritter einer oder mehreren Personen das Recht zum Eintritt eingeräumt. Sie haben dann einen schuldrechtlichen Anspruch auf Aufnahme in die Gesellschaft.[624]
- Mit der **Vermächtnisklausel** wird der Erbe, der zunächst auch Kommanditist wird, verpflichtet, dem Vermächtnisnehmer die Kommanditistenberechtigung einzuräumen. Ist dies im Gesellschaftsvertrag nicht vorgesehen, sind als Minus hierzu die vermögensrechtlichen Ansprüche aus der Beteiligung abzutreten.[625]
- **Verwaltungs- und Dauertestamentsvollstreckung** gelten nach mittlerweile hM als zulässig.[626] Die Dauertestamentsvollstreckung setzt aber weiterhin einen einstimmigen Gesellschafterbeschluss oder eine gesellschaftsvertragliche Einräumung voraus.[627]

III. Einlage und Haftung des Kommanditisten

1. Grundkonzeption

Die Haftung des Kommanditisten ist eine unmittelbare und direkte Außenhaftung, § 171 Abs. 1 HGB. § 161 Abs. 2 HGB verweist insoweit auf die §§ 128, 129 HGB. Die Haftung mit dem Anteil am Gesellschaftsvermögen ist für den Kommanditisten, ebenso wie für den Komplementär, unbeschränkt und unbeschränkbar. Die Haftung mit dem Privatvermögen ist zwar auch, soweit sie reicht, auf das ganze Privatvermögen gerichtet, sie ist jedoch der Höhe nach auf die Haftsumme beschränkt.

483

---

617 BGHZ 109, 214.
618 Westermann/*Aderhold*, Handbuch der Personengesellschaft, § 49 Rn 2439.
619 Westermann/*Aderhold*, Handbuch der Personengesellschaft, § 49 Rn 2440.
620 BGHZ 68, 225, 237; 98, 48, 50 f; 108, 187, 192.
621 BGH NJW 1977, 1339.
622 MünchKommHGB/*Grunewald* § 177 Rn 6.
623 BGH NJW 1982, 170, 171.
624 Vgl BGH NJW 1978, 264.
625 BGH WM 1976, 251.
626 BGH NJW 1996, 1284, 1285.
627 BGH NJW 1989, 3152, 3153.

Begrifflich sollte zwischen Innen- und Außenverhältnis unterschieden werden.[628] Die Pflichteinlage bezeichnet dabei im Folgenden den zwischen den Gesellschaftern vereinbarten Beitrag im Innenverhältnis, die Haftsumme ist maßgeblich für die Haftung im Außenverhältnis.[629]

484 Erfolgt keine Eintragung im Handelsregister, kann die Haftung nur durch Kenntnisvermittlung dem jeweiligen Gesellschaftsgläubiger gegenüber ausgeschlossen werden.[630] Die Abwendung der Außenhaftung erfolgt entweder durch Leistung der Pflichteinlage in Höhe der Haftsumme oder durch Befriedigung eines Gesellschaftsgläubigers in dieser Höhe, § 171 Abs. 1 HGB. Die Außenhaftung lebt allerdings wieder und insoweit auf, als die Einlage zurückgewährt wird und hierdurch einen Betrag unterhalb der Haftsumme erreicht, § 171 Abs. 4 HGB.

485 Die Haftung des Kommanditisten ist im Verhältnis zu derjenigen der KG akzessorisch, im Verhältnis zu den Mitgesellschaftern liegt eine gesamtschuldnerische Haftung vor.[631]

2. Beschränkung der Haftung

486 Die Akzessorietät der Haftung[632] bedeutet, dass der Kommanditist neben seinen eigenen alle Einwendungen geltend machen kann, die auch der Gesellschaft zustehen. Unmittelbarkeit bedeutet, dass er die Gläubiger der KG nicht darauf verweisen kann, zunächst die Gesellschaft in Anspruch zu nehmen.[633] Die Haftung erfasst im Grundsatz alle Verbindlichkeiten der Gesellschaft,[634] unabhängig von deren Rechtsnatur.[635] Inhaltlich ist die Haftung nach einer im Vordringen befindlichen Ansicht auf Zahlung in Geld gerichtet.[636] Die Haftung beginnt in dem Zeitpunkt, in dem die KG ins Handelsregister eingetragen wird, mit Aufnahme eines vollkaufmännischen Geschäftsbetriebs oder mit Eintritt in eine bestehende Gesellschaft.

487 Die Haftsumme stellt im Außenverhältnis die Höchstgrenze der Haftung dar. Die Höhe der Haftsumme kann zwischen den Gesellschaftern frei vereinbart werden, sie muss nicht mit der Höhe der Pflichteinlage übereinstimmen, kann also höher oder niedriger sein. Vor diesem Hintergrund empfiehlt sich eine klare Unterscheidung und Festlegung im Gesellschaftsvertrag. Im Zweifel entspricht die Haftsumme der Pflichteinlage.[637] Ist das Sacheinlageversprechen nichtig, so ist aus Gläubigersicht festzustellen, ob es keine Haftsumme gibt oder die formunwirksam erbrachte Einlage für die Höhe entscheidend sein soll.[638]

488 Jedenfalls nach Eintragung im Handelsregister ist diese für die Höhe der Haftsumme maßgeblich.[639] Dies gilt auch für eine unrichtige Eintragung,[640] jedenfalls, soweit die Gesellschaft in Abstimmung mit dem Kommanditisten insoweit mitgewirkt hat, als eine Anmeldung vorliegt, nicht also auch, wenn die falsche Eintragung ohne Zutun des Kommanditisten geschah. Ist die eingetragene Summe zu hoch, muss der Kommanditist sich hieran festhalten lassen, so wie er sich auf eine zu niedrige Eintragung berufen kann. Allerdings gilt dies nicht, wenn entweder eine andere Haftsumme sonst in handelsüblicher Weise bekannt gemacht worden ist oder den jeweiligen Gläubigern übermittelt worden ist.[641] Dann gilt das dem jeweiligen Gläubiger Bekannt gemachte.[642] Das Handelsregister gibt keine

---

628 Die Terminologie des Gesetzes und auch in Rechtsprechung und Literatur ist (leider) uneinheitlich.
629 Vgl MünchKommHGB/*Schmidt* §§ 171, 172 Rn 5 ff.
630 Westermann/*Sassenrath*, Handbuch der Personengesellschaft, § 50 Rn 2803 und § 176 HGB.
631 Westermann/*Sassenrath*, Handbuch der Personengesellschaft, § 50 Rn 2802.
632 BGH WM 2007, 110, 114.
633 BGH NJW 1963, 1873, 1874.
634 Nicht jedoch Verbindlichkeiten aus dem Innenverhältnis, OLG Koblenz WM 1995, 765, 766.*.
635 Hierzu gehören (öffentlich-rechtliche) Steuerverbindlichkeiten ebenso wie Ansprüche aus unerlaubter Handlung und ungerechtfertigter Bereicherung.
636 Vgl Ebenroth/Boujong/Joost/*Strohn* § 171 Rn 12. Der BGH nimmt eine Verpflichtung zur Leistung in natura dann an, wenn der Kommanditist hierdurch nicht übermäßig beeinträchtigt wird, BGH NJW 1979, 1361, 1362.
637 BGH NJW 1977, 1820, 1821.
638 Vgl BGH NJW 1977, 1820, 1821.
639 MünchKommHGB/*Schmidt* §§ 171, 172 Rn 25.
640 Westermann/*Sassenrath*, Handbuch der Personengesellschaft, § 50 Rn 2836.
641 Vgl BGH DStR 1996, 29, 30.
642 MünchKommHGB/*Schmidt* §§ 171, 172 Rn 30, 31.

Auskunft über den tatsächlichen Umfang der Außenhaftung. Streitig ist, ob ein entsprechender Auskunftsanspruch gegen die Kommanditisten[643] oder die Gesellschaft besteht.[644]

Eine Erhöhung oder Herabsetzung der Haftsumme bedarf einer Änderung des Gesellschaftsvertrages. Sie ist ebenfalls im Handelsregister einzutragen. Es gelten dieselben Grundsätze wie bei der Ersteintragung. Eine Bekanntmachung ist nicht erforderlich, § 175 S. 2 HGB. Eine Erzwingung der Anmeldung soll nicht erfolgen, vgl § 175 S. 3 HGB.

3. Haftungsbefreiende Leistung der Pflichteinlage

Erbringt der Kommanditist seine Pflichteinlage, wird er in dieser Höhe von der Außenhaftung befreit, § 171 Abs. 1 aE. Während der Begriff des Beitrags weitergehend jedes zweckfördernde Tun oder Unterlassen bezeichnet, versteht man unter Einlage (enger) den Beitrag, der in das haftende Vermögen der KG übergehen kann. Streitig ist, ob jede geldwerte Leistung Einlage sein kann, ob also etwa Dienstleistungen in diesem Sinne tauglich sind.[645] Im Aktien- und GmbH-Recht ist anerkannt, dass Nutzungsrechte einlagefähig sind.[646] Der BGH hat auch die Übernahme einer Bürgschaft als Kommanditeinlage für tauglich erachtet.[647] Beiträge, denen kein objektiver Vermögenswert beikommt, sind nicht einlagefähig. Einlagefähig sind demnach neben Bareinlagen beschränkt dingliche Rechte,[648] Forderungen,[649] Gesellschaftsanteile, Unternehmen und Know-How.[650]

Der Übergang eines Vermögenswerts ist nicht zwingend mit einer Kapitalzufuhr verbunden. So ist es auch möglich, Umbuchungen zu Lasten des Darlehenskontos eines Mitgesellschafters vorzunehmen, ganz grundsätzlich also durch Bindung bisher ungebundenen Gesellschaftsvermögens.[651] Dies gilt auch für die Umwandlung eines negativen Kapitalkontos des Komplementärs in eine Kommanditeinlage (bei Wechsel der Beteiligung), wenn jedenfalls die Aktivierung der in dem Anteil enthaltenen stillen Reserven objektiv die Höhe der Pflichteinlage erreicht.[652] Führt die Umbuchung bei dem abgebenden Kommanditisten zu einer Einlagenrückgewähr, können diesen die Folgen des § 172 Abs. 4 HGB treffen. Der Kommanditist trägt für die vollständige und werthaltige Erbringung der Pflichteinlage (und die damit verbundene Wirkung der Haftungsbefreiung) die Beweislast.[653] Für das Ziel der Haftungsbefreiung sind zwei Voraussetzungen erforderlich,[654] die Leistung auf die Einlage und die Wertdeckung.

a) Leistung auf die Einlage

Eine Leistung auf die Einlage liegt dann vor, wenn einerseits eine Leistung erbracht wird und andererseits dies im Hinblick auf die Einlage zielgerichtet erfolgt. Die Leistungserbringung kann dabei durch einen Dritten erfolgen,[655] ebenso wie durch Verrechnung. Der bloße Verweis auf nicht aufgelöste stille Reserven und einen diesbezüglichen Verrechnungsbeschluss ist demgegenüber nicht ausreichend.[656] Die Zahlung auf ein debitorisches Konto der KG ist unabhängig davon, ob der KG eine Kreditlinie eingeräumt worden ist, eine Leistung an die Gesellschaft.[657]

---

643 Nach überwiegender Auffassung nicht, vgl Ebenroth/Boujong/Joost/*Strohn* § 172 Rn 4.
644 Für einen Gesellschaftsgläubiger möglicherweise nach § 810 BGB, Westermann/*Sassenrath*, Handbuch der Personengesellschaft, § 50 Rn 2835.
645 Dagegen etwa MünchKommHGB/*Schmidt* §§ 171, 172 Rn 9, dafür etwa Heymann/*Horn*, § 171 Rn 17.
646 Vgl etwa BGH ZIP 2004, 1642; BGHZ 144, 290.
647 BGH NJW 1995, 197.
648 Ebenroth/Boujong/Joost/*Strohn* § 171 Rn 55.
649 Westermann/*Sassenrath*, Handbuch der Personengesellschaft, § 50 Rn 2858.
650 Ebenroth/Boujong/Joost/*Strohn* § 171 Rn 55.
651 Ebenroth/Boujong/Joost/*Strohn* § 171 Rn 3.
652 BGH ZIP 1987, 1254.
653 BGH ZIP 1987, 1254, 1255.
654 Vgl zum Folgenden MünchKommHGB/*Schmidt* §§ 171, 172 Rn 46 ff.
655 Heymann/*Horn*, § 171 Rn 19.
656 OLG Stuttgart NZG 1999, 113, 114.
657 Jedenfalls kann der Kommanditist mit seiner Regressforderung nach § 110 HGB gegen die Einlageforderung aufrechnen, OLG Dresden ZIP 2004, 2140. Dies gilt auch im Insolvenzfall und unabhängig davon, ob die Forderung der befriedigten Bank der KG gegenüber vollwertig war.

493 Auf die Einlage erfolgt die Leistung, wenn sie nicht im Rahmen eines Verkehrsgeschäfts zugeflossen ist. Selbst wenn also im Rahmen eines Verkehrsgeschäfts ein Gegenstand unter Wert vom Kommanditisten an die KG veräußert wird, ist ohne weitere gesellschaftsvertragliche Abrede keine Leistung auf die Einlage in Höhe der Differenz zum Verkehrswert erfolgt.[658] Gibt es eine entsprechende Abrede, kann auch die Gewährung eines Darlehens eine in diesem Sinne taugliche Einlageleistung sein.[659] Ist der Wert einer Sacheinlage höher als der auf dem Kapitalkonto gebuchte Betrag, entsteht eine stille Reserve. Nach überwiegender Ansicht kommt diese allein dem einlegenden[660] Kommanditisten zugute, nicht der ganzen KG. Richtigerweise wird danach zu differenzieren sein, ob die stille Reserve dem Kommanditisten zurechenbar ist, etwa im Fall der Umwandlung eines Komplementäranteils in einen Kommanditanteil.[661]

494 Im Fall der gesplitteten Einlage, wenn also die Einlage teils als Darlehen und Teils als Bareinlage erbracht wird, liegt eine insgesamte (höhere) Einlage vor, wenn es eine entsprechende gesellschaftsvertragliche Abrede gibt und das Darlehen Eigenkapitalcharakter hat.[662] Den Darlehensteil betreffend ist dann aber zu beachten, dass das Darlehen nicht ohne weiteres gekündigt werden kann,[663] in der Insolvenz nicht als Insolvenzforderung geltend gemacht werden kann[664] und sich die Frage des § 172 Abs. 4 HGB bei Leistungen auf das Darlehen stellt.

495 Regelmäßig stellt die Leistung an einen Gesellschaftsgläubiger eine Leistung auf die Haftsumme dar,[665] ist also keine Leistung auf die Einlage.[666] In diesem Fall ist die Haftungsbefreiung nicht davon abhängig, ob die gegen die KG gerichtete Forderung werthaltig war oder nicht[667] (Nennwertprinzip als Ausnahme zur Vollwertigkeitsprüfung, dazu unten Rn 496 f). Typischerweise erwirbt der Kommanditist in diesem Fall eine Regressforderung gegen die KG, mit der er (im Innenverhältnis) gegen die Verpflichtung zur Erbringung der Pflichteinlage aufrechnen kann. In Sonderfällen, insbesondere auf Anweisung der Gesellschaft, die Pflichteinlage an einen Dritten zu leisten, kann hierin auch eine Leistung auf die Pflichteinlage an Erfüllungs statt liegen.[668] Gleiches gilt im Falle der Befriedigung der abgetretenen oder verpfändeten Einlageforderung.[669] Dies kann zu Missbräuchen im Fall des kollusiven Zusammenwirkens zwischen Einzelgläubiger und Kommanditist führen. Dem ist durch das Anfechtungsrecht Rechnung zu tragen. Eine Einlageleistung ist auch zuzulassen, wenn diese nicht[670] oder nicht mehr[671] besteht.

b) Wertdeckung

496 Wie oben dargestellt, bedarf es neben der Leistung auf die Einlage auch der Zuführung eines Vermögenswerts, also der Wertdeckung. Unkritisch in dieser Hinsicht ist die Geldeinlage als Bareinlage. Gleichgestellt ist das Stehenlassen von Gewinnen,[672] wenn diese nicht nach § 169 Abs. 1 S. 2 HGB zur Auffüllung der Kapitaleinlage zu verwenden sind. Die Aufrechnung gegen einen Bareinlageanspruch ist im Grundsatz zulässig.[673] Die Vereinbarung einer Bareinlage im Gesellschaftsvertrag bedeutet

---

658 Westermann/*Sassenrath*, Handbuch der Personengesellschaft, § 50 Rn 2875.
659 BGH ZIP 1982, 835.
660 Oder umwandelnden.
661 Vgl Westermann/*Sassenrath*, Handbuch der Personengesellschaft, § 50 Rn 2902 ff.
662 BGH ZIP 1982, 835.
663 BGH NJW 1978, 376, 377.
664 ZIP 1988, 638, 640.
665 Dazu unten Rn 498 ff.
666 MünchKommHGB/*Schmidt* §§ 171, 172 Rn 50.
667 OLG Hamm NJW-RR 1995, 489; aA BGH NJW 1985, 2947, 2948.
668 BGH NJW 1984, 2290, 2291.
669 Westermann/*Sassenrath*, Handbuch der Personengesellschaft, § 50 Rn 2880.
670 Etwa bei Erlass oder höherer Haftsumme als Pflichteinlage.
671 Etwa nach Ausscheiden des Kommanditisten und Haftung nach § 160 HGB, dazu eingehend Westermann/*Sassenrath*, Handbuch der Personengesellschaft, § 50 Rn 2884.
672 Hierzu gehört zB nicht das Umbuchen von Gewinnen auf das Darlehenskonto des Kommanditisten, dies ist bereits eine anderweitige Gewinnverwendung.
673 BGH NJW 1985, 2947.

allein noch kein Aufrechnungsverbot.[674] Dem Prinzip der effektiven Kapitalaufbringung folgend muss jedoch die gegen die KG gerichtete Forderung unter Berücksichtigung deren Situation voll werthaltig sein,[675] ansonsten tritt die Aufrechnungswirkung lediglich in Höhe des objektiven Wertes ein.[676] Soweit die Situation der KG betroffen ist, ist nicht zu prüfen, ob genau die Forderung der Kommanditisten befriedigt werden könnte, sondern ob alle gegen sie gerichteten Forderungen erfüllt werden könnten.[677]

Bei Sacheinlagen ist deren objektiver, nicht ein höherer vereinbarter Wert entscheidend.[678] Bei der Einbringung von Forderungen gilt Gleiches. Maßgeblich ist der Zeitpunkt der Einbringung.[679]

4. Haftungsbefreiende Leistung auf die Haftsumme

Als weitere Möglichkeit des Kommanditisten, sich von der unmittelbaren Außenhaftung zu befreien, kommt neben der Leistung der Pflichteinlage die Leistung an die Gesellschaftsgläubiger auf eine Gesellschaftsschuld in Höhe der Haftsumme in Betracht. Die Leistung an den Gläubiger befreit zwar nicht von der Einlageverpflichtung,[680] führt aber zum Erwerb eines Regressanspruchs gegen die KG, mit dem gegen die Einlageforderung der KG aufgerechnet werden kann.[681] Diese wirkt konsequent zum Nennwert,[682] sogar nach Insolvenzeintritt, wenn die Leistung an den Gläubiger nur vor Eintritt der Insolvenz erfolgte.[683] Handelte es sich bei der Pflichteinlage um eine Sacheinlage, kann mangels Gleichartigkeit nicht aufgerechnet werden, es wird lediglich ein, in der Insolvenz zudem wertloses,[684] Zurückbehaltungsrecht gewährt.

An welchen Gläubiger der Kommanditist leistet, liegt in seiner Wahl,[685] er braucht dabei nach vorzugswürdiger Ansicht nur in Geld zu leisten.[686] Dies gilt sogar, wenn er bereits verklagt[687] oder verurteilt[688] worden ist, jedoch nicht mehr nach Eröffnung des Insolvenzverfahrens.[689] Die Zahlung an einen „Scheingläubiger" enthaftet nicht.[690]

Für den Fall, dass der Kommanditist nicht nur aufgrund der KG-Außenhaftung, sondern auch aufgrund eines weiteren Grundes haftet, so etwa aus Bürgschaft,[691] wird er mit Leistung (auch) von der Außenhaftung frei.[692]

Während bei der Leistung der Pflichteinlage der Grundsatz effektiver Kapitalaufbringung gilt, also etwa bei der Aufrechnung mit einer dem Kommanditisten gegenüber der KG zustehenden Anspruch die Pflichteinlage nur insoweit als bewirkt gilt, als der aufzurechnende Anspruch des Kommanditisten objektiv – wie anhand der konkreten Verhältnisse der KG zu prüfen – wert war, ist dies bei der Leis-

---

674 OLG Hamm NZG 2000, 200.
675 OLG Oldenburg ZInsO 2005, 826, OLG Dresden ZIP 2004, 2140.
676 BGH ZIP 1985, 1198, 1203.
677 OLG Köln NJW-RR 1994, 869, 870.
678 Bei einem vereinbarten niedrigeren Wert, führt dies zur Bildung stiller Rücklagen der Gesellschaft.
679 BGH ZIP 1987, 1254, 1256.
680 BGH NJW 1984, 2290.
681 Ebenroth/Boujong/Joost/*Strohn* § 171 Rn 76; OLG Oldenburg ZInsO 2005,826.
682 BGH ZIP 1985, 1198, 1202.
683 OLG Dresden GmbHR 2004, 1156.
684 Ebenroth/Boujong/Joost/*Strohn* § 171 Rn 36.
685 Baumbach/*Hopt* § 171 Rn 8.
686 Nach Ansicht des BGH kommt eine Verpflichtung zur Leistung aber dann in Betracht, wenn der Kommanditist der KG dieselbe Leistung schuldet wie die KG dem Gläubiger (BGHZ 23, 302, 305 f) oder wenn es sich um eine vertretbare Handlung handelt (BGHZ 73, 217, 221 f).
687 BGHZ 51, 391, 393.
688 Westermann/*Sassenrath*, Handbuch der Personengesellschaft, § 50 Rn 2907.
689 Dann liegt die Befugnis zur Geltendmachung der Außenhaftung beim Insolvenzverwalter und nicht mehr beim Gläubiger.
690 BGHZ 51, 391, 394. Insoweit ist es bei Zweifeln ratsam, sich durch die Einlageleistung an die Gesellschaft von der Außenhaftung zu befreien.
691 Vgl dazu OLG Hamm NJW-RR 1995, 489, 490.
692 Westermann/*Sassenrath*, Handbuch der Personengesellschaft, § 50 Rn 2913; Ebenroth/Boujong/Joost/*Strohn* § 171 Rn 78.

tung auf die Haftsumme anders. Hier tritt Haftungsbefreiung in Höhe des Nennwertes ein.[693] Denn der Kommanditist kann dem Gläubiger gegenüber auch nicht einwenden, seine Forderung sei (wirtschaftlich) weniger wert.

IV. Wiederaufleben der Haftung

1. Einlagenrückgewähr

502 § 172 Abs. 4 S. 1 HGB bestimmt, dass im Falle der Rückzahlung der Einlage diese den Gläubigern der Gesellschaft gegenüber als nicht geleistet gilt. Die Wohltat der Beschränkung der Haftung mit dem Privatvermögen auf die Einlage gilt – naturgemäß – in der Höhe nicht, in der die Einlage zurückgewährt wird. Die Norm zeigt auch, dass es ein generelles Verbot der Einlagenrückgewähr nicht gibt.[694] Sie behandelt das Verhältnis zu den Gesellschaftsgläubigern.[695]

503 Schädlich ist jedoch nicht jede Rückgewähr, sondern nur eine solche, die dazu führt, dass der Kapitalanteil des Kommanditisten unter die Haftsumme absinkt.[696] Rückflüsse oberhalb der Haftsumme sind haftungsrechtlich im Grundsatz unbeachtlich,[697] jedenfalls, wenn nicht ein Sondertatbestand vorliegt, die Haftsumme etwa durch Verluste aufgebraucht ist oder ausnahmsweise Eigenkapitalersatzcharakter hat.[698] Die Rückgewähr eigenkapitalersetzenden Vermögens[699] führt in der gesetzestypischen KG nicht zu einer Haftung nach § 172 Abs. 4 S. 1 HGB.[700] Maßgeblich ist dabei die Betrachtung nach fortgeführten Buchwerten,[701] nicht also nach Verkehrs- oder Liquidationswerten.

504 Rückgewähr im Sinne der Vorschrift des § 172 Abs. 4 S. 1 HGB ist nicht nur ein Zahlungsvorgang, sondern jede Zuwendung[702] aus dem Vermögen der KG an den Kommanditisten, der keine angemessene Gegenleistung gegenüber steht.[703] Die (Rück-)Zuwendung braucht auch nicht auf die Einlage zu erfolgen, der Rechtsgrund ist unbeachtlich,[704] so dass insbesondere auch die eigenmächtige Entnahme des Kommanditisten eine Rückgewähr darstellt.[705] Auch auf eine persönliche Veranlassung der Rückgewähr durch den Kommanditisten kommt es nicht an.[706]

505 Daraus wird zudem deutlich, dass Verluste, die zu einem Absinken des Kapitalanteils führen, nicht zu einem Wiederaufleben der Einlageverpflichtung führen, sondern lediglich dazu, dass Entnahmen erst wieder möglich sind, wenn – etwa durch spätere Gewinnzuweisungen – die Haftsumme wieder erreicht ist.[707]

506 Leistungen Dritter können nur ausnahmsweise eine Einlagenrückgewähr darstellen, so wenn Leistungen, die die KG fordern kann, mit Erfüllungswirkung zu Lasten der KG an den Kommanditisten erbracht werden[708] oder der Komplementär eine Leistung an den Kommanditisten erbringt, hierfür aber einen Erstattungsanspruch gegen die KG erwirbt.[709] So sind auch Leistungen an einen Dritten typischerweise nicht von § 172 Abs. 4 HGB erfasst. Ausnahmen sind die sogenannten mittelbaren

---

693 BGH ZIP 1985, 1198, 1202.
694 BGHZ 112, 31, 38 f.
695 MünchKommHGB/*Schmidt* §§ 171, 172 Rn 62.
696 BGHZ 109, 334, 340.
697 BGH NJW 1982, 2500.
698 MünchKommHGB/*Schmidt* §§ 171, 172 Rn 64; § 172 a Rn 46 für die GmbH & Co. KG.
699 Dazu, ob diese Regeln auf einen Kommanditisten überhaupt anwendbar sind, ablehnend die wohl hM, OLG Frankfurt WM 1982, 198, 199; offen gelassen in BGHZ 112, 31, 38 f.
700 BGH ZIP 1984, 439, 440.
701 BGH NJW 1990, 1109.
702 Dies kann uU auch ohne Abfluss von Vermögenswerten geschehen, so wenn zB haftendes Eigenkapital in Fremdkapital umgewandelt wird, MünchKommHGB/*Schmidt* §§ 171, 172 Rn 63.
703 BGH NJW 1963, 1873, 1876; OLG Hamm NJW-RR 1995, 489.
704 OLG Hamburg DStR 1991, 1196, 1197; OLG Hamm NJW-RR 1995, 489, 490.
705 Westermann/*Scholz*, Handbuch der Personengesellschaft, § 51 Rn 2969.
706 So bei der durch den Testamentsvollstrecker veranlassten Auszahlung, BGH NJW 1989, 3152, 3155.
707 Westermann/*Scholz*, Handbuch der Personengesellschaft, § 51 Rn 2970.
708 BGHZ 47, 149, 156.
709 BGHZ 112, 31, 37.

Zuwendungen, wenn zB die KG eine Leistung auf eine Verbindlichkeit des Kommanditisten an einen Dritten erbringt oder Leistungen an dem Kommanditisten nahe stehende Personen.[710]

Nach dem Vorgesagten sind die nachfolgenden Beispielsfälle zu behandeln: Verkehrsgeschäfte sind, soweit zu marktüblichen Konditionen geschlossen, keine Einlagenrückgewähr, Gleiches gilt für Tätigkeitsvergütungen und Darlehen. Sie stellen andernfalls in Höhe der fehlenden Marktüblichkeit eine Einlagenrückgewähr dar. Hätte die KG dem Kommanditisten das Darlehen bei objektiver Sicht das Darlehen überhaupt nicht gewähren dürfen, liegt in voller Höhe eine Einlagenrückgewähr vor. Wegen der Unterschiedlichkeiten zwischen KG und GmbH liegt auch nicht stets bei einer Darlehensausreichung in dem Fall, da der Kapitalanteil des Kommanditisten unter die Haftsumme abgesunken war, eine Einlagenrückgewähr vor.[711] Die Gewährung von Sicherheiten ist bei der Frage der Marktüblichkeit mit zu berücksichtigen. Im Fall der Sicherheitenbestellung zugunsten eines Dritten erfolgt die Rückgewähr in Höhe des Nominalwertes der Sicherheit bei Bestellung, im Fall der Bestellung zugunsten des Kommanditisten erst bei Verwertung.[712]

Die Beweislast für die (ursprüngliche) Erbringung der Pflichteinlage trägt der Kommanditist,[713] die für einen Vermögensabfluss bei der KG in Richtung des Kommanditisten der jeweilige Gläubiger und diejenige dafür, dass in dem Mittelabfluss keine Einlagenrückgewähr lag, wiederum der Kommanditist.[714]

2. Gewinnentnahme

Auch bei einer Gewinnentnahme bestimmt § 172 Abs. 4 S. 1 HGB, dass die Einlage den Gläubigern der Gesellschaft gegenüber als nicht geleistet gilt, wenn entweder der Kapitalanteil durch Verluste unter den Betrag der geleisteten Einlage herabgemindert war, oder soweit hierdurch der Kapitalanteil unter den bezeichneten Betrag herabgemindert wird.

Im Innenverhältnis bestimmt § 169 Abs. 1 S. 2 HGB, dass der Kommanditist seinen Gewinnanteil nicht fordern kann, solange (und soweit) sein Kapitalanteil durch Verlust unter die Pflichteinlagesumme abgesunken ist, oder durch die Gewinnentnahme hierunter sinken würde. Diese Regelung ist dispositiv.[715] Demgegenüber ist die für das Außenverhältnis geltende Regelung des § 174 Abs. 4 S. 2 HGB zwingend.[716] Auch hier gilt das oben Gesagte, wonach Auszahlungen, die nicht zu Lasten der für die Haftsumme erforderlichen Kapitalkontos gehen, haftungsunschädlich sind. Ob eine Gewinnentnahme zu Lasten des Kapitalanteils vorliegt, ist dabei aufgrund einer Erfolgsbilanz zu fortgeführten Buchwerten zu bestimmen.[717]

Eine Gewinnentnahme liegt nicht nur bei Auszahlung des festgestellten Gewinns vor, sondern auch bei Erbringung von Zinsen auf die Kommanditeinlage oder Zahlung eines Gewinnvoraus.[718] Die Zahlung von Scheingewinnen dürfte schon unter die Regelung des § 172 Abs. 4 S. 1 HGB[719] fallen. Die Umbuchung von Gewinnen auf das sogenannte Kapitalkonto II (als Forderungskonto) ist eine Gewinnentnahme im Sinne des § 172 Abs. § 4 S. 2 HGB. Erfolgt diese Umbuchung haftungsunschädlich, kann der so gebuchte Betrag auch bei späteren Veränderungen haftungsunschädlich entnommen werden. Betreffend die Beweislast gilt das zu § 172 Abs. 4 S. 1 HGB Gesagte.

---

710 Ehegatte, Kinder, aber auch an der Beteiligung berechtigte Dritte, wie Treugeber, Nießbraucher etc.; vgl Westermann/*Scholz*, Handbuch der Personengesellschaft, § 51 Rn 2977 mwN.
711 Vgl dazu Westermann/*Scholz*, Handbuch der Personengesellschaft, § 51 Rn 2988 mwN einerseits und MünchKommHGB/*Schmidt* §§ 171, 172 Rn 69 andererseits.
712 BGH NJW 1976, 751, 752.
713 Baumbach/*Hopt* § 171 Rn 10.
714 MünchKommHGB/*Schmidt* §§ 171, 172 Rn 74.
715 Koller/Roth/Morck § 169 Rn 1.
716 *Neubauer*, Hdb KG § 30 Rn62.
717 MünchKommHGB/*Schmidt* §§ 171, 172 Rn 79.
718 Ebenroth/Boujong/Joost/*Strohn* § 172 Rn 45.
719 Vgl *Neubauer*, Hdb KG § 30 Rn 63.

3. Rechtsfolgen

512 Liegt ein Fall des § 174 Abs. 4 HGB vor, so wird der Kommanditist so behandelt, als hätte er die Einlage nie erbracht.[720] Er haftet, begrenzt allerdings auf die Höhe der Haftsumme, mit seinem gesamten Privatvermögen. Dies gilt selbst in dem Fall, dass der Kapitalanteil negativ wird, die Summe der Vorteile also die Haftsumme übersteigt.[721] Die im Verhältnis zur GmbH unterschiedliche Behandlung ist durch die unterschiedlichen Haftungsverfassungen gerechtfertigt.[722] Für das Erlöschen der wiederaufgelebten Haftung gelten keine Besonderheiten.[723] Anspruchsgegner ist der Kommanditist, selbst wenn eine Leistung an Dritte vorlag, da diese nur bei Zurechnung an den Kommanditisten überhaupt einen Rückgewährtatbestand erfüllte.[724]

4. Scheingewinne

513 Erhält ein Kommanditist einen „Gewinn" von der KG, der tatsächlich nicht oder nicht in dieser Höhe erzielt worden ist, liegt im Grundsatz eine Rückzahlung der Einlage gemäß § 172 Abs. 4 S. 1 HGB vor.[725] Hiervon macht § 172 Abs. 5 HGB eine Ausnahme als Vertrauensschutzregel.[726]

514 Voraussetzung für die Anwendbarkeit sind ein gutgläubiger Bezug des „Gewinns" und eine in gutem Glauben errichtete Bilanz. Mit Gewinn sind dabei hier, anders als bei § 172 Abs. 4 S. 2 HGB, nicht Zinsen oder sonstige Vergütungen gemeint, ebenso wenig ein Gewinnvoraus, sondern alleine der in der Bilanz festgestellte Gewinn.[727] Bezogen ist nur der auf Veranlassung der KG ausgezahlte Gewinn,[728] auch nicht die Gutschrift auf dem Einlagekonto.[729] Die Bilanz ist nicht in gutem Glauben errichtet, wenn nicht sämtliche bei Aufstellung und Feststellung beteiligten Gesellschafter gutgläubig waren.[730] Die vorsätzliche Verletzung allgemein anerkannter Bilanzierungsgrundsätze macht in jedem Fall bösgläubig.[731] Unterhalb dieser Schwelle ist streitig, ob einfache Fahrlässigkeit, grobe Fahrlässigkeit und Vorsatz oder nur (bedingter) Vorsatz ausreichend sind.[732] Maßgeblicher Zeitpunkt hierfür ist nicht nur derjenige der Aufstellung und Feststellung der Bilanz, sondern noch – weitergehend – derjenige der Auszahlung.[733] Letztlich muss noch der gute Glaube des Kommanditisten zum Zeitpunkt des Gewinnbezugs hinzukommen. Den guten Glauben betreffend gibt es denselben Streit wie bei der Errichtung der Bilanz.

515 Rechtsfolge ist im Außenverhältnis, dass ein „Zurückzahlen" nicht erfolgen braucht. Betreffend das Innenverhältnis geht die wohl noch hM[734] davon aus, dass die KG im Wege des Bereicherungsrechts und Gläubiger im Wege der Pfändung dieses Anspruchs auf den Kommanditisten zugreifen können. Die – vorzugswürdige – Gegenauffassung nimmt an, dass der ersichtliche Schutzzweck des Gesetzes bei einer unterschiedlichen Behandlung im Innenverhältnis unterlaufen würde,[735] spricht sich also gegen eine Rückzahlungspflicht im Innenverhältnis aus.

---

720 BGHZ 39, 319, 322.
721 OLG München ZIP 1990, 1266, 1267; BGHZ 110, 342, 356; OLG Celle GmbHR 2003, 900, 901.
722 Westermann/*Scholz*, Handbuch der Personengesellschaft, § 51 Rn 3006.
723 OLG München ZIP 1990, 1266, 1267.
724 Streitig in den Fällen der Treuhand, vgl OLG Düsseldorf DB 1991, 1274; BGHZ 93, 246, 247; MünchKommHGB/*Schmidt* vor § 230 Rn 60; des Nießbrauchs, Westermann/*Scholz*, Handbuch der Personengesellschaft, § 51 Rn 3009.
725 MünchKommHGB/*Schmidt* §§ 171, 172 Rn 81.
726 MünchKommHGB/*Schmidt* §§ 171, 172 Rn 81.
727 Ebenroth/Boujong/Joost/*Strohn* § 172 Rn 50.
728 MünchKommHGB/*Schmidt* §§ 171, 172 Rn 85.
729 Baumbach/*Hopt* § 172 Rn 11; aA Staub/*Schilling*, § 172 Rn 17.
730 Ebenroth/Boujong/Joost/*Strohn* § 172 Rn 52.
731 BGH NJW 1982, 2500.
732 Vgl die Nachweise bei *Neubauer*, Hdb KG § 30 Rn 68.
733 Ebenroth/Boujong/Joost/*Strohn* § 172 Rn 53.
734 Vgl Baumbach/*Hopt* § 172 Rn 8, offengelassen in OLG Hamburg ZIP 1994, 297, 299.
735 Westermann/*Scholz*, Handbuch der Personengesellschaft, § 51 Rn 3017.

5. Ausscheiden und Eintritt des Kommanditisten

a) Ausscheiden

Zwar erlöschen im Grundsatz mit Ausscheiden eines Kommanditisten die auf der Mitgliedschaft beruhenden Rechte und Pflichten. Eine im Ausscheidenszeitpunkt begründete Haftung bleibt jedoch unberührt.[736] Die Haftung ist inhaltlich auf die zum Zeitpunkt des Ausscheidens begründeten Ansprüche begrenzt[737] und zeitlich auf den sogenannten Nachhaftungszeitraum, § 160 HGB.

Erhält der Kommanditist beim Ausscheiden seinen Abfindungsanspruch von der KG ausgezahlt, stellt dies eine Einlagenrückgewähr im Sinne des § 172 Abs. 4 S. 1 HGB dar,[738] ebenso wie im Falle der Zahlung des Komplementärs, sollte dieser einen Erstattungsanspruch gegen die KG erwerben und realisieren. Will man diese Rechtsfolge vermeiden, muss das Abfindungsguthaben in der KG verbleiben. Nach überwiegender Ansicht reicht der Verbleib als stille Einlage oder Darlehen.[739] In der Insolvenz ist der Anspruch nachrangig hinter denjenigen der Gesellschaftsgläubiger.[740]

b) Eintritt

Die Regelung in § 173 HGB stellt klar, dass haftungsrechtlich beim Kommanditisten nicht zwischen Alt- und Neuverbindlichkeiten unterschieden wird. Die Haftung besteht nach Maßgabe der §§ 171, 172 HGB. Sie ist, wie § 173 Abs. 2 HGB zeigt, nicht dispositiv. Sie beginnt mit erst mit dem Wirksamwerden des Eintritts,[741] unter Umständen aber auch bereits früher, wenn etwa der Eintritt unter der aufschiebenden Bedingung der Eintragung des Kommanditisten im Handelsregister steht, der Kommanditist aber zuvor bereits als Mitgesellschafter gegenüber Vertragspartnern auftritt (Rechtsscheinshaftung).[742]

Eintritt im Sinne des § 173 HGB ist die Aufnahme eines Kommanditisten unter Begründung eines neuen Anteils,[743] die Einzelnachfolge durch Übertragung eines Kommanditanteils,[744] der Erwerb eines Kommanditanteils im Wege der Erbfolge[745] und der Erwerb eines Kommanditanteils im Wege der Umwandlung oder Anwachsung.[746]

Werden bei Aus- und Eintritt zwei getrennte Vorgänge vollzogen, findet eine Verdoppelung von Haftsummen und Einlageverpflichtungen statt,[747] der ausscheidende und der eintretende Gesellschafter können sich nicht auf die Einlageleistung des jeweils anderen berufen, für jeden ist einzig die eigene Situation, auch die Haftsumme betreffend, maßgeblich.[748] Wird bei einem solchen Vorgehen die Einlage des ausscheidenden Kommanditisten auf den eintretenden Kommanditisten umgebucht, hat sich zwar der eintretende Kommanditist von seiner Haftung befreit, in der Person des ausscheidenden Kommanditisten liegt jedoch ein Fall der Einlagenrückgewähr im Sinne von § 172 Abs. 4 HGB vor, ebenso wenn der neu eintretende Kommanditist dem ausscheidenden Kommanditisten aus dem Vermögen der KG sein Abfindungsguthaben auszahlt.[749]

Es bietet sich daher an, beim Wechsel in der Gesellschafterstruktur nicht einen gleichzeitigen Ein- und Austritt von Kommanditisten vorzunehmen, sondern eine Übertragung im Wege der Sonderrechtsnachfolge vorzunehmen.[750] Die Übertragbarkeit des Kommanditanteils ist zulässig und kann bereits

---

736 BGHZ 39, 319, 322.
737 Vgl OLG Rostock ZIP 2001 1049, 1050.
738 BGHZ 112, 31, 34.
739 BGHZ 39, 319, 331.
740 BGH NJW 1976, 751, 752.
741 MünchKommHGB/*Schmidt* § 173 Rn 22; vgl aber auch *Koller*/Roth/Morck § 173 Rn 2.
742 MünchKommHGB/*Schmidt* § 173 Rn 22.
743 MünchKommHGB/*Schmidt* § 173 Rn 4.
744 OLG Rostock ZIP 2001, 1049, 1050.
745 OLG Hamburg ZIP 1994, 297, 299.
746 Westermann/*Scholz*, Handbuch der Personengesellschaft, § 51 Rn 3043.
747 BGH ZIP 2005, 2257.
748 OLG Köln NZG 2004, 416, 417.
749 Vgl BGH NJW 1981, 2747.
750 Vgl OLG Köln NZG 2004, 416, 417.

im Gesellschaftsvertrag vorgesehen sein.[751] Der Wechsel ist eintragungs-, wenn auch nicht bekanntmachungspflichtig, § 162 Abs. 3 HGB. Erforderlich ist also die Eintragung eines Nachfolgevermerks im Handelsregister.[752] Der Eintrag erfolgt nur, wenn mit der Anmeldung versichert wird, dass dem ausscheidenden Kommanditisten keinerlei Abfindung aus dem Gesellschaftsvermögen gewährt oder versprochen worden ist.[753] Die Wirksamkeit des Erwerbs im Wege der Sonderrechtsnachfolge ist allerdings weder von dem Eintrag im Handelsregister noch davon abhängig, von wem der ausscheidende Kommanditist ausbezahlt wird.[754]

522 Im Fall der Eintragung zwar von „Eintritt" und „Austritt", nicht aber der Eintragung des Vermerks der Sonderrechtsnachfolge, besteht Einigkeit, dass nicht ausscheidender und eintretender Kommanditist, wie beim oben angesprochenen zeitgleichen Ausscheiden und Eintreten, haften, also eine Haftungsverdoppelung stattfindet, sondern lediglich der Veräußerer haftet.[755] Dieser haftet allgemeinen Grundsätzen folgend nur gegenüber den Altgläubigern und in den zeitlichen Grenzen des § 160 HGB, sofern jedenfalls das Ausscheiden eingetragen wurde.

523 Im Fall der Eintragung nur des Eintritts eines Kommanditisten, nicht aber des Ausscheidens eines Kommanditisten haftet der ausscheidende Kommanditist nach den allgemeinen Rechtsscheinsgrundsätzen. Er kann sich erst ab Eintragung des Ausscheidens auf den Beginn des Nachhaftungszeitraums berufen[756]

524 Im Fall der Eintragung nur des Ausscheidens des Kommanditisten, nicht aber des Eintritts eines Kommanditisten, ist im Grundsatz die Haftung des eintretenden Kommanditisten nach § 171 Abs. 1 Hs 2 HGB ausgeschlossen, wenn die Hafteinlage erbracht wurde. Streitig ist, ob in diesem Fall eine Haftung nach § 176 Abs. 2 HGB gegeben ist.

525 Sollte der ausscheidende Kommanditist seine Einlage erbracht haben und auch keine Rückgewähr im Sinne des § 172 Abs. 4 HGB stattgefunden haben, tritt der Erwerber in genau diese Position ein. Weder Veräußerer noch Erwerber haften persönlich. Daran ändert sich auch nichts, wenn im Übertragungszeitpunkt die Einlage durch Verluste aufgebraucht sein sollte.[757] Sollte demgegenüber im Übertragungszeitpunkt eine persönliche Haftung des Veräußerers bestehen, tritt der Erwerber auch in genau diese Haftung ein, der Veräußerer haftet zudem in den zeitlichen Grenzen des § 160 HGB fort. Beide haften in diesem Fall gesamtschuldnerisch (auf den einen Betrag, es findet keine Verdoppelung statt).[758]

526 Weitergehend braucht daher im Haftungsfalle auch nur entweder Veräußerer oder Erwerber die haftungsbefreiende Leistung vorzunehmen. Diese Leistung befreit dann Alt- und Neukommanditisten.[759] Wie oben ausgeführt, kann der ausscheidende Kommanditist auch nach Ausscheiden noch haftungsbefreiende Leistungen an die KG (und natürlich an einen Gläubiger der KG) erbringen.[760] Übernimmt ein Kommanditist einen weiteren Kommanditanteil im Wege der Sonderrechtsnachfolge, dürften Leistungen auf die Einlage nach § 366 BGB zu beurteilen sein, im Zweifel ist eine Leistung auf den neu erworbenen Anteil zum Zwecke der Haftungsbefreiung des ausscheidenden Kommanditisten gemeint.[761]

527 Findet eine Einlagenrückgewähr nach Übertragung des Kommanditanteils an den Erwerber statt, ist nach Ansicht der Rechtsprechung von einem Wiederaufleben der Haftung nicht nur den Erwerber betreffend auszugehen, sondern zudem von einem Wiederaufleben der Haftung auch des Veräußerers (und gegebenenfalls dessen sämtlicher Rechtsvorgänger).[762]

---

751 BGHZ 81, 82, 84.
752 BGH ZIP 2005, 2257.
753 BGH ZIP 2005, 2257.
754 KG BB 2004, 1521, 1524; OLG Hamm DB 2005, 45.
755 BGHZ 81, 82, 88 f; OLG Köln NZG 2004, 416, 417.
756 Westermann/*Scholz*, Handbuch der Personengesellschaft, § 51 Rn 3064.
757 BayObLG Rpfleger 1983, 115.
758 BayObLG Rpfleger 1983, 115.
759 MünchKommHGB/*Schmidt* § 173 Rn 32.
760 Vgl OLG Rostock ZIP 2001, 1049, 1050.
761 Vgl OLG Rostock ZIP 2001, 1049, 1050.
762 BGH NJW 1976, 751, 752.

Wie oben dargestellt, ensteht im Falle der Übertragung des Anteils eines Kommanditisten auf den Komplementär ein einheitlicher (Komplementär-)Anteil. Handelt es sich um die Übertragung des einzigen Kommanditistenanteils, erlischt die Gesellschaft. Gesellschafts- und Komplementärvermögen können nicht mehr unterschieden werden, die Zahlung des Komplementärs an den Kommanditisten stellt sich daher als Einlagenrückgewähr im Sinne des § 172 Abs. 4 HGB dar.[763] Besteht demgegenüber die Gesellschaft fort, zB weil es weitere Kommanditisten gibt, liegt keine haftungsschädliche Einlagenrückgewähr im Sinne des § 172 Abs. 4 HGB vor. Zwar wird das Vermögen des Komplementärs, nicht jedoch das allein geschützte Gesellschaftsvermögens verkürzt. Einzutragen ist in diesem Zusammenhang lediglich das Ausscheiden des übertragenden Kommanditisten, nicht jedoch die Sonderrechtsnachfolge durch den Komplementär. Insoweit gibt es keine zu vermeidende Rechtsscheinshaftung.[764]

528

V. Haftung vor Eintragung, § 176 HGB

1. Haftung vor Eintragung gemäß § 176 Abs. 1 S. 1 HGB

Bei der Vorschrift des § 176 Abs. 1 S. 1 HGB handelt es sich um eine Bestimmung mit Druckfunktion, die auf eine registermäßige Klarstellung der Haftungsverhältnisse hinwirken soll.[765] Der BGH geht zudem davon aus, dass sie dem abstrakten Vertrauensschutz der Gläubiger dient,[766] was jedoch seit der Rechtsprechung des BGH zur BGB-Gesellschaft fragwürdig geworden ist.[767]

529

Voraussetzung für die Anwendbarkeit des § 176 Abs. 1 HGB ist das Vorhandensein einer Kommanditgesellschaft;[768] insbesondere genügt das Auftreten als KG im Rechtsverkehr alleine nicht. Auf die Schein-KG ist die Vorschrift nicht anwendbar,[769] wohl aber nach der Rechtsprechung des BAG auf den Fall des Eingehens von Verbindlichkeiten unter geänderter, nicht eingetragener Firma.[770] Auch darf die Gesellschaft nicht im Handelsregister eingetragen sein. Die Vorschrift stellt sich insoweit als Privilegierung dar, als im Falle der §§ 2, 105 Abs. 2 HGB für die Haftung der dann vorliegenden BGB-Gesellschaft eine einseitige Haftungsbeschränkung ohne Vereinbarung mit dem Gläubiger losgelöst vom § 176 HGB nicht denkbar ist.[771]

530

Zudem muss die Gesellschaft ihre Geschäfte begonnen haben. Maßgeblich ist ein Handeln mit Wirkung für und gegen die Gesellschaft als Gesamthand.[772] Ein ausdrückliches Handeln im Namen der KG ist zwar ausreichend, nicht aber erforderlich, solange jedenfalls ein der Gesellschaft zurechenbares Verhalten vorliegt.[773] Die Haftung setzt weiter voraus, dass der betroffene Kommanditist seine Zustimmung zum Geschäftsbeginn, die auch konkludent erteilt werden kann,[774] erteilt hat.

531

Ist dem Gesellschaftsgläubiger die Beteiligung des Betroffenen als Kommanditist bekannt, ist die unbeschränkte Kommanditistenhaftung ausgeschlossen, § 176 Abs. 1 S. 1 aE HGB. Maßgeblich ist positive Kenntnis. Fahrlässige Unkenntnis genügt nicht für den Ausschluss der unbeschränkten Kommanditistenhaftung.[775] Demgegenüber ist eine Kenntnis von der Haftsumme oder Pflichteinlage nicht erforderlich.[776] Maßgeblicher Zeitpunkt für die Kenntnis ist derjenige der Begründung der Verbind-

532

---

763 BGHZ 61, 149, 151 f; NJW 76, 751, 752.
764 OLG Köln NJW-RR 1992, 1389, 1390.
765 MünchKommHGB/*Schmidt*, § 176, Rn 1.
766 BGHZ 82, 215.
767 *Koller*/Roth/Morck § 176 Rn 1.
768 Westermann/*Wertenbruch*, Handbuch der Personengesellschaft, § 52 Rn 3103.
769 Ebenroth/Boujong/Joost/*Strohn*, § 176 Rn 3, 4; BGH NJW 1977, 1683, 1684.
770 BAG BB 1980, 383.
771 BGH NJW 1999,3483;NJW 2001, 1056,1061; NJW 2003, 2984.
772 Westermann/*Wertenbruch*, Handbuch der Personengesellschaft, § 52 Rn 3105.
773 MünchKommHGB/*Schmidt*, § 176, Rn 11.
774 BGH NJW 1982, 881, 884.
775 OLG Nürnberg WM 1961, 124, 126.
776 BGH NJW 80, 54, 55.

lichkeit.⁷⁷⁷ Spätere Kenntniserlangung schadet nicht. Beweisbelastet für das Vorliegen positiver Kenntnis ist der Kommanditist.⁷⁷⁸

533 Grundsätzlich ist ein Gläubiger nicht verpflichtet, vor Abschluss eines Vertrages mit der KG die „Qualität" deren Gesellschafter zu überprüfen. Kennt er allerdings die Namen und Zahl der Komplementäre einer als KG auftretenden Gesellschaft, muss er davon ausgehen, dass die anderen Gesellschafter Kommanditisten sind.⁷⁷⁹

534 Rechtsfolge ist im Falle der Kenntnis des Gläubigers die beschränkte Haftung nach §§ 171, 172 HGB unter Geltung der vereinbarten Höhe der Haftsumme.⁷⁸⁰ Nach Ansicht des BGH⁷⁸¹ findet § 176 Abs. 1 im Grundsatz keine Anwendung auf gesetzliche Verbindlichkeiten, so auf die Haftung einer späterhin der KG zugerechneten unerlaubten Handlung, da die Vorschrift das Vertrauen schützt, dass der Geschäftsverkehr typischerweise den hinter einer handelsrechtlichen Personengesellschaft stehenden Gesellschaftern entgegenbringt, auch wenn er diese nicht kennt.⁷⁸² In Anlehnung an die Rechtsprechung des BGH zur insoweit nicht differenzierenden (und damit unbeschränkten) Haftung von BGB-Gesellschaftern spricht jedoch mehr dafür, keine in Bezug auf § 176 Abs. 1 aE HGB weitergehende Haftungsbeschränkung für gesetzliche Verbindlichkeiten anzunehmen.⁷⁸³

535 Liegt kein Fall der Haftungsbeschränkung vor, findet eine unbeschränkte Haftung für die nach dem Geschäftsbeginn und der Zustimmung des Kommanditisten und vor der Eintragung ins Handelsregister begründeten Forderungen von Drittgläubigern⁷⁸⁴ statt. Maßgeblich ist der Abschluss des Geschäfts, nicht der Eintritt einer Bedingung oder das Vorliegen von Fälligkeitsvoraussetzungen.⁷⁸⁵ Für Altverbindlichkeiten gilt nur die Haftung nach § 173 HGB.

2. Haftung des eintretenden Kommanditisten gemäß § 176 Abs. 2 HGB

536 Gleiches, dass heißt eine im Grundsatz unbeschränkte Haftung, gilt auch in dem Fall, dass ein Kommanditist in eine bestehende Handelsgesellschaft eintritt, soweit die in der Zeit zwischen seinem Eintritt und dessen Eintragung in das Handelsregister begründeten Verbindlichkeiten der Gesellschaft betroffen sind, § 176 Abs. 2 HGB. Voraussetzung ist das Vorliegen einer Handelsgesellschaft,⁷⁸⁶ im Fall der OHG also einer solchen, die durch den Eintritt des Kommanditisten zur KG wird.

537 Der Begriff des Eintritts unterscheidet sich von demjenigen des § 173 HGB. Erfasst ist unstreitig die Aufnahme eines neuen Gesellschafters als Kommanditist.⁷⁸⁷ Nach zutreffender Auffassung fällt der Erwerb des Kommanditanteils durch Rechtsgeschäft nicht unter § 176 Abs. 2 HGB.⁷⁸⁸ Die vom BGH vertretene andere Ansicht⁷⁸⁹ ist nur noch unter der obsoleten Annahme zutreffend, dass auch bei Sonderrechtsnachfolge ein Fall des gleichzeitigen Aus- und Eintritts vorliegt.⁷⁹⁰ Auch die Umwandlung einer Komplementärbeteiligung in eine Kommanditbeteiligung stellt keinen Fall es Eintritts im Sinne des § 176 Abs. 2 HGB dar.⁷⁹¹ Gleiches, also die Nichtanwendung, gilt im Fall des Erwerbs im Wege der Erbfolge.⁷⁹² Dabei macht es keinen Unterschied, ob ein oder mehrere Erben in

---

777 *Neubauer*, Hdb KG, § 30, Rn 93.
778 BGH NJW 82, 883, 884.
779 BGH WM 1986, 1280.
780 BGH NJW 1977 o. 1979, 28, 1821.
781 BGH NJW 1982, 82, 85.
782 Vgl aber auch die Bejahung der Haftung durch das BSG, MDR 1976, 962, zur Haftung für öffentlich-rechtliche Ansprüche von Sozialversicherungsträgern.
783 *Westermann/Wertenbruch*, Handbuch der Personengesellschaft, § 52 Rn 3112.
784 *Koller*/Roth/Morck § 176 Rn 4: keine Haftung für Sozialansprüche von Mitgesellschaftern. *Koller*/Roth/Morck § 176 Rn 4.
785 BGH NJW 1979, 1361; Ebenroth/Boujong/Joost/*Strohn*, § 176, Rn 15.
786 MünchKommHGB/*Schmidt*, § 176 Rn 17.
787 BGH NJW 1976, 848, 849.
788 Vgl die Nachweise bei MünchKommHGB/*Schmidt*, § 176, Rn 26.
789 BGH NJW 1983, 2259.
790 So richtig Westermann/*Wertenbruch*, Handbuch der Personengesellschaft, § 52 Rn 3122.
791 BGH NJW 1976, 848, 849; *Koller*/Roth/Morck § 176 Rn 9.
792 BGH NJW 1989, 3152, 3153.

einen Kommanditanteil nachfolgen oder ein Komplementär beerbt wird und eine Umwandlung in einen oder mehrere Kommanditanteile nach § 139 HGB vorgenommen wird.[793]

Anders als bei der Haftung nach § 176 Abs. 1 HGB ist Voraussetzung für die Haftung nicht, dass der Kommanditist seine Zustimmung zur Fortführung des Geschäftsbetriebs erteilt hat.[794] Um den Friktionen, die durch den Verzicht auf ein Zustimmungserfordernis entstehen, zu begegnen, bietet sich die Vereinbarung des Beitritts unter der aufschiebenden Bedingung der Eintragung ins Handelsregister an.[795] In subjektiver Hinsicht gilt das zu § 176 Abs. 1 HGB Gesagte.

3. Eintragung im Handelsregister

Mit Eintragung ist der Anspruch nach § 176 HGB wie ein Anspruch gegen einen regelgerecht[796] zu diesem Zeitpunkt ausgeschiedenen Komplementär zu behandeln.[797] Für Neuverbindlichkeiten haftet der Kommanditist nach Eintritt nicht mehr, die Haftung für Altverbindlichkeiten bleibt hingegen bestehen. Insbesondere ist die zur Handelndenhaftung bei § 11 Abs. 2 GmbHG entwickelte Rechtsprechung mit der Rechtsfolge des Erlöschens von Ansprüchen nicht anwendbar.[798] Es gilt die 5-jährige Enthaftungsfrist des § 160 Abs. 3 HGB analog.[799] Unabhängig davon kann sich der Kommanditist auch auf eine kürzere Verjährungsfrist des gegen die Gesellschaft gerichteten und gegen ihn geltend gemachten Anspruchs berufen.[800] Macht ein Gläubiger irrtümlich klageweise eine Haftung gegen den Kommanditisten nach §§ 171, 172 HGB geltend, hemmt (unterbricht) dies auch die (eigentliche) Haftung nach § 176 HGB.[801]

D. GmbH & Co. KG

I. Allgemeine rechtliche Darstellung

1. Begriff

Die GmbH & Co. KG ist der Rechtsform nach eine **Kommanditgesellschaft** (KG) iSd § 161 Abs. 1 HGB. Dies ist eine Gesellschaft, deren Zweck auf den Betrieb eines Handelsgewerbes unter gemeinschaftlicher Firma gerichtet ist, wenn bei einem oder bei einigen der Gesellschafter die Haftung gegenüber den Gesellschaftsgläubigern auf den Betrag einer bestimmten Vermögenseinlage beschränkt ist (Kommanditisten), während bei dem anderen Teil der Gesellschafter eine Beschränkung der Haftung nicht stattfindet (persönlich haftende Gesellschafter), vgl § 161 Abs. 1 HGB. Für eine GmbH & Co. KG ist kennzeichnend, dass die persönlich haftende Gesellschafterin eine GmbH (sog. Komplementär-GmbH) ist. Von einer **typischen** oder **echten GmbH & Co. KG** spricht man, wenn die GmbH die einzige Komplementärin der KG ist.[802] Als **unechte GmbH & Co. KG** wird eine KG bezeichnet, bei der neben der GmbH noch eine natürliche Person persönlich haftender Gesellschafter ist.[803] Da in der Praxis nur in den seltensten Fällen neben einer Komplementär-GmbH natürliche Personen als persönlich haftende Gesellschafter an der GmbH & Co. KG beteiligt sind,[804] beschränken sich die nachfolgenden Ausführungen im Wesentlichen auf die typische oder echte GmbH & Co. KG.

---

793 MünchKommHGB/*Schmidt*, § 176, Rn 23 f.
794 BGH NJW 1982, 883, 884.
795 Vgl BGH NJW 1982, 883, 884; NJW 1983, 2258, 2259.
796 Unter Eintragung des Ausscheidens.
797 Koller/Roth/Morck § 176 Rn 5.
798 MünchKommHGB/*Schmidt*, § 176 Rn 42.
799 Ebenroth/Boujong/Joost/*Strohn*, § 176, Rn 20.
800 MünchKommHGB/*Schmidt*, § 176 Rn 44.
801 BGH NJW 1983, 2813.
802 Binz/Sorg § 1 Rn 3.
803 Wagner/Rux/*Wagner* Rn 1.
804 Vgl zB den Hinweis bei Binz/Sorg § 1 Rn 4 Fn 2, wonach im Erhebungszeitraum 1982 der Anteil unechter GmbH & Co. KGen im Bundesdurchschnitt nur 0,63 % betragen haben soll.

2. Allgemeines/Grundlinien

a) Rechtliche Einordnung und Zulässigkeit

541 Als KG ist die GmbH & Co. KG der Form nach eine **Personenhandelsgesellschaft** und untersteht damit dem Recht der Personengesellschaften.[805] Anwendbar sind **vorrangig** die **Bestimmungen über die KG**, §§ 161–177 a HGB. Soweit diese Regelungen nichts Abweichendes vorschreiben, sind gemäß § 161 Abs. 2 HGB die für die **offene Handelsgesellschaft** (OHG) geltenden Vorschriften (§§ 105–160 HGB) und gemäß § 105 Abs. 3 HGB die für die **Gesellschaft bürgerlichen Rechts** geltenden Vorschriften (§§ 705–740 BGB) anzuwenden.[806] Der Umstand, dass persönlich haftende Gesellschafterin der GmbH & Co. KG eine GmbH und damit eine Kapitalgesellschaft ist, führt allerdings zu einer **Typenverbindung** und wirtschaftlichen Annäherung an eine **Kapitalgesellschaft**. Damit spezifische **Gläubigerschutzbestimmungen** des Kapitalgesellschaftsrechts durch die Form der GmbH & Co. KG nicht unterlaufen werden, haben der Gesetzgeber und die Rechtsprechung für eine solche Gesellschaft ergänzend eigene Regelungen entwickelt.[807] Mit diesen Regelungen hat der Gesetzgeber zugleich die Zulässigkeit der GmbH & Co. KG bejaht.[808] In der Rechtsprechung ist diese Gesellschaftsform bereits seit der Entscheidung des BayObLG vom 16.2.1912[809] anerkannt.[810]

b) Praktische Bedeutung

542 Nach ihrer frühen Anerkennung durch die Rechtsprechung hat sich die GmbH & Co. KG – zunächst vor allem aus steuerlichen Gründen – rasch ausgebreitet.

aa) Verbreitung

543 Aus der – bislang aktuellsten – DIHK-Statistik über die IHK-zugehörigen Unternehmen zum 1.1.2004[811] folgt, dass zu diesem Zeitpunkt von 4 019 536 erfassten Unternehmen – einschließlich Einzelkaufleuten und Kleingewerbetreibenden – 127 999, also rund 3,18 % in der Rechtsform einer GmbH & Co. KG betrieben wurden. Eine bundesweite Handelsregisterauswertung für das Jahr 2002[812] hat ergeben, dass in diesem Zeitraum auf insgesamt 1 360 900 eingetragene Unternehmen (ohne Zweigniederlassung) 171 900, also rund 13 % auf GmbH & Co. KGen entfielen.

bb) Vor- und Nachteile

544 Für die **Wahl der Rechtsform** einer GmbH & Co. KG stehen die **gesellschaftsrechtlichen Vorteile** im Vordergrund.[813] Sie sind in der Kombination von Vorzügen einer Kapitalgesellschaft und einer Personengesellschaft begründet. Ein wesentlicher Vorteil der GmbH & Co. KG gegenüber einer herkömmlichen KG besteht darin, dass grundsätzlich **keine** der beteiligten **natürlichen Personen persönlich haften**, da sie entweder Gesellschafter der Komplementär-GmbH oder Kommanditisten sind. Dieser Vorteil ist ansonsten nur für Kapitalgesellschaften kennzeichnend.

545 Die Rechtsform der GmbH & Co. KG wird teilweise auch deshalb gewählt, weil sie eine Umgehung des **Verbots der Fremdgeschäftsführung und -vertretung** ermöglicht. Nach dem im Personengesellschaftsrecht geltenden Grundsatz der sog. **Selbstorganschaft** kann nur ein Gesellschafter die organschaftliche Geschäftsführungs- und Vertretungsbefugnis ausüben. Formell liegt die Geschäftsführung und Vertretung der GmbH & Co. KG bei der GmbH als persönlich haftender Gesellschafterin (vglvgl §§ 161 Abs. 2, 125, 164, 170 HGB). Die GmbH kann als juristische Person jedoch nur durch ihre Geschäftsführer handeln (§ 35 GmbHG), so dass diese materiell die Geschäfte der KG führen. Da

---

805 Binz/Sorg § 1 Rn 19.
806 Wagner/Rux/*Wagner* Rn 7.
807 Vgl §§ 130 a, 130 b HGB iVm § 177 a HGB; §§ 19 Abs. 2, 125 a, 172 Abs. 6, 172 a HGB; § 4 MitbestG.
808 Allgemeine Meinung, vgl Baumbach/Hopt/*Hopt* Anh. § 177 a Rn 4.
809 BayObLG GmbHR 1914, 9 ff.
810 BGHZ 46, 7, 13.
811 Teilweise wiedergegeben bei *Meyer* GmbHR 2004, 1417, 1419.
812 Vgl *Kornblum* GmbHR 2003, 1157, 1171 f.
813 Vgl dazu auch Baumbach/Hopt/*Hopt* Anh. § 177 a Rn 3.

für die GmbH selbst als Kapitalgesellschaft der Grundsatz der Selbstorganschaft nicht gilt, können somit im Ergebnis außenstehende Dritte die GmbH & Co. KG leiten.

Diese Rechtsform kann sich damit anbieten, die **Unternehmensnachfolge in Familienunternehmen** zu gestalten. Sind zB die Erben eines persönlich haftenden Gesellschafters nicht gewillt oder in der Lage, dessen Gesellschafterstellung und die damit verbundenen Pflichten zu übernehmen, kann es sinnvoll sein, im Fall des Todes des Komplementärs eine GmbH an seine Stelle treten zu lassen und deren Geschäftsführung einem fachlich geeigneten Fremdgeschäftsführer zu überlassen. **546**

Die **freie Gestaltung des Innenverhältnisses** stellt einen weiteren Vorteil der GmbH & Co. KG dar. Die Gesellschafter der GmbH & Co. KG können den Gesellschaftsvertrag flexibel konzipieren, da das Recht der Personengesellschaften ihnen größere gestalterische Freiräume zur Verfügung stellt als das GmbH-Recht. Der Gesellschaftsvertrag und seine Änderungen bedürfen zudem – anders als im Recht der GmbH (vgl §§ 2, 53 GmbHG) – grundsätzlich nicht der notariellen Beurkundung. Ein Formerfordernis kann sich nur ausnahmsweise aus Vorschriften außerhalb des Personengesellschaftsrechts ergeben. Die Verpflichtung eines Gesellschafters, ein Grundstück in die Gesellschaft einzubringen, bedarf zB der notariellen Form des § 311 Abs. 1 BGB.[814] **547**

Wie bei jeder Personenhandelsgesellschaft besteht bei der GmbH & Co. KG des Weiteren kein Verbot, Auszahlungen an die Gesellschafter aus dem Gesellschaftskapital vorzunehmen. Dies ist wegen der persönlichen Haftung der Gesellschafter – der Kommanditisten vor Einzahlung und nach Rückzahlung ihrer Einlage, §§ 171, 172 HGB – gerechtfertigt. Bei einer AG oder GmbH stehen hingegen die Kapitalerhaltungsvorschriften einer Auszahlung an die Gesellschafter aus dem Gesellschaftskapital entgegen. **548**

Ein weiterer Vorzug der GmbH & Co. KG besteht darin, dass sie unabhängig von der Zahl der bei ihr beschäftigten Arbeitnehmer **keinen Aufsichtsrat** nach den Bestimmungen des Gesetzes über die Drittelbeteiligung der Arbeitnehmer im Aufsichtsrat (**Drittelbeteiligungsgesetz – DrittelbG**) vom 18.5.2004[815] bilden muss. Denn dieses findet bei Personenhandelsgesellschaften keine Anwendung, vgl § 1 DrittelbG. Die Komplementär-GmbH ist unter den Voraussetzungen des § 4 MitbestG erst ab einer Anzahl von mehr als 2000 Arbeitnehmern und übereinstimmenden Mehrheitsverhältnissen in der Komplementär-GmbH und der KG verpflichtet, einen Aufsichtsrat zu bilden. Hingegen ist bei einer GmbH mit mehr als 500 Arbeitnehmern nach § 1 Abs. 1 Nr. 3 DrittlbG ein Aufsichtsrat zu bilden, der zu einem Drittel aus Vertretern der Arbeitnehmer bestehen muss (vormals geregelt im BetrVG 1952). Für eine typische Komplementär-GmbH, die nur wenige Arbeitnehmer beschäftigt, ist die gesetzliche Pflicht zur Bildung eines Aufsichtsrats damit praktisch bedeutungslos. **549**

Bis zur Körperschaftsteuerreform des Jahres 1976 war ferner die **Doppelbesteuerung** der Gewinne einer GmbH auf der Ebene der Gesellschaft und ihrer Gesellschafter ein Hauptmotiv, eine GmbH & Co. KG zu errichten. Eine ertragsteuerliche Doppelbelastung ist bei der GmbH & Co. KG ausgeschlossen, da diese als Personengesellschaft nicht ertragsteuerpflichtig ist. Ihre Einkünfte werden nur auf der Ebene ihrer Gesellschafter besteuert. Durch die Körperschaftsteuerreform 1976 wurde die Doppelbesteuerung weitgehend beseitigt. Nach den Änderungen der Besteuerung von Kapitalgesellschaften, Personengesellschaften und ihren Gesellschaftern durch das StSenkG vom 23.10.2000[816] und das StSenkErgG vom 19.12.2000[817] ist ein pauschales Urteil, ob aus steuerlicher Sicht die GmbH oder die GmbH & Co. KG die optimale Rechtsform darstellt, kaum möglich.[818] Die Wahl der steuerlich optimalen Rechtsform hängt davon ab, in welcher Höhe Gewinne erwartet werden und ob diese ausgeschüttet oder thesauriert werden sollen.[819] Vor der Rechtsformwahl ist daher ein **konkreter Belastungsvergleich** anzuraten.[820] **550**

---

[814] Vgl BGH BB 1978, 726 f.
[815] BGBl. 2004 I S. 974.
[816] Gesetz zur Senkung der Steuersätze und zur Reform der Unternehmensbesteuerung v. 23.10.2000, BGBl. 2000 I S. 1433 *(StSenkG)*.
[817] Gesetz zur Ergänzung des Steuersenkungsgesetzes v. 19.12.2000, BGBl. 2000 I S. 1812 *(StSenkErgG)*.
[818] Wagner/Rux/*Wagner* Rn 10.
[819] Wagner/Rux/*Wagner* Rn 10.
[820] Ausführlich hierzu Hesselmann/Tillmann/Mueller-Thuns/*Mueller-Thuns* § 2 B Rn 35 ff.

551 Im Vergleich zu den aufgezeigten Vorteilen fällt der mit der Verwaltung einer GmbH & Co. KG verbundene Mehraufwand weniger ins Gewicht. Er ergibt sich aus dem Nebeneinander zweier Gesellschaften mit eigenen Satzungen, eigenen Organen und eigenen Bilanzierungspflichten. Die Verträge beider Gesellschaften müssen daher sorgfältig aufeinander abgestimmt werden.

3. Erscheinungsformen

a) Personen- und beteiligungsgleiche GmbH & Co. KG

552 Die **personen- und beteiligungsgleichen GmbH & Co. KG** – auch als GmbH & Co. KG im engeren Sinne bezeichnet – ist gegenwärtig in der Praxis am häufigsten vertreten. Sie ist dadurch gekennzeichnet, dass die Gesellschafter der GmbH und die Kommanditisten der KG identisch und an beiden Gesellschaften in gleichem Verhältnis beteiligt sind.

553 Die personen- und beteiligungsgleichen GmbH & Co. KG ist typisch für Gesellschaften mit geringer Mitgliederzahl. Sie wird insbesondere für Familienunternehmen gewählt. Soll die Beteiligungsidentität gewahrt bleiben, ist es erforderlich, die Gesellschaftsverträge sorgfältig aufeinander abzustimmen. Praktisch relevant wird dies etwa im Fall des Gesellschafterwechsels durch Abtretung des GmbH- bzw. Kommanditanteils oder des Ausscheidens eines Gesellschafters. So kann in beiden Gesellschaftsverträgen die Zustimmung der übrigen Gesellschafter zu der Abtretung des Gesellschaftsanteils eines Mitgesellschafters davon abhängig gemacht werden, dass dieser seine Beteiligung an der jeweils anderen Gesellschaft an denselben Erwerber überträgt (**sog. Koppelungsgebot**).[821] Nach einem Urteil des OLG Düsseldorf vom 3.5.2001 ist eine inkongruente Veräußerung von Anteilen an der GmbH und an der KG auch bei Eingreifen der vorgenannten vertraglichen Regelungen wirksam, wenn hierdurch die in den Gesellschaftsverträgen festgeschriebene Beteiligungsidentität (wieder)hergestellt wird.[822] Entsprechendes gilt für das Ausscheiden und die Ausschließung eines Gesellschafters. In beide Gesellschaftsverträge sind Regelungen aufzunehmen, die gewährleisten, dass das Ausscheiden und die Ausschließung aus einer Gesellschaft zu einem entsprechenden Vorgang in der jeweils anderen Gesellschaft führen.[823] Auch bei der Gestaltung der Erbfolge sind Vorkehrungen dafür zu treffen, dass der GmbH-Geschäftsanteil und die Kommanditbeteiligung auf denselben Rechtsnachfolger übergehen.[824]

b) Einpersonengesellschaft

554 Einen Spezialfall der personengleichen GmbH & Co. KG stellt die **Einmann GmbH & Co. KG** dar. Hier ist der Alleingesellschafter der Komplementär-GmbH (vgl § 1 GmbHG) zugleich der einzige Kommanditist. Ist er auch noch Geschäftsführer der GmbH, so hat er das **Selbstkontrahierungsverbot** für Rechtsgeschäfte mit der GmbH aus § 35 Abs. 4 GmbHG zu beachten. Eine Befreiung von dem Verbot des Selbstkontrahierens ist nur wirksam, wenn sie in die GmbH-Satzung aufgenommen und im Handelsregister eingetragen wird.[825]

c) Nicht personen- und beteiligungsgleiche GmbH & Co KG

555 Im Fall der **nicht personen- und beteiligungsgleichen GmbH & Co. KG** – auch als GmbH & Co. KG im weiteren Sinne bezeichnet – sind die Gesellschafter der GmbH und die Kommanditisten sowie die Beteiligungsverhältnisse nicht oder nur zum Teil identisch. Diese Gestaltungsform wird in erster Linie dann gewählt, wenn bestimmte Gesellschafter keinen Einfluss auf die Geschäftsführung haben sollen. Die GmbH & Co. KG im weiteren Sinne findet sich ebenfalls häufig bei **Familiengesellschaften**. Sie eignet sich dazu, den Übergang der Geschäftsführung von einer Generation auf die nächste zu erleichtern. Der Alleininhaber und sein vorgesehener Nachfolger führen über die GmbH die Geschäfte der Gesellschaft; die übrigen Familienmitglieder werden zur Sicherung ihres Einkommens als Kommanditisten aufgenommen. Hier wird die Stellung der GmbH in der Gesellschafterversammlung der KG

---

821 Vgl die Gestaltungsbeispiele bei *Klamroth*, Die GmbH & Co. KG, S. 9, 22.
822 OLG Düsseldorf GmbHR 2002, 169 L.
823 Vgl die Gestaltungsbeispiele bei *Klamroth*, Die GmbH & Co. KG, S. 9 f, 23.
824 Vgl die Gestaltungsbeispiele bei *Klamroth*, Die GmbH & Co. KG, S. 11, 22.
825 BGHZ 87, 59, 60 f; BayObLG NJW-RR 1987, 1175, 1176.

durch Aufwertung ihrer Stimmrechte oder dadurch zu stärken sein, dass wichtige Beschlüsse nicht gegen die Stimme der Komplementär-GmbH gefasst werden dürfen.[826]

d) Einheits-GmbH & Co. KG

Bei einer **Einheits-GmbH & Co. KG** sind GmbH und KG wechselseitig aneinander beteiligt. Die GmbH ist persönlich haftende Gesellschafterin der KG, während die KG ihrerseits Alleingesellschafterin der GmbH ist, also alle Anteile ihrer eigenen Komplementärin hält. Der Gesetzgeber hat die Zulässigkeit der Einheits-GmbH & Co. KG in § 172 Abs. 6 HGB indirekt anerkannt. Diese Gestaltungsform wird als besonders geeignet angesehen, die Beteiligungsidentität zwischen beiden Gesellschaften zu wahren. Teilweise wird vor ihr im Schrifttum aber auch gewarnt, da sie eine ausgefeilte Vertragsgestaltung erfordert und für die Praxis nicht in jedem Fall attraktiv ist.[827]

556

Problematisch ist bei der Einheits-GmbH & Co. KG der **Gläubigerschutz**. Das Stammkapital der GmbH und die Haftsumme der Kommanditisten müssen, wie bei jeder GmbH & Co. KG, nebeneinander als Haftkapital den Gläubigern zur Verfügung stehen. Leistet daher ein Kommanditist, der gleichzeitig Gesellschafter der Komplementär-GmbH ist, seine Einlage in die KG dadurch, dass er Anteile an der Komplementär-GmbH einbringt, gilt die Einlage Gesellschaftsgläubigern gegenüber als nicht geleistet, § 172 Abs. 6 HGB. Die persönliche unmittelbare Haftung des Kommanditisten besteht in diesem Fall gemäß § 171 Abs. 1 Hs 1 HGB fort. Der Sinn und Zweck des § 172 Abs. 6 HGB besteht darin, den Gläubigern einer GmbH & Co. KG wie bei einer gesetzestypischen KG **zwei Haftungsmassen** zur Verfügung zu stellen – das Vermögen der GmbH als persönlich haftender Gesellschafterin und die Haftsumme der Kommanditisten. Könnten die Geschäftsanteile an der GmbH haftungsbefreiend als Kommanditeinlagen geleistet werden, würde das Vermögen der GmbH demgegenüber gleichzeitig als Haftungsmasse der Komplementärin und der Kommanditisten dienen.

557

e) Doppelstöckige (mehrstufige) GmbH & Co. KG

Bei der **doppelstöckigen** oder **mehrstufigen GmbH & Co. KG** ist eine GmbH & Co. KG (KG I) anstelle einer GmbH Komplementärin einer weiteren GmbH & Co. KG (KG II). Der Gesetzgeber hat die Zulässigkeit dieser Gestaltungsform durch ihre Erwähnung in § 4 Abs. 1 S. 2 MitbestG mittelbar anerkannt. Umstritten ist lediglich, ob eine GmbH & Co. KG auch dann Komplementärin sein kann, wenn sich ihr Unternehmensgegenstand auf die Geschäftsleitung einer anderen KG beschränkt. Eine solche GmbH & Co. KG betreibt nach vereinzelter Auffassung kein Handelsgewerbe, so dass ihr die für ihr wirksames Entstehen erforderliche **Kaufmannseigenschaft** gemäß §§ 161 Abs. 1 HGB iVm §§ 1 f HGB fehle.[828] Die Komplementär-GmbH & Co. KG kann aber jedenfalls durch die Eintragung in das Handelsregister nach § 105 Abs. 2 HGB die Kaufmannseigenschaft erlangen.[829]

558

f) Kapitalistische GmbH & Co. KG; Publikumsgesellschaft

Bei der **kapitalistischen GmbH & Co. KG** und der **Publikumsgesellschaft** handelt es sich um Sonderformen der nicht personen- und beteiligungsgleichen GmbH & Co. KG. Von einer kapitalistischen GmbH & Co. KG spricht man, wenn die Kommanditisten das gesamte oder nahezu gesamte Gesellschaftskapital halten und – ähnlich Aktionären – die Gesellschafterversammlung beherrschen.[830] Diese Gestaltungsform wird häufig für große Familiengesellschaften gewählt. Kennzeichnend für eine Publikumsgesellschaft[831] ist eine Vielzahl von Kommanditisten, deren Engagement an der Gesellschaft auf eine rein kapitalmäßige Beteiligung (**Anlagegesellschafter**) beschränkt ist.[832] Die Rechte der Kommanditisten, die sich durch ihren Beitritt einem vorformulierten Gesellschaftsvertrag unterwerfen, sind beschränkt und werden häufig über ein Vertretungsorgan (Beirat) ausgeübt. Teilweise sind

559

---

826 *Klamroth*, Die GmbH & Co. KG, S. 29.
827 Scholz/*K. Schmidt* Anh. § 45 Rn 61.
828 Vgldie Nachweise bei Baumbach/Hopt/*Hopt* Anh. § 177 a Rn 9.
829 Baumbach/Hopt/*Hopt* Anh. § 177 a Rn 9.
830 Baumbach/Hopt/*Hopt* § 161 Rn 11.
831 Ausführlicher dazu unten Rn 747 ff.
832 Wagner/Rux/*Wagner* Rn 27.

die Anlagegesellschafter nur mittelbar über einen **Treuhänder** an der Publikums-KG beteiligt. Beherrscht wird die Publikums-KG von den Gesellschaftern der Komplementär-GmbH, welche die Initiatoren oder Gründungsgesellschafter sind. Wegen der Vielzahl rein kapitalmäßig beteiligter Kommanditisten hat sich die Publikums-KG von dem gesetzlichen Leitbild einer KG als einem personalistisch geprägten Verband entfernt und den Kapitalgesellschaften angenähert. Gleichwohl bleiben die gesetzlichen Bestimmungen zur KG auf die Publikums-KG anwendbar. Zum Schutz der Kapitalanleger und im Interesse der Funktionsfähigkeit einer solchen Gesellschaft hat die Rechtsprechung allerdings besondere Grundsätze entwickelt.[833]

g) Andere Gesellschaften als Komplementäre der KG

560 Verbindungen der KG mit anderen Rechtsträgern sind in der Praxis seltener anzutreffen. Sie kommen etwa in Form der **AG & Co. KG** oder der **Stiftung & Co. KG** vor, bei denen die Stellung des persönlich haftenden Gesellschafters von einer AG oder einer rechtsfähigen Stiftung eingenommen wird.[834] Nach der Rechtsprechung einiger Oberlandesgerichte kann auch eine **ausländische juristische Person** Komplementärin einer KG sein.[835] Diese Rechtsprechung ist im Schrifttum teils auf Zustimmung,[836] teils auf Ablehnung[837] gestoßen. Jedenfalls muss geprüft werden, ob die ausländische Gesellschaft nach deutschem Internationalen Privatrecht als rechtsfähig anzuerkennen ist.[838] Die ausländische Gesellschaft muss zudem einer gesetzlichen Regelung unterstehen, die einen Gläubigerschutz gewährleistet, der dem des GmbH-Gesetzes entspricht.[839] Die Einzelheiten sind stark umstritten.[840]

II. Gründung

1. Gesellschafter

561 Gesellschafter der GmbH & Co. KG sind in der Regel eine GmbH als einzige persönlich haftende Gesellschafterin und mindestens ein Kommanditist. Schon eine **Vor-GmbH** kann Komplementärin einer GmbH & Co. KG sein.[841] Dies ist eine GmbH in Gründung, dh in der Phase zwischen dem wirksamen Abschluss des Gesellschaftsvertrags und der Entstehung der GmbH als solcher durch Eintragung in das Handelsregister (vgl § 11 Abs. 1 GmbHG). Kommanditisten einer GmbH & Co. KG können auch **Minderjährige** werden. Für ihren Eintritt ist nach §§ 1643 Abs. 1, 1822 Nr. 3 BGB eine Genehmigung des Vormundschaftsgerichts notwendig.[842] Eine **ungeteilte Erbengemeinschaft** kann nicht Kommanditistin einer GmbH & Co. KG sein.[843] Hat der verstorbene Kommanditist mehrere Erben, geht seine Mitgliedschaft – soweit sie vererblich gestellt ist – entgegen erbrechtlichen Grundsätzen (§ 2032 Abs. 1 BGB) nicht auf die Gesamthand der Erbengemeinschaft über, sondern jeder Erbe erwirbt entsprechend seiner Erbquote einen Teil des Gesellschaftsanteils (sog. **Sondererbfolge**).[844]

2. Entstehungsmöglichkeiten

562 Die GmbH & Co. KG kann im Wege einer vollständigen **Unternehmensneugründung** durch Abschluss eines GmbH-Gesellschaftsvertrags und eines KG-Vertrags errichtet werden. Bestehen beide

---

833 Näher hierzu unten Rn 747 ff.
834 Ebenroth/Boujong/Joost/*Henze* § 177 a Anh. A Rn 22, 24.
835 BayObLG NJW 1986, 3029, 3030 (private limited company britischen Rechts); OLG Saarbrücken NJW 1990, 647, 648 (AG schweizerischen Rechts).
836 Baumbach/Hopt/*Hopt* Anh. § 177 a Rn 11; Binz/Sorg § 1 Rn 7.
837 Vgl die Nachweise bei Ebenroth/Boujong/Joost/*Henze* § 177 a Anh. A Rn 23.
838 BayObLG NJW 1986, 3029, 3030; Baumbach/Hopt/*Hopt* Anh. § 177 a Rn 11.
839 Ebenroth/Boujong/Joost/*Henze* § 177 a Anh. A Rn 23; aA Baumbach/Hopt/*Hopt* Anh. § 177 a Rn 11.
840 Vgl die Nachweise bei Ebenroth/Boujong/Joost/*Henze* § 177 a Anh. A Rn 23 und Baumbach/Hopt/*Hopt* Anh. § 177 a Rn 11.
841 BGHZ 117, 323, 326; BGHZ 80, 129, 132 f.
842 BGHZ 17, 160, 165.
843 BGHZ 22, 186, 192 ff.
844 BGH NJW 1986, 2431, 2432; Wagner/Rux/*Wagner* Rn 570.

Gesellschaften bereits unabhängig voneinander, kann die GmbH & Co. KG auch dadurch entstehen, dass die GmbH als neue Komplementärin in die KG eintritt. Gemäß §§ 1 Abs. 1 Nr. 4, 190 ff, 226–237 UmwG besteht die weitere Möglichkeit, durch einen **Formwechsel** eine GmbH direkt in eine GmbH & Co. KG umzuwandeln. Im Folgenden wird nur die Entstehung im Wege der vollständigen Unternehmensneugründung näher dargestellt.

3. Gründung der Komplementär-GmbH

a) Gründungsvoraussetzungen

Die GmbH wird nach GmbH-Recht von einem oder mehreren Gründern (§ 1 GmbHG) durch einen in **notarieller Form** zu beurkundenden Gesellschaftsvertrag errichtet (§ 2 Abs. 1 S. 1 GmbHG). Die nach §§ 3 Abs. 1 Nr. 2, 10 Abs. 1 S. 1 GmbHG erforderliche Beschreibung des **Unternehmensgegenstands** im Gesellschaftsvertrag muss den Hinweis enthalten, dass die GmbH als persönlich haftende Gesellschafterin Beteiligungen an Handelsgesellschaften, insbesondere eine Beteiligung an der zu gründenden GmbH & Co. KG übernehmen soll. Ein Teil der Rechtsprechung fordert, dass zusätzlich der Geschäftszweig der KG angegeben wird, weil bei der typischen GmbH & Co. KG beide Gesellschaften so ineinander verschränkt seien, dass der Unternehmensgegenstand der KG auch derjenige der GmbH sei.[845] In der Praxis könnte dies im Gesellschaftsvertrag der Komplementär-GmbH wie folgt formuliert werden:

563

▶ **§ ... Gegenstand des Unternehmens**
Gegenstand des Unternehmens ist der Erwerb und die Verwaltung von Beteiligungen sowie die Übernahme der persönlichen Haftung und der Geschäftsführung bei Personenhandelsgesellschaften, insbesondere die Beteiligung als persönlich haftende geschäftsführende Gesellschafterin (Komplementärin) an der X-GmbH & Co. KG, deren Unternehmensgegenstand ... ist.[846] ◀

Erst mit der Eintragung in das Handelsregister (§§ 10, 11 GmbHG) entsteht die GmbH als solche.

b) Vor-GmbH

Vor dieser Eintragung besteht mit Abschluss des notariellen Gesellschaftsvertrags (§§ 2, 3 GmbHG) eine **Vor-GmbH**, die bereits Komplementärin einer KG sein kann.[847] Aus der Komplementärfähigkeit der Vor-GmbH folgt, dass ihre Eintragung als persönlich haftende Gesellschafterin im Handelsregister zulässig ist.[848] Die Vor-GmbH trägt die Firma der GmbH mit dem Zusatz „i.G." (in Gründung). Nach Eintragung der GmbH wird dieser Zusatz gelöscht.

564

4. Gründung der KG

Die KG wird nach KG-Recht durch **Abschluss eines Gesellschaftsvertrags** zwischen der Komplementär- (Vor-)GmbH und mindestens einem Kommanditisten gegründet. Notwendigerweise muss eine Gesellschaft errichtet werden, deren Zweck auf den Betrieb eines Handelsgewerbes iSd §§ 1–3 HGB unter gemeinschaftlicher Firma gerichtet ist. Nach dem Gesellschaftsvertrag müssen zudem einzelne Gesellschafter (die Komplementär-GmbH) unbeschränkt, andere bis zu einer bestimmten Haftsumme haften. Der Vertrag ist grundsätzlich **formlos** wirksam, es sei denn, eine Formbedürftigkeit ergibt sich aus Vorschriften außerhalb des Personengesellschaftsrechts. Das ist der Fall, wenn sich ein Gesellschafter verpflichtet, ein Grundstück oder sein Gesamtvermögen in die Gesellschaft einzubringen (§ 311 b Abs. 1, 3 BGB). Ein Formerfordernis gilt auch für die Abtretung von GmbH-Gesellschaftsanteilen (§ 15 GmbHG) oder für Schenkungsvereinbarungen (§ 518 BGB). Eine Formverletzung führt zur Gesamtnichtigkeit des Vertrags, sofern nicht nach § 139 BGB anzunehmen ist, dass er auch ohne die formbedürftige Verpflichtung – zB die Grundstückseinbringung – geschlossen worden wäre. Der Mangel der Form kann teilweise dadurch geheilt werden, dass die formlos übernommene Verpflichtung erfüllt wird (vgl §§ 311 b Abs. 1 S. 2, 518 Abs. 2 BGB).

565

---

845 BayObLG NJW 1976, 1694, 1695; OLG Hamburg BB 1968, 267; aA BayObLG DB 1995, 1801.
846 Beispiel nach Wagner/Rux/*Wagner*, S. 500.
847 BGHZ 117, 323, 326; BGHZ 80, 129, 132 f.
848 BGH NJW 1985, 736, 737.

5. Einlage

566 Im Gesellschaftsvertrag der GmbH & Co. KG verpflichten sich die Gesellschafter gemäß §§ 161 Abs. 2, 105 Abs. 3 HGB iVm § 705 BGB, die Erreichung des gemeinsamen vereinbarten Zwecks zu fördern und insbesondere die vereinbarten Beiträge (Einlagen) zu leisten. Einlagen sind nur solche Beiträge, die in das Gesellschaftsvermögen der KG geleistet werden und dort zu einer Mehrung der Haftungsmasse führen.[849] Die Gesellschafter können grundsätzlich frei bestimmen, welche Einlage wie zu erbringen ist. Es muss sich lediglich um bilanzierungsfähige Gegenstände (Wirtschaftsgüter) handeln.[850] Zu unterscheiden ist zwischen Geld- und Sacheinlagen. Eine Sacheinlage liegt vor, wenn die Gesellschaft ein vermögenswertes Recht mit dinglicher Wirkung erlangt.[851] Bei der GmbH & Co. KG ist zu beachten, dass eine **doppelte Kapitalaufbringung**, und zwar in der KG und in der Komplementär-GmbH erforderlich ist.

a) Einlagen der Kommanditisten

567 Für die Einlagen der Kommanditisten ist zwischen der im Gesellschaftsvertrag bestimmten **Pflichteinlage** und der im Handelsregister einzutragenden **Haftsumme** zu unterscheiden. Bei der Pflichteinlage handelt es sich um den Betrag, den der Kommanditist als Beitrag nach §§ 161 Abs. 2, 105 Abs. 3 HGB, § 705 BGB an die Gesellschaft zu erbringen hat. Die Haftsumme (Hafteinlage) bezeichnet die Höhe des Betrags, bis zu dem der Kommanditist den Gläubigern der Gesellschaft unmittelbar mit seinem Privatvermögen haftet, soweit er nicht eine haftungsbefreiende Einlage in das Gesellschaftsvermögen geleistet hat (§ 171 Abs. 1 HGB). Pflichteinlage und Haftsumme stimmen in der Regel überein. Wird im Gesellschaftsvertrag nur die Höhe der Pflichteinlage bestimmt, so soll im Zweifel die Haftsumme in gleicher Höhe bestehen.[852] Pflichteinlage und Haftsumme können aber auch voneinander abweichen. So können die Gesellschafter einen Kommanditisten von seiner Einlagepflicht freistellen oder ihn zu einer Einlage verpflichten, die über die zum Handelsregister angemeldete Haftsumme hinausgeht. Übersteigt die Pflichteinlage die im Handelsregister eingetragene Haftsumme, kann der Differenzbetrag ohne Haftungsfolgen (§ 172 Abs. 4 HGB) entnommen werden.[853]

568 Die Einlage kann in einer Geld- oder Sacheinlage bestehen. Die **Geldeinlage** ist mit schuldbefreiender Wirkung grundsätzlich in das **Vermögen der GmbH & Co. KG** einzuzahlen.[854] Zahlt der Kommanditist die Einlage ausnahmsweise auf ein Konto der Komplementär-GmbH ein und wird das Konto später auf die KG umgeschrieben, so entfällt mit der Umschreibung die Haftung des Kommanditisten, wenn das Konto zu diesem Zeitpunkt ein Habensaldo in Höhe der Kommanditeinlage ausweist.[855] Ein Kommanditist, der gleichzeitig Gläubiger der Gesellschaft ist, kann seine Einlage mit haftungsbefreiender Wirkung (§ 171 Abs. 1, 2. Hs HGB) ferner dadurch erbringen, dass er mit einer Forderung, die er gegen die Gesellschaft hat, gegen die Einlageforderung der Gesellschaft **aufrechnet**.[856] Durch die Aufrechnung wird das Gesellschaftsvermögen vermehrt, da die Gesellschaft von einer Verbindlichkeit befreit wird.[857] Ist die Forderung, die der Kommanditist gegen die Gesellschaft hat, jedoch aufgrund der wirtschaftlichen Situation der Gesellschaft nicht mehr vollwertig, wird der Kommanditist durch die Aufrechnung nur in Höhe des objektiven Werts seiner Forderung von seiner unmittelbaren Haftung gegenüber den Gesellschaftsgläubigern (§ 171 Abs. 1, 1. Hs HGB) frei.[858] Ein Kommanditist kann ferner seine Einlage dadurch erbringen, dass er im Rahmen seiner **Außenhaf-**

---

[849] K. Schmidt, Gesellschaftsrecht, S. 567, 572.
[850] Hesselmann/Tillmann/Mueller-Thuns/Lüke § 4 Rn 39.
[851] Wagner/Rux/Wagner Rn 123.
[852] BGH NJW 1977, 1820, 1821.
[853] BGHZ 84, 383, 387.
[854] Hesselmann/Tillmann/Mueller-Thuns/Lüke § 4 Rn 46.
[855] OLGR Hamm 1995, 67.
[856] BGHZ 95, 188, 196 f; 51, 391, 394.
[857] BGHZ 95, 188, 196 f; BGHZ 51, 391, 394.
[858] BGHZ 95, 188, 197.

tung einen **Gesellschaftsgläubiger befriedigt**. Hierbei ist stets der Nominalbetrag von dessen Forderung maßgebend.[859]

Bei **Sacheinlagen** muss im Gesellschaftsvertrag bestimmt werden, bis zu welchem Betrag sie auf die Hafteinlage angerechnet werden. Die Haftungsbefreiung tritt allerdings nur bis zur Höhe des **tatsächlichen Wertes** (Zeitwertes) der Sacheinlage ein.[860] Gegenstand der Sacheinlage können alle bilanzierungsfähigen Vermögensgegenstände sein. Dienstleistungen und Gebrauchsüberlassungen stellen zwar als Beitragsleistungen iSd § 705 BGB geeignete Pflichteinlagen dar, sie sind aber keine tauglichen Hafteinlagen der Gesellschafter.[861] Etwas andere gilt jedoch insoweit, als den Gegenstand der Einlage übertragbare (§ 399 BGB) Ansprüche des Gesellschafters gegen einen Dritten bilden, zB Ansprüche aus Miet- der Pachtvertrag, soweit dieser nicht vorzeitig gekündigt werden kann.[862]

569

b) Einlage der Komplementär-GmbH

Die Komplementär-GmbH kann, muss aber nicht zwingend eine Einlage in das Gesellschaftsvermögen der GmbH & Co. KG leisten. Ihr Beitrag kann sich auf die Führung der Geschäfte der GmbH & Co. KG beschränken. Dementsprechend wird häufig im Gesellschaftsvertrag vereinbart, dass die **GmbH keine Kapitaleinlage** zu erbringen hat. In der Praxis könnte dies im Gesellschaftsvertrag der GmbH & Co. KG wie folgt formuliert werden:

570

▶ **§ ... Gesellschafter, Kapitalbeteiligung**
(1) Persönlich haftende Gesellschafterin (Komplementärin) ist die X-Beteiligungs GmbH.
(2) Die Komplementärin leistet keine Einlage. Am Vermögen der Gesellschaft ist die Komplementärin nicht beteiligt.[863] ◀

Vorhandenes Anlagevermögen verpachtet die GmbH dann zweckmäßigerweise an die GmbH & Co. KG, vorhandene Bankguthaben gewährt sie der GmbH & Co. KG als Darlehen.[864]

c) Stammeinlagen der GmbH-Gesellschafter

Die Komplementär-GmbH ist ebenfalls mit **Eigenkapital** auszustatten. Das Stammkapital der GmbH muss mindestens **25 000,00 EUR**, die Stammeinlage jedes Gesellschafters mindestens 100,00 EUR betragen. Die Stammeinlage kann in der Form einer Bar- oder Sacheinlage erbracht werden. Im Falle der **Bareinlage** ist vor der Anmeldung der Gesellschaft zur Eintragung im Handelsregister auf jede Stammeinlage ein Viertel einzuzahlen (§ 7 Abs. 2 S. 1 GmbHG). Insgesamt muss auf das Stammkapital mindestens so viel eingezahlt sein, dass die Summe der Bar- und Sacheinlagen 12 500,00 EUR erreicht (§ 7 Abs. 2 S. 2 GmbHG). Soll eine **Sacheinlage** geleistet werden, müssen der Gegenstand und der Betrag, mit dem jener auf die Stammeinlage angerechnet werden soll, im Gesellschaftsvertrag festgelegt werden (§ 5 Abs. 4 S. 1 GmbHG). Anders als in einer KG müssen die Gesellschafter zudem in einem Sachgründungsbericht die Bewertungsmaßstäbe offen legen (§ 5 Abs. 4 S. 2 GmbHG). Bevor die GmbH zur Eintragung in das Handelsregister angemeldet wird, müssen alle Sacheinlagen den Geschäftsführern der GmbH gemäß § 7 Abs. 3 GmbHG zur freien Verfügung stehen. Die Einlageschuld eines GmbH-Gesellschafters kann grundsätzlich nach § 362 Abs. 2 BGB schuldbefreiend durch Zahlung der Stammeinlage in das KG-Vermögen beglichen werden (Zahlung an einen Dritten mit Zustimmung des Gläubigers). Eine schuldbefreiende Wirkung tritt jedoch nur ein, wenn die KG im Zeitpunkt der Einzahlung einen vollwertigen und liquiden Anspruch gegen die GmbH hat und das Vermögen der GmbH ausreicht, um Eigengläubiger und Gläubiger der KG zu befriedigen, soweit deren Ansprüche das KG-Vermögen übersteigen.[865]

571

---

859 BGH NJW 1985, 2947, 2948.
860 BGH WM 1977, 167, 168; BGHZ 39, 319, 329.
861 *K. Schmidt*, Gesellschaftsrecht, S. 574 f.
862 *K. Schmidt*, Gesellschaftsrecht, S. 575.
863 Beispiel nach Wagner/Rux/*Wagner*, S. 486.
864 Wagner/Rux/*Wagner* Rn 132.
865 BGH GmbHR 1986, 115, 116; OLG Stuttgart GmbHR 1986, 349, 350.

6. Haftungsverhältnisse im Gründungsstadium

a) GmbH & Co. KG

572 Die wirksam errichtete GmbH & Co. KG haftet ihren Gläubigern gemäß §§ 124, 161 Abs. 2 HGB für die Erfüllung der von ihr begründeten Verbindlichkeiten mit dem Gesellschaftsvermögen.

b) Haftung der Komplementärin und ihrer Gesellschafter

573 Die Haftung der Komplementär-GmbH und ihrer Gesellschafter ist in den einzelnen Gründungsphasen der GmbH (Vorgründungsgesellschaft, Vor-GmbH) unterschiedlich ausgestaltet.

aa) Vorgründungsgesellschaft

574 **Vorgründungsgesellschaft** nennt man eine Gesellschaft in der Zeit vom Beschluss der Gründer, eine Gesellschaft zu errichten, bis zum Abschluss des notariellen Gesellschaftsvertrags.[866] Zweck der Vorgründungsgesellschaft ist die Gründung einer GmbH durch gemeinsames Handeln.[867] Betreibt die Vorgründungsgesellschaft ein Handelsgewerbe unter gemeinsamer Firma, handelt es sich um eine OHG (§§ 1, 105 Abs. 1 HGB).[868] Anderenfalls ist die Vorgründungsgesellschaft eine GbR. Nach der früher ganz überwiegenden Ansicht konnte nur die Vorgründungsgesellschaft in der Rechtsform der OHG Komplementärin der KG sein.[869] Das Landgericht Berlin hat demgegenüber in einem Beschluss vom 8.4.2003 auch eine GbR als Komplementärin einer KG anerkannt.[870] Dies ist nur folgerichtig, nachdem der BGH in seinem Grundsatzurteil vom 29.1.2001 die Rechtssubjektivität der GbR anerkannt hat.[871]

575 Die Vorgründungsgesellschaft – sei es als OHG, sei es als GbR – und ihre Gesellschafter haften danach gemäß §§ 161 Abs. 2, 128 HGB (analog) für Verbindlichkeiten der KG **unbeschränkt**. Diese Haftung endet weder mit der Errichtung der Vor-GmbH durch notarielle Beurkundung des Gesellschaftsvertrags noch mit der Eintragung der GmbH in das Handelsregister. Zu einer **haftungsbefreienden Übernahme** von Verbindlichkeiten durch die Vor-GmbH oder die GmbH ist vielmehr in jedem Einzelfall eine **Vereinbarung** mit dem jeweiligen Vertragspartner erforderlich (§§ 414 f BGB). Ein automatischer Übergang der Aktiva und Passiva der Vorgründungsgesellschaft auf die Vor-GmbH oder die GmbH findet somit nicht statt.[872] Die Vermögensgegenstände müssen vielmehr im Wege der **Einzelrechtsnachfolge** übertragen werden.[873] Die Vorgründungsgesellschaft endet in der Regel durch Zweckerreichung (§ 726 BGB) bei Abschluss des notariellen Gesellschaftsvertrags für die GmbH.[874]

bb) Vor-GmbH

576 Die bereits rechtsfähige **Vor-GmbH** haftet als Komplementärin der KG für deren Verbindlichkeiten gemäß §§ 161 Abs. 2, iVm 128 HGB unbeschränkt mit ihrem Gesellschaftsvermögen einschließlich offener Einlageforderungen.[875]

577 Die **Gründungsgesellschafter** der Vor-GmbH haften wiederum nach neuerer Rechtsprechung deren Gläubigern gegenüber mittelbar und unbeschränkt in Form einer **Innenhaftung**.[876] Da die Vor-GmbH für Verbindlichkeiten der KG nach § 161 Abs. 2 iVm § 128 HGB haftet, haben ihre Gesellschafter hierfür ebenfalls einzustehen. Bis zur Eintragung der GmbH in das Handelsregister trifft die Gründungsgesellschafter eine **Verlustdeckungshaftung**. Sie haben also die Verluste auszugleichen, die vom

---

866 K. Schmidt, Gesellschaftsrecht, S. 1011.
867 Baumbach/Hueck/*Hueck*/*Fastrich* § 11 Rn 36.
868 BGHZ 91, 148, 151.
869 Ebenroth/Boujong/Joost/*Henze* § 177 a Anh. A Rn 55.
870 LG Berlin GmbHR 2003, 719, 720 f.
871 BGHZ 146, 341, 344 ff.
872 BGHZ 91, 148, 151; anders im Verhältnis Vor-GmbH zu GmbH.
873 BGH NJW 1998, 1645; BGH GmbHR 1992, 164, 165.
874 Baumbach/Hueck/*Hueck*/*Fastrich* § 11 Rn 39.
875 BGHZ 80, 129, 144.
876 BGHZ 105, 300, 303 f; BGHZ 80, 129, 140.

Gesellschaftsvermögen nicht gedeckt werden.[877] Wird die GmbH in das Handelsregister eingetragen, besteht die Haftung bis zur Höhe der Differenz zwischen dem Wert des Gesellschaftsvermögens und der Stammkapitalziffer.[878] Bei der Berechnung dieses Fehlbetrags (**sog. Unterbilanz**) finden Gründungskosten, zB Beratungs- und Beurkundungskosten, keine Berücksichtigung.[879] Übersteigt der Fehlbetrag im Falle der Überschuldung der Gesellschaft die Stammkapitalziffer, ist die Gesellschafterhaftung nicht auf die Höhe des Stammkapitals beschränkt, sondern geht auf den **vollen Verlustausgleich**. Scheitert die Eintragung der Gesellschaft oder wird sie aufgegeben, braucht das Stammkapital über den Ausgleich der Verluste hinaus nicht wiederaufgefüllt zu werden.[880]

Da die Gesellschafterhaftung als Innenhaftung ausgestaltet ist, müssen die vollstreckungsbefugten Gläubiger der Vor-GmbH deren **Verlustdeckungsanspruch** gegen die Gesellschafter **pfänden und sich zur Einziehung überweisen lassen**. Gegebenenfalls ist der gepfändete Anspruch gegen die Gründungsgesellschafter auf dem Klageweg weiterzuverfolgen.[881] Der unmittelbare Zugriff auf das Vermögen der Gründungsgesellschafter ist nur ausnahmsweise möglich, wenn keine Abwicklungsschwierigkeiten zu befürchten sind, zB im Falle der Einmann-Vor-GmbH, der Vermögenslosigkeit der Gesellschaft oder des Fehlens weiterer Gläubiger.[882] Auch in diesen **Durchgriffsfällen** haften mehrere Gesellschafter nicht gesamtschuldnerisch, sondern anteilig.[883]

Wird der Geschäftsbetrieb der Vor-GmbH nach **Aufgabe der Eintragungsabsicht** fortgesetzt, tritt nach wohl überwiegender Ansicht eine gesamtschuldnerische persönliche Außenhaftung (§ 128 HGB) der Gesellschafter für die Verbindlichkeiten der Gesellschaft ein.[884] Denn der Personenzusammenschluss unterliegt vom Zeitpunkt des Wegfalls der Gründungsabsicht an dem Recht der GbR oder der OHG.[885]

Nach der älteren Rechtsprechung hafteten die Gründungsgesellschafter für Verbindlichkeiten der Vor-GmbH, die vor der Eintragung in das Handelsregister liquidiert wurde, in Form der **Außenhaftung** grundsätzlich nur bis zur Höhe ihrer Einlageverpflichtung und nicht auf den vollen Verlustausgleich.[886] Den hieraus resultierenden Anreiz, die Eintragung der Vor-GmbH im Fall von Verlusten nicht weiter zu verfolgen und die Gesellschaft zu liquidieren, hat der BGH durch seine genannte Leitentscheidung vom 27.1.1997[887] beseitigt.

c) Haftung der Kommanditisten

Die Haftung der Kommanditisten richtet sich in erster Linie nach § 171 Abs. 1 HGB. Ein Kommanditist haftet den Gläubigern der Gesellschaft gemäß § 171 Abs. 1, 1. Hs HGB **bis zur Höhe seiner Einlage** unmittelbar. Die Haftung ist indes ausgeschlossen, soweit die Einlage geleistet ist (§ 171 Abs. 1, 2. Hs HGB).[888]

Ist die KG noch nicht im Handelsregister eingetragen, so ist die Bestimmung des § 176 HGB zu beachten. Hat die Gesellschaft ihre Geschäfte begonnen, bevor sie in das Handelsregister eingetragen ist, so haftet nach § 176 Abs. 1 S. 1 HGB jeder Kommanditist, der dem **Geschäftsbeginn** zugestimmt hat, für die bis zur Eintragung begründeten Verbindlichkeiten der Gesellschaft gleich einem persönlich haftenden Gesellschafter, es sei denn, dass seine Beteiligung als Kommanditist dem Gläubiger bekannt war. Diese Regelung gilt jedoch nach § 176 Abs. 1 S. 2 HGB iVm §§ 2, 105 Abs. 2 HGB nur für Gesellschaften, die ein **Handelsgewerbe** betreiben. § 176 Abs. 1 HGB ist grundsätzlich auch auf die GmbH & Co. KG in der Gründungsphase anwendbar.[889] Tritt diese im Geschäftsverkehr unter der Firma GmbH &

---

877 BGHZ 134, 333, 334 ff.
878 BGHZ 105, 300, 303; BGHZ 80, 129, 140.
879 BGHZ 80, 129, 141.
880 BGHZ 134, 333, 334.
881 Lutter/Hommelhoff/*Bayer* § 11 Rn 14.
882 BGHZ 134, 333, 341.
883 BAG NJW 1997, 3331, 3332.
884 BGHZ 80, 129, 142 f; BAG NJW 1998, 628, 629; OLG Thüringen GmbHR 1999, 772, 773.
885 Baumbach/Hueck/*Hueck/Fastrich* § 11 Rn 32.
886 BGHZ 65, 378, 382 f.
887 BGHZ 80, 129 ff.
888 Ausführlicher hierzu unten Rn 669.
889 BGH NJW 1980, 54.

Co. KG auf, können sich die Gläubiger aber nach ganz überwiegender Ansicht dennoch nicht auf § 176 HGB berufen. Denn bereits aus der Firma (§ 19 Abs. 2 HGB) geht hervor, dass die der Gesellschaft angehörenden natürlichen Personen Kommanditisten sind.[890] Im Geschäftsverkehr rechnet niemand (mehr) damit, dass eine natürliche Person persönlich haftet, wenn eine Gesellschaft die Firma einer GmbH & Co. KG führt.[891] Betreibt die Gesellschaft **kein Handelsgewerbe**, kommt § 176 Abs. 1 HGB von vornherein nicht zur Anwendung (§ 176 Abs. 1 S. 2 HGB). Firmiert sie im Rechtsverkehr gleichwohl als „GmbH & Co. KG", scheidet eine – unbeschränkte – Kommanditistenhaftung entsprechend § 176 Abs. 1 HGB aus, weil der gutgläubige Gesellschaftsgläubiger anderenfalls besser stünde, als es seinen eigenen Vorstellungen – beschränkte Kommanditistenhaftung – entspricht.[892] Aus entsprechenden Gründen haften die „Kommanditisten" auch nicht unbeschränkt als Gesellschafter der vor der Eintragung an sich vorliegenden, kein Handelsgewerbe betreibenden Gesellschaft bürgerlichen Rechts.[893]

d) Handelndenhaftung

583 Ist vor der Eintragung der GmbH in das Handelsregister im Namen der Gesellschaft gehandelt worden, so haften die **„Handelnden"** iSd § 11 Abs. 2 GmbHG persönlich und solidarisch (gesamtschuldnerisch). Mit der Errichtung der Vor-GmbH durch Abschluss des notariellen Gesellschaftsvertrags greift diese Haftung der **Geschäftsführer** und der Beteiligten, die **faktisch** die Geschäftsführung der Vor-GmbH wahrnehmen, für rechtsgeschäftliche und rechtsgeschäftsähnliche Verbindlichkeiten der Vor-GmbH & Co. KG gegenüber Dritten ein.[894] **Gründungsgesellschafter** zählen nicht zu dem Kreis dieser Dritten.[895] Der Geschäftsführer der Vor-GmbH haftet auch dann persönlich und unmittelbar aus § 11 Abs. 2 GmbHG, wenn er im Namen der KG handelt und hierdurch die Haftung der Vor-GmbH nach § 128 HGB auslöst.[896] § 11 Abs. 2 GmbHG bezweckt, den Gläubigern einen Ausgleich dafür zu schaffen, dass die Haftungsmasse der Vor-GmbH noch nicht gerichtlich kontrolliert ist und die Kapitalsicherungsvorschriften noch nicht voll eingreifen.[897] Dementsprechend erlischt die Handelndenhaftung aus § 11 Abs. 2 GmbHG regelmäßig mit der **Eintragung** der GmbH, da das Sicherungsbedürfnis der Gläubiger entfällt, wenn die GmbH in das Handelsregister eingetragen und dadurch Schuldnerin der von den Geschäftsführern getätigten Geschäfte wird.[898] Die Haftung aus § 11 Abs. 2 GmbHG kann durch Vereinbarung mit dem jeweiligen Gläubiger ausgeschlossen werden.[899] Soweit die aus § 11 Abs. 2 GmbHG in Anspruch genommenen Geschäftsführer weisungsgemäß für die Vor-GmbH gehandelt haben, steht ihnen ein **Regressanspruch** gegen die Gesellschafter zu.

7. Firma

584 Für die Firmen der GmbH und der KG hat das Handelsrechtsreformgesetz vom 22.6.1998 den **Grundsatz der Wahlfreiheit** eingeführt. Die jeweiligen Gesellschafter können für ihre Gesellschaft also eine **Personen-, Sach- oder Fantasiefirma**, aber auch eine Mischform aus diesen Firmen wählen. Schranken für die Firmenbildung folgen lediglich aus der Kennzeichnungseignung, der Unterscheidungskraft, der öffentlichen Ordnung und den guten Sitten (vgl §§ 18 f HGB).

a) Firma der GmbH

585 Die Firma der **Komplementär-GmbH** muss, auch wenn sie nach § 22 HGB oder nach anderen gesetzlichen Vorschriften fortgeführt wird, gemäß § 4 GmbHG die Bezeichnung **„Gesellschaft mit**

---

890 Ebenroth/Boujong/Joost/*Henze* § 177 a Anh. A Rn 45; Baumbach/Hopt/*Hopt* Anh. § 177 a Rn 19.
891 BGH NJW 1983, 2258, 2260.
892 BGHZ 69, 95, 98 f; BGHZ 61, 59, 65 f.
893 BGHZ 61, 59, 67.
894 Baumbach/Hueck/*Hueck/Fastrich* § 11 Rn 46.
895 Baumbach/Hopt/*Hopt* Anh. § 177 a Rn 17.
896 BGHZ 80, 129, 133.
897 BGHZ 80, 129, 133.
898 BGHZ 80, 143, 185; Wagner/Rux/*Wagner* Rn 67.
899 BGHZ 53, 210, 213.

beschränkter Haftung" oder eine allgemein verständliche Abkürzung dieser Bezeichnung enthalten. Die Abkürzung „GmbH" stellt einen solchen zulässigen Zusatz dar.[900] Um einen falschen Rechtsschein zu vermeiden, muss auch der für die **Vor-GmbH** Handelnde im Geschäftsverkehr die Firma der zukünftigen GmbH einschließlich des GmbH-Zusatzes verwenden. Zudem hat er einen das **Gründungsstadium** kennzeichnenden Zusatz, zB „i.G." (in Gründung), anzufügen.[901]

b) Firma der KG

Die Firma der **KG** muss gemäß § 19 Abs. 1 Nr. 3 HGB, auch wenn sie nach den §§ 21, 22, 24 oder nach anderen gesetzlichen Vorschriften fortgeführt wird, die Bezeichnung „**Kommanditgesellschaft**" oder eine allgemein verständliche Abkürzung dieser Bezeichnung enthalten. Da in einer GmbH & Co. KG regelmäßig keine natürliche Person haftet, muss die Firma einer solchen Gesellschaft zudem nach § 19 Abs. 2 HGB eine Bezeichnung enthalten, welche die Haftungsbeschränkung kennzeichnet („GmbH & Co. KG"). Soll die KG eine **Personenfirma** führen, muss diese Firma diejenige ihrer persönlich haftenden Gesellschafterin, also der Komplementär-GmbH enthalten, und zwar grundsätzlich in unveränderter Form und mit dem Rechtsformzusatz der Komplementär-GmbH.[902]

586

Beispiele:[903] Cornelia Strickwaren GmbH
Cornelia Strickwaren GmbH & Co. KG

Der GmbH-Zusatz der in der Firma allein genannten Komplementärin darf grundsätzlich auch dann nicht weggelassen werden, wenn neben dieser weitere Komplementäre existieren, die natürliche Personen sind.[904]

Führt jedoch eine nach den vorstehenden Grundsätzen gebildete Firma zu einer **Irreführung** des Rechtsverkehrs iSd § 18 Abs. 2 HGB, so kann nach der Rechtsprechung des BGH der irreführende Teil weggelassen werden, sofern der Rest zur Identifizierung der GmbH ausreicht und nach § 4 GmbHG auch allein als Firma zulässig wäre.[905]

587

Beispiele:[906] Betten S. Verwaltungs GmbH
Betten S. GmbH & Co. KG

Der Teil „Verwaltungs" muss in der Firma der KG weggelassen werden, um eine Irreführung des Rechtsverkehrs zu vermeiden.

Haben die GmbH & Co. KG und die Komplementär-GmbH ihren **Unternehmenssitz an demselben Ort**, ist weiter § 30 Abs. 1 HGB zu beachten. Jede neue Firma muss sich danach von allen an demselben Ort oder in derselben Gemeinde bereits bestehenden und in das Handelsregister eingetragenen Firmen deutlich unterscheiden. Die Firma der KG muss also neben der grundsätzlich vollen GmbH-Firma und dem KG-Zusatz einen dritten unterscheidenden Bestandteil enthalten. Rechtsformzusätze allein gewährleisten nach Klang und Inhalt im Geschäftsverkehr keine hinreichende Unterscheidung.[907]

588

Beispiele: Maier & Wolf GmbH[908]
MAWO Maier & Wolf GmbH & Co. KG
Cornelia Strickwaren-Vertriebs GmbH[909]
Cornelia Strickwaren GmbH & Co. Trikotagen KG

---

900 BGHZ 62, 230, 233.
901 OLG Celle GmbHR 1990, 398, 399.
902 Baumbach/Hopt/*Hopt* § 19 Rn 33.
903 Beispiel nach *Klamroth*, Die GmbH & Co. KG, S. 3, 14; zur Problematik der Firmenunterscheidbarkeit, wenn die GmbH & Co. KG und ihre Komplementärin ihre Firmensitze am selben Ort haben, vgl Rn 49.
904 OLG Hamm BB 1994, 670, 671; Baumbach/Hopt/*Hopt* § 19 Rn 33.
905 BGHZ 80, 353, 356; Baumbach/Hopt/*Hopt* § 19 Rn 33.
906 Vgl Baumbach/Hopt/*Hopt* § 19 Rn 33.
907 BGHZ 46, 7, 12.
908 Beispiel nach Baumbach/Hopt/*Hopt* § 19 Rn 36.
909 Beispiel *Klamroth*, Die GmbH & Co. KG, S. 3, 14.

In Firmenfragen ist nach den vorstehenden Ausführungen vor der konkreten Firmenwahl eine Rückfrage bei der Industrie- und Handelskammer oder beim zuständigen Registergericht zu empfehlen.

III. Innenverhältnis

589 Auf das Rechtsverhältnis der Gesellschafter untereinander finden grundsätzlich die §§ **161 Abs. 2, 163 ff, 109 ff HGB** Anwendung. Da diese Vorschriften **abdingbar** sind – die **freie Gestaltung des Innenverhältnisses** stellt einen Vorteil der GmbH & Co. KG gegenüber den Kapitalgesellschaften dar –, bestimmt sich das Innenverhältnis in erster Linie nach dem Gesellschaftsvertrag und nur subsidiär nach dem Gesetz. Wegen der starken strukturellen Annäherung an die Kapitalgesellschaften haben Gesetzgeber und Rechtsprechung darüber hinaus Sonderregelungen für die GmbH & Co. KG entwickelt, auf die noch einzugehen sein wird.

1. Entstehen der GmbH & Co. KG

590 Ab welchem Zeitpunkt das Rechtsverhältnis der Gesellschafter einer in Gründung befindlichen GmbH & Co. KG untereinander den gesellschaftsvertraglichen oder gesetzlichen Regelungen unterworfen ist, richtet sich nach dem **Gesellschaftsvertrag**. Mangels einer abweichenden Regelung fallen der Abschluss des Gesellschaftsvertrags und das Entstehen der KG im Innenverhältnis regelmäßig zusammen.[910] Auch auf eine GmbH & Co. KG in Gründung, deren Gewerbebetrieb kein Handelsgewerbe iSd § 1 Abs. 2 HGB ist und die vor ihrer – konstitutiven – Eintragung in das Handelsregister somit eine GbR ist, findet im Innenverhältnis der Gesellschafter KG-Recht Anwendung, wenn ein entsprechender Wille der Gesellschafter erkennbar ist.[911]

2. Rechte und Pflichten der Gesellschafter

a) Treuepflicht

591 Auch in der GmbH & Co. KG bestehen im Verhältnis der Gesellschafter zur Gesellschaft und der Gesellschafter untereinander **Treuepflichten**.[912] Diese werden inhaltlich in Handlungs- bzw aktive Förderpflichten, Unterlassungspflichten und Loyalitätspflichten unterteilt. Die Wirkungen der Treuepflicht sind im Einzelfall durch **Abwägung** der einander gegenüberstehenden Belange zu bestimmen. Eine besondere Ausprägung der Treuepflicht gilt bei der GmbH & Co. KG im Verhältnis der GmbH-Gesellschafter zu den Kommanditisten. Die GmbH führt als persönlich haftende Gesellschafterin die Geschäfte der KG (§§ 164, 161 Abs. 2, 114 HGB) und hat in diesem Rahmen die wohlverstandenen Interessen der KG und ihrer Kommanditisten zu wahren. Jedenfalls in der personengleichen GmbH & Co. KG darf der **Mehrheitsgesellschafter** der GmbH deren Geschäftsführung danach nicht zu nachteiligen Geschäften (zB Konzernumlage) zu Lasten der KG und der an ihr beteiligten Kommanditisten veranlassen.[913] Der Minderheitsgesellschafter der GmbH und der KG kann Schadensersatz nach § 280 Abs. 1 BGB an die benachteiligte Gesellschaft verlangen.[914]

b) Wettbewerbsverbot

592 Gemäß § 112 Abs. 1 HGB darf ein Gesellschafter ohne **Einwilligung** der anderen Gesellschafter weder in dem Handelszweig der Gesellschaft Geschäfte machen noch an einer anderen gleichartigen Handelsgesellschaft als persönlich haftender Gesellschafter teilnehmen. Die Einwilligung zur Teilnahme an einer anderen Gesellschaft gilt als erteilt, wenn den übrigen Gesellschaftern bei Gründung der Gesellschaft bekannt ist, dass der Gesellschafter an einer anderen Gesellschaft als persönlich haftender Gesellschafter teilnimmt, und gleichwohl die Aufgabe dieser Beteiligung nicht ausdrücklich bedungen wird, § 112 Abs. 2 HGB. Der Sinn und Zweck dieses Wettbewerbsverbots besteht darin,

---

910 Baumbach/Hopt/*Hopt* § 123 Rn 16.
911 Wagner/Rux/*Wagner* Rn 74.
912 Baumbach/Hopt/*Hopt* Anh. § 177 a Rn 22.
913 BGHZ 65, 15, 19 f; Baumbach/Hopt/*Hopt* Anh. § 177 a Rn 22.
914 BGHZ 65, 15, 18.

die Gesellschaft davor zu schützen, dass ein Gesellschafter **Insiderinformationen** über das Unternehmen ausnutzt, um mit der Gesellschaft in Konkurrenz zu treten. Im Fall eines Verstoßes gegen das Wettbewerbsverbot steht der Gesellschaft außer einem Anspruch auf **Schadensersatz** oder **Herausgabe der erzielten Vergütung** (§ 113 HGB) auch ein **Unterlassungsanspruch** zu.[915] Die gesetzlichen Regelungen zum Wettbewerbsverbot und die von der Rechtsprechung hierzu entwickelten Grundsätze sind nicht zwingend. Im Gesellschaftsvertrag kann ein Wettbewerbsverbot erweitert, eingeschränkt oder sogar gänzlich abbedungen werden.

aa) Komplementär-GmbH

Das gesetzliche Wettbewerbsverbot trifft gemäß § 161 Abs. 2 HGB iVm § 112 HGB auch eine GmbH als Komplementärin. Für den Sonderfall einer kapitalistischen GmbH & Co. KG hat das OLG Frankfurt allerdings die Geltung des Wettbewerbsverbots verneint.[916] Wurde die GmbH erst zum Zwecke der Errichtung der GmbH & Co. KG gegründet und erschöpft sich ihre Tätigkeit in der Geschäftsführung der KG, ist das gesetzliche Wettbewerbsverbot in der Praxis bedeutungslos. Hatte die GmbH hingegen bereits vor der Entstehung der GmbH & Co. KG einen eigenen Geschäftsbetrieb und ist dieser mit demjenigen der KG identisch, greift das Wettbewerbsverbot des § 112 HGB ein. Die GmbH bedarf also zur Fortführung ihres eigenen Geschäftsbetriebs der **Einwilligung der Kommanditisten**. Die unwiderlegliche Einwilligungsvermutung des § 112 Abs. 2 HGB greift insoweit nicht ein, da diese Bestimmung ihrem Wortlaut nach die Beteiligung an einer anderen Gesellschaft erfasst.[917] Die GmbH, die ihr eigenes Unternehmen fortführt, ist jedoch selbst das Konkurrenzunternehmen. Die Gesellschafter der GmbH & Co. KG können dem Konkurrenzgeschäftsbetrieb der Komplementär-GmbH allerdings stillschweigend zustimmen.

Hinweis: Beruft sich die GmbH auf eine solche stillschweigende Zustimmung, trifft sie die Darlegungs- und Beweislast.[918]

bb) Kommanditisten

Kommanditisten unterliegen nach § 165 HGB **nicht dem Wettbewerbsverbot** der §§ 112 f HGB. Ein Kommanditist ist nach dem gesetzlichen Leitbild nur **kapitalmäßig** an der Gesellschaft beteiligt (vgl § 166 HGB). Eine Gefahr, dass er die Gesellschaft durch Konkurrenztätigkeit schädigt, besteht daher regelmäßig nicht. Nach einhelliger Auffassung in Rechtsprechung und Literatur trifft einen Kommanditisten ungeachtet der Regelung des § 165 HGB jedoch dann ein Wettbewerbsverbot, wenn er in Bezug auf Leitung und Einfluss in der Gesellschaft eine Stellung hat, die derjenigen eines Komplementärs entspricht.[919] Einem Wettbewerbsverbot unterliegt danach der Kommanditist, der mit großer Mehrheit sowohl am Kommanditkapital als auch am Kapital der Komplementär-GmbH beteiligt ist und aufgrund dieser **Mehrheitsbeteiligungen** die GmbH & Co. KG **beherrscht**.[920] Würde dieser Mehrheitsgesellschafter in Konkurrenz zu der GmbH & Co. KG tätig, entstünde eine besondere Gefährdungslage für die Gesellschaft.[921]

Hinweis: Zum Schutz der GmbH & Co. KG im Fall einer Mehrheitsbeteiligung wird daher vermutet, dass die bestehende Einflussmöglichkeit genutzt wird, so dass das Wettbewerbsverbot aus § 112 HGB eingreift.[922] Es ist dann Sache des Mehrheitskommanditisten, diese Vermutung zu entkräften.[923]

---

915 Baumbach/Hopt/*Hopt* § 113 Rn 1 ff.
916 OLG Frankfurt BB 1982, 1383, 1384; aA Ebenroth/Boujong/Joost/*Henze* § 177 a Anh. A Rn 90.
917 Wagner/Rux/*Wagner* Rn 240.
918 Ebenroth/Boujong/Joost/*Henze* § 177 a Anh. A Rn 91.
919 BGHZ 89, 162, 165 f; OLG Frankfurt GmbHR 1992, 668, 669.
920 BGHZ 89, 162, 165; Wagner/Rux/*Wagner* Rn 243.
921 BGHZ 89, 162, 165.
922 Wagner/Rux/*Wagner* Rn 243.
923 BGHZ 89, 162, 167.

cc) GmbH-Gesellschafter und GmbH-Geschäftsführer

595 Für den **Gesellschafter**, der die GmbH aufgrund einer bedeutenden Mehrheitsbeteiligung beherrscht, lässt sich ein Wettbewerbsverbot aus seiner **Treuepflicht** gegenüber der GmbH ableiten. Diese Treuepflicht soll mittelbar auch ein Wettbewerbsverbot gegenüber der GmbH & Co. KG zum Entstehen bringen.[924]

596 Der **GmbH-Geschäftsführer** unterliegt zwar keinem gesetzlichen Wettbewerbsverbot. Aus seiner **Treuepflicht** gegenüber der GmbH folgt jedoch nach ständiger Rechtsprechung, dass er im Geschäftszweig der GmbH keine Geschäfte für eigene Rechnung tätigen darf.[925] Daraus folgt mittelbar auch ein Wettbewerbsverbot gegenüber der KG, da die Komplementär-GmbH die Geschäfte der KG führt und die Geschäftszweige beider Gesellschaften insoweit zusammenfallen.[926] Im **Anstellungsvertrag** des Geschäftsführers mit der Komplementär-GmbH kann ebenfalls ein Wettbewerbsverbot zugunsten der GmbH & Co. KG vereinbart werden. Ein vereinbartes **nachvertragliches Wettbewerbsverbot** zu Lasten des GmbH-Geschäftsführers verstößt nicht gegen § 138 BGB und Art. 2, 12 GG, soweit es dem Schutz eines berechtigten Interesses der Gesellschaft dient und nach Gegenstand, Zeit und Ort die Berufsausübung und die wirtschaftliche Betätigung des Geschäftsführers nicht unbillig erschwert.[927] Die Wirksamkeit des nachvertraglichen Wettbewerbsverbots hängt auch nicht davon ab, dass für seine Dauer eine zu zahlenden Entschädigung analog § 74 Abs. 2 HGB vereinbart wird.[928] Die GmbH kann jedoch entsprechend § 75 a HGB auf ein vereinbartes Wettbewerbsverbot verzichten und sich damit von einer – vereinbarten – Entschädigungsverpflichtung befreien.[929]

c) Kontroll- und Informationsrechte

aa) Kommanditisten

597 Dem Kommanditisten stehen zunächst die **Auskunfts- und Einsichtsrechte** aus § 166 HGB zu. Gemäß § 166 Abs. 1 HGB ist der Kommanditist berechtigt, die abschriftliche Mitteilung des Jahresabschlusses zu verlangen und dessen Richtigkeit unter Einsicht der Bücher und Papiere zu prüfen. Über den Wortlaut dieser Vorschrift hinaus ist in der Rechtsprechung anerkannt, dass der Kommanditist auch die Prüfberichte des Abschlussprüfers einsehen kann, die nicht Teil des Jahresabschlusses sind.[930] Liegen wichtige Gründe vor, kann das zuständige Gericht auf Antrag eines Kommanditisten weiter die Mitteilung einer Bilanz und eines Jahresabschlusses oder sonstiger Aufklärungen sowie die Vorlegung der Bücher und Papiere jederzeit anordnen, § 166 Abs. 3 HGB. Ein **wichtiger Grund** als Voraussetzung für dieses **außerordentliche Informationsrecht** ist gegeben, wenn die Belange des Kommanditisten durch das vertragliche oder das gesetzliche Einsichtsrecht aus § 166 Abs. 1 HGB nicht hinreichend gewahrt sind und darüber hinaus die Gefahr einer Schädigung besteht oder wenn ihm die Kontrolle nach § 166 Abs. 1 HGB versagt wird.[931] Weitere wichtige Gründe stellen das begründete Misstrauen gegen die ordnungsgemäße Geschäfts- oder Buchführung, der durch Tatsachen gerechtfertigte Verdacht der Untreue, erhebliche Änderungen früherer Jahresabschlüsse aufgrund einer Betriebsprüfung durch das Finanzamt sowie die Einleitung eines Steuerstrafverfahrens dar.[932] Die in § 166 HGB getroffene Regelung ist **nicht abschließend**. Dem Kommanditisten steht darüber hinaus allgemein ein die Gesellschaftsangelegenheiten betreffender Auskunftsanspruch zu, soweit die Information zur sachgemäßen Wahrnehmung seiner Mitgliedschaftsrechte erforderlich ist.[933]

---

924 Ebenroth/Boujong/Joost/*Henze* § 177 a Anh. A Rn 98.
925 BGH GmbHR 1989, 365, 366; BGHZ 49, 30, 31.
926 Wagner/Rux/*Wagner* Rn 241.
927 BGH NJW 1991, 699, 700; BGHZ 91, 1, 5.
928 Ebenroth/Boujong/Joost/*Henze* § 177 a Anh. A Rn 98.
929 BGH NJW 1992, 1892 f.
930 BGH DB 1989, 1399, 1400.
931 BGH NJW 1984, 2470, 2471; BayObLG NJW-RR 1991, 1444, 1445; OLG Hamm BB 1970, 509, 510.
932 Ebenroth/Boujong/Joost/*Henze* § 177 a Anh. A Rn 100.
933 BGH WM 1983, 910, 911.

Hinweis: Die Informationsrechte aus § 166 HGB richten sich gegen die Gesellschaft, können aber auch unmittelbar gegen die zuständigen geschäftsführenden Gesellschafter geltend gemacht werden.[934] Das Informationsrecht aus § 166 Abs. 1 HGB ist durch Klage vor dem Prozessgericht geltend zu machen. Das außerordentliche Informationsrecht aus § 166 Abs. 3 HGB kann nach § 145 Abs. 1 FGG vor dem zuständigen Amtsgericht im Verfahren der freiwilligen Gerichtsbarkeit durchgesetzt werden. Die Regeln der ZPO finden grundsätzlich entsprechende Anwendung, allerdings gilt der Amtsermittlungsgrundsatz (§ 12 FGG).[935] Alternativ kann das außerordentliche Informationsrecht (§ 166 Abs. 3 HGB) auch vor dem Prozessgericht verfolgt werden, ebenso wie in dem Verfahren nach § 166 Abs. 3 HGB iVm § 145 Abs. 1 FGG zugleich Informationsrechte aus § 166 Abs. 1 HGB mitgeprüft werden können.[936] Der Kommanditist kann schließlich gleichzeitig auf beiden Wegen vorgehen.[937]

Die in § 166 HGB geregelten Informationsrechte sind **höchstpersönlicher Natur**, so dass der Kommanditist sie grundsätzlich nur selbst ausüben kann.[938] Ist der Kommanditist zB wegen Gebrechlichkeit, längerer Abwesenheit oder fehlender Sachkunde persönlich nicht in der Lage, sein Informationsrecht wahrzunehmen, folgt aus dem Mitgliedschaftsverhältnis eine Pflicht der KG, die von diesem Kommanditisten – auf seine Kosten – gewünschte Hinzuziehung einer zur **Berufsverschwiegenheit** verpflichteten Person zu dulden.[939] Ausnahmsweise ist der Kommanditist sogar gehindert, sein Informationsrecht persönlich auszuüben, wenn ein überwiegendes Interesse der KG dieser persönlichen Ausübung entgegensteht. Befindet sich der Kommanditist zB in einem Wettbewerbsverhältnis zur Gesellschaft, kann er sein Informationsrecht nicht persönlich, sondern nur durch einen Sachverständigen ausüben, der dem Kommanditisten Informationen nicht zugänglich machen darf, die diesem nicht zustehen.[940]

598

Mit dem Ausscheiden aus der KG verliert der Kommanditist seine Kontrollrechte aus § 166 HGB. Bei Vorliegen eines schutzwürdigen rechtlichen Interesses hat er jedoch gemäß §§ 810, 242 BGB einen Anspruch darauf, die Bücher und Papiere aus der Zeit seiner Zugehörigkeit zur Gesellschaft einzusehen, wenn diese zB für die Berechnung seines Abfindungsguthabens von Bedeutung sind.[941]

599

Neben den Informationsrechten des einzelnen Kommanditisten gegen die Gesellschaft aus § 166 HGB besteht nach überwiegender Ansicht ein **kollektives Auskunftsrecht** aller Gesellschafter gegen den geschäftsführenden Gesellschafter aus §§ 161 Abs. 2, 105 Abs. 3 HGB iVm §§ 713, 666 BGB.[942]

600

Hinweis: Dieses Recht kann im Wege der actio pro socio von jedem einzelnen Gesellschafter zugunsten der Gesellschaft geltend gemacht werden.[943]

Das **ordentliche Kontroll- und Informationsrecht** des Kommanditisten aus § 166 Abs. 1 HGB kann durch den Gesellschaftsvertrag erweitert, aber auch eingeschränkt werden, soweit es nicht erforderlich ist, um unverzichtbare Beteiligungsrechte geltend zu machen.[944] Das **außerordentliche Informationsrecht** iSd § 166 Abs. 3 HGB ist hingegen unbeschränkbar.[945] Dies gilt auch für das **kollektive Auskunftsrecht** nach §§ 713, 666 BGB.[946]

601

---

[934] OLG Celle BB 1983, 1450, 1451.
[935] Baumbach/Hopt/*Hopt* § 166 Rn 14.
[936] Baumbach/Hopt/*Hopt* § 166 Rn 14.
[937] OLG Celle BB 1983, 1450, 1451.
[938] BGHZ 25, 115, 122 f.
[939] BGHZ 25, 115, 123.
[940] BGH BB 1979, 1315, 1316.
[941] BGH NJW 1989, 3272, 3273; OLG Hamm NJW-RR 1994, 933, 934 f.
[942] Ebenroth/Boujong/Joost/*Henze* § 177 a Anh. A Rn 99; Baumbach/Hopt/*Hopt* § 166 Rn 12.
[943] Baumbach/Hopt/*Hopt* § 166 Rn 12.
[944] BGH NJW 1995, 194, 195.
[945] OLG Hamm BB 1970, 509, 510.
[946] Baumbach/Hopt/*Hopt* § 166 Rn 20.

bb) GmbH-Gesellschafter

602 Den Gesellschaftern der Komplementär-GmbH steht das **Auskunfts- und Einsichtsrecht** aus § 51 a Abs. 1 GmbHG zu. Die Geschäftsführer haben danach jedem Gesellschafter auf Verlangen Auskunft über die Angelegenheiten der Gesellschaft zu geben und die Einsicht der Bücher und Schriften zu gestatten. Zu den Angelegenheiten der Gesellschaft zählt alles, was mit ihrer Geschäftsführung, ihren wirtschaftlichen Verhältnissen, ihren Beziehungen zu Dritten sowie zu verbundenen Unternehmen zusammenhängt.[947] Da in der GmbH & Co. KG Angelegenheiten der KG immer auch Angelegenheiten der GmbH sind, verfügen die GmbH-Gesellschafter wegen § 51 a GmbHG mittelbar über ein **umfassendes Auskunftsrecht** gegenüber der KG.[948] Dieses Recht kann von dem GmbH-Gesellschafter nur **persönlich** geltend gemacht werden, die unwiderrufliche Bevollmächtigung eines Dritten hierzu ist grundsätzlich unwirksam.[949] Hat die begehrte Auskunft durch Zeitablauf jeden aktuellen Bezug zur Gesellschaft verloren, tritt ein **Verlust** des Informationsrechts durch Zeitablauf ein.[950] Die Geschäftsführer dürfen die Auskunft und die Einsicht nach § 51 a Abs. 2 GmbHG verweigern, wenn zu besorgen ist, dass der Gesellschafter sie zu gesellschaftsfremden Zwecken verwenden und dadurch der Gesellschaft oder einem verbundenen Unternehmen einen nicht unerheblichen Nachteil zufügen wird. Durch Regelungen im Gesellschaftsvertrag kann das gesetzliche Auskunfts- und Einsichtsrecht des GmbH-Gesellschafters hingegen nicht verkürzt werden, § 51 a Abs. 3 GmbHG.

Hinweis: Das Auskunfts- und Einsichtsrecht des GmbH-Gesellschafters aus § 51 a GmbHG ist in dem Verfahren nach § 51 b GmbHG geltend zu machen. Gemäß § 51 b S. 1 GmbHG findet für die gerichtliche Entscheidung über das Auskunfts- und Einsichtsrecht § 132 Abs. 1, 3 bis 5 AktG entsprechende Anwendung. Antragsberechtigt ist jeder Gesellschafter, dem die verlangte Auskunft nicht gegeben oder die verlangte Einsicht nicht gestattet worden ist, § 51 b S. 2 GmbHG. Für das Auskunfts- und Einsichtsbegehren ist das für den Gesellschaftssitz zuständige Landgericht (Kammer für Handelssachen, § 96 GVG) ausschließlich zuständig, § 51 b S. 1 GmbHG iVm § 132 Abs. 1 AktG. Antragsgegner ist die Gesellschaft, vertreten durch ihren Geschäftsführer.[951] Das Verfahren bestimmt sich gemäß § 51 b S. 1 GmbHG iVm §§ 132 Abs. 3 S. 1, 99 Abs. 1 AktG nach dem FGG.

603 Mit dem **Ausscheiden** aus der GmbH verliert der Gesellschafter sein Auskunfts- und Einsichtsrecht aus § 51 a GmbHG. Ihm steht aber weiter ein allgemeiner Auskunftsanspruch aus §§ 810, 242 BGB zu, soweit er zB Informationen benötigt, die für die Berechnung seiner etwaigen Abfindungs- oder Gewinnansprüche erforderlich sind.[952]

Hinweis: Verliert der Gesellschafter während eines Verfahrens nach § 51 b GmbHG seine Gesellschafterstellung, erlischt sein Auskunftsrecht aus § 51 a GmbHG. Ein eventuell verbleibender Anspruch aus §§ 810, 242 BGB ist im FGG-Verfahren nach § 51 b GmbHG nicht verfolgbar.[953] In Betracht kommt nur die Verweisung des Rechtsstreits an das zuständige Gericht der streitigen Gerichtsbarkeit.[954]

d) Gewinn und Verlust

604 Die Beteiligung der Gesellschafter am Gewinn und Verlust der GmbH & Co. KG bestimmt sich grundsätzlich nach den allgemeinen Bestimmungen der §§ 120, 167–169 HGB.[955] Dem **Kapitalanteil** des **Kommanditisten** sind in Abweichung von § 120 Abs. 2 HGB Gewinne nur so lange gutzuschreiben, bis dieser Anteil die übernommene Pflichteinlage erreicht hat (§ 167 Abs. 2 HGB), dh bei ander-

---

947 Baumbach/Hueck/*Zöllner* § 51 a Rn 11.
948 BGH GmbHR 1988, 434, 436; OLG Düsseldorf GmbHR 1991, 18.
949 KG NJW-RR 1989, 230, 231.
950 KG NJW-RR 1989, 230, 232.
951 Baumbach/Hueck/*Zöllner* § 51 b Rn 7.
952 BGH GmbHR 1977, 151, 152 f; OLG Frankfurt GmbHR 1995, 901 f.
953 OLG Thüringen GmbHR 1996, 699, 700; BayObLG GmbHR 1993, 741, 743.
954 Baumbach/Hueck/*Zöllner* § 51 b Rn 9.
955 Baumbach/Hopt/*Hopt* Anh. § 177 a Rn 24.

weitig erbrachter Einlage gar nicht mehr. Weitere Gewinnanteile werden einem **Privat- oder Verrechnungskonto** des Kommanditisten zugebucht. Für dessen interne Verlustbelastung gelten keine Besonderheiten. Trotz § 167 Abs. 3 HGB kann auch der Kommanditist einen **negativen Kapitalanteil** haben, den er für eine Gewinnentnahme erst wieder über die Grenzen von § 169 Abs. 1 S. 2 HGB hinaus auffüllen muss. Die Bedeutung des erwähnten § 167 Abs. 3 HGB liegt darin, dass den Kommanditisten in der Liquidation oder bei seinem Ausscheiden **keine Nachschusspflicht** trifft, er also in diesem Fällen allenfalls bis zum Betrage seiner rückständigen Pflichteinlage haftet. Die **Komplementär-GmbH** hat nach dem Gesellschaftsvertrag häufig keinen Kapitalanteil und ist von einer Teilnahme am Gewinn und Verlust ausgeschlossen.

3. Geschäftsführung

Im Personengesellschaftsrecht wird zwischen Geschäftsführung und Vertretung unterschieden. Während die Geschäftsführung Kompetenzen im **Innenverhältnis** der Gesellschaft betrifft, bezieht sich die Vertretung auf das **rechtsgeschäftliche Handeln** gegenüber **Dritten**.

605

a) Zuständigkeit

Nach §§ 164, 161 Abs. 2, 114 HGB ist in einer GmbH & Co. KG für die Geschäftsführung die persönlich haftende Gesellschafterin, also die **Komplementär-GmbH** zuständig. Da eine GmbH als juristische Person ihren Geschäftsführungspflichten nur durch das Handeln ihres Geschäftsführungsorgans (§§ 6 Abs. 1, 35 Abs. 1 GmbHG) nachkommen kann, führt dieses mittelbar auch die Geschäfte der GmbH & Co. KG. Die Geschäftsführer der Komplementär-GmbH werden dementsprechend auch als „**mittelbare**" **Geschäftsführer** der GmbH & Co. KG bezeichnet. Das Handeln und das Wissen der Geschäftsführer werden der KG über die GmbH als Komplementärin zugerechnet. Sind neben der Komplementär-GmbH ausnahmsweise weitere persönlich haftende Gesellschafter vorhanden, so sind auch diese zur Geschäftsführung berechtigt und verpflichtet. Nach §§ 161 Abs. 2, 115 Abs. 1, 1. Hs HGB ist jeder von ihnen allein zu handeln berechtigt. Widerspricht jedoch ein anderer geschäftsführender Gesellschafter der Vornahme einer Handlung, muss diese unterbleiben, § 115 Abs. 1, 2. Hs HGB.

606

Die **Kommanditisten** sind hingegen nach § 164 S. 1, 1. Hs HGB von der Geschäftsführung ausgeschlossen. Sie können einer Handlung der persönlich haftenden Gesellschafter auch nicht widersprechen, es sei denn, dass die Handlung über den gewöhnlichen Betrieb des Handelsgewerbes der Gesellschaft hinausgeht, § 164 S. 1, 2. Hs HGB. Anders als der missverständliche Wortlaut dieser Regelung nahe legt, steht den Kommanditisten gegen **außergewöhnliche Geschäfte** nicht nur ein Widerspruchsrecht zu. Für Handlungen, die über den gewöhnlichen Betrieb des Handelsgewerbes der Gesellschaft hinausgehen, ist vielmehr nach den allgemeinen Regelungen der §§ 161 Abs. 2, 116 Abs. 2 HGB ein **Beschluss sämtlicher Gesellschafter** – einschließlich der Kommanditisten – notwendig.[956]

607

b) Umfang

Die Befugnis zur Geschäftsführung erstreckt sich nach §§ 161 Abs. 2, 116 Abs. 1 HGB auf alle Handlungen, die der gewöhnliche Betrieb des Handelsgewerbes der Gesellschaft mit sich bringt. **Gewöhnliche Geschäfte** sind im Zweifel alle Geschäfte in dem Handelszweig, der den Gegenstand des Unternehmens bildet, zB auch die übliche Kreditgewährung.[957] Die Komplementärin ist nach §§ 161 Abs. 2, 116 Abs. 3 S. 1 HGB weiter zur Erteilung einer **Prokura** berechtigt, es sei denn, diese stellt sich als ein außergewöhnliches Geschäft dar. Für **außergewöhnliche Geschäfte**, die über den üblichen Betrieb des Handelsgewerbes der Gesellschaft hinausgehen, ist nach §§ 161 Abs. 2, 116 Abs. 2 HGB der Beschluss sämtlicher Gesellschafter erforderlich. Außergewöhnlich sind nach Gegenstand, Umfang, Bedingungen oder Dauer aus dem vorgegebenen Rahmen des Geschäftsbetriebs fallende,

608

---

956 Baumbach/Hopt/*Hopt* § 164 Rn 2.
957 Baumbach/Hopt/*Hopt* § 116 Rn 1.

potentiell gefährliche Geschäfte oder Geschäfte, die außerhalb des Unternehmensgegenstands liegen.[958] Danach ist etwa der Verkauf des Unternehmens einer Gesellschaft, das ihr gesamtes Vermögen darstellt, im Innenverhältnis nur mit Zustimmung aller Gesellschafter möglich.[959] Das Fehlen eines Gesellschafterbeschlusses zu außergewöhnlichen Geschäften berührt jedoch nicht die Vertretungsmacht im Außenverhältnis.[960]

c) Sorgfaltsmaßstab

609 Die Komplementärin einer personalistisch strukturierten GmbH & Co. KG hat bei der Erfüllung der ihr obliegenden Geschäftsführungspflichten gemäß §§ 161 Abs. 2, 105 Abs. 3 HGB, § 708 BGB nur für diejenige **Sorgfalt** einzustehen, welche sie in **eigenen Angelegenheiten** anzuwenden pflegt. In einer **kapitalistisch** oder **körperschaftlich** strukturierten GmbH & Co. KG, in der die persönliche Verbundenheit der Gesellschafter in den Hintergrund tritt, ist die Komplementär-GmbH hingegen dem Sorgfaltsmaßstab eines **ordentlichen Geschäftsmanns** (§ 43 Abs. 1 GmbHG) unterworfen.[961]

d) Gesellschaftsvertragliche Regelungen

610 Die gesetzlichen Regeln zur Geschäftsführungsbefugnis sind weitgehend **dispositiv**. In der Praxis werden sie häufig durch gesellschaftsvertragliche Regelungen abgeändert. So ist es möglich, die Stellung des Kommanditisten durch diverse Vereinbarungen im Gesellschaftsvertrag aufzuwerten. Dem Kommanditisten kann ein **Widerspruchsrecht** gegen Geschäftsführungsmaßnahmen analog § 115 Abs. 1, 2. Hs HGB eingeräumt werden. Bestimmte Geschäfte können auch von seiner Zustimmung abhängig gemacht werden. Der Gesellschaftsvertrag einer GmbH & Co. KG enthält insoweit regelmäßig einen Katalog von Geschäftsführungsmaßnahmen, die der mehrheitlichen Zustimmung aller Gesellschafter bedürfen.[962] Hierzu zählen der Erwerb, die Veräußerung oder Belastung von Grundstücken, die Aufnahme von langfristigen Krediten sowie die Einstellung von Mitarbeitern ab einer festgelegten Gehaltshöhe. In dem Gesellschaftsvertrag der GmbH & Co. KG könnte dies wie folgt formuliert werden:

▶ **§ ... Vertretung, Geschäftsführung**
(1) Zur Vertretung und Geschäftsführung der Gesellschaft ist die Komplementärin allein berechtigt und verpflichtet.
(2) Geschäfte und Rechtshandlungen, die über den gewöhnlichen Geschäftsbetrieb der Gesellschaft hinausgehen, dürfen nur mit vorheriger Einwilligung der Gesellschafterversammlung vorgenommen werden. Dies gilt insbesondere für die nachstehenden Rechtshandlungen und Rechtsgeschäfte:
a) Erwerb, Veräußerung und Belastung von Grundstücken und grundstücksgleichen Rechten;
b) Erwerb und Veräußerung von anderen Unternehmen und Beteiligungen, Errichtung und Schließung von Zweigniederlassungen;
c) Investitionen, deren Volumen den Betrag von jährlich ... EUR übersteigt;
d) Aufnahme von Krediten, die den Betrag von ... EUR übersteigen;
e) Übernahme von Bürgschafts- und Garantieverpflichtungen;
f) Abschluss von Miet-, Pacht- und Leasing- oder sonstigen Verträgen mit einer Laufzeit von mehr als ... Jahren;
g) Gewährung von Tantiemen und Pensionszusagen;
h) Bestellung von Prokuristen
i) Stimmrechtsausübung bei Beteiligungsgesellschaften, falls der Beschlussgegenstand zu den zustimmungsbedürftigen Rechtsgeschäften und Rechtshandlungen iS dieser Bestimmung zählt.[963] ◀

---

958 Baumbach/Hopt/*Hopt* § 116 Rn 2.
959 BGH GmbHR 1995, 306.
960 Baumbach/Hopt/*Hopt* § 116 Rn 7.
961 BGH NJW 1995, 1353, 1357; BGHZ 76, 326, 337 f.
962 Wagner/Rux/*Wagner* Rn 213.
963 Beispiel nach Wagner/Rux/*Wagner*, S. 488.

Umgekehrt kann die Geschäftsführungsbefugnis eines Komplementärs in der Weise eingeschränkt werden, dass er nur nach **Weisungen** aller oder bestimmter Kommanditisten handeln darf.[964] Die Komplementär-GmbH kann von der Geschäftsführung sogar ausgeschlossen und diese kann dann auf einen oder mehrere Kommanditisten übertragen werden. Kommanditisten können so – mit einer rechtsgeschäftlichen Vertretungsbefugnis im Außenverhältnis versehen – die beherrschende Stellung innerhalb der GmbH & Co. KG einnehmen. Zudem besteht jederzeit die Möglichkeit, einen Kommanditisten zum Geschäftsführer der Komplementär-GmbH zu bestellen und ihn auf diese Weise zum Leiter des Unternehmens zu machen.

e) Rechtsverhältnis zwischen GmbH und Geschäftsführer

In dem Rechtsverhältnis zwischen der GmbH und dem Geschäftsführer ist zwischen dem **organschaftlichen Bestellungsakt** und dem **schuldrechtlichen Anstellungsvertrag** zu unterscheiden (vgl § 38 Abs. 1 GmbHG).   611

aa) Bestellung

Für die Bestellung des Geschäftsführers, den Abschluss des Anstellungsvertrags und seine Kündigung oder Aufhebung ist die **Gesellschafterversammlung** der GmbH zuständig. Die Gesellschafter der GmbH sind in der Wahl der Geschäftsführer frei. Sie können also einen GmbH-Gesellschafter, einen Kommanditisten, aber auch jeden beliebigen Dritten (**Grundsatz der Fremdorganschaft**) zum Geschäftsführer bestimmen. Gegen die Bestellung des Geschäftsführers dürfen allerdings keine schwerwiegenden Gründe sprechen, die zB in einer Straffälligkeit wegen Betrugs, Unterschlagung oder Untreue oder in sonstigen groben Pflichtverletzungen liegen.[965] Die Bestellung der Geschäftsführer erfolgt entweder im GmbH-Gesellschaftsvertrag oder durch einen Mehrheitsbeschluss der GmbH-Gesellschafter (§§ 6 Abs. 3 S. 2, 46 Nr. 5, 47 Abs. 1 GmbHG). Die Kommanditisten der GmbH & Co. KG müssen dem nicht zustimmen. Allerdings kann der Gesellschaftsvertrag der GmbH & Co. KG den Kommanditisten entsprechende Mitwirkungsrechte einräumen.[966]   612

bb) Anstellungsvertrag

Neben der organschaftlichen Bestellung besteht zwischen der GmbH und dem Geschäftsführer regelmäßig ein schuldrechtlicher Anstellungsvertrag. Dieser Vertrag ist als **Dienstvertrag** zu qualifizieren, der eine **Geschäftsbesorgung** zum Gegenstand hat (§§ 675, 611 BGB). Er regelt die Rechte und Pflichten des Geschäftsführers einschließlich seiner Vergütung.   613

cc) Haftung

Der Geschäftsführer haftet der GmbH bei Pflichtverletzungen nach § 43 Abs. 2 GmbHG. Dem weiteren Haftungsanspruch aus dem Anstellungsvertrag kommt neben der **Organhaftung** nach § 43 Abs. 2 GmbHG keine eigenständige Bedeutung zu. Der Sorgfaltsmaßstab ergibt sich aus § 43 Abs. 1 GmbHG. Geschäftsführer haben danach in den Angelegenheiten der Gesellschaft die **Sorgfalt** eines **ordentlichen Geschäftsmanns** anzuwenden. Gilt für die Komplementär-GmbH der Sorgfaltsmaßstab des § 708 BGB, kann dem Geschäftsführer eine entsprechende Haftungserleichterung zugute kommen.[967]   614

f) Rechtsverhältnis zwischen KG und GmbH-Geschäftsführer

Weder durch den Bestellungsakt noch durch den Anstellungsvertrag mit der GmbH entstehen vertragliche Beziehungen des Geschäftsführers mit der **GmbH & Co. KG**.   615

---

964 Ebenroth/Boujong/Joost/*Henze* § 177 a Anh. A Rn 70.
965 Ebenroth/Boujong/Joost/*Henze* § 177 a Anh. A Rn 73.
966 Wagner/Rux/*Wagner* Rn 217.
967 Ebenroth/Boujong/Joost/*Henze* § 177 a Anh. A Rn 84.

aa) Anstellungsvertrag

616 Allerdings kommt es in der Praxis vor, dass der Anstellungsvertrag unmittelbar zwischen dem Geschäftsführer und der GmbH & Co. KG abgeschlossen wird.[968] Ist die GmbH alleinige Komplementärin der GmbH & Co. KG und hat sie nur einen Geschäftsführer, verstößt ein derartiger Anstellungsvertrag nach der Rechtsprechung des BGH gegen das Verbot des Selbstkontrahierens aus § 181 BGB, wenn der Gesellschaftsvertrag der KG keine Befreiung hiervon vorsieht oder die Kommanditisten diese Befreiung nicht mit der gesellschaftsvertraglich vorgesehenen Mehrheit erteilen.[969] Denn der Geschäftsführer schließt in diesem Fall den Anstellungsvertrag als – über die GmbH mittelbarer – Vertreter der KG mit sich in eigenem Namen ab.

bb) Haftung

617 Der Geschäftsführer haftet aus § 43 GmbHG grundsätzlich nur gegenüber der **GmbH**. Gesellschafter und Dritte können aus einer zugrunde liegenden Pflichtverletzung des Geschäftsführers keine eigenen Ansprüche herleiten. Nach der Rechtsprechung ist die **(GmbH & Co.) KG** allerdings in den **Schutzbereich** des Vertrags zwischen der GmbH und ihrem Geschäftsführer einbezogen, wenn die wesentliche Aufgabe der Komplementär-GmbH darin besteht, die Geschäfte der KG zu führen.[970] Das hat zur Folge, dass der GmbH & Co. KG ein **eigener Anspruch** gegen den Geschäftsführer der GmbH zusteht, wenn die Voraussetzungen des § 43 GmbHG vorliegen.[971]

g) Sozialversicherungspflicht des GmbH-Geschäftsführers

618 Der Geschäftsführer einer Komplementär-GmbH ist **sozialversicherungspflichtig**, wenn er in einem **abhängigen Beschäftigungsverhältnis** steht und damit versicherungsrechtlich als Arbeitnehmer einzuordnen ist.[972] Hingegen entfällt eine Versicherungspflicht, wenn der Geschäftsführer **selbständig unternehmerisch** tätig ist. Die Zuordnung hängt davon ab, in welchem Maße er **gesellschaftsrechtlichen Einfluss** in der GmbH & Co. KG nehmen kann. Ist der Geschäftsführer weder am Stammkapital der Komplementär-GmbH noch an dem Gesellschaftsvermögen der KG beteiligt, wird er regelmäßig dem Weisungsrecht der GmbH-Gesellschafterversammlung unterworfen sein und damit in einem abhängigen Beschäftigungsverhältnis stehen.[973] Umgekehrt liegt keine sozialversicherungspflichtige Beschäftigung vor, wenn ein Gesellschafter-Geschäftsführer sowohl an der GmbH als auch an der KG beteiligt ist und aus einer Beteiligung oder aus beiden Beteiligungen gemeinsam einen beherrschenden Einfluss auf die GmbH & Co. KG ausüben kann.[974] Ist der Gesellschafter-Geschäftsführer lediglich am Stammkapital der GmbH beteiligt, entfällt eine Sozialversicherungspflicht jedenfalls dann, wenn er Beschlüsse der Gesellschafterversammlung aufgrund seiner Beteiligungshöhe oder aufgrund einer besonderen Vereinbarung im Gesellschaftsvertrag (Sperrminorität) verhindern kann.[975] Ein Gesellschafter-Geschäftsführer, der nur als Kommanditist an der KG beteiligt ist, ist regelmäßig sozialversicherungspflichtig, es sei denn, der Gesellschaftsvertrag räumt ihm einen maßgeblichen Einfluss auf die GmbH & Co. KG ein.[976]

h) Beschränkungen der Geschäftsführungsbefugnis

aa) Entziehung gegenüber der GmbH

619 Nach §§ 161 Abs. 2, 117 HGB kann der Komplementärin durch gerichtliche Entscheidung oder – bei entsprechender Regelung im Gesellschaftsvertrag – durch Gesellschafterbeschluss der KG die Geschäftsführungsbefugnis entzogen werden, wenn ein **wichtiger Grund** vorliegt. Ein fehlerhaftes

---

968 Vgl BAG NJW 1983, 2405, 2407; OLG Celle GmbHR 1980, 32, 33.
969 BGH NJW 1995, 1158, 1159; BGH DB 1970, 389, 390.
970 BGH GmbHR 2002, 588, 589; BGHZ 75, 321, 324; vgl hierzu auch unten Rn 671.
971 BGHZ 76, 326, 337 f; BGH NJW 1982, 2869.
972 Wagner/Rux/*Wagner* Rn 220.
973 BSG ZIP 1983, 103, 104.
974 Wagner/Rux/*Wagner* Rn 223 a.
975 BSG DB 1989, 935; BSG BB 1989, 73.
976 Wagner/Rux/*Wagner* Rn 223.

Verhalten ihrer Geschäftsführer wird der Komplementär-GmbH entsprechend § 31 BGB zugerechnet.[977] In der Praxis bestimmen Gesellschaftsverträge häufig abweichend von der gesetzlichen Regelung, dass für die Entziehung der Geschäftsführungsbefugnis ein Mehrheitsbeschluss der Gesellschafter ausreicht. Die Gründe, die eine Entziehung rechtfertigen, werden üblicherweise im Gesellschaftsvertrag konkretisiert. Zulässig ist es aber auch, die Entziehung der Geschäftsführungsbefugnis in das Ermessen der Gesellschaftermehrheit zu stellen.[978] Im Unterschied zur Geschäftsführungsbefugnis kann der alleinigen Komplementärin die Vertretungsbefugnis nicht entzogen werden, da Kommanditisten zur Vertretung der Gesellschaft nicht ermächtigt sind, § 170 HGB.

bb) Abberufung des GmbH-Geschäftsführers

Nach §§ 38 Abs. 1, 46 Nr. 5 GmbHG können die GmbH-Gesellschafter die Bestellung ihrer Geschäftsführer **jederzeit ohne Angabe von Gründen widerrufen**. Damit entfällt zugleich die „mittelbare" Geschäftsführungsbefugnis für die KG. Im Gesellschaftsvertrag kann die Zulässigkeit des Widerrufs gemäß § 38 Abs. 2 S. 1 GmbHG jedoch derart beschränkt werden, dass wichtige Gründe diesen notwendig machen. Als solche Gründe sind insbesondere grobe Pflichtverletzungen oder Unfähigkeit zur ordnungsgemäßen Geschäftsführung anzusehen, § 38 Abs. 2 S. 2 GmbHG. Nach einer umstrittenen Ansicht in der Literatur soll auch den Kommanditisten analog §§ 117, 127 HGB das Recht zustehen, dem Geschäftsführer durch gerichtliche Entscheidung die Geschäftsführungsbefugnis entziehen zu lassen, da Kommanditisten als Kapitalgeber von dessen Fehlverhalten am stärksten betroffen seien.[979] Gerichtlich entschieden ist diese Frage bislang nicht. 620

In den Kompetenzbereich der Gesellschafterversammlung der GmbH fällt auch die **Beendigung** (Kündigung oder Aufhebung) des Anstellungsvertrags mit dem Geschäftsführer, soweit der Gesellschaftsvertrag keine anderweitige Zuständigkeit vorsieht. Der Geschäftsführer der Komplementär-GmbH ist grundsätzlich **kein Arbeitnehmer iSd arbeitsrechtlichen Schutzgesetze**.[980] Für Streitigkeiten zwischen ihm und der GmbH sind daher die ordentlichen Gerichte zuständig. Kündigungsschutz iSd Kündigungsschutzgesetzes ist für den Geschäftsführer nach § 14 Abs. 1 Nr. 1 KSchG ausgeschlossen. 621

4. Gesellschafterversammlung

Bei der Willensbildung in der GmbH & Co. KG muss zwischen zwei Gesellschaften – der Komplementär-GmbH und der KG – unterschieden werden. Die Willensbildung erfolgt jeweils in der **Gesellschafterversammlung**, die in beiden Gesellschaftsformen ein Organ der Gesellschaft ist. Die Gesellschafterversammlung stellt die Vereinigung aller Gesellschafter dar, bei der GmbH also aller Personen, die eine Stammeinlage übernommen haben, und bei der GmbH & Co. KG aller Komplementäre und Kommanditisten.[981] 622

a) Die Gesellschafterversammlung der Komplementär-GmbH

Die Gesellschafterversammlung (§§ 45 ff GmbHG) ist neben dem Geschäftsführer (§§ 35 ff GmbHG) das zweite **zwingend** vorgeschriebene Organ einer GmbH. Aufgabenbereich und Zuständigkeit der Gesellschafterversammlung ergeben sich aus § 46 GmbHG. Da diese Regelung nicht zwingend ist, kann die gesetzlich geregelte Zuständigkeit durch den Gesellschaftsvertrag erweitert oder – bis zur Grenze des Kernbereichs der Gesellschafterrechte – eingeschränkt werden.[982] 623

aa) (All-)Zuständigkeit

Trifft der Gesellschaftsvertrag keine abweichende Regelung, stehen der Gesellschafterversammlung neben den allgemeinen Befugnissen nach § 46 Nr. 1–8 GmbHG auch die Entscheidungen über die 624

---

977 BGH GmbHR 1983, 301.
978 BGH BB 1973, 442, 443.
979 Baumbach/Hopt/*Hopt* Anh. § 177 a Rn 30; aA Ebenroth/Boujong/Joost/*Henze* § 177 a Anh. A Rn 74.
980 Wagner/Rux/*Wagner* Rn 237.
981 Hesselmann/Tillmann/Mueller-Thuns/*Mussaeus* § 5 Rn 89.
982 Hesselmann/Tillmann/Mueller-Thuns/*Mussaeus* § 5 Rn 91.

Existenz der Gesellschaft (Auflösung, §§ 60 Abs. 1 Nr. 2, 66 Abs. 1 GmbHG; Umwandlung, §§ 13, 125, 193 UmwG) zu. Über diese gesetzlich geregelte Zuständigkeit hinaus wird den Gesellschaftern der GmbH das Recht zuerkannt, nahezu jede beliebige Aufgabe der Geschäftsführung im Innenverhältnis an sich zu ziehen und dem Geschäftsführer Weisungen zu erteilen. Damit besteht eine **Allzuständigkeit** der Gesellschafterversammlung.[983] Darüber hinaus eröffnet § 37 Abs. 1 GmbHG die Möglichkeit, bestimmte Handlungen der Geschäftsführung an die vorherige Zustimmung der Gesellschafter zu knüpfen. Zahlreiche Gesellschaftsverträge enthalten dementsprechend Kataloge zustimmungspflichtiger Geschäfte.[984]

bb) Berücksichtigung der Belange der KG

625 Da die Gesellschafter der GmbH durch Regelungen im Gesellschaftsvertrag oder durch Beschlussfassung die Geschäftsführung weitgehend an sich ziehen und den Geschäftsführern in Einzelfragen **Weisungen** erteilen können, sind sie in der Lage, über die GmbH als Komplementärin erheblichen Einfluss auf die unternehmenstragende KG auszuüben. Aus der Pflichtenbindung im Rahmen der Geschäftsführung und aus der gesellschaftsrechtlichen Treuepflicht als Gesellschafterin der KG folgt daher, dass die Gesellschafterversammlung der Komplemenär-GmbH bei der Beschlussfassung auch die **Interessen der KG** zu berücksichtigen hat, soweit diese von dem jeweiligen Beschluss unmittelbar oder mittelbar betroffen ist.[985] Diese Verpflichtung der GmbH-Gesellschafterversammlung sollte im dortigen Gesellschaftsvertrag festgeschrieben werden.[986] Auswirkungen der Beschlussfassungen in der Komplementär-GmbH auf die KG ergeben sich vor allem bei der Feststellung des Jahresabschlusses und der Ergebnisverwendung (§ 46 Nr. 1 GmbHG), bei der Bestellung und Abberufung sowie Entlastung des Geschäftsführers (§ 46 Nr. 5 GmbHG), bei der Bestellung von Prokuristen und Generalhandlungsbevollmächtigten der GmbH (§ 46 Nr. 7 GmbHG), bei der Prüfung und Überwachung der Geschäftsführung (§ 46 Nr. 6 GmbHG) sowie bei der Entscheidung über die Geltendmachung von Ersatzansprüchen aus fehlerhafter Geschäftsführung (§ 46 Nr. 8 GmHG).

626 Mit der **Entlastung** der Geschäftsführer nach § 46 Nr. 5 GmbHG sind grundsätzlich **Schadensersatzansprüche** der GmbH gegen ihre Geschäftsführer ausgeschlossen (**präkludiert**), soweit es sich um Ansprüche handelt, die im Zusammenhang mit der Geschäftsführung stehen. Diese Entlastung der Geschäftsführer umfasst die Billigung der Geschäftsführung für die GmbH in der KG.[987] Im Fall der **personenidentischen GmbH & Co. KG** führt der Entlastungsbeschluss gemäß § 46 Nr. 5 GmbHG zugleich zu einer **Präklusion** von Ansprüchen der KG gegenüber den Geschäftsführern der GmbH, soweit zwischen diesen und der KG Rechtsbeziehungen (Dienstvertrag, Rechtsverhältnis mit Schutzwirkung für Dritte) bestehen.[988] Herrschen in der GmbH & Co. KG hingegen andere Beteiligungsstrukturen, kann eine Entlastung mit Wirkung für die KG nur deren zuständiges Organ erteilen.

cc) Einberufung, Teilnahme- und Stimmrecht, Beschlussfassung

627 Die von den GmbH-Gesellschaftern in den Angelegenheiten der Gesellschaft zu treffenden Bestimmungen erfolgen durch Beschlussfassung in einer **Gesellschafterversammlung** (§§ 47 Abs. 1, 48 Abs. 1 GmbHG). Die Gesellschafterversammlung wird gemäß § 49 Abs. 1 GmbHG durch die **Geschäftsführer** einberufen. **Gesellschafter**, deren Geschäftsanteile zusammen mindestens **10 % des Stammkapitals** erreichen, sind daneben nach § 50 Abs. 1 GmbHG berechtigt, eine Einberufung der Gesellschafterversammlung zu verlangen. Wird diesem Einberufungsverlangen nicht entsprochen, können die vorbezeichneten Gesellschafter nach Maßgabe des § 50 Abs. 3 GmbHG die Gesellschafterversammlung selbst einberufen.

---

983 Scholz/K. Schmidt § 46 Rn 1.
984 Ein typischer Katalog zustimmungspflichtiger Geschäfte findet sich in dem Mustergesellschaftsvertrag, der bei Hesselmann/Tillmann/Mueller-Thuns im Anh. B, S. 984 ff, abgedruckt ist; Vgl auch den Mustertext bei Rn 610.
985 Scholz/K. Schmidt Anh. § 45 Rn 4 ff; Hesselmann/Tillmann/Mueller-Thuns/*Mussaeus* § 5 Rn 97.
986 Scholz/K. Schmidt Anh. § 45 Rn 3.
987 Hesselmann/Tillmann/Mueller-Thuns/*Mussaeus* § 5 Rn 99.
988 Ebenroth/Boujong/Joost/*Henze* § 177 a Anh. A Rn 114.

Teilnahme- und stimmberechtigt in der Gesellschafterversammlung sind nur die Gesellschafter der GmbH. Den **Kommanditisten** der GmbH & Co. KG stehen diese Rechte auch dann nicht zu, wenn ihre Interessen berührt werden.[989] Aufgrund des gesellschaftsrechtlichen **Abspaltungsverbots** kann ihnen auch kein von der Mitgliedschaft isoliertes Stimmrecht übertragen werden. Nach allgemeinen Grundsätzen können sie lediglich über eine schuldrechtliche Stimmbindungsvereinbarung auf die Beschlussfassung in der Komplementär-GmbH Einfluss nehmen. In der personenidentischen GmbH & Co. KG haben die Kommanditisten allerdings bereits aufgrund ihrer weiteren Gesellschafterstellung in der GmbH ein Teilnahme- und Stimmrecht. Die Gesellschafterbeschlüsse werden nach **Mehrheit der abgegebenen Stimmen** gefasst (§ 47 Abs. 1 GmbHG), wobei mangels abweichender Regelung je 50 Euro eines Geschäftsanteils eine Stimme gewähren (§ 47 Abs. 2 GmbHG). Der Abhaltung einer Versammlung bedarf es nach § 48 Abs. 2 GmbHG nicht, wenn sich sämtliche Gesellschafter in Textform (§ 126 b BGB) mit dem zu treffenden Beschluss oder mit der schriftliche Abgabe der Stimmen einverstanden erklären (Umlaufverfahren). 628

dd) Fehlerhafte Beschlüsse

Leiden die Beschlüsse an einem Mangel, können nur die GmbH-Gesellschafter **Nichtigkeits- oder Anfechtungsklage** erheben. Bei schweren Eingriffen in die Kompetenzen der KG wird den Kommanditisten jedoch neben einer Schadensersatz- auch eine Abwehrklage zugebilligt.[990] Die Unterlassung von Geschäftsführungsmaßnahmen gemäß § 116 Abs. 1 HGB können die jeweiligen Gesellschafter hingegen nicht beanspruchen.[991] 629

b) Die Gesellschafterversammlung der GmbH & Co. KG

Die GmbH & Co. KG ist als KG eine Personenhandelsgesellschaft, für die das **Gesetz keine Gesellschafterversammlung** vorsieht. Die §§ 45 ff GmbHG gelten unmittelbar nur für die Willensbildung in der Komplementär-GmbH. Der Gesetzgeber hat auf Vorschriften über eine Gesellschafterversammlung verzichtet, weil die geringe Anzahl der Gesellschafter in der gesetzestypischen Personenhandelsgesellschaft eine Übereinstimmung auch ohne formelle Versammlung ermöglicht. Diese Situation hat sich jedoch geändert, seitdem auch die Personengesellschaften, insbesondere die GmbH & Co. KG, eine Vielzahl von Gesellschaftern aufweisen. Um klare Beschlüsse und die Integration der Gesellschafter zu fördern, empfiehlt es sich daher, auch in den Gesellschaftsvertrag der GmbH & Co. KG dem GmbH-Recht entsprechende Regelungen zu einer Gesellschafterversammlung aufzunehmen.[992] 630

aa) Zuständigkeit

Der Gesellschafterversammlung der GmbH & Co. KG sind gesetzlich **keine speziellen Zuständigkeiten** vorbehalten. Nach dem HGB steht den Gesellschaftern einer Personengesellschaft – außerhalb einer formellen Gesellschafterversammlung – die Entscheidung über außergewöhnliche Geschäfte (§ 116 Abs. 2 HGB), die Auflösung der Gesellschaft sowie die Bestellung und Abberufung von Liquidatoren (§§ 131 Abs. 1 Nr. 2, 146 Abs. 1, 147 HGB), die Fortsetzung der Gesellschaft in der Insolvenz (§ 144 HGB) und die Geltendmachung von Ansprüchen wegen Verletzung des gesetzlichen Wettbewerbsverbots zu (§ 113 Abs. 2 HGB) zu. Nach überwiegender Ansicht wirken darüber hinaus alle Gesellschafter – also auch die Kommanditisten – an dem Beschluss über die Feststellung des Jahresabschlusses mit, da dieser Beschluss die Grundlage der Gewinnermittlung darstellt.[993] Für Änderungen des Gesellschaftsvertrags und Strukturänderungen (zB Umwandlungen, §§ 43, 125, 217 Abs. 1 UmwG) sind schließlich ebenfalls die Gesellschafter zuständig. 631

Abweichend von den vorstehenden Bestimmungen können die Zuständigkeiten der Gesellschafter durch den Gesellschaftsvertrag **erweitert** oder – bis zu der Grenze der vollständigen Entziehung von 632

---

989 Scholz/*K. Schmidt* Anh. § 45 Rn 12.
990 Hesselmann/Tillmann/Mueller-Thuns/*Mussaeus* § 5 Rn 103.
991 BGHZ 76, 160, 164 f.
992 Baumbach/Hopt/*Hopt* Anh. § 177 a Rn 32.
993 Baumbach/Hopt/*Hopt* § 164 Rn 3; Scholz/*K. Schmidt* Anh. § 45 Rn 17.

Gesellschafterrechten – **eingeschränkt** werden. Die Zuständigkeiten der Gesellschafter der GmbH & Co. KG können einen Umfang erreichen, der jenem einer GmbH-Gesellschafterversammlung entspricht. Eine der GmbH-Gesellschafterversammlung vergleichbare **Allzuständigkeit** der Gesellschafterversammlung der GmbH & Co. KG erfordert jedoch eine **klare Regelung** im Gesellschaftsvertrag. Zu empfehlen sind darüber hinaus eine enumerative Aufzählung, welche konkreten Aufgaben der Gesellschafterversammlung übertragen oder entzogen sind, sowie eine Angleichung der Zuständigkeiten von GmbH & Co. KG und GmbH.[994]

bb) Einberufung, Teilnahme- und Stimmrecht, Beschlussfassung

633 Trifft der Gesellschaftsvertrag keine anderweitige Regelung, ist jeder **geschäftsführende Gesellschafter** berechtigt, eine Gesellschafterversammlung einzuberufen. Das ist in der typischen GmbH & Co. KG die **Komplementär-GmbH**, vertreten durch ihren Geschäftsführer. Im Gesellschaftsvertrag kann jedoch auch jedem einzelnen **Kommanditisten** ein Einberufungsrecht eingeräumt werden. Ist dies nicht der Fall, steht den Kommanditisten nach der Rechtsprechung nur das unentziehbare Recht zu, die Einberufung einer Gesellschafterversammlung aus **wichtigem Grund** zu verlangen. Kommt die Komplementärin diesem Verlangen nicht nach, können die Kommanditisten die Versammlung selbst einberufen.[995] Ein dem § 50 GmbHG entsprechendes **Minderheitenrecht**, eine Gesellschafterversammlung zu verlangen bzw gegebenenfalls einzuberufen, steht den Kommanditisten nur bei entsprechender Regelung im Gesellschaftsvertrag zu.

634 Im Übrigen richten sich die Formalien der Ladung und Einberufung vorrangig nach dem Gesellschaftsvertrag. Allgemein gilt das Prinzip der **Formfreiheit** und **Formlosigkeit**.[996] Die Ladung stellt eine zugangsbedürftige Erklärung dar und muss daher den einzelnen Gesellschaftern so rechtzeitig zugehen, dass ihnen die Teilnahme nach hinreichender Vorbereitung möglich ist. Im Zweifel sollte entsprechend der Regelung in § 51 Abs. 1 S. 2 GmbHG eine **Mindestfrist** von **einer Woche** gewahrt bleiben. Zeit und Ort der Versammlung müssen aus der Ladung eindeutig erkennbar und den Gesellschaftern zumutbar sein. Die Versammlung soll zB nicht an Feiertagen und ohne Zustimmung aller Gesellschafter oder ohne zwingende Gründe nicht außerhalb des Gesellschaftssitzes abgehalten werden. Um den Gesellschaftern die Vorbereitung zu ermöglichen, sind in der Ladung die einzelnen Tagesordnungspunkte anzukündigen. Ladungsmängel können durch Heilung beseitigt werden, wenn der nicht oder fehlerhaft geladene Gesellschafter trotzdem erscheint und ihm die Vorbereitung auf die Gesellschafterversammlung nach eigenem Bekunden möglich war.[997]

635 In der Gesellschafterversammlung der GmbH & Co. KG besteht ein **Recht auf Teilnahme** und ein **Recht zur Abstimmung**. Stimmberechtigt ist grundsätzlich jeder Gesellschafter, also die Komplementär-GmbH, vertreten durch ihre Geschäftsführer, sowie alle Kommanditisten. Das **Stimmrecht** einzelner Gesellschafter kann im Gesellschaftsvertrag aber auch **ausgeschlossen** werden.[998] Eine isolierte Übertragung des Stimmrechts ohne Mitgliedschaft (Stimmrechtsabspaltung) ist hingegen – wie bei der GmbH – unzulässig.[999] Soweit die Rechtsprechung ausnahmsweise ein solches **Drittstimmrecht** anerkannt hat,[1000] handelte es sich wegen des jederzeit möglichen Widerrufs nicht um ein echtes Stimmrecht, sondern nur um eine von dem Gesellschafter eingeräumte schuldrechtliche Einflussmöglichkeit.[1001] Soweit im Gesellschaftsvertrag der GmbH & Co. KG eine reine **Kommanditistenversammlung** (zB bei der beteiligungsidentischen GmbH & Co. KG) vorgesehen ist, hat die Komplementär-GmbH kein Stimmrecht.[1002] Dies gilt auch im Falle der Bindung des Stimmrechts an **Kapitalanteile**, wenn die GmbH nicht am Gesellschaftsvermögen der KG beteiligt ist.

---

994 Hesselmann/Tillmann/Mueller-Thuns/*Mussaeus* § 5 Rn 117 f.
995 BGHZ 102, 172, 175.
996 Scholz/K. *Schmidt* Anh. § 45 Rn 29.
997 Hesselmann/Tillmann/Mueller-Thuns/*Mussaeus* § 5 Rn 124.
998 BGH NJW 1993, 2100, 2101; BGHZ 20, 363, 368 f.
999 Scholz/K. *Schmidt* Anh. § 45 Rn 43.
1000 BGH NJW 1960, 963, 964.
1001 Scholz/K. *Schmidt* Anh. § 45 Rn 45.
1002 BGH GmbHR 1993, 591, 592.

Berechtigt zur Teilnahme an der Gesellschafterversammlung sind alle Gesellschafter. Das **Teilnahmerecht** besteht auch bei Ausschluss des Stimmrechts.[1003] Im Gesellschaftsvertrag der beteiligungsgleichen GmbH & Co. KG kann allerdings nicht nur das Stimmrecht, sondern auch das Teilnahmerecht der Komplementär-GmbH an der Gesellschafterversammlung ausgeschlossen werden, da Gesellschafteridentität vorliegt.[1004]

636

Enthält der Gesellschaftsvertrag keine abweichende Regelung, müssen bei einer Personengesellschaft wie der GmbH & Co. KG grundsätzlich alle Gesellschafter einem Beschluss zustimmen (**Grundsatz der Einstimmigkeit**, §§ 161 Abs. 2 HGB, 119 Abs. 1 HGB). Von dieser **dispositiven** Regelung weichen Gesellschaftsverträge der GmbH & Co. KG jedoch regelmäßig ab und sehen Mehrheitsentscheidungen vor. Des weiteren erfolgt die Abstimmung nicht wie in § 161 Abs. 2 HGB iVm § 119 Abs. 2 HGB vorgesehen nach der **Zahl der Gesellschafter**, sondern nach deren **Kapitalanteilen**. Soweit im Gesellschaftsvertrag der GmbH & Co. KG in Abkehr von dem gesetzlichen Einstimmigkeitsgrundsatz das **Mehrheitsprinzip** verankert ist, gilt dies nicht schrankenlos. Eine allgemeine Mehrheitsklausel gilt nach dem in der Rechtsprechung vertretenen **Bestimmtheitsgrundsatz** grundsätzlich nur für die gewöhnlichen Geschäftsführungsangelegenheiten, nicht jedoch für Grundlagenbeschlüsse.[1005] Damit auch diese der Mehrheitsentscheidung der Gesellschafter unterfallen, muss sich aus dem Gesellschaftsvertrag – gegebenenfalls im Wege der Auslegung[1006] – eindeutig ergeben, dass das Mehrheitsprinzip gerade auch für die im konkreten Einzelfall in Betracht kommende Maßnahme gelten soll. Einen weiteren Lösungsansatz, um den Minderheitenschutz zu gewährleisten, stellt die **Kernbereichslehre** dar. Danach muss jedem Gesellschafter ein Kernbereich von Rechten verbleiben, der durch Mehrheitsentscheidungen nicht entzogen werden darf.[1007] Zu diesem Kernbereich zählen das Stimm-, Gewinnbezugs-, Geschäftsführung- und Informationsrecht sowie das Recht auf Beteiligung am Liquidationserlös. Bei Eingriffen in den Kernbereich sind Mehrheitsbeschlüsse nur erlaubt, wenn Art und Ausmaß des Eingriffs klar definiert sind. Im übrigen kann sich eine Rechtfertigung für Eingriffe in diese Rechte aus einer vorweggenommenen Zustimmung des betroffenen Gesellschafters oder aus seiner gesellschaftsrechtlichen Treuepflicht ergeben, die Maßnahme im Interesse der Gesellschaft zu dulden.[1008] Für die Praxis sind diese Fragen von untergeordneter Bedeutung, wenn ein präziser Katalog die genaue Zuordnung ermöglicht, welche Beschlüsse einer Mehrheitsentscheidung zugänglich sind.

637

cc) Fehlerhafte Beschlüsse

Beschlüsse einer Personengesellschaft sind **rechtswidrig**, wenn sie unter Verstoß gegen den Gesellschaftsvertrag oder das Gesetz zustande gekommen sind und der Verstoß für das Abstimmungsergebnis ursächlich war. Derart fehlerhafte Beschlüsse einer Personengesellschaft sind **nichtig**.[1009]

638

Hinweis: Der Streit über die Wirksamkeit eines Beschlusses ist von den Gesellschaftern im Wege der **allgemeinen Feststellungsklage** (§ 256 Abs. 1 ZPO) auszutragen.[1010] Anders als bei der aktienrechtlichen Beschlussanfechtungsklage (§ 246 Abs. 1 AktG) gilt hierfür keine starre gesetzliche Frist, es sei denn der Gesellschaftsvertrag trifft eine entsprechende Regelung. In Anlehnung an die aktienrechtliche Monatsfrist des § 246 Abs. 1 AktG ist jedoch nach der Rechtsprechung eine gesellschaftsvertragliche Regelung unwirksam, die für die gerichtliche Geltendmachung von Beschlussfehlern eine Frist von weniger als einem Monat vorsieht.[1011] Ist im Gesellschaftsvertrag eine Ausschlussfrist, binnen derer Beschlussmängel geltend zu machen sind, nicht oder unwirksam geregelt, gelten die Grundsätze

---

1003 Ebenroth/Boujong/Joost/*Henze* § 177 a Anh. A Rn 125.
1004 Hesselmann/Tillmann/Mueller-Thuns/*Mussaeus* § 5 Rn 113.
1005 BGH NJW 1995, 194, 195; BGH NJW 1988, 411, 412.
1006 BGH NJW 2007, 1685, 1686.
1007 Ebenroth/Boujong/Joost/*Henze* § 177 a Anh. A Rn 123.
1008 BGH NJW 1995, 194, 195.
1009 Hesselmann/Tillmann/Mueller-Thuns/*Mussaeus* § 5 Rn 137.
1010 BGH NJW 1999, 3113, 3114; BGH NJW 1988, 411.
1011 BGHZ 104, 66, 70 ff; BGH NJW 1995, 1218, 1219.

der Verwirkung. Die Fehlerhaftigkeit sollte danach innerhalb von drei Monaten, spätestens jedoch binnen sechs Monaten ab Kenntnis bzw Beschlussfassung geltend gemacht werden.[1012]

5. Kontrolle

639 Bei einer AG ist neben der Geschäftsführung (Vorstand) und der Versammlung der Gesellschafter (Hauptversammlung) als drittes Organ zwingend ein **Aufsichtsrat** (§§ 95 ff AktG) vorgeschrieben. Dieser hat nach § 111 Abs. 1 AktG die Geschäftsführung zu überwachen. Die **GmbH** ist hingegen nur ab einer bestimmten **Mindestanzahl** ihrer Beschäftigten gesetzlich verpflichtet, einen Aufsichtsrat einzurichten. Für die **GmbH & Co. KG** als Personengesellschaft existiert keine Verpflichtung, ein Aufsichtsorgan einzurichten. Selbst bei einer **Publikumsgesellschaft** hält der BGH einen obligatorischen Beirat zum Schutz der Anleger bislang nicht für erforderlich.[1013] Die Satzungsautonomie erlaubt es jedoch, ein weiteres Aufsichts- und Kontrollorgan sowohl bei der GmbH & Co. KG als auch bei ihrer Komplementär-GmbH oder auch bei beiden Gesellschaften zu bilden.[1014] Bei welcher Gesellschaft ein solches Kontrollorgan eingerichtet wird, hängt von seiner Funktion ab. Soll das Kontrollorgan als Interessenvertretung der Kommanditisten fungieren, wird es bei der KG anzusiedeln sein. Ist die Komplementär-GmbH parallel persönlich haftende Gesellschafterin mehrerer GmbH & Co. KGen oder hat sie konzernabhängige Töchter, wird das Kontrollorgan bei ihr anzusiedeln sein.[1015]

a) Aufsichtsrat in der GmbH

640 Im GmbH-Gesetz ist ein obligatorisches Kontrollorgan nicht vorgesehen. Nur für den Fall, dass nach dem Gesellschaftsvertrag ein Aufsichtsrat zu bestellen ist, erklärt § 52 GmbHG bestimmte Vorschriften des Aktiengesetzes für anwendbar. Diese Vorschriften sind wiederum dispositiv, so dass der Gesellschaftsvertrag abweichende Bestimmungen enthalten kann. Die Verpflichtung, ein Kontrollorgan einzurichten, kann sich für die GmbH jedoch aus **mitbestimmungsrechtlichen Vorschriften** ergeben.

aa) Obligatorisches Aufsichtsorgan

641 In einer GmbH ist ein **obligatorischer Aufsichtsrat** unter den Voraussetzungen des § 1 Abs. 1 Nr. 3 des Gesetzes über die Drittelbeteiligung der Arbeitnehmer im Aufsichtsrat (Drittelbeteiligungsgesetz – DrittelbG) zu bilden. Seit dem 1.7.2004 ersetzt das DrittelbG vom 18.5.2004 die Vorschriften des BetrVG 1952, welche die unternehmerische Mitbestimmung in Kapitalgesellschaften mit mehr als **500 Arbeitnehmern** regelten. Gemäß § 1 Abs. 1 Nr. 3 DrittelbG ist eine GmbH mit in der Regel mehr als 500 Arbeitnehmern verpflichtet, einen Aufsichtsrat zu bilden. Dieser muss nach § 1 Abs. 1 iVm § 4 Abs. 1 DrittelbG zu einem Drittel aus Vertretern der Arbeitnehmer bestehen (**sog. Drittelparität**). Für die Berechnung der Arbeitnehmerzahl ist allein auf die bei der GmbH Beschäftigten abzustellen. Zwar sind gemäß § 2 Abs. 2 DrittelbG auch diejenigen Arbeitnehmer mitzuzählen, die in abhängigen Unternehmen beschäftigt sind, sofern die Abhängigkeit auf einem Beherrschungsvertrag oder einer Eingliederung beruht. Allein durch die Geschäftsführung der Komplementär-GmbH in der GmbH & Co. KG werden diese Voraussetzungen jedoch nicht erfüllt, da es sich hierbei jedenfalls nicht um eine Beherrschung mittels Beherrschungsvertrag oder Eingliederung handelt.[1016]

642 Eine GmbH mit in der Regel mehr als **2000 Arbeitnehmern** ist gemäß § 1 Abs. 1 MitbestG iVm § 6 Abs. 1 MitbestG ebenfalls verpflichtet, einen Aufsichtsrat zu bilden. Dieser ist **paritätisch** zu besetzen, dh er setzt sich zur einen Hälfte aus Anteilseignervertretern und zur anderen Hälfte aus Arbeitnehmern zusammen (vgl § 7 Abs. 1 MitbestG). Die wichtigsten Aufgaben des Aufsichtsrats liegen in der Bestellung des Vertretungsorgans, also der Geschäftsführer (§ 31 Abs. 1 MitbestG iVm § 84 Abs. 1 AktG), sowie in der Überwachung der Geschäftsführung (§ 25 Abs. 1 Nr. 2 MitbestG iVm § 111

1012 Hesselmann/Tillmann/Mueller-Thuns/*Mussaeus* § 5 Rn 138; vgl auch BGH WM 1991, 509, 510.
1013 BGHZ 64, 238, 245.
1014 Ebenroth/Boujong/Joost/*Henze* § 177 a Anh. A Rn 110.
1015 Wagner/Rux/*Wagner* Rn 267.
1016 Hesselmann/Tillmann/Mueller-Thuns/*Mussaeus* § 5 Rn 153.

Abs. 1 AktG). Diese Mitbestimmung kann in der GmbH & Co. KG mit über 2000 Beschäftigten nicht dadurch umgangen werden, dass die Komplementär-GmbH mit möglichst wenigen Arbeitnehmern ausgestattet wird. Denn nach § 4 Abs. 1 MitbestG unterliegt die Komplementär-GmbH auch dann der paritätischen Mitbestimmung, wenn die Mehrheit der Kommanditisten der KG gleichzeitig an der GmbH beteiligt ist, es sei denn, die GmbH hat einen eigenen Geschäftsbetrieb mit in der Regel mehr als 500 Beschäftigten und ist daher bereits gemäß § 1 Abs. 1 Nr. 3 DrittelbG verpflichtet, einen Aufsichtsrat zu bilden. Bei der sog. **Einheits-GmbH & Co. KG** ist eine Mitbestimmung nach dem Wortlaut des § 4 Abs. 1 MitbestG eigentlich ausgeschlossen, da nicht die Kommanditisten, sondern die KG sämtliche Anteile an der Komplementär-GmbH hält. Überwiegend wird insoweit jedoch eine analoge Anwendung dieser Vorschrift befürwortet, weil ein besonders ausgeprägter Fall der Unternehmenseinheit zwischen KG und Komplementär-GmbH vorliegt.[1017] Die doppel- und mehrstöckige GmbH & Co. KG wird gemäß § 4 Abs. 1 S. 2, 3 MitbestG wie eine einfache GmbH & Co. KG behandelt. Der nach § 1 Abs. 1 MitbestG iVm § 4 Abs. 1 MitbestG zu bildende Aufsichtsrat wird nur bei der GmbH, nicht bei der KG installiert. Da die Arbeitnehmer der GmbH & Co. KG die Zusammensetzung dieses Aufsichtsrats jedoch über ein aktives und passives Wahlrecht mitbestimmen, wirken sich die Interessen und der Einfluss der KG unmittelbar auf den Aufsichtsrat der GmbH aus.[1018]

bb) Fakultatives Aufsichtsorgan

Außerhalb des Anwendungsbereichs des DrittelbG und des MitbestG kann in der Komplementär-GmbH ein **fakultativer Aufsichtsrat** (Beirat, Verwaltungsrat) gebildet werden. Ein solcher muss jedoch im Gesellschaftsvertrag verankert sein. Den Gesellschaftern steht es frei, dort auch Zusammensetzung, Kompetenzen und Verfahren der Beschlussfassung dieses Kontrollgremiums festzulegen. Fehlen derartige konkretisierende Regelungen, verweist § 52 GmbHG auf aktienrechtliche Vorschriften zum Aufsichtsrat.

cc) Einfluss auf die GmbH & Co. KG und Haftung

Überwacht und berät der – obligatorische oder fakultative – Aufsichtsrat die Geschäftsführung der Komplementär-GmbH, so führt dies mittelbar auch zu einer Überwachung und Beratung hinsichtlich der Geschäftsführung der GmbH & Co. KG. Der Aufsichtsrat ist insoweit auch verpflichtet, überwachend und beratend auf eine interessengerechte Geschäftsführung zu Gunsten der GmbH & Co. KG hinzuwirken. Für **Pflichtverletzungen** haften Aufsichtsratsmitglieder gegenüber der GmbH analog §§ 116, 93 AktG.[1019]

b) Aufsichtsrat in der GmbH & Co. KG

Für die GmbH & Co. KG selbst schreiben weder das DrittelbG noch das MitbestG die Bildung eines Aufsichtsrats vor. In der Praxis besteht allerdings häufig ein Bedürfnis, neben der Gesellschafterversammlung und der Geschäftsführung ein weiteres Organ zu errichten, dem Kontroll-, Beratungs- oder auch Geschäftsführungsaufgaben übertragen werden. Bei einer KG ist die Verankerung des – rein beratenden – Aufsichtsrats bzw Beirats im Gesellschaftsvertrag nicht erforderlich, in der Praxis aber üblich.[1020] Der Beirat nimmt seine Aufgabe aufgrund eines **Dienstvertrags** mit der GmbH & Co. KG wahr, dessen Gegenstand eine **Geschäftsbesorgung** ist (§ 675 BGB).[1021]

aa) Zuständigkeit

Zu den typischen Aufgaben des Beirats einer GmbH & Co. KG zählen **Beratung, Kontrolle** und **Überwachung** der von der Komplementär-GmbH ausgeübten Geschäftsführung. Die Geschäftsführer der Komplementär-GmbH kann der Beirat einer GmbH & Co. KG jedoch nicht selbst bestellen oder

---

1017 Hesselmann/Tillmann/Mueller-Thuns/*Mussaeus* § 5 Rn 158.
1018 Vgl Wagner/Rux/*Wagner* Rn 261.
1019 Scholz/*Schneider* § 52 Rn 328 ff.
1020 Wagner/Rux/*Wagner* Rn 269.
1021 BGH NJW 1985, 1900; BGH WM 1984, 1640, 1641.

abberufen, da er kein Organ der GmbH ist. Das Kontrollrecht des Beirats wird üblicherweise dadurch abgesichert, dass in den Gesellschaftsvertrag ein Katalog von Geschäftsführungsmaßnahmen aufgenommen wird, die der vorherigen **Zustimmung** des Beirats bedürfen. Der Beirat darf seine Zustimmung nur verweigern, wenn ein ungewöhnlich leichtfertiges Geschäft in Rede steht.[1022] Dass mit einem Geschäft Risiken verbunden sind, berechtigt den Beirat nicht ohne weiteres, seine Zustimmung zu verweigern. Denn risikobehaftete Geschäfte sind im kaufmännischen Verkehr nicht unüblich. Auch wenn der Beirat nach dem Gesellschaftsvertrag lediglich Beratungsaufgaben wahrnimmt, trifft ihn die Pflicht, die Geschäftsführung zu kontrollieren. Eine Beratung kann nur darauf gerichtet sein, welche Maßnahmen im Rahmen ordnungsgemäßer Geschäftsführung geboten oder zu unterlassen sind.[1023] Über die Kontrollaufgaben hinaus können dem Beirat einzelne **Geschäftsführungsbefugnisse** übertragen werden. Im Hinblick auf den im Personengesellschaftsrecht geltenden Grundsatz der Selbstorganschaft ist dies aber nur zulässig, soweit die Geschäftsführungskompetenz der Komplementär-GmbH im Kernbereich unberührt bleibt.[1024] Schließlich können dem Beirat auch Gesellschafterrechte übertragen werden, soweit nicht in den Kernbereich der Gesellschafterstellung eingegriffen oder die Gesellschafterversammlung entmachtet wird.[1025] Eine solche Entmachtung liegt nicht vor, sofern die Gesellschafterversammlung Beschlüsse des Beirats wieder außer Kraft setzen kann.[1026]

bb) Haftung

647 Die Frage, ob die Beiratsmitglieder einer herkömmlichen GmbH & Co. KG für **Pflichtverletzungen** entsprechend §§ 116, 93 AktG haften, hat der BGH prinzipiell bejaht.[1027] In jedem Einzelfall soll aber zu prüfen sein, ob einer solchen Haftung nicht die konkrete Ausgestaltung des zu beurteilenden Gesellschaftsverhältnisses entgegensteht.[1028] Die pflichtwidrig handelnden Beiratsmitglieder einer **Publikums-KG** haften hingegen nach der Rechtsprechung uneingeschränkt gegenüber der **KG** analog §§ 116, 93 AktG.[1029] Ausnahmsweise sind die **Kommanditisten** ersatzberechtigt, wenn der Gesellschafts- und der Geschäftsbesorgungsvertrag dahingehend auszulegen sind, dass das Rechtsverhältnis zwischen Beirat und KG eine Schutzwirkung zugunsten der Kommanditisten entfalten soll.[1030] Sie können aber nur eine Schadensersatzleistung in das Gesellschaftsvermögen bzw an die Gesellschaft verlangen.[1031]

6. Ansprüche aus dem Gesellschaftsverhältnis

648 Bei den Ansprüchen aus dem Gesellschaftsverhältnis ist zwischen den Ansprüchen der Gesellschaft gegen den einzelnen Gesellschafter und den Ansprüchen des einzelnen Gesellschafters gegen die Gesellschaft zu unterscheiden. Diese auch als **Sozialansprüche** bzw **Sozialverbindlichkeiten** bezeichneten Rechtsverhältnisse werden üblicherweise nur im Personengesellschaftsrecht differenziert betrachtet. Sozialansprüche der Gesellschaft gegen den einzelnen Gesellschafter sind zB Ansprüche auf Leistung der Beiträge,[1032] auf Rückzahlung von Entnahmen,[1033] wegen Verletzung des Wettbewerbsverbots durch den Mehrheitsgesellschafter[1034] oder der Schadensersatzanspruch aufgrund einer deliktischen Schädigung des Gewerbebetriebs der Gesellschaft.[1035]

1022 Vgl BGH WM 1977, 1221, 1223.
1023 BGH DB 1980, 71, 72.
1024 BGH DB 1962, 298.
1025 BGH WM 1985, 256, 257.
1026 BGH WM 1985, 256, 257.
1027 BGH WM 1977, 1221, 1223.
1028 BGH WM 1977, 1221, 1225.
1029 BGH NJW 1983, 1675, 1676; BGH DB 1980, 71, 73; ausführlicher zur Publikumsgesellschaft auch unten Rn 747 ff.
1030 BGH NJW 1985, 1900; BGH WM 1984, 1640, 1641.
1031 BGH WM 1984, 1640, 1641.
1032 BGH WM 1987, 1515, 1516.
1033 BGHZ 25, 47 49.
1034 BGHZ 89, 162, 166.
1035 Vgl auch Baumbach/Hopt/*Hopt* § 109 Rn 34.

Beispiele für **Sozialansprüche** des einzelnen Gesellschafters gegen die Gesellschaft sind im Recht der Personenhandelsgesellschaften der Gewinnanspruch (§§ 120, 121 HGB), der Aufwendungsersatzanspruch (§ 110 HGB) und der Anspruch auf das Abfindungsguthaben (§ 738 Abs. 1 S. 2 HGB).[1036] 649

Hinweis: Alle Ansprüche der Personengesellschaft gegen den einzelnen Gesellschafter aus dem Gesellschaftsverhältnis kann nach ständiger Rechtsprechung auch jeder Mitgesellschafter einzeln geltend machen (actio pro socio, Einzelklagebefugnis).[1037] Das richterrechtlich entwickelte Klagerecht ist auf Leistung an die Gesellschaft gerichtet.[1038] Es ist kein bloßes Notverwaltungsrecht, sondern es besteht – begrenzt durch die Treuepflicht des Gesellschafters – jederzeit und unbeschränkt.[1039] Es steht den Gesellschaftern insbesondere auch noch in der Liquidation der Gesellschaft offen.[1040] Bei der als Instrument des Minderheitenschutzes konzipierten actio pro socio handelt es sich nicht um ein eigenes Recht des Gesellschafters, sondern um einen Fall der gesetzlichen Prozessstandschaft. Die actio pro socio vermittelt also nur eine Einziehungs- und Prozessführungsbefugnis, ohne dass der Gesellschafter über den betreffenden Anspruch materiell verfügen kann zB durch Vergleich oder Verzicht.[1041] Die Klage bedarf nicht der Zustimmung der Gesellschafter, doch können diese einstimmig oder – soweit zulässig – durch Mehrheitsbeschluss die Verpflichtung stunden oder erlassen und dadurch der Klage den Boden entziehen.[1042] Die actio pro socio hindert die Gesellschaft nicht an der eigenen Klageerhebung, begründet also keine anderweitige Rechtshängigkeit.[1043] Ausnahmsweise kann der Gesellschafter im Wege der actio pro socio Leistung unmittelbar an sich selbst verlangen, wenn dies zB im Fall einer aufgelösten Gesellschaft, an der nur zwei Gesellschafter beteiligt sind, die Auseinandersetzung vorwegnimmt und eine weitere Auseinandersetzung erspart.[1044]

Ob ein **Verzicht** auf die actio pro socio zulässig ist, hat der BGH offengelassen.[1045] In der Literatur wird die actio pro socio als ein für den Minderheitenschutz grundlegendes Instrument für unverzichtbar und unentziehbar gehalten.[1046] Nach hM ist im Recht der GmbH eine actio pro socio ebenfalls möglich,[1047] allerdings nur als subsidiäre Notzuständigkeit hinter den Zuständigkeiten der Geschäftsführer und der Gesellschafterversammlung. 650

IV. Gesellschafterstreit

Auseinandersetzungen zwischen den Gesellschaftern können zum einen das **Gesellschaftsverhältnis** selbst bzw die Grundlagen der Gesellschaft betreffen oder die vorstehend dargestellten **Sozialansprüche** zum Gegenstand haben. Streitigkeiten über das Gesellschaftsverhältnis selbst sind auch in der GmbH & Co. KG grundsätzlich nur unter den **Gesellschaftern**, also ohne Beteiligung der Gesellschaft auszutragen.[1048] Derartige Gesellschafterstreitigkeiten können zB die Wirksamkeit des Beitritts, des Ausscheidens oder des Eintritts eines Gesellschafters als Erbe betreffen.[1049] Die Wirksamkeit einer Gesellschaftsvertragsänderung oder eines Gesellschafterbeschlusses kann ebenfalls Gegenstand einer Gesellschafterstreitigkeit sein.[1050] 651

1036 *K. Schmidt*, Gesellschaftsrecht, S. 1379.
1037 BGHZ 10, 91, 102; BGH NJW 1960, 433, 434.
1038 BGHZ 10, 91, 101.
1039 *K. Schmidt*, Gesellschaftsrecht, S. 634.
1040 BGHZ 10, 91, 101.
1041 Baumbach/Hopt/*Hopt* § 109 Rn 32.
1042 BGHZ 25, 47, 50.
1043 Baumbach/Hopt/*Hopt* § 109 Rn 35.
1044 BGHZ 10, 91, 102.
1045 BGH NJW 1985, 2830.
1046 Baumbach/Hopt/*Hopt* § 109 Rn 37.
1047 Vgl *K. Schmidt*, Gesellschaftsrecht, S. 641 ff mwN.
1048 BGH NJW 2003, 1729; BGH NJW 1999, 3113, 13115.
1049 BGHZ 91, 132, 133; BGHZ 81, 264, 265.
1050 BGHZ 85, 351, 353.

1. Gerichtlich

652 Klagen, die das **Gesellschaftsverhältnis** betreffen, sind gegen die **Gesellschafter** zu richten, die das in Frage stehende Rechtsverhältnis, zB die Wirksamkeit des Ausscheidens eines Gesellschafters oder die Wirksamkeit eines Gesellschafterbeschlusses, **bestreiten**.[1051] Eine entsprechende Klage gegen die Gesellschaft ist unbegründet, da ihr die **Passivlegitimation** fehlt. Die Gesellschafter sind insoweit weder als Kläger noch als Beklagte **notwendige Streitgenossen** iSd § 62 ZPO. Anders liegt es bei **Gestaltungsklagen**, zB bei Klagen der Kommanditisten gegen die Komplementär-GmbH auf Entziehung der Geschäftsführungsbefugnis (§ 161 Abs. 2 HGB iVm § 117 HGB) oder der Vertretungsmacht (§ 161 Abs. 2 HGB iVm § 127 HGB). Diese Klagerechte stehen den Gesellschaftern gemeinsam zu, so dass eine notwendige Streitgenossenschaft auf der Aktivseite vorliegt. Die bindende Einverständniserklärung der übrigen Gesellschafter mit der Klage begründet jedoch eine **gewillkürte Prozessstandschaft** und reicht zur wirksamen Klageerhebung aus.[1052] Die rechtskräftige Entscheidung einer derartigen Streitfrage unter den Gesellschaftern wirkt auch für und gegen die Gesellschaft.[1053]

653 Im Gesellschaftsvertrag können **abweichende Vereinbarungen** getroffen werden, zB dahingehend, dass Streitigkeiten über die Wirksamkeit seiner Änderungen oder die Wirksamkeit von Gesellschafterbeschlüssen durch Klage gegen die **Gesellschaft** zu klären sind.[1054]

Hinweis: Sozialansprüche der Gesellschaft sind gegen den betreffenden Gesellschafter von der Gesellschaft oder von einem Mitgesellschafter im Wege der **actio pro socio** geltend zu machen. Eigene Sozialansprüche gegen die Gesellschaft hat ein Gesellschafter nach allgemeinen Grundsätzen gegen die Gesellschaft, vertreten durch ihren Geschäftsführer durchzusetzen. Im Prozess der GmbH & Co. KG ist der **Geschäftsführer** der Komplementär-GmbH als **Partei**, nicht als Zeuge zu vernehmen.[1055]

2. Außergerichtlich

654 Um ein Verfahren vor den staatlichen Gerichten zu vermeiden, finden sich in Gesellschaftsverträgen der GmbH & Co. KG häufig Schiedsklauseln. Gemäß § 1029 Abs. 2 ZPO kann eine **Schiedsvereinbarung** in Form einer selbständigen Vereinbarung (Schiedsabrede) oder in Form einer Klausel in einem Vertrag (**Schiedsklausel**) geschlossen werden. Üblich ist in Gesellschaftsverträgen eine Schiedsklausel iSd § 1029 Abs. 2, 2. Alt. ZPO, nach der alle Streitigkeiten aus und im Zusammenhang mit dem Gesellschaftsvertrag zwischen der Gesellschaft und den Gesellschaftern oder den Gesellschaftern untereinander unter Ausschluss des ordentlichen Rechtswegs durch ein Schiedsgericht nach der Schiedsgerichtsordnung der Deutschen Institution für Schiedsgerichtsbarkeit e.V. (DIS) entschieden werden.[1056] In den Gesellschaftsverträgen der GmbH & Co. KG und ihrer Komplementär-GmbH könnte dies wie folgt formuliert werden:

▶ **§ ... Schiedsgericht**[1057]
(1) Über alle Streitigkeiten aus diesem Vertrag entscheidet ein Schiedsgericht.
(2) Der Schiedsvertrag wird in eine besondere Urkunde aufgenommen, die diesem Vertrag als Anlage beigefügt ist. ◀

Schiedsvereinbarungen, an denen ein Gesellschafter als Verbraucher beteiligt ist, müssen gemäß § 1031 Abs. 5 S. 1 ZPO in einer von den Parteien eigenhändig unterzeichneten Urkunde enthalten sein. Wird vor einem staatlichen Gericht in einer Angelegenheit Klage erhoben, die Gegenstand einer wirksamen Schiedsvereinbarung ist, so hat dieses die **Klage** auf Rüge des Beklagten vor Beginn der

---

1051 Baumbach/Hopt/*Hopt* § 109 Rn 40.
1052 Vgl Baumbach/Hopt/*Hopt* § 117 Rn 7.
1053 BGHZ 48, 175, 176.
1054 BGH NJW 1999, 3113, 3115.
1055 LG Oldenburg BB 1975, 983 f.
1056 Vgl zB die Schiedsklausel in dem Mustervertrag einer GmbH & Co. KG, der bei Hesselmann/Tillmann/Mueller-Thuns im Anh. B, S. 999, abgedruckt ist.
1057 Beispiel nach *Klamroth*, Die GmbH & Co. KG, S. 12, 26; nach § 1027 Abs. 1 ZPO ist der Schiedsvertrag in einer gesonderten Urkunde schriftlich niederzulegen.

mündlichen Verhandlung nach § 1032 Abs. 1 ZPO als **unzulässig** abzuweisen. Der Gesellschaftsvertrag kann die Klageerhebung auch an bestimmte Klagevoraussetzungen binden (zB ein Gutachten und einen Schlichtungsversuch des Beirats), sofern hierdurch nicht in den Kernbereich der Gesellschafterrechte eingegriffen wird.[1058] Wird eine solche Klagevoraussetzung missachtet und nicht nachgeholt, ist die Klage nach der Rechtsprechung als derzeit unzulässig wegen eines Prozesshindernisses abzuweisen.[1059]

V. Außenverhältnis

Auf das Rechtsverhältnis der GmbH & Co. KG und ihrer Gesellschafter zu Dritten finden die §§ 170–176 HGB sowie § 161 Abs. 2 HGB iVm §§ 123 ff HGB Anwendung. Diese Vorschriften sind der **freien Disposition** der Gesellschafter **weitgehend entzogen**.   655

1. Wirksamwerden der GmbH & Co. KG

Für die **Wirksamkeit** der GmbH & Co. KG im Verhältnis zu Dritten gilt § 161 Abs. 2 HGB iVm § 123 HGB. Die Wirksamkeit der GmbH & Co. KG tritt danach im Verhältnis zu Dritten mit dem Zeitpunkt ein, in welchem die Gesellschaft in das **Handelsregister eingetragen** wird (§ 123 Abs. 1 HGB). Die GmbH & Co. KG kann auch mit einer **Vor-GmbH** als Komplementärin in das Handelsregister eingetragen werden.[1060] Beginnt die Gesellschaft ihre Geschäfte schon **vor der Eintragung**, so tritt die Wirksamkeit gemäß § 123 Abs. 2 HGB mit dem Zeitpunkt des **Geschäftsbeginns** ein, soweit sich nicht aus § 2 HGB oder § 105 Abs. 2 HGB ein anderes ergibt. Betreibt die GmbH & Co. KG kein Handelsgewerbe, entsteht sie demnach erst mit der Eintragung. Die Kaufmannseigenschaft der eingetragenen Komplementär-GmbH (§ 13 Abs. 3 GmbHG iVm § 6 Abs. 2 HGB) ersetzt nicht diejenige der KG.[1061] Eine Vereinbarung, dass die Gesellschaft erst mit einem späteren Zeitpunkt ihren Anfang nehmen soll, ist nach § 123 Abs. 3 HGB Dritten gegenüber unwirksam.   656

2. Vertretung

Vertretungsmacht ist die Rechtsmacht, die GmbH & Co. KG gegenüber Dritten rechtsgeschäftlich zu binden. Die Vertretung der typischen GmbH & Co. KG obliegt der Komplementär-GmbH (§ 161 Abs. 2 HGB iVm § 125 Abs. 1 HGB), die wiederum durch ihre Geschäftsführer vertreten wird (§ 35 Abs. 1 GmbHG).   657

a) Organschaftliche Vertretung

aa) Vertreter der GmbH & Co. KG

Nach § 161 Abs. 2 HGB iVm §§ 125 Abs. 1, 170 HGB ist die **Komplementär-GmbH** als persönlich haftende Gesellschafterin zur **organschaftlichen Vertretung** der GmbH & Co. KG berechtigt. Diese Vertretungsmacht erstreckt sich auf alle gerichtlichen und außergerichtlichen Geschäfte und Rechtshandlungen einschließlich der Veräußerung und Belastung von Grundstücken sowie der Erteilung und des Widerrufs der Prokura (§§ 161 Abs. 2, 126 Abs. 1 HGB). **Dritten** gegenüber ist eine **Beschränkung** des Umfangs dieser Vertretungsmacht gemäß § 161 Abs. 2 HGB iVm § 126 Abs. 2 HGB **unwirksam**. Die organschaftliche Vertretungsmacht nach §§ 125, 126 HGB erstreckt sich jedoch nach allgemeinen Regeln nicht auf die Vornahme von **Grundlagengeschäften**, also solcher Geschäfte, die das innere Verhältnis der Gesellschafter zueinander betreffen, zB die Aufnahme eines neuen Gesellschafters[1062] oder die Veräußerung des Handelsgeschäfts mit Firma.[1063] Diese Geschäfte zählen zu dem Zuständigkeitsbereich aller Gesellschafter, also auch der **Kommanditisten**.[1064] Zwar   658

[1058] BGH BB 1977, 1321, 1322.
[1059] BGH NJW 1984, 669; BGH BB 1977, 1321, 1322.
[1060] BGH NJW 1985, 736, 737.
[1061] BayObLG NJW 1985, 982, 983.
[1062] BGHZ 26, 330, 333.
[1063] BGH NJW 1995, 596.
[1064] BGHZ 132, 263, 266.

muss der Vertreter der GmbH & Co. KG auch vor der Vornahme **außergewöhnlicher Geschäfte** gemäß § 164 S. 1, 2. Hs HGB die Zustimmung der Kommanditisten einholen. Im Verhältnis zu Dritten ist jedoch ein Rechtsgeschäft trotz fehlender Zustimmung nach dieser Vorschrift wirksam (§§ 161 Abs. 2, 126 Abs. 2 HGB).[1065] Sind neben der Komplementär-GmbH ausnahmsweise noch weitere persönlich haftende Gesellschafter vorhanden, kann anstelle der gesetzlich vorgesehenen **Einzelvertretungsmacht** aller Komplementäre (§§ 161 Abs. 2, 125 Abs. 1 HGB) im Gesellschaftsvertrag bestimmt werden, dass alle oder mehrere Komplementäre nur gemeinschaftlich zur Vertretung ermächtigt sein sollen (**Gesamtvertretung**, § 125 Abs. 2 HGB). Die organschaftliche Vertretung der GmbH & Co. KG durch Kommanditisten ist nach § 170 HGB zwingend ausgeschlossen. Dies kann durch den Gesellschaftsvertrag nicht abgeändert werden.[1066]

bb) Vertreter der Komplementär-GmbH

659 Die Komplementär-GmbH wird ihrerseits nach § 35 Abs. 1 GmbHG **organschaftlich** von ihren **Geschäftsführern** vertreten. Der oder die Geschäftsführer vertreten unmittelbar die Komplementärin und über deren Vertretungsmacht in der GmbH & Co. KG mittelbar diese. Damit ein Vertrag mit der GmbH & Co. KG wirksam zustande kommt, ist es nicht erforderlich, dass der GmbH-Geschäftsführer bei der Zeichnung seine abgeleitete Vertretungsmacht deutlich macht.[1067] Entscheidend ist vielmehr, dass für den Geschäftspartner erkennbar ist, dass er im Namen der GmbH & Co. KG handelt.[1068] Das kann nach den Umständen auch dann der Fall sein, wenn der Geschäftsführer persönlich mit seinem eigenen Namen oder im Namen der GmbH zeichnet. Gegenüber der GmbH sind deren Geschäftsführer nach § 37 Abs. 1 GmbHG verpflichtet, die Beschränkungen ihrer Vertretungsmacht zu beachten, die ihnen durch Gesellschaftsvertrag oder Gesellschafterbeschluss auferlegt sind. Im **Außenverhältnis** zu Dritten haben derartige **Beschränkungen der Vertretungsmacht** jedoch **keine rechtliche Wirkung**, § 37 Abs. 2 S. 1 GmbHG. Dies gilt auch für die KG, die im Verhältnis zu der Komplementär-GmbH ebenfalls als Dritte iSd § 37 Abs. 2 S. 1 GmbHG einzuordnen ist. Mehrere Geschäftsführer sind im Zweifel nur zur **Gesamtvertretung** berechtigt. In der Praxis sehen GmbH-Gesellschaftsverträge jedoch häufig eine **Einzelvertretungsbefugnis** vor.

b) Rechtsgeschäftliche Vertretung

660 Neben der organschaftlichen Vertretung der GmbH & Co. KG durch die Komplementär-GmbH ist eine **rechtsgeschäftliche Vertretung** zB durch **Prokuristen**, **Generalbevollmächtigte** oder **Handlungsbevollmächtigte** möglich. Prokuristen der KG werden durch die Komplementär-GmbH bestellt, da sich deren organschaftliche Vertretungsmacht auf die Erteilung einer Prokura erstreckt (§§ 161 Abs. 2, 126 Abs. 1 HGB). Dem Geschäftsführer der Komplementär-GmbH kann ebenfalls Prokura (§§ 48 f HGB) unmittelbar für die KG eingeräumt werden.[1069] Auch wenn der Ausschluss der Kommanditisten von der organschaftlichen Vertretung nach § 170 HGB zwingend ist, kann ihnen rechtsgeschäftliche Vertretungsmacht übertragen werden. Ihre Vertretungsmacht für die GmbH & Co. KG ist in diesem Fall durch den Umfang der rechtsgeschäftlich erteilten Vollmacht begrenzt. Die Vertretung der GmbH & Co. KG durch einen nur gesamtvertretungsberechtigten Geschäftsführer der Komplementär-GmbH zusammen mit einem gesamtvertretungsberechtigten Prokuristen der KG ist jedoch nicht möglich, weil sich die Vertretungsmacht zweier gesamtvertretungsberechtigter Personen auf dieselbe Gesellschaft beziehen muss.[1070] Ein gesamtvertretungsberechtigter Geschäftsführer der Komplementär-GmbH kann diese nur gemeinsam mit einer weiteren, in einem Rechtsverhältnis zu dieser GmbH stehenden Person wirksam vertreten.[1071] Der Prokurist einer Personengesellschaft kann eben-

---

1065 Hesselmann/Tillmann/Mueller-Thuns/*Mussaeus* § 6 Rn 4.
1066 BGHZ 51, 198, 200; BGHZ 41, 367, 369.
1067 BGHZ 62, 216, 229.
1068 BGH BB 1988, 428, 429; BGHZ 62, 216, 229.
1069 OLG Hamm BB 1973, 354.
1070 BayObLG NJW 1994, 2965; OLG Hamburg GmbHR 1961, 128.
1071 OLG Hamburg GmbHR 1961, 128.

falls nicht an die Mitwirkung Dritter gebunden werden; hierin läge eine unzulässige Beschränkung der Prokura.[1072] Die Geschäftsführer der Komplementär-GmbH sind indes im Verhältnis zur GmbH & Co. KG Dritte. Bei der gesellschaftsvertraglichen Regelung dieser Vertretungsbefugnisse ist daher die **rechtliche Selbständigkeit** beider Gesellschaften zu beachten.

Einzelne Komplementäre können nach § 161 Abs. 2 HGB iVm § 125 Abs. 1 HGB durch den Gesellschaftsvertrag von der Vertretung der GmbH & Co. KG ausgeschlossen werden. Wegen des **Grundsatzes der Selbstorganschaft** im Recht der Personengesellschaften ist es jedoch unzulässig, sämtliche persönlich haftende Gesellschafter von der organschaftlichen Vertretung auszuschließen. Eine alleinige Vertretung durch Nicht-Gesellschafter ist daher nicht möglich. Die Vertretungsmacht des Geschäftsführers der einzigen vertretungsberechtigten Komplementär-GmbH kann auch nicht derart beschränkt werden, dass notwendig Prokuristen oder Kommanditisten mitwirken müssten.[1073]

c) Selbstkontrahierungsverbot (§ 181 BGB)

Gemäß § 181 BGB kann ein Vertreter, soweit nicht ein anderes ihm gestattet ist, im Namen des Vertretenen mit sich im eigenen Namen oder als Vertreter eines Dritten (**sog. Insichgeschäft**) ein Rechtsgeschäft nicht vornehmen, es sei denn, dass das Rechtsgeschäft ausschließlich in der Erfüllung einer Verbindlichkeit besteht. Dieses **Verbot von Insichgeschäften** dient der **Verkehrssicherheit** und dem Schutz des Vertretenen vor **Interessenkollisionen**. Es ist auch auf die organschaftliche Vertretung der GmbH & Co. KG anzuwenden.[1074] Bei der GmbH & Co. KG bereiten häufig die zwischen der Komplementär-GmbH und der KG vorzunehmenden Rechtsgeschäfte Schwierigkeiten. Ohne Gestattung kann die Komplementär-GmbH mit der KG keine Rechtsgeschäfte abschließen. Dasselbe gilt für Insichgeschäfte des GmbH-Geschäftsführers mit der Komplementär-GmbH oder der GmbH & Co. KG.[1075] Gemäß § 35 Abs. 4 S. 1 GmbHG gilt das Selbstkontrahierungsverbot auch für den Gesellschafter-Geschäftsführer einer Einmann-GmbH. Rechtsgeschäfte zwischen ihm und der von ihm vertretenen Gesellschaft sind zudem nach § 35 Abs. 4 S. 2 GmbHG, auch wenn er nicht alleiniger Geschäftsführer ist, unverzüglich nach ihrer Vornahme in eine Niederschrift aufzunehmen. Soweit in der GmbH & Co. KG ein Aufsichtsrat kraft Gesetzes oder Satzung vorgesehen ist, erfolgt die Vertretung der GmbH gegenüber dem Geschäftsführer (entsprechend) § 112 AktG stets durch den Aufsichtsrat.[1076] Folge des unzulässigen Selbstkontrahierens ist die **schwebende Unwirksamkeit** des betreffenden Rechtsgeschäfts. Es kann also durch **Genehmigung** (§ 184 BGB) des Vertretenen rückwirkend wirksam werden.

aa) Befreiung durch Regelung im Gesellschaftsvertrag

In den Gesellschaftsverträgen der GmbH & Co. KG und ihrer Komplementär-GmbH können die jeweiligen Vertreter generell von dem Verbot des Selbstkontrahierens befreit werden. Die Befreiung der Geschäftsführer der Komplementär-GmbH von dem Selbstkontrahierungsverbot stellt eine nach § 10 Abs. 1 S. 2 GmbHG eintragungspflichtige Tatsache dar, die im Handelsregister der GmbH klar zum Ausdruck kommen muss.[1077] In das Handelsregister der KG kann eine entsprechende Befreiung der Geschäftsführer der Komplementär-GmbH hingegen nicht eingetragen werden.[1078] Nur die jeweils vertretene Partei kann von dem Verbot des Selbstkontrahierens befreien. Daher kann nur die GmbH & Co. KG den Geschäftsführer der GmbH von dem Verbot entbinden, Geschäfte zwischen sich und der GmbH & Co. KG abzuschließen.[1079] In der Praxis ist es üblich, schon im Gesellschaftsvertrag der GmbH & Co. KG die Komplementär-GmbH und ihre Geschäftsführer von den Beschränkungen des § 181 BGB zu befreien; entsprechendes gilt für den Gesell-

---

1072 BayObLG NJW 1994, 2965; OLG Hamburg GmbHR 1961, 128.
1073 BGHZ 41, 367, 369; BGHZ 26, 330, 332.
1074 Ebenroth/Boujong/Joost/*Henze* § 177 a Anh. A Rn 174.
1075 Ebenroth/Boujong/Joost/*Henze* § 177 a Anh. A Rn 174.
1076 Baumbach/Hueck/Zöllner/*Noack* § 35 Rn 129.
1077 BGHZ 87, 59, 61 f; OLG Köln NJW-RR 1996, 1382, 1383.
1078 LG München GmbHR 1998, 789.
1079 BGHZ 58, 115, 117.

schaftsvertrag der Komplementär-GmbH.[1080] In dem Gesellschaftsvertrag der Komplementär-GmbH könnte dies wie folgt formuliert werden:

▶ § ... Geschäftsführung, Vertretung
(1) Die Gesellschaft hat einen oder mehrere Geschäftsführer, sie sind einzeln geschäftsführungs- und vertretungsberechtigt.
(2) Die Geschäftsführer sind von den Beschränkungen des § 181 BGB befreit. Diese Befreiung gilt auch für den Abschluss eines Vertrags über die Errichtung einer Kommanditgesellschaft, an der die ... (Komplementär-GmbH) als Komplementärin und ihre Gesellschafter als Kommanditisten beteiligt sind.[1081] ◀

In dem Gesellschaftsvertrag der GmbH & Co. KG könnte die Befreiung von dem Selbstkontrahierungsverbot wie folgt formuliert werden:

▶ § ... Geschäftsführung, Vertretung
Die Komplementärin ist zur Geschäftsführung und Vertretung der Gesellschaft allein berechtigt und verpflichtet. Sie selbst und ihre Geschäftsführer sind von den Beschränkungen des § 181 BGB befreit für alle Geschäfte zwischen der Komplementärin und der Kommanditgesellschaft und zwischen der KG und den GmbH-Geschäftsführern, jedoch nicht für Geschäfte zwischen der KG und den Geschäftsführern der GmbH persönlich.[1082] ◀

bb) Genehmigung im Einzelfall

664 Auch ohne generelle Befreiung von dem Selbstkontrahierungsverbot im jeweiligen Gesellschaftsvertrag kann ein schwebend unwirksames Insichgeschäft durch **Genehmigung** wirksam werden. Insichgeschäfte zwischen der Komplementär-GmbH und ihrem Geschäftsführer können vorrangig weitere alleinvertretungsberechtigte **Geschäftsführer** genehmigen. Sind diese nicht vorhanden, besteht eine Zuständigkeit der **GmbH-Gesellschafter**, die mit einfacher Mehrheit über die Genehmigung beschließen,[1083] diese aber auch formlos durch schlüssiges Verhalten erteilen können.[1084] In der **Einmann-GmbH**, deren Alleingesellschafter gleichzeitig Geschäftsführer ist, reicht ein einfacher Gesellschafterbeschluss zur Genehmigung des Insichgeschäfts nicht aus. Vielmehr muss der Gesellschaftsvertrag von dem Selbstkontrahierungsverbot befreien.[1085] Der Einmann-Gesellschafter hat also im Wege einer Satzungsänderung eine Befreiung von dem Selbstkontrahierungsverbot vorzunehmen und muss nach deren Eintragung in das Handelsregister (§ 10 Abs. 2 S. 1 GmbHG) das schwebend unwirksame Rechtsgeschäft genehmigen.[1086] Alternativ kann er im Wege der Satzungsänderung die bloße Ermächtigung vorsehen, den Geschäftsführer durch einen Gesellschafterbeschluss von dem Verbot des Selbstkontrahierens zu befreien, und muss vor der Genehmigung des Insichgeschäfts einen entsprechenden Beschluss fassen sowie ordnungsgemäß protokollieren.[1087]

665 Ein Rechtsgeschäft zwischen der GmbH & Co. KG und dem Geschäftsführer der Komplementär-GmbH kann nur die KG, vertreten durch einen anderen Komplementär bzw mittelbar einen anderen GmbH-Geschäftsführer genehmigen.[1088] Die Genehmigung durch den GmbH-Geschäftsführer, der das schwebend unwirksame Insichgeschäft abgeschlossen hat, würde wiederum ein **Insichgeschäft** iSd § 181 BGB darstellen. Ist kein weiterer Komplementär oder GmbH-Geschäftsführer vorhanden, kann die Genehmigung der KG nur durch **Änderung** oder **Ergänzung** des **Gesellschaftsvertrags** der KG erfolgen. Diese hat zum Inhalt, dass der GmbH-Geschäftsführer bei einem bestimmten Geschäft mit der KG von den Schranken des § 181 BGB befreit ist.[1089] Soweit sich aus dem Gesellschaftsvertrag

---

1080 Vgl die Formulierungsbeispiele in den Musterverträgen einer Komplementär-GmbH und einer GmbH & Co. KG bei Hesselmann/Tillmann/Mueller-Thuns, Anh. A und B.
1081 Beispiel nach *Klamroth*, Die GmbH & Co. KG, S. 5 f.
1082 Beispiel nach *Klamroth*, Die GmbH & Co. KG, S. 17.
1083 Wagner/Rux/*Wagner* Rn 296.
1084 BGH WM 1971, 1082, 1084.
1085 BGHZ 87, 59, 60.
1086 BayObLG BB 1981, 869, 870.
1087 Wagner/Rux/*Wagner* Rn 298.
1088 BGHZ 58, 115, 117.
1089 BGHZ 58, 115, 118.

nichts anderes ergibt, kommt eine solche Vertragsänderung für den Einzelfall **formlos** durch übereinstimmende Willenserklärungen aller Gesellschafter der KG zustande.[1090]

d) Entziehung der Vertretungsmacht

Die Vertretungsmacht kann der Komplementär-GmbH nach § 161 Abs. 2 HGB iVm § 127 HGB auf Antrag der übrigen Gesellschafter durch **gerichtliche Entscheidung** entzogen werden, wenn ein **wichtiger Grund** – insbesondere grobe Pflichtverletzung oder Unfähigkeit zur ordnungsgemäßen Vertretung – vorliegt. Abweichend hiervon sehen Gesellschaftsverträge der GmbH & Co. KG in der Praxis häufig vor, dass die Vertretungsbefugnis (und die Geschäftsführungsbefugnis) durch einen Mehrheitsbeschluss aller Gesellschafter entzogen werden können. Die Entziehung der Vertretungsmacht ist unzulässig, wenn neben der Komplementär-GmbH keine weiteren persönlich haftenden Gesellschafter existieren. Denn in diesem Fall die **organschaftliche Vertretung** der GmbH & Co. KG nicht mehr gewährleistet.[1091] Die Kommanditisten sind in diesem Fall darauf beschränkt, die Geschäftsführungsbefugnis zu entziehen oder eine Auflösungs- bzw Ausschließungsklage zu erheben (§§ 161 Abs. 2, 133, 140 HGB). Soweit die Kommanditisten – zB in der personengleichen GmbH & Co. KG – auch Gesellschafter der GmbH sind, hat die Entziehung der Vertretungsmacht der Komplementär-GmbH keine praktische Bedeutung, da die (GmbH-)Gesellschafter bei Unzufriedenheit mit der Unternehmensleitung die GmbH-Geschäftsführer abberufen können.

3. Haftung

a) Haftung der GmbH & Co. KG

Die GmbH & Co. KG haftet ihren Gläubigern **unbeschränkt** mit ihrem **gesamten Gesellschaftsvermögen**. Aus der Organstellung der GmbH-Geschäftsführer folgt, dass ihr rechtswidriges und schuldhaftes Verhalten der Komplementär-GmbH zugerechnet wird. Für dieses Fehlverhalten der GmbH hat wiederum die GmbH & Co. KG einzustehen. Die GmbH & Co. KG haftet also im **rechtsgeschäftlichen** und im außerrechtsgeschäftlichen, insbesondere **deliktischen** Bereich analog § 31 BGB, wenn die Geschäftsführer ihrer Komplementär-GmbH zum Schadensersatz verpflichtende Handlungen gegenüber Dritten begehen.[1092]

b) Haftung der Komplementär-GmbH

Die Komplementär-GmbH haftet den Gläubigern der GmbH & Co. KG gemäß §§ 161 Abs. 2, 128 HGB **persönlich, primär, unmittelbar** und **unbeschränkt** mit ihrem **gesamten Vermögen**. Ob die Komplementär-GmbH zur Leistung einer **Einlage** verpflichtet ist, ist für ihre unbeschränkte **Außenhaftung** gegenüber den Gesellschaftsgläubigern unerheblich.[1093] Durch Vereinbarung der Gesellschafter kann diese Haftung mit Wirkung gegenüber Dritten nicht ausgeschlossen werden (§§ 161 Abs. 2, 128 S. 2 HGB). Den Kommanditisten steht es jedoch frei, die Komplementär-GmbH im **Innenverhältnis** von der Haftung **freizustellen**.[1094] Diese Freistellung beseitigt zwar nicht die unbeschränkte Außenhaftung der Komplementär-GmbH gegenüber den Gesellschaftsgläubigern, führt aber im Fall ihrer Inanspruchnahme zu einem **Ausgleichsanspruch** gegen die **Kommanditisten**. Der Freistellungsanspruch kann von den Gläubigern gepfändet und in der Insolvenz der Komplementär-GmbH von dem Insolvenzverwalter gegen die Kommanditisten geltend gemacht werden.[1095] Diese Binnenhaftung der Kommanditisten kann nur bei **unmissverständlicher Regelung** im Gesellschaftsvertrag als vereinbart gelten.[1096] Die Nichtteilnahme der Komplementär-GmbH am Verlust reicht für eine entsprechende Regelung noch nicht aus.[1097] Scheidet die Komplementär-GmbH aus der Gesellschaft aus, so haftet

666

667

668

1090 BGHZ 58, 115, 118 f.
1091 BGHZ 51, 198, 199 f.
1092 Hesselmann/Tillmann/Mueller-Thuns/*Schiessl* § 6 Rn 28.
1093 Hesselmann/Tillmann/Mueller-Thuns/*Schiessl* § 6 Rn 31.
1094 BGH NJW-RR 1995, 226, 227.
1095 *K. Schmidt*, Gesellschaftsrecht, S. 1547.
1096 BGH WM 1982, 1311, 1312; *K. Schmidt*, Gesellschaftsrecht, S. 1548.
1097 OLG Karlsruhe WM 1982 340, 342; *K. Schmidt*, Gesellschaftsrecht, S. 1548, 1658.

sie gemäß §§ 161 Abs. 2, 160 HGB für Verbindlichkeiten, die vor ihrem Ausscheiden aus der Gesellschaft begründet worden sind, fort, wenn sie vor Ablauf von fünf Jahren nach dem Ausscheiden fällig und daraus Ansprüche gegen die GmbH in einer in § 160 Abs. 1 und 2 HGB bezeichneten Weise geltend gemacht werden.[1098]

c) Haftung der Kommanditisten

aa) Gesetzliche Grundregelung

669 Ein Kommanditist haftet den Gläubigern der Gesellschaft gemäß § 171 Abs. 1, 1. Hs HGB bis zur **Höhe seiner Einlage**, dh seiner im **Handelsregister** eingetragenen **Haftsumme**, persönlich und **unmittelbar**. Diese Haftung besteht auch dann, wenn genügend Gesellschaftsvermögen vorhanden ist, um die Verbindlichkeiten der Gesellschaft auszugleichen.[1099] Die Haftung ist jedoch nach § 171 Abs. 1, 2. Hs HGB **ausgeschlossen**, soweit die Einlage geleistet ist. Zwischen der gesellschaftsvertraglich geschuldeten Einlage des Kommanditisten und seiner im Handelsregister eingetragenen Haftsumme ist zu unterscheiden. Die Leistung der Einlage ist eine Verpflichtung im Innenverhältnis zwischen der Gesellschaft und den Gesellschaftern. Die in das Handelsregister eingetragene Haftsumme bestimmt im Außenverhältnis zu den Gesellschaftsgläubigern den Umfang, bis zu dem der Kommanditist persönlich und unmittelbar in Anspruch genommen werden kann. Die Leistung der Einlage in das Gesellschaftsvermögen wirkt sich im Außenverhältnis jedoch insofern aus, als sie die persönliche und unmittelbare Haftung des Kommanditisten gegenüber den Gesellschaftsgläubigern ausschließt (§ 171 Abs. 1, 2. Hs HGB). Die Gläubiger der GmbH & Co. KG können in diesem Fall nur auf das Gesellschaftsvermögen oder über § 128 HGB auf das Vermögen der Komplementär-GmbH zugreifen. Der **Kommanditist** trägt die **Beweislast** dafür, dass er seine Einlage erbracht hat und dass diese im Zeitpunkt der Erbringung vollwertig war.[1100] Wird ein Kommanditist von Gläubigern der KG in Anspruch genommen, bevor er seine Einlage geleistet hat, kann er auch der KG zustehende Einwendungen gegen die Forderung erheben, es sei denn, die Forderung der Gläubiger ist bereits tituliert.[1101] Ist über das Vermögen der Gesellschaft das **Insolvenzverfahren** eröffnet, so wird gemäß § 171 Abs. 2 HGB während der Dauer des Verfahrens das den Gesellschaftsgläubigern nach § 171 Abs. 1 HGB zustehende Recht durch den **Insolvenzverwalter** ausgeübt.

bb) Überbewertung der Einlage

670 Die Höhe der im Handelsregister eingetragenen **Haftsumme** des Kommanditisten entspricht mangels besonderer Vereinbarungen in der Regel der im **Innenverhältnis** vereinbarten **Einlage**.[1102] Die Höhe der Haftsumme kann die Einlage jedoch auch über- oder unterschreiten. Ist die Einlage des Kommanditisten – im Innenverhältnis der Gesellschafter zulässigerweise – überbewertet worden, bleibt die persönliche und unmittelbare Haftung des Kommanditisten (§ 171 Abs. 1, 1. Hs HGB) in Höhe der Differenz zwischen dem objektiven Wert der Einlage und der in das Handelsregister eingetragenen Haftsumme bestehen.[1103] Insbesondere bei **Sacheinlagen** ist daher zu beachten, dass die Haftung nur dann vollständig ausgeschlossen wird, wenn der objektive Zeitwert der in das Gesellschaftsvermögen geleisteten Einlage der in das Handelsregister eingetragenen Haftsumme entspricht.[1104] Ist die Einlage umgekehrt unterbewertet worden, kann sich der Kommanditist gegenüber Gesellschaftsgläubigern auf ihren tatsächlichen Wert berufen.[1105]

1098 Näher dazu unten Rn 714 ff.
1099 Vgl BGHZ 39, 319, 322.
1100 BGH DB 1977, 394, s. auch Rn 670.
1101 OLG Düsseldorf DStR 2002, 643, 644.
1102 BGH DB 1977, 1249, 1250.
1103 BGH NJW 1985, 2947, 2948; Wagner/Rux/*Wagner* Rn 310.
1104 BGH NJW 1985, 2947, 2948; BGHZ 39, 319, 329.
1105 Baumbach/Hopt/*Hopt* § 171 Rn 6.

cc) Einbringung von Anteilen an der Komplementär-GmbH

Gegenüber den Gläubigern einer Gesellschaft, bei der kein persönlich haftender Gesellschafter (Komplementär) eine natürliche Person ist, gilt gemäß § 172 Abs. 6 S. 1 HGB die Einlage eines Kommanditisten als nicht geleistet, soweit sie in Anteilen an den persönlich haftenden Gesellschaftern bewirkt ist. Die persönliche und unmittelbare Haftung des Kommanditisten nach § 171 Abs. 1, 1. Hs HGB besteht dann insoweit fort. Dies gilt nach § 172 Abs. 6 S. 2 HGB jedoch nicht, wenn zu den persönlich haftenden Gesellschaftern eine offene Handelsgesellschaft oder Kommanditgesellschaft gehört, bei der mindestens eine natürliche Person unbeschränkt haftet. § 172 Abs. 6 S. 1 HGB enthält also eine Sonderregelung für die typische GmbH & Co. KG, bei der keine natürliche Person Komplementär ist. Der Sinn und Zweck dieser Vorschrift besteht darin, den Gläubigern einer GmbH & Co. KG nicht anders als den Gläubigern einer gesetzestypischen KG **zwei Haftungsmassen** zur Verfügung zu stellen – das **Vermögen der Komplementär-GmbH** unbeschränkt und das **Vermögen der Kommanditisten** beschränkt. Könnten Geschäftsanteile der Kommanditisten an der Komplementär-GmbH als Kommanditeinlage mit haftungsbefreiender Wirkung geleistet werden, würde das Vermögen der GmbH gleichzeitig als Haftungsmasse der Komplementär-GmbH und als Haftungsmasse der Kommanditisten dienen.[1106] Den Gläubigern stünde also tatsächlich nur eine Haftungsmasse zur Verfügung.

671

Beispiel: Ohne die Regelung des § 172 Abs. 6 S. 1 HGB wäre folgende Gestaltung denkbar: Die Gesellschafter A, B und C könnten ihre GmbH-Einlagen einzahlen und ihre GmbH-Gesellschaftsanteile im Wert von je 10 000 EUR in die KG einbringen.

Die Gefahr, der die Regelung des § 172 Abs. 6 S. 1 HGB abhelfen will, ist als „Halbierung" des Gläubigerschutzes durch den Ausgleich von zwei Einlageschulden mit einer Bareinlage beschrieben worden.[1107] Der Errichtung einer Einheits-GmbH & Co. KG,[1108] dh einer GmbH & Co. KG, bei der die KG alle Geschäftsanteile an ihrer Komplementär-GmbH hält, steht § 172 Abs. 6 HGB nicht entgegen. Die Vorschrift macht jedoch die kumulative Aufbringung des Komplementär- und Kommanditkapitals erforderlich.[1109]

dd) Einlagenrückgewähr und Gewinnentnahme bei negativem Kapitalkonto

Soweit die **Einlage** eines Kommanditisten **zurückbezahlt** wird, gilt sie gemäß § 172 Abs. 4 S. 1 HGB den Gläubigern gegenüber als nicht geleistet. Das Gleiche gilt nach § 172 Abs. 4 S. 2 HGB, soweit ein Kommanditist Gewinnanteile entnimmt, während sein Kapitalanteil durch Verlust unter den Betrag der geleisteten Einlage herabgemindert ist, oder soweit durch die Entnahme der Kapitalanteil unter den bezeichneten Betrag herabgemindert wird. Die persönliche und unmittelbare Haftung des Kommanditisten (§ 171 Abs. 1, 1. Hs HGB) lebt in diesen Fällen wieder auf. Sie ist jedoch auch hier auf die im Handelsregister eingetragene **Haftsumme beschränkt**, selbst wenn dem Kommanditisten aus dem Gesellschaftsvermögen ein höherer Betrag als seine Haftsumme ausgezahlt worden ist.[1110] Entnimmt der Kommanditist die Einlage im Innenverhältnis ohne Rechtsgrund, können die Gesellschaftsgläubiger auf bestehende Rückzahlungsansprüche der GmbH & Co. KG (§ 812 Abs. 1 BGB) im Wege der Pfändung und Überweisung Zugriff nehmen.[1111]

672

Rückzahlung iSd § 172 Abs. 4 S. 1 HGB kann **jede Zuwendung eines Vermögenswerts** an den Kommanditisten durch die Gesellschaft oder einen Dritten zu Lasten der Gesellschaft sein, ohne dass dieser wertmäßig ein entsprechender Gegenwert zufließt.[1112] Entscheidend ist eine **wirtschaftliche Betrachtungsweise**.

673

1106 Baumbach/Hopt/*Hopt* § 172 Rn 13.
1107 Vgl *K. Schmidt*, Gesellschaftsrecht, S. 1654.
1108 Siehe dazu auch oben Rn 556 f.
1109 Vgl *K. Schmidt*, Gesellschaftsrecht, S. 1654.
1110 BGHZ 60, 324, 327 f.
1111 Hesselmann/Tillmann/Mueller-Thuns/*Schiessl* § 6 Rn 40.
1112 BGHZ 39, 319, 331; OLG Hamm NJW-RR 1995, 489, 490.

Beispiele:

- bei einem Geschäft zwischen der GmbH & Co. KG und dem Kommanditisten stehen Leistung und Gegenleistung nicht in einem angemessenen Verhältnis[1113] (Kauf durch die GmbH & Co. KG zu einem überhöhten Preis oder Verkauf an den Kommanditisten zu einem ungewöhnlich niedrigen Preis; Gesellschaftsdarlehen an den Kommanditisten zu Sonderkonditionen); die Ausgewogenheit von Leistung und Gegenleistung hängt davon ab, ob die GmbH & Co. KG das Geschäft zu den vereinbarten Konditionen auch mit einem gesellschaftsfremden Dritten abgeschlossen hätte;[1114]
- die Zahlung von persönlichen Verbindlichkeiten des Kommanditisten durch die GmbH & Co. KG;[1115]
- die Zahlung von Zinsen auf die Einlage oder die Verzinsung eines Darlehens mit Eigenkapitalcharakter, wenn die Gesellschaft keine Gewinne erzielt hat;[1116]
- die Abtretung einer Eigentümergrundschuld durch die Gesellschaft an einen Kreditgeber des Kommanditisten;[1117]
- die Auszahlung des Auseinandersetzungsguthabens aus dem Gesellschaftsvermögen an einen ausgeschiedenen Kommanditisten;[1118] wird das Auseinandersetzungsguthaben des ausscheidenden Kommanditisten lediglich in ein Darlehen umgewandelt, lebt seine persönliche und unmittelbare Haftung nicht nach § 172 Abs. 4 S. 1 HGB wieder auf;[1119] die Tilgung dieses Darlehens und die Zahlung von Zinsen sind dagegen wieder eine haftungsbegründende Einlagenrückgewähr iSd § 172 Abs. 4 S. 1 HGB, wenn die Gesellschaft keine Gewinne erzielt hat;[1120]
- eine überhöhte Vergütung durch die KG für die Geschäftsführertätigkeit eines Kommanditisten, der zugleich Geschäftsführer der Komplementär-GmbH ist;[1121]
- Zahlungen an den Kommanditisten aus dem Gesellschaftsvermögen der Komplementär-GmbH, wenn diese hierfür – zB nach § 110 HGB – Erstattung von der KG verlangen und tatsächlich realisieren kann;[1122]
- Zahlung der GmbH & Co. KG an einen gesellschaftsfremden Dritten, wenn dieser seinerseits dem Kommanditisten aufgrund der Zahlung entsprechende Vermögensvorteile zuwendet[1123]

Die infolge der Einlagenrückgewähr wiederauflebende persönliche und unmittelbare Haftung des Kommanditisten erlischt erneut (§ 171 Abs. 1, 2. Hs HGB), wenn er das Gesellschaftsvermögen in Höhe des ihm zurückgewährten Betrags wieder auffüllt.[1124]

674 Gemäß § 172 Abs. 4 S. 2 HGB lebt die Haftung des Kommanditisten auch dann wieder auf, wenn er **Gewinne entnimmt**, obwohl sein Kapitalanteil durch Verluste unter den Betrag der geleisteten Einlage herabgemindert ist oder dies durch seine Entnahme eintritt.

Beispiel: Kommanditist K hat seine Einlage in Höhe von 5 000 EUR einbezahlt. Durch Verluste der Geschäftsjahre 2004 und 2005 weist sein Verlustvortragskonto einen Saldo in Höhe von 2 500 EUR aus. Von dem Gewinn des Geschäftsjahrs 2006 entfällt auf K ein Gewinnanteil von 1 000 EUR, den er entnimmt. Diese Entnahme hat zur Folge, dass die persönliche und unmittelbare Haftung des K in Höhe von 1 000 EUR wieder auflebt.

ee) Auszahlung von Scheingewinnen

675 Was ein Kommanditist aufgrund einer in gutem Glauben errichteten Bilanz in gutem Glauben als Gewinn erzielt, ist er gemäß § 172 Abs. 5 HGB in keinem Fall zurückzuzahlen verpflichtet. Dieser **Vertrauensschutz** wird dem Kommanditisten gewährt, weil er infolge seiner gesetzlich beschränkten

---

[1113] Hesselmann/Tillmann/Mueller-Thuns/*Schiessl* § 6 Rn 42.
[1114] Hesselmann/Tillmann/Mueller-Thuns/*Schiessl* § 6 Rn 42 mit weiteren Beispielen.
[1115] Baumbach/Hopt/*Hopt* § 172 Rn 6.
[1116] BGHZ 39, 319, 332.
[1117] BGH BB 1976, 383, 384.
[1118] Baumbach/Hopt/*Hopt* § 172 Rn 6.
[1119] BGHZ 39, 319, 332.
[1120] Wagner/Rux/*Wagner* Rn 316.
[1121] BAG NJW 1983, 1869, 1870.
[1122] BGH NJW 1985, 1776.
[1123] Hesselmann/Tillmann/Mueller-Thuns/*Schiessl* § 6 Rn 42.
[1124] OLG Hamm NJW-RR 1995, 489, 490; OLG München DStR 1990, 777.

Rechtsposition (Ausschluss von Geschäftsführung und Vertretung, §§ 164, 170 HGB; geringe Kontrollrechte, § 166 HGB) über die wirtschaftlichen Verhältnisse der Gesellschaft regelmäßig nicht im Einzelnen unterrichtet ist.[1125] § 172 Abs. 5 HGB ist anwendbar, wenn ein Gewinn bei zutreffender Bilanzierung nicht hätte ausgewiesen werden dürfen (**Scheingewinn im engeren Sinne**), wenn dem Kommanditisten ein Anteil von einem echten Gewinn ausgezahlt wird, der ihm nicht zusteht, oder wenn es sich unerkannt um einen Gewinn handelt, dessen Auszahlung unter § 172 Abs. 4 S. 2 HGB fällt.[1126] Liegen die Voraussetzungen des § 172 Abs. 5 HGB vor, führen Auszahlungen in den vorstehenden drei Fällen auch dann nicht zu einem Wiederaufleben der Kommanditistenhaftung, wenn sie gemäß § 172 Abs. 4 S. 1 oder 2 HGB haftungsschädlich wären. Der Wortlaut des § 172 Abs. 5 HGB, der von einer fehlenden Rückzahlungsverpflichtung des Kommanditisten spricht, ist insoweit missverständlich. Gemeint ist, dass **Gläubiger** im Falle eines **gutgläubigen Gewinnbezugs** iSd § 172 Abs. 5 HGB im Außenverhältnis **keine Haftungsansprüche** gegen den Kommanditisten geltend machen können.[1127] Im Innenverhältnis lässt § 172 Abs. 5 HGB die Verpflichtung des Kommanditisten, gutgläubig empfangene Scheingewinne nach den Grundsätzen der Leistungskondiktion (§ 812 Abs. 1 S. 1, 1. Alt. BGB) zurückzugewähren, nach wohl überwiegender Auffassung unberührt.[1128] Für die gegenteilige Ansicht spricht, dass dann aber die Gesellschaftsgläubiger durch Forderungspfändung auf den gutgläubig bezogenen Gewinnanteil des Kommanditisten letztlich doch zugreifen könnten.[1129]

Dem Wortlaut des § 172 Abs. 5 HGB gemäß liegt ein **gutgläubiger Gewinnbezug** vor, wenn die Bilanz der Gesellschaft in gutem Glauben errichtet worden ist und der Kommanditist den Gewinn in gutem Glauben bezogen hat. Nach der Rechtsprechung des BGH ist eine Bilanz jedenfalls dann nicht gutgläubig errichtet, wenn die für ihre Aufstellung zuständigen geschäftsführenden Gesellschafter sie unter vorsätzlicher Verletzung allgemein anerkannter Bilanzgrundsätze erstellt haben.[1130] Nach wohl überwiegender Ansicht in der Literatur ist Gutgläubigkeit iSd § 172 Abs. 5 HGB darüber hinaus bereits dann zu verneinen, wenn die zuständigen Gesellschafter bei der Bilanzaufstellung grob fahrlässige Pflichtverstöße begehen.[1131] Ist bereits die **Bilanz** danach **nicht gutgläubig errichtet** worden, kommt es auf die **Gutgläubigkeit des Kommanditisten** nicht mehr an. Anderenfalls muss auch der Kommanditist – **kumulativ** – hinsichtlich der Ordnungsmäßigkeit seines Gewinnbezugs gutgläubig gewesen sein. Dem Kommanditisten schaden nach überwiegender Ansicht ebenfalls Vorsatz und grobe Fahrlässigkeit.[1132] Gutgläubigkeit der zuständigen Gesellschafter hinsichtlich der Bilanzaufstellung und des Kommanditisten hinsichtlich seines Gewinnbezugs müssen bis zur Auszahlung des Gewinns vorliegen.[1133]

Hinweis: Für die Unrichtigkeit der Bilanz trägt der Gesellschaftsgläubiger die Beweislast, während der Kommanditist seine eigene Gutgläubigkeit zu beweisen hat.[1134] Nach überwiegender Ansicht ist der Kommanditist zudem für die Gutgläubigkeit der zuständigen Gesellschafter bei der Errichtung der Bilanz beweispflichtig.[1135]

d) Haftung des Geschäftsführers

Mittelbare Geschäftsführer der GmbH & Co. KG sind die Geschäftsführer der Komplementär-GmbH. Geschäftsführer einer GmbH, die ihre **Organpflichten** verletzen, haften der Gesellschaft nach § 43 Abs. 2 GmbHG **gesamtschuldnerisch** für den entstandenen Schaden. Die GmbH-Geschäfts-

---

1125 Westermann/*Scholz* Rn 3013.
1126 Baumbach/Hopt/*Hopt* § 172 Rn 9.
1127 Baumbach/Hopt/*Hopt* § 172 Rn 9.
1128 Baumbach/Hopt/*Hopt* § 172 Rn 9.
1129 Westermann/*Scholz* Rn 3017.
1130 BGHZ 84, 383, 385.
1131 Westermann/*Scholz* Rn 3023.
1132 Baumbach/Hopt/*Hopt* § 172 Rn 10.
1133 Westermann/*Scholz* Rn 3024, 3026.
1134 Baumbach/Hopt/*Hopt* § 172 Rn 12.
1135 Westermann/*Scholz* Rn 3027.

führer sind gemäß § 43 Abs. 3 S. 1 GmbHG insbesondere zum Ersatz verpflichtet, wenn den Bestimmungen des § 30 GmbHG zuwider Zahlungen aus dem zum Erhalt des Stammkapitals erforderlichen Vermögen der Gesellschaft gemacht oder den Bestimmungen des § 33 GmbHG zuwider eigene Geschäftsanteile der Gesellschaft erworben werden. Die Haftung des Geschäftsführers ist jedoch als **reine Innenhaftung** gegenüber der GmbH ausgestaltet. Eine **Außenhaftung** gegenüber Gesellschaftsgläubigern besteht nur bei entsprechender vertraglicher Vereinbarung, aus Deliktsrecht (§§ 823 Abs. 1 und 2, 826 BGB) und in den von der Rechtsprechung entwickelten Fallgruppen einer Eigenhaftung aus culpa in contrahendo (§§ 241 Abs. 2, 311 Abs, 2, 3 BGB) wegen der Inanspruchnahme besonderen persönlichen Vertrauens oder wegen eines unmittelbaren wirtschaftlichen Eigeninteresses des Geschäftsführers.[1136]

aa) Verstoß gegen die Insolvenzantragspflicht

678　Besondere Haftungsrisiken erwachsen für den Geschäftsführer aus seinen **Insolvenzantragspflichten** nach § 64 GmbHG und nach § 130 a HGB iVm § 177 a HGB. Wird eine **GmbH** zahlungsunfähig, so haben ihre Geschäftsführer nach § 64 Abs. 1 S. 1 GmbHG ohne schuldhaftes Zögern, spätestens aber binnen drei Wochen die Eröffnung des Insolvenzverfahrens zu beantragen. Entsprechendes gilt nach § 64 Abs. 1 S. 2 GmbHG bei einer Überschuldung der Gesellschaft. Die Geschäftsführer sind der Gesellschaft gemäß § 64 Abs. 2 S. 1 GmbHG zum Ersatz von Zahlungen verpflichtet, die nach Eintritt der Zahlungsunfähigkeit der Gesellschaft oder nach Feststellung ihrer Überschuldung geleistet werden. Ausgenommen hiervon sind nur Zahlungen, die mit der Sorgfalt eines ordentlichen Geschäftsmanns vereinbar sind (§ 64 Abs. 2 S. 2 GmbHG). Diese insolvenzbezogenen Pflichten des Geschäftsführers der Komplementär-GmbH erstrecken sich gemäß § 130 a HGB iVm § 177 a HGB auf die **GmbH & Co. KG**, bei der keine natürliche Person unbeschränkt haftet. Nach diesen Vorschriften hat der Geschäftsführer der Komplementär-GmbH im Hinblick auf eine Zahlungsunfähigkeit oder Überschuldung der GmbH & Co. KG dieselben Pflichten wie aus § 64 GmbHG gegenüber der GmbH. Er hat also innerhalb von drei Wochen nach Eintritt der Zahlungsunfähigkeit oder Überschuldung die Eröffnung des Insolvenzverfahrens über das Vermögen der GmbH & Co. KG zu beantragen. Des Weiteren hat er Zahlungen zu unterlassen, die nicht mit der Sorgfalt eines ordentlichen und gewissenhaften Geschäftsleiters zu vereinbaren sind. Die Verpflichtung zur Einleitung des Insolvenzverfahrens ist jeweils **strafbewehrt** (§ 84 Abs. 1 Nr. 2 GmbHG und § 130 b HGB iVm § 177 a HGB). Bei den Insolvenzantragspflichten nach § 64 Abs. 1 GmbHG und §§ 130 a, 177 a HGB handelt es sich zudem um **Schutzgesetze** iSd § 823 Abs. 2 BGB.[1137]

679　Verstößt der Geschäftsführer einer GmbH bzw GmbH & Co. KG gegen die vorstehenden Insolvenzantragspflichten, haftet er also den Gesellschaftsgläubigern gegenüber gemäß § 823 Abs. 2 BGB iVm § 64 GmbHG bzw §§ 130 a, 177 a HGB auf Schadensersatz. Bei Vorsatz kommt zudem eine Haftung aus § 826 BGB in Betracht.[1138] Hinsichtlich der Schadensersatzansprüche ist zwischen Alt- und Neugläubigern zu differenzieren. **Altgläubigern** gegenüber, die schon bei Eintritt der Insolvenzreife einen Anspruch gegen die Gesellschaft hatten, ist die Haftung des Geschäftsführers auf den Umfang beschränkt, in dem die Befriedigung der Gläubiger durch die verzögerte Insolvenzverfahrenseröffnung verringert ist (**Quotenschaden**).[1139] Die Geltendmachung des Quotenschadens obliegt nach Eröffnung des Insolvenzverfahrens dem **Insolvenzverwalter**, der die gesamte Differenz zur Insolvenzmasse zieht.[1140] **Neugläubiger**, die ihren Anspruch gegen die Gesellschaft erst nach Insolvenzreife erworben haben, können hingegen **vollen Schadensersatz** verlangen, da sie bei rechtzeitiger Insolvenzantragstellung mit der Gesellschaft keinen Vertrag mehr abgeschlossen hätten.[1141] Sie sind also so zu stellen, wie sie stehen würden, wenn sie das Geschäft mit der Gesellschaft nicht vorgenommen hätten.

1136　Westermann/*Blaum* Rn 3280.
1137　Westermann/*Blaum* Rn 3281, 3285.
1138　Vgl BGH DStR 2002, 1541.
1139　BGHZ 126, 181, 190; BGHZ 29, 100, 102 ff.
1140　BGHZ 138, 211, 214.
1141　BGHZ 126, 181, 192 ff.

Jeder Neugläubiger kann seinen Schadensersatzanspruch gegen den Geschäftsführer **persönlich** geltend machen; der Insolvenzverwalter ist hierzu nicht berechtigt.[1142]

bb) Verschulden bei Vertragsverhandlungen (c.i.c.)

In begrenzten Ausnahmefällen hat die Rechtsprechung auch eine Haftung des Geschäftsführers nach den Grundsätzen des **Verschuldens bei Vertragsverhandlungen** (culpa in contrahendo, §§ 241 Abs. 2, 311 Abs. 2 und 3 BGB) anerkannt. Diese Haftung kommt zum einen dann in Betracht, wenn sich der Geschäftsführer im Rahmen der Vertragsverhandlungen auf seine **besondere Fachkunde**, sein allgemein anerkanntes **berufliches Ansehen** oder seine **besondere Kreditwürdigkeit** berufen hat.[1143] Zum anderen kann der Geschäftsführer einem Gesellschaftsgläubiger nach den Grundsätzen des Verschuldens bei Vertragsverhandlungen dann haften, wenn er ein unmittelbares **eigenes wirtschaftliches Interesse** an dem betreffenden Rechtsgeschäft hat.[1144] Hierfür ist aber weder die bloße Beteiligung des Geschäftsführers an der Gesellschaft noch sein Provisionsinteresse ausreichend.[1145] Auch von dem Geschäftsführer gestellte Sicherheiten begründen allein kein hinreichendes Eigeninteresse.[1146]

cc) Vertrag mit Schutzwirkung für Dritte

Die Rechtsprechung hat weiter anerkannt, dass der **Anstellungsvertrag** des Geschäftsführers mit der Komplementär-GmbH ein **Vertrag mit Schutzwirkung** zugunsten der **KG** ist, wenn die wesentliche Aufgabe der Komplementär-GmbH in der Führung der Geschäfte der KG liegt.[1147] Den Geschäftsführer der Komplementär-GmbH treffen also auch gegenüber der KG diejenigen Sorgfaltspflichten, die er gegenüber der Komplementär-GmbH einzuhalten hat. Im Ergebnis haftet er gegenüber der KG, als hätte diese ihn unmittelbar eingestellt.[1148] Besteht ausnahmsweise kein Anstellungsvertrag mit dem Geschäftsführer, soll die auftretende Haftungslücke durch den drittschützenden Charakter der den Geschäftsführer stets treffenden gesetzlichen Organpflichten aus § 43 Abs. 2 GmbHG oder durch die analoge Anwendung dieser Vorschrift geschlossen werden.[1149] Die **Haftung** des Geschäftsführers kann **ausgeschlossen** sein, wenn er nach **Weisung** der GmbH-Gesellschafter gehandelt hat. Das Weisungsrecht ist jedoch durch Gesetz, Satzung, gute Sitten und die Treuepflicht gegenüber der Gesellschaft und den Gesellschaftern begrenzt.[1150] Berücksichtigt eine Weisung der GmbH-Gesellschafter treuwidrig nicht die Interessen der KG, hat der Geschäftsführer Gegenvorstellung zu erheben und darf die Weisung letztlich nicht befolgen.[1151]

VI. Gesellschafterwechsel

Ein Gesellschafterwechsel kann infolge der Übertragung von Gesellschaftsanteilen, des kombinierten Eintritts und Austritts von Gesellschaftern, der Erbfolge sowie der Kündigung bzw Ausschließung eintreten.

1. Anteilsübertragung

a) GmbH

Nach § 15 Abs. 1 GmbHG sind die Geschäftsanteile an einer GmbH **frei veräußerlich** und **vererblich**. Durch den Gesellschaftsvertrag kann die Übertragung jedoch gemäß § 15 Abs. 5 GmbHG an weitere Voraussetzungen geknüpft, insbesondere von der Genehmigung der Gesellschaft abhängig gemacht werden (**sog. Vinkulierung**). Die freie Übertragbarkeit der Geschäftsanteile kann im Gesellschaftsver-

---

1142 BGHZ 138, 211, 214 f.
1143 BGHZ 87, 27, 33.
1144 BGH DStR 2002, 1275, 1276; BGHZ 87, 27, 33.
1145 BGH DStR 2002, 1541; BGH NJW 1990, 389, 390; BGH ZIP 1986, 27, 29.
1146 BGH ZIP 1993, 763, 765.
1147 BGHZ 75, 321, 323 f; vgl auch oben Rn 617.
1148 Westermann/*Blaum* Rn 3282.
1149 Vgl Westermann/*Blaum* Rn 3283.
1150 BGHZ 31, 258, 278.
1151 Ebenroth/Boujong/Joost/*Henze* § 177 a Anh. A Rn 208.

trag sogar völlig ausgeschlossen werden.[1152] Die der Übertragung der Geschäftsanteile zugrunde liegenden Rechtsgeschäfte – also sowohl das **schuldrechtliche Verpflichtungsgeschäft** (Kauf, Schenkung, Sicherheitenbestellung) als auch das **dingliche Verfügungsgeschäft** der Abtretung – bedürfen zu ihrer Wirksamkeit der notariellen Beurkundung (§ 15 Abs. 3 und 4 S. 1 GmbHG). Die (form-)wirksame Abtretung heilt allerdings gemäß § 15 Abs. 4 S. 2 GmbHG einen Formmangel des zugrunde liegenden Verpflichtungsgeschäfts. Die Beurkundungspflicht erstreckt sich auf alle Abreden, welche die Vertragsparteien im Zusammenhang mit der Übertragung der Geschäftsanteile für wesentlich erachten.[1153] Der Gesellschaft gegenüber gilt nach § 16 Abs. 1 GmbHG im Fall der Veräußerung des Geschäftsanteils nur derjenige als Erwerber, dessen Erwerb unter Nachweis des Übergangs bei der Gesellschaft angemeldet ist.

b) GmbH & Co. KG

684 Im Recht der Personengesellschaften ist eine § 15 GmbHG entsprechende Anteilsübertragung nicht ausdrücklich vorgesehen. Der Gesetzgeber hat bei einer KG wie bei jeder Personengesellschaft lediglich einen Gesellschafterwechsel durch Eintritt und Austritt eines Gesellschafters geregelt (vgl §§ 736 ff BGB, §§ 107, 143, 173 HGB). Gleichwohl ist die **Anteilsübertragung** bei einer **Personengesellschaft** unbestritten **zulässig**.[1154]

685 Bei der Übertragung von Anteilen an einer Personenhandelsgesellschaft handelt es sich um ein **Verfügungsgeschäft** iSd §§ 398, 413 BGB, das grundsätzlich **formlos** wirksam ist, wenn nicht der Gesellschaftsvertrag eine bestimmte Form vorschreibt. Vorbehaltlich einer Missbrauchsabsicht gilt die Formfreiheit auch dann, wenn das Gesellschaftsvermögen der KG überwiegend aus Grundeigentum oder GmbH-Anteilen besteht.[1155] Die Übertragung ist ferner nur zulässig, wenn sie **im Gesellschaftsvertrag** erlaubt ist oder die **Mitgesellschafter** ihr **zustimmen**.[1156] Gegenstand der Anteilsübertragung ist die Mitgliedschaft. Mit dem Gesellschaftsanteil gehen daher alle Mitgliedschaftsrechte und -pflichten auf den Rechtsnachfolger des ausgeschiedenen Gesellschafters über.[1157] Anders als beim kombinierten Austritt eines Gesellschafters und dem Eintritt eines neuen Gesellschafters aufgrund eines selbständigen Aufnahmevertrags bleibt die **Identität** der **Mitgliedschaft** gewahrt. Eine neue Einlageverpflichtung entsteht daher nicht. Dem Neugesellschafter wird vielmehr die von seinem Rechtsvorgänger geleistete Einlage zugerechnet.[1158] Die Haftungsbeschränkung durch Einlageleistung nach § 171 Abs. 1, 2. Hs HGB wirkt daher zugunsten des Rechtsnachfolgers fort. Hierfür ist allerdings die Rechtsnachfolge auf den neuen Gesellschafter kraft Anteilsabtretung beim Handelsregister zur Eintragung anzumelden („als Rechtsnachfolger"). Ein solcher Nachfolgevermerk soll verhindern, dass im Rechtsverkehr der Eindruck entsteht, es sei ein weiterer Gesellschafter mit einer zusätzlichen Haftsumme hinzugekommen.[1159] Die Altgesellschafter haben bei der Anmeldung der Rechtsnachfolge zum Handelsregister zu versichern, dass dem ausscheidenden Gesellschafter eine Abfindung aus dem Gesellschaftsvermögen weder gewährt noch versprochen worden ist.[1160] In der Praxis könnte eine entsprechende Handelsregisteranmeldung wie folgt formuliert werden:

▶ Der Kommanditist (Name, Vorname, Geburtsdatum, Wohnort) ist aus der Gesellschaft ausgeschieden. Dieser Kommanditist hat seine Kommanditeinlage in Höhe von EUR ... übertragen auf (Name, Vorname, Geburtsort, Wohnort des neuen Kommanditisten). Der Erwerber ist anstelle des bisherigen Kommanditisten im Wege der Sonderrechtsnachfolge in die Gesellschaft als Kommanditist eingetreten.

1152 BayObLG DB 1989, 214, 215 f.
1153 BGH NJW 1983, 1843, 1844.
1154 Vgl BGHZ 98, 48, 50; BGHZ 81, 82, 84.
1155 BGHZ 86, 367, 369 f.
1156 BGHZ 24, 106, 114.
1157 BGH NJW-RR 1987, 286, 287; Baumbach/Hopt/Hopt § 105 Rn 72.
1158 BGHZ 81, 82, 89.
1159 BGH GmbHR 1981, 262, 263.
1160 OLG Oldenburg DB 1990, 1909; OLG Zweibrücken RPfleger 1986, 482, 483.

Alle vertretungsberechtigten Gesellschafter und der übertragende Kommanditist versichern, dass der ausgeschiedene Kommanditist keine Abfindung aus dem Gesellschaftsvermögen erhalten hat und dass ihm eine solche nicht versprochen ist. ◄

Die Anteilsübertragung wird aufgrund der günstigeren Haftungssituation des Kommanditisten in der Praxis häufiger gewählt als ein Gesellschafterwechsel durch kombinierten Eintritt und Austritt.

Von der Anteilsübertragung ist der **kombinierte Eintritt** eines Neukommanditisten und **Austritt** eines Altkommanditisten abzugrenzen. Der Eintritt in eine GmbH & Co. KG erfolgt durch einen **Aufnahmevertrag** zwischen dem Eintretenden und den schon vorhandenen Gesellschaftern.[1161] Gemäß §§ 161 Abs. 2, 106 f HGB sind beim Handelsregister der Eintritt, Name, Stand (Beruf) und Wohnort des neuen Gesellschafters anzumelden.[1162] Tritt ein Kommanditist in eine GmbH & Co. KG ein, ist nach § 162 Abs. 1 und 3 HGB zusätzlich der Betrag seiner Haftsumme anzugeben. Der Eintritt eines Neugesellschafters wird allerdings grundsätzlich wirksam, sobald der letzte Altgesellschafter zustimmt. Der Handelsregistereintragung kommt nur eine deklaratorische Wirkung zu.[1163] Da der Kommanditist einer gesetzestypischen KG gemäß § 176 Abs. 2 HGB unbeschränkt haftet, solange er nicht in das Handelsregister eingetragen ist, wird in Aufnahmeverträgen häufig angeordnet, dass sein Eintritt erst mit seiner Eintragung in das Handelsregister wirksam werden soll. Tritt ein Kommanditist in eine GmbH & Co. KG ein, greift § 176 Abs. 2 HGB jedoch regelmäßig nicht ein, da die Gesellschaftsgläubiger nicht annehmen, ein Gesellschafter hafte unbeschränkt, wenn die Gesellschaft unter der Firma GmbH & Co. KG auftritt (§ 176 Abs. 2, Abs. 1 S. 1 HGB). Weiter wird in dem Aufnahmevertrag regelmäßig festgelegt, dass der neue Gesellschafter am Gesellschaftsvermögen beteiligt ist und dafür eine Einlage in das Gesellschaftsvermögen leistet. In dem Beitrittsvertrag könnte dies wie folgt formuliert werden:

▶ § ...
A tritt in die X-GmbH & Co. KG als Kommanditist ein und erbringt eine Bareinlage in das Vermögen der Gesellschaft in Höhe von insgesamt EUR ...
§ ...
A tritt der Gesellschaft mit Wirkung zum Zeitpunkt seiner Eintragung im Handelsregister bei. Im Innenverhältnis gilt sein Eintritt am ... als erfolgt. Von diesem Zeitpunkt an ist A am Gewinn und Verlust der Gesellschaft beteiligt.[1164] ◄

c) Wahrung der Beteiligungsidentität

Bei einer **beteiligungsgleichen GmbH & Co. KG** besteht häufig das Bedürfnis, die bestehenden Beteiligungsverhältnisse in beiden Gesellschaften zu erhalten. Um einen Zerfall der Beteiligungsidentität zu verhindern, wird in der Praxis häufig auch in der GmbH-Satzung die an sich zustimmungsfreie Anteilsübertragung von der Zustimmung der Mitgesellschafter abhängig gemacht. Darüber hinaus kann die Übertragung eines Geschäftsanteils an der Komplementär-GmbH an die Bedingung geknüpft werden, dass der betreffende Gesellschafter zugleich seinen Kommanditanteil an denselben Erwerber abtritt. Parallel kann in dem KG-Vertrag die Übertragung der Kommanditanteile davon abhängig gemacht werden, dass der betreffende Kommanditist zugleich seinen Geschäftsanteil an der Komplementär-GmbH an seinen Rechtsnachfolger abtritt.[1165] In dem Gesellschaftsvertrag der Komplementär-GmbH könnte dies wie folgt formuliert werden:

▶ § ... **Abtretung von Geschäftsanteilen und sonstige Verfügungen**
(1) Die Abtretung, Sicherungsabtretung und Verpfändung von Geschäftsanteilen ist ebenso wie die Bestellung eines Nießbrauchsrechts und die Einräumung einer stillen oder Unterbeteiligung nur mit Zustimmung sämtlicher Gesellschafter zulässig.
(2) Die Zustimmung kann nur erteilt werden, wenn der abtretende Gesellschafter seine Kommanditbeteiligung an der ... GmbH & Co. KG an denselben Abtretungsempfänger überträgt oder diesem dasselbe Recht einräumt, das er ihm gemäß Abs. 1 an seinem Geschäftsanteil eingeräumt hat. ◄

1161 BGHZ 76, 160, 164; vgl den Musteraufnahmevertrag Nr. 15 bei *Wagner/Rux*, S. 531.
1162 Vgl hierzu die Musteranmeldung Nr. 16 bei *Wagner/Rux*, S. 534.
1163 *Wagner/Rux/Wagner* Rn 525.
1164 Beispiel nach *Wagner/Rux/Wagner*, S. 532.
1165 Vgl die Gestaltungsbeispiele bei *Klamroth*, Die GmbH & Co KG, S. 9, 22.

alternativ:

▶ Die Zustimmung kann nur erteilt werden, wenn der abtretende Gesellschafter gleichzeitig seine Kommanditbeteiligung an Gesellschaften, an denen die ... (Komplementär-GmbH) als persönlich haftende Gesellschafterin und er als Kommanditist beteiligt ist, an denselben Abtretungsempfänger überträgt oder diesem dasselbe Recht einräumt, das er ihm gemäß Abs. 1 an seinem Geschäftsanteil eingeräumt hat.[1166] ◀

In dem Gesellschaftsvertrag der GmbH & Co. KG könnte wie folgt formuliert werden:

▶ § ... **Abtretung und sonstige Verfügungen**

(1) Die Abtretung, Sicherungsabtretung und Verpfändung von Gesellschaftsanteilen ist ebenso wie die Bestellung eines Nießbrauchsrechts und die Einräumung einer stillen oder Unterbeteiligung nur mit Zustimmung sämtlicher Gesellschafter zulässig.

(2) Die Zustimmung zur Abtretung kann nur erteilt werden, wenn der abtretende Gesellschafter unmittelbar vorher seinen Geschäftsanteil an der Komplementärin an denselben Abtretungsempfänger abgetreten hat und diesem gleichzeitig einen entwa bestehenden Anteil an anderen Gesellschaften, an denen die ... (Komplementär-GmbH) als Komplementärin beteiligt ist, abtritt.[1167] ◀

2. Kündigung

a) GmbH

688 Im GmbH-Gesetz ist eine Kündigung einzelner Beteiligungen oder der Gesellschaft insgesamt durch einen Gesellschafter nicht vorgesehen. Ein Gesellschafter, der aus der GmbH ausscheiden will, ist grundsätzlich darauf angewiesen, seinen Geschäftsanteil auf einen anderen zu übertragen. Die **GmbH-Satzung** kann jedoch ein **ordentliches Kündigungsrecht** der Gesellschafter vorsehen.[1168] Unabhängig von einer gesellschaftsvertraglichen Regelung steht jedem GmbH-Gesellschafter darüber hinaus ein **außerordentliches Kündigungsrecht** zu, wenn ein **wichtiger Grund** vorliegt und andere zumutbare Möglichkeiten, sich von der Gesellschaft zu trennen, nicht bestehen.[1169] Ein wichtiger Grund liegt zB vor, wenn die Gesellschaft Maßnahmen trifft, durch die sich ihre rechtlichen und wirtschaftlichen Verhältnisse in einer für den Gesellschafter unzumutbaren Weise ändern.[1170] Das Ausscheiden aus der Gesellschaft wird durch die grundsätzlich **nicht formbedürftige** Austrittserklärung (**Kündigung**) bewirkt.[1171] Da das GmbH-Gesetz nicht regelt, wann eine Kündigung wirksam ist und welche Rechtsfolgen sie hat, ist eine diesbezügliche Satzungsregelung zu empfehlen. Diese darf die Voraussetzungen für ein außerordentliches Kündigungsrecht erweitern, jedoch nicht wesentlich beschränken.[1172]

689 Zu den Rechtsfolgen kann in der Satzung etwa vereinbart werden, dass die Kündigung eines Gesellschafters wahlweise die Möglichkeit eröffnet, seinen **Geschäftsanteil einzuziehen** oder durch **andere Gesellschafter** übernehmen zu lassen.[1173] Erklärt der austrittsberechtigte Gesellschafter seine Kündigung gegenüber der Gesellschaft, erhält er zum Ausgleich einen **Abfindungsanspruch**, auf den noch zurückzukommen sein wird.[1174] Nach seiner Kündigungserklärung behält der Gesellschafter sein **Stimmrecht**, bis sein Geschäftsanteil endgültig abgetreten oder eingezogen wurde, sofern der Gesellschaftsvertrag nichts Abweichendes regelt.[1175] Aufgrund seiner fortbestehenden Treuepflicht hat er seine Mitgliedschaftsrechte jedoch zurückhaltend auszuüben und darf ohne triftigen Grund nicht gegen Maßnahmen stimmen, die seine Vermögensinteressen nicht beeinträchtigen.[1176]

1166 Beispiel nach *Klamroth*, Die GmbH & Co. KG, S. 9.
1167 Beispiel nach *Klamroth*, Die GmbH & Co. KG, S. 22.
1168 Ebenroth/Boujong/Joost/*Henze* § 177 a Anh. A Rn 138.
1169 BGHZ 116, 359, 369.
1170 Wagner/Rux/*Wagner* Rn 557.
1171 Hesselmann/Tillmann/Mueller-Thuns/*Hannes* § 10 Rn 190.
1172 Hesselmann/Tillmann/Mueller-Thuns/*Hannes* § 10 Rn 190.
1173 BGHZ 88, 320, 322.
1174 Näher hierzu unten Rn 706 ff.
1175 BGHZ 88, 320, 323.
1176 BGHZ 88, 320, 328.

b) GmbH & Co. KG

In einer auf **unbestimmte Dauer** errichteten GmbH & Co. KG kann nach der gesetzlichen Regelung jeder Gesellschafter zum Schluss eines Geschäftsjahres mit einer Frist von sechs Monaten kündigen (§§ 161 Abs. 2, 132, 131 Abs. 3 Nr. 3 HGB). Dieses ordentliche Kündigungsrecht kann im Gesellschaftsvertrag erleichtert oder erschwert werden. Es darf jedoch nicht völlig ausgeschlossen oder in einer Weise eingeschränkt werden, die einem Ausschluss gleichkommt (§§ 161 Abs. 2, 105 Abs. 2 HGB iVm § 723 Abs. 3 BGB).[1177] Regelungen, die einen **Abfindungsanspruch einschränken** oder **ausschließen**, oder **übermäßig lange Kündigungsfristen** (über 30 Jahre)[1178] sowie **Vertragsstrafen** für den Fall der Kündigung vorsehen, können dementsprechend **nichtig** sein.[1179] Ein Recht zur **außerordentlichen fristlosen Kündigung** aus wichtigem Grund steht den Gesellschaftern einer KG nach der gesetzlichen Regelung nicht zu. Stattdessen kann jeder Gesellschafter die **Auflösungsklage** nach §§ 161 Abs. 2, 133 HGB erheben. Danach hat der Gesellschafter bei Vorliegen eines wichtigen Grundes das Recht, die Auflösung der Gesellschaft durch gerichtliche Klage zu verlangen. Ein **wichtiger Grund** liegt vor, wenn dem Gesellschafter eine Fortsetzung der Gesellschaft bis zum nächsten ordentlichen Kündigungstermin unzumutbar ist, weil künftig ein sinnvolles Zusammenwirken der Gesellschafter nicht mehr erwartet werden kann oder das Vertrauensverhältnis zwischen den Gesellschaftern nachhaltig zerrüttet ist.[1180] In der Regel ist dies der Fall, wenn ein Mitgesellschafter vorsätzlich oder grob fahrlässig gegen wesentliche gesellschaftsvertragliche Pflichten verstoßen hat oder die Erfüllung einer solchen Pflicht unmöglich wird (§ 133 Abs. 2 HGB). Das Recht, die Auflösungsklage zu erheben, ist unabdingbar. Der § 133 HGB schließt jedoch nicht aus, im Gesellschaftsvertrag der GmbH & Co. KG an Stelle der Auflösungsklage ein fristloses Kündigungsrecht aus wichtigem Grund zu verankern.[1181]

690

Mit Wirkung der Kündigung, im Fall einer ordentlichen Kündigung also zum Schluss des Geschäftsjahres (§§ 161 Abs. 2, 132 BGB), **scheidet** der kündigende Gesellschafter aus der Gesellschaft **aus** (§§ 161 Abs. 2, 131 Abs. 3 Nr. 3 HGB). Die Gesellschaft wird von den übrigen Gesellschaftern fortgesetzt, ohne dass es hierzu einer **Fortsetzungsklausel** im Gesellschaftsvertrag bedarf. Der Anteil des ausscheidenden Gesellschafters **wächst** nach §§ 161 Abs. 2, 105 Abs. 2 HGB iVm § 738 Abs. 1 S. 1 BGB den verbleibenden Gesellschaftern im Verhältnis ihrer bisherigen Anteile ohne besonderen Übertragungsakt **an**. Im Fall einer **Zweipersonengesellschaft** erlischt die Gesellschaft jedoch, wenn nur noch ein Gesellschafter übrig bleibt.[1182] Das Gesellschaftsvermögen geht auf den Verbliebenen im Wege der **Gesamtrechtsnachfolge**, nicht im Wege der **Anwachsung** gemäß § 738 Abs. 1 S. 1 BGB über.[1183] Der allein verbleibende Kommanditist haftet als **Gesamtrechtsnachfolger** für alle Altschulden der Gesellschaft, allerdings nur mit dem ihm angefallenen Gesellschaftsvermögen.[1184] Eine weitergehende Haftung aus §§ 171 f HGB oder aus § 25 HGB, wenn der Kommanditist das Handelsgeschäft der KG fortführt, bleibt davon ebenso unberührt wie die Nachhaftung der ausgeschiedenen Komplementär-GmbH (§§ 160, 128 HGB).[1185] Scheidet bei einer KG mit mehreren Kommanditisten der **einzige persönlich haftende Gesellschafter** aus – bei einer GmbH & Co. KG also die Komplementär-GmbH –, wird die **KG aufgelöst** und **abgewickelt**.[1186] Durch die Berufung eines neuen persönlich haftenden Gesellschafters ist es jedoch möglich, die GmbH & Co. KG fortzusetzen.[1187] Der Abfindungsanspruch (§ 738 Abs. 1 S. 2 BGB) des durch die Kündigung ausscheidenden Gesellschafters wird in einem separaten Abschnitt behandelt.[1188]

691

1177 Ebenroth/Boujong/Joost/*Henze* § 177 a Anh. A Rn 139.
1178 BGH NJW 1968, 2003.
1179 Wagner/Rux/*Wagner* Rn 552.
1180 BGH NJW 2000, 3491, 3492; BGH BB 1997, 2339, 2340.
1181 BGH NJW 1967, 1961, 1963; BGHZ 47, 293, 302.
1182 BGHZ 113, 132, 133; Baumbach/Hopt/*Hopt* § 131 Rn 35.
1183 BGH NZG 2004, 611; Baumbach/Hopt/*Hopt* § 131 Rn 35.
1184 BGH NZG 2004, 611.
1185 BGH NZG 2004, 611.
1186 BGHZ 8, 35, 37; BayObLG BB 2000, 1211, 1212.
1187 BGHZ 8, 35, 37, BayObLG BB 2000, 1211, 1212.
1188 Siehe dazu unten Rn 706.

c) Wahrung der Beteiligungsidentität

692 Ein Bedürfnis, den bestehenden Gleichlauf der Mitgliedschaften in GmbH und KG zu wahren, kann sich auch für den Fall der Kündigung ergeben. Hierzu kann in die Gesellschaftsverträge beider Gesellschaften die Verpflichtung aufgenommen werden, im Fall der Kündigung einer Mitgliedschaft zugleich die Mitgliedschaft in der jeweils anderen Gesellschaft zu kündigen.[1189] In dem Gesellschaftsvertrag der Komplementär-GmbH könnte dies wie folgt formuliert werden:

▶ **§ ... Kündigung**
(1) Die Dauer der Gesellschaft ist unbestimmt.
(2) Die Gesellschaft ist bis zum 31.12 ... . unkündbar. Von da an kann die Gesellschaft von einem Gesellschafter mit einer Frist von einem Jahr zum Schluss des Geschäftsjahres gekündigt werden, erstmal also zum 31.12 ... .
(3) Voraussetzung für die Wirksamkeit der Kündigung eines Gesellschafters ist, dass dieser seine Kommanditbeteiligung an der ... GmbH & Co. KG zum gleichen Zeitpunkt kündigt.[1190] ◀

In dem Gesellschaftsvertrag der GmbH & Co. KG könnte wie folgt formuliert werden.

▶ **§ ... Kündigung**
(1) Die Dauer der Gesellschaft ist unbestimmt.
(2) Die Gesellschaft ist bis zum 31.12 ... . unkündbar. Von da an kann die Gesellschaft von einem Gesellschafter mit einer Frist von einem Jahr zum Schluss des Geschäftsjahres gekündigt werden, erstmal also zum 31.12 ... .
(3) Voraussetzung für die Wirksamkeit der Kündigung eines Kommanditisten ist, dass der Kommanditist seine Beteiligung an der Komplementärin zum gleichen Zeitpunkt kündigt.[1191] ◀

3. Ausschließung

a) GmbH

693 Das GmbH-Gesetz enthält keine allgemeine Regelung über den Ausschluss eines Gesellschafters aus der Gesellschaft.[1192] Gemäß § 34 GmbHG kann aber in der GmbH-Satzung vorgesehen werden, dass der Geschäftsanteil eines Gesellschafters von der Gesellschaft **eingezogen** werden kann. Die GmbH-Satzung kann die Gesellschafter auch ermächtigen, einen Mitgesellschafter dadurch auszuschließen, dass sie seinen Geschäftsanteil an **Mitgesellschafter** oder **Dritte übertragen**. Fehlen derartige Regelungen in der Satzung, kann ein Gesellschafter bei Vorliegen eines **wichtigen Grundes** in seiner Person im Wege der **Ausschlussklage** aus der GmbH ausgeschlossen werden.

aa) Einziehungs- und Ausschlussklauseln

694 Nach § 34 Abs. 1 GmbHG ist die **Einziehung** eines Geschäftsanteils nur zulässig, wenn sie im **Gesellschaftsvertrag** vorgesehen ist. Die Norm unterscheidet zwischen der Einziehung mit Zustimmung und ohne Zustimmung des betroffenen Gesellschafters (**sog. Zwangseinziehung**). Ohne Zustimmung des Gesellschafters ist die Einziehung nach § 34 Abs. 2 GmbHG nur zulässig, wenn die Voraussetzungen hierfür im Gesellschaftsvertrag schon vor dem Zeitpunkt festgelegt waren, zu dem der Gesellschafter seinen Geschäftsanteil erworben hat. Stimmt ein Gesellschafter später einer Satzungsänderung zu, welche die Voraussetzungen für eine Zwangseinziehung schafft, steht er einem Gesellschafter gleich, der sich bei seinem Eintritt in die Gesellschaft einer bereits bestehenden Einziehungsregelung unterworfen hat.[1193] Die Gründe, die eine Einziehung rechtfertigen, sollten in dem Gesellschaftsvertrag so genau beschrieben werden, dass der Gesellschafter die damit verbundenen Risiken erkennen kann.[1194] **Einziehungsgründe** sind in der Regel Insolvenz, Tod und Kündigung eines Gesellschafters sowie die

---

[1189] Ebenroth/Boujong/Joost/*Henze* § 177 a Anh. A Rn 143.
[1190] Beispiel nach Wagner/Rux/*Wagner*, S. 504.
[1191] Beispiel nach Wagner/Rux/*Wagner*, S. 494.
[1192] Sonderfälle sind lediglich in den §§ 21, 27, 28 GmbHG geregelt.
[1193] BGH NJW 1977, 2316.
[1194] Lutter/Hommelhoff/*Hommelhoff* § 34 Rn 18.

Pfändung seines Gesellschaftsanteils.¹¹⁹⁵ Der Gesellschaftsvertrag kann die Einziehung auch nur an den Eintritt eines unbenannten **„wichtigen Grundes"** in der Person eines Gesellschafters knüpfen, wenn der Begriff des wichtigen Grundes keinen weitergehenden Inhalt haben soll, als ihm Gesetz und Rechtsprechung allgemein beilegen.¹¹⁹⁶

Die Einziehung erfolgt nach § 46 Nr. 4 GmbHG durch **Gesellschafterbeschluss**, der dem betroffenen Gesellschafter zugehen muss. Durch die Einziehung wird der **Gesellschaftsanteil vernichtet**, so dass alle Rechte und Pflichten aus der mit ihm verbundenen Mitgliedschaft untergehen. Dem ausgeschiedenen Gesellschafter steht regelmäßig ein **Abfindungsanspruch** gegen die GmbH zu.¹¹⁹⁷ Gemäß § 34 Abs. 3 GmbHG ist bei Erfüllung des Abfindungsanspruchs die Regelung des § 30 Abs. 1 GmbHG zu beachten, wonach das zur Erhaltung des Stammkapitals erforderliche Vermögen der Gesellschaft an die Gesellschafter nicht ausgezahlt werden darf. Die Gesellschaft kann dem Ausgeschiedenen daher nur dann das Einziehungsentgelt auszahlen, wenn entsprechende Mittel über den Betrag des Stammkapitals hinaus vorhanden sind.¹¹⁹⁸

695

Die Satzung kann einen Gesellschafter ferner verpflichten, seinen Geschäftsanteil an die GmbH, an Mitgesellschafter oder an Dritte abzutreten. Sie kann die Gesellschafter auch ermächtigen, einen Mitgesellschafter dadurch auszuschließen, dass diese selbst die Abtretung seines Geschäftsanteils vornehmen.¹¹⁹⁹ Im Gesellschaftsvertrag kann schließlich auch bestimmt werden, dass die Ausschließung durch rechtsgestaltenden Gesellschafterbeschluss vorgenommen wird.¹²⁰⁰ Sofern derartige **Hinauskündigungsklauseln** einem oder mehreren Gesellschaftern der GmbH die Befugnis geben, Mitgesellschafter nach **freiem Ermessen** auszuschließen, sind solche Regelungen auch im GmbH-Recht **nichtig**, es sei denn, diese sind wegen außergewöhnlicher Umstände gerechtfertigt.¹²⁰¹ Im Übrigen entsprechen die Voraussetzungen für die Wirksamkeit derartiger Ausschlussklauseln denjenigen, die für Einziehungsklauseln gelten.

696

bb) Ausschlussklage

Enthält die GmbH-Satzung weder eine Einziehungs- noch eine Ausschlussklausel, kann die **Ausschließung** eines Gesellschafters aus **wichtigem Grund** nur im Wege einer **Ausschlussklage** erfolgen.¹²⁰² Ein wichtiger Grund liegt vor, wenn die Person oder das Verhalten des auszuschließenden Gesellschafters die Erreichung des Gesellschaftszwecks unmöglich machen oder erheblich gefährden und sein Verbleib in der Gesellschaft daher unzumutbar erscheint.¹²⁰³ Ein **Verschulden** des betroffenen Gesellschafters ist nicht erforderlich.¹²⁰⁴ Umgekehrt kann ein schuldhaftes Verhalten der Mitgesellschafter der Annahme eines wichtigen Grundes entgegenstehen.¹²⁰⁵ Der Ausschluss eines Gesellschafters im Wege der Klage ist immer nur als letztes Mittel zulässig, wenn weniger einschneidende Möglichkeiten nicht bestehen. Dementsprechend ist eine Ausschließung durch Klage unzulässig, wenn im Gesellschaftsvertrag eine Hinauskündigungsklausel enthalten ist, die zB den Ausschluss eines Gesellschafters bei Vorliegen eines wichtigen Grundes durch Gesellschafterbeschluss ermöglicht.¹²⁰⁶ Über die Erhebung der Ausschlussklage entscheiden die Gesellschafter. Der Beschluss bedarf entsprechend § 60 Abs. 1 Nr. 2 GmbHG (Auflösung der Gesellschaft) der Zustimmung von ¾ des bei der Beschlussfassung vertretenen Kapitals.¹²⁰⁷

697

1195 Vgl die Mustersatzung einer Komplementär-GmbH bei Hesselmann/Tillmann/Mueller-Thuns im Anh. A, S. 973 ff.
1196 BGH NJW 1977, 2316.
1197 Näher hierzu unten Rn 706 ff.
1198 Wagner/Rux/*Wagner* Rn 564.
1199 BGH NJW 1983, 2880, 2881.
1200 BGHZ 32, 17, 22.
1201 BGHZ 112, 103, 108; BGHZ 105, 213, 217.
1202 BGH NJW 1983, 2880, 2881.
1203 BGHZ 80, 346, 350; OLG Hamm GmbHR 1993, 660, 662 f.
1204 BGHZ 9, 157, 164.
1205 BGHZ 32, 17, 31.
1206 BGH DStR 2001, 495.
1207 BGHZ 9, 157, 177; OLG Frankfurt DB 1979, 2127.

Hinweis: Die Ausschlussklage ist durch die Gesellschaft, vertreten durch ihren Geschäftsführer zu erheben.[1208] Das Klage stattgebende Gestaltungsurteil macht die Ausschlusswirkung zur Sicherung des Abfindungsanspruchs des betroffenen Gesellschafters von der aufschiebenden Bedingung abhängig, dass die GmbH die im Urteil bestimmte Abfindungssumme innerhalb einer Frist zahlt.[1209] Mit Bedingungseintritt endet die Mitgliedschaft des ausgeschlossenen Gesellschafters und sein Geschäftsanteil fällt der Gesellschaft zu.

b) GmbH & Co. KG

698   Um einen Gesellschafter aus einer Kommanditgesellschaft auszuschließen, sieht das HGB nur die **Ausschlussklage** gegen den betreffenden Gesellschafter vor, wenn in dessen Person ein **wichtiger Grund** vorliegt (§§ 161 Abs. 2, 140 HGB). Anstelle dieser unter Umständen langwierigen Klage kann der **Gesellschaftsvertrag** zulassen, dass ein Gesellschafter bei Vorliegen eines wichtigen Grundes in seiner Person durch Gesellschafterbeschluss ausgeschlossen werden kann.[1210] Ein wichtiger Grund liegt auch hier vor, wenn nach den konkreten Umständen und einer umfassenden Abwägung aller Interessen ein Verbleib des Gesellschafters die Erreichung des Gesellschaftszwecks unmöglich macht oder erheblich gefährdet oder den übrigen Gesellschaftern nicht zumutbar ist. Verstößt etwa die Komplementär-GmbH in schwerwiegender Weise gegen die gesellschaftsvertragliche Zuständigkeitsverteilung oder gegen ihre Informationspflicht, kann sie aus der Gesellschaft ausgeschlossen werden.[1211] Eine solche Ausschließung ist um so eher möglich, wenn die Komplementär-GmbH am Vermögen der GmbH & Co. KG nicht beteiligt ist.[1212] Eine Klausel, die den Ausschluss eines Gesellschafters **ohne wichtigen Grund** zulässt, also in das **freie Ermessen** der Gesellschaftermehrheit stellt, ist nach der Rechtsprechung grundsätzlich wegen Verstoßes gegen die allgemeinen Prinzipien der Rechtsordnung (§ 138 BGB) und die Grundprinzipien des Gesellschaftsrechts nichtig.[1213] Denn eine derartige **Hinauskündigungsklausel** begründet zum einen das Risiko, dass Gesellschafter aus **sachfremden Gründen** ausgeschlossen werden, und zum anderen die Gefahr, dass Mitgesellschafter in eine **persönliche und wirtschaftliche Abhängigkeit** geraten, die über den Rahmen des rechtlich und sittlich Erlaubten (§ 138 BGB) hinausgeht.[1214] Dem ausgeschlossenen KG-Gesellschafter steht ebenfalls ein **Abfindungsanspruch** zu.[1215]

c) Wahrung der Beteiligungsidentität

699   Ein Bedürfnis, die Beteiligungsidentität in einer beteiligungsgleichen GmbH & Co. KG zu wahren, kann auch für den Fall des Ausschlusses von Gesellschaftern auftreten. In der GmbH-Satzung kann hierzu geregelt werden, dass der Ausschluss eines Kommanditisten stets auch seinen Ausschluss aus der GmbH zur Folge hat. Parallel kann im KG-Vertrag vorgesehen werden, dass der Kommanditist, der aus der Komplementär-GmbH ausgeschlossen wird, auch aus der KG ausgeschlossen werden kann. In dem Gesellschaftsvertrag der Komplementär-GmbH könnte dies wie folgt formuliert werden:

▶ **§ ... Einziehung von Geschäftsanteilen**

(1) Die Einziehung von Geschäftsanteilen oder von Teilen davon ist mit Zustimmung des betroffenen Gesellschafters jederzeit zulässig.

(2) Ohne Zustimmung des betroffenen Gesellschafters ist die Einziehung aus wichtigem Grund zulässig. Ein wichtiger Grund liegt insbesondere vor, wenn ...

(3) ...

1208   BGHZ 9, 157, 177.
1209   BGHZ 16, 317, 325; BGHZ 9, 157, 174.
1210   BGHZ 107, 351, 356; BGHZ 81, 263, 265.
1211   Wagner/Rux/*Wagner* Rn 559.
1212   BGH NJW-RR 1993, 1123, 1125.
1213   BGH NJW 1985, 2421, 2422; BGHZ 105, 213, 216 f.
1214   BGH NJW 1985, 2421, 2422.
1215   Näher dazu unten Rn 706 ff.

(4) Die Einziehung ist nur zulässig, wenn der betroffene Gesellschafter zugleich aus der ... GmbH & Co. KG ausgeschlossen wird. ◄

alternativ:

▶ Die Einziehung ist nur zulässig, wenn der betroffene Gesellschafter zugleich aus jeder Gesellschaft ausgeschlossen wird, an der die ... (Komplementär-GmbH) als Komplementärin und er selbst als Kommanditist beteiligt ist.

(5) Wird statt der Einziehung die Übertragung beschlossen, darf diese nur gleichzeitig mit der Übertragung des Kommanditanteils an der ... GmbH & Co. KG an dieselbe Person erfolgen. ◄

alternativ:

▶ Wird statt der Einziehung die Übertragung beschlossen, darf diese nur gleichzeitig mit der Übertragung der Kommanditanteile an den in Abs. 4 genannten Gesellschaften an dieselbe Person erfolgen.[1216] ◄

In dem Gesellschaftsvertrag der GmbH & Co. KG könnte wie folgt formuliert werden:

▶ § ... Ausschließung

(1) Die Ausschließung eines Gesellschafters kann beschlossen werden, wenn ein wichtiger Grund vorliegt. Ein wichtiger Grund liegt insbesondere vor, wenn ...

(2) ...

(3) Die Ausschließung kann nur beschlossen werden, wenn zugleich der Geschäftsanteil des betroffenen Gesellschafters an der Komplementärin eingezogen wird.[1217] ◄

4. Wegfall eines Gesellschafters

a) GmbH

Die Gesellschaftsanteile an einer GmbH sind nach § 15 Abs. 1 GmbHG **frei vererblich**. Diese Vererbbarkeit kann **nicht ausgeschlossen** werden.[1218] Der Gesellschaftsvertrag kann auch nicht bestimmen, an wen ein Gesellschafter seinen Geschäftsanteil zu vererben hat. Stirbt ein GmbH-Gesellschafter, erwirbt also sein Erbe unmittelbar seinen Geschäftsanteil im Wege der Gesamtrechtsnachfolge gemäß § 1922 BGB. Die Mitgliedschaft geht mit allen Rechten und Pflichten auf den Gesellschaftererben über. Mehrere Erben werden **Anteilsinhaber zur gesamten Hand** (§§ 2032 ff BGB). Sie verwalten den Geschäftsanteil gemeinschaftlich (§ 2038 BGB) und können Mitgliedschaftsrechte nur gemeinschaftlich ausüben (§ 18 Abs. 1 GmbHG). Die Testamentsvollstreckung (§§ 2197 ff BGB) an einem vererbten GmbH-Anteil ist problemlos zulässig.[1219]

700

Auch wenn die freie Vererbbarkeit des GmbH-Geschäftsanteils durch den Gesellschaftsvertrag nicht ausgeschlossen werden kann, kann dieser bestimmen, was mit dem Geschäftsanteil nach dessen Anfall bei dem oder den Erben geschehen soll.[1220] Die GmbH-Satzung kann zB anordnen, dass die Erben den Geschäftsanteil an eine bestimmte, in der Satzung bereits benannte oder von der Gesellschafterversammlung durch Beschluss zu benennende Person abzutreten haben (**Abtretungsklausel**).[1221] Die GmbH-Satzung kann weiter die **Einziehung** des vererbten Geschäftsanteils vorsehen.[1222] Die Zwangsabtretung und Einziehung des Geschäftsanteils erfolgen grundsätzlich gegen ein Einziehungsentgelt (**Abfindung**), das in der Satzung näher geregelt werden kann.[1223]

701

b) GmbH & Co. KG

aa) Tod eines Kommanditisten

Der persönlich haftende Gesellschafter scheidet im Todesfall vorbehaltlich abweichender vertraglicher Bestimmungen aus der Gesellschaft aus (§§ 161 Abs. 2, 131 Abs. 3 Nr. 1 HGB). Beim Tod eines Kommanditisten wird die GmbH & Co. KG hingegen nach § 177 HGB mit seinen Erben **fortgesetzt**,

702

1216 Beispiel nach *Klamroth*, Die GmbH & Co. KG, S. 9 ff.
1217 Beispiel nach *Klamroth*, Die GmbH & Co. KG, S. 23 f.
1218 Scholz/*Winter* § 15 Rn 21.
1219 BGH NJW 1959, 1820.
1220 BGHZ 92, 386, 390.
1221 Lutter/Hommelhoff/*Bayer* § 15 Rn 9.
1222 Lutter/Hommelhoff/*Bayer* § 15 Rn 11.
1223 Näher dazu unten Rn 167 ff.

ohne dass es dazu – wie bei der OHG – einer **Nachfolgeklausel** bedarf.[1224] Der Erbe tritt in die Rechte und Pflichten des verstorbenen Kommanditisten ein. Ist der Erbe bereits Kommanditist, vereinigen sich beide Beteiligungen zu einem Kommanditanteil.[1225] Hat der verstorbene Kommanditist mehrere Erben, geht seine Mitgliedschaft entgegen den erbrechtlichen Grundsätzen nach ständiger Rechtsprechung nicht auf die Gesamthand der Erbengemeinschaft (§ 2032 Abs. 1 BGB) über. Vielmehr erwirbt jeder Miterbe im Wege einer **Sondererbfolge** entsprechend seiner **Erbquote** einen Teil des Gesellschaftsanteils.[1226] Die Beteiligung eines Kommanditisten kann nach seinem Tod also in eine Reihe **selbständiger Beteiligungen** aufgespalten werden. Für diesen Fall kann im Gesellschaftsvertrag angeordnet werden, dass mehrere Erben ihre Gesellschafterrechte nur durch einen gemeinsamen Vertreter ausüben dürfen (sog. **Vertreterklausel**).[1227] Nach der Rechtsprechung des BGH ist eine vom Erblasser angeordnete Testamentsvollstreckung an einem Kommanditanteil anerkannt, sofern sie durch den Gesellschaftsvertrag oder durch einen Gesellschafterbeschluss gestattet wird.[1228]

703 Die erbrechtliche Rechtsnachfolge in einen Kommanditanteil kann nach § 177 HGB im Gesellschaftsvertrag abweichend von den gesetzlichen Bestimmungen geregelt werden. So kann der Gesellschaftsvertrag bestimmen, dass der **Kommanditanteil nicht vererblich** ist.[1229] Die Gesellschaft wird in diesem Fall mit den verbleibenden Gesellschaftern fortgesetzt. Diesen wächst der Anteil des verstorbenen Kommanditisten an dem Gesellschaftsvermögen zu (§§ 161 Abs. 2, 105 Abs. 3 HGB iVm § 738 Abs. 1 S. 1 BGB). Die Erben des verstorbenen Kommanditisten erwerben einen **Abfindungsanspruch** gegen die Gesellschaft nach Maßgabe der §§ 161 Abs. 2, 105 Abs. 3 HGB iVm §§ 738 Abs. 1 S. 2, 1922 BGB. Die Gesellschafter der GmbH & Co. KG können auch vereinbaren, dass nur bestimmte Erben in die Gesellschafterstellung einrücken (sog. **qualifizierte Nachfolgeklausel**) oder dass bestimmte Personen, die nicht zum Gesellschafterkreis gehören müssen, ein Eintrittsrecht in die Gesellschaft erhalten (sog. **Eintrittsklausel**).[1230] Nach der Rechtsprechung kann im Gesellschaftsvertrag für den Fall des Todes eines Gesellschafters der grundsätzlich bestehende Abfindungsanspruch der Erben **ausgeschlossen** werden.[1231]

bb) Wegfall der Komplementär-GmbH

704 Die Komplementär-GmbH kann als juristische Person naturgemäß nicht nach §§ 161 Abs. 2, 131 Abs. 3 Nr. 1 HGB durch Tod aus der Gesellschaft ausscheiden. Die Komplementär-GmbH kann jedoch aus den in § 60 Abs. 1 Nr. 1–7 GmbHG genannten Gründen (zB Zeitablauf oder Gesellschafterbeschluss) **aufgelöst** werden. Ein Wegfall der Komplementär-GmbH führt analog § 131 Abs. 3 Nr. 1 HGB zu ihrem Ausscheiden aus der GmbH & Co. KG.[1232] Die Komplementär-GmbH scheidet allerdings nicht bereits mit ihrer Auflösung, sondern erst mit ihrer Vollbeendigung (§ 74 GmbHG) aus der Gesellschaft aus.[1233] Im Fall der Insolvenz der Komplementär-GmbH (§ 60 Abs. 1 Nr. 4 GmbHG) scheidet diese jedoch nach der vorrangigen Regelung des § 131 Abs. 3 Nr. 2 HGB bereits mit der Eröffnung des Insolvenzverfahrens über ihr Vermögen aus der Gesellschaft aus.

c) Wahrung der Beteiligungsidentität

705 Verstirbt ein Gesellschafter, kann die Beteiligungsidentität in GmbH und KG gewahrt werden, indem in der GmbH-Satzung vereinbart wird, dass die Gesellschaftererben ihre ererbten GmbH-Anteile an denjenigen abzutreten haben, der die Kommanditbeteiligung des verstorbenen Gesellschafters erworben hat, oder umgekehrt. Weitergehende Beschränkungen der freien Vererblichkeit des GmbH-Ge-

---

1224 Baumbach/Hopt/*Hopt* § 177 Rn 3.
1225 Baumbach/Hopt/*Hopt* § 177 Rn 4.
1226 BGH NJW 1986, 2431, 2432.
1227 BGHZ 46, 291, 294.
1228 BGH BB 1989, 1840 ff.
1229 Baumbach/Hopt/*Hopt* § 177 Rn 7.
1230 Ausführlich zu diesen gesellschaftsvertraglichen Gestaltungsmöglichkeiten für den Fall des Todes eines Kommanditisten Wagner/Rux/*Wagner* Rn 572 ff.
1231 BGHZ 22, 187, 194; Wagner/Rux/*Wagner* Rn 609.
1232 Baumbach/Hopt/*Hopt* § 131 Rn 20.
1233 BGHZ 75, 178, 182.

sellschaftsanteils (§ 15 Abs. 1 GmbHG) sind nicht zulässig.[1234] In dem Gesellschaftsvertrag einer der Gesellschaften – zB der Komplementär-GmbH – könnte dies wie folgt formuliert werden:

▶ **§ ... Erbfolge**
(1) Beim Tod eines Gesellschafters wird die Gesellschaft mit seinem Erben fortgesetzt.
(2) Nachfolger eines verstorbenen Gesellschafters können nur seine leiblichen oder etwaigen Adoptivkinder werden oder, wenn Kinder nicht vorhanden sind, sein überlebender Ehegatte. Haben nicht nachfolgeberechtigte Personen den Geschäftsanteil aufgrund des Todesfalls erworben, kann die Gesellschaft die Abtretung an sich selbst verlangen oder nach ihrer Wahl den Geschäftsanteil einziehen. ◀

alternativ:
▶ ... Haben nicht nachfolgeberechtigte Personen den Geschäftsanteil aufgrund des Todesfalls erworben, so sind sie verpflichtet, ihn auf Verlangen der Gesellschaft an die Nachfolgeberechtigten oder, falls nachfolgeberechtigte Personen nicht vorhanden sind, an die Gesellschaft abzutreten. Wird die Abtretung verweigert, kann der Anteil eingezogen werden.
(3) Fällt der GmbH-Anteil des Erblassers aufgrund des Todesfalls anderen Personen zu als der Kommanditanteil an der ... GmbH & Co. KG, so kann die Gesellschaft die Abtretung an sich verlangen oder nach ihrer Wahl den Geschäftsanteil einziehen. ◀

alternativ:
▶ ... , so kann die Gesellschaft verlangen, dass der GmbH-Anteil an den oder die Erben des Kommanditanteils abgetreten wird. Handelt es sich bei diesen nicht um gemäß Abs. 2 nachfolgeberechtigte Personen, oder erweist sich der Übergang beider Beteiligungen auf dieselbe Person oder dieselben Personen aus anderen Gründen als nicht durchführbar, so kann die Gesellschaft die Abtretung an sich selbst verlangen oder nach ihrer Wahl den Geschäftsanteil einziehen.[1235] ◀

5. Abfindung

Scheidet ein Gesellschafter – infolge einer Kündigung, eines Ausschlusses oder des Todes – aus der Gesellschaft aus, so steht ihm ein **Abfindungsanspruch** zu. Für die Kommanditisten folgt dieser Anspruch aus §§ 161 Abs. 2, 105 Abs. 3 HGB, § 738 Abs. 1 S. 2 BGB. Im GmbH-Gesetz ist der Abfindungsanspruch des ausgeschiedenen Gesellschafters zwar nicht geregelt, aber als **allgemeiner Rechtsgrundsatz** und in Analogie zu § 738 Abs. 1 S. 2 BGB allgemein anerkannt.[1236] Nach § 738 Abs. 1 S. 2 BGB (analog) erhält der Ausgeschiedene – Kommanditist oder GmbH-Gesellschafter – für seinen Anteil am Gesellschaftsvermögen das, was er bei Auflösung der Gesellschaft und Auseinandersetzung erhalten würde (**Auseinandersetzungsguthaben**). Der Abfindungsanspruch entsteht mit dem Ausscheiden des Gesellschafters und ist – jedenfalls soweit der Betrag unter den Gesellschaftern unstreitig ist – grundsätzlich **sofort fällig**.[1237] Schuldner des Abfindungsanspruchs sind die Gesellschaft (§§ 161 Abs. 2, 124 HGB) und die Gesellschafter (§§ 161 Abs. 2, 128, 171 HGB).[1238]

706

a) Abfindungshöhe

Die Höhe der Abfindung bestimmt sich grundsätzlich nach dem **wahren Wert** des Gesellschaftsvermögens an dem Tag, an dem der Gesellschafter ausscheidet.[1239] Wie das Gesellschaftsvermögen zu bewerten ist, ist in den Einzelheiten umstritten.[1240] Maßgeblich ist der **volle wirtschaftliche Wert** des lebenden Unternehmens einschließlich aller stillen Reserven und des sog. Goodwill (**Verkehrswert**). Dies ist der **Fortführungswert** – und nicht etwa wie der Wortlaut des § 738 Abs. 1 S. 2 HGB nahe legen – mag der **Liquidationswert**. Der Fortführungswert ergibt sich grundsätzlich aus dem **Preis**, der bei der **Veräußerung des Unternehmens** als Einheit erzielt würde.[1241] Um den Fortführungswert zu

707

1234 Scholz/*Winter* § 15 Rn 21.
1235 Beispiel nach *Klamroth*, Die GmbH & Co. KG, S. 11.
1236 Scholz/*Westermann* § 34 Rn 25.
1237 OLG Köln DB 1994, 2019, 2020.
1238 BGHZ 148, 201, 206; Baumbach/Hopt/*Hopt* § 131 Rn 48.
1239 Baumbach/Hopt/*Hopt* § 131 Rn 49.
1240 Vgl Baumbach/Hopt/*Hopt* Einl. v. § 1 Rn 34 ff.
1241 BGHZ 116, 359, 370.

ermitteln, ist nach ständiger Rechtsprechung nicht auf den Substanzwert, sondern auf den **Ertragswert** abzustellen.[1242] Dieser ergibt sich aus einer Prognose der künftigen Überschüsse der Einnahmen über die Ausgaben und einer weiteren Abzinsung.[1243] Soweit erforderlich, ist der Wert des Gesellschaftsvermögens gemäß § 738 Abs. 2 BGB im Wege der **Schätzung** zu ermitteln. Bei einer Anteilsbewertung ist erst der Wert der Gesellschaft und dann jener des Anteils zu ermitteln. Die Bewertung des Gesellschaftsvermögens ist grundsätzlich in einer besonderen Bilanz (**Abfindungs- oder Abschichtungsbilanz**) auszuweisen.[1244] Nur in einfach gelagerten Fällen, zB bei einem bloßen Buchwertabfindungsanspruch, ist die Aufstellung einer gesonderten Abfindungsbilanz entbehrlich.[1245] Die Abfindungsbilanz kann auch einen Debetsaldo zu Lasten des ausgeschiedenen Gesellschafters ergeben. Dieser hat dann anteilig für einen Fehlbetrag der Gesellschaft aufzukommen (§ 739 BGB).[1246] Für einen Kommanditisten, dessen Pflichteinlage vollständig erbracht war, schließt der – abdingbare – § 167 Abs. 3 HGB diese Verpflichtung indes aus.

b) Geltendmachung

708 Die Abfindungsbilanz aufzustellen, ist grundsätzlich das Recht aller Gesellschafter einschließlich des ausgeschiedenen. Ihm steht ein **klagbarer Anspruch** auf Aufstellung der Abfindungsbilanz zu.[1247] Nach der Rechtsprechung ist dieser Anspruch gegen die zuständigen Gesellschafter, zB die Komplementär-GmbH, zu richten.[1248] Häufig wird in Gesellschaftsverträgen vereinbart, dass der Abfindungsanspruch verbindlich durch einen **sachverständigen Schiedsgutachter** ermittelt werden soll.[1249] In diesem Fall gelten die §§ 317–319 BGB. Um oftmals langjährige Rechtsstreitigkeiten zu vermeiden, ist eine solche Regelung empfehlenswert.

Hinweis: Der Gesellschafter kann **Leistungsklage** auf Zahlung einer Abfindung in bestimmter Höhe erheben. Dies kann auch schon vor oder ohne Aufstellung einer Abfindungsbilanz erfolgen, da der Abfindungsanspruch auch ohne eine solche Bilanz fällig ist.[1250] Klagegegner sind die Gesellschaft (§§ 160 Abs. 2, 124 HGB) und/oder die persönlich haftenden Gesellschafter (§§ 162 Abs. 2, 128 HGB). Des Weiteren kann der ausgeschiedene Gesellschafter **Klage auf Aufstellung einer Abfindungsbilanz** erheben. Richtiger Klagegegner ist insoweit nach der Rechtsprechung der zuständige Gesellschafter, zB die Komplementär-GmbH bei einer GmbH & Co. KG. Eine Stufenklage (§ 254 ZPO), mit welcher der Ausgeschiedene die Aufstellung und Vorlage der Abfindungsbilanz und Zahlung des sich hieraus ergebenden, erst später im Klageantrag zu beziffernden Abfindungsguthabens verlangt, ist nur gegen denselben Beklagten zulässig.[1251] Des Weiteren ist darauf hinzuweisen, dass Einzelansprüche zwischen der Gesellschaft und dem Ausgeschiedenen nicht mehr gesondert durch Leistungsklage geltend gemacht werden können. Denn sie stellen lediglich unselbständige Rechnungsposten in der Abfindungsbilanz dar.[1252] Diese sog. **Durchsetzungssperre**, die häufig verkannt wird, gilt sowohl für die Gesellschafter als auch für die Gesellschaft.[1253] Eine Ausnahme besteht aber für Einzelposten, von denen feststeht, dass der Gesellschafter den erlangten Betrag keinesfalls mehr wird zurückzahlen müssen.[1254] Die Durchsetzungssperre schließt es nicht aus, dass eine Klage auf Feststellung einzelner Ansprüche vorab erhoben wird, zB dass in die Abfindungsbilanz bestimmte Posten auf-

---

1242 BGHZ 116, 359, 371.
1243 BGH NJW 1985, 192, 193.
1244 BGH NJW-RR 1986, 454.
1245 Vgl auch BGH NJW-RR 1987, 1386, 1387.
1246 BGH NJW 1999, 2438 f.
1247 Hesselmann/Tillmann/Mueller-Thuns/*Hannes* § 10 Rn 181.
1248 BGH BB 1973, 441; nach aA richtet sich dieser Anspruch gegen die Gesellschaft, so Baumbach/Hopt/*Hopt* § 131 Rn 51.
1249 Vgl BGH NJW 1957, 1834.
1250 BGH WM 1987, 1280, 1281.
1251 BGH NJW 1994, 3102, 3103.
1252 BGH NJW 2000, 2586, 2587; BGH WM 1988, 446, 448.
1253 BGH BB 1952, 870.
1254 BGH WM 1988, 446, 448; BGHZ 37, 299, 305.

zunehmen oder dort außer Ansatz zu lassen sind.[1255] Richtiger Klagegegner sind insoweit die Gesellschaft oder die bestreitenden Gesellschafter.[1256] Ein derartiges Feststellungsbegehren ist in einer unbegründeten Leistungsklage ohne weiteres enthalten.[1257]

c) Abfindungsklauseln

Der Abfindungsanspruch des ausgeschiedenen Gesellschafters birgt **Risiken** für die **Liquidität** und **Substanz des Unternehmens**. Um den Kapitalabfluss zu begrenzen und auch um die Berechnung der Abfindungshöhe zu vereinfachen, ist es zulässig, den Abfindungsanspruch im Gesellschaftsvertrag – der GmbH & Co. KG und ihrer Komplementär-GmbH – zu beschränken. Die Abfindung kann – im Einzelfall – vollständig ausgeschlossen werden, zB beim **Tod eines Gesellschafters** für dessen Erben, oder zu einem **niedrigeren Wert** als dem **Verkehrswert** vorgesehen werden. In Abfindungsklauseln kann auch geregelt werden, dass der Abfindungsanspruch gestundet oder in mehreren Jahresraten gezahlt wird. Zum Schutz des Gesellschafters und seiner Gläubiger sind der Ausgestaltung von Abfindungsklauseln jedoch durch die §§ 138, 242, 723 Abs. 3 BGB und § 133 Abs. 3 HGB Grenzen gesetzt. Die gewählte Abfindungsklausel darf das gesetzlich garantierte Kündigungsrecht des Gesellschafters (§§ 723 Abs. 3, 133 Abs. 3 HGB) nicht in unvertretbarer Weise einschränken.[1258]

709

aa) Vollständiger Ausschluss der Abfindung

Ein **vollständiger Ausschluss** der Abfindung kommt nur in besonderen **Ausnahmefällen** in Betracht. Zulässig ist zB ein vollständiger Ausschluss der Abfindung für den nicht in die Gesellschaft eintretenden **Erben des verstorbenen Gesellschafters**.[1259] Eine solche Klausel bedarf nicht der für Schenkungsversprechen von Todes wegen vorgesehenen Form (§§ 2301, 1937, 2231, 2247 BGB).[1260] Bei einer Gesellschaft mit **ideeller Zwecksetzung** ist der Ausschluss des Abfindungsanspruchs grundsätzlich ebenfalls uneingeschränkt zulässig.[1261] Bei Handelsgesellschaften erlangt diese Ausnahme jedoch keine Relevanz. Im Übrigen ist der vollständige Ausschluss des Abfindungsanspruchs – selbst im Fall der Ausschließung des Gesellschafters aus wichtigem Grund – unwirksam.[1262]

710

bb) Beschränkung der Abfindung der Höhe nach

Eine Abfindungsbeschränkung ist nach § 138 BGB **sittenwidrig** und **nichtig**, wenn sie bereits bei ihrer Aufnahme in den Gesellschaftsvertrag **grob unbillig** ist, weil die mit ihr verbundene Beschränkung des Kapitalabflusses vollkommen **außer Verhältnis** zu einer im Interesse der Gesellschaft notwendigen Beschränkung steht und der wirtschaftliche Wert des Geschäftsanteils den Abfindungsbetrag erheblich übersteigt.[1263] In Gesellschaftsverträgen werden Abfindungsansprüche häufig durch sog. **Buchwertklauseln** beschränkt, die eine Abfindung zum Buchwert – also ohne Berücksichtigung stiller Reserven und des Firmenwerts – vorsehen. Derartige Buchwertklauseln sind **grundsätzlich wirksam**.[1264] Besteht zwischen dem Buchwert und dem vollen wirtschaftlichen Wert der Beteiligung jedoch **von Anfang an** ein **erhebliches Missverhältnis**, ist eine Buchwertklausel wegen unzumutbarer Beschränkung der Kündigung (§§ 723 Abs. 3, 133 Abs. 3 HGB) **unzulässig**.[1265] Feste Prozentsätze hat die Rechtsprechung insoweit bislang nicht anerkannt. Sie hat allerdings Abfindungsklauseln als

711

1255 BGH NJW 1985, 1898.
1256 Baumbach/Hopt/*Hopt* § 131 Rn 57.
1257 BGH NJW 2000, 2586, 2587.
1258 BGH NJW 1989, 3272.
1259 BGH WM 1971, 1338, 1339; BGHZ 22, 186, 194.
1260 BGH WM 1971, 1338, 1339.
1261 BGHZ 135, 387, 390.
1262 Baumbach/Hopt/*Hopt* § 131 Rn 63.
1263 Lutter/Hommelhoff/*Hommelhoff* § 34 Rn 53; BGHZ 126, 226, 233 ff; BGHZ 123, 281, 284.
1264 BGH NJW 1979, 104; OLG München DB 1993, 2325.
1265 BGHZ 116, 369; Lutter/Hommelhoff/*Hommelhoff* § 34 Rn 53.

grob unangemessen angesehen, bei denen der Abfindungsbetrag zwischen 20 % und 50 % des Verkehrswerts der betreffenden Beteiligung betrug.[1266]

712 Durch ein **erst im Lauf der Zeit** eingetretenes **grobes Missverhältnis** zwischen dem Buchwert und dem wahren Anteilswert wird eine ursprünglich wirksame Abfindungsklausel nicht unwirksam.[1267] Das Festhalten an der Abfindungsklausel kann aber durch die spätere Entwicklung unzumutbar werden (§ 242 BGB) mit der Folge, dass die Abfindung in diesem Fall durch **ergänzende Vertragsauslegung** ermittelt werden muss.[1268] Dies läuft häufig auf einen Betrag zwischen dem Buchwert und dem Verkehrswert hinaus.[1269]

713 Unzulässig sind weiter Abfindungsklauseln, die speziell für den Fall der Kündigung durch den Privatgläubiger eines Gesellschafters (§ 131 Abs. 3 Nr. 4 HGB) den Abfindungsanspruch ausschließen oder beschränken und somit eine **Gläubigerbenachteiligung** bewirken.[1270]

6. Haftung der Alt- und der Neugesellschafter

a) Komplementär-GmbH

714 Gemäß §§ 161 Abs. 2, 128, 130 HGB haftet die Komplementär-GmbH nicht nur für die **Neuverbindlichkeiten**, die seit ihrem Eintritt in die GmbH & Co. KG entstanden sind, sondern auch für alle **vor ihrem Eintritt** begründeten Verbindlichkeiten (sog. **Altverbindlichkeiten**). Diese Haftung besteht unabhängig davon, ob die Komplementär-GmbH ihre Komplementärstellung aufgrund eines selbständigen Beitrittsvertrags oder aufgrund einer Abtretung des Komplementäranteils erworben hat.[1271]

715 Scheidet die Komplementär-GmbH aus den gesetzlichen oder im Gesellschaftsvertrag bestimmten Gründen oder infolge einer Anteilsveräußerung aus der Gesellschaft aus, so haftet sie nach Maßgabe der §§ 161 Abs. 2, 160 Abs. 1 und 3 HGB für alle bis zum Zeitpunkt ihres Ausscheidens begründeten Verbindlichkeiten (sog. **Altverbindlichkeiten**) weiter. Eine Verbindlichkeit ist zum Zeitpunkt des Ausscheidens des Gesellschafters iSd § 160 Abs. 1 HGB begründet, wenn der **Rechtsgrund** bereits bis zu diesem Zeitpunkt gelegt war, auch wenn die Gesellschaftsschuld **erst später fällig** wird.[1272] Diese Voraussetzung kommt insbesondere bei **Dauerschuldverhältnissen** zum Tragen, zB einem bestehenden (Gewerbe-)Mietvertrag der GmbH & Co. KG, bei dem Mietforderungen erst nach dem Ausscheiden des Gesellschafters fällig werden. Die Haftung des ausgeschiedenen Komplementärs ist nach § 160 Abs. 1 S. 1 HGB **zeitlich begrenzt**. Danach haftet der Komplementär für die bis zu seinem Ausscheiden begründeten Verbindlichkeiten nur, wenn sie vor Ablauf von fünf Jahren nach seinem Ausscheiden fällig und gegen ihn in einer in § 160 Abs. 1 S. 1 und 3 HGB festgelegten Weise gerichtlich geltend gemacht werden (zB Klage oder Mahnbescheid). Die Frist beginnt mit dem Ende des Tages, an dem das Ausscheiden in das Handelsregister des zuständigen Gerichts eingetragen ist (§ 160 Abs. 1 S. 2 HGB).

716 Für **Neuverbindlichkeiten**, die erst nach dem Ausscheiden der Komplementär-GmbH begründet werden, haftet diese nur nach **Rechtsscheinsgrundsätzen** (§ 15 Abs. 1 HGB), solange ihr Ausscheiden nicht im Handelsregister eingetragen und bekannt gemacht wurde (§§ 161 Abs. 2, 143 Abs. 2 HGB) und den Gläubigern nicht bekannt ist.[1273]

b) Kommanditisten

717 Die Haftung eines **eintretenden Kommanditisten** für **Neuverbindlichkeiten** der Gesellschaft bestimmt sich nach den allgemeinen Vorschriften der §§ 171 f HGB. Er haftet also für alle Gesellschaftsverbindlichkeiten persönlich und unmittelbar bis zur Höhe seiner im Handelsregister eingetragenen

---

1266 BGH NJW 1994, 2536; BGH NJW 1973, 651, 652.
1267 BGHZ 123, 281, 284.
1268 BGHZ 123, 281, 284.
1269 BGHZ 123, 281, 289; Palandt/*Sprau* § 738 Rn 8.
1270 BGHZ 65, 22, 24; OLG Frankfurt BB 1978, 170.
1271 Wagner/Rux/*Wagner* Rn 542.
1272 BGHZ 55, 267, 269 f.
1273 BGHZ 17, 13, 17 f.

Haftsumme, solange er keine Einlage in dieser Höhe in das Gesellschaftsvermögen erbracht hat, § 171 Abs. 1, 1. Hs HGB. Seine Haftung ist nach § 171 Abs. 1, 2. Hs HGB ausgeschlossen, soweit die Einlage geleistet ist. Auch die Haftung für **Altverbindlichkeiten** unterliegt gemäß § 173 HGB dieser Regelung. Wer als Kommanditist in eine bestehende Handelsgesellschaft eintritt, haftet demnach für die vor seinem Eintritt begründeten Gesellschaftsverbindlichkeiten nach Maßgabe der §§ 171 f HGB. Eine darüber hinausgehende **unbeschränkte Haftung** des eintretenden Kommanditisten nach § 176 Abs. 2 HGB scheidet bei Eintritt in eine GmbH & Co. KG regelmäßig aus. Zwar haftet nach dieser Vorschrift ein Kommanditist, der in eine bestehende KG eintritt, entsprechend § 176 Abs. 1 HGB für die zwischen seinem Eintritt und dessen Eintragung in das Handelsregister begründeten Verbindlichkeiten unbeschränkt. Diese Haftung entfällt jedoch nach § 176 Abs. 2 und Abs. 1 S. 1 HGB, wenn die Gesellschaftsgläubiger Kenntnis von seiner Kommanditistenstellung haben, was stets anzunehmen ist, wenn die Gesellschaft unter der Firma einer GmbH & Co. KG auftritt.[1274] Denn in einer GmbH & Co. KG sind mit Ausnahme der Komplementär-GmbH alle Gesellschafter üblicherweise Kommanditisten, so dass der Geschäftsverkehr nicht damit rechnet, ein nicht eingetragener Gesellschafter hafte unbeschränkt persönlich. Eine Haftung nach § 176 Abs. 2 HGB lässt sich in anwaltlicher Vorsorge von vornherein ausschließen, indem im Aufnahme- oder Übertragungsvertrag festgelegt wird, dass der Beitritt des neuen Kommanditisten erst mit dessen Eintragung in das Handelsregister wirksam wird.

Der **ausscheidende Kommanditist** haftet für alle bis zu seinem Austritt begründeten Verbindlichkeiten (sog. **Altverbindlichkeiten**) ebenfalls nach den allgemeinen Regeln der §§ 171 f HGB. Dies bedeutet, dass seine persönliche und unmittelbare Haftung ausgeschlossen ist, soweit er eine Einlage in das Gesellschaftsvermögen erbracht hat. Diese Haftung lebt jedoch nach § 172 Abs. 4 S. 1 HGB (**Einlagenrückgewähr**) wieder auf, wenn ihm aus dem Gesellschaftsvermögen eine Abfindung gezahlt wird.[1275] Eine Abfindung in diesem Sinne liegt auch dann vor, wenn der ausscheidende Kommanditist eine Zahlung von dem eintretenden Kommanditisten erlangt und die Gesellschaft diese Zahlung auf dessen Einlageschuld anrechnet.[1276] Wird das **Auseinandersetzungsguthaben** des ausscheidenden Kommanditisten in ein **Darlehen** umgewandelt, lebt seine persönliche Haftung nach § 172 Abs. 4 S. 1 HGB nur dann wieder auf, wenn das Darlehen getilgt oder Zinsen gezahlt werden, obwohl die Gesellschaft keine Gewinne erzielt hat und hierdurch der Kapitalanteil des Kommanditisten unter den Betrag der Haftsumme herabgemindert wird.[1277] Die Nachhaftung des ausgeschiedenen Kommanditisten, der für Altverbindlichkeiten persönlich und unmittelbar einzustehen hat, ist wie bei einem ausgeschiedenen Komplementär auf den Zeitraum von fünf Jahren ab seinem Ausscheiden aus der Gesellschaft begrenzt (§§ 160 Abs. 1, 171 Abs. 1, 1. Hs HGB).

Überträgt ein Kommanditist seinen Geschäftsanteil, gehen alle Mitgliedschaftsrechte und -pflichten auf den Rechtsnachfolger über. Hat der ausgeschiedene Kommanditist also seine Einlage in das Gesellschaftsvermögen voll erbracht, scheidet – bei einem Rechtsnachfolgevermerk im Handelsregister[1278] – eine persönliche und unmittelbare Haftung des Rechtsnachfolgers aus (§ 171 Abs. 1, 2. Hs HGB). Hat der Altkommanditist hingegen seine Einlage noch nicht haftungsbefreiend geleistet oder diese zurückerhalten (§§ 171 Abs. 1, 1. Hs, 172 Abs. 4 HGB), so haftet sein Rechtsnachfolger den Gesellschaftsgläubigern gegenüber persönlich und unmittelbar wie der Altkommanditist. Daneben bleibt die Nachhaftung des ausgeschiedenen Kommanditisten für Altverbindlichkeiten gemäß §§ 160, 171 Abs. 1, 1. Hs HGB bestehen, so dass **Alt- und Neukommanditist** in Höhe der Haftsumme für die Altverbindlichkeiten der Gesellschaft als **Gesamtschuldner** einzustehen haben.[1279] Zahlt der Neukommanditist in dieser Situation die Einlage (wieder) in das Gesellschaftsvermögen, schließt dies sowohl seine persönliche Haftung als auch diejenige des Altkommanditisten nach § 171 Abs. 1, 2. Hs HGB

1274 Baumbach/Hopt/*Hopt* § 177 a Rn 19.
1275 BGH NJW 1963, 1873, 1876.
1276 Wagner/Rux/*Wagner* Rn 541.
1277 BGHZ 39, 319, 332.
1278 Vgl hierzu oben Rn 685.
1279 Großkomm/*Schilling* § 173 Rn 8.

aus. Wird dem Neukommanditisten umgekehrt die Einlage zurückgezahlt (§ 172 Abs. 4 HGB), lebt für Altverbindlichkeiten auch die persönliche Nachhaftung des ausgeschiedenen Kommanditisten wieder auf (§§ 160 Abs. 1, 171 Abs. 1, 1. Hs HGB).[1280]

VII. Beendigung

720 Die GmbH & Co. KG muss bis zu ihrem endgültigen **Erlöschen** verschiedene Stadien durchlaufen. Am Anfang steht die **Auflösung**, mit der die GmbH & Co. KG ihre werbende und unternehmerische Tätigkeit einstellt. An die Auflösung schließt sich die Abwicklung (**Liquidation**) der GmbH & Co. KG an, in deren Verlauf die schwebenden Geschäfte beendet, die Schulden bezahlt und das Vermögen verwertet werden. Erst nach der vollständigen Begleichung aller Schulden und der Auskehr des etwaigen Restvermögens an die Gesellschafter tritt die **Vollbeendigung** der Gesellschaft ein.[1281] Von dieser Art der Beendigung ist das zwangsweise herbeigeführte Ende der GmbH & Co. KG infolge einer **Insolvenz** zu unterscheiden. Sowohl bei der Auflösung und Liquidation als auch beim Insolvenzverfahren ist zwischen der GmbH & Co. KG einerseits und ihrer Komplementär-GmbH andererseits zu unterscheiden. Beide Gesellschaften durchlaufen ihre eigenen Liquidations- bzw Insolvenzverfahren, die zum Teil unterschiedlich gesetzlich geregelt und nicht aufeinander abgestimmt sind.[1282] Die Auflösung und Liquidation einer GmbH & Co. KG ist in §§ 161 Abs. 2, 131 ff HGB geregelt. Die Auflösung und Liquidation der Komplementär-GmbH erfolgt hingegen nach §§ 60 ff GmbHG. Eine Verknüpfung in der Weise, dass die Auflösung der einen Gesellschaft automatisch zur Auflösung der anderen führt, sieht das Gesetz nicht vor.

1. Auflösung

a) Auflösungsgründe

721 In §§ 161 Abs. 2, 131 Abs. 1 und 2 HGB sind die einzelnen Gründe aufgeführt, die von Gesetzes wegen zur Auflösung einer GmbH & Co. KG führen. Eine KG wird danach aufgelöst durch den **Ablauf der Zeit**, für welche sie eingegangen ist, durch **Gesellschafterbeschluss**, durch die Eröffnung des **Insolvenzverfahrens** über das Vermögen der Gesellschaft und durch **gerichtliche Entscheidung** (§ 131 Abs. 1 Nr. 1–4 HGB). Eine typische GmbH & Co. KG, bei der kein persönlich haftender Gesellschafter eine natürliche Person ist, wird darüber hinaus mit Rechtskraft des Beschlusses, durch den die Eröffnung des Insolvenzverfahrens mangels Masse abgelehnt wird, und durch die Löschung wegen Vermögenslosigkeit nach § 141 a HGB aufgelöst (§ 131 Abs. 2 Nr. 1 und 2 HGB). Die Gründe für die Auflösung der Komplementär-GmbH sind in § 60 Abs. 1 Nr. 1–7 GmbHG geregelt. Sie entsprechen im Wesentlichen den Gründen für die Auflösung der GmbH & Co. KG. Die **Auflösung der Komplementär-GmbH** stellt keinen gesetzlichen Auflösungsgrund für die KG dar.[1283] Auf die Auflösung der Komplementär-GmbH wird vielmehr grundsätzlich die Bestimmung des § 131 Abs. 3 Nr. 1 HGB entsprechend angewandt, wonach ein Gesellschafter im Todesfall aus der Gesellschaft ausscheidet.[1284] Allerdings erfolgt das Ausscheiden hier nach überwiegender Ansicht nicht schon mit der Auflösung der Gesellschaft, sondern erst mit ihrer Vollbeendigung.[1285] Sofern jedoch die Komplementär-GmbH dadurch aufgelöst wird, dass über ihr Vermögen das Insolvenzverfahren eröffnet wird (§ 60 Abs. 1 Nr. 4 GmbHG), scheidet sie gemäß § 131 Abs. 3 Nr. 2 HGB bereits hierdurch aus der KG aus.[1286] Ist **kein anderer Komplementär** vorhanden, bewirkt das Ausscheiden die **Auflösung** der GmbH & Co. KG, es sei denn, ein neuer persönlich haftender Gesellschafter wird berufen.[1287]

1280 BGH NJW 1976, 751, 752.
1281 Vgl Hesselmann/Tillmann/Mueller-Thuns/*Lüke* § 11 Rn 1.
1282 Hesselmann/Tillmann/Mueller-Thuns/*Lüke* § 11 Rn 3.
1283 Wagner/Rux/*Wagner* Rn 633.
1284 Ebenroth/Boujong/Joost/*Henze* § 177 a Anh. A Rn 216.
1285 BGHZ 96, 151, 154; BGHZ 75, 178, 181.
1286 BGH NZG 2004, 611.
1287 BGH WM 1978, 675, 676; BGHZ 8, 35, 37 f; BayObLG BB 2000, 1211, 1212.

Den Gesellschaftern steht es frei, im **Gesellschaftsvertrag** der KG weitere **Auflösungsgründe** fest- 722
zuschreiben. Insbesondere die in § 131 Abs. 3 Nr. 1–6 HGB genannten Gründe (zB Tod eines Gesellschafters, Eröffnung des Insolvenzverfahrens über das Vermögen eines Gesellschafters, Kündigung eines Gesellschafters oder Kündigung durch den Privatgläubiger eines Gesellschafters) führen nur dann zur Auflösung der Gesellschaft, wenn dies im Gesellschaftsvertrag ausdrücklich angeordnet ist. Anderenfalls hat der Eintritt eines in § 131 Abs. 3 Nr. 1–6 HGB genannten Grundes lediglich zur Folge, dass der betreffende Gesellschafter ausscheidet. Für die Praxis ist zu empfehlen, eine eindeutige Regelung in den Gesellschaftsvertrag der KG aufzunehmen, nach der entweder die Auflösung der Komplementär-GmbH automatisch auch zur Auflösung der KG führt oder die GmbH mit ihrer Auflösung aus der GmbH & Co. KG ausscheidet und diese unter den übrigen Gesellschaftern fortbesteht.[1288] Für diesen Fall ist weiter zu regeln, wer Komplementär der fortbestehenden Gesellschaft wird, wenn die GmbH die einzige persönlich haftende Gesellschafterin war. Das Ausscheiden der Komplementär-GmbH aus der GmbH & Co. KG bereits mit Auflösung erscheint sinnvoll, um die praktischen Schwierigkeiten zu vermeiden, die sich daraus ergeben, dass der Liquidator die aufgelöste GmbH einerseits abwickelt, diese aber andererseits zugleich für die KG werbend tätig werden soll.[1289]

b) Rechtsfolgen der Auflösung

Mit **Eintritt des Auflösungsgrundes** ist die Gesellschaft **automatisch aufgelöst**. Eines gesonderten 723
Umsetzungs- oder Vollzugsakts bedarf es hierzu nicht. Die Gesellschaft wird zur **Liquidationsgesellschaft** und muss dies in ihrer Firma nach §§ 161 Abs. 2, 153 HGB durch einen entsprechenden Zusatz deutlich machen (zB „in Liquidation", „i. L." oder „in Abwicklung"). Durch die Auflösung entfällt der **Erwerbszweck** der Gesellschaft; diese ist also nicht mehr werbend tätig, sondern ihr **Zweck** ist jetzt die **Abwicklung**.[1290] Nach §§ 161 Abs. 2, 143 Abs. 1 S. 1 HGB ist die Auflösung von sämtlichen Gesellschaftern, also auch den Kommanditisten, zur Eintragung in das Handelsregister anzumelden. Die Rechtsbeziehungen der Gesellschaft zu Dritten bleiben von der Auflösung zunächst unberührt. Die bloße Auflösung beendet insbesondere nicht die bestehenden Vertragsverhältnisse. Die Gesellschaft bleibt hieraus also berechtigt und verpflichtet.

Hinweis: Auf dem Gesellschaftsverhältnis beruhende Ansprüche unter Gesellschaftern sind in der Liquidation in der Regel nicht mehr selbständig durch Leistungsklage geltend zu machen, sondern nur noch unselbständige Rechnungsposten der Auseinandersetzung.[1291] Möglich bleibt aber insoweit die Feststellungsklage.[1292]

Die **Auflösung der KG** führt **nicht automatisch** zur **Auflösung der Komplementär-GmbH**.[1293] Denn 724
nach § 60 Abs. 1 GmbHG ist die Auflösung der KG kein gesetzlicher Auflösungsgrund für die Komplementär-GmbH. Etwas anderes gilt nach § 60 Abs. 2 GmbHG nur, wenn der Gesellschaftsvertrag der Komplementär-GmbH dies bestimmt. Im Falle einer personen- und beteiligungsgleichen GmbH & Co. KG kann jedoch der Auflösungsbeschluss der Gesellschafter der KG unter Umständen zugleich als Auflösungsbeschluss für die Komplementär-GmbH ausgelegt werden.[1294] Allerdings muss der Auflösungsbeschluss auch den Anforderungen des GmbH-Rechts genügen, und es müssen konkrete Anhaltspunkte dafür vorliegen, dass die Gesellschafter neben der KG auch die Komplementär-GmbH auflösen wollten.

2. Liquidation

Nach der **Auflösung** der GmbH & Co. KG findet gemäß §§ 161 Abs. 2, 145 Abs. 1 HGB die **Liquida-** 725
tion statt, sofern nicht eine andere Art der Auseinandersetzung von den Gesellschaftern vereinbart

---

1288 Hesselmann/Tillmann/Mueller-Thuns/*Lüke* § 11 Rn 24.
1289 Hesselmann/Tillmann/Mueller-Thuns/*Lüke* § 11 Rn 23.
1290 Baumbach/Hopt/*Hopt* § 145 Rn 4.
1291 BGH NJW 1984, 1455, 1456.
1292 BGH NJW 1985, 1898.
1293 Wagner/Rux/*Wagner* Rn 633.
1294 Hesselmann/Tillmann/Mueller-Thuns/*Lüke* § 11 Rn 30.

oder über das Vermögen der Gesellschaft das Insolvenzverfahren eröffnet ist. Entsprechendes gilt nach § 66 Abs. 1 GmbHG für die Komplementär-GmbH. Ziel der Liquidation ist die **Abwicklung der Gesellschaft**, an deren Ende die Verteilung des verbleibenden Vermögens an die Gesellschafter und damit die Vollbeendigung der Gesellschaft steht.[1295] Wie bei der Auflösung sind auch bei der Liquidation die GmbH & Co. KG und ihre Komplemtär-GmbH getrennt zu betrachten. Die Liquidation der GmbH & Co. KG erfolgt nach §§ 161 Abs. 2, 145 ff HGB, während für die Liquidation der GmbH die §§ 66 ff GmbHG gelten. Schon wegen der persönlichen Haftung der Komplementär-GmbH für die Verbindlichkeiten der KG sollten jedoch die beiden rechtlich selbständigen Verfahren aufeinander abgestimmt werden.

a) Liquidatoren

726 Bei der GmbH & Co. KG erfolgt die Liquidation nach §§ 161 Abs. 2, 146 S. 1 HGB durch **sämtliche Gesellschafter** – also auch die Kommanditisten – als Liquidatoren, sofern die Liquidation nicht durch einen Gesellschafterbeschluss oder durch den Gesellschaftsvertrag einzelnen Gesellschaftern oder anderen Personen übertragen ist. Diese wenig praktikable Regelung wird im Gesellschaftsvertrag üblicherweise dahingehend abgeändert, dass die geschäftsführende Komplementär-GmbH die Liquidation durchführen soll.[1296] In dem Gesellschaftsvertrag der GmbH & Co. KG könnte es insoweit heißen:

▶ **§ ... Auflösung der Gesellschaft**
Bei Auflösung der Gesellschaft erfolgt die Liquidation durch die Komplementärin. Der Umfang ihrer Geschäftsführungs- und Vertretungsmacht wird durch die Eröffnung der Liquidation nicht verändert.[1297] ◀

Die Liquidatoren und ihre Vertretungsmacht sind gemäß §§ 161 Abs. 2, 148 Abs. 1 S. 1 HGB von sämtlichen Gesellschaftern zur Eintragung in das Handelsregister anzumelden. **Gesetzliche Liquidatoren** der GmbH sind nach § 66 Abs. 1 GmbHG die Geschäftsführer, wenn die Liquidation nicht durch den Gesellschaftsvertrag oder durch einen Gesellschafterbeschluss anderen Personen übertragen wird. Die **ersten Liquidatoren** sowie ihre Vertretungsbefugnis sind durch die Geschäftsführer, jeder Personenwechsel und jede Änderung ihrer Vertretungsbefugnis sind durch die Liquidatoren zur Eintragung in das Handelsregister anzumelden (§ 67 Abs. 1 GmbHG). Nach dem Gesetz sind in der GmbH & Co. KG und in der Komplementär-GmbH also unterschiedliche Personengruppen berufen, die jeweilige Gesellschaft zu liquidieren. Zweckmäßigerweise sollten jedoch die Geschäftsführer der Komplementär-GmbH auch für die Abwicklung der GmbH & Co. KG zuständig sein, da sie bereits zuvor deren Geschäfte geführt haben. Der Gesellschaftsvertrag der KG sollte daher – entsprechend dem vorstehenden Muster – § 146 Abs. 1 HGB abbedingen und für den Fall der Abwicklung die Geschäftsführer der Komplementär-GmbH zu Liquidatoren bestimmen.[1298]

b) Aufgaben der Liquidatoren

727 Gemäß §§ 161 Abs. 2, 149 S. 2 HGB vertreten die Liquidatoren innerhalb ihres Geschäftskreises die Gesellschaft gerichtlich und außergerichtlich. Die **Vertretungsmacht** der bisherigen geschäftsführenden Gesellschafter und Prokuristen erlischt zugunsten jener der Liquidatoren.[1299] Die Aufgabe der Liquidatoren besteht nach §§ 161 Abs. 2, 149 S. 1, 1. Hs HGB darin, die **laufenden Geschäfte zu beenden**, die **Forderungen einzuziehen**, das übrige **Gesellschaftsvermögen zu verwerten** und die **Gläubiger zu befriedigen**. Um schwebende Geschäfte zu beenden, können die Liquidatoren auch neue Geschäfte eingehen (§§ 161 Abs. 2, 149 S. 1, 2. Hs HGB). Sie haben dabei stets das Wohl der Gesellschaft und das Interesse der Gesellschafter an einem **möglichst hohen Liquidationserlös** zu beachten.[1300] Ein Liquidationsgewinn oder -verlust wird gemäß dem gesellschaftsvertraglichen oder gesetz-

---

1295 Hesselmann/Tillmann/Mueller-Thuns/*Lüke* § 11 Rn 33.
1296 Wagner/Rux/*Wagner* Rn 634.
1297 Beispiel nach *Klamroth*, Die GmbH & Co. KG, S. 25.
1298 Hesselmann/Tillmann/Mueller-Thuns/*Lüke* § 11 Rn 65.
1299 Baumbach/Hopt/*Hopt* § 145 Rn 4.
1300 Hesselmann/Tillmann/Mueller-Thuns/*Lüke* § 11 Rn 45.

lichen Gewinn- bzw Verlustverteilungsschlüssel an die Gesellschafter ausgekehrt oder auf sie umgelegt (vgl §§ 161 Abs. 2, 155 HGB).[1301]

Entsprechendes gilt im Wesentlichen für die Durchführung der Liquidation bei der GmbH. Wie bei der KG haben die Liquidatoren die laufenden Geschäfte zu beenden, die Forderungen einzuziehen, das Vermögen zu verwerten und die Gläubiger der Gesellschaft zu befriedigen (§ 70 GmbHG). Das verbleibende Vermögen haben sie nach dem Verhältnis der Geschäftsanteile unter den Gesellschaftern zu verteilen (§ 72 S. 1 GmbHG). Es gilt jedoch die Besonderheit, dass die Verteilung nach § 73 Abs. 1 GmbHG nicht vor Ablauf eines **Sperrjahres**, das mit der dritten Bekanntmachung der Auflösung beginnt, vorgenommen werden darf. Nach einer in der Literatur vertretenen Ansicht soll die Regelung des § 73 GmbHG über das Sperrjahr auf die GmbH & Co. KG entsprechend anzuwenden sein.[1302]   728

c) Vollbeendigung

Mit der **Verteilung des letzten Aktivvermögens** ist die GmbH & Co. KG zivilrechtlich **voll beendet**. Mit ihrer Vollbeendigung **verliert** die Gesellschaft ihre **Rechts- und damit Parteifähigkeit** iSd § 50 Abs. 1 ZPO. Die Liquidatoren haben nach der Beendigung der Liquidation das Erlöschen der Firma zur Eintragung in das Handelsregister anzumelden (§§ 161 Abs. 2, 157 Abs. 1 HGB). Die Löschungseintragung wirkt allerdings nur deklaratorisch. Für Kapitalgesellschaften wie die GmbH ist der Zeitpunkt der Vollbeendigung hingegen umstritten. Nach der auch in der Rechtsprechung vertretenen **Lehre vom Doppeltatbestand** setzt die Vollbeendigung einer GmbH neben deren Vermögenslosigkeit voraus, dass die Löschung der Gesellschaft im Handelsregister eingetragen wird.[1303] Teilweise wird unabhängig von der Vermögenssituation der GmbH eine konstitutive Wirkung der Löschung im Handelsregister angenommen.[1304]   729

3. Insolvenz

Einer der **gesetzlichen Auflösungsgründe** für die GmbH & Co. KG ist gemäß §§ 161 Abs. 2, 131 Abs. 1 Nr. 3 HGB die **Eröffnung des Insolvenzverfahrens** über das Vermögen der Gesellschaft. Die Eröffnung des Insolvenzverfahrens über das Vermögen eines **Gesellschafters** führt hingegen nach §§ 161 Abs. 2, 131 Abs. 3 Nr. 2 HGB nur dazu, dass der betreffende Gesellschafter ausscheidet. Somit ist zwischen der Insolvenz der KG und der Insolvenz ihrer Komplementär-GmbH rechtlich streng zu trennen, auch wenn es in der Praxis nur selten zur Insolvenz der einen Gesellschaft ohne gleichzeitige Insolvenz der anderen kommen wird.   730

a) Insolvenzgründe

Die Eröffnung des Insolvenzverfahrens setzt nach § 16 InsO voraus, dass ein **Eröffnungsgrund** gegeben ist. Insolvenzgründe sind sowohl bei der typischen GmbH & Co. KG als auch bei ihrer **Komplementär-GmbH** die **Zahlungsunfähigkeit**, § 17 InsO, und die **Überschuldung** der Gesellschaft, § 18 InsO. Weiterer Insolvenzgrund ist nach Maßgabe von § 18 InsO die **drohende Zahlungsunfähigkeit**.   731

aa) (Drohende) Zahlungsunfähigkeit

Der Schuldner ist nach § 17 Abs. 1 S. 1 InsO zahlungsunfähig, wenn er nicht in der Lage ist, die fälligen Zahlungspflichten zu erfüllen. **Zahlungsunfähigkeit** ist in der Regel anzunehmen, wenn der Schuldner seine **Zahlungen eingestellt** hat (§ 17 Abs. 1 S. 2 InsO). Die Zahlungsunfähigkeit ist von der bloßen **Zahlungsstockung** abzugrenzen. Wichtige Leitlinien hierzu hat der BGH in seinem Urteil vom 24.5.2005 aufgestellt:[1305] Beträgt eine innerhalb von drei Wochen nicht zu beseitigende **Liquiditätslücke** des Schuldners weniger als 10 % seiner fälligen Gesamtfälligkeiten, ist regelmäßig noch von   732

[1301] BGHZ 19, 42, 48.
[1302] Ebenroth/Boujong/Joost/*Henze* § 177 a Anh. A Rn 231.
[1303] OLG Düsseldorf GmbHR NZG 2004, 916, 918; OLG Stuttgart ZIP 1986, 647, 648; Baumbach/Hueck/*Schulze-Osterloh/Fastrich* § 60 Rn 6.
[1304] Vgl Wagner/Rux/*Wagner* Rn 639.
[1305] BGH NJW 2005, 3062 ff.

Zahlungsfähigkeit auszugehen, es sei denn, es ist bereits absehbar, dass die Lücke demnächst mehr als 10 % erreichen wird. Die **drohende Zahlungsunfähigkeit** ist in § 18 Abs. 2 InsO definiert. Der Schuldner droht danach zahlungsunfähig zu werden, wenn er voraussichtlich nicht in der Lage sein wird, die bestehenden Zahlungspflichten zum Zeitpunkt der Fälligkeit zu erfüllen.

bb) Überschuldung

733 Der Insolvenzgrund der **Überschuldung** liegt nach § 19 Abs. 2 S. 1 InsO vor, wenn das **Vermögen des Schuldners** die bestehenden **Verbindlichkeiten nicht mehr deckt**. Bei einer juristischen Person wie der Komplementär-GmbH ist die Überschuldung gemäß § 19 Abs. 1 InsO in jedem Fall Eröffnungsgrund. Nach § 19 Abs. 3 S. 1 InsO ist die Überschuldung auch Eröffnungsgrund im Falle einer typischen GmbH & Co. KG, bei der kein persönlich haftender Gesellschafter eine natürliche Person ist. Ist in der GmbH & Co. KG hingegen eine natürliche Person vorhanden, die neben der Komplementär-GmbH als persönlich haftender Gesellschafter **unbeschränkt haftet**, entfällt nach § 19 Abs. 3 S. 2 InsO die **Insolvenzantragspflicht** für den Fall der Überschuldung. Bisweilen wird eine natürliche Person als zusätzliche Komplementärin in eine GmbH & Co. KG aufgenommen, um die Insolvenzantragspflicht nach § 19 Abs. 3 S. 2 InsO zu vermeiden. Übernimmt diese natürliche Person die Komplementärrolle allerdings nur zum Schein und ist sie überdies im Wesentlichen vermögenslos, wird man eine **Umgehung** des § 19 Abs. 3 S. 2 InsO anzunehmen haben, welche die Geschäftsführer nicht von ihrer Insolvenzantragspflicht befreit.[1306]

734 Ob eine Überschuldung der Gesellschaft besteht, ist auf der Grundlage einer besonderen Vermögensbilanz, der sog. **Überschuldungsbilanz** festzustellen.[1307] Die Werte, die für die Vermögensgegenstände in die Überschuldungsbilanz einzustellen sind, fallen in der Regel unterschiedlich aus, je nachdem, ob man von der **Fortführung** oder der **Liquidation** des Unternehmens ausgeht. Nach § 19 Abs. 2 S. 2 InsO ist bei der Bewertung des Schuldnervermögens die Fortführung des Unternehmens zugrunde zu legen, wenn diese nach den Umständen überwiegend wahrscheinlich ist (§ 19 Abs. 2 S. 2 InsO). Ob der Tatbestand der Überschuldung gegeben ist, wird danach in einem **zweistufigen Prüfungsverfahren** festgestellt: Zunächst ist in einem **ersten Schritt** eine **Fortführungsprognose** vorzunehmen. Sodann wird in einem **zweiten Schritt** die **Überschuldungsbilanz** aufgestellt, wobei das Ergebnis der Fortführungsprognose den Ansatz und die Bewertung des Vermögens des Schuldners bestimmt.[1308] Fällt die Fortführungsprognose positiv aus, ist also mit überwiegender Wahrscheinlichkeit von einer Fortführung des schuldnerischen Unternehmens zu rechnen, sind in der Überschuldungsbilanz die **Fortführungswerte** (Wiederbeschaffungswerte) zugrunde zu legen. Ist die Fortführungsprognose hingegen negativ, so sind in der Überschuldungsbilanz lediglich die **Liquidationswerte** (Nettoveräußerungswerte) anzusetzen. Ergibt sich aus der Überschuldungsbilanz, dass das Vermögen der Gesellschaft die Schulden nicht mehr deckt, ist die Gesellschaft überschuldet.[1309]

735 Auch wenn die Überschuldung der GmbH strikt von jener der KG zu unterscheiden ist, bleibt eine **Überschuldung der GmbH & Co. KG** in der Regel **nicht ohne Folgen** für ihre **Komplementär-GmbH**. Denn diese haftet nach §§ 161 Abs. 2, 128 HGB für die Verbindlichkeiten der KG. Ist die KG überschuldet, muss die Komplementär-GmbH mit einer Inanspruchnahme rechnen, ohne über einen werthaltigen Freistellungsanspruch gegenüber der KG nach §§ 161 Abs. 2, 110 HGB zu verfügen.[1310] Ist die Komplementär-GmbH in diesem Fall – wie üblich – nur mit dem gesetzlichen Mindeststammkapital ausgestattet und hat sie neben der KG-Beteiligung kein weiteres Vermögen, führt die **Überschuldung der KG** regelmäßig auch zur **Überschuldung der Komplementär-GmbH**.[1311] Eine Überschuldung der Komplementär-GmbH liegt danach vor, wenn ihre eigenen Aktiva und die Aktiva der KG zusammen nicht mehr ausreichen, um die Verbindlichkeiten beider Gesellschaften abzudecken.[1312]

1306 Hesselmann/Tillmann/Mueller-Thuns/*Lüke* § 11 Rn 74.
1307 Braun/*Kind* § 19 Rn 10.
1308 BGH ZIP 2001, 235, 236; OLG Naumburg GmbHR 2004, 361, 362.
1309 Hesselmann/Tillmann/Mueller-Thuns/*Lüke* § 11 Rn 79.
1310 BGH BB 1991, 246.
1311 BGH BB 1991, 246; BGHZ 67, 171, 175.
1312 Hesselmann/Tillmann/Mueller-Thuns/*Lüke* § 11 Rn 99.

Eine Überschuldung entfällt hingegen, wenn die Komplementär-GmbH im Innenverhältnis einen **realisierbaren** und **werthaltigen Freistellungsanspruch** gegen die Kommanditisten kraft besonderer Abrede hat.[1313]

b) Insolvenzantrag

Im Fall einer typischen GmbH & Co. KG – nur eine GmbH ist Komplementärin – besteht nach §§ 130 a Abs. 1, 177 a HGB die **Verpflichtung**, einen **Insolvenzantrag** zu stellen, wenn die Gesellschaft zahlungsunfähig oder überschuldet ist.[1314] Der Antrag ist gemäß § 130 a Abs. 1 S. 3 HGB **ohne schuldhaftes Zögern**, spätestens aber drei Wochen nach Eintritt der Zahlungsunfähigkeit oder der Überschuldung der Gesellschaft zu stellen. **Antragspflichtig** sind die **organschaftlichen Vertreter** der zur Vertretung der Gesellschaft ermächtigten Gesellschafter und die Liquidatoren. Die **drohende Zahlungsunfähigkeit (§ 18 InsO) berechtigt** den Geschäftsführer der Komplementär-GmbH zur Stellung eines Insolvenzantrags, verpflichtet ihn hierzu aber nicht. Die Geschäftsführer dürfen zudem ab dem Eintritt der Zahlungsunfähigkeit oder Überschuldung der Gesellschaft grundsätzlich keine Zahlungen aus dem Gesellschaftsvermögen mehr leisten, §§ 130 a Abs. 2 S. 1, 177 a HGB. Eine Ausnahme gilt gemäß § 130 a Abs. 2 S. 2 HGB nur für Zahlungen, die auch nach diesem Zeitpunkt mit der **Sorgfalt eines ordentlichen und gewissenhaften Geschäftsleiters** vereinbar sind. Verstößt ein Geschäftsführer gegen seine Pflichten aus §§ 130 a Abs. 1 und 2, 177 a HGB, ist er der Gesellschaft nach § 130 a Abs. 3 HGB zum **Schadensersatz** verpflichtet. Da § 130 a HGB als Schutzgesetz iSd § 823 Abs. 2 BGB einzuordnen ist, steht auch den geschädigten Gesellschaftsgläubigern ein **unmittelbarer** Schadensersatzanspruch gegen die Geschäftsführer der Komplementär-GmbH zu.[1315] Die Insolvenzantragspflicht ist zudem **strafbewehrt**, § 130 b HGB. Die in §§ 130 a, 177 a HGB festgelegten Pflichten treffen auch den sog. **faktischen Geschäftsführer** der GmbH & Co. KG.[1316] Faktischer Geschäftsführer ist, wer ohne förmliche Bestellung in maßgeblichem Umfang Geschäftsführungsmaßnahmen übernommen hat, wie sie nach Gesetz und Gesellschaftsvertrag für einen Geschäftsführer kennzeichnend sind, und wer die für den wirtschaftlichen Fortbestand des Unternehmens entscheidenden Maßnahmen trifft.[1317] Dem Geschäftsführer der Komplementär-GmbH obliegen hinsichtlich deren Zahlungsunfähigkeit oder Überschuldung nach § 64 GmbHG entsprechende Pflichten.

c) Eigenkapitalersetzende Gesellschafterleistungen

In §§ 32 a, 32 b GmbHG sind **eigenkapitalersetzende Gesellschafterleistungen** an eine GmbH geregelt. Bei einer typischen GmbH & Co. KG, bei der kein persönlich haftender Gesellschafter eine natürliche Person ist, gelten die §§ 32 a, 32 b GmbHG nach § 172 a S. 1 HGB sinngemäß mit der Maßgabe, dass an die Stelle der Gesellschafter der GmbH die **Gesellschafter** oder **Mitglieder der persönlich haftenden Gesellschafter** der KG sowie die **Kommanditisten** treten. Leistungen der **Komplementär-GmbH** an die KG unterfallen nach dem Wortlaut dieser Vorschrift also nicht den Bestimmungen über eigenkapitalersetzende Gesellschafterleistungen, wohl aber Leistungen der GmbH-Gesellschafter.

aa) Eigenkapitalfunktion einer Gesellschafterleistung

Eine eigenkapitalersetzende Gesellschafterleistung liegt unter den Voraussetzungen des § 32 a GmbHG vor. Hat ein Gesellschafter danach der Gesellschaft in einem Zeitpunkt, in dem ihr die Gesellschafter als ordentliche Kaufleute Eigenkapital zugeführt hätten (**Krise der Gesellschaft**), statt dessen ein Darlehen gewährt, so kann er den Anspruch auf Rückgewähr des Darlehens im **Insolvenzverfahren** über das Vermögen der Gesellschaft nur als **nachrangiger Insolvenzgläubiger** geltend machen. Gesellschafterdarlehen im Sinne dieser Regelung können **Kapitalhilfen jeder Art** mit **Kreditfunktion** sein. In Betracht kommen zB auch der Verkauf von Gütern an die Gesellschaft unter Eigen-

---

1313 Wagner/Rux/*Wagner* Rn 651.
1314 Ausführlich hierzu auch oben Rn 678.
1315 BGHZ 75, 96, 106, BGHZ 29, 100, 102.
1316 BGH DB 1988, 1263, 1264.
1317 BGH DB 1988, 1263, 1264.

tumsvorbehalt und Stundung der Kaufpreisforderung oder die Abtretung einer Eigentümergrundschuld zur Absicherung eines Drittkredits.[1318] Auch die **Gebrauchsüberlassung** aufgrund eines Miet- oder Pachtverhältnisses kann den Regelungen über den Eigenkapitalersatz unterfallen.[1319]

739 Maßgeblich für die Qualifizierung eines Gesellschafterdarlehens als eigenkapitalersetzend ist die Frage, ob zum Zeitpunkt der Darlehensgewährung eine **ordnungsgemäße Unternehmensfinanzierung** die Einbringung von **weiterem haftenden Eigenkapital** geboten hätte (Krise der Gesellschaft).[1320] Das ist nach der Rechtsprechung des BGH jedenfalls dann der Fall, wenn die Gesellschaft überschuldet oder zahlungsunfähig ist.[1321] Ohne Insolvenzreife der Gesellschaft in diesem Sinne kommt nach der Rechtsprechung einem Gesellschafterdarlehen Kapitalersatzfunktion dann zu, wenn die Gesellschaft im Zeitpunkt der Darlehensgewährung **kreditunwürdig** war.[1322] Diese Kreditunwürdigkeit ist gegeben, wenn die Gesellschaft **von dritter Seite** nicht mehr zu marktüblichen Bedingungen Kredit erhält und ohne die Zuführung von Eigenkapital oder von Gesellschafterdarlehen **liquidiert** werden müsste.[1323] Maßgebend dafür, ob im Zeitpunkt der Darlehengewährung eine Krise der Gesellschaft im vorstehenden Sinne vorlag, ist eine **objektive Beurteilung** nach allgemeinen Grundsätzen kaufmännisch ordnungsgemäßer Unternehmensfinanzierung.[1324] Es kommt also nicht darauf an, ob der Gesellschafter die Umstände kannte oder hätte kennen müssen, welche die Eigenkapitalfunktion des von ihm gewährten Darlehens begründen.

740 Etwas anderes gilt, wenn ein Gesellschafter ein der Gesellschaft bereits gewährtes Darlehen in der Krise stehen lässt. Das „**Stehenlassen**" eines Darlehens in der Krise der Gesellschaft kann wie die Neugewährung eines Darlehens dazu führen, dass es wie Eigenkapital zu behandeln ist. Der BGH bejaht die Eigenkapitalersatzfunktion eines stehen gelassenen Darlehens immer dann, wenn der Gesellschafter nach Eintritt der Krise imstande ist, das Darlehen – gegebenenfalls nach Kündigung – zurückzufordern, und er dies unterlässt, obwohl er erkannt hat oder hätte erkennen müssen, dass das Darlehen inzwischen als Kapitalgrundlage für die Gesellschaft unentbehrlich geworden ist.[1325] Unter diesen Umständen reicht es aus, die **Rückforderung des Darlehens zu unterlassen**, um eine eigenkapitalersetzende Gesellschafterleistung anzunehmen.[1326] Für den Fall, dass der Darlehensgeber von der Krisensituation nichts wusste bzw auch nichts wissen musste und daher keinen Anlass sah, tätig zu werden, hat der BGH die Frage offengelassen, ob auch insoweit das bloße Unterlassen der Rückforderung ausreicht, um ein Darlehen als Eigenkapitalersatz zu qualifizieren.[1327]

bb) Rechtsfolgen der Eigenkapitalfunktion einer Gesellschafterleistung

741 Eine **Rechtsfolge** eigenkapitalersetzender Gesellschafterleistungen ergibt sich unmittelbar aus § 32 a GmbHG. Ist das Darlehen eines Kommanditisten oder GmbH-Gesellschafters an die GmbH & Co. KG iSd § 172 a HGB iVm § 32 a GmbHG als eigenkapitalersetzend zu qualifizieren, kann der **Darlehensgeber** seinen Anspruch auf **Rückzahlung im Insolvenzverfahren** über das Vermögen der Gesellschaft nur als **nachrangiger Insolvenzgläubiger** iSd § 39 Abs. 1 Nr. 5 InsO geltend machen. Forderungen auf Rückgewähr eines kapitalersetzenden Darlehens eines Gesellschafters oder gleichgestellte Forderungen werden danach im Rang nach den Forderungen der übrigen Insolvenzgläubiger und nach den in § 39 Abs. 1 Nr. 1–4 InsO beschriebenen Rangklassen berichtigt. Gesellschafter, die der Gesellschaft eigenkapitalersetzende Gesellschafterleistungen zugeführt haben, gehen im Falle der Insolvenz der Gesellschaft also regelmäßig leer aus. Die Forderungen nachrangiger Gläubiger sind

---

1318 BGH NJW-RR 1990, 230, 232; OLG Karlsruhe 1989, 739, 741.
1319 BGH WM 1993, 144, 145; BGH NJW 1990, 516 ff.
1320 Lutter/Hommelhoff/*Hommelhoff* § 32a/b Rn 18.
1321 BGH NZG 2004, 619, 620; BGHZ 76, 326, 332.
1322 BGH NJW 1999, 3120, 3121; BGHZ 105, 168, 184 f.
1323 BGH NJW 1999, 3120, 3121.
1324 Baumbach/Hueck/*Hueck/Fastrich* § 32 a Rn 47.
1325 BGH NJW 1985, 2719; BGHZ 75, 334, 339.
1326 BGH NJW 1985, 2719, 2720.
1327 BGH NJW 1985, 2719, 2720.

gemäß § 174 Abs. 3 S. 1 InsO nur dann zur Insolvenztabelle anzumelden, sofern das Insolvenzgericht besonders zur Anmeldung dieser Forderungen auffordert.

Die Rückzahlung und Besicherung eigenkapitalsersetzender Gesellschafterleistungen unterliegen zudem der **Insolvenzanfechtung** nach § 135 Nr. 1 und 2 InsO. Anfechtbar ist gemäß § 135 Nr. 2 InsO eine Rechtshandlung, die für die Forderung eines Gesellschafters auf Rückgewähr eines kapitalersetzenden Darlehens oder für eine gleichgestellte Forderung Befriedigung gewährt hat, wenn die Handlung im letzten Jahr vor dem Eröffnungsantrag oder nach diesem Antrag vorgenommen worden ist. Nach § 135 Nr. 1 InsO ist weiter eine Rechtshandlung anfechtbar, die für eine kapitalersetzende Gesellschafterleistung Sicherung gewährt hat, wenn die Handlung in den letzten zehn Jahren vor dem Antrag auf Eröffnung des Insolvenzverfahrens oder nach diesem Antrag vorgenommen worden ist. Im Falle einer erfolgreichen Insolvenzanfechtung besteht eine **Rückgewährpflicht zur Insolvenzmasse** nach § 143 Abs. 1 S. 1 InsO. Der Anfechtungsanspruch verjährt in zwei Jahren seit der Eröffnung des Insolvenzverfahrens (§ 146 Abs. 1 InsO). Ein Gesellschaftsgläubiger, der gegen die Gesellschaft einen vollstreckbaren Titel besitzt, kann die Rückzahlung eines eigenkapitalsersetzenden Darlehens auch außerhalb eines Insolvenzverfahrens nach § 6 AnfG anfechten. 742

Neben dieser **insolvenzrechtlichen Lösung** (§§ 32 a f GmbHG, 135 InsO), die der Gesetzgeber für eigenkapitalsersetzende Gesellschafterleistungen durch die am 4.7.1980 in Kraft getretene GmbH-Novelle eingeführt hat, gelten die von der **Rechtsprechung** bereits zuvor entwickelten **Grundsätze** (auch sog. „Rechtsprechungsregeln") fort. Hiernach sind Darlehen, die ein Gesellschafter der sonst nicht mehr lebensfähigen Gesellschaft anstelle von Eigenkapital zuführt oder beläßt, **wie gebundenes Stammkapital** nach den Vorschriften der §§ 30 f. GmbHG zu behandeln.[1328] Dies gilt entsprechend für Darlehen, die von Gesellschaftern einer GmbH & Co. KG dieser in der Krise gewährt werden, soweit die Rückgewähr zu Lasten des Stammkapitals der Komplementär-GmbH geht oder deren Überschuldung verschärft.[1329] Der Tatbestand des § 32 a GmbHG einerseits und der §§ 30, 31 GmbH andererseits unterscheiden sich in den Voraussetzungen des Insolvenzverfahrens (§ 32 a GmbHG) und der Beeinträchtigung des Stammkapitals (§§ 30, 31 GmbHG). Im Übrigen sind die Voraussetzungen im Wesentlichen gleich, da beiden Regelungssystemen ein einheitlicher Rechtsgedanke zugrunde liegt.[1330] 743

Die Rechtsprechungsregeln setzen voraus, dass die Gesellschafterleistung an eine GmbH & Co. KG entsprechend § 32 a GmbHG Eigenkapitalcharakter hat und ihre Rückgewähr zu Lasten des nach den §§ 30 f. GmbHG geschützten Stammkapitals der Komplementär-GmbH gehen würde.[1331] Eine derartige Auswirkung auf das Stammkapital der GmbH liegt in zwei Fällen vor: Erstens, wenn die GmbH & Co. KG überschuldet ist und ihre Komplementär-GmbH keine über ihr Stammkapital hinausgehenden Vermögenswerte besitzt. Denn die GmbH muss in diesem Fall im Hinblick auf ihre Haftung nach § 128 HGB die ungedeckten Verbindlichkeiten der KG passivieren oder zumindest entsprechende Rückstellungen bilden, wodurch ihr Stammkapital angegriffen wird.[1332] Zweitens geht die Rückzahlung einer eigenkapitalsersetzenden Gesellschafterleistung dann zu Lasten des Stammkapitals der Komplementär-GmbH, wenn diese am Vermögen der KG beteiligt ist und sich der Wert dieser Beteiligung durch den Kapitalverlust in der KG auf Kosten des Stammkapitals der GmbH mindert.[1333] Unter derartigen Umständen besteht analog § 30 Abs. 1 GmbHG ein **Verbot, eigenkapitalsersetzende Gesellschafterleistungen** zurückzuzahlen. Erfolgt dennoch eine Rückzahlung aus dem KG-Vermögen, steht der KG der **Erstattungsanspruch** entsprechend § 31 Abs. 1 GmbHG zu.[1334] Er wird vom Insolvenzverwalter geltend gemacht. Während der Anspruch auf Rückgewähr eigenkapitalsersetzender Gesellschafterleistungen gemäß §§ 32 a GmbHG, 135 Nr. 2, 143 InsO überhaupt nur besteht, wenn die Befriedigung innerhalb des letzten Jahres vor dem Eröffnungsantrag erfolgt ist, verjährt der 744

1328 Baumbach/Hueck/*Hueck*/*Fastrich* § 32 a Rn 89 ff.
1329 BGH NJW 1980, 1524, 1526; Wagner/Rux/*Wagner* Rn 660.
1330 Baumbach/Hueck/*Hueck*/*Fastrich* § 32 a Rn 93.
1331 BGH NJW 1980, 1524, 1526.
1332 BGH NJW 1980, 1524, 1526.
1333 BGHZ 76, 326, 336; BGH NJW 1980, 1524, 1526.
1334 BGH NJW 1980, 1524 ff; BGHZ 60, 324, 328.

Anspruch analog § 31 Abs. 1 GmbHG in zehn Jahren (§ 31 Abs. 5 S. 1 GmbHG). Die Verjährung beginnt mit dem Ablauf des Tages, an welchem die Zahlung, deren Erstattung beansprucht wird, geleistet ist (§ 31 Abs. 5 S. 2 GmbHG). Die Haftung aus § 31 Abs. 1 GmbHG trifft auch einen **Kommanditisten**, der nicht zugleich Gesellschafter der Komplementär-GmbH ist.[1335]

cc) Eigenkapitalersetzende Gesellschafterleistungen in der Überschuldungsbilanz

745 Die Frage, ob eigenkapitalersetzende Gesellschafterdarlehen in der Überschuldungsbilanz zu passivieren, also auf der **Passivseite** der Bilanz zu erfassen sind, war lange Zeit umstritten. Eine solche Passivierung kann dazu führen, dass bereits zu einem **früheren Zeitpunkt** eine **Überschuldung** der Gesellschaft festzustellen ist, auch wenn die Gesellschafter eigenkapitalersetzende Gesellschafterdarlehen gemäß §§ 172 a HGB, 32 a GmbHG, 39 Abs. 1 Nr. 5 InsO in der Insolvenz der Gesellschaft nur nachrangig geltend machen können und die Gläubiger daher keine Verringerung ihrer anteiligen Befriedigung aus der Insolvenzmasse zu befürchten haben. Der BGH hat in seinem Grundsatzurteil vom 8.1.2001 entschieden, dass Gesellschafter-Darlehen stets – ob eigenkapitalersetzend oder nicht – aus Gründen der Rechtssicherheit und des bestmöglichen Gläubigerschutzes in der Überschuldungsbilanz auf der **Passivseite** als Schuldposten zu erfassen sind.[1336] Eine **Ausnahme von der Passivierungspflicht** besteht nur, wenn der Gesellschafter einen sog. **qualifizierten Rangrücktritt** erklärt hat. Nach dem BGH muss ein Gesellschafterdarlehen also lediglich dann nicht passiviert werden, wenn der betreffende Gesellschafter sinngemäß erklärt hat, er wolle wegen seiner Forderung erst nach Befriedigung sämtlicher Gesellschaftsgläubiger und – bis zur Abwendung der Krise – auch nicht vor, sondern nur zugleich mit den Einlagerückgewähransprüchen seiner Mitgesellschafter berücksichtigt, also so behandelt werden, als handele es sich bei seiner Gesellschafterleistung um statutarisches Kapital.[1337] Ein mit einer entsprechenden Rangrücktrittserklärung versehenes Gesellschafterdarlehen braucht in der Überschuldungsbilanz also nicht als Passivum erfasst zu werden.

d) „Gesplittete" Pflichteinlage; Finanzplankredit

746 Über die Grundsätze eigenkapitalersetzender Gesellschafterleistungen hinaus werden Gesellschafterdarlehen, die kraft gesellschaftsvertraglicher Einlagepflicht zu gewähren sind und in der Gesellschaft wie Eigenkapital behandelt werden (**Finanzplankredit**), diesem gleichgesetzt.[1338] Indizien für die Eigenkapitalfunktion von Gesellschafterdarlehen sind neben besonders **günstigen Kreditkonditionen** vor allem die **Pflicht zur langfristigen Belassung** oder das **Fehlen einseitiger Kündigungsmöglichkeiten**, die eine Rückforderung regelmäßig nur als Abfindungs- oder Liquidationsguthaben ermöglichen, sowie die zumindest nach Einschätzung der Gesellschafter gegebene **Unentbehrlichkeit der Gesellschafterdarlehen**, um die gesellschaftsvertraglichen Ziele zu verwirklichen.[1339] Erfüllt ein Kommanditistendarlehen diese Kriterien, liegt eine sog. **„gesplittete" Pflichteinlage** vor, die sich aus Kommanditeinlage und Darlehensbetrag zusammensetzt und insgesamt den **Charakter von Eigenkapital** hat.[1340] Die Pflichteinlage muss in diesem Fall insgesamt – auch soweit sie die dem Kommanditisten zugewiesene Haftsumme übersteigt – den Gesellschaftsgläubigern in der Insolvenz (oder bei der Liquidation) der Gesellschaft zur Verfügung stehen. Der Insolvenzverwalter (bzw der Liquidator) kann diese Gesellschafterdarlehen, soweit sie noch nicht geleistet wurden, einfordern, wenn sie zur Befriedigung von Gesellschaftsgläubigern erforderlich sind. Umgekehrt können die Gesellschafter entsprechende Darlehen in der Insolvenz der Gesellschaft nicht zurückfordern.[1341]

1335 BGH NJW 1991, 1057, 1059; BGH NJW 1990, 1725, 1728 f.
1336 BGHZ 146, 264, 272.
1337 BGHZ 146, 264, 271.
1338 BGHZ 142, 116, 120 f.
1339 BGHZ 104, 33, 41.
1340 Wagner/Rux/*Wagner* Rn 665.
1341 BGHZ 104, 33, 39; BGH NJW 1981, 2251, 2252.

VIII. Sonderfragen der Publikumsgesellschaft

Die **Publikumsgesellschaft** ist der Rechtsform nach eine Personengesellschaft, in der Regel eine GmbH & Co. KG, die zur Kapitalsammlung eine **unbestimmte Vielzahl** rein kapitalistisch beteiligter Kommanditisten als **Anlagegesellschafter** aufgrund eines bereits **vorformulierten Gesellschaftsvertrags** aufnehmen soll.[1342] Wegen der Vielzahl ihrer Kommanditisten hat sich die Publikums-KG von dem gesetzlichen Leitbild einer KG als einem personalistisch geprägten Verband entfernt und den **Kapitalgesellschaften angenähert**. Zum Schutz der Kapitalanleger und im Interesse der Funktionsfähigkeit einer solchen Gesellschaft hat die Rechtsprechung ein Sonderrecht der Publikumsgesellschaften entwickelt. 747

1. Beitritt zu einer Publikums-KG

Der Beitritt zu einer Personengesellschaft wird grundsätzlich dadurch vollzogen, dass der Beitretende mit den übrigen Gesellschaftern einen Vertrag abschließt.[1343] Da dieses Verfahren bei einer Publikumsgesellschaft wegen der Vielzahl der (Alt-)Gesellschafter nicht praktikabel ist, sehen die Gesellschaftsverträge in der Regel andere Aufnahmeverfahren vor. So kann beispielsweise schon im **Gründungsvertrag** der Publikums-KG die **Komplementär-GmbH** ermächtigt werden, in Vertretung der übrigen Gesellschafter **Aufnahmeverträge** mit neuen Kommanditisten zu schließen.[1344] Zulässig ist auch die Ermächtigung der Publikums-KG, im eigenen Namen mit Wirkung für alle Gesellschafter Aufnahmeverträge abzuschließen.[1345] Der Eintritt des Neukommanditisten erfolgt in diesem Fall unmittelbar durch Abschluss des Aufnahmevertrags mit der Gesellschaft.[1346] Der Beitrittsvertrag ist grundsätzlich wie bei jeder KG formfrei. Der Beitritt kann auch unter einer aufschiebenden Bedingung erfolgen.[1347] 748

2. Gesellschaftsvertrag

Die Anlagegesellschafter werden durch **Prospekte** oder Anzeigen geworben und müssen einen von den Initiatoren **vorformulierten Gesellschaftsvertrag** akzeptieren, auf dessen Inhalt sie zur Wahrung eigener Interessen keinen Einfluss nehmen können. Im Vergleich zu den Gesellschaftsverträgen herkömmlicher GmbH & Co. KGen unterliegen die Gesellschaftsverträge von Publikumsgesellschaften daher **Sonderregelungen**. 749

a) Auslegung

Der Gesellschaftsvertrag einer Publikums-KG ist wie die **Satzung** einer **Kapitalgesellschaft** nach rein **objektiven Kriterien** auszulegen.[1348] Subjektive Vorstellungen und der Wille der Gründungsgesellschafter bei Vertragsschluss, die in der Vertragsurkunde keinen Niederschlag gefunden haben, sind nicht zu berücksichtigen.[1349] Unklare bzw überraschende Regelungen des Gesellschaftsvertrags, die ungewöhnliche Belastungen für die Kommanditisten begründen, sind **restriktiv** auszulegen. So wurde etwa die Bestimmung in dem Gesellschaftsvertrag einer Publikums-KG, nach der die Gesellschafter unter bestimmten Voraussetzungen verpflichtet sind, auf Anforderung der Komplementärin ihren Kapitalanteil zu erhöhen, einschränkend dahingehend ausgelegt, dass die Verpflichtung nur dann besteht, wenn das zusätzliche Kapital zur Förderung des Gesellschaftszwecks bestimmt ist.[1350] Grundsätzlich bedürfen auch alle Verpflichtungen der Gesellschaft zum Vorteil der Gründungsgesellschafter (zB Tätigkeitsvergütungen) der Festlegung in dem schriftlich abgeschlossenen Gesellschaftsvertrag 750

1342 Baumbach/Hopt/*Hopt* Anh. § 177 a Rn 52.
1343 Wagner/Rux/*Wagner* Rn 679.
1344 BGH NJW 1983, 1117, 1118; BGHZ 63, 338, 345.
1345 Baumbach/Hopt/*Hopt* Anh. § 177 a Rn 57.
1346 BGH NJW 1978, 1000.
1347 BGH NJW 1985, 1080.
1348 BGH BB 1984, 169, 170; BGH NJW 1979, 2102.
1349 BGH NJW 1991, 2906; BGH NJW 1979, 419, 420.
1350 BGH NJW 1979, 419, 420.

oder in einem ordnungsgemäß zustande gekommenen und protokollierten Gesellschafterbeschluss.[1351] Dies gilt auch dann, wenn der Kapitalanleger nicht unmittelbar, sondern über einen Treuhänder an der Gesellschaft beteiligt ist.[1352]

b) Inhaltskontrolle

751 Die vorformulierten Gesellschaftsverträge von Publikumsgesellschaften unterliegen einer **richterlichen Inhaltskontrolle**.[1353] Grundlage dieser Kontrolle können zwar nicht die Bestimmungen über Allgemeine Geschäftsbedingungen (§§ 305 ff BGB) sein, da Gesellschaftsverträge nach § 310 Abs. 4 S. 1 BGB vom Anwendungsbereich dieser Vorschriften ausgenommen sind. Die gerichtliche Inhaltskontrolle erfolgt aber über § 242 BGB.[1354] Sie erstreckt sich auf die **Treuhandabrede**, wenn die Anleger nur mittelbar beteiligt sind.[1355] Bei der Inhaltskontrolle ist ein **Vertrauensschutz** zugunsten der Kommanditisten, die an der Vertragsabfassung nicht beteiligt waren, im Rahmen der Abwägung nach Treu und Glauben mitzuberücksichtigen.[1356] Die Auslegung geht der Inhaltskontrolle allerdings in jedem Fall vor.[1357]

3. Rechte und Pflichten der Kommanditisten

a) Beitragspflichten

752 Für die **Einlage- und Beitragspflichten** der Kommanditisten aus dem Gesellschaftsvertrag gelten ebenfalls Besonderheiten. So besteht der gesellschaftsvertragliche Einlageanspruch gegen den Kommanditisten nicht, wenn der Beitritt unter der **aufschiebenden Bedingung** der im Prospekt genannten Verlustzuweisung durch das Finanzamt erfolgt ist und die anerkannte Verlustzuweisung prospektwidrig die Einlagenhöhe nicht wesentlich übersteigt.[1358] Eine im Gesellschaftsvertrag verankerte **Nachschussklausel** gilt im Zweifel nur für solche Nachschüsse der Kommanditisten, die der Förderung des Gesellschaftszwecks und nicht bloß der Befriedigung von Drittgläubigern dienen.[1359] Eine Klausel, die eine Nachschusspflicht der Gesellschafter auf Verlangen eines Nichtgesellschafters, zB einer Bank, begründet, ist unwirksam.[1360]

b) Informationsrechte

753 Wie bei der gesetzestypischen GmbH & Co. KG kann auch im Gesellschaftsvertrag der Publikums-KG vorgesehen werden, dass die Kommanditisten ihre **Verwaltungsrechte** (Informations- und Kontrollrechte, Stimmrecht) nur durch einen **Vertreter** ausüben können.[1361] Die Informationsrechte (§ 166 HGB) sind unter Umständen bei einer großen Zahl der Gesellschafter nur durch einen gemeinsamen **Kommanditistenvertreter** ausübbar.[1362] Eine entsprechende **Vertreterklausel** ist daher grundsätzlich wirksam.[1363] Auch wenn die Vertreterklausel auf das **außerordentliche Informationsrecht** aus wichtigem Grund nach § 166 Abs. 3 HGB erstreckt wird, kann der Kommanditist dieses zwingende Recht **notfalls individuell** geltend machen.[1364] Um den Gesellschaftern eine **Mehrheits- und Quorenbildung** zu ermöglichen, besteht zudem jedenfalls dann ein Recht auf Mitteilung der Namen und Adressen der Mitgesellschafter, wenn diese eine entsprechende Einwilligung erteilen.[1365] Das

---

1351 BGH NJW 1976, 1451.
1352 BGH NJW 1978, 755.
1353 BGH NJW 1975, 1318, 1319.
1354 BGH NJW 1975, 1318, 1319.
1355 BGHZ 104, 50, 55.
1356 BGH NJW 1975, 1318, 1319.
1357 BGH NJW 1979, 2102.
1358 BGH WM 1986, 255, 256.
1359 BGH NJW 1979, 419, 420.
1360 KG DB 1978, 1922 f; Baumbach/Hopt/*Hopt* Anh. § 177 a Rn 70.
1361 BGHZ 46, 291, 294.
1362 Vgl OLG Celle BB 1983, 1450.
1363 BGH NJW 1984, 2470, 2471.
1364 Baumbach/Hopt/*Hopt* Anh. § 177 a Rn 72.
1365 Baumbach/Hopt/*Hopt* Anh. § 177 a Rn 72.

Landgericht Berlin hat im Fall einer Publikums-GbR (geschlossener Immobilienfonds) weitergehend zumindest in einer Krisensituation ein Recht des Gesellschafters bejaht, die Namen und Adressen der Mitgesellschafter auch ohne deren Einwilligung mitgeteilt zu bekommen.[1366]

Hinweis: Auch in der Publikums-KG sind Streitigkeiten aus dem Gesellschaftsverhältnis, zB über die Frage, ob jemand Mitglied ist oder nicht, grundsätzlich unter den Gesellschaftern und nicht mit der KG auszutragen.[1367] Der Gesellschaftsvertrag kann jedoch abweichend hiervon vorsehen, dass derartige Streitigkeiten unmittelbar mit der KG auszutragen sind.[1368]

4. Gesellschafterbeschlüsse (Bestimmtheitsgrundsatz)

Die Beschlüsse der Gesellschafter einer gesetzestypischen GmbH & Co. KG können grundsätzlich nach dem Mehrheitsprinzip gefasst werden, wenn der Gesellschaftsvertrag dies vorsieht, §§ 161 Abs. 2, 119 Abs. 2 HGB. Soll allerdings hierdurch der Gesellschaftsvertrag in einer Weise geändert werden, die wesentliche Rechte und Pflichten der Gesellschafter berührt, muss der Gegenstand der Beschlussfassung ausdrücklich im Gesellschaftsvertrag bezeichnet sein (sog. **Bestimmtheitsgrundsatz**).[1369] Dies geschieht in der Praxis regelmäßig dadurch, dass in den Gesellschaftsvertrag ein Katalog der wichtigsten Vertragsänderungen aufgenommen wird, für die eine Mehrheitsentscheidung der Gesellschafter ausreichen soll. 754

Für Publikumsgesellschaften gilt der Bestimmtheitsgrundsatz hingegen weitgehend nicht, weil diese anderenfalls in Krisen blockiert wären.[1370] Sieht daher der Gesellschaftsvertrag einer Publikums-KG vertragsändernde Beschlussfassungen durch Mehrheitsentscheid vor, brauchen die möglichen Beschlussgegenstände nicht im Einzelnen bezeichnet zu werden.[1371] Danach sind zB Kapitalerhöhungen durch Mehrheitsbeschluss der Gesellschafter wirksam, soweit diese zur Teilnahme hieran entsprechend ihrer bisherigen Beteiligung nur berechtigt, nicht aber verpflichtet sind.[1372] Auch die persönlich haftenden Gesellschafter auszuwechseln, ist durch Mehrheitsbeschluss möglich.[1373] Ob Mehrheitsbeschlüsse in der Publikums-KG entsprechend § 179 Abs. 2 AktG auch ohne Regelung im Gesellschaftsvertrag zulässig sind, hat die Rechtsprechung bislang offengelassen.[1374] Einem Kommanditisten, der einer Änderung des Gesellschaftszwecks nicht zustimmen wollte, hat die Rechtsprechung zugebilligt, sein Gesellschaftsverhältnis fristlos zu kündigen.[1375] 755

5. Treuhänder

In der Publikumsgesellschaft ist häufig ein **Treuhänder** (Treuhandkommanditist) vorgesehen, bei dem die Rechte der Anleger je nach Ausgestaltung der Treuhand mehr oder weniger **gebündelt** werden. Dass der Treuhänder **von der Geschäftsführung unabhängig** ist, gilt bei Publikumsgesellschaften als **zentraler Grundsatz**.[1376] Zu unterscheiden ist zwischen einer unechten und einer echten Treuhand. Im Falle einer **unechten Treuhand** sind die Kapitalanleger direkt als Kommanditisten an der KG beteiligt.[1377] Da sie aufgrund ihrer Vielzahl die Gesellschafterrechte einzeln nicht effektiv ausüben können, werden aus Gründen der Praktikabilität und im Interesse einer funktionierenden Gesamtorganisation ihre Rechte häufig auf ein Gremium übertragen, dem die Aufgabe zusteht, alle Kommanditisten zu vertreten (Kommanditistenausschuss, Treuhänder).[1378] Durch diese Gestaltungsform sichern sich die 756

1366 LG Berlin NZG 2001, 375, 377.
1367 BGH NJW 2003, 1729; BGH NZG 1999, 935, 936.
1368 BGH NJW 2003, 1729; BGH NZG 1999, 935, 936.
1369 BGH NJW 1985, 2830, 2831; BGHZ 48, 251, 253 ff.
1370 Baumbach/Hopt/*Hopt* Anh. § 177 a Rn 69 a.
1371 BGHZ 71, 53, 58.
1372 BGHZ 66, 82, 85 f.
1373 BGHZ 71, 53, 60.
1374 BGHZ 71, 53, 58 f.
1375 BGHZ 69, 160, 167.
1376 BGHZ 73, 294, 298 f.
1377 Ebenroth/Boujong/Joost/*Henze* § 177 a Anh. B Rn 8.
1378 BGHZ 46, 291, 294.

Gesellschafter der Komplementär-GmbH (Initiatoren) maßgeblichen Einfluss auf die Gesellschaft.[1379]

757 In noch stärkerem Maße wird der Einfluss der Kapitalanleger auf die Gesellschaft im Falle der **echten Treuhand** beschränkt. Bei diesem Modell ist allein der Treuhänder – in der Regel eine juristische Person – im Außenverhältnis Kommanditist.[1380] Er zieht die Beiträge der Anleger ein und zahlt sie im eigenen Namen als Einlage in die KG ein.[1381] Die Kapitalanleger, die selbst nicht Gesellschafter werden, sind als Treugeber mit dem Treuhänder durch Treuhandvereinbarungen in Form von Geschäftsbesorgungsverträgen (§ 675 BGB) verbunden.[1382] Ein solcher **Treuhandvertrag** kann nach § 134 BGB iVm Art. 1 § 1 Abs. 1 RBerG **nichtig** sein, wenn sich die Treuhand nicht primär auf die Wahrnehmung wirtschaftlicher Belange beschränkt, sondern der Treuhänder darüber hinaus zB berechtigt ist, alle Rechtsgeschäfte und Rechtshandlungen vorzunehmen, die zur Erreichung des Gesellschaftszwecks notwendig sind.[1383]

6. Kündigung

a) Ordentliche Kündigung

758 Auch der Gesellschafter einer Publikumsgesellschaft kann seine Beteiligung nach §§ 161 Abs. 2, 131 Abs. 3 Nr. 3 HGB ordentlich kündigen, ohne dass ein besonderer Grund vorliegen müsste. Die allgemeine Regelung, dass die Kündigungserklärung allen übrigen Gesellschaftern zugehen muss, ist bei einer Publikums-KG jedoch nicht praktikabel. Hier kann die Kündigung daher wirksam **gegenüber der Komplementär-GmbH** erklärt werden, wenn diese nach dem Gesellschaftsvertrag berechtigt ist, mit Wirkung gegenüber allen Gesellschaftern die Beitrittserklärungen neuer Kommanditisten entgegenzunehmen.[1384] Die Kündigung kann grundsätzlich **formfrei**, zB mündlich erfolgen. Der Gesellschaftsvertrag kann jedoch die Form und die Frist der Kündigung regeln, sofern die ordentliche Kündigung hierdurch nicht dauerhaft oder faktisch ausgeschlossen wird, zB indem ihr alle Gesellschafter zustimmen müssen.[1385] Die Kündigung hat die üblichen Rechtsfolgen: Der Gesellschafter scheidet mit ihrem Wirksamwerden aus der Gesellschaft aus und ist in Höhe seiner Beteiligung am Gesellschaftsvermögen **abzufinden**.[1386]

b) Außerordentliche Kündigung

759 Das HGB sieht ein Recht der Gesellschafter, das Gesellschaftsverhältnis außerordentlich zu kündigen, nicht vor. Nach §§ 161 Abs. 2, 133 HGB kommt nur eine – häufig wenig interessengerechte – Klage auf Auflösung der Gesellschaft in Betracht. Nach der Rechtsprechung des BGH kann einem Kommanditisten jedoch unter **besonderen Voraussetzungen** ein **außerordentliches Kündigungsrecht** auch dann zustehen, wenn der Gesellschaftsvertrag dies nicht vorsieht.[1387] Ein Recht, durch fristlose außerordentliche Kündigung sofort aus der fortbestehenden Gesellschaft auszuscheiden, steht dem Kommanditisten etwa dann zu, wenn er im Rahmen seines Beitritts zur Gesellschaft durch den persönlich haftenden Gesellschafter bzw dessen Organvertreter (Geschäftsführer der Komplementär-GmbH) **arglistig getäuscht** wurde.[1388] Beschließen die Gesellschafter mit der erforderlichen Mehrheit, das Gesellschaftsverhältnis mit neuer Zweckrichtung und neuen Beitragspflichten fortzusetzen und entscheiden sie sich damit gegen die an sich naheliegende und angebrachte Auflösung der Gesellschaft, haben die überstimmten Gesellschafter ebenfalls ein Recht zur fristlosen Kündigung, sofern sie nicht

---

1379 Ebenroth/Boujong/Joost/*Henze* § 177 a Anh. B Rn 8.
1380 BGHZ 104, 50, 55; BGHZ 76, 127, 131.
1381 Ebenroth/Boujong/Joost/*Henze* § 177 a Anh. B Rn 9.
1382 Ebenroth/Boujong/Joost/*Henze* § 177 a Anh. B Rn 9.
1383 BGHZ 145, 265, 270 f; BGH NJW 2001, 3774, 3775.
1384 So BGH NJW 1975, 1700; OLG Hamm NJW 1978, 225, für den Fall der außerordentlichen Kündigung wegen arglistiger Täuschung.
1385 Wagner/Rux/*Wagner* Rn 686 c.
1386 Vgl hierzu oben Rn 706 ff.
1387 BGHZ 69, 160, 163; BGHZ 63, 338, 345 f.
1388 BGHZ 148, 201, 207; BGHZ 63, 338, 345 f.

ausnahmsweise verpflichtet sind, einer derartigen Umgestaltung zuzustimmen.[1389] Im Übrigen begründet die bloße Unerreichbarkeit des Gesellschaftszwecks kein Recht zur fristlosen außerordentlichen Kündigung. Denn ein solches Kündigungsrecht würde eine allgemeine Flucht aus der Gesellschaft begünstigen und dazu führen, dass die Last und Verantwortung für die etwa notwendig werdende Liquidation der Gesellschaft und das damit verbundene Risiko den jeweils verbleibenden Gesellschaftern aufgebürdet würde, die nicht weniger als der Kündigende von dem Auflösungsgrund betroffen sind.[1390] Danach ist stets **abzuwägen**, ob ein außerordentliches Kündigungsrecht **interessengerecht** ist. Es endet jedenfalls, sobald die Gesellschaft aufgelöst ist.[1391] Denn das Interesse an einer reibungslosen und zügigen Liquidation verbietet es, einem einzelnen Gesellschafter ein gesondertes Ausscheiden noch während des Auseinandersetzungsverfahrens zu gestatten.[1392]

Infolge der außerordentlichen Kündigung scheidet der betreffende Gesellschafter aus der Gesellschaft aus und erwirbt einen **Abfindungsanspruch** in Höhe seiner Gesellschaftsbeteiligung. Ergibt sich jedoch in der zu erstellenden Abfindungsbilanz ein negativer Kapitalanteil des ausgeschiedenen Kommanditisten, hat die Gesellschaft ihm gegenüber einen **Ausgleichsanspruch** in Höhe seiner nicht geleisteten Einlage, wenn er nach dem Gesellschaftsvertrag an dem Verlust teilnimmt.[1393] Gegen diesen Ausgleichanspruch kann der ausgeschiedene Kommanditist den **Einwand der Arglist** nicht erheben, wenn er von der Komplementär-GmbH bzw deren Organvertreter arglistig getäuscht wurde.[1394] Den übrigen Gesellschaftern wird die arglistige Täuschung durch die Komplementär-GmbH selbst dann **nicht** nach § 278 BGB zugerechnet, wenn diese bei Abschluss der Beitrittsverträge als ihr Vertreter gehandelt hat.[1395] Denn in einer Publikumsgesellschaft sind die übrigen Gesellschafter weder tatsächlich noch rechtlich in der Lage, die jeweiligen Verhandlungen zu beeinflussen oder Abschlüsse zu verhindern. Im Fall des Beitritts zu einer Publikums-KG können arglistig Getäuschte daher nur die Komplementär-GmbH und unter Umständen deren Geschäftsführer, nicht aber die vertretenen Kommanditisten in Haftung nehmen.[1396]

7. Prospekthaftung

Die Anleger werden durch den Vertrieb von Prospekten und anderem Werbematerial geworben. Mit Inkrafttreten des **Anlegerschutzverbesserungsgesetzes** (AnSVG) zum 1.7.2005 ist insoweit eine gesetzliche Prospektpflicht und -haftung auf den größten Teil des sog. **grauen Kapitalmarkts** erstreckt worden, wie sich aus §§ 8 f-h, 13, 13 a VerkProspG iVm §§ 44–47 BörsG ergibt. Der § 8 f. Abs 1 VerkProspG erfasst öffentlich angebotene Anteile, die eine Beteiligung am Ergebnis eines Unternehmens gewähren, Anteile an einem Treuhandvermögen und an einem sonstigen geschlossenen Fonds. Hiervon erfasst sind auch **Publikums-KGen**.[1397]

Die Haftung nach §§ 13 VerkProspG, 44–47 BörsG greift ein für in **wesentlichen Punkten unrichtige oder unvollständige Prospekte**. Gemäß § 13 Abs. 1 Nr. 3 VerkProspG iVm § 44 Abs. 1 S. 1 BörsG haften für einen fehlerhaften Prospekt diejenigen, die für den Prospekt die Verantwortung übernommen haben (Nr. 1), sowie diejenigen, von denen der Erlass des Prospekts ausgeht (Nr. 2). Was die sog. **Prospekterlasser** (Nr. 1) anbelangt, so gehören dazu der Anbieter und die im Verkaufsprospekt genannten Gesamtverantwortlichen. Darüber hinaus dürften Personen einzubeziehen sein, welche die Rechtsprechung schon bisher hierzu gezählt hat: Bei einer Publikums-KG sind dies die Initiatoren, Gründer und Gestalter, soweit sie das Management bilden oder beherrschen.[1398] Die sog. **Prospektveranlasser** (Nr. 2) sind die nicht nach außen in Erscheinung tretenden Personen, die hinter dem Pros-

---

1389 BGHZ 69, 160, 167.
1390 BGHZ 69, 160, 163.
1391 Baumbach/Hopt/*Hopt* Anh. § 177 a Rn 58.
1392 BGH NJW 1979, 765.
1393 BGH NJW 1973, 1604; BGHZ 63, 338, 346.
1394 BGH NJW 1973, 1604, 1605.
1395 BGH NJW 1973, 1604, 1605.
1396 BGH NJW 1973, 1604, 1605.
1397 Palandt/*Heinrichs* § 280 Rn 54 a; s. auch BT-Drucks. 15/3174, S. 42.
1398 Vgl BGHZ 115, 213, 218; BGHZ 111, 314, 318.

pekt stehen und dessen tatsächliche Urheber sind. Hierunter fallen Hintermänner, die neben der Geschäftsleitung besonderen Einfluss in der Publikumsgesellschaft haben. Zweifelhaft ist, ob auch die nach außen in Erscheinung getretenen **Berufsgaranten** (Anwälte, Wirtschaftsprüfer) ohne eine Gesamtverantwortung für den Prospekt einbezogen sind.[1399]

763 Der geschädigte Anleger muss die **Vermögensanlage** binnen **sechs Monaten** nach der **Erstveröffentlichung** erworben haben (§§ 13 Abs. 1 Nr. 3 VerkProspG, 44 Abs. 1 S. 1 BörsG). Die Prospektverantwortlichen haften nur, wenn unrichtige oder unvollständige Angaben im Prospekt auf **vorsätzlichem** oder **grob fahrlässigem Fehlverhalten** beruhen. Für das **Gegenteil** trifft den Anspruchsgegner allerdings die **Darlegungs- und Beweislast** (§§ 13 Abs. 1 Nr. 3 VerkProspG, 45 Abs. 1 BörsG). Gleiches gilt für die in § 45 Abs. 2 BörsG genannten **Ausschlussgründe** (zB Erwerb der Gesellschaftsanteile nicht auf Grund des Prospekts, Kenntnis des Erwerbers von der Unrichtigkeit oder Unvollständigkeit der Prospektangaben im Zeitpunkt des Erwerbs). Sofern diese Ausschlussgründe nicht greifen, kann der Anleger als Rechtsfolge von den Prospektverantwortlichen als Gesamtschuldnern die **Übernahme** seiner **Vermögensanlage** gegen **Erstattung des Erwerbspreises** und der **mit dem Erwerb verbundenen üblichen Kosten** verlangen. Einen entgangenen Gewinn erhält der Anleger hingegen nicht erstattet. Seine Ansprüche **verjähren** binnen **eines Jahres** nach Kenntnis vom Prospektmangel, spätestens aber **drei Jahre** nach Veröffentlichung des Prospekts (§§ 13 Abs. 1 Nr. 3 VerkProspG, 46 BörsG). Der § 13 a VerkProspG enthält haftungsrechtliche Sonderregelungen für den Fall, dass der vorgeschriebene **Verkaufsprospekt gänzlich gefehlt** hat.

764 Nach überwiegender Ansicht[1400] verdrängt die vorstehend beschriebene **spezialgesetzliche Prospekthaftung** in ihrem Anwendungsbereich die von der Rechtsprechung entwickelte **bürgerlich-rechtliche Prospekthaftung im engeren Sinne** für typisiertes Vertrauen.[1401] Offen ist allerdings ob in den Ausnahmefällen des § 8 f Abs. 2 VerkProspG (zB Anteile an einer Genossenschaft, Vermögensanlagen, die von Versicherungsunternehmen oder Pensionsfonds emittiert werden), für Veröffentlichungen außerhalb des Prospektbegriffs und für Berufsgaranten die **bürgerlich-rechtliche Prospekthaftung im engen Sinne** anwendbar ist. Wird dies verneint,[1402] verbleibt ihr für die Publikums-KGen **kein Anwendungsbereich** mehr. Klar ist hingegen, dass Ansprüche aus Vertrag, Verschulden bei Vertragsverhandlungen und Delikt neben den §§ 44 ff BörsG anwendbar sind. Damit wird auch die auf § 311 Abs. 2, 3 BGB gestützte **bürgerlich-rechtliche Prospekthaftung im weiteren Sinne** nicht verdrängt.[1403] Denn diese stützt sich auf ein **konkret in Anspruch genommenes, besonderes persönliches Vertrauen** vor bzw bei Abschluss des Anlagevertrags. Entgangener Gewinn ist hier gegebenenfalls ersatzfähig. bzwzB

E. Die Partnerschaftsgesellschaft
I. Grundlagen

765 Die Partnerschaftsgesellschaft (im Folgenden Partnerschaft) ist nach der Legaldefinition in § 1 Abs. 1 S. 1 PartGG eine Gesellschaft, in der sich **Angehörige Freier Berufe** zur Ausübung ihrer Berufe zusammenschließen. Sie stellt eine verhältnismäßig neue, an die Gesellschaftsform der OHG angelehnte eigenständige Personengesellschaft dar. In dem am 1.7.1995 in Kraft getretenen Partnerschaftsgesellschaftsgesetz ist die Partnerschaft geregelt. Das Gesetz enthält insbesondere auf die Wesensmerkmale der Freien Berufe Rücksicht nehmende Sondervorschriften.

1399 Dagegen Palandt/*Heinrichs* § 280 Rn 54 a aE, str.
1400 OLG Frankfurt NJW-RR 1997, 749, 750 f; Palandt/*Heinrichs* § 280 Rn 54 a.
1401 Zu dieser bürgerlich-rechtlichen Prospekthaftung im engeren Sinne Vgl BGHZ 72, 382, 384; BGHZ 71, 284, 287; ausführlich hierzu auch Baumbach/Hopt/*Hopt* Anh. § 177 a Rn 60 ff.
1402 So zB Palandt/*Heinrichs* § 280 Rn 54 a.
1403 Vgl BT-Drucks. 15/3174, S. 44.

E. Die Partnerschaftsgesellschaft

1. Abgrenzungen

Zwar verweisen eine Vielzahl von Vorschriften des PartGG auf die in den §§ 124 ff HGB normierten Bestimmungen zum Recht der OHG. Gleichwohl bestehen zwischen der OHG und der Partnerschaft nicht unerhebliche Unterschiede. So ist insbesondere der Zugang zur Partnerschaft gemäß § 1 Abs. 1 PartGG nur natürlichen Personen vorbehalten, die einem Freien Beruf angehören. Ferner ist die Partnerschaft durch das **Fehlen des** für die Personenhandelsgesellschaften charakterisierenden **Merkmals eines Handelsgewerbes** gekennzeichnet. Dies hat zur Folge, dass das Recht der Handelsgeschäfte auf die Partnerschaft keine Anwendung findet. Daher ist die Partnerschaftsgesellschaft nicht zur kaufmännischen Rechnungslegung verpflichtet. Im Übrigen enthält das PartGG ein Haftungsprivileg für die Partner, die nicht mit der Bearbeitung eines Auftrags befasst waren.

766

2. Freie Berufe

Zentraler Rechtsbegriff des PartGG ist der „Freie Beruf".

767

a) Wesensmerkmale des „Freien Berufs" und Begriff

Wesensmerkmale der freien Berufe sind die **Eigenverantwortung**, die **Weisungsfreiheit** in der Berufsausübung, die **personal-vertrauensvolle Beziehung** zum Auftraggeber, die in der Regel **qualifizierte Ausbildung**, das über die rein gewerbliche Motivation hinausgehende **Berufsethos** und – wenn auch nicht bei allen – die **berufsrechtliche Bindung**.[1404]

768

Diese Wesensmerkmale haben Eingang gefunden in der Legaldefinition des Gesetzes in § 1 Abs. 2 S. 1 PartGG. Danach haben die Freien Berufe im Allgemeinen auf der Grundlage besonderer beruflicher Qualifikation oder schöpferischer Begabung die persönliche, eigenverantwortliche und fachlich unabhängige Erbringung von Dienstleistungen höherer Art im Interesse der Auftraggeber und der Allgemeinheit zum Inhalt.

769

b) Katalog der „Freien Berufe"

§ 1 Abs. 2 S. 2 PartGG beinhaltet einen Katalog der für die Gesellschaftsform der Partnerschaft tauglichen Freien Berufe. Partnerschaftstauglich ist danach die Ausübung einer selbständigen Berufstätigkeit der Ärzte, Zahnärzte, Tierärzte, Heilpraktiker, Krankengymnasten, Hebammen, Heilmasseure, Diplom-Psychologen, Mitglieder der Rechtsanwaltskammern, Patentanwälte, Wirtschaftsprüfer, Steuerberater, beratenden Volks- und Betriebswirte, vereidigten Buchprüfer (vereidigte Buchrevisoren), Steuerbevollmächtigten, Ingenieure, Architekten, Handelschemiker, Lotsen, hauptberuflichen Sachverständigen, Journalisten, Bildberichterstatter, Dolmetscher, Übersetzer und ähnlicher Berufe sowie der Wissenschaftler, Künstler, Schriftsteller, Lehrer und Erzieher.

770

Obgleich **Apotheker und Notare** zu den weithin bekannten und typisch freiberuflich tätigen Personen zählen, sind sie nicht im Katalog des § 1 Abs. 2 S. 2 PartGG genannt. Die Ausübung ihrer Berufstätigkeit ist in einer Partnerschaft nicht möglich. Für den Apotheker enthält § 8 S. 1 ApoG eine entsprechende Bestätigung. Danach stehen den Apothekern als zulässige Gesellschaftsformen ausschließlich die GbR und die OHG offen. Dem Zugang der Notare zur Partnerschaft steht nach der amtlichen Begründung[1405] ihre Ausübung eines öffentlichen Amtes entgegen.[1406] Anwaltsnotare sind zwar nicht in ihrer Eigenschaft als Notar, jedoch in ihrer Funktion als Rechtsanwalt partnerschaftsfähig, Sie dürfen sich indes gemäß § 9 Abs. 2 BNotO nur miteinander, mit anderen Mitgliedern einer Rechtsanwaltskammer, Patentanwälten, Steuerberatern, Steuerbevollmächtigten, Wirtschaftsprüfern und vereidigten Buchprüfern zur gemeinsamen Berufsausübung verbinden.[1407]

771

1404 Vgl Begr. RegE in: BT-Drucks. 12/6152, S. 7.
1405 Vgl Begr. RegE in: BT-Drucks. 12/6152, S. 10.
1406 Krit.: MünchKommBGB/*Ulmer* § 1 PartGG Rn 80.
1407 Vgl Begr. RegE in: BT-Drucks. 12/6152, S. 10.

c) Interprofessionelle Zusammenschlüsse

772 Die Partnerschaft soll insbesondere auch einen **Organisationsrahmen für interprofessionelle Zusammenschlüsse** bilden. Das PartGG gibt keine Einschränkungen der Kombinationen verschiedener Berufe vor. Sofern allerdings das etwaige Berufsrecht eines freiberuflich Tätigen eine Zusammenarbeitsregelung, insbesondere Beschränkungen einer Zusammenarbeit mit Angehörigen anderer Berufsarten, vorsieht, ist eine interprofessionelle Zusammenarbeit nur dann möglich, wenn diese mit dem Berufsrecht sämtlicher Berufsträger kompatibel ist. Einschränkungen von interprofessionellen Zusammenschlüssen finden sich zum Beispiel in § 9 Abs. 2 BNotO für Anwaltsnotare und in § 59 a BRAO für Rechtsanwälte.

3. Name der Partnerschaft

773 Nach § 2 Abs. 1 S. 1 PartGG muss der Name der Partnerschaft den Namen zumindest eines Partners, den Zusatz „und Partner" oder „Partnerschaft" sowie die Berufsbezeichnungen aller in der Partnerschaft vertretenen Berufe enthalten.

774 Die in § 18 Abs. 2 (Verbot irreführender Angaben in der Firma), §§ 21, 22 Abs. 1 (Fortführung der Firma bei Namensänderung und Erwerb des Handelsgeschäfts), §§ 23 (keine Veräußerung der Firma ohne Handelsgeschäft), 24 (Fortführung der bisherigen Firma bei Gesellschafterwechsel), 30 (Unterscheidbarkeit der Firma), 31 Abs. 2 (Anmeldung und Registereintragung bei Erlöschen der Firma), §§ 32 (Eintragungen bei Insolvenz) und 37 (unzulässiger Firmengebrauch und Rechtsfolgen) HGB geregelten Bestimmungen zum Namen eines Unternehmens sind, obgleich die Partnerschaft kein Handelsgewerbe ausübt, gemäß § 2 Abs. 2 PartGG entsprechend auf diese anzuwenden.

a) Die Zulässigkeit von Partnerzusätzen

775 Der Begriff „und Partner" ist nicht wörtlich zu verstehen. Vielmehr genügen unter anderem auch die Schreibweisen „& Partner" oder „+ Partner"[1408] sowie die weiblichen Formen – zB „und Partnerin" – und die englische Schreibweise „partners" den gesetzlichen Anforderungen.[1409]

b) Sonstige Namenszusätze

776 Die Regelung in § 2 Abs. 1 S. 1 PartGG steht sonstigen Namenszusätzen, insbesondere auch etwaigen **Sach- und Fantasiebezeichnungen** sowie einem geographischen Hinweis auf den Sitz der Partnerschaft, nicht entgegen.[1410] Sie sind zulässig, soweit nicht gegen allgemeine firmenrechtliche Grundsätze oder besondere Vorschriften verstoßen wird.

c) Berufsbezeichnungen

777 Nach § 2 Abs. 1 S. 1 PartGG muss der Name der Partnerschaft grundsätzlich die Berufsbezeichnungen aller in der Partnerschaft ausgeübten Freien Berufe enthalten.[1411] Dieses Gebot gilt indes nach den Ausnahmevorschriften von § 53 S. 2 StBerG bzw § 31 S. 2 WPO nicht für eine in der Form der Partnerschaft betriebene Steuerberatungs- bzw Wirtschaftsprüfungsgesellschaft.

d) Schutz der Partnerbezeichnung, § 11 PartGG

778 Nach § 11 Abs. 1 PartGG dürfen nur Partnerschaften die Zusätze „Partnerschaft" oder „und Partner" führen. Dies gilt auch für die verwandten Schreibweisen, wie unter anderen „& Partner", „+ Partner", „und Partnerin" und „partners".[1412]

1408 Vgl BGHZ 135, 257, 259 f.
1409 Vgl KG NZG 2004, 614, 616; OLG Frankfurt DB 2005, 99.
1410 Vgl BGH NJW 2004, 1651, 1652; *Wertenbruch* in: Westermann (Hrsg.), Handbuch der Personengesellschaften, Rn I 233.20.).
1411 Vgl *Wertenbruch* in: Westermann (Hrsg.), Handbuch der Personengesellschaften, Rn I 233.18; MünchKommBGB/*Ulmer* § 2 PartGG Rn 12.
1412 Vgl BGHZ 135, 257, 259 f; KG NZG 2004, 614, 616; OLG Frankfurt DB 2005, 99.

Umstritten ist, ob dieser weit reichende **Schutz auch für ausländische Gesellschaften** gilt, die nach dem Recht des Gründungsstaates die Bezeichnung „& partners" oder eine ähnliche Bezeichnung führen dürfen. Während das Kammergericht[1413] die Führung dieser Gesellschaftsformbezeichnungen bei einer solchen ausländischen Gesellschaft als nicht zulässig beurteilt hat, ist ein Teil der Fachliteratur[1414] gegenteiliger Auffassung und verweist zutreffend darauf, dass die Anwendung von § 11 Abs. 1 PartGG bei Zugrundelegung der Rechtsprechung des EuGH mit der in Art. 43 und 48 EG geregelten Niederlassungsfreiheit nicht vereinbar ist.

Die schon vor dem Inkrafttreten des PartGG bestehenden Gesellschaften mit Partnerbezeichnung, die ungeachtet dieser Bezeichnung keine Partnerschaft im Sinne des PartGG sind, genießen nach § 11 Abs. 3 PartGG eingeschränkten Bestandsschutz und dürfen den Partner-Zusatz unverändert fortführen, falls sie ihrer Firma bzw ihrem Namen einen deutlich lesbaren Hinweis auf die wahre Gesellschaftsform beifügen.

e) Rechtsfolgen unbefugter Verwendung des Partner-Zusatzes

Das Partnerschaftsregister hat für die Durchsetzung des Namensrechts Sorge zu tragen, und im Falle der unbefugten Verwendung des Partner-Zusatzes das betroffene Unternehmen abzumahnen und notfalls im Wege des Missbrauchsverfahrens gemäß § 160 b Abs. 1 iVm §§ 140, 132 bis 139 FGG durch die Festsetzung eines Ordnungsgeldes zur Unterlassung anzuhalten. Bei Verstößen durch Handelsgesellschaften ist auch das Handelsregister befugt, nach § 37 Abs. 1 HGB iVm §§ 140, 132 bis 139 BGB einzuschreiten.[1415] Die Amtslöschung des unzulässigen Partner-Zusatzes richtet sich nach § 142 FGG.

Ferner kann die unbefugte Verwendung des Partner-Zusatzes einen **Wettbewerbsverstoß** darstellen und Unterlassungsansprüche von Mitbewerbern nach §§ 1, 3 iVm § 13 Abs. 2 Nr. 1 UWG wegen Irreleitung des Verkehrs über die Rechtsform der Gesellschaft begründen.

4. Steuer

Die Partnerschaft unterliegt weder der Einkommen- noch der Körperschaftsteuer, da sie weder natürliche noch juristische Person ist. Sie unterliegt nicht kraft Rechtsform der Gewerbeertrag- bzw der Gewerbekapitalsteuer, da sie als freiberuflicher Verband kein Handelsgewerbe ausübt (§ 1 Abs. 1 S. 2 PartGG). Auch die Entnahmen der Partner sind nicht gewerbesteuerpflichtig.

Sobald unter dem Deckmantel der Partnerschaft doch einer gewerblichen Tätigkeit nachgegangen wird, unterliegt die Gesellschaft der Gewerbesteuer. Wegen der für die GbR-Sozietäten geltenden **Infektions- und Abfärbetheorien** besteht im Falle einer auch nur teilweisen gewerblichen Tätigkeit der Partnerschaftsgesellschaft zumindest das Risiko, dass der Gesamtumsatz der Gewerbesteuer unterliegt. Demnach sollte im Partnerschaftsvertrag den Partnern untersagt werden, eine gewerbliche Tätigkeit im Sinne des EStG in der Partnerschaft auszuüben. Es ist ratsam, die Ausübung von Geschäften, die der Gewerbesteuer unterliegen, in eine andere Gesellschaft zu verlagern.

5. Rechtsfähigkeit

Nach § 7 Abs. 2 PartGG iVm § 124 HGB ist die Partnerschaft in Rechtsverkehr, Zivilprozess und Zwangsvollstreckung als Gesamthandsgesellschaft rechtsfähig. Sie ist, wie sich unter anderem aus § 32 Abs. 2 GBO ergibt, grundbuchfähig und, wie sich aus § 11 Abs. 2 Nr. 1 InsO ergibt, auch insolvenzfähig.

II. Entstehen der Partnerschaft

Der erste Meilenstein bei der Gründung einer Partnerschaft ist der Abschluss eines Gesellschaftsvertrages. Im Verhältnis zu Dritten wird die Partnerschaft jedoch nach § 7 Abs. 1 PartGG erst mit ihrer Eintragung in das Partnerschaftsregister wirksam. Die Eintragung ist mithin konstitutiv. Bis zu ihrer Eintragung besteht die Gesellschaft als GbR.

1413 Vgl KG NZG 2004, 614, 615 f.
1414 Vgl *Wertenbruch* in: Westermann (Hrsg.), Handbuch der Personengesellschaften, Rn I 233.5.
1415 Vgl MünchKommBGB/*Ulmer* § 11 PartGG Rn 12.

1. Partnerschaftsvertrag

787 Wie jede andere Gesellschaft auch benötigt die Partnerschaft einen Gesellschaftsvertrag. Dieser wird vom Gesetz in § 3 PartGG als Partnerschaftsvertrag bezeichnet. Gemäß § 3 Abs. 1 PartGG bedarf der Partnerschaftsvertrag der Schriftform. Ihr soll ausschließlich Beweisfunktion zukommen.[1416]

788 **Notwendiger Mindestinhalt** des Partnerschaftsvertrages sind nach § 3 Abs. 2 PartGG der Name, der Sitz und der Gegenstand der Partnerschaft sowie die Familien- und Vornamen, die in der Partnerschaft ausgeübten Berufe und die Wohnorte sämtlicher Partner.

789 Der **Gegenstand der Partnerschaft** kann sich nur auf eine in der Gesellschaftsform zugelassene freiberufliche Berufsausübung erstrecken. Die Vereinbarung eines darüber hinausgehenden Gegenstandes ist nicht wirksam und eine entsprechende Registrierung ist vom Register abzulehnen.

2. Anmeldung zum Partnerschaftsregister

790 Anmeldungen haben sämtlicher Partner nach § 4 Abs. 1 S. 1 PartGG iVm §§ 106 Abs. 1, 108 HGB an das am Sitz der Partnerschaft ansässige Registergericht zu bewirken. Die Anmeldung ist nach § 5 Abs. 2 iVm § 12 HGB in öffentlich beglaubigter Form einzureichen. Bei der Anmeldung ist eine Stellvertretung der Partner zulässig; die zugehörige Vollmacht muss allerdings in öffentlich beglaubigter Form ausgestellt sein.

791 Bei der Errichtung der Partnerschaft und ihrer Erstanmeldung ist insbesondere der in § 3 Abs. 2 Nr. 1 bis 3 PartGG festgelegte **Mindestinhalt des Partnerschaftsvertrages** Gegenstand der Anmeldung. Darüber hinaus sind bei der Anmeldung die **Vertretungsbefugnis der Partner** – unabhängig davon, ob sie der gesetzlichen Regel des § 7 Abs. 1 iVm § 125 Abs. 1 HGB entspricht –, eine etwaige **Befreiung vom Verbot des Selbstkontrahierens** sowie das **Geburtsdatum der Partner** anzugeben. Die Einreichung des Partnerschaftsvertrages ist nicht erforderlich. Seine Überlassung ersetzt nicht den Inhalt der notwendigen Anmeldung.

792 Änderungen der anmeldepflichtigen Angaben, die sich nach Eintragung der Partnerschaft ereignet haben, sind nach § 4 Abs. 1 S. 3 PartGG ebenfalls beim Partnerschaftsregister anzumelden.

3. Eintragung

793 Das Partnerschaftsregister wird **beim Amtsgericht** geführt. Dort unterliegt die Registerführung funktional dem Rechtspfleger. Eine Besonderheit des Registerrechts für Partnerschaften sind einerseits das Bemühen um eine Reduzierung der bei anderen Gesellschaftsformen üblichen anmelde- und eintragungspflichtigen Tatsachen sowie andererseits die Beschränkung der Prüfungspflicht des Registergerichts durch § 4 Abs. 2 S. 2 PartGG. Gemäß § 4 Abs. 2 S. 2 PartGG legt nämlich das Registergericht bei der Eintragung die Angaben der Partner zugrunde, es sei denn, ihm ist deren Unrichtigkeit bekannt.

794 Die Eintragung ist **gebührenpflichtig**. Es wird in der Regel ein Geschäftswert von 25 000,00 EUR zugrunde gelegt. Der Inhalt der Eintragung deckt sich mit den anmeldepflichtigen Umständen. Mit Ausnahme der Ersteintragung sind Eintragungen grundsätzlich deklaratorisch. Wegen der Verweisung in § 5 Abs. 2 PartGG gilt § 15 HGB und somit auch die Bestimmungen zur Registerpublizität.

III. Besonderheiten im Innenrecht der Partnerschaft

795 Die Partner sind berechtigt, die interne Struktur ihrer Partnerschaft, also insbesondere die Rechtsverhältnisse der Partner untereinander, die Geschäftsführung der Partner sowie die Gewinnverteilung, in den von ihrem jeweiligen Berufsrecht gezogenen Grenzen frei im Partnerschaftsvertrag zu regeln.

1. Beitragsleistungen der Partner

796 Insbesondere angesichts der Regelungen in den §§ 1 Abs. 1 S. 1, 3 Abs. 2, 6 Abs. 2, 9 Abs. 3 und 4 PartGG geht das Gesetz von der aktiven Ausübung einer freiberuflichen Tätigkeit sämtlicher Gesellschafter der Partnerschaft aus.[1417] Die **Mitwirkung an der gemeinschaftlichen freiberuflichen Tätig-**

1416 Vgl *Begr. RegE* in: BT-Drucks. 12/6152, S. 13.
1417 Vgl Begr. RegE in: BT-Drucks. 12/6152, S. 9.

keit stellt mithin den wesentlichen Beitrag eines Partners zur Förderung der Erreichung des gemeinsamen Zwecks der Partnerschaft entsprechend § 705 BGB dar. Dementsprechend können Personen, die keine freiberufliche Tätigkeit in der Partnerschaft ausüben, sondern sich vielmehr auf eine Kapitalanlage oder stille Beteiligung beschränken wollen, nicht Mitglied der Partnerschaft werden.[1418] Dies gilt auch für Umgehungsgeschäfte, insbesondere unter Beteiligung eines Angehörigen der Freien Berufe als Strohmann.[1419]

Häufig haben Partner neben der Ausübung ihrer freiberuflichen Tätigkeit **weitere Beiträge**, insbesondere Kapital- und Sachleistungen sowie besonderes Know-how, zu erbringen. Art und Umfang dieser sonstigen Beiträge sind, nicht zuletzt auch im Hinblick auf die Formvorschrift des § 3 Abs. 1 PartGG, im Partnerschaftsvertrag festzulegen.[1420]

2. Geschäftsführung

Die Geschäftsführung bestimmt sich in erster Linie nach den Bestimmungen des Partnerschaftsvertrages und ansonsten grundsätzlich nach § 6 Abs. 3 S. 2 PartGG iVm §§ 110, 114 bis 116 Abs. 2, 117 HGB. Insoweit kann auf die Kommentierung zur Geschäftsführung in der OHG[1421] verwiesen werden.

Von Bedeutung ist allerdings die für die Partnerschaft geltende **Sonderregelung in § 6 Abs. 2 PartGG**. Danach ist der Ausschluss eines Partners von der Geschäftsführung nur im Hinblick auf sogenannte „sonstige Geschäfte" zulässig. Im Hinblick auf freiberufliche Geschäfte ist mithin grundsätzlich kein Ausschluss einzelner Partner von der Geschäftsführung eröffnet.

Freiberufliche Geschäfte stellen solche Dienst- und Werkleistungen dar, die die Partnerschaft im Rahmen ihres freiberuflichen Unternehmensgegenstandes gegenüber ihren Mandanten, Patienten bzw Auftraggebern erbringt und zu deren Ausübung es der jeweiligen besonderen freiberuflichen Qualifikation bedarf. Hingegen zählen zu den sonstigen Geschäften solche Maßnahmen, die der Ermöglichung bzw Aufrechterhaltung des notwendigen organisatorischen Rahmens der freiberuflichen Tätigkeit dienen.[1422] Hierzu gehören zum Beispiel der Erwerb von Grundbesitz sowie der Abschluss von Miet- oder Arbeitsverträgen.[1423]

Ein **Ausschluss einzelner Partner vom wesentlichen Inhalt ihrer Geschäftsführung**, also von ihrer freien Berufsausübung, soll zum einen zur grundsätzlichen Selbständigkeit und Eigenverantwortlichkeit des Freiberuflers und zum anderen zum Grundsatz der aktiven Mitarbeit aller Partner im Widerspruch stehen.[1424] Nur durch gerichtliche Entscheidung kann einem Partner ausnahmsweise im Einzelfall, nicht hingegen auf Dauer, auch die Geschäftsführungsbefugnis im Hinblick auf seine freiberufliche Tätigkeit entsprechend § 117 HGB iVm § 6 Abs. 3 S. 2 PartGG entzogen werden, falls die besonderen Umstände des Einzelfalls, insbesondere ein ansonsten von der Partnerschaft nicht anders abwendbares Risiko, den Entzug rechtfertigen.[1425]

3. Wettbewerbsverbot

Nach § 6 Abs. 3 S. 2 PartGG iVm §§ 112, 113 HGB unterliegen die Partner einem Wettbewerbsverbot, soweit der Partnerschaftsvertrag keine abweichenden Bestimmungen enthält. In Anbetracht der gemeinschaftlichen freiberuflichen Tätigkeitsausübung der Partner und des Wesens der Partnerschaft[1426] kommt dem Wettbewerbsverbot große Bedeutung zu.[1427] **Mit dem Ausscheiden eines Part-**

1418 Vgl Begr. RegE in: BT-Drucks. 12/6152, S. 7.
1419 Vgl Begr. RegE in: BT-Drucks. 12/6152, S. 7.
1420 Vgl MünchKommBGB/*Ulmer* § 1 PartGG Rn 12.
1421 Siehe Rn 345 ff.
1422 Vgl MünchKommBGB/*Ulmer* § 6 PartGG Rn 10.
1423 Vgl Begr. RegE in: BT-Drucks. 12/6152, S. 15.
1424 Vgl Begr. RegE in: BT-Drucks. 12/6152, S. 15.
1425 Vgl Begr. RegE in: BT-Drucks. 12/6152, S. 15.
1426 Siehe oben Rn 768.
1427 Vgl MünchKommBGB/*Ulmer* § 6 PartGG Rn 28.

ners aus der Partnerschaft und nach zutreffender Ansicht[1428] auch im Falle ihrer Auflösung **endet das gesetzliche Wettbewerbsverbot**. Die Vereinbarung eines nachvertraglichen Wettbewerbsverbots ist in den Grenzen von § 138 BGB, Art. 12 GG zulässig.[1429] Im Übrigen gilt die Kommentierung zum Wettbewerbsverbot in der OHG[1430] entsprechend.

4. Informations- und Kontrollrechte

803 Nach § 6 Abs. 3 S. 2 PartGG iVm § 118 HGB steht allen, auch den von der Geschäftsführung teilweise ausgeschlossenen Partnern ein in der Regel höchstpersönliches Informations- und Einsichtsrecht zu. Um eine Kollision mit berufsrechtlichen Schweigepflichten zu vermeiden, **beschränkt sich das Informations- und Einsichtnahmerecht auf die wirtschaftlichen Verhältnisse der Partnerschaft**.[1431] Nach dem Ausscheiden eines Partners beschränken sich diese Rechte auf Auskünfte und Einsichtnahmen, die für die Berechnung eines Auseinandersetzungsanspruchs bedeutsam sind.

5. Beschlüsse der Partner

804 Nach § 6 Abs. 3 S. 2 PartGG iVm § 119 HGB bedarf es für die von den Partnern zu fassenden Beschlüsse der Zustimmung aller zur Mitwirkung bei der Beschlussfassung berufenen Partner. Soweit nicht anders im Partnerschaftsvertrag geregelt, sind sämtliche Beschlüsse einstimmig zu fassen. Sind Mehrheitsentscheidungen indes zugelassen, bestimmt sich das Mehrheitsverhältnis, falls nicht abweichend im Partnerschaftsvertrag geregelt, nach der Kopfzahl der Partner.

6. Anteilsübertragung

805 Nur grundsätzlich ist die Partnerschaftsbeteiligung nicht im Wege der Sonderrechtsnachfolge übertragbar. Mit **Zustimmung sämtlicher Partner** oder falls der Partnerschaftsvertrag eine Anteilsübertragung zulässt, kann ein Partner im Wege der Sonderrechtsnachfolge seine Partnerschaftsbeteiligung auf einen freiberuflich tätigen Dritten übertragen.

7. Ergebnisermittlung und Ergebnisverteilung

806 Die vermögensrechtlichen Beziehungen der Partner untereinander und somit auch die Verteilung des Geschäftsergebnisses richten sich im Wesentlichen nach dem Partnerschaftsvertrag. Falls der Partnerschaftsvertrag keine Regelung zur Ergebnisverteilung enthält, sind die Partner zu gleichen Anteilen am Ergebnis beteiligt.

807 Wegen des Fehlens eines Handelsgewerbes unterliegt die Partnerschaft nicht der Pflicht zur kaufmännischen Rechnungslegung. Sie ist nicht verpflichtet, eine Bilanz aufzustellen, oder Handelsbücher entsprechend der §§ 238 ff HGB zu führen. Vielmehr kann sie ihre Ergebnisermittlung anhand einer Einnahmenüberschussrechnung im Sinne von § 4 Abs. 3 EStG vornehmen.

IV. Besonderheiten im Außenrecht der Partnerschaft

1. Vertretung

808 Auch in der Partnerschaft gilt der **Grundsatz der Selbstorganschaft**. Die in §§ 125 Abs. 1 und 2, 126, 127 HGB für die OHG normierten Bestimmungen zur Vertretung in der OHG gelten kraft der Verweisungsnorm von § 7 Abs. 3 PartGG auch entsprechend für die Partnerschaft. Insoweit kann auf die Kommentierung zur Vertretung in der OHG[1432] verwiesen werden.

809 § 7 Abs. 3 PartGG verweist indes nicht auf § 125 Abs. 3 HGB, indem die Gesamtvertretungsbefugnis eines Gesellschafters zusammen mit einem Prokuristen geregelt ist. Dies ist mit Bedacht geschehen. Da eine Partnerschaft kein Handelsgewerbe ausübt, kann sie **keine Prokura** erteilen.[1433] So erklärt sich

---

1428 Vgl MünchKommBGB/*Ulmer* § 6 PartGG Rn 29.
1429 Vgl *Römermann*, BB 1998, 1489.
1430 Siehe Rn 349 ff.
1431 Vgl Begr. RegE in: BT-Drucks. 12/6152, S. 15.
1432 Vgl Rn 379 ff.
1433 Vgl OLG München NJW 2005, 3730.

auch, dass § 6 Abs. 3 S. 2 PartGG nur auf die Bestimmungen in §§ 110 bis 116 Abs. 2 und 117 bis 119 HGB und nicht auch auf die Bestimmung in § 116 Abs. 3 HGB, in der die Bestellung zum Prokuristen geregelt ist, verweist.

2. Haftung

Die Vorschriften in § 8 PartGG regeln die Haftung der Partnerschaft und ihrer Partner. 810

a) Allgemeines

Während § 8 Abs. 1 PartGG – wie § 128 HGB für die Gesellschafter einer OHG – den Grundsatz der akzessorischen Haftung der Partner für Verbindlichkeiten der Partnerschaft statuiert und die entsprechende Anwendung der §§ 129, 130 HGB anordnet, enthält § 8 Abs. 2 PartGG einen **bedeutsamen und neuartigen**, in dieser Art nur für die Gesellschaftsform der Partnerschaft geltenden **Haftungsausschluss der Partner, die nicht oder nur am Rande mit der Bearbeitung eines der Partnerschaft erteilten Auftrags befasst waren**, soweit es um eine Schadensersatzhaftung für die fehlerhafte Bearbeitung eines Mandats gegenüber dem Auftraggeber geht. In § 8 Abs. 3 PartGG ist schließlich die Möglichkeit der Vereinbarung einer summenmäßigen Haftungsbeschränkung für Verbindlichkeiten der Partnerschaft selbst geregelt. Diese Regelung bestätigt lediglich die Zulässigkeit von summenmäßigen Haftungsbeschränkungsvereinbarungen. 811

b) Die Haftungskonzentration nach § 8 Abs. 2 PartGG

Der Gesetzgeber hat mit der Schaffung der **Haftungskonzentrationsregelung in § 8 Abs. 2 PartGG** Neuland betreten. Die Ermöglichung einer Haftungskonzentration in der Partnerschaft erfolgte in Anbetracht der grundsätzlich persönlichen Leistungsbewirkung eines Angehörigen der Freien Berufe.[1434] In der ursprünglichen, bis zum 31.7.1998 geltenden Fassung des PartGG war allerdings eine Begrenzung der akzessorischen Partnerhaftung für Ansprüche wegen fehlerhafter Berufsausübung auf allein diejenigen Partner, die innerhalb der Partnerschaft die berufliche Leistung zu erbringen oder verantwortlich zu leiten und zu überwachen hatten, nur im Falle einer Vereinbarung mit dem Auftraggeber möglich. 812

Infolge vielfältiger Kritik in der Fachliteratur fasste der Gesetzgeber die Vorschrift der Haftungsbegrenzung in § 8 Abs. 2 PartGG neu. Seit dem Inkrafttreten der neuen Regelung am 1.8.1998 bedarf es für die Wirkung einer Haftungskonzentration keiner Vereinbarung mehr mit dem Auftraggeber. Seitdem haften die Partner, die keine oder nur Beiträge von untergeordneter Bedeutung bei der Bearbeitung eines Auftrages der Partnerschaft geleistet haben, auch ohne besondere Vereinbarung mit dem Auftraggeber nicht neben der Partnerschaft für berufliche Fehler der den Auftrag ausführenden Partner. Dies entspricht quasi einer Handelnden-Haftung. War indes kein Partner mit der Bearbeitung des durch die Partnerschaft angenommenen Auftrages befasst, haften alle Partner akzessorisch neben der Partnerschaft.[1435] 813

c) Nachhaftung

Die Haftung von Partnern im Falle ihres Ausscheidens aus der Partnerschaft oder im Falle ihrer Auflösung bestimmt sich gemäß § 10 PartGG nach den Vorschriften zur OHG in den §§ 159, 160 HGB. 814

V. Auflösung und Liquidation der Partnerschaft sowie Ausscheiden eines Partners

Nach § 9 Abs. 1 PartGG sind auf das Ausscheiden eines Partners und die Auflösung der Partnerschaft die zur OHG erlassenen Vorschriften der §§ 131 bis 144 HGB entsprechend anzuwenden, soweit sich nichts anderes aus der nachstehenden Kommentierung ergibt. 815

In § 9 Abs. 3 PartGG ist ein nur bei der Gesellschaftsform der Partnerschaft geregelter, für diese Gesellschaftsform gleichwohl einleuchtender Ausscheidensgrund eines Gesellschafters normiert. 816

1434 Vgl Begr. RegE in: BT-Drucks. 12/6152, S. 17.
1435 Vgl Begr. RegE in: BT-Drucks. 13/9820, S. 21.

Danach scheidet ein Partner aus der Partnerschaft dann aus, wenn er seine Zulassung zu dem Freien Beruf, den er in der Partnerschaft ausübt, verliert. Das bloße Ruhen der Zulassung, zum Beispiel im Falle der Übernahme eines öffentlichen Amtes, bewirkt kein Ausscheiden des Partners.[1436]

817 Eine Vererbung der Beteiligung an einer Partnerschaft an Dritte ist gemäß § 9 Abs. 4 S. 1 und 2 PartGG nur dann möglich, wenn dies der Partnerschaftsvertrag vorsieht und der Erbe Partner im Sinne von § 1 Abs. 1 und 2 PartGG sein kann. § 139 HGB findet gemäß § 9 Abs. 4 S. 3 PartGG nur insoweit Anwendung, als der Erbe der Beteiligung befugt ist, seinen Austritt aus der Partnerschaft zu erklären.

VI. Liquidation der Partnerschaft

818 Gemäß § 10 Abs. 1 PartGG sind die Vorschriften für die Liquidation der OHG auf die Liquidation der Partnerschaft entsprechend anwendbar.

1436 Vgl Begr. RegE in: BT-Drucks. 12/6152, S. 21.

§ 6 Recht der Kapitalgesellschaften

- A. GmbH 1
  - I. Allgemeine rechtliche Darstellung 1
  - II. Gründung 4
    1. Gesellschaftsvertrag und dessen Auslegung ... 4
    2. Bargründung 7
    3. Sachgründung 11
       - a) Begriff 11
       - b) Verfahren 13
       - c) Differenzhaftung 16
    4. Besondere Gründerhaftung 17
    5. Vorgründungsgesellschaft 21
    6. Vorgesellschaft 23
       - a) Rechtsnatur und Verfassung 23
       - b) Handelndenhaftung 28
       - c) Allgemeine Differenzhaftung 30
       - d) Verlustdeckungshaftung 36
    7. Unechte Vorgesellschaft 39
    8. Verwendung von Vorrats- und Mantelgesellschaften 40
    9. Die Eintragung der Gesellschaft 42
  - III. Organe der GmbH 44
    1. Gesellschafterversammlung 45
       - a) Einberufung der Gesellschafterversammlung 46
       - b) Beschlussfassung 52
    2. Geschäftsführer 66
       - a) Organstellung und Anstellungsverhältnis 67
       - b) Vertretung und Geschäftsführung 80
       - c) Haftung der Geschäftsführer gegenüber der GmbH 96
       - d) Haftung der Geschäftsführer gegenüber Gläubigern der GmbH 127
       - e) Haftung von faktischen Geschäftsführern 146
    3. Beirat/Aufsichtsrat 147
       - a) Aufsichtsrat nach den Vorgaben des AktG 148
       - b) Sonstige Gestaltungsmöglichkeiten 160
  - IV. Mitgliedschaft 172
    1. Inhalt 173
       - a) Rechte des Gesellschafters 174
       - b) Pflichten 180
    2. Erwerb der Mitgliedschaft 203
       - a) Originärer Erwerb 204
       - b) Abgeleiteter Erwerb 205
    3. Beendigung der Mitgliedschaft 217
       - a) Austritt/Kündigung 218
       - b) Einziehung 223
       - c) Ausschließung 243
  - V. Gesellschafterstreit 254
    1. Fehlerhafte Gesellschafterbeschlüsse 255
       - a) Nichtigkeitsklage 257
       - b) Anfechtungsklage 265
       - c) Positive Beschlussfeststellungsklage ... 273
       - d) Die Rechtsfolgen der wichtigsten Beschlussmängel 275
       - e) Ergebnisfeststellungsklage 279
    2. Streit um Mitgliedschaftsrechte 283
    3. Streit um Geschäftsführungsmaßnahmen 284
    4. Actio pro socio 285
  - VI. Finanzverfassung 287
    1. Kapitalaufbringung 287
       - a) Verbot der Unterpariemission 290
       - b) Freie Verfügbarkeit der Einlagen 291
       - c) Aufrechnungs- und Befreiungsverbot, insbesondere Verbot der verdeckten Sachgründung und verwandte Tatbestände 295
    2. Kapitalerhaltung 318
       - a) Schutz des Stammkapitals gem. § 30 GmbHG 318
       - b) Eigenkapitalersetzende Darlehen und gleichgestellte Tatbestände 332
       - c) Erwerb eigener Anteile 369
    3. Kapitalerhöhung und -herabsetzung 372
       - a) Kapitalerhöhungen 372
       - b) Kapitalherabsetzungen 380
    4. Gewinnverwendung 387
    5. Haftungsdurchgriff 391
       - a) Sphärenvermischung 392
       - b) Existenzvernichtender Eingriff 393
       - c) Unterkapitalisierung 397
       - d) Umgekehrter Haftungsdurchgriff 398
  - VII. Satzungsänderungen 399
    1. Arten von Satzungsänderungen 400
    2. Verfahren 401
    3. Erforderliche Mehrheiten/Zustimmungen 404
    4. Gesellschaftervereinbarungen 411
  - VIII. Beendigung 416
    1. Liquidation 417
       - a) Auflösungsbeschluss 417
       - b) Sonstige Liquidationsgründe 422
    2. Auflösungsklage 426
    3. Insolvenz 428
    4. Sonstige Auflösungsgründe 429
    5. Abwicklung der Gesellschaft 430
    6. Fortsetzungsbeschluss 437
  - IX. Registerrecht 438
    1. Allgemeines 438
    2. Eintragungspflichtige Tatsachen 440
       - a) Gründung 441
       - b) Geschäftsführung 452
       - c) Satzungsänderungen 456
       - d) Kapitalmaßnahmen 461
       - e) Beendigung 462
    3. Rechtsfolge von Verstößen 463
- B. Aktiengesellschaft 465
  - I. Allgemeines 465
  - II. Gründung 467
    1. Allgemeine rechtliche Darstellung 467
       - a) Ablauf der Gründung 467
       - b) Gründungsprotokoll 468
       - c) Bar- und Sachgründung 470
       - d) Satzung 475
       - e) Weiterer Ablauf der Gründung 477
    2. Rechtsfragen aus der Praxis 479
       - a) Praktische Aspekte der Gründung 479
       - b) Gestaltung der Satzung 480
       - c) Nachgründung 495
       - d) Haftungsrisiken bei vorzeitiger Geschäftsaufnahme 498
       - e) Vorrats- und Mantelgesellschaften 506
  - III. Organe 510
    1. Organisationsstruktur der Aktiengesellschaft 510
    2. Vorstand 511
       - a) Rechtsstellung und Aufgaben 511
       - b) Organverhältnis 520
       - c) Anstellungsverhältnis 533

d) Pflichten und Haftung des Vorstandes . 546
3. Aufsichtsrat 568
   a) Rechtsstellung und Zusammensetzung 568
   b) Bestellung und Abberufung der Aufsichtsratsmitglieder 572
   c) Aufgaben und Befugnisse 584
   d) Haftung 590
4. Hauptversammlung 593
   a) Rechtsstellung und Zuständigkeit 593
   b) Vorbereitung und Einberufung der Hauptversammlung 601
   c) Durchführung der Hauptversammlung 621
IV. Mitgliedschaft 633
1. Die Aktie 633
   a) Allgemeine rechtliche Darstellung 633
   b) Rechtsfragen aus der Praxis 642
2. Übertragung von Aktien 645
   a) Allgemeine rechtliche Darstellung 645
   b) Rechtsfragen aus der Praxis 648
3. Beendigung der Mitgliedschaft 654
   a) Allgemeine rechtliche Darstellung 654
   b) Rechtsfragen aus der Praxis 656
V. Rechtsstreitigkeiten innerhalb der Gesellschaft 661
1. Außergerichtliche Rechtsstreitigkeiten ... 661
   a) Allgemeine rechtliche Darstellung 661
   b) Rechtsfragen aus der Praxis 662
2. Klagemöglichkeiten von Aktionären 663
   a) Beschlussmängelklagen 663
   b) Haftungsklagen gegen Vorstand und Aufsichtsrat 688
   c) Sonstige Verfahren 698
VI. Finanzverfassung 702
1. Kapitalaufbringung und Kapitalerhaltung 702
   a) Allgemeine rechtliche Darstellung 702
   b) Rechtsfragen aus der Praxis 708
2. Kapitalerhöhung 717
   a) Reguläre Kapitalerhöhung gegen Einlagen 718
   b) Bedingte Kapitalerhöhung 726
   c) Genehmigtes Kapital 727
   d) Kapitalerhöhung aus Gesellschaftsmitteln 729
   e) Bezugsrecht der Aktionäre 730
3. Kapitalherabsetzung 737
   a) Allgemeine rechtliche Darstellung 737
   b) Rechtsfragen aus der Praxis 741
4. Jahresabschluss und Gewinnverwendung . 742
   a) Allgemeine rechtliche Darstellung 742
   b) Rechtsfragen aus der Praxis 745
VII. Satzungsänderungen 746
1. Allgemeine rechtliche Darstellung 746
2. Rechtsfragen aus der Praxis 748
VIII. Beendigung 750
1. Löschung wegen Vermögenslosigkeit 751
2. Auflösung und Abwicklung 752
IX. Registerrecht 757
1. Allgemeine rechtliche Darstellung 757
2. Rechtsfragen aus der Praxis 758
C. **Kommanditgesellschaft auf Aktien** 761
I. Einführung und Allgemeines 761
1. Vor- und Nachteile der KGaA 762
   a) Vorteile 762
   b) Nachteile 769
2. Das auf die KGaA anzuwendende Recht im Überblick 772
   a) Gesellschaftsrecht 773

b) Sonstige Rechtsbereiche 774
3. Die Rechtsverhältnisse innerhalb der KGaA im Überblick 775
   a) Rechtsverhältnisse des persönlich haftenden Gesellschafters 776
   b) Rechtsverhältnisse des Kommanditaktionärs 777
   c) Rechtsverhältnisse der Gesamtheit der Kommanditaktionäre? 780
   d) Rechtsverhältnisse des Aufsichtsrats und seiner Mitglieder 781
   e) Rechtsverhältnisse eines Beirats und seiner Mitglieder 783
   f) Rechtsverhältnisse im Falle einer GmbH & Co. KGaA 784
II. Gründung der Gesellschaft 786
1. Allgemeine rechtliche Darstellung 787
   a) Ordnungsgemäßer Inhalt der Satzung . 787
   b) Feststellung der Satzung 791
   c) Übernahme der Kommanditaktien 793
   d) Gründungsbericht und Gründungsprüfung 794
2. Rechtsfragen aus der Praxis: Nachgründung (§ 278 Abs. 3, § 52 AktG) 796
III. Organe der Gesellschaft 800
1. Der geschäftsführungsbefugte persönlich haftende Gesellschafter 800
   a) Allgemeine rechtliche Darstellung 800
   b) Rechtsfragen aus der Praxis 805
2. Der Aufsichtsrat 810
   a) Allgemeine rechtliche Darstellung 810
   b) Rechtsfragen aus der Praxis 823
3. Die Hauptversammlung 832
   a) Allgemeine rechtliche Darstellung 832
   b) Rechtsfragen aus der Praxis 842
IV. Mitgliedschaft 847
1. Der persönlich haftende Gesellschafter ... 847
   a) Allgemeine rechtliche Darstellung 847
   b) Rechtsfragen aus der Praxis 854
2. Der Kommanditaktionär 863
V. Gesellschafterstreit 864
VI. Finanzverfassung 867
1. Rechnungslegung 867
2. Ergebnisverteilung 870
3. Kapitalmaßnahmen 871
VII. Satzungsänderungen 875
1. Rechtsgrundlage 875
2. Dispositivität 876
3. Erforderliche Mehrheit und Zustimmung des persönlich haftenden Gesellschafters . 877
VIII. Beendigung 878
IX. Registerrecht 880
D. **Eingetragene Genossenschaft** 883
I. Interessen der Gründer 883
II. Gründungsstadien 884
1. Vorgründungsgesellschaft 884
2. Vorgenossenschaft 886
3. Unechte Vorgenossenschaft 889
4. Nichteingetragene Genossenschaft 890
5. Gründungsformalitäten 891
6. Rechtsfragen aus der Praxis 893
III. Organe 896
1. Generalversammlung/Vertreterversammlung 896
   a) Grundsätzliches 896
   b) Einberufung der Generalversammlung 897
   c) Rechte und Pflichten 899

§ 6 Recht der Kapitalgesellschaften

- d) Investierende Mitglieder ... 904
- e) Minderheitenschutz ... 905
- f) Nichtigkeit und Anfechtbarkeit von Beschlüssen ... 906
- g) Vertreterversammlung ... 913
- 2. Vorstand ... 918
  - a) Grundsätzliches ... 918
  - b) Bestellung des Vorstandes ... 919
  - c) Leitung und Vertretung der Genossenschaft ... 921
  - d) Abberufung des Vorstandes ... 926
  - e) Haftung des Vorstandes ... 930
- 3. Aufsichtsrat ... 936
  - a) Grundsätzliches ... 936
  - b) Wahl des Aufsichtsrats ... 938
  - c) Rechte und Pflichten ... 939
  - d) Abberufung des Aufsichtsrats ... 941
  - e) Haftung des Aufsichtsrat ... 942
- IV. Mitgliedschaft ... 943
  - 1. Grundsätzliches ... 943
  - 2. Erwerb ... 946
  - 3. Übertragung ... 949
  - 4. Kündigung der Mitgliedschaft ... 951
    - a) Kündigung durch das Mitglied ... 951
    - b) Kündigung durch Gläubiger ... 956
  - 5. Ausschluss eines Mitglieds ... 957
  - 6. Rechtsnachfolge ... 960
    - a) Tod eines Mitglieds ... 960
    - b) Auflösung oder Erlöschen einer juristischen Person/Personengesellschaft ... 961
    - c) Umwandlung eines Mitgliedsunternehmens ... 963
  - 7. Auseinandersetzung ... 964
- V. Finanzverfassung ... 967
  - 1. Geschäftsanteil ... 968
  - 2. Geschäftsguthaben ... 969
  - 3. Nachschusspflicht und Haftsumme ... 970
- VI. Satzungsänderungen ... 971
- VII. Beendigung ... 975
  - 1. Verschmelzung durch Aufnahme in eine andere Genossenschaft ... 975
    - a) Grundsätzliches ... 975
    - b) Gläubigerschutz ... 976
    - c) Geschäftsanteile und Geschäftsguthaben ... 977
    - d) Ausschlagungsrecht ... 978
    - e) Eintragung der Verschmelzung ... 979
    - f) Haftung von Vorstand und Aufsichtsrat ... 980
    - g) Anfechtbarkeit und Nichtigkeit des Verschmelzungsbeschlusses ... 981
    - h) Anmeldung und Eintragung der Verschmelzung ... 982
  - 2. Verschmelzung durch Neugründung ... 984
    - a) Grundsätzliches ... 984
    - b) Errichtung ... 985
- VIII. Auflösung der Genossenschaft/Liquidation ... 986
  - 1. Auflösungsgründe ... 986
  - 2. Liquidatoren ... 988
  - 3. Verteilung des Restvermögens ... 989
  - 4. Fortsetzung der Genossenschaft ... 990
- IX. Insolvenz ... 991
  - 1. Eröffnungsgründe/Zahlungsverbot ... 991
  - 2. Antragspflicht und -recht ... 993
  - 3. Folgen der Insolvenzeröffnung ... 994
- X. Registerrecht/Firmierung/Besteuerung ... 996
  - 1. Allgemeines ... 996
  - 2. Anzumeldende Tatsachen ... 997
  - 3. Zum Umfang der Prüfungspflicht bei der Eintragung der Genossenschaft ... 999
    - a) Grundsätzliches ... 999
    - b) Verfahren ... 1000
  - 4. Firmierung ... 1001
  - 5. Besteuerung ... 1003
    - a) Besteuerung der Genossenschaft ... 1003
    - b) Besteuerung der Mitglieder ... 1005
- E. Stiftung ... 1007
- I. Allgemeine rechtliche Darstellung ... 1007
  - 1. Die rechtstatsächliche Lage in Deutschland ... 1010
    - a) Die aktuelle Lage ... 1011
    - b) Die Stiftungsverbände ... 1014
  - 2. Die Gründe für die Errichtung von Stiftungen ... 1015
    - a) Die Verselbständigung von Vermögen zur Erreichung vom Stifter gesetzter Ziele ... 1016
    - b) Die Steuervorteile bei steuerbegünstigten Stiftungen ... 1018
  - 3. Unterschiedlichen Stiftungsformen und ihre Rechtsquellen ... 1020
    - a) Die öffentlich-rechtlichen und kirchlichen Stiftungen ... 1021
    - b) Stiftungen des Privatrechts ... 1025
  - 4. Die Steuervergünstigungen wegen Gemeinnützigkeit ... 1041
    - a) Zur Rechtsformneutralität des Gemeinnützigkeits- und Spendenrechts ... 1044
    - b) Steuerliche Behandlung der gemeinnützigen Körperschaft ... 1045
    - c) Die steuerliche Behandlung des Leistenden ... 1050
  - 5. Rechtsfragen aus der Praxis ... 1058
    - a) Die Aufklärung des Sachverhalts ... 1059
    - b) Die Folgerungen für die Gestaltungspraxis ... 1064
    - c) Die Darstellung einzelner Stiftungsformen ... 1069
- II. Die rechtsfähige Stiftung des Bürgerlichen Rechts ... 1070
  - 1. Grundlagen ... 1071
    - a) Der Stiftungsbegriff ... 1072
    - b) Überblick über die gesetzlichen Regelungen ... 1074
  - 2. Die Errichtung der Stiftung ... 1077
    - a) Das Stiftungsgeschäft unter Lebenden ... 1078
    - b) Das Stiftungsgeschäft von Todes wegen ... 1082
    - c) Stiftungszweck, Stiftungsvermögen und Stiftungssatzung ... 1090
  - 3. Die Anerkennung der Stiftung ... 1116
    - a) Das Verfahren ... 1117
    - b) Verwaltungsrechtliche Grundsätze ... 1121
  - 4. Die Stiftungsaufsicht ... 1122
    - a) Reine Rechtsaufsicht ... 1123
    - b) Befugnisse der Stiftungsaufsicht ... 1124
- III. Alternative Stiftungsformen ... 1126
  - 1. Die unselbständige nicht rechtsfähige Stiftung ... 1127
    - a) Unterschiede zur rechtsfähigen Stiftung ... 1128
    - b) Errichtung unter Lebenden ... 1129
    - c) Errichtung von Todes wegen ... 1136
    - d) Bedeutung für die Praxis ... 1138
  - 2. Die Stiftungskörperschaften ... 1140

§ 6 Recht der Kapitalgesellschaften

   a) Vor- und Nachteile gegenüber der Gründung einer Stiftung 1141
   b) Gestaltungsaufgaben bei der Gründung von Stiftungskörperschaften 1143
   c) Die Stiftungs-GmbH 1146
   d) Der Stiftungsverein 1166
 IV. Das steuerliche Gemeinnützigkeitsrecht 1184
  1. Verfolgung steuerbegünstigter Zwecke ...1186
   a) Gemeinnützige Zwecke (§ 52 AO) 1187
   b) Mildtätige Zwecke (§ 53 AO) 1189
   c) Kirchliche Zwecke (§ 54 AO) 1190
  2. Selbstlosigkeit (§ 55 AO) 1191
   a) Gebot der Selbstlosigkeit 1192
   b) Gebot der zeitnahen Mittelverwendung 1193
   c) Gebot der Vermögensbindung 1194
   d) Begünstigungsverbot 1195
  3. Ausschließlichkeit und Unmittelbarkeit ...1196
  4. Steuerlich unschädliche Betätigungen 1198
   a) Bildung von Rücklagen 1199
   b) Unterhaltsregelung 1200
  5. Grundsatz der formellen und materiellen Vermögensbindung 1201
  6. Steuerpflicht bei wirtschaftlichem Geschäftsbetrieb 1202
   a) Die vier Sphären steuerbegünstigter Stiftungen und sonstiger Körperschaften ..1203
   b) Der ideelle Bereich 1204
   c) Die Vermögensverwaltung 1206
   d) Der wirtschaftliche Geschäftsbetrieb ...1207
   e) Abgrenzung Vermögensverwaltung zu wirtschaftlichem Geschäftsbetrieb 1211
  7. Verfahren zur Erlangung der Steuerbegünstigung 1214

   a) Vorläufige Bescheinigung 1215
   b) Feststellungsbescheid 1216
  8. Spendenrecht und Sponsoring 1217
   a) Der Begriff der Spende und des Sponsorings 1218
   b) Die Spende 1220
   c) Das Sponsoring 1225
 V. Familienstiftungen 1233
  1. Die Familienstiftung im Zivilrecht 1234
   a) Die Motive für die Errichtung 1235
   b) Der Begriff der Familienstiftung 1236
   c) Die Stiftungsaufsicht 1239
   d) Die Doppelstiftung und die Stiftung & Co.KG 1240
  2. Die Familienstiftung im Steuerrecht 1243
   a) Die steuerliche Behandlung der Familienstiftung 1245
   b) Die steuerliche Behandlung des Stifters 1251
   c) Die steuerliche Behandlung des Destinatärs 1252
 VI. Ausländische Stiftungen 1253
  1. Motive für die Errichtung einer ausländischen Stiftung 1254
   a) Pflichtteilsrecht 1255
   b) Zugewinnausgleichsansprüche 1256
   c) Steuervorteile 1257
  2. Hinweise zu ausländischen Stiftungsregelungen und Trusts 1261
   a) Die österreichische Privatstiftung 1262
   b) Die Familienstiftung in Liechtenstein ..1266
   c) Die Schweizer Stiftung im Privatrecht .1273
   d) Trusts 1277
 VII. Rechtspolitische Überlegungen 1282

A. GmbH

I. Allgemeine rechtliche Darstellung

1 Die GmbH ist die personalistischste Form der Kapitalgesellschaften. Ihre gesamte gesetzliche Struktur ist auf einen relativ überschaubaren Personenkreis, den regelmäßig auch zumindest ein gewisses persönliches Näheverhältnis verbindet, ausgerichtet. Dies kommt in einer Vielzahl der gesetzlichen Regelungen zum Ausdruck. Insbesondere reduziert die erforderliche notarielle Beurkundung der Übertragung von Geschäftsanteilen die Möglichkeiten einer einfachen Übertragung von Anteilen. Hinzu kommt, dass viele Gesellschaftsverträge Bestimmungen enthalten, wonach die Übertragung von Geschäftsanteilen der Zustimmung der übrigen Gesellschafter oder zumindest der Mehrheit von ihnen bedürfen. Gleichwohl handelt es sich bei der GmbH weiterhin um die in der Praxis am häufigsten vorkommende Art der Kapitalgesellschaften.

2 Die GmbH ist kraft Gesetzes gem. § 13 Abs. 1 GmbHG eine **juristische Person** und als solche **körperschaftlich** organisiert. GmbH's können zu jedem gesetzlich zulässigen Zweck gegründet werden, wie § 1 GmbHG für die GmbH ausdrücklich bestimmt. Jede GmbH gilt jedoch gem. § 13 Abs. 3 GmbHG unabhängig von ihrem Zweck als **Handelsgesellschaft** und ist damit **Formkaufmann** iSv § 6 HGB.

3 Für Gesellschaftsschulden haftet den Gläubigern gem. § 13 Abs. 2 GmbHG nur das Gesellschaftsvermögen, was in der Praxis einer der Hauptgründe für Unternehmer ist, eine GmbH (oder GmbH & Co. KG) zu gründen.

II. Gründung

1. Gesellschaftsvertrag und dessen Auslegung

Die GmbH wird durch Abschluss des Gesellschaftsvertrages gegründet. Erforderlich ist gem. § 2 Abs. 1 S. 1 GmbHG die **notarielle Beurkundung**.[1] Der Mindestinhalt des Gesellschaftsvertrages ergibt sich aus § 3 GmbHG. Die Gründer müssen im Gesellschaftsvertrag ihre Stammeinlagen übernehmen, dh sich zu deren Einzahlung an die Gesellschaft verpflichten.

Als Gesellschafter und damit als Gründer einer GmbH kommen neben natürlichen und juristischen Personen auch Personenhandelsgesellschaften, Vorgesellschaften, BGB-Gesellschaften[2] und sogar Erbengemeinschaften in Betracht.[3] Gem. § 1 GmbHG kann die Gesellschaft auch als Einpersonen-GmbH gegründet werden. In diesem Fall stellt sich der Gesellschaftsvertrag als einseitige Erklärung des Gründers dar, die als Organisationsakt bezeichnet wird. Für diesen gelten dieselben formellen und inhaltlichen Anforderungen wie im Falle der Mehrpersonengründung.

Bei der Auslegung des Gesellschaftsvertrages ist zwischen körperschaftsrechtlichen, auch korporativ genannten, und individualrechtlichen Bestimmungen zu unterscheiden. Individualrechtlichen Charakter haben solche Bestimmungen, die nur für die gegenwärtigen Mitglieder der GmbH gelten. Körperschaftsrechtlich sind demgegenüber solche Bestimmungen des Gesellschaftsvertrages, die auch für zukünftige Gesellschafter und für Gesellschaftsgläubiger Bedeutung haben. Nur für individualrechtliche Bestimmungen gelten die allgemeinen Auslegungsregeln der §§ 133, 157 BGB. Bei der Auslegung körperschaftsrechtlicher Bestimmungen dürfen demgegenüber, und zwar für das Innen- und Außenverhältnis der Gesellschaft gleichermaßen, nur solche Umstände berücksichtigt werden, die entweder für die Allgemeinheit erkennbar sind oder sich aus der Satzungsurkunde selbst ergeben, dh aus ihrem Wortlaut, aus ihrer Systematik oder aus ihrem Sinn und Zweck.[4] Bei dieser – einer Gesetzesauslegung angenäherten – Auslegung körperschaftsrechtlicher Bestimmungen haben also insbesondere alle Nebenabreden sowie der übereinstimmende Wille der Gesellschafter, wenn er in der Satzungsurkunde keinen Niederschlag gefunden hat, außer Betracht zu bleiben, selbst wenn die Auslegung nur zwischen den Gründern streitig ist. Dies gilt auch für personalistisch strukturierte GmbHs oder Familiengesellschaften.[5] Eine ergänzende Vertragsauslegung zur Schließung von Vertragslücken bleibt zulässig, jedoch dürfen auch hier nur die für die Allgemeinheit oder aus der Vertragsurkunde erkennbaren Umstände berücksichtigt werden.[6] Körperschaftsrechtlichen Charakter haben insbesondere die Bestimmungen über den Gesellschaftszweck und den Unternehmensgegenstand, über die Kapitalausstattung und die Ausgestaltung der Einlagen, insbesondere die Zulassung von Sacheinlagen,[7] über die Vinkulierung von Geschäftsanteilen,[8] über die Gewinnverteilung,[9] über Sonderrechte,[10] über die Verfassung der Gesellschaft, insbesondere die Zuständigkeit der Gesellschafterversammlung und die Formerfordernisse für Gesellschafterbeschlüsse,[11] sowie über Abfindungsansprüche.[12]

---

1 Das MoMiG, das in der ersten Jahreshälfte 2008 in Kraft treten soll, wird die GmbH-Gründung ohne notarielle Beurkundung ermöglichen (zukünftig § 2 Abs. 1 a GmbHG). Wird für den Gesellschaftsvertrag das als Anlage 1 zum GmbHG bestimmte Muster verwendet, genügt danach notarielle Beglaubigung der Unterschriften der Gründungsgesellschafter. Das Muster lässt nur Bargründungen durch maximal drei Gesellschafter sowie die Bestellung von nur einem Geschäftsführer zu. Es enthält keine Bestimmungen über die Organisation der Gesellschaft, so dass sich diese bei Verwendung des Musters ausschließlich nach den gesetzlichen Bestimmungen des GmbHG richtet.
2 BGHZ 78, 311, 312 ff; 116, 86, 88.
3 *Goette*, GmbH, 2. Aufl., § 1 Rn 8.
4 BGHZ 116, 359, 364 ff; 142, 116, 125.
5 BGHZ 14, 25, 37; BGH GmbHR 1983, 129, 130.
6 Scholz/*Emmerich*, § 2 Rn 36.
7 BGH BB 1966, 1410.
8 BGHZ 48, 141, 144.
9 BGHZ 18, 205, 208 f.
10 BGH NJW 1969, 131.
11 BGHZ 48, 141, 143 f; BGH NJW 1973, 1039.
12 BGHZ 116, 359, 364.

2. Bargründung

7   Die Bargründung der GmbH ist kraft Gesetzes der Regelfall. Wenn im Gesellschaftsvertrag nichts Abweichendes vereinbart wird, sind die Einlagen gem. §§ 5 Abs. 4 S. 1, 19 Abs. 5 GmbHG in Geld zu erbringen. Die Summe der Stammeinlagen, das **Stammkapital**, muss gem. § 5 Abs. 1 GmbHG mindestens 25 000,00 EUR betragen. Gem. § 5 Abs. 2 GmbHG kann jeder Gesellschafter bei der Gründung nur eine Stammeinlage übernehmen, deren Nennwert mindestens 100,00 EUR betragen und durch 50 teilbar sein muss (§ 5 Abs. 1, 3 S. 2 GmbHG). Damit der GmbH bei ihrer Entstehung eine gewisse Mindestliquidität zur Verfügung steht, muss jeder Gesellschafter gem. § 7 Abs. 2 S. 1 GmbHG vor der Eintragung der Gesellschaft mindestens ein Viertel des Ausgabebetrages seiner Stammeinlage einzahlen. Insgesamt müssen gem. § 7 Abs. 2 S. 2 GmbHG mindestens 12 500 EUR eingezahlt werden. Die eingezahlten Stammeinlagen müssen zur freien Verfügung der Geschäftsführer stehen.[13] Diese müssen in der Anmeldung der Gesellschaft zum Handelsregister gem. § 8 Abs. 2 S. 1 GmbHG versichern, dass diese Voraussetzung erfüllt ist.

8   Bei der Einpersonengründung muss der Gesellschafter gem. § 7 Abs. 2 S. 3 GmbHG für nicht erbrachte Einlagen Sicherheit leisten. Diese Regelung darf nicht dadurch umgangen werden, dass mehrere Personen eine GmbH gründen und ihre Geschäftsanteile nach Entstehung der Gesellschaft auf einen Gesellschafter übertragen (sogenannte Strohmanngründung). Deshalb muss in diesem Fall der verbleibende Gesellschafter gem. § 19 Abs. 4 GmbHG alle Stammeinlagen voll einzahlen oder der Gesellschaft Sicherheit leisten.

9   Da den Gesellschaftsgläubigern gem. § 13 Abs. 2 GmbHG nur das Gesellschaftsvermögen haftet, muss sichergestellt werden, dass der Gesellschaft der Wert des Stammkapitals als Garantieziffer für das Anfangsvermögen der Gesellschaft zur Verfügung steht und die Ansprüche der Gesellschaft auf Leistung der geschuldeten Einlagen nicht beeinträchtigt werden. Dieses **Gebot der Aufbringung des Stammkapitals** hat für das Recht der GmbH so zentrale Bedeutung, dass ihm ein eigenes Kapitel im Rahmen der Darstellung der Finanzverfassung gewidmet wird.[14]

10 Durch das Gesetz zur Modernisierung des GmbH-Rechts und zur Bekämpfung von Missbräuchen (**MoMiG**), das im ersten Halbjahr 2008 in Kraft treten soll, wird das Mindeststammkapital (§ 5 Abs. 1 GmbHG) bei der GmbH auf 10 000,00 EUR reduziert. Außerdem kann eine GmbH als sog. **Unternehmergesellschaft** auch mit einem beliebig geringeren Stammkapital gegründet werden (zukünftig § 5 a GmbHG). Eine solche GmbH muss den Rechtsformzusatz „Unternehmergesellschaft (haftungsbeschränkt)" oder „UG (haftungsbeschränkt)" führen (zukünftig § 5 a Abs. 1 GmbHG). Bei einer Unternehmergesellschaft sind Sacheinlagen ausgeschlossen (zukünftig § 5 a Abs. 2 S. 2 GmbHG). Die Einlagen sind vor der Anmeldung in voller Höhe einzuzahlen (zukünftig § 5 a Abs. 2 S. 1 GmbHG). In der Bilanz der Unternehmergesellschaft ist eine gesetzliche Rücklage zu bilden, in die ¼ des um einen Verlustvortrag aus dem Vorjahr geminderten Jahresüberschusses einzustellen ist; diese Rücklage darf nur für Kapitalerhöhungen aus Gesellschaftsmitteln verwandt werden (zukünftig § 5 a Abs. 3 GmbHG). Auf diese Weise soll die Unternehmergesellschaft das Mindeststammkapital von 10 000,00 EUR nach und nach ansparen.

Durch das MoMiG soll außerdem § 5 Abs. 2 GmbHG dahingehend geändert werden, dass der Betrag jedes Geschäftsanteils auf volle Euro lauten muss. Der Mindestbetrag wird damit von bisher 100,00 EUR auf 1,00 EUR reduziert. Jeder Gesellschafter kann mehrere Geschäftsanteile übernehmen (demnächst § 5 Abs. 2 S. 2 GmbHG). Außerdem wird durch das MoMiG § 7 Abs. 2 S. 3 GmbHG ersatzlos aufgehoben, so dass bei der Einpersonengründung keine Sicherheit für nicht erbrachte Einlagen mehr zu leisten ist.

---

13 Dazu im Einzelnen unter Rn 291 ff.
14 Dazu nachfolgend Rn 287 ff.

3. Sachgründung

a) Begriff

Sacheinlage ist jede Einlage, die nicht in Geld erbracht werden soll. Demgemäß kommt als Sacheinlage jeder Vermögenswert in Betracht, der nicht in Geld besteht. Sacheinlagen können daher nicht nur Sachen iSv § 90 BGB sein, sondern zB auch Immaterialgüterrechte (etwa Patente) oder ein Unternehmen als Ganzes. Anders als bei den Personengesellschaften kommen jedoch Dienstleistungen analog § 27 Abs. 2 AktG nicht als Sacheinlage in Betracht.[15] Auch Werkleistungen des Gesellschafters sind nach hM nicht sacheinlagefähig.[16]

Auch Forderungen, die nicht auf Erbringung von Dienst- oder Werkleistungen gerichtet sind, kommen als Sacheinlage in Betracht. Dies gilt jedoch nicht für Forderungen gegen Gesellschafter selbst.[17] Eine Ausnahme wird nur für den Fall zugelassen, dass der Gesellschafter sich zur Überlassung der Nutzung einer Sache mit fester Laufzeit verpflichtet; der Wert der Sacheinlage ist in solchen Fällen mit dem für die Dauer des Rechtes kapitalisierten Nutzungswert zu beziffern.[18]

b) Verfahren

Sachgründungen sind für den Rechtsverkehr gefährlich, da stets das Risiko besteht, dass die Sacheinlage von den Gesellschaftern überbewertet wird und damit der Wert des Gesellschaftsvermögens nicht das vorgesehene Stammkapital erreicht. Dies muss im Interesse der Gesellschaftsgläubiger vermieden werden. Deshalb kommt dem **Gebot der Aufbringung des Stammkapitals** bei der Sachgründung besondere Bedeutung zu. Diesem Gebot tragen folgende Regelungen Rechnung:

Sacheinlagen sind gem. § 5 Abs. 4 S. 1 GmbHG nur zulässig, wenn sie im Gesellschaftsvertrag nach Gegenstand und Betrag der dadurch zu bewirkenden Einlage festgesetzt werden. Wird also ohne eine solche gesellschaftsvertragliche Grundlage eine Sacheinlage geleistet, hat diese keine Erfüllungswirkung mit der Konsequenz, dass die Einlage noch einmal in Geld geleistet werden muss.

Die Gesellschafter müssen gem. § 5 Abs. 4 S. 2 GmbHG in einem **Sachgründungsbericht** die Bewertung der Sacheinlage begründen. Der Sachgründungsbericht, der von allen Gründungsgesellschaftern schriftlich zu erstatten und zu unterzeichnen ist, muss gem. § 8 Abs. 1 Nr. 4 GmbHG der Anmeldung der Gesellschaft zum Handelsregister beigefügt werden. Das Registergericht hat die Angaben zur Werthaltigkeit der Sacheinlage einer Plausibilitätsprüfung zu unterziehen. Bei der Einbringung eines Grundstücks ist hierbei nicht nur auf dessen Verkehrswert abzustellen, sondern bestehende Grundpfandrechte sind wertmindernd zu berücksichtigen.[19] Im Gegensatz zu einer Bareinlage muss die Sacheinlage vor der Anmeldung der Gesellschaft zum Handelsregister gem. § 7 III GmbHG vollständig erbracht werden.

c) Differenzhaftung

Erreicht der Wert der Sacheinlage zum Zeitpunkt der Anmeldung der Gesellschaft zur Eintragung in das Handelsregister nicht den Betrag der Stammeinlage, hat der Gesellschafter die Wertdifferenz gem. § 9 GmbHG in Geld auszugleichen, sog. besondere Differenzhaftung. Kann der betroffene Gesellschafter diese Verpflichtung nicht erfüllen, kann sein Anteil kaduziert werden (§§ 21 ff GmbHG). Danach haften, wenn der Differenzbetrag anders nicht aufgebracht werden kann, auch die übrigen Gesellschafter im Wege der **Ausfallhaftung** gem. § 24 GmbHG.

4. Besondere Gründerhaftung

Gem. § 9 a Abs. 1, 3 GmbHG haften Geschäftsführer und Gesellschafter gesamtschuldnerisch, wenn sie im Zuge der Gründung schuldhaft falsche Erklärungen abgeben. Der Anspruch steht der GmbH zu

---

15 Scholz/*Winter*/*Westermann*, § 5 Rn 52 mwN.
16 Scholz/*Winter*/*Westermann*, aaO, mwN.
17 Baumbach/Hueck, § 5 Rn 24; Scholz/*Winter*/*Westermann*, § 5 Rn 49; Hachenburg/*Ulmer*, § 5 Rn 36; Roth/Altmeppen, § 5 Rn 40.
18 BGH GmbHR 2004, 1219, 1220; BGHZ 144, 290, 294.
19 OLG Frankfurt ZIP 2006, 1584, 1585.

und entsteht daher erst mit deren Eintragung in das Handelsregister. Diese besondere Gründerhaftung schafft insbesondere folgende Haftungsrisiken:

18 Die Geschäftsführer haben bei der Anmeldung der Gesellschaft zum Handelsregister gem. § 8 Abs. 2 GmbHG iVm § 7 Abs. 2 und 3 GmbHG zu versichern, dass bei einer Sachgründung die gesamte Einlage, bei einer Bargründung die Mindesteinlage zu ihrer **freien Verfügung** steht und bei einer Einpersonengründung für nicht geleistete Einlagen Sicherheit geleistet wurde. Wird diese Erklärung vorsätzlich oder fahrlässig falsch abgegeben, etwa weil die Einlage nicht zur freien Verfügung stand oder die erforderliche Sicherheit nicht geleistet wurde, haften gem. § 9 a Abs. 1 GmbHG die Geschäftsführer für die rückständige Einlage gesamtschuldnerisch neben dem pflichtigen Gesellschafter. Nach ihrer Inanspruchnahme steht ihnen ein Rückgriffsanspruch gem. § 426 BGB gegen den Gesellschafter zu, weil Letzterer für seine Einlage im Innenverhältnis allein haftet.[20]

19 Besondere praktische Bedeutung gewinnt § 9 a Abs. 1 GmbHG auch bei **verdeckten Sachgründungen**. Hier wird begriffsnotwendig nicht gegenüber dem Handelsregister offengelegt, dass durch Verrechnung oder Hin- und Herzahlung eine Sachgründung verschleiert wird. Stattdessen wird typischerweise erklärt, dass die Einlage zur freien Verfügung der Gesellschaft stehe. Da dies bei einer verdeckten Sachgründung gerade nicht der Fall ist, löst diese Erklärung die Haftung der Geschäftsführer nach § 9 a Abs. 1 GmbHG aus.[21]

20 Schließlich begründen auch fehlerhafte Angaben im Sachgründungsbericht, der gem. § 8 Abs. 1 Nr. 4 GmbHG der Anmeldung zum Handelsregister beizufügen ist, die Haftung aus § 9 a Abs. 1 GmbHG. Diese trifft nicht nur den sacheinlagepflichtigen, sondern alle Gründungsgesellschafter, da sie den Sachgründungsbericht gemeinsam zu erstellen und zu unterzeichnen haben.

5. Vorgründungsgesellschaft

21 Bei der Gründung einer GmbH entsteht eine Vorgründungsgesellschaft nur ausnahmsweise, nämlich dann, wenn sich die Gründer schon vor der Gründung der GmbH, dh vor der Beurkundung des Gesellschaftsvertrages, in Form eines **Vorvertrages** rechtsverbindlich verpflichten, die GmbH zu gründen. Aufgrund dieser Verpflichtung zum Abschluss eines formbedürftigen Vertrages (des Gesellschaftsvertrages) bedarf bereits der Vorgründungsvertrag derselben Form wie der Gesellschaftsvertrag, nämlich der notariellen Beurkundung (§ 2 Abs. 1 S. 1 GmbHG).[22] Wird diese Form nicht eingehalten, die Vorgründungsgesellschaft aber gleichwohl in Vollzug gesetzt, entsteht eine nach den Regeln des Personengesellschaftsrechtes bis zu ihrer Beendigung als wirksam zu behandelnde fehlerhafte Gesellschaft.

22 Die Vorgründungsgesellschaft ist weder mit der Vorgesellschaft noch mit der späteren GmbH identisch. Es handelt sich vielmehr um eine von diesen verschiedene Personengesellschaft, die mit Gründung der GmbH durch Zweckerreichung beendet wird. In der Regel ist die Vorgründungsgesellschaft eine BGB-Gesellschaft. Betreibt sie jedoch ein Handelsgewerbe, ist sie eine OHG. Für die Vertretung und Verpflichtung der Vorgründungsgesellschaft und für die sich daraus ergebende Haftung finden daher die Regeln des GmbH-Rechtes (insbesondere die Handelndenhaftung) keine Anwendung, es gelten vielmehr die Bestimmungen für die BGB-Gesellschaft bzw die OHG. Handelt ein vertretungsberechtigter Gesellschafter fälschlicherweise im Namen der noch nicht existenten Vor-GmbH oder GmbH, wird die Vorgründungsgesellschaft nach den Regeln über unternehmensbezogene Geschäfte verpflichtet.[23] Andererseits folgt aus der fehlenden Identität zwischen Vorgründungsgesellschaft und Vorgesellschaft, dass weder die Verbindlichkeiten der Vorgründungsgesellschaft auf die spätere Vor-GmbH oder GmbH übergehen noch die persönliche Haftung der Vorgründungsgesellschafter für diese Verbindlichkeiten mit Entstehung der GmbH erlischt, sofern mit dem Gläubiger nichts abweichendes vereinbart wird.[24]

---

20 Lutter/Hommelhoff/*Bayer*, § 9 a Rn 7; Hachenburg/*Ulmer*, § 9 a Rn 48.
21 Scholz/*Winter/Veil*, § 9 a Rn 15.
22 BGH NJW-RR 1988, 288.
23 BGHZ 91, 148, 152.
24 BGHZ 91, 148, 151; BGH NJW 1998, 1645; BGH GmbHR 2001, 293.

6. Vorgesellschaft

a) Rechtsnatur und Verfassung

Vorgesellschaft oder Vor-GmbH ist die gegründete, aber noch nicht in das **Handelsregister** eingetragene GmbH. Die Vorgesellschaft entsteht mit Abschluss des notariell beurkundeten Gesellschaftsvertrages. Sie ist noch keine juristische Person, weil diese gem. § 11 Abs. 1 GmbHG erst mit der Eintragung in das Handelsregister entsteht. Andererseits ist die Vor-GmbH aber auch keine BGB-Gesellschaft oder OHG, nicht einmal eine Gesamthandsgemeinschaft,[25] sondern eine Personenvereinigung eigener Art, die als notwendige Vorstufe zu der mit der Eintragung entstehenden juristischen Person als werdende Kapitalgesellschaft bereits ein eigenständiges, von ihren Gründern und Gesellschaftern verschiedenes, körperschaftlich strukturiertes Rechtsgebilde mit eigenen Rechten und Pflichten ist.[26] Dabei ist die Vor-GmbH bereits mit der späteren GmbH identisch (sog. **Identitätstheorie**). Aus dieser Identität des Rechtsträgers folgt, dass die GmbH mit ihrer Entstehung, dh mit ihrer Eintragung in das Handelsregister (§ 11 Abs. 1 GmbHG), ipso iure in alle Rechte und Pflichten der Vor-GmbH eintritt.[27]

23

Die Vorgesellschaft nimmt am Rechtsverkehr bereits weitgehend wie die spätere GmbH teil. Insbesondere kann sie bereits unter der Firma der späteren Gesellschaft auftreten, muss hierbei allerdings den Zusatz „i.G." führen. Außerdem ist die Vorgesellschaft bereits grundbuchfähig,[28] wechsel- und scheckfähig,[29] aktiv[30] und passiv parteifähig[31] sowie insolvenzfähig.[32] Zur Zwangsvollstreckung in das Vermögen der Vorgesellschaft ist ein gegen diese gerichteter Titel erforderlich.[33] Schließlich kann die Vorgesellschaft bereits Gesellschafterin einer anderen Gesellschaft, insbesondere Komplementärin einer KG sein.[34]

24

Für die Vorgesellschaft gelten bereits die **Regeln des Gesellschaftsvertrages** und des **GmbHG**, soweit diese nicht die Entstehung der GmbH als juristische Person voraussetzen. So können in der Vorgesellschaft etwa bereits Gesellschafterbeschlüsse durch Mehrheitsentscheidungen nach Maßgabe der §§ 47 ff GmbHG gefasst werden. Änderungen des Gesellschaftsvertrages bedürfen der Einstimmigkeit und der Form des § 2 GmbHG.[35] Dasselbe gilt für Wechsel im Gesellschafterbestand, sei es durch Ausscheiden alter oder Aufnahme neuer Gesellschafter, sei es durch Anteilsübertragung. § 15 GmbHG gilt noch nicht, da diese Norm die Existenz von Geschäftsanteilen voraussetzt, die es jedoch bei der Vor-GmbH noch nicht gibt.[36]

25

Die **Geschäftsführung und Vertretung** der Vorgesellschaft liegt nach dem bereits anzuwendenden § 35 GmbHG bei den Geschäftsführern, die dabei dem Weisungsrecht der Gesellschafterversammlung nach § 37 Abs. 1 GmbHG unterliegen. Im Gegensatz zu den GmbH-Geschäftsführern, denen § 37 Abs. 2 GmbHG eine unbeschränkte und unbeschränkbare Vertretungsmacht verleiht, wird die Vertretungsmacht der Geschäftsführer der Vor-GmbH allerdings grundsätzlich durch den Zweck der Vorgesellschaft darauf beschränkt, für das Entstehen der GmbH als juristische Person zu sorgen. Deshalb beschränkt sich die Geschäftsführungsbefugnis und Vertretungsmacht der Geschäftsführer der Vor-GmbH grundsätzlich darauf, die zur Erreichung dieses Zwecks erforderlichen Maßnahmen durchzuführen, dh diejenigen Rechtsgeschäfte abzuschließen, die nach dem Gesetz im Gründungsstadium vorzunehmen sind. Dazu zählen insbesondere die Entgegennahme der Einlagen sowie die Anmeldung der Gesellschaft zum Handelsregister. Soll den Geschäftsführern eine darüber hinaus-

26

---

25 *Goette*, § 1 Rn 37, 41.
26 BGHZ 117, 323, 326.
27 BGHZ 80, 129, 140; 91, 148, 151.
28 BGHZ 45, 338, 348.
29 BGHZ 117, 323, 326.
30 BGH NJW 1998, 1079.
31 BGHZ 79, 239, 241.
32 BGH ZIP 2003, 2123.
33 Baumbach/Hueck/*Fastrich*, § 11 Rn 17.
34 BGHZ 80, 129, 132.
35 BGHZ 29, 300, 303; *Goette*, § 1 Rn 37.
36 BGH GmbHR 2005, 354.

gehende Geschäftsführungsbefugnis und Vertretungsmacht verliehen werden, bedarf es dazu des Einverständnisses aller Gesellschafter, das allerdings nicht nur ausdrücklich durch den Gesellschaftsvertrag oder förmlichen Gesellschafterbeschluss, sondern auch durch stillschweigende Ermächtigung erteilt werden kann.[37] Namentlich enthält die Vereinbarung von Sacheinlagen stets die konkludente Ermächtigung der Geschäftsführer, alle zu deren Verwaltung und Erhaltung erforderlichen Maßnahmen vorzunehmen. Wird ein Unternehmen als Sacheinlage eingebracht, ist der Geschäftsführer konkludent zu dessen Fortführung und zur Vornahme aller dabei regelmäßig anfallenden Rechtsgeschäfte ermächtigt.[38]

27 Die Vorgesellschaft kann analog § 723 Abs. 1 S. 2, 3 BGB außerordentlich **gekündigt** werden. Der hierzu erforderliche wichtige Grund liegt insbesondere vor, wenn die Gesellschaftsgründung daran scheitert, dass ein Gesellschafter seine Einlage nicht aufbringen kann. Nach erfolgter Kündigung ist die Vorgesellschaft durch ihre Geschäftsführer zu liquidieren.[39]

b) Handelndenhaftung

28 Werden vor Eintragung der Gesellschaft in das Handelsregister in deren Namen von den Geschäftsführern **Verträge** abgeschlossen, haften für die dadurch begründeten Verbindlichkeiten die Gesellschafter nicht unmittelbar.[40] Es haftet, soweit die Geschäftsführer im Rahmen ihrer Vertretungsmacht gehandelt haben,[41] vielmehr nur die Vorgesellschaft. Dies kann zu Lücken im Gläubigerschutz führen, weil das die Kapitalgrundlage sichernde Gründungsverfahren, das die Haftungsbeschränkung rechtfertigt, bei einer Vorgesellschaft noch nicht abgeschlossen ist. Deshalb bestimmt § 11 Abs. 2 GmbHG zum Schutz der Gesellschaftsgläubiger, dass diesen derjenige persönlich haftet, der vor Eintragung der Gesellschaft in deren Namen gehandelt hat (sog. **Handelndenhaftung**). Die Bestimmung erinnert auf den ersten Blick entfernt an § 179 BGB, unterscheidet sich hiervon aber entscheidend dadurch, dass die Handelndenhaftung unabhängig davon besteht, ob das Handeln mit oder ohne Vertretungsmacht erfolgte. Die Handelndenhaftung greift also auch, wenn Vertretungsmacht bestand und damit neben dem Handelnden auch die Vorgesellschaft haftet. In diesem Fall, jedoch auch nur in diesem Fall erlischt die Handelndenhaftung jedoch, wenn die GmbH mit Eintragung in das Handelsregister entsteht und damit für die Verbindlichkeit haftet, weil hiermit die Rechtfertigung für die Handelndenhaftung entfällt.[42]

- „Handelnder" iSv § 11 Abs. 2 GmbHG ist nur, wer als Geschäftsführer oder wie ein solcher tätig wird.[43] Handelt statt des Geschäftsführers ein anderer Vertreter der Vorgesellschaft (etwa ein Prokurist), haftet nicht dieser, sondern nur der Geschäftsführer. Auch die Gesellschafter haften nicht, selbst wenn sie der Geschäftaufnahme oder sogar dem konkreten Vertragsabschluss durch den Geschäftsführer zugestimmt haben. Ebenso wenig haftet ein Geschäftsführer, der nur das Handeln seines Mitgeschäftsführers gebilligt oder geduldet hat.[44] Ermächtigt demgegenüber bei Gesamtvertretung der eine Geschäftsführer den anderen zum Abschluss des Vertrages, haften beide nach § 11 Abs. 2 GmbHG als Gesamtschuldner.[45]
- Unerheblich ist, ob der Handelnde ausdrücklich im Namen der Vorgesellschaft auftritt oder insofern bereits die GmbH nennt, ohne anzugeben, dass diese mangels Eintragung in das Handelsregister noch nicht existent ist.[46] Als „Handeln" kommen nicht nur rechtsgeschäftliche, sondern auch geschäftsähnliche Handlungen in Betracht, durch die Ansprüche aus ungerechtfertigter Bereiche-

---

37 BGHZ 80, 129, 139; 72, 45, 49; *Goette*, § 1 Rn 54.
38 BGHZ 80, 129, 139.
39 BGH ZIP 2006, 2267, 2268 ff.
40 Zur Möglichkeit einer Innenhaftung der Gesellschafter nachfolgend Rn 30 ff und 36 ff.
41 Zu deren Umfang vgl die vorstehenden Ausführungen.
42 BGHZ 80, 129, 145; 80, 182 ff.
43 BGHZ 47, 25; 65, 378, 380; 91, 148, 149.
44 Scholz/*K. Schmidt*, § 11 Rn 103.
45 BGH NJW 1974, 1284, 1285.
46 Heute hM, etwa Scholz/*K. Schmidt*, § 11 Rn 107; Hachenburg/*Ulmer*, § 11 Rn 109; Lutter/Hommelhoff/*Bayer*, § 11 Rn 24; anders aber BGHZ 65, 378, 382; 72, 45, 47, die Handeln im Namen der GmbH verlangen.

rung oder Geschäftsführung ohne Auftrag begründet werden.[47] Mahnt daher zB der Geschäftsführer zur Begleichung einer nicht der Vorgesellschaft zustehenden Forderung und zahlt der Schuldner daraufhin an die Vorgesellschaft in der irrigen Annahme, diese sei Gläubiger, haftet der Geschäftsführer für den Bereicherungsanspruch des Schuldners.

Wird der Handelnde nach § 11 Abs. 2 GmbHG in Anspruch genommen, steht ihm unter den Voraussetzungen der §§ 670, 675, 683 BGB ein Rückgriffsanspruch gegen die Gesellschaft bzw Vorgesellschaft zu.

Hinweis: Die Handelndenhaftung wird, soweit Vertretungsmacht besteht, vermieden, wenn das Geschäft unter der aufschiebenden Bedingung der Eintragung der Gesellschaft in das Handelsregister abgeschlossen wird.[48]

c) Allgemeine Differenzhaftung

Wie vorstehend unter Rn 23 ff dargelegt wurde, haftet die GmbH mit ihrer Eintragung in das Handelsregister für alle Verbindlichkeiten, die die Geschäftsführer vor diesem Zeitpunkt im Rahmen ihrer Vertretungsmacht[49] wirksam begründet haben. Dies kann dazu führen, dass der Gesellschaft bereits bei ihrer Entstehung das Stammkapital nicht mehr in voller Höhe zur Verfügung steht. Um den hiermit für die GmbH und ihre Gläubiger verbundenen Gefahren entgegenzutreten und dem Gebot der realen Kapitalaufbringung Rechnung zu tragen, hat die Rspr[50] als richterliche Rechtsfortbildung das Rechtsinstitut der allgemeinen Differenzhaftung, auch **Vorbelastungshaftung** oder **Unterbilanzhaftung** genannt, entwickelt: Wenn der GmbH im Zeitpunkt ihrer Entstehung das Stammkapital nicht mehr ungemindert zur Verfügung steht, haften die Gründer anteilig der Gesellschaft auf Ersatz der Differenz zwischen dem Stammkapital abzüglich der von der Gesellschaft satzungsgemäß zu tragenden Gründungskosten und dem tatsächlichen Vermögen der Gesellschaft. Diese persönliche Haftung der Gesellschafter ist der Höhe nach unbeschränkt. Sie kann insbesondere, nämlich wenn die Gesellschaft im Zeitpunkt ihrer Entstehung bereits überschuldet ist, über die Höhe der Einlage hinausgehen, weil das Vermögen der Gesellschaft bis zur vollen Höhe des Stammkapitals (abzüglich der Gründungskosten) wiederherzustellen ist. Für diesen Betrag haften mehrere Gesellschafter allerdings nicht gesamtschuldnerisch, sondern nur anteilig im Verhältnis ihrer Beteiligung. Kann jedoch einer der Gesellschafter seine Verpflichtung nicht erfüllen, sind die Regeln der Kaduzierung unter Einschluss der Ausfallhaftung der übrigen Gesellschafter nach § 24 GmbHG anzuwenden. Bei Leistungsunfähigkeit einzelner Gesellschafter haben so die übrigen Gesellschafter den gesamten Differenzbetrag aufzubringen.

Die allgemeine Differenzhaftung entsteht erst mit der **Eintragung** der Gesellschaft im Handelsregister. Sie verjährt analog § 9 Abs. 2 GmbHG zehn Jahre nach diesem Zeitpunkt.[51] Die Haftung erlischt nicht durch nachhaltige Wiederherstellung des Stammkapitals.[52] Von der Haftung kann sich der pflichtige Gesellschafter analog § 19 Abs. 2 S. 2 GmbHG nicht durch Aufrechnung befreien.[53]

Die Haftung der Gesellschafter ist eine **reine Innenhaftung**. Sie besteht nur gegenüber der Gesellschaft, nicht unmittelbar gegenüber den Gesellschaftsgläubigern. Die Ausnahmetatbestände, die für die Verlustdeckungshaftung gelten und dort eine unmittelbare Außenhaftung begründen (dazu nachfolgend) sind auf die allgemeine Differenzhaftung nicht übertragbar.[54] Gläubiger können deshalb gegen Gesellschafter nur vorgehen, indem sie den Anspruch der GmbH aus der allgemeinen Differenzhaftung nach §§ 829, 835 ZPO pfänden.

---

47 OLG Karlsruhe ZIP 1998, 958.
48 Scholz/K. Schmidt, § 11 Rn 107 aE.
49 Zu deren Umfang vorstehend Rn 23 ff.
50 Grundlegend BGHZ 80, 129, 141; 105, 300, 303.
51 BGHZ 105, 300, 305.
52 BGHZ 165, 391, 399.
53 BGHZ 124, 282, 286.
54 BGH GmbHR 2006, 88.

33 Die Höhe der allgemeinen Differenzhaftung ist anhand einer sog. **Vorbelastungsbilanz** zu ermitteln. Diese ist als Vermögensbilanz der Gesellschaft unter Ansatz der wirklichen Werte nach Fortführungsgrundsätzen aufzustellen,[55] dh anzusetzen sind die nach handelsrechtlichen Grundsätzen fortgeführten Buchwerte. Bei negativer Fortführungsprognose sind jedoch die Veräußerungswerte maßgeblich.[56] Betreibt die Vorgesellschaft bereits ein Unternehmen, ist dieses als Ganzes nach dem Ertragswertverfahren zu bewerten.[57] Dies schafft auch die Möglichkeit, einen bereits vorhandenen immateriellen Unternehmenswert („good will") in der Vorbelastungsbilanz zu berücksichtigen und damit das Risiko der Differenzhaftung zu verringern. Ein dieser Bewertung zugängliches Unternehmen fehlt jedoch bei einer Gesellschaft, die ihren Geschäftsbetrieb noch nicht aufgenommen hat und deren Geschäftsmodell sich noch nicht am Markt bewährt hat.[58] In der Vorbelastungsbilanz sind auch eigenkapitalersetzende Gesellschafterdarlehen zu passivieren, wenn kein Rangrücktritt erklärt wurde.[59]

34 Die **Beweislast** für die Anspruchsvoraussetzungen der allgemeinen Differenzhaftung, insbesondere für die Richtigkeit der Vorbelastungsbilanz, trägt grundsätzlich die Gesellschaft bzw der Insolvenzverwalter, der diesen Anspruch typischerweise im Insolvenzverfahren über das Vermögen der Gesellschaft geltend macht.[60] Beweiserleichterungen nimmt der BGH jedoch an, wenn entgegen der nachfolgend zu erörternden Verpflichtung eine Vorbelastungsbilanz auf den Eintragungsstichtag nicht erstellt worden ist und nicht einmal geordnete Geschäftsaufzeichnungen vorhanden sind, auf deren Grundlage der Insolvenzverwalter seiner Darlegungspflicht nachkommen kann, andererseits aber hinreichende Anhaltspunkte dafür bestehen, dass das Stammkapital der Gesellschaft bei ihrer Entstehung schon nicht mehr ungeschmälert zur Verfügung stand. In einem solchen Fall haben die Gesellschafter im Sinne einer sekundären Darlegungslast darzulegen, dass eine Unterbilanz nicht bestanden hat.[61] Außerdem sind die Gesellschafter darlegungs- und beweispflichtig für die Voraussetzungen, unter denen ausnahmsweise das Unternehmen in der Vorbelastungsbilanz als Ganzes zu bewerten ist.[62] Demgegenüber hat der Insolvenzverwalter zu beweisen, dass die Gesellschafter mit der Aufnahme bzw Fortführung des Geschäftsbetriebes einverstanden waren; denn dieses Einverständnis ist Voraussetzung der Vertretungsmacht des Geschäftsführers[63] und der wirksamen Verpflichtung der (Vor-)Gesellschaft und damit Anspruchsvoraussetzung der allgemeinen Differenzhaftung.[64]

35 Die Geschäftsführer sind auch ohne Aufforderung verpflichtet, auf den Zeitpunkt der Eintragung der Gesellschaft eine Vorbelastungsbilanz zu erstellen und eine sich daraus ergebende allgemeine Differenzhaftung geltend zu machen, wozu anders als bei der Einforderung von Einlagen (§ 46 Nr. 2 GmbHG) kein Gesellschafterbeschluss erforderlich ist.[65] Da ein Gesellschafter-Geschäftsführer damit gegen sich selbst und ein Fremdgeschäftsführer gegen die Gesellschafter vorgehen müsste, die ihn gem. § 38 Abs. 1 GmbHG jederzeit abberufen können, wird diese Verpflichtung in den seltensten Fällen erfüllt. Dies begründet für die Geschäftsführer ein in der Praxis häufig übersehenes **Haftungsrisiko**. Erfüllen nämlich die Geschäftsführer die vorgenannte Verpflichtung nicht, machen sie sich nach § 43 Abs. 2 GmbHG schadensersatzpflichtig.[66] Dies wirft die bisher nicht abschließend geklärte Frage auf, wann die Geschäftsführer von den pflichtigen Gesellschaftern Zahlung verlangen müssen und sich folglich durch die unterbliebene Geltendmachung dieses Anspruches der persönlichen Haftung aussetzen. Gesichert ist, dass nach Eintragung der Gesellschaft und Aufstellung der Vorbelastungsbilanz bei Feststellung einer allgemeinen Differenzhaftung die sich daraus ergebenden Zahlungs-

---

55 BGHZ 124, 282, 285; 165, 391, 396; BGH GmbHR 1997, 1145.
56 BGH GmbHR 1997, 1145.
57 BGHZ 140, 35; 165, 391, 396; BGH GmbHR 2002, 545, 546.
58 BGHZ 165, 391, 396 f für ein „start-up"-Unternehmen.
59 BGHZ 124, 282.
60 BGH GmbHR 1997, 1145; 2003, 466.
61 BGH GmbHR 2003, 466; BGHZ 165, 391, 398.
62 BGH GmbHR 2003, 466; BGHZ 165, 391, 398.
63 Dazu s.o. Rn 23 ff.
64 Goette, § 1 Rn 63.
65 BGHZ 105, 300, 306; Goette, § 1 Rn 57, 61.
66 Goette, § 1 Rn 61; Lutter/Hommelhoff/*Bayer*, § 11 Rn 33.

ansprüche nicht in jedem Fall sofort durchgesetzt werden müssen. Sind die Ansprüche werthaltig, dh die pflichtigen Gesellschafter leistungsfähig, genügt es vielmehr, die Ansprüche zu aktivieren.[67] Durch die Feststellung der Eröffnungsbilanz und der jeweils folgenden Jahresabschlüsse werden die Ansprüche von den Gesellschaftern anerkannt und damit eine Verjährung verhindert. Geschieht dies demgegenüber nicht und lassen die Geschäftsführer den Anspruch in dieser Weise verjähren, machen sie sich nach teilweise vertretener Auffassung schadensersatzpflichtig.[68] ME erscheint dies fraglich, wenn die wirtschaftlichen Verhältnisse der Gesellschaft zum Zeitpunkt des Verjährungseintritts so gut waren, dass die Gesellschaft auf eine Geltendmachung der Ansprüche aus allgemeiner Differenzhaftung nicht angewiesen war. Dann kann ein pflichtwidriges Verhalten der Geschäftsführer kaum angenommen werden. Gebieten demgegenüber vor, spätestens aber bei Verjährungseintritt die wirtschaftlichen Verhältnisse der Gesellschaft die Geltendmachung der Zahlungsansprüche, ist die Untätigkeit der Geschäftsführer pflichtwidrig und führt damit zur Haftung aus § 42 Abs. 2 GmbHG.

d) Verlustdeckungshaftung

Die allgemeine Differenzhaftung, die nach dem vorstehend Gesagten über die Höhe der übernommenen Stammeinlage und sogar über das Stammkapital der Gesellschaft weit hinausgehen kann, entsteht erst mit der Eintragung der Gesellschaft. Die frühere Rspr des Bundesgerichtshofes gestattete den Gesellschaftern, sich dieser Haftung dadurch zu entziehen, dass sie die Eintragung der Gesellschaft nicht weiter betreiben und diese sofort liquidieren oder Insolvenzantrag stellen. In diesem Fall sollten die Gesellschafter nur bis zur Höhe ihrer Einlageverpflichtung haften, dies allerdings unmittelbar gegenüber den Gesellschaftsgläubigern im Sinne einer Außenhaftung.[69] Diese sachlich nicht gerechtfertigte unterschiedliche Behandlung der Haftung vor und nach der Eintragung hat der Bundesgerichtshof inzwischen aufgegeben. Er geht heute von einer einheitlichen **Gründerhaftung** aus, die nach der Eintragung als allgemeine Differenzhaftung und vor dieser als **Verlustdeckungshaftung** besteht. Nach dieser neueren Rspr[70] schulden die Gesellschafter der Vorgesellschaft anteilig im Verhältnis ihrer Geschäftsanteile den zur Befriedigung der Gesellschaftsgläubiger erforderlichen Betrag, wenn sie die Absicht zur Eintragung der Gesellschaft (freiwillig oder unfreiwillig) aufgeben und die Geschäftstätigkeit danach sofort einstellen, etwa weil die Gesellschaft liquidiert oder das Insolvenzverfahren eröffnet wird. Allgemeine Differenzhaftung und Verlustdeckungshaftung sind danach weitgehend inhaltsgleich. Sie unterscheiden sich nur bezüglich der Höhe: Während sich die Verlustdeckungshaftung auf den Ausgleich der entstandenen Verluste beschränkt, ist die allgemeine Differenzhaftung auf die Wiederherstellung des vollen Stammkapitals gerichtet.

Ebenso wie die allgemeine Differenzhaftung ist auch die Verlustdeckungshaftung eine reine Innenhaftung gegenüber der Gesellschaft, die die Gesellschafter nicht als Gesamtschuldner, sondern anteilig im Verhältnis ihrer Geschäftsanteile trifft. Können einzelne Gesellschafter ihre Verpflichtung nicht erfüllen, haften die übrigen allerdings auch hier im Wege der Ausfallhaftung analog § 24 GmbHG. Im Gegensatz zur allgemeinen Differenzhaftung gibt es bei der Verlustdeckungshaftung Ausnahmefälle, in denen ausnahmsweise eine Außenhaftung besteht. So haften die Gesellschafter, und zwar nicht als Gesamtschuldner, sondern anteilig im Verhältnis ihrer Geschäftsanteile, unmittelbar gegenüber den Gesellschaftsgläubigern, wenn die Vorgesellschaft vermögenslos ist, dh über keinerlei Aktivvermögen verfügt, oder wenn sie keinen Geschäftsführer, nur einen Gläubiger oder nur einen Gesellschafter hat.[71]

Die **Aufrechnung** des Gesellschafters gegen Ansprüche aus Verlustdeckungshaftung ist analog § 19 Abs. 2 2 GmbHG unwirksam.[72] Die Verlustdeckungshaftung verjährt analog § 9 Abs. 2 GmbHG in zehn Jahren. Die Frist beginnt mit Feststehen des Scheiterns der Eintragung der Gesellschaft, insbesondere mit Eröffnung des Insolvenzverfahrens.[73]

---

67 *Goette*, § 1 Rn 61.
68 Lutter/Hommelhoff/*Bayer*, aaO.
69 BGHZ 65, 378, 382; 72, 45, 48 f; 80, 182, 184.
70 BGHZ 134, 333; BGH NJW 1996, 1210 ff.
71 BGHZ 134, 333, 341.
72 OLG Köln GmbHR 2002, 1066.
73 BGH NJW 2002, 824 f.

7. Unechte Vorgesellschaft

39 Geben die Gesellschafter – etwa nach Ablehnung des Eintragungsantrages durch das Registergericht – ihre Absicht zur Gründung einer GmbH auf, führen sie aber das von der Vorgesellschaft betriebene Unternehmen dennoch fort, wird die Vorgesellschaft zur GbR oder oHG (sog. unechte Vorgesellschaft). Damit haften die Gesellschafter nach den Regeln des Personengesellschaftsrechts, insbesondere nach § 128 HGB.[74] Dies gilt für die vor und nach Aufgabe der Gründungsabsicht entstandenen Verbindlichkeiten gleichermaßen.

8. Verwendung von Vorrats- und Mantelgesellschaften

40 Die Verwendung einer Vorratsgesellschaft stellt wirtschaftlich eine Neugründung dar. Dasselbe gilt für die Mantelverwendung. Eine solche liegt noch nicht bei der bloßen Umorganisation oder Sanierung einer noch aktiven GmbH vor. Vielmehr kann eine wirtschaftliche Neugründung durch Mantelverwendung nur angenommen werden, wenn eine früher aktive GmbH kein Unternehmen mehr betreibt, dh keinerlei geschäftliche Aktivitäten mehr entfaltet und dieser gleichsam als „inhaltsloser Hülle" fortbestehenden juristischen Person durch ihre alten oder neuen Gesellschafter ein neues Unternehmen „implantiert" wird.[75]

41 Die neuere Rspr wendet auf **wirtschaftliche Neugründungen** durch Verwendung von Vorrats- oder Mantelgesellschaften die Gründungsvorschriften analog an. Dies gilt zunächst für die registergerichtliche Präventivkontrolle: Der Geschäftsführer hat die Verwendung des Mantels bzw der Vorratsgesellschaft dem Handelsregister anzuzeigen und hierbei zu versichern, dass das Stammkapital geleistet ist und sich auch weiterhin in seiner freien Verfügung befindet.[76] Nach dem Urteil des BGH vom 7.7.2003[77] gelten außerdem auch die materiell-rechtlichen Regeln über die Haftung im Gründungsstadium: So haften die Gesellschafter nach den Regeln der allgemeinen Differenzhaftung, wenn der Gesellschaft zum Zeitpunkt der **Offenlegung** der wirtschaftlichen Neugründung gegenüber dem Handelsregister das satzungsgemäße Stammkapital nicht mehr ungeschmälert zur Verfügung steht und alle Gesellschafter der Aufnahme des Geschäftsbetriebs zugestimmt haben. Fehlt diese Zustimmung, gilt analog § 11 Abs. 2 GmbH die Handelndenhaftung. Stichtag für diese Haftungsregeln ist weder die wirtschaftliche Neugründung als solche noch deren Eintragung in das Handelsregister, sondern deren Offenlegung, dh Anmeldung zum Handelsregister. Erfolgt keine Offenlegung der wirtschaftlichen Neugründung gegenüber dem Handelsregister, besteht die Haftung in Konsequenz dieser Rechtssprechung zeitlich unbefristet für alle Verbindlichkeiten, die nach der wirtschaftlichen Neugründung eingegangen werden. Jedoch besteht Vertrauensschutz für wirtschaftliche Neugründungen, die vor dieser Entscheidung stattgefunden haben.[78] In welcher Form dieser Vertrauensschutz zu gewähren ist, ist bisher nicht geklärt. Nach einer nicht rechtskräftigen Entscheidung des OLG Jena[79] gilt für die vor der Entscheidung des Bundesgerichtshofes vom 7.7.2003 verwirklichten Altfälle keine dauerhafte, sondern lediglich eine stichtagsbezogene Vorbelastungshaftung.

9. Die Eintragung der Gesellschaft

42 Die GmbH entsteht mit ihrer Eintragung in das Handelsregister, arg. e § 11 Abs. 1 GmbHG. Die Eintragung hat also konstitutive Wirkung. Sie heilt etwaige Mängel der Gründung; nur in den Fällen des § 75 GmbHG kann die Gesellschaft innerhalb von drei Jahren nach ihrer Eintragung durch das ordentliche Gericht ex nunc für nichtig erklärt oder – auch nach Ablauf von drei Jahren – durch das Registergericht gem. § 144 FGG von Amts wegen gelöscht werden. Die Eintragung der Gesellschaft heilt grds. auch alle Mängel der Übernahme der Geschäftsanteile, da anderenfalls die Aufbringung

---

[74] BGHZ 152, 290.
[75] BGHZ 155, 318, 322.
[76] BGHZ 153, 158.
[77] BGHZ 155, 318.
[78] *Goette* DStR 2004, 465.
[79] NZG 2004, 1114.

des Stammkapitals gefährdet wäre; lediglich die Geschäftsunfähigkeit oder beschränkte Geschäftsfähigkeit eines Gründers sind beachtlich.

Analog § 242 AktG führt die **Eintragung nichtiger Gesellschafterbeschlüsse** in das Handelsregister zur Heilung des Beschlussmangels. Diese Regelung gilt auch für satzungsändernde Beschlüsse. Da eine Ungleichbehandlung von Satzungsbestimmungen, die bereits in der Gründungssatzung enthalten waren, und solchen, die erst nachträglich beschlossen wurden, nicht gerechtfertigt wäre, muss die Eintragung der Gesellschaft in das Handelsregister nach Ablauf von drei Jahren analog § 242 AktG zur Heilung der Nichtigkeit der Satzung oder nichtiger Satzungsbestimmungen führen. Dies wurde namentlich für eine unwirksame Abfindungsregelung entschieden.[80]

43

III. Organe der GmbH

Die GmbH verfügt über mindestens zwei gesetzliche Organe, die **Gesellschafterversammlung** (§§ 45 ff GmbHG) und die **Geschäftsführung** (§§ 35 ff GmbHG). Fakultativ kann durch Gesellschaftsvertrag ein **drittes Organ** (Aufsichtsrat oder Beirat) geschaffen werden, vgl § 52 GmbHG.

44

1. Gesellschafterversammlung

Das oberste Organ jeder GmbH ist die Gesellschafterversammlung, an deren Beschlüsse (im Innenverhältnis) grundsätzlich auch die Geschäftsführung gebunden ist, vgl § 37 Abs. 1 GmbHG. Soweit im Gesellschaftsvertrag keine Sonderregelungen vereinbart sind, gilt für die innere Ordnung der Gesellschafterversammlung das Regelungskonzept der §§ 46 ff GmbHG, vgl § 45 GmbHG.

45

a) Einberufung der Gesellschafterversammlung

aa) Einberufungszuständigkeit

Zur Einberufung einer Gesellschafterversammlung ist gem. § 49 Abs. 1 GmbHG zunächst **jeder Geschäftsführer einzeln** berechtigt, auch wenn er nur über Gesamtgeschäftsführungsbefugnis verfügt.

46

Die Geschäftsführer einer GmbH sind gem. § 50 Abs. 1 GmbHG zur Einberufung einer Gesellschafterversammlung verpflichtet, wenn eine Gesellschafterminderheit von mindestens 10 % des Stammkapitals dies unter Angabe des Zwecks und der Gründe der Einberufung verlangt. Erst wenn die Geschäftsführer diesem Minderheitsbegehren nicht oder nicht rechtzeitig[81] nachkommen, können die Gesellschafter, die erfolglos die Einberufung verlangt haben, die Gesellschafterversammlung gem. § 50 Abs. 3 GmbHG selbst einberufen.

47

bb) Art der Einberufung

Soweit der Gesellschaftsvertrag nichts Abweichendes bestimmt, muss die Einberufung gem. § 51 Abs. 1 GmbHG mittels **eingeschriebener Briefe** erfolgen. Die Einladung ist an alle teilnahmeberechtigten Gesellschafter einschließlich der nicht stimmberechtigten zu richten. In der Einladung müssen die Gesellschaft, das Einberufungsorgan sowie der Ort und die Zeit der Versammlung angegeben werden. Außerdem muss die Einberufung die Erklärung enthalten, dass eine Gesellschafterversammlung einberufen wird. Zudem sollte auch bereits die Tagesordnung beigefügt sein.

48

Sofern der Gesellschaftsvertrag keine abweichende Regelung enthält, beträgt die **Einberufungsfrist** gem. § 51 Abs. 1 GmbHG eine Woche. Die Frist beginnt weder mit Versendung der Einladungen noch mit deren Zugang, sondern an dem Tag, an dem ein eingeschriebener Brief bei normaler postalischer Beförderung den Empfänger erreicht, wobei ggf nach dem jeweiligen Empfangsort zu differenzieren ist.[82] Als normale Beförderungszeit wird für Inlandsbriefe eine Beförderungszeit von zwei Tagen angenommen.[83] Zur Fristberechnung gelten die allgemeinen Bestimmungen in §§ 186 ff BGB.

49

---

80 BGHZ 144, 365, 367 f im Anschluss an *Geßler* ZGR 1980, 427, 453.
81 Abgesehen von Eilfällen muss die Einberufung innerhalb eines Monats erfolgen, OLG München GmbHR 2000, 489; Lutter/Hommelhoff, § 50 Rn 7.
82 BGHZ 100, 264, 268 f.
83 Baumbach/Hueck/*Zöllner*, § 51 Rn 17, Lutter/Hommelhoff, § 51 Rn 8.

Hinweis: Bei der Fristberechnung werden nicht selten Fehler gemacht. Insbesondere ist zu beachten, dass der Tag des fiktiven Zugangs noch nicht für die Wochenfrist mitzählt. Wird also zB bei einwöchiger Ladungsfrist eine Einladung am Montag zur Post gegeben, darf die Versammlung (bei einwöchiger Ladungsfrist) nicht vor dem Donnerstag der folgenden Woche stattfinden, um hier keinen Formfehler (mit der Folge der Anfechtbarkeit der Beschlüsse) zu riskieren.

50 Die **Tagesordnung** soll der Einladung zur Gesellschafterversammlung beigefügt werden. Gem. § 51 Abs. 4 GmbHG genügt jedoch, wenn die Tagesordnung mittels eingeschriebener Briefe so rechtzeitig auf den Postweg gebracht wird, dass sie bei normaler postalischer Beförderung mindestens drei Tage vor der Gesellschafterversammlung den Gesellschaftern zugeht.

51 Die Tagesordnung muss die Beschlussgegenstände (nicht unbedingt die konkreten Beschlussvorschläge) enthalten.

Hinweis: Vorsicht ist insbesondere bei geplanten Abberufungen von Geschäftsführern angebracht. Hier genügt ein Tagesordnungspunkt „Geschäftsführungsangelegenheiten" nach der Rspr nicht. Vielmehr muss konkret angegeben werden, welcher Geschäftsführer abberufen werden soll. Auch hier bietet sich sonst für den abberufenen Geschäftsführer regelmäßig die Möglichkeit, die Anfechtbarkeit des in einer solchen Gesellschafterversammlung getroffenen Abberufungsbeschlusses geltend zu machen.

b) Beschlussfassung

aa) Mehrheitserfordernisse

52 Die Beschlussfassung in der Gesellschafterversammlung erfolgt durch Abstimmung über einen konkreten Antrag. Stimmabgaben sind also nur als Bejahung oder Verneinung eines konkret formulierten Antrags (oder natürlich in Form der Stimmenthaltung auf einen solchen Antrag) möglich.

53 Sofern das Gesetz oder die Satzung keine qualifizierte Mehrheit verlangen, werden Beschlüsse gem. § 47 Abs. 1 GmbHG mit der Mehrheit der abgegebenen Stimmen gefasst. Ein dem Beschlussantrag stattgebender Beschluss kommt damit zustande, wenn mindestens eine Ja-Stimme mehr abgegeben wird als Nein-Stimmen. Enthaltungen zählen nicht mit, gelten also insbesondere nicht als Nein-Stimmen.[84] Wird die vorgenannte Mehrheit nicht erreicht – also auch bei Stimmengleichheit – gilt der Antrag als abgelehnt; auch hierin liegt ein Beschluss (negativer Beschluss). Berücksichtigt werden dürfen nur gültige Stimmen.

54 Eine **qualifizierte Mehrheit** ist insbesondere bei allen Änderungen des Gesellschaftsvertrages erforderlich. Diese bedürfen gem. § 53 Abs. 2 GmbHG einer 3/4-Mehrheit der abgegebenen Stimmen, sofern nicht die Satzung eine höhere Mehrheit fordert. Daraus folgt, dass Satzungsänderungen verhindern kann, wer über eine Minderheitsbeteiligung von mehr als 25 % verfügt. Diese wird daher als **Sperrminorität** bezeichnet.

55 Die Satzung kann grundsätzlich weitergehende Mehrheitserfordernisse als das Gesetz vorsehen. Einzige Ausnahme bildet insoweit die Mehrheit für die Abberufung eines Geschäftsführers aus wichtigem Grund. Diese soll nach der Rspr immer mit einer Mehrheit von mehr als 50 % der stimmberechtigten Stimmen möglich sein. Dies wird damit begründet, dass eine Minderheit nicht die Möglichkeit haben soll, die Abberufung eines Geschäftsführers zu verhindern, für dessen Abberufung ein wichtiger Grund vorliegt (es für die Gesellschaft somit definitionsgemäß nicht mehr zumutbar ist, ihn weiter als vertretungsberechtigtes Organ zu behalten).[85]

bb) Stimmkraft

56 Die **Stimmkraft** jedes Gesellschafters richtet sich bei der GmbH nach der Höhe seiner Beteiligung. Gem. § 47 Abs. 2 GmbH gewähren je 50 EUR eines Geschäftsanteils eine Stimme, soweit der Gesellschaftsvertrag nichts Abweichendes bestimmt. Der Gesellschaftsvertrag kann ein Mehrfachstimm-

---

84 Vgl nur BGHZ 129, 136, 153.
85 BGHZ 86, 177, 179; OLG Düsseldorf GmbHR 1994, 246.

recht eines Gesellschafters als Sonderrecht vorsehen, so dass ein Gesellschafter eine (zum Teil wesentlich) höhere Stimmkraft in der Gesellschafterversammlung haben kann, als ihm nach seinem Anteil am Gesellschaftskapital eigentlich zusteht. Ein solches Sonderrecht wird zB häufig dann begründet, wenn ein Unternehmensgründer Anteile an seine Kinder überträgt, sich jedoch die Stimmenmehrheit in der Gesellschafterversammlung bewahren will.

cc) Gebot der einheitlichen Stimmabgabe

Entfallen – wie regelmäßig – auf einen Geschäftsanteil mehrere Stimmen, können diese nur einheitlich ausgeübt werden, dh ein Gesellschafter kann grundsätzlich nur einheitlich abstimmen. Jedoch besteht die Möglichkeit, dass er (infolge der Teilung seines Geschäftsanteils oder des Erwerbs eines zusätzlichen Geschäftsanteils) mehrere Geschäftsanteile hält. In diesem Fall ist umstritten, ob ein Gesellschafter, der mehrere Geschäftsanteile hält, zu einer uneinheitlichen Stimmabgabe generell[86] oder nur ausnahmsweise bei Bestehen eines schutzwürdigen Interesses berechtigt ist, das sich etwa daraus ergeben kann, dass für die verschiedenen Geschäftsanteile unterschiedliche treuhänderische Bindungen oder verschiedene Stimmbindungsverträge bestehen.[87]

dd) Form der Beschlussfassung

Bei der GmbH sind Gesellschafterbeschlüsse grds. formfrei wirksam. Notarieller Beurkundung bedürfen jedoch Satzungsänderungen einschließlich Kapitalerhöhungen oder -herabsetzungen (§§ 53 Abs. 2, 57 c Abs. 4, 58 a Abs. 5 GmbHG) sowie Umwandlungsbeschlüsse (§§ 13 Abs. 3, 125, 176 Abs. 1, 177 Abs. 1, 193 Abs. 3 UmwG). Der BGH misst dem Abschluss eines Unternehmensvertrages, insbesondere eines Beherrschungsvertrages (§§ 291 ff AktG) satzungsändernden Charakter zu und verlangt daher für den dem Vertragsabschluss zustimmenden Gesellschafterbeschluss der beherrschten GmbH die notarielle Beurkundung.[88]

Bei EinpersonengmbHs müssen Gesellschafterbeschlüsse unverzüglich schriftlich aufgenommen werden, § 48 Abs. 3 GmbHG. Die Vorschrift dient aber nur Beweiszwecken, so dass ihre Verletzung die Wirksamkeit des Beschlusses unberührt lässt. Dritten gegenüber kann die Gesellschaft sich aber idR auf einen solchen Gesellschafterbeschluss nur dann erfolgreich berufen, wenn er eindeutig dokumentiert ist.[89]

ee) Stimmrechtsvollmacht

Die Gesellschafter können sich bei der Ausübung des Stimmrechts vertreten lassen; jedoch bedarf die Vollmacht der Schriftform, § 47 Abs. 3 GmbHG. Das Abspaltungsverbot, dh das Verbot, einzelne mitgliedschaftliche Rechte von der Mitgliedschaft zu trennen und auf Dritte zu übertragen, hindert lediglich die unwiderrufliche Stimmvollmacht. Zulässig ist jedoch die Erteilung einer Vollmacht, die für die Dauer des der Vollmachterteilung zugrunde liegenden Rechtsverhältnisses nur aus wichtigem Grund widerrufbar ist. Die Vereinbarung, dass der Vollmachtgeber auf eine eigene Stimmrechtsausübung verzichtet (verdrängende Stimmvollmacht), wirkt nur schuldrechtlich im Verhältnis zum Bevollmächtigten.

ff) Stimmbindungsvereinbarung

Nach hM kann sich ein Gesellschafter wirksam gegenüber Mitgesellschaftern oder Dritten schuldrechtlich verpflichten, in einer bestimmten Weise abzustimmen. Die Verletzung eines solchen Stimmbindungsvertrages begründet jedoch grds. keine Fehlerhaftigkeit des Beschlusses, sondern lediglich einen Schadensersatzanspruch des Vertragspartners. Eine Ausnahme nimmt der BGH[90] für den Fall

---

86 Scholz/K. Schmidt, § 47 Rn 72.
87 Baumbach/Hueck/Zöllner, § 47 Rn 11.
88 BGH GmbHR 1992, 255 f; BGHZ 105, 324, 338 ff.
89 OLG Köln BB 1993, 1390.
90 BGH NJW 1983, 1910, 1911; 1987, 1890, 1892.

an, dass der verletzte Stimmbindungsvertrag von allen Gesellschaftern und ausschließlich von diesen abgeschlossen worden ist.

62 Dagegen ist ein Vertrag, durch den sich ein Gesellschafter verpflichtet, nach Weisung der Gesellschaft, der Geschäftsführung oder eines Aufsichtsrates abzustimmen, analog § 136 Abs. 2 AktG nichtig. Die Analogie folgt für die GmbH bereits daraus, dass die Gesellschafterversammlung als oberstes Kontrollorgan nicht an Weisungen der zu kontrollierenden Organe gebunden werden darf, was zumindest aus einem Umkehrschluss zu § 37 GmbHG folgt.

gg) Stimmverbote

63 Das Aktien- und das GmbH-Recht kennen keinen generellen Ausschluss des Stimmrechts im Falle einer Interessenkollision oder einer Besorgnis der Befangenheit eines Gesellschafters. Nur unter den Voraussetzungen des § 47 Abs. 4 GmbHG führt ein Interessenkonflikt zu einem Ausschluss des Stimmrechts. Dabei handelt es sich um folgende Fälle:
- **Entlastung eines Geschäftsführers** oder Aufsichtsratsmitgliedes, das bzw der gleichzeitig Gesellschafter ist, § 47 Abs. 4 S. 1, 1. Alt. GmbHG,
- **Befreiung eines Gesellschafters** von einer Verbindlichkeit (insbes. Erlass, aber zB auch Stundung oder Nichtgeltendmachung), § 47 Abs. 4 S. 1, 2. Alt. GmbHG;
- **Vornahme eines Rechtsgeschäfts**/Einleitung und Erledigung eines **Rechtsstreits** gegenüber einem Gesellschafter, § 47 Abs. 4 S. 2 GmbHG.

64 In der Praxis besonders bedeutsam ist das Stimmverbot gem. § 47 Abs. 4 S. 2, 1. Alt. GmbHG: Danach hat bei einer Beschlussfassung, welche die Vornahme eines Rechtsgeschäfts gegenüber einem Gesellschafter betrifft, der betroffene Gesellschafter kein Stimmrecht. Dieses Stimmverbot gilt grds. nur für sog. Drittgeschäfte, dh für Rechtsgeschäfte, welche die Gesellschaft auch mit gesellschaftsfremden Personen abschließen könnte (Beisp.: Abschluss eines Kaufvertrages, Abschluss oder Kündigung eines Mietvertrages). Das Stimmverbot gilt hingegen grds. nicht für sog. Sozialakte, auch korporative Geschäfte genannt.[91] Sozialakte sind alle Rechtsgeschäfte, die das Gesellschaftsverhältnis betreffen. Stimmberechtigt ist daher zB der Gesellschafter, der zum Geschäftsführer bestellt werden soll. Kein Stimmverbot besteht auch bei der Abberufung eines Gesellschafter-Geschäftsführers oder bei der Anteilseinziehung, sofern diese Maßnahme nicht aus wichtigem Grund erfolgt.

65 Der Grundsatz, dass bei der Beschlussfassung über Sozialakte kein Stimmverbot besteht, gilt jedoch **nicht** bei Beschlüssen, die aus einem den Gesellschafter betreffenden **wichtigen Grund** gefasst werden. In diesen Fällen liegt nämlich ein über die allgemeinen mitgliedschaftlichen Interessen hinausgehender Interessenkonflikt vor, der unter dem Gesichtspunkt des Verbots des Richtens in eigener Sache ein Stimmverbot erfordert. Ein solches besteht daher insbesondere bei der Abberufung eines Gesellschafter-Geschäftsführers aus wichtigem Grund,[92] bei der Ausschließung eines Gesellschafters,[93] bei der zwangsweisen Anteilseinziehung aus wichtigem Grund[94] sowie bei Entscheidungen im Kaduzierungsverfahren.[95] Umstritten ist, ob das Stimmverbot nur besteht, wenn ein wichtiger Grund tatsächlich gegeben ist[96] oder ob die ernstzunehmende Behauptung eines wichtigen Grundes genügt.[97] Für den wichtigen Fall der Abberufung eines Gesellschafter-Geschäftsführers, der mit mindestens 50 % an der GmbH beteiligt ist, hat sich der BGH iE für die erstgenannte Auffassung entschieden.[98] Im Übrigen ist die Rechtslage ungeklärt. Die praktische Bedeutung besteht darin, dass dann – das Fehlen eines wichtigen Grundes unterstellt – kein solcher Beschluss gefasst worden ist, der Geschäftsführer somit (auch ohne gerichtliches Gestaltungsurteil) weiter im Amt ist, solange nicht durch das Gericht festgestellt ist, dass ein wichtiger Grund bestand, der Geschäftsführer somit nicht stimmberechtigt war,

---

91 BGHZ 51, 209, 215 f; BGH NJW 1991, 172, 173.
92 BGH NJW 1987, 1890, 1891; BGH WM 1985, 570; OLG Naumburg GmbHR 1996, 936.
93 BGHZ 16, 317, 322.
94 Baumbach/Hueck/*Zöllner*, § 47 Rn 56.
95 Baumbach/Hueck/*Zöllner*, § 47 Rn 58.
96 So Baumbach/Hueck/*Zöllner*, § 47 Rn 53; Hachenburg/*Hüffer*, § 47 Rn 173.
97 So OLG Brandenburg GmbHR 1996, 542; Scholz/*K. Schmidt*, § 47 Rn 76.
98 Vgl dazu unten Rn 796 ff.

so dass der Abberufungsbeschluss wirksam ist. Bis zu einem solchen positiven Ergebnisfeststellungsurteil bleibt der Geschäftsführer jedoch wirksam im Amt und muss – zumindest theoretisch – keine Anfechtungsklage erheben.

Hinweis: In der Praxis entstehen gerade an dieser Stelle erhebliche Schwierigkeiten, die schon in der Gesellschafterversammlung beginnen. Der Gesellschafter, der die Abberufung betreibt, wird sich nämlich regelmäßig mit dem Argument selbst zum Versammlungsleiter wählen lassen und Beschlussfeststellungen vornehmen, dass der Geschäftsführer schon bei dieser Versammlungsleiterwahl nicht stimmberechtigt sei. Dies kann zu Gesellschafterversammlungen mit zwei verschiedenen Versammlungsleitern und divergierenden Beschlussfeststellungen führen, was wiederum eine komplizierte prozessuale Aufarbeitung bewirkt. Auch wenn nach den vorstehenden Grundsätzen die Wahl des Minderheitsgesellschafters zum Versammlungsleiter – mangels Stimmverbot des Mehrheitsgesellschafters – wohl nicht wirksam sein dürfte, wird jeder Berater aus Vorsichtsgründen zu einer Anfechtungsklage raten. Sofern eine Grundverständigung zwischen den Parteien in einer solchen Gesellschafterversammlung noch möglich ist, sollte daher in einer solchen Konstellation zumindest einvernehmlich auf Beschlussfeststellungen verzichtet werden. Dies erspart später erheblichen Aufwand und Kosten.

2. Geschäftsführer

Mit Ausnahme der in § 46 GmbHG der Gesellschafterversammlung gesetzlich zugewiesenen Aufgaben wird die GmbH unbeschränkt durch die Geschäftsführung vertreten. Die GmbH kann einen oder mehrere Geschäftsführer haben. Sofern mehrere bestellt sind, sollte eine (in das Handelsregister einzutragende) Regelung erfolgen, dass die Geschäftsführer allein oder gemeinsam mit einem anderen Geschäftsführer vertretungsberechtigt sind, da ansonsten die Mitwirkung sämtlicher Geschäftsführer an jeder Vertretungshandlung erforderlich wäre, vgl § 35 Abs. 2 S. 2 GmbHG.

a) Organstellung und Anstellungsverhältnis

Bei der Rechtsbeziehung zwischen den Geschäftsführern einerseits und der Gesellschaft andererseits sind zwei Rechtsverhältnisse sehr grundsätzlich zu unterscheiden: Die Organstellung ist das korporative Rechtsverhältnis, das durch die Bestellung zum Geschäftsführer begründet wird und diesem seine organschaftlichen Rechte und Pflichten, etwa die Geschäftsführungsbefugnis und Vertretungsmacht, verleiht.

Neben der Organstellung besteht das **schuldrechtliche Anstellungsverhältnis** zwischen der Gesellschaft und dem Geschäftsführer. Nach hM[99] ist dieses als Geschäftsbesorgungsvertrag mit Dienstvertragscharakter (§§ 675, 611 ff BGB), mangels sozialer Abhängigkeit des Geschäftsführers aber nicht als Arbeitsvertrag einzustufen. Aus diesem Anstellungsverhältnis erwirbt der Geschäftsführer insbesondere seinen Vergütungsanspruch. Zuständig für die organschaftliche Bestellung wie auch den Abschluss des Anstellungsvertrags ist nicht etwa ein Mitgeschäftsführer, sondern allein die Gesellschafterversammlung als das für die Bestellung des Geschäftsführers zuständige Organ.[100]

Organstellung und Anstellungsverhältnis sind voneinander unabhängig, wie folgendes Beispiel zeigt: Wird ein GmbH-Geschäftsführer ohne Vorliegen eines wichtigen Grundes abberufen – was gem. § 38 Abs. 1 GmbHG zulässig ist –, endet seine Organstellung. Das Anstellungsverhältnis besteht aber fort, wenn nicht ausdrücklich im Anstellungsvertrag vereinbart wurde, dass die Abberufung als Geschäftsführer auch in jedem Fall zur gleichzeitigen Beendigung des Grundverhältnisses führen soll, worauf sich ein Geschäftsführer im Übrigen keinesfalls einlassen sollte (und regelmäßig auch nicht wird). Vorbehaltlich einer solchen Regelung behält daher der Geschäftsführer trotz seiner Abberufung seinen Vergütungsanspruch mindestens bis zum nächstmöglichen ordentlichen Kündigungstermin, wie § 38 Abs. 1 GmbHG ausdrücklich klarstellt. Nur im Fall der Abberufung aus wichtigem

---

99 BGHZ 49, 30, 31; Baumbach/Hueck, § 35 Rn 97, 97 b mwN.
100 BGHZ 113, 237, 241 f.

Grund kann ihm dieser Vergütungsanspruch genommen werden, da hier die Gesellschaft auch das Anstellungsverhältnis gem. § 626 BGB fristlos kündigen kann.

aa) Bestellung und Abberufung

70 Der Geschäftsführer wird gem. §§ 6 Abs. 3, 46 Nr. 5 GmbHG durch den Gesellschaftsvertrag oder einen Gesellschafterbeschluss bestellt. Sofern nichts anderes bestimmt wird, ist die Bestellung zeitlich nicht befristet. Die Bestellung bedarf zu ihrer Wirksamkeit der **Annahme** durch den Geschäftsführer.

71 Der Geschäftsführer kann gem. § 38 Abs. 1 GmbHG jederzeit abberufen werden, soweit der Gesellschaftsvertrag – etwa durch Einräumung von Sonderrechten, vgl § 35 BGB – nicht etwas anderes bestimmt. Auch für die Abberufung ist gem. § 46 Nr. 5 GmbHG die Gesellschafterversammlung zuständig. Bei der Abberufung eines Geschäftsführers, der zugleich Gesellschafter ist, ist grds. auch dieser stimmberechtigt; dies gilt jedoch nicht bei der Abberufung aus wichtigem Grund.[101]

72 Bei einem Gesellschafter-Geschäftsführer, der nur eine **Minderheitsbeteiligung** hält, kann der Grundsatz der freien Abberufbarkeit (§ 38 Abs. 1 GmbHG) durch die gesellschaftsrechtliche Treuepflicht (aus Gründen des Minderheitsschutzes) dahin eingeschränkt werden, dass die Abberufung zwar keinen wichtigen, aber einen sachlichen Grund erfordert.[102] Jedoch ist die Abberufung eines solchen Geschäftsführers, ebenso wie die eines Fremdgeschäftsführers, analog § 84 Abs. 3 S. 4 AktG wirksam, bis das Gegenteil rechtskräftig festgestellt wird; daraus wird in der obergerichtlichen Rspr auch teilweise gefolgert, dass diese Geschäftsführer keinen Verfügungsanspruch für eine einstweilige Verfügung haben.[103]

73 Ein Gesellschafter-Geschäftsführer, der **mindestens 50 %** der Geschäftsanteile hält, kann gegen seinen Willen nur aus wichtigem Grund abberufen werden, da nur in diesem Fall der Stimmrechtsausschluss nach § 47 Abs. 4 GmbHG greift. Dafür genügt nicht die bloße Behauptung eines wichtigen Grundes durch den oder die Mitgesellschafter, ein solcher muss vielmehr objektiv vorliegen. Die Abberufung ist also bei Vorliegen eines wichtigen Grundes wirksam, anderenfalls dagegen unwirksam. Damit steht die Wirksamkeit der Abberufung zwar objektiv von vornherein fest, für die Beteiligten entsteht aber ein „Schwebezustand", weil die materielle Rechtslage erst durch eine rechtskräftige Entscheidung verbindlich festgestellt wird. Daraus folgt, dass der abberufene Geschäftsführer durch den Abberufungsbeschluss an der Fortsetzung seiner Geschäftsführertätigkeit zunächst nicht gehindert wird.[104] In der Praxis ergibt sich damit regelmäßig die Notwendigkeit für die abberufende Minderheit, dem abberufenen Geschäftsführer die Fortsetzung der Geschäftsführung durch einstweilige Verfügung bis zu einer endgültigen Klärung der Rechtslage zu untersagen.

74 Der GmbH-Geschäftsführer kann sein Amt jederzeit **niederlegen**.[105] Die Amtsniederlegung muss analog § 46 Nr. 5 GmbH grds. gegenüber der Gesamtheit der Gesellschafter erklärt werden. Da jedoch im Rahmen einer Gesamtvertretung die Willenserklärung wirksam gegenüber einem Gesamtvertreter abgegeben werden kann, genügt auch die Erklärung gegenüber nur einem Gesellschafter.[106]

75 Die dargelegten Regeln über die Bestellung und Abberufung des Geschäftsführers gelten auch im Anwendungsbereich des BetrVG 1952. Unterliegt die GmbH dagegen der Mitbestimmung nach dem MitbestG oder MontanmitbestG, werden die Geschäftsführer gem. §§ 31 MitbestG, 12 MontanmitbestG iVm § 84 AktG vom Aufsichtsrat auf höchstens fünf Jahre befristet bestellt; außerdem können sie in diesen Fällen nur aus wichtigem Grund durch den Aufsichtsrat abberufen werden.

---

101 BGH NJW 1987, 1890, 1891; BGH WM 1985, 570; OLG Naumburg GmbHR 1996, 936.
102 BGH DStR 1994, 214 m.Anm. *Goette*; OLG Zweibrücken GmbHR 2003, 1206.
103 OLG Hamm GmbHR 2002, 328.
104 BGHZ 86, 177, 181.
105 BGHZ 121, 257, 262; offengelassen hat der BGH jedoch ausdrücklich, ob dieses Recht auch besteht, wenn der Geschäftsführer nach dem Gesellschaftsvertrag nur aus wichtigem Grund abberufen werden kann, oder ob in einem solchen Fall auch die Amtsniederlegung einen wichtigen Grund erfordert.
106 BGH GmbHR 2002, 26 f.

bb) Anstellungsverhältnis

Der organschaftlichen Bestellung des Geschäftsführers liegt schuldrechtlich in der Regel ein **Dienstvertrag** oder (im Fall der unentgeltlichen Tätigkeit für die GmbH) ein **Auftragsverhältnis** zugrunde. Zuständig für den Abschluss des Anstellungsvertrags mit den Geschäftsführern ist in der Regel die Gesellschafterversammlung, die ihre diesbezügliche Kompetenz jedoch zB auf einen (fakultativen) Beirat übertragen kann.

Ausnahmsweise kann der Anstellungsvertrag auch mit einer anderen Person als der Gesellschaft abgeschlossen sein. So kann etwa im Fall einer GmbH & Co. KG Anstellungspartner des Geschäftsführers der Komplementär-GmbH die KG sein, während die Bestellung aber selbstverständlich durch die GmbH erfolgen muss. Gleiches gilt bei Konzernstrukturen.

Wie schon § 38 Abs. 1 GmbHG zeigt, kann sich das Anstellungsverhältnis unabhängig von der Bestellung entwickeln. Dabei ist zu beachten, dass die Rspr dem Geschäftsführer aus dem Anstellungsverhältnis grundsätzlich einen Anspruch auf Beschäftigung (nicht: auf Bestellung als Geschäftsführer) zubilligt, was bedeuten kann, dass die GmbH auch im Fall einer unterbliebenen oder widerrufenen Bestellung verpflichtet bleibt, den Geschäftsführer angemessen zu beschäftigen.

Hinweis: Auch wenn die Rspr der Gesellschaft in den Fällen eines Widerrufs der Bestellung regelmäßig damit hilft, dass eine Freistellung wegen überwiegender Schutzinteressen der GmbH in dieser Konstellation zugelassen wird, so ist es gleichwohl empfehlenswert, in den Anstellungsvertrag mit dem Geschäftsführer eine Bestimmung aufzunehmen, wonach die GmbH im Fall des Widerrufs der Bestellung berechtigt ist, den Geschäftsführer mit sofortiger Wirkung von der weiteren Erbringung seiner Dienste (bei Fortzahlung des vereinbarten Entgelts) freizustellen. Dabei sollte zugleich auch bereits im Anstellungsvertrag klargestellt werden, dass für die Dauer der Freistellung keine erfolgsabhängigen Gehaltsbestandteile (Tantiemen etc.) beansprucht werden können. Dies sorgt sonst in der Praxis im Rahmen der sich an eine Abberufung regelmäßig anschließenden Verhandlungen über einen Aufhebungsvertrag erfahrungsgemäß für gesondertes „Argumentationspotential" des abberufenen Geschäftsführers, wenn es um die Höhe seines Abfindungsanspruchs geht.

Der Geschäftsführer einer GmbH ist **kein Arbeitnehmer** im Sinne des Arbeitsrechts, da er als Organ der GmbH keine sozial abhängige, weisungsgebundene Tätigkeit ausübt. Jedoch ist ein Geschäftsführer grundsätzlich sozialversicherungspflichtig. Dies gilt nur dann nicht, wenn seine Tätigkeit als unternehmerische einzuordnen ist. Dies wird insbesondere dann angenommen, wenn der Geschäftsführer selbst mit mehr als 50 % als Gesellschafter an der GmbH beteiligt ist.

b) Vertretung und Geschäftsführung

Die GmbH wird durch ihre Geschäftsführer vertreten, § 35 Abs. 1 GmbHG. Sofern die Satzung oder der Bestellungsbeschluss nichts anderes bestimmen, gilt für mehrere Geschäftsführer gem. § 35 Abs. 2 S. 2 GmbHG Gesamtvertretung und Gesamtgeschäftsführung. Inhaltlich ist die Vertretungsmacht der Geschäftsführer (somit das rechtliche Können im Außenverhältnis) unbeschränkt und unbeschränkbar, § 37 Abs. 2 GmbHG. Eine Beschränkung ist nur insoweit möglich, dass mehrere Geschäftsführer keine Alleinvertretungsmacht erhalten, sondern nur gemeinsam zeichnen dürfen. Die Geschäftsführungsbefugnis der Geschäftsführer (somit das rechtliche Dürfen im Innenverhältnis zur GmbH) kann hingegen zahlreichen Beschränkungen unterliegen.

aa) Geschäftsführung

(1) Umfang der Geschäftsführungsbefugnis

Der Umfang der Geschäftsführungsbefugnis folgt in der Regel aus dem Gesellschaftsvertrag in Verbindung mit dem Anstellungsvertrag der Geschäftsführer. Häufig findet sich daneben noch eine explizit im Gesellschaftsvertrag vorgesehene Geschäftsführerordnung mit detaillierten Regelungen. Die **Geschäftsführungsbefugnis** kann in unterschiedlichster Weise durch ausdrückliche Festlegung **eingeschränkt** sein:

82 Zunächst sind die Geschäftsführer gem. § 37 Abs. 1 GmbHG an Weisungen der Gesellschafterversammlung gebunden. Darüber hinaus wird üblicherweise im Gesellschaftsvertrag der GmbH ein Katalog von Geschäften bestimmt, welche die Geschäftsführer nur mit Zustimmung der Gesellschafterversammlung oder eines anderen Organs – etwa eines Beirats – vornehmen dürfen. Dieser Katalog kann alternativ auch im Anstellungsvertrag vereinbart (oder erweitert) werden. Wegen der Allgemeingültigkeit der Satzung für alle Geschäftsführer bietet sich die Regelung dort an. Der Anstellungsvertrag sollte aber in jedem Fall einen Verweis auf die Satzungsregelungen oder eine etwaige Geschäftsführerordnung enthalten.

83 Inhaltlich werden in den **Katalog der zustimmungspflichtigen Geschäfte** regelmäßig solche Geschäfte aufgenommen, die eine besondere Bedeutung für die GmbH haben. Häufig finden sich Beschränkungen für den Erwerb und die Veräußerung von Grundstücken oder Beteiligungen an anderen Unternehmen. Auch werden vielfach Geschäfte ab einem gewissen Euro-Volumen von der vorherigen Zustimmung der Gesellschafterversammlung/des Beirats abhängig gemacht. In den Einzelheiten gibt es keine näheren Vorgaben. Der Umfang der Geschäftsführungsbefugnis kann durch die Gesellschafter frei eingegrenzt werden, wobei diese dabei immer auch die Handlungsfähigkeit der Gesellschaft im Blick behalten sollten, die bei einer zu engen Definition der zustimmungsbedürftigen Geschäfte gefährdet sein kann.

84 Problematisch ist schließlich regelmäßig, wann die Geschäftsführer auch bei **Fehlen eines ausdrücklichen Zustimmungsvorbehaltes** in dem Gesellschaftsvertrag kraft Gesetzes vor Durchführung einer Geschäftsführungsmaßnahme die Zustimmung der Gesellschafterversammlung einzuholen haben:

85 Bei der GmbH können die Gesellschafter die Geschäftsführung zunächst durch ihr Weisungsrecht gem. § 37 Abs. 1 GmbHG beliebig beeinflussen. Selbst wenn eine solche Weisung nicht erfolgt, dürfen die Geschäftsführer außergewöhnliche Geschäfte nur mit Zustimmung der Gesellschafterversammlung vornehmen. Diese Vorlagepflicht wird aus § 49 Abs. 2 GmbHG hergeleitet, wonach die Geschäftsführer die Gesellschafterversammlung einzuberufen haben, wenn dies im Interesse der Gesellschaft erforderlich ist.

86 Außergewöhnlich sind jedenfalls solche Geschäfte, die über den bisherigen Geschäftsbetrieb der GmbH hinausgehen und deren Interessen in besonderem Maß berühren[107] oder welche die Grundlage der bisherigen Geschäftspolitik ändern.[108]

87 Eine Vorlagepflicht besteht schließlich, wenn mit einem Widerspruch der Gesellschafter zu rechnen ist. Die Treuepflicht verbietet dem Geschäftsführer nämlich, dem mutmaßlichen Willen des ihm übergeordneten Gesellschaftsorgans zuwiderzuhandeln.[109]

Hinweis: Der Geschäftsführer sollte daher in Zweifelsfällen (schon zur eigenen Absicherung) die Zustimmung der Gesellschafter in Form eines zustimmenden Gesellschafterbeschlusses, der nach den meisten Gesellschaftsverträgen auch im schriftlichen Verfahren erfolgen kann, einholen.

(2) Rechtsfolgen bei Verstößen

88 Sofern der Geschäftsführer ein Geschäft für die GmbH (wegen der Unbeschränkbarkeit seiner Vertretungsmacht im Außenverhältnis bindend) abgeschlossen hat und dabei Zustimmungserfordernisse aus dem Gesellschaftsvertrag in Verbindung mit seinem Anstellungsvertrag nicht beachtet hat, hat er seine vertraglichen Verpflichtungen gegenüber der GmbH verletzt und ist der GmbH grundsätzlich zum Ersatz des daraus resultierenden Schadens verpflichtet, wenn nicht die Gesellschafterversammlung zuvor das entsprechende Geschäft nachträglich genehmigt hatte.

bb) Vertretung

89 Die Vertretungsmacht der Geschäftsführer folgt aus § 35 GmbHG. Die Vertretungsmacht ist grundsätzlich unbeschränkt und auch im Außenverhältnis nicht beschränkbar, vgl § 37 GmbHG. Einzige

---

107 BGH DB 1984, 661.
108 BGH ZIP 1991, 510.
109 BGH ZIP 1984, 310; Baumbach/Hueck/*Zöllner*, § 37 Rn 10.

Ausnahme für eine Beschränkbarkeit der Vertretungsmacht im Außenverhältnis ist die Möglichkeit der Anordnung einer Gesamtvertretungsmacht.

Die **Art der Vertretungsmacht** ist jeweils im Handelsregister einzutragen. Den Geschäftsführern kann Einzelvertretungsmacht erteilt werden, sie können gemeinschaftlich mit anderen Geschäftsführern oder Prokuristen vertretungsberechtigt sein. Schließlich besteht auch die Möglichkeit einer Gesamtvertretung durch alle Geschäftsführer. Die gesetzliche Grundform ist die Gesamtvertretung. In der Regel wird Geschäftsführern jedoch entweder Einzelvertretungsmacht erteilt oder die Befugnis, die Gesellschaft gemeinsam mit einem anderen Geschäftsführer und/oder Prokuristen zu vertreten. Dies kann für jeden Geschäftsführer unterschiedlich geregelt sein. Bei der sog. unechten Gesamtvertretung (somit der Vertretung eines Geschäftsführers gemeinsam mit einem Prokuristen) ist darauf zu achten, dass immer die Möglichkeit bestehen muss, dass die Gesellschaft auch ohne den Prokuristen wirksam vertreten werden kann.[110] Dies bedeutet, dass die Anordnung einer unechten Gesamtvertretung bei einem einzigen Geschäftsführer unzulässig ist, wobei umstritten ist, ob dies automatisch zur Alleinvertretungsmacht des einzigen Geschäftsführers führt. 90

Der Grundsatz, dass die GmbH durch ihre Geschäftsführer umfassend vertreten wird, wird durch das Gesetz insbesondere an folgenden Stellen **eingeschränkt**: 91

- Geltendmachung von Schadensersatzansprüchen gegenüber Geschäftsführern gem. § 46 Nr. 8 GmbHG[111] und die Bestimmung der Prozessvertretung der GmbH gegenüber Geschäftsführern
- Bestellung und Abberufung von Geschäftsführern gem. § 46 Nr. 5 GmbHG
- Abschluss, Kündigung und einvernehmliche Aufhebung der zugrundeliegenden Dienstverträge entsprechend § 46 Nr. 5 GmbHG; auch die Änderung von Geschäftsführeranstellungsverträgen fällt nach nunmehr hM in die Zuständigkeit der Gesellschafter[112]
- Nichtigkeitsklagen gem. § 75 GmbHG (nicht: Nichtigkeitsklagen gegen Gesellschafterbeschlüsse analog § 241 AktG)

Sollte die Gesellschaft in einem der vorgenannten Fälle nicht ordnungsgemäß vertreten worden sein, können die Gesellschafter die Geschäftsführung auch in diesen Fällen nachträglich genehmigen.[113] In den übrigen Konstellationen einer Vertretung der Gesellschaft gegenüber einem Geschäftsführer wird die Gesellschaft grundsätzlich durch die anderen Geschäftsführer vertreten, es sei denn, dass die Gesellschaft über einen Aufsichtsrat verfügt, § 52 GmbHG iVm § 112 AktG. 92

Schranken der Vertretungsmacht der Geschäftsführer sind nach allgemeinen Grundsätzen das **kollusive Zusammenwirken** mit dem Vertragspartner und der **evidente Missbrauch der Vertretungsmacht**. Letzteres liegt vor, wenn dem Vertragspartner interne Beschränkungen der Vertretungsmacht des Geschäftsführers bekannt waren. In welchem Umfang Erkennbarkeit ausreicht, ist immer noch nicht eindeutig geklärt. Insbesondere stellt sich bei (heute allgemein üblichen) gesellschaftsvertraglichen Beschränkungen der Vertretungsmacht immer wieder die Frage, ob und welche Prüfpflichten dem Geschäftspartner auferlegt werden können. Nachdem die Rspr früher sogar teilweise fahrlässiges Nichterkennen der Beschränkung ausreichen ließ,[114] wird in neuerer Zeit verlangt, dass sich der Verstoß dem Vertragspartner geradezu hätte „aufdrängen" müssen,[115] was aber gerade bei ausgesprochen üblichen Beschränkungen der Vertretungsmacht in der Satzung immer noch Argumentationsspielräume eröffnet.[116] 93

---

110 Roth/Altmeppen, § 35 Rn 56.
111 Dies gilt nach hM auch für die Geltendmachung von Ansprüchen gegenüber ehemaligen Geschäftsführern, vgl OLG Düsseldorf GmbHR 1995, 232; BGH WM 1990, 630 (zur AG); insb. für die Prozessvertretung gegenüber ehemaligen Gesellschaftern ist dies umstritten, vgl Roth/Altmeppen, § 46 Rn 55; Lutter/Hommelhoff, § 35 Rn 5.
112 BGH NJW 1991, 1680, 1681.
113 BGH NJW-RR 1997, 669 f.
114 BGHZ 50, 112, 114 f.
115 BGH WM 1992, 1362, 1363; NJW 1999, 2883.
116 In BGH NJW 2006, 2776 spricht der BGH - allerdings nicht entscheidungserheblich - allein von der „Erkennbarkeit" für den Vertragspartner, ohne dass jedoch klar wird, ob dies ein gewisses Abrücken von der bisherigen Rspr einleiten soll.

94 Dagegen reicht auf Seiten des Geschäftsführers nach hM die objektive Verletzung seiner Geschäftsführungsbefugnis aus, wenn diese für den Geschäftspartner nur hinreichend evident war; ein bewusstes oder grob fahrlässiges Überschreiten der Geschäftsführungsbefugnis durch den Geschäftsführer ist danach genauso wenig erforderlich, wie ein Handeln zum Nachteil der Gesellschaft.[117]

95 Das Verbot des Selbstkontrahierens gem. § 181 BGB gilt auch für Geschäftsführer. Sie können jedoch durch Satzungsregelung oder (eintragungspflichtigen) Gesellschafterbeschluss hiervon befreit werden. Beim Alleingesellschafter als Geschäftsführer einer GmbH gilt jedoch § 35 Abs. 4 S. 1 GmbHG. Seine Befreiung vom Verbot des Selbstkontrahierens bedarf immer der satzungsmäßigen Verankerung, die eintragungspflichtig ist.

c) Haftung der Geschäftsführer gegenüber der GmbH

aa) Generalklausel, § 43 Abs. 1, 2 GmbHG

(1) Haftungstatbestand

96 Die Haftung der Geschäftsführer gegenüber ihrer Gesellschaft ist denkbar weit. Nach der Generalklausel des § 43 Abs. 2 GmbHG haften Geschäftsführer nämlich für **jede schuldhafte Verletzung der Pflichten** aus ihrer Organstellung oder ihrem Anstellungsverhältnis.[118] Ein Verschulden ist gem. § 43 Abs. 1 GmbHG gegeben, wenn die Sorgfalt eines ordentlichen Geschäftsmanns nicht beachtet wird. Ebenso wie im gesamten Schadensersatzrecht gilt also ein objektiver Sorgfaltsmaßstab.[119] Dabei geht die von § 43 Abs. 1 GmbHG geforderte Sorgfalt eines ordentlichen Geschäftsmanns über den allgemeinen Sorgfaltsmaßstab nach § 276 Abs. 2 BGB hinaus. Dies schließt zugleich eine Haftungsbeschränkung nach arbeitsrechtlichen Grundsätzen aus.[120] Maßstab des § 43 Abs. 1 GmbHG ist, welche Sorgfalt ein selbständiger, treuhänderischer Verwalter fremder Vermögensinteressen in verantwortlich leitender Position walten zu lassen hat.[121] Dabei können auch Art und Größe des Unternehmens den Umfang der Sorgfaltspflichten beeinflussen.[122]

97 Die Pflichten des Geschäftsführers, deren schuldhafte Verletzung zum Schadensersatz verpflichtet, können sich zunächst aus festen Verhaltensnormen ergeben.[123] Genannt sei etwa die Pflicht, die Grenzen der Geschäftsführungsbefugnis einzuhalten, insbesondere Weisungen der Gesellschafterversammlung zu befolgen und zustimmungspflichtige Geschäfte nicht eigenmächtig abzuschließen (§ 37 Abs. 1 GmbHG). Ferner sei an die Verschwiegenheitspflicht, an das Wettbewerbsverbot sowie an das Gebot, Geschäftschancen allein für die Gesellschaft wahrzunehmen und sie nicht im eigenen Interesse zu nutzen,[124] erinnert. Jenseits dieser starren Ge- und Verbote steht dem Geschäftsführer bei der Leitung des Unternehmens ein **Entscheidungsermessen** zu: Bei der Führung der Geschäfte des Unternehmens ist den Geschäftsführern ein weiter Handlungsspielraum zuzubilligen, zu dem neben dem bewussten Eingehen geschäftlicher Risiken auch die Gefahr von Fehlbeurteilungen und Fehleinschätzungen gehört. Eine Schadensersatzpflicht kann erst dann in Betracht kommen, wenn jene Grenzen deutlich überschritten sind, in denen sich ein verantwortungsbewusstes, ausschließlich am Unternehmensinteresse orientiertes, auf sorgfältigen Ermittlungen beruhendes Handeln bewegen muss.[125] Daraus folgt, dass auch risikoträchtige Geschäfte abgeschlossen werden dürfen, zumal unternehmerisches Handeln stets risikobehaftet ist. Pflichtwidrig ist erst die Eingehung unternehmerisch unvertret-

---

117 BGH NJW 2006, 2776; OLG Stuttgart, NZG 1999, 1009, 1010; aA wohl die frühere Rspr, vgl BGHZ 50, 112, 114; *Michalski* GmbHR 1991, 349, 354.
118 Der dadurch zugleich verwirklichte vertragliche Schadensersatzanspruch aus § 280 I BGB iVm dem Anstellungsverhältnis (früher positive Vertragsverletzung) wird durch § 43 Abs. 2 GmbHG konsumiert, vgl BGH NJW 1989, 2697.
119 BGH WM 1981, 440 f.
120 BGHZ 148, 167, 172; BGH WM 1975, 469.
121 OLG Celle NZG 2000, 1179; OLG Zweibrücken NZG 1999, 506 f; Lutter/Hommelhoff/*Kleindiek*, § 43 Rn 6; Baumbach/Hueck/Zöllner/*Noack*, § 43 Rn 9.
122 Lutter/Hommelhoff/*Kleindiek* und Baumbach/Hueck/Zöllner/*Noack*, aaO.
123 Vgl etwa die vorstehend unter Rn 96 diskutierten Pflichten.
124 BGH NJW 1986, 585.
125 BGHZ 135, 244, 253 f; 152, 280, 283.

barer Risiken,[126] etwa die Warenauslieferung auf ungesicherten Kredit an ein unbekanntes Unternehmen ohne Bonitätsprüfung.[127]

Im Rechtsstreit muss die Gesellschaft nur darlegen und beweisen, dass ihr durch die Geschäftsführung ein Schaden entstanden ist; hierbei gilt für den Schaden und die Kausalität das in § 287 ZPO vorgesehene Beweismaß. Dem Geschäftsführer obliegt der Nachweis, dass er seinen Sorgfaltspflichten iSv § 43 Abs. 1 GmbHG nachgekommen ist oder ihn kein Verschulden trifft, oder dass der Schaden auch bei pflichtgemäßem Alternativverhalten eingetreten wäre. Diese Beweislastverteilung, die § 93 Abs. 2 S. 2 AktG für die AG anordnet, gilt auch für die GmbH.[128]

Schließt der Geschäftsführer unter Überschreitung seiner Geschäftsführungsbefugnis einen gegenseitigen Vertrag für die Gesellschaft ab, so kann der für einen Schadensersatzanspruch erforderliche Schaden nicht allein mit der Begründung verneint werden, die im Rahmen des Vertragsverhältnisses ausgetauschten Leistungen und Gegenleistungen seien gleichwertig, so dass der Gesellschaft kein Nachteil entstanden sei. Denn vor dem Vermögensvergleich, der bei der Schadensbeurteilung vorzunehmen ist, hat eine wertende Entscheidung darüber stattzufinden, welche Posten in die Vergleichsberechnung eingestellt werden dürfen. Hierbei ist zu berücksichtigen, dass die Gesellschaft das Geschäft unfreiwillig eingegangen ist und offen ist, ob und wieweit sie die ihr aufgedrängte Gegenleistung sinnvoll nutzen kann. Deshalb schließt die Gleichwertigkeit von Leistung und Gegenleistung den Schaden nur aus, wenn der Geschäftsführer nachweist, dass die Gesellschaft die Gegenleistung ohnehin abgenommen hätte oder aus der verbotenen Maßnahme andere Vorteile erlangt hat, die ihr sonst vorenthalten geblieben wären.[129]

(2) Haftung mehrerer Geschäftsführer

Sind mehrere Geschäftsführer für den Schaden verantwortlich, haften sie gem. § 43 Abs. 2 GmbHG als **Gesamtschuldner**. Deshalb kann der Verantwortliche das Verhalten seiner Mitgeschäftsführer der Gesellschaft nicht als Mitverschulden iSd §§ 254, 31 BGB entgegenhalten.[130] Unterschiedliche Verschuldensgrade der einzelnen Geschäftsführer schränken daher nicht deren Haftung gegenüber der Gesellschaft ein, sondern gewinnen nur für den Ausgleich im Innenverhältnis nach § 426 BGB Bedeutung.[131]

Die gesamtschuldnerische Haftung trifft nur den Geschäftsführer, den in eigener Person der Vorwurf einer Pflichtwidrigkeit trifft. Dabei ist jedoch zu berücksichtigen, dass die Geschäftsführer grundsätzlich für alle Angelegenheiten der Gesellschaft zuständig sind und sie deshalb eine umfassende Verantwortung für alle Belange der Gesellschaft trifft.[132] Besteht die Pflichtwidrigkeit in einem Unterlassen, trifft die Haftung daher alle Geschäftsführer gleichermaßen. Bei pflichtwidrigem Handeln haftet nicht nur der unmittelbar handelnde Geschäftsführer, sondern auch derjenige, den ein Überwachungsverschulden trifft. Dabei begründet die Allzuständigkeit der Geschäftsführer eine umfassende Überwachungspflicht, die auch durch eine von den Geschäftsführern vereinbarte oder praktizierte Zuständigkeitsverteilung nicht eingeschränkt wird.[133] Nur wenn durch die Satzung, einen Gesellschafterbeschluss, eine von der Gesellschafterversammlung erlassene Geschäftsordnung oder den Geschäftsführer-Anstellungsvertrag eine **Ressortverteilung** vorgenommen wird, haftet der Geschäftsführer grundsätzlich nur noch für sein Ressort. Auch hier verbleibt aber eine allgemeine Aufsichtspflicht für die anderen Ressorts mit dem Inhalt, dass jeder Geschäftsführer zum Einschreiten verpflichtet ist, wenn greifbare Anhaltspunkte für ein Fehlverhalten eines anderen Geschäftsführers bestehen.[134]

---

126 Lutter/Hommelhoff/*Kleindiek*, § 43 Rn 16.
127 BGH WM 1981, 440.
128 BGHZ 152, 280 ff.
129 BGH NJW-RR 1988, 995, 996; OLG München NZG 2000, 743; KG GmbHR 2005, 477, 479.
130 BGH NJW 1983, 1856.
131 Scholz/*Schneider* § 43 Rn 172 f und 177 ff.
132 BGHZ 133, 370, 376 f.
133 BGH GmbHR 1990, 298, 299; BGHZ 133, 370, 377.
134 BGH NJW 1986, 54, 55; BGHZ 133, 370, 377 f.

(3) Haftungsausschluss durch Zustimmung der Gesellschafterversammlung

102 Der Geschäftsführer haftet grds. nicht, wenn er auf **Weisung der Gesellschafterversammlung** handelt. Anders als bei der AG in § 93 Abs. 4 AktG ist dies zwar gesetzlich nicht ausdrücklich geregelt, ergibt sich aber aus der Weisungsgebundenheit des Geschäftsführers gem. § 37 Abs. 1 GmbHG.[135] Erforderlich ist grds. ein Gesellschafterbeschluss. Die Weisung eines Mehrheitsgesellschafters genügt also nicht, da anderenfalls die Mitwirkungsrechte der Minderheit umgangen würden.[136] Dagegen ist bei der Einpersonen-GmbH ein förmlicher Gesellschafterbeschluss entbehrlich. Der Alleingesellschafter-Geschäftsführer haftet daher auch ohne förmlichen Gesellschafterbeschluss nicht, da sein Wille stets dem Willen der Gesellschaft entspricht.[137] Dasselbe gilt, wenn mehrere Geschäftsführer, die zugleich die alleinigen Gesellschafter sind, einvernehmlich handeln[138] oder wenn ein Geschäftsführer im – auch stillschweigenden – Einverständnis aller Gesellschafter handelt.[139]

103 Der Gesellschafterbeschluss wirkt nicht entlastend, wenn er von dem Geschäftsführer pflichtwidrig – etwa durch unrichtige Information – herbeigeführt wurde.[140] Anders als bei der AG kann dem Geschäftsführer dagegen keine pflichtwidrig unterbliebene Beschlussanfechtung entgegengehalten werden, da der Geschäftsführer kein Anfechtungsrecht hat.

104 Ein **nichtiger Gesellschafterbeschluss** darf nicht ausgeführt werden und schließt daher die Haftung des Geschäftsführers nicht aus.[141] Es kann allenfalls das Verschulden entfallen, wenn die Nichtigkeit des Beschlusses für den Geschäftsführer nicht erkennbar war. Unerheblich ist, ob die Nichtigkeit auf Verstößen gegen das materielle Recht (insbesondere § 30 GmbHG) oder auf Verfahrensfehlern beruht.[142] In den Fällen, in denen nach dem vorstehend Gesagten ein förmlicher Gesellschafterbeschluss entbehrlich ist (insbesondere bei der Einpersonen-GmbH) ist die Haftung nur ausgeschlossen, wenn, falls die Zustimmung durch förmlichen Gesellschafterbeschluss erteilt worden wäre, dieser wirksam, dh nicht nichtig wäre. Für den praktisch wichtigen Fall der Einpersonen-GmbH bedeutet dies, dass bei Verstößen gegen die Kapitalerhaltungsvorschrift des § 30 Abs. 1 GmbHG (Nichtigkeitsgrund analog § 243 Nr. 3 AktG) die Haftung des Geschäftsführers durch die Zustimmung des Gesellschafters nicht ausgeschlossen wird. Umgekehrt folgt daraus aber auch, dass der alleinige Gesellschafter und Geschäftsführer bis zur Grenze des § 30 Abs. 1 GmbHG über das Gesellschaftsvermögen, auch zum Nachteil der Gesellschaft, frei verfügen kann, ohne sich einer Haftung auszusetzen.[143]

105 Führt der Geschäftsführer einen **anfechtbaren Gesellschafterbeschluss** aus, nachdem die Anfechtungsfrist abgelaufen und eine Anfechtungsklage nicht erhoben worden ist, handelt er nicht pflichtwidrig.[144] Wird demgegenüber eine Anfechtungsklage erhoben und dieser rechtskräftig stattgegeben, ist der Beschluss analog § 243 Nr. 5 AktG nichtig, darf dementsprechend nicht mehr ausgeführt werden und schließt folglich die Haftung des Geschäftsführers nicht aus. Problematisch und noch nicht abschließend geklärt ist die Rechtslage innerhalb der Anfechtungsfrist und, wenn eine Anfechtungsklage erhoben wird, der Zeitraum bis zur rechtskräftigen Entscheidung. Teilweise[145] wird dem Geschäftsführer die volle Verantwortung zugewiesen; werde der Anfechtungsklage stattgegeben, werde der Geschäftsführer durch den Gesellschafterbeschluss nicht entlastet, sofern nicht ausnahmsweise die Anfechtbarkeit unerkennbar gewesen sei und damit das Verschulden entfalle. Diese Auffassung mutet dem Geschäftsführer indes eine übersteigerte Überprüfung der Ordnungsgemäßheit des Gesellschafterbeschlusses zu. Richtigerweise kann von einem Geschäftsführer innerhalb der Anfech-

---

135 BGHZ 31, 258, 278; 93, 146, 148; 95, 330, 340; 119, 257, 261; 122, 333, 336.
136 BGH NJW 1991, 1681, 1682.
137 BGHZ 31, 258, 278.
138 BGHZ 122, 333, 336; 142, 92, 95 f.
139 BGH GmbHR 2003, 712, 713.
140 Hachenburg/*Mertens*, § 43 Rn 74.
141 BGHZ 75, 321, 326; BGH GmbHR 1974, 132.
142 Ob ein wegen Verfahrensfehlern nichtiger Gesellschafterbeschluss die Haftung ausschließt, ist umstritten. Wie hier gegen Haftungsausschluss Baumbach/Hueck/*Zöllner/Noack*, § 43 Rn 35, Hachenburg/*Mertens*, § 43 Rn 80; aA: Scholz/*Schneider*, § 43 Rn 98.
143 BGHZ 142, 92, 95 f; 122, 333, 336; BGH GmbHR 1994, 459.
144 BGH WM 1965, 425.
145 Scholz/*Schneider*, § 43 Rn 103 f.

tungsfrist und bei Anhängigkeit einer Anfechtungsklage nur die Abwägung erwartet werden, ob die Beschlussausführung oder das Zuwarten bis zur gerichtlichen Entscheidung eher im Gesellschaftsinteresse liegt. Solange er sich innerhalb des hierdurch eröffneten Ermessensspielraumes hält, handelt er weder durch die Ausführung noch durch die Nichtausführung des Beschlusses pflichtwidrig.[146]

(4) Verzicht und Entlastung

Die GmbH kann auf ihren Schadensersatzanspruch verzichten. Einen solchen Verzicht beinhaltet auch die **Entlastung** eines Geschäftsführers durch die Gesellschafterversammlung (§ 46 Nr. 5 GmbHG). Die Entlastung präkludiert daher nicht nur das Recht zur Abberufung aus wichtigem Grund, sondern auch Schadensersatzansprüche, die innerhalb des Entlastungszeitraumes entstanden sind. Voraussetzung ist allerdings, dass entweder die Schadensersatzpflicht aufgrund der von den Geschäftsführern gelegten Rechenschaft bei sorgfältiger Prüfung erkennbar war oder alle Gesellschafter aufgrund sonstiger Umstände positive Kenntnis (bloße Erkennbarkeit genügt hier nicht) von den anspruchsbegründenden Tatsachen erlangt haben.[147] Ausnahmsweise hat der BGH der Entlastung die Präklusionswirkung auch zugesprochen, wenn die Schadensersatzpflicht für den Mehrheitsgesellschafter und Geschäftsführer erkennbar war.[148]

106

(5) Geltendmachung des Schadensersatzanspruches, insbesondere actio pro socio

Der Schadensersatzanspruch aus § 43 Abs. 2 GmbHG steht der Gesellschaft zu. Er muss folglich von dieser geltend gemacht werden, die dabei grundsätzlich durch die anderen Geschäftsführer vertreten wird. Über die Geltendmachung der Ansprüche, insbesondere über die Klageerhebung, entscheidet gem. § 46 Nr. 8 GmbHG die Gesellschafterversammlung. Diese kann nach derselben Norm bei der Beschlussfassung der Gesellschaft auch einen besonderen Vertreter für die Verfolgung der Ansprüche bestellen. Ist der ersatzpflichtige Geschäftsführer gleichzeitig Gesellschafter, hat er bei der Beschlussfassung gem. § 47 Abs. 4 S. 2 GmbHG kein Stimmrecht. Der Gesellschafterbeschluss ist materielle Anspruchsvoraussetzung, so dass sein Fehlen zur Unbegründetheit der Schadensersatzklage führt.[149] Jedoch kann der Gesellschafterbeschluss auch im Laufe des Rechtsstreites bis zur Schlussverhandlung noch gefasst werden, selbst wenn zu diesem Zeitpunkt bereits Verjährung eingetreten ist.[150]

107

Eines Gesellschafterbeschlusses nach § 46 Nr. 8 GmbHG bedarf es nicht in der Insolvenz[151] und in der Liquidation,[152] damit auch nicht nach Ablehnung der Eröffnung des Insolvenzverfahrens mangels Masse.[153] Auch entfällt das Beschlusserfordernis, wenn ein Gesellschaftsgläubiger den von ihm gepfändeten und ihm überwiesenen Anspruch geltend macht.[154] Ein förmlicher Gesellschafterbeschluss ist ferner entbehrlich, wenn die Gesellschaft im Rechtstreit von denjenigen Personen vertreten wird, die bei der Beschlussfassung allein stimmberechtigt sind. Dies gilt namentlich, wenn in einer Zweipersonen-GmbH, in der beide Gesellschafter einzelvertretungsberechtigte Geschäftsführer sind, die Gesellschaft gegen den einen Geschäftsführer klagt und hierbei durch den anderen vertreten wird.[155]

108

Schwierigkeiten bereitet die Durchsetzung des Schadensersatzanspruches, wenn die Mehrheit der stimmberechtigten Gesellschafter bei der Beschlussfassung nach § 46 Nr. 8 GmbHG gegen deren Geltendmachung stimmt. Im Interesse des Minderheitenschutzes wird in solchen Fällen dem überstimmten Gesellschafter das Recht zugesprochen, selbst gegen den Geschäftsführer im Wege der Prozessstandschaft zu klagen (sog. actio pro socio oder auch actio pro societate).[156] Damit ist für die

109

---

146 Baumbach/Hueck/Zöllner/*Noack*, § 43 Rn 35 aE; Lutter/Hommelhoff/*Kleindiek*, § 43 Rn 24.
147 BGHZ 94, 324, 326; 97, 382, 384.
148 BGH NJW 1969, 131.
149 BGHZ 97, 382, 390; BGH NZG 2004, 962, 942.
150 BGH NJW 1999, 2115.
151 BGH GmbHR 1992, 303.
152 *Goette*, § 7 Rn 19.
153 Baumbach/Hueck/Zöllner, § 46 Rn 60.
154 Baumbach/Hueck/Zöllner, aaO; Scholz/*K. Schmidt*, § 46 Rn 152.
155 *Goette*, § 7 Rn 18.
156 BGH WM 1990, 1240; OLG Köln GmbHR 1993, 816.

Gesellschafterminderheit aber nicht viel gewonnen, weil auch diese Klage nach hM[157] eines Gesellschafterbeschlusses nach § 46 Nr. 8 GmbHG bedarf. Ist dieser nicht zustande gekommen, muss er zunächst im Wege der Anfechtungs- und positiven Beschlussfeststellungsklage erzwungen werden. Im Rahmen dieser Klage muss die überstimmte Gesellschafterminderheit darlegen und beweisen, dass die Verhinderung des Beschlusses über die Geltendmachung der Schadensersatzansprüche treuwidrig war. Letzteres ist der Fall, wenn die Voraussetzungen des Schadensersatzanspruches plausibel oder gar wahrscheinlich sind, die Geltendmachung des Anspruches für die Gesellschaft sinnvoll ist und dennoch von der Mehrheit ohne sachliche Rechtfertigung abgelehnt wurde.[158] Ob diese Voraussetzungen erfüllt sind, kann nicht inzident im Rahmen der Schadensersatzklage geprüft werden, sondern muss durch Anfechtungs- und positive Beschlussfeststellungsklage geklärt werden. Der überstimmte Minderheitsgesellschafter ist damit darauf angewiesen, vor Erhebung der Schadensersatzklage diesen Rechtsstreit durchzuführen. Damit schafft die actio pro socio für ihn keine Vorteile, weil er mit dieser Klage auch einen Gesellschafterbeschluss über die Geltendmachung des Schadensersatzanspruches durch die Gesellschaft und die Bestellung eines besonderen Vertreters nach § 46 Nr. 8 GmbHG erzwingen könnte.

110 Anders als bei der AG (vgl § 93 Abs. 5 AktG) können Gesellschaftsgläubiger den Schadensersatzanspruch der Gesellschaft gegen ihren Geschäftsführer nicht geltend machen; die Gläubiger können aber diesen Anspruch nach §§ 829, 835 ZPO pfänden und sich überweisen lassen. Gesellschafter haben keinen eigenen Anspruch gegen den Geschäftsführer, da die Rechtsbeziehung zwischen der GmbH und dem Geschäftsführer kein Vertrag mit Schutzwirkung zugunsten der Gesellschafter ist.

bb) Verstoß gegen Kapitalerhaltungsvorschriften

111 Geschäftsführer, die Verstöße gegen Kapitalerhaltungsvorschriften zu verantworten haben, haften für den dadurch verursachten Schaden der Gesellschaft gem. § 43 Abs. 3 GmbHG. Die Einzelheiten werden aufgrund des Sachzusammenhangs im Rahmen der Finanzverfassung dargestellt.[159] Für die Durchsetzung des Schadensersatzanspruches gilt das vorstehend unter Rn 107 ff Gesagte entsprechend.

cc) Zahlungen nach Insolvenzreife

(1) Haftungstatbestand

112 Geschäftsführer müssen gem. § 64 Abs. 2 S. 1 GmbHG der Gesellschaft alle Zahlungen ersetzen, die **nach Eintritt der Insolvenzreife geleistet** worden sind. Haftungsvoraussetzung ist nicht, dass der Geschäftsführer die Zahlung persönlich veranlasst hat, da er durch geeignete organisatorische Maßnahmen sicherzustellen hat, dass unzulässige Zahlungen unterbleiben.[160] Stichtag für das Zahlungsverbot ist entgegen einer in der Praxis bei GmbH-Geschäftsführern zu beobachtenden Fehlvorstellung nicht der Ablauf der Insolvenzantragsfrist, sondern bereits der objektive Eintritt der Zahlungsunfähigkeit oder Überschuldung. Entgegen dem missverständlichen Wortlaut des § 64 Abs. 2 S. 1 GmbHG ist eine „Feststellung" der Überschuldung durch den Geschäftsführer nicht erforderlich.[161]

113 § 64 Abs. 2 GmbHG regelt keinen Schadensersatzanspruch, sondern einen **Anspruch eigener Art**.[162] Dieser erfordert keinen Schaden[163] und wird auch nicht dadurch ausgeschlossen, dass die Möglichkeit zur Insolvenzanfechtung besteht oder bestand.[164] Zweck von § 64 Abs. 2 GmbHG ist der Schutz des Gesellschaftsvermögens vor Masseverkürzungen im Vorfeld der Insolvenz.[165] Voraussetzung des Anspruches ist deshalb, dass das Insolvenzverfahren eröffnet oder die Verfahrenseröffnung mangels

---

157 OLG Köln aaO; aA: Hachenburg/*Hüffer*, § 46 Rn 112 f.
158 Baumbach/Hueck/*Zöllner*/*Noack*, § 43 Rn 32.
159 Vgl dazu nachfolgend Rn 349 ff.
160 OLG Düsseldorf NZG 1999, 1066, 1068.
161 BGHZ 143, 184, 185.
162 BGHZ 146, 264, 278; *Röhricht*, ZIP 2005, 509.
163 OLG Celle GmbHR 1995, 55; Baumbach/Hueck/*Schulze-Osterloh*, § 64 Rn 78.
164 BGHZ 131, 325; 146, 264, 278.
165 BGHZ 143, 184, 186; 146, 264, 278.

Masse abgelehnt wird.[166] Im erstgenannten Fall wird der Anspruch vom Insolvenzverwalter geltend gemacht, letzterenfalls kann er von den Gesellschaftsgläubigern gepfändet werden.

Aufgrund des vorgenannten Zwecks des § 64 Abs. 2 GmbHG, die Masse im Vorfeld der Insolvenz vor Schmälerungen zu schützen, wird der Begriff der „Zahlung" im Sinne dieser Norm weit ausgelegt. Darunter fallen nicht nur Geldzahlungen, sondern zB auch die Einreichung eines Kundenschecks bei der Bank zur Gutschrift auf dem debitorischen Gesellschaftskonto. Denn die Gutschrift führt zu einer Rückführung der Gesellschaftsschulden gegenüber der Bank und damit zu einer Zahlung an diese.[167] Außerdem haftet der Geschäftsführer sogar für von ihm veranlasste Kundenzahlungen auf ein debitorisches Gesellschaftskonto, etwa wenn dem Kunden nach Eintritt der Insolvenzreife eine Rechnung mit dieser Kontoverbindung zugeleitet worden ist.[168] Eine „Zahlung" iSv § 64 Abs. 2 GmbHG liegt auch vor, wenn ein Gläubiger per Lastschrift Geld vom Konto der Gesellschaft einzieht; der Geschäftsführer muss also zur Vermeidung der Haftung die Lastschrift widerrufen.[169] Auch wenn die Gesellschaft Geld von einem Dritten (etwa einer konzernrechtlich verbundenen Gesellschaft) erhalten hat zu dem Zweck, eine bestimmte Schuld zu tilgen, führt die zweckgemäße Zahlung zur Haftung aus § 64 Abs. 2 GmbHG.[170] Aufgrund des Zwecks der Norm werden auch sonstige Leistungen, die das Gesellschaftsvermögen schmälern, als „Zahlungen" iSv § 64 Abs. 2 S. 1 GmbHG eingestuft; dies gilt namentlich für die Lieferung von Waren, die Übertragung von Rechten und die Leistung von Diensten.[171] Die bloße Eingehung von Verbindlichkeiten ist demgegenüber keine „Zahlung".[172] Auch Zahlungen mit Kreditmitteln aus einem debitorischen Gesellschaftskonto begründen, da sie nur einen Gläubigertausch und keine Masseverkürzung bewirken, keine Haftung aus § 64 Abs. 2 GmbHG, verpflichten den verantwortlichen Geschäftsführer aber gem. § 823 Abs. 2 BGB iVm § 64 Abs. 1 GmbHG gegenüber der Bank, wenn die Zahlung nach Ablauf der Insolvenzantragsfrist erfolgte.[173]

Die Haftung des Geschäftsführers aus § 64 Abs. 2 GmbHG erfordert **Verschulden**, wobei Fahrlässigkeit ausreicht. Gem. § 64 Abs. 2 S. 2 GmbHG haftet der Geschäftsführer nicht, wenn die Zahlung mit der Sorgfalt eines ordentlichen Geschäftsmanns vereinbar ist. Dieser vom Geschäftsführer zu beweisende[174] Ausnahmetatbestand ist erfüllt, wenn die Insolvenzreife für den Geschäftsführer nicht erkennbar war[175] oder wenn die Leistung des Geschäftsführers in der Insolvenzsituation ausnahmsweise eine Masseverkürzung nicht zur Folge hat.[176] Letzteres ist etwa der Fall, bei der Herausgabe von Gegenständen, an denen Aussonderungsrechte bestehen, oder bei Zahlungen an absonderungsberechtigte Gläubiger bis zur Höhe des Absonderungsrechtes (insbesondere des Wertes des Sicherungsgutes).[177] An einer Masseverkürzung fehlt es auch, wenn mit der Zahlung ein vollwertiger Gegenwert in das Gesellschaftsvermögen gelangt und dort verblieben ist, so dass lediglich ein Aktivtausch vorliegt.[178] Außerdem wird die Haftung nach § 64 Abs. 2 S. 2 GmbHG ausgeschlossen, wenn in Erfüllung einer gesetzlichen Verpflichtung (namentlich zur Abführung von Steuern und Arbeitnehmeranteilen zur Sozialversicherung) gezahlt wurde[179] oder wenn die Zahlung (etwa von Löhnen oder Miete) im Rahmen eines erfolgversprechenden Sanierungsversuches oder zur Vorbereitung einer

---

166 BGH NJW 2001, 304, 305.
167 BGHZ 143, 184; BGH NJW 2001, 304.
168 BGH GmbHR 2007, 596, 598; OLG Oldenburg GmbHR 2004, 1340; Scholz/*K. Schmidt*, § 64 Rn 23.
169 Scholz/*K. Schmidt*, § 64 Rn 23.
170 BGH GmbHR 2003, 664.
171 OLG Düsseldorf GmbHR 1996, 619; Baumbach/Hueck/*Schulze-Osterloh*, § 64 Rn 79; Lutter/Hommelhoff/*Kleindiek*, § 64 Rn 59.
172 BGHZ 138, 211, 217.
173 BGH GmbHR 2007, 596, 598.
174 BGHZ 143, 184, 185; 146, 264, 274.
175 BGHZ 143, 184, 185; BGH NJW 2001, 304; zu den Voraussetzungen der Erkennbarkeit nachfolgend unter Rn 119.
176 BGHZ 146, 264, 275.
177 Baumbach/Hueck/*Schulze-Osterloh*, § 64 Rn 81; Hachenburg/*Ulmer*, § 64 Rn 42.
178 BGH GmbHR 2003, 664, 665; 2000, 1149; BGH NJW 1974, 1088, 1089.
179 BGH GmbHR 2007, 757; anders noch BGHZ 146, 275; BGH GmbHR 2003, 665; 2005, 874.

Unternehmensveräußerung innerhalb der Insolvenzantragsfrist erforderlich ist, um den sofortigen Zusammenbruch des Betriebes zu vermeiden.[180]

116 Gem. § 64 Abs. 2 S. 3 GmbHG gilt für den Anspruch der Gesellschaft § 43 Abs. 3, 4 GmbHG entsprechend. Dies bedeutet zunächst, dass der ersatzpflichtige Geschäftsführer sich weder auf einen Anspruchsverzicht, noch auf einen ihn anweisenden Gesellschafterbeschluss berufen kann, sofern der Schadensersatz zur Befriedigung der Gesellschaftsgläubiger erforderlich ist (§ 64 Abs. 2 S. 3 GmbHG iVm § 43 Abs. 3 GmbHG). Aus der Verweisung auf § 43 Abs. 4 GmbHG folgt, dass der Anspruch in fünf Jahren verjährt. Die Verjährung beginnt mit der unzulässigen Zahlung.

117 Die Haftung aus § 64 Abs. 2 GmbHG wird durch das Gesetz zur Modernisierung des GmbH-Rechts und zur Bekämpfung von Missbräuchen (**MoMiG**) erweitert. Die Bestimmung soll um einen Satz 2 erweitert werden, nach dem der Geschäftsführer nicht nur für Zahlungen nach Eintritt der Insolvenzreife haftet, sondern auch für solche Zahlungen, durch die die Zahlungsunfähigkeit herbeigeführt wird.

(2) Exkurs: Insolvenzantragspflicht und Insolvenzreife

118 **Insolvenzantragspflicht:** Gem. § 64 Abs. 1 GmbH haben die Geschäftsführer bei Eintritt von Zahlungsunfähigkeit oder Überschuldung (Insolvenzreife) unverzüglich, spätestens innerhalb von drei Wochen Insolvenzantrag zu stellen. Diese Pflicht trifft alle Geschäftsführer gleichermaßen, dh nicht nur den für Finanzangelegenheiten zuständigen Geschäftsführer.[181] Der Insolvenzantrag ist auch zu stellen, wenn nach Einschätzung des Geschäftsführers die Verfahrenseröffnung gem. § 26 Abs. 1 InsO mangels Masse abgelehnt werden muss.[182]

119 Die **Insolvenzantragsfrist** beginnt, sobald die Insolvenzreife für den Geschäftsführer erkennbar ist.[183] An die Erkennbarkeit sind dabei keine hohen Anforderungen zu stellen, weil der Geschäftsführer verpflichtet ist, in Krisensituationen die Liquiditäts- und Vermögenssituation der Gesellschaft kontinuierlich zu überwachen. Dabei hat er, gegebenenfalls unter Zuhilfenahme von Beratern, Liquiditäts- und Vermögensstati so engmaschig aufzustellen, wie die Situation dies erfordert. Allein die Kontrolle der (Halb-)Jahresabschlüsse genügt nicht.[184]

120 In der Praxis meinen manche Geschäftsführer irrtümlich, nach Eintritt der Insolvenzreife verbleibe stets eine Frist von drei Wochen zur Insolvenzantragsstellung. § 64 Abs. 1 GmbHG bestimmt demgegenüber, dass der **Insolvenzantrag ohne schuldhaftes Zögern**, dh unverzüglich, spätestens aber drei Wochen nach Eintritt der Insolvenzreife zu stellen ist. Die Frist soll eine Beseitigung der Insolvenzreife ermöglichen, etwa durch Zuführung von Eigenkapital, Aufnahme neuer Kredite oder Vergleich mit Gläubigern. Der Geschäftsführer hat nach den Maßstäben eines ordentlichen Geschäftsleiters zu prüfen, ob derartige Sanierungsversuche erfolgversprechend sind. Dabei steht ihm ein Beurteilungsspielraum zu.[185] Nur wenn danach begründete Erfolgsaussichten für eine Sanierung innerhalb der 3-Wochen-Frist bestehen, darf diese ausgeschöpft werden, anderenfalls ist sofort Insolvenzantrag zu stellen.[186] Andererseits ist die 3-Wochen-Frist die Höchstfrist, die auch dann nicht überschritten werden darf, wenn noch Sanierungsaussichten bestehen.[187]

121 Das MoMiG soll den persönlichen Anwendungsbereich der Insolvenzantragspflicht erweitern. Hat die Gesellschaft keinen Geschäftsführer oder ist dieser unbekannten Aufenthalts, sind zukünftig auch alle Gesellschafter zur Insolvenzantragstellung verpflichtet, es sei denn, sie haben von der Insolvenzreife und der Führungslosigkeit keine Kenntnis (zukünftig § 15 a Abs. 3 InsO).

---

180 OLG Düsseldorf NZG 1999, 1066, 1068; Baumbach/Hueck/*Schulze-Osterloh*, § 64 Rn 81; Lutter/Hommelhoff/*Kleindiek*, § 64 Rn 61; tendenziell auch BGHZ 146, 264, 275.
181 BGH ZIP 1994, 891.
182 Scholz/*K. Schmidt*, § 64, Rn 15; Baumbach/Hueck/*Schulze-Osterloh*, § 64 Rn 44.
183 BGHZ 143, 184, 185.
184 BGHZ 126, 181, 199.
185 *Goette*, § 8 Rn 240.
186 BGHZ 75, 96, 111 f, BGH DStR 2001, 1537.
187 Baumbach/Hueck/*Schulze-Osterloh*, § 64 Rn 51.

Zahlungsunfähigkeit ist gem. § 17 Abs. 2 InsO gegeben, wenn die Gesellschaft nicht in der Lage ist, 122
ihre fälligen Zahlungspflichten zu erfüllen. Bei Zahlungseinstellung wird die Zahlungsunfähigkeit
gem. § 17 Abs. 2 S. 2 InsO widerlegich vermutet. Im Übrigen ist die Zahlungsunfähigkeit festzustellen, indem im Rahmen einer **Liquiditätsbilanz** die aktuell verfügbaren und kurzfristig verfügbar werdenden Mittel den fälligen und eingeforderten Verbindlichkeiten gegenübergestellt werden. Zeigt sich so eine nicht nur geringfügige Liquiditätslücke, besteht Zahlungsunfähigkeit. Die Geringfügigkeitsgrenze setzt der BGH nicht starr, aber im Sinne einer widerlegbaren Vermutung bei 10 % an, dh ab einer Unterdeckung von 10 % der Verbindlichkeiten wird die Zahlungsunfähigkeit vermutet. Allerdings muss diese Unterdeckung über mindestens drei Wochen bestehen, anderenfalls liegt nur eine Zahlungsstockung vor.[188]

Überschuldung ist gem. § 19 Abs. 2 S. 1 InsO gegeben, wenn das Aktivvermögen der GmbH deren 123
Schulden nicht mehr deckt. Ob dies der Fall ist, kann nicht der Handelsbilanz entnommen werden.
Maßgeblich ist vielmehr eine **Überschuldungsbilanz**, auch Überschuldungsstatus genannt, in der alle
Aktiva mit ihren objektiven Verkehrswerten einzustellen sind.[189] Diese können sowohl höher als
auch niedriger als die Werte der Handelsbilanz sein. Enthält die Handelsbilanz stille Reserven, sind
diese aufzulösen. Von der Gesellschaft selbst geschaffene immaterielle Vermögensgüter (etwa Software-Entwicklungen) sind anders als in der Handelsbilanz zu aktivieren.[190] Dasselbe gilt für einen
Geschäfts- oder Firmenwert (good will), wenn greifbare Aussichten bestehen, das Unternehmen oder
Unternehmensteile zu veräußern und dabei einen über den Substanzwert hinausgehenden Mehrerlös
zu erzielen.[191] Forderungen und Verbindlichkeiten aus schwebenden Geschäften sind, abweichend
von der Handelsbilanz, zu berücksichtigen.[192] Gegenstände, an denen ein Aus- oder Absonderungsrecht besteht, dürfen demgegenüber nicht aktiviert werden, weil sie im Insolvenzfall aus der Masse
abgezogen werden können.[193]

Unter der Geltung der KO verlangte der BGH für den Überschuldungstatbestand neben dieser rechnerischen Überschuldung das Bestehen einer negativen Fortbestehensprognose (zweistufiger Überschuldungsbegriff).[194] § 19 InsO hat daran nicht festgehalten.[195] Die Fortbestehensprognose ist nach § 19 124
Abs. 2 S. 2 InsO nur noch für die Frage der Bewertungsansätze von Bedeutung: Reicht die Finanzkraft
der Gesellschaft nach überwiegender Wahrscheinlichkeit mittelfristig nicht zur Fortführung des Unternehmens aus (negative Überlebens- oder Fortbestehensprognose), sind in der Überschuldungsbilanz diejenigen Werte anzusetzen, die bei Liquidation der Gesellschaft voraussichtlich erzielbar sind (Liquidationswerte). Soweit das Gesellschaftsvermögen nicht ausnahmsweise als Ganzes veräußert werden kann,
sind nur die bei einer Einzelveräußerung erzielbaren Erträge berücksichtigungsfähig.[196] Diese Zerschlagungswerte bleiben hinter den für ein lebendes Unternehmen geltenden Ansätzen in aller Regel deutlich
zurück. Der Ansatz von Liquidationswerten ist der gesetzliche Regelfall. Nur wenn abweichend davon –
und deshalb vom Geschäftsführer darzulegen und zu beweisen – die aus einem Ertrags- und Finanzplan
herzuleitende Überlebensfähigkeit des Unternehmens und der Fortführungswille feststehen (positive
Fortführungsprognose), sind gem. § 19 Abs. 2 S. 2 InsO bei der Aufstellung der Überschuldungsbilanz
die Fortführungswerte anzusetzen.[197] Diese entsprechen dem Anteil des Gesamtkaufpreises, der bei Veräußerung des Unternehmens im Ganzen auf den einzelnen Vermögensgegenstand entfallen würde.[198]
Dieser Gesamtkaufpreis ist, sofern nicht ausnahmsweise ein konkretes Angebot eines Kaufinteressenten
vorliegt, durch Unternehmensbewertung zu ermitteln.[199]

---

188 BGHZ 163, 134.
189 BGHZ 146, 264, 268.
190 BGH NJW 1997, 196.
191 Baumbach/Hueck/*Schulze-Osterloh*, § 64 Rn 16; Lutter/Hommelhoff/*Kleindiek*, § 64 Rn 20.
192 Baumbach/Hueck/*Schulze-Osterloh*, § 64 Rn 19, 23.
193 BGH NJW 1997, 3021.
194 Vgl nur BGHZ 119, 201, 214; 126, 181, 199.
195 BGH GmbHR 2007, 482, 483.
196 *Goette*, § 3 Rn 19; Baumbach/Hueck/*Schulze-Osterloh*, § 64 Rn 31.
197 BGH GmbHR 2006, 1334.
198 Baumbach/Hueck/*Schulze-Osterloh*, § 64 Rn 31.
199 *Goette*, § 3 Rn 20.

125 In der Überschuldungsbilanz sind auch eigenkapitalersetzende Gesellschafterdarlehen zu passivieren. Dies darf nur unterbleiben, wenn der Darlehensgeber einen **qualifizierten Rangrücktritt** abgibt, dh sinngemäß erklärt, er wolle wegen seines Darlehensrückzahlungsanspruches erst nach der Befriedigung sämtlicher Gesellschaftsgläubiger und – bis zur Abwendung der Krise – auch nicht vor, sondern nur zugleich mit den Einlagenrückgewähransprüchen seiner Mitgesellschafter berücksichtigt, also so behandelt werden, als handele es sich bei seiner Gesellschafterleistung um statutarisches Kapital.[200] Der Gesellschafter muss also auf den Darlehensrückzahlungsanspruch nicht verzichten, aber erklären, dass er nicht einmal als nachrangiger Insolvenzgläubiger am Insolvenzverfahren teilnehmen will.

126 Zur Feststellung des Überschuldungstatbestandes ist die Aufstellung einer Überschuldungsbilanz nach den vorstehend dargelegten Regeln erforderlich. Im Prozess können daher die klagende Gesellschaft oder der Insolvenzverwalter ihrer Darlegungs- und Beweislast nicht allein durch Vorlage der Handelsbilanz genügen. Die Handelsbilanz hat aber indizielle Bedeutung und kommt als Ausgangspunkt für die weitere Ermittlung des wahren Wertes des Gesellschaftsvermögens in Betracht.[201] Der Anspruchsteller kann daher zunächst die Handelsbilanz vorlegen, er muss aber darüber hinaus darlegen und beweisen, ob und gegebenenfalls welche stillen Reserven oder sonstige nicht ersichtliche Veräußerungswerte vorhanden sind. Dabei muss er naheliegende Anhaltspunkte – beispielsweise stille Reserven im Grundvermögen – ausräumen und die vom Gesellschafter substantiiert aufgestellten Behauptungen widerlegen.[202]

d) Haftung der Geschäftsführer gegenüber Gläubigern der GmbH

127 Da der Geschäftsführer aufgrund seiner Organstellung und aufgrund seines Anstellungsvertrages in einer ständigen Rechtsbeziehung zu der GmbH steht, haftet er dieser gegenüber für jede Pflichtverletzung (§ 43 Abs. 2 GmbHG). Die Gläubiger der GmbH treten demgegenüber nur in eine vertragliche oder sonstige rechtliche Beziehung zu der Gesellschaft, nicht dagegen zu dem Geschäftsführer. Deshalb haften Geschäftsführer unmittelbar gegenüber Gesellschaftsgläubigern nur ausnahmsweise, wenn die Voraussetzungen einer der nachfolgend zu erörternden Anspruchsgrundlagen erfüllt sind.

aa) Rechtsscheinshaftung

128 Nach den allgemeinen Regeln des Handelsrechtes muss sich derjenige, der im Handelsverkehr in zurechenbarer Weise einen Rechtsschein setzt, so behandeln lassen, als wenn der Rechtsschein zuträfe. In Konkretisierung dieser allgemeinen Rechtsscheinslehre nimmt die Rspr eine Haftung der Geschäftsführer gegenüber Gesellschaftsgläubigern an, wenn der Geschäftsführer schriftliche Erklärungen für die Gesellschaft ohne Verwendung des GmbH-Zusatzes abgibt oder auf ausdrückliches Nachfragen des Geschäftspartners nicht offenlegt, dass er für eine juristische Person handelt.[203] Denn bei Fortlassung des nach §§ 4, 35 a GmbHG erforderlichen Rechtsformzusatzes erweckt der Handelnde den Eindruck, es hafte ein Einzelkaufmann und damit eine natürliche Person mit ihrem gesamten Vermögen. An diesem Rechtsschein muss sich der Handelnde, das ist typischerweise, aber nicht notwendigerweise der Geschäftsführer, festhalten lassen, indem er selbst persönlich haftet. Voraussetzung ist aber die Abgabe **schriftlicher Erklärungen** ohne den GmbH-Zusatz, mündliche Geschäftsabschlüsse genügen also nicht.[204]

129 Gesamtschuldnerisch neben dem Geschäftsführer haftet die GmbH, die nach den Regeln über unternehmensbezogene Geschäfte verpflichtet wird. Im Innenverhältnis kann der Geschäftsführer bei der Gesellschaft Rückgriff nehmen.

---

200 BGHZ 146, 264, 271 ff.
201 BGHZ 146, 264, 268; BGH NJW 2001, 1136; BGH NJW-RR 2001, 1043.
202 BGH GmbHR 2005, 617.
203 BGH NJW 1996, 2645; 1991, 2627; 1990, 2678.
204 BGH NJW 1996, 2645.

bb) Inanspruchnahme persönlichen Vertrauens oder Garantieversprechen

Eine persönliche Haftung kann den Geschäftsführer unter dem Gesichtspunkt der culpa in contrahendo gem. §§ 311 Abs. 3, 280 BGB treffen. Erste Voraussetzung dieses Schadensersatzanspruches, der auf den Ersatz des negativen Interesses beschränkt ist, ist die Verletzung einer vorvertraglichen Pflicht. Eine solche ist namentlich gegeben, wenn der Geschäftspartner bei den Vertragsverhandlungen schuldhaft nicht darauf hingewiesen wird, dass die GmbH ihre vertraglichen Verpflichtungen voraussichtlich nicht wird erfüllen können. Aus dem vorvertraglichen Schuldverhältnis ergibt sich nämlich die Pflicht, den Vertragspartner auf Risiken hinzuweisen, die einer ordnungsgemäßen Erfüllung oder Abwicklung des Vertrages entgegenstehen.[205]

130

Die vorgenannten Voraussetzungen allein begründen eine persönliche Haftung des Geschäftsführers noch nicht.[206] Denn die haftungsrechtlichen Folgen eines Vertretergeschäftes treffen in aller Regel nur den Vertretenen und nicht den Vertreter. Deshalb müssen weitere Umstände hinzukommen, die die vorvertraglichen Verpflichtungen, deren Verletzung nach dem vorstehend Gesagten die Haftung aus c.i.c. begründet, nicht nur dem Vertretenen (der GmbH), sondern auch dem Vertreter, dh dem Geschäftsführer auferlegen. Hierzu werden zwei Fallgruppen diskutiert:

131

Zunächst wird der Geschäftsführer in den Pflichtenkreis der c.i.c. mit einbezogen, wenn er ein **unmittelbares eigenes wirtschaftliches Interesse** an dem Geschäft hat. Der VI. Zivilsenat des BGH hat dies bereits angenommen, wenn der Geschäftsführer zugleich alleiniger oder zumindest mehrheitlich beteiligter Gesellschafter ist oder sich für die Verbindlichkeiten der Gesellschaft verbürgt hat.[207] Dies würde jedoch die Haftungsbeschränkung nach § 13 Abs. 2 GmbHG aushöhlen und wird daher heute von dem für das Gesellschaftsrecht zuständigen II. Zivilsenat des BGH zurecht abgelehnt.[208] Die persönliche Haftung des Vertreters wegen wirtschaftlichen Eigeninteresses bleibt danach auf extreme Ausnahmefälle beschränkt, etwa wenn der Vertreter von vornherein die Absicht hatte, die Gegenleistung des anderen Teils nicht ordnungsgemäß an den Vertretenen weiterzuleiten, sondern für eigene Zwecke zu verwenden.[209] Unter diesem rechtlichen Gesichtspunkt lässt sich damit eine persönliche Haftung des GmbH-Geschäftsführers in aller Regel nicht begründen.

132

Die zweite Fallgruppe, bei der der Vertreter in den Pflichtenkreis der c.i.c. einbezogen wird, sind die Fälle der **Inanspruchnahme besonderen persönlichen Vertrauens**. Auch hier ist aber Zurückhaltung geboten. Der Geschäftsführer einer GmbH nimmt, wenn er für diese in Vertragsverhandlungen eintritt, grundsätzlich nur das normale Verhandlungsvertrauen in Anspruch, für dessen Verletzung der Vertragspartner, in diesem Fall also die GmbH, einzustehen hat. Deshalb haftet im Regelfall auch hier nur die GmbH. Zu einer persönlichen Haftung des Geschäftsführers kann es nur kommen, wenn dieser beim Verhandlungspartner ein zusätzliches, von ihm selbst ausgehendes Vertrauen auf die Vollständigkeit und Richtigkeit seiner Erklärungen hervorgerufen hat. Der BGH verlangt dafür eine Erklärung des Geschäftsführers, die sich im „Vorfeld einer Garantiezusage" bewegt.[210] Eine solche Erklärung, die dann allerdings als selbständiges Garantieversprechen gewertet wurde, hat der BGH etwa angenommen, wenn der Geschäftsführer dem Gläubiger erklärt, er werde im Fall einer Verschlechterung der wirtschaftlichen Verhältnisse der Gesellschaft Kapital zuführen, so dass der Gläubiger in jedem Fall sein Geld erhalten werde.[211]

133

cc) Insolvenzverschleppung

§ 64 Abs. 1 GmbHG ist ein Schutzgesetz im Sinne von § 823 Abs. 2 BGB zugunsten der Gesellschaftsgläubiger.[212] Geschäftsführer, die schuldhaft ihre Insolvenzantragspflicht verletzen, machen sich

134

---

205 BGHZ 87, 27, 33.
206 BGHZ 126, 181, 189; aA: *K. Schmidt* ZIP 1988, 1497, 1503.
207 BGHZ 87, 27, 33 ff.
208 BGHZ 126, 181, 184 ff.
209 MünchKommBGB/*Emmerich*, § 311 Rn 217.
210 BGHZ 126, 181, 189.
211 BGH ZIP 2001, 1496 f.
212 BGHZ 126, 181, 190; 138, 211, 214.

daher gegenüber den hierdurch geschädigten Gesellschaftsgläubigern schadensersatzpflichtig. Seit seinem Grundsatzurteil vom 6.6.1994[213] differenziert der BGH dabei wie folgt:

135 **Altgläubiger** sind solche, die ihre Forderung gegen die GmbH vor dem Zeitpunkt erworben haben, zu dem nach § 64 Abs. 1 GmbHG Insolvenzantrag hätte gestellt werden müssen. Entscheidend ist dabei nicht der Vertragsabschluss, sondern der Zeitpunkt, zu dem der Gläubiger seine Leistung an die GmbH erbringt und dieser damit durch Vorleistung wirtschaftlich einen Kredit gewährt.[214] Bis zu diesem Zeitpunkt standen den Gläubigern nämlich die Rechte aus §§ 320 f BGB zu, von denen sie bei rechtzeitiger Insolvenzantragsstellung Gebrach gemacht hätten. Der Schaden der Altgläubiger beschränkt sich auf den Betrag, um den sich die Insolvenzquote infolge der Verzögerung der Insolvenzeröffnung gemindert hat. Zur Ermittlung dieses sog. **Quotenschadens** ist ein Vergleich zwischen der tatsächlich erzielten und der bei rechtzeitiger Insolvenzantragsstellung realisierbaren Insolvenzquote anzustellen.[215] Dabei sind Aus- und Absonderungsrechte von der Aktivmasse abzuziehen.[216] Prozesse um den Quotenschaden haben in der Praxis nur geringe Bedeutung, weil selbst unter Berücksichtigung der Beweiserleichterungen aus § 287 ZPO nur schwer darzulegen und zu beweisen ist, welche hypothetische Insolvenzquote bei rechtzeitiger Antragstellung realisiert worden wäre. Über die dazu erforderlichen Kenntnisse verfügt in der Regel kein Gesellschaftsgläubiger, sondern allenfalls der Insolvenzverwalter. Deshalb kann der Quotenschaden im Insolvenzfall nur von diesem geltend gemacht werden.[217]

136 **Neugläubiger** sind solche, die erst nach Ablauf der Insolvenzantragsfrist ihre Forderung erworben bzw ihre Leistung erbracht haben.[218] Im Gegensatz zu den Altgläubigern können diese geltend machen, dass sie bei rechtzeitiger Insolvenzantragsstellung mit der GmbH nicht mehr kontrahiert, zumindest aber ihre Leistung nicht mehr erbracht hätten. Deshalb sind diese Gläubiger nicht auf den Quotenschaden begrenzt, sondern können den vollen ihnen hierdurch entstandenen Schaden geltend machen.[219] Jedoch ist der Anspruch nur auf Ersatz des negativen Interesses – insbesondere von Vorleistungen oder Aufwendungen – gerichtet, da der Erfüllungsanspruch deliktsrechtlich nicht geschützt ist.[220] Andererseits umfasst das negative Interesse auch den entgangenen Gewinn, jedoch nicht aus dem Geschäft des Gläubigers mit der GmbH – dieses wäre bei Insolvenzantragsstellung nicht abgeschlossen worden –, sondern den entgangenen Gewinn aus dem Geschäft, das der Gläubiger mit einem Dritten abgeschlossen hätte, wenn er nicht mit der GmbH kontrahiert hätte; da (widerleglich) vermutet wird, dass der Gläubiger als Kaufmann, wenn er nicht mit der GmbH kontrahiert hätte, seine betriebliche Kapazität anderweitig genutzt und hierbei denselben Gewinn erzielt hätte, muss der Gläubiger anderweitige Verdienstmöglichkeiten nicht konkret darlegen und beweisen, sondern kann im Wege der abstrakten Schadensberechnung Ersatz des Gewinns aus dem mit der GmbH abgeschlossenen Geschäft verlangen.[221] Nicht ersatzfähig ist jedoch die Umsatzsteuer, da diese auf Schadensersatzleistungen nicht erhoben wird.[222] Dagegen ist der Schaden der Neugläubiger nicht um die Insolvenzquote zu verringern, der Gläubiger kann lediglich die Abtretung der Insolvenzforderung Zug um Zug gegen Schadensersatzleistung verlangen.[223] Der Schaden der Neugläubiger ist auch nicht im Wege der Vorteilsausgleichung um Leistungen zu kürzen, die im Zeitraum der Insolvenzverschlep-

---

213 BGHZ 126, 181, 190 ff.
214 OLG Celle NZG 2002, 730, 732; OLG Saarbrücken NZG 2001, 414, 415; Baumbach/Hueck/*Schulze-Osterloh*, § 64 Rn 92.
215 BGHZ 138, 211.
216 BGH NJW 1997, 3021.
217 BGHZ 138, 211, 217.
218 Zu den Neugläubigern zählt auch eine Bank, bei der die GmbH einen Kontokorrentkredit unterhält, soweit sich dessen Volumen im Stadium der Insolvenzverschleppung erhöht: BGH GmbHR 2007, 482, 484.
219 BGHZ 126, 181, 190 ff unter Aufgabe der früheren abweichenden Rspr, wonach auch Neugläubiger nur Ersatz des Quotenschadens verlangen konnten.
220 BGHZ 126, 181, 201; 164, 50, 60.
221 OLG Koblenz GmbHR 2000, 31, 33; OLG Celle BauR 2005, 1195, 1196; Baumbach/Hueck/*Schulze-Osterloh*, § 64 Rn 96.
222 OLG Celle, aaO.
223 BGH GmbHR 2007, 483, 485; anders noch BGHZ 138, 216.

pung auf Altforderungen derselben Gläubiger erbracht wurden, obwohl diese bei rechtzeitiger Insolvenzantragsstellung nicht erfolgt wären.[224]

Der Schadensersatzanspruch der Neugläubiger kann nur von diesen, nicht aber vom Insolvenzverwalter geltend gemacht werden.[225] Unter dem Gesichtspunkt des Schutzzwecks der Norm setzt die Haftung voraus, dass die Insolvenzreife im Zeitpunkt des Geschäftsabschlusses zwischen der Gesellschaft und dem Neugläubiger fortbesteht; entfällt sie aufgrund einer Erholung der Gesellschaft, haftet der Geschäftsführer also nicht für die nach Beendigung der Insolvenzantragspflicht begründeten Verbindlichkeiten.[226]

Der Geschäftsführer kann sich gegenüber Alt- und Neugläubigern nicht darauf berufen, der Insolvenzverwalter habe Anfechtungsrechte nach §§ 129 ff InsO nicht rechtzeitig geltend gemacht und dadurch die Insolvenzquote verschlechtert; es ist nämlich nicht Aufgabe des Insolvenzverwalters, die Interessen des Geschäftsführers wahrzunehmen.[227] Daraus folgt, dass eine Inanspruchnahme des Geschäftsführers auch erfolgen kann, solange die Möglichkeit einer Anfechtung noch besteht.

Die Verjährung der Ansprüche aus § 823 Abs. 2 BGB iVm § 64 Abs. 1 GmbHG ist umstritten. Einige wollen wegen der Sachnähe zu § 64 Abs. 2 GmbHG nach dem dortigen Satz 3 die 5-jährige Verjährungsfrist nach § 43 Abs. 4 GmbHG anwenden.[228] Diese Norm gilt jedoch nur für Schadensersatzansprüche der Gesellschaft und ist daher vorliegend nicht unmittelbar anwendbar. Eine analoge Anwendung scheitert am Vorliegen einer Regelungslücke, weil für Ansprüche aus § 823 Abs. 2 BGB die Regelverjährung nach § 195 BGB gilt. Der Schadensersatzanspruch verjährt damit in drei Jahren, jedoch beginnend mit Kenntniserlangung.[229]

Täter einer Insolvenzverschleppung können nur Geschäftsführer sein. Jedoch haften auch Gehilfen nach § 830 Abs. 2 BGB persönlich. Voraussetzung der Beihilfe sind jedoch Vorsatz und, bei bloßem Unterlassen, die Garantenstellung.[230]

dd) Nichtabführung von Sozialversicherungsbeiträgen

Auch § 266 a Abs. 1 StGB ist ein Schutzgesetz iSv § 823 Abs. 2 BGB. Der Geschäftsführer,[231] der vorsätzlich[232] Arbeitnehmeranteile von Sozialversicherungsbeiträgen nicht abführt, macht sich daher gegenüber der staatlichen Einzugsstelle schadensersatzpflichtig.[233] Hierbei ist die Auszahlung des Lohnes an die Arbeitnehmer keine Anspruchsvoraussetzung, da die Beitragspflicht zur Sozialversicherung unabhängig von der Lohnzahlung entsteht.[234] Auch eine Insolvenzreife schließt die Pflichten aus § 266 a StGB nicht wegen rechtfertigender Pflichtenkollision mit § 64 Abs. 2 GmbHG aus, da die Erfüllung des strafbewehrten Normbefehls der Sorgfalt eines ordentlichen und gewissenhaften Geschäftsführers iSv § 64 Abs. 2 GmbHG entspricht.[235] Jedoch muss die Gesellschaft über liquide Mittel verfügen (was auch bei Zahlungsunfähigkeit iSv § 17 InsO möglich ist), denn der Tatbestand des § 266 a StGB setzt als Unterlassungsdelikt die Möglichkeit der Erfüllung des Normbefehls voraus; diese Möglichkeit hat der Sozialversicherungsträger zu beweisen.[236]

Auch bei Unmöglichkeit der Zahlung haftet der Geschäftsführer jedoch, wenn er bei Anzeichen von Liquiditätsproblemen keine Sicherheitsvorkehrungen (notfalls auch durch Kürzungen der Nettolohn-

---

224 BGH GmbHR 2007, 599.
225 BGHZ 138, 211, 214 ff.
226 BGHZ 164, 50, 55 f.
227 BGHZ 131, 325 zu § 64 II GmbHG.
228 OLG Saarbrücken NZG 2000, 559; Lutter/Hommelhoff/*Kleindiek*, § 64 Rn 57.
229 OLG Stuttgart GmbHR 2001, 75; OLG Schleswig DZWiR 2001, 330, 331 = GmbHR 2001, 974 (LS).
230 BGHZ 164, 50, 57 ff.
231 Den Geschäftsführer einer Vor-GmbH soll keine Haftung treffen, KG GmbHR 2003, 591.
232 Bedingter Vorsatz genügt. Darlegungs- und beweispflichtig ist der Sozialversicherungsträger, OLG Schleswig GmbHR 2002, 217.
233 BGHZ 134, 304; 136, 332; 144, 311.
234 BGHZ 144, 311.
235 BGH GmbHR 2007, 757 (II. Zivilsenat unter Aufgabe seiner früheren, abweichenden Rspr); BGH GmbHR 2004, 122; 2005, 1419 (5. Strafsenat).
236 BGH GmbHR 2005, 874, 875 mwN.

zahlungen) für die Zahlung der Arbeitnehmeranteile getroffen und hierbei die spätere Nichtabführung zumindest billigend in Kauf genommen hat.[237] Ein Schaden des Gläubigers und damit eine Haftung des Geschäftsführers entfallen, wenn eine Zahlung nach §§ 129 ff InsO anfechtbar gewesen wäre.[238]

143 Seit dem 1.8.2004 macht sich gem. *§ 266 a Abs. 2 StGB* auch strafbar, wer Arbeitgeberanteile zur **Sozialversicherung** nicht abführt. Hinzukommen muss allerdings, dass der Arbeitgeber gegenüber der Einzugsstelle keine, unrichtige oder unvollständige Erklärungen abgibt. Ob § 266 a Abs. 2 StGB ein Schutzgesetz iSv § 823 Abs. 2 BGB ist und dessen Verletzung damit eine persönliche Haftung des Geschäftsführers für nicht abgeführte Arbeitgeberanteile auslöst, ist bislang ungeklärt, dürfte aber zu bejahen sein.

144 Streitig ist, ob sich ein Anspruch des Sozialversicherungsträgers (auch hinsichtlich der Arbeitgeberanteile) bei Verletzung der Insolvenzantragspflicht auch aus *§ 823 Abs. 2 BGB iVm § 64 Abs. 1 GmbHG* ergeben kann. Die hM[239] spricht sich zurecht dagegen aus, weil der Anspruch der Sozialversicherungsträger kraft Gesetzes entsteht und daher, anders als vertragliche Ansprüche, nicht auf dem Willen des Gläubigers beruht. Deshalb kann bei Sozialversicherungsträgern kein Vertrauen auf die Erfüllung der Insolvenzantragspflicht bestehen, so dass ihre Ansprüche vom Schutzzweck des § 64 Abs. 1 GmbHG nicht erfasst sind. Auch der BGH nimmt deliktische Ansprüche vom Schutzzweck des § 64 Abs. 1 GmbHG aus, weil die Insolvenzantragspflicht nicht den Schutz davor bezweckt, nach Eintritt der Insolvenzreife noch Opfer eines Delikts zu werden.[240]

ee) Sonstige Anspruchsgrundlagen

145 Ansprüche der Gesellschaftsgläubiger gegen den Geschäftsführer können sich ferner aus § 823 Abs. 1 BGB oder § 826 BGB ergeben. Diese Ansprüche sind nicht auf Ersatz des Quotenschadens beschränkt.[241] Keine Ansprüche der Gläubiger begründen demgegenüber Verstöße gegen die Vorschriften über die Kapitalerhaltung (§§ 30 ff GmbHG),[242] die Buchführungspflicht (§ 41 GmbHG)[243] und die von den Geschäftsführern zu beachtende Sorgfalt (§ 43 Abs. 1 GmbHG). Diese Normen schützen nämlich nur die Gesellschaft und sind daher keine Schutzgesetze zugunsten der Gesellschaftsgläubiger iSv § 823 Abs. 2 BGB. Dasselbe gilt für das Zahlungsverbot nach Insolvenzreife gem. § 64 Abs. 2 GmbHG.[244]

e) Haftung von faktischen Geschäftsführern

146 Faktischer Geschäftsführer ist, wer die **Geschicke der Gesellschaft** – über die interne Einwirkung auf die satzungsgemäße Geschäftsführung hinaus – durch **eigenes Handeln im Außenverhältnis**, das die Tätigkeit des rechtlichen Geschäftsführungsorgans **nachhaltig prägt**, maßgeblich in die Hand genommen hat.[245] Der faktische Geschäftsführer ist bei Insolvenzreife – neben dem Geschäftsführer – zur Insolvenzantragsstellung verpflichtet.[246] Für Pflichtverletzungen haftet er gleich einem Geschäftsführer, insbesondere nach § 64 Abs. 2 GmbHG,[247] deliktisch[248] und gem. § 43 Abs. 2 GmbHG.[249]

---

237 BGHZ 134, 304, 309; BGH NJW 2006, 3573.
238 BGH GmbHR 2001, 147 (VI. Zivilsenat); BGH GmbHR 2005, 874, 876 (II. Zivilsenat); aA BGH GmbHR 2004, 122 (5. Strafsenat).
239 Lutter/Hommelhoff/*Kleindiek*, § 64 Rn 51; Baumbach/Hueck/*Schulze-Osterloh*, § 64 Rn 92; tendenziell auch BGH, GmbHR 1999, 716 und 2003, 1133, 1134 f; aA: Michalski/*Nerlich* § 64 Rn 75 f.
240 BGHZ 164, 50, 61 f.
241 BGH ZIP 1996, 786.
242 BGHZ 110, 342, 359 f; 148, 167, 170.
243 BGHZ 125, 366, 377.
244 BGHZ 148, 167, 169.
245 BGHZ 150, 61, 69 f; BGH GmbHR 2005, 1126; 2005, 1187.
246 BGHZ 104, 44.
247 BGH GmbHR 2005, 1178.
248 BGH GmbHR 2005, 1126.
249 Str., wie hier: Scholz/*Schneider* § 43, Rn 18 f; Baumbach/Hueck/*Zöllner/Noack*, § 43 Rn 3.

3. Beirat/Aufsichtsrat

Die Gesellschaft kann zudem über einen Beirat/Aufsichtsrat verfügen, wenn dies in der Satzung vorgesehen ist.[250] Für diesen gelten dann die Regeln des Aktienrechts in dem in § 52 Abs. 1 GmbHG beschriebenen Umfang entsprechend, sofern der Gesellschaftsvertrag keine abweichenden Regeln enthält. Insoweit kann zunächst auf die Ausführungen zur AG verwiesen werden.

a) Aufsichtsrat nach den Vorgaben des AktG

Bestimmt die Gesellschaft in ihrer Satzung die Einrichtung eines Aufsichtsrats/Beirats außerhalb der obligatorischen Pflicht, geschieht dies demnach rein fakultativ. Sieht die Satzung zwar die Einrichtung eines solchen Organs vor, bestimmt dies aber nicht näher, kommt die Verweisung auf das AktG gem. § 52 Abs. 1 GmbHG zum Tragen. Die dort zitierten Paragraphen kommen entsprechend zur Anwendung, wobei die aktienrechtlichen Besonderheiten an das GmbH-Recht anzupassen sind.[251] Im Übrigen ist die Verweisung abschließend zu verstehen.[252] Etwaige Ausnahmen können sich bei unklarer oder lückenhafter Regelung im Gesellschaftsvertrag ergeben.

aa) Bildung und Aufhebung

Gegründet wird der fakultative Aufsichtsrat grundsätzlich freiwillig. Er muss im **Gesellschaftsvertrag** vorgesehen sein. Liegt hingegen keine Grundlage für einen Aufsichtsrat in der Satzung vor, kann ein Aufsichtsrat nicht durch einfachen Gesellschafterbeschluss, sondern nur im Wege einer Satzungsänderung errichtet werden. **Aufgehoben** werden kann der Aufsichtsrat grundsätzlich durch einen mit gesetzlicher oder statutarischer Mehrheit zustande gekommenen Beschluss zur Änderung der Satzung. Ein funktionsunfähiger Aufsichtsrat löst sich im Übrigen nicht automatisch auf. Eine Auflösung ist in einem solchen Falle erst anzusehen, wenn alle Funktionen des Aufsichtsrats von der Gesellschafterversammlung wahrgenommen werden.[253]

bb) Größe des Aufsichtsrats

Grundsätzlich kann der Gesellschaftsvertrag die **Größe** des Aufsichtsrats frei bestimmen, ein Aufsichtsrat bestehend nur aus einer Person ist nach hM bei einer GmbH (im Unterschied zur AG) auch möglich.[254]

cc) Zusammensetzung

Beim fakultativen Aufsichtsrat gibt es grundsätzlich keine gesetzlichen Bestimmungen über dessen Zusammensetzung mit Ausnahme der Anforderungen gem. § 52 GmbHG iVm § 100 Abs. 1, 2 Nr. 2 AktG. Danach können lediglich natürliche und unbeschränkt geschäftsfähige Personen vom Aufsichtsrat bestellt werden; der § 100 Abs. 1 AktG ist folglich also auch auf den fakultativen Aufsichtsrat zwingend anzuwenden,[255] die Berufung einer juristischen Person oder Behörde in den Aufsichtsrat ist unzulässig.

Darüber hinaus kann ein Mitglied des Aufsichtsrats nicht zugleich Geschäftsführer oder dessen dauerhafter Vertreter, Prokurist oder Generalhandlungsbevollmächtigter der Gesellschaft sein, vgl § 105 AktG. Die dadurch sichergestellte Unvereinbarkeit von Geschäftsführungs- und Überwachungsfunktion ist nach hM zwingend.[256] Umstritten ist, ob die Satzung entgegen § 100 Abs. 2 AktG auch gesetzliche Vertreter von abhängigen Unternehmen als Aufsichtsratsmitglieder zulassen kann.[257]

---

250 Eine Pflicht zur Bildung eines Aufsichtsrats besteht bei der GmbH nur dann, wenn die Vorschriften über die Mitbestimmung eingreifen, vgl MontanMitbestG 1951, MitbestErgG von 1956, MitbestG 1976 und DrittelbG, das an die Stelle des BetrVG 1953 getreten ist. Obligatorisch ist ein Aufsichtsrat zudem gem. § 3 KAGG.
251 Vgl MünchHdb GesR III, § 48 Rn 12.
252 Vgl nur MünchHdb GesR III § 48 Rn 13.
253 Vgl BGH GmbHR 1984, 72, 73; OLG Frankfurt NJW-RR 1995, 36, 38.
254 Vgl RGZ 82, 388; Scholz/*Schneider* 123.
255 Vgl Roth/Altmeppen, § 52 Rn 7.
256 Vgl Lutter/Hommelhoff, § 52 Rn 10; OLG Frankfurt DB 1981, 2220; 1987, 85 aA Scholz/Schneider, § 52 Rn 160.
257 Dafür: Rowedder/*Koppensteiner*, § 52 Rn 8; dagegen: Lutter/Hommelhoff, § 52 Rn 9.

dd) Bestellung

153 Mitglieder des Aufsichtsrats werden von der Gesellschafterversammlung mit einfacher Mehrheit bestellt, wobei die Satzung eine andere Mehrheit vorsehen kann.[258] Eine Regelung über die Amtsdauer gibt es nicht; § 102 AktG gilt nicht entsprechend. Fehlt eine Regelung in der Satzung, erfolgt die Bestellung entweder auf unbestimmte Zeit oder auf einen im Bestellungsbeschluss der Gesellschafterversammlung bestimmten Zeitraum.

ee) Abberufung

154 Abberufen werden Mitglieder des Aufsichtsrats auf die gleiche Art und Weise wie sie bestellt worden sind, dh durch Gesellschafterbeschluss. Eines wichtigen Grundes bedarf die Abberufung idR und vorbehaltlich abweichender Satzungsregelungen nicht. Das Amt endet im Übrigen mit Ablauf der in der Satzung oder im Gesellschafterbeschluss zur Bestellung festgesetzten Zeit. Eine Amtsniederlegung ist möglich.

ff) Aufgaben des fakultativen Aufsichtsrats

(1) Die Überwachung der Geschäftsführung

155 Nach der Verweisung aus § 52 Abs. 1 GmbHG trifft den Aufsichtsrat vor allem die Aufgabe der Überwachung der Geschäftsführung. Dies ist die Mindestaufgabe des Aufsichtsrats.[259] Dabei ist insbesondere die Rechtmäßigkeit, die Ordnungsmäßigkeit und Wirtschaftlichkeit der Geschäftsführung zu prüfen.[260] Während sich die Rechtmäßigkeitskontrolle besonders auf die steuer-, wirtschafts- und arbeitsrechtlichen Aspekte bezieht, ist unter Ordnungsmäßigkeit die Beachtung betriebswirtschaftlicher Regeln, angemessene Planung und eine entsprechende interne Kontrolle aufgrund eines effektiven Rechnungs- und Berichtswesens[261] zu verstehen.[262] Ferner ist darüber zu wachen, dass die Lebensfähigkeit der Gesellschaft erhalten bleibt.[263]

156 Als Mittel zur Überwachung lässt der Aufsichtsrat sich insb. Geschäftsführerberichte zukommen und führt Gespräche mit dem Geschäftsführer. Weitere Regelungen zu regelmäßigen Informationspflichten der Geschäftsführung gegenüber dem Aufsichtsrat können in der Satzung oder einer Geschäftsführerordnung festgelegt werden. Unter Verweis auf Geheimhaltung dürfen Geschäftsführer dem Aufsichtsrat keine Informationen verweigern;[264] sie müssen diesem auf Anfrage zugänglich gemacht werden. Daraus ergibt sich, dass jedes Mitglied des Aufsichtsrates zu absoluter Vertraulichkeit, was Informationen über die Gesellschaft betrifft, verpflichtet ist.[265]

(2) Sonstige Aufgaben

157 In seltenen Fällen obliegt dem Aufsichtsrat auch die Vertretung der GmbH, vgl § 52 GmbHG iVm § 112 AktG.

gg) Haftung von Mitgliedern des Aufsichtsrats

158 Die Haftung von Mitgliedern des Aufsichtsrats wegen Verletzung ihrer Organpflicht richtet sich nach § 52 GmbHG iVm §§ 93 Abs. 1, 2, 116 AktG. Entsprechend ist die Beweislastumkehr des § 93 Abs. 2 S. 2 anzuwenden. Möglich ist es ferner, den Haftungsmaßstab des Aufsichtsrats durch Satzungsregelung (in den Grenzen des § 276 BGB, insbes. auf Vorsatz und grobe Fahrlässigkeit) zu mildern.[266]

---

258 Zu Ausnahmen siehe MünchHdb GesR, § 48 Rn 29 ff.
259 Vgl Lutter/Hommelhoff, § 52 Rn 10, MünchHdb GesR, § 48 Rn 49.
260 MünchHdb GesR, § 48 Rn 49; Lutter/Hommelhoff, § 52 Rn 10.
261 Vgl *Altmeppen*, ZGR 1999, 303.
262 Vgl Hachenburg/*Raiser*, § 52 Rn 88.
263 Vgl Lutter/Hommelhoff, aaO.
264 Vgl Hachenburg/*Raiser*, § 52 Rn 114.
265 Vgl Lutter/Hommelhoff, § 52 Rn 17; Hachenburg/*Raiser*, § 52 Rn 138.
266 Vgl *Großfeld/Brondics*, AG 1987, 305 mwN.

Ein solcher Anspruch kann nur von der Gesellschaft geltend gemacht werden. Dritte können aus der Verletzung von Organpflichten keine eigenen Ansprüche geltend machen. Verletzen mehrere Aufsichtsratsmitglieder eine Organpflicht, haften sie der Gesellschaft als Gesamtschuldner. Nach § 52 Abs. 3 GmbHG verjährt ein solcher Anspruch nach fünf Jahren,[267] geltend gemacht werden muss er durch Beschluss der Gesellschafterversammlung.

b) Sonstige Gestaltungsmöglichkeiten

Bestimmt die Satzung nähere Einzelheiten zur Errichtung eines Aufsichtsrats/Beirats und dessen Aufgaben, ist die Verweisung auf das AktG nicht oder nur teilweise anzuwenden. An dessen Stelle tritt dann die freie Bestimmbarkeit der Funktion des Aufsichtsrats/Beirats in der Satzung. Aufgrund der demonstrativen Distanzierung von den Vorschriften des AktG durch solche Satzungsregelungen wird für ein solches Organ der Gesellschaft meist der Name „Beirat" gewählt. Der Name „Aufsichtsrat" bleibt in der Praxis also meist denjenigen Organen vorbehalten, die dem gesetzlichen Typus in § 52 GmbHG entsprechen.[268]

Eingerichtet wird ein solcher Beirat im Gesellschaftsvertrag. Dort müssen auch seine wesentlichen Aufgabenbereiche determiniert sein. Die Regelung aller übrigen Details kann in einer Geschäftsordnung vollzogen werden, die im Übrigen entweder von den Gesellschaftern oder vom Beirat selbst erlassen werden kann, wenn die Satzung dies zulässt.[269]

Die Zusammensetzung, Größe und innere Ordnung unterliegen der Satzungsfreiheit, sollten aber möglichst ausdrücklich festgelegt werden.[270] Auch hinsichtlich der Bestellung und Amtszeit von Beiratsmitgliedern herrscht Satzungsfreiheit. Insofern sind die oben erläuterten Grundsätze über den fakultativen Aufsichtsrat anzuwenden. Nimmt der Beirat nach der Satzung keine Überwachungsfunktion wahr, können auch Mitglieder der Geschäftsführung in das Organ berufen werden. Diesbezüglich unterscheidet sich der Beirat aufgrund seines frei wählbaren Aufgabenbereichs gegenüber dem Aufsichtsrat, dessen Mindestaufgabe die Überwachung der Geschäftsführung ist.

Die persönlichen Voraussetzungen an die Beiratsmitglieder ähneln denen des fakultativen Aufsichtsrats, allerdings sind die Inkompatibilitätsregelungen der §§ 100 Abs. 2 Nr. 2, 105 AktG mangels gesetzlicher Verweisung nicht anzuwenden.[271]

Die Abberufung kann – sofern die Satzung nichts anderes regelt – ohne wichtigen Grund durch Beschluss des Bestellungsorgans (Gesellschafterversammlung oder entsendungsberechtigter Gesellschafter) erfolgen. Liegt ein wichtiger Grund zur Abberufung vor, kann ein untragbares Mitglied des Beirats auch durch Beschluss der Gesellschafter gegen den Willen des entsendungsberechtigten Gesellschafters abberufen werden.[272]

Neben diesen allgemeinen Voraussetzungen, die für alle Beiräte gelten, wird in der Praxis bezüglich des Aufgabenbereichs des Beirats stark differenziert. Dies ergibt sich aus der Satzungsfreiheit, die weitgehende Kompetenzverlagerungen auf den Beirat erlaubt. Dabei unterscheidet man im Besonderen folgende Formen des Beirats:

aa) Bestimmender Beirat

(1) Allgemeines

Bei dieser Form des Beirats werden dem Beirat durch die Satzung **Geschäftsführungsbefugnisse** delegiert. Einige Aufgaben der Geschäftsführung dürfen aber nicht an einen bestimmenden Beirat weitergeleitet werden. So müssen die Geschäftsführer die organschaftliche Vertretung wahren,[273] genau wie

---

267 Der BGH sieht dies in BGHZ 64, 238, 245 als zwingend an; aA Scholz/*Schneider*, § 52, 362; Baumbach/Hueck/*Zöllner*, § 52, 45; Hachenburg/*Raiser*, § 52, 147; Rowedder/*Koppensteiner*, § 52, 16; Roth/Altmeppen, § 52, 23.
268 Vgl MünchHdb GesR, § 48 Rn 14.
269 Vgl Roth/Altmeppen, § 52 Rn 50; Hachenburg/*Raiser*, § 52 Rn 320.
270 Vgl Lutter/Hommelhoff, § 52 Rn 64, Baumbach/Hueck/*Zöllner*, § 52 Rn 24.
271 Vgl Roth/Altmeppen, § 52 Rn 53.
272 Vgl Hachenburg/*Raiser*, § 52 Rn 329.
273 Vgl MünchHdb GesR, § 49 Rn 15.

ihre Anmeldepflichten dem Handelsregister gegenüber. Dem Beirat können sogar einige Befugnisse der Gesellschafterversammlung übertragen werden, zB allgemeine Grundsätze für die Geschäftsführung aufzustellen und den Geschäftsführern Rahmenanweisungen zu erteilen.[274] Auf den Beirat können jedoch keine Kernkompetenzen der Gesellschafter übertragen werden, insb. nicht die Befugnis der Gesellschafterversammlung, die Satzung zu ändern.[275] Ebenfalls unzulässig ist die Begründung eines Zustimmungsvorbehaltes für Satzungsänderungen,[276] ebenso wie Zuweisungen und Kompetenzen für strukturändernde Beschlüsse, die im Regelfall einer Dreiviertelmehrheit in der Gesellschafterversammlung bedürfen. Dazu gehören insbesondere Beschlüsse über den Formwechsel, die Verschmelzung und den Abschluss von Unternehmensverträgen.[277] Ferner muss den Gesellschaftern immer eine Restkompetenz verbleiben, da die Gesellschafter sich der Souveränität über die Gesellschaft nicht ganz entledigen dürfen.[278] Selbstverständlich kann die Gesellschafterversammlung sich sämtliche auf den Beirat übertragene Kompetenzen durch Satzungsänderung wieder zurückholen.

(2) Haftung

167 Aufgrund der verhältnismäßig weitgehenden Kompetenzen des bestimmenden Beirates ist das **persönliche (gesamtschuldnerische) Haftungsrisiko** besonders hoch. Es gelten entsprechend die Regeln, die eingreifen würden, wenn das originäre gesetzlich zuständige Organ tätig geworden wäre.[279]

bb) Überwachender Beirat

(1) Allgemeines

168 In dieser Gestaltungsform übernimmt der Beirat die Funktion der Überwachung der Geschäftsführung. Zu beachten ist hier besonders, dasses sich in diesem Fall tatsächlich idR um einen Aufsichtsrat iSd § 52 GmbHG handelt.[280] Den Begriff „Beirat" sollte man demnach nur verwenden, wenn das Organ neben der Überwachung auch noch andere, nicht aus der Verweisung des § 52 Abs. 1 GmbHG folgende Aufgaben oder nur beratende Funktion hat.

(2) Haftung

169 Die Haftung richtet sich in diesem Fall idR nach § 52 GmbHG iVm §§ 93, 116 AktG. Gegenüber dem bestimmenden Beirat ist das Haftungsrisiko des überwachenden Beirats bzw Aufsichtsrats tendenziell aufgrund der geringeren Kompetenzen niedriger, gleichwohl aber nicht zu unterschätzen.

cc) Beratender Beirat

(1) Allgemeines

170 Eine weitere in der Praxis häufig gewählte Beiratsform ist der beratende Beirat. Einem solchen Beirat wird durch Satzung lediglich beratende Funktion zugesprochen. Demnach trifft ein solches Organ vorwiegend die Pflicht, der Geschäftsführung beratend zur Seite zu stehen. Weitergehende Kompetenzen besitzt ein solches Organ in der Regel nicht, häufig aber umfassende Informationsrechte. Vielfach wird diese Gestaltungsform eines Beirates seitens der Gesellschafter gewählt, um der Geschäftsführung in wichtigen Fragen die Beratung durch qualifizierte Experten zu ermöglichen und im Außenverhältnis auch damit werben zu können, dass diese Experten für das Unternehmen tätig sind. Auch wenn der beratende Beirat keinen rechtlichen Einfluss auf die Geschäftsführung nehmen kann, ist sein faktischer Einfluss vielfach sehr hoch.

---

274 Vgl Hachenburg/*Raiser*, § 52, Rn 338.
275 BGHZ 43, 261, 264.
276 Vgl Roth/Altmeppen, § 52 Rn 54.
277 Hachenburg/*Raiser*, § 52 Rn 341.
278 Lutter/Hommelhoff, § 52 Rn 72, Hachenburg/*Raiser*, § 52 Rn 346.
279 Vgl Lutter/Hommelhoff, § 52 Rn 68.
280 Vgl Lutter/Hommelhoff, § 52 Rn 62.

(2) Haftung

Das **Haftungsrisiko** des beratenden Beirates ist im Verhältnis der drei in der Praxis anzufindenden Beiratsformen geringer. Da seinen Mitgliedern lediglich die Beratung der Geschäftsführer obliegt, jene aber nicht an die Empfehlungen des Beirates gebunden sind, ist das Risiko für einzelne Beiratsmitglieder, in die Haftung zu geraten, eher gering. Jedoch fehlt es insoweit bislang an näheren Maßstäben aus der Rechtsprechung. Dabei könnte man hier – gerade bei gut bezahlten beratenden Beiratsmitgliedern – gerade auch an eine Haftung wegen Beratungsfehlern denken. 171

IV. Mitgliedschaft

Der jedem Gesellschafter zustehende Geschäftsanteil verkörpert seine mitgliedschaftliche Position, § 14 GmbHG. 172

1. Inhalt

Die Mitgliedschaft beinhaltet eine Vielzahl einzelner korporativer Rechte und Pflichten des Gesellschafters, die von sonstigen Rechtsbeziehungen des Gesellschafters zur GmbH (sog. Drittgeschäfte) zu unterscheiden sind. 173

a) Rechte des Gesellschafters

aa) Verwaltungs- und Vermögensrechte

Üblicherweise werden die Rechte des Gesellschafters in Vermögens- und Verwaltungsrechte unterteilt. Dabei werden unter Verwaltungsrechten die Rechte des Gesellschafters zur Teilnahme an den korporativen wie geschäftlichen Aktivitäten der Gesellschaft verstanden. Die Verwaltungsrechte umfassen insbesondere das Teilnahme- und Stimmrecht in der Gesellschafterversammlung und die Kontrollrechte des Gesellschafters. 174

Zu den Vermögensrechten zählen insbesondere das Recht auf anteilige Beteiligung am Jahresüberschuss (§ 29 GmbHG) und am Liquidationserlös (§ 72 GmbHG). 175

bb) Gleichbehandlung

Gem. § 53 a AktG sind Aktionäre einer Aktiengesellschaft unter gleichen Voraussetzungen gleich zu behandeln. Dies wird analog auch für die GmbH angenommen, obwohl dort eine gesetzliche Regelung fehlt. Das Gleichbehandlungsgebot gilt grundsätzlich bei allen Rechtspositionen (Vermögens- und Verwaltungsrechte wie auch -pflichten) und verbietet nicht jede, sondern lediglich die willkürliche, dh nicht sachlich gerechtfertigte Ungleichbehandlung. 176

cc) Sonderrechte

Eine Abweichung vom Gleichbehandlungsgrundsatz stellen die sog. Sonderrechte dar. Unter Sonderrechten versteht man (gesellschaftsvertragliche) Rechte eines Gesellschafters, die über diejenigen Rechte hinausgehen, die ihm aufgrund der quotalen Höhe seines Geschäftsanteils am Stammkapital der Gesellschaft zustehen. 177

Derartige **Sonderrechte** sind in der GmbH grundsätzlich bis zur **Grenze der §§ 134, 138 BGB** zulässig, solange alle Gesellschafter der Einräumung dieses Sonderrechts zugestimmt haben und diese in den Gesellschaftsvertrag aufgenommen worden sind. Inhaltlich sind die Gesellschafter in diesen Grenzen bei der Schaffung von Sonderrechten frei. Häufige Erscheinungsformen solcher Sonderrechte sind Mehrfachstimmrechte, Gewinn- und Liquidationspräferenzen oder Sonderrechte bzgl der Besetzung der Organe der Gesellschaft (zB Geschäftsführungsrecht eines Gesellschafters, Entsendungsrechte in einen Beirat etc.). 178

Ein (im Gesellschaftsvertrag zugelassener) Mehrheitsbeschluss reicht zur Schaffung von Sonderrechten nur dann aus, wenn die eingeräumten Sonderrechte alle Gesellschafter gleichmäßig treffen (zB Schaffung von Vorzugsgeschäftsanteilen mit Bezugsrecht für alle Gesellschafter). Im Übrigen bedarf die Schaffung solcher Sonderrechte im Gesellschaftsvertrag grundsätzlich der Zustimmung aller betroffenen (nicht bevorrechtigten) Gesellschafter. 179

b) Pflichten

180 Auch die Pflichten der Gesellschafter kann man grundsätzlich in Vermögens- und Verhaltenspflichten unterteilen.

aa) Vermögenspflichten

(1) Einlagepflicht

181 Die zentrale Vermögenspflicht des Gesellschafters ist die Verpflichtung zur Leistung der vereinbarten Stammeinlage gem. § 19 GmbHG.

182 **Inhaber der Einlageforderung:** Der Anspruch auf Leistung der Einlage steht grundsätzlich der Gesellschaft zu. Bei der GmbH können zudem – im Unterschied zur Aktiengesellschaft – einzelne Gesellschafter von dem pflichtigen Gesellschafter die Leistung der Einlage an die Gesellschaft im Wege der actio pro socio verlangen.[281]

183 **Rückständige Einlagen:** Ist ein Gesellschafter mit der Leistung seiner Einlage säumig, kann gegen ihn das sog. Kaduzierungsverfahren gem. § 21 GmbHG eingeleitet werden. Dieses wird unter den folgenden Voraussetzungen betrieben:

184 Die Einlage muss fällig sein; die über die Mindesteinlage hinausgehende Einlage wird gem. § 46 Nr. 2 GmbHG erst nach entsprechender Beschlussfassung der Gesellschafter fällig, falls der Gesellschaftsvertrag nichts Abweichendes bestimmt.

185 Der Gesellschafter muss unter **Fristsetzung und Androhung der Kaduzierung** zur Leistung seiner Einlage aufgefordert werden, § 21 Abs. 1 GmbHG. Wird die Einlage dennoch nicht fristgerecht geleistet, kann die Geschäftsführung den Gesellschafter seiner Mitgliedschaft für verlustig erklären, § 21 Abs. 2 GmbHG. Mit Zugang dieser Erklärung verliert der Gesellschafter entschädigungslos ex nunc die Mitgliedschaft einschließlich aller sich aus dieser ergebenden Rechte und Pflichten. Umstritten ist, ob die Mitgliedschaft damit herrenlos wird[282] oder auf die Gesellschaft übergeht.[283] Wurde ein Teil der Einlage bereits geleistet, wird dieser nicht rückerstattet.

186 Nachdem die Gesellschaft den säumigen Gesellschafter seiner Mitgliedschaft für verlustig erklärt hat, hat sie zunächst zu versuchen, die rückständige Einlage von dessen Rechtsvorgängern zu erlangen, die der Gesellschaft gem. § 22 GmbHG haften. Sind mehrere Rechtsvorgänger vorhanden, darf der zeitlich frühere Rechtsinhaber nur in Anspruch genommen werden, wenn von seinen Nachfolgern keine Leistung zu erlangen ist (sog. Stufenregress). Sind keine Rechtsvorgänger vorhanden oder ist von diesen keine Leistung zu erlangen, wird die Mitgliedschaft gem. § 23 GmbHG verwertet. Dies geschieht durch öffentliche Versteigerung des Geschäftsanteils, sofern nicht mit dem ausgeschlossenen Gesellschafter Einvernehmen auf eine andere Art der Verwertung erzielt wird, § 23 Nr. 2 GmbHG.

187 Der Gesellschafter, dessen Mitgliedschaft kaduziert worden ist, bleibt der Gesellschaft in Höhe eines etwaigen Ausfalls gem. § 21 Abs. 3 GmbHG verhaftet. Wird die rückständige Einlage durch den Verwertungserlös nicht vollständig erbracht, haften bei der GmbH gem. § 24 GmbHG die übrigen Gesellschafter anteilig entsprechend ihren Geschäftsanteilen, sog. **Ausfallhaftung**. Soweit von einem der übrigen Gesellschafter keine Leistung zu erlangen ist, haften die anderen Gesellschafter. Im Extremfall muss also ein leistungsfähiger Gesellschafter das gesamte Stammkapital aufbringen, selbst wenn er nur einen geringen Geschäftsanteil übernommen hat.

188 Wird das Stammkapital einer GmbH erhöht (§§ 55 ff GmbHG), trifft die Altgesellschafter – auch soweit sie gegen die Kapitalerhöhung gestimmt haben – die Ausfallhaftung auch hinsichtlich des erhöhten Stammkapitals. Die Erwerber der durch die Kapitalerhöhung geschaffenen Geschäftsanteile haften im Wege der Ausfallhaftung auch für etwaige noch ausstehende alte Stammeinlagen.

---

281 Vgl nur Baumbach/Hueck/*Zöllner*, § 13 Rn 32 mwN.
282 So die Rspr, vgl RGZ 98, 276, 278; BGHZ 42, 89, 92.
283 So die hL, vgl nur Baumbach/Hueck, § 21 Rn 12; *Rowedder*, § 21 Rn 32; Roth/Altmeppen, § 21 Rn 18; MünchHdb AG/*Wiesner* § 16 Rn 15; *Hüffer*, § 64 Rn 8.

Nachschüsse: Eine Nachschusspflicht ist bei der GmbH (im Unterschied zur Aktiengesellschaft) möglich, wenn der Gesellschaftsvertrag gem. § 26 Abs. 1 GmbHG die Gesellschafter dazu ermächtigt, Nachschüsse zu beschließen. Zu differenzieren ist dabei wie folgt: 189

Wurde die Nachschusspflicht im Gesellschaftsvertrag auf einen bestimmten Höchstbetrag begrenzt, haftet der Pflichtige Gesellschafter gem. § 28 Abs. 1 S. 1 GmbHG für den eingeforderten Nachschuss in gleicher Weise wie für rückständige Einlagen, so dass bei Säumnis die Kaduzierung möglich ist. Eine Ausfallhaftung besteht jedoch nicht. 190

Wurde die Nachschusspflicht durch den Gesellschaftsvertrag nicht auf einen bestimmten Höchstbetrag beschränkt, ist eine Kaduzierung ausgeschlossen. Außerdem kann sich der Gesellschafter, wenn er seine Einlage bereits vollständig eingezahlt hat, gem. § 27 Abs. 1 S. 1 GmbHG von der Nachschusspflicht dadurch befreien, dass er seinen Geschäftsanteil der Gesellschaft zur Verfügung stellt. Durch diesen sog. **Abandon** verliert der Gesellschafter seine Mitgliedschaft zunächst noch nicht. Jedoch wird die Gesellschaft gem. § 27 Abs. 2 GmbHG verpflichtet, den Geschäftsanteil öffentlich versteigern zu lassen. Ein nach Deckung der Verkaufskosten und des rückständigen Nachschusses verbleibender Überschuss steht dem Gesellschafter zu; anders als die Kaduzierung erfolgt der Abandon also **nicht entschädigungslos**. Ist eine Befriedigung der Gesellschaft durch den Verkauf nicht zu erlangen, fällt der Geschäftsanteil gem. § 27 Abs. 3 GmbHG der Gesellschaft zu. 191

Verjährung: Die Einlageforderung verjährt gem. § 19 Abs. 6 GmbHG zehn Jahre nach ihrer Entstehung. Bei Eröffnung des Insolvenzverfahrens tritt die Verjährung nach § 19 Abs. 6 S. 2 GmbHG erst sechs Monate nach Verfahrenseröffnung ein; diese Regelung gilt trotz ihres missverständlichen Wortlauts jedoch nur dann, wenn bei Insolvenzeröffnung noch keine Verjährung eingetreten war.[284] 192

bb) Verhaltenspflichten

(1) Treuepflicht

Aus der Mitgliedschaft des Gesellschafters erwächst eine Treuepflicht gegenüber der Gesellschaft und nach inzwischen gefestigter Auffassung auch gegenüber den anderen Gesellschaftern. Der Umfang dieser Treuepflicht ist stark von den Umständen des Einzelfalles abhängig. 193

Bei einer kapitalistisch strukturierten GmbH bewirkt die Treuepflicht in erster Linie lediglich eine **Begrenzung von Mehrheitsrechten** dergestalt, dass der Mehrheitsgesellschafter seine Rechte nicht beliebig zum Nachteil der Gesellschaft und der anderen Gesellschafter ausüben darf. Darüber hinaus verpflichtet die Treuepflicht nach der Rspr[285] auch Minderheitsgesellschafter, in der Gesellschafterversammlung für solche Maßnahmen – insbesondere Satzungsänderungen – zu stimmen, die im Gesellschaftsinteresse dringend geboten und dem jeweiligen Minderheitsgesellschafter unter Berücksichtigung seiner eigenen schutzwürdigen Belange zuzumuten sind. 194

Bei einer personalistisch strukturierten GmbH besteht eine Treuepflicht sowohl gegenüber der Gesellschaft als auch gegenüber den Mitgesellschaftern in ähnlichem Umfang wie bei Personengesellschaften. Im Einzelnen hat die Rspr hierzu eine kaum überschaubare Kasuistik entwickelt. Exemplarisch zu erwähnen ist, dass die Treuepflicht alle Gesellschafter verpflichtet, der Abberufung eines nach objektiven Kriterien für die Gesellschaft untragbaren Geschäftsführers zuzustimmen.[286] 195

Solange der Alleingesellschafter bei der Einmanngesellschaft das Stammkapital der Gesellschaft nicht angreift, schuldet er der Gesellschaft gegenüber keine gesonderten Pflichten aus der Treuepflicht.[287] 196

(2) Wettbewerbsverbot

Das GmbH-Recht begründet **kein ausdrückliches Wettbewerbsverbot** für die Gesellschafter einer GmbH. Solange der Gesellschafter nicht zugleich Geschäftsführer der GmbH ist, kann ein Wettbewerbsverbot daher nur aus der gesellschaftsrechtlichen Treuepflicht folgen. Ein solches Wettbewerbsverbot für die Gesellschafter wird allenfalls dann angenommen, wenn die GmbH in besonde- 197

---

284 So die Begründung des Gesetzesentwurfs BT-Drucks. 15/3653, S. 21.
285 BGHZ 129, 136, 144.
286 BGH ZIP 1991, 24.
287 BGHZ 122, 333, 336.

rer Weise personalistisch ausgerichtet ist. Ein Wettbewerbsverbot gilt zudem für den Mehrheitsgesellschafter, der beherrschenden Einfluss auf die Gesellschaft ausüben kann.[288] Da dieses Wettbewerbsverbot des Geschäftsführers somit aus seiner Organstellung gefolgert wird, kann eine Befreiung des Geschäftsführers vom Wettbewerbsverbot grundsätzlich nur durch eine entsprechende Satzungsregelung erfolgen. Entsprechendes kann auch für Minderheitsgesellschafter gelten, wenn sie durch besondere Gestaltungen entscheidenden Einfluss auf die Gesellschaft nehmen können (zB durch Stimmbindungsverträge, Sonderrechte etc.).

198 Etwas anderes gilt für den **Alleingesellschafter**. Er unterliegt grundsätzlich keinem Wettbewerbsverbot. Die gesellschaftsrechtliche Treupflicht besteht in erster Linie im Verhältnis zu den Mitgesellschaftern. Der Alleingesellschafter schädigt durch seine Wettbewerbshandlung letztlich nur seine eigenen Interessen. Etwas anderes gilt, wenn durch dieses Verhalten gläubigerschützende Normen berührt werden, insbesondere wenn der Alleingesellschafter der Gesellschaft durch das Wettbewerbsverhalten Mittel entzieht, die zur Deckung des Stammkapitals erforderlich sind.[289]

199 Unabhängig von einem konkreten Wettbewerbsverbot kann die gesellschaftsrechtliche Treuepflicht es von einem Gesellschafter jedoch im Einzelfall erfordern, Geschäftschancen der GmbH nicht zum Nachteil der GmbH für sich selbst auszunutzen, insbesondere wenn er Kenntnis über dieses Geschäft erst über die GmbH erlangt hat.[290]

200 Ein etwaiges Wettbewerbsverbot eines GmbH-Gesellschafters erlischt grundsätzlich mit seinem **Ausscheiden** aus der Gesellschaft. Ohne konkrete vertragliche Abreden besteht nach dem Ausscheiden ein Wettbewerbsverbot in der Regel nicht.

201 (Gesellschafts-)vertraglich vereinbarte Wettbewerbsverbote müssen insbesondere die Schranken der §§ 1 GWB und 138 BGB einhalten. Hier sind Wettbewerbsverbote zulasten von Minderheitsgesellschaftern besonders problematisch.[291] Nachvertragliche Wettbewerbsverbote für Gesellschafter unterliegen engen Grenzen.[292]

Hinweis: Der Praxis ist anzuraten, Wettbewerbsverbote zumindest in zeitlicher, räumlicher und sachlicher Hinsicht hinreichend auf das für die Interessen der Gesellschaft notwendige Maß einzugrenzen, um das Risiko einer Unwirksamkeit zu reduzieren.

cc) Gesellschaftsverhältnis und Drittbeziehungen

202 Pflichten der Gesellschafter können sich nicht nur aus dem Gesellschaftsverhältnis, sondern auch aus Drittbeziehungen ergeben. Soweit zu ihrer Begründung ein Vertrag erforderlich ist, kann dieser außerhalb der Satzungsurkunde abgeschlossen werden (sog. schuldrechtliche Nebenabreden); oder in diese aufgenommen werden (sog. nichtkorporative Bestimmungen des Gesellschaftsvertrages). Zur Abänderung der letztgenannten Absprachen bedarf es keiner förmlichen Satzungsänderung. Außerdem binden sie den Einzelrechtsnachfolger des Gesellschafters nicht. Nach der Rspr[293] steht es den Gesellschaftern frei, ob sie Nebenpflichten (etwa zur Zahlung einer Geldsumme an die Gesellschaft) korporativ oder durch formfrei gültige schuldrechtliche Nebenabrede begründen wollen; wird die Vereinbarung formfrei getroffen, wird dies als Indiz für eine schuldrechtliche Nebenabrede gewertet.

2. Erwerb der Mitgliedschaft

203 Die Mitgliedschaft in einer GmbH kann durch originären Erwerb eines Geschäftsanteils oder durch abgeleiteten Erwerb in Form der Rechtsnachfolge erfolgen.

---

288 BGHZ 89, 162, 165 ff.
289 BGHZ 122, 333, 336.
290 BGH NJW 1995, 1358 ff.
291 Vgl zu den Einzelheiten *Kanzleiter*, DNotZ 1989, 195 ff; *Mayer* NJW 1991, 23 ff.
292 Vgl iE BGH DStR 1997, 2038.
293 BGH ZIP 1993, 432.

a) Originärer Erwerb

Ein originärer Erwerb der Mitgliedschaft ist möglich im Rahmen der Beteiligung an der Gründung einer GmbH oder an einer Kapitalerhöhung einer bestehenden GmbH.

b) Abgeleiteter Erwerb

Ein abgeleiteter Erwerb erfolgt durch Rechtsnachfolge. Dies kann zunächst in Form der Gesamtrechtsnachfolge durch Erbfall, aber auch durch Erwerb nach dem Umwandlungsgesetz (Aufspaltung, Abspaltung, Ausgliederung oder Verschmelzung) oder in Form der Anwachsung gem. § 738 Abs. 1 S. 1 BGB erfolgen. Der wohl häufigste Fall des Erwerbs eines Geschäftsanteils im Wege des abgeleiteten Erwerbs ist jedoch derjenige der Einzelrechtsnachfolge durch Übertragung gem. § 15 GmbHG.

aa) Vererbung

Geschäftsanteile an einer GmbH sind vererblich, wie § 15 Abs. 1 GmbHG für die GmbH ausdrücklich bestimmt. Mit dem Erbfall tritt der Erbe im Wege der Gesamtrechtsnachfolge gem. § 1922 BGB in alle **Rechte und Pflichten aus der Mitgliedschaft** ein. Sind mehrere Erben vorhanden, findet anders als bei den Personengesellschaften **keine Sondererbfolge** statt, sondern die Erbengemeinschaft erwirbt die Mitgliedschaft. Gem. § 18 Abs. 1 GmbHG können die Erben die mitgliedschaftlichen Rechte nur gemeinschaftlich ausüben.

Die freie Vererblichkeit kann im Gesellschaftsvertrag nicht eingeschränkt werden. Daher kann der Gesellschaftsvertrag insbesondere nicht bestimmen, dass nur ein bestimmter Erbe Gesellschafter werden soll, wie dies bei den Personengesellschaften durch eine qualifizierte Nachfolgeklausel möglich ist. Da die Erben die Mitgliedschaft jedoch mit ihrem bisherigen Inhalt erwerben, besteht die – insbesondere bei GmbH's häufig genutzte – Möglichkeit, die Erben durch den Gesellschaftsvertrag in einer sog. Nachfolgeklausel zu verpflichten, den Geschäftsanteil im Zuge der Erbauseinandersetzung auf einen bestimmten Erben zu übertragen. Auch eine Pflicht zur Übertragung des Anteils auf einen Nichtgesellschafter kann der Gesellschaftsvertrag begründen. Für den Fall der Nichterfüllung dieser Verpflichtung kann die Einziehung des Geschäftsanteils (dazu s.u.) vorgesehen werden.

Häufig findet sich in Gesellschaftsverträgen auch die (idR empfehlenswerte) Regelung, dass im Fall des Eintritts einer Erbengemeinschaft in die Gesellschaft durch Erbgang bis zur Benennung eines stimmberechtigten Vertreters durch die Erbengemeinschaft die Stimmrechte aus den vererbten Geschäftsanteilen ruhen. Damit lässt sich verhindern, dass die GmbH in interne Streitigkeiten der Erbengemeinschaft einbezogen wird, die es fraglich erscheinen lassen können, ob und wie das Stimmrecht ausgeübt wurde.

bb) Übertragung unter Lebenden

(1) Zulässigkeit und Form

Geschäftsanteile an einer GmbH sind grundsätzlich veräußerlich und übertragbar, § 15 Abs. 1 GmbH. Ein GmbH-Geschäftsanteil wird gem. §§ 413, 398 ff BGB durch Abtretung übertragen. Sowohl die Verfügung als auch das zugrunde liegende Kausalverhältnis bedürfen gem. § 15 Abs. 3, 4 GmbHG der **notariellen Beurkundung**. Ein Formmangel des Kausalverhältnisses wird jedoch durch dessen wirksame Erfüllung gem. § 15 Abs. 4 S. 2 GmbHG geheilt.

(2) Schranken der Veräußerbarkeit

Grundsätzlich sind die Geschäftsanteile an einer GmbH zwar frei veräußerlich. Es steht den Gesellschaftern jedoch frei, durch gesellschaftsvertragliche Abreden die Übertragbarkeit der Anteile zu erschweren.

(a) Zustimmungserfordernis der Gesellschaft

Gem. § 15 Abs. 5 GmbHG kann der Gesellschaftsvertrag die Übertragung des Geschäftsanteils von der Genehmigung der Gesellschaft, der Gesellschafterversammlung oder einzelner Gesellschafter abhängig machen (sog. **vinkulierte Geschäftsanteile**). Die Vinkulierung gilt nur für das Verfügungsgeschäft, dh das Verpflichtungsgeschäft ist uneingeschränkt wirksam (inter partes). Die Verfügung über den Geschäftsanteil ist dagegen bis zur Erteilung der Genehmigung gem. § 182 BGB schwebend unwirksam.

212 Über die Erteilung der Genehmigung entscheidet das zuständige Organ nicht nach freiem, sondern nach **pflichtgemäßem Ermessen** unter Abwägung der Interessen der Gesellschaft einerseits und des übertragenden Gesellschafters andererseits sowie unter Berücksichtigung des Gleichbehandlungsgrundsatzes und der Treuepflicht.[294] Ein Rechtsanspruch auf Erteilung der Genehmigung besteht jedoch nur, wenn der Gesellschaftsvertrag einen solchen unter Normierung seiner Voraussetzungen vorsieht oder wenn ausnahmsweise der Gleichbehandlungsgrundsatz oder die Treuepflicht keine andere Entscheidung als die Erteilung der Genehmigung zulassen.[295] Sind diese Voraussetzungen erfüllt, kann der Veräußerer (aber nicht der Erwerber) die Erteilung der Genehmigung klageweise erzwingen oder, wenn die Gesellschafterversammlung die Genehmigung verweigert hat, diesen Beschluss mit der Anfechtungs- und positiven Beschlussfeststellungsklage angreifen.

(b) Vorkaufs- und Mitverkaufsrechte

213 Regelmäßig entspricht es dem Interesse der Gesellschafter zumindest in einer personalistisch strukturierten GmbH auf der einen Seite für sich selbst die Möglichkeit zu schaffen, ihre Anteile zum Verkehrswert veräußern zu können, auf der anderen Seite aber auch kontrollieren zu können, wer ggf durch Veräußerung eines Anteils eines Mitgesellschafters neuer Gesellschafter wird. Hier hat sich in der Praxis vor allem das **System des Vorkaufsrechts** durchgesetzt. Danach steht den Altgesellschaftern im Fall eines beabsichtigten Verkaufs pro rata ihrer eigenen Beteiligung ein Vorkaufsrecht zu. Um zu verhindern, dass der ausscheidungswillige Gesellschafter nach außen einen „Phantasiepreis" vorgibt, um die anderen Gesellschafter von einer Ausübung ihres Vorkaufsrechts abzuhalten, tatsächlich aber ganz andere Konditionen mit dem Erwerber vereinbart, wird das Vorkaufsrecht regelmäßig noch mit einem Mitverkaufsrecht bzw einer Verpflichtung des veräußerungswilligen Gesellschafters verbunden, mit dem Erwerber zusätzlich zu vereinbaren, dass er auch die Anteile der anderen Gesellschafter zu den gleichen Konditionen erwerben muss (oder von jedem Gesellschafter anteilig kaufen muss).

214 Diese Kombination von Vorkaufs- und Mitverkaufsrecht kommt in der Praxis eher selten wirklich zur praktischen Umsetzung, stellt jedoch ein recht effektives Mittel der verbleibenden Gesellschafter dar, das Ausscheiden eines Gesellschafters zu kontrollieren. Regelmäßig wird dann nämlich im Vorfeld eines beabsichtigten Verkaufs eine Verzichtserklärung der übrigen Gesellschafter im Hinblick auf die konkret anstehende Veräußerung eingeholt, so dass die Gesellschafter dies bereits im Vorfeld prüfen und kontrollieren können. Regelmäßig wird die Zustimmungsverpflichtung der Gesellschaft auf der Grundlage eines Gesellschafterbeschlusses mit diesem Vorkaufs- und Mitverkaufsrecht dadurch verbunden, dass sich die Gesellschafter wechselseitig (häufig in einer separaten Gesellschaftervereinbarung) versprechen, der Veräußerung zuzustimmen, wenn der veräußerungswillige Gesellschafter den im Gesellschaftsvertrag vorgegebenen Weg (Information über Vorkaufs- und Mitverkaufsrecht) eingehalten hat.

(3) Anmeldung der Übertragung

215 Wirksamkeitsvoraussetzung der Veräußerung ist nicht, dass diese bei der Gesellschaft angemeldet wird. Jedoch gilt der Erwerber von GmbH-Geschäftsanteilen gem. § 16 Abs. 1 GmbHG gegenüber der Gesellschaft nur als Gesellschafter, wenn sein Erwerb bei der Gesellschaft angemeldet worden ist. Vor dieser Anmeldung darf die Gesellschaft den Erwerber nicht als Gesellschafter behandeln, selbst wenn sie von der Veräußerung weiß. Daraus folgt, dass der Erwerber vor diesem Zeitpunkt weder die mitgliedschaftlichen Rechte ausüben noch von der Gesellschaft auf Erfüllung seiner mitgliedschaftlichen Pflichten in Anspruch genommen werden kann. Gegenüber der Gesellschaft gilt vielmehr bis zur Anzeige unverändert der Veräußerer als Gesellschafter.

---

294 BGH NJW 1987, 1019, 1020, zur AG.
295 Baumbach/Hueck § 15 Rn 45; Scholz/*Winter*, § 15 Rn 94; aA: *Rowedder*, § 15 Rn 105, wonach die Genehmigung nur aus wichtigem Grund versagt werden darf.

Vom Zeitpunkt der Anmeldung an haftet der Erwerber gem. § 16 Abs. 3 GmbHG für die zur Zeit der Anmeldung auf den Geschäftsanteil rückständigen Leistungen gesamtschuldnerisch neben dem Veräußerer. § 16 GmbHG bezweckt die Schaffung von Klarheit über die Frage, wer als Gesellschafter berechtigt und verpflichtet ist; die Rspr[296] folgert aus dieser ratio legis, dass der Erwerber eines Geschäftsanteils sich der Haftung nach § 16 Abs. 3 GmbHG nicht durch Anfechtung iSd §§ 119, 123 BGB entziehen kann.

3. Beendigung der Mitgliedschaft

Die Beendigung der Mitgliedschaft kann freiwillig oder unfreiwillig erfolgen. Sie führt idR zu einem Abfindungsanspruch des ausscheidenden Gesellschafters.

a) Austritt/Kündigung

Der Austritt eines Gesellschafters ist gesetzlich nicht geregelt, aber bei der GmbH – anders als bei der AG – dennoch zulässig.[297] Der Austritt erfolgt durch formfreie, **einseitige Erklärung** des Gesellschafters gegenüber der Gesellschaft.

Für einen wirksamen Austritt müssen jedoch – sofern gesellschaftsvertraglich nicht ausdrücklich ein Kündigungsrecht eingeräumt wurde (dazu unter Rn 422 ff) – die folgenden Voraussetzungen vorliegen:

- Es muss ein wichtiger Grund für den Austritt vorliegen, der für den Gesellschafter die Fortsetzung der Mitgliedschaft unzumutbar macht und
- der Gesellschafter kann nicht auf andere Weise – etwa durch Veräußerung seines Geschäftsanteils – ausscheiden.
- Sofern der Gesellschafter seine Einlage noch nicht vollständig geleistet hat, kann ein Austritt nur erfolgen, wenn eine Übertragung des Geschäftsanteils auf einen Mitgesellschafter oder Dritten möglich ist. Denn eine Einziehung oder ein Erwerb des Anteils durch die Gesellschaft sind in diesem Fall ausgeschlossen (vgl § 33 GmbHG).

Die Austritts-/Kündigungserklärung führt nach bisheriger Rspr (vgl im Einzelnen auch im Folgenden unter Rn 232 ff) noch nicht zum Ausscheiden des Gesellschafters, sondern begründet lediglich einen Anspruch des Gesellschafters auf Zahlung der Abfindung und Abnahme des Geschäftsanteils.[298] Letztere kann die Gesellschaft nach ihrer Wahl bewirken, indem sie den Geschäftsanteil einzieht oder dessen Übertragung auf einen anderen Gesellschafter, einen Dritten oder – unter Beachtung von § 33 GmbHG – auf die Gesellschaft selbst veranlasst.

In der Zeit zwischen dem Zugang der Austrittserklärung und dem Ausscheiden des Gesellschafters sind dessen **Mitgliedschaftsrechte eingeschränkt**. So darf er zB in der Gesellschafterversammlung nicht ohne triftigen Grund gegen eine von den anderen Gesellschaftern vorgeschlagene, sachlich vertretbare Maßnahme stimmen, die seine Vermögensinteressen nicht beeinträchtigt.[299]

Der austretende Gesellschafter hat einen **Abfindungsanspruch** analog § 738 BGB. Vertragliche Beschränkungen diese Anspruchs, nach denen schon im Zeitpunkt des Vertragsabschlusses die Höhe der Abfindung außer Verhältnis zu dem Verkehrswert des Geschäftsanteils steht, können gegen § 138 Abs. 1 BGB verstoßen. Im Falle des Austritts eines Gesellschafters können derartige Abfindungsklauseln darüber hinaus auch gegen § 723 Abs. 3 BGB verstoßen, wonach das Kündigungsrecht nicht vertraglich beschränkt werden kann. Der BGH[300] wollte früher § 723 Abs. 3 BGB auch anwenden, wenn ein erhebliches Missverhältnis erst nach Abschluss der vertraglichen Vereinbarung über die Höhe der Abfindung entsteht. Dagegen stellt der BGH[301] heute auch für die Unwirksamkeit nach § 723 Abs. 3

---

296 BGHZ 84, 47, 49; aA Baumbach/*Hueck* § 16 Rn 12 mwN.
297 Vgl nur BGHZ 116, 359.
298 Die Satzung kann aber anordnen, dass der kündigende Gesellschafter auch schon vor Zahlung der Abfindung endgültig ausscheidet, vgl BGH NJW-RR 2003, 1265 ff.
299 BGHZ 88, 320, 328.
300 BGHZ 116, 359, 369.
301 BGH NJW 1993, 3193; 1994, 2537.

BGB – ebenso wie bei § 138 Abs. 1 BGB – allein auf den Zeitpunkt des Vertragsschlusses ab; tritt ein erhebliches Missverhältnis erst nach diesem Zeitpunkt ein, kommt nur eine ergänzende Vertragsauslegung in Betracht.

b) Einziehung

223 Die Einziehung eines Geschäftsanteils gem. § 34 GmbHG, auch **Amortisation** genannt, bewirkt, dass der eingezogene Geschäftsanteil vernichtet wird und alle aus diesem erwachsenden mitgliedschaftlichen Rechte erlöschen. Die Einziehung kann mit Zustimmung des betroffenen Gesellschafters oder zwangsweise als sog. **Zwangseinziehung** erfolgen. Da die Zustimmung regelmäßig nicht erteilt wird, hat in der Praxis fast nur die Zwangseinziehung Bedeutung.

aa) Voraussetzungen der Einziehung

(1) Zulassung im Gesellschaftsvertrag

224 Gem. § 34 Abs. 1 GmbHG ist die Einziehung nur zulässig, soweit sie im Gesellschaftsvertrag zugelassen ist. Dies gilt für die Einziehung mit Zustimmung des Betroffenen und für die Zwangseinziehung gleichermaßen. Ohne gesellschaftsvertragliche Grundlage darf also eine Einziehung nicht erfolgen, selbst wenn der Betroffene zustimmt.

(2) Gesellschafterbeschluss

225 Gem. § 46 Nr. 4 GmbHG muss die Einziehung von der Gesellschafterversammlung beschlossen werden. Sofern der Gesellschaftsvertrag nichts Abweichendes bestimmt, kann die Einziehung mit einfacher Mehrheit beschlossen werden.

(3) Volleinzahlung der Stammeinlage

226 Die Einziehung ist nur wirksam, wenn die auf den eingezogenen Geschäftsanteil entfallende Stammeinlage bereits vollständig eingezahlt wurde.[302] Anderenfalls würde nämlich der betroffene Gesellschafter durch die Einziehung von seiner Einlagepflicht befreit, was gem. § 19 Abs. 2 S. 1 GmbHG unzulässig ist. Etwas anderes gilt nur, wenn gleichzeitig mit der Einziehung eine Kapitalherabsetzung in Höhe der noch nicht eingezahlten Stammeinlage beschlossen wird.

(4) Zustimmung oder Zwangseinziehung

227 Die Einziehung setzt des Weiteren voraus, dass der Betroffene ihr zustimmt oder die Einziehung als Zwangseinziehung zulässig ist. Zusätzliche Voraussetzungen für eine Zwangseinziehung sind gem. § 34 Abs. 2 GmbHG:

228 **Gesellschaftsvertragliche Festsetzung:** Die tatbestandlichen Voraussetzungen müssen im Gesellschaftsvertrag gem. § 34 Abs. 2 GmbHG so präzise festgesetzt werden, dass ihr Vorliegen gerichtlich überprüfbar ist. Die Einziehungsvoraussetzungen müssen also durch **subsumtionsfähige Begriffe** bestimmt werden. Eine Regelung, welche die Zwangseinziehung bei Vorliegen eines wichtigen Grundes in der Person eines Gesellschafters zulässt, ist idR hinreichend bestimmt in diesem Sinne, da der Begriff des wichtigen Grundes durch die Rspr geklärt ist.

229 Dagegen kann die Einziehung idR nicht in das Belieben der Mitgesellschafter gestellt werden. Eine gesellschaftsvertragliche Bestimmung, nach welcher die Einziehung auch ohne Vorliegen besonderer Voraussetzungen beschlossen werden kann, ist daher grds. gem. § 138 BGB unwirksam. Eine Ausnahme gilt nur, wenn ausnahmsweise ein sachlicher Grund, der sich aus den besonderen Verhältnissen der Gesellschaft ergeben muss, ein solches **Hinauskündigungsrecht** verlangt.

230 Sind die Voraussetzungen, unter denen der Gesellschaftsvertrag die Einziehung zulässt, nicht erfüllt, ist der Einziehungsbeschluss nichtig.[303]

---

302 BGHZ 9, 157, 168; Baumbach/Hueck, § 34 Rn 9; Roth/Altmeppen, § 34 Rn 10.
303 BGH GmbHR 1999, 1195.

Zeitpunkt: Nach dem Wortlaut des § 34 Abs. 2 GmbHG müssen die Voraussetzungen der Zwangseinziehung im Gesellschaftsvertrag bereits vor dem Zeitpunkt festgesetzt worden sein, in welchem der Berechtigte den Geschäftsanteil erworben hat. Durch diese Bestimmung soll sichergestellt werden, dass die Zwangseinziehung nur solchen Gesellschaftern droht, die von dieser Möglichkeit beim Erwerb ihrer Mitgliedschaft Kenntnis hatten und diese daher billigten. Im Hinblick auf diese ratio legis ist eine Zwangseinziehung entgegen dem Wortlaut des § 34 Abs. 2 GmbHG auch zulässig, wenn die Klausel über die Zulässigkeit der Zwangseinziehung erst nach dem Erwerb des Geschäftsanteils durch Änderung des Gesellschaftsvertrages in diesen eingefügt worden ist; allerdings bedarf die Satzungsänderung nach hM[304] eines einstimmigen Gesellschafterbeschlusses, wenn sie auch für die bereits vorhandenen Gesellschafter und nicht nur für spätere Anteilserwerber gelten soll.

231

bb) Rechtsfolgen der Einziehung

(1) Allgemeine Rechtsfolgen

Mit dem Wirksamwerden der Einziehung wird der **Geschäftsanteil vernichtet.** Die durch ihn vermittelte Mitgliedschaft und alle sich aus ihr ergebenden Rechte und Pflichten erlöschen. Dies gilt jedoch nicht für solche mitgliedschaftlichen Ansprüche, die sich bereits vor Wirksamwerden der Einziehung verselbständigt haben. Eine Verselbständigung des Gewinnbezugsrechts in diesem Sinne tritt jedoch nicht schon mit dem Ablauf des Geschäftsjahres, sondern erst mit der Feststellung des Jahresabschlusses und der Beschlussfassung über die Gewinnverwendung ein.[305]

232

Sofern nicht gleichzeitig eine Kapitalherabsetzung stattfindet, verringert sich das Stammkapital der GmbH durch die Einziehung nicht. Die mitgliedschaftlichen Rechte und Pflichten der verbleibenden Gesellschafter erhöhen sich anteilig im Verhältnis ihrer Geschäftsanteile. Nach hM[306] verändert sich jedoch nur der materielle Inhalt der Mitgliedschaft, während der Nennbetrag der verbleibenden Geschäftsanteile unverändert bleibt; daraus ergibt sich eine Diskrepanz zwischen der Höhe des Stammkapitals und der Summe der verbliebenen Stammeinlagen, die jedoch durch Gesellschafterbeschluss (sog. Aufstockung) mit einfacher Mehrheit (da keine materielle Satzungsänderung) berichtigt werden kann.

233

(2) Abfindung

Der ausscheidende Gesellschafter hat analog § 738 BGB Anspruch auf Zahlung einer Abfindung für den eingezogenen Geschäftsanteil, auch wenn der Gesellschaftsvertrag eine solche Abfindung nicht vorsieht.

234

Fehlen einer gesellschaftsvertraglichen Regelung: Sofern der Gesellschaftsvertrag keine abweichende Bestimmung enthält, steht dem ausscheidenden Gesellschafter eine Abfindung in Höhe des wirtschaftlichen Wertes (Verkehrswert) des Geschäftsanteils zu.

235

Gesellschaftsvertragliche Abfindungsregelungen: Im Gesellschaftsvertrag können abweichende Regelungen zur Bestimmung der Höhe des Abfindungsanspruchs vereinbart werden. IdR sollen derartige gesellschaftsvertragliche Regelungen zu einer Reduzierung des Abfindungsanspruches führen. Dies lässt die Rspr grundsätzlich zu. Problematisch sind aber Klauseln, die zu einem erheblichen Missverhältnis zwischen dem Verkehrswert des Gesellschaftsanteils und der nach der gesellschaftsvertraglichen Regelung zu zahlenden Abfindung führen.

236

Dabei lässt sich der einschlägigen Rspr keine feste Grenze entnehmen, wann ein erhebliches Missverhältnis zu bejahen ist. Ein erhebliches Missverhältnis ist in der Rspr jedoch unter anderem in Fällen angenommen worden, in denen der Abfindungsanspruch von vornherein auf den halben Buchwert[307] oder ein Drittel des Zeitwerts[308] beschränkt wurde. In jüngster Zeit hat der BGH eine Abfindungs-

237

---

[304] Scholz/*Westermann*, § 34 Rn 19; Baumbach/Hueck, § 34 Rn 5; ebenso BGHZ 9, 157, 160 für die Ausschließung.
[305] BGH NJW 1998, 3646.
[306] Baumbach/Hueck, § 34 Rn 20; Scholz/*Westermann* § 34 Rn 62 f; *Tschernig* GmbHR 1999, 695; aA Lutter/Hommelhoff, S. 34 Rn 2.
[307] BGH NJW 1989, 2685, 2686.
[308] OLG Hamm GmbHR 2003, 584.

klausel als unwirksam angesehen, bei der das Ertragswertverfahren zur Bestimmung des Anteilswertes vereinbart wurde, aber infolge erheblichen Grundvermögens, jedoch schlechter Ertragslage der Gesellschaft der Liquidationswert ungefähr dem 3,5-fachen des Ertragswertes entsprach.[309] Sofern ein solches Missverhältnis bejaht werden kann, ist wie folgt zu differenzieren:

238 Die **Beschränkung des Abfindungsanspruches** ist gem. § 138 Abs. 1 BGB nichtig, wenn bereits im Zeitpunkt ihrer Vereinbarung ein erhebliches Missverhältnis zwischen dem Verkehrswert und der vereinbarten Abfindungshöhe bestand. Daneben kann die Abfindungsregelung auch unter dem Gesichtspunkt der Gläubigerbenachteiligung sittenwidrig iSv § 138 BGB sein, insbesondere wenn die niedrige Abfindung nur für den Fall vorgesehen wird, dass die Einziehung zB auf einer Pfändung des Geschäftsanteils beruht.[310]

239 Wenn sich das erhebliche Missverhältnis zwischen Verkehrswert und Höhe des Abfindungsanspruchs erst nach Vertragsabschluss ergibt, ist die Abfindungsregelung zwar grundsätzlich wirksam, aber im Wege der ergänzenden Vertragsauslegung den veränderten Verhältnissen anzupassen.[311]

240 In eng begrenzten Sonderfällen kann auch eine weitreichende Beschränkung des Abfindungsanspruches bis hin zum völligen Ausschluss eines Abfindungsanspruches noch wirksam sein. Hierzu bedarf es jedoch besonderer Umstände. Diese können zB in einem besonderen (gemeinnützigen) Gesellschaftszweck liegen.[312]

241 **Auszahlungssperre/Wirksamkeit der Einziehung:** Gem. §§ 34 Abs. 3, 30 Abs. 1 GmbHG darf durch die Zahlung der Abfindung das Stammkapital der Gesellschaft nicht angegriffen werden. Die Abfindungszahlung hat also zu unterbleiben, wenn hierdurch eine Unterbilanz entstehen oder vergrößert würde. Wird hiergegen verstoßen, ist die Abfindung gem. § 31 GmbHG zurückzuzahlen. Deshalb ist der Einziehungsbeschluss analog § 241 Nr. 3 AktG nichtig, wenn bereits im Zeitpunkt der Beschlussfassung feststeht, dass die Abfindung nur unter Verletzung der §§ 34 Abs. 3, 30 Abs. 1 GmbHG gezahlt werden kann.[313] Regelmäßig sind diese Voraussetzungen jedoch nicht erfüllt, da die Abfindung nach dem Gesellschaftsvertrag in aller Regel zur Vermeidung von Liquiditätsschwierigkeiten für die Gesellschaft gestundet wird, und zwar nicht selten über einen Zeitraum von mehreren Jahren. Ob dann zu den Fälligkeitszeitpunkten eine Verletzung der genannten Kapitalerhaltungsvorschriften droht, lässt sich im Zeitpunkt der Beschlussfassung nicht sicher voraussagen. Um den Gesellschafter auch in diesen Fällen vor dem Risiko einer entschädigungslosen Einziehung zu schützen, nehmen die bisherige höchstrichterliche Rspr[314] und die hM[315] an, dass die Einziehung unter der aufschiebenden Bedingung einer ordnungsgemäßen Abfindungszahlung steht und daher erst wirksam wird, wenn die Abfindung vollständig ohne Verletzung der einschlägigen Kapitalerhaltungsvorschriften ausgezahlt worden ist. Folgt man dieser Auffassung, stellt sich weiter die Frage, ob während des uU mehrjährigen Übergangszeitraums von der Beschlussfassung bis zum Wirksamwerden der Einziehung die mitgliedschaftlichen Rechte – insbesondere das Stimmrecht – ruhen;[316] die hM[317] spricht sich dagegen aus, jedoch mit der Maßgabe, dass der Gesellschafter während der Übergangszeit aufgrund seiner Treuepflicht insbesondere bei der Ausübung des Stimmrechts zur Zurückhaltung verpflichtet ist und Maßnahmen, die seine Interessen nicht beeinträchtigen, nicht ohne triftigen Grund ablehnen darf.

---

309 BGH WM 2006, 776.
310 BGH GmbHR 2000, 823.
311 BGH NJW 1994, 2536, 2537; BGH GmbHR 2002, 266.
312 OLG Hamm DB 1997, 1612; Lutter/Hommelhoff, § 34 Rn 46.
313 BGHZ 9, 157, 173 f; Baumbach/Hueck, § 34 Rn 24; Scholz/*Westermann*, § 34 Rn 52.
314 BGHZ 9, 157, 173; vgl aber nunmehr BGHZ 139, 299, 301 f, wo die Frage ausdrücklich offengelassen wird.
315 OLG Köln GmbHR 1996, 609; 1999, 712; KG GmbHR 1999, 1203; OLG Schleswig GmbHR 2000, 936; OLG Frankfurt aM NJW-RR 1997, 613; Baumbach/Hueck, § 34 Rn 24; Scholz/*Westermann*, § 34 Rn 53; Lutter/Hommelhoff, § 34 Rn 12; Rowedder, § 34 Rn 27.
316 Dafür Scholz/*Westermann* § 34 Rn 55 ff; *Harst* GmbHR 1987, 183, 185 f.
317 OLG Schleswig, GmbHR 2000, 936; Baumbach/Hueck, § 34 Rn 24; *Rowedder*, § 34 Rn 27; Lutter/Hommelhoff, § 34 Rn 12; gegen ein Ruhen des Stimmrechts in der Übergangszeit zwischen Kündigung des Gesellschaftsverhältnisses und Vollzug eines gesellschaftsvertraglich für diesen Fall vereinbarten Austritts auch BGHZ 88, 320, 322 ff; OLG Frankfurt GmbHR 1997, 171.

Nach der Gegenmeinung wird die Einziehung bereits mit der Beschlussfassung bzw mit der Bekanntgabe des Einziehungsbeschlusses an den betroffenen Gesellschafter wirksam, sie steht also nicht unter der aufschiebenden Bedingung der ordnungsgemäßen und vollständigen Abfindungszahlung.[318] Der BGH[319] hat in einer jüngeren Entscheidung die frühere Rspr nicht bestätigt, sondern die Frage des Wirksamwerdens der Einziehung ausdrücklich offengelassen.

c) Ausschließung

Die Ausschließung eines Gesellschafters ist bei der GmbH grundsätzlich möglich, obwohl eine **gesetzliche Regelung fehlt**.[320] Mit der Ausschließung lässt sich dasselbe Ziel erreichen wie mit einer Einziehung, nämlich die Entfernung eines unliebsamen Gesellschafters aus der Gesellschaft. Dennoch sind Ausschließung und Einziehung dogmatisch verschieden: Die Einziehung richtet sich nur gegen den Geschäftsanteil; hält der Gesellschafter noch andere Geschäftsanteile, bleibt er mit diesen Gesellschafter. Die Ausschließung richtet sich dagegen gegen die Person des ausgeschlossenen Gesellschafters. Sie beendet dessen Mitgliedschaft, lässt aber die Existenz des Geschäftsanteils unberührt. Der Geschäftsanteil geht nur dann unter, wenn er gleichzeitig oder später eingezogen wird, wenn also Ausschluss und Einziehung kombiniert werden. Das ist aber keineswegs zwingend. Möglich ist nämlich auch eine Verwertung des Geschäftsanteils durch dessen Übertragung auf einen anderen Gesellschafter, einen Dritten oder – unter Beachtung von § 33 GmbHG – auf die Gesellschaft selbst.

aa) Die Ausschließung durch Gestaltungsurteil

Sofern der Gesellschaftsvertrag keine abweichende Bestimmung enthält, kann ein Gesellschafter nur durch **Gestaltungsklage** aus der GmbH ausgeschlossen werden.[321] Die Klage ist von der Gesellschaft, vertreten durch ihren Geschäftsführer, zu erheben und gegen den auszuschließenden Gesellschafter zu richten.

(1) Formelle Klagevoraussetzungen

Über die Klageerhebung müssen die Gesellschafter durch Beschluss entscheiden, der einer 3/4-Mehrheit bedarf.[322] Der auszuschließende Gesellschafter hat bei der Beschlussfassung kein Stimmrecht. Fehlt der Gesellschafterbeschluss, ist die Klage unbegründet.

Besonderheiten gelten für die **Zweipersonen-GmbH**: Während die ältere Rspr auch hier einen Gesellschafterbeschluss verlangte und ausschließlich die Gesellschaft für aktivlegitimiert hielt,[323] ist nach inzwischen hL[324] ein Gesellschafterbeschluss entbehrlich und darüber hinaus eine Klageerhebung auch durch den die Ausschließung betreibenden Gesellschafter möglich. Nach der neueren Rspr ist ein Gesellschafterbeschluss auch entbehrlich, wenn der geschäftsführende Gesellschafter über die zur Beschlussfassung erforderliche Mehrheit verfügt.[325]

(2) Materielle Voraussetzungen der Ausschließung

Materiell-rechtlich müssen die folgenden Voraussetzungen für eine Ausschließung vorliegen: Es muss ein **wichtiger Grund** für die Ausschließung gegeben sein, dh den übrigen Gesellschaftern darf eine Fortsetzung des Gesellschaftsverhältnisses mit dem auszuschließenden Gesellschafter aufgrund seines – nicht notwendigerweise schuldhaften – Verhaltens oder seiner Persönlichkeit nicht länger zumutbar sein. Als wichtige Gründe kommen namentlich schwere Pflichtverletzungen oder die Zerstörung des Vertrauensverhältnisses in Betracht. Ist jedoch das Verhalten des Gesellschafters, der ausgeschlossen werden soll, nicht allein verantwortlich für die Zerstörung des Vertrauensverhältnisses, kommt eine

---

318 OLG Hamm GmbHR 1993, 746 f; Roth/Altmeppen, § 34 Rn 19 ff.
319 BGHZ 139, 299, 301 f; vgl auch BGH NZG 2003, 871, 872, und KG ZIP 2006, 1098.
320 Grundlegend BGHZ 9, 157 ff.
321 St. Rspr, vgl zuletzt BGH GmbHR 1999, 1195.
322 BGHZ 9, 157; 177; 153, 285, 288 f.
323 BGHZ 16, 317; 322 ff; OLG Nürnberg BB 1970, 1371.
324 Vgl nur Baumbach/Hueck/*Fastrich*, Anh. § 34 Rn 9 aE.; Scholz/*Winter*, § 15 Rn 139, 140 aE.
325 BGH WM 1999, 2164.

Ausschließung nur bei überwiegender Verursachung des Zerwürfnisses durch den Auszuschließenden in Betracht.[326] In einer Zwei-Personen-GmbH kann ein Gesellschafter trotz Vorliegens eines wichtigen Grundes nicht ausgeschlossen werden, wenn auch in der Person des anderen Gesellschafters ein wichtiger Grund gegeben ist.[327] Selbst wenn das Verhalten des anderen Gesellschafters nicht die Qualität eines Ausschließungsgrundes erreicht, ist es im Rahmen der Gesamtabwägung zu berücksichtigen, die darüber entscheidet, ob die Fortsetzung des Gesellschaftsverhältnisses unzumutbar ist.[328] Fehlt es daran, bleibt nur die Auflösungsklage nach § 61 GmbHG.

248 Zur Ausräumung des wichtigen Grundes darf **kein milderes Mittel** als die Ausschließung vorhanden sein (ultima-ratio-Prinzip). Hat der Gesellschafter seine Einlage noch nicht vollständig erbracht, kann er nur ausgeschlossen werden, wenn die Übertragung seines Geschäftsanteils auf einen anderen Gesellschafter oder einen Dritten möglich ist.[329] Denn die Gesellschaft darf den Anteil in diesem Fall weder einziehen (s.o.) noch selbst erwerben (vgl § 33 Abs. 1 GmbHG).

(3) Rechtsfolgen eines klagestattgebenden Urteils

249 Der ausgeschlossene Gesellschafter hat Anspruch auf Zahlung einer **Abfindung** analog § 738 BGB. Ebenso wie bei der Einziehung darf durch die Auszahlung der Abfindung § 30 Abs. 1 GmbHG nicht verletzt werden. Anderenfalls ist die Abfindung gem. § 31 GmbHG zurückzuzahlen. Im Hinblick darauf steht das Ausschließungsurteil, sofern die Abfindung bei dessen Erlass nicht bereits hinterlegt wurde, unter der aufschiebenden Bedingung, dass die Abfindung vollständig und ohne Verletzung von § 30 Abs. 1 GmbHG gezahlt wird; dies ist im Urteilstenor unter Bezifferung der Abfindung und Festsetzung der Zahlungsfristen auszusprechen.[330] Bis zum Eintritt der vorgenannten Bedingung bleibt der ausgeschlossene Gesellschafter nach bisheriger Rspr (vgl auch oben Rn 232 ff) mit grds. unveränderten mitgliedschaftlichen Rechten; jedoch darf er Maßnahmen nicht verhindern, die der Durchführung seines Ausschlusses dienen oder seine Interessen nicht berühren.[331]

250 Mit Eintritt der Bedingung, dh mit vollständiger Zahlung der Abfindung ohne Verstoß gegen § 30 Abs. 1 GmbHG, geht der Geschäftsanteil auf die Gesellschaft über.[332] Diese kann den Geschäftsanteil nach ihrer Wahl durch Einziehung[333] oder durch Übertragung auf einen anderen Gesellschafter oder einen Dritten verwerten.[334]

bb) Ausschließung durch Gesellschafterbeschluss

251 Im Gesellschaftsvertrag kann vereinbart werden, dass eine Ausschließung nicht durch Gestaltungsklage, sondern bereits durch Gesellschafterbeschluss herbeigeführt werden kann. In der Praxis wird von dieser Möglichkeit häufig Gebrauch gemacht, da eine Gestaltungsklage von vielen Gesellschaftern als zu langwierig und daher nicht praktikabel angesehen wird. Bei der Beschlussfassung hat der Gesellschafter, der ausgeschlossen werden soll, kein Stimmrecht. Der Beschluss bedarf einer 3/4-Mehrheit.

252 Für die **materiellen Voraussetzungen** des Ausschließungsbeschlusses gilt das zur Ausschlussklage Gesagte entsprechend. Der Gesellschaftsvertrag kann einzelne Tatbestände bestimmen, die einen wichtigen Grund zur Ausschließung begründen. Ein Hinauskündigungsrecht kann aber nicht vereinbart werden, sofern nicht die besonderen Verhältnisse der Gesellschaft ein solches verlangen.

---

326 BGH WM 2003, 1084 (betr. GbR).
327 BGHZ 16, 317, 322 f; 32; 17; 30 ff.
328 BGH WM 2002, 571; 2005, 1753; 2006, 138.
329 Scholz/*Winter* § 15 Rn 137; Baumbach/Hueck, Anh. § 34 Rn 7.
330 BGHZ 9, 157, 174 ff; 16, 317, 325; OLG Hamm DB 1992, 2182; Lutter/Hommelhoff § 34 Rn 38; jetzt aber offengelassen in BGHZ 139, 299, 301 f.
331 BGHZ 9, 157, 176; 88, 320, 328; Lutter/Hommelhoff, aaO.
332 Str., so aber BGHZ 9, 157, 178, offengelassen in BGHZ 139, 299, 301 f.
333 Jedoch ist die Einziehung gem. § 34 Abs. 1 GmbHG nur möglich, wenn die Satzung sie nach erfolgter Ausschließung zulässt. Der Ausschluss beinhaltet also keine Befugnis zur Einziehung, wenn die Satzung dies nicht ausdrücklich vorsieht: BGH DStR 2001, 1898; BayObLG GmbHR 2003, 719; aA:Baumbach/Hueck/*Fastrich*, Anh. § 34 Rn 10; Scholz/Winter, § 15 Rn 149.
334 BGHZ 9, 157, 168 ff; Scholz/*Winter*, § 15 Rn 149; Baumbach/Hueck/*Fastrich*, Anh. § 34 Rn 10.

Dem ausgeschlossenen Gesellschafter steht ein **Abfindungsanspruch analog § 738 BGB** zu, für dessen Höhe das zur Einziehung Gesagte gilt. Durch die Abfindungszahlung darf § 30 Abs. 1 GmbHG nicht verletzt werden. Dennoch steht die Ausschließung nach hM[335] im Fall einer entsprechenden ausdrücklichen Satzungsregelung nicht unter der aufschiebenden Bedingung der Abfindungszahlung, sondern sie kann kraft Satzungsregelung bereits mit Bekanntgabe des Ausschließungsbeschlusses an den ausgeschlossenen Gesellschafter wirksam werden. Mit dieser Bekanntgabe verliert dann also der ausgeschlossene Gesellschafter alle von ihm gehaltenen Geschäftsanteile. Diese gehen auf die Gesellschaft über und können von dieser durch Einziehung oder Übertragung auf einen anderen Gesellschafter oder Dritten verwertet werden.

V. Gesellschafterstreit

Besondere Bedeutung in der Praxis haben die Streitigkeiten unter den Gesellschaftern. Diese beeinträchtigen häufig zudem auch das operative Geschäft der Gesellschaft in besonderem Maße. Besonders problematisch sind Streitigkeiten in Gesellschaften, an denen zwei Gesellschafter zu je 50 % beteiligt sind, da sich beide Gesellschafter gegenseitig blockieren können. Der wohl häufigste Fall des Gesellschafterstreites ist derjenige über die Wirksamkeit von Gesellschafterbeschlüssen. Daneben wird vielfach um einzelne Mitgliedschaftsrechte und Organhandeln gestritten.

1. Fehlerhafte Gesellschafterbeschlüsse

Im GmbHG finden sich keine speziellen Regelungen zu fehlerhaften Gesellschafterbeschlüssen. Daher werden die Bestimmungen des AktG von der Rspr für die GmbH analog herangezogen, soweit nicht die Besonderheiten der GmbH ausnahmsweise eine Abweichung erfordern.[336] Das AktG regelt die Rechtsfolgen der Fehlerhaftigkeit von HV-Beschlüssen in den §§ 241 ff AktG.

Daraus folgt, dass ein fehlerhafter Gesellschafterbeschluss nur ausnahmsweise, nämlich bei besonders schwerwiegenden Mängeln, nichtig ist. Im Übrigen sind fehlerhafte Gesellschafterbeschlüsse lediglich anfechtbar, dh sie sind trotz des Mangels wirksam, bis ihre Unwirksamkeit durch gerichtliches Gestaltungsurteil herbeigeführt wird. Entsprechend dieser Unterscheidung zwischen nichtigen und anfechtbaren Gesellschafterbeschlüssen wird prozessual auch zwischen der Nichtigkeits- und der Anfechtungsklage unterschieden.

a) Nichtigkeitsklage

aa) Nichtige Gesellschafterbeschlüsse

Die Beschlussmängel, die zur Nichtigkeit des Beschlusses führen, sind gesetzlich im AktG abschließend geregelt. Von praktischer Bedeutung ist der Katalog des § 241 AktG, der auch im GmbH-Recht grundsätzlich analog anzuwenden ist:

(1) § 241 Nr. 1 AktG

Nach § 241 Nr. 1 AktG führen schwerwiegende Mängel der Einberufung der Gesellschafterversammlung bei einem Verstoß gegen „§ 121 Abs. 2 und 3 oder 4" zur Nichtigkeit der in dieser Gesellschafterversammlung gefassten Beschlüsse. Diese gesetzliche Formulierung ist missglückt. Gemeint ist, dass die Nichtigkeitsfolge eintritt, wenn entweder die Einberufung durch Unbefugte erfolgt (§ 121 Abs. 2 AktG) oder die Einberufung die Mindestangaben gem. § 121 Abs. 2 S. 2 AktG nicht enthält oder die Einberufung nicht ordnungsgemäß nach Maßgabe von § 121 Abs. 3 S. 1, Abs. 4 AktG bekannt gemacht wurde.[337]

---

335 BGH NJW 1983, 2880, 2881; OLG Hamm GmbHR 1993, 746 f; Baumbach/Hueck, Anh. § 34 Rn 16; aA: KG GmbHR 1999, 1204; Scholz/*Winter* § 15 Rn 152.
336 Vgl grundlegend BGHZ 11, 231, 235 und aus neuerer Zeit: BGHZ 101, 116 ff; 104, 68 ff; 134, 364 ff.
337 *Hüffer*, § 241 Rn 8.

(2) § 241 Nr. 2 AktG

259 Sofern eine **Beurkundung** des Gesellschafterbeschlusses erforderlich ist, führt die unterbliebene oder nicht ordnungsgemäße Beurkundung zur Nichtigkeit des jeweiligen Beschlusses.

(3) § 241 Nr. 3 AktG

260 Analog § 241 Nr. 3 AktG ist ein Beschluss unwirksam, wenn er **unvereinbar mit dem Wesen der GmbH** ist oder zur Verletzung von Vorschriften führt, die Gesellschaftsgläubiger oder öffentliche Interessen schützen. Dies bedeutet, dass insbesondere Verstöße gegen die Vorschriften über die Aufbringung und Erhaltung des Stammkapitals der GmbH zur Nichtigkeit des Beschlusses führen.

(4) § 241 Nr. 4 AktG

261 Von relativ geringer praktischer Bedeutung ist die Regelung in § 241 Nr. 4 AktG, wonach **sittenwidrige Beschlüsse** ebenfalls nichtig sind. Die Sittenwidrigkeit muss sich jedoch aus dem Beschlussinhalt und nicht lediglich aus dessen Motiv oder Zweck ergeben.[338]

bb) Voraussetzungen der Nichtigkeitsklage

262 Auf die Nichtigkeit des Beschlusses kann sich jedermann berufen, der von dem Beschluss **in seinen Rechten berührt** wird. Den Gesellschaftern, den Geschäftsführern und den Aufsichtsrats-/Beiratsmitgliedern (sofern vorhanden) steht zur Geltendmachung der Nichtigkeit die **spezielle Nichtigkeitsklage** analog § 249 AktG zu. Für diese Klage, die eine spezielle Form der Feststellungsklage darstellt (jedoch mit einer Bindungswirkung, die über die normale inter partes-Wirkung hinausgeht) gilt: Eine **Klagefrist** besteht nicht. Eine zeitliche Grenze kann sich jedoch unter dem Gesichtspunkt der Verwirkung ergeben.

263 Passivlegitimiert ist ausschließlich die GmbH. Die Rechtskraft des klagestattgebenden **Feststellungsurteils** wirkt analog §§ 248, 249 AktG für und gegen alle Gesellschafter, Geschäftsführer und Aufsichtsrats-/Beiratsmitglieder, auch wenn diese nicht Parteien des Rechtsstreits sind.

264 Andere als die vorgenannten Personen können die Nichtigkeit mit der allgemeinen Feststellungsklage gem. § 256 ZPO nur geltend machen, sofern sie ein eigenes Feststellungsinteresse geltend machen können.

b) Anfechtungsklage

aa) Bedeutung

265 Ist kein Nichtigkeitsgrund gegeben, lässt die Fehlerhaftigkeit eines Gesellschafterbeschlusses dessen Wirksamkeit zunächst unberührt. Der Fehler kann nur durch **Anfechtungsklage** geltend gemacht werden. Erst ein der Anfechtungsklage rechtskräftig stattgebendes **Gestaltungsurteil** führt analog §§ 241 Nr. 5, 248 AktG rückwirkend (ex tunc) die Nichtigkeit des Beschlusses herbei. Für die Reichweite der Rechtskraft des Urteils gem. § 248 AktG gilt das zur Nichtigkeitsklage Gesagte entsprechend.

bb) Voraussetzungen der Anfechtungsklage

(1) Parteien

266 Passivlegitimiert ist nur die GmbH. Aktivlegitimiert ist analog § 245 AktG zunächst jeder Gesellschafter, auch wenn er durch den Beschluss nicht in eigenen Rechten verletzt wird. Anders als bei einer AG ist es bei einer GmbH nicht erforderlich, dass der klagende Gesellschafter Widerspruch gegen den jeweiligen Beschluss zu Protokoll erklärt hat, § 245 Nr. 1 AktG.

267 Bei der GmbH ist ein Widerspruch stets entbehrlich, da hier der Gesellschafterkreis – anders als bei der AG – typischerweise überschaubar ist, so dass für eine Beschränkung des Kreises der anfechtungsberechtigten Gesellschafter kein Bedürfnis besteht. Daher sind auch solche Gesellschafter zur Anfechtung berechtigt, die an der Gesellschafterversammlung oder der Abstimmung nicht teilgenommen

---

338 BGHZ 15, 382, 385; 101, 113, 116.

haben. Jedoch ist durch das Verbot des venire contra factum proprium an der Klageerhebung gehindert, wer in der Versammlung für den Beschluss gestimmt hat.

Anders als bei der AG (§ 245 Nr. 4 AktG) kann der Geschäftsführer der GmbH (der nicht zugleich Gesellschafter ist) **keine eigenständige Anfechtungsklage** erheben, da er – anders als der Vorstand einer AG – kein eigenes Kontrollrecht gegenüber der Gesellschafterversammlung hat, sondern weisungsgebunden ist, § 37 Abs. 1 GmbHG. Dies schließt ein Kontrollrecht der Geschäftsführer gegenüber Gesellschafterbeschlüssen aus. Deshalb haben die Geschäftsführer der GmbH nach der Rspr des BGH kein eigenes Anfechtungsrecht gegen Gesellschafterbeschlüsse.[339]

(2) Anfechtungsfrist

Eine starre Klagefrist wie bei der AG gilt bei der GmbH nicht. Jedoch zieht die Rspr die Monatsfrist des § 246 Abs. 1 AktG als „**Leitbild**" heran. Sofern keine besonderen Umstände vorliegen und eine einvernehmliche Regelung nicht zu erwarten ist, muss die Anfechtungsklage auch bei einer GmbH innerhalb eines Monats erhoben werden.[340] Die Frist beginnt nach wohl hM anders als bei der AG nicht mit der Beschlussfassung, sondern erst mit Erlangung der Kenntnis vom Beschlussinhalt.[341] Zum Teil wird zusätzlich auch die Erkennbarkeit des Beschlussmangels als Voraussetzung für den Fristbeginn gefordert.[342]

Ist die Frist von einem Monat zur Klärung schwieriger tatsächlicher oder rechtlicher Fragen nicht ausreichend, muss die Klagefrist entsprechend länger bemessen werden.[343] Dabei handelt es sich aber um eng begrenzte Ausnahmefälle; eine Überschreitung des einmonatigen Regelzeitraums ist nur zulässig, wenn zwingende Umstände den Gesellschafter an einer früheren Klageerhebung gehindert haben.[344]

Führen die Gesellschafter Verhandlungen über die Änderung des beanstandeten Beschlusses, muss die Anfechtungsklage im Regelfall innerhalb eines Monats nach Scheitern der Verhandlungen erhoben werden.[345] Als absolute Obergrenze für die Klageerhebung wird in der obergerichtlichen Rspr ein Zeitraum von drei Monaten diskutiert.[346]

Hinweis: Jedoch ist wegen der nicht eindeutigen Rspr in der Praxis in jedem Fall zu raten, die Monatsfrist für Anfechtungsklagen einzuhalten. Aus Gründen der Rechtssicherheit kann bei der Gestaltung der Satzung eine eindeutige Fristregelung aufgenommen werden, die jedoch in keinem Fall kürzer als die Frist des § 246 Abs. 1 AktG sein darf.[347] Die Frist sollte mindestens einen Monat ab Bekanntgabe des Beschlusses (Zugang des Protokolls) betragen. Eine solche gesellschaftsvertragliche Frist hat der BGH anerkannt.[348]

Wichtig ist weiterhin, dass innerhalb der Anfechtungsfrist der Lebenssachverhalt, aus dem sich der wesentliche tatsächliche Kern des Anfechtungsgrunds ergibt, in den Prozess eingeführt werden muss. Unterbleibt dies, ist ein Nachschieben von Gründen ausgeschlossen.[349]

(3) Relevanz von Verfahrensfehlern

Wird die Anfechtbarkeit nicht auf die materielle Unzulässigkeit des Beschlussinhalts gestützt, sondern auf einen **Verfahrensfehler bei der Beschlussfassung**, ist der Beschluss nach bislang hM nur anfechtbar, wenn der Verfahrensfehler kausal für das Beschlussergebnis war. Die Beweislast für eine fehlende

---

339 BGHZ 76, 145, 159; aA: Baumbach/Hueck/*Zöllner*, Anh. § 47 Rn 75.
340 BGHZ 111, 224, 226; OLG Hamm NJW-RR 2004, 838.
341 OLG Hamm GmbHR 2003, 843 f mwN, auch zur Gegenmeinung, die kenntnisunabhängig die Frist mit der Beschlussfassung beginnen lässt.
342 Vgl OLG Schleswig NZG 2000, 895 (iE offenlassend); Baumbach/Hueck/*Zöllner*, Anh. § 47 Rn 79.
343 BGHZ 111, 224, 226.
344 BGH GmbHR 2005, 927.
345 OLG Hamm GmbHR 1995, 238; OLG Düsseldorf GmbHR 1983, 125.
346 OLG Köln NJW-RR 1995, 806; Lutter/Hommelhoff Ang. § 47 Rn 59; aA: Baumbach/Hueck/*Zöllner*, Anh. § 47 Rn 79 b.
347 BGH NJW 1988, 1844, 1845.
348 BGH NZG 1998, 679.
349 BGH NJW 2005, 708, 709 mwN.

Kausalität liegt bei der Gesellschaft.[350] Jedoch entfällt die Kausalität nur dann, wenn ohne den Verfahrensfehler bei vernünftiger Betrachtung unter keinen Umständen ein anderes Beschlussergebnis zustande gekommen wäre.[351] Zumindest im Bereich des Aktienrechts hat der BGH diese Rspr zur potentiellen Kausalität jedoch mittlerweile zugunsten der sog. Relevanztheorie aufgegeben.[352] Aus einer aktuellen Entscheidung lässt sich entnehmen, dass der BGH diesen Rechtsprechungswandel wohl auch auf das GmbH-Recht übertragen will.[353] Danach ist ein Beschluss wegen eines Verfahrensfehlers dann anfechtbar, wenn der Verfahrensfehler Relevanz für das Mitgliedschafts- bzw Mitwirkungsrecht des Gesellschafters besitzt. Eine solche Relevanz wird angenommen, wenn dem Beschluss ein Legitimationsdefizit anhaftet, das bei wertender Betrachtung die Rechtsfolge der Anfechtbarkeit rechtfertigt.[354] Dies ist insbesondere dann der Fall, wenn durch den Verfahrensfehler das die Geltung von Mehrheitsentscheidungen legitimierende Partizipationsinteresse des Gesellschafters verletzt wird, was jedoch sogar auch zur Nichtigkeit des Beschlusses führen kann.[355] Als relevant hat der BGH (jedenfalls im Bereich des Aktienrechts) zB auch die unrechtmäßige Verweigerung der Erteilung von Auskünften eingestuft, die aus Sicht eines objektiv urteilenden Gesellschafters in der Fragesituation zur sachgerechten Beurteilung des Beschlussgegenstandes erforderlich sind, und zwar unabhängig davon, ob die vorenthaltene Information einen solchen Gesellschafter tatsächlich von der Zustimmung zu der Beschlussvorlage abgehalten hätte.[356]

c) Positive Beschlussfeststellungsklage

273 Durch das einer Anfechtungsklage stattgebende Urteil wird (nur) der Gesellschafterbeschluss für nichtig erklärt. Das Urteil hat also lediglich **kassatorische Wirkung**. Wird in anfechtbarer Weise ein negativer, dh den Antrag ablehnender Beschluss gefasst, wird dem Interesse des Klägers durch die bloße Kassation des Beschlusses nicht genügt. Allein durch die Beseitigung des negativen Beschlusses wird nämlich der vom Kläger gewünschte positive Beschluss noch nicht geschaffen. Um das letztgenannte Ziel zu erreichen, gewährt die Rspr[357] dem Kläger das Recht, die Anfechtungsklage mit einer sog. positiven Beschlussfeststellungsklage zu verbinden. Der Kläger kann in diesen Fällen neben der Nichtigerklärung des ablehnenden Beschlusses die Feststellung beantragen, dass der im Klageantrag genau zu benennende Beschluss gefasst worden ist.

274 Trotz ihrer Bezeichnung und trotz des auf eine Feststellung gerichteten Klageantrags ist die **positive Beschlussfeststellungsklage** keine Feststellungs-, sondern eine Gestaltungsklage, da der positive Beschluss durch das Urteil erst geschaffen wird. Hinsichtlich der Aktiv- und Passivlegitimation sowie hinsichtlich der Klagefrist gilt das zur Anfechtungsklage Gesagte entsprechend.

d) Die Rechtsfolgen der wichtigsten Beschlussmängel

275 Wenn die Gesellschafterversammlung durch Unbefugte einberufen worden ist, führt dies gem. § 241 Nr. 1 AktG zur Nichtigkeit der getroffenen Beschlüsse, sofern nicht sämtliche Gesellschafter anwesend waren und beschlossen haben, die Versammlung unter Verzicht auf alle Form- und Fristbestimmungen durchzuführen. Gleiches gilt, wenn die Einberufung die Mindestangaben nicht enthält.

276 Nach einer Entscheidung des OLG Düsseldorf[358] soll dies jedoch nicht bei fehlender Angabe des Sitzes der Gesellschaft gelten, wenn dieser allen Gesellschaftern (im entschiedenen Fall gab es lediglich zwei Gesellschafter, die zwei Familienstämme repräsentierten) bekannt ist.

---

350 Roth/Altmeppen, § 47 Rn 125.
351 BGH NJW 1998, 684.
352 BGH NJW 2005, 828, 829 f.
353 BGH NJW-RR 2006, 831, 832.
354 BGH NJW 2005, 828 unter endgültiger Aufgabe der bisherigen Rspr, die potentielle Kausalität verlangte.
355 BGH NJW-RR 2006, 831, 832.
356 BGH NJW 2005, 828.
357 BGHZ 76, 191 ff; 88, 320 ff; 97, 28 ff.
358 OLG Düsseldorf, ZIP 1997.

Die nicht ordnungsgemäße Bekanntgabe der Einberufung führt bei der AG zur Nichtigkeit gem. § 241 Nr. 1 AktG. Bei der GmbH wird grds. gleichfalls Nichtigkeit angenommen; gelingt der Gesellschaft jedoch der Nachweis des Zugangs, wird lediglich ein Anfechtungsgrund angenommen.[359] 277

Lediglich zur **Anfechtbarkeit** der getroffenen Beschlüsse führen die folgenden Mängel: 278
- Fehlen einer ordnungsgemäßen **Tagesordnung**, nicht rechtzeitige Bekanntgabe derselben oder verspätete Einladung[360]
- Missachtung einer zwischen allen Gesellschaftern abgeschlossenen **Stimmbindungsvereinbarung**[361]
- **Nichtzulassung** eines teilnahmeberechtigten Gesellschafters zur Gesellschafterversammlung[362]
- Verletzung der **Treuepflicht**, sog. Stimmrechtsmissbrauch, oder des **Gleichbehandlungsgebots**[363]

e) Ergebnisfeststellungsklage

Wie sich aus § 130 Abs. 2 AktG ergibt, bedürfen Beschlüsse der Hauptversammlung einer Aktiengesellschaft zu ihrer Wirksamkeit der **förmlichen Ergebnisfeststellung** durch den Versammlungsleiter. Festzustellen ist nicht nur das Abstimmungsverhalten 279
▶ Für den Beschlussantrag gab es x Stimmen, dagegen y Stimmen, ◀
sondern das Beschlussergebnis
▶ Ich stelle fest, dass damit Herr Z in den Aufsichtsrat gewählt worden ist. ◀

Auch bei der GmbH ist eine solche förmliche Ergebnisfeststellung durch einen Versammlungsleiter[364] möglich, aber nicht zwingend. Unterbleibt sie, kann das Ergebnis der Beschlussfassung zweifelhaft sein, etwa weil zwischen den Gesellschaftern streitig wird, welcher Mehrheit der Beschluss bedarf oder ob ein abstimmender Gesellschafter stimmberechtigt war. In derartigen Fällen kommt der Beschluss mit dem Inhalt zustande, welcher der gesetzlichen Rechtslage entspricht.[365] Daher ist kein Raum für eine Anfechtungsklage, da dieser Beschluss mangels Rechtswidrigkeit und ein gegenteiliger Beschluss mangels rechtlicher Existenz nicht durch Gestaltungsurteil aufgehoben werden kann. Jeder Gesellschafter kann jedoch gegen die GmbH Klage auf Feststellung erheben, dass ein bestimmter Beschluss zustande gekommen oder nicht zustande gekommen ist, sog. Ergebnisfeststellungsklage.[366] 280

Die Klage ist an keine Frist gebunden. Jedoch verlangt der BGH eine **zeitnahe Klageerhebung**, da sich der Gesellschafter anderenfalls dem Verwirkungseinwand oder dem Verbot widersprüchlichen Verhaltens aussetzt. Die Rechtskrafterstreckung gem. § 248 AktG gilt auch für das auf die Beschlussfeststellungsklage ergehende Urteil.[367] 281

Der förmlichen Beschlussfeststellung durch einen Versammlungsleiter steht es gleich, wenn das Beschlussergebnis notariell beurkundet wird[368] oder wenn die Gesellschafter am Ende der Gesellschafterversammlung übereinstimmend von einem bestimmten Beschlussergebnis ausgehen.[369] In den beiden letztgenannten Fällen ist also nur für eine Nichtigkeits- oder Anfechtungsklage Raum. 282

---

[359] MünchHdb GmbH/*Ingerl* § 39 Rn 14; Hachenburg/*Hüffer*, § 51 Rn 26.
[360] BGH BB 1987, 1551.
[361] BGH NJW 1987, 1890, 1892.
[362] OLG Hamm DB 1998, 251; vgl auch OLG Dresden GmbHR 1997, 949, das die Anfechtbarkeit ohne Problematisierung des Kausalitätserfordernisses bejaht.
[363] BGH WM 1977, 361, 363.
[364] Der Versammlungsleiter muss durch den Gesellschaftsvertrag oder durch Gesellschafterbeschluss bestimmt werden. Umstritten ist, ob im letztgenannten Fall ein einstimmiger Beschluss erforderlich ist (so OLG München GmbHR 2004, 585; OLG Frankfurt aM NJW-RR 1999, 980; Baumbach/Hueck/*Zöllner*, § 48 Rn 8) oder die einfache Mehrheit ausreicht (so OLG München GmbHR 2005, 625; Hachenburg/*Hüffer* § 48 Rn 30), wenn der Gesellschaftsvertrag diese Frage nicht regelt.
[365] Dies gilt auch bei angemaßter Versammlungsleitung, dh wenn eine - dann nichtige - Beschlussfeststellung durch einen nicht ordnungsgemäß und damit unwirksam bestellten Versammlungsleiter erfolgt, OLG Köln GmbHR 2002, 914 f.
[366] BGHZ 76, 154, 156; 104, 66, 68; BGH NJW 1996, 259.
[367] OLG München NJW-RR 1997, 989.
[368] BayObLG GmbHR 1992, 41.
[369] OLG Celle GmbHR 1997, 174.

2. Streit um Mitgliedschaftsrechte

283 Neben den Streitigkeiten über die Wirksamkeit von Gesellschafterbeschlüssen kommt es in der Praxis immer wieder auch zu Streitigkeiten um einzelne unmittelbare Mitgliedschaftsrechte. Dabei ist jeweils zu unterscheiden, ob die Klage gegen die Gesellschaft oder die jeweiligen Mitgesellschafter zu richten ist. Klagen auf Zahlung von Gewinnansprüchen, Abfindungsansprüchen und Schadensersatzansprüchen wegen der Verletzung von Mitgliedschaftsrechten sind grundsätzlich gegen die Gesellschaft zu erheben, während Schadensersatzansprüche auch unmittelbar gegenüber Mitgesellschafter gerichtet sein können, wenn die Schädigung aufgrund von Treuepflichtverletzungen des Mitgesellschafter beruht und der Schaden unmittelbar beim Gesellschafter (somit nicht nur mittelbar über eine Minderung eines Anteilswertes) eingetreten ist. Daneben kommen gegen Mitgesellschafter u.a. auch Klagen wegen der Verletzung von Stimmbindungsvereinbarungen und sonstigen Zustimmungspflichten aus der gesellschaftsrechtlichen Treuepflicht in Betracht.

3. Streit um Geschäftsführungsmaßnahmen

284 Sehr fraglich und in der Praxis noch nicht abschließend entschieden ist, ob den Gesellschaftern einer GmbH ein unmittelbares Klagerecht gegen rechtswidriges Organhandeln zusteht. Dies wird zum Teil unter Hinweis auf die *„Holzmüller"*-Entscheidung des BGH[370] auch für das GmbH-Recht gefordert. Dagegen lässt sich im GmbH-Recht jedoch einwenden, dass den Gesellschaftern (im Unterschied zum Aktienrecht) ein umfassendes Weisungsrecht gegenüber den Geschäftsführern zusteht. Danach wäre der betroffene Gesellschafter, der sich gegen Organhandeln, das nach seiner Auffassung rechtswidrig ist, zur Wehr setzen will, auf den Weg einer Einberufung einer Gesellschafterversammlung, wozu es gem. § 50 GmbHG nur eines Minderheitsbegehrens von 10 % bedarf, verwiesen. Aus praktischer Sicht spricht für diese Auffassung, die ein subjektives Klagerecht des einzelnen Gesellschafters verneint, das anderenfalls mit einer die Gesellschaft blockierenden Fülle von Handlungs- und Unterlassungsklagen gerade in den Fällen zu rechnen ist, in denen die Gesellschafter schon aus anderen Gründen miteinander in Streit liegen.

4. Actio pro socio

285 Auch im GmbH-Recht ist die sog. actio pro socio anerkannt. Der einzelne Gesellschafter kann im Wege der **Prozessstandschaft** mitgliedschaftliche Ansprüche der Gesellschaft gegen Mitgesellschafter gerichtlich geltend machen.[371] Jedoch besteht ein grundsätzlicher Vorrang der inneren Zuständigkeitsordnung der Gesellschaft.[372] Dies kann bedeuten, dass der Gesellschafter eine solche Klage erst dann erheben kann, wenn die Gesellschaft ihre Ansprüche nicht ordnungsgemäß selbst verfolgt und der Gesellschafter vor Erhebung der Klage einen Antrag auf Fassung eines entsprechenden Gesellschafterbeschlusses gestellt und einen ablehnenden Beschluss angefochten hat.[373] Dies ist jedoch dann nicht erforderlich, wenn aufgrund der Mehrheitsverhältnisse von vornherein offensichtlich ist, dass ein entsprechender Antrag auf Fassung eines Gesellschafterbeschlusses keine Aussicht auf Erfolg hat[374] oder es für den betroffenen Gesellschafter ein „unzumutbarer Umweg" wäre, die Gesellschaft erst zu einer Haftungsklage zwingen zu müssen.[375]

286 Voraussetzung jeder actio pro socio ist jedoch, dass es sich um die Geltendmachung von **mitgliedschaftlichen/korporativen Ansprüchen** handelt. Sonstige Ansprüche der Gesellschaft können ausschließlich durch das zuständige Gesellschaftsorgan (idR die Geschäftsführung) geltend gemacht werden. Die Klage ist zwar im eigenen Namen, aber gerichtet auf Leistung an die Gesellschaft zu erheben.

---

370 BGHZ 83, 122 ff.
371 BGH NZG 2005, 216; BGHZ 65, 15, 19 ff.
372 BGH NZG 2005, 216.
373 Die Einzelheiten sind sehr str., vgl zB Roth/Altmeppen, § 13 Rn 16 ff.
374 BGH GmbHR 1990, 343, 344.
375 So BGHZ 65, 15, 21; NZG 2005, 216.

VI. Finanzverfassung

1. Kapitalaufbringung

Gem. § 13 Abs. 2 GmbHG haftet den Gläubigern für die Verbindlichkeiten der Gesellschaft nur das Gesellschaftsvermögen. Diese Haftungsbeschränkung ist nur gerechtfertigt, wenn das Stammkapital als Garantieziffer für das Anfangsvermögen der Gesellschaft dieser ordnungsgemäß zugeführt und auch erhalten bleibt. Deshalb bezeichnet der BGH zutreffend das **Prinzip der Aufbringung und Erhaltung des Stammkapitals** und die Vorschriften zu seiner Durchsetzung (insbesondere §§ 19, 30 GmbHG) als „Kernstück des GmbH-Rechts", das keine Aushöhlung verträgt, gleich in welcher Form.[376]

Dem **Gebot der realen Kapitalaufbringung**[377] dient zunächst die bereits an anderer Stelle[378] erörterte besondere Differenzhaftung (§ 9 GmbHG), die greift, wenn der Wert eines als Sacheinlage eingebrachten Gegenstandes hinter dem Betrag der Einlage zurückbleibt. Auch die allgemeine Differenzhaftung[379] ist eine Auswirkung des Kapitalaufbringungsprinzips, da sie der GmbH einen Ausgleich für deren Eintritt in die Verbindlichkeiten der Vorgesellschaft gewährt, soweit dies zur Aufbringung des Stammkapitals erforderlich ist.

Neben den Rechtsinstituten der allgemeinen und besonderen Differenzhaftung wird die Kapitalaufbringung durch die nachfolgend zu erörternden Regeln sichergestellt. Diese gelten gleichermaßen für die Gründung und für Kapitalerhöhungen.

a) Verbot der Unterpariemission

An einer realen Kapitalaufbringung würde es zunächst fehlen, wenn Geschäftsanteile für einen geringeren Betrag als den Nennbetrag der Stammeinlage ausgegeben würden. Derartige **Unterpariemissionen** sind daher nach allgemeiner Auffassung unzulässig. § 9 Abs. 1 AktG, der dies für die Aktiengesellschaft ausdrücklich bestimmt, gilt für die GmbH analog.[380] Zulässig ist dagegen die **Überpariemission**, dh die Ausgabe von Geschäftsanteilen gegen Zahlung eines Aufgeldes, auch Agio genannt. Bilanziell führt die Zahlung des Agios zur Bildung einer Kapitalrücklage.

b) Freie Verfügbarkeit der Einlagen

Gem. § 7 Abs. 3 GmbHG sind **Sacheinlagen** vor der Eintragung in das Handelsregister so an die Gesellschaft zu bewirken, dass sie endgültig zur freien Verfügung der Geschäftsführer stehen. Dass diese Voraussetzung erfüllt ist, hat der Geschäftsführer bei der Anmeldung der Gesellschaft gem. § 8 Abs. 2 GmbHG gegenüber dem Handelsregister zu versichern. Bei Bargründungen ist nach derselben Bestimmung eine entsprechende Versicherung im Hinblick auf die Mindesteinlagen abzugeben. Das Tatbestandsmerkmal der „freien Verfügbarkeit" hat nicht nur diese registerrechtliche Bedeutung, sondern auch und insbesondere eine materiellrechtliche Dimension von erheblicher praktischer Reichweite. Die „freie Verfügbarkeit" ist nämlich Voraussetzung der Wirksamkeit der Einlageleistung.[381] Fehlt es also an der freien Verfügbarkeit, hat die Leistung keine schuldbefreiende Wirkung, so dass die Einlage noch zu zahlen ist. In der Praxis wird dieser Anspruch regelmäßig durch den Insolvenzverwalter im Insolvenzverfahren geltend gemacht.

Die danach zur wirksamen Einlageleistung erforderliche **freie Verfügbarkeit** liegt vor, wenn die Leistung endgültig aus dem Vermögen des Gesellschafters ausgeschieden und in dasjenige der GmbH übergegangen ist.[382] Sind diese Voraussetzungen erfüllt, wird die freie Verfügbarkeit der Einlage nicht dadurch wieder beseitigt, dass die Gesellschaft die ihr zugeflossenen Mittel vor der Anmeldung oder Eintragung einem Nichtgesellschafter als Darlehen oder Kaufpreis zur Anschaffung anderer Ver-

---

376 BGHZ 28, 77; 51, 157, 162.
377 Zur Kapitalerhaltung nachfolgend unter Rn 318 ff.
378 Siehe oben Rn 16.
379 Dazu oben Rn 30.
380 BGHZ 68, 191, 195 f; Scholz/*Winter*/*Westermann*, § 5 Rn 34.
381 BGHZ 153, 107, 109 f; 165, 113, 116.
382 Lutter/Hommelhoff/*Bayer*, § 7 Rn 15 f.

mögensgegenstände zuwendet.[383] Die freie Verfügbarkeit erfordert nämlich die Freiheit der Mittelverwendung und kann diese daher nicht ausschließen; vor deren Nachteilen wird die Gesellschaft durch die allgemeine Differenzhaftung geschützt. Der freien Verfügbarkeit der Einlage steht auch eine Verwendungsabsprache nicht entgegen, durch die die Geschäftsführer verpflichtet werden, mit der Einlage in bestimmter Weise zu verfahren.[384] Unschädlich ist jedoch nur die Verwendung der Einlage für Zahlungen an einen Nichtgesellschafter. Fließt sie dagegen an den Einleger zurück, liegt eine Hin- und Herzahlung vor. Die sich daraus ergebenden Probleme werden nachfolgend unter Rn 306 ff erörtert.

293 Zahlt der Gesellschafter, statt seine Einlage unmittelbar an die Gesellschaft zu leisten, an einen Gesellschaftsgläubiger, kann er hierdurch seine Mindesteinlage nicht wirksam leisten.[385] Hinsichtlich der Resteinlage nimmt der BGH[386] demgegenüber schuldbefreiende Wirkung an, wenn die Zahlung mit Einverständnis des Geschäftsführers erfolgt und die Forderung des Gesellschaftsgläubigers fällig, liquide und vollwertig[387] ist. Nur wenn diese Voraussetzungen erfüllt sind, fließt der Gesellschaft nämlich mit der Befreiung von der Verbindlichkeit ein Vermögenswert zu, der wirtschaftlich der Einlageleistung gleichsteht.

294 Eine Zahlung an einen Gesellschaftsgläubiger, nämlich an die Bank, liegt auch vor, wenn der Gesellschafter seine Einlage auf ein **debitorisches Bankkonto** der Gesellschaft zahlt. Diese Leistung erfolgt zur freien Verfügung der Gesellschaft und hat damit schuldbefreiende Wirkung, wenn die Bank weiteren Kredit in Höhe der Einlageleistung gewährt und damit insofern freie Liquidität zur Verfügung steht. Daran fehlt es, wenn das Konto gepfändet ist oder die Bank nach Kündigung der Kreditlinie keine neuen Verfügungen zulässt.[388] Zur freien Verfügung erfolgt die Leistung dagegen, wenn die Gesellschaft über einen ungekündigten und nicht überzogenen Kontokorrentkredit verfügt, den sie nach Rückführung durch die Einlagezahlung dann in dieser Höhe jederzeit wieder in Anspruch nehmen kann.[389] Selbst wenn die Überziehung ohne Einräumung eines Kontokorrentkredites oder nach Überschreitung der Kreditlinie von der Bank nur geduldet wird, hat die Leistung schuldbefreiende Wirkung, solange die Bank die erneute Ausweitung der Überziehung in Höhe des Einlagebetrages nur weiterhin duldet.[390] Bei Kapitalerhöhungen ist zu beachten, dass die Zahlung auf ein debitorisches Gesellschaftskonto nur schuldbefreiende Wirkung hat, wenn sie nach dem Kapitalerhöhungsbeschluss erfolgt. Bei Zahlungen vor diesem Zeitpunkt tritt Erfüllungswirkung nur ein, wenn die Einlage im Zeitpunkt des Kapitalerhöhungsbeschlusses nicht nur wertmäßig, sondern auch gegenständlich noch im Gesellschaftsvermögen vorhanden ist, etwa durch Einzahlung in die Kasse oder Überweisung auf ein kreditorisches Gesellschaftskonto.[391]

c) Aufrechnungs- und Befreiungsverbot, insbesondere Verbot der verdeckten Sachgründung und verwandte Tatbestände

aa) Allgemeines

295 Gem. § 19 Abs. 2 S. 1 GmbHG können die Gesellschafter von ihrer Einlagepflicht nicht befreit werden. Der Begriff der „Befreiung" umfasst jedes Rechtsgeschäft, das im Falle seiner Wirksamkeit den Anspruch der Gesellschaft auf Leistung der Einlage nach Grund, Höhe, Inhalt oder Leistungszeitpunkt aufheben oder beeinträchtigen würde.[392] Hierunter fällt nicht nur der Erlass, sondern zB auch ein negatives Schuldanerkenntnis, die Stundung, die Umwandlung in ein Darlehen oder die Annahme

---

[383] BGH GmbHR 2002, 545, 547.
[384] BGH NJW 1991, 226 und NJW-RR 1996, 1249, 1250.
[385] BGHZ 119, 177, 189; BGH NJW 1986, 989.
[386] DStR 1997, 1257; *Goette*, § 2 Rn 26.
[387] Zu diesen Kriterien vgl nachfolgend Rn 300 ff.
[388] *Goette*, § 2 Rn 18.
[389] BGH NJW 1991, 226 und 1294.
[390] BGH GmbHR 2005, 229.
[391] BGHZ 158, 283; schon zuvor ähnlich für Sacheinlagen BGHZ 150, 197, 201; Ausnahmen lässt der BGH (GmbHR 2006, 1328, 1329 ff) unter strengen Voraussetzungen in akuten Sanierungsfällen zu.
[392] Baumbach/Hueck/*Fastrich*, § 19 Rn 15.

einer anderen Leistung an Erfüllungs statt.[393] Auch ein Vergleich über die Einlageforderung ist unzulässig, sofern er nicht ausnahmsweise wegen beachtlicher rechtlicher oder tatsächlicher Unklarheiten (etwa bei Streit über ordnungsgemäße Erfüllung einer Sacheinlageverpflichtung) einer Durchsetzung der Einlageforderung im Klagewege vorzuziehen ist.[394] Ist der Vergleich danach ausnahmsweise zulässig, bedarf er zu seiner Wirksamkeit der Zustimmung der Gesellschafterversammlung.

§ 19 Abs. 2 S. 1 GmbHG ist ein Verbotsgesetz iSv § 134 BGB.[395] Die unzulässige Befreiung des Gesellschafters von der Einlagepflicht ist also unwirksam, so dass er zur Zahlung der Einlage verpflichtet bleibt.

Gem. § 19 Abs. 2 S. 2 GmbH kann der Gesellschafter seine Bareinlagepflicht nicht durch Aufrechnung erfüllen. Die hiergegen verstoßende Aufrechnung ist unwirksam.[396] Eine Ausnahme zu dem Aufrechnungsverbot enthält § 19 Abs. 5, 2. Alt. GmbHG. Danach ist die Aufrechnung einer für die Überlassung von Vermögensgegenständen zu gewährenden Vergütung zulässig, wenn sie in Ausführung einer nach § 5 Abs. 4 S. GmbHG getroffenen Bestimmung, dh im Rahmen einer ordnungsgemäßen Sacheinlagevereinbarung erfolgt. Der BGH entnimmt § 19 Abs. 5, 2. Alt. GmbHG verallgemeinernd ein **generelles Verbot verdeckter Sacheinlagen**.[397] Eine verdeckte Sacheinlage in diesem Sinne liegt vor, wenn die gesetzlichen Regeln für Sacheinlagen dadurch unterlaufen werden, dass zwar eine Bareinlage vereinbart wird, die Gesellschaft aber bei wirtschaftlicher Betrachtung von dem Einleger aufgrund einer im Zusammenhang mit der Übernahme der Einlage getroffenen Absprache einen Sachwert erhalten soll.[398] Dies ist unzulässig, weil die für Sacheinlagen geltenden Vorschriften zur Sicherung der realen Kapitalaufbringung, wie etwa die Pflicht zur Erstattung eines Sachgründungsberichtes und dessen Plausibilitätsprüfung durch das Registergericht (§ 8 Abs. 1 Nr. 4 GmbHG),[399] nicht dadurch umgangen werden dürfen, dass eine Sacheinlage in das äußere Gewand einer Bareinlage gekleidet wird.

Aus dem Verbot der verdeckten Sacheinlage folgt zunächst, dass eine in ihrem Rahmen erklärte Aufrechnung unwirksam ist. Werden Zahlungen im Rahmen einer verdeckten Sacheinlage geleistet, haben sie analog § 19 Abs. 5, 2. Alt. GmbHG keine schuldbefreiende Wirkung. Der Gesellschafter bleibt damit zur Leistung seiner Einlage verpflichtet.[400] Wurde im Rahmen der verdeckten Sacheinlage ein Verkehrsgeschäft (etwa ein Kaufvertrag) abgeschlossen und zu dessen Erfüllung eine Sache (etwa die Kaufsache) übereignet, sind analog § 27 Abs. 3 S. 1 AktG sowohl das schuldrechtliche Geschäft als auch das dingliche Erfüllungsgeschäft nichtig.[401] Dies bedeutet, dass der Gesellschafter, der zur Einlagezahlung verpflichtet bleibt, zumindest Eigentümer der von ihm geleisteten Sache bleibt, diese daher nach § 985 BGB herausverlangen kann und damit im Insolvenzfall gem. § 54 InsO aussonderungsberechtigt ist.

bb) Aufrechnung durch den Gesellschafter

Die Aufrechnung des Gesellschafters gegen die Einlageforderung ist gem. § 19 Abs. 2 S. 2 GmbHG unwirksam. Verkauft etwa der Gesellschafter eine Sache (zB eine Maschine) an die Gesellschaft, kann er seine Bareinlage nicht wirksam durch Aufrechnung der Kaufpreisforderung leisten. Die Gesellschaft kann Barzahlung verlangen, was in der Praxis regelmäßig durch den Insolvenzverwalter im Insolvenzverfahren geschieht. Kann der betroffene Gesellschafter nicht leisten, finden die Vorschriften des Kaduzierungsverfahrens unter Einschluss der Ausfallhaftung (§ 24 GmbHG) Anwendung.

---

393 Baumbach/Hueck/*Fastrich*, § 19 Rn 16 ff.
394 Lutter/Hommelhoff/*Bayer*, § 19 Rn 16; Baumbach/Hueck/*Fastrich*, § 19 Rn 19.
395 Vgl nur Baumbach/Hueck/*Fastrich*, § 19 Rn 14.
396 Vgl nur Baumbach/Hueck/*Fastrich*, § 19 Rn 21; Scholz/*Schneider*, § 19 Rn 60.
397 BGHZ 132, 133, 135; *Goette*, § 2 Rn 27.
398 BGHZ 155, 329, 331; 166, 8, 11.
399 Zu den Einzelheiten siehe oben Rn 13.
400 BGHZ 113, 335, 345; Lutter/Hommelhoff/*Bayer*, § 5 Rn 50.
401 BGHZ 155, 329, 338 f.

cc) Aufrechnung durch die Gesellschaft und Verrechnung

300 Das **Aufrechnungsverbot** nach § 19 Abs. 2 S. 2 GmbHG gilt nur für den Gesellschafter. Daraus folgt, dass die Gesellschaft grundsätzlich ihre Einlageforderung gegen eine Forderung des pflichtigen Gesellschafters aufrechnen oder mit diesem einvernehmlich eine Verrechnung vereinbaren kann. Auch solche Rechtsgeschäfte dürfen aber nicht zu einer verdeckten Sacheinlage führen. Deshalb gelten folgende Einschränkungen:

301 Ist die Gegenforderung des Gesellschafters bereits vor der Einlageforderung der Gesellschaft entstanden (nur bei Kapitalerhöhungen möglich), hätte diese **Altforderung** auch als Sacheinlage eingebracht werden können und müssen. Da dies nicht geschehen ist, wird durch die von der Gesellschaft erklärte Aufrechnung oder die vereinbarte Verrechnung eine verdeckte Sacheinlage geleistet, die gegen § 19 Abs. 5, 2. Alt. GmbHG verstößt. Danach ist die Aufrechnung oder Verrechnung einer Altforderung unwirksam.[402] Auf die Kriterien der Fälligkeit, Liquidität und Vollwertigkeit (dazu sogleich) kommt es nicht an.

302 Eine zur Unwirksamkeit der Aufrechnung bzw Verrechnung führende verdeckte Sacheinlage liegt auch vor, wenn die Gegenforderung des Gesellschafters als sog. **Neuforderung** zwar erst nach der Einlageforderung der Gesellschaft entsteht, wenn die Aufrechnung bzw Verrechnung aber bereits bei Entstehung der Einlageforderung zwischen der Gesellschaft und ihrem Gesellschafter abgesprochen war.[403] Durch diese Absprache beziehen die Beteiligten nämlich sowohl die Entstehung als auch die Aufrechnung bzw Verrechnung der Neuforderung in den Vorgang der Einlageleistung ein und bewirken damit, dass bei wirtschaftlicher Betrachtung die Neuforderung als Sacheinlage geleistet wird, so dass eine verdeckte Sacheinlage vorliegt. Eine Absprache in dem vorgenannten Sinne wird widerlegbar vermutet, wenn zwischen Gründung der Gesellschaft bzw Fassung des Kapitalerhöhungsbeschlusses einerseits und der Auf- oder Verrechnung andererseits ein enger zeitlicher und sachlicher Zusammenhang besteht.[404] Dabei lehnt der BGH eine feste zeitliche Grenze, etwa die im Schrifttum vorgeschlagene Frist von sechs Monaten,[405] ausdrücklich ab. Immerhin hat er einen Zeitraum von acht Monaten für zu lang erachtet.[406] Im Einzelfall kann aber auch bei einem längeren Zeitraum noch die Absprache vermutet werden, etwa wenn nach einer Kapitalerhöhung die sofort fällige erste Hälfte der Einlage aus den Gewinnen des abgelaufenen Geschäftsjahres erbracht wird und die zweite Hälfte nach einem Jahr in derselben Weise aus den Gewinnen des folgenden Geschäftsjahres bestritten wird.[407]

303 Ist eine Absprache in dem vorstehend dargelegten Sinne nicht gegeben, stellt die Auf- oder Verrechnung einer Neuforderung keine verdeckte Sacheinlage dar. Auch in diesen Fällen darf die Aufrechnung bzw Verrechnung jedoch nicht zu einer gem. § 19 Abs. 2 S. 1 GmbHG unzulässigen Befreiung des Gesellschafters von seiner Einlagepflicht führen. Deshalb ist die Aufrechnung bzw Verrechnung nur wirksam, wenn die Gesellschaft durch sie auch wirtschaftlich so gestellt wird, als wenn der Gesellschafter seine Einlage erbracht hätte. Dies ist nur der Fall, wenn die Forderung des Gesellschafters fällig, liquide und vollwertig ist.[408] Liquide in diesem Sinne ist die Forderung, wenn sie nach Grund und Höhe außer Zweifel steht. Vollwertigkeit ist nur gegeben, wenn die Gesellschaft zum Zeitpunkt der Aufrechnung in der Lage ist, alle fälligen Forderungen unter Einschluss der Gegenforderung zu erfüllen.[409] Daran fehlt es insbesondere bei Überschuldung oder Zahlungsunfähigkeit der Gesellschaft. Denn in diesen Fällen kann der Gesellschafter keine vollständige Erfüllung seiner Forderung aus dem Gesellschaftsvermögen erwarten, so dass sich diese Forderung bei wirtschaftlicher Betrachtung als minderwertig gegenüber der Einlageforderung darstellt. Die Vollwertigkeit fehlt auch, wenn die Forderung des Gesellschafters verjährt ist.

---

402 BGHZ 113, 335, 341; 132, 141, 144; 152, 37, 42.
403 BGHZ 132, 133, 139; 132, 141, 145 f; 152, 37, 43.
404 BGHZ 132, 133, 139; 152, 37, 44 f.
405 So etwa Baumbach/Hueck/*Fastrich*, § 19 Rn 39.
406 BGHZ 152, 37, 45.
407 *Goette*, § 2 Rn 49 aE.
408 BGHZ 125, 141, 143; 152, 37, 42.
409 BGHZ 90, 370, 373; 125, 141, 145.

304 Stets **unzulässig** ist die Aufrechnung oder Verrechnung der Mindesteinlageforderung gem. § 7 Abs. 2 GmbHG, da die Mindesteinlage der Gesellschaft eine Mindestliquidität zuführen soll.[410]

305 Auch wenn die dargelegten Voraussetzungen nicht erfüllt sind, ist die Aufrechnung oder Verrechnung zulässig, wenn anderenfalls die Aufbringung der Einlage gefährdet wäre.[411] Dies ist namentlich der Fall, wenn der Gesellschafter nicht leistungsfähig ist.

dd) Hin- und Herzahlungen

(1) Grundlagen

306 Eine der Auf- bzw Verrechnung ähnliche Konstellation ist gegeben, wenn der Gesellschafter seine Bareinlage zunächst wie geschuldet in Geld erbringt, dann aber in engem zeitlichem und sachlichem Zusammenhang hiermit dieser Betrag an den Gesellschafter **zurückgezahlt** wird. Die Rückzahlung kann sowohl im Rahmen eines Verkehrsgeschäftes (etwa eines Kauf-, Darlehens- oder Mietvertrages), als auch im Rahmen des Gesellschaftsverhältnisses (etwa Gewinnausschüttungen) erfolgen. Der BGH wendet in derartigen Fällen zwei Lösungsansätze an, die zu demselben Ergebnis (Unwirksamkeit der Einlageleistung) führen und deren Voraussetzungen häufig nebeneinander erfüllt sind. Zunächst stellt der BGH darauf ab, dass die Einlageverpflichtung nur dann wirksam erfüllt wird und damit gem. § 362 BGB erlischt, wenn die Einlage zur **freien Verfügung** der Gesellschaft steht und auch endgültig bei dieser verbleiben soll. Daran fehlt es, wenn der Einlagebetrag in geringem zeitlichen Abstand nach der Einzahlung zurückgezahlt wird.[412] Der Gesellschafter bleibt also zur Einlagezahlung verpflichtet und muss damit noch einmal zahlen. Im Gegenzug steht ihm ein Anspruch auf Rückzahlung des an die Gesellschaft gezahlten Geldes gem. § 812 BGB zu, weil diese Zahlung keine Erfüllungswirkung hatte. Diesen Anspruch kann der Gesellschafter aber gem. § 19 Abs. 2 S. 2 GmbHG nicht gegen die Einlageforderung der Gesellschaft aufrechnen.[413] Der Gesellschafter kann seinen Anspruch daher nur im Insolvenzverfahren geltend machen.

307 Als zweiten Lösungsansatz wendet der BGH die Regeln über **verdeckte Sacheinlagen** an.[414] Eine solche liegt zunächst vor, wenn es sich bei der Forderung des Gesellschafters um eine sog. **Altforderung** handelt, dh um eine solche, die schon vor der Einlageforderung entstanden ist. In diesen Fällen hätte nämlich die Altforderung als Sacheinlage eingebracht werden können und müssen, so dass die Hin- und Herzahlung eine verdeckte Sacheinlage darstellt.[415] Dasselbe gilt, wenn die Forderung des Gesellschafters als sog. **Neuforderung** zwar erst nach der Einlagepflicht entsteht, die Hin- und Herzahlung aber bereits spätestens bei Begründung der Einlagepflicht zwischen den Parteien abgesprochen war.[416] Ebenso wie in den Fällen der Aufrechnung durch die Gesellschaft und der Verrechnung[417] wird diese Absprache widerleglich vermutet, wenn zwischen der Entstehung der Einlageforderung, dh der Gründung der Gesellschaft bzw dem Kapitalerhöhungsbeschluss, und den Zahlungsvorgängen ein enger zeitlicher Zusammenhang besteht.[418] Nicht erforderlich ist demgegenüber die Feststellung einer besonderen Umgehungsabsicht.[419]

(2) Sonderprobleme

308 **Darlehensgewährung:** Die Regeln über Hin- und Herzahlungen verbieten auch, dem Gesellschafter kurze Zeit nach der Einlagezahlung ein **Darlehen** zu gewähren und so den Betrag der Einlage ganz oder teilweise an ihn zurückzuzahlen. Dies stellt zwar keine verdeckte Sacheinlage dar, weil der

---

410 Scholz/*Winter*/*Veil*, § 7 Rn 31; Baumbach/Hueck/*Fastrich*, § 7 Rn 7.
411 BGHZ 15, 52, 60.
412 BGHZ 165, 113, 166; BGH GmbHR 2002, 545, 547; 2004, 896.
413 OLG Schleswig GmbHR 2000, 1046 und 1048.
414 Dazu vorstehend Rn 295.
415 BGHZ 113, 335, 341 ff; 125, 141, 149 ff; 166, 8, 12.
416 BGHZ 152, 37, 43.
417 Dazu vorstehend Rn 300 ff.
418 BGH, aaO.
419 Baumbach/Hueck/*Fastrich*, § 19 Rn 39; Lutter/Hommelhoff/*Bayer*, § 5 Rn 43.

Gesellschaft nichts zugewandt wird, was Gegenstand einer Sacheinlage sein könnte.[420] Die Einlageschuld erlischt jedoch nicht, wenn die Hin- und Herzahlung in geringem zeitlichem Abstand erfolgt, weil in einem solchen Fall die Leistung nicht zur freien Verfügung der Gesellschaft gestanden hat.[421] Außerdem ist der Darlehensvertrag wegen Verstoßes gegen die Kapitalaufbringungsvorschriften unwirksam.[422] Daraus folgt, dass mit einer späteren, als „Darlehensrückzahlung" bezeichneten Zahlung die Einlageschuld erlischt, weil diese Tilgungsbestimmung wegen der Nichtigkeit des Darlehensvertrages gegenstandslos und dahin auszulegen ist, dass anstelle der vermeintlichen Darlehensschuld die fortbestehende Einlageschuld erfüllt werden soll.[423] Ob dasselbe auch bei Aufrechnung oder Verrechnung des Darlehensrückzahlungsanspruches gegen einen Anspruch des Gesellschafters gilt, richtet sich nach den zur Aufrechnung bzw Verrechnung von Einlageansprüchen entwickelten Regeln (dazu vorstehend Rn 300 ff).[424]

309 Die vorstehend für die Gewährung eines Darlehens dargelegten Regeln gelten auch, wenn die Einlage kurz nach ihrer Zahlung im Rahmen eines Treuhandvertrages zurückgezahlt wird. Auch hier wird also die Einlage nicht wirksam geleistet, die spätere Rückzahlung des „Treugutes" führt jedoch wegen der Unwirksamkeit des Treuhandvertrages zur Tilgung der Einlageschuld.[425]

310 **Cash-Pooling:** Große praktische Schwierigkeiten bereitet die Kapitalaufbringung bei Gesellschaften, die an einem **Cash-Pool** teilnehmen. Bei diesem System, das der Optimierung der Konzernfinanzierung und des Liquiditätsmanagements dient, werden täglich alle Konten der konzernangehörigen Gesellschaften „auf Null gestellt" zugunsten oder zulasten eines Zentralkontos der Muttergesellschaft. Der Tagesausgleich erfolgt aufgrund von Darlehen, die die Muttergesellschaft entweder den Konzerntöchtern gewährt (beim Ausgleich überzogener Konten) oder von diesen erhält (bei der Abführung von Guthaben). Wird im Rahmen eines solchen Konzerns eine Kapitalerhöhung bei einer Tochtergesellschaft durchgeführt oder eine neue Gesellschaft gegründet, führt das Cash-Pool-System dazu, dass die Einlage nach ihrer Gutschrift auf dem Konto der Tochtergesellschaft beim nächsten Poolausgleich an die Muttergesellschaft zurückfließt. Der BGH[426] hat die Anerkennung eines „Sonderrechts" für Cash-Pools abgelehnt und wendet die allgemeinen Regeln über Hin- und Herzahlungen an. Dies bedeutet, dass die Einlage nicht zur freien Verfügung der Tochtergesellschaft gestanden hat und deshalb nicht wirksam geleistet worden ist. Bestand zugunsten der Tochtergesellschaft aus dem Cash-Pool bereits eine Darlehensforderung, die dann als Altforderung mit dem Poolausgleich zurückgeführt worden ist, liegt zudem eine verdeckte Sacheinlage vor. An dieser Beurteilung ändert sich nach der genannten Entscheidung des BGH auch nichts, wenn die Einlage auf ein Sonderkonto eingezahlt wird, das nach einer „Schamfrist" von einem Monat zugunsten des Pool-Systems wieder aufgelöst wird. Die sich aufdrängende Frage, wie in der Praxis Kapitalerhöhungen in Cash-Pools wirksam vorgenommen werden können, hat der BGH nicht beantwortet. Steht der Konzernmutter aus dem Cash-Pool eine Darlehensforderung zu, kann diese selbstverständlich im Wege der Sachkapitalerhöhung eingebracht werden. Kann oder soll dieser Weg nicht beschritten werden, genügt es nicht, der Tochtergesellschaft lediglich ein Verfügungsrecht über das Zentralkonto einzuräumen.[427] Eine Bareinlage kann vielmehr nur wirksam geleistet werden, wenn das Cash-Pool-System dergestalt angepasst wird, dass die Tochtergesellschaft nur solche Salden an die Muttergesellschaft abführen darf, die den Einlagebetrag übersteigen.[428] Praktisch lässt sich dies leicht erreichen, indem etwa die Einlage auf ein Konto der Tochtergesellschaft bei einem anderen Kreditinstitut gezahlt wird, das am Cash-Pooling nicht teilnimmt.[429] Diese Beschränkung muss jedoch auf Dauer angelegt sein, da jede Befristung eine

---

420 BGHZ 165, 113, 116 f.
421 BGHZ 153, 107, 109 f; 165, 113, 116.
422 BGHZ 165, 113, 117.
423 BGHZ 165, 113, 117 f.
424 BGHZ 153, 107, 112.
425 BGHZ 165, 352, 355 ff.
426 BGHZ 166, 8.
427 BGHZ 165, 352, 355 f; *Bayer/Lieder* GmbHR 2006, 449, 452 f; *Langner* GmbHR 2006, 480, 482.
428 *Langner*, aaO; *Sieger/Wirtz* ZIP 2005, 2280.
429 *Goette* DStR 2006, 767.

Absprache darstellen würde, die zu einer verdeckten Sacheinlage führt.[430] Damit ist die Einlage für die Gesellschaft nicht „verloren", denn die Kapitalaufbringungsregeln verlangen keine Thesaurierung der Einlage, sondern verbieten nur deren Rückzahlung an Gesellschafter; zulässig bleibt aber selbstverständlich die Verwendung der eingelegten Mittel im Rahmen des gewöhnlichen Wirtschaftsverkehrs durch Zahlung an Gläubiger, die keine Gesellschafter sind.[431]

Verkehrsgeschäfte: Zu ähnlichen Problemen führen die Regeln der Hin- und Herzahlung, wenn zwischen der Gesellschaft und ihrem Gesellschafter **Verkehrsgeschäfte** abgeschlossen und abgewickelt werden. Zahlt beispielsweise die Gesellschaft an ihren Gesellschafter monatlich sein Geschäftsführergehalt oder die Miete für das Betriebsgrundstück, führt dies zwangsläufig zur Rückzahlung des Einlagebetrages. Dasselbe gilt, wenn etwa zwischen konzernangehörigen Gesellschaften eine ständige Lieferbeziehung besteht, in deren Rahmen die Tochtergesellschaft laufende Kaufpreiszahlungen an die Konzernmutter erbringt. Wie schon zuvor für das Cash-Pooling (dazu vorstehend), lehnt der BGH eine generelle Ausklammerung derartiger Geschäfte aus dem Anwendungsbereich der Regeln über verdeckte Sacheinlagen ab.[432] Entscheidend ist vielmehr, entsprechend den allgemeinen Regeln, ob die für verdeckte Sacheinlagen charakteristische **Absprache** besteht, dass die zu erbringende Bareinlage in Gestalt der Vergütung für eine Sachleistung wieder an den Einleger zurückfließen soll. Dabei soll jedoch die normalerweise bei engem sachlichem und zeitlichem Zusammenhang zwischen Einlageleistung und Verkehrsgeschäft greifende Vermutung dieser Absprache nicht gelten, wenn ein **normales Verkehrsgeschäft** im Rahmen eines **laufenden Geschäftsverkehrs zu marktüblichen Konditionen** abgeschlossen wird.[433] Keine Erleichterungen gelten demgegenüber bei einmaligen außergewöhnlichen Transaktionen oder im Rahmen des Gründungskonzeptes stehenden Geschäften wie etwa dem Erwerb des zur Aufnahme des Geschäftsbetriebes erforderlichen Warenlagers vom Gründungsgesellschafter aus den Mitteln seiner Bareinlage kurz nach der Gründung der Gesellschaft.[434] Der BGH betont, dass es im Gründungsstadium regelmäßig an einem schützenswerten, bereits laufenden Geschäftsverkehr fehlt.[435] Erleichterungen kommen damit nur für Verkehrsgeschäfte vor oder nach Kapitalerhöhungen in Betracht. Leistungen von Sachwerten in zeitlicher Nähe zur Gründung sind nur unter Einhaltung der Gründungsvorschriften zulässig.

„Her- und Hinzahlungen": Die Regeln über Hin- und Herzahlungen gelten unabhängig davon, ob die Gesellschaft die Zahlung des Gesellschafters zurückzahlt oder umgekehrt. Deshalb wird die Einlageverpflichtung auch nicht erfüllt, wenn die Gesellschaft, etwa aufgrund eines Darlehensvertrages, eine Zahlung an den Gesellschafter erbringt, den dieser anschließend als „Einlage" an die Gesellschaft zurückzahlt. Denn hier wird die Einlage aus Mitteln der Gesellschaft erbracht, was einem verbotenen Erlass der Einlageschuld gleichsteht.[436] Sonderregeln gelten jedoch, wenn die Gesellschaft Gewinne ausschüttet, die anschließend im Wege einer Kapitalerhöhung als Bareinlage wieder eingezahlt werden; dieses **Schütt-aus-hol-zurück-Verfahren** lässt der BGH inzwischen zu, wenn es bei der Anmeldung der Kapitalerhöhung dem Registergericht offengelegt wird, das die Eintragung dann nach den Regeln der Kapitalerhöhung aus Gesellschaftsmitteln auszurichten hat.[437]

Zahlungsempfänger: Die Tatbestände der Hin- und Herzahlung erfordern **keine Personenidentität** zwischen Einlageschuldner und Auszahlungsempfänger. Es genügt, wenn der Einlageschuldner durch die Rückzahlung an einen Dritten in der gleichen Weise begünstigt wird, als wenn an ihn selbst geleistet worden wäre. Die dargelegten Rechtsfolgen treten daher insbesondere auch ein, wenn die Rückzahlung des Einlagebetrages an ein vom Einlageschuldner beherrschtes Unternehmen oder an dessen

---

430 *Bayer/Lieder* GmbHR 2006, 449, 451 unter zutreffendem Hinweis darauf, dass ein enger sachlicher und zeitlicher Zusammenhang nur die Vermutung einer Absprache zur verdeckten Sacheinlage begründet, aber nicht deren Voraussetzung ist.
431 *Goette* DStR 2006, 767 f.
432 BGH ZIP 2007, 178, 181 f unter Tz 22 f.
433 BGH, aaO, S. 182, Tz 24.
434 BGH, aaO, S. 182, Tz 28.
435 BGH, aaO, S. 182, Tz 29.
436 BGHZ 153, 107, 110; BGH GmbHR 2004, 896; 2006, 982, 983.
437 BGHZ 135, 381; anders noch BGHZ 113, 335.

Treuhänder erfolgt.[438] Nach richtiger Auffassung darf damit entgegen einer häufig geübten Praxis bei der GmbH & Co. KG die Komplementär-GmbH die Einlage nicht der KG darlehensweise überlassen, wenn die Kommanditisten mit den GmbH-Gesellschaftern identisch sind.[439] Zulässig ist dagegen – etwa zum Zwecke des absprachegemäßen Unternehmenskaufes –, die Einlage an eine Schwestergesellschaft des Einlageschuldners zu zahlen, an der dieser weder unmittelbar noch mittelbar beteiligt ist.[440]

ee) Heilung

314 Erkennen die Gesellschafter nach der Gründung oder Kapitalerhöhung, dass eine verdeckte Sacheinlage vorliegt, können sie den Fehler durch **Satzungsänderung** heilen.[441] Dazu müssen die Gesellschafter in dem satzungsändernden Beschluss zunächst offen legen, dass eine verdeckte Sacheinlage geleistet wurde und die Kapitalaufbringung nunmehr ordnungsgemäß durchgeführt werden soll. Der Gegenstand der Sacheinlage ist sodann zu bezeichnen. Dabei kann es sich nicht nur um die seinerzeit (unwirksam) verrechnete Forderung oder den aufgrund eines Verkehrsgeschäftes (unwirksam) eingebrachten Gegenstand handeln, sondern auch um den dem Gesellschafter wegen der gescheiterten Einlagezahlung zustehenden Ersatz- oder Erstattungsanspruch.[442] Die Sacheinlage muss werthaltig sein, und zwar bezogen auf den Zeitpunkt des Heilungsbeschlusses. Dies ist durch einen Einlagendeckungsänderungsbericht der Geschäftsführer und die durch einen Wirtschaftsprüfer testierte Bilanz gegenüber dem Handelsregister nachzuweisen.[443] In aller Regel sind die Gesellschafter aufgrund der Treuepflicht verpflichtet, einer entsprechenden Satzungsänderung zuzustimmen.[444]

ff) Neuregelung durch das MoMiG

315 Durch das MoMiG, das in der ersten Jahreshälfte 2008 in Kraft treten soll, soll das Aufrechnungsverbot (§ 19 Abs. 2 S. 2 GmbHG) zukünftig dahingehend formuliert werden, dass die Aufrechnung nur zulässig ist mit einer Forderung aus der Überlassung von Vermögensgegenständen, deren Anrechnung auf die Einlageverpflichtung nach § 5 Abs. 4 S. 1 GmbHG vereinbart worden ist. § 19 Abs. 5 GmbHG wird aufgehoben. Der Begriff der verdeckten Sacheinlage wird zukünftig in § 19 Abs. 4 S. 1 GmbHG legaldefiniert als Geldeinlage, die „bei wirtschaftlicher Betrachtung und aufgrund einer im Zusammenhang mit der Übernahme der Geldeinlage getroffenen Abrede vollständig oder teilweise als Sacheinlage zu bewerten" ist. Diese Legaldefinition entspricht der bisherigen Rechtsprechung des BGH.

316 Das MoMiG soll das Verbot der verdeckten Sacheinlage aufheben. § 19 Abs. 4 S. 1 GmbHG soll zukünftig bestimmen, dass das Vorliegen einer verdeckten Sacheinlage der Erfüllung der Einlageschuld nicht entgegensteht. Wenn der Wert des Vermögensgegenstandes im Zeitpunkt der Anmeldung der Gesellschaft zur Eintragung in das Handelsregister oder zum Zeitpunkt seiner Überlassung an die Gesellschaft, falls diese später erfolgt, nicht den Betrag der übernommenen Stammeinlage erreicht, gilt lediglich § 9 GmbHG entsprechend (zukünftig § 19 Abs. 4 S. 2 GmbHG), dh den Gesellschafter trifft eine entsprechende Differenzhaftung. Die Beweislast für die Werthaltigkeit des Vermögensgegenstandes trägt der Gesellschafter (zukünftig § 19 Abs. 4 S. 3 GmbHG). Die Verjährung des Anspruchs der Gesellschaft beginnt nicht vor dem Zeitpunkt der Überlassung des Vermögensgegenstandes (zukünftig § 19 Abs. 4 S. 4 GmbHG). Das Gesagte gilt selbst bei vorsätzlicher Umgehung der Sachgründungsvorschriften.[445] Auf die Definition zeitlicher Grenzen, deren Überschreitung eine verdeckte Sacheinlage ausschließt, verzichtet der Gesetzgeber des MoMiG ausdrücklich ebenso wie die bisherige Rspr des BGH.[446]

---

438 BGHZ 125, 141, 144 f; 153, 107, 111; 166, 8, 15.
439 OLG Koblenz GmbHR 1989, 377; OLG Hamm, ZIP 2007, 226; *Lüke* in Hesselmann/Tillmann/Mueller-Thuns, Handbuch der GmbH & Co. KG, 19. Aufl., 2005, § 4 Rn 60; aA: OLG Köln GmbHR 2002, 968; OLG Jena GmbHR 2006, 940.
440 BGH GmbHR 2007, 433.
441 BGHZ 132, 141, 150 ff.
442 *Goette*, § 2 Rn 52.
443 BGHZ 132, 141, 155 f.
444 BGHZ 155, 329.
445 S. 91 der Begründung des Regierungsentwurfes zum MoMiG.
446 S. 92 der Begründung des Regierungsentwurfes zum MoMiG.

Die zukünftige Zulassung verdeckter Sacheinlagen wird ergänzt durch den zukünftigen § 8 Abs. 2 S. 2 GmbHG. Danach steht die vor Einlage getroffene Vereinbarung einer Leistung an den Gesellschafter, die wirtschaftlich einer Einlagenrückgewähr entspricht und die nicht bereits als verdeckte Sacheinlage zu beurteilen ist, der Erfüllung der Einlageschuld nicht entgegen, wenn sie durch einen vollwertigen Gegenleistungs- oder Rückgewähranspruch gedeckt ist. Dadurch sollen Hin- und Herzahlungen, die keine verdeckte Sacheinlage darstellen, zulässig werden, namentlich die Darlehensgewährung aus Einlagenmitteln.[447] Dies schließt auch eine analoge Anwendung des Aufrechnungsverbotes (§ 19 Abs. 2 S. 1 GmbHG) aus.[448] Die Neuregelungen sollen rückwirkend in Kraft treten. § 3 Abs. 4 EGGmbHG wird zukünftig bestimmen, dass die neuen §§ 8 Abs. 2 S. 2 und 19 Abs. 4 GmbHG auch für Einlageleistungen gelten, die vor Inkrafttreten des MoMiG erfolgt sind, soweit nicht bereits rechtskräftige Urteile ergangen oder wirksame Vereinbarungen zwischen der Gesellschaft und dem Gesellschafter getroffen worden sind.

317

2. Kapitalerhaltung

a) Schutz des Stammkapitals gem. § 30 GmbHG

aa) Schutzumfang

Vorstehend wurde eingehend das Gebot der Aufbringung des Stammkapitals als tragendes Prinzip des Kapitalgesellschaftsrechts erörtert. Selbstverständlich ist den Interessen der Gesellschaft und ihrer Gläubiger nicht allein dadurch Genüge getan, dass die Gesellschafter der Gesellschaft das Stammkapital zur Verfügung stellen. Vielmehr muss auch sichergestellt werden, dass der Gesellschaft dieses Kapital möglichst erhalten bleibt. Diesem Gebot der **Erhaltung des Stammkapitals** dient insbesondere § 30 Abs. 1 GmbHG. Danach darf das zur Erhaltung des Stammkapitals erforderliche Vermögen der Gesellschaft an die Gesellschafter nicht ausgezahlt werden. Daraus folgt zunächst, dass nur Leistungen an Gesellschafter oder gleichgestellte Personen[449] unzulässig sein können. § 30 Abs. 1 GmbHG gebietet keine Thesaurierung des Stammkapitals mit dem Ziel, dieses den Gläubigern als garantierten Haftungsfonds zu erhalten. Die Gesellschaft kann also das Stammkapital für ihre unternehmerische Tätigkeit einsetzen. Das damit verbundene Risiko eines Kapitalverlustes wird durch § 30 Abs. 1 GmbHG nicht ausgeschlossen.

318

Im Gegensatz zu § 57 AktG enthält § 30 Abs. 1 GmbHG kein generelles Leistungsverbot. Die Kapitalbindung beschränkt sich vielmehr auf das zur Erhaltung des Stammkapitals erforderliche Vermögen der Gesellschaft. Damit werden Leistungen der GmbH an ihre Gesellschafter nur untersagt, soweit durch diese eine **Unterbilanz** entstehen oder vergrößert würde. Eine Unterbilanz ist gegeben, wenn das Eigenkapital der Gesellschaft, dh die Differenz zwischen den Aktiva der Gesellschaft und ihren Verbindlichkeiten, den Betrag des Stammkapitals nicht erreicht. Ob dies der Fall ist, ist – anders als etwa bei der Feststellung der Überschuldung im Sinne von § 19 InsO – nicht aufgrund eines Vermögensstatus, sondern anhand der Handelsbilanz mit fortgeführten Buchwerten zum Stichtag der Leistung (Zwischenbilanz) festzustellen.[450] Nicht berücksichtigungsfähig sind damit insbesondere stille Reserven sowie nicht bilanzierungsfähige Vermögenswerte wie der selbst geschaffene Unternehmenswert (good will) oder gewerbliche Schutzrechte (zB Patente), soweit sie nicht entgeltlich erworben wurden.[451] Rückständige Einlagen sind als Forderungen zu aktivieren, soweit sie werthaltig sind. Zu passivieren sind auch Verbindlichkeiten aus eigenkapitalersetzenden Gesellschafterdarlehen, selbst wenn ein Rangrücktritt erklärt wurde,[452] sowie Rückstellungen.[453] Unzulässig sind nur solche Leistungen, durch die eine Unterbilanz in dem vorstehend dargelegten Sinne entsteht oder vergrößert wird. Erfolgt die Leistung teilweise aus freiem und teilweise aus gebundenem Vermögen, erfasst das

319

---

447 S. 78 der Begründung des Regierungsentwurfes zum MoMiG.
448 S. 78 der Begründung des Regierungsentwurfes zum MoMiG.
449 Dazu nachfolgend Rn 322.
450 BGHZ 106, 7, 12; 109, 334, 337 f; BGH GmbHR 2006, 531, 532; *Goette*, § 3 Rn 13.
451 BGHZ 106, 7, 12; 109, 334, 337.
452 BGHZ 124, 282, 284; BGH GmbHR 2006, 531, 532 f.
453 BGH GmbHR 2003, 1420, 1421.

Verbot des § 30 Abs. 1 GmbHG nur den letztgenannten Teil.[454] Selbstverständlich gilt § 30 Abs. 1 GmbHG auch und erst recht, wenn die Handelsbilanz nicht mehr nur eine Unterbilanz, sondern schon eine bilanzielle Überschuldung ausweist. Entsprechendes gilt bei einer – anhand eines Vermögensstatus zu ermittelnden – tatsächlichen Überschuldung im Sinne von § 19 InsO.[455]

320 § 30 Abs. 1 GmbHG verbietet nur solche Leistungen der Gesellschaft an ihre Gesellschafter, denen keine gleichwertige Gegenleistung gegenübersteht. Die Gesellschaft wird daher nicht daran gehindert, mit ihren Gesellschaftern **Drittgeschäfte** (zB Kaufverträge) abzuschließen. Leistungen, welche die Gesellschaft im Rahmen derartiger Geschäfte an ihre Gesellschafter erbringt, fallen grds. nicht unter § 30 Abs. 1 GmbHG. Dies gilt jedoch nur, solange das Drittgeschäft zu Konditionen abgeschlossen wird, die ein nach kaufmännischen Grundsätzen handelnder Geschäftsführer mit diesem Inhalt auch mit einem Nichtgesellschafter abgeschlossen hätte (sog. Drittvergleich). Dabei steht dem Geschäftsführer ein unternehmerischer Ermessensspielraum zu.[456] Wird dieser aber überschritten, dh räumt die Gesellschaft ihrem Gesellschafter unvertretbar günstige Konditionen ein, liegt in Höhe des Vermögensvorteils, den ein Nichtgesellschafter nicht erhalten hätte, eine sog. **verdeckte Gewinnausschüttung** vor, die gegen § 30 Abs. 1 GmbHG verstößt, soweit sie eine Unterbilanz schafft oder vergrößert.[457] Hierbei sind allein die objektiven Verhältnisse maßgeblich, so dass unerheblich ist, ob der Geschäftsführer bemerkt, dass das Geschäft für die Gesellschaft nachteilhaft ist.[458]

321 Besonderheiten gelten für Darlehensverträge. Kreditgewährungen an Gesellschafter, die nicht aus Rücklagen oder Gewinnvorträgen, sondern zulasten des Stammkapitals erfolgen, verstoßen auch dann gegen § 30 Abs. 1 GmbHG, wenn der Rückzahlungsanspruch gegen den Gesellschafter vollwertig ist.[459] Eine Ausnahme kann allenfalls für den Fall anerkannt werden, dass die Darlehensgewährung im vorrangigen Gesellschaftsinteresse liegt, die Bedingungen dem Drittvergleich standhalten (insbesondere marktübliche Verzinsung) und die Kreditwürdigkeit des Gesellschafters über jeden Zweifel erhaben ist oder die Darlehensrückzahlung durch werthaltige Sicherheiten gewährleistet ist.[460] Ob sich mit diesem Ausnahmetatbestand die in der Praxis übliche Konzernfinanzierung mittels Cash-Pools, bei dem der Liquiditätsausgleich auf der Grundlage von Darlehensgewährungen erfolgt, rechtfertigen lässt, ist offen. Diese derzeitig offene Frage soll durch das voraussichtlich im ersten Halbjahr 2008 in Kraft tretende Gesetz zur Modernisierung des GmbH-Rechts und zur Bekämpfung von Missbräuchen (**MoMiG**) gesetzlich geregelt werden. Nach dem bis Redaktionsschluss vorliegenden Regierungsentwurf soll § 30 Abs. 1 GmbHG um einen Satz 2 erweitert werden, demzufolge die Leistung zulässig ist, wenn die Gesellschaft durch sie einen vollwertigen Gegenleistungs- oder Rückgewähranspruch erwirbt.

bb) Normadressat

322 § 30 Abs. 1 GmbHG verbietet Leistungen an **Gesellschafter**. Im Falle eines Gesellschafterwechsels ist § 16 Abs. 1 GmbHG zu beachten, wonach im Verhältnis zur Gesellschaft nur derjenige als Gesellschafter gilt, dessen Anteilserwerb angemeldet und nachgewiesen ist. Außerdem gilt für den ausgeschiedenen Gesellschafter auch weiterhin das Verbot des § 30 Abs. 1 GmbHG, wenn die Leistung aufgrund einer schuldrechtlichen Verpflichtung erfolgt, die schon vor seinem Ausscheiden begründet worden ist. In diesem Fall liegt nämlich die gegen § 30 Abs. 1 GmbHG verstoßende Verringerung des Gesellschaftsvermögens ohne gleichwertige Gegenleistung schon in der Eingehung der Verbindlichkeit.[461] Für den zukünftigen Gesellschafter gilt § 30 Abs. 1 GmbHG, wenn ihm eine Leistung für den Fall seines Eintritts

---

454 *Goette*, § 3 Rn 17.
455 BGH NJW 1990, 1730, 1732; *Goette*, § 3 Rn 18 ff; Baumbach/Hueck/*Fastrich*, § 30 Rn 13.
456 BGH NJW 1992, 2894, 2896; 1996, 589 f.
457 BGHZ 136, 125, 127; BGH NJW 1996, 589; 1987, 1194, 1195; OLG Hamburg GmbHR 2005, 1498.
458 BGH NJW 1996, 589, 590; 1987, 1194, 1195; OLG Hamburg, aaO.
459 BGHZ 157, 72, 75 ff; großzügiger als der Senat neuerdings *Goette* DStR 2006, 767, 768, wonach das Verbot nur greifen soll, wenn schon vor der Darlehensgewährung eine Unterbilanz bestand. Dagegen zurecht *Bayer/Lieder* GmbHR 2006, 1121, 1123.
460 Baumbach/Hueck/*Fastrich*, § 30 Rn 26; offen gelassen vom BGH aaO, S. 77.
461 BGHZ 13, 49, 54; 81, 252, 258; BGH NJW 1987, 1080; anders jedoch BGH NJW 1996, 589 für den Sonderfall, dass die Leistung an ein mit dem ausgeschiedenen Gesellschafter verbundenes Unternehmen erfolgt.

in die Gesellschaft versprochen wird.[462] Befriedigt die Gesellschaft aus gebundenem Vermögen einen Gläubiger des Gesellschafters, liegt hierin eine gegen § 30 Abs. 1 GmbHG verstoßende Leistung an diesen Gesellschafter. Deren Rechtsfolgen treffen daher ihn und nicht den Gläubiger.[463]

Nichtgesellschafter unterliegen dem Verbot des § 30 Abs. 1 GmbHG, soweit die Leistung an sie wirtschaftlich einer Leistung an den Gesellschafter gleichsteht. Dies gilt zunächst bei Leistungen an mit dem Gesellschafter verbundene Unternehmen, insbesondere wenn der Gesellschafter an der die Leistung empfangenden Gesellschaft eine Mehrheitsbeteiligung hält.[464] Wird ein GmbH-Geschäftsanteil **treuhänderisch** gehalten, gilt das Verbot des § 30 Abs. 1 GmbHG gleichermaßen für den Treuhänder als unmittelbaren Gesellschafter und für den Treugeber als diesem gleichgestellten Dritten.[465] Vereinzelt hat der BGH auch Ehegatten, minderjährige Kinder oder Eltern des Gesellschafters als diesem wirtschaftlich gleichgestellt angesehen.[466] Gegenüber einer typisierenden Betrachtungsweise ist jedoch Zurückhaltung geboten, wie der BGH[467] für das Eigenkapitalersatzrecht entschieden hat. Für das Verbot des § 30 Abs. 1 GmbHG kann nichts anderes gelten, so dass auch hier nur im Einzelfall entschieden werden kann, ob der Angehörige wirtschaftlich einem Gesellschafter gleichsteht.[468]

cc) Rechtsfolgen

(1) Einwendung

§ 30 Abs. 1 GmbHG ist kein Verbotsgesetz im Sinne von § 134 BGB. Ein Verstoß gegen § 30 Abs. 1 GmbHG lässt daher die Wirksamkeit sowohl des Verpflichtungs- als auch des Verfügungsgeschäfts unberührt, selbst wenn die Beteiligten bewusst gegen § 30 Abs. 1 GmbHG verstoßen.[469] Soweit die Gesellschaft die Verbindlichkeit jedoch nur aus gebundenem Vermögen erfüllen kann, steht ihr die **Einwendung** zu, dass dies gem. § 30 Abs. 1 GmbHG zu unterbleiben hat. Diese Einwendung führt zur Abweisung der Klage als zurzeit unbegründet.[470]

Ausnahmsweise kann dieser Einwendung die **gesellschaftsrechtliche Treupflicht** entgegenstehen. Dies hat der BGH in einem Fall angenommen, in dem sich die Gesellschaft gegen den Abfindungsanspruch eines ausgeschiedenen stillen Gesellschafters mit dem Argument verteidigte, die Abfindung könne nicht aus freiem Vermögen gezahlt werden. Der Senat entschied, bei Vorliegen einer dauerhaften Unterbilanz, jedoch fehlender Überschuldung im Sinne von § 19 InsO könnten die Gesellschafter aufgrund der gesellschaftsrechtlichen Treupflicht gehalten sein, Maßnahmen zu ergreifen, um stille Reserven aufzulösen, wenn nur so der Abfindungsanspruch des ausgeschiedenen Gesellschafters ohne Verletzung des § 30 GmbHG erfüllt werden könne.[471]

(2) Rückerstattungsanspruch

Ein Gesellschafter, der unter Verstoß gegen § 30 Abs. 1 GmbHG Vermögensvorteile erhalten hat, muss diese gem. § 31 Abs. 1 GmbHG der Gesellschaft zurückerstatten. Der Anspruch ist auf den Betrag beschränkt, der aus gebundenem Vermögen iSv § 30 Abs. 1 GmbHG gezahlt wird. Gegen den Rückerstattungsanspruch der Gesellschaft kann sich der pflichtige Gesellschafter analog § 19 Abs. 2 S. 2 GmbHG nicht mit einer Aufrechnung verteidigen.[472] Der Anspruch erlischt nicht dadurch, dass in der Folgezeit eine nachhaltige Beseitigung der Unterbilanz stattgefunden hat.[473] Der Anspruch verjährt gem. § 31 Abs. 5 GmbHG in zehn Jahren, beginnend mit dem Tag der unzulässigen Zahlung.

---

462 *Goette*, § 3 Rn 36; Lutter/Hommelhoff, § 30 Rn 22.
463 BGHZ 60, 324, 330 f; BGH NZG 2000, 883, 886.
464 BGH NJW 1999, 2822; 2001, 1490.
465 BGHZ 95, 188, 193; 118, 107,110 ff.
466 BGHZ 81, 365, 369.
467 NJW 1999, 2123, 2125.
468 *Goette*, § 3 Rn 43.
469 BGHZ 136, 125.
470 BGH GmbHR 2006, 531, 533.
471 BGH GmbHR 2006, 531, 533.
472 BGHZ 146, 105, 107 f.
473 BGHZ 144, 336; anders noch BGH NJW 1988, 139, 140.

(3) Ausfallhaftung

327 Ist der nach § 31 Abs. 1 GmbHG verpflichtete Gesellschafter zu einer Rückerstattung außer Stande, haften gem. § 31 Abs. 3 S. 1 GmbHG die übrigen Gesellschafter im Verhältnis ihrer Geschäftsanteile. Diese Ausfallhaftung erfasst allerdings nicht den gesamten durch das Eigenkapital nicht gedeckten Betrag.[474] Die Haftung ist vielmehr der Höhe nach auf den Betrag des Stammkapitals beschränkt, und zwar ohne Abzug der eigenen Stammeinlage.[475] So schützt der BGH die Mitgesellschafter vor einem unübersehbaren Haftungsrisiko. Diese müssen also nach § 31 Abs. 3 S. 1 GmbHG keine Überschuldung der Gesellschaft ausgleichen, falls eine solche durch die unzulässige Einlagenrückgewähr entstanden ist. Diese Haftungsbeschränkung ist abschließend und gilt daher nach der neueren Rspr[476] auch, wenn ein Gesellschafter die unzulässigen Auszahlungen schuldhaft nicht verhindert; früher nahm der BGH[477] dagegen in diesem Fall eine unbeschränkte Haftung wegen Verletzung der Treuepflicht an.

(4) Haftung von Geschäftsführern und Prokuristen

328 Bei Verstößen gegen § 30 Abs. 1 GmbHG haften die Geschäftsführer der GmbHG gem. § 43 Abs. 3 GmbHG. Dieser Schadensersatzanspruch erfordert Verschulden,[478] das jedoch nicht nur gegeben ist, wenn der Geschäftsführer die unzulässige Leistung persönlich bewirkt hat. Vielmehr genügt die Verletzung von Überwachungs- oder Organisationspflichten.[479] Soweit der Schadensersatz zur Befriedigung der Gesellschaftsgläubiger erforderlich ist, kann die GmbH gem. §§ 43 Abs. 3 S. 2, 9 b Abs. 1 GmbHG nicht auf ihren Ersatzanspruch verzichten. Darüber hinaus wird die Haftung in diesem Umfang gem. § 43 Abs. 3 S. 3 GmbHG nicht dadurch ausgeschlossen, dass der Geschäftsführer die Kapitalerhaltungsvorschriften in Ausführung eines Gesellschafterbeschlusses verletzt hat. Die letztgenannte Regelung hat nur klarstellende Bedeutung, da ein Gesellschafterbeschluss, der Kapitalerhaltungsvorschriften verletzt, analog § 241 Nr. 3 AktG nichtig ist und daher von den Geschäftsführern ohnehin nicht ausgeführt werden darf.

329 Der Höhe nach ist die Haftung aus § 43 Abs. 3 GmbHG auf den Betrag beschränkt, der aus gebundenem Vermögen gezahlt wurde. Nach Auffassung des OLG Hamburg[480] schließt diese Haftungsbeschränkung auch weitergehende Ansprüche aus § 43 Abs. 2 GmbHG aus. Dieser Auffassung kann nicht zugestimmt werden. § 43 Abs. 3 GmbHG verschärft die Haftung des Geschäftsführers, wenn dieser die „Todsünde" eines Verstoßes gegen Kapitalerhaltungsvorschriften begeht, und kann daher nicht zu der Privilegierung führen, die unbeschränkte Haftung aus § 43 Abs. 2 GmbHG auf den Höchstbetrag des gebundenen Vermögens zu beschränken. Deshalb bleibt, wenn ein höherer als der nach § 43 Abs. 3 GmbHG auszugleichende Schaden entstanden ist, die weitergehende Haftung aus § 43 Abs. 2 GmbHG unberührt.[481]

330 Der Geschäftsführer haftet gesamtschuldnerisch neben dem Leistungsempfänger iSv § 31 Abs. 1 GmbHG. Im Innenverhältnis kann der Geschäftsführer jedoch gem. § 426 BGB in voller Höhe bei dem nach § 31 Abs. 1 GmbHG pflichtigen Gesellschafter Rückgriff nehmen.[482] Auch im Verhältnis zu den Mitgesellschaftern, die eine Ausfallhaftung nach § 31 Abs. 3 GmbHG trifft, besteht Gesamtschuldnerschaft. Insofern haften jedoch die Geschäftsführer im Innenverhältnis allein, wie sich aus § 31 Abs. 6 GmbHG ergibt. Danach sind nämlich die Geschäftsführer auch gegenüber den nach § 31 Abs. 3 GmbHG ausgleichspflichtigen Gesellschaftern schadensersatzpflichtig.

331 Da sich das Auszahlungsverbot gem. § 30 GmbHG nur gegen Geschäftsführer richtet, haften Prokuristen oder andere Angestellte für von ihnen vorgenommene Auszahlungen grds. nicht. Nur aus-

---

474 BGHZ 60, 334, 331; 150, 61, 65.
475 BGH NJW 2003, 3629.
476 BGHZ 142, 92, 96; 150, 61, 66 f.
477 BGHZ 93, 146.
478 BGHZ 122, 333, 340; 148, 167, 171; BGH NJW 2003, 3629, 3632.
479 Baumbach/Hueck/*Zöllner/Noack*, § 43 Rn 49.
480 GmbHR 2005, 1497, 1500 - n. rkr., da die Revision wegen dieser Frage zugelassen wurde.
481 Ebenso: Scholz/*Schneider*, § 43 Rn 198; Baumbach/Hueck/*Zöllner/Noack*, § 43 Rn 49.
482 Baumbach/Hueck/*Zöllner/Noack*, § 43 Rn 49.

nahmsweise haften diese Personen gem. § 280 Abs. 1 BGB iVm dem Anstellungsvertrag, wenn sie entweder schuldhaft einer Weisung des Geschäftsführers zuwider gehandelt haben oder die gegen § 30 GmbHG verstoßende Zahlung ohne Kenntnis des Geschäftsführers vorgenommen haben, obwohl sie wussten oder sich ihnen aufdrängen musste, dass der Zahlungsempfänger unlautere Machenschaften zum erheblichen Nachteil der Gesellschaft betrieb. Erfolgt die Zahlung dagegen auf Anweisung des Geschäftsführers, liegt keine Pflichtverletzung vor, so dass eine Haftung des Prokuristen oder sonstigen Angestellten nur nach § 823 Abs. 2 BGB iVm § 266 StGB in Betracht kommt.[483]

b) Eigenkapitalersetzende Darlehen und gleichgestellte Tatbestände

aa) Eigenkapitalersetzende Darlehen

(1) Allgemeines

Das Stammkapital der Gesellschaft genügt zum Betrieb des Unternehmens häufig nicht. Dies gilt namentlich, wenn die Gesellschaft nur mit dem Mindestbetrag von 25 000,00 EUR ausgestattet wird. Ist das Stammkapital verbraucht, stehen die Gesellschafter vor der Wahl, entweder die Gesellschaft zu liquidieren oder ihr zur Fortführung des Geschäftsbetriebes durch eine Kapitalerhöhung neues Eigenkapital zuzuführen. Häufig möchten die Gesellschafter die Gesellschaft fortsetzen, scheuen aber, insbesondere wegen der Eigenkapitalbindung (§§ 30, 31 GmbHG), eine Kapitalerhöhung. Auf den ersten Blick bietet sich zur Lösung des Problems an, der Gesellschaft die zur Abwendung der **Krise** benötigte Liquidität nicht als Eigenkapital, sondern als Darlehen zur Verfügung zu stellen. Ein solches Darlehen steht aber wirtschaftlich dem Eigenkapital gleich und wird daher von der Rspr schon lange als **funktionales Eigenkapital** behandelt. So hat der BGH eigenkapitalersetzende Gesellschafterdarlehen schon früh durch analoge Anwendung der §§ 30, 31 GmbHG der Eigenkapitalbindung unterworfen.[484]

332

Durch die GmbHG-Novelle 1980 wurde die Rechtsfigur der eigenkapitalersetzenden Gesellschafterdarlehen in den §§ 32 a, 32 b GmbHG gesetzlich geregelt. Diese **Novellen-Regeln** haben sich aber auf der Rechtsfolgenseite als unzureichend erwiesen. Deshalb schließt der Bundesgerichtshof auch weiterhin Lücken in der gesetzlichen Regelung durch die schon vor 1980 entwickelte analoge Anwendung der §§ 30, 31 GmbHG (sog. **Rechtsprechungsregeln**).[485]

333

(2) Person des Darlehensgebers

Voraussetzung eines eigenkapitalersetzenden Darlehens ist zunächst, dass der Darlehensgeber **Gesellschafter** ist. Ursprünglich kam jeder Gesellschafter in Betracht. Seit dem 24.4.1998 bestimmt jedoch § 32 a Abs. 3 S. 2 GmbHG, dass die Regeln über eigenkapitalersetzende Gesellschafterdarlehen unter Einschluss der Rechtsprechungsregeln[486] nicht gelten, wenn ein nicht geschäftsführender Gesellschafter, der mit höchstens 10 % am Stammkapital beteiligt ist, der Gesellschaft ein Darlehen gewährt. Die Bestimmung gilt nur für nach Inkrafttreten dieser Regelung verwirklichte Tatbestände des Eigenkapitalersatzes.[487] Dies bedeutet, dass die Privilegierung nur greift, wenn der Eigenkapitalersatzcharakter nach dem Inkrafttreten der Neuregelung eingetreten ist.[488]

334

Die Gesellschafterstellung muss zu dem **Zeitpunkt** gegeben sein, in dem der eigenkapitalersetzende Charakter eintritt. Scheidet der Darlehensgeber danach aus der Gesellschaft aus, behält das Darlehen dennoch seinen eigenkapitalersetzenden Charakter.[489] Dasselbe gilt im Falle der Abtretung des Rückzahlungsanspruches an einen Nichtgesellschafter.[490] Erfolgt das Ausscheiden oder die Abtretung vor der Krise, bleibt das Darlehen demgegenüber auch nach deren Eintritt grundsätzlich ungebunden.[491]

335

---

483 BGHZ 148, 167 ff.
484 BGHZ 31, 258, 272; 67, 171, 175.
485 BGHZ 90, 370 ff.
486 *Goette*, § 4 Rn 15, 110; ebenso BGHZ 165, 106, 112 für das Sanierungsprivileg.
487 BGH GmbHR 2001, 106, 107; 2005, 1351.
488 *Goette*, § 4 Rn 15 in Fn 32.
489 BGHZ 127, 1, 6 f; BGH NJW 1999, 2822; NJW-RR 2001, 1043.
490 BGHZ 104, 33, 43; BGH NJW-RR 2001, 1043.
491 BGH NJW 1985, 2719, 2720; NJW-RR 2001, 1043.

Etwas anderes gilt nur, wenn schon vor dem Ausscheiden bzw der Abtretung vereinbart wurde, dass das Darlehen der Krisenfinanzierung dienen und dementsprechend der Gesellschaft auch in der Krise belassen werden sollte.[492] Wird der Darlehensgeber erst nach der Darlehensgewährung Gesellschafter, gelten die Regeln des Eigenkapitalersatzes nur, wenn das Darlehen in der Krise stehengelassen wird.[493]

336 Gem. § 32 a Abs. 3 S. 1 GmbHG unterliegen auch von einem **Nichtgesellschafter** gewährte Darlehen den Eigenkapitalersatzregeln, wenn der Darlehensgeber wirtschaftlich einem Gesellschafter gleichsteht oder ein Umgehungstatbestand verwirklicht ist. Insofern gelten ähnliche Regeln wie im Rahmen der §§ 30, 31 GmbHG.[494] So greift der Eigenkapitalersatz zunächst, wenn der Darlehensgeber ein mit einem Gesellschafter **verbundenes Unternehmen** ist. Dazu verlangt der BGH, dass der Gesellschafter der darlehensnehmenden GmbH aufgrund einer maßgeblichen Beteiligung die darlehengebende Gesellschaft beherrscht, insbesondere deren Geschäftspolitik bestimmen und ihrem Geschäftsführer Weisungen erteilen kann. Letzteres ist vorbehaltlich abweichender gesellschaftsvertraglicher Bestimmungen bei einer Beteiligung von mehr als 50 % an der darlehensgebenden Gesellschaft der Fall.[495] Diese maßgebliche Beteiligung muss nur an der darlehensgebenden, nicht an der darlehensnehmenden Gesellschaft bestehen.

337 Einem Gesellschafter gleichstehen kann auch, wer eine **mittelbare Beteiligung** an der darlehensnehmenden Gesellschaft hält. So unterliegt den Eigenkapitalersatzregeln der Darlehensgeber, der aufgrund einer Mehrheitsbeteiligung oder in sonstiger Weise, etwa als deren Leitungsorgan, einen Gesellschafter der darlehensnehmenden GmbH beherrscht.[496] Auch der Treugeber, der aufgrund eines Treuhandvertrages mittelbar an der darlehensnehmenden GmbH beteiligt ist, steht einem Gesellschafter gleich.[497] Auch die Verpfändung von Geschäftsanteilen an der darlehensnehmenden GmbH zur Besicherung dieses Kredites kann den Anwendungsbereich der Eigenkapitalersatzregeln eröffnen. Erforderlich ist allerdings, dass der Darlehensgeber sich nicht auf seine Rolle als Pfandgläubiger beschränkt, sondern – etwa durch Entsendung von Vertrauenspersonen in die Geschäftsführung – sich zusätzliche Befugnisse einräumen lässt, die es ihm ermöglichen, die Geschicke der GmbH ähnlich wie ein Gesellschafter mitzubestimmen.[498]

338 **Nahe Angehörige** eines Gesellschafters werden einem solchen grundsätzlich nicht gleichgestellt. Etwas anderes gilt nur, wenn die Mittel, die er der Gesellschaft darlehensweise überlässt, von dem Gesellschafter selbst stammen oder umgekehrt dieser den Gesellschaftsanteil treuhänderisch für den Kreditgeber hält.[499]

339 Seit dem 1.5.1998 gelten die Regeln über eigenkapitalersetzende Gesellschafterdarlehen, und zwar gleichermaßen die Novellen- wie die Rechtsprechungsregeln,[500] gem. § 32 a Abs. 3 S. 3 GmbHG nicht für Darlehensgeber, die in der Krise der Gesellschaft Geschäftsanteile zum Zwecke der Überwindung der Krise erwerben. Dieses **Sanierungsprivileg** kommt nur Darlehensgebern zugute, die bisher keine Gesellschafter bzw diesen gleichgestellte Personen waren oder nur Kleinbeteiligungen im Sinne von § 32 a Abs. 3 S. 2 GmbHG hielten. Nicht begünstigt sind also sonstige Altgesellschafter, die zu Sanierungszwecken neue Anteile erwerben.[501] Voraussetzung des Sanierungsprivilegs ist, dass im Zeitpunkt des Anteilserwerbs die Gesellschaft **objektiv sanierungsfähig** ist und ein **dokumentiertes Sanierungskonzept** existiert, das objektiv geeignet ist, die Gesellschaft in überschaubarer Zeit durchgreifend zu

---

492 BGH NJW 1985, 2719, 2720; *Goette*, § 4 Rn 106.
493 BGHZ 81, 311, 317 f; BGH NJW 1998, 3200. Zu den Voraussetzungen des „Stehenlassens in der Krise" nachfolgend Rn 340 f.
494 Dazu oben Rn 322 ff.
495 BGH NJW 1999, 2822.
496 BGH GmbHR 2006, 311, 313; Scholz/*K. Schmidt*, §§ 32 a, 32 b Rn 147 ff.
497 BGH NJW 1991, 1057, 1058; NJW-RR 1991, 744, 745.
498 BGHZ 119, 191.
499 BGH NJW-RR 1991, 744, 745; NJW 1999, 2123, 2125.
500 BGHZ 165, 106, 112.
501 Lutter/Hommelhoff, §§ 32 a/b, Rn 80; Baumbach/Hueck/*Fastrich*, § 32 a Rn 19; Scholz/*K. Schmidt*, §§ 32 a, 32 b, Rn 214.

sanieren.⁵⁰² Sind diese Voraussetzungen erfüllt, ist das spätere Scheitern des Sanierungskonzeptes unschädlich. Das Sanierungsprivileg gilt nicht nur für die im Zuge der Sanierung gewährten Neudarlehen, sondern auch für schon zuvor ausgereichte Darlehen. Es gilt außerdem auch für gleichgestellte Leistungen wie eigenkapitalersetzende Gebrauchsüberlassungen, Sicherheiten etc.⁵⁰³ Das Sanierungsprivileg gilt für die gesamte Sanierungsphase; erst nach erfolgreich abgeschlossener Sanierung kann bei erneutem Eintritt einer Krise das privilegierte Darlehen durch Stehenlassen eigenkapitalersetzend werden.⁵⁰⁴

(3) Gewährung oder Stehenlassen des Darlehens in der Krise

Gem. § 32 a Abs. 1 GmbHG hat ein Darlehen eigenkapitalersetzenden Charakter, wenn der Gesellschafter es seiner Gesellschaft in der Krise gewährt. Dasselbe gilt, wenn der Gesellschafter der gesunden GmbH ein von vornherein auf Krisenfinanzierung angelegtes Darlehen gewährt, indem er für den Fall der Krise auf das außerordentliche Kündigungsrecht (§ 490 BGB) verzichtet.⁵⁰⁵ Ein solches Darlehen wird mit Eintritt der Krise automatisch eigenkapitalersetzend. Eine weitere Umqualifizierung zum eigenkapitalersetzenden Darlehen nimmt der BGH an, wenn ein in der gesunden GmbH gewährtes Darlehen in der Krise stehengelassen wird. Dieses „Stehenlassen" hat drei Voraussetzungen: Zunächst muss die Krise für den Darlehensgeber erkennbar sein. An diese **Erkennbarkeit** sind keine hohen Anforderungen zu stellen, da sich der Gesellschafter ständig über die wirtschaftliche Lage der Gesellschaft zu informieren hat.⁵⁰⁶ Eine – vom Gesellschafter zu beweisende⁵⁰⁷ – Ausnahme kommt damit nur unter engen Voraussetzungen in Betracht, so etwa bei fehlerhafter Buchführung oder Grundstücksbewertung durch einen außenstehenden Fachmann.⁵⁰⁸ Zweite Voraussetzung der Umqualifizierung ist, dass der Gesellschafter eine angemessene **Überlegungszeit** von zwei bis drei Wochen nach Erkennbarwerden der Krise nicht zur Rückforderung des Darlehens nutzt.⁵⁰⁹ Schließlich erfordert der Tatbestand des „Stehenlassens", dass das Darlehen nicht zurückgefordert wird, obwohl es bei Eintritt der Krise zur Rückzahlung fällig ist oder die Fälligkeit durch Kündigung herbeigeführt werden kann (**Rückforderbarkeit des Darlehens**). Auch diese Voraussetzung ist jedoch in aller Regel erfüllt, weil der Eintritt der Krise ein außerordentliches Kündigungsrecht gem. § 490 Abs. 1 BGB begründet.⁵¹⁰

Da somit der Tatbestand des „Stehenlassens" in der Praxis wenig Schwierigkeiten bereitet, hängt der Ausgang von Prozessen über eigenkapitalersetzende Darlehen meistens nur davon ab, ob und gegebenenfalls wann eine **Krise** eingetreten ist. Nicht subsumtionsfähig ist insofern die Legaldefinition des § 32 a Abs. 1 GmbHG, derzufolge eine Krise vorliegt, wenn die Gesellschafter als ordentliche Kaufleute Eigenkapital zugeführt hätten. Die Rspr bejaht diese Voraussetzung in zwei Fällen, die nur alternativ und nicht kumulativ erfüllt sein müssen,⁵¹¹ nämlich bei **Insolvenzreife** und **Kreditunwürdigkeit**. Die Insolvenzreife hat wiederum zwei Unterfälle, denn sie ist gegeben bei Zahlungsunfähigkeit (§ 17 InsO) oder Überschuldung (§ 19 InsO). Deren Voraussetzungen wurden bereits vorstehend dargelegt.⁵¹² Durch den Tatbestand der Kreditunwürdigkeit wird die Krise in den Bereich vor Eintritt der Insolvenzreife vorverlagert. Kreditunwürdigkeit besteht, wenn die Gesellschaft von dritter Seite keinen Kredit zu marktüblichen Bedingungen hätte erhalten können und deshalb ohne das Gesellschafterdarlehen bzw bei dessen Rückzahlung hätte liquidiert werden müssen.⁵¹³ Da auch diese Definition

---

502 BGHZ 165, 106, 112 f; Lutter/Hommelhoff, §§ 32 a/b Rn 84.
503 Lutter/Hommelhoff, §§ 32 a/b Rn 86.
504 Lutter/Hommelhoff, §§ 32 a/b Rn 87 f.
505 BGHZ 104, 33, 38; BGH NJW 1987, 1080.
506 BGHZ 127, 336, 346; BGH GmbHR 2000, 932, 933; 2004, 898, 901.
507 BGHZ 127, 336; BGH NJW 1998, 3200.
508 BGHZ 127, 336, 346 f; BGH DStR 1995, 191.
509 BGH NJW 1995, 658, 659; 1996, 722, 723; 1998, 3200, 3201.
510 Vgl BGH NJW 1992, 1169, 1170 f, wonach eine Bürgschaft eigenkapitalersetzend wird, wenn bei Eintritt der Krise das hierdurch begründete Recht aus § 775 Abs. 1 S. 1 BGB nicht geltend gemacht wird.
511 BGH GmbHR 2006, 703.
512 Dazu oben Rn 134 ff.
513 BGHZ 76, 326, 330; 81, 252, 255; 119, 201, 206.

nicht subsumtionsfähig ist, lässt sich der Tatbestand der Kreditunwürdigkeit in der Praxis nur im Rahmen einer Gesamtwürdigung aller relevanten **Indizien** feststellen.[514] Dabei ist zur Feststellung der Kreditunwürdigkeit nicht ausreichend, dass eine Bank für die Gewährung weiterer Darlehen Gesellschaftersicherheiten (etwa Bürgschaften oder Grundschulden an den Privatgrundstücken der Gesellschafter) verlangt hat.[515] Derartiges wird nämlich in der Bankpraxis regelmäßig schon deshalb verlangt, um die innere Bindung der Gesellschafter an das Unternehmen zu bestätigen und zu bestärken. Als – von der Gesellschaft bzw ihrem Insolvenzverwalter zu beweisende[516] – Indizien für eine Kreditunwürdigkeit sind nach der Rspr[517] jedoch u.a. zu würdigen: Kündigung von Krediten, Ablehnung von Kreditgewährung durch Banken oder andere Nichtgesellschafter, Fehlen einer offenen Kreditlinie, zögerliche oder unterbleibende Bezahlung fälliger Schulden, schlechtes Verhältnis von Rohertrag und Kosten.[518] Auch eine bereits seit längerem bestehende und ansteigende bilanzielle Überschuldung kann – ggf im Zusammentreffen mit weiteren Umständen – die Kreditunwürdigkeit indizieren oder gar begründen, da sie für die Vergabeentscheidung eines wirtschaftlich denkenden, außenstehenden Kreditgebers von wesentlicher Bedeutung ist.[519] Andererseits besteht idR noch keine Kreditunwürdigkeit, solange die Gesellschaft noch über Vermögenswerte verfügt, die ein vernünftig handelnder Kreditgeber als Sicherheit akzeptieren würde.[520] Sofern jedoch der Jahresabschluss der Gesellschaft keine Anhaltspunkte für stille Reserven oder sonstige Vermögenswerte enthält, die als Sicherheit dienen könnten, obliegt dem Gesellschafter, substantiiert zu deren Vorhandensein vorzutragen. Erst wenn dies geschieht, hat die Gesellschaft oder der Insolvenzverwalter den Nachweis ihres Fehlens zu erbringen.[521]

(4) Rechtsfolgen des Eigenkapitalersatzes

342 **Novellenregeln:** Als „Novellenregeln" werden die gesetzlichen Bestimmungen bezeichnet, die ursprünglich durch die GmbHG-Novelle vom 4.7.1980 aufgestellt worden und inzwischen mehrfach modifiziert worden sind. Diese gelten in erster Linie für das **Insolvenzverfahren**. So bestimmt § 32 a Abs. 1 GmbHG iVm § 39 Abs. 1 Nr. 5 InsO, dass Ansprüche aus eigenkapitalersetzenden Gesellschafterdarlehen im Insolvenzverfahren nur als nachrangige Insolvenzforderung geltend gemacht werden können. Dies bedeutet in der Praxis, dass der Gläubiger vollständig ausfällt und seine Forderung nicht einmal zur Insolvenztabelle anmelden kann (§ 174 Abs. 3 InsO).

343 Hat der Gläubiger im letzten Jahr vor dem Eröffnungsantrag Zins- oder Tilgungsleistungen auf das eigenkapitalersetzende Gesellschafterdarlehen erhalten, steht dem Insolvenzverwalter das **Anfechtungsrecht** nach §§ 135 Nr. 2, 143 InsO zu. Anders als im Anwendungsbereich der sog. Rechtsprechungsregeln (dazu sogleich) wird im Insolvenzverfahren der Eigenkapitalersatzcharakter unwiderleglich vermutet, dh dem Gesellschafter ist der Nachweis abgeschnitten, dass im Zahlungszeitpunkt die Krise beseitigt oder das Stammkapital nachhaltig wiederhergestellt gewesen sei.[522] Dieser Einwand ist also gegen das Anfechtungsrecht unerheblich.

344 Außerhalb des Insolvenzverfahrens können gem. § 2 AnfG anfechtungsberechtigte Gläubiger Leistungen auf eigenkapitalersetzende Darlehen gem. §§ 6 Nr. 2, 11 AnfG anfechten. Voraussetzung ist, dass die Leistung im letzten Jahr vor der Anfechtung erfolgt ist.

345 **Rechtsprechungsregeln:** Die kodifizierten Novellenregeln werden ergänzt durch die sog. Rechtsprechungsregeln, die der BGH schon vor der GmbHG-Novelle entwickelt hat und auch nach deren Inkrafttreten weiterhin anwendet.[523] Da die Novellenregeln in erster Linie die Insolvenz betreffen,

---

514 *Goette*, § 4 Rn 45; *Lutter/Hommelhoff*, §§ 32 a/b Rn 23 ff.
515 *Goette*, § 4 Rn 45.
516 BGH NJW 1997, 3171, 3172; NJW-RR 2001, 1043 f.
517 BGHZ 119, 201, 206 f; BGH NJW 1996, 720 und 722; 1998, 1143.
518 Zu weiteren Indizien vgl *Lutter/Hommelhoff*, §§ 32 a/b Rn 23 ff.
519 BGH GmbHR 2004, 898.
520 BGH GmbHR 1988, 58; 2004, 898, 901.
521 BGH NJW 1997, 3171, 3172; 1998, 1143; 1999, 3120, 3121.
522 BGH GmbHR 2006, 421.
523 BGHZ 90, 370, 378 ff.

gewinnen die Rechtsprechungsregeln zunächst außerhalb des Insolvenzverfahrens Bedeutung. Aber auch in der Insolvenz sind sie neben den Novellen-Regeln anzuwenden. Dies ermöglicht namentlich eine Rückforderung von Leistungen, die früher als ein Jahr vor der Insolvenzantragsstellung erfolgt und daher nicht anfechtbar nach § 135 Nr. 2 InsO sind. Im Gegensatz zum Anfechtungsrecht beschränkt sich der Anspruch allerdings der Höhe nach auf den Betrag der Unterbilanz (dazu sogleich).

Die Rechtsprechungsregeln besagen, dass die §§ 30, 31 GmbHG für eigenkapitalersetzende Gesellschafterdarlehen analog gelten. Dies bedeutet zunächst, dass analog § 30 Abs. 1 GmbHG Zins- und Tilgungsleistungen auf das eigenkapitalersetzende Darlehen nicht erfolgen dürfen, wenn und soweit dadurch das Stammkapital der GmbH angetastet würde, dh eine Unterbilanz entstehen oder vergrößert würde.[524] Dies lässt den Bestand der Forderung unberührt. Der Gläubiger ist, ähnlich wie bei einer Stundung, lediglich an der Geltendmachung seines Anspruches gehindert, so dass eine von ihm erhobene Klage als zur Zeit unbegründet abzuweisen ist.[525] Deshalb gilt die Bindung nur für die Dauer der Krise.[526] Diese endet jedoch nicht bereits mit der Überwindung der Insolvenzreife oder der Wiederherstellung der Kreditwürdigkeit. Da § 30 Abs. 1 GmbHG Zahlungen aus dem zur Erhaltung des Stammkapitals erforderlichen Vermögen verbietet, endet die Bindung vielmehr erst, wenn das Stammkapital wiederhergestellt ist, dh wenn eine nach fortgeführten Buchwerten aufgestellte Bilanz keine Unterbilanz mehr aufweist.[527] Sobald diese Voraussetzungen erfüllt sind, dürfen auch Rückstände nachgezahlt werden, soweit dadurch nicht erneut eine Unterbilanz entstehen würde.[528] Darlegungs- und beweispflichtig für die Überwindung der Krise durch Wiederherstellung des Stammkapitals ist die Gesellschaft.[529]

346

Werden unter Missachtung der vorstehend dargelegten Bindungen Zins- oder Tilgungsleistungen auf eigenkapitalersetzende Gesellschafterdarlehen geleistet, sind diese analog § 31 Abs. 1 GmbHG der Gesellschaft zu erstatten. Dieser Anspruch ist, anders als das Anfechtungsrecht nach § 135 Nr. 2 InsO, der Höhe nach allerdings beschränkt auf den Betrag, der aus gebundenem Vermögen geleistet wurde. Erhält etwa bei einem Stammkapital von 25 000,00 EUR der Gesellschafter eine Darlehensrückzahlung in Höhe von 50 000,00 EUR und ist anschließend die Gesellschaft in Höhe von 5 000,00 EUR bilanziell überschuldet, muss der Gesellschafter analog § 31 Abs. 1 GmbHG „nur" den zur Wiederherstellung des Stammkapitals erforderlichen Betrag von 30 000,00 EUR an die Gesellschaft zahlen.[530] Dieser Anspruch erlischt, wie der BGH für den unmittelbaren Anwendungsbereich des § 31 GmbHG entschieden hat,[531] nicht dadurch, dass in der Folgezeit durch positive Geschäftsergebnisse die Unterbilanz beseitigt und das Stammkapital der Gesellschaft wiederhergestellt wird. Der Gesellschafter bleibt also auch in diesem Fall zur Zahlung analog § 30 Abs. 1 GmbHG verpflichtet.[532] Er hat allerdings, weil mit der Wiederherstellung des Stammkapitals die Bindung analog § 30 Abs. 1 GmbHG entfällt, wieder uneingeschränkt die Möglichkeit, seine – auch rückständigen – Ansprüche aus dem vormals eigenkapitalersetzenden Gesellschafterdarlehen geltend zu machen. Diese Ansprüche kann er analog § 19 Abs. 2 S. 2 GmbHG allerdings nicht gegen den Rückzahlungsanspruch analog § 31 Abs. 1 GmbHG aufrechnen.[533] Zulässig ist dagegen die Aufrechnung durch die Gesellschaft oder die einvernehmliche Verrechnung, weil die Darlehensforderung nach der Wiederherstellung des Stammkapitals vollwertig ist.[534]

347

---

524 Zum Begriff der Unterbilanz vgl oben Rn 319.
525 BGHZ 140, 147, 153; 146, 264, 272.
526 BGHZ 140, 147; 146, 264; BGH GmbHR 2001, 567, 568.
527 BGH GmbHR 2005, 232, 233; 2005, 1570, 1571.
528 BGHZ 140, 147, 153; BGH GmbHR 2005, 1570, 1571.
529 BGH NJW-RR 1997, 606, 607.
530 *Goette*, § 4 Rn 129.
531 BGHZ 144, 336.
532 *Goette*, § 4 Rn 130.
533 *Goette*, § 4 Rn 131.
534 *Goette*, aaO, zu den Voraussetzungen dieser Aufrechnung im Einzelnen außerdem vorstehend Rn 300 ff.

Hinweis: Wurden Leistungen auf eigenkapitalersetzende Darlehen aus gebundenem Vermögen erbracht, muss der sich daraus ergebende Rückzahlungsanspruch analog § 31 Abs. 1 GmbHG nach Wiederherstellung des Stammkapitals durch die Gesellschaft gegen die Darlehensansprüche aufgerechnet oder verrechnet werden, da dieser Anspruch anderenfalls nicht untergeht und damit im Fall einer erneuten Verschlechterung der wirtschaftlichen Lage von der Gesellschaft (insbesondere vom Insolvenzverwalter!) noch geltend gemacht werden könnte.

348 Neben dem pflichtigen Gesellschafter haften nach § 43 Abs. 3 GmbHG die Geschäftsführer, die für die unzulässige Zahlung verantwortlich sind.[535] Außerdem trifft die übrigen Gesellschafter die **Ausfallhaftung** analog § 31 Abs. 3 GmbHG, die der Höhe nach allerdings beschränkt ist auf den Betrag des Stammkapitals.[536]

bb) Eigenkapitalersetzende Gebrauchsüberlassung

(1) Allgemeines

349 Gem. § 32 a Abs. 3 S. 1 GmbHG gelten die Regeln über eigenkapitalersetzende Gesellschafterdarlehen sinngemäß auch für andere Rechtshandlungen, die wirtschaftlich einer Darlehensgewährung entsprechen. Eine solche Rechtshandlung ist u.a. gegeben, wenn der Gesellschafter seiner Gesellschaft den Gebrauch einer Sache in der Krise überlässt bzw nach deren Eintritt belässt.[537] Diese Gebrauchsüberlassung ermöglicht nämlich ähnlich einem Darlehen der Gesellschaft, ihren Geschäftsbetrieb in der Krise fortzuführen, ohne dass Eigenkapital zugeführt wird. Unerheblich ist dabei, aufgrund welcher Art von Rechtsverhältnis die Gebrauchsüberlassung erfolgt. Es kann sich namentlich um Miete, Pacht, Leasing, Leihe oder auch um einen bewusst oder unbewusst vertragslosen Zustand handeln.

(2) Voraussetzungen des Eigenkapitalersatzes

350 Die Voraussetzungen, unter denen eine Gebrauchsüberlassung eigenkapitalersetzenden Charakter hat, entsprechen weitgehend den vorstehend für Darlehen aufgezeigten Bedingungen. Namentlich ist der Kreis der Personen, die als Gebrauchsüberlasser mit Eigenkapitalersatzcharakter in Betracht kommen, mit denjenigen beim Darlehen identisch.[538] Kein Unterschied besteht auch insofern, als die Gebrauchsüberlassung in der **Krise** erfolgen oder der Gesellschaft belassen werden muss. Eine Krise besteht, ebenso wie bei eigenkapitalersetzenden Darlehen, zunächst bei **Insolvenzreife**, dh Überschuldung[539] oder Zahlungsunfähigkeit.[540]

351 Unterschiede bestehen demgegenüber für den zweiten, alternativ in Betracht kommenden zweiten Unterfall der Krise. Anstelle der Kreditunwürdigkeit, auf die es bei Darlehen ankommt, müssen hier nach der Rspr[541] kumulativ zwei Voraussetzungen erfüllt sein: Zunächst muss die Gesellschaft außer Stande sein, den ihr überlassenen Gegenstand aus ihrem eigenen Vermögen zu kaufen oder sich die zum Kauf erforderlichen Mittel durch Kredit vom allgemeinen Kapitalmarkt zu beschaffen (sog. **spezielle Kreditunwürdigkeit**). Hinzukommen muss **Überlassungsunwürdigkeit**. Diese liegt vor, wenn anstelle des Gesellschafters kein außenstehender Dritter zur Überlassung des Gebrauchs bereit gewesen wäre. Insofern differenziert der BGH:[542] Standardwirtschaftsgüter, für die es viele potenzielle Nutzer gibt und die nicht für die Bedürfnisse eines speziellen Nutzers gestaltet sind (etwa Serienfahrzeuge oder unbebaute Grundstücke), würde ein Nichtgesellschafter, weil er diese bei Bedarf auch anderweitig vermieten kann, der Gesellschaft schon dann überlassen, wenn diese hinreichend liquide ist, um das laufende Nutzungsentgelt zu zahlen und eventuelle Schäden an den überlassenen Sachen auszugleichen. Erst wenn die Gesellschaft nicht einmal mehr über diese Liquidität verfügt, ist sie bei

---

535 BGH NJW 1992, 1166.
536 Dazu Rn 327.
537 Grundlegend BGHZ 109, 55, 57 ff.
538 Dazu oben Rn 332.
539 BGHZ 109, 55, 59; 127, 1, 5 f.
540 Lutter/Hommelhoff, §§ 32 a/b Rn 141; Scholz/K. Schmidt, §§ 32 a, 32 b Rn 136.
541 BGHZ 109, 55, 62 ff; 121, 31, 38 ff.
542 AaO.

Standardwirtschaftsgütern folglich überlassungsunwürdig. Erheblich höhere Anforderungen an die Bonität des Mieters würde ein Nichtgesellschafter demgegenüber bei der Überlassung von Wirtschaftsgütern stellen, die speziell an die Bedürfnisse des Mieters angepasst sind. Dies gilt namentlich für bebaute Betriebsgrundstücke, Spezialmaschinen oder gar ganze Betriebe (etwa bei der Betriebsaufspaltung). Derartige Gegenstände würde ein Nichtgesellschafter der Gesellschaft nur überlassen, wenn er erwarten kann, dass sich seine gesamten Investitionskosten im Laufe einer hinreichend langen Mietzeit amortisieren. Bei derartigen Wirtschaftsgütern ist die Gesellschaft also nur überlassungswürdig, wenn ihre Vermögens- und Ertragslage dies erwarten lässt.[543]

Ebenso wie bei Darlehen liegt Eigenkapitalersatz nur vor, wenn die Gebrauchsüberlassung in der Krise erfolgt oder nach Eintritt der Krise der Gesellschaft belassen wird. Die letztgenannte Umqualifizierung durch „Stehenlassen" in der Krise erfordert, ebenso wie bei Darlehen, dass die Gebrauchsüberlassung nach Erkennbarwerden der Krise innerhalb einer angemessenen Überlegungsfrist trotz rechtlicher Möglichkeiten nicht beendet wird.[544] Letzteres erfordert ein Recht zur ordentlichen oder außerordentlichen Kündigung des der Nutzungsüberlassung zugrundeliegenden Rechtsverhältnisses. Im Gegensatz zu Darlehen (§ 490 Abs. 1 BGB) begründet allein der Eintritt der Krise kein außerordentliches Kündigungsrecht,[545] was insbesondere bei langfristigen Mietverträgen von Bedeutung ist. Auch hier erfolgt aber unabhängig vom Bestehen eines Kündigungsrechtes die Umqualifizierung in Eigenkapitalersatz, wenn der oder die Gebrauchsüberlasser aufgrund ihrer Gesellschafterstellung über die zur Liquidation der Gesellschaft erforderliche Mehrheit verfügen und damit die Gebrauchsüberlassung beenden könnten.[546] Dies kommt insbesondere bei Betriebsaufspaltungen in Betracht.

(3) Rechtsfolgen des Eigenkapitalersatzes

Für die **eigenkapitalersetzende Gebrauchsüberlassung** darf ein **Entgelt** (insbesondere Miet- oder Pachtzins) analog § 30 Abs. 1 GmbHG nicht gezahlt werden, soweit dadurch eine Unterbilanz entstehen oder vergrößert würde.[547] Die danach berechtigte Zahlungsverweigerung begründet kein außerordentliches Kündigungsrecht.[548] Werden unter Missachtung der Durchsetzungssperre Zahlungen aus gebundenem Vermögen geleistet, sind diese analog § 31 GmbHG zurückzuzahlen.[549] In der Insolvenz sind die Ansprüche auf Zahlung des Nutzungsentgeltes gem. § 32 a Abs. 1, Abs. 3 S. 1 GmbHG iVm § 39 Abs. 1 Nr. 5 InsO nur noch als nachrangige Insolvenzforderung und damit praktisch nicht mehr durchsetzbar. Außerdem sind in diesem Fall alle Zahlungen innerhalb des letzten Jahres vor der Antragstellung, auch wenn sie nicht aus gebundenem Vermögen erfolgten, gem. § 135 Nr. 2 InsO anfechtbar.[550]

Ob sich die aufgezeigte eigenkapitalersatzrechtliche Bindung nur auf das Nutzungsentgelt oder auch auf die Nebenkosten bezieht, ist eine Frage der Vertragsgestaltung und kann folglich durch diese beeinflusst werden. Soweit der Gesellschafter nach dem Vertrag auch die Versorgung des Grundstückes mit Nebenleistungen wie Wärme, Wasser oder Strom schuldet, unterliegen auch die dadurch verursachten Nebenkosten nach Auffassung des Bundesgerichtshofes der Eigenkapitalbindung, so dass der Gesellschafter dann die während der Krise dafür anfallenden Kosten zu tragen hat und einen Erstattungsanspruch nicht durchsetzen kann.[551]

Literaturmeinungen, nach denen infolge des Eigenkapitalersatzes die Gesellschaft das Eigentum oder einen Anspruch auf Zahlung des kapitalisierten Nutzungswertes erwirbt, ist der BGH nicht gefolgt.[552] Da Gegenstand der eigenkapitalersetzenden Gebrauchsüberlassung nur das **Nutzungsrecht** ist, unter-

---

543 BGH, aaO.
544 Zu diesen Voraussetzungen vgl oben Rn 334.
545 BGHZ 109, 55, 61.
546 BGHZ 121, 31, 36 f.
547 BGHZ 109, 55, 66; 140, 147, 149 f.
548 *Goette*, § 4 Rn 137.
549 BGHZ 109, 55, 66.
550 BGHZ 109, 55, 66.
551 BGH NJW 2000, 3565, 3566.
552 BGHZ 127, 1, 8 ff; 127, 17, 22 ff mN zur Gegenmeinung.

liegt nur dieses der Eigenkapitalbindung. Dies bedeutet, dass in der Insolvenz der Insolvenzverwalter die der Gesellschaft überlassene Sache unentgeltlich nutzen darf. Dies kann durch Eigennutzung (etwa im Zuge einer Betriebsfortführung) oder auch dadurch geschehen, dass er die Sache an einen Dritten vermietet oder verpachtet und so ein Nutzungsentgelt für die Insolvenzmasse erzielt.[553] Problematisch ist nur die **Dauer** dieses Nutzungsrechtes des Insolvenzverwalters. Der BGH[554] stellt grundsätzlich auf die vertraglich vereinbarte Nutzungsdauer ab, betont aber gleichzeitig, dass vereinbarte zeitliche Begrenzungen unwirksam sind, wenn sie nicht ernst gemeint sind oder ihrerseits gegen Kapitalersatzgrundsätze verstoßen. Unwirksam sind daher zunächst Kündigungsrechte, die für den Fall der Insolvenz vereinbart wurden. Dasselbe gilt für die Vereinbarung einer unüblich kurzen Vertragslaufzeit. Im Ergebnis billigt der BGH,[555] ohne sich auf starre zeitliche Grenzen festzulegen, dem Insolvenzverwalter das unentgeltliche Nutzungsrecht für die Dauer zu, die üblicherweise in einem Nutzungsüberlassungsvertrag mit einem Nichtgesellschafter für dieses Wirtschaftsgut vereinbart worden wäre. Dabei ist auf dieselben Regeln wie bei der Beurteilung der Überlassungsunwürdigkeit[556] abzustellen, dh für Standardwirtschaftsgüter gilt eine kurze Überlassungszeit, für entsprechend den Bedürfnissen des Nutzers gestaltete Wirtschaftsgüter (etwa bebaute Grundstücke oder Betriebsausstattungen) demgegenüber die Vertragsdauer, auf die ein externer Vermieter oder Verpächter hätte bestehen müssen, um seine Investitionskosten zuzüglich eines angemessenen Gewinns durch den Mietzins zu amortisieren.[557]

356 **Ausnahmsweise** hat der Gesellschafter, und zwar unter Zugrundelegung des objektiv angemessenen und nicht des vereinbarten Nutzungsentgeltes, den kapitalisierten Wert des Nutzungsrechtes zu zahlen, wenn dem Insolvenzverwalter das Nutzungsrecht ohne seinen Willen aus in der Sphäre des Gesellschafters liegenden Gründen entzogen wird.[558] Dies ist etwa der Fall, wenn der Gesellschafter die überlassene Sache veräußert oder wenn der Insolvenzverwalter infolge einer Zwangsverwaltung das Grundstück herausgeben oder die Miete an den Zwangsverwalter abführen muss.[559] Kein Zahlungsanspruch besteht demgegenüber, wenn der Insolvenzverwalter für die überlassene Sache lediglich keine Verwendung hat und diese auch nicht anderweitig vermieten oder verpachten kann; das Risiko der Unverwertbarkeit trägt der Insolvenzverwalter und nicht der Gesellschafter.[560]

cc) Eigenkapitalersetzende Sicherheiten

357 Wirtschaftlich ist es gleichbedeutend, ob der Gesellschafter seiner Gesellschaft ein Darlehen gewährt oder das von der Gesellschaft bei einem Nichtgesellschafter (etwa einer Bank) aufgenommene Darlehen besichert (etwa durch Verbürgung) und der Gesellschaft so die Möglichkeit verschafft, dieses Darlehen zu erhalten. Deshalb sind auf Gesellschaftersicherheiten gem. § 32 a Abs. 3 S. 1 GmbHG die Eigenkapitalersatzregeln anzuwenden, wenn die Sicherheit in der Krise gestellt oder der Gesellschaft belassen wurde. Für das Stehenlassen in der Krise genügt dabei schon, dass der Gesellschafter nach deren Erkennbarwerden im Innenverhältnis Freistellung verlangen kann, wie dies nach den gesetzlichen Bestimmungen der §§ 775 Abs. 1 Nr. 1, 671, 670 BGB stets der Fall ist.[561] Nicht erforderlich ist also, dass der Gesellschafter im Außenverhältnis die Möglichkeit hat, seine Sicherheit zu kündigen oder in sonstiger Weise abzuziehen.

358 Wird eine eigenkapitalersetzende Sicherheit vom Gläubiger verwertet, unterliegt der Rückgriffsanspruch des Sicherungsgebers gegen die Gesellschaft (etwa gem. §§ 774 Abs. 1, 670 BGB) den eigenkapitalersatzrechtlichen Bindungen. Er kann daher im Insolvenzverfahren nur als nachrangige Insolvenzforderung (§ 39 Abs. 1 Nr. 5 InsO) geltend gemacht werden und darf auch außerhalb der

---

553 BGHZ 127, 1, 12; 127, 17, 26.
554 BGHZ 127, 1, 10 ff.
555 BGHZ 127, 1, 11.
556 Dazu vorstehend Rn 350 ff.
557 BGHZ 127, 1, 11.
558 BGHZ 127, 1, 14 f; 127, 17, 31.
559 BGH GmbHR 2005, 534, 536.
560 BGHZ 127, 1, 14; 127, 17, 31; BGH GmbHR 2005, 534, 536.
561 BGH NJW 1992, 1169, 1170; 1996, 722 f; *Goette*, § 4 Rn 66.

Insolvenz analog § 30 Abs. 1 GmbHG nur aus nicht gebundenem Vermögen erfüllt werden. Gleichwohl erfolgte Leistungen sind analog § 31 GmbHG zurückzuzahlen und im Insolvenzverfahren darüber hinaus – selbst wenn sie nicht aus gebundenem Vermögen erfolgt sind – gem. § 135 Nr. 2 InsO anfechtbar.

Wird die besicherte Verbindlichkeit durch Zahlung der Gesellschaft oder Verwertung anderer Sicherheiten erfüllt, liegt hierin bei wirtschaftlicher Betrachtung auch eine Leistung der Gesellschaft an den Gesellschafter, weil dessen eigenkapitalersetzende Sicherheit frei wird. In der Insolvenz muss der Gesellschafter daher, wenn die gesicherte Verbindlichkeit frühestens ein Jahr vor dem Insolvenzantrag getilgt wurde, gem. §§ 32 a Abs. 2, 32 b GmbHG den Wert der Sicherheit durch Barzahlung an den Insolvenzverwalter erstatten. Eine inhaltsgleiche Zahlungspflicht besteht – auch außerhalb des Insolvenzverfahrens – nach den Rechtsprechungsregeln analog §§ 30, 31 GmbHG, soweit die besicherte Verbindlichkeit aus gebundenem Vermögen getilgt wurde.[562] 359

Tilgt ein Gesellschafter eine gegen ihn bestehende Darlehensforderung der GmbH durch Überweisung auf ein debitorisches Gesellschaftskonto, für das er sich eigenkapitalersetzend verbürgt hat, liegt in der damit verbundenen Verminderung seiner Bürgschaftsschuld eine verbotene Einlagenrückgewähr an den Gesellschafter.[563] 360

Für den Gläubiger besteht die Besonderheit, dass er gem. § 32 a Abs. 2 GmbHG in der Insolvenz seine Forderung zur Insolvenztabelle nur in dem Umfang anmelden darf, in dem er keine Befriedigung aus der eigenkapitalersetzenden Sicherheit erhält. 361

dd) Eigenkapitalersetzende Stundung

Auch die Stundung oder das pactum de non petendo einer Forderung gegen die Gesellschaft steht wirtschaftlich einer Darlehensgewährung im Sinne von § 32 a Abs. 3 S. 1 GmbHG gleich und kann daher eigenkapitalersetzenden Charakter haben. Dabei bedarf es nicht einmal einer Vereinbarung oder auch nur einer ausdrücklichen Erklärung des Gesellschafters. Ausreichend ist vielmehr, dass der Gesellschafter bei Erkennbarkeit der Krise innerhalb der für den Tatbestand des „Stehenlassens" maßgeblichen Überlegungsfrist[564] die Forderung nicht geltend macht.[565] 362

ee) Sog. „Finanzplankredite"

Als „Finanzplankredit" wird ein Darlehen bezeichnet, das der Gesellschaft für den Fall der **Krise** oder während einer Krise versprochen, aber noch nicht ausgezahlt wird.[566] Der BGH[567] stuft derartige Finanzplankredite nicht als eigenständige Kategorie des Eigenkapitalersatzrechts ein. Die Rechtsfolgen des Eigenkapitalersatzrechts beschränken sich nämlich auf ein Abzugsverbot, begründen aber keine Pflicht zur Zuführung neuer Eigenmittel.[568] Deshalb können sie keinen Anspruch auf Auszahlung eines Darlehens begründen. Dieser Anspruch ergibt sich aber aus dem Darlehensvertrag selbst. Fraglich ist nur, ob der Darlehensgeber bei Eintritt der Krise wegen der damit verbundenen Verschlechterung der Vermögensverhältnisse der Gesellschaft seine Darlehenszusage gem. § 490 Abs. 1 BGB widerrufen kann oder ob dieses Recht abbedungen wurde. Letzteres nimmt der BGH an, wenn der Darlehensvertrag dahin auszulegen ist, dass das Darlehensversprechen auch bei einer Verschlechterung der Vermögensverhältnisse der Gesellschaft erfüllt werden sollte. In diesem Fall hat das Darlehen einlageähnlichen Charakter. Der Ausschluss des Kündigungsrechtes ergibt sich damit nicht aus den Regeln des Eigenkapitalersatzes, sondern aus der analogen Anwendung des Verbotes, den Gesellschafter von seiner Einlagepflicht zu befreien (§ 19 Abs. 1 S. 1 GmbHG).[569] 363

---

562 BGH NJW 1990, 2260, 2261; 1998, 3273; BGH GmbHR 2004, 898, 902.
563 BGH GmbHR 2005, 540.
564 Dazu oben Rn 352.
565 BGH NJW 1995, 457.
566 Vgl Lutter/Hommelhoff, §§ 32 a/b Rn 169.
567 BGHZ 142, 116.
568 BGHZ 127, 17, 23; 142, 116,119 f.
569 BGHZ 142, 116, 121.

ff) Neuregelung durch das MoMiG

364 Das Gesetz zur Modernisierung des GmbH-Rechts und zur Bekämpfung von Missbräuchen (MoMiG), das im ersten Halbjahr 2008 in Kraft treten soll und bis zum Redaktionsschluss als Regierungsentwurf vorlag, soll das Recht der Gesellschafterdarlehen grundlegend umgestalten und vereinfachen. Die Rechtsfigur des „eigenkapitalersetzenden" Gesellschafterdarlehens wird abgeschafft. Es kommt zukünftig nicht mehr darauf an, ob ein Gesellschafterdarlehen eigenkapitalersetzend ist, dh in einer Krise gewährt oder stehengelassen wurde. Damit entfällt die in der Praxis aufwendige Prüfung, ob eine Krise vorliegt.

365 Außerdem werden durch das MoMiG die Rechtsprechungsregeln aufgehoben. § 30 Abs. 1 GmbHG wird um einen Satz 3 erweitert, demzufolge das Leistungsverbot gem. § 30 Abs. 1 GmbHG nicht auf Gesellschafterdarlehen oder gleichgestellte Rechtshandlungen anzuwenden ist.

366 §§ 32 a, 32 b GmbHG werden durch das MoMiG ersatzlos aufgehoben. Die Behandlung von Gesellschafterdarlehen wird zukünftig ausschließlich durch die InsO und das AnfG geregelt. Gem. §§ 39 Abs. 1 Nr. 5 InsO sind zukünftig alle Forderungen aus Gesellschafterdarlehen, die nicht dem **Kleinanteils-** oder **Sanierungsprivileg** unterfallen, nachrangige Insolvenzforderungen. Ob das Darlehen eigenkapitalersetzend ist, dh in der Krise gewährt oder stehengelassen wurde, ist unerheblich. Zins- oder Tilgungsleistungen auf Gesellschafterdarlehen, die im letzten Jahr vor dem Eröffnungsantrag oder nach diesem Antrag vorgenommen worden sind, sind anfechtbar gem. § 135 Nr. 2 InsO. Wird die Eröffnung des Insolvenzverfahrens mangels Masse abgelehnt, besteht die Möglichkeit zur Gläubigeranfechtung nach §§ 6, 6 a AnfG.

367 Ebenso wie bisher gelten keine Beschränkungen, wenn der Darlehensgeber kein Geschäftsführer und höchstens mit 10 % am Stammkapital beteiligt ist (Kleinanteilsprivileg, zukünftig § 39 Abs. 5 InsO). Unverändert bleibt auch das Sanierungsprivileg (zukünftig § 39 Abs. 4 S. 2 InsO). Gleichgestellt bleiben den Gesellschafterdarlehen außerdem solche Rechtshandlungen, die einem Darlehen wirtschaftlich entsprechen (zukünftig § 39 Abs. 1 Nr. 5 aE). Auch insofern erfolgt also keine Änderung gegenüber der bisherigen Rechtslage. Eine solche ergibt sich jedoch in Bezug auf die Rechtsfolgen der Gebrauchsüberlassung: Das bisher von der Rspr insofern angenommene unentgeltliche Nutzungsrecht des Insolvenzverwalters entfällt, weil es in der neuen gesetzlichen Regelung, die als Rechtsfolge des Eigenkapitalersatzes nur Anfechtungsrechte kennt, keine Stütze findet.[570]

368 Für Insolvenzverfahren, die vor Inkrafttreten des MoMiG eröffnet worden sind, gelten die bisherigen rechtlichen Bestimmungen unverändert (zukünftig Art. 103 d EGInsO). Die Neuregelung gilt also nur für Insolvenzverfahren, die nach diesem Zeitpunkt eröffnet werden. Auch im Rahmen solcher Insolvenzverfahren sind Rechtshandlungen, die vor Inkrafttreten des MoMiG vorgenommen wurden, nur anfechtbar, wenn sie auch schon nach bisherigem Recht anfechtbar waren (Art. 103 d S. 2 EGInsO). Für derartige Rechtshandlungen dürften aber auch die Rechtsprechungsregeln weiterhin gelten.

c) Erwerb eigener Anteile

369 Die Gesellschaft kann grds. eigene Anteile an sich selbst erwerben, dh ihr eigener Gesellschafter werden. Allerdings erwirbt die Gesellschaft aus diesen Anteilen keine Rechte.[571] Die **mitgliedschaftlichen Rechte ruhen**, solange die Gesellschaft diese Anteile hält. Insbesondere gewähren eigene Geschäftsanteile kein Stimmrecht. Auch das Gewinnbezugsrecht entfällt. Sofern die Satzung oder der Ergebnisverwendungsbeschluss nichts Abweichendes bestimmen, bleibt daher bei der Gewinnverteilung der eigene Geschäftsanteil unberücksichtigt, dh ausgeschüttete Gewinne werden unter den übrigen Gesellschaftern nach dem Verhältnis ihrer Geschäftsanteile (§ 29 Abs. 3 S. 1 GmbHG) verteilt.[572]

370 Durch den Erwerb eigener Anteile wird das **Gebot der Aufbringung und Erhaltung des Stammkapitals gefährdet**. Deshalb ist der Erwerb nur unter den Voraussetzungen des § 33 GmbHG zulässig. Nach dessen Abs. 1 darf die GmbH eigene Geschäftsanteile, auf welche die Stammeinlagen noch nicht voll-

---

570 S. 130 der Begründung des Regierungsentwurfes zum MoMiG.
571 BGH NJW 1995, 1027.
572 BGH NJW 1995, 1027, 1028; 1998, 1314; Baumbach/Hueck/*Fastrich*, § 29 Rn 54.

ständig geleistet sind, nicht erwerben. Durch diese Regelung soll ein Untergang der Einlageforderung durch Konfusion verhindert werden. § 33 Abs. 1 GmbHG ist ein Verbotsgesetz iSv § 134 BGB. Ein Verstoß führt daher zur Nichtigkeit sowohl des Verpflichtungs- als auch des Verfügungsgeschäftes.[573]
Voll eingezahlte Geschäftsanteile darf die Gesellschaft gem. § 33 Abs. 2 GmbHG nur erwerben, wenn sie das Entgelt aus freiem, über den Betrag des Stammkapitals hinaus vorhandenem Vermögen zahlen kann, also durch den Anteilserwerb keine Unterbilanz entsteht. Verstöße gegen diese Bestimmung lassen gem. § 33 Abs. 2 S. 3 GmbHG die Wirksamkeit des Anteilserwerbs unberührt, jedoch ist das Kausalgeschäft unwirksam. Für Verstöße gegen § 33 GmbHG haften außerdem die Geschäftsführer nach § 43 Abs. 3 GmbHG.

3. Kapitalerhöhung und -herabsetzung

a) Kapitalerhöhungen

Das GmbHG kennt zwei Formen der Kapitalerhöhung. Bei der **ordentlichen Kapitalerhöhung** (§§ 55–57 b GmbHG), auch **effektive** Kapitalerhöhung genannt, wird der Gesellschaft neues Kapital in Form von Stammeinlagen zugeführt. Dagegen werden bei der **Kapitalerhöhung aus Gesellschaftsmitteln** (§§ 57 c–57 o), auch **nominelle** Kapitalerhöhung genannt, Rücklagen in Stammkapital umgewandelt. Hier erfolgt also, allerdings verbunden mit der erweiterten Kapitalbindung nach § 30 GmbHG, nur eine Umbuchung, ohne dass der Gesellschaft neue Mittel zugeführt werden.

aa) Ordentliche Kapitalerhöhung

Da der Betrag des Stammkapitals gem. § 3 Abs. 1 Nr. 3 GmbHG notwendiger Satzungsbestandteil ist, beinhaltet die ordentliche Kapitalerhöhung eine **Satzungsänderung**. Gem. § 53 Abs. 1, 2 GmbHG erfordert sie daher zwingend einen Gesellschafterbeschluss, der der qualifizierten Mehrheit und der notariellen Beurkundung bedarf. Dieser **Kapitalerhöhungsbeschluss** muss den Betrag angeben, um den das Stammkapital erhöht wird. Sollen Sacheinlagen geleistet werden, müssen gem. § 56 Abs. 1 S. 1 GmbHG ihr Gegenstand und der Betrag der Stammeinlage angegeben werden, auf die sich die Sacheinlage bezieht. Obwohl dies in § 56 GmbHG nicht erwähnt wird, muss auch die Person des Sacheinlegers im Erhöhungsbeschluss angegeben werden.[574] Sinnvoll ist auch festzulegen, ab wann ein Gewinnbezugsrecht besteht, da dieses bei fehlender Regelung für das volle Geschäftjahr begründet ist, in dem die Kapitalerhöhung in das Handelsregister eingetragen wird. Zu empfehlen ist auch, die Fälligkeit der Einlage zu regeln. Unterbleibt dies, ist nur die Mindesteinlage sofort fällig, im Übrigen bedarf es einer Einforderung durch die Geschäftsführer auf der Grundlage eines Gesellschafterbeschlusses nach § 46 Nr. 2 GmbHG.

Neben dem Kapitalerhöhungsbeschluss ist als weiterer Gesellschafterbeschluss der **Zulassungsbeschluss** erforderlich. Dieser bestimmt die Höhe der neuen Stammeinlagen und die Personen, die zu ihrer Übernahme zugelassen werden. Umstritten ist, ob ein Zulassungsbeschluss auch erforderlich ist, wenn die bisherigen Gesellschafter die neuen Stammeinlagen im Verhältnis ihrer bisherigen Beteiligung übernehmen,[575] und ob der Beschluss einer einfachen oder qualifizierten Mehrheit bedarf.[576] Beide Fragen haben kaum praktische Bedeutung, da ein Zulassungsbeschluss typischerweise zusammen mit dem Kapitalerhöhungsbeschluss und damit mit derselben Mehrheit wie dieser gefasst wird.
Nach herrschender Meinung steht den bisherigen Gesellschaftern ein ungeschriebenes gesetzliches **Bezugsrecht** analog § 186 AktG zu.[577] Dieses kann, sofern nicht alle Gesellschafter zustimmen, durch

---

573 Baumbach/Hueck/*Fastrich*, § 33 Rn 6; Scholz/*Westermann*, § 33 Rn 15.
574 Baumbach/Hueck/*Zöllner*, § 56 Rn 10.
575 Ein Zustimmungsbeschluss ist in diesem Fall entbehrlich für die Befürworter eines gesetzlichen Bezugsrechtes (dazu sogleich), da durch dieses die Übernehmer und die Höhe der übernommenen Stammeinlagen bestimmt werden. Folgt man dieser Auffassung, ist ein Zulassungsbeschluss nur erforderlich, wenn das Bezugsrecht ausgeschlossen wird; so etwa Scholz/*Priester*, § 55 Rn 40.
576 Zum Meinungsstand vgl *Wegmann* in MünchHdb GesR III, GmbH, § 53 Rn 15, 19 mwN.
577 Scholz/*Priester*, § 55 Rn 41 ff; Baumbach/Hueck/*Zöllner*, § 55 Rn 20 f; Lutter/Hommelhoff, § 55 Rn 17 ff aA etwa *Wegmann* in MünchHdb GesR III, GmbH, § 53 Rn 22; Hachenburg/*Ulmer*, § 55 Rn 39 ff, die jedoch ein ähnliches Ergebnis aus dem Gleichbehandlungsgrundsatz und der Treuepflicht herleiten.

den Kapitalerhöhungsbeschluss nur abbedungen werden, wenn dies im Gesellschaftsinteresse erforderlich und verhältnismäßig ist.

376 Die **Übernahme** der neuen Stammeinlagen erfolgt durch Erklärung der Zeichner, die gem. § 55 Abs. 1 GmbHG notariell beurkundet oder beglaubigt werden muss. In dieser Übernahmeerklärung müssen, ausdrücklich oder durch Bezugnahme auf den Kapitalerhöhungsbeschluss, die Gesellschaft, die Person des Übernehmers, der Kapitalerhöhungsbeschluss und der Betrag der übernommenen Stammeinlage angegeben werden. Bei Sacheinlagen sind gem. § 56 Abs. 1 S. 2 GmbHG auch diese zu bezeichnen. Die Übernahme bedarf, da sie durch Vertrag mit korporativem Charakter erfolgt, der formfrei wirksamen und in der Praxis regelmäßig konkludent erfolgenden Annahme durch die Gesellschaft, die hierbei durch die Gesellschafterversammlung vertreten wird, diese Kompetenz aber auch auf andere Gesellschaftsorgane übertragen kann. Der Übernahmevertrag verpflichtet den Übernehmer zur Zahlung der Einlage, nicht jedoch die Gesellschaft zur Durchführung der Kapitalerhöhung.

377 Als Satzungsänderung wird die Kapitalerhöhung gem. § 54 Abs. 3 GmbHG erst mit Eintragung in das **Handelsregister** wirksam. Die Anmeldung muss gem. § 78 GmbHG durch sämtliche Geschäftsführer erfolgen. Die Einzelheiten zum Inhalt der Handelsregisteranmeldung und den beizufügenden Anlagen ergeben sich aus § 57 GmbHG.

bb) Kapitalerhöhung aus Gesellschaftsmitteln

378 Bei einer Kapitalerhöhung aus Gesellschaftsmitteln werden der Gesellschaft weder neue Mittel zugefügt noch das Eigenkapital erhöht, sondern lediglich Rücklagen in Stammkapital umgewandelt und damit der Eigenkapitalbindung nach § 30 GmbHG unterworfen. Dazu müssen gem. § 57 d GmbHG freie Rücklagen vorhanden sein, die nicht durch einen Verlust oder Verlustvortrag aufgezehrt werden. Dass dies in Höhe des in Stammkapital umgewandelten Betrages der Fall ist, ist gem. § 57 e GmbHG durch die letzte Jahresbilanz nachzuweisen, die festgestellt und durch einen Wirtschaftsprüfer oder bei kleinen Gesellschaften durch einen vereidigten Buchprüfer geprüft sein muss und bei Eingang der Anmeldung beim Handelsregister höchstens acht Monate alt sein darf. Kann dieser Zeitraum nicht eingehalten werden, ist eine Zwischenbilanz aufzustellen.

379 Die Kapitalerhöhung aus Gesellschaftsmitteln erfolgt durch Kapitalerhöhungsbeschluss, der als satzungsändernder Beschluss der dazu erforderlichen qualifizierten Mehrheit, der notariellen Beurkundung und der Eintragung in das Handelsregister bedarf. In diesem ist auch anzugeben, ob durch die Kapitalerhöhung neue Geschäftsanteile geschaffen oder bestehende aufgestockt werden. In jedem Fall kommt die Kapitalerhöhung aus Gesellschaftsmitteln den Gesellschaftern im Verhältnis ihrer bisherigen Beteiligung zugute.

b) Kapitalherabsetzungen

aa) Die effektive Kapitalherabsetzung

380 Die effektive Kapitalherabsetzung ist in § 58 GmbHG geregelt. Sie kann gem. § 58 Abs. 2 S. 2 GmbHG insbesondere zu dem **Zweck** durchgeführt werden, **Stammeinlagen zurückzuzahlen** oder **Einlageverpflichtungen** zu **erlassen**. Bezweckt sein kann außerdem auch die Bildung von **Rücklagen**, die **Beseitigung eigener Geschäftsanteile** oder der **Ausgleich einer Unterbilanz**. Durch letzteres können namentlich Zahlungen (etwa von Abfindungen an ausgeschiedene Gesellschafter) ermöglicht werden, denen anderenfalls § 30 Abs. 1 GmbHG entgegenstünde. Besondere praktische Bedeutung kann die Kapitalherabsetzung auch bei der Einziehung von Geschäftsanteilen (§ 34 GmbHG) gewinnen. Diese ist nämlich nur zulässig, wenn die Stammeinlage auf den einzuziehenden Geschäftsanteil vollständig eingezahlt ist, da anderenfalls ein gem. § 19 Abs. 2 S. 1 GmbHG unzulässiger Verzicht auf die Einlageforderung vorläge.[578] Bei nicht voll eingezahlter Stammeinlage kann daher der Geschäftsanteil nur eingezogen werden, wenn gleichzeitig eine Kapitalherabsetzung in entsprechender Höhe beschlossen wird.

381 Das **Verfahren** beginnt mit dem Kapitalherabsetzungsbeschluss der Gesellschafterversammlung, der als Satzungsänderung gem. § 53 Abs. 2 GmbHG der notariellen Beurkundung und der qualifizierten

---

578 Vgl nur BGHZ 9, 157, 168 f.

Mehrheit bedarf. Soll die Kapitalherabsetzung nicht alle Geschäftsanteile gleichmäßig betreffen, ist zur Vermeidung eines Verstoßes gegen das Gleichbehandlungsgebot die Zustimmung der dadurch benachteiligten Gesellschafter erforderlich.[579] Nicht zustimmen muss dagegen der Inhaber eines Geschäftsanteils, dessen Einziehung durch die Kapitalherabsetzung ermöglicht werden soll (dazu vorstehend).[580]

382 Inhaltlich muss der Gesellschafterbeschluss den **Herabsetzungsbetrag** oder den **künftigen Betrag** des Stammkapitals angeben. Gem. § 58 Abs. 2 S. 1 GmbHG darf das Stammkapital höchstens auf 25 000,00 EUR herabgesetzt werden. Eine weitergehende Herabsetzung ist unzulässig, selbst wenn gleichzeitig eine Kapitalerhöhung beschlossen wird. Der Gesellschafterbeschluss muss außerdem den Zweck der Kapitalherabsetzung angeben. Die Auswirkungen auf die einzelnen Geschäftsanteile müssen demgegenüber nur geregelt werden, wenn nicht alle Geschäftsanteile gleichmäßig betroffen sein sollen.

383 Durch die Kapitalherabsetzung wird die Kapitalbindung gem. § 30 Abs. 1 GmbHG in Höhe des herabgesetzten Betrages aufgehoben. Die damit verbundene Beeinträchtigung von Gläubigerinteressen wird wie folgt ausgeglichen: Gem. § 58 Abs. 1 Nr. 1 GmbHG ist der Kapitalherabsetzungsbeschluss von den Geschäftsführern dreimal in den Gesellschaftsblättern bekannt zu machen, verbunden mit der Aufforderung an die Gläubiger der Gesellschaft, sich bei derselben zu melden. Gläubiger, die dieser Aufforderung nachkommen und der Kapitalherabsetzung nicht zustimmen, können gem. § 58 Abs. 1 Nr. 2 GmbHG von der Gesellschaft Befriedigung oder Sicherheitsleistung verlangen. Erst ein Jahr nach der letzten Bekanntmachung des Kapitalherabsetzungsbeschlusses darf gem. § 58 Abs. 1 Nr. 3 GmbHG dessen Anmeldung zum Handelsregister erfolgen. Bei dieser haben die Geschäftsführer gem. § 58 Abs. 1 Nr. 4 GmbHG zu versichern, dass allen Gläubigern, die dies verlangt haben, Befriedigung oder Sicherheitsleistung gewährt wurde.

384 Erst mit der Eintragung in das Handelsregister wird die Kapitalherabsetzung wirksam. Soweit im Kapitalherabsetzungsbeschluss nichts anderes bestimmt wurde, werden die Nennbeträge der vorhandenen Geschäftsanteile proportional herabgesetzt. Mit dem Wirksamwerden der Kapitalherabsetzung kann die Auszahlung erfolgen, falls die Kapitalherabsetzung zu einem dahingehenden Zweck erfolgte.

bb) Vereinfachte Kapitalherabsetzung

385 Die vereinfachte Kapitalherabsetzung, auch **nominelle** Kapitalherabsetzung genannt, darf nur zum Zweck des Verlustausgleichs durchgeführt werden, insbesondere wenn das Stammkapital durch Verluste ganz oder teilweise verbraucht ist. So ist gem. § 58 a Abs. 2 GmbHG die vereinfachte Kapitalherabsetzung nur zulässig, wenn weder ein Gewinnvortrag vorhanden ist noch Kapital- und Gewinnrücklagen existieren, die über 10 % des nach der Herabsetzung verbleibenden Stammkapitals hinausgehen. Entsprechend diesem Zweck dürfen die von einer vereinfachten Kapitalherabsetzung betroffenen Beträge gem. § 58 b Abs. 1, 2 GmbHG nur zum Verlustausgleich und zur Bildung einer der Höhe nach beschränkten Kapitalrücklage verwendet werden. Eine Auszahlung ist, anders als bei der effektiven Kapitalherabsetzung, gem. §§ 58 b Abs. 3, 58 d GmbHG unzulässig.

386 Auch der Gesellschafterbeschluss über die vereinfachte Kapitalherabsetzung bedarf als Satzungsänderung gem. § 53 Abs. 2 GmbHG der notariellen Beurkundung und der qualifizierten Mehrheit. Die Kapitalherabsetzung betrifft gem. § 58 a Abs. 3 S. 1 GmbHG zwingend alle vorhandenen Geschäftsanteile proportional. Das bei der effektiven Kapitalherabsetzung im Gläubigerinteresse erforderliche komplizierte Verfahren gem. § 58 Abs. 1 Nr. 1–4 GmbHG (dazu vorstehend) ist bei der vereinfachten Kapitalherabsetzung entbehrlich, da hier aufgrund des Auszahlungsverbotes gem. §§ 58 b Abs. 3, 58 d GmbHG eine Beeinträchtigung von Gläubigerinteressen ausgeschlossen ist.

---

579 Baumbach/Hueck/*Zöllner*, § 58 Rn 8.
580 Hachenburg/*Ulmer*, § 58 Rn 27; *Wegmann* in MünchHdb GesR III, § 54 Rn 5.

4. Gewinnverwendung

387 Das Ergebnis des laufenden Geschäftsjahres, der Jahresüberschuss oder -fehlbetrag, ergibt sich aus dem Jahresabschluss der Gesellschaft. Dieser besteht aus Bilanz, Gewinn- und Verlustrechnung sowie Anhang. Die **Aufstellung** des Jahresabschlusses obliegt den Geschäftsführern, dessen **Feststellung** ist der Gesellschafterversammlung vorbehalten, die darüber durch Beschluss mit einfacher Mehrheit entscheidet (§§ 42 a, 46 Nr. 1 GmbHG). Der festgestellte Jahresabschluss ist Grundlage der Ergebnisverwendung. Feststellung des Jahresabschlusses und Ergebnisverwendung sind zwei voneinander unabhängige Beschlussgegenstände, auch wenn sie in der Praxis regelmäßig im Rahmen derselben Gesellschafterversammlung beschlossen werden.

388 Weist der Jahresabschluss einen **Jahresfehlbetrag** aus und ist kein diesen übersteigender Gewinnvortrag aus früheren Geschäftsjahren vorhanden, erübrigt sich eine Beschlussfassung über die Ergebnisverwendung. Anderenfalls hat die Gesellschafterversammlung gem. §§ 29, 46 Nr. 1 GmbHG über die Verwendung des Jahresüberschusses (das ist der positive Saldo der Gewinn- und Verlustrechnung) zuzüglich eines Gewinnvortrags und abzüglich eines Verlustvortrags aus früheren Geschäftsjahren zu entscheiden. Sie kann dieses Ergebnis, ganz oder teilweise, an die Gesellschafter ausschütten oder thesaurieren. Die Thesaurierung erfolgt entweder durch Bildung eines Gewinnvortrages oder durch Einstellung in die Gewinnrücklage (§ 266 Abs. 3 A III bzw IV HGB). Ersterenfalls muss die Gesellschafterversammlung im folgenden Geschäftsjahr erneut über die Verwendung beschließen, letzterenfalls erfolgt eine dauerhafte Thesaurierung bis zur Auflösung der Rücklage durch Gesellschafterbeschluss.

389 Sofern die Satzung keine Vorgaben enthält, ist die Mehrheit der Gesellschafterversammlung in ihrer Entscheidung frei, ob ein positives Geschäftsergebnis ausgeschüttet oder thesauriert wird. Gesetzliche Grenzen existieren, anders als im Aktienrecht (§ 254 AktG), nicht. Das grundsätzlich der Gesellschaftermehrheit zustehende unternehmerische Ermessen bei der Entscheidung über die Ergebnisverwendung wird jedoch zum Schutz der Minderheit begrenzt durch die gesellschaftsrechtliche Treuepflicht. Diese gebietet eine Gewinnausschüttung jedoch nur, wenn die Thesaurierung nach einer Gesamtwürdigung aller Umstände des Einzelfalles kaufmännisch in keiner Weise verständlich ist oder mit ihr nur schikanöse Zwecke verfolgt werden.[581] Verstößt der Ergebnisverwendungsbeschluss gegen die gesellschaftsrechtliche Treuepflicht, ist er anfechtbar.

390 Erst der Ergebnisverwendungsbeschluss begründet den Zahlungsanspruch des Gesellschafters.[582] Sofern der Gesellschaftsvertrag nichts Abweichendes bestimmt, stehen ausgeschüttete Gewinne den Gesellschaftern gem. § 29 Abs. 3 S. 1 GmbHG im Verhältnis ihrer Geschäftsanteile zu. **Vorabausschüttungen** können durch die Satzung oder Gesellschafterbeschluss zugelassen werden. Ergibt sich jedoch später kein Gewinnanteil in Höhe der Vorabausschüttung, ist der Gesellschafter zur Rückzahlung nach § 812 BGB verpflichtet.

5. Haftungsdurchgriff

391 Für die **Verbindlichkeiten** der Gesellschaft haftet gem. § 13 Abs. 2 GmbHG grds. nur diese. Nur ausnahmsweise haften daneben die Gesellschafter im Wege des Haftungsdurchgriffs. Folgende Fallgruppen werden diskutiert:

a) Sphärenvermischung

392 Ein Haftungsdurchgriff ist zunächst in den Fällen der **Vermögens- oder Sphärenvermischung** anerkannt. Eine solche liegt vor, wenn auch unter Berücksichtigung der Buchführung der Gesellschaft nicht festgestellt werden kann, welcher Gegenstand zum Gesellschaftsvermögen und welcher zum Gesellschaftervermögen gehört. Nicht ausreichend ist, wenn lediglich einzelne Gegenstände nicht zugeordnet werden können. Ebenso wenig genügt, dass ein Gesellschafter unzulässige Entnahmen aus dem Gesellschaftsvermögen veranlasst; in diesem Fall stehen der Gesellschaft lediglich die Rechte aus § 31 GmbHG zu.[583]

---

581 BGHZ 132, 263, 274 ff (für die KG); OLG Hamm DB 1991, 2477; Baumbach/Hueck/*Fastrich*, § 29 Rn 32, 34.
582 BGH NJW 1998, 1314 und 3646.
583 BGHZ 95, 330, 333 f - *Autokran*.

b) Existenzvernichtender Eingriff

Früher nahm der BGH einen Haftungsdurchgriff analog § 303 AktG im qualifizierten faktischen GmbH-Konzern an.[584] Diese Rspr wurde inzwischen aufgegeben.[585] Stattdessen nimmt der BGH heute einen Haftungsdurchgriff bei existenzvernichtenden Eingriffen an.[586] Dieses Rechtsinstitut wird aus der Erwägung hergeleitet, die Beschränkung der Haftung auf das Gesellschaftsvermögen (§ 13 Abs. 2 GmbHG) beruhe auf der Voraussetzung, dass das Gesellschaftsvermögen in der Gesellschaft verbleiben müsse. Deshalb entfalle das Haftungsprivileg unter dem Gesichtspunkt des **Missbrauchs der juristischen Person**, wenn die Gesellschafter der Gesellschaft deren Vermögen in einem Ausmaß entzögen, das die Existenz der Gesellschaft gefährde, und sich die dadurch geschaffene Gefahr der Insolvenz der Gesellschaft realisiere.[587] Anders formuliert liegt ein existenzvernichtender Eingriff vor, wenn der Gesellschaft durch offene oder verdeckte Entnahmen Vermögenswerte entzogen werden, die sie zur Erfüllung ihrer Verbindlichkeiten benötigt.[588] Als existenzgefährdender Eingriff kommen insbesondere die Eingehung nicht vertretbarer Risiken, der Entzug von Geschäftschancen (etwa durch Entwicklung von Projekten in der geschädigten Gesellschaft und deren Realisierung in anderen Gesellschaften), die ungleiche Verteilung von Chancen und Risiken auf verschiedene Konzerngesellschaften (sog. „Aschenputtel-Gesellschaften")[589] oder auch der Liquiditätsabfluss im Rahmen eines Cash-Pools[590] in Betracht. Außerdem liegt ein existentgefährdender Eingriff vor, wenn die Gesellschafter außerhalb des gesetzlichen Liquidationsverfahrens Vermögenswerte oder gar das gesamte Gesellschaftsvermögen ohne marktgerechte Gegenleistung auf eine andere Gesellschaft (etwa eine Nachfolgegesellschaft) übertragen, insbesondere wenn dadurch die GmbH in eine masselose Insolvenz geführt wird.[591] Der Eingriff muss gezielt erfolgen und betriebsfremden Zwecken dienen; deshalb führen bloße Managementfehler, selbst wenn sie ein existenzgefährdendes Ausmaß erreichen, nicht zum Haftungsdurchgriff.[592]

Die der Höhe nach unbeschränkte Ausfallhaftung[593] wegen existenzvernichtenden Eingriffs setzt neben einem solchen weiter voraus, dass die der Gesellschaft zugefügten Nachteile nicht nach §§ 30, 31 GmbHG vollständig ausgeglichen werden können und der Gesellschafter nicht nachweisen kann, dass der Gesellschaft nur ein begrenzter – und in diesem Umfang auszugleichender – Nachteil entstanden ist.[594]

Die Haftung trifft jeden Gesellschafter, der durch sein **Einverständnis** an der Existenzvernichtung mitgewirkt hat, auch wenn er selbst durch diese keine Vorteile erlangt hat.[595] Der Haftungsdurchgriff erfordert nicht das Vorliegen eines Konzerns. Auch eine Privatperson kann haften, da kein vernünftiger Grund besteht, das Verbot bestandsvernichtender Eingriffe nur an Unternehmen zu richten.[596] Die Haftungsregeln gelten auch für Nichtgesellschafter, die Gesellschaftern gleichstehen; hierunter fallen namentlich mittelbar Beteiligte, die einen beherrschenden Einfluss auf die unmittelbar beteiligte juristische Person ausüben.[597]

---

584 BGHZ 115, 187 - *Video*; BGHZ 122, 123 - *TBB*. Nach der letztgenannten Entscheidung erforderte der Haftungsdurchgriff einen Missbrauch der beherrschenden Gesellschafterstellung, der angenommen wurde, wenn der beherrschten Gesellschaft unter Missachtung ihrer Interessen durch Ausübung der Konzernleitungsmacht ein Nachteil zugefügt wurde, der nicht durch Einzelausgleichsmaßnahmen kompensiert werden konnte.
585 BGHZ 149, 10, 16 - *Bremer Vulkan*; BGHZ 150, 61, 67 ff.
586 BGH, aaO und BGHZ 151, 181, 186 f.
587 BGHZ 151, 181, 186; *Röhricht* in: FS 50 Jahre BGH, S. 92 ff, 103 f, 114.
588 BGH GmbHR 2005, 225.
589 *Röhricht*, aaO, S. 91; OLG Düsseldorf ZIP 2007, 227, 228 f.
590 BGHZ 149, 10 - *Bremer Vulkan*.
591 BGHZ 151, 181, 186 f; BGH GmbHR 2005, 225.
592 BGH GmbHR 2005, 299.
593 BGHZ 150, 61, 67; BGH GmbHR 2005, 225.
594 BGHZ 151, 181, 187; GmbHR 2005, 225.
595 BGHZ 151, 181, 187 f.
596 *Röhricht*, aaO, S. 118 ff.
597 BGH GmbHR 2005, 225.

396 Während eines Insolvenzverfahrens über das Vermögen der Gesellschaft können die Ansprüche wegen existenzvernichtenden Eingriffs nur vom Insolvenzverwalter geltend gemacht werden.[598] Neben die Haftung wegen existenzvernichtenden Eingriffs können Ansprüche aus § 826 BGB treten.

c) Unterkapitalisierung

397 Im Schrifttum wird ein Haftungsdurchgriff auch für den Fall diskutiert, dass die Gesellschafter die Gesellschaft nicht mit dem für die Verfolgung des Gesellschaftszwecks erforderlichen Stammkapital ausstatten. Da diese Voraussetzungen idR nur schwer feststellbar sind, wird überwiegend eine sog. **qualifizierte materielle Unterkapitalisierung** gefordert; eine solche wird angenommen, wenn eine eindeutige und für Insider klar erkennbare, unzureichende Eigenkapitalausstattung vorliegt, die einen Misserfolg der Gesellschaft bei normalem Geschäftsablauf mit hoher, das gewöhnliche Geschäftsrisiko deutlich übersteigender Wahrscheinlichkeit erwarten lässt.[599] Begründet wird der Haftungsdurchgriff damit, dass in diesen Fällen das Privileg der beschränkten Haftung verwirkt sei, da dieses zum Schutz der Gläubiger eine seriöse Eigenkapitalausstattung der Gesellschaft voraussetze. Diese Argumentation überzeugt nicht. Das GmbHG kennt nur ein vom Gesellschaftszweck unabhängiges Mindestkapital, aber keine Verpflichtung zur Verhinderung einer – wie auch immer zu definierenden – Unterkapitalisierung. Deshalb wird eine Unterkapitalisierung als Rechtfertigung für einen Haftungsdurchgriff in der Rspr bisher zu Recht abgelehnt.[600]

d) Umgekehrter Haftungsdurchgriff

398 Eine Haftung der Gesellschaft für Verbindlichkeiten eines Gesellschafters besteht nicht. Deshalb steht auch einer Ein-Personen-Gesellschaft die Drittwiderspruchsklage (§ 771 ZPO) zu, wenn ein Gläubiger des Gesellschafters die Zwangsvollstreckung in das Gesellschaftsvermögen betreibt.[601]

VII. Satzungsänderungen

399 Grundsätzlich können die Gesellschafter im Rahmen des geltenden Rechts die Satzung der GmbH inhaltlich frei ändern. Die Voraussetzungen für eine Satzungsänderung sind in den §§ 53 bis 59 GmbHG enthalten, wobei die §§ 55 bis 59 GmbHG alleine Satzungsänderungen in Form von Kapitalmaßnahmen betreffen.

1. Arten von Satzungsänderungen

400 Gewöhnlich wird unterschieden zwischen **materiellen** und **formellen Änderungen** der Satzung. Dieser Unterschied wirkt sich darin aus, dass rein formelle Änderungen der Satzung nicht den Vorschriften der §§ 53, 54 GmbHG unterliegen sollen.[602] Für sämtliche materiellen Änderungen der Satzung gelten die Vorschriften der §§ 53, 54 GmbHG iVm etwaigen weitergehenden Anforderungen der jeweiligen Satzung der GmbH. Die folgenden Ausführungen beziehen sich daher auch allein auf materielle Satzungsänderungen, wobei im Zweifel anzuraten ist, bei jeder Satzungsänderung die Vorschriften der §§ 53, 54 GmbHG einzuhalten.

2. Verfahren

401 Zuständig für die Änderung der Satzung ist allein die **Gesellschafterversammlung**. Diese kann ihr Recht auch nicht auf andere Organe übertragen.[603] Der Beschluss muss notariell beurkundet werden, § 53 Abs. 2 S. 1 GmbHG.

402 Nicht erforderlich ist die Abhaltung einer **förmlichen** Gesellschafterversammlung. Der Beschluss der Gesellschafter kann auch im schriftlichen Verfahren erfolgen, wenn alle Gesellschafter diesem Verfah-

---

598 BGHZ 164, 50, 62.
599 Vgl nur Hachenburg/*Ulmer*, § 30 Rn 23, 55.
600 BGHZ 68, 312; BAG ZIP 1999, 26.
601 BGHZ 156, 310, 314 ff.
602 Hachenburg/*Ulmer*, § 53 Rn 27; aA Scholz/*Priester*, § 53 Rn 18 ff.
603 BGHZ 43, 261, 264.

ren gem. § 48 Abs. 2 GmbHG zugestimmt haben. Jedoch ist gleichwohl die notarielle Beurkundung des Beschlusses erforderlich. Dies geschieht praktisch in der Regel dadurch, dass abwesende Gesellschafter sich durch schriftlich Bevollmächtigte vertreten lassen, so dass die Beschlussfassung vor dem beurkundenden Notar erfolgen kann. Alternativ können die Gesellschafter ihre schriftliche Stimmabgabe zu Protokoll eines (oder mehrerer) Notare geben, so dass der beurkundende und gem. § 53 Abs. 2 GmbHG bestellte Notar die Beschlussfassung feststellen kann.

Wichtig ist, dass ein satzungsändernder Beschluss nicht durch schlüssiges Verhalten der Gesellschafter gefasst werden kann, sondern einer **ausdrücklichen Beschlussfassung** bedarf.[604] 403

3. Erforderliche Mehrheiten/Zustimmungen

Gem. § 53 Abs. 2 S. 1 GmbHG ist für Satzungsänderungen eine Mehrheit von mindestens ¾ der abgegebenen Stimmen zwingend erforderlich. Der Gesellschaftsvertrag kann gem. § 53 Abs. 2 S. 2 GmbHG weitergehende, (aber keine abschwächenden) Anforderungen stellen. Hiervon wird in der Praxis häufig Gebrauch gemacht. Dabei können die weitergehenden Anforderungen insb. in folgende Richtungen ausgestaltet sein: 404

Vielfach wird das Mehrheitserfordernis sogar noch ausgeweitet (bis hin zum Erfordernis einer einstimmigen Entscheidung). Zudem kann der Gesellschaftsvertrag zusätzlich noch vorsehen, dass es nicht auf die Mehrheit der abgegebenen Stimmen, sondern die Mehrheit aller vorhandenen Stimmen ankommt. 405

Neben diesem Mehrheitserfordernis kann zudem auch die Zustimmung einzelner Gesellschafter für die Satzungsänderung erforderlich sein, selbst wenn das eigentlich erforderliche Quorum im Rahmen des Gesellschafterbeschlusses erfüllt ist. Ein solches Zustimmungserfordernis kann sowohl gesetzlich als auch gesellschaftsvertraglich begründet sein. 406

Aus dem Gesetz folgt ein solches Zustimmungserfordernis einzelner Gesellschafter insbesondere dann, wenn durch die Satzungsänderung die von den einzelnen Gesellschaftern zu erbringenden Leistungen erhöht werden sollen. Hierzu bedarf es gem. § 53 Abs. 3 GmbHG der Zustimmung sämtlicher betroffener Gesellschafter. 407

Ein weiterer Zustimmungsvorbehalt zugunsten aller Gesellschafter kann eingreifen, wenn der Kernbereich der Mitgliedschaft betroffen ist, (insbesondere die Mitgliedschaft selbst, das Stimmrecht, das Gewinnbezugsrecht sowie die Vermögensrechte bei Ausscheiden/Auflösung). In diesen Fällen kann sich aus dem Gesetz (vgl § 72 GmbHG) oder einer Auslegung des Gesellschaftsvertrages die Notwendigkeit der Zustimmung aller betroffenen Gesellschafter ergeben.[605] Die Zustimmung aller Gesellschafter ist auch erforderlich bei einer Änderung des Gesellschaftszwecks, vgl § 33 BGB. 408

Wenn einem Gesellschafter gesellschaftsvertraglich eingeräumte Sonderrechte wieder entzogen werden sollen, bedarf dies analog § 35 BGB seiner Zustimmung.[606] Weitere gesetzliche Zustimmungsvorbehalte können aus dem Gleichbehandlungsgrundsatz und der gesellschaftsvertraglichen Treuepflicht folgen. Zudem kann der Gesellschaftsvertrag vorsehen, dass die Änderung der Satzung (oder auch nur einzelner Bestimmungen) der Zustimmung bestimmter Gesellschafter bedarf. 409

Unter Umständen kann der betroffene Gesellschafter aus Gründen der gesellschaftsvertraglichen **Treuepflicht** verpflichtet sein, der Satzungsänderung zuzustimmen.[607] Dabei ist eine Abwägung zwischen den Gesellschaftsinteressen und den Interessen des betroffenen Gesellschafters vorzunehmen. Jedoch ist auch jeweils zu unterscheiden, ob es sich um unmittelbare Eingriffe in die Rechtsstellung des betroffenen Gesellschafters handelt oder bloß mittelbare Eingriffe. Danach ist auch zu beurteilen, wie stark das Interesse der Gesellschaft das Interesse des betroffenen Gesellschafters überwiegen muss. Soweit dem Gesellschafter ein Sonderrecht entzogen wird oder unmittelbar in seine Rechtsstellung eingegriffen wird, wird sich eine Zustimmungspflicht nur dann begründen lassen, wenn durch die Änderung in die Rechte des betroffenen Gesellschafters nicht oder zumindest nicht unverhältnismäßig eingegriffen wird. 410

---

604 OLG Köln NJW-RR 1996, 1439.
605 Vgl iE Scholz/*Winter/Seibt*, § 14 Rn 35 f; Hachenburg/*Ulmer*, § 53 Rn 19.
606 BGH NJW-RR 1989, 542, 543.
607 Scholz/*Priester*, § 53 Rn 37.

4. Gesellschaftervereinbarungen

411 Immer häufiger finden sich in der Praxis sog. Gesellschaftervereinbarungen. Darunter sind Vereinbarungen zwischen einzelnen oder allen Gesellschaftern einer GmbH zu verstehen, die **nicht Satzungsbestandteil** werden sollen. Die Zulässigkeit solcher rein schuldrechtlicher Nebenabreden, die das Innenverhältnis der Gesellschafter zueinander regeln, ist grundsätzlich anerkannt.[608] Jedoch können notwendige Satzungsbestandteile nicht als Nebenabreden vereinbart werden. Sie müssen in der Satzung enthalten sein.

412 Die häufigsten Regelungsgegenstände von derartigen Gesellschaftervereinbarungen treffen die **Stimmrechtsausübungen**, die Vereinbarung von **Vorkaufs-, Mitverkaufsrechten** und **Andienungspflichten**. Häufig werden auch **gemeinsame unternehmerische Ziele**, abgestimmte **Verhaltensweisen** für bestimmte Situationen und **Liquidations- sowie Erlöspräferenzen** zugunsten einzelner Gesellschafter vereinbart.

Hinweis: Gegenstand jeder Gesellschaftervereinbarung sollte dabei idR die Verpflichtung sein, die Rechte und Pflichten aus der Gesellschaftervereinbarung im Fall einer Anteilsübertragung auf einen Dritten schuldrechtlich weiterzugeben. Dies sollte als (Mindest-) Voraussetzung jeder Zustimmung der Mitgesellschafter zur Anteilsübertragung definiert werden.

413 Häufig werden derartige Gesellschaftervereinbarungen zwischen den operativ tätigen Gesellschaftern (Management) und neu hinzukommenden Gesellschaftern, die sich nur finanziell beteiligen (Finanzinvestoren) geschlossen. In solchen Vereinbarungen werden dann regelmäßig Verhaltenspflichten für die Management-Gesellschafter definiert, die bis hin zu sehr detaillierten Vorkaufsrechten der Finanzinvestoren für den Fall des Ausscheidens eines Management-Gesellschafters gehen können.

Hinweis: Bei der Vereinbarung von Vorkaufsrechten etc. ist jedoch darauf zu achten, dass die Gesellschaftervereinbarung notariell beurkundet wird, um der Formvorschrift des § 15 Abs. 4 GmbHG zu genügen.

414 Derartige Gesellschaftervereinbarungen binden die Beteiligten zunächst nur schuldrechtlich. Die entsprechenden Verpflichtungen können jedoch im Wege der **Leistungsklage** durchgesetzt werden. Über rein schuldrechtliche Regelungen geht eine Gesellschaftervereinbarung dann hinaus, wenn sie als Gesellschaft bürgerlichen Rechts unter den Vertragsschließenden zu beurteilen ist. Dann kommt ihr ebenfalls korporativer Charakter zu.

415 Auf die GmbH selbst haben Gesellschaftervereinbarungen grundsätzlich keinen Einfluss, solange die GmbH nicht Partei dieser Vereinbarung ist.[609] Jedoch hat die Rspr die Verletzung einer Nebenvereinbarung, wegen derer ein bestimmter Gesellschafterbeschluss nicht hätte gefasst werden dürfen, bei gleichwohl erfolgter Beschlussfassung als Beschlussmangel angesehen.[610] Dies stellt eine Durchbrechung des sonst anerkannten Trennungsprinzips zwischen korporativen Regelungen und Gesellschaftervereinbarungen dar.

VIII. Beendigung

416 Die **Auflösung** der Gesellschaft ist in den §§ 60 ff GmbHG geregelt. Danach kann die Gesellschaft insbesondere durch **Liquidation, Insolvenz** oder durch gerichtliches **Urteil** aufgelöst werden, wenn **wichtige Gründe** dies erfordern. Zu beachten ist, dass die Gesellschaft mit ihrer Auflösung noch nicht beendet ist. Es ändert sich nur ihr Gesellschaftszweck von einer werbenden Gesellschaft hin zu einer Abwicklungsgesellschaft, deren einziger Zweck noch die Abwicklung des verbleibenden Gesellschaftsvermögens darstellt.

---

608 BGH NJW 1987, 1890, 1892.
609 Eine solche Vereinbarung kann aber ggf - je nach inhaltlicher Ausgestaltung - als Vertrag zugunsten der GmbH ausgelegt werden.
610 BGH NJW 1983, 1910, 1911; BGH NJW 1987, 1890, 1892; aA OLG Stuttgart DB 2001, 859.

1. Liquidation

a) Auflösungsbeschluss

Neben dem Fall einer Auflösung der Gesellschaft durch Zeitablauf (§ 60 Abs. 1 Nr. 1 GmbHG) ist der in der Praxis wohl häufigste Liquidationsgrund einer GmbH der **Auflösungsbeschluss** durch die Gesellschafterversammlung. 417

Gem. § 60 Abs. 1 Nr. 2 GmbHG bedarf dieser Beschluss idR einer Mehrheit von 75 % der abgegebenen Stimmen. Der Gesellschaftsvertrag kann hier jedoch abweichende Mehrheiten in beide Richtungen zulassen. Er kann sogar ein Quorum von weniger als 50 % ausreichen lassen. In diesem Fall kommt der gesellschaftsvertraglich vorgesehene Auflösungsbeschluss einem Kündigungsrecht der Minderheit gleich. In jedem Fall sollte bei entsprechender Satzungsgestaltung jedoch ein förmlicher Gesellschafterbeschluss gefasst werden. 418

Einer besonderen **Form** bedarf der Auflösungsbeschluss grundsätzlich nicht, es sei denn, dass durch die ihn die Satzung geändert werden müsste. Dies wäre etwa der Fall, wenn die Satzung eine feste Zeitdauer der Gesellschaft vorsieht oder eine Bestimmung enthält, wonach die Gesellschaft „unauflöslich" ist (was idR wohl zudem als Einstimmigkeitserfordernis für den Auflösungsbeschluss auszulegen ist). 419

In der Regel bedarf die Beschlussfassung keines besonderen Grundes für die Auflösung.[611] Ausnahmsweise kann ein mehrheitlicher Auflösungsbeschluss anfechtbar sein, wenn die Zustimmung zu ihm gegen die gesellschaftsrechtliche Treuepflicht verstößt.[612] 420

Die Gesellschaft wird zu dem im Auflösungsbeschluss genannten Termin aufgelöst. Anderenfalls gilt der Tag der Beschlussfassung, solange nicht eine Satzungsänderung erforderlich ist. Dann gilt der Tag der Handelsregistereintragung. 421

b) Sonstige Liquidationsgründe

Daneben kann der Gesellschaftsvertrag **weitere Liquidationsgründe** vorsehen (häufig: Tod oder Insolvenz eines Gesellschafters), die jedoch inhaltlich hinreichend bestimmt im Gesellschaftsvertrag formuliert sein müssen. 422

Einen Sonderfall stellt die gesellschaftsvertraglich eingeräumte **Kündigungsmöglichkeit** dar. Die Kündigung durch einen Gesellschafter kann sowohl zur Auflösung der Gesellschaft als auch zum Ausscheiden des Gesellschafters führen. Dies hängt davon ab, ob der Gesellschaftsvertrag an das gesetzlich nicht vorgesehene, gesellschaftsvertraglich aber zu vereinbarende Kündigungsrecht des Gesellschafters die Rechtsfolge der Auflösung der Gesellschaft oder des Ausscheidens des Gesellschafters knüpft. Im Zweifelsfall soll die Kündigung nach Auffassung der Rspr die Auflösung der Gesellschaft bewirken.[613] 423

Die **Kündigung** ist gegenüber der Gesellschaft zu erklären. Ob sie inhaltlich an bestimmte Voraussetzungen/Gründe geknüpft sein muss, hängt von der gesellschaftsvertraglichen Regelung ab. Sofern nach den gesellschaftsvertraglichen Regelungen die Rechtsfolge der Kündigung die Auflösung der Gesellschaft ist, wandelt sich die Gesellschaft mit Wirksamwerden der Kündigung in eine Liquidationsgesellschaft. 424

Wenn der Gesellschaftsvertrag für den Fall der Kündigung das Ausscheiden des kündigenden Gesellschafters vorsieht, sind in der Satzung Regelungen zu treffen, was mit dem Geschäftsanteil des ausscheidenden Gesellschafters geschieht und welche Abfindung er erhält. In der Praxis wird häufig eine Regelung gewählt, wonach der Geschäftsanteil eingezogen wird (oder der Gesellschaft das Recht zusteht, diesen auf einen anderen Gesellschafter oder einen Dritten zu übertragen) und dem Gesellschafter eine Abfindung zusteht. Hier gelten die bereits im Rahmen des Austritts/der Ausschließung eines Gesellschafters unter Rn 217 ff dargestellten Regeln. 425

---

611 BGHZ 76, 352, 353.
612 BGHZ 76, 352, 353 ff.
613 BGH GmbHR 1997, 501, 502.

2. Auflösungsklage

426 Gem. § 60 Abs. 1 Nr. 3 GmbHG kann eine GmbH ferner in den Fällen der §§ 61, 62 GmbHG durch richterliches **Gestaltungsurteil** aufgelöst werden, wenn ein wichtiger Grund vorliegt. Dabei ist zu beachten, dass die Auflösungsklage gem. § 61 GmbHG immer nur äußerstes Mittel sein kann. Wenn der zur Auflösungsklage führende wichtige Grund auf anderem Weg beseitigt werden kann, müssen die Gesellschafter zunächst diesen Weg wählen.[614] Dies wird in der Praxis insbesondere die Möglichkeit der Ausschließungsklage gegenüber einzelnen Gesellschaftern, die das Vertrauensverhältnis innerhalb der Gesellschaft zerstört haben, sein.

427 Die Auflösung tritt ein mit Rechtskraft des der Auflösungsklage stattgebenden Urteils. Das Minderheitenrecht der Auflösungsklage kann durch die Satzung nicht eingeschränkt werden.[615]

3. Insolvenz

428 Die Gesellschaft wird ferner aufgelöst durch **Eröffnung des Insolvenzverfahrens** über das Vermögen der GmbH gem. § 60 Abs. 1 Nr. 4 GmbHG sowie im Fall der Ablehnung der Eröffnung des Insolvenzverfahrens mangels Masse gem. § 60 Abs. 1 Nr. 5 GmbHG.

4. Sonstige Auflösungsgründe

429 Die weiteren gesetzlichen Auflösungsgründe (Verfügung des Registergerichts, § 60 Abs. 1 Nr. 6 GmbHG, Löschung der Gesellschaft wegen Vermögenslosigkeit, § 60 Abs. 1 Nr. 7 GmbHG, Rechtskraft des Nichtigkeitsurteils gem. § 75 GmbHG sowie nach allerdings umstrittener Auffassung auch die **Sitzverlegung** in das Ausland und der Erwerb aller Geschäftsanteile durch die GmbH) spielen in der Praxis nur eine untergeordnete Rolle.

5. Abwicklung der Gesellschaft

430 Die Abwicklung der Gesellschaft nach ihrer Auflösung ist in den §§ 66 ff GmbHG geregelt, wobei im Fall der Auflösung durch Insolvenz die Abwicklung nach den Vorschriften der InsO durchzuführen ist.

431 Soweit der Gesellschaftsvertrag keine Sonderregelung vorsieht, wird die Liquidation durch die **bisherigen Geschäftsführer als Liquidatoren** durchgeführt. Ihre Aufgabe besteht darin, die vorhandenen Vermögenswerte der Gesellschaft festzustellen, die Aktiva zu Geld zu machen und die Verbindlichkeiten zu tilgen. Der verbleibende Überschuss ist unter den Gesellschaftern aufzuteilen.

432 Dabei gilt im Hinblick auf Ansprüche von und gegenüber Gesellschaftern, dass solche Ansprüche aus normalen Geschäftsbeziehungen, die ihren Ursprung nicht im gesellschaftsvertraglichen Bereich haben, wie Drittansprüche/-verbindlichkeiten zu behandeln sind, solange ihnen nicht eigenkapitalersetzender Charakter zukommt.

433 Grundsätzlich ist nach Feststellung des Liquidationsüberschusses an die Gesellschafter ihr Anteil am Liquidationsüberschuss in bar auszuschütten. Jedoch kann durch gesellschaftsvertragliche Regelungen oder einstimmigen (hM) Gesellschafterbeschluss von diesem Barausschüttungsgebot abgewichen werden.[616]

434 Der Ausschüttungsanspruch der Gesellschafter ist erst nach Ablauf des **Sperrjahres** gem. § 73 Abs. 1 GmbHG somit eines Jahres nach der dritten Bekanntmachung der Auflösung gem. § 65 Abs. 2 GmbHG und nach Tilgung oder Sicherstellung aller bekannten Verbindlichkeiten fällig.

435 Zahlen die Liquidatoren unter Verstoß gegen diese Bestimmung bereits vorher Ausschüttungsbeträge an die Gesellschafter aus, besteht ein Rückforderungsanspruch der Gesellschaft gegenüber den Gesellschaftern, wobei umstritten ist, ob dieser aus § 812 BGB[617] oder analog § 31 GmbHG[618] folgt, sowie zugleich ein Anspruch gegenüber den Liquidatoren gem. § 73 Abs. 3 GmbHG.

---

614 OLG Frankfurt GmbHR 1980, 57.
615 BayObLG DB 1978, 2165; Lutter/Hommelhoff, § 61 Rn 2.
616 Lutter/Hommelhoff, § 72 Rn 10.
617 RGZ 109, 391; OLG Rostock GmbHR 1996, 621, 622.
618 Lutter/Hommelhoff, § 73 Rn 15; Baumbach/Hueck/*Schulze-Osterloh*, § 73 Rn 17.

Nach Verteilung des verbleibenden Vermögens unter den Gesellschaftern haben die Liquidatoren eine **Schlussrechnung** gegenüber der Gesellschafterversammlung aufzustellen und das Erlöschen der Firma zum Handelsregister anzumelden, § 74 Abs. 1 S. 1 GmbHG. Sollte sich nach Löschung der Gesellschaft herausstellen, dass die Gesellschaft tatsächlich noch nicht vollständig beendet war (somit entweder noch zu verteilendes Vermögen/zu bedienende Verbindlichkeiten vorhanden waren oder von der Gesellschaft noch Erklärungen abzugeben sind), findet eine Nachtragsliquidation statt. Hierzu ist durch das Registergericht ein Nachtragsliquidator zu bestellen.

6. Fortsetzungsbeschluss

Solange die Gesellschaft noch nicht vollständig beendet ist und noch nicht mit der Verteilung des Gesellschaftsvermögens begonnen wurde, steht es den Gesellschaftern (mit Ausnahme des Falls der Insolvenz) frei, durch Gesellschafterbeschluss die Fortsetzung der Gesellschaft zu vereinbaren. Der Beschluss bedarf der Mehrheit, die nach Gesetz oder Gesellschaftsvertrag für die Auflösung und Satzungsänderung der Gesellschaft vorgesehen ist. Soweit diese Quoren voneinander abweichen, gilt das höhere Quorum. Weitere Voraussetzung des Fortsetzungsbeschlusses ist, dass der ursprüngliche Auflösungsgrund nicht mehr besteht.

IX. Registerrecht

1. Allgemeines

Das Registerrecht der GmbH weist keine erheblichen Besonderheiten gegenüber anderen Gesellschaftsformen aus. Mangels persönlicher Haftung der einzelnen GmbH-Gesellschafter konzentrieren sich die registerrechtlichen Anforderungen vor allem auf die **Gründung** der GmbH sowie spätere **Veränderungen der Satzung**, insb. des **Stammkapitals**. Die nachfolgende Darstellung konzentriert sich auf einige zentrale Fragen bzgl eintragungspflichtiger Tatsachen. Daneben gibt es noch eine Reihe weiterer anzumeldender Tatsachen (zB § 40 GmbHG), auf die hier nicht näher eingegangen werden kann.

Für die eintragungspflichtigen Tatsachen gilt selbstverständlich ebenfalls die positive wie negative **Registerpublizität** des § 15 HGB.

2. Eintragungspflichtige Tatsachen

Die wichtigsten eintragungspflichtigen Tatsachen bei der GmbH lassen sich im Wesentlichen in folgende Kategorien unterteilen:
- Gründung
- Geschäftsführung
- Kapitalmaßnahmen
- Satzungsänderung
- Beendigung

a) Gründung

Gem. § 11 GmbHG besteht eine GmbH vor ihrer Eintragung in das Handelsregister des Sitzes der Gesellschaft als solche nicht. Wird die Gesellschaft gleichwohl gegründet und in ihrem Namen gehandelt, ergeben sich die oben unter Rn 17 ff dargestellten Fragen im Zusammenhang mit der sog. Vorgründungsgesellschaft und der Vor-GmbH sowie der diesbezüglichen Haftung, insb. gem. § 11 Abs. 2 GmbHG. Dies bedeutet insbesondere, dass die Gründungsgesellschafter in den Genuss der Haftungsbeschränkung des § 13 Abs. 2 GmbHG erst mit der Eintragung der GmbH in das Handelsregister kommen. Jede Eintragung setzt eine ordnungsgemäße Anmeldung gem. §§ 7 ff GmbHG voraus. Zu beachten sind zudem die zusätzlichen Anmeldungsanforderungen bei dem Erwerb / der Verwendung von Mantel- und Vorratsgesellschaften (vgl hierzu bereits unter Rn 40 f).[619]

---

[619] Vgl BGHZ 153, 158 ff; 155, 318 ff; *Goette* DStR 2004, 465.

aa) Voraussetzung der Anmeldung

442 Voraussetzung jeder Anmeldung ist zunächst die **Gründung** der Gesellschaft durch Abschluss eines **notariellen Gesellschaftsvertrages** (§ 2 GmbHG) mit den in § 3 GmbHG geforderten Mindestinhalten. Zudem muss mindestens ein **Geschäftsführer bestellt** worden sein. Gem. § 7 Abs. 2 GmbHG darf die Anmeldung erst dann erfolgen, wenn auf jede Stammeinlage **1/4 eingezahlt** ist (mit Ausnahme von Sacheinlagen), insgesamt in jedem Fall mindestens die **Hälfte des Mindeststammkapitals** gem. § 5 Abs. 1 GmbHG.

443 Gem. § 8 GmbHG müssen der Anmeldung u.a. beigefügt sein der **Gesellschaftsvertrag**, die **Legitimation** der Geschäftsführer und eine **Liste** aller Gründungsgesellschafter mit Namen, Vornamen, Geburtsdatum und Wohnort sowie der **Betrag** der von jedem Gesellschafter übernommenen **Stammeinlage**. Im Fall von **Sacheinlagen** ist zudem ein Sachgründungsbericht beizufügen sowie die Verträge, die den Festsetzungen im Hinblick auf die Sacheinlagen zugrunde liegen. Zudem müssen **Unterlagen** darüber, dass der Wert der Sacheinlagen den Betrag der dafür übernommenen Stammeinlagen erreicht, beigefügt werden (§ 8 Abs. 1 Nr. 4 und 5 GmbHG). Sofern staatliche Genehmigungen im Hinblick auf den Gegenstand des Unternehmens erforderlich sind, müssen diese ebenfalls beigefügt werden (§ 8 Abs. 1 Nr. 6 GmbHG). Schließlich ist gem. § 8 Abs. 2 mit der Anmeldung die Versicherung abzugeben, dass die Mindestzahlungen auf das Stammkapital gem. § 7 GmbHG bewirkt sind und der Gegenstand der Leistung sich endgültig in der freien Verfügung der Geschäftsführer befindet. Zudem müssen die Geschäftsführer noch die Versicherungen gem. § 8 Abs. 3 GmbHG abgeben. Auch muss die Art der Vertretungsbefugnis der Geschäftsführer in der Anmeldung angegeben werden. Die Geschäftsführer haben zudem ihre Unterschrift gegenüber dem Handelsregister zur dortigen Aufbewahrung zu zeichnen.

bb) Prüfung durch das Gericht

444 Gem. § 9 c Abs. 1 S. 1 GmbHG hat das Gericht die Eintragung **abzulehnen**, wenn die Gesellschaft nicht ordnungsgemäß errichtet und angemeldet worden ist. Daraus folgt das Recht und die Pflicht des Gerichts zur Prüfung der Anmeldung und der damit übermittelten Unterlagen.

445 Die **Prüfung** erstreckt sich zunächst auf die **formelle und materielle Rechtmäßigkeit** der Errichtung der Gesellschaft. In formeller Hinsicht prüft das Gericht, ob die notarielle Form des Gesellschaftsvertrages gem. § 2 Abs. 1 GmbHG eingehalten worden ist und ob im Fall der Unterzeichnung durch Bevollmächtigte (oder einer entsprechenden Genehmigung) die Vollmacht ebenfalls der notariellen Form gem. § 2 Abs. 2 GmbHG entsprach. Das Gericht prüft weiterhin, ob die beizufügenden Unterlagen gem. § 8 GmbHG **vollständig** sind.

446 In **materieller Hinsicht** prüft das Gericht insbesondere die wesentlichen Vorschriften des Gesellschaftsvertrages, die Einhaltung der Vorschriften zur Einlageaufbringung und die Ordnungsmäßigkeit der Bestellung der ersten Geschäftsführer. Dabei wird auch geprüft, ob ein etwaiger ausländischer Geschäftsführer in der Lage ist, seinen Verpflichtungen nachzukommen. Zudem prüft das Gericht, ob die in den der Anmeldung beigefügten Unterlagen gemachten Angaben den Anforderungen des GmbHG genügen. Schließlich erstreckt sich der Prüfungsumfang des Gerichts auch auf die Wahrhaftigkeit der angemeldeten Tatsachen.

447 Dies betrifft zunächst die **Versicherungen** gem. § 8 Abs. 2 und 3 GmbHG. Das Gericht prüft auch, ob die Aufbringung des Stammkapitals ordnungsgemäß erfolgt ist. Sollte das Gericht hier Zweifel haben, ist es zu Nachforschungen berechtigt. Das Gericht prüft allerdings nicht, ob ein etwaig vereinbartes Agio ordnungsgemäß erbracht worden ist, da das Agio eine rein schuldrechtliche Verpflichtung zwischen den Gesellschaftern und der Gesellschaft darstellt. Es unterfällt nicht den Kapitalaufbringungsregeln, die vom Gericht geprüft werden.

448 Das Gericht prüft weiter, ob die erbrachten **Einlagen** auch bei Eintragung noch im Gesellschaftsvermögen vorhanden sind (mit Ausnahme der **Gründungskosten**). Dabei wird auch geprüft, ob die Sacheinlagen erbracht wurden. Nach herrschender Meinung erstreckt sich der Prüfungsumfang des

Gerichtes auch darauf, was mit den Einlagen zwischen der Anmeldung und der Eintragung passiert ist.[620] Sofern das Gericht zu dem Ergebnis kommt, dass die Einlagen nicht (mehr) dem Gesellschaftsvermögen zur Verfügung stehen, besteht ein Eintragungshindernis.

Sonderprobleme stellen sich hier selbstverständlich im Bereich der **Sacheinlagen**. Das Gericht prüft die Werthaltigkeit grundsätzlich anhand der eingereichten Unterlagen. Dabei unternimmt das Gericht eine eigene Prüfung. Es ist an die Vorgaben der Gesellschafter nicht gebunden. Wenn das Gericht zu der Überzeugung kommt, dass die Sacheinlagen nicht werthaltig sind, besteht ein Eintragungshindernis.Sofern das Gericht trotz fehlender Werthaltigkeit einträgt, heilt dies den Verstoß nicht. Vielmehr unterliegen die Gesellschafter dann der Nachzahlungspflicht gem. § 9 Abs. 1 GmbHG. 449

Die Prüfung des Gerichts stellt keine Zweckmäßigkeitsprüfung dar. Insbesondere hat das Gericht auch nicht zu prüfen, ob die Kapitalisierung der Gesellschaft für den beabsichtigten Geschäftsbetrieb ausreichend ist. Solange die **Mindeststammkapitalanforderungen** erfüllt sind, kann das Gericht zwar einen Hinweis an die Gesellschaft erteilen, dass nach Auffassung des Gerichts die Kapitalisierung der Gesellschaft für den beabsichtigten Geschäftsbetrieb nicht ausreicht. Hierdurch darf sich jedoch keine Verzögerung der Eintragung ergeben. 450

Grundsätzlich prüft das Gericht auch die Klarheit der angemeldeten Tatsachen und überreichten Unterlagen. Eine Verzögerung der Eintragung darf hierdurch jedoch nur in den Fällen des § 9 c Abs. 2 GmbHG entstehen. Grundlage der Prüfung des Gerichtes sind zunächst die von der Gesellschaft eingereichten Unterlagen. Zudem kann das Gericht ein Gutachten der IHK gem. § 23 HRV anfordern. 451

b) Geschäftsführung

Eintragungspflichtig ist im Bereich der Geschäftsführung zunächst die **Bestellung** und **Abberufung** von **Geschäftsführern** nebst der jeweiligen Art der Vertretungsmacht (einzeln oder gemeinsam mit anderen) sowie jede Änderung diesbezüglich, vgl im Einzelnen § 39 GmbHG. 452

Das GmbH-Recht knüpft im Übrigen nur an wenige Geschäftsführungsmaßnahmen registerrechtliche Konsequenzen. So ist für die Eröffnung einer Zweigniederlassung gem. § 13 b Abs. 2 S. 1 GmbHG eine entsprechende Anmeldung beim Handelsregister gem. § 13 b Abs. 2 S. 1 GmbHG erforderlich. 453

Insoweit sind die gleichen Unterlagen einzureichen, wie bei der Gründung der GmbH, soweit hier Abweichungen möglich sind. Dies betrifft insbesondere Ort, Firma, Prokuristen und die Geschäftsadresse. Der Anmeldung sind ferner die Unterschriften aller Geschäftsführer und Prokuristen beizufügen, sofern diese nicht nur für andere Zweigniederlassungen vertretungsberechtigt sein sollen. Die Anmeldung hat in öffentlich beglaubigter Form zu erfolgen. Das Registergericht prüft nur die Vollständigkeit der Unterlagen. Es prüft nicht die Richtigkeit der angemeldeten Tatsachen. Die Eintragung im Handelsregister ist auch nur deklaratorischer Art. 454

Wenn die Gesellschaft es versäumt, eine Zweigniederlassung ordnungsgemäß anzumelden, kann das Gericht der Hauptniederlassung ein Zwangsgeld gegen die Gesellschaft gem. §§ 14 HGB, 132 ff FGG verhängen. Anzumelden sind ferner Verschmelzungsbeschlüsse nach dem Umwandlungsgesetz. Je nach Art der Verschmelzung sind hier zum Teil sehr umfangreiche Unterlagen beizufügen, die im Einzelnen insb. in § 17 UmwG aufgeführt sind. Analog § 29 BGB ist auch die Bestellung von Notgeschäftsführern durch das Gericht in das Handelsregister einzutragen. 455

c) Satzungsänderungen

Von der Gesellschafterversammlung beschlossene **Satzungsänderungen** müssen gem. § 54 Abs. 3 GmbHG zum Handelsregister angemeldet werden, wenn sie materieller Natur sind. Dies bedeutet, dass lediglich redaktionelle Änderungen des Gesellschaftsvertrages und formelle Anpassungen nicht angemeldet werden müssen, dafür aber jede Veränderung des materiellen Regelungsinhalts der Satzung. 456

---

620 BGH NJW 1981, 1373, 1374.

457 Die Anmeldung hat durch die Geschäftsführung in **öffentlich beglaubigter Form** zu erfolgen. Sofern es sich sogar um eintragungspflichtige Tatsachen gem. §§ 10 Abs. 1, 2 GmbHG handelt, ist die jeweilige Änderung in der Anmeldung konkret zu bezeichnen. Anderenfalls reicht ein Verweis auf die entsprechende geänderte Satzungsbestimmung aus. Der Anmeldung ist die notarielle Niederschrift über die Gesellschafterversammlung beizufügen, vgl § 54 GmbHG.

458 Die Prüfung des Gerichts im Hinblick auf die angemeldeten Satzungsänderungen beschränkt sich auf eine **Rechtmäßigkeitskontrolle**. Die Zweckmäßigkeit der Satzungsänderung ist nicht zu prüfen. Die Satzungsänderung wird im Außenverhältnis erst mit Eintragung in das Handelsregister wirksam. Im Innenverhältnis der Gesellschafter jedoch bereits mit Beschlussfassung.

459 Sofern Satzungsänderungen, die rechtswidrig sind, trotzdem in das Handelsregister eingetragen werden, gilt Folgendes: **Formverstöße oder Beurkundungsmängel** werden mit gleichwohl erfolgter Eintragung in das Handelsregister entsprechend § 242 Abs. 1 AktG geheilt. **Materiell-rechtlich unwirksame Satzungsänderungen** werden wirksam, wenn nicht innerhalb von 3 Jahren nach Eintragung eine Nichtigkeitsklage erhoben wird, analog § 242 Abs. 2 AktG.

460 Andere materiell-rechtliche Mängel des Gesellschaftsbeschlusses führen zu dessen Anfechtbarkeit. Sie werden grundsätzlich gem. § 54 Abs. 3 GmbHG mit ihrer Eintragung wirksam, wenn sie nicht erfolgreich innerhalb der ebenfalls analog anwendbaren Monatsfrist des § 246 Abs. 1 AktG angefochten werden.[621]

d) Kapitalmaßnahmen

461 Jede **Änderung des Stammkapitals** der Gesellschaft ist zur Eintragung in das Handelsregister beim zuständigen Registergericht anzumelden. Vor der Eintragung prüft das Registergericht die Ordnungsmäßigkeit der zugrunde liegenden Beschlüsse und der hierzu eingereichten Anlagen. Sofern eine Kapitalerhöhung mit Sacheinlagen beschlossen wurde, muss auch deren Werthaltigkeit geprüft werden. Die weiteren Einzelheiten der anzumeldenden Umstände und der einzureichenden Anlagen ergeben sich aus den §§ 53 ff GmbHG.

e) Beendigung

462 Gem. §§ 65 Abs. 1, 78 GmbHG ist die Auflösung der Gesellschaft durch die Liquidatoren zur Eintragung in das Handelsregister anzumelden. Sie ist gem. § 65 Abs. 2 GmbHG durch die Liquidatoren dreimal in den in der Satzung vorgesehenen öffentlichen Blättern **bekannt zu machen** mit der Aufforderung an die Gläubiger, ihre Forderungen bei der Gesellschaft anzumelden. Nach Beendigung der Liquidation ist durch den Liquidatoren das Erlöschen der Firma beim Handelsregister anzuzeigen. Das Registergereicht prüft anhand der eingereichten Unterlagen, ob die Abwicklung tatsächlich vollständig erfolgt ist.

3. Rechtsfolge von Verstößen

463 Wenn eintragungspflichtige Tatsachen nicht angemeldet werden, gilt die (positive oder negative) Publizität des Handelsregisters zu Lasten des Eintragungspflichtigen, § 15 HGB. Dabei muss der Eintragungspflichtige sogar damit rechnen, dass sowohl die wahre Rechtslage als auch die eingetragene gleichzeitig gegen ihn verwendet werden kann (sog. Rosinentheorie).

464 Sofern eintragungspflichtige Tatsachen nicht ordnungsgemäß zur Eintragung angemeldet werden oder die Prüfung des Gerichts sonstige Rechtsmängel ergibt, lehnt das Gericht die Eintragung in das Handelsregister ab. Gegen die Entscheidung des Gerichtes besteht das Rechtsmittel der Beschwerde gem. § 21 Abs. 1 FGG, über die das Landgericht gem. § 19 FGG entscheidet. Gegen die Entscheidung des Landgerichts gibt es grundsätzlich das Rechtsmittel der weiteren Beschwerde gem. § 27 FGG, über die das Oberlandesgericht gem. § 28 FGG entscheidet.

---

621 BGH GmbHR 1990, 344; 1992, 801.

B. Aktiengesellschaft

I. Allgemeines

Die Rechtsform der Aktiengesellschaft war in Deutschland lange Zeit eher größeren Unternehmen vorbehalten. Ihre Binnenstruktur ist – vergleichbar der eines Vereins – für eine **Vielzahl von Gesellschaftern** prädestiniert. Hierdurch und durch die Kapitalmarktfähigkeit ihrer Gesellschaftsanteile (Aktien) eignet sich die Aktiengesellschaft hervorragend zur Akquisition großer Mengen von Eigenkapital, was ihr den Ruf eines „**Kapitalsammelbeckens**" eingetragen hat. Potentiellen Zielkonflikten zwischen dem langfristigen Unternehmensinteresse und den teilweise kurzfristigen Interessen einzelner Anteilseigner begegnet das Aktienrecht durch die **Trennung der Einflusssphären** von Anteilseignern und Verwaltungsgremien. Während die Befugnisse der in einer Hauptversammlung organisierten Aktionäre auf wichtige Grundlagengeschäfte und die Wahl der Aufsichtsratsmitglieder (sofern diese nicht von den Arbeitnehmern zu wählen sind) beschränkt bleiben, liegt das operative Geschäft weitgehend eigenverantwortlich in den Händen des Vorstandes, der mit einem hohen Maß an Selbständigkeit und Eigenverantwortung, insbesondere im Hinblick auf unternehmerische Entscheidungen, ausgestattet ist. Anders als das GmbH-Recht ist die Organisationsstruktur des Aktienrechts gegen eine abweichende Satzungsgestaltung weitgehend abgeschirmt. Die Beschneidung der Aktionäre in ihrer Einflussnahme auf unternehmerische Entscheidungen wird durch ein Höchstmaß an Flexibilität beim Erwerb und bei der Veräußerung von Gesellschaftsanteilen kompensiert. Die **Marktfähigkeit** der Aktien wird nicht nur durch deren mögliche Börsenzulassung, sondern auch durch eine meist kleine Stückelung erhöht.

465

Mittlerweile hat sich die Rechtsform der Aktiengesellschaft allerdings von ihrer traditionellen Verknüpfung mit großen Publikums- oder Familiengesellschaften emanzipiert. Ein wichtiger Meilenstein hierbei war das „Gesetz für **kleine Aktiengesellschaften** und zur Deregulierung des Aktienrechts" vom 2.8.1994. Es hat die Aktiengesellschaft für mittelständische Unternehmen attraktiver gemacht und wesentlichen Anteil an der steigenden Beliebtheit dieser Rechtsform, die in einem deutlichen Anstieg der in Deutschland registrierten Aktiengesellschaften[622] zum Ausdruck kommt. Diese zunehmende Beliebtheit der Aktiengesellschaft, ihre gesamtwirtschaftliche Bedeutung und der Wunsch nach einer Stärkung der Aktienkultur setzen das Aktienrecht permanenten Eingriffen des Gesetzgebers aus. Allein zwischen 2000 und 2005 ist das Aktiengesetz 22 mal verändert worden, und zwar mehrmals grundlegend zB durch das Namensaktiengesetz vom 18.1.2001, das Transparenz- und Publizitätsgesetz vom 19.9.2002 sowie das Gesetz zur Unternehmensintegrität und Modernisierung des Anfechtungsrechts (UMAG) vom 22.9.2005.

466

II. Gründung

1. Allgemeine rechtliche Darstellung

a) Ablauf der Gründung

Die Gründung einer Aktiengesellschaft ist bedeutend aufwendiger und kostenträchtiger als beispielsweise die Gründung einer GmbH. Zwar weisen beide Gesellschaftsformen Parallelen im **Gründungsverfahren** auf. Bei der Gründung einer Aktiengesellschaft bestehen aber Besonderheiten, zB die Notwendigkeit eines Gründungsberichts und einer Gründungsprüfung auch bei Bargründungen. Die Gründung folgt grob folgendem **Ablauf**:

467

- Notarielle Beurkundung des Gründungsprotokolls, insbesondere unter
  - Feststellung der Satzung
  - Übernahme der Aktien
  - Bestellung des ersten Aufsichtsrats
- Bestellung des ersten Abschlussprüfers
- Bestellung des ersten Vorstands durch den ersten Aufsichtsrat

---

622 Derzeit nach Schätzungen des Bundesverbandes deutscher Banken rund 16 000.

- Gründungsbericht und Gründungsprüfung
- Leistung der (Mindest-)Einlage
- Anmeldung zum Handelsregister
- Eintragung in das Handelsregister

Mit der **Eintragung** in das Handelsregister ist der Gründungsvorgang abgeschlossen und die Aktiengesellschaft als juristische Person entstanden (§ 41 Abs. 1 AktG).

b) Gründungsprotokoll

468 Die Gründung der Aktiengesellschaft ist notariell zu protokollieren. In der **notariellen Gründungsurkunde** muss die Satzung festgestellt werden (§ 23 Abs. 1 S. 1 AktG). Ferner sind die Gründer, der Nennbetrag bzw die Stückzahl der Aktien, der Ausgabebetrag sowie ggf die Gattung der Aktien, die jeder Gründer übernimmt, und der eingezahlte Betrag des Grundkapitals anzugeben (§ 23 Abs. 2 AktG). Soll die Gesellschaft den Gründungsaufwand ganz oder teilweise übernehmen oder sollen Aktionären oder Dritten sonstige Vorteile gewährt werden, muss dies in der Satzung angegeben werden (§ 26 Abs. 1 und 2 AktG).

469 Bereits im Rahmen der Gründungsurkunde wird üblicherweise auch die von den Gründern vorzunehmende **Bestellung des ersten Aufsichtsrats** der Gesellschaft (§ 30 Abs. 1 AktG) vollzogen. Seine Amtszeit endet, sofern die Gründer nicht ausdrücklich eine kürzere Amtszeit festlegen, mit Beendigung der Hauptversammlung, die über die Entlastung für das erste Voll- oder Rumpfgeschäftsjahr entscheidet, also regelmäßig mit der ersten ordentlichen Hauptversammlung nach Gründung der Gesellschaft (§ 30 Abs. 3 S. 1 AktG). Der erste Aufsichtsrat seinerseits bestellt den **ersten Vorstand**, für den die allgemeine Begrenzung der Amtszeit auf fünf Jahre (§ 84 Abs. 1 S. 1 AktG) gilt.

c) Bar- und Sachgründung

470 Ebenso wie bei der GmbH ist auch bei der Aktiengesellschaft die **Bargründung** der Regelfall. Allerdings müssen die Gründer einer Aktiengesellschaft auch in diesem Fall einen Gründungsbericht erstatten (§ 32 AktG); auch hat selbst bei einer Bargründung eine Gründungsprüfung zumindest durch Vorstand und Aufsichtsrat (§ 33 Abs. 1 AktG) stattzufinden. Im Übrigen ist, ebenso wie bei der GmbH, in der Gründungsurkunde der von den Gründern auf die übernommenen Aktien zu zahlende Einlagebetrag, möglichst unter Festlegung eines Zahlungszeitpunktes, festzulegen. Eine entsprechende Formulierung könnte etwa lauten:

▶ Von dem in 10 000 Aktien aufgeteilten Grundkapital der Gesellschaft in Höhe von 1 000 000,00 EUR übernimmt Frau A 3 500 Aktien im Nennbetrag von je 100,00 EUR und Herr B 6 500 Aktien im Nennbetrag von je 100,00 EUR. Die Aktien werden zum Nennbetrag ausgegeben. Die Einlagen sind bar zu leisten und in voller Höhe sofort zur Zahlung fällig. ◀

Die Einlage ist in bar auf Anforderung durch den Vorstand zu leisten, und zwar mindestens zu einem Viertel bereits vor Anmeldung der Gesellschaft zum Handelsregister.[623]

471 Wesentlich umständlicher und aufwendiger ist die **Sachgründung**. Ihr Wesen besteht darin, dass dem Gesellschaftsvermögen aus der Gründung keine Barmittel, sondern sonstige Vermögensgegenstände zufließen. Dabei unterscheidet § 27 Abs. 1 AktG zwischen Sacheinlagen und Sachübernahmen. Bei der **Sacheinlage** bringt der Aktionär von vornherein keine Barmittel, sondern andere Vermögensgegenstände in die Gesellschaft ein. Dagegen leistet der Gründer im Fall der **Sachübernahme** seine Einlage in Geld mit der Maßgabe, dass die Gesellschaft diese Barmittel zum Erwerb eines sonstigen Vermögensgegenstandes verwendet. Dabei spielt es keine Rolle, ob die Gesellschaft den Vermögensgegenstand von dem einzahlenden Gründer selbst, einem anderen Gründer oder von einem Dritten erwirbt. Gegenstand einer Sacheinlage oder Sachübernahme können nur Vermögensgegenstände sein, deren wirtschaftlicher Wert feststellbar ist (§ 27 Abs. 2 AktG). Dabei kann es sich um ein Unternehmen als ganzes, einen Betrieb oder Teilbetrieb oder auch um einzelne Vermögensgegenstände (Grundstücke, gewerb-

---

[623] Zu den Einzelheiten der Kapitalaufbringung siehe unten Rn 703 ff.

liche Schutzrechte, Betriebsmittel) handeln. Dienstleistungen kommen dagegen nach der ausdrücklichen Regelung in § 27 Abs. 2, 2. Hs AktG nicht als Sacheinlage oder Sachübernahme in Frage.

Das Hauptproblem jeder Sachgründung besteht in der **Bewertung** der eingebrachten Vermögensgegenstände, also der Sicherstellung einer vollständigen Kapitalaufbringung. Das Aktiengesetz begegnet diesem Problem – ebenso wie das GmbHG – durch eine Kombination von Transparenz- und Kontrollpflichten. Zunächst knüpft § 27 AktG die Sachgründung an umfangreiche Festsetzungen in der Gründungssatzung:

- Der Gegenstand der Sacheinlage oder Sachübernahme muss hinreichend bestimmt bezeichnet werden, so dass Zweifel über seine **Identität** ausgeschlossen sind. Bei der Einbringung von Sachgesamtheiten, zB eines Betriebs oder Teilbetriebs, genügt jedoch auch eine übliche schlagwortartige Bezeichnung.
- Die Person, von der die Gesellschaft den Gegenstand erwirbt, ist anzugeben. Dies ist bei einer Sacheinlage in jedem Falle der Gründer selbst, bei einer Sachübernahme der jeweilige Veräußerer.
- Schließlich muss bei einer Sacheinlage der Nennbetrag der hierfür gewährten Aktie bzw bei Stückaktien die Zahl der zu gewährenden Aktien angegeben werden. Bei einer Sachübernahme ist stattdessen die Höhe der von der Gesellschaft an den Veräußerer zu zahlenden Vergütung festzulegen.

472

Dem kann zB im Falle einer Sacheinlage durch folgende Satzungsbestimmung genügt werden:
▶ Herr B bringt mit Wirkung zum Ablauf des 31.7.2007 seinen Geschäftsanteil an der G-GmbH in Hamburg (AG Hamburg HRB ...) mit einem Nennbetrag von 50 000,00 EUR als Sacheinlage in die Gesellschaft ein. Er erhält dafür Aktien im Nennbetrag von 150 000,00 EUR zum Ausgabebetrag von 150 000,00 EUR. ◀

Die Aufnahme dieser **Festsetzungen** unmittelbar in die Satzung sorgt für eine **dauerhafte Publizität**. Deshalb dürfen die entsprechenden Festsetzungen frühestens fünf Jahre nach Eintragung der Gesellschaft geändert und nicht vor Ablauf von 30 Jahren beseitigt werden (§ 26 Abs. 4 und 5 iVm § 27 Abs. 5 AktG). Fehlen die genannten Festsetzungen, sind sämtliche Verträge über die Sacheinlagen oder Sachübernahmen und alle Rechtshandlungen zu ihrer Ausführung der Gesellschaft gegenüber unwirksam (§ 27 Abs. 3 S. 1 AktG). Ist die Gesellschaft trotzdem eingetragen worden, so bleibt die Wirksamkeit der Satzung im Übrigen unberührt; der Gründer muss im Falle einer unwirksamen Sacheinlage stattdessen eine Bareinlage in Höhe des Ausgabebetrages leisten (§ 27 Abs. 3 S. 2 und 3 AktG). Eine Heilung der fehlerhaften Sachgründung ist nach Eintragung der Gesellschaft im Handelsregister nicht möglich (§ 27 Abs. 4 AktG).

473

Der Sicherung der Kapitalaufbringung dient neben diesen Transparenzpflichten insbesondere die obligatorische **Gründungsprüfung** durch einen gerichtlich bestellten Prüfer gem. § 33 Abs. 2 Nr. 4 AktG. Darüber hinaus müssen die Gründer im Rahmen des **Gründungsberichts** die Angemessenheit der Leistungen für Sacheinlagen oder Sachübernahmen darlegen (§ 32 Abs. 2 AktG). Voraussetzung für eine **ordnungsgemäße Kapitalaufbringung** bei Sachgründung ist, dass der Wert der eingebrachten Vermögensgegenstände den Nennbetrag der dafür gewährten Aktien (bei Stückaktien den Anteil der für die Sacheinlage gewährten Aktien am Grundkapital) bzw die für die Sachübernahme von der Gesellschaft zu zahlende Gegenleistung nicht unterschreitet. Die Sacheinlage darf also nicht überbewertet sein. Andernfalls ist die Sachgründung fehlerhaft und die Gesellschaft nicht eintragungsfähig. Wird sie trotzdem eingetragen (zB weil sich die Überbewertung erst nachträglich herausstellt), so bleibt die Entstehung der Gesellschaft von dem Mangel der Sacheinlage unberührt; der Einleger muss aber den Differenzbetrag in bar einzahlen.

474

d) Satzung

Von den bereits dargestellten Festsetzungen im Falle einer Sachgründung oder der Übernahme von Gründungsaufwand abgesehen, schreibt § 23 Abs. 3 und 4 AktG als **Mindestinhalt** für die Gründungssatzung einer Aktiengesellschaft folgende Angaben vor:
- Firma und Sitz der Gesellschaft
- Unternehmensgegenstand
- Höhe des Grundkapitals

475

- Zerlegung des Grundkapitals (Nennbetrags- oder Stückaktien, Anzahl der Aktien, ggf deren Nennbeträge sowie ggf Angabe der verschiedenen Aktiengattungen einschließlich der jeweiligen Anzahl)
- Ausstellung der Aktien auf den Inhaber oder den Namen
- Angaben zur Anzahl der Vorstandsmitglieder
- Form der Bekanntmachungen der Gesellschaft

476 Darüber hinaus kann die Satzung weitere Bestimmungen enthalten, und zwar neben korporativen Regelungen über die **Verfassung** der Gesellschaft und ihr Verhältnis zu den Aktionären grundsätzlich auch **individualrechtliche Vereinbarungen** der Aktionäre untereinander oder zwischen der Gesellschaft und einzelnen Aktionären.[624] Dabei ist aber stets der Grundsatz der **Satzungsstrenge** zu beachten, wonach die Bestimmungen des Aktiengesetzes unabdingbar sind, sofern Abweichungen nicht ausdrücklich zugelassen sind bzw soweit die gesetzlichen Regelungen abschließend sind (§ 23 Abs. 5 AktG). Die Aktiengesellschaft eröffnet den Gründern daher wesentlich **geringere Gestaltungsspielräume** als die Rechtsform der GmbH.

e) Weiterer Ablauf der Gründung

477 Der von den Gründern zu erstellende **Gründungsbericht** (§ 32 AktG) wird zumeist bereits zeitgleich mit der Gründungsurkunde vorbereitet und unterzeichnet. Im Bericht ist der Hergang der Gründung in allen wesentlichen Punkten darzustellen. Dabei muss offen gelegt werden, in welchem Umfang Aufsichtsrats- und Vorstandsmitglieder selbst unmittelbar oder mittelbar an der Gesellschaft beteiligt sind und ob ihnen im Rahmen der Gründung besondere Zuwendungen gemacht worden sind (§ 32 Abs. 3 AktG). Außerdem ist die **Werthaltigkeit etwaiger Sacheinlagen** oder -übernahmen zu erläutern (§ 32 Abs. 2 AktG).

478 Die **ordnungsgemäße Errichtung** der Gesellschaft muss bei jeder Gründung einer Aktiengesellschaft von den ersten Aufsichtsrats- und Vorstandsmitglieder geprüft werden (§ 33 Abs. 1 AktG). Hierzu müssen sie einen schriftlichen **Gründungsprüfungsbericht** erstatten, welcher der Handelsregisteranmeldung beigefügt wird (§ 37 Abs. 4 Nr. 4 AktG). Bei einer Sachgründung, einer unmittelbaren oder mittelbaren Beteiligung von Vorstands- und Aufsichtsratsmitgliedern an der Gründung sowie bei Zuwendungen an diese im Rahmen der Gründung ist zudem der Bericht eines **externen Gründungsprüfers** einzuholen (§ 33 Abs. 2 AktG). Dies kann der beurkundende Notar sein, wenn die externe Gründungsprüfung nur wegen der Beteiligung von Vorstands- oder Aufsichtsratsmitgliedern notwendig ist (§ 33 Abs. 3 S. 1 AktG). Ansonsten muss der externe Gründungsprüfer gerichtlich bestellt werden (§ 33 Abs. 3 S. 2 AktG); zuständig ist das Amtsgericht am Sitz der Gesellschaft (§ 14 AktG). Die **Prüfungskosten** tragen die Gründer. Eine Erstattung durch die Gesellschaft ist nur zulässig, wenn sie in der Gründungssatzung ausdrücklich vorgesehen ist (§ 26 Abs. 2 AktG).

2. Rechtsfragen aus der Praxis

a) Praktische Aspekte der Gründung

479 Wegen des ohnehin aufwendigen, zeitraubenden und kostenträchtigen Verfahrens sollte bei der Gründung einer Aktiengesellschaft alles vermieden werden, was zusätzliche Komplikationen schaffen oder die Beseitigung eingetretener Komplikationen erschweren könnte. So kann die **Anzahl der beteiligten Gründer** zu erheblichen Problemen führen, etwa wenn sich die Handelsregisteranmeldung, die Gründungsurkunde oder die Satzung als korrekturbedürftig erweisen und eine Beteiligung sämtlicher Gründer bei der Korrektur erforderlich ist. Je höher in einem solchen Fall die Zahl der Gründer ist, desto schwieriger und zeitraubender gestaltet sich in aller Regel die Durchführung der notwendigen Korrekturmaßnahmen. Die damit verbundene **Verzögerung** der Handelsregistereintragung bringt das zu gründende Unternehmen und die hierfür handelnden Personen regelmäßig in erhebliche Schwierigkeiten, weil eine Aufnahme der Geschäfte meist kurzfristig erwünscht oder – trotz der damit verbundenen Haftungsrisiken[625] – möglicherweise schon erfolgt ist. Auch die Einforderung der Ein-

---

624 KölnKomm/*Lutter* § 54 Rn 41 f; MünchHdB AG/*Wiesner* § 6 Rn 1.
625 Vgl dazu näher unten Rn 498 ff.

lagen ist zügiger und problemloser, je weniger Gründer beteiligt sind. Je nach Fallkonstellation sollte der Berater daher gemeinsam mit dem Mandanten bei einer Vielzahl zu beteiligender Aktionäre nach Wegen suchen, die Anzahl der Gründer niedrig zu halten und die Beteiligung der weiteren Aktionäre durch individualvertragliche Vorverträge zu gestalten.

b) Gestaltung der Satzung

Zu den Hauptaufgaben eines rechtlichen Beraters, der die Gründung einer Aktiengesellschaft begleitet, gehört die **Gestaltung** der Gründungssatzung. Sie bedarf nicht nur einer sorgfältigen Vorbereitung durch den Berater selbst, sondern einer intensiven **Abstimmung** mit den beteiligten Gründern bereits im Vorfeld des Beurkundungstermins. Dabei sollte auf die folgenden Punkte ein besonderes Augenmerk gelegt werden. 480

aa) Firma, Sitz und Unternehmensgegenstand

Satzungsbestimmungen zu Firma, Sitz und Unternehmensgegenstand sind nach § 23 Abs. 3 Nr. 1 und 2 AktG zwingend, weisen aber bei der Aktiengesellschaft keine wesentlichen Besonderheiten gegenüber der GmbH auf. Die **Firma** muss die Rechtsform durch die Bezeichnung „Aktiengesellschaft" oder „AG" angeben. Ansonsten gelten die allgemeinen Grundsätze des Firmenrechts.[626] 481

Als **Sitz** der Gesellschaft muss ein Ort im **Inland** angegeben werden. Dabei darf bisher in der Regel nur ein Ort gewählt werden, an dem die Gesellschaft entweder einen Betrieb unterhält oder sich die Geschäftsleitung bzw die Verwaltung befindet (§ 5 Abs. 2 AktG). Damit ist es gegenwärtig nicht möglich, eine Gesellschaft ohne Betrieb oder Verwaltungssitz im Inland in der Rechtsform der Aktiengesellschaft zu gründen bzw die Geschäftstätigkeit nachträglich vollständig in das Ausland zu verlegen. § 5 Abs. 2 AktG soll allerdings nach dem Entwurf eines Gesetzes zur Modernisierung des GmbH-Rechts und zur Bekämpfung von Missbräuchen (MoMiG)[627] ersatzlos entfallen, wodurch künftig eine Verlagerung des **tatsächlichen Verwaltungssitzes** in das Ausland möglich wird. Der **satzungsmäßige Sitz** muss aber auch nach dieser beabsichtigten Gesetzesänderung im Inland verbleiben, weil eine Registrierung der Gesellschaft gem. §§ 36, 41 Abs. 1 AktG am zuständigen Gericht des Sitzes der Gesellschaft (§ 14 AktG) sonst nicht möglich ist. 482

Bei der Angabe des **Unternehmensgegenstandes** sieht § 23 Abs. 3 Nr. 2 AktG (abweichend von der Parallelvorschrift in § 3 Abs. 1 Nr. 2 GmbHG) namentlich bei Industrie- und Handelsunternehmen vor, dass die Art der hergestellten bzw gehandelten Erzeugnisse und Waren näher anzugeben ist. Hierdurch sollen völlig konturlose und nichtssagende Angaben verhindert und die Grenzen der Geschäftsführungsbefugnis des Vorstandes klarer aufgezeigt werden. Eine Formulierung könnte beispielsweise lauten: 483

▶ Gegenstand des Unternehmens ist die Herstellung, die Bearbeitung und der Vertrieb von Holz und Holzwerkstoffen jeglicher Art. ◀

bb) Grundkapital und Aktien

Die Festlegungen der Gründungssatzung zum **Grundkapital** und insbesondere zur Art und Stückelung der ausgegebenen Aktien verdienen die besondere Aufmerksamkeit des die Gründung begleitenden Beraters. Dabei ist das Aktienrecht bei der Festlegung des Nennbetrages für das Grundkapital weitgehend flexibel. Der **Mindestnennbetrag** von 50 000 EUR (§ 7 AktG) stellt in der Praxis kein ernsthaftes Gestaltungshindernis dar, weil für Gesellschaften mit einem noch geringeren Nennkapital die Rechtsform der GmbH in jedem Fall vorzugswürdig sein dürfte. Im Übrigen kann die Satzung den Nennbetrag des Grundkapitals weitgehend frei regeln. Einzige Vorgabe ist, dass das Grundkapital auf einen Nennbetrag in (vollen) Euro lauten muss (§ 6 AktG). 484

Hinsichtlich der **inhaltlichen Ausgestaltung** der Aktien muss die Satzung dagegen verschiedene Festlegungen treffen. Zunächst muss die Satzung ausdrücklich regeln, ob die Aktien als **Nennbetrags-** 485

---

626 Siehe dazu § 1 Rn 123 ff.
627 Der Gesetzesentwurf wurde von der Bundesregierung am 23.5.2007 beschlossen. Sein Inkrafttreten ist für die erste Hälfte des Jahres 2008 vorgesehen.

Dewald

aktien oder als **Stückaktien** begründet werden (§ 8 Abs. 1 AktG). Beide Aktienformen sind gleichberechtigt. Die Gründer müssen sich aber für eine der beiden Aktienformen entscheiden. Ein Nebeneinander von Nennbetrags- und Stückaktien in derselben Gesellschaft ist unzulässig.[628] Die Aktien können auf den Inhaber oder den Namen lauten (§ 10 Abs. 1 AktG). Die Gründer können zwischen beiden Aktienformen frei wählen und auch beide Formen nebeneinander vorsehen.[629] Sollen Aktien bereits ausgegeben werden, bevor der Ausgabebetrag vollständig geleistet ist, ist dies nur bei **Namensaktien** möglich (§ 10 Abs. 2 AktG). Bei **Inhaberaktien** darf die Gesellschaft vor vollständiger Leistung des Ausgabebetrages nur Zwischenscheine (§ 10 Abs. 3 und 4 AktG) ausgeben. Während die Satzung zwingend regeln muss, ob die Aktien als Nennbetrags- oder Stückaktien und als Inhaber- oder Namensaktien ausgegeben werden, sind Regelungen über die mit der Aktie verbundenen Rechte obligatorisch. Die Satzung kann vorsehen, dass die Aktien verschiedene Rechte, insbesondere bei der Gewinnverteilung, gewähren, indem zB neben den (voll stimmberechtigten) **Stammaktien** auch stimmrechtslose **Vorzugsaktien** (§§ 139 ff AktG) ausgegeben werden. Die früher zulässige Ausgabe von Mehrstimmrechtsaktien ist dagegen mittlerweile unzulässig (§ 12 Abs. 2 AktG). Zur Unterscheidung der verschiedenen Aktienformen und zu den Aspekten, die bei der Auswahl der „richtigen" Aktienform eine Rolle spielen, siehe unten Rn 633 ff.

cc) Regelungen zu den Organen der Gesellschaft

486 Ein weiteres Hauptaugenmerk muss der mit der Gründung einer Aktiengesellschaft betraute Berater auf die Regelungen zu den **Organen** der Gesellschaft (Vorstand, Aufsichtsrat, Hauptversammlung) legen. Zwar schreibt § 23 Abs. 3 Nr. 6 AktG als Mindestinhalt der Satzung insoweit nur vor, dass die Zahl der Vorstandsmitglieder oder die Regeln für die Festlegung dieser Zahl bestimmt werden müssen. In der Praxis ist aber eine weit umfassendere Regelung zu allen drei Gesellschaftsorganen unerlässlich.

(1) Vorstand

487 Der **Vorstand** der Aktiengesellschaft kann, soweit nicht aus mitbestimmungsrechtlichen Gründen die Bestellung eines Arbeitsdirektors notwendig ist,[630] aus einer oder mehreren Personen bestehen (§ 76 Abs. 2 S. 1 AktG). Die Satzung kann eine genaue **Zahl der Vorstandsmitglieder** festlegen, eine Mindest- und/oder Höchstzahl festsetzen oder auch dem Aufsichtrat die Festlegung der Mitgliederzahl des Vorstandes übertragen.[631] Wichtig ist nur, dass die Satzung diesbezüglich überhaupt eine Regelung enthält (§ 23 Abs. 3 Nr. 6 AktG). Bei einem Grundkapital der Gesellschaft von mehr als 3 Mio. EUR sieht § 76 Abs. 2 S. 2 AktG grundsätzlich eine Mindestzahl von zwei Vorstandsmitgliedern vor. Auch insoweit kann die Satzung aber eine abweichende Regelung treffen, und zwar auch dergestalt, dass der Vorstand aus einer oder mehreren Personen besteht.[632] Eine häufig gebrauchte Formulierung ist beispielsweise:

▶ Der Vorstand besteht aus mindestens zwei Mitgliedern. Im Übrigen bestimmt der Aufsichtsrat die Anzahl der Mitglieder des Vorstandes. ◀

488 Über diesen gesetzlichen Mindestinhalt hinaus sollte die Satzung zumindest Regelungen zu folgenden Fragen enthalten:
- ob und unter welchen Voraussetzungen einem etwaigen **Vorstandsvorsitzenden** ein doppeltes Stimmrecht bei Stimmengleichheit zusteht;
- Regelung der Vertretung der Gesellschaft in Abweichung von dem häufig nicht sachgerechten gesetzlichen Grundsatz der Gesamtvertretung (§ 78 Abs. 2 S. 1 AktG);

---

628 MünchKommAktG/*Heider* § 8 Rn 62; *Hüffer* AktG § 8 Rn 4.
629 *Hüffer* AktG § 10 Rn 5.
630 Vgl dazu die Darstellung in § 16 Rn 139 f und Rn 149.
631 BGH NZG 2002, 817, 818; MünchKommAktG/*Pentz* § 23 Rn 138.
632 *Hüffer* AktG § 76 Rn 22.

- Regelung derjenigen Geschäfte, zu deren Vornahme der Vorstand der Zustimmung des Aufsichtsrates bedarf. Eine solche Regelung muss entweder in der Satzung selbst enthalten sein oder vom Aufsichtsrat getroffen werden (§ 111 Abs. 4 S. 2 AktG);
- Möglichkeit der Befreiung von den Beschränkungen des § 181 BGB. Hier ist in der Regel eine Übertragung der Entscheidung auf den Aufsichtsrat sachgerecht.

(2) Aufsichtsrat

Auch die wesentlichen Rechte und Pflichten des **Aufsichtsrates** sollten, soweit sie nicht bereits gesetzlich vorgegeben sind, in der Satzung geregelt werden. Dies gilt insbesondere für die **Anzahl** der Aufsichtsratsmitglieder, etwaige Anforderungen an ihre persönliche **Eignung**, die Wahl von Ersatzmitgliedern sowie die Form und Frist der Einberufung von Aufsichtsratssitzungen. Die Satzung sollte auch eine nähere Regelung zur Beschlussfassung im **Umlaufverfahren** oder zur Teilnahme an Beschlussfassungen während einer Sitzung durch moderne Kommunikationsmittel (zB Videozuschaltung) treffen, um die Arbeit des Aufsichtsrates zu erleichtern. Insbesondere bei mitbestimmten Aktiengesellschaften sollte in der Regel auch ein Vertagungsrecht auf Antrag einer Minderheit von Aufsichtsratsmitgliedern vorgesehen werden, wenn nicht sämtliche Aufsichtsratsmitglieder an einer Beschlussfassung teilnehmen. Sinnvoll ist es in der Regel auch, den Aufsichtsrat pauschal zur Vornahme von Satzungsänderungen, die nur die Fassung betreffen, zu ermächtigen (§ 179 Abs. 1 S. 2 AktG). Ob dagegen die **Vergütung** der Aufsichtsratsmitglieder unmittelbar in der Satzung festgesetzt oder von der Hauptversammlung beschlossen werden soll (§ 113 Abs. 1 S. 2 AktG), sollte je nach den Umständen des Einzelfalls entschieden werden. Eine etwaige Satzungsregelung könnte etwa lauten:

489

▶ Die Mitglieder des Aufsichtsrats erhalten neben dem Ersatz ihrer baren Auslagen und einer etwa bei ihnen für die Aufsichtsratstätigkeit anfallenden Umsatzsteuer eine feste jährliche Vergütung, die für das einzelne Mitglied 10 000,00 EUR, für den Vorsitzenden EUR 15 000,00 und für den stellvertretenden Vorsitzenden 12 500,00 EUR beträgt. ◀

(3) Hauptversammlung

In Bezug auf die **Hauptversammlung** der Gesellschaft sollte die Satzung unbedingt eine Regelung zum **Ort** der Hauptversammlung enthalten. Ohne eine solche Regelung dürfen Hauptversammlungen grundsätzlich nur am Sitz der Gesellschaft stattfinden. Die Satzung kann einen bestimmten Hauptversammlungsort festlegen, dem einberufenden Organ mehrere konkret benannte Orte zur Auswahl freistellen oder sonstige eingrenzende Vorgaben für die Auswahl des Hauptversammlungsortes treffen. Eine unbeschränkte Wahlmöglichkeit darf sie dem Einberufenden jedoch nicht einräumen.[633] Auch darf die Satzung jedenfalls nach bisheriger Rechtsprechung keinen Hauptversammlungsort im Ausland vorsehen.[634] Zulässig sind beispielsweise folgende Satzungsregelungen:[635]

490

- „deutsche Großstadt mit mindestens 100 000 Einwohnern";
- „Stadt in Westfalen".

Die Satzung kann und sollte, wenn ausschließlich Namensaktien vorhanden sind und damit eine Einberufung durch Bekanntmachung in den Gesellschaftsblättern nicht zwingend vorgeschrieben ist, unter Ausnutzung von § 121 Abs. 4 S. 1 auch eine weitere Erleichterung der **Einberufung** gegenüber der gesetzlich vorgesehenen Einberufung mit eingeschriebenem Brief vorsehen. So kann die Satzung in derartigen Fällen eine Einberufung mit einfachem Brief, per Telefax oder per E-Mail zulassen, was je nach Aktionärsstruktur durchaus interessengerecht sein kann. Von der früher häufig anzutreffenden Regelung der Einberufungsfrist sollte Abstand genommen werden, nachdem der Gesetzgeber die gesetzliche Bestimmung zur Einberufung in § 123 Abs. 1 AktG durch das UMAG neu geregelt hat, wodurch viele bisherige Satzungsbestimmungen teilweise unwirksam geworden sind. Zumindest bei Inhaberaktien praktisch notwendig ist auch eine Vorschrift über das **Teilnahmerecht** in der

491

---
[633] BGH NJW 1994, 320, 322.
[634] OLG Hamburg WM 1993, 1186, 1187 f; im neueren Schrifttum dagegen streitig, vgl MünchHdB/*Semler* § 35 Rn 32 ff.
[635] *Hüffer* AktG § 121 Rn 13.

Hauptversammlung, das die Satzung von einer vorherigen Anmeldung und einem Nachweis (zB durch ein depotführendes Institut) abhängig machen kann.[636]

492 Rechtlich nicht notwendig, aber zur Klarstellung sinnvoll ist die häufig verwendete Regelung, dass die **ordentliche Hauptversammlung** zur Entgegennahme des festgestellten Jahresabschlusses und Lageberichts sowie zur Beschlussfassung über die Verwendung eines Bilanzgewinns innerhalb der ersten acht Monate des Geschäftsjahres stattzufinden hat (so § 175 Abs. 1 S. 2 AktG).

493 Dagegen sollte die Satzung unbedingt regeln, wer zur **Leitung** der Hauptversammlung berufen ist. Ohne eine entsprechende Bestimmung, die auch die Vertretung im Verhinderungsfall regeln sollte, muss die Hauptversammlung selbst entweder in einer Geschäftsordnung oder im Einzelfall einen Versammlungsleiter bestimmen. Beides ist meist nicht praxisgerecht. Üblich ist es, die Versammlungsleitung dem Aufsichtsratsvorsitzenden zu übertragen (siehe dazu die Musterformulierung unter Rn 624). Zusätzlich sollte die Satzung auch einige Regeln zu den **Ordnungsbefugnissen** des Versammlungsleiters enthalten.[637]

dd) Sonstige Regelungen

494 Üblicherweise finden sich in Satzungen zusätzlich (klarstellende) Bestimmungen zum **Jahresabschluss** und zur **Gewinnverwendung**. Viele Gründungssatzungen enthalten darüber hinaus auch Regelungen über die **Einziehung**[638] von Aktien und ein **genehmigtes Kapital**.[639]

c) Nachgründung

495 In der Praxis kann es vorkommen, dass neu gegründete Aktiengesellschaften mit Gründern oder Aktionären nachträglich entgeltliche Verträge (zB über Warenlieferungen, den Erwerb von Immobilien oder über Dienstleistungen) schließen. In derartigen Fällen kann eine verdeckte Sacheinlage vorliegen, was zur Unwirksamkeit der Einlageleistung führt.[640] Es können aber auch die **Nachgründungsvorschriften** der §§ 52 f AktG einschlägig sein, was nicht immer beachtet wird. Schon bei Gründung sollte der begleitende Rechtsberater deshalb auf diese Problematik hinweisen. Den Nachgründungsvorschriften unterliegt gem. § 52 Abs. 1 AktG jeder Vertrag, den die Gesellschaft
- mit **Aktionären**, die mindestens **10 %** des Grundkapitals halten, oder mit **Gründern** innerhalb von **zwei Jahren** ab ihrer Eintragung in das Handelsregister abschließt,
- wenn die Gesellschaft **Vermögensgegenstände** erwirbt und dafür eine **Vergütung von mehr als 10 %** des Grundkapitals zahlt.

496 **Dienstleistungen** sind keine Vermögensgegenstände im Sinne von § 52 Abs. 1 AktG. Die Vorschrift wird aber teilweise für analog anwendbar gehalten,[641] was bei der Prüfung und Beratung entsprechender Sachverhalte zu berücksichtigen ist. Ausdrücklich ausgenommen sind dagegen der Erwerb über die Börse oder im Rahmen einer Zwangsvollstreckung sowie „laufende Geschäfte der Gesellschaft" (§ 52 Abs. 9 AktG). Letzteres sind insbesondere Geschäfte, die bereits im satzungsmäßigen Unternehmensgegenstand zwingend angelegt sind (zB der Erwerb von Waren, deren Handel Bestandteil des Unternehmensgegenstandes ist) und die die Gesellschaft fortlaufend tätigt.

497 In Nachgründungsfällen hängt die Wirksamkeit des betroffenen Vertrages von der **Zustimmung der Hauptversammlung** und der **Eintragung in das Handelsregister** ab (§ 52 Abs. 1 S. 1 AktG). Eine Unwirksamkeit schlägt ggf auf das Verfügungsgeschäft durch (§ 52 Abs. 1 S. 2 AktG). Der Hauptversammlung muss vor ihrer Entscheidung ein **Nachgründungsbericht** des Aufsichtsrats sowie der Bericht eines **externen Nachgründungsprüfers** vorgelegt werden; hierbei gelten die gleichen Grundsätze wie für den Gründungsbericht und den Gründungsprüfungsbericht bei einer Sachgründung (§ 52 Abs. 3 und 4 AktG). Wenn die Satzung nicht noch strengere Anforderungen aufstellt, bedarf

---

636 Siehe dazu näher Rn 616.
637 Siehe dazu näher Rn 629 ff.
638 Siehe dazu unten Rn 658 ff.
639 Siehe hierzu die Darstellung unter Rn 727 ff.
640 Zur verdeckten Sacheinlage im Einzelnen unten Rn 709 f.
641 *Hüffer* AktG § 52 Rn 4; aA KölnKomm/*Kraft* § 52 Rn 7.

der Hauptversammlungsbeschluss einer Mehrheit von drei Vierteln des anwesenden Grundkapitals; wird der Vertrag im ersten Jahr nach Eintragung der Gesellschaft geschlossen, müssen die zustimmenden Aktionäre außerdem mindestens ein Viertel des vorhandenen Grundkapitals vertreten (§ 52 Abs. 5 AktG). Das Registergericht, bei dem der Vertrag nach Zustimmung der Hauptversammlung zur Eintragung anzumelden ist, prüft nicht nur die Einhaltung der Nachgründungsvorschriften, sondern auch den Inhalt des Vertrages. Kommt es zu der Einschätzung, dass die Gesellschaft eine **unangemessen hohe Vergütung** zahlt, so lehnt es die Eintragung ab (§ 52 Abs. 2 AktG).

d) Haftungsrisiken bei vorzeitiger Geschäftsaufnahme

Solange die zu gründende Aktiengesellschaft nicht im Handelsregister eingetragen ist, sind alle **handelnden Personen** (Gründer sowie Mitglieder des ersten Aufsichtsrats und des ersten Vorstandes) besonderen **Haftungsrisiken** ausgesetzt. Dabei ist, ebenso wie bei der Gründung einer GmbH, die Phase vor Errichtung der Gesellschaft, also vor der notariellen Beurkundung des Gründungsprotokolls (Vorgründungsphase) von der Phase zwischen Errichtung und Eintragung der Gesellschaft (Vor-AG) zu unterscheiden.   498

aa) Vorgründungsphase

Eine **Vorgründungsgesellschaft** entsteht nicht ohne weiteres. Vor Errichtung der Aktiengesellschaft durch notarielle Beurkundung des Gründungsprotokolls entstehen grundsätzlich keine rechtlichen Bindungen zwischen den Gründern, sofern sich diese nicht bereits in einem notariell zu beurkundenden Vorvertrag zur Gründung der Gesellschaft verpflichtet und Rahmenbedingungen hierfür festgelegt haben.[642] Gleichwohl kommt es auch bei der Gründung von Aktiengesellschaften – ebenso wie bei der Gründung von GmbHs – vor, dass einzelne oder mehrere Gründer bereits vor dem notariellen Gründungsakt Handlungen im Namen der noch gar nicht errichteten Aktiengesellschaft vornehmen, sei es dass Räumlichkeiten angemietet, ein Business-Plan in Auftrag gegeben oder einfach nur Büromaterial bestellt wird. In vielen Fällen handeln die Gründer dabei ohne Problembewusstsein und ohne ihren Berater ausdrücklich darauf hinzuweisen.   499

Der mit der Gründung einer Aktiengesellschaft betraute Berater sollte die Gründer deshalb bereits im ersten Beratungsgespräch auf die damit verbundenen Haftungsrisiken hinweisen und ggf nach alternativen Gestaltungsmöglichkeiten suchen. Jedes Handeln vor Gründung der Gesellschaft führt unweigerlich zu einer persönlichen Haftung der Handelnden nach dem Recht der **Personengesellschaften**, abhängig von Art und Umfang der Tätigkeit also wie bei einer Gesellschaft bürgerlichen Rechts oder einer offenen Handelsgesellschaft.[643] Die **persönliche gesamtschuldnerische Haftung** besteht **auch nach Eintragung** der Aktiengesellschaft fort. Ein Übergang der Verbindlichkeiten auf die entstandene Aktiengesellschaft findet nicht statt.[644] Aus Sicht des Beraters ist daher von jeglicher Tätigkeit für die noch zu gründende Aktiengesellschaft dringend abzuraten.   500

bb) Vor-AG

Ist die Aktiengesellschaft durch notarielle Beurkundung des Gründungsprotokolls errichtet, aber noch nicht in das Handelsregister eingetragen, besteht sie als solche nicht (§ 41 Abs. 1 S. 1 AktG). Ebenso wie bei der Gründung einer GmbH entsteht aber auch bei der Gründung einer Aktiengesellschaft eine sog. **Vorgesellschaft** (Vor-AG).[645] Die Vor-AG ist ebenso wie die Vor-GmbH[646] eine teilrechtsfähige Gesellschaft sui generis.   501

Handlungen, die während der Phase der Vor-AG im Namen der Gesellschaft vorgenommen werden, führen zu einer persönlichen und ggf gesamtschuldnerischen **Außenhaftung** des oder **der Handelnden** (§ 41 Abs. 1 S. 2 AktG). Die Vorschrift setzt ein Handeln als vertretungsberechtigtes Organ im   502

---

642 MünchKommAktG/*Pentz* § 41 Rn 14.
643 BGHZ 91, 148, 151 f.
644 BGH WM 1983, 861.
645 BGHZ 117, 323, 326.
646 Siehe oben Rn 23.

Außenverhältnis voraus und betrifft damit vor allem das Handeln von Vorstandsmitgliedern. Wer für die Gesellschaft handelt, ohne als Organmitglied aufzutreten, haftet nicht nach § 41 Abs. 1 S. 2 AktG.[647] Auch auf Handlungen im Innenverhältnis, zB die Vertretung der Gesellschaft durch Aufsichtsratsmitglieder beim Abschluss eines Anstellungsvertrages mit dem ersten Vorstand, findet § 41 Abs. 1 S. 2 AktG keine Anwendung.[648] Die Haftung gem. § 41 Abs. 1 S. 2 AktG trifft nur den Handelnden selbst, dagegen nicht die Gründer als solche, selbst wenn sie der Aufnahme der Tätigkeit zugestimmt haben.[649] Die Haftung **erlischt** mit Entstehung der Aktiengesellschaft durch Eintragung in das Handelsregister.[650] Insoweit ist die Rechtsprechung zu § 11 Abs. 2 GmbHG ohne weiteres auf § 41 Abs. 1 S. 2 AktG übertragbar.[651]

503 Neben der als Außenhaftung konzipierten Handelndenhaftung gem. § 41 Abs. 1 S. 2 AktG besteht aber auch die Gefahr einer Haftung der Gründer, soweit sie einer vorzeitigen Geschäftsaufnahme der Gesellschaft zugestimmt haben, im Innenverhältnis. Art und Umfang dieser Haftung hängen davon ab, ob die Gesellschaft eingetragen wird oder die Gründung scheitert.

504 Wird die Gesellschaft eingetragen, so haften alle Gründer, die mit der vorzeitigen Aufnahme der Geschäftstätigkeit einverstanden waren, gegenüber der eingetragenen Gesellschaft für eine etwaige Unterbilanz, also einen Fehlbetrag des tatsächlichen Gesellschaftsvermögens im Zeitpunkt der **Eintragung** gegenüber dem Betrag des Nennkapitals.[652] Diese vom BGH im Wege der Rechtsfortbildung entwickelte **Unterbilanzhaftung** ist auf das Aktienrecht nach ganz herrschender Meinung voll übertragbar,[653] wenngleich der BGH selbst diese Frage bislang offengelassen hat.[654] **Scheitert** die Gründung, so haften die Gründer für alle in der Vor-AG entstandenen Verluste (**Verlustdeckungshaftung**).[655]

505 Sowohl die Unterbilanz- als auch die Verlustdeckungshaftung sind grundsätzlich als **Innenhaftung** konzipiert. Daraus können sich bei der Beratung und Vertretung von Vertragspartnern einer Vor-AG, insbesondere im Falle des Scheiterns der Gründung, Schwierigkeiten ergeben, weil die Rechtsverfolgung gegenüber der Vor-AG selbst häufig schwierig und wenig Erfolg versprechend ist. Damit stellt sich regelmäßig die Frage, ob eine unmittelbare Inanspruchnahme der Gründungsaktionäre möglich ist. Die Rechtsprechung lässt einen solchen **Haftungsdurchgriff** auf die Gründungsaktionäre, die der vorzeitigen Geschäftstätigkeit der Gesellschaft zugestimmt haben, nur dann zu, wenn eine Klage gegen die Vor-AG wegen des formlosen **faktischen Untergangs** der Vorgesellschaft aussichtslos erscheinen muss.[656] Liegen diese Voraussetzungen nicht vor, bleibt nur die Möglichkeit einer Klage gegen die Vor-AG, ggf mit dem Ziel einer anschließenden Pfändung ihrer Ansprüche gegen die Gründungsaktionäre aus der Verlustdeckungshaftung. Insbesondere in **Zweifelsfällen** wird der anwaltliche Berater auf die Chancen und Risiken der beiden unterschiedlichen Vorgehensweisen ausführlich hinweisen müssen. Droht – wie häufig – infolge des Scheiterns der Gründung auch ein privater Vermögensverfall der Gründer, so ist der Versuch einer direkten Inanspruchnahme ungeachtet der damit möglicherweise verbundenen rechtlichen Risiken zumeist die einzige Möglichkeit, dem Mandanten überhaupt eine realistische Aussicht auf Realisierung seiner Forderungen zu erhalten.

e) Vorrats- und Mantelgesellschaften

506 Der Aufwand bei Gründung einer Aktiengesellschaft und die hierfür benötigte Zeit führen in der Praxis häufig dazu, dass Unternehmensgründer von der Gründung einer neuen Gesellschaft Abstand neh-

---

647 BGHZ 66, 359, 361 zu § 11 Abs. 2 GmbHG.
648 BGH NJW 2004, 2519, 2520.
649 BGHZ 47, 25, 28 f; BGHZ 72, 45, 46; jeweils zu § 11 Abs. 2 GmbHG.
650 BGHZ 80, 182, 183 f.
651 *Hüffer* AktG § 41 Rn 25 mwN.
652 BGHZ 80, 129, 140 ff.
653 MünchKommAktG/*Pentz* § 23 Rn 113 f; *Hüffer* AktG § 41 Rn 8; KölnKomm/*Kraft* § 41 Rn 118 ff.
654 BGHZ 119, 177, 186.
655 OLG Hamm AG 2003, 278; OLG Karlsruhe AG 1999, 131, 132; auch insoweit ist die Rechtsprechung zum GmbH-Recht (BGH NJW 1996, 1210; BGHZ 134, 333) auf die AG übertragbar.
656 BGH NJW 1996, 1210, 1212; BGHZ 134, 333, 341.

men und stattdessen auf eine **Vorratsgesellschaft** zurückgreifen. Für derartige Vorratsgesellschaften hat sich mittlerweile ein Markt mit zahlreichen Anbietern entwickelt. Vorratsgesellschaften sind dadurch gekennzeichnet, dass sie nach Abschluss der Gründung zunächst keinen aktiven Geschäftsbetrieb aufnehmen. Sie sind nur zulässig, wenn die Vorratsgründung offengelegt wird.[657] Nach dem Verkauf an einen Unternehmensgründer oder sonstige Interessenten werden Aufsichtsrat und Vorstand neu besetzt, der Unternehmensgegenstand in der Satzung an die Bedürfnisse des Einzelfalles angepasst und – je nach Art der beabsichtigten Verwendung – die Minimalbestimmungen der Gründungssatzung umfangreich geändert, ggf unter deutlicher Erhöhung des Grundkapitals.

Von der Vorratsgesellschaft zu unterscheiden sind sog. **Mantelgesellschaften**. Damit sind Gesellschaften gemeint, die bereits einmal eine aktive Geschäftstätigkeit ausgeübt haben, zwischenzeitlich aber unternehmenslos geworden sind. Auch ihre Reaktivierung zu neuen unternehmerischen Zwecken war früher durchaus üblich, ist heute wegen der nachstehend zu erörternden, meist unabsehbaren **Haftungsrisiken** aber nicht mehr vertretbar. 507

Der **Vorteil** einer Vorratsgesellschaft liegt auf der Hand. Trotz der ggf erforderlichen umfangreichen Satzungsänderungen und ggf Kapitalmaßnahmen gewährt die Gesellschaft den beteiligten Aktionären und Organmitgliedern von Anfang an alle Vorteile einer entstandenen Kapitalgesellschaft, namentlich die Haftungsbeschränkung auf das Gesellschaftsvermögen. Nach der Rechtsprechung des BGH[658] führt die Verwendung von Vorrats- oder Mantelgesellschaften für eine neue bzw veränderte unternehmerische Tätigkeit zu einer „**wirtschaftlichen Neugründung**" der Gesellschaft. Diese wirtschaftliche Neugründung muss entsprechend den Vorschriften über die Gründung der Gesellschaft beim Handelsregister **angemeldet** werden. Dabei muss der Vorstand insbesondere **versichern**, dass das erforderliche Grundkapital eingezahlt ist und dem Vorstand zur freien Verfügung steht. Die Erklärung bezieht sich also (auch) darauf, dass das Grundkapital im **Zeitpunkt der Anmeldung** der wirtschaftlichen Neugründung noch vollständig vorhanden ist. Erweist sich die entsprechende Erklärung des Vorstandes als falsch, so **haftet** er für alle daraus entstehenden Schäden persönlich, mithin schlimmstenfalls bis zur Höhe eines etwaigen Fehlbetrages zwischen tatsächlichem Gesellschaftsvermögen und ausgewiesenem Nennbetrag des Grundkapitals. 508

Aus Beratersicht ist unbedingt auf eine entsprechende **Prüfung**, ob das Grundkapital noch vollständig zur freien Verfügung des Vorstandes vorhanden ist, zu achten. Bei einer Vorratsgesellschaft ist diese Überprüfung in der Regel unproblematisch; darüber hinaus sind die Haftungsrisiken wegen der üblichen Grundkapitalziffer in Höhe des Mindestkapitals von 50 000 EUR vergleichsweise noch überschaubar. Bei der Verwendung von Mantelgesellschaften, die oftmals einen deutlich höheren Nennkapitalbetrag als das Mindestgrundkapital aufweisen und bei denen die Entwicklung des Eigenkapitals in der Regel kaum nachvollziehbar ist, ist eine belastbare Aussage dagegen praktisch nie möglich. Die Verwendung von Mantelgesellschaften führt daher zu völlig unübersehbaren Risiken für die handelnden Vorstandsmitglieder. Der Berater sollte daher von der Verwendung solcher Mantelgesellschaften nachdrücklich abraten. 509

III. Organe

1. Organisationsstruktur der Aktiengesellschaft

Die Aktiengesellschaft ist **dreigliedrig** strukturiert. Zwischen die Hauptversammlung als dem Organ, durch das die Aktionäre ihre Rechte ausüben (§ 119 Abs. 1 Nr. 5 AktG), und den Vorstand als zur Geschäftsführung und Vertretung berufenem Leitungsorgan der Gesellschaft (§ 76 Abs. 1 AktG) ist mit dem Aufsichtsrat ein besonderes Überwachungs- und Kontrollorgan (§ 111 Abs. 1 AktG) geschaltet. Das gesetzliche Idealbild geht davon aus, dass die Ausgestaltung der Rechte und Befugnisse die Kräfteverhältnisse zwischen allen drei Organen in ein **Gleichgewicht** bringt. Hierbei kommt dem Auf- 510

---

657 BGHZ 117, 323, 325 f.
658 Grundlegend BGHZ 153, 158 ff und BGHZ 155, 318 ff. Die neuere Rechtsprechung betrifft bislang nur Fälle der GmbH, ist aber nach allg. Meinung auf die AG übertragbar, wie auch die zur AG ergangene Entscheidung BGHZ 117, 323, 331 zeigt, in welcher der BGH erstmals den Begriff der „wirtschaftlichen Neugründung" bei Vorratsgesellschaften geprägt hat.

sichtsrat als Bindeglied zwischen Hauptversammlung und Vorstand eine Schlüsselrolle zu, der manche Aufsichtsräte in der Vergangenheit nach verbreiteter Ansicht nicht vollständig genügt haben. Insbesondere bei Gesellschaften, die von einem Hauptaktionäre dominiert werden, ist die Gefahr einer unzureichenden Überwachung des Vorstands durch den Aufsichtsrat nahe liegend. Die Rechtsprechung begegnet dieser Gefahr allerdings gegenwärtig mit der Tendenz, strengere Maßstäbe an die Pflichten von Aufsichtsräten zu stellen und Pflichtverletzungen in diesem Bereich verstärkt mit Schadensersatzansprüchen der Gesellschaft zu bewehren.

2. Vorstand

a) Rechtsstellung und Aufgaben

aa) Allgemeine rechtliche Darstellung

511 Der Vorstand **leitet** die Gesellschaft in **eigener Verantwortung** (§ 76 Abs. 1 AktG). Er führt das operative Geschäft des Unternehmens und vertritt die Gesellschaft im Außenverhältnis. Dabei beschränkt sich die Geschäftsführungsbefugnis des Vorstands nicht auf das laufende Tagesgeschäft, sondern umfasst auch die Festlegung der mittel- und langfristigen Geschäftspolitik und Unternehmensplanung. Der Vorstand ist bei der Leitung der Gesellschaft mit einer weitgehenden **Autonomie** ausgestattet. § 76 Abs. 1 AktG bestimmt ausdrücklich, dass der Vorstand die Gesellschaft **eigenverantwortlich** zu leiten hat. Weder der Aufsichtsrat noch die Hauptversammlung können dem Vorstand daher **Weisungen** für die Geschäftsführung erteilen.[659] Im Rahmen dieser Eigenverantwortlichkeit hat der Vorstand das **Unternehmensinteresse** als Leitlinie seines Handelns nach pflichtgemäßem Ermessen selbst zu bestimmen.[660] Dabei muss er die unterschiedlichen Interessen, beispielsweise von Aktionären und Arbeitnehmern, berücksichtigen.

(1) Geschäftsführung

512 Aus der Befugnis des Vorstands zur Leitung der Gesellschaft folgt unmittelbar die **Geschäftsführungsbefugnis**. Sie steht grundsätzlich allen Vorstandsmitgliedern **gemeinschaftlich** zu (§ 77 Abs. 1 S. 1 AktG); eine abweichende Regelung ist nur in der Satzung oder der Geschäftsordnung des Vorstands möglich (§ 77 Abs. 1 S. 2 AktG). Die Kompetenz zum Erlass einer **Geschäftsordnung** für den Vorstand liegt primär in den Händen des Aufsichtsrates. Der Vorstand selbst ist zum Erlass der Geschäftsordnung nur befugt, solange der Aufsichtsrat von seiner Kompetenz keinen Gebrauch gemacht hat; selbst für diesen Fall kann die Satzung das Recht des Vorstands zum Erlass der Geschäftsordnung ausschließen (§ 77 Abs. 2 S. 1 AktG). Aus dem Recht und der Pflicht zur gemeinschaftlichen Geschäftsführung folgt zwingend eine **Gesamtverantwortung** des Vorstands für sämtliche Geschäftsführungsmaßnahmen.[661]

513 Wenn weder die Satzung noch die Geschäftsordnung des Vorstandes etwas anderes regeln, müssen Entscheidungen des Vorstandes **einstimmig** getroffen werden. Die Satzung oder die Geschäftsordnung des Vorstandes können anstelle des Einstimmigkeitsprinzips auch **Mehrheitsentscheidungen** vorsehen und abweichend vom gesetzlichen Prinzip der Gesamtgeschäftsführung den Vorstandsmitgliedern unterschiedliche **Zuständigkeiten** mit entsprechender Einzelgeschäftsführungsbefugnis zuweisen. Das ändert aber nichts am Grundsatz der Gesamtverantwortung aller Vorstandsmitglieder, aus dem sich in derartigen Fällen eine **Überwachungs- und Kontrollpflicht** der übrigen, nicht originär zuständigen Vorstandsmitglieder ergibt. Jeder von ihnen hat insoweit ein unentziehbares **Widerspruchsrecht** (und ggf sogar eine Widerspruchspflicht); bei einem Widerspruch ist eine Entscheidung des Gesamtvorstands notwendig.

(2) Vertretung

514 Neben der Geschäftsführung gehört die **Vertretung** der Gesellschaft (§ 78 Abs. 1 AktG) zu den wichtigsten Aufgaben und Befugnissen des Vorstandes. Die Vertretungsbefugnis ist im Außenverhältnis

---

659 MünchKommAktG/*Hefermehl/Spindler* § 76 Rn 21; *Hüffer* AktG § 76 Rn 10; KölnKomm/*Mertens* § 76 Rn 42.
660 *Hüffer* AktG § 76 Rn 12.
661 MünchKommAktG/*Hefermehl/Spindler* § 77 Rn 28; *Hüffer* AktG § 77 Rn 15; KölnKomm/*Mertens* § 77 Rn 18.

nicht beschränkbar (§ 82 Abs. 1 AktG). Überschreitet ein Vorstandsmitglied bei der Vertretung der Gesellschaft eine ihm wirksam auferlegte Beschränkung der Geschäftsführungsbefugnis, so bleibt sein Handeln im Außenverhältnis gleichwohl wirksam; sanktioniert wird diese Pflichtverletzung lediglich im Innenverhältnis (§ 82 Abs. 2 AktG), insbesondere durch eine etwaige Schadensersatzpflicht der Gesellschaft gegenüber gem. § 93 Abs. 2 AktG.

§ 78 Abs. 2 S. 1 AktG sieht grundsätzlich eine **gemeinschaftliche Vertretung** der Gesellschaft durch alle Vorstandsmitglieder vor. Eine **abweichende Regelung** ist nur in der Satzung möglich. In der Praxis wird häufig geregelt, dass die Gesellschaft bei mehreren Vorstandsmitgliedern durch zwei von ihnen wirksam vertreten werden kann. Schließlich kann die Satzung auch den Aufsichtsrat der Gesellschaft zu einer abweichenden Regelung der Vertretungsbefugnis ermächtigen (§ 78 Abs. 3 S. 2 AktG). Das Verbot von Insichgeschäften (§ 181 BGB) gilt auch für die Vorstandsmitglieder einer Aktiengesellschaft. Die Satzung kann aber alle oder einzelne Vorstandsmitglieder von den Beschränkungen des § 181 BGB befreien oder eine solche Befreiung durch Beschluss des Aufsichtsrates zulassen.

Bei allen Rechtsgeschäften mit Vorstandsmitgliedern wird die Gesellschaft ausnahmsweise durch den Aufsichtsrat vertreten (§ 112 AktG). Mit dem MoMiG soll außerdem in § 78 Abs. 1 S. 2 AktG-RegE eine Passivvertretung durch den Aufsichtsrat im Falle einer Führungslosigkeit der Gesellschaft eingeführt werden.

bb) Rechtsfragen aus der Praxis

In der Praxis insbesondere größerer Aktiengesellschaften mit einem mehrgliedrigen Vorstand ist es notwendig und üblich, dass Entscheidungen des Vorstands abweichend von der gesetzlichen Regelung mehrheitlich getroffen werden können und eine **Geschäftsverteilung** festgelegt wird. Darüber hinaus macht der Vorstand häufig von der Möglichkeit Gebrauch, allgemeine Geschäftsführungsaufgaben auf leitende Angestellte oder andere Personen zu **delegieren**, was ab einer gewissen Unternehmensgröße unumgänglich ist. Dabei stellt sich aus rechtlicher Sicht stets die Frage, welche Aufgaben zwingend dem Gesamtvorstand selbst zugewiesen sind und weder auf ein einzelnes Vorstandsmitglied noch auf Angestellte oder Dritte delegiert werden können.

Nicht delegierbar sind die ausschließlich dem Vorstand zugewiesenen **Leitungsaufgaben**,[662] etwa bei der Festlegung der **Unternehmensstrategie**, der Besetzung der oberen Führungspositionen oder der Aufstellung des Abschluss und des Lageberichtes (§ 170 Abs. 1 AktG). Auch besonders wichtige oder riskante Geschäftsführungsmaßnahmen sind vom Vorstand nicht delegierbar. Schließlich obliegt auch die Einberufung der Hauptversammlung und die Entscheidung über Beschlussvorschläge zwingend dem Gesamtvorstand.

Einfache Geschäftsführungsaufgaben der **laufenden Verwaltung** sind dagegen grundsätzlich delegierbar.[663] Macht der Vorstand von dieser Delegationsmöglichkeit Gebrauch, so muss er im Gegenzug aber geeignete Maßnahmen zur **Überwachung** der Geschäftsführung treffen, insbesondere im Rahmen des stets einzurichtenden Risiko-Management-Systems zur frühzeitigen Erkennung gefährlicher Entwicklungen (§ 91 Abs. 2 AktG).

b) Organverhältnis

aa) Allgemeine rechtliche Darstellung

(1) Bestellung

Die **Organstellung** eines Vorstandsmitgliedes wird im Wege der **Bestellung** durch den Aufsichtsrat begründet. Sie ist zur Eintragung in das Handelsregister anzumelden (§ 81 Abs. 1 AktG); die Eintragung hat aber lediglich deklaratorischen Charakter.[664] Die Bestellung der Vorstandsmitglieder fällt in den Zuständigkeitsbereich des **Aufsichtsrates** (§ 84 Abs. 1 S. 1 AktG). Sie kann nicht auf einen Ausschuss des Aufsichtsrates delegiert werden (§ 107 Abs. 3 S. 2 AktG).

---

662 MünchKommAktG/*Hefermehl/Spindler* § 77 Rn 30; *Hüffer* AktG § 77 Rn 18.
663 *Hüffer* AktG § 77 Rn 10, 14.
664 *Hüffer* AktG § 81 Rn 10.

521 Vorstandsmitglied kann prinzipiell jede natürliche Person sein. Mitglieder des Aufsichtsrates können allerdings nicht gleichzeitig zu Vorstandsmitgliedern bestellt werden (§ 105 Abs. 1 AktG). § 76 Abs. 3 AktG regelt weitere gesetzliche **Ausschlussgründe**, insbesondere bei rechtskräftiger Verurteilung wegen bestimmter Insolvenzstraftaten oder bei Verhängung eines Berufsverbots; der Regierungsentwurf zum MoMiG sieht eine Ausweitung dieser Ausschlussgründe vor (§ 76 Abs. 3 AktG-RegE). Ob die Satzung zusätzliche persönliche oder fachliche Eignungsvoraussetzung für die Bestellung als Vorstandsmitglied festlegen kann, ist umstritten.[665]

(2) Größe des Vorstands, Vorstandsvorsitzender

522 Die **Anzahl** der Vorstandsmitglieder ist in der Satzung zu regeln, wobei eine mittelbare Regelung (zB Festlegung durch den Aufsichtsrat) genügt, § 23 Abs. 3 Nr. 6 AktG. Sind mehrere Vorstandsmitglieder vorhanden, kann der Aufsichtsrat einen **Vorstandsvorsitzenden** ernennen (§ 84 Abs. 2 AktG). Macht er davon keinen Gebrauch, kann der Vorstand einen Sprecher wählen. Während allerdings der Vorsitzende des Vorstands eine sachliche Führungskompetenz hat und ihm zB in der Satzung oder der Geschäftsordnung des Vorsands ein Stichentscheidsrecht eingeräumt werden kann, ist der Sprecher lediglich vorrangiger Repräsentant des Vorstands, nicht aber dessen inhaltlicher Leiter.

(3) Abberufung

523 Die Bestellung zum Vorstand einer Aktiengesellschaft ist nicht frei widerruflich. Hierin besteht einer der wichtigsten Unterschiede zwischen dem Vorstand einer Aktiengesellschaft und dem Geschäftsführer einer GmbH. Vorstandsmitglieder können nur abberufen werden, wenn ein **wichtiger Grund** vorliegt (§ 84 Abs. 3 S. 1 AktG). Das Gleiche gilt für den Widerruf der Ernennung zum Vorstandsvorsitzenden. Diese **Einschränkung der Abberufung** bildet zusammen mit der Weisungsfreiheit der Vorstandsmitglieder die wesentlichen Grundpfeiler für die vom Gesetz beabsichtigte Unabhängigkeit des Vorstandes und die Ausrichtung seiner Tätigkeit allein am Unternehmensinteresse. Als wichtige Gründe für die Abberufung eines Vorstandsmitglieds nennt § 84 Abs. 3 S. 2 AktG beispielhaft, also nicht abschließend

- grobe Pflichtverletzung,
- Unfähigkeit zur ordnungsgemäßen Geschäftsführung,
- Vertrauensentzug durch die Hauptversammlung, außer bei offenbar unsachlichen Gründen.

524 Ein wichtiger Grund für die Abberufung eines Vorstandsmitglieds besteht, wenn die Fortsetzung des Organverhältnisses bis zum Ende der Amtszeit für die Gesellschaft unzumutbar ist.[666] Die Gründe hierfür müssen nicht unbedingt in der Person oder im Verhalten des Vorstandsmitglieds liegen. Ein wichtiger Grund kann zB auch darin bestehen, dass die Hausbank der Gesellschaft ein zur Abwendung der Insolvenzreife notwendiges Darlehen von der Abberufung eines Vorstandsmitglieds abhängig macht.[667] Die Prüfung, ob ein wichtiger Grund für die Abberufung vorliegt, muss alle Umstände des Einzelfalls berücksichtigen und ist **gerichtlich voll überprüfbar**.[668]

525 Die Abberufung fällt ebenso wie die Bestellung der Vorstandsmitglieder in die ausschließliche und unentziehbare Zuständigkeit des Gesamtaufsichtsrates. Eine formal ordnungsgemäß ausgesprochene Abberufung tritt mit **Zugang** beim Vorstandsmitglied in Kraft, auch wenn ein wichtiger Grund fehlt,[669] und bleibt wirksam bis zur rechtskräftigen Feststellung ihrer Unwirksamkeit (§ 84 Abs. 3 S. 4 AktG).

---

665 Zum Meinungsstand siehe MünchKommAktG/*Hefermehl/Spindler* § 76 Rn 89.
666 BGH NJW-RR 1988, 352, 353; OLG Stuttgart AG 2003, 211, 212; *Hüffer* AktG § 84 Rn 26.
667 BGH BB 2007, 174.
668 Streitig, *Hüffer* § 84 Rn 26; KölnKomm/*Mertens* § 84 Rn 103 f; aA MünchKommAktG/*Hefermehl/Spindler* § 84 Rn 95.
669 *Hüffer* AktG § 84 Rn 31.

bb) Rechtsfragen aus der Praxis

(1) Rechtsschutzmöglichkeiten des Vorstandsmitglieds bei rechtswidriger Abberufung

Vorstandsmitglieder können sich gegen ihre rechtswidrige Abberufung gerichtlich wehren. Eine entsprechende **Klage** ist gegen die Gesellschaft, vertreten durch den Aufsichtsrat, zu richten. Sie ist bei formaler Unwirksamkeit der Abberufung auf **Feststellung**, im Übrigen wegen § 84 Abs. 3 S. 4 AktG auf **Nichtigerklärung** zu richten. Kommen sowohl formale als auch materielle Abberufungsfehler in Frage, sollte auf Feststellung und hilfsweise auf Nichtigerklärung der Abberufung geklagt werden. 526

Ob sich ein Vorstandsmitglied gegen seine Abberufung auch im Wege der **einstweiligen Verfügung** wehren kann, ist umstritten. Die einschlägige Rechtsprechung zum Aktienrecht geht bislang davon aus, dass ein solcher Verfügungsantrag unzulässig ist und als rechtskräftige Entscheidung im Sinne von § 84 Abs. 3 S. 4 AktG nur das Endurteil im Hauptsacheverfahren anzusehen ist.[670] Eine einstweilige Verfügung ist allerdings zulässig, wenn die Abberufung aus **formalen Gründen** unwirksam ist, etwa weil der notwendige Beschluss des Gesamtaufsichtsrates fehlt oder unwirksam ist.[671] 527

Bei Rechtsstreitigkeiten über die Wirksamkeit einer Abberufung muss der Anwalt, gleich welche Seite er vertritt, die **Reaktionsmöglichkeiten** der Gesellschaft im Auge behalten. Beruft sich das Vorstandsmitglied auf das Fehlen eines wirksamen Aufsichtsratsbeschlusses, kann der Aufsichtsrat einen wirksamen Beschluss nachholen (analog § 244 AktG), wodurch die Abberufung formal wirksam wird und sich zumindest der Feststellungsantrag erledigt. Der Anwalt des klagenden Vorstandsmitglieds muss hierauf zur Vermeidung von Kostennachteilen mit einer entsprechenden teilweisen Erledigungserklärung hinsichtlich des Feststellungsantrags reagieren. 528

Die Gesellschaft kann zusätzliche wichtige Gründe für die Abberufung des Vorstandsmitglieds dagegen nur eingeschränkt **nachschieben**. Werden dem Aufsichtsrat nachträglich wichtige Gründe bekannt, die bereits im Zeitpunkt der ursprünglichen Abberufungsentscheidung vorlagen, kann der Aufsichtsrat (durch formalen Beschluss) bestimmen, dass die Abberufung auch auf diese Gründe gestützt werden soll. Auf Gründe, die dem Aufsichtsrat bereits bei der ursprünglichen Abberufungsentscheidung bekannt waren, kann die Abberufung dagegen nicht mehr nachträglich gestützt werden. Erst nach dem Abberufungsbeschluss entstandene Abberufungsgründe können die ursprüngliche Abberufung nicht stützen, vom Aufsichtsrat aber einem erneuten Abberufungsbeschluss zugrunde gelegt werden.[672] Die erneute Abberufung führt zur Erledigung des Klageverfahrens über die ursprüngliche Abberufung, sofern das betroffene Vorstandsmitglied seine Klage nicht auf die Feststellung der Unwirksamkeit bzw Nichtigerklärung des neuen Abberufungsbeschlusses ausdehnt, was in der Regel sachdienlich und damit zumindest gem. § 263 ZPO zulässig ist. 529

(2) Amtsniederlegung und einvernehmliches Ausscheiden

Der Wunsch zur Beendigung des Organverhältnisses kann auch auf Seiten des Vorstandsmitglieds selbst entstehen. Eine gesetzliche Regelung, wonach ein Vorstandsmitglied sein Ausscheiden aus dem Organverhältnis durch einseitige Erklärung (Amtsniederlegung) herbeiführen kann, existiert nicht. Die Möglichkeit einer **Amtsniederlegung** ist aber allgemein anerkannt.[673] Sie besteht unstreitig, wenn ein wichtiger Grund für die Amtsniederlegung vorliegt, also die Fortsetzung des Organverhältnisses aus Sicht des Vorstandes unzumutbar ist. Nach mittlerweile vorherrschender Auffassung kann ein Vorstandsmitglied sein Amt aber auch ohne wichtige Gründe niederlegen, solange die Amtsniederlegung nicht rechtsmissbräuchlich ist oder zur Unzeit geschieht.[674] 530

Das Organverhältnis eines Vorstandsmitgliedes kann schließlich jederzeit ohne weiteres einvernehmlich beendet werden. Für ein **einvernehmliches Ausscheiden** ist allerdings, ebenso wie bei einer Abberufung des Vorstandsmitglieds, ein Beschluss des Gesamtaufsichtsrates erforderlich. Die Übertragung 531

---

670 OLG Hamm NZG 2002, 50, 51; OLG Stuttgart AG 1985, 193.
671 OLG Stuttgart aaO.
672 *Hüffer* AktG § 84 Rn 34.
673 BGH WM 1984, 532, 533.
674 MünchKommAktG/*Hefermehl/Spindler* § 84 Rn 124.

auf einen Ausschuss ist analog § 107 Abs. 3 S. 2 AktG unzulässig, was in der Praxis teilweise verkannt wird und deshalb von den rechtlichen Beratern beider Seiten überprüft werden muss.

(3) Verlängerung und Neufestsetzung der Amtszeit

532 Die Bestellung eines Vorstandsmitglieds ist auf maximal **fünf Jahre** befristet (§ 84 Abs. 1 S. 1 AktG). Die Amtszeit kann unbegrenzt oft um jeweils maximal fünf Jahre **verlängert** werden, allerdings frühestens ein Jahr vor Ablauf der bisherigen Amtszeit, § 84 Abs. 1 S. 3 AktG. In der Praxis kann aber aus unterschiedlichsten Gründen das Bedürfnis entstehen, die Amtszeit eines Vorstandsmitglieds vorzeitig zu verlängern. Gebräuchlich, wenn auch rechtlich umstritten ist in derartigen Fällen eine „**Neufestsetzung**" der Amtsdauer: die laufende Bestellung wird vorzeitig (einvernehmlich) beendet und gleichzeitig eine erneute Bestellung für maximal fünf Jahre ab dem Zeitpunkt der Neufestsetzung vorgenommen. Eine solche vorzeitige Wiederbestellung ist jedenfalls dann zulässig, wenn ein wichtiger Grund für sie vorliegt (zB zur Abwendung eines drohenden Weggangs des Vorstandsmitglieds).[675]

c) Anstellungsverhältnis

aa) Allgemeine rechtliche Darstellung

533 Parallel zur organschaftlichen Bestellung wird regelmäßig ein schuldrechtliches **Anstellungsverhältnis** zwischen der Gesellschaft und dem Vorstandsmitglied begründet. Für den Abschluss eines entsprechenden Anstellungsvertrages ist auf Seiten der Gesellschaft der Aufsichtsrat zuständig (§ 112 AktG). Anders als bei der Bestellung kann der Aufsichtsrat die Regelung des Anstellungsverhältnisses einem **Ausschuss** übertragen.[676] Der Anstellungsvertrag wird normalerweise als Dienstvertrag (§ 611 ff BGB) in der Form eines Geschäftsbesorgungsvertrages (§ 675 BGB) geschlossen. Wird ausnahmsweise eine unentgeltliche Tätigkeit des Vorstandsmitglieds vereinbart, handelt es sich beim Anstellungsvertrag um einen Auftrag (§§ 662 ff BGB).

534 Zu den wichtigsten Punkten, die in einem Anstellungsvertrag zu regeln sind, zählen die **Vergütung** des Vorstandsmitglieds einschließlich aller Nebenleistungen (Tantieme, Aktienoptionen u.a.), die Alters- und Hinterbliebenenversorgung, Wettbewerbsverbote, Ausschluss oder Zulassung von Nebentätigkeiten sowie der Ersatz von Auslagen und die Gewährung von Urlaub. Als Folge des Mannesmann-Prozesses[677] werden in Anstellungsverträgen mittlerweile auch häufig Regelungen über eine **Abfindung** bei vorzeitiger Beendigung des Anstellungsverhältnisses getroffen. Je nach Größe der Gesellschaft und Art der Geschäftstätigkeit wird auch geregelt, in welchem Umfang für das Vorstandsmitglied eine D&O-Versicherung abgeschlossen wird.

535 Auch für den Anstellungsvertrag gilt eine **Höchstfrist** von fünf Jahren (§ 84 Abs. 1 S. 1 iVm S. 5 AktG). Dabei kann die Laufzeit des Anstellungsvertrages von der Dauer der Bestellung abweichen. Außerdem können die Parteien für den Fall einer Verlängerung der organschaftlichen Bestellung vereinbaren, dass sich der Anstellungsvertrag automatisch bis zum Ende der Amtszeit des Vorstandsmitglieds verlängert (§ 84 Abs. 1 S. 5, 2. Hs AktG).

536 Der Anstellungsvertrag ist für beide Seiten grundsätzlich nur aus **wichtigem Grund** kündbar.[678] Dabei sind der Widerruf der organschaftlichen Bestellung und die **Kündigung** des Anstellungsverhältnisses strikt zu trennen; letztere richtet sich unabhängig von den Voraussetzungen für die Abberufung des Vorstandsmitglieds nach den allgemeinen Vorschriften (§ 84 Abs. 3 S. 5 AktG). Der Anstellungsvertrag muss also **gesondert** gekündigt werden. Es gilt § 626 BGB. Zuständig ist auf Seiten der Gesellschaft wiederum der Aufsichtsrat (§ 112 AktG), der die Entscheidung einem Ausschuss übertragen darf.[679]

---

675 Vgl Nr. 5.1.2. Abs. 2 S. 2 Deutscher Corporate Governance Kodex.
676 § 107 Abs. 3 S. 2 AktG verweist insoweit nicht auf § 84 Abs. 1 S. 5 AktG.
677 Siehe dazu näher unten Rn 542.
678 BGH WM 1995, 2064, 2065; MünchHdB AG/*Wiesner* § 21 Rn 84; *Hüffer* AktG § 84 Rn 38 ff.
679 BGHZ 65, 190, 193.

bb) Rechtsfragen aus der Praxis

(1) Wichtiger Kündigungsgrund

Kündigungen eines Vorstandsanstellungsvertrages führen – insbesondere wenn sie von der Gesellschaft ausgesprochen werden – häufig zu rechtlichen Auseinandersetzungen. Dabei geht es im Kern meist um die Frage, ob ein wichtiger Grund für die Kündigung vorlag (oder ggf wegen einer entsprechenden Vertragsklausel eine ordentliche Kündigung möglich war). Für den wichtigen Grund zur Kündigung des Anstellungsverhältnisses und den wichtigen Grund für den Widerruf der organschaftlichen Bestellung gelten unterschiedliche **Maßstäbe**. Dabei hat die Kündigung des Anstellungsvertrages prinzipiell strengere Voraussetzungen als ein Widerruf der Bestellung. Entscheidend ist, ob für den Kündigenden die Fortsetzung des Anstellungsverhältnisses, also insbesondere die Fortzahlung der Vorstandsbezüge, unzumutbar ist. Aus Sicht der Gesellschaft können vor allem grobe Pflichtverletzungen einen wichtigen Grund für eine Kündigung (auch) des Anstellungsverhältnisses darstellen; auch in diesem Fall sind aber sonstige Umstände (Wiederholungsgefahr, Restlaufzeit des Anstellungsvertrages, soziale Folgen für das Vorstandsmitglied)[680] zu berücksichtigen. Es ist also in der Praxis durchaus denkbar und auch nicht selten, dass zwar ein wichtiger Grund für die Abberufung des Vorstandsmitglieds vorliegt, nicht aber für die Kündigung des Anstellungsvertrages; in derartigen Fällen wird allerdings häufig eine Abfindung vereinbart.

Der Anstellungsvertrag kann auch Regelungen für eine **ordentliche Kündigung** des Anstellungsverhältnisses enthalten. Beispielsweise kann vereinbart werden, dass der Widerruf der Bestellung zum Vorstandsmitglied gleichzeitig als Kündigung des Anstellungsverhältnisses wirkt.[681] Wegen § 84 Abs. 3 S. 1 AktG ist dagegen eine ordentliche Kündigung ohne Beendigung des Organverhältnisses nicht zulässig.[682] In jedem Fall gelten für die ordentliche Kündigung des Anstellungsverhältnisses eines Vorstandsmitglieds die Kündigungsfristen des § 622 BGB.[683]

Rechtsstreitigkeiten über die Wirksamkeit einer Kündigung des Anstellungsverhältnisses fallen ebenso wie alle anderen Rechtsstreitigkeiten zwischen einem Vorstandsmitglied und der Gesellschaft in die Zuständigkeit der **ordentlichen Gerichte** (vgl § 5 Abs. 1 S. 3 ArbGG).

(2) Vergütung und Abfindung von Vorstandsmitgliedern

Rechtliche Probleme im Zusammenhang mit dem Anstellungsvertrag können sich auch bei der **Bemessung** der Vorstandsbezüge und insbesondere einer etwaigen Abfindung ergeben. Die Vergütung von Vorstandsmitgliedern besteht in der Praxis neben einem festen **Jahresgehalt** aus mehreren Zusatzkomponenten. Bei der genauen Ausgestaltung der Vergütungsstruktur im Anstellungsvertrag müssen nicht nur die wirtschaftlichen Vorstellungen beider Seiten, sondern auch die rechtlichen Vorgaben insbesondere des § 87 AktG berücksichtigt werden. Hier ist von Beraterseite zuweilen Überzeugungsarbeit gefragt, weil die rechtliche Überprüfung der Vergütungsstruktur von Mandanten noch immer teilweise als unnötig und lästig empfunden wird. Nicht zuletzt das Mannesmann-Verfahren zeigt aber, dass eine sorgfältige rechtliche Überprüfung der Vergütungsbestimmungen unerlässlich ist.

Nach § 87 Abs. 1 S. 1 hat der Aufsichtsrat darauf zu achten, dass die Gesamtbezüge eines Vorstandsmitglieds in einem **angemessenen Verhältnis** zu seinen **Aufgaben** und zur **Lage der Gesellschaft** stehen. Entsprechendes gilt für Ruhegehälter, Hinterbliebenenbezüge und vergleichbare Leistungen (§ 87 Abs. 1 S. 2 AktG). Das Angemessenheitsgebot bezieht sich immer auf die **Gesamtbezüge** eines Vorstandsmitglieds. Die isolierte Betrachtung einzelner Vergütungsbestandteile, zB des Jahresgehaltes, der Tantieme oder von Aktienoptionen, kommt daher nicht in Betracht. Die kumulative Betrachtung der Aufgaben des Vorstandsmitglieds sowie der Lage der Gesellschaft verbietet auch eine einseitige Betrachtung etwa dergestalt, dass in einer wirtschaftlich schwierigen Situation der Gesellschaft nur vergleichsweise niedrige Vorstandsbezüge zulässig wären. Vielmehr kann es je nach den Umständen

---

680 MünchHdB AG/*Wiesner* § 21 Rn 78.
681 BGH NJW 1989, 2683.
682 MünchKommAktG/*Hefermehl/Spindler* § 84 Rn 136.
683 BGH NJW 1989, 2683, 2684; BGHZ 91, 217 (zur GmbH); MünchHdB AG/*Wiesner* § 21 Rn 84.

des Einzelfalls durchaus angemessen sein, krisenerprobte Führungskräfte zu einer ihrem Marktwert entsprechenden höheren Vergütung anzustellen. Ganz allgemein kommt eine pauschalierende Festlegung von Vergütungsobergrenzen ohne Berücksichtigung des **Einzelfalls** nicht in Frage.

542 Besondere Bedeutung hat das Angemessenheitserfordernis in jüngerer Vergangenheit im Bereich von **Aktienoptionsplänen** sowie – in der Folge des Mannesmann-Verfahrens – bei Abfindungszahlungen und nachträglichen **Anerkennungsprämien** erlangt. Während die Zulässigkeit von Aktienoptionen für Vorstandsmitglieder dem Grunde nach unstreitig ist, hat sich über die zulässige Bemessung von Abfindungszahlungen sowie insbesondere über die Zulässigkeit nachträglicher Anerkennungsprämien am Fall Mannesmann eine heftige Kontroverse entzündet. Problematisch sind Abfindungen dann, wenn sie nicht der Erfüllung bzw Ablösung bestehender vertraglicher Verpflichtungen dienen, sondern dem Vorstand nachträglich eine (Mehr-)Vergütung für besondere Leistungen (Anerkennungsprämie) gewähren, auf die kein vertraglicher Anspruch besteht. Während im Schrifttum auch nachträgliche Vergütungen für Sonderleistungen weitgehend als zulässig angesehen werden,[684] hat der 3. Strafsenat des BGH in seiner Mannesmann-Entscheidung vom 21.12.2005[685] die Zahlung nachträglicher Anerkennungsleistungen ohne zukunftsbezogenen Nutzen für die Gesellschaft als treupflichtwidrige Schädigung des Gesellschaftsvermögens und damit als Untreue (§ 266 StGB) angesehen.

543 Sind Vorstandsbezüge entgegen § 87 Abs. 1 AktG unangemessen festgesetzt worden, berührt dies die **Wirksamkeit** des Anstellungsvertrages und der Vergütungsvereinbarung nur unter den besonderen Voraussetzungen der Sittenwidrigkeit (§ 138 BGB).[686] Anderenfalls bleibt der Anspruch des Vorstandsmitglieds auf die vereinbarten Gesamtbezüge – auch soweit diese unangemessen sind – unberührt. Der Gesellschaft steht aber unter den Voraussetzungen des § 116 AktG ein **Schadensersatzanspruch** gegen die verantwortlichen Aufsichtsratsmitglieder zu.

544 **Verschlechtern** sich die wirtschaftlichen Verhältnisse der Gesellschaft **nachträglich** und erscheint deshalb die Fortzahlung der vereinbarten Bezüge unbillig, so kann der Aufsichtsrat die Bezüge unbeschadet des Anstellungsvertrages im Übrigen einseitig herabsetzen (§ 87 Abs. 2 S. 1 und 2 AktG). Das betroffene Vorstandsmitglied ist in diesem Falle zu einer befristeten außerordentlichen Kündigung des Anstellungsvertrages berechtigt (§ 87 Abs. 2 S. 3 AktG).

545 Börsennotierte Gesellschaften sind prinzipiell verpflichtet, die Vergütung für jedes einzelne Vorstandsmitglied **individuell** im Anhang zum Jahresabschluss bzw zum Konzernabschluss **offenzulegen** (§§ 285 S. 1 Nr. 9 lit. a S. 5, 314 Abs. 1 Nr. 6 lit. a S. 5 HGB); die Hauptversammlung kann jedoch mit einer Dreiviertelmehrheit für maximal fünf Jahre im Voraus beschließen, dass die individualisierte Angabe der Vorstandsbezüge unterbleibt (§§ 286 Abs. 5, 314 Abs. 2 S. 2 HGB). Die **kumulierten Bezüge** aller Vorstandsmitglieder sind dagegen bei allen (auch nicht börsennotierten) Aktiengesellschaften zwingend anzugeben (§§ 285 S. 1 Nr. 9 lit. a S. 1, 314 Abs. 1 Nr. 1 lit. a S. 1 HGB). Soweit eine gesetzliche Offenlegungspflicht nicht besteht, haben die Aktionäre nach bisher herrschender Meinung kein Auskunftsrecht nach § 131 Abs. 1 AktG auf Mitteilung der individualisierten Vorstandsbezüge.[687]

d) Pflichten und Haftung des Vorstandes

aa) Allgemeine rechtliche Darstellung

546 Den Vorstand treffen bei der Leitung der Gesellschaft zahlreiche **Pflichten**. Zahlreiche spezielle Pflichten sind im Aktiengesetz oder in anderen Gesetzen geregelt, zB

- die Pflicht zur Vorbereitung und Durchführung von Hauptversammlungsbeschlüssen, § 83 AktG
- **Wettbewerbsverbot**, § 88 AktG
- **Berichtspflichten** gegenüber dem Aufsichtsrat, § 90 AktG

---

684 Vgl die Nachweise bei *Hüffer* AktG § 87 Rn 4.
685 BGHSt 50, 331 = NJW 2006, 522.
686 MünchKommAktG/*Hefermehl/Spindler* § 87 Rn 25; KölnKomm/*Mertens* § 87 Rn 3; *Hüffer* AktG § 87 Rn 8.
687 *Hüffer* AktG § 87 Rn 17.

B. Aktiengesellschaft

- Einrichtung eines **Risiko-Management-Systems**, § 91 Abs. 2 AktG
- Verschwiegenheitspflicht, § 93 Abs. 1 S. 3 AktG
- ordentliche Buchführung, § 91 Abs. 1 AktG
- Aufstellung und Vorlage von Jahresabschluss und Lagebericht, § 170 AktG
- Einreichung von Jahresabschluss und Lagebericht zum Handelsregister, § 325 HGB
- **Einberufung** der Hauptversammlung, §§ 121 Abs. 1, 175 Abs. 1 AktG
- Teilnahmepflicht in der Hauptversammlung, § 118 Abs. 2 AktG
- **Auskunftspflicht** in der Hauptversammlung, § 131 AktG
- Bekanntmachung einer falschen Zusammensetzung des Aufsichtsrates, § 97 Abs. 1 AktG
- Anmelde-, Einreichungs- und Mitteilungspflichten gegenüber dem Handelsregister, zB §§ 81 Abs. 1, 106, 107 Abs. 1 S. 2, 130 Abs. 5, 181 Abs. 1, 248 Abs. 1 S. 2 AktG
- Bekanntmachung von Anfechtungsklagen, § 246 Abs. 4 S. 1 AktG
- Anzeige und Einberufung der Hauptversammlung bei **Verlust** der Hälfte des Grundkapitals, § 92 Abs. 1 AktG
- **Insolvenzantragspflicht** und **Zahlungsverbot** bei Überschuldung oder Zahlungsunfähigkeit, § 92 Abs. 2[688] und 3 AktG

Neben diesen speziellen Vorschriften verpflichtet § 93 Abs. 1 S. 1 AktG als Generalklausel die Vorstandsmitglieder allgemein zur Anwendung der „**Sorgfalt eines ordentlichen und gewissenhaften Geschäftsleiters**" bei der Geschäftsführung, also in ihrer gesamten Tätigkeit als Vorstandsmitglied. Damit wird sowohl der **Pflichtenkreis** der Vorstandsmitglieder umschrieben als auch ein besonders hoher **Verschuldensmaßstab** angelegt, wie ein Vergleich mit den weniger scharfen Formulierungen in § 276 Abs. 2 BGB und § 347 Abs. 1 HGB zeigt. Dies hat seinen Grund darin, dass die Vorstandsmitglieder **fremde Vermögensinteressen** selbständig, aber treuhänderisch wahrnehmen.[689] Sie müssen deshalb die Interessen des Unternehmens wahren und alles unterlassen, was der Gesellschaft Schaden zufügen könnte.[690]

Ein derart hoher Sorgfaltsmaßstab birgt allerdings die Gefahr, dass die Vorstandsmitglieder die potentiellen Risiken von Geschäftsführungsmaßnahmen zur Vermeidung eines persönlichen Sorgfaltspflichtverstoßes überbewerten und in ihrem **unternehmerischen Handeln** gehemmt werden. Das aber liegt letztlich nicht im Interesse der Gesellschaft. Der BGH hat deshalb in seiner grundlegenden ARAG/Garmenbeck-Entscheidung vom 21.4.1997 entschieden, dass „dem Vorstand bei der Leitung der Geschäfte des Gesellschaftsunternehmens ein weiter **Handlungsspielraum** zugebilligt werden muss, ohne den eine unternehmerische Tätigkeit schlechterdings nicht denkbar ist".[691] Dem ist mittlerweile auch der Gesetzgeber durch die Neuregelung des § 93 Abs. 1 S. 2 AktG gefolgt.[692]

Verletzt ein Vorstandsmitglied seine Pflichten, so muss es der Gesellschaft einen dadurch entstehenden Schaden ersetzen (§ 93 Abs. 2 S. 1 AktG). Mehrere Vorstandsmitglieder **haften** dabei **gesamtschuldnerisch**. Im Streitfall muss das verklagte Vorstandsmitglied beweisen, dass es keine Sorgfaltspflichten verletzt hat (§ 93 Abs. 1 S. 2 AktG); das bedeutet nicht nur eine **Beweislastumkehr** hinsichtlich des Verschuldens, sondern auch hinsichtlich der Pflichtwidrigkeit.[693] § 93 Abs. 3 AktG konkretisiert die Haftung der Vorstandsmitglieder für einige besonders schwerwiegende Pflichtverstöße, die insbesondere den Schutz des Eigenkapitals der Gesellschaft betreffen. Die Haftung ist **ausgeschlossen**, wenn sie auf einem rechtmäßigen **Beschluss der Hauptversammlung** beruht (§ 93 Abs. 4 S. 1 AktG); hierzu zählen auch anfechtbare Hauptversammlungsbeschlüsse, wenn sie nicht fristgemäß angefochten werden. Von Bedeutung sind hier vor allem Beschlüsse, die die Hauptversammlung auf

---

[688] Nach dem RegE des MoMiG soll die Insolvenzantragspflicht künftig für alle juristischen Personen einheitlich in einem neuen § 15 a Abs. 1 InsO geregelt werden, womit bei der Aktiengesellschaft aber keine inhaltlichen Änderungen verbunden sind.
[689] BGHZ 129, 30, 34 zur Parallelvorschrift des § 43 Abs. 1 GmbHG.
[690] BGHSt 50, 331 = NJW 2006, 522 („*Mannesmann*").
[691] BGHZ 135, 244 (2. Leitsatz).
[692] Zu Einzelheiten und der praktischen Bedeutung siehe unten Rn 552 ff.
[693] BGHZ 152, 280, 284.

Verlangen des Vorstands (§ 119 Abs. 2 AktG) über Fragen der Geschäftsführung trifft. Hat der Vorstand die Hauptversammlung allerdings unrichtig informiert, so kann er sich auf den entsprechenden Beschluss nicht berufen. Schließlich bleibt die Haftung des Vorstands auch durch eine etwaige Zustimmung des Aufsichtsrates unberührt (der dann aber ggf neben dem Vorstand haftet).

550 Die Haftung des Vorstands gem. § 93 Abs. 2 AktG ist eine reine **Innenhaftung** gegenüber der Gesellschaft. Gesellschaftsgläubiger können Vorstandsmitglieder dagegen nicht nach dieser Vorschrift in Anspruch nehmen (auch nicht in Verbindung mit § 823 Abs. 2 BGB). Eine Außenhaftung der Vorstandsmitglieder folgt aber aus § 93 Abs. 5 AktG, wenn sie entweder die in § 93 Abs. 3 AktG enumerativ aufgeführten schwerwiegenden Pflichtverstöße begangen oder sonstige Pflichten wenigstens grob fahrlässig verletzt haben und wenn die Gesellschaft selbst die geschädigten Gläubiger nicht befriedigen kann. Außerdem kann sich eine **Haftung im Außenverhältnis** aus der Verletzung von Sondervorschriften ergeben (zB § 826 BGB, § 823 Abs. 2 BGB iVm § 266 a StGB, § 69 AO, § 25 UmwG).

551 Ansprüche der Gesellschaft oder von Gesellschaftsgläubigern aus § 93 AktG **verjähren** kenntnisunabhängig in fünf Jahren (§ 93 Abs. 6 AktG) ab Entstehung (§ 200 S. 1 BGB).

bb) Rechtsfragen aus der Praxis

(1) Haftung für unternehmerische (Fehl-)Entscheidungen

552 Von zentraler Bedeutung für die Haftung von Vorstandsmitgliedern ist die Frage, welche Anforderungen an ihr unternehmerisches Handeln gestellt werden, dh welche **Entscheidungsspielräume** sie bei der Geschäftsführung in Anspruch nehmen können, ohne im Falle einer Fehlentscheidung persönlich auf Ersatz des dadurch bei der Gesellschaft entstandenen Schadens zu haften. Wie bereits im Rahmen der allgemeinen rechtlichen Darstellung erwähnt, hat der Vorstand bei der Leitung der Gesellschaft einen Handlungsspielraum, den § 93 Abs. 1 S. 2 AktG konkretisiert. Danach handelt der Vorstand nicht pflichtwidrig, wenn er eine unternehmerische Entscheidung trifft und vernünftigerweise annehmen darf, auf der Grundlage angemessener Informationen zum Wohl der Gesellschaft zu handeln.

553 Die Privilegierung des Vorstandshandelns nach § 93 Abs. 1 S. 2 AktG gilt also von vornherein nur bei **unternehmerischen Entscheidungen**. Damit sind Maßnahmen gemeint, die in die Zukunft gerichtet sind und auf **Prognosen** und Einschätzungen beruhen. Das gilt etwa für die Festlegung der künftigen **Geschäftspolitik**, Entscheidungen über die Einführung neuer Produkte oder auch die Übernahme von anderen Unternehmen. Keine unternehmerischen Entscheidungen sind dagegen alle Maßnahmen, die dem Vorstand aufgrund Gesetz oder Satzung ge- oder verboten sind, also beispielsweise die ordnungsgemäße Buchführung und Aufstellung des Jahresabschlusses oder die Erstattung der Verlustanzeige gem. § 92 Abs. 1 AktG. Auch die Überschreitung der gesetzlichen bzw satzungsmäßigen **Kompetenzen** (zB durch Missachtung der Zustimmungspflicht von Aufsichtsrat oder Hauptversammlung) kann durch § 93 Abs. 1 S. 2 AktG nicht gerechtfertigt werden. Für eine unternehmerische Entscheidung müssen also zwei Umstände zusammentreffen: der Vorstand darf **nicht** aufgrund konkreter Bestimmungen in seinem Verhalten **gebunden** ist, und die Entscheidung muss **Prognosecharakter** haben, dh ihre tatsächlichen Konsequenzen oder ihre Rahmenbedingungen müssen unsicher sein.

554 Die zweite wichtige Voraussetzung für pflichtgemäßes unternehmerisches Handeln des Vorstandes ist die vorherige **angemessene Information**. Das Attribut „angemessen" verdeutlicht, dass der Vorstand nicht vor jeder unternehmerischen Entscheidung alle möglicherweise verfügbaren Informationen einholen muss, was eine effiziente und flexible Geschäftsführung ausschließen würde. Der **Umfang der Informationsbeschaffung** muss vielmehr zur Art und Tragweite der jeweiligen Entscheidung in einem vernünftigen **Verhältnis** stehen, was aus der **Ex-ante-Sicht** des handelnden Vorstandsmitglieds zu beurteilen ist. Auch bei dieser Beurteilung eröffnet § 93 Abs. 1 S. 2 AktG dem Vorstand einen gewissen Spielraum; es genügt, wenn er „vernünftigerweise annehmen durfte, auf der Grundlage angemessener Informationen ... zu handeln". Dabei ist ein umso strengerer Maßstab anzulegen, je wichtiger oder gefährlicher das fragliche Geschäft aus Sicht der Gesellschaft ist. Insbesondere bei grundlegenden geschäftspolitischen Entscheidungen (zB Erschließung neuer Produktmärkte, Aufgabe oder Fortführung sanierungsbedürftiger Unternehmensteile, Übernahme von Unternehmen) muss sich der Vor-

stand mit den verfügbaren Informationen auseinandersetzen. Soweit wichtige Informationen fehlen, aber eingeholt werden können, wird auch dies für eine angemessene Information meist notwendig sein (zB Durchführung einer **Due Diligence** vor einem Unternehmenskauf). Der Umfang der notwendigen Informationsbeschaffung hängt aber auch in solchen Fällen von den konkreten Umständen, zB der **Eilbedürftigkeit** der Entscheidung oder dem **Aufwand** für die Informationsbeschaffung, ab.

Schließlich muss sich die Entscheidung des Vorstands allein am **Wohl des Unternehmens** orientieren und – daran gemessen – als vernünftig erscheinen. Ausschlaggebend für die Entscheidung des Vorstands dürfen also nicht **Sonderinteressen**, etwa eines Hauptaktionärs, gewesen sein, sondern allein die Förderung des Gesellschaftszwecks durch Sicherung des Unternehmensbestands bzw Stärkung der Ertragskraft. An dem so verstandenen Unternehmenswohl orientiert, muss die Entscheidung des Vorstandes noch **nachvollziehbar** sein.[694] 555

Eine am Unternehmenswohl orientierte unternehmerische Entscheidung ist also nicht bereits dann 556 unvernünftig, wenn sie mit (möglicherweise erheblichen) **Risiken** verbunden ist, sondern erst, wenn die erkennbaren Risiken in einem so deutlichen **Missverhältnis** zu den Motiven für die Entscheidung stehen, dass diese als schlechterdings unverantwortlich erscheinen muss.

(2) Haftung des unbeteiligten oder überstimmten Vorstandsmitglieds

Aus dem Prinzip der **Gesamtverantwortung** des Vorstands[695] folgt, dass sich auch unbeteiligte oder 557 überstimmte Vorstandsmitglieder nicht von vornherein darauf berufen können, an einer schädigenden Maßnahme des Vorstandes nicht mitgewirkt zu haben. Wie bereits erläutert, verbleiben auch bei einer Ressortverteilung im Vorstand bestimmte **Kontroll- und Überwachungspflichten**, die alle Vorstandsmitglieder hinsichtlich des Handelns ihrer Vorstandskollegen treffen. Alle Vorstandsmitglieder müssen sich daher zumindest im Rahmen der Vorstandssitzungen einen Überblick über die Tätigkeit der Vorstandsmitglieder verschaffen; auch wenn darüber hinaus konkrete Anhaltspunkte für ein pflichtwidriges Verhalten von Vorstandskollegen bestehen, sind sie zum **Einschreiten** verpflichtet.[696]

Auch bei pflichtwidrigen Beschlüssen des Gesamtvorstandes ist eine Haftung der überstimmten oder 558 unbeteiligten Vorstandsmitglieder nicht von vornherein ausgeschlossen. **Überstimmte Vorstandsmitglieder** müssen auch nach der Beschlussfassung alle ihnen zumutbaren Maßnahmen ergreifen, um die Umsetzung des Beschlusses zu verhindern, insb. ihre Bedenken deutlich (möglichst zu Protokoll) zum Ausdruck bringen und ggf den Aufsichtsrat über ihre Einwände in Kenntnis setzen, so dass dieser auf den Pflichtverstoß ggf mit der Abberufung der entsprechenden Vorstandsmitglieder reagieren kann. Ein Vorstandsmitglied, dass der Abstimmung **bewusst fernbleibt** oder sich der **Stimme enthält**, handelt bereits allein dadurch pflichtwidrig, weil es nicht alle zumutbaren Maßnahmen zur Verhinderung des pflichtwidrigen Beschlusses ergreift. Auch (berechtigt) **abwesende Vorstandsmitglieder** müssen zumindest im Nachhinein ebenso wie überstimmte Mitglieder versuchen, die Umsetzung des Beschlusses mit zumutbaren Mitteln zu verhindern. Auch die Amtsniederlegung ist als ultima ratio ein taugliches, aber kein notwendiges Mittel zur Haftungsvermeidung; eine Pflicht zur Amtsniederlegung besteht nicht, zumal sie die Umsetzung des pflichtwidrigen Beschlusses in der Regel nicht verhindern wird. Im Übrigen sollte der Vorstand in jedem Fall vor der Amtsniederlegung andere Wege suchen, um seine **Bedenken anzumelden** (insb. Einschaltung des Aufsichtsrates), um sich nicht dem Vorwurf auszusetzen, er habe sich seiner Verantwortung zur **Verhinderung der Maßnahme** pflichtwidrig entzogen.

---

694 Der BGH hat hierzu in der bereits erwähnten ARAG/Garmenbeck-Entscheidung, BGHZ 135, 244, 253 f, ausgeführt: „Eine Schadenersatzpflicht des Vorstandes ... kann erst in Betracht kommen, wenn die Grenzen, in denen sich ein von Verantwortungsbewußtsein getragenes, ausschließlich am Unternehmenswohl orientiertes, auf sorgfältiger Ermittlung der Entscheidungsgrundlagen beruhendes unternehmerisches Handeln bewegen muß, deutlich überschritten sind, die Bereitschaft, unternehmerische Risiken einzugehen, in unverantwortlicher Weise überspannt worden ist oder das Verhalten des Vorstands aus anderen Gründen als pflichtwidrig gelten muß.".
695 Siehe oben Rn 512.
696 BGHZ 133, 370, 378 f.

(3) Geltendmachung der Ersatzansprüche

559 Die Geltendmachung von Ersatzansprüchen gegen Vorstandsmitglieder fällt in den Zuständigkeitsbereich des **Aufsichtsrats** (§ 112 AktG). Das gilt auch gegenüber ehemaligen Vorstandsmitgliedern.[697] Der Aufsichtsrat ist in seiner Entscheidung über die Geltendmachung von Ersatzansprüchen nicht frei von **rechtlichen Bindungen**, sondern der Gesellschaft gegenüber grundsätzlich zur Rechtsverfolgung verpflichtet, wenn diese hinreichend **Aussicht auf Erfolg** verspricht.[698] Außerdem kann die **Hauptversammlung** den Aufsichtsrat durch Beschluss mit einfacher Stimmenmehrheit zur Geltendmachung von Ersatzansprüchen verpflichten; der Aufsichtsrat muss dem Beschluss binnen sechs Monaten Folge leisten (§ 147 Abs. 1 AktG). Darüber hinaus kann eine qualifizierte Minderheit von Aktionären unter bestimmten Voraussetzungen die Geltendmachung der Ansprüche über ein **Klagezulassungsverfahren** erzwingen.[699]

(4) Entlastung, Verzicht und Vergleich

560 Die Haftungsansprüche der Gesellschaft (oder der Gesellschaftsgläubiger gem. § 93 Abs. 5 AktG) entfallen nicht dadurch, dass die Hauptversammlung dem Vorstand für das fragliche Geschäftsjahr **Entlastung** erteilt hat (§ 120 Abs. 2 S. 2 AktG). Ob der Hauptversammlung die Pflichtverstöße bekannt waren, ist dabei unerheblich. Dies unterscheidet die Entlastung bei der Aktiengesellschaft von der Entlastung etwa bei der GmbH.

561 Auch im Übrigen ist die Möglichkeit, Haftungsansprüche nach § 93 AktG durch **Verzicht** oder **Vergleich** zu erledigen, stark eingeschränkt (§ 93 Abs. 4 S. 3 AktG). Notwendig hierfür ist zunächst ein entsprechender Hauptversammlungsbeschluss. Widersprechen diesem Beschluss Aktionäre, die zusammen mindestens 10 % des Grundkapitals halten, so ist der Verzicht oder Vergleich nicht möglich. Außerdem müssen seit der Entstehung des Anspruchs mindestens drei Jahre vergangen sein. Ein früherer Verzicht ist nur im Rahmen eines Insolvenzplans oder einer außergerichtlichen Schuldenbereinigung bei Zahlungsunfähigkeit des Haftungsschuldners möglich (§ 93 Abs. 4 S. 4 AktG). Ein Verstoß gegen § 93 Abs. 4 S. 3 AktG macht den Verzicht oder Vergleich nichtig (§ 134 BGB), und zwar auch einen **Prozessvergleich**.[700]

(5) Außenhaftung von Vorstandsmitgliedern gegenüber Gesellschaftsgläubigern

562 Fragen nach der Außenhaftung von Vorstandsmitgliedern **gegenüber Gesellschaftsgläubigern** (zB der Finanzverwaltung oder Sozialversicherungsträgern) stellen sich in der Praxis vor allem bei einer Insolvenz oder Vermögenslosigkeit der Gesellschaft. Eine unmittelbare Haftung nach § 93 Abs. 2 AktG scheidet dabei aus, weil die Vorschrift als reine Innenhaftung konzipiert ist. In Betracht kommen kann eine Haftung nach **§ 823 Abs. 2 BGB**. Allerdings stellen weder die allgemeinen Sorgfalts- und Haftungsregelungen in § 93 Abs. 1 und 2 AktG noch die Verlustanzeigepflicht gem. § 92 Abs. 1 AktG ein Schutzgesetz zugunsten der Gesellschaftsgläubiger dar.[701] Etwas anderes gilt für die **Insolvenzantragspflicht** nach § 92 Abs. 2 AktG, die nach ständiger Rechtsprechung zugunsten der Gesellschaftsgläubiger den Charakter eines Schutzgesetzes im Sinne von § 823 Abs. 2 BGB hat.[702] Dabei können **Altgläubiger**, deren Forderungen schon vor Eintritt der Insolvenzreife bestanden, nur die Differenz zwischen der möglichen Massequote bei rechtzeitigem Insolvenzantrag und der tatsächlich erzielten Quote als Schadensersatz verlangen (sog. **Quotenschaden**).[703] In der Insolvenz der Gesellschaft kann der Schadensersatzanspruch der Altgläubiger zudem analog § 93 Abs. 5 S. 4 AktG nur vom Insolvenzverwalter geltend gemacht werden.[704] **Neugläubiger** können dagegen nach neuerer Rechtsprechung den Ersatz ihres vollen Forderungsausfalls verlangen und diesen Anspruch auch

---

697 BGH NZG 2007, 31 f = DB 2006, 2805.
698 Siehe dazu näher Rn 592.
699 Siehe dazu ausführlich unten Rn 689 f.
700 MünchKommAktG/*Hefermehl/Spindler* § 93 Rn 128.
701 BGH NJW 1979, 1829.
702 BGHZ 29, 100, 103; BGHZ 75, 96, 106.
703 BGHZ 29, 100, 103 f; BGHZ 126, 181, 190 f.
704 *Hüffer* AktG § 92 Rn 17.

nach Eröffnung eines Insolvenzverfahrens über das Vermögen der Gesellschaft selbst einklagen.[705] Sie müssen sich dabei auch etwaige Zahlungen, die sie während der Phase der Insolvenzverschleppung auf Altforderungen erhalten haben, nicht als Vorteil anrechnen lassen.[706]

Bei Inanspruchnahme eines besonderen persönlichen Vertrauens im Rahmen der Vertragsanbahnung kann ein Vorstandsmitglied auch nach den Grundsätzen der **culpa in contrahendo** (§ 280 Abs. 1 iVm §§ 241 Abs. 2, 311 Abs. 3 BGB) haften. Das ist aber nur in Ausnahmefällen anzunehmen, wenn das Vorstandsmitglied von sich aus ein zusätzliches, über das normale Verhandlungsvertrauen hinausgehendes Vertrauen beim Vertragspartner hervorgerufen hat, das einer persönlichen **Garantie** nahe kommt.[707]

563

Erhebliche praktische Bedeutung hat schließlich die persönliche Haftung von Vorstandsmitgliedern für nicht abgeführte **Steuern** (§ 69 AO) und **Sozialversicherungsbeiträge** (§ 823 Abs. 2 BGB iVm § 266 a StGB), letzteres nach der Neufassung des § 266 a Abs. 2 StGB in bestimmten Fällen auch für den Arbeitgeberanteil zur Sozialversicherung. Zu ihrer Abführung ist der Vorstand sogar nach Eintritt der Insolvenzreife berechtigt und verpflichtet.[708]

564

(6) Haftung gegenüber Aktionären

Auch Aktionäre, insbesondere von Publikumsgesellschaften, fragen zuweilen nach einer persönlichen Haftung von Vorstandsmitgliedern, zB wenn sie den Wert ihrer Aktien durch bestimmte Handlungen des Vorstandes beeinträchtigt sehen. Im **Verhältnis zu den Aktionären** haften die Vorstandsmitglieder nur in eng begrenzten **Ausnahmefällen**. Eine unmittelbare Haftung nach § 93 Abs. 2 AktG – auch in Verbindung mit § 823 Abs. 2 BGB – scheidet nach dem oben (Rn 550) Gesagten aus. Auch § 823 Abs. 1 BGB stellt keine praxistaugliche Anspruchsgrundlage dar. Zwar unterliegen die Aktie und das in ihr verkörperte Mitgliedschaftsrecht als absolute Rechte prinzipiell dem Schutz dieser Vorschrift. Sorgfaltspflichtverstöße des Vorstandes beeinträchtigen dieses Recht aber grundsätzlich nicht, zumal der Gesellschaft selbst in diesen Fällen durch die Innenhaftung nach § 93 Abs. 2 AktG eine Kompensation zukommt.

565

Auch eine Haftung nach § 823 Abs. 2 BGB iVm § 92 Abs. 2 AktG kommt nur ausnahmsweise in Betracht. Zwar ist § 92 Abs. 2 AktG nach dem oben (Rn 562) Gesagten Schutzgesetz iSv § 823 Abs. 2 BGB. Die **Insolvenzantragspflicht** schützt aber grundsätzlich nur die Gesellschaft und deren Gläubiger, nicht dagegen Anleger, die nach Eintritt der Antragspflicht Aktien der Gesellschaft erwerben,[709] und erst recht nicht die Altaktionäre der Gesellschaft. Allerdings haben Aktionäre ausnahmsweise einen Schadensersatzanspruch gem. § 826 BGB, wenn sie die von einer bereits insolvenzreifen Gesellschaft im Rahmen einer **Kapitalerhöhung** ausgegebenen neuen Aktien übernommen haben und die Kapitalerhöhung gerade dazu dienen sollte, die Insolvenz der Gesellschaft zu verschleppen.[710]

566

§ 826 BGB kann als Anspruchsgrundlage für Aktionäre **börsennotierter Aktiengesellschaften** auch bei vorsätzlich **falschen Ad-hoc-Mitteilungen** (§ 15 WpHG) eine Rolle spielen.[711] Praktische Bedeutung hat dies vor allem im Zusammenhang mit dem Zusammenbruch des Neuen Marktes erlangt, dem vielfach geschönte Ad-hoc-Mitteilungen über die Ergebnissituation der Gesellschaften vorausgegangen waren; allerdings können sich nur Aktionäre auf diese Haftung berufen, die ihre Aktien aufgrund der Ad-hoc-Mitteilung erworben haben.[712] Eine Haftung gegenüber **Neuaktionären** kann sich in ähnlichen Fällen auch aus kapitalmarktrechtlichen Vorschriften ergeben (zB §§ 44, 55 BörsG; §§ 37 b, 37 c WpHG).

567

---

705 Grundlegend BGHZ 126, 181, 192 ff.
706 BGH NZG 2007, 466, 467 f.
707 BGH ZIP 1991, 1140, 1142 f; BGHZ 126, 181, 189.
708 BGH NZG 2007, 545, 546 f.
709 BGHZ 29, 100, 103; BGHZ 96, 231, 237.
710 BGHZ 96, 231, 238 und 243 f.
711 BGH NJW 2004, 2668, 2670.
712 OLG Frankfurt aM AG 2006, 162, 163 f.

3. Aufsichtsrat

a) Rechtsstellung und Zusammensetzung

aa) Allgemeine rechtliche Darstellung

568 Der Aufsichtsrat ist als **Kontrollorgan** zwischen die Hauptversammlung und den Vorstand geschaltet. Je nach Größe des Unternehmens vollzieht sich über den Aufsichtsrat auch die Arbeitnehmerbeteiligung auf Unternehmensebene. Soweit die Satzung nichts anderes festlegt, besteht der Aufsichtsrat aus drei Mitgliedern (§ 95 S. 1 AktG). Sieht die Satzung eine höhere **Mitgliederzahl** vor, sind die Obergrenzen des § 95 S. 4 AktG zu beachten; die absolute Obergrenze liegt für die Gesellschaften mit einem Grundkapital von mehr als 10 Mio. EUR bei 21 Mitgliedern. Dabei muss die Anzahl der Mitglieder durch drei teilbar sein (§ 95 S. 3 AktG). Ausnahmen gelten im Anwendungsbereich des Mitbestimmungsgesetzes, welches je nach Arbeitnehmerzahl und Satzungsbestimmung einen Aufsichtsrat mit 12, 16 oder 20 Mitgliedern vorsieht, sowie im Anwendungsbereich des Montan-Mitbestimmungsgesetzes, welches eine Zusammensetzung mit 11, 15 oder 21 Mitgliedern (§§ 4 Abs. 1, 9 MontanMitbestG) vorschreibt.[713]

bb) Rechtsfragen aus der Praxis

(1) Vergütung der Aufsichtsratsmitglieder

569 Eine **Vergütung** für ihre Tätigkeit erhalten Aufsichtsratsmitglieder nur, wenn sie in der Satzung festgesetzt oder von der Hauptversammlung bewilligt wird, § 113 Abs. 1 S. 2 AktG. Ohne entsprechende Festsetzung steht den Aufsichtsratsmitgliedern nur ein Aufwendungsersatzanspruch nach § 670 BGB zu.[714] Die Hauptversammlung kann für den Aufsichtsrat allerdings auch noch nach Ablauf des Geschäftsjahres festgesetzt werden.

570 Die Höhe der Vergütung muss den Aufgaben der Aufsichtsratsmitglieder und der Lage der Gesellschaft **angemessen** sein; sie kann auch ganz oder teilweise als Tantieme in Abhängigkeit von der gezahlten Dividende oder – dann unter Berücksichtigung von § 113 Abs. 3 AktG – als Anteil am Jahresgewinn der Gesellschaft gewährt werden. Eine **unterschiedliche Vergütungshöhe** (zB für den Vorsitzenden und seinen Stellvertreter) ist grundsätzlich zulässig, nicht aber eine pauschale Ungleichbehandlung von Aktionärs- und Arbeitnehmervertretern.[715]

(2) Verträge der Gesellschaft mit Aufsichtsratsmitgliedern

571 **Verträge** der Gesellschaft **mit Aufsichtsratsmitgliedern** über eine Tätigkeit höherer Art (zB Beratungsleistungen) können nur mit **Zustimmung** des Aufsichtsrats wirksam geschlossen werden (§ 114 Abs. 1 AktG). Das Gleiche gilt, wenn Vertragspartner nicht das Aufsichtsratsmitglied selbst, aber ein von ihm als Alleingesellschafter und Geschäftsführer beherrschtes Unternehmen ist.[716] Beratungsverträge zwischen der Gesellschaft und einem Aufsichtsratsmitglied über Tätigkeiten, die bereits der **Überwachungsaufgabe** des Aufsichtsrates zuzuordnen sind, können dabei wegen § 113 AktG nicht genehmigt werden, sondern sind nach § 134 BGB nichtig.[717] Auch eine Kreditgewährung an Aufsichtsratsmitglieder oder ihnen nahe stehende Personen oder Gesellschaften ist nur mit Zustimmung des Aufsichtsrates zulässig (§ 115 AktG).[718]

b) Bestellung und Abberufung der Aufsichtsratsmitglieder

572 Die **Bestellung** von Aufsichtsratsmitgliedern kann sich je nach Anzahl der Arbeitnehmer und Inhalt der Satzung gem. § 101 Abs. 1 S. 1 AktG auf dreierlei Weise vollziehen:
- mittels Wahl durch die Hauptversammlung,

---

713 Siehe zur Mitbestimmung im Einzelnen § 16.
714 MünchHdB AG/*Hoffmann-Becking* § 33 Rn 13.
715 MünchKommAktG/*Semler* § 113 Rn 33; MünchHdB AG/*Hoffmann-Becking* § 33 Rn 20.
716 BGH BB 2006, 1813, 1814 f.
717 BGHZ 114, 127, 129.
718 Bei Kreditinstituten und Finanzdienstleistern gilt nicht § 115 AktG, sondern das KWG.

- mittels Entsendung durch einzelne Aktionäre oder
- durch Wahl als Arbeitnehmervertreter nach den mitbestimmungsrechtlichen Vorschriften.

Ist in der Satzung nichts anderes geregelt und unterliegt die Gesellschaft nicht den Regeln der Unternehmensmitbestimmung, so werden sämtliche Aufsichtsratsmitglieder **durch die Hauptversammlung gewählt** (§ 101 Abs. 1 S. 1 AktG). Die Hauptversammlung ist, vom Sonderfall der §§ 6 und 8 MontanMitbestG abgesehen, an Wahlvorschläge nicht gebunden (§ 101 Abs. 1 S. 2 AktG). Die Satzung kann bestimmten, namentlich benannten Aktionären oder den jeweiligen Inhabern bestimmter Aktien, die vinkulierte Namensaktien sein müssen, ein **Recht zur Entsendung** von Mitgliedern in den Aufsichtsrat einräumen (§ 101 Abs. 2 AktG). Ist der entsendungsberechtigte Aktionär in der Satzung namentlich benannt, so ist sein Entsendungsrecht höchstpersönlich und nicht übertragbar. Das mit der jeweiligen Aktie verknüpfte Entsendungsrecht geht dagegen bei Übertragung der Aktie auf den neuen Inhaber über. Entsendungsrechte können maximal für ein Drittel der von den Aktionären zu bestellenden Aufsichtsratsmitglieder eingeräumt werden (§ 101 Abs. 2 S. 4 AktG). Die Wahl der **Arbeitnehmervertreter** in den Aufsichtsrat vollzieht sich nach den jeweils einschlägigen mitbestimmungsrechtlichen Regelungen.[719]

Aufsichtsratsmitglied können nur unbeschränkt geschäftsfähige **natürliche Personen** sein, die nicht unter Betreuung stehen (§ 100 Abs. 1 AktG). Vorstandsmitglieder können nicht gleichzeitig Aufsichtsratsmitglieder derselben Aktiengesellschaft sein (§ 105 Abs. 1 AktG). Um eine effektive Aufgabenerfüllung der Aufsichtsratsmitglieder zu gewährleisten, sieht § 100 Abs. 2 AktG weitere Beschränkungen vor. Wer bereits bei **zehn anderen Gesellschaften** Mitglied eines gesetzlich vorgeschriebenen Aufsichtsrates ist, ist an der Übernahme weiterer Aufsichtsratsämter gehindert; dabei zählt ein Amt als Aufsichtsratsvorsitzender doppelt, während maximal fünf Aufsichtsratssitze in Konzerntochtergesellschaften unberücksichtigt bleiben, wenn das Aufsichtsratsmitglied zugleich dem Aufsichtsrat der Konzernmuttergesellschaft angehört. Ebenfalls als Aufsichtsratsmitglieder ausgeschlossen sind die gesetzlichen Vertreter eines von der Aktiengesellschaft abhängigen Unternehmens sowie die gesetzlichen Vertreter einer anderen Kapitalgesellschaft, deren Aufsichtsrat bereits ein Vorstandsmitglied der Aktiengesellschaft angehört; durch letztere Ausnahme soll den Gefahren einer Überkreuzverflechtung begegnet werden. Die Satzung kann für Aufsichtsratsmitglieder, die von der Hauptversammlung frei gewählt oder von Aktionären entsandt werden, weitere persönliche Voraussetzungen festlegen.

Beispiel: „Die von der Hauptversammlung gewählten Aufsichtsratsmitglieder müssen Aktionäre der Gesellschaft sein und dürfen sich nicht in Vermögensverfall befinden."

Die Aufsichtsratsmitglieder werden, wenn die Satzung keine kürzere **Amtsdauer** vorsieht, für etwa **fünf Jahre** bestellt. Ihre Amtszeit endet spätestens mit Beendigung der Hauptversammlung, die über die Entlastung für das vierte Geschäftsjahr nach Beginn der Amtszeit beschließt, wobei das zu Beginn der Amtszeit laufende Geschäftsjahr nicht mitgerechnet wird (§ 102 Abs. 1 AktG).

bb) Rechtsfragen aus der Praxis

Probleme ergeben sich in der Praxis vor allem beim vorzeitigen Ausscheiden von Aufsichtsratsmitgliedern.

(1) Amtsniederlegung

So kann ein Aufsichtsratsmitglied sein Amt vorzeitig **niederlegen**. Ein wichtiger Grund ist nach ganz herrschender Meinung nicht erforderlich.[720] Möglich und aus Beratersicht sinnvoll ist es, in der Satzung eine **Frist** für die Amtsniederlegung festzuschreiben.[721] Wenn **wichtige Gründe** vorliegen, hat das Aufsichtsratsmitglied aber ein unentziehbares Recht zur sofortigen Amtsniederlegung. Amtsniederlegungen sind häufig mit persönlichen Gründen (zB Erkrankung) verbunden, was selten zu Ausein-

---

719 Siehe dazu näher die Ausführungen unter § 16.
720 Vgl *Hüffer* AktG § 103 Rn 17 mwN.
721 Vgl MünchKommAktG/*Semler* § 103 Rn 111.

andersetzungen führt. Problematisch können dagegen Amtsniederlegungen wegen **Interessenkollisionen** sein. Hier sollte bei der Beratung eines betroffenen Aufsichtsratsmitgliedes eine Amtsniederlegung empfohlen werden, wenn der Interessenkonflikt dauerhaft und schwerwiegend ist; die hM geht in einem solchen Fall sogar von einer Verpflichtung zur Amtsniederlegung aus.[722]

Beispiel: Übernahme einer leitenden Funktion bei einem Wettbewerbsunternehmen

578 Zu einer Amtsniederlegung sollte der Berater einem Aufsichtsratsmitglied auch dann raten, wenn es eine Entscheidung des Aufsichtsrates für gesellschaftsschädlich hält und nicht mittragen will. Hier ist eine Amtsniederlegung zwar nicht zwingend notwendig, kann aber **Haftungsrisiken** für das überstimmte Aufsichtsratsmitglied **verringern**.

579 Besonders wichtig bei der Amtsniederlegung ist ihre richtige **Adressierung**, da sie als empfangsbedürftige Willenserklärung erst mit Zugang bei der Gesellschaft wirksam wird. Die Satzung kann regeln, wem gegenüber das Aufsichtsratsmitglied die Niederlegung seines Mandats zu erklären hat.[723] Ohne eine solche Regelung ist ein rechtssicherer Zugang nur bei Erklärung gegenüber dem **Vorstand** gewährleistet. Der Berater sollte – nach Überprüfung der Satzung auf etwaige Regelungen – zur gleichzeitigen Erklärung gegenüber dem Vorstand und dem Aufsichtsratsvorsitzenden raten.

(2) Abberufung

580 Insbesondere bei nachhaltigen **Konflikten** innerhalb des Aufsichtsrates oder zwischen Aufsichtsratsmitgliedern einerseits und Aktionären oder Vorstandsmitgliedern andererseits wird häufig früher oder später an den Berater der Gesellschaft die Frage herangetragen, ob ein Aufsichtsratsmitglied abberufen werden kann. Die **Abberufung** von Aufsichtsratsmitgliedern ist prinzipiell möglich, hängt aber je nach Art der Bestellung von unterschiedlichen Voraussetzungen ab.

581 Am einfachsten ist die Abberufung, wenn das Aufsichtsratsmitglied aufgrund eines Entsendungsrechtes bestellt worden ist. Der **Entsendungsberechtigte** kann ein Aufsichtsratsmitglied jederzeit ohne weiteres abberufen und durch ein anderes ersetzen (§ 103 Abs. 2 S. 1 AktG). Abweichende Satzungsregelungen sind wegen § 23 Abs. 5 S. 1 AktG unwirksam. Entfallen die Voraussetzungen des Entsendungsrechts, etwa weil der persönlich Entsendungsberechtigte verstirbt oder seine Aktien veräußert, kann die Hauptversammlung die aufgrund des weggefallenen Entsendungsrechts bestellten Aufsichtsratsmitglieder mit einfacher Stimmenmehrheit abberufen (§ 103 Abs. 2 S. 2 AktG).

582 Die Abberufung der **Arbeitnehmervertreter** im Aufsichtsrat richtet sich nach den einschlägigen mitbestimmungsrechtlichen Regelungen (§ 103 Abs. 4 AktG).[724]

583 Die von der Hauptversammlung **gewählten** Aufsichtsratsmitglieder können von der Hauptversammlung nach **freiem Ermessen** abberufen werden. Erforderlich ist eine **Dreiviertelmehrheit** der abgegebenen Stimmen, wenn die Satzung keine andere (höhere oder geringere) Mehrheit vorschreibt (§ 103 Abs. 1 AktG). Je nach Aktionärsstruktur der Gesellschaft kann die Frage, ob und wie die Mehrheitserfordernisse für die Abberufung von Aufsichtsratsmitgliedern in der Satzung geregelt sind, erheblichen Einfluss auf die Wahrscheinlichkeit einer Abberufung und damit indirekt auf die Unabhängigkeit eines Aufsichtsratsmitglieds haben. Dies ist bei der **Gestaltung** der Satzung aus Beratersicht zu beachten und auch mit dem Mandanten zu kommunizieren. Bisweilen übersehen wird auch, dass die Satzung eine abweichende Mehrheit nicht ausdrücklich für den Beschluss über die Abberufung von Aufsichtsratsmitgliedern vorschreiben muss. Auch eine allgemeine Satzungsregelung, wonach alle Hauptversammlungsbeschlüsse mit einfacher Mehrheit getroffen werden, sofern gesetzlich nicht zwingend eine andere Mehrheit vorgeschrieben ist, ermöglicht eine Abberufung von Aufsichtsratsmitgliedern mit einfacher Mehrheit.[725] War das abberufene Aufsichtsratsmitglied beim Hauptversammlungsbeschluss nicht anwesend, ist aus Beratersicht auf den

---

[722] MünchKommAktG/*Semler* § 103 Rn 110 mwN.
[723] LG Flensburg AG 2004, 623, 624; *Hüffer* AktG § 104 Rn 17.
[724] Siehe dazu näher die Darstellung unter § 16.
[725] MünchKommAktG/*Semler* § 103 Rn 20.

Zugang des Abberufungsbeschlusses zu achten. Zur Vermeidung von Rechtsunsicherheit sollte dies der Vorstand veranlassen.[726]

c) Aufgaben und Befugnisse
aa) Allgemeine rechtliche Darstellung

Die Hauptaufgabe des Aufsichtsrats ist die **Überwachung der Geschäftsführung** durch den Vorstand (§ 111 Abs. 1 AktG). Dabei muss der Aufsichtsrat nicht jede Geschäftsführungsmaßnahme des Vorstandes kontrollieren, was praktisch kaum möglich wäre. Die Überwachungspflicht konzentriert sich vielmehr auf **Leitungsmaßnahmen** sowie **wesentliche Einzelmaßnahmen** der Geschäftsführung. Sie ist als laufende Kontrolle nicht nur rückwärts gewandt, sondern verlangt auch die (beratende) Begleitung der aktuellen und künftigen Geschäftsführung.[727]

584

In besonderen Fällen erstarkt die Überwachungspflicht des Aufsichtsrates zu einem **Zustimmungserfordernis** bestimmter Maßnahmen. Dies ist für den Fall der Ausübung eines genehmigten Kapitals gesetzlich ausdrücklich vorgesehen (§ 202 Abs. 3 S. 2 AktG). Darüber hinaus schreibt § 111 Abs. 4 S. 2 AktG zwingend vor, dass in der Satzung oder vom Aufsichtsrat selbst bestimmte Arten von Geschäften der Zustimmung des Aufsichtsrats unterworfen werden müssen. Die **Pflicht zur Festlegung zustimmungsbedürftiger Geschäfte** wurde durch das Transparenz- und Publizitätsgesetz[728] eingeführt, um die Verantwortlichkeit des Aufsichtsrates bei Geschäften von grundlegender Bedeutung stärker zu betonen. Der Aufsichtsrat kann ggf auch über eine entsprechende Satzungsregelung hinaus weitere zustimmungsbedürftige Geschäfte festlegen.[729] Die Überwachungsaufgabe des Aufsichtsrates wird flankiert durch seine Kompetenz zur Bestellung und Abberufung der Vorstandsmitglieder sowie zur Bestimmung der Geschäftsordnung und Geschäftsverteilung des Vorstandes.

585

Darüber hinaus ist der Aufsichtsrat berechtigt und verpflichtet die **Hauptversammlung einzuberufen**, wenn das Unternehmensinteresse es erfordert (§ 111 Abs. 3 AktG). Ferner hat der Aufsichtsrat den **Jahresabschluss** und Lagebericht, einen etwaigen Konzernabschluss und Konzernlagebericht sowie den Gewinnverwendungsvorschlag des Vorstandes zu **prüfen** und über das Ergebnis der Prüfung sowie die Art und den Umfang seiner Überwachungstätigkeit einen **Bericht** an die Hauptversammlung zu erstatten (§ 171 Abs. 1 und 2 AktG). Auch bei der **Feststellung des Jahresabschlusses** hat der Aufsichtsrat weit reichende Mitwirkungsbefugnisse.[730]

586

bb) Rechtsfragen aus der Praxis
(1) Festlegung zustimmungsbedürftiger Geschäfte

Die mittlerweile zwingend vorgeschriebene Festlegung von Geschäften, für welche der Vorstand die Zustimmung des Aufsichtsrats benötigt, verlangt dem Berater bei der Vorbereitung entsprechender Regelungen besondere Sorgfalt ab. Zwar macht § 111 Abs. 4 S. 2 AktG keine Vorgaben zum Inhalt derjenigen Geschäfte, die einem Zustimmungsvorbehalt des Aufsichtsrats unterworfen werden müssen. Das darf aber nicht zu dem Trugschluss verleiten, dass ein beliebiger **Katalog** von (möglicherweise völlig belanglosen oder nicht praxisrelevanten) Geschäften festgelegt werden darf. Die Festlegung muss vielmehr, um § 111 Abs. 4 S. 2 AktG zu genügen, tatsächlich **relevante Geschäftsarten** von **grundlegender Bedeutung** der Zustimmungspflicht unterwerfen. Der Katalog der zustimmungsbedürftigen Geschäfte muss sich an den **konkreten Gegebenheiten** des Unternehmens wie etwa seiner Größe, der Art seiner Geschäftstätigkeit oder auch seiner wirtschaftlichen Lage orientieren und ständig daraufhin überprüft werden, ob er noch den aktuellen Gegebenheiten entspricht. Auch wenn eine Satzungsregelung vorhanden ist, bleibt der Aufsichtsrat berechtigt und unter bestimmten Voraussetzungen sogar verpflichtet, weitere Geschäfte von seiner Zuständigkeit abhängig zu machen. Insbeson-

587

---

726 Ob auch andere Personen (zB der Aufsichtsratsvorsitzende) dem Aufsichtsratsmitglied den Abberufungsbeschluss wirksam mitteilen können, ist umstritten; vgl *Hüffer* AktG § 103 Rn 5 mwN.
727 BGHZ 114, 127, 129 f.
728 Art. 1 Nr. 9 des Transparenz- und Publizitätsgesetzes vom 19.7.2002 (BGBl. I S. 2681).
729 *Hüffer* AktG § 111 Rn 17a.
730 Siehe dazu näher unten Rn 742 ff.

dere bei bevorstehenden riskanten oder existentiellen Geschäften, die bislang nicht der Zustimmungspflicht unterliegen, kann der Aufsichtsrat verpflichtet sein, **ad hoc** ein Zustimmungserfordernis aufzustellen. Dies kann ggf auch für den Einzelfall geschehen.[731] Gerade bei nicht börsennotierten Aktiengesellschaften wird die Bedeutung der Pflicht zur Festlegung zustimmungsbedürftiger Geschäfte bisweilen noch unterschätzt, so dass hier von einem internen oder externen Berater der Gesellschaft (auch ungefragt) Aufklärungsarbeit gefordert sein kann.

(2) Versagung der Zustimmung zu Geschäftsführungsmaßnahmen

588 Der Aufsichtsrat entscheidet über die Zustimmung nach eigenem **Ermessen**. Seine Befugnis geht also insoweit über eine bloße Fehlerkontrolle des Vorstandshandelns hinaus. Das ist insbesondere bei unternehmerischen Entscheidungen von Bedeutung, bei denen der Vorstand einen weiten Handlungsspielraum hat.[732] Der Aufsichtsrat kann deshalb, auch wenn sich die Entscheidung des Vorstands unzweifelhaft innerhalb der von § 93 Abs. 1 S. 2 AktG gesetzten Grenzen hält, seine eigene Einschätzung an die Stelle der Entscheidung des Vorstandes setzen und die Zustimmung verweigern. Allerdings muss sich der Aufsichtsrat dabei seinerseits im Rahmen der von § 93 Abs. 1 S. 2 AktG gesteckten Grenzen bewegen. Verweigert der Aufsichtsrat die Zustimmung, kann der Vorstand einen Hauptversammlungsbeschluss über die Maßnahme verlangen (§ 111 Abs. 4 S. 3 AktG), für den das Gesetz (satzungsfest) eine Dreiviertelmehrheit vorschreibt (§ 111 Abs. 4 S. 4, 5 AktG).

(3) Klage gegen rechtswidrige Aufsichtsratsbeschlüsse

589 Hält ein Aufsichtsratsmitglied einen **Aufsichtsratsbeschluss** für **rechtswidrig** und gesellschaftsschädlich, stellt es sich bzw seinem rechtlichen Berater häufig die Frage, ob der Beschluss auf dem Rechtsweg beseitigt und seine Durchführung verhindert werden kann. Nach ständiger Rechtsprechung sind Aufsichtsratsbeschlüsse, die zwingende verfahrensrechtliche oder materiell-rechtliche Gesetzes- oder Satzungsbestimmungen verletzen, nichtig. Die **Nichtigkeit** kann mit der Feststellungsklage nach § 256 Abs. 1 ZPO geltend gemacht werden.[733] Das erforderliche Feststellungsinteresse ergibt sich für jedes Aufsichtsratsmitglied schon allein aus seiner Organstellung und der damit verbundenen gemeinsamen Verantwortung für die Rechtmäßigkeit der vom Aufsichtsrat gefassten Beschlüsse.[734] Die einschränkenden Vorschriften der §§ 241 ff AktG finden keine Anwendung.

d) Haftung

aa) Allgemeine rechtliche Darstellung

590 Die Aufsichtsratsmitglieder **haften** ebenso wie die Mitglieder des Vorstands für die Verletzung ihrer Pflichten gegenüber der Gesellschaft; § 93 AktG gilt insoweit sinngemäß (§ 116 S. 1 AktG). Zwar bewegen sich Aufsichtsratsmitglieder wegen ihrer anderen Funktion innerhalb der Organisationsstruktur der Aktiengesellschaft in einem anderen **Pflichtenkreis** als Vorstandsmitglieder. Das bedeutet aber nicht, dass für sie ein anderer **Sorgfaltsmaßstab** gilt. Unterschiedlich sind nur die Pflichten, für deren Erfüllung Vorstands- und Aufsichtsratsmitglieder einzustehen haben; die Anforderungen an die Erfüllung dieser Pflichten und die Haftungsfolgen bei einer Pflichtverletzung sind dagegen identisch. Insoweit kann daher auf die Ausführungen zur Haftung des Vorstandes (siehe oben Rn 549 ff) verwiesen werden mit der Maßgabe, dass die Aufsichtsratsmitglieder nicht für die Sorgfalt eines ordentlichen und gewissenhaften Geschäftsleiters, sondern für die Sorgfalt eines ordentlichen und gewissenhaften Aufsichtsratsmitglieds,[735] also im Wesentlichen für die Einhaltung ihrer Überwachungs- und Kontrollpflichten einzustehen haben.

---

[731] BGHZ 124, 111, 127.
[732] Siehe oben Rn 552 ff.
[733] BGHZ 122, 342, 347 ff; BGHZ 124, 111, 125.
[734] BGHZ 122, 342, 350.
[735] *Hüffer* AktG § 116 Rn 2.

bb) Rechtsfragen aus der Praxis

(1) Unternehmerische Entscheidungen

Ein Handlungsspielraum bei unternehmerischen Entscheidungen entsprechend § 93 Abs. 1 S. 2 AktG steht dem Aufsichtsrat nur zu, soweit er **selbst unternehmerische Entscheidungen zu treffen** hat.[736] Das ist etwa bei der Bestellung der Vorstandsmitglieder, aber auch bei der Beschlussfassung über zustimmungsbedürftige Geschäftsführungsmaßnahmen (§ 111 Abs. 4 S. 2 AktG) sowie bei der zukunftsgerichteten Begleitung des Vorstands[737] der Fall. Dagegen hat der Aufsichtsrat bei der **nachträglichen Kontrolle** unternehmerischer Entscheidungen des Vorstandes keinen Handlungs-, sondern allenfalls einen begrenzten Beurteilungsspielraum. Hält sich die unternehmerische Entscheidung des Vorstandes innerhalb der gesetzlichen und satzungsmäßigen Grenzen (insb. im Rahmen des § 93 Abs. 1 S. 2 AktG), so hat der Aufsichtsrat die Maßnahme zu akzeptieren, soweit sie nicht seiner Zustimmung bedarf. Hat der Vorstand dagegen die Grenzen seines Handlungsspielraums überschritten (etwa weil er sich nur unzulänglich informiert hat), muss der Aufsichtsrat je nach Bedeutung und Tragweite der Maßnahme seiner Kontrollpflicht nachkommen und die Maßnahme beanstanden, notfalls (zB bei sehr riskanten Maßnahmen) die verantwortlichen Vorstandsmitglieder aus wichtigem Grund abberufen und etwaige Schadensersatzansprüche geltend machen.

591

(2) Pflicht zur Geltendmachung von Ansprüchen gegenüber dem Vorstand

Steht der Gesellschaft ein Schadensersatzanspruch (insb. aus § 93 Abs. 2 AktG) gegen Vorstandsmitglieder zu, so ist der Aufsichtsrat grundsätzlich zu dessen **Geltendmachung** verpflichtet; er darf hiervon weder aus persönlicher Rücksichtnahme auf die betroffenen Vorstandsmitglieder noch aus allgemeinen Opportunitätserwägungen absehen, sondern hat sich allein am **Unternehmensinteresse** zu orientieren.[738] Zulässig kann es aber sein, wenn der Aufsichtsrat von einer Klageerhebung mangels hinreichender Erfolgsaussichten, zB wegen unüberwindbarer Beweisschwierigkeiten, oder wegen fehlender Vollstreckungschancen absieht.

592

4. Hauptversammlung

a) Rechtsstellung und Zuständigkeit

aa) Allgemeine rechtliche Darstellung

Die **Hauptversammlung** ist das Organ, in dem die **interne Willensbildung** der Aktionäre stattfindet und die Aktionäre ihre Rechte in den Angelegenheiten der Gesellschaft ausüben (§ 118 Abs. 1 AktG). Dabei sind die Rechte der Hauptversammlung auf bestimmte **Zuständigkeiten** beschränkt, von denen die meisten gesetzlich geregelt, manche aber auch von der Rechtsprechung entwickelt worden sind. Im Gegensatz zum GmbH-Recht kennt das Aktienrecht **keine Allzuständigkeit** der Hauptversammlung. Die Einflussmöglichkeiten der Aktionäre sind damit begrenzt, was dem gesetzgeberischen Leitbild ausgewogener Kräfteverhältnisse zwischen den Gesellschaftsorganen[739] entspricht. In die Zuständigkeit der Hauptversammlung fallen insbesondere folgende Maßnahmen:

593

- Bestellung der Aktionärsvertreter im **Aufsichtsrat**, soweit die Satzung keine Entsendungsrechte vorsieht (§ 101 Abs. 1 AktG);
- der **Gewinnverwendungsbeschluss** (§ 174 Abs. 1 S. 1 AktG);
- die Entlastung von Vorstand und Aufsichtsrat (§ 120 Abs. 1 S. 1 AktG);
- die Wahl des Abschlussprüfers (§ 318 Abs. 1 S. 1 HGB);
- **Änderungen der Satzung** (§ 179 Abs. 1 S. 1 AktG);
- **Kapitalmaßnahmen**;
- die Bestellung von Sonderprüfern (§ 142 Abs. 1 S. 1 AktG);

---

736 BGHZ 135, 244, 254 f.
737 BGHZ 135, 244, 255.
738 BGHZ 135, 244, 255 f.
739 Siehe oben Rn 510.

- die (freiwillige) Auflösung der Gesellschaft (§ 262 Abs. 1 Nr. 2 AktG);
- Zustimmung zu Beherrschungs- und Gewinnabführungsverträgen (§§ 293 Abs. 1 S. 1 AktG);
- Eingliederung (§ 319 ff AktG);
- Ausschluss der Minderheitsaktionäre gem. § 327a ff AktG;
- Umwandlungen nach dem UmwG.

594 Daneben sieht das Gesetz eine **Auffangkompetenz** der Hauptversammlung in **besonderen Fällen** vor. So kann der Vorstand der Hauptversammlung Fragen der **Geschäftsführung** zur Entscheidung vorlegen (§ 119 Abs. 2 AktG); die Entscheidung der Hauptversammlung ist dann für den Vorstand bindend. Auch die **Feststellung des Jahresabschlusses** fällt ausnahmsweise in die Kompetenz der Hauptversammlung, wenn Vorstand und Aufsichtsrat dies ausdrücklich beschließen oder der Aufsichtsrat den vom Vorstand aufgestellten Jahresabschluss nicht billigt (§ 173 Abs. 1 AktG). Die Rechtsprechung hat außerdem eine ungeschriebene Zuständigkeit der Hauptversammlung für **Strukturmaßnahmen von herausragender Bedeutung** (sog. „Holzmüller-Fälle") entwickelt.[740]

595 § 119 Abs. 1 AktG sieht ausdrücklich die Möglichkeit vor, dass die Satzung der Hauptversammlung weitere Zuständigkeiten überträgt. Dabei ist jedoch der Grundsatz der Satzungsstrenge (§ 23 Abs. 5 AktG) zu beachten. Eine **satzungsmäßige Zuständigkeitsverlagerung** auf die Hauptversammlung ist deshalb nur möglich, soweit das Aktiengesetz die Kompetenzen nicht bereits dem Vorstand oder dem Aufsichtsrat zugewiesen hat. In der Praxis kommen daher nur in geringem Maße Kompetenzzuweisungen an die Hauptversammlung in Frage, etwa für die Zustimmung zur Übertragung von vinkulierten Namensaktien (§ 68 Abs. 2 S. 3 AktG).

596 Um den Aktionären die Ausübung ihrer Rechte in der Hauptversammlung zu ermöglichen, stehen ihnen nicht nur ein **Teilnahmerecht** und (soweit nicht stimmrechtslose Vorzugsaktien ausgegeben sind) ein **Stimmrecht** zu, sondern auch ein **Rede- und Fragerecht** (letzteres geregelt in § 131 AktG). Die Teilnahme an der Hauptversammlung oder die Ausübung des Stimmrechtes können in der Satzung von einer vorherigen **Anmeldung** des Aktionärs abhängig gemacht werden (§ 123 Abs. 2 AktG). Bei Inhaberaktien kann die Satzung außerdem Regelungen über den **Nachweis** des Teilnahme- und Stimmrechts treffen (§ 123 Abs. 3 S. 1 AktG). Bei börsennotierten Gesellschaften genügt eine Bescheinigung des depotführenden Instituts, bezogen auf einen Stichtag 21 Tage vor der Hauptversammlung (§ 123 Abs. 3 S. 2 und 3 AktG). Wer den geforderten Nachweis seines Teilnahme- und Stimmrechtes erbringt, gilt im Verhältnis zur Gesellschaft als berechtigt; die Notwendigkeit einer Hinterlegung ist damit entfallen.

bb) Rechtsfragen aus der Praxis

(1) Auskunftsrecht der Aktionäre

597 Das Auskunftsrecht der Aktionäre gem. § 131 AktG ist von hoher Bedeutung. Jeder Aktionär kann in der Hauptversammlung vom Vorstand **Auskunft** über Angelegenheiten der Gesellschaft verlangen, soweit sie zur sachgemäßen Beurteilung eines Gegenstands der Tagesordnung erforderlich ist. Darüber hinaus können die Aktionäre auch weitere Auskünfte, die nicht zur Beurteilung eines Tagesordnungspunktes erforderlich sind, verlangen, soweit derartige Auskünfte bereits vor der Hauptversammlung einem anderen Aktionär aufgrund seiner Aktionärseigenschaft gegeben worden sind (§ 131 Abs. 4 AktG). Der Vorstand darf die Auskunft nur unter bestimmten Voraussetzungen (§ 131 Abs. 3 AktG) verweigern. Um seiner **Auskunftspflicht** nachkommen zu können, muss der Vorstand sich gründlich auf vorhersehbare Fragen zu den Tagesordnungspunkten einstellen. Das schließt grundsätzlich auch die Pflicht ein, die notwendigen Personal- und Hilfsmittel (Backoffice) für eine kurzfristige Beantwortung vorzuhalten. Gleichwohl ist die Auskunftspflicht in dieser Hinsicht nicht schrankenlos. Kann der Vorstand trotz **angemessener Vorbereitung** eine Frage nicht beantworten, so verletzt dies die Auskunftspflicht gem. § 131 AktG nicht.

598 Bei börsennotierten Aktiengesellschaften ist ein **ausufernder Gebrauch** des Rede- und Fragerechts eine beliebte Methode, um Fehler des Vorstands bei der Auskunftserteilung oder unrechtmäßige Gegen-

---

740 BGHZ 83, 122 ff; BGHZ 159, 30 ff; dazu näher im Folgenden Rn 600.

maßnahmen des Versammlungsleiters zu provozieren. Hintergrund hierfür ist, dass die unberechtigte Verweigerung von Auskünften zu einem bestimmten Tagesordnungspunkt die hierzu gefassten Beschlüsse anfechtbar machen kann (§ 243 Abs. 4 AktG). Häufig ist bei derartigen Fragen durchaus zweifelhaft, ob sie überhaupt zur sachgerechten Beurteilung eines Tagesordnungspunktes erforderlich sind. Aus Sicht eines die Hauptversammlung begleitenden Beraters sollte dem Vorstand, soweit die Frage nicht eindeutig sachfremd ist, im Zweifel zu einer Beantwortung geraten werden. Ist eine Frage unbeantwortet geblieben und wird hierauf eine Anfechtungsklage gestützt, so ist die Beurteilung, ob die verlangte Auskunft zur sachgemäßen Beurteilung des Tagesordnungspunktes erforderlich war, gerichtlich voll überprüfbar.

Um einen geordneten Ablauf und insbesondere einen rechtzeitigen Abschluss der Hauptversammlung zu gewährleisten, können die Satzung oder die Geschäftsordnung der Hauptversammlung den Versammlungsleiter zu einer angemessenen **zeitlichen Beschränkung** des Frage- und Rederechts der Aktionäre ermächtigen (§ 131 Abs. 2 S. 2 AktG). Von dieser durch das UMAG neu geschaffenen Möglichkeit sollte jedenfalls bei Publikumsgesellschaften im Interesse größerer Rechtssicherheit dringend Gebrauch gemacht werden, weil die Rechtmäßigkeit derartiger Redezeit- oder Fragebeschränkungen durch den Versammlungsleiter bisher regelmäßig Gegenstand von Anfechtungsprozessen war. Eine Regelung könnte zB lauten: 599

▶ Der Versammlungsleiter kann das Frage- und Rederecht der Aktionäre zeitlich angemessen beschränken. Er kann insbesondere eine allgemeine Beschränkung der Redezeit auf 10 Minuten anordnen, wenn dies zur Sicherstellung einer rechtzeitigen Beendigung der Hauptversammlung erforderlich erscheint. Weitergehende Beschränkungen, auch hinsichtlich des Fragerechts, bis hin zu einem Schluss der Rednerliste und äußerstenfalls der Anordnung eines Endes der Debatte sind zulässig, wenn sie nach längerer Dauer der Aussprache unter Berücksichtigung aller Umstände notwendig und angemessen sind, um die ordnungsgemäße Abhandlung der Tagesordnung vor Ablauf des Tages, für den die Versammlung einberufen ist, zu gewährleisten. ◀

(2) Zuständigkeit für Strukturmaßnahmen von erheblicher Bedeutung

Nach der vom Bundesgerichtshof entwickelten sog. „Holzmüller-Doktrin"[741] ist der Vorstand nicht nur berechtigt, sondern im Sinne einer Ermessensreduzierung auf Null auch verpflichtet, bestimmte Geschäftsführungsmaßnahmen der Hauptversammlung zur Entscheidung vorzulegen, wenn der Vorstand „vernünftigerweise nicht annehmen kann, er dürfe sie in ausschließlich eigener Verantwortung treffen, ohne die Hauptversammlung zu beteiligen".[742] Diese Rechtsprechung hat der BGH mittlerweile wesentlich fortentwickelt.[743] Danach ist eine **ungeschriebene Sonderzuständigkeit** der Hauptversammlung nur bei solchen Maßnahmen begründet, die in den **Kernbereich des Unternehmens** eingreifen und die Aktionäre in ihren mitgliedschaftlichen Rechten beeinträchtigen. Dazu muss die Umstrukturierung in ihren Auswirkungen einer **Satzungsänderung** zumindest **nahe kommen**. Die Einzelheiten sind nicht abschließend geklärt. Auffassungen, wonach der Schwellenwert für eine Anwendung der Holzmüller-Grundsätze bereits bei einer Ausgliederung von mindestens 10 bis 50 % des Gesellschaftsvermögens eingreifen sollen, hat der BGH aber ausdrücklich verworfen und ausgeführt, es müsse ein der „Holzmüller"-Entscheidung vergleichbarer Sachverhalt (dort waren von der Ausgliederung 80 % des Gesellschaftsvermögens betroffen) vorliegen.[744] Ferner hat der BGH klargestellt, dass in einem derartigen Fall eine **Zustimmung** der Hauptversammlung mit einfacher Mehrheit nicht ausreicht, sondern zwingend eine **qualifizierte Mehrheit** von drei Vierteln des bei der Abstimmung vertretenen Grundkapitals erforderlich sei.[745] Die Zustimmung der Hauptversammlung betrifft nur das **Innenverhältnis**; eine vom Vorstand ohne die erforderliche Zustimmung der Hauptversammlung im Außenverhältnis rechtsgeschäftlich vollzogene Maßnahme ist daher wirksam.[746] 600

---

741 Benannt nach der „Holzmüller"-Entscheidung des BGH vom 25.2.1982, BGHZ 83, 122 ff.
742 BGHZ 83, 122, 131.
743 BGHZ 159, 30 ff = NJW 2004, 1860.
744 BGHZ 159, 30, 45.
745 BGHZ 159, 30, 45.
746 BGHZ 83, 122, 132 („Holzmüller").

b) Vorbereitung und Einberufung der Hauptversammlung
aa) Allgemeine rechtliche Darstellung

601 Hauptversammlungen einer Aktiengesellschaft müssen wegen des meist großen Aktionärskreises besonders sorgfältig vorbereitet werden. Fehler bei der **Vorbereitung** oder Durchführung können leicht zu einer Anfechtbarkeit (in schweren Fällen sogar zur Nichtigkeit) von Hauptversammlungsbeschlüssen führen. Etwaige Beschlussmängel sind – wenn überhaupt – nur mit enormem Zeit- und Kostenaufwand heilbar. Die Vorbereitung ist im wesentlichen Sache des **Vorstands**, der auch das zur Einberufung primär berufene Organ ist (§ 121 Abs. 2 S. 1 AktG). Er muss dafür sorgen, dass der **Einberufungstext** korrekt und vollständig ist, alle ab der Einberufung ggf auszulegenden **Unterlagen** korrekt und vollständig erstellt werden, die eigenen **Beschlussvorschläge** zur Tagesordnung verabschiedet und dem Aufsichtsrat die Tagesordnung rechtzeitig vorgelegt wird, damit auch dieser die notwendigen Beschlussvorschläge zu den Tagesordnungspunkten verabschieden kann. Der Vorstand beschließt über alle Maßnahmen im Rahmen der Einberufung als **Gesamtorgan** mit einfacher Mehrheit (§ 121 Abs. 2 S. 1 AktG). Weist der Vorstand nicht die gesetzliche oder satzungsmäßige Mindeststärke auf, ist er zu einer ordnungsgemäßen Einberufung nicht in der Lage.[747] Stattdessen muss zunächst der Aufsichtsrat oder, wenn dies nicht möglich ist, das Registergericht Vorstandsmitglieder in der notwendigen Anzahl bestellen.

602 Die **Einberufung** muss im Regelfall in den Gesellschaftsblättern **bekannt gemacht** werden (§ 121 Abs. 3 S. 1 AktG). Sind der Gesellschaft aber alle Aktionäre **namentlich bekannt** (vor allem bei Namensaktien), so genügt eine schriftliche Einberufung mittels **eingeschriebenem Brief** an die Aktionäre; die Satzung kann sogar noch weitere **Formerleichterungen** bis hin zu einer Einberufung per Telefax oder E-Mail zulassen (§ 121 Abs. 4 S. 1 AktG). In der Einberufung müssen Firma und Sitz der Gesellschaft, Zeit und Ort der Hauptversammlung, die Bedingungen für die Teilnahme und die Stimmrechtsausübung sowie die **Tagesordnungspunkte** angegeben werden. Dabei muss zu jedem Tagesordnungspunkt ein Beschluss des Aufsichtsrates und, sofern es nicht um die Wahl von Aufsichtsratsmitgliedern oder Prüfern geht, auch des Vorstandes mitgeteilt werden (§ 124 Abs. 3 S. 1 AktG).

603 Für die Einberufung der Hauptversammlung gilt eine **Frist von 30 Tagen** (§ 123 Abs. 1 AktG), wobei der Tag der Hauptversammlung nicht mitzurechnen ist (§ 123 Abs. 4, 1. Hs AktG). Hängt die Teilnahme an der Hauptversammlung oder die Ausübung des Stimmrechts von einer Anmeldung oder einem Nachweis des Aktionärs ab, so muss die Einberufung 30 Tage vor dem (wiederum nicht mitzählenden) Ablauf der Frist zur Anmeldung bzw Vorlage des Nachweises erfolgen.

(1) Auslegung von Unterlagen

604 Ab Einberufung der Hauptversammlung und bis zu deren Abschluss sind regelmäßig bestimmte gesetzlich festgelegte **Unterlagen** in den Geschäftsräumen der Gesellschaft sowie in der Hauptversammlung selbst zur Einsicht der Aktionäre **auszulegen** und auf Verlangen abschriftlich an Aktionäre zu übersenden. Dies betrifft bei der ordentlichen Hauptversammlung den Jahresabschluss, den Lagebericht, den Bericht des Aufsichtsrats, den Gewinnverwendungsvorschlag des Vorstands sowie ggf den Konzernabschluss und den Konzernlagebericht (§ 175 Abs. 2 AktG). Bei bestimmten Strukturmaßnahmen wie zB Unternehmensverträgen, Verschmelzungen, Eingliederungen, Spaltungen oder dem Ausschluss der Minderheitsaktionäre sind weitere Unterlagen auszulegen, die in den jeweils einschlägigen Sondervorschriften näher bezeichnet sind. Fehler bei der Auslegung der Unterlagen machen die hiervon betroffenen Beschlüsse der Hauptversammlung in aller Regel anfechtbar, wobei allerdings einschränkend § 243 Abs. 4 AktG gilt.[748] In der Praxis werden die Unterlagen häufig auch auf der Homepage der Gesellschaft veröffentlicht und zum Herunterladen bereitgestellt. Dies ist aus praktischen Gründen sinnvoll, ersetzt die Auslegung und Versendung der Unterlagen bisher aber nur im Rahmen des § 175 Abs. 2 AktG, nicht dagegen bei besonderen Strukturmaßnahmen.

---

747 BGHZ 149, 158, 161.
748 *Hüffer* AktG § 243 Rn 47a.

Soweit **Kreditinstitute** oder **Aktionärsvereinigungen** in der letzten Hauptversammlung Stimmrechte 605
für Aktionäre ausgeübt haben oder eine entsprechende **Mitteilung** verlangen, muss der Vorstand diesen innerhalb von 12 Tagen nach der Einberufung der Hauptversammlung die Einberufung samt Tagesordnung sowie einige zusätzliche Hinweise und Informationen mitteilen (§ 125 Abs. 1 AktG). Eine entsprechende Mitteilung ist auf Verlangen auch Aktionären zu machen, die spätestens zwei Wochen vor der Hauptversammlung im Aktienregister der Gesellschaft eingetragen sind.

(2) Gegenanträge und Wahlvorschläge von Aktionären

Gegenanträge und abweichende **Wahlvorschläge** von Aktionären sind in der Hauptversammlung 606
uneingeschränkt zulässig. Um den Aktionären möglichst frühzeitig eine umfassende Willensbildung zu ermöglichen, schreiben die §§ 126, 127 AktG vor, dass begründete Gegenanträge und Wahlvorschläge von Aktionären, die der Gesellschaft spätestens zwei Wochen vor der Hauptversammlung vorliegen, an alle Kreditinstitute, Aktionärsvereinigungen und Einzelaktionäre zu versenden sind, die eine Mitteilung gem. § 125 AktG erhalten haben bzw erhalten mussten. Nur in engen Ausnahmefällen (vgl § 126 Abs. 2 AktG) darf der Vorstand von der Weiterleitung absehen.

bb) Rechtsfragen aus der Praxis

(1) Einberufung durch Aufsichtsrat oder Aktionäre

Neben dem Vorstand als originär zuständigem Organ können auch der Aufsichtsrat oder einzelne 607
Aktionäre ein Interesse an der Einberufung einer (außerordentlichen) Hauptversammlung haben.
Der **Aufsichtsrat** ist zur Einberufung befugt, wenn das Wohl der Gesellschaft es erfordert (§ 111 608
Abs. 3 AktG). Ein derartiger Wunsch entsteht vor allem dann, wenn es zu schwerwiegenden Konflikten zwischen Vorstand und Aufsichtsrat, etwa über grundlegende Fragen der Geschäftsführung, gekommen ist. Zwar hat der Aufsichtsrat nicht die Möglichkeit, die Hauptversammlung über Geschäftsführungsfragen entscheiden zu lassen, weil nur der Vorstand selbst eine entsprechende Beschlussfassung verlangen kann (§ 119 Abs. 2 AktG), wenn nicht ausnahmsweise ein „Holzmüller"-Fall vorliegt. Der Aufsichtsrat kann aber bei grundlegenden Differenzen der Hauptversammlung vorschlagen, dem Vorstand gem. § 84 Abs. 3 S. 2 AktG das Vertrauen zu entziehen, was eine Einberufung nach § 111 Abs. 3 AktG rechtfertigt.
Aktionäre können die Einberufung einer Hauptversammlung nur verlangen, wenn sie zusammen mindestens 5 % des Grundkapitals halten (§ 122 Abs. 1 AktG). Der Vorstand muss einem entsprechenden schriftlichen und begründeten Verlangen nachkommen und die Hauptversammlung unverzüglich einberufen. Nur wenn das **Einberufungsverlangen** missbräuchlich ist, was anhand der angegebenen Begründung des Einberufungsverlangens zu beurteilen ist, darf der Vorstand von einer Einberufung absehen. 609
Beispiele für missbräuchliche Einberufungsverlangen:
- Rechtswidrigkeit des angestrebten Beschlusses
- offensichtlich fehlende Dringlichkeit
- beantragte Beschlussfassung wurde erst kürzlich abgelehnt, ohne dass sich die Umstände zwischenzeitlich verändert hätten

Kommt der Vorstand einem Einberufungsverlangen nicht nach, können die antragsberechtigten 610
Aktionäre eine **gerichtliche Ermächtigung** zur Einberufung der Hauptversammlung beantragen (§ 122 Abs. 3 AktG), die dass Gericht aussprechen muss, wenn der Vorstand die Einberufung pflichtwidrig verweigert hat. Zuständig ist das Amtsgericht am Sitz der Gesellschaft (§ 14 AktG). Das Verfahren richtet sich nach den Vorschriften des FGG. Ist der Antrag erfolgreich, trägt die Gesellschaft die Gerichtskosten und die Kosten der Hauptversammlung (§ 122 Abs. 4 AktG), nicht aber die außergerichtlichen Kosten der Antragsteller.

(2) Berechnung der Einberufungsfrist

Die Festlegung der **Einberufungsfrist** kann Probleme bereiten, wenn die Satzung eine vom Gesetz 611
abweichende Frist vorsieht, was gegenwärtig häufig vorkommt. Viele Satzungen bestimmen aus-

drücklich eine Einberufungsfrist von einem Monat, was der früheren Fassung des § 123 Abs. 1 AktG vor Inkrafttreten des UMAG entspricht. In derartigen Fällen ist zu beachten, dass die gesetzliche 30-Tage-Frist des § 123 Abs. 1 AktG nF durch die Satzung nicht verkürzt, wohl aber verlängert werden darf. Eine satzungsmäßige Monatsfrist kann – je nach Zeitpunkt der Hauptversammlung – sowohl kürzer als auch länger als 30 Tage sein. Soll die Hauptversammlung im März stattfinden, ist die Monatsfrist kürzer als 30 Tage, weil der Februar nur 28 bzw 29 Tage hat. In diesem Fall muss daher abweichend von der Satzungsregelung zwingend die gesetzliche 30-Tage-Frist eingehalten werden. Findet die Hauptversammlung dagegen beispielsweise im Juni statt, ist die satzungsmäßige Monatsfrist länger als 30 Tage, weil der Vormonat Mai aus 31 Tagen besteht, und deshalb zu beachten. Angesichts dieser Schwierigkeiten sollten **satzungsmäßige Bestimmungen** zur Einberufungsfrist, soweit sie nicht ersichtlich eine Verlängerung der gesetzlichen Einberufungsfrist bezwecken, an die neue gesetzliche Einberufungsfrist in § 123 Abs. 1 AktG angepasst oder – um vor künftigen „Überraschungen" durch den Gesetzgeber sicher zu sein – gleich ganz abgeschafft werden.

612 Bei der **Rückrechnung** der 30-Tage-Frist ist der Tag der Hauptversammlung nicht mitzuzählen (§ 123 Abs. 4, 1. Hs AktG), wohl aber der Tag der Einberufung selbst. Allerdings enthalten auch insoweit viele Satzungen die ausdrückliche Regelung, dass sowohl der Tag der Versammlung als auch der Tag der Einberufung nicht mitzuzählen sind. Eine derartige Regelung beinhaltet damit eine (zulässige und wirksame) Verlängerung der Einberufungsfrist um einen Tag.

Beispiel für die Berechnung: Die Hauptversammlung einer Aktiengesellschaft soll am 15.6.2007 stattfinden. Mangels satzungsmäßiger Regelungen gilt die gesetzliche Einberufungsfrist von 30 Tagen. Die Einberufungsfrist ist damit ab dem 14.6.2007 rückwärts zu berechnen, so dass das Ende der Frist auf den 15.5.2007 (einen Dienstag) fällt. Die Einberufung muss also spätestens an diesem Tag wirksam vollzogen werden. Zwischen Einberufung und Hauptversammlung müssen also volle 30 Tage (16.5. 0.00 Uhr bis 14.6. 24.00 Uhr) liegen.

613 Zur **Wahrung** der Einberufungsfrist muss die vollständige Einberufung (einschließlich Tagesordnung und aller vorgeschriebenen Angaben) in sämtlichen Gesellschaftsblättern **erschienen** sein. Dabei kommt es jeweils auf das Erscheinungsdatum des Gesellschaftsblattes an. Beim elektronischen Bundesanzeiger ist der Tag maßgeblich, an dem die Bekanntmachung tatsächlich eingestellt worden ist.

614 Wird die Hauptversammlung gem. § 121 Abs. 4 S. 1 AktG zulässigerweise durch **eingeschriebenen Brief** einberufen, so ist nicht der Tag des Zugangs, sondern der **Tag der Absendung** maßgeblich (§ 121 Abs. 4 S. 1, 2. Hs AktG). Entscheidend ist dabei der Tag, an welchem die letzte Einberufung abgesendet worden ist. Macht die Satzung von der Möglichkeit einer weiteren **Formerleichterung** (zB Schriftform, Telefax oder E-Mail) Gebrauch, sollte ausdrücklich geregelt werden, ob in diesen Fällen zur Fristwahrung ebenfalls die Absendung genügt (also § 121 Abs. 4 S. 1, 2. Hs AktG entsprechend gilt) oder ob es auf den (erwartbaren) Zugang ankommt. Ohne eine entsprechende Satzungsregelung sollte die Einberufung entweder, wenn zugelassen, per Telefax oder E-Mail erfolgen, bei denen der Zugang mit technischen Mitteln (Empfangsbestätigung, Sendebericht) ermittelbar ist, oder es sollte auf die stets ausreichende gesetzliche Form des Einschreibens zurückgegriffen werden. Bei einer Einberufung mittels einfachem Brief ohne satzungsmäßigen Verweis auf § 121 Abs. 4 S. 1, 2. Hs AktG sollte der Berater dagegen vorsichtshalber darauf hinweisen, dass eine Einhaltung der Einberufungsfrist nur dann sicher gewahrt ist, wenn mit einem Zugang sämtlicher Schreiben bei gewöhnlichem Postlauf vor Ablauf der Einberufungsfrist zu rechnen ist.

615 Fällt bei der Rückberechnung der Einberufungsfrist das **Fristende** (also der letzte Tag, an dem die Einberufung noch fristgerecht bewirkt werden kann) auf einen **Sonn- oder Feiertag** oder einen **Sonnabend**, soll läuft die Einberufungsfrist am zeitlich **vorhergehenden Werktag** ab (§ 123 Abs. 4, 2. Hs AktG). Als Feiertage sind dabei alle gesetzlichen Feiertage am Sitz der Gesellschaft zu berücksichtigen.[749]

---

[749] *Hüffer* AktG § 123 Rn 14.

(3) Anmeldung und Berechtigungsnachweis

Sieht die Satzung der Gesellschaft eine **Anmeldung** oder einen **Nachweis** der Teilnahme- oder Stimmberechtigung vor, so führt auch dies in der Praxis häufig zu Zweifelsfällen. Der mit der Vorbereitung einer Hauptversammlung befasste Berater sollte – insbesondere wegen der gesetzlichen Änderungen durch das UMAG – zunächst die **Wirksamkeit einschlägiger Satzungsbestimmungen** kritisch überprüfen. Bis zum Inkrafttreten des UMAG war es üblich, die Teilnahme- und Stimmberechtigung eines Aktionärs an eine vorherige Hinterlegung der Aktien zu knüpfen. Dies ist für börsennotierte Gesellschaften nicht mehr möglich, weil gem. § 123 Abs. 3 S. 2 AktG eine Bestätigung durch das depotführende Institut bezogen auf den 21. Tag vor der Hauptversammlung (sog. Record Date) genügt. Eine entgegenstehende Satzungsklausel (zB **Hinterlegungsklausel**) ist unwirksam. In der Einberufung muss deshalb auf die gesetzlichen Nachweisvorschriften Bezug genommen werden. Bei dieser Gelegenheit sollte der Berater eine Anpassung der unwirksam gewordenen Satzungsbestimmung empfehlen. Bei nicht börsennotierten Gesellschaften behalten Hinterlegungsklauseln dagegen ihre Wirksamkeit.

616

Auch bei der **Fristberechnung** können sich Probleme ergeben. Die Anmeldung bzw der Berechtigungsnachweis müssen spätestens am siebten Tag vor der Versammlung der Gesellschaft zugehen. Die Satzung kann eine kürzere, aber keine längere Anmelde- bzw Nachweisfrist vorsehen. Für die Rückrechnung der Anmelde- bzw Nachweisfrist gilt, ebenso wie für die Einberufungsfrist selbst, die Rückrechnungsvorschrift des § 123 Abs. 4 AktG. Die Einberufungsfrist wird in der Weise angepasst, dass sie nicht mehr ab dem Tag der Hauptversammlung, sondern ab dem letzten Tag, an dem eine Anmeldung bzw die Einreichung des Berechtigungsnachweises möglich ist, zurückzurechnen ist (§ 123 Abs. 2 S. 2, Abs. 3 S. 1 AktG).

617

(4) Zeitpunkt und Dauer der Hauptversammlung

Während die Auswahl des richtigen Hauptversammlungsortes anhand der einschlägigen Gesetzes- bzw Satzungsbestimmungen in der Praxis kaum Probleme bereitet, können Zeitpunkt und voraussichtliche Dauer der Hauptversammlung bei deren Vorbereitung ein besonderes Augenmerk verlangen. Das Gesetz regelt zu **Zeitpunkt** und **Dauer** der Hauptversammlung nichts. Grundsätzlich anerkannt ist aber, dass Beginn, Ende und Dauer der Hauptversammlung zumutbar sein müssen und Hauptversammlungsbeschlüsse anderenfalls anfechtbar sein können. Danach dürfen Hauptversammlungen jedenfalls bei Publikumsgesellschaften nicht an Sonn- und Feiertagen stattfinden.[750] Auch Aktiengesellschaften mit überschaubarem Aktionärskreis sollten zur Vermeidung von Rechtsunsicherheiten nicht auf einen Sonn- oder Feiertag einberufen werden.[751]

618

Der **Beginn** der Hauptversammlung sollte bei Aktiengesellschaften mit unüberschaubaren Aktionärskreis nicht vor 10.00 Uhr und in keinem Fall vor 8.00 Uhr festgelegt werden.[752] Zulässig und je nach Umfang und Gegenstand der Tagesordnung ratsam ist es, die Hauptversammlung vorsorglich für zwei Tage einzuberufen. Anderenfalls ist eine Fortsetzung der Hauptversammlung am Folgetag unzulässig; insbesondere Hauptversammlungsbeschlüsse, die nach Mitternacht gefasst werden, sind rechtswidrig und zumindest anfechtbar.[753] Auch das **Verbot einer überlangen Verhandlungsdauer**[754] kann eine vorsorgliche Einberufung der Hauptversammlung für zwei Tage notwendig machen; als **Höchstgrenze** der Verhandlungsdauer werden 10 bis 14 Stunden einschließlich Pausen angesehen.[755]

619

(5) Vollversammlung

Auch die Hauptversammlung einer Aktiengesellschaft kann unter Verzicht auf sämtliche Einberufungsformalitäten jederzeit abgehalten werden, wenn alle Aktionäre erschienen oder vertreten sind

620

---

750 *Hüffer* AktG § 121 Rn 17 mwN.
751 Vgl zur insoweit streitigen Rechtslage *Hüffer* aaO.
752 Vgl MünchKommAktG/*Kubis* § 121 Rn 35 mwN.
753 *Hüffer* AktG § 121 Rn 17; MünchKommAktG/*Kubis* § 121 Rn 35 geht sogar von Nichtigkeit aus.
754 MünchKommAktG/*Kubis* § 121 Rn 35 mwN.
755 MünchKommAktG/*Kubis* § 121 Rn 35 mwN.

und kein Aktionär der Beschlussfassung widerspricht (§ 121 Abs. 6 AktG). Die **Vollversammlung** ist eine vollwertige, **ordnungsgemäße Hauptversammlung**. Notwendig ist die vollständige Teilnahme (ggf durch Vertreter) **aller teilnahmeberechtigten Aktionäre**, also auch aller Vorzugsaktionäre ohne Stimmrecht.

c) Durchführung der Hauptversammlung
aa) Allgemeine rechtliche Darstellung

621 Der Ablauf der Hauptversammlung ist gesetzlich weitgehend ungeregelt. Vorgesehen ist lediglich ihre **Protokollierung** durch einen Notar oder in bestimmten Fällen durch den Aufsichtsratsvorsitzenden (§ 130 AktG). Üblicherweise beginnt eine Hauptversammlung nach der Eröffnung durch den Versammlungsleiter mit dem **Bericht des Vorstands**. Danach schließt sich bei größeren Aktiengesellschaften in der Regel eine **Generaldebatte** über sämtliche Tagesordnungspunkte an; in dieser Generaldebatte werden die Redebeiträge und die Fragen der Aktionäre zu sämtlichen Tagesordnungspunkten gebündelt. Dies ermöglicht insgesamt eine zügigere Durchführung der Hauptversammlung. Die **Beschlüsse** zu den einzelnen Tagesordnungspunkten werden dann im Anschluss an die Generaldebatte gefasst. Eine gesonderte Debatte zu den einzelnen Tagesordnungspunkten ist allenfalls bei kleineren, personalistisch geprägten Aktiengesellschaften zweckmäßig. Die **Ermittlung der Abstimmungsergebnisse** zu den einzelnen Tagesordnungspunkten ist sowohl im Additions- als auch im Subtraktionsverfahren möglich. Beim Additionsverfahren werden sowohl die Ja- als auch die Nein-Stimmen gezählt und zur Feststellung des Abstimmungsergebnisses addiert. Beim Subtraktionsverfahren werden dagegen die Stimmenthaltungen sowie entweder die Ja- oder die Nein-Stimmen gezählt. Das Abstimmungsergebnis wird dann durch Subtraktion der Enthaltungen und der gezählten (Ja- oder Nein-)Stimmen von der Gesamtzahl der präsenten Stimmen ermittelt. Das Subtraktionsverfahren ist, vor allem bei großen Hauptversammlungen, in der Regel schneller und einfacher, setzt aber die Führung und fortlaufende Aktualisierung einer Präsenzliste voraus, die an die Organisation der Hauptversammlung hohe Anforderungen stellt. Bei kleinem Aktionärskreis ist daher in der Regel das Additionsverfahren sinnvoller. Nach Auszählung der präsenten Stimmen muss das Ergebnis der Beschlussfassung vom Vorsitzenden verkündet und damit festgestellt werden, was dann im Hauptversammlungsprotokoll festzuhalten ist (§ 130 Abs. 2 AktG). Die **Feststellung** über die Beschlussfassung hat **konstitutive Wirkung**, dh der Beschluss wird mit dem vom Versammlungsleiter festgestellten Ergebnis wirksam. Fehler bei der Auszählung oder Feststellung des Beschlussergebnisses können nur im Wege der Anfechtungsklage geltend gemacht werden.[756]

bb) Rechtsfragen aus der Praxis
(1) Wechsel des Versammlungslokals

622 In einzelnen Fällen, etwa bei unerwartet starker Hauptversammlungsbeteiligung oder äußeren Einflüssen (zB Zerstörung des Versammlungslokals durch Brand) kann sich die Frage einer kurzfristigen **Verlagerung** der Hauptversammlung in ein anderes Versammlungslokal stellen. Eine derartige Verlagerung ist nur in engen Ausnahmefällen ohne erneute ordnungsgemäße Einberufung der Hauptversammlung möglich, da der Ort der Hauptversammlung einschließlich des Versammlungslokals bereits in der Einberufung konkret anzugeben ist. Unproblematisch ist ein Wechsel des Versammlungsraumes innerhalb desselben Gebäudes (zB anderer Saal eines Hotels oder Kongresszentrums). Ansonsten ist ein Wechsel des Versammlungslokals nur zulässig, wenn sich das neue Versammlungslokal in geringer Entfernung (fünf- bis zehnminütiger Fußweg) vom angekündigten Versammlungslokal und noch in der selben politischen Gemeinde befindet und durch geeignete Maßnahmen (Ankündigung am ursprünglichen Versammlungsort, Wegweisung zum neuen Versammlungslokal, ggf Bereitstellung von Beförderungsmöglichkeiten) sichergestellt ist, dass das Teilnahmerecht der Aktionäre nicht beschnitten wird.

---

756 MünchHdB AG/*Semler*, § 39 Rn 38.

(2) Beginn der Hauptversammlung

Die in der Einberufung angegebene **Anfangszeit** der Hauptversammlung darf nicht wesentlich überschritten werden. Eine geringe Überschreitung (max. ½ Stunde) ist zulässig und je nach Umständen (zB bei großem Andrang) auch zweckmäßig. Eine größere Verzögerung kann die Rechtmäßigkeit von Maßnahmen des Versammlungsleiters (Beschränkung des Rede- und Fragerechts) gefährden oder sogar die Frage aufwerfen, ob die durchgeführte Hauptversammlung noch mit der einberufenen identisch ist.[757]

623

(3) Wahl und Abwahl des Versammlungsleiters

Die Person des **Versammlungsleiters** wird in der Praxis regelmäßig satzungsmäßig bestimmt (meist in Form des Aufsichtsratsvorsitzenden). In der Regel enthält die Satzung auch Bestimmungen darüber, wie der Versammlungsleiter bei Verhinderung der satzungsmäßig bestimmten Person zu ermitteln ist. Eine Satzungsregelung kann dazu vorsehen:

624

▶ Die Hauptversammlung wird vom Vorsitzenden des Aufsichtsrats und im Falle seiner Verhinderung durch ein von ihm bestimmtes Mitglied des Aufsichtsrats geleitet. Hat der Aufsichtsratsvorsitzende niemanden bestimmt, leitet ein von den zu Beginn der Hauptversammlung anwesenden Aufsichtsratsmitgliedern der Anteilseigner aus ihrer Mitte zu bestimmendes Aufsichtsratsmitglied die Hauptversammlung. ◀

Die Festlegung der Person des Versammlungsleiters in der Satzung selbst oder aufgrund einer satzungsmäßigen Bestimmung ist für die Hauptversammlung **bindend**. Die Hauptversammlung kann einen Versammlungsleiter also grundsätzlich nur dann wählen, wenn die Satzung überhaupt keine Regelung zur Person des Versammlungsleiters enthält (was selten ist) oder eine solche Satzungsregelung im Einzelfall zu keinem Ergebnis führt (zB weil es an einer Vertretungsregelung fehlt oder ein Vertreter nicht wirksam bestellt worden ist).

625

Die **Abwahl** des unmittelbar in der Satzung bestimmten Versammlungsleiters ist nur bei Vorliegen eines wichtigen Grundes möglich.[758] Ob dies auch gilt, wenn der Versammlungsleiter aufgrund einer entsprechenden Satzungsregelung durch eine Person (zB den Aufsichtsratsvorsitzenden) oder ein Gremium (zB den Aufsichtsrat) bestimmt[759] oder von der Hauptversammlung selbst gewählt[760] worden ist, ist dagegen umstritten. Richtigerweise ist ein von der Hauptversammlung selbst gewählter Versammlungsleiter jederzeit ohne wichtigen Grund abwählbar, während der mittelbar aufgrund einer Satzungsregelung bestimmte Versammlungsleiter ebenso wie der unmittelbar in der Satzung bestimmte Versammlungsleiter nur aus **wichtigem Grund** abberufen werden kann.

626

Anträge auf Abwahl von Hauptversammlungsleitern haben insbesondere Publikumsgesellschaften in den vergangenen Jahren häufig beschäftigt. Sie dienen meist der Vorbereitung späterer Anfechtungsklagen. Wurde ein Hauptversammlungsleiter ohne wichtigen Grund abberufen, so führt dies zur Anfechtbarkeit aller nachfolgend gefassten Beschlüsse. Auch die Nichtabberufung eines Hauptversammlungsleiters trotz eines offensichtlichen wichtigen Grundes macht die nachfolgend gefassten Beschlüsse zumindest anfechtbar, nach teilweise vertretener Auffassung sogar nichtig.[761]

627

Als **wichtige Gründe** für die Abwahl des Versammlungsleiters kommen insbesondere eindeutige grobe Fehler bei der Leitung der Hauptversammlung (zB willkürlicher Ausschluss teilnahmeberechtigter Personen, offensichtlich falsche Feststellung von Beschlussergebnissen, unverhältnismäßige Beschränkungen von Rede- und Fragerechten)[762] in Betracht.

628

---

757 Vgl zum Ganzen: MünchKommAktG/*Kubis* § 121 Rn 36.
758 MünchKommAktG/*Kubis* § 119 Rn 108 mwN.
759 MünchHdB AGFür jederzeitige Abberufung durch die Hauptversammlung: MünchKommAktG/*Kubis* § 119 Rn 104.
760 Vgl zum Streitstand MünchKommAktG/*Kubis* § 119 Rn 108.
761 LG Frankfurt aM AG 2005, 892, 893.
762 Vgl dazu näher unten Rn 630.

(4) Leitungs- und Ordnungsmaßnahmen des Versammlungsleiters

629 Der Versammlungsleiter hat für einen **geordneten und zügigen Ablauf** der Hauptversammlung zu sorgen. Hierzu stehen ihm bestimmte **Leitungs- und Ordnungsbefugnisse** zu. Bei allen Maßnahmen darf der Hauptversammlungsleiter die Rechte der Aktionäre (auch der Kleinaktionäre), sich in der Hauptversammlung zu äußern und Fragen zu stellen, nicht unangemessen beschränken oder gar ausschließen. Gerade bei Publikumsgesellschaften ist die Leitungs- und Ordnungskompetenz des Versammlungsleiters oft in erheblicher Weise gefragt, um die berechtigten Rede- und Fragewünsche aller Aktionäre in Einklang zu bringen oder Verzögerungsmaßnahmen und **Störungen** zu begegnen. Dabei muss der Versammlungsleiter stets die Grundsätze der **Verhältnismäßigkeit** und der **Gleichbehandlung** aller Aktionäre (§ 53 a AktG) beachten.

630 Von zentraler Bedeutung ist dabei die Möglichkeit, Redebeiträge und Fragen von Aktionären zu **beschränken**. § 131 Abs. 2 S. 2 AktG sieht ausdrücklich vor, dass die **Satzung** oder die **Geschäftsordnung** der Hauptversammlung den Versammlungsleiter zu zeitlich angemessenen **Beschränkungen des Frage- und Rederechts** der Aktionäre ermächtigen kann. Anerkannt ist aber, dass der Versammlungsleiter jedenfalls zu einer Beschränkung des Rederechtes auch ohne ausdrückliche Satzungsbestimmung kraft seiner Leitungs- und Ordnungsfunktion befugt ist. **Beschränkungen des Rederechts** kann der Versammlungsleiter auch ohne ausdrückliche Ermächtigung in der Satzung oder der Geschäftsordnung der Hauptversammlung schon zu Beginn der Versammlung anordnen, wenn dies angesichts der zu erwartenden Beiträge für eine rechtzeitige Beendigung der Hauptversammlung[763] notwendig ist. So wird eine von vornherein festgelegte Redezeitbeschränkung auf 15 Minuten, bei starker Aktionärsbeteiligung auch von 10 Minuten, als zulässig angesehen.[764] Der Versammlungsleiter kann die Redezeit im Verlauf der Hauptversammlung sukzessive weiter beschränken und notfalls auch einen Schluss der Rednerliste anordnen, wenn dies für die Einhaltung der zeitlichen Grenzen der Hauptversammlung erforderlich ist und die Maßnahmen möglichst rechtzeitig angekündigt worden sind.

631 Das **Fragerecht** der Aktionäre gem. § 131 AktG kann dagegen ohne ausdrückliche Regelung in der Satzung oder der Geschäftsordnung der Hauptversammlung grundsätzlich nicht vom Hauptversammlungsleiter beschränkt werden. Der Versammlungsleiter kann (und muss unter Umständen) ausnahmsweise auch das Fragerecht beschränken, wenn einzelne Aktionäre ihr Fragerecht (zB durch überlange Fragenkataloge) **missbrauchen**.[765] Eine solche Beschränkung des Fragerechts kommt aber nur in extremen Ausnahmefällen in Betracht, weil das Fragerecht als eigennütziges Individualrecht einen hohen Stellenwert genießt. Im Hinblick auf § 131 Abs. 2 S. 2 AktG empfiehlt sich dringend eine Regelung sowohl zur Beschränkung des Rede- als auch zur Beschränkung des Fragerechts in der Satzung oder der Geschäftsordnung der Hauptversammlung.[766]

632 **Störungen** des Versammlungsablaufs durch einzelne Aktionäre kann und muss der Versammlungsleiter in geeigneter Weise entgegenwirken. Dabei empfiehlt sich je nach **Schwere** der Störung ein abgestuftes Vorgehen, beginnend mit einem Ruf zur Ordnung über eine individuelle **Beschränkung der Redezeit** oder die **Wortentziehung** bis hin zu einem **Saalverweis**, der allerdings nur bei schwerwiegenden Störungen (zB Tätlichkeiten, fortwährende Zwischenrufe oder Podiumsbeleidigungen)[767] in Frage kommt. Verletzt der Versammlungsleiter durch unzulässige Ordnungsmaßnahmen das Teilnahme-, Rede- oder Fragerecht der Aktionäre, führt dies in der Regel zur Anfechtbarkeit der hiervon betroffenen Beschlüsse.[768]

---

763 Siehe dazu oben Rn 619.
764 *Hüffer* AktG § 129 Rn 20 mwN.
765 BVerfG NJW 2000, 349; OLG Frankfurt AG 1984, 25; *Hüffer* AktG § 131 Rn 35.
766 Siehe den Formulierungsvorschlag unter Rn 599; weitere Formulierungsvorschläge siehe *Happ* Aktienrecht Abschnitt 10.16 § 8.
767 OLG Bremen NZG 2007, 468.
768 *Hüffer* AktG § 243 Rn 16.

IV. Mitgliedschaft

1. Die Aktie

a) Allgemeine rechtliche Darstellung

aa) Aktienarten und -gattungen

(1) Nennbetrags- und Stückaktien

Aktien können als **Nennbetrags-** oder als **Stückaktien** begründet werden (§ 8 Abs. 1 AktG). Beide Aktienformen sind gleichberechtigt, können aber in derselben Gesellschaft nicht nebeneinander existieren. Während bei Nennbetragsaktien jeder einzelnen Aktie ein fester, in Euro ausgedrückter **Nennwert** zugewiesen ist, verkörpern Stückaktien einen für alle Aktien gleich großen **Anteil am Grundkapital** der Gesellschaft. Für die Stückelung der Aktien gilt, dass Nennbetragsaktien auf einen Nennbetrag in vollen Euro und einen Mindestnennbetrag von **einem Euro** lauten müssen (§ 8 Abs. 2 S. 1 AktG). Bei Stückaktien darf der auf die einzelne Aktie entfallende anteilige Betrag des Grundkapitals einen Euro nicht unterschreiten (§ 8 Abs. 3 S. 3 AktG). Hiervon abgesehen darf der anteilige Betrag des Grundkapitals pro Aktie aber auch auf einen „krummen" Euro-Betrag lauten. Die Stückaktie bietet deshalb bei der **Stückelung** des Grundkapitals eine größere Flexibilität als die Nennbetragsaktie, weshalb viele Aktiengesellschaften insbesondere im Zusammenhang mit der Euro-Umstellung des Grundkapitals Nennbetragsaktien in Stückaktien umgewandelt haben. Auch bei Kapitalmaßnahmen kann die mit der Stückaktie verbundene größere Flexibilität bei der Stückelung des Grundkapitals von Vorteil sein.

633

(2) Inhaber- und Namensaktien

Aktien können auf den **Inhaber** oder den **Namen** lauten (§ 10 Abs. 1 AktG). Beide Aktienarten können in derselben Gesellschaft auch nebeneinander bestehen. Sie unterscheiden sich dadurch, dass bei der Namensaktie nur derjenige der Gesellschaft gegenüber als Aktionär gilt, der als solcher im **Aktienregister** eingetragen ist (§ 67 Abs. 2 AktG). Dabei sind neben dem Inhaber auch die Stückzahl oder Aktiennummer sowie ggf der Nennbetrag seiner Aktien einzutragen (§ 67 Abs. 1 AktG).

634

Eine weitere Besonderheit der Namensaktie besteht darin, dass ihre Übertragung an die Zustimmung der Gesellschaft gebunden werden kann (**Vinkulierung**), § 68 Abs. 2 S. 1 AktG. Über die **Zustimmung** entscheidet der Vorstand, wenn die Satzung die Entscheidung nicht dem Aufsichtsrat oder der Hauptversammlung zuweist (§ 68 Abs. 2 S. 2 AktG). Die Satzung kann auch Gründe bestimmen, aus denen die Zustimmung verweigert werden darf (§ 68 Abs. 2 S. 4 AktG). Ansonsten muss das zuständige Gremium nach **pflichtgemäßem Ermessen** über die Zustimmung entscheiden. Die Möglichkeit der Vinkulierung von Aktien ist vor allem für Gesellschaften von Interesse, die nicht kapitalmarktorientiert sind, sondern auf einen homogenen Gesellschafterkreis (zB Familienmitglieder, Mitglieder bestimmter Berufsstände) Wert legen.[769]

635

Die Ausgabe von Namensaktien erleichtert der Gesellschaft außerdem die **Kommunikation** mit ihren Aktionären. Auch die **Einberufung** und Durchführung von Hauptversammlungen wird erleichtert. Da die Gesellschaft wegen der Fiktion des § 67 Abs. 2 AktG bei ausschließlicher Ausgabe von Namensaktien sämtliche Aktionäre kennt, kann die Hauptversammlung auch durch **eingeschriebenen Brief** einberufen werden (§ 121 Abs. 4 S. 1 AktG); die Satzung kann sogar weitere Erleichterungen bis hin zu einer Einberufung der Hauptversammlung durch Telefax oder E-Mail vorsehen. Darüber hinaus wird die **Legitimation** der Aktionäre zur Teilnahme an der Hauptversammlung ermöglicht, ohne dass es eines besonderen Nachweisverfahrens bedarf.

636

Für nicht kapitalmarktorientierte Aktiengesellschaften ist daher in der Regel die Namensaktie vorzugswürdig, während für kapitalmarktorientierte Gesellschaften allein die **Inhaberaktie** praxis- und interessengerecht ist. Die Ausgabe von **Namensaktien** kann je nach Unternehmensgegenstand auch aus **berufsrechtlichen Gründen** notwendig sein, etwa bei einer Wirtschaftsprüfungsgesellschaft in der Rechtsform der Aktiengesellschaft (§ 28 Abs. 5 S. 1 und 2 WiPrO).

637

---

[769] Siehe zur Vinkulierung im Folgenden Rn 648 ff.

(3) Stamm- und Vorzugsaktien

638 Aktien können durch entsprechende Satzungsregelungen mit verschiedenen Rechten, insbesondere bei der Gewinnverteilung, ausgestattet werden (§ 11 AktG). In der Praxis bedeutsam ist dabei die Unterscheidung von (voll stimmberechtigten) **Stammaktien** und stimmrechtslosen **Vorzugsaktien** (§§ 139 ff AktG). Aktien mit gleichen Rechten bilden jeweils eine Aktiengattung (§ 11 S. 2 AktG). Vorzugsaktien zeichnen sich dadurch aus, dass sie dem Aktionär besondere Rechte (in der Regel bei der Gewinnverteilung) gewähren. Meist handelt es sich hierbei um sog. stimmrechtslose Vorzugsaktien gem. § 12 Abs. 1 S. 2 iVm §§ 139 ff AktG, bei denen der Aktionär für den Ausschluss des Stimmrechts mit einem **nachzahlbaren Vorzug** bei der Gewinnverteilung entschädigt wird. Soweit ein verteilungsfähiger Gewinn vorhanden ist, ist zunächst dieser Vorzug bedienen. Ist eine vollständige Bedienung mangels eines ausreichend hohen ausschüttungsfähigen Gewinns nicht möglich, ist der Vorzugsbetrag in den Folgejahren nachzuzahlen. Dabei lebt das **Stimmrecht** der Vorzugsaktionäre ab dem ersten Folgejahr auf, solange den Vorzugsaktionären nicht sämtliche nachzuzahlenden Vorzüge der Vorjahre einschließlich des Vorzugs für das aktuelle Jahr ausgezahlt werden (§ 140 Abs. 2 S. 1 AktG).

bb) Rechtsstellung der Aktionäre

639 Die Aktie gewährt dem Aktionär verschiedene Rechte. Dabei werden Verwaltungs- und Vermögensrechte unterschieden. Zu den wichtigsten **Verwaltungsrechten** zählen
- die Teilnahme an der Hauptversammlung,
- das Rede- und Auskunftsrecht in der Hauptversammlung,
- das Stimmrecht (eingeschränkt bei stimmrechtslosen Vorzugsaktien),
- das Recht zur Anfechtung rechtswidriger Hauptversammlungsbeschlüsse.

640 Zu den **Vermögensrechten** zählen insbesondere der Anspruch auf den Bilanzgewinn (§ 58 Abs. 4 AktG), das Bezugsrecht bei Ausgabe neuer Aktien (§ 186 Abs. 1 AktG),[770] der Anspruch auf den Liquidationserlös (§ 271 AktG) sowie Ausgleichs- bzw Abfindungsansprüche bei bestimmten grundlegenden Eingriffen in die Mitgliedschaft (zB §§ 304 f, 320b, 327 b AktG).

641 Aktionäre sind unter gleichen Voraussetzungen gleich zu behandeln. Diese in § 53 a AktG ausdrücklich geregelte Grundsatz bringt klarstellend zum Ausdruck, dass das im gesamten Gesellschaftsrecht verankerte **Gleichbehandlungsgebot** auch und gerade im Aktienrecht gilt. Dies gilt allerdings nur für Handlungen der Gesellschaftsorgane. Die Möglichkeit, Aktien mit unterschiedlichen Rechten und Pflichten auszustatten (§ 11 AktG), bleibt durch den Gleichbehandlungsgrundsatz unberührt.

b) Rechtsfragen aus der Praxis

642 Die Rechte des Aktionärs aus seinen Aktien können vorübergehend dadurch entfallen, dass er **Änderungen seines Anteilsbesitzes** bei Über- oder Unterschreiten bestimmter Schwellenwerte nicht meldet. Rechtsberater müssen dies bei der Begleitung einer Übertragung von Aktienpaketen berücksichtigen. Aber auch für Rechtsanwälte, die Minderheitsaktionäre in einem Anfechtungs- oder Beschlussfeststellungsprozess vertreten, kann eine Überprüfung der Einhaltung von Meldepflichten durch andere Aktionäre von Interesse sein, weil sich durch eine Berücksichtigung nicht bestehender Stimmrechte das Abstimmungsergebnis verfälscht.

643 Aktionäre sind in bestimmten Fällen verpflichtet, der Gesellschaft eine Mitteilung über die Höhe ihrer Beteiligung zu machen. Diese **Mitteilungspflicht** richtet sich bei börsennotierten Aktiengesellschaften nach § 21 WpHG, bei sonstigen Aktiengesellschaften nach § 20 AktG. Die **Meldeschwellen** bei einer Änderung des Beteiligungsbesitzes liegen für börsennotierte Gesellschaften seit Inkrafttreten des Transparenzrichtlinie-Umsetzungsgesetzes[771] bei 3 %, 5 %, 10 %, 15 %, 20 %, 25 %, 30 %, 50 % und 75 % der Stimmrechte (§ 21 Abs. 1 WpHG) und für nicht börsennotierte Aktiengesellschaften bei 25 % und 50 % der Aktien (§ 20 Abs. 1 und 4 AktG). Erforderlich ist jeweils eine schriftliche Mit-

---

770 Siehe dazu im Folgenden Rn 730 ff.
771 BGBl. 2007 I S. 10; in Kraft getreten am 20.1.2007.

teilung an den Vorstand der Aktiengesellschaft; bei börsennotierten Aktiengesellschaften ist zudem die Bundesanstalt für Finanzdienstleistungsaufsicht (BaFin) zu unterrichten.

Solange die Meldepflicht nicht erfüllt wird, **erlöschen** sämtliche Rechte aus den Aktien des Meldepflichtigen sowie aus Aktien, die dem Meldepflichtigen aufgrund einer Schachtelbeteiligung zugerechnet werden (§ 20 Abs. 7 AktG, § 28 WpHG). Hiervon ausgenommen sind bei einer nur fahrlässigen Verletzung der Dividendenanspruch gem. § 58 Abs. 4 AktG sowie der Anspruch auf Beteiligung am Liquidationserlös (§ 271 AktG).

2. Übertragung von Aktien

a) Allgemeine rechtliche Darstellung

Die **Übertragung** der Mitgliedschaft an einer Aktiengesellschaft hängt davon ab, ob und ggf wie die Mitgliedschaft in einer **Aktienurkunde** verkörpert ist, ob es sich um eine **Inhaber-** oder eine **Namensaktie** handelt und ob sich die Aktie in **Sonder- bzw Sammelverwahrung** befindet oder nicht. Sind keine Aktienurkunden ausgegeben, ist eine Übertragung nur durch Abtretung gem. § 413 iVm § 398 BGB möglich. Die Abtretung ist an keine Form gebunden; in der Praxis empfiehlt sich aber, schon im Hinblick auf § 410 BGB, eine schriftliche Abtretungsurkunde.

Ausgegebene Inhaberaktien sind nach den Vorschriften über **bewegliche Sachen** (§§ 929 ff BGB) übertragbar. Dies schließt die Möglichkeit eines **gutgläubigen Erwerbs** gem. §§ 932 ff BGB ein. Daneben ist auch eine Übertragung durch Abtretung möglich, bei der das Eigentum an der Aktienurkunde gem. § 952 Abs. 2 BGB auf den Zessionar übergeht; allerdings besteht dann die Gefahr, dass ein Dritter die Inhaberaktie gutgläubig erwirbt. In der Praxis befinden sich Inhaberaktien als Globalaktien meist bei einer Wertpapiersammelbank in **Sammelverwahrung** (§ 5 DepotG); sie werden dann ebenfalls nach den §§ 929 ff. BGB übertragen, wobei die **Umbuchung im Verwahrungsbuch** (§ 14 DepotG) dem Erwerber Mitbesitz an der Sammelurkunde (Globalaktie) einräumt und so die Übergabe ersetzt. Gleiches gilt im Falle einer Sonderverwahrung bei einem Kreditinstitut (§ 2 DepotG).

Ausgegebene Namensaktien können durch **Indossament** übertragen werden (§ 68 Abs. 1 S. 1 AktG) und sind damit geborene **Orderpapiere**. Eine negative Orderklausel gem. Art. 11 Abs. 2 WG und eine Rektaklausel gem. Art. 15 Abs. 2 WG sind ausgeschlossen, da nur die Artt. 12, 13 und 16 WG entsprechend anwendbar sind (§ 68 Abs. 1 S. 2 AktG). Bei ununterbrochener **Indossamentenkette** wird zugunsten des Inhabers der Aktienurkunde vermutet, dass er Eigentümer der Urkunde und Aktionär ist (Art. 16 Abs. 1 WG iVm § 68 Abs. 1 S. 2 AktG); außerdem gilt der **erweiterte Gutgläubenschutz** des Art. 16 Abs. 2 WG bei Abhandenkommen der Aktienurkunde. Ist die Namensaktie mit einem **Blankoindossament** versehen, kann sie auch in Girosammelverwahrung nach § 5 DepotG gegeben und dann nach den insoweit geltenden Regeln übertragen werden (siehe die vorstehenden Ausführung zu girosammelverwahrten Inhaberaktien). Schließlich ist auch eine Abtretung nach § 413 iVm § 398 BGB möglich, wobei teilweise die Übergabe der Aktien als notwendiger Bestandteil des Übertragungsaktes angesehen wird.[772]

b) Rechtsfragen aus der Praxis

aa) Übertragung vinkulierter Namensaktien

Die Übertragung von Namensaktien kann von der **Zustimmung der Gesellschaft** abhängen, wenn dies in der Satzung vorgesehen ist (§ 68 Abs. 2 S. 1 AktG). Dabei kann festgelegt werden, aus welchen Gründen die Zustimmung versagt werden darf. Ob auch eine Satzungsregelung zulässig ist, wonach die Zustimmung aus bestimmten Gründen versagt werden muss, ist streitig.[773] Ausnahmen von der Vinkulierung sind möglich. Satzungsregelungen können dazu lauten:

▶ Eine Übertragung von Aktien an andere Aktionäre ist ohne Zustimmung der Gesellschaft möglich. ◀

oder

▶ Die Zustimmung ist zu erteilen, soweit Aktien an einen anderen Aktionär übertragen werden. ◀

---

772 Vgl zum Meinungsstand *Hüffer* AktG § 68 Rn 3.
773 Vgl zum Meinungsstand *Hüffer* AktG § 68 Rn 14.

649 Über die Zustimmung entscheidet der **Vorstand**, wenn nicht die **Satzung** eine Entscheidung durch den Aufsichtsrat oder die Hauptversammlung vorsieht (§ 68 Abs. 2 S. 2 und 3 AktG). Davon zu unterscheiden ist die Erklärung der Zustimmung im Außenverhältnis, für die stets der Vorstand zuständig ist (§ 78 Abs. 1 AktG). Das Zustimmungserfordernis betrifft nur den dinglichen Übertragungsakt; er ist bis zur Erklärung über die Zustimmung schwebend unwirksam.

650 Schwierigkeiten bereitet in der Praxis zuweilen die Frage, inwieweit die **Versagung** (oder auch die Erteilung) einer Zustimmung **gerichtlich überprüfbar** ist. Sind die Versagungsgründe in der Satzung abschließend geregelt und nicht einschlägig oder sieht die Satzung für den konkreten Fall eine Zustimmungspflicht vor, so kann der Veräußerer die Gesellschaft (vertreten durch den Vorstand) auf Erteilung der Zustimmung oder auf Schadensersatz verklagen. Ohne derartige **Satzungsregelung** ist über die Zustimmung nach **pflichtgemäßem Ermessen** zu entscheiden, und zwar unabhängig von der Zuständigkeit (also auch bei einer Entscheidung durch die Hauptversammlung).[774] Auch eine satzungsmäßige Ausweitung des Ermessens hin zu einem freien Ermessen ist im Aktienrecht nicht zulässig.[775] Bei Ausübung des pflichtgemäßen Ermessens muss das entscheidungsbefugte Organ die Interessen der Gesellschaft gegen die Interessen des veräußernden Aktionärs **abwägen** und außerdem den Gleichbehandlungsgrundsatz (§ 53 a AktG) beachten. Eine Zustimmungsverweigerung ist also nur dann zulässig, wenn dem berechtigten **Veräußerungsinteresse** des Aktionärs überhaupt **berechtigte Interessen der Gesellschaft** gegenüberstehen. Ein wichtiger Grund ist für die Zustimmungsverweigerung zwar nicht notwendig (es sei denn, die Satzung schreibt dies vor). Kann die Gesellschaft aber überhaupt keine Gründe für die Zustimmungsverweigerung benennen, reduziert sich das Ermessen auf Null und die Zustimmung muss erteilt werden. Ein **berechtigtes Verweigerungsinteresse** der Gesellschaft kann zB darin bestehen, die Homogenität des Aktionärskreises (zB nur Familienmitglieder oder Angehörige eines bestimmten Berufsstandes) zu wahren. Auch in diesem Fall darf eine Veräußerung aber nicht faktisch unmöglich gemacht werden; die wiederholte Verweigerung der Zustimmung kann deshalb treuwidrig sein, wenn die vorhandenen Aktionäre dem Veräußerungswilligen kein angemessenes Übernahmeangebot für seine Anteile unterbreiten.[776]

651 Die Ermessensausübung bei der Zustimmungsverweigerung kann der **veräußerungswillige Aktionär** durch **Klage** gegen die Gesellschaft gerichtlich überprüfen lassen. Dabei hat er nach hM bei Ermessensfehlern zu seinen Ungunsten nicht nur einen Anspruch auf eine erneute fehlerfreie Ermessensausübung, sondern kann unmittelbar auf Erteilung der Zustimmung klagen.[777] Der Erwerber kann die Gesellschaft nur unter den Voraussetzungen des § 826 BGB aus eigenem Recht auf Zustimmung oder Schadensersatz verklagen. Möglich ist aber eine Klage auf Schadensersatz aus vom Veräußerer abgetretenem Recht sowie eine Klage auf Zustimmung im Wege der gewillkürten Prozessstandschaft.[778]

bb) Wirksamwerden der Übertragung gegenüber der Gesellschaft

652 Außer in den Fällen der **Vinkulierung** wird die Anteilsübertragung ohne Mitteilung an die Gesellschaft dinglich wirksam. Bei Namensaktien gilt aber **gegenüber der Gesellschaft** nur als Aktionär, wer als solcher im Aktienregister eingetragen ist (§ 67 Abs. 2 AktG). Die Übertragung von Namensaktien muss der Gesellschaft deshalb mitgeteilt und nachgewiesen werden, um im Verhältnis zur Gesellschaft wirksam zu werden (§ 67 Abs. 3 AktG); der **Nachweis** kann je nach Art der Übertragung zB durch Abtretungsurkunde oder Erbschein geführt werden. Befinden sich die Aktien bei einem Kreditinstitut in Verwahrung, hat dieses die entsprechenden Angaben unaufgefordert zu übermitteln (§ 67 Abs. 4 AktG); eines weiteren Nachweises bedarf es dann in der Regel nicht.

653 Hängt die **Teilnahme oder Stimmrechtsausübung** auf einer Hauptversammlung von einer Anmeldung oder Legitimation zu einem bestimmten Stichtag ab[779] und werden Aktien zwischen diesem Stichtag

---

774 BGH NJW 1987, 1019, 1020.
775 MünchKommAktG/*Bayer* § 68 Rn 72.
776 Vgl MünchKommAktG/*Bayer* § 68 Rn 81.
777 MünchKommAktG/*Bayer* § 68 Rn 107.
778 MünchKommAktG/*Bayer* § 68 Rn 109 f.
779 Siehe oben Rn 616 ff.

und der Hauptversammlung übertragen, so verbleibt die Teilnahme- und Stimmberechtigung einschließlich der damit verbundenen Rechte (Rede- und Fragerecht) im Verhältnis zur Gesellschaft für den Hauptversammlungstermin beim Veräußerer. Im Übrigen (insb. hinsichtlich des Dividendenanspruchs) wird die Übertragung aber sofort wirksam.

3. Beendigung der Mitgliedschaft

a) Allgemeine rechtliche Darstellung

Die Mitgliedschaft in der Aktiengesellschaft endet im Regelfall durch Übertragung. Dagegen hat der Aktionär weder ein Austrittsrecht noch ein Recht zur Kündigung der Gesellschaft. Umgekehrt ist auch ein Ausschluss einzelner Aktionäre nicht vorgesehen; eine Ausnahme gilt lediglich für den Ausschluss säumiger Aktionäre wegen Nichtzahlung eingeforderter Einlagen gem. § 64 AktG (**Kaduzierung**). Möglich ist dagegen ein **Ausschluss aller Minderheitsaktionäre** auf Antrag eines Hauptaktionärs, dem mindestens 95 % aller Aktien der Gesellschaft gehören oder auf Grund von Schachtelbeteiligungen zuzurechnen sind (sog. Squeeze out, §§ 327 a ff AktG); in diesem Fall werden die Aktien der Minderheitsaktionäre mit Eintragung des entsprechenden Hauptversammlungsbeschlusses in das Handelsregister kraft Gesetzes auf den Hauptaktionär übertragen (§ 327 e Abs. 3 S. 1 AktG). 654

Die Satzung der Aktiengesellschaft kann außerdem regeln, dass Aktien – unter bestimmten Voraussetzungen auch zwangsweise gegen den Willen des betroffenen Aktionärs – eingezogen werden. Die **Einziehung** führt zum Erlöschen sämtlicher Mitgliedschaftsrechte aus den betroffenen Aktien und zu einer entsprechenden Herabsetzung des Grundkapitals der Gesellschaft (§ 238 AktG). 655

b) Rechtsfragen aus der Praxis

aa) Ausschluss von Minderheitsaktionären

Von der seit 2002 bestehenden Möglichkeit zum **Ausschluss von Minderheitsaktionären** ab einer Beteiligungsquote des Hauptaktionärs von 95 % haben in den letzten Jahren zahlreiche Aktiengesellschaften Gebrauch gemacht. Gerade bei börsennotierten Aktiengesellschaften ist mit dem Squeeze out, dem regelmäßig ein Widerruf der Börsenzulassung (**Delisting**) von Amts wegen nachfolgt, eine erhebliche Verringerung des Verwaltungsaufwands verbunden. So entfallen sämtliche kapitalmarktrechtlichen Pflichten wie etwa die Notwendigkeit von Ad-hoc-Mitteilungen gem. § 15 WpHG. Außerdem entfällt bei der Reduzierung des Aktionärskreises auf einen Alleinaktionär die Notwendigkeit aufwendiger Hauptversammlungstermine, weil der Alleinaktionär jederzeit eine Hauptversammlung als Vollversammlung gem. § 121 Abs. 6 AktG durchführen kann. Der Hauptaktionär muss den ausgeschlossenen Minderheitsaktionären eine dem Verkehrswert ihrer Aktien angemessene Barabfindung zahlen, die im Übertragungsbeschluss festzulegen ist. Sie muss dem tatsächlichen Wert der Aktie entsprechen, der im Ertragswertverfahren zu ermitteln ist und nach unten durch den Börsenwert sowie den Liquidationswert begrenzt ist.[780] Die Angemessenheit der Barabfindung ist in einem **Bericht des Hauptaktionärs** darzulegen und von einem gerichtlich bestellten **Sachverständigen** zu prüfen. Außerdem ist die Zahlung der Abfindung durch eine **Bankgarantie** zu sichern (§ 327 b Abs. 3 AktG). 656

In nahezu allen Fällen kommt es beim Ausschluss der Minderheitsaktionäre zu heftigem **Widerstand** der betroffenen Kleinaktionäre. Die Gesellschaft und der sie begleitende Rechtsberater müssen sich daher von vornherein auf einen besonders turbulenten Hauptversammlungsverlauf einrichten. Die betroffenen Minderheitsaktionäre können sich gegen ihren Ausschluss mit der Anfechtungsklage (§ 246 AktG) wehren. Allerdings kann die Anfechtungsklage nicht darauf gestützt werden, dass die festgelegte Barabfindung zu niedrig ist (§ 327 f S. 1 AktG); insoweit können die ausgeschlossenen Aktionäre lediglich eine Überprüfung der Barabfindung im **Spruchverfahren** nach dem SpruchG beantragen. Aus diesem Grund versuchen Kleinaktionäre (insbesondere einige „Berufskläger") teilweise, Fehler im Ablauf der Hauptversammlung (etwa bei der Auskunftserteilung oder bei Beschränkungen des Rederechts durch den Versammlungsleiter) zu provozieren. Der die Maßnahme begleitende Rechtsberater muss daher ein besonderes Augenmerk auf die entsprechende Vorbereitung des Versammlungsleiters und des Vorstandes legen. 657

---

780 Eingehend und sehr instruktiv *Großfeld*, Unternehmens- und Anteilsbewertung im Gesellschaftsrecht, 4. Aufl. 2002.

bb) Einziehung

658 Satzungsermächtigungen zur **Einziehung** von Aktien sind – vom Sonderfall der Einziehung nach vorherigem Erwerb der Aktien durch die Gesellschaft selbst abgesehen – in der Praxis zwar eher selten, aber regelmäßig mit zahlreichen Problemen behaftet. Neben dem **Schutz des betroffenen Aktionärs** vor einer unberechtigten Vernichtung seiner Mitgliedschaftsrechte muss – da die Einziehung zu einer Kapitalherabsetzung führt – insbesondere auch dem Aspekt des **Gläubigerschutzes** hinreichend Rechnung getragen werden. Letzteres wird dadurch erreicht, dass die Gläubigerschutzbestimmungen der ordentlichen Kapitalherabsetzung anwendbar sind (§ 237 Abs. 2 S. 1 AktG).[781]

659 Die Aufnahme einer **Einziehungsklausel** ist nur bei der Gründungssatzung unproblematisch. Eine spätere Satzungsänderung durch Neuaufnahme oder inhaltliche Ausdehnung einer Einziehungsregelung ist nur mit Wirkung für künftig zu zeichnende Aktien möglich, sofern nicht alle Aktionäre einer Erstreckung der Einziehungsregelung auf bereits bestehende Aktien zustimmen. Eine entsprechende Satzungsermächtigung kann die Zwangseinziehung entweder unter bestimmten Voraussetzungen anordnen, so dass ein Entscheidungsspielraum nicht besteht, oder die Zwangseinziehung lediglich gestatten. Bei einer **angeordneten Zwangseinziehung** müssen deren Voraussetzungen klar definiert sein, weil zu ihrer Durchführung kein Hauptversammlungsbeschluss mehr erforderlich ist (§ 237 Abs. 6 S. 1 AktG). Zuständig ist damit der Vorstand. Die lediglich **gestattete Zwangseinziehung** bedarf dagegen eines Einziehungsbeschlusses der Hauptversammlung.

660 Der Aktionär, dessen Aktien eingezogen werden, hat Anspruch auf Entschädigung für den Verlust seiner Mitgliedschaft (**Einziehungsentgelt**). Der Anspruch muss bei einer angeordneten Zwangseinziehung und kann bei einer gestatteten Einziehung in der Satzung konkretisiert werden.[782] Auch im letzteren Fall sollte der Berater dies empfehlen, weil für die **Höhe** des Einziehungsentgelts dann ein größerer Spielraum besteht und es nicht notwendig dem tatsächlichen Wert der Aktie entsprechen muss.[783] Wird das Einziehungsentgelt bei einer gestatteten Einziehung vom Vorstand festgelegt, muss es **angemessen** sein, dh dem tatsächlichen Wert der Aktie entsprechen.[784]

V. Rechtsstreitigkeiten innerhalb der Gesellschaft

1. Außergerichtliche Rechtsstreitigkeiten

a) Allgemeine rechtliche Darstellung

661 Die außergerichtliche Verfolgung von Rechtsstreitigkeiten innerhalb der Gesellschaft spielt – von den bereits erörterten Fällen des Ausscheidens von Vorstands- oder Aufsichtsratsmitgliedern abgesehen – in der Praxis eine geringe Rolle. Wegen der stark formalisierten Organisationsstruktur der Aktiengesellschaft vollzieht sich die Teilhabe der einzelnen Aktionäre an der Gesellschaft und die Wahrnehmung ihrer Mitgliedschaftsrechte in erster Linie über die Hauptversammlung. Die mit Abstand größte Bedeutung nehmen daher Rechtsstreitigkeiten über die Wirksamkeit von Hauptversammlungsbeschlüssen ein, die einer außergerichtlichen Erledigung nicht zugänglich sind. Auch die Durchsetzung von Ansprüchen der Gesellschaft etwa wegen Pflichtverletzungen des Vorstandes oder des Aufsichtsrates können Aktionäre grundsätzlich nur über einen entsprechenden Hauptversammlungsbeschluss oder ein Klagezulassungsverfahren (§ 148 AktG) herbeiführen (dazu sogleich näher im Folgenden). Auch Treupflichtverstöße von Aktionären führen in der Regel nur zu Schadensersatzansprüchen der Gesellschaft. Verstöße gegen Treupflichten der Aktionäre untereinander betreffen in erster Linie die Stimmrechtsausübung bei Hauptversammlungsbeschlüssen und spielen damit im Rahmen von Beschlussmängelklagen eine Rolle. Unmittelbare Unterlassungs- oder Schadensersatzansprüche der Aktionäre gegeneinander kommen nur in sehr engen Ausnahmefällen in Betracht.[785]

---

[781] Siehe dazu im Folgenden Rn 739.
[782] Hüffer AktG § 237 Rn 15, 18.
[783] Vgl MünchKommAktG/*Oechsler* § 237 Rn 67 ff zu den weithin ungeklärten Detailfragen.
[784] Siehe oben Rn 656.
[785] Siehe unten Rn 699.

b) Rechtsfragen aus der Praxis

In der Gestaltungspraxis stellt sich zuweilen die Frage, ob die Satzung der Aktiengesellschaft eine **Schiedsklausel** für Streitigkeiten innerhalb der Gesellschaft, insbesondere für Beschlussmängelstreitigkeiten vorsehen kann. Im Ergebnis ist von derartigen Klauseln abzuraten. Ihre Zulässigkeit ist gesetzlich nicht eindeutig geregelt und wird – insb. unter Hinweis auf die parteiübergreifende Wirkung einer gerichtlichen Entscheidung gem. §§ 248 Abs. 1 S. 1, 249 Abs. 1 S. 1 AktG – überwiegend abgelehnt.[786] Existiert eine entsprechende Schiedsgerichtsklausel, muss der den klagewilligen Aktionär vertretende Rechtsanwalt ihre voraussichtliche Unwirksamkeit berücksichtigen, zumal eine fristgerechte Anrufung des Schiedsgerichts die Anfechtungsklagefrist des § 246 Abs. 1 AktG nicht wahren kann.

662

2. Klagemöglichkeiten von Aktionären

a) Beschlussmängelklagen

aa) Allgemeine rechtliche Darstellung

Rechtsverstöße bei Beschlussfassungen der Hauptversammlung können unterschiedliche Folgen haben. Rechtswidrig zustande gekommene Hauptversammlungsbeschlüsse sind unter bestimmten, in § 241 AktG abschließend aufgezählten Umständen **nichtig** und ansonsten grundsätzlich **anfechtbar** (§ 243 AktG). Denkbar ist aber auch, dass ein Hauptversammlungsbeschluss auf Grund eines treupflichtwidrigen Stimmverhaltens von Aktionären oder auf Grund einer fehlerhaften Feststellung des Abstimmungsergebnisses durch den Versammlungsleiter rechtswidrig nicht zustande gekommen ist; in diesem Fall besteht die (im Aktiengesetz nicht ausdrücklich geregelte) Möglichkeit einer Beschlussfeststellungsklage.

663

Die wichtigsten Gründe für eine Nichtigkeit von Hauptversammlungsbeschlüssen sind

664

- schwerwiegende **Einberufungsmängel** (fehlende Einberufung, Einberufung durch Nichtberechtigte, Verletzung der vorgeschriebenen Form, Fehlen von Mindestangaben gem. § 121 Abs. 3 S. 2 AktG);
- schwerwiegende **Protokollierungsmängel** (§ 241 Nr. 2 iVm § 130 Abs. 1, 2 und 4 AktG),
- Beschlüsse mit **sittenwidrigem Inhalt** (§ 241 Nr. 4 AktG),
- von Amts wegen gemäß § 144 Abs. 2 FGG gelöschte Beschlüsse.

Darüber hinaus sieht § 241 Nr. 3 AktG außerdem die Nichtigkeit von Hauptversammlungsbeschlüssen vor, die mit dem **Wesen der Aktiengesellschaft** nicht zu vereinbaren sind oder durch ihren Inhalt Vorschriften verletzen, die ausschließlich oder überwiegend dem **Gläubigerschutz** oder **öffentlichen Interessen** dienen. Dieser Nichtigkeitstatbestand ist in seinen Voraussetzungen unübersichtlich und schwer zu handhaben. Die Rechtsprechung hat eine Nichtigkeit nach dieser Vorschrift angenommen bei einem Umwandlungsbeschluss ohne gesetzliche Grundlage,[787] bei einer Einschränkung der freien Übertragbarkeit von Aktien durch satzungsändernden Beschluss[788] sowie bei satzungsändernden Hauptversammlungsbeschlüssen, die gegen §§ 25 ff. MitbestG verstoßen.[789] Dagegen führt allein die Verletzung von Treupflichten nicht zu einer Nichtigkeit gem. § 241 Nr. 3 AktG.[790]

665

Nichtige Beschlüsse können unter bestimmten Voraussetzungen **geheilt** werden. So heilt die Eintragung in das Handelsregister eine Nichtigkeit wegen fehlerhafter Protokollierung sofort und eine Nichtigkeit aus anderen Gründen nach Ablauf von drei Jahren, wenn nicht vorher eine Klage gegen die Wirksamkeit des Beschlusses erhoben worden ist (§ 242 Abs. 1, Abs. 2 S. 1 und 2 AktG).

666

Hauptversammlungsbeschlüsse, die auf Grund einer Verletzung des Gesetzes oder der Satzung nicht von vornherein nichtig sind, können grundsätzlich durch Klage **angefochten** werden (§ 243 Abs. 1 AktG). Eine Ausnahme gilt in den Fällen von § 243 Abs. 3 und 4 AktG, also insbesondere bei unerheblichen Informationspflichtverletzungen. **Anfechtungsbefugt** ist jeder in der Hauptversammlung

667

---

786 Vgl *Hüffer* AktG § 246 Rn 19 f mwN.
787 BGHZ 132, 353, 357 („allgemeiner Grundsatz").
788 BGHZ 160, 253, 256 ff = NJW 2004, 3561.
789 BGHZ 83, 106 109 ff = NJW 1982, 1525.
790 OLG Düsseldorf AG 2003, 578.

erschienene **Aktionär**, der die Aktien schon vor Bekanntmachung der Tagesordnung erworben hatte und gegen den angefochtenen Hauptversammlungsbeschluss Widerspruch zur Niederschrift erklärt hat (§ 245 Nr. 1 AktG). In bestimmten Fällen, etwa bei Einberufungsmängeln oder einer Verletzung ihres Teilnahmerechts, sind auch die **übrigen Aktionäre** anfechtungsbefugt (§ 245 Nr. 2, 3 AktG). Stets anfechtungsbefugt ist der **Vorstand** (§ 245 Nr. 4 AktG). **Mitglieder** des Vorstandes und des Aufsichtsrates sind schließlich auch einzeln anfechtungsbefugt, wenn sie durch die Ausführung des Hauptversammlungsbeschlusses eine strafbare Handlung oder Ordnungswidrigkeit begehen oder sich ersatzpflichtig machen würden (§ 245 Nr. 5 AktG). Für die Anfechtungsklage gilt eine **Frist** von **einem Monat** ab Beschlussfassung (§ 246 Abs. 1 AktG). Nach Ablauf dieser Frist können Beschlussmängel nur noch gerichtlich geltend gemacht werden, wenn sie zu einer Nichtigkeit gem. § 241 AktG geführt haben (Nichtigkeitsklage gem. § 249 AktG) und keine Heilung nach § 242 AktG eingetreten ist. **Sondervorschriften** gelten für die Nichtigkeit und Anfechtung der Wahl von Aufsichtsratsmitgliedern sowie von Beschlüssen über die Verwendung des Bilanzgewinns oder über eine Kapitalerhöhung gegen Einlagen (§§ 250 bis 255 AktG). Gerichtliche Entscheidungen in einem Anfechtungs- oder Nichtigkeitsfeststellungsprozess wirken **für und gegen alle Aktionäre** sowie Vorstands- und Aufsichtsratsmitglieder (§ 248 Abs. 1 S. 1 AktG).

bb) Rechtsfragen aus der Praxis

(1) Zulässigkeit und Erhebung von Anfechtungsklagen

668 Anfechtungsklagen gem. § 246 AktG werden in der Praxis meist von Aktionären der Gesellschaft erhoben; Anfechtungsklagen des Vorstandes oder einzelner Vorstands- oder Aufsichtsratsmitglieder sind dagegen eher selten. Die Anfechtungsklage fällt in die **ausschließliche Zuständigkeit** des Landgerichts am Sitz der Gesellschaft (§ 246 Abs. 3 S. 1 AktG). Sie unterliegt deshalb stets dem Anwaltszwang (§ 78 Abs. 1 S. 1 ZPO). Zuständig ist die Kammer für Handelssachen (§ 246 Abs. 3 S. 2 AktG). Eine Konzentration der Zuständigkeit bei einem Landgericht für mehrere LG-Bezirke ist möglich und vom Rechtsanwalt zu prüfen; die Anfechtungsfrist wird aber auch durch Klageerhebung bei einem sachlich oder örtlich unzuständigen Gericht gewahrt.[791]

669 Der mit der Erhebung einer Anfechtungsklage beauftragte Rechtsanwalt muss bei deren Vorbereitung einige Besonderheiten der Anfechtungsklage beachten. So muss er zunächst die **Anfechtungsbefugnis** seines Mandanten prüfen. Sie setzt im Regelfall des § 245 Nr. 1 AktG voraus, dass der Mandant bereits **vor Bekanntmachung der Tagesordnung** Aktionär der Gesellschaft war und es zumindest bis zur Klageerhebung auch bleibt. Ein Erwerb der Aktien erst nach Bekanntmachung der Tagesordnung ist allerdings im Fall der Gesamtrechtsnachfolge unschädlich.[792] Weitere Voraussetzung ist, dass der Mandant in der Hauptversammlung **erschienen** ist und gegen den Beschluss, der angefochten werden soll, Widerspruch zur Niederschrift erklärt hat. Der **Widerspruch** sollte dabei zeitlich nach der Beschlussfassung erklärt worden sein; die häufig geübte Praxis, bereits während der Generaldebatte Widerspruch zu sämtlichen nachfolgenden Beschlüssen der Hauptversammlung zur Niederschrift zu erklären, genügt nach teilweise vertretener Auffassung nicht.[793] Die vorgenannten Voraussetzungen der Anfechtungsbefugnis kann der beauftragte Rechtsanwalt nur anhand der Angaben seines Mandanten überprüfen, da das Protokoll der Hauptversammlung in aller Regel nicht rechtzeitig vor Ablauf der Anfechtungsfrist vorliegt.

670 Zur Wahrung der Anfechtungsfrist muss die Klage nicht nur fristgerecht erhoben, sondern auch **begründet** werden. Hierzu muss der für die Anfechtbarkeit maßgebende Lebenssachverhalt innerhalb der Anfechtungsfrist vorgetragen werden.[794] Ein **Nachschieben** von Anfechtungsgründen nach Ablauf der Anfechtungsfrist ist daher nicht möglich; entsprechend verspäteter Vortrag bleibt deshalb sowohl für die Zulässigkeit als auch für die Begründetheit der Anfechtungsklage unberücksichtigt. Die Notwendigkeit, die Klage innerhalb eines Monats ab der Hauptversammlung nicht nur zu erheben, son-

---

791 BGH NZG 2006, 426 (427) mwN.
792 *Hüffer* AktG § 245 Rn 7.
793 LG Frankfurt aM NZG 2006, 438, 439.
794 BGH NZG 2005, 722 = DB 2005, 1842.

dern auch umfassend zu begründen, stellt in der Praxis auch für den im Aktienrecht erfahrenen Rechtsanwalt eine Herausforderung dar.

Die Anfechtungsfrist wird nur durch Klageerhebung gewahrt. Da es sich um eine Ausschluss- und nicht um eine Verjährungsfrist handelt, ist eine Hemmung nach §§ 203 ff BGB nicht möglich. Die **Versäumung** der Anfechtungsfrist ist vom Gericht ohne Rücksicht auf eine entsprechende Einrede der Beklagten zu berücksichtigen. Eine Wiedereinsetzung in den vorigen Stand (§ 233 ZPO) ist nicht möglich.[795] Teilweise wird allerdings die Auffassung vertreten, dass ein innerhalb der Anfechtungsfrist gestellter Prozesskostenhilfeantrag unter Einreichung der Klageschrift genügt, wenn die Klage innerhalb von zwei Wochen ab Bewilligung oder Versagung der Prozesskostenhilfe erhoben wird (analog § 234 Abs. 1 ZPO);[796] der Anwalt muss seinen Mandanten auf die damit nach wie vor verbundene Rechtsunsicherheit aber eindringlich hinweisen und sollte, auch im Hinblick auf die Möglichkeit einer Streitwertspaltung gem. § 247 Abs. 2 AktG, zu einer Klageerhebung innerhalb der Anfechtungsfrist raten.

671

Die fristwahrende Klageerhebung setzt grundsätzlich die **Zustellung** der Anfechtungsklage innerhalb der Monatsfrist voraus (§ 253 Abs. 1 ZPO). Die rechtzeitige Einreichung der Klageschrift genügt, sofern die Zustellung demnächst erfolgt (§ 167 ZPO). Dabei muss der Anwalt beachten, dass die Gesellschaft bei Anfechtungsklagen eines Aktionärs durch **Vorstand und Aufsichtsrat gemeinsam** vertreten wird (§ 246 Abs. 2 S. 2 AktG). Beide müssen deshalb als Zustellungsadressaten angegeben werden (§ 170 Abs. 1 S. 1 ZPO). § 170 Abs. 3 ZPO ist mit der Maßgabe anzuwenden, dass die Zustellung jeweils an ein Mitglied des Vorstands und des Aufsichtsrates genügt; dies können auch Arbeitnehmervertreter im Aufsichtsrat sein. Zur Fristwahrung nicht ausreichend ist aber die Zustellung nur an eines von beiden Organen.

672

Eine **Ersatzzustellung in den Geschäftsräumen** der Gesellschaft (§ 178 Abs. 1 Nr. 2 ZPO) ist nur an Vorstandsmitglieder, **nicht an Aufsichtsratsmitglieder** möglich.[797] Einem Aufsichtsratsmitglied muss die Klage entweder unter seiner Privatanschrift oder unter der Geschäftsanschrift eines anderen Unternehmens, bei dem es hauptberuflich tätig ist, zugestellt werden. Die Ermittlung entsprechender Anschriften der Aufsichtsratsmitglieder kann in der Praxis schwierig sein. Sie muss aber vor Ablauf der Anfechtungsfrist gelingen, weil ohne Angabe einer korrekten Zustellungsadresse eine „demnächstige" Zustellung im Sinne von § 167 ZPO nicht gewährleistet ist. Lassen sich Privat- oder Geschäftsanschriften der Aufsichtsratsmitglieder nicht anhand des Geschäftsberichts der Gesellschaft ermitteln, kann auf das Handelsregister der Gesellschaft zurückgegriffen werden, bei dem Namen und Anschriften des Aufsichtsratsvorsitzenden und seiner Stellvertreter anzumelden sind (§ 107 Abs. 1 S. 2 AktG).

673

Da die Abgrenzung von Anfechtungs- und Nichtigkeitsgründen bei Beschlussmängeln schwierig sein kann, hat sich in der Praxis eine **Antragstellung** mit Haupt- und Eventualantrag eingebürgert, zB:
▶ Im Termin zur mündlichen Verhandlung werden wir beantragen,
  1. festzustellen, dass der Beschluss der Hauptversammlung der Beklagten vom 15.6.2007 zu Punkt 3 der Tagesordnung, mit dem die Hauptversammlung dem Aufsichtsrat der Gesellschaft für das Geschäftsjahr 2006 Entlastung erteilt hat, nichtig ist;
  2. hilfsweise den Beschluss der Hauptversammlung der Beklagten vom 15.6.2007 zu Punkt 3 der Tagesordnung, mit dem die Hauptversammlung dem Aufsichtsrat der Gesellschaft für das Geschäftsjahr 2006 Entlastung erteilt hat, für nichtig zu erklären. ◀

674

Eine derartige Antragstellung ist **kostenmäßig unschädlich**, weil sie nicht zur Festsetzung eines höheren Regelstreitwertes führt und dem Kläger keine Kosten auferlegt werden, auch wenn er nur mit dem Eventualantrag obsiegt. Es genügt aber auch ein Antrag auf Nichtigerklärung, bei dem neben Anfechtungs- auch Nichtigkeitsgründe geprüft und vom Gericht ggf die Nichtigkeit festgestellt wird.[798]

675

---
795 *Hüffer* AktG § 246 Rn 20.
796 *Hüffer* AktG § 246 Rn 25 mwN zum Meinungsstand.
797 BGHZ 107, 296, 299.
798 BGHZ 134, 364, 366; BGHZ 160, 253, 256.

(2) Einstweiliger Rechtsschutz im Anfechtungsprozess

676 Die Frage nach **einstweiligem Rechtsschutz** in Anfechtungsprozessen ist von ganz erheblicher Bedeutung, wenn die Umsetzung des Beschlusses nicht ohne wesentliche Nachteile für den Kläger rückgängig gemacht werden kann. Vor allem bei drohender Handelsregistereintragung des Beschlusses ist die Möglichkeit einer einstweiligen Verfügung gem. §§ 935 ff ZPO anerkannt.[799] Sie besteht aber nicht, wenn das Gesetz ausdrücklich eine **Registersperre** bei Anfechtungsklagen vorsieht.[800] Auch sonst ist es für den Kläger bzw seinen Rechtsanwalt meist effektiver, sich direkt mit dem Registergericht in Verbindung zu setzen und die Anfechtungsklage anzukündigen bzw dorthin abschriftlich zu übersenden. In der Regel sieht das Registergericht in diesem Fall bereits gem. § 127 FGG bis zu einer Entscheidung in der Hauptsache von der Eintragung ab (sog. „faktische Registersperre"). Zu den Reaktionsmöglichkeiten der beklagten Gesellschaft in derartigen Fällen siehe unten Rn 759.

(3) Prozessvertretung der beklagten Gesellschaft

677 Auch der die beklagte Gesellschaft vertretende Rechtsanwalt muss bei Anfechtungsklagen von Aktionären zunächst die **Doppelvertretung** der Gesellschaft durch Vorstand und Aufsichtsrat beachten. In der Regel erteilen Vorstand und Aufsichtsrat demselben Rechtsanwalt **Prozessvollmacht** zur Vertretung der Gesellschaft. Dies ist zulässig, aber nicht zwingend notwendig. Vorstand und Aufsichtsrat beschließen getrennt, was die **Handlungsfähigkeit** der Gesellschaft im Prozess beeinträchtigt. Auch im weiteren Verfahren muss der für die beklagte Gesellschaft tätige Rechtsanwalt, wenn er sowohl vom Vorstand als auch vom Aufsichtsrat beauftragt worden ist, die Besonderheiten der Doppelvertretung beachten, also sämtliche **Prozesshandlungen** mit beiden Organen abstimmen. Dies setzt insbesondere im Verhältnis zum Aufsichtsrat, dessen Entscheidungen einen gewissen Vorlauf benötigen, das Einkalkulieren ausreichender **Abstimmungsfristen** voraus.

678 Der Anwalt sollte außerdem darauf achten, dass der Vorstand seiner **Bekanntmachungspflicht** gem. § 246 Abs. 4 S. 1 AktG genügt. Da häufig mehrere Anfechtungsklagen zu demselben Hauptversammlungsbeschluss erhoben werden, zwischen deren Zustellung im Einzelfall mehrere Wochen vergehen können, muss jede einzelne Klage bekannt gemacht werden; dies kann bei gleichzeitig zugestellten Klagen in einem zusammenfassenden Bekanntmachungstext geschehen. Die Bekanntmachung ist vor allem deshalb von Bedeutung, weil sie die Möglichkeit von Nebeninterventionen anderer Aktionäre[801] zeitlich begrenzt (§ 246 Abs. 4 S. 2 AktG).

679 Schließlich muss der die Gesellschaft vertretende Anwalt prüfen, ob etwaige Beschlussmängel (ggf vorsorglich) durch einen **Bestätigungsbeschluss** (§ 244 AktG) geheilt werden können, und Vorstand sowie Aufsichtsrat auf eine entsprechende Möglichkeit hinweisen.

(4) Darlegungs- und Beweislast

680 Der **Anfechtungskläger** muss zunächst seine Anfechtungsbefugnis **darlegen und beweisen**, insb. dass er bereits bei Bekanntmachung der Tagesordnung Aktionär war und dies zumindest bis zum Zeitpunkt der Klageerhebung geblieben ist (zB durch Bestätigung des depotführenden Instituts oder Eintragung im Aktienregister). Außerdem muss er die Beschlussfassung sowie grundsätzlich auch alle Umstände, aus denen sich die Gesetz- oder Satzungswidrigkeit des Beschlusses ergibt, darlegen und ggf beweisen. Dagegen trägt die **beklagte Gesellschaft** die volle Beweislast, soweit sie sich auf die fehlende Relevanz eines Verstoßes für die Beschlussfassung beruft (zB gem. § 243 Abs. 4 AktG).

(5) Nebenintervention

681 **Nebeninterventionen** sind bei Anfechtungsklagen gegen Hauptversammlungsbeschlüsse sowohl auf Seiten des Anfechtungsklägers als auch auf der Seite der Gesellschaft möglich und in der Praxis häufig, insbesondere durch Nebenintervention von Aktionären auf der Seite eines klagenden Aktionärs.

---

799 BVerfG WM 2004, 2354, 2355.
800 Siehe dazu unten Rn 758 f.
801 Siehe dazu näher unten Rn 681.

Dabei kann der Nebenintervenient zwar eine Prozessbeendigung durch Klagerücknahme, Erledigungserklärung oder Vergleich nicht verhindern. Bei Publikumsgesellschaften ist die teilweise massenhaft auftretende Nebenintervention aber häufig durch die Aussicht auf großzügige Kostenerstattungsansprüche motiviert. Der Nebenintervention auf Seiten des Klägers sind durch § 246 Abs. 4 S. 2 AktG **zeitliche Grenzen** gesetzt. Hat der Vorstand die Klageerhebung ordnungsgemäß in den Gesellschaftsblättern bekannt gemacht (§ 246 Abs. 4 S. 1) AktG, so ist eine Nebenintervention von Aktionären auf Seiten des Klägers nur innerhalb eines Monats möglich. Eine Nebenintervention von Aktionären auf Seiten der beklagten Gesellschaft sowie eine Nebenintervention von Vorstands- und Aufsichtsratsmitgliedern ist dagegen zeitlich unbeschränkt möglich (§ 66 Abs. 2 ZPO).

Durch eine Nebenintervention auf Seiten der beklagten Gesellschaft kann der Nebenintervenient sehr viel stärker **Einfluss** auf das Prozessgeschehen nehmen. Da das Urteil im Anfechtungsprozess Wirkung für und gegen jedermann entfaltet (§ 248 Abs. 1 S. 1 AktG), ist der Nebenintervenient Streitgenosse (§ 69 ZPO). Der Nebenintervenient kann daher die säumige Hauptpartei vertreten (§ 62 ZPO) und Rechtsmittel einlegen. Auch Geständnisse oder Anerkenntnisse der Hauptpartei wirken nicht zum Nachteil des Streitgenossen (§ 61 ZPO).

(6) Beendigung durch Vergleich

Anfechtungsklagen können wie andere Zivilrechtsstreite auch durch **Prozessvergleich** beendet werden. Da allerdings die Nichtigkeit des Hauptversammlungsbeschlusses nur durch Urteil ausgesprochen werden kann, muss der Vergleich den Beschluss als solchen unberührt lassen.[802] Zulässig und in der Praxis häufig sind dagegen Vergleiche, in denen der Kläger die Anfechtungsklage zurücknimmt oder die Parteien übereinstimmend den Rechtsstreit für erledigt erklären und sich die Beklagte im Gegenzug zu bestimmten Gegenleistungen (zB Übernahme der Prozesskosten) verpflichtet. In der Vergangenheit sind Anfechtungsprozesse vor allem bei börsennotierten Aktiengesellschaften häufig gerade mit dem Ziel geführt worden, sich die lästige Anfechtungsklage (und vor allem eine damit verbundene Registersperre) abkaufen zu lassen. Diesem Phänomen der sog. „Berufskläger" haben Gesetzgeber und Rechtsprechung durch verschiedene Maßnahmen Einhalt gebieten wollen, was bislang allerdings kaum gelungen ist.

Beim Abschluss eines **Rücknahmevergleichs** sind zunächst die Grenzen zu beachten, die das Aktienrecht seinem Inhalt setzt. Von besonderer Bedeutung ist hier das **Verbot der Einlagenrückgewähr** (§ 57 Abs. 1 S. 1 AktG). Der offene **Abkauf** einer Anfechtungsklage, etwa durch Zahlung einer „Abfindung" durch die Gesellschaft an den Kläger, wird nach hM als verbotene Einlagenrückgewähr angesehen.[803] Ein Prozessvergleich mit entsprechendem Inhalt ist materiell-rechtlich nichtig (§ 134 BGB), was allerdings die Wirksamkeit des Vergleichs als prozessbeendende Handlung unbeeinträchtigt lässt. Vorstand und Aufsichtsrat dürfen einen solchen Prozessvergleich weder abschließen noch erfüllen; anderenfalls setzen Sie sich der Gefahr einer persönlichen Haftung nach § 93 Abs. 2 AktG bzw § 116 AktG aus. In der Praxis wird der Abkauf von Anfechtungsklagen häufig durch den Abschluss vermeintlicher Beraterverträge oder in sonstiger Weise bemäntelt. Dabei verpflichtet sich die Gesellschaft, dem klagenden Aktionär für wertlose Beratungsleistungen ein Honorar zu zahlen oder überhöht berechnete Verfahrenskosten zu erstatten. Auch derartige **verdeckte Leistungen** verstoßen gegen das Verbot der Einlagenrückgewähr nach § 57 Abs. 1 S. 1 AktG und führen zur Nichtigkeit des Vergleichs.[804] Zulässig und mit § 57 Abs. 1 S. 1 AktG vereinbar ist dagegen ein Rücknahmevergleich, bei dem sich die Gesellschaft zur Übernahme der tatsächlichen (oder realistisch pauschalierten) Verfahrenskosten des Klägers verpflichtet. Etwaige Nebenintervenienten können in einem solchen Fall keinen Kostenerstattungsanspruch geltend machen.[805]

Um der Gefahr eines verbotenen Abkaufs von Anfechtungsklagen zu begegnen, muss bei börsennotierten Gesellschaften die Beendigung des Anfechtungsprozesses, also insbesondere der Abschluss eines Pro-

---

802 *Hüffer* AktG § 246 Rn 18.
803 MünchKommAktG/*Bayer* § 57 Rn 88 mwN.
804 *Hüffer* AktG § 57 Rn 12.
805 BGH AG 2007, 547.

zessvergleichs, unverzüglich in den Gesellschaftsblättern **bekannt gemacht** werden (§ 248 S. 1 AktG). Das gleiche gilt für Vereinbarungen, die im Vorfeld einer Klage zur Vermeidung eines Anfechtungsprozesses geschlossen werden (§ 149 Abs. 3 iVm § 248 a S. 2 AktG). Die vereinbarten Leistungspflichten werden erst mit Bekanntmachung des Vergleichs bzw der Vereinbarung wirksam; trotz Unwirksamkeit bewirkte Leistungen können zurückgefordert werden, ohne dass sich der Empfänger auf § 814 BGB oder § 818 Abs. 3 BGB berufen kann (§ 149 Abs. 2 S. 3 und 5 iVm § 248 a S. 2 AktG).

(7) Beschlussfeststellungsklage

686 Gesetzlich nicht ausdrücklich geregelt, in der Rechtsprechung aber anerkannt ist die Möglichkeit einer **Beschlussfeststellungsklage** als Gegenstück zur Anfechtungsklage. Die Beschlussfeststellungsklage ist darauf gerichtet, das Zustandekommen eines Beschlusses festzustellen, zu dem der Versammlungsleiter entweder überhaupt keine Feststellungen getroffen oder bei dem er fehlerhaft ein ablehnendes Abstimmungsergebnis festgestellt hat. Im letzteren Fall muss der Antrag auf Feststellung des Zustandekommens des (positiven) Beschlusses mit einer Anfechtungsklage gegen den (ablehnenden) Hauptversammlungsbeschluss **verbunden** werden.[806] In diesem Fall gelten die Vorschriften zur Anfechtungsklage, insbesondere zur Klagefrist und -befugnis, sowie zur Urteilswirkung entsprechend. Fehlt dagegen jegliche Beschlussfeststellung im Protokoll, kann und muss die positive Beschlussfeststellungsklage isoliert erhoben werden, ohne dass die Klagefrist des § 246 Abs. 1 entsprechend gilt.[807]

687 Die Beschlussfeststellungsklage ist nicht nur einschlägig, wenn der Versammlungsleiter das Abstimmungsergebnis fehlerhaft ausgezählt hat oder Stimmrechtsausschlüsse unberücksichtigt gelassen hat, sondern auch, wenn Aktionäre einem Beschluss treuwidrig ihre Zustimmung verweigert haben.[808] Tritt der Aktionär, dem treuwidriges Stimmverhalten vorgeworfen wird, in dem Prozess aber nicht als Nebenintervenient auf, sollte die Anfechtungs- und Beschlussfeststellungsklage mit einer Leistungsklage gegen ihn auf positive Stimmabgabe verbunden werden.[809]

b) Haftungsklagen gegen Vorstand und Aufsichtsrat

aa) Allgemeine rechtliche Darstellung

688 Die Geltendmachung von **Ersatzansprüchen** der Gesellschaft gegen Mitglieder des Vorstandes oder Aufsichtsrates obliegt zunächst dem jeweils anderen Organ: Bei Haftungsklagen gegen Vorstandsmitglieder (auch nach deren Ausscheiden)[810] wird die Gesellschaft durch den Aufsichtsrat vertreten (§ 112 AktG), bei Haftungsklagen gegen Aufsichtsratsmitglieder gilt der allgemeine Grundsatz, dass die Gesellschaft durch den Vorstand vertreten wird (§ 78 AktG). In der Praxis besteht allerdings häufig die Gefahr, dass Haftungsansprüche (solange nicht ein grundlegender personeller Wechsel in den entsprechenden Gremien stattgefunden hat) nicht von den zuständigen Verwaltungsorganen verfolgt werden, weil diese entweder eine eigene Inanspruchnahme fürchten oder eine Belastung der weiteren Zusammenarbeit zwischen Vorstand und Aufsichtsrat vermeiden wollen. Um eine Geltendmachung von Ersatzansprüchen zu begünstigen, kann die **Hauptversammlung** das für die Rechtsverfolgung jeweils zuständige Organ zur Geltendmachung der Ersatzansprüche **verpflichten** (§ 147 Abs. 1 S. 1 AktG); die gleiche Möglichkeit besteht für Ersatzansprüche im Zusammenhang mit der Gründung der Gesellschaft (§§ 46 bis 48, 53 AktG) sowie für Schadensersatzansprüche der Gesellschaft wegen schädigender Beeinflussung (§ 117 AktG). Die Hauptversammlung kann gleichzeitig beschließen, dass die Ersatzansprüche statt vom eigentlich vertretungsbefugten Verwaltungsorgan von einem eigens bestellten **besonderen Vertreter** geltend gemacht werden sollen (§ 147 Abs. 2 S. 1 AktG). Aktionäre, gegen die sich die Rechtsverfolgung richten soll, unterliegen bei den entsprechenden Hauptversammlungsbeschlüssen einem **Stimmverbot** (§ 136 Abs. 1 S. 1 AktG). Zur Beschlussfassung genügt jeweils die einfache Mehrheit.

---

806 BGHZ 76, 191, 197 ff.
807 BGH AG 1996, 126 f.
808 BGHZ 88, 320, 330 f (zur GmbH).
809 Unklar BGHZ 88, 320, 330.
810 BGH NZG 2007, 31 f = DB 2006, 2805.

Je nach den Mehrheitsverhältnissen in der Gesellschaft – etwa bei einem der Verwaltung nahe stehenden Mehrheitsaktionär – ist das Zustandekommen eines Hauptversammlungsbeschlusses über die Geltendmachung von Ersatzansprüchen gem. § 147 Abs. 1 AktG aber fraglich oder sogar ausgeschlossen. Aus diesem Grunde ermöglicht es § 148 AktG einer **Minderheit** von Aktionären, die zusammen mindestens 1 % des Grundkapitals oder einen anteiligen Betrag am Grundkapital von 100.000 EUR halten, ein gerichtliches **Klagezulassungsverfahren** einzuleiten. Voraussetzung ist, dass die Aktionäre ihre Aktien nachweislich vor Bekanntwerden der Umstände, aus denen sich die Ersatzansprüche ergeben, erworben und dass sie der Gesellschaft vergeblich eine angemessene Frist zur Klageerhebung gesetzt haben (§ 148 Abs. 1 S. 2 Nr. 1 und 2 AktG). Rechtfertigen bei summarischer Prüfung durch das Gericht bestimmte Tatsachen den Verdacht, dass der Gesellschaft durch **Unredlichkeit** oder **grobe Verletzung** von Gesetz oder Satzung ein Schaden entstanden ist, so hat das Gericht die Klage zuzulassen, wenn ihr nicht ausnahmsweise überwiegende Gründe des **Gesellschaftswohls** entgegen stehen (§ 148 Abs. 1 S. 2 Nr. 3 und 4 AktG). Die bloße Möglichkeit oder sogar Wahrscheinlichkeit eines Ersatzanspruchs genügt für eine Klagezulassung nach § 148 AktG nicht. Indem § 148 Abs. 1 S. 2 Nr. 3 AktG den Verdacht einer Unredlichkeit oder groben Verletzung von Recht oder Gesetz verlangt, betont das Gesetz den Ausnahmecharakter des Klagezulassungsverfahrens, das einer qualifizierten Minderheit gegen den Willen der Hauptversammlung (sofern diese gem. § 147 Abs. 1 AktG eine Geltendmachung der Ansprüche abgelehnt hat) bzw anstelle der eigentlich zuständigen Verwaltungsorgane nur in schwerwiegenden Ausnahmefällen eröffnen soll.

Gibt das Gericht dem Antrag auf Klagezulassung statt, so können die antragstellenden Aktionäre die Ersatzansprüche der Gesellschaft **im eigenen Namen** geltend machen (vgl § 148 Abs. 1 S. 1 AktG). Zuvor müssen sie die Gesellschaft allerdings nochmals unter angemessener Fristsetzung dazu auffordern, selbst Klage zu erheben (§ 148 Abs. 4 S. 1 AktG). Für die Klageerhebung durch die Aktionäre gilt eine Ausschlussfrist von 3 Monaten ab Rechtskraft des Klagezulassungsbeschlusses. Auch die von den Aktionären erhobene Klage muss auf Leistung an die Gesellschaft gerichtet sein (§ 148 Abs. 4 S. 2 AktG). Die eigene Klagebefugnis der Gesellschaft bleibt sowohl durch das Klagezulassungsverfahren als auch durch die zugelassene Klage von Minderheitsaktionären unberührt. Die Gesellschaft kann daher jederzeit bis zur rechtskräftigen Entscheidung über die Klage der Aktionäre selbst Klage erheben oder wahlweise das von den Aktionären eingeleitete Klageverfahren **übernehmen** (§ 148 Abs. 3 AktG). Mit eigener Klageerhebung durch die Gesellschaft wird die Klageerhebung durch die Aktionäre unzulässig.

Sowohl bei einer Klage der Aktionäre als auch bei einer Klage der Gesellschaft selbst erwächst das Urteil für und gegen die Gesellschaft und sämtliche Aktionäre in Rechtskraft (§ 148 Abs. 5 AktG). Im Falle der Klagezulassung können die klagenden Aktionäre von der Gesellschaft die Übernahme der notwendigen Verfahrenskosten verlangen (§ 148 Abs. 6 AktG).

bb) Rechtsfragen aus der Praxis

Die praktischen Erfahrungen mit dem Klagezulassungsverfahren nach § 148 AktG sind bislang gering, weil die entsprechenden Vorschriften erst durch das UMAG mit Wirkung ab dem 1.11.2005 in das Aktiengesetz eingefügt worden sind. Die Vorläuferregelung in § 147 AktG aF hat in der Praxis keine bedeutende Rolle gespielt. Ob sich dies nach der Neuregelung durch das UMAG wesentlich ändern wird, lässt sich bislang kaum abschätzen. Insgesamt ist die Verfolgung von Ersatzansprüchen gegen Vorstands- oder Aufsichtsratsmitglieder durch eine Minderheit von Aktionären nach wie vor mühselig.

Damit diese die Erfolgsaussichten einer Klage überhaupt abschätzen können, ist zunächst oft eine **Sonderprüfung** gem. § 142 AktG notwendig. Eine solche Sonderprüfung kann sich auf sämtliche Vorgänge bei der Gründung oder der Geschäftsführung der Gesellschaft beziehen und von der Hauptversammlung mit einfacher Stimmenmehrheit beschlossen werden. Hier besteht für Minderheitsaktionäre bereits das Problem, überhaupt einen ordnungsgemäßen Beschlussantrag in der Hauptversammlung auf Bestellung eines Sonderprüfers einzubringen. Ist zur Tagesordnung eine Beschlussfassung über die Entlastung des Organs, dessen Handeln der Sonderprüfung unterzogen werden soll, so ist ein entsprechender Beschlussantrag als Gegenantrag zum Tagesordnungspunkt Entlastung zulässig, wenn die konkreten

Geschäftsführungsmaßnahmen, auf die sich die Sonderprüfung beziehen soll, in den Entlastungszeitraum fallen. Sollen dagegen weiter zurückliegende Geschäftsführungsmaßnahmen der Sonderprüfung unterzogen werden, ist für eine entsprechende Beschlussfassung der Hauptversammlung ein gesonderter Tagesordnungspunkt notwendig, für dessen Durchsetzung § 122 Abs. 2 AktG aber ein höheres Aktionärsquorum (5 % des Grundkapitals bzw anteiliger Betrag von 500.000 EUR) vorsieht als für das Klagezulassungsverfahren gem. § 148 AktG. Erreichen die klagewilligen Minderheitsaktionäre dieses Quorum nicht, scheitert die Geltendmachung der Ersatzansprüche bereits an diesem Punkt. Wird der Beschlussantrag ordnungsgemäß eingebracht und lehnt die Hauptversammlung eine Sonderprüfung ab (oder wird der Beschlussantrag nicht berücksichtigt), können die Aktionäre unter den gleichen Voraussetzungen wie für das Klagezulassungsverfahren gem. § 148 AktG[811] einen gerichtlichen Antrag auf Bestellung von Sonderprüfern stellen. Der gerichtlich bestellte Sonderprüfer ist mit umfangreichen Untersuchungsbefugnissen ausgestattet (§ 145 Abs. 1 bis 3 AktG). Der vom Sonderprüfer gem. § 145 Abs. 6 AktG zu erstattende schriftliche **Prüfungsbericht** ist beim Vorstand der Gesellschaft sowie zum Handelsregister einzureichen und auf Verlangen vom Vorstand abschriftlich jedem Aktionär zu übermitteln (§ 145 Abs. 6 S. 3 und 4 AktG). Außerdem ist er vom Vorstand bei der Einberufung der nächsten Hauptversammlung als Gegenstand der Tagesordnung bekannt zu machen (§ 145 Abs. 6 S. 5 AktG).

694 Ergeben sich aus dem Sonderprüfungsbericht genügend Anhaltspunkte für eine Schadensersatzpflicht von Vorstands- oder Aufsichtsratsmitgliedern, bietet sich für klagewillige Minderheitsaktionäre zunächst ein Beschlussantrag zur Geltendmachung der entsprechenden Ersatzansprüche gem. § 147 Abs. 1 AktG an. Ein solcher Beschlussantrag kann, wenn die Ersatzansprüche sich aus dem Sonderprüfungsbericht ergeben, als Gegenvorschlag zum Tagesordnungspunkt „Sonderprüfungsbericht" gem. § 145 Abs. 6 S. 5 AktG gemacht werden und ist deshalb ohne gesonderte Bekanntmachung zur Tagesordnung möglich (§ 124 Abs. 4 S. 2 AktG). Zur Vorbereitung eines Klagezulassungsverfahrens gem. § 148 AktG ist aber eine **Aufforderung** an die Gesellschaft, selbst Klage zu erheben, notwendig (§ 148 Abs. 1 S. 2 Nr. 2 AktG). Diese Aufforderung ist an das für die Anspruchsverfolgung zuständige Organ (Vorstand bzw Aufsichtsrat) zu richten, und zwar ebenfalls unter Erfüllung des Aktionärsquorums von 1 % des Grundkapitals bzw einem anteiligen Betrag von 100.000 EUR. Die Aufforderung ist deshalb neben einem etwaigen Beschlussantrag in der Hauptversammlung notwendig. Als angemessen wird bei einer an den Vorstand zu richtenden Aufforderung eine **Frist** von zwei Monaten angesehen; drängte sich dem Vorstand die Verfolgung der Ersatzansprüche bereits zuvor auf, kann auch eine kürzere Frist angemessen sein.[812] Bei einer Aufforderung zur Klageerhebung an den Aufsichtsrat sollte die Frist dagegen länger bemessen sein, um dem Aufsichtrat genügend Zeit für die Vorbereitung, Einberufung und Durchführung einer (gegebenenfalls außerordentlichen) Aufsichtsratssitzung zu geben; die Aufforderungsfrist sollte daher nicht kürzer als drei Monate sein.

695 Um das für den Klagezulassungsantrag erforderliche **Quorum** von 1 % des Grundkapitals bzw einem anteiligen Betrag von 100.000 EUR zu erreichen, können sich dem Klagezulassungsantrag keine Aktionäre anschließen, die ihre Aktien erst nach Vorlage des Sonderprüfungsberichtes, aus dem sich die Ersatzansprüche ergeben, erworben haben. Auch soweit Antragsteller Aktien nachträglich hinzu erwerben, werden diese hinzu erworbenen Aktien nicht mitberechnet (§ 148 Abs. 1 S. 2 Nr. 1 AktG). Nach der Vorstellung des Gesetzgebers soll die Erreichung des Aktionärsquorums durch das gem. § 127 a AktG geschaffene Aktionärsforum erleichtert werden. Ob dies gelingt, muss die künftige praktische Erfahrung zeigen.

696 Angesichts dieses aufwendigen und zeitraubenden Verfahrens, der hohen Anforderungen an die zur Klagezulassung notwendigen Verdachtsmomente und der jederzeitigen Möglichkeit der Gesellschaft, die von den Mehrheitsaktionären erhobene Klage an sich zu ziehen und zu beenden, eignet sich das Klagezulassungsverfahren allenfalls bei einem besonders krassen Fehlverhalten von Vorständen und Aufsichtsräten, deren Verhalten durch einen eng mit ihnen verbundenen Hauptaktionär gedeckt wird.

---

811 Siehe oben Rn 689.
812 *Hüffer* AktG § 148 Rn 7.

Ebenso wie bei einer Anfechtungsklage müssen börsenorientierte Aktiengesellschaften auch wie bei einem Klagezulassungsverfahren die Antragstellung sowie die Verfahrensbeendigung in den Gesellschaftsblättern **bekannt machen** (§ 149 Abs. 1 AktG). Dies soll für die notwendige Transparenz sorgen und einer rechtsmissbräuchlichen Ausnutzung des Instruments der Haftungsklage durch „Berufskläger" vorbeugen.

c) Sonstige Verfahren

aa) Allgemeine rechtliche Darstellung

Neben den unter a) und b) dargestellten Klagemöglichkeiten haben Aktionäre eine Reihe weiterer Klage- und Antragsmöglichkeiten. Verweigert der Vorstand in einer Hauptversammlung die von Aktionären gem. § 131 AktG verlangten Auskünfte, so kann eine **gerichtliche Entscheidung** über das **Auskunftsrecht** gem. § 132 AktG beantragt werden. Antragsberechtigt ist jeder Aktionär, dem die verlangte Auskunft nicht gegeben worden ist; ist über den Tagesordnungspunkt, zu dem die Auskunft verlangt wurde, Beschluss gefasst worden, ist auch jeder andere in der Hauptversammlung erschienene Aktionär antragsberechtigt (§ 132 Abs. 2 S. 1 AktG). Es gilt eine **Antragsfrist** von zwei Wochen ab der Hauptversammlung (§ 132 Abs. 1 S. 2 AktG).

Schadensersatzansprüche der Aktionäre untereinander, etwa wegen Verletzung der gesellschaftsrechtlichen Treupflicht, bestehen nur in Ausnahmefällen und spielen in der Praxis eine geringe Rolle. Auch **vorbeugende Unterlassungsanträge**, etwa in Bezug auf treuwidriges Stimmverhalten bei einer bevorstehenden Hauptversammlung, sind nur in sehr seltenen Ausnahmefällen begründet, wenn weder die Möglichkeit einer Anfechtung des Beschlusses besteht noch der Aktionär dessen Umsetzung durch eine einstweilige Verfügung gegen die Gesellschaft verhindern kann.[813]

Seit der „Holzmüller"-Entscheidung[814] ist anerkannt, dass Aktionären neben den im Aktiengesetz ausdrücklich geregelten Individualklagerechten auch eine **Unterlassungs- oder Feststellungsklage** gegen die Gesellschaft im Hinblick auf die **Verletzung von Mitgliedschaftsrechten** möglich ist, wenn die Verwaltungsorgane der Gesellschaft ihre Kompetenzen zu Lasten der Hauptversammlung überschreiten und dadurch die Aktionäre ihrer Mitwirkungsbefugnis über die Hauptversammlung entheben.[815]

bb) Rechtsfragen aus der Praxis

Aktionärsklagen auf Feststellung oder Unterlassung von Kompetenzüberschreitungen stehen **jedem Aktionär** unabhängig von der Höhe seiner Beteiligung zu. Andererseits ist ihre Bedeutung in der Praxis auf Ausnahmefälle beschränkt; zumeist geht es um die Frage, ob Mitwirkungsrechte der Hauptversammlung bei bestimmten **Strukturmaßnahmen** (Ausgliederung,[816] Delisting)[817] verletzt worden sind. Über diesen Anwendungsbereich hinaus ist eine allgemeine Klagebefugnis von Aktionären, etwa zur Feststellung eines rechtswidrigen Handelns von Vorstands- oder Aufsichtsratsmitgliedern, mangels eines entsprechenden Feststellungsinteresses des einzelnen Aktionärs ausgeschlossen.

VI. Finanzverfassung

1. Kapitalaufbringung und Kapitalerhaltung

a) Allgemeine rechtliche Darstellung

Wie für Kapitalgesellschaften typisch enthält das AktG strenge Regeln über die Aufbringung und Erhaltung des Grundkapitals der Gesellschaft. Die Kapitalaufbringungsvorschriften des AktG entsprechen denen des GmbHG. Dagegen ist die Kapitalerhaltung bei der Aktiengesellschaft noch strenger reglementiert als bei der GmbH, indem nicht nur das Grundkapital oder die geleisteten Einlagen, sondern das **gesamte Gesellschaftsvermögen** dem Rückgewährverbot (§ 57 AktG) unterliegt.

---

813 OLG München ZIP 2006, 2334. 2335.
814 BGHZ 83, 122; siehe oben Rn 591.
815 BGHZ 83, 122, 133 ff.
816 So im Fall Holzmüller, BGHZ 83, 122.
817 BGHZ 153, 47 ff.

aa) Kapitalaufbringung

703 Die **Aufbringung** des Kapitals der Gesellschaft erfolgt durch Bareinlagen (§ 54 Abs. 2 AktG), soweit nicht ausdrücklich und wirksam Sacheinlagen festgesetzt sind. Dieser Grundsatz gilt nicht nur für die Aufbringung des **Gründungskapitals**, sondern auch für spätere **Kapitalerhöhungen** (§ 183 Abs. 1, Abs. 2 S. 3 AktG).[818]

(1) Bareinlagen

704 Nach Gründung der Gesellschaft muss der Vorstand die festgesetzten **Bareinlagen** zu mindestens einem Viertel des geringsten Ausgabebetrages (Nennbetrag bzw anteiliger Betrag des Grundkapitals) **einfordern**; im Falle einer Überpariemission muss er außerdem das Aufgeld (Agio) in voller Höhe einfordern (§ 36 a Abs. 1 AktG). Der Einlagebetrag muss auf ein inländisches Konto der Vorgesellschaft oder des Vorstands zu dessen freier Verfügung gezahlt werden (§ 54 Abs. 3 S. 1 AktG). Zahlungen an Gesellschaftsgläubiger genügen nicht, auch wenn sie mit Einverständnis des Vorstands geleistet wurden.[819] Gleiches gilt für Zahlungen auf ein debitorisch geführtes Bankkonto der Gesellschaft. Erst wenn diese eingeforderte Einlage zur **freien Verfügung des Vorstands** eingezahlt ist, darf die Gesellschaft zum Handelsregister angemeldet werden (§ 36 Abs. 2 AktG). Dem Handelsregister ist dabei nachzuweisen, dass die eingeforderten Bareinlagen endgültig zur freien Verfügung des Vorstands stehen, und zwar regelmäßig durch eine entsprechende **Bankbestätigung** (§ 37 Abs. 1 S. 2 und 3 AktG). Im Falle einer Einmanngründung muss der Gründer für den ausstehenden Einlagebetrag Sicherheit leisten (§ 36 Abs. 2 S. 2 AktG), was gegenüber dem Handelsregister mit der Anmeldung zu belegen ist; diese Regelung soll allerdings nach Art. 5 Nr. 2 des Regierungsentwurfs zum MoMiG ersatzlos entfallen. Die **restliche Bareinlage** ist von den Aktionären nach **Aufforderung** durch den Vorstand einzuzahlen (§ 63 Abs. 1 S. 1 AktG). Über Zeitpunkt und Umfang der Aufforderung entscheidet der Vorstand nach pflichtgemäßem Ermessen. Die Einlageforderung **verjährt** in 10 Jahren ab ihrer Entstehung (§ 54 Abs. 4 S. 1 AktG).

(2) Sacheinlagen

705 Bei der Leistung von **Sacheinlagen** ist zwischen Nutzungsüberlassungen und **dinglichen Übertragungen** zu unterscheiden. Besteht die Einlagepflicht lediglich in einer **Gebrauchs- oder Nutzungsüberlassung**, muss die Sacheinlage sofort und vor Anmeldung der Gesellschaft zum Handelsregister vollständig geleistet werden (§§ 36 a Abs. 2 S. 1, 37 Abs. 1 S. 1 AktG). Ist dagegen eine Sache oder ein sonstiger Vermögensgegenstand aufgrund der Sacheinlage **dinglich** auf die Gesellschaft zu übertragen, so muss diese Übertragung nach hM erst bis zum Ablauf von fünf Jahren nach Eintragung der Gesellschaft in das Handelsregister vollzogen werden (§ 36 a Abs. 2 S. 2 AktG).[820] Die Satzung kann eine kürzere Frist oder eine sofortige Einlageleistung anordnen. Eine Aufforderung des Vorstands zur Einlageleistung gem. § 63 Abs. 1 AktG scheidet dagegen aus, weil diese Vorschrift nur für Bareinlagen gilt.

706 Sind Sacheinlagen nicht nur unwesentlich **überbewertet** worden, so dass ihr Wert hinter dem Ausgabebetrag der Aktien zurückbleibt, kann und muss das Registergericht die Eintragung der Gesellschaft ablehnen (§ 38 Abs. 2 S. 2 iVm §§ 9 Abs. 1, 36 a Abs. 2 S. 3 AktG); die Gründer können jedoch auf eine entsprechende Zwischenverfügung des Registerrichters mit einer **Bewertungskorrektur** der Sacheinlage und einer Umwandlung der Sacheinlage in eine **gemischte Bar- und Sacheinlage** reagieren. Stellt sich die Überbewertung der Sacheinlagen erst nach Eintragung der Gesellschaft heraus, bleibt die Gültigkeit der Satzung und damit die wirksame Errichtung der Gesellschaft unberührt; der zur Sacheinlage verpflichtete Gründer muss aber den **Differenzbetrag** zwischen dem tatsächlichen Wert seiner Sacheinlage und dem Ausgabebetrag der Aktien als Bareinlage nachzahlen.[821]

---

[818] Zur Kapitalerhöhung näher im Folgenden Rn 717 ff.
[819] BGHZ 119, 177, 188 f.
[820] Streitig, vgl zum Meinungsstand MünchKommAktG/*Pentz* § 36 a Rn 10 ff.
[821] BGHZ 64, 52, 62.

bb) Kapitalerhaltung

Die zentrale Vorschrift des Aktienrechts zur Kapitalerhaltung ist **§ 57 Abs. 1 AktG**, wonach den Aktionären die Einlagen nicht zurückgezahlt werden dürfen. Die Vorschrift wird über ihren Wortlaut hinaus im Sinne einer **umfassenden Bindung des Gesellschaftsvermögens** verstanden: Zahlungen aus dem Gesellschaftsvermögen an Aktionäre aufgrund ihrer Mitgliedschaft sind nur im Rahmen der Gewinnverteilung zulässig (§ 67 Abs. 3 AktG). Anders als im GmbH-Recht (§ 30 Abs. 1 GmbHG) ist das Rückzahlungsverbot also nicht auf die Erhaltung des **Grundkapitals** beschränkt; auch Zahlungen aus **freien Rücklagen** der Gesellschaft verstoßen gegen § 57 Abs. 1 S. 1 AktG.[822] Daneben sieht § 57 Abs. 2 AktG auch ein Verzinsungsverbot vor. Das Verbot der Einlagenrückgewähr erfasst nicht nur Fälle offener Rückzahlungen wie zB Dividendenvorauszahlungen oder Prämien für langjährige Aktionäre, sondern auch **verdeckte Leistungen** durch objektiv inkongruente Austauschgeschäfte.[823] Verstöße führen zur Nichtigkeit (§ 134 BGB) sowohl des Verpflichtungsgeschäfts als auch des Verfügungsgeschäfts.[824] Der Aktionär hat die verbotenerweise an ihn geleistete Zahlung an die Gesellschaft zurückzuzahlen (§ 62 Abs. 1 AktG). Durchbrochen wird das Verbot der Einlagenrückgewähr nur in eng begrenzten Ausnahmefällen, so beim zulässigen Erwerb eigener Aktien (§ 57 Abs. 1 S. 2 AktG), bei einer ordentlichen Kapitalherabsetzung sowie bei Leistungen aufgrund eines Gewinnabführungs- und Beherrschungsvertrages (§ 291 Abs. 3 AktG).

707

b) Rechtsfragen aus der Praxis

aa) Verfrühte Einlagenleistungen

In der Praxis kommt es mitunter vor, dass Einlagezahlungen an den künftigen Vorstand einer Aktiengesellschaft noch vor deren Gründung geleistet werden. Solche **verfrühten Einlageleistungen** führen in der Regel nicht zu einer Befreiung von der Einlagepflicht (Ausnahmen sind bei sanierungsbedingten Kapitalerhöhungen denkbar). Der die Gründung oder Kapitalerhöhung begleitende Rechtsberater sollte auf diesen Aspekt von sich aus hinweisen und dafür sorgen, dass die Gesellschaft Einlageleistungen erst nach entsprechender Aufforderung durch den Vorstand entgegennimmt.

708

bb) Verdeckte Sacheinlagen

Ebenso wie bei der GmbH stellt die **verdeckte Sacheinlage** auch bei der Aktiengesellschaft ein ganz erhebliches Risiko dar. Die bislang überwiegend zur GmbH ergangene Rechtsprechung zur verdeckten Sacheinlage ist wegen der übereinstimmenden Regelung zur Kapitalaufbringung im Aktiengesetz und im GmbH-Gesetz auf Aktiengesellschaften übertragbar. Von einer verdeckten Sacheinlage spricht man, wenn bei der Gründung der Aktiengesellschaft oder einer Kapitalerhöhung zwar formal eine **Bareinlage** vereinbart und auch zunächst eine Bareinzahlung geleistet wird, aber von vornherein mit der Einlage ein **weiteres Rechtsgeschäft** verbunden ist, für dessen Erfüllung die Gesellschaft den eingezahlten Betrag verwendet.[825] Besonders deutlich ist dies, wenn die Gesellschaft den Einlagebetrag zeitnah an den Aktionär als Gegenleistung für die Übertragung eines Unternehmens zurückzahlt. Gleiches gilt aber auch, wenn kurze Zeit nach Zahlung auf die vereinbarte Bareinlage eine überfällige Verbindlichkeit der Gesellschaft gegenüber dem Einleger erfüllt wird.[826] Als verdeckte Sacheinlage gelten alle Rechtsgeschäfte zwischen Gesellschaft und Einleger, die in **engem zeitlichen und sachlichen Zusammenhang** mit der Geldeinlage stehen.[827] Auf eine Umgehungsabsicht kommt es dabei nicht an.[828] Ein enger zeitlicher Zusammenhang wird regelmäßig angenommen, wenn zwischen der Geldeinlage und dem Mittelabfluss bei der Gesellschaft nicht mehr als **sechs Monate** liegen. Für einen

709

---

822 MünchKommAktG/*Bayer* § 57 Rn 7; KölnKomm/*Lutter* § 57 Rn 6; *Hüffer* AktG § 57 Rn 2.
823 Dazu näher im Folgenden Rn 711.
824 Letzteres ist bei der verdeckten Einlagerückgewähr streitig, vgl *Hüffer* AktG § 57 Rn 23.
825 KölnKomm/*Lutter* § 66 Rn 36 ff; *Hüffer* AktG § 27 Rn 10.
826 BGHZ 110, 47.
827 BGHZ 125, 141, 143 f; 153, 107, 109 f.
828 *Hüffer* AktG § 27 Rn 14.

engen sachlichen Zusammenhang genügt es in der Regel bereits, wenn der Aktionär die Leistung schon bei Begründung der Einlagepflicht zum Gegenstand einer Sacheinlage hätte machen können.[829]

710 Die **Konsequenzen** einer verdeckten Sacheinlage sind für den Einleger fatal. Die Einzahlung auf die Bareinlage hat **keine Erfüllungswirkung**, weil der Einleger in der Zusammenschau aus Geldeinlage und damit verbundenem Rechtsgeschäft der Gesellschaft gerade keine Barmittel zur Verfügung gestellt hat. Auch als Sacheinlage hat die Leistung des Einlegers aber keine Erfüllungswirkung, da eine Sacheinlage nicht wirksam gem. § 27 AktG vereinbart ist. Der Einleger bleibt also bis zum Ablauf der zehnjährigen Verjährungsfrist **zur Zahlung der Bareinlage verpflichtet**[830] und muss die Einlage noch dazu ab ihrer Einforderung durch den Vorstand **verzinsen** (§ 63 Abs. 2 S. 1 AktG). Zwar kann er die unwirksam geleistete Bareinzahlung und das damit verbundene Rechtsgeschäft nach § 812 BGB kondizieren; dies nützt aber in der Praxis nichts, weil verdeckte Sacheinlagen zumeist in der Insolvenz der Gesellschaft vom Insolvenzverwalter aufgedeckt werden. Auch eine Aufrechnung gegen die Einlageforderung mit seinen Kondiktionsansprüchen scheidet wegen § 66 Abs. 1 S. 2 AktG aus.

cc) Verdeckte Einlagenrückgewähr

711 Das Problem der **verdeckten Einlagerückgewähr** stellt sich in der Praxis bei Rechtsgeschäften zwischen der Gesellschaft und einem Aktionär, wenn zwischen der Leistung der Gesellschaft und der Gegenleistung des Aktionärs ein **objektives Missverhältnis** besteht. Grundsätzlich kann die Aktiengesellschaft mit ihren Aktionären wie mit jedem Dritten Geschäfte machen und in diesem Zusammenhang auch Leistungen (insbesondere Zahlungen) an den Aktionär erbringen. § 57 Abs. 1 S. 1 AktG steht dem nicht entgegen, weil die Leistung an den Aktionär gerade nicht auf Grund seiner Mitgliedschaft, sondern auf Grund eines neutralen Drittgeschäfts erbracht wird und ihr eine kongruente Gegenleistung des Aktionärs gegenüber steht. Entspricht das Rechtsgeschäft zwischen der Gesellschaft und dem Aktionär aber nicht **marktüblichen Konditionen**, sondern besteht zu Lasten der Gesellschaft ein objektives Missverhältnis zwischen Leistung und Gegenleistung, so entfällt der Charakter eines neutralen Drittgeschäftes. Ein derartiges Rechtsgeschäft verstößt als verdeckte Einlagenrückgewähr gegen § 57 Abs. 1 S. 1 AktG mit der Folge, dass zumindest das entsprechende Verpflichtungsgeschäft nichtig ist (nach hM auch das Verfügungsgeschäft).[831] Dabei ist nicht entscheidend, ob die Parteien das Missverhältnis von Leistung und Gegenleistung erkannt haben, wodurch Rechtsgeschäften zwischen Gesellschaft und Aktionären ein gesteigertes Risiko anhaftet. Die praktische Schwierigkeit in derartigen Fällen liegt meist in der Beurteilung, ob das Rechtsgeschäft mit einem objektiven Missverhältnis von Leistung und Gegenleistung verbunden ist. Die **Beweislast** hierfür trägt die Gesellschaft, wenn sie die gewährten Leistungen vom Aktionär unter Berufung auf eine verdeckte Einlagenrückgewähr zurückverlangen will.

dd) Aufsteigende Aktionärsdarlehen und Cash Pools

712 Sowohl bei der Kapitalaufbringung als auch im Rahmen der Kapitalerhaltung können Darlehen der Gesellschaft an Aktionäre und die Teilnahme der Gesellschaft an einem Cash-Management-System (sog. Cash Pool) zu Problemen führen. Die Rechtsprechung geht davon aus, dass ein kurzfristiges **Hin- und Herzahlen** der Bareinlage, etwa durch Darlehensgewährung an den Einleger vor oder nach der Einlagezahlung, erst gar nicht zur Erfüllung der Bareinlagepflicht führt.[832] Dabei spielt es keine Rolle, ob die Rückzahlung an den Aktionär selbst oder eine ihm nahestehende Person geleistet wird. Von einem solchen Hin- und Herzahlen ist immer dann auszugehen, wenn beide Zahlungen am selben Tag oder innerhalb weniger Tage geleistet werden.

713 Wird der Einlagebetrag zwar nicht kurzfristig hin und her gezahlt, aber gleichwohl in engem zeitlichen Zusammenhang vor oder nach der Einzahlung durch den Aktionär an diesen oder eine mit ihm verbundene Person (zB Ehegatte, Treuhänder, verbundenes Unternehmen) als Darlehen gewährt, so stellt dies eine **verdeckte Sacheinlage** dar. Dies gilt auch im Rahmen eines **Cash Pools**, und zwar selbst

---

829 BGHZ 110, 47, 66.
830 BGHZ 110, 47.
831 *Hüffer* AktG § 57 Rn 23 mwN.
832 BGHZ 165, 113, 116.

dann, wenn die Einlage zunächst auf ein Kapitalerhöhungssonderkonto geleistet wird, welches die Gesellschaft dann aber unter Überführung des Einlagebetrages auf ein in den Cash Pool einbezogenes Geschäftskonto wieder auflöst.[833]

Schließlich kann die Einbeziehung der Geschäftskonten einer Gesellschaft in einen **Cash Pool** selbst dann problematisch sein, wenn kein enger zeitlicher Zusammenhang mit der Einlageleistung besteht. Nach der Auffassung des BGH verstößt eine **Darlehensgewährung an Gesellschafter** aus gebundenem Vermögen selbst dann gegen die gesetzlichen Kapitalerhaltungsgrundsätze, wenn der Darlehensrückzahlungsanspruch der Gesellschaft vollwertig sein sollte.[834] Diese zu § 30 Abs. 1 GmbHG ergangene Entscheidung ist auf § 57 Abs. 1 S. 1 AktG mit der Maßgabe übertragbar, dass bei der Aktiengesellschaft nicht nur Darlehensgewährungen aus dem gezeichneten Kapital, sondern aus dem **gesamten Gesellschaftsvermögen** unzulässig sind. Eine Ausnahme kommt nach der Entscheidung des BGH allenfalls dann in Betracht, wenn die Darlehensvergabe im Interesse der Gesellschaft liegt, die Darlehensbedingungen einem Drittvergleich standhalten und die Kreditwürdigkeit des Gesellschafters selbst bei Anlegung **strengster Maßstäbe** außerhalb jedes vernünftigen Zweifels steht oder die Rückzahlung des Darlehens durch **werthaltige Sicherheiten** voll gewährleistet ist.[835] Diese Voraussetzungen werden bei einem Cash Pool aber in der Regel nicht vorliegen.

Bei Einbeziehung von Geschäftskonten der Aktiengesellschaft in einen Cash Pool besteht daher, stärker noch als bei einer GmbH, das erhebliche Risiko eines Verstoßes gegen Kapitalaufbringungs- oder -erhaltungsvorschriften. Der Gesetzgeber wird diesem Problem allerdings möglicherweise durch eine **Änderung von § 57 Abs. 1 AktG** im Rahmen des MoMiG abhelfen. Nach § 57 Abs. 1 S. 3 AktG-RegE sollen Leistungen, die durch einen vollwertigen Gegenleistungs- oder Rückgewähranspruch gegen den Aktionär gedeckt sind. Diese Neuregelung zielt insbesondere auf Zahlungen in einen Cash Pool ab.

ee) Kapitalersetzende Aktionärsdarlehen

Eigenkapitalersetzende Gesellschafterdarlehen spielen in der Praxis von Aktiengesellschaften – anders als im GmbH-Recht – eine eher untergeordnete Rolle. Die zum GmbH-Recht entwickelten Grundsätze über kapitalersetzende Gesellschafterdarlehen sind wegen der prinzipiell vergleichbaren Sachlage zwar im Grundsatz auch auf die Aktiengesellschaft zu übertragen; dabei sind aber an die Einstufung eines Aktionärsdarlehens als eigenkapitalersetzend **schärfere Anforderungen** zu stellen.[836] Voraussetzung ist eine durch die Beteiligung vermittelte Unternehmerstellung und eine daraus folgende **Finanzierungsverantwortung**, wovon die Rechtsprechung regelmäßig erst ab einer **Sperrminorität von 25 %** des Grundkapitals ausgeht.[837] Daran ist auch nach Einführung eines entsprechenden Schwellenwerts von 10 % des Stammkapitals für den nicht geschäftsführenden Gesellschafter einer GmbH (§ 32 a Abs. 3 S. 2 GmbHG) festzuhalten, weil der Gesetzgeber bei der Neuregelung des § 32 a GmbHG auf eine entsprechende aktienrechtliche Regelung unter Hinweis auf die Rechtsprechung des BGH ausdrücklich verzichtet hat. Ebenso wie im GmbH-Recht sollen die Regelungen über eigenkapitalersetzende Gesellschafterdarlehen auch für den Bereich des Aktienrechts im Rahmen des MoMiG ausdrücklich abgeschafft werden (§ 57 Abs. 1 S. 4 AktG-RegE).

2. Kapitalerhöhung

Die Gesellschaft kann sich Eigenkapital entweder durch **Rücklagenbildung** oder durch **Kapitalerhöhungen** beschaffen. Auf die Bildung von Rücklagen aus dem Jahresüberschuss soll im Folgenden unter Rn 742 gesondert eingegangen werden. Kapitalerhöhungen sind ein in der Praxis der Aktiengesellschaft häufig gebrauchtes Mittel zur Stärkung der **Eigenkapitalquote** der Gesellschaft. Dabei sind verschiedene Arten von Kapitalerhöhungen zu berücksichtigen:

---

833 BGHZ 166, 8 = NJW 2006, 1736.
834 BGHZ 157, 72, 75.
835 BGH aaO.
836 Grundlegend BGHZ 90, 381, 388 ff.
837 BGHZ 90, 381, 390 f; BGH NZG 2005, 712, 713.

- die reguläre Kapitalerhöhung gegen Einlagen,
- die bedingte Kapitalerhöhung,
- die Ausnutzung eines genehmigten Kapitals sowie
- die Kapitalerhöhung aus Gesellschaftsmitteln.

Die Kapitalerhöhung aus Gesellschaftsmitteln lässt allerdings die Höhe des Eigenkapitals unverändert und bewirkt nur eine Umbuchung von Rücklagen in gezeichnetes Kapital.

a) Reguläre Kapitalerhöhung gegen Einlagen

aa) Allgemeine rechtliche Darstellung

718 Die **Kapitalerhöhung gegen Einlagen** bildet den gesetzlichen Normalfall einer Kapitalerhöhung. Notwendig ist ein Hauptversammlungsbeschluss mit einer Mehrheit von drei Vierteln des vertretenen Grundkapitals (§ 182 Abs. 1 S. 1 AktG). Die Satzung kann eine größere Kapitalmehrheit und, soweit nicht stimmrechtslose Vorzugsaktien ausgegeben werden sollen, auch eine kleinere Kapitalmehrheit vorschreiben (§ 182 Abs. 1 S. 2 AktG). Die Kapitalerhöhung wird im Regelfall durch **Ausgabe neuer Aktien** gegen **Bareinlagen** vollzogen. Allerdings können im Kapitalerhöhungsbeschluss auch ausdrücklich **Sacheinlagen** festgesetzt werden, wobei die gleichen Anforderungen für den Inhalt des Kapitalerhöhungsbeschlusses, die Art des einzulegenden Vermögensgegenstandes, die Werthaltigkeit der Sacheinlage und die Prüfung der Sachkapitalerhöhung gelten wie bei einer Sachgründung (§ 183 AktG). Bei fehlerhafter Festsetzung darf die Sachkapitalerhöhung nicht in das Handelsregister eingetragen werden; wird sie trotzdem eingetragen, so ist sie zwar wirksam, der Aktionär muss aber anstatt der unwirksam festgesetzten Sacheinlage den Ausgabebetrag in bar einzahlen (§ 183 Abs. 2 S. 3 AktG).

719 Im **Kapitalerhöhungsbeschluss** ist – neben den ggf für Sacheinlagen erforderlichen Angaben gem. § 183 Abs. 1 AktG – anzugeben, um welchen **Betrag** das Grundkapital erhöht wird, wie viele Aktien welcher Aktiengattung hierfür ausgegeben werden und welcher Ausgabebetrag festgesetzt wird. Der **Ausgabebetrag** darf nicht unter dem Nennbetrag der neuen Aktien oder dem auf die einzelne Aktie entfallenden anteiligen Betrag des Grundkapitals (geringster Ausgabebetrag) liegen, § 9 Abs. 1 AktG. Die Ausgabe zu einem höheren Ausgabebetrag (also mit einem Agio) ist möglich und in der Praxis üblich. Dabei kann sich der Kapitalerhöhungsbeschluss auf die Festsetzung eines **Mindestausgabebetrages** beschränken (§ 182 Abs. 3 AktG); auch die Festlegung eines Höchstausgabebetrages ist zulässig. Der tatsächliche Ausgabebetrag ist dann innerhalb der Grenzen des Hauptversammlungsbeschlusses vom **Vorstand** nach pflichtgemäßem Ermessen festzusetzen; die Hauptversammlung kann im Kapitalerhöhungsbeschluss auch bestimmen, dass die Festlegung des Ausgabebetrages dem Aufsichtsrat oder Vorstand und Aufsichtsrat gemeinsam übertragen wird. Abgesehen vom Verbot der Unterpariemission (§ 9 Abs. 1 AktG) ist die Hauptversammlung bei der **Festlegung** des Ausgabebetrages oder des Mindestausgabebetrags grundsätzlich frei. Wird allerdings das **Bezugsrecht** der Aktionäre ausgeschlossen,[838] so darf der festgesetzte Ausgabebetrag oder Mindestausgabebetrag nicht wesentlich unter dem **tatsächlichen Wert** der Aktien liegen,[839] sonst ist der Kapitalerhöhungsbeschluss anfechtbar (§ 255 Abs. 2 AktG). Da es sich bei der Kapitalerhöhung wegen der Änderung des Grundkapitals um eine **Satzungsänderung** handelt, muss der gesamte Wortlaut des Kapitalerhöhungsbeschlusse bereits bei der Einberufung zur Tagesordnung bekannt gemacht werden (§ 124 Abs. 2 S. 2 AktG). Die Kapitalerhöhung soll (außer bei Versicherungsgesellschaften) erst nach **Einforderung sämtlicher offenen Einlagen** stattfinden (§ 182 Abs. 4 AktG); ein trotzdem gefasster Kapitalerhöhungsbeschluss ist zwar wirksam, wird aber in der Regel nicht eingetragen.

720 Zur Durchführung der beschlossenen Kapitalerhöhung müssen die neuen Aktien gezeichnet werden (§ 185 AktG). Die **Zeichnung** bedarf der Schriftform (Zeichnungsscheine) sowie der (formfreien) Annahme durch die Gesellschaft, wodurch ein **Zeichnungsvertrag** zustande kommt. Weder der Zeichnungsschein noch der Zeichnungsvertrag machen den Zeichner zum Aktionär. Die Mitgliedschaft aus neuen Aktien entsteht erst, wenn die Durchführung der Kapitalerhöhung in das Handelsregister ein-

---

838 Dazu sogleich näher im Folgenden unter Rn 731.
839 BGHZ 71, 40, 51; dazu sogleich näher unter Rn 721.

getragen ist (§ 189 AktG). Die Gesellschaft kann im Vorfeld einer Kapitalerhöhung bereits **Zeichnungsvorverträge** abschließen, mit denen sich Interessenten zur späteren Zeichnung verpflichten. Eine Pflicht der Gesellschaft zum Beschluss oder zur Durchführung der Kapitalerhöhung ist aber weder durch den Zeichnungsvorvertrag noch durch den Zeichnungsvertrag selbst begründbar. Sowohl der Beschluss über die Kapitalerhöhung als auch deren Durchführung müssen zur Eintragung in das Handelsregister angemeldet werden (§§ 184, 188 AktG); beide Anmeldungen können miteinander verbunden werden, was in der Praxis häufig geschieht.

bb) Rechtsfragen aus der Praxis

(1) Festlegung des Ausgabebetrages

Wird der **Ausgabebetrag** durch die Hauptversammlung selbst exakt festgelegt, so ist lediglich das Verbot der Ausgabe unter Nennbetrag bzw bei Stückaktien unter dem auf die Aktie entfallenden anteiligen Betrag des Grundkapitals gem. § 9 Abs. 1 AktG zu beachten. Ist das Bezugsrecht der Aktionäre ausgeschlossen, so darf der Ausgabebetrag den **tatsächlichen Wert** der neuen Aktien nicht wesentlich unterschreiten. Bei börsennotierten Aktiengesellschaften kann dies dadurch sichergestellt werden, dass die neuen Aktien zunächst von einer **Emissionsbank** gezeichnet und von dieser mit der Verpflichtung über die Börse veräußert werden, die Veräußerungsgewinne an die Gesellschaft abzuführen. Bei einer nicht börsennotierten Aktiengesellschaft lässt sich der tatsächliche Wert der Aktien häufig nur schwer ermitteln. Es kann deshalb nötig sein, den Aktienwert anhand des sachverständig zu ermittelnden **Unternehmenswertes** (unter Einschluss der stillen Reserven und des good will) zu ermitteln, etwa wenn die Aktien unter Ausschluss des gesetzlichen Bezugsrechts der Aktionäre zu Sanierungszwecken von einem neuen strategischen Partner des Unternehmens übernommen werden sollen. Möglich ist aber auch, anhand eines geschätzten Unternehmenswertes einen Mindestausgabebetrag festzulegen und die Verwaltung im Kapitalerhöhungsbeschluss zu verpflichten, die neuen Aktien zu Höchstpreisen auszugeben.

721

Missachtet der Vorstand (bzw der Aufsichtsrat, sofern ihm die Zuständigkeit übertragen wurde) diese Grundsätze bei der Festlegung des Ausgabebetrages, so macht er sich gegenüber der Gesellschaft **schadensersatzpflichtig** (§ 93 Abs. 2 AktG bzw § 116 AktG). Daneben kommt auch eine **Feststellungs-** oder – soweit noch möglich – **Unterlassungsklage** der vom Bezugsrecht ausgeschlossenen Aktionäre gegen die Gesellschaft in Betracht, weil ihr Mitgliedschaftsrecht durch die Ausgabe neuer Aktien unter Wert an Dritte verletzt wird.[840] Im Übrigen kommt auch ein Schadensersatzanspruch des Aktionärs gegen die Gesellschaft in Betracht.

722

(2) Überzeichnung

Es kann vorkommen, dass der Umfang der Kapitalerhöhung nicht zur Befriedigung sämtlicher Zeichnungswünsche ausreicht, die neu ausgegebenen Aktien also **überzeichnet** sind. In diesem Fall muss die Gesellschaft (vertreten durch den Vorstand) entscheiden, mit welchen Zeichnern ein Zeichnungsvertrag geschlossen wird. Dabei ist der Vorstand zunächst an das gesetzliche **Bezugsrecht**[841] gebunden, soweit es nicht ausgeschlossen ist. Besteht ein gesetzliches Bezugsrecht, so muss der Vorstand zunächst denjenigen Aktionären, die es wirksam ausgeübt haben, in entsprechendem Umfang neue Aktien zuteilen; verletzt er diese Pflicht, können die betroffenen Aktionäre im Wege der Feststellungs- oder Unterlassungsklage gegen die Gesellschaft vorgehen und ggf Schadensersatz verlangen; auch macht sich der Vorstand im Innenverhältnis gem. § 93 Abs. 2 AktG schadensersatzpflichtig. Ist das gesetzliche Bezugsrecht ausgeschlossen oder sind nach Ausübung des Bezugsrechts verbleibende neue Aktien zuzuteilen, entscheidet der Vorstand über die Zuteilung nach **pflichtgemäßem Ermessen**. Teilt er dabei Altaktionären über ihr gesetzliches Bezugsrecht hinaus neue Aktien zu, ist er an den **Gleichbehandlungsgrundsatz** gem. § 53 a AktG gebunden. Im Übrigen ist er in der Zuteilung frei und kann die Aktien zB allen Zeichnern entsprechend ihrem Bezugswunsch (**quotal**) oder auch **nach Köpfen** zuteilen.

723

---

840 BGHZ 136, 133, 141.
841 Siehe dazu näher im Folgenden Rn 730 ff.

(3) Mindest- und Höchstbetrag der Erhöhung

724 Bei einer Kapitalerhöhung lässt sich meist nicht exakt vorhersagen, wie viele neue Aktien tatsächlich gezeichnet werden. Ein zu hoher fester Kapitalerhöhungsbetrag birgt die Gefahr, dass nicht alle neuen Aktien gezeichnet werden und die Kapitalerhöhung scheitert. Andererseits entspricht ein zu geringer Kapitalerhöhungsbetrag oft nicht dem Kapitalbedarf der Gesellschaft; auch ist eine Überzeichnung neuer Aktien nicht immer erwünscht. In derartigen Fällen bietet sich die Festsetzung eines **Höchstbetrags der Kapitalerhöhung** an, zB durch folgende Beschlussfassung:

▶ Das Grundkapital der Gesellschaft wird gegen Bareinlagen von derzeit 500 000 EUR um bis zu 250 000 EUR auf bis zu 750 000 EUR erhöht durch Ausgabe von 25 000 neuen, auf den Namen lautenden Aktien im Nennbetrag von je 10,00 EUR zum Ausgabebetrag von 20,00 EUR je neuer Aktie (Ausgabekurs 200 %). ◀

725 Dabei kann zusätzlich ein Mindestbetrag festgesetzt werden mit der Maßgabe, dass der Kapitalerhöhungsbeschluss unwirksam wird, wenn bei der Zeichnung der neuen Aktien der Mindestbetrag nicht erreicht wird. Ist der exakte Kapitalerhöhungsbetrag unbestimmt, so muss im Kapitalerhöhungsbeschluss eine **Durchführungsfrist** festgelegt werden, bis zu deren Ende Zeichnungen höchstens zulässig sind. Die Durchführungsfrist sollte nicht länger als sechs Monate sein; je nach den Umständen des Einzelfalls kann eine kürzere Frist notwendig sein.[842]

b) Bedingte Kapitalerhöhung

726 Die Gesellschaft kann unter bestimmten Voraussetzungen eine Kapitalerhöhung beschließen, deren Durchführung und Umfang von der Ausübung eines Umtausch- oder Bezugsrechts abhängt (**bedingte Kapitalerhöhung**), § 192 Abs. 1 AktG. Eine bedingte Kapitalerhöhung ist nur zulässig zur Bedienung von Wandelschuldverschreibungen, zur Vorbereitung eines Unternehmenszusammenschlusses oder im Rahmen von **Aktienoptionsprogrammen** für Vorstandsmitglieder und Arbeitnehmer (jeweils auch von verbundenen Unternehmen). Gerade in der letztgenannten Variante haben sie bei börsennotierten Gesellschaften eine erhebliche Bedeutung. Die bedingte Kapitalerhöhung darf im Rahmen eines Aktienoptionsprogramms für Vorstände und Arbeitnehmer 10 % und in sonstigen Fällen 50 % des Grundkapitals nicht übersteigen (§ 192 Abs. 3 AktG). Für die Beschlussfassung durch die Hauptversammlung geltend im Wesentlichen die gleichen formalen Voraussetzungen wie für eine reguläre Kapitalerhöhung (vgl §§ 193 Abs. 1, 194 Abs. 1, 2 und 4, 195, 196 AktG). Ergänzend müssen der Zweck der Maßnahme, der Kreis der Bezugsberechtigten und der Ausgabebetrag bzw die Grundlagen für seine Berechnung festgelegt werden; bei Aktienoptionen für Vorstände und Mitarbeiter müssen außerdem nähere Vorgaben über die Aufteilung der Optionen zwischen Geschäftsführung und Arbeitnehmern gemacht sowie Erfolgsziele, Ausübungszeiträume und eine mindestens zweijährige Wartefrist festgelegt werden (§ 193 Abs. 2 AktG).

c) Genehmigtes Kapital
aa) Allgemeine rechtliche Darstellung

727 Anstatt eine Kapitalerhöhung gegen Einlagen selbst zu beschließen, kann die Hauptversammlung den **Vorstand** der Gesellschaft durch eine entsprechende Satzungsregelung **ermächtigen**, das Grundkapital bis zu einem bestimmten Nennbetrag, durch Ausgabe neuer Aktien gegen Einlagen zu erhöhen. Der Erhöhungsbetrag darf dabei die **Hälfte des bisherigen Grundkapitals** nicht übersteigen (§ 202 Abs. 3 S. 1 AktG). Die entsprechende Satzungsermächtigung muss auf maximal fünf Jahre **befristet** sein. Für die Kapitalerhöhung aus genehmigtem Kapital gelten die Vorschriften der regulären Kapitalerhöhung gegen Einlagen im Wesentlichen entsprechend (zu den Besonderheiten beim Ausschluss des gesetzlichen Bezugsrechts siehe Rn 733). Die Satzungsermächtigung kann bereits weitere Bedingungen der Aktienausgabe regeln (§ 204 Abs. 1 S. 1 AktG), zB die Art der auszugebenden Aktien. Dies ist notwendig, wenn stimmrechtslose Vorzugsaktien ausgegeben werden sollen, die bereits vorhandenen stimmrechtslosen Vorzugsaktien vorgehen oder gleich stehen (§ 204 Abs. 2 AktG), und bedarf dann

---

842 Fallbeispiele bei *Happ* Aktienrecht Abschnitt 12.01 Rn 12.

eines Sonderbeschlusses der Vorzugsaktionäre (§ 141 Abs. 2 AktG). Im Übrigen entscheidet der Vorstand mit Zustimmung des Aufsichtsrates über die Ausübung des genehmigten Kapitals und die Bedingungen der Aktienausgabe (§ 202 Abs. 3 S. 2, 204 Abs. 1 S. 2 AktG).

bb) Rechtsfragen aus der Praxis

Die Entscheidung, ob und wann das Grundkapital durch Ausübung des genehmigten Kapitals erhöht wird, trifft allein der **Vorstand**. Der Aufsichtsrat kann die Ausübung durch Verweigerung der **Zustimmung** verhindern, nicht aber herbeiführen. Der Vorstand hat bei der Ausübung des genehmigten Kapitals grundsätzlich die gleichen Gestaltungsmöglichkeiten wie bei einem regulären Kapitalerhöhungsbeschluss. Er kann deshalb, innerhalb der von der Satzungsermächtigung gesetzten Grenzen, zB auch einen Höchstbetrag der Kapitalerhöhung festlegen. Außerdem kann er das genehmigte Kapital **in mehreren Schritten** ausüben, solange der Gesamtbetrag und die in der Satzung festgelegte Ausübungsfrist nicht überschritten werden. Die Ermächtigung zur Ausübung eines genehmigten Kapitals muss gesondert zum Handelsregister angemeldet und dort **eingetragen** werden. Ohne eine entsprechende Eintragung kann der Vorstand von der Satzungsermächtigung nicht wirksam Gebrauch machen. Der Berater sollte die Eintragung daher vor Ausübung des genehmigten Kapitals noch einmal überprüfen. Außerdem muss die Durchführung der Kapitalerhöhung aus genehmigtem Kapital vor Ablauf der in der Satzungsermächtigung festgesetzten Frist (maximal fünf Jahre) abgeschlossen sein, dh die Durchführung der Kapitalerhöhung muss vor Ablauf der Frist im Handelsregister eingetragen sein. Darauf ist bei der Zeitplanung für die Ausübung des genehmigten Kapitals unbedingt zu achten; insbesondere ist die voraussichtliche Bearbeitungsdauer durch das Registergericht einzukalkulieren.

728

d) Kapitalerhöhung aus Gesellschaftsmitteln

Die Hauptversammlung kann schließlich eine **Kapitalerhöhung aus Gesellschaftsmitteln** beschließen. Die Mehrheitserfordernisse entsprechen denen der regulären Kapitalerhöhung. Die Kapitalerhöhung aus Gesellschaftsmitteln wird durch Umwandlung von Gewinn- oder Kapitalrücklagen in gezeichnetes Kapital (Grundkapital) vollzogen. Der Gesellschaft fließt also kein zusätzliches Eigenkapital zu. Damit ist die Kapitalerhöhung aus Gesellschaftsmitteln keine Maßnahme der Kapitalbeschaffung. Sie kann durch Ausgabe neuer Aktien, bei Stückaktien aber auch durch bloße rechnerische Anteilsaufstockung durchgeführt werden (§ 207 Abs. 2 S. 2 AktG). Die Kapitalerhöhung wird durch Eintragung in das Handelsregister vollzogen. Die neuen Aktien stehen den Altaktionären unmittelbar im Verhältnis ihrer bisherigen Anteile zu; eine Zeichnung oder Bezugsrechtsausübung ist nicht erforderlich (§ 212 AktG).

729

e) Bezugsrecht der Aktionäre

aa) Allgemeine rechtliche Darstellung

Bei der Kapitalerhöhung gegen Einlagen (§ 186 Abs. 1 AktG) und bei der Ausübung eines genehmigten Kapitals (§ 203 Abs. 1 S. 1 AktG) sind die Altaktionäre der Gesellschaft grundsätzlich zum Bezug der neuen Aktien entsprechend ihrem bisherigen Kapitalanteil berechtigt. Das **Bezugsrecht** muss durch Erklärung gegenüber der Gesellschaft innerhalb einer vom Vorstand festgesetzten **Bezugsfrist** von mindestens zwei Wochen ausgeübt werden. Der Vorstand hat die Aktionäre durch **Bekanntmachung** in den Gesellschaftsblättern unter Angabe der Bezugfrist und des Ausgabebetrages aufzufordern (§ 186 Abs. 2 AktG). Um die Abwicklung der Kapitalerhöhung zu vereinfachen, kann das Bezugsrecht gem. § 186 Abs. 5 AktG als **mittelbares Bezugsrecht** ausgestaltet werden, bei dem die neuen Aktien zunächst von einem Kreditinstitut mit der Verpflichtung übernommen werden, sie den Aktionären entsprechend ihrem gesetzlichen Bezugsrecht zum Bezug anzubieten; dies muss bereits im Hauptversammlungsbeschluss über die Kapitalerhöhung vorgesehen werden.

730

Ein **Ausschluss des gesetzlichen Bezugsrechts** ist möglich und in der Praxis von erheblicher Bedeutung. Bei einer regulären Kapitalerhöhung muss der Bezugsrechtsausschluss **im Kapitalerhöhungsbeschluss** festgelegt werden. Dazu ist in jedem Fall (auch wenn die Satzung für die Kapitalerhöhung selbst eine niedrigere Mehrheit vorschreibt) eine Dreiviertelmehrheit notwendig; die Satzung kann eine noch

731

größere Mehrheit vorschreiben (§ 186 Abs. 3 AktG). Ein Bezugsrechtsausschluss muss bereits in der Einberufung bekannt gemacht werden (§ 186 Abs. 4 S. 1 AktG). Der Vorstand muss der Hauptversammlung einen schriftlichen **Bericht** über die Gründe für den Bezugsrechtsausschluss vorlegen, in dem auch der vorgeschlagene Ausgabebetrag zu begründen ist (§ 186 Abs. 4 S. 2 AktG). Schließlich bedarf der Bezugsrechtsausschluss einer **sachlichen Rechtfertigung**.[843] Dazu muss der Bezugsrechtsausschluss dem Gesellschaftsinteresse dienen und dieses Interesse muss höher zu bewerten sein als das Interesse der Aktionäre am Erhalt ihrer Rechtsposition (dh am Erhalt ihrer Beteiligungsquote). Das Bezugsrecht kann ganz oder teilweise ausgeschlossen werden; letzteres kann zB sachgerecht sein, um freie Spitzen zu vermeiden.[844]

Beispiele für eine sachliche Rechtfertigung des Bezugsrechtsausschlusses:
- Ausgabe von Belegschaftsaktien,[845]
- Eingehung einer strategischen Partnerschaft mit einem anderen Unternehmen,
- Sanierungszwecke.

732 Voraussetzung ist jeweils, dass der Bezugsrechtsausschluss zur Erreichung dieser Ziele geeignet und erforderlich ist. Ein höherer Ausgabepreis allein rechtfertigt einen Bezugsrechtsausschluss in der Regel nicht.

733 Enthält die Satzung eine Ermächtigung zur Ausübung eines **genehmigten Kapitals**, so kann das Bezugsrecht der Aktionäre bereits in der entsprechenden Satzungsregelung ausgeschlossen werden (§ 203 Abs. 1 S. 1 AktG). Die Ermächtigung kann aber stattdessen vorsehen, dass der Vorstand bei Ausübung des genehmigten Kapitals auch über den Ausschluss des Bezugsrechts entscheidet (§ 203 Abs. 2 AktG). Regelt die Satzungsermächtigung selbst den Bezugsrechtsausschluss, muss der Vorstand bereits bei der Beschlussfassung über die entsprechende Satzungsänderung den Bericht über den Bezugsrechtsausschluss erstatten. Ist dagegen eine Entscheidung des Vorstandes bei Ausübung des genehmigten Kapitals auch über einen Bezugsrechtsausschluss vorgesehen, so muss er den Aktionären vorher keinen Bericht über den Bezugsrechtsausschluss und dessen Gründe vorlegen, sondern lediglich auf der nächsten ordentlichen Hauptversammlung über die Einzelheiten seines Vorgehens berichten und den Aktionären Rede und Antwort stehen.[846]

bb) Rechtsfragen aus der Praxis

734 In der Praxis stellt sich zuweilen die Frage, ob und in welcher Weise die vom Bezugsrechtsausschluss betroffenen Aktionäre sich zur Wehr setzen können. Ist der Bezugsrechtsausschluss im Beschluss über die reguläre Kapitalerhöhung enthalten oder ordnet die Satzungsermächtigung über ein genehmigtes Kapital bereits selbst den Bezugsrechtsausschluss an, kann und muss sich der Aktionär hiergegen mit einer **Anfechtungsklage** gegen den Kapitalerhöhungsbeschluss bzw den satzungsändernden Beschluss über das genehmigte Kapital zur Wehr setzen. Anfechtungsgründe können sich aus formalen Fehlern bei der Beschlussfassung (zB nicht ordnungsgemäße Bekanntmachung, Fehlen des erforderlichen Vorstandsberichts) oder aus materiell-rechtlichen Gründen ergeben; als letztere kommen insbesondere die Festlegung eines zu niedrigen Ausgabebetrages oder das Fehlen einer sachlichen Rechtfertigung für den Bezugsrechtsausschluss in Betracht.

735 Wird dagegen der Vorstand im Rahmen einer Satzungsermächtigung zur Ausübung eines genehmigten Kapitals ermächtigt, auch über einen Bezugsrechtsausschluss zu entscheiden, so kann sich der Aktionär gegen den vom Vorstand beschlossenen Bezugsrechtsausschluss nur mit einer **Klage gegen die Gesellschaft auf Unterlassung** oder Feststellung der Rechtswidrigkeit des Bezugsrechtsausschlusses zur Wehr setzen bzw nach Durchführung einer Kapitalerhöhung mit rechtswidrigem Bezugsrechtsausschluss von der Gesellschaft Schadensersatz verlangen. Die gerichtliche Durchsetzung eines entsprechenden Unterlassungsanspruchs scheitert in der Praxis allerdings häufig schon daran, dass der Aktionär von der Ausübung des genehmigten Kapitals unter Ausschluss des Bezugsrechts erst

---
843 BGHZ 71, 40, 44 ff; BGHZ 83, 319, 325 f.
844 BGHZ 83, 319, 323.
845 BGHZ 144, 290, 292.
846 BGHZ 164, 241 = NJW 2006, 371.

erfährt, wenn die Maßnahme bereits durchgeführt worden ist. Erhält der Aktionär rechtzeitig Kenntnis, so ist in jedem Fall der Erlass einer **einstweiligen Unterlassungsverfügung** zu beantragen, um die Durchführung der Kapitalerhöhung und die damit verbundene Erledigung des Unterlassungsanspruchs zu verhindern. In der Praxis wird die Durchsetzung von Unterlassungsansprüchen auch durch die jüngere BGH-Rechtsprechung erschwert, wonach der Vorstand die Ausübung eines genehmigten Kapitals unter Festsetzung eines Bezugsrechtsausschlusses nicht zuvor bekannt machen und den Aktionären begründen muss.[847] Die Aktionäre werden daher im Regelfall erst nach dem entsprechenden Bericht des Vorstands auf der nachfolgenden ordentlichen Hauptversammlung überhaupt beurteilen können, ob der Bezugsrechtsausschluss und der festgesetzte Ausgabekurs rechtswidrig waren oder nicht. Aus Sicht der Gesellschaft ist dagegen diese Erleichterung eines Bezugsrechtsausschlusses bei Ausübung des genehmigten Kapitals ein weiterer Grund dafür, Kapitalerhöhungen aus genehmigten Kapital gegenüber regulären Kapitalerhöhungen gegen Einlagen zu bevorzugen.

Die **Darlegungs- und Beweislast** für alle Umstände, aus denen sich die formelle oder inhaltliche Rechtswidrigkeit des Bezugsrechtsausschlusses ergeben kann, liegt grundsätzlich nach allgemeinen Grundsätzen beim klagenden Aktionär.[848] Allerdings muss die beklagte Gesellschaft darlegen und nach hM auch beweisen, wodurch der Bezugsrechtsausschluss sachlich gerechtfertigt ist.[849] 736

3. Kapitalherabsetzung

a) Allgemeine rechtliche Darstellung

Das Grundkapital der Aktiengesellschaft kann unter bestimmten, eng gefassten Voraussetzungen herabgesetzt werden. Dabei sind im Wesentlichen die ordentliche Kapitalherabsetzung und die vereinfachte Kapitalherabsetzung zu unterscheiden. Die **ordentliche Kapitalherabsetzung** ist insbesondere zulässig, um Teile des Grundkapitals an die Aktionäre zurückzuzahlen (§ 222 Abs. 3 AktG). Daneben oder stattdessen sind aber auch andere Zwecke denkbar, zB die Befreiung von Aktionären von der Einlagepflicht (§ 225 Abs. 2 S. 2 AktG) oder eine Abrundung des Grundkapitals. Denkbar ist eine ordentliche Kapitalherabsetzung auch zur Beseitigung einer Unterbilanz oder zur Einstellung von Beträgen in die Kapitalrücklage. In derartigen Fällen liegen aber gerade die Voraussetzungen für eine vereinfachte Kapitalherabsetzung (§ 229 AktG) vor. Die **vereinfachte Kapitalherabsetzung** ist nur in den genannten Fällen der **Kapitalsanierung** zulässig. Sie führt nicht zu einem Abfluss von Eigenkapital aus der Gesellschaft, sondern lediglich zu einer Umstellung des bilanziellen Eigenkapitals bei aufgelaufenen Verlustvorträgen. Eine vereinfachte Kapitalherabsetzung ist nur zulässig, wenn kein Gewinnvortrag vorhanden ist und wenn die Gewinnrücklagen vollständig sowie die gesetzliche Rücklage und die Kapitalrücklage bis auf einen Betrag von zusammen maximal 10 % des nach der Kapitalherabsetzung verbleibenden Grundkapitals aufgelöst werden (§ 229 Abs. 2 AktG). Im Ergebnis bedeutet dies, dass eine vereinfachte Kapitalherabsetzung nur in Fällen möglich ist, in denen bereits ein erheblicher Teil des Grundkapitals durch Verluste verloren ist (**Unterbilanz**). 737

Entsprechend ihrer unterschiedlichen Zweckbestimmung unterliegen die vereinfachte und die ordentliche Kapitalherabsetzung unterschiedlichen Gläubigerschutzmechanismen. Die **vereinfachte Kapitalherabsetzung** sieht nur einen **beschränkten Gläubigerschutz** vor. So darf die Gesellschaft Gewinne erst ausschütten, wenn die gesetzliche Rücklage und die Kapitalrücklage zusammen wieder auf 10 % des nach der Kapitalherabsetzung verbliebenen Grundkapitals angewachsen sind. Außerdem ist die Gewinnausschüttung für die ersten beiden Geschäftsjahre nach der Kapitalherabsetzung eingeschränkt (§ 233 Abs. 2 AktG). Im Übrigen bedarf es vor Durchführung der vereinfachten Kapitalherabsetzung weder eines Gläubigeraufrufs noch einer Sicherheitsleistung, weil den Gläubigern mangels Mittelabflusses aus der Gesellschaft keine Haftungsmasse verloren geht. 738

Im Gegensatz dazu sieht die **ordentliche Kapitalherabsetzung** einen **weitgehenden Gläubigerschutz** vor, der wegen des prinzipiell möglichen Abflusses von Eigenkapital erforderlich ist. Altgläubiger 739

---

847 BGHZ 164, 241 = NJW 2006, 371; siehe oben Rn 733.
848 Siehe oben Rn 680.
849 *Hüffer* AktG § 244 Rn 64.

der Gesellschaft sind in der **Bekanntmachung** über die Eintragung der Kapitalherabsetzung darauf hinzuweisen, dass sie sich innerhalb von sechs Monaten nach der Bekanntmachung bei der Gesellschaft melden und, falls sie noch keinen Anspruch auf Erfüllung ihrer Forderung haben, Sicherheitsleistung verlangen können (§ 225 Abs. 1 AktG). Erst nach Ablauf dieser **Sechsmonatsfrist** und nach Erfüllung sämtlicher Gläubigerforderungen bzw entsprechender Sicherheitsleistungen dürfen Zahlungen an die Aktionäre auf Grund der Kapitalherabsetzung geleistet werden (§ 225 Abs. 2 AktG).

740 Sowohl die ordentliche als auch die vereinfachte Kapitalherabsetzung bedürfen eines Hauptversammlungsbeschlusses mit Dreiviertelmehrheit, soweit die Satzung keine größere Kapitalmehrheit festlegt. Der Kapitalherabsetzungsbeschluss und seine Durchführung müssen zum Handelsregister angemeldet und eingetragen werden (§§ 223, 224, 227, 229 Abs. 3 AktG).

b) Rechtsfragen aus der Praxis

741 Sanierungsbedingte Kapitalherabsetzungen (zumeist in der Form der vereinfachten Kapitalherabsetzung) werden häufig mit einer anschließenden Kapitalerhöhung verbunden. Man spricht in diesem Fall von einer Kapitalsanierung oder einem sog. „**Kapitalschnitt**". Eine solche Verbindung ist zulässig und für eine durchgreifende Eigenkapitalverbesserung der Gesellschaft sinnvoll. Wird in Verbindung mit der Kapitalherabsetzung eine sofortige Wiedererhöhung des Kapitals beschlossen, so ist ausnahmsweise eine Kapitalherabsetzung unter den gesetzlichen Mindestbetrag des Grundkapitals von 50.000 EUR (§ 7 AktG) zulässig, wenn der Mindestnennbetrag durch die Kapitalerhöhung wieder erreicht wird (§ 228 Abs. 1, 229 Abs. 3 AktG). Umgekehrt ist die vorherige Kapitalherabsetzung häufig notwendig, um eine sanierungsbedingte Kapitalerhöhung überhaupt durchführen zu können. Weil bei der Kapitalerhöhung keine neuen Aktien unter Nennbetrag bzw anteiligem Betrag des Grundkapitals (§ 9 Abs. 1 AktG) ausgegeben werden dürfen, dieser Nennbetrag im Falle einer Unterbilanz aber nicht durch Vermögen der Gesellschaft gedeckt ist, lassen sich neue Aktien im Falle einer Unterbilanz in der Regel nicht zum geringsten Ausgabebetrag gem. § 9 Abs. 1 AktG platzieren. Eine vorgeschaltete Kapitalherabsetzung führt dagegen zur Anpassung des Nennbetrages (und damit des geringsten Ausgabebetrages gem. § 9 Abs. 1 AktG) an die tatsächlichen Vermögensverhältnisse der Gesellschaft, so dass neue Aktien zu einem Wert ausgegeben werden können, der ihrem tatsächlichen Wert entspricht und gleichzeitig mit § 9 Abs. 1 AktG vereinbar ist.

4. Jahresabschluss und Gewinnverwendung

a) Allgemeine rechtliche Darstellung

742 Die Einflussmöglichkeiten der Aktionäre auf den Jahresabschluss und die Verwendung des Gewinns der Gesellschaft sind bei einer Aktiengesellschaft geringer als etwa bei einer GmbH. Zwar entscheidet ausschließlich die Hauptversammlung über die **Verwendung des Bilanzgewinns** (§ 174 Abs. 1 S. 1 AktG). Dabei ist sie allerdings an den regelmäßig von Vorstand und Aufsichtsrat **festgestellten Jahresabschluss** gefunden (§ 174 Abs. 1 S. 2 AktG). Die Hauptversammlung selbst stellt den Jahresabschluss nur fest, wenn der Aufsichtsrat den vom Vorstand aufgestellten Jahresabschluss nicht billigt oder wenn Vorstand und Aufsichtsrat beschließen, die Feststellung der Hauptversammlung zu überlassen (§ 173 Abs. 1 AktG). Der beschränkte Einfluss der Aktionäre resultiert daher nicht auf gesetzlichen Restriktionen für den von der Hauptversammlung zu fassenden Gewinnverwendungsbeschluss, sondern auf der Befugnis bzw Verpflichtung der Verwaltung, einen Teil des Jahresüberschusses zur Rücklagenbildung zu verwenden und damit von vornherein der Gewinnverteilung zu entziehen.

743 Gem. § 150 Abs. 2 AktG sind 5 % des um einen etwaigen Verlustvortrag geminderten Jahresüberschusses in eine **gesetzliche Rücklage** einzustellen, bis diese zusammen mit dem Kapitalrücklagen 10 % oder einen in der Satzung bestimmten höheren Teil des Grundkapitals erreicht. Demgegenüber kann in der Satzung keine höhere Zuführung zur gesetzlichen Rücklage als 5 % des Jahresüberschusses vorgeschrieben werden. Vielmehr gilt der Grundsatz, dass über die gesetzliche Rücklage des § 150 Abs. 2 AktG hinaus Vorstand und Aufsichtsrat zur freien Rücklagenbildung im Rahmen der Feststellung des Jahresabschlusses berechtigt sind.

Von dem nach Zuführung zur gesetzlichen Rücklage verbleibenden Jahresüberschuss können Vorstand und Aufsichtsrat im Rahmen ihrer Feststellung des Jahresabschlusses bis zu **50 %** in **andere Gewinnrücklagen** einstellen (§ 58 Abs. 2 S. 1 AktG). Dieser Rücklagenbildung ist keine absolute Grenze gesetzt. Die Satzung der Gesellschaft kann abweichend festlegen, dass Vorstand und Aufsichtsrat zur Einstellung eines kleineren oder größeren Teils des verbleibenden Jahresüberschusses ermächtigt sind (§ 58 Abs. 2 S. 2 AktG). Mehr als die Hälfte des verbleibenden Jahresüberschusses dürfen Vorstand und Aufsichtsrat aber auch dann nur solange einstellen, bis die anderen Gewinnrücklagen die Hälfte des Grundkapitals erreichen (§ 58 Abs. 2 S. 3 AktG). Darüber hinaus sind Vorstand und Aufsichtsrat zur Bildung von **Sonderrücklagen bei Wertaufholungen** berechtigt (§ 58 Abs. 2a AktG). Weitere Rücklagen oder ein Gewinnvortrag bedürfen eines Hauptversammlungsbeschlusses (§ 58 Abs. 3 AktG). Soweit der Bilanzgewinn nicht in Rücklagen eingestellt oder ein Gewinnvortrag gebildet worden ist, haben die Aktionäre **Anspruch auf den Bilanzgewinn** (§ 58 Abs. 4 AktG).

744

b) Rechtsfragen aus der Praxis

Aus Sicht des betroffenen Aktionärs kann sich die Frage stellen, ob er sich gegen eine **übermäßige Rücklagenbildung** wehren kann. In Betracht kommt insoweit eine **Anfechtung des Gewinnverwendungsbeschlusses** gem. § 254 AktG. Danach ist der Gewinnverwendungsbeschluss außer in den allgemeinen Anfechtungsfällen (§ 243 AktG) auch dann anfechtbar, wenn die durch den Hauptversammlungsbeschluss in die Gewinnrücklage eingestellten oder als Gewinn vorgetragen Beträge bei vernünftiger kaufmännischer Beurteilung nicht notwendig sind, um die Lebens- und Widerstandsfähigkeit der Gesellschaft zu sichern, und wenn der ausgeschüttete Gewinn unter 4 % des tatsächlich eingezahlten Grundkapitals liegt. Dies gilt allerdings nur, soweit die von der Hauptversammlung beschlossene Rücklagenbildung bzw der geschlossene Gewinnvortrag nicht auf einer (nach hM zulässigen) satzungsmäßigen Ausschüttungsbeschränkung beruhen. Eine Anfechtung des Gewinnverwendungsbeschlusses gem. § 254 AktG ist außerdem nur möglich, wenn der oder die Anfechtungskläger zusammen mindestens 5 % des Grundkapitals oder einen anteiligen Betrag von 500 000 EUR halten. Die Anfechtung von Gewinnverwendungsbeschlüssen nach § 254 AktG ist daher in der Praxis selten.

745

VII. Satzungsänderungen

1. Allgemeine rechtliche Darstellung

Die Satzung der Aktiengesellschaft kann nur durch einen Beschluss der Hauptversammlung geändert werden, für den eine **Mehrheit** von mindestens **drei Vierteln** des bei der Beschlussfassung vertretenen Grundkapitals erforderlich ist (§ 179 Abs. 1 S. 1 AktG). Die Satzung kann eine größere und, soweit nicht der Unternehmensgegenstand geändert werden soll, auch eine kleinere Kapitalmehrheit festlegen (§ 179 Abs. 1 S. 2 AktG). Bereits bei **Einberufung** der Hauptversammlung muss der **Wortlaut** der vorgeschlagenen Satzungsänderung angegeben werden (§ 124 Abs. 2 S. 1 AktG). Ein Verstoß hiergegen macht den satzungsändernden Beschluss anfechtbar, aber nicht nichtig. Eine Satzungsänderung muss zum Handelsregister angemeldet werden und wird erst mit ihrer **Eintragung** wirksam (§ 181 Abs. 3 AktG).

746

Auch bei Satzungsänderungen gilt der Grundsatz der **Satzungsstrenge** (§ 23 Abs. 5 AktG); Abweichungen von gesetzlichen Vorschriften sind deshalb nur zulässig, soweit sie gesetzlich ausdrücklich gestattet sind. Greifen Satzungsänderungen nachteilig in die Rechte einer Aktiengattung ein, so bedarf die Satzungsänderung zusätzlich eines Sonderbeschlusses der Aktionäre dieser Aktiengattung, wobei sich die Mehrheitserfordernisse nach denen für den Hauptversammlungsbeschluss richten (§ 179 Abs. 3 AktG).

747

2. Rechtsfragen aus der Praxis

In der Praxis kann sich die Frage stellen, ob ein satzungsändernder Beschluss wegen seines Inhalts unzulässig ist. Die hierfür praktisch bedeutsamen Fälle des Bezugsrechtsausschlusses ohne sachliche Rechtfertigung wurden bereits erläutert (Rn 731). Ganz allgemein gilt der Grundsatz der materiellen

748

Beschlusskontrolle bei Treupflichtverletzungen auch für Grundlagenbeschlüsse wie etwa Satzungsänderungen. Außerhalb von Kapitalmaßnahmen ist ihre praktische Bedeutung aber gering.

749 Die **Treupflicht der Aktionäre** kann sich im Einzelfall zu der Verpflichtung verdichten, einem Hauptversammlungsbeschluss über eine Satzungsänderung zuzustimmen. Hierfür müssen aber ganz besondere Umstände vorliegen, unter denen die Satzungsänderung im dringenden Interesse der Gesellschaft liegt und dem Aktionär zumutbar ist. Auch derartige Fälle sind in der Praxis aber selten. Denkbar wäre etwa die Zustimmungspflicht eines Aktionärs mit einer Sperrminorität von mehr als 25 % der Stimmanteile zu einer sanierungsbedingt notwendigen Kapitalerhöhung;[850] selbst in einem derartigen Fall besteht aber keine allgemeine Zustimmungspflicht, sondern es müssen weitere Umstände hinzu kommen, die die Maßnahme für den Aktionär zumutbar erscheinen lassen (insbesondere im Hinblick auf sein berechtigtes Interesse an der Erhaltung seiner Sperrminorität) und zusätzlich ein dringendes Interesse der Aktiengesellschaft begründen.

VIII. Beendigung

750 Die Aktiengesellschaft kann durch Auflösung und Liquidation, Löschung von Amts wegen oder **gerichtliche Nichtigerklärung** beendet werden. Klagen auf Nichtigerklärung der Gesellschaft gem. § 275 AktG, die jeder Aktionär und jedes Vorstands- und Aufsichtsratsmitglied bei bestimmten schwerwiegenden Satzungsmängeln erheben kann, sind allerdings kaum von Bedeutung für die Rechtspraxis.

1. Löschung wegen Vermögenslosigkeit

751 Die **Löschung** gem. § 141 a FGG wird bei **Vermögenslosigkeit** der Gesellschaft, insbesondere nach Durchführung eines Insolvenzverfahrens, vorgenommen. Zuständig ist das Registergericht am Sitz der Gesellschaft (§ 125 FGG). Die Vermögenslosigkeit der Gesellschaft ist **von Amts wegen** zu prüfen. Ist ein Insolvenzverfahren durchgeführt worden, so spricht allerdings eine tatsächliche Vermutung für die Vermögenslosigkeit. Weitere Ermittlungen muss das Registergericht deshalb nur durchführen, wenn Anhaltspunkte für noch vorhandenes Restvermögen bestehen. Das Registergericht muss dem Vorstand der Gesellschaft zunächst eine Löschungsankündigung zustellen und darin eine angemessene Widerspruchsfrist setzen. Wird Widerspruch erhoben und hilft das Registergericht ihm nicht ab, so ist die sofortige Beschwerde eröffnet. Die rechtskräftige Löschung von Amts wegen führt zur sofortigen **Vollbeendigung** der Gesellschaft. Eine Abwicklung findet nur statt, wenn sich nach der Löschung noch verteilungsfähiges Vermögen findet (§ 264 Abs. 2 S. 1 AktG).

2. Auflösung und Abwicklung

752 Eine **Liquidation** findet statt, wenn die Gesellschaft aufgelöst worden ist und weder ein Insolvenzverfahren stattfindet noch eine Löschung von Amts wegen verfügt wurde. Die **Auflösung** der Gesellschaft kann durch **Hauptversammlungsbeschluss** herbeigeführt werden; erforderlich ist eine Dreiviertelmehrheit, sofern die Satzung keine höheren Beschlussanforderungen stellt (§ 262 Abs. 1 Nr. 2 AktG). Zur Auflösung führt darüber hinaus der Eintritt eines in der Satzung festgelegten **Zeitablaufs**, was praktisch nicht von Bedeutung ist, sowie eine rechtskräftige Verfügung des Registergerichts über einen **Mangel der Satzung** (§ 262 Abs. 1 Nr. 5 AktG); in letzterem Fall kann die Hauptversammlung mit einer Dreiviertelmehrheit den Satzungsmangel aber durch Satzungsänderung beheben und die Fortsetzung der aufgelösten Gesellschaft beschließen (§ 274 Abs. 1, Abs. 2 Nr. 2 AktG). Auch die Ablehnung einer Insolvenzeröffnung mangels Masse führt grundsätzlich dazu, dass eine Abwicklung stattfindet; ist die Gesellschaft allerdings vollkommen vermögenslos, wofür auch eine Untätigkeit der Abwickler nach Ablehnung der Insolvenzeröffnung sprechen kann, so erübrigt sich eine Abwicklung, weil die Gesellschaft dann regelmäßig gem. § 141 a FGG von Amts wegen gelöscht wird. Die Auflösung der Gesellschaft ist zum Handelsregister anzumelden, wenn sie auf einem Beschluss der Hauptversammlung oder auf Zeitablauf beruht (§ 263 AktG); in den übrigen Fällen wird sie von Amts wegen in das Handelsregister eingetragen.

---

850 BGHZ 98, 276, 278 f, allerdings zu einer „personalistisch geprägten" GmbH.

Die Abwicklung (Liquidation) obliegt den **Abwicklern**. Dies sind die Vorstandsmitglieder, sofern nicht die Satzung selbst oder die Hauptversammlung durch einfachen Beschluss andere Personen als Abwickler bestellen (§ 265 Abs. 1 und 2 AktG). Es gelten grundsätzlich die gleichen persönlichen Voraussetzungen wie für Vorstandsmitglieder; allerdings können auch juristische Personen Abwickler sein (§ 265 Abs. 2 S. 2 und 3 AktG). Das Gericht kann andere Abwickler bestellen, wenn der Aufsichtsrat oder eine Aktionärsminderheit, die ein Quorum von mindestens 5 % des Grundkapitals oder einen anteiligen Betrag von 500 000 EUR erreicht, dies beantragt und ein wichtiger Grund vorliegt. Gerichtlich bestellte Abwickler kann nur das Gericht selbst abberufen. Im Übrigen kann die Hauptversammlung die Abwickler jederzeit abberufen (§ 265 Abs. 5 AktG).

Ziel der Abwicklung ist die ordnungsgemäße **Einstellung des Geschäftsbetriebs**. Die Abwickler dürfen neue Geschäfte nur noch abschließen, soweit dies für die Abwicklung erforderlich ist (§ 268 Abs. 1 S. 2 AktG). Sie haben in erster Linie die laufenden Geschäfte zu beenden, Forderungen einzuziehen, Gläubiger zu befriedigen und das Gesellschaftsvermögen bestmöglich, dh zu Höchstpreisen zu veräußern. Der Aufsichtsrat bleibt während der Abwicklung im Amt; ihm obliegt die Überwachung der Abwickler in gleicher Weise wie zuvor die Überwachung des Vorstandes (§ 268 Abs. 2 S. 2 AktG). Im Außenverhältnis wird die Gesellschaft durch die Abwickler vertreten (§ 269 Abs. 1 AktG). Diese müssen darauf achten, dass im Geschäftsverkehr auf die Abwicklung der Gesellschaft durch einen entsprechenden **Firmenzusatz** („i.L.") hingewiesen wird. Zu Beginn der Abwicklung ist eine Eröffnungsbilanz aufzustellen. Die Pflicht zur Aufstellung eines Jahresabschlusses und eines Lageberichtes besteht ebenfalls fort (§ 270 Abs. 1 AktG). Allerdings obliegt die Feststellung dieser Abschlüsse während der Abwicklung ausschließlich der Hauptversammlung (§ 270 Abs. 2 S. 1 AktG).

Zur Wahrung der Gläubigerinteressen müssen die Abwickler die Auflösung der Gesellschaft dreimal in den Gesellschaftsblättern bekannt machen und dabei die Gläubiger auffordern, ihre Ansprüche anzumelden (§ 267 AktG). Erst wenn seit dem dritten **Gläubigeraufruf** ein Jahr vergangen ist und sämtliche bekannten und angemeldeten Verbindlichkeiten entweder erfüllt (ggf durch Hinterlegung gem. § 272 Abs. 2 AktG) oder durch Sicherheitsleistung gedeckt sind, darf das verbleibende Gesellschaftsvermögen an die Aktionäre verteilt werden (§ 271 AktG). Mit der **Verteilung des Vermögens** und der anschließenden Schlussrechnung der Abwickler ist die Liquidation beendet. Die Abwickler haben dies beim Handelsregister anzumelden, welches daraufhin die Gesellschaft **löscht** (§ 273 Abs. 1 AktG). Wird nachträglich noch bislang unbekanntes oder übersehenes Vermögen der Gesellschaft festgestellt, so kann das Registergericht auf Antrag **Nachtragsliquidatoren** zur Durchführung der notwendigen weiteren Abwicklungsmaßnahmen bestellen (§ 273 Abs. 4 AktG).

Hat die Hauptversammlung die Auflösung der Gesellschaft beschlossen oder ist die Gesellschaft wegen Zeitablauf aufgelöst, so kann die Hauptversammlung mit einer Dreiviertelmehrheit die **Fortsetzung der Gesellschaft** beschließen, so lange die Verteilung des Vermögens unter die Aktionäre nicht begonnen hat (§ 274 Abs. 1 AktG). Nach Beginn der Vermögensverteilung ist eine Fortsetzung der Gesellschaft ausgeschlossen.

IX. Registerrecht

1. Allgemeine rechtliche Darstellung

Als Kapitalgesellschaft unterliegt die Aktiengesellschaft einer umfassenden **Pflicht zur Anmeldung** bzw Mitteilung bestimmter Tatsachen zum Handelsregister. In vielen Fällen ist dabei die Anmeldung und anschließende Eintragung in das Handelsregister von konstitutiver Bedeutung. Dies gilt zunächst für die Entstehung der Aktiengesellschaft als solche (§ 41 Abs. 1 S. 1 AktG), aber beispielsweise auch für grundlegende Maßnahmen wie zB Satzungsänderungen (§ 181 Abs. 3 AktG), Kapitalerhöhungen (§ 189 AktG), Kapitalherabsetzungen (§ 224 AktG) oder den Ausschluss von Minderheitsaktionären (§ 327 e Abs. 3 AktG). Andere Tatsachen sind zwar zur Eintragung in das Handelsregister anzumelden, hängen aber in ihrer Wirksamkeit nicht von der (nur deklaratorischen) Eintragung ab, zB Änderungen der Zusammensetzung oder der Vertretungsbefugnis des Vorstands (§ 81 AktG). Wieder andere Tatsachen werden dem Handelsregister lediglich mitgeteilt, aber nicht in das Handelsregister eingetragen (zB der Wechsel von Aufsichtsratsmitglieder, § 106 AktG, sowie die Namen und Anschriften des Aufsichtsratsvorsitzenden und seiner Stellvertreter, § 107 Abs. 1 S. 2 AktG).

2. Rechtsfragen aus der Praxis

758 Da die Handelsregistereintragung bei bestimmten Strukturmaßnahmen (zB Eingliederung gem. §§ 319 ff AktG, Ausschluss von Minderheitsaktionären gem. § 327 a ff AktG, Verschmelzung, §§ 2 ff. UmwG) mit weitreichenden Folgen verbunden ist und eine Rückabwicklung entweder aus rechtlichen Gründen (§ 20 Abs. 2 UmwG) oder aus tatsächlichen Gründen nicht oder kaum möglich ist, treffen die einschlägigen gesetzlichen Regelungen Vorkehrungen zum Schutz vor der Eintragung fehlerhafter, insbesondere angefochtener Beschlüsse. Um sicherzustellen, dass der einzutragende Beschluss nicht nachträglich durch Anfechtung beseitigt wird, muss der Vorstand der Gesellschaft bei Strukturmaßnahmen wie einer Eingliederung (§ 319 Abs. 5 AktG), dem Ausschluss von Minderheitsaktionären (§ 327 e Abs. 2 AktG) oder einer Verschmelzung (§ 16 Abs. 2 UmwG) erklären, dass eine Klage gegen die Wirksamkeit des entsprechenden Beschlusses nicht oder nicht fristgemäß erhoben oder eine solche Klage rechtskräftig abgewiesen oder zurückgenommen worden ist. Ohne ein solches **Negativattest** darf die entsprechende Strukturmaßnahme nicht eingetragen werden (die gesetzlich jeweils vorgesehene Ausnahme bei Vorliegen einer notariell beurkundeten Verzichtserklärung aller klageberechtigten Anteilsinhaber ist allenfalls bei Gesellschaften mit sehr kleinem Aktionärskreis von Bedeutung). Anfechtungsklagen gegen einen entsprechenden Hauptversammlungsbeschluss führen daher zu einer **Registersperre**: die Maßnahme kann nicht eingetragen und damit nicht wirksam werden.

759 Angesichts der üblichen Dauer von Anfechtungsprozessen, die sich je nach Instanzenzug über Jahre hinziehen können, gewinnen klagende Aktionäre damit ein erhebliches Druckmittel gegenüber der beklagten Gesellschaft, was sich in der Vergangenheit vor allem „Berufskläger" zu Nutze gemacht haben, um sich Anfechtungsklagen von der Gesellschaft abkaufen zu lassen.[851] Um dieser Tendenz zu begegnen und in begründeten Fällen eine schnelle Eintragung des Hauptversammlungsbeschlusses zu ermöglichen, kann die Gesellschaft ein Freigabeverfahren beim Prozessgericht einleiten und die Feststellung beantragen, dass die Erhebung der Klage der Eintragung nicht entgegen steht. Dies gilt nicht nur bei den genannten Strukturmaßnahmen wie etwa Eingliederung (§ 319 Abs. 3 AktG), Squeeze out (§ 327 e Abs. 2 AktG) oder Verschmelzung (§ 316 Abs. 3 UmwG), sondern auch bei Kapitalmaßnahmen oder Unternehmensverträgen (§ 246 a Abs. 1 AktG). In den letztgenannten Fällen hängt die Eintragung zwar nicht von einer Negativerklärung des Vorstandes ab. Das Gericht hat aber die Möglichkeit der Aussetzung der Eintragung gem. § 127 FGG und macht hiervon in aller Regel Gebrauch, weil es die Erfolgsaussichten der Anfechtungsklage nicht zuverlässig beurteilen kann (sog. **faktische Registersperre**).

760 Dem **Freigabeantrag** der Gesellschaft hat das Gericht zu entsprechen, wenn die Klage unzulässig oder offensichtlich unbegründet ist (§ 246 a Abs. 2, 1 Alt. AktG, § 319 Abs. 6 S. 2, 1 Alt. AktG, § 327 e Abs. 2 AktG, § 16 Abs. 3 S. 2, 1. Alt. UmwG). Darüber hinaus kann das Gericht dem Freigabeantrag auch dann entsprechen, wenn das Interesse der Gesellschaft an einem alsbaldigen Wirksamwerden des Hauptversammlungsbeschlusses nach freier Überzeugung des Gerichts unter Berücksichtigung einerseits der mit der Klage geltend gemachten Rechtsverstöße und andererseits der von der Gesellschaft dargelegten wesentlichen Nachteile für sie und ihre Aktionäre vorrangig erscheint. Bei der Beurteilung, ob die Klage unzulässig oder offensichtlich unbegründet ist, muss das Gericht auftretende Rechtsfragen umfassend klären (keine summarische Rechtsprüfung). Das tatsächliche Vorbringen der Parteien ist dagegen zunächst nur summarisch zu prüfen; insbesondere die antragstellende Gesellschaft sollte etwaigen Tatsachenvortrag ggf glaubhaft machen. Regelmäßig problematisch ist dagegen die gesetzlich vorgesehene Abwägung des Eintragungsinteresses der Gesellschaft gegenüber dem Interesse des Klägers auf aufschiebende Wirkung der Anfechtungsklage. Dabei sprechen mögliche schwerwiegende Rechtsverletzungen gegen die Freigabe der Handelsregistereintragung, während die

---

851 Zu den Risiken eines solchen Abkaufens von Anfechtungsklagen siehe Rn 684.

Behebbarkeit formaler Mängel für eine Freigabe spricht.[852] Das BVerfG hat die Verfassungsmäßigkeit des Freigabeverfahrens ausdrücklich bestätigt.[853]

C. Kommanditgesellschaft auf Aktien

I. Einführung und Allgemeines

Die Kommanditgesellschaft auf Aktien (KGaA) ist gemäß § 278 Abs. 1 AktG eine Gesellschaft mit eigener Rechtspersönlichkeit, bei der mindestens ein Gesellschafter den Gesellschaftsgläubigern unbeschränkt haftet (persönlich haftender Gesellschafter = Komplementär) und die übrigen Gesellschafter an dem in Aktien zerlegten Grundkapital beteiligt sind, ohne persönlich für die Verbindlichkeiten der Gesellschaft zu haften (Kommanditaktionäre). Obwohl diese Gesellschaftsform in Deutschland bereits im Jahre 1861 gesetzlich geregelt wurde und auch in anderen europäischen Ländern eine lange Tradition hat,[854] war die Zahl von Unternehmen, die als KGaA verfasst sind, bis zuletzt gering. Anfang der 90er Jahre des letzten Jahrhunderts waren es nur etwa 25 bis 30 Unternehmen. Hauptursache hierfür war die herrschende Meinung, persönlich haftender Gesellschafter einer KGaA könne nur eine natürliche Person sein. Mit dieser Rechtsauffassung hat der BGH im Jahre 1997 in der Entscheidung BGHZ 134, 392 gebrochen, welche für das Recht der KGaA von grundlegender Bedeutung ist.[855] Mittlerweile hat auch der Gesetzgeber anerkannt, dass juristische Personen, Gesellschaften und andere rechtsfähige Verbände persönlich haftender Gesellschafter einer KGaA sein können (vgl § 279 Abs. 2 AktG). Seitdem ist die Zahl von Unternehmen, die die KGaA als Organisationsform und Unternehmensträger wählen, stark angestiegen. Schätzungen gehen von derzeit etwa 300 KGaAs in Deutschland aus. Auch wenn die KGaA damit nach wie vor weit weniger verbreitet ist als AG und GmbH, so kann doch festgestellt werden, dass die Bedeutung der KGaA als Gesellschaftsform seit dem Beschluss des BGH aus dem Jahre 1997 zugenommen hat.

761

1. Vor- und Nachteile der KGaA

a) Vorteile

Die Gesellschaftsform der KGaA zeichnet sich vor allem durch die folgenden **Vorteile** aus:

762

aa) Gestaltungsspielraum

In den wichtigen Bereichen des § 278 Abs. 2 AktG gilt nicht das grundsätzlich zwingende AG-Recht (§ 23 Abs. 5 AktG), sondern das grundsätzlich dispositive KG-Recht (§§ 163, 109 HGB). Daher lässt sich die Binnenorganisation der Gesellschaft wie bei den Personengesellschaften und der GmbH weitgehend nach den Vorstellungen der Gesellschafter ausgestalten.

763

bb) Starke Stellung des persönlich haftenden Gesellschafters

Von Gesetzes wegen genießt der persönlich haftende Gesellschafter eine besonders starke Stellung innerhalb der KGaA. Das allein ihm zustehende Geschäftsführungsrecht (§ 278 Abs. 2 AktG, § 114 Abs. 1 HGB) unterliegt – anders als beim Vorstand der AG (vgl § 84 Abs. 2 S. 1 AktG) – keiner zeitlichen Beschränkung. Die Geschäftsführungsbefugnis kann grundsätzlich nur aus wichtigem Grund und nur durch eine gerichtliche Entscheidung entzogen werden (§ 278 Abs. 2 AktG, § 161 Abs. 2, § 127 1. Hs HGB; vgl unten Rn 841). Auch beim Umfang der Geschäftsführungsbefugnis ist der persönlich haftende Gesellschafter gegenüber dem Vorstand der AG im Vorteil, da dem Aufsichtsrat der KGaA anders als in der AG nicht das Recht zusteht, Zustimmungsvorbehalte zugunsten des Aufsichtsrats zu begründen (§ 114 Abs. 4 S. 2 2. Fall AktG; näher unten Rn 817). Außergewöhnliche Geschäftsführungsmaßnahmen unterliegen zwar – ähnlich wie im Recht der GmbH – einem Zustim-

764

---

852 OLG Stuttgart AG 1997, 138, 139.
853 BVerfG NZG 2007, 587, 590.
854 Näher *Sethe*, Personalistische Kapitalgesellschaft, S. 287 ff.
855 Der Gedankengang, der der Entscheidung zugrunde liegt, ist an *Priester* ZHR 160 (1996), 250 ff angelehnt (vgl *Mertens* in: FS Ritter 1997, S. 731, 732).

mungsvorbehalt der Hauptversammlung (§ 278 Abs. 2 AktG, § 164 S. 1 2. Hs HGB). Jedoch ist diese Zustimmungskompetenz weitgehend durch die Satzung abdingbar (zu den Grenzen siehe unten Rn 843 f). Die Stellung des persönlich haftenden Gesellschafters ist ferner dadurch gestärkt, dass ihm bestimmte Zustimmungsvorbehalte gegenüber Beschlüssen der Hauptversammlung zustehen (§ 285 Abs. 2 S. 1 AktG; vgl unten Rn 848). Zusätzlich verstärken kann der persönlich haftende Gesellschafter seine Stellung dadurch, dass er Kommanditaktien erwirbt, um auf diese Weise die Beschlussfassung in der Hauptversammlung beeinflussen zu können. Bei den wichtigen, in § 285 Abs. 1 S. 2 AktG aufgeführten Beschlussgegenständen unterliegt der persönlich haftende Gesellschafter allerdings einem Stimmverbot (vgl unten Rn 849).

cc) Trennung von Führung und Kapital

765 Diese starke Stellung des persönlich haftenden Gesellschafters ergibt sich aus ihm zustehenden Individualrechten, besteht also ohne Rücksicht auf seine kapitalmäßige Beteiligung an der Gesellschaft. Dies hat zur Folge, dass das Grundkapital der Gesellschaft erhöht werden kann und Kommanditaktien an der Börse platziert werden können, ohne dass der durch den persönlich haftenden Gesellschafter repräsentierte Unternehmerstamm dadurch zwingend seine starke Stellung in der Gesellschaft verliert. Auch feindliche Übernahmen sind aus diesem Grunde weitgehend ausgeschlossen.

dd) Finanzierungsmöglichkeiten

766 Die KGaA hebt sich von der GmbH und den Personengesellschaften vor allem dadurch ab, dass sie außer der AG die einzige Gesellschaftsform des deutschen Gesellschaftsrechts ist, deren Anteile börsenfähig sind. Als KGaA verfasste Unternehmen haben somit neben den allgemeinen Finanzierungsmöglichkeiten[856] die Möglichkeit, sich der Finanzierungsinstrumente des organisierten Kapitalmarkts zu bedienen. Da es jedoch einen erhöhten Aufwand erfordert, insbesondere ausländischen Investoren die Strukturen einer KGaA zu erläutern, hat die AG als Gesellschaftsform für einen Börsengang nach wie vor eine weitaus größere Bedeutung hat als die KGaA Ein zusätzliches Instrument der Unternehmensfinanzierung liegt bei der KGaA in der Möglichkeit des persönlich haftenden Gesellschafters, sich durch eine sog. Vermögenseinlage am Kapital der Gesellschaft zu beteiligen (vgl § 281 Abs. 2, § 286 Abs. 2 S. 1 bis 3, § 286 Abs. 3, § 288 Abs. 1 AktG). Die Vermögenseinlage ist Teil des Eigenkapitals, nicht jedoch des Grundkapitals der Gesellschaft (näher unten Rn 859 ff). Diese Art der Finanzierung kann gegenüber einer Beteiligung am Grundkapital erhebliche Vorteile insbesondere steuerlicher Natur mit sich bringen.

ee) Mitbestimmung

767 Die Mitbestimmungsgesetze privilegieren die KGaA nicht unmittelbar gegenüber der AG (vgl noch unten Rn 810). Gleichwohl ist das Mitbestimmungsniveau reduziert, da sich die Mitbestimmung nach den Mitbestimmungsgesetzen vor allem über die Zusammensetzung des Aufsichtsrats vollzieht, der Aufsichtsrat der KGaA jedoch über nur eingeschränkte Befugnisse verfügt (zu diesen unten Rn 814 ff).

ff) Steuerrecht

768 Auch in steuerlicher Hinsicht genießt die KGaA Vorteile, allerdings um den Preis einer recht komplexen Rechtslage.[857] Die Besteuerung der KGaA und ihrer Gesellschafter ist dadurch gekennzeichnet, dass das Gesetz die KGaA als Körperschaft dem KStG unterwirft (§ 1 Abs. 1 S. 1 KStG), gleichzeitig jedoch der personengesellschaftsrechtlichen Stellung des persönlich haftenden Gesellschafter dadurch Rechnung trägt, dass es ihn und die Rechtsbeziehungen zwischen ihm und der Gesellschaft weitest-

---

856 Zur Finanzierung durch andere Zuzahlungen in das Eigenkapital iSv § 272 Abs. 2 Nr. 4 HGB bei der KGaA siehe OLG München AG 2007, 292.
857 Zur Besteuerung der KGaA und ihrer Gesellschafter vor allem *Frankenheim*, Besteuerung der KGaA; MünchHdb GesR IV/*Kantenwein*, § 80. Ferner *Michael Fischer* DStR 1997, 1519; *Kessler*, GmbH & Co. KGaA, S. 40 ff; *Schaumburg* DStZ 1998, 525; *Theisen* DB 1989, 2191. Aus der Rechtsprechung BFH AG 1990, 32.

gehend nach dem EStG behandelt (vgl insbesondere § 9 Abs. 1 Nr. 1 KStG, § 15 Abs. 1 S. 1 Nr. 3, § 16 Abs. 1 S. 1 Nr. 3 EStG). Folgerichtig bemisst sich auch die erbschaft- und schenkungsteuerliche Behandlung einer Vermögenseinlage des persönlich haftenden Gesellschafters (näher unten Rn 859 ff) nach personengesellschaftsrechtlichen Grundsätzen. Dies bedeutet vor allem, dass der Bewertung der Vermögenseinlage der Einheitswert des Betriebsvermögens (§§ 95 ff. BewG), dh die Buchwerte der Steuerbilanz, zugrunde zu legen ist, nicht hingegen die nach § 11 BewG maßgeblichen Werte (Börsenpreis oder gemeiner Wert nach § 9 BewG, ggf geschätzt, sog. Stuttgarter Verfahren), die zumeist deutlich höher liegen.

b) Nachteile

Dem stehen die folgenden Nachteile gegenüber: 769

aa) Rechtsunsicherheit

Die Gesellschaftsform der KGaA, insbesondere in ihrer Ausgestaltung als GmbH & Co. KGaA, wirft verschiedene Rechtsfragen auf, die bis heute noch nicht gesichert beantwortet sind. Obwohl sich die KGaA stets rechtswissenschaftlichen Interesses erfreut hat, ist der Stand der Rechtsentwicklung wegen der geringen Verbreitung der KGaA nicht mit dem bei AG und GmbH vergleichbar. Diese Rechtsunsicherheit dürfte auch dazu führen, dass die börsengehandelte Kommanditaktie gegenüber der AG-Aktie einen Bewertungsabschlag hinzunehmen hat. 770

bb) Nachteile bei einer natürlichen Person als persönlich haftendem Gesellschafter

Als historische Nachteile sind ferner die Auswirkungen zu nennen, die mit dem Postulat verbunden waren, nur eine natürliche Person könne persönlich haftender Gesellschafter einer KGaA sein (**unbeschränkte Haftung, Nachfolgeproblematik, Schwierigkeiten bei der Gewinnung externer Geschäftsleiter**). Diese Nachteile haben sich mit der Anerkennung der GmbH & Co. KGaA erledigt. 771

2. Das auf die KGaA anzuwendende Recht im Überblick

Im Folgenden wird ein Überblick über die wichtigsten Rechtsnormen gegeben, die auf die KGaA Anwendung finden. 772

a) Gesellschaftsrecht

Das Gesellschaftsrecht der KGaA findet sich in den §§ 278 bis 290 AktG. Es gibt also lediglich 13 gesellschaftsrechtliche Paragraphen, die auf die KGaA zugeschnitten sind. Allerdings finden sich in § 278 Abs. 2 und Abs. 3 AktG zwei Verweisungsnormen, die die Anwendbarkeit des Rechts zweier anderer Gesellschaftsformen eröffnen: § 278 Abs. 2 AktG verweist auf das Recht der KG (§§ 161 bis 177 a HGB), welches seinerseits auf das Recht der OHG (§§ 105 ff HGB) verweist (§ 161 Abs. 2 HGB), dem wiederum das Recht der GbR (§§ 705 ff BGB) zugrunde liegt. § 278 Abs. 3 AktG verweist demgegenüber auf das gesamte Recht der AG (§§ 1 bis 277 AktG). Obwohl die Absätze 2 und 3 von § 278 AktG mithin als die KGaA-rechtlichen Zentralnormen einzustufen sind, herrscht über ihre Auslegung Streit. Diese Streitfragen können hier nicht im Einzelnen referiert werden. Die wohl herrschende Meinung kommt zu Recht zu den folgenden Ergebnissen: 773

- Die **§§ 279 bis 290 AktG** gehen als spezielles KGaA-Recht sowohl § 278 Abs. 2 AktG als auch § 278 Abs. 3 AktG vor, obwohl allein § 278 Abs. 3 die „folgenden Vorschriften" der §§ 279 bis 290 AktG in Bezug nimmt.
- **§ 278 Abs. 2 AktG geht § 278 Abs. 3 AktG vor.** Wird ein Thema der Vorschrift des § 278 Abs. 2 AktG zugeordnet, kann auf dieses Thema somit nicht gleichzeitig Aktienrecht (§ 278 Abs. 3 AktG) angewendet werden. Hieraus folgt, dass die Prüfung zur Beantwortung einer die KGaA betreffenden Rechtsfrage bei § 278 Abs. 2 AktG zu beginnen hat. Dazu muss in einem ersten Schritt das von der Rechtsfrage angesprochene Thema identifiziert und sodann geklärt werden, ob dieses Thema einem der von § 278 Abs. 2 AktG erfassten Rechtsbereiche zuzuordnen ist. Erst wenn diese Frage verneint ist, ist über § 278 Abs. 3 AktG der Weg in das Aktienrecht eröffnet. Diese Zuordnung eines Themas entweder zu § 278 Abs. 2 AktG oder zu § 278 Abs. 3 AktG lässt sich gut anhand

der Frage veranschaulichen, inwieweit die Satzung die Aufnahme eines persönlich haftenden Gesellschafters abweichend vom Gesetz regeln kann (dazu unten Rn 94 ff).
- § 278 Abs. 2 AktG zählt drei verschiedene Bereiche auf, für die das Recht der Kommanditgesellschaft gilt, nämlich für das Rechtsverhältnis der persönlich haftenden Gesellschafter untereinander, für das Rechtsverhältnis der persönlich haftenden Gesellschafter gegenüber der Gesamtheit der Kommanditaktionäre, sowie das Rechtsverhältnis der persönlich haftenden Gesellschafter gegenüber Dritten.
- § 278 Abs. 2 2. Fall AktG meint entgegen seinem Wortlaut nicht das Rechtsverhältnis gegenüber der „**Gesamtheit der Kommanditaktionäre**", sondern gegenüber der Gesellschaft. Diese für das gesamte KGaA-Recht grundlegende Feststellung erklärt sich daraus, dass den §§ 278 ff AktG ein veraltetes Bild vom Rechtscharakter der KGaA und ihrer Binnenstruktur zugrunde liegt. Die Rechtsfigur der Gesamtheit der Aktionäre war ursprünglich auch im Recht der AG enthalten, wurde dort jedoch bereits 1884 aus dem Gesetz (ADHGB) entfernt. Dies geschah vor dem Hintergrund, dass das Gesetz der AG fortan eigene Rechtsfähigkeit zusprach, die Hauptversammlung mithin als Organ der Gesellschaft begriffen werden konnte und eine von der Hauptversammlung gesonderte weitere Gesellschaftsinstanz der Aktionäre hinfällig wurde. Dieser Schritt hätte auch im Recht der KGaA vollzogen werden müssen, spätestens seitdem die KGaA ausdrücklich eine „Gesellschaft mit eigener Rechtspersönlichkeit" ist (§ 278 Abs. 1 AktG). Dieses Versäumnis des Gesetzgebers rechtfertigt es, § 278 Abs. 2 2. Fall AktG entgegen seinem Wortlaut anzuwenden[858] und die Worte „Gesamtheit der Kommanditaktionäre" durch „Gesellschaft" zu ersetzen.

b) Sonstige Rechtsbereiche

774 Außerhalb des Kerngesellschaftsrechts ist die KGaA von zahlreichen weiteren Rechtsbereichen betroffen. Für die meisten Rechtsbereiche gilt, dass sie die KGaA nicht zum Gegenstand einer eigenständigen und in sich geschlossenen gesetzlichen Regelung machen, sondern die KGaA in einer Regelung über Kapitalgesellschaften im Allgemeinen oder im Zusammenhang mit der AG „mitregeln". Dies hat nicht selten zur Folge, dass den Besonderheiten der KGaA nicht hinreichend Rechnung getragen ist.

Betroffen ist die KGaA vor allem von den folgenden Rechtsbereichen:
- Mitbestimmungsrecht (vgl § 1 Abs. 1 Nr. 1 MitbestG, § 1 Abs. 1 Nr. 2 DrittelbG sowie oben Rn 767 und unten Rn 810, 819, 823 ff).
- Konzernrecht (vgl § 291 Abs. 1 S. 1, § 292 Abs. 1, 311 Abs. 1).[859]
- Deutscher Corporate Governance Kodex (DCGK): Ob börsennotierte (§ 278 Abs. 3, § 3 Abs. 2 AktG) Kommanditgesellschaften auf Aktien die Empfehlungen des DCGK zu beachten haben, ist unklar.[860] Zwar ließe sich über § 278 Abs. 3 AktG begründen, dass § 161 AktG gilt. Jedoch lässt sich dem DCGK selbst kein Anhaltspunkt dafür entnehmen, er gelte für die KGaA Viele seiner Empfehlungen passen außerdem auf die KGaA nicht. Dies ist für die börsennotierten Kommanditgesellschaften auf Aktien misslich, weil von ihnen erwartet wird, dass sie den DCGK beachten und Abweichungen davon nach § 161 AktG erklären.[861]
- Das Recht des Ausschlusses von Minderheitsaktionären (§§ 327 a ff AktG), welches gemäß § 327 a Abs. 1 S. 1 AktG auch für die KGaA gilt.
- Übernahmerecht (vgl § 2 Abs. 3 WpÜG).[862]
- Sonstiges Kapitalmarktrecht (vgl § 1 Abs. 1, § 2 Abs. 1 S. 1 Nr. 1 WpHG).

---

858 Besonders anschaulich *Mertens* FS Barz 1974, 253, 256 ff. Ferner *Fett* in: Schütz/Bürgers/Riotte, Handbuch KGaA, § 3 Rn 6; *Herfs* AG 2005, 589, 591; *Sethe* AG 1996, 289, 300 f.
859 Zur analogen Anwendung der Vorschriften über die Eingliederung (§§ 319 ff AktG) auf die KGaA *Pfeiffer* Der Konzern 2006, S. 122 ff und ausführlich *Fenck*, Eingliederungskonzern.
860 Vgl MünchHdb GesR IV/*Herfs* § 78 Rn 78 ff.
861 Vgl etwa die Erklärungen zu § 161 AktG der Henkel KGaA und der Merck KGaA.
862 Vgl *Scholz* NZG 2006, 445 ff.

- Steuerrecht (vgl § 1 Abs. 1 Nr. 1 KStG, § 15 Abs. 1 S. 1 Nr. 3, § 16 Abs. 1 S. 1 Nr. 3 EStG sowie oben Rn 768).
- Insolvenzrecht (vgl § 11 Abs. 1 S. 1, § 15 Abs. 1, § 118 InsO).

3. Die Rechtsverhältnisse innerhalb der KGaA im Überblick

Ebenso wie bei der Anwendung und Auslegung von § 278 Abs. 2 und Abs. 3 AktG bestehen bei der Frage Unklarheiten, wie die Rechtsverhältnisse innerhalb der KGaA beschaffen sind. Die folgende Darstellung muss sich darauf beschränken, die überwiegende Meinung wiederzugeben. Unter Rechtsverhältnissen werden im Folgenden Rechtsbeziehungen zwischen Rechtspersonen verstanden. Davon zu unterscheiden sind Zuständigkeiten oder Kompetenzen von Organen der KGaA Diese stellen keine eigenständigen Rechtsverhältnisse dar, sondern sind in Rechtsverhältnisse mit der Gesellschaft eingebettet.

a) Rechtsverhältnisse des persönlich haftenden Gesellschafters

Besonders wichtig sind die Rechtsverhältnisse, an denen der persönlich haftende Gesellschafter beteiligt ist. Zum Rechtsverhältnis zwischen ihm und der KGaA näher unten Rn 800 ff und zum Rechtsverhältnis zwischen ihm und den Kommanditaktionären unten Rn 778. Als ein eigenständiges Rechtsverhältnis sieht das Gesetz ferner die Rechtsbeziehungen zwischen mehreren persönlich haftenden Gesellschaftern an (§ 278 Abs. 2 1. Fall AktG).

b) Rechtsverhältnisse des Kommanditaktionärs

aa) Rechtsverhältnisse mit der KGaA und mit den übrigen Kommanditaktionären

Der Kommanditaktionär steht zunächst in einem mitgliedschaftlichen Rechtsverhältnis mit der **KGaA** (dazu unten Rn 863). Eine mitgliedschaftliche Rechtsbeziehung besteht auch zwischen dem Kommanditaktionär und den **übrigen Kommanditaktionären** der KGaA Dieses häufig sog. horizontale Mitgliedschaftsverhältnis zum Mitgesellschafter ist heute nicht nur für Personengesellschaften, sondern auch für körperschaftlich organisierte Verbände im Grundsatz anerkannt.[863] Dieses Rechtsverhältnis ist betroffen, wenn es Interessen speziell des Mitgesellschafters zu schützen gilt. Zumeist ist allein das Interesse der Gesellschaft unmittelbar betroffen und das Interesse des Mitgesellschafters lediglich mittelbar tangiert. In diesem Fall kann allein das vertikale Mitgliedschaftsverhältnis zur Gesellschaft herangezogen werden, um das in Rede stehende Verhalten des Kommanditaktionärs rechtlich zu erfassen.

bb) Rechtsverhältnisse mit dem persönlich haftenden Gesellschafter

Auch zwischen dem Kommanditaktionär und dem **persönlich haftenden Gesellschafter** besteht ein mitgliedschaftliches Verhältnis. Dieses erfasst jedoch lediglich mitgliedschaftliches Verhalten des persönlich haftenden Gesellschafters, nicht hingegen das Verhalten, das ein geschäftsführungsbefugter persönlich haftender Gesellschafter in seiner Eigenschaft als geschäftsführendes Organ der Gesellschaft verübt. Der Kommanditaktionär ist auch nicht in allgemeiner Weise in den **Schutzbereich des organschaftlichen Verhältnisses** zwischen dem persönlich haftenden Gesellschafter und der KGaA einbezogen (zu diesem näher Rn 801). Lediglich bei einzelnen organschaftlichen Pflichten des persönlich haftenden Gesellschafters (etwa §§ 399, 400, 403 AktG jeweils iVm § 408 AktG) ist anerkannt, dass der Kommanditaktionär nach den Grundsätzen des Vertrags mit Schutzwirkung zugunsten Dritter in den Schutzbereich der Einzelpflicht einzubeziehen ist, mit der Folge, dass der Kommanditaktionär einen eigenen Anspruch gegen den persönlich haftenden Gesellschafter erwirbt. Diese Einzelfälle ändern jedoch nichts daran, dass zwischen dem Kommanditaktionär als Gesellschafter der KGaA und dem persönlich haftenden Gesellschafter als geschäftsführendem Organ der KGaA keine eigenständigen Rechtsbeziehungen bestehen.

---

863 Grundlegend (für die AG) BGHZ 103, 184 („*Linotype*").

779 Diese Aussage gilt verallgemeinert im Grundsatz für alle Gesellschaftsformen. Bei einzelnen Gesellschaftsformen finden sich allerdings sowohl in der Rechtsprechung als auch in der Literatur Ansätze dafür, dem Gesellschafter in weitergehender Weise Ansprüche gegen das geschäftsführende Organ zuzugestehen. Hierzu wird insbesondere vertreten, die Mitgliedschaft des Gesellschafters sei als **sonstiges Recht im Sinne von § 823 Abs. 1 BGB** einzustufen und wirke auf diese Weise auch unmittelbar gegen das geschäftsführende Organ. Dieser sich auch in der Rechtsprechung[864] findende Ansatz ist abzulehnen, da mit konturenlosen Instrumenten des Deliktsrechts nicht die Wertungen des Gesellschaftsrechts überspielt werden dürfen.[865]

c) Rechtsverhältnisse der Gesamtheit der Kommanditaktionäre?

780 Obwohl die Gesamtheit der Kommanditaktionäre vom Gesetz in den §§ 278 Abs. 2 2. Fall, § 287 Abs. 2 S. 1 AktG angesprochen wird, gibt es die Rechtsfigur der Gesamtheit der Kommanditaktionäre als eigenständiges Organ oder Gremium innerhalb der KGaA nach zutreffendem Verständnis nicht (siehe oben Rn 773). Damit kann es auch keine Rechtsbeziehungen mit der Gesamtheit der Kommanditaktionäre geben.

d) Rechtsverhältnisse des Aufsichtsrats und seiner Mitglieder

781 Der Aufsichtsrat ist Organ der KGaA. Hieraus folgt jedoch nicht, dass eine eigenständige Rechtsbeziehung zwischen **Aufsichtsrat** und KGaA besteht. Vielmehr sind dem Aufsichtsrat lediglich verschiedene Zuständigkeiten zugewiesen, die er für die KGaA wahrnimmt und die sich zum Teil als Beschränkungen der Geschäftsführungsbefugnis des persönlich haftenden Gesellschafters darstellen (näher Rn 803).

782 Ein Rechtsverhältnis besteht jedoch zwischen den **Mitgliedern** des Aufsichtsrats und der KGaA Wie bei der AG ist das einzelne Aufsichtsratsmitglied jedenfalls durch ein organschaftliches Rechtsverhältnis (§ 278 Abs. 3, § 116 S. 1, § 93 Abs. 1 S. 1 AktG) und ggf durch einen Dienstvertrag und weitere schuldrechtliche Rechtsverhältnisse mit der Gesellschaft (vgl § 278 Abs. 3, § 114 AktG) verbunden.

e) Rechtsverhältnisse eines Beirats und seiner Mitglieder

783 Neben dem Aufsichtsrat kann durch die Satzung der Gesellschaft ein Beirat oder ein sonstiges neben dem Aufsichtsrat bestehendes Gremium eingerichtet werden.[866] Dabei ist es wie bei den Personengesellschaften nach hM zulässig, den Beirat mit Befugnissen auszustatten, die den Beirat vom bloßen Gremium zu einem weiteren Organ der Gesellschaft machen, etwa indem dem Beirat Zustimmungsvorbehalte in Geschäftsführungsfragen zugewiesen werden. Ist die Stellung des Beirats so stark, dass ihm nicht nur eine schuldrechtliche, sondern eine organschaftliche Stellung zuzusprechen ist, besteht zwischen seinen Mitgliedern und der Gesellschaft ein organschaftliches Verhältnis, das weitgehend dem organschaftlichen Verhältnis zwischen den Mitgliedern des Aufsichtsrats und der Gesellschaft (siehe oben Rn 782) entspricht. Eine **Regelung in der Satzung** der Gesellschaft über die Zusammensetzung und die Befugnisse eines Beirats könnte wie folgt lauten:

▶ § ... Zusammensetzung und Befugnisse des Beirats
1. Die Gesellschaft hat einen Beirat. Der Beirat besteht aus [5] Mitgliedern.
2. Alle Mitglieder des Beirats werden von der Hauptversammlung gewählt. Der Beschluss der Hauptversammlung bedarf der Mehrheit der abgegebenen Stimmen (§ 133 Abs. 1 AktG) und bedarf nicht der Zustimmung der persönlich haftenden Gesellschafter. Die Hauptversammlung beschließt jedes Jahr über die Entlastung der Mitglieder des Beirats.
3. Falls die Hauptversammlung bei der Wahl keine kürzere Amtszeit beschließt, dauert das Amt der Mitglieder des Beirats bis zur Beendigung der Hauptversammlung, die über die Entlastung des Mitglieds des Beirats für das vierte Geschäftsjahr nach dem Beginn der Amtszeit beschließt. Das Geschäftsjahr, in dem die Amtszeit beginnt, ist nicht mitzurechnen.

---

864 BGHZ 110, 323, 327 ff; aA LG Mainz AG 1978, 320, 322 (rechtskräftig).
865 Instruktiv vor allem *Hadding* in: FS Kellermann 1991, S. 91, 102 ff.
866 Ausführlich zum Beirat GroßKomm/*Assmann / Sethe* § 287 Rn 79 ff; *Assmann/Sethe* in: FS Lutter (2000), S. 251 ff; *Martens* AG 1982, 113.

4. Der Beirat hat die folgenden Befugnisse und Zuständigkeiten:
   a) Der Beirat erteilt anstelle der Hauptversammlung die Zustimmung zu außergewöhnlichen Geschäften nach § 278 Abs. 3 AktG, § 164 S. 1 2. Hs HGB. Als außergewöhnliche Geschäfte in diesem Sinne gelten: [Katalog außergewöhnlicher Geschäfte].
   b) Der Beirat kann bestimmen, dass bestimmte Arten von Geschäften nur mit seiner Zustimmung vorgenommen werden dürfen.
   c) Der Beirat entscheidet über die Aufnahme und das Ausscheiden persönlich haftender Gesellschafter nach näherer Maßgabe von §... dieser Satzung.
   d) Der Beirat regelt die Rechtsverhältnisse zwischen der Gesellschaft und den persönlich haftenden Gesellschaftern, soweit nicht zwingend eine Regelung durch die Satzung erforderlich ist.
   e) [Bei Einheitsgesellschaft:] Der Beirat übt anstelle der persönlich haftenden Gesellschafter die Rechte aus, die der Gesellschaft aus [Anteilen/Aktien] an der [Komplementärgesellschaft] zustehen.
   f) Soweit der Beirat hiernach zur Entscheidung über Maßnahmen berufen ist, die eine Vertretung der Gesellschaft erfordern, ist er berechtigt, die Gesellschaft zu vertreten.
[Es folgen Regelungen über die innere Ordnung des Beirats, die Beschlussfassung und über die Rechte und Pflichten der Mitglieder des Beirats.] ◄

f) Rechtsverhältnisse im Falle einer GmbH & Co. KGaA

aa) Rechtsverhältnisse innerhalb der KGaA

Entgegen manchen Äußerungen in der Literatur gilt das bisher gezeichnete Bild von den Rechtsverhältnissen innerhalb der KGaA auch dann, wenn persönlich haftender Gesellschafter eine GmbH oder ein sonstiger Verband ist. Insbesondere besteht auch in diesem Fall kein unmittelbares Rechtsverhältnis zwischen den Kommanditaktionären und dem persönlich haftenden Gesellschafter als geschäftsführendem Organ der KGaA (dazu oben Rn 778 f). Ferner ergibt sich aus der rechtlichen Eigenständigkeit der Komplementärgesellschaft, dass weder der KGaA noch ihren Organen noch ihren Gesellschaftern Instrumente zustehen können, die unmittelbar in die gesellschaftsrechtliche Struktur der Komplementärgesellschaft eingreifen. Deswegen verfügt die Hauptversammlung der KGaA insbesondere nicht über die Befugnis, unmittelbar den Geschäftsführer der Komplementär-GmbH abzuberufen (sog. Abberufungsdurchgriff, siehe näher unten Rn 845 f). 784

bb) Rechtsverhältnisse innerhalb der Komplementärgesellschaft

Auch für die **Rechtsverhältnisse innerhalb der Komplementärgesellschaft** gilt grundsätzlich das allgemeine Gesetzesrecht. Jedoch ist hier die Besonderheit zu beachten, dass die KGaA in allgemeiner Weise in den Schutzbereich des organschaftlichen Verhältnisses zwischen dem geschäftsführenden Organ der Komplementärgesellschaft und der Komplementärgesellschaft einbezogen ist. Der BGH hat ausdrücklich ausgesprochen, dass dieser von der GmbH & Co. KG bekannte Rechtssatz[867] auch für die GmbH & Co. KGaA Geltung beansprucht.[868] Entgegen dem BGH[869] kann nichts anderes für ein etwaiges Anstellungsverhältnis zwischen dem geschäftsführenden Organ der Komplementärgesellschaft und der Komplementärgesellschaft gelten. 785

II. Gründung der Gesellschaft

Eine KGaA kann durch Gründung oder durch eine Umwandlung entstehen. Die Vorschriften über die Gründung gelten für die Entstehung durch Umwandlung grundsätzlich entsprechend (§ 36 Abs. 2 S. 1, § 135 Abs. 2 S. 1, § 197 S. 1 UmwG; zur Entstehung durch Umwandlung siehe den umwandlungsrechtlichen Teil dieses Buches, § 8).[870] Zur Anmeldung der Gründung der Gesellschaft zur Eintragung in das Handelsregister vgl unten Rn 882. 786

---

867 Grundgelegt in BGHZ 69, 82, 86. Bestätigt etwa in BHGZ 75, 321 (1. Leitsatz); BGHZ 76, 327 (2. Leitsatz); BGHZ 100, 190, 193; BGH NZG 2002, 568.
868 BGHZ 134, 392, 399; *Arnold*, GmbH & Co. KGaA, S. 92 ff; *Sethe*, Personalistische Kapitalgesellschaft, S. 166 f.
869 BGH GmbHR 1997, 163, 164; BGH ZIP 1989, 1390, 1392 (jeweils für die GmbH). Vgl aber BGH GmbHR 1992, 303.
870 Ferner *Schroeder*, Rechtsprobleme bei der Entstehung der KGaA durch Umwandlung (1991).

1. Allgemeine rechtliche Darstellung

a) Ordnungsgemäßer Inhalt der Satzung

787 Wichtigster Schritt bei der Gründung einer KGaA ist es, eine Satzung mit ordnungsgemäßem Inhalt zu entwerfen.[871] Der Inhalt der Satzung ist ordnungsgemäß, wenn die Satzung über den erforderlichen Mindestinhalt verfügt und, sofern die Satzung weitere Bestimmungen enthält, nicht gegen Rechtsnormen verstößt, die die bei der Satzungsgestaltung grundsätzlich bestehende Vertrags(inhalts)freiheit beschränken. Die Satzung einer KGaA lässt sich wie folgt **gliedern**:

▶ A. Allgemeine Bestimmungen
   B. Grundkapital und Aktien
   C. Verfassung der Gesellschaft
      I. Persönlich haftende Gesellschafter
      II. Aufsichtsrat
      III. Beirat [Gesellschafterausschuss, Aktionärsausschuss]
      IV. Hauptversammlung
   D. Rechnungslegung und Gewinnverwendung
   E. Sonstiges und Schlussbestimmungen ◀

aa) Mindestinhalt

788 Aus dem Verweis in § 281 Abs. 1 AktG ergibt sich, dass die Satzung zunächst die in **§ 23 Abs. 3 und Abs. 4 AktG** genannten Angaben enthalten muss, wobei allerdings § 23 Abs. 3 Nr. 6 AktG gemäß § 278 Abs. 3 AktG („aus dem Fehlen eines Vorstands") keine Anwendung findet.[872] Gemäß § 23 Abs. 3 Nr. 1 AktG ist insbesondere die Firma der Gesellschaft anzugeben. Bei der KGaA besteht die Firma aus dem Firmenkern (dem „Namen" der Gesellschaft), einem Rechtsformzusatz (§ 279 Abs. 1 AktG), und, sofern in der Gesellschaft keine natürliche Person haftet (GmbH & Co. KGaA), einem Haftungsbeschränkungszusatz (§ 279 Abs. 2 AktG).

789 Ferner muss die Satzung gemäß § 281 Abs. 1 AktG den **Namen und Wohnort eines jeden persönlich haftenden Gesellschafters** enthalten. Dem entspricht bei der GmbH & Co. KGaA die Firma und der Sitz der Komplementärgesellschaft. Weiterhin sind nach § 281 Abs. 2 AktG **Vermögenseinlagen** der persönlich haftenden Gesellschafter, die nicht auf das Grundkapital (vgl § 281 Abs. 1, § 23 Abs. 3 Nr. 3, § 6 f AktG) geleistet werden, nach Höhe und Art in der Satzung festzusetzen (näher zur Vermögenseinlage unten Rn 859 ff). Sollen Kommanditaktionäre eine Einlage erbringen, die als **Sacheinlage oder Sachübernahme** zu qualifizieren ist, sind ferner die von § 27 Abs. 1 S. 1 AktG geforderten Angaben in die Satzung aufzunehmen (§ 278 Abs. 3 AktG).

bb) Kein Verstoß gegen Gestaltungsschranken

790 Weist die zu entwerfende Satzung den beschriebenen Mindestinhalt auf, ist sie inhaltlich ordnungsgemäß und kann mit diesem Inhalt wirksam werden. Üblicherweise enthalten KGaA-Satzungen eine Vielzahl weiterer Bestimmungen fakultativer Art. Hierbei unterliegt der Satzungsgeber nur in den von § 278 Abs. 3 AktG erfassten Bereichen der allgemeinen **Gestaltungsschranke des § 23 Abs. 5 AktG**. Im Übrigen kann er den Inhalt der Satzung frei gestalten. Dies folgt aus § 278 Abs. 2 AktG, § 109 HGB, die Ausprägung der Vertragsinhaltsfreiheit sind. Allerdings gelten auch hier Einschränkungen. Diese sind entweder geschriebener oder ungeschriebener Natur. Geschriebene Gestaltungsschranken sind solche, die sich aus der unmittelbaren oder analogen Anwendung einer gesetzlichen Bestimmung ergeben. Ungeschriebene Gestaltungsschranken gründen sich auf allgemeine rechtliche Strukturprinzipien. Wichtigste ungeschriebene Gestaltungsschranke im Recht der KGaA ist die sog. Inhaltskontrolle.[873]

---

871 Vgl hierzu die Mustersatzungen von *Hölters* in: Münchener Vertragshandbuch GesR, 6. Aufl. 2005, S. 1059 ff; *Hoffmann-Becking* in: Beck'sches Formularbuch, 9. Aufl. 2006, S. 1818 ff; *Schlitt*, Satzung.
872 Siehe nur *Hüffer*, § 281 Rn 1.
873 Ausführlich zur Inhaltskontrolle und den sonstigen Gestaltungsschranken *Kessler*, GmbH & Co. KGaA, S. 101 ff.

b) Feststellung der Satzung

Erster förmlicher Gründungsakt ist die Feststellung der Satzung. Mit der Feststellung der Satzung meint das Gesetz den rechtsgeschäftlichen Abschluss des als Satzung bezeichneten Gesellschaftsvertrages oder, im Falle der Gründung der Gesellschaft durch eine einzige Person, das einseitige Rechtsgeschäft, mit dem der Alleingründer die Satzung rechtlich existent werden lässt. An der Feststellung der Satzung müssen sich alle persönlich haftenden Gesellschafter und Kommanditaktionäre beteiligen (§ 280 Abs. 2 AktG). Die vor Inkrafttreten des UMAG in § 280 Abs. 1 S. 1 AktG enthaltene Beschränkung, dass mindestens fünf verschiedene Personen an der Feststellung beteiligt sein müssen, ist weggefallen. Daher kann dieselbe Person gleichzeitig persönlich haftender Gesellschafter und Kommanditaktionär sein. Wie § 280 Abs. 1 S. 3 AktG zeigt, ist rechtsgeschäftliche Vertretung bei der Feststellung zulässig.

Die Feststellung bedarf der **notariellen Beurkundung** (§ 280 Abs. 1 S. 1 AktG). In die notarielle Urkunde sind die in § 280 Abs. 1 S. 2 AktG genannten Angaben aufzunehmen. Damit spricht das Gesetz die sog. Gründungsurkunde an, bei der es sich um eine von der Satzung zu trennende notarielle Urkunde handelt. Wird eine an der Feststellung beteiligte Person durch einen Bevollmächtigten vertreten, bedarf die Vollmacht notarieller Beglaubigung (§ 280 Abs. 1 S. 3 AktG). Die persönlich haftenden Gesellschafter und Kommanditaktionäre, die die Satzung festgestellt haben, sind die **Gründer** der Gesellschaft (§ 280 Abs. 3 AktG). Das hat etwa für die Nachgründung (§ 278 Abs. 3, § 52 Abs. 1 S. 1 AktG; siehe unten Rn 796 ff), den Gründungsbericht (§ 278 Abs. 3, § 32 Abs. 1 AktG; siehe unten Rn 794) und für § 399 Abs. 1 Nr. 1, Nr. 3 AktG Bedeutung. Entsteht die KGaA durch Formwechsel (vgl oben Rn 786), gilt ausnahmsweise der Gründerbegriff des § 219 UmwG.

c) Übernahme der Kommanditaktien

Als nächstes müssen die Kommanditaktien übernommen werden (vgl § 278 Abs. 3, § 29 AktG). Hierüber sind in die Gründungsurkunde, nicht in die Satzung, die von § 280 Abs. 1 S. 2 AktG geforderten Angaben aufzunehmen (vgl § 23 Abs. 2 Nr. 2 AktG für die AG). Die Gesellschaft selbst darf keine Kommanditaktien übernehmen (§ 278 Abs. 3, § 56 Abs. 1 AktG).[874] Mit der Übernahme aller Aktien ist die Gesellschaft errichtet (§ 278 Abs. 3, § 29 AktG). Damit ist die KGaA als **Vorgesellschaft** im Sinne der Lehre über die Vorgesellschaft entstanden. Bei der Entstehung durch Formwechsel (vgl oben Rn 786) liegt eine Vor-KGaA vor, wenn der Beschluss über den Formwechsel gefasst und wirksam geworden ist, also alle etwa erforderlichen Zustimmungserklärungen vorliegen.

d) Gründungsbericht und Gründungsprüfung

Gemäß § 278 Abs. 3, § 32 Abs. 1 AktG haben die Gründer einen schriftlichen (§ 126 BGB) **Gründungsbericht** zu erstatten. Die Gründer können sich dabei nicht durch einen Bevollmächtigten vertreten lassen,[875] weil es sich um eine höchstpersönliche Maßnahme handelt. Die Anforderungen an den Inhalt des Berichts ergeben sich aus § 32 Abs. 2, Abs. 3 AktG. Bei der Anwendung von § 32 Abs. 3 AktG treten an die Stelle der Vorstandsmitglieder die persönlich haftenden Gesellschafter. Folgt man der hM, die die Gründungsprüfung auf Vermögenseinlagen der persönlich haftenden Gesellschafter erstreckt (vgl unten Rn 861), muss sich auch der Gründungsbericht hierzu verhalten.

Die persönlich haftenden Gesellschafter und die Mitglieder des Aufsichtsrats haben die **Gründung zu prüfen** (§ 283 Nr. 2, § 33 Abs. 1 AktG) und darüber schriftlich zu berichten (§ 283 Nr. 2, § 34 Abs. 2 S. 1 AktG). Die zusätzliche sachverständige Gründungsprüfung nach § 33 Abs. 2 AktG (auch sog. externe Gründungsprüfung) ist bei der KGaA anders als bei der AG stets erforderlich, weil zwingend ein geschäftsführungsbefugter persönlich haftender Gesellschafter zu den Gründern gehört (§ 283 Nr. 2, § 33 Abs. 2 Nr. 1 1. Fall, § 280 Abs. 3 AktG).[876] Wird in der Satzung eine Vermögenseinlage eines persönlich haftenden Gesellschafter festgesetzt, die durch Sacheinlage zu erbringen ist, muss sich die Gründungsprüfung darauf nach hM erstrecken (vgl unten Rn 861).

---

874 Vgl KölnKomm/*Mertens/Cahn* § 280 Rn 5..
875 Für die AG allgM, siehe nur *Hüffer*, § 32 Rn 2.
876 Ebenso etwa *Schlitt*, Satzung, S. 21.

2. Rechtsfragen aus der Praxis: Nachgründung (§ 278 Abs. 3, § 52 AktG)

796 Nach ganz hM gelten die Vorschriften des § 52 AktG über die Nachgründung gemäß § 278 Abs. 3 AktG entsprechend für die KGaA. Hierin liegt ein Nachteil der KGaA gegenüber der GmbH, die eine Nachgründung in der Form des § 52 AktG nicht kennt.[877] Diesem Umstand kommt nicht unerhebliche praktische Bedeutung zu, weil Kommanditgesellschaften auf Aktien häufig durch Bargründung, ggf auf Vorrat, errichtet werden und Vermögensgegenstände, die das Unternehmen der Gesellschaft bilden sollen, erst anschließend von Gesellschaftern auf die Gesellschaft übertragen werden. Sind die Nachgründungsvorschriften anwendbar, ist die Übertragung nur wirksam, wenn ihr die Hauptversammlung zustimmt und sie in das Handelsregister eingetragen wird (§ 52 Abs. 1 S. 1 AktG).

797 Die erste Voraussetzung zur Anwendung der Vorschriften über die Nachgründung ist **zeitlicher Art** und setzt voraus, dass die Übertragung innerhalb eines Zeitraums von **zwei Jahren seit Eintragung** der Gesellschaft in das Handelsregister erfolgt (§ 52 Abs. 1 S. 1 AktG). Dies gilt auch dann, wenn der Eintragung ein Formwechsel zugrunde liegt (§ 197 S. 1, § 245 Abs. 1–3, § 220 Abs. 3 S. 2 UmwG, vgl oben Rn 786).[878] Erst recht findet § 52 AktG auf Übertragungen Anwendung, die in der Phase der Vorgesellschaft vorgenommen werden, also nach Feststellung der Satzung bzw Beschlussfassung über den Formwechsel und vor Eintragung.

798 **In persönlicher Hinsicht** gelten die Nachgründungsvorschriften für die Gründer und für solche Kommanditaktionäre, die mehr als 10 % des Grundkapitals halten (§ 278 Abs. 3, § 52 Abs. 1 S. 1 AktG). Die Gründer der KGaA sind die Personen, die die Satzung festgestellt haben (§ 280 Abs. 3 AktG). Hierzu gehören die persönlich haftenden Gesellschafter, die sich gemäß § 280 Abs. 2 AktG an der Feststellung der Satzung beteiligt haben. Überträgt eine Person Vermögensgegenstände auf die Gesellschaft, die erst nach Feststellung der Satzung persönlich haftender Gesellschafter der Gesellschaft geworden ist, so kann diese Person nach dem Wortlaut der § 278 Abs. 3, § 52 Abs. 1 S. 1 AktG nur dann den Nachgründungsvorschriften unterliegen, wenn sie gleichzeitig Kommanditaktionär ist und mehr als 10 % des Grundkapitals hält. Von diesem Wortlaut will eine Schrifttum vertretene Auffassung abweichen und jeden persönlich haftenden Gesellschafter in den persönlichen Anwendungsbereich der Vorschrift einbeziehen, dem eine Vermögenseinlage (§ 281 Abs. 2 AktG, dazu unten Rn 859 ff) eingeräumt oder dessen Vermögenseinlage erhöht wird.[879] Die hierfür angeführten Gründe sind jedoch nicht ausreichend gewichtig, um eine Überschreitung des Gesetzeswortlauts rechtfertigen zu können.[880]

799 Für die Anwendung der Nachgründungsvorschriften ist schließlich erforderlich, dass der Gründer oder Kommanditaktionär als Gegenleistung für die Übertragung der Vermögensgegenstände eine **Vergütung in Höhe von 10 % des Grundkapitals** erhält (§ 52 Abs. 1 S. 1 AktG). Nach vereinzelt vertretener Auffassung kommt es hierfür bei der KGaA nicht nur auf das Grundkapital im Sinne des Gesetzes, sondern darüber hinaus auf die Vermögenseinlagen der persönlich haftenden Gesellschafter an.[881] Die hierdurch bewirkte Einschränkung des Anwendungsbereichs der Nachgründungsvorschriften ist aus Sicht der Praxis zwar zu begrüßen. Jedoch findet sich hierfür im Gesetz kein Anhaltspunkt.

---

[877] Man kann in den klaren Bestimmungen des § 52 AktG allerdings auch einen Vorteil gegenüber den unübersichtlichen Regeln des Rechts über die verdeckte Sacheinlage sehen, die bei der GmbH als Korrektiv eingreifen.
[878] Ebenso etwa *Hüffer*, § 52 Rn 10. Für die AG ebenfalls hM, *Schmitt/Hörtnagl/Stratz*, § 197 Rn 32; *Diekmann* ZIP 1996, 2149; aA aber *Martens* ZGR 1999, 548; *Bröcker* ZIP 1999, 1029, 1040 f.
[879] Vgl *Sethe* DB 1998, 1044, 1046.
[880] Ablehnend auch *Schlitt*, Satzung, S. 23, der empfiehlt, die Vorschriften über die Nachgründung gleichwohl vorsorglich zu beachten.
[881] *Wichert*, Die Finanzen der KGaA, S. 114 ff.

III. Organe der Gesellschaft

1. Der geschäftsführungsbefugte persönlich haftende Gesellschafter

a) Allgemeine rechtliche Darstellung

aa) Die Rechtsverhältnisse zwischen dem persönlich haftenden Gesellschafter und der KGaA

Der persönlich haftende Gesellschafter steht jedenfalls in einer **mitgliedschaftlichen Rechtsbeziehung** zur KGaA, da er Gesellschafter der KGaA ist. Dies gilt unabhängig davon, ob der persönlich haftende Gesellschafter am Vermögen der Gesellschaft beteiligt ist. Zu diesem Rechtsverhältnis ausführlich unten Rn 847 ff 800

Dem gesetzlichen Leitbild nach tritt neben das mitgliedschaftliche Verhältnis eine **organschaftliche Rechtsbeziehung**, die im Folgenden auch als Geschäftsführungsverhältnis bezeichnet wird. Nur in diesem Fall ist der persönlich haftende Gesellschafter auch Organ der Gesellschaft. Das Geschäftsführungsverhältnis unterfällt ebenso wie die mitgliedschaftliche Rechtsbeziehung der Vorschrift des § 278 Abs. 2 AktG (vgl oben Rn 773). Das Geschäftsführungsverhältnis besteht ausnahmsweise nicht, wenn der persönlich haftende Gesellschafter nach der Satzung der Gesellschaft von der Geschäftsführung ausgeschlossen ist (§ 278 Abs. 2 AktG, § 161 Abs. 2, § 114 Abs. 2 HGB) oder ihm die Geschäftsführungsbefugnis entzogen wurde (§ 278 Abs. 2 AktG, § 161 Abs. 2, § 117 HGB). 801

Das organschaftliche Geschäftsführungsverhältnis kann von einem schuldrechtlichen **Anstellungsverhältnis** begleitet werden. Wurde ein solches Anstellungsverhältnis begründet, so besteht es gesondert neben dem Geschäftsführungsverhältnis. Hinzutreten können **sonstige schuldrechtliche Beziehungen** (näher unten Rn 805 ff), etwa eine Darlehensbeziehung oder ein Mietvertrag (vgl in diesem Zusammenhang § 15 Abs. 1 S. 1 Nr. 3 EStG aE). 802

bb) Rechte des geschäftsführungsbefugten persönlich haftenden Gesellschafters

Rechte stehen dem persönlich haftenden Gesellschafter zunächst aufgrund seiner mitgliedschaftlichen Stellung zu (zu diesen Rechten unten Rn 848 ff). Geschäftsführungsbefugnis gibt ihm allein das Geschäftsführungsverhältnis (vgl oben Rn 41). Die Geschäftsführungsbefugnis ist das Recht, die Geschäfte der Gesellschaft zu führen. Dieses Recht ist in der Regel von einer entsprechenden Vertretungsmacht begleitet (§ 278 Abs. 2 AktG, § 161 Abs. 2, § 125 f HGB). Der grundsätzliche Umfang der Geschäftsführungsbefugnis des persönlich haftenden Gesellschafters umfasst gewöhnliche und außergewöhnliche Geschäftsführungsmaßnahmen, jedoch keine Grundlagengeschäfte (zu diesen unten Rn 836 ff). Die Geschäftsführungsbefugnis ist insoweit eingeschränkt, als gesetzliche oder satzungsmäßige Mitwirkungsbefugnisse, insbesondere Zustimmungsvorbehalte, anderer Gesellschaftsorgane oder Gesellschafter bestehen (zu Mitwirkungsbefugnissen des Aufsichtsrats unten Rn 814 ff und zu Mitwirkungsbefugnissen der Hauptversammlungen unten Rn 832 ff). 803

cc) Pflichten des geschäftsführungsbefugten persönlich haftenden Gesellschafters

Zur Führung der Geschäfte ist der geschäftsführungsbefugte persönlich haftende Gesellschafter nicht nur berechtigt, sondern auch verpflichtet (§ 278 Abs. 2 AktG, § 161 Abs. 2, § 114 Abs. 1 2. Fall HGB). Weitere **Pflichten** ergeben sich aus § 283 AktG in Verbindung mit den Vorschriften, auf die § 283 AktG verweist. Verschiedene Pflichten des persönlich haftenden Gesellschafters sind durch einen Ordnungswidrigkeiten- oder Straftatbestand sanktioniert (§ 408 AktG iVm §§ 399 ff AktG). 804

b) Rechtsfragen aus der Praxis

aa) Vereinbarungen zwischen persönlich haftendem Gesellschafter und KGaA

In der Praxis bestehen immer noch Unsicherheiten, wie und mit welchem Inhalt Vereinbarungen zwischen dem persönlich haftenden Gesellschafter und der KGaA abgeschlossen werden können.[882] Folgende Fragen lassen sich unterscheiden: 805

---

[882] Ausführlich Herfs AG 2005, 589 ff.

- Soll eine Vereinbarung zwischen Gesellschaft und persönlich haftendem Gesellschafter geschlossen werden, ist als erstes zu fragen, welches **Rechtsverhältnis** die Vereinbarung **betrifft**. Hieraus ergibt sich dann die Antwort auf die meisten Einzelfragen. Vereinbarungen können zunächst das mitgliedschaftliche Rechtsverhältnis (unten Rn 847) oder das Geschäftsführungsverhältnis (oben Rn 801) betreffen. Solche Vereinbarungen sind modifizierender Natur, weil bereits das Gesetz Regelungen über diese Rechtsverhältnisse trifft. Sonstige Vereinbarungen sind hingegen konstitutiver Art, da sie ein weiteres Rechtsverhältnis zwischen der Gesellschaft und dem persönlich haftenden Gesellschafter begründen. In diese Kategorie fallen etwa der Anstellungsvertrag und ein Darlehensvertrag (zu letzterem näher unten Rn 806 ff).
- Vereinbarungen, die das mitgliedschaftliche Verhältnis und das Geschäftsführungsverhältnis betreffen, sind korporationsrechtlicher Art und können daher nur **in der Satzung** getroffen werden, es sei denn, eine vorhandene Satzungsbestimmung sieht etwas anderes vor (vgl § 278 Abs. 2 AktG). Sonstige Vereinbarungen sind zumeist allgemein-schuldrechtlicher Natur, insbesondere Anstellungs- und Darlehensvertrag (vgl noch unten Rn 806 ff).
- Kann die Vereinbarung nur in der Satzung getroffen werden, wird die Gesellschaft mit Wirksamwerden der Satzungsbestimmung zur Partei der Vereinbarung mit dem persönlich haftenden Gesellschafter. Bei anderen Vereinbarungen bedarf es einer **Vertretung** der KGaA durch eines ihrer Organe. Nach dem BGH ist hierfür der Aufsichtsrat zuständig, auch wenn es um eine Vereinbarung mit einem ehemaligen Komplementär geht.[883] Dies ergebe sich aus § 278 Abs. 3, § 112 AktG. Diese Rechtsgrundlagen zu bemühen, begegnet Bedenken, da damit gleichzeitig ausgesagt ist, dass die Zuständigkeit des Aufsichtsrats zur Vertretung der Gesellschaft gegenüber den persönlich haftenden Gesellschaftern nicht durch die Satzung auf ein anderes Organ übertragen werden kann. Zwar hat dies der BGH nicht ausdrücklich entschieden. Jedoch dürfte sich dies zwingend aus § 278 Abs. 3, § 112, § 23 Abs. 5 AktG ergeben.[884]
- Besonderheiten sollen nach hM für sog. **Tätigkeitsvergütungen** gelten.[885] Da es sich hierbei um Sondervorteile im Sinne von § 278 Abs. 3, § 26 Abs. 1 AktG handele, bedürfe es einer entsprechenden Festsetzung in der Satzung. Lediglich die nähere Ausgestaltung der Tätigkeitsvergütung könne außerhalb der Satzung geregelt werden, sofern dies in der Satzung so vorgesehen ist. Diese hM begegnet Bedenken. Zum einen wird bisweilen übersehen, dass § 26 Abs. 1 AktG nur auf Vorteile Anwendung findet, die aus Anlass der Gründung der Gesellschaft gewährt werden. Die Bestimmung kann daher allenfalls auf den ersten Komplementär anzuwenden sein. Zweitens gilt § 26 Abs. 1 AktG richtigerweise nicht, wenn der Vorteil in einer gegenseitigen Vereinbarung als Gegenleistung versprochen wird.[886] Dies ist bei den hier in Rede stehenden Vereinbarungen, die zumindest anstellungsvertragsähnlichen Charakter haben, zumeist der Fall.
- Die Vorschriften der § 285 Nr. 9, § 289 Abs. 4 Nr. 8, 9, § 314 Abs. 1 Nr. 6, § 315 Abs. 4 Nr. 8, 9 HGB gelten im Grundsatz auch für die KGaA.

bb) Darlehensverträge im Besonderen (insbesondere § 283 Nr. 5, § 89 AktG)

806 Darlehensverträge zwischen der Gesellschaft und einem persönlich haftenden Gesellschafter unterwirft das Gesetz besonderen Anforderungen: Neben der Vertretung der Gesellschaft durch den Aufsichtsrat (§ 278 Abs. 3, § 112 AktG) bedarf es eines gesonderten **Beschlusses des Aufsichtsrats** über die Darlehensgewährung (§ 283 Nr. 5, § 89 Abs. 1 S. 1 AktG, vgl unten Rn 818). Dadurch ist ausgeschlossen, dass mit dem persönlich haftenden Gesellschafter konkludent ein Darlehensvertrag zustande kommt, da Beschlüsse des Aufsichtsrats nicht konkludent gefasst werden können (vgl § 278 Abs. 3, § 108 Abs. 1 AktG).[887] Der Beschluss muss den Anforderungen des § 283 Nr. 5, § 89 Abs. 1 S. 2 AktG genügen und die Angaben nach § 283 Nr. 5, § 89 Abs. 1 S. 3 AktG enthalten.

---

883 BGH AG 2005, 239.
884 Siehe aber *Herfs* AG 2005, 589, 592 f.
885 GroßKomm/*Assmann/Sethe*, § 278 Rn 75; KölnKomm/*Mertens/Cahn* § 281 Rn 32.
886 GroßKomm/*Röhricht* § 26 Rn 4.
887 St. Rspr seit BGHZ 10, 187, 194; zuletzt BGH AG 1991, 398. Aus der Literatur etwa MünchKomm/*Semler* § 108 Rn 60.

Wie die anderen Fälle des § 283 AktG wirft § 283 Nr. 5 AktG die Frage auf, ob die Verweisung auf 807
§ 89 AktG nur für persönlich haftende Gesellschafter gilt, die **geschäftsführungsbefugt** sind. Dies ließe sich nur durch eine teleologische Reduktion von § 283 Nr. 5 AktG bejahen, weil die Vorschrift ihrem Wortlaut nach für jeden persönlich haftenden Gesellschafter gilt. Für eine Reduktion der Vorschrift spricht, dass § 89 AktG bei der AG nur für Personen gilt, die für die Gesellschaft handeln (vgl § 89 Abs. 1 S. 1, Abs. 2 S. 1 AktG). Dies trifft auf den nicht geschäftsführungsbefugten persönlich haftenden Gesellschafter nicht zu. Auf der anderen Seite muss Sinn und Zweck von § 89 AktG berücksichtigt werden. Die Vorschrift dient nach hM nicht der Kapitalerhaltung, sondern soll Missbräuche verhindern, die darin liegen, dass der Aufsichtsrat (§ 112 AktG) einem Vorstandsmitglied Kredit zu unangemessen günstigen Bedingungen gewährt.[888] Gleichzeitig soll Transparenz geschaffen werden.[889] Versteht man Sinn und Zweck von § 89 AktG derart weit, dürfte sich eine entsprechende teleologische Reduktion nicht erreichen lassen, da auch nicht geschäftsführungsbefugte persönlich haftende Gesellschafter der Gesellschaft nahe stehen. Für die Praxis ist somit davon auszugehen, dass § 283 Nr. 5, § 89 AktG für nicht geschäftsführungsbefugte persönlich haftende Gesellschafter ebenfalls gelten.

Das Gesetz **erweitert den persönlichen Anwendungsbereich** von § 89 Abs. 1 AktG auf Prokuristen 808
und bestimmte Handlungsbevollmächtigte der Gesellschaft (§ 283 Nr. 5, § 89 Abs. 2 AktG) sowie auf Personen, die dem persönlich haftenden Gesellschafter oder den vorgenannten Personen nahestehen (§ 283 Nr. 5, § 89 Abs. 3 S. 1 AktG) oder diesen aus anderen Gründen zuzurechnen sind (§ 283 Nr. 5, § 89 Abs. 3 S. 2 und Abs. 4 AktG). Ist persönlich haftender Gesellschafter eine Gesellschaft, wird man den Anwendungsbereich ferner auf diejenigen Personen zu erstrecken haben, die man der analogen Anwendung von § 287 Abs. 3 AktG unterwirft (dazu unten Rn 813).

Eine weitere Anforderung an die Gewährung eines Darlehens an den persönlich haftenden Gesell- 809
schafter oder eine ihm nahe stehende Person ergibt sich aus **§ 288 Abs. 2 S. 1, Abs. 1 S. 2 AktG iVm § 286 Abs. 2 S. 2 AktG**. **§ 57 AktG** gilt im Verhältnis zum persönlich haftenden Gesellschafter nicht (vgl § 278 Abs. 3 AktG, § 161 Abs. 2, § 128 HGB).

2. Der Aufsichtsrat

a) Allgemeine rechtliche Darstellung

aa) Zusammensetzung des Aufsichtsrats

Die Zusammensetzung des Aufsichtsrats der KGaA bemisst sich nach § 278 Abs. 3, § 96 Abs. 1 AktG, 810
also nach den Mitbestimmungsgesetzen, sofern deren Anwendbarkeitsvoraussetzungen gegeben sind. Insoweit ist die KGaA also nicht gegenüber der AG mitbestimmungsrechtlich privilegiert. Bei der Anwendung des MitbestG auf die GmbH & Co. KGaA fragt sich, ob die Arbeitnehmer der KGaA sowie die Arbeitnehmer etwaiger Tochtergesellschaften der KGaA (§ 5 Abs. 2 S. 1 MitbestG) der Komplementärgesellschaft zuzurechnen sind. Als Zurechnungsnorm kommt sowohl § 4 Abs. 1 S. 1 MitbestG als auch § 5 Abs. 1 S. 1 MitbestG in Betracht (näher unten Rn 823 ff). Bei der Mitbestimmung nach dem DrittelbG stellt sich dieses Problem nicht, da das DrittelbG eine spezielle Zurechnungsnorm für die GmbH & Co. KG (vgl § 4 Abs. 1 S. 1 MitbestG) nicht kennt und eine Zurechnung im Konzern nicht allgemein, sondern nur vorsieht, wenn ein Beherrschungsvertrag geschlossen ist oder eine Eingliederung vorliegt (§ 2 Abs. 2 DrittelbG). Die Altfälle-Regelung des § 1 Abs. 1 Nr. 1 S. 2 DrittelbG gilt auch für die KGaA (§ 1 Abs. 1 Nr. 2 S. 2 DrittelbG).

bb) Bestellung der Aufsichtsratsmitglieder

(1) Bestellungsgründe

Gemäß § 278 Abs. 3, § 101 Abs. 1 S. 1 AktG gibt es drei Wege, auf denen eine Person zum Mitglied 811
des Aufsichtsrats der KGaA bestellt werden kann: durch Wahl der Hauptversammlung (vgl unten Rn 841), durch Wahl der Arbeitnehmer oder durch Entsendung (näher unten Rn 828 ff).

---

888 BGH AG 1991, 398, 399.
889 *Hüffer*, § 89 Rn 1.

(2) Bestellungshindernisse

812 Das Gesetz knüpft die Fähigkeit, Mitglied des Aufsichtsrats einer KGaA sein zu können, an verschiedene negative Voraussetzungen, die zumeist als **Bestellungshindernisse** bezeichnet werden. Diese gelten unabhängig vom Grund der Bestellung. Ihrer **Rechtsfolge** nach führen Bestellungshindernisse zur Nichtigkeit der Bestellung. Zur Geltendmachung der Nichtigkeit siehe unten Rn 865. Wirkt ein nichtig bestelltes Aufsichtsratsmitglied an einer Beschlussfassung des Aufsichtsrats mit, begründet allein dies keinen Mangel des Beschlusses.[890] Ein Mangel liegt erst vor, wenn ohne die Stimme des nichtig bestellten Mitglieds die Mehrheit, derer der Beschluss bedarf, nicht erreicht ist. Dieser Mangel führt nach zutreffender Auffassung zur Nichtigkeit des Beschlusses, weil das Gesetz die Kategorie der Anfechtbarkeit nur bei Beschlüssen der Hauptversammlung anerkennt.[891]

813 Bestellungshindernisse ergeben sich zunächst aus § 278 Abs. 3, § 100 AktG. Insoweit sei auf die AG verwiesen. Ein KGaA-spezifisches Bestellungshindernis ist § 287 Abs. 3 AktG. Danach kann ein persönlich haftender Gesellschafter nicht Mitglied des Aufsichtsrats sein. Diese Vorschrift ist zwingend.[892] Nach zutreffender hM gilt sie auch für einen persönlich haftenden Gesellschafter, der nicht geschäftsführungsbefugt ist.[893] Ist persönlich haftender Gesellschafter eine Gesellschaft, so besteht Einigkeit, dass § 287 Abs. 3 AktG analog auf geschäftsführende Personen dieser Gesellschaft anzuwenden ist.[894] Keine letzte Klarheit besteht bei der Frage, inwieweit die Vorschrift analog auch für Gesellschafter der Komplementärgesellschaft gilt. Der BGH hat diese Frage ausdrücklich offengelassen.[895] Die Literatur zieht überwiegend eine Analogie in Betracht und bejaht diese etwa für Gesellschafter, die mehr als nur unmaßgeblichen Einfluss nehmen können.[896] Richtigerweise sollte die Vorschrift analog auf Personen angewandt werden, die die Komplementärgesellschaft im Sinne von § 17 AktG (unmittelbar oder mittelbar) beherrschen.[897] Damit kann auf den gefestigten Begriff der Beherrschung zurückgegriffen werden, der gleichzeitig sicherstellt, dass eine analoge Anwendung nicht schon bei geringen Beteiligungsquoten droht. Ein Stimmrechtsanteil von ca. 15 %, wie er dem vom BGH entschiedenen Fall zugrunde lag, genügt in der Regel nicht.[898]

cc) Zuständigkeiten und Befugnisse des Aufsichtsrats

814 Dem Aufsichtsrat stehen im Kompetenzgefüge der KGaA verschiedene Zuständigkeiten (Kompetenzen) und Befugnisse zu, deren Umfang deutlich geringer ist als bei der AG. Die meisten der Zuständigkeiten und Befugnisse des Aufsichtsrats dienen der Überwachung der Geschäftsführung, zu der der Aufsichtsrat auch bei der KGaA berufen ist (§ 278 Abs. 3, § 111 Abs. 1 AktG). Im Einzelnen gilt Folgendes:

(1) Keine Personalkompetenz (vgl § 84 Abs. 1, Abs. 3 AktG) und keine Befugnis zum Erlass einer Geschäftsordnung für die Geschäftsführung (vgl § 77 Abs. 2 S. 1 AktG)

815 Dem Aufsichtsrat steht dem Gesetz nach nicht das Recht zu, einem persönlich haftenden Gesellschafter die Geschäftsführungsbefugnis zu entziehen oder einzuräumen. Diese sog. **Personalkompetenz** hat vielmehr dem gesetzlichen Grundsatz nach die Hauptversammlung (unten Rn 841, 854 ff). Hierin liegt einer der grundlegenden Unterschiede zwischen der KGaA und der AG (vgl § 84 Abs. 1, Abs. 3 AktG). Hieran ändert sich auch dann nichts, wenn die KGaA der Mitbestimmung nach dem MitbestG unterliegt (§ 31 Abs. 1 S. 2 MitbestG). Die Auffassung, § 31 Abs. 1 S. 2 MitbestG im Wege der teleo-

---

890 Vgl BGHZ 47, 341, 345 f.
891 Zum Meinungsbild bei der AG *Hüffer*, § 108 Rn 19 mwN Aus der Rechtsprechung siehe insbesondere OLG Hamburg AG 1992, 197 f (für die AG). Gesichtspunkte, bei der KGaA anders als bei der AG zu entscheiden, gibt es nicht.
892 GroßKomm/*Assmann*/*Sethe* § 287 Rn 16 mwN.
893 Wohl allgM, OLG München AG 2004, 151, 153; *Hüffer*, § 287 Rn 4; MünchKomm/*Semler*/*Perlitt* § 287 Rn 28.
894 OLG München NZG 2004, 521, 523. Ausführlich zu § 287 Abs. 3 AktG *Mertens* FS Ulmer 2003, 419 ff.
895 BGH ZIP 2006, 177, 178.
896 *Ihrig*/*Schlitt* in: Ulmer (Hrsg.), ZHR-Beiheft 67, S. 33, 43 f; wohl aA insbesondere *Hüffer*, § 287 Rn 4 („grundsätzlich abzulehnen").
897 *Saenger*/*Kessler* EWiR 2003, 1167, 1168.
898 Vgl OLG München NZG 2004, 521, 524.

logischen Reduktion nicht auf die GmbH & Co. KGaA anzuwenden und § 31 Abs. 1 S. 1 MitbestG zur Geltung kommen zu lassen,[899] hat sich nicht durchgesetzt. Nach hM kann dem Aufsichtsrat die Personalkompetenz durch eine entsprechende Gestaltung der Satzung eingeräumt werden.[900] Dem ist zuzustimmen, weil sich dem in § 278 Abs. 2 AktG genannten Merkmal der „Befugnis zur Geschäftsführung" nicht nur der Umfang dieser Befugnis, sondern auch deren Begründung und Beendigung als Themen zuordnen lassen. Da dem Aufsichtsrat die Personalkompetenz fehlt, steht ihm folgerichtig auch nicht das Recht zu, eine **Geschäftsordnung** für die Geschäftsführung zu **erlassen** (vgl § 77 Abs. 2 S. 1 AktG für die AG).[901] Wiederum bestehen keine Bedenken, den Aufsichtsrat hierzu in der Satzung zu ermächtigen.[902]

(2) Vertretungsbefugnisse (§ 278 Abs. 3, § 112 AktG und § 287 Abs. 2 S. 1 AktG)

Der Aufsichtsrat ist in bestimmten Fällen berechtigt, die Gesellschaft zu **vertreten**. Eine Vertretungskompetenz des Aufsichtsrats ergibt sich nach hM zunächst aus § 278 Abs. 3, § 112 AktG für Rechtsgeschäfte zwischen der Gesellschaft und derzeitigen oder ehemaligen persönlich haftenden Gesellschaftern (siehe oben Rn 805). Seinem Wortlaut nach verleiht ferner § 287 Abs. 2 S. 1 AktG dem Aufsichtsrat eine Vertretungskompetenz. Dieser Wortlaut ist jedoch überholt, weil ihm die veraltete Vorstellung zugrunde liegt, die Gesamtheit der Kommanditaktionäre sei eine eigenständige Rechtsfigur (siehe oben Rn 773). Richtigerweise beschränkt sich der Regelungsgehalt von § 287 Abs. 2 S. 1 AktG in der Aussage, dass die Hauptversammlung besondere Vertreter in Rechtsstreitigkeiten bestellen kann, die das personengesellschaftsrechtliche Kompetenzgefüge zwischen der Gesellschaft und dem persönlich haftenden Gesellschafter betreffen.[903]

816

(3) Kein Recht zur Begründung von Zustimmungsvorbehalten (vgl § 111 Abs. 4 S. 2 2. Fall AktG)

In der AG ist die Stellung des Aufsichtsrats vor allem deswegen besonders stark, weil der Aufsichtsrat (selbst) berechtigt ist, Geschäfte zu bestimmen, die der Vorstand nur mit Zustimmung des Aufsichtsrats vornehmen darf (§ 111 Abs. 4 S. 2 2. Fall AktG).[904] Dieses Recht, einen Katalog von **Zustimmungsvorbehalten** zu schaffen, steht dem Aufsichtsrat der KGaA nicht zu.[905] Insoweit ist nämlich der von § 278 Abs. 2 AktG erfasste Bereich der Geschäftsführung betroffen, so dass für § 278 Abs. 3 AktG, der allein die Anwendbarkeit von § 111 Abs. 4 S. 2 2. Fall AktG eröffnen könnte, kein Raum bleibt. Es bestehen aber keine Bedenken, dem Aufsichtsrat die Befugnis, Zustimmungsvorbehalte zu seinen Gunsten zu begründen, durch die Satzung einzuräumen.[906] Darüber hinaus werden Satzungsbestimmungen überwiegend für zulässig gehalten, die dem Aufsichtsrat Weisungsrechte gegenüber dem persönlich haftenden Gesellschafter einräumen. Hierbei ist jedoch zu berücksichtigen, dass der Aufsichtsrat auch in der KGaA ein Organ ist, das die Geschäftsführung überwacht (§ 278 Abs. 3, § 111 Abs. 1 AktG) und nicht selbst die Geschäfte führt (vgl § 111 Abs. 4 S. 1 AktG). Daher dürfen dem Aufsichtsrat Rechte zur Mitwirkung an der Geschäftsführung nicht in einer Dichte eingeräumt werden, die den Aufsichtsrat zum eigentlichen Entscheidungsträger in Geschäftsführungsfragen werden lassen.[907]

817

---

899 *Steindorff* FS Ballerstedt 1975, 127, 139. Vgl hierzu *Claussen* FS Heinsius 1991, 61, 76 f; *Jäger*, AG und KGaA, § 26 Rn 38 f.
900 *Assmann/Sethe* FS Lutter 2000, 251, 255; *Binz/Sorg* BB 1988, 2041, 2043; *Schilling* BB 1998, 1905, 1907.
901 HM, *Sethe*, Personalistische Kapitalgesellschaft, S. 153; *Hartel* DB 1992, 2329, 2330. Vgl aber *Ammenwerth*, KGaA, S. 82.
902 *Sethe*, Personalistische Kapitalgesellschaft, S. 153.
903 GroßKomm/*Assmann/Sethe* § 287 Rn 20; anders *Hüffer*, § 287 Rn 2.
904 Näher *Fonk* ZGR 2006, 841.
905 Heute allgM, GroßKomm/*Assmann/Sethe* § 278 Rn 108; *Hennerkes/Lorz* DB 1997, 1388, 1389; *Hennerkes/May* DB 1988, 537, 540; MünchHdb GesR IV/*Herfs* § 78 Rn 51; *Hoffmann-Becking/Herfs* FS Sigle 2000, 273, 278; *Hüffer*, § 278 Rn 15. Ausführlich *Lothar Fischer*, KGaA und MitbestG, S. 69 ff.
906 Mit Zustimmungsvorbehalten gehen allerdings besondere Pflichten einher, vgl BGH ZIP 2007, 224.
907 Vgl OLG Köln AG 1978, 17, 18 („*Herstatt*") („Aufhebung der Zuordnung von Geschäftsführung und Kontrolle zu zwei verschiedenen Organen"); *Martens* AG 1982, 113, 115.

(4) Punktuelle Zustimmungsvorbehalte (u.a. § 284 Abs. 1 S. 1 AktG und § 283 Nr. 5, § 89 Abs. 1–3 AktG)

818 Dem Aufsichtsrat stehen jedoch einige **punktuelle Zustimmungsvorbehalte** zu. So ist gemäß § 284 Abs. 1 S. 1 AktG die Zustimmung des Aufsichtsrats erforderlich, wenn der persönlich haftende Gesellschafter von seinem Wettbewerbsverbot befreit werden soll. Ferner muss der Aufsichtsrat einem Kredit zustimmen, den die Gesellschaft einem persönlich haftenden Gesellschafter, einem Prokuristen, bestimmten Handlungsbevollmächtigten oder diesen zuzurechnenden Personen gewährt (§ 283 Nr. 5, § 89 Abs. 1–3 AktG).

(5) Ausübung von Beteiligungsrechten (§ 32 Abs. 1 S. 1 MitbestG)

819 Die Ausübung von Beteiligungsrechten fällt grundsätzlich in die Zuständigkeit der Geschäftsführung.[908] Hiervon macht die Vorschrift des **§ 32 Abs. 1 S. 1 MitbestG** eine Ausnahme, indem sie die Ausübung von Beteiligungsrechten durch das Geschäftsführungsorgan bei bestimmten Beschlussgegenständen an die Zustimmung des Aufsichtsrats bindet. Die Zustimmung des Aufsichtsrats bedarf allerdings lediglich der Mehrheit der Stimmen der Anteilseignervertreter (§ 32 Abs. 1 S. 2 1. Hs MitbestG). Ob § 32 Abs. 1 S. 1 MitbestG für die KGaA gilt, ist streitig.[909] Die Frage lässt sich wegen der diffusen Ratio der Norm nicht leicht entscheiden. Zumindest aus Vorsichtsgründen ist davon auszugehen, dass § 32 Abs. 1 S. 1 MitbestG für die KGaA gilt, weil der Wortlaut der Vorschrift die KGaA erfasst und § 32 MitbestG im Unterschied zu §§ 31, 33 MitbestG keinen Ausnahmetatbestand für die KGaA enthält.

(6) Informationsrechte (§ 283 Nr. 4, § 90, § 112 Abs. 2 AktG)

820 Gemäß § 283 Nr. 4 AktG gelten die Pflichten des Vorstands der AG gegenüber dem Aufsichtsrat entsprechend für den persönlich haftenden Gesellschafter der KGaA. Diese Verweisung erfasst insbesondere die Informationspflichten des Vorstands einer AG. Demnach stehen dem Aufsichtsrat der KGaA die **Informationsrechte** nach § 90 Abs. 1 S. 1 AktG und § 90 Abs. 3 AktG zu, die dieser für die Gesellschaft wahrnimmt.[910] Da diese Informationsrechte dem Geschäftsführungsverhältnis entspringen, gelten sie nach zutreffender überwiegender Auffassung nur gegenüber persönlich haftenden Gesellschaftern, die geschäftsführungsbefugt sind.[911] § 283 Nr. 4 AktG gibt dem Aufsichtsrat ferner das Einsichtsrecht nach § 111 Abs. 2 AktG.[912]

(7) Zuständigkeiten im Zusammenhang mit Jahres- und Konzernabschluss, Lagebericht und Abhängigkeitsbericht sowie Bericht des Aufsichtsrats (§ 283 Nr. 9, Nr. 10, § 170 f, § 314 Abs. 1 S. 1 AktG)

821 Gemäß § 283 Nr. 9, § 170 Abs. 1 S. 1 AktG hat der persönlich haftende Gesellschafter dem Aufsichtsrat den **Jahresabschluss** (vgl § 242 Abs. 3 HGB) und den **Lagebericht** (vgl § 289 HGB) unverzüglich nach ihrer Aufstellung **vorzulegen**, obwohl bei der KGaA nicht der Aufsichtsrat den Jahresabschluss billigt (vgl § 172 Abs. 1 S. 1 AktG für die AG), sondern die Hauptversammlung den Jahresabschluss feststellt (dazu unten Rn 868). Die Vorlage von Jahresabschluss und Lagebericht ist jedoch schon deswegen erforderlich, weil der Aufsichtsrat diese Unterlagen gemäß § 283 Nr. 9, § 171 Abs. 1 S. 1 AktG zu **prüfen** und der Hauptversammlung über das Ergebnis dieser Prüfung gemäß § 283 Nr. 9, § 171 Abs. 2 AktG zu **berichten** hat.[913] Diese gesetzliche Anordnung ist konsequent, weil die Prüfung des Jahresabschlusses wesentlicher Bestandteil der Überwachungsfunk-

---

908 Etwa *Hopt* in: Baumbach/Hopt, HGB, § 126 Rn 3 (für die oHG); *Fitting/Wlotzke/Wißmann*, MitbestG, § 32 Rn 14 (für die AG).
909 Verneinend MünchHdb GesR IV/*Hoffmann-Becking* § 29 Rn 45 mwN; KölnKomm/*Mertens* Anh. § 117 B § 32 MitbestG Rn 4; *Ulmer/Habersack* in: Ulmer/Habersack/Henssler, MitbestG, § 32 Rn 5. Bejahend *Fitting/Wlotzke/Wißmann*, MitbestG, § 32 Rn 14; *Kessler*, GmbH & Co. KGaA, S. 225 f. Unentschieden *Raiser*, MitbestG, § 32 Rn 5 („zu erwägen").
910 Zu den dogmatischen Grundlagen siehe *Karsten Schmidt*, Informationsrechte, S. 18; *Teichmann* in: FS Mühl 1981, S. 663, 668.
911 *Grafmüller*, KGaA, S. 76; *Semler* in: Geßler/Hefermehl/Eckardt/Kropff, § 283 Rn 6.
912 *Ammenwerth*, KGaA, S. 81; *Lothar Fischer*, KGaA und MitbestG, S. 121.
913 Näher hierzu *Strieder* AG 2006, 363 ff. Zur Bedeutung der wirtschaftlichen Lage der Gesellschaft für die Anforderungen an den Bericht des Aufsichtsrats siehe OLG Stuttgart NZG 2007, 472, 474 ff (zur AG).

tion des Aufsichtsrats (§ 278 Abs. 3, § 111 Abs. 1 AktG) ist. Ist die KGaA Mutterunternehmen iSv § 290 Abs. 1, Abs. 2 HGB, gilt § 170 Abs. 1 S. 1 AktG entsprechend für den Konzernabschluss und den Konzernlagebericht (§ 283 Nr. 10, § 170 Abs. 1 S. 2 AktG).[914] Der Aufsichtsrat muss auch diese Unterlagen prüfen und der Hauptversammlung über das Ergebnis dieser Prüfung berichten (§ 283 Nr. 10, § 171 Abs. 1 S. 1, Abs. 2 AktG). Entsprechendes gilt gemäß § 314 Abs. 1 S. 1 AktG für den Abhängigkeitsbericht (§ 312 AktG), falls die KGaA abhängiges Unternehmen (§ 17 AktG) ist.[915]

(8) Ausführung von Beschlüssen der Kommanditaktionäre (§ 287 Abs. 1 AktG)

Gemäß § 287 Abs. 1 AktG hat der Aufsichtsrat Beschlüsse der Kommanditaktionäre auszuführen, sofern die Satzung nichts anderes bestimmt. Wenn diese Vorschrift von den Kommanditaktionären spricht, bleibt unklar, ob sie hiermit die Gesamtheit der Kommanditaktionäre (vgl § 278 Abs. 2 AktG) oder die Hauptversammlung meint. Letzteres liegt fern, weil es grundsätzlich Sache des Geschäftsführungsorgans ist, ausführungsbedürftige Beschlüsse der Gesellschafterversammlung auszuführen (vgl § 83 Abs. 2 AktG). Dies ist auch sachgerecht, weil der Aufsichtsrat kein allgemeines Handlungsorgan ist. § 287 Abs. 1 AktG kann daher nur als Sonderregelung verstanden werden, die sich auf die Gesamtheit der Kommanditaktionäre bezieht. Da es diese jedoch nach überwiegender und zutreffender Auffassung nicht gibt (siehe Rn 773), geht die Regelung des § 287 Abs. 1 AktG insoweit ins Leere.

822

b) Rechtsfragen aus der Praxis
aa) Zurechnung von Arbeitnehmern der KGaA zur Komplementärgesellschaft
(1) Zurechnung nach § 4 Abs. 1 S. 1 MitbestG

Bei einer KGaA, deren persönlich haftender Gesellschafter eine GmbH oder AG ist, stellt sich im Rahmen von § 1 Abs. 1 Nr. 2 MitbestG die Frage, ob die Arbeitnehmer der KGaA sowie die Arbeitnehmer etwaiger Tochtergesellschaften der KGaA (§ 5 Abs. 2 S. 1 MitbestG) der Komplementärgesellschaft nach § 4 Abs. 1 S. 1 MitbestG oder nach § 5 Abs. 1 S. 1 MitbestG zuzurechnen sind. § 4 Abs. 1 S. 1 MitbestG gilt seinem Wortlaut nach nur für die KG und rechnet unter bestimmten Voraussetzungen der Komplementärgesellschaft der KG die Arbeitnehmer der KG zu. Für die GmbH & Co. KGaA könnte die Vorschrift also allenfalls analog gelten. Der GmbH & Co. KGaA-Entscheidung des BGH kann recht deutlich die Aussage entnommen werden, dass § 4 Abs. 1 S. 1 MitbestG nicht analog auf die KGaA anzuwenden ist.[916] Dies entspricht der wohl hM im Schrifttum;[917] es gibt allerdings auch namhafte Gegenstimmen.[918] Bei der Einschätzung der Bedeutung dieser Frage muss berücksichtigt werden, dass sich die diskutierte Analogie allein auf das Tatbestandsmerkmal „Kommanditgesellschaft" bezieht. Auch bei einer analogen Anwendung auf die GmbH & Co. KGaA muss also die weitere Voraussetzung des § 4 Abs. 1 S. 1 MitbestG vorliegen, dass die Mehrheit der Kommanditaktionäre über die Mehrheit in der Komplementär-GmbH verfügt. Das ist bei einer GmbH & Co. KGaA häufig nicht der Fall.[919]

823

---

914 *Lothar Fischer*, KGaA und MitbestG, S. 72 (zur Vorgängernorm des § 337 AktG).
915 Die Anwendbarkeit auf die KGaA folgt aus dem systematischen Verhältnis der Vorschrift zu § 311 AktG, der ausdrücklich für Untergesellschaften in der Rechtsform der KGaA gilt (vgl hierzu *Lothar Fischer*, KGaA und MitbestG, S. 72).
916 BGHZ 134, 392, 400. Ebenso verstehen die Entscheidung *Hennerkes/Lorz* DB 1997, 1388, 1392; MünchHdb GesR IV/*Herfs* § 78 Rn 63; *Hoffmann-Becking/Herfs* in: FS Sigle 2000, S. 273, 279; *Schaumburg/Schulte*, KGaA, Rn 83; *Schrick* NZG 2000, 409, 413.
917 Besonders ausführlich *Graf*, KGaA, S. 204 ff. Ferner etwa *Hennerkes/Lorz* DB 1997, 1388, 1392; *Hoffmann-Becking/Herfs* in: FS Sigle 2000, S. 273, 279; *Jacques* NZG 2000, 401, 404 f; *Reuter/Körnig* ZHR 140 (1976), 494, 517.
918 *Raiser*, MitbestG, § 31 Rn 45; MünchKomm/*Semler/Perlitt* § 278 Rn 302 ff.
919 *Arnold*, GmbH & Co. KGaA, S. 29 und S. 118 f.

(2) Zurechnung nach § 5 Abs. 1 S. 1 MitbestG

824 Daneben kommt eine Zurechnung nach § 5 Abs. 1 S. 1 MitbestG in Betracht. Diese Frage ist nicht durch BGHZ 134, 392 beantwortet, da § 5 Abs. 1 S. 1 MitbestG unmittelbar einschlägig sein könnte,[920] so dass es sich nicht um eine „irgendwie geartete Rechtsfortbildung", von der allein der BGH spricht,[921] handelte.

825 Erste Voraussetzung einer Zurechnung nach § 5 Abs. 1 S. 1 MitbestG ist, dass die Komplementärgesellschaft **Unternehmen** ist, also neben der Beteiligung an der KGaA anderweitige wirtschaftliche Interessenbindungen aufweist.[922] Hieran fehlt es, wenn sich die Tätigkeit der Komplementärgesellschaft darauf beschränkt, die Komplementärfunktion in der KGaA wahrzunehmen. Sie ist dann nicht mehr als ein (geschäftsführender) Gesellschafter. Etwas anderes ließe sich nur vertreten, wenn man § 5 Abs. 1 S. 1 MitbestG einen eigenständigen mitbestimmungsrechtlichen, von §§ 15 ff AktG abweichenden Unternehmensbegriff zugrunde legen wollte, wie dies bisweilen angenommen wird.[923] Da § 5 Abs. 1 S. 1 MitbestG eindeutig auf § 18 Abs. 1 AktG Bezug nimmt, kann diese Auffassung jedoch nicht überzeugen.[924] Ist die Komplementärgesellschaft persönlich haftende Gesellschafterin einer weiteren Gesellschaft, unterhält sie einen eigenen Gewerbebetrieb oder verfügt sie über Beteiligungen an anderen Gesellschaften, erfüllt sie den konzernrechtlichen Unternehmensbegriff.[925]

826 Zweitens muss die Komplementärgesellschaft die KGaA im Sinne von § 17 AktG **beherrschen**. Dies setzt nach üblichem Verständnis voraus, dass die Obergesellschaft die beständige Möglichkeit haben muss, die Geschäfte der Untergesellschaft durch gesellschaftsrechtlich vermittelte Instrumente in den wesentlichen Unternehmensbereichen maßgeblich zu beeinflussen.[926] Bemerkenswerterweise finden sich nicht wenige Stimmen, die diese Anforderungen allein aufgrund der Einwirkungsmöglichkeiten als erfüllt ansehen, die der Komplementärgesellschaft kraft ihrer Komplementärstellung zustehen.[927] Diese Sichtweise könnte weitreichende Auswirkungen haben (vgl §§ 311 ff AktG, § 16 Abs. 4 1. Fall AktG zB iVm § 20 Abs. 1 S. 2 AktG, § 290 Abs. 2 HGB, § 22 Abs. 1 S. 1 Nr. 1 WpHG, § 30 Abs. 1 S. 1 Nr. 1 WpÜG). Sie verdient keine Zustimmung:[928] Zunächst muss beachtet werden, dass Einflussnahme im Sinne der obigen Formel im Regelfall (vgl § 117 Abs. 1 S. 1, § 317 Abs. 1 S. 1 AktG) Einflussnahme auf die Geschäftsführung meint. Die Komplementärgesellschaft kann sich aber nicht selbst beeinflussen.

827 Außerdem sind die **Einwirkungsmöglichkeiten nicht** im Sinne der obigen Formel **gesellschaftsrechtlich vermittelt**. Mit diesem Kriterium soll erreicht werden, dass nur Einflussnahmemöglichkeiten, die sich aus der Stellung als Gesellschafter der Untergesellschaft ergeben, eine beherrschende Stellung iSv § 17 Abs. 1 AktG begründen können. Allein dieser Art von Macht sucht das Konzernrecht zu begegnen. Nicht ausreichend sind hingegen Machtpositionen, die aus der Eigenschaft als geschäftsführende Per-

---

920 Anders GroßKomm/*Assmann/Sethe* Vor § 278 Rn 74 („entsprechende Anwendung").
921 BGHZ 134, 392, 400.
922 Statt aller *Hüffer*, § 15 Rn 8.
923 Vgl BayObLG BB 1998, 2129, 2130; BayObLG DB 1989, 1128, 1129; *Wiesner* ZHR 148 (1984), 56, 57 mwN.
924 *Arnold*, GmbH & Co. KGaA, S. 121 f; *Graf*, KGaA, S. 223; *Hennerkes/May* BB 1988, 2393, 2399, Fn 81; *Hoffmann-Becking/Herfs* in: FS Sigle 2000, S. 273, 279; *Joost* ZGR 1998, 334, 347; *Lutter* ZGR 1977, 195, 210; MünchKomm/*Semler/Perlitt* § 278 Rn 316.
925 Ebenso (für die KGaA) *Arnold*, GmbH & Co. KGaA, S. 120; GroßKomm/*Assmann/Sethe* Vor § 278 Rn 76; *Hoffmann-Becking/Herfs* in: FS Sigle 2000, S. 273, 279; *Joost* ZGR 1998, 334, 348; *Mertens* in: FS Claussen 1997, S. 297, 298; *Schaumburg/Schulte*, KGaA, Rn 67 f; *Schlitt*, Satzung, S. 108 und S. 164; MünchKomm/*Semler/Perlitt* § 278 Rn 317.
926 MünchHdb GesR IV/*Krieger* § 68 Rn 38.
927 Erwogen bereits von *Wilhelm Bayer* ZGR 1977, 173, 193. Ferner etwa *Fitting/Wlotzke/Wißmann*, MitbestG, § 31 Rn 51; *Raiser*, MitbestG, § 31 Rn 45; MünchKomm/*Semler/Perlitt* § 278 Rn 318; *Sethe*, Personalistische Kapitalgesellschaft, S. 172 f. Wohl auch OLG Karlsruhe NJW-RR 1996, 1254, 1255 f („konzernrechtlicher Tatbestand, der positivrechtlich nicht geregelt ist"); *Mertens* in: FS Barz 1974, S. 253, 266.
928 Im Ergebnis wie hier *Arnold*, GmbH & Co. KGaA, S. 120; *Hennerkes/May* BB 1988, 2393, 2399; *Hoffmann-Becking/Herfs* in: FS Sigle 2000, S. 273, 279; *Schaumburg/Schulte*, KGaA, Rn 70 ff; *Schlitt*, Satzung, S. 108 und S. 164. Zurückhaltend auch GroßKomm/*Assmann/Sethe* Vor § 278 Rn 81; *Joost* ZGR 1998, 334, 348. Für die GmbH & Co. KG lehnen ein Konzernverhältnis ab OLG Celle BB 1979, 1577, 1578; *Beinert/Hennerkes/Binz* DB 1979, 68, 69; *Mussaeus* in: Hesselmann/Tillmann/Mueller-Thuns, GmbH & Co. KG, § 5 Rn 165.

son folgen.⁹²⁹ Deswegen ist die Gesellschaftereigenschaft auch unabdingbare Voraussetzung des Unternehmensbegriffs mit der Folge, dass ein Nur-Geschäftsführer bislang nicht als Konzernunternehmen eingestuft wurde. Dem entspricht es, wenn die Abhängigkeitsvermutung des § 16 AktG allein auf die Beteiligungshöhe des Gesellschafters abstellt. Aus diesen Erwägungen folgt, dass bei Personen, die gleichzeitig Gesellschafter und geschäftsführende Person sind, nur solche Einflussnahmemöglichkeiten in die Betrachtung eingehen dürfen, die sich auf die Gesellschaftereigenschaft gründen. Demnach lässt sich eine Komplementärgesellschaft, deren Stellung in der KGaA (bzw KG) dem gesetzlichen Leitbild im Wesentlichen entspricht, nicht als herrschend iSv § 17 Abs. 1 AktG einstufen.

Anderes kann danach nur gelten, wenn die mitgliedschaftlichen oder organschaftlichen **Rechte** der Komplementärgesellschaft durch den Gesellschaftsvertrag weit **über den gesetzlichen Umfang hinaus** ausgeweitet worden sind,⁹³⁰ oder wenn die Komplementärgesellschaft gleichzeitig als Kommanditaktionär über einen wesentlichen Einfluss in der Hauptversammlung der KGaA verfügt.

bb) Bestellung von Aufsichtsratsmitgliedern durch Entsendung

Da der Aufsichtsrat der KGaA schwächer ist als der der AG, kommt der Bestellung von Aufsichtsratsmitgliedern durch Entsendung bei der KGaA weniger Bedeutung zu als bei der AG. Gleichwohl liegt in einem Entsendungsrecht ein wirksames Instrument, Einflussnahme auf die Geschäftsführung abzusichern. Entsendungsrechte haben daher auch bei der KGaA praktische Bedeutung.⁹³¹

828

(1) Begründung eines Entsendungsrechts

Die **Begründung eines Entsendungsrechts** bemisst sich nach § 102 Abs. 2 AktG (§ 278 Abs. 3 AktG). Danach kann Grundlage für ein Entsendungsrecht nur eine entsprechende Regelung in der Satzung sein (§ 102 Abs. 2 S. 1 AktG). Entsendungsberechtigter kann nur eine bestimmte, dh namentliche benannte Person, oder der Inhaber bestimmter, näher bezeichneter Aktien sein (§ 102 Abs. 2 S. 2 AktG). Im letzteren Falle muss die Aktie, die mit dem Entsendungsrecht ausgestattet sein soll, eine Namensaktie sein, die nur mit Zustimmung der Gesellschaft (vgl § 278 Abs. 3, § 68 Abs. 2 AktG) übertragen werden kann (§ 102 Abs. 2 S. 2 AktG). Entsendungsrechte können höchstens für ein Drittel der Aufsichtsratsmandate begründet werden (§ 102 Abs. 2 S. 4 AktG).

829

(2) Ausübung des Entsendungsrechts

Für die **Ausübung des Entsendungsrechts** gelten zunächst die allgemeinen aktienrechtlichen Regeln. Eine KGaA-rechtliche Besonderheit folgt aus § 285 Abs. 1 S. 2 Nr. 1 1. Fall AktG. Danach kann der persönlich haftende Gesellschafter Stimmrechte, die ihm aus eigenen Aktien zustehen oder die er grundsätzlich für Dritte ausüben kann, bei der Wahl von Aufsichtsratsmitgliedern nicht ausüben. Diese Vorschrift gilt nach wohl hM nicht nur für das Stimmrecht, sondern ist analog auf das Entsendungsrecht anzuwenden.⁹³² Folgt man dem, könnte man bei einer GmbH & Co. KGaA den Schluss ziehen, § 285 Abs. 1 S. Nr. 1 AktG nicht nur auf die Komplementärgesellschaft selbst, sondern in einer weiteren Analogie auch auf Personen anzuwenden, die Geschäftsführer der Komplementärgesellschaft sind oder diese beherrschen.⁹³³ Da diese Personen nach hM gleichzeitig vom Anwendungsbereich des § 287 Abs. 3 AktG erfasst werden, könnten diese Personen nach dieser Auffassung also weder selbst Aufsichtsratsmitglieder sein noch Dritte in den Aufsichtsrat entsenden. Diese Ansicht vermag jedoch nicht zu überzeugen. Der Einfluss des persönlich haftenden Gesellschafters auf die Besetzung des Aufsichtsrats ist mit der Vorschrift des § 287 Abs. 3 AktG und dessen erweiterter Anwendung bei der GmbH & Co. KGaA bereits hinreichend eingegrenzt. Außerdem darf nicht ver-

830

---

929 Ähnlich *Hennerkes/May* BB 1988, 2393, 2399 (für die GmbH & Co. KGaA).
930 Ähnlich GroßKomm/*Assmann/Sethe* Vor § 278 Rn 79. Vgl auch *Schaumburg/Schulte*, KGaA, Rn 73.
931 Entsendungsrechte bei der KGaA haben auch die Gerichte beschäftigt, BGH ZIP 2006, 177 („*Gabriel Sedlmayr/Spaten Franziskaner Bräu*") mit Anm. *Dürr* EWiR 2006, 193; OLG München NZG 2004, 521; LG München I AG 2002, 467 mit Anm. *Saenger/Kessler* EWiR 2003, 1167.
932 GroßKomm/*Assmann/Sethe* § 287 Rn 6 mwN. Vgl LG München I AG 2002, 467, 469.
933 GroßKomm/*Assmann/Sethe* § 287 Rn 7.

gessen werden, dass auch ein durch Entsendung bestelltes Aufsichtsratsmitglied den Pflichten eines Aufsichtsratsmitglieds (zu diesen vgl oben Rn 782) unterliegt.

(3) Bestellungshindernisse

831 Die Bestellung durch Entsendung ist nichtig, wenn ein **Bestellungshindernis** vorliegt (siehe oben Rn 812 f). Zur gerichtlichen Geltendmachung siehe unten Rn 865.

3. Die Hauptversammlung

a) Allgemeine rechtliche Darstellung

832 Die Vorbereitung und Durchführung einer Hauptversammlung einer KGaA folgen weitestgehend dem Recht der AG (vgl § 283 Nr. 6 AktG). Zur Mehrheit, derer Hauptversammlungsbeschlüsse bedürfen, vgl noch unten Rn 833, 877. Zuständigkeiten der Hauptversammlung können sich aus Kommanditrecht (§ 278 Abs. 2 AktG) oder aus Aktienrecht (§ 278 Abs. 3 AktG) ergeben. Diese Zuständigkeiten werden im Folgenden näher dargestellt. Zur Frage, ob der Holzmüller-Zustimmungsvorbehalt gilt, unten Rn 842.

aa) Zustimmung zu außergewöhnlichen Geschäftsführungsmaßnahmen (§ 278 Abs. 2 AktG, § 164 S. 1 2. Hs HGB)

833 Gemäß § 278 Abs. 2 AktG gilt § 164 S. 1 2. Hs HGB für die KGaA.[934] Bei der KG berechtigt § 164 S. 1 2. Hs HGB den einzelnen Kommanditisten. § 278 Abs. 2 AktG, § 164 S. 1 2. Hs HGB berechtigen jedoch nicht den einzelnen Kommanditaktionär, sondern begründen eine Kompetenz der Hauptversammlung der KGaA,[935] in der die Kommanditaktionäre den Beschluss mit der einfachen Mehrheit des § 133 Abs. 1 AktG fassen (§ 278 Abs. 3 AktG). Entgegen seinem Wortlaut gewährt § 164 S. 1 2. Hs HGB kein Widerspruchsrecht, sondern einen Zustimmungsvorbehalt. Der persönlich haftende Gesellschafter darf die Maßnahme also grundsätzlich nicht vornehmen, solange die Zustimmung nicht erteilt ist.

834 Die Zustimmung ist erforderlich bei allen Geschäftsführungsmaßnahmen, die als **außergewöhnlich** einzustufen sind. Hierzu kann auf die Kriterien zurückgegriffen werden, die zur Auslegung von § 164 S. 1 2. Hs HGB und § 116 Abs. 2 HGB entwickelt worden sind.

835 Zur **Abdingbarkeit** dieses Zustimmungsvorbehalts unten Rn 843 f. Nach verbreiteter Auffassung bedarf ein Zustimmungsbeschluss der Hauptversammlung nach § 278 Abs. 2 AktG, § 164 S. 1 2. Hs HGB gemäß § 285 Abs. 2 S. 1 AktG der **Zustimmung eines jeden persönlich haftenden Gesellschafters** (vgl § 116 Abs. 2 AktG).[936]

bb) Zustimmungsvorbehalt bei geschäftsführungsbezogenen Grundlagengeschäften

(1) Allgemeines

836 Die aus dem Personengesellschaftsrecht bekannte Kategorie der Grundlagengeschäfte existiert nach zutreffender hM auch im Recht der KGaA.[937] Auch hieraus können sich Zuständigkeiten der Hauptversammlung ergeben. Es bedarf allerdings sorgfältiger Prüfung, welche der Fälle, die im Personengesellschaftsrecht als Grundlagengeschäft eingestuft werden, auch im Recht der KGaA als Grundlagengeschäft zählen. Das Personengesellschaftsrecht, und damit auch das Recht der Grundlagengeschäfte, findet auf die KGaA nur insoweit Anwendung, als § 278 Abs. 2 AktG darauf verweist. § 278 Abs. 2 AktG verweist im Wesentlichen nur für den Bereich der Geschäftsführung auf das Personengesellschaftsrecht. Daher gelten für die KGaA nur diejenigen Grundlagengeschäfte, die den Geschäftsführungsbereich betreffen. Dies ist bei verschiedenen Grundlagengeschäften, wie etwa der Feststellung des Jahresabschlusses und den meisten Gesellschaftsvertragsänderungen, nicht der Fall. Die hM im Per-

---

[934] Allgemeine Meinung, siehe nur GroßKomm/*Assmann/Sethe* Vor § 278 Rn 65.
[935] Ganz hM, etwa OLG Stuttgart NZG 2003, 778, 782.
[936] KölnKomm/*Mertens/Cahn* § 285 Rn 35 f; MünchKomm/*Semler/Perlitt* § 285 Rn 42; zutreffend aA MünchHdb GesR IV/*Herfs* § 78 Rn 34.
[937] Siehe nur OLG Stuttgart NZG 2003, 778, 783; GroßKomm/*Assmann/Sethe* § 278 Rn 122 mwN.

sonengesellschaftsrecht stuft allerdings auch Fälle als Grundlagengeschäfte ein, die in die primäre Zuständigkeit des Geschäftsführungsorgans fallen und somit den Geschäftsführungsbereich betreffen.

(2) Einzelfälle

Wichtigster dieser Fälle, die sich auch als geschäftsführungsbezogene Grundlagengeschäfte bezeichnen lassen, ist die **Verpflichtung zur Verfügung über wesentliche Teile des Gesellschaftsvermögens**.[938] Diese Fallgruppe gilt über § 278 Abs. 2 AktG somit auch für die KGaA Für eine Anwendung von § 179 a Abs. 1 S. 1 AktG über die – gegenüber § 278 Abs. 2 AktG subsidiäre – Vorschrift des § 278 Abs. 3 AktG verbleibt folglich entgegen der hM[939] kein Raum. Hieraus folgt, dass die Schwelle, ab der die Hauptversammlung zur Mitwirkung berufen ist, nicht zwingend mit den Werten übereinstimmen muss, die nach hM für die Anwendung von § 179 a Abs. 1 S. 1 AktG gelten.[940] Gleichwohl sollte die Schwelle bei der KGaA nicht wesentlich niedriger liegen, weil die Gründe der „Gelatine"-Urteile des BGH[941] auch für die KGaA Geltung beanspruchen. 837

Von der Verpflichtung zur Verfügung über wesentliche Teile des Gesellschaftsvermögens ist die **Verfügung** selbst zu unterscheiden. Die Verfügung stellt richtigerweise kein Grundlagengeschäft dar.[942] Diese Differenzierung ist aus Gründen des Verkehrsschutzes gerechtfertigt, weil anderenfalls das Verfügungsgeschäft unwirksam wäre, da die Vertretungsmacht des persönlich haftenden Gesellschafters (§ 278 Abs. 2 AktG, § 161 Abs. 2, § 126 Abs. 1 HGB) nach hM Grundlagengeschäfte nicht deckt.[943] Diese Unterscheidung liegt auch § 179 a AktG zugrunde. 838

Weitgehend ungeklärt ist, ob die **Ausübung von Rechten aus Beteiligungen**, die die KGaA hält, als (geschäftsführungsbezogenes) Grundlagengeschäft einzustufen sein kann (zu § 32 Abs. 1 S. 1 MitbestG vgl oben Rn 819). Trotz der praktischen Bedeutung dieser Frage finden sich hierzu bereits für die KG nur vereinzelte Aussagen.[944] 839

(3) Dispositivität

Ist eine Maßnahme als geschäftsführungsbezogenes Grundlagengeschäft einzustufen, darf sie der persönlich haftende Gesellschafter nur mit Zustimmung der Hauptversammlung vornehmen (§ 278 Abs. 2 AktG, § 161 Abs. 2, § 119 HGB). Ein Vorteil gegenüber aktienrechtlichen Kompetenznormen liegt darin, dass die Zuständigkeit für Grundlagengeschäfte nach im Personengesellschaftsrecht herrschender[945] und auf die KGaA zu übertragender[946] Auffassung grundsätzlich **dispositiv** ist. 840

cc) Sonstige Zuständigkeiten

Der Hauptversammlung stehen ferner vor allem die folgenden Zuständigkeiten zu: 841

- Die Hauptversammlung **wählt** die von der Hauptversammlung zu wählenden **Mitglieder des Aufsichtsrats** (§ 278 Abs. 3, § 119 Abs. 1 Nr. 1, § 101 Abs. 1 AktG).
- Die Hauptversammlung hat ferner den **Abschlussprüfer** zu wählen (§ 278 Abs. 3, § 119 Abs. 1 Nr. 4 AktG, § 318 Abs. 1 S. 1 HGB). Dieser Beschluss bedarf ausnahmsweise nicht der Zustimmung der persönlich haftenden Gesellschafter (§ 285 Abs. 2 S. 2 1. Fall AktG). Das Stimmverbot nach § 285 Abs. 1 S. 2 Nr. 3, S. 3 AktG ist zu berücksichtigen.

---

938 Für die KG BGH NJW 1995, 596; *Koller* in: *Koller/Roth/Morck*, HGB, § 114 Rn 2; *Karsten Schmidt* ZGR 1995, 675, 681. Für die KGaA wohl ebenso OLG Stuttgart NZG 2003, 778, 784. Näher *Fett/Förl* NZG 2004, 210, 212 ff.
939 OLG Stuttgart NZG 2003, 778, 784; GroßKomm/*Assmann/Sethe* § 278 Rn 6; *Hüffer*, § 179 a Rn 22; *Schaumburg/Schulte*, KGaA, Rn 60.
940 So im Ergebnis auch OLG Stuttgart NZG 2003, 778, 784.
941 BGH NZG 2004, 571 ff. Näher hierzu *Bungert* BB 2004, 1345.
942 Im Personengesellschaftsrecht hM, BGH NJW 1991, 2564; *Karsten Schmidt* ZGR 1995, 675, 681; MünchKommHGB/*Mülbert* KonzernR Rn 74 f; wohl aA *Hillmann* in: Ebenroth/Boujong/Joost, HGB, § 126 Rn 10.
943 *Hopt* in: Baumbach/Hopt, HGB, § 126 Rn 3 (für die oHG).
944 Siehe etwa MünchKommHGB/*Mülbert* KonzernR Rn 88 ff; *Tröger* in: Westermann, Handbuch der Personengesellschaften, Rn I 4021.
945 *Hopt* in: Baumbach/Hopt, HGB, § 114 Rn 3 (unter Hinweis auf § 109 HGB); MünchKommHGB/*Rawert* § 114 Rn 14.
946 Siehe nur GroßKomm/*Assmann/Sethe* § 278 Rn 124. Wohl auch OLG Stuttgart NZG 2003, 778, 783.

- Zur Zuständigkeit für **Satzungsänderungen** siehe unten Rn 875 ff
- Die Hauptversammlung ist ferner dafür zuständig, dem persönlich haftenden Gesellschafter die **Geschäftsführungsbefugnis** (§ 117 HGB) und die **Vertretungsmacht** zu entziehen (§ 127 HGB). Da sich beide Kompetenzen aus § 278 Abs. 2 AktG ergeben, kann die Satzung sie auf ein anderes Gesellschaftsorgan übertragen. Außerdem kann die Satzung das Verfahren der Entziehung abweichend vom Gesetz regeln.[947]
- Die Zustimmung der Hauptversammlung ist außerdem erforderlich, wenn ein **Unternehmensvertrag** mit der KGaA als Unter- oder Obergesellschaft abgeschlossen oder geändert werden soll (§ 293 Abs. 1, Abs. 2, § 295 Abs. 1 AktG).
- Weitere Kompetenzen der Hauptversammlung ergeben sich aus dem **UmwG**. Die Hauptversammlung muss insbesondere einer Verschmelzung der Gesellschaft als übernehmendem oder übertragendem Rechtsträger zustimmen (§ 13 Abs. 1 S. 1 UmwG), es sei denn, die Gesellschaft ist übernehmender Rechtsträger und ihr gehören 90 % des Kapitals des übertragenden Rechtsträgers (§ 78 S. 1, § 62 Abs. 1 S. 1 UmwG; näher § 10 Rn 106).
- Verträge, auf die die **Nachgründung**svorschriften Anwendung finden (dazu oben Rn 796 ff), bedürfen zu ihrer Wirksamkeit der Zustimmung der Hauptversammlung (§ 278 Abs. 3, § 52 Abs. 1 S. 1 AktG).
- Schließlich sind die **Auflösung** der Gesellschaft (§ 289 Abs. 1 1. Fall AktG, § 161 Abs. 2, § 131 Abs. 1 Nr. 2 HGB, § 289 Abs. 4 2. Fall AktG; vgl unten Rn 878) und deren **Fortsetzung** (§ 278 Abs. 3, § 274 Abs. 1 S. 1 AktG) zu nennen.

b) Rechtsfragen aus der Praxis

aa) Holzmüller-Zustimmungsvorbehalt (vgl § 278 Abs. 3, § 119 Abs. 2 AktG)?

842 Es fragt sich, ob auch der Hauptversammlung der KGaA die im Aktienrecht geltende sog. Holzmüller-Kompetenz zusteht. Diese Frage ist vor allem deswegen von Bedeutung, weil die Holzmüller-Kompetenz nach hM nicht durch die Satzung abbedungen werden kann.[948] Nach zutreffender und wohl herrschender Auffassung gilt die Holzmüller-Zuständigkeit im Recht der KGaA nicht.[949] Die Vorschrift des § 119 Abs. 2 AktG, aus der sich die Holzmüller-Kompetenz herleitet,[950] findet auf die KGaA keine Anwendung, da § 278 Abs. 2 AktG für den Regelungsbereich der Kompetenzen der Hauptversammlung im Geschäftsführungsbereich auf die §§ 161 ff HGB verweist und damit kein Raum mehr für eine Anwendung von § 278 Abs. 3 AktG, der allein die Anwendbarkeit von § 119 Abs. 2 AktG eröffnen könnte, verbleibt. Folgte man dieser Auffassung nicht, so käme der Holzmüller-Vorbehalt allenfalls unter den erhöhten Voraussetzungen zur "Gelatine"-Urteile zur Anwendung, die auch für die KGaA Geltung beanspruchen.[951]

bb) Grenzen der Abdingbarkeit des Zustimmungsvorbehalts aus § 278 Abs. 2 AktG, § 164 S. 1 2. Hs HGB

843 Grundsätzlich kann dieser Zustimmungsvorbehalt durch die Satzung der Gesellschaft ausgeschlossen oder eingeschränkt werden (§ 278 Abs. 2 AktG, § 161 Abs. 2, § 109 HGB). Inwieweit Ausnahmen von diesem Grundsatz anzuerkennen sind, hat das Schrifttum intensiv diskutiert. Eine Gerichtsentscheidung liegt hierzu noch nicht vor.[952] Im Schrifttum dürfte die Meinung überwiegen, die im Ergebnis sogar einen ersatzlosen Ausschluss des Zustimmungsvorbehalts nach § 278 Abs. 2 AktG, § 164

---

947 Zu § 117 HGB siehe etwa *Hopt* in: Baumbach/Hopt, HGB, § 117 Rn 11; MünchHdb GesR II/*Wirth* § 11 Rn 31. Zu § 127 HGB einerseits etwa BGH NJW 1998, 1225, 1226 und andererseits etwa MünchHdb GesR II/*Wirth* § 11 Rn 31.
948 AllgM, siehe nur *Ihrig/Schlitt* in: Ulmer (Hrsg.), ZHR-Beiheft 67, S. 33, 65; *Schlitt*, Satzung, S. 6.
949 So dürfte insbesondere OLG Stuttgart NZG 2003, 778, 783 zu verstehen sein. Ferner *Hoffmann-Becking/Herfs* in: FS Sigle 2000, S. 273, 286 f; *Fett/Förl* NZG 2004, 210, 211 f. Im Schrifttum sind anderer Ansicht *Heermann* ZGR 2000, 61, 70; *Ihrig/Schlitt* in: Ulmer (Hrsg.), ZHR-Beiheft 67, S. 33, 65 f; *Schaumburg/Schulte*, KGaA, Rn 60; *Schlitt*, Satzung, S. 6 und 157.
950 BGHZ 83, 122, 136. Nochmals betont in den „*Gelatine*"-Urteilen, vgl sogleich.
951 BGH, NZG 2004, 571 ff. Näher hierzu *Bungert* BB 2004, 1345.
952 Vgl aber OLG Stuttgart NZG 2003, 778, 783.

S. 1 2. Hs HGB für zulässig hält.⁹⁵³ Diese Auffassung einer Satzungsgestaltung zugrunde zu legen, ist jedoch riskant, da der BGH in BGHZ 134, 392 in Erwägung gezogen hat, die Satzung einer KGaA unter bestimmten Voraussetzungen einer **Inhaltskontrolle** zu unterziehen, und zu erkennen gegeben hat, dieses Instrument insbesondere gegenüber einem Ausschluss von § 278 Abs. 2 AktG, § 164 S. 1 2. Hs HGB zur Anwendung zu bringen.⁹⁵⁴

Jedenfalls dürfte es zulässig sein, wie folgt zu differenzieren:⁹⁵⁵ Bei einer KGaA, auch einer GmbH & Co. KGaA, die nicht Publikumsgesellschaft ist, kann der Zustimmungsvorbehalt nach § 278 Abs. 2 AktG, § 164 S. 1 2. Hs HGB ohne Einschränkung ausgeschlossen werden. Ist die Gesellschaft eine **Publikumsgesellschaft**, ist der ersatzlose Ausschluss unzulässig. Möglich ist es aber, den Zustimmungsvorbehalt auf den Aufsichtsrat zu übertragen oder auf ein anderes Gremium, dessen Besetzung die Kommanditaktionäre so wie die des Aufsichtsrats beeinflussen können. Eine Gesellschaft wird zumeist als Publikumsgesellschaft eingestuft, wenn sie über eine unbestimmte Vielzahl von Kommanditaktionären, die primär Anlageinteressen verfolgen, verfügt, oder hierauf angelegt ist.

cc) Keine Zuständigkeit zur Bestellung und Abberufung des Geschäftsführers der Komplementärgesellschaft

Für die GmbH & Co. KGaA wird bisweilen danach gefragt, ob die Hauptversammlung der KGaA berechtigt ist, an der Bestellung und Abberufung des Geschäftsführers der GmbH mitzuwirken. Diese Frage hat durch ein Urteil des OLG München zur GmbH & Co. KG aus dem Jahre 2003 erhöhte Bedeutung erlangt. Das Gericht meint, die Bestellung und Abberufung des Geschäftsführers der Komplementärgesellschaft stelle auf Ebene der KG ein **außergewöhnliches Geschäft** dar, so dass den Kommanditisten bei Bestellung und Abberufung ein Zustimmungsrecht nach § 164 S. 1 2. Hs HGB zustehe.⁹⁵⁶ Diese Auffassung ist jedoch in aller Deutlichkeit sowohl für die GmbH & Co. KG als auch die GmbH & Co. KGaA abzulehnen. Bestellung und Abberufung des Geschäftsführers der Komplementärgesellschaft sind keine Maßnahmen, die die Komplementärgesellschaft in ihrer Eigenschaft als persönlich haftende Gesellschafterin der KG(aA) im Verhältnis zu den Kommanditisten bzw Kommanditaktionären vornimmt, wie § 164 S. 1 2. Hs HGB es voraussetzt. Vielmehr handelt es sich um Maßnahmen, die von den Gesellschaftern der Komplementärgesellschaft in deren Gesellschafterversammlung (§ 46 Nr. 5 GmbHG) in eigener Zuständigkeit getroffen werden. Hierauf kann weder in der GmbH & Co. KG noch in der GmbH & Co. KGaA die Vorschrift des § 164 S. 1 2. Hs HGB angewendet werden.⁹⁵⁷

Auch andere Versuche, einen sog. **Abberufungsdurchgriff**⁹⁵⁸ zu begründen, werden von der hM sowohl für die GmbH & Co. KG⁹⁵⁹ als auch für die GmbH & Co. KGaA⁹⁶⁰ zu Recht verworfen. Die Kommanditaktionäre sind lediglich mittelbar dadurch geschützt, dass die Komplementärgesellschaft aus ihrer mitgliedschaftlichen Treuepflicht der KGaA gegenüber verpflichtet ist, die Interessen der Kommanditaktionäre zu wahren.⁹⁶¹ Nach wohl herrschender und zutreffender Auffassung kann der Hauptversammlung der KGaA eine Zuständigkeit für die Bestellung und Abberufung des Geschäftsführers der Komplementärgesellschaft **nicht** einmal **durch den Gesellschaftsvertrag** der Komplementärgesellschaft verliehen werden.⁹⁶²

---

953 GroßKomm/*Assmann/Sethe* § 278 Rn 116 ff; *Heermann* ZGR 2000, 63, 82 f; MünchHdb GesR IV/*Herfs* § 78 Rn 17; *ders.* in: VGR 1998, 23, 44; *Hoffmann-Becking/Herfs* in: FS Sigle 2000, S. 273, 288; *Hommelhoff* in: Ulmer (Hrsg.), ZHR-Beiheft 67, S. 9, 16; *Lorz* in: VGR 1998, 57, 71 ff; MünchKomm/*Semler/Perlitt* § 278 Rn 369; *Wichert* AG 2000, 268, 270.
954 BGHZ 134, 392, 399.
955 Ganz ähnlich *Schlitt*, Satzung, S. 157.
956 OLG München NZG 2004, 374, 375.
957 Im Falle einer Einheitsgesellschaft siehe für die GmbH & Co. KG MünchHdb GesR II/*Gummert* § 51 Rn 8 und für die GmbH & Co. KGaA *Kessler* NZG 2005, 145, 148.
958 Vgl *Hopt* ZGR 1979, 1 ff.
959 Etwa *Mussaeus* in: Hesselmann/Tillmann/Mueller-Thuns, GmbH & Co. KG, § 5 Rn 34; MünchHdb GesR II/*Wirth* § 7 Rn 82.
960 BGHZ 134, 392, 399; *Ihrig/Schlitt* in: Ulmer (Hrsg.), ZHR-Beiheft 67, S. 33, 53 f; MünchKomm/*Semler/Perlitt* § 278 Rn 381; *Schlitt*, Satzung, S. 211; Anwaltkommentar/*Wichert* § 278 Rn 41.
961 Vgl BGHZ 134, 392, 399. Näher *Kessler*, GmbH & Co. KGaA, S. 346 ff.
962 MünchKomm/*Semler/Perlitt* § 278 Rn 381. Vgl auch *Jäger*, AG und KGaA, § 26 Rn 40.

IV. Mitgliedschaft

1. Der persönlich haftende Gesellschafter

a) Allgemeine rechtliche Darstellung

aa) Erwerb der Mitgliedschaft

847 In den folgenden Fällen erwirbt eine Person die Stellung eines persönlich haftenden Gesellschafters einer KGaA mit der Folge, dass eine entsprechende mitgliedschaftliche Rechtsbeziehung zur Gesellschaft entsteht:

- Beteiligung an der **Feststellung** der (Gründungs-)**Satzung** (§ 280 Abs. 2 S. 1 AktG; vgl oben Rn 791 f).
- Nach der Gründung der Gesellschaft kann eine Person die Stellung eines persönlich haftenden Gesellschafters erlangen, indem die Hauptversammlung die **Satzung** entsprechend **ändert**, der persönlich haftende Gesellschafter zustimmt und die bereits vorhandenen persönlich haftenden Gesellschafter ebenfalls zustimmen (§ 285 Abs. 2 S. 1 AktG), sog. Aufnahme. Zur Frage, inwieweit die Satzung die Aufnahme von persönlich haftenden Gesellschaftern abweichend regeln kann, siehe unten Rn 854 ff.
- Durch **Übertragung** einer vorhandenen Komplementärbeteiligung gemäß §§ 413, 398 BGB (siehe unten Rn 853).
- Nach Äußerungen in der Literatur kann eine Person ferner durch **gerichtliche Bestellung** analog § 29 BGB, § 85 Abs. 1 AktG zum persönlich haftenden Gesellschafter einer KGaA werden.[963] Dieser Auffassung kann nur einschränkend gefolgt werden. Über die Analogie zu §§ 29 BGB, 85 Abs. 1 AktG kann lediglich das Geschäftsführungsverhältnis, nicht jedoch eine mitgliedschaftliche Rechtsbeziehung begründet werden. Fällt der letzte oder einzige persönlich haftenden Gesellschafter der KGaA weg, so hat dies die Auflösung der Gesellschaft zur Folge (hierzu noch unten Rn 878). Hieran vermag auch eine gerichtliche Bestellung nichts zu ändern.
- Verliert eine Person ihre Komplementärstellung (siehe unten Rn 853), so ist dies gemäß § 278 Abs. 2 AktG, § 161 Abs. 2, § 143 Abs. 2, § 143 Abs. 1 S. 1 AktG zur Eintragung in das Handelsregister anzumelden. Daher gilt die Person gemäß **§ 15 Abs. 1 HGB** grundsätzlich so lange als persönlich haftender Gesellschafter der KGaA, wie der (materiellrechtliche) Verlust der Komplementärstellung nicht in das Handelsregister eingetragen ist.
- Bei einer mitbestimmten KGaA ließe sich erwägen, ob neben den persönlich haftenden Gesellschafter gemäß § 33 Abs. 1 S. 1 MitbestG ein **Arbeitsdirektor** tritt. Die Vorschriften des Mitbestimmungsgesetzes über den Arbeitsdirektor gelten für die KGaA jedoch nicht (§ 33 Abs. 1 S. 2 MitbestG).
- Ein Sonderfall ist der **Beitritt im Rahmen eines Formwechsels** (§ 218 Abs. 2 2. Fall, § 221 UmwG).

bb) Rechte aus der Mitgliedschaft

848 Das mitgliedschaftliche Verhältnis verleiht dem persönlich haftenden Gesellschafter verschiedene mitgliedschaftliche **Rechte**. Hierzu gehören vor allem seine **Zustimmungsvorbehalte** nach § 285 Abs. 2 S. 1, § 286 Abs. 1 S. 2 AktG. Gemäß **§ 285 Abs. 2 S. 1 AktG** bedarf ein Beschluss der Hauptversammlung der Zustimmung des persönlich haftenden Gesellschafters, wenn der Beschluss eine Angelegenheit betrifft, der bei einer Kommanditgesellschaft der Zustimmung aller Gesellschafter bedarf, also ein Grundlagengeschäft zum Gegenstand hat.[964] Gibt es nur einen persönlich haftenden Gesellschafter, so kommt seinen Zustimmungsvorbehalten gegenüber Hauptversammlungsbeschlüssen wegen § 283 Nr. 6, § 121 Abs. 2 AktG nur Bedeutung zu, wenn die Hauptversammlung einen Gegenantrag (§ 278 Abs. 3, § 126 AktG) oder den Antrag einer Minderheit (§ 283 Nr. 6, § 122 Abs. 2 AktG) annimmt. Bei mehreren persönlich haftenden Gesellschaftern muss jeder zustimmen. In diesem Fall empfiehlt es sich in der Regel, die Zustimmungsvorbehalte in der Satzung einzuschränken, etwa eine Mehrheitsentscheidung der Komplementäre vorzusehen (vgl § 78 S. 3 2. Hs UmwG). Ein Beschluss der Hauptversammlung über den Ausschluss von Minderheitsaktionären (§§ 327 a ff AktG) bedarf

---

963 Vgl *Schrick* NZG 2000, 409, 412.
964 Siehe nur KölnKomm/*Mertens/Cahn* § 285 Rn 35.

nicht der Zustimmung der persönlich haftenden Gesellschafter nach § 285 Abs. 2 S. 1 AktG (§ 327 a Abs. 1 S. 2 AktG). **Weitere Zustimmungsvorbehalte** folgen aus § 286 Abs. 1 S. 2 AktG und § 78 S. 3 2. Hs UmwG. Danach bedürfen der Beschluss der Hauptversammlung über die Feststellung des Jahresabschlusses (dazu unten Rn 868) und ein Verschmelzungsbeschluss der Zustimmung des persönlich haftenden Gesellschafters. Zur **Treuebindung**, der Zustimmungsvorbehalte des persönlich haftenden Gesellschafters unterliegen können, vgl noch unten Rn 866.

Aus der mitgliedschaftlichen Stellung des persönlich haftenden Gesellschafter folgt auch das Recht, sich von den Angelegenheiten der Gesellschaft **zu unterrichten und die Bücher einzusehen** (§ 278 Abs. 2 AktG, § 161 Abs. 2, § 118 Abs. 1 HGB). Mitgliedschaftlicher Art ist ferner das Recht des persönlich haftenden Gesellschafters zur **Teilnahme an der Hauptversammlung**.[965] Das mitgliedschaftliche Verhältnis verleiht dem persönlich haftenden Gesellschafter hingegen **kein Stimmrecht in der Hauptversammlung**. Insoweit besteht ein Unterschied zum persönlich haftenden Gesellschafter der KG, welchem dem gesetzlichen Grundsatz nach das Stimmrecht in der Versammlung der Gesellschafter zusteht (§ 161 Abs. 2, § 119 Abs. 1 HGB). Der persönlich haftende Gesellschafter hat in der Hauptversammlung der KGaA nur ein Stimmrecht, wenn er gleichzeitig Kommanditaktionär ist (§ 285 Abs. 1 S. 1 AktG). Die Stimmrechtsausübung unterliegt neben den allgemeinen Vorschriften über den Stimmrechtsausschluss (insb. § 278 Abs. 3, § 136 Abs. 1, § 142 Abs. 1 S. 2, 3 AktG) den besonderen Stimmverboten des § 285 Abs. 1 S. 2, S. 3 AktG.[966]

849

Nach hM stehen dem persönlich haftenden Gesellschafter überdies in bestimmten Fällen ungeschriebene Befugnisse zur Geltendmachung von Rechten der Gesellschaft zu (**actio pro socio**).[967] Diese dem Personengesellschaftsrecht entliehene Auffassung ist abzulehnen, da in der KGaA mit dem Aufsichtsrat ein weiteres Organ vorhanden ist, welches zur Vertretung der Gesellschaft geeignet ist. Mit Blick auf die § 287 Abs. 2 S. 1, § 278 Abs. 3, § 112 AktG ist es daher systemgerechter, in Konfliktfällen dem Aufsichtsrat eine besondere Vertretungskompetenz zuzugestehen. Unabhängig von einer gleichzeitigen Beteiligung als Kommanditaktionär stehen dem persönlich haftenden Gesellschafter außerdem die **Klagebefugnisse** nach § 283 Nr. 13, §§ 241 ff, § 245 Nr. 4, 5 AktG zu.[968]

850

Anspruch auf einen Teil des **Gewinns** der Gesellschaft hat der persönlich haftende Gesellschafter nur, wenn ihm ein Kapitalanteil zusteht und der Kapitalanteil für die Ergebnisverteilung maßgebend ist (dazu unten Rn 862, 870).

851

cc) Pflichten aus der Mitgliedschaft und Haftung

Zu den mitgliedschaftlichen Pflichten des persönlich haftenden Gesellschafters gehören einige der sich aus § 283 AktG ergebenden Pflichten und die Treuepflicht (vgl unten 866). Verletzt der persönlich haftende Gesellschafter eine mitgliedschaftliche Pflicht, haftet er der Gesellschaft auf Schadensersatz (§ 280 Abs. 1 BGB). Daneben haftet er für die Verbindlichkeiten der Gesellschaft persönlich (§ 278 Abs. 2 AktG, §§ 128 ff, §§ 159 f HGB).[969]

852

dd) Übertragung und Beendigung der Mitgliedschaft

Nach heute gefestigter Dogmatik[970] kann die Stellung als persönlich haftender Gesellschafter – die Komplementärbeteiligung – durch ein zweiseitiges Rechtsgeschäft nach §§ 413, 398 BGB auf einen Dritten übertragen werden.[971] In diesem Fall endet die Mitgliedschaft des Veräußerers. Um wirksam zu sein, bedarf die Übertragung dem Gesetz nach der **Zustimmung** etwaiger anderer persönlich haftender Gesellschafter und eines Zustimmungsbeschlusses der Hauptversammlung.[972] Da es sich um ein von § 278 Abs. 2 AktG erfasstes Thema handelt, kann die Satzung aber hiervon abweichen, etwa

853

---

965 Etwa MünchKomm/*Semler/Perlitt* § 285 Rn 5.
966 Zu diesen *Dreisow* DB 1977, 851.
967 GroßKomm/*Assmann/Sethe* § 278 Rn 62 mwN Vgl auch MünchKomm/*Semler/Perlitt* § 278 Rn 81.
968 Zum mitgliedschaftlichen Charakter diese Befugnisse siehe GroßKomm/*Assmann/Sethe* § 283 Rn 37.
969 Zur Enthaftung *Wiesner* ZHR 148 (1984), 56.
970 Vgl hierzu für die Personengesellschaften MünchHdb GesR II/*Piehler/Schulte* § 35 Rn 1 ff.
971 *Jäger*, AG und KGaA, § 26 Rn 15; MünchKomm/*Semler/Perlitt* § 289 Rn 141.
972 So wohl auch MünchKomm/*Semler/Perlitt* § 289 Rn 141.

indem sie die Übertragung allein an die Zustimmung eines Beirats knüpft oder die Übertragung in bestimmten Fällen ohne Zustimmung zulässt. Satzungsmäßige Zulassungsklauseln gelten im Zweifel nicht für die Übertragung eines Teils einer Komplementärbeteiligung,[973] weil es für die Mitgesellschafter einen Unterschied macht, ob eine zusätzliche Person als persönlich haftender Gesellschafter hinzutritt. Ein Gewinn aus der Veräußerung der Komplementärbeteiligung gehört zu den Einkünften aus Gewerbebetrieb (§ 16 Abs. 1 S. 1 Nr. 3 EStG).[974] Ferner kann die Mitgliedschaft eines persönlich haftenden Gesellschafters durch **Ausschließung** nach § 278 Abs. 2 AktG, § 140 HGB enden.

b) Rechtsfragen aus der Praxis
aa) Satzungsbestimmungen über die Aufnahme persönlich haftender Gesellschafter

854 Dem Gesetz nach kann eine Person nur durch eine entsprechende Änderung der Satzung als persönlich haftender Gesellschafter in die KGaA aufgenommen werden, wobei die Satzung nur durch die Hauptversammlung geändert werden kann (§ 278 Abs. 2 AktG, § 161 Abs. 2, § 119 HGB bzw § 278 Abs. 3, § 119 Abs. 1 Nr. 5, §§ 179 ff AktG, näher unten Rn 875 ff). In der Praxis kann das Bedürfnis bestehen, die Aufnahme einer Person als persönlich haftenden Gesellschafter zu erreichen, ohne hierzu bis zur nächsten ordentlichen Hauptversammlung warten oder eine außerordentliche Hauptversammlung einberufen zu müssen. Dies wirft die Frage auf, ob in der Satzung bestimmt werden kann, dass anstelle der Hauptversammlung eine andere Gesellschaftsinstanz über die Aufnahme entscheidet, etwa ein vorhandener persönlich haftender Gesellschafter, der Aufsichtsrat oder ein Beirat (vgl oben Rn 783). Die ganz hM bejaht dies im Ergebnis.[975] Dem ist zuzustimmen:

855 Zunächst ist richtig, dass aus § 278 Abs. 3, § 119 Abs. 1 Nr. 5, §§ 179 ff, § 23 Abs. 5 AktG **keine zwingende Zuständigkeit der Hauptversammlung** folgt, da die Aufnahme eines persönlich haftenden Gesellschafters das mitgliedschaftliche Rechtsverhältnis zwischen persönlich haftendem Gesellschafter und Gesellschaft betrifft. Dieses Rechtsverhältnis unterfällt § 278 Abs. 2 AktG, der nicht nur den Inhalt dieses Rechtsverhältnisses, sondern auch dessen Begründung und Beendigung als Themen erfasst. Das hiernach anzuwendende Kommanditrecht fordert ebenfalls eine Satzungsänderung, allerdings nur im Grundsatz.

856 Auch aus **§ 281 Abs. 1 AktG** lässt sich nicht ableiten, dass die Hauptversammlung zwingend über die Aufnahme zu entscheiden hat. § 281 Abs. 1 AktG schreibt lediglich vor, dass die Angaben über die Person des persönlich haftenden Gesellschafters in der Satzung enthalten sein müssen. Die Vorschrift besagt jedoch nicht, dass die zugrunde liegende Satzungsregelung von der Hauptversammlung beschlossen werden muss. Die Satzung kann daher eine andere Gesellschaftsinstanz als die Hauptversammlung ermächtigen, über die Aufnahme von persönlich haftenden Gesellschaftern zu entscheiden. Handelt es sich hierbei nicht um den Aufsichtsrat (vgl § 278 Abs. 3, § 108 Abs. 1 AktG), sollte die Satzung vorsehen, dass die Entscheidung schriftlich zu erfolgen hat. Ist ein anderer persönlich haftender Gesellschafter ermächtigt, sollte die Satzung ferner bestimmen, wem gegenüber die Erklärung abzugeben ist.

857 Eine vorhandene Ermächtigung ändert nichts daran, dass die Satzung die von **§ 281 Abs. 1 AktG** geforderten Angaben enthalten muss. Es wird zwar vertreten, dass § 281 Abs. 1 AktG nur für die Gründungssatzung gilt, wenn diese ausdrücklich vorsieht, dass weitere persönlich haftende Gesellschafter durch eine andere Gesellschaftsinstanz aufgenommen werden können.[976] Dies überzeugt jedoch nicht. Dem Wortlaut von § 281 Abs. 1 AktG lässt sich kein Anhaltspunkt dafür entnehmen, die Vorschrift gelte nur für die Ursprungssatzung. Zwar folgt § 281 Abs. 1 AktG auf den nur für die Gründungssatzung geltenden § 280 AktG. § 281 Abs. 1 AktG steht jedoch in ebenso systematischer

---

973 Zutreffend MünchHdb GesR II/*Piehler/Schulte* § 35 Rn 6 (für die KG).
974 Näher zu den steuerlichen Folgen der Veräußerung der Komplementärbeteiligung FG München GmbHR 2004, 597; *Bock* GmbHR 2004, 554.
975 OLG München NZG 2004, 521 (für Aufnahme durch einen anderen persönlich haftenden Gesellschafter; vgl das dort in Bezug genommene Urt. des Gerichts vom 19.9.2001, das – soweit ersichtlich – nicht veröffentlicht worden ist). Ausführlich *Cahn* AG 2001, 579 ff; *Wichert* AG 1999, 362, 366 ff. Ferner GroßKomm/*Assmann/Sethe* § 278 Rn 46; *Schlitt*, Satzung, S. 17; *Sethe*, Personalistische Kapitalgesellschaft, S. 128. Vgl auch *Assmann/Sethe* in: FS Lutter 2000, S. 251, 261. Anderer Ansicht ist offenbar OLG Stuttgart NZG 2003, 293 („§ 278 Abs. 3, § 179 AktG").
976 *Sethe*, Personalistische Kapitalgesellschaft, S. 128.

Nähe zu § 282 AktG, der gerade auch dann gilt, wenn eine Person nach der Gründung zum persönlich haftenden Gesellschafter wird. Ferner müssen auch die von § 281 Abs. 1 AktG in Bezug genommen Festsetzungen nach § 23 Abs. 3 und Abs. 4 AktG stets in der Satzung enthalten sein, sowohl bei der Gründung als auch bei einer späteren Änderung dieser Satzungsbestandteile. Auch kann § 281 Abs. 1 AktG nicht durch die Satzung außer Kraft gesetzt werden (§ 23 Abs. 5 AktG). Allerdings betrifft die von § 281 Abs. 1 AktG geforderte Satzungsbestimmung lediglich die Fassung (§ 179 Abs. 1 S. 2 AktG), wenn eine andere Gesellschaftsinstanz als die Hauptversammlung ermächtigt ist, über die Aufnahme zu entscheiden. Diese Satzungsbestimmung kann also durch den Aufsichtsrat beschlossen werden, wenn ihm die Befugnis dazu übertragen worden ist.[977] Dies sollte wegen § 179 Abs. 1 S. 2 AktG aus Vorsichtsgründen auch dann durch den Aufsichtsrat geschehen, wenn eine andere Gesellschaftsinstanz als der Aufsichtsrat über die Aufnahme entscheidet.

Demnach könnte eine Satzungsbestimmung lauten: 858

▶ Der Beirat ist befugt, anstelle der Hauptversammlung durch Beschluss über die Aufnahme von persönlich haftenden Gesellschaftern zu entscheiden. Der Beschluss bedarf der Zustimmung der vorhandenen persönlich haftenden Gesellschafter. Der Aufsichtsrat ist ermächtigt, die Satzung entsprechend zu ändern. ◀

bb) Die Vermögenseinlage des persönlich haftenden Gesellschafters (§ 281 Abs. 2 AktG) und sein Kapitalanteil

Wie sich aus § 281 Abs. 2 AktG ergibt, kann ein persönlich haftender Gesellschafter eine Vermögenseinlage erbringen. Diese wird häufig auch als Sondereinlage bezeichnet. Die geleistete Vermögenseinlage geht in das Eigentum der Gesellschaft über,[978] entfällt aber nicht auf das Grundkapital der Gesellschaft. Daher gehört sie nicht zum gezeichneten Kapital iSv § 266 Abs. 3 HGB und unterliegt nicht der aktienrechtlichen Kapitalerhaltung.[979] Wegen der damit verbundenen Flexibilität der Vermögenseinlage und aufgrund des Umstands, dass die Vermögenseinlage deutlich günstiger besteuert wird als Aktienkapital, stellt die Vermögenseinlage ein attraktives Instrument zur Finanzierung der Gesellschaft dar. Viele Kommanditgesellschaften auf Aktien verfügen daher über Vermögenseinlagen in einer Höhe, die das Grundkapital teils deutlich übersteigt.[980] Die Vermögenseinlage wirft allerdings verschiedene Streitfragen auf, die hier nur angerissen werden können (zur Umwandlung einer Vermögenseinlage in Grundkapital siehe unten Rn 874): 859

Die Vermögenseinlage kann als Bar- oder als Sacheinlage geleistet werden. Streitig ist, ob eine Verpflichtung des Einlegenden zu **Dienstleistungen** Gegenstand einer Sacheinlage sein kann. Die zutreffende hM[981] bejaht dies, indem sie § 278 Abs. 2 AktG, § 161 Abs. 2, § 105 Abs. 3 HGB, § 706 Abs. 3 BGB anwendet. Die Gegenauffassung hält § 278 Abs. 3, § 27 Abs. 2 2. Hs AktG für einschlägig. 860

Wird eine Vermögenseinlage als Sacheinlage in der Ursprungssatzung festgesetzt, hat sich nach hM die **Gründungsprüfung** (siehe oben Rn 795) darauf zu erstrecken (vgl § 33 Abs. 2 Nr. 4 AktG).[982] Wird die Vermögenseinlage später festgesetzt, ist durch eine analoge Anwendung von § 183 Abs. 3 AktG sicherzustellen, dass die Sacheinlage auf ihre **Werthaltigkeit geprüft** wird,[983] zumindest dann, wenn der Kapitalanteil des persönlich haftenden Gesellschafters für die Verteilung des Gewinns der Gesellschaft maßgeblich ist. 861

Nach Leistung der Vermögenseinlage erhöht sich der **Kapitalanteil** des persönlich haftenden Gesellschafters in der Höhe der Vermögenseinlage.[984] Der Kapitalanteil ist in der Bilanz der Gesellschaft 862

---

977 Vgl *Sethe*, Personalistische Kapitalgesellschaft, S. 128.
978 AllgM, siehe nur KölnKomm/*Mertens/Cahn* § 281 Rn 8.
979 BGHZ 134, 392, 397.
980 Zum Verhältnis zwischen Vermögenseinlage und Grundkapital bei einigen bekannten KGaAs *Wichert*, Die Finanzen der KGaA, S. 79 ff.
981 Etwa *Sethe*, Personalistische Kapitalgesellschaft, S. 186.
982 KölnKomm/*Mertens/Cahn* § 280 Rn 10 mwN; *Sethe*, Personalistische Kapitalgesellschaft, S. 186 f; *ders*. DB 1998, 1044, 1046; aA *Wichert*, Die Finanzen der KGaA, S. 113.
983 Zutreffend *Sethe* DB 1998, 1044, 1046.
984 *Wichert*, Die Finanzen der KGaA, S. 92. Nach verbreiteter Auffassung (*Riotte/Hansen* in: Schütz/Bürgers/Riotte, Handbuch KGaA, § 6 Rn 82; *Hüffer*, § 287 Rn 2) erhöht die Vermögenseinlage den Kapitalanteil insoweit nicht, als die Vermögenseinlage aus Dienstleistungen besteht. Unterwirft man die Vermögenseinlage einer Werthaltigkeitsprüfung, ist diese Auffassung inkonsequent.

als Teil des Eigenkapitals hinter dem Posten „Gezeichnetes Kapital" auszuweisen (§ 286 Abs. 2 S. 1 AktG). Der auf den persönlich haftenden Gesellschafter entfallende Verlust ist vom Kapitalanteil abzuschreiben (§ 286 Abs. 2 S. 2 AktG), der auf ihn entfallende Gewinn dem Kapitalanteil gutzuschreiben (§ 278 Abs. 2 AktG, § 161 Abs. 2, § 120 Abs. 2 1. Hs HGB).

2. Der Kommanditaktionär

863 Der Kommanditaktionär steht in der Regel nur in einer mitgliedschaftlichen Rechtsbeziehung zur KGaA. Aus ihr ergeben sich die im Aktienrecht (§ 278 Abs. 3 AktG) aufgeführten Rechte des Kommanditaktionärs, insbesondere sein Stimmrecht (§ 134 AktG), seine Informationsrechte (§ 131 Abs. 1 S. 1, 3,[985] § 52 Abs. 2, § 179 a Abs. 2, § 179 a Abs. 2 S. 1 AktG, 63 Abs. 1, 3, 64 UmwG), seine Vermögensrechte (insbesondere § 58 Abs. 4, § 186 Abs. 1 S. 1, § 271 Abs. 1 AktG, § 199 S. 2 InsO) und seine Klagerechte (§ 243 Nr. 1 bis 3, § 249 Abs. 1 S. 1 1. Fall, § 98 Abs. 2 Nr. 3, § 104 Abs. 1 S. 1 3. Fall AktG). Auch der Anspruch der Gesellschaft nach § 117 Abs. 1 S. 1 AktG findet seine Grundlage im mitgliedschaftlichen Verhältnis. Ist der Kommanditaktionär gleichzeitig Unternehmen iSv des allgemeinen Konzernrechts (§§ 15 ff AktG), wird das mitgliedschaftliche Rechtsverhältnis zwischen dem Kommanditaktionär und der KGaA durch die Bestimmungen des Konzernrechts modifiziert. Der Kommanditaktionär kann seine Aktionärsstellung dadurch verlieren, dass seine Aktien nach § 278 Abs. 3, §§ 237 ff AktG eingezogen werden oder die Hauptversammlung die Übertragung der Aktien der Minderheitsaktionäre auf den Hauptaktionär (§§ 327 a ff AktG) beschließt.

V. Gesellschafterstreit

864 Der häufigste Fall einer streitigen Auseinandersetzung bei der KGaA ist, dass ein Kommanditaktionär einen Beschluss der Hauptversammlung mit der **Anfechtungs- oder Nichtigkeitsklage** angreift (§ 278 Abs. 3, § 243 Nr. 1–3 AktG). Insoweit ergeben sich kaum Besonderheiten, so dass auf die Darstellung zur AG verwiesen werden kann (oben Rn 661).

865 Die Gerichte beschäftigt hat der Rechtsschutz, der einem Kommanditaktionär gegen die **Bestellung eines Aufsichtsratsmitglieds** zusteht, wenn die Bestellung gegen ein Bestellungshindernis verstößt (zu Bestellungshindernissen oben Rn 812 f).[986] Ist das Aufsichtsratsmitglied durch Wahl der Hauptversammlung bestellt worden (vgl oben Rn 841), ist die Nichtigkeit durch Nichtigkeitsklage gegen den Hauptversammlungsbeschluss gemäß § 250 AktG geltend zu machen (§ 278 Abs. 3, § 250 Abs. 1 Nr. 4 AktG). Dies gilt in Analogie zu § 250 Abs. 1 Nr. 4 AktG auch dann, wenn sich das Bestellungshindernis aus § 287 Abs. 3 AktG (dazu oben Rn 813) ergibt. Anders ist die Rechtslage, wenn das Aufsichtsratsmitglied durch Entsendung bestellt wurde (dazu oben Rn 811, 818 ff). In diesem Fall kann die Nichtigkeit nicht durch Nichtigkeitsklage gemäß § 250 AktG geltend gemacht werden, weil die Bestellung durch Entsendung keine Wahl ist. Statthafte Klageart ist daher die allgemeine Feststellungsklage (§ 256 ZPO).[987] Betroffenes Rechtsverhältnis iSv § 256 ZPO ist das (vermeintliche) organschaftliche Rechtsverhältnis zwischen der KGaA und dem nichtig bestellten Aufsichtsratsmitglied. Das erforderliche Feststellungsinteresse bejaht die Rechtsprechung mit Blick auf die Wertung § 98 Abs. 2 Nr. 3 AktG, solange der Kläger Kommanditaktionär der Gesellschaft ist.[988]

866 Ein KGaA-spezifischer Anlass für Auseinandersetzungen unter den Gesellschaftern liegt in den **Zustimmungsvorbehalten**, die dem persönlich haftenden Gesellschafter von Gesetzes wegen oder nach der Satzung zustehen (siehe oben Rn 848). Insbesondere für den Zustimmungsvorbehalt gegenüber der Feststellung des Jahresabschlusses (§ 286 Abs. 1 S. 2 AktG) wird im Schrifttum überlegt, wie eine Zustimmung erstritten werden kann, wenn der persönlich haftende Gesellschafter die Zustimmung nicht erteilt. Die wohl überwiegende Auffassung nimmt an, dass der persönlich haftende Gesellschafter kraft seiner Treuepflicht gegenüber der Gesellschaft seine Zustimmung nicht aus sachwidrigen Gründen verweigern darf. Auf Erfüllung dieser Pflicht kann er von der Gesellschaft, vertreten

---

985 Zum Auskunftsrecht des Kommanditaktionärs BayObLG AG 2000, 131; OLG Hamm AG 1969, 295.
986 BGH ZIP 2006, 177 mit Vorinstanzen OLG München NZG 2004, 521 und LG München I AG 2002, 467.
987 BGH ZIP 2006, 177, 178.
988 BGH ZIP 2006, 177, 178.

durch den Aufsichtsrat, verklagt werden. Andere hingegen meinen, die Gesellschaft sei aufzulösen, wenn die Feststellung des Jahresabschlusses nicht binnen angemessener Frist zustande kommt.[989] Eine Klage auf Zustimmung erübrigte sich dann. Ferner kann es zu Rechtsstreitigkeiten zwischen der Gesellschaft und ausgeschiedenen persönlich haftenden Gesellschaftern kommen.[990]

VI. Finanzverfassung

1. Rechnungslegung

Für die KGaA gelten die Vorschriften des HGB über den Jahresabschluss (§§ 242 ff, § 6 Abs. 1 HGB, § 278 Abs. 3, § 3 Abs. 1 AktG und §§ 264 ff HGB), den Konzernabschluss (§§ 290 ff HGB), deren Prüfung durch einen Abschlussprüfer (§§ 316 ff HGB) und deren Offenlegung (§§ 325 ff HGB). Die Aufstellung des Jahresabschlusses und ggf des Konzernabschlusses, die die Ausübung von Bilanzierungswahlrechten einschließt, gehört zur Geschäftsführung und obliegt daher dem persönlich haftenden Gesellschafter mit Geschäftsführungsbefugnis (§ 283 Nr. 9 1. Fall, § 170 Abs. 1 S. 1 AktG). Ist die Aufstellung abgeschlossen, hat der persönlich haftende Gesellschafter den Jahresabschluss und ggf den Konzernabschluss und die dazugehörigen Lageberichte unverzüglich dem Abschlussprüfer (§ 320 Abs. 1 S. 1 HGB) und dem Aufsichtsrat vorzulegen, welcher diese Unterlagen prüfen und über das Ergebnis dieser Prüfung berichten muss (siehe oben Rn 821). 867

Gemäß § 286 Abs. 1 S. 1 AktG **stellt** die Hauptversammlung den Jahresabschluss **fest**. Hierin liegt ein wesentlicher Unterschied gegenüber der AG, bei der in der Regel Vorstand und Aufsichtsrat den Jahresabschluss feststellen (§ 172 S. 1 AktG). In analoger Anwendung von § 286 Abs. 1 S. 1 AktG ist die Hauptversammlung auch dafür zuständig, den Konzernabschluss zu billigen. Da die Hauptversammlung den Jahresabschluss feststellt, wendet die hM über § 278 Abs. 3 AktG zu Recht die Vorschriften des § 173 Abs. 2 und Abs. 3 AktG an.[991] Auch gegen die Anwendung von § 175 Abs. 3 AktG bestehen keine Bedenken. Hieraus ergibt sich insbesondere, dass die Hauptversammlung den vom persönlich haftenden Gesellschafter aufgestellten Jahresabschluss nicht nur im Ganzen ablehnen, sondern auch im Einzelnen ändern kann, dabei freilich ihrerseits an die für die Aufstellung geltenden Vorschriften gebunden ist (§ 173 Abs. 2 AktG). 868

Der **Inhalt des Jahresabschlusses** bemisst sich zunächst nach dem Bilanzrecht des HGB, sodann gemäß § 278 Abs. 3 AktG nach den wenigen bilanzrechtlichen Vorschriften des Aktienrechts und schließlich nach einigen KGaA-rechtlichen Sondervorschriften. Die Gliederung der Bilanz ergibt sich aus § 266 Abs. 2 HGB, wobei im Eigenkapital die Kapitalanteile der persönlich haftenden Gesellschafter als weitere Position aufzunehmen sind (§ 286 Abs. 2 S. 1 AktG, vgl oben Rn 862). Ggf. sind die Posten nach § 286 Abs. 2 S. 3, S. 4 AktG hinzuzufügen. Im Eigenkapital ist gemäß § 278 Abs. 3 AktG ferner die gesetzliche Rücklage nach § 150 Abs. 2 AktG auszuweisen, die nach hM mit der Besonderheit gebildet werden muss, dass der Jahresüberschuss zunächst um den Anteil am Gewinn (Jahresüberschuss) zu mindern ist, der den persönlich haftenden Gesellschaftern zusteht (dazu Rn 870).[992] Ob sich die Bildung anderer Gewinnrücklagen bei der KGaA nach § 58 Abs. 1 AktG oder § 58 Abs. 2 AktG richtet, ist streitig.[993] 869

2. Ergebnisverteilung

Da die KGaA über zwei Gesellschaftergruppen verfügt, bedarf es Regeln darüber, wie das Ergebnis der Gesellschaft auf diese beiden Gruppen zu verteilen ist. Das Ergebnis der Gesellschaft ist der sich aus dem Jahresabschluss der Gesellschaft[994] ergebende Jahresüberschuss bzw Jahresfehlbetrag. Das 870

---

989 So namentlich wohl *Hüffer*, § 286 Rn 1. Vgl RGZ 49, 141, 145 f für die GmbH.
990 OLG München AG 1996, 86.
991 Siehe nur *Hüffer*, § 286 Rn 1.
992 *Ammenwerth*, KGaA, S. 66; *Hoffmann-Becking/Herfs* in: FS Sigle 2000, S. 273, 291.
993 Hierzu *Wichert*, Die Finanzen der KGaA, S. 124 ff.
994 Heute hM, etwa KölnKomm/*Mertens/Cahn* § 286 Rn 10; *Hüffer*, § 288 Rn 2. Früher wurde vertreten, für Zwecke der Verteilung des Ergebnisses unter den Gesellschaftern sei das Ergebnis auf der Grundlage einer gesonderten Bilanz zu ermitteln, die allein nach für die KG geltenden Grundsätzen aufzustellen sei, vgl etwa GroßKomm/*Barz*, 3. Aufl., § 288 Rn 2.

Gesetz regelt die Ergebnisbeteiligung der Gesellschafter nur unvollständig. § 278 Abs. 2, § 161 Abs. 2, § 121 Abs. 1 S. 1 AktG besagen lediglich, dass den persönlich haftenden Gesellschaftern ein Teil des Gewinns in Höhe von 4 % ihrer Kapitalanteile (die eine etwaige Vermögenseinlage enthalten, siehe Rn 862) zusteht. Welcher Anteil des Ergebnisses auf die persönlich haftenden Gesellschafter im Übrigen entfällt, regelt das Gesetz jedoch nicht: § 286 Abs. 2 S. 2, Abs. 3 AktG setzt eine Ergebniszurechnung voraus und die Verteilung nach Köpfen gemäß § 278 Abs. 2 AktG, § 161 Abs. 2, § 121 Abs. 3 HGB gilt nur für die persönlich haftenden Gesellschafter untereinander. Die naheliegende Aussage, dass die persönlich haftenden Gesellschafter im Zweifel im Verhältnis ihrer Kapitalanteile zum Grundkapital am Ergebnis beteiligt sind, lässt sich dem Gesetz jedenfalls nicht ausdrücklich entnehmen. Wegen dieser Unsicherheiten und weil ein Gewinnvoraus in der Form der § 278 Abs. 2, § 161 Abs. 2, § 121 Abs. 1 S. 1 AktG häufig nicht gewollt ist, muss in der Satzung im Einzelnen geregelt werden, welcher Teil des Ergebnisses auf die persönlich haftenden Gesellschafter entfällt.[995]

3. Kapitalmaßnahmen

871 Neues Kapital kann der KGaA zunächst dadurch zugeführt werden, dass ein vorhandener oder neuer persönlich haftender Gesellschafter eine Vermögenseinlage leistet (dazu oben Rn 859 ff). Im Übrigen finden die aktienrechtlichen Vorschriften über die Kapitalbeschaffung und -herabsetzung (§§ 182 ff AktG) Anwendung, die für die KGaA entsprechend gelten (§ 278 Abs. 3 AktG). Somit können auch bei der KGaA die folgenden Kapitalmaßnahmen durchgeführt werden:

872 **Maßnahmen der Kapitalbeschaffung:**
- Die Kapitalerhöhung gegen Einlagen (auch sog. reguläre Kapitalerhöhung) nach §§ 182 ff AktG,[996]
- Die bedingte Kapitalerhöhung nach §§ 192 ff AktG,
- Das genehmigte Kapital nach §§ 202 ff AktG,
- Die Kapitalerhöhung aus Gesellschaftsmitteln nach §§ 207 ff AktG und
- Die Ausgabe von Wandel- und Gewinnschuldverschreibungen und Genussrechten (§ 221 AktG).

873 **Maßnahmen der Kapitalherabsetzung:**
- Die ordentliche Kapitalherabsetzung (§§ 222 ff AktG),
- Die vereinfachte Kapitalherabsetzung (§§ 229 ff AktG) und
- Die Kapitalherabsetzung durch Einziehung von Aktien (§§ 237 ff AktG) einschließlich der systematisch deplatzierten Einziehung von Stückaktien (§ 237 Abs. 3 Nr. 3 AktG).

874 Bei der Anwendung dieser Vorschriften des AktG auf die KGaA ergeben sich nur wenige Besonderheiten, so dass hierzu auf das Aktienrecht verwiesen werden kann. Konsequenz hieraus ist, dass ein satzungsmäßiges Recht des persönlich haftenden Gesellschafters, seine **Vermögenseinlage** (vgl oben Rn 859 ff) **in Grundkapital umzuwandeln**, nur zulässig und durchführbar ist, wenn es mit den § 278 Abs. 3, §§ 182 ff AktG ein Einklang steht.[997] Eine Umwandlung nach § 278 Abs. 3, §§ 207 ff AktG scheidet dabei aus, weil die Vermögenseinlage weder Kapital- noch Gewinnrücklage (§ 207 Abs. 1 AktG) ist, sondern weil sie, soweit sie im Kapitalanteil des persönlich haftenden Gesellschafters zum Ausdruck kommt, als gesonderter Posten im Eigenkapital der Gesellschaft auszuweisen ist (§ 286 Abs. 2 S. 1 AktG). Nach hM kann die Umwandlung aber durch ein bedingtes Kapital (§§ 192 ff AktG) durchgeführt werden, obwohl dieser Zweck in § 192 Abs. 2 AktG nicht genannt ist.[998] Andernfalls ist eine reguläre Kapitalerhöhung gegen Sacheinlage mit Bezugsrechtsausschluss erforderlich. Beschlüsse der Hauptversammlung über Kapitalmaßnahmen fallen unter § 285 Abs. 2 S. 1 AktG, so dass sie der **Zustimmung** eines jeden **persönlich haftenden Gesellschafters** bedürfen, wenn die Satzung nichts anderes bestimmt (vgl oben Rn 848).

---

995 Siehe etwa § 8 der von *Schlitt* entworfenen Satzung in *Schlitt*, Satzung, S. 120 f (§ 8 Abs. 4 und Abs. 5).
996 Vgl OLG München BB 2006, 2711.
997 Eingehend *Wichert*, Die Finanzen der KGaA, S. 163 ff. Siehe ferner *Hoffmann-Becking/Herfs* in: FS Sigle 2000, S. 273, 294 ff; *Krug* AG 2000, 510; *Lorz* in: VGR 1998, 57, 76.
998 *Wichert*, Die Finanzen der KGaA, S. 171 ff; *Hoffmann-Becking/Herfs* in: FS Sigle 2000, S. 273, 296; *Schlitt*, Satzung, zu § 13 seiner Satzung.

VII. Satzungsänderungen

1. Rechtsgrundlage

Sowohl das Aktienrecht (§ 278 Abs. 3 AktG) als auch das Kommanditrecht (§ 278 Abs. 2 AktG) liefert die Aussage, dass die Hauptversammlung für die Änderung der Satzung zuständig ist. Im ersteren Fall folgt dies auch § 278 Abs. 3, § 119 Abs. 1 Nr. 5, §§ 179 ff AktG, im letzteren daraus, dass die Kategorie der Grundlagengeschäfte im Grundsatz auch für die KGaA gilt (dazu oben Rn 836) und hierzu vor allem die Änderung des Gesellschaftsvertrages bzw der Satzung zählt. Das Gesetz sagt jedoch nicht, ob entweder das eine oder das andere oder beides zum Teil gilt. Nach heute wohl hM[999] ergibt sich die Zuständigkeit der Hauptversammlung zur Änderung handelsrechtlicher Bestandteile der Satzung (Bereiche des § 278 Abs. 2 AktG) aus § 278 Abs. 2 AktG in Verbindung mit den Grundsätzen über das Grundlagengeschäft, während die Hauptversammlung nach § 278 Abs. 3, § 119 Abs. 1 Nr. 5, § 179 Abs. 1 S. 1 AktG für die Änderung aktienrechtlicher Satzungsbestandteile (Bereiche des § 278 Abs. 3 AktG) zuständig ist. Somit stellt sich auch bei (vorhandenen oder zu schaffenden) Satzungsregelungen die Frage, ob sie thematisch den Bereichen des § 278 Abs. 2 AktG oder den Bereichen des § 278 Abs. 3 AktG zuzuordnen sind (dazu oben Rn 773). Diese Zuordnung kann im Einzelfall schwerfallen. Satzungsbestimmungen über die Aufnahme persönlich haftender Gesellschafter ordnet die hM beispielsweise der Vorschrift des § 278 Abs. 2 AktG zu (oben Rn 854 ff).

875

2. Dispositivität

Die Zuständigkeit der Hauptversammlung für aktienrechtliche Satzungsänderungen ist zwingend (§ 278 Abs. 3, § 179 Abs. 1 S. 1, § 23 Abs. 5 AktG), während die Zuständigkeit für handelsrechtliche Satzungsänderungen im Rahmen der handelsrechtlichen Gestaltungsschranken **abbedungen** werden kann (§ 278 Abs. 2 AktG, § 161 Abs. 2, § 109 HGB).

876

3. Erforderliche Mehrheit und Zustimmung des persönlich haftenden Gesellschafters

Die Rechtsnatur der Satzungsänderung entscheidet auch über die **Mehrheit**, derer der Beschluss der Hauptversammlung über die Satzungsänderung bedarf.[1000] Für aktienrechtliche Satzungsänderungen gelten die zwingenden § 278 Abs. 3, § 179 Abs. 2 AktG, während handelsrechtliche Satzungsänderungen dem gesetzlichen Grundsatz nach der Einstimmigkeit bedürfen (§ 278 Abs. 2 AktG, § 119 Abs. 1 HGB). Folglich sollte bei Publikumsgesellschaften in der Satzung unbedingt zumindest vorgesehen werden, dass jede Satzungsänderung höchstens einer Mehrheit bedarf, die mindestens drei Viertel des bei der Beschlussfassung vertretenen Grundkapitals umfasst. Ein Beschluss der Hauptversammlung über eine Satzungsänderung bedarf gemäß § 285 Abs. 2 S. 1 AktG der **Zustimmung jedes persönlich haftenden Gesellschafters**, weil bei der KG alle Gesellschafter einer Änderung der gesellschaftsrechtlichen Grundlage zustimmen müssen. Dies gilt unabhängig von der Rechtsnatur der Satzungsänderung, weil § 285 Abs. 2 S. 1 AktG spezifisches KGaA-Recht enthält.

877

VIII. Beendigung

Ebenso wie andere Gesellschaftsformen kann die KGaA durch Auflösung und Abwicklung oder durch Umwandlung beendet werden. Die Auflösungsgründe regelt das Gesetz in der Weise, dass es zunächst auf die Auflösungsgründe der Kommanditgesellschaft (§ 161 Abs. 2, § 131 Abs. 1, Abs. 2 HGB) verweist und diese sodann modifiziert (§ 289 Abs. 3, Abs. 4 AktG). Die Bedeutung von § 289 Abs. 3 AktG liegt darin, dass die Vorschrift anders als § 131 Abs. 3 S. 1 Nr. 2, Nr. 4 HGB zwingend ist. Daneben normiert das Gesetz in § 289 Abs. 2 AktG einige besondere Auflösungsgründe, die anders als § 131 Abs. 2 HGB unabhängig davon gelten, ob der persönlich haftende Gesellschafter eine natürliche Person ist. Im Ergebnis gelten vor allem die folgenden **Auflösungsgründe**:

878

---

999 *Wichert* AG 1999, 362 ff; *Cahn* AG 2001, 579 ff; KölnKomm/*Mertens*/*Cahn* Vorb. § 278 Rn 13.; aA etwa MünchKomm/*Semler*/*Perlitt* § 281 Rn 60, nach denen jede Satzungsänderung grundsätzlich der Einstimmigkeit bedarf.
1000 *Wichert* AG 1999, 362, 369.

- Die Gesellschaft wird durch **Beschluss ihrer Gesellschafter** aufgelöst (§ 289 Abs. 1 1. Fall AktG, § 161 Abs. 2, § 131 Nr. 2 HGB). Hierzu bedarf es der Zustimmung eines jeden persönlich haftenden Gesellschafters, während die Kommanditaktionäre nicht persönlich, sondern nur durch einen Beschluss der Hauptversammlung zustimmen müssen (§ 289 Abs. 4 S. 1 2. Fall AktG).
- Die Gesellschaft wird ferner aufgelöst, wenn über ihr Vermögen das **Insolvenzverfahren** eröffnet worden ist (§ 289 Abs. 1 1. Fall AktG, § 161 Abs. 2, § 131 Nr. 3 HGB, §§ 11 ff. InsO). In diesem Fall findet nach der Auflösung ausnahmsweise keine Abwicklung nach §§ 264 ff AktG, sondern das Insolvenzverfahren statt (§ 278 Abs. 3, § 264 Abs. 1 AktG). Missliche Folge hieraus ist, dass § 264 Abs. 3 AktG nicht ohne weiteres anwendbar ist, wonach für aufgelöste Gesellschaften grundsätzlich die Vorschriften über nicht aufgelöste Gesellschaften gelten. Dies erhöht die Unsicherheiten, die im Insolvenzrecht bei der Frage bestehen, wie sich die Kompetenzen der Gesellschaftsorgane zu denen der insolvenzrechtlichen Organe verhalten.
- Aufgelöst ist die Gesellschaft ferner, wenn eine entsprechende **gerichtliche Entscheidung nach § 133 HGB** rechtskräftig wird (§ 289 Abs. 1 1. Fall AktG, § 161 Abs. 2, § 131 Nr. 4 HGB). Den Antrag auf gerichtliche Entscheidung kann ein persönlich haftender Gesellschafter (§ 133 Abs. 1 HGB), nicht jedoch ein einzelner Kommanditaktionär stellen, weil insoweit ein Beschluss der Hauptversammlung erforderlich ist (§ 289 Abs. 4 S. 2 AktG).
- Nicht klar gesetzlich geregelt sind die Folgen, wenn der **einzige persönlich haftende Gesellschafter ausscheidet**. Hierzu kann es kommen, weil die allgemeinen Gründe, die zum Ausscheiden des persönlich haftenden Gesellschafters führen, auch für den letzten oder einzigen persönlich haftenden Gesellschafter gelten. § 289 Abs. 1 2. Fall AktG regelt diesen Fall nicht, weil die Vorschrift nur für das Ausscheiden eines von mehreren persönlich haftenden Gesellschaftern gilt. § 278 Abs. 1 AktG lässt sich immerhin entnehmen, dass die Gesellschaft ohne persönlich haftenden Gesellschafter nicht fortbestehen kann. Hat die Gesellschaft nur einen Kommanditaktionär, spricht nichts dagegen, den Wegfall des einzigen persönlich haftenden Gesellschafters zur abwicklungslosen Beendigung der Gesellschaft führen und das Gesellschaftsvermögen als Ganzes von Gesetzes wegen auf den Kommanditaktionär übergehen zu lassen. Ist hingegen mehr als ein Kommanditaktionär vorhanden, liegt im Wegfall des einzigen persönlich haftenden Gesellschafters nach hM lediglich ein (ungeschriebener) Auflösungsgrund,[1001] so dass die Gesellschaft nach den gesetzlichen Vorschriften abzuwickeln ist. Kein Auflösungsgrund ist es, wenn der einzige persönlich haftende Gesellschafter seine Geschäftsführungsbefugnis oder Vertretungsmacht verliert.

879 Für die **Fortsetzung** der Gesellschaft gilt über § 278 Abs. 3 AktG die Vorschrift des § 274 AktG.

IX. Registerrecht

880 Manche **Hauptversammlungsbeschlüsse** müssen zur Eintragung in das Handelsregister angemeldet werden. Dies gilt insbesondere für Beschlüsse über (aktien- und handelsrechtliche) Satzungsänderungen (§ 278 Abs. 3, § 181 Abs. 1 S. 1 AktG; dazu oben Rn 875), über eine Kapitalerhöhung (§ 278 Abs. 3, § 184 Abs. 1 S. 1, § 195 Abs. 1, § 207 Abs. 2 S. 1 AktG), eine Kapitalherabsetzung (§ 278 Abs. 3, § 223, § 229 Abs. 3 AktG) und die Fortsetzung der Gesellschaft (§ 278 Abs. 3, § 274 Abs. 4 S. 1 AktG). Soweit aktienrechtliche Normen den Vorstand der AG zur Anmeldung verpflichten, treffen diese Pflichten bei der KGaA den persönlich haftenden Gesellschafter (§ 283 Nr. 1 AktG). Muss nach Aktienrecht der Vorsitzende des Aufsichtsrats an der Anmeldung mitwirken (§ 184 Abs. 1 S. 1 AktG), gilt dies auch für die KGaA (§ 278 Abs. 3 AktG).

881 Sofern Beschlüsse der Hauptversammlung der **Zustimmung des persönlich haftenden Gesellschafters** bedürfen (siehe oben Rn 848), sind sie gemäß **§ 285 Abs. 3 S. 1 AktG** erst einzureichen, wenn die Zustimmung vorliegt. Trotz der Formulierung „erst einzureichen" wird § 285 Abs. 3 S. 1 AktG überwiegend zu Recht als bloße Ordnungsvorschrift verstanden, so dass die Zustimmung, etwa auf eine Zwischenverfügung des Registergerichts hin, nachgereicht werden kann.[1002] Besondere Anforderun-

---

1001 Vgl *Hüffer*, § 289 Rn 9; *Jäger*, AG und KGaA, § 26 Rn 15; *Schlitt*, Satzung, S. 145.
1002 KölnKomm/*Mertens/Cahn*, § 285 Rn 50; *Hüffer*, § 285 Rn 4.

gen an die Zustimmung stellt das Gesetz, wenn die Zustimmung einen Beschluss betrifft, der nicht nur zum Handelsregister einzureichen ist (zB Gewinnverwendungsbeschluss im Falle des § 325 Abs. 1 HGB), sondern der Eintragung in das Handelsregister bedarf. In diesem Fall muss die Zustimmung notariell beurkundet werden, und zwar in der Niederschrift über die Verhandlung (§ 278 Abs. 3, § 130 AktG) oder in einem Anhang dazu (§ **285 Abs. 3 S. 2 AktG**). Als besondere Formvorschrift ist diese Bestimmung streng ihrem Wortlaut gemäß anzuwenden.[1003] Daher kann die Zustimmung nicht konkludent erteilt werden.[1004]

Weitere wichtige **Anmeldetatbestände** sind:

882

- Die Anmeldung der Gesellschaft (§ 278 Abs. 3, § 36, § 37 AktG), wobei anstelle der Vorstandsmitglieder die persönlich haftenden Gesellschafter und deren Vertretungsbefugnis anzugeben ist (§ 282 AktG).
- Eintritt eines persönlich haftenden Gesellschafters (§ 278 Abs. 2 AktG, § 161 Abs. 2, § 107 3. Fall HGB), Änderung der Vertretungsbefugnis eines persönlich haftenden Gesellschafters (§ 278 Abs. 2 AktG, § 161 Abs. 2, § 107 4. Fall HGB) und Ausscheiden eines persönlich haftenden Gesellschafters (§ 289 Abs. 6 S. 1 2. Fall AktG).
- Die Durchführung von Kapitalmaßnahmen (§ 278 Abs. 3, § 188, § 203 Abs. 1 S. 1, § 227, § 229 Abs. 3 AktG) und die Ausgabe von Bezugsaktien beim bedingten Kapital (§ 278 Abs. 3, § 201 AktG).
- Das Bestehen (§ 294 AktG) und die Änderung (§ 295 Abs. 1 S. 2, § 294 AktG) eines Unternehmensvertrags.
- Verschmelzung (§ 16 UmwG), Spaltung (§ 125 S. 1, § 16, § 129 UmwG) und Formwechsel (§§ 198, 235, 246 UmwG).
- Die Auflösung der Gesellschaft (§ 289 Abs. 6 S. 1 1. Fall AktG).

D. Eingetragene Genossenschaft

I. Interessen der Gründer

Es gibt die unterschiedlichsten Interessen, die die Gründer einer Gesellschaft dazu bewegen, gerade die Genossenschaft als Gesellschaftsform auszuwählen. Die Gründung einer Genossenschaft kann in folgenden Fällen von Vorteil sein:

883

- **Zweckgemeinschaften** von Einzelpersonen **ohne gewerblichen Hintergrund** zum Erhalt bzw zur Sicherung und Verbesserung des Lebensumfeldes (zB Wasserleitungsgenossenschaften, Deichgenossenschaften, Wohnungsbaugenossenschaften) bzw zur Förderung von sozialen oder kulturellen Interessen[1005] (zB Schul-, Sport- oder Mediengenossenschaften bzw Theater- oder Museumsgenossenschaften);[1006]
- **Zweckgemeinschaften** von Einzelpersonen **mit gewerblichem Hintergrund** (Winzergenossenschaften, Einkaufsgenossenschaften);
- **Unternehmensgemeinschaften** zur Stärkung der Wettbewerbsfähigkeit;
- **Sanierungsgemeinschaften**.

II. Gründungsstadien

1. Vorgründungsgesellschaft

§ 13 GenG bestimmt, dass die Genossenschaft vor der Eintragung ins Genossenschaftsregister ihres Sitzes ihre Rechte als eingetragene Genossenschaft nicht hat. Gleichwohl sollten sich die Gründungsgesellschafter bewusst sein, dass in dem Augenblick, in dem sie die gemeinsame Errichtung einer

884

1003 OLG Stuttgart NZG 2003, 293 f.
1004 *Hüffer*, § 286 Rn 4; aA MünchKomm/*Semler/Perlitt* § 285 Rn 53.
1005 Eingeführt durch das Gesetz zur Einführung der Europäischen Genossenschaft und zur Änderung des Genossenschaftsrechts (BGBl. 2006 I S. 1911, im Folgenden: Genossenschaftsrechtsänderungsgesetz).
1006 Begrüßend: *Pistorius* DStR 2006, 278, 281.

Genossenschaft verbindlich vereinbart haben, eine auf die Errichtung einer eingetragenen Genossenschaft gerichtete Gesellschaft in der **Rechtsform** einer Gesellschaft bürgerlichen Rechts (GbR) **entsteht**, deren Zweck die Errichtung einer eingetragenen Genossenschaft ist (sog. **Vorgründungsgesellschaft**).

885 Der Beitritt zu einer eingetragenen Genossenschaft bedarf gem. § 15 GenG genauso wie die Satzung gem. § 5 GenG der Schriftform. Insofern gebietet es die Warnfunktion der Schriftform, auch die Vereinbarung zur Gründung einer Genossenschaft, also einen **Vorgründungsgesellschaftsvertrag**, der **Schriftform** zu unterwerfen.[1007] Zu beachten ist des Weiteren, dass der **Austritt** eines Mitglieds der Vorgründungsgesellschaft aus derselben nicht ohne weiteres möglich ist. Da die GbR mit Erreichen des Zwecks, dh der Errichtung der Genossenschaft, aufgelöst wird (§ 726 BGB), scheidet die Möglichkeit einer ordentlichen **Kündigung** gem. § 723 Abs. 1 S. 1 BGB aus, denn es wird sich nur schwerlich begründen lassen, dass die Gesellschaft auf unbestimmte Zeit eingegangen ist.[1008] Es verbleibt somit nur die Kündigung aus wichtigem Grund (§ 723 Abs. 1 S. 2 BGB). Geschieht dies zur Unzeit, macht sich der kündigende Gesellschafter evtl gegenüber den verbleibenden Gesellschaftern schadensersatzpflichtig.[1009]

Hinweis: Es empfiehlt sich, aufgrund des Vorgeschilderten, im schriftlichen **Vorgründungsgesellschaftsvertrag** folgende Punkte zu regeln:
- Die **Vertretungsmacht** kann abweichend vom gesetzlichen Grundsatz der Gesamtvertretung (§ 714 BGB) geregelt werden;
- Die persönliche **Haftung** der Gesellschafter kann für rechtsgeschäftlich eingegangene Verbindlichkeiten eingeschränkt bzw ausgeschlossen werden, wobei unbedingt darauf geachtet werden muss, dass die Haftungsbeschränkung bzw der Haftungsausschluss durch individualvertragliche Absprache der Parteien in den jeweils einschlägigen Vertrag mit einbezogen wird.[1010]
- Um zu vermeiden, dass die Kündigung eines Gesellschafters die Abwicklung der gesamten Vorgründungsgesellschaft gem. §§ 731 ff. BGB zur Folge hat, sollten die Gesellschafter zudem in einem schriftlichen Gesellschaftsvertrag die Fortsetzung der Vorgründungsgesellschaft für den Fall des **Austritts** eines Gesellschafters vereinbaren, falls ein Gesellschafter ausscheidet.

2. Vorgenossenschaft

886 Die nichtrechtsfähige **Vorgenossenschaft** entsteht mit Errichtung der Satzung. Sie unterliegt bereits dem Recht der eingetragenen Genossenschaft mit Ausnahme der Vorschriften, die die Eintragung voraussetzen sowie der Vorschriften, die durch besondere Gründungsvorschriften ersetzt sind.[1011] Soweit die Gründer der Genossenschaft dem Vorstand nicht eine weitergehende Befugnis einräumen, darf dieser in **Vertretung** der Vorgenossenschaft nur Rechtsgeschäfte vornehmen, die der Herbeiführung der Eintragung dienen und für erste notwendige Einrichtungen dringend erforderlich sind.[1012] Um die **Eintragung** der Vorgenossenschaft als Genossenschaft zu erreichen, sind Aufsichtsrat und Vorstand zu bestellen.
Dies kann beispielsweise wie folgt im Protokoll der **Gründungsversammlung** aufgenommen werden:
▶ 1. Die Generalversammlung wählt gem. § ... der Satzung in offener Abstimmung mit ... Stimmen von abgegebenen ... Stimmen/einstimmig zu Mitgliedern des Aufsichtsrats:
(Namen und Adressen der einzelnen Aufsichtsratsmitglieder)
Die Gewählten nehmen die Wahl an.
2. Hierauf wird die Generalversammlung für kurze Zeit unterbrochen, damit der gewählte Aufsichtsrat zusammentreten, sich konstituieren und die Bestellung der Vorstandsmitglieder gem. § ... der Satzung vornehmen kann.

1007 *Beuthien*, GenG, § 13 Rn 3.
1008 Palandt/*Sprau*, BGB, § 723 Rn 3.
1009 Palandt/*Sprau*, BGB, 66. Aufl. 2007, § 723 Rn 6.
1010 BGH NJW-RR 2004, 400, 401; NJW 1999, 3483, 3485.
1011 BGH NJW 1956, 946 ff.
1012 OLG Zweibrücken NZG 1999, 172, 173.

Sodann wird die Versammlung vom Vorsitzenden wieder eröffnet und bekannt gegeben, dass der Aufsichtsrat zu Mitgliedern des Vorstands bestellt hat:
(Name und Adresse der einzelnen Vorstandsmitglieder)
Diese erklären hierzu ihr Einverständnis.[1013] ◄

In diesem Zusammenhang stellt sich die Frage nach der **Haftung** für die Verbindlichkeiten der Vorgenossenschaft, die zB aufgrund der Vergütungspflicht der bestellten Vorstandsmitglieder entsteht. Nach heutiger Rechtsprechung gelten die vom BGH für die Haftung der Vor-GmbH aufgestellten Grundsätze über die unbeschränkte Haftung im Innenverhältnis (Verlustdeckungshaftung bzw Innenhaftung), die bei Vermögenslosigkeit und bei der unechten Vor-GmbH (zur unechten Vorgenossenschaft, siehe Rn 889) zur anteiligen unbeschränkten Außenhaftung wird,[1014] auch für die Vorgenossenschaft.[1015] Entsprechend diesem Konzept haften die Genossen, mit deren Einverständnis die Genossenschaft vor Eintragung ihre Tätigkeit aufgenommen hat, für die Schulden der Vorgenossenschaft unbeschränkt, aber nur ihrem Geschäftsanteil entsprechend im Wege der Innenhaftung, also der Genossenschaft gegenüber. Ist die Vorgenossenschaft jedoch vermögenslos, haften sie Gläubigern gegenüber unbeschränkt, aber ebenfalls nur anteilig im Wege der Außenhaftung.[1016] Der Verlustdeckungsanspruch **verjährt** analog § 9 Abs. 2 GmbHG in zehn Jahren.[1017]

887

Hinweis: Um die Risiken aus dieser Rechtsprechung zu minimieren, sollten Vorstand und Aufsichtsrat vor der Eintragung zunächst lediglich ehrenamtlich für die Vorgenossenschaft tätig werden. Nach Eintragung kann dann der Vorstand hauptamtlich angestellt werden. Bei rechtsgeschäftlichen Vereinbarungen der Vorgenossenschaft mit Dritten sollte darauf geachtet werden, dass eine **Haftungsbeschränkung** bzw ein Haftungsausschluss durch individualvertragliche Absprache der Parteien in den jeweils einschlägigen Vertrag mit einbezogen wird.

Die **Verbindlichkeiten** einer Vorgründungsgesellschaft gehen nicht ohne weiteres auf die Vorgenossenschaft und auf die eingetragene Genossenschaft über.[1018] Dies folgt daraus, dass – ebenso wie bei der Vorgründungs-GmbH – eine Identität oder Rechtskontinuität der Vorgründungsgesellschaft mit der Vorgenossenschaft nicht besteht, so dass ein Übergang im Rahmen der Vorgründungsgenossenschaft eingegangener Verbindlichkeiten von Rechts wegen weder auf die Vorgenossenschaft noch auf die eingetragene Genossenschaft stattfindet.[1019]

888

Hinweis: Insofern könnte der Haftung der Gesellschafter einer Vorgenossenschaft auch durch die Übertragung der Verbindlichkeiten auf die eingetragene Genossenschaft[1020] sowie durch das Handeln der Gründungsgesellschafter ausdrücklich im Namen der noch einzutragenden Genossenschaft und die Genehmigung durch die Genossenschaft begegnet werden.

3. Unechte Vorgenossenschaft

Scheitert das Gründungsverfahren oder betreiben die Vor-Gesellschafter es nicht weiter und führen die Gesellschafter die Geschäfte ohne Liquidation weiterhin gemeinschaftlich fort, so gilt für diese sog. **unechte Vorgenossenschaft** von nun an uneingeschränkt das allgemeine Recht der OHG oder GbR. Ansonsten aber handelt es sich um dieselbe Gesellschaft, nunmehr in Liquidation oder in geänderter **Rechtsform**; sowohl ihre Parteifähigkeit als auch ihre Rechtsverhältnisse einschließlich Schulden bestehen fort. Hinsichtlich der **Haftung** kommt eine Haftungsbeschränkung nach GmbH-recht-

889

1013 *Hoppert/Gräser* in: MünchVertragsHdb GesR, VI. 1.
1014 BGHZ 134, 333, 335 ff.
1015 BSG NZG 2000, 611 ff; BGH NJW 2002, 824 ff.
1016 Kritisch zu diesem Haftungskonzept *Beuthien*, GenG, § 13 Rn 7.
1017 BGH NJW 2002, 824 beruht noch auf § 9 Abs. 2 GmbHG aF, der eine fünfjährige Verjährungsfrist vorsah.
1018 Brandenburgisches OLG-NL 2005, 65 ff.
1019 *Beuthien*, GenG, § 13, Rn 2; zur Vorgründungs-GmbH: OLG Hamm BB 1992, 1081; *Müller*, GenG, § 13, Rn 6; *Schulte* in: Lang/Weidmüller, GenG, § 13, Rn 2; *Kern* in: Hillbrand/Keßler, GenG, § 13, Rn 5.
1020 Für die GmbH: BGH NJW 1984, 2164 ff.

lichen Grundsätzen jetzt jedenfalls nicht mehr in Betracht.[1021] Auch für die Altschulden tritt eine Außenhaftung gemäß § 128 HGB ein, weil die Voraussetzungen für eine Sperre dieser Anspruchsdurchsetzung jetzt jedenfalls nicht mehr gegeben sind.[1022] Erst recht entfallen die Haftungsvergünstigungen der Vorgenossenschaft, wenn die Gesellschafter von vornherein nicht die ernsthafte Absicht hatten, die GmbH zur Entstehung zu bringen.[1023]

Hinweis: Gegen die vorgenannten Rechtsfolgen können die Gesellschafter sich allein dadurch schützen, dass sie nach Eintritt des Scheiterns sofort das **Liquidationsverfahren** (siehe dazu unter Rn 985 ff) betreiben.

4. Nichteingetragene Genossenschaft

890 Unterbleibt die Eintragung der Genossenschaft ins Genossenschaftsregister und betreibt die **nichteingetragene Genossenschaft** ein vollkaufmännisches Gewerbe, so ist auf sie das Recht der OHG anzuwenden und die Genossenschaft ist als OHG in das Handelsregister einzutragen, ansonsten hat sie die **Rechtsform** einer GbR.[1024] Die Satzung einer nichteingetragenen Genossenschaft hat in diesen Fällen den Charakter eines Gesellschaftsvertrags.

Hinweis: Will die nichteingetragene Genossenschaft später die Eintragung als Genossenschaft ins Genossenschaftsregister erreichen, bedarf es
- eines entsprechenden Beschlusses der Mitglieder,
- der Umwandlung des Gesellschaftsvertrages in eine den Erfordernissen des Genossenschaftsgesetzes entsprechende Satzung und
- der Erfüllung der genossenschaftsrechtlichen Gründungsvorschriften.

5. Gründungsformalitäten

891 Gem. § 11 Abs. 1 GenG hat der Vorstand die Genossenschaft zur Eintragung in das **Genossenschaftsregister** anzumelden. Zuständig für die Eintragung in das Genossenschaftsregister ist das **Registergericht**. Das Genossenschaftsregister wird bei dem Gericht geführt, welches auch das Handelsregister führt (siehe auch Rn 995). Dieses Gericht ist für die Eintragung der in seinem Bezirk ansässigen Genossenschaften zuständig (§ 10 GenG). Die **Mindestanzahl** an Mitgliedern für die Gründung (§ 4 GenG) und das Bestehen (§ 80 Abs. 1 S. 1 GenG) einer Genossenschaft beträgt seit dem Inkrafttreten des Genossenschaftsrechtsänderungsgesetzes nicht mehr sieben sondern drei Mitglieder, um zu vermeiden, dass insbesondere bei landwirtschaftlichen und gewerblichen Genossenschaften sowie bei Produktivgenossenschaften zur Gründung der Genossenschaft Personen hinzugezogen werden, die an der Gründung tatsächlich gar nicht interessiert sind.[1025] Die früher in § 11 Abs. 4 GenG aF enthaltene Verpflichtung zur Beglaubigung der Unterschriften ist mit Wirkung vom 1.1.2007 durch das Inkrafttreten des „Gesetzes über **elektronische** Handelsregister, **Genossenschaftsregister** sowie das Unternehmensregister vom 11.10.2006 (EHUG)" entfallen.[1026] Die Anmeldung selbst ist in elektronisch in öffentlich beglaubigter Form vorzunehmen (§§ 157, 11 Abs. 1 GenG). Dies erfolgt als einfaches elektronisches Zeugnis, wobei das hierzu erstellte Dokument mit einer qualifizierten elektronischen Signatur nach dem Signaturgesetz versehen sein muss (§ 39 a BeurkG).[1027] Die Unterlagen sind nunmehr – wie die Anmeldung selbst – in elektronischer Form einzureichen (§ 11 Abs. 4 GEnG iVm § 12 Abs. 2 HGB), wobei die Übermittlung einer elektronischen Aufzeichnung

---

1021 Für die unechte Vor-GmbH: BGH NJW 2003, 429 ff.
1022 BGH aaO.
1023 BGH aaO.
1024 *Beuthien*, GenG, § 1 Rn 59 unterscheidet zwischen personengesellschaftsrechtlich und körperschaftlich verfassten nichteingetragenen Genossenschaften, kommt aber für letztere über die Anwendung der Regeln des nichtrechtsfähigen Wirtschaftsvereins (§ 54 S. 1 BGB) ebenfalls zur Anwendung des Rechts der GbR bzw OHG.
1025 BT-Drucks. 16/1025, S. 81.
1026 BGBl. 2006 I S. 2553.
1027 *Bauer*, Genossenschafts-Handbuch, § 157 GenG Rn 9.

(§ 12 Abs. 2 S. 2 HGB) genügt. Eine **Anmeldung** der Genossenschaft zur Eintragung in das Genossenschaftsregister kann wie folgt formuliert werden:

▶ An das
Amtsgericht
- Registergericht -
Zur Eintragung in das Genossenschaftsregister melden wir die unter der Firma ... eG in ... gegründete Genossenschaft, ihre Satzung sowie deren Vorstandsmitglieder
(Namen, Geburtsdatum und Adresse der Vorstandsmitglieder)
an.
Der Anmeldung fügen wir bei:
eine Satzung, welche von den Mitgliedern unterzeichnet ist;
eine Abschrift der Urkunden über die Bestellung des Aufsichtsrats und des Vorstands;
eine Bescheinigung des Prüfungsverbandes, dass die Genossenschaft zum Beitritt zugelassen ist;
eine gutachterliche Äußerung des Prüfungsverbandes, ob nach den persönlichen oder wirtschaftlichen Verhältnissen, insbesondere der Vermögenslage der Genossenschaft, eine Gefährdung der Belange der Mitglieder oder der Gläubiger der Genossenschaft zu besorgen ist.
Gemäß § ... der Satzung können zwei Vorstandsmitglieder rechtsverbindlich für die Genossenschaft zeichnen und Erklärungen abgeben.
Unsere Unterschriften zeichnen wir wie folgt:
(Unterschriftsprobe)
... (Ort), den ...
...
(Sämtliche Mitglieder des Vorstands)[1028] ◀

Sofern genehmigungspflichtige Geschäfte (zB Kreditgewährung gem. KWG) betrieben werden muss der Anmeldung außerdem eine **Genehmigungsurkunde** der genehmigenden Behörde im Original oder in öffentlich beglaubigter Form übermittelt werden.[1029]

Sofern die Genossenschaft ordnungsgemäß errichtet und angemeldet ist, reicht das Registergericht eine beglaubigte Abschrift der Satzung mit der **Eintragungsbescheinigung** an die Genossenschaft zurück. Anderenfalls lehnt es die **Eintragung** ab (§ 11 a Abs. 1 GenG). Das Gericht hat die **Ablehnung** der Eintragung auszusprechen, wenn

- die Genossenschaft nicht ordnungsgemäß errichtet und/oder angemeldet ist,
- offenkundig oder aufgrund der gutachterlichen Äußerung des Prüfungsverbandes eine Gefährdung der Belange der Mitglieder oder der Gläubiger der Genossenschaft zu besorgen ist, oder
- der Prüfungsverband erklärt, dass die Sacheinlagen überbewertet worden sind. (§ 11 a Abs. 2 GenG).

Normalerweise hat das Registergericht bei der Eintragung einer Gesellschaft nicht zu prüfen, ob diese wirtschaftlich leistungsfähig ist (mit Ausnahme der Aufbringung des Haftkapitals bei Kapitalgesellschaften). Bei Genossenschaften aber gibt es zum einen kein Mindestkapital, zum anderen haften die Mitglieder nicht unmittelbar für Verbindlichkeiten der Genossenschaft, sodass dem Registergericht ausnahmsweise eine eigene **Prüfungskompetenz** zusteht.

6. Rechtsfragen aus der Praxis

Folgende **zeitliche Reihenfolge** bei den **Gründungsformalitäten** einer Genossenschaft ist empfehlenswert:[1030]
1. Wahl des Versammlungsleiters und Protokollführers;
2. Beratung und Beschlussfassung über die Satzung;
3. Unterzeichnung der Satzung durch die Gründungsmitglieder;

1028 *Hoppert/Gräser* in: MünchVertragsHdb GesR, VI.3.
1029 KG JW 36, 641.
1030 *Glenk*, Die eingetragene Genossenschaft, Rn 182.

4. Wahl des Aufsichtsrats, Anfertigung von Bestellungsurkunden für jedes Aufsichtsratsmitglied und Unterzeichnung durch den Versammlungsleiter und Protokollführer, Gegenzeichnung dieser Urkunde durch jedes Aufsichtsratsmitglied zum Zeichen der Annahme der Bestellung;
5. Berufung des Vorstandes, Anfertigung und Unterzeichnung der Urkunden durch den Aufsichtsratsvorsitzenden, Gegenzeichnung der Bestellungsurkunden;
6. Anfertigung einer Niederschrift über die Gründungsversammlung einschließlich der Wahl des Aufsichtsrats;
7. Kontaktaufnahme mit dem zuständigen Prüfungsverband zwecks Beitritt, Beitrittsbestätigung und gutachterlicher Stellungnahme;
8. Notartermin zwecks Beglaubigung für die Registeranmeldung.

894 Nach Eintragung der Genossenschaft ins Genossenschaftsregister ist an folgende Maßnahmen zu denken:
- Anmeldung der Genossenschaft bei der Berufsgenossenschaft zwecks Unfallversicherung der genossenschaftlichen Mitarbeiter und ehrenamtlich Tätigen;
- Beantragung einer Betriebsnummer bei der zuständigen Arbeitsagentur für Arbeit, sofern die Genossenschaft Mitarbeiter beschäftigt;
- Anmeldung der Arbeitnehmer bei der zuständigen Krankenkasse (diese meldet weiter an die gesetzliche Renten- und Arbeitslosenversicherung);
- Vorlage der Sozialversicherungsausweise durch die Arbeitnehmer innerhalb von drei Tagen nach Einstellung (ansonsten Anzeige bei der zuständigen Krankenkasse notwendig);
- Anzeige über Gründung und Erwerb der Rechtsfähigkeit beim zuständigen Finanzamt innerhalb eines Monats gem. § 137 AO.

895 Eine Beitrittserklärung zum Prüfungsverband kann folgendes Aussehen haben:
▶ Wir erklären hierdurch unseren Beitritt zum ...
(Name des Prüfungsverbandes)
Unsere Genossenschaft wurde am ... unter der Firma ... gegründet.
Ein Exemplar unserer Satzung liegt dieser Erklärung bei. Die derzeitige Mitgliederzahl beträgt ...
Dem Vorstand gehören an:
(Namen und Adressen der Vorstandsmitglieder)
Als Aufsichtsratsmitglieder sind gewählt
Vorsitzender: ... (Name, Ort, Straße)
(Namen und Adressen der sonstigen Aufsichtsratsmitglieder)
Die Geschäftsführung besorgt Frau/Herr ...
Genaue Postanschrift der Genossenschaft: ...
Bankverbindung: ...
... (Ort), den ...
...
(Stempel der Genossenschaft und Unterschrift von 2 Vorstandsmitgliedern)[1031] ◀

III. Organe

1. Generalversammlung/Vertreterversammlung

a) Grundsätzliches

896 Die **Generalversammlung** ist das oberste Willensbildungs- und Entscheidungsorgan der Genossenschaft. Sie kann die Befugnisse der anderen Organe zwar einschränken, hat jedoch gegenüber den anderen Organen keine Weisungsbefugnis. Selbst durch Satzung kann ihr keine allumfassende Zuständigkeit übertragen werden, von Fall zu Fall über konkrete Fragen der Geschäftsführung zu ent-

---

[1031] *Hoppert/Gräser* in: Münchener Vertragshandbuch Genossenschaftsrecht, VI.4.

scheiden.[1032] Die Generalversammlung hat folgende **zwingende Befugnisse**, die ihr im Genossenschaftsgesetz zwingend und unentziehbar zugewiesen sind:
- sämtliche **Satzungsänderungen** (§ 16 Abs. 1 GenG, siehe hierzu auch Rn 972 f);
- **Zulassung investierender Mitglieder**, sofern die Satzung diese Befugnis nicht dem Aufsichtsrat zugewiesen hat (§ 8 Abs. 2 S. 3 GenG);
- **Wahl des Vorstandes** (§ 24 Abs. 2 S. 1 GenG, sofern nicht die Satzung eine andere Art der Bestellung der Vorstandsmitglieder vorsieht, § 24 Abs. 2 S. 2 GenG) **und des Aufsichtsrats** (§ 36 Abs. 1 S. 1 GenG), sofern Mitbestimmungsgesetze keine andere Regelung treffen (zB §§ 4 Abs.1, 1 Abs. 1 DrittelbG, 9 MitbestG);
- die **Amtsenthebung von Vorstands-** (§ 24 Abs. 2 S. 1 GenG) **und Aufsichtsratsmitgliedern** (§ 36 Abs. 3 S. 1 GenG) (Ausnahme wieder Mitbestimmungsregelungen: §§ 12 Abs. 1 S. 1 DrittelbG, 23 MitbestG);
- satzungsmäßige **Beschränkung der Geschäftsführungsbefugnisse** des Vorstands (§ 27 Abs. 1 S. 2 GenG);
- **Wahl eines Prozessbevollmächtigten** bei Prozessen gegen Vorstandsmitglieder, sofern kein Aufsichtsrat vorhanden ist (§ 39 Abs. 1 S. 2 GenG);
- **Wahl der Prozessbevollmächtigten** bei Prozessen gegen Aufsichtsratsmitglieder (§ 39 Abs. 3 GenG);
- Beschlussfassung über die Abschaffung der Vertreterversammlung (§ 43 a Abs. 7 S. 1 GenG)
- **Feststellung des Jahresabschlusses**, Beschluss über die Verwendung des Jahresabschlusses oder die Deckung eines Jahresfehlbetrages sowie Entlastung von Vorstand und Aufsichtsrat (§ 48 Abs. 1 S. 1 GenG);
- Feststellung der **Höchstkreditgrenzen** (§ 49 GenG);
- Festsetzung der **Modalitäten** für Einzahlungen auf den Geschäftsanteil (§ 22 Abs. 1, 50, 87 a Abs. 1 GenG);
- Beschlussfassung über den **Prüfungsbericht** (§ 59 Abs. 1 GenG);
- die **Auflösung** der Genossenschaft (§ 78 Abs. 1 GenG);
- die **Fortsetzung** der freiwillig aufgelösten Genossenschaft (§ 79 a Abs. 1 GenG);
- **Bestellung und Abberufung der Liquidatoren** (§ 83 Abs. 1 und 4 S. 2 GenG);
- **Verschmelzung von Genossenschaften** (§ 13 Abs. 1 iVm §§ 84, 96 UmwG);
- **Spaltung der Genossenschaft** (§§ 123 Abs. 1, 125 UmwG iVm § 13 Abs. 1 UmwG);
- **Formwechsel** in eine Kapitalgesellschaft (§ 193 iVm § 262 UmwG);

Die Satzung kann der Generalversammlung weitere Befugnisse zuweisen, aber nicht solche, die **unentziehbar** schon anderen Genossenschaftsorganen zustehen (§ 18 S. 2 GenG).

b) Einberufung der Generalversammlung

Einberufungsberechtigt ist grundsätzlich der Vorstand (§ 44 Abs. 1 GenG). **Einberufungsgründe** können sich in der Satzung der Genossenschaft finden oder im Gesetz, insbesondere § 33 Abs. 3 GenG (Einberufung der Generalversammlung bei Verlust), § 40 GenG (Amtsenthebung des Vorstandes), § 45 Abs. 1 GenG (auf Verlangen einer Minderheit der Mitglieder), § 48 Abs. 1 S. 2 GenG (Feststellung des Jahresabschlusses), § 60 Abs. 1 GenG (Einberufungsrecht des Prüfungsverbandes). Gem. § 46 Abs. 1 GenG muss die **Einberufungsfrist** mindestens zwei Wochen betragen, wobei die Art und Weise der Einberufung der Regelung in der Satzung vorbehalten bleibt. Die **Tagesordnung** ist bei der Einberufung bekannt zu machen. Die Tagesordnung einer **Vertreterversammlung** ist allen Mitgliedern durch Veröffentlichung in den Genossenschaftsblättern oder im Internet unter der Adresse der Genossenschaft oder durch unmittelbare schriftliche Benachrichtigung bekannt zu machen. Über **Verhandlungsgegenstände**, die nicht mindestens eine Woche vor der Generalversammlung angekündigt sind, können Beschlüsse nicht gefasst werden, es sei denn, sämtliche Mitglieder sind erschienen, oder es

897

1032 *Beuthien*, GenG, § 43 Rn 2.

handelt sich um Beschlüsse über die Leitung der Versammlung oder um Anträge auf Einberufung einer außerordentlichen Versammlung (§ 46 Abs. 2 GenG).

898 Damit alle Mitglieder die möglichst gleiche Teilnahmechance haben, ist die Generalversammlung am Sitz der Genossenschaft abzuhalten, soweit die Satzung nicht einen anderen **Tagungsort** gestattet.[1033] Bei Verstoß sind sämtliche gefassten Beschlüsse gem. § 51 GenG **anfechtbar**.[1034] Gem. § 48 Abs. 1 S. 2 GenG hat die Generalversammlung in den ersten sechs Monaten des Geschäftsjahres stattzufinden (**Tagungszeitpunkt**). Es besteht zwar ein **Teilnahmerecht** der Mitglieder an der Generalversammlung, nicht aber eine Teilnahmepflicht. Eine Teilnahmepflicht kann aber durch Satzung vorgesehen und sogar strafbewehrt werden.[1035] Mit dem Genossenschaftsrechtsänderungsgesetz wurde in § 43 Abs. 7 GenG nunmehr auch die satzungsmäßige Möglichkeit der **schriftlichen oder elektronischen Beschlussfassung** geschaffen. Allerdings muss die Satzung durch ein entsprechendes Regelwerk sicherstellen, dass die Rechte aller Mitglieder gewahrt werden und die Ordnungsmäßigkeit der Stimmabgabe gewährleistet ist.[1036] Damit sind nunmehr auch **virtuelle Generalversammlungen** per Internet denkbar. Die Erteilung einer **Stimmrechtsvollmacht** für den Fall der Verhinderung eines Mitglieds ist somit nicht mehr zwingend notwendig, sofern von dieser neu geschaffenen Möglichkeit Gebrauch gemacht wird.[1037] Die Beschlussfassung im **schriftlichen Umlaufverfahren** ist nunmehr auch möglich.[1038]

c) Rechte und Pflichten

899 Den Mitgliedern steht auf der Generalversammlung ein **Auskunftsrecht** zu, welches demjenigen des Aktionärs gem. § 131 Abs. 1 AktG entspricht. Jedem Mitglied sind somit diejenigen Auskünfte zu geben, die zur sachgemäßen Beurteilung der Tagesordnungspunkte erforderlich sind. Auskünfte, deren Umfang die Generalversammlung für die anderen Teilnehmer unzumutbar verlängern würden, können nicht verlangt werden; im Übrigen darf der Vorstand die Auskunft nur aus den in § 131 Abs. 3 S. 1 Nr. 1–6 AktG genannten Gründen verweigern.[1039] Beschlüsse der Generalversammlung sind dementsprechend **anfechtbar**, wenn sie unter Verletzung des Auskunftsrechts zustande gekommen sind.[1040]

900 Grundsätzlich hat jedes Mitglied einer Genossenschaft auf der Generalversammlung eine Stimme (§ 43 Abs. 3 S. 1 GenG), so dass alle Mitglieder hinsichtlich des **Stimmrechts** gleichgestellt sind. Gem. § 43 Abs. 6 GenG. kommt es bei **Befangenheit** des Mitglieds zu einem **Stimmrechtsausschluss**. So dürfen Vorstände und Aufsichtsräte nicht mitstimmen, wenn es um ihre Entlastung geht, darüber hinaus Aufsichtsräte nicht bei der Entlastung des Vorstandes, da sie damit eigene Kontrollmängel verdecken könnten und umgekehrt.[1041] Bei seiner Wahl in den Vorstand oder Aufsichtsrat darf das betroffene Mitglied jedoch mitstimmen, da es hierbei nicht um ein Rechtsgeschäft des Mitglieds mit der Genossenschaft geht, sondern um einen Sozialakt, dh die Ausübung des eigenen Mitgliedschaftsrechts zwecks gemeinsamer Willensbildung.[1042] Die Vertretung eines Mitglieds durch einen Dritten, dem in schriftlicher Form Vollmacht erteilt worden ist (**Stimmrechtsvollmacht**), ist möglich (§ 43 Abs. 5 GenG). Die Satzung kann jedoch persönliche Voraussetzungen für Bevollmächtigte aufstellen, insbesondere die Vertretung durch Personen ausschließen, die sich geschäftsmäßig zur Ausübung von Stimmrechten erbieten. Ein Bevollmächtigter kann nicht mehr als zwei Mitglieder vertreten; § 43 Abs. 5 S. 3 GenG; die Satzung kann allerdings nicht die Vertretung durch Bevollmächtigte ganz ausschließen. Eine **Satzungsbestimmung zur Bevollmächtigung** könnte wie folgt aussehen:

1033 RGZ 44, 8, 10.
1034 BayObLG NJW 1959, 485, 486.
1035 *Beuthien*, GenG, § 43 Rn 12.
1036 BT-Drucks. 16/1025, S. 86.
1037 *Schaffland/Korte*, NZG 2006, 253, 254.
1038 *Geschwandtner/Helios*, NZG 2006, 691, 693.
1039 *Beuthien*, GenG, § 43 Rn 15.
1040 BGH NZG 2005, 69, 71.
1041 *Cario* in: Lang/Weidmüller, GenG, § 43 Rn 103; aA *Müller*, GenG, § 43 Rn 62.
1042 *Beuthien*, GenG § 43 Rn 34.

▶ Mitglieder, deren gesetzliche Vertreter oder zur Vertretung ermächtigte Gesellschafter können sich durch Bevollmächtigte vertreten lassen. Mehrere Erben eines verstorbenen Mitglieds können das Stimmrecht nur durch einen gemeinschaftlichen Bevollmächtigten ausüben. Ein Bevollmächtigter kann nicht mehr als zwei Mitglieder vertreten. Bevollmächtigte können nur Mitglieder der Genossenschaft, Ehegatten, Eltern, Kinder oder Geschwister eines Mitglieds sein oder müssen zum Vollmachtgeber in einem Gesellschafts- oder Anstellungsverhältnis stehen. Personen, an die die Mitteilung über den Ausschluss abgesandt ist, können nicht bevollmächtigt werden.[1043] ◀

Die Satzung kann die **Gewährung** von **Mehrstimmrechten** vorsehen. Gem. § 43 Abs. 3 S. 2 Nr. 1–3 GenG müssen die Voraussetzungen für die Gewährung von Mehrstimmrechten mit folgender Maßgabe bestimmt werden: 901

- Mehrstimmrechte sollen grundsätzlich nur Mitgliedern gewährt werden, die den Geschäftsbetrieb besonders fördern. Keinem Mitglied können mehr als drei Stimmen gewährt werden. Bei Beschlüssen, die einer ¾- oder einer größeren Mehrheit bedürfen sowie bei Beschlüssen, die die satzungsmäßigen Regelungen über Mehrstimmrechte aufheben oder einschränken haben auch Mitglieder mit Mehrstimmrechten nur eine Stimme;
- Bei Genossenschaften, bei denen mehr als ¾ der Mitglieder Unternehmer im Sinne von § 14 BGB sind (**Unternehmer-Genossenschaften**), gelten diese Einschränkungen nicht, allerdings können hier Mehrstimmrechte vom einzelnen Mitglied höchstens bis zu einem Zehntel der in der Generalversammlung anwesenden Stimmen ausgeübt werden. Bei den Unternehmern muss die Mitgliedschaft gerade in deren Unternehmer-Eigenschaft begründet sein.[1044] Alles weitere hat die Satzung zu regeln;
- Bei Genossenschaften, deren Mitglieder ausschließlich oder überwiegend eingetragene Genossenschaften sind (**Sekundärgenossenschaften**) gelten weder die allgemeinen Einschränkungen noch die Einschränkungen für Unternehmer-Genossenschaften. Die Satzung dieser Genossenschaften kann das Stimmrecht der Mitglieder nach der Höhe ihrer Geschäftsguthaben oder einem anderen Maßstab abstufen.
- Zur **Aufhebung oder Änderung** der Bestimmungen der Satzung über Mehrstimmrechte bedarf es nicht der Zustimmung der betroffenen Mitglieder (§ 43 Abs. 3 S. 4 GenG).

Die Generalversammlung beschließt mit der Mehrheit der abgegebenen Stimmen (**einfache Stimmenmehrheit**), soweit nicht Gesetz oder Satzung eine größere Mehrheit oder weitere Erfordernisse bestimmen (§ 43 Abs. 2 GenG). Die Wirksamkeit eines Beschlusses darf nicht von der Zustimmung eines anderen Organs der Genossenschaft oder eines Dritten (zB eines Prüfungsverbandes) abhängig gemacht werden.[1045] Die Satzung darf nicht bestimmen, dass der Versammlungsleiter mit seiner Stimme den Ausschlag gibt. Ebenfalls unzulässig ist eine Satzungsbestimmung, derzufolge die Feststellung der Stimmenmehrheit zugleich an andere Voraussetzungen wie das Erreichen eines bestimmten Anteils der Geschäftsanteile, abhängig gemacht wird.[1046] Vor der Beschlussfassung über die Verschmelzung hat der Vorstand allerdings zunächst gem. §§ 81 Abs. 1, 83 Abs. 2 UmwG ein **Gutachten des Prüfungsverbandes** einzuholen, welches in der Mitgliederversammlung **vorgelesen** werden muss. 902

Um Abstimmungen und Wahlen näher zu regeln, kann die **Satzung** folgende Bestimmungen enthalten:
▶ (1) Abstimmungen werden mit Handzeichen durchgeführt. Sie müssen geheim durch Stimmzettel erfolgen, wenn der Vorstand, der Aufsichtsrat oder mindestens der vierte Teil der bei einer Beschlussfassung hierüber gültig abgegebenen Stimmen es verlangt.
(2) Bei Stimmengleichheit gilt ein Antrag als abgelehnt; bei Wahlen entscheidet in diesem Fall das Los.
(3) Bei der Feststellung des Stimmenverhältnisses werden die abgegebenen Stimmen gezählt; Stimmenthaltungen und ungültige Stimmen werden nicht berücksichtigt.[1047] ◀

1043 *Hoppert/Gräser* in: MünchVertragsHdb GesR, VI.5.
1044 BT-Drucks. 16/1025, S. 86.
1045 *Cario* in: Lang/Weidmüller, GenG, § 43 Rn 64.
1046 KG OLGRspr 42, 217.
1047 *Hoppert/Gräser* in: MünchVertragsHdb GesR, VI.5.

903 Die Generalversammlung hat außerdem dem Vorstand und Aufsichtsrat **Entlastung** zu erteilen (§ 48 Abs. 1 GenG). Entlastung bedeutet zum einen Billigung der Geschäftsführung für die Vergangenheit sowie den Ausspruch des Vertrauens für die künftige Verwaltungsarbeit.[1048] Außerdem beinhaltet sie den Verzicht der Genossenschaft auf Schadensersatzansprüche aus §§ 34 Abs. 2, 41 GenG gegen die entlasteten Organmitglieder bzw das Anerkenntnis, das sie nicht bestehen, jedenfalls, soweit der Generalversammlung mögliche Ersatzansprüche bei der Prüfung aller ihr gemachten Vorlagen und erstatteten Berichte bekannt oder für sie erkennbar waren.[1049]

d) Investierende Mitglieder

904 Der durch das Genossenschaftsänderungsgesetz neu eingeführte § 8 Abs. 2 GenG eröffnet der Genossenschaft die Möglichkeit, sogenannte **investierende Mitglieder** zuzulassen.[1050] Entscheidendes Merkmal für die Einordnung als investierendes und **Abgrenzung** vom zu fördernden Mitglied ist, ob diese Person für die Nutzung oder Produktion der Güter bzw die Nutzung oder Erbringung der Dienste der Genossenschaft nicht in Betracht kommt. Grundsätzlich haben investierende Mitglieder die gleichen Rechte wie zu fördernde Mitglieder, insbesondere haben sie Stimmrecht sowie Kündigungsrecht. Es dürfte nichts dagegen sprechen, wenn die Satzung den investierenden Mitgliedern im Fall der Gewinnausschüttung eine höhere Dividende gewährt als den nutzenden Mitgliedern.[1051] Um den Förderzweck der Genossenschaft durch die Aufnahme von investierenden Mitgliedern nicht zu gefährden, bestimmt § 8 Abs. 2 S. 2 GenG zum **Schutz der zu fördernden Mitglieder**, dass die Satzung sicherzustellen hat, dass letztere nicht überstimmt und Beschlüsse, die nach Gesetz oder Satzung einer **qualifizierten Mehrheit** von 3/4 der abgegebenen Stimmen bedürfen, von den investierenden Mitgliedern nicht verhindert werden können. Die Beschränkung des Stimmrechts besteht hingegen nicht, wenn die erforderliche Mehrheit für das Zustandekommen eines Beschlusses auf dem Votum der investierenden Mitglieder beruht.[1052] Außerdem dürfen nur ein Viertel der Aufsichtsratsmitglieder aus dem Kreis der investierenden Mitglieder stammen (§ 8 Abs. 2 S. 4 GenG). Eine entsprechende Beschränkung hinsichtlich der Vorstandsbesetzung besteht jedoch nicht, was daran liegen mag, dass der Gesetzgeber zwar formal am Begriff der Selbstorganschaft festhält (vgl § 9 Abs. 2 GenG), sich aber über die Zulassung von investierenden Mitgliedern faktisch davon verabschiedet:[1053]

e) Minderheitenschutz

905 § 45 GenG regelt den **Minderheitenschutz** im Genossenschaftsrecht. Die Generalversammlung muss gem. § 45 Abs. 1 S. 2 GenG unverzüglich einberufen werden, wenn mindestens 1/10 der Mitglieder oder der in der Satzung hierfür bezeichnete geringere Teil in Textform unter Anführung des Zwecks und der Gründe die Einberufung verlangt (**Einberufungsantrag**).[1054] Wird aufgrund des Antrags eine **Vertreterversammlung** einberufen, haben die einberufenden Mitglieder dort ein Rede- und Antragsrecht, wobei die Satzung diese Rechte auch nur einem oder mehren ausgewählten Bevollmächtigten zusprechen kann (§ 45 Abs. 1 S. 2 GenG). In gleicher Weise sind Mitglieder gem. § 45 Abs. 2 S. 1 GenG berechtigt zu verlangen, dass Gegenstände zur Beschlussfassung einer Generalversammlung angekündigt werden (**Antrag auf Ankündigung von Beschlussgegenständen**). Im Falle einer Vertreterversammlung gilt das zum Einberufungsantrag Gesagte entsprechend (§ 45 Abs. 2 S. 2 GenG).

1048 *Beuthien*, GenG, § 48 Rn 8.
1049 BGH NZG 2002, 195, 197; NZG 2005, 562, 563.
1050 Eingehend zu Vor- und Nachteilen: *Saenger/Merkelbach*, BB 2006, 566 ff.
1051 *Bauer*, Genossenschafts-Handbuch, § 8 GenG Rn 26.
1052 BT-Drucks. 16/1025, S. 83.
1053 BT-Drucks. 16/1025, 83; ähnlich auch *Pistorius*, DStR 2006, 278, 283.
1054 Einer zunächst im Genossenschaftsrechtsänderungsgesetz vorgesehenen Mindestanzahl von 150 Mitglieder wurde im Laufe des Gesetzgebungsverfahrens eine Absage erteilt, um Missbrauch bei großen Genossenschaften zu vermeiden, vgl BT-Drucks. 16/1524, S. 10.

Hinweis: Wird dem Einberufungsantrag bzw dem Antrag auf Ankündigung von Beschlussgegenständen nicht entsprochen, gibt § 45 Abs. 3 GenG der Minderheit das Recht, eine **gerichtliche Ermächtigung** zur Einberufung einzuholen. Erforderlich ist ein unverzüglich von allen Antragstellern unterzeichneter oder zu Protokoll des Urkundsbeamten des Registergerichts (§ 10 GenG) erklärter, inhaltlich bestimmter Antrag. Entgegen dem Wortlaut des § 45 Abs. 3 GenG brauchen nicht alle Genossen, die vergeblich einen Antrag gestellt haben, als Antragsteller vor Gericht auftreten, es muss nur das Quorum iSv § 45 Abs. 1 bzw Abs. 2 GenG erreicht sein.[1055] Allerdings müssen die bei Gericht antragstellenden Mitglieder auf Verlangen gem. § 12 FGG ihre Vollmacht nachweisen. Das Gericht entscheidet nach Anhörung des Vorstandes (§§ 146 Abs. 1, 148 Abs. 1 FGG). Die gerichtliche Ermächtigung wird mit Bekanntgabe wirksam (§ 16 Abs. 1 FGG). Die ermächtigten Mitglieder haben gleichwohl bei der Einberufung der Generalversammlung die satzungsmäßige Form sowie die Fristen zu wahren. Gegen die Ablehnung der Ermächtigung können die Antragsteller binnen zwei Wochen sofortige Beschwerde (§§ 146 Abs. 2, 148 Abs. 1, 20 FGG) einlegen, worüber das übergeordnete Landgericht entscheidet (§ 19 Abs. 2 FGG). Gegen dessen Entscheidung ist eine weitere Beschwerde möglich (§ 27 Abs. 1 FGG).

f) Nichtigkeit und Anfechtbarkeit von Beschlüssen

aa) Nichtigkeit

Die aktienrechtlichen Vorschriften der §§ 241 ff AktG hinsichtlich der **Nichtigkeit von Beschlüssen** sind grundsätzlich, dh soweit nicht genossenschaftsrechtliche Besonderheiten entgegenstehen, auf die Beschlüsse der Generalversammlung entsprechend anzuwenden.[1056] Beschlüsse der Generalversammlung sind nichtig, wenn 906

- die Generalversammlung nicht gem. § 46 GenG einberufen wurde;[1057]
- der Inhalt des Beschlusses gegen ein gesetzliches Verbot verstößt;[1058]
- der Beschluss Rechte Dritter verletzt (auch Mitglieder in ihrer Eigenschaft als Vertragspartner der Genossenschaft);
- die Generalversammlung beschlussunfähig war oder
- der Inhalt des Beschlusses gegen die guten Sitten verstößt.[1059]

Die Nichtigkeit ist im Wege der **Nichtigkeitsklage** entsprechend § 249 Abs. 1 S. 1 AktG geltend zu machen. Die **Klagebefugnis** steht entsprechend § 249 Abs. 1 S. 1 AktG jedem Genossen, dem Vorstand oder jedem Vorstands- oder Aufsichtsratsmitglied zu, ohne dass die besonderen Voraussetzungen des § 51 Abs. 2 GenG oder ein Feststellungsinteresse vorliegen müssen.[1060] Gegen Beschlüsse der Vertreterversammlung dürfen daher auch nicht zu Vertretern gewählte Mitglieder Nichtigkeitsklage erheben.[1061] Die Klage ist jederzeit zulässig, soweit nicht die Nichtigkeit entsprechend § 242 Abs. 2 AktG geheilt ist. Das Urteil entfaltet entsprechend §§ 249 Abs. 1 S. 1, 248 Abs. 1 S. 1 AktG **Rechtskraftwirkung** gegenüber allen Mitgliedern, Organmitgliedern und dem Registergericht.[1062] Wenn die Voraussetzungen der Anfechtungsklage gegeben sind, kann diese auch auf Nichtigkeitsgründe gestützt werden.[1063] Nichtigkeits- und Anfechtungsklage können entsprechend § 249 Abs. 2 S. 2 AktG miteinander verbunden werden, wobei das Gericht die Nichtigkeitsgründe als Hauptantrag zuerst zu prüfen hat.[1064] Der Antrag in der Klageschrift kann wie folgt aussehen: 907

1055 *Beuthien*, GenG, § 45 Rn 4.
1056 BGH NJW 1996, 1756, 1758.
1057 Zur GmbH: RGZ 92, 409, 412.
1058 Zur GmbH: RGZ 131, 141, 144 f.
1059 Zur GmbH: RGZ 131, 141, 145; BGH NJW 1955, 221.
1060 *Beuthien*, GenG, § 51 Rn 11.
1061 BGH NJW 1982, 2558 f.
1062 *Hillbrand/Keßler*, GenG, § 51 Rn 6.
1063 BGH NJW 1960, 1447, 1448.
1064 *Beuthien*, GenG, § 51 Rn 11.

▶ Es wird festgestellt, dass der Beschluss der Generalversammlung der Beklagten vom [...] durch den [Beschlussgegenstand wiedergeben], Punkt [Ziffer] der Tagesordnung, nichtig ist.[1065] ◀

908 Die **allgemeine Feststellungsklage** (§ 256 ZPO) ist neben der Nichtigkeitsklage grundsätzlich nicht zulässig, da für eine nur zwischen den Parteien wirkende Feststellung der Nichtigkeit kein schutzwürdiges Interesse besteht.[1066] Sind durch einen Beschluss nur die Rechtsverhältnisse einzelner Personen betroffen – wie zB bei der Feststellung der Nichtigkeit durch einen Dritten – ist die Feststellungsklage hingegen zulässig.[1067] Zu unterscheiden ist von der allgemeinen Nichtigkeitsklage die **Auflösungsklage wegen Nichtigkeit** gem. §§ 94–97 GenG, die sich nicht gegen die Wirksamkeit eines Beschlusses der Generalversammlung, sondern gegen die Wirksamkeit des Gründungsbeschlusses und der Satzung und damit gegen den Bestand der Genossenschaft selbst richtet. Als Voraussetzung für diese Klage muss die Genossenschaft eingetragen sein, obwohl die Satzung nicht die für sie wesentlichen Bestimmungen enthält oder eine dieser Bestimmungen nichtig ist, wobei § 95 Abs. 1 GenG die Nichtigkeitsgründe aufzählt und als Heilungsmöglichkeit einen satzungsändernden Beschluss der Generalversammlung vorsieht. Klagebefugt ist jedes Mitglied der Genossenschaft und jedes Vorstands- oder Aufsichtsratsmitglied. Das Geltendmachen der Nichtigkeitsklage richtet sich nach den Verfahrensvorschriften über die Anfechtungsklage (§ 96 iVm § 51 Abs. 3 bis 5 GenG).

bb) Anfechtbarkeit/Anfechtungsgründe

909 **Anfechtbar** sind Beschlüsse der Generalversammlung wegen Verletzung des Gesetzes oder der Satzung (§ 51 Abs. 1 GenG). Nicht jeder Verfahrensfehler begründet die Anfechtbarkeit des Beschlusses. Das Tatbestandsmerkmal „wegen" in § 51 Abs. 1 GenG wird vielmehr eng ausgelegt. Nach Ansicht der Rechtsprechung darf das Mitglied nur anfechten, wenn ohne den Verfahrensfehler tatsächlich oder jedenfalls möglicherweise ein anderes Beschlussergebnis zustande gekommen wäre, wobei die **Darlegungs- und Beweislast** für die Einflusslosigkeit des Verstoßes die Genossenschaft trägt.[1068]
Als **Anfechtungsgründe** kommen insbesondere in Betracht:
Einberufungsmängel:
- zu kurzfristige Einberufung oder Einberufung zur Unzeit;[1069]
- Einberufung am unzulässigen Ort oder[1070]
- Ankündigungsfehler zu einem bestimmten Beschlussgegenstand; diese berühren die Gültigkeit der zu den übrigen Verhandlungsgegenständen gefassten Beschlüsse nur, wenn sie auf dem anfechtbaren Beschluss beruhen[1071] oder beide Beschlüsse eine Einheit bilden.[1072]

Fehlerhafter Ablauf der Generalversammlung:
- Fehlen der gesetzlichen oder satzungsmäßig vorgeschriebenen Beschlussmehrheit;[1073]
- falsches Auszählen der Stimmen;[1074]
- Aufsichtsratswahl bei Wahlvorschlägen von Vorstandsmitgliedern;[1075]
- Verkündung eines sachlich unrichtigen Beschlussergebnisses oder[1076]
- unter Verletzung des rechtlichen Gehörs zustande gekommener Beschluss über die Ausschließung eines Mitglieds.[1077]

1065 *Anschütz/Rück* in: Beck'sches Prozessformularhandbuch, II. K 23.
1066 BGH NJW 1978, 1325 f; *Cario* in: Lang/Weidmüller, § 51 Rn 15.
1067 *Beuthien*, GenG, § 51 Rn 11.
1068 Aus der jüngeren Rechtsprechung: LG Bad Kreuznach NJW-RR 1996, 288, 289.
1069 Zur GmbH: LG Darmstadt BB 1981, 72 f.
1070 BayObLG NJW 1959, 485, 486.
1071 RG JW 1928, 222.
1072 RGZ 118, 218, 226 (zur Frage der Nichtigkeit von Beschlüssen).
1073 Saarländisches OLG WM 2006, 2364 ff.
1074 BGH NJW 1984, 1038, 1039.
1075 OLG Hamm ZIP 1985, 741, 743 f.
1076 BGH BB 1980, 646.
1077 BGH NJW 1996, 1756, 1758.

Fehlerhafter Beschlussinhalt:
- Verstoß gegen die genossenschaftliche Treuepflicht oder[1078]
- Verletzung des genossenschaftsrechtlichen Gleichbehandlungsgrundsatzes, sofern nicht bereits Nichtigkeit vorliegt.[1079]

Eine **Heilung** der Anfechtbarkeit ist durch die Einwilligung des Betroffenen, durch Verzicht auf das Anfechtungsrecht durch alle Anfechtungsberechtigten, durch den Ablauf der Anfechtungsfrist des § 51 Abs. 1 S. 2 GenG (eine Anfechtungsklage kann nicht mehr erhoben werden) sowie durch eine Bestätigung entsprechend § 244 AktG möglich.[1080]

Die **Anfechtungsklage** ist eine Gestaltungsklage und setzt einen bestimmten **Klageantrag** voraus, welcher auf einen abgrenzbaren Beschlussteil beschränkt werden darf.[1081] Ein **Klageantrag** könnte wie folgt aussehen:

▶ Der Beschluss der Generalversammlung der Beklagten vom ... , durch welchen [Beschlussgegenstand einfügen], Punkt ... der Tagesordnung, wird für nichtig erklärt.[1082] ◀

Die **Klagefrist** des § 51 Abs. 1 S. 2 GenG (ein Monat, Beginn und Ende der Frist richten sich nach §§ 187 Abs. 1, 188 Abs. 2, 3 und 193 BGB) ist eine materielle Ausschlussfrist. Anfechtungsgründe können selbst dann nicht nachgeschoben werden, wenn sie erst nachträglich bekannt werden.[1083]

Die **Anfechtungsbefugnis** steht gem. § 51 Abs. 2 GenG jedem in der Generalversammlung erschienen Mitglied zu, sofern es gegen den Beschluss Widerspruch zum Protokoll erklärt hat und jedem nicht erschienen Mitglied, sofern es zu der Generalversammlung unberechtigterweise nicht zugelassen worden ist oder sofern es die Anfechtung darauf gründet, dass die Einberufung der Versammlung oder die Ankündigung des Gegenstandes der Beschlussfassung nicht ordnungsgemäß erfolgt sei. Ferner sind der Vorstand und der Aufsichtsrat als zu diesem Zweck parteifähige Organe[1084] anfechtungsbefugt.[1085] Außerdem ist auch jedes Mitglied des Vorstands und Aufsichtsrats in Anlehnung an § 245 Nr. 5 AktG zur Anfechtung befugt, wenn durch die Ausführung des Beschlusses Mitglieder des Vorstands oder des Aufsichtsrats eine strafbare Handlung oder eine Ordnungswidrigkeit begehen oder wenn sie ersatzpflichtig werden würden. Bei einer **Vertreterversammlung** hat das einzelne Mitglied, welches nicht Vertreter ist, kein Anfechtungsrecht.[1086] Eine zunächst vorgesehene Klagebefugnis für solche Mitglieder wurde im Laufe des Gesetzgebungsverfahrens des Genossenschaftsrechtsänderungsgesetzes gestrichen, um einer missbräuchlichen Ausnutzung der Klagebefugnis entgegenzutreten. Außerdem habe das einzelne Mitglied die Möglichkeit, gegen Beschlüsse der Vertreterversammlung **Nichtigkeitsklage** entsprechend § 241 AktG zu erheben.[1087] **Passivlegitimiert** ist die Genossenschaft, vertreten durch den Vorstand, sofern dieser nicht selber klagt und durch den Aufsichtsrat, sofern dieser nicht selber klagt (§ 51 Abs. 3 S. 2 GenG). Hat die Genossenschaft keinen Aufsichtsrat, wird die Genossenschaft durch einen von der Generalversammlung gewählten Bevollmächtigten vertreten (§ 51 Abs. 3 S. 2 iVm § 39 Abs. 1 S. 2 GenG).

Für die Anfechtungsklage sachlich und örtlich zuständig ist das Landgericht am Sitz der Genossenschaft (§ 51 Abs. 3. S. 1 GenG). Die funktionale **Zuständigkeit** liegt nicht bei der Kammer für Handelssachen, sondern bei der Zivilkammer, da die Genossenschaft keine Handelsgesellschaft iSd § 95 Abs. 1 Nr. 4a GVG ist und § 95 Abs. 2 GVG keine entsprechende Zuständigkeit anordnet.[1088] Gem. § 51 Abs. 4 GenG trifft den Vorstand der Genossenschaft eine Bekanntmachungspflicht bzgl des Ter-

---

1078 *Cario* in: Lang/Weidmüller, GenG; § 51 Rn 27.
1079 *Cario* in: Lang/Weidmüller, GenG; § 51 Rn 27.
1080 Hettrich/Pöhlmann/*Gräser*/Röhrich, GenG, § 51 Rn 11.
1081 BGH NJW 1960, 1447, 1450.
1082 *Anschütz/Rück* in: Beck'sches Prozessformularhandbuch, II.K.22.
1083 *Beuthien*, GenG § 51 Rn 24.
1084 *Beuthien*, GenG, § 51 Rn 26.
1085 Die Klagebefugnis des Aufsichtsrats wurde zur Stärkung des Aufsichtsrats mit dem Genossenschaftsrechtsänderungsgesetz eingeführt, vgl BT-Drucks. 16/1524, 10.
1086 Saarländisches OLG, WM 2006, 2364 ff.
1087 BT-Drucks. 16/1524, S. 10.
1088 LG Mainz NZG 2003, 235; aA *Kießling* NZG 2003, 209.

mins zur mündlichen Verhandlung; eine Verletzung dieser Pflicht kann gem. § 160 Abs. 1 S. 2 GenG und § 823 Abs. 2 BGB iVm § 51 Abs. 4 BGB sanktioniert werden. Soweit der Beschluss durch Urteil rechtskräftig für nichtig erklärt ist, erstreckt sich die **Urteilswirkung** für und gegen alle Mitglieder der Genossenschaft (§ 51 Abs. 5 S. 1 GenG). Das Urteil ist dem Registergericht zuzuleiten, sofern der Beschluss in das Genossenschaftsregister eingetragen ist (§ 51 Abs. 5 S. 2 und 3 GenG).

912 Nach alter Rechtslage hafteten Anfechtungs- und Nichtigkeitskläger gem. §§ 52, 96 GenG aF, wenn ihre Klage unbegründet war und sie „böslich" gehandelt hatten, der Genossenschaft für den ihr entstanden Schaden auf **Schadensersatz**. Der Gesetzgeber fand diese Vorschrift sachlich und auch sprachlich nicht mehr zeitgemäß. Da sich weder im Aktiengesetz noch im GmbH-Gesetz eine entsprechende Regelung findet, bestehe auch keine Notwendigkeit, die Mitglieder von Genossenschaften bei der Anfechtung von Beschlüssen schlechter zu stellen als Aktionäre oder Gesellschafter.[1089] Mit dem Genossenschaftsrechtsänderungsgesetz ist der § 52 GenG aF ersatzlos gestrichen worden, so dass Anfechtungs- und Nichtigkeitskläger nunmehr entsprechend den im Aktienrecht und GmbH-Recht geltenden Grundsätzen in solchen Fällen nur noch nach § 826 BGB auf Schadensersatz haften.[1090] Unberührt davon bleibt, dass die aus der Mitgliedschaft folgende Anfechtungsbefugnis nicht gröblich der genossenschaftlichen Treuepflicht zuwider ausgeübt werden darf (**Rechtsmissbrauchsschranke**). Insbesondere darf der Anfechtende der Genossenschaft nicht aus genossenschaftsfremden Motiven heraus klagen, um der Genossenschaft den eigenen Willen aufzuzwingen oder um besondere Vorteile zu erpressen.[1091] Der Rechtsmissbrauch führt nicht zur Unzulässigkeit, sondern zur Unbegründetheit der Klage.[1092] Die Darlegungs- und Beweislast für die den Einwand des Rechtsmissbrauchs begründenden Tatsachen trägt die Genossenschaft.[1093]

g) Vertreterversammlung

913 Bei Genossenschaften mit mehr als 1500 Mitgliedern kann die Satzung bestimmen, dass die Generalversammlung aus Vertretern besteht (**Vertreterversammlung**, § 43 a GenG). Im Interesse einer Stärkung der „Basisdemokratie" sieht § 43 a Abs. 1 S. 2 GenG jedoch die Möglichkeit vor, dass die Satzung bestimmen kann, dass bestimmte Beschlüsse der Generalversammlung vorbehalten bleiben. Dies kann für Beschlüsse von grundsätzlicher Bedeutung, wie zB die Auflösung oder Umwandlung der Genossenschaft, von Belang sein.[1094] Das **passive Wahlrecht** haben dabei alle natürlichen, unbeschränkt geschäftsfähigen Personen, die Mitglied der Genossenschaft sind und nicht dem Vorstand oder Aufsichtsrat angehören. § 43 a Abs. 2 S. 2 GenG räumt Mitgliedern, die juristische Personen oder Personengesellschaften sind, die Möglichkeit ein, die eigenen gesetzlichen Vertreter als Vertreter für die Vertreterversammlung zu stellen, und entspricht damit dem praktischen Bedürfnis, die Zahl der als Bewerber zur Verfügung stehenden Personen bei dieser Art von Genossenschaft zu vergrößern.[1095] Die **Mindestanzahl** an Vertretern beträgt fünfzig, die von den Genossenschaftsmitgliedern gewählt werden. Für die Vertreter besteht ein **Vertretungsverbot**. **Mehrstimmrechte** können ihnen nicht eingeräumt werden (§ 43 a Abs. 3 GenG).

914 Die Vertreter werden in allgemeiner, unmittelbarer, gleicher und geheimer **Wahl** gewählt. Die Satzung muss bestimmen, auf wie viele Mitglieder ein Vertreter entfällt, sowie die Amtszeit der Vertreter (§ 43 a Abs. 4 GenG). Um sicherzustellen, dass Wahlvorschläge aus den Reihen der Mitglieder nicht durch unverhältnismäßig hohe Zulässigkeitsanforderungen unmöglich gemacht werden, soll eine Zahl von 150 Mitgliedern für die Einbringung eines Wahlvorschlags ausreichen. Nähere Bestimmungen über das Wahlverfahren einschließlich der Feststellung des Wahlergebnisses können in einer **Wahlordnung** getroffen werden, die von Vorstand (nunmehr nicht mehr zwingend einstimmig) und Aufsichtsrat aufgrund übereinstimmender Beschlüsse erlassen wird und der Zustimmung der General-

---

1089 BT-Drucks. 16/1025, S. 89.
1090 BGH WM 1976, 498, 500 für die GmbH.
1091 *Beuthien*, GenG, § 51 Rn 17; BGH NJW 1989, 2689 zur AG.
1092 BGH AG 1992, 448, 449 f zur AG.
1093 LG Hof WM 1992, 2057, 2062 zur AG.
1094 BT-Drucks. 16/1025, S. 87.
1095 BT-Drucks. 16/1025, S. 87.

versammlung bedarf. Da das GenG abgesehen von den allgemeinen Wahlrechtsgrundsätzen kein bestimmtes **Wahlverfahren** vorschreibt, kann die Wahl der Vertreterversammlung grundsätzlich als Mehrheits-, als Verhältniswahl oder nach einem Mischsystem erfolgen und zwar als Persönlichkeitswahl oder mit offenen oder geschlossenen („gebundenen") Listen.[1096]

Bei der Wahl nach geschlossenen Listen fordert das gerade auch in § 43 a Abs. 4 S. 1 GenG ausgedrückte genossenschaftliche Gleichbehandlungsgebot, dass die abgegebenen Stimmen zwecks Wahrung der Minderheitsrechte nach dem Modus der Verhältniswahl zu gewichten sind.[1097] Eine Wahlordnungsvorschrift, wonach nur diejenige Liste gewählt ist, welche die meisten Stimmen auf sich vereinigt, ist daher nichtig.[1098] Die Wahl nach einer einzigen starren Einheitsliste ist mangels persönlicher Wahlalternative unzulässig.[1099] Eine entsprechende Regelung in der Wahlordnung könnte wie folgt aussehen:

▶ Bei mehreren zur Wahl stehenden Listen gilt der Grundsatz der Verhältniswahl (d'Hondt'sches System); wenn die niedrigste in Betracht kommende Höchstzahl auf mehrere Vorschlagslisten entfällt, so entscheidet das vom Vorsitzenden des Wahlausschusses oder dessen Stellvertreter gezogene Los darüber, welcher Vorschlagsliste dieser Sitz zufällt.[1100] ◀

Eine **Liste** mit den Namen und Anschriften der gewählten Vertreter und Ersatzvertreter ist mindestens zwei Wochen lang in den Geschäftsräumen der Genossenschaft und ihren Niederlassungen zur Einsichtnahme für die Mitglieder auszulegen und die Auslegung in einem öffentlichen Blatt bekannt zu machen. Die Bekanntmachung muss darauf hinweisen, dass jedes Mitglied jederzeit eine Abschrift der Liste der Vertreter und Ersatzvertreter verlangen kann (§ 43 a Abs. 6 GenG).

Im neuen § 43 a Abs. 7 GenG wird klargestellt, dass nach Einführung einer Vertreterversammlung für eine Beschlussfassung über eine **Rückkehr zur Generalversammlung** nicht die Vertreterversammlung, sondern die Generalversammlung zuständig ist, wobei eine Minderheit von 10 % der Mitglieder die Einberufung einer Generalversammlung zwecks Abschaffung der Vertreterversammlung verlangen kann.[1101] Kommt der Vorstand dem Verlangen nach Einberufung der Generalversammlung nicht unverzüglich nach, kommt das gerichtliche Verfahren nach § 45 Abs. 3 GenG zur Anwendung, dh das Registergericht kann die Mitglieder, welche die Einberufung der Generalversammlung verlangt haben, zur Einberufung ermächtigen (**Ermächtigungsbeschluss**).

2. Vorstand

a) Grundsätzliches

Der Vorstand ist das **Geschäftsführungs-** und **Vertretungsorgan** der Genossenschaft. Er vertritt die Genossenschaft gerichtlich und außergerichtlich (§ 24 Abs. 1 GenG) und leitet die Genossenschaft unter eigener Verantwortung, wobei er satzungsmäßige Beschränkungen zu beachten hat (§ 27 Abs. 1 GenG). Der Vorstand besteht gem. § 24 Abs. 2 GenG grundsätzlich aus zwei Personen, wobei die Satzung eine höhere **Anzahl** von Vorstandsmitgliedern vorschreiben kann. Bei Genossenschaften mit nicht mehr als zwanzig Mitgliedern (**Kleinstgenossenschaften**) kann die Satzung bestimmen, dass der Vorstand nur aus einer Person besteht (§ 24 Abs. 2 S. 3 GenG). Der damit verbundene Verzicht auf das „Vier-Augen-Prinzip" bei gleichzeitig gem. § 9 Abs. 1 S. 2 GenG möglichem Verzicht auf einen Aufsichtsrat dürfte jedoch nur bei einer ganz geringen Mitgliederzahl im einstelligen Bereich angezeigt sein.

b) Bestellung des Vorstandes

Gem. § 9 Abs. 2 S. 1 GenG dürfen nur Genossenschaftsmitglieder in den Vorstand und Aufsichtsrat berufen werden. Diese eng gefasste **Mitgliedsfähigkeit** im Vorstand (und Aufsichtsrat) ist ein struktur-

---
1096 *Beuthien*, GenG, § 43 a Rn 13.
1097 AA OLG Nürnberg ZfG 1979, 258, 260.
1098 BGH NJW 1982, 2558, 2559.
1099 OLG Nürnberg, ZfG 1979, 258, 261.
1100 *Hoppert/Gräser* in: MünchVertragsHdb GesR, VI.7.
1101 Einer zunächst vom Gesetzgeber im Genossenschaftsänderungsgesetz vorgesehenen Mindestanzahl von 500 Mitgliedern, wurde im Laufe des Gesetzgebungsverfahrens eine Absage erteilt, um einen Missbrauch bei sehr großen Genossenschaften zu verhindern, vgl BT-Drucks. 16/1524, S. 10.

prägendes Element der Genossenschaft, an dem sich auch durch das Genossenschaftsrechtsänderungsgesetz nichts geändert hat. Durch die Möglichkeit, **investierende Mitglieder** zur Genossenschaft zuzulassen (§ 8 Abs. 2 GenG), dürfte sich das Problem, geeignete Organmitglieder zu finden, jedoch weiter entschärft haben.[1102] Allerdings müssen Vorstands- und Aufsichtsratsmitglieder nicht bereits bei ihrer Wahl Genossenschaftsmitglieder sein. Es genügt, wenn sie zu Beginn ihrer Amtsführung Genossenschaftsmitglieder sind.[1103] § 9 Abs. 1 S. 1 GenG stellt klar, dass – wie bei der AG und der GmbH – nur natürliche Personen in den Vorstand oder Aufsichtsrat berufen werden können. Gehören der Genossenschaft eingetragene Genossenschaften als Mitglieder an, so stellt § 9 Abs. 2 S. 2 GenG nunmehr klar, dass deren Mitglieder, sofern sie natürliche Personen sind, in den Vorstand oder Aufsichtsrat der Genossenschaft berufen werden können. Die vor dem Inkrafttreten des Genossenschaftsrechtsänderungsgesetzes vereinzelt vertretene Auffassung, auch juristische Personen könnten Organmitglieder werden, hat sich damit erledigt.[1104]

Hinweis: Bei der **Bestellung** des Vorstandes einer Genossenschaft, der gem. § 24 Abs. 2 GenG aus mindestens zwei Personen bestehen muss, ist zu beachten, dass
- Beamte für jede entgeltliche Nebentätigkeit eine Genehmigung ihrer obersten Dienstbehörde gem. § 65 Abs. 1 S.1 , 66 Abs. 1 Nr. 1 c) BBG bedürfen;
- Notare gem. § 8 Abs. 3 S. 1 Nr. 2 BNotO der Genehmigung ihrer Aufsichtsbehörde bedürfen;
- Vorstandsmitglieder einer Kreditgenossenschaft eine Geschäftsleiterqualifikation im Sinne des Kreditwesengesetzes (KWG) besitzen müssen. In den Fällen des § 33 Abs. 1 S. 1 Nr. 5 KWG dürfen nicht nur ehrenamtlich tätige Personen Geschäftsleiter sein, alle Geschäftsleiter müssen gem. § 33 Abs. 1 Nr. 2 und 4 KWG über die entsprechende persönliche und wirtschaftliche Zuverlässigkeit verfügen und dies gem. § 32 Abs. 1 S. 1 Nr. 3 und 4 KWG nachweisen.

920 Die **Zuständigkeit für die Bestellung (und Abberufung)** des Vorstandes ruht grundsätzlich gem. § 24 Abs. 2 GenG in den Händen der Generalversammlung. Die Satzung kann dabei eine andere Art der Bestellung (und Abberufung) vorschreiben. Das Genossenschaftsgesetz schreibt keine **Befristung** der Bestellung vor, diese kann jedoch durch Satzung vorgesehen werden. Dabei wird häufig eine erneute Bestellung des Vorstandes, die gem. § 24 Abs. 3 GenG jederzeit widerruflich ist, im Fünfjahresrhythmus vorgesehen.

Hinweis: Sollen die Vorstandsmitglieder hauptamtlich für die Genossenschaft tätig sein, ist neben der organschaftlichen Bestellung als Vorstandsmitglied auch ein **Dienstvertrag** mit dem Vorstandsmitglied abzuschließen. Dabei ist insbesondere auf folgende Punkte zu achten:[1105]
- Der Beginn des Dienstvertrages sollte mit dem Datum der Bestellung übereinstimmen;
- die Satzung sollte regeln, dass die Bestellung mit der Kündigung des Dienstvertrages, spätestens mit tatsächlichem Ausscheiden aus dem Dienstverhältnis endet;
- erreicht die Genossenschaft eine Größe, durch die das MitbestG (§ 1 Abs. 1 MitbestG) zur Anwendung gelangt, muss die Bestellung gem. § 31 Abs. 1 und 2 MitbestG iVm § 84 AktG zwingend mit einer 2/3-Mehrheit durch den Aufsichtsrat erfolgen, der die Amtsdauer auf höchstens fünf Jahre festsetzen und ein Jahr vor deren Ablauf einmalig wiederum auf höchstens fünf Jahre befristen darf.

c) Leitung und Vertretung der Genossenschaft

921 Gem. § 24 Abs. 1 GenG wird die Genossenschaft durch den Vorstand gerichtlich und außergerichtlich **vertreten**. Gem. § 27 Abs. 1 GenG hat der Vorstand die Genossenschaft unter eigener Verantwortung zu **leiten**. Er hat dabei die Beschränkungen zu beachten, die ihm durch die Satzung auferlegt werden. § 25 Abs. 1 GenG sieht hinsichtlich der **Vertretung** der Genossenschaft den Grundsatz der **echten Gesamtvertretung** vor. Die Satzung kann jedoch auch **Einzelvertretung** und **unechte Gesamtvertre-**

1102 BT-Drucks. 16/1025, S. 82; *Bauer*, Genossenschafts-Handbuch, § 9 GenG Rn 8; kritisch: *Geschwandtner/Helios* NZG 2006, 691 694.
1103 RGZ 144, 384, 388 f.
1104 *Glenk*, Die eingetragene Genossenschaft, Rn 325 gegen die herrschende Meinung, zB Hettrich/Pöhlmann/*Gräser/* Röhrich, GenG, § 24 Rn 5.
1105 *Glenk*, Die eingetragene Genossenschaft, Rn 333.

tung, dh die Vertretung durch ein Vorstandsmitglied zusammen mit einem Prokuristen, vorsehen (§ 25 Abs. 2 GenG). Im Fall der unechten Gesamtvertretung ist anerkannt, dass der Vorstand die Genossenschaft auch ohne Mitwirkung eines Prokuristen vertreten kann.[1106] § 25 Abs. 3 GenG schließlich schafft die Möglichkeit, dass zur (echten oder unechten) Gesamtvertretung befugte Vorstandsmitglieder einzelne der anderen Vorstandsmitglieder zur Vornahme bestimmter Geschäfte oder bestimmter Arten von Geschäften eine **Ermächtigung** aussprechen. Allerdings darf durch ein Vorstandsmitglied keine Generalvollmacht erteilt werden, da dieses einer Einzelvertretungsbefugnis gleichkäme, die nur durch Satzung eingeräumt werden darf.[1107]

Gem. § 27 Abs. 2 GenG hat eine Beschränkung der Befugnis des Vorstands, die Genossenschaft zu vertreten, keine rechtliche Wirkung, was insbesondere für die **Beschränkung** der Vertretung auf bestimmte (Arten von) Geschäfte oder auf die Beschränkung der Vertretung auf bestimmte Umstände oder eine gewisse Zeit oder an einzelnen Orten gilt oder für eine Beschränkung, dass zur Wirksamkeit der Vertretung die Zustimmung eines anderen Organs der Genossenschaft notwendig ist. Tritt ein nur zur Gesamtvertretung berechtigtes Vorstandsmitglied mit einer nicht vertretungsberechtigten Person auf und wird der **Rechtsschein** erweckt, es bestehe eine wirksame Gesamtvertretung, so haftet die Genossenschaft gem. § 31 BGB für den Schaden, der dem Dritten durch den nicht wirksamen Abschluss eines Rechtsgeschäftes entsteht.[1108] Vorstandsmitgliedern ist grundsätzlich der Abschluss von **Insichgeschäften**, also der Abschluss von Rechtsgeschäften im Namen der Genossenschaft mit sich selbst oder als Vertreter eines Dritten gem. § 181 BGB nicht gestattet. Die allgemein anerkannte Ausnahme, dass ein Insichgeschäft wirksam ist, wenn darin ausschließlich die Erfüllung einer Verbindlichkeit liegt, findet auch hier Anwendung.[1109]

Hinweis: Ist das Vorstandsmitglied der Genossenschaft zugleich vertretungsberechtigtes Organ einer anderen juristischen Person oder Personengesellschaft, sollte die Satzung, die Generalversammlung oder der Aufsichtsrat Insichgeschäfte gestatten.[1110] Möglich ist auch, in einem solchen Fall, dass der Aufsichtsrat eines seiner Mitglieder für einen im Voraus begrenzten Zeitraum zum Stellvertreter des verhinderten Vorstandsmitglieds bestellt (§ 37 GenG).

Die **Leitungsmacht** des Vorstands einer eingetragenen Genossenschaft ist umfassend. Weder die Generalversammlung noch der Aufsichtsrat sind weisungsbefugt. Gleichwohl hat der Vorstand gem. § 27 Abs. 1 S. 2 GenG die **Beschränkungen** zu beachten, die durch die Satzung festgesetzt worden sind.

Hinweis: Um zu verhindern, dass in der Satzung wesentliche Handlungen der Zustimmung der Generalversammlung unterworfen werden und die Genossenschaft deswegen nicht mehr vernünftig geleitet werden kann, auf der anderen Seite aber auch eine gewisse Begrenzung der Entscheidungsfreiheit des Vorstands angemessen sein kann, wird in der Praxis häufig in Satzungen geregelt, dass Handlungen der Zustimmung des Aufsichtsrats bedürfen, die von wesentlicher Bedeutung sind und über den Rahmen der alltäglichen Rechtsgeschäfte der Genossenschaft hinausgehen. Diese Angelegenheiten sollten in der Satzung genau beschrieben sein, zB
- der Erwerb, die Bebauung, die Belastung und die Veräußerung von Grundstücken oder grundstücksgleichen Rechten (ausgenommen der Erwerb von Grundstücken und grundstücksgleichen Rechten zur Rettung eigener Forderungen);
- der Abschluss von Verträgen mit besonderer Bedeutung; insbesondere von solchen Verträgen, durch die wiederkehrende Verpflichtungen in erheblichem Umfang für die Genossenschaft begründet werden;
- der Erwerb oder die Veräußerung von dauernden Beteiligungen;
- die Erteilung und der Widerruf von Prokura;
- ...[1111]

1106 *Schaffland* in: Lang/Weidmüller, GenG, § 25 Rn 8.
1107 *Schaffland* in: Lang/Weidmüller, GenG, § 25 Rn 13; zur GmbH: BGHZ 34, 27, 30.
1108 BGH NJW 1986, 2941 ff.
1109 Palandt/*Heinrichs*, BGB, § 181 Rn 22.
1110 *Schaffland* in: Lang/Weidmüller, GenG, § 25 Rn 20; einschränkend *Müller*, GenG, § 26 Rn 18; *Beuthien*, GenG, § 26 Rn 3: Aufsichtsrat kann nur Gestattung für ein einzelnes Rechtsgeschäft erklären (§ 39 Abs. 1 GenG).
1111 *Hoppert/Gräser* in: MünchVertragsHdb GesR, VI.5.

924 Der Grundsatz der eigenverantwortlichen Leitung der Genossenschaft durch den Vorstand wird dadurch nicht ausgehöhlt, da ihm die für den gewöhnlichen Geschäftsbetrieb erforderliche Geschäftsführungsbefugnis verbleibt.[1112] Beschließt der Aufsichtsrat einen Katalog von Rechtgeschäften, für deren Vornahme der Vorstand der vorherigen Zustimmung des Aufsichtsrats bedarf, so bleibt auch dann die Handlungsfreiheit des Vorstandes Dritten gegenüber vollständig erhalten, da seine Vertretungsmacht nach außen auch durch den Aufsichtsrat nicht beschränkbar ist.[1113] Holt der Vorstand pflichtwidrig eine Zustimmung des Aufsichtsrates nicht ein, macht er sich gegenüber der Genossenschaft **schadensersatzpflichtig** (§ 34 Abs. 2 GenG). Er hat mit Konsequenzen wegen der Verletzung seines Dienstvertrages zu rechnen und mit Maßnahmen der Generalversammlung wegen der Verletzung der mitgliedschaftlichen Treuepflichten.

Hinweis: Zweckmäßig ist es, für die Arbeit des Vorstandes eine **Geschäftsordnung** aufzustellen, welche bestimmt, auf welche Art und Weise Entscheidungen des Vorstandes zustande kommen sollen. Sie kann Bestimmungen über die Einberufung der Sitzung, Sitzungsleitung, Beschlussfähigkeit, Form der Abstimmung, erforderliche Mehrheiten, Aufteilung der Geschäftsbereiche, Zusammenarbeit des Vorstandes mit dem Aufsichtsrat, Bildung von Ausschüssen und ähnliches enthalten.[1114] Für den Erlass der Geschäftsordnung ist die Generalversammlung als oberstes Organisationsorgan der Genossenschaft zuständig, ohne dass die Satzung dies besonders vorzusehen braucht.[1115]

925 Gem. § 38 Abs. 1 GenG hat der Aufsichtsrat den Vorstand bei dessen Geschäftsführung zu **überwachen**. Er kann zu diesem Zweck vom Vorstand jederzeit **Auskünfte** über alle Angelegenheiten der Genossenschaft verlangen und die Bücher und Schriften der Genossenschaft sowie den Bestand der Genossenschaftskasse und Wertpapier- und Warenbestände einsehen und prüfen. Der Aufsichtsrat kann dazu jedes einzelne seiner Mitglieder beauftragen, die Einsichtnahme und Prüfung durchzuführen. Der mit dem Genossenschaftsrechtsänderungsgesetz neugefasste § 38 Abs. 1 GenG dient der Stärkung der Überwachungsfunktion des Aufsichtsrats, indem er dem einzelnen Aufsichtratsmitglied ein Auskunftsrecht einräumt, welchem der Vorstand durch Auskunft gegenüber dem Aufsichtsrat als Kollegialorgan nachzukommen hat. Im Falle einer Verletzung der Sorgfaltspflicht durch einzelne Mitglieder bei der Überwachung des Vorstands, können diese sich nach §§ 41, 34 GenG **schadensersatzpflichtig** machen. Hat eine **Kleinstgenossenschaft** gem. § 9 Abs. 1 S. 2 GenG auf einen Aufsichtsrat verzichtet, haben die Generalversammlung und deren einzelne Mitglieder die Rechte nach § 38 GenG.

d) Abberufung des Vorstandes

926 Gem. § 24 Abs. 3 S. 2 GenG ist die Bestellung eines Vorstandsmitglieds jederzeit **widerruflich**, unabhängig von der etwaigen Dauer eines Vertragsverhältnisses. **Zuständig** für die Abberufung ist das Berufungsorgan, welches gem. § 24 Abs. 2 S. 2 GenG nicht zwingend die Generalversammlung sein muss.[1116] Sah die Rechtsprechung bisher ausschließlich die Generalversammlung für befugt an, die Bestellung des Vorstands zu widerrufen,[1117] so kann die Satzung nunmehr gem. § 24 Abs. 2 GenG vorsehen, dass der Aufsichtsrat nicht allein für die Bestellung, sondern zusätzlich für die endgültige Abberufung des Vorstands zuständig ist.[1118] Davon unberührt bleibt das Recht des Aufsichtsrats, Vorstandsmitglieder gem. § 40 GenG bis zur Entscheidung der Generalversammlung über deren Abberufung von ihren Geschäften **vorläufig** zu entheben.

927 Der **Dienstvertrag** muss hingegen – obwohl er funktional mit der Bestellung des Vorstands zusammenhängt – separat gekündigt werden, obwohl im Widerruf der Bestellung regelmäßig die ordentliche oder außerordentliche **Kündigung** des Dienstverhältnisses gem. §§ 621, 626, 627 BGB zu sehen ist.

1112 *Schaffland* in: Lang/Weidmüller, GenG, § 27 Rn 13; Hettrich/Pöhlmann/*Gräser*/Röhrich, GenG, § 27 Rn 7.
1113 RGZ 45, 150, 151 f.
1114 *Beuthien*, GenG, § 27 Rn 17.
1115 *Beuthien*, GenG, § 27 Rn 17; aA *Schaffland* in: Lang/Weidmüller, GenG, § 27 Rn 15.
1116 *Beuthien*, GenG, § 24 Rn 19.
1117 BGH NJW 1960, 1006, 1008.
1118 *Geschwandtner/Helios*, NZG 2006, S. 691, 693 f.

Ratsam ist es allerdings, das Anstellungs- und Bestellungsverhältnis durch folgende Klausel zu verknüpfen:[1119]

▶ Die Beendigung des Dienstvertrages hat das (gleichzeitige) Erlöschen der Organstellung zur Folge. Gleichermaßen hat das Erlöschen der Organstellung die (gleichzeitige) Beendigung des Dienstvertrages zur Folge. ◀

Nach der Rechtsprechung oblag die außerordentliche Kündigung (§ 626 BGB) oder der sofortige Widerruf (§ 671 Abs. 1 BGB) des Anstellungsvertrags eines Vorstandsmitgliedes ausschließlich der Generalversammlung.[1120] Da die Satzung seit Inkrafttreten des Genossenschaftsänderungsgesetzes gem. § 24 Abs. 2 GenG dem Aufsichtsrat die Zuständigkeit für die Abberufung des Vorstands übertragen kann, ist dieser nunmehr auch für die fristlose Kündigung zuständig (Kompetenzkonnexität).[1121]

928

Liegt eine Tatsache vor, aufgrund derer dem Kündigenden die Fortsetzung des Dienstverhältnisses (bis zum Ablauf der ordentlichen Kündigungsfrist) nicht zugemutet werden kann, stellt dies einen wichtigen Grund dar. Prüfungsmaßstab für die Pflichtverletzung und das Verschulden des Vorstandsmitglieds ist § 34 Abs. 1 GenG (siehe Rn 930 ff).[1122] Der Kündigung muss keine Abmahnung iSv § 626 Abs. 2 BGB vorausgehen, denn der Vorstand einer Genossenschaft ist nicht so schutzbedürftig wie ein abhängiger Beschäftigter und im Hinblick auf § 34 Abs. 1 GenG einem strengen Pflichtenkodex unterworfen, dessen jederzeitige Einhaltung durch eine Abmahnung konterkariert würde.[1123]

929

e) Haftung des Vorstandes

Gem. § 34 Abs. 1 GenG haben die Vorstandsmitglieder die Sorgfalt eines ordentlichen und gewissenhaften Geschäftsleiters einer Genossenschaft anzuwenden. Dabei trifft den Vorstand einer Genossenschaft eine gesteigerte **Sorgfaltspflicht**. Die Wendung „Geschäftsleiter einer Genossenschaft" stellt klar, dass das Vorstandsmitglied sich nicht wie jeder beliebige Kaufmann zu verhalten hat, sondern in betriebswirtschaftlich einwandfreier Weise für die bestmögliche Erfüllung des mitgliedschaftlichen Förderauftrags sorgen muss.[1124] Der Vorstand einer Genossenschaft hat dabei den Grundsatz kaufmännischer Vorsicht strenger anzuwenden, als die entsprechenden Organe der GmbH oder AG.[1125] Er muss nicht nur die Sorgfalt eines ordentlichen Kaufmanns (§ 347 Abs. 1 HGB), sondern die Sorgfalt eines „ordentlichen und gewissenhaften Geschäftsleiters einer Genossenschaft" walten lassen. Maßgebend ist dabei nicht, wie jeder beliebige Geschäftsmann handelt, sondern wie sich jemand in der leitenden, verantwortlichen Stellung des Verwalters fremden Vermögens als Vorstandsmitglied gerade eines derartigen Unternehmens in gerade dieser Lage zu verhalten hat.[1126] Der einem Vorstandsmitglied bei der Leitung der Geschäfte zuzubilligende weite Handlungsspielraum, ohne den eine unternehmerische Tätigkeit kaum denkbar ist, umfasst im Ansatz zwar auch das Eingehen geschäftlicher Risiken, einschließlich der Gefahr von Fehlbeurteilungen und Fehleinschätzungen. Dieser Spielraum ist nach der Rechtsprechung des BGH jedoch dann überschritten, wenn aus der Sicht eines ordentlichen und gewissenhaften Geschäftsleiters das hohe Risiko eines Schadens unabweisbar ist und keine vernünftigen wirtschaftlichen Gründe dafür sprechen, es dennoch einzugehen.[1127] Für Vorstandsmitglieder einer **Kreditgenossenschaft** bedeutet dies, dass eine Kreditgewährung grundsätzlich nicht ohne übliche Sicherheiten und nur unter Beachtung der Beleihungsobergrenzen erfolgen darf.[1128]

930

1119 *Beuthien*, GenG, § 24 Rn 20.
1120 BGHZ 32, 114, 122; OLG Hamm ZfG 1994, 284, 287.
1121 *Geschwandtner/Helios* NZG 2006, 691, 693 f.
1122 OLG Köln, ZfG 1996, 141, 143.
1123 Saarländisches OLG, WM 2006, 2364 ff; aA *Beuthien*. GenG, § 24 Rn 26.
1124 *Beuthien*, GenG, § 34 Rn 7.
1125 RG JW 39, 2162, 2165.
1126 RGZ 163, 200, 208 f.
1127 BGH NZG 2005, 562, 563.
1128 BGH aaO.

931 In § 34 Abs. 3 GenG werden beispielhaft **Pflichtverletzungen** aufgeführt, die zu einem Regress gegen den Vorstand führen können, so die satzungs- oder gesetzeswidrige
- Auszahlung von Geschäftsguthaben;
- Gewährung von Zinsen oder Gewinnanteilen an Mitglieder;
- Verteilung von Genossenschaftsvermögen;
- Leistung von Zahlungen, nachdem die Zahlungsunfähigkeit der Genossenschaft eingetreten ist oder sich eine Überschuldung ergeben hat, die nach § 98 GenG Grund für die Eröffnung eines Insolvenzverfahrens ist oder
- Kreditgewährung

Daneben gibt es eine Vielzahl anderer zum Schadensersatz verpflichtender Sorgfaltspflichtverletzungen, wie zB die unzulässige Eigen- oder Drittförderung, die ungenossenschaftliche Mitgliederförderung, die ungenossenschaftliche Selbstförderung des Genossenschaftsunternehmens oder Nichtmitgliedergeschäfte ohne satzungsmäßige Grundlage oder der Erwerb ungenossenschaftlicher Beteiligungen, die dem § 1 Abs. 2 GenG entgegenstehen.[1129] Gem. § 34 Abs. 1 S. 2 GenG hat der Vorstand über vertrauliche Angaben und Geheimnisse der Genossenschaft, namentlich Betriebs- oder Geschäftsgeheimnisse, die den Vorstandsmitgliedern durch ihre Tätigkeit bekannt geworden sind, Stillschweigen zu bewahren. Zu beachten ist, dass diese **Verschwiegenheitspflicht** auch nachvertraglich wirkt, dh auch nach Beendigung des Dienstvertrages.[1130] Betriebsgeheimnisse sind dabei nach der Rechtsprechung des BAG solche, die sich auf den technischen Betriebsablauf (Herstellung, Herstellungsverfahren, Rezepturen etc.) beziehen; Geschäftsgeheimnisse betreffen den allgemeinen Geschäftsverkehr des Unternehmens.[1131] Diese Verschwiegenheitspflicht reicht über die Amtszeit hinaus. Unbefugte Offenbarung ist auch ein Straftatbestand (§ 151 GenG). Im Umfang der Schweigepflicht besteht im Zivilprozess ein **Zeugnisverweigerungsrecht** (§ 383 Nr. 6 ZPO), nicht jedoch im Strafprozess (§ 53 StPO).

932 Vorstandsmitglieder, die ihre Pflichten verletzen, sind der Genossenschaft zum Ersatz des daraus entstehenden Schadens als Gesamtschuldner verpflichtet (§ 34 Abs. 2 GenG). Die Haftung **beginnt** auch ohne wirksamen Anstellungsvertrag mit der Annahme des Amtes und **endet**, außer bei der Verletzung von Verschwiegenheitspflichten, für die Zukunft mit dem tatsächlichen Ausscheiden aus dem Vorstandsamt.[1132]

933 Die Haftung des Vorstandsmitglieds setzt – was im § 34 Abs. 2 GenG nur unzureichend zum Ausdruck kommt – **Verschulden** voraus, welches allerdings vermutet wird (§ 34 Abs. 2 S. 2 GenG). Das Verschulden muss sich nur auf die haftungsbegründende Pflichtverletzung, nicht aber auf den haftungsausfüllenden Schaden beziehen.[1133] Jedes Vorstandsmitglied trägt außer der fachlichen **Einzelverantwortung** für den eigenen Geschäftsbereich grundsätzlich auch die persönliche **Gesamtverantwortung** für die volle Bandbreite der Geschäftsleitung.[1134]

Hinweis: Eine Genossenschaft trifft im Rechtsstreit um Schadensersatzansprüche gegen ihren Vorstand gemäß § 34 Abs. 2 S. 2 GenG die Darlegungs- und Beweislast nur dafür, dass und inwieweit ihr durch ein sich als "möglicherweise" pflichtwidrig darstellendes Verhalten des Vorstands in dessen Pflichtenkreis ein Schaden erwachsen ist, wobei ihr die Erleichterungen des § 287 ZPO zugute kommen können; demgegenüber hat der Geschäftsleiter darzulegen und erforderlichenfalls zu beweisen, dass er seinen Sorgfaltspflichten gemäß § 34 Abs. 1 GenG nachgekommen ist oder ihn kein Verschulden trifft, oder dass der Schaden auch bei pflichtgemäßem Alternativverhalten eingetreten wäre.[1135]

1129 Überblick bei *Schaffland* in: Lang/Weidmüller, § 34 Rn 47 ff und *Beuthien*, GenG, § 34 Rn 8.
1130 Hillebrand/Keßler, GenG, § 34 Rn 21.
1131 BAG NJW 1988, 1686.
1132 *Beuthien*, GenG, § 34 Rn 3.
1133 BGH aaO.
1134 *Beuthien*, GenG, § 34 Rn 14.
1135 BGH WM 2007, 344 ff.

§ 34 Abs. 3 GenG stellt eine **Schadensvermutung** auf: Für die Tatbestände des § 34 Abs. 3 Nr. 1 bis 5 wird vermutet, dass der Genossenschaft zumindest in Höhe der pflichtwidrig gezahlten Beträge ein Schaden entstanden ist.[1136] Die Genossenschaft kann ihren Vorstand nicht für ein Verhalten verantwortlich machen, das die Generalversammlung als oberstes Willensorgan durch förmlichen Beschluss für gut geheißen hat. Deswegen sieht § 34 Abs. 4 S. 1 GenG einen **Haftungsausschluss** bei Handlungen vor, die auf einem gesetzmäßigen Beschluss der Generalversammlung beruhen. Dadurch, dass der Aufsichtsrat die Handlung gebilligt hat, wird die Ersatzpflicht jedoch nicht ausgeschlossen (§ 34 Abs. 4 S. 2 GenG). Die von der Generalversammlungen beschlossene **Entlastung** des Vorstandes (§ 48 Abs. 1 S. 2 GenG) bedeutet kein Verzicht auf die Geltendmachung von Schadensersatzansprüchen. Es ist bereits fraglich, ob eine Verzichtswirkung der Entlastung im Genossenschaftsrecht nicht ohnehin entsprechend § 120 Abs. 2 S. 2 AktG abzulehnen ist.[1137] Jedenfalls erstreckt sich die in der Generalversammlung erklärte Entlastung nicht auf Ansprüche, welche die Genossenschaftsmitglieder aus den bei der Rechnungslegung unterbreiteten Unterlagen bei Anlegung eines lebensnahen Maßstabes nicht zu überblicken vermögen.[1138]

934

Der Schadensersatzanspruch aus § 34 Abs. 2 und Abs. 3 GenG verjährt in fünf Jahren (§ 34 Abs. 6 GenG). Die **Verjährungsfrist** beginnt mit der Entstehung des Anspruchs (§ 200 BGB und nicht § 199 BGB),[1139] also sobald die pflichtwidrige Handlung abgeschlossen und ein Schaden eingetreten ist und klageweise geltend gemacht werden kann.[1140] Die **Prozessführungsbefugnis** bei einem Prozess gegen Vorstandsmitglieder liegt gem. § 39 Abs. 1 GenG beim Aufsichtsrat (siehe dazu ausführlich Rn 940). Für Rechtsstreitigkeiten mit Vorstands- und Aufsichtsratsmitgliedern sind grundsätzlich die ordentlichen Gerichte **zuständig** und nicht die Arbeitsgerichte, da Organmitglieder keine Arbeitnehmer im Sinne der §§ 2, 5 ArbGG sind. Wird die Klage gegen ein Organmitglied wegen fehlenden Beschlusses des dafür zuständigen Organs zurückgewiesen, so steht die Rechtskraft dieses Urteils einer erneuten Klageerhebung nicht entgegen, wenn die Klageabweisung allein mit dem fehlenden Beschluss begründet war.

935

3. Aufsichtsrat

a) Grundsätzliches

Grundsätzlich ist jede Genossenschaft verpflichtet, einen Aufsichtsrat zu bilden (§ 9 Abs. 1 S. 1 GenG). Von der Pflicht zur Bildung eines Aufsichtsrats sieht § 9 Abs. 1 S. 2 GenG eine Ausnahme für Genossenschaften mit nicht mehr als zwanzig Mitgliedern (**Kleinstgenossenschaften**) vor; dort kann durch Bestimmung in der Satzung auf einen Aufsichtsrat verzichtet werden. Die Rechte und Pflichten des Aufsichtsrats nimmt in diesem Fall die Generalversammlung wahr, soweit im Genossenschaftsgesetz nichts anderes bestimmt ist, zB in §§ 38 Abs. 2, 44 Abs. 2 GenG (Vorstand), §§ 39 Abs. 1 S. 2, 51 Abs. 3 S. 2, 57 Abs. 5 , 58 Abs. 3 S. 1 GenG (von der Generalversammlung gewählter Bevollmächtigter). Ein **Verzicht** auf den Aufsichtsrat ist zudem **unzulässig**, wenn die Voraussetzungen des DrittelbG oder des MitbestG vorliegen.

936

Wie die Mitglieder des Vorstandes müssen auch die Mitglieder des Aufsichtsrats natürliche Personen sein. Sind Mitglieder der Genossenschaft ihrerseits Genossenschaften oder andere juristische Personen oder Personengesellschaften, sind deren Mitglieder bzw vertretungsbefugte Personen **mitgliedsfähig**, soweit sie natürliche Personen sind (§ 9 Abs. 2 S. 2 GenG). Mit der Mitgliedschaft im Aufsichtsrat unvereinbar ist, zeitgleich Vorstandsmitglied, dauernder Stellvertreter der Vorstandsmitglieder, Prokurist oder zum Betrieb des gesamten Geschäfts ermächtigter Handlungsbevollmächtigter der Genossenschaft zu sein. Die Wahl ehemaliger Vorstandsmitglieder in den Aufsichtsrat ist nichtig, wenn ihnen nicht zuvor durch die Generalversammlung Entlastung erteilt ist (§ 37 Abs. 2 GenG). Eine **Notgeschäftsführung** ist gleichwohl gem. § 37 Abs. 1 S. 2 GenG möglich: Der Aufsichtsrat kann einzelne

937

1136 *Beuthien*, GenG, § 34 Rn 18.
1137 Kritisch dazu: *Keßler*, BB 2006, 561, 564.
1138 BGH NZW 2005, 562, 563.
1139 *Schmitt-Rolfes/Bergwitz*, NZG 2006, 535, 536.
1140 *Beuthien*, GenG, § 34 Rn 25.

seiner Mitglieder für einen im Voraus begrenzten Zeitraum zu Stellvertretern verhinderter Vorstandsmitglieder bestellen; während dieses Zeitraums und bis zur Entlastung als stellvertretendes Vorstandsmitglied darf dieses Mitglied seine Tätigkeit als Aufsichtsratsmitglied nicht ausüben.

b) Wahl des Aufsichtsrats

938 Der Aufsichtsrat besteht – soweit die Satzung nicht eine höhere Zahl vorsieht – aus einer **Anzahl** von drei Personen. Bei Erwerbs- bzw Wirtschaftsgenossenschaften mit in der Regel mehr als 500 Arbeitnehmern muss im Rahmen der **Mitbestimmung** ein Drittel der Aufsichtsratsmandate von Arbeitnehmervertretern wahrgenommen werden (§ 1 Abs. 1 Nr. 5, 4 DrittelbG), hat die Genossenschaft mehr als 2000 Arbeitnehmer besteht der Aufsichtsrat nach §§ 1, 6 ff. MitbestG je zur Hälfte aus Arbeitnehmern und Mitgliedern der Genossenschaft. Für die Wahl der durch die Arbeitnehmer zu wählenden Aufsichtsratsmitglieder gelten ebenfalls die Bestimmungen des DrittelbG bzw des MitbestG. **Wahlvorschläge** können, sofern die Satzung nichts anderes bestimmt, innerhalb und außerhalb der Generalversammlung jedes einzelne Mitglied der Genossenschaft sowie der Aufsichtsrat machen, nicht jedoch der vom Aufsichtsrat zu kontrollierende Vorstand sowie ebenfalls nicht einzelne Vorstandsmitglieder in ihrer Eigenschaft als Genossen.[1141] Die **Amtszeit** des Aufsichtsratsmitglieds ist durch das GenG nicht näher konkretisiert; sie beginnt mit der Annahme der Wahl und endet mit dem Ablauf der durch die Satzung oder der durch die Generalversammlung bei der Wahl festzulegenden Amtszeit. § 102 Abs. 1 AktG gilt nicht entsprechend.[1142] Die **Vergütung** der Aufsichtsratsmitglieder ist durch Beschluss der Generalversammlung oder durch die Satzung zu regeln, wobei gemäß § 36 Abs. 2 GenG keine nach dem Geschäftsergebnis bemessene Vergütung gewährt werden darf. Die Satzung sollte aus praktischen Erwägungen die Amtsdauer fixieren; denkbar ist auch ein turnusmäßiges Ausscheiden der Aufsichtsratsmitglieder oder die Festschreibung der Amtsdauer eines Aufsichtsratsmitglieds auf Lebenszeit. Denkbar ist folgende Satzungsregelung:

▶ Die Amtsdauer beträgt in der Regel drei Jahre. Sie beginnt mit dem Schluss der Generalversammlung, die die Wahl vorgenommen hat und endet am Schluss der Generalversammlung, die für das dritte Geschäftsjahr nach der Wahl stattfindet. Hierbei wird das Geschäftsjahr, in welchem das Aufsichtsratsmitglied gewählt wird, mitgerechnet. Jährlich scheidet ein Drittel der Aufsichtsratsmitglieder aus; für das Ausscheiden ist die Amtsdauer maßgebend; bei gleicher Amtsdauer entscheidet das Los. Ist die Zahl der Aufsichtsratsmitglieder nicht durch drei teilbar, so scheidet zunächst der kleinere Teil aus. Die Wiederwahl ist zulässig.[1143] ◀

c) Rechte und Pflichten

939 Die Rechte und Pflichten des Aufsichtsrats regelt § 38 GenG. Der Aufsichtsrat hat den Vorstand bei dessen Geschäftsführung zu **überwachen**. Zu diesem Zweck hat er ein jederzeitiges **Auskunftsrecht** gegenüber dem Vorstand sowie ein **Einsichtsrecht** sowie Prüfungsrecht in die bzw der Bücher und Schriften der Genossenschaft sowie den Bestand der Genossenschaftskasse und Bestände an Wertpapieren und Waren. Der Stärkung der Überwachungsfunktion des Aufsichtsrats dient das Recht des einzelnen Aufsichtsratsmitglieds nach § 38 Abs. 1 S. 4 GenG, vom Vorstand Auskünfte zu verlangen, die entsprechend der Parallelregelung in § 90 Abs. 3 S. 2 AktG dem Aufsichtsrat als Kollegialorgan zu erteilen sind.[1144] Darüber hinaus hat der Aufsichtsrat eine **Prüfungspflicht** bzgl des Jahresabschlusses, des Lageberichts, des Vorschlags für die Verwendung des Jahresüberschusses oder der Deckung des Jahresfehlbetrags. Vor der Feststellung des Jahresabschlusses trifft ihn eine **Berichtspflicht** gegenüber der Generalversammlung über das Ergebnis der Prüfung. Gem. § 38 Abs. 2 GenG hat der Aufsichtsrat die **Pflicht**, die Generalversammlung **einzuberufen**, wenn dies im Interesse der Genossenschaft erforderlich ist. Weitere Aufgaben des Aufsichtsrats können diesem durch die Satzung zugewiesen werden (§ 38 Abs. 3 GenG). Der **Genehmigung** durch den Aufsichtsrat bedürfen darüber hinaus Kreditge-

---

1141 OLG Hamm, ZfG 1986, 154, 157.
1142 Zu § 87 Abs. 1 AktG aF: BGHZ 4, 224, 227.
1143 Hoppert/Gräser in: MünchVertragsHdb GesR, VI.5.
1144 BT-Drucks. 16/1025, S. 85.

währungen an Vorstandsmitglieder sowie die Annahme von Vorstandsmitgliedern als Bürgen für eine Kreditgewährung (§ 39 Abs. 2 GenG). Genehmigung bedeutet dabei anders als in § 184 BGB vorherige Zustimmung durch Beschluss des Aufsichtsrats.[1145] Kreditgeschäfte, die ohne Zustimmung des Aufsichtsrats abgeschlossen worden sind, sind gem. § 134 BGB unheilbar nichtig.[1146] § 38 Abs. 4 GenG untersagt die **Kontrollpflichtausübung durch Dritte**: der Aufsichtsrat darf seine Aufgaben nicht einem anderen Genossenschaftsorgan übertragen und Dritte (insbesondere Rechtsanwälte, Steuerberater und/oder Wirtschaftsprüfer) dürfen auch nicht ständig an Sitzungen des Aufsichtsrats oder dessen Ausschüssen teilnehmen.[1147] Hat die Genossenschaft jedoch bei einer **Kleinstgenossenschaft** von der Möglichkeit nach § 9 Abs. 1 S. 2 GenG Gebrauch gemacht, auf einen Aufsichtsrat zu verzichten, gelten die in § 8 Abs. 1 GenG geregelten Pflichten und Rechte für die Generalversammlung und die einzelnen Mitglieder.

Die **Prozessführungsbefugnis** bei einem Prozess gegen Vorstandsmitglieder liegt gem. § 39 Abs. 1 GenG beim Aufsichtsrat. Dies gilt für Aktiv- wie für Passivprozesse und zwar gleichermaßen für gegenwärtige wie für ehemalige Vorstandsmitglieder.[1148] Während Aktivprozesse der Genossenschaft gegen Vorstandsmitglieder nach früherer Rechtslage eines entsprechenden Beschlusses der Generalversammlung bedurften (§ 39 Abs. 1 GenG aF),[1149] verzichtet § 39 Abs. 1 GenG nF auf dieses Erfordernis. Für die im Interesse der Genossenschaft vorzunehmende Abwägung der mit einem solchen Prozess verbundenen Vor- und Nachteile, insbesondere dessen Wirkung nach Außen, dürfte der Aufsichtsrat eher geeignet sein als die Generalversammlung.[1150] Gem. § 39 Abs. 1 S. 3 GenG bleibt es aber der Genossenschaft möglich, durch Satzungsbestimmung für die Führung von Prozessen gegen Vorstandsmitglieder eine Entscheidung der Generalversammlung vorauszusetzen. In Prozessen zwischen Vorstandsmitgliedern und der Genossenschaft können Mitglieder des Aufsichtsrats nicht als Zeugen (§§ 373 ff ZPO) vernommen werden, sondern nur als Partei (§§ 445 ff ZPO). Bei einem Verzicht auf einen Aufsichtsrat nach § 9 Abs. 1 S. 2 GenG ist in einer **Kleinstgenossenschaft** für die Vertretung der Genossenschaft gegenüber dem Vorstand von der Generalversammlung ein Bevollmächtigter zu wählen. Dieser muss nicht Mitglied der Genossenschaft sein.[1151] Dem Aufsichtsrat obliegt auch die außergerichtliche Vertretung der Genossenschaft gegenüber dem Vorstand (zB beim Abschluss des Anstellungsvertrages, aber auch dessen einvernehmlich Aufhebung[1152] und beim Widerruf der Versorgungszusage).[1153] In **Prozessen** der Genossenschaft **gegen Mitglieder des Aufsichtsrats** wird die Genossenschaft durch Bevollmächtigte vertreten, welche von der Generalversammlung gewählt werden (§ 39 Abs. 3 GenG). Dies ist zweckmäßig, da der Vorstand als grundsätzlich vertretungsbefugtes Organ oftmals ebenfalls befangen sein dürfte.

940

d) Abberufung des Aufsichtsrats

Außer durch Ablauf der Amtszeit **endet** das Amt des Aufsichtsratsmitglieds entweder durch Amtsniederlegung, **Widerruf der Bestellung** gem. § 36 Abs. 3 S. 1 GenG, Tod oder durch Ausscheiden des Aufsichtsratsmitglieds infolge von Kündigung (§§ 65 ff. GenG) oder Ausschluss des Mitglieds (§ 68 GenG). Ob und wie das Aufsichtsratsmandat durch **Amtsniederlegung** enden kann, ist im Einzelnen umstritten. Im Ergebnis wird man zwischen Anstellungs- und Bestellungsverhältnis unterscheiden müssen. Den **Dienstvertrag** kann das Aufsichtsratsmitglied (falls unbesoldet) nach § 671 BGB sowie – falls besoldet – nach § 621 BGB oder § 626 BGB kündigen. Das Bestellungsverhältnis ist im Interesse der Funktionsfähigkeit des Aufsichtsrats entsprechend § 626 BGB aus wichtigem Grund (schwere Krankheit, ernste

941

1145 *Müller*, GenG, § 39 Rn 15; *Schaffland* in: Lang/Weidmüller, GenG, 34. Aufl. § 39 Rn 38.
1146 *Beuthien*, GenG, § 39 Rn 5; aA *Bauer*, Genossenschafts-Handbuch, § 39 GenG Rn 58: gem. § 177 ff BGB schwebend unwirksam.
1147 *Hillebrand/Keßler*, GenG, § 38 Rn 19.
1148 BGH NJW 1997, 318.
1149 BGH NZG 2003, 639, 640.
1150 BT-Drucks. 16/1025, S. 85.
1151 BT-Drucks. 16/1025, S. 85.
1152 OLG Jena NZG 2003, 232, 234.
1153 *Beuthien*, GenG, § 39 Rn 1; offen: BGH NJW 2000, 1197; aA OLG Hamm NZG 1998, 558, 560: Generalversammlung ist zuständig.

Vertrauenskrise innerhalb des Aufsichtsrats, berufliche Überlastung) aufkündbar.[1154] Die Bestellung zum Mitglied des Aufsichtsrats kann auch vor Ablauf des Zeitraums, für den er gewählt ist durch die Generalversammlung mit einer Mehrheit von drei Vierteln der abgegebenen Stimmen widerrufen werden (§ 36 Abs. 3 GenG).

e) Haftung des Aufsichtsrat

942 Die **Haftung** der Aufsichtsratsmitglieder richtet sich gem. § 41 GenG nach der in § 34 GenG geregelten Haftung der Vorstandsmitglieder. Hinsichtlich der **Sorgfaltspflicht** ist § 34 GenG nur entsprechend anwendbar; das Aufsichtsratsmitglied hat sich bei der Wahrnehmung seiner Aufsichtspflicht, seiner sonstigen Befugnisse und seiner weiteren statuarischen Obliegenheiten so zu verhalten, wie dies von einem ordentlichen und gewissenhaften Mitglied des Aufsichtsrats einer Genossenschaft der gerade in Frage stehenden Art und Mitgliederstruktur zu erwarten ist.[1155] Beim **Gesamtschuldnerausgleich** mit dem seinerseits haftenden Vorstand gem. §§ 426, 254 BGB tritt das Aufsichtsverschulden in der Regel zurück.[1156]

IV. Mitgliedschaft

1. Grundsätzliches

943 **Mitgliedsfähig** sind Einzelpersonen, Personengesellschaften (sowohl die Gesellschaft bürgerlichen Rechts als auch Personenhandelsgesellschaften wie die OHG und KG), juristische Personen des privaten und öffentlichen Rechts und sonstige Personenvereinigungen (zB nichtrechtsfähiger Verein).[1157] An der Mitgliedsfähigkeit der Außen-GbR besteht nach Anerkennung der Rechtsfähigkeit dieser Gesellschaftsform durch den BGH[1158] kein Zweifel mehr.[1159] Der auf Abwicklung gerichtete Zweck einer Erbengemeinschaft aber widerspricht dem auf Dauer angelegten Förderzweck einer Genossenschaft, weswegen diese nicht mitgliedsfähig ist.[1160]

944 **Geschäftsunfähige** werden beim Beitritt durch ihren gesetzlichen Vertreter vertreten. **Beschränkt Geschäftsfähige** bedürfen zu ihrem Beitritt der Zustimmung ihres gesetzlichen Vertreters, es sei denn, der Minderjährige ist gem. § 112 BGB ermächtigt.[1161] Eine Genehmigung des Vormundschaftsgerichts ist nach § 1822 BGB für den Beitritt eines Geschäftsunfähigen bzw beschränkt Geschäftsfähigen nicht erforderlich, da das Mitglied einer Genossenschaft keine fremde Verbindlichkeit übernimmt, sondern eine eigene gegenüber der Genossenschaft begründet.[1162]

945 **Testamentsvollstrecker** und **Nachlasspfleger** können für die von ihnen vertretenen Personen nicht rechtswirksam beitreten, denn es lässt sich nicht mit Bestimmtheit sagen, ob Vermögen oder bestimmte Haftungspflichtige vorhanden sind.[1163] Auch der **Insolvenzverwalter** kann nicht mit Wirkung für den Insolvenzschuldner einer Genossenschaft beitreten, da die Insolvenzverwaltung zeitlich limitiert ist und dem Förderzweck der Genossenschaft zuwiderläuft.[1164] Eine **Stille Gesellschaft** kann als reine Innengesellschaft einer Genossenschaft nicht beitreten.[1165] Allerdings ist eine Stille Gesellschaft mit einer Genossenschaft möglich.[1166]

1154 *Schaffland* in: Lang/Weidmüller, GenG, § 36 Rn 80; *Beuthien*, GenG, 14., § 36 Rn 16.
1155 *Schaffland* in: Lang/Weidmüller, GenG, § 41 Rn 7.
1156 *Müller*, GenG, § 34 Rn 48; aA *Beuthien*, GenG, § 41 Rn 18.
1157 *Beuthien*, GenG, § 15 Rn 6 ff.
1158 BGH NJW 2001, 1056 ff.
1159 Brandenburgisches OLG WM 2006, 2360, 2362 f.
1160 *Beuthien*, GenG, § 15 Rn 9; aA *Müller*, GenG, § 15 Rn 6.
1161 Hettrich/Pöhlmann/*Gräser*/Röhrich, GenG, § 15 Rn 2.
1162 BGH NJW 1964, 766, S. 767 zu eG mit beschränkter Nachschusspflicht; *Schulte* in: Lang/Weidmüller, GenG, § 15 Rn 8.
1163 *Schulte* in: Lang/Weidmüller, GenG, § 15 Rn 1; aA *Müller*, GenG, 15 Rn 6.
1164 *Müller*, GenG, § 15 Rn 6.
1165 *Beuthien*, GenG, § 15 Rn 10; *Schulte* in: Lang/Weidmüller, GenG, § 15 Rn 4.
1166 *Beuthien* NZG 2003, 849, 850 f.

2. Erwerb

Die Mitgliedschaft in einer Genossenschaft wird gem. § 15 Abs. 1 S. 1 GenG durch eine schriftliche, unbedingte Beitrittserklärung und die Zulassung des Beitritts durch die Genossenschaft **erworben**. Dem Antragsteller ist vor Abgabe seiner Beitrittserklärung eine Abschrift der Satzung in der jeweils geltenden Fassung zur Verfügung zu stellen (§ 15 Abs. 1 S. 2 GenG). Das Mitglied ist unverzüglich in die **Mitgliederliste** einzutragen und hiervon unverzüglich zu benachrichtigen. Die Eintragung in die Mitgliederliste hat rein deklaratorische Wirkung. Lehnt die Genossenschaft die Zulassung ab, hat sie dies dem Antragsteller unverzüglich unter Rückgabe seiner Beitrittserklärung mitzuteilen (§ 15 Abs. 2 GenG). Die Mitgliederliste wird gem. § 30 GenG vom Vorstand geführt, der jedes Mitglied der Genossenschaft dort mit folgenden Angaben eintragen muss:

- Familienname, Vorname und Anschrift, bei juristischen Personen und Personenhandelsgesellschaften Firma und Anschrift, bei anderen Personenvereinigungen Bezeichnung und Anschrift der Vereinigung oder Familiennamen, Vornamen und Anschriften ihrer Mitglieder;
- Zahl der übernommenen Geschäftsanteile;
- Ausscheiden aus der Genossenschaft.

Auf den Erwerb eines Genossenschaftsanteils sind **Verbraucherschutzvorschriften** nicht ohne weiteres anzuwenden: Die Vorschriften über **Haustürgeschäfte** (§§ 312 ff BGB) sind nicht anzuwenden, da der Beitritt nicht einem Vertrag über eine entgeltliche Leistung gleichzustellen ist.[1167] Dementsprechend finden auch bei finanzierten Genossenschaftsbeitritten die Vorschriften über **verbundene Verträge** (§ 358 f BGB) keine Anwendung.[1168]

946

Gem. § 15 a GenG muss die **Beitrittserklärung** die ausdrückliche Verpflichtung des Mitglieds enthalten, die nach Gesetz und Satzung geschuldeten Einzahlungen auf den Geschäftsanteil zu leisten. Sieht die Satzung der Genossenschaft eine **Nachschusspflicht** der Mitglieder vor, so muss die Beitrittserklärung auch die Pflicht zur Leistung von Nachschüssen enthalten. Eine Beitrittserklärung, die nicht ausdrücklich die vom Mitglied zu übernehmenden Zahlungsverpflichtungen enthält, ist unwirksam.[1169]

947

Hinweis: Da das Genossenschaftsgesetz keine detaillierten Zulassungsregelungen enthält, sollte in der Satzung bestimmt werden, welches Organ oder welcher zur Entscheidung befugte Bevollmächtigte über die Aufnahme entscheidet (Beispiel: Entscheidung des Vorstandes mit Bescherwerderecht des Antragstellers zum Aufsichtsrat).[1170]

Die Beitrittserklärung zu einer Genossenschaft mit beschränkter Haftpflicht kann folgendes Aussehen haben:

948

▶ An den Vorstand der ... eG in ...
  Der Unterzeichnete, ... , erklärt hierdurch seinen Beitritt zu der ... eG in ... Er verpflichtet sich, die nach Gesetz und Satzung geschuldeten Einzahlungen auf den Geschäftsanteil zu leisten und die zur Befriedigung der Gläubiger erforderlichen Nachschüsse bis zu der in der Satzung bestimmten Haftsumme zu zahlen.
  ... (Ort), den ...
  Unterschrift[1171] ◀

Da für den wirksamen Beitritt die Zulassung des Antragstellers durch die Genossenschaft erforderlich ist, kann dieser Nichtigkeit und Anfechtbarkeit ab dem Zeitpunkt der Zulassung und der Invollzugsetzung seines Beitritts nur noch nach den **Grundsätzen der fehlerhaften Gesellschaft** geltend machen, dh, die Nichtigkeit bzw Anfechtbarkeit wirkt nicht ex tunc, sondern lediglich ex nunc und gibt dem Antragsteller das Recht zur außerordentlichen Kündigung seines Beitritts, es sei denn, es stehen gewichtige Interessen der Allgemeinheit oder bestimmte besonders schutzwürdige Personen der Anwendung dieser Grundsätze entgegen (zB Beitritt gem. § 134 BGB nichtig).[1172]

1167 BGH NJW 1997, 1069, 1070.
1168 BGH NJW 2004, 2731, 2733.
1169 *Beuthien*, GenG, § 15 a Rn 3.
1170 *Glenk*, Die eingetragene Genossenschaft, Rn 193.
1171 *Hoppert/Gräser* in: MünchVertragsHdb GesR, VI.9.
1172 BGH NJW 1976, 1635.

3. Übertragung

949 Gem. § 76 Abs. 1 S. 1 GenG kann jedes Mitglied sein Geschäftsguthaben jederzeit durch schriftliche Vereinbarung einem anderen ganz oder teilweise übertragen und hierdurch seine Mitgliedschaft ohne Auseinandersetzung beenden oder die Anzahl seiner Geschäftsanteile verringern, sofern der Erwerber, im Falle einer vollständigen **Übertragung** anstelle des Mitglieds, der Genossenschaft beitritt oder bereits Mitglied der Genossenschaft ist und das bisherige Geschäftsguthaben dieses Mitglieds mit dem ihm zuzuschreibenden Betrag den Geschäftsanteil nicht übersteigt. Die Übertragung des Geschäftsguthabens **auf ein Nicht-Mitglied** setzt außerdem voraus, dass dieses die Bedingungen erfüllt, die nach der Satzung für die Mitgliedschaft gefordert werden und gemäß §§ 15, 15 a GenG beitritt. Der Vorstand darf den Beitritt nicht willkürlich ablehnen, da er anderenfalls die gegenüber dem übertragenden Mitglied bestehende Treupflicht der Genossenschaft verletzen würde.[1173] Die Übertragungs- und Beitrittserklärung kann wie folgt aussehen:

▶ Der Unterzeichnete überträgt hierdurch dem/der ... sein Geschäftsguthaben bei der ... eG in ... im Betrag von ... EUR. Der Erwerber erklärt zugleich seinen Beitritt zu der genannten Genossenschaft. Er verpflichtet sich, die nach Gesetz und Satzung geschuldeten Einzahlungen auf den/die Geschäftsanteil(e) zu leisten und die zur Befriedigung der Gläubiger erforderlichen Nachschüsse bis zu der in der Satzung bestimmten Haftsumme/unbeschränkt zu zahlen.

... (Ort), den ...
Unterschrift des Übertragenden
Unterschrift des Erwerbers[1174] ◀

950 Eine **teilweise Übertragung** von Geschäftsguthaben ist unwirksam, soweit das Mitglied nach der Satzung oder einer Vereinbarung mit der Genossenschaft zur Beteiligung mit mehreren Geschäftsanteilen verpflichtet ist (**Pflichtanteile**) oder die Beteiligung mit mehreren Geschäftsanteilen Voraussetzung für eine von dem Mitglied in Anspruch genommene Leistung der Genossenschaft ist (§ 76 Abs. 1 S. 2 GenG). Die grundsätzliche Zulässigkeit der teilweisen Übertragung von Geschäftsanteilen hat für die Genossenschaft den Vorteil, dass sich das Mitgliedereigenkapital nicht reduziert, wenn ein Mitglied freiwillig gehaltene Geschäftsanteile abstoßen will. Für das Mitglied entfällt die Kündigungsfrist, so dass die Mittelbindung kurzfristig aufgehoben werden kann.[1175] Beim übernehmenden Mitglied ist außerdem § 15 b Abs. 2 GenG zu beachten, wonach alle Geschäftsanteile des Mitglieds außer dem zuletzt übernommenen voll eingezahlt sein müssen; diese Voraussetzung muss nach Hinzurechnung des übertragenen Geschäftsguthabens erfüllt sein.[1176] Die Satzung kann gem. § 76 Abs. 2 GenG den **Ausschluss** der vollständigen oder teilweisen Übertragung von Geschäftsguthaben vorsehen oder an weitere Voraussetzungen (zB Zustimmungserfordernisse) knüpfen. Dies gilt jedoch nicht, wenn die Satzung gem. § 65 Abs. 2 S. 3 GenG eine Kündigungsfrist von mehr als fünf Jahren bestimmt oder nach § 8 a GenG oder § 73 Abs. 4 GenG der Anspruch auf Auszahlung des Auseinandersetzungsguthabens (§ 73 Abs. 2 S. 2 GenG) eingeschränkt ist. Damit wird dem notwendigen Schutz der Mitglieder entsprochen.[1177] Bei **Beendigung** der Mitgliedschaft ist der Zeitpunkt der Beendigung gem. § 76 Abs. 3 GenG iVm § 69 GenG unverzüglich in die Mitgliederliste einzutragen und das Mitglied unverzüglich zu benachrichtigen, im Fall der Herabsetzung der Zahl der Geschäftsanteile ist der Zeitpunkt sowie die Zahl der verbliebenen weiteren Geschäftsanteile einzutragen und das Mitglied zu benachrichtigen. Wird die Genossenschaft binnen sechs Monaten nach der Beendigung der Mitgliedschaft aufgelöst, hat das ehemalige Mitglied im Falle der Eröffnung des **Insolvenzverfahrens** die Nachschüsse, zu deren Zahlung es verpflichtet gewesen sein würde, insoweit zu leisten, als der Erwerber diese nicht leisten kann (§ 76 Abs. 4 GenG).

1173 BT-Drucks. 16/1025, S. 93.
1174 *Hoppert/Gräser* in: MünchVertragsHdb GesR, VI.17.
1175 BT-Drucks. 16/1025, S. 93; *Pistorius* DStR 2006, 278, 282.
1176 BT-Drucks. 16/1025, S. 93.
1177 BT-Drucks. 16/1025, S. 93.

4. Kündigung der Mitgliedschaft
a) Kündigung durch das Mitglied
aa) Ordentliche Kündigung

Jedes Mitglied hat gem. § 65 GenG das Recht, seine Mitgliedschaft durch Kündigung zu beenden. Die **ordentliche Kündigung** kann nur zum Schluss eines Geschäftsjahres mindestens drei Monate vor dessen Ablauf in schriftlicher Form erklärt werden (§ 65 Abs. 2 GenG). Die Satzung kann eine längere, höchstens fünfjährige **Kündigungsfrist** bestimmen. Bei **Unternehmer-Genossenschaften** (siehe Rn 901), kann die Satzung zum Zweck der Sicherung der Finanzierung des Anlagevermögens eine Kündigungsfrist bis zu zehn Jahren bestimmen (§ 65 Abs. 2 S. 2 GenG). Eine entsprechende Satzungsänderung bedarf gem. § 16 Abs. 2 S. 1 Nr. 5 GenG eines qualifizierten Mehrheitsbeschlusses. Außerdem hat das Mitglied das nicht beschränkbare Recht, seinen Geschäftsanteil auf einen anderen zu übertragen (§ 76 Abs. 2 GenG). Ferner steht jedem Mitglied ein **Sonderkündigungsrecht** nach § 67 a Abs. 1 GenG zu, sofern eine Änderung der Satzung beschlossen wird, die einen der in § 16 Abs. 2 S. 1 Nr. 2 bis 5, 9 bis 11 oder Abs. 3 aufgeführten Gegenstände oder eine wesentliche Änderung des Gegenstandes des Unternehmens betrifft. Eine Kündigung der Mitgliedschaft kann durch folgendes kurze Schreiben erfolgen: 951

> ▶ An den Vorstand der … eG in …
> Der Unterzeichnete erklärt hierdurch seinen Austritt aus der … eG in … zum Schluss des am … endenden Geschäftsjahres.
> … (Ort), den …
> Unterschrift[1178] ◀

Unzulässig ist es, Druckmittel gegen die Kündigung in der Satzung festzulegen, so zB
- das Verwirken des Geschäftsguthabens zugunsten der Genossenschaft;
- die vorherige Erfüllung von Pflichten gegenüber der Genossenschaft;
- die Zahlung eines Austrittsgeldes;
- die Leistung eines Beitrages zu einem Fonds der Genossenschaft;
- die Verpflichtung, der Genossenschaft das Geschäftsguthaben als Darlehen zu überlassen oder
- die Vereinbarung eines Wettbewerbsverbots für die Zeit nach Beendigung des Mitgliedschaftsverhältnisses.[1179]

bb) Kündigung wegen Wohnsitzwechsel

Die Satzung kann gem. § 8 Abs. 1 Nr. 1 GenG festlegen, dass Erwerb und Fortdauer der Mitgliedschaft an den Wohnsitz (§ 7 BGB) innerhalb eines bestimmten Bezirks geknüpft wird. Ein Mitglied, das seinen Wohnsitz in diesem Bezirk aufgibt, kann seine Mitgliedschaft beim **Wohnsitzwechsel** ohne Einhaltung einer Kündigungsfrist zum Schluss des Geschäftsjahres kündigen (Schriftform), wobei über die Aufgabe des Wohnsitzes die Bescheinigung einer Behörde vorzulegen ist (§ 67 GenG). Dies kann durch folgendes Schreiben geschehen: 952

> ▶ An den Vorstand der … eG in …
> Der Unterzeichnete erklärt hierdurch seinen Austritt aus der … eG in … zum Schluss des am … endenden Geschäftsjahres, der seinen Wohnsitz im satzungsmäßigen Bezirk der Genossenschaft aufgibt. Als Anlage wird eine polizeiliche Abmeldungsbescheinigung beigefügt.
> … (Ort), den …
> Unterschrift[1180] ◀

Entgegen der alten Rechtslage kann die Genossenschaft in einem solchen Fall nicht mehr gem. § 67 Abs. 2 GenG aF dem Mitglied sein Ausscheiden erklären. Allerdings kann es für den Fall des Wohnungswechsels in der Satzung bestimmen, dass dieser einen **Ausschließungsgrund** gem. § 68 GenG darstellt (siehe Rn 957).[1181]

1178 *Hoppert/Gräser* in: MünchVertragsHdb GesR, VI.13.
1179 *Glenk*, Die eingetragene Genossenschaft, Rn 231.
1180 *Hoppert/Gräser* in: MünchVertragsHdb GesR, VI.16.
1181 BT-Drucks. 16/1025, S. 92.

cc) außerordentliche Kündigung gem. § 65 Abs. 3 GenG

953 Gem. § 65 Abs. 3 GenG kann jedes Mitglied entgegen der in der Satzung bestimmten Kündigungsfrist von mehr als zwei Jahren seine Mitgliedschaft durch **außerordentliche Kündigung** vorzeitig beenden, sofern es der Genossenschaft für mindestens ein volles Geschäftsjahr angehört hat, wenn ihm nach seinen persönlichen oder wirtschaftlichen Verhältnissen ein Verbleib in der Genossenschaft bis zum Ablauf der Kündigungsfrist nicht zugemutet werden kann Die Kündigungsfrist beträgt drei Monate zum Ende des Geschäftsjahres, zu dem das Mitglied nach der Satzung noch nicht kündigen kann. Das GenG enthält in §§ 65 Abs. 3, 67 a GenG (siehe Rn 954) abschließende Regelungen über ein außerordentliches Kündigungsrecht aus wichtigem Grund. Andere Gründe berechtigen aufgrund des Gläubigerschutzes nicht zur außerordentlichen Kündigung.[1182]

dd) außerordentliche Kündigung wegen Satzungsänderung

954 Außerdem steht jedem in der Generalversammlung erschienenen Mitglied gem. § 67 a GenG ein **Kündigungsrecht wegen Satzungsänderung** zu, wenn in der Generalversammlung eine Satzung beschlossen wird, die

- eine Erhöhung des Geschäftsanteils;
- eine Einführung oder Erweiterung einer Pflichtbeteiligung mit mehreren Geschäftsanteilen;
- eine Einführung oder Erweiterung der Verpflichtung der Mitglieder zur Leistung von Nachschüssen;
- eine Verlängerung der Kündigungsfrist auf eine längere Frist als zwei Jahre;
- eine Einführung oder Erhöhung eines Mindestkapitals;
- eine Einschränkung des Anspruchs des Mitglieds nach § 73 Abs. 2 S. 2 und Abs. 4 GenG auf Auszahlung des Auseinandersetzungsguthabens;
- eine Einführung der Möglichkeit nach § 8 Abs. 2 S. 1 und 2 GenG, investierende Mitglieder zuzulassen;
- einer Änderung der Satzung, durch die eine Verpflichtung der Mitglieder zur Inanspruchnahme von Einrichtungen oder anderen Leistungen der Genossenschaft oder zur Leistung von Sachen oder Diensten eingeführt oder erweitert wird oder
- eine wesentliche Änderung des Gegenstandes des Unternehmens

betrifft. Die Kündigung bedarf der Schriftform und kann nur innerhalb einer Kündigungsfrist von einem Monat zum Schluss des Geschäftsjahres erfolgen (§ 67 a Abs. 2 GenG).

955 Auch ein in der Generalversammlung nicht erschienenes Mitglied kann kündigen, wenn es zur Generalversammlung zu Unrecht nicht zugelassen worden ist oder die Versammlung nicht ordnungsgemäß einberufen oder der Gegenstand der Beschlussfassung nicht ordnungsgemäß angekündigt wurde (§ 67 a Abs. 1 Nr. 2 GenG). In diesem Fall beginnt die Ein-Monats-Frist mit der Kenntnis von der Beschlussfassung (§ 67 a Abs. 2 GenG). Ist der Zeitpunkt der Kenntniserlangung streitig, trägt die Genossenschaft die Beweislast. Im Fall der Kündigung wirkt die Änderung der Satzung weder für noch gegen das Mitglied. Wurde der Beschluss von einer **Vertreterversammlung** gefasst, ist grundsätzlich jedes Mitglied gem. § 67 a Abs. 1 S. 2 GenG kündigungsberechtigt.

b) Kündigung durch Gläubiger

956 Auch die **Kündigung durch Gläubiger** eines Mitglieds ist unter bestimmten Voraussetzungen möglich. Der Gläubiger eines Mitglieds – dies kann auch die Genossenschaft selbst oder ein anderes Mitglied sein[1183] –, der die Pfändung und Überweisung eines dem Mitglied bei der Auseinandersetzung mit der Genossenschaft zustehenden Guthabens erwirkt hat, nachdem innerhalb der letzten sechs Monate eine Zwangsvollstreckung in das Vermögen des Mitglieds fruchtlos verlaufen ist, kann das Kündigungsrecht des Mitglieds an dessen Stelle ausüben, es sei denn, der Schuldtitel ist nur vorläufig vollstreckbar (§ 66 Abs. 1 GenG). Diese Kündigung kann durch folgendes Schreiben geschehen:

1182 BGH NJW 1988, 1729, 1731; *Schulte* in: Lang/Weidmüller, GenG, § 65 Rn 19.
1183 *Schulte* in: Lang/Weidmüller, GenG, § 66 Rn 3.

▶ An den Vorstand der ... eG in ...
Der Unterzeichnende kündigt hierdurch die Mitgliedschaft des/der ... bei der ... eG in ... zum Schluss des am ... endenden Geschäftsjahres. Er hat die Pfändung und Überweisung des dem Mitglied bei der Auseinandersetzung mit der Genossenschaft zukommenden Guthabens erwirkt, nachdem er innerhalb der letzten sechs Monate eine Zwangsvollstreckung in dessen Vermögen fruchtlos versucht hat.
Als Anlage werden beglaubigte Abschriften des Schuldtitels, der Urkunden über die fruchtlose Zwangsvollstreckung und des Pfändungs- und Überweisungsbeschlusses beigefügt.
... (Ort), den ...
Unterschrift[1184] ◀

5. Ausschluss eines Mitglieds

Die Genossenschaft kann sich zur Trennung von einem Mitglied auch des in § 68 GenG beschriebenen **Ausschlussverfahrens** bedienen. **Zuständig** für den Ausschluss sollte der Vorstand sein, wobei dem Mitglied eine genossenschaftsinterne Beschwerdeinstanz zum Aufsichtsrat offenstehen sollte.[1185] Ein Mitglied kann jedoch nicht aus der Genossenschaft ausgeschlossen werden, weil es diesem Vorstand Pflichtverletzungen vorwirft und diese gegenüber dem Aufsichtsrat oder der Generalversammlung zur Sprache bringen will.[1186] Für den Ausschluss von Mitgliedern des Vorstands bzw Aufsichtsrats ist die Generalversammlung bzw Vertreterversammlung zuständig.[1187]

957

Die **Ausschlussgründe** müssen in der Satzung bestimmt sein, wobei ein Ausschluss nur zum Ende des Geschäftsjahres möglich ist (§ 68 Abs. 1 S. 2 GenG). Eine Satzung könnte folgende Regelung bzgl der Ausschlussgründe enthalten:

958

▶ Ein Mitglied kann aus der Genossenschaft zum Schluss des Geschäftsjahres ausgeschlossen werden, wenn
- es trotz schriftlicher Aufforderung den satzungsmäßigen oder sonstigen der Genossenschaft gegenüber bestehenden Verpflichtungen nicht nachkommt;
- es unrichtige Jahresabschlüsse oder Vermögensübersichten einreicht oder sonst unrichtige Erklärungen über seine rechtlichen oder wirtschaftlichen Verhältnisse abgibt;
- es durch Nichterfüllung seiner Verpflichtungen gegenüber der Genossenschaft diese schädigt oder geschädigt hat oder wenn wegen der Nichterfüllung einer Verbindlichkeit gerichtliche Maßnahmen notwendig sind;
- es zahlungsunfähig geworden oder wenn über sein Vermögen das Insolvenzverfahren eröffnet worden ist;
- sich sein Verhalten mit den Belangen der Genossenschaft nicht vereinbaren lässt.[1188] ◀

Auch der (im § 68 Abs. 1 GenG aF noch explizit geregelte) Ausschlussgrund wegen der **Doppelmitgliedschaft** eines Mitglieds in zwei ortsansässigen Genossenschaften hat weiterhin Bestand, muss nunmehr aber in der Satzung der Genossenschaft als solcher geregelt sein. Zwar ist das Verbot der Doppelmitgliedschaft wettbewerbsbeschränkend im Sinne von § 1 GWB, genossenschaftsrechtliche Wettbewerbsbeschränkungen sind aber von der Anwendung des § 1 GWB ausgenommen, sofern sie genossenschaftsimmanent sind und insbesondere zur Sicherung des Zwecks oder der Funktionsfähigkeit der Genossenschaft erforderlich sind.[1189] Der **Beschluss**, durch den das Mitglied ausgeschlossen wird, ist diesem Mitglied vom Vorstand unverzüglich durch eingeschriebenen Brief mitzuteilen. Das Mitglied verliert ab dem Zeitpunkt der Absendung der Mitteilung das Recht auf Teilnahme an der Generalversammlung sowie seine Mitgliedschaft im Vorstand oder Aufsichtsrat (§ 68 Abs. 2 GenG). Im weiteren Verlauf ist der ordentliche **Rechtsweg** eröffnet, wobei das Mitglied Feststellungsklage erheben und die Feststellung begehren sollte, dass der Ausschluss nichtig ist. Die Satzung kann jedoch

959

1184 *Hoppert/Gräser* in: MünchVertragsHdb GesR, VI.15.
1185 *Glenk*, Die eingetragene Genossenschaft, Rn 249.
1186 OLG Hamm ZfG 1989, 224.
1187 *Schaffland* in: Lang/Weidmüller, GenG, § 68 Rn 78.
1188 *Hoppert/Gräser* in: MünchVertragsHdb GesR, VI.5.; weitere Ausschlussgründe, siehe *Schulte* in: Lang/Weidmüller, GenG, § 68 Rn 2 ff.
1189 OLG Stuttgart ZfG 1991, 66, 68.

auch einen Schiedsgerichtsweg eröffnen, wobei jedoch – wie immer – die Unparteilichkeit des Schiedsgerichts zwingend notwendig wichtig ist, da ansonsten dem Rechtsschutzinteresse des Mitglieds nicht entsprochen wird.[1190] Das Gericht prüft sodann das Vorliegen sowohl der formellen als auch der sachlichen Voraussetzungen des Ausschlusses, wobei die Genossenschaft die **Beweislast** für das Vorliegen der Ausschlussgründe trägt.[1191] Stellt das Gericht die **Unwirksamkeit** des Ausschlusses fest, wird das Mitglied mit Wirkung ex nunc wieder in seine Rechte und Pflichten eingesetzt, also entfaltet das Urteil keine Rückwirkung, zwischenzeitlich ergangene Entscheidungen und Beschlüsse der Genossenschaft sind für dieses Mitglied bindend. Ein Anfechtungsgrund liegt darin nicht, ggf hat das Mitglied allerdings einen **Schadensersatzanspruch** gegen die Genossenschaft.[1192] 64

6. Rechtsnachfolge

a) Tod eines Mitglieds

960 Mit dem **Tod des Mitglieds** geht dessen Mitgliedschaft auf den Erben über (§ 1922 BGB). Der Tod des Mitglieds sowie der Zeitpunkt der Beendigung der Mitgliedschaft oder die Fortsetzung der Mitgliedschaft durch einen oder mehrere Erben sind unverzüglich in die Mitgliederliste einzutragen und die Erben des verstorbenen Mitglieds darüber zu benachrichtigen (§ 77 Abs. 3 GenG). Die Mitgliedschaft endet mit dem Schluss des Geschäftsjahres, in dem der Erbfall eingetreten ist (§ 77 Abs. 1 GenG). Die Genossenschaftssatzung kann jedoch die **Fortführung** der Mitgliedschaft vorsehen (§ 77 Abs. 2 S. 1 GenG). Bei der **Alleinerbschaft** wird der Erbe selbst Mitglied mit allen Rechten und Pflichten, wobei er seine Befugnis mittels Erbschein nachweisen kann. Stellt die Satzung sachliche oder persönliche Voraussetzungen an das Mitglied auf (§ 77 Abs. 2 S. 2 GenG), muss auch der Erbe diese Voraussetzungen – jedenfalls am Ende des Geschäftsjahres, in dem der Erbfall eingetreten ist – erfüllen, ansonsten scheidet er aus der Genossenschaft aus.[1193] Bei einer **Erbengemeinschaft** können die Erben das Stimmrecht in der Generalversammlung nur durch einen gemeinschaftlichen Vertreter ausüben (§ 77 Abs. 1 S. 3 GenG). Alle Erben müssen die sachlichen oder persönlichen Voraussetzungen erfüllen, die an ein Mitglied der Genossenschaft gestellt werden. Jeder Miterbe hat ein Anwesenheitsrecht auf der Generalversammlung.[1194] Die Satzung der Genossenschaft kann bestimmen, dass die Mitgliedschaft endet, wenn sie nicht innerhalb einer in der Satzung festgesetzten Frist einem Miterben allein überlassen worden ist (§ 77 Abs. 2 S. 3 GenG). Die Anzeige der Fortsetzung der Mitgliedschaft durch einen der Miterben kann der Genossenschaft durch folgendes kurzes Schreiben angezeigt werden:

▶ An den Vorstand der ... eG in ...

Die Unterzeichneten Erben des ... , zuletzt wohnhaft in ... , erklären hiermit, dass sie die Mitgliedschaft bei der ... eG dem Miterben ... allein überlassen.

... (Ort), den ...

Unterschriften der Erben[1195] ◀

b) Auflösung oder Erlöschen einer juristischen Person/Personengesellschaft

961 Wird eine **juristische Person oder eine Personengesellschaft aufgelöst** oder erlischt sie, so endet die Mitgliedschaft mit dem Abschluss des Geschäftsjahres, in dem die Auflösung oder das Erlöschen wirksam geworden ist (§ 77 a GenG). Im Falle der Gesamtrechtsnachfolge wird die Mitgliedschaft bis zum Schluss des Geschäftsjahres durch den Gesamtrechtsnachfolger fortgesetzt. Auch die Beendigung der Mitgliedschaft einer juristischen Person oder Personengesellschaft ist unverzüglich in die Mitgliederliste einzutragen; das Mitglied oder der Gesamtrechtsnachfolger ist hiervon unverzüglich zu unterrichten. Die Auflösung einer juristischen Person oder Personengesellschaft kann der Genossenschaft durch folgendes kurzes Schreiben angezeigt werden:

1190 *Schulte* in: Lang/Weidmüller, GenG, § 68 Rn 38.
1191 RG JW 1932, 1010.
1192 164 RGZ 72, 4, 10 f.
1193 *Schulte* in: Lang/Weidmüller,, GenG, § 77 Rn 19.
1194 *Beuthien*, GenG, § 77 Rn 3; aA *Müller*, GenG, § 77 Rn 4: nur durch gemeinsamen Vertreter.
1195 *Hoppert/Gräser* in: MünchVertragsHdb GesR, VI.20.

▶ An den Vorstand der ... eG in ...
Hiermit zeigen wir an, dass das Mitglied der ... eG in ... , die ... GmbH, mit Sitz in ... aufgelöst worden/erloschen ist.
... (Ort), den ...
Unterschrift[1196] ◀

Um zu vermeiden, dass einer Gesellschaft im Abwicklungsstadium wegen des in § 77 a GenG geregelten Erlöschens der Mitgliedschaft die gerade in diesem Stadium sinnvolle Unterstützung durch die Genossenschaft versagt wird, bietet sich eine satzungsmäßige Regelung an, derzufolge die Gesellschaft im Auflösungsbeschluss ihr Geschäftsguthaben auf einen seiner bisherigen Gesellschafter oder ein Mitglied seiner bisherigen Organe überträgt und die Genossenschaft dem Übertragungsempfänger gestattet, bis zur vollständigen Liquidation die Vorteile der Mitgliedschaft an die Abwicklungsgesellschaft weiterzugeben.[1197]

c) Umwandlung eines Mitgliedsunternehmens

Ändert ein Mitgliedsunternehmen seine Rechtsform und fehlt eine Regelung in der Satzung, dass in diesem Fall die Mitgliedschaft im Wege der Gesamtrechtsnachfolge fortgeführt wird, so dürfte die Mitgliedschaft des Unternehmens in neuer Rechtsform unverändert bestehen bleiben, da der Rechtsformwechsel nicht zum Erlöschen führt (§ 202 Abs. 1 Nr. 1 UmwG) und § 77 a GenG insofern nicht anwendbar ist.[1198]

7. Auseinandersetzung

Nach Beendigung der Mitgliedschaft erfolgt die **Auseinandersetzung** der Genossenschaft mit dem ausgeschiedenen Mitglied. Sie bestimmt sich nach der Vermögenslage der Genossenschaft und der Zahl der Mitglieder zum Zeitpunkt der Beendigung der Mitgliedschaft (§ 73 Abs. 1 GenG). Im Gewinnfall erhält das Mitglied das **Auseinandersetzungsguthaben**. Das ist der Betrag, der an das Mitglied nach Abzug etwaiger Forderungen der Genossenschaft auszuzahlen ist. Für die Feststellung des Auseinandersetzungsguthabens ist die Bilanz maßgebend, die für das Geschäftsjahr, zu dessen Ende das Mitglied ausgeschieden ist, festgestellt worden ist. Das Geschäftsguthaben des Mitglieds ist binnen sechs Monaten nach Beendigung der Mitgliedschaft, dh sechs Monate nach Ende des Geschäftsjahres, auszuzahlen (**Auszahlungsfrist**). Erstellt die Genossenschaft die Bilanz nicht innerhalb dieser sechs Monate, besteht die Gefahr, dass der Ausgeschiedene die Bilanzierung nach Erwirkung eines vollstreckbaren Titels gem. § 888 Abs. 1 ZPO **erzwingt** und rückwirkend von diesem Tag an Verzugszinsen gem. § 288 Abs. 1 S. 1 und 2 BGB verlangt.[1199] Solange die Bilanz noch nicht von der Generalversammlung genehmigt ist, kann der Ausgeschiedene allerdings noch nicht auf Auszahlung klagen.[1200]

Auf **Rücklagen** und das sonstige Vermögen der Genossenschaft haben Mitglieder grundsätzlich keinen Anspruch (§ 73 Abs. 2 S. 2 GenG). Die Satzung kann jedoch Mitgliedern, die ihren Geschäftsanteil voll eingezahlt haben, für den Fall der Beendigung der Mitgliedschaft einen Anspruch auf Auszahlung eines Anteils an einer zu diesem Zweck aus dem Jahresüberschuss zu bildenden Ergebnisrücklage einräumen, wobei der Anspruch auch von einer Mindestdauer der Mitgliedschaft oder anderen Erfordernissen abhängig gemacht werden kann (§ 73 Abs. 3 GenG). Der Anspruch des Mitglieds auf Auszahlung des Auseinandersetzungsguthabens **verjährt** in drei Jahren (§ 195 BGB).[1201]

§ 73 Abs. 4 GenG eröffnet der Genossenschaft jedoch die Möglichkeit, durch Satzungsbestimmung eine von § 73 Abs. 2 S. 2 GenG **abweichende Regelung** über die Auszahlung des Auseinandersetzungsguthabens eines ausgeschiedenen Mitglieds zu treffen. Eine dementsprechende Satzungsänderung bedarf einer qualifizierten Mehrheit (§ 16 Abs. 2 S. 1 Nr. 10 GenG). Im Fall der Einführung

---

1196 *Hoppert/Gräser* in: MünchVertragsHdb GesR, VI.21.
1197 *Glenk*, Die eingetragene Genossenschaft, Rn 262.
1198 *Bauer*, Genossenschafts-Handbuch, § 77 a GenG, Rn 8; *Beuthien*, GenG, § 77 a Rn 2; zur Rechtslage vor Inkrafttreten des UmwG noch OLG Stuttgart ZIP 1989, 774, 775 f.
1199 *Beuthien*, GenG, § 73 Rn 6.
1200 *Schulte*: Lang/Weidmüller, GenG, § 73 Rn 4.
1201 *Bauer*, Genossenschafts-Handbuch, § 73 GenG Rn 11a.

eines **Mindestkapitals** durch die Satzung der Genossenschaft ist die Auszahlung des Auseinandersetzungsguthabens abweichend von § 73 Abs. 2 S. 2 GenG ausgesetzt, solange durch die Auszahlung das festgesetzte Mindestkapital unterschritten würde (§ 8 a Abs. 2 GenG). Der Anspruch auf das Auseinandersetzungsguthaben ist damit aufschiebend bedingt.[1202] Hat das ausgeschiedene Mitglied hingegen seine **Pflichteinlage** noch nicht geleistet, kann es von der Genossenschaft nicht auf Einzahlung in Anspruch genommen werden; die Genossenschaft hat aber einen **Schadensersatzanspruch** gegen das ausgeschiedene Mitglied sollte aufgrund der nicht fristgemäßen Einzahlung ein Schaden entstanden sein.[1203] Im **Verlustfall** ist das ausscheidende Mitglied gem. § 73 Abs. 2 S. 4 GenG verpflichtet, von dem Fehlbetrag den ihn betreffenden Anteil an die Genossenschaft zu zahlen, soweit es im Falle des Insolvenzverfahrens Nachschüsse an die Genossenschaft zu leisten gehabt hätte. In diesem Fall steht der Genossenschaft ein Auseinandersetzungsanspruch gegenüber dem Mitglied zu. Auch dieser Anspruch verjährt in drei Jahren gem. § 195 BGB.[1204] Eine noch ausstehende Pflichteinlage muss das Mitglied nicht mehr einzahlen.[1205] Dieser Anspruch ist nach Köpfen verteilt, also bei allen Mitgliedern betragsmäßig gleich, soweit nicht die Satzung eine abweichende Berechnung bestimmt. Eine solche abweichende Satzungsregelung könnte wie folgt aussehen:

▶ Reicht das Vermögen der Genossenschaft einschließlich der Rücklage und aller Geschäftsguthaben zur Deckung der Schulden nicht aus, so ist das ausscheidende Mitglied verpflichtet, von dem Fehlbetrag einen nach dem Verhältnis der Geschäftsanteile zu berechnenden Anteil, höchstens jedoch die Haftsumme an die Genossenschaft zu zahlen.[1206] ◀

V. Finanzverfassung

967 Das **Eigenkapital** der Genossenschaft ist von ihrem Mitgliederbestand abhängig und kann somit ständig wechseln. Ein **Mindestkapital** ist nicht gesetzlich vorgeschrieben. Somit ist die Genossenschaft gezwungen, durch Selbstfinanzierung ein vom Wechsel des Mitgliederbestandes unabhängiges Genossenschaftsvermögen zu bilden. Dies geschieht durch die Bildung gesetzlicher Rücklagen bzw freier Rücklagen (zB Reservefonds). An diesen haben ausscheidende Mitglieder keinen Anteil, es sei denn, die Auszahlung eines Anteils an diesem Vermögen ist ausdrücklich in der Satzung geregelt (§ 77 Abs. 3 GenG). Die prinzipielle Rückzahlbarkeit genossenschaftlicher Geschäftsguthaben birgt nach IAS 32 und der hierzu ergangenen Interpretation IFRIC 2 die Gefahr, dass diese nicht mehr als Eigenkapital ausgewiesen werden dürfen.[1207] Wenn Genossenschaften nach IAS/IFRS bilanzieren, könnte dies zu einem erheblichen Bonitätsverlust führen. Deshalb kann in der Satzung seit Inkrafttreten des Genossenschaftsänderungsgesetzes ein **Mindestkapital** festgesetzt werden, das durch die Auszahlung des Auseinandersetzungsguthabens infolge Ausscheidens nicht unterschritten werden darf (§ 8 a Abs. 1 GenG).[1208] Es kommt dann zu einer Aussetzung, solange durch die Auszahlung das Mindestkapital unterschritten würde (§ 8 a Abs. 2 S. 1 GenG). Die **Auszahlungssperre** greift auch bei der Kündigung einzelner Geschäftsanteile. Eine zweite, ergänzend oder alternativ nutzbare Möglichkeit wurde mit § 73 Abs. 4 GenG geschaffen. Danach kann die Satzung die Frist und die Modalitäten der Auszahlung des Auseinandersetzungsguthabens abweichend von § 73 Abs. 2 S. 2 GenG regeln und beispielsweise unter einen **Zustimmungsvorbehalt** stellen. Eine solche Satzungsänderung bedarf jedoch einer qualifizierten Mehrheit (§ 16 Abs. 2 S. 1 Nr. 9 und 10 GenG); jedes Mitglied hat ein außerordentliches Kündigungsrecht (§ 67 a Abs. 1 GenG); außerdem kann es seinen Geschäftsanteil jederzeit auf ein anderes Mitglied übertragen (§ 76 Abs. 2 GenG). Schließlich kann über die Voraussetzungen oder den Zeitpunkt der Auszahlung nicht ausschließlich der Vorstand der Genossenschaft entscheiden, es bedarf auch einer Zustimmung der Mitglieder – entweder durch die Generalversammlung oder den Aufsichtsrat.[1209]

1202 *Bauer*, Genossenschafts-Handbuch, § 8 a GenG Rn 21.
1203 OLG Oldenburg WM 1992, 1105, 1107.
1204 Schleswig-Holsteinisches OLG WM 2006, 2364 ff.
1205 Schleswig-Holsteinisches OLG WM 2006, 2364 ff; aA *Schulte* in: Lang/Weidmüller, § 7 Rn 17.
1206 *Hoppert/Gräser* in: MünchVertragsHdb GesR, VI.5.
1207 *Schaffland/Korte* NZG 2006, 253 f.
1208 Kritisch zu dieser Neuregelung: *Pistorius* DStR 2006, 278, 282.
1209 BT-Drucks. 16/1025, S. 92 f.

1. Geschäftsanteil

Der **Geschäftsanteil** einer Genossenschaft ist der Betrag, bis zu dem sich ein einzelnes Mitglied an der Genossenschaft beteiligen kann (§ 7 Nr. 1 GenG). Einen **Mindestbetrag** gibt es bei einem Geschäftsanteil einer Genossenschaft nicht, so dass der Satzung die Bestimmung der Höhe des einzelnen Geschäftsanteils vorbehalten bleibt. Grundsätzlich muss der Geschäftsanteil aller Mitglieder gleich hoch sein.[1210] Die Satzung kann zwar eine Koppelung der Höhe des Geschäftsanteils an Kennziffern der Mitglieder knüpfen (zB Umsatz), allerdings bedarf eine solche Satzungsänderung eines einstimmigen Beschlusses aller Mitglieder, um nicht wegen Ungleichbehandlung angefochten werden zu können.[1211] Gem. § 7 a GenG kann die Satzung bestimmen, dass sich ein Mitglied mit mehr als einem Geschäftsanteil beteiligen darf. Die Satzung kann eine Höchstzahl festsetzen und weitere Voraussetzungen aufstellen. Sofern die Satzung bestimmt, dass die Mitglieder sich mit mehreren Geschäftsanteilen zu beteiligen haben, spricht man von einer **Pflichtbeteiligung** (§ 7 a Abs. 2 GenG). Auch diese muss grundsätzlich für alle Mitglieder gleich sein, kann sich aber auch nach dem Umfang der Inanspruchnahme von Leistungen der Genossenschaft durch Mitglieder oder nach bestimmten wirtschaftlichen Merkmalen richten. Mit Inkrafttreten des Genossenschaftsänderungsgesetzes sind gem. § 7 a Abs. 3 GenG auch **Sacheinlagen** als Einlageleistung durch eine dementsprechende Satzungsregelung zulässig.[1212] Als Sacheinlagen sind dabei nur Vermögensgegenstände zulässig, deren wirtschaftlicher Wert feststellbar und vom Prüfungsverband bei Gründung der Genossenschaft in der gutachterlichen Äußerung nach § 11 Abs. 1 Nr. 2 GenG (bei nachträglich geleisteten Sacheinlagen im Rahmen der Pflichtprüfung nach § 53 Abs. 2 GenG), begutachtet werden kann. Dies ist bei Dienstleistungen als Sacheinlage in aller Regel nicht der Fall.[1213]

968

2. Geschäftsguthaben

Beim **Geschäftsguthaben** handelt es sich um die Einzahlungen auf den bzw die Geschäftsanteile, vermehrt um zugeschriebene Gewinnanteile, vermindert um abgeschriebene Verlustanteile. Das Geschäftsguthaben stellt somit die tatsächliche Beteiligung des Genossen an der Genossenschaft dar. Die Satzung muss bestimmen, zu welchen Einzahlungen auf den Geschäftsanteil jedes Mitglied verpflichtet ist; diese müssen bis zu einem Gesamtbetrag von mindestens einem Zehntel des Geschäftsanteils nach Betrag und Zeit bestimmt sein (§ 7 Nr. 1 GenG). Übersteigt das Geschäftsguthaben den Geschäftsanteil eines Mitglieds, so ist der übersteigende Betrag als Darlehensforderung des Mitglieds gegenüber der Genossenschaft anzusehen.[1214] Als Satzungsregelung zum Geschäftsanteil kommt zB folgende Regelung in Betracht:

969

▶ (1) Der Geschäftsanteil beträgt ... EUR.
(2) Der Geschäftsanteil ist sofort nach Eintragung in die Mitgliederliste voll einzuzahlen. Der Vorstand kann die Einzahlung in Raten zulassen. In diesem Falle sind auf den Geschäftsanteil sofort nach Eintragung in die Liste der Mitglieder [der Betrag muss mindestens ein Zehntel des Geschäftsanteils betragen] EUR einzuzahlen. Vom Beginn des folgenden Monats/Quartals ab sind monatlich/vierteljährlich weitere ... EUR einzuzahlen, bis der Geschäftsanteil erreicht ist.
(3) Ein Mitglied kann sich mit weiteren Geschäftsanteilen beteiligen. Die Beteiligung eines Mitglieds mit einem weiteren Geschäftsanteil darf erst zugelassen werden, wenn der erste Geschäftsanteil voll eingezahlt ist; das Gleiche gilt für die Beteiligung mit weiteren Geschäftsanteilen.[1215] ◀

3. Nachschusspflicht und Haftsumme

Der Begriff der **Haftsumme** gibt Aufschluss über die Summe, mit der Mitglieder für den Fall, dass die Gläubiger im Insolvenzverfahren über das Vermögen der Genossenschaft nicht befriedigt werden,

970

1210 RGZ 64, 187, 193.
1211 RGZ 124, 182, 187 f.
1212 Begrüßend: *Pistorius* DStR 2006, 278, 280.
1213 BT-Drucks. 16/1025, S. 81; *Bauer*, Genossenschafts-Handbuch, § 7 a GenG Rn 20 mit weiteren Beispielen zu einlagefähigen Vermögensgegenständen.
1214 *Glenk*, Die eingetragene Genossenschaft, Rn 147.
1215 *Hoppert/Gräser* in: MünchVertragsHdb GesR, VI. 5.

Nachschuss leisten müssen. Diese **Nachschusspflicht** ist in der Satzung zu regeln (§ 6 Nr. 3 GenG). Die Haftsumme entspricht üblicherweise der Höhe des Geschäftsanteils. Bei einem (eingezahlten) Geschäftsanteil von 500 EUR, ist das Mitglied im Insolvenzfall verpflichtet, nochmals 500 EUR einzuzahlen. Die Nachschusspflicht kann durch die Satzung auch völlig **ausgeschlossen** werden (§ 105 Abs. 1 S. 1 GenG). Trägt das Registergericht eine Genossenschaft in das Register ein, obwohl die Satzung die Nachschusspflicht nicht regelt, hat dies für die Mitglieder eine **unbeschränkte Nachschusspflicht** zur Folge, die erst erlischt, wenn die eingetragene Genossenschaft wegen Satzungsmangels für nichtig erklärt wurde oder von Amts wegen gelöscht wird.[1216] Als Satzungsregelung kommt diesbezüglich folgende in Betracht:

▶ Die Nachschusspflicht der Mitglieder ist auf die Haftsumme beschränkt. Die Haftsumme für jeden Geschäftsanteil beträgt ... EUR. ◀

VI. Satzungsänderungen

971 **Satzungsänderungen** bedürfen gem. § 16 Abs. 4 GenG einer 3/4-Mehrheit der Stimmen in der Generalversammlung, sofern die Satzung selbst, mit Ausnahme der Fälle des § 16 Abs. 2 und Abs. 3 GenG, keine strengeren oder weniger strengen Voraussetzungen aufstellt.

972 Gem. § 16 Abs. 2 GenG bedürfen folgende Beschlüsse einer **3/4-Mehrheit**:
- die Änderung des Gegenstands des Unternehmens;
- die Erhöhung des Geschäftsanteils;
- die Einführung oder Erweiterung einer Pflichtbeteiligung mit mehreren Geschäftsanteilen;
- die Einführung oder Erweiterung der Verpflichtung der Mitglieder zur Leistung von Nachschüssen;
- die Verlängerung der Kündigungsfrist auf eine längere Frist als zwei Jahre;
- die Einführung oder Erweiterung der Beteiligung ausscheidender Mitglieder an der Ergebnisrücklage nach § 73 Abs. 3;
- die Einführung oder Erweiterung von Mehrstimmrechten;
- die Zerlegung von Geschäftsanteilen;
- die Einführung oder Erhöhung eines Mindestkapitals;
- die Einschränkung des Anspruchs des Mitglieds auf Auszahlung des Auseinandersetzungsguthabens (§ 73 Abs. 2 S. 2 und Abs. 4 GenG) und
- die Einführung der Möglichkeit, investierende Mitglieder zuzulassen (§ 8 Abs. 2 S. 1 und 2 GenG),

wobei die Satzung eine größere Mehrheit und weitere Erfordernisse bestimmen kann.

973 Für eine Änderung der Satzung, durch die eine Verpflichtung der Mitglieder zur Zahlung laufender Beiträge für Leistungen, welche die Genossenschaft den Mitgliedern erbringt oder zur Verfügung stellt, eingeführt oder erweitert wird, bedarf es gem. § 16 Abs. 3 S. 2 GenG einer Mehrheit von mindestens drei Vierteln der abgegebenen Stimmen.

974 Gem. § 16 Abs. 3 GenG bedürfen folgende Beschlüsse mindestens einer **9/10-Mehrheit**:
- die Verpflichtung der Mitglieder zur Inanspruchnahme von Einrichtungen oder anderen Leistungen der Genossenschaft und
- die Verpflichtung der Mitglieder zur Leistung von Sachen oder Diensten.

Statt einer 3/4- oder 9/10-Mehrheit kann die Satzung gem. § 16 Abs. 2 S. 2 und § 16 Abs. 3 S. 2 GenG noch strengere Voraussetzungen für eine Änderung festlegen, zB Einstimmigkeit oder das Erfordernis, dass eine bestimmte Anzahl der Mitglieder anwesend sein muss. Die Einführung **erschwerter Satzungsänderungen** können auch nur in der erschwerten Form wieder beseitigt werden.[1217] Unzulässig sind Satzungsänderungen, die gegen andere zwingende gesetzliche Vorschriften und den genossenschaftlichen Gleichbehandlungsgrundsatz verstoßen.

1216 *Glenk*, Die eingetragene Genossenschaft, Rn 149; aA *Schulte* in: Lang/Weidmüller, GenG, § 6 Rn 19.
1217 *Schulte* in: Lang/Weidmüller, GenG, § 16 Rn 30; aA LG Stuttgart ZfG 1972, 297, 298.

VII. Beendigung

1. Verschmelzung durch Aufnahme in eine andere Genossenschaft

a) Grundsätzliches

Bei der **Fusion** von Genossenschaften geht die zu übernehmende Genossenschaft vollkommen in der übernehmenden Genossenschaft auf. Die Verschmelzung richtet sich nach den Vorschriften des Umwandlungsgesetzes, insbesondere nach den §§ 79 ff. UmwG. Erforderlich ist gem. §§ 6, 80 UmwG ein vom Vorstand der verschmelzenden Genossenschaften abzuschließender, notariell beurkundeter **Verschmelzungsvertrag** und ein **Verschmelzungsbeschluss** der Generalversammlung jeder Genossenschaft mit einer ¾-Mehrheit, wobei die Satzung eine größere Mehrheit und weitere Erfordernisse bestimmen kann (§ 84 UmwG).[1218] Vor der Einberufung der Generalversammlung, die über die Zustimmung zum Verschmelzungsvertrag beschließen soll, ist gem. § 81 Abs. 1 UmwG für jede beteiligte Genossenschaft eine gutachterliche Äußerung des Prüfungsverbandes einzuholen, ob die Verschmelzung mit den Belangen der Genossen und der Gläubiger der Genossenschaft vereinbar ist (**Prüfungsgutachten**). Das Prüfungsgutachten ist in der jeweiligen Generalversammlung zu verlesen, der Prüfungsverband hat ein beratendes **Teilnahmerecht** in dieser Versammlung (§ 83 Abs. 2 S. 2 UmwG). Die Vertretungsorgane jeder an der Verschmelzung beteiligten Genossenschaft haben gem. § 8 Abs. 1 UmwG einen **Verschmelzungsbericht** zu erstatten, der den Verschmelzungsvertrag, das Umtauschverhältnis der Geschäftsanteile sowie besondere Schwierigkeiten bei der Bewertung der beteiligten Genossenschaften erläutert. Er soll den Anteilsinhabern eine Plausibilitätskontrolle ermöglichen.[1219] Auf den Verschmelzungsbericht kann nur verzichtet werden, wenn alle Mitglieder der beteiligten Genossenschaften in notariell beurkundeter Form auf ihn verzichtet haben (§ 8 Abs. 3 UmwG). Der Verschmelzungsvertrag oder sein Entwurf hat für jede übertragende Genossenschaft den Stichtag der **Schlussbilanz** anzugeben (§ 80 Abs. 2 UmwG). Nach Abschluss des Verschmelzungsvertrages ist die Verschmelzung vom Vorstand jeder Genossenschaft zur **Eintragung** in das Genossenschaftsregister anzumelden, wobei auch die Prüfungsgutachten jeder Genossenschaft im Original oder in öffentlich beglaubigter Form beizufügen sind (§ 86 UmwG).

975

b) Gläubigerschutz

Aus Gründen des **Gläubigerschutzes** ist den Gläubigern der an der Verschmelzung beteiligten Rechtsträger, wenn sie binnen sechs Monaten nach dem Tag, an dem die Eintragung der Verschmelzung in das Register des Sitzes desjenigen Rechtsträgers, dessen Gläubiger sie sind, nach § 19 Abs. 3 UmwG bekannt gemacht worden ist, ihren Anspruch nach Grund und Höhe schriftlich anmelden (§ 22 UmwG).[1220] Sicherheit zu leisten, soweit sie nicht Befriedigung verlangen können. Dieses Recht steht den Gläubigern jedoch nur zu, wenn sie glaubhaft machen, dass durch die Verschmelzung die Erfüllung ihrer Forderung gefährdet wird. Die Gläubiger sind in der Bekanntmachung der jeweiligen Eintragung auf dieses Recht hinzuweisen.

976

c) Geschäftsanteile und Geschäftsguthaben

Hatte die aufgelöste Genossenschaft die Beteiligung mit einer höheren Anzahl von **Geschäftsanteilen** zugelassen, als das Mitglied nach der nunmehr geltenden Satzung zeichnen darf, ist dem Mitglied der übersteigende Betrag innerhalb von sechs Monaten nach der Fusion auszuzahlen, nicht jedoch, bevor die Gläubiger, die sich in der Sechs-Monats-Frist gemeldet haben, befriedigt wurden (§ 87 Abs. 2 UmwG). Insofern besteht für dieses Mitglied in beschränktem Umfang eine persönliche Haftung für Verbindlichkeiten der fusionierten Genossenschaft. Das **Geschäftsguthaben** des neuen Mitglieds ermittelt sich gem. § 80 Abs. 1 UmwG wie folgt: das ehemalige Geschäftsguthaben, also die Geschäftsanteile zzgl Gewinnzuschreibungen werden in eine entsprechende Anzahl neue Geschäftsanteile zerlegt. Das so

977

[1218] Zur Frage der Beurkundung des Verschmelzungsvertrags durch einen Notar im Ausland, siehe *Beuthien*, GenG, §§ 2 ff. UmwG Rn 9 mwN.
[1219] OLG Düsseldorf DB 2002, 781.
[1220] Beim übernehmenden Rechtsträger: *Beuthien*, GenG, §§ 2 ff. UmwG Rn 85.

entstandene neue Geschäftsguthaben stimmt zunächst mit der Anzahl der zeichnungsfähigen Geschäftsanteile überein und weist keine Gewinnanteile aus. Im Ergebnis werden Gewinnanteile der aufgelösten Genossenschaft in haftendes Eigenkapital umgewandelt.

d) Ausschlagungsrecht

978 Jedes Mitglied hat ein **Ausschlagungsrecht** gem. § 90 UmwG. Es kann seine Beteiligung an der neuen Genossenschaft ausschlagen, wenn es auf der die Verschmelzung beschließenden Generalversammlung erscheint und seinen Widerspruch zum Verschmelzungsbeschluss zur Niederschrift erklärt, wobei es schädlich sein kann, wenn der Widersprechende zuvor für den Beschluss gestimmt hat[1221] oder nicht erscheint, sofern er zu der Versammlung zu Unrecht nicht zugelassen worden ist oder die Versammlung nicht ordnungsgemäß einberufen oder der Gegenstand der Beschlussfassung nicht ordnungsgemäß bekannt gemacht worden ist. Wird der Verschmelzungsbeschluss einer übertragenden Genossenschaft von einer **Vertreterversammlung** gefasst, so steht das Recht zur Ausschlagung auch jedem anderen Mitglied dieser Genossenschaft zu, der im Zeitpunkt der Beschlussfassung nicht Vertreter ist (§ 90 Abs. 3 S. 2 UmwG). Die Ausschlagung ist gegenüber der übernehmenden Genossenschaft in schriftlicher Form binnen einer Frist von sechs Monaten nach dem Tage zu erklären, an dem die Eintragung der Verschmelzung in das Register des Sitzes des übernehmenden Rechtsträgers nach § 19 Abs. 3 UmwG bekannt gemacht worden ist (§ 91 Abs. 2 UmwG). Eine Ausschlagung nach Eintragung aber noch vor Bekanntmachung der Verschmelzung führt zur Beendigung der Mitgliedschaft zum Zeitpunkt des Wirksamwerdens der Verschmelzung.[1222] Folge ist eine **Auseinandersetzung** mit dem Mitglied, für die die Schlussbilanz der übertragenden Genossenschaft maßgeblich ist (§ 93 UmwG) und die binnen sechs Monaten nach Ausschlagung zu erfolgen hat, wobei es auch zur Nachschusspflicht des ausschlagenden Mitglieds kommen kann, sofern die in der Schlussbilanz ausgewiesenen Rücklagen und Geschäftsguthaben zur Deckung eines Bilanzverlustes nicht ausreichen (§ 93 Abs. 3 UmwG). Auseinandersetzungsansprüche **verjähren** innerhalb von drei Jahren nach dem Schluss des Kalenderjahres, in dem sie fällig geworden sind (§ 195 BGB).

e) Eintragung der Verschmelzung

979 Mit **Eintragung** der Verschmelzung werden die Mitglieder der aufgelösten Genossenschaft automatisch Mitglieder der übernehmenden Genossenschaft mit allen satzungsmäßigen Rechten und Pflichten der übernehmenden Genossenschaft, deren Satzung die neuen Mitglieder mit der Beschlussfassung über die Fusion anerkannt haben. Die neuen Mitglieder sind unverzüglich in die Mitgliederliste einzutragen und über die in § 89 Abs. 2 UmwG genannten Gegenstände in Textform (§ 126 b BGB) zu **unterrichten**:
- den Betrag des Geschäftsguthabens bei der übernehmenden Genossenschaft;
- den Betrag des Geschäftsanteils bei der übernehmenden Genossenschaft;
- die Zahl der Geschäftsanteile, mit denen der Anteilsinhaber bei der übernehmenden Genossenschaft beteiligt ist;
- den Betrag der von dem Genossen nach Anrechnung seines Geschäftsguthabens noch zu leistenden Einzahlung oder den Betrag, der ihm nach § 87 Abs. 2 oder nach § 88 Abs. 1 UmwG auszuzahlen ist;
- den Betrag der Haftsumme der übernehmenden Genossenschaft, sofern deren Genossen Nachschüsse bis zu einer Haftsumme zu leisten haben;

f) Haftung von Vorstand und Aufsichtsrat

980 Vorstands- und Aufsichtsratsmitglieder der übertragenden (gem. § 25 UmwG) und der übernehmenden Genossenschaft (gem. §§ 34, 41 GenG) **haften** den Mitgliedern der jeweiligen Genossenschaft als Gesamtschuldner für die Verletzung von ihnen obliegenden Sorgfaltspflichten bei der Verschmelzung. Die Ansprüche **verjähren** innerhalb von fünf Jahren seit dem Tage, an dem die Eintragung der Ver-

---

1221 AG München ZfG 1966, 83, 84 f, *Lehnhoff* in: Lang/Weidmüller, GenG, § 90 UmwG Rn 3.
1222 BGH, BB 1977, 1068; aA LG Köln, ZfG 1975, 151 zu § 93 k Abs. 3 GenG aF.

schmelzung in das Register des Sitzes des übernehmenden Rechtsträgers nach § 19 Abs. 3 bekannt gemacht worden ist (§ 25 Abs. 3 UmwG für die übertragende bzw § 27 UmwG für die übernehmende Genossenschaft). Die **Geltendmachung** der **Schadensersatzansprüche** gegen Vorstands- und Aufsichtsratsmitglieder der übertragenden Genossenschaft richtet sich nach § 26 UmwG.[1223]

g) Anfechtbarkeit und Nichtigkeit des Verschmelzungsbeschlusses

Auf den Verschmelzungsbeschluss finden grundsätzlich die allgemeinen Vorschriften über Generalversammlungsbeschlüsse Anwendung (**Anfechtungsklage und Nichtigkeitsklage** gem. § 51 GenG). Da die Registereintragung der Verschmelzung gem. § 16 Abs. 2 UmwG aber nur zulässig ist, wenn der Vorstand erklärt, dass fristgemäß keine derartigen Klagen gegen die Wirksamkeit des Verschmelzungsbeschlusses erhoben wurden (**Nichtanfechtungserklärung**), sieht § 14 Abs. 1 UmwG eine Klagefrist von einem Monat seit der Beschlussfassung vor. Wurden die Unwirksamkeitsgründe innerhalb der Frist des § 14 Abs. 1 UmwG nicht in ihrem wesentlichen Kern dargelegt, kommt ein Nachschieben dieser Gründe nicht mehr in Betracht.[1224] Eine Klage gegen die Wirksamkeit des Verschmelzungsbeschlusses eines übertragenden Rechtsträgers kann nicht darauf gestützt werden, dass das Umtauschverhältnis der Anteile zu niedrig bemessen ist oder dass die Mitgliedschaft bei dem übernehmenden Rechtsträger kein ausreichender Gegenwert für die Anteile oder die Mitgliedschaft bei dem übertragenden Rechtsträger ist (§ 14 Abs. 2 UmwG). Allerdings erhalten die Mitglieder im Gegenzug gem. § 15 UmwG einen klageweise durchsetzbaren Anspruch auf Verbesserung des Umtauschverhältnisses. Passivlegitimiert für Klagen gegen die Wirksamkeit eines Verschmelzungsbeschlusses ist gem. § 28 UmwG die übernehmende Genossenschaft.

h) Anmeldung und Eintragung der Verschmelzung

Die Verschmelzung als solche ist **anmeldepflichtig** (§ 16 Abs. 1 UmwG). Die Anmeldung muss von jedem beteiligten Rechtsträger gesondert vorgenommen werden und zwar elektronisch in öffentlich beglaubigter **Form** durch sämtliche Vorstandsmitglieder (§ 157 GenG).[1225] Das Vertretungsorgan des übernehmenden Rechtsträgers ist berechtigt, die Verschmelzung auch zur Eintragung in das Register des Sitzes jedes der übertragenden Rechtsträger anzumelden (§ 16 Abs. 1 S. 2 GenG). Die **Registereintragung** muss zuletzt beim Registergericht des übernehmenden Rechtsträgers erfolgen (§ 19 Abs. 1 S. 1 UmwG). Nach § 16 Abs. 2 UmwG muss der Vorstand eine **Nichtanfechtungserklärung** abgeben, also erklären, dass keine Klage gegen die Wirksamkeit des Verschmelzungsbeschlusses innerhalb der Monatsfrist des § 14 Abs. 1 UmwG erhoben wurde, was frühestens nach Ablauf der Monatsfrist erfolgen kann.[1226] Liegt die Erklärung nicht vor, so darf die Verschmelzung nicht eingetragen werden, es sei denn, dass die klageberechtigten Anteilsinhaber durch notariell beurkundete **Verzichtserklärung** auf die Klage gegen die Wirksamkeit des Verschmelzungsbeschlusses verzichten (§ 16 Abs. 2 S. 2 UmwG, sog. **Eintragungssperre**).

Hinweis: Die jeweils der **Anmeldung** nach §§ 17, 86 UmwG **beizufügenden Unterlagen** sind in Ausfertigung oder öffentlich beglaubigter Abschrift bzw – soweit nicht notariell zu beurkunden – in Ur- oder Abschrift beizulegen:
- der Verschmelzungsvertrag (§ 4 UmwG), soweit er nicht schon der Verschmelzungsbeschluss gem. § 13 Abs. 3 S. 2 UmwG beigefügt ist;
- das Prüfungsgutachten (§ 86 Abs. 1, 2 UmwG);
- die Niederschriften sämtlicher Verschmelzungsbeschlüsse (§ 13 UmwG);
- die Zustimmungserklärungen einzelner Anteilsinhaber einschließlich nicht erschienener Anteilsinhaber nach §§ 8 Abs. 3, 9 Abs. 3, 12 Abs. 3 UmwG;
- der Verschmelzungsbericht (§ 8 UmwG);

1223 Siehe zum Verfahren *Beuthien*, GenG, UmwG §§ 2 ff Rn 105.
1224 OLG Düsseldorf NZG 2002, 191, 192.
1225 Siehe zur elektronischen Anmeldung auch Rn 891.
1226 OLG Hamburg NZG 2003, 981.

- ein Nachweis über die rechtzeitige Zuleitung des Verschmelzungsvertrags oder seines Entwurfes an den zuständigen Betriebsrat (§ 5 Abs. 3 UmwG);
- die Genehmigungsurkunde, wenn die Verschmelzung der staatlichen Genehmigung bedarf (zB gem. § 42 GWB) und
- zur Anmeldung in das Register jedes übertragenden Rechtsträgers eine Schlussbilanz (§ 17 Abs. 2 UmwG).

Kreditgenossenschaften haben eine Verschmelzungsabsicht der BaFin und der Deutschen Bundesbank unverzüglich anzuzeigen (§ 24 Abs. 3 KWG).

983 Um zu verhindern, dass einzelne Mitglieder die Eintragung verzögern, gestattet § 16 Abs. 3 UmwG, den **Ersatz der Nichtanfechtungserklärung** durch einen Beschluss des Prozessgerichts, welches für die Klage gegen die Wirksamkeit des Verschmelzungsbeschlusses zuständig wäre. Der Antrag auf Erlass eines derartigen Beschlusses ist begründet, wenn
- die Klage unzulässig bzw
- offensichtlich unbegründet ist[1227] oder
- nach freier Überzeugung des Gerichts dem alsbaldigen Wirksamwerden der Verschmelzung Vorrang gegenüber der Korrektur der behaupteten Rechtsverletzung gebührt.

Einziger Rechtsbehelf gegen den Beschluss ist die sofortige Beschwerde (§ 16 Abs. 3 S. 6 UmwG, § 567 ZPO). Im Gegenzug macht sich der Rechtsträger, der die Eintragung auf diesem Wege herbeiführt, **schadensersatzpflichtig**, wenn ein solcher Beschluss erwirkt wurde, sich die Klage gegen die Wirksamkeit des Verschmelzungsbeschlusses aber dennoch als begründet erweist (§ 16 Abs. 3 S. 8 UmwG); eine „Entschmelzung" kann jedoch nicht verlangt werden (§ 16 Abs. 3 S. 8, 2. Hs UmwG). Wird die Verschmelzung unter Verletzung des § 16 Abs. 2 S. 2 UmwG eingetragen, können die Wirkungen der Umwandlung nicht durch eine Amtslöschung nach § 144 FGG rückgängig gemacht werden.[1228]

2. Verschmelzung durch Neugründung

a) Grundsätzliches

984 Bei der **Verschmelzung durch Neugründung** (§§ 36–38, 96–98 UmwG) können Genossenschaften in der Weise fusionieren, dass sie mit der Zusammenlegung ihres Vermögens und ihrer Schulden eine neue Genossenschaft gründen. Ebenso wie die Verschmelzung durch Aufnahme erfordert auch die Verschmelzung durch Neugründung den Abschluss eines **Verschmelzungsvertrages** (§ 37 UmwG) durch sämtliche an der Verschmelzung beteiligte Rechtsträger. Dieser Verschmelzungsvertrag muss die Organisation der neuen Genossenschaft sowie die Rechte und Pflichten der Mitglieder in ihr bestimmen. Die Satzung der neuen Genossenschaft ist durch sämtliche Mitglieder des Vertretungsorgans jedes der übertragenden Rechtsträger aufzustellen und zu unterzeichnen (§ 97 Abs. 1 GenG). Der **Verschmelzungsbeschluss** der Mitglieder der jeweils übertragenden Genossenschaft verleiht dem Verschmelzungsvertrag gem. § 13 Abs. 1 UmwG Wirksamkeit. Die Mitglieder müssen gem. §§ 37, 98 S. 1 UmwG durch den Verschmelzungsbeschluss auch die Zustimmung zur Satzung einer neuen Genossenschaft erteilen. Jede der beteiligten Genossenschaften hat ein **Klagerecht** gegenüber den anderen Genossenschaften hinsichtlich der Mitwirkung bei der Durchführung der Verschmelzung (zB Anmeldung zur Eintragung ins Genossenschaftsregister). Die Vollstreckung erfolgt nach § 894 ZPO, ein Urteil, das einer Klage auf Aufstellung der Schlussbilanz stattgibt, wird nach § 888 ZPO vollstreckt.

1227 OLG Hamm NZG 1999, 560: schwierige rechtliche Erwägungen stehen dem nicht entgegen, aA OLG Frankfurt ZIP 2000, 1928, 1930; es muss aber nach Abwägung ein eindeutiges Ergebnis feststehen: OLG Düsseldorf NZG 2002, 191, 192.
1228 OLG Hamburg NZG 2003, 981.

b) Errrichtung

Gründer der neuen Genossenschaft sind die übertragenden Genossenschaften, vertreten durch ihre Vertretungsorgane, die auch die Satzung der neuen Genossenschaft unterzeichnen müssen (§ 97 Abs. 1 UmwG), so dass die Vorschrift über die **Mindestanzahl** von Genossen für die Verschmelzung durch Neugründung keine Anwendung findet. Zur **Errichtung** der neuen Genossenschaft gehört auch die Bestellung des ersten Aufsichtsrats (§ 97 Abs. 2 S. 1 UmwG) sowie des ersten Vorstandes, welche grundsätzlich den Vertretungsorganen der übertragenden Genossenschaften obliegt, wobei die Satzung der neuen Genossenschaft anstelle der Wahl durch die Generalversammlung eine andere Art der Bestellung des neuen Vorstands vorsehen kann (§ 97 Abs. 2 S. 2 UmwG). Die Mitgliederversammlungen der verschmelzenden Rechtsträger müssen wiederum diesem Akt im Verschmelzungsbeschluss nach Maßgabe des § 98 UmwG zustimmen und zwar zumindest mit einer 3/4-Mehrheit (§§ 96, 84 UmwG). Die neue Genossenschaft ist von den Vertretungsorganen aller übertragenden Genossenschaften in öffentlich beglaubigter Form bei dem Registergericht, in dessen Bezirk sie ihren Sitz haben soll, zur Eintragung elektronisch in öffentlich beglaubigter Form **anzumelden** (§§ 36 Abs. 2 S. 1 UmwG, 157 GenG, 38 Abs. 2 UmwG). Neben den in §§ 36 Abs. 2 S. 1 UmwG, 11 Abs. 2 GenG aufgeführten **Unterlagen** (siehe Rn 891) sind auch die in §§ 36 Abs. 1, 17 UmwG aufgeführten Unterlagen beizufügen (siehe Rn 982) sowie eine Niederschrift der gem. § 97 UmwG erforderlichen Beschlüsse der Vertretungsorgane der übertragenden Rechtsträger. Die Mitglieder der übertragenden Rechtsträger werden Genossen der neuen Genossenschaft (§§ 36 Abs. 1, 20 Abs. 1 Nr. 3 UmwG). Ihre finanzielle Beteiligung richtet sich nach dem Verschmelzungsvertrag iVm §§ 96, 80, 87 UmwG. Sie haben auch das Recht zur **Verschmelzungsausschlagung** (§§ 96, 90 UmwG). Die neue Genossenschaft muss einem **Prüfungsverband** beitreten (§§ 36 Abs. 2 S. 1 UmwG, 11 Abs. 2 Nr. 3 GenG), da die Mitgliedschaften der übertragenden Rechtsträger erlöschen. Für **Nichtigkeit und Anfechtbarkeit** einzelner Tatbestandsteile der Verschmelzung gilt grundsätzlich Entsprechendes wie bei der Verschmelzung durch Aufnahme (§ 36 Abs. 1 UmwG, siehe Rn 981).

VIII. Auflösung der Genossenschaft/Liquidation

1. Auflösungsgründe

Das Genossenschaftsrecht kennt verschiedene **Auflösungsgründe**. Die Genossenschaft kann durch **Beschluss** der Generalversammlung jederzeit aufgelöst werden, wobei der Beschluss einer 3/4-Mehrheit bedarf – die Satzung kann jedoch eine größere Mehrheit und weitere Erfordernisse bestimmen (§ 78 Abs. 1 GenG). Der Vorstand hat die Auflösung ohne Verzug zur Eintragung ins Genossenschaftsregister anzumelden (§ 78 Abs. 2 GenG). Eine **Löschung von Amts** wegen findet zum einen gem. § 81 a Nr. 1 GenG iVm § 26 Abs. 1 S. 1 InsO statt, wenn der Beschluss, mit dem die Eröffnung des Insolvenzverfahrens mangels Masse abgelehnt wird, Rechtskraft erlangt. Eine Löschung von Amts wegen findet außerdem gem. § 81 a Nr. 2 GenG iVm § 141 a FGG statt, wenn die Genossenschaft vermögenslos geworden ist. Das Gericht teilt der Genossenschaft zuvor die Löschungsabsicht mit und teilt ihr zugleich eine angemessene Frist für die Erklärung eines Widerspruchs mit (§ 141 a Abs. 2 S. 1 FGG). Das **Widerspruchsrecht** steht nicht nur den gesetzlichen Vertretern der Gesellschaft, sondern allen zu, die an der Unterlassung der Löschung ein berechtigtes Interesse haben, also auch den Gesellschaftern und Gesellschaftsgläubigern, wenn die Löschungsankündigung öffentlich bekannt gemacht worden ist.[1229] Die Löschung hat zu unterbleiben, wenn vor Eintragung der Löschung glaubhaft gemacht wird, dass die Gesellschaft nicht vermögenslos ist.[1230] Eine Löschung von Amts wegen muss auch vorgenommen werden, wenn nach Durchführung des Insolvenzverfahrens kein Anhaltspunkt für ein verbleibendes Vermögen der Genossenschaft vorliegt (§ 141 a Abs. 1 S. 2 FGG iVm § 147 Abs. 1 S. 2 FGG). Als weiterer Auflösungsgrund kommt die **Auflösung durch Zeitablauf** bei einer Genossenschaft, die nach ihrer Satzung für eine bestimmte Zeit eingegangen ist (§ 79 GenG, zur Fortsetzung der Genossenschaft siehe Rn 990) in Betracht.

1229 *Bumiller/Winkler*, Freiwillige Gerichtsbarkeit, § 141 a Rn 13.
1230 *Bumiller/Winkler*, Freiwillige Gerichtsbarkeit, § 141 a Rn 14.

987 Sobald eine Genossenschaft weniger als drei Mitglieder hat, hat das zuständige Registergericht auf Antrag des Vorstandes bzw – wenn innerhalb von sechs Monaten kein Antrag des Vorstands erfolgt – nach Anhörung des Vorstandes von Amts wegen die Auflösung der Genossenschaft auszusprechen (§ 80 GenG; **Auflösung durch das Gericht**). Bei der Bestimmung der Mindestmitgliederzahl bleiben investierende Mitglieder außer Betracht, um zu verhindern, dass eine Genossenschaft nur noch aus investierenden Mitgliedern besteht.[1231] Eine Genossenschaft kann schließlich auch durch Urteil gem. § 81 GenG nach einer **Auflösungsklage** wegen gesetzeswidriger Handlungen aufgelöst werden. **Antragsberechtigt** ist die zuständige oberste Landesbehörde, in deren Bezirk die Genossenschaft ihren Sitz hat. Gefährdet eine Genossenschaft durch gesetzeswidriges Verhalten ihrer Verwaltungsträger das Gemeinwohl und sorgen die Generalversammlung und der Aufsichtsrat nicht für eine Abberufung der Verwaltungsträger oder ist der Zweck der Genossenschaft entgegen § 1 GenG nicht auf die Förderung der Mitglieder gerichtet, so sind dieses taugliche **Antragsgründe** für eine Auflösungsklage. Die Vorschrift ist allerdings eng auszulegen: Es reicht nicht aus, dass die Genossenschaft Geschäfte betreibt, die nicht im Rahmen des satzungsmäßigen Unternehmensgegenstandes liegen oder dem durch die Satzung bestimmten Förderungszweck nicht entsprechen.[1232] **Zuständig** für die Klage ist das Landgericht, in dessen Bezirk die Genossenschaft ihren Sitz hat. Nach der Auflösung findet die Liquidation gem. §§ 83 bis 93 GenG statt.

2. Liquidatoren

988 Als **Liquidator** fungiert grundsätzlich der Vorstand (§ 83 Abs. 1 GenG – **geborener** Liquidator), sofern durch die Satzung oder durch Beschluss der Generalversammlung nicht eine andere Person bestimmt wird. Auch eine juristische Person kann Liquidator sein (§ 83 Abs. 2 GenG – **gekorener** Liquidator). Auf Antrag des Aufsichtsrats oder mindestens des zehnten Teils der Mitglieder kann die Ernennung von Liquidatoren auch durch das nach § 10 GenG zuständige Gericht erfolgen (§ 83 Abs. 3 GenG – **gerichtlich bestellter** Liquidator). Bei **Kreditgenossenschaften** kann auch die BaFin gem. § 38 Abs. 2 S. 2 KWG die Bestellung von Liquidatoren beantragen, wenn die sonst zur Abwicklung berufenen Personen keine Gewähr für eine ordnungsgemäße Abwicklung bieten. Den Liquidatoren obliegen gem. §§ 88 ff. GenG folgende **Aufgaben**:
- die Abwicklung der Genossenschaft;
- die Erfüllung noch bestehender Verbindlichkeiten;
- die Einziehung bestehender Forderungen;
- die Veräußerung des Restvermögens der Genossenschaft und
- die Verteilung verbliebener Vermögensüberschüsse an die Mitglieder.

Die Liquidatoren üben ihr Amt aus, bis die Liquidation beendet ist. Gem. § 83 Abs. 4 GenG können Liquidatoren jederzeit endgültig durch die Generalversammlung **abberufen** werden, gerichtlich bestellte Liquidatoren unter denselben Voraussetzungen, wie sie bestellt wurden. Unabhängig von der gerichtlichen Bekanntmachung (§ 82 Abs. 1 GenG) haben Liquidatoren die eingetragene Auflösung in den Blättern der Genossenschaft (§ 6 Nr. 5 GenG) zu veröffentlichen und dies mit einem **Gläubigeraufruf** zu verbinden, also die Gläubiger der Genossenschaft aufzurufen, sich zu melden (§ 82 Abs. 2 GenG).

3. Verteilung des Restvermögens

989 Hinsichtlich der **Verteilung des Restvermögens** haben die Liquidatoren gem. § 90 GenG ein **Sperrjahr** zu beachten. Eine Verteilung des Vermögens darf nicht vor Tilgung oder vor Deckung der Schulden und nicht vor Ablauf eines Jahres seit dem Tage vollzogen werden, an welchem die Aufforderung der Gläubiger, sich bei der Genossenschaft zu melden, bekannt gemacht wurde. Das Sperrjahr ist jedoch keine Ausschlussfrist, dh die unterlassene Anmeldung führt nicht zum Anspruchsverlust.[1233]

[1231] BT-Drucks. 16/1524, S. 10.
[1232] BT-Drucks. 16/1025, S. 93.
[1233] *Beuthien*, GenG, § 90 Rn 4.

Nach Ablauf des Sperrjahrs erfolgt die Vermögensverteilung nach Maßgabe des § 91 GenG: Die Verteilung des Vermögens unter den einzelnen Mitgliedern erfolgt bis zum Gesamtbetrag ihrer aufgrund Eröffnungsbilanz ermittelten Geschäftsguthaben nach dem Verhältnis der letzteren. Waren Mitglieder zur Zahlung zur Deckung eines Fehlbetrags gem. § 87 a Abs. 2 GenG herangezogen worden, so sind diese Zahlungen zunächst nach dem Verhältnis der geleisteten Beträge zu erstatten (§ 91 Abs. 1 GenG).[1234] Überschüsse, welche sich über den Gesamtbetrag dieser Guthaben hinaus ergeben, sind nach Köpfen zu verteilen (§ 91 Abs. 2 GenG). Durch die Satzung kann die Verteilung des Vermögens ausgeschlossen oder ein anderes Verhältnis für die Verteilung bestimmt werden (§ 91 Abs. 3 GenG).

4. Fortsetzung der Genossenschaft

Solange noch nicht mit der Verteilung des nach Berichtigung der Schulden verbleibenden Vermögens an die Mitglieder begonnen ist, kann die Generalversammlung mit einer 3/4-Mehrheit (bzw einer satzungsmäßig bestimmten größeren Mehrheit) die **Fortsetzung der Genossenschaft** beschließen (§ 79 a GenG). Die Fortsetzung kann nicht beschlossen werden, wenn die Mitglieder nach § 87 a GenG zur Zahlung herangezogen worden sind (§ 79 a Abs. 1 S. 3 GenG). Vor der Beschlussfassung ist der Prüfungsverband zu hören (§ 79 a Abs. 2 GenG). Die Fortsetzung der Genossenschaft ist durch den Vorstand unverzüglich zur Eintragung in das Genossenschaftsregister anzumelden (§ 79 a Abs. 5 S. 1 GenG).

990

IX. Insolvenz

1. Eröffnungsgründe/Zahlungsverbot

Für die Insolvenz der Genossenschaft gelten zum einen die Vorschriften der Insolvenzordnung, zum anderen treffen die §§ 98 ff InsO Sonderregelungen für die Genossenschaft. Die **Zahlungsunfähigkeit** als **Eröffnungsgrund** des Insolvenzverfahrens bei der Genossenschaft bestimmt sich nach § 17 Abs. 2 S. 1 InsO, die Genossenschaft muss also außerstande sein, ihre fälligen Zahlungspflichten zu erfüllen. Nach § 17 Abs. 2 S. 2 InsO wird das Vorliegen von Zahlungsunfähigkeit bei Zahlungseinstellung widerleglich vermutet. Es genügt, dass der Schuldner eine nicht unwesentliche Forderung nicht mehr zu begleichen vermag.[1235] Die **drohende Zahlungsunfähigkeit** bestimmt sich nach § 18 InsO, also nach der Frage, ob die Genossenschaft voraussichtlich nicht in der Lage sein wird, ihre Zahlungspflichten bei Fälligkeit zu erfüllen. Die **Überschuldung** ist nur unter den Voraussetzungen des § 98 GenG Eröffnungsgrund. Die Genossenschaft ist gem. § 19 Abs. 1, 2 InsO überschuldet, wenn deren Vermögen die Verbindlichkeiten nicht mehr deckt. Abweichend von § 19 Abs. 1 InsO ist bei einer Genossenschaft Überschuldung nur dann Grund für die Eröffnung des Insolvenzverfahrens, wenn

991

- die Mitglieder Nachschüsse bis zu einer Haftsumme zu leisten haben und die Überschuldung ein Viertel des Gesamtbetrages der Haftsumme aller Genossen übersteigt;
- die Mitglieder keine Nachschüsse zu leisten haben oder
- die Genossenschaft aufgelöst ist.

Bei **Kreditgenossenschaften** wird das Insolvenzverfahren gem. § 46 b Abs. 1 S. 3 KWG über das Vermögen nur bei Zahlungsunfähigkeit und Überschuldung durchgeführt. Entgegen § 98 GenG ist die Überschuldung bei Kreditgenossenschaften stets Eröffnungsgrund, drohende Zahlungsunfähigkeit ist kein Eröffnungsgrund.[1236] Bei drohender Zahlungsunfähigkeit ist die BaFin zu benachrichtigen, die zur Vermeidung eines Insolvenzverfahrens einstweilige Maßnahmen gem. § 46 ff KWG ergreift. Davor wird aber regelmäßig der Bundesverband der Volks- und Raiffeisenbanken Stützungs- und Sanierungsmaßnahmen durch seine Sicherungseinrichtung einleiten. Kommt es dennoch zur Zahlungsunfähigkeit und/oder Überschuldung, ist dies der BaFin unverzüglich durch den Vorstand anzuzeigen (§ 46 b Abs. 1 S. 1 KWG); diese stellt dann den Insolvenzeröffnungsantrag (§ 46 b Abs. 1 S. 4 KWG). Sobald die Genossenschaft zahlungsunfähig geworden ist oder sich eine Überschuldung erge-

992

1234 Näher dazu: *Beuthien*, GenG, § 91 Rn 3 f.
1235 BGH ZIP 1995, 929, 930 zur KO.
1236 *Beuthien*, GenG, § 98 Rn 9.

ben hat, die gem. § 98 GenG Eröffnungsgrund sein kann, trifft den Vorstand gem. § 99 Abs. 2 GenG ein **Zahlungsverbot**. Dies gilt gem. § 99 Abs. 2 S. 1 GenG jedoch nicht für Zahlungen, die auch nach diesem Zeitpunkt mit der Sorgfalt eines ordentlichen und gewissenhaften Geschäftsleiters einer Genossenschaft vereinbar sind. Hierzu zählen zB laufende Personalausgaben sowie Zahlungen an Energieversorgungs- und Fernmeldeunternehmen.[1237]

2. Antragspflicht und -recht

993 Ansonsten ist der Vorstand gem. § 99 GenG **antragspflichtig**: Er hat bei der Zahlungsunfähigkeit der Genossenschaft unverzüglich, spätestens aber drei Wochen nach Eintritt der Zahlungsunfähigkeit, die Eröffnung des Insolvenzverfahrens zu beantragen. Bei Überschuldung trifft ihn diese Pflicht nur, wenn die Überschuldung nach § 98 GenG ein Grund für die Eröffnung des Insolvenzverfahrens ist. Verletzt der Vorstand seine Antragspflicht, macht er sich gegenüber der Genossenschaft gem. § 34 Abs. 2 GenG schadensersatzpflichtig. Da § 99 Abs. 1 GenG ein Schutzgesetz iSv § 823 Abs. 2 BGB ist,[1238] bestehen ebenfalls Schadensersatzansprüche der Mitglieder und der Genossenschaftsgläubiger gegenüber dem Vorstand. **Antragsberechtigt** ist jeder Insolvenzgläubiger und jedes Vorstandsmitglied der Genossenschaft (§ 14, 15 InsO). Gegenüber dem Insolvenzgericht müssen die den Antrag begründenden Tatsachen glaubhaft gemacht werden (Eröffnungsgrund, beim Gläubiger auch rechtliches Interesse an der Eröffnung und Forderung gegen den Insolvenzschuldner). Stellt nur ein Vorstandsmitglied den Antrag, so sind die anderen Vorstandsmitglieder zu hören (§ 14, 15 InsO).

3. Folgen der Insolvenzeröffnung

994 Durch die **Eröffnung des Insolvenzverfahrens** wird die Genossenschaft aufgelöst (§ 101 GenG). Die **Auflösung** ist von Amts wegen in das Genossenschaftsregister einzutragen (§ 102 GenG). Das Insolvenzgericht bestellt bei Eröffnung des Insolvenzverfahrens einen **Insolvenzverwalter** (§ 56 InsO) und kann vor der ersten Gläubigerversammlung einen **Gläubigerausschuss** einsetzen (§ 67 InsO), der den Insolvenzverwalter bei seiner Geschäftsführung unterstützen und überwachen kann (§ 69 InsO). Soweit die Ansprüche der Massegläubiger oder die bei der Schlussverteilung nach § 196 InsO berücksichtigten Forderungen der Insolvenzgläubiger aus dem vorhandenen Vermögen der Genossenschaft nicht berichtigt werden, sind die Mitglieder verpflichtet, Nachschüsse zu leisten, es sei denn, dass die **Nachschusspflicht** durch die Satzung ausgeschlossen ist (§ 105 GenG). Die endgültige Leistung der Mitglieder wird in der **Nachschussberechnung** festgestellt (§ 114 Abs. 2 GenG), in der der Insolvenzverwalter schriftlich festzustellen hat, ob und in welcher Höhe nach der Verteilung des Erlöses ein Fehlbetrag verbleibt und inwieweit er durch die bereits geleisteten Nachschüsse gedeckt ist (§ 114 Abs. 1 GenG). Die **Nachschusspflicht entfällt**, wenn sich das Unvermögen des Mitglieds zur Leistung herausgestellt hat. Unvermögen liegt vor, wenn ein Mitglied die Leistung wegen Vermögenslosigkeit nicht erbringen kann. Als Nachweis dient eine eidesstattliche Versicherung.[1239]

995 Da aber zum Zeitpunkt der Eröffnung des Insolvenzverfahrens noch nicht feststeht, wie hoch der verbleibende Fehlbetrag sein wird, hat der Insolvenzverwalter das Recht, von den Mitgliedern **Vorschüsse** auf die von ihnen nach Beendigung des Verfahrens zu leistenden Zahlungen zu verlangen Für die Berechnung der von den Mitgliedern zu leistenden Vorschüsse ist die Vermögensübersicht nach § 153 InsO maßgeblich (§ 106 GenG). In der Vorschussberechnung sind alle Mitglieder namentlich zu bezeichnen. Die Höhe der Beiträge ist so zu bemessen, dass durch ein voraussichtliches Unvermögen einzelner Mitglieder zur Leistung von Beträgen kein Ausfall an dem zu deckenden Gesamtbetrag entsteht. Nach Erstellung der **Vorschussberechnung** und deren Einreichung zum Insolvenzgericht (§ 106 Abs. 3 GenG), bestimmt das Gericht einen Termin zur Erklärung über die Vorschussberechnung (§ 107 GenG). Im Termin sind Vorstand und Aufsichtsrat der Genossenschaft sowie Insolvenzverwalter und Gläubigerausschuss und ggf die sonstigen Beteiligten zu hören (§ 108 Abs. 1 GenG). Das Insolvenzgericht entscheidet über die Einwendungen und erklärt die Vorschuss-

---

1237 Hettrich/Pöhlmann/*Gräser*/Röhrich, GenG, § 99 Rn 7.
1238 *Beuthien*, GenG, § 99 Rn 5.
1239 Hillebrand/Kessler, GenG, § 116 Rn 17; *Beuthien*, GenG, § 105 Rn 11.

berechnung ggf für vollstreckbar (§ 108 Abs. 2 GenG). Vorschüsse können sodann unmittelbar von den Mitgliedern eingefordert werden (§ 109 GenG). Da die Vollstreckbarkeitsentscheidung des Insolvenzgerichts nicht mit Rechtsmitteln angreifbar ist (§ 108 Abs. 3 GenG), bleibt den Mitgliedern nur das Mittel der **Anfechtungsklage gegenüber dem Insolvenzverwalter** (§ 111 GenG). Sie ist innerhalb einer **Notfrist** von einem Monat zu erheben und setzt voraus, dass der Kläger den Anfechtungsgrund in dem Termin zur Erklärung über die Vorschussberechnung geltend gemacht hat oder ihn unverschuldet nicht geltend machen konnte (§ 111 GenG). **Zuständig** ist gem. § 112 GenG das Amtsgericht, welches die Berechnung für vollstreckbar erklärt hat, ein Verweisungsantrag an das Landgericht ist unter den Voraussetzungen des § 112 Abs. 2 GenG zulässig. Eine kurzfristige Erledigung durch den Insolvenzverwalter ist mit Zustimmung des Gläubigerausschusses und der Bestätigung durch das Insolvenzgericht möglich. Er kann mit dem Mitglied einen **Vergleich** über den zu leistenden Nachschuss abschließen. Ist das Insolvenzverfahren auf Antrag des Schuldners **eingestellt** oder nach der Bestätigung eines Insolvenzplans, der den Fortbestand der Genossenschaft vorsieht, **aufgehoben** worden, so kann die Generalversammlung die **Fortsetzung der Genossenschaft** mit einer 3/4-Mehrheit beschließen (§ 117 GenG), sofern die Satzung nicht eine größere Mehrheit und weitere Erfordernisse vorsieht. Um die im Insolvenzplan aufgezeigte Sanierung des Unternehmens zu beschleunigen, darf die Genossenschaft bereits mit dem Insolvenzeröffnungsantrag einen Fortsetzungsbeschluss einreichen, demzufolge sie, sollte das Insolvenzverfahren eingestellt oder aufgehoben werden, gem. § 117 Abs. 1 S. 1, 2. Fall GenG fortgesetzt wird.[1240]

X. Registerrecht/Firmierung/Besteuerung

1. Allgemeines

Zuständig für Angelegenheiten der Genossenschaft ist das Amtsgericht, in dessen Bezirk die Genossenschaft ihren Sitz hat (**Registergericht**). Entscheidungen in Registersachen obliegen zunächst dem Rechtspfleger; nur, wenn die Angelegenheit besondere rechtliche Schwierigkeiten aufweist, ist der Rechtspfleger zur Vorlage beim Richter verpflichtet. **Entscheidungen** des Registergerichts ergehen idR ohne mündliche Verhandlung durch Beschluss, wobei das Registergericht zur Feststellung eines Tatbestandes oder Aufklärung eines Sachverhalts gem. § 12 FGG die erforderlichen Ermittlungen anzustellen und die geeignet erscheinenden Beweise aufzunehmen hat. Grundsätzlich prüft das Registergericht lediglich, ob den formellen Anforderungen des Gesetzes Genüge getan ist, nur in wenigen Fällen prüft es auch die materielle Gesetzeskonformität, allerdings hat es bei diesbezüglichen Bedenken eine Prüfungspflicht (zur Prüfungskompetenz des Registergerichts siehe auch Rn 10).[1241] Die **Kosten** für Eintragungen in das Genossenschaftsregister ergeben sich aus der Handelsregistergebührenverordnung (HRegGebV)[1242] und betragen für die Ersteintragung gem. Nr. 3100 der Anlage 1 zu § 1 HRegGebV 150,00 EUR.

996

2. Anzumeldende Tatsachen

Anmeldungen erfolgen entweder bei freiwilligen Maßnahmen der Genossenschaft durch den Vorstand bzw die Liquidatoren oder bei Zwangsmaßnahmen gegen die Genossenschaft von Amts wegen. Durch die Genossenschaft anzumelden sind:
- die Gründung der Genossenschaft gem. § 11 GenG;
- Änderungen der Satzung gem. § 16 Abs. 5 GenG;
- Änderungen in der Person der Vorstandsmitglieder gem. § 28 GenG;
- Änderungen in der Vertretungsbefugnis des Vorstands gem. § 28 GenG;
- Auflösung durch Beschluss der Generalversammlung gem. § 78 GenG;
- Auflösung der Genossenschaft durch Zeitablauf gem. § 79 GenG;

997

1240 LG Dessau DZWIR 2001, 390, 391 f.
1241 RGZ 140, 174, 180 f.
1242 Verordnung über Gebühren in Handels-, Partnerschafts- und Genossenschaftsregistersachen (Handelsregistergebührenverordnung – HRegGebV), BGBl. 2004 I S. 2562 ff.

- Bestellung von Liquidatoren und Änderungen in deren Person bzw in der Vertretungsbefugnis gem. § 84 Abs. 1 GenG;
- Rechtskräftiges Urteil über Nichtigkeit der Genossenschaft gem. § 96 iVm § 51 Abs. 5 GenG;
- Fusion der Genossenschaft gem. §§ 16 ff sowie 86 UmwG.

998 Das Registergericht trägt auf eigenes Tätigwerden oder auf Anträge des Prüfungsverbandes oder von Behörden ein:
- Auflösung der Genossenschaft durch das Gericht gem. § 80 GenG;
- Auflösung wegen gesetzeswidrigen Handelns gem. § 81 GenG;
- Gerichtliche Ernennung von Liquidatoren gem. § 84 Abs. 2 GenG;
- Gerichtliche Abberufung von Liquidatoren gem. 84 Abs. 2 GenG;
- Nichtigkeit der Genossenschaft gem. § 97 GenG;
- Insolvenzeröffnung sowie Aufhebung des Eröffnungsbeschlusses, Bestellung eines vorläufigen Insolvenzverwalters sowie Aufhebung dieser Sicherungsmaßnahme, Anordnung der Eigenverwaltung durch den Schuldner und deren Aufhebung, Einstellung und Aufhebung des Verfahrens und Überwachung der Erfüllung eines Insolvenzplans und die Aufhebung der Überwachung gem. § 102 GenG.

3. Zum Umfang der Prüfungspflicht bei der Eintragung der Genossenschaft

a) Grundsätzliches

999 § 11 a GenG dient der Konkretisierung der gerichtlichen **Prüfungskompetenz** des Registergerichts bei der Ersteintragung von Genossenschaften. Er bestimmt, unter welchen Voraussetzungen das Registergericht die Eintragung in das Genossenschaftsregister ablehnen darf und muss. So hat das Gericht gem. § 11 a Abs. 1 GenG zu prüfen, ob die Genossenschaft ordnungsgemäß errichtet und angemeldet ist; ist sie dies nicht, so hat sie die Eintragung abzulehnen. § 11 a Abs. 2 GenG durchbricht den im Gesellschaftsrecht allgemein gültigen Grundsatz, dass das Registergericht die wirtschaftliche Leistungsfähigkeit einer Gesellschaft – mit Ausnahme der Aufbringung des Haftkapitals bei den Kapitalgesellschaften – nicht zu prüfen hat. Diese Durchbrechung ist gerechtfertigt, weil das Genossenschaftsrecht kein Mindesteigenkapital und keine unmittelbare Haftung der Mitglieder für Verbindlichkeiten der Genossenschaft vorschreibt. Da das Registergericht nicht an der Entstehung einer juristischen Person mitwirken darf, die mit einer an Sicherheit grenzenden Wahrscheinlichkeit Rechtsgüter oder sonstige schützenswerte Interessen Dritter verletzt, hat es die Eintragung auch dann abzulehnen, wenn offenkundig oder aufgrund der gutachterlichen Äußerung des Prüfungsverbandes eine Gefährdung der Belange der Mitglieder oder der Gläubiger der Genossenschaft zu besorgen ist. Gleiches gilt, wenn der **Prüfungsverband** erklärt, dass Sacheinlagen überbewertet worden sind (§ 11 a Abs. 2 GenG). Das Registergericht kann also an der gutachterlichen Äußerung des Prüfungsverbandes ansetzen, ist aber an deren Beurteilung nicht gebunden.

b) Verfahren

1000 Gelangt das Gericht im **Eintragungsverfahren** zu der Auffassung, dass einer ablehnenden Stellungnahme des Prüfungsverbandes zuzustimmen ist oder kommt es durch eigene Nachprüfungen oder Einholung eigener Sachverständigengutachten zu der Auffassung, dass eine Gefährdung der Belange der Mitglieder oder Gläubiger der Genossenschaft droht, gibt es der Genossenschaft mittels einer Zwischenverfügung Gelegenheit, die beanstandeten Mängel innerhalb einer bestimmten Frist zu beseitigen.[1243] Verstreicht diese Frist fruchtlos oder beseitigt die Genossenschaft die Mängel nicht, lehnt das Registergericht die Eintragung ab. Als Rechtsbehelfe gegen diese **Ablehnung** kommen die Erinnerung (§ 11 RPflG) bzw die Beschwerde (§ 19 FGG) in Betracht. Die **Vorgenossenschaft** ist im Eintragungs- und Beschwerdeverfahren beteiligtenfähig.[1244] Gegen die Eintragung einer Genossenschaft können die Mitglieder – etwa wegen Gesetzeswidrigkeit oder weil der Eintragung ein nichtiger

---

1243 BayObLG Rpfleger 1991, 6.
1244 BGHZ 117, 323 zur GmbH.

Beschluss der Generalversammlung zugrunde liegt – gem. §§ 147, 142 FGG – die **Löschung der Eintragung** anregen. Lehnt das Gericht die Löschung ab, steht den Mitgliedern ein Beschwerderecht gem. § 19 FGG zu.[1245]

4. Firmierung

§ 3 GenG sieht vor, dass die **Firma** der Genossenschaft die Bezeichnung „eingetragene Genossenschaft" oder die Abkürzung „eG" enthalten. Seit der Neufassung des § 3 GenG durch das HRefG 1998 darf die Genossenschaft jede Art von Firmennamen führen, also außer der nach wie vor zulässigen Sachfirma auch eine Personen- oder Phantasiefirma. Allerdings gelten auch für die Genossenschaft die einschlägigen Vorschriften des HGB, sodass der Firmenname gem. § 18 Abs. 1 HGB zur Kennzeichnung des Unternehmens geeignet sein und Unterscheidungskraft besitzen muss.[1246] Nach dem Grundsatz der **Firmenunterscheidbarkeit** (§ 30 HGB), deren Geltung § 3 S. 2 GenG ausdrücklich anordnet, muss sich die in das Genossenschaftsregister einzutragende Firma von Firmen unterscheiden, die im Handels- oder Genossenschaftsregister desselben Ortes bzw derselben politischen Gemeinde eingetragen sind, wobei der Zusatz „eG" allein keine hinreichende Unterscheidbarkeit begründet.[1247] Um den Grundsätzen der **Firmenwahrheit- und Firmenklarheit** (§ 18 Abs. 2 HGB) Genüge zu tun, ist insbesondere darauf zu achten, dass geographische Firmenbestandteile zur Irreführung geeignet sind, wenn sie eine nicht oder nicht so bestehende räumliche Beziehung des Unternehmens zu dem betreffenden Ort oder Gebiet zum Ausdruck bringen. Außerdem darf die Firma nicht über Art und Umfang der Fördergeschäftstätigkeit täuschen. Bei **Kreditgenossenschaften** entscheidet die BaFin über die Frage, ob diese die Bezeichnung „Bank" führen darf gem. §§ 42, 39 Abs. 1 KWG. Die Entscheidung der BaFin bindet insofern das zu benachrichtigende Registergericht.[1248] Durch das Genossenschaftsrechtsänderungsgesetz gestrichen wurde § 3 Abs. 2 GenG, welcher der Genossenschaft Zusätze verbot, die darauf hindeuteten, ob und in welchem Umfang die Genossen zur Leistung von Nachschüssen verpflichtet waren. Nunmehr steht es jeder Genossenschaft – unter Wahrung des Firmen- und Wettbewerbsrecht – frei zu entscheiden, ob und in welcher Weise sie den Geschäftsverkehr über das Bestehen oder Nichtbestehen einer **Nachschusspflicht** unterrichtet.[1249]

Hat die Satzung eine unzulässige Firma festgelegt, darf die Genossenschaft nicht in das Genossenschaftsregister eingetragen werden. Ist eine Eintragung gleichwohl erfolgt, ist die Firma von Amts wegen zu löschen (§ 147 Abs. 1, 142 FGG). Mit der **Amtslöschung** der Firma ist auch die Eintragung der Genossenschaft erloschen, diese ist dann entsprechend der Vorschriften über die Liquidation (§ 97 Abs. 1 GenG) abzuwickeln.[1250] Unabhängig davon kann auch **Auflösungsklage wegen Nichtigkeit** (§ 94 GenG) erhoben werden. Führt die Genossenschaft eine unzulässige Firma, kann das Registergericht gegen sie ein **Untersagungsverfahren** gem. §§ 37 Abs. 1 HGB, 140 FGG einleiten. Dritte werden durch § 37 Abs. 2 HGB gegen unzulässigen Firmengebrauch geschützt.

5. Besteuerung

a) Besteuerung der Genossenschaft

Die Genossenschaft steht als juristische Person steuerrechtlich grundsätzlich den Kapitalgesellschaften und Vereinen gleich, gleichwohl gelten aufgrund der verschiedenen gesellschaftsrechtlichen Besonderheiten der Genossenschaft verschiedene Sondervorschriften, insbesondere im Bereich der Ertragsteuern. Die Genossenschaft unterliegt der **Körperschaftsteuer** (§ 1 Abs. 1 Nr. 2 und Abs. 2 KStG). Dies gilt auch für die zwecks Registereintragung gegründete Vorgenossenschaft.[1251] Steuerbar ist der Gewinn, dessen Ermittlung gesellschaftsrechtlich durch die Aufstellung des Jahresabschlusses

---

1245 OLG Hamm OLGZ 1971, 226.
1246 *Beuthien*, GenG, § 3 Rn 4.
1247 OLG Düsseldorf BB 1961, 1027.
1248 OLG Frankfurt NJW 1954, 1571.
1249 BT-Drucks. 16/1025, S. 81; *Bauer*, Genossenschafts-Handbuch, § 3 GenG, Rn 5.
1250 RGZ 148, 225, 228.
1251 BFH BStBl. II 1992, 352 für die GmbH.

seitens der Generalversammlung erfolgt (§ 48 GenG). Sowohl für ausgeschüttete Gewinne (Ausschüttungen auf Gewinnverteilung gem. § 19 Abs. 1 GenG, Verzinsung der Geschäftsguthaben gem. § 21 a GenG) als auch für thesaurierende Gewinne gilt der Tarif von 25 % (§ 23 Abs. 1 KStG). Für Genossenschaften der Wohnungswirtschaft sowie der Land- und Forstwirtschaft greift unter bestimmten Voraussetzungen eine **Befreiung von der Körperschaftsteuer**, damit ihr Anlage- und Betriebsvermögen aus unversteuerten Gewinnen gebildet und vermehrt werden kann (Wohnungsgenossenschaften: § 5 Nr. 10 KStG; land- und forstwirtschaftliche Genossenschaften § 5 Nr. 14 KStG). Nach § 22 Abs. 1 S. 1 KStG dürfen genossenschaftliche Rückvergütungen (§ 19 GenG) als Betriebsausgaben abgezogen werden, soweit die dafür verwendeten Beträge im Mitgliedergeschäft erzielt werden (ansonsten handelt es sich um steuerbare verdeckte Gewinnausschüttungen).

1004 Die Genossenschaft führt diese Körperschaftsteuer und die **Kapitalertragsteuer** iHv 20 % (§§ 20 Abs. 1 Nr. 1, 43 Abs. 1 Nr. 1, 43 a Abs. 1 Nr. 1 EStG) an das zuständige Finanzamt ab (§ 44 Abs. 1 EStG). Nachdem das Bundesverfassungsgericht die **Vermögensteuer** mit Beschluss vom 22.6.1995 für verfassungswidrig erklärt[1252] und der Gesetzgeber die im Beschluss gesetzte Frist zur verfassungskonformen Neuregelung der Besteuerung nicht genutzt hat, darf die Vermögensteuer ab dem Veranlagungszeitraum seit dem 1.1.1997 nicht mehr erhoben werden. Die Genossenschaft ist nach § 2 Abs. 1 S. 1 und Abs. 2 S. 2 GewStG **gewerbesteuerpflichtig**, kann allerdings nach zahlreichen Sondervorschriften von der Gewerbesteuerpflicht befreit sein (zB § 3 Nr. 12, Nr. 14 GewStG für landwirtschaftliche Betriebe, an körperschaftsteuerliche Befreiungen anknüpfend: § 3 Nr. 8 und Nr. 15 GewStG iVm § 5 Nr. 10 und Nr. 14 KStG). Die Genossenschaft ist nach § 2 Abs. 1 UStG wie jedes andere Unternehmen **umsatzsteuerpflichtig**. Nichts anderes gilt für alle weiteren Steuern wie Verbrauchsteuern, Kraftfahrzeugsteuern oder Grunderwerbsteuer, die bei der Erfüllung der einschlägigen Steuertatbestände zu entrichten sind.

b) Besteuerung der Mitglieder

1005 Bei natürlichen Personen richtet sich die Besteuerung von Ausschüttungen auf Geschäftsguthaben (§§ 19, 21 a GenG) nach dem **Einkommensteuergesetz** (EStG) und wird als Einkunft aus Kapitalvermögen (§ 20 EStG) zur Hälfte erfasst (§ 3 Nr. 40a EStG), sofern die Geschäftsanteile nicht Teil des Betriebsvermögens des Mitglieds sind. Teil des **Betriebsvermögens** sind die Geschäftsanteile, wenn die Mitgliedschaft objektiv erkennbar zum unmittelbaren Einsatz im Betrieb des Mitglieds bestimmt ist, wofür jedenfalls die fortdauernde Inanspruchnahme genossenschaftlicher Förderleistungen spricht. Sie muss nicht notwendig im Sinne von „erforderlich" sein.[1253] Unmittelbar zum Einsatz im Betrieb des Mitglieds bestimmt ist die Mitgliedschaft, wenn sie die gewerbliche Tätigkeit des Mitglieds entscheidend fördern oder dazu dienen soll, den Absatz von dessen Produkten zu gewährleisten.[1254]

1006 Bei Personenhandelsgesellschaften liegen im Rahmen der **Körperschaftsteuer** Einkünfte aus Gewerbebetrieb vor, da deren Mitgliedschaft betrieblich bedingt ist (§ 8 Abs. 2 KStG). Bei Personengesellschaften, Kapitalgesellschaften und Genossenschaften bleiben Ausschüttungen auf Geschäftsguthaben bei der Gewinnermittlung in vollem Umfang außer Ansatz (§ 8 b Abs. 1 S. 1 KStG).

E. Stiftung

I. Allgemeine rechtliche Darstellung

1007 Mit den Gesetzen zur weiteren steuerlichen Förderung von Stiftungen vom 17.7.2000[1255] und dem am 1.9.2002 in Kraft getretenen Gesetz zur Modernisierung des Stiftungsrechts vom 15.7.2002[1256] hat

---

1252 BVerfG BStBl. II 1995, 655.
1253 BFH BStBl. II 1982, 250, 251.
1254 BFH/NW 1990, 360, 361.
1255 BGBl. 2000 I S. 1034.
1256 BGBl. 2002 I S. 2634.

die Reform des Stiftungsrechts einen vorläufigen Abschluss gefunden.[1257] Die Reform diente vor allem zwei Zielen. Zum einen sollte der Stiftungsgedanke durch Vereinfachung der Stiftungsgründung gefördert werden.[1258] Zum anderen sollte mit dem Wechsel von der staatlichen Genehmigung zur Anerkennung das Recht auf Stiftung festgeschrieben und klargestellt werden, dass die Errichtung einer Stiftung sowohl für die Verfolgung gemeinnütziger als auch eigennütziger Zwecke zulässig und geeignet ist.[1259] Ein nunmehr am 14.2.2007 vorgelegter Regierungsentwurf eines Gesetzes zur weiteren Stärkung des bürgerschaftlichen Engagements sieht mit Rückwirkung zum 1.1.2007 eine deutliche Ausweitung des Spendenabzugs sowie verbesserte steuerliche Rahmenbedingungen für Stifter und Stiftungsförderer vor.

Die nachfolgenden Ausführungen vermitteln einen **Überblick** über das Stiftungsrecht. Die unterschiedlichen Stiftungsformen und ihre Rechtsquellen werden in Kurzform vorgestellt. Aufgrund dessen kann der Leser entscheiden, welche vertiefenden Ausführungen in den nachfolgenden Abschnitten II-VI für seine praktische Arbeit von Bedeutung sind. Je nach Beratungssituation wird es darauf ankommen, ob die geplante Errichtung einer Stiftung gemeinnützigen oder eigennützigen Charakter haben soll. Stehen bei der **gemeinnützigen** Stiftung in erster Linie soziale Zwecke, Wissenschaft, Bildung und Kunst im Vordergrund,[1260] geht es bei den **eigennützigen** Stiftungen vor allem um unternehmensverbundene Stiftungen, Familienstiftungen und gesellschaftsrechtliche Formen wie die Stiftung & Co. KG.

Steuerliche Überlegungen sind für die Gründung von Stiftungen häufig von Bedeutung. Aus diesem Grunde sollen steuerrechtliche Fragen im Zusammenhang mit Stiftungen in **Grundzügen** behandelt werden. Dem juristischen Berater wird empfohlen, bei komplexen Sachverhalten Steuerrechtler oder Steuerberater hinzuzuziehen.

1. Die rechtstatsächliche Lage in Deutschland

Deutschland verzeichnet einen **Stiftungsboom**. Verschiedene Faktoren sind für diese Entwicklung insbesondere der letzten Jahre mit verantwortlich. Das private Vermögen in Deutschland ist in den stabilen Friedenszeiten in der zweiten Hälfte des 20. Jahrhunderts stark und auf relativ breiter Front gewachsen. Die rechtlichen Rahmenbedingungen für Stiftungen haben sich verbessert. Gute Beispiele stifterischen Wirkens fördern positive Nachahmung. Die Zahl der potenziellen Erblasser ohne eigene Kinder wächst.[1261]

a) Die aktuelle Lage

In Deutschland existieren zzt rund 14 000 rechtsfähige Stiftungen. Fast die Hälfte ist in den vergangenen 10 Jahren entstanden. Allein im Jahre 2005 wurden 880 rechtsfähige Stiftungen neu errichtet. Mehr als 100 000 Beschäftigte sind für Stiftungen tätig.[1262]

Die wirtschaftliche Bedeutung der Stiftungen ist groß. So haben die zehn größten Unternehmensträgerstiftungen im Jahre 2005 allein über 1,8 Mrd. EUR ausgegeben, die zehn größten Stiftungen öffentlichen Rechts knapp 1,1 Mrd. EUR und die 15 größten Stiftungen privaten Rechts knapp 640 Mio. EUR. Die bekannten sechs parteinahen Stiftungen, alle organisiert als Stiftungsvereine, haben im Jahre 2005 immerhin knapp 340 Mio. EUR investiert.[1263] Die Kapitalquellen für das Stiftungsvermögen (Mehrfachnennungen) stammen zu 53,4 % aus unternehmerischer Tätigkeit, zu 28,4 % aus angestellter Berufstätigkeit, zu 24,1 % aus Erbschaft und zu 16,4 % aus Kapitalerträgen.[1264]

1257 Vgl zur geschichtlichen Entwicklung des Stiftungsrechts Coing in: Seifart/v. Campenhausen (Hrsg), Hdb, § 5; Strachwitz in: Strachwitz/Mercker (Hrsg.), Stiftungen, Kap. 13 S. 33 ff; vgl zur Entwicklung des modernen Stiftungsrechts nur Andrick NJW 2002, 2905; Hüttemann ZHR 2003, 35.
1258 BT-Drucks. 14/8277, Begr. Allg Teil I, 5.
1259 Erman/O. Werner, Vor § 80 Rn 1.
1260 Gut 1/3 der Stiftungsarbeit gilt sozialen Zwecken, je knapp 1/6 der Wissenschaft, der Bildung und der Kunst, so DIE ZEIT vom 13.7.2006 S. 17.
1261 Vgl Fleisch in: Rechtshandbuch Stiftungen, Kap. 1.4.
1262 Süddeutsche Zeitung vom 24.2.2006 S. 21; DIE ZEIT vom 13.7.2006 S. 17.
1263 Quelle: Bundesverband deutscher Stiftungen (2006), zitiert in DIE ZEIT vom 13.7.2006 S. 18.
1264 Quelle: Bertelsmann Stiftung (2005), zitiert in DIE ZEIT vom 13.7.2006 S. 18.

1013 Bekannte Stiftungen privaten Rechts sind beispielsweise die Volkswagenstiftung, die Robert Bosch Stiftung, die Bertelsmann Stiftung, die gemeinnützige Hertie-Stiftung und DIE ZEIT-Stiftung. An der Spitze der Stiftungen öffentlichen Rechts steht die Stiftung Preußischer Kulturbesitz, während von den parteinahen Stiftungen vor allem die Friedrich-Ebert Stiftung sowie die Konrad-Adenauer Stiftung allgemein bekannt sind. Die Anstalt Bethel gehört zu den größten Unternehmensträgerstiftungen. Der Unternehmer Reinhold Würth hat seinen „mittelständischen" Konzern durch die Errichtung von Familienstiftungen organisiert.

b) Die Stiftungsverbände

1014 **Stiftungsverbände** unterstützen potenzielle Stifter und ihre Berater bei der Gründung von Stiftungen. Neben dem Stifterverband für die „Deutsche Wissenschaft" ist hier vor allem der Bundesverband deutscher Stiftungen zu nennen. Er ist das übergreifende Netzwerk, die Interessenvertretung und der zentrale nicht kommerzielle Informationsdienstleister der deutschen Stiftungen. Er ist in den letzten Jahren stark gewachsen und mittlerweile der mit Abstand größte europäische Zusammenschluss von Stiftungen.[1265]

2. Die Gründe für die Errichtung von Stiftungen

1015 Die **Motive** und **Zielvorstellungen** bei der Stiftungsgründung sind höchst unterschiedlich. Für 68 % der befragten Stifter war Beweggrund für die Errichtung der Wunsch, etwas zu bewegen, für 66 % gesellschaftliches Verantwortungsbewusstsein. 41 % wollten der Gesellschaft etwas zurückgeben und 26 % beabsichtigten, Aktivitäten aus dem Berufsleben durch die Stiftung fortzuführen.[1266]

a) Die Verselbständigung von Vermögen zur Erreichung vom Stifter gesetzter Ziele

1016 Sind die Gründe für die Errichtung von Stiftungen unterschiedlich und häufig auch für die Wahl der Stiftungsform von Bedeutung, lässt sich doch ein einheitliches, den Stiftungen gemeinsames **Grundprinzip** feststellen. Die Stiftung bietet nämlich einer natürlichen oder juristischen Person die Möglichkeit, das gesamte oder Teile ihres Vermögens auf Dauer zur Errichtung und Erfüllung eines von ihr bestimmten Zweckes derart zu verwenden, dass bei wertmäßiger Unantastbarkeit die Zweckerfüllung allein aus den Erträgen und/oder eingeworbenen Spenden erfolgt.[1267]

1017 Die Stiftung erfüllt ihren Zweck aus dem Ertrag eines vorhandenen unantastbaren Vermögens. Damit ist garantiert, dass die jeweiligen Stifter dieses Vermögen zum Nutzen jetziger und späterer Generationen als Destinatäre zur Verfügung stellen. Im Gegensatz zu einem spätere Generationen verpflichtenden und belastenden Umlagesystem besteht bei den Stiftungen ein Kapitalertragssystem, das sie nicht verpflichtet, sondern als Destinatäre begünstigt. Damit eignet sich die Stiftung als Instrument der Sozial-, Gesundheits- und Altenfürsorge ebenso wie als Träger von Kultur- oder Wissenschaftseinrichtungen. Die Stiftung ist somit ein taugliches Instrument für die Bewältigung gegenwärtiger und zukünftiger Probleme unserer Gesellschaft. Durch eine am Einzelfall orientierte Satzungsgestaltung erhält sie die nötige Flexibilität und Individualität, um den jeweiligen Bedürfnissen gerecht zu werden.[1268]

b) Die Steuervorteile bei steuerbegünstigten Stiftungen

1018 Steuerliche Überlegungen begünstigen die Errichtung von Stiftungen. Geht es dem Stifter hierbei nicht um eigennützige Zwecke, wird die Stiftung in der Regel die Voraussetzungen der §§ 51 ff AO für eine Steuerbegünstigung erfüllen. So verwundert es nicht, dass mehr als 95 % aller Stiftungen als steuerbegünstigt anerkannt sind, weil sie ausschließlich und unmittelbar steuerbegünstigte Zwecke verwirk-

---

1265 *Fleisch* in: Rechtshandbuch Stiftungen, Kap. 1.4. Auf den Internetseiten von Stiftungen und Stifterverbänden können sich Stifter und Berater näher informieren. Informationen für Stifter erhält man unter der Internetadresse www.ratgeber-stiften.de. Der Stifterverband für die deutsche Wissenschaft ist unter www.stifterverband.de und der Bundesverband deutscher Stiftungen unter www.stiftungen.org zu finden.
1266 Quelle: Bertelsmann Stiftung (2005), zitiert in DIE ZEIT vom 13.7.2006 S. 18.
1267 Erman/O.*Werner*, Vor § 80 Rn 3.
1268 Erman/O.*Werner*, Vor § 80 Rn 2..

lichen. Diese werden unterschieden in gemeinnützige (§ 52 AO), mildtätige (§ 53 AO) und kirchliche Zwecke (§ 54 AO).[1269]

Wirkt die steuerbegünstigte Stiftung durch die Verfolgung eines als förderungswürdig anerkannten Zwecks zum Wohl der Allgemeinheit, kommt sie in den „Genuss" umfangreicher Steuerbefreiungen. Diese steuerlichen Vergünstigungen werden im Rahmen der Darstellung des **Gemeinnützigkeitsrechts** in Grundzügen dargestellt. 1019

3. Unterschiedlichen Stiftungsformen und ihre Rechtsquellen

Es existieren privatrechtliche und öffentlich-rechtliche Stiftungen. Ihre Unterscheidung ist oft schwierig. Über die Zuordnung entscheidet lediglich die Art der Entstehung. Die Stiftung des Privatrechts erfordert neben der staatlichen Anerkennung (§ 80 Abs. 2 BGB) die privatrechtliche Willenserklärung des Stifters, während die öffentlich-rechtliche Stiftung durch Gesetz oder Verwaltungsakt entsteht.[1270] Die sog. **öffentliche Stiftung** ist dagegen eine Stiftung des Privatrechts und im Gegensatz zur privatnützigen eine gemeinnützige Stiftung, die dem kulturellen, sozialen, wissenschaftlichen, sportlichen und/oder wirtschaftlichen Wohl der Allgemeinheit dient.[1271] 1020

a) Die öffentlich-rechtlichen und kirchlichen Stiftungen

Öffentlich-rechtliche und kirchliche Stiftungen sollen nachstehend nur kurz dargestellt werden. Nur in Ausnahmefällen werden diese Stiftungsformen in der Beratungspraxis von Anwälten und Unternehmensjuristen vorkommen. 1021

aa) Die öffentlich-rechtliche Stiftung

Die öffentlich-rechtliche Stiftung hat keine einheitliche Kodifikation erfahren. § 89 BGB erwähnt sie als eine unter mehreren juristischen Personen des öffentlichen Rechts. Stiftungen des öffentlichen Rechts sind Stiftungen, die ausschließlich öffentliche Zwecke verfolgen und mit dem Staat, einer Gemeinde, einem Gemeindeverband oder einer sonstigen Körperschaft oder Anstalt des öffentlichen Rechts in einem organischen Zusammenhang stehen, der die Stiftung selbst zu einer öffentlichen Einrichtung macht.[1272] 1022

Stiftungen des öffentlichen Rechts haben den Vorteil, dass keine Stiftungsorgane bestellt und unterhalten werden müssen. Die Stiftungssatzung enthält im Wesentlichen nur Regelungen über den Stiftungszweck und die Stiftungsmittel.[1273] Möchte die öffentlich-rechtliche Stiftung die Steuervergünstigungen der Gemeinnützigkeit in Anspruch nehmen, muss sie die Voraussetzungen der § 51 ff AO erfüllen. 1023

bb) Die kirchliche Stiftung

Die meisten neueren Landesstiftungsgesetze legen durch allgemeine Kriterien fest, welche Stiftungen als kirchliche Stiftungen zu qualifizieren sind. Kirchliche Stiftungen sind nach den im Wesentlichen übereinstimmenden Begriffsbestimmungen solche Stiftungen, deren Zweck es ist, ausschließlich oder überwiegend kirchlichen Aufgaben zu dienen, und die eine besondere organisatorische Verbindung zu einer Kirche aufweisen. Dabei werden auch die Gründung der Stiftung durch eine Kirche, die satzungsmäßige Unterstellung der Stiftung unter kirchliche Aufsicht oder eine Zweckbestimmung, die sinnvoll nur in Verbindung mit einer Kirche erfüllt werden kann, als gesetzliches Kriterium aufgezählt.[1274] 1024

1269 Vgl *Schick* in: PHdb Stiftungen, Kap. 2 Rn 52 f; *Pöllath* in: Seifart/v. Campenhausen § 43; *Wachter*, Kap. B Fn 112 ff; *Richter* in: Meyn/*Richter* (Hrsg.), Stiftung, Rn 288 ff.
1270 *v. Campenhausen* in: Seifart/v. Campenhausen § 16 Rn 4 ff; Erman/O. *Werner*, Vor § 80 Rn 14.
1271 *v. Campenhausen* in: Seifart/v. Campenhausen § 2 Rn 3; Erman/O. *Werner*, Vor § 80 Rn 16.
1272 Vgl beispielsweise Art. 1 Abs. 2 des Bayerischen Stiftungsgesetzes; *Wachter*, Kap. B Fn 53; *Kirmse* in: Rechtshandbuch Stiftungen, Kap. 5.7.2.
1273 Vgl eingehend zur öffentlichen Stiftung *v. Campenhausen* in: Seifart/v. Campenhausen, 4. Kap. §§ 15–21.
1274 *v. Campenhausen* in: Seifart/v. Campenhausen, 5. Kap. §§ 22–28; *Seils* in: Rechtshandbuch Stiftungen, Kap. 5.5; Erman/O. *Werner*, Vor § 80 Fn 19.

b) Stiftungen des Privatrechts

1025 Die Freiheit, Stiftungen zu errichten und das Stiftungsvermögen entsprechend dem gewünschten Zweck einzusetzen, ist grundrechtlich durch Art. 14 GG geschützt. Die Verfassung garantiert dem Stifter den Freiraum, derart über sein Vermögen zu Lebzeiten und/oder letztwillig zu verfügen.[1275]

1026 Die §§ 80 bis 88 BGB regeln die rechtlich selbständige privatrechtliche Stiftung, die nicht an bestimmte Zwecke gebunden ist. Mit der Neufassung des § 80 BGB ist klargestellt, dass neben der in der Regel gemeinnützigen Stiftung auch die unternehmensverbundene und die eigennützige Familienstiftung zulässig sind.[1276] Neben der selbständigen privatrechtlichen Stiftung gibt es weitere zivilrechtliche Stiftungsformen, die in der Praxis gebräuchlich sind. Die rechtsfähige Stiftung des bürgerlichen Rechts und die anderen Stiftungsformen sollen nachfolgend kurz vorgestellt werden.

aa) Die selbständige rechtsfähige Stiftung des Privatrechts

1027 Durch das Gesetz zur Modernisierung des Stiftungsrechts vom 15.7.2002 – BGBl. I S. 2002, 2634 – wurde eine **bundeseinheitliche Regelung** für die Errichtung einer rechtsfähigen Stiftung des Privatrechts geschaffen. Landesrechtliche Bestimmungen in den Landesstiftungsgesetzen, die dem Bundesrecht widersprechen, sind damit außer Kraft getreten (Art. 31 GG).[1277]

1028 Zur Entstehung einer **rechtsfähigen** Stiftung des Privatrechts ist unverändert ein **Stiftungsgeschäft** und ein als **Anerkennung** bezeichneter staatlicher Verwaltungsakt der jeweiligen Landesbehörde erforderlich. Der Gesetzgeber hat es beim Modell der sog. **gemeinwohlkonformen Allzweck-Stiftung** belassen. Nur dann, wenn eine Gemeinwohlgefährdung vorliegt, ist die Anerkennung ausgeschlossen (§ 80 Abs. 2 BGB). Das Gesetz statuiert damit einen subjektiv öffentlich-rechtlichen Anspruch des Stifters auf Anerkennung der Stiftung.

bb) Die unselbständige nicht rechtsfähige Stiftung des Privatrechts

1029 Unter einer unselbständigen Stiftung versteht man die Zuwendung von Vermögenswerten an eine bereits vorhandene juristische oder natürliche Person mit der Maßgabe, die zugewendeten Vermögenswerte dauerhaft zur Verwirklichung des vom Stifter bestimmten Zwecks zu verwenden.[1278] Die unselbständige Stiftung unterliegt keiner staatlichen Anerkennung und Aufsicht. Der unselbständigen Stiftung kommt daher in der Praxis vor allem bei kleineren Stiftungsvermögen große Bedeutung zu.[1279]

cc) Die Stiftungskapitalgesellschaft

1030 Der Wunsch einer Person, sein Vermögen ganz oder teilweise zu verselbständigen und dauerhaft einem von ihm bestimmten Zweck zu widmen, kann nicht nur durch Errichtung einer Stiftung realisiert werden, sondern lässt sich auch in anderen Rechtsformen verwirklichen, so insbesondere in der Stiftungs-GmbH und Stiftungs-AG.[1280]

1031 Der besondere Reiz einer **Stiftungskapitalgesellschaft** besteht darin, dass sie keiner staatlichen Anerkennung und keiner staatlichen Aufsicht unterliegt, dennoch aber gemeinnützig konzipiert werden kann. Sind die gesellschaftsrechtlichen Vorschriften gegenüber dem Stiftungsrecht flexibler, ist umgekehrt zu bedenken, dass die Stiftungskapitalgesellschaft vom Willen ihrer jeweiligen Gesellschaften bzw Mitglieder abhängig ist und eine dauerhafte Vermögensbindung und Zweckverwirklichung nicht

---

1275 *Richter* in: Bonefeld u.a. (Hrsg.), Erbrecht, 24. Kap. Rn 8 f; Erman/O. *Werner*, Vor § 80 Rn 3. Vgl ausführlich zu dieser dogmatisch umstrittenen Frage des Grundrechts auf Stiftung MünchKommBGB/*Reuter*, EBd. Vor § 80 Rn 26 ff und *Schmidt-Jortzig* in: Stachowitz/Mercker (Hrsg.), Kap. 1.5 S. 55 ff.
1276 Palandt/*Heinrichs*, BGB § 80 Rn 8; Erman/O. *Werner*, Vor § 80 Rn 4.
1277 *Hof* in: MünchVertragsHdb, Bd. 1, Kap. VIII., S. 1177; Erman/O. *Werner* § 80 Fn 1.
1278 *Hof* in: Seifart/v. Campenhausen, 7. Kap., § 36 Rn 1; Erman/O. *Werner*, Vor § 80 Rn 12. Die unselbständige Stiftung wird in der Literatur auch häufig als „treuhänderische Stiftung" bezeichnet, so *Meyn* in: Meyn/Richter, Stiftungen S. 45 ff; vgl auch *Beckmann* und *Meyer* in: Strachwitz/Mercker (Hrsg.), Kap. 3.3 S. 220 ff und Kap. 3.4 S. 228 ff.
1279 *Wachter*, Kap. F Rn 1; *Meyn/von Rotenhan* in: Rechtshandbuch Stiftungen, Kap. 4.1.3.
1280 Vgl *Wachter*, Kap. G Rn 6 ff u. 22 f; *Brill* in: Rechtshandbuch Stiftungen, Kap. 5.8.

garantiert werden kann.[1281] Durch Satzungsgestaltung können solche Nachteile zwar eingeschränkt, bei übereinstimmender Meinung aller Gesellschafter bzw Mitglieder aber nicht völlig ausgeschlossen werden.

dd) Der Stiftungsverein

Als Alternativform für eine rechtsfähige Stiftung kommt ein **eingetragener Verein** (Idealverein) in Betracht. Derzeit gibt es etwa 150 Stiftungs-Vereine in Deutschland. Neben den verschiedenen parteinahen und kirchennahen Stiftungen gehören hierzu beispielsweise der Stifterverband für die Deutsche Wissenschaft e.V., die Stiftung Mensch für Mensch e.V., die Stiftung Jugend forscht e.V. und die Studienstiftung des Deutschen Volkes e.V. Das Vereinsrecht eröffnet der **Privatautonomie** weiten Spielraum bei der Satzungsgestaltung (§ 25 BGB). Durch eine entsprechende Ausgestaltung der Vereinssatzung kann auch hier die dauerhafte Verwirklichung des Stifterwillens gesichert werden.[1282]

ee) Die Familienstiftung

Die **Familienstiftung** ist keine besondere Rechtsform, sondern ein Anwendungsfall der rechtsfähigen Stiftung des Privatrechts. Ihre Besonderheit liegt darin, dass Nutznießer die Mitglieder einer oder mehrerer Familien sind. Sie dient also als Stiftungszweck dem Interesse einer oder mehrerer Familienmitglieder.[1283]

Schätzungen zu Folge bestehen etwa 400 Familienstiftungen in Deutschland. Stiftungszweck ist häufig der Erhalt eines Unternehmens als Erwerbsquelle für die Abkömmlinge, Unterstützung im Notfall, im Studium oder lediglich die Zugehörigkeit zur Familie selbst. Hier sind dem Stifter hinsichtlich der Destinatäre und der Art der Begünstigung aufgrund der Privatautonomie keine zusätzlichen Grenzen gesetzt.[1284]

ff) Die unternehmensverbundene Stiftung

Unter diesen Begriff fallen die sog. Unternehmensträgerstiftung und die Beteiligungsträgerstiftung. Bei der **Unternehmensträgerstiftung** betreibt die Stiftung unmittelbar das Unternehmen, so dass Unternehmen und Stiftung eine rechtliche Einheit bilden. Als juristische Person ist die Stiftung die Rechtsform des Unternehmens und damit Zuordnungssubjekt für alle Rechte und Pflichten. Bekanntestes Beispiel ist die Carl-Zeiß-Stiftung.[1285] Die **Beteiligungsträgerstiftung** ist an einer Personen- oder Kapitalgesellschaft beteiligt. Diese Stiftungsform ist oft als Familienstiftung gestaltet und dient der Perpetuierung eines Unternehmens ebenso wie dem Erhalt für spätere Generationen.[1286]

Besondere Erscheinungsformen für Stiftungsgestaltungen im Unternehmensbereich sind die **Stiftung & Co. KG** sowie die **Doppelstiftung**. Bei der **Stiftung & Co. KG** handelt es sich um eine Kommanditgesellschaft, bei der die Stiftung die Rolle des persönlich haftenden Gesellschafters übernimmt. Schätzungen zu Folge existieren heute etwa 100 Stiftungen & Co. KG. Bekannte Beispiele sind die Gustav und Grete Schickedanz Holding Stiftung & Co. KG, Fürth und die Lidl & Schwarz Stiftung und Co. KG, Neckarsulm.[1287] Die Stiftung & Co. KG ist trotz ihrer gesellschaftsrechtlichen Ähnlichkeit keine Rechtsformalternative zur GmbH & Co. KG, sondern auf stiftungstypische Interessenlagen beschränkt.[1288]

Beim Modell der **Doppelstiftung** werden die Vorteile einer unternehmensverbundenen Stiftung mit den Steuervorteilen einer gemeinnützigen Stiftung kombiniert. Es werden so viele Anteile des Unter-

---

1281 *Wachter*, Kap. G Rn 2.
1282 *Wachter*, Kap. G Rn 24 ff; *v. Rotenhan/v. Massow* in: Rechtshandbuch Stiftungen, Kap. 5.9.
1283 *Erman/O. Werner*, Vor. § 80 Rn 17; *Wachter*, Kap. D Rn 1 ff; *Pöllath* in: Seifart/v. Campenhausen, 3. Kap., § 14 Rn 1 ff; *Meyn* in: Meyn/Richter, Stiftungen Rb. 36 ff.
1284 *Erman/O. Werner*, Vor. § 80 Rn 17.
1285 *Erman/O. Werner*, Vor § 80 Rn 20; *Wachter*, Kap. C Rn 2; *Schiffer* in: Rechtshandbuch Stiftungen, Kap. 5.3.2.; *Schlüter* in: Strachwitz/Mercker (Hrsg.), Stiftungen, Kap. 4.2 S. 315 ff.
1286 *Erman/O. Werner*, Vor § 80 Rn 20; *Wachter*, Kap. C Rn 1 und 2.
1287 *Wachter*, Kap. C Rn 11; *Schiffer* in: Rechtshandbuch Stiftungen, Kap. 5.3.3.3.
1288 *Wachter*, Kap. C Rn 11.

nehmens auf eine Familienstiftung übertragen, wie für den Unterhalt der Familie und nachfolgender Generationen erforderlich sind. Die restlichen Anteile werden der gemeinnützigen Stiftung zugeteilt. Gleichzeitig wird das Stimmrecht für die von der gemeinnützigen Stiftung gehaltenen Anteile ausgeschlossen oder zugunsten der Familienstiftung eingeschränkt.[1289]

gg) Die Bürgerstiftung

1038 **Bürgerstiftungen** stellen in rechtlicher Hinsicht keine besondere Stiftungsform dar. Es handelt sich um rechtsfähige privatrechtliche Stiftungen. Sie sind dadurch gekennzeichnet, dass sie regional oder lokal tätig werden und Bürger ihre Ortsverbundenheit zur Mobilisierung von gemeinnützigem Kapital nutzen und auf diese Weise Brücken zwischen Individuum und Gemeinschaft schlagen. Bürgerstiftungen sind Stiftungen von **Bürgern für Bürger**.[1290] Bekannt sind heute etwa 50 Bürgerstiftungen. Ihr Ziel ist es, Bürger und Unternehmen der Region zu mehr Mitverantwortung für die Gestaltung ihres Gemeinwesens zu mobilisieren. Eine Bürgerstiftung will damit zum Stiften anstiften. Zu diesem Zweck dient sie als ein Sammelbecken für Spenden und Zustiftungen. Insbesondere sollen solche Projekte und Aktivitäten gefördert und initiiert werden, die nicht in den regulären Aufgabenbereich der Kommunalverwaltung fallen.[1291]

hh) Die Zustiftung

1039 Die **Zustiftung** ist kein Stiftungstyp. Unter Zustiftungen versteht man Vermögenswerte, die der Stifter oder Dritte der Stiftung zuwenden, um den **Grundstock** zu erhöhen. Die Annahme einer Zustiftung stellt ein zweiseitiges Rechtsgeschäft zwischen Zustifter und Stiftung dar. Die Zustiftung hat den Charakter einer Zweckschenkung, die weder stiftungsbegründenden noch fiduziarischen Charakter hat, sondern in einer Überlassung an einen Dritten besteht, die diesen bereichern und gleichzeitig in der Verwendung binden soll. Die klassische Zustiftung erfolgt unentgeltlich, selbst wenn eine bestimmte Verwendung vereinbart wird. Sie ist abzugrenzen von der Spende an die Stiftung, die nicht dem unantastbaren Grundstockvermögen, sondern dem sofort verbrauchbaren **Verwaltungsvermögen** zufließt. Ob Zustiftung oder Spende vorliegt, bestimmt der Zuwendende.[1292]

ii) Die Förderstiftung

1040 Hierunter versteht man eine Stiftung, deren Zweck darauf ausgerichtet ist, Mittel für eine andere Körperschaft (Stiftung, Verein) zu beschaffen und/oder solche Mittel diesen Einrichtungen zuzuwenden. Solche Förderstiftungen können unter bestimmten Voraussetzungen als steuerbegünstigt anerkannt werden.

4. Die Steuervergünstigungen wegen Gemeinnützigkeit

1041 Mehr als 95 % der bestehenden Stiftungen werden als **gemeinnützig** anerkannt. Sie erfüllen die Voraussetzungen der §§ 51 ff AO, weil sie **steuerbegünstigte Zwecke** verfolgen.[1293] Die Anerkennung einer Stiftung als steuerbegünstigt führt zu einer Reihe von Steuervergünstigungen. Die Frage nach der Übereinstimmung mit dem verfassungsrechtlichen Grundsatz der Gleichmäßigkeit der Besteuerung wird dahingehend beantwortet, dass gemeinnützige Organisationen „staatsähnliche Aufgaben" erfüllen und sie den Staat durch ihre Tätigkeit von seiner eigenen Gemeinwohlverpflichtung entlasten.[1294]

1289 *Wachter*, Kap. D Rn 35; *Pöllath* in: Seifart/v. Campenhausen, 3. Kap., § 13 Rn 201; *Schick* in: PHdb Stiftungen S. 262 ff; *Schiffer* in: Rechtshandbuch Stiftungen, Kap. 5.3.3.
1290 *Wachter*, Kap. E. Rn 1; *Hinterhuber* in: Strachwitz/Mercker (Hrsg.), Stiftungen, Kap. 4.4 S. 337 ff; *Brömmling* in: Rechtshandbuch Stiftungen, Kap. 5.2.
1291 *Wachter*, Kap. E. Rn 2. Ein Formulierungsvorschlag für die Satzung einer Bürgerstiftung wird dort in Kap. E. Rn 4 abgedruckt. Zwei Praxisbeispiele (Bürgerstiftung Alfeld und Filia. Die Frauenstiftung) finden sich bei *Bauer* in: Rechtshandbuch Stiftungen, Kap. 5 B 1 und 5 B 2.
1292 Erman/O. *Werner*, Vor § 80 Rn 27; MünchKommBGB/*Reuter*, EBd., §§ 80, 81 Rn 99 f.
1293 *Schick* in: PHdb Stiftungen, Kap. 2 Rn 52.
1294 Vgl Unabhängige Sachverständigenkommission im Jahre 1988 S. 92 ff; *Kirchhof* DStJG Bd. 26 (2003), 1 ff; *Seer* DStJG Bd. 26 (2003) 11 ff.

Ob und inwieweit das Gemeinnützigkeitsrecht der AO zunehmend unter den Einfluss des europäischen Rechts gerät und dessen Vorgaben genügt, bleibt abzuwarten. Zweifel werden insbesondere im Hinblick auf das **EG-Beihilfenrecht**, das Europäische **Umsatzsteuerrecht** sowie die **Grundfreiheiten** des EG-Vertrages geäußert. Insbesondere die Beschränkung der Steuervergünstigungen auf inländische Körperschaften erscheint gemeinschaftswidrig, so dass beispielsweise der Spendenabzug auf Zuwendungen an vergleichbare ausländische Einrichtungen ermöglicht werden müsste.[1295]

1042

Die nachfolgende Darstellung beschränkt sich auf einen kurzen Überblick über die **Rechtsfolgen** der Gemeinnützigkeit, dh die hier bestehenden Steuervergünstigungen. Deren **Voraussetzungen** werden näher in den Rn 1184 ff untersucht. Was die Besteuerung der Familienstiftungen angeht, erfolgen hier Hinweise im Rahmen der Rn 1243 ff zu Familienstiftungen. Im Übrigen gelten für sonstige, eigennützige Stiftungen die allgemeinen steuerrechtlichen Regeln, auf die nicht eingegangen wird.

1043

a) Zur Rechtsformneutralität des Gemeinnützigkeits- und Spendenrechts

Die deutschen Steuergesetze sind in Bezug auf das Gemeinnützigkeits- und Spendenrecht **rechtsformneutral**. Sie knüpfen lediglich an das Vorliegen einer Körperschaft an. Damit unterfallen rechtsfähige und nicht rechtsfähige Stiftungen, Stiftungskapitalgesellschaften sowie der Stiftungsverein ohne weiteres den Regelungen über die steuerlichen Vergünstigungen.[1296] Eine Ausnahme von diesem Grundsatz hat der Gesetzgeber in § 10 b Abs. 1 S. 3 EStG mit dem erweiterten Spendenabzug statuiert. Ob der zusätzliche Abzugsbetrag von 20 450 EUR bei Zuwendungen ausschließlich an Stiftungen verfassungsrechtlich zulässig ist, erscheint zweifelhaft.

1044

b) Steuerliche Behandlung der gemeinnützigen Körperschaft

Bei den Steuervergünstigungen wegen Gemeinnützigkeit lassen sich zwei Arten von steuerlichen Regelungen unterscheiden: Eine Reihe von Regelungen beinhalten **direkte Steuerentlastungen** für gemeinnützige Organisationen. Sie richten sich unmittelbar an die einzelne gemeinnützige Körperschaft und sehen Steuerbefreiungen oder Steuerermäßigungen vor. Andere gesetzliche Vorschriften gewähren Vergünstigungen für **Personen**, die die Tätigkeit gemeinnütziger Körperschaften durch **freiwillige Zuwendungen** oder eine **Mitarbeit** unterstützen. Diese Vorteile erhält zwar unmittelbar der einzelne Spender, sie kommen aber letztlich auch den gemeinnützigen Empfängerkörperschaften zugute.

1045

aa) Bei der Errichtung

Die Ausstattung einer steuerbegünstigten Stiftung mit Vermögen des Stifters stellt bei Stiftungserrichtung von Todes wegen einen erbschaftsteuerbaren (§ 3 Abs. 2 Nr. 1 ErbStG) und bei Stiftungserrichtung unter Lebenden einen schenkungsteuerbaren Vorgang (§ 7 Abs. 1 Nr. 7 ErbStG) dar. Jedoch sind Zuwendungen an eine **inländische** steuerbegünstigte Stiftung von der Erbschaft- und Schenkungsteuer befreit (§ 13 Abs. 1 Nr. 16 b ErbStG). Der vorgenannte **Befreiungstatbestand** findet nicht nur Anwendung für inländische Stiftungen, sondern gilt für alle gemeinnützigen Körperschaften, damit also auch für die Stiftungskapitalgesellschaft und den Stiftungsverein.

1046

Eine weitere Steuerbegünstigung enthält § 29 Abs. 1 Nr. 4 ErbStG. Wird ein steuerpflichtiger Erwerb innerhalb von 2 Jahren nach dem Zeitpunkt der Entstehung der Erbschaftsteuer einer steuerbegünstigten Stiftung zugewendet, so erlischt die Steuer mit Wirkung für die Vergangenheit. Das gilt allerdings nur dann, wenn für die Zuwendung noch kein Spendenabzug geltend gemacht worden ist und keine Leistungen nach § 58 Nr. 5 AO erbracht werden. Diese als sog. **Drittelregelung** bezeichnete Vorschrift lässt es zu, dass eine Stiftung einen Teil, jedoch höchstens 1/3 ihres Einkommens dazu verwenden darf, um in angemessener Weise den Stifter und seine nächsten Angehörigen zu unterhalten, ihre Gräber zu pflegen und ihre Andenken zu ehren, ohne dass dadurch die Steuervergünstigung ausgeschlossen wird. Bei der Gestaltung von **Familienstiftungen** wird deshalb häufig überlegt, ob sich der

1047

[1295] Vgl *Helios/Müller*, BB 2004, 2332; *Reimer/Wittbrock*, RIW 2005, 611; *Tiedke/Möllmann*, DS+R 2007, 509, 513; siehe aber auch BMF v. 20.9.2005, BStBl. 2005 I, 902.
[1296] Vgl BVerfGE 101, 151 ff, wonach Steuervergünstigungen wegen Gemeinnützigkeit rechtsformneutral auszugestalten sind.

Stifter zur Wahrung der Steuervergünstigungen mit dieser Drittelregelung begnügt oder ob er bei weitergehender Eigennützigkeit auf die Möglichkeiten der Steuervergünstigungen verzichtet.

bb) Während des Bestehens

1048 Gemeinnützige Körperschaften sind nach § 5 Abs. 1 Nr. 9 S. 1 KStG persönlich von der **Körperschaftsteuer befreit**. Diese Befreiung gilt aber für inländische gemeinnützige Körperschaften aus Gründen des Wettbewerbsschutzes insoweit nicht, als sie einen wirtschaftlichen Geschäftsbetrieb unterhalten (§ 5 Abs. 1 Nr. 9 S. 2 KStG). Die Unterhaltung eines wirtschaftlichen Geschäftsbetriebs begründet damit eine **partielle Körperschaftsteuerpflicht** der gemeinnützigen Organisation. Nach § 14 S. 1 AO ist jede selbständige nachhaltige Tätigkeit ein **wirtschaftlicher Geschäftsbetrieb**, durch die Einnahmen erzielt werden und die über den Rahmen einer **Vermögensverwaltung** hinausgeht. Von der partiellen Steuerpflicht wiederum ausgenommen sind aber nach § 64 Abs. 1 AO die **steuerbegünstigten Zweckbetriebe** im Sinne von §§ 65–68 AO.

1049 Bei der **Gewerbesteuer** verhält es sich entsprechend. Mit Ausnahme bei Vorliegen eines wirtschaftlichen Geschäftsbetriebs sind gemeinnützige Körperschaften von der Gewerbesteuer persönlich befreit (§ 3 Nr. 6 S. 1 GewStG). Was die **Umsatzsteuer** angeht, kennt das UStG keine allgemeine Steuerbefreiung für Leistungen gemeinnütziger Einrichtungen. Allerdings erhält der **Befreiungskatalog** des § 4 UStG eine Reihe von Befreiungstatbeständen, die vor allem gemeinnützige Organisationen betreffen. Die wichtigste Steuervergünstigung für gemeinnützige Körperschaften bei der Umsatzsteuer enthält § 12 Abs. 2 Nr. 8 a S. 1 UStG. Danach findet auf die Leistungen gemeinnütziger Körperschaften der **ermäßigte Umsatzsteuersatz** von gegenwärtig 7 v.H. Anwendung. Eine Ausnahme bilden hier wieder Leistungen, die im Rahmen eines wirtschaftlichen Geschäftsbetriebs ausgeführt werden.

c) Die steuerliche Behandlung des Leistenden

1050 Hier werden die steuerlichen Auswirkungen auf der Ebene des Leistenden für Zuwendungen an eine Stiftung oder an eine andere gemeinnützige Körperschaft untersucht.

aa) Der Spendenabzug

1051 Zuwendungen für spendenbegünstigte Zwecke können innerhalb bestimmter Grenzen als Sonderausgaben bzw Betriebsausgaben geltend gemacht werden. Der Abzug ist grundsätzlich auf 5 % des Gesamtbetrags der Einkünfte beschränkt (§§ 10 b Abs. 1 S. 1 EStG, 9 Abs. 1 Nr. 2 KStG, 9 Abs. 5 GewStG). Für Zuwendungen zur Förderung wissenschaftlicher, mildtätiger und der als besonders förderungswürdig anerkannten gemeinnützigen Zwecke verdoppelt sich diese Höchstgrenze auf 10 %. Unternehmen können stattdessen einen Höchstbetrag von 2 v.T. der Summe der gesamten Umsätze und der im Kalenderjahr aufgewendeten Löhne und Gehälter wählen.[1297]

1052 Die vorstehend zitierten Vorschriften regeln nur die Abzugsmöglichkeit bei den jeweiligen Ertragsteuern. Die weiteren Voraussetzungen des Spendenabzugs, zB nähere Bestimmungen über die spendenbegünstigte Zwecke, die Art der abzugsfähigen Zuwendungen, den Kreis der Empfängerkörperschaften sowie die verfahrensmäßigen Voraussetzungen sind einheitlich in den §§ 48–50 EStDV geregelt.

bb) Die besonderen Abzugsmöglichkeiten bei Stiftungen

1053 Hier existieren zwei neue, durch die Reformgesetze geschaffene Spendenabzugstatbestände. Zum einen sind Zuwendungen an Stiftungen im Jahr der Spende über die allgemeinen Abzugsbeträge hinaus bis zu 20 450 EUR abziehbar (§ 10 b Abs. 1 S. 3 EStG). Zum anderen können Zuwendungen in den Vermögensstock einer neu gegründeten Stiftung über einen Zeitraum bis zu 10 Jahren auf Antrag in einer Höhe bis zu 307 000 EUR abgezogen werden (§ 10 b Abs. 1 a EStG). Insbesondere die letztgenannte Vorschrift schafft erhebliche Anreize zur Errichtung neuer Stiftungen. Die Begünstigungstatbestände gelten gleichermaßen für Zuwendungen an Stiftungen des privaten wie des öffent-

---

1297 *Wachter*, Kap. B Rn 155; *Boochs* in: Rechtshandbuch Stiftungen, Kap. 6.1.3.1.

lichen Rechts. Einbezogen sind nicht nur rechtsfähige Stiftungen, sondern auch unselbständige, nicht rechtsfähige Stiftungen.[1298] Nach der Rechtsprechung des BFH können beide Abzugsbeträge – entgegen der Ansicht der Finanzverwaltung – bei Eheleuten im Fall der Zusammenveranlagung verdoppelt werden.[1299]

Der Abzugsbetrag nach § 10 b Abs. 1 a EStG (Stiftungsgründungszuwendung) gilt nicht für Körperschaften. Das KStG enthält keine entsprechende Vergünstigung zugunsten einer zuwendenden Körperschaft. Es sieht nur den Abzug von laufenden Spenden nach § 9 Abs. 1 Nr. 2 S. 3 KStG vor. Damit hat der Gesetzgeber sowohl in Bezug auf den Zuwendenden als auch in Bezug auf den Zuwendungsempfänger eine rechtsformabhängige Spendenbegünstigung geschaffen. Die Übereinstimmung mit dem Gleichheitssatz ist fraglich. 1054

cc) Einbringung von Wirtschaftsgütern, Betrieben und Beteiligungen

Die Einbringung von Einzelwirtschaftsgütern aus dem **Privatvermögen** in eine Stiftung hat beim Zuwendenden mangels Entgelt keine ertragsteuerlichen Folgen.[1300] Die Einbringung von Einzelwirtschaftsgütern des **Betriebsvermögens** in eine **steuerbegünstigte** Stiftung ist zum Buchwert möglich (§ 6 Abs. 1 Nr. 4 S. 4 und 5 EStG). Die Wirtschaftsgüter müssen bei der Stiftung im ideellen Bereich, im Bereich der Vermögensverwaltung oder in einem Zweckbetrieb verwendet werden. Bei Verwendung in einem wirtschaftlichen Geschäftsbetrieb findet das Buchwertprivileg keine Anwendung. Hier kommt es zur Realisierung stiller Reserven und entsprechender steuerlicher Belastung. Bei Einbringung von Einzelwirtschaftsgütern in eine **steuerpflichtige** Stiftung kommt es zu einer Aufdeckung der stillen Reserven (§ 6 Abs. 1 Nr. 4 S. 1 EStG). 1055

Die Übertragung von Wirtschaftsgütern, die zum Betriebsvermögen einer Kapitalgesellschaft gehören, ist nicht begünstigt. Die Entnahme stellt in der Regel eine verdeckte Gewinnausschüttung dar, wenn sie nicht aus betrieblichen Gründen, sondern im Interesse eines Gesellschafters bzw des Stifters erfolgt.[1301] Betriebe, Teilbetriebe und Mitunternehmeranteile können in eine steuerbegünstigte oder steuerpflichtige Stiftung zum Buchwert eingebracht werden (§ 6 Abs. 3 EStG). Die steuerbefreite Stiftung führt den Betrieb, Teilbetrieb oder die Mitunternehmerschaft als steuerpflichtigen wirtschaftlichen Geschäftsbetrieb fort, sofern nicht ausnahmsweise ein steuerbefreiter Zweckbetrieb vorliegt (§§ 65 AO, 13 Abs. 4 KStG).[1302] 1056

dd) Regierungsentwurf eines Gesetzes zur weiteren Stärkung des bürgerschaftlichen Engagements vom 14.2.2007

Ein Ziel des Gesetzentwurfes ist, das Spendenrecht einfach, übersichtlich und praktikabel zu gestalten. Zu diesem Zweck erfolgt eine **einheitliche Definition** von spendenbegünstigten und gemeinnützigen Zwecken ausschließlich in der Abgabenordnung. Die bislang erforderliche Doppelprüfung, die sich aus der Unterscheidung zwischen steuer- und spendenbegünstigten Zwecken ergab, entfällt damit. § 10 b Abs. 1 S.1 EStG nF sieht eine einheitliche Höchstgrenze für den Abzug von Spenden vor: künftig sollen, ohne Differenzierung nach dem geförderten Zweck, 20 % des Gesamtbetrages der Einkünfte zum Sonderausgabenabzug zugelassen sein. Damit wird die bisherige Differenzierung begünstigter Zwecke in zwei Begünstigungsklassen (5 % bzw 10 %) aufgegeben. Die 2 ‰-Grenze, bezogen auf Jahresumsatz und aufgewendete Löhne und Gehälter, bleibt unverändert. Nach dem Regierungsentwurf werden die Errichtung sowie die Förderung bestehender gemeinnütziger Stiftungen in noch stärkerem Maße als bisher begünstigt. Es ist vorgesehen, die Höchstgrenze von 307 000 EUR auf 750 000 EUR in § 10 b Abs. 1 a EStG nF zu erhöhen. Bis zu diesem Betrag sollen Steuerpflichtige künftig Spenden in den Vermögensstock einer Stiftung, verteilt auf das Jahr der Zuwendung 1057

1298 Vgl *Hüttemann/Herzog* DB 2004, 1001, 1006.
1299 BFH vom 3.8.2005 BFH/NV 2006, 160 zu § 10 b Abs. 1 S. 3 EStG; BFH vom 3.8.2005 BFH/NV 2006, 267 zu § 10 b Abs. 1 a EStG; *Schmidt/Heinicke*, EStG § 10 b Rn 64 und 72.
1300 *Wachter*, Kap.B Rn60; *Boochs* in: Rechtshandbuch Stiftungen, Kap. 6.1.3.1.
1301 *Wachter*, Kap. B Rn 161, *Boochs* in: Rechtshandbuch Stiftungen, Kap. 6.1.3.1.
1302 *Wachter*, Kap. B Rn 102.

und neun Folgejahre, absetzen können. Im Gegenzug wird die bisherige zusätzliche Höchstgrenze für Stiftungszuwendungen von 20 450 EUR nach § 10 b Abs. 1 S. 3 EStG aufgehoben. Neu ist, dass der Abzug nicht nur für die Neuerrichtung einer Stiftung gilt. Er kann auch bei **Zustiftungen** geltend gemacht werden. Wie bisher kann der Abzugsbetrag nur einmal innerhalb von 10 Jahren zum Abzug gebracht werden. Nach Presseberichten (FAz vom 30.6.2007) will der Bundestag am 6.7.2007 den Gesetzesentwurf verabschieden. Das Gesetz soll rückwirkend zum 1.1.2007 in Kraft treten. Unklar ist, ob die Grenze für Vermögensspenden in Stiftungen noch auf 1 Mio. EUR erhöht wird, so wie einzelne Reformer des Stiftungsrechts dies fordern.

5. Rechtsfragen aus der Praxis

1058 Das Stiftungsrecht ist sowohl in zivilrechtlicher als auch in steuerrechtlicher Hinsicht komplex. Der vorstehende Überblick hat dies verdeutlicht. Die Aufgabe des Beraters besteht darin zu erkennen, welche **geeignete Gestaltungsform** für eine stiftungswillige natürliche oder juristische Person in Betracht kommt. Hierbei muss die **persönliche** und **wirtschaftliche** Lage des potenziellen Stifters eingehend beleuchtet werden.

a) Die Aufklärung des Sachverhalts

1059 Der Aufklärung des Sachverhalts kommt maßgebende Bedeutung zu. Hierzu bedarf es eingehender Gespräche mit dem potenziellen Stifter. Dabei kommt es vor allem auf folgende Gesichtspunkte an.

aa) Die Gründe für die geplante Errichtung der Stiftung

1060 Um den Stifter richtig beraten zu können, müssen seine **Beweggründe** für die Errichtung der Stiftung herausgearbeitet werden. Hierbei ist festzustellen, ob sich der Stifter möglicherweise in tatsächlicher und/oder rechtlicher Hinsicht falsche Vorstellungen macht. Sollte dies der Fall sein, müssen die Fehlvorstellungen korrigiert werden. Danach wird sich herausstellen, ob der Stiftungswille noch vorhanden ist und sich realisieren lässt.

bb) Die maßgebliche Kriterien

1061 Für den Berater wichtig zu wissen ist, ob der Stifter die steuerrechtliche **Gemeinnützigkeit** anstrebt und sich diese auch in Anbetracht seines Vorhabens realisieren lässt. Geht es dem Stifter dagegen mehr um die Regelung unternehmerischer Fragen, ist zu klären, ob eine **Familienstiftung** sinnvoller Weise errichtet werden soll.

1062 Zu erörtern ist, ob der Stifter die **Stiftung unter Lebenden** oder **von Todes wegen** errichten möchte. Möglicherweise bietet es sich auch an, die Stiftung zu Lebzeiten zu errichten, sie dann aber von Todes wegen mit dem für die Erreichung des Stiftungszwecks notwendigen Kapital auszustatten (Stichwort: Anstiften unter Lebenden, Zustiften von Todes wegen).[1303]

1063 Ob der Stifter das notwendige **Kapital** für die Errichtung einer **selbständigen** Stiftung besitzt oder lieber eine **unselbständige** Stiftung gründen sollte, ist ebenso zu klären wie die Frage, ob der Stifter neben dem staatlichen Anerkennungsverfahren die **staatliche Aufsicht** hinzunehmen oder lieber größere **Flexibilität** – ohne staatliche Einmischung – für sich in Anspruch nehmen möchte.

b) Die Folgerungen für die Gestaltungspraxis

1064 Hat der Berater den maßgebenden Sachverhalt aufgeklärt, kann er Gestaltungsempfehlungen aussprechen. Hierbei sollte er sich an folgenden Grundsätzen orientieren:

aa) Der unternehmerische Bereich

1065 Möchte der Stifter die Stiftung „im unternehmerischen Bereich" ansiedeln, kommt eine **unternehmensbezogene Stiftung** in Betracht, insbesondere die Familienstiftung. Ob hier die besonderen Formen der Stiftung & Co. KG oder einer Doppelstiftung sinnvoll sind, muss eingehend geprüft werden.

1303 So der Ratschlag von *Ebeling* ZEV 1998, 93.

Hierzu gehört insbesondere die Klärung der Frage, ob die Stiftung ganz oder teilweise steuerbegünstigte Zwecke erfüllen kann und damit in den Genuss von Steuerprivilegien kommt.

bb) Die Flexibilität

Möchte sich der Stifter – je nach Lebenssituation – Änderungen vorbehalten und legt damit Wert auf größere **Flexibilität**, ist an die Errichtung einer Stiftungskapitalgesellschaft oder eines Stiftungsvereins zu denken. Bei Erfüllung der gesetzlichen Voraussetzungen können die steuerlichen Privilegien der Gemeinnützigkeit mit Ausnahme der Regelung des § 10 b Abs. 1 S. 3 und § 10 b Abs. 1 a EStG in Anspruch genommen werden. 1066

cc) Das Stiftungsvermögen

Im Rahmen des Anerkennungsverfahrens für eine rechtsfähige Stiftung wird von der Anerkennungsbehörde geprüft, ob das zur Verfügung stehende **Vermögen** zur Erfüllung des mit der Stiftung vorgesehenen Zwecks **hinreichend** ist (vgl § 81 Abs. 1 S. 2 BGB). Bestehen Zweifel, kann der Berater die Errichtung einer nicht selbständigen Stiftung empfehlen. Sie lässt sich schnell und einfach gründen und benötigt keine eigene Organisation für die Verwaltung und den Einsatz der Fördermittel. 1067

dd) Die steuerrechtliche Expertise

Verfügt der juristische Berater nicht über die notwendigen steuerrechtlichen Kenntnisse, empfiehlt sich in jedem Fall die Hinzuziehung eines im **Stiftungssteuerrecht** erfahrenen Steuerberaters oder Steuerrechtlers. Dies gilt insbesondere für Gestaltungsformen der unternehmensverbundenen Stiftung. Umgekehrt gilt die Empfehlung auch für Steuerberater, die häufig viel früher vom Wunsch einer Person erfahren, eine Stiftung zu errichten. Sie sollten Wert darauf legen, dass der potenzielle Stifter einen im Stiftungsrecht erfahrenen **juristischen Berater** hinzuzieht. 1068

c) Die Darstellung einzelner Stiftungsformen

Zeit ist Geld und beides ist kostbar. Gibt das einführende Kapitel einen kurzen Überblick über die mit der Errichtung von Stiftungen verbundenen Fragen, beschäftigen sich die nachfolgenden Ausführungen näher mit einzelnen Gestaltungsformen. Ergibt sich für den Berater in der Praxis nach den obigen Ausführungen eine klare Gestaltungsaufgabe, kann er die weitere Lektüre selektiv gestalten und sich auf die Ausführungen beschränken, die er für seine konkrete Arbeit benötigt. 1069

II. Die rechtsfähige Stiftung des Bürgerlichen Rechts

Die nachfolgenden Ausführungen informieren über das Recht der rechtsfähigen Stiftung bürgerlichen Rechts. Hierbei wird unterschieden, ob die Stiftung unter Lebenden (§ 81 BGB) oder von Todes wegen (§ 83 BGB) errichtet wird. 1070

1. Grundlagen

Der Bund hat in Ausübung seiner konkurrierenden Gesetzgebungszuständigkeit die Voraussetzungen für die Errichtung von Stiftungen durch das Gesetz zur Modernisierung des Stiftungsrechts vom 15.7.2002, BGBl. 2002 I S. 2634, bundeseinheitlich in den §§ 80 bis 88 BGB geregelt. Diese Vorschriften sind am 1.9.2002 in Kraft getreten. Soweit die Landesstiftungsgesetze diesen bundesrechtlichen Vorschriften nicht widersprechen, gelten sie fort. Sie regeln insbesondere die rechtlichen Befugnisse der Aufsichtsbehörden.[1304] 1071

a) Der Stiftungsbegriff

Der Begriff der Stiftung ist gesetzlich nicht definiert. Unter einer rechtsfähigen Stiftung versteht man eine mitgliederlose Organisation, die bestimmte durch das Stiftungsgeschäft festgelegte Zwecke mit Hilfe eines ihr dauerhaft gewidmeten Vermögens verfolgt.[1305] Im Gegensatz zu Vereinen oder Gesell- 1072

[1304] Die Landesstiftungsgesetze sind per Stand 2001 abgedruckt bei *Wachter*, Anh. 1, 277 ff.
[1305] BayObLG NJW 1973, 249; Palandt/*Heinrichs*, Vorb v. § 80 Rn 5; *Wachter*, Kap. B Rn 1.

schaften hat die Stiftung weder Gesellschafter noch Mitglieder. Sie ist von natürlichen und juristischen Personen unabhängig und damit **unsterblich**. Als verselbständigte Vermögensmasse gehört sich die Stiftung praktisch selbst. Die Stiftung existiert unabhängig vom Stifter und sonstigen Dritten. Insbesondere haben die von der Stiftung begünstigten Dritten (Destinatäre) nicht die Stellung von Mitgliedern. Sie sind vielmehr lediglich Nutznießer des Stiftungsvermögens.[1306]

1073 Die Stiftung wird durch drei wesentliche Merkmale gekennzeichnet: den **Stiftungszweck**, das **Stiftungsvermögen** und die **Stiftungsorganisation**. Oberstes Prinzip des Stiftungsrechts ist der **Stifterwille**. Die Stiftung ist Vollstreckerin des Stifterwillens. In den Grenzen des § 87 Abs. 1 BGB ist der Wille des Stifters damit grundsätzlich unabänderlich.[1307]

b) Überblick über die gesetzlichen Regelungen

1074 Für die Entstehung einer rechtsfähigen Stiftung sind das **Stiftungsgeschäft** und die **Anerkennung** durch die zuständige Behörde konstitutiv (§ 80 Abs. 1 BGB). § 80 Abs. 2 BGB nominiert einen Rechtsanspruch auf Anerkennung, wenn das Stiftungsgeschäft den Anforderungen des § 81 Abs. 1 BGB genügt, die dauernde und nachhaltige Erfüllung des Stiftungszwecks gesichert erscheint und der Stiftungszweck das Gemeinwohl nicht gefährdet.

1075 Die Errichtung einer Stiftung unter Lebenden beurteilt sich nach § 81 BGB, die Errichtung einer Stiftung von Todes wegen nach § 83 BGB. Nach beiden Vorschriften ist es notwendig, dass der Stifter den Namen der Stiftung, ihren Sitz und ihren Zweck, das Vermögen und die Bildung des Vorstands der Stiftung regelt. Erfolgt dies bei der Errichtung unter Lebenden durch Satzung (§ 81 Abs. 1 S. 3 BGB), muss dies bei der Errichtung von Todes wegen durch **letztwillige Verfügung** geschehen. § 83 S. 2 BGB verdeutlicht durch die Verweisung auf § 81 Abs. 1 S. 3 BGB, dass hier dieselben inhaltlichen Anforderungen an das Stiftungsgeschäft bestehen.

1076 Mit Anerkennung der Stiftung wird sie **rechtsfähig**. Bei der Errichtung unter Lebenden ist der Stifter jetzt verpflichtet, das in dem Stiftungsgeschäft zugesicherte Vermögen auf die Stiftung zu übertragen (§ 82 BGB). Bei der Errichtung von Todes wegen ergibt sich die Vermögenszuwendung an die Stiftung aus der erbrechtlichen Verfügung, beispielsweise durch Erbeinsetzung, Vermächtnis oder Auflage.

2. Die Errichtung der Stiftung

1077 Die rechtsfähige Stiftung des bürgerlichen Rechts entsteht durch das Stiftungsgeschäft und die staatliche Anerkennung der Stiftung durch die zuständige Stiftungsbehörde. Das BGB unterscheidet das Stiftungsgeschäft unter Lebenden gem. § 81 BGB und dasjenige von Todes wegen nach § 83 BGB.

a) Das Stiftungsgeschäft unter Lebenden

1078 Das Stiftungsgeschäft unter Lebenden enthält gem. § 81 Abs. 1 S. 2 und 3 BGB die Erklärung, eine selbständige rechtsfähige Stiftung errichten zu wollen und ein Vermögen zur Erfüllung eines bestimmten Zwecks zu widmen sowie die Satzung der künftigen Stiftung.

aa) Das Stiftungsgeschäft als einseitiges Rechtsgeschäft

1079 Das Stiftungsgeschäft ist eine einseitige, nicht empfangsbedürftige Willenserklärung des Stifters. Es gelten die allgemeinen Regelungen des BGB über Rechtsgeschäfte. Das Stiftungsgeschäft besteht aus zwei Teilen, nämlich einem **organisationsrechtlichen** Teil, der auf die Schaffung einer juristischen Person gerichtet ist und einem **vermögensrechtlichen** Teil, der die Widmung des Stiftungsvermögens betrifft.[1308]

bb) Die Form des Stiftungsgeschäfts

1080 Das Stiftungsgeschäft bedarf der Schriftform (§§ 81 Abs. 1 S. 1, 126 Abs. 1 BGB). Eine notarielle Beurkundung ersetzt die Schriftform (§ 126 Abs. 3 BGB), ist aber in der Regel entbehrlich. Häufig wird jedoch die Dokumentation des Stiftungsgeschäfts in einer öffentlichen Urkunde wegen der

---

1306 *Wachter*, Kap. B Rn 1.
1307 Vgl BVerfGE 46,73; *Wachter*, Kap. B Rn 3.
1308 *Wachter*, Kap. B Rn 6.

inhaltlichen und zeitlichen Bedeutung des Stiftungsgeschäfts gewünscht. Verpflichtet sich der Stifter, der künftigen Stiftung Grundstücke zu übertragen, besteht unter Berücksichtigung des Schutzzwecks des § 311 b Abs. 1 BGB Beurkundungspflicht. Das entspricht ganz überwiegender Auffassung. Die notarielle Beurkundung ist auch dann erforderlich, wenn der Stifter GmbH-Geschäftsanteile als Vermögensausstattung verspricht (§ 15 Abs. 4 S. 1 GmbHG).

cc) Der Widerruf des Stiftungsgeschäfts

Der Stifter kann das Stiftungsgeschäft unter Lebenden bis zur Anerkennung durch die Stiftungsbehörde jederzeit ohne Angabe von Gründen widerrufen (§ 81 Abs. 2 S. 1 BGB). Der Widerruf erfolgt durch einseitige Erklärung, nach Stellung des Antrags auf Erteilung der Anerkennung gegenüber der Behörde, bei der die Anerkennung beantragt wurde (§ 81 Abs. 2 S. 2 BGB). 1081

b) Das Stiftungsgeschäft von Todes wegen

Die Stiftung von Todes wegen entsteht – ebenso wie die Stiftung unter Lebenden – erst mit der Anerkennung durch die Stiftungsbehörde. Es empfiehlt sich, die Anerkennungsfähigkeit vorab zu klären. 1082

Hinweis: Das kann in zweierlei Weise geschehen. Am besten ist die Gründung der Stiftung zu Lebzeiten des Stifters. Er errichtet die Stiftung mit einem relativ niedrigen (aber ausreichenden) Vermögen. Die bereits bestehende Stiftung setzt der Stifter dann durch letztwillige Verfügung als Erbin oder Vermächtnisnehmerin ein. Der Vorteil dieser Gestaltung liegt darin, dass der Stifter noch zu seinen Lebzeiten etwa strittige Fragen selbst und authentisch klären kann.[1309] Als Alternative kommt in Betracht, dass der Stifter die Anerkennungsfähigkeit der geplanten Errichtung der Stiftung von Todes wegen zu Lebzeiten mit der Anerkennungsbehörde klärt. Für den Fall des Scheiterns der Stiftungsanerkennung kann er eine Eventualanordnung vorsehen wie etwa die Errichtung einer unselbständigen Stiftung. Schließlich kann er auch einen Testamentsvollstrecker dazu ermächtigen, Änderungen der Satzung vorzunehmen, die von der Stiftungsbehörde verlangt werden.

aa) Das Stiftungsgeschäft durch Testament oder Erbvertrag

Das Stiftungsgeschäft von Todes wegen kann in der Form des Testaments oder eines Erbvertrags begründet werden. Dabei gelten die allgemeinen Vorschriften des Erbrechts.[1310] 1083

bb) Die Zuwendung des Vermögens

Die Zuwendung des Vermögens kann Erbeinsetzung (Allein-, Mit-, Vor-, Ersatz-, Nacherbe) sein. Ferner kommen Vermächtnis oder Auflage in Betracht.[1311] 1084

(1) Die Erbeinsetzung

Die Stiftung kann zum Erben eingesetzt werden. Dabei darf die Bestimmung des Stiftungszwecks, des Stiftungsvermögens und der Begünstigten nicht Dritten überlassen werden (§ 2065 Abs. 2 BGB). § 84 BGB fingiert, dass bei Anerkennung der Stiftung erst nach dem Tod des Stifters die Stiftung bereits vor seinem Tod entstanden ist. 1085

(2) Das Vermächtnis

Die Vermögensausstattung der Stiftung von Todes wegen kann auch im Wege eines Vermächtnisses erfolgen. Bei der Gestaltung eines Vermächtnisses ist der Erblasser freier als bei der Erbeinsetzung. Er kann die Auswahl der Person des Begünstigten dem Beschwerten oder einem Dritten überlassen, wenn er den Kreis der Begünstigten benennt (Bestimmungsvermächtnis, § 2151 BGB). Denkbar ist auch die Ausgestaltung als Zweckvermächtnis (§ 2156 BGB). Bestimmungs- und Zweckvermächtnis können auch kombiniert werden. 1086

1309 *Ebeling* ZEV 1998, 93; *Wachter*, Kap. B Rn 26.
1310 Erman/O. *Werner*, § 83 Rn 2; *Wachter*, Kap. B Rn 24.
1311 Erman/O. *Werner* § 83 Rn 5; *Wachter*, Kap. B Rn 31 ff.

(3) Die Auflage

1087 Der Erblasser kann die Vermögensausstattung der Stiftung auch durch Auflage anordnen. Mit der Erfüllung der Auflage ist der Erbe oder Vermächtnisnehmer beschwert (§§ 2147, 2192 BGB). Der Stiftung steht in diesem Fall kein eigenes Forderungsrecht zu. Die Vollziehung der Auflage kann vom Erben, einem Miterben oder demjenigen verlangt werden, dem der Wegfall des Beschwerten unmittelbar zustatten kommt (§ 2194 S. 1 BGB). Neben dem Erben selbst kann auch ein Testamentsvollstrecker die Vollziehung der Auflage verlangen (§ 2208 Abs. 2 BGB). Der Erblasser kann ferner Dritten einen klagbaren Anspruch auf Erfüllung der Auflage einräumen.

(4) Die Auflage zur Errichtung einer Stiftung unter Lebenden

1088 Vom Stiftungsgeschäft von Todes wegen zu unterscheiden ist die Anordnung einer Auflage, aufgrund der ein Erbe oder Vermächtnisnehmer mit den Mitteln des Nachlasses eine Stiftung unter Lebenden zu errichten hat. Stifter ist dann nicht der Erblasser, sondern der Erbe oder Vermächtnisnehmer. Diese Gestaltung empfiehlt sich dann, wenn der Erblasser den Träger der Stiftung und die Stiftungsverfassung nicht (mehr) selbst festlegen will (oder kann).[1312]

(5) Die Testamentsvollstreckung

1089 Um das wirksame Entstehen der Stiftung sicherzustellen, sollte der Erblasser Testamentsvollstreckung anordnen.[1313] Die Aufgaben des Testamentsvollstreckers können auf die Einholung der Anerkennung der Stiftung und die Vermögensübertragung beschränkt werden. Zweifelhaft ist, ob dem Testamentsvollstrecker die Abfassung der Satzung der Stiftung überlassen werden kann.[1314] Der Testamentsvollstrecker kann jedenfalls ermächtigt werden, die Stiftungssatzung entsprechend den Anforderungen der Anerkennungsbehörde zu ändern sowie den Vorstand der Stiftung zu überwachen.[1315] Hat der Testamentsvollstrecker die Befugnis, bei der Tätigkeit der Stiftung dauerhaft mitzuwirken, endet sie als Dauervollstreckung spätestens 30 Jahre nach dem Erbfall (§ 2210 BGB). Ist der Testamentsvollstrecker jedoch selbst Vorstand der Stiftung, gilt die 30-Jahresfrist des § 2210 BGB nicht.[1316]

c) Stiftungszweck, Stiftungsvermögen und Stiftungssatzung

1090 Die Anerkennung der Stiftung und damit die Verleihung der Rechtsfähigkeit setzen voraus, dass Stiftungszweck, Stiftungsvermögen und Stiftungssatzung den gesetzlichen Regelungen der §§ 80 Abs. 2, 81 Abs. 1 BGB entsprechen. Dazu im Einzelnen folgendes:

aa) Der Stiftungszweck

1091 Der Stiftungszweck prägt Stiftungsgeschäft und Satzung bis in die Einzelheiten hinein, bestimmt die Geschäftstätigkeit der Stiftung und zieht der staatlichen Aufsicht Grenzen. Er ist identitätsbildendes Merkmal der Stiftung und bestimmt damit die Leitlinien ihrer Tätigkeit.[1317]

(1) Dauerhaftigkeit, Unveränderlichkeit

1092 Der Stiftungszweck muss auf Dauer angelegt sein. Er ist grundsätzlich der späteren Änderung – auch durch den Stifter selbst – entzogen. Der Stiftungszweck kann nur vom Stifter vorgegeben werden und darf nicht in das Belieben der Stiftungsorgane oder Dritter gestellt werden. Der Zweck der Stiftung muss sich nicht auf einen beschränken, sondern kann auch mehrere Zwecke umfassen. Ist das Erreichen des Stiftungszwecks unmöglich geworden, kann die Stiftungsaufsichtsbehörde den Stiftungszweck ändern (§ 87 BGB).

1312 *Wachter*, Kap. B Rn 38; *Hof* in: Seifart/v. Campenhausen, 3. Kap., § 7 Rn 88.
1313 *Hof* in: Seifart/v. Campenhausen, 3. Kap., § 7 Rn 201; *Wachter*, Kap. B Rn 40.
1314 So *Hof* in: Seifart/v. Campenhausen, 3. Kap., § 7 Rn 102.
1315 Palandt/*Edenhofer*, § 2209 Rn 7.
1316 *Hof* in: Seifart/v. Campenhausen, 3. Kap., § 7 Rn 103.
1317 *Hof* in: Seifart/v. Campenhausen, 3. Kap., § 8 Rn 1.

(2) Gemeinwohlkonforme Allzweckstiftung

Der Stiftungszweck darf das Gemeinwohl nicht gefährden (sog. **gemeinwohlkonforme Allzweckstiftung**). Eine Gefährdung des Gemeinwohls liegt vor, wenn die geplante Stiftung Verfassungsrechtsgüter gefährdet oder der Stiftungszweck gegen das Gesetz verstößt.[1318] Ob eine Stiftung zulässig ist, deren Zweck sich ausschließlich auf die Verwaltung des Stiftungsvermögens beschränkt, ist strittig.[1319] Strittig ist auch, ob eigennützige Stiftungen anzuerkennen sind, deren Aufgabe sich in der Versorgung des Stifters erschöpft. Unter Hinweis auf § 58 Nr. 5 AO wird man die Frage bejahen müssen. Diese sog. Drittelregelung für gemeinnützige Stiftungen zeigt, dass der Gesetzgeber einen solchen Zweck nicht als unakzeptabel ansieht.

1093

(3) Unternehmensverbundene Stiftungen

Die rechtlich unbeschränkte Zulässigkeit von Unternehmensstiftungen ist durch die Reform des Stiftungsrechts bestätigt. Damit ist aber nicht die rechtspolitische Gefahr beseitigt, dass unternehmensverbundene Stiftungen zu **stiftungsfremden** Zwecken errichtet werden. Die Rechtsform der Stiftung wird bei diesen Modellen dazu verwendet, um mit ihr unternehmens-, erb- und/oder steuerliche Ziele zu erreichen. Die Stiftung eignet sich nur in Ausnahmefällen als Organisationsform für Unternehmen. Insbesondere die starre Bindung an den Stifterwillen und Schwierigkeiten bei der Kapitalbeschaffung sind hierfür die Ursache. Zweifelhaft ist auch, ob die stiftungsmäßige Verfestigung von Unternehmensstrukturen betriebswirtschaftlich zweckmäßig ist.[1320]

1094

bb) Das Stiftungsvermögen

Das Stiftungsgeschäft beinhaltet die Verpflichtung des Stifters zur **Vermögensausstattung** der Stiftung. Das BGB stellt hierzu keine Untergrenze auf. In § 80 Abs. 2 BGB heißt es, dass „die dauernde und nachhaltige Erfüllung des Stiftungszweckes gesichert" erscheinen muss.

1095

Die erforderliche Vermögensausstattung hängt vom jeweiligen Stiftungszweck ab. Die Stiftungsbehörden verlangen eine **Mindestausstattung** zwischen 25 000 EUR bis 150 000 EUR.[1321] Bei besonderen Stiftungszwecken wird teilweise auch mehr verlangt. In der Praxis sollte die Errichtung einer selbständigen rechtsfähigen Stiftung wegen des damit verbundenen Personal- und Verwaltungsaufwandes in der Regel nur dann empfohlen werden, wenn ertragbringendes Vermögen in einer Größenordnung von wenigstens 250 000 EUR vorhanden ist.[1322]

1096

Die Vermögensausstattung der Stiftung wird als Rechtsgeschäft eigener Art angesehen. Die Regeln über die Schenkung werden aber nach überwiegender Meinung entsprechend angewendet. Bei lebzeitiger Übertragung von Vermögenswerten durch den Stifter kann dies zur Entstehung von Pflichtteilsergänzungsansprüchen führen.[1323] Vermieden wird dies nur, wenn die Vermögensausstattung länger als 10 Jahre vor dem Tod des Stifters geleistet wurde oder der Pflichtteilsberechtigte auf solche Ansprüche wirksam verzichtet.

1097

cc) Die Stiftungssatzung

Zentraler Bestandteil des Stiftungsgeschäfts ist die Satzung. Sie stellt die **Verfassung** der Stiftung dar und ist später nur mit großem Aufwand und unter Mitwirkung der Stiftungsaufsicht abänderbar. § 81 Abs. 1 S. 3 BGB bestimmt, dass die Satzung fünf Regelungen enthalten muss, nämlich über
- den Namen der Stiftung,
- den Sitz der Stiftung,
- den Zweck der Stiftung,

1098

1318 Andrick/Suerbaum NJW 2002, 2905, 2908.
1319 Vgl dazu *Hof* in: Seifart/v. Campenhausen, 3. Kap., § 8 Rn 71.
1320 Vgl *Goerdeler* NJW 1992, 1487, 1498; *Pöllath* in: Seifart/v. Campenhausen, 3. Kap., § 13 Rn 4 ff.
1321 Vgl *Damrau/Wehinger* ZEV 1998, 178 ff.
1322 Vgl *Wachter*, Kap. B Rn 55; *Richter* in: Bonefeld u.a. (Hrsg.), Erbrecht, 25. Kap. Rn 32; *Hof* in: MünchVertragsHdb, Bd. 1, S. 1181 geht sogar von 500 000,00 EUR aus.
1323 BGH ZEV 2004, 115; *Wachter*, Kap. B Rn 110.

- das Vermögen der Stiftung,
- die Bildung des Vorstands der Stiftung.

Hinweis: Soll die Stiftung als **gemeinnützige** Stiftung errichtet werden, müssen bei der Satzungsgestaltung und der tatsächlichen Geschäftsführung neben den Vorschriften des Stiftungsprivatrechts auch die steuerlichen Voraussetzungen über die Gemeinnützigkeit berücksichtigt werden. Hier sind insbesondere die Anforderungen an die satzungsmäßige Gemeinnützigkeit (§§ 59, 60 AO) zu beachten. Es kann sich deshalb empfehlen, im Rahmen des stiftungszivilrechtlichen Anerkennungsverfahrens beim zuständigen Finanzamt einen Antrag auf Vorprüfung der Stiftungssatzung im Hinblick auf eine spätere vorläufige Bescheinigung der Gemeinnützigkeit zu stellen. Häufig macht die Stiftungsanerkennungsbehörde die Anerkennung der Stiftung von einer Stellungnahme des Finanzamts abhängig. Die Landesstiftungsgesetze und regionale Besonderheiten können für die Erstellung der Satzung ebenfalls von Bedeutung sein. Stiftungsrecht ist insoweit auch **Praktikerrecht**. Die meisten Aufsichtsbehörden haben Mustersatzungen, die als Leitlinien für derartige Besonderheiten dienen können.[1324]

(1) Name der Stiftung

1099 Der Stifter ist in der Namenswahl grundsätzlich frei. Häufig wird er seinen Namen in die Bezeichnung der Stiftung aufnehmen. Auch der Stiftungszweck kann dort zum Ausdruck kommen. Ein Rechtsformzusatz ist gesetzlich nicht vorgesehen, in der Praxis aber empfehlenswert. Der Name ist **gesetzlich geschützt** (§§ 12 BGB, 30, 37 HGB, 5 MarkG).

(2) Der Sitz

1100 Der Sitz der Stiftung entscheidet über die nach dem Landesstiftungsrecht zuständige Anerkennungsbehörde. Im Hinblick auf die unterschiedliche Anwendungspraxis in den einzelnen Bundesländern wird der Sitz häufig bewusst in ein „stiftungsfreundliches" Bundesland gelegt.

(3) Der Zweck der Stiftung

1101 Der Stiftungszweck ist das **Herzstück** der Stiftung. Der vom Stifter bestimmte Stiftungszweck legt den **Charakter** der Stiftung dauerhaft fest.[1325] Zum Stiftungszweck gilt zunächst das unter Rn 1091 ff Ausgeführte. Der Stiftungszweck ist mit besonderer Sorgfalt zu formulieren. Er darf nicht zu vage gefasst werden. Zulässig und häufig sinnvoll ist auch die Formulierung mehrerer Stiftungszwecke.

1102 Wird Gemeinnützigkeit angestrebt, empfiehlt es sich, sich an der Musterformulierung der Finanzverwaltung zu orientieren.[1326] Nach der Drittelregelung des § 58 Nr. 5 AO dürfen gemeinnützige Stiftungen abweichend von der ausschließlichen Verpflichtung auf gemeinnützige Zwecke bis zu 1/3 ihres Einkommens dazu verwenden, den Stifter oder dessen nahe Angehörige in angemessener Weise zu unterhalten, deren Gräber zu pflegen und die Andenken zu ehren. Diese Aufgabe darf jedoch nicht in den Stiftungszweck aufgenommen werden.[1327] Die Steuervergünstigung wird nur gewährt, wenn die Stiftung ausschließlich gemeinnützige Zwecke verfolgt. Lediglich die tatsächliche Unterstützung des Stifters und seiner Angehörigen ist steuerunschädlich. Dies kann möglicherweise im Stiftungsgeschäft selbst erwähnt werden, damit die Stiftung zivilrechtlich nicht gegen die ihr vorgegebenen Zwecke verstößt.

(4) Das Vermögen der Stiftung

1103 Ergänzend zu den Darlegungen zu Rn 1095 ff ist zu berücksichtigen, dass die Stiftung bei Anerkennung noch nicht zwingend über das notwendige Vermögen verfügen muss. Vielmehr ist im Wege einer Prognose zu fragen, ob ausreichende weitere Zustiftungen bzw Zuwendungen zu erwarten sind, so dass eine hinreichende Kapitalausstattung für die Erfüllung des Stiftungszwecks erreicht wird.

1324 Vgl *Meyn/v. Rotenhan* in: Rechtshandbuch Stiftungen, Kap. 4.1.2.2.
1325 *Wachter*, Kap. B Rn 50.
1326 Anwendungserlass zur AO Anl. 1 zu § 60 AO für den Verein und Anl. 2 für sonstige Körperschaften.
1327 OFD Hannover, 15.3.2000, DB 2000, 1051.

Bei der Verwaltung des Stiftungsvermögens ist zwischen dem **Grundstockvermögen** und den daraus erwirtschafteten **Erträgen** zu unterscheiden. Das Stiftungsvermögen ist in seinem Bestand ungeschmälert zu erhalten. Es ist von anderen Vermögen zu trennen. Die Stiftung darf den Grundstock **gebrauchen**, aber nicht **verbrauchen**.[1328] 1104

Die dauerhafte Erhaltung des Stiftungsvermögens erfordert eine Vorsorge gegen die Gefahren der Geldentwertung mittels Bildung von Rücklagen. Die Landesstiftungsgesetze erlauben die Verwendung von Erträgen zum Ausgleich von Vermögenseinbußen, wozu auch der innere Wertverlust des Stiftungsvermögens infolge der allgemeinen Geldentwertung zählt. Die Thesaurierung ist erforderlich, damit die Stiftung ihre Zwecke auch künftig erfüllen kann. Die Bildung von Rücklagen – im steuerlich zulässigen Rahmen (vgl § 58 Nr. 6 AO) – sollte ausdrücklich in der Satzung verankert werden, weil ansonsten die Stiftung verpflichtet wäre, zeitnah sämtliche Erträge zur Förderung des Stiftungszwecks zu verwenden. 1105

Die Rechtsstellung der durch den Stiftungszweck **Begünstigten** richtet sich nach dem Willen des Stifters. Er kann ihnen in der Satzung einen klagbaren Anspruch auf Stiftungsleistungen eröffnen.[1329] In der Regel geschieht dies nicht. Die Stiftungsorgane entscheiden im Rahmen des Stiftungszwecks über die Destinatäre und die Stiftungsleistungen. 1106

(5) Die Bildung des Vorstands der Stiftung

Gesetzlich vorgeschriebenes Organ der Stiftung ist lediglich der **Vorstand** (§§ 86 S. 1, 26 BGB). Er führt die Geschäfte der Stiftung und vertritt sie nach außen. Die Berufung der Vorstandsmitglieder, die auch juristische Personen sein können, kann durch den Stifter selbst oder durch die in der Satzung berufenen Personen erfolgen.[1330] Neben dem gesetzlich zwingenden Stiftungsvorstand kann der Stifter weitere Stiftungsorgane mit beratender und/oder kontrollierender Funktion vorsehen. Die Bezeichnung dieser Organe ist in der Praxis unterschiedlich. Häufig werden sie als Beirat, Verwaltungsrat, Aufsichtsrat, Stiftungsrat oder Kuratorium bezeichnet, ohne dass damit eine rechtliche Entscheidung verbunden ist.[1331] 1107

(6) Der weitere Inhalt

Satzungen enthalten üblicherweise weitere Regelungen über Satzungsänderungen und die Auflösung der Stiftung. Was die Satzung angeht, ist sie grundsätzlich unveränderlich. Wesentliche veränderte Umstände können die Stiftung veranlassen, vom Willen des Stifters abzuweichen und eine Satzungsänderung zu beschließen, wenn dies dem wirklichen oder mutmaßlichen Willen des Stifters entspricht. Die Möglichkeit späterer Satzungsänderungen sollte in der Satzung festgeschrieben werden.[1332] Der in der Stiftungsurkunde niedergelegte Wille des Stifters ist auch bei Satzungsänderung zu respektieren. Den Organen oder Dritten darf nicht die Befugnis eingeräumt werden, den Zweck der Stiftung nachträglich nach Belieben zu ändern.[1333] 1108

Die Stiftung ist **aufzulösen**, wenn entweder der Stiftungszweck erfüllt oder sein Erreichen unmöglich wird, ein in der Satzung als Beendigungsgrund vorgesehenes Ereignis eintritt oder das Insolvenzverfahren über das Stiftungsvermögen eröffnet wird (§§ 86, 42 BGB). Der Beschluss über die Auflösung obliegt mangels gegenteiliger Regelung in der Satzung dem Stiftungsvorstand und bedarf der Anerkennung durch die Aufsichtsbehörde. 1109

Die Stiftung kann durch staatlichen Hoheitsakt aufgehoben werden, wenn der Stiftungszweck unerreichbar wird oder die Stiftung das Gemeinwohl gefährdet (§ 87 Abs. 1 BGB). Das nach der zwingend vorgeschriebenen Liquidation verbleibende Vermögen der Stiftung steht dem in der Satzung benannten Berechtigten zu (§§ 88, 47 ff BGB). 1110

1328 *Wachter*, Kap. B Rn 61.
1329 OLG Hamm MDR 1992, 949.
1330 *Hof* in: Seifart/v. Campenhausen, 3. Kap., § 9 Rn 82 ff.
1331 *Wachter*, Kap. B Rn 75.
1332 *Hof* in: Seifart/v. Campenhausen, 3. Kap., § 7 Rn 172 ff.
1333 Vgl BGH WM 1976, 869, 872; BVerwG NJW 1991, 713.

dd) Gestaltungsvorschläge

1111 In der Praxis hat sich folgender Aufbau für die Satzung bewährt:
- ggf Präambel
- Name, Sitz, Rechtsform
- Stiftungszweck
- ggf weitere Regelungen zur Gemeinnützigkeit
- Vorschriften über die Mittelverwendung
- Bildung, Aufgaben und Beschlussfassung des Vorstandes
- Bildung weiterer Organe (Beirat, Kuratorium), Aufgaben und Beschlussfassung dieses Organs
- Vorschriften über Satzungsänderungen
- Regelungen über die Auflösung der Stiftung und den Vermögensanfall.

1112 Die Satzungstexte sind üblicherweise Anlage des **Stiftungsgeschäfts**. Zwei Muster, nämlich für die Errichtung einer rechtsfähigen Stiftung unter Lebenden und einer von Todes wegen, sollen nachstehend vorgestellt werden:

(1) Errichtung einer rechtsfähigen Stiftung unter Lebenden

1113 Die Errichtung einer rechtsfähigen Stiftung unter Lebenden kann wie folgt formuliert werden:
▶ **Stiftungsgeschäft unter Lebenden**[1334]
Hiermit errichte ich, ..., eine rechtsfähige selbständige Stiftung des bürgerlichen Rechts:
I. Errichtung einer Stiftung
Die Stiftung soll den Namen „....-Stiftung" führen und ihren Sitz in ... haben. Es ist eine rechtsfähige Stiftung des bürgerlichen Rechts gem. §§ 80 ff BGB.
II. Stiftungszweck
Die Stiftung soll ... fördern. Die Einzelheiten über die Verwirklichung des Stiftungszwecks werden in der Stiftungssatzung geregelt.
III. Stiftungsvermögen
Ich statte die Stiftung mit folgendem Vermögen aus: .... Das Stiftungsvermögen hat einen Wert von ... EUR.
IV. Organe der Stiftung
Die Stiftung wird durch den Vorstand vertreten und geleitet. Zum 1. Vorstand der Stiftung ernenne ich ....
V. Satzung
Für die Stiftung gilt die anliegende Satzung, die Bestandteil dieses Stiftungsgeschäfts ist. ◀

(2) Errichtung einer rechtsfähigen Stiftung von Todes wegen

1114 Die Errichtung einer rechtsfähigen Stiftung von Todes wegen kann wie folgt formuliert werden:
▶ Hiermit errichte ich **von Todes wegen** eine selbständige rechtsfähige Stiftung des bürgerlichen Rechts.[1335]
I. Name und Sitzung der Stiftung
Die Stiftung trägt den Namen „....-Stiftung". Sie hat ihren Sitz in ....
II. Erbeinsetzung
Ich setze die Stiftung zu meiner alleinigen Erbin ein.
III. Stiftungszweck
Die Stiftung hat folgenden Zweck: ....
Die Stiftung soll ferner bis zu einem Drittel ihrer Erträge für den angemessenen Unterhalt meiner nächsten Angehörigen, insbesondere ...., und die Pflege meines Grabes sowie das meiner Angehörigen verwenden.
IV.
Zum 1. Vorstand der Stiftung ernenne ich ....

1334 Vgl *Wachter*, Kap. B Rn 84.
1335 Vgl *Hof* in: MünchVertragsHdb, Bd.1, Ziff. VIII.2 S. 1239 mit umfangreichen Anmerkungen.

Ich ordne die Errichtung eines Kuratoriums an. Zu Mitgliedern des 1. Kuratoriums bestelle ich ....
V. Testamentsvollstreckung
Ich ordne Testamentsvollstreckung an. Zum Testamentsvollstrecker ernenne ich ....
Sollte der Testamentsvollstrecker das Amt nicht annehmen oder nach Annahme des Amts wegfallen, ernenne ich ersatzweise ....
Sollte auch der Ersatztestamentsvollstrecker wegfallen, soll das Nachlassgericht einen geeigneten Testamentsvollstrecker ernennen.
Der Testamentsvollstrecker hat die Aufgabe, die Anerkennung der Stiftung zu beantragen und alle zum Übergang des Nachlasses auf die Stiftung erforderlichen Handlungen vorzunehmen. Der Testamentsvollstrecker hat das Recht, die Satzung der Stiftung zu ändern, falls dies zur Erlangung der Anerkennung erforderlich sein sollte.
VI. Satzung
Die Stiftungsverfassung ergibt sich aus der Anlage der zu diesem Testament beigefügten Satzung. ◀

Es ist darauf zu achten, dass die **erbrechtlichen Formvorschriften** gem. §§ 2247 ff BGB unbedingt eingehalten werden müssen. Beim privatschriftlichen Testament muss also auch die als Anlage beigefügte Satzung eigenhändig geschrieben und unterschrieben sein sowie mit Zeit- und Ortsangabe versehen werden.[1336] Regelungen in der **Satzung** zur Gemeinnützigkeit und zum Stiftungsvermögen können wie folgt formuliert werden:

▶ **Gemeinnützigkeit**
1. Die Stiftung ist selbstlos tätig. Sie verfolgt nicht in erster Linie eigenwirtschaftliche Zwecke. Sie darf keine Person durch Ausgaben, die dem Zwecke der Stiftung fremd sind, oder durch unverhältnismäßig hohe Vergütungen begünstigen.
2. Die Stiftung kann ihre Zwecke selbst, durch Hilfspersonen oder dadurch verwirklichen, dass sie ihre Mittel teilweise einer anderen, ebenfalls steuerbegünstigten Körperschaft oder einer Körperschaft des öffentlichen Rechts zur Verwendung zu steuerbegünstigten Zwecken zuwendet oder Mittel für die Verwirklichung der steuerbegünstigten Zwecke einer anderen steuerbegünstigten Körperschaft oder für die Verwirklichung steuerbegünstigter Zwecke durch eine Körperschaft des öffentlichen Rechts beschafft.
3. Auf Leistungen der Stiftung besteht kein Anspruch.
Grundstockvermögen
1. Das Grundstockvermögen der Stiftung ist in seinem Bestand dauernd und ungeschmälert zu erhalten. Es besteht aus ...
2. Die Stiftung ist berechtigt, aber nicht verpflichtet, Zuwendungen anzunehmen. Zuwendungen wachsen dem Grundstockvermögen zu, sofern sie von dem Zuwendenden dafür bestimmt werden (Zustiftungen). Für Erbschaften und Vermächtnisse sowie die Zuwendung von Grundvermögen gilt dies in der Regel, wenn keine abweichende Bestimmung getroffen wurde.
Stiftungsmittel
1. Die Stiftung erfüllt ihre Aufgaben
1.1 aus den Erträgen des Stiftungsvermögens und
1.2 aus Zuwendungen, soweit sie vom Zuwendenden nicht zur Aufstockung des Grundstockvermögens bestimmt sind.
2. Die Mittel der Stiftung dürfen nur für die satzungsgemäßen Zwecke verwendet werden.
3. Im Rahmen des steuerrechtlich Zulässigen dürfen Rücklagen gebildet und Mittel dem Grundstockvermögen zugeführt werden. ◀

3. Die Anerkennung der Stiftung

Zur Entstehung einer rechtskräftigen Stiftung sind das Stiftungsgeschäft und die Anerkennung durch die zuständige Behörde des Landes erforderlich, in dem die Stiftung ihren Sitz haben soll (§ 80 Abs. 1 BGB).[1337]

1336 Vgl dazu LG Berlin ZEV 2001, 17.
1337 Eine Übersicht über die zuständigen Behörden findet sich bei *Wachter*, Anh. 2 und *Matzak* in: Strachwitz/Mercker (Hrsg.) Stiftungen, Kap. 12.1 S. 1043 ff.

a) Das Verfahren

1117 Sind Stiftungsgeschäft und Satzung entworfen und ggf mit dem Finanzamt abgestimmt und liegen die Annahmeerklärungen der vorgesehenen Organmitglieder vor, kann der Stifter bei Errichtung der Stiftung **unter Lebenden** die Anerkennung der Stiftung bei der zuständigen Stiftungsbehörde als rechtsfähig beantragen. Der Antrag selbst erfolgt formlos unter Übersendung von Stiftungsgeschäft und Satzung, die vom Stifter handschriftlich zu datieren und zu unterschreiben sind.[1338]

1118 Bei einem Stiftungsgeschäft von **Todes** wegen genügt es, dass die Stiftungsbehörde Kenntnis vom Stiftungsgeschäft erlangt. Sofern der Antrag auf Anerkennung der Stiftung nicht von dem Erben oder dem Testamentsvollstrecker gestellt wird, sieht § 83 S. 1 BGB die Benachrichtigung der Stiftungsbehörde von der Verfügung des Erblassers durch das Nachlassgericht vor.

1119 Die Stiftungsbehörde prüft im Anerkennungsverfahren nach § 80 Abs. 2 BGB, ob das Stiftungsgeschäft den Anforderungen des § 81 Abs. 1 BGB genügt, die dauernde und nachhaltige Erfüllung des Stiftungszwecks gesichert erscheint und der Stiftungszweck das Gemeinwohl nicht gefährdet. Liegen die Voraussetzungen vor, hat der Stifter einen **Rechtsanspruch** auf Anerkennung der Stiftung.

1120 Ob vor Anerkennung der Stiftung die Rechtsfigur einer **Vorstiftung** anzuerkennen ist, ist heftig umstritten. Die herrschende Meinung verneint dies.[1339] Die Mindermeinung wird stärker. Zumindest bei der Errichtung der Stiftung unter Lebenden wird die Vorstiftung zunehmend anerkannt.[1340]

b) Verwaltungsrechtliche Grundsätze

1121 Die Anerkennung der Stiftung erfolgt durch **privatrechtsgestaltenden Verwaltungsakt**. Anzuwenden ist das Verwaltungsverfahrensrecht des Landes, in dem der Antrag auf Anerkennung gestellt wurde. Wird die Anerkennung versagt, kann Verpflichtungsklage gem. § 42 Abs. 1 VwGO erhoben werden. Bleibt die Stiftungsbehörde lange Zeit untätig, ist die Erhebung der Untätigkeitsklage gem. § 75 VwGO möglich.[1341]

4. Die Stiftungsaufsicht

1122 Die Stiftungsaufsicht dient dazu, die Rechtmäßigkeit des Organhandelns und die Verwirklichung des Stifterwillens zu garantieren. Sie ist in den Landesstiftungsgesetzen geregelt.

a) Reine Rechtsaufsicht

1123 Die Befugnisse der Aufsichtsbehörde beschränken sich auf eine reine Rechtsaufsicht. Gleichwohl ist die Intensität der Stiftungsaufsicht in den einzelnen Bundesländern stark unterschiedlich ausgeprägt.[1342] Gegenstand der Aufsicht sind ausschließlich Maßnahmen der Stiftung, die nicht mit der Satzung, insbesondere dem Stiftungszweck, oder dem geltenden Stiftungsrecht übereinstimmen. Die Stiftungsaufsicht vertritt dabei das öffentliche Interesse und ist nicht Sachwalter von Einzelinteressen, etwa denen der Destinatäre. Diese haben auch keinen Rechtsanspruch auf Tätigwerden der Stiftungsaufsicht.[1343]

b) Befugnisse der Stiftungsaufsicht

1124 Je nach Landesrecht stehen den Aufsichtsbehörden unterschiedliche Instrumente und Rechte zur Erfüllung ihrer Aufgaben zur Verfügung. Die Landesgesetze kennen im Wesentlichen die Instrumente der Beanstandung, Aufhebung oder Anordnung von Maßnahmen der Stiftung. Zur Durchsetzung kann die Behörde die Zwangsmittel der Verwaltungsvollstreckung einsetzen (Zwangsgeld, Ersatzvornahme). Ultima ratio ist die Auflösung einer Stiftung wegen der Gefährdung des Gemeinwohls.

1338 *Richter* in: Bonefeld u.a. (Hrsg.), Erbrecht, 24. Kap. Rn 63.
1339 Vgl *Hof* in: Seifart/v. Campenhausen, 3. Kap., § 7 Rn 220 ff; MünchKommBGB/*Reuter*, EBd, §§ 80, 81 Rn 55 ff.
1340 Erman/O. *Werner*, Vor § 80 Rn 22; Palandt/*Heinrichs*, § 80 Rn 2.
1341 *Richter* in: Bonefeld u.a. (Hrsg.), Erbrecht, 24. Kap. Rn 66.
1342 *Wachter*, Kap. B Rn 92; *Meyn/v. Rotenhan* in: Rechtshandbuch Stiftungen, Kap. 4.1.2.4.
1343 *Meyn/v. Rotenhan* in: Rechtshandbuch Stiftungen, Kap. 4.1.2.4.

Mit diesen Eingriffsrechten korrespondieren meist umfangreiche Berichts-, Auskunfts- und Rechnungslegungspflichten der Stiftungen gegenüber den Aufsichtsbehörden. Um bereits im Vorfeld rechtswidrige Maßnahmen zu verhindern, enthalten einige Landesstiftungsgesetze **Genehmigungsvorbehalte** für besondere Rechtsgeschäfte.[1344]

III. Alternative Stiftungsformen

Der mit der Gründung einer rechtsfähigen Stiftung verbundene Aufwand, das zeitraubende Anerkennungsverfahren und die staatliche Stiftungsaufsicht veranlassen potenzielle Stifter oftmals, nach Alternativlösungen zu suchen. Hier kommen insbesondere die unselbständige, nicht rechtsfähige Stiftung, die Stiftungs-GmbH und der Stiftungsverein in Betracht. Diese Stiftungsformen ermöglichen **größere Flexibilität** und sind auch für **kleinere Vermögen** geeignet. Sie unterliegen denselben steuerrechtlichen Regelungen wie die rechtsfähige Stiftung mit Ausnahme der Sonderregelungen der §§ 10 b Abs. 1 S. 3, 10 b Abs. 1 a EStG, die nur für Stiftungen gelten.

1. Die unselbständige nicht rechtsfähige Stiftung

Unter einer unselbständigen Stiftung versteht man die Zuordnung von Vermögenswerten an eine juristische oder natürliche Person mit der Maßgabe, die ihr zugewendeten Vermögenswerte dauerhaft zur Verwirklichung des vom Stifter bestimmten Zwecks zu verwenden. Die unselbständige Stiftung wird häufig auch als **treuhänderische** Stiftung bezeichnet.[1345]

a) Unterschiede zur rechtsfähigen Stiftung

Von der rechtsfähigen Stiftung unterscheidet sich die unselbständige Stiftung vor allem durch folgende Merkmale:[1346]
- Die unselbständige Stiftung wird durch einen Vertrag zwischen Stifter und Träger bzw durch Schenkungsvertrag mit Auflage errichtet, während die rechtsfähige Stiftung durch das einseitige Stiftungsgeschäft und die staatliche Anerkennung entsteht.
- Die unselbständige Stiftung hat keine eigene Rechtspersönlichkeit, so dass Rechtsbeziehungen nach außen allein der Träger eingeht. Die rechtsfähige Stiftung ist juristische Person und wird von ihren Organen im Rechtsverkehr vertreten.
- Für die unselbständige Stiftung gelten die allgemeinen Regelungen des Schuld-, Sachen- und Erbrechts des BGB. Die §§ 80 ff BGB gelten allein für die rechtsfähige Stiftung. Sie sind auch nicht im Wege der Analogie auf die Treuhandstiftung anwendbar.[1347]
- Anders als bei der rechtsfähigen Stiftung ist kein Mindestvermögen notwendig.
- Die unselbständige Stiftung unterliegt im Gegensatz zur rechtsfähigen Stiftung nicht der staatlichen Stiftungsaufsicht.

b) Errichtung unter Lebenden

Bei der zu Lebzeiten errichteten unselbständigen Stiftung wird ein Vertrag zwischen dem Stifter und dem Stiftungsträger geschlossen. Die rechtliche Einordnung dieses Stiftungsgeschäfts ist bis heute umstritten. Entweder wird es als Treuhandvertrag oder als Schenkung unter Auflage qualifiziert. Teilweise wird beides für möglich gehalten.[1348]

aa) Treuhandvertrag

Bei Annahme eines Treuhandverhältnisses liegt der unselbständigen Stiftung entweder ein unentgeltliches Auftragsverhältnis (§§ 662 ff BGB) oder ein entgeltlicher Geschäftsbesorgungsvertrag (§ 675 BGB) zugrunde. Der Stifter (Treugeber) überträgt das treuhänderisch gebundene Stiftungsvermögen

---

1344 *Meyn/v. Rotenhan* in: Rechtshandbuch Stiftungen, Kap. 4.1.2.4.
1345 *Wachter*, Kap. F Rn 1; *Meyn/v. Rotenhan* in: Rechtshandbuch Stiftungen, Kap. 5.1.
1346 *Meyn/v. Rotenhan* in: Rechtshandbuch Stiftungen, Kap. 5.1.1.1; *Wachter*, Kap. F Rn 2.
1347 *Erman/O. Werner*, Vor § 80 Rn 12.
1348 Vgl im Einzelnen *Hof* in: Seifart/v. Campenhausen, 7. Kap., § 36 Rn 29 ff.

zum Alleineigentum auf den Träger des Stiftungsvermögens (Treuhänder) zur uneigennützigen Verwaltung. Der Treuhänder ist dem Stifter schuldrechtlich verpflichtet, das Vermögen zur Verwirklichung des Stiftungszwecks zu verwenden. Die Rechte und Pflichten der Beteiligten ergeben sich allein aus dem Treuhandvertrag.

1131 Unter dem Gesichtspunkt des Widerrufs des Treuhandverhältnisses durch den Stifter (§ 671 Abs. 1 BGB), der Kündigung des Treuhandverhältnisses durch den Treuhänder (§ 671 Abs. 1 BGB) sowie im Hinblick auf die Haftung des Stiftungsvermögens für Verbindlichkeiten des Treuhänders sowie des Stifters wird die Vereinbarung eines Treuhandvertrages in der Literatur teilweise als problematisch und sogar als ungeeignet für die dauerhafte Errichtung einer unselbständigen Stiftung angesehen.[1349]

bb) Schenkung unter Auflage

1132 Bei der Annahme einer Schenkung unter Auflage (§§ 516 ff, 525 ff BGB) kommt es grundsätzlich zu einer dauerhaften Übertragung des Vermögens auf den Träger der Stiftung. Der Stiftungsträger ist zur Erfüllung des Stiftungszwecks verpflichtet, sobald der Stifter das Stiftungsvermögen auf ihn übertragen hat (§ 525 Abs. 1 BGB). Die Vollziehung der Auflage kann vom Stifter und seinen Erben verlangt werden. Liegt die Vollziehung im öffentlichen Interesse, kann nach dem Tod des Stifters auch die nach dem jeweiligen Landesrecht zuständige Behörde die Vollziehung der Zuwendung verlangen (§ 525 Abs. 2 BGB).

1133 Die besonderen Formvorschriften des Schenkungsrechts sind zu beachten. Das Schenkungsversprechen bedarf also der notariellen Form, wenn die Schenkung nicht sofort vollzogen wird (§ 518 Abs. 1 BGB). Sollen Grundstücke oder GmbH-Anteile übertragen werden, folgt die Beurkundungspflicht aus § 311 b Abs. 1 BGB bzw § 15 Abs. 4 GmbHG.[1350]

cc) Praktische Gestaltungsmöglichkeiten

1134 Eine unselbständige Stiftung kann in der Praxis sowohl als Treuhandvertrag als auch als Schenkung unter Auflage ausgestaltet werden. Bei einem Treuhandverhältnis müssen die Parteien ihr **Widerrufs- und Kündigungsrecht** im Interesse der Dauerhaftigkeit des Stiftungszwecks und der Vermögensbindung auf **Vorliegen wichtiger Gründe** beschränken. Im Treuhandvertrag sollte klargestellt werden, dass das Treuhandverhältnis nicht durch den **Tod des Stifters** erlischt, sondern seine Rechte und Pflichten aus dem Treuhandvertrag auf seine Erben übergehen.

1135 Bei einer Schenkung unter Auflage kommt der **Auswahl** des Trägers des Stiftungsvermögens eine besondere Bedeutung zu. Bei ihm muss die dauerhafte Verwirklichung der Stiftungszwecke soweit wie möglich abgesichert werden. Auf Seiten des Stifters ist zu berücksichtigen, dass eine hinreichende Versorgung für ihn und seine Angehörigen sichergestellt sein muss, um einen späteren Rückgriff auf das Stiftungsvermögen zu vermeiden. Das Risiko einer Bestandsgefährdung unselbständiger Stiftungen durch Gläubiger des Stifters oder des Trägers des Stiftungsvermögens hat in der Praxis bislang keine Bedeutung erlangt.[1351] Die Errichtung einer **unselbständigen Stiftung unter Lebenden** kann wie folgt formuliert werden:

1349 Vgl *Wachter*, Kap. F Rn 7.
1350 Vgl *Wachter*, Kap. F Rn 8 ff.
1351 *Wachter*, Kap. F Rn 11.

▶ **Stiftungsvertrag**
zwischen ... (Stifter) und ... (Träger der Stiftung)
wird folgender **Stiftungsvertrag** geschlossen:
1. Der Stifter errichtet die ...-Stiftung als nicht-rechtsfähige Stiftung des bürgerlichen Rechts in der Verwaltung des Trägers der Stiftung.
2. Der Stifter überträgt dem Träger das folgende Stiftungsvermögen .... Der Träger nimmt es an. (Hier sind die entsprechenden sachenrechtlichen Vorschriften über den Eigentumsübergang zu beachten).
3. Der Träger verpflichtet sich, das Stiftungsvermögen nach Maßgabe der anliegenden Satzung zu verwalten, die Bestandteil dieses Vertrages ist.
4. Der Träger ist berechtigt, aus dem Stiftungsvermögen für die Verwaltung der Stiftung eine angemessene Vergütung zu erheben. Sie soll ... % des Bruttojahresbetrages nicht überschreiten, den der Träger aus der Verwaltung des Stiftungsvermögens erzielt.
5. Der Stiftungsvertrag kann nur aus wichtigem Grund gekündigt werden. ◀

c) Errichtung von Todes wegen

Unselbständige Stiftungen können auch durch Verfügung von Todes wegen errichtet werden. Der Erblasser setzt dabei den Stiftungsträger zum Erben ein oder setzt ein Vermächtnis zu seinen Gunsten aus. Durch die Anordnung einer Auflage verpflichtet der Erblasser den Stiftungsträger, mit den Erträgen des Stiftungsvermögens die Stiftungszwecke zu fördern.[1352] 1136

Wegen der komplizierten erbrechtlichen Fragen ist die Errichtung einer unselbständigen Stiftung von Todes wegen in der Regel nicht zu empfehlen. Setzt der Erblasser beispielsweise einen Pflichtteilsberechtigten zum Erben ein, gilt eine Auflage als nicht angeordnet, wenn der dem Erben hinterlassene Erbteil nach Erfüllung der Auflage nicht die Hälfte des gesetzlichen Erbteils übersteigt (§ 2306 Abs. 1 S. 1 BGB). Dementsprechend kommt eine Gründung von Todes wegen vor allem dann in Frage, wenn der Stifter keine pflichtteilsberechtigten Erben hat und letztlich den Träger selbst durch die Stiftung begünstigen will mit der Maßgabe, dass die Erträge aus dem ererbten Vermögen in bestimmter Weise zu verwenden sind, beispielsweise an eine Dachstiftung abgeführt werden sollen.[1353] 1137

d) Bedeutung für die Praxis

Die unselbständige Stiftung eignet sich bei entsprechender Gestaltung des Stiftungsgeschäfts als **Ersatzform** für die rechtsfähige Stiftung des bürgerlichen Rechts insbesondere bei **kleineren Vermögen**. Entscheidende Bedeutung kommt der Auswahl des passenden Rechtsträgers zu. Zweckmäßigerweise wählt der Stifter hierfür eine Institution, die selbst die Verfolgung der Stiftungszwecke zur Aufgabe hat. 1138

Die Vereinbarungen zwischen Stifter und Stiftungsverwalter sollten in einer gesonderten Stiftungssatzung niedergelegt werden. Da Gemeinnützigkeit angestrebt wird, muss die Satzung den Anforderungen des Steuerrechts zu Erlangung der Anerkennung als steuerbegünstigte Stiftung genügen. 1139

2. Die Stiftungskörperschaften

Ein Vermögen kann nicht nur durch Errichtung einer Stiftung dauerhaft einem bestimmten Zweck gewidmet werden, sondern auch durch Gründung einer GmbH oder AG sowie eines Vereins. Dementsprechend haben sich in der Rechtspraxis diese Körperschaften als **Ersatzformen** für die Gründung einer Stiftung etabliert. 1140

a) Vor- und Nachteile gegenüber der Gründung einer Stiftung

Die Stiftungskapitalgesellschaften und der Stiftungsverein haben gegenüber der rechtsfähigen Stiftung **Vorteile**. Sie bedürfen keiner staatlichen Anerkennung und unterliegen nicht der Staatsaufsicht. Sie 1141

1352 *Wachter*, Kap. F Rn 12.
1353 *Meyn/v. Rotenhan* in: Rechtshandbuch Stiftungen, Kap. 5.1.1.13.

genießen größere Flexibilität. Gesellschaftsvertrag bzw Satzung lassen sich veränderten Umständen ohne große Schwierigkeiten anpassen. Die Erbersatzsteuer des § 1 Abs. 1 Nr. 4 ErbStG gilt nur für Stiftungen, nicht aber für Stiftungskörperschaften.

1142 **Nachteile** gegenüber der Stiftung ergeben sich insoweit, als eine Bindung der Gesellschafter bzw Mitglieder an den in der Satzung niedergelegten Willen der Gründer nur eingeschränkt möglich ist und die dauerhafte Vermögensbindung und Zweckverwirklichung wegen des Grundsatzes der Verbandsautonomie nicht garantiert werden kann. Schließlich gelten die besonderen Steuervorteile der Abzugsfähigkeit von Zuwendungen in Höhe von 20 450 EUR und 307 000 EUR nur für Stiftungen.[1354]

b) Gestaltungsaufgaben bei der Gründung von Stiftungskörperschaften

1143 Die Satzung der Stiftungskörperschaft muss die Zweckbindung und die Vermögensbindung in größtmöglichem Umfang sicherstellen. Um die Gesellschaft bzw den Verein von den Interessen ihrer jeweiligen Gesellschafter bzw Mitglieder zu lösen, enthält die Satzung soweit als möglich Einschränkungen der Befugnis, die Satzung zu ändern. Beispielsweise kann die Zustimmung aller Gründungsgesellschafter gefordert und/oder Einstimmigkeit statuiert werden.

1144 Die Gesellschafter bzw Mitglieder müssen sich mit dem Verbandszweck identifizieren. Ein homogener Gesellschafterkreis kann bei einer Stiftungskapitalgesellschaft beispielsweise durch eine strikte Anteilsvinkulierung sowie Satzungsbestimmungen über den Ausschluss von Gesellschaftern und die Einziehung von Gesellschaftsanteilen erreicht werden.

1145 Das Vermögen der Körperschaft muss ausschließlich für den Stiftungszweck zur Verfügung stehen. Durch den Ausschluss von Gewinnbezugsrechten, von Abfindungsansprüchen im Falle eines Ausscheidens und von Ansprüchen auf einen Liquidationserlös kann die Mitgliedschaft vom Vermögen der Körperschaft weitgehend abgekoppelt werden. Das Körperschaftsvermögen wird damit gegenüber den Interessen einzelner Gesellschafter bzw Mitglieder geschützt. Die Grenze der Vermögens- und Zweckbindung erfährt die Stiftungskörperschaft jedoch durch das Prinzip der **Verbandsautonomie**. Gegenüber dem einstimmigen Willen aller Gesellschafter bzw Mitglieder einer Körperschaft ist ein Schutz nicht möglich.[1355]

c) Die Stiftungs-GmbH

1146 Aufgrund ihrer Flexibilität eignet sich die GmbH auch als Ersatzform für eine rechtsfähige Stiftung. Ist es der Kautelarpraxis gelungen, GmbHs als gemeinnützig zu gestalten, so muss bei der Stiftungs-GmbH der Gesellschaftsvertrag zusätzlich so ausgestaltet werden, dass das Gesellschaftsvermögen und der Gesellschafterwille dauerhaft an den Gesellschaftszweck gebunden werden.

aa) Firma, Sitz

1147 Der Gesellschaftsvertrag muss eine Regelung zur Firma und zum Sitz der Gesellschaft enthalten (§ 3 Abs. 1 Ziff. 1 GmbHG). Dabei darf die Firma den Rechtsverkehr nicht über den Gegenstand des Unternehmens irreführen. Eine GmbH darf in der Firma den Begriff der „Stiftung" führen, wenn sie als Treuhänderin ein der Erfüllung eines bestimmten Zwecks gewidmetes Vermögen für gemeinnützige Zwecke verwaltet und durch einen Zusatz ihre Rechtsform eindeutig kennzeichnet, so dass die Gefahr einer Verwechslung mit einer selbständigen Stiftung ausgeschlossen ist.[1356]

bb) Gesellschaftszweck und Unternehmensgegenstand

1148 Wie bei allen nicht erwerbswirtschaftlich tätigen Gesellschaften ist in der Satzung zwischen dem Unternehmenszweck und dem Unternehmensgegenstand zu unterscheiden. Während der Unternehmenszweck das **Ziel** der unternehmerischen Aktivitäten benennt, stellt der Unternehmensgegenstand das **Mittel** dar, mit dessen Hilfe der Unternehmenszweck erreicht werden soll. Ein Beispiel: Soll Ziel der Gesellschaft beispielsweise die Erforschung bestimmter Erbkrankheiten sein, sind die Vergabe

---

1354 Vgl dazu *Wachter*, Kap. G Rn 1; *Brill* in: Rechtshandbuch Stiftungen, Kap. 5.8.3.
1355 *Wachter*, Kap. G Rn 2 ff.
1356 OLG Stuttgart NJW 1964, 1231 f; *Wachter*, Kap. 10 Rn 8.

von Stipendien und Forschungspreisen sowie die Veranstaltung von wissenschaftlichen Symposien die den Unternehmensgegenstand bildenden Mittel zur Erreichung dieses Zwecks.

Erfordert das Gesellschaftsrecht keine detaillierten Angaben in der Satzung, ist dies aus steuerlichen Gründen anders, wenn die Gemeinnützigkeit angestrebt wird. Die Finanzverwaltung muss anhand der Satzung prüfen können, ob die Voraussetzungen für die Anerkennung der Gemeinnützigkeit vorliegen (§§ 59, 60 Abs. 1 AO). Es empfiehlt sich deshalb, sich an die Formulierung der Mustersatzung der Finanzverwaltung anzulehnen.[1357]

Die **Drittelregelung** des § 58 Nr. 5 AO gilt nicht für die Stiftungs-GmbH. Hier ist es also nicht möglich, ohne Verlust der Steuerbegünstigung die Gründer der Gesellschaft oder deren nächste Angehörige zu unterhalten.

cc) Stammkapital, Stammeinlagen, Vermögensausstattung

Für das Stammkapital und die Stammeinlagen gelten die gesetzlichen Regelungen des GmbH-Rechts. Eine darüber hinausgehende Vermögensausstattung wie bei der rechtsfähigen Stiftung ist nicht vorgesehen. Die Mindestkapitalausstattung wird praktisch nie ausreichend sein, um den Stiftungszweck nachhaltig und wirksam zu realisieren. Aus diesem Grunde empfiehlt es sich, die Gesellschafter über die Leistung der Stammeinlage zu weiteren Nebenleistungen zu verpflichten. Vor dem persönlichen und wirtschaftlichen Hintergrund der Gründer gibt es hier eine Vielzahl von Gestaltungsvarianten, die der Berater bedenken muss.

dd) Rechte der Gesellschafter

Hier sind Verwaltungs- und Vermögensrechte zu unterscheiden:

(1) Verwaltungsrechte

Das **Stimmrecht** der Gesellschafter bestimmt sich grundsätzlich nach der Höhe der Geschäftsanteile (§ 47 Abs. 2 GmbHG). Im Interesse der dauerhaften Verwirklichung des Stifterwillens können bestimmten Gesellschaftern in der Satzung mehr Stimmrechte (vgl § 12 Abs. 2 AktG) oder Sonderrechte (zB Vetorechte, Zustimmungsvorbehalte) eingeräumt werden.

(2) Vermögensrechte

Abweichend von der gesetzlichen Regelung (§ 29 Abs. 1 und Abs. 3 GmbHG) sind die Gesellschafter einer GmbH mit ideellen Zwecken vom Gewinn ausgeschlossen. Das Ergebnis der Geschäftstätigkeit der Stiftungs-GmbH muss ausschließlich den in der Satzung festgelegten Stiftungszwecken zugute kommen. Schon aus steuerlichen Gründen dürfen die Gesellschafter einer gemeinnützigen GmbH keine Gewinnanteile oder sonstige Zuwendungen aus Mitteln der Gesellschaft erhalten (§ 55 Abs. 1 Nr. 2 AO).

Was ein etwaiges **Liquidationsguthaben** angeht, dürfen die Gesellschafter bei der Auflösung einer steuerbegünstigten Körperschaft nur ihren eingezahlten Kapitalanteil oder den gemeinen Wert ihrer Sacheinlage zurückerhalten (§ 55 Abs. 1 Nr. 2 AO). In der Satzung muss daher bestimmt werden, welcher steuerbegünstigten Person das übrige Liquidationsvermögen zufällt (§§ 61 Abs. 1, 55 Abs. 1 Nr. 4 AO). Unter den näheren Voraussetzungen des § 61 Abs. 2 AO kann ggf hierüber auch ein späterer Gesellschafterbeschluss gefasst werden.

ee) Organe der Gesellschaft

Die **Geschäftsführer** der Gesellschaft werden grundsätzlich von der Gesellschafterversammlung bestellt und abberufen (§ 46 Nr. 5 GmbHG). Die Befugnis kann jedoch auf andere Organe (nicht auf gesellschaftsfremde Dritte) übertragen oder von der Zustimmung bestimmter Gesellschafter abhängig gemacht werden. Die Satzung kann auch für einzelne Gesellschafter, beispielsweise den bzw die Gründungsgesellschafter, ein Sonderrecht auf Bestellung zum Geschäftsführer vorsehen.

1357 Anwendungserlass zur AO Anl. zu 2 zu § 60 AO für sonstige Körperschaften.

1157 Die Geschäftsführung der Gesellschaft muss auf die tatsächliche und unmittelbare Erfüllung der steuerbegünstigten Zwecke gerichtet sein und den Satzungsbestimmungen über die Voraussetzungen der Steuerbegünstigung entsprechen (§ 63 Abs. 1 AO). Im Anstellungsvertrag sollte ausdrücklich die Verwirklichung der steuerbegünstigten Zwecke zum Aufgabenbereich des Geschäftsführers gemacht werden.

1158 Weitere Organe sieht das Gesetz nicht vor, insbesondere keinen Aufsichtsrat (§ 52 Abs. 1 GmbHG). Häufig ist jedoch bei steuerbegünstigten Stiftungs-GmbHs die Einrichtung eines Beratungs- bzw Überwachungsorgans als Beirat oder Kuratorium sinnvoll. Auf diese Weise können externe Personen oder Einrichtungen für eine Mitwirkung bei der Verwirklichung des Gesellschaftszwecks gewonnen werden.[1358]

ff) Gesellschafterwechsel

1159 Die Geschäftsanteile einer GmbH sind nach der gesetzlichen Regelung frei übertragbar (§ 15 Abs. 1 GmbHG). Die Satzung kann allerdings die Übertragung von Geschäftsanteilen ausschließen oder vom Vorliegen bestimmter Voraussetzungen abhängig machen (§ 15 Abs. 5 GmbHG). Durch **Anteilsvinkulierung** kann verhindert werden, dass Geschäftsanteile auf Personen übertragen werden, die den ideellen Zweck der Stiftungs GmbH nicht mittragen. Die Übertragung von Geschäftsanteilen sollte daher von der vorherigen Zustimmung aller Gesellschafter, eines bestimmten Gesellschafters (Gründungsgesellschafters) oder der Geschäftsführung der Gesellschaft abhängig gemacht werden.

1160 Die Anteile an einer Stiftungs-GmbH gehen im **Todesfall** zwingend auf den **Erben** des Gesellschafters über (§ 15 Abs. 1 GmbHG). Um die Homogenität des Gesellschafterkreises sicherzustellen, sollte die Satzung hierfür einen Einziehungstatbestand vorsehen oder die Erben – ggf nach Wahl der übrigen Gesellschafter – verpflichten, den Geschäftsanteil auf die Gesellschaft oder einen von der Gesellschaft zu benennenden Dritten zu übertragen.[1359]

gg) Ausschluss von Gesellschaftern

1161 Geschäftsanteile können nur eingezogen werden, wenn dies in der Satzung ausdrücklich vorgesehen ist (§ 34 Abs. 1 GmbHG). Die Einziehung gegen den Willen des Betroffenen ist nur zulässig, wenn ihre Voraussetzungen im Gesellschaftsvertrag bestimmt sind (§ 34 Abs. 2 GmbHG). Bei der Stiftungs-GmbH empfiehlt sich, neben den üblichen Ausschlusstatbeständen (zB Insolvenz des Gesellschafters) Regelungen über die Einziehung oder die Pflicht zur Abtretung des Geschäftsanteils für den Fall vorzusehen, dass der Gesellschafter den ideellen Gesellschaftszweck nicht mehr fördert oder durch ihn die Steuerbegünstigung gefährdet erscheint.[1360]

1162 Dem **Abfindungsanspruch** kommt keine besondere Bedeutung zu. Der Geschäftsanteil stellt nämlich keinen wirtschaftlichen Wert dar, weil die Stiftungs-GmbH keine Gewinne an ihre Gesellschafter ausschütten darf und der Gesellschafter nicht am Liquidationserlös beteiligt ist. Aus steuerlichen Gründen darf ein Gesellschafter ohnehin nicht mehr als die eingezahlten Kapitalanteile oder den gemeinen Wert etwaiger Sacheinlagen erhalten (§ 55 Abs. 1 Nr. 2 AO).

hh) Satzungsänderung

1163 Durch **einstimmigen** Beschluss aller Gesellschafter kann die Satzung einer Stiftungs-GmbH immer geändert werden. Insoweit kann dem Wunsch des Stifters nach einer dauerhaften Vermögensbindung nur unvollkommen entsprochen werden. Andererseits folgt hieraus auch eine größere Flexibilität, weil eine Anpassung an veränderte Rahmenbedingungen möglich ist. Eine Änderung des Unternehmenszwecks bedarf analog § 33 Abs. 1 S. 2 BGB zwingend der Zustimmung aller Gesellschafter.[1361] Einer entsprechenden Satzungsbestimmung kommt daher lediglich klarstellende Bedeutung zu.

1358 *Wachter*, Kap. G Rn 14.
1359 *Wachter*, Kap. G Rn 16.
1360 *Wachter*, Kap. G Rn 17.
1361 *Wachter*, Kap. G Rn 19.

Für sonstige Satzungsänderungen kann die Satzung, abweichend von der gesetzlichen Dreiviertelmehrheit der Stimmen, Einstimmigkeit statuieren (§ 53 Abs. 2 S. 1 GmbHG). Darüber hinaus kann die Satzung zusätzliche Erfordernisse vorsehen (§ 53 Abs. 2 S. 2 GmbHG), wie etwa die persönliche Anwesenheit aller Gesellschafter bei der Beschlussfassung. 1164

ii) Gestaltungsalternative: Die GmbH als Trägerin einer Stiftung

Eine dauerhafte Bindung des Vermögens der Gesellschaft an die Zweckbestimmung des Stifters kann durch eine besondere Gestaltung gewährleistet werden: Die Stiftungs-GmbH wird Trägerin des Stiftungsvermögens einer unselbständigen Stiftung. Bei dieser Gestaltung wird der GmbH das Stiftungsvermögen nur treuhänderisch übertragen, so dass sie zwar rechtlich, nicht aber wirtschaftlich Eigentümerin ist. Eine Ausschüttung der Erträge des Vermögens an die Gesellschafter der GmbH scheidet von vornherein aus. Bei Auflösung der GmbH sind die Gesellschafter am Stiftungsvermögen nicht beteiligt. Die Vermögensbindung kann durch die Gesellschafter der GmbH nicht nachträglich beseitigt werden. Sie ergibt sich nämlich aus der schuldrechtlichen Verpflichtung der GmbH durch Begründung der nicht rechtsfähigen Stiftung. Nachträglich kann sie nicht mehr einseitig geändert werden.[1362] 1165

d) Der Stiftungsverein

Gegenwärtig gibt es etwa 150 Stiftungsvereine, darunter sehr bekannte wie die parteinahen und kirchennahen Stiftungen. Dies zeigt bereits, dass diese alternative Stiftungsform durchaus geeignet ist, die mit der Gründung verbundenen Ziele dauerhaft zu erreichen. Bei der Gründung muss – anders als bei der Stiftung oder der Stiftungs-GmbH – ein Grundkonsens von wenigstens 7 Mitgliedern bestehen, weil nur dann Rechtsfähigkeit durch Eintragung im Vereinsregister zu erlangen ist (§ 56 BGB). Das Vereinsrecht eröffnet der Privatautonomie **weiten Spielraum** bei der Satzungsgestaltung (§ 25 BGB). Durch geeignete Ausgestaltung gilt es auch hier, die dauerhafte Verwirklichung des Stifterwillens zu sichern. 1166

aa) Der Name

Die Satzung muss den Namen des Vereins enthalten (§ 57 Abs. 1 BGB). Die Gründer sind bei der Wahl des Vereinsnamens weitgehend frei. Er muss sich lediglich deutlich von denjenigen anderer Vereine am selben Ort unterscheiden (§ 57 Abs. 2 BGB). Der Name des Vereins darf den Begriff „Stiftung" enthalten, wenn eine Irreführung ausgeschlossen ist und der Name den Zusatz e.V. führt (§ 65 BGB).[1363] 1167

bb) Der Vereinszweck

Der Verein darf nur dann als rechtsfähiger Verein in das Vereinsregister eingetragen werden, wenn er ideelle, dh nicht wirtschaftliche Zwecke verfolgt (§ 21 BGB). Die Verfolgung nicht wirtschaftlicher Zwecke ist in erster Linie anhand der Satzung nachzuweisen. Entscheidend ist jedoch die konkrete Art seiner Betätigung. Um als steuerbegünstigte Körperschaft anerkannt zu werden, müssen die bereits erörterten Voraussetzungen der §§ 59, 60 Abs. 1 AO erfüllt werden. 1168

cc) Das Vereinsvermögen

Die Gründung eines Vereins erfordert keine bestimmte Kapitalausstattung. Vereine sind grundsätzlich auf die Erhebung von Mitgliedsbeiträgen angewiesen. Allein mit Hilfe der laufenden Mitgliedsbeiträge oder in Erwartung von Spenden kann ein Verein eine stiftungsartige Struktur nicht erlangen. Stiftungsvereine müssen deshalb von ihren Gründern mit bestimmten Vermögenswerten ausgestattet werden, damit die dauerhafte Erfüllung des Vereinszwecks möglich ist. 1169

1362 *Brill* in: Rechtshandbuch Stiftungen, Kap. 5.8.4 d.
1363 Vgl BayObLG NJW 1973, 249: danach darf ein Verein in seinem Namen nicht den Bestandteil „Stiftung" führen, wenn er nur zur Verfolgung seines gemeinnützigen Zwecks Mitgliedsbeiträge einnimmt und auf die Zuwendung von Spenden hofft; *v. Rotenhan/v. Massow* in: Rechtshandbuch Stiftungen, Kap. 5.9.4 a.

dd) Die Mitglieder des Vereins

1170 Hierzu sollte die Satzung folgende Sachverhalte regeln:

(1) Die Rechte der Mitglieder

1171 Die Rechte der Mitglieder können unterschiedlich ausgestaltet sein. Einzelnen Mitgliedern können Sonderrechte eingeräumt werden (§ 35 BGB), etwa das Recht auf Übernahme oder Besetzung bestimmter Vorstandsämter, Mehrfachstimmrechte, Zustimmungsvorbehalte usw[1364]

(2) Die Mitgliederversammlung

1172 Die Mitgliederversammlung entscheidet über die Angelegenheiten des Vereins mit einfacher Mehrheit, wenn kein anderes Vereinsorgan zuständig ist (§ 32 Abs. 1 S. 1 und 3 BGB). Die Befugnisse der Mitgliederversammlung können durch die Satzung weitgehend beschränkt werden, sofern den Mitgliedern nicht jeder Einfluss auf die vereinsinterne Willensbildung entzogen wird. Zwingend vorbehalten ist der Mitgliederversammlung lediglich der Beschluss über die Auflösung des Vereins (§ 41 BGB).

(3) Die Mitgliedschaft

1173 Der Verein ist bei der Festlegung der Voraussetzungen der Mitgliedschaft grundsätzlich frei und braucht – auch bei Vorliegen dieser selbst geschaffenen Voraussetzungen – einen Bewerber nicht aufzunehmen.[1365] Mit steigender Mitgliedszahl droht die Gefahr einer Verwässerung des Stifterwillens. Aus diesem Grunde empfiehlt sich häufig eine satzungsmäßige Beschränkung der Aufnahme neuer Mitglieder. Die Aufnahme kann auch von persönlichen und/oder fachlichen Voraussetzungen abhängig gemacht werden.

1174 Die Voraussetzungen, unter denen ein Mitglied die Mitgliedschaft verliert, müssen der Satzung mit ausreichender Bestimmtheit zu entnehmen sein. Der Ausschluss aus wichtigem Grund ist zulässig. Ein Abfindungsanspruch steht dem ausscheidenden Vereinsmitglied nicht zu, da die Mitgliedschaft keinen Anteil am Vereinsvermögen verkörpert.[1366] Die Mitgliedschaft in einem Verein ist nicht übertragbar und nicht vererblich (§ 38 S. 1 BGB). Eine abweichende Regelung in der Satzung ist zwar zulässig (§ 40 BGB), im Hinblick auf die Homogenität der Mitglieder aber in der Regel nicht zweckmäßig.

ee) Die Organe des Vereins

1175 Der Verein muss einen **Vorstand** haben, der aus einer oder mehreren Personen besteht (§ 26 Abs. 1 BGB). Anders als bei Kapitalgesellschaften können dem Vorstand nicht nur natürliche Personen, sondern auch **juristische Personen** angehören. Dadurch kann die dauerhafte Verbindung mit einer anderen Einrichtung und die Kontinuität der Verwirklichung des Vereinszwecks sichergestellt werden.[1367]

1176 Der Vorstand vertritt den Verein nach außen (§ 26 Abs. 2 S. 1 BGB). Die Vertretungsmacht des Vorstands ist grundsätzlich unbeschränkt. Sie kann jedoch – anders als im Recht der Kapitalgesellschaften – auch mit Wirkung gegenüber Dritten beschränkt werden (§ 26 Abs. 1 S. 1 BGB). Die Beschränkung wirkt Dritten gegenüber nur dann, wenn sie im Vereinsregister eingetragen oder dem Dritten bekannt ist (§§ 68, 70 BGB).

1177 Besteht der Vereinsvorstand aus mehreren Personen, besteht nicht das Prinzip der Gesamtvertretung, sondern das der **Mehrheitsvertretung** (vgl §§ 28 Abs. 1, 32 Abs. 1 S. 3 BGB). Eine abweichende Regelung in der Satzung ist möglich und zweckmäßig (§ 40 BGB).

1364 *Wachter*, Kap. G Rn 28.
1365 BGH NJW 1987, 2503 f; *v. Rotenhan/v. Massow* in: Rechtshandbuch Stiftungen, Kap. 5.9.4 e.
1366 *Wachter*, Kap. G Rn 30.
1367 *Wachter*, Kap. G Rn 31.

Sofern die Satzung nichts anderes bestimmt, wird der Vorstand durch Beschluss der Mitgliederversammlung bestellt (§ 27 Abs. 1 BGB). Mögliche anderweitige Bestimmungen in der Satzung sind in der Weise denkbar, dass bestimmte Personen geborene Vorstandsmitglieder sind, Sonderrechte für einzelne Mitglieder auf Bestellung zu Vorstandsmitgliedern statuiert werden, der Vereinsvorstand das Recht zur Selbstergänzung erhält oder das Bestellungsrecht für Vorstandsmitglieder auf andere Vereinsorgane übertragen wird, etwa ein Kuratorium. Schließlich ist auch denkbar, dass der Vereinsvorstand aus Mitgliedern eines anderen Vereins gebildet wird, etwa eines Dachverbands.[1368]

1178

Bei mitgliedsstarken Stiftungs-Vereinen empfiehlt sich die Errichtung eines **Aufsichtsorgans** zur Überwachung der Tätigkeit des Vereinsvorstands. Die Aufgaben der Mitgliederversammlung können dann ganz oder teilweise auf das Aufsichtsorgan übertragen werden.

1179

ff) Die Satzungsänderung

Ziel der Gründung eines Stiftungsvereins ist es in der Regel, die Möglichkeit einer Änderung der Vereinssatzung weitestgehend auszuschließen. Das ist jedoch nur bedingt möglich. Mit **einstimmigem** Beschluss der Vereinsmitglieder ist eine Änderung des Vereinszwecks stets möglich (§ 33 Abs. 1 S. 2 BGB).

1180

Sonstige Änderungen der Vereinssatzung können nach der gesetzlichen Regelung des § 33 Abs. 1 S. 1 BGB mit einer Zustimmung von 3/4 der in der Versammlung erschienenen Mitglieder beschlossen werden. Das Mehrheitserfordernis kann aber durch die Vereinssatzung modifiziert werden. Bei Vereinen mit überschaubarer Mitgliederzahl kann die Satzungsänderung von einem einstimmigen Beschluss der Mitglieder abhängig gemacht werden.

1181

Die Befugnis zur Änderung der Satzung kann auch von der Mitgliederversammlung auf ein anderes Organ, zB ein Kuratorium, **übertragen** werden. Nach überwiegender Auffassung ist die Übertragung der Zuständigkeit zur Satzungsänderung auf einen vereinsfremden Dritten nicht zulässig.[1369]

1182

gg) Die Auflösung

Über die Auflösung des Vereins hat zwingend die **Mitgliederversammlung** zu beschließen (§ 41 BGB). Der Auflösungsbeschluss bedarf mangels gegenteiliger Satzungsregelung einer Mehrheit von 3/4 der erschienenen Mitglieder. Bei Stiftungsvereinen wird die Auflösung in der Regel nur durch einstimmigen Beschluss möglich sein. Nach der Auflösung des Vereins erfolgt die **Liquidation** des Vereinsvermögens (§§ 47 ff BGB). Die Mitglieder eines Stiftungsvereins erhalten keinen Anteil am Liquidationserlös. Bei der Auflösung des Stiftungsvereins muss sichergestellt sein, dass das gesamte Vereinsvermögen auch weiterhin steuerbegünstigten Zwecken dient (§ 55 Abs. 1 Nr. 4 AO).

1183

IV. Das steuerliche Gemeinnützigkeitsrecht

Gemeinnützige Stiftungen und Körperschaften genießen eine Reihe von Steuervorteilen. Stifter, Zustifter und Spender können Zuwendungen und Ausgaben im gesetzlich geregelten Umfang als Sonderausgaben geltend machen und damit „Steuern sparen". Diese **Steuervorteile** wurden bereits unter Rn 1045 ff dargestellt.

1184

Voraussetzung für die Gewährung der Steuervergünstigungen ist, dass die Stiftung **steuerbegünstigte Zwecke** im Sinne der §§ 51–68 AO verfolgt. Die nachfolgenden Ausführungen geben einen Überblick über diese Regelungen. Grundnorm ist § 51 AO. Die Inanspruchnahme der Steuervergünstigungen setzt danach voraus, dass eine Körperschaft **ausschließlich** und **unmittelbar gemeinnützige**, **mildtätige** oder **kirchliche** Zwecke verfolgt. In den nachfolgenden Bestimmungen werden diese Begriffe näher definiert.

1185

1368 *Wachter*, Kap. G Rn 31.
1369 *Wachter*, Kap. G Rn 35.

1. Verfolgung steuerbegünstigter Zwecke

1186 Einschlägig sind hier die §§ 52–54 AO.

a) Gemeinnützige Zwecke (§ 52 AO)

1187 Nach der gesetzlichen Definition des § 52 Abs. 1 S. 1 AO sind Zwecke **gemeinnützig**, durch die die Allgemeinheit auf materiellem, geistigem oder sittlichem Gebot selbstlos gefördert wird. Hierzu enthält § 52 Abs. 2 AO einen Beispielskatalog. Nach dem Regierungsentwurf des Gesetzes zur weiteren Stärkung des bürgerschaftlichen Engagements vom 14.2.2007 soll der Katalog gemeinnütziger Zwecke neu gefasst werden und § 52 Abs. 2 AO abschließenden Charakter erhalten. Nach Presseberichten ist jetzt allerdings eine Öffnungsklausel vorgesehen, nach der in den nicht in § 52 Abs. 2 AO nF aufgeführten Fällen eine von den Ländern zu benennende zentrale Stelle über die Gemeinnützigkeit entscheidet. Die §§ 48 und 49 EStDV werden aufgehoben.

1188 Die **Allgemeinheit** fördert nicht, wer nur bestimmte Familien oder Personen oder einen nach anderen Kriterien abgegrenzten Personenkreis begünstigt. Dabei sind Beschränkungen zulässig, die sich aus der begrenzten Kapazität in persönlicher oder finanzieller Hinsicht ergeben. So kann ein Sportverein nicht beliebig viele Mitglieder aufnehmen. Eine Stiftung kann nicht beliebig viele Stipendien an Studenten vergeben. Hier muss eine Auswahl entsprechend den finanziellen Möglichkeiten erfolgen. Der Begriff der Allgemeinheit beschränkt sich nicht auf die inländische Bevölkerung. Wie schon der Katalog der gemeinnützigen Zwecke zeigt, kann auch eine Tätigkeit im Ausland begünstigt sein (Entwicklungshilfe, Völkerverständigung).[1370]

b) Mildtätige Zwecke (§ 53 AO)

1189 Die **Körperschaft** verfolgt **mildtätige** Zwecke, wenn ihre Tätigkeit darauf gerichtet ist, bedürftige Personen selbstlos zu unterstützen. **Bedürftig** ist, wer infolge seines körperlichen, geistigen oder seelischen Zustandes auf die Hilfe anderer angewiesen ist (§ 53 Nr. 1 AO) oder sich in einer wirtschaftlichen Notlage befindet (§ 53 Nr. 2 AO). Mildtätiges Handeln setzt keine Förderung der Allgemeinheit voraus.[1371]

c) Kirchliche Zwecke (§ 54 AO)

1190 **Kirchliche** Zwecke verfolgt die Körperschaft, wenn ihre Tätigkeit darauf gerichtet ist, eine Religionsgemeinschaft des öffentlichen Rechts selbstlos zu fördern (§ 54 AO). Einen Beispielskatalog hierzu enthält § 54 Abs. 2 AO.

2. Selbstlosigkeit (§ 55 AO)

1191 Die Vorschrift des § 55 AO ist komplex. Sie beinhaltet nachstehende Grundsätze.

a) Gebot der Selbstlosigkeit

1192 Die Stiftung muss die steuerbegünstigten Zwecke selbstlos, dh uneigennützig verfolgen (§ 55 Abs. 1, 1. Hs AO). Das ist nicht der Fall, wenn sie in erster Linie aus eigenwirtschaftlichen Zwecken – zB gewerblichen Zwecken oder sonstigen Erwerbszwecken – tätig wird. Dabei ist jedoch nicht jede auf Verbesserung der Einkünfte oder des Vermögens gerichtete Tätigkeit als Verstoß gegen das Gebot der Selbstlosigkeit anzusehen. Eine Körperschaft kann auf Gewinnerzielung gerichtete wirtschaftliche Geschäftsbetriebe unterhalten, ohne diesen Grundsatz zu verletzten, wenn sie die im Rahmen eines wirtschaftlichen Geschäftsbetriebes verfolgten eigenwirtschaftlichen Zwecke nur nicht in erster Linie verfolgt.[1372]

1370 Vgl *Helios/Müller* BB 2004, 2332; *Richter* in: Meyn/Richter, Stiftung Rn 298.
1371 *Wachter*, Kap. B Rn 114; *Richter* in: Meyn/Richter, Stiftung Rn 308 ff.
1372 *Wachter*, Kap. B Rn 116; *Richter* in: Meyn/Richter, Stiftung Rn 332 ff.

b) Gebot der zeitnahen Mittelverwendung

Die Mittel der Stiftung dürfen nur für satzungsgemäße Zwecke verwendet werden (§ 55 Abs. 1, 2. Hs Nr. 1 AO). Der Stifter und seine Erben dürfen grundsätzlich keine Zuwendungen aus Mitteln der Stiftung (Körperschaft) erhalten. Die Erträge unterliegen dem Gebot der zeitnahen Mittelverwendung (§ 55 Abs. 1 Nr. 5 S. 1 AO). Unter zeitnaher Mittelverwendung versteht man die satzungsgemäße Verwendung der **Erträge** des Stiftungsvermögens im Geschäftsjahr des Zuflusses oder im darauffolgenden Geschäftsjahr (§ 55 Abs. 1 Nr. 5 AO).

1193

c) Gebot der Vermögensbindung

Bei Auflösen oder Aufhebung der Stiftung dürfen der Stifter und seine Erben nicht mehr als das eingezahlte Stiftungskapital und den gemeinen Wert ihrer geleisteten Sacheinlagen (zum Zeitpunkt der Einbringung) zurückerhalten (§ 55 Abs. 1, 2. Hs Nr. 2, Abs. 2 und Abs. 3 AO). Das übersteigende Vermögen der Stiftung darf nur für steuerbegünstigte Zwecke verwendet werden (Grundsatz der Vermögensbindung, §§ 55 Abs. 1, 2. Hs Nr. 4 sowie 61 und 62 AO).

1194

d) Begünstigungsverbot

Die Stiftung darf keine Person durch zweckwidrige Ausgaben oder durch unverhältnismäßig hohe Vergütungen begünstigen (§ 55 Abs. 1, 2. Hs Nr. 3 AO). Die **Angemessenheit** der Vergütung von Mitgliedern der Stiftungsorgane gefährdet in der Praxis oftmals die Steuerbegünstigung der Körperschaft. Die grundsätzliche Frage nach der **Entgeltlichkeit** der Tätigkeit der Stiftungsorgane sollte bereits in der Satzung geregelt werden. Die Einzelheiten der Vergütung sollten schriftlich vereinbart und die Regelungen vor Aufnahme der Tätigkeit mit der Stiftungsaufsichtsbehörde und dem Finanzamt abgestimmt werden.[1373]

1195

3. Ausschließlichkeit und Unmittelbarkeit

Die Stiftung muss die steuerbegünstigten Zwecke ausschließlich (§ 56 AO) und unmittelbar (§ 57 AO) verfolgen. **Ausschließlichkeit** liegt vor, wenn eine Körperschaft nur ihre steuerbegünstigten satzungsmäßigen Zwecke verfolgt. Eine Stiftung kann auch mehrere steuerbegünstigte Zwecke nebeneinander verfolgen, sofern die Satzung dies vorsieht. Der Grundsatz der Ausschließlichkeit betrifft allein die **Endzwecke** einer Körperschaft, nicht aber die Maßnahmen zu ihrer Erreichung. Deshalb sind mit diesem Prinzip auch solche Maßnahmen zu vereinbaren, die nur der Schaffung der sachlichen, personellen und finanziellen Voraussetzungen für eine Zweckverwirklichung dienen wie zB die Einrichtung einer Verwaltung, Öffentlichkeitsarbeit, die Werbung um Spender sowie sonstige Mittelbeschaffungsaktivitäten. Dazu gehört auch Sponsoring oder gar die Unterhaltung eines Gewerbebetriebes.[1374]

1196

Die **Unmittelbarkeit** der Zweckerfüllung ist gegeben, wenn die Stiftung ihre Zwecke selbst verwirklicht (§ 57 Abs. 1 S. 1 AO). Dies kann auch durch Hilfspersonen geschehen, soweit diese der Stiftung zuzurechnen sind (§ 57 Abs. 1 S. 2 AO). Die Stiftung muss eine unmittelbare Einflussmöglichkeit auf die Hilfspersonen haben. Juristische Personen können als Hilfspersonen tätig werden, ohne dass sie selbst steuerbegünstigt sind.[1375]

1197

4. Steuerlich unschädliche Betätigungen

Betätigungen, die nicht ausschließlich und unmittelbar der Verwirklichung der satzungsmäßigen Zwecke dienen, führen grundsätzlich zum Verlust der Steuerbegünstigung. Von diesem Grundsatz enthält das Gemeinnützigkeitsrecht nur wenige Ausnahmen. Sie sind in § 58 Nr. 1 bis 12 AO abschließend geregelt.

1198

1373 *Wachter*, Kap. B Rn 120; *Richter* in: Meyn/Richter, Stiftung Rn 348 ff.
1374 *Schauhoff*, Handbuch der Gemeinnützigkeit, 2. Aufl. 2005, § 8 Rn 4.
1375 *Wachter*, Kap. B Rn 121; *Richter* in: Meyn/Richter, Stiftung Rn 395 f.

a) Bildung von Rücklagen

1199 Von dem Grundsatz der zeitnahen Mittelverwendung gibt es Ausnahmen. In bestimmten Fällen dürfen Mittel den Rücklagen der Stiftung zugeführt werden. Nach § 58 Nr. 6 AO darf eine Körperschaft ihre Mittel ganz oder teilweise einer Rücklage zuführen, um ihren steuerbegünstigten Zweck nachhaltig erfüllen zu können (**Zweckrücklage**). Dabei ist es erforderlich, dass sich das über die Rücklage zu finanzierende Vorhaben bereits **konkretisiert** hat. Es handelt sich also um eine projektgebundene Rücklage.[1376] Eine **freie Rücklage** darf die Körperschaft nach näherer Maßgabe der Regelung zu § 58 Nr. 7 a AO bilden. Körperschaften, die an Kapitalgesellschaften beteiligt sind, dürfen nach der Regelung des § 58 Nr. 7 b AO eine **Beteiligungsrücklage** schaffen. Schließlich lässt § 58 Nr. 12 AO die Bildung einer **Ansparrücklage** zu.

b) Unterhaltsregelung

1200 Nach § 58 Nr. 5 AO ist es unschädlich, wenn eine Stiftung – andere Körperschaften sind nicht begünstigt – bis zu 1/3 ihres Einkommen dazu verwendet, den Stifter und seine nächsten Angehörigen in angemessener Weise zu unterhalten, ihre Gräber zu pflegen und ihr Andenken zu ehren. Eine satzungsmäßige Verankerung ist nicht notwendig und sogar schädlich. Hierbei handelt es sich ja gerade nicht um eine steuerbegünstigte satzungsmäßige Aufgabe der Stiftung, sondern nur um eine tatsächliche Einkommensverwendung. Die Zulässigkeit dieser Handhabung sollte im Stiftungsgeschäft geregelt werden (Rn 1102).

5. Grundsatz der formellen und materiellen Vermögensbindung

1201 Die Verfolgung steuerbegünstigter Zwecke muss sich **unmittelbar** aus der **Satzung** ergeben (§ 59 1. Hs AO). Die Satzung muss so präzise gefasst sein, dass ihr unmittelbar entnommen werden kann, ob die Voraussetzungen der Steuerbegünstigung vorliegen (formelle Satzungsmäßigkeit, § 60 AO). Im Anwendungserlass zur Abgabenordnung finden sich in den Anlagen 1 (Mustersatzung für einen Verein) und Anlage 2 (Mustersatzung für andere Körperschaften) zu § 60 Abs. 2 AO entsprechende Muster. Die **tatsächliche Geschäftsführung** muss mit der Satzung übereinstimmen (§§ 59 2. Hs, 63 AO). Den entsprechenden Nachweis hat die Stiftung durch Vorlage entsprechender Aufzeichnungen über die Einnahmen und Ausgaben zu erbringen (§ 63 Abs. 3 AO).

6. Steuerpflicht bei wirtschaftlichem Geschäftsbetrieb

1202 Unterhält eine gemeinnützige Körperschaft einen wirtschaftlichen Geschäftsbetrieb, kann sie insoweit keine Steuervergünstigungen in Anspruch nehmen. Dies entspricht der Forderung nach einer wettbewerbsneutralen Besteuerung. Steuervergünstigungen sind in den Bereichen nicht gerechtfertigt, in denen die gemeinnützige Körperschaft mit gewerblich tätigen Unternehmen konkurriert. Dementsprechend sehen die einschlägigen steuerrechtlichen Vorschriften vor, dass das gemeinnützige Unternehmen im Bereich ihres wirtschaftlichen Geschäftsbetriebs keine Steuervergünstigung in Anspruch nehmen kann (vgl § 5 Abs. 1 Nr. 9 S. 2 KStG; § 3 Nr. 6 S. 2 GewStG, § 12 Abs. 1 Nr. 8 a S. 2 UStG).

a) Die vier Sphären steuerbegünstigter Stiftungen und sonstiger Körperschaften

1203 Aus den gesetzlichen Regelungen der §§ 14, 64, 65 ff AO folgt eine Unterscheidung zwischen vier Sphären, denen erhebliche Bedeutung für die steuerliche Behandlung gemeinnütziger Stiftungen zukommt:

- Der (steuerbegünstigte) **ideelle Bereich**: ihm sind solche Tätigkeiten zuzuordnen, die außerhalb des § 14 AO liegen, dh insbesondere solche Handlungen, bei denen die Körperschaft ohne Einnahmeerzielung tätig wird.
- Die (steuerbegünstigte) **Vermögensverwaltung** nach § 14 S. 3 AO.

[1376] *Wachter*, Kap. B Rn 124; *Richter* in: Meyn/Richter, Stiftung Rn 691 ff.

- Der (steuerpflichtige) **wirtschaftliche Geschäftsbetrieb** (§§ 14 S. 1, 64 AO). Für steuerliche Zwecke werden alle wirtschaftlichen Geschäftsbetriebe einer gemeinnützigen Körperschaft als Einheit behandelt (§ 64 Abs. 2 AO).
- Der (steuerbegünstigte) **Zweckbetrieb** (§§ 65–68 AO).

b) Der ideelle Bereich

Der ideelle Bereich ist der **Kernbereich** der Betätigung steuerbegünstigter Körperschaften. Hier werden die gemeinnützigen Zwecke durch **Verausgabung** gemeinnützigkeitsrechtlich gebundener Mittel verwirklicht. Damit ist in diesem Bereich die fehlende Einnahmenerzielungsabsicht und das Fehlen wirtschaftlicher Vorteile aus Leistungsaustauschverhältnissen typisch.[1377] Zu diesen Tätigkeiten gehören beispielsweise die Vergabe von Stipendien oder Förderpreisen, die Unterstützung Bedürftiger oder Hilfeleistungen in Katastrophenfällen.

Folgende **Zuflüsse** sind dem ideellen Bereich zuzuordnen: Mitgliedsbeiträge bei Vereinen, Spenden, die Erstausstattung der Stiftung mit Stiftungskapital (Vermögensgrundstock) sowie Zustiftungen, Schenkungen, Erbschaften und Vermächtnisse, öffentliche Fördermittel, die nicht für eine Gegenleistung der steuerbegünstigten Körperschaft gegeben werden.[1378]

c) Die Vermögensverwaltung

Der Begriff der Vermögensverwaltung ist in § 14 S. 3 AO definiert. Danach liegt eine Vermögensverwaltung in der Regel vor, wenn Vermögen genutzt, zB Kapitalvermögen verzinslich angelegt oder unbewegliches Vermögen vermietet oder verpachtet wird. Die Errichtung einer Stiftung setzt ein hinreichendes Vermögen für die Erreichung des Stiftungszwecks voraus. Die **Vermögensverwaltung** kommt deshalb bei steuerbegünstigten Stiftungen sehr große Bedeutung zu. Sie darf indes nicht Selbstzweck sein, sondern muss dem steuerbegünstigten Zweck im Sinne einer Mittelbeschaffung dienend untergeordnet werden.[1379]

d) Der wirtschaftliche Geschäftsbetrieb

Ob ein wirtschaftlicher Geschäftsbetrieb vorliegt, beurteilt sich nach § 14 S. 1 und 2 AO. Liegt ein solcher wirtschaftlicher Geschäftsbetrieb vor, stellt sich die weitere Frage, ob er als steuerbegünstigter Zweckbetrieb im Sinne der §§ 65–68 AO anzuerkennen ist.

aa) Der wirtschaftliche Geschäftsbetrieb

Ein wirtschaftlicher Geschäftsbetrieb ist eine selbständige nachhaltige Tätigkeit, durch die Einnahmen oder andere wirtschaftliche Vorteile erzielt werden und die über den Rahmen einer Vermögensverwaltung hinausgeht. Die Absicht, Gewinn zu erzielen, ist nicht erforderlich (§ 14 S. 1 und 2 AO). Als wirtschaftlicher Geschäftsbetrieb einer Stiftung werden zB angesehen die Herausgabe einer Zeitschrift oder eines Jahrbuchs, die Verwertung der geistigen Arbeit Dritter aufgrund eines Verlagsvertrages, der Betrieb einer eigenen Druckerei, die Durchführung von Veranstaltungen oder Kongressen kultureller oder geselliger Art, sofern ein Eintrittsgeld erhoben wird, die Unterhaltung von Museen, Bibliotheken, Schlössern, Burgen oder sonstigen Einrichtungen, die von der Allgemeinheit gegen ein Entgelt benutzt werden können sowie die Durchführung von Reiseveranstaltungen gegen Entgelt.[1380]

bb) Der steuerbegünstigte Zweckbetrieb

Die §§ 66–68 AO enthalten zahlreiche Zweckbetriebsbeispiele. Dies bedeutet, dass bei Einrichtungen und Maßnahmen, die dort ausdrücklich genannt werden, im Einzelnen nicht zu prüfen ist, ob die allgemeinen Voraussetzungen für einen Zweckbetrieb nach § 65 AO erfüllt sind.[1381] Unter den weiteren

---

1377 *Schick* in: PHdb Stiftungen, Kap. 2 Rn 81; *Richter* in: Meyn/Richter, Stiftung Rn 710 f.
1378 *Schick* in: PHdb Stiftungen, Kap. 2 Rn 81; *Richter* in: Meyn/Richter, Stiftung Rn 710.
1379 *Schick* in: PHdb Stiftungen, Kap. 2 Rn 82; *Richter* in: Meyn/Richter, Stiftung Rn 712 ff.
1380 *Boochs* in: Rechtshandbuch Stiftungen, Kap. 6.1.2.3.
1381 *Schick* in: PHdb Stiftungen, Kap. 2 Rn 88; *Richter* in: Meyn/Richter, Stiftung Rn 807 ff.

gesetzlichen Voraussetzungen werden dort beispielsweise Krankenhäuser, Altenheime, Kindergärten, Jugend- und Studentenheime als steuerbegünstigte Zweckbetriebe anerkannt.

1210 Die allgemeine Zweckbetriebsdefinition findet sich in § 65 AO. Ein steuerbegünstigter Zweckbetrieb liegt danach vor, wenn der wirtschaftliche Geschäftsbetrieb in seiner Gesamtausrichtung dazu dient, die steuerbegünstigten satzungsmäßigen Zwecke der Stiftung zu verwirklichen, die Zwecke nur durch einen solchen Geschäftsbetrieb erreicht werden können und der wirtschaftliche Geschäftsbetrieb zu nicht begünstigten Betrieben derselben oder ähnlichen Art nicht in größerem Umfang in Wettbewerb tritt, als es bei Erfüllung der steuerbegünstigten Zwecke unvermeidbar ist (§ 65 Nr. 1–3 AO).

e) Abgrenzung Vermögensverwaltung zu wirtschaftlichem Geschäftsbetrieb

1211 Unterhält die Stiftung einen wirtschaftlichen Geschäftsbetrieb, der nicht als Zweckbetrieb steuerbegünstigt ist, unterliegt sie insoweit der Steuerpflicht, wenn die Einnahmen einschließlich Umsatzsteuer den Betrag von 30 678 EUR – nach dem aktuellen Reformgesetzentwurf künftig 35 000 EUR – übersteigen (§ 64 Abs. 3 AO). Aus diesem Grunde kommt der Abgrenzung zur – unschädlichen – vermögensverwaltenden Tätigkeit große Bedeutung zu. Nach herrschender Meinung ist für die Auslegung des Begriffs „Vermögensverwaltung" auf die allgemeinen einkommensteuerrechtlichen Grundsätze zur Abgrenzung der Einkünfte aus Gewerbebetrieb (§ 15 EStG) gegenüber Einkünften aus Vermietung und Verpachtung (§ 21 EStG) sowie Kapitalvermögen (§ 20 EStG) zurückzugreifen.[1382]

1212 Nach der Rechtsprechung des BFH wird der Bereich der Vermögensverwaltung überschritten, wenn nach dem Gesamtbild der Vermögensverhältnisse und unter Berücksichtigung der Verkehrsauffassung die Ausnutzung substantieller Vermögenswerte durch Umschichtung in den Vordergrund tritt gegenüber der Nutzung von vorhandenem Vermögen im Sinne einer Fruchtziehung aus den zu erhaltenden Substanzwerten.[1383]

1213 Beteiligungen an Kapitalgesellschaften werden in der Regel der steuerfreien Vermögensverwaltung zugerechnet. Demgegenüber wird die Beteiligung an Personengesellschaften als wirtschaftlicher Geschäftsbetrieb qualifiziert.[1384]

7. Verfahren zur Erlangung der Steuerbegünstigung

1214 Ein besonderes Verfahren zur Anerkennung der Gemeinnützigkeit gibt es nicht.[1385]

a) Vorläufige Bescheinigung

1215 Soweit gemeinnützige Körperschaften noch nicht veranlagt worden sind, erteilt das Finanzamt auf Antrag eine vorläufige Bescheinigung über die Gemeinnützigkeit, die befristet und frei widerruflich ist.[1386] Ihre tatsächliche Bedeutung liegt in dem Recht, Spenden entgegenzunehmen und Zuwendungsbestätigungen ausstellen zu dürfen. Wird eine vorläufige Bescheinigung über die Gemeinnützigkeit erteilt, bei einer späteren Überprüfung der Körperschaft aber festgestellt, dass die **Satzung** (nicht die tatsächliche Geschäftsführung) doch nicht den Anforderungen des Gemeinnützigkeitsrechts genügt, dürfen aus **Vertrauensschutzgründen** hieraus keine nachteiligen Folgerungen für die Vergangenheit gezogen werden.[1387]

b) Feststellungsbescheid

1216 Endgültig entschieden wird über die Steuerfreiheit als Folge der Gemeinnützigkeit erst im Veranlagungsverfahren für die jeweilige Steuer und den jeweiligen Steuerabschnitt (Freistellungsbescheid). Die erstmalige Überprüfung der Gemeinnützigkeit ist erst nach **Aufnahme** der tatsächlichen Geschäftsfüh-

---

[1382] BFH BStBl. II 1992, 693; BFH GmbHR 1997, 1007.
[1383] BFH BStBl. II 1992, 693.
[1384] Vgl BFH BStBl. II 1992, 628; BFH BStBl. II 2001, 449; *Richter* in: Meyn/Richter, Stiftung Rn 728 ff.
[1385] AEAO Nr. 3 zu § 59 AO.
[1386] AEAO Nr. 5 zu § 59 AO.
[1387] *Richter* in: Bonefeld u.a. (Hrsg.), Erbrecht, 24. Kap. Rn 101 S. 1276.

rung möglich. Eine Überprüfung der Aufzeichnungen einer steuerbefreiten Körperschaft erfolgt regelmäßig nur alle drei Jahre von Amts wegen.[1388] Das Finanzamt stellt den Freistellungsbescheid daher auch für drei Jahre aus. Die Prüfung des wirtschaftlichen Geschäftsbetriebs erfolgt dagegen jährlich.[1389]

8. Spendenrecht und Sponsoring

Spenden und Sponsoringeinnahmen sind für die Tätigkeiten gemeinnütziger Organisationen und damit auch Stiftungen von großer wirtschaftlicher Bedeutung. Gerade in Zeiten knapper werdender öffentlicher Mittel sind diese Einnahmen wichtige **Finanzierungsinstrumente**. Eine Professionalisierung des Spendenwesens ist festzustellen, wie schon der moderne Begriff **Fundraising** zeigt. Die mit Spenden und Sponsoringentgelten verbundenen Steuervorteile üben erhebliche **Anreizwirkungen** aus. Nachstehend soll deshalb das Spendenrecht und Sponsoring in Form eines kurzen Überblicks dargestellt werden. Die steuerliche Behandlung beider Institute unterscheidet sich erheblich.

1217

a) Der Begriff der Spende und des Sponsorings

Der Begriff der **Spende** wird gesetzlich nicht definiert. Hierunter versteht man eine freiwillige und unentgeltliche Zuwendung.[1390] Gegenstand der Zuwendung können sowohl Geld als auch sonstige Wirtschaftsgüter, insbesondere Sachen sein. Keine tauglichen Spenden sind Nutzungen und Leistungen, beispielsweise Beratungsleistungen.

1218

Unter **Sponsoring** wird üblicherweise die Gewährung von Geld oder geldwerten Vorteilen durch Unternehmen zur Förderung von Personen, Gruppen und/oder Organisationen in sportlichen, sozialen, ökologischen o.Ä. bedeutsamen gesellschaftspolitischen Bereichen verstanden, mit denen die Unternehmen regelmäßig auch eigene unternehmensbezogene Ziele der Werbung oder Öffentlichkeitsarbeit verfolgen. Leistungen eines Sponsors beruhen häufig auf einer vertraglichen Vereinbarung zwischen dem Sponsor und dem Empfänger der Leistungen (Sponsoringvertrag), in der Art und Umfang der Leistungen des Sponsors und des Empfängers geregelt wird.[1391]

1219

b) Die Spende

Liegt eine Spende vor, so sind hieran verschiedene Vorteile geknüpft. Auf Seiten der empfangenden gemeinnützigen Körperschaft handelt es sich um eine steuerfreie Einnahme im ideellen Bereich.[1392] Beim Zuwendenden können die Spenden als Sonderausgaben geltend gemacht werden.

1220

aa) Der Spendenabzug

Die Voraussetzungen des steuerlichen Spendenabzugs sind nicht allein im EStG geregelt. Ergänzend ist die EStDV (§§ 48–50) und ihre verschiedenen Anlagen heranzuziehen. Die gesetzliche Regelung ist kompliziert und unübersichtlich. Die Grundzüge sind bereits in Rn 1051 ff dargestellt. Nach dem Gesetzesentwurf zur weiteren Stärkung des bürgerschaftlichen Engagements sollen die §§ 48 und 49 EStGDV aufgehoben werden.

1221

bb) Das Spendenverfahren

Die Spendenreform zum 1.1.2000 führte zur Abschaffung der alten „Spendenbescheinigung". Sie wird durch die sog. **Zuwendungsbestätigung** ersetzt. Einige wichtige Anwendungsprobleme zur richtigen Gestaltung sind in einem mehrseitigen Verwaltungsschreiben geregelt.[1393]

1222

1388 AEAO Nr. 7 zu § 59 AO.
1389 AEAO Nr. 14 S. 4 zu § 64 Abs. 3 AO.
1390 Vgl BFH BStBl. II 1993, 874 ff.
1391 So die Definition der Finanzverwaltung im AEAO Nr. 7 zu § 64 Abs. 1 AO; vgl auch *Augsten* in: Rechtshandbuch Stiftungen, Kap. 6.3.1.
1392 Vgl dazu Kap. 4 F II.
1393 BMF-Schreiben vom 2.6.2000 BStBl. I 2000, 592 ff.

cc) Vertrauensschutz und Haftung

1223 Nach näherer Maßgabe des § 10 b Abs. 4 S. 1 EStG darf der Steuerpflichtige auf die Richtigkeit der Zuwendungsbestätigung **vertrauen**. Dies gilt nicht, wenn er die Bestätigung durch unlautere Mittel erwirkt hat oder ihm die Unrichtigkeit bekannt ist bzw infolge grober Fahrlässigkeit unbekannt geblieben ist.[1394]

1224 Kehrseite des Vertrauensschutzes beim Spender ist die in § 10 b Abs. 4 S. 2 EStG eingeführte **Spendenhaftung** der gemeinnützigen Organisation. Stellt sie vorsätzlich oder grob fahrlässig eine unrichtige Bestätigung aus oder veranlasst sie, dass Zuwendungen nicht zu den in der Bestätigung angegebenen steuerbegünstigten Zwecken verwendet werden, haftet sie für die entgangene Steuer. Diese ist mit 40 v.H. des zugewendeten Betrages anzusetzen (§ 10 b Abs. 4 S. 3 EStG). Nach dem Entwurf des Reformgesetzes soll der Haftungssatz auf 30 % gesenkt werden.

c) Das Sponsoring

1225 Beim Sponsoring stehen in steuerrechtlicher Hinsicht zwei Fragen im Vordergrund: Der Sponsor ist daran interessiert, die Sponsorenzahlungen als **Betriebsausgaben** gem. § 4 Abs. 4 EStG voll steuerlich abziehen zu können. Aus seiner Sicht liegt hierin der Vorteil gegenüber der Spendenzahlung, die nur im Rahmen der gesetzlichen Höchstbeträge steuermindernd geltend gemacht werden kann. Zum anderen möchte die Empfangskörperschaft die Sponsorengelder steuerfrei vereinnahmen, ohne dass ein zusätzlicher Ertragsteueraufwand entsteht. Handelt es sich bei der Zahlung um eine Spende, ist dies ohne weiteres der Fall. Handelt es sich um eine Sponsoringzahlung, hängt die Frage der steuerfreien Vereinnahmung davon ab, ob sie dem steuerpflichtigen wirtschaftlichen Geschäftsbetrieb gem. § 14 S. 1 und S. 2 AO zuzuordnen ist oder nicht.

aa) Der Betriebsausgabenabzug beim Sponsor

1226 Nach Auffassung der Finanzverwaltung kann es sich bei Sponsorenzahlungen – je nach den Verhältnissen des Einzelfalls – um Betriebsausgaben oder um steuerlich abzugsfähige Spenden (§ 10 b EStG) handeln. Sie hält es deshalb für möglich, dass Zahlungen eines Sponsors steuerlich abzugsfähige Spenden bzw beim Empfänger Einnahmen des ideellen Bereichs sind. Die Finanzverwaltung hat hierzu im Sponsoringerlass vom 18.2.1998.[1395] Stellung genommen. Danach kommt es bei der Abgrenzung auf die eigentliche **Motivation** des Spenders an. Handelt er in privatem Interesse, liegen bei einer Einzelfirma/Personengesellschaft nicht abziehbare Kosten der Lebensführung (§ 12 Nr. 1 EStG) und bei einer Kapitalgesellschaft eine verdeckte Gewinnausschüttung (§ 8 Abs. KStG) vor. Bei einer uneigennützigen Motivation für die Zuwendung nimmt die Finanzverwaltung eine Spende mit den steuerlichen Folgen der §§ 10 b EStG, 9 Nr. 3 KStG an, während er bei einer aus betrieblichem Nutzen gewährten Zuwendung von einer Betriebsausgabe (§ 4 Abs. 4 EStG) ausgeht.[1396]

1227 Bei der Abgrenzung auf einen inneren Beweggrund des Zuwendenden abzustellen, führt zur **Rechtsunsicherheit**. Eine exakte Unterscheidung zwischen Sponsoring und Spende ist damit nicht möglich. Vorzuziehen ist deshalb eine Abgrenzung nach dem Merkmal der Unentgeltlichkeit/Entgeltlichkeit. Der Sponsor vereinbart mit dem Empfänger im Sponsoringvertrag eine konkrete Gegenleistung. Darin liegt der entscheidende Unterschied zur Spende. Konsequenterweise dürfen für Sponsoringzahlungen damit auch keine Zuwendungsbestätigungen ausgestellt werden.[1397]

1228 Im Sponsoringerlass wird der Betriebsausgabenabzug beim Zuwendenden u.a. wie folgt zugelassen: Aufwendungen des Sponsors sind Betriebsausgaben, wenn der Sponsor wirtschaftliche Vorteile, die insbesondere in der Sicherung und Erhöhung seines unternehmerischen Ansehens liegen (...) für sein Unternehmen erstrebt oder für Produkte seines Unternehmens werben will. Das ist insbesondere Fall, wenn der Empfänger der Leistungen auf Plakaten, Veranstaltungshinweisen, in Ausstellungskatalogen, auf den von ihm benutzten Fahrzeugen oder anderen Gegenständen auf das Unternehmen oder

---

1394 Vgl dazu BFH/NV 2003, 908.
1395 BStBl. I, 1998, 212.
1396 Vgl dazu näher *Augsten* in: Rechtshandbuch Stiftungen, Kap. 6.3.2.1.
1397 Vgl zur Abgrenzung Spende/Sponsoring auch BFH BStBl. II 2003, 438.

auf die Produkte des Sponsors werbewirksam hinweist. (…) Wirtschaftliche Vorteile für das Unternehmen können auch dadurch erreicht werden, dass der Sponsor durch Verwendung des Namens, von Emblemen oder Logos des Empfängers oder in anderer Weise öffentlichkeitswirksam auf seine Leistungen aufmerksam macht (II.1 des Sponsoringerlasses).

bb) Die steuerliche Behandlung beim gemeinnützigen Empfänger

Die Zahlungen können bei der empfangenden steuerbegünstigten Körperschaft steuerfreie Einnahmen im ideellen Bereich, steuerfreie Einnahmen aus der Vermögensverwaltung oder steuerpflichtige Einnahmen aus einem wirtschaftlichen Geschäftsbetrieb sein. Für die Abgrenzung gelten die allgemeinen Grundsätze.[1398]

1229

Nach dem Sponsoringerlass liegt kein wirtschaftlicher Geschäftsbetrieb vor, wenn die steuerbegünstigte Körperschaft dem Sponsor nur die Nutzung ihres Namens zu Werbezwecken oder zur Imagepflege erlaubt. Ein wirtschaftlicher Geschäftsbetrieb liegt auch dann nicht vor, wenn der Empfänger der Leistungen zB auf Plakaten, Veranstaltungshinweisen, in Ausstellungskatalogen oder in anderer Weise auf die Unterstützung durch einen Sponsor lediglich hinweist. Dieser Hinweis kann unter Verwendung des Namens, Emblems, oder Logos des Spenders, jedoch ohne besondere Hervorhebung erfolgen. Ein wirtschaftlicher Geschäftsbetrieb liegt dagegen vor, wenn die Körperschaft an den Werbemaßnahmen **mitwirkt**. Der wirtschaftliche Geschäftsbetrieb kann kein Zweckbetrieb (§§ 65–68 AO) sein.[1399]

1230

Bleibt die Empfängerkörperschaft passiv und erlaubt sie lediglich die Namensnutzung, liegt eine steuerfreie Einnahme aus Vermögensverwaltung vor. Bei einem bloßen „Dankhinweis" wird auch noch nicht der Bereich des wirtschaftlichen Geschäftsbetriebs erreicht. Anders ist dies bei **aktiver** Tätigkeit der gemeinnützigen Körperschaft, beispielsweise beim Abdruck von Anzeigen in den Tagungsbroschüren (Produktwerbung).

1231

Einnahmen aus einem wirtschaftlichen Geschäftsbetrieb sind steuerpflichtig. Die allgemeinen Grundsätze über die Gewinnermittlung sind heranzuziehen. Aufwendungen dürfen als Betriebsausgaben grundsätzlich abgezogen werden. Die Finanzverwaltung lässt eine **Aufwandspauschale** in Höhe von 25 % der Einnahmen zu.[1400] Es besteht auch die Möglichkeit, von dem **Pauschalierungswahlrecht** des § 64 Abs. 6 Nr. 1 AO Gebrauch zu machen. Die begünstigte Körperschaft kann danach den Gewinn aus Werbung wahlweise mit 15 % der Einnahmen ansetzen.

1232

V. Familienstiftungen

Die Familienstiftung ist keine besondere Rechtsform. Sie ist eine besondere Ausgestaltung der rechtsfähigen Stiftung bürgerlichen Rechts. Sie zeichnet sich dadurch aus, dass sie im Interesse einer Familie errichtet wird. Schätzungen zu Folge existieren z.Z. etwa 600 Familienstiftungen in Deutschland.[1401] In zivilrechtlicher Hinsicht sind Familienstiftungen den normalen gesetzlichen Regelungen unterworfen. Ihre Besonderheiten sind durch das Stiftungsgeschäft und die Satzung näher auszugestalten. Steuerrechtlich gibt es für Familiengesellschaften eine Reihe von Sondervorschriften, auf die in Form eines kurzen Überblicks eingegangen werden soll.

1233

1. Die Familienstiftung im Zivilrecht

Ihre zivilrechtliche Zulässigkeit ist heute unstritten. Erfüllt eine Familienstiftung den Anforderungen der §§ 80, 81 BGB, muss sie anerkannt werden. Die Familie steht unter dem besonderen Schutz des Staates (Art. 6 Abs. 1 GG). Die mit ihr verbundene Eigennützigkeit (Stiftungszweck) kann damit nicht gegen das Gemeinwohl verstoßen.[1402]

1234

1398 Vgl dazu Rn 1202 ff.
1399 BMF BStBl. I 1998, 212; vgl auch AEAO Nr. 9 zu § 64 Abs. 1 AO.
1400 Vgl AEAO Tz 4 zu § 64 AO.
1401 *Schiffer* in: Rechtshandbuch Stiftungen, Kap. 5.4.1; *Richter* in: Meyn/Richter, Stiftung Rn 83 ff.
1402 Art. 155 Abs. 2 S. 2 der Weimarer Reichsverfassung sah eine Auflösung der Familienfideikommisse vor. Nach dem vor dem 1.9.2002 geltenden Stiftungsrecht war die Genehmigungsfähigkeit von Familienstiftungen durch die Stiftungsbehörden zwar umstritten. Überwiegend wurde aber von ihrer Genehmigungsfähigkeit ausgegangen. Vgl eingehend MünchKommBGB/*Reuter*, EBd, §§ 80, 81 Rn 73 ff.

a) Die Motive für die Errichtung

1235 Mögliche Motive für die Errichtung von Familienstiftungen sind:[1403]
- flexiblere Vermögensverwaltung (Asset Management),
- Erbfolge- und Nachlassplanung (Estate Planning),
- Förderung privater, unternehmerischer und/oder gemeinnütziger Zwecke,
- Erhaltung und Vermehrung des Familienvermögens („Ausschluss der Familie vom Familienvermögen zu Gunsten der Familie"),
- Schutz des Vermögens vor Zersplitterung (auch länger als 30 Jahre),
- Unterstützung und Versorgung von Familienmitgliedern,
- Schutz des Vermögens vor Gläubigern (Asset protection),
- Reduzierung der Erbschaftsteuerbelastung.

b) Der Begriff der Familienstiftung

1236 Das BGB kennt den Begriff der Familienstiftung nicht. Teilweise enthalten die Landesstiftungsgesetze Definitionen. Sie stellen überwiegend darauf ab, ob die Stiftung ausschließlich oder wesentlich im Interesse einer bestimmten Familie oder bestimmter Familien errichtet ist. Ähnliche Hinweise finden sich in den steuerrechtlichen Vorschriften.[1404]

1237 Zivilrechtlich spielt die fehlende exakte Begriffsbestimmung keine Rolle. Muss die Familiengesellschaft bei Vorliegen der Voraussetzungen der §§ 80, 81 BGB anerkannt werden, ist es Aufgabe des Stiftungsgeschäfts und der Satzungsgestaltung, den Kreis der Destinatäre und Art und Umfang der von ihnen zu beanspruchenden Leistungen genau zu definieren. Hier muss nur die grundsätzliche Entscheidung getroffen werden, ob nicht zur Wahrung der Steuervorteile steuerbegünstigter Stiftungen die in § 58 Nr. 5 AO vorgesehene Möglichkeit genügt, dass die Stiftung bis zu 1/3 ihres Einkommens für den Unterhalt der Stifter und seiner Familie verwenden darf. Durch **Kombination** von Stiftungsformen (**Doppelstiftung**) können möglicherweise auch Steuervorteile einerseits und die gewünschten zivilrechtlichen Gestaltungen andererseits erreicht werden.

1238 Steuerrechtlich muss auf die einzelnen gesetzlichen Regeln abgestellt werden. Der Gesetzgeber verwendet hier häufig unbestimmte Rechtsbegriffe wie Familie, wesentlich und Interesse. Die Finanzverwaltung hat die einzelnen Begriffe in den neuen Erbschaftsteuerrichtlinien für die Praxis näher konkretisiert.[1405]

c) Die Stiftungsaufsicht

1239 Eine wesentliche Folge der Einordnung als Familienstiftung ist die **reduzierte staatliche Stiftungsaufsicht**. Sie rechtfertigt sich dadurch, dass die Verwirklichung des Stifterwillens der Eigenverantwortung der Stifterfamilie überlassen wird. Die widerstreitenden Familieninteressen gewährleisten in der Regel eine ausreichende Kontrolle und lassen eine staatliche Aufsicht entbehrlich erscheinen. Die von den Landesstiftungsgesetzen vorgesehene vollständige oder teilweise Freistellung von der Stiftungsaufsicht bezieht sich aber nur auf die **laufende** Tätigkeit. Die Errichtung der Familienstiftung, Satzungsänderungen und die Aufhebung der Familienstiftung bedürfen immer der staatlichen Anerkennung.[1406]

d) Die Doppelstiftung und die Stiftung & Co.KG

1240 Zu diesen beiden besonderen Ausgestaltungen der Familienstiftung wurde bereits im einleitenden Abschnitt unter Rn 1033 f Stellung genommen. Auf diese Ausführungen wird verwiesen.

1241 Die **Doppelstiftung** bietet insbesondere für Unternehmerfamilien eine interessante Möglichkeit, die Steuervorteile der gemeinnützigen Stiftung zu erlangen und dennoch die Familieninteressen zu wah-

---

1403 Vgl *Wachter*, Kap. D 1; *Pöllath* in: Seifart/v. Campenhausen, 3. Kap., § 14 Rn 11 ff.
1404 Vgl §§ 1 Abs. 1 Nr. 4, 15 Abs. 2 S. 1 ErbStG.
1405 R 2 Abs. 2 und 3 ErbstR 2003.
1406 *Richter* in: Bonefeld u.a. (Hrsg.), Erbrecht, 25. Kapitel Rn 87 f; *Wachter*, Kap. D 6.

ren. Hier sind zwei Stiftungen zu errichten, eine gemeinnützige und eine Familienstiftung. Auf die Familienstiftung werden sodann so viele Anteile eines Unternehmens übertragen, wie für die in der Satzung vorgesehene Unterstützung von Familienmitgliedern und der nachfolgenden Generationen erforderlich ist. Die restlichen Anteile erhält die gemeinnützige Stiftung. Für sie werden jedoch Stimmrechte ausgeschlossen oder zu Gunsten der Familienstiftung beschränkt. Ein Verstoß gegen das gesellschaftsrechtliche Abspaltungsverbot wird in dieser Gestaltung nicht gesehen.[1407]

Die **Stiftung & Co. KG** ist die Verbindung einer Stiftung als Komplementär mit einer KG, deren Kommanditisten Familienmitglieder oder andere Personen sind. Dabei kann die Stiftung als Komplementär entweder die Vermittlung der Kontrolle der Kommanditisten über das Unternehmen dienen oder gerade umgekehrt der „Entmachtung" der übrigen Gesellschafter, weil sie eine Stiftung anders als eine GmbH nicht kontrollieren können.[1408]

1242

2. Die Familienstiftung im Steuerrecht

Die Familiengesellschaft als nicht gemeinnützige Körperschaft wird grundsätzlich wie jede Körperschaft besteuert. Es bestehen aber Besonderheiten. Wegen des Familienbezuges kommt es bei **Errichtung** und **Aufhebung** einer Familienstiftung zu einer **Steuererleichterung**, da sich die anzuwendende Steuerklasse bei der Erbschaftsteuer nach dem Verwandtschaftsverhältnis der beteiligten Familienmitglieder richtet. Nach Errichtung der Stiftung wirkt sich der Familienbezug dann **nachteilig** aus, weil bei inländischen Familienstiftungen eine Erbersatzsteuer erhoben wird. Diese fingiert alle 30 Jahre einen **Erbgang** zum Zwecke der Erbschaftsbesteuerung.

1243

In ihrer laufenden Besteuerung unterliegen die Familienstiftungen dem vollen Körperschaftsteuersatz. Auf die Einkünfte der Destinatäre findet das **Halbeinkünfteverfahren** Anwendung. Unentgeltliche Übertragungen von Vermögen auf Familienstiftungen sind in vollem Umfang schenkung- und erbschaftsteuerpflichtig. Daneben kann die Stiftungserrichtung auch für den Stifter ertragsteuerliche Folgen haben.[1409]

1244

a) Die steuerliche Behandlung der Familienstiftung

Die steuerliche Rechtslage bei der Familiengesellschaft stellt sich wie folgt dar:

1245

aa) Bei der Errichtung.

Die Errichtung einer Familiengesellschaft unterliegt nach allgemeinen Grundsätzen der Erbschaft- und Schenkungsteuer (§§ 3 Abs. 2 Nr. 1, 7 Abs. 1 Nr. 8 ErbStG). Die Familienstiftung als juristische Person kann mit dem Stifter nicht verwandt sein, so dass stets die ungünstige Steuerklasse III zur Anwendung käme. Im Wege des Durchgriffs durch die selbständige Stiftung sieht der Gesetzgeber eine **Privilegierung** vor. Bei der Errichtung richtet sich die Steuerklasse nach dem Verwandtschaftsverhältnis der nach der Stiftungsurkunde entferntesten Berechtigten zu dem Erblasser oder Schenker (§ 15 Abs. 2 S. ErbStG).

1246

In der **Beratungspraxis** ist durch Gestaltung der Stiftungssatzung sicherzustellen, dass die Steuerklasse I zur Anwendung kommt. Die Satzung sollte also vorsehen, dass nur der überlebende Ehegatte, die Kinder und die Abkömmlinge der Kinder bezugsberechtigt sind. Sieht die Satzung auch die Berücksichtigung anderer Personen vor, richtet sich der Übergang des Vermögens in vollem Umfang nach der entsprechenden Steuerklasse im Verhältnis zum Stifter, bei der Einbeziehung von Schwiegerkindern also beispielsweise nach der Steuerklasse II. Bei **Zustiftungen** gilt das Steuerklassenprivileg nicht. Spätere Zustiftungen des Stifters oder Dritter unterliegen damit stets der Steuerklasse III.

1247

Die Anwendung des Steuerklassenprivilegs auf Zustiftungen kann jedoch dadurch erreicht werden, dass sich der Stifter bereits mit dem Stiftungsgeschäft verbindlich zur Vornahme der Zustiftung zu

1248

1407 Vgl im Einzelnen *Richter* in: Bonefeld u.a. (Hrsg.), Erbrecht, 24. Kap. Rn 212 ff; *Pöllath* in: Seifart/v. Campenhausen, 3. Kap., § 13 Rn 201 ff.
1408 *Richter* in: Bonefeld u.a. (Hrsg.), Erbrecht, 24. Kap. Rn 220; *Pöllath* in: Seifart/v. Campenhausen, 3. Kap., § 13 Rn 85 ff.
1409 *Lichter* in: Bonefeld u.a. (Hrsg.), Erbrecht, Kap. 24 Rn 122; *Richter* in: Meyn/Richter, Stiftung Rn 479.

Lebzeiten oder von Todes wegen verpflichtet. Alternativ kann an die Errichtung einer neuen Stiftung gedacht werden, die möglicherweise später steuerfrei mit der älteren Stiftung „verschmolzen" wird.

bb) Während ihres Bestehens

1249 Die Familienstiftung ist unbeschränkt körperschaftsteuerpflichtig. Je nach den Umständen fällt auch Gewerbesteuer, Umsatzsteuer sowie Grundsteuer an. Ferner fällt alle 30 Jahre die Erbschafts- und Schenkungsteuer in Form der **Erbersatzsteuer** an.[1410]

cc) Bei der Aufhebung

1250 Die vollständige Auflösung der Familiengesellschaft, die der Genehmigung der Stiftungsaufsicht bedarf, gilt als Schenkung unter Lebenden und ist dementsprechend steuerpflichtig (§ 7 Abs. 1 Nr. 9 ErbStG). Als Schenker gilt nicht die Stiftung, sondern der Stifter. Für die Bestimmung der Steuerklasse des Anfallsberechtigten ist daher auf das Verhältnis zum Stifter abzustellen, so dass nicht zwingend die ungünstige Steuerklasse III anzuwenden ist. Der Rückfall des Stiftungsvermögens an den Stifter selbst ist grundsätzlich nicht steuerfrei oder steuerprivilegiert, sondern unterliegt der Besteuerung nach Steuerklasse III.[1411]

b) Die steuerliche Behandlung des Stifters

1251 Die unentgeltliche Übertragung von Vermögenswerten auf eine Stiftung – ob als Erstausstattung, Zustiftung, Spende oder sonstige Zuwendung – können beim Zuwendenden grundsätzlich dieselben ertragsteuerlichen Rechtsfolgen auslösen wie eine Veräußerung. Durch die Entnahme des Vermögensgegenstandes aus einem Betriebsvermögen können etwaige bestehende stille Reserven realisiert werden, wenn nicht das Gesetz im Einzelfall hierauf verzichtet und die Entnahme zum Buchwert zulässt. Während die Gewinnrealisierung im steuerlichen Privatvermögen regelmäßig steuerfrei möglich ist, ist sie beim steuerlichen Betriebsvermögen selbst bei unentgeltlicher Übertragung in der Regel steuerpflichtig. Für den unentgeltlichen Übergang eines Betriebes, Teilbetriebes oder Mitunternehmeranteils gilt die Pflicht zur Buchwertfortführung (vgl § 6 Abs. 3 EStG). Die Aufdeckung stiller Reserven wird dadurch vermieden.[1412]

c) Die steuerliche Behandlung des Destinatärs

1252 Satzungsmäßige Zuwendungen aus dem Vermögen von Stiftungen fallen den Begünstigten unentgeltlich zu. Dennoch sind sie schenkungsteuerfrei, da sie nicht um der Bereicherung der Bedachten willen, sondern zur Erfüllung des Stiftungszwecks geleistet werden. Allerdings unterliegen die Einkünfte der Destinatäre neuerdings dem **Halbeinkünfteverfahren**. Das bedeutet, dass die Einkünfte zur Hälfte einkommensteuerpflichtig sind (§ 3 Nr. 40 EStG). Entsprechend sind Betriebsausgaben und Werbungskosten lediglich hälftig abzugsfähig.[1413]

VI. Ausländische Stiftungen

1253 Liechtenstein, Schweiz und mittlerweile auch Österreich gelten gegenüber Deutschland als **Steueroasen**. Aus diesem Grunde stellen viele potenzielle Stifter die Frage, ob es nicht unter zivilrechtlichen und/oder steuerrechtlichen Gesichtspunkten sinnvoll ist, eine Stiftung im Ausland zu errichten. Kein seriöser Berater kann eine solche Frage ohne weiteres beantworten. Alle Umstände des Einzelfalls müssen berücksichtigt und in der Regel auch ein kompetenter Kenner des ausländischen Rechts hinzugezogen werden. Einfache Antworten gibt es nicht.[1414]

1410 § 1 Abs. 1 Nr. 4 ErbStG. Das BVerfG hat die Verfassungsmäßigkeit dieser Bestimmung ausdrücklich bestätigt, BVerfGE 63, 312 ff.
1411 BFH BStBl. II 1993, 238 f.
1412 *Richter* in: Bonefeld u.a. (Hrsg.), Erbrecht, 24. Kap. Rn 183 ff; *Richter* in: Meyn/Richter, Stiftung Rn 484 ff.
1413 *Richter* in: Bonefeld u.a. (Hrsg.), Erbrecht, Kap. 24 Rn 187 f; *Richter* in: Meyn/Richter, Stiftung Rn 853 ff.
1414 Die nachfolgenden Ausführungen gehen im Wesentlichen auf *Wachter* in: DAI S. 403 ff zurück; vgl auch Strachwitz/*Mercker* (Hrsg.), Stiftungen, Kap. 10 S. 855 ff.

E. Stiftung 6

1. Motive für die Errichtung einer ausländischen Stiftung

Mit der Überlegung, eine ausländische Stiftung zu errichten, verbinden die Beteiligten häufig die Erwartung von Vorteilen in zivilrechtlicher und/oder steuerrechtlicher Hinsicht. Ob die Vorstellungen zutreffend sind, hängt nicht nur von der jeweiligen ausländischen Rechtsordnung, sondern auch vom deutschen Zivil- und Steuerrecht ab. 1254

a) Pflichtteilsrecht

Bei stiftungswilligen Personen herrscht oft die Auffassung vor, die Errichtung einer Stiftung im Ausland vermeide bzw reduziere Pflichtteilsansprüche. Diese Vorstellung ist indes nicht zutreffend. Pflichtteilsansprüche am Nachlass eines deutschen Erblassers unterliegen zwingend dem deutschen Erbstatut (Art. 25 EGBGB). Bei Anwendbarkeit des deutschen Rechts ist festzustellen, dass die Gründung einer Stiftung im Ausland mit entsprechenden Vermögensübertragungen nicht geeignet ist, Pflichtteilsansprüche zu mindern. Empfohlen werden muss deshalb der Abschluss von – ggf gegenständlich beschränkten – Pflichtteilsverzichtsverträgen. 1255

b) Zugewinnausgleichsansprüche

Sofern für die Ehe deutsches Güterrecht gilt (Art. 15 EGBGB) und keine Ausschlussregelung im Ehevertrag vereinbart ist, ist die Errichtung einer ausländischen Stiftung nur bedingt geeignet, Zugewinnausgleichsansprüche zu reduzieren. Zum einen ist § 1375 Abs. 2 Nr. 1 BGB zu berücksichtigen. Vermögenszuwendungen innerhalb der letzten 10 Jahre vor Beendigung des Güterstandes sind dem Endvermögen zuzurechnen. Zum anderen können Widerrufsrechte des Stifters oder nießbrauchsähnliche Berechtigungen dazu führen, dass die übertragenen Vermögenswerte weiterhin seinem Vermögen zugerechnet werden,[1415] so dass sie in vollem Umfang dem Zugewinnausgleich unterliegen (§ 1375 Abs. 1 S. 1 BGB). Sinnvoll erscheint deshalb eine klare Regelung im Rahmen eines Ehevertrages. 1256

c) Steuervorteile

Ob die Errichtung einer ausländischen Stiftung nachhaltig Steuervorteile für einen deutschen Stifter mit sich bringt, ist sehr schwierig zu beurteilen. Bei der komplexen Prüfung sind Einflussfaktoren zu berücksichtigen, die der Veränderung unterliegen. Folgende Faktoren sind von Bedeutung: 1257
- Wohnsitz und/oder gewöhnlicher Aufenthalt sowie Staatsangehörigkeit des Stifters und der Destinatäre,
- Sitz der Stiftung,
- Art und Belegenheit des Vermögens,
- Konkrete Ausgestaltung der ausländischen Stiftung.

Die Bestimmungen des nationalen und internationalen Steuerrechts aller berührten Staaten sind zu berücksichtigen. Dabei darf nicht vergessen werden, dass sich nicht nur die eigene Lebensplanung des potenziellen Stifters ändern kann, sondern auch die steuerlichen Rahmenbedingungen im Stiftungsland. Deshalb sollten – jedenfalls nicht primär – steuerliche Gründe nicht dafür entscheidend sein, ob ein potenzieller Stifter seinen Wohnsitz ins Ausland verlegt oder die deutsche Staatsangehörigkeit aufgibt. Als „Faustregel" kann festgehalten werden, dass die Auslandsstiftung regelmäßig nur bei Wegfall der unbeschränkten Steuerpflicht des Stifters sowie des Destinatärs im Zurechnungszeitpunkt interessant ist.[1416] 1258

Liegt eine **ausländische Familienstiftung** im Sinne des § 15 Abs. 2 AStG vor, ist Rechtsfolge dieser Qualifizierung die Unanwendbarkeit der Steuerklassenprivilegierung und der Erbersatzbesteuerung. Daneben besteht die Möglichkeit des einkommensteuerrechtlichen Durchgriffs auf den Stifter bzw die hinter der ausländischen Familienstiftung stehenden Anfalls- oder Bezugsberechtigten. 1259

1415 Vgl Palandt/*Brudermüller* § 1375 Rn 11.
1416 *Richter* in: Bonefeld u.a. (Hrsg.), Erbrecht, 24. Kap. Rn 203 S. 1298.

1260 Eine **Doppelbesteuerung** wird dadurch vermieden, dass eine seitens der Stiftung geleistete ausländische Steuer auf die inländische Steuer des Zurechnungsempfängers angerechnet wird (vgl §§ 15 Abs. 2, 12 AStG). Die Durchgriffsbesteuerung führt regelmäßig dazu, dass die Vorteile der ausländischen Familienstiftung nach dortigem Recht bei Inlandsbezügen größtenteils wieder zunichte gemacht werden, indem die Besteuerung auf deutsches Steuerniveau angehoben wird.[1417] Passend erscheint als Resümee das Bonmot des Fürsten Hans-Adam von Liechtenstein: „Wo (Steuer-)Oasen sind, müssen auch Wüsten sein". Um in eine „Steueroase" zu gelangen, muss die „Steuerwüste" Deutschland durchquert werden.

2. Hinweise zu ausländischen Stiftungsregelungen und Trusts

1261 Die nachstehenden Ausführungen geben einen kurzen Überblick über das Stiftungsrecht einiger ausländischer Staaten.

a) Die österreichische Privatstiftung

1262 Österreich hat durch **Modernisierung** seines Stiftungsrechts als **Stiftungsland** große Bedeutung erlangt. Die positiven Erfahrungen, die man in der Praxis mit dem österreichischen Stiftungsrecht gemacht hat, sind für die derzeitige Diskussion um eine Reform des deutschen Stiftungsrechts von großem Interesse.[1418]

aa) Grundlagen

1263 Stiftungen kam in Österreich bis 1993 nur eine geringe praktische Bedeutung zu. Schätzungen zu Folge bestanden damals lediglich etwa 190 Stiftungen. Stiftungswillige zog es in die Nachbarstaaten Liechtenstein und Schweiz. Mit dem am 1.9.1993 in Kraft getretenen Privatstiftungsgesetz hat Österreich ein modernes und flexibles Stiftungsrecht geschaffen. Der Erfolg dieses neuen Stiftungsrechts in der Praxis war durchschlagend. Derzeit bestehen ca. 2 500 Privatstiftungen mit einem verwalteten Vermögen im Umfang von über 25 Mrd. EUR.

bb) Grundzüge

1264 Durch das Privatstiftungsgesetz hat Österreich sein Stiftungsrecht auf Bundesebene vereinheitlicht. Die Privatstiftung entsteht mit der Eintragung im Firmenbuch (§§ 12, 13). Im Rahmen der Anmeldung hat der Stiftungsvorstand den Nachweis zu führen, dass das gewidmete Geldvermögen zur freien Verfügung der Privatstiftung steht (§ 12 Abs. 2 Nr. 3). Der Privatstiftung muss ein Vermögen im Wert von mindestens 70 000 EUR gewidmet werden (§ 4). Von einer staatlichen Stiftungsaufsicht ist die Privatstiftung befreit. An die Stelle einer externen staatlichen Kontrolle tritt die Verpflichtung zu einer internen privaten Kontrolle durch Stiftungsprüfer (§§ 20, 21) und umfassende Auskunfts- und Einsichtsrechte der Begünstigten (§§ 30 ff).

1265 In steuerlicher Hinsicht soll nur auf Folgendes hingewiesen werden. Die Errichtung einer Privatstiftung unterliegt der Erbschaft- und Schenkungsteuer. Unabhängig von der Höhe der Zuwendung kommt ein pauschaler Steuersatz in Höhe von 5 % zur Anwendung unabhängig davon, ob der Zweck gemeinnützig oder eigennützig ist. Gemeinnützige Privatstiftungen sind beschränkt steuerpflichtig und unterliegen der Kapitalertragsteuer in Höhe von 25 %. Eigennützige Privatstiftungen müssen für ihr Einkommen Körperschaftsteuer in Höhe von 34 % zahlen. Zuwendungen an die Destinatäre unterliegen der Kapitalertragsteuer in Höhe von max. 25 %.

b) Die Familienstiftung in Liechtenstein

1266 Schätzungen zu Folge existieren in Liechtenstein mit seinen 30 000 Einwohnern etwa 75 000 Stiftungen, die ein Gesamtvermögen von über 100 Mrd. SFr. verwalten. Diese Zahlen sprechen für sich. Das Stiftungsrecht ist sehr flexibel und ermöglicht eine den individuellen Umständen angepasste Gestaltung.[1419]

1417 Vgl *Pöllath* in: Seifert/v. Campenhausen § 14 Rn 133 f; *Richter* in: Meyen/Richter, Stiftung Rn 888 f.
1418 Vgl i.e. *Wachter* in: DAI S. 482 ff; *Draxler* in: Strachwitz/Mercker (Hrsg.), Stiftungen, Kap. 10.3 S. 874 ff.
1419 Vgl i.e. *Wachter* in: DAI S. 585 ff; *Wanger* in: Strachwitz/Mercker (Hrsg.), Stiftungen, Kap. 10.4 S. 889 ff.

aa) Grundlagen

Das Stiftungsrecht in Liechtenstein ist nach dem Vorbild der Schweizer Regelungen ausgestaltet. Anders verhält es sich indes in Bezug auf das Recht der Familienstiftungen. Dies ist liberaler. Man wollte attraktive Rahmenbedingungen für ausländisches Kapital schaffen.

Die Stiftung ist heute in den Art. 552–570 PGR geregelt. Ergänzend gelten die allgemeinen Vorschriften über juristische Personen (Art. 106–245 PGR) und die Bestimmungen über das Treuunternehmen. Das Liechtensteiner Stiftungsrecht soll reformiert werden. Stiftungsfremde und sogar rechtswidrige Zwecke sollen unterbunden werden. Ob es hierzu wirklich kommt, erscheint zweifelhaft. Nach dem vorgelegten Bericht zur Reform wird die praktische Frage nach der Einschaltung von Treuhändern und Strohmännern bei Stiftungsgestaltungen in dem Bericht nicht einmal angesprochen. Die bestehende Situation wird dort plastisch wie folgt geschildert:

„Die Geschichte der liechtensteinischen Stiftung kann durchaus als Erfolgsgeschichte bezeichnet werden. Im Laufe der letzten Jahrzehnte hat sich die liechtensteinische Stiftung zu einem der wichtigsten Rechtsinstitute der liechtensteinischen Rechtsordnung entwickelt. Die zahlreichen Gründungen durch in- und ausländische natürliche und juristische Personen zeugen davon, dass die liechtensteinische Stiftung einem echten Bedarf entgegenkommt. Nicht zuletzt für die vermögensrechtliche Absicherung von Familien oder die Verfolgung von gemeinnützigen Zwecken spielt sie eine bedeutende Rolle."[1420]

bb) Grundzüge

Jede natürliche oder juristische Person kann unabhängig von ihrem Wohn- oder Firmensitz oder Staatsangehörigkeit in Liechtenstein eine Stiftung errichten. Das Mindestkapital der Stiftung muss 30 000,00 SFr. betragen.

Es besteht zwar ein Öffentlichkeitsregister. Die Eintragung ist aber beispielsweise bei reinen oder gemischten Familienstiftungen nicht erforderlich. Zur Vermeidung ansonsten gesetzlich geregelter Publizität werden viele Regelungen in schriftlich zu regelnden **Beistatuten** getroffen. Die bei Stiftungserrichtung häufig anzutreffende Einschaltung eines **Treuhänders** führt letztlich dazu, dass die Identität des eigentlichen Stifters (Treugebers) geheim bleibt. Als **Stiftungszweck** kommen neben gemeinnützigen Stiftungen auch Familien- und Unternehmensstiftungen in Betracht, Familienstiftungen – anders als in der Schweiz – auch in Form der reinen **Unterhaltsstiftung** (Art. 553 Abs. 2 und 3 PGR).

In steuerlicher Hinsicht ist zu berücksichtigen, dass die Übertragung von Vermögen auf eine liechtensteinische Stiftung nicht der Erbanfall- oder Schenkungsteuer unterliegt. Bei der laufenden Besteuerung ist zu unterscheiden, ob die Stiftung ein kaufmännisch geführtes Gewerbe betreibt oder nicht. Ist dies der Fall, unterliegt die Stiftung der Ertragsteuer und der Kapitalsteuer. Die Ertragsteuer beträgt zwischen 7,5 % bis 20 %. Die Kapitalsteuer in Höhe von 2 Promille wird auf das eingebrachte Kapital und die offenen und stillen Reserven erhoben.

Betreibt die Familienstiftung kein Gewerbe, kommen die besonderen Gesellschaftssteuern zur Anwendung. Danach sind Sitzgesellschaften und Holdinggesellschaften von den allgemeinen Steuern befreit. Sie unterliegen stattdessen einer besonderen Kapitalsteuer auf das Vermögen und die Reserven. Die Kapitalsteuer beträgt für die ersten 2 Mio. SFr. 1 Promille, für weitere 8 Mio. SFr. 0,75 Promille und für das 10 Mio. SFr. übersteigende Vermögen samt Reserven 0,5 Promille. Zuwendungen der Stiftung an deutsche Begünstigte unterliegen in Liechtenstein einer Quellensteuer oder sonstigen Steuer.

c) Die Schweizer Stiftung im Privatrecht

In der Schweiz gibt es heute ca. 25 000 Stiftungen. Die hohe Zahl liegt vor allem in der Einrichtung der sog. **Personalfürsorgestiftungen** (Art. 89bis ZGB) begründet. In der Schweiz sind die Arbeitgeber verpflichtet, die Zuwendungen für die Personalfürsorge (Leistungen bei Alter, Invalidität, Tod, Krankheit, Unfall oder Arbeitslosigkeit), auf eine Stiftung, eine Genossenschaft oder eine Einrichtung des

---

1420 Zitiert bei *Wachter* in: DAI S. 593; auch abrufbar im Internet unter www.llv.li.

öffentlichen Rechts zu übertragen. Das schweizerische Steuerrecht begünstigt dabei die Stiftung als Vermögensträgereinrichtung.[1421]

aa) Grundlagen

1274 Ein spezielles Stiftungsgesetz gibt es in der Schweiz nicht. Das Stiftungsrecht ist im ZGB weitgehend einheitlich geregelt. Neben den speziellen stiftungsrechtlichen Vorschriften (Art. 80 bis 89 ZGB) sind die allgemeinen Bestimmungen über juristische Personen (Art. 52 bis 59 ZGB anwendbar. Für Familienstiftungen besteht eine Sonderregelung (Art. 335 ZGB). Zum 1.1.2006 sind wesentliche Änderungen des Stiftungszivilrechts und des Stiftungssteuerrechts in Kraft getreten. Familienstiftungen sind von der Staatsaufsicht befreit und müssen nicht ins Handelsregister eingetragen werden. Über die Zahl und das Vermögen von Familienstiftungen ist wenig bekannt. Nach Schätzungen gibt es etwa 1 500 Familienstiftungen in der Schweiz.

bb) Grundzüge

1275 Das gesamte Stiftungsrecht wird vom Grundsatz der Stiftungsfreiheit beherrscht. Neben den erwähnten Personalfürsorgestiftungen, den gemeinnützigen und kirchlichen Stiftungen kommen insbesondere den Unternehmensstiftungen und den Familienstiftungen eine nennenswerte Bedeutung zu. Die Errichtung einer Stiftung bedarf weder einer staatlichen Konzession noch einer Genehmigung. Seit dem 1.1.2006 müssen Stiftungen zur Verbesserung der Transparenz eine Revisionsstelle bestimmen, die jährlich die Rechnungslegung und Verwaltung der Stiftung prüft. Stiftungen entstehen mit Eintragung im Handelsregister (Art. 80 ff ZGB). Eine Ausnahme besteht für Familienstiftungen und kirchliche Stiftungen. Sie können sich im Handelsregister eintragen lassen. Die Eintragung hat dann lediglich deklaratorische Wirkung.

1276 Mit Ausnahme der Familienstiftungen unterstehen die Stiftungen der Aufsicht des Gemeinwesens (Bund, Kanton, Gemeinde), dem sie nach ihrer Bestimmung angehörigen (Art. 84 Abs. 1 ZGB). Die Befugnisse der Aufsichtsbehörde beziehen sich im Wesentlichen auf die Organisation der Stiftung sowie die zweckgerichtete Verwendung des Stiftungsvermögens. Das Schweizer Steuersystem kennt drei Steuerhoheitsträger, den Bund, 26 Kantone und rund 3 000 politische Gemeinden. Die jeweiligen Regelungen stehen nebeneinander. Kurze Hinweise zu steuerlichen Fragen sind deshalb nicht möglich.

d) Trusts

1277 Die Rechtsfigur des Trusts ist überwiegend im angloamerikanischen Rechtskreis verbreitet. Das Trustrecht hat sich im Wesentlichen aufgrund von case law entwickelt. Inzwischen haben mehrere Staaten die im case law entwickelten Prinzipien durch Verabschiedung von besonderen Trustgesetzen ersetzt, ergänzt oder geändert. Die Grundstruktur des Trusts stimmt in allen Rechtsordnungen überein. Die konkrete Ausgestaltung sowie die kautelarjuristischen Gestaltungsmöglichkeiten weichen indes zum Teil erheblich voneinander ab. Das deutsche Recht kennt kein Rechtsinstitut, das dem Trust insgesamt entspricht.[1422]

aa) Begriff und Grundstruktur

1278 Beim Trust handelt es sich um ein Treuhandverhältnis über Vermögensgegenstände, die von einem Treuhänder zu Gunsten eines oder mehrerer Begünstigter verwaltet wird. Seine Besonderheit besteht darin, dass das Eigentum an dem Trustvermögen aufgespalten ist, nämlich in das **rechtliche** Eigentum (legal title) des Treuhänders und das **wirtschaftliche** Eigentum (equitable title) des Begünstigten. Damit steht das „Eigentum" an derselben Sache zwei Personen gleichzeitig nebeneinander zu. Das Trustvermögen ist ein Sondervermögen, das vom sonstigen Eigentum des Treuhänders getrennt ist. Zweck eines Trusts ist es u.a., die Nutzung eines Vermögens und seine Verwaltung auf verschiedene Personen zu verteilen.

1421 Vgl i.e. *Wachter* in: DAI S. 615 ff.
1422 Vgl i.e. *Wachter* in: DAI S. 432 ff.

bb) Hinweise

Für den Trust gibt es im deutschen Recht kein vollständiges Äquivalent. In Teilbereichen sind Ähnlichkeiten zu erbrechtlichen Rechtsfiguren (Testamentsvollstreckung, Vor- und Nacherbschaft, Vermächtnis), zur (gemeinnützigen) Stiftung oder zu einer schlichten Geschäftsbesorgung festzustellen.

1279

Durch das Steuerentlastungsgesetz 1999/2000/2002 vom 24.3.1999[1423] wurde das Erbschaftsteuer- und Schenkungsteuergesetz geändert und eine besondere Errichtungs- und Auflösungsbesteuerung für Trusts eingeführt. Im Ergebnis stellt die Neuregelung ausländische Vermögensmassen, die auf die Bildung von Vermögen gerichtet sind, Stiftungen gleich. Der bislang bei Errichtung eines Trusts in Form eines Gründungseffekts bestehende Steuervorteil entfiel damit.

1280

Insgesamt ist festzuhalten, dass ein Trust sowohl in zivilrechtlicher als auch in steuerrechtlicher Hinsicht mit Risiken und Unwägbarkeiten verbunden ist. Auch wegen der erheblichen Transaktionskosten für die Treuhänder und die Vermögensverwaltung sowie die Rechts- und Steuerberatung in den betroffenen Rechtsordnungen wird der Trust nur in wenigen Ausnahmefällen ein geeignetes Instrument der Vermögensverwaltung und Nachfolgeplanung sein.

1281

VII. Rechtspolitische Überlegungen

Nach den Vorstellungen der Stiftungsverbände soll Deutschland ein Stifterland werden. Um dieses Ziel zu erreichen, müssen die **Anreize** für die private Förderung des Gemeinwohls verstärkt werden.

1282

Das deutsche **Gemeinnützigkeitsrecht** ist außerordentlich kompliziert und wenig sachgerecht. Es soll vereinfacht und die Abzugsfähigkeit von Spenden vereinheitlich werden. Warum Spenden an die Katastrophenhilfe bis zu 10 % als Sonderausgaben steuerlich anerkannt werden, Spenden für die Entwicklungshilfe jedoch nur in Höhe von 5 %, ist nicht einzusehen. Ob Freizeitvereine wirklich steuerlich gefördert werden müssen, erscheint zweifelhaft. Neben einer Heraufsetzung der Abzugsbeträge für Spenden ist vor allem an die Verbesserung der steuerlichen Absetzbarkeit für Zustiftungen zu denken. Es ist nicht sachgerecht, den Steuerabzug in Höhe von 307 000 EUR nur für neue Stiftungen gelten zu lassen, nicht aber für bereits bestehende Stiftungen. Potenzielle Spender lassen sich vom Sinn einer Zustiftung unter Verzicht auf die Errichtung einer eigenen Stiftung leichter überzeugen, wenn die Zuwendung an eine bestehende Stiftung als Zustiftung ebenso steuerlich gefördert wird wie die Gründung einer neuen Stiftung.

1283

Der jetzt vorliegende Gesetzesentwurf zur weiteren Stärkung des bürgerschaftlichen Engagements vereinfacht und verbessert das Stiftungsrecht. Die unterschiedlichen Fördersätze beim Spendenabzug werden beseitigt und durch eine einheitliche Höchstgrenze von 20 % des Gesamtbetrages der Einkünfte ersetzt. Zustiftungen werden der Neuerrichtung einer Stiftung gleichgestellt und die Höchstgrenze für die Abzugsbeträge großzügig angehoben. Damit schafft dieses Gesetzesvorhaben weitere **Hilfen für Helfer**. Es soll rückwirkend zum 1.1.2007 in Kraft treten.

1284

1423 BGBl. 1999 I S. 402.

§ 7 Mittelbare Unternehmensbeteiligung

Einleitung	1
A. Die stille Gesellschaft	3
I. Allgemeine rechtliche Darstellung	4
1. Die gesetzlichen Regelungen der §§ 230–236 HGB	4
2. Der Begriff der stillen Gesellschaft	6
3. Die charakteristischen Merkmale der stillen Gesellschaft	8
a) Die stille Gesellschaft als echte Personengesellschaft	9
b) Die stille Gesellschaft als Innengesellschaft	11
c) Prüfungsreihenfolge für das Vorliegen einer stillen Gesellschaft	13
4. Die unterschiedlichen Typen der stillen Gesellschaft	14
a) Die typische stille Gesellschaft	16
b) Die atypische stille Gesellschaft	17
5. Die Abgrenzung zu anderen Beteiligungsformen	27
a) Zur Gesellschaft bürgerlichen Rechts	28
b) Zu den Personenhandelsgesellschaften	29
c) Zur Unterbeteiligung	30
d) Zu partiarischen Verträgen	31
6. Die Besteuerung	33
a) Bei einer typischen stillen Gesellschaft	35
b) Bei einer atypischen stillen Gesellschaft	39
c) Die steuerliche Anerkennung	50
II. Rechtsfragen aus der Praxis	52
1. Gründe für die Wahl der stillen Gesellschaft als Unternehmensform	53
a) Geheimhaltung und Haftungsbegrenzung	54
b) Kapitalausstattung und Kapitalanlage	55
c) Instrument der Unternehmensnachfolge	57
d) Instrument der Mitarbeiterbeteiligung	59
e) Steuerliche Motive	60
2. Orientierungshinweise für den Berater	66
III. Die Gesellschafter	67
1. Inhaber des Handelsgewerbes	68
a) Gesetzlich in Frage kommende Personen	69
b) Gesetzlich ausgeschlossene Personen	71
2. Der Kreis der stillen Gesellschafter	74
3. Zwei- und mehrgliedrige stille Gesellschaften	77
IV. Der Gesellschaftsvertrag	78
1. Der Abschluss des Gesellschaftsvertrages	79
a) Allgemeine Regeln	80
b) Vertretung beim Abschluss	81
c) Formfragen	85
d) Beteiligungsbeschränkungen und Zustimmungserfordernisse	89
e) Prüfungsreihenfolge für eine typische oder atypische Gesellschaft	91
2. Der Inhalt des Gesellschaftsvertrages	92
a) Der Mindestinhalt	93
b) Weitere, zweckmäßige Bestandteile des Gesellschaftsvertrages	94
3. Regelungsgegenstände für den Gesellschaftsvertrag einer stillen Gesellschaft	112
a) Vertragsparteien	112
b) Wesentliche Grundlagen (Mindestinhalt)	112
c) Geschäftsführung, Mitwirkungs- und Kontrollrechte	112
d) Rechnungslegung, Entnahmen und Ergebnisverteilung	112
e) Sonstige Rechte und Pflichten der Gesellschafter	112
f) Tod eines Gesellschafters	112
g) Abfindung bei Beendigung der Gesellschaft	112
h) Weitere Regelungen	112
V. Rechte und Pflichten der Gesellschafter	113
1. Die Rechtsstellung des Geschäftsinhabers	115
a) Die Beitragspflicht	116
b) Die Geschäftsführungspflicht	117
c) Informations- und Treuepflicht	121
d) Wettbewerbsbeschränkungen	124
2. Die Rechtsstellung des stillen Gesellschafters	126
a) Die Beitragspflicht	127
b) Die Kontrollrechte	130
c) Die Treuepflicht	131
d) Wettbewerbsbeschränkungen	132
VI. Auflösung und Auseinandersetzung der stillen Gesellschaft	134
1. Die Auflösung	135
2. Die Auflösungsgründe	137
a) Zeitablauf und Aufhebungsvertrag	138
b) Bedingungseintritt, Erreichen und Unmöglichwerden des Zwecks	139
c) Die Kündigung	140
d) Insolvenz eines Gesellschafters	145
e) Tod eines Gesellschafters	146
f) Auflösung der Hauptgesellschaft	150
3. Die Auseinandersetzung	151
a) Allgemeines	152
b) Das Auseinandersetzungsguthaben	156
c) Das passive Einlagekonto	162
d) Abwicklung schwebender Geschäfte	163
VII. Die stille Gesellschaft in der Insolvenz	165
1. Die Insolvenz des stillen Gesellschafters	167
2. Die Insolvenz des Geschäftsinhabers	169
a) Die Abrechnung durch den Insolvenzverwalter	170
b) Guthaben im Insolvenzverfahren	171
c) Pflicht zur Verlustabdeckung	173
d) Stille Beteiligung mit Eigenkapitalcharakter	174
3. Die Anfechtung der Einlagenrückgewähr	178
B. Die Unterbeteiligung	179
I. Überblick	179
1. Begriff und Rechtsgrundlagen	179
2. Gegenstand, Anwendungsbereich und Typik	181
a) Gegenstand der Unterbeteiligung	181
b) Anwendungsbereich	182
c) Typik der Unterbeteiligung	184
3. Abgrenzung	185
4. Die Besteuerung bei der Unterbeteiligung	187
a) Die typische Unterbeteiligung	188
b) Die atypische Unterbeteiligung	189
c) Unterbeteiligungen unter Familienangehörigen	190

§ 7 Mittelbare Unternehmensbeteiligung

II. Gesellschafter 191
  1. Der Hauptbeteiligte 191
  2. Der Unterbeteiligte 192
III. Der Gesellschaftsvertrag 193
  1. Abschluss des Gesellschaftsvertrages 193
    a) Grundsatz; Beteiligung Minderjähriger 193
    b) Form 195
    c) Zustimmungserfordernisse 196
  2. Vertragsinhalt 199
  3. Checkliste für die Vertragsgestaltung 200
IV. Rechte und Pflichten der Gesellschafter 201
  1. Beitragspflichten 201
  2. Geschäftsführung 202
  3. Treupflichten, Wettbewerbsverbote, Vertraulichkeit 207
  4. Informationsrechte und -pflichten 211
  5. Ergebnisermittlung, Ergebnisverteilung, Entnahmen 215
    a) Ergebnisermittlung 216
    b) Ergebnisverteilung 219
    c) Entnahmen des Unterbeteiligten 222
  6. Haftung 223
  7. Änderung der Rechtsverhältnisse in der Hauptgesellschaft 225
  8. Änderungen des Unterbeteiligungsvertrages; Verfügungen über Gesellschafterrechte 229
V. Auflösung und Auseinandersetzung 230
  1. Auflösungsgründe 230
  2. Auseinandersetzung 233
    a) Auseinandersetzung der typischen Unterbeteiligung 234
    b) Atypische Unterbeteiligung 235
    c) Sonderfälle 236
    d) Regelungsbedarf 237
C. Die Treuhand 238
I. Überblick 238
  1. Begriff und Rechtsgrundlagen 238
  2. Gegenstand, Anwendungsbereich und Typik 239
    a) Gegenstand der Treuhand 239
    b) Anwendungsbereich 240
    c) Typik der Treuhand 241
  3. Abgrenzung 242
  4. Die Treuhand im Steuerrecht 243
  5. Die Treuhand in Zwangsvollstreckung und Insolvenz 246
II. Die Parteien des Treuhandvertrages 250
III. Der Treuhandvertrag 251
  1. Abschluss des Treuhandvertrages 251
    a) Grundsatz; Beteiligung Minderjähriger 251
    b) Formerfordernisse 252
    c) Zustimmungserfordernisse 254
    d) Sonderfall: Treuhandvertrag und Rechtsberatungsgesetz 257

  2. Checkliste für die Vertragsgestaltung 258
IV. Treuhand und Gesellschaftsrecht 259
  1. Grundsatz: Der Treuhänder als Gesellschafter 259
  2. Stimmrecht 261
  3. Informationsrechte 265
  4. Haftung 266
  5. Verfügungen über die Beteiligung 268
  6. Auflösung oder Umwandlung der Gesellschaft; Kapitalerhöhungen 270
V. Das Verhältnis zwischen Treugeber und Treuhänder 271
  1. Weisungsrechte des Treugebers; Vollmacht 272
  2. Informationsanspruch des Treugebers 275
  3. Herausgabepflicht des Treuhänders 276
  4. Anspruch des Treuhänders auf Aufwendungsersatz und **ggf** Vergütung 277
  5. Haftung im Verhältnis zwischen den Vertragsparteien 278
  6. Beendigung der Treuhand und deren Folgen 279
  7. Abtretbarkeit von Ansprüchen; Austausch des Treuhänders **bzw** Treugebers 282
  8. Weitere Bestimmungen im Verhältnis zwischen Treugeber und Treuhänder 283
D. Der Nießbrauch 284
I. Überblick 284
  1. Begriff und Rechtsgrundlagen 284
  2. Gegenstand, Anwendungsbereich, Typik . 285
    a) Gegenstand des Nießbrauchs 285
    b) Anwendungsbereich des Nießbrauchs . 287
    c) Typik 288
  3. Abgrenzung 290
  4. Die Besteuerung beim Nießbrauch 291
    a) Nießbrauch und Ertragsteuern 292
    b) Erbschaft-/Schenkungsteuer 294
II. Die Beteiligten 295
III. Die Bestellung des Nießbrauchs 296
  1. Nießbrauch und Grundgeschäft 296
  2. Form 299
  3. Zustimmungserfordernisse 301
  4. Checkliste für die Vertragsgestaltung 301
IV. Die Rechtsstellung des Bestellers und des Nießbrauchers 302
  1. Verwaltungsrechte 302
  2. Erträge aus der Beteiligung 304
  3. Kapitalmaßnahmen in der Gesellschaft ... 306
  4. Die Haftung des Bestellers und des Nießbrauchers 307
  5. Verfügungen des Bestellers über den Anteil 308
  6. Ausscheiden des Gesellschafters; Liquidation der Gesellschaft 309
  7. Tod eines der Beteiligten 310

Einleitung

Die Beteiligung als Gesellschafter an einem Unternehmen wird üblicherweise als **unmittelbare** Beteiligung bezeichnet. Ungeachtet der unterschiedlichen rechtsdogmatischen und rechtspraktischen Unterschiede ist diesen unmittelbaren Beteiligungsformen gemeinsam, dass der Gesellschafter hier sowohl **mitgliedschaftlich** als auch **dinglich**, dh vermögensrechtlich am Unternehmen beteiligt ist.[1]

---

[1] Vgl näher MünchKommHGB/K. *Schmidt* Vor § 230 Rn 1.

Zu unterscheiden hiervon sind die verschiedenen Formen der **mittelbaren** Teilhabe am Unternehmen. An die Stelle einer dinglichen Mitberechtigung tritt eine lediglich **wirtschaftliche** (Mit-)Berechtigung am Unternehmensvermögen.[2]

Die stille Beteiligung ist die gesetzlich am klarsten geregelte Form der mittelbaren Unternehmensbeteiligung. Sie soll deshalb zu Beginn des Kapitels zur mittelbaren Unternehmensbeteiligung dargestellt werden.

A. Die stille Gesellschaft

Allen unterschiedlichen Ausgestaltungen der stillen Gesellschaft ist gemeinsam, dass hier der stille Gesellschafter nach außen nicht in Erscheinung tritt und keine Haftung für die im Handelsgewerbe des Geschäftsführers begründeten Verbindlichkeiten übernimmt. Dementsprechend eignet sich diese Gesellschaftsform für alle Sachverhalte, in denen sich eine natürliche oder juristische Person an einem Unternehmen beteiligen möchte, ohne nach außen in Erscheinung zu treten und ohne eine eigene Haftung für die im Unternehmen begründeten Verbindlichkeiten zu übernehmen.

I. Allgemeine rechtliche Darstellung

1. Die gesetzlichen Regelungen der §§ 230–236 HGB

Bereits das Allgemeine Deutsche Handelsgesetzbuch von 1861 enthielt Regelungen über das Recht der stillen Gesellschaft. Auch bei Einführung des HGB sah der Gesetzgeber ein fortbestehendes Bedürfnis dafür, mit der Kommanditgesellschaft und der stillen Gesellschaft zwei weithin ähnliche Gesellschaftsformen zu normieren.[3]

Die §§ 230 ff HGB beschreiben nur bestimmte, teils typische, teils vom Gesetzgeber für besonders bedeutsam erachtete Merkmale und Rechtsfolgen des Vorliegens einer stillen Gesellschaft.[4] § 230 HGB umreißt Begriff und Wesen der stillen Gesellschaft. Die §§ 231 und 232 HGB beschäftigen sich mit der Beteiligung des stillen Gesellschafters an Gewinn und Verlust. Die Kontrollrechte des stillen Gesellschafters sind in § 233 HGB normiert. Eine Kündigungsregelung findet sich in § 234 HGB. Schließlich regelt § 235 HGB die Auseinandersetzung und § 236 HGB die Insolvenz des Inhabers. Die vorstehenden Regelungen sind weitgehend **dispositiver** Natur. Im Wirtschaftsleben haben sich deshalb sehr unterschiedliche Typen von stillen Gesellschaften herausgebildet.[5]

2. Der Begriff der stillen Gesellschaft

§ 230 HGB enthält keine gesetzliche Begriffsbestimmung der stillen Gesellschaft. Die Vorschrift orientiert sich indes an der Definition des Art. 250 ADHGB.[6] Auf eine Kurzformel gebracht kann die stille Gesellschaft als **Innengesellschaft** definiert werden, bei der ein allein nach außen in Erscheinung tretender Gesellschafter in Verfolgung des gemeinsamen Zwecks ein Handelsgewerbe zur Gewinnerzielung betreibt, der stille Gesellschafter an dem Handelsgeschäft durch eine in das Vermögen des Geschäftsinhabers übertragene Vermögenseinlage beteiligt ist und dafür am Gewinn (oder Gewinn und Verlust) des Handelsgewerbes partizipiert.[7]

Die stille Gesellschaft ist Personengesellschaft, aber keine Handelsgesellschaft, weil sie kein Handelsgewerbe betreibt, sondern aus den Ergebnissen des von einem ihrer Gesellschafter geführten Handelsgewerbes Nutzen zieht.[8]

---

2 Vgl MünchKommHGB/*K. Schmidt* Vor § 230 Rn 1.
3 Vgl dazu MünchHdb GesR II/*Bezzenberger/Keul* § 72 Rn 1.
4 MünchKommHGB/*K. Schmidt* 230 Rn 1.
5 Vgl MünchVertragsHdb GesR/*von der Heydt* Ziff. IX 1 S. 1305; *Blaurock* Rn 1.27 ff.
6 MünchHdb GesR II/*Bezzenberger/Keul* § 72 Rn 9; Ebenroth/Boujong/Joost/*Gehrlein* § 230 Rn 2.
7 Ebenroth/Boujong/Joost/*Gehrlein* § 230 Rn 2; Röhricht/Graf von Westphalen/*von Gerkan* § 230 Rn 2; Baumbach/Hopt HGB/*Hopt* § 230 Rn 1; MünchKommHGB/*K. Schmidt* § 230 Rn 2 f.
8 Ebenroth/Boujong/Joost/*Gehrlein* § 230 Rn 2; Röhricht/Graf von Westphalen/*von Gerkan* § 230 Rn 6.

3. Die charakteristischen Merkmale der stillen Gesellschaft

8   Die stille Gesellschaft zeichnet sich dadurch aus, dass sie eine echte **Personengesellschaft** ist und als reine **Innengesellschaft** nicht nach außen in Erscheinung tritt.

a) Die stille Gesellschaft als echte Personengesellschaft

9   Durch den Gesellschaftsvertrag verpflichten sich die Gesellschafter gegenseitig zur **Förderung eines gemeinsamen Zwecks**, zu dessen Erreichung jeder Teil einen Beitrag leisten muss. Der stille Gesellschafter leistet seinen Beitrag dadurch, dass er dem Unternehmen des Inhabers Kapital, andere Vermögenswerte oder seine Arbeitskraft zur Verfügung stellt. Der Inhaber des Handelsgewerbes verpflichtet sich dagegen, sein Unternehmen nach besten Kräften auf gemeinschaftliche Rechnung, aber nach wie vor unter seiner alleinigen Verantwortung zu führen. Diesem Verhältnis entspricht es, wenn dem stillen Gesellschafter Informations- und Kontrollrechte sowie der seiner Kapitalbeteiligung entsprechende angemessene Anteil am Erfolg zustehen (§§ 230 Abs. 1, 233 HGB).[9]

10 Die stille Gesellschaft ist eine **Personengesellschaft** im Sinne von § 705 BGB. Die Vorschriften der §§ 705 ff BGB sind auf die stille Gesellschaft anzuwenden, soweit nicht das HGB in den §§ 230 ff Sonderregelungen vorsieht.[10]

b) Die stille Gesellschaft als Innengesellschaft

11 Die stille Gesellschaft ist eine **Innengesellschaft**. Ihr kennzeichnendes Merkmal besteht darin, dass sie nach außen hin nicht auftritt, also eine Vertretung der Gesellschaft durch die Gesellschafter fehlt und bei der die Geschäfte nach außen im Namen eines Gesellschafters, nach innen aber für Rechnung der Gesellschaft geschlossen werden.[11]

12 Die stille Gesellschaft ist **nicht rechtsfähig**. Sie hat also keine eigenen Rechte und Pflichten. Ihr kommt weder aktive noch passive Parteifähigkeit iS des § 50 ZPO zu. Sie ist auch keine Handelsgesellschaft. Dies bringt der Gesetzgeber schon in der Überschrift des 2. Buches des HGB zum Ausdruck. Er führt dort neben den „Handelsgesellschaften" die „stille Gesellschaft" gesondert auf.[12]

c) Prüfungsreihenfolge für das Vorliegen einer stillen Gesellschaft

13 Um vom Vorliegen einer stillen Gesellschaft im Sinne der §§ 230 ff HGB ausgehen zu können, müssen nach den vorstehenden Ausführungen folgende Merkmale erfüllt sein:
- Ein Vertragspartner muss **Kaufmann** iS von §§ 1 ff HGB sein (er muss ein Handelsgewerbe iS des § 230 Abs. 1 S. 1 HGB betreiben).
- Es muss ein **stiller Gesellschafter** vorhanden sein.
- Es muss zwischen ihnen ein **Vertrag** mit einem **gemeinsamen Zweck** geschlossen werden, also ein Gesellschaftsvertrag.
- Der stille Gesellschafter muss kraft dieses Vertrages mit einer **Einlage** am Unternehmen **beteiligt** sein, ohne Gesellschaftsvermögen zu bilden.
- Der stille Gesellschafter muss am **Unternehmensgewinn** beteiligt sein.[13]

4. Die unterschiedlichen Typen der stillen Gesellschaft

14 Im Recht der stillen Gesellschaft als einer Innengesellschaft herrscht grundsätzlich **Vertragsfreiheit**. **Zwingend** sind nur die Beteiligung des stillen Gesellschafters am Gewinn (§ 231 Abs. 2 HGB), das außerordentliche Informationsrecht, das außerordentliche Kündigungsrecht (§ 234 Abs. 1 S. 2 HGB),

---

9   Vgl Ebenroth/Boujong/Joost/*Gehrlein* § 230 Rn 3; MünchKommHGB/*K. Schmidt* § 230 Rn 4; *Blaurock* Rn 4.6.
10 Ebenroth/Boujong/Joost/*Gehrlein*, § 230 Rn 3; Röhricht/Graf von Westphalen/*von Gerkan* § 230 Rn 4 ff; *Johansson* in Gummert (Hrsg.), Münch AnwHdb PersGesR § 2 Rn 361; MünchHdb GesR II/*Bezzenberger/Keul* § 72 Rn 16 f.
11 MünchHdb GesR II/*Bezzenberger/Keul* § 72 Rn 18; MünchKommHGB/*K. Schmidt* § 230 Rn 6 f; Ebenroth/Boujong/Joost/*Gehrlein*, § 230 Rn 4; *Blaurock* Rn 4.10 ff.
12 Ebenroth/Boujong/Joost/*Gehrlein* § 230 Rn 4; MünchHdb GesR II/*Bezzenberger/Keul* § 72 Rn 18 ff; *Blaurock* Rn 4.12.
13 MünchKommHGB/*K. Schmidt* § 230 Rn 3.

das Kündigungsrecht des pfändenden Gläubigers (§ 135 HGB iVm § 234 Abs. 1 S. 1 HGB), die Verlustdeckungspflicht in der Insolvenz (§ 236 Abs. 2 HGB) sowie die Anfechtbarkeit von Rückzahlungen in der Krise (§ 136 InsO).[14]

Folge der Vertragsfreiheit im Recht der stillen Gesellschaft ist eine breite **Typenvielfalt**.[15] Im Allgemeinen wird zwischen der **typischen** und **atypischen** stillen Gesellschaft unterschieden. Diese Differenzierung ist vor allem unter **steuerlichen** Gesichtspunkten von Bedeutung.[16]

a) Die typische stille Gesellschaft

Orientieren sich die Rechtsbeziehungen zwischen zwei Gesellschaftern der stillen Gesellschaft nach dem **Leitbild der §§ 230 ff HGB**, so spricht man von einer **typischen stillen Gesellschaft**.[17] Kennzeichnend für die typische stille Gesellschaft ist demgemäß die fehlende Beteiligung des stillen Gesellschafters am Vermögen des Geschäftsinhabers. Der Betrieb des Handelsgeschäfts zum gemeinsamen Zweck der Gewinnerzielung erfolgt alleine durch den Geschäftsinhaber, der sein Handelsgeschäft im eigenen Namen und in eigener Zuständigkeit, aber für gemeinsame Rechnung führt.[18]

b) Die atypische stille Gesellschaft

Die atypische stille Gesellschaft definiert sich begrifflich aus der Abgrenzung zur typischen stillen Gesellschaft. Sie ist eine Sammelbezeichnung für verschiedene Gestaltungsformen, die in einer oder mehrerlei Hinsicht vom gesetzlichen Leitbild der typischen stillen Gesellschaft abweichen, ohne die rechtliche Einordnung als stille Gesellschaft zu verlieren.[19]

Eine **atypische** stille Gesellschaft ist regelmäßig bei Gestaltungen gegeben, in denen rechtsgeschäftlich eine weitgehende **Mitwirkungsbefugnis** an der Geschäftsführung und/oder eine **Beteiligung** des stillen Gesellschafters am gemeinsamen **„Gesellschaftsvermögen"** in der Weise vereinbart werden, dass der Stille an den Wertänderungen des Geschäftsvermögens und damit an den **stillen Reserven** partizipiert.[20]

aa) Die Geschäftsführungsbeteiligung

Die **Mitwirkungsbefugnisse** des stillen Gesellschafters bei der Geschäftsführung können über Widerspruchsrechte, Zustimmungserfordernisse und Weisungsbefugnisse hinaus bis zur eigentlichen Geschäftsführungsbefugnis gestaffelt werden. Zwischen dem stillen Gesellschafter und dem Geschäftsinhaber kann eine Einzel- und Gesamtgeschäftsführung, aber auch eine Verteilung der Geschäftsführungsbefugnisse je nach Tätigkeitsfeld vereinbart werden. Rechtlich unbedenklich ist überdies eine Alleingeschäftsführung durch den stillen Gesellschafter. Diese Erweiterungen der Geschäftsführungsbefugnisse beschränken sich rein schuldrechtlich auf das Innenverhältnis der Vertragspartner und berühren nicht die Verfügungsbefugnisse des Geschäftsinhabers.[21]

Mit der Beteiligung an der Geschäftsführung kann sich eine Vertretungsmacht des stillen Gesellschafters verbinden. Er vertritt dann aber nicht die stille Gesellschaft, sondern den Geschäftsinhaber.[22]

---

14 Vgl MünchKommHGB/*K. Schmidt* § 230 Rn 72.
15 MünchKommHGB/*K. Schmidt* § 230 Rn 73; MünchHdb GesR II/*Bezzenberger/Keul* § 73 Rn 27; *Blaurock* Rn 4.24 ff.
16 Siehe dazu unten Rn 23 ff.
17 MünchHdb GesR II/*Bezzenberger/Keul* § 73 Rn 29; *Johansson* in Gummert (Hrsg.), MünchHdb PGesR, § 2 Rn 360; BeckHdbPersGes/*Neu* § 13 Rn 4; *Blaurock* Rn 4.25.
18 MünchHdb GesR Band 2/*Bezzenberger/Keul* § 73 Rn 29; *Blaurock* Rn 4.25.
19 BeckHdbPersGes/*Neu* § 13 Rn 5; MünchHdb GesR II/*Bezzenberger/Keul* § 73 Rn 30 ff; Ebenroth/Boujong/Joost/*Gehrlein* § 230 Rn 57 ff.
20 BeckHdbPersGes/*Neu* § 13 Rn 5; MünchHdb GesR II/*Bezzenberger/Keul* § 73 Rn 30; Ebenroth/Boujong/Joost/*Gehrlein* § 230 Rn 57 ff; *Aulinger*, Die atypische stille Gesellschaft, 1955, S. 16 ff, 27 ff.
21 Ebenroth/Boujong/Joost/*Gehrlein* § 230 Rn 59; MünchKommHGB/*K. Schmidt* § 230 Rn 77.
22 Vgl im einzelnen MünchKommHGB/*K. Schmidt* § 230 Rn 78; Ebenroth/Boujong/Joost/*Gehrlein* § 230 Rn 60.

bb) Die Vermögensbeteiligung

21 Der stille Gesellschafter wird häufig am **Unternehmensvermögen** beteiligt. Damit entsteht kein Gesellschaftsvermögen iS von § 718 BGB; bei der stillen Gesellschaft gibt es ein solches Gesellschaftsvermögen nicht. Der stille Gesellschafter nimmt aber an Wertveränderungen des Anlage- und Umlaufvermögens, des inneren Geschäftswerts und insgesamt der Rücklagen teil. Insbesondere bei der Auseinandersetzung ist der stille Gesellschafter dann so zu stellen wie ein Gesamthänder. Ihrer Rechtsnatur nach ist diese Beteiligung am Unternehmensvermögen eine **rein schuldrechtliche**. Sie schafft kein Gesellschaftsvermögen der stillen Gesellschaft und führt auch nicht zu einer dinglichen Beteiligung des stillen Gesellschafters am Vermögen des Geschäftsinhabers.[23]

cc) Mehrgliedrige stille Gesellschaft

22 Die inzwischen herrschende Auffassung lässt **mehrgliedrige** stille Gesellschaften zu.[24]

23 Die Beteiligten haben die Wahl zwischen drei Varianten: (1) Die Begründung mehrerer stiller Gesellschaftsverhältnisse mit jedem Anleger. Dies war nach früher herrschender Auffassung die einzige Möglichkeit, solche mehrgliedrigen Gesellschaftsverhältnisse zu begründen.[25] (2) Die Begründung eines einheitlichen mehrgliedrigen stillen Gesellschaftsverhältnisses mit allen Anlegern oder (3) die Begründung einer zweigliedrigen stillen Gesellschaft zwischen dem Geschäftsinhaber und einer unter den Anlegern gebildeten Gesellschaft bürgerlichen Rechts.[26]

dd) Die GmbH & Still

24 Als „GmbH & Still" wird eine nach dem Modell der GmbH & Co. KG organisierte atypische stille Gesellschaft verstanden.[27] Anstelle von Kommanditisten sind an einer solchen Gesellschaft stille Gesellschafter beteiligt. Rechtstechnisch unterscheidet sich eine solche Gesellschaft grundlegend von der GmbH & Co. KG. Unternehmensträgerin im Außenverhältnis und alleinige Trägerin des Gesellschaftsvermögens ist im Verhältnis zu Dritten die GmbH. Die wie Kommanditisten beteiligten stillen Gesellschafter leisten keine Einlagen an die GmbH, sind aber mit ihr sowie untereinander zu einem Verband verbunden. Das Innenverhältnis kann dem einer Kommanditgesellschaft angeglichen werden.[28]

ee) Zivilrechtliche und steuerrechtliche Differenzierung

25 Die Unterscheidung zwischen typischer und atypischer Gesellschaft ist für das Zivilrecht und Steuerrecht **gesondert** vorzunehmen. Zwar weisen zivilrechtliche und steuerrechtliche Beurteilung Ähnlichkeiten auf. Die Differenzierungsmerkmale sind jedoch nicht identisch.[29]

26 Wird das Zivilrecht vom Grundsatz der Vertragsfreiheit beherrscht, ist eine rechtliche Unterscheidung häufig nur von akademischem Interesse. Entscheidend ist, was die Beteiligten konkret vereinbart haben. Solange kein Verstoß gegen die wenigen zwingenden zivilrechtlichen Vorgaben vorliegt, sind die getroffenen Abreden maßgebend. Ganz anders verhält es sich im Steuerrecht. Hier ist die Unterscheidung von gravierender Bedeutung, denn die steuerrechtlichen Folgen sind höchst unterschiedlich.

5. Die Abgrenzung zu anderen Beteiligungsformen

27 Die Unterscheidung einer stillen Gesellschaft von vergleichbaren Rechtsverhältnissen kann erhebliche Schwierigkeiten bereiten. Die Abgrenzung ist nach verschiedenen Unterscheidungsmerkmalen vorzunehmen, die bei den jeweiligen Rechtsverhältnissen nicht fehlen oder nicht vorhanden sein dürfen.[30]

---

23 MünchKommHGB/*K. Schmidt* 230 Rn 79 f; Ebenroth/Boujong/Joost/*Gehrlein* § 230 Rn 58; MünchHdb GesR II/*Bezzenberger/Keul* § 73 Rn 32 ff.
24 BGHZ 127, 176,179; Ebenroth/Boujong/Joost/*Gehrlein* § 230 Rn 74; MünchHdb GesR II/*Bezzenberger/Keul* § 73 Rn 40 ff; MünchKommHGB/*K. Schmidt* § 230 Rn 83.
25 Vgl MünchKommHGB/*K. Schmidt* § 230 Rn 83.
26 Eingehend dazu MünchKommHGB/*K. Schmidt* § 230 Rn 83.
27 MünchKommHGB/*K. Schmidt* § 230 Rn 87; *Blaurock* Rn 21.61 ff.
28 Vgl im Einzelnen MünchKommHGB/*K. Schmidt* § 230 Rn 87; MünchHdb GesR II /*Bezzenberger/Keul* 73 Rn 40 ff.
29 BeckHdbPersGes/*Neu* § 13 Rn 50.
30 MünchHdb GesR II/*Bezzenberger/Keul* § 73 Rn 1.

a) Zur Gesellschaft bürgerlichen Rechts

Die stille Gesellschaft ist eine besondere Art der Gesellschaft bürgerlichen Rechts. Von dieser unterscheidet sie sich dadurch, dass sie nur an einem Handelsgewerbe begründet werden kann, der stille Gesellschafter stets am Gewinn beteiligt sein muss und sie kein gesamthänderisch gebundenes Gesellschaftsvermögen besitzt. Als Innengesellschaft beschränkt sie sich in ihren Rechtswirkungen auf das Verhältnis der Gesellschafter untereinander. Nach Außen tritt sie nicht als Personenvereinigung in Erscheinung.[31]

28

b) Zu den Personenhandelsgesellschaften

Die wesentlichen Unterschiede zwischen einer stillen Gesellschaft und Personenhandelsgesellschaften folgen deutlich aus dem grundsätzlich verschiedenen Typus beider Gesellschaftsformen. Die stille Gesellschaft hat kein Gesellschaftsvermögen. Als Innengesellschaft nimmt sie am Rechtsverkehr nicht teil. Die Geschäfte werden von dem Geschäftsinhaber im eigenen Namen und nicht unter gemeinschaftlicher Firma der Gesellschaft betrieben. Eine Außenhaftung des stillen Gesellschafters kann nicht entstehen. Zweck der offenen Handelsgesellschaft und der Kommanditgesellschaft ist hingegen der Betrieb eines Handelsgewerbes unter gemeinsamer Firma. Die Gesellschaft und nicht nur ein Gesellschafter nimmt am Rechtsverkehr teil. Als Außengesellschaft verfügt sie über Gesellschaftsvermögen.[32]

29

c) Zur Unterbeteiligung

Bei einer Unterbeteiligung beteiligt sich der Unterbeteiligte an dem **Gesellschaftsanteil** eines anderen und nicht an einem Handelsgewerbe. Gesellschafter sind nicht der Inhaber eines Handelsgeschäfts und ein stiller Gesellschafter, sondern der **Gesellschafter** einer Kapital- oder Personengesellschaft – der **Hauptbeteiligte** – und ein **Unterbeteiligter**, der sich an dessen Gesellschaftsanteil beteiligt. Daher ist die Unterbeteiligung auch als Innengesellschaft keine stille Gesellschaft.[33]

30

d) Zu partiarischen Verträgen

Wird im Rahmen eines Austauschvertrages, etwa eines Darlehens-, Miet- oder Dienstvertrages als Gegenleistung eine **Gewinnbeteiligung** zugesagt, so liegt darin ein sogenanntes partiarisches Rechtsverhältnis. Wegen des mit der Gewinnbeteiligung verbundenen gemeinsamen wirtschaftlichen Ziels stehen partiarische Verträge einer stillen Gesellschaft zwar nahe. Ihnen fehlt aber das entscheidende Merkmal der Verfolgung eines **gemeinsamen** Zwecks.[34]

31

Bei einem partiarischen Austauschvertrag liegt der Zweck auch in der Erzielung eines Erfolges, an dem die Vertragspartner teilhaben wollen. Dieser Zweck soll indes nicht als Folge einer gesellschaftsrechtlichen Bindung, sondern durch Leistung und Gegenleistung verwirklicht werden, wobei jeder Vertragspartner eigene, häufig im Ergebnis allerdings weitgehend gleichgerichtete Interessen verfolgt.[35]

32

6. Die Besteuerung

In der gesellschaftsrechtlichen Beratungspraxis tauchen steuerrechtliche Fragen immer wieder auf. Personen, die die Gründung einer stillen Gesellschaft erwägen, möchten zumindest die wesentlichen Aspekte der steuerlichen Auswirkungen kennen. Aus diesem Grunde folgt nachstehend eine kurze Darstellung wichtiger steuerrechtlicher Aspekte.[36]

33

---

31 MünchHdb GesR II/*Bezzenberger/Keul* § 73 Rn 4; *Blaurock* Rn 8.6.
32 MünchHdb GesR II/*Bezzenberger/Keul* § 73 Rn 2; *Blaurock* Rn 8.8 ff.
33 MünchHdb GesR II/*Bezzenberger/Keul* § 73 Rn 8; *Blaurock* Rn 8.5.
34 BGH NJW 1995, 192; Ebenroth/Boujong/Joost/*Gehrlein* § 230 Rn 69; MünchHdb GesR II/*Bezzenberger/Keul* § 73 Rn 9 ff; *Lotze*, Kapitalbeteiligungsgesellschaften als stille Gesellschaft, 1993, 36 ff.
35 BGHZ 127, 176,177 f; MünchHdb GesR II/*Bezzenberger/Keul* § 73 Rn 10.
36 Vgl im Einzelnen zu steuerrechtlichen Fragen BeckHdbPersGes/*Neu* § 13 Rn 50 ff; *Blaurock* Hdb §§ 20 ff.

34 Wichtig ist die – **steuerrechtliche** – Unterscheidung zwischen der typischen und atypischen stillen Gesellschaft. Gem. § 20 Abs. 1 Nr. 4 EStG gehören nämlich Einnahmen aus der Beteiligung an einem Handelsgewerbe als stiller Gesellschafter zu den Einkünften aus **Kapitalvermögen**, es sei denn, dass der Gesellschafter als Mitunternehmer anzusehen ist. Damit kommt es für die Ermittlung der steuerlichen Einkunftsart darauf an, ob der stille Gesellschafter **Mitunternehmer** ist oder nicht. Ist der stille Gesellschafter nicht Mitunternehmer, erzielt er Einkünfte aus Kapitalvermögen. Eine solche Gesellschaft wird als typische stille Gesellschaft im steuerrechtlichen Sinne bezeichnet. Ist der stille Gesellschafter demgegenüber Mitunternehmer, erzielt er Einkünfte aus **Gewerbebetrieb**. Eine solche Gesellschaft wird als atypische stille Gesellschaft bezeichnet.[37]

a) Bei einer typischen stillen Gesellschaft

35 Hier ist zwischen dem Geschäftsinhaber und dem typisch stillen Gesellschafter zu unterscheiden. Es ergeben sich folgende Auswirkungen:

aa) Die Besteuerung des Geschäftsinhabers

36 Die typische stille Gesellschaft ist **kein selbständiges Steuerrechtssubjekt**. Steuerrechtssubjekte sind allein der Inhaber des Handelsgeschäfts einerseits und der stille Gesellschafter andererseits. Der Inhaber des Handelsgeschäfts unterliegt unabhängig von der stillen Beteiligung der Einkommensteuer oder, wenn er eine juristische Person ist, der Körperschaftsteuer.[38]

37 Die an den stillen Gesellschafter zu zahlenden **Gewinnanteile** sind für den Inhaber des Handelsgeschäfts als **Betriebsausgaben** abzugsfähig. Sie sind zu dem Zeitpunkt berücksichtigungsfähig, in dem sie wirtschaftlich entstanden sind. Da der Gewinnanspruch des stillen Gesellschafters grundsätzlich mit Ablauf des Geschäftsjahres entsteht, hat das Unternehmen zum Bilanzstichtag eine entsprechende Verpflichtung zu bilanzieren.[39]

bb) Die Besteuerung des typisch stillen Gesellschafters

38 Die Gewinnanteile des stillen Gesellschafters stellen nach § 20 Abs. 1 Nr. 4 EStG **Einkünfte aus Kapitalvermögen** dar und sind im Zuflusszeitpunkt, dh im Zeitpunkt der Verschaffung der Verfügungsmacht, der Besteuerung zu unterwerfen.[40]

b) Bei einer atypischen stillen Gesellschaft

39 Nach ständiger Rechtsprechung ist **Mitunternehmer** grundsätzlich nur, wer sowohl **Mitunternehmerinitiative** entfalten kann als auch **Mitunternehmerrisiko** trägt.[41] Mitunternehmerinitiative bedeutet insbesondere die Teilhabe an unternehmerischen Entscheidungen, wie sie Gesellschafter zu treffen haben. Ausreichend ist schon die Möglichkeit zur Ausübung von Gesellschafterrechten, die wenigstens den Stimm-, Kontroll- und Widerspruchsrechten angenähert sind, die einem Kommanditisten nach dem HGB zustehen oder die den gesellschaftsrechtlichen Kontrollrechten nach § 716 Abs. 1 BGB entsprechen.[42]

40 **Mitunternehmerrisiko** trägt im Regelfall, wer am Gewinn und Verlust des Unternehmens und/oder an den stillen Reserven einschließlich eines etwaigen Geschäftswerts beteiligt ist. Eine Beteiligung an den stillen Reserven ist jedoch nicht ausschlaggebend, wenn die stillen Reserven für den Gesellschafter keine wesentliche wirtschaftliche Bedeutung haben.

41 Für die Annahme einer **Mitunternehmerschaft** müssen beide Merkmale **kumulativ** vorliegen. Sie können aber unterschiedlich stark ausgeprägt sein. So kann eine schwach ausgeprägte Mitunternehmer-

---

37 *Blaurock* Rn 20.47.
38 *Blaurock* Rn 20.49.
39 Zu weiteren Einzelheiten vgl BeckHdbPersGes/*Neu* § 13 Rn 70 ff.
40 Vgl zu weiteren Einzelheiten BeckHdbPersGes/*Neu* § 13 Rn 74 ff.
41 BFHE 141, 405, 440; BFHE 171, 510, 513; BFHE 190, 204, 206; MünchKommHGB/*K. Schmidt* § 230 Rn 75; BeckHdbPersGes/*Neu* § 13 Rn 51 ff; *Lotze*, Kapitalbeteiligungsgesellschaften als stille Gesellschaft, 1993, 53 ff.
42 MünchKommHGB/*K. Schmidt* § 230 Rn 75; BeckHdbPersGes/*Neu* § 13 Rn 51.

initiative für die Annahme einer Mitunternehmerstellung ausreichen, wenn das Mitunternehmerrisiko besonders stark hervortritt oder umgekehrt.[43]

Ob der stille Gesellschafter als Mitunternehmer zu qualifizieren ist, ist aufgrund einer **Gesamtbetrachtung** unter Berücksichtigung aller Umstände des Einzelfalls zu entscheiden. Für die Annahme einer atypischen stillen Gesellschaft reicht es nicht aus, wenn sie lediglich im Vertragswerk als solche bezeichnet wird. Maßgebend ist vielmehr, welche Regelungen der Gesellschaftsvertrag im Einzelnen enthält und welche rechtlichen und wirtschaftlichen Wirkungen diese Regelungen im jeweiligen Einzelfall haben. Aufgrund der gebotenen Gesamtbetrachtung wird die Mitunternehmerstellung darüber hinaus nicht nur anhand des Vertrags über die stille Gesellschaft selbst beurteilt. Es sind auch wirtschaftliche und rechtliche Beziehungen zwischen dem Stillen und dem Inhaber des Handelsgeschäfts einzubeziehen wie beispielsweise Geschäftsführungs-, Pacht- und Darlehensverträge oder Beteiligungen am Unternehmen des Tätigen.[44] 42

aa) Das Steuersubjekt

Auch die atypische stille Gesellschaft ist kein selbständiges Steuerrechtssubjekt. Steuerpflichtig sind allein die einzelnen Mitunternehmer. Die Gewinnanteile der atypischen stillen Gesellschaft stellen gem. § 15 Abs. 1 S. 1 Nr. 2 EStG gewerbliche Einkünfte dar.[45] 43

Nach heute gültiger Rechtsprechung des BFH wird die atypische stille Gesellschaft gewerblich mit der Folge tätig, dass sie selbständiges Subjekt der Gewinnerzielung, Gewinnermittlung und Einkünftequalifikation ist.[46] Damit gelten im Wesentlichen die gleichen Grundsätze wie für die Außengesellschaften, also die OHG und KG. 44

bb) Einkünftequalifikation

In erster Linie ist auf die Tätigkeit der Gesellschaft abzustellen. Betreibt sie ein gewerbliches Unternehmen und sind die Gesellschafter als Mitunternehmer anzusehen, liegen Einkünfte aus Gewerbebetrieb iS des § 15 Abs. 1 EStG vor. 45

Einkünfte aus freiberuflichen bzw land- und forstwirtschaftlichen Tätigkeiten oder Vermögensnutzungen durch Personengesellschaften fallen grundsätzlich nicht unter § 15 Abs. 1 Nr. 2 EStG. Beteiligt sich also eine Person still an auf diesen Gebieten tätigen Unternehmen, so erzielt der stille Gesellschafter Einkünfte aus selbständiger Arbeit, Land- und Forstwirtschaft, Vermietung und Verpachtung oder Kapitalvermögen.[47] 46

Zivilrechtlich ist zu berücksichtigen, dass nach hM eine stille Gesellschaft nur an einem Handelsgewerbe iSd § 230 Abs. 1 HGB begründet werden kann. Eine analoge Anwendung der §§ 230 ff HGB auf die vorstehend angeführten Konstellationen wird teilweise erwogen. 47

Soweit Steuergesetze die Einkunftsart unabhängig von der Tätigkeit bestimmen, gilt dies auch für die atypische stille Gesellschaft. So erzielen nach § 8 Abs. 2 KStG Kapitalgesellschaften stets und ausschließlich Einkünfte aus Gewerbebetrieb.[48] 48

cc) Gewinnermittlung

Die stille Gesellschaft als vermögenslose Innengesellschaft ist nicht Kaufmann und deshalb handelsrechtlich weder buchführungs- noch bilanzierungspflichtig. Die in § 232 HGB vorgeschriebene Gewinnermittlung erfolgt deshalb auf der Grundlage des **Jahresabschlusses** des **Geschäftsinhabers**.[49] 49

---

43 BeckHdbPersGes/*Neu* § 13 Rn 51.
44 BeckHdbPersGes/*Neu* § 13 Rn 52; MünchKommHGB/*K. Schmidt* § 230 Rn 75.
45 BeckHdbPersGes/*Neu* § 13 Rn 85; *Blaurock* Rn 20.50.
46 BFH BStBl. II. 1998, 328 = NJW 1997, 2003 f; BeckHdbPersGes/*Neu* § 13 Rn 85; *Blaurock* Rn 20.50.
47 BeckHdbPersGes/*Neu* § 13 Rn 86.
48 Vgl im Einzelnen BeckHdbPersGes/*Neu* § 13 Rn 88 f.
49 Vgl im Einzelnen BeckHdbPersGes/*Neu* § 13 Rn 92; MünchHdb GesR II § 90 Rn 43.

c) Die steuerliche Anerkennung

50 Für die **steuerliche Anerkennung** von stillen Gesellschaften gelten grundsätzlich die zivilrechtlichen Regeln. Es bestehen aber eine Reihe von steuerlichen Grundsätzen, die beachtet werden müssen. Hierzu gehören vor allem der ernsthafte Rechtsbindungswille und die tatsächliche Durchführung des Vereinbarten. Insbesondere bei Verträgen mit **nahen Angehörigen** wird geprüft, ob sie dem sogenannten **Fremdvergleich** standhalten.[50]

51 Wird die atypische stille Gesellschaft dem Grunde nach anerkannt, so ist in einem zweiten Schritt die **Angemessenheit** der Gewinnverteilung zu prüfen. Bei einer geschenkten Beteiligung liegt die von der Rechtsprechung und Finanzverwaltung aufgestellte Angemessenheitsgrenze bei 15 % des tatsächlichen Wertes der Beteiligung.[51]

II. Rechtsfragen aus der Praxis

52 Für die Wahl der stillen Gesellschaft als Unternehmensform können für den Inhaber des Handelsgewerbes wie für den stillen Gesellschafter die vielfältigsten wirtschaftlichen, gesellschaftsrechtlichen und steuerrechtlichen Erwägungen bestimmend sein. Nachfolgend werden die wesentlichen **Motive** für die Wahl diese Beteiligungsform vorgestellt und dann in Form einer **Checkliste** zusammengefasst.

1. Gründe für die Wahl der stillen Gesellschaft als Unternehmensform

53 So verschiedenartig im Einzelnen die Motive für die Gründung einer stillen Gesellschaft sein mögen, lassen sich doch einige Grundstrukturen erkennen, die in der Regel maßgebend für die Rechtsformwahl sind.[52]

a) Geheimhaltung und Haftungsbegrenzung

54 Die Person des stillen Gesellschafters bleibt in der Regel im Hintergrund. Mit Ausnahme gegenüber der Finanzverwaltung bestehen keine Offenlegungspflichten. Der stille Gesellschafter kann seine Haftung begrenzen. Wenn er möchte, kann er sie auf die Leistung seiner Einlage beschränken.

b) Kapitalausstattung und Kapitalanlage

55 Aus Sicht des stillen Gesellschafters ist die stille Beteiligung eine Geldanlagemöglichkeit als Alternative zu den herkömmlichen Vermögensanlagen. Die Verzinsung ist regelmäßig höher als bei einem fest verzinslichen Darlehen. Dafür besteht grundsätzlich auch ein höheres Risiko. Die Anlage ist Fremdkapital. Der Rückzahlungsanspruch kann gesichert werden.

56 Aus Sicht des Geschäftsinhabers ist zu berücksichtigen, dass er längere Zeit mit der Vermögenseinlage des stillen Gesellschafters arbeiten kann, ohne eine kurzfristige Kündigung befürchten zu müssen. Der lediglich im Gewinnfall zu leistende Kapitaldienst ist insbesondere für neu gegründete Unternehmen von erheblicher Bedeutung. In Verlustperioden ist kein Rückgriff auf die Vermögenssubstanz zur Aufbringung der Finanzierungskosten erforderlich. Der handelsrechtliche Gewinnausweis kann durch die Gewinnabführung an den stillen Gesellschafter geschmälert werden, ohne dass dies im Jahresabschluss für Außenstehende ersichtlich ist.[53]

c) Instrument der Unternehmensnachfolge

57 Eine wichtige praktische Rolle spielt die stille Gesellschaft bei der Gestaltung der **Unternehmens-** bzw **Vermögensnachfolge**. Sie dient der Vorsorge für den Todesfall des Geschäftsinhabers und kann einer infolge Zersplitterung des Anteilsbesitzes drohenden Überfremdungsgefahr bei Familiengesellschaften entgegen wirken. Denkbar ist bei Familienunternehmen die Einräumung von stillen Beteiligungen insbesondere als Abfindung für die nicht als Unternehmensnachfolger vorgesehenen Familienmitglieder (**weichenden Erben**). Im Vergleich zur Kommanditbeteiligung weist die stille Beteiligung dabei u.a.

---

50 Vgl im Einzelnen BeckHdbPersGes/*Neu* § 13 Rn 55 ff; *Blaurock* Rn*Blaurock* Rn 20.1 ff.
51 BeckHdbPersGes/*Neu* § 13 Rn 59.
52 Vgl im Einzelnen dazu BeckHdbPersGes/*Neu* § 13 Rn 130 ff; *Blaurock* Hdb § 2.
53 BeckHdbPersGes/*Neu* § 13 Rn131 ff; *Blaurock* Rn 2.2 ff.

den Vorteil auf, dass die Vermögenseinlage beispielsweise durch die Bestellung dinglicher Rechte gesichert werden kann. Auch sind die Mitwirkungsrechte geringer, und die Beteiligung wird nicht publik. Der Unternehmensübergang als solcher kann mittels stiller Beteiligungen gestaltet werden. Ein in Frage kommender Nachfolgekandidat kann zunächst im ersten Schritt ohne Außenwirkung an dem Unternehmen beteiligt und als **Nachfolger** aufgebaut werden. In der letzten Phase des Unternehmensübergangs kann der ausscheidende ältere Familiengesellschafter Kapitalanteile im Unternehmen belassen. Gewinnabhängigkeit der Verzinsung, flexible Gestaltung der Mitwirkungsrechte sowie Haftungsausschluss sind damit Gesichtspunkte, die die stille Gesellschaft zu einem interessanten Baustein der Unternehmensnachfolgeplanung machen können.[54]

d) Instrument der Mitarbeiterbeteiligung

Interessante Perspektiven eröffnet die stille Beteiligung auch bei der **Mitarbeiterbeteiligung**. Die Eingehung einer typischen stillen Beteiligung eines Arbeitnehmers an seinem Arbeitgeber ist nach § 2 Abs. 1 Buchst. i des 5. Vermögensbeteiligungsgesetzes begünstigt. Sie dient der Motivation sowie der inneren und äußeren Bindung des Arbeitnehmers, insbesondere der leitenden Angestellten an den Arbeitgeber.[55]

e) Steuerliche Motive

Steuerliche Motive werden bei sehr vielen Gestaltungsfällen eine bedeutende Rolle spielen. Die wichtigsten Überlegungen sollen daher nachfolgend vorgestellt werden.

aa) Einkünfteverlagerung

Unter dem Stichwort der **Einkünfteverlagerung** verbergen sich zwei Gestaltungen, nämlich die **Übertragung von Einkunftsquellen** und der sogenannte **Verlusttransfer**. Die stille Gesellschaft ist ein beliebtes Instrument zur Übertragung von Einkunftsquellen von hoch auf bisher nicht oder nur gering besteuerte Familienmitglieder, insbesondere Kinder. Ziel ist es, durch die Nutzung von Freibeträgen und Progressionsvorteilen eine niedrige Steuerbelastung für die Familie insgesamt zu erhalten.[56]

Die stille Gesellschaft ist nicht nur ein Instrument der Übertragung von positiven Einkünften, sondern kann auch zum **Transfer von Verlusten** von der Gesellschafts- auf die Gesellschafterebene genutzt werden. Dies gilt insbesondere für zu erwartende Verluste einer Kapitalgesellschaft, die wegen des **Trennungsprinzips** grundsätzlich in der Kapitalgesellschaft eingeschlossen sind und nur in wenigen Ausnahmefällen für den Gesellschafter nutzbar gemacht werden können. Die Gründung einer stillen Gesellschaft kann hier einen unmittelbaren Verlusttransfer bewirken, der – in den Grenzen des § 15 a EStG – zu Steuerminderzahlungen auf der Gesellschafterebene führt. Zu beachten ist, dass durch die Begründung der stillen Gesellschaft lediglich **zukünftige** und nicht bereits entstandene Verluste verwertet werden können.[57]

bb) Vermeidung von Gewinnrealisierungen

In einzelnen Fällen ist es möglich, bei Einbringungs- bzw Übertragungsvorgängen Gewinnrealisierungen zu vermeiden, wenn sich der Einbringende bzw Übertragende atypisch still an einer Kapitalgesellschaft beteiligt.[58]

cc) Gewerbesteuerliche Vorteile

Einen Anreiz für die Begründung von atypischen stillen Beteiligungen an einer Kapitalgesellschaft stellt ferner der gegenüber Kapitalgesellschaften **höhere Gewerbesteuerfreibetrag** für Personengesellschaften in § 11 Abs. 1 Nr. 1 GewStG und der **günstigere Staffeltarif** in § 11 Abs. 2 Nr. 1 GewStG dar.[59]

---

54 BeckHdbPersGes/*Neu* § 13 Rn 136; *Blaurock* Rn 2.15 ff.
55 BeckHdbPersGes/*Neu* § 13 Rn 139; *Blaurock* Rn 2.21 ff.
56 Vgl im Einzelnen dazu BeckHdbPersGes/*Neu* § 13 Rn 142 ff.
57 Vgl im Einzelnen hierzu BeckHdbPersGes/*Neu* § 13 Rn 147 ff; *Blaurock* Rn 20.66.
58 Vgl im Einzelnen dazu BeckHdbPersGes/*Neu* § 13 Rn 151 f.
59 Vgl dazu BeckHdbPersGes/*Neu* § 13 Rn 153; *Blaurock* Rn 20.67.

dd) Grunderwerbsteuerliche Vorzüge

65 Der stille Gesellschafter ist dinglich nicht am Vermögen und damit auch nicht an etwaigen Grundstücken des Geschäftsinhabers beteiligt. Dies hat zur Folge, dass die Übertragung der stillen Beteiligung nicht der Grunderwerbsteuer unterliegt, auch dann nicht, wenn innerhalb von 5 Jahren mehr als 95 % der Gesellschaftsanteile übertragen werden. Dies ist ein Vorzug, der insbesondere bei Publikumsgesellschaften nutzbar gemacht werden kann.[60]

2. Orientierungshinweise für den Berater

66 Die nachstehende Liste zeigt dem Berater Kriterien auf, von denen eine Entscheidung für die richtige Wahl der Beteiligungsform abhängt:
- Wird keine offene Beteiligung gewünscht, soll also Publizität vermieden werden, kommt die Gründung einer stillen Gesellschaft in Frage. Die als Alternative in Betracht kommende Gesellschaft bürgerlichen Rechts als reine Innengesellschaft scheidet als Beteiligungsform aus, wenn die sich beteiligende Person eine Haftung für Verbindlichkeiten der Gesellschaft vermeiden möchte.
- Stehen Kapitalanlage einerseits und Kapitalausstattung andererseits im Vordergrund für die Wahl der Beteiligungsform, eignet sich hierfür die typische stille Beteiligung. Die Einlage des stillen Gesellschafters ist kein Eigenkapital und unterliegt damit nicht den Eigenkapitalerhaltungsgrundsätzen. Als Fremdkapital ist eine dingliche Absicherung des Rückzahlungsanspruchs möglich.
- Dient die stille Beteiligung der Mitarbeiterbeteiligung, ist die typische stille Beteiligung eine geeignete Beteiligungsform.
- Dient die Beteiligung der Unternehmens- und Vermögensnachfolge, ist zu unterscheiden:
- Soweit weichende Erben abgefunden werden sollen, kann dies durch Einräumung einer typischen stillen Beteiligung erfolgen, ggf unter Absicherung der Vermögenseinlage.
- Soll ein Unternehmensnachfolger aufgebaut werden, ist im ersten Schritt die Einräumung einer atypischen stillen Beteiligung ein geeignetes Mittel.
- Stehen steuerliche Überlegungen bei der Wahl der Beteiligungsform im Vordergrund oder sind mitentscheidend, ist die Hinzuziehung eines erfahrenen Steuerberaters/Steuerrechtlers notwendig. Je nach dem verfolgten Zweck kommt die Einräumung einer typischen oder atypischen stillen Beteiligung in Betracht. Allgemeine Beratungshinweise lassen sich nicht geben.

III. Die Gesellschafter

67 Der Kreis der möglichen Gesellschafter einer stillen Gesellschaft wird in § 230 Abs. 1 HGB beschrieben. Zum einen handelt es sich um den Inhaber eines Handelsgewerbes und zum anderen um den stillen Gesellschafter, der sich an dem Handelsgewerbe mit einer Vermögenseinlage beteiligt.

1. Inhaber des Handelsgewerbes

68 Nach dem Handelsrechtsreformgesetz besteht heute Einvernehmen, dass taugliches Beteiligungssubjekt iS der §§ 230 ff HGB nur derjenige sein kann, der Inhaber eines Handelsgewerbes ist. Er muss Kaufmann iS der §§ 1–6 HGB sein.[61]

a) Gesetzlich in Frage kommende Personen

69 Mögliche Inhaber des Handelsgewerbes sind **Einzelkaufleute**, also der Inhaber eines Handelsgewerbes oder der Inhaber eines kraft Eintragung einem Grundhandelsgewerber gleich gestellten Unternehmens (Kannkaufleute). Auf **Personenhandelsgesellschaften**, die offene Handelsgesellschaft und die Kommanditgesellschaft, finden die Vorschriften über Kaufleute Anwendung. An ihnen können stille

---

60 BeckHdbPersGes/*Neu* § 13 Rn 156; allgemein zur stillen Gesellschaft als Publikumspersonengesellschaft *Blaurock* Hdb § 19.
61 Röhricht/Graf von Westphalen/*von Gerkan* § 230 Rn 22; *Johansson* in Gummert (Hrsg.), Münch AnwHdb PersGesR § 2 Rn 366; MünchHdb GesR II/*Bezzenberger/Keul* § 75 Rn 1; *Blaurock* Rn 5.2; ebenso MünchKommHGB/ *K.Schmidt* § 230 Rn 19, der für nicht kaufmännische Unternehmen allerdings eine analoge Anwendung der §§ 230 ff befürwortet.

Gesellschaften begründet werden. Als Formkaufleute sind auch die **Kapitalgesellschaften**, die GmbH, die AG und die KGaA taugliche Unternehmensträger. Gleiches gilt für eingetragene Genossenschaften.[62]

Tauglicher Unternehmensträger kann auch eine Erbengemeinschaft sein, die ein auf sie übergegangenes Handelsgewerbe weiter betreibt.[63] Schließlich sollen auch Unternehmen von Körperschaften öffentlichen Rechts Unternehmensträger sein können, wenn sie Gewinnerzielungsabsicht haben. Zu nennen sind hier in erster Linie Sparkassen. Neben der zivilrechtlichen Zulässigkeit einer stillen Beteiligung muss darüber hinaus deren Zulässigkeit nach den einschlägigen öffentlich-rechtlichen Vorschriften beurteilt werden.[64]

b) Gesetzlich ausgeschlossene Personen

Ein Versicherungsverein auf Gegenseitigkeit und die EWIV sind keine tauglichen Unternehmensträger. Sie sind nicht auf Gewinnerzielung gerichtet.[65] Eine stille Beteiligung an einer stillen Gesellschaft ist ebenfalls nicht möglich. Die stille Gesellschaft als bloße Innengesellschaft kann nicht Trägerin eines Unternehmens sein.[66]

Fehlt dem Inhaber die Kaufmannseigenschaft wie etwa bei einem Freiberufler oder einer Partnerschaft, kann eine stille Gesellschaft im Rechtssinne nicht entstehen. Hier kommt indes eine analoge Anwendung der §§ 230 ff HGB in Betracht.[67]

Fraglich ist die Situation bei Gesellschaften bürgerlichen Rechts. Teilweise wird bei einer (Außen-)Gesellschaft bürgerlichen Rechts die Unternehmensträgereigenschaft wegen der Anerkennung der Rechtsfähigkeit bejaht.[68]

2. Der Kreis der stillen Gesellschafter

Stiller Gesellschafter kann **jeder** sein, der Träger von Rechten und Pflichten sein kann. Besondere weitere Qualifikationen bestehen nicht. Er muss weder Kaufmannseigenschaft besitzen noch den fachlichen Anforderungen genügen, die an den Inhaber des Handelsgewerbes gestellt werden.[69]

In Betracht kommt damit jede natürliche oder juristische Person des bürgerlichen Rechts oder des Handelsrechts. Gleiches gilt für die Gesellschaft bürgerlichen Rechts sowie die handelsrechtlichen Personengesellschaften, die Partnerschaft, die EWIV und den nicht rechtsfähigen Verein. Eine Erbengemeinschaft kann ebenfalls stille Gesellschafterin sein. Entsprechendes gilt für Körperschaften des öffentlichen Rechts.[70] Eine stille Gesellschaft selbst kann mangels Außenwirkung keine Beteiligung als stiller Gesellschafter eingehen.[71]

Der Unternehmensträger selbst ist auch kein tauglicher stiller Gesellschafter. Er ist nicht Dritter. Diese Ausschluss gilt jedoch nur für ihn selbst, nicht für seine Gesellschafter. Wer als Gesellschafter an dem Unternehmensträger beteiligt ist, etwa der Gesellschafter einer GmbH oder der Aktionär, kann sich zusätzlich als stiller Gesellschafter an dem Unternehmensträger beteiligen.[72]

---

62 Vgl im Einzelnen *Johansson* in Gummert (Hrsg.), Münch AnwHdb PersGesR, § 2 Rn 367; MünchHdb GesR II/*Bezzenberger/Keul* § 75 Rn 3 ff; *Blaurock* Rn 5.2 ff.
63 Ebenroth/Boujong/Joost/*Gehrlein* § 230 Rn 7; MünchHdb GesR II/*Bezzenberger/Keul* § 75 Rn 8; *Blaurock* Rn 5.8.
64 *Johansson* in Gummert (Hrsg.), Münch AnwHdb PersGesR, § 2 Rn 371; MünchKommHGB/*K. Schmidt* § 230 Rn 31.
65 MünchHdb GesR II/*Bezzenberger/Keul* § 75 Rn 14 f; *Johansson* in Gummert (Hrsg.), Münch AnwHdb PersGesR, § 2 Rn 369.
66 MünchKommHGB/*K. Schmidt* § 230 Rn 32.
67 MünchKommHGB/*K. Schmidt* § 230 Rn 19; *Johansson* in Gummert (Hrsg.), Münch AnwHdb PersGesR, § 2 Rn 370.
68 MünchHdb GesR II/*Bezzenberger/Keul* § 75 Rn 7.
69 Röhricht/Graf von Westphalen/*von Gerkan* § 230 Rn 28; *Johansson* in Gummert (Hrsg.), Münch AnwHdb PersGesR, § 2 Rn 373 ff; *Blaurock* Rn 5.35 ff.
70 MünchKommHGB/*K. Schmidt* § 230 Rn 34; Ebenroth/Boujong/Joost/*Gehrlein* § 230 Rn 10.
71 Ebenroth/Boujong/Joost/*Gehrlein* § 230 Rn 11.
72 MünchKommHGB/*K. Schmidt* § 230 Rn 35; *Johansson* in Gummert (Hrsg.), Münch AnwHdb PersGesR, § 2 Rn 376.

Hinweis: Beteiligt sich ein Gesellschafter offen und still an dem Unternehmensträger, sollte er darauf achten, dass für beide Beteiligungsformen dieselben rechtlichen Regelungen gelten. Es empfiehlt sich deshalb, hier in einem Rahmenvortrag die maßgebenden Regelungen einheitlich zu regeln.[73]

3. Zwei- und mehrgliedrige stille Gesellschaften

77 Lange Zeit galt es als selbstverständlich, dass eine stille Gesellschaft nur aus zwei Mitgliedern bestehen kann, nämlich dem Geschäftsinhaber und dem stillen Gesellschafter.[74] Heute ist die Zulässigkeit mehrgliedriger stiller Gesellschaften anerkannt. Auf die Ausführungen unter Rn 22 f wird verwiesen.

IV. Der Gesellschaftsvertrag

78 Die stille Gesellschaft wird durch den **Gesellschaftsvertrag** errichtet. Ohne eine solche Vereinbarung kann eine stille Gesellschaft nicht entstehen. Ein faktisches Verhältnis begründet als solches keine Gesellschaft.[75]

1. Der Abschluss des Gesellschaftsvertrages

79 Wenn die Parteien nichts anderes vereinbaren, wird der Gesellschaftsvertrag mit seinem Abschluss rechtswirksam und tritt damit in Kraft. In dem Vertrag verpflichten sich der Inhaber des Handelsgewerbes und der stille Gesellschafter gegenseitig dazu, die Erreichung eines gemeinsamen Zwecks zu fördern. Der Vertrag über die Errichtung einer stillen Gesellschaft ist ein Gesellschaftsvertrag iS von § 705 BGB.[76] In der Praxis empfiehlt sich, bereits im Rubrum des Vertrages klarzustellen, ob der Gesellschaftsvertrag auf die Gründung einer typischen oder einer atypischen stillen Gesellschaft gerichtet ist. Hier könnte wie folgt formuliert werden:
▶ Vertrag über die Errichtung einer typischen bzw atypischen stillen Gesellschaft zwischen ... (=Rubrum). ◀
Bei der typischen stillen Gesellschaft heißt es dann:
▶ § 1 Begründung der Gesellschaft
1. Die Fa. ist im Handelsregister des AG ... eingetragen und Inhaberin des in ... (Ort, Straße) betriebenen Handelsgewerbes mit dem Gegenstand ... (Unternehmenszweck).
2. An diesem Handelsgewerbe beteiligt sich Frau/Herr ... mit Wirkung vom ... als typischer stiller Gesellschafter nach näherer Maßgabe der nachfolgenden Bestimmungen. ◀
Beteiligt sich der Stille atypisch, ist dies im vorstehenden Abs. 2 festzuhalten und § 1 durch folgenden Abs. 3 zu ergänzen:
▶ 3. Der stille Gesellschafter ist am Ergebnis, Vermögen und an den stillen Reserven der Gesellschaft nach näherer Maßgabe der Regelungen über die Gewinn- und Verlustbeteiligung sowie die Abfindung beteiligt. ◀

a) Allgemeine Regeln

80 Für den Vertragsschluss gelten grundsätzlich die allgemeinen Regeln über Rechtsgeschäfte (§§ 104–185 BGB). Die vertragliche Einigung muss den notwendigen Vertragsinhalt umfassen. Der Vertrag kann unter einer Zeitbestimmung, einer aufschiebenden oder auflösenden Bedingung abgeschlossen werden. Ein rückwirkender Abschluss des Gesellschaftsvertrages ist zwar handelsrechtlich zulässig, wird aber steuerrechtlich regelmäßig nicht anerkannt, es sei denn, die Rückwirkung verhält sich nur über einen sehr kurzen Zeitraum.[77]

---

73 So *Johansson* in Gummert (Hrsg.), Münch AnwHdb PersGesR, § 2 Rn 377.
74 Vgl im Einzelnen dazu MünchHdb GesR II/*Bezzenberger/Keul* § 75 Rn 22.
75 MünchKommHGB/*K. Schmidt* § 230 Rn 93; MünchHdb GesR II/*Bezzenberger/Keul* § 76 Rn 1; *Blaurock* Rn 9.1.
76 MünchKommHGB/*K. Schmidt* § 230 Rn 93; Röhricht/Graf von Westphalen/*von Gerkan* § 230 Rn 8; *Blaurock* Rn 9.8.
77 *Johansson* in Gummert (Hrsg.), Münch AnwHdb PersGesR, § 2 Rn 384; MünchKommHGB/*K. Schmidt* § 230 Rn 93.

A. Die stille Gesellschaft

b) Vertretung beim Abschluss

Die Vertretung der Parteien beim Abschluss eines Vertrages über eine stille Gesellschaft richtet sich grundsätzlich nach den allgemeinen Vorschriften. So schließt eine natürliche Person als stiller Gesellschafter den Vertrag grundsätzlich selbst oder durch einen Bevollmächtigten. Nicht voll geschäftsfähige Personen, insbesondere Minderjährige, bedürfen der Mitwirkung des gesetzlichen Vertreters. Zusätzlich ist hierbei die Genehmigung des Vormundschaftsgerichts nach §§ 1643, 1822 Nr. 3 BGB notwendig.[78]

81

Bei der Vertretung auf Seiten des Geschäftsinhabers ist vor allem Folgendes zu beachten. Personenhandelsgesellschaften werden beim Abschluss des Vertrages über eine typische stille Gesellschaft durch den geschäftsführenden Gesellschafter vertreten. Der Vertragsabschluss ist allerdings ein außergewöhnliches Geschäft iS der §§ 116 Abs. 2, 164 HGB, so dass im Innenverhältnis die Zustimmung der Gesellschafterversammlung notwendig ist.[79] Die Begründung einer atypischen stillen Gesellschaft wird als **Grundlagengeschäft** angesehen. Hier ist die Zustimmung aller Gesellschafter erforderlich.[80]

82

Gewährt eine Aktiengesellschaft einem Dritten eine stille Beteiligung, so wird die stille Beteiligung nach herrschender Auffassung als **Teilgewinnabführungsvertrag** iS von § 292 Abs. 1 Nr. 2 AktG angesehen, weil sich die Aktiengesellschaft dazu verpflichtet, einen Teil ihres Gewinns an den stillen Gesellschafter abzuführen.[81] Dementsprechend muss der Vertrag über die stille Gesellschaft schriftlich abgeschlossen werden. Er bedarf zu seiner Wirksamkeit zumindest eines zustimmenden Beschlusses der Hauptversammlung der Aktiengesellschaft mit einer Mehrheit von 3/4 des in der Hauptversammlung vertretenen Grundkapitals und der Eintragung in das Handelsregister der Aktiengesellschaft.[82]

83

Die GmbH wird beim Abschluss eines Vertrages über eine stille Gesellschaft durch die Geschäftsführung vertreten. Auch hier stellt sich die Frage, ob der Vertrag über die Gewährung einer stillen Beteiligung an der GmbH entsprechend den Vorschriften über Teilgewinnabführungsverträge zu behandeln ist. Dies ist umstritten.[83]

84

Hinweis: Solange die Streitfrage noch nicht höchstrichterlich geklärt ist, empfiehlt es sich, die Vorschriften über Teilgewinnabführungsverträge einzuhalten.[84]

c) Formfragen

Der Abschluss des Gesellschaftsvertrages ist grundsätzlich nicht formbedürftig. Er kann sogar durch schlüssiges Verhalten zustande kommen. In jedem Fall empfiehlt es sich, ihn schriftlich zu schließen. Allein für die steuerliche Anerkennung ist dies praktisch unverzichtbar.[85]

85

Verbinden sich mit dem Abschluss des stillen Gesellschaftsvertrages formbedürftige Geschäfte, so bedarf auch der Vertrag über die Errichtung der stillen Gesellschaft der vorgeschriebenen Form. Verpflichtet sich beispielsweise der stille Gesellschafter zur Einlage eines Grundstücks, ist nach § 311 b BGB eine notarielle Beurkundung auch des Vertrages über die Errichtung der stillen Gesellschaft erforderlich. Entsprechendes gilt für die Einbringung eines GmbH-Geschäftsanteils gem. § 15 Abs. 3, 4 GmbHG.[86]

86

---

78 Vgl eingehend dazu MünchKommHGB/*K. Schmidt* § 230 Rn 105 f; Röhricht/Graf von Westphalen/*von Gerkan* § 230 Rn 19 f. Im Einzelnen ist hier vieles streitig.
79 MünchHdb GesR II/*Bezzenberger/Keul* § 76 Rn 56; MünchKommHGB/*K. Schmidt* § 230 Rn 111.
80 Ebenroth/Boujong/Joost/*Gehrlein,* § 230 Rn 28; MünchKommHGB/*K. Schmidt* § 230 Rn 112 f; *Johansson* in Gummert (Hrsg.), Münch AnwHdb PersGesR, § 2 Rn 387.
81 *Johansson* in Gummert (Hrsg.), Münch AnwHdb PersGesR, § 2 Rn 388 mit zahlreichen Nachweisen in Fn 680.
82 *Johansson* in Gummert (Hrsg.), Münch AnwHdb PersGesR, § 2 Rn 388 mit weiteren Hinweisen zu Anlagemodellen massenhaft atypischer stiller Beteiligungen.
83 Vgl im Einzelnen dazu MünchKommHGB/*K. Schmidt* § 230 Rn 114 f;*Johansson* in Gummert (Hrsg.), Münch AnwHdb PersGesR, § 2 Rn 389.
84 So *Johansson* in Gummert (Hrsg.), Münch AnwHdb PersGesR, § 2 Rn 390 f.
85 Vgl im Einzelnen MünchKommHGB/*K. Schmidt* § 230 Rn 95 ff; MünchHdb GesR II/*Bezzenberger/Keul* § 76 Rn 19 ff; Röhricht/Graf von Westphalen/*von Gerkan* § 230 Rn 8 ff; Ebenroth/Boujong/Joost/*Gehrlein* § 230 Rn 22 ff.
86 MünchKommHGB/*K. Schmidt* § 230 Rn 96; MünchHdb GesR II/*Bezzenberger/Keul* § 76 Rn 20 f; *Johansson* in Gummert (Hrsg.), Münch AnwHdb PersGesR, § 2 Rn 393.

87 Erhält der stille Gesellschafter seine Beteiligung unentgeltlich, so bedarf das Schenkungsversprechen der Form des § 518 Abs. 1 BGB. Ob die bloße Umbuchung vom Kapitalkonto des Inhabers des Handelsgewerbes auf das Einlagekonto des stillen Gesellschafters zu einer Heilung gem. § 518 Abs. 2 BGB führt, ist unklar.[87] Um keinerlei Rechtsunsicherheit zu begründen, sollte deshalb der Vertrag vorsorglich beurkundet werden.[88]

88 Wird ein Vertrag über eine stille Beteiligung mit einer Aktiengesellschaft oder einer GmbH abgeschlossen, sind die Vorschriften über Teilgewinnabführungsverträge einzuhalten. Auf obige Ausführungen zu Rn 83 wird verwiesen.

d) Beteiligungsbeschränkungen und Zustimmungserfordernisse

89 Die Errichtung einer stillen Gesellschaft bedarf grundsätzlich keiner öffentlich-rechtlichen Genehmigung und keiner Zustimmung Dritter. Öffentlich-rechtliche Vorschriften richten sich in der Regel nur an den Geschäftsinhaber und betreffen nicht die Frage der Errichtung einer stillen Gesellschaft. Beispielhaft kann auf notwendige Gewerbeerlaubnisse verwiesen werden.

90 Im Einzelfall können gewerbe- und berufsrechtliche Schranken dennoch eine Rolle spielen, insbesondere bei mit Weisungsrechten verbundenen atypischen stillen Beteiligungen.[89] Ausdrücklich untersagt ist die stille Beteiligung an einer Apotheke.[90] Auch kartellrechtliche Vorschriften können bei der Gründung einer stillen Gesellschaft eingreifen.[91] Schließlich können auch familienrechtliche Vorschriften die Zustimmung des anderen Ehegatten erfordern, wenn sich ein Vertragspartner beispielsweise im Rahmen der Gesellschaftsgründung verpflichtet, über sein Vermögen im Ganzen zu verfügen.[92]

e) Prüfungsreihenfolge für eine typische oder atypische Gesellschaft

91 Nachfolgende Prüfungsreihenfolge kann bei der Gründung einer stillen Gesellschaft hilfreich sein:[93]
- Abschluss des Gesellschaftsvertrages
  - Grundsätzlich formfrei, aber schon allein aus steuerrechtlichen Gründen ist die Schriftform geboten.
  - Notarielle Beurkundung ist in Sonderfällen notwendig, insbesondere bei der Einlage eines Grundstücks, bei der Einlage von GmbH-Anteilen und/oder bei Schenkungsversprechen.
  - Mit Abschluss des Gesellschaftsvertrages ist die stille Gesellschaft gegründet und – mangels anderweitiger vertraglicher Abreden – wirksam geworden.
- Mitwirkungserfordernisse in Ausnahmefällen
  - Zustimmung des anderen Ehegatten unter den Voraussetzungen des § 1365 BGB.
  - Mitwirkung des gesetzlichen Vertreters/Pflegers bei nicht voll geschäftsfähigen Personen; ggf notwendig auch die gerichtliche Genehmigung.
  - Bei Kapitalgesellschaften als Inhaber: Beachtung der Vorschriften über Teilgewinnabführungsverträge.
  - Bei Personengesellschaften als Inhaber: Zustimmung der Gesellschafter.
- Bei Publikumsgesellschaften
  - kein Widerruf nach § 312 BGB (Haustürgeschäfte)
  - kein Widerruf nach §§ 491 ff BGB (Verbraucherdarlehen)

---

[87] Verneinend BGHZ 7, 174, 179; offengelassen BGHZ 112, 40, 46; Eingehend dazu MünchKommHGB/K. Schmidt § 230 Rn 98 ff.
[88] Johansson in Gummert (Hrsg.), Münch AnwHdb PersGesR, § 2 Rn 394.
[89] Vgl MünchKommHGB/K. Schmidt § 230 Rn 121; Johansson in Gummert (Hrsg.), Münch AnwHdb PersGesR, § 2 Rn 396 ff.
[90] § 8 S. 2 ApothG; Vgl dazu MünchKommHGB/K. Schmidt § 230 Rn 121.
[91] MünchHdb GesR II/Hoffmann/Doehner § 78 Rn 1 ff; Lotze Kapitalbeteiligungsgesellschafen als stille Gesellschaft, 1993, 122 ff.
[92] § 1365 BGB, wenn die Ehegatten im gesetzlichen Güterstand leben; vgl dazu Johansson in Gummert (Hrsg.), Münch AnwHdb PersGesR, § 2 Rn 400.
[93] Johansson in Gummert (Hrsg.), Münch AnwHdb PersGesR, § 2 Rn 379.

- Einhaltung öffentlich-rechtlicher Vorschriften
  - Berufsrechtliche Regelungen
  - Kartellrechtliche Vorschriften

2. Der Inhalt des Gesellschaftsvertrages

Das Gesetz gibt nur einige Anhaltspunkte für die inhaltliche Gestaltung des Gesellschaftsvertrages einer stillen Gesellschaft. Die nähere Ausgestaltung der gesellschaftsrechtlichen Beziehungen überlässt es weitgehend der **Gestaltungsfreiheit** der Beteiligten. Sie können ihre rechtlichen Beziehungen zueinander so regeln, wie es ihnen am zweckmäßigsten erscheint.[94] 92

a) Der Mindestinhalt

Der Gesellschaftsvertrag über die Begründung einer stillen Gesellschaft muss die **wesentlichen Merkmale** dieser Rechtsform enthalten. Dazu gehören folgende Regelungen: 93
- Vereinbarung über die gesellschaftsrechtliche Beteiligung des stillen Gesellschafters am Handelsgewerbe eines anderen.
- Verpflichtung des stillen Gesellschafters, einen Beitrag zu leisten, der – im Falle einer Vermögenseinlage – in das Vermögen des Inhabers übergeht.
- keine dingliche Mitberechtigung des stillen Gesellschafters am Vermögen des Inhabers.
- Beschränkung der Beteiligung auf das Innenverhältnis.
- Beteiligung des stillen Gesellschafters am Gewinn des Inhabers.[95]

b) Weitere, zweckmäßige Bestandteile des Gesellschaftsvertrages

Die gesetzlichen Vorgaben für den Inhalt des Gesellschaftsvertrages einer stillen Gesellschaft sind nicht hinreichend, um die Vorstellungen der Vertragsbeteiligten über die mit der Gründung der Gesellschaft verfolgten Zwecke zu erfassen. Aus diesem Grunde sollten die Beteiligten und ihr Berater Wert auf eine möglichst **vollständige Vertragsgestaltung** legen. Abgesehen von den besonderen Vereinbarungen für atypische stille Gesellschaften sollte der Gesellschaftsvertrag die nachfolgenden, bei Personengesellschaften üblichen Bestimmungen enthalten.[96] 94

aa) Firma, Sitz und Gegenstand

Die stille Gesellschaft ist eine reine Innengesellschaft. Sie tritt nach außen nicht in Erscheinung. Rechtsbeziehungen der stillen Gesellschaft zu Dritten gibt es nicht. Die stille Gesellschaft hat deshalb auch keine eigene Firma. Trotzdem kann es zweckmäßig sein, der Gesellschaft zur vereinfachten Bezeichnung einen **Namen** zu geben.[97] 95

Die stille Gesellschaft hat mangels Außenwirkung keinen eigenständigen Sitz. Sie orientiert sich vielmehr am Sitz des Handelsgewerbes, auf das sich die stille Beteiligung bezieht. Dieser ist nach den für den Inhaber des Handelsgewerbes geltenden Bestimmungen zu ermitteln.[98] 96

Die stille Gesellschaft ist als reine Innengesellschaft weder aktiv noch passiv parteifähig. Sie hat damit keinen eigenen Gerichtsstand. Weder § 17 ZPO noch § 22 ZPO sind für die Bestimmung eines Gerichtsstandes des stillen Gesellschafters heranzuziehen. Parteien eines Prozesses können lediglich der Inhaber des Handelsgeschäfts oder der stille Gesellschafter sein. Für Streitigkeiten der Gesellschafter untereinander ist während des Bestehens und nach Auflösung der Gesellschaft die Kammer für Handelssachen zuständig (§§ 95 Abs. 1 Nr. 4 a, 96, 98 GVG).[99] 97

---

94 *Blaurock* Rn 10.1.
95 MünchHdb GesR II/*Bezzenberger/Keul* § 76 Rn 28; *Johansson* in Gummert (Hrsg.), Münch AnwHdb PersGesR, § 2 Rn 401; *Blaurock* Rn 10.2.
96 Vgl MünchHdb GesR II/*Bezzenberger/Keul* § 76 Rn 29 ff; *Blaurock* Rn 10.4 ff.
97 MünchHdb GesR II/*Bezzenberger/Keul* § 76 Rn 30; *Johansson* in Gummert (Hrsg.), Münch AnwHdb PersGesR, § 2 Rn 404.
98 *Johansson* in Gummert (Hrsg.), Münch AnwHdb PersGesR, § 2 Rn 405; *Blaurock* Rn 10.15.
99 *Johansson* in Gummert (Hrsg.), Münch AnwHdb PersGesR, § 2 Rn 406; *Blaurock* Rn 10.16.

98 **Gegenstand** des Unternehmens einer stillen Gesellschaft kann jedes Handelsgewerbe sein. Es empfiehlt sich, dass die Beteiligten im Gesellschaftsvertrag das Handelsgewerbe nach Art, Geschäftszweig und Umfang so genau wie möglich umschreiben und vereinbaren, dass der Geschäftsinhaber den Gegenstand des Unternehmens nicht ohne Zustimmung des stillen Gesellschafters verändern darf.[100]

bb) Informations-, Kontroll- und Mitwirkungsrechte

99 Sollen dem stillen Gesellschafter über die in § 233 HGB bestimmten Befugnisse hinaus weitere **Informations- und Kontrollrechte** gewährt werden, so sind hierfür nähere Bestimmungen in den Gesellschaftsvertrag aufzunehmen. Nach herrschender Meinung ist das Informationsrecht des § 233 Abs. 1 HGB durch Vertrag einschränkbar, nicht jedoch das Informationsrecht des § 233 Abs. 3 HGB.[101]

100 Kraft Gesetzes hat der stille Gesellschafter keine Mitwirkungsbefugnisse. In Anbetracht der bestehenden Vertragsfreiheit können aber abweichende Regelungen im Gesellschaftsvertrag getroffen werden. Von dieser Möglichkeit wird häufig Gebrauch gemacht, insbesondere bei der atypischen stillen Gesellschaft.[102] Üblicherweise wird hierzu bei der **typischen** Gesellschaft folgende Regelung vereinbart:

▶ **Informations- und Kontrollrechte**
1. Dem stillen Gesellschafter stehen die gesetzlichen Informations- und Kontrollrechte des § 233 HGB zu. Dies gilt auch für die Zeit nach Beendigung der Gesellschaft, soweit dies zur Überprüfung des Auseinandersetzungsguthabens notwendig ist.
2. Der stille Gesellschafter kann diese Informations- und Kontrollrechte auch durch eine kraft Berufs zur Verschwiegenheit verpflichtete Person wahrnehmen lassen, beispielsweise durch einen Rechtsanwalt, Steuerberater oder Wirtschaftsprüfer bzw entsprechende Gesellschaften ◀

Geht es um eine **atypische** stille Gesellschaft, empfiehlt sich folgende Formulierung:

▶ 1. Neben den Rechten des § 233 HGB stehen dem stillen Gesellschafter auch die Rechte aus §§ 716 BGB, 118 HGB zu. Sie umfassen alle Bücher und Unterlagen, die der Ermittlung der Besteuerungsgrundlagen dienen, insbesondere also auch die Steuerbilanz und die Betriebsprüfungsberichte. Auch nach Beendigung der Gesellschaft bestehen diese Rechte in dem zur Überprüfung des Auseinandersetzungsguthabens erforderlichen Umfang. ◀

cc) Beitragsleistung, Gewinn- und Verlustbeteiligung

101 Der **Beitrag** des stillen Gesellschafters soll im Gesellschaftsvertrag so genau wie möglich bezeichnet werden. Eine zu erbringende Vermögenseinlage kann Bar- oder Sacheinlage sein. Dienstleistungen oder Gebrauchsüberlassungen können ebenfalls eingelegt werden. Der für solche Leistungen anzurechnende Wert ist festzulegen.[103]

102 Die **Gewinnbeteiligung** des stillen Gesellschafters ist im Gesellschaftsvertrag zu regeln. Die zu treffenden Bestimmungen müssen auch eine Regelung dazu enthalten, ob die Beteiligung des stillen Gesellschafters an einem **Verlust** ausgeschlossen oder eingeschränkt ist. Ansonsten gilt die Vorschrift des § 232 Abs. 2 HGB.[104]

103 In der Vereinbarung über die Gewinnbeteiligung sind die Gesellschafter grundsätzlich frei. Neben der genauen Höhe der Ergebnisbeteiligung sollte der Gesellschaftsvertrag auch Bestimmungen über die **Rechnungslegung** enthalten. Üblicherweise wird der Berechnung des Gewinns die Steuerbilanz des Inhabers zugrunde gelegt. Diese wird in einzelnen Positionen korrigiert, um den Gewinnanteil des stillen Gesellschafters zu ermitteln.[105] Eine einfache Regelung könnte wie folgt formuliert werden:

---

100 *Blaurock* Rn 10.13.
101 Vgl eingehend dazu MünchKommHGB/*K. Schmidt* § 233 Rn 25 mwN.
102 *Blaurock* Rn 10.20.
103 MünchHdb GesR II/*Bezzenberger/Keul* § 76 Rn 31; *Johansson* in Gummert (Hrsg.), Münch AnwHdb PersGesR, § 2 Rn 402.
104 MünchHdb GesR II/*Bezzenberger/Keul* § 76 Rn 34; *Johansson* in Gummert (Hrsg.), Münch AnwHdb PersGesR, § 2 Rn 403.
105 *Johansson* in Gummert (Hrsg.), Münch AnwHdb PersGesR, § 2 Rn 403; MünchKommHGB/*K. Schmidt* § 230 Rn 38.

▶ **Gewinn- und Verlustbeteiligung**
1. Für die Gewinn- und Verlustbeteiligung des stillen Gesellschafters ist von dem Gewinn oder Verlust auszugehen, der sich aus dem steuerlichen Jahresabschluss der Inhaberin vor Berücksichtigung des auf den stillen Gesellschafter entfallenden Gewinn- oder Verlustanteils ergibt.
2. Der auf diese Weise ermittelte Gewinn oder Verlust ist für die Ergebnisbeteiligung des stillen Gesellschafters wie nachstehend zu korrigieren: ...
3. An dem unter Berücksichtigung dieser Bestimmungen ermittelten Betriebsgewinn oder -verlust nimmt der stille Gesellschafter in Höhe von ... % teil (so bei der **atypischen** stillen Gesellschaft). Alternativ: an etwaigen Verlusten nimmt der stille Gesellschafter nicht teil (oder nur bis zur Höhe seiner Einlage – so beispielsweise bei einer **typischen** stillen Gesellschaft). ◀

dd) Auseinandersetzungsguthaben, schwebende Geschäfte

Die Berechnung des **Auseinandersetzungsguthaben** des stillen Gesellschafters bei Beendigung der stillen Gesellschaft sollte in jedem Fall im Vertrag geregelt werden. Das Gesetz bestimmt hierzu in § 235 Abs. 1 HGB lediglich, dass das Guthaben des stillen Gesellschafters in Geld zu berichtigen ist, lässt aber die näheren Modalitäten offen. Damit ergibt sich Streitpotential. Empfohlen werden kann deshalb nur, die Berechnung des Auseinandersetzungsguthabens so genau wie möglich vertraglich zu regeln.[106]

Der stille Gesellschafter nimmt nach § 235 Abs. 2 HGB an dem Gewinn und Verlust der zur Zeit der Auflösung **schwebenden Geschäfte** teil.[107] Für die Gewinne und Verluste aus den im Zeitpunkt der Errichtung der Gesellschaft schwebenden Geschäften sieht das Gesetz keine Regelung vor. Im Zweifel ist der stille Gesellschafter daran zu beteiligen, da sie einen Teil der regulären Geschäftsergebnisse bilden.[108]

ee) Übertragung der Beteiligung

Die stille Beteiligung ist nach der gesetzlichen Regel des § 717 BGB nicht übertragbar. Übertragbar sind nach § 717 S. 2 BGB nur die **Einzelansprüche** auf Gewinnauszahlung und auf Auszahlung der stillen Einlage im Auseinandersetzungsfall.[109] Im Gesellschaftsvertrag kann Abweichendes geregelt werden. Jeder Gesellschafter kann selbstverständlich mit Zustimmung des anderen seine Beteiligung und die damit verbundenen Gesellschaftsrechte auf einen anderen übertragen.[110] In der Rechtspraxis empfehlen sich solche Regelungen nicht. Auch bei Personenhandelsgesellschaften ist die freie Übertragbarkeit der Mitgliedschaft im Gesellschaftsvertrag in der Regel nicht vorgesehen.

ff) Dauer der stillen Gesellschaft, Kündigung

Soll die Gesellschaft für eine bestimmte Zeit eingegangen werden, muss dies im Gesellschaftsvertrag vereinbart sein. Mit dem Ablauf der vorgesehenen Zeit löst sich dann die Gesellschaft auf. Während der bestimmten Dauer kann sie nur aus **wichtigem Grund** gekündigt werden.[111]

Wird die Gesellschaft auf **unbestimmte Dauer** eingegangen, kann sie durch einen Gesellschafter ordentlich gekündigt werden. Nach § 234 Abs. 1 iVm § 132 HGB kann die Kündigung nur mit einer Frist von 6 Monaten für den Schluss eines Geschäftsjahres erklärt werden. Das Kündigungsrecht des Gesellschafters kann im Gesellschaftsvertrag modifiziert werden. Der Vertrag sollte ausdrückliche Kündigungsregelungen erhalten. Es ist darauf zu achten, dass das Kündigungsrecht weder vollständig ausgeschlossen noch unzumutbar erschwert werden darf.[112]

---

106 Vgl eingehend dazu *Blaurock* Rn 10.23 ff.
107 Die Vorschrift ist dispositiver Natur; dazu im Einzelnen MünchKommHGB/*K. Schmidt* § 235 Rn 48 mwN.
108 *Blaurock* Rn 10.26.
109 MünchKommHGB/*K. Schmidt* § 230 Rn 174; *Blaurock* Rn 10.28 ff.
110 MünchKommHGB/*K. Schmidt* § 230 Rn 175; *Blaurock* Rn 10.33.
111 *Johansson* in Gummert (Hrsg.), Münch AnwHdb PersGesR, § 2 Rn 411; *Blaurock* Rn 15.30 ff.
112 *Blaurock* Rn 15.23.

gg) Geheimhaltung der stillen Gesellschaft

109 Die Interessenlage kann höchst unterschiedlich sein. Soll durch die Beteiligung eines stillen Gesellschafters in einem Fall die Kreditwürdigkeit des Geschäftsinhabers verbessert werden, können in anderen Fällen die Beteiligten daran interessiert sein, die stille Beteiligung nicht nach außen bekannt werden zu lassen. Vor dem Hintergrund ist zu empfehlen, eine vertragliche Regelung über das Thema der Geheimhaltung zu treffen.[113]

hh) Rechtsnachfolge bei Tod

110 Verstirbt der **Inhaber** des Handelsgewerbes, führt dies entsprechend dem dispositiven § 727 Abs. 1 BGB zur Auflösung der stillen Gesellschaft unabhängig davon, ob das Handelsgeschäft von dem Erben des Inhabers fortgeführt wird oder nicht.[114] Im Gesellschaftsvertrag kann **Abweichendes** vereinbart werden. Er kann die Fortsetzung der Gesellschaft zwischen Stillem und Erben oder nur ein diesbezügliches Forderungsrecht zugunsten des Erben oder des Stillen vorsehen. Eine einseitige Anordnung des Geschäftsinhabers durch letztwillige Verfügung ist ungeeignet, diese Rechtsfolge zu bewirken.[115]

111 Der Tod des **stillen Gesellschafters** führt nicht zur Auflösung der stillen Gesellschaft (§ 234 Abs. 2 HGB). Das Gesetz geht davon aus, dass es für den Fortbestand des stillen Gesellschaftsverhältnisses auf die Person des Stillen noch weniger als auf die eines Kommanditisten ankommt. Die Rechte und Pflichten aus dem stillen Gesellschaftsverhältnis fallen in den Nachlass des Erben bzw der Erbengemeinschaft.[116] Im Gesellschaftsvertrag kann Abweichendes vereinbart werden, so dass beispielsweise nur einzelne Erben oder nur Familienangehörige Rechtsnachfolger sein sollen.[117]

3. Regelungsgegenstände für den Gesellschaftsvertrag einer stillen Gesellschaft

112 Bei der Gestaltung der Gesellschaftsverträge kann die nachstehende Prüfungsreihenfolge als Arbeitsgrundlage herangezogen werden:[118]

a) Vertragsparteien

- Exakte Angabe zum Inhaber des Handelsgewerbes (Firma, Vertretung, Anschrift, Handelsregisternummer)
- Präzise Bezeichnung des stillen Gesellschafters (wie beim Inhaber)

b) Wesentliche Grundlagen (Mindestinhalt)

- Gegenstand der stillen Gesellschaft (gemeinsamer Zweck)
- Einlagen des stillen Gesellschafters (Art, Höhe und Fälligkeit)
- Beginn der Gesellschaft, Dauer, Kündigung

c) Geschäftsführung, Mitwirkungs- und Kontrollrechte

- Katalog der zustimmungsbedürftigen Geschäfte
- Benennung etwaiger Mitwirkungsrechte des stillen Gesellschafters (insbesondere bei der atypischen stillen Gesellschaft)
- Informations- und Kontrollrechte des stillen Gesellschafters

d) Rechnungslegung, Entnahmen und Ergebnisverteilung

- Geschäftsjahr (= Geschäftsjahr des Inhabers)
- Gesellschafterkonten

---

113 Vgl *Blaurock* Rn 10.40 f.
114 Baumbauch/Hopt HGB/*Hopt* § 234 Rn 4; *Blaurock* Rn 15.42 ff.
115 *Blaurock* Rn 15.43.
116 MünchKommHGB/*K. Schmidt* § 234 Rn 56; *Blaurock* Rn 15.49 ff.
117 Vgl im Einzelnen *Blaurock* Rn 15.55.
118 Vgl die Checkliste von *Johansson* in Gummert (Hrsg.), Münch AnwHdb PersGesR § 2 Rn 414.

- Berechnung des für die stille Gesellschaft maßgeblichen Gewinns/Verlusts
- Höhe der Gewinnverteilung/Verlustbeteiligung des stillen Gesellschafters
- Entnahmen
- Änderung der Kapitalverhältnisse/Hinzutreten weiterer stiller Gesellschafter

e) Sonstige Rechte und Pflichten der Gesellschafter
- Verschwiegenheitpflicht
- Wettbewerbsverbot
- Regelungen zu etwaigen Verfügungen über die Beteiligung an der stillen Gesellschaft (Abtretung, Verpfändung, Nießbrauch usw)

f) Tod eines Gesellschafters
- Rechtsfolgen beim Tode des Inhabers des Handelsgewerbes
- Rechtsfolgen beim Tode des stillen Gesellschafters

g) Abfindung bei Beendigung der Gesellschaft
- Ermittlung des Auseinandersetzungsbetrages
- Zahlungsmodalitäten

h) Weitere Regelungen
- Gerichtsstandsklausel/Schiedsgerichtsvereinbarung
- Schriftformklausel
- Salvatorische Klausel
- Zustimmungserfordernisse/Genehmigungen

V. Rechte und Pflichten der Gesellschafter

Aus dem durch den Gesellschaftsvertrag begründeten Gesellschaftsverhältnis ergeben sich für die Vertragspartner zahlreiche gesellschaftsrechtliche Rechte und Pflichten. Einen Überblick vermittelt hierzu bereits die unter Rn 92 ff vorgestellte Liste wichtiger Themen für die Aufnahme in den Vertrag über die Begründung einer stillen Gesellschaft. 113

Oberstes Gebot auch der Gesellschafter einer stillen Gesellschaft ist es, den gemeinschaftlichen Zweck zu fördern. Dazu gehört vor allem, dass die Gesellschafter ihre vertraglich übernommenen Beiträge ordnungsgemäß leisten. Nachstehend werden einige wichtige Rechte und Pflichten des Inhabers des Handelsgewerbes einerseits und des stillen Gesellschafters andererseits abgehandelt. Gemeinsam mit der bereits vorgestellten Themenliste für den Inhalt des Gesellschaftsvertrages sollen sie eine Übersicht über die maßgebende Struktur der Rechte und Pflichten der Gesellschafter vermitteln. 114

1. Die Rechtsstellung des Geschäftsinhabers

Die Errichtung einer stillen Gesellschaft berührt die Unternehmerstellung des Inhabers nach außen nicht. Er behält seine Verfügungsfreiheit über das Handelsgeschäft.[119] Die nachstehenden Ausführungen beziehen sich demgemäß auf das Innenrechtsverhältnis des Geschäftsinhabers zum stillen Gesellschafter. Dazu gilt im Wesentlichen folgendes: 115

a) Die Beitragspflicht

Die Beitragsleistung des Geschäftsinhabers zur Förderung des gemeinsamen Zwecks besteht darin, dass er sein eigenes Handelsgeschäft nunmehr für gemeinsame Rechnung führt. Dies schließt nicht aus, dass er sich im Gesellschaftsvertrag zur Leistung eines weiteren Beitrags verpflichtet, die wie die 116

---

[119] *Blaurock* Rn 12.2.

Beitragsleistung des stillen Gesellschafters in einer Geldeinlage oder Sacheinlage, in Dienstleistungen oder Gebrauchsüberlassung bestehen kann.[120]

b) Die Geschäftsführungspflicht

117 Der Geschäftsinhaber hat für die Gesellschaft tätig zu werden und ihre Interessen wahrzunehmen. Sein Handeln muss sich allein an den **Interessen der Gesellschaft** orientieren. Er führt die Geschäfte im eigenen Namen für gemeinschaftliche Rechnung. Dabei umfasst die Geschäftsführung die gesamte Tätigkeit zur Förderung des Gesellschaftszwecks und zur Wahrnehmung aller die Gesellschaft angehenden laufenden Angelegenheiten einschließlich der Buchführung, der Aufstellung der Bilanz und der Gewinn- und Verlustrechnung. Einzelheiten können im Gesellschaftsvertrag modifizierend geregelt werden. Insbesondere kann sich der Geschäftsinhaber im Innenverhältnis verpflichten, sich bestimmter Tätigkeiten zu enthalten oder die Zustimmung des stillen Gesellschafters für die Durchführung bestimmter Geschäfte einzuholen.[121] Wichtigste Pflicht im Rahmen der Geschäftsführungstätigkeit ist die Verpflichtung des Inhabers, das Handelsgewerbe zu erhalten und seine Grundlagen nicht ohne Zustimmung des stillen Gesellschafters umzugestalten, zu erweitern oder einzuschränken.[122]

118 Zu einer – gänzlichen oder teilweisen – Veräußerung oder Einstellung des Geschäftsbetriebs ist der Inhaber nicht ohne Zustimmung des stillen Gesellschafters berechtigt. Wesentliche Änderungen des Unternehmens, die die Interessen des stillen Gesellschafters berühren, unterliegen seiner Zustimmungspflicht.[123]

119 Der Zustimmung des stillen Gesellschafters unterliegen alle **ungewöhnlichen Geschäfte**. Hierunter fallen solche Geschäfte, die nicht dem Gesellschaftszweck entsprechen, die die Grundlagen des Handelsgewerbes ändern, die das Geschäftsvermögen so beanspruchen, dass die Erreichung des Geschäftszwecks gefährdet wird, die eine Änderung des Gesellschaftszwecks zur Folge haben (beispielsweise Übergang vom Einzelhandel zum Großhandel, von der Fabrikation zum Handel oder umgekehrt) oder die sich nicht mehr in den Grenzen dessen halten, was bei Unternehmen gleicher Art und gleicher Kapitalverhältnisse handelsüblich ist.[124]

120 Eine Überschreitung der Geschäftsführungsbefugnisse hat nur im Innenverhältnis rechtliche Bedeutung und kann zu Schadensersatzverpflichtungen des Inhabers führen. Die Vorschrift des § 712 BGB über den Entzug der Geschäftsführungsbefugnis bei Vorliegen eines wichtigen Grundes ist auf die stille Gesellschaft nicht anwendbar. Der stille Gesellschafter kann das Gesellschaftsverhältnis nur aus wichtigem Grunde kündigen (§ 723 BGB) und den ihm durch die vorzeitige Auflösung der Gesellschaft entgehenden Gewinn als Schadensersatzforderung geltend machen, wenn den Inhaber ein Verschulden trifft.[125] Die Regelung über die Geschäftsführung lässt sich bei einer **typischen** stillen Gesellschaft wie folgt formulieren:

▶ **Geschäftsführung**
1. Die Geschäftsführung steht allein der Inhaberin zu.
2. Die Inhaberin darf die im nachstehenden Katalog aufgeführten Rechtsgeschäfte und Handlungen nur mit Zustimmung des stillen Gesellschafters vornehmen:
2.1 Änderung des Unternehmensgegenstandes;
2.2 Formwechsel, Verschmelzung oder Spaltung des Unternehmens;
2.3 Erwerb von oder Beteiligung an anderen Unternehmen sowie deren Veräußerung;
2.4 Veräußerung oder Verpachtung des Unternehmens oder eines Teils des Unternehmens;
2.5 Aufnahme neuer Gesellschafter (anders bei Publikumsgesellschaften);
2.6 vollständige oder teilweise Einstellung des Gewerbebetriebs;
2.7 Abschluss, Änderung oder Aufhebung von Gewinn- und Verlustübernahmeverträgen.

---

120 MünchKommHGB/*K. Schmidt* § 230 Rn 137. *Blaurock* Rn 12.3.
121 Vgl MünchKommHGB/*K. Schmidt* § 230 Rn 137; *Blaurock* Rn 12.4 ff.
122 MünchKommHGB/*K. Schmidt* § 230 Rn 137; *Blaurock* Rn 12.9 ff.
123 MünchKommHGB/*K. Schmidt* § 230 Rn 137; *Blaurock* Rn 12.15 ff.
124 MünchKommHGB/*K. Schmidt* § 230 Rn 137 mwN; *Blaurock* Rn 12.24 ff.
125 *Blaurock* Rn 12.7 f.

3. Will die Inhaberin eine der unter Abs. 2 fallenden Rechtsgeschäfte oder Maßnahmen vornehmen, so hat sie dies dem stillen Gesellschafter mitzuteilen und ihn um Zustimmung zu bitten. Erklärt der stille Gesellschafter nicht innerhalb von ... Wochen nach Zugang der Aufforderung gegenüber der Inhaberin seine Ablehnung, so gilt seine Zustimmung als erteilt. ◄

Handelt es sich um eine **atypische** stille Gesellschaft, werden die Mitwirkungsrechte des stillen Gesellschafters üblicherweise noch erweitert.

c) Informations- und Treuepflicht

Der Geschäftsinhaber ist gegenüber dem stillen Gesellschafter zur Information verpflichtet. **Informationsrechte** des stillen Gesellschafters sind in § 233 Abs. 1 und Abs. 3 HGB normiert. Häufig werden in den Gesellschaftsverträgen über § 233 HGB hinausgehende Informationsrechte vereinbart, insbesondere bei atypischen stillen Gesellschaftsverhältnissen. Ungeachtet dessen bestehen auch kraft Gesetzes Nebenpflichten des Geschäftsinhabers, die ihn über den Rahmen des § 233 HGB hinaus zur Auskunft verpflichten.[126] 121

Beide Gesellschafter unterliegen einer gesellschaftsrechtlichen **Treuepflicht**. Der Zusammenschluss bedingt ein gegenseitiges Vertrauensverhältnis und steht in besonderem Maße unter dem Grundsatz von Treu und Glauben, ohne den ein Zusammenwirken nicht denkbar ist und der gemeinsame Zweck nicht verwirklicht werden kann.[127] 122

Soweit es nicht schon gesellschaftsvertraglich verankert ist, ist Gegenstand der Treuepflicht insbesondere die Verpflichtung der Beteiligten, das Bestehen der stillen Gesellschaft dritten Personen gegenüber **geheim zu halten**. Wird dagegen verstoßen, können sich für den anderen Teil Schadensersatzansprüche und das Recht zur fristlosen Kündigung ergeben.[128] 123

d) Wettbewerbsbeschränkungen

Ein allgemeines gesetzliches Wettbewerbsverbot gibt es nicht. Soweit der Gesellschaftsvertrag keine konkreten Regelungen über Wettbewerbsbeschränkungen enthält, ist auf die gesellschaftsrechtliche Treuepflicht und auf den Umstand abzustellen, dass die Gesellschafter die Gesellschaft gerade zur Erreichung eines gemeinsamen Zwecks errichtet haben.[129] 124

Für den Geschäftsinhaber ist deshalb entscheidend auf seine Verpflichtung abzustellen, das Handelsgeschäft für gemeinschaftliche Rechnung zu führen, die Verwirklichung des gemeinsamen Zwecks zu fördern und die im gemeinsamen Interesse der Beteiligten liegenden Gewinnaussichten nicht durch Wettbewerbsgeschäfte zu schmälern. Er darf deshalb Geschäfte, die nach dem Gesellschaftszweck in den Rahmen seines Handelsgewerbes fallen und auf gemeinsame Rechnung vorzunehmen sind, nicht auf eigene Rechnung abschließen.[130] 125

2. Die Rechtsstellung des stillen Gesellschafters

Auch hinsichtlich des stillen Gesellschafters ist zwischen Hauptpflichten und Nebenpflichten zu unterscheiden. Hauptpflicht ist die Verpflichtung zur Leistung des Gesellschaftsbeitrages, in der Regel also zur Leistung einer stillen Einlage. Nebenpflichten ergeben sich vornehmlich aus der gesellschaftsrechtlichen Treuebindung.[131] 126

---

126 Vgl im Einzelnen MünchKommHGB/*K. Schmidt* § 230 Rn 140 und § 233 Rn 16 ff.
127 MünchKommHGB/*K. Schmidt* § 230 Rn 140; *Blaurock* Rn 12.47.
128 MünchKommHGB/*K. Schmidt* § 230 Rn 140; *Blaurock* Rn 12.50.
129 MünchKommHGB/*K. Schmidt* § 230 Rn 141; *Blaurock* Rn 12.52 ff.
130 MünchKommHGB/*K. Schmidt* § 230 Rn 141; *Blaurock* Rn 12.54. Ob eine analoge Anwendung der für die oHG geltenden Vorschriften der §§ 112, 113 HGB in Betracht kommt, wird in der Literatur erörtert und insbesondere in Bezug auf eine atypische stille Gesellschaft bejaht, so ausdrücklich MünchKommHGB/*K. Schmidt* § 230 Rn 141 und *Blaurock* Rn 12.56.
131 MünchKommHGB/*K. Schmidt* § 230 Rn 142.

a) Die Beitragspflicht

127 Die wichtigste, nicht abdingbare Verpflichtung des stillen Gesellschafters besteht in der vertragsgemäßen Leistung des übernommenen Beitrags. Hat er ihn erbracht, kann er zu weiteren Leistungen nicht herangezogen werden. Zur einseitigen Erhöhung der übernommenen Beitragsleistung ist er weder verpflichtet noch berechtigt (§ 707 BGB). Die nicht abgehobenen Gewinnanteile führen auch zu keiner Erhöhung der Einlage (§ 232 Abs. 3 HGB) und sind daher einem vom Einlagekonto verschiedenen Konto gutzuschreiben. Vorstehendes gilt unter dem Vorbehalt, dass der Gesellschaftsvertrag nichts **Abweichendes** regelt.[132] Einlage iS von § 230 Abs. 1 HGB kann nur eine Leistung sein, die vom stillen Gesellschafter auf das Einlagenkonto geleistet und in das Unternehmensvermögen überführt wird. Diese Einlage kann Geldeinlage oder Sacheinlage sein. Ihre Höhe entspricht in der Regel dem für den stillen Gesellschafter zu buchenden Guthaben.[133]

128 Die **Geldeinlage** kann durch Zahlung geleistet werden, aber auch durch einverständliche Verrechnung mit Forderungen des stillen Gesellschafters. Die Einlageschuld kann auch durch Aufrechnung oder durch vertragliche Verrechnung mit einer Forderung des stillen Gesellschafters geleistet werden, es sei denn, dass ein Aufrechnungsausschluss vereinbart wurde.[134]

129 **Sacheinlage** kann nur sein, was auch in eine Kommanditgesellschaft mit haftungsbefreiender Wirkung hätte eingelegt werden können. Es muss sich also um übertragbare und bewertbare Vermögensgegenstände handeln. Hierher gehören Sachen, Dienstleistungen, Gebrauchsüberlassungen, Kredite, Know-how, Abschluss günstiger Lieferverträge und sogar Unterlassungen.[135]

b) Die Kontrollrechte

130 Dem stillen Gesellschafter stehen die gesetzlichen Kontrollrechte zu, insbesondere die Ansprüche aus § 233 Abs. 1 und Abs. 3 HGB. Häufig werden Kontrollrechte gesellschaftsvertraglich modifiziert.[136]

c) Die Treuepflicht

131 Bei einer an den Vorschriften der §§ 230 ff BGB orientierten stillen Gesellschaft (typische stille Gesellschaft) bestehen nur gering ausgeprägte Treuepflichten. Die wichtigste besteht darin, Betriebsgeheimnisse zu wahren und von den Rechten als stiller Gesellschafter ohne Beeinträchtigung der berechtigten Belange des Unternehmens und seiner Gesellschafter Gebrauch zu machen.[137] Erweiterte Treuepflichten können den stillen Gesellschafter bei einer atypisch strukturierten stillen Gesellschaft treffen. Schon eine Erweiterung der Informationsrechte kann ihn zu besonderer Loyalität verpflichten. Entsprechendes gilt, wenn der stille Gesellschafter an der Geschäftsführung beteiligt ist.[138]

d) Wettbewerbsbeschränkungen

132 Für den **typischen** stillen Gesellschafter besteht kein allgemeines Wettbewerbsverbot. Er hat sich nur mit einer Vermögenseinlage beteiligt und übt keine geschäftsführende Tätigkeit aus. Aus diesem Grunde wird er auch keine tieferen Einblicke in den Geschäftsbetrieb des Inhabers erhalten.[139]

133 Etwas anderes kann für einen **atypischen** stillen Gesellschafter gelten, wenn er selbst als Kaufmann im Handelszweig des Inhabers tätig ist und auch Einfluss auf die Geschäftsführung hat. Hier kann aus der gesellschaftsrechtlichen Treuepflicht ein Wettbewerbsverbot folgen.[140]

---

[132] MünchKommHGB/*K. Schmidt* § 230 Rn 143 ff; *Blaurock* Rn 12.59. Zur Frage, ob und inwieweit Beitrag und Einlage zu unterscheiden sind, vgl im Einzelnen die Darstellung bei MünchKommHGB/*K. Schmidt* § 230 Rn 143 f und *Blaurock* Rn 6.1 ff.
[133] MünchKommHGB/*K. Schmidt* § 230 Rn 147.
[134] MünchKommHGB/*K. Schmidt* § 230 Rn 148.
[135] MünchKommHGB/*K. Schmidt* § 230 Rn 144; Baumbach/Hopt HGB/*Hopt* § 230 Rn 20.
[136] Vgl eingehend zu den Kontrollrechten MünchHdb GesR II/*Kühn* § 81 Rn 1 ff; *Blaurock* Rn 12.65 ff.
[137] MünchKommHGB/*K. Schmidt* § 230 Rn 154; *Blaurock* Rn 12.60.
[138] MünchKommHGB/*K. Schmidt* § 230 Rn 154; *Blaurock* Rn 12.62.
[139] MünchKommHGB/*K. Schmidt* § 230 Rn 155; *Blaurock* Rn 12.63.
[140] MünchKommHGB/*K. Schmidt* § 230 Rn 155; *Blaurock* Rn 12.64; Aulinger, Die atypische stille Gesellschaft, 1955, S.74 ff.

VI. Auflösung und Auseinandersetzung der stillen Gesellschaft

Das HGB enthält mit den §§ 234, 235 nur rudimentäre Regelungen über die Auflösung und Auseinandersetzung einer stillen Gesellschaft. Die nachfolgenden Ausführungen vermitteln einen Überblick über die maßgeblichen Grundsätze. 134

1. Die Auflösung

Die Auflösung der stillen Gesellschaft unterscheidet sich von derjenigen der handelsrechtlichen Personen- und Kapitalgesellschaften. Zwischen dem Inhaber des Handelsgewerbes und dem stillen Gesellschafter bestehen nur schuldrechtliche Beziehungen, so dass eine echte Liquidation nicht stattfindet. Das Handelsgeschäft als solches bleibt bestehen und wird in der Regel ohne Veränderung seiner Grundlagen vom Inhaber weitergeführt.[141] 135

Nach herrschender Meinung tritt mit der Auflösung der stillen Gesellschaft sogleich die Vollbeendigung ein.[142] Nach der Gegenmeinung besteht die stille Gesellschaft als **Abwicklungsgesellschaft** weiter. Die Gesellschafter sind zwar nicht mehr verpflichtet, den bisherigen primären Gesellschaftszweck zu fördern. Sie haben aber die schwebenden Geschäfte abzuwickeln, das Endguthaben des stillen Gesellschafters zu ermitteln und dieses auszuzahlen oder einen etwaigen Passivsaldo zu decken.[143] Zumindest bei mehrgliedrigen Gesellschaften sollte zwischen dem **Ausscheiden** des stillen Gesellschafters und der **Abwicklung** der stillen Gesellschaft unterschieden werden. Die Auflösung führt zur Abwicklung und damit zur Innenliquidation.[144] 136

2. Die Auflösungsgründe

Die Auflösungsgründe sind im Wesentlichen dieselben wie bei der Gesellschaft bürgerlichen Rechts (§§ 723 ff BGB). Sie sind im Gesetz nicht abschließend aufgezählt. Im Gesellschaftsvertrag können weitere Auflösungsgründe vereinbart werden. Fortsetzungsklauseln entsprechend § 736 BGB kommen nur bei mehrgliedrigen stillen Gesellschaften in Betracht. Bei auf Dauer angelegten stillen Publikumsgesellschaften empfiehlt sich eine solche Vereinbarung.[145] 137

a) Zeitablauf und Aufhebungsvertrag

Die stille Gesellschaft endet mit dem Ablauf einer etwa im Gesellschaftsvertrag bestimmten Zeit. Auch der Abschluss eines Aufhebungsvertrages ist jederzeit möglich.[146] 138

b) Bedingungseintritt, Erreichen und Unmöglichwerden des Zwecks

Die Auflösung der stillen Gesellschaft tritt ein, sobald der vertraglich festgesetzte Zweck erreicht ist (§ 726 BGB). Einer Auflösungsklage bedarf es nicht. Das gilt auch, wenn die Gesellschaft für eine bestimmte Zeit eingegangen und diese noch nicht abgelaufen ist.[147] Ist die Erreichung des Gesellschaftszwecks unmöglich geworden, tritt ebenfalls Auflösung der stillen Gesellschaft ein. Die Unmöglichkeit kann eine rechtliche oder wirtschaftliche sein. Eine rechtliche Unmöglichkeit liegt beispielsweise vor, wenn dem Inhaber erforderliche Genehmigungen oder Erlaubnisse nicht erteilt oder entzogen werden. Um eine tatsächliche Unmöglichkeit handelt es sich, wenn das Unternehmen im Liquidationswege zerschlagen worden oder auf sonstige Weise beseitigt worden ist.[148] 139

---

141 Röhricht/Graf von Westphalen/*von Gerkan* § 234 Rn 1; Ebenroth/Boujong/Joost/*Gehrlein* § 234 Rn 2 f; *Blaurock* Rn 15.1.
142 BGH NJW 1982, 99, 100; Ebenroth/Boujong/Joost/*Gehrlein* § 234 Rn 3; Röhricht/Graf von Westphalen/*von Gerkan* § 234 Rn 1.
143 Baumbauch/Hopt/*Hopt* § 234 Rn 1; *Blaurock* Rn 15.3; MünchKommHGB/*K. Schmidt* § 234 Rn 2, schlägt vor, zwischen Ausscheiden und Abwicklung zu unterscheiden, insbesondere bei mehrgliedrigen Gesellschaften.
144 So MünchKommHGB/*K. Schmidt* § 234 Rn 2; Baumbauch/Hopt/*Hopt* § 234 Rn 1.
145 MünchHdb GesR II/*Polzer* § 91 Rn 1; *Blaurock* Rn 15.8 f.
146 MünchKommHGB/*K. Schmidt* § 234 Rn 5; *Blaurock* Rn 15.10 f.
147 Ebenroth/Boujong/Joost/*Gehrlein* § 234 Rn 9; *Blaurock* Rn 15.14.
148 MünchKomm Hdb/*K. Schmidt* § 234 Rn 16; *Blaurock* Rn 15.15 ff.

c) Die Kündigung

140 Von den gesetzlichen Auflösungsgründen ist die Auflösung durch Kündigung zu unterscheiden. Die Kündigung kann vom Inhaber des Handelsgeschäfts oder von dem stillen Gesellschafter oder von einem Gläubiger ausgesprochen werden. Während bei den Handelsgesellschaften zwischen der auflösenden Kündigung, der Austrittskündigung (§ 131 Abs. 3 Nr. 3 HGB) und der eine Klage nach § 140 HGB ersetzenden ausschließenden Kündigung (Hinauskündigung) unterschieden werden muss, handelt es sich bei der Kündigung der stillen Gesellschaft immer um eine auflösende Kündigung, die zur Abfindung des stillen Gesellschafters führt.[149] Die Regelung des § 234 Abs. 1 HGB sieht vor, die ordentliche Kündigung den Vorschriften über die oHG, dagegen die außerordentliche Kündigung den Vorschriften über die Gesellschaft bürgerlichen Rechts zu unterstellen.[150]

aa) Ordentliche Kündigung

141 Die ordentliche Kündigung durch einen Gesellschafter ist zum Jahresende mit einer Frist von 6 Monaten möglich (§§ 234 Abs. 1 S. 1, 132 HGB). Eine Beschränkung des Kündigungsrechts ist zwar möglich, aber nur in dem Maße, wie das für § 132 HGB zugelassen ist.[151]

bb) Die außerordentliche Kündigung

142 Gem. §§ 234 Abs. 1 S. 2 HGB, 723 Abs. 1 S. 2 und 3 BGB haben der Geschäftsinhaber und der stille Gesellschafter bei Vorliegen eines wichtigen Grundes ein außerordentliches Kündigungsrecht, das es ihnen erlaubt, vor Ablauf der vereinbarten Dauer oder bei vereinbarter unbestimmter Dauer vor Ablauf der ordentlichen Kündigungsfrist die Gesellschaft zu beenden. Eine Auflösungsklage ist entbehrlich, die einfache Erklärung der Kündigung damit ausreichend. Der Wille, das Gesellschaftsverhältnis zu beenden, ist vom Kündigenden in angemessener Zeit nach Eintritt des Umstandes, auf den die außerordentliche Kündigung gestützt wird, zum Ausdruck zu bringen.[152]

143 Entsprechend der jetzt in § 314 Abs. 1 S. 2 BGB normierten Regelung ist ein Kündigung aus wichtigem Grund dann zulässig, wenn dem kündigenden Gesellschafter die Fortsetzung der Gesellschaft unzumutbar geworden ist. Die außerordentliche Kündigung ist immer **ultima ratio**. Die **Beweislast** für das Vorliegen eines wichtigen Grundes trifft den Kündigenden.[153]

cc) Kündigung durch Gläubiger

144 Nach § 234 Abs. 1 S. 2 HGB kann auch ein Gläubiger des stillen Gesellschafters das Gesellschaftsverhältnis unter den Voraussetzungen des § 135 HGB kündigen. Nach Wirksamwerden der Kündigung kann der Gläubiger den gepfändeten und nach § 235 HGB zu ermittelnden Anspruch auf das Auseinandersetzungsguthaben verwerten. Ein Gläubiger des Geschäftsinhabers hat dagegen kein Kündigungsrecht. Er hat ohnehin Zugriff auf das gesamte Vermögen des Handelsgeschäfts.[154]

d) Insolvenz eines Gesellschafters

145 Die stille Gesellschaft ist in Ermangelung eines Gesellschaftsvermögens als solche nicht insolvenzfähig. Wird über das Vermögen des Inhabers oder des stillen Gesellschafters das Insolvenzverfahren eröffnet, so führt das nach § 728 BGB zur Auflösung der Gesellschaft. Gläubiger des stillen Gesellschafters erhalten damit Zugriff auf den Abfindungsanspruch. Bei der Insolvenz des Geschäftsinha-

---

149 MünchKommHGB/*K. Schmidt* § 234 Rn 17 f; vgl ausführlich zur Kündigung MünchHdb GesR II/*Polzer* § 91 Rn 2 ff.
150 Ebenroth/Boujong/Joost/*Gehrlein* § 234 Rn 21; *Blaurock* Rn 15.20.
151 Röhricht/Graf von Westphalen/*von Gerkan* § 234 Rn 4 f; MünchHdb GesR II/*Polzer* § 91 Rn 3; *Blaurock* Rn 15.21 ff.
152 BGH WM 1980, 868, 869; MünchHdb GesR II/*Polzer* § 91 Rn 8; *Blaurock* Rn 15.30 ff.
153 MünchHdb GesR II/*Polzer* § 91 Rn 8 ff, der in Rn 11 Einzelfälle aufführt; *Blaurock* Rn 15.32 ff.
154 Röhricht/Graf von Westphalen/*von Gerkan* § 234 Rn 8 f; MünchHdb GesR II/*Polzer* Rn 91 Rn 17; *Blaurock* Rn 15.39 ff.

bers stellt § 236 Abs. 1 HGB klar, dass der stille Gesellschafter seine Forderung als Insolvenzgläubiger geltend machen kann, er also nicht hinter die übrigen Gesellschafter zurücktreten muss.[155]

e) Tod eines Gesellschafters

Die Rechtslage ist unterschiedlich. Nach der gesetzlichen Regel löst der Tod des stillen Gesellschafters die Gesellschaft nicht auf, wohl aber der Tod des Geschäftsinhabers. 146

aa) Tod des stillen Gesellschafters

Der Tod des stillen Gesellschafters führt gesetzlich nicht zur Auflösung (§ 234 Abs. 2 HGB). Die stille Beteiligung fällt in den Nachlass. Bei mehreren Erben geht die Berechtigung auf die Erbengemeinschaft über. § 234 Abs. 2 HGB ist dispositiver Natur. Sind dem stillen Gesellschafter bei einer atypischen stillen Gesellschaft Geschäftsführungs- und Mitverantwortungsrechte eingeräumt, kann es dem Geschäftsinhaber nicht ohne weiteres zugemutet werden, auch den Erben oder einer Erbengemeinschaft diese Rechtsstellung einzuräumen. Ob hieraus der stillschweigende Ausschluss des § 234 Abs. 2 HGB folgt und das Gesellschaftsverhältnis aufgelöst wird oder ob man ein Kündigungsrecht des Geschäftsinhabers aus wichtigem Grund bejaht, wird in der Literatur diskutiert. Die Einräumung eines Kündigungsrechts für eine solche Konstellation ist hinreichend, so dass es nicht der Konstruktion einer konkludenten Aufhebung des § 234 Abs. 2 HGB bedarf.[156] 147

bb) Tod des Geschäftsinhabers

Nach § 727 Abs. 1 BGB endet die stille Gesellschaft mit dem Tod des Geschäftsinhabers. Diese Regelung beruht auf der Bedeutung der Person des Geschäftsinhabers für die stille Gesellschaft.[157] 148

Handelt es sich bei dem Geschäftsinhaber um eine Gesellschaft, so scheidet der Auflösungsgrund des § 727 Abs. 1 BGB aus. Führt hier der Tod eines Gesellschafters zur Auflösung dieser Gesellschaft (Hauptgesellschaft), stellt sich die Frage, ob eine Auflösung der Hauptgesellschaft ausreichend ist, um das stille Gesellschaftsverhältnis aufzulösen.[158] 149

f) Auflösung der Hauptgesellschaft

Inwieweit die Auflösung der Hauptgesellschaft einen Auflösungsgrund für die stille Gesellschaft darstellt, wird erörtert. In einem solchen Fall soll die stille Gesellschaft nicht automatisch aufgelöst werden, sondern dies kann Kündigungsgrund sein, insbesondere für den stillen Gesellschafter bei Auflösung der Hauptgesellschaft.[159] 150

3. Die Auseinandersetzung

Nach Auflösung der stillen Gesellschaft hat sich der Inhaber mit dem stillen Gesellschafter auseinanderzusetzen und dessen Guthaben in Geld zu berichtigen (§ 235 Abs. 1 HGB). Die damit zusammenhängenden Fragen werden nachfolgend dargestellt. 151

a) Allgemeines

§ 235 HGB ist dispositiv. In aller Regel werden die Gesellschaftsverträge eingehende Regelungen über die Auseinandersetzung vorsehen, insbesondere über die Ermittlung des Auseinandersetzungsguthabens. 152

Die stille Gesellschaft als Innengesellschaft hat kein eigenes Gesellschaftsvermögen. Im Rahmen der Auflösung findet damit auch keine Vermögensauseinandersetzung statt. Die für Außengesellschaften maßgeblichen §§ 730 ff BGB, 145 ff HGB gelten nicht unmittelbar. Dem stillen Gesellschafter steht ein schuldrechtlicher Auseinandersetzungsanspruch auf Abrechnung und Auszahlung seines Gutha- 153

---

155 *Blaurock* Rn 15.62 ff.
156 *Blaurock* Rn 15.49 f.
157 MünchHdb GesR II/*Polzer* Rn 91 Rn 22; *Blaurock* Rn 15.42.
158 MünchKommHGB/*K. Schmidt* § 234 Rn 7 in iVm 24 ff; MünchHdb GesR II/*Polzer* § 91 Rn 22, 44 ff; Röhricht/Graf von Westphalen/*von Gerkan* § 234 Rn 12, 20.
159 Vgl im Einzelnen dazu BGHZ 84, 379, 380 f; MünchKommHGB/*K. Schmidt* § 234 Rn 22 ff; MünchHdb GesR II/ *Polzer* Rn 91 Rn 44 ff.

bens zu.¹⁶⁰ Zweck der Auseinandersetzung innerhalb eines stillen Gesellschaftsverhältnisses ist es deshalb, in einem einheitlichen Verfahren die gesamten aus dem Gesellschaftsverhältnis entspringenden Ansprüche gegeneinander zu verrechnen. Die einzelnen Geldzahlungsansprüche werden zu Rechnungsposten innerhalb der Gesamtabrechnung.¹⁶¹

154 Die Abwicklung der schuldrechtlichen Beziehungen erfolgt bei der **typischen** stillen Gesellschaft grundsätzlich aufgrund einer für den Auflösungstag aufzustellenden **Erfolgsermittlungsbilanz**.¹⁶² Das entspricht der Tatsache, dass der typische stille Gesellschafter nur am Gewinn, nicht auch an Vermögenswerten beteiligt ist. Ist er als **atypischer** stiller Gesellschafter auch an den Vermögenswerten beteiligt, bedarf es der Aufstellung einer **Abschichtungsbilanz** bzw **Vermögensbilanz**, in der auch die in dem Unternehmen vorhandenen Rücklagen und ein etwaiger Geschäfts- oder Firmenwert zu berücksichtigen sind, an denen der ausscheidende stille Gesellschafter Anteil hat.¹⁶³

155 Der grundlegende Unterschied bei der Auseinandersetzung einer typischen und atypischen stillen Gesellschaft wird allerdings dadurch relativiert, dass bei der Auseinandersetzung einer typischen stillen Gesellschaft regelmäßig zusätzlich die Gewinnverteilung der vorangegangenen Jahre zu korrigieren ist.¹⁶⁴ **Stichtag für die Auseinandersetzung** ist der Tag der Auflösung, nicht der Schluss des Geschäftsjahres, es sei denn, dass die Auflösung gerade zu diesem Tag erfolgt ist oder die Beteiligten eine andere Vereinbarung getroffen haben.¹⁶⁵

b) Das Auseinandersetzungsguthaben

156 Das Auseinandersetzungsguthaben ist durch eine Gesamtabrechnung für die stille Beteiligung zu ermitteln.¹⁶⁶

aa) Bilanzaufstellung durch den Geschäftsinhaber

157 Regelt der Gesellschaftsvertrag nichts anderes, obliegt dem Geschäftsinhaber die Aufstellung der Auseinandersetzungsbilanz. Er muss dieser Pflicht unverzüglich nachkommen. Kommt er dieser Pflicht nicht nach, kann der stille Gesellschafter auf Feststellung seines Guthabens klagen.¹⁶⁷

bb) Die Höhe des Auseinandersetzungsguthabens

158 Das Auseinandersetzungsguthaben des **typisch** stillen Gesellschafters besteht regelmäßig aus dem Buchwert seiner Vermögenseinlage, wie sie sich am Auflösungstage aufgrund der Buchführung auf dem Einlagekonto ergibt, vermehrt oder – bei Verlustbeteiligung – vermindert um das Ergebnis des letzten Geschäftsjahres bis zum Tage der Auflösung. Die Auseinandersetzungsbilanz ist eine echte Erfolgsermittlungsbilanz und keine Liquidations- (Vermögens-)Bilanz, weil der typische stille Gesellschafter nicht am Gesellschaftsvermögen beteiligt ist.¹⁶⁸

159 Im Rahmen der Auseinandersetzung ist die Erfolgsbilanz nach denselben Grundsätzen wie die jährliche Gewinn- und Verlustrechnung zu **korrigieren**. Die Korrektur betrifft einmal die im Geschäftsvermögen vorhandenen offenen und stillen Rücklagen, die während des Bestehens der Gesellschaft aus den laufenden Betriebsgewinnen oder aus überhöhten Abschreibungen gebildet wurden und dadurch in den zurückliegenden Jahren den Gewinnanteil des stillen Gesellschafters entsprechend vermindert haben. Auch ist der typisch stille Gesellschafter an einer durch die Aufwendung von Gesellschaftsmitteln herbeigeführten Vermehrung des Geschäftsvermögens zu beteiligen. Die aus Gesellschaftsmitteln

---

160 MünchKommHGB/*K. Schmidt* § 235 Rn 2; MünchHdb GesR II/*Bezzenberger/Keul* § 92 Rn 2; *Blaurock* Rn 16.1 f.
161 *Blaurock* Rn 16.2. Einzelheiten sind strittig.
162 BGH NJW-RR 1994, 1185,1186; BGH WM 1995, 1277; *Blaurock* Rn 16.4; ausführlich zu dieser Frage mit Darstellung des Meinungsstandes MünchHdb GesR II/*Bezzenberger/Keul* § 92 Rn 4 ff.
163 *Blaurock* Rn 16.4.
164 MünchKommHGB/*K. Schmidt* § 235 Rn 16, 24; MünchHdb GesR II/*Bezzenberger/Keul* § 92 Rn 11.
165 *Blaurock* Rn 16.7.
166 BGH WM 1972, 1056; BGH WM 1976, 1030, 1032; Röhricht/Graf von Westphalen/*von Gerkan* § 235 Rn 4.
167 Röhricht/Graf von Westphalen/*von Gerkan* § 235 Rn 5; *Blaurock* Rn 16.9 f.
168 MünchKommHGB/*K. Schmidt* § 235 Rn 16; *Blaurock* Rn 16.12; ausführlich dazu im Einzelnen MünchHdb GesR II/*Bezzenberger/Keul* § 92 Rn 4 ff.

vorgenommenen Investitionen sind daher bei der Auseinandersetzung zu berücksichtigen. Korrekturen können aber auch unter dem Gesichtspunkt unterlassener Abschreibungen notwendig sein.[169] War ein **atypisch** stiller Gesellschafter schuldrechtlich am Vermögen des Geschäftsinhabers beteiligt, so erfolgt die Auseinandersetzung durch Aufstellung einer Vermögensbilanz. Darin sind alle Vermögenswerte mit dem wirklichen Wert anzusetzen. Maßgeblich ist der Fortführungswert.[170] 160

cc) Fälligkeit des Auszahlungsanspruchs und Durchsetzung

Die Fälligkeit des Auseinandersetzungsanspruchs bestimmt sich nach § 271 BGB. Sie setzt die Berechnung des Guthabens durch den Inhaber voraus.[171] Wird diese verzögert, tritt die Fälligkeit in dem Zeitpunkt ein, in dem der Inhaber nach Treu und Glauben das Guthaben hätte errechnen können.[172] Der stille Gesellschafter kann in diesem Fall die Vornahme der Auseinandersetzung gerichtlich geltend machen. Im Wege der Stufenklage (§ 254 ZPO) kann er auf Schlussabrechnung bzw Auseinandersetzungsbilanz, Einsicht und Zahlung des Auseinandersetzungsguthabens klagen.[173] 161

c) Das passive Einlagekonto

Ist das Einlagekonto des stillen Gesellschafters passiv, so braucht er es nicht auszugleichen, wenn er seine Einlage voll erbracht hat. § 232 Abs. 2 S. 1 HGB bestimmt nämlich, dass der stille Gesellschafter am Verlust nur bis zum Betrag seiner eingezahlten oder rückständigen Einlage teilnimmt. Ist die Einlage rückständig und fällig, muss mit ihr der Passivsaldo ausgeglichen werden. Zweifelhaft ist, was bei einer im Gesellschaftsvertrag vereinbarten Sacheinlage des stillen Gesellschafters zu gelten hat. Ob hier immer ein Ausgleich in Geld erfolgt oder nur unter der Voraussetzung, dass der stille Gesellschafter mit der Leistung der vereinbarten Einlage in Verzug ist und die Leistung für den Inhaber kein Interesse mehr hat (§ 280 Abs. 1 und 3 iVm § 281 BGB), ist umstritten.[174] 162

d) Abwicklung schwebender Geschäfte

Schwebende Geschäfte sind alle Geschäfte, zu deren Ausführung der Inhaber im Zeitpunkt der Auflösung verpflichtet ist, die aber noch nicht vollständig abgewickelt sind (zB schwebende Prozesse oder noch nicht vollständig erfüllte Verträge). Die Abwicklung solcher Geschäfte ist Aufgabe des Inhabers (§ 235 Abs. 2 S. 1 HGB). Er hat sie **außerhalb** der Auseinandersetzung zu erfüllen. 163

Der stille Gesellschafter nimmt nach § 235 Abs. 2 S. 2 HGB an den schwebenden Geschäften teil. Ist im Gesellschaftsvertrag keine anderweitige Regelung getroffen, kann der stille Gesellschafter am Schluss jedes Geschäftsjahres Rechenschaft über die inzwischen abgewickelten Geschäfte, Auszahlung des ihm gebührenden Betrages und Auskunft über den Stand der noch nicht abgewickelten Geschäfte verlangen (§ 235 Abs. 3 HGB). Eine Regelung über die Auseinandersetzung **typischer** stiller Gesellschaften lässt sich wie folgt formulieren: 164

▶ Auseinandersetzung/Abfindung
1. Bei Beendigung der Gesellschaft steht dem stillen Gesellschafter eine Abfindung zu.
2. Die Abfindung berechnet sich aus dem Saldo des Einlage-, Privat- und Verlustkontos. Stille Reserven sind nicht aufzulösen. Ein Geschäftswert wird nicht berücksichtigt. Am Ergebnis schwebender Geschäfte, die nicht bilanzierungspflichtig sind, nimmt der stille Gesellschafter nicht teil.
3. Scheidet der stille Gesellschafter während des Geschäftsjahres aus, so sind die zum letzten Bilanzstichtag vor seinem Ausscheiden ermittelten Kontenstände, bereinigt um zwischenzeitliche Entnahmen und Einlagen, maßgeblich. Am Geschäftsergebnis des laufenden Geschäftsjahres wird der stille Gesellschafter

---

169 MünchKommHGB/*K. Schmidt* § 235 Rn 22 ff; *Blaurock* Rn 16.14 ff.
170 MünchHdb GesR II/*Bezzenberger/Keul* § 92 Rn 27 f; Röhricht/Graf von Westphalen/*von Gerkan* § 235 Rn 21; *Blaurock* Rn 16.20; MünchHdb GesR II/*Bezzenberger/Keul* § 92 Rn 28, schlagen vor, statt auf den Substanzwert besser auf den Ertragswert abzustellen, an dem der stillen Gesellschafter teil hat.
171 BGH DNotZ 1993, 619, 620 f; *Blaurock* Rn 16.31.
172 *Blaurock* Rn 16.31.
173 Baumbauch/Hopt/*Hopt* § 235 Rn 3; *Blaurock* Rn 16.31; in einfach gelagerten Fällen kann der stille Gesellschafter unmittelbar auf Zahlung klagen, so *Blaurock* Rn 16.31.
174 Vgl dazu MünchKommHGB/*K. Schmidt* § 235 Rn 34; *Blaurock* Rn 16.43 ff.

zeitanteilig beteiligt. Der anteilige Gewinn oder Verlust wird seinem Abfindungsguthaben hinzugesetzt oder von ihm abgezogen.

4. Ergibt sich ein negativer Saldo, so ist dieser von dem stillen Gesellschafter nur insoweit auszugleichen, als er seine Ursache in Belastungen des Privatkontos hat.

5. Die Abfindung ist in drei aufeinander folgenden gleich bleibenden Jahresraten auszuzahlen, von denen die erste sechs Monate nach dem Ausscheiden zur Zahlung fällig wird. Die nicht ausgezahlten Teile sind ab Fälligkeit der ersten Rate mit 2 % über dem jeweiligen Basiszinssatz p.a. zu verzinsen. Die Inhaberin ist berechtigt, das Abfindungsguthaben jederzeit ganz oder teilweise vor Fälligkeit auszuzahlen. ◄

Bei der **atypischen** stillen Gesellschaft muss die Auseinandersetzungs- und Abfindungsregelung die Beteiligung des stillen Gesellschafters am Vermögen und den stillen Reserven berücksichtigen. Dies ist bei der Formulierung zu beachten.

VII. Die stille Gesellschaft in der Insolvenz

165 Werden der Inhaber des Handelsgeschäfts oder der stille Gesellschafter insolvent, sind die Rechtsfolgen für die stille Gesellschaft in § 236 HGB, § 728 BGB sowie in der Insolvenzordnung geregelt. Die frühere Regelung des § 237 HGB (Konkursanfechtung) wurde aufgehoben und sein Inhalt in § 136 InsO übernommen.

166 Die stille Gesellschaft ist mangels Vermögens als solche nicht insolvenzfähig. Deshalb wird zwischen der Insolvenz des stillen Gesellschafters einerseits und der Insolvenz des Geschäftsinhabers andererseits unterschieden und die entsprechenden Rechtsfolgen für diese Sachverhalte untersucht.[175]

1. Die Insolvenz des stillen Gesellschafters

167 Wird über das Vermögen des stillen Gesellschafters das Insolvenzverfahren eröffnet, führt dies nach § 728 BGB zur Auflösung der Gesellschaft. Die Auseinandersetzung findet außerhalb des Insolvenzverfahrens statt (§ 84 Abs. 1 S. 1 InsO iVm § 235 HGB). Das Auseinandersetzungsguthaben des stillen Gesellschafters fällt in seine Insolvenzmasse und steht zur Verteilung an die Insolvenzgläubiger zur Verfügung.[176]

168 Die Abrechnung für die Auseinandersetzung ist Angelegenheit des Geschäftsinhabers. Er muss sie gegenüber dem Insolvenzverwalter erteilen.[177] Ist das Einlagekonto des stillen Gesellschafters passiv und ist er mit seiner Einlage im Rückstand, so steht dem Geschäftsinhaber eine einfache Insolvenzforderung zu, wenn der stille Gesellschafter zum Verlustausgleich verpflichtet ist.[178]

2. Die Insolvenz des Geschäftsinhabers

169 Mit der Eröffnung des Insolvenzverfahrens über das Vermögen des Geschäftsinhabers wird die stille Gesellschaft aufgelöst.[179] Die Auseinandersetzung (§ 235 HGB) hat nach Maßgabe des stillen Gesellschaftsvertrages außerhalb des Insolvenzverfahrens (§ 84 Abs. 1 S. 1 InsO) zu erfolgen. Voraussetzung ist, dass der Gesellschaftsvertrag mit der zwingenden Vorschrift des § 236 Abs. 2 HGB übereinstimmt.[180] Vertragliche Abweichungen zum Nachteil der Insolvenzgläubiger sind unwirksam. Zwingend ist auch die Regelung des § 136 InsO.[181]

a) Die Abrechnung durch den Insolvenzverwalter

170 Die Ermittlung des Auseinandersetzungsguthabens erfolgt durch den Insolvenzverwalter nach den zu § 235 HGB entwickelten Grundsätzen. Stichtag der Abrechnung ist der Tag der Eröffnung des Insolvenzverfahrens. Der stille Gesellschafter ist an den schwebenden Geschäften auch im Insolvenzverfah-

---

175 *Blaurock* Rn 17.7 ff.
176 Röhricht/Graf von Westphalen/*von Gerkan* § 236 Rn 17, *Blaurock* Rn 17 112; kritisch MünchKommHGB/*K. Schmidt* § 236 Rn 44.
177 Röhricht/Graf von Westphalen/*von Gerkan* § 236 Rn 17.
178 Ebenroth/Boujong/Joost/*Gehrlein*, § 236 Rn 19; *Blaurock* Rn 17 113.
179 Röhricht/Graf von Westphalen/*von Gerkan* § 236 Rn 1.
180 Ebenroth/Boujong/Joost/*Gehrlein* § 236 Rn 2.
181 MünchKommHGB/*K. Schmidt* § 236 Rn 4.

ren beteiligt, wenn der Insolvenzverwalter sich nach § 103 InsO für die Erfüllung des Geschäfts entscheidet. Andernfalls bleibt das Geschäft für eine besondere Abrechnung nach § 235 Abs. 2 HGB außer Betracht.[182]

b) Guthaben im Insolvenzverfahren

Hat der Insolvenzverwalter für den stillen Gesellschafter ein Guthaben errechnet, so nimmt er mit dieser Forderung als **Insolvenzgläubiger** am Verfahren teil. Dies gilt auch für einen sich nach Beendigung schwebender Geschäfte ergebenden Gewinnanteil. Hat der stille Gesellschafter für seine Ansprüche anfechtungsfreie Sicherheiten erlangt, so hat er das Recht auf abgesonderte Befriedigung (§§ 51 ff InsO). Einen etwaigen positiven Saldo hat der stille Gesellschafter gem. §§ 174 ff InsO zur Tabelle anzumelden.[183]

171

Hat der stille Gesellschafter dem Unternehmen Gegenstände nur zur **Nutzung** überlassen, kann er seinen Rückgabeanspruch durch Aussonderung (§ 47 InsO) geltend machen. Ein solches Aussonderungsrecht besteht indes nicht an Gegenständen, die dem Geschäftsinhaber in Erfüllung einer Einlagepflicht übertragen wurden.[184]

172

c) Pflicht zur Verlustabdeckung

Ist das abgerechnete Einlagekonto passiv und ist der stille Gesellschafter am Verlust beteiligt, muss er eine noch rückständige Einlage in dem Umfang erbringen, zu welchem sie für die Abdeckung seines Verlustanteils benötigt wird (§ 236 Abs. 2 HGB). Ohne eine solche Verlustbeteiligungspflicht braucht der stille Gesellschafter eine ausstehende Einlage selbst dann nicht mehr zu leisten, wenn sie bereits fällig war. Denn mit der Auflösung der stillen Gesellschaft endet die Pflicht zur Leistung einer Einlage.[185] Der exakte Inhalt der Leistungspflicht richtet sich nach dem Gesellschaftsvertrag. Eine Vereinbarung, dass der stille Gesellschafter im Insolvenzfall von der Pflicht zur Leistung einer rückständigen Einlage frei sein soll, ist gegenüber dem Insolvenzverwalter unwirksam.[186]

173

d) Stille Beteiligung mit Eigenkapitalcharakter

Nach dem gesetzlichen Regelfall stellt eine stille Einlage eine passivierungsfähige Verbindlichkeit des Geschäftsinhabers dar und hat damit Fremdkapitalcharakter. Der stille Gesellschafter ist also nach § 236 Abs. 1 HGB Insolvenzgläubiger iS des § 38 InsO.[187]

174

Unter bestimmten Voraussetzungen können stille Einlagen **Eigenkapitalcharakter** haben. Auch ohne die Vereinbarung eines Rangrücktritts kann die stille Einlage damit Haftkapitalqualität besitzen. Eine solche Einordnung führt zur Unanwendbarkeit des § 236 HGB.[188] Die haftungsmäßige Gleichstellung der stillen Beteiligung mit Eigenkapitalersatz kann auf vertraglicher **Vereinbarung** oder aufgrund **Gesetzes** erfolgen. Daneben findet die Rechtsprechung zum Eigenkapitalersatzrecht Anwendung.[189]

175

Erfasst wird hiervon die Gruppe der kapitalersetzenden stillen Einlagen. Unter den Voraussetzungen der §§ 32 a GmbHG, 172 a HGB kann der Anspruch auf Rückgewähr einer Gesellschafterleistung, die an eine GmbH bzw GmbH & Co. KG erbracht wurde, in deren Insolvenz nachrangig sein (§ 39 Abs. 1 Nr. 5 InsO). Die genannten Vorschriften betreffen zwar in erster Linie Gesellschafterdarlehen. § 32 a Abs. 3 GmbHG stellt jedoch wirtschaftlich vergleichbare Gesellschafterleistungen einem Gesellschafterdarlehen gleich.[190] Daneben bleiben auch im Insolvenzverfahren die von der Rechtspre-

176

---

182 Röhricht/Graf von Westphalen/*von Gerkan* § 236 Rn 2 ff; MünchHdb GesR II/*Polzer* § 93 Rn 1 ff.
183 MünchHdb GesR II/*Polzer* § 93 Rn 4 f; Röhricht/Graf von Westphalen/*von Gerkan* § 236 Rn 5 f.
184 Röhricht/Graf von Westphalen/*von Gerkan* § 236 Rn 7.
185 Röhricht/Graf von Westphalen/*von Gerkan* § 236 Rn 9; *Blaurock* Rn 17.65.
186 Röhricht/Graf von Westphalen/*von Gerkan* § 236 Rn 10; *Blaurock* Rn 17.66.
187 MünchKommHGB/*K. Schmidt* § 236 Rn 5; *Blaurock* Rn 17.10.
188 Röhricht/Graf von Westphalen/*von Gerkan* § 236 Rn 13 f; MünchKommHGB/*K. Schmidt* § 236 Rn 6; *Blaurock* Rn 17.13 ff; *Lotze* Kapitalbeteiligungsgesellschaften als stille Gesellschaft, 1993 S. 80 ff.
189 Vgl MünchKommHGB/*K. Schmidt* § 236 Rn 6 f und 25 ff; MünchHdb GesR II/*Polzer* § 93 Rn 10 ff; *Blaurock* Rn 17.19 ff.
190 MünchHdb GesR II/*Polzer* § 93 Rn 11 ff; *Blaurock* Rn 17.27 ff.

chung in Analogie zu §§ 30, 31 GmbHG entwickelten Grundsätze über die Beschränkung der Rückerstattung kapitalersetzender Gesellschafterdarlehen, darunter stiller Einlagen, anwendbar.[191]

177 Den Charakter haftenden Eigenkapitals mit der Folge der Unanwendbarkeit des § 236 HGB hat die Einlage des stillen Gesellschafters im Fall eines vereinbarten Rangrücktritts.[192] Eine gesellschaftsrechtliche Gleichstellung der stillen Einlage mit Eigenkapital ist auch in Fällen sog. **gesplitteter Einlagen** angenommen worden. Es handelt sich hierbei um Sachverhalte, in denen der stille Gesellschafter an einer Publikumskommanditgesellschaft gleichzeitig als Kommanditist beteiligt ist und die stille Einlage Teil seiner gesellschaftsvertraglichen Beitragspflicht als Kommanditist und zur Erreichung des Gesellschaftszwecks unerlässlich ist.[193]

3. Die Anfechtung der Einlagenrückgewähr

178 Der Insolvenzverwalter kann die Rückgewähr der Einlage oder den Erlass der Verlustbeteiligung des stillen Gesellschafters nach § 136 InsO **anfechten**, wenn Rückgewähr oder Erlass zwischen dem Inhaber und dem stillen Gesellschafter erst im letzten Jahr vor dem Antrag auf Eröffnung des Insolvenzverfahrens über das Vermögen des Inhabers oder nach diesem Antrag vereinbart wurden. Die Absicht der Gläubigerbenachteiligung ist keine Voraussetzung des Anfechtungsrechts nach § 136 InsO. Die Vorschrift knüpft an rein objektive Anfechtungsvoraussetzungen an. Als Gläubigerschutzbestimmung kann sie nicht abbedungen oder eingeschränkt werden.[194] Neben § 136 InsO gelten auch die übrigen Anfechtungstatbestände der §§ 130 ff InsO. So kann der Insolvenzverwalter nach § 135 InsO die Rückgewähr oder Sicherung kapitalersetzender Gesellschafterleistungen anfechten.[195]

B. Die Unterbeteiligung

I. Überblick

1. Begriff und Rechtsgrundlagen

179 Wie die stille Gesellschaft ist die Unterbeteiligung **Innengesellschaft** bürgerlichen Rechts. Die Unterbeteiligung bezieht sich aber nicht auf ein „Handelsgewerbe" (§ 230 HGB), sondern auf die Beteiligung an einer anderen Gesellschaft, die **Hauptbeteiligung**. Erste Voraussetzung für die Unterbeteiligung ist also das Bestehen einer **Hauptgesellschaft**. Der Gesellschafter dieser Hauptgesellschaft, der **Hauptbeteiligte**, bleibt alleiniger Inhaber der Hauptbeteiligung. Der **Unterbeteiligte** erwirbt typischerweise keine Rechte und übernimmt keine Pflichten gegenüber der Hauptgesellschaft. Der Hauptbeteiligte räumt jedoch dem Unterbeteiligten obligatorisch bestimmte Rechte in Bezug auf die Hauptbeteiligung ein, regelmäßig mindestens das Recht auf einen bestimmten Anteil am Gewinn, den der Hauptbeteiligte aus seiner Hauptbeteiligung erzielt.

180 Da die Unterbeteiligung Gesellschaft bürgerlichen Rechts ist, gelten als **Rechtsgrundlage** zunächst §§ 705 ff BGB, soweit diese Normen nicht auf die Außengesellschaft zugeschnitten sind. Daneben werden Vorschriften angewandt der §§ 230 ff HGB, obwohl die Unterbeteiligung gerade keine stille Gesellschaft ist. Es ist im Einzelfall zu prüfen, ob die betreffende Norm über die stille Gesellschaft auf die jeweilige Unterbeteiligung „passt"; in diesem Fall treten die Bestimmungen des BGB im Wege teleologischer Reduktion zurück.[196] Hinzu kommt: Obwohl das Gesellschaftsverhältnis der Unterbeteiligung vom Gesellschaftsverhältnis der Hauptbeteiligung zu trennen ist, wirkt das für die

---

191 MünchHdb GesR II/*Polzer* § 93 Rn 11, 14; *Blaurock* Rn 17.32 ff.
192 MünchHdb GesR II/*Polzer* § 93 Rn 15; MünchKommHGB/*K. Schmidt* § 236 Rn 7.
193 BGH WM 1980, 332; BGH NJW 1981, 2251 f; MünchHdb GesR II/*Polzer* § 93 Rn 16; Röhricht/Graf von Westphalen/*von Gerkan* § 236 Rn 13. MünchKommHGB/*K. Schmidt* § 236 Rn 33 erörtert auch das Verhältnis einer sogenannten Finanzplanabrede zu § 236 HGB.
194 MünchHdb GesR II/*Polzer* § 93 Rn 21; *Blaurock* Rn 17.79 ff.
195 MünchHdb GesR II/*Polzer* § 93 Rn 29 f; *Blaurock* Rn 17 108. Zu den näheren Tatbestandsvoraussetzungen vgl im Einzelnen MünchHdb GesR II/*Polzer* § 93 Rn 21 ff; Röhricht/Graf von Westphalen/*von Gerkan* § 236 Rn 20 ff; *Blaurock* Rn 17.79 ff.
196 MünchKommBGB/*Ulmer*, vor § 705 Rn 92; MünchKommHGB/*K. Schmidt*, § 230 Rn 204; MünchHdb GesR/*Rieger*, § 30 Rn 5.

Hauptbeteiligung geltende Recht auf die Unterbeteiligung zurück. Denn die Hauptbeteiligung ist ja Gegenstand des Unterbeteiligungsvertrages. Die Rechte und Pflichten im Rahmen der Unterbeteiligung sind damit auf die Rechte und Pflichten des Hauptbeteiligten in der Hauptgesellschaft abzustimmen. In dieser Abstimmung liegt die besondere Aufgabe der Rechtsgestaltung, die mangels einer eigenständigen gesetzlichen Regelung der Unterbeteiligung Schwierigkeiten bereiten kann.

2. Gegenstand, Anwendungsbereich und Typik

a) Gegenstand der Unterbeteiligung

Gegenstand der Unterbeteiligung können Hauptbeteiligungen an Gesellschaften jeder Rechtsform sein, also an Kapitalgesellschaften (Aktie, Geschäftsanteil einer GmbH), Handelsgesellschaften (Anteil des persönlich haftenden Gesellschafters oder Kommanditanteil) oder Gesellschaften bürgerlichen Rechts. Möglich und in der Praxis nicht selten ist auch die Unterbeteiligung an einer (regelmäßig atypischen) stillen Beteiligung. Auch die Unterbeteiligung an einer Unterbeteiligung („gestufte Unterbeteiligung") ist denkbar. Der Unterbeteiligung an einer Partnerschaftsgesellschaft stehen aus gesellschaftsrechtlicher Sicht rechtskonstruktiv keine Bedenken entgegen; allerdings dürften solche Unterbeteiligungen an den besonderen Voraussetzungen des PartGG und der jeweils ergänzend geltenden Berufsrechte regelmäßig scheitern. 181

b) Anwendungsbereich

Die Motive für die Wahl der Unterbeteiligung sind in vielen Fällen ähnlich wie diejenigen für die Begründung einer stillen Gesellschaft.[197] Die Unterbeteiligung wird insbesondere häufig als **Instrument der Unternehmensnachfolge** eingesetzt. Ebenso wie die stille Gesellschaft hat auch die Unterbeteiligung den Vorteil, dass der vorgesehene Nachfolger aufgebaut und auch erprobt werden kann, ohne nach außen als Gesellschafter aufzutreten. Gleichzeitig können noch zu Lebzeiten des Hauptbeteiligten Einkünfte auf die Unterbeteiligten verlagert und durch mehrfaches Ausnutzen der Freibeträge **erbschaft- bzw schenkungsteuerliche Vorteile** generiert werden. Die Unterbeteiligung ist in solchen Fällen häufig Vorstufe zu einer Hauptbeteiligung des vorgesehenen Nachfolgers. 182

Unterbeteiligungen werden ferner auch in anderen Fällen eingesetzt, in denen der Unterbeteiligte als Gesellschafter der Hauptgesellschaft nicht in Erscheinung treten kann oder will. Mit Unterbeteiligungen können zB Übertragungsbeschränkungen und Wettbewerbsverbote umgangen werden, die in der Hauptgesellschaft gelten. Die Unterbeteiligung ist außerdem in Betracht zu ziehen, wenn der Gesellschaftsvertrag der Hauptgesellschaft die Zahl möglicher Rechtsnachfolger von Todes wegen beschränkt, zB durch die Vereinbarung qualifizierter Nachfolgeklauseln in Personengesellschaftsverträgen.[198] Besteht hiernach nicht die Möglichkeit, mehrere Erben in die Gesellschafterstellung einrücken zu lassen, kommt ersatzweise die Zuwendung des Anteils an einen Erben und die Begründung von Unterbeteiligungsverhältnissen zugunsten der anderen Erben am Anteil des Gesellschafter-Erben in Betracht. Auch bei der Publikums-GmbH & Co. KG können Unterbeteiligungen vorkommen, wenn ein „Treuhandkommanditist" seinen Kommanditanteil für eine Vielzahl unterbeteiligter Anleger hält.[199] 183

c) Typik der Unterbeteiligung

Die Typik der Unterbeteiligungen folgt ihren zahlreichen Erscheinungsformen, ohne sie wirklich auf einen Nenner bringen zu können. So unterscheidet man ähnlich wie bei der stillen Gesellschaft **typische** und **atypische** Unterbeteiligungen. Zivilrechtlich ist eine derartige Unterscheidung bei der Unterbeteiligung freilich nicht möglich, denn es existiert kein gesetzlich geregelter Typus der Unterbeteiligung. Die Unterscheidung ist vielmehr steuerrechtlicher Natur und zielt auf die Qualifikation des Unterbeteiligten als Mitunternehmer.[200] Unterschieden werden weiter die **verdeckte** Unterbeteiligung 184

---

197 Oben Rn 53 ff.
198 Oben § 5 Rn 120 ff.
199 Vgl § 5 Rn 559, 747 ff.
200 Näher dazu Rn 187 ff.

als Regelfall und die offene Unterbeteiligung. Während bei der verdeckten Unterbeteiligung Rechtsbeziehungen nur zwischen dem Hauptbeteiligten und dem Unterbeteiligten begründet werden, kennzeichnet es die **offene** Unterbeteiligung, dass zugunsten des Unterbeteiligten unmittelbar Mitverwaltungsrechte, insbesondere Auskunfts- und Kontrollrechte, in der Hauptgesellschaft selbst begründet werden. Grundlage dafür kann selbstverständlich nur eine Einigung mit den Gesellschaftern der Hauptgesellschaft sein. Schließlich können **zwei-** und **mehrgliedrige** Unterbeteiligungen unterschieden werden. Während Gesellschafter der zweigliedrigen Unterbeteiligungsgesellschaft nur der Hauptbeteiligte und ein Unterbeteiligter sind, werden bei der mehrgliedrigen Unterbeteiligung im Rahmen eines einheitlichen Gesellschaftsverhältnisses Unterbeteiligungen an mehrere Unterbeteiligte eingeräumt. Zu unterscheiden ist die mehrgliedrige von der **sternförmigen** Unterbeteiligung. Bei dieser räumt der Hauptbeteiligte zwar auch Unterbeteiligungen zugunsten mehrerer Personen ein, jedoch in je gesonderten Unterbeteiligungsverträgen.

3. Abgrenzung

185 Die Abgrenzung der Unterbeteiligung zur **stillen Gesellschaft** ist im Kapitel über die stille Gesellschaft skizziert.[201] Von **Austauschverträgen** unterscheidet sich die Unterbeteiligung wie die stille Gesellschaft dadurch, dass Hauptbeteiligter und Unterbeteiligter einen gemeinsamen Zweck verfolgen. Konstituierendes Merkmal für die Unterbeteiligung soll nach allerdings zumindest terminologisch bestrittener Ansicht weiter sein, dass der Unterbeteiligte nicht nur schuldrechtlich einen Anspruch gegen den Hauptbeteiligten auf Auskehrung eines bestimmten Anteils am Ertrag der Hauptbeteiligung hat, sondern im Rahmen der Unterbeteiligungsgesellschaft eine „Beteiligung mit einer bilanzmäßig darstellbaren Einlage" erwirbt.[202] Die praktische Bedeutung dieses Abgrenzungskriteriums sollte nicht überschätzt werden. Es bedeutet jedenfalls nicht, dass der Unterbeteiligte zwingend auch einen Beitrag leisten oder sonst eine Gegenleistung erbringen müsste.[203] Selbstverständlich kann der Unterbeteiligte seine Einlage auch schenkweise erhalten.

186 Die Abgrenzung zur **Treuhand** und damit die Abgrenzung zwischen Gesellschaftsrecht einerseits und Auftragsrecht andererseits ist idealtypisch einfach: Bei der Treuhand hält der Treuhänder die Beteiligung für Rechnung des Treugebers, soweit die Beteiligung dem Treuhandvertrag unterworfen ist. Der Treuhänder hat die Beteiligung also im Interesse des Treugebers zu verwalten. Demgegenüber hält der Hauptbeteiligte bei der Unterbeteiligung den Anteil für Rechnung der Innengesellschaft, wirtschaftlich also teilweise für eigene Rechnung und im eigenen Interesse. Anderes gilt allerdings, wenn die Unterbeteiligung treuhandähnlich ausgestaltet ist. So liegt es etwa, wenn ein Treuhandkommanditist in der Publikumsgesellschaft seinen Kommanditanteil ausschließlich für Rechnung einer Vielzahl von Unterbeteiligten verwaltet. Jedenfalls begrifflich schließen Unterbeteiligung und Treuhand einander wohl nicht aus, so dass bezogen auf die konkrete Einzelfrage zu prüfen ist, ob Gesellschaftsrecht oder Auftragsrecht anzuwenden ist.[204] Beim **Nießbrauch** schließlich wird anders als bei der Unterbeteiligung die Hauptbeteiligung dinglich belastet. Abgesehen davon allerdings kann durch die – zulässige – Vereinbarung eines Quotennießbrauchs und durch entsprechende Ausgestaltung der den Nießbrauch begleitenden vertraglichen Abreden eine den wirtschaftlichen Verhältnissen bei der Unterbeteiligung vergleichbare Rechtslage geschaffen werden.[205]

---

201 Oben Rn 30.
202 MünchKommHGB/*K. Schmidt*, § 230 Rn 197, 230 f; *Blaurock*, Rn 30.36; MünchHdb GesR/*Riegger*, § 30 Rn 2; aA Ebenroth/Boujong/Joost/*Gehrlein*, § 230 Rn 91.
203 Der Begriff „Einlage" wird in Vertragsmustern häufig als Bezeichnung für die Gegenleistung verwandt, die der Unterbeteiligte für die Einräumung der Unterbeteiligung zu erbringen hat, vgl MünchVertragsHdb/*von der Heydt*, Form. IX.8 § 1 Abs. 3, Hopt/Volhard, II. F.6 § 2.
204 BGH NJW 1994, 2886; dieselbe Vertragsgestaltung betreffend bestätigt durch BGH, NJW-RR 1995, 165; vgl MünchKommHGB/*K. Schmidt*, § 230 Rn 197, 202, 210.
205 Näher Rn 289, 302 ff.

4. Die Besteuerung bei der Unterbeteiligung

Ebenso wenig wie die stille Gesellschaft wird die Unterbeteiligungsgesellschaft als solche besteuert. Steuerrechtssubjekte sind lediglich der Hauptbeteiligte und der Unterbeteiligte. Die Besteuerung des laufenden Einkommens hängt dabei zum einen davon ab, wie die Einkünfte des Hauptbeteiligten steuerlich qualifiziert werden, zum anderen von der Ausgestaltung der Unterbeteiligung. Hier wurzelt die Unterscheidung zwischen der typischen und der atypischen Unterbeteiligung.

a) Die typische Unterbeteiligung

Von einer typischen Unterbeteiligung spricht man dann, wenn der Unterbeteiligte nur am laufenden Gewinn (und evtl am Verlust) des Hauptbeteiligten partizipiert, während er an den stillen Reserven der Hauptbeteiligung nicht teilnimmt, auch und insbesondere nicht beim Ende der Unterbeteiligung.[206] In diesem Fall fehlt es typischerweise am Mitunternehmerrisiko des Unterbeteiligten[207] mit der Folge, dass im Verhältnis zwischen Hauptbeteiligtem und Unterbeteiligtem keine Mitunternehmerschaft angenommen wird. Der Unterbeteiligte ist also rein kapitalmäßig beteiligt. Die ihm zufließenden Erträge sind Einkünfte aus Kapitalvermögen im Sinne von § 20 Abs. 1 Nr. 4 EStG, wenn der Unterbeteiligte die Beteiligung im Privatvermögen hält, und gemäß § 20 Abs. 3 EStG Einkünfte aus Gewerbebetrieb, wenn die Unterbeteiligung im Betriebsvermögen liegt. Auf die Einkunftsart, der die Hauptbeteiligung zuzuordnen ist, kommt es nicht an. **Aufwendungen** des Unterbeteiligten sind dementsprechend entweder **Werbungskosten** oder **Betriebsausgaben**. Liegt die typische Unterbeteiligung im Privatvermögen, findet das **Zufluss-/Abflussprinzip** Anwendung (§ 11 EStG). Beim **Hauptbeteiligten** sind die Ergebnisanteile, die der Hauptbeteiligte an den Unterbeteiligten abführen muss, entweder als Werbungskosten oder als Betriebsausgaben zu behandeln.[208]

b) Die atypische Unterbeteiligung

Voraussetzung einer **atypischen Unterbeteiligung** ist es, dass dem Unterbeteiligten neben dem Anteil an den laufenden Ergebnissen spätestens mit Beendigung der Unterbeteiligung ein **Anteil an den stillen Reserven** eingeräumt wird, die aus der Hauptbeteiligung realisiert werden können. Im Regelfall, nicht aber notwendigerweise werden dem atypisch Unterbeteiligten darüber hinaus Mitverwaltungsrechte eingeräumt, und zwar mindestens im Innenverhältnis zum Hauptbeteiligten, bei der offenen Beteiligung auch unmittelbar in der Hauptgesellschaft. Für die Annahme einer atypischen Unterbeteiligung reicht es aus, wenn dem Unterbeteiligten die Kontrollrechte eingeräumt sind, die nach § 233 HGB dem stillen Gesellschafter zustehen.[209] Handelt es sich bei der Hauptbeteiligung um einen Anteil an einer **Mitunternehmerschaft**, ist der atypisch Unterbeteiligte als Mitunternehmer der Hauptgesellschaft jedenfalls dann zu qualifizieren, wenn er dort Verwaltungsrechte hat und dementsprechend Mitunternehmerinitiative entfalten kann (offene Unterbeteiligung). Sind ihm derartige Mitverwaltungsrechte nicht eingeräumt, ist er nicht unmittelbar Mitunternehmer der Hauptgesellschaft. Seine Mitunternehmerstellung beschränkt sich auf das Verhältnis zum Hauptbeteiligten. Jedoch wendet der BFH auch auf atypische Unterbeteiligungen, auch wenn sie lediglich im Verhältnis zwischen dem Unterbeteiligten und dem Hauptbeteiligten bestehen, § 15 Abs. 1 Nr. 2 S. 2 EStG an. Nach dieser Vorschrift steht der mittelbar über eine oder mehrere weitere Personengesellschaften beteiligte Gesellschafter dem unmittelbar an der Mitunternehmerschaft beteiligten Gesellschafter gleich. Eine solche mittelbare Beteiligung kann nach Auffassung des BFH auch im Wege der Unterbeteiligung begründet werden.[210] Folge davon ist, dass Tätigkeitsvergütungen sowie Darlehens-, Miet- und Pachtzinsen, die die Hauptgesellschaft an den Unterbeteiligten zahlt, nicht als Betriebsausgabe abgezogen werden dürfen, sondern bei der Hauptgesellschaft dem Gesamtgewinn zuzurechnen sind und beim Unterbeteiligten zu Mitunternehmer-Einkünften nach § 15 Abs. 1 Nr. 2 EStG führen. Solche Sondervergütungen dürfen auch den

---

206 Dazu nachstehend Rn 233 ff.
207 Vgl oben Rn 33 ff.
208 Näheres zum Vorstehenden: *Blaurock*, Rn 31.1 ff, ferner § 14 Rn 340.
209 BFH vom 2.10.1997 - IV R 75/96 - BStBl. II 1998, 137, 138.
210 BFH aaO; kritisch *Blaurock*, Rn 31.15 ff.

Gewerbeertrag der Hauptgesellschaft nicht mindern. Weitere Folge ist, dass der Unterbeteiligte, der Vergütungen der beschriebenen Art von der Gesellschaft erhält, in die einheitliche und gesonderte Feststellung nach § 180 Abs. 1 Nr. 2 AO einbezogen werden muss. Dadurch wird die Geheimhaltung einer stillen Unterbeteiligung gegenüber der Hauptgesellschaft in derartigen Fällen praktisch verhindert.[211] Nach jüngster Rechtsprechung des BFH kann die atypische Unterbeteiligung an einem **GmbH-Geschäftsanteil** dazu führen, dass der Unterbeteiligte wirtschaftlich als Mitinhaber des Geschäftsanteils angesehen wird. Er erzielt dann originär laufende Einkünfte nach § 20 Abs. 1 Nr. 1 EStG von der GmbH, also der Hauptgesellschaft, und im Falle der Veräußerung des Geschäftsanteils Einkünfte nach § 17 EStG. Das folgt aus der im Steuerrecht geltenden wirtschaftlichen Betrachtungsweise. Für die steuerlich unmittelbare Zurechnung eines Geschäftsanteils an den Unterbeteiligten sind aber nicht die für Mitunternehmerschaften geltenden Kriterien (Mitunternehmerinitiative und Mitunternehmerrisiko) maßgeblich. Die wirtschaftliche Inhaberschaft wird dem an einem Kapitalgesellschaftsanteil Unterbeteiligten nur dann vermittelt, wenn er nicht nur (entsprechend der jeweiligen Quote) an allen Vermögensrechten aus dem Geschäftsanteil einschließlich der stillen Reserven und dem Risiko der Wertminderung beteiligt ist, sondern entsprechend der Quote auch (mindestens im Innenverhältnis) über die Ausübung der Verwaltungsrechte aus dem Geschäftsanteil bestimmen kann.[212] Ansonsten bleibt es bei der in Rn 187 beschriebenen steuerlichen Behandlung.

c) Unterbeteiligungen unter Familienangehörigen

190 Für die Unterbeteiligung unter Familienangehörigen gelten dieselben Kriterien wie bei der stillen Gesellschaft.[213] Im Familienverband ist ganz besonders darauf zu achten, dass die Vereinbarungen **zivilrechtlich wirksam sind** und **wirklich durchgeführt werden**. Inhaltlich muss die Gestaltung, um anerkannt zu werden, einem **Fremdvergleich** standhalten. Während hiernach beispielsweise die schenkweise Zuwendung einer Unterbeteiligung an Abkömmlinge ihrer steuerlichen Anerkennung nicht entgegensteht, sind schädlich alle Vereinbarungen, die die Annahme rechtfertigen, dass dem Abkömmling die Unterbeteiligung als Einkunftsquelle nicht endgültig zugewandt worden ist. Die steuerliche Anerkennung gefährden insbesondere der Ausschluss von Entnahme- und Kündigungsrechten des unterbeteiligten Abkömmlings und die Vereinbarung freier Widerrufsrechte zugunsten des zuwendenden Familienangehörigen.[214]

II. Gesellschafter

1. Der Hauptbeteiligte

191 Hauptbeteiligter kann jede natürliche Person, Personenvereinigung oder juristische Person sein, die Träger von Rechten und Pflichten sein kann. Einziges Erfordernis ist es, dass der Hauptbeteiligte Gesellschafter in der Hauptgesellschaft ist oder werden kann.[215]

2. Der Unterbeteiligte

192 Für die Person des Unterbeteiligten gilt grundsätzlich dasselbe wie für die Person des stillen Gesellschafters.[216] Ebenso wenig wie der Unternehmensträger selbst nicht stiller Gesellschafter am eigenen Unternehmen sein kann, kann ein Hauptgesellschafter auch nicht für sich selbst eine Unterbeteiligung an der eigenen Hauptbeteiligung begründen. Dagegen kann ein Unterbeteiligter ohne weiteres gleichzeitig einen (anderen) Anteil an der Hauptgesellschaft halten. Er kann auch parallel zum Bestehen der

---

211 Darauf weist zutreffend BeckHdbPersGes /*Bärwaldt*, § 14 Rn 68 und 70 hin. Anders liegt es bei der typischen Beteiligung. Hier findet nach § 179 Abs. 2 S. 3 AO eine eigenständige gesonderte Feststellung im Verhältnis des Hauptbeteiligten zum Unterbeteiligten statt.
212 BFH vom 18.5.2005 - VIII R 34/01, BB 2005, 2388; dazu *Pupeter*, GmbHR 2006, 910, siehe auch § 14 Rn 343.
213 Oben Rn 50.
214 Näher *Blaurock*, Rn 31.27 ff.
215 MünchHdb GesR/*Riegger*, § 30 Rn 19; MünchKommHGB/*K. Schmidt*, § 230 Rn 135.
216 Oben Rn 74 ff.

Unterbeteiligung stiller Gesellschafter der Hauptgesellschaft sein.[217] Mehrere Unterbeteiligte können entweder sternförmig, dh durch je individuelle Unterbeteiligungsverhältnisse, oder aufgrund einer mehrgliedrigen Unterbeteiligung an einer Hauptbeteiligung partizipieren.[218]

III. Der Gesellschaftsvertrag

1. Abschluss des Gesellschaftsvertrages

a) Grundsatz; Beteiligung Minderjähriger

Für den Abschluss des Gesellschaftsvertrages und zu den Fragen der Beteiligung Minderjähriger gelten dieselben Grundsätze wie bei der stillen Gesellschaft.[219] Die Genehmigung des Vormundschaftsgerichts ist dann erforderlich, wenn die Hauptgesellschaft ein Erwerbsgeschäft betreibt und zusätzlich der Unterbeteiligte nicht nur am Gewinn, sondern auch am Verlust der Hauptbeteiligung teilnimmt. In diesen Fällen bedarf auch die schenkweise eingeräumte Unterbeteiligung an einen Minderjährigen der vormundschaftsgerichtlichen Genehmigung (§§ 1643 Abs. 1, 1822 Nr. 3 BGB).[220]

193

Räumt ein gesetzlicher Vertreter seinem minderjährigen Abkömmling eine Unterbeteiligung an der eigenen Hauptbeteiligung ein, dann ist er wegen § 181 BGB von der Vertretung des Minderjährigen ausgeschlossen. In diesen Fällen muss nach § 1909 BGB ein Ergänzungspfleger bestellt werden, der den Minderjährigen bei der Begründung der Unterbeteiligung vertritt.[221] Dasselbe gilt, wenn der Gesellschaftsvertrag der Unterbeteiligung geändert werden soll oder wenn im Einzelfall über bestimmte Grundlagengeschäfte abzustimmen ist. Eine Dauerpflegschaft auch für die Mitwirkung in laufenden Angelegenheiten der Unterbeteiligungsgesellschaft ist dagegen entbehrlich.[222]

194

b) Form

Die Begründung des Unterbeteiligungsverhältnisses ist grundsätzlich **formfrei**. Ebenso wie bei der stillen Gesellschaft[223] gilt aber auch bei der Unterbeteiligung die dringende Empfehlung, den Gesellschaftsvertrag mindestens schriftlich zu fixieren. Wird eine Unterbeteiligung an einem GmbH-Geschäftsanteil begründet, so ist der Vertragsabschluss nicht schon nach § 15 GmbHG formbedürftig, weil der Hauptbeteiligte ja Inhaber des Geschäftsanteils bleibt. Eine notarielle Beurkundung nach § 15 Abs. 4 GmbHG ist nur dann erforderlich, wenn der Unterbeteiligungsvertrag vorsieht, dass bei Beendigung des Unterbeteiligungsverhältnisses der Geschäftsanteil ganz oder teilweise auf den Unterbeteiligten zu übertragen ist. Derartige Gestaltungen, die der Unterbeteiligung treuhandähnlichen Charakter verleihen, dürften aber eher die Ausnahme sein. Auch die Konstellation, dass der Unterbeteiligte für die Einräumung einer Beteiligung eine Leistung in Form eines Grundstücks oder Geschäftsanteils zu erbringen hat, wird eher selten sein. Wird die Unterbeteiligung **schenkweise** übertragen, so muss ebenso wie bei der stillen Gesellschaft unbedingt dazu geraten werden, den Vertrag notariell beurkunden zu lassen. Denn es ist nicht sicher, ob die anschließende Einbuchung des geschenkten Guthabens und die laufende Abrechnung der Unterbeteiligung den Mangel der Form gemäß § 518 Abs. 2 BGB heilen.[224]

195

c) Zustimmungserfordernisse

Grundsätzlich kann eine Unterbeteiligung wirksam auch ohne Einwilligung der Hauptgesellschaft oder ihrer Gesellschafter begründet werden. Denn da die Unterbeteiligung eine Innengesellschaft ist, verfügt der Hauptbeteiligte ja nicht über die Hauptbeteiligung. Zustimmungsbedürftig bei der Hauptgesellschaft ist demgegenüber selbstverständlich die offene Unterbeteiligung, die ja unmittelbare Rechte und Pflichten des Unterbeteiligten in der Hauptgesellschaft begründen soll. Eine Zustimmungspflicht kann

196

---

217 *Riegger*, aaO, Rn 20; MünchKommHGB/*K. Schmidt*, § 230 Rn 220.
218 Oben Rn 184.
219 Oben Rn 81.
220 *Riegger*, aaO, Rn 22; MünchKommHGB/*K. Schmidt*, § 230 Rn 228.
221 *Riegger*, aaO; *Blaurock*, aaO, Rn 30.32.
222 BGH NJW 1976, 49, 50.
223 Oben Rn 85.
224 Oben Rn 87.

weiter bestehen, wenn nach den Abreden zwischen dem Haupt- und dem Unterbeteiligten bei Beendigung der Unterbeteiligung die Hauptbeteiligung ganz oder teilweise an den Unterbeteiligten abgetreten werden muss. In diesen Fällen ergeben sich fast immer Zustimmungserfordernisse. Handelt es sich bei der Hauptbeteiligung um einen **GmbH-Geschäftsanteil**, sind die regelmäßig bestehenden Zustimmungsvorbehalte aufgrund Vinkulierungsklauseln nach § 15 Abs. 5 GmbHG zu beachten. Die Teilung eines GmbH-Geschäftsanteils erfordert die Zustimmung der Gesellschaft, § 17 Abs. 1 GmbHG.[225] Die ganze oder teilweise Abtretung der Hauptbeteiligung führt in der **Personengesellschaft** zur Aufnahme eines neuen Gesellschafters. Diese bedarf als Grundlagengeschäft der Zustimmung aller Gesellschafter der Hauptgesellschaft, soweit nicht der Hauptbeteiligte nach dem Gesellschaftsvertrag seine Mitgliedschaft ohnehin auf einen Dritten übertragen kann.

197 Nicht erforderlich ist die Zustimmung eines Unterbeteiligten, wenn der Hauptgesellschafter weitere Unterbeteiligungen an der Hauptbeteiligung begründen will.[226] Eine Ausnahme gilt wiederum dann, wenn eine mehrgliedrige Unterbeteiligung begründet oder der Gesellschafterkreis einer mehrgliedrigen Unterbeteiligung erweitert werden soll, es sei denn, derartige Geschäfte sind dem Hauptbeteiligten nach dem Unterbeteiligungsvertrag gestattet.

198 Wirksam eingeräumt ist die Unterbeteiligung auch dann, wenn der Gesellschaftsvertrag der Hauptgesellschaft Unterbeteiligungen verbietet oder wenn sich der Hauptbeteiligte gegenüber einem Unterbeteiligten verpflichtet hat, nicht ohne dessen Zustimmung weitere Unterbeteiligungen zu begründen. Derartige Verstöße gegen mitgliedschaftliche oder schuldrechtliche Bindungen, die allein den Hauptbeteiligten treffen, schlagen unmittelbar auf die Unterbeteiligung nur durch, wenn der Unterbeteiligte von dem Verstoß des Hauptbeteiligten gegen vertragliche oder mitgliedschaftliche Bindungen wusste (kollusives Zusammenwirken). Dass die Unterbeteiligung hiernach regelmäßig wirksam zustande kommt, ändert freilich nichts daran, dass der Hauptbeteiligte gegen seine mitgliedschaftlichen oder vertraglichen Pflichten verstoßen hat. Das kann zu gesellschaftsrechtlichen Sanktionen gegen den Hauptbeteiligten führen, die bis zur Ausschließung aus der Hauptgesellschaft bzw zur Einziehung des GmbH-Geschäftsanteils führen können. Dann endet die Unterbeteiligung wegen Zweckwegfalls,[227] und es bleiben Schadensersatzansprüche des Unterbeteiligten gegen den (ehemaligen) Hauptbeteiligten zu prüfen. Auf Schadensersatzansprüche ist der Unterbeteiligte auch dann verwiesen, wenn der Hauptbeteiligte entgegen mit dem Unterbeteiligten getroffenen Vereinbarungen weitere Unterbeteiligungsverhältnisse an der Hauptbeteiligung begründet.

2. Vertragsinhalt

199 Da es keinen gesetzlichen Normaltypus der Unterbeteiligung gibt und da die Abgrenzung zwischen §§ 705 ff BGB einerseits und §§ 230 ff HGB andererseits Schwierigkeiten bereitet, sind individuelle vertragliche Abreden über die Ausgestaltung der Unterbeteiligung unverzichtbar. Regelungsbedarf besteht zusätzlich, weil die Gestaltung der Unterbeteiligung auf die rechtlichen und wirtschaftlichen Verhältnisse bei der Hauptgesellschaft abgestimmt werden muss.

200 Unverzichtbare **Mindestinhalte** des Unterbeteiligungsvertrages sind neben der Bestimmung der Beteiligten die Festlegung, welches die Hauptbeteiligung sein soll, die Festlegung, dass und mit welcher Einlage der Unterbeteiligte einen Anteil an der Hauptbeteiligung erwerben soll, Abreden darüber, ob der Unterbeteiligte seine ihm einzuräumende Einlage[228] unentgeltlich erhält oder ob er dafür Beiträge oder sonstige Leistungen erbringen muss und schließlich eine Regelung, dass und in welchem Umfange der Unterbeteiligte am Ergebnis (Gewinn und/oder Verlust) der Hauptbeteiligung beteiligt wird. Welche weiteren Vereinbarungen im Rahmen der Unterbeteiligung erforderlich oder doch mindestens zweckmäßig sind, kann sich abschließend nur anhand der Verhältnisse im Einzelfall ergeben. Die einzelnen Problemkreise, die Regelungsbedarf auslösen oder auslösen können, sind nachfolgend dargestellt.

---

225 Bei Redaktionsschluss stand noch nicht fest, ob § 17 GmbHG im Zuge der GmbH-Modernisierung entfällt oder gegenstandslos wird.
226 Ganz herrschende Meinung, vgl *Riegger*, aaO, Rn 14; MünchKommHGB/*K. Schmidt*, § 230 Rn 221.
227 Vgl unten Rn 236.
228 Vgl oben Rn 185.

3. Checkliste für die Vertragsgestaltung

- Genaue Bezeichnung der Vertragsbeteiligten sowie der Hauptbeteiligung (einschließlich der Hauptgesellschaft, ggf mit HR-Nummer)
- Höhe der Einlage des Unterbeteiligten
- Gegenleistung und/oder Beitrag des Unterbeteiligten (unten Rn 201)
- Geschäftsführung: Zustimmungsbedürftige Geschäfte, Stimmbindung, Vollmachten (unten Rn 202 ff)
- Rechnungslegungspflicht des Hauptbeteiligten, Kontrollrechte des Unterbeteiligten (unten Rn 211 ff)
- Ergebnisermittlung: Grundlage der Ergebnisermittlung, Korrektur des Ergebnisses der Hauptbeteiligung (unten Rn 215 ff)
- Konten der Beteiligten
- Umfang der Teilnahme des Unterbeteiligten am Gewinn; Teilnahme auch am Verlust? (unten Rn 219 ff)
- Entnahmen des Unterbeteiligten (unten Rn 222)
- Sonstige Verpflichtungen der Parteien (Verschwiegenheitspflicht, Wettbewerbsverbot) (unten Rn 207 ff)
- Rechte und Pflichten bei Rechtsänderungen in der Hauptgesellschaft, insbesondere bei Kapitalerhöhungen (unten Rn 225 ff); Hinzutreten weiterer Unterbeteiligungen (unten Rn 229)
- Beginn, Dauer, Kündigung der Unterbeteiligung (unten Rn 230 f)
- Beendigungsgründe (Kündigung, Tod, Insolvenz, Auflösung der Hauptgesellschaft) (unten Rn 230 ff)
- Rechtsfolgen der Beendigung: Ermittlung des Auseinandersetzungsguthabens des Unterbeteiligten; Beteiligung an stillen Reserven/dem Geschäftswert der Hauptbeteiligung im Falle atypischer Unterbeteiligung; Auszahlungsmodalitäten (unten Rn 233 ff); bei Treuhandcharakter der Unterbeteiligung ggf Pflicht zur – teilweisen – Übertragung der Hauptbeteiligung (oben Rn 195)
- Soweit der Tod eines Beteiligten nicht zur Beendigung der Unterbeteiligung führt: Rechtsfolgen beim Tod eines Beteiligten (unten Rn 231)
- Sonstige Regelungen, zB Schiedsgerichtsvereinbarung, Schriftformklausel, salvatorische Klausel
- Feststellungen über Bestehen und ggf Erfüllung von Zustimmungserfordernissen, insbesondere nach dem Gesellschaftsvertrag der Hauptgesellschaft

IV. Rechte und Pflichten der Gesellschafter

1. Beitragspflichten

Auch die Gesellschafter einer Innengesellschaft schulden gemäß § 705 BGB Beiträge zur Förderung des gemeinsamen Zwecks. Der **Hauptbeteiligte** schuldet als Beitrag mindestens, dass er die Hauptbeteiligung für Rechnung der Unterbeteiligungsgesellschaft hält und in deren Interesse ausübt. Der Beitrag des **Unterbeteiligten** besteht mindestens darin, dass er die Unterbeteiligung hält; begrifflich reicht dies als Beitragsleistung im Sinne des § 705 BGB aus.[229] Darüber hinaus können die Gesellschafter selbstverständlich vereinbaren, dass weitere konkrete Beiträge zu erbringen sind. Wie bei der stillen Gesellschaft können diese Beiträge beliebigen Charakter haben.[230] Wird die Unterbeteiligung nicht schenkweise eingeräumt, muss der Unterbeteiligte bei der Begründung des Unterbeteiligungsverhältnisses regelmäßig eine Leistung erbringen, deren Gegenstand ebenfalls jeder Vermögenswert sein kann. Diese Leistung erfolgt wie bei der stillen Gesellschaft[231] entsprechend § 230 HGB in das Vermögen des Hauptbeteiligten, wobei auch vereinbart werden kann, dass auf eine Verpflichtung des Hauptbeteiligten Dritten gegenüber, zB gegenüber der Hauptgesellschaft oder gegen-

201

---

229 MünchKommHGB/*K. Schmidt*, § 230 Rn 230.
230 Oben Rn 120 zur stillen Gesellschaft.
231 Oben Rn 127.

über Gläubigern der Hauptgesellschaft, geleistet wird.[232] Diese häufig als „Einlage" bezeichnete Leistung des Unterbeteiligten in das Vermögen des Hauptbeteiligten ist zu unterscheiden von der Einlage als Bilanzposition, die dem Unterbeteiligten als Ausdruck seiner Unterbeteiligung und Grundlage für die Abrechnung mit dem Hauptbeteiligten gutgeschrieben wird.

2. Geschäftsführung

202 Die Geschäftsführung in der Unterbeteiligungsgesellschaft besteht in der Verwaltung der Hauptbeteiligung. Sie ist, wenn nichts anderes vereinbart wird, Sache des Hauptbeteiligten. Die Rechtsstellung des Hauptbeteiligten gegenüber der Hauptgesellschaft bleibt ja durch die Unterbeteiligung im Verhältnis zur Hauptgesellschaft und deren Gesellschaftern unbeeinträchtigt. Dementsprechend stehen die **Mitgliedschaftsrechte** (Stimmrecht, Informationsrechte, Gewinnbezugsrecht und Klagerechte) in der Hauptgesellschaft weiterhin allein dem **Hauptbeteiligten** zu. Dasselbe gilt für die aus der Beteiligung an der Hauptgesellschaft resultierenden mitgliedschaftlichen Pflichten, insbesondere für Tätigkeitsverpflichtungen und Wettbewerbsverbote. Das Recht und die Pflicht zur Verwaltung der Hauptbeteiligung durch den Hauptbeteiligten innerhalb der Unterbeteiligungsgesellschaft kann in Abweichung von § 709 BGB auf die entsprechende Anwendung der Regeln über die stille Gesellschaft gestützt werden.

203 Bei der Verwaltung der Hauptbeteiligung hat der Hauptbeteiligte kraft der ihn im Rahmen der Unterbeteiligung treffenden **Treupflicht**[233] die Interessen der Unterbeteiligungsgesellschaft und damit auch des Unterbeteiligten angemessen zu berücksichtigen. Das gilt insbesondere bei der Ausübung von Mitgliedschaftsrechten in der Hauptgesellschaft, soweit sie Einfluss auf das Unterbeteiligungsverhältnis haben kann. Unklar ist, ob und ggf in welchen Fällen die Pflicht des Hauptbeteiligten, bei der Ausübung seiner mitgliedschaftlichen Rechte in der Hauptgesellschaft die Interessen der Unterbeteiligungsgesellschaft angemessen zu berücksichtigen, sich zu einem **Mitspracherecht** des Unterbeteiligten verdichten mit der Folge, dass sich der Hauptbeteiligte im Verhältnis zum Unterbeteiligten vertragswidrig verhält, wenn er vor Ausübung der Rechte in der Hauptgesellschaft nicht die Zustimmung des Unterbeteiligten eingeholt hat. Als sicher kann gelten, dass der Hauptbeteiligte in der Hauptgesellschaft nicht ohne Zustimmung des Unterbeteiligten an Geschäften mitwirken darf, die die **Grundlagen** der Unterbeteiligung berühren, insbesondere bei einer Änderung der Gewinnverteilung in der Hauptgesellschaft.[234] Noch weitergehende Rechte des Unterbeteiligten sind demgegenüber zweifelhaft.

204 Es besteht daher im Unterbeteiligungsvertrag **Regelungsbedarf**. Der Vertrag kann und sollte festlegen, ob und welche Mitgeschäftsführungsrechte dem Unterbeteiligten in Bezug auf die Verwaltung der Hauptbeteiligung zustehen. Derartige Rechte können stark beschränkt sein, zB in der Weise, dass der Hauptbeteiligte lediglich zur **Anhörung** des Unterbeteiligten verpflichtet ist, und dies auch nur dann, wenn in der Hauptgesellschaft Angelegenheiten von besonderer Bedeutung zu erledigen sind.[235] Bleibt es bei einer Anhörung, entscheidet der Hauptbeteiligte anschließend selbst über sein Verhalten in der Hauptgesellschaft und unterliegt dabei nur den Bindungen aus der allgemeinen Treuepflicht. Der Vertrag kann den Hauptbeteiligten alternativ auch stark an die einvernehmliche Mitwirkung des Unterbeteiligten binden. So kann er **Kataloge zustimmungsbedürftiger Geschäfte** vorsehen[236] oder den Hauptbeteiligten verpflichten, vor jeder Abstimmung in der Hauptgesellschaft **Einvernehmen** mit dem Unterbeteiligten herzustellen und, falls Einvernehmen nicht erzielt werden kann, sich der Ausübung seiner Rechte in der Hauptgesellschaft zu enthalten. Bei mehrgliedrigen Unterbeteiligungen kann es zweckmäßig sein zu vereinbaren, dass vor Abstimmungen in der Hauptgesellschaft eine interne Abstimmung in der Unterbeteiligungsgesellschaft stattfindet und dass der Hauptbeteiligte

---

232 MünchHdb GesR/*Riegger*, § 30 Rn 42; MünchKommHGB/*K. Schmidt*, § 230 Rn 231.
233 Dazu sogleich Rn 207.
234 Vgl BGH WM 1966, 188, 191; MünchHdb GesR/*Riegger*, § 30 Rn 30; *Blaurock*, Rn 30.43; Ebenroth/Boujong/Joost/*Gehrlein*, § 230 Rn 87.
235 So der Formulierungsvorschlag bei MünchVertragsHdb/*von der Heydt*, Form IX. 8 § 3 (2), ähnlich Hopt/*Volhard*, Form. II. F 6 § 4 (3).
236 Formulierungsvorschlag bei Rechtsformularbuch/*Kandler*, M 110.1 § 5 (2).

dann an das Ergebnis dieser Abstimmung gebunden ist.[237] Solche oder ähnliche **Stimmbindungen** des Hauptbeteiligten werden bei der Unterbeteiligung allgemein für zulässig gehalten.[238] Formulierungsvorschlag:

▶ Alleiniger Geschäftsführer ist der Hauptbeteiligte. Er übt alle Rechte aus der Hauptbeteiligung, insbesondere das Stimmrecht, nach eigenem billigem Ermessen aus. Ist nach dem Gesellschaftsvertrag für einen Gesellschafterbeschluss eine größere als die einfache Mehrheit der abgegebenen Stimmen erforderlich, so wird er dem Unterbeteiligten vor der Abstimmung Gelegenheit zur Stellungnahme geben. ◀

Alternativ:

▶ Der Hauptbeteiligte hat den Unterbeteiligten vor jeder Abstimmung in der Hauptgesellschaft (alternativ: vor der Abstimmung in der Hauptgesellschaft über die nachfolgend genannten Angelegenheiten) über den Gegenstand und alle für die Willensbildung wesentlichen Umstände zu unterrichten. Hauptbeteiligter und Unterbeteiligter sollen sich nach Möglichkeit über den zur Abstimmung stehenden Gegenstand einigen. An das Ergebnis einer solchen Einigung ist der Hauptbeteiligte bei der Abstimmung in der Hauptgesellschaft gebunden. Können Hauptbeteiligter und Unterbeteiligter sich nicht einigen, hat sich der Hauptbeteiligte bei der Abstimmung der Stimme zu enthalten. ◀

Der Hauptbeteiligte kann den Unterbeteiligten auch **bevollmächtigen**, seine Mitgliedschaftsrechte in der Hauptgesellschaft für ihn wahrzunehmen. Für eine derartige Vollmacht gelten dann die allgemeinen gesellschaftsrechtlichen Regeln. Kraft einer solchen Vollmacht vertritt der Unterbeteiligte nicht die Unterbeteiligungsgesellschaft – eine Vertretung findet bei der Unterbeteiligungsgesellschaft als Innengesellschaft nicht statt –, sondern den Hauptbeteiligten. Noch weitergehend können dem Unterbeteiligten aber auch unmittelbare Rechte in der Hauptgesellschaft eingeräumt werden, und zwar im Rahmen einer offenen Unterbeteiligung.[239] Derartige Gestaltungen setzen aber die Mitwirkung der Hauptgesellschaft und deren weiterer Gesellschafter voraus. 205

Der Hauptbeteiligte ist zur Geschäftsführung nicht nur berechtigt, sondern aufgrund des Unterbeteiligungsvertrages gesellschaftsrechtlich auch verpflichtet. Anspruch auf eine Vergütung für die Geschäftsführung hat der Hauptbeteiligte nicht.[240] Eine Vergütung kann im Vertrag aber vereinbart werden. 206

3. Treupflichten, Wettbewerbsverbote, Vertraulichkeit

Wie jeder Gesellschaftsvertrag begründet auch die Unterbeteiligung **Treupflichten** ihrer Gesellschafter. Umfang und Intensität der Treupflichten richten sich nach dem konkreten Gesellschaftsverhältnis.[241] Allgemein lässt sich für die Unterbeteiligung nur sagen: Der Hauptbeteiligte ist verpflichtet, bei Ausübung seiner Rechte in der Hauptgesellschaft die berechtigten Belange des Unterbeteiligten zu berücksichtigen. Gleichzeitig ist der Hauptbeteiligte durch seine Treupflichten in der Hauptgesellschaft gebunden. Aus dieser **Doppelrolle** kann sich ein Interessenkonflikt ergeben, der für den Hauptbeteiligten unauflösbar werden kann, wenn bei der Gestaltung des Unterbeteiligungsvertrages nicht hinreichend auf die Rechtsverhältnisse in der Hauptgesellschaft geachtet wird. 207

Hinsichtlich des Bestehens und der Reichweite eines **Wettbewerbsverbots** ist zwischen Hauptgesellschaft und Unterbeteiligung zu unterscheiden. Das Wettbewerbsverbot des Hauptbeteiligten gegenüber der **Hauptgesellschaft** richtet sich nach dem für die Hauptgesellschaft geltenden Recht. Der Bestand einer Unterbeteiligung ändert daran nichts. Da der Unterbeteiligte seinerseits nicht Gesellschafter der Hauptgesellschaft ist, trifft ihn grundsätzlich gegenüber der Hauptgesellschaft auch kein Wettbewerbsverbot. Ein solches Wettbewerbsverbot des Unterbeteiligten gegenüber der Hauptgesellschaft kommt nur dann in Betracht, wenn dem Unterbeteiligten in Bezug auf die Hauptgesellschaft eine Rechtsstellung eingeräumt wird, die seine Position insbesondere hinsichtlich der Informations- und Einflussmöglichkeiten derjenigen eines Gesellschafters der Hauptgesellschaft annähert. Als 208

---

237 Formulierungsbeispiel bei MünchVertragsHdb/*von der Heydt*, Form. IX.10 § 4 (3), § 6 (2).
238 MünchKommHGB/*K. Schmidt*, § 230 Rn 232; Ebenroth/Boujong/Joost/*Gehrlein*, § 230 Rn 88.
239 Oben Rn 184.
240 So – klarstellend – ausdrücklich MünchVertragsHdb/*von der Heydt*, Form. IX. 8 § 3 (3), *Hopt/Volhard*, Form. II. F 6 § 4 (1).
241 Vgl allgemein zur Treupflicht oben § 5 A Rn 95 ff und MünchKommBGB/*Ulmer*, § 705 Rn 221 ff.

Grundlage für eine solche Annäherung kann der Unterbeteiligungsvertrag ausreichen, insbesondere wenn er Treuhandelemente wie Stimmbindungen enthält. Erst recht kommt die offene Unterbeteiligung als Grundlage für Wettbewerbsverbote in Betracht. In derartigen Fällen wird man häufig ein Wettbewerbsverbot zu Lasten des Unterbeteiligten dann ausdrücklich vereinbaren, wenn auch die Gesellschafter der Hauptgesellschaft ein Wettbewerbsverbot trifft. Auch hier kommt es also auf den Einzelfall an.[242] Weitere Voraussetzung für ein Wettbewerbsverbot ist freilich stets, dass den Hauptbeteiligten selbst ein Wettbewerbsverbot trifft; die Bindung des Unterbeteiligten an die Rechtslage in der Hauptgesellschaft kann nicht weiter gehen als die des Hauptbeteiligten selbst.

209 Wettbewerbsverbote innerhalb der **Unterbeteiligung** werden kaum in Betracht kommen. So ist der Hauptbeteiligte nicht gehindert, weitere Unterbeteiligungen zu begründen.[243] Dem Unterbeteiligten steht es frei, andere Unterbeteiligungen, sei es an Hauptbeteiligungen bei derselben Hauptgesellschaft, sei es anderweit, zu erwerben. Ausnahmen bedürfen insoweit besonderer Begründung. Nach dem Schrifttum soll sich zwar ein Wettbewerbsverbot innerhalb der Unterbeteiligungsgesellschaft auch aus der Treupflicht ergeben können.[244] Derartige Fälle werden indes nur ausnahmsweise bei ganz besonders gestalteten Interessenlagen in Betracht kommen. Sind im Hinblick auf ein mögliches Wettbewerbsverhältnis Interessenkonflikte absehbar, tun die Parteien gut daran, im Vertrag eine ausdrückliche Regelung zu treffen.

210 Namentlich der Hauptbeteiligte kann ein Interesse daran haben, dass das Bestehen der Unterbeteiligung Dritten nicht bekannt wird. In solchen Fällen ist die Vereinbarung einer Vertraulichkeitsverpflichtung zu erwägen, ggf auch einer Verpflichtung des Unterbeteiligten, keinen Kontakt mit der Hauptgesellschaft oder deren weiteren Gesellschaftern aufzunehmen.[245] Die Verletzung solcher Vertraulichkeitsverpflichtungen kann im Einzelfall mit einer Vertragsstrafe oder mit gesellschaftsrechtlichen Sanktionen (zB Kündigung aus wichtigem Grund) belegt werden.

4. Informationsrechte und -pflichten

211 Auch hinsichtlich der Informationsrechte und -pflichten, insbesondere hinsichtlich der Pflicht zur **Rechnungslegung**, überschneiden sich das Recht der Hauptgesellschaft und dasjenige der Unterbeteiligung. Unproblematisch ist noch, dass Informationsrechte gegenüber der Hauptgesellschaft und ihren Gesellschaftern grundsätzlich lediglich dem Hauptbeteiligten zustehen. Unmittelbare Ansprüche des Unterbeteiligten gegen die Hauptgesellschaft und ihre Gesellschafter bzw Geschäftsführer bedürfen besonderer vertraglicher Begründung; sie kommen nur bei der offenen Unterbeteiligung in Betracht.

212 Grundlage für Ansprüche des Unterbeteiligten auf Information über Angelegenheiten der Hauptgesellschaft ist dementsprechend regelmäßig nur die Unterbeteiligung selbst. Nach ganz herrschender Auffassung soll hier das umfassende Kontrollrecht des § 716 BGB verdrängt werden von § 233 HGB, der die Informationsansprüche des stillen Gesellschafters beschränkt. Bei entsprechender Anwendung dieser Vorschrift besteht lediglich ein Anspruch des Unterbeteiligten auf die „abschriftliche Mitteilung des Jahresabschlusses" (§ 233 Abs. 1 HGB). Gemeint ist hier nicht der Jahresabschluss der Hauptgesellschaft, sondern die für das Rechtsverhältnis zwischen dem Hauptbeteiligten und dem Unterbeteiligten maßgebende Ergebnisberechnung.[246] Ansprüche auf Zugang zur Rechnungslegung der Hauptgesellschaft, insbesondere Ansprüche auf Mitteilung der Jahresabschlüsse, ggf einschließlich etwaiger Prüfungsberichte, hat der Unterbeteiligte hiernach nur dann, wenn dies im Unterbeteiligungsvertrag ausdrücklich vereinbart ist **und** es dem Hauptbeteiligten aufgrund der Rechtslage bei der Hauptgesellschaft gestattet ist, diese Informationen an den Unterbeteiligten weiterzugeben. Dafür soll es nicht schon ausreichen, dass die Gesellschafter der Hauptgesellschaft von der Unterbeteiligung

---

242 Vgl MünchHdb GesR/*Riegger*, § 30 Rn 39; MünchKommHGB/*K. Schmidt*, § 230 Rn 244.
243 Vgl bereits oben Rn 197.
244 MünchKommHGB/*K. Schmidt*, § 230 Rn 243; *Blaurock*, Rn 30.46; MünchHdb GesR/*Riegger*, § 30 Rn 40.
245 Formulierung bei *Hopt/Volhard*, Form. II. F 6 § 5 (1) und (2).
246 Vgl BGHZ 50, 316, 323; BGH GmbHR 1995, 57, 58; MünchKommHGB/*K. Schmidt*, § 233 Rn 34; Ebenroth/Boujong/Joost/*Gehrlein*, § 233 Rn 22; anderer Meinung *Blaurock*, Rn 30.45.

Kenntnis haben und dem Hauptbeteiligten die Einräumung von Unterbeteiligungen gestattet ist.[247] Soweit allerdings die Hauptgesellschaft publizitätspflichtig ist, steht dem Unterbeteiligten selbstverständlich wie jedem Dritten das Recht zu, sich über die Angelegenheiten der Hauptgesellschaft zu informieren.

Die Rechtslage, wie sie sich nach herrschender Meinung aus dem Gesetz ergibt, ist unbefriedigend. Das gilt zunächst für alle Fälle, in denen bei entsprechender Gestaltung der Unterbeteiligung der Unterbeteiligte steuerlich in die einheitliche und gesonderte Ergebnisfeststellung bei der Hauptgesellschaft einzubeziehen ist.[248] Es leuchtet nicht ein, wieso der Unterbeteiligte an den Inhalt von Erklärungen gebunden sein soll, die er nicht einmal kennt. Für eine Erweiterung der Informationsrechte des Unterbeteiligten spricht aber darüber hinaus ganz allgemein, dass das Halten und das Verwalten der Hauptbeteiligung regelmäßig einziger Zweck des Unterbeteiligungsverhältnisses ist. Aus Sicht des Unterbeteiligten ist deswegen nicht einzusehen, warum er nicht Zugang zu den Informationen haben soll, die für die Ermittlung der Ertragskraft und damit des Wertes der Hauptbeteiligung entscheidend sind.[249] Andererseits besteht aus Sicht der Hauptgesellschaft das berechtigte Bedürfnis, die Weitergabe von Unternehmensinterna an Dritte, die sie vielleicht nicht einmal kennt, zu verhindern. Dies gilt zumal dann, wenn die Hauptgesellschaft keinen unmittelbaren Anspruch gegen den Dritten auf Geheimhaltung hat oder vielleicht sogar Wettbewerb seitens des Dritten ausgesetzt ist. Es besteht also **vertraglicher Regelungsbedarf**, wobei die Gestaltungsmöglichkeiten natürlich dann eingeschränkt sind, wenn es nur um die Gestaltung der Unterbeteiligung geht und kein Einfluss auf den Vertrag der Hauptgesellschaft genommen werden kann. Soweit aber der Hauptbeteiligte nach den Rechtsverhältnissen in der Hauptgesellschaft den Unterbeteiligten über die Angelegenheiten der Hauptgesellschaft informieren darf, sollte er dazu auch verpflichtet werden.[250]

213

Das Informationsrecht des Unterbeteiligten **endet** nach der Rechtsprechung[251] nicht mit der Beendigung der Unterbeteiligung, sondern besteht fort. Anders als beim stillen Gesellschafter bestehe kein Bedürfnis danach, die Hauptgesellschaft davor zu schützen, dass der „ausgeschiedene Unterbeteiligte" weiterhin Informationen über die Gesellschaft erhalte. Diese Auffassung ist schon deswegen problematisch, weil offenkundig ein enger Zusammenhang mit der Frage besteht, welche Informationsrechte der Unterbeteiligte während der bestehenden Unterbeteiligung hat.[252] Auch insoweit besteht bei der Gestaltung des Unterbeteiligungsverhältnisses also **Regelungsbedarf**. Regelmäßig dürfte es interessengerecht sein, es beim Informationsanspruch des Unterbeteiligten bewenden zu lassen, den Gegenstand der Information aber auf diejenigen Angelegenheiten zu beschränken, die für die Berechnung der dem Unterbeteiligten zustehenden Abfindung erheblich sind oder sein können.[253]

214

5. Ergebnisermittlung, Ergebnisverteilung, Entnahmen

Im Folgenden geht es um die Verteilung des **laufenden Ergebnisses** zwischen dem Hauptbeteiligten und dem Unterbeteiligten. Abrechnungsfragen, die sich bei der Abwicklung einer aufgelösten Unterbeteiligung ergeben, werden nachstehend gesondert behandelt.[254]

215

a) Ergebnisermittlung

Grundlage für die Ergebnisermittlung innerhalb der Unterbeteiligungsgesellschaft ist das **Ergebnis der Hauptbeteiligung**. Ist die Hauptgesellschaft eine **Personengesellschaft**, so entspricht das Ergebnis der Hauptbeteiligung dem vollen anteiligen Ergebnis der Hauptgesellschaft, so wie es bei der Hauptgesellschaft auf den **Konten des Hauptbeteiligten verbucht** wird. Besteht die Hauptbeteiligung demgegen-

216

---

247 Vgl insbesondere BGHZ 50, 316, 324 f.
248 Oben Rn 188.
249 MünchHdb GesR/*Riegger*, § 30 Rn 36.
250 Formulierungsvorschläge bei MünchVertragsHdb/*von der Heydt*, Form. IX. 8 § 4; *Hopt/Volhard*, Form. II. F 6 § 4 (2); Rechtsformularbuch/*Kandler*, M 110.1 § 6.
251 BGHZ 50, 316, 324.
252 Anderer Meinung als der BGH insbesondere MünchKommHGB/*K. Schmidt*, § 233 Rn 37; *Riegger*, aaO, Rn 37.
253 Formulierungsbeispiel bei *Hopt/Volhard*, Form. II. F 6 § 4 (2) letzter Satz.
254 Unten Rn 233 ff.

über an einer **Kapitalgesellschaft**, so entspricht ihr im Rahmen der Unterbeteiligung zu verteilendes Ergebnis den Gewinnausschüttungen bzw **Dividenden**, die der Hauptbeteiligte auf seinen Anteil erhält. Bei im Übrigen gleichen wirtschaftlichen Verhältnissen können sich daraus für die Unterbeteiligung erhebliche rechtsformspezifische Unterschiede ergeben.

Beispiel: Die Hauptbeteiligung ist ein Anteil von 25 % an einer Gesellschaft, die im Jahr 2006 einen Gewinn von 100 erzielt hat. Die Gesellschafterversammlung der Hauptgesellschaft beschließt, dass von dem Gewinn 40 in eine Rücklage eingestellt werden. Die verbleibenden 60 werden an die Gesellschafter ausgeschüttet. Ist die Hauptgesellschaft eine Personengesellschaft, so ist das Ergebnis der Hauptbeteiligung 25 ohne Rücksicht darauf, dass ein Teil des Gewinns in eine (gesamthänderisch gebundene) Rücklage eingestellt wird, auf die der Hauptbeteiligte keinen Zugriff hat. Ist die Hauptgesellschaft GmbH, so ist das Ergebnis lediglich 15 (25 % von 60), da nur in dieser Höhe eine Ausschüttung erfolgt.

217 Soweit sich aus dem Unterbeteiligungsvertrag nichts anderes ergibt, sind die Gesellschafter der Unterbeteiligungsgesellschaft an den festgestellten **Jahresabschluss** der Hauptgesellschaft gebunden, und zwar, soweit handelsrechtlicher und steuerrechtlicher Abschluss voneinander abweichen, an den **handelsrechtlichen Abschluss**. So muss es der Unterbeteiligte hinnehmen, wenn im handelsrechtlichen Abschluss der Hauptgesellschaft, etwa durch Wertberichtigungen oder die Bildung hoher Rückstellungen, stille Reserven angelegt werden, soweit und solange die Entscheidungen über die Bilanz der Hauptgesellschaft den Rahmen von Gesetz, Grundsätzen ordnungsmäßiger Buchführung und Gesellschaftsvertrag nicht sprengen. Ebenso muss es der Unterbeteiligte hinnehmen, wenn in der Hauptgesellschaft Rücklagen gebildet werden. Der Hauptbeteiligte hat allerdings bei seiner Mitwirkung an Entscheidungen in der Hauptgesellschaft das Interesse des Unterbeteiligten angemessen zu berücksichtigen, auch wenn der Gesellschaftsvertrag der Unterbeteiligungsgesellschaft schweigt.[255]

218 Für die Ergebnisermittlung innerhalb der Unterbeteiligung ist das Ergebnis der Hauptbeteiligung ggf zu **korrigieren**. Das betrifft zunächst Vergütungen, die an den Hauptgesellschafter einer Personengesellschaft[256] zB für Tätigkeit in der Gesellschaft, die Überlassung von Wirtschaftsgütern zur Nutzung oder die Übernahme einer besonderen Haftung gewährt werden. Auch ohne besondere Regelung im Gesellschaftsvertrag wird es regelmäßig nicht den Interessen der Beteiligten entsprechen, wenn der Unterbeteiligte auch an Tätigkeitsvergütungen des Hauptgesellschafters partizipiert; das auf die Hauptbeteiligung entfallende Ergebnis ist in solchen Fällen entsprechend zu kürzen. Dasselbe soll grundsätzlich auch für Haftungs- und Nutzungsvergütungen gelten, soweit sich aus der Unterbeteiligung nicht ergibt, dass der Unterbeteiligte gerade auch an den mit diesen Vergütungen abgegoltenen Risiken bzw Leistungen teilnimmt.[257] Nach wohl herrschender Auffassung[258] erstreckt sich das im Rahmen der Unterbeteiligung zu verteilende Ergebnis auch auf stille Reserven der Hauptgesellschaft, die während des Bestehens der Unterbeteiligung aufgelöst werden und beim Hauptbeteiligten zu entsprechenden Gewinnerhöhungen führen, wobei es unerheblich ist, ob die stillen Reserven vor oder während des Bestehens der Unterbeteiligung gelegt worden sind. Unstreitig ist wiederum, dass der Hauptbeteiligte berechtigt ist, Kosten, die ihm im Zusammenhang mit der Verwaltung der Hauptbeteiligung entstehen, abzuziehen. Eine Tätigkeitsvergütung erhält er demgegenüber nicht, sofern nicht etwas anderes vereinbart ist. Auch im Bereich der etwaigen Ergebniskorrekturen sollte der Vertragsgestalter nach alledem die Interessenlage sorgfältig analysieren und, wo es zweckmäßig erscheint, geeignete **vertragliche Regelungen** treffen. Formulierungsbeispiel für Personengesellschaften:

▶ Das Ergebnis (Gewinn oder Verlust) entspricht dem Ergebnisanteil, der nach dem für die Ergebnisbeteiligung maßgeblichen Jahresabschluss der Hauptgesellschaft auf die Hauptbeteiligung entfällt, und

---

255 Vgl zum Vorstehenden MünchHdb GesR/*Riegger*, § 30 Rn 44.
256 Bei Kapitalgesellschaften stellt sich die Abgrenzungsfrage regelmäßig nicht, weil die angesprochenen Vergütungen den (ausschüttungsfähigen) Gewinn der Hauptgesellschaft ohnehin mindern.
257 *Riegger*, aaO, Rn 46.
258 *Riegger*, aaO, Rn 45; *Blaurock*, Rn 30.50; MünchKommHGB/*K. Schmidt*, § 232 Rn 46.

zwar auch insoweit, als das Ergebnis durch außergewöhnliche oder periodenfremde Aufwendungen oder Erträge erhöht oder vermindert worden ist.

Vom Ergebnis abzusetzen ist
a) eine Tätigkeitsvergütung des Hauptbeteiligten,
b) die Vergütung für die Überlassung des Grundstücks XY-Straße an die Hauptgesellschaft, und zwar jeweils in Höhe des bei der Hauptgesellschaft vereinbarten Betrages,

soweit solche Vergütungen im Ergebnisanteil der Hauptbeteiligung enthalten sind,

c) eine Vergütung in Höhe von ... EUR p.a. für die Verwaltung der Hauptbeteiligung; damit sind sämtliche Aufwendungen des Hauptgesellschafters, die ihm im Zusammenhang mit der Unterbeteiligung entstehen, pauschal abgegolten. ◄

b) Ergebnisverteilung

Ein Anteil des Unterbeteiligten am **Gewinn** aus der Hauptbeteiligung ist konstitutives Merkmal der Unterbeteiligungsgesellschaft; fehlt es daran, liegt keine Unterbeteiligung, sondern ein anderes Rechtsverhältnis vor. In welchem Umfang der Unterbeteiligte am Gewinn partizipiert und wie die Gewinnbeteiligung bemessen wird,[259] ergibt sich in erster Linie aus dem Unterbeteiligungsvertrag. Dieser Vertrag sollte und wird in aller Regel einschlägige Bestimmungen enthalten, und zwar schon deswegen, weil mangels einer ausdrücklichen Regelung § 231 HGB gelten soll, also ein „den Umständen nach angemessener Anteil als bedungen gilt". Das Fehlen einer eindeutigen Regelung im Unterbeteiligungsvertrag würde also ebenso überflüssige wie schwierige Abgrenzungsfragen provozieren.[260] 219

Der Unterbeteiligungsvertrag sollte auch bestimmen, ob und in welcher Weise der Unterbeteiligte an einem etwaigen **Verlust** teilnimmt, der auf die Hauptbeteiligung entfällt. Regelungsbedarf besteht vor allem, wenn die Hauptgesellschaft eine Personengesellschaft ist, da – analog zur Situation bei den Gewinnen[261] – Verluste einer Kapitalgesellschaft nicht unmittelbar dem Gesellschafter zugerechnet werden und sich daher nur mittelbar auf das Ergebnis der Hauptbeteiligung auswirken. Im Zweifel partizipiert der Unterbeteiligte auch am **Verlust**, der auf die Hauptbeteiligung entfällt (vgl § 231 Abs. 1 HGB). Soll – was zulässig ist und den Charakter als Unterbeteiligung nicht ausschließt – der Unterbeteiligte am Verlust nicht teilnehmen, so muss die Verlustbeteiligung **im Gesellschaftsvertrag ausgeschlossen** werden. Wegen § 722 Abs. 2 BGB reicht es für einen Ausschluss der Verlustbeteiligung nicht aus, wenn der Gesellschaftsvertrag nur Bestimmungen über die Verteilung des Gewinns trifft, ansonsten aber schweigt. 220

Nicht zu verwechseln mit der Beteiligung am Verlust ist die Frage, ob der Unterbeteiligte zu **Nachschüssen** verpflichtet ist. Eine derartige Nachschusspflicht besteht jedenfalls dann nicht, wenn der Hauptbeteiligte seinerseits weder Nachschüsse leisten muss noch von den Gläubigern der Hauptgesellschaft in Anspruch genommen werden kann. In diesen Fällen wirkt sich ein Verlust lediglich dahingehend aus, dass der Verlust dem Konto des Unterbeteiligten belastet wird und – jedenfalls im Regelfall – erst durch spätere Gewinne ausgeglichen werden muss, ehe Entnahmen von den für den Unterbeteiligten geführten Konten wieder möglich werden.[262] Eine Nachschusspflicht des Unterbeteiligten kommt überhaupt nur dann in Betracht, wenn der Hauptbeteiligte seinerseits zu Nachschüssen oder zu Leistungen an Gesellschaftsgläubiger verpflichtet ist. Auch in diesem Fall muss sich eine Nachschusspflicht aber mit hinreichender Deutlichkeit aus dem Unterbeteiligungsvertrag ergeben. Sonst gilt die allgemeine Regel des § 707 BGB; danach ist ein Gesellschafter zu Nachschüssen grundsätzlich nicht verpflichtet. 221

---

259 Zu Gestaltungsmöglichkeiten vgl *Riegger* aaO, Rn 50; Formulierungsvorschlag bei Rechtsformularbuch/*Kandler*, M 110.1 § 8.
260 Vgl *Riegger*, aaO; *Paulick*, ZGR 1974, 267.
261 Oben Rn 216.
262 Aus diesem Grund empfiehlt *Riegger*, aaO, Rn 52 und 54 für den Fall der Unterbeteiligung an einer Personengesellschaft zu Recht, für den Unterbeteiligten spiegelbildlich dieselben Gesellschafterkonten vorzusehen, die der Gesellschaftsvertrag der Hauptgesellschaft für ihre Gesellschafter vorsieht; vgl dazu auch die Formulierungsvorschläge bei MünchVertragsHdb/*von der Heydt*, Form. IX. 8 § 7 (2); Rechtsformularbuch/*Kandler*, M 110.1 § 4.

c) Entnahmen des Unterbeteiligten

222 Soweit nichts anderes ausdrücklich vereinbart ist, gilt für **Entnahmen** des Unterbeteiligten § 232 Abs. 1 HGB. Danach hat der Hauptbeteiligte am Schluss jedes Geschäftsjahres den auf die Unterbeteiligung entfallenden Gewinnanteil an den Unterbeteiligten auszuzahlen.[263] Die Bestimmung bereitet insbesondere in Personengesellschaften Probleme, deren Gesellschaftsvertrag **Entnahmebeschränkungen** zu Lasten ihrer Gesellschafter vorsieht. Entnahmebeschränkungen in der Hauptgesellschaft können den Hauptbeteiligten in die missliche Situation versetzen, dass er nicht nur die Ertragsteuern für seinen vollen Ergebnisanteil zu tragen hat, sondern auch noch den Unterbeteiligten auszahlen muss. Zwar soll der Unterbeteiligte mangels anderer Regelungen im Unterbeteiligungsvertrag Entnahmebeschränkungen in der der Hauptgesellschaft gegen sich gelten lassen müssen;[264] der sichere Weg liegt allerdings in einer ausdrücklichen Regelung im Unterbeteiligungsvertrag, der Entnahmebeschränkungen in der Hauptgesellschaft in den Blick zu nehmen hat.[265] Soweit der Hauptbeteiligte durch sein Abstimmungsverhalten in der Hauptgesellschaft Einfluss auf die Ausschüttungspolitik nehmen kann, ist er wiederum gehalten, seinen Einfluss unter gebührender Berücksichtigung der Interessen des Unterbeteiligten auszuüben.[266]

6. Haftung

223 Die Haftung für Pflichtverletzungen im Rahmen der Unterbeteiligung, also im Verhältnis zwischen dem Hauptbeteiligten und dem Unterbeteiligten, richtet sich ausschließlich nach dem für die Unterbeteiligung geltenden Recht, wobei die allgemeinen Grundsätze gelten. Die Haftung des Hauptbeteiligten in seiner Eigenschaft als Gesellschafter der Hauptgesellschaft wiederum bestimmt sich nach dem für die Hauptgesellschaft geltenden Recht. Im Regelfall kann allenfalls fraglich sein, ob und inwieweit der Unterbeteiligte verpflichtet ist, den Hauptbeteiligten von dessen eigener Haftung gegenüber der Hauptgesellschaft oder deren weiteren Gesellschaftern freizustellen.[267]

224 Eine unmittelbare Inanspruchnahme des Unterbeteiligten durch die Hauptgesellschaft oder deren Gläubiger so, als wäre der Unterbeteiligte selbst an der Hauptgesellschaft beteiligt, wird nur in ganz besonderen Fällen bejaht werden können. Zum einen kann bei entsprechender Ausgestaltung der Verträge an den Fall der offenen Unterbeteiligung gedacht werden. Denkbar ist schließlich die Haftung des Unterbeteiligten bei entsprechender Ausgestaltung des Unterbeteiligungsverhältnisses. Die Einzelheiten sind umstritten und gehören nicht hierher.

7. Änderung der Rechtsverhältnisse in der Hauptgesellschaft

225 Eine Unterbeteiligung wird regelmäßig mit Blick auf bestimmte rechtliche und wirtschaftliche Eigenschaften der Hauptbeteiligung begründet. Bestimmende Charakteristika sind die Rechtsform der Hauptgesellschaft, ferner jedenfalls im Regelfall der Nennbetrag der Hauptbeteiligung und die Beteiligungsquote, die die Hauptbeteiligung wirtschaftlich in der Hauptgesellschaft vermittelt. Sowohl die Rechtsform als auch die Kapitalverhältnisse der Hauptgesellschaft können sich verändern. Wie wirkt sich dies auf die Unterbeteiligung aus?

226 Die Frage, welche Rechte und Pflichten im Verhältnis des Hauptbeteiligten zum Unterbeteiligten bei **Kapitalerhöhungen** in der Hauptgesellschaft bestehen, richtet sich in erster Linie nach dem Vertrag. Zweifelhaft ist die Rechtslage, wenn der Vertrag keine Regelung trifft. Für den Fall, dass bei der

---

263 MünchKommHGB/*K. Schmidt*, § 232 Rn 45; *Riegger*, aaO, Rn 54.
264 *Riegger*, aaO, Rn 54; *Blaurock*, Rn 30.50.
265 Dies ist ein weiterer Grund für die Empfehlung von *Riegger* (oben Fn 262), spiegelbildliche Konten in der Unterbeteiligungsgesellschaft zu empfehlen. Vgl den Formulierungsvorschlag bei Rechtsformularbuch/*Kandler*, M 110.1 § 9.
266 Vgl schon oben Rn 217 zur Ergebnisermittlung.
267 Eine anteilige Erstattungspflicht des Unterbeteiligten gegenüber dem Hauptbeteiligten wird demgegenüber dann bejaht, wenn der Hauptbeteiligte von der Hauptgesellschaft Gewinnanteile bezogen und an den Unterbeteiligten ausgekehrt hat und der Hauptbeteiligte nun, etwa wegen § 31 GmbHG oder § 172 Abs. 4 Satz 2 HGB, verpflichtet ist, die als Gewinn bezogenen Beträge an die Hauptgesellschaft oder deren Gläubiger zurückzuerstatten. *Riegger*, aaO, Rn 64; MünchKommHGB/*K. Schmidt*, § 230 Rn 245.

Hauptgesellschaft das Kapital **aus Gesellschaftsmitteln** (regelmäßig also durch die Umwandlung von Rücklagen in Nennkapital) erhöht wird, erstreckt sich die Unterbeteiligung regelmäßig ohne weiteres auf den erhöhten Kapitalanteil. Denn der Erhöhungsbetrag kann zwanglos als Ertrag der Beteiligung angesehen werden.[268] Schwieriger ist die Situation bei einer Kapitalerhöhung gegen **Einlagen**. Wenn dem Hauptbeteiligten in der Hauptgesellschaft ein Bezugsrecht, also das Recht auf Teilnahme an der Kapitalerhöhung, zusteht, wird man annehmen können, dass sich die Unterbeteiligung auch auf ein solches Bezugsrecht erstreckt. Nimmt der Hauptbeteiligte daher an der Kapitalerhöhung teil, so hat er dem Unterbeteiligten Gelegenheit zu geben, seine Einlage in der Unterbeteiligungsgesellschaft entsprechend aufzustocken, so dass die Anteilsverhältnisse gewahrt bleiben.[269] Andererseits ist wegen § 707 BGB weder der Haupt- noch der Unterbeteiligte verpflichtet, die nötigen Mittel zur Teilnahme an einer Kapitalerhöhung bei der Hauptgesellschaft zur Verfügung zu stellen. Vor diesem Hintergrund sollen es sowohl der Hauptbeteiligte als auch der Unterbeteiligte einseitig ablehnen dürfen, an einer Kapitalerhöhung teilzunehmen. Als Folge davon kann der Hauptbeteiligte verpflichtet sein, auf Verlangen des Unterbeteiligten in der Hauptgesellschaft gegen die Kapitalerhöhung zu stimmen, wenn in der Unterbeteiligungsgesellschaft keine Einigkeit über eine solche Beteiligung besteht, gleichzeitig aber die bisherige Hauptbeteiligung nicht verwässert werden soll.[270] Aus dieser Situation können sich schwierige Folgefragen ergeben. Muss der Hauptbeteiligte gegen seinen Willen an der Kapitalerhöhung teilnehmen, wenn der Unterbeteiligte ihm anbietet, im Innenverhältnis die benötigten Mittel allein aufzubringen, selbstverständlich freilich nur gegen Änderung der Beteiligungsquote in der Unterbeteiligungsgesellschaft? Muss umgekehrt der Unterbeteiligte dem Hauptbeteiligten gestatten, unter entsprechender Änderung der Verhältnisse in der Unterbeteiligungsgesellschaft an einer Kapitalerhöhung in der Hauptgesellschaft aus eigenen Mitteln jedenfalls dann teilzunehmen, wenn der Hauptbeteiligte diese Kapitalerhöhung ohnehin nicht verhindern kann?[271] Soweit der Unterbeteiligungsvertrag keine Regelungen enthält, kommt insoweit nur der Rückgriff auf die **Treupflicht** in Betracht. Der Unterbeteiligungsvertrag sollte danach für den Fall der Kapitalerhöhung in der Hauptgesellschaft mindestens grundlegende Bestimmungen enthalten. Formulierungsvorschlag:

▶ Soll der Kapitalanteil des Hauptbeteiligten bei der Hauptgesellschaft gegen Einlagen erhöht werden, so steht dem Unterbeteiligten das Recht zu, seine Einlage im entsprechenden Verhältnis und gegen Zahlung des entsprechenden Betrages ebenfalls zu erhöhen. Das Recht erlischt, wenn es nicht innerhalb von ... Wochen nach Aufforderung durch den Hauptbeteiligten ausgeübt wird. Unbeschadet der vorstehenden Regelung ist der Hauptbeteiligte in allen Fällen berechtigt, aber nicht verpflichtet, sich an einer Kapitalerhöhung bei der Hauptgesellschaft zu beteiligen. ◀

Eine **formwechselnde Umwandlung** der Hauptgesellschaft führt nicht zu einer Beendigung des Unterbeteiligungsverhältnisses. Vielmehr wirkt die Unterbeteiligung an dem Gesellschaftsanteil fort, der infolge der Umwandlung an die Stelle des ursprünglichen Gesellschaftsanteils getreten ist. Sinngemäß soll dasselbe sogar gelten, wenn die Hauptgesellschaft auf eine andere Gesellschaft verschmolzen oder gespalten wird.[272] Eine andere Frage ist es, ob durch derartige Vorgänge die Interessen des Unterbeteiligten so nachhaltig berührt werden, dass er vom Hauptbeteiligten – ausreichende Stimmkraft in der Hauptgesellschaft vorausgesetzt – verlangen kann, gegen die Umwandlung zu stimmen, oder ob ggf der Unterbeteiligte ein außerordentliches Kündigungsrecht hat, wenn gegen seinen Willen die Hauptgesellschaft umgewandelt oder auf Dritte verschmolzen wird.

227

---

268 *Riegger*, aaO, Rn 56; MünchKommHGB/*K. Schmidt*, § 230 Rn 235.
269 So auch der Formulierungsvorschlag bei MünchVertragsHdb/*von der Heydt*, Form. IX. 8 § 14 (1).
270 BGH WM 1966, 188, 191; die Rechtslage ist anders als in der stillen Gesellschaft, BGH, aaO.
271 Dazu die Überlegungen bei *Riegger*, aaO Rn 57.
272 *Riegger*, aaO, Rn 77; *Schindhelm/Pickardt-Poremba/Hilling*, DStR 2003, 1444, 1446; aM (Beendigung der Unterbeteiligung, jedoch Anspruch des Unterbeteiligten auf Neuvereinbarung einer entsprechenden Unterbeteiligung an dem geänderten Anteil) MünchKommHGB/*K. Schmidt*, § 234 Rn 75.

Beispiel: Gegenstand der Unterbeteiligung ist ein Kommanditanteil. Die Unterbeteiligung erstreckt sich auf die stillen Reserven und dem Unterbeteiligten sind die erforderlichen Kontrollrechte eingeräumt. Die Unterbeteiligung ist also atypisch; der Unterbeteiligte ist steuerlich Mitunternehmer. Besondere Einflussmöglichkeiten auf die Verwaltung der Hauptbeteiligung hat der Unterbeteiligte nicht. Nun soll die KG in eine GmbH umgewandelt werden. Da die Rechte des Unterbeteiligten ihn steuerlich nicht als Mitinhaber des Geschäftsanteils qualifizieren, der nach der Umwandlung an die Stelle des Kommanditanteils tritt, würde der Unterbeteiligte im Zuge der Umwandlung die Mitunternehmerstellung verlieren mit der Folge, dass er die stillen Reserven seiner Beteiligung steuerlich realisiert.

228 **Liquidation** oder **Insolvenz** der Hauptgesellschaft führen (noch) nicht zur Beendigung der Unterbeteiligung. Denn mangels Vollbeendigung der Hauptgesellschaft besteht der Anteil, der Gegenstand der Unterbeteiligung ist, fort. Dementsprechend nimmt der Unterbeteiligte an einem etwaigen Liquidationserlös entsprechend den Bestimmungen des Unterbeteiligungsvertrages teil. Erst dann, wenn die Hauptgesellschaft vollständig beendet ist, erlischt auch die Unterbeteiligung wegen Zweckwegfalls.[273]

8. Änderungen des Unterbeteiligungsvertrages; Verfügungen über Gesellschafterrechte

229 Auf Änderungen des Gesellschaftsvertrages der Unterbeteiligungsgesellschaft sowie auf Verfügungen über Gesellschafterrechte finden die Bestimmungen der §§ 705 ff über die BGB-Gesellschaft Anwendung. Änderungen des Gesellschaftsvertrages sowie Verfügungen über die Mitgliedschaft als Ganzes, insbesondere die Übertragung der Mitgliedschaft, sind demnach nur im Einvernehmen der Gesellschafter möglich. Ausnahmen bedürfen der Zulassung im Gesellschaftsvertrag (unter Beachtung des Bestimmtheitsgrundsatzes). Entsprechende Regelungen können bei mehrgliedrigen Unterbeteiligungsgesellschaften zweckmäßig sein.[274] Auch einseitig möglich sind demgegenüber Verfügungen über die in § 717 S. 2 BGB genannten vermögenswerten Ansprüche. Auch insoweit gelten die allgemeinen Regeln.

V. Auflösung und Auseinandersetzung

1. Auflösungsgründe

230 Die Auflösungsgründe für die Unterbeteiligung sind dieselben wie für andere Gesellschaften bürgerlichen Rechts auch.[275] Im hier zu erörternden Zusammenhang geht es nur um zwei Abweichungen, die für die Unterbeteiligung vom Regelungsmodell der § 705 ff BGB gelten. Die erste Abweichung betrifft die Frist für eine entweder vom Hauptbeteiligten oder vom Unterbeteiligten auszusprechende **ordentliche Kündigung**. Die GbR kann nach § 723 BGB jederzeit gekündigt werden; die Kündigung darf nur nicht zur Unzeit geschehen (§ 723 Abs. 2 BGB). Für die Unterbeteiligung soll stattdessen § 234 Abs. 1 HGB gelten, der seinerseits auf die §§ 132, 134 und 135 HGB verweist. Für den Regelfall, dass nämlich die Unterbeteiligung auf unbestimmte Zeit vereinbart ist, ist hiernach eine Kündigung nur auf den Schluss eines Geschäftsjahres unter Wahrung einer Frist von sechs Monaten zulässig (§ 132 HGB analog).[276] Es ist dringend geboten, in den Unterbeteiligungsvertrag Regelungen über die Kündigungsfrist aufzunehmen und die entsprechenden Bestimmungen mit den Bestimmungen der Hauptgesellschaft zu koordinieren. Dies gilt namentlich für die Kündigung des Unterbeteiligten, weil sich der Hauptbeteiligte möglicherweise nur durch Kündigung der Hauptgesellschaft die Mittel beschaffen kann, um das Auseinandersetzungsguthaben des Unterbeteiligten zu finanzieren.[277]

---

273 Vgl auch nachstehend Rn 231.
274 Vgl zu alledem oben § 5 Rn 135 f zur BGB-Gesellschaft.
275 Allgemein oben § 5 Rn 299 ff.
276 Herrschende Meinung: MünchKommHGBh/*K. Schmidt*, § 234 Rn 70; MünchKommBGB/*Ulmer*, vor § 705 Rn 102; *Paulick*, ZGR 1974, 278; *Riegger*, aaO, Rn 70 (mit Einschränkungen für die Gelegenheitsgesellschaft), aM *Blaurock*, Rn 30.55; offengelassen in BGHZ 50, 316, 321.
277 Vgl MünchVertragsHdb/*von der Heydt*, Form. I. 8 § 8.

Eine weitere Abweichung von den §§ 705 ff BGB ergibt sich für den Fall, dass der Unterbeteiligte 231
stirbt. Nach herrschender Meinung[278] soll auf den Tod des Unterbeteiligten § 234 Abs. 2 HGB
Anwendung finden mit der Folge, dass die Unterbeteiligungsgesellschaft mit den Erben des Unterbeteiligten fortgesetzt wird. Dagegen soll der Tod des Hauptbeteiligten zur Auflösung der Unterbeteiligungsgesellschaft führen (§ 727 BGB). Auch hier kann und sollte der Gesellschaftsvertrag Regelungen enthalten. – Die **Insolvenz** sowohl des Hauptbeteiligten als auch des Unterbeteiligten führt (anders als die Insolvenz der Hauptgesellschaft)[279] zur Auflösung der Unterbeteiligungsgesellschaft.

In der **mehrgliedrigen** Unterbeteiligungsgesellschaft kann und sollte vereinbart werden, dass ein in der 232
Person eines einzelnen Gesellschafters eintretender Auflösungsgrund nicht zur Auflösung der Gesellschaft, sondern zum Ausscheiden des betreffenden Gesellschafters führt; die Gesellschaft wird dann unter den anderen Gesellschaftern fortgesetzt (§ 736 BGB).

2. Auseinandersetzung

Im Anschluss an die Auflösung der Unterbeteiligung findet keine Liquidation des Gesellschaftsvermögens im Sinne der §§ 730 ff BGB statt, weil es eigenes Vermögen der Unterbeteiligungsgesellschaft 233
ja nicht gibt. Insbesondere muss die Hauptbeteiligung bei Beendigung der Unterbeteiligung nicht verwertet werden. Vielmehr verbleibt die Hauptbeteiligung – soweit sie nicht nach dem Unterbeteiligungsvertrag ausdrücklich auf den Unterbeteiligten zu übertragen ist – dem Hauptbeteiligten. Dieser hat den Unterbeteiligten abzufinden, und zwar in Geld. Insoweit gelten sinngemäß dieselben Grundsätze wie bei der stillen Gesellschaft.[280] Wegen der Einzelheiten ist nach der Ausgestaltung des Unterbeteiligungsverhältnisses zu unterscheiden.

a) Auseinandersetzung der typischen Unterbeteiligung

Der Auseinandersetzungsanspruch des Unterbeteiligten bei der **typischen Unterbeteiligung** ist entsprechend § 235 HGB zu bestimmen.[281] Auszugehen ist daher vom Buchwert der Einlage des Unterbeteiligten zuzüglich eines noch nicht ausgezahlten Gewinnanteils und abzüglich noch nicht verrechneter 234
Verluste.[282] An stillen Reserven der Hauptbeteiligung, die nicht schon während der Dauer der Unterbeteiligung aufgedeckt (und damit – anteilig – den Konten des Unterbeteiligten gutgeschrieben) worden sind, nimmt der Unterbeteiligte nicht teil. Zweifelhaft ist, ob der Unterbeteiligte Anspruch auf Abgeltung der anteiligen Gewinnrücklagen hat, wenn solche in der Hauptgesellschaft gebildet wurden.[283] Dagegen soll der Unterbeteiligte am Ergebnis schwebender Geschäfte entsprechend § 235 Abs. 2 und 3 HGB teilnehmen.[284] Eine solche Beteiligung an schwebenden Geschäften ist indessen unzweckmäßig und sollte vertraglich ausgeschlossen werden.[285] Den Ausgleich eines etwaigen Passivsaldos schuldet der Unterbeteiligte wie der stille Gesellschafter[286] nur dann, wenn noch Einlagen offenstehen oder wenn der Unterbeteiligte während der Dauer der Unterbeteiligung zu viel entnommen hat. Der Hauptbeteiligte hat über die Auseinandersetzungsforderung in für den Unterbeteiligten nachprüfbarer Form abzurechnen.

b) Atypische Unterbeteiligung

Kennzeichen der atypischen Unterbeteiligung ist die Teilnahme des Unterbeteiligten an den stillen 235
Reserven der Hauptbeteiligung. Dementsprechend richtet sich das Auseinandersetzungsguthaben des Unterbeteiligten hier nicht nach § 235 HGB. Vielmehr ist eine **Auseinandersetzungsbilanz** nach

---

278 Nachweise bei *Riegger*, aaO, Rn 66 Fn 175.
279 Oben Rn 228.
280 Oben Rn 151 ff.
281 Heute ganz herrschende Meinung: OLG Hamm, NJW-RR 1994, 999, 1001; Münchener Handbuch Gesellschaftsrecht/*Riegger*, § 30 Rn 79; MünchKommHGB/*K. Schmidt*, § 235 Rn 69; *Paulick*, ZGR 1974, 253, 280 f.
282 MünchKommHGB/*K. Schmidt*, § 235 Rn 70; MünchHdb GesR/*Riegger*, § 30 Rn 80 je mwN.
283 Dafür *Paulick*, ZGR 1974, 281; *Gehrlein*, DStR 1994, 1314, 1317; dagegen MünchHdb GesR/*Riegger*, § 30 Rn 80.
284 MünchKommHGB/*K. Schmidt*, § 235 Rn 73; dagegen MünchHdb GesR/*Riegger*, § 30 Rn 84 jeweils mwN.
285 So MünchVertragsHdb/*von der Heydt*, Form. IX. 8 § 10 (1), Form. IX. 9 § 10 (3), Form. X. 8 § 14 (1); *Hopt/Volhard*, Form. II. F 6 § 8 (2); anders Rechtsformularbuch/*Kandler*, M 110.1 § 17.
286 Oben Rn 162.

§ 738 Abs. 1 S. 2 BGB aufzustellen. Das Auseinandersetzungsguthaben richtet sich also nach dem (anteiligen) Verkehrswert der Hauptbeteiligung, ermittelt nach Ertragswerten; Untergrenze ist der anteilige Liquidationswert der Hauptbeteiligung. Demgegenüber erübrigt sich die Beteiligung des Unterbeteiligten an schwebenden Geschäften, da diese wirtschaftlich bei einer Ertragsbewertung bereits berücksichtigt sind.[287]

c) Sonderfälle

236 Abweichungen können sich in Sonderfällen ergeben. Endet die Unterbeteiligung, weil die Hauptbeteiligung endet (entweder durch Liquidation der Hauptgesellschaft oder dadurch, dass der Hauptbeteiligte aus der Hauptgesellschaft ausscheidet), so ist der Unterbeteiligte entsprechend seiner Unterbeteiligungsquote an demjenigen zu beteiligen, was der Hauptbeteiligten auf seinen Anteil aus der Hauptgesellschaft erhält. Bei der mehrgliedrigen Unterbeteiligungsgesellschaft ergeben sich keine Besonderheiten, wenn diese Gesellschaft insgesamt beendet wird; anders liegt es jedoch, wenn nur ein Unterbeteiligter ausscheidet.

d) Regelungsbedarf

237 Abgesehen davon, dass eine Teilnahme des Unterbeteiligten an den bei Ende der Unterbeteiligungen laufenden Geschäften ausgeschlossen werden sollte,[288] muss bei der Vertragsgestaltung darauf geachtet werden, dass der Auseinandersetzungsanspruch des Unterbeteiligten nicht höher ist als dasjenige, was der Hauptbeteiligte seinerseits erhält oder erhalten würde, wenn er aus der Hauptgesellschaft ausscheidet. Abfindungsbeschränkungen, die der Gesellschaftsvertrag der Hauptgesellschaft (zulässigerweise) enthält,[289] sind dementsprechend auf das Verhältnis zwischen dem Hauptbeteiligten und dem Unterbeteiligten zu übertragen.[290] Weiter sollte sichergestellt werden, dass der Hauptbeteiligte das Auseinandersetzungsguthaben an den Unterbeteiligten zahlen kann, ohne gezwungen zu sein, sich seinerseits von der Hauptbeteiligung zu trennen. Zu diesem Zweck sind regelmäßig Zahlungserleichterungen in Form einer Ratenzahlung bei gleichzeitiger angemessener Verzinsung des Auseinandersetzungsguthabens sinnvoll.

C. Die Treuhand

I. Überblick

1. Begriff und Rechtsgrundlagen

238 Die Treuhand ist kein Rechtsinstitut des Handels- oder Gesellschaftsrechts, sondern dem allgemeinen Zivilrecht zuzuordnen. Treuhandverhältnisse sind dabei nicht ausdrücklich gesetzlich geregelt, sondern stammen aus der Vertragspraxis. Dementsprechend findet sich eine Fülle von Gestaltungsvarianten. Kennzeichnend für alle Treuhandverhältnisse ist das Vorhandensein eines **Treuhänders** und eines **Treugebers**, die durch ein **Treuhandgeschäft** miteinander verbunden sind. Der Treuhänder kann im Verhältnis zu Dritten über den Gegenstand des Treuhandgeschäfts, das **Treugut**, in weitergehendem Umfang verfügen als er dies aufgrund des Treuhandvertrages im Verhältnis zum Treugeber darf. Begrifflich sind damit die Merkmale jedes Treuhandverhältnisses bereits abschließend umschrieben. Insbesondere setzt ein Treuhandverhältnis zwar typischerweise, keineswegs aber zwingend voraus, dass der Treuhänder die Rechtsinhaberschaft am oder auch nur die Verfügungsmacht über das Treugut erwirbt. Auch Verträge, die einen Vollrechtsinhaber im Interesse eines Dritten schuldrechtlich darin beschränken, über das Treugut in beliebiger Weise zu verfügen, können Treuhandverträge sein.[291]

---

287 Zutreffend MünchKommHGB/*K. Schmidt*, § 235 Rn 73.
288 Soeben Rn 234.
289 Dazu § 5 Rn 111 ff.
290 Vgl die Formulierungen bei MünchVertragsHdb/*von der Heydt*, Form. IX. 9 § 10 (2), Form. IX. 10 § 14 (2); *Hopt/Volhard*, Form. II. F 7, § 8 (2).
291 Konsequenzen aus der unterschiedlichen dinglichen Gestaltung ergeben sich etwa in der Zwangsvollstreckung oder in der Insolvenz, vgl BGH DNotZ 2004, 128 ff und nachfolgend Rn 246 ff.

In der Regel wird das Treuhandgeschäft Auftragscharakter haben.[292] Soweit der Vertrag also keine eigenen Bestimmungen trifft, gelten ergänzend §§ 662 ff BGB, bei entgeltlich übernommener Treuhand in Verbindung mit § 675 BGB. Gesellschaftsrechtliche Elemente können hinzutreten, vor allem, wenn das Treugut für eine Mehrzahl von Treugebern verwaltet wird. Je nach Zweck und Ausgestaltung des Treuhandgeschäfts ergeben sich unterschiedliche Konsequenzen im Hinblick auf die Stellung von Treugeber und Treuhänder im Verhältnis zueinander und gegenüber Dritten.

2. Gegenstand, Anwendungsbereich und Typik

a) Gegenstand der Treuhand

Gegenstand der Treuhand können Sachen, Rechte, Sachgesamtheiten und Vermögen sein. So ist durchaus vorstellbar, dass Treugut ein Unternehmens- oder Gesellschaftsvermögen im Ganzen oder zu wesentlichen Teilen ist. Auch derartige Sachverhalte können als mittelbare Unternehmensbeteiligung begriffen werden. Im vorliegenden Kontext interessieren demgegenüber lediglich Treuhandverhältnisse an **gesellschaftsrechtlichen Beteiligungen**. Als Treugut kommen ebenso wie bei der Unterbeteiligung Beteiligungen an **Gesellschaften jeder Rechtsform** in Betracht. Das gilt auch für Beteiligungen an Innengesellschaften, also stille Beteiligungen und Unterbeteiligungen. Voraussetzung ist allerdings, dass die dem Treuhandverhältnis unterworfenen Beteiligungen übertragbar gestaltet sind. Stille Beteiligungen und Unterbeteiligungen eignen sich also nur dann als Treugut, wenn sie atypisch ausgestaltet sind.[293]

b) Anwendungsbereich

Treuhandverhältnisse können zur Regelung ganz unterschiedlicher Gestaltungsprobleme eingesetzt werden. Dementsprechend sind die Interessenlagen und folgerichtig auch die Erscheinungsformen der Treuhand sehr vielfältig. Die Treuhand kann zunächst dazu dienen, den wirtschaftlichen Inhaber einer Beteiligung **geheim zu halten**. Das Interesse des Treugebers, anonym zu bleiben, kann rein geschäftlicher Natur sein, aber auch darin begründet liegen, dass dem Treugeber selbst, etwa aufgrund eines Wettbewerbsverbotes, die Beteiligung untersagt wäre (**Umgehungsfunktion**).[294] Treuhandverhältnisse können aber auch zu **Vereinfachungszwecken** eingesetzt werden.[295] Prominentes Beispiel ist der Treuhandkommanditist in der Publikumsgesellschaft, der seinen Kommanditanteil für eine Vielzahl von Anlegern hält, die als Treugeber zu qualifizieren sind. Auch als Mittel der **Kreditsicherung** findet man Treuhandverhältnisse als Alternativen zum Pfandrecht oder zur Sicherungsübertragung. Treuhandverhältnisse können auch **nießbrauchsähnlich** ausgestaltet sein: Der Treuhänder, dem die Nutzungen der Beteiligungen zustehen sollen, wird Gesellschafter, verpflichtet sich aber gegenüber dem Treugeber, von seinen Befugnissen nur eingeschränkt Gebrauch zu machen.[296] Darüber hinaus kommen Treuhandlösungen zur **Konfliktvermeidung** in Betracht: Ein Treuhänder übernimmt zum Zwecke der Befriedung Anteile eines „störenden" Gesellschafters.[297] Schließlich können Treuhandverhältnisse auch als Instrument der **Nachfolgeregelung** eingesetzt werden.[298]

c) Typik der Treuhand

Treuhandverhältnisse kann man nach verschiedenen Kriterien einteilen. Diese Kriterien überschneiden einander, so dass Kombinationen fast beliebig möglich sind und auch in der Praxis auftreten.[299] Unterscheiden kann man zunächst nach der dem Treuhänder im Hinblick auf das Treugut eingeräum-

---

292 Das gilt auch für die Sicherungstreuhand, vgl MünchKommHGB/*K. Schmidt* vor § 230 Rn 72.
293 MünchKommHGB/*K. Schmidt*, vor § 230 Rn 37.
294 Welche Auswirkungen die Umgehung eines gesetzlichen oder vertraglichen Verbots auf die Wirksamkeit eines Treuhandgeschäfts hat, ist hier nicht zu erörtern; vgl dazu *Schaub* DStR 1995, 1634, 1635; *Breuer* MittRhNotK 1988, 81.
295 Vgl *Armbrüster*, GmbHR 2001, 941, 942.
296 Vgl MünchKommHGB/*K. Schmidt* vor § 230 Rn 12, 41.
297 Vgl *Schaub*, DStR 1995, 1634, 1635.
298 *Armbrüster*, GmbHR 2001, 941, 943; *Beuthien*, ZGR 1974, 26, 33 ff, 85.
299 Vgl zum Nachfolgenden insbesondere MünchKommHGB/*K. Schmidt* vor § 230 Rn 34 ff.

ten Rechtsmacht: Bei der **fiduziarischen Vollrechtstreuhand** an der Beteiligung ist der Treuhänder Inhaber der Beteiligung (des Treuguts), also Gesellschafter. Seine Rechte an und aus der Beteiligung darf er aber nur nach Maßgabe des mit dem Treugeber geschlossenen Treuhandvertrages ausüben. Der Treuhänder ist also gegenüber dem Treugeber schuldrechtlich gebunden. Den Fällen der Vollrechtstreuhand stehen gegenüber die **Ermächtigungstreuhand** und die **Vollmachtstreuhand**. Hier erwirbt der Treuhänder am Treugut keine „dinglichen" Rechte, wird also auch nicht Gesellschafter. Die Ermächtigungstreuhand erlaubt dem Treuhänder jedoch, die Rechte des Treugebers im eigenen Namen zu verwalten oder über sie zu verfügen. Ähnlich liegt es bei der Vollmachtstreuhand, nur dass hier der Treuhänder in offener Stellvertretung, also im Namen und für Rechnung des Treugebers tätig wird.

Nach dem **Zweck** des Treuhandverhältnisses unterscheidet man – jeweils aus der Sicht des Treuhänders – die **eigennützige** und die **fremdnützige** Treuhand. Die eigennützige Treuhand dient regelmäßig Sicherungs-, Nutzungs- oder Verwertungszwecken, die fremdnützige Treuhand der Verwaltung des Treuguts durch den Treuhänder im Interesse und für Rechnung des Treugebers. Auch „doppelnützige" Treuhandverhältnisse kommen vor, etwa wenn Gesellschaftsanteile durch einen Treuhänder sowohl im Interesse einer Bank an bestmöglicher Befriedigung ihrer ausgereichten Kredite als auch im Interesse des Gesellschafters an einem möglichst hohen, die Bankverbindlichkeiten überschießenden Veräußerungserlös verkauft werden sollen. Weiterhin kann man Treuhandverhältnisse unterscheiden nach der Art ihrer Begründung: Bei der **Übertragungstreuhand** erwirbt der Treuhänder die Beteiligung als Treugut vom Treugeber parallel zum Abschluss des Treuhandvertrages. Anders liegt es bei der so genannten **Vereinbarungstreuhand**. Hier erfolgt keine Übertragung der Beteiligung, deren Inhaber der Treuhänder bereits zuvor war und bleibt. Das Treuhandverhältnis wird vielmehr durch die Abrede begründet, dass der Anteilsinhaber die Beteiligung künftig ganz oder teilweise als Treuhänder für einen Dritten als Treugeber halten soll. Die Treuhand wird also in diesen Fällen allein durch das schuldrechtliche Geschäft zwischen Treuhänder und Treugeber begründet.[300] Charakteristisch für die **Erwerbstreuhand** ist, dass bei Begründung des Treuhandverhältnisses weder der Treuhänder noch der Treugeber Inhaber des Treuguts ist. Der Treuhänder verpflichtet sich vielmehr gegenüber dem Treugeber, das Treugut – die Beteiligung – für den Treugeber erst noch zu erwerben, sei es durch Beteiligung an einer Gesellschaftsgründung oder durch Erwerb eines Anteils.

Weiter kann man unterscheiden zwischen **verdeckten** und **offenen** Treuhandverhältnissen, also danach, ob der Treugeber Dritten gegenüber offen in Erscheinung tritt oder nicht. Bei der Treuhand an Beteiligungen geht es insbesondere um die Aufdeckung des Treuhandverhältnisses gegenüber der Gesellschaft und den Mitgesellschaftern. Werden dem Treugeber vertraglich Mitverwaltungsrechte in der Gesellschaft eingeräumt, kann man von einer **qualifizierten** Treuhand sprechen.[301] Schließlich kann man – ebenso wie bei der Unterbeteiligung[302] – **zwei-** und **mehrgliedrige** Treuhandverhältnisse unterscheiden. Mehrgliedrige Treuhandverhältnisse, in denen eine Beteiligung für eine Vielzahl von Treugebern gehalten und verwaltet wird, finden sich insbesondere bei der Publikumsgesellschaft. Je nach der Ausgestaltung des Treuhandverhältnisses kann hier auf das Innenverhältnis zwischen den Treugebern und zum Treuhänder Gesellschaftsrecht Anwendung finden.

3. Abgrenzung

242 Die Abgrenzung zur Unterbeteiligung wurde bereits bei Rn 186 behandelt. Vom **Nießbrauch** und vom **Pfandrecht** unterscheidet sich die Treuhand durch das Fehlen einer dinglichen Belastung der Beteiligung, auch wenn wirtschaftlich aufgrund einer entsprechenden Gestaltung des Treuhandverhältnisses ähnliche Zwecke erreicht werden können wie mit den genannten dinglichen Rechten.[303] Die Rechtsfigur der **mittelbaren Stellvertretung** findet im Rahmen von Treuhandverhältnissen vielfach

---

300 Das wirft insbesondere für den Fall der Zwangsvollstreckung und der Insolvenz Folgeprobleme auf, vgl Rn 248.
301 Eingehend *Tebben*, ZGR 2001, 586 ff.
302 Oben Rn 184.
303 *Armbrüster*, GmbHR 2001, 941, 944 f.

4. Die Treuhand im Steuerrecht

Treuhandverhältnisse werden steuerlich entsprechend der im Steuerrecht allgemein geltenden **wirtschaftlichen Betrachtungsweise** anerkannt. Gemäß § 39 Abs. 2 Nr. 1 S. 2 AO sind bei Treuhandverhältnissen die Wirtschaftsgüter **dem Treugeber zuzurechnen**. Die Folge ist, dass der Treugeber so behandelt wird, als wäre er selbst Gesellschafter. Das gilt nicht nur für die Übertragungstreuhand, sondern auch für die Vereinbarungs- und die Erwerbstreuhand.[305] Allerdings wird nicht jede als „Treuhandvertrag" bezeichnete Vereinbarung auch als Treuhandverhältnis im Sinne des § 39 Abs. 2 Nr. 1 S. 2 AO anerkannt. Voraussetzung für seine Anerkennung ist nach der Formulierung des BFH, dass die **Verfügungsmacht des Treuhänders** im Innenverhältnis zugunsten des Treugebers in einem Maße **eingeschränkt** ist, dass das rechtliche Eigentum bzw die Rechtsinhaberschaft als „**leere Hülle**" erscheint. Dafür werden gefordert die **Weisungsbefugnis** des Treugebers gegenüber dem Treuhänder und die Verpflichtung des Treuhänders, das Treugut – also die Beteiligung – an den Treugeber zu übertragen.[306] Außerdem darf das Treuhandverhältnis nicht nur auf dem Papier bestehen, sondern muss auch tatsächlich durchgeführt werden.[307] Das ist besonders bei Treuhandvereinbarungen in familiären Verhältnissen zu berücksichtigen.[308] Betrifft die Treuhand Anteile an einer Personengesellschaft, so müssen die für die Anerkennung als **Mitunternehmer** allgemein geltenden Kriterien (Unternehmerrisiko und Unternehmerinitiative)[309] auf den Treugeber zutreffen. Beim Treuhandkommanditisten in der Publikumsgesellschaft genügt es insoweit, wenn der Treuhandkommanditist an die Weisungen einer Mehrheit der Treugeber gebunden ist.[310] Den **Nachweis**, dass ein Treuhandverhältnis besteht, hat nach § 159 AO der **Treuhänder** zu führen.

Ist die Treuhand steuerlich anzuerkennen, erzielt der **Treugeber** unmittelbar die **Einkünfte** aus der der Treuhandbindung unterliegenden Beteiligung, bei der Treuhand an Kapitalgesellschaftsanteilen also Einkünfte aus Kapitalvermögen und bei der Treuhand an Personengesellschaften Mitunternehmereinkünfte. Aufwendungen des Treugebers sind Betriebsausgaben bzw Werbungskosten. Beim Treuhänder wird lediglich ein etwaiges Entgelt besteuert, das er aus seiner Treuhandtätigkeit erzielt. Dabei handelt es sich entweder um Einkünfte aus freiberuflicher Tätigkeit oder um gewerbliche Einkünfte. Verfahrensrechtlich ist allerdings jedenfalls bei der verdeckten Treuhand der Treuhänder in die einheitliche und gesonderte Ergebnisfeststellung für die Mitunternehmerschaft nach § 179 Abs. 2 S. 2 AO einbezogen. Auf einer weiteren Stufe erfolgt dann eine besondere gesonderte Feststellung im Verhältnis des Treuhänders zum Treugeber, § 179 Abs. 2 S. 3 AO. Bei der offenen Treuhand können die beiden Feststellungen im Einverständnis aller Beteiligten miteinander verbunden werden.

Die Zurechnung von steuerlich relevanten Sachverhalten zum Treugeber statt zum Treuhänder nach § 39 AO erfolgt allerdings nicht für alle Steuerarten. Sie gilt da nicht, wo das jeweilige Steuergesetz auf die zivilrechtliche Rechtsinhaberschaft abstellt. So wird **grunderwerbsteuerlich** das Wirtschaftsgut dem Treuhänder als Eigentümer zugerechnet. Der Erwerb der Treugeberstellung von Todes wegen oder durch schenkweise Übertragung unter Lebenden wird **erbschaft- bzw schenkungsteuerlich** nicht als Anteilsübertragung, sondern als Erwerb eines schuldrechtlichen Anspruchs behandelt, so dass insbesondere die für den Anteilserwerb bestehenden steuerrechtlichen Privilegien keine Anwendung finden.[311]

---

304 Plastisch MünchKommHGB/*K. Schmidt* vor § 230 Rn 48: Die mittelbare Stellvertretung betrifft rechtsgeschäftliche Einzelvorgänge, das Treuhandverhältnis einen Zustand.
305 BFH, Urt. v. 15.7.1997, VIII R 56/93, BB 1997, 1983.
306 Vgl beispielsweise BFH, Urt. v. 20.1.1999, I R 69/97, BB 1999, 2544 mwN.
307 Vgl zB BFH, Urt. v. 28.2.2001, I R 12/00, BB 2001, 1562.
308 Vgl bereits oben Rn 190 zur Unterbeteiligung.
309 Vgl oben Rn 187 f.
310 BFH, BStBl. II 1993, 538; 1995, 714, jeweils mwN.
311 Bei Redaktionsschluss war das Erbschaftsteuergesetz vom 27.2.1997 mit erheblichen steuerlichen Privilegierungen von Betriebsvermögen noch in Kraft. Welche Neuregelung der Gesetzgeber als Konsequenz aus dem Beschluss des Bundesverfassungsgerichts vom 7.11.2006 - 1 BvL 10/02 - treffen würde, war noch nicht bekannt.

5. Die Treuhand in Zwangsvollstreckung und Insolvenz

246 Treuhandverhältnisse haben Auswirkungen im Zwangsvollstreckungs- und Insolvenzrecht, und zwar dann, wenn der Treuhänder von **Zwangsvollstreckung** oder **Insolvenz** betroffen ist. Keine Probleme ergeben sich allerdings bei der Ermächtigungs- und bei der Vollmachtstreuhand. Denn bei diesen Gestaltungen bleibt das Treugut im Vermögen des Treugebers, so dass sich zwangsvollstreckungs- und insolvenzrechtlich keine besonderen Probleme stellen. Anders liegt es bei der fiduziarischen Vollrechtstreuhand. Hier geht es um die Frage, ob der Treugeber den Zugriff von Vollstreckungsgläubigern oder des Insolvenzverwalters auf das Treugut in der Hand des Treuhänders zulassen muss.

247 Jedenfalls geschützt ist der Treugeber bei der fremdnützigen Übertragungstreuhand. Gegenüber Zwangsvollstreckungsmaßnahmen in das Treugut steht ihm die **Drittwiderspruchsklage** zu (§ 771 ZPO), im Insolvenzverfahren über das Vermögen des Treuhänder ein **Aussonderungsrecht** nach § 47 InsO.[312] Folgeprobleme ergeben sich nicht, wenn das Treugut in einem Anteil an einer **Kapitalgesellschaft** besteht. Bezieht sich die Treuhand auf einen Anteil an einer **Personengesellschaft**, so stellt sich die Anschlussfrage, ob das Aussonderungsrecht auf den Gesellschaftsanteil oder auf einen Abfindungsanspruch bzw eine Liquidationsquote gerichtet ist. Wenn die Gesellschaft durch die Insolvenz über das Vermögen des Treuhänders aufgelöst worden ist, spielt die Frage jedenfalls im praktischen Ergebnis keine Rolle. Beschränken sich demgegenüber die Insolvenzfolgen auf das Ausscheiden des insolventen Gesellschafters aus der Gesellschaft,[313] so stellt sich die Anschlussfrage, ob die anderen Gesellschafter einen neuen Gesellschaftertreuhänder akzeptieren müssen. Dies wird regelmäßig voraussetzen, dass die Treuhand offengelegt wurde.[314] Dann kommt die Fortsetzung des aus dem Gesellschaftsanteil bezogenen Treuhandverhältnisses in Betracht.

248 Nicht sichergestellt ist der Schutz des Treugebers demgegenüber bei der **Vereinbarungstreuhand**. Die bloße Abrede, dass ein Eigentümer seine Eigentumsrechte am Treugut künftig nur nach Absprache mit einem Dritten, dem Treugeber, ausüben könne, soll nicht zur Anerkennung eines Aussonderungsanspruchs nach § 47 InsO ausreichend sein. Die bloß schuldrechtliche Einschränkung der Eigentümerrechte sei zu unterscheiden von dem Fall der fiduziarischen Übertragungstreuhand, bei der der Treuhänder das Treugut von vornherein lediglich mit eingeschränkten Befugnissen erworben habe, so dass es weiterhin dem Treugeber vermögensmäßig zuzuordnen sei.[315] Zum Schutz des Treugebers wird daher vorgeschlagen, dass der Treuhänder die Beteiligung bereits aufgrund des Treuhandvertrages aufschiebend bedingt an den Treugeber für den Fall abtritt, dass über das Vermögen des Treuhänders das Insolvenzverfahren eröffnet oder in die Beteiligung vollstreckt wird.[316] Bei der **Sicherungstreuhand** wird der Treuhänder in der Einzelzwangsvollstreckung durch § 771 ZPO ohne weiteres nur vor Verwertungsreife des Sicherungsgutes geschützt. Nach Verwertungsreife muss der Treugeber das Treugut auslösen, will er Übertragung beanspruchen. Dasselbe gilt in der Insolvenz des Treuhänders.[317]

249 In der Insolvenz des **Treugebers** gelten §§ 115 f InsO. Das schuldrechtliche Treuhandverhältnis erlischt; der Anteil ist vom Treuhänder auf die Masse zu übertragen. Die Insolvenz **der Gesellschaft** beendet das Treuhandverhältnis nicht. Die Rechte und Pflichten aus dem Treuhandvertrag beziehen sich nunmehr auf den Anteil des Treuhänders an der durch Insolvenz aufgelösten Gesellschaft.

II. Die Parteien des Treuhandvertrages

250 In Bezug auf die Parteien des Treuhandvertrages gilt dasselbe wie bei der Unterbeteiligung.[318] Ebenso wie bei der Unterbeteiligung ist es insbesondere zulässig, dass ein Treuhänder eine Beteiligung für

---

312 BGH, ZIP 2005, 1465, 1466 (betreffend Guthaben auf Treuhandkonten).
313 Vgl § 131 Abs. 3 Nr. 1 HGB.
314 Zum Problem ausführlich MünchKommHGB/*K. Schmidt* vor § 230 Rn 81.
315 BGH, DNotZ 2004, 128 betreffend die Vereinbarungstreuhand an einem Grundstück; dagegen für das Gesellschaftsrecht MünchKommHGB/*K. Schmidt* vor § 230 Rn 80 dann, wenn die Vereinbarungstreuhand nachweisbar und wirksam sei.
316 MünchVertragsHdb/*von der Heydt*, Form. IX.14. § 5 (3) und (4); ähnlich *Hopt/Volhard*, Form. II.F 1 § 6 (2) und (3); Rechtsformularbuch/*Langenfeld*, M 114.2 § 6.
317 *K. Schmidt*, aaO Rn 80, 81 mwN.
318 Oben Rn 191 f.

mehrere Treugeber hält. Es kann auch vereinbart werden, dass ein Treuhänder einen Anteil teilweise für eigene Rechnung und teilweise treuhänderisch hält, so dass bei der Beendigung des Treuhandverhältnisses der Anteil ggf geteilt werden muss. Folgeprobleme während des Bestehens der Treuhand ergeben sich in derartigen Fällen bei der Abstimmung des Treuhänders in der Gesellschaft.[319] Der Treuhandvertrag muss dementsprechend einschlägige Bestimmungen enthalten.

III. Der Treuhandvertrag

1. Abschluss des Treuhandvertrages

a) Grundsatz; Beteiligung Minderjähriger

Unter allgemein geltenden zivilrechtlichen Gesichtspunkten unterliegt der Abschluss des Gesellschaftsvertrages **keinen Besonderheiten**. Soll einem **Minderjährigen**, in der Regel in Form einer Vereinbarungstreuhand die Stellung eines Treugebers eingeräumt werden, bedarf dies nach §§ 1643 Abs. 1, 1822 Nr. 3 BGB der vormundschaftsrechtlichen Genehmigung jedenfalls dann, wenn der Treugeber im Innenverhältnis den Treuhänder von sämtlichen Lasten und Risiken der Beteiligung freizuhalten hat.[320] Es gelten also dieselben Grundsätze wie bei Einräumung einer Unterbeteiligung an einen Minderjährigen.[321] Ebenfalls wie bei der Unterbeteiligung muss nach § 1909 BGB ein Ergänzungspfleger bestellt werden, wenn ein gesetzlicher Vertreter zugunsten seines Minderjährigen Abkömmlings eine Treugeberstellung an seinem Anteil begründen will. 251

b) Formerfordernisse

Der Treuhandvertrag ist grundsätzlich **formfrei**. Die notarielle Beurkundung kann indessen unter zwei Gesichtspunkten erforderlich sein. Das gilt zum einen unabhängig von der Rechtsform der betroffenen Beteiligung dann, wenn die Treugeberstellung **schenkweise** eingeräumt werden soll, und zwar in der Form der so genannten **Vereinbarungstreuhand**. Ein solcher Vertrag ist nach § 518 Abs. 1 BGB beurkundungspflichtig. Eine Heilung im Wege des Schenkungsvollzuges nach § 518 Abs. 2 BGB kommt nicht in Betracht. Denn die Vereinbarungstreuhand ist ja gerade dadurch charakterisiert, dass die Gesellschafterstellung nicht übertragen, sondern nur schuldrechtlich einer Treuhandbindung unterworfen wird. Der Treuhandvertrag erschöpft sich hier damit in einem Verpflichtungsgeschäft, so dass eine Heilung ausscheidet.[322] 252

Ein Beurkundungserfordernis ergibt sich weiter aus § 15 GmbHG in fast allen Fällen, in denen ein **GmbH-Geschäftsanteil** Treugut ist. Das ist selbstverständlich bei der Übertragungstreuhand, weil hier der Geschäftsanteil seinen Inhaber wechselt, so dass § 15 Abs. 3 GmbHG gilt. Formbedürftig sind in der Regel jedoch auch Vereinbarungs- und Erwerbstreuhand. Auf diese Varianten der Treuhand ist § 15 Abs. 4 GmbHG anwendbar.[323] Eine Ausnahme lässt der Bundesgerichtshof nur für einen Sonderfall der Erwerbstreuhand zu, nämlich dann, wenn sich der Treuhandvertrag auf noch nicht existente Geschäftsanteile bezieht und vor der Beurkundung des Gesellschaftsvertrages geschlossen wird.[324] In diesem Sonderfall ergibt sich die Pflicht zur Übertragung des Geschäftsanteils bei Beendigung des Treuhandverhältnisses unmittelbar aus § 667 BGB, so dass der Treugeber auch ohne Einhaltung des § 15 Abs. 4 GmbHG die Übertragung des Geschäftsanteils auf sich verlangen kann. Ein Mangel der Form macht das Treuhandgeschäft nichtig, § 125 BGB. Nur in besonderen Ausnahmefällen versagt die Rechtsprechung den Parteien die Berufung auf die Formnichtigkeit; dies gilt im Wesentlichen dann, wenn das Treuhandverhältnis über einen langen Zeitraum hinweg praktiziert wurde.[325] Die (Rück-)Übertragung des Geschäftsanteils bei Beendigung des Treuhandvertrages ist ihrerseits formbedürftig nach § 15 Abs. 3 GmbHG; das ist selbstverständlich. 253

---

319 Problem der so genannten gespaltenen Stimmabgabe, nachfolgend Rn 264.
320 MünchKommHGB/*K. Schmidt* vor § 230 Rn 54.
321 Oben Rn 193 f.
322 *Armbrüster*, GmbHR 2001, 941, 946; vgl bereits oben für die Unterbeteiligung Rn 195; für die stille Gesellschaft Rn 87.
323 BGHZ 141, 207; BGH DB 2006, 1671, kritisch *Armbrüster* GmbHR 2001, 941, 945 f.
324 BGH DB 2006, 1671 f.
325 BGH, aaO.

c) Zustimmungserfordernisse

254 Von der Beurkundungsbedürftigkeit zu unterscheiden ist die weitere Frage, unter welchen Voraussetzungen ein wirksames Treuhandverhältnis an einer Beteiligung die **Zustimmung der Gesellschaft oder von Mitgesellschaftern** voraussetzt. Die Frage stellt sich in allen Fällen, in denen die Übertragung von Beteiligungen einer derartigen Zustimmung bedarf. In Kapitalgesellschaften sind dies die Fälle vinkulierter Anteile (insbesondere § 15 Abs. 5 GmbHG, in Betracht kommen jedoch auch vinkulierte Namensaktien, § 68 Abs. 2 AktG). Bei Personengesellschaften sind alle Fälle betroffen, in denen der Gesellschaftsvertrag Anteilsübertragungen nicht positiv gestattet. Da bei der **Übertragungstreuhand** ein Wechsel in der Gesellschafterstellung stattfindet, sind alle gesetzlich oder gesellschaftsvertraglich für einen Gesellschafterwechsel erforderlichen Zustimmungen einzuholen. Ist ein GmbH-Geschäftsanteil vinkuliert, so gilt § 15 Abs. 5 GmbHG auch für die Begründung einer **Vereinbarungstreuhand am Geschäftsanteil**.[326] Ob eine Vereinbarungstreuhand an einem **Personengesellschaftsanteil** ohne Zustimmung der Mitgesellschafter oder ausdrückliche Zulassung im Gesellschaftsvertrag zulässig ist, ist umstritten.[327] Die praktische Bedeutung der Frage dürfte nicht allzu groß sein. Denn nicht nur bei der Übertragungstreuhand, sondern auch im Falle der Vereinbarungstreuhand wird dem Treugeber regelmäßig ein Anspruch auf Übertragung der Beteiligung für den Fall eingeräumt, dass die Treuhand endet. Diese Übertragung bedarf nun ganz gewiss aller nach Gesetz und Gesellschaftsvertrag erforderlichen Zustimmungen. Die Rechtsstellung des Treugebers wäre in solchen Fällen also leicht wertlos, wenn die notwendigen Zustimmungen nicht bereits bei Begründung des Treuhandverhältnisses eingeholt würden. Dasselbe gilt für die **Erwerbstreuhand**. Sind notwendige Zustimmungen zur Begründung des Treuhandverhältnisses einmal erteilt und ist dabei der treuhänderische Charakter der Beteiligung aufgedeckt worden, enthält die Zustimmung zur Begründung des Treuhandverhältnisses regelmäßig gleichzeitig die Zustimmung zur Übertragung der Beteiligung auf den Treugeber, wenn die Treuhand endet.[328] Gleichwohl empfiehlt es sich, und zwar aus Klarstellungsgründen, die Zustimmung ausdrücklich auch auf die (Rück-)Übertragung des Anteils bei Beendigung der Treuhand zu erstrecken.

255 Soweit die Begründung eines Treuhandverhältnisses nach den für die jeweilige Gesellschaft geltenden Bestimmungen zustimmungspflichtig ist, ist zustimmungspflichtig auch ein **Wechsel** des **Treuhänders**, aber auch des **Treugebers**.[329] Die Zustimmung auch zum Wechsel des Treugebers bzw Treuhänders kann nicht schon als erteilt gelten, wenn dem Treuhandverhältnis als solchem zugestimmt worden ist. Sie kann aber ebenso wie die Zustimmung zur Übertragung der Beteiligung vom Treuhänder auf den Treugeber im Voraus erteilt werden.

256 Soweit Zustimmungen erforderlich sind, aber nicht erteilt werden, ist ergänzend zu prüfen, ob jedenfalls die schuldrechtlichen Elemente der Treuhandvereinbarung im Wege einer **Umdeutung** aufrechterhalten werden können. Namentlich wird man überlegen müssen, ob im Einzelfall Stimmbindungen sowie die wesentlichen wirtschaftlichen Elemente der Treuhandbindung (Herausgabeansprüche des Treugebers aus § 667 BGB, Anspruch des Treuhänders auf Erstattung seiner Aufwendungen gemäß § 670 BGB) wirksam vereinbart sind. Auf der Ebene der Gesellschaft wiederum ist zu prüfen, ob die Begründung einer Vereinbarungstreuhand zugunsten eines Dritten ohne Zustimmung der Mitgesellschafter treuwidrig ist und im Einzelfall den Ausschluss des betreffenden Gesellschafters aus der Gesellschaft rechtfertigt. Jedenfalls dann, wenn die Beteiligung nach dem Gesellschaftsvertrag frei übertragbar ist, wird man dies nur in extremen Ausnahmefällen bejahen können.[330]

---

326 So die ganz herrschende Meinung: RGZ 159, 272, 280 f; OLG Hamburg, BB 1983, 1030; Baumbach/Hueck/*Fastrich*, GmbHG, § 15 Rn 55; aM *Armbrüster* GmbHR 2001, 941, 947; alle mwN.
327 Dafür MünchKommHGB/*K. Schmidt*, vor § 230 Rn 54, dagegen MünchKommBGB/*Ulmer*, § 705 Rn 88, BeckHdbPersGes /*W. Müller*, § 4 Rn 13, je mwN.
328 BGHZ 77, 392; NJW 1965, 1376, vgl für GmbH-Geschäftsanteile Baumbach/Hueck/*Fastrich*, § 15 GmbHG Rn 58 mwN.
329 RGZ 159, 272, 282; BGH NJW 1965, 1376; Baumbach/Hueck/*Fastrich*, aaO, Rn 58.
330 Vgl für den Fall, dass einem Konkurrenten eine Treugeberstellung eingeräumt wird, MünchKommHGB/*K. Schmidt*, vor § 230 Rn 56. Wer eine Vereinbarungstreuhand auch ohne Zustimmung der Mitgesellschafter grundsätzlich für zulässig hält, wird eher zu Treupflichtverstößen des Treuhänders gelangen, vgl MünchKommHGB/*Ulmer*, § 705 Rn 88.

d) Sonderfall: Treuhandvertrag und Rechtsberatungsgesetz

In einer ganzen Serie von Entscheidungen seit etwa 2000 hat sich die Rechtsprechung mit Geschäftsbesorgungsverträgen befasst, die zwischen **Anlegern** einer Publikumsgesellschaft einerseits und dem Management der Gesellschaft andererseits abgeschlossen werden. Regelmäßig geht es um gescheiterte Anlagemodelle. Treuhandkonstruktionen sind in diesen Anlagemodellen zwar keineswegs immer anzutreffen;[331] andererseits ist die der Rechtsprechung unterbreitete Problematik für Treuhandmodelle typisch: Der Anleger erteilt gleichzeitig mit seinem Beitritt zum **Treuhandmodell** einem **Geschäftsbesorger** die umfassende **Vollmacht**, ihn bei der Durchführung des Anlagemodells gegenüber Dritten, insbesondere gegenüber Darlehensgebern, umfassend zu vertreten. Aufgrund dieser regelmäßig in notarieller Form erteilten Vollmacht schließt der Geschäftsbesorger sodann Darlehensverträge mit kreditgebenden Banken ab und unterwirft den Anleger persönlich gegenüber der kreditierenden Bank wegen des ganzen Darlehens oder wegen Teilbeträgen der sofortigen Zwangsvollstreckung in das persönliche Vermögen. In den entschiedenen Rechtsstreitigkeiten gingen die Banken nach Scheitern des Anlagemodells aus den Unterwerfungserklärungen gegen die Anleger im Wege der Zwangsvollstreckung vor. Die Anleger erhoben Vollstreckungsgegenklage mit der Begründung, sie seien bei Abgabe der Vollstreckungsunterwerfungserklärungen gegenüber der Bank nicht wirksam durch den Geschäftsbesorger vertreten worden. Tatsächlich sieht die Rechtsprechung einen Verstoß gegen Art. 1 § 1 des **Rechtsberatungsgesetzes**, wenn derart umfassende Vollmachten in (Anleger-)Treuhandverträgen einem Geschäftsbesorger erteilt werden, der nicht über die Erlaubnis zur Besorgung von Rechtsangelegenheiten verfügt. Daraus leitet die Rechtsprechung die Nichtigkeit des Treuhandauftrages und – darauf beruhend – auch der Vollmacht ab.[332] Ob die Vollstreckungsgegenklage des Anlegers Erfolg hat, steht damit allerdings noch nicht fest, sondern hängt weiter davon ab, ob sich der Anleger im Gesellschaftsvertrag bereits verpflichtet hatte, die persönliche Haftung für an die Gesellschaft ausgereichte Darlehen zu übernehmen und sich in diesem Zusammenhang auch der Zwangsvollstreckung in sein Privatvermögen zu unterwerfen. Falls er eine solche Verpflichtung eingegangen war, darf die Bank trotz des Mangels der Vollmacht vollstrecken (venire contra factum proprium).[333] Das der Bank gegenüber abgegebene Schuldanerkenntnis als Grundlage für die Unterwerfung unter die sofortige Zwangsvollstreckung (nicht aber die Unterwerfung selbst!) kann ferner trotz Nichtigkeit der Vollmacht wirksam sein, wenn eine Ausfertigung der Vollmachtsurkunde der Bank vorgelegen hat (§§ 171, 172 BGB).[334] Keinen Verstoß gegen Art. 1 § 1 des Rechtsberatungsgesetzes sieht die Rechtsprechung demgegenüber dann, wenn die Gesellschaft selbst ihre **Geschäftsführung** umfassend auf einen Geschäftsbesorger überträgt, auch wenn dieser nicht Gesellschafter ist.[335] Denn der Schwerpunkt eines solchen Geschäftsführungsauftrages liege nicht bei der Besorgung fremder Rechtsangelegenheiten, sondern bei der Wahrung wirtschaftlicher Interessen der Gesellschaft und ihrer Gesellschafter. Die weiteren Einzelheiten gehören nicht hierher.

Noch viel weniger als bei der Unterbeteiligung[336] kann es für Treuhandgestaltungen allgemein gültige Hinweise zur Vertragsgestaltung geben. Die folgende Checkliste, die vor allem auf die fiduziarische Vollrechtstreuhand abstellt, ist daher weder abschließend, noch sind die in ihr enthaltenen Punkte stets regelungsbedürftig.

2. Checkliste für die Vertragsgestaltung

- Genaue Bezeichnung der Vertragsbeteiligten sowie der Hauptbeteiligung (einschl. der Hauptgesellschaft, ggf mit HR-Nummer)
- Zweck der Treuhand (oben Rn 241)

---

331 Eine häufig anzutreffende Alternative ist die Rechtsform der GbR, insbesondere bei Immobilienfonds.
332 BGHZ 145, 265, 269 ff; 153, 214, 220 f; 159, 294, 299 f.
333 BGH, WM 2005, 1698, 1700 f; WM 2006, 177, 179.
334 Vgl BGH ZIP 2006, 169 mit umfangreichen weiteren Nachweisen.
335 So – betreffend eine GbR – BGH, WM 2007, 62 mwN und Abgrenzung zur Vollmacht kraft Treuhandauftrages.
336 Oben Rn 200.

- Umfang der Treuhand (ist die Beteiligung vollständig oder teilweise von der Treuhand betroffen – oben Rn 250)
- Bei Übertragungstreuhand: Alle Voraussetzungen für die Übertragung eingehalten, insbesondere alle erforderlichen Zustimmungen eingeholt? (oben Rn 254 f)
- Stimmrecht: zustimmungsbedürftige Geschäfte, Stimmbindung, Vollmachten (unten Rn 261 ff)
- Informationsrechte des Treugebers (unten Rn 265, 275)
- Herausgabepflicht des Treuhänders, Anspruch des Treuhänders auf Aufwendungsersatz bzw Vergütung (unten Rn 276 f)
- Dauer und Kündigung des Treuhandvertrages (unten Rn 279)
- Rechtsfolgen der Beendigung, insbesondere Herausgabepflicht der Beteiligung; Sicherung der erforderlichen Zustimmungen (unten Rn 280 f)
- Schutz des Treugebers vor treuwidrigen Verfügungen des Treuhänders; ggf aufschiebend bedingte Abtretung (unten Rn 268, 281)
- Austausch des Treugebers bzw des Treuhänders (unten Rn 269, 282)
- Sonstige Regelungen, zB Schiedsgerichtsvereinbarung, Schriftformklausel, salvatorische Klausel

IV. Treuhand und Gesellschaftsrecht

1. Grundsatz: Der Treuhänder als Gesellschafter

259 Im Regelfall ist die Bindung des Treuhänders durch den Treuhandvertrag rein **schuldrechtlicher** Art. Sie ändert nichts daran, dass der Treuhänder Inhaber der Beteiligung, also Gesellschafter bei der „Hauptgesellschaft", ist und bleibt. Der Treuhänder ist dementsprechend Inhaber aller Rechte und Adressat aller Pflichten aus der Beteiligung.[337] Das Bestehen einer Treuhandbindung kann allerdings den Umfang der Rechte des Treuhänders als Gesellschafter berühren, so zB beim Stimmrecht.[338]

260 Vom Grundsatz, dass allein der Treuhänder Gesellschafter mit allen Rechten und Pflichten ist, kann es aufgrund entsprechender vertraglicher Gestaltungen **Ausnahmen** geben. Gesellschaftsrechtlich können dem Treugeber über das reine schuldrechtliche Verhältnis zum Treuhänder hinaus auch **unmittelbare Mitverwaltungs- und Kontrollrechte** gegenüber der Gesellschaft und den Mitgesellschaftern eingeräumt werden.[339] Solche Gestaltungen setzen naturgemäß voraus, dass das Treuhandverhältnis gegenüber den Mitgesellschaftern offengelegt ist. Als zweckmäßig erweisen sich solche Gestaltungen namentlich bei der Publikumsgesellschaft.[340] Bei der GmbH dürften Vertragsgestaltungen, die Nichtgesellschaftern Verwaltungsrechte verschaffen sollen, wegen § 16 GmbHG schwierig sein; praktisch kommen dann nur Vereinbarungen unter den Gesellschaftern über die Verwaltung ihrer jeweiligen Beteiligungen an der GmbH in Betracht, die neben dem Gesellschaftsvertrag stehen und deren Partei auch Treugeber als Nichtgesellschafter sein können („Shareholders' Agreements").

2. Stimmrecht

261 Der Treuhänder ist als Gesellschafter Inhaber des Stimmrechts. Das Bestehen eines Treuhandverhältnisses ändert daran nichts. Einer Übertragung des Stimmrechts auf den Treugeber stehen Bedenken aus dem Abspaltungsverbot gegenüber.[341] Einfluss auf die Abstimmung kann der Treugeber deswegen nur mittelbar nehmen, und zwar durch Abschluss einer **Stimmbindungsvereinbarung**, die den Treuhänder verpflichtet, in der Gesellschafterversammlung nach der Weisung des Treugebers abzustim-

---

337 Unstreitig, vgl MünchKommBGB/*Ulmer*, § 705 Rn 89, MünchKommHGB/*K. Schmidt*, vor § 230 HGB Rn 57; Baumbach/Hopt, HGB, § 105 Rn 33, *Beuthien* ZGR 1974, 26, 40 ff; für die GmbH: Baumbach/Hueck/*Fastrich*, § 1 GmbHG Rn 42; aus der Rechtsprechung: BGHZ 105, 168, 174 f; vgl weiter die Rechtsprechungsnachweise in Fn 351.
338 Nachstehend Rn 261 ff.
339 MünchKommHGB/*K. Schmidt*, vor § 230 Rn 78 f; Staub/*Ulmer*, § 105 HGB Rn 106; MünchKommBGB/*Ulmer*, § 705 Rn 92 f; *Tebben*, ZGR 2001, 586 ff.
340 MünchKommHGB/*K. Schmidt*, vor § 230 Rn 79.
341 So die wohl herrschende Meinung, vgl Staub/*Ulmer*, § 119 Rn 55, MünchKommBGB/*Ulmer*, § 717 Rn 25 ff; Großkommentar/*K. Schmidt*, § 105 HGB Rn 195 und § 119 HGB Rn 18; für die GmbH vgl Baumbach/Hueck/*Zöllner*, § 47 GmbHG Rn 40; Scholz/*Winter/Seibt*, § 15 GmbHG Rn 228; aM *Armbrüster*, GmbHR 2001, 1025.

men. Derartige Stimmbindungsvereinbarungen sind für Treuhandverhältnisse ebenso unverzichtbar wie grundsätzlich unbedenklich.[342] Bedenken gegen die Wirksamkeit von Stimmbindungsvereinbarungen bestehen allerdings in den Fällen der **verdeckten Treuhand**, in denen es an der notwendigen Zustimmung der Mitgesellschafter für die Begründung des Treuhandverhältnisses fehlt. Dies sind die Fälle der Personengesellschaft ohne freie Verfügungsmöglichkeit über den Anteil und der GmbH bzw AG mit vinkulierten Anteilen.[343] Auch wirksame Stimmbindungsverträge schützen den Treugeber freilich nicht vollkommen. Denn sie wirken nur schuldrechtlich; ihre Verletzung durch den Treuhänder ändert nichts an der Wirksamkeit der Stimmabgabe. Ausnahmen mögen denkbar sein, wenn die Treuhand offengelegt ist und der Treuhänder mit seinem Stimmverhalten evident gegen die Interessen (und Weisungen) des Treugebers verstößt. Beschlussmängel kommen ferner dann in Betracht, wenn der Stimmbindungsvertrag zwischen allen Gesellschaftern unter Einbeziehung des Treugebers abgeschlossen wird und gegen diesen Vertrag verstoßen wurde.[344] Formulierungsbeispiel:

▶ Der Treuhänder hat den Treugeber vor jeder Abstimmung in der Gesellschaft über den Gegenstand und alle für die Willensbildung wesentlichen Umstände zu unterrichten. Sein Stimmrecht in der Gesellschaft hat der Treuhänder nach den Weisungen des Treugebers auszuüben. ◀

Von einer – unzulässigen – Übertragung des Stimmrechts auf den Treugeber ist zu unterscheiden eine dem Treugeber von dem Treuhänder erteilte **Stimmrechtsvollmacht**. Derartige Stimmrechtsvollmachten sind unter denselben Voraussetzungen zulässig, die für alle anderen Stimmrechtsvollmachten gelten. Im Recht der Personengesellschaften bedarf eine Stimmrechtsvollmacht der Zulassung im Gesellschaftsvertrag. Bei der GmbH ist die Teilnahme des Bevollmächtigten an der Gesellschafterversammlung und die Abstimmung des Bevollmächtigten nach dem Gesetz zulässig (§ 47 Abs. 3 GmbHG). Der Gesellschaftsvertrag kann aber Einschränkungen vorsehen, zB hinsichtlich der Person des Bevollmächtigten. 262

An der Abstimmung über bestimmte Beschlussgegenstände kann ein Gesellschafter durch **Stimmverbote** gehindert sein. Diese Verbote ergeben sich für die AG aus § 136 AktG und für die GmbH aus § 47 Abs. 4 GmbHG. In der Personengesellschaft fehlt eine ausdrückliche gesetzliche Regelung. Dass es gleichwohl Stimmverbote geben kann, steht fest; lediglich die Reichweite ist umstritten.[345] Stimmverbote treffen den Treuhänder jedenfalls, wenn sie in seiner Person verwirklicht sind. Sie gelten darüber hinaus auch dann, wenn ihre Tatbestandsmerkmale (nur) auf den Treugeber zutreffen. Das muss jedenfalls für die fremdnützige Treuhand gelten, die vom Treuhänder allein nach den Interessen des Treugebers geführt wird.[346] 263

Hält ein Gesellschafter eine Beteiligung treuhänderisch für mehrere Treugeber oder – kraft Vereinbarungstreuhand – einen Anteil teils für sich selbst und teilweise treuhänderisch, so fragt sich, ob und unter welchen Voraussetzungen der Treuhänder entsprechend den ihm jeweils erteilten Weisungen jedes Treugebers **uneinheitlich abstimmen** kann. Jedenfalls im Regelfall wird eine uneinheitliche Stimmabgabe indessen nicht möglich sein. Bei Kapitalgesellschaften gilt der Grundsatz, dass die Stimmen aus einem Anteil nur einheitlich abgegeben werden können;[347] ob dasselbe etwa dann gilt, wenn ein Treuhänder mehrere Geschäftsanteile hält und nur ein Geschäftsanteil, dieser aber vollständig, einer Treuhandbindung unterliegt, ist umstritten.[348] Im Recht der Personengesellschaft wird man eine uneinheitliche Stimmabgabe allenfalls kraft ausdrücklicher Zulassung im Gesellschaftsvertrag rechtfertigen können; derartige Gestaltungen kommen für Publikumsgesellschaften in Frage.[349] 264

---

342 MünchKommHGB/*K. Schmidt*, vor § 230 Rn 63; Baumbach/Hueck/*Zöllner*, § 47 GmbHG Rn 113, *Klaus Müller*, GmbHR 2007, 113.
343 Oben Rn 254; zur Unwirksamkeit von Stimmbindungsvereinbarungen in diesen Fällen vgl MünchKommHGB/*K. Schmidt*, vor § 230 Rn 63; Staub/*Ulmer*, § 105 HGB Rn 104, *Beuthien* ZGR 1974, 26, 43 ff; für unbeschränkte Zulässigkeit Baumbach/Hueck/*Zöllner*, § 47 GmbHG Rn 113; *Armbrüster* GmbHR 2001, 1021, 1022.
344 Vgl für die GmbH BGH, NJW 1983, 1910, NJW 1987, 1890; Baumbach/Hueck/*Zöllner*, § 47 GmbHG Rn 118.
345 Zum Meinungsstand vgl MünchKommHGB/*Enzinger*, § 119 Rn 30 ff; Baumbach/*Hopt*, § 119 HGB Rn 8 ff.
346 MünchKommHGB/*K. Schmidt*, vor § 230 Rn 65; zum Meinungsstand vgl auch *Armbrüster* GmbHR 2001, 1021, 1023 f.
347 Vgl zB BGHZ 104, 66, 74.
348 Zum Meinungsstand vgl *Armbrüster* GmbHR 2001, 1021, 1024. Das Problem wird sich im Zuge der GmbH-Modernisierung voraussichtlich wesentlich entschärfen.
349 MünchKommHGB/*K. Schmidt*, vor § 230 Rn 62.

Soweit hiernach eine uneinheitliche Abstimmung des Treuhänders in der Gesellschaft nicht möglich ist, bleibt als Ausweichlösung nur die Organisation einer „internen" Vorabstimmung unter den mehreren Treugebern bzw zwischen den Treugebern und dem Treuhänder unter Bindung des Treuhänders an das Ergebnis dieser internen Beschlussfassung. Formulierungsvorschlag:

▶ Bei Abstimmungen in der Gesellschaft ist Treuhänder an Weisungen gebunden, soweit die Treugeber dies beschließen. Ein Beschluss der Treugeber kommt in allen Fällen mit einfacher Mehrheit der bei der Abstimmung vertretenen Stimmen zustande; je 100,00 EUR je Kapitalbeteiligung, die für einen Treugeber gehalten werden, gewähren diesem eine Stimme. ◀

3. Informationsrechte

265 Die Informationsrechte, die dem Gesellschafter als solchem kraft Gesetzes[350] oder kraft Gesellschaftsvertrages zustehen, sind ebenso wie die anderen Mitgliedschaftsrechte dem **Treuhänder** zugeordnet. Auch hier sind Ausnahmen kraft entsprechender Vertragsgestaltung lediglich bei der Publikumsgesellschaft denkbar.[351] Der Treuhänder kann zwar seinerseits aufgrund des Treuhandvertrages gegenüber dem Treugeber informationspflichtig sein. Er hat dabei jedoch die Grenzen zu beachten, die ihm kraft seiner **Treupflicht** gegenüber der Gesellschaft und den Mitgesellschaftern gezogen sind. Jedenfalls bei verdeckten Treuhandverhältnissen wird eine Weitergabe vertraulicher Informationen unzulässig sein. Anders dürfte es grundsätzlich liegen, wenn die Gesellschafter der Begründung des Treuhandverhältnisses zugestimmt haben. Ob es dann noch Informationen gibt, deren Weitergabe treuwidrig ist, ist eine Frage des Einzelfalls.

4. Haftung

266 Da der **Treuhänder** Inhaber des Anteils ist, **haftet er** unbeschränkt **als Gesellschafter**. Auf den Umstand, dass er seinen Anteil treuhänderisch für einen Dritten hält, kann er sich zu seiner Entlastung nicht berufen. Der Treuhänder haftet also bei der Personengesellschaft namentlich gemäß §§ 128 ff HGB, und er haftet bei der Kapitalgesellschaft für vollständige Aufbringung der Einlagen.[352] Zu diskutieren ist damit nur die Haftung des Treugebers. Dieser haftet zunächst im Regelfall gegenüber dem Treuhänder auf Aufwendungsersatz (§ 670 BGB). Dieser Anspruch des Treuhänders gegen den Treugeber begründet zwar keine unmittelbare Haftung des Treugebers gegenüber Dritten. Allerdings kann der Anspruch abgetreten und gepfändet werden, so dass sich mittelbar ein Haftungsrisiko ergibt.

267 Fraglich ist, ob der Treugeber über das Verhältnis zum Treuhänder hinaus auch unmittelbar wie ein Gesellschafter haften kann. Für das Personengesellschaftsrecht (§§ 128 ff, 171 ff HGB) wird man eine solche Haftung auch im Falle einer offenen Treuhand, bei der dem Treugeber Mitverwaltungsrechte eingeräumt sind, nicht begründen können.[353] Anders liegt es bei AG und GmbH. Wer sich als Treugeber an der Gründung einer Kapitalgesellschaft beteiligt, haftet für die **Einlageaufbringung**. Das ergibt sich ausdrücklich für die AG aus § 46 Abs. 5 AktG und für die GmbH aus § 9 Abs. 4 GmbHG. Das **eigenkapitalersetzende Darlehen** eines Treugebers wird nach § 32 a Abs. 3 S. 1 GmbHG ebenso behandelt wie ein Gesellschafterdarlehen; die Regelung gilt über § 172 a HGB auch in der GmbH & Co. KG, wenn keine natürliche Person als Vollhafter existiert. Nach der Rechtsprechung haftet der Treugeber neben dem Treuhänder weiterhin gegenüber der Gesellschaft in den Fällen verbotener Rückzahlungen (§§ 30, 31 GmbHG) sowie gemäß §§ 24 und 19 Abs. 2 GmbH.[354]

---

350 §§ 131 AktG, 51 a GmbHG, 118, 166 HGB.
351 MünchKommHGB/*K. Schmidt*, vor § 230 Rn 67.
352 BGHZ 31, 258, 263 f; 77, 392, 395; 93, 246, 247 f; Staub/*Ulmer*, § 105 HGB Rn 105; *K. Schmidt*, vor § 230 Fn 253.
353 MünchKommHGB/*K. Schmidt*, vor § 230 Rn 60; OLG Düsseldorf, DB 1991, 1274; *Tebben*, ZGR 2001, 586, 612; jetzt auch MünchKommBGB/*Ulmer*, § 714 Rn 42 gegen Staub/*Ulmer*, § 106 HGB Rn 17 und Baumbach/Hopt, 32. Aufl., § 105 HGB Rn 34 gegen 31. Aufl. – Der Treugeber ist daher auch nicht in das Handelsregister einzutragen. Vgl zur Parallelproblematik beim Nießbrauch unten Rn 300.
354 BGHZ 31, 258, 266 f; BGH WM 1977, 73, 75, dagegen Großkommentar zum GmbHG/*Ulmer*, § 2 Rn 62 ff, Baumbach/Hueck/*Fastrich*, § 1 GmbHG Rn 44 jeweils mwN; vgl aber auch BGHZ 118, 107, 111 f, differenzierend *Armbrüster* GmbHR 2001, 1021, 1028 f.

5. Verfügungen über die Beteiligung

Da der Treuhänder Vollrechtsinhaber ist, kann er über die Beteiligung verfügen. Der Treuhandvertrag hindert den Treuhänder grundsätzlich nur mit **schuldrechtlicher** Wirkung, die Beteiligung zu übertragen, sie zu belasten oder aus der Gesellschaft auszuscheiden. Derartige **Verfügungen des Treuhänders sind wirksam**, wenn die sonst erforderlichen gesellschaftsvertraglichen Voraussetzungen eingehalten sind.[355] In evidenten **Missbrauchsfällen** soll der Treugeber nur über die §§ 138, 823 Abs. 2, 826 BGB geschützt sein, während nach der Rechtsprechung[356] die – sinngemäße – Anwendung der Grundsätze über den Missbrauch der Vertretungsmacht ausscheiden soll.[357] Zum weitergehenden Schutz des Treugebers wird ähnlich wie im Falle der Insolvenz oder der Einzelzwangsvollstreckung[358] die **vorweggenommene Übertragung der Beteiligung** auf den Treugeber unter der aufschiebenden Bedingung vorgeschlagen, dass der Treuhänder vertragswidrig über die Beteiligung verfügt.[359] Einen perfekten Schutz gegen Verfügungen des Treuhänders können solche Klauseln zwar nicht bieten, weil nicht immer eindeutig zu bestimmen sein wird, ob ihre Voraussetzungen vorliegen.[360] Trotzdem sind sie sinnvoll, weil sie das Risiko des Treuhänders und vor allem des Dritten, auf den der Treuhänder die Beteiligung (vertragswidrig) überträgt, drastisch erhöhen. Soweit der Treugeber (vertragswidrige) Verfügungen des Treuhänders über die Beteiligung gegen sich gelten lassen muss, ist er auf Schadensersatzansprüche wegen Verletzung des Treuhandvertrages verwiesen. Tritt der Treuhänder (vertragswidrig) aus der Gesellschaft aus, setzen sich die Treugeberrechte am Auseinandersetzungsguthaben fort, was weitergehende Schadensersatzansprüche nicht ausschließt.[361]

268

Von der einseitigen Verfügung über die Beteiligung durch den Treuhänder zu unterscheiden ist der **Austausch** des vorhandenen gegen einen neuen **Treuhänder**. Ein derartiger Austausch ist nach allgemeinen Rechtsgrundsätzen grundsätzlich möglich. Sie setzt im Hinblick auf das Treuhandverhältnis die Vertragsübernahme durch den neuen Treuhänder, dh die Mitwirkung des alten und des neuen Treuhänders sowie des Treugebers voraus. Erforderlich ist weiter die Übertragung der Beteiligung vom alten auf den neuen Treuhänder. Diese Übertragung vollzieht sich nach den für die jeweilige Gesellschaftsform geltenden Regeln, die also insbesondere für die Formbedürftigkeit der Übertragung und die Frage Geltung beanspruchen, wessen Zustimmung im Einzelfall erforderlich ist.[362] Rechtlich nicht ganz so unproblematisch wie der Austausch des Treuhänders ist die **Übertragung der Treugeberstellung** auf einen Dritten. Auf der schuldrechtlichen Ebene erfolgt sie auch hier im Wege der Vertragsübernahme. Darüber hinaus wird man beim Austausch des Treugebers alle Bestimmungen anwenden, die auch bei der Begründung der (Vereinbarungs-)Treuhand zu beachten sind. Die Übertragung der Treugeberstellung bedarf also regelmäßig der Zustimmung seitens der Gesellschaft oder der Mitgesellschafter, soweit auch die Übertragung der Beteiligung der Zustimmung bedürfte.[363] Für den Wechsel des Treugebers betreffend den Geschäftsanteil einer **GmbH** gilt § 15 Abs. 3 GmbHG; der Wechsel bedarf also **notarieller Beurkundung**.[364] Das gilt auch für die Abtretung eines (Rück-)Übertragungsanspruchs des Treugebers gegen den Treuhänder, wenn man mit dem BGH[365] § 15 Abs. 3 generell auf die Abtretung eines Anspruchs auf Abtretung eines Geschäftsanteils anwendet.

269

---

355 MünchKommHGB/*K. Schmidt*, vor § 230 Rn 69.
356 BGH NJW 1968, 1471, bestätigt durch WM 1977, 525.
357 Wie der BGH zB *Beuthien*, ZGR 1974, 60 f, Palandt/*Heinrichs*, BGB, § 164 Rn 14 a.; dagegen MünchKommHGB/*K. Schmidt*, vor § 230 Rn 69; Staub/*Ulmer*, § 105 HGB Rn 107, jeweils mwN.
358 *Schaub*, DStR 1996, 65 f; vgl auch oben Rn 248.
359 MünchVertragsHdb/*von der Heydt*, Form. IX. 14 § 5 (4), Hopt/Volhard, Form. II. F 1 § 6 (2) und (3).
360 MünchKommHGB/*K. Schmidt*, vor § 230 Rn 71.
361 MünchKommHGB/*K. Schmidt*, vor § 230 Rn 70; Baumbach/Hopt, § 105 Rn 33.
362 Vgl zum Ganzen MünchKommHGB/*K. Schmidt*, vor § 230 Rn 84, *Armbrüster* GmbHR 2001, 941, 948.
363 Vgl bereits oben Rn 255.
364 BGH NJW 1965, 1376, 1377; aM *Armbrüster* GmbHR 2001, 941, 948.
365 BGHZ 75, 352.

6. Auflösung oder Umwandlung der Gesellschaft; Kapitalerhöhungen

270 Wird die Gesellschaft **aufgelöst**, so setzt sich die Treuhand bis zur Vollbeendigung der Gesellschaft fort. Der Treuhänder bleibt Mitglied der Liquidationsgesellschaft. Den Liquidationserlös hat er an den Treugeber auszukehren. Wird die Gesellschaft **umgewandelt**, besteht die Treuhand grundsätzlich fort; Gegenstand der Treuhand sind dann die Anteile des Treuhänders an der Gesellschaft in ihrer durch die Umwandlung geänderten Rechtsform.[366] An einer **Kapitalerhöhung** wird sich der Treuhänder regelmäßig auf Weisung des Treugebers und gegen Erstattung des entsprechenden Aufwandes beteiligen, so dass sich die Treuhand folgerichtig anschließend auf die erhöhte Beteiligung erstreckt.[367] Ob Auflösung oder Umwandlung Grund für eine Kündigung des Treuhandvertrages sind, richtet sich nach dem Vertragsverhältnis. Dass die Insolvenz der Gesellschaft nicht per se zur Beendigung der Treuhand führt, wurde bereits oben dargelegt.[368]

V. Das Verhältnis zwischen Treugeber und Treuhänder

271 Das Geschäftsbesorgungsverhältnis[369] zwischen Treugeber und Treuhänder ist je nach dem Zweck und dem Charakter der Treuhand unterschiedlich auszugestalten. Es liegt auf der Hand, dass für die fremdnützige Verwaltungstreuhand andere Regeln gelten müssen als für die eigennützige (Sicherungs-)Treuhand und dass offene Treuhandverhältnisse andere Bestimmungen erfordern als Treuhandverhältnisse, die verdeckt sind. Wie bei der Unterbeteiligung muss auch bei der Treuhand darauf geachtet werden, dass die **Rechte und Pflichten** des Treuhänders gegenüber dem Treugeber auf die Rechtsstellung des Treuhänders als Anteilsinhaber in der Gesellschaft **abgestimmt** sind.

1. Weisungsrechte des Treugebers; Vollmacht

272 Im Fall der **fremdnützigen Treuhand** ist der Treuhänder verpflichtet, bei allen das Treugut, nämlich die Beteiligung, betreffenden Handlungen die Weisungen des Treugebers zu berücksichtigen. Mittelbar ergibt sich dies bereits aus § 665 BGB, so dass ausdrückliche vertragliche Bestimmungen weitgehend deklaratorischen Charakter haben. Trotzdem ist es sinnvoll, den Grundsatz der Weisungsgebundenheit auch in den Vertrag aufzunehmen.[370] Das Weisungsrecht erfasst auch die Ausübung des Stimmrechts durch den Treuhänder bei der Hauptgesellschaft.[371] Bei der **fremdnützigen Treuhand** ist das Weisungsrecht des Treugebers lediglich insoweit eingeschränkt, als er den Treuhänder nicht anweisen darf, gegen gesetzliche, gesellschaftsvertragliche oder sonstige Pflichten zu handeln, die den Treuhänder als Inhaber der Beteiligung treffen. Auch das kann im Treuhandvertrag ausdrücklich Niederschlag finden.[372]

273 Eingeschränkt ist die Weisungsbefugnis des Treugebers bei der **Sicherungstreuhand**, vor allem dann, wenn der Treuhänder selbst Sicherungsgeber ist.[373] Hier wird in der Regel der Treuhänder weiterhin seine Beteiligungsrechte nach eigenem Ermessen ausüben dürfen, soweit seine Handlungen nicht das Sicherungsinteresse des Treugebers gefährden. Regelungsbedarf besteht ferner dann, wenn der Treuhänder die Beteiligung nur teilweise treuhänderisch für einen Dritten hält oder wenn ein Treuhandverhältnis zu mehreren Treugebern besteht. Ähnlich wie bei der Unterbeteiligung muss der Treuhandvertrag in solchen Fällen bestimmen, welchen Einfluss Treuhänder und (mehrere) Treugeber auf die Verwaltung der Beteiligung haben sollen.

---

366 Vgl den Formulierungsvorschlag von MünchVertragsHdb/*von der Heydt*, Form. IX. 15 § 4 (2); siehe auch *Armbrüster* GmbHR 2001, 941, 949.
367 Münchener Vertraghandbuch/*von der Heydt*, aaO, § 4 (1).
368 Vgl oben Rn 249.
369 Oben Rn 239.
370 Vgl MünchVertragsHdb/*von der Heydt*, Form. V.14 § 2 (1); *Hopt/Volhard*, Form. II F. 1 § 2 (1) und (2); Rechtsformularbuch/*Langenfeld*, M 114.2 § 3.
371 Zur Wirksamkeit von Stimmbindungen vgl bereits oben Rn 261.
372 MünchVertragsHdb/*von der Heydt*, aaO, § 3 (1), *Hopt/Volhard*, aaO, § 3 (1).
373 In Betracht kommt auch die Übertragung der Beteiligung auf einen Treuhänder, der die Beteiligung dann „doppelnützig" für den bisherigen Gesellschafter und einen Darlehensgeber, etwa eine Bank, hält.

Die Weisungsbefugnis des Treugebers gegenüber dem Treuhänder kann dadurch verstärkt werden, dass der Treuhänder dem Treugeber Vollmacht zur Verwaltung der treuhänderisch gehaltenen Beteiligung erteilt.[374] Derartige Vollmachten sind allerdings in der Regel nur dann praktikabel, wenn das Treuhandverhältnis gegenüber den Mitgesellschaftern aufgedeckt ist.

274

2. Informationsanspruch des Treugebers

Gemäß § 666 BGB trifft den Treuhänder eine umfassende Auskunfts- und Rechenschaftspflicht. Soweit abzurechnen ist, gelten ergänzend §§ 259 f BGB.[375] Der Informationsanspruch des Treugebers ist allerdings eingeschränkt durch die Bindungen, denen der Treuhänder in der Gesellschaft unterliegt. Das kann insbesondere bei der verdeckten Treuhand dazu führen, dass der Treuhänder dem Treugeber wesentliche Informationen, die die Gesellschaft betreffen, nicht nur vorenthalten darf, sondern sogar vorenthalten muss. Es empfiehlt sich, eine entsprechende Beschränkung des Informationsanspruchs ausdrücklich im Rahmen des Treuhandvertrages zu bekräftigen.[376]

275

3. Herausgabepflicht des Treuhänders

Gemäß § 667 BGB ist der Treuhänder verpflichtet, alles herauszugeben, was er aus der Treuhandstellung erlangt. Während der Dauer der Treuhand betrifft dies insbesondere die Ansprüche des Treuhänders auf **Auszahlung laufender Gewinnanteile**, die auf die Beteiligung entfallen. Zur Sicherung des Treugebers kann der Treuhänder im Treuhandvertrag seine Ansprüche auf den auf die Beteiligung entfallenden Gewinn sowie auf ein etwaiges Liquidationsguthaben im Voraus an den Treugeber abtreten.[377] Ein Verstoß gegen das Abspaltungsverbot liegt in einer Vorausabtretung isolierter Zahlungsansprüche nicht. Geschützt wird der Treugeber durch eine Vorausabtretung allerdings nur dann, wenn die Abtretung gegenüber der Gesellschaft und ggf den Mitgesellschaftern aufgedeckt wird, was wiederum in der Regel die Aufdeckung des gesamten Treuhandverhältnisses voraussetzt.

276

4. Anspruch des Treuhänders auf Aufwendungsersatz und ggf Vergütung

Der Treuhänder hat gemäß § 670 BGB Anspruch auf Ersatz sämtlicher Aufwendungen, die er aufgrund vertragsgemäßer Verwaltung des Treuguts hat. Außerdem hat er gemäß § 669 BGB einen Anspruch auf Vorschuss. Der Aufwendungsersatzanspruch umfasst auch die **Freistellung von einer etwaigen gesellschaftsrechtlichen Haftung** des Treuhänders, soweit diese Haftung nicht auf schuldhaft vertragswidrigem Verhalten des Treuhänders beruht. Einen Vergütungsanspruch hat der Treuhänder demgegenüber nur, wenn dies besonders vereinbart ist (§ 675 BGB). Ob der Treuhänder nach dem Vertrag eine feste Vergütung erhält[378] oder ob eine am Ergebnis der Beteiligung orientierte Vergütung vereinbart wird, ist Frage des Einzelfalls.

277

5. Haftung im Verhältnis zwischen den Vertragsparteien

Für die Haftung im Verhältnis zwischen dem Treuhänder und dem Treugeber gelten die **allgemeinen schuldrechtlichen Bestimmungen**. Das gilt auch im Personengesellschaftsrecht; § 708 BGB findet keine Anwendung.[379] Der Treuhandvertrag kann abweichende Bestimmungen enthalten. Er kann die Haftung des Treuhänders für den Fall ausschließen, dass dieser nach Weisungen des Treugebers gehandelt hat[380] oder die Haftung des Treuhänders in anderer Weise beschränken, zB auf Vorsatz und grobe Fahrlässigkeit oder auf einen bestimmten Höchstbetrag. Der Treuhandvertrag kann den Treuhänder auch verpflichten, für seine Tätigkeit eine Haftpflichtversicherung abzuschließen, was

278

---

374 Formulierungen bei MünchVertragsHdb/*von der Heydt*, § 5 Abs. 2; *Hopt/Volhard*, Form. II. F.1 § 5; Rechtsformularbuch/*Langenfeld*, M 114.2 § 4.
375 MünchKommHGB/*K. Schmidt*, vor § 230 Rn 74.
376 Vgl MünchVertragsHdb/*von der Heydt*, Form. IX.14 § 2 (3), *Hopt/Volhard*, Form. II. F.1 § 2 (3).
377 Formulierungen bei MünchVertragsHdb /*von der Heydt*, Form. IX.14 § 5 (1).
378 So nach den Formulierungsvorschlägen von MünchVertragsHdb/*von der Heydt*, Form. IX.14. § 3 (3), *Hopt/Volhard*, Form. II. F 1 § 3 (3).
379 MünchKommHGB/*K. Schmidt*, vor § 230 Rn 76; zur Publikums-KG BGHZ 69, 207, 209 f.
380 So *Hopt/Volhard*, Form. II. F 1 § 3 (1).

vor allem bei professionell handelnden Treuhändern empfehlenswert sein kann. Die Versicherungsprämien sind dann Aufwendungen, die dem Treuhänder gemäß § 670 BGB zu erstatten sind, falls sie nicht mit der Vergütung des Treuhänders abgegolten sind.

6. Beendigung der Treuhand und deren Folgen

279 Der Vertrag sollte regeln, in welchen Fällen das Treuhandverhältnis beendet wird. Die fremdnützige Verwaltungstreuhand wird man beiderseits kündbar stellen.[381] Es ist jedoch bei der Frage, unter welchen Voraussetzungen der Treuhandvertrag kündbar sein soll, auf die **Rechtsfolgen der Kündigung** zu achten. Namentlich ist sicherzustellen, ob die Übertragung der Beteiligung auf den Treugeber oder einen anderen Treuhänder auch gesellschaftsrechtlich abgesichert ist, insbesondere notwendige Zustimmungen erteilt wurden. Anderen Regeln folgt die Sicherungstreuhand. Sie endet in der Regel erst, wenn der Sicherungszweck erledigt ist, also die zu sichernde Forderung entweder ausgeglichen oder anderweit besichert ist.

280 Nach Beendigung des Treuhandverhältnisses ist die treuhänderisch gehaltene Beteiligung an den Treugeber zu **übertragen**. Das ergibt sich für die meisten Fälle wiederum bereits aus dem Gesetz (§ 667 BGB). Ausnahme ist die Sicherungstreuhand in Form der Vereinbarungstreuhand; hier erstarkt nach Wegfall des Sicherungszwecks die Treuhänderstellung zur uneingeschränkten Berechtigung des Treuhänders, wenn das Treuhandverhältnis endet. Unter welchen Voraussetzungen im Einzelnen eine Pflicht des Treuhänders zur Übertragung der Beteiligung auf den Treugeber besteht, kann im Treuhandvertrag näher beschrieben werden. Der Treuhandvertrag kann auch vorsehen, dass der Treuhänder die Beteiligung auf Verlangen des Treugebers auf einen **Dritten** übertragen muss. Solche Vereinbarungen sind freilich nur sinnvoll, wenn ein Dritter die Beteiligung auch tatsächlich erwerben kann, insbesondere also wenn die notwendigen Zustimmungen der Mitgesellschafter und der Gesellschaft vorliegen.

281 Der Treuhandvertrag kann vorsehen, dass die treuhänderisch gehaltene Beteiligung **aufschiebend bedingt** durch die Beendigung des Treuhandverhältnisses vom Treuhänder auf den Treugeber **übertragen** wird.[382] Wenn die dafür notwendigen gesellschaftsrechtlichen Zustimmungen nicht bereits vorliegen, sollte allerdings gleichzeitig bestimmt werden, dass bis zur Erteilung der notwendigen Zustimmungen der Treuhänder das Treuhandverhältnis nach außen auch nach dessen Beendigung weiterführen muss.[383] Solange gesellschaftsrechtlich erforderliche Zustimmungen nicht erteilt werden, ist die (Rück-)Abtretung der Beteiligung vom Treuhänder auf den Treugeber schwebend unwirksam. Wird die Genehmigung erteilt, so wirkt sie auf den Zeitpunkt der Anteilsübertragung zurück.[384] Alternativ zu einer vorweggenommenen Anteilsübertragung kann der Treuhandvertrag den Treugeber auch **bevollmächtigen**, über die Beteiligung zu verfügen. Eine solche Vollmachtslösung ist gegenüber einer vorweggenommenen Anteilsübertragung aus Sicht des Treugebers schwächer, weil sie vertragswidrige Zwischenverfügungen des Treuhänders nicht verhindern kann. Sie kann andererseits die vorzugswürdige Lösung dann sein, wenn der Treugeber den Anteil nicht selbst erwerben will, sondern ein Dritter Anteilsinhaber werden soll, sei es als – neuer – Treuhänder, sei es als wirtschaftlich selbst berechtigter Gesellschafter. Wird die Vollmachtslösung gewählt, sollte der Treugeber tunlichst von den Beschränkungen des § 181 BGB befreit werden. Formulierungsvorschlag:

▶ Der Treuhänder erteilt dem Treugeber die Vollmacht, die Beteiligung jederzeit auf den Treugeber selbst oder einen Dritten zu übertragen. Der Treugeber ist dabei von allen gesetzlichen Beschränkungen, insbesondere vom Verbot der Mehrfachvertretung und des Insichgeschäfts (§ 181 BGB) im gesetzlich weitestzulässigen Umfang befreit. ◀

---

381 Vgl MünchVertragsHdb/*von der Heydt*, Form. IX. 14 § 4 (1), *Hopt/Volhard*, Form. II. F 1 § 6.
382 Zu derartigen Gestaltungen vgl bereits oben Rn 268.
383 Formulierungsvorschlag bei *Hopt/Volhard*, Form. II. F 1 § 6 (4).
384 Vgl für Personengesellschaften MünchKommHGB/*K. Schmidt*, § 105 Rn 219; für die GmbH Baumbach/Hueck/ *Fastrich*, § 15 GmbHG Rn 47.

7. Abtretbarkeit von Ansprüchen; Austausch des Treuhänders bzw Treugebers

Schuldrechtliche Ansprüche aus dem Treuhandvertrag sind im Verhältnis zwischen dem Treugeber und dem Treuhänder nach allgemeinen Grundsätzen **abtretbar**. Dies gilt sowohl im Hinblick auf laufende Ansprüche während des Bestehens der Treuhand, insbesondere der Herausgabeansprüche des Treugebers und der Ansprüche des Treuhänders auf Vergütung und Aufwendungsersatz, als auch im Hinblick auf die Beteiligung selbst für den Fall, dass das Treuhandverhältnis endet. Um die **Rechtsstellung des Treuhänders** oder des **Treugebers** aus dem Treuhandvertrag **insgesamt** auf einen **Dritten** zu übertragen, ist demgegenüber nach allgemeinen Grundsätzen eine **Vertragsübernahme**, also die Mitwirkung aller Beteiligten erforderlich.[385] Schuldrechtlich besteht Vertragsfreiheit. Der Treuhandvertrag kann also sowohl eine Erweiterung der „Abtretungsmöglichkeiten" bis hin zu der Möglichkeit vorsehen, Treugeber- und Treuhänderstellung insgesamt auf einen Dritten zu übertragen, als auch die Abtretbarkeit von Ansprüchen gegenüber der gesetzlichen Rechtslage einschränken, ja sie ganz ausschließen.[386] Stets jedoch ist bei der Formulierung des Vertrages Rücksicht darauf zu nehmen, dass die schuldrechtlichen Abreden auch durchführbar sind. Dies gilt insbesondere dann, wenn nach dem Treuhandvertrag die Rechtsstellung des Treugebers frei übertragbar gestaltet ist.[387]

282

8. Weitere Bestimmungen im Verhältnis zwischen Treugeber und Treuhänder

Der Treuhandvertrag kann schließlich weitere Bestimmungen der verschiedensten Art enthalten. Bei der verdeckten Treuhand ist insbesondere die Vereinbarung von **Verschwiegenheitspflichten** üblich.[388] Der Vertrag kann vorsehen, dass beim Tod des Treuhänders das Treuhandverhältnis mit dessen Erben fortgesetzt wird, falls denn sichergestellt ist, dass die Erben auch Rechtsnachfolger in die Beteiligung werden.[389] Bei der Sicherungstreuhand wird der Treuhandvertrag Bestimmungen über den Sicherungsfall und ggf Verwertungsabreden enthalten. Das Spektrum möglicher Vereinbarungen ist je nach Zweck und Charakter des Treuhandverhältnisses fast unbegrenzt.

283

D. Der Nießbrauch

I. Überblick

1. Begriff und Rechtsgrundlagen

Ebenso wenig wie die Treuhand ist der Nießbrauch ein Rechtsinstitut des Handels- und Gesellschaftsrechts. Der Nießbrauch entstammt vielmehr dem Sachenrecht und ist, wenn er an einem Recht bestellt wird, eine „dingliche" Belastung dieses Rechts in der Weise, dass der Nießbraucher berechtigt ist, die Nutzungen des Rechts zu ziehen (§§ 1030, 1068 BGB). Der Nießbrauch an einem Gesellschaftsanteil ist also die **dingliche Belastung** dieses Anteils.[390] In diesem rechtstechnischen Sinne wird er auch im Folgenden verstanden. Ausgeklammert bleiben damit die – regelmäßig als Treuhand gestalteten[391] – Rechtskonstruktionen, die zwar wirtschaftlich Nießbrauchsfunktion haben, aber kein Nießbrauch sind.

284

2. Gegenstand, Anwendungsbereich, Typik

a) Gegenstand des Nießbrauchs

Gegenstand des Nießbrauchs können **einzelne Rechte** sein, die einem Beteiligten gegen die Gesellschaft zustehen, so Gewinnbezugsrechte und der Anspruch auf das Auseinandersetzungsguthaben.

285

---

385 Vgl bereits oben Rn 269.
386 Formulierungsvorschlag hierzu bei *Hopt/Volhard*, Form. II. F 1 § 4.
387 Oben Rn 255.
388 Formulierungsvorschlag bei *Hopt/Volhard*, Form. II. F 1 § 2 (6), MünchVertragsHdb/*von der Heydt*, Form. IX. 14 § 2 (4).
389 Vgl den Formulierungsvorschlag und die Begründung bei MünchVertragsHdb/*von der Heydt*, Form. IX. 15 § 5 und Anm. 7.
390 Vgl MünchKommBGB/*Pohlmann*, § 1068 Rn 11 ff.
391 Vgl MünchHdb GesR/*Richter*, Band II., § 27 Rn 5, 49; MünchKommHGB/*K. Schmidt*, vor § 230 Rn 10 ff; Staudinger/*Frank*, Anh. zu §§ 1068, 1069 BGB Rn 57 ff.

Konstruktiv bereitet ein solcher Nießbrauch keine Probleme, wenn der belastete Anspruch übertragbar ist (vgl § 1069 Abs. 2 BGB), gesellschaftsrechtlich insbesondere das Abspaltungsverbot nicht entgegensteht. Gegenstand dieser Darstellung ist aber nicht der Nießbrauch an gesellschaftsrechtlich vermittelten Einzelansprüchen, sondern der Nießbrauch **an der Beteiligung selbst**. Es ist anerkannt, dass Gesellschaftsanteile mit einem Nießbrauch belastet werden können. Dies gilt nicht nur für Aktien oder Geschäftsanteile, sondern auch für den Anteil an einer Personengesellschaft.[392] Frühere, mit dem Abspaltungsverbot begründete Hilfskonstruktionen sind damit jedenfalls für die Praxis überflüssig geworden.

286 Voraussetzung für die wirksame Bestellung eines Nießbrauchs an einer Beteiligung ist stets die **Übertragbarkeit** der Beteiligung. Das ergibt sich aus § 1069 Abs. 2 BGB. Damit ein **Personengesellschaftsanteil** mit einem Nießbrauch belastet werden kann, muss er jedenfalls entweder im Gesellschaftsvertrag oder durch Zustimmung aller Mitgesellschafter übertragbar gestellt sein. Umstritten ist allerdings, ob eine allgemein aufgrund des Gesellschaftsvertrages oder im Einzelfall erteilte Zustimmung zur **Veräußerung** auch die Zustimmung zur Belastung mit einem Nießbrauch umfasst.[393] Ähnliche Meinungsverschiedenheiten finden sich in Bezug auf den Geschäftsanteil an einer **GmbH**. Nach einer in der Literatur vertretenen Auffassung[394] soll auch dann, wenn der Gesellschaftsvertrag die nach dem Gesetz freie Übertragbarkeit der Geschäftsanteile nicht einschränkt, für die wirksame Nießbrauchsbestellung die Zustimmung der Mitgesellschafter erforderlich sein. Die herrschende Meinung sieht das freilich anders.[395] Ist die Übertragbarkeit der Anteile durch Vinkulierungsklauseln beschränkt, so sind für die Bestellung des Nießbrauchs dieselben Zustimmungen einzuholen, die auch zur Übertragung des Anteils erforderlich sind.[396] Die unterschiedlichen Auffassungen zur Reichweite der Zustimmungsbedürftigkeit wurzeln in grundlegenden Meinungsverschiedenheiten über die Rechtsstellung von Besteller und Nießbrauchsberechtigtem, was die Mitverwaltungsrechte in der Gesellschaft anbetrifft.[397] Je mehr Mitverwaltungsrechte man dem Nießbrauchsberechtigten zukommen lässt, desto größer ist das Bedürfnis nach dem Schutz der Gesellschaft und der Mitgesellschafter durch Begründung entsprechender Zustimmungserfordernisse.

b) Anwendungsbereich des Nießbrauchs

287 Die Rechtsfolgen der Nießbrauchsbestellung an einem Gesellschaftsanteil sind insgesamt wenig geklärt. Umstritten ist insbesondere die Abgrenzung der Rechte und Pflichten zwischen dem Nießbrauchsberechtigten und dem Besteller. Höchstrichterliche Rechtsprechung liegt nur sehr spärlich vor. Zudem kann das mit dem Nießbrauch verfolgte wirtschaftliche Ziel auch durch andere Rechtskonstruktionen, namentlich durch Treuhandverträge, erreicht werden. Deswegen wird in der Rechtspraxis der Nießbrauch kaum je zugunsten eines fremden Dritten bestellt. Der wesentliche Anwendungsbereich für den Nießbrauch an einer Beteiligung findet sich bei **Familiengesellschaften**; dort wird der Nießbrauch als Instrument zur Unternehmensnachfolge, zu Versorgungszwecken oder – ähnlich wie die Unterbeteiligung – als Mittel zur Verlagerung von Einkünften auf geringer verdienende Familienangehörige eingesetzt.[398]

---

392 BGHZ 58, 316; BGH NJW 1999, 571, 572; MünchKommBGB/*Pohlmann*, § 1068 Rn 23 ff; MünchKommHGB/*K. Schmidt*, vor § 230 Rn 14; MünchHdb GesR/*Richter*, Band II., § 27 Rn 33 ff.
393 Dafür MünchKommHGB/*K. Schmidt*, vor § 230 Rn 16; Palandt/*Bassenge*, § 1069 BGB Rn 2; dagegen MünchKommBGB/*Pohlmann*, § 1068 BGB Rn 33; *Schön*, ZHR 158, 229, 233 f; Baumbach/Hopt, § 105 HGB Rn 44.
394 *Schön*, ZHR 158, 229, 254.
395 Anders die herrschende Meinung, vgl MünchKommBGB/*Pohlmann*, § 1068 Rn 35; MünchKommHGB/*K. Schmidt*, vor § 230 Rn 25; Baumbach/Hueck/*Fastrich*, § 15 GmbHG Rn 52; wohl auch Scholz/*Winter/Seibt*, § 15 GmbHG Rn 212.
396 Herrschende Meinung, vgl OLG Koblenz, NJW 1992, 2163, 2164; MünchKommHGB/*K. Schmidt*, vor § 230 Rn 25; Scholz/*Winter/Seibt*, § 15 GmbHG Rn 213; die abweichende Auffassung von Lutter/Hommelhoff/*Bayer*, GmbHG, 15. Aufl., § 15 Rn 49 ist in der 16. Aufl., dort Rn 67, nicht mehr aufrechterhalten.
397 Dazu nachstehend Rn 302 ff.
398 Kruse, RNotZ 2002, 69, 70.

c) Typik

Nach dem Rechtsgrund, der der Nießbrauchsbestellung zugrunde liegt, kann man den **Vorbehalts-** **288** **nießbrauch** und den **Zuwendungsnießbrauch** unterscheiden. Beim **Vorbehaltsnießbrauch** wird die Beteiligung auf einen Rechtsnachfolger übertragen; der Übertragende behält sich jedoch im Wege des Nießbrauchs die Nutzungen an der Beteiligung vor. Diese Gestaltung findet sich typischerweise bei der vorweggenommenen Erbfolge in eine Beteiligung. Beim **Zuwendungsnießbrauch** wechselt die Beteiligung nicht den Inhaber. Es wird vielmehr zugunsten eines Dritten „originär" der Nießbrauch begründet. Das kann, muss aber nicht schenkweise erfolgen. Eine besondere Form des Zuwendungsnießbrauchs ist der **Vermächtnisnießbrauch**: Die Beteiligung geht von Todes wegen auf einen Rechtsnachfolger über, der verpflichtet ist, einem Dritten (zB dem Ehegatten des Erblassers) den Nießbrauch an der Beteiligung einzuräumen.

Zulässig ist die Bestellung eines **Quotennießbrauchs**, also eines Rechts, das sich nur auf einen Bruch- **289** teil oder einen in Prozenten ausgedrückten Teil der Nutzungen bezieht.[399] Zulässig ist es auch, den Nießbrauch mehreren Berechtigten zu Bruchteilen oder zur gesamten Hand zuzuwenden. Für das Rechtsverhältnis unter den mehreren Nießbrauchsberechtigten stellen sich dann vergleichbare Gestaltungsfragen wie bei Unterbeteiligung und Treuhand.[400]

3. Abgrenzung

Abzugrenzen ist der Nießbrauch im Wesentlichen zur Unterbeteiligung und zur Treuhand. Auf die **290** Darstellung in den vorausgegangenen Abschnitten kann verwiesen werden.[401] Zu ergänzen ist sie um den Hinweis, dass der Nießbrauch wegen § 1059 BGB nicht übertragbar ist, so dass der wirtschaftliche Effekt einer Übertragung nur durch Erlöschen und Neubestellung erreicht werden kann. Ausnahmen von diesem Grundsatz erlaubt in engem Rahmen § 1059 a BGB, wenn der Nießbrauch einer juristischen Person zusteht.

4. Die Besteuerung beim Nießbrauch

Steuerliche Fragen stellen sich beim Nießbrauch sowohl hinsichtlich der Besteuerung der Erträge als **291** auch im Hinblick auf die Erbschaft- bzw Schenkungsteuer.

a) Nießbrauch und Ertragsteuern

Ist Gegenstand des Nießbrauchs eine Beteiligung an einer **Personengesellschaft**, so hängt die ertrag- **292** steuerliche Behandlung sowohl beim Besteller als auch beim Nießbraucher davon ab, ob nach allgemeinen Grundsätzen die Voraussetzungen für eine **Mitunternehmerschaft** im Sinne des § 15 EStG vorliegen. Das ist für den Besteller und für den Nießbraucher getrennt zu prüfen. Der **Besteller** bleibt steuerlich regelmäßig Mitunternehmer jedenfalls dann, wenn er – wie dies der Regelfall ist – an den stillen Reserven der Beteiligung beteiligt bleibt und dem Nießbraucher nur die entnahmefähigen Gewinnanteile zustehen.[402] Der Nießbraucher wiederum ist Mitunternehmer, wenn ihm neben der Gewinnbeteiligung auch Mitverwaltungsrechte, insbesondere das Stimmrecht, zustehen, sei es kraft Gesetzes, sei es kraft Vereinbarung mit dem Besteller. In solchen Fällen bezieht der Nießbraucher Einkünfte aus Gewerbebetrieb.[403] Sind umgekehrt Mitverwaltungsrechte des Nießbrauchers ausgeschlossen, ist der Nießbraucher nicht Mitunternehmer, sondern bezieht ggf wiederkehrende Bezüge nach § 22 Nr. 1 EStG.[404]

---

399 Vgl MünchKommHGB/*K. Schmidt*, vor § 230 Rn 5; MünchKommBGB/ *Pohlmann*, § 1030 Rn 35 ff; BFH, ZEV 2001, 449.
400 Gestaltungsvorschlag – als Quotennießbrauch zugunsten zweier Berechtigter – bei *Hopt/Volhard*, Form. II. H 1.
401 Oben Rn 186 und 242.
402 BFH BStBl. II 1995, 241, 244 f; *Ludwig Schmidt*, § 15 EStG Rn 309 – *Hopt/Volhard*, Form. II H 1, Anm. 14 weisen zu Recht darauf hin, dass der Besteller unter Umständen anteilige Gewinne aus der Personengesellschaft versteuern muss, ohne dass ihm die nötige Liquidität zufließt.
403 Vgl *Ludwig Schmidt*, § 15 EStG Rn 305 ff; *Schulte zur Wiesche*, BB 2004, 355.
404 Vgl *Ludwig Schmidt*, aaO, Rn 308.

293 Die steuerliche Behandlung des Nießbrauchs an einem **GmbH-Geschäftsanteil** hängt vom Rechtsgrund des Nießbrauchs ab. Dem Nießbraucher werden die Einkünfte aus den Anteilen unmittelbar nur beim **Vorbehaltsnießbrauch** zugerechnet; er hat sie nach § 20 Abs. 1 Nr. 3 EStG zu versteuern.[405] Beim **Zuwendungsnießbrauch** ist die steuerliche Behandlung demgegenüber strittig. Erfolgt die Zuwendung **unentgeltlich**, rechnet die Finanzverwaltung die Einkünfte aus den Anteilen weiterhin dem Nießbrauchsbesteller zu. Der Nießbrauchsberechtigte wird ertragsteuerlich nicht belastet, weil es sich nach Auffassung der Finanzverwaltung um bloße Einkommensverwendung des Bestellers handelt.[406] Wird der Nießbrauch **entgeltlich** zugewandt, wird das Entgelt beim Besteller als Einkünfte aus Kapitalvermögen behandelt, § 20 Abs. 2 Nr. 2 EStG. Auch hier wird der Nießbraucher ertragsteuerlich nicht belastet, weil er nur eine Forderung einzieht.[407]

b) Erbschaft-/Schenkungsteuer

294 Bei der Erbschaft- und Schenkungsteuer sind zwei Grundkonstellationen zu unterscheiden, nämlich der unentgeltliche **Erwerb einer Beteiligung** unter Lebenden unter **Nießbrauchsvorbehalt** oder von Todes wegen unter Belastung mit einem Nießbrauchsvermächtnis einerseits und die **Zuwendung des Nießbrauchs** als solchem andererseits. Die erstgenannte Konstellation ist ein Anwendungsfall des § 25 ErbStG: Der Erwerb der Beteiligung ist in voller Höhe nach den allgemeinen Regeln zu versteuern. Die auf den Kapitalwert des Nießbrauchs entfallende Steuer wird jedoch bis zum Erlöschen des Nießbrauchs gestundet. Sie kann mit ihrem Barwert abgelöst werden. Der Nießbrauchsvorbehalt hindert nicht die Gewährung der Begünstigungen für Betriebsvermögen nach §§ 13 a, 19 a ErbStG. Bei Mitunternehmeranteilen darf sich der Schenker jedoch nicht einen zu weit gehenden Nießbrauch vorbehalten, sonst wird der Erwerber nicht Mitunternehmer und die Anwendung der Begünstigungsregel ist ausgeschlossen.[408] Ist demgegenüber der Nießbrauch selbst Gegenstand des erbschaft- bzw schenkungsteuerlich zu beurteilenden Erwerbs, so ist die Anwendung der §§ 13 a, 19 a ErbStG in der Regel ausgeschlossen, weil kein Betriebsvermögen, sondern nur ein Nutzungsrecht übertragen wird.[409] Wie sich die Rechtslage im Zuge der anstehenden Neuregelung der Erbschaftsteuer ändern wird, war bei Drucklegung noch nicht abzusehen.

II. Die Beteiligten

295 Im Hinblick auf die Beteiligten gibt es keine Besonderheiten.

III. Die Bestellung des Nießbrauchs

1. Nießbrauch und Grundgeschäft

296 Der Nießbrauch als dingliches Recht wird regelmäßig aufgrund eines schuldrechtlichen Grundgeschäfts bestellt. Dieses Grundgeschäft kann entgeltlichen Charakter haben; insbesondere kann ein Nießbrauch kaufweise eingeräumt werden. Häufig wird ein Nießbrauch indessen im Wege der **Schenkung** bestellt. In diesem Fall ist die notarielle Beurkundung des Geschäfts auch dann zu empfehlen, wenn wie bei GmbH-Geschäftsanteilen nicht schon nach § 1069 Abs. 1 BGB Beurkundungspflicht bestand. Diese Empfehlung gilt insbesondere für die Bestellung eines Nießbrauchs an Beteiligungen an einer Personengesellschaft. Denn die Schenkung kann erst dann als vollzogen angesehen werden, wenn der Nießbrauch wirksam bestellt ist. Dazu wird im Regelfall die Zustimmung der Mitgesellschafter erforderlich sein. Hier können sich Verzögerungen ergeben, so dass schon rein vorsorglich nicht auf die Heilungswirkung des § 518 Abs. 2 BGB vertraut werden sollte.[410]

---

405 BMF BStBl. I. 83, 508 Rn 55.
406 Näher *Reichert/Schlitt/Düll*, GmbHR 1998, 565, 571.
407 *Milatz*, DStR 1999, 137, 140.
408 *Troll/Gebel/Jülicher*, § 13 a ErbStG Rn 150.
409 *Troll/Gebel/Jülicher*, § 12 ErbStG Rn 912, 929 (dort auch Rn 909 ff zur Bewertung des Nießbrauchs), § 13 a ErbStG Rn 149.
410 Vgl *Hopt/Volhard*, Form. II. H 1 Anm. 4.

Ist der Gesellschafter **minderjährig**, so bedarf die Bestellung des Nießbrauchs an seinem Anteil der vormundschaftsgerichtlichen Genehmigung, § 1822 Nr. 3 BGB. Zusätzlich ist die Mitwirkung eines Ergänzungspflegers erforderlich, wenn der Nießbrauch zugunsten eines Elternteils oder eines Verwandten gerader Linie bestellt werden soll. Dasselbe gilt, wenn ein Personengesellschaftsanteil einem Minderjährigen unter Nießbrauchsvorbehalt zugewandt wird. Ausnahmen kommen nur dann in Betracht, wenn der Erwerb des nießbrauchsbelasteten Anteils schenkweise erfolgt.[411]

Bei der Übertragung von Beteiligungen unter Nießbrauchsvorbehalt im Rahmen der vorweggenommenen Erbfolge ist schließlich eine Besonderheit des Pflichtteilsrechts zu berücksichtigen. Für etwaige Pflichtteilsergänzungsansprüche bleiben nach § 2325 Abs. 2 BGB Schenkungen unberücksichtigt, wenn zur Zeit des Erbfalls zehn Jahre seit der Leistung des verschenkten Gegenstandes verstrichen sind. Der Fristbeginn wird nach der Rechtsprechung hinausgeschoben, wenn und solange der Schenker den verschenkten Gegenstand aufgrund vorbehaltenen Rechts selbst wirtschaftlich weiter nutzt.[412] Nießbrauchsvorbehalte können dem Beschenkten daher ggf die „Rechtswohltat" des § 2325 Abs. 3 BGB entziehen.

2. Form

Nach § 1069 Abs. 1 BGB wird der Nießbrauch nach den für die Übertragung des nießbrauchsbelasteten Rechts geltenden Vorschriften bestellt. Bei Personengesellschaften muss also keine besondere Form beachtet werden; allerdings kann das Grundgeschäft formbedürftig sein.[413] Wird ein Geschäftsanteil an einer GmbH belastet, ist gemäß § 15 Abs. 3 GmbHG notarielle Beurkundung erforderlich. Eine Anmeldung bei der Gesellschaft im Sinne von § 16 GmbHG ist nicht Bedingung für die Wirksamkeit des Nießbrauchs, aber Voraussetzung dafür, dass der Nießbraucher vor Dividendenzahlungen an den Gesellschafter oder vor Verfügungen des Gesellschafters geschützt ist, die nach § 1071 BGB der Zustimmung des Nießbrauchers bedürfen.[414]

Streitig ist, ob bei Personengesellschaften der Nießbraucher neben dem Besteller als Mitinhaber des Anteils im **Handelsregister** einzutragen ist.[415] Ursache für die Meinungsverschiedenheiten sind auch hier die unterschiedlichen Auffassungen über die Reichweite der Mitverwaltungsrechte, die dem Nießbraucher schon kraft des ihm eingeräumten Nießbrauchs, also „dinglich" zustehen, und über den Umfang seiner Haftung.[416] Jedenfalls wer eine Außenhaftung des Nießbrauchers bejaht, kommt nicht umhin, auch die Eintragung im Handelsregister zu verlangen, schon weil der Nießbraucher an einem Kommanditanteil die Möglichkeit haben muss, seine Haftung nach § 171 f HGB zu beschränken. Wer demgegenüber die Mitverwaltungsrechte dem Gesellschafter zuordnet und eine Haftung des Nießbrauchers verneint, wird den Nießbrauch am Personengesellschaftsanteil für nicht eintragungsfähig halten.

3. Zustimmungserfordernisse

Hinsichtlich der Zustimmungserfordernisse kann auf die Ausführungen oben Rn 286 zur Übertragbarkeit des Anteils als Voraussetzung der Nießbrauchsbestellung verwiesen werden. In der Praxis empfiehlt es sich, vorsorglich alle nach Gesetz und Gesellschaftsvertrag für die Anteilsübertragung erforderlichen Zustimmungen einzuholen und diese dabei explizit auch auf die Nießbrauchsbestellung zu beziehen.

---

411 Vgl zu Vorstehendem MünchHdb GesR II/*Richter*, § 27 Rn 47 f Für den GmbH-Geschäftsanteil vgl Palandt/*Diederichsen*, § 1822 BGB Rn 6.
412 Nachweise bei Palandt/*Edenhofer*, § 2325 BGB Rn 22.
413 Oben Rn 195.
414 Großkommentar/*Winter/Löbbe*, § 16 GmbHG Rn 64 mwN.
415 Dafür Staub/*Ulmer*, § 105 HGB Rn 128; *Schön* ZHR 158 (1994), 229, 256, dagegen Großkommentar HGB/*K. Schmidt*, vor § 230 Rn 16. Siehe auch *Kruse*, RNotZ 2002, 69, 83 f.
416 Dazu unten Rn 302 ff.

4. Checkliste für die Vertragsgestaltung

- Genaue Bezeichnung der Beteiligten sowie der Beteiligung, an dem der Nießbrauch begründet wird (einschließlich der Hauptgesellschaft, ggf mit HR-Nummer);
- Umfang des Nießbrauchs, ggf Quotennießbrauch (oben Rn 289);
- erforderliche Zustimmung Dritter, insbesondere der Mitgesellschafter (oben Rn 286);
- Rechtsgrund des Nießbrauchs; bei Schenkung Beurkundungserfordernisse beachten (oben Rn 299);
- Abgrenzung der Mitverwaltungsrechte, insbesondere des Stimmrechts zwischen Nießbraucher und Besteller (unten Rn 302);
- ggf Stimmrechtsvollmacht (unten Rn 303);
- Umfang der Informationsrechte des Nießbrauchers (unten Rn 303);
- Umfang, in dem der Nießbraucher an den Erträgen der Beteiligung partizipiert (unten Rn 304 f);
- Gestaltungsrechte und Ansprüche des Nießbrauchers bei Kapitalerhöhungen (unten Rn 306);
- Regelungen betreffend Verfügungen des Nießbrauchers über den belasteten Anteil (unten Rn 308)

IV. Die Rechtsstellung des Bestellers und des Nießbrauchers

1. Verwaltungsrechte

302 Wenig geklärt ist, ob und in welchem Umfang aufgrund des Nießbrauchs Mitverwaltungsrechte, insbesondere das **Stimmrecht**, vom Besteller auf den Nießbraucher übertragen werden. Der BGH hat in einer Entscheidung aus dem Jahre 1998 für die GbR entschieden, dass das Stimmrecht jedenfalls beim Gesellschafter verbleibe, soweit Gesellschafterbeschlüsse die **Grundlagen** der Gesellschaft betreffen; darüber hinaus hat er offengelassen, inwieweit dem Nießbraucher Verwaltungsrechte bereits „dinglich", also kraft Bestellung des Nießbrauchs, oder alternativ durch ausdrückliche **vertragliche Bestimmung** auf den Nießbraucher übertragen werden.[417] Im Schrifttum werden im Wesentlichen zwei Positionen vertreten, die sich sowohl auf die Personengesellschaft als auch auf die GmbH beziehen. Nach der einen Ansicht verbleiben die Mitverwaltungsrechte insgesamt dem Besteller als Gesellschafter.[418] Die Gegenansicht geht davon aus, dass der Nießbraucher für die laufenden Angelegenheiten der Gesellschaft allein zuständig sei. Lediglich bei außergewöhnlichen Maßnahmen und Grundlagenentscheidungen verbleibe es beim Stimmrecht des Gesellschafter-Bestellers.[419] Eine dritte Auffassung[420] sieht die Lösung in einer „umfassenden Vergemeinschaftung des Stimmrechts";[421] das Stimmrecht ruhe, soweit sich die Beteiligten nicht einigen. **Vertragliche Vereinbarungen** zwischen dem Besteller und dem Nießbraucher, die die Mitwirkungsrechte (teilweise) auf den Nießbraucher überleiten sollen, sollen freilich auch nach der traditionellen Auffassung **zulässig** sein; das Abspaltungsverbot stehe nicht entgegen.[422]

303 Das dogmatische Problem steckt darin, dass gesellschaftsrechtliche Grundsätze nur schwer mit den Regeln des Nießbrauchs in Übereinstimmung gebracht werden können. Als Nutzungen, die nach § 1030 in Verbindung mit § 100 BGB dem Nießbraucher zustehen, können Stimmrechte wohl nur schwer begriffen werden. Als Grundlage für die Verlagerung von Verwaltungsrechten kommt schon eher die Berufung auf die Rechte des Nießbrauchers nach § 1068 Abs. 2 in Verbindung mit §§ 1036, 1066 BGB in Betracht.[423] **Vertragliche Regeln** sind **dringend erforderlich**. Bestimmungen darüber, ob

---

[417] BGH NJW 1999, 571, 572.
[418] OLG Koblenz, GmbHR 1992, 464, 465 (GmbH); MünchKommHGB/*K. Schmidt*, vor § 230 Rn 21 und 27; MünchKommBGB/*Pohlmann*, § 1068 Rn 68 ff, Staudinger/*Frank*, Anh. §§ 1068, 1069 BGB Rn 70, jeweils mit weiteren Nachweisen.
[419] MünchKommBGB/*Ulmer*, § 705 BGB Rn 99; *Baumbach/Hopt*, § 105 BGB Rn 46 je mwN.
[420] *Schön* ZHR 158 (1994), 229, 251 ff.
[421] AaO, Seite 261.
[422] Vgl MünchKommHGB/*K. Schmidt*, vor § 230 Rn 21; anderer Meinung für die GmbH OLG Koblenz, GmbHR 1992, 464, 465, das freilich mit Umdeutung in eine Stimmrechtsvollmacht hilft.
[423] Ausführlich zur Problematik MünchKommBGB/*Pohlmann*, § 1068 Rn 68 ff.

und wie sich Besteller und Nießbraucher im Innenverhältnis über die Ausübung von Verwaltungsrechten abzustimmen haben, sollte vorsorglich von **Vollmachtsregelungen** flankiert werden.[424] Ein ähnlicher Streit wie zum Stimmrecht besteht darüber, ob und inwieweit dem Nießbraucher **Informationsrechte** zustehen. Hier bejaht die herrschende Auffassung allerdings ein eigenes Informationsrecht des Nießbrauchers, soweit dieser ein gesellschaftsrechtlich relevantes Informationsinteresse hat.[425] Auch insoweit empfiehlt es sich, mindestens im Vertrag zwischen dem Besteller und dem Nießbraucher eine Auskunftspflicht des Bestellers zu vereinbaren.[426]

2. Erträge aus der Beteiligung

Der Nießbraucher ist berechtigt, die **Nutzungen** der Sache bzw des Rechts zu ziehen, § 1030 BGB. Die **Substanz** der nießbrauchsbelasteten Sache oder des nießbrauchsbelasteten Rechts bleibt demgegenüber beim Besteller. Für das Gesellschaftsrecht bedeutet dies, dass der Nießbraucher nur Anspruch auf **Gewinne** der Gesellschaft und diesen Anspruch auch nur insoweit hat, als Gewinne **entnahmefähig** sind, also nicht in Rücklagen eingestellt oder durch den Gesellschaftsvertrag von der Entnahme seitens des Gesellschafters ausgeschlossen sind.[427] Dieser Grundsatz dürfte gesichert sein; an den Rändern bereitet die Abgrenzung allerdings Schwierigkeiten. So ist umstritten, ob dem Nießbraucher – entnahmefähige – Gewinne zustehen, die auf der **Auflösung stiller** Reserven der Gesellschaft beruhen; ähnlich umstritten ist die Situation, wenn **Rücklagen** aufgelöst und ausgeschüttet werden.[428] Der gesetzliche Entnahmeanspruch des persönlich haftenden Gesellschafters aus § 122 HGB soll – wenn nicht ohnehin im Gesellschaftsvertrag abweichende Regelungen getroffen sind – dem Nießbraucher dann zustehen, wenn er durch Gewinne gedeckt ist.[429] Jedenfalls nicht Gegenstand des Nießbrauchs sind Tätigkeitsvergütungen des Gesellschafters. Die Auseinandersetzung, so dogmatisch interessant sie sein mag, ist für die Praxis unbefriedigend. Wirklich praktikabel und zu empfehlen dürfte letztlich nur eine Regelung sein, die dem Nießbraucher den gesamten entnahmefähigen Gewinn unabhängig davon zuweist, worauf der Gewinn beruht.[430]

304

Beispiel: Die Gesellschaft erzielt im Jahre 01 einen Überschuss von 100, davon 50 aus dem laufenden Geschäft, 40 als Veräußerungsgewinn aus dem Verkauf von Anlagevermögen und 10 aus der Wiederanlage des Erlöses aus dem Verkauf (Zinsen). Die Gesellschafter beschließen, vom Gesamtergebnis 40 in eine Rücklage einzustellen und 60 auszuschütten. An der Gesellschaft ist A mit 30 % beteiligt; es besteht ein Quotennießbrauch des B zur Hälfte. Wie ist das Ergebnis der Gesellschaft auf A und B aufzuteilen?

Im Zusammenhang mit einer möglichst klaren Abgrenzung über die Rechte des Nießbrauchers am Gewinn sollte auch eine Bestimmung darüber vereinbart werden, wie in der Gesellschafterversammlung **abzustimmen** ist, wenn es um die Ergebnisverwendung und insbesondere darum geht, Ergebnisanteile den Rücklagen der Gesellschaft zuzuführen.[431]

An **Verlusten** ist der Nießbraucher nicht „dinglich" beteiligt. Eine wirtschaftliche Beteiligung trifft ihn (lediglich) insoweit, als eingetretene Verluste in Folgejahren mit Erträgen verrechnet werden, die anderenfalls ausgeschüttet werden würden.[432]

305

---

424 Formulierungsvorschläge etwa bei *Hopt/Volhard*, Form. II. H 1 § 3 (3), Form. II. H 2 § 3 (1). Vgl weiter *Reichert/Schlitt/Düll*, GmbHR 1998, 565, 573; *Kruse*, RNotZ 2002, 69, 76 und 85 f (dort auch Formulierungsvorschläge).
425 Vgl die Nachweise bei MünchKommHGB/*K. Schmidt*, § 230 Rn 21, 27 mwN.
426 Formulierungsvorschläge bei *Hopt/Volhard*, Form. II. H 1 § 3 (4); Form. II. H 2 § 3 (4).
427 BGHZ 58, 316, 317 ff; Baumbach/Hopt, § 105 HGB Rn 45; MünchKommBGB/*Pohlmann*, § 1068 Rn 50 f; MünchKommBGB/*Ulmer*, § 705 Rn 103; Staudinger/Frank, Anh. zu §§ 1068, 1069 BGB Rn 81, 99 ff; anderer Meinung *Schön* ZHR 158 (1994), 229, 241 ff: Ausgleichspflicht des Bestellers gegenüber dem Nießbraucher hinsichtlich etwaiger nicht entnahmefähiger Gewinne.
428 Übersicht über den Meinungsstand bei MünchKommBGB/*Pohlmann*, § 1068 Rn 50 ff.
429 MünchKommBGB/*Pohlmann*, § 1068 Rn 61 mwN; streitig.
430 AM Kruse, RNotZ 2002, 71, 78.
431 Vgl die Formulierung bei *Hopt/Volhard*, Form. II. H 2 § 3 (2).
432 MünchKommHGB/*K. Schmidt*, vor § 230 Rn 23 mwN.

3. Kapitalmaßnahmen in der Gesellschaft

306 Die Abgrenzungsschwierigkeiten zwischen Substanz- und Ergebnisbeteiligung setzen sich fort im Falle von Kapitalmaßnahmen in der Gesellschaft, insbesondere von **Kapitalerhöhungen**. Einvernehmen besteht immerhin darin, dass das anteilige Erhöhungskapital – bei der Personengesellschaft der erhöhte Anteil, bei der GmbH der erhöhte oder junge Geschäftsanteil – unabhängig davon dem Besteller zusteht, ob es um eine Kapitalerhöhung gegen Einlagen oder um eine Kapitalerhöhung aus Gesellschaftsmitteln handelt.[433] Die weitere Frage ist dann, ob sich der Nießbrauch auch auf das Erhöhungskapital erstreckt. Bei der GmbH wird unterschieden: Bei der Kapitalerhöhung **aus Gesellschaftsmitteln** soll sich der Nießbrauch auch auf das erhöhte Kapital erstrecken, und zwar nach herrschender Meinung automatisch.[434] Bei einer Kapitalerhöhung **gegen Einlagen** setzt sich demgegenüber der Nießbrauch am erhöhten Anteil nicht automatisch fort.[435] Ein schuldrechtlicher Anspruch des Nießbrauchers gegen den Besteller, den Nießbrauch auf den erhöhten Anteil zu erstrecken, wird in der Literatur insoweit bejaht, als durch die Kapitalerhöhung der Nießbrauch am bisherigen Anteil **verwässert** wurde.[436] Bei der **Personengesellschaft** ergeben sich Schwierigkeiten daraus, dass die Mitgliedschaft unteilbar ist, der Gesellschafter also nur einen einzigen Anteil haben kann. Es bleibt daher nichts übrig als die Annahme, dass sich der Nießbrauch automatisch am ungeteilten erhöhten Anteil fortsetzt.[437] Die Folgefrage ist dann, ob – insbesondere im Falle einer Kapitalerhöhung gegen Einlagen – der Nießbrauch zu einem Quotennießbrauch wird oder der Besteller jedenfalls einen Anspruch auf eine entsprechende Vereinbarung hat.[438] Vertragliche Regelungen sind zu dieser Frage ebenso anzuraten wie zu der weiteren Frage, ob der Besteller gegenüber dem Nießbraucher verpflichtet ist, an einer Kapitalerhöhung gegen Einlagen überhaupt teilzunehmen.[439]

4. Die Haftung des Bestellers und des Nießbrauchers

307 Der Nießbrauch ändert nichts an der Haftung des Bestellers als Gesellschafter. Insoweit gelten die allgemeinen Regeln. Eine unmittelbare Haftung des Nießbrauchers neben dem Gesellschafter wird von der herrschenden Meinung verneint.[440] Eine eigene Haftung des Nießbrauchers wird im Schrifttum allerdings von denjenigen bejaht, die dem Nießbraucher kraft der Nießbrauchsbestellung unmittelbar Verwaltungsrechte zuerkennen.[441] Von der Frage der Haftung des Nießbrauchers „wie ein Gesellschafter" zu trennen ist die Frage, ob der Nießbraucher als Empfänger verbotener Auszahlungen in Betracht kommt und dann auf die Rückzahlung solcher verbotenen Auszahlungen haftet. Das wird man etwa im Recht der eigenkapitalersetzenden Gesellschafterdarlehen bejahen können.[442]

5. Verfügungen des Bestellers über den Anteil

308 Vor Verfügungen des Bestellers, die die Rechtsposition des Nießbrauchers beeinträchtigen können, schützt den Nießbraucher § 1071 BGB. Dabei geht es allerdings nicht um Verfügungen über Mitglied-

---

433 Großkommentar/*K. Schmidt*, vor § 230 HGB Rn 20, 26; Großkommentar/*Winter/Löbbe*, § 15 GmbHG Rn 176; MünchKommBGB/*Pohlmann*, § 1068 Rn 42 f; BGHZ 58, 316 (Personengesellschaft).
434 MünchKommHGB/*K. Schmidt*, vor § 230 Rn 26; Großkommentar/*Winter/Löbbe*, § 15 GmbHG Rn 176; MünchKomm/*Pohlmann*, §1068 BGB Rn 44; Lutter/Hommelhoff/*Bayer*, § 15 GmbHG Rn 67: Fall der dinglichen Surrogation; nach abweichender Auffassung hat der Nießbraucher jedenfalls einen schuldrechtlichen Anspruch auf Nießbrauchsbestellung am erhöhten Anteil.
435 BGH, GmbHR 1983, 148, 149.
436 MünchKomm/*Pohlmann*, § 1068 BGB Rn 43; Großkommentar/*Winter/Löbbe*, § 15 Rn 175.
437 BGH, GmbHR 1983, 148, 149.
438 Vgl MünchKomm/*Pohlmann*, § 1068 Rn 42. Der BGH, aaO, hat bei der KG eine Aufteilung der Erträge im Verhältnis des tatsächlichen Wertes des ursprünglichen Kommanditanteils zum Wert der Kapitalerhöhung angenommen.
439 Formulierungsvorschlag bei *Hopt/Volhard*, Form. II. H 1 § 3 (2), Form. II. H 2 § 3 (3). Vgl auch *Reichert/Schlitt/Düll*, GmbHR 1998, 565, 575; *Kruse*, RNotZ 202, 69, 80 und 86.
440 MünchKommHGB/*K. Schmidt*, vor § 230 Rn 24; MünchKommBGB/*Pohlmann*, § 1068 Rn 67; Baumbach/Hopt, § 105 HGB Rn 44.
441 MünchKommBGB/*Ulmer*, § 705 Rn 106; *Schön* ZHR 158 (1994), 229, 256.
442 MünchKommHGB/*K. Schmidt*, vor § 230 Rn 24, 27; Baumbach/Hueck/*Fastrich*, § 30 GmbHG Rn 19; § 32 a GmbHG Rn 21.

schaft als solche, also über den Anteil an der Gesellschaft; solche Verfügungen lassen den Bestand des Nießbrauchs als dingliches Recht am Anteil unberührt. Der Nießbraucher muss auch Beschlüsse der Gesellschafter nach dem Umwandlungsgesetz hinnehmen, jedenfalls wenn sich nach den Vorschriften des Umwandlungsgesetzes der Nießbrauch an denjenigen Anteilen fortsetzt, die aufgrund der Umwandlung an die Stelle des ursprünglichen Anteils treten. Aus § 1071 BGB kann auch kein Veto-Recht des Nießbrauchers gegen Mehrheitsbeschlüsse abgeleitet werden, die gegen die Stimmen des Bestellers gefasst werden und das Nießbrauchsrecht beeinträchtigen.[443] Dagegen kann der Besteller ohne Zustimmung des Nießbrauchers nicht wirksam etwa einer **Änderung der Gewinnverteilungsregelung** zu Lasten des nießbrauchsbelasteten Anteils zustimmen.[444] Auch darf der Besteller ohne Zustimmung des Nießbrauchers nicht für die Auflösung der Gesellschaft stimmen.[445]

6. Ausscheiden des Gesellschafters; Liquidation der Gesellschaft

Soweit der Nießbraucher wegen § 1071 die Liquidation der Gesellschaft oder das Ausscheiden des Bestellers aus der Gesellschaft verhindern kann, hat er es auch in der Hand, die Folgen dieses Ausscheides oder der Liquidation für den Nießbrauch durch entsprechende Verhandlungen zu gestalten. Abgesehen davon gilt: Wird die Gesellschaft aufgelöst, so bleibt der belastete Anteil als Anteil an der Liquidationsgesellschaft zunächst erhalten und damit nießbrauchsbelastet. Die Liquidationsquote selbst gebührt allerdings ebenso wenig wie ein gesellschaftsrechtlicher Abfindungsanspruch dem Nießbraucher. Denn es handelt sich nicht um Nutzungen des Anteils, sondern um die Anteilssubstanz. Jedoch ist der Liquidationsanspruch seinerseits nießbrauchsbelastet, so dass dem Nießbraucher etwa Zinsen auf das Auseinandersetzungsguthaben zustehen.[446] Dasselbe gilt, wenn der Besteller als Gesellschafter durch Tod ausscheidet und der Anteil in der Personengesellschaft nicht vererblich gestellt ist oder in der GmbH der Zwangseinziehung unterliegt. Erlischt eine Personengesellschaft durch Anteilsvereinigung in einer Hand, so erlischt nach der Rechtsprechung[447] auch der Nießbrauch, weil der Gesellschaftsanteil als Gegenstand des Nießbrauchs entfallen ist. Auch ein eingezogener GmbH-Geschäftsanteil geht unter, so dass der Nießbrauch erlischt.[448]

309

7. Tod eines der Beteiligten

Da der Nießbrauch dingliches Recht ist, wird er vom Tod des **Bestellers** nicht berührt. Nur wenn der Anteil infolge des Todes erlischt oder eingezogen wird, erlischt auch der Nießbrauch mit seinem Gegenstand. Demgegenüber erlischt der Nießbrauch mit dem Tod des **Nießbrauchers** ohne weiteres nach § 1061 in Verbindung mit § 1068 Abs. 2 BGB. Die Vorschriften sind zwingend. Zulässig ist demgegenüber eine auf den Tod des (Erst-)Nießbrauchers aufschiebend bedingte Neubestellung eines weiteren Nießbrauchs zugunsten eines Nachfolgers (sog. Sukzessivnießbrauch). Der Nachfolger erwirbt den Nießbrauch in diesem Fall aber vom Besteller, nicht vom (Erst-)Nießbraucher.[449]

310

---

443 Staub/*Ulmer*, § 105 HGB Rn 125.
444 Staub/*Ulmer*, aaO; MünchKommHGB/*K. Schmidt*, vor § 230 Rn 22.
445 Staub/*Ulmer*, § 105 Rn 125.
446 Vgl im Einzelnen MünchKommBGB/*Pohlmann*, § 1068 Rn 47.
447 OLG Düsseldorf, NJW RR 1999, 619 f.
448 Baumbach/Hueck/Fastrich, § 34 GmbHG Rn 19.
449 MünchKommBGB/*Pohlmann*, § 1061 Rn 4.

§ 8 Internationales Gesellschaftsrecht

Einleitung 1
A. **Internationales Privatrecht** 2
 I. Allgemeine rechtliche Darstellung 2
  1. Grundlagen des IPR 2
   a) Wesen und Rechtsquellen 2
   b) Anknüpfung 3
   c) Qualifikation 4
   d) Renvoi 5
   e) Statut 6
   f) Ordre public 7
  2. Internationales Gesellschaftsrecht im engeren Sinne 8
   a) Einheitliches Gesellschaftsstatut 9
   b) Bestimmung des Gesellschaftsstatuts ... 10
 II. Rechtsfragen aus der Praxis 18
  1. Rechtsfähigkeit 18
  2. Vertretung 19
  3. Gesellschafterhaftung 20
  4. Arbeitnehmer-Mitbestimmung 21
   a) Betriebliche Mitbestimmung 21
   b) Unternehmerische Mitbestimmung 22
  5. Konzernsachverhalte 23
  6. Handelsregisterrecht 24
  7. Name und Firma 25
  8. Formfragen 26
  9. Identitätswahrende Sitzverlegung 27
  10. Grenzüberschreitende Verschmelzung und Spaltung 29
  11. Insolvenz 30
  12. Internationale gerichtliche Zuständigkeit . 31
B. **Überblick über das Europäische Gesellschaftsrecht** 33
 I. Die Niederlassungsfreiheit (Art. 43, 48 EGV) .. 35
  1. Allgemeines 35
   a) Unmittelbare Geltung 36
   b) Das Verhältnis zum nationalen Recht .. 37
  2. Anwendungsbereich, Gewährleistungsumfang und Schranken 38
   a) Anwendungsbereich 39
   b) Gewährleistungsumfang 42
   c) Schranken 45
  3. Die Bedeutung der Art. 43, 48 EGV für das Gesellschaftsrecht am Beispiel der Sitzverlegung 49
   a) Sitztheorie und Gründungstheorie 50
   b) Die Daily Mail-Entscheidung des EuGH 52
   c) Die Rechtsprechung des EuGH zu Zuzugsbeschränkungen 53
   d) Wegzugsbeschränkungen 58
 II. EU-Rechtsakte im Gesellschaftsrecht 59
  1. Einführung 59
  2. Rechtsakte zum Gesellschaftsorganisationsrecht 64
   a) Die europäischen Gesellschaftsformen (Überblick) 64
   b) Abschnitt II und III der Publizitätsrichtlinie (RL 68/151/EWG) 68
   c) Die Kapitalrichtlinie (RL 77/91/EWG) . 70
   d) Die Einpersonengesellschaftsrichtlinie (RL 89/667/EWG) 79
   e) Sonstige Rechtsakte 81
  3. Rechtsakte zum Recht der Offenlegung (Publizität) 82
   a) Abschnitt I der Publizitätsrichtlinie (RL 68/151/EWG) 82
   b) Die Zweigniederlassungsrichtlinie 89/666/EWG 88
  4. Rechtsakte zum Umwandlungsrecht 90
   a) Die Harmonisierung des innerstaatlichen Umwandlungsrechts 90
   b) Die Harmonisierung des Rechts der grenzüberschreitenden Umwandlung .. 98
  5. Rechtsakte zum Bilanzrecht 124
   a) Die Richtlinien zum Jahres- und Konzernabschluss 125
   b) Die Abschlussprüferrichtlinien 132
   c) Die IAS-Verordnung (VO (EG) Nr. 1606/2002) 135
  6. Rechtsakte zum Übernahmerecht: Die Übernahmerichtlinie (RL 2004/25/EG) ... 138
   a) Die Entstehungsgeschichte der Übernahmerichtlinie 138
   b) Der Inhalt der Übernahmerichtlinie ... 142
   c) Umsetzung der Übernahmerichtlinie in das deutsche Recht 156
  7. Gescheiterte Rechtsakte 157
   a) Die Strukturrichtlinie 157
   b) Die Konzernrechtsrichtlinie 158
  8. Geplante Rechtsakte 159
   a) Die Sitzverlegungsrichtlinie 159
   b) Die Liquidationsrichtlinie 160
C. **Europäische Rechtsformen** 161
 I. Europäische Aktiengesellschaft – SE 161
  1. Allgemeine rechtliche Darstellung 161
   a) Rechtsquellen 161
   b) Zielsetzung der SE-VO 163
   c) Vorteile der SE 164
  2. Gründung 165
   a) Übersicht 165
   b) Verschmelzung 170
   c) Gründung einer Holding-SE 207
   d) Gründung einer Tochter-SE 228
   e) Umwandlung 233
   f) Beteiligung der Arbeitnehmer 247
  3. Organe 265
   a) Gemeinsame Bestimmungen für das dualistische und das monistische System 267
   b) Dualistisches System 269
   c) Monistisches System 273
   d) Monistisches oder dualistisches System? 280
   e) Hauptversammlung 281
  4. Mitgliedschaft 284
  5. Gesellschafterstreit 285
  6. Finanzverfassung 286
  7. Satzungsänderung 287
  8. Sitz und Sitzverlegung 289
   a) Allgemeines 289
   b) Grenzüberschreitende Sitzverlegung ... 291
  9. Beendigung 304
   a) Allgemeines 304
   b) Verstoß gegen Art. 7 SE-VO 305
  10. Umwandlung in eine Aktiengesellschaft .. 307
  11. Registerrecht 309

§ 8 Internationales Gesellschaftsrecht

II. Europäische Genossenschaft 310
  1. Allgemeine rechtliche Darstellung 310
    a) Rechtsquellen 310
    b) Rechtsnatur 312
    c) Zweck der SCE 313
  2. Gründung 314
    a) Überblick 314
    b) Satzung der SCE 318
    c) Neugründung einer SCE 319
    d) Verschmelzung 320
    e) Umwandlung 325
    f) Beteiligung der Arbeitnehmer 327
  3. Organisationsverfassung 331
    a) Vorschriften für das dualistische System 332
    b) Vorschriften für das monistische System 334
    c) Gemeinsame Vorschriften für das dua-
       listische und das monistische System ... 336
    d) Die Generalversammlung 337
  4. Mitgliedschaft 340
  5. Finanzverfassung 344
    a) Kapitalaufbringung, -erhöhung,
       -herabsetzung 344
    b) Kapitalerhaltung 346
    c) Wertpapiere mit besonderen Vorteilen 347
  6. Satzungsänderungen 348
  7. Sitz und Sitzverlegung 350
  8. Beendigung 352
  9. Umwandlung in eine Genossenschaft 355
III. Die Europäische wirtschaftliche Interessen-
    vereinigung – EWIV 356
  1. Zweck/Einsatzmöglichkeiten/Struktur 361
    a) Zweck 361
    b) Einsatzmöglichkeiten 364
    c) Struktur 365
  2. Gesellschaftsvertrag und Gründung 368
    a) Gründungsvoraussetzungen 368
    b) Mitglieder 369
    c) Gründungsvertrag 372
    d) Eintragung 375
  3. Innenverhältnis 379
    a) Entstehung 379
    b) Rechte und Pflichten der Mitglieder .. 380
    c) Geschäftsführung 383
    d) Beschlussfassung 386
  4. Außenverhältnis 389
    a) Vertretung 389
    b) Haftung 390
  5. Sitzverlegung 391
  6. Gesellschafterwechsel 394
    a) Aufnahme neuer Mitglieder 394
    b) Ausscheiden eines Mitglieds 396
    c) Abtretung der Mitgliedschaft 399
  7. Beendigung 402
    a) Auflösung 402
    b) Nichtigkeit 405
    c) Insolvenz 406
D. „Scheinauslandsgesellschaften" mit Sitz in
    Deutschland 407
I. Grundlagen 407
  1. Theorien zur Bestimmung des Gesell-
    schaftsstatuts 409
    a) Sitztheorie 410
    b) Gründungstheorie 413
  2. Die Entwicklung der Rechtsprechung des EuGH 414
    a) Centros-Entscheidung des EuGH 415
    b) Überseering-Entscheidung des EuGH .. 416
    c) Inspire Art-Entscheidung 417

  3. Konsequenzen der EuGH-Rechtsprechung
    für die „Scheinauslandsgesellschaften" ... 418
    a) Rechts- und Geschäftsfähigkeit 420
    b) Gerichtsstand 424
    c) Registerrecht 437
    d) Insolvenzstatut 457
II. Die Private Limited Company (Ltd.) nach
    englischem Recht 469
  1. Allgemeines 469
    a) Einleitung 469
    b) Rechtsquellen 472
  2. Gründung 475
    a) Gründungsvoraussetzungen 475
    b) Vorratsgesellschaften 503
  3. Organe 505
    a) Geschäftsführung (Board of Directors) 509
    b) Gesellschafterversammlung (General
       Meeting) 536
    c) Der Company Secretary 547
  4. Mitgliedschaft 551
    a) Erwerb der Gesellschafterstellung 551
    b) Rechte und Pflichten der Gesellschafter 555
  5. Finanzverfassung 570
    a) Stammkapital 571
    b) Kapitalaufbringung 577
    c) Kapitalerhaltung 584
    d) Kapitalerhöhung 595
    e) Gewinnverwendung 599
  6. Haftung 603
    a) Haftung der Gesellschafter 604
    b) Haftung der Direktoren 608
  7. Beendigung der Gesellschaft 619
    a) Auflösung der Gesellschaft 620
    b) Amtliches Löschungsverfahren 629
III. Die Sociedad de Responsabilidad Limitada
    (SRL) nach spanischem Recht 632
  1. Allgemeines 632
    a) Rechtsquellen 632
    b) Abgrenzung zur SLNE 633
  2. Gründung 634
    a) Notarielle Gründungsurkunde (Escri-
       tura de Consitución) 635
    b) Satzung (Estatutos Sociales) 638
    c) Gründungsgesellschafter 650
    d) Eintragung in das Handelsregister 652
  3. Organe 654
    a) Verwalter 655
    b) Hauptversammlung 669
  4. Mitgliedschaft 679
    a) Erwerb der Mitgliedschaft 679
    b) Rechte und Pflichten der Gesellschafter 687
  5. Finanzverfassung 700
    a) Kapitalaufbringung 700
    b) Kapitalerhaltung 706
  6. Haftung 714
    a) Haftung der Gesellschafter 715
    b) Haftung der Verwalter 717
  7. Beendigung der Gesellschaft 721
    a) Auflösung der Gesellschaft 722
    b) Wiederbelebung der Gesellschaft 727
    c) Liquidation der Gesellschaft 728
IV. Die Corporation nach dem Recht des
    US-Bundesstaats Delaware 732
  1. Allgemeines 732
    a) Einleitung 732
    b) Rechtsquellen 736
  2. Gründung 737

a) Gründungsvoraussetzungen	737	b) Rechte und Pflichten der Gesellschafter	785
b) Certificate of Incorporation	739	5. Finanzverfassung	797
c) Bylaws	748	a) Klassen von Geschäftsanteilen	797
3. Organe	750	b) Kapitalaufbringung	799
a) Geschäftsführung (Board of Directors)	753	c) Kapitalerhaltung	802
b) Gesellschafterversammlung (Stockholders' Meeting)	769	6. Haftung	811
		a) Haftung der Gesellschafter	812
4. Mitgliedschaft	780	b) Haftung der Direktoren	813
a) Erwerb der Gesellschafterstellung	780	7. Beendigung der Gesellschaft	818

Einleitung

Das Internationale Gesellschaftsrecht im engeren Sinne ist ein Teilgebiet des Internationalen Privatrechts (IPR), also **Kollisionsrecht**, welches in Sachverhalten mit Auslandsberührung das anzuwendende nationale Sachrecht bestimmt. Als Internationales Gesellschaftsrecht im weiteren Sinne – und damit im Sinne dieses Kapitels – lässt sich die **Gesamtheit der kollisions-, verfahrens- und materiellrechtlichen Regeln** bezeichnen, die für internationale gesellschaftsrechtliche Sachverhalte von Belang sind. Dem Kollisionsrecht widmet sich der nachfolgende Abschnitt A (unten Rn 2 ff). Dabei wird der Einfluss des Europarechts zunächst weitgehend ausgeklammert. Das europäische Gesellschaftsrecht mit seinen weit reichenden kollisions-, verfahrens- und materiellrechtlichen Auswirkungen und Inhalten ist Gegenstand der Abschnitte B (unten Rn 33 ff) und C (unten Rn 161 ff). Abschnitt D schließlich (unten Rn 407 ff) erläutert das zunehmend an Bedeutung gewinnende Recht der „Scheinauslandsgesellschaften" (Gesellschaften ausländischer Rechtsformen mit Sitz in Deutschland). 1

A. Internationales Privatrecht

I. Allgemeine rechtliche Darstellung

1. Grundlagen des IPR

a) Wesen und Rechtsquellen

Das IPR ist eine Rechtsmaterie sui generis, deren Aufgabe darin besteht, das zur Beurteilung eines Sachverhalts mit **Auslandsberührung** – der Begriff wird weit verstanden – maßgebliche nationale Privatrecht aufzuzeigen (Art. 3 Abs. 1 S. 1 EGBGB). So hat ein Gericht, dem ein Fall mit Auslandsbezug zur Entscheidung vorliegt, das streitentscheidende Sachrecht von Amts wegen anhand von Kollisionsregeln zu ermitteln. Ausgangspunkt ist dabei stets das nationale Kollisionsrecht des Staates, dem das Gericht angehört (lex fori).[1] Ein deutsches Gericht zieht deshalb das deutsche IPR heran. Die **Rechtsquellen** des deutschen Kollisionsrechts sind u.a. Art. 3–46 EGBGB sowie – gem. Art. 3 Abs. 2 S. 1 EGBGB vorrangig – zahlreiche in nationales Recht transformierte Staatsverträge.[2] Eine Sonderstellung nimmt international vereinheitlichtes Sachrecht ein, wobei hier an erster Stelle das UN-Kaufrecht (CISG, dazu § 3 Rn 1 ff) zu nennen ist; die Regeln zum Anwendungsbereich des Einheitsrechts übernehmen gleichsam kollisionsrechtliche Aufgaben. **Kollisionsnormen** legen das anwendbare Recht dadurch fest, dass sie in ihrem Tatbestand einen bestimmten Bereich des sachrechtlichen Systems, den Anknüpfungsgegenstand, mit einem oder mehreren Sachverhaltselementen, dem Anknüpfungspunkt oder -moment, verbinden.[3] 2

b) Anknüpfung

Die Verbindung eines Sachverhalts mit der für seine Beurteilung maßgeblichen Rechtsordnung erfolgt im Wege der Anknüpfung. Für jeden Anknüpfungsgegenstand hält das Kollisionsrecht (wenigstens) einen sog. **Anknüpfungspunkt** bzw Anknüpfungsmoment vor. Hierbei handelt es sich um das Sachverhaltsmerkmal, welches über die anwendbare Rechtsordnung entscheidet.[4] So unterliegen Rechte 3

---

1 Hk-BGB/*Staudinger* vor Art. 3 EGBGB Rn 1 f.
2 Abgedruckt bei *Jayme/Hausmann*, Internationales Privat- und Verfahrensrecht. Siehe dazu auch *Kegel/Schurig*, IPR, § 4 III.
3 Hk-BGB/*Staudinger* vor Art. 3 EGBGB Rn 5.
4 Hk-BGB/*Staudinger* vor Art. 3 EGBGB Rn 5–8; *Kegel/Schurig*, IPR, §§ 6, 13; *von Bar/Mankowski*, IPR, § 7 I.

an einer Sache (= Anknüpfungsgegenstand, unten Rn 4) gem. Art. 43 Abs. 1 EGBGB grundsätzlich dem Recht des Staates, in dem sich die Sache befindet; Anknüpfungspunkt ist also der Lageort. Als weitere wichtige Anknüpfungspunkte, jeweils vor allem im Bereich des Personen-, Familien- und Erbrechts, seien die Staatsangehörigkeit und der gewöhnliche Aufenthalt genannt. Die Anknüpfungspunkte orientieren sich an dem allgemeinen kollisionsrechtlichen Grundsatz, dass über eine Rechtsfrage die Rechtsordnung mit der engsten Verbindung zum relevanten Sachverhalt entscheiden soll. Im Vertragsrecht kommen Anknüpfungspunkte grundsätzlich nur subsidiär zur Anwendung; primär gilt Rechtswahlfreiheit, siehe Art. 27 f EGBGB. Der Begriff der Anknüpfung selbst ist nur schwer zu fassen; er kann als das Herstellen einer Verbindung zwischen einem Anknüpfungsgegenstand und einer Rechtsordnung mittels eines Anknüpfungspunktes definiert werden.

c) Qualifikation

4   Kollisionsnormen bestimmen ihren eigenen Anwendungsbereich anhand weiter, rechtlich geprägter Systembegriffe, den **"Anknüpfungsgegenständen"**, wie etwa in Art. 25 Abs. 1 EGBGB ("Rechtsnachfolge von Todes wegen") oder Art. 27 Abs. 1 S. 1 EGBGB ("Vertrag"). Die Zuordnung einer Rechtsfrage zu einem Anknüpfungsgegenstand, welche nichts anderes ist als eine **Subsumtion**, wird als Qualifikation bezeichnet oder jedenfalls als Teil der Qualifikation angesehen (der Begriff der Qualifikation wird in ganz unterschiedlicher Reichweite gebraucht, ein Problem, welches einen Großteil der kollisionsrechtlichen Terminologie betrifft).[5] Regelmäßig bereitet das Auffinden des richtigen Anknüpfungsgegenstandes keine Probleme. In Grenzfällen jedoch oder wenn es gilt, ein ausländisches, dem deutschen Recht fremdes Rechtsinstitut (etwa den anglo-amerikanischen *trust*) unter die eine oder andere deutsche Kollisionsnorm zu subsumieren, können erhebliche Schwierigkeiten auftreten.

d) Renvoi

5   Verweist die einschlägige Kollisionsnorm auf deutsches Recht, steht das anwendbare Sachrecht fest. Bei einem Verweis auf eine ausländische Rechtsordnung hingegen ist grundsätzlich zunächst zu prüfen, ob das Kollisionsrecht der benannten Rechtsordnung die Verweisung „annimmt", also die Anwendbarkeit des eigenen Sachrechts anordnet, denn gem. Art. 4 Abs. 1 S. 1 EGBGB gilt der Grundsatz der **Gesamtverweisung**. Ausnahmen bilden die sog. Sachnormverweisungen gem. Art. 3 Abs. 1 S. 2 EGBGB, siehe etwa Art. 35 Abs. 1 EGBGB. Gesamtverweisungen werden regelmäßig angenommen, da viele Kollisionsregeln international einheitlich gelten. Mitunter verweist das ausländische Kollisionsrecht den Rechtsanwender jedoch auf deutsches Recht zurück oder es ordnet die Anwendbarkeit einer dritten Rechtsordnung an – in beiden Fällen spricht man von einem renvoi.[6] Eine **Zurückverweisung** nimmt das deutsche IPR gem. Art. 4 Abs. 1 S. 2 EGBGB an, um ein endloses Hin und Her zwischen den Rechtsordnungen zu vermeiden. Es kommt also zur Anwendung deutschen Sachrechts. Im Fall der **Weiterverweisung** ist das Kollisionsrecht des Drittstaats – und gegebenenfalls weiterer Staaten – zu prüfen, bis ein endgültiges Ergebnis gefunden ist.

e) Statut

6   Das auf den einen oder anderen Anknüpfungsgegenstand letztlich anzuwendende Sachrecht wird als Statut bezeichnet. So unterscheidet man bspw zwischen Vertragsstatut, Formstatut und Gesellschaftsstatut. Die Anwendung eines ausländischen Statuts wirft nicht selten Schwierigkeiten auf, denn die relevanten Normen (oder auch Präjudizien) müssen aufgefunden, gegebenenfalls übersetzt und im Sinne des ausländischen Rechtsverständnisses ausgelegt werden. Unter Umständen müssen die entscheidungsrelevanten Einzelfragen eines Sachverhalts sogar anhand verschiedener nationaler Rechtsordnungen entschieden werden. Hierbei können Widersprüche entstehen, die im Wege der sog. **Angleichung** auszuräumen sind. In verfahrensrechtlicher Hinsicht ist § 293 ZPO zu beachten, wonach ein deutsches Gericht zur Ermittlung ausländischen Rechts etwa einen Gutachter beauftragen

---

5   Hk-BGB/*Staudinger* vor Art. 3 EGBGB Rn 12–18; *Kegel/Schurig*, IPR, § 7; *von Bar/Mankowski*, IPR, § 7 II.
6   Hk-BGB/*Staudinger* vor Art. 4 EGBGB Rn 12 f.

oder eine Behörde des betreffenden Staates um Auskunft ersuchen kann (und gegebenenfalls muss, denn es gilt der Untersuchungsgrundsatz).

f) Ordre public

Das deutsche IPR basiert auf dem Gedanken der Gleichwertigkeit aller Rechtsordnungen. Dennoch darf die Anwendung ausländischen Sachrechts im Inland nicht zu Ergebnissen führen, die aus deutschrechtlicher Sicht schlechthin untragbar sind. Dem trägt Art. 6 EGBGB Rechnung, indem er ausländische Normen für unanwendbar erklärt, wenn die Anwendung im konkreten Fall zu einem Ergebnis führen würde, das mit **wesentlichen Grundsätzen des deutschen Rechts**, insbesondere den Wertentscheidungen der Grundrechte, unvereinbar ist (sog. Vorbehalt des ordre public).[7] Der Begriff ist eng auszulegen, vor allem wenn der zu beurteilende Sachverhalt nur einen geringen Inlandsbezug aufweist.

2. Internationales Gesellschaftsrecht im engeren Sinne

Das deutsche Internationale Gesellschaftsrecht ist nicht gesetzlich normiert, was zu diversen, zum Teil grundlegenden Streitigkeiten geführt hat. Die folgenden Ausführungen konzentrieren sich auf die Rechtsprechung, die sich – vor allem europarechtlich bedingt – in starker Bewegung befindet und in weiten Bereichen ein Zustand der Rechtsunsicherheit herrscht.

a) Einheitliches Gesellschaftsstatut

Nach ganz hM werden grundsätzlich alle gesellschaftsrechtlich zu qualifizierenden Fragen betreffend das **Innen- und Außenverhältnis** einer einzigen Rechtsordnung unterstellt (Einheitslehre), um die mit der Sonderanknüpfung von Teilfragen verbundenen Abgrenzungs- und Harmonisierungsschwierigkeiten zu vermeiden.[8] Nach dem einheitlichen Gesellschaftsstatut (auch als Personalstatut der Gesellschaft bezeichnet) beurteilen sich damit bspw die Gründung der Gesellschaft, ihre Rechtsfähigkeit, Verfassung und Beendigung – kurz gesagt, das „Entstehen, Leben und Vergehen"[9] der Gesellschaft. Dabei sind grundsätzlich alle in- und ausländischen Gesellschaftsformen – juristische Personen (insbesondere Kapitalgesellschaften) ebenso wie Personengesellschaften (unabhängig von der Frage der Rechtsfähigkeit) – kollisionsrechtlich gleich zu behandeln. Nicht gesellschaftsrechtliche Fragen sind gesondert zu qualifizieren und anzuknüpfen. So richtet sich die rechtliche Bewertung der von der Gesellschaft eingegangenen Verträge nach dem Vertragsstatut, welches anhand der Art. 27 ff EGBGB zu ermitteln ist. Die Abgrenzung ist jedoch nicht immer einfach. Sie kann gegebenenfalls unterbleiben, wenn die in Betracht kommenden Kollisionsnormen zum gleichen Ergebnis führen, also ein und dasselbe nationale Sachrecht zur Anwendung berufen.

b) Bestimmung des Gesellschaftsstatuts

aa) Sitz- und Gründungstheorie

Um die Frage des richtigen Anknüpfungspunktes zur Bestimmung des Gesellschaftsstatuts wird seit langem gestritten. Die deutsche Rechtsprechung vertritt traditionell die **Sitztheorie**, die besagt, dass eine Gesellschaft dem Recht des Staates unterfällt, in dem sie ihren tatsächlichen Verwaltungssitz – im Gegensatz zum satzungsgemäßen Sitz – genommen hat. Die klassische Gegenauffassung bildet die **Gründungstheorie**, die auf das Recht des Gründungsstaats verweist, selbst wenn die Gesellschaft ansonsten keinerlei Beziehungen zu diesem Staat (mehr) aufweist.[10] Als **tatsächlichen Verwaltungssitz** definiert die Rechtsprechung den „Tätigkeitsort der Geschäftsführung und der dazu berufenen Vertretungsorgane, also den Ort, wo die grundlegenden Entscheidungen der Unternehmensleitung effektiv in laufende Geschäftsführungsakte umgesetzt werden."[11] Die exakte Subsumtion unter diese For-

---

7 BGHZ 123, 270; Hk-BGB/*Staudinger* Art. 6 EGBGB Rn 5.
8 MünchKommBGB/*Kindler* IntGesR Rn 520 f; Staudinger/*Großfeld* IntGesR Rn 16.
9 BGHZ 25, 134, 144.
10 Dazu und auch zu vermittelnden Lehren vgl iE Staudinger/*Großfeld* IntGesR Rn 26–37.
11 BGHZ 97, 269, 272.

mel fällt nicht leicht, die Rechtsprechung stützt ihre Entscheidungen denn auch oft auf von Fall zu Fall unterschiedliche, leicht feststellbare Indizien, etwa den ständigen Aufenthalt eines Geschäftsführers im In- oder Ausland.

11 Das Kollisionsrecht der meisten Staaten folgt entweder der Sitz- oder der Gründungstheorie, letztere gilt insbesondere im anglo-amerikanischen Rechtsraum.[12] Die Einordnung kann für den deutschen Rechtsanwender von Bedeutung sein, da der deutsch-kollisionsrechtliche Grundsatz der Gesamtverweisung (Rn 5) auch für das Internationale Gesellschaftsrecht gilt, also bei einer Verweisung ins Ausland zunächst zu prüfen ist, ob die Zielrechtsordnung die Verweisung annimmt. Steht fest, dass eine Rechtsfrage gesellschaftsrechtlich zu qualifizieren ist, ist danach allein auf das Gründungsrecht und auf den tatsächlichen Verwaltungssitz der Gesellschaft zu achten; andere Auslandsberührungen sind für die Bestimmung des Gesellschaftsstatuts von vornherein nebensächlich. So begründet etwa eine grenzüberschreitende Tätigkeit der Gesellschaft oder das Vorhandensein ausländischer Gesellschafter noch keine Zweifel am Gesellschaftsstatut, wenn die Gesellschaft im Gründungsstaat ihren Verwaltungssitz hat, was regelmäßig unproblematisch der Fall sein wird. Bei der Qualifikation ist freilich besondere Sorgfalt gefragt, denn für nicht-gesellschaftsrechtliche Rechtsfragen (Rn 9) gelten regelmäßig andere Anknüpfungspunkte.

bb) Praktische Bedeutung des Theorienstreits

12 Sitz- und Gründungstheorie können in bestimmten Konstellationen, deren Gemeinsamkeit darin liegt, dass sich der tatsächliche **Verwaltungssitz nicht (mehr) im Staat der Gesellschaftsgründung** befindet, zu verschiedenen Ergebnissen führen.

13 Dies sei anhand eines Beispiels aus der für die deutsche Rechtspraxis mit Abstand wichtigsten Fallgruppe – eine im Ausland gegründete Gesellschaft nimmt ihren tatsächlichen Sitz von vornherein in Deutschland oder verlegt ihn später dorthin – erläutert:

Beispiel: Deutsche Geschäftspartner gründen in England eine private limited company by shares (*Ltd.*), die Gesellschaft wird anschließend in Deutschland geführt und ist ausschließlich in Deutschland tätig. Ist die Gesellschaft in Deutschland als *Ltd.* anzuerkennen?
Die Gründungstheorie verweist hier auf das Recht Englands als Gründungsstaat. Da das englische Kollisionsrecht seinerseits der Gründungstheorie folgt, also die Verweisung annimmt, und das somit anzuwendende englische Gesellschaftsrecht dem ausländischen Verwaltungssitz keine Bedeutung beimisst, ist die *Ltd.* bei Anwendung der Gründungstheorie auch hierzulande als solche anzuerkennen. Die Sitztheorie hingegen verweist den deutschen Rechtsanwender im Beispielsfall wegen des eindeutig in Deutschland liegenden Verwaltungssitzes auf deutsches Sachrecht. Aus diesem – nicht etwa bereits aus der Sitztheorie – ergibt sich sodann, dass die Gesellschaft hier nicht als *Ltd.* nach englischem Recht anzuerkennen ist. Grund ist der im deutschen Gesellschaftsrecht geltende Numerus clausus der Gesellschaftsformen. Die Gesellschaft wird auch nicht als GmbH behandelt, da es jedenfalls an der gem. § 11 Abs. 1 GmbHG konstituierenden Eintragung in das deutsche Handelsregister fehlt.

14 Aus deutscher Sicht handelt es sich bei der Beispielsgesellschaft um eine sog. **Scheinauslandsgesellschaft** (ausländische Rechtsform, tatsächlicher Verwaltungssitz in Deutschland). Bis zu einer Entscheidung des BGH vom 1. 7. 2002[13] versagte die Rechtsprechung den Scheinauslandsgesellschaften auf Grundlage der Sitztheorie jegliche Anerkennung. Mangels Rechtsfähigkeit konnten sie weder wirksam am Rechtsverkehr teilnehmen noch vor deutschen Gerichten klagen – wohl aber entsprechend § 50 Abs. 2 ZPO verklagt werden. Nunmehr wird die Scheinauslandsgesellschaft entsprechend dem von ihr verfolgten Zweck regelmäßig als oHG oder GbR mit entsprechender Rechts- und Parteifähigkeit, aber auch unbeschränkter persönlicher Haftung der Gesellschafter behandelt. Zur weitergehenden Anerkennung aufgrund **EU-Rechts** sogleich Rn 15 ff

---

12 Vgl die Länderübersicht bei *Spahlinger/Wegen*, IntGesR, Rn 1462–1465.
13 BGHZ 151, 204, 206 f = NJW 2002, 3539, 3540.

cc) Abkehr von der Sitztheorie

Zwar gelangen Sitz- und Gründungstheorie in der großen Mehrzahl gesellschaftsrechtlicher Sachverhalte mit Auslandsberührung zum gleichen Ergebnis; vornehmlich aus dem Grund, dass sich der **tatsächliche Verwaltungssitz** einer Gesellschaft zumeist (noch) **im Gründungsstaat** befinden wird. In diesem Fall besteht auch aus Sicht der Sitztheorie kein Anlass, einer ausländischen Gesellschaft die Rechts-, Partei- oder Handlungsfähigkeit im Inland abzuerkennen, sofern diese Fähigkeiten nach dem ausländischen Gesellschaftsstatut gegeben sind.

Gleichwohl hat die Sitztheorie in jüngerer Zeit durch eine Reihe von EuGH-Entscheidungen zur **Niederlassungsfreiheit** erhebliche Einschränkungen für **EU-interne** Sachverhalte erfahren – und die Gründungstheorie entsprechend an Bedeutung gewonnen. Zu nennen sind hier vor allem die Enscheidungen *Centros*,[14] *Überseering*[15] und *Inspire Art*.[16] Demzufolge kann die Sitztheorie auf im Beispielfall genannte Gesellschaft keine Anwendung finden, vielmehr muss das deutsche Recht – wobei Kollisions- und Sachrecht angesprochen sind – die vom tatsächlichen Verwaltungssitz unabhängige Anerkennung der *Ltd*. durch die Rechtsordnung des EU-Mitglieds England respektieren. Im Übrigen hält die deutsche Rechtsprechung aber weiterhin (noch) an der Sitztheorie fest. Wäre die *Ltd*. also nicht in England, sondern auf der nicht zur EU gehörenden Isle of Man gegründet worden, würde wohl weiterhin die Sitztheorie Anwendung finden, und die *Ltd*. wäre in Deutschland nicht als solche anzuerkennen. Ausführlich zu den Auswirkungen der EuGH-Rechtsprechung und den durch diese aufgeworfenen Zweifelsfragen in Zu- und Wegzugsfällen unten Rn 53.

Der Anwendungsbereich der Sitztheorie wird weiterhin durch den deutsch-amerikanischen Freundschafts-, Handels- und Schifffahrtsvertrag vom 29.10.1954[17] eingeschränkt, dessen Art. XXV Abs. 5 zufolge Gesellschaften, die gemäß den Vorschriften des einen Vertragsteils wirksam errichtet sind, im Gebiet des anderen Vertragsteils anzuerkennen sind. Die Rechtsprechung zieht hieraus den Schluss, dass in den **USA** gegründete Gesellschaften unabhängig vom tatsächlichen Verwaltungssitz dem Recht des Gründungs-Bundesstaates unterliegen[18] (oft wird dies das für sein stark dereguliertes, liberales und praxisgerechtes Gesellschaftsrecht bekannte Delaware sein). Bislang ungeklärt ist jedoch, ob und in welchem Ausmaß ein fortbestehender Bezug der Gesellschaft zu den USA, ein sog. genuine link, Voraussetzung der Anerkennung in Deutschland ist. Der BGH hat die Frage nach dem Ob bislang ausdrücklich offengelassen, da in den zu entscheidenden Fällen der *genuine link* ohnehin bestanden habe. Beachtlich ist, dass der BGH dabei bereits eine geringfügige wirtschaftliche Aktivität in den USA hat genügen lassen.[19] In der **Beratungspraxis** wird darauf hinzuweisen sein, dass die Anerkennung etwa einer Delaware-*corporation* in Deutschland nur sichergestellt ist, wenn über den formalen Gründungsakt hinaus ein echter (nicht bloß zum Schein aufrechterhaltener) Bezug zu den USA fortbesteht. Ein Bezug gerade zum Gründungs-Bundesstaat ist nicht erforderlich.[20]

II. Rechtsfragen aus der Praxis

1. Rechtsfähigkeit

Die Frage nach der Rechtsfähigkeit einer Gesellschaft ist anhand des **Gesellschaftsstatuts** zu beantworten. Soweit zur Anwendung berufenes ausländisches Recht die Rechtsfähigkeit ab- oder anerkennt, gilt dies auch, wenn die betroffene Gesellschaft in Deutschland tätig wird. Gegebenenfalls anzuerkennen ist auch eine beschränkte Rechtsfähigkeit. Besonders zu erwähnen ist die anglo-amerikanische ultra vires-Lehre, derzufolge die Rechtsfähigkeit einer Gesellschaft im Außenverhältnis

---

14 EuGH, Urt. v. 9.3.1999 - Rs. C-212/97, Slg 1999, I-1459 = NJW 1999, 2027.
15 EuGH, Urt. v. 5.11.2002 - Rs. C-208/00, Slg 2002, I-9919 = NJW 2002, 3614.
16 EuGH, Urt. v. 30.9.2003 - Rs. C-167/01, Slg 2003, I-10155 = NJW 2003, 3331.
17 BGBl. II 1956, S. 487, 763; *Jayme/Hausmann* Nr. 22.
18 BGHZ 153, 353, 355.
19 BGH ZIP 2004, 2230, 2231 f (Telefonanschluss in den USA, Lizenzverträge mit US-amerikanischen Partnern); NZG 2004, 1001 (Aktiendepot in den USA). Das Erfordernis des *genuine link* bejahend OLG Düsseldorf RIW 1995, 508, 510 f.
20 MünchKommBGB/*Kindler* IntGesR Rn 325.

auf deren satzungsgemäßen Geschäftsgegenstand beschränkt ist. Jenseits dieses Geschäftsfeldes abgeschlossene Rechtsgeschäfte sind demnach grundsätzlich nichtig. Es liegt auf der Hand, dass dieser Grundsatz, der dem deutschen (Gesellschafts-)Recht fremd ist, inländische Verkehrsschutzinteressen beeinträchtigt. Die hL will daher Art. 12 S. 1 EGBGB analog anwenden.[21] Hinsichtlich eines in Deutschland geschlossenen Vertrags – Art. 12 S. 1 EGBGB setzt voraus, dass sich beide Vertragspartner bei Vertragsschluss im selben Staat befinden – könnte sich demnach eine anglo-amerikanische Gesellschaft auf die ultra vires-Lehre nur berufen, wenn der Vertragspartner die entsprechende Beschränkung der Rechtsfähigkeit kannte oder kennen musste. Der BGH hat die Frage der analogen Anwendbarkeit bislang offengelassen.[22]

2. Vertretung

19 Nach dem Gesellschaftsstatut richtet sich auch die **organschaftliche** Vertretungsmacht, dh insbesondere deren Umfang, Beginn und Ende sowie etwaige Beschränkungen durch ein Gesamtvertretungserfordernis oder eine vorgeschriebene Vertretungsform. Hingegen ist das Gesellschaftsstatut nicht maßgebend für die **Vollmacht** (etwa die Prokura) und die Rechtsscheinsvollmacht. Das Vollmachtstatut bildet nach der Rechtsprechung grundsätzlich das Recht des Staates, in dem das Vertretergeschäft nach dem Willen des Vollmachtgebers vorgenommen werden sollte, zum Teil wird aber auch auf den tatsächlichen Gebrauchsort abgestellt.[23] Eine Ausnahme bildet die Prokura, für die das Recht des tatsächlichen Sitzes der vertretenen Gesellschaft gilt (unabhängig von der Frage, ob das Gesellschaftsstatut anhand der Sitztheorie zu bestimmen ist).[24] Für Fragen der Rechtsscheinsvollmacht ist auf das Recht des Landes abzustellen, in dem der Rechtsschein entstanden ist und sich ausgewirkt hat.[25]

3. Gesellschafterhaftung

20 Von besonderem praktischen Interesse wird mitunter die Frage nach der Haftung der Gesellschafter für Gesellschaftsverbindlichkeiten sein. Die Antwort gibt auch hier grundsätzlich das **Gesellschaftsstatut** und nicht etwa das Statut der fraglichen Verbindlichkeit (Vertragsstatut, Bereicherungsstatut etc.). Wer mit einer ausländischen Gesellschaft kontrahiert, muss sich selbst über die einschlägigen Haftungsregeln informieren. Dabei kennt wohl jedes ausländische Gesellschaftsrecht die Unterscheidung zwischen unbegrenzter, begrenzter und ausgeschlossener Gesellschafterhaftung. Zu beachten ist noch, dass bei mehrstufigen Beteiligungsverhältnissen jede relevante Haftungsebene kollisions- wie sachrechtlich gesondert beurteilt werden muss. Nach deutschem Sachrecht ist eine außerordentliche, der Gesellschaftsverfassung widersprechende Gesellschafterhaftung in bestimmten Ausnahmekonstellationen anerkannt. Entsprechendes gilt für viele andere Rechtsordnungen. Näher zur deutsch-sachrechtlichen Ausgestaltung dieser „**Durchgriffshaftung**" oben § 6 Rn 391 ff. Zur kollisionsrechtlichen Behandlung werden in der Literatur verschiedenste, oft komplexe Ansätze vertreten.[26] Die Rechtsprechung hat sich bislang, soweit ersichtlich, stets für eine Anknüpfung an das Gesellschaftsstatut entschieden.[27]

4. Arbeitnehmer-Mitbestimmung

a) Betriebliche Mitbestimmung

21 Die betriebliche Mitbestimmung nach dem Betriebsverfassungsgesetz richtet sich allein nach dem **Standort** des Betriebs, das Gesellschaftsstatut des Betreibers ist ohne Belang. Das deutsche Mitbestimmungsrecht gilt also in deutschen Betrieben ausländischer Unternehmen, es gilt nicht in ausländischen Betrieben deutscher Unternehmen.

---

21 Vgl nur Palandt/*Heldrich* Anh. Art. 12 EGBGB Rn 7 mwN.
22 BGH NJW 1998, 2452, 2453 mwN.
23 Vgl BGHZ 128, 41, 47 (designierter Gebrauchsort); BGH NJW 1990, 3088 (tatsächlicher Gebrauchsort).
24 BGH NJW 1992, 618.
25 BGHZ 43, 21, 27.
26 Eingehend *Spahlinger/Wegen*, IntGesR, Rn 328 ff; MünchKommBGB/*Kindler* IntGesR Rn 609 ff.
27 BGH WM 1957, 1047, 1049; OLG Düsseldorf RIW 1995, 508, 511; siehe auch BGHZ 78, 318, 334 zum „umgekehrten Durchgriff".

b) Unternehmerische Mitbestimmung

Die unternehmerische Mitbestimmung der Arbeitnehmer richtet sich nach ganz hM nach dem **Statut der** fraglichen **Gesellschaft**.[28] Dies dürfte auch für solche Scheinauslandsgesellschaften gelten, die aufgrund der angesprochenen Rechtsprechung des EuGH zur Niederlassungsfreiheit (Rn 16) in Deutschland in ihrer Gründungsrechtsform anzuerkennen sind. Insbesondere zählt die unternehmerische Mitbestimmung nicht zum deutschen *ordre public*. Eine in Deutschland ansässige und nach englischem Recht gegründete *Ltd.* ist demnach nicht etwa gezwungen, ab einer bestimmten Arbeitnehmerzahl einen zum Teil mit Arbeitnehmervertretern besetzten Aufsichtsrat nach dem MitbestG, dem Montan-MitbestG oder dem DrittelbeteiligungsG einzurichten. Erst recht gilt dies für ausländische Gesellschaften, die in Deutschland lediglich einen Betrieb unterhalten.

22

5. Konzernsachverhalte

Das deutsche Recht enthält weder in sach- noch in kollisionsrechtlicher Hinsicht besondere Regeln für grenzüberschreitende Konzernsachverhalte. Auf internationaler und EU-Ebene gilt grundsätzlich das Gleiche. Das Vorhaben einer neunten EU-Richtlinie über Unternehmenszusammenschlüsse, also zum Konzernrecht, gilt als vorläufig gescheitert. In einem grenzüberschreitenden (auch faktischen) **Unterordnungskonzern** bestimmt nach dem deutschen Internationalen Gesellschaftsrecht grundsätzlich das Statut der abhängigen Gesellschaft über das Verhältnis zur herrschenden Gesellschaft. Hintergrund ist der Gedanke, dass den nationalen Bestimmungen zum Schutz der untergeordneten Gesellschaft, ihrer (Minderheits-)Gesellschafter und Gläubiger im Konzern effektiv Geltung verschafft werden muss. Dies gilt auch für grenzüberschreitende **Beherrschungs- und Gewinnabführungsverträge** gem. §§ 291 ff AktG, denn diese werden nicht vertrags-, sondern gesellschaftsrechtlich qualifiziert.[29] Nach wohl herrschender Auffassung in der Literatur ist es jedoch Voraussetzung für die **Wirksamkeit** eines Beherrschungs- oder Gewinnabführungsvertrags zwischen einer (künftig) abhängigen deutschen und einer (künftig) herrschenden ausländischen Gesellschaft, dass die Geltung deutschen Rechts ausdrücklich vereinbart wird. Hierdurch soll verhindert werden, dass sich die herrschende Gesellschaft vor einem ausländischen Gericht, das womöglich abweichende Kollisionsregeln anwendet, auf ein anderes Statut berufen kann.[30] Solange die Frage nicht gerichtlich geklärt ist, empfiehlt sich die Aufnahme einer entsprechenden Rechtswahlklausel. Aus entsprechenden Gründen ist die Vereinbarung eines deutschen Gerichtsstandes anzuraten, allerdings dürfte das Risiko der Unwirksamkeit des Vertrags in dieser Hinsicht sehr gering sein.[31]

23

6. Handelsregisterrecht

Die (öffentlich-rechtliche) Pflicht zur Anmeldung bestimmter Rechtstatsachen beim deutschen Handelsregister knüpft an den **Ort der** betroffenen kaufmännischen **Niederlassung** an, vgl §§ 13 Abs. 1 S. 1, 13 d Abs. 1 HGB. Ausländische Zweigniederlassungen deutscher Unternehmen sind demnach nicht in das deutsche Register einzutragen (für inländische Zweigniederlassungen siehe §§ 13–13 c HGB). Für deutsche Zweigniederlassungen ausländischer Unternehmen gelten §§ 13d-13 g HGB. Der ausländische Träger der Niederlassung muss im Inland anzuerkennen sein, andernfalls kann keine Eintragung erfolgen.

24

7. Name und Firma

Für inländische Zweigniederlassungen ausländischer Gesellschaften gelten die Grundsätze des **deutschen Firmenrechts** (Firmenwahrheit, –klarheit, -unterscheidbarkeit gem. § 18 HGB).[32] Die Zweigniederlassung ist stets als solche kenntlich zu machen, das Auftreten unter der nicht entsprechend

25

---

28 Vgl nur BGH IPRax 1983, 70, 71.
29 Näher zum Ganzen, auch zu den Ausnahmen vom oben aufgestellten Grundsatz *Spahlinger/Wegen*, IntGesR, Rn 365 ff.
30 Staudinger/*Großfeld* IntGesR Rn 575 mwN.
31 Näher *Spahlinger/Wegen*, IntGesR, Rn 375.
32 BayObLGZ 1986, 61, 64 (zur Firmenwahrheit).

ergänzten Firma des ausländischen Unternehmens unzulässig.³³ Ausländische Rechtsformzusätze sind in der Originalsprache anzugeben, eine Ersetzung durch eine deutsche Rechtsform ist – unabhängig von der Vergleichbarkeit – unzulässig. Jedenfalls bei nomineller Rechtsformgleichheit ist die nationale Herkunft durch einen entsprechenden Zusatz klarzustellen (Beispiel: Baustoffe Rütli AG, Schweiz, Zweigniederlassung Freiburg).³⁴

8. Formfragen

26 Da bedeutende gesellschaftsrechtliche Akte oft besonderen Formerfordernissen unterliegen, etwa §§ 2 Abs. 1 S. 1, 15 Abs. 3, Abs. 4 S. 1 GmbHG (Gesellschaftsvertrag, Übertragung von Gesellschaftsanteilen), ist das Formstatut von Interesse, also das für Formfragen maßgebliche Sachrecht. Nach Art. 11 Abs. 1 EGBGB ist ein Rechtsgeschäft formgültig, wenn es die Formerfordernisse des auf den Gegenstand des Rechtsgeschäfts anwendbaren Rechts oder des Rechts des Staates erfüllt, in dem das Geschäft vorgenommen wird. Bezogen auf gesellschaftsrechtliche Akte würde dies bedeuten, dass entweder die vom **Gesellschaftsstatut** geforderte Form oder aber die **Ortsform** gewahrt sein muss. Die (wahlweise) Geltung der Ortsform für gesellschaftsrechtliche Vorgänge ist jedoch umstritten, auch innerhalb der Rechtsprechung.³⁵ Sicher ist, dass das Ortsrecht dann keine Anwendung finden kann, wenn es ein vergleichbares Rechtsgeschäft gar nicht kennt und dementsprechend keine Formvorschriften aufstellt („Normenleere"). In anderen Fällen empfiehlt es sich wegen der unsicheren Rechtslage stets die Formerfordernisse des Gesellschaftsstatuts zu erfüllen. Ein dem deutschen Gesellschaftsrecht unterliegender GmbH-Gesellschaftsvertrag etwa sollte auch im Ausland stets in notarieller Form geschlossen werden, auch wenn das Ortsrecht einen entsprechenden Vertragsschluss kennt und formfrei oder privatschriftlich erlaubt. Auf der Ebene des deutschen *Sach*rechts muss freilich sichergestellt sein, dass die Formwahrung im Ausland überhaupt möglich ist; für eine wirksame notarielle Beurkundung verlangt die Rechtsprechung, dass die ausländische Beurkundungsperson nach Ausbildung, Stellung und Funktion dem deutschen Notar vergleichbar ist und ein deutschen Grundsätzen entsprechendes Beurkundungsrecht anwendet.³⁶

9. Identitätswahrende Sitzverlegung

27 Als identitätswahrend wird die Verlegung des Verwaltungs- und/oder Satzungssitzes einer Gesellschaft in einen anderen Staat ohne Auflösung im Herkunfts- und Neugründung im Zielstaat bezeichnet. Die Identitätswahrung wird vielfach gewünscht sein, insbesondere um eine Neuordnung der Rechtsverhältnisse der Gesellschaft zu den Gesellschaftern und Dritten zu vermeiden. Für grenzüberschreitende Sitzverlegungen **innerhalb der EU** ist die Niederlassungsfreiheit und die hierzu ergangenen Entscheidungen des EuGH³⁷ von Bedeutung (Rn 16). Die EU-interne Sitzverlegung wird daher im Zusammenhang mit der Niederlassungsfreiheit gesondert behandelt (unten Rn 49 ff). Für Sitzverlegungen zwischen den **USA** und Deutschland ist das Freundschaftsabkommen vom 29.10.1954 zu beachten. Das Abkommen erleichtert den Zuzug nach Deutschland (Rn 17), der Wegzug in die USA ist praktisch kaum von Interesse und sei daher ausgeklammert.

28 Vorbehaltlich staatsvertraglicher Sonderregeln gilt für die **Verlegung des Verwaltungssitzes** einer in Deutschland gegründeten Gesellschaft **in das Nicht-EU-Ausland** Folgendes: Die im deutschen Internationalen Gesellschaftsrecht weiterhin grundsätzlich herrschende Sitztheorie verweist den deutschen Rechtsanwender auf das Recht des Zuzugsstaates. Folgt das Kollisionsrecht des Zuzugsstaats seiner-

---

33 Baumbach/Hopt/*Hopt* § 13 d Rn 4; aA jedenfalls für EU-interne Sachverhalte MünchKommHGB/*Krafka* § 13 d Rn 18.
34 OLG Saarbrücken NJW 1990 647, 648; weitergehend wohl MünchKommBGB/*Kindler* IntGesR Rn 219 (stets Hinweis auf das Herkunftsland erforderlich).
35 Eingehend dazu MünchKommBGB/*Kindler* IntGesR Rn 531 ff mit Nachweisen zur Rechtsprechung.
36 BGHZ 80, 76, 78; Übersicht über verschiedene Länder, insbesondere die Schweiz, bei Staudinger/*Großfeld* IntGesR Rn 474 ff mwN Vgl insbes. auch *Goette* DStR 1996, 709 und MittRhNotk 1997, 1.
37 Vgl EuGH, Urt. v. 9.3.1999 - Rs. C-212/97, Slg 1999, I-1459 = NJW 1999, 2027Fn 14–16; EuGH, Urt. v. 5.11.2002 - Rs. C-208/00, Slg 2002, I-9919 = NJW 2002, 3614; EuGH, Urt. v. 30.9.2003 - Rs. C-167/01, Slg 2003, I-10155 = NJW 2003, 3331.

seits der Sitztheorie, findet ab dem Zuzug das ausländische Sachrecht auf die Gesellschaft Anwendung. Dieses wird regelmäßig bestimmen, dass die nach deutschen Vorschriften gegründete Gesellschaft als solche keine Anerkennung findet. Eine identitätswahrende Sitzverlegung ist damit nicht möglich. Folgt das Kollisionsrecht des Zielstaats hingegen der Gründungstheorie, kommt es zum renvoi auf das deutsche Recht und damit gem. Art. 4 Abs. 1 S. 2 EGBGB zur Anwendung deutschen Sachrechts. Dieses lässt die Verlegung des tatsächlichen Verwaltungssitzes in das Ausland zu.[38] Die **Verlegung des Satzungssitzes** einer deutschen Gesellschaft in das Ausland – ob zusammen mit dem Verwaltungssitz oder isoliert – ist im Ergebnis nicht identitätswahrend möglich.[39] Eine identitätswahrende **Verlegung des Verwaltungssitzes** aus dem Ausland (ohne EU und USA) **nach Deutschland** ist ebenfalls nicht möglich; die Sitztheorie lässt deutsches Sachrecht zur Anwendung gelangen, dieses verweigert ausländischen Gesellschaftsformen die Anerkennung.[40] Ob eine Verlegung allein des **Satzungssitzes** nach Deutschland zulässig ist, kann nur das anzuwendende ausländische Sachrecht beantworten.

10. Grenzüberschreitende Verschmelzung und Spaltung

Im Fall einer grenzüberschreitenden Gesellschaftsverschmelzung oder -spaltung sind nach hM die **Statute beider** (bzw aller) betroffenen **Gesellschaften** zu berücksichtigen. So ist eine Verschmelzung nur zulässig, wenn alle involvierten Gesellschaftsstatute diese zulassen. Ob das deutsche Sachrecht die grenzüberschreitende Umwandlung einer deutschen Gesellschaft erlaubt, ist streitig. Die hM lehnt die Möglichkeit der Umwandlung ab, zur Begründung verweist sie auf den Wortlaut von § 1 Abs. 1 UmwG, demzufolge nur Rechtsträger mit Sitz im Inland umgewandelt werden können, und auf das Analogieverbot des § 1 Abs. 2 UmwG.[41] Nach der Sevic-Entscheidung des EuGH verstößt diese Regelung jedenfalls hinsichtlich der Verschmelzung von ausländischen auf deutsche Gesellschaften (sog. Hineinverschmelzung) gegen die Niederlassungsfreiheit (Art. 43, 48 EGV).[42] In Umsetzung dieses Urteils und der Richtlinie über die Verschmelzung von Kapitalgesellschaften aus verschiedenen Mitgliedstaaten[43] sollen mit dem **Zweiten Gesetz zur Änderung des UmwG** im zehnten Abschnitt unter dem Titel „Grenzüberschreitende Verschmelzungen von Kapitalgesellschaften" §§ 122 a bis 122 l in das UmwG eingefügt werden. Nicht erfasst von der Neuregelung sind dagegen die grenzüberschreitende Verschmelzung von Personengesellschaften oder von Rechtsträgern aus Drittstatten sowie grenzüberschreitende Spaltungen, Vermögensübertragungen und Formwechsel. Eine ausführliche Darstellung der grenzüberschreitenden Umwandlung findet sich unter Rn 98 ff.

11. Insolvenz

Bei grenzüberschreitend tätigen oder sonst auslandsberührenden Gesellschaften stellt sich die Frage, nach welchem Recht in einem (möglichen) Insolvenzfall zu verfahren ist und welche Insolvenzgerichte international zuständig sind. Die Antworten auf diese Fragen gibt nicht das Internationale Gesellschafts-, sondern das Internationale Insolvenzrecht. Der Begriff umfasst nach üblicher Definition nicht nur das insolvenzbezogene Kollisionsrecht, sondern auch die besonderen sach- und verfahrensrechtlichen Regeln zur Bewältigung grenzüberschreitender Insolvenzen. Als wichtigste Rechtsquellen des Internationalen Insolvenzrechts sind die Europäische Verordnung über Insolvenzverfahren (**EuInsVO**) und – in Bezug zu Nicht-EU-Staaten – §§ 335–358 InsO zu nennen.[44]

---

38 OLG Hamm NZG 2001, 562, 563.
39 Eingehend *Spahlinger/Wegen*, IntGesR, Rn 453 ff.
40 Näher oben Rn 11.
41 MünchKommBGB/*Kindler* IntGesR Rn 869 ff, insb. 872.
42 EuGH, Urt. v. 13.12.2005 – C-411/03, NJW 2006, 425, 426.
43 Richtlinie 2005/56/EG des Europäischen Parlaments und des Rates vom 26.10.2005 über die Verschmelzung von Kapitalgesellschaften aus verschiedenen Mitgliedstaaten, ABl. EG Nr. L 310, S. 1 ff.
44 Dazu etwa *Duursma-Kepplinger/Duursma/Chalupsky*, Europäische Insolvenzverordnung, 2002; *Smid*, Deutsches und Europäisches Internationales Insolvenzrecht, 2004; *Stephan*, in: Eickmann/Flessner/Irschlinger/Kirchhoff/Kreft/Landfermann/Marotzke/Stephan, Heidelberger Kommentar zur Insolvenzordnung, 4. Aufl., 2006, vor §§ 335–358 InsO und EuInsVO.

12. Internationale gerichtliche Zuständigkeit

31 In gesellschaftsrechtlichen Streitigkeiten mit Auslandsberührung wird mitunter die internationale gerichtliche Zuständigkeit fraglich sein. Zu beachten ist zunächst, dass die Gerichte über ihre internationale Zuständigkeit anhand des eigenen nationalen Rechts entscheiden. Das insoweit maßgebliche Internationale Zivilprozessrecht (IZPR) ist EU-weit durch die **EuGVVO** für all diejenigen Fälle vereinheitlicht, in denen der (Wohn-)Sitz des bzw der Beklagten in der EU liegt (Art. 4 Abs. 1 EuGVVO). Lediglich für Dänemark gilt das weitgehend inhaltsgleiche EuGVÜ fort und im Verhältnis zu Norwegen, Island und der Schweiz gilt das ebenfalls inhaltlich vergleichbare Luganer Übereinkommen.[45] Für Klagen betreffend die Gültigkeit, Nichtigkeit oder Auflösung einer Gesellschaft oder die Gültigkeit von Gesellschaftsbeschlüssen sind gem. Art. 22 Nr. 2 EuGVVO **ausschließlich** die Gerichte des Staates zuständig, in dem die Gesellschaft nach dem Verständnis der lex fori ihren Sitz hat. Weiterhin enthält die EuGVVO verschiedene **besondere** Gerichtsstände, insbesondere Art. 5 Nr. 1, 3, 5 EuGVVO (Erfüllungsort, unerlaubte Handlung, Niederlassung). Der **allgemeine** nationale Gerichtsstand einer Gesellschaft schließlich befindet sich gem. Art. 2 Abs. 1 EuGVVO an deren Sitz, wobei die wahlweise Sitz-Definition des Art. 60 EuGVVO zu beachten ist. Soweit keine vorrangigen internationalen Vorschriften gelten, beurteilt sich die internationale Zuständigkeit der Gerichte nach dem autonomen **IZPR** des Staates, dem das angerufene Gericht angehört. Deutsche Gerichte wenden die Vorschriften der ZPO zur örtlichen Zuständigkeit entsprechend an, diese entfalten also eine Doppelwirkung. Besonders zu erwähnen sind die besonderen Gerichtsstände der Niederlassung und der Mitgliedschaft (§§ 21 f ZPO), sowie der „exorbitante" besondere Gerichtsstand des Vermögens (§ 23 ZPO).

32 Besteht die Wahl zwischen mehreren internationalen Gerichtsständen, kann der Umstand in Bedeutung erwachsen, dass die Gerichte bei der Auffindung des streitentscheidenden nationalen Sachrechts jeweils von dem eigenen IPR ausgehen. Hieraus kann für den Kläger die Möglichkeit folgen, durch die Wahl eines bestimmten Forums die Anwendung eines im konkreten Streitfall für ihn besonders günstigen Sachrechts herbeizuführen (sog. **forum shopping**). Für **Gerichtsstandsvereinbarungen** schließlich ist insbesondere Art. 23 EuGVVO zu beachten, der in seinem Anwendungsbereich die §§ 38–40 ZPO verdrängt, soweit der Fall weist einen grenzüberschreitenden Gemeinschaftsbezug aufweist.[46] Die Vorschrift erfasst aber auch Rechtsstreitigkeiten, die keinen Bezug zu einem weiteren Mitgliedstaat, wohl aber zu einem Drittstaat haben.[47]

B. Überblick über das Europäische Gesellschaftsrecht

33 Das **europäische Gesellschaftsrecht** umfasst alle Rechtssätze, die das Recht der privaten Zweckverbände betreffen und eine europarechtliche Grundlage haben. Es handelt sich um dasjenige Gebiet des Privatrechts, das durch das europäische Recht am stärksten beeinflusst und in dem die Vereinheitlichung der nationalen Privatrechte am weitesten fortgeschritten ist.[48] Die in den primärrechtlichen Vorschriften der Art. 43 ff EGV normierte Niederlassungsfreiheit ist die wohl bedeutendste Rechtsquelle für das europäische Gesellschaftsrecht und zugleich auch dessen Fundament.[49] Dargestellt wird daher zunächst ein Überblick über den Inhalt dieser Grundfreiheit und ihrer Auswirkung auf das nationale Recht (unter Rn 35 ff). Das europäische Gesellschaftsrecht wird jedoch seit jeher und zunehmend durch Rechtsakte auf der sekundärrechtlichen Ebene ausgestaltet, namentlich durch eine Vielzahl von teilweise ausdrücklich sogenannten „gesellschaftsrechtlichen" Richtlinien und Verordnungen, deren wichtigste im Anschluss (unter Rn 59 ff) dargestellt werden, und zwar geordnet nach den Teilrechtsbereichen des europäischen Gesellschaftsrechts.

---

45 Die Ausführungen beschränken sich insoweit auf die EuGVVO.
46 Hk-ZPO/*Dörner* Art. 23 EuGVVO Rn 6.
47 Hk-ZPO/*Dörner* Art. 23 EuGVVO Rn 6; *Saenger* ZZP 110, 477, 481. AA teilweise noch die Rechtsprechung zur Vorgängernorm des Art. 17 EuGVÜ, BGHZ 134, 127, 133, die aber im Lichte der Verordnung, die europäisches Einheitsrecht mit möglichst umfassendem Anwendungsbereich schaffen will, keinen Bestand haben dürfte.
48 *Schwarz*, Europäisches Gesellschaftsrecht, Rn 3.
49 Vgl auch *Lutter* ZGR Sonderheft 1, 1996, S. 36 („Magna Charta").

Das so verstandene europäische Gesellschaftsrecht ist vom europäischen **Kapitalmarktrecht** zu unterscheiden.[50] Dem europäischen Kapitalmarktrecht ist auf primärrechtlicher Ebene vor allem die Kapitalverkehrsfreiheit (Art. 56 ff EGV) und auf sekundärrechtlicher Ebene unter anderem die vielbeachtete Transparenzrichtlinie (RL 2004/109/EG)[51] zuzuordnen. Zwischen dem europäischen Kapitalmarktrecht und dem europäischen Gesellschaftsrecht bestehen vielfältige Überschneidungen. Insbesondere kommt der Kapitalverkehrsfreiheit zunehmende Bedeutung für das Gesellschaftsrecht zu, da der EuGH immer häufiger gesellschaftsrechtliche Sachverhalte am Maßstab der Kapitalverkehrsfreiheit misst.[52]

I. Die Niederlassungsfreiheit (Art. 43, 48 EGV)

1. Allgemeines

Die Niederlassungsfreiheit (Art. 43 ff EGV) bildet zusammen mit der Arbeitnehmerfreizügigkeit (Art. 39 EGV) die sogenannte Personenverkehrsfreiheit, die neben der Warenverkehrs- (Art. 28 ff EGV), der Dienstleistungs- (Art. 49 ff EGV) sowie der Kapitalverkehrsfreiheit (Art. 56 ff EGV) eine der vier „**Grundfreiheiten**" der Europäischen Gemeinschaft darstellt. Deren gemeinsamer Zweck besteht in der Verwirklichung und Gewährleistung eines gemeinsamen Binnenmarkts. Dass insbesondere die Kommission der Niederlassungsfreiheit einen hohen Stellenwert beimisst, zeigt sich insbesondere darin, dass sie bereits 1962 ein „Allgemeines Programm zur Aufhebung der Beschränkungen der Niederlassungsfreiheit" beschlossen hat,[53] in dem sie u.a. die Koordination der den Gesellschaften vorgeschriebenen Schutzbestimmungen iSd Art. 44 Abs. 2 lit. g EGV ins Auge gefasst hat.

a) Unmittelbare Geltung

Obwohl die Gründungsverträge primär nur die Mitgliedstaaten als völkerrechtliche Subjekte und Vertragsparteien binden, kommt nach ständiger Rechtsprechung des EuGH allen Normen des Gemeinschaftsrechts, die „rechtlich vollkommen" sind, unmittelbare Geltung zu. Dies nimmt der EuGH bei Normen an, die ohne weitere Konkretisierung anwendbar und unbedingt sind, in einer Handlungs- oder Unterlassungspflicht für die Mitgliedstaaten bestehen, keine weiteren Vollzugsmaßnahmen erfordern und den Mitgliedstaaten keinen Ermessensspielraum lassen (*van Gend & Loss*-Urteil).[54][55] Sie begründen dann unmittelbare Rechte und Pflichten auch der Staatsangehörigen der Mitgliedstaaten. Das trifft namentlich auf die primärrechtliche Niederlassungsfreiheit zu,[56] kann aber auch für die auf Grundlage des Vertrages erlassenen **Richtlinien** (Sekundärrecht) gelten. Die unmittelbare Geltung von **Verordnungen** ist dagegen in Art. 249 Abs. 2 S. 1 EGV ausdrücklich angeordnet.

b) Das Verhältnis zum nationalen Recht

Dem Gemeinschaftsrecht kommt als eigenständige Rechtsordnung Vorrang vor dem gesamten nationalen Recht zu,[57] auch vor dem deutschen Verfassungsrecht.[58] Heute allgemein anerkannt ist, dass

---

50 Vgl *Habersack*, Europäisches Gesellschaftsrecht, § 1 Rn 5.
51 Richtlinie 2004/109/EG des Europäischen Parlaments und des Rates vom 15.12.2004 zur Harmonisierung der Transparenzanforderungen in Bezug auf Informationen über Emittenten, deren Wertpapiere zum Handel auf einem geregelten Markt zugelassen sind, und zur Änderung der Richtlinie 2001/34/EG, ABl. L 390 vom 31.12.2004, S. 38–57.
52 So insbesondere in den Entscheidungen zu Sonderrechten aus Aktien („*Golden Shares*"), vgl etwa Rs C-282/04 und C-283/04 (KPN und TPG), Slg 2006, I-9141; Rs C-174/04, Slg 2005, I-4933; Rs C-483/99, Slg 2002, I-4781; Rs C-98/01, Slg 2003, I-4641. Zum Verfahren gegen das VW-Gesetz (BGBl. 1960 I S. 585), Rs C-112/05, vgl die Schlussanträge des Generalanwalts, die unter www.eur-lex.europa.eu abrufbar sind.
53 ABl. Nr. 2 vom 15.1.1962, S. 36–45.
54 EuGH, Rs C-26/62 (*van Gend & Loss*), Slg 1963, 3, 24 ff.
55 Vgl *Streinz*, Europarecht, Rn 349.
56 EuGH, Rs C-2/74 (*Reyners*), Slg 1974, 631, Tz. 24/28 f, der dies sogar schon für die frühere Fassung des Art. 43 EGV angenommen hat.
57 EuGH, Rs C-6/64 (*Costa/ENEL*), Slg 1964, 1251, 1269. Hierzu und zu den verschiedenen dogmatischen Begründungen siehe *Streinz*, Europarecht, Rn 169 ff.
58 Auch das BVerfG erkennt diesen Vorrang im Grundsatz an. Zwar stellt es den Vorrang unter einen Prüfungsvorbehalt, doch sind an diesen so hohe Hürden geknüpft, dass er weit gehend ohne Bedeutung ist. Zur Entwicklung der Rechtsprechung des BVerfG (*Solange I, Solange II, Maastricht, Bananenmarkt*) siehe etwa *Nicolaysen/Nowak* NJW 2001, 1233 ff.

diese Vorrangwirkung in rechtstechnischer Hinsicht über die Lehre vom **Anwendungsvorrang** zu realisieren ist, nach dem eine nationale Norm, die inhaltlich dem Gemeinschaftsrecht widerspricht, nicht nichtig, also schlechthin ungültig (so die Lehre vom Geltungsvorrang), sondern lediglich in dem zu entscheidenden Fall, dem sog. Kollisionsfall, nicht anwendbar ist.[59] Das gilt allerdings nur für unmittelbar geltendes Gemeinschaftsrecht (dazu oben Rn 36). Das nicht unmittelbar geltende Gemeinschaftsrecht kann aber mittelbar durch eine **gemeinschaftsrechts- und insbesondere richtlinienkonforme Auslegung** des nationalen Rechts zur Geltung kommen, zu der alle Träger öffentlicher Gewalt in den Mitgliedstaaten und damit auch Gerichte im Rahmen ihrer Zuständigkeit verpflichtet sind. Diese Pflicht leitet der EuGH einerseits aus der sich aus einer jeden Richtlinie ergebenden Umsetzungsverpflichtung und andererseits aus Art. 10 EGV ab, nach dem die Mitgliedstaaten alle zur Erfüllung dieser Verpflichtung geeigneten Maßnahmen allgemeiner oder besonderer Art zu treffen haben.[60]

2. Anwendungsbereich, Gewährleistungsumfang und Schranken

38 Dogmatisch ist es möglich, bei der Niederlassungsfreiheit eine der Prüfung von Grundrechten (Schutzbereich, Eingriff, Rechtfertigung) vergleichbare Dreiteilung in Anwendungsbereich, Gewährleistungsumfang und Schranken vorzunehmen.[61] Die Grenze zwischen Anwendungsbereich und Gewährleistungsumfang kann allerdings im Einzelfall fließend sein.[62]

a) Anwendungsbereich

39 Nach Art. 43 EGV genießen die Staatsangehörigen eines jeden Mitgliedsstaats in **sachlicher** Hinsicht das Recht, sich im Hoheitsgebiet eines anderen Mitgliedstaats niederzulassen (Abs. 1 S. 1) und dort einer selbstständigen Erwerbstätigkeit nachzugehen sowie Unternehmen und Gesellschaften zu gründen oder zu leiten (Abs. 2).[63] Geschützt wird danach zunächst die sog. **primäre Niederlassungsfreiheit**, also das Recht, den Schwerpunkt der unternehmerischen Tätigkeit durch eine Hauptniederlassung auszuüben, namentlich in Gestalt der erstmaligen Gründung einer Gesellschaft (Gründungsfreiheit), der Übersiedlung der Hauptniederlassung, der Verlegung des Verwaltungssitzes (str.)[64] oder die Verschmelzung auf eine ausländische Gesellschaft (*Sevic*, näher unten Rn 118 ff).[65] Hiervon zu unterscheiden ist die sog. **sekundäre Niederlassungsfreiheit**, die zur Gründung von Tochtergesellschaften, Zweigniederlassungen (*Centros*, näher unten Rn 54)[66] und Agenturen unter Beibehaltung des unternehmerischen Schwerpunkts im Heimatstaat berechtigt und außerdem – an der Schnittstelle zur Kapitalverkehrsfreiheit – die Beteiligung an einem bestehenden Unternehmen umfasst (Beteiligungsfreiheit).[67]

40 Der **persönliche Anwendungsbereich** erfasst zunächst die Staatsangehörigen der Mitgliedstaaten, also natürliche Personen. Diesen stehen gemäß Art. 48 EGV diejenigen **Gesellschaften** gleich, die nach dem Recht eines Mitgliedstaats gegründet worden sind und ihren satzungsmäßigen Sitz, ihre Hauptverwaltung oder ihre Hauptniederlassung innerhalb der Gemeinschaft haben (Abs. 1). Als Gesellschaften gelten dabei die Gesellschaften des bürgerlichen Rechts und des Handelsrechts (insbesondere OHG, KG, AG, KGaA und GmbH) einschließlich der Genossenschaften und die sonstigen juristischen Personen des privaten und öffentlichen Rechts mit Ausnahme derjenigen, die keinen Erwerbszweck verfolgen (Abs. 2).

41 Erfasst werden schließlich nur grenzüberschreitende Sachverhalte, dh es bedarf eines **räumlichen** Bezuges zu dem Gebiet eines anderen Mitgliedstaats. Die Art. 43, 48 EGV gelten also nicht für

---

59 *Saenger*, Casebook Europäisches Gesellschaftsrecht, S. 22; siehe auch *Streinz*, Europarecht, Rn 200, 223a.
60 Vgl EuGH, Rs C-106/89 (*Marleasing*), Slg 1990, I-4135, dazu *Saenger*, Casebook Europäisches Gesellschaftsrecht, S. 115 ff; EuGH, Rs C-79/83 (*Harz/Tradax*), Slg 1984, 1921.
61 Vgl etwa *Streinz*, Europarecht, Rn 660 ff.
62 Häufig ist deshalb auch eine zweiteilige Prüfung anzutreffen, vgl etwa *Schwarz*, Europäisches Gesellschaftsrecht, Rn 124 ff.
63 *Streinz*, Europarecht, Rn 754; *Habersack*, Europäisches Gesellschaftsrecht, § 3 Rn 1.
64 Ablehnend EuGH, Rs 81/87 (*Daily Mail*), Slg 1988, 5483 (näher unten Rn 52); AG Heidelberg NZG 2000, 927, 928.
65 EuGH, Rs C-411/03, NJW 2006, 425 f.
66 EuGH, Rs C-212/97, Slg 1999, I-1459.
67 Zu dieser Unterteilung siehe von der Groeben/Schwarze/*Tiedje*/*Troberg*, EUV/EGV, Art. 43 Rn 32 ff; *Lutter* ZGR Sonderheft 1, 1996, S. 37 f.

rein innerstaatliche Maßnahmen.⁶⁸ Bei der Frage, ob sich Inländer gegenüber ihrem eigenen Staat auf Art. 43 EGV berufen können, ist daher strikt zu unterscheiden: Auf Schlechterstellungen eigener Staatsangehöriger oder inlandsansässiger Unternehmen (reine **Inländerdiskriminierung**) findet das gegenüber Art. 12 Abs. 1 EGV speziellere Diskriminierungsverbot des Art. 43 Abs. 1 S. 1 EGV nach seinem eindeutigen Wortlaut und seinem Zweck keine Anwendung; einschlägig sind allenfalls Art. 20 Abs. 2, 3 Abs. 2 lit. g EGV oder das nationale Recht (Art. 12, 14 GG).⁶⁹ Werden dagegen die Inländer durch ihren Heimatstaat in der grenzüberschreitenden Ausübung ihrer Niederlassungsfreiheit behindert (sog. **Inländerbeschränkung**), kann Art. 43 EGV zu ihren Gunsten durchaus eingreifen. So darf ein Mitgliedstaat weder natürliche Personen, die Staatsangehörige dieses oder eines anderen Mitgliedstaats sind, daran hindern, sich in einem anderen Mitgliedstaat niederzulassen (sog. Wegzugfälle), noch darf er sie bei der wirtschaftlichen Rückwanderung behindern oder daran, dass sie eine Niederlassung in einem anderen Mitgliedstaat unterhalten, nachteilige (steuerliche) Folgen knüpfen (*ICI*-Entscheidung).⁷⁰ Ob dies auch für Gesellschaften gilt, ist streitig (näher unten Rn 49 ff).

b) Gewährleistungsumfang

Ursprünglich ist die Niederlassungsfreiheit lediglich als ein Recht auf Inländergleichbehandlung verstanden worden, ganz im Sinne des Art. 12 Abs. 1 EGV also als ein **Diskriminierungsverbot**.⁷¹ Gestützt wurde dieses Verständnis auf die Entstehungsgeschichte und den früheren Wortlaut des Art. 43 EGV. Nach diesem Verständnis liegt eine Beschränkung der Niederlassungsfreiheit nur vor, wenn die geschützten Personen nicht denselben nationalen Regelungen, die für Inländer gelten, unterworfen, sondern wegen ihrer Staatsangehörigkeit bzw ihres Gesellschaftssitzes benachteiligt werden. Eine solche Beschränkung hat der EuGH etwa in der unterschiedlichen Behandlung von innerstaatlichen und grenzüberschreitenden Verschmelzungen durch § 1 Abs. 1 Nr. 1 UmwG erkannt (*Sevic*, näher unten Rn 118 ff).⁷² Verboten sind nicht nur unmittelbar an die Staatsangehörigkeit bzw den Gesellschaftssitz anknüpfende (sog. offene) Diskriminierungen, sondern auch solche, die von Umständen abhängen, die typischerweise bei Ausländern anzutreffen sind (sog. mittelbare oder **verdeckte Diskriminierungen**).

42

Erst in den 90er Jahren, weit später als bei der Warenverkehrsfreiheit (*Dassonville*, *Cassis de Dijon*) und der Dienstleistungsfreiheit (*van Binsbergen*),⁷³ ist der EuGH in den Entscheidungen *Klopp*, *Kraus* und *Gebhardt* auch bei Art. 43 EGV von einem bloßen Diskriminierungs- zu einem **umfassenden Beschränkungsverbot** übergegangen,⁷⁴ ebenfalls vor allem unter Berufung auf den „effet utile". Danach steht Art. 43 EGV jeder nationalen Regelung entgegen, die zwar ohne Diskriminierung aus Gründen der Staatsangehörigkeit anwendbar ist, die aber geeignet ist, die Ausübung der durch den EG-Vertrag garantierten grundlegenden Freiheiten durch die Gemeinschaftsangehörigen einschließlich der Staatsangehörigen des Mitgliedstaats, der die Regelung erlassen hat, zu behindern oder weniger attraktiv zu machen.⁷⁵ Diese weite Auslegung wurde auch in der *Centros*-Entscheidung bestätigt (näher unten Rn 54).⁷⁶ Sie ist allerdings nicht frei von Bedenken, insbesondere wegen des Wortlauts von Art. 43 Abs. 2 EGV, der im Unterschied zu Art. 56 EGV („alle Beschränkungen des Kapitalverkehrs") die freie Niederlassung nur „nach den Bestimmungen des Aufnahmestats für seine eigenen

43

---

68 *Streinz*, Europarecht, Rn 666.
69 Streinz/*Müller-Graff*, EUV/EGV, Art. 43 Rn 74.
70 EuGH, Rs C-264/96, Slg 1998, I-4695 ff. Tz. 21.
71 Etwa EuGH, Rs C-2/74 (*Reyners*), Slg 1974, 631, 651 f, Tz. 15 ff; EuGH, Rs. C-270/83 (Kommission/Frankreich), Slg 1986, 273, 303, Tz. 14.
72 EuGH, Rs C-411/03, NJW 2006, 425, 426.
73 EuGH, Rs C-8/74 (*Dassonville*), Slg 1974, 837, 852, Tz. 5; EuGH, Rs C-120/78 (*Cassis de Dijon*), Slg 1979, 649, 662, Tz. 8; EuGH, Rs C-33/74 (*van Binsbergen*), Slg 1974, 1299, 1309, Tz. 10 und 12.
74 EuGH, Rs C-107/83 (*Klopp*), Slg 1984, 2971 ff; EuGH, Rs C-19/92 (*Kraus*), Slg 1993, I-1663, 1697, Tz. 32; EuGH, Rs C-55/94 (*Gebhardt*), Slg 1995, I-4165, 4197, Tz. 37; näher *Habersack*, Europäisches Gesellschaftsrecht, § 3 Rn 3; *Schwarz*, Europäisches Gesellschaftsrecht, Rn 136.
75 EuGH, Rs C-19/92 (*Kraus*), Slg 1993, I-1663, 1697, Tz. 32.
76 EuGH, Rs C-212/97, Slg 1999, I-1459, Tz. 37.

Angehörigen" gewährleistet.⁷⁷ Jedenfalls aber darf die textliche Neufassung des Art. 43 Abs. 1 EGV als Verbot (zuvor: „schrittweise Aufhebung") von Beschränkungen nicht darüber hinwegtäuschen, dass gerade bei der Niederlassungsfreiheit das Beschränkungsverbot eine geringere Reichweite entfalten muss als die eher auf den Austausch und Verbrauch von Gütern angelegten Freiheiten des Waren-, Dienstleistungs- und Kapitalverkehrs.⁷⁸

44 Unklar ist allerdings, inwieweit die Grundsätze der **Keck-Entscheidung**,⁷⁹ in der der EuGH unter Aufgabe seiner bisherigen Rechtsprechung das allgemeine Verbot einer Beschränkung der Warenverkehrsfreiheit hinsichtlich der „Verkaufsmodalitäten" bzw „vertriebsbezogenen Regeln" wieder auf ein Diskriminierungsverbot zurückgeführt hat (im Sinne einer Neudefinition des Anwendungsbereiches), auf die Niederlassungsfreiheit zu übertragen sind.⁸⁰ Das wird man wohl im Grundsatz mit der Folge zu bejahen haben, dass hinsichtlich des Marktzugangs, also der fundamentalen Betätigung der Niederlassungsfreiheit, weiterhin das allgemeine Beschränkungsverbot eingreift, wohingegen Behinderungen bei der Ausübung der Geschäftstätigkeit durch die niedergelassene Person (etwa durch nationales Gewerbe- oder Wettbewerbsrecht) nur verboten sind, wenn sie EU-Ausländer diskriminieren.⁸¹ Eine Ausnahme muss aber für das Gesellschaftsstatut gelten, das die Mitgliedstaaten anzuerkennen nach Art. 43 EGV verpflichtet sind.

c) Schranken

45 Der Gewährleistungsumfang der Niederlassungsfreiheit besteht nicht uneingeschränkt. Neben der Bereichsausnahme (keine Schranke) des Art. 45 EGV, nach der Art. 43, 48 EGV keine Anwendung auf Tätigkeiten finden, die in einem Mitgliedstaat dauernd oder zeitweise mit der Ausübung öffentlicher Gewalt verbunden sind, bestehen folgende Schranken:

aa) Art. 46 Abs. 1 EGV (ordre public)

46 Zunächst steht die Niederlassungsfreiheit nach dem **ausdrücklichen Vorbehalt** des Art. 46 Abs. 1 EGV Beschränkungen aus Gründen der öffentlichen Ordnung, Sicherheit und Gesundheit (sog. *ordre public*) nicht entgegen. Die Vorschrift wird allerdings sehr restriktiv angewendet.

bb) Rechtfertigung im Allgemeininteresse

47 Von herausragender Bedeutung ist dagegen die von der Rechtsprechung des EuGH entwickelte **Rechtfertigung im Allgemeininteresse**, nach der Maßnahmen des nationalen Rechts die Niederlassungsfreiheit beschränken dürfen, wenn sie vier Voraussetzungen erfüllen: Sie müssen in nicht diskriminierender Weise angewendet werden, zwingenden Gründen des Allgemeininteresses entsprechen, zur Erreichung des verfolgten Zieles geeignet sein und dürfen nicht über das hinausgehen, was zur Erreichung dieses Zieles erforderlich ist.⁸² Der Grund für die Entwicklung dieser immanenten Verbotsschranke, die weit über den Wortlaut des EG-Vertrages hinausgeht, ist in der zurückhaltenden Anwendung des Art. 46 Abs. 1 EGV, vor allem aber in der Anerkennung des allgemeinen Beschränkungsverbots (oben Rn 43) zu sehen, die eine entsprechend weit gehende Rechtfertigungsmöglichkeit erforderlich machte. Die genannte Formel vereinigt sowohl Elemente des Verhältnismäßigkeitsgrundsatzes als auch des Diskriminierungsverbots und macht (offen) diskriminierende Beschränkungen unzulässig; solche sind nur zulässig, wenn sie auf einer ausdrücklich abweichenden Bestimmung des EGV beruhen.⁸³

---

77 Kritisch auch *Schwarz*, Europäisches Gesellschaftsrecht, Rn 140; *Saenger*, Casebook Europäisches Gesellschaftsrecht, S. 28 f.
78 *Streinz*, Europarecht, Rn 672a.
79 EuGH, Rs C-268/91, Slg 1993, I-6097, 6131, Tz. 16 und 17.
80 Hierzu näher *Habersack*, Europäisches Gesellschaftsrecht, § 3 Rn 5 ff; *Eberhartinger* EWS 1997, 43, 49.
81 *Habersack*, Europäisches Gesellschaftsrecht, § 3 Rn 5 ff; *Eberhartinger* EWS 1997, 43, 49.
82 EuGH, Rs C-19/92 (*Kraus*), Slg 1993, I-1663, Tz. 32; EuGH, Rs C-55/94 (*Gebhardt*), Slg 1995, I-4165, 4197, Tz. 37.
83 EuGH, Rs C-352/85 (*Bond van Adverteerders*), Slg 1988, 2085 ff, Tz. 32; Streinz/*Müller-Graff*, EUV/EGV, Art. 43 Rn 74. Der EuGH weicht hiervon aber zuweilen ab, etwa in EuGH, Rs C-411/03 (*Sevic*), NJW 2006, 425, 426, Tz. 23 (vgl zu dieser Entscheidung noch unten Rn 118 ff).

cc) Die Missbrauchsrechtsprechung des EuGH

Eine Schranke kann sich schließlich aus der sog. **Missbrauchsrechtsprechung** ergeben, die der EuGH in ganz unterschiedlichen Konstellationen als Grundlage für die Rechtfertigung von Beschränkungen heranzieht.[84] Danach sind die Mitgliedstaaten berechtigt, Maßnahmen zu treffen, die verhindern sollen, dass sich Personen missbräuchlich oder betrügerisch auf das Gemeinschaftsrecht berufen. Die Mitgliedstaaten können in diesem Fall das missbräuchliche Verhalten des Betroffenen auf der Grundlage objektiver Kriterien berücksichtigen, um ihm gegebenenfalls die Berufung auf eine Rechtsnorm zu verwehren, müssen dabei jedoch die mit dieser Bestimmung verfolgten Zwecke beachten.

3. Die Bedeutung der Art. 43, 48 EGV für das Gesellschaftsrecht am Beispiel der Sitzverlegung

Die Niederlassungsfreiheit ist von überragender Bedeutung für die Mobilität der Gesellschaften innerhalb der Gemeinschaft, insbesondere für die **Verlegung ihres Sitzes** von einem (Wegzugs-) in einen anderen Mitgliedstaat (Zuzugsstaat), mit der die Frage nach der Anerkennung ausländischer Gesellschaften mit inländischem Sitz eng verbunden ist. Betroffen ist hier der komplexe Bereich des internationalen Gesellschaftsrechts.[85]

a) Sitztheorie und Gründungstheorie

Das Ausgangsproblem besteht darin, dass Gesellschaften anders als natürliche Personen nicht aus sich heraus existieren können, sondern es hierzu einer rechtlichen Anerkennung und eines rechtlichen Rahmens bedarf. Bei rein nationalen Sachverhalten richtet sich die Anerkennung einer Personenvereinigung als Gesellschaft allein nach dem jeweiligen nationalen Recht, dem sog. Sachrecht. Tritt wie bei den Fällen der Sitzverlegung ein Auslandsbezug hinzu, stellt sich vorgelagert die kollisionsrechtliche Frage, welches nationale Sachrecht auf die Gesellschaft überhaupt zur Anwendung kommt (sog. Gesellschaftsstatut). Da das deutsche Kollisionsrecht, das sog. internationale Privatrecht (Art. 3 ff EGBGB), hierzu keine Regelung enthält, haben Rechtsprechung und Lehre in freier Rechtsfortbildung im Wesentlichen zwei Ansätze entwickelt: Während die früher vorherrschende **Sitztheorie** das Recht desjenigen Staates anwenden will, in dem die Gesellschaft ihren tatsächlichen Verwaltungssitz hat, hält die **Gründungstheorie** das Gesellschaftsrecht des Staates für maßgeblich, nach dessen Recht (nicht: in dem) die Gesellschaft gegründet worden ist. Diese Theorien wählen also ganz unterschiedliche sog. kollisionsrechtliche Anknüpfungspunkte.[86] Komplikationen entstehen dadurch, dass sich die Frage nach dem anwendbaren Gesellschaftsstatut zweifach stellt, wenn eine wirksam nach dem Recht eines Staates gegründete Gesellschaft ihren Sitz in einen anderen Staat verlegt, nämlich sowohl für den Wegzugs- wie auch für den Zuzugsstaat. Dabei sehen die Rechtsordnungen der Mitgliedstaaten wiederum verschiedene kollisionsrechtliche Anknüpfungspunkte vor und hängen teils der Gründungs-, teils der Sitztheorie an, wobei wiederum die einen den satzungsmäßigen und die anderen den tatsächlichen Sitz zugrunde legen.

Überschaubar ist die Rechtslage daher nur, wenn beide Staaten der Gründungstheorie folgen: Hier wird die Gesellschaft in beiden Staaten als rechtlich existent anerkannt. Folgen beide Staaten der Sitztheorie, verweisen zwar beide Rechtsordnungen einheitlich auf das Sachrecht des Zuzugsstaats, so dass ein Statutenwechsel stattfindet. Da die Gesellschaft jedoch regelmäßig im Zeitpunkt der Sitzverlegung die Anforderungen des Zuzugsstaats an die rechtliche Anerkennung von Gesellschaften (noch) nicht erfüllt bzw erfüllen kann (insbesondere Registereintragung), ist eine Verlegung unter Wahrung der rechtlichen Identität unmöglich, und eine etwaige Haftungsbeschränkung wird unterbrochen. Dies hat zur Folge, dass die Gesellschaft abgewickelt und im Zuzugsstaat neu gegründet werden muss. Folgt schließlich ein Staat der Gründungs- und der andere der Sitztheorie, entstehen kaum aufzulösende Widersprüche. Dieses unbefriedigende Ergebnis haben die Mitgliedstaaten schon bei der Erarbeitung des EG-Vertrages erkannt und daher in seinen Art. 293 3. Spiegelstrich EGV die Absichts-

---

[84] Etwa EuGH, Rs C-212/97 (*Centros*), Slg 1999, I-1459, Tz.18 (näher zu dieser Entscheidung noch unten Rn 54); EuGH, Rs C-373/97 (*Diamantis*), Slg 2000, I-1705, Tz. 33, 34.
[85] Ausführlich MünchKommAktG/*Altmeppen*, Europ. Niederlassungsfreiheit, 2. Kapitel, Rn 1 ff.
[86] Dazu auch *Saenger*, Casebook Europäisches Gesellschaftsrecht, S. 62 ff.

erklärung aufgenommen, entsprechende Übereinkommen zu schließen. Das ist jedoch nie geschehen. Auch eine Richtlinie zur Regelung dieses Rechtsbereichs ist nicht zustande gekommen (zu dem Vorhaben einer **Sitzverlegungsrichtlinie** unten Rn 159).

b) Die Daily Mail-Entscheidung des EuGH

52 Vor diesem Hintergrund ist die Rechtsprechung des EuGH zu Art. 43, 48 EGV zu sehen, in der das Gericht das Recht der Gesellschaften zur Sitzverlegung kontinuierlich fortentwickelt hat. Den Anfang markiert die Entscheidung *Daily Mail*[87] aus dem Jahre 1988, in der sich der EuGH mit der Frage auseinanderzusetzen hatte, ob es einem Mitgliedstaat durch Art. 43, 48 EGV verwehrt ist, einer juristischen Person, die ihre Geschäftsleitung in diesem Mitgliedstaat hat, zu verbieten, ihre Geschäftsleitung ohne vorherige Zustimmung des Mitgliedsstaats in einen anderen Mitgliedstaat zu verlegen. Er hat die Frage verneint, da Art. 43, 48 EGV „beim derzeitigen Stand des Gemeinschaftsrechts" einer solchen Gesellschaft nicht das Recht gewähre, den Sitz ihrer Geschäftsleitung in einen anderen Mitgliedstaat zu verlegen. Das Gericht leitet dieses jedoch nicht aus dem sachlichen Schutzbereiches der Niederlassungsfreiheit ab, sondern folgert aus Art. 293 3. Spiegelstrich EGV sowie Art. 44 Abs. 2 lit. g EGV, dass das Recht der Sitzverlegung von Art. 43, 48 EGV grundsätzlich ausgenommen sei. Das Urteil ist überwiegend als generelle Billigung nationaler Beschränkungen beim identitätswahrenden Weg- und Zuzugs von Gesellschaften und im Sinne einer Bestätigung der Sitztheorie gewertet worden.

c) Die Rechtsprechung des EuGH zu Zuzugsbeschränkungen

53 Diese Rechtsprechung wird in Bezug auf Zuzugsbeschränkungen allerdings durch spätere Entscheidungen relativiert.

aa) Die Centros-Entscheidung

54 In Sachen *Centros*[88] hatte der EuGH im Jahr 1999 die Frage zu entscheiden, ob es mit Art. 43, 48 EG vereinbar ist, die Eintragung einer Zweigniederlassung einer Gesellschaft, die nach dem Recht eines anderen Mitgliedstaats gegründet worden ist und dort auch ihren Sitz hat, nicht zuzulassen, wenn die Gesellschaft selbst keine Geschäftstätigkeit entfaltet, die Zweigniederlassung aber in der Absicht errichtet wurde, dort die gesamte Geschäftstätigkeit zu betreiben und die Kapitalaufbringungsvorschriften des Zuzugsstaats zu umgehen. Der EuGH hat dies verneint und hat sich dabei auf die sekundäre Niederlassungsfreiheit (Art. 43 Abs. 1 S. 2 EGV) gestützt, die gerade auch das Recht einer Gesellschaft umfasse, in einem anderen Mitgliedstaat eine Zweigniederlassung zu gründen. Diese Einschätzung begegnet insoweit Bedenken, als die Gründung einer Zweigniederlassung naturgemäß voraussetzt, dass eine Hauptniederlassung existiert und fortbesteht, was im *Centros*-Fall aber gerade nicht gegeben war. Vielmehr wollte die Gesellschaft eine Hauptniederlassung erstmals begründen. Der Vorgang hätte daher an der primären Niederlassungsfreiheit gemessen werden müssen, und zwar unter dem Gesichtspunkt einer Sitzverlegung. In der Folge entbrannte in Deutschland eine rege Diskussion darüber, ob das Urteil die Vereinbarkeit der Sitztheorie mit Art. 43, 48 EGV in Zweifel ziehe.[89]

bb) Die Überseering-Entscheidung

55 Wegen dieser Unklarheiten legte der BGH im Jahre 2002 in Sachen *Überseering*[90] dem EuGH die Frage zur Entscheidung vor, ob es die Niederlassungsfreiheit gebiete, die Rechtsfähigkeit und die Parteifähigkeit einer zugezogenen Gesellschaft nach dem Recht des Gründungsstaats zu beurteilen, wobei inzident auch die generelle Vereinbarkeit der Sitztheorie mit der Niederlassungsfreiheit angesprochen

---

87 EuGH, Rs 81/87, Slg 1988, 5483. Näher etwa *Saenger*, Casebook Europäisches Gesellschaftsrecht, S. 55 ff.
88 EuGH, Rs C-212/97, Slg 1999, I-1459. Näher etwa *Saenger*, Casebook Europäisches Gesellschaftsrecht, S. 77 ff.
89 Für die Vereinbarkeit etwa OLG Düsseldorf NZG 2001, 506; OLG Hamm NZG 2001, 562, 563. Dagegen *Leible* NZG 1999, 298, 301; *Kieninger* ZGR 1999, 724, 746; AG Heidelberg NZG 2000, 927, 928. Vgl auch die zahlreichen Nachweise bei *Habersack*, Europäisches Gesellschaftsrecht, § 3 Rn 16 Fn 46.
90 EuGH, Rs C-208/00, Slg 2002, I-9919.

wurde. Doch entgegen der Empfehlung des Generalanwalts *Colomer*, die Sitztheorie wenigstens im Grundsatz zu bestätigen, beschränkte sich der Gerichtshof auf die Beantwortung der Vorlagefrage, die er bejahte. Dabei vermied er eine eindeutige Stellungnahme für oder wider die Sitztheorie.[91] Allerdings stellte er fest, dass der Zuzug von Gesellschaften dem Anwendungsbereich der Art. 43, 48 EGV unterfalle. Zwingende Gründe des Gemeinwohls, wie der Schutz der Gläubiger, Minderheitsgesellschafter, Arbeitnehmer oder des Fiskus, könnten zwar gewisse Beschränkungen der Niederlassungsfreiheit rechtfertigen, nicht aber eine Aberkennung der Rechts- und Parteifähigkeit von Gesellschaften, die in einem anderen Mitgliedstaat wirksam gegründet worden seien und dort ihren Sitz hätten, weil dies einer vollständigen Negierung ihrer Rechte aus Art. 43, 48 EGV gleichkäme.[92]

cc) Die Inspire Art-Entscheidung

Ferner hat der EuGH in dem Urteil *Inspire Art* im Jahr 2003 entschieden, dass die Art. 43, 48 EGV einer Regelung eines Mitgliedstaats entgegenstehen, die die Ausübung der Freiheit zur Errichtung einer Zweigniederlassung in diesem Staat durch eine nach dem Recht eines anderen Mitgliedstaats gegründete Gesellschaft von bestimmten Voraussetzungen abhängig macht, die das innerstaatliche Recht bei der Gründung von Gesellschaften im Hinblick auf das Mindestkapital der Gesellschaft und der Haftung der Geschäftsführer vorsieht.[93]   56

dd) Die Sevic-Entscheidung

In konsequenter Fortführung der Urteile *Centros* und *Inspire Art* hat der EuGH schließlich in Sachen *Sevic* im Jahr 2005 entschieden, dass auch die grenzüberschreitende Hineinverschmelzung in den Schutzbereich der Niederlassungsfreiheit falle. Die Entscheidung hat nicht nur große Bedeutung für das nationale Umwandlungsrecht (näher unten Rn 118 ff; vgl Rn 29), sondern auch für Art. 43, 48 EGV, da die Gründe der Entscheidung darauf schließen lassen, dass auch Hinausverschmelzungen, also Wegzug-Sachverhalte, primärrechtlichen Schutz genießen (dazu sogleich unten Rn 58 ff).   57

d) Wegzugsbeschränkungen

Nach alledem bleibt aber unsicher, ob die in den Urteilen *Centros*, *Überseering*, *Inspire Art* und *Sevic* für Zuzugsfälle vollzogene Abkehr von der *Daily Mail*-Rechtsprechung dazu führt, dass auch Wegzugsfälle dem sachlichen Anwendungsbereich der Niederlassungsfreiheit zuzuordnen sind. In der Rechtsprechung und Literatur in Deutschland wird dies unterschiedlich beurteilt.[94] Da der EuGH eine klare Festlegung vermieden hat, wird wohl erst die geplante Sitzverlegungsrichtlinie Rechtssicherheit schaffen. Diese verfolgt freilich einen vermittelnden Ansatz, indem sie zwar eine identitätswahrende Verlegung des Satzungssitzes ermöglichen will, jedoch unter Wechsel des auf die Gesellschaft anwendbaren Rechts (vgl unten Rn 159).   58

II. EU-Rechtsakte im Gesellschaftsrecht

1. Einführung

Auf dem Gebiet des europäischen Gesellschaftsrechts ist wie allgemein im Europarecht zwischen der Rechtsetzung durch Verordnungen und der Rechtsetzung durch Richtlinien zu unterscheiden:[95] Gestützt auf Art. 308 EGV wurden durch **Verordnungen**, dh durch unmittelbar geltendes Sekundärrecht (Art. 249 Abs. 2 EGV), insbesondere supranationale Gesellschaftsformen geschaffen, bisher   59

---

91 *Habersack*, Europäisches Gesellschaftsrecht, § 3 Rn 17; vgl Schlussanträge des Generalanwalts *Colomer*, Rs C-208/00 (*Überseering*), Slg 2002, I-9919, 9922 ff.
92 EuGH, Rs C-208/00, Slg 2002, I-9919 ff, Tz. 52 sowie 92 f.
93 EuGH, Rs C-167/01, Slg 2003, I-10155, Tz. 3.
94 Befürwortend: *Geyrhalter/Weber* NZG 1005, 837, 838; Schlussanträge des Generalanwalts *Tizzano*, Rs C-411/03 (*Sevic*), Der Konzern 2006, 513, 517, Tz. 45. Ablehnend BayObLG NJW-RR 2004, 836, 837.
95 Daneben sind völkerrechtliche Übereinkommen gemäß Art. 293 EGV und die Ausstrahlung der Grundfreiheiten auf das innerstaatliche Gesellschaftsrecht (vgl Rn 49 ff) zu berücksichtigen (vgl MünchKommBGB/*Kindler* IntGesR Rn 32).

die EWIV, die SE und die SCE (vgl Rn 64 ff). Daneben ist auf Grundlage von Art. 95 Abs. 1 EGV die IAS-Verordnung (näher Rn 135 ff) erlassen worden.

60 Daneben ist der Rat gemäß Art. 44 Abs. 2 lit. g EGV ermächtigt, auf Sekundärrechtsebene **Richtlinien zur Angleichung der nationalen Gesellschaftsrechte** zu erlassen. Dies ist erforderlich, um die den Gesellschaften der Mitgliedstaaten gemäß Art. 43, 48 EGV garantierte Freiheit zu verwirklichen, gemeinschaftsweit geschäftlich tätig zu werden und ihren Sitz zu verlegen (siehe oben Rn 35 ff). Auf Grundlage dieser Ermächtigung sind bis heute neben einigen Ergänzungs- und Änderungsrichtlinien insgesamt elf – als solche bezeichnete und fortlaufend nummerierte – **gesellschaftsrechtliche Richtlinien** ergangen, und zwar:

- die Publizitätsrichtlinie (1.) von 1968 (Rn 68 ff und 82 ff),
- die Kapitalrichtlinie (2.) von 1976 (Rn 70 ff),
- die Verschmelzungsrichtlinie (3.) von 1978 (Rn 91 ff),
- die Jahresabschlussrichtlinie (4.) von 1978 (Rn 125 ff),
- die Spaltungsrichtlinie (5.) von 1982 (Rn 95 ff),
- die Konzernabschlussrichtlinie (7.) von 1983 (Rn 126 ff),
- die Abschlussprüferrichtlinie (8.) von 1984 (Rn 132 ff),
- die Zweigniederlassungsrichtlinie (11.) von 1989 (Rn 88 f),
- die Einpersonengesellschaftsrichtlinie (12.) von 1989 (Rn 79 ff),
- die Übernahmerichtlinie (13.) von 2004 (Rn 138 ff) sowie
- die Richtlinie über die grenzüberschreitende Verschmelzung (10.) von 2005 (Rn 102 ff).

61 Anders als Verordnungen gelten Richtlinien grundsätzlich nicht unmittelbar, sondern sind gemäß Art. 249 Abs. 3 EGV nur für die Mitgliedstaaten und nur hinsichtlich des zu erreichenden Regelungsziels verbindlich, überlassen den innerstaatlichen Stellen also die Wahl der Form und Mittel einer Umsetzung in nationales Recht. Sie zielen folglich nicht auf eine vollständige Vereinheitlichung, sondern geben den Mitgliedstaaten mehr Flexibilität und lassen es zu, nationale Besonderheiten zu berücksichtigen.[96]

62 Die europäischen Angleichungsbemühungen konzentrierten sich ursprünglich auf die Publizität, die in der 1. und 11., in Teilen der 2., 3. und 6. sowie in der 4. und 7. Richtlinie und in der IAS-Verordnung geregelt ist, sowie auf eine möglichst umfassende Harmonisierung des Aktienrechts, dem sich namentlich noch die 2., 3. und 6. Richtlinie widmen. Als jedoch die aktienrechtlichen Vorhaben zunehmend ins Stocken gerieten und speziell die Übernahmerichtlinie im Juli 2001 wiederholt scheiterte, setzte Binnenmarktkommissar *Frits Bolkestein* im September 2001 eine *High Level Group of Company Law Experts* ein, welche die Kommission sowohl in der Frage europaweiter Vorschriften für Übernahmeangebote als auch bei der Modernisierung des Gesellschaftsrechts im Allgemeinen (zB Corporate Governance, Sitzverlegung, Europäische Privatgesellschaft, Vereinfachung des Gesellschaftsrechts) beraten sollte. Auf Grundlage des von dieser Expertengruppe am 4.11.2002 vorgelegten Abschlussberichts[97] erarbeitete die Kommission ihre am 21.5.2003 veröffentlichte Mitteilung „Modernisierung des Gesellschaftsrechts und Verbesserung der Corporate Governance in der Europäischen Union – Aktionsplan"[98] (kurz: **Aktionsplan**), mit dem sie ihre bisherige Politik grundlegend neu ausrichtete und auf eine Vollharmonisierung weiter Bereiche des Aktienrechts zugunsten punktueller Maßnahmen verzichtete. Im Besonderen wurden die Vorhaben einer Strukturrichtlinie (fünfte gesellschaftsrechtliche Richtlinie, näher Rn 157) und einer Konzernrechtsrichtlinie (neunte gesellschaftsrechtliche Richtlinie, näher Rn 158) aufgegeben.

63 Der gesellschaftsrechtliche Aktionsplan konzentriert sich auf Maßnahmen zur Corporate Governance und zu konzernrechtlichen Fragen, die in kurz- (2003–2005), mittel- (2006–2008) und langfristig (ab 2009) angelegte Maßnahmen unterteilt werden.[99] Die dabei vorgenommene Unterscheidung zwi-

---

[96] MünchKommAktG/*Habersack* RL GesR Rn 1.
[97] Bericht der hochrangigen Gruppe von Experten auf dem Gebiet des Gesellschaftsrechts über moderne gesellschaftsrechtliche Rahmenbedingungen in Europa vom 4.11.2002.
[98] KOM(2003) 284 endg.; ausführlich *Habersack* NZG 2004, 1 ff.
[99] Zum Stand der Umsetzung *Baums* AG 2007, 57.

schen börsennotierten und nicht börsennotierten Gesellschaften dürfte zur Bildung eines „Europäischen Börsengesellschaftsrechts" führen.[100] Von den kurzfristig vorgesehenen Maßnahmen konnten bereits einige durchgeführt werden, darunter die Richtlinie über die grenzüberschreitende Verschmelzung (näher Rn 102 ff), die Empfehlung zur Vergütung von Unternehmensleitern börsennotierter Gesellschaften,[101] die Empfehlung zur Stärkung der Rolle von unabhängigen nicht geschäftsführenden Direktoren und Aufsichtsräten[102] und die Richtlinie zur Änderung der Kapitalrichtlinie (näher Rn 70, 78). Offen sind namentlich Regelungsbereiche der Corporate Governance und der Vorschlag einer Sitzverletzungsrichtlinie (näher Rn 159). Mittelfristig sind u.a. ein Wahlrecht zwischen einem dualistischen und einem monistischen System für alle börsennotierten Gesellschaften, ein Statut der Europäischen Privatgesellschaft (näher Rn 67) und die Vereinfachung der dritten (Rn 91 ff) und der sechsten gesellschaftsrechtlichen Richtlinie (Rn 95 ff) über die nationale Verschmelzung bzw Spaltung ins Auge gefasst. Außerdem soll mittelfristig im Rahmen einer Studie eine Alternative zum Kapitalerhaltungskonzept der Kapitalrichtlinie (Rn 70 ff) geprüft und langfristig ggf in diese aufgenommen werden.

2. Rechtsakte zum Gesellschaftsorganisationsrecht

a) Die europäischen Gesellschaftsformen (Überblick)

Eckpfeiler des europäischen Gesellschaftsrechts sind seine supranationalen Gesellschaftsformen. Bereits 1985 wurde die **Europäische Wirtschaftliche Interessenvereinigung** (EWIV), 2001 die **Europäische Aktiengesellschaft** (Societas Europaea, kurz SE) und schließlich im Jahre 2003 die **Europäische Genossenschaft** (Societas Cooperativa Europaea, kurz SCE) per Verordnung geschaffen. Diese sind jeweils ausführlich in Abschnitt C dieses Kapitels behandelt (siehe Rn 356 ff, Rn 161 ff und Rn 310 ff). 64

Rechtsrahmen für weitere Gesellschaftsformen werden derzeit vorbereitet. 1991 unterbreitete die Kommission Vorschläge für Verordnungen über das Statut des **Europäischen Vereins** (European Association, kurz EA)[103] und das Statut der **Europäischen Gegenseitigkeitsgesellschaft** (European Provident Mutual Society, kurz ME)[104] sowie für Ergänzungsrichtlinien über die Rechtsstellung der Arbeitnehmer,[105] die sie sämtlich 1993 nochmals in geänderter Form vorlegte. Während der Europäische Verein seinen Mitgliedern eine Plattform bieten soll, um ihre Kenntnisse oder Tätigkeiten entweder zu gemeinnützigen Zwecken oder zur Förderung ihrer sektoralen oder beruflichen Interessen zusammenzulegen, soll es die Europäische Gegenseitigkeitsgesellschaft erleichtern, Vorsorge- und Versicherungsaktivitäten auf Gegenseitigkeit grenzüberschreitend zu betreiben. Das Rechtssetzungsverfahren zur Europäischen Gegenseitigkeitsgesellschaft erzielte allerdings seit der Bestätigung der geänderten Vorschläge durch das Parlament im Jahre 1999 keine Fortschritte mehr. Die Kommission zog daher im September 2005 die in ihren Augen veralteten Vorschläge zurück, um sie unter Berücksichtigung der geänderten politischen und wirtschaftlichen Prioritäten neu zu bewerten.[106] Das Europäische Parlament erinnerte daraufhin die Kommission an ihre noch im Aktionsplan (Rn 62) erklärte 65

---

100 *Habersack* NZG 2004, 1, 9.
101 Empfehlung 2004/913/EG der Kommission vom 14.12.2004 zur Einführung einer angemessenen Regelung für die Vergütung von Mitgliedern der Unternehmensleitung börsennotierter Gesellschaften, ABl. Nr. L 385 vom 29.12.2004, S. 55–59.
102 Empfehlung 2005/162/EG der Kommission vom 15.2.2005 zu den Aufgaben von nicht geschäftsführenden Direktoren/Aufsichtsratsmitgliedern/börsennotierter Gesellschaften sowie zu den Ausschüssen des Verwaltungs-/Aufsichtsrats, ABl. Nr. L 52 vom 25.5.2005, S. 51–63.
103 (Geänderter) Vorschlag für eine Verordnung (EWG) des Rates über das Statut des Europäischen Vereins, ABl. Nr. C 99 vom 21.4.1992, S. 1 (ABl. Nr. C 236 vom 31.8.1993, S. 1).
104 (Geänderter) Vorschlag für eine Verordnung (EWG) des Rates über das Statut der Europäischen Gegenseitigkeitsgesellschaft, ABl. C 99 vom 21.4.1992, S. 40 (ABl. Nr. C 236 vom 31.8.1993, S. 40).
105 (Geänderter) Vorschlag für eine Richtlinie des Rates zur Ergänzung des Statuts des Europäischen Vereins hinsichtlich der Rolle der Arbeitnehmer, ABl. Nr. C 99 vom 21.4.1992, S. 14 (ABl. Nr. C 236 vom 31.8.1993, S. 14); (geänderter) Vorschlag für eine Richtlinie des Rates zur Ergänzung des Statuts der Europäischen Gegenseitigkeitsgesellschaft hinsichtlich der Rolle der Arbeitnehmer, ABl. Nr. C 99 vom 21.4.1992, S. 57 (ABl. Nr. C 236 vom 31.8.1993, S. 56).
106 KOM(2005) 462 endg., ABl. Nr. C 64 vom 17.0.2006, S. 5; MEMO/05/340 vom 27.9.2005.

Absicht, den legislativen Prozess zu EA und ME aktiv zu unterstützen,[107] und forderte sie zur Ausarbeitung neuer Vorschläge auf.[108]

66 Noch weniger weit ist die **Europäische Stiftung** gediehen, deren Ausgestaltung die Kommission im Aktionsplan bloß als mittelfristiges Ziel ins Auge gefasst hat.[109] Bislang existieren lediglich Vorschläge privater Vereinigungen.[110]

67 Zur **Europäischen Privatgesellschaft** (EPG) liegt seit 1998 ein informeller Verordnungsvorschlag der Pariser Industrie- und Handelskammer vor. Das Europäische Parlament hat im November 2006 den Entwurf einer Entschließung zum Statut der EPG[111] angenommen, nach dem die Kommission im Laufe des Jahres 2007 einen Legislativvorschlag unterbreiten soll. Die EPG richtet sich als „kleine Schwester" der SE primär an kleine und mittlere Unternehmen mit grenzüberschreitender Geschäftstätigkeit. Sie soll über ein Mindestkapital von 10 000 EUR verfügen, das den Haftungsumfang der Gesellschafter bestimmt und nicht notwendigerweise eingezahlt werden muss, wahlweise eine monistische oder dualistische Struktur haben und über die Möglichkeit zur Verschmelzung, Sitzverlegung, Spaltung und Formwechsel in eine SE verfügen soll. Außerdem sollen ihre Geschäftsführer bei Insolvenzverschleppung den Gläubigern unmittelbar und gesamtschuldnerisch haften. Das Bedürfnis für eine solche der deutschen GmbH vergleichbaren Gesellschaftsform erscheint auch trotz der Möglichkeit, vom Inland aus Auslandsgesellschaften zu gründen oder sich auf eine solche zu verschmelzen (vgl Rn 103 ff), unabweisbar.

b) Abschnitt II und III der Publizitätsrichtlinie (RL 68/151/EWG)

68 **Abschnitt II** (Art. 7–9) der am 9.3.1968 verabschiedeten und in Deutschland im September 1969 umgesetzten Publizitätsrichtlinie (RL 68/151/EWG, sog. erste gesellschaftsrechtliche Richtlinie) betrifft die **organschaftliche Vertretung** von Kapitalgesellschaften und bezweckt den Schutz der mit der Gesellschaft in Kontakt tretenden Dritten. Hierzu normiert Art. 7 eine Handelndenhaftung derjenigen Personen, die im Namen einer in Gründung befindlichen Gesellschaft aufgetreten sind. Gemäß Art. 8 der Richtlinie kann gutgläubigen Dritten ein Mangel in der Bestellung eines organschaftlichen Vertreters nicht entgegengehalten werden, wenn das vermeintliche Vertretungsverhältnis ordnungsgemäß offengelegt, dh eingetragen und bekannt gemacht, in den Fällen des Art. 3 Abs. 6 nur bekannt gemacht worden ist. Schließlich ordnet Art. 9 – dem deutschen Modell folgend – die grundsätzliche Unbeschränktheit und Unbeschränkbarkeit organschaftlicher Vertretungsmacht im Außenverhältnis an und legt enge Ausnahmen hiervon, insbesondere für Handlungen außerhalb des Unternehmensgegenstandes (ultra vires), fest.[112]

69 Der **Abschnitt III** der Publizitätsrichtlinie behandelt die **Nichtigkeit der Gesellschaft** und regelt sowohl die Gründungskontrolle (Art. 10) als auch Voraussetzungen (Art. 11) und Rechtsfolgen (Art. 12) der Nichtigkeit der Gesellschaft. Eine Gesellschaft ist hiernach nur dann nichtig, wenn dies durch eine gerichtliche Entscheidung festgestellt wird und einer der in Art. 11 Nr. 2 abschließend aufgezählten Nichtigkeitsgründe gegeben ist. Ein Nichtigkeitsgrund ist danach insbesondere gegeben, wenn der tatsächliche Unternehmensgegenstand rechtswidrig ist oder gegen die öffentliche Ordnung verstößt (lit. b), der Errichtungsakt oder die Satzung die Firma der Gesellschaft, die Einlagen, den Betrag des gezeichneten Kapitals oder den Gegenstand des Unternehmens nicht aufführt (lit. c) oder die Mindesteinzahlung auf das Grundkapital nicht erbracht wurde (lit. d). Die Mitgliedstaaten dürfen die Nichtigkeitsgründe weiter einschränken.

---

107 KOM(2003) 284 endg., unter 3.5.
108 Entschließung vom 4.7.2006 zu Nr. INI/2006/2051.
109 KOM(2003) 284 endg., unter 3.6. Näher *Rebsch*, Die Europäische Stiftung (2007).
110 Dazu *Hopt* EuZG 2006, 161, 161.
111 Entwurf eines Berichtes vom 15.9.2006, Nr. 2006/2013(INI), PE 378 635. Aus dem Schrifttum *Schröder*, Perspektiven der Europäisierung des GmbH-Rechts und der Europäischen Privatgesellschaft vor dem Hintergrund der Europäischen Aktiengesellschaft (2006).
112 Hierzu EuGH, Rs 104/96 (*Rabobank*), Slg 1997, I-7211; dazu *Saenger*, Casebook Europäisches Gesellschaftsrecht, S. 149 ff; vgl auch *Grundmann*, Europäisches Gesellschaftsrecht, 2004, Rn 216 ff.

c) Die Kapitalrichtlinie (RL 77/91/EWG)

Mit dem Ziel, für Aktionäre und Gläubiger gemeinschaftsweit einen gleichwertigen Mindestschutz zu gewährleisten, wurde am 13.12.1976 die **Kapitalrichtlinie** (RL 77/91/EWG, sog. zweite gesellschaftsrechtliche Richtlinie)[113] erlassen, die Mindestanforderungen an bestimmte kapitalbezogene Maßnahmen von Aktiengesellschaften stellt. Im Jahre 1992 wurde nach dem Scheitern der Konzernrechtsrichtlinie (hierzu Rn 158) Art. 24 a eingefügt.[114] Nachdem die Kommission in ihrem Aktionsplan (oben Rn 62) auf Grundlage von Empfehlungen der *SLIM*-Initiative und der *High Level Group of Company Law Experts* zu dem Schluss gekommen war, dass eine Vereinfachung der Kapitalrichtlinie wesentlich zur Förderung von Effizienz und Wettbewerbsfähigkeit der Unternehmen beitragen würde, ohne den Aktionärs- bzw Gläubigerschutz zu verringern,[115] wurde am 6. September 2006 die **Änderungsrichtlinie 2006/68/EG**[116] verabschiedet. Diese ändert und modernisiert insbesondere die Regelungen über Sacheinlagen und über den Erwerb eigener Aktien und dessen Finanzierung.[117] Hier deutet sich auch erstmals eine Abkehr von dem Konzept der Kapitalaufbringung und -erhaltung an.

70

aa) Anwendungsbereich der Richtlinie

Die Richtlinie erfasst die deutsche AG und dieser vergleichbare Rechtsformen anderer Mitgliedstaaten, stellt es den Mitgliedstaaten aber frei, Investmentgesellschaften und Genossenschaften vom **Anwendungsbereich** auszunehmen (Art. 1). Die Richtlinie ist geprägt von dem heute allgemein anerkannten und in Art. 42 normierten **Grundsatz der Gleichbehandlung der Aktionäre**.

71

bb) Gründung der Gesellschaft und Kapitalaufbringung

Art. 2–5 der Richtlinie betreffen die **Gründung der AG**, normieren Minimalanforderungen an den Inhalt von Satzung und Errichtungsakt (Art. 2) und erweitern den Kreis der nach der Publizitätsrichtlinie offenzulegenden Angaben (Art. 3; vgl Rn 83), etwa um Zahl und Nennbetrag der gezeichneten Aktien, etwaige Beschränkungen bei der Übertragung von Aktien, den eingezahlten Betrag des gezeichneten Kapitals im Zeitpunkt der Gründung und um die Personalien der Gründer. Damit Dritte stets einen Schuldner haben, müssen die Mitgliedstaaten nach Art. 4 eine Haftung vorsehen, wenn die Gesellschaft ihre Geschäftstätigkeit ohne eine erforderliche Genehmigung aufnimmt, und darf eine Gesellschaft gemäß Art. 5 nicht ohne weiteres aufgelöst werden, wenn sich sämtliche Aktien in der Hand einer Person vereinigen oder die Zahl der Gesellschafter unter die gesetzliche Mindestzahl absinkt.

72

Art. 6–14 enthalten das **Prinzip der Kapitalaufbringung**, dem die drei Gebote des festen Kapitals, der Äquivalenz zwischen Einlagen und Kapital zuzüglich Agio (nominale Einlagepflicht) sowie der vollständigen wertmäßigen Äquivalenz zwischen Einlagen und nominaler Einlagenpflicht zugrunde liegen.[118] Auf das Mindestkapital von 25 000 EUR (Art. 6) müssen gemäß Art. 9 Bareinlagen im Zeitpunkt der Gründung in Höhe von wenigstens 25 % des Nennwerts oder des rechnerischen Werts geleistet sein, während Sacheinlagen binnen fünf Jahren vollständig zu erbringen sind. Eine Unterpari-Emission ist grundsätzlich verboten (Art. 8), ebenso die Befreiung der Aktionäre von ihrer Einlageverpflichtung (Art. 12). **Sacheinlagen** können nur aus Vermögensgegenständen bestehen, deren wirtschaftlicher Wert feststellbar ist, jedoch nicht aus Dienstverpflichtungen (Art. 7).

73

---

113 Zweite Richtlinie 77/91/EWG des Rates vom 13.12.1976 zur Koordinierung der Schutzbestimmungen, die in den Mitgliedstaaten den Gesellschaften im Sinne des Artikels 58 Absatz 2 des Vertrages im Interesse der Gesellschafter sowie Dritter für die Gründung der Aktiengesellschaft sowie für die Erhaltung und Änderung ihres Kapitals vorgeschrieben sind, um diese Bestimmungen gleichwertig zu gestalten, ABl. Nr. L 26 vom 31.1.1977, S. 1–13.
114 Richtlinie 92/101/EWG des Rates vom 23.11.1992 zur Änderung der Richtlinie 77/91/EWG über die Gründung der Aktiengesellschaft sowie die Erhaltung und Änderung ihres Kapitals, ABl. Nr. L 347 vom 28.11.1992, S. 64–66.
115 KOM(2003) 284 endg., unter 3.2.
116 Richtlinie 2006/68/EG des Europäischen Parlaments und des Rates vom 6.9.2006 zur Änderung der Richtlinie 77/91/EWG des Rates in Bezug auf Gründung von Aktiengesellschaften und die Erhaltung und Änderung ihres Kapitals, ABl. Nr. L 264 vom 25.9.2006, S. 32–26.
117 Dazu *Oechsler* ZGR 170 (2006), 72 ff.
118 *Grundmann*, Europäisches Gesellschaftsrecht, Rn 329 ff.

Um ihre Werthaltigkeit zu gewährleisten, müssen Sacheinlagen darüber hinaus von unabhängigen Sachverständigen bewertet werden und muss das Ergebnis dieser Bewertung in einem besonderen Bericht nach Maßgabe der Publizitätsrichtlinie (vgl Rn 84) offengelegt werden. Eine Ausnahme besteht nach dem neu eingeführten Art. 10 a, wenn bestimme übertragbare Wertpapiere zu gewichteten Durchschnittspreisen (Abs. 1) oder andere Vermögensgegenstände zu deren Zeitwert (*fair value*) eingebracht werden, der entweder zuvor durch einen Sachverständigen unter den Bedingungen des Abs. 2 ermittelt oder in der Vermögensaufstellung eines gesetzlichen Abschlusses im Sinne der modernisierten Abschlussprüferrichtlinie (siehe Rn 133) festgestellt worden ist (Abs. 3). In diesem Fall müssen gemäß Art. 10 b der Richtlinie aber zusätzliche Angaben offengelegt werden, insbesondere zur Beschreibung und zum Wert der Sacheinlage sowie zur Quelle und Methode der Bewertung. Zur Verhinderung **verdeckter Sacheinlagen** gilt dasselbe, wenn die Gesellschaft Vermögensgegenständen von den Gründern erwirbt (Art. 11); hier ist streitig, ob Art. 11 eine abschließende Höchstregelung darstellt oder weitergehende nationale Regelungen erlaubt.[119]

cc) Kapitalerhaltung

74 Art. 15–24 der Richtlinie regeln die **Kapitalerhaltung**. So verbietet Art. 15 Abs. 1 Ausschüttungen an Aktionäre, durch die das im letzten Jahresabschluss ausgewiesene Nettoaktivvermögen den Betrag des gezeichneten Kapitals zuzüglich der nicht ausschüttungsfähigen Rücklagen unterschreiten würde, und beschränkt ihre Höhe. Aktionäre müssen die unter Verstoß gegen Art. 15 empfangenen Leistungen zurückgewähren (Art. 16). Außerdem ist bei besonders schweren Verlusten des gezeichneten Kapitals eine Hauptversammlung einzuberufen (Art. 17).

75 Den **Erwerb eigener Aktien** regelt die Richtlinie in Art. 18 ff. Nach Art. 18 ist der Erwerb eigener Aktien grundsätzlich untersagt, wobei auch naheliegende Umgehungstatbestände wie namentlich der Erwerb durch abhängige Unternehmen (Art. 24a) erfasst werden. Gemäß Art. 19 Abs. 1 können die Mitgliedstaaten aber Ausnahmen für den Fall vorsehen, dass die Hauptversammlung eine auf fünf Jahre befristete Genehmigung erteilt (Ausnahmen enthalten Abs. 2 und Abs. 3), das Nettoaktivvermögen nicht den in Art. 15 Abs. 1 genannten Betrag unterschreitet und nur voll eingezahlte Aktien betroffen sind. Die Mitgliedstaaten können die Zulässigkeit des Erwerbs an weitere Bedingungen knüpfen, bspw daran, dass ein Höchstbetrag von 10 % nicht überschritten wird oder die Erwerbsbefugnis im Einzelnen in Satzung oder Gründungsurkunde festgelegt ist. Weitere Ausnahmen normiert Art. 20 Abs. 1 für bestimmte gesellschaftsrechtliche Maßnahmen (Kapitalherabsetzung, Vermögensübertragung, Abfindung von Minderheitsaktionären), wobei aber die erworbenen Aktien in den Fällen lit. b–g binnen dreier Jahre veräußert und sonst für nichtig zu erklären sind (Abs. 2 und Abs. 3). Das **Halten eigener Aktien** hat zur Folge, dass diese Aktien keine Stimmrechte vermitteln und ggf ein entsprechender Passivposten in die Bilanz einzustellen ist; außerdem sind Angaben hierüber in den Lagebericht zum Jahresabschluss aufzunehmen (Art. 22). Während es Art. 23 Abs. 1 aF der Gesellschaft noch strikt untersagte, Dritten für den Erwerb ihrer Aktien Vorschüsse, Darlehen oder Sicherheiten zu gewähren, ist dies nunmehr unter strengen Voraussetzungen (Unterabs. 2–5) zulässig. Art. 23 a enthält Sondervorschriften, falls die andere Partei eines solchen Geschäfts Mitglied des Leitungsorgans der AG oder eines Unternehmens, das diese beherrscht, ist.

dd) Kapitalerhöhung

76 Für eine **Kapitalerhöhung** (Art. 25–29) ist gemäß Art. 25 ein offenzulegender Beschluss der Hauptversammlung erforderlich (Abs. 1). Alternativ kann das Leitungsorgan durch Satzung, Errichtungsakt oder einen offenzulegenden Beschluss der Hauptversammlung für die Dauer von fünf Jahren zu einer Erhöhung des gezeichneten Kapitals ermächtigt werden. Die für die Erbringung der Einlage auf die neu ausgegebenen Aktien geltenden Vorschriften (Art. 26, 27) gleichen weitgehend den für die Gründung geltenden Art. 9–10 b (Rn 73). Von dem Erfordernis eines Sacheinlageberichts kann jedoch abgesehen werden, wenn die Erhöhung der Durchführung einer Verschmelzung oder der Bezahlung

---

119 Näher *Habersack*, Europäisches Gesellschaftsrecht, § 6 Rn 32.

der Aktionäre im Rahmen eines öffentlichen Übernahme- oder Umtauschangebots dient oder sämtliche Aktionäre darauf verzichten (Art. 27 Abs. 3, 4). Das **Bezugsrecht** der Aktionäre (Art. 29 Abs. 1, 2) kann nur durch einen offenzulegenden Beschluss der Hauptversammlung ausgeschlossen oder beschränkt werden, dem mindestens zwei Drittel der Stimmen der vertretenen Wertpapiere oder des vertretenen gezeichneten Kapitals zustimmen müssen (Art. 40 Abs. 1) und an den die Mitgliedstaaten weitere Anforderungen stellen können (Abs. 5).[120] Ferner bedarf es eines schriftlichen Berichts des Verwaltungs- oder Leitungsorgans über die Gründe für den Bezugsrechtsausschluss (Abs. 4).

ee) Kapitalherabsetzung

Eine **Kapitalherabsetzung** (Art. 30–39) bedarf ebenfalls eines offenzulegenden Beschlusses der Hauptversammlung, der mit einer qualifizierten Mehrheit iSd Art. 40 Abs. 1 gefasst werden muss (Art. 30). Existieren mehrere Aktiengattungen, muss jede Gattung, deren Rechte berührt werden, gesondert abstimmen (Art. 31). Altgläubigern ist gemäß Art. 32 ein Anspruch auf Sicherheitsleistung zu gewähren, bis zu dessen Erfüllung die Herabsetzung nicht wirksam ist und keine Zahlungen an Aktionäre erfolgen dürfen. Die Mitgliedstaaten können hiervon nur absehen, wenn die Herabsetzung dem Ausgleich von Verlusten oder der Bildung einer Rücklage dient, die 10 % des herabgesetzten Kapitals nicht übersteigen darf (Art. 33). Eine Herabsetzung unter das Mindestkapital ist grundsätzlich zu verbieten; sie kann ausnahmsweise erlaubt werden, wenn sie mit einer Erhöhung auf wenigstens das Mindestkapital verbunden wird (Art. 34). Im Übrigen enthält die Richtlinie Sondervorschriften für die Tilgung des gezeichneten Kapitals ohne Herabsetzung (Art. 35), die Herabsetzung durch Zwangseinziehung (Art. 36), die Einziehung eigener Aktien (Art. 36) sowie die Ausgabe rückerwerbbarer Aktien (Art. 39).

ff) Umsetzung in das deutsche Recht

Die Kapitalrichtlinie wurde mit Wirkung zum 1.7.1979[121] durch zahlreiche Änderungen und Ergänzungen des AktG in das deutsche Recht **umgesetzt** (zB §§ 36 a Abs. 2, 183 Abs. 3, 53 a, 71–71 e AktG). Hierbei wurde mit § 71 d AktG eine dem Art. 24 a entsprechende Bestimmung eingefügt, so dass durch die Änderung der Richtlinie im Jahre 1992 kein Anpassungsbedarf entstand. Im Übrigen werden aber verschiedene Umsetzungsdefizite und Auslegungsprobleme diskutiert, insbesondere im Hinblick auf die für verbundene Unternehmen vorgesehenen Ausnahmen von §§ 57, 62 AktG, die Verlustanzeige gemäß § 92 Abs. 1 AktG und den Gleichbehandlungsgrundsatz des § 53 a AktG, die hier nur angedeutet werden können.[122] Die Änderungsrichtlinie 2006/68/EG muss bis zum 15.4.2008 umgesetzt werden.

d) Die Einpersonengesellschaftsrichtlinie (RL 89/667/EWG)

In Übereinstimmung mit dem Aktionsprogramm der Kommission für kleinere und mittlere Unternehmen von 1986[123] verpflichtet die **Einpersonengesellschaftsrichtlinie** (RL 89/667/EWG, sog. zwölfte gesellschaftsrechtliche Richtlinie) vom 21.12.1989[124] die Mitgliedstaaten, sowohl die Gründung von Einpersonengesellschaften als auch deren nachträgliche Entstehung infolge der Vereinigung aller Anteile in einer Hand anzuerkennen (Art. 2 Abs. 1), wenn sie nicht die Rechtsform des Einzelunternehmens mit beschränkter Haftung vorsehen (Art. 7). Hierdurch sollen die durch unterschiedliche Regelungen in den Mitgliedstaaten entstandenen Wettbewerbsnachteile abgebaut und vor allem der Mittelstand gefördert werden. Die Richtlinie erfasst daher gemäß Art. 1 zunächst die von kleineren und mittleren Unternehmen bevorzugten Gesellschaftsformen, dh die deutsche GmbH bzw die ihr vergleichbaren Gesellschaftsfor-

---

120 Vgl hierzu das *Siemens/Nold*-Verfahren, EuGH, Rs 42/95, Slg 1996, I-6017; *Saenger*, Casebook Europäisches Gesellschaftsrecht, S. 101 ff.
121 Gesetz zur Durchführung der Zweiten Richtlinie des Rates der Europäischen Gemeinschaften zur Koordinierung des Gesellschaftsrechtes vom 13.12.1978, BGBl. I S. 1959.
122 Näher *Habersack*, Europäisches Gesellschaftsrecht, § 6 Rn 37 ff, 44 ff, 77 ff.
123 Empfehlung 90/246/EWG des Rates vom 28.5.1990 zur Durchführung von Maßnahmen zur Verwaltungsvereinfachung zugunsten der kleinen und mittleren Unternehmen in den Mitgliedstaaten, ABl. Nr. L 141 vom 2.6.1990, S. 55–56.
124 Zwölfte Richtlinie 89/667/EWG des Rates vom 21.12.1989 auf dem Gebiet des Gesellschaftsrechtes betreffend Gesellschaften mit beschränkter Haftung mit einem einzigen Gesellschafter, ABl. Nr. L 395 vom 30.12.1989, S. 40–42.

men anderer Mitgliedstaaten.[125] Die Richtlinie gilt ferner für die AG, wenn das nationale Recht eine Einmann-AG zulässt (Art. 6); insoweit wird Art. 11 S. 1 Nr. 2 der Publizitätsrichtlinie verdrängt.

80 Den aus dem Verlust der verbandsinternen Kontrolle resultierenden Gläubigerrisiken suchen Art. 3–5 durch ein Mindestmaß an **Publizität und Transparenz** zu begegnen.[126] Diese Risiken bestehen vor allem darin, dass Gesellschafts- in Privatvermögen umgewandelt und Pflichtverletzungen des Alleingesellschafters, der häufig zugleich Geschäftsführer ist, nicht geahndet werden. Gemäß Art. 3 sind die Tatsache der Vereinigung aller Anteile in einer Hand und der Name des einzigen Gesellschafters in die Akte bzw das Register iSd Art. 3 der Publizitätsrichtlinie (Rn 52) einzutragen. Außerdem ist der Gesellschafter zu verpflichten, Beschlüsse der Gesellschafterversammlung sowie Insichgeschäfte – Ausnahmen können für laufende Geschäfte vorgesehen werden – in eine Niederschrift aufzunehmen (Art. 4, 5). Das nationale Recht darf strengere Bestimmungen als die Art. 3–5 vorsehen (Art. 2 Abs. 2). Weil die **Einmann-GmbH** in Deutschland bereits durch die GmbH-Novelle von 1980 zugelassen worden war, beschränkte sich die **Umsetzung** der Richtlinie zum 1.1.1992[127] im Wesentlichen auf die Pflicht zur Publizität nach Vereinigung aller Anteile in einer Hand und zur Niederschrift von Insichgeschäften (§§ 35 Abs. 4 S. 2, 40 Abs. 2 aF GmbHG); erst mit der Einführung der Einmann-AG im August 1994[128] hat der Gesetzgeber von der Möglichkeit des Art. 6 Gebrauch gemacht. Dass die Kapitalaufbringung bei Einmanngesellschaften strengeren Anforderungen unterliegt (vgl §§ 7 Abs. 2 S. 3, 19 Abs. 4 GmbHG; § 36 Abs. 2 S. 2 AktG), ist mit Hinblick auf Art. 2 Abs. 2 der Einpersonengesellschaftsrichtlinie unbedenklich. Auch Art. 9 der Kapitalrichtlinie (vgl Rn 41) setzt nur einen Mindeststandard.

e) Sonstige Rechtsakte

81 Im Juni 2007 ist die Richtlinie über die Ausübung bestimmter **Rechte von Aktionären** in börsennotierten Gesellschaften verabschiedet worden. Die Richtlinie regelt die Ausübung verschiedener Individualrechte von Aktionären börsennotierter Gesellschaften, insbesondere des Stimmrechts, und enthält auch Regelungen zur Einberufung der Hauptversammlung solcher Gesellschaften.[129] Die Richtlinie will vor allem die grenzüberschreitende Ausübung von Aktionärsrechten fördern. Sie ist innerhalb von zwei Jahren umzusetzen. Weitere Rechtsakte im Bereich des Gesellschaftsorganisationsrechts sind die Empfehlungen der Kommission zur **Vergütung von Unternehmensleitern** börsennotierter Gesellschaften[130] und zur **Stärkung der Rolle von unabhängigen nicht geschäftsführenden Direktoren und Aufsichtsräten**.[131]

3. Rechtsakte zum Recht der Offenlegung (Publizität)

a) Abschnitt I der Publizitätsrichtlinie (RL 68/151/EWG)

82 Als erste gesellschaftsrechtliche Richtlinie widmet sich die **Publizitätsrichtlinie (RL 68/151/EWG)** vom 9.3.1968[132] in ihrem ersten Abschnitt (Art. 2–7) den Offenlegungspflichten von Kapitalgesell-

---

125 Ein Überblick über der GmbH vergleichbare Gesellschaftsformen anderer Mitgliedstaaten gibt etwa GmbHR, Sonderheft September 2006.
126 *Habersack*, Europäisches Gesellschaftsrecht, § 9 Rn 2.
127 Gesetz zur Durchführung der Zwölften Richtlinie des Rates der Europäischen Gemeinschaften auf dem Gebiet des Gesellschaftsrechts betreffend Gesellschaften mit beschränkter Haftung mit einem einzigen Gesellschafter vom 18.12.1991, BGBl. I S. 2206.
128 ABl. Nr. L 184 vom 14. 7. 2007, S.17 ff. Gesetz für Aktiengesellschaften und zur Deregulierung des Aktienrechtes vom 2.8.1994, BGBl. I S. 1961.
129 Zur Richtlinie und dem vorausgehenden Richtlinienvorschlag vgl die Stellungnahme des Handelsrechtsausschusses des Deutschen Anwaltvereins NZG 2006, 577; *Noack* NZG 2006, 321; *Wand/Tillmann* AG 2006, 443.
130 Empfehlung 2004/913/EG der Kommission vom 14.12.2004 zur Einführung einer angemessenen Regelung für die Vergütung von Mitgliedern der Unternehmensleitung börsennotierter Gesellschaften, ABl. Nr. L 385 vom 29.12.2004, S. 55–59.
131 Empfehlung 2005/162/EG der Kommission vom 15.2.2005 zu den Aufgaben von nicht geschäftsführenden Direktoren/Aufsichtsratsmitgliedern/börsennotierter Gesellschaften sowie zu den Ausschüssen des Verwaltungs-/Aufsichtsrats, ABl. Nr. L 52 vom 25.5.2005, S. 51–63.
132 Erste Richtlinie 68/151/EWG des Rates vom 9.3.1968 zur Koordinierung der Schutzbestimmungen, die in den Mitgliedstaaten den Gesellschaften im Sinne des Artikels 58 Absatz 2 des Vertrages im Interesse der Gesellschafter sowie Dritter vorgeschrieben sind, um diese Bestimmungen gleichwertig zu gestalten, ABl. Nr. L 65 vom 14.3.1968, S. 8–12.

schaften, in Deutschland also von AG, KGaA und GmbH (Art. 1). Die Regelungsbereiche des zweiten und dritten Abschnitts dieser Richtlinie betreffen hingegen das Gesellschaftsorganisationsrecht (zu diesen oben Rn 68 f). Die Offenlegung soll es Dritten erlauben, sich über die wesentlichen Eigenschaften der Gesellschaft unterrichten zu können, insbesondere über die Personen, die die Gesellschaft verpflichten können. Die Richtlinie folgt hiermit dem sog. **Informationsmodell** des EuGH, nach dem zwingende materielle Normen so lange verzichtbar sind, wie die beteiligten Verkehrskreise durch Aufklärung und Offenlegung hinreichend geschützt werden können.[133] Die Offenlegungspflichten sind durch die **Änderungsrichtlinie 2003/58/EG**[134] vom 15.7.2003 erheblich modernisiert und auf die zwischenzeitlichen technischen Neuerungen des elektronischen Datenverkehrs eingestellt worden. Mittelfristig sieht der Aktionsplan (Rn 62) vor, die Publizitätspflichten auf weitere Gesellschaftsformen zu erstrecken und zur Missbrauchsvermeidung (Betrug, Terrorismus etc.) zusätzlich zu verschärfen.[135]

aa) Publizitätsgegenstände

Art. 2 Abs. 1 nF zählt die **Publizitätsgegenstände** auf, die für die Information der Gläubiger naturgemäß am bedeutsamsten sind, nämlich den Errichtungsakt und die Satzung (lit. a) sowie deren sämtlichen Änderungen (lit. b) jeweils im vollständigen Wortlaut (lit. c), die Besetzung der gesetzlich vorgeschriebenen Organe und deren Vertretungsbefugnis (lit. d), ggf den Betrag des gezeichneten Kapitals (lit. e), die nach den Richtlinien zum Jahres- und Konzernabschluss (siehe unten Rn 125 ff) offenlegungspflichtigen Unterlagen der Rechnungslegung (lit. f), eine Verlegung des Sitzes der Gesellschaft (lit. g) sowie deren Auflösung, Nichtigkeit und Liquidation (lit. h–k). Ergänzende Sonderregelungen für die von Aktiengesellschaften offenzulegenden Umstände, namentlich zum Satzungsinhalt, enthält die Kapitalrichtlinie (siehe oben Rn 70 ff). Seit der Novelle von 2003 müssen diese Angaben ab dem 1.1.2007 auch in elektronischer Form eingereicht werden können bzw durch das Register in eine solche Form gebracht werden (Art. 3 Abs. 2). Nach Ansicht des EuGH ist lit. d S. 2 entsprechend seinem Zweck, Rechtssicherheit für die mit dem jeweiligen nationalen Recht nicht vertrauten Personen zu gewährleisten, so auszulegen, dass die Vertretungsbefugnis auch dann anzugeben ist, wenn nur ein einziges Organmitglied bestellt ist und sich dessen Vertretungsmacht ohne weiteres aus dem nationalen Recht ergibt.[136] Aus demselben Grund ist nach dem *BGH* der stellvertretende Geschäftsführer einer GmbH ohne Stellvertreterzusatz in das Handelsregister einzutragen.[137]

83

bb) Publizitätsmittel

In jedem Mitgliedstaat ist entweder bei einem zentralen Register oder bei einem Handels- oder Gesellschaftsregister für jede der dort eingetragenen Gesellschaften eine Akte anzulegen (Art. 3 Abs. 1). Die publizitätspflichtigen Urkunden und Angaben sind in dieser Akte zu hinterlegen oder in das Register einzutragen (Abs. 2) sowie im Amtsblatt bekannt zu machen (Abs. 3), sog. **primäre Publizitätsmittel**. Nach der Novelle von 2003 müssen Akte und Register bzw können die Amtsblätter ab dem 1.1.2007 auch in elektronischer Form geführt werden (Abs. 2 und 4). Als **sekundäre Publizitätsmittel** sind das Recht vorgesehen, auf Antrag eine vollständige oder auszugsweise und ggf beglaubigte Kopie der in Art. 2 bezeichneten Urkunden und Anlagen wahlweise auf Papier oder in elektronischer Form zu erhalten (Abs. 3), sowie die Verpflichtung der Gesellschaft, auf ihren Geschäftspapieren und ihrer Internetseite bestimmte Angaben zu machen, die die Identifikation der Gesellschaft und des zuständigen Registers ermöglichen (Art. 4).

84

---

133 Vgl *Grundmann*, Europäisches Gesellschaftsrecht, Rn 228 ff.
134 Richtlinie 2003/58/EG des Europäischen Parlaments und des Rates vom 15.7.2003 zur Änderung der Richtlinie 68/151/EWG des Rates in Bezug auf die Offenlegungspflichten von Gesellschaften bestimmter Rechtsform, ABl. Nr. L 221 vom 4.9.2003, S. 13–16.
135 KOM(2003) 284 endg., unter 3.7.
136 EuGH, Rs C-32/74 (*Haaga*), Slg 1974, I-1201.
137 BGH NJW 1998, 1071, 1072.

cc) Publizitätswirkungen

85 Art. 3 Abs. 5 bis 7 regeln die **Publizitätswirkungen**. Urkunden und Angaben können einem Dritten von der Gesellschaft erst nach ordnungsgemäßer Offenlegung entgegengehalten werden, wenn nicht die Gesellschaft eine vorherige Kenntnis des Dritten nachweist (Abs. 5 S. 1, sog. **negative Publizität**). Dies gilt ausnahmsweise gemäß Satz 2 bis zum Ablauf des fünfzehnten Tages nach Offenlegung nicht, wenn der Dritte nachweist, dass er die Urkunden und Angaben nicht kennen konnte. Weichen Bekanntmachung und Inhalt der Akte oder des Registers voneinander ab, kann sich ein gutgläubiger Dritter, nicht aber die Gesellschaft, auf den Inhalt der Bekanntmachung berufen (Abs. 6, sog. **positive Publizität**). Dritte können sich ferner auf Urkunden und Angaben berufen, deren Offenlegung noch nicht ordnungsgemäß erfolgt und nur deklaratorischer Natur ist (Abs. 7). Dritte können also stets die wahre Rechtslage für sich in Anspruch nehmen. Was zu gelten hat, wenn sowohl Eintragung als auch Bekanntmachung unrichtig sind oder wenn zwar die Eintragung richtig, aber die Bekanntmachung unrichtig ist, bleibt dagegen – unbeschadet Art. 8 – dem nationalen Recht vorbehalten.[138]

dd) Umsetzung in das deutsche Recht

86 Da die Publizitätsrichtlinie in starkem Maße durch das deutsche Recht geprägt war, konnte sie in Deutschland im Jahre 1969 durch verhältnismäßig wenige Anpassungen **umgesetzt** werden,[139] insbesondere durch die Einführung des weit über die Richtlinie hinausgehenden § 15 Abs. 3 HGB (positive Publizität) und durch die Angleichung der aktien- und GmbH-rechtlichen Nichtigkeitstatbestände an Art. 11 der Richtlinie. Als nicht richtlinienkonform hat der EuGH in seinem *Daihatsu*-Urteil vom 4.12.1997[140] § 335 S. 1 Nr. 6 S. 2 aF HGB angesehen, wonach die Erfüllung der Offenlegungspflichten des § 325 HGB nur durch Gesellschafter, Gläubiger oder den Betriebsrat erzwungen werden konnte, nicht aber durch jeden interessierten Dritten, wie es die die Richtlinie nach Auffassung des EuGH verlangt.

87 Demgegenüber bedurfte die Umsetzung der **Änderungsrichtlinie** 2003/58/EG in deutsches Recht weitaus größerer gesetzgeberischer Anstrengungen, die vor allem[141] in das am 1.1.2007 in Kraft getretene EHUG[142] mündeten, das zugleich Teile der Transparenzrichtlinie (RL 2004/109/EG)[143] umsetzte. Das **EHUG** installiert nicht nur ein vollständiges elektronisches Handelsregister, sondern auch ein neuartiges elektronisches Unternehmensregister, in dem wesentliche Unternehmensdaten, deren Offenlegung in diversen Teilbereichen der Rechtsordnung verlangt wird, zentral gebündelt und für jedermann online zur Verfügung stehen.[144]

b) Die Zweigniederlassungsrichtlinie 89/666/EWG

88 Um Wettbewerbsverzerrungen zwischen Gesellschaften zu vermeiden, die ihre Niederlassungsfreiheit durch die Gründung von Tochtergesellschaften ausüben, und solchen, die stattdessen Zweigniederlassungen gründen und hierbei nicht den Pflichten der Publizitätsrichtlinie unterliegen, und um für diese wirtschaftlich vergleichbaren Vorgänge ein einheitliches Schutzniveau für Gesellschafter und Dritte zu gewährleisten, wurde am 21.12.1989 die **Zweigniederlassungsrichtlinie** (89/666 EWG, sog. elfte

---

138 *Habersack*, Europäisches Gesellschaftsrecht, § 5 Rn 18; siehe auch *Grundmann*, Europäisches Gesellschaftsrecht, Rn 276 ff.
139 Durch das Gesetz zur Durchführung der Ersten Richtlinie der Europäischen Gemeinschaft zur Koordinierung des Gesellschaftsrechts vom 15.8.1969, BGBl. I S. 1146.
140 EuGH, Rs C-97/86 (*Daihatsu*), Slg 1997, I-6843 = DStR 1998, 214 ff m.Anm. *Wilken*. Näher zu dieser Entscheidung *Saenger*, Casebook Europäisches Gesellschaftsrecht, S. 223 ff.
141 In Teilen erfolgte eine Umsetzung bereits durch das Gesetz über Elektronische Handelsregister und Justizkosten für Telekommunikation vom 15.12.2001, BGBl. I S. 3422.
142 Gesetz über elektronische Handelsregister und Genossenschaftsregister sowie das Unternehmensregister vom 10.11.2006, BGBl. I S. 2553.
143 Richtlinie 2004/109/EG des Europäischen Parlaments und des Rates vom 15.12.2004 zur Harmonisierung der Transparenzanforderungen in Bezug auf Informationen über Emittenten, deren Wertpapiere zum Handel auf einem geregelten Markt zugelassen sind, und zur Änderung der Richtlinie 2001/34/EG, ABl. L 390 vom 31.12.2004, S. 38–57.
144 Weiterführend *Noack* NZG 2006, 801 ff.

gesellschaftsrechtliche Richtlinie)[145] verabschiedet. Sie verpflichtet die von der Publizitätsrichtlinie erfassten Kapitalgesellschaften (AG, KGaA, GmbH, vgl oben Rn 82) zur Offenlegung gewisser, in Art. 2 aufgezählter Urkunden und Angaben über Zweigniederlassungen, die sie in einem anderen Mitgliedstaat errichten. Hierzu zählen etwa die Anschrift (lit. a), Tätigkeit (lit. b) und ggf Firma (lit. d) der Zweigniederlassung und deren Aufhebung (lit. h) sowie das Register und die Eintragungsnummer der Gesellschaft (lit. c) und deren Organe samt Vertretungsbefugnis sowie die als ständige Vertreter der Gesellschaft für die Tätigkeit der Zweigniederlassung berufenen Vertreter, unter Angabe ihrer Befugnisse (lit. e).

Dabei kann von einer **Zweigniederlassung** – in Anlehnung an den vom EuGH zu Art. 5 Nr. 5 EuGVÜ entwickelten Begriff – nur bei Vorliegen eines auf gewisse Dauer angelegten und sowohl in sachlicher als auch in personeller Hinsicht entsprechend ausgestatteten Geschäftsbetriebs gesprochen werden, wozu insbesondere eine zur Vertretung der Gesellschaft befugte Geschäftsleitung gehört.[146] Demgegenüber ist es nach deutscher und europäischer Rechtsprechung entgegen dem Wortlaut unschädlich, wenn sich der einzige tatsächliche Verwaltungssitz von Anfang an allein am Ort der „Zweigniederlassung" befunden hat,[147] de facto also nur eine Hauptniederlassung existiert. Die Vorgaben der Zweigniederlassungsrichtlinie wurden in Deutschland im Wesentlichen durch die Einführung der §§ 13 bis 13g, 325 a HGB, 80 Abs. 4 AktG, 35 a Abs. 4 GmbHG am 1.9.1993 **umgesetzt**.[148]

4. Rechtsakte zum Umwandlungsrecht

Bei den Rechtsakten zum Umwandlungsrecht ist zwischen dem innerstaatlichen Umwandlungsrecht und dem Recht der grenzüberschreitenden Umwandlung (unten Rn 98 ff) zu unterscheiden:

a) Die Harmonisierung des innerstaatlichen Umwandlungsrechts

Zum Zwecke der durch Art. 44 Abs. 2 lit. g EGV sowie des Allgemeinen Programms zur Aufhebung der Beschränkung der Niederlassungsfreiheit[149] vorgegebenen Koordination auf dem Gebiet des Gesellschaftsrechts legte die Kommission 1970 einen ersten Vorschlag für eine Richtlinie über die Fusion von Aktiengesellschaften[150] vor, die gemäß ihres Art. 21 Abs. 1 auch auf Spaltungsvorgänge sinngemäße Anwendung finden sollte. Ökonomisch hatte der Vorschlag zum Ziel, das externe Wachstum europäischer Unternehmen zu erleichtern und dadurch Unternehmensgrößen zu ermöglichen, die sowohl auf dem gemeinsamen Binnenmarkt als auch auf den internationalen Märkten konkurrenzfähig sind. Rechtlich war insbesondere ein europaweiter Mindestschutz der Aktionäre und des Rechtsverkehrs beabsichtigt.[151] In langwierigen Verhandlungen wurde der Vorschlag in den Jahren 1973 und 1975 zweifach geändert[152] und schließlich der die Spaltung betreffende Teil abgetrennt, weil sich dessen Ausgestaltung als recht komplex erwies und das Gesetzgebungsverfahren nicht weiter verzögern sollte.[153]

---

145 Elfte Richtlinie 89/666/EWG des Rates vom 21.12.1989 über die Offenlegung von Zweigniederlassungen, die in einem Mitgliedstaat von Gesellschaften bestimmter Rechtsformen errichtet wurden, die dem Recht eines anderen Staates unterliegen, ABl. Nr. L 395 vom 30.12.1989, S. 36–39.
146 MünchKommBGB/*Kindler* IntGesR Rn 46.
147 EuGH, Rs C-212/97 (*Centros*), Slg 1999, I-1459 (vgl oben Rn 54); EuGH, Rs C–167/01 (*Inspire Art*), Slg 2003, I-10155 (vgl oben Rn 56); OLG Zweibrücken NZG 2003, 537, 538; KG NJW-RR 2004, 331, 333.
148 Art. 1 bis 5 des Gesetzes zur Durchführung der Elften gesellschaftsrechtlichen Richtlinie des Rates der Europäischen Gemeinschaften und über Gebäudeversicherungsverhältnisse vom 22.7.1993, BGBl. I S. 1282.
149 ABl. Nr. 2 vom 15.1.1962, S. 36 ff.
150 Vorschlag einer dritten Richtlinie des Rates zur Koordination der Schutzbestimmungen, die in den Mitgliedstaaten den Gesellschaften im Sinne des Artikels 58 Absatz 2 des Vertrages im Interesse der Gesellschafter sowie Dritter bei Fusionen von Aktiengesellschaften vorgeschrieben sind, ABl. Nr. C 89 vom 14.7.1970, S. 20–26.
151 *Grundmann*, Europäisches Gesellschaftsrecht, Rn 848 ff.
152 Erster geänderter Vorschlag vom 4.1.1973, KOM(1972) 1668 endg.; dazu die Stellungnahme des Europapäischen Parlaments, ABl. Nr. C 95 vom 28.4.1975, S. 12; zweiter geänderter Vorschlag vom 22.12.1975, KOM(1975) 672 endg.
153 Vgl *Grundmann*, Europäisches Gesellschaftsrecht, Rn 851.

aa) Die Verschmelzungsrichtlinie (RL 78/855/EWG)

91 Aus diesem Grund wurde am 9.10.1978 zunächst der die Verschmelzung (Fusion) regelnde Teil in Gestalt der **Verschmelzungsrichtlinie** (78/855/EWG, sog. dritte gesellschaftsrechtliche Richtlinie)[154] verabschiedet. Durch diese erste originär umwandlungsrechtliche Richtlinie sollte das Institut der Verschmelzung in sämtlichen Mitgliedstaaten eingeführt bzw – sofern dies bereits geschehen war – rechtlich zum Schutze der Aktionäre, der beteiligten Gesellschaften und des Rechtsverkehrs vereinheitlicht werden.[155]

92 Die Richtlinie erfasst nur **innerstaatliche** (nationale) Verschmelzungen (Art. 2) unter Beteiligung von **Aktiengesellschaften** oder den diesen äquivalenten Gesellschaftsformen der einzelnen Mitgliedstaaten (Art. 1). Die Richtlinie unterscheidet zwischen der Verschmelzung zur Aufnahme einer oder mehrerer Gesellschaften durch eine andere (Art. 3, 5–22) und der Verschmelzung durch Gründung einer neuen Gesellschaft (Art. 4, 23–31). Die Verschmelzung vollzieht sich in beiden Fällen dergestalt, dass eine oder mehrere Gesellschaften ihr gesamtes Aktiv- und Passivvermögen im Wege der Auflösung ohne Abwicklung auf die andere Gesellschaft übertragen, und zwar gegen Gewährung von Aktien der übernehmenden Gesellschaft an die Aktionäre der übertragenden Gesellschaft oder Gesellschaften und gegebenenfalls einer baren Zuzahlung (Art. 3 Abs. 1, Art. 4 Abs. 1, Art. 19). Die Mitgliedstaaten können aber vorsehen, dass nicht alle Gesellschaften aufhören zu bestehen (Art. 31).

93 Erstes Kernelement des Verschmelzungsverfahrens ist der schriftliche **Verschmelzungsplan**, in dem bestimmte Mindestangaben insbesondere über das Umtauschverhältnis der Anteile enthalten sein müssen und dem die Hauptversammlung jeder Gesellschaft, die an der Verschmelzung beteiligt ist, grundsätzlich mit einer Zweidrittelmehrheit zustimmen müssen (Art. 5–8). Zweites Kernelement sind die obligatorischen schriftlichen **Berichte** der Verwaltungs- oder Leitungsorgane jeder beteiligten Gesellschaft, in denen der Verschmelzungsplan rechtlich und wirtschaftlich zu erläutern ist (Art. 9). Drittens bedarf es einer **Prüfung** des Verschmelzungsplans durch unabhängige Sachverständige (Art. 10). Für konzerninterne Verschmelzungen sind Erleichterungen vorgesehen (Art. 24 – 26).

94 Der deutsche Gesetzgeber hat die Vorgaben der Verschmelzungsrichtlinie durch die zum 1.1.1983 in Kraft getretenen §§ 339 ff AktG aF in das deutsche Recht **umgesetzt**, wodurch sich der Schutz der Minderheitsaktionäre entscheidend verbesserte.[156] Diese Regelungen sind später im geltenden Umwandlungsgesetz (UmwG) vom 28.10.1994[157] aufgegangen (zum Umwandlungsrecht ausführlich § 10), das von der hM zu Recht als im Wesentlichen richtlinienkonform angesehen wird. Das gilt namentlich für § 4 Abs. 1 UmwG, der es zwar in Abweichung von Art. 5 Abs. 1, Art. 16 Abs. 1 S. 1 der Richtlinie erlaubt und sogar als Regelfall vorsieht, dass ein Verschmelzungsvertrag *vor* der Aufstellung des Verschmelzungsplans geschlossen wird, der jedoch die Aktionäre hierdurch nicht benachteiligt, da der Vertrag nicht unmittelbar in ihre Rechte eingreift und nur mit ihrer Zustimmung wirksam wird (§ 13 Abs. 1 UmwG).[158] Der nach §§ 8 Abs. 3 S. 1, 9 Abs. 3 UmwG zulässige allseitige Verzicht der Aktionäre auf Verschmelzungsbericht und -prüfung lässt sich damit rechtfertigen, dass diese ausweislich des vierten Erwägungsgrundes der Richtlinie allein den Schutz der Aktionäre bezwecken und daher auch zu deren Disposition stehen. Daher werden §§ 8 Abs. 3 S. 1, 9 Abs. 3 UmwG zutreffend überwiegend ebenfalls als richtlinienkonform betrachtet.[159]

---

[154] Dritte Richtlinie 78/855/EWG des Rates vom 9.10.1978 gemäß Artikel 54 Absatz 3 Buchstabe g) des Vertrages betreffend die Verschmelzung von Aktiengesellschaften, ABl. Nr. L 295 vom 20.10.1978, S. 38–43.

[155] Vgl die Erwägungsgründe der Verschmelzungsrichtlinie. Demgegenüber blieb der Schutz der Arbeitnehmer der sich verschmelzenden Gesellschaften der Richtlinie 77/187/EWG des Rates vom 14.2.1977 zur Angleichung der Rechtsvorschriften der Mitgliedstaaten über die Wahrung von Ansprüchen der Arbeitnehmer beim Übergang von Unternehmen, Betrieben oder Betriebsteilen – zu dieser *Felsner*, Arbeitsrechtliche Rahmenbedingungen von Unternehmensübernahmen in Europa (1997) – vorbehalten.

[156] MünchKommBGB/*Kindler* IntGesR Rn 38; *Kilian*, Europäisches Wirtschaftsrecht, Rn 544.

[157] Art. 1 des Gesetzes zur Bereinigung des Umwandlungsrechts vom 28.10.1994 (BGBl. I S. 3210).

[158] *Habersack*, Europäisches Gesellschaftsrecht, § 7 Rn 22.

[159] *Schwarz*, Europäisches Gesellschaftsrecht, Rn 645 (Fn 787); *Habersack*, Europäisches Gesellschaftsrecht, § 7 Rn 24 mwN; aA *Engelmeyer* BB 1998, 330, 333.

bb) Die Spaltungsrichtlinie (RL 82/891/EWG)

Erst knapp vier Jahre nach Erlass der Verschmelzungsrichtlinie (siehe Rn 91 ff) wurde am 17.12.1982 die **Spaltungsrichtlinie** (RL 82/891/EWG, sog. sechste gesellschaftsrechtliche Richtlinie)[160] verabschiedet, die die Verschmelzungsrichtlinie ergänzt und mehrfach auf deren Bestimmungen verweist. Aufgrund der Verwandtschaft zwischen Verschmelzung und Spaltung erachtete es der Rat für unerlässlich, zur Vermeidung von Umgehungen der verschmelzungsrechtlichen Garantien einen gleichwertigen Schutz für Spaltungen zu schaffen.[161]

Sofern das Recht der Mitgliedstaaten die Spaltung von Gesellschaften gestattet, unterwirft die Spaltungsrichtlinie diese umwandlungsrechtlichen Vorgänge einheitlichen Regeln. Ebenso wie die Verschmelzungsrichtlinie findet die Spaltungsrichtlinie nur auf **innerstaatliche** Spaltungen unter Beteiligung von Aktiengesellschaften bzw den diesen entsprechenden Gesellschaftsformen der einzelnen Mitgliedstaaten Anwendung und sieht als wesentliche Regelungselemente einen **Spaltungsplan** (Art. 3 und 4), einen ausführlichen schriftlichen **Spaltungsbericht** der Verwaltungs- oder Leitungsorgane der an der Spaltung beteiligten Gesellschaften (Art. 7) und eine **Prüfung** durch unabhängige Sachverständige (Art. 8) vor. Die Richtlinie unterscheidet zwischen der Spaltung durch Übernahme (Art. 2–20) und der Spaltung durch Gründung neuer Gesellschaften (Art. 21–22), wobei unter einer Spaltung jeweils der Vorgang verstanden wird, durch den eine Gesellschaft ihr gesamtes Aktiv- und Passivvermögen im Wege der Auflösung ohne Abwicklung auf mehrere bestehende (Spaltung durch Übernahme) oder neugegründete (Spaltung durch Gründung) überträgt, und zwar gegen Gewährung von Aktien der übernehmenden Gesellschaft und ggf einer baren Zuzahlung an die Aktionäre der gespaltenen Gesellschaft (vgl Art. 2 Abs. 1, 21 Abs. 1). Die gespaltene Gesellschaft erlischt ebenso wie bei der Verschmelzung ipso iure ohne Abwicklung (Art. 17 Abs. 1 lit. c), wenn nicht die Mitgliedstaaten ausnahmsweise für bestimmte Vorgänge anordnen, dass die gespaltene Gesellschaft fortbesteht (Art. 25).

Zur **Umsetzung** der Spaltungsrichtlinie wurden zunächst die §§ 339–393 AktG aF durch das Verschmelzungsrichtlinie-Gesetz[162] überarbeitet und die Spaltung neben die bis dato dort allein geregelte Verschmelzung gestellt. Die Regelungen sind schließlich in dem Dritten Buch des Umwandlungsgesetzes von 1994 aufgegangen.[163]

b) Die Harmonisierung des Rechts der grenzüberschreitenden Umwandlung

aa) Die Entwicklung auf dem Gebiet des Rechts der grenzüberschreitenden Verschmelzung

Parallel zu der Harmonisierung der nationalen Umwandlungsrechte (siehe Rn 90 ff) wurde bereits seit den siebziger Jahren des letzten Jahrhunderts eine Angleichung des Rechts der grenzüberschreitenden Verschmelzung vorangetrieben.

Aufgrund der zentralen Bedeutung dieser Umstrukturierungsmaßnahme, die für europäische Unternehmen unerlässlich ist, um extern wachsen und sich so auf dem globalisierten Weltmarkt gegen die internationale Konkurrenz behaupten zu können, wurde dieses Vorhaben schon sehr früh als besonders dringlich eingestuft.[164] So erklärten die Mitgliedstaaten bereits in dem 1958 eingeführten Art. 220 EWG-Vertrag (heute Art. 293 EGV) ihre Absicht, völkerrechtliche Abkommen über die Verschmelzung von Gesellschaften verschiedener Mitgliedstaaten zu schließen. Gleichwohl dauerte es über 30 Jahre, bis dieses Ziel endlich durch die Verabschiedung der Richtlinie 2005/56/EG über die Verschmelzung von Kapitalgesellschaften aus verschiedenen Mitgliedstaaten vom 26.10.2005[165]

---

160 Sechste Richtlinie 82/891/EWG des Rates vom 17.12.1982 gemäß Artikel 54 Absatz 3 Buchstabe g) des Vertrages betreffend die Spaltung von Aktiengesellschaften, ABl. Nr. L 378 vom 31.12.1982, S. 47–54.
161 Vgl den vierten Erwägungsgrund der Spaltungsrichtlinie (Rn 95 ff).
162 Gesetz zur Durchführung der – gemäß Art. 54 Abs. 3 lit. g des EWG-Vertrags erlassenen – Dritten Richtlinie des Rates der Europäischen Gemeinschaften zur Koordinierung des Gesellschaftsrechts (Verschmelzungsrichtlinie-Gesetz) vom 25.10.1982 (BGBl. 1982 I S. 1425).
163 Näher *Grundmann*, Europäisches Gesellschaftsrecht, Rn 892 f.
164 *Habersack*, Europäisches Gesellschaftsrecht, § 7 Rn 52; *Grundmann*, Europäisches Gesellschaftsrecht, Rn 895.
165 Richtlinie 2005/56/EG des Europäischen Parlaments und des Rates vom 26.10.2005 über die Verschmelzung von Kapitalgesellschaften aus verschiedenen Mitgliedstaaten, ABl. Nr. L 310 vom 25.11.2005, S. 1–9.

(Richtlinie über die grenzüberschreitende Verschmelzung) verwirklicht werden konnte (zu dieser ausführlich unten Rn 102 ff).

100 Nachdem 1972 zuerst noch der Entwurf eines Übereinkommens zur grenzüberschreitenden Verschmelzung[166] vorgelegt worden war, reifte nach langwierigen Beratungen und nach der zwischenzeitlichen Verabschiedung der Verschmelzungsrichtlinie (oben Rn 91 ff) und der Spaltungsrichtlinie (oben Rn 95 ff) der Entschluss, auch die grenzüberschreitende Verschmelzung zum Gegenstand einer Richtlinie zu machen.[167] Daraufhin unterbreitete die Kommission am **14.1.1985** einen **ersten Richtlinienvorschlag**,[168] der aber an nicht zu überbrückenden Differenzen zwischen den Mitgliedstaaten in Fragen der Arbeitnehmermitbestimmung scheiterte.[169] Insbesondere befürchtete die Bundesrepublik, dass die Verschmelzung einer deutschen AG auf eine englische oder italienische Gesellschaft, die das Erlöschen der AG unter Fortfall der Mitbestimmungsrechte zur Folge hat, zu einer „Flucht" aus der Mitbestimmung missbraucht werden könnte, während sich die Mitbestimmung im umgekehrten Fall der Verschmelzung einer englischen Gesellschaft auf eine deutsche AG, bei der das Mitbestimmungsstatut der aufnehmenden deutschen Gesellschaft unangetastet bleibt, als wesentlicher Nachteil im Wettstreit der Gesellschaftsformen erweisen werde.[170] Der in dem Richtlinienvorschlag für diese Fälle vorgesehene Nichtanwendungsvorbehalt (Art. 1 Abs. 3) brachte keine Lösung, da er mitbestimmte Gesellschaften von grenzüberschreitenden Verschmelzungen faktisch ausschloss.

101 Erst die auf dem EU-Gipfel in Nizza im Dezember 2000 überraschend erzielte Einigung über das Statut der Europäischen Aktiengesellschaft[171] sowie über die Beteiligung der Arbeitnehmer in dieser neuen Gesellschaftsform[172] vermochte die ins Stocken geratenen Verhandlungen wieder zu beleben, die dann in einen **zweiten Richtlinienvorschlag vom 18.11.2003**[173] mündeten. Dessen wesentliche Neuerung gegenüber dem Vorschlag von 1985 bestand einerseits in der Gewährung eines mitbestimmungsrechtlichen Bestandsschutzes und andererseits in der Erweiterung des Anwendungsbereiches der Richtlinie auf sämtliche Kapitalgesellschaften, was nicht zuletzt durch die im Zuge der Umsetzung der Verschmelzungsrichtlinie (oben Rn 91 ff) mittlerweile weit vorangeschrittene Vereinheitlichung des nationalen Verschmelzungsrechts ermöglicht wurde.[174]

102 Nach positiver Reaktion des Europäischen Wirtschafts- und Sozialausschusses und nach Billigung durch Parlament und Rat[175] ist der Vorschlag schließlich mit unwesentlichen Modifikationen als Richtlinie 2005/56/EG über die Verschmelzung von Kapitalgesellschaften aus verschiedenen Mitgliedstaaten vom 26.10.2005 (sog. zehnte gesellschaftsrechtliche Richtlinie; kurz **Richtlinie über die grenzüberschreitende Verschmelzung**)[176] erlassen worden. Die Richtlinie über die grenzüberschreitende Verschmelzung ist Teil des gesellschaftsrechtlichen Aktionsplans (Rn 62) und hat es zum Ziel, durch die Überwindung rechtlicher und administrativer Schwierigkeiten grenzüberschreitende Verschmelzungen zu erleichtern, um auf diese Weise zur Vollendung und zum reibungslosen Funktionie-

---

166 Entwurf eines Übereinkommens über die internationale Verschmelzung vom 27.9.1972, Beilage 13/73 zum Bulletin der EG.
167 *Habersack*, Europäisches Gesellschaftsrecht, § 7 Rn 52.
168 Vorschlag einer zehnten Richtlinie des Rates nach Artikel 54 Abs. 3 Buchstabe g) des Vertrages über die grenzüberschreitende Verschmelzung von Aktiengesellschaften, ABl. Nr. C 23 vom 25.1.1985, S. 11–15.
169 *Nagel* NZG 2006, 97, 97.
170 Vgl *Habersack*, Europäisches Gesellschaftsrecht, § 7 Rn 52; Ziffer 3.3 der Begründung des zweiten Richtlinienvorschlags (unten Rn 101), KOM(2003) 703 endg.
171 Verordnung (EG) Nr. 2157/2001 des Rates vom 8.10.2001 über das Statut der Europäischen Gesellschaft (SE), ABl. Nr. L 294 vom 10.11.2001, S. 1–21.
172 Richtlinie 2001/86/EG des Rates vom 8.10.2001 zur Ergänzung des Statuts der Europäischen Gesellschaft hinsichtlich der Beteiligung der Arbeitnehmer, ABl. Nr. L 294 vom 10.11.2001, S. 22–32.
173 Vorschlag für eine Richtlinie des Europäischen Parlaments und des Rates über die Verschmelzung von Kapitalgesellschaften aus verschiedenen Mitgliedstaaten, KOM(2003) 703.
174 *Grundmann*, Europäisches Gesellschaftsrecht, Rn 900.
175 Stellungnahme des Europäischen Wirtschafts- und Sozialausschusses zu dem Vorschlag für eine Richtlinie des Europäischen Parlaments und des Rates über die Verschmelzung von Kapitalgesellschaften aus verschiedenen Mitgliedstaaten, ABl. Nr. C 117 vom 30.4.2004, S. 43–48; Stellungnahme des Europäischen Parlamentes vom 10.5.2005; Beschluss des Rates vom 19.9.2005.
176 Richtlinie 2005/56/EG des Europäischen Parlaments und des Rates vom 26.10.2005 über die Verschmelzung von Kapitalgesellschaften aus verschiedenen Mitgliedstaaten, ABl. Nr. L 310 vom 25.11.2005, S. 1–9.

ren des Binnenmarkts beizutragen.[177] Rechtstechnisch regelt die Richtlinie die bei grenzüberschreitenden Verschmelzungen auftretenden Fragen zum einen dadurch, dass sie **kollisionsrechtliche Regeln**[178] festschreibt, die bestimmen, welches nationale Recht auf welchen Gesichtspunkt der Verschmelzung Anwendung findet und welche nationale Stelle zur Überprüfung eines Gesichtspunkts zuständig ist. Hierzu verweist sie – im Unterschied zum Richtlinienvorschlag von 1985 – aus Gründen der Rechtsvereinfachung und ganz im Sinne des europarechtlichen Subsidiaritätsprinzips (Art. 5 EGV) und der kollisionsrechtlichen Vereinigungstheorie[179] weitestmöglich auf die Vorschriften und Formalitäten des jeweiligen (harmonisierten) innerstaatlichen Rechts (Art. 4 Abs. 1; vgl auch den dritten Erwägungsgrund). Zum anderen übernimmt die Richtlinie den durch die Verschmelzungsrichtlinie für nationale Verschmelzungen vorgegebenen Normbestand und modifiziert diesen punktuell durch ein **Sondersachrecht für grenzüberschreitende Sachverhalte.**[180]

bb) Die Richtlinie über die grenzüberschreitende Verschmelzung (RL 2005/56/EG)

(1) Persönlicher Anwendungsbereich

Die Richtlinie über die grenzüberschreitende Verschmelzung (vgl oben Rn 102) gilt gemäß ihres Art. 1 für Kapitalgesellschaften, die nach dem Recht eines Mitgliedstaats gegründet worden sind und ihren satzungsmäßigen Sitz, ihre Hauptverwaltung oder ihre Hauptniederlassung in der Gemeinschaft haben (**persönlicher Anwendungsbereich**). Zu den „Kapitalgesellschaften" in diesem Sinne zählen nach der Legaldefinition des Art. 2 Abs. 1 nicht nur die der Verschmelzungsrichtlinie unterfallenden Aktiengesellschaften bzw die dieser vergleichbaren Gesellschaftsformen anderer Mitgliedstaaten, sondern alle Gesellschaften, die Rechtspersönlichkeit besitzen, über ein gesondertes Haftkapital verfügen und den Publizitätsvorschriften der Publizitätsrichtlinie (oben Rn 82 ff) unterliegen. Dies umfasst in Deutschland auch die GmbH, die KGaA und die Genossenschaft. Durch die Erstreckung auf sämtliche Kapitalgesellschaften soll insbesondere den Bedürfnissen kleiner und mittlerer Unternehmen Rechnung getragen werden.[181] Erfasst wird ferner gemäß Art. 9 Abs. 1 c) ii) SE-VO die Europäische Aktiengesellschaft, soweit sie nicht eine auf- oder übernehmende Gesellschaft ist, da in diesem Fall die Art. 2 Abs. 1, 17 ff SE-VO vorrangige Regelungen enthalten.[182] Während Verschmelzungen unter der Beteiligung von Genossenschaften durch die Mitgliedstaaten von dem Anwendungsbereich der Richtlinie ausgenommen werden können, ist dies für Anlagegesellschaften zwingend vorgeschrieben (Art. 3 Abs. 2 und 3). Außerdem bleiben entgegen den Bedürfnissen der Wirtschaft Personengesellschaften ausgeschlossen.

103

(2) Sachlicher Anwendungsbereich

Der **sachliche Anwendungsbereich** erfasst – im Unterschied zu der Verschmelzungsrichtlinie (oben Rn 92) – grenzüberschreitende Verschmelzungen, also solche Verschmelzungen, bei denen mindestens zwei der beteiligten Gesellschaften dem Recht verschiedener Mitgliedstaaten unterliegen (Art. 1). Dabei entspricht der Begriff der Verschmelzung dem der Verschmelzungsrichtlinie und umfasst sowohl Verschmelzungen durch Aufnahme oder Neugründung (Art. 2 Nr. 2 lit. a und b) als auch konzerninterne Verschmelzungen (Art. 2 Nr. 2 lit. c), für die allerdings gewisse Erleichterungen vorgesehen sind (Art. 15). Ausgespart bleiben somit grenzüberschreitende Spaltungen[183] und Verschmelzungen mit Gesellschaften aus Drittstaaten.

104

Durch das **Zwischenstaatlichkeitserfordernis** des Art. 1 soll vor allem eine Überschneidung mit dem Anwendungsbereich der Sitzverlegungsrichtlinie (dazu Rn 159) vermieden werden.[184] Voraussetzung

105

---

177 Erwägungsgrund Nr. 1 der Übernahmerichtlinie.
178 Dieser kollisionsrechtliche Ansatz wird namentlich in Art. 4 Abs. 1 lit. b, Abs. 2 erkennbar, vgl *Koppensteiner* Der Konzern 2006, 40, 51.
179 *Bayer/Schmidt* NJW 2006, 401, 402.
180 Vgl *Grundmann*, Europäisches Gesellschaftsrecht, Rn 903 (zum zweiten Vorschlag).
181 Vgl Stellungnahme des Europäischen Wirtschafts- und Sozialausschusses, ABl. Nr. C 117 vom 30.4.2004, S. 43 (unter 1.3.1).
182 *Bayer/Schmidt* NJW 2006, 401, 401; *Oechsler* NZG 2006, 161, 161.
183 Hierfür könnten aber nach dem *Sevic*-Urteil die Art. 43, 48 EGV von Bedeutung sein (siehe Rn 118 ff).
184 *Oechsler* NZG 2006, 161, 162.

ist aber lediglich, dass die beteiligten Gesellschaften dem Recht anderer Mitgliedstaaten unterliegen, nicht auch, dass sie dort ihren Sitz haben, so dass beispielsweise eine in der Bundesrepublik niedergelassene englische Private Company Limited by Shares mit einer hier ebenfalls ansässigen GmbH verschmelzen kann.[185] Problematisch ist allerdings, ob nach der Richtlinie eine Verschmelzung zur Neugründung erlaubt werden muss, bei der nur die neu zu gründende Gesellschaft einem anderen Recht, die übertragenden Gesellschaften dagegen sämtlich demselben Recht unterliegen.[186] Um das Erfordernis einer grenzüberschreitenden Verschmelzung nicht allzu sehr auszuhöhlen und Umgehungen der Anforderungen einer künftigen Sitzverlegungsrichtlinie zu vermeiden, erscheint es vorzugswürdig zu verlangen, dass das transnationale Element bereits in den übertragenden Gesellschaften angelegt sein muss. Da besondere Fristen – wie sie etwa Art. 2 Abs. 2 lit. b, Abs. 3 lit. b und Abs. 4 SE-VO vorsehen – nicht bestehen, ist es jedoch zulässig, eine bestehende Kapitalgesellschaft auf eine kurz zuvor (ggf nur zu diesem Zweck) gegründete Gesellschaft anderen Rechts zu verschmelzen.[187]

(3) Verschmelzungsfähigkeit

106 Art. 4 Abs. 1 a) der Richtlinie regelt die **Verschmelzungsfähigkeit**. Danach sind grenzüberschreitende Verschmelzungen nur zwischen Gesellschaften solcher Rechtsformen möglich, die sich nach dem innerstaatlichen Recht der jeweiligen Mitgliedstaaten verschmelzen dürfen. Diese erst durch den Rat eingefügte Klausel soll die Mitgliedstaaten davor schützen, bei grenzüberschreitenden Verschmelzungen Kombinationen zulassen zu müssen, die ihrem nationalen Recht fremd sind.[188] Sie untersagt den Mitgliedstaaten in der Form eines Diskriminierungsverbots, einer Gesellschaft die Beteiligung an einer grenzüberschreitenden Verschmelzung zu verwehren, die innerstaatlich erlaubt ist.[189]

(4) Verschmelzungsverfahren (Plan, Bericht, Prüfung, Beschluss)

107 Wegen der vorangeschrittenen Harmonisierung des nationalen Verschmelzungsrechts (vgl Rn 91 ff) kann sich die Richtlinie darauf beschränken, in ihren Art. 5 ff zur Koordinierung der nationalen Bestandteile des **Verschmelzungsverfahrens** ein europaweit einheitliches Grundgerüst vorzugeben. Dieses besteht aus den Elementen Plan, Bericht, sachverständige Prüfung und Beschluss, die bereits von der Verschmelzungsrichtlinie bekannt sind und sich in modernisierter Form auch in die SE-VO und SCE-VO finden.[190]

108 Als erstes müssen die Leitungs- oder Verwaltungsorgane der zu verschmelzenden Gesellschaften gemäß Art. 5 einen sog. **gemeinsamen Verschmelzungsplan** aufstellen, der neben Angaben, die von der Verschmelzungsrichtlinie (Rn 93) her bekannt sind (zB über das Umtauschverhältnis, die Einzelheiten der Übertragung, die Wirksamkeitszeitpunkte), weitere Angaben enthalten muss. Hierzu gehören Angaben zur Rechtsform, Firma und Sitz der aus der grenzüberschreitenden Verschmelzung hervorgehenden Gesellschaft (Art. 5 lit. a) und zu deren Satzung (lit. i), zu den voraussichtlichen Auswirkungen auf die Beschäftigung (lit. d) und zu einem etwaigen Verfahren nach Art. 16 über die Festlegung der Mitbestimmungsrechte der Arbeitnehmer (dazu Rn 114 ff). Außerdem müssen Angaben zur Bewertung des zu übertragenden Aktiv- und Passivvermögens gemacht (lit. k) und die Bilanzstichtage angegeben werden (lit. l), um die Transparenz des Verschmelzungsplans zu erhöhen.[191] Der gemeinsame Verschmelzungsplan muss gemäß der Publizitätsvorschrift des Art. 6 bekannt gemacht werden.

---

185 H.-F. *Müller* NZG 2006, 286, 287.
186 Bejahend: *Grundmann*, Europäisches Gesellschaftsrecht, Rn 901; H.-F. *Müller* NZG 2006, 286, 287; *Frischhut* EWS 2006, 55, 56. Verneinend: *Oechsler* NZG 2006, 161, 162; *Spahlinger/Wegen* NZG 2006, 721, 722.
187 H.-F. *Müller* NZG 2006, 286, 287; *Oechsler* NZG 2006, 161, 162.
188 *Bayer/Schmidt* NJW 2006, 401, 401.
189 *Oechsler* NZG 2006, 161, 162; vgl auch den 2. Erwägungsgrund der Richtlinie über die grenzüberschreitende Verschmelzung, ABl. Nr. L 310 vom 25.11.2005, S. 1.
190 Man kann insoweit von einem „Europäischen Modell für Strukturmaßnahmen" sprechen, *Bayer/Schmidt* NJW 2006, 401, 402.
191 *Nagel* NZG 2006, 97, 98.

Zweitens sind die Leitungs- oder Verwaltungsorgane jeder der an der Verschmelzung beteiligten 109
Gesellschaften verpflichtet, in einem **Bericht** die rechtlichen und wirtschaftlichen Aspekte der geplanten Verschmelzung sowie deren Auswirkungen auf die Gesellschafter, die Gläubiger und die Arbeitnehmer zu erläutern und zu begründen (Art. 7).

Drittens muss für jede der beteiligten Gesellschaften ein **unabhängiger Sachverständiger** den Verschmelzungsplan **prüfen** und hierüber Bericht erstatten (Art. 8 Abs. 1, Abs. 3), wenn nicht ausnahmsweise auf Antrag der beteiligten Gesellschaften eine gemeinsame Prüfung stattfindet (Art. 8 Abs. 2) oder alle Gesellschafter hierauf verzichten (Art. 8 Abs. 4). 110

Viertens hat die **Gesellschafterversammlung** jeder der an der Verschmelzung beteiligten Gesellschaften nach Kenntnisnahme der Berichte des Leitungs- oder Verwaltungsorgans und des Sachverständigen, die ihr jeweils mindestens einen Monat zuvor zugänglich gemacht worden sein müssen, über ihre Zustimmung zu dem gemeinsamen Verschmelzungsplan zu beschließen (Art. 9). Sie kann ihren Beschluss davon abhängig machen, dass die Modalitäten für die Mitbestimmung der Arbeitnehmer in der aus der Verschmelzung hervorgehenden Gesellschaft ausdrücklich von ihr bestätigt werden (Art. 9 Abs. 2). 111

(5) Rechtmäßigkeitskontrolle

Art. 10 und 11 der Richtlinie sehen ein zweistufiges (vorbeugendes) Verfahren vor, das die Rechtmäßigkeit der grenzüberschreitenden Verschmelzung sicherstellen soll. Gemäß Art. 12 S. 2 wird die Verschmelzung erst wirksam wird, wenn dieses Verfahren abgeschlossen ist. Auf der ersten Stufe zertifiziert eine staatliche Stelle im Sitzland durch eine sog. Vorabbescheinigung, dass die der Verschmelzung vorangehenden Rechtshandlungen nach dem nationalen Recht ordnungsgemäß vollzogen wurden (Art. 10). Die zweite Stufe (Art. 11) erfolgt im Sitzland der aufnehmenden bzw neu gegründeten Gesellschaft und stellt insbesondere sicher, dass die Gesellschaften einem gleich lautenden Verschmelzungsplan zugestimmt haben und erforderlichenfalls eine Vereinbarung über die Mitbestimmung der Arbeitnehmer (Art. 16) geschlossen wurde. Hierzu sind die Vorabbescheinigung und der Verschmelzungsplan vorzulegen. 112

(6) Eintragung, Bekanntmachung und Wirkungen

Anschließend ist die Verschmelzung nach Maßgabe des nationalen Rechts einzutragen und bekannt zu machen (Art. 13). Nach ihrem **Wirksamwerden**, dessen Zeitpunkt das nationale Recht bestimmt (Art. 12 S. 1), kann die grenzüberschreitende Verschmelzung nicht mehr für nichtig erklärt werden (Art. 17). Die in Art. 14 geregelten Rechtsfolgen einer grenzüberschreitenden Verschmelzung entsprechen im Wesentlichen denen der Verschmelzungsrichtlinie (vgl Rn 92) und bestehen insbesondere darin, dass das gesamte Aktiv- und Passivvermögen auf die neue bzw die aufnehmende Gesellschaft übergeht (Abs. 1, 2) einschließlich sämtlicher Rechte und Pflichten aus Arbeitsverträgen und Beschäftigungsverhältnissen (Abs. 4). 113

(7) Mitbestimmung

Art. 16 enthält Vorschriften über die Beteiligung der Arbeitnehmer in einer aus einer grenzüberschreitenden Verschmelzung hervorgegangen Gesellschaft. Hierzu überträgt die Richtlinie den für die SE ausgehandelten **Mitbestimmung**skompromiss auf die grenzüberschreitende Verschmelzung. Als Grundregel gibt Abs. 1 vor, dass für die aus der grenzüberschreitenden Verschmelzung hervorgehende Gesellschaft das Mitbestimmungsrecht ihres Sitzstaats gilt. Allerdings macht Abs. 2 von diesem sog. Sitzlandprinzip weit reichende Ausnahmen: Es gilt zum einen dann nicht, wenn in den sechs Monaten vor der Veröffentlichung des Verschmelzungsplans mindestens eine der beteiligten Gesellschaften durchschnittlich mehr als 500 Arbeitnehmer beschäftigt und in dieser Gesellschaft ein Mitbestimmungssystem iSd Art. 2 lit. k der Richtlinie 2001/96/EG besteht (Abs. 2 Alt. 1). Zum anderen gilt das Sitzlandprinzip nicht, wenn das für die aus der Verschmelzung hervorgehende Gesellschaft maßgebliche nationale Recht a) entweder nicht wenigstens den gleichen Umfang an Mitbestimmung vor- 114 sieht, wie es in den jeweiligen an der Verschmelzung beteiligten Gesellschaften bestand,[192] oder b) für Arbeitnehmer in Betrieben der aus der Verschmelzung hervorgehenden Gesellschaft, die sich in anderen Mitgliedstaaten befinden, nicht den gleichen Anspruch auf Ausübung von Mitbestimmungsrechten vorsieht, wie sie den Arbeitnehmern in demjenigen Mitgliedstaat gewährt werden, in dem diese Gesellschaft ihren Sitz hat (Abs. 2 Alt. 2).

115 Für diese – recht häufig anzutreffenden[193] – Ausnahmefälle des Abs. 2 ordnet Abs. 3 den Vorrang des sog. **Verhandlungsverfahrens** an und verweist zu diesem Zwecke weitgehend auf die SE-Beteiligungsrichtlinie (RL 2001/86/EG).[194] Danach ist ein sog. besonderes Verhandlungsgremium als Vertreter der Arbeitnehmer einzusetzen, das sich mit den zuständigen Organen der beteiligten Gesellschaften in einer schriftlichen Vereinbarung auf Art und Umfang der Beteiligung in der aus der Verschmelzung hervorgehenden Gesellschaft innerhalb von idR sechs Monaten einigen muss. Abweichend von der SE-Beteiligungsrichtlinie ist es den Organen der beteiligten Gesellschaften jedoch gestattet, ohne eine solche Verhandlung unmittelbar die in der SE-Beteiligungsrichtlinie vorgesehene **Auffangregelung** zu beschließen (Abs. 4 lit. a), die einen Mindeststandard an Mitbestimmung festlegt. Allerdings können die Mitgliedstaaten – ein Zugeständnis namentlich an Großbritannien – die Zahl der Arbeitnehmervertreter im Verwaltungsorgan der aus der Verschmelzung hervorgehenden Gesellschaft begrenzen, jedoch nicht auf weniger als ein Drittel, wenn das Verwaltungsorgan einer der sich verschmelzenden Gesellschaften zu mindestens einem Drittel aus Arbeitnehmervertretern bestand (Abs. 4 lit. c). Schließlich kann das besondere Verhandlungsgremium mit qualifizierter Mehrheit festlegen, dass diejenige Mitbestimmungsregelung anzuwenden ist, die in dem (zukünftigen) Sitzland der aus der Verschmelzung hervorgehenden Gesellschaft gilt (Abs. 4 lit. b). Wegen der weiteren Einzelheiten wird auf die Darstellung der Mitbestimmung in der SE verwiesen (siehe Rn 260 ff).

(8) Umsetzung in das deutsche Recht

116 Zur **Umsetzung** der Richtlinie über die grenzüberschreitende Verschmelzung, die gemäß deren Art. 19 bis Dezember 2007 erfolgen muss, hat das Bundesjustizministerium im Februar 2006 den „Referentenentwurf zu einem Zweiten Gesetz zur Änderung des Umwandlungsgesetzes"[195] vorgelegt, mit dem u.a. der gesellschaftsrechtliche Teil der Richtlinie umgesetzt und das UmwG an die in der Sevic-Entscheidung (dazu Rn 118 ff) durch den EuGH aufgestellten Anforderungen angepasst werden sollen. Da das deutsche Umwandlungsrecht die Möglichkeit grenzüberschreitender Umwandlungen bisher nicht eröffnete, war der Regelungsbedarf erheblich.[196] Das Zweite Gesetz zur Änderung des Umwandlungsgesetzes ist zwischenzeitlich in Kraft getreten (näher § 10 Rn 11).

117 Das Gesetz hat in den Zweiten Teil des Zweiten Buches des UmwG einen Zehnten Abschnitt „Grenzüberschreitende Verschmelzung von Kapitalgesellschaften" (§§ 122 a–122 l UmwG nF) eingefügt. Der Regelungstechnik der Richtlinie folgend wird dabei weitgehend auf das bestehende nationale Umwandlungsrecht verwiesen (§ 122 a Abs. 2 UmwG). Dies hat den Vorteil, dass bei grenzüberschreitenden Verschmelzungen insoweit bekannte Normen anzuwenden sind. Genossenschaften sind – auf der Grundlage der Ermächtigung in Art. 3 Abs. 2 der Richtlinie – gemäß § 122 b Abs. 2 Nr. 1 UmwG nicht fähig, an einer grenzüberschreitenden Verschmelzung beteiligt zu sein.[197] Nicht von der Richtlinie vorgegeben, im Rahmen ihres Art. 4 Abs. 1 S. 1 aber durchaus zulässig, ist die gläubigerschützende Sondervorschrift des § 122 j UmwG, nach der den Gläubigern einer übertragenden Gesellschaft Sicherheit zu leisten ist, soweit sie glaubhaft machen können, dass durch die Verschmel-

---

192 Wobei dieser Umfang als der Anteil der die Arbeitnehmer vertretenden Mitglieder des Verwalters- oder des Leitungsgremiums ausgedrückt wird, das für die Ergebniseinheiten der Gesellschaft zuständig ist, wenn eine Arbeitnehmermitbestimmung besteht.
193 *Nagel* NZG 2006, 97, 98.
194 Richtlinie 2001/86/EG des Rates vom 8.10.2001 zur Ergänzung des Statuts der Europäischen Gesellschaft hinsichtlich der Beteiligung der Arbeitnehmer, ABl. Nr. L 294 vom 10.11.2001, S. 20 ff; umgesetzt in Deutschland durch das SE-Beteiligungsgesetz (SEBG).
195 Näher zu dem Entwurf *Drinhausen/Keinath* BB 2006, S. 725 ff; *H.-F. Müller* NZG 2006, 286 ff.
196 *Drinhausen/Keinath* BB 2006, 725, 725.
197 Vgl Begründung des RefE zu § 122 b Abs. 2 Nr. 1. Vgl hierzu *H.-F. Müller* NZG 2006, 286, 287.

zung ihre Befriedigung gefährdet wird. Im Übrigen orientieren sich die §§ 122 a ff UmwG recht nah an der Richtlinie. Bedauerlicherweise wurde die Gelegenheit nicht genutzt, andere grenzüberschreitende Umwandlungsarten (Spaltung, Vermögensübertragung, Formwechsel) und grenzüberschreitende Umwandlungen unter Beteiligung von Personengesellschaften und von Gesellschaften aus Drittstaaten zu regeln, obwohl insofern ebenfalls ein unabweisbares praktisches Bedürfnis besteht (vgl noch Rn 122 f).

cc) Die Bedeutung der Niederlassungsfreiheit für das Umwandlungsrecht

In Praxis und Lehre ist das **Verhältnis der Niederlassungsfreiheit nach Art. 43, 48 EGV zum Recht der grenzüberschreitenden Umwandlung** Gegenstand reger Diskussion, deren Angelpunkt vor allem das unmittelbar vor der Verabschiedung der Richtlinie über die grenzüberschreitende Verschmelzung ergangene *Sevic*-Urteil des EuGH[198] aus dem Jahre 2005 und dessen Bedeutung für das deutsche Umwandlungsrecht ist:

118

Das Gericht hatte sich auf Vorlage des *LG Koblenz*[199] nach Art. 234 EGV mit der Vereinbarkeit des § 1 Abs. 1 UmwG, dessen Wortlaut nur Umwandlungen von deutschen Gesellschaften erfasst, mit Art. 43, 48 EGV zu befassen, nachdem der Antrag der in Deutschland niedergelassenen *Sevic Systems AG* (übernehmende Gesellschaft) auf Eintragung ihrer Verschmelzung mit der in Luxemburg ansässigen *Security Vision Concept SA* (übertragende Gesellschaft) in das deutsche Handelsregister unter Berufung auf diese Vorschrift zurückgewiesen worden war. Der EuGH erkannte in dieser Diskriminierung grenzüberschreitender Verschmelzungen eine Beschränkung der Niederlassungsfreiheit, da diese nicht nur das Recht, in einen anderen Mitgliedstaat überzusiedeln, sondern sämtliche Maßnahmen umfasse, die den Zugang zu einem anderen Mitgliedstaat und die Ausübung einer wirtschaftlichen Tätigkeit in jenem Staat ermöglichen oder auch nur erleichtern sollen wie insbesondere grenzüberschreitende Verschmelzungen.[200] Diese entsprächen wie andere Gesellschaftsumwandlungen den Zusammenarbeits- und Umgestaltungsbedürfnissen von Gesellschaften mit Sitz in verschiedenen Mitgliedstaaten und stellten besondere, für das reibungslose Funktionieren des Binnenmarkts wichtige Modalitäten der Ausübung der Niederlassungsfreiheit dar. Außerdem seien europarechtliche Harmonisierungsvorschriften (wie etwa die nunmehr verabschiedete Richtlinie über die grenzüberschreitende Verschmelzung) keine Vorbedingung für die Realisierung der in den Art. 43 und 48 EGV verankerten Niederlassungsfreiheit. Der Eingriff sei auch nicht gerechtfertigt. Nach der Auffassung des EuGH rechtfertigen insbesondere die von der deutschen und niederländischen Regierung geltend gemachten spezifischen Koordinierungsschwierigkeiten, die bei grenzüberschreitenden Verschmelzungen im Bereich des Gläubiger-, Minderheitsaktionärs- und Arbeitnehmerschutzes sowie der Wettbewerbs- und Steueraufsicht auftreten, die Beschränkung nicht. Überdies verletze das nationale Recht den Verhältnismäßigkeitsgrundsatz, da die Regelung grenzüberschreitende Verschmelzungen auch dann verbiete, wenn sich die genannten Schwierigkeiten gar nicht stellten.[201]

119

Das Urteil hat weit reichende **Implikationen für das nationale Umwandlungsrecht**, insbesondere in Deutschland. Seine Kernaussage, dass die Zulässigkeit von „Gesellschaftsumwandlungen" primärrechtlich durch Art. 43, 48 EGV gewährleistet ist, bedeutet zwar keinesfalls, dass es einer sekundärrechtlichen Harmonisierung wie durch die Richtlinie über die grenzüberschreitende Verschmelzung (Rn 103 ff) nicht bedürfe. Zu groß sind die verbleibenden Rechtsunsicherheiten über Reichweite und Intensität des Schutzumfanges und die praktischen Schwierigkeiten bei einem Aufeinandertreffen unterschiedlicher nationaler Rechte.[202] Doch wird deutlich, dass sowohl das nationale deutsche Recht als auch das Regelungsprogramm der Richtlinie über die grenzüberschreitende Verschmelzung europarechtlich viel zu kurz greifen:

120

---

198 EuGH, Rs C-411/03, NJW 2006, 425 f. Dazu *Bayer/Schmidt* ZIP 2006, 210; *Bungert* BB 2006, 53; *Geyhalter/Weber* NZG 2005, 837; *Krause/Kulpa* ZHR 2007 (171), 38; *Lutter/Drygala* JZ 2006, 770; *Meilicke/Rabback* GmbHR 2006, 123; *Schmidtbleicher* BB 2007, 613; *Spahlinger/Wegen* NZG 2006, 721; *Teichmann* ZIP 2006, 355.
199 *LG Koblenz* GmbHR 2003, 1213.
200 Kritisch *Siems* EuZW 2006, 135, 136.
201 EuGH, Rs C-411/03 (*Sevic*), NJW 2006, 425, 426, Tz. 30.
202 So iE auch *Bascopé/Hering* GmbHR 2006, 191, 194; aA *Kuntz*, EuZW 2005, 524, 528.

121 Zum einen dürfte aus dem *Sevic*-Urteil folgen, dass sämtliche „Gesellschafts**umwandlungen**", dh zumindest auch Spaltungen, primärrechtlichen Schutz genießen.[203] Für die Mitgliedstaaten bedeutete dies, dass sie alle grenzüberschreitenden Umwandlungsmaßnahmen nicht nur gesellschaftsrechtlich ermöglichen, sondern auch steuerrechtlich gleichbehandeln müssen. Daher wird vertreten, dass bspw die (Hinein-)Verschmelzung einer luxemburgischen Gesellschaft auf eine deutsche Gesellschaft auch steuerlich so behandelt werden müsse wie die Verschmelzung zweier deutscher Gesellschaften, einschließlich des Rechts auf Buchwertfortführung nach § 11 UmwStG oder auf Fortführung der Anschaffungskosten nach § 13 UmwStG.[204]

122 Zum anderen sprechen gute Gründe und insbesondere die Schlussanträge des Generalanwalts *Tizzano* dafür, dass die Aussagen des EuGH, der nicht zwischen dem Zuzug und dem Wegzug einer Gesellschaft differenziert, auch für die „**Hinausverschmelzung**" zB einer deutschen Gesellschaft auf eine luxemburgische (sog. aktive Verschmelzungsfähigkeit) Geltung beanspruchen.[205] Die Vorschriften der § 1 Abs. 1, § 3 UmwG, die solche Vorgänge nach bislang hM verbieten, wären insofern europarechtskonform anzuwenden. Denn die ausländische Gesellschaft würde durch das deutsche Recht diskriminiert, wenn es ihr versagt wäre, eine deutsche Gesellschaft im Wege der Verschmelzung aufzunehmen. Hiergegen kann auch nicht die *Daily Mail*-Entscheidung des EuGH (oben Rn 52)[206] ins Feld geführt werden, nach der eine Sitzverlegung ins Ausland nicht durch Art. 43, 48 EGV geschützt wird, da bei der Hinausverschmelzung im Unterschied zur Sitzverlegung stets ein zweites ausländisches Rechtssubjekt betroffen ist, in deren Recht auf Gründung einer deutschen Zweigniederlassung eingegriffen würde, wenn man der deutschen Gesellschaft die Hinausverschmelzung verböte.[207]

123 Obwohl sich dieser von Art. 43, 48 EGV ausgeformte weite europarechtliche Schutz grenzüberschreitender Umwandlungen gemäß der Lehre vom Anwendungsvorrang gegen das deutsche Recht durchsetzen dürfte,[208] wäre es zu begrüßen, wenn der deutsche Gesetzgeber das deutsche Umwandlungs- und Umwandlungssteuerrecht über die Umsetzung der Richtlinie über die grenzüberschreitende Verschmelzung hinaus alsbald „europafest" machte. Dies ist vor allem um der Rechtssicherheit und eines funktionierenden Binnenmarkts willen geboten, weil sich eine grenzüberschreitende Verschmelzung, für die als Rechtsrahmen nur Art. 43, 48 EGV zur Verfügung steht, kaum rechtssicher planen und durchführen lässt.

5. Rechtsakte zum Bilanzrecht

124 Auch der Koordinierung der einzelstaatlichen Vorschriften auf dem Gebiet des Bilanzrechts kommt mit Blick auf den Schutz der Gesellschafter und interessierter Dritter, namentlich der Gläubiger und Anleger, eine herausragende Bedeutung zu. Diese Erkenntnis lag bereits der Publizitätsrichtlinie zugrunde. Die darin normierte Pflicht zur Offenlegung der Bilanz und der Gewinn- und Verlustrechnung muss jedoch durch eine Vereinheitlichung der materiellen Bilanzierungs- und Rechnungslegungsvorschriften flankiert werden, um ein adäquates und lückenloses Schutzniveau zu schaffen. Dieses zu erreichen ist vornehmliches Ziel der zum Bilanzrecht ergangenen Rechtsakte, durch die ein gemeinschaftsweites vergleichbares und verlässliches System von Informationen über diejenigen Gesellschaftsformen errichtet werden soll, die typischerweise grenzüberschreitend tätig werden und die Dritten nur mit ihrem Gesellschaftsvermögen haften.[209] Daneben sollen zur Vermeidung von Wettbewerbsverzerrungen gleichwertige rechtliche Mindestbedingungen für miteinander konkurrierende Gesellschaften hergestellt werden. Das europäische Bilanzrecht wird daher nicht zu Unrecht als das Herzstück des europäischen Gesellschaftsrechts bezeichnet.[210]

---

203 *Meilicke/Rabback* GmbHR 2006, 123, 126; *Siems* EuZW 2006, 135, 139.
204 *Meilicke/Rabback* GmbHR 2006, 123, 125.
205 *Siems* EuZW 2006, 135, 138; *Meilicke/Rabback* GmbHR 2006, 123, 125.
206 EuGH, Rs 81/87, Slg 1988, 5483.
207 *Spahlinger/Wegen* NZG 2006, 721, 724.
208 Ebenso *Siems* EuZW 2006, 135, 138.
209 Vgl *Habersack*, Europäisches Gesellschaftsrecht, § 8 Rn 1; Erwägungsgründe 2 und 3 der Jahresabschlussrichtlinie (unten Rn 125).
210 *Grundmann*, Europäisches Gesellschaftsrecht, Rn 491.

a) Die Richtlinien zum Jahres- und Konzernabschluss

aa) Die Jahresabschlussrichtlinie (RL 78/660/EWG)

Die am 25.7.1978 verabschiedete **Jahresabschlussrichtlinie** (RL 78/660/EWG, sog. vierte gesellschaftsrechtliche Richtlinie)[211] unterwirft den Jahresabschluss, bestehend aus Bilanz, Gewinn- und Verlustrechnung und Anhang, und den Lagebericht von Kapitalgesellschaften, in Deutschland also von AG, KGaA und GmbH,[212] nach Maßgabe bestimmter Größenmerkmale (Bilanzsumme, Nettoumsatzerlöse, Beschäftigtenzahl) einheitlichen Regelungen. Diese Regelungen betreffen vor allem die Gliederung der Bilanz (Art. 8–14), die Posten der Bilanz (Art. 15–30), deren Bewertung (Art. 31–42), den Lagebericht (Art. 46) und die Offenlegung (Art. 47–50) und Prüfung (Art. 51).[213] Diese Bestimmungen suchen sicherzustellen, dass der Jahresabschluss ein den tatsächlichen Verhältnissen entsprechendes Bild der Vermögens-, Finanz- und Ertragslage der Gesellschaft vermittelt. Die Vorgaben der Jahresabschlussrichtlinie – zusammen mit jenen der Konzernabschlussrichtlinie (dazu unten Rn 126) und der Abschlussprüferrichtlinie (dazu unten Rn 132) – setzte das Bilanzrichtliniengesetz[214] durch Einführung des Dritten Buches zum HGB (§§ 238–339 HGB) mit Wirkung zum 1.1.1986 um.

125

bb) Die Konzernabschlussrichtlinie (RL 83/349/EWG)

Die Jahresabschlussrichtlinie wird durch die am 13.6.1983 erlassene **Konzernabschlussrichtlinie** (RL 83/349/EWG, sog. siebente gesellschaftsrechtliche Richtlinie)[215] ergänzt. Danach haben die Mitgliedstaaten sämtliche (Vertrags- und faktische) Konzerne, in denen entweder das Mutter- oder eines der Tochterunternehmen eine Kapitalgesellschaft (AG, KGaA oder GmbH) ist (Art. 4) und die eine bestimmte Größe überschreiten, zur Erstellung eines konsolidierten Abschlusses (Konzernabschluss) und eines konsolidierten Lageberichts (Konzernlagebericht) zu verpflichten. Dem liegt die Erwägung zugrunde, dass eine bloße Addition der Einzelabschlüsse aller Konzernunternehmen nicht hinreichend transparent wäre, weil ein solches Rechenwerk auch die Leistungsbeziehungen, die zwischen den Konzernunternehmen bestehen, zum Ausdruck brächte. Es bedarf daher der „Konsolidierung", dh der Eliminierung dieser gegenseitigen Beziehungen, durch die der Konzern so dargestellt wird, als handelte es sich um ein einheitliches Unternehmen. Die Konzernabschlussrichtlinie regelt die Art und Weise der Aufstellung des konsolidierten Abschlusses (Art. 16–35) und des konsolidierten Lageberichts (Art. 36) sowie die Abschlussprüfung (Art. 37–38). Hierzu verweist sie weitgehend auf die Bestimmungen der Jahresabschlussrichtlinie und stellt einige Zusatzregeln auf. Die Umsetzung der Konzernabschlussrichtlinie erfolgte ebenfalls durch das Bilanzrichtliniengesetz (siehe oben Rn 125).

126

cc) Richtlinien zur Änderung der Jahresabschlussrichtlinie und der Konzernabschlussrichtlinie

Die Jahresabschlussrichtlinie (Rn 125) und die Konzernabschlussrichtlinie (Rn 126) wurden in den mehr als zwanzig Jahren ihres Bestehens mehrfach **geändert** und den Bedürfnissen einer sich wandelnden Wirtschaftswelt angepasst:

127

Zunächst erweiterte die **GmbH & Co. KG-Richtlinie** (RL 90/605/EWG) vom 8. 11. 1990[216] den Anwendungsbereich dieser Richtlinien auf Personenhandelsgesellschaften, bei denen kein persönlich

128

---

211 Vierte Richtlinie 78/660/EWG des Rates vom 25.7.1978 aufgrund von Artikel 54 Absatz 3 Buchstabe g) des Vertrages über den Jahresabschluss von Gesellschaften bestimmter Rechtsformen, ABl. Nr. L 222 vom 14.8.1978, S. 11–31.
212 Für Kreditinstitute und Versicherungsunternehmen gelten gesonderte Regeln, siehe Richtlinie 86/635/EWG des Rates vom 8.12.1986 über den Jahresabschluss und den konsolidierten Abschluss von Banken und anderen Finanzinstituten, ABl. Nr. L 372 vom 31.12.1986, S. 1–17; Richtlinie 91/674/EWG des Rates vom 19.12.1991 über den Jahresabschluss und den konsolidierten Abschluss von Versicherungsunternehmen, ABl. Nr. L 374 vom 21.12.1991, S. 7–31.
213 Hierzu ausführlich *Grundmann*, Europäisches Gesellschaftsrecht, Rn 491 ff.
214 Gesetz zur Durchführung der Vierten, Siebenten und Achten Richtlinie des Rates der Europäischen Gemeinschaften zur Koordinierung des Gesellschaftsrechts (Bilanzrichtlinien-Gesetz – BiRiG) vom 19.12.1985, BGBl. I S. 2355.
215 Siebente Richtlinie 83/349/EWG des Rates vom 13.6.1983 aufgrund von Artikel 54 Absatz 3 Buchstabe g) des Vertrages über den konsolidierten Abschluss, ABl. Nr. L 193 vom 18.7.1983, S. 1–17.
216 Richtlinie 90/605/EWG des Rates vom 8.11.1990 zur Änderung der Richtlinien 78/660/EWG und 83/349/EWG über den Jahresabschluss bzw den konsolidierten Abschluss hinsichtlich ihres Anwendungsbereiches, ABl. Nr. L 317 vom 16.11.1990, S. 60–62.

haftender Gesellschafter eine natürliche Person ist (insbesondere GmbH & Co. KG), da angesichts der immer weiter steigenden Zahl derartiger Gesellschaften der Sinn und Zweck der Bilanzrichtlinien leerzulaufen drohte. Am selben Tage wurde – auf der Grundlage des Aktionsprogramms für die kleineren und mittleren Unternehmen vom 3.11.1986 und der Entschließung des Rates vom 30.6.1988 über die Verbesserung der Rahmenbedingungen für Unternehmen und die Förderung ihrer Entwicklung[217] – die sog. **Mittelstandsrichtlinie** (RL 90/604/EWG)[218] verabschiedet. Diese Richtlinie führte erhebliche Erleichterungen für die Bilanzierung kleiner und mittlerer Gesellschaften ein: Diesen wurde zunächst die Aufstellung verkürzter Bilanzen gestattet, indem Art. 11 der Jahresabschlussrichtlinie entsprechend erweitert wurde. Außerdem wurden sie von den Verpflichtungen befreit, im Anhang bestimmte, bei kleineren Gesellschaften weniger wichtige Angaben zu machen, und einen Lagebericht aufzustellen.

129 Mit der *Fair-Value*-Richtlinie (RL 2001/65/EG) vom 27.9.2001[219] sollte die Kohärenz zwischen den Bilanzrichtlinien untereinander und zu den Entwicklungen bei der Festlegung internationaler Rechnungslegungsstandards gewahrt und namentlich börsennotierten Gesellschaften die Anwendung der IAS ermöglicht werden. Hierzu wurde den Gesellschaften insbesondere – nach Wahl der Mitgliedstaaten – gestattet oder vorgeschrieben, ihre Finanzinstrumente einschließlich derivativer Finanzinstrumente mit deren Zeitwert anzusetzen (Art. 42 a ff. Jahresabschlussrichtlinie nF). Dabei ist dieser Zeitwert aus dem Marktwert oder, falls ein verlässlicher Markt nicht besteht, anhand allgemein anerkannter Bewertungsmethoden abzuleiten.

130 Durch eine noch weitergehende Angleichung an internationale Rechnungslegungsstandards sollte die **Modernisierungsrichtlinie** (RL 2003/51/EG) vom 18.6.2003[220] dafür Sorge tragen, dass für europäische Unternehmen, die aufgrund der zwischenzeitlich erlassenen IAS-Verordnung (dazu Rn 135 ff) die IAS anwenden, und solchen, die dies nicht tun, gleiche Wettbewerbsbedingungen herrschen. Sie enthält zunächst einige zwingende Regelungen, die die Anforderungen an den Lagebericht (Art. 46 Abs. 1 und 4 Jahresabschlussrichtlinie nF, Art. 36 Abs. 1 und 3 Konzernabschlussrichtlinie nF) und den Bestätigungsvermerk (Art. 49 S. 3–4, 51 Abs. 1, 51 a Jahresabschlussrichtlinie nF) erhöhen. Daneben normiert die Richtlinie neue Wahlrechte der Mitgliedstaaten. Beispielsweise können diese den Gesellschaften nunmehr gestatten oder vorschreiben, die Beträge in der Bilanz und der Gewinn- und Verlustrechnung unter Berücksichtigung des wirtschaftlichen Gehalts des zugrunde liegenden Geschäftsvorfalls oder der zugrunde liegenden Vereinbarung anzusetzen (Art. 4 Abs. 6 Jahresabschlussrichtlinie nF), ferner in der Gliederung ihrer Bilanz zwischen kurz- und langfristigen Posten zu unterscheiden (Art. 10 a Jahresabschlussrichtlinie nF) und weiterhin bestimmte Arten von Vermögensgegenständen mit Ausnahme von Finanzinstrumenten auf der Grundlage des beizulegenden Zeitwerts (*fair value*) zu bewerten (Art. 42 e Jahresabschlussrichtlinie nF).

131 Während die zwingenden Vorgaben dieser Änderungsrichtlinien zusammen mit den aufgrund der IAS-Verordnung notwendigen Gesetzesänderungen (vgl unten Rn 137) durch das Bilanzrechtsreformgesetz vom 4.12.2004[221] umgesetzt wurden, hat der Gesetzgeber die Ausübung der Wahlrechte aus der *Fair-Value*-Richtlinie und der Modernisierungsrichtlinie einem „Bilanzrechtsmodernisierungsgesetz" vorbehalten, das für 2007 angekündigt ist. Mit ihm soll zugleich das Handelsbilanzrecht

---

217 ABl. Nr. C 287 vom 14.11.1986, S. 1; ABl. Nr. C 197 vom 27.7.1988, S. 6–7.
218 Richtlinie 90/604/EWG des Rates vom 8.11.1990 zur Änderung der Richtlinie 78/660/EWG über den Jahresabschluss und der Richtlinie 83/349/EWG über den konsolidierten Abschluss hinsichtlich der Ausnahmen für kleine und mittlere Gesellschaften sowie der Offenlegung von Abschlüssen in Ecu, ABl. Nr. L 317 vom 16.11.1990, S. 57–59.
219 Richtlinie 2001/65/EG des Europäischen Parlaments und des Rates vom 27.9.2001 zur Änderung der Richtlinien 78/660/EWG, 83/349/EWG und 86/635/EWG des Rates im Hinblick auf die im Jahresabschluss bzw im konsolidierten Abschluss von Gesellschaften bestimmter Rechtsformen und von Banken und anderen Finanzinstituten zulässigen Wertansätze, ABl. Nr. L 283 vom 27.10.2001, S. 28–32.
220 Richtlinie 2003/51/EG des Europäischen Parlaments und des Rates vom 18.6.2003 zur Änderung der Richtlinien 78/660/EWG, 83/349/EWG und 91/674/EWG über den Jahresabschluss und den konsolidierten Abschluss von Gesellschaften bestimmter Rechtsformen, von Banken und anderen Finanzinstituten sowie von Versicherungsunternehmen, ABl. NR. L 178 vom 17.7.2003, S. 16–22.
221 Gesetz zur Einführung internationaler Rechnungslegungsstandards und zur Sicherung der Qualität der Abschlussprüfung (Bilanzrechtsreformgesetz – BilReG) vom 4.12.2004, BGBl. I S. 3166.

namentlich durch die Abschaffung nicht mehr zeitgemäßer Wahlrechte bereinigt, für den *Fair-Value*-Grundsatz geöffnet und dadurch an die internationalen Entwicklungen angeglichen werden.²²²

b) Die Abschlussprüferrichtlinien

Dass die von der Jahresabschlussrichtlinie und Konzernabschlussrichtlinie vorgeschriebene Abschlussprüfung ihre Schutzfunktion nur erfüllen kann, wenn gewisse Mindestanforderungen an die Befähigung, die Unabhängigkeit und den guten Leumund der mit ihr betrauten Personen gewährleistet sind, war bereits bei Verabschiedung der Jahresabschlussrichtlinie erkannt und folgerichtig als notwendiges Koordinierungsziel formuliert worden.²²³ Dieser Zielsetzung entsprach die erste **Abschlussprüferrichtlinie** (RL 84/253/EWG, sog. achte gesellschaftsrechtliche Richtlinie),²²⁴ die am 10.4.1984 erlassen wurde und ebenfalls durch das Bilanzrichtliniengesetz (oben Rn 125) in den §§ 5 ff WPO, 319 HGB umgesetzt worden ist. Diese Richtlinie beinhaltete Regeln über die Zulassung von natürlichen Personen und Prüfungsgesellschaften zum Abschlussprüfer (Art. 2–22), insbesondere über die erforderliche fachliche Qualifikation, den Inhalt der beruflichen Eignungsprüfung und der praktischen Ausbildungszeit. Ferner regelte sie die berufliche Sorgfalt und Unabhängigkeit (Art. 23–27) sowie die Bekanntmachung der zur Abschlussprüfung zugelassenen Personen (Art. 28). Die Abschlussprüferrichtlinie wurde durch die zum 29.6.2006 in Kraft getretene zweite, wesentlich **modernisierte Abschlussprüferrichtlinie** (RL 2006/43/EG) vom 17.5.2006²²⁵ aufgehoben. Diese Richtlinie berücksichtigt die Empfehlungen der Kommission zu den Mindestanforderungen an Qualitätssicherungssysteme für die Abschlussprüfung und an die Unabhängigkeit des Abschlussprüfers²²⁶ und strebt eine noch weitergehende Harmonisierung der Anforderungen an Abschlussprüfungen auf einem hohen Niveau an. Anders als die Richtlinie von 1984 (oben Rn 132) **regelt sie** nicht nur den Zugang zum Beruf des Abschlussprüfers und die Registrierung (nunmehr Art. 3–20), sondern erstreckt sich auf nahezu sämtliche Gesichtspunkte der gesetzlichen Abschlussprüfung, insbesondere auf die Berufsgrundsätze, die Unabhängigkeit und Verschwiegenheit des Prüfers (Art. 21–25), die Prüfungsstandards und den Bestätigungsvermerk (Art. 26–27), die externe Qualitätssicherung (Art. 29, 43), die öffentliche Aufsicht sowie – eine wichtige Neuerung – die gegenseitige Anerkennung mitgliedstaatlicher Regelungen (Art. 32–35), die Bestellung und Abberufung des Abschlussprüfers (Art. 37–38) sowie die Kooperation mit Drittstaaten (Art. 44–47). Letzteres ist aufgrund der Komplexität von Prüfungen internationaler Konzerne erforderlich und liegt namentlich im Interesse größerer Prüfungsgesellschaften, die Prüfungsleistungen für Unternehmen mit Bezug zum US-amerikanischen Kapitalmarkt erbringen wollen und daher nach dem Sarbanes-Oxley Act (2002) der Kontrolle des *Public Company Accounting Oversight Board* (PCAOB) unterliegen.²²⁷ Die Sonderbestimmungen der Art. 39–43 unterwerfen Unternehmen von öffentlichem Interesse, worunter vor allem börsennotierte Gesellschaften fallen, einer noch strengeren Kontrolle und verpflichten sie u.a., einen Transparenzbericht zu erstellen und einen internen Prüfungsausschuss einzusetzen. Eine flexible Fortentwicklung der getroffenen Regelungen sichert schließlich das **Komitologieverfahren**²²⁸ gemäß Art. 48 (sog. Endorsement), nach

---

222 Vgl den Maßnahmenkatalog der Bundesregierung zur Stärkung der Unternehmensintegrität und des Anlegerschutzes, Anlage zur Pressemitteilung des BMJ und des BMF vom 25.2.2003, WPK-Mitteilungen 2003, 111.
223 Vgl Erwägungsgrund 8 der Jahresabschlussrichtlinie (Rn 125).
224 Achte Richtlinie 84/253/EWG des Rates vom 10.4.1984 aufgrund von Artikel 54 Absatz 3 Buchstabe g) des Vertrages über die Zulassung der mit der Pflichtprüfung der Rechnungslegungsunterlagen beauftragten Personen, ABl. Nr. L 126 vom 12.5.1984, S. 20–26.
225 Richtlinie 2006/43/EG des Europäischen Parlaments und des Rates vom 17.5.2006 über Abschlussprüfungen von Jahresabschlüssen und konsolidierten Abschlüssen, zur Änderung der Richtlinien 78/660/EWG und 83/349/EWG des Rates und zur Aufhebung der Richtlinie 84/253/EWG des Rates, ABl. Nr. L 157 vom 9.6.2006, S. 87–107.
226 Empfehlung 2001/256/EG der Kommission vom 15.11.2000 Mindestanforderungen an Qualitätssicherungssysteme für die Abschlussprüfung in der EU, ABl. Nr. L 91 vom 31.3.2001, S. 91–97; Empfehlung 2002/590/EG der Kommission vom 16.5.2002 –Unabhängigkeit des Abschlussprüfers in der EU – Grundprinzipien, ABl. Nr. L 191 vom 19.7.2002, S. 22–56.
227 *Landfermann* DB 2005, 2645, 2645.
228 Auf Grundlage des Beschlusses des Rates vom 28.6.1999 zur Festlegung der Modalitäten für die Ausübung der der Kommission übertragenen Durchführungsbefugnisse, ABl. Nr. L 184 vom 17.7.1999, S. 23–26.

dem die Kommission unter Mitwirkung eines durch die Mitgliedstaaten besetzten Ausschusses in den zentralen Regelungsbereichen der Richtlinie Durchführungsmaßnahmen beschließen und dabei insbesondere internationale Prüfungsstandards verbindlich festlegen darf (Art. 26 Abs. 1).

134 Deutschland hat die Vorgaben der modernisierten Abschlussprüferrichtlinie vorab im Dezember 2004 durch das Bilanzrechtsreformgesetz (oben Rn 131) und das Abschlussprüferaufsichtsgesetz[229] **umgesetzt**, so dass nur noch punktuelle Anpassungen erforderlich sind.[230] In §§ 319, 319 a HGB nF finden sich nunmehr die Zulassungsvoraussetzungen einschließlich der Unabhängigkeitskriterien. Neu sind auch die in §§ 243 Abs. 3 Nr. 2, 256 Abs. 1 Nr. 3 AktG normierten Klarstellungen, dass die Befangenheit des Abschlussprüfers nicht zur Anfechtbarkeit des Hauptversammlungsbeschlusses oder zur Nichtigkeit eines festgestellten Jahresabschlusses führt.

c) Die IAS-Verordnung (VO (EG) Nr. 1606/2002)

135 Einen Meilenstein bei der Vereinheitlichung der Rechnungslegung in der EU markiert die am 19. 7 2002 verabschiedete **IAS-Verordnung (VO (EG) Nr. 1606/2002)**.[231] Sie soll eine **transparente und vergleichbare Rechnungslegung** etablieren (vgl Art. 1), da dies die bisherigen Bilanzrichtlinien (vgl oben Rn 125 ff) nicht zuletzt wegen der zahlreichen Wahlrechte und der Konkurrenz zwischen dem Vorsichts- und dem *Fair-Value*-Prinzip nur eingeschränkt zu gewährleisten vermochten. Zugleich soll die Verordnung eine Annäherung der in Europa für die Aufstellung von Abschlüssen geltenden Normen an die international anerkannten Rechnungslegungsstandards erreichen, die für grenzüberschreitende Geschäfte oder für die Zulassung an Börsen weltweit gelten. Dadurch soll nicht nur der Kapitalmarkt effizienter und kostengünstiger werden, sondern auch bestehende Wettbewerbsnachteile für die auf dem Weltmarkt tätigen europäischen Unternehmen abgebaut bzw vermieden werden.

136 Gemäß Art. 4 der Verordnung sind diejenigen Gesellschaften, deren Wertpapiere an einer Börse der EU notiert sind, verpflichtet, ihren **konsolidierten Abschluss** (Konzernabschluss) nach den internationalen Rechnungslegungsstandards aufzustellen. Darüber hinaus können die Mitgliedstaaten gemäß Art. 5 vorschreiben oder gestatten, dass diese Gesellschaften auch ihren Jahresabschluss und nicht börsennotierte Gesellschaften ihren Jahresabschluss und konsolidierten Abschlüsse nach diesen Standards erstellen. Maßgebliche internationale Rechnungslegungsstandards sind diejenigen *International Accounting Standards* (**IAS**) bzw – wie sie seit 2001 heißen – *International Financial Reporting Standards* (**IFRS**) samt den zugehörigen *SIC/IFRIC*-Interpretationen (Art. 2), deren Übernahme die Kommission unter Mitwirkung des Regelungsausschusses für Rechnungslegung (Endorsement, vgl oben Rn 133) auf der Grundlage strenger Kriterien (Art. 3 Abs. 2) in Form sog. Kommissionsverordnungen beschlossen hat (Art. 3). Die IFRS werden von dem *International Accounting Standards Board* (IASB), einem aus professionellen Kreisen und Aufsichtsbehörden beschickes privatrechtliches Gremium, auf der Basis einer anglo-amerikanischen, anlegerfreundlichen Bilanzierungsphilosophie ausgearbeitet.[232] Hat die Kommission die Übernahme eines internationalen Rechnungslegungsstandards beschlossen, ist dieser eine gemeinschaftsweit und unmittelbar verbindliche Bilanzierungsregel. Die bislang beschlossenen Übernahmeverordnungen[233] haben bereits eine recht weitgehende Vereinheitlichung erreicht.

137 Das **deutsche Recht** der internationalen Konzernrechnungslegung wurde 2004 durch das Bilanzrechtsreformgesetz (oben Rn 131) an die (unmittelbar geltenden) Bestimmungen der IAS-Verordnung angepasst. Hierzu wurde unter anderem § 315 a HGB eingeführt, der in Bereichen, die von den IAS

---

229 Gesetz zur Fortentwicklung der Berufsaufsicht über Abschlussprüfer in der Wirtschaftsprüferordnung (Abschlussprüferaufsichtsgesetz), BGBl. 2004 I, S. 3846.
230 Dazu *Landfermann* DB 2005, 2645 ff; *Habersack*, Europäisches Gesellschaftsrecht, § 8 Rn 67.
231 Verordnung (EG) Nr. 1606/2002 des Europäischen Parlaments und des Rates vom 19.7.2002 betreffend die Anwendung internationaler Rechnungslegungsstandards, ABl. Nr. L 243 vom 11.9.2002, S. 1–4.
232 *Grundmann*, Europäisches Gesellschaftsrecht, Rn 587.
233 Verordnung (EG) Nr. 1725/2003 vom 29.9.2003, ABl. Nr. L 261 vom 13.10.2003, S. 1–420, geändert durch Verordnungen (EG) Nr. 707/2004 vom 6.4.2004, ABl. Nr. L 111 vom 17.4.2004, S. 3–17, und Nr. 2086/2004 vom 19.11.2004, ABl. Nr. L 363 vom 9.12.2004, S. 1–65; Verordnungen (EG) Nrn. 2236–2238/2004 jeweils vom 29.12.2004, ABl. Nr. L 392 (S. 1–145), L 393 (S. 1–41) und L 394 (S. 1–175) jeweils vom 31.12.2004.

nicht erfasst sind, bestimmte Vorschriften des HGB für anwendbar erklärt, und – in Ausübung des Wahlrechts aus Art. 5 der Verordnung – denjenigen Mutterunternehmen, die eine Börsenzulassung lediglich beantragt haben, vorschreibt (Abs. 2) und den übrigen gestattet (Abs. 3), ihren Konzernabschluss gemäß der IAS-Verordnung aufzustellen.

6. Rechtsakte zum Übernahmerecht: Die Übernahmerichtlinie (RL 2004/25/EG)

a) Die Entstehungsgeschichte der Übernahmerichtlinie

Die Entstehungsgeschichte[234] der am 21.4.2004 erlassenen europäischen Übernahmerichtlinie (RL 2004/25/EG, sog. dreizehnte gesellschaftsrechtliche Richtlinie)[235] ist geprägt von einem beinahe 30 Jahre andauernden Verhandlungsmarathon, der sich bis zuletzt auf die beiden einander bedingenden Bereiche der Neutralitätspflicht des Vorstands auf der einen und der Durchbrechung nationaler Übernahmehindernisse (bspw Mehrfach- und Höchststimmrechte, golden shares, Pyramidstrukturen) auf der anderen Seite konzentrierte.

138

Den Anfang der Entstehung der Übernahmerichtlinie markiert der Pennington-Entwurf von 1974.[236] Dieser konnte sich jedoch unter anderem deswegen nicht durchsetzen, weil es in den siebziger Jahren kaum zu bedeutenden feindlichen Übernahmen gekommen war.[237] Erst elf Jahre später im Januar 1985 kündigte die Kommission in ihrem Weißbuch über die Vollendung des Binnenmarktes[238] einen Richtlinienentwurf an, den sie am 19.1.1989 in Gestalt des **ersten Vorschlags** für eine dreizehnte Richtlinie über Übernahmeangebote[239] vorlegte. Nach Berücksichtigung der Stellungnahmen des Wirtschafts- und Sozialausschusses[240] und des Europäischen Parlaments[241] nahm die Kommission am 10.9.1990 einen geänderten Vorschlag[242] an, der noch eine sehr weitgehende Harmonisierung des nationalen Übernahmerechts anstrebte. Als sich allerdings infolge der veränderten Wirtschaftslage einige Mitgliedstaaten dem Vorschlag vehement widersetzten, unterbreitete die Kommission am 7.2.1996 einen **dritten Vorschlag**,[243] der sich darauf beschränkte, einige allgemeine Grundsätze zu normieren und eine Rahmenregelung zu schaffen. Über eine solche „Mindestharmonisierung" ging kein späterer Entwurf mehr hinaus. Nach grundsätzlicher Billigung durch den Wirtschafts- und Sozialausschuss und das Europäische Parlament nahm die Kommission diesen Vorschlag Ende Dezember 1997, allerdings in abermals geänderter Form, an.[244]

139

Der Rat legte am 19.6.2000 einstimmig einen Gemeinsamen Standpunkt[245] zur Übernahmerichtlinie fest. Hieran nahm das Europäische Parlament im Dezember 2000 zahlreiche Änderungen vor, die im Rat auf Ablehnung stießen.[246] Als Folge wurde das Vermittlungsverfahren eingeleitet. Den im Vermittlungsausschuss erzielten Kompromiss lehnte das Europäische Parlament am 4.7.2001 mit 273 gegen

140

---

234 Anschaulich *Maul/Muffat-Jeandet* AG 2004, 221, 223 ff.
235 Richtlinie 2004/25/EG des Europäischen Parlaments und des Rates vom 21.4.2004 betreffend Übernahmeangebote, ABl. Nr. L 142 vom 30.4.02004, S. 12–23.
236 DOK Nr. XI/56/74.
237 *Cahn/Senger* FB 2002, 277, 277.
238 KOM(1985) 310 endg.
239 Vorschlag für eine Dreizehnte Richtlinie des Rates auf dem Gebiet des Gesellschaftsrechts über Übernahmeangebote, ABl. Nr. C 64 vom 14.3.1989, S. 8.
240 ABl. Nr. C 298 vom 27.11.1989, S. 56.
241 ABl. Nr. C 38 vom 19.2.1990, S. 49.
242 Geänderter Vorschlag für eine Dreizehnte Richtlinie des Rates auf dem Gebiet des Gesellschaftsrechts über Übernahmeangebote, ABl. Nr. C 240 vom 26.9.1990, S. 7.
243 Vorschlag für eine Dreizehnte Richtlinie des Europäischen Parlaments und des Rates auf dem Gebiet des Gesellschaftsrechts über Übernahmeangebote, ABl. Nr. C 162 vom 6.6.1996, S. 5.
244 Geänderter Vorschlag für eine Dreizehnte Richtlinie des Europäischen Parlaments und des Rates auf dem Gebiet des Gesellschaftsrechts über Übernahmeangebote, ABl. Nr. C 378 vom 12.12.1997, S. 10.
245 Gemeinsamer Standpunkt (EG) Nr. 1/2001 vom Rat festgelegt am 19.6.2000 im Hinblick auf den Erlass der Richtlinie 2000/…/EG des Europäischen Parlaments und des Rates von … auf dem Gebiet des Gesellschaftsrechts betreffend Übernahmeangebote, ABl. Nr. C 23 vom 24.1.2001, S. 1–14.
246 Legislative Entschließung des Europäischen Parlaments zu dem Gemeinsamen Standpunkt des Rates im Hinblick auf den Erlass der Richtlinie des Europäischen Parlaments und des Rates auf dem Gebiet des Gesellschaftsrechts betreffend Übernahmeangebote, ABl. Nr. C 232 vom 17.8.2001, S. 168–172.

273 Stimmen ab.[247] Bemängelt wurde vor allem – insbesondere von deutscher Seite – die Einführung einer Neutralitätspflicht der Leitungsorgane, solange es für europäische Gesellschaften infolge der unterschiedlichen verbleibenden nationalen Übernahmehemmnisse kein „level playing field" bei öffentlichen Übernahmeangeboten gebe. Zudem wurde auf den unzureichenden Schutz der Arbeitnehmer und die unterschiedlichen Ausgangsbedingungen in Europa und den USA hingewiesen.[248]

141 Im letzten Anlauf legte die Kommission am 2.10.2002 einen nunmehr **fünften Richtlinienvorschlag vor**,[249] der durch die am 4.6.2002 ergangenen EuGH-Urteile zu Sonderrechten aus Aktien („Golden Shares") Auftrieb erhielt.[250] Der Vorschlag berücksichtigte die Anregungen der *High Level Group* (Rn 62) zur Offenlegung und Durchbrechung struktureller Übernahmeschranken und wurde insbesondere vom Europäischen Wirtschafts- und Sozialausschuss[251] begrüßt. Dennoch war auch dieser Vorschlag wieder Gegenstand heftiger Kritik der Mitgliedstaaten (u.a. der Bundesrepublik). Im Laufe des Jahres 2003 konnte jedoch ein Kompromiss zwischen liberaler und protektionistischer Regulierungsphilosophie[252] zu den besonders sensiblen Streitfragen erzielt werden, nach dem es den Mitgliedstaaten und den Unternehmen freisteht, sowohl für eine Durchbrechung präventiver Übernahmehindernisse als auch für die Neutralitätspflicht des Vorstands zu optieren (siehe Rn 154).[253] Mit diesem Inhalt wurde, nach Billigung durch das Europäische Parlament und den Rat, schließlich am 21.4.2004 die **Übernahmerichtlinie** (RL 2004/25/EG) erlassen.

b) Der Inhalt der Übernahmerichtlinie

142 Angesichts ihrer Entstehungsgeschichte (oben Rn 138 ff) verwundert es nicht, dass die Übernahmerichtlinie lediglich eine **Rahmenregelung** schafft, die einige allgemeine Vorschriften normiert und im Übrigen von den Mitgliedstaaten unter Berücksichtigung ihres jeweiligen nationalen Recht und ihrem kulturellen Umfeld näher auszugestalten ist.[254] Der Zweck der Richtlinie besteht darin, Mindestvorgaben für die Abwicklung von Übernahmeangeboten festzulegen und einen ausreichenden Schutz für Wertpapierinhaber in der gesamten Gemeinschaft zu gewährleisten.[255]

aa) Anwendungsbereich

143 Der **Anwendungsbereich** der Übernahmerichtlinie wird durch ihre Art. 1 und 2 bestimmt. Danach erfasst sie sämtliche Übernahmeangebote für die Wertpapiere einer dem Recht eines Mitgliedstaats unterliegenden Gesellschaft, sofern alle oder ein Teil dieser Wertpapiere zum Handel auf einem geregelten Markt in einem oder mehreren Mitgliedstaaten zugelassen sind (Art. 1 Abs. 1), mit Ausnahme von Wertpapieren, die von bestimmten Anlagegesellschaften (Abs. 2) oder den Zentralbanken ausgegeben werden (Abs. 3). Ein Übernahmeangebot ist nach der Legaldefinition des Art. 2 Abs. 1 lit. a ein an die Inhaber der Wertpapiere einer Gesellschaft gerichtetes öffentliches Pflicht- oder freiwilliges Angebot zum Erwerb eines Teils oder aller dieser Wertpapiere, das sich an den Erwerb der Kontrolle im Sinne des einzelstaatlichen Rechts anschließt oder einen solchen Erwerb zum Ziel hat. Als Wertpapier gelten nur übertragbare Wertpapiere, die Stimmrechte in einer Gesellschaft verleihen (Art. 2 Abs. 1 lit. e).

bb) Allgemeine Grundsätze

144 Art. 3 Abs. 1 normiert die zu beachtenden **allgemeinen Grundsätze**, deren Durchsetzung die Mitgliedstaaten mindestens sicherzustellen haben, wobei sie aber auch strengere Bestimmungen festlegen dür-

---

247 ABl. Nr. C 65E vom 14.3.2002, S. 57.
248 Vgl Begründung des dritten Richtlinienvorschlags (Rn 139), unter 1.
249 Vorschlag für eine Richtlinie des Europäischen Parlaments und des Rates betreffend Übernahmeangebote, KOM(2002) 534 endg. = ABl. Nr. C 45E vom 25.2.2003, S. 1–17.
250 EuGH, Rs C-503/99 (Belgien), Slg 2002, I-4809; Rs C-483/99 (Frankreich), Slg 2002, I-4781; Rs C-367/98 (Portugal), Slg 2002, I-4731; vgl oben Rn 34.
251 Stellungnahme des Europäischen Wirtschafts- und Sozialausschusses zu dem Vorschlag für eine Richtlinie des Europäischen Parlaments und des Rates betreffend Übernahmeangebote, ABl. Nr. C 208 vom 3.9.2003, S. 55–58.
252 *Merkt/Binder* BB 2006, 1285, 1285.
253 *Grundmann*, Europäisches Gesellschaftsrecht, Rn 928.
254 Erwägungsgrund 26 der Übernahmerichtlinie.
255 Erwägungsgrund 25 der Übernahmerichtlinie.

fen (Abs. 2). Zu diesen Grundsätzen gehört die Pflicht, alle Inhaber von Wertpapieren gleicher Gattung an der Zielgesellschaft gleich zu behandeln und die anderen Inhaber vor einem Kontrollerwerb zu schützen (lit. a) sowie sicherzustellen, dass diese über genügend Zeit und ausreichende Informationen verfügen, um über das Angebot entscheiden zu können (lit. b). Weiterhin muss das Leitungs- bzw Verwaltungsorgan der Zielgesellschaft im Interesse der gesamten Gesellschaft handeln (lit. c). Ferner dürfen keine Marktverzerrungen durch künstliche Beeinflussung der Wertpapierkurse und durch Verfälschung des normalen Funktionierens der Märkte herbeigeführt werden (lit. d). Außerdem muss der Bieter vor der Ankündigung seines Angebots sicherstellen, dass er die Gegenleistung in vollem Umfang leisten kann (lit. e). Schließlich darf die Zielgesellschaft nicht über einen angemessenen Zeitraum hinaus durch ein Angebot für ihre Wertpapiere behindert werden (lit. f). Diese übergeordneten Prinzipien erfüllen eine **dreifache Funktion**: Sie legen einen unverzichtbaren übernahmerechtlichen Mindeststandard fest, dienen als Auslegungshilfe für das europäische wie nationale Recht und fungieren damit als Richtschnur für weitergehende Regelungen durch die Mitgliedstaaten.[256]

cc) Pflichtangebot

Den ersten zentralen Regelungskomplex der Übernahmerichtlinie bilden die Vorschriften über das **Pflichtangebot** (Art. 5–8, 13 f), die insbesondere Minderheitsaktionäre vor einer Ausbeutung und Schädigung durch einen Mehrheitsaktionär schützen sollen. Zu diesem Zweck ist jede natürliche oder juristische Person (sog. Bieter), die infolge des Erwerbs von Wertpapieren unter Hinzuzählung der von ihr bereits gehaltenen Anteile Kontrolle über die Zielgesellschaft erlangt, durch die Mitgliedstaaten zu verpflichten, unverzüglich allen anderen Inhabern stimmberechtigter Wertpapiere ein Erwerbsangebot „zu einem angemessenen Preis" (gegen eine angemessene Gegenleistung) zu unterbreiten (Art. 5 Abs. 1). Keine Angebotspflicht besteht gemäß Art. 5 Abs. 2, wenn die Kontrolle aufgrund eines freiwilligen Angebots erlangt wird, das im Einklang mit der Übernahmerichtlinie sämtlichen Aktionären für alle ihre Wertpapiere unterbreitet worden ist. In diesem Fall hatten die Aktionäre nämlich bereits die Möglichkeit, aus der Gesellschaft auszuscheiden. 145

Ab welcher Beteiligungshöhe der Bieter **Kontrolle** hat, bestimmt gemäß Art. 5 Abs. 3 das Recht des Sitzstaats. Von der Festlegung eines einheitlichen Schwellenwerts wurde abgesehen. Die Richtlinienvorschläge von 1989 und 1990 hatten, dem britischen Modell entsprechend, einen Anteil von einem Drittel des Grundkapitals als maßgebliche Schwelle vorgesehen. Um Umgehungen zu vermeiden, sind dem Bieter die Wertpapiere der mit ihm „gemeinsam handelnden Personen" zuzurechnen, also derjenigen natürlichen oder juristischen Personen, die mit ihm auf Grundlage einer ausdrücklichen oder stillschweigenden, mündlich oder schriftlich getroffenen Vereinbarung zusammenarbeiten, um die Kontrolle über die Zielgesellschaft zu erreichen (Art. 2 Abs. 1 lit. d). Gleich ist, auf welche Weise der Bieter die Wertpapiere erwirbt, ob durch Kauf, Erbschaft oder Umwandlungen. Unerheblich ist weiter, ob die Gesellschaft erstmals unter die Kontrolle durch eine Person gelangt oder bloß ein Kontrollwechsel stattfindet.[257] Nicht erfasst werden hingegen Altfälle.[258] 146

Art. 5 Abs. 4 und Abs. 5 enthalten Regelungen zur Höhe und Art der im Pflichtangebot anzubietenden **Gegenleistung**. Der **Höhe** nach angemessen ist danach der höchste Preis, der vom Bieter oder einer mit ihm gemeinsam handelnden Person in einem von den Mitgliedstaaten festzulegenden Zeitraum von mindestens sechs und höchstens 12 Monaten vor dem Pflichtangebot für die gleichen Wertpapiere gezahlt worden ist (Abs. 4 Unterabs. 1 S. 1). Dieses Angebot ist zu erhöhen, wenn der Bieter oder eine mit ihm gemeinsam handelnde Person nach Bekanntmachung des Angebots und vor Ablauf der Annahmefrist Wertpapiere zu einem höheren Preis erworben hat, und zwar auf den in dieser Zeit gezahlten höchsten Preis (Abs. 4 Unterabs. 1 S. 2). Die Einbeziehung dieser **Vor- und Parallelerwerbe** soll die Aktionärsgleichbehandlung (vgl Art. 3 Abs. 1 lit. a) sicherstellen, allerdings auch nur in der jeweiligen Aktiengattung. Den Mitgliedstaaten steht es frei, für besondere Konstellationen unter eindeutig festgelegten Kriterien eine abweichende Berechnung des Höchstpreises vorzusehen, etwa bei 147

---

256 *Grundmann*, Europäisches Gesellschaftsrecht, Rn 930.
257 *Habersack*, Europäisches Gesellschaftsrecht, § 10 Rn 17.
258 Vgl Erwägungsgrund 10.

Kurswertmanipulation oder Beteiligungserwerb zu Sanierungszwecken (Abs. 4 Unterabs. 2). Der Art nach kann der Bieter entweder Wertpapiere oder eine Geldleistung oder eine Kombination aus beiden anbieten (Abs. 5 Unterabs. 1). Er muss jedoch wahlweise eine Geldleistung anbieten, wenn entweder die von ihm primär angebotene Gegenleistung nicht aus liquiden, zum Handel auf einem geregelten Markt zugelassenen Wertpapieren besteht (Unterabs. 2), oder wenn er oder eine mit ihm gemeinsam handelnde Person innerhalb der Annahmefrist mehr als 5 % der Stimmrechte an der Zielgesellschaft bar erworben hat (Unterabs. 3) oder wenn die Mitgliedstaaten dieses generell vorsehen (Unterabs. 4).

dd) Information über das Angebot

148 Zweck des **Art. 6** der Richtlinie ist es, eine ausreichende **Information** über das Angebot zu garantieren, ohne die eine sachgerechte Entscheidung über dessen Annahme nicht möglich wäre. Zunächst ist – u.a. zur Vermeidung von Insiderhandel – die **Entscheidung** des Bieters zur Abgabe eines Angebots unverzüglich gemäß Art. 8 bekannt zu machen und die zuständige Aufsichtsstelle zu unterrichten. Außerdem sind die Arbeitnehmer der Ziel- und der Bietergesellschaft durch deren zuständigen Organe zu informieren. Zugleich hat der Bieter eine **Angebotsunterlage** zu erstellen und bekannt zu machen (Art. 6 Abs. 2), die die in Art. 6 Abs. 3 bezeichneten Angaben enthalten muss, namentlich über die Konditionen des Angebots, seinen Umfang, seine Bedingungen und seine Finanzierung, die Annahmefrist (Art. 7) sowie die Absichten des Bieters in Bezug auf die zukünftige Geschäftstätigkeit der Ziel- und ggf der Bietergesellschaft. Die Angebotsunterlage ist vor ihrer Bekanntmachung der Aufsichtsstelle zur Überprüfung zuzuleiten.

ee) Maßnahmen der Zielgesellschaft zur Verteidigung gegen das Übernahmeangebot

149 Die Übernahmerichtlinie regelt ferner, welche **Verteidigungsmaßnahmen** die Zielgesellschaft gegen Übernahmeangebote ergreifen darf (Art. 9–12).

150 Art. 9 betrifft Verteidigungsmaßnahmen **während der Übernahmephase**, dh in der Zeit zwischen Eröffnung des Angebots bzw – sollten die Mitgliedstaaten dies anordnen – seinem unmittelbaren Bevorstehen und der Bekanntgabe seines Ergebnisses oder seines Scheiterns (Abs. 1 Unterabs. 2). Die Vorschrift ordnet für diesen Zeitraum eine **strikte Neutralitätspflicht des Leitungs- bzw Verwaltungsorgan** der Zielgesellschaft (sog. Vereitelungsverbot, Abs. 1 Unterabs. 1) und eine weitgehende **Kompetenzverlagerung auf die Hauptversammlung** (Abs. 2–4) an. Dem liegt die bereits vom Londoner City Code on Takeovers and Mergers favorisierte sog. Marktlösung zugrunde, nach dem den Interessenkonflikten des Leitungsorgans (Agent) in der Übernahmesituation am wirkungsvollsten durch eine grundsätzlich ausschließliche Kompetenz des Prinzipals (Aktionäre) zu begegnen ist.[259] Damit die Hauptversammlung möglichst zügig und ausreichend informiert über die für die Aktionäre optimale Reaktion beschließen kann, sieht Abs. 4 eine Verkürzung der Ladungsfristen vor und verpflichtet Abs. 5 das Leitungs- bzw Verwaltungsorgans, zu dem Angebot eine umfängliche und begründete Stellungnahme zu veröffentlichen.

151 Von der Pflicht, vor einer potentiell das Angebot vereitelnden Maßnahme die Ermächtigung der Hauptversammlung einzuholen, normiert Art. 9 nur zwei **Ausnahmen**: Dies ist zum einen die Suche nach einem konkurrierenden Angebot („*white knight*"; Abs. 2 Unterabs. 1), weil ein (gleichberechtigter) Bieterwettstreit nur zum Vorteil der Aktionäre gereichen kann. Die zweite Ausnahme bilden Geschäfte, die im Rahmen des normalen Geschäftsverlaufs vorgenommen werden (vgl Abs. 3). Dagegen können Abwehrmaßnahmen weder durch eine Vorabermächtigung der Hauptversammlung noch durch eine Genehmigung des Aufsichtsrats (vgl Abs. 6) legalisiert werden.

152 Die in Art. 10 Abs. 1 aufgezählten Übernahmehindernisse **außerhalb der Übernahmephase**, allen voran vorsorglich ergriffene Verteidigungsmaßnahmen, sind gemäß Art. 10 Abs. 2 im Lagebericht der Gesellschaft offenzulegen und durch einen Bericht des Leitungs- bzw Verwaltungsorgans in der Hauptversammlung zu erläutern. Die dadurch erzielte **Transparenz** soll informativ und disziplinie-

---

259 Zu den ökonomischen Grundüberlegungen siehe näher *Grundmann*, Europäisches Gesellschaftsrecht, Rn 958–961.

rend zugleich wirken. Insbesondere soll hierdurch erreicht werden, dass der Börsenkurs Übernahmehindernisse berücksichtigen kann und auf diese Weise eine Regulierung durch den Markt erfolgt. Von der Regelung des Art. 10 Abs. 1 erfasst werden insbesondere direkte (lit. b und g) und indirekte Anteilserwerbsbeschränkungen (lit. d, f und h), an einen Kontrollwechsel anknüpfende Vereinbarungen (lit. j, k) und bestimmte faktische Strukturen (lit. a, c, e, i).[260]

Art. 11 der Richtlinie regelt **Übertragungs- und Stimmrechtsbeschränkungen**. Danach haben Übertragungs- (Abs. 2) und Stimmrechtsbeschränkungen (Abs. 3), die in der Satzung der Zielgesellschaft oder in Vereinbarungen von Wertpapierinhabern mit der Zielgesellschaft oder anderen Wertpapierinhabern (nicht aber mit Dritten) vorgesehen sind (zB Vinkulierungen, Vorkaufsrechte, Vertragsstrafen), während der Annahmefrist keine Geltung. Dies gilt im Grundsatz auch für die erste Hauptversammlung, die nach Ende des Angebots stattfindet (Abs. 4). Diese sog. **Durchbrechungsregelung** soll den Abbau von Übernahmehemmnissen fördern und so Übernahmen erleichtern.[261] Gemäß Abs. 5 ist für die Durchbrechung eine angemessene Entschädigung zu leisten. Ausgenommen von der Durchbrechungsregelung sind gemäß Abs. 6 Wertpapiere, bei denen die Stimmrechtsbeschränkung durch besondere finanzielle Vorteile ausgeglichen wird (zB Vorzugsaktien gemäß §§ 139 ff AktG). Demgegenüber werden Doppelstimmrechte oder „goldene Aktien" (in Deutschland zB VW; in Frankreich zB Société nationale Elf-Aquitaine) nicht erfasst.

153

Neutralitätspflicht und Durchbrechungsregel stehen unter dem **Vorbehalt** des sog. **doppelten Optionsmodells** (Art. 12), durch das der Erlass der Übernahmerichtlinie politisch erst möglich (vgl oben Rn 141). Dieses Modell erlaubt es den Mitgliedstaaten auf einer ersten Stufe (Art. 12 Abs. 1), von der Anwendung des Art. 9 Abs. 2 und Abs. 3 (Neutralitätspflicht) und des Art. 11 (Durchbrechungsregel) abzusehen (sog. Opt-out). Tun sie dies, müssen sie aber im Gegenzug gemäß Art. 12 Abs. 2 auf zweiter Stufe den Gesellschaften mit Sitz in ihrem Staatsgebiet die widerrufliche Wahlmöglichkeit einräumen, durch Beschluss ihrer Hauptversammlung, der der Aufsichtsstelle mitzuteilen ist, für die Anwendung dieser Vorschriften zu votieren. Ein Anreiz für dieses sog. Opt-in der Gesellschaft mag darin liegen, Übernahmeoffenheit zu signalisieren und dadurch den Börsenkurs der Aktie positiv zu beeinflussen.[262] Die Wahl wird darüber hinaus durch die **Reziprozitätsregel** (Gegenseitigkeitsklausel) des Abs. 3 gefördert und geschützt, demzufolge die Mitgliedstaaten diejenigen Gesellschaften, die sich für die Anwendung der Art. 9 Abs. 2 und Abs. 3, Art. 11 entschieden haben, hiervon wieder befreien dürfen, wenn sie Ziel eines Übernahmeangebots einer Gesellschaft werden, die ihrerseits diese Vorschriften nicht anwendet oder von einer solchen Gesellschaft kontrolliert wird. Dadurch wird ein gewisse „Waffengleichheit" (*level playing field*) sichergestellt. Maßnahmen auf Grundlage des Abs. 3 bedürfen aber einer vorherigen Ermächtigung der Hauptversammlung, die nicht älter als 18 Monate sein darf (Abs. 5).

154

ff) Ausschluss von Minderheitsaktionären und Andienungsrecht

Die Übernahmerichtlinie verpflichtet die Mitgliedstaaten schließlich, ein Recht des Bieters zum **Ausschluss von Minderheitsaktionären** (Art. 15, sog. übernahmerechtlicher Squeeze-out) und ein **Andienungsrecht** (sog. Sell-out) der verbleibenden Aktionäre (Art. 16) für den Fall einzuführen, dass der Bieter entweder Wertpapiere hält, die mindestens 90 % des stimmberechtigten Kapitals und 90 % der Stimmrechte entsprechen, oder eine solche Anzahl durch die Annahme des Angebots erworben bzw sich hierzu fest vertraglich verpflichtet hat (Art. 15 Abs. 2). Das Ausschluss- und das Andienungsrecht muss spätestens drei Monate nach Ablauf der Angebotsfrist ausgeübt werden (Abs. 4). In beiden Fällen ist den Aktionären eine angemessene Abfindung zu zahlen, deren Art grundsätzlich der Art der ursprünglichen Gegenleistung entsprechen muss (Abs. 5). Dabei gilt die im Angebot gewährte Gegenleistung im Falle eines Pflichtangebots stets als angemessen, im Falle eines freiwilligen Angebots nur dann, wenn der Bieter durch die Annahme mindestens 90% des vom Angebot betroffenen stimmberechtigten Kapitals erworben hat.

155

---

[260] Weiterführend *Grundmann*, Europäisches Gesellschaftsrecht, Rn 971.
[261] *Habersack*, Europäisches Gesellschaftsrecht, § 10 Rn 23.
[262] *Habersack*, Europäisches Gesellschaftsrecht, § 10 Rn 25.

c) Umsetzung der Übernahmerichtlinie in das deutsche Recht

156 Da sich der Erlass einer europäischen Übernahmerichtlinie immer weiter verzögerte (siehe oben Rn 138 ff), hatte der deutsche Gesetzgeber entschieden, auf nationaler Ebene tätig zu werden: Am 20.12.2001 trat das das WpÜG in Kraft;[263] am 27.12.2001 wurde auf dessen Grundlage die WpÜG-Angebotsverordnung erlassen.[264] Die am 21.4.2004 verabschiedete Übernahmerichtlinie, die einigen Anpassungsbedarf mit sich brachte,[265] setzte der deutsche Gesetzgeber durch das Übernahmerichtlinie-Umsetzungsgesetz vom 8. Juli 2006[266] mit knapp sechswöchiger Verspätung um. Neben einer Ausweitung des internationalen Anwendungsbereichs des WpÜG (§ 1 WpÜG nF) und einer Erweiterung der Befugnisse der BaFin (§ 40 WpÜG nF) hat der Gesetzgeber insbesondere in den §§ 33 a–33 d WpÜG nF die Vorgaben der Art. 9–12 Übernahmerichtlinie (oben Rn 149 ff) zur Neutralitätspflicht und zum Verhinderungsverbot berücksichtigt, wobei er von seinem Wahlrecht, Art. 9 und Art. 11 nicht allgemeinverbindlich auszugestalten (Opt-out gemäß Art. 12, siehe oben Rn 154), Gebrauch gemacht hat und daher an den richtlinienfremden deutschen Sondertatbeständen – Zustimmung des Aufsichtsrats und Vorratsbeschlüsse (§ 33 Abs. 1 S. 2, Abs. 2 WpÜG) – festhalten konnte. Im Gegenzug hat er den Gesellschaften die Möglichkeit eines Opt-in eröffnet (§§ 33 a Abs. 1, 33 b Abs. 1 WpÜG nF) und den Vorbehalt der Gegenseitigkeit (siehe oben Rn 154) geregelt (§ 33 c WpÜG nF). Ferner führen §§ 39 a–39 c WpÜG nF in Umsetzung der Art. 15, 16 (Rn 155) ein eigenständiges, dh von §§ 327 a ff AktG unabhängiges, übernahmerechtliches Squeeze-out- und Sell-out-Verfahren ein.[267] Die Verfassungsmäßigkeit der in § 39 a Abs. 3 S. 3 WpÜG nF angeordneten unwiderleglichen Vermutung der Angemessenheit der Gegenleistung wird unterschiedlich beurteilt.[268]

7. Gescheiterte Rechtsakte

a) Die Strukturrichtlinie

157 Zu einem der zentralsten und zugleich umstrittensten Harmonisierungsvorhaben gehörte das Vorhaben einer fünften gesellschaftsrechtlichen **Richtlinie über die Struktur der Aktiengesellschaft**, die im Wesentlichen die Leitung, die Überwachung und die Arbeitnehmermitbestimmung einer Aktiengesellschaft regeln sollte. Infolge andauernder Divergenzen insbesondere über die Mitbestimmung unterbreitete die Kommission nach Vorschlägen in 1972 und 1983 am 20.11.1991 einen dritten geänderten Vorschlag.[269] Dieser sah vor, die Mitgliedstaaten zu verpflichten, entweder nur das dualistische System (Leitungs- und Aufsichtsorgan) oder ein Wahlrecht der Unternehmen zwischen diesem und dem monistischen System (einheitliches Verwaltungsorgan von geschäftsführenden und nicht geschäftsführenden Direktoren) einzuführen. Ferner sollten die Mitgliedstaaten für Gesellschaften mit mehr als 1000 Arbeitnehmern zwingend eine unternehmerische Mitbestimmung vorsehen, für die in Abhängigkeit von dem gewählten Leitungssystem mehrere Ausgestaltungsoptionen vorgegeben wurden Dem Aufsichtsorgan sollten in diesem Fall bei wichtigen Entscheidungen zwingende Mitwirkungsrechte zustehen. Außerdem wurden Vorgaben zur Abberufung der Organmitglieder und zu

---

263 Art. 1 des Gesetzes zur Regelung von öffentlichen Angeboten zum Erwerb von Wertpapieren und von Unternehmensübernahmen vom 20.12.2001, BGBl. I S. 3822.
264 Verordnung über den Inhalt der Angebotsunterlage, die Gegenleistung bei Übernahmeangeboten und Pflichtangeboten und die Befreiung von der Verpflichtung zur Veröffentlichung und zur Abgabe eines Angebotes vom 27.12.2001, BGBl. I S. 4263.
265 Dazu etwa *Maul/Muffat-Jeandet* AG 2004, 221 ff (Teil I) und 306 ff (Teil II); *Mülbert* NZG 2004, 633 ff; *Krause* BB 2004, 113 ff.
266 Gesetz zur Umsetzung der Richtlinie 2004/25/EG des Europäischen Parlaments und des Rates vom 21.4.2004 betreffend Übernahmeangebote, BGBl. 2006 I S. 1426 ff. Hierzu *Hilmer*, Die Übernahmerichtlinie und ihre Umsetzung in das deutsche Recht (2006); *Seibt/Heiser* AG 2006, 301 ff; *Merkt/Binder* BB 2006, 1285, 1289 ff; *van Kann/Just* DStR 2006, 328 ff.
267 Ausführlich *Rühland* NZG 2006, 401 ff; *Merkt/Binder* BB 2006, 1285, 1289 ff.
268 Die Verfassungswidrigkeit bejaht etwa *Rühland* NZG 2006, 401, 404 f; *Habersack* ZIP 2001, 1230, 1238; aA *Merkt/Binder* BB 2006, 1285, 1289 mwN; zweifelnd auch *Handelsrechtsausschuss des DAV* NZG 2006, 177, 179.
269 Vorschlag einer fünften Richtlinie des Europäischen Parlaments und des Rates zur Koordinierung der Schutzbestimmungen, die in den Mitgliedstaaten den Gesellschaften im Sinne des Artikels 58 Absatz 2 des Vertrages im Interesse der Gesellschafter sowie Dritter hinsichtlich der Struktur der Aktiengesellschaft sowie der Befugnisse und Verpflichtungen ihrer Organe vorgeschrieben sind, ABl. Nr. C 321 vom 12.12.1991, S. 9 ff.

ihrer zivilrechtlichen Haftung gemacht. Doch auch dieser letzte Vorschlag scheiterte trotz seiner Flexibilität an den unüberbrückbaren Gegensätzen bei der Mitbestimmung, so dass ihn die Kommission schließlich im Jahre 2004 zurückzog.[270] Bereits im Aktionsplan (siehe Rn 62) hatte die Kommission in Aussicht gestellt, statt einer umfassenden Strukturrichtlinie punktuelle Modernisierungen vorzunehmen und insbesondere ein Wahlrecht der Gesellschaften über die Leitungsstruktur zu schaffen.[271]

b) Die Konzernrechtsrichtlinie

Schon seit mehr als 30 Jahren bildet das Recht der verbundenen Unternehmen einen Schwerpunkt der europäischen Angleichungsbestrebungen, nicht zuletzt weil nur Deutschland und Portugal über ein kodifiziertes Aktienkonzernrecht verfügen. Der 1974 und 1975 von der Kommission vorgelegte zweiteilige Vorentwurf einer **Konzernrechtsrichtlinie** (neunte gesellschaftsrechtliche Richtlinie) basierte noch auf einer organischen Konzernverfassung, die das Eingreifen der die Gläubiger und die außenstehenden Aktionäre schützenden Bestimmungen von dem Vorliegen einer einheitlichen Leitung abhängig machte.[272] Als jedoch für diesen Entwurf keine Mehrheit zustande kam, rückte die Kommission von diesem Konzept ab und unterbreitete 1984 einen revidierten Vorentwurf.[273] Dieser unterschied in starker Anlehnung an die §§ 291 ff, 311 ff AktG zwischen dem durch Beherrschungsvertrag (Art. 13–32) oder Eingliederung (Art. 33–37 a) begründeten und dem faktischen (Art. 6–12) Unterordnungskonzern sowie dem Gleichordnungskonzern (Art. 40–41). Weil bei der Organisationsverfassung der AG keine Einigung zustande kam (oben Rn 157) und wohl auch wegen der weitgehenden Übernahme des deutschen Konzernrechts war jedoch auch dieser Richtlinienentwurf nicht mehrheitsfähig, so dass ihn Kommission schließlich in ihrem Aktionsplan (oben Rn 62) zugunsten gesonderter Maßnahmen in einzelnen Kernbereichen (Finanz- und andere Informationen, Abstimmung der Konzernpolitik, Unternehmenspyramiden)[274] aufgab.

8. Geplante Rechtsakte

a) Die Sitzverlegungsrichtlinie

Um die Mobilität von Gesellschaften in der Gemeinschaft zu verbessern, ist die Kommission seit jeher bestrebt, den nach dem Recht eines Mitgliedsstaats gegründeten Gesellschaften die Verlegung ihres Sitzes in einen anderen Mitgliedstaat zu erlauben. Dies begegnet allerdings dem kollisionsrechtlichen Problem, dass die nationalen Rechtsordnungen für die Anerkennung einer juristischen Person unterschiedliche Anknüpfungspunkte vorsehen (dazu oben Rn 50 f). Um die – erheblich in die nationalen Rechtsordnungen eingreifende – Harmonisierung dieser Kriterien zu vermeiden und das Subsidiaritätsprinzip zu wahren, verfolgt der von der Kommission am 22.7.1997 vorgelegte Vorentwurf einer **Sitzverlegungsrichtlinie**[275] (vierzehnte gesellschaftsrechtliche Richtlinie) einen anderen Ansatz und versteht sich als Brücke zwischen den verschiedenen Rechtssystemen: Es soll ein besonderes Verfahren zur Sitzverlegung eingeführt werden, durch das die Gesellschaften ihren satzungsmäßigen oder tatsächlichen Sitz unter Wahrung ihrer rechtlichen Identität (dh ohne Auflösung), aber mit einem Wechsel des für sie maßgebenden Rechts in einen anderen Mitgliedstaat verlegen können. Kernelemente dieses Verfahrens sind ein Verlegungsplan und ein mit qualifizierter Mehrheit zu fassender Verlegungsbeschluss, die beide offenlegungspflichtig sind. Unter dem Eindruck der neueren EuGH-Rechtsprechung zur Niederlassungsfreiheit (*Centros, Überseering, Inspire Art*, oben Rn 54 ff) hat die Kommission am 26. Februar 2004 die Eckpunkte eines neuen Richtlinienvorschlags veröffentlicht,[276] den sie bereits im Aktionsplan angekündigt hatte (Rn 62).

---

270 ABl. Nr. C 5 vom 9.1.2004, S. 20.
271 KOM(2003) 284 endg., unter 3.1.3. (S. 18).
272 *Habersack*, Europäisches Gesellschaftsrecht, § 4 Rn 15.
273 Abgedruckt bei *Lutter* ZGR Sonderheft 1, 1996, S. 244 ff.
274 KOM(2003) 284 endg., unter 3.3. (S. 21 ff).
275 Vorentwurf für einen Vorschlag für eine Vierzehnte Richtlinie des Europäischen Parlaments und des Rates über die Verlegung des Sitzes eines Gesellschaft in einen anderen Mitgliedstaat mit Wechsel des für die Gesellschaft maßgebenden Rechts vom 22.4.1997, abgedruckt in ZIP 1997, S. 1721 ff.
276 Dazu MünchKommBGB/*Kindler* IntGesR Rn 61.

b) Die Liquidationsrichtlinie

160 Noch nicht weit gediehen ist die von der Kommission im Weißbuch über die Vollendung des Binnenmarkts von 1985[277] in Angriff genommene Vereinheitlichung des Liquidationsrechts. Während für die Sanierung und Liquidation von Versicherungsunternehmen und Kreditinstituten im Jahre 2001 Richtlinien erlassen wurden,[278] liegt im Übrigen lediglich ein überarbeiteter Vorentwurf einer Liquidationsrichtlinie von 1987 vor.[279] Danach soll eine Liquidationsrichtlinie bei der Auflösung und Liquidation einer Gesellschaft einen gleichwertigen Schutz ihrer Gesellschafter und Gläubiger sicherstellen, insbesondere da diese im Zuge fortschreitender Integration immer häufiger ihren Wohnsitz in anderen Mitgliedstaaten haben als in dem der Gesellschaft. Erfasst werden sämtliche Kapitalgesellschaften mit Ausnahme von Versicherungsunternehmen und Kreditinstituten sowie der durch Verschmelzung oder durch die Eröffnung eines Insolvenz- oder ähnlichen Verfahrens aufgelösten Gesellschaften (Art. 1). Nach Art. 2 des Richtlinienvorschlags kann die Gesellschaft nur durch Zeitablauf, Beschluss der Hauptversammlung oder Gerichts- bzw Behördenentscheidung aufgelöst werden. Für die Liquidation werden weitgehende Publizitätspflichten vorgesehen.

C. Europäische Rechtsformen

I. Europäische Aktiengesellschaft – SE

1. Allgemeine rechtliche Darstellung

a) Rechtsquellen

161 Bei der Europäischen Aktiengesellschaft oder auch Societas Europaea (SE) handelt es sich um eine supranationale Gesellschaftsform. Das Statut der SE ist in der EG-Verordnung Nr. 2157/2001 (SE-VO)[280] geregelt. Allerdings regelt die SE-VO die Rechtsverhältnisse der SE nicht abschließend. Die lange umstrittene Beteiligung der Arbeitnehmer wurde in die am gleichen Tag erlassene Richtlinie 2001/86/EG (SE-RL)[281] ausgelagert. Im Übrigen gilt das nationale Recht des Mitgliedstaates, in dem die SE ihren Sitz hat, Art. 9 SE-VO.[282] Über Art. 77 iVm Anhang XXII Nr. 10a des Abkommens über den Europäischen Wirtschaftsraum (EWR)[283] gilt die SE-VO auch in den Staaten des EWR.[284] In Deutschland gilt seit dem 29.12.2004 das Gesetz zur Einführung der SE (SEEG). Es enthält sowohl das Ausführungsgesetz zur SE-VO (SEAG)[285] als auch das Gesetz über die Beteiligung der Arbeitnehmer in einer Europäischen Gesellschaft (SEBG).[286]

---

277 KOM(1985) 310 endg.
278 Richtlinie 2001/17/EG des Europäischen Parlaments und des Rates vom 19.3.2001 über die Sanierung und Liquidation von Versicherungsunternehmen, ABl. Nr. L 110 vom 20.4.2001, S. 28–39; Richtlinie 2001/24/EG des Europäischen Parlaments und des Rates vom 4.4.2001 über die Sanierung und Liquidation von Kreditinstituten, ABl. Nr. L 125 vom 5.5.2001, S. 15–23.
279 DOK. Nr. XV/43/87-DE, abgedruckt bei *Lutter* ZGR Sonderheft 1, 1996, S. 302 ff.
280 DEr Verfasser dankt Herrn wiss. Mitarbeiter *Benjamin Werthmann* für wertvolle Vorarbeiten bei der Erstellung des Manuskripts.
Verordnung (EG) Nr. 2157/2001 des Rates vom 8.10.2001 über das Statut der Europäischen Gesellschaft (SE), ABl. L 294 vom 10.11.2001, S. 1; zuletzt geändert durch Verordnung (EG) Nr. 1791/2006 des Rates vom 2.11.2006 zur Anpassung einiger Verordnungen, Beschlüsse und Entscheidungen anlässlich des Beitritts Bulgariens und Rumäniens, ABl. L 363 vom 20.12.2006, S. 1.
281 Richtlinie 2001/86/EG des Rates vom 8.10.2001 zur Ergänzung des Statuts der Europäischen Gesellschaft hinsichtlich der Beteiligung der Arbeitnehmer, ABl. L 294 vom 10.11.2001, S. 22.
282 Für die Gründungsphase findet sich eine entsprechende Verweisung in Art. 15 Abs. 1 SEVO.
283 Abkommen über den Europäischen Wirtschaftsraum vom 2.3.1992, ABl. L 1 vom 3.1.1994 S. 3; sowie Anhang XXII - Gesellschaftsrecht - Verzeichnis nach Artikel 77, ABl. L 1 vom 3.1.1994 S. 517, in der Fassung des Beschlusses des Gemeinsamen EWR-Ausschusses Nr. 93/2002 vom 25.6.2002, ABl. L 266 vom 3.10.2002, S. 69.
284 Dazu gehören Norwegen, Island und Liechtenstein. Der EWR ist im Folgenden bei Verweisen auf die EU oder ihre Mitgliedstaaten sinngemäß eingeschlossen.
285 Gesetz zur Ausführung der Verordnung (EG) Nr. 2157/2001 des Rates vom 8.10.2001 über das Statut der Europäischen Gesellschaft (SE) vom 22.12.2004, BGBl. 2004 I S. 3675.
286 Gesetz über die Beteiligung der Arbeitnehmer in einer Europäischen Gesellschaft vom 22.12.2004, BGBl. 2004 I S. 3686.

Von einer einheitlichen Rechtsform der SE kann nur bedingt gesprochen werden. Vielmehr wird die SE stark durch das (Aktien-)Recht des jeweiligen Sitzstaates geprägt. Insgesamt ergibt sich ein durchaus kompliziertes Normengeflecht aus Europarecht, Satzungsbestimmungen und nationalem Recht sowie der Vereinbarung über die Beteiligung der Arbeitnehmer nach der SE-RL bzw in Deutschland dem SEBG. Auf der Grundlage des Art. 9 SE-VO stellt sich die **Normenhierarchie** wie folgt dar:

- Vorrangig gelten die zwingenden Bestimmungen der SE-VO;
- sodann folgen solche Satzungsbestimmungen der SE, welche die SE-VO ausdrücklich zulässt;
- im Übrigen gilt das zwingende Recht der Mitgliedstaaten, und zwar vorrangig speziell für die SE erlassene Normen und nachrangig das Recht der Aktiengesellschaften;
- schließlich die (sonstigen) Normen der Satzung der SE, ergänzt um dispositives Recht.

b) Zielsetzung der SE-VO

Geprägt wird die SE von der Zielsetzung, Unternehmen ihre Tätigkeit auf Gemeinschaftsebene zu erleichtern, insbesondere durch Konzentrations- und Fusionsmaßnahmen.[287] Dem tragen sowohl die von der SE-VO zur Verfügung gestellten Gründungsvarianten als auch der Umstand Rechnung, dass eine SE nicht von natürlichen Personen gegründet werden kann. Überdies soll das Mindestkapital von 120 000 EUR – nahezu das Fünffache des Stammkapitals einer GmbH und das Zweieinhalbfache des Grundkapitals einer deutschen Aktiengesellschaft (AG) – eine sinnvolle Unternehmensgröße gewährleisten. Zugleich soll die SE aber ausdrücklich auch kleineren und mittleren Unternehmen als Rechtsform zur Verfügung stehen.[288]

c) Vorteile der SE

Mit einer SE lassen sich verschiedene Ziele erreichen:[289]

- Die SE bietet gegenüber der AG größere **Flexibilität in der Corporate Governance**. Insbesondere erlaubt Art. 38 SE-VO, zwischen einem dualistischen Verwaltungssystem mit einem Leitungs- und einem Aufsichtsorgan und einem monistischen Verwaltungssystem mit einem einheitlichen Verwaltungsrat zu wählen.[290]
- Die SE zeichnet **internationale Mobilität** aus. Sie kann ihren Sitz identitätswahrend in einen anderen Mitgliedstaat verlegen.[291] Der weitere Vorteil, dass die SE-VO einen Rechtsrahmen für die grenzüberschreitende Verschmelzung von Aktiengesellschaften bietet, ist durch den Erlass der Verschmelzungsrichtlinie[292] und ihre Umsetzung in Deutschland durch das Zweite Gesetz zur Änderung des Umwandlungsgesetzes[293] relativiert worden.
- Die Rechtsform der SE unterstützt die Entwicklung einer originär europäischen **Corporate Identity**, indem das Unternehmen weniger mit seinem nationalstaatlichen Sitz als vielmehr mit seiner grenzüberschreitenden Tätigkeit identifiziert wird.
- Die SE schafft zusätzliche Optionen, die **Binnenstruktur** einer Unternehmensgruppe zu vereinheitlichen (die SE als gemeinschaftsweit harmonisierte Rechtsform für die einzelnen Landesgesellschaften) bzw zu straffen (die SE als europaweit tätiges Einheitsunternehmen unter Verzicht auf rechtlich selbständige Landesgesellschaften).

---

287 Vgl den 1. und 2. Erwägungsgrund der SE-VO.
288 Vgl den 13. Erwägungsgrund der SE-VO. Das erhöhte Grundkapital hat allerdings vornehmlich symbolischen Charakter – viele Unternehmen benötigen deutlich höhere Eigenmittel.
289 Zusammenfassend *Seibt/Reinhard* Konzern 2005, 407, 408 und jüngst *Reichert* Konzern 2006, 821, 822 ff.
290 Siehe Rn 265 ff.
291 Die Kommission bereitet derzeit (Stand: März 2007) eine Richtlinie zur grenzüberschreitenden Sitzverlegung auch anderer Kapitalgesellschaftstypen vor.
292 Richtlinie 2005/56/EG des Europäischen Parlaments und des Rates vom 26.10.2005 über die Verschmelzung von Kapitalgesellschaften aus verschiedenen Mitgliedstaaten, ABl. L 310 vom 25.11.2005, S. 1.
293 BGBl. 2007 I S. 542.

- Schließlich eröffnet die SE einen (wenn auch beschränkten) Gestaltungsspielraum im Hinblick auf die **Arbeitnehmermitbestimmung**, beispielsweise durch den Abschluss privatautonomer Mitbestimmungsvereinbarungen.[294] Zudem sind nunmehr auch Arbeitnehmer aus dem EU-Ausland in die Unternehmensmitbestimmung eingebunden.[295]

2. Gründung

a) Übersicht

165 Die SE-VO sieht in Art. 2 und Art. 3 Abs. 2 SE-VO fünf Varianten für die Gründung einer SE vor. Einzelheiten zur Gründung sind in den Art. 17 bis 37 SE-VO geregelt. Ergänzend verweist Art. 15 Abs. 1 SE-VO auf das Gründungsrecht der Aktiengesellschaften im künftigen Sitzstaat der SE. Die Aufzählung der **Gründungsvarianten** ist abschließend. Im Einzelnen bestehen folgende Möglichkeiten, eine SE zu gründen:
- durch Verschmelzung, Art. 2 Abs. 1 iVm Art. 17 bis 31 SE-VO;
- als Holding-SE, Art. 2 Abs. 2 iVm Art. 32 bis 34 SE-VO;
- als Tochter-SE von Gesellschaften nationalen Rechts, Art. 2 Abs. 3 iVm Art. 35 und 36 SE-VO;
- durch Umwandlung, Art. 2 Abs. 4 iVm Art. 37 SE-VO;
- als Tochter-SE einer SE, Art. 3 Abs. 2 SE-VO.

166 Für die jeweiligen Gründungsvarianten bestehen unterschiedliche Anforderungen an die **Gründungsfähigkeit**. Nur Aktiengesellschaften können eine SE durch Verschmelzung oder Umwandlung gründen. Die Gründung einer Holding-SE steht auch Gesellschaften mit beschränkter Haftung offen. Eine Tochter-SE, Art. 2 Abs. 3 SE-VO, kann aufgrund des Verweises auf Art. 48 Abs. 2 EGV von allen Gesellschaften des bürgerlichen Rechts und des Handelsrechts einschließlich der Genossenschaften und sonstigen juristischen Personen des öffentlichen und privaten Rechts, die einen Erwerbszweck verfolgen, sowie juristische Personen des öffentlichen oder privaten Rechts gegründet werden. Art. 3 Abs. 1 SE-VO stellt klar, dass sich auch eine bereits gegründete SE an den oben genannten Gründungsvarianten beteiligen kann. Sie ist dann wie eine Aktiengesellschaft nach dem Recht ihres Sitzstaates zu behandeln. Natürliche Personen können in keiner Variante unmittelbar eine SE gründen.

Hinweis: Die Beschränkungen der Beteiligten bei der Gründung einer SE gelten nicht für den nachfolgenden Erwerb von Aktien an einer SE. Eine natürliche Person kann daher sämtliche Aktien an einer SE unmittelbar nach deren Gründung erwerben. Alternativ kann sie eine deutsche AG und eine französische *société anonyme*, deren sämtliche Anteile sie jeweils besitzt, zu einer SE verschmelzen. Für die Praxis eröffnet sich hier ein weiter Gestaltungsspielraum.[296]

167 Allen Gründungsvarianten mit Ausnahme der von einer SE gegründeten Tochter-SE ist gemeinsam, dass sie einen **Bezug zu mindestens zwei Mitgliedstaaten** erfordern, sei es, dass die beteiligten Gesellschaften dem Recht unterschiedlicher Mitgliedstaaten unterliegen oder Tochtergesellschaften bzw Zweigniederlassungen haben müssen, für die das gilt. Auf den Verwaltungssitz der Gründungsgesellschaften stellt die SE-VO dagegen nicht ab. Damit kommt auch die Beteiligung sogenannter „Scheinauslandsgesellschaften" mit Verwaltungssitz im Inland in Betracht.[297]

Hinweis: Die für den Mandanten günstigste Gründungsvariante ist für jeden Einzelfall sorgfältig zu ermitteln. Zunächst ist zu fragen, welche Gründungsvarianten für die Rechtsform der Gründungsunternehmen zur Verfügung stehen. Eine Aktiengesellschaft kann zwischen sämtlichen Varianten wählen, während die OHG nur eine Tochter-SE gründen kann. Sodann ist erheblich, ob der Mandant eine zusätzliche Gesellschaft gründen oder eine bestehende Gesellschaft in eine SE umwandeln möch-

---

[294] Siehe Rn 254 ff.
[295] Die Arbeitnehmervertreter im Aufsichtsrat einer deutschen AG vertreten nach hM nur Arbeitnehmer inländischer Betriebe und Tochtergesellschaften, vgl ErfK/*Oetker*, Einf. DrittelbG Rn 3, § 1 MitbestG Rn 2 f.
[296] Siehe zu diesem Thema auch Rn 264.
[297] Zur Behandlung von Scheinauslandsgesellschaften siehe § 8 Rn 33 ff.

te. Im ersten Fall besteht die Wahl zwischen Holding- und Tochter-SE, im zweiten zwischen der SE-Gründung durch Verschmelzung und durch Umwandlung.

Allen Gründungsvarianten ist ferner gemeinsam, dass das **Kapital der SE** auf Euro lauten[298] und mindestens 120 000 EUR betragen muss, Art. 4 Abs. 1 und 2 SE-VO, sofern nicht Rechtsvorschriften eines Mitgliedstaates ein höheres gezeichnetes Kapital verlangen, Art. 4 Abs. 3 SE-VO.[299] Zudem muss der **Sitz der SE** in der Gemeinschaft liegen; und zwar in dem Mitgliedstaat, in dem sich die Hauptverwaltung befindet, Art. 7 S. 1 SE-VO. Näheres zum Sitz der SE und seiner Verlegung siehe Rn 290 ff. 168

Die SE ist in ein mitgliedstaatlich bestimmtes Register einzutragen und die Eintragung anschließend offenzulegen, Art. 12 Abs. 1, 13, 15 Abs. 2 SE-VO iVm der Ersten Gesellschaftsrechtlichen Richtlinie.[300] In Deutschland ist das Handelsregister am künftigen Sitz der SE zuständig, §§ 3, 4 SEAG, 125 FGG, 14 AktG. Daneben ist die Eintragung der SE zu Informationszwecken im Amtsblatt der Europäischen Union zu veröffentlichen, Art. 14 Abs. 1 SE-VO. Entsprechende Angaben sind dem Amt für amtliche Veröffentlichungen der Europäischen Union innerhalb eines Monats nach der ursprünglichen Offenlegung zu übermitteln, Art. 14 Abs. 3 SE-VO. Die Übermittlung ist analog § 4 Abs. 2 EWIV-AG[301] durch das Registergericht vorzunehmen.[302] Erst mit der Eintragung erlangt die SE **Rechtspersönlichkeit**, Art. 16 Abs. 1 SE-VO. Art. 16 Abs. 2 SE-VO sieht eine Haftung für Rechtshandlungen im Namen der SE vor deren Eintragung vor. Im Übrigen gelten für die deutsche Vor-SE gem. Art. 15 Abs. 1 SE-VO die Regeln zur Vor-AG (siehe hierzu **6** Rn 501 ff).[303] 169

b) Verschmelzung

Die SE-VO regelt die Verschmelzungsgründung als erste Variante und zudem deutlich ausführlicher als die übrigen Gründungsarten. Sie ist auch in der Praxis von Relevanz. Prominentes Beispiel ist die Gründung der Allianz SE durch Verschmelzung der RAS Holding S.p.A. auf die Allianz AG. In Ergänzung zu den Art. 2 Abs. 1, 17 ff SE-VO verweist Art. 18 SE-VO auf die mit der Dritten Gesellschaftsrechtlichen Richtlinie[304] in Einklang stehenden nationalen Vorschriften für die Verschmelzung von Aktiengesellschaften. Für die deutsche AG gelten damit insbesondere die Vorschriften des UmwG sowie das AktG. Zudem gelten die §§ 1 ff SEAG für die deutsche AG ebenso wie für die aus der Verschmelzung hervorgehende SE mit Sitz in Deutschland. 170

Hinweis: An der Verschmelzung ist notwendigerweise mindestens eine Aktiengesellschaft aus einem anderen Mitgliedstaat beteiligt, die in Ergänzung zu den Vorschriften der SE-VO dem jeweiligen nationalen Aktienrecht unterliegt. Es wird für den deutschen Rechtsanwalt daher in aller Regel erforderlich sein, seine Beratung frühzeitig mit einem für die jeweilige Rechtsordnung zugelassenen Kollegen abzustimmen.

aa) Anforderung an die verschmelzenden Gesellschaften

Gem. Art. 2 Abs. 1 SE-VO können nur **Aktiengesellschaften** iSd Anhangs I zur SE-VO, die ihren Sitz und ihre Hauptverwaltung in der Gemeinschaft haben, eine SE gründen. Für Deutschland eröffnet der 171

---

298 Art. 67 SE-VO enthält eine Ausnahme für Staaten, für welche die dritte Stufe der Wirtschafts- und Währungsunion nicht gilt.
299 Wie in Deutschland zB § 2 Abs. 4 S. 1 UBGG für Unternehmensbeteiligungsgesellschaften (mindestens 1 000 000 EUR).
300 Erste Richtlinie 68/151/EWG des Rates vom 9.3.1968 zur Koordinierung der Schutzbestimmungen, die in den Mitgliedstaaten den Gesellschaften im Sinne des Art. 58 Abs. 2 des Vertrages im Interesse der Gesellschafter sowie Dritter vorgeschrieben sind, um diese Bestimmungen gleichwertig zu gestalten, ABl. L 65 vom 14.3.1968, S. 8; zuletzt geändert durch Richtlinie 2006/99/EG des Rates vom 20.11.2006, ABl. L 363 vom 20.12.2006, S. 137.
301 Zum EWIV-AG siehe Rn 356.
302 *Seibt/Reinhard* Konzern 2005, 407, 424 (zur Umwandlung).
303 HM, vgl MünchKommAktG/*Schäfer* Art. 16 SE-VO Rn 5.
304 Dritte Richtlinie 78/855/EWG des Rates vom 9.10.1978 gem. Art. 54 Abs. 3 lit. g) des Vertrages betreffend die Verschmelzung von Aktiengesellschaften ABl. Nr. L 295 vom 20.10.1978 S. 36; zuletzt geändert durch Richtlinie 2006/99/EG des Rates vom 20.11.2006 zur Anpassung bestimmter Richtlinien im Bereich Gesellschaftsrecht anlässlich des Beitritts Bulgariens und Rumäniens, ABl. L 363 vom 20.12.2006, S. 137.

Anhang I zur SE-VO diese Gründungsvariante nur für die AG.[305] Außerdem müssen mindestens zwei der beteiligten Gesellschaften dem Recht unterschiedlicher Mitgliedstaaten unterliegen. Möglich ist beispielsweise die Verschmelzung einer deutschen AG mit einer englischen *public company limited by shares* (plc.) oder mit einer französischen *société anonyme* (S.A.). Art. 19 SE-VO erlaubt es den Mitgliedstaaten, die Beteiligung einer seinem Recht unterliegenden Gesellschaft an einer Verschmelzung einer behördlichen Genehmigung zu unterwerfen, die allerdings nur aus Gründen des öffentlichen Interesses verweigert werden darf. Deutschland hat von dieser Ermächtigung keinen Gebrauch gemacht.

bb) Verschmelzungsformen

172 Art. 17 Abs. 2 S. 1 SE-VO unterscheidet zwischen den bekannten Alternativen der **Verschmelzung durch Aufnahme** und der **Verschmelzung durch Neugründung**. Dabei nimmt im Falle der Verschmelzung durch Aufnahme die aufnehmende Gesellschaft die Rechtsform der SE an, während bei einer Neugründung die neue Gesellschaft eine SE ist, Art. 17 Abs. 2 S. 2 SE-VO. Bei der Verschmelzung zur Neugründung kann die SE ihren Sitz auch in einem anderen Mitgliedstaat als in den Sitzstaaten der sich verschmelzenden Gesellschaften haben.[306] Bei der Verschmelzung zur Aufnahme ist es umstritten, ob der Sitzstaat der SE mit dem Sitzstaat der aufnehmenden Gesellschaft übereinstimmen muss. Die Frage ist zu verneinen. Anders als bei der Umwandlung (vgl Art. 37 Abs. 3 SE-VO) sieht die SE-VO **kein Sitzverlegungsverbot** im Rahmen der Verschmelzung vor.[307] Angesichts der Alternative einer Verschmelzung zur Neugründung wäre eine solche Beschränkung auch kaum sinnvoll.

Hinweis: Soll die Verschmelzung zur Aufnahme mit einer Sitzverlegung der aufnehmenden Gesellschaft über die Grenze kombiniert werden, sollte vorsichtshalber die Abstimmung mit dem zuständigen Registergericht gesucht werden.

cc) Überblick über den Verfahrensablauf

173 Die Gründung einer SE im Wege der Verschmelzung ist das Ergebnis einer Vielzahl einzelner Schritte. Viele dieser Schritte sind aus der Verschmelzung inländischer Kapitalgesellschaften vertraut. Insgesamt ist der Ablauf jedoch komplexer, was vorrangig an der intensiveren Beteiligung der Arbeitnehmer sowie daran liegt, dass die Dokumentation den (nicht vollständig harmonisierten) Heimatrechtsordnungen der zu verschmelzenden Aktiengesellschaften genügen muss und entsprechend mit den zuständigen Registerbehörden aller beteiligten Mitgliedstaaten abzustimmen ist. Nachfolgend werden die wesentlichen Schritte für eine typische SE-Gründung durch zwei Aktiengesellschaften dargestellt, von denen eine ihren Sitz in Deutschland hat. Andere Konstellationen oder besondere Umstände des Einzelfalls können zusätzliche Maßnahmen erfordern.

Prüfungsreihenfolge: Typischer Ablauf einer Verschmelzungsgründung
1. Vorbereitung des Verschmelzungsplans[308] einschließlich einer (zunächst indikativen) Unternehmensbewertung;[309]
2. Erstellung und Offenlegung eines Verschmelzungsplans (dazu Rn 174 ff);
3. Beginn eines Verfahrens zur Beteiligung der Arbeitnehmer (dazu Rn 247 ff);
4. Erstellung eines Verschmelzungsberichts (dazu Rn 180);
5. Prüfung des Verschmelzungsplans, Erstellung eines Prüfungsberichts (dazu Rn 181);
6. Beschlussfassung der Hauptversammlungen der sich verschmelzenden Gesellschaften über den Verschmelzungsplan (dazu Rn 182 ff);

---

305 Eine KGaA kann demnach keine SE durch Verschmelzung gründen. Art. 2 Abs. 1 SE-VO iVm dem Anhang I zur SE-VO geht insofern § 278 Abs. 3 AktG vor, der ohnehin nur auf die Vorschriften des AktG verweist.
306 Vgl Manz/Mayer/Schröder/*Schröder* Art. 20 Rn 15.
307 Ebenso *Scheifele*, Gründung, S. 153 f; ähnlich *Kallmeyer* AG 2003, 197, 198; aA MünchKommAktG/*Schäfer* Art. 20 SE-VO Rn 13.
308 Der Verschmelzungsplan bindet die Parteien anders als ein Verschmelzungsvertrag nicht. Eine Bindungswirkung kann aber mit einem Business Combination Agreement erreicht werden, vgl *Brandes* AG 2005, 177, 181.
309 Sie ist zur Festlegung des Umtauschverhältnisses im Verschmelzungsplan erforderlich, siehe Rn 174.

7. Bestellung des ersten Aufsichts- bzw Verwaltungsorgans (dazu Rn 186 f);
8. Anmeldung der Verschmelzungsgründung am Sitz jeder einzelnen der sich verschmelzenden Gesellschaften und am Sitz der neuen SE (dazu Rn 190);
9. zweistufige Rechtmäßigkeitsprüfung durch die zuständigen Behörden (dazu Rn 195 f);
10. Eintragung der SE (dazu Rn 34) und Offenlegung der Eintragung (dazu Rn 201)
11. ggf Durchführung eines Spruchverfahrens zur Prüfung der Angemessenheit des Umtauschverhältnisses sowie der Angemessenheit des Abfindungsangebots an widersprechende Minderheitsaktionäre (dazu Rn 202).

Hinweis: Gleich zu Beginn der Beratung sollte der voraussichtliche Zeitrahmen des Verschmelzungsverfahrens abgesteckt werden; dabei ist insbesondere der Zeitbedarf für die Arbeitnehmerbeteiligung[310] – im Regelfall sind zehn Wochen für die Konstituierung des Verhandlungsgremiums der Arbeitnehmer und weitere sechs Monate für die Verhandlungen mit dem Gremium zu kalkulieren – zu berücksichtigen.

dd) Verschmelzungsplan

Die Leitungs- bzw die Verwaltungsorgane der sich verschmelzenden Gesellschaften – bei der deutschen AG also der Vorstand – haben nach Art. 20 Abs. 1 S. 1 SE-VO einen gleichlautenden Verschmelzungsplan aufzustellen. Dieser entspricht in Funktion und Inhalt weitgehend dem Verschmelzungsvertrag gem. §§ 4, 5 UmwG.[311] Indes verpflichtet der Verschmelzungsplan die Beteiligten nicht zur Durchführung der Verschmelzung. Zu diesem Zweck kann aber ein gesonderter Vertrag geschlossen werden.[312] Art. 20 Abs. 1 S. 2 SE-VO definiert den Mindestinhalt des Verschmelzungsplans.

174

Prüfungsreihenfolge: Mindestinhalt des Verschmelzungsplans
1. Firma und Sitz der sich verschmelzenden Gesellschaften und der SE;
2. Umtauschverhältnis der Aktien und ggf die Höhe der Ausgleichszahlungen;
3. Einzelheiten hinsichtlich der Übertragung der Aktien der SE;
4. Zeitpunkt, ab dem die Aktien ein Recht auf Gewinnbeteiligung gewähren und diesbezügliche Besonderheiten;
5. Zeitpunkt, von dem an die Handlungen der sich verschmelzenden Gesellschaften bilanziell als für Rechnung der SE vorgenommen gelten (in der Diktion des § 5 Abs. 1 Nr. 6 UmwG: der Verschmelzungsstichtag);
6. Angaben zur Behandlung von Sonderrechtsinhabern;
7. Angaben zu Sondervorteilen der Verschmelzungsprüfer und Mitglieder der Verwaltungs-, Leitungs-, Aufsichts- und Kontrollorgane der sich verschmelzenden Gesellschaften;
8. die Satzung der SE;
9. Angaben zum Verfahren über die Beteiligung der Arbeitnehmer nach der SE-RL.

Wegen der Ähnlichkeit des Verschmelzungsplans mit dem Verschmelzungsvertrag nach UmwG kann auf die Erläuterungen in § 10 Rn 32 ff verwiesen werden.

Der Verschmelzungsplan ist gem. Art. 18 SE-VO iVm § 6 UmwG **notariell zu beurkunden**.[313] Dies kann entsprechend § 4 Abs. 2 UmwG vor oder nach dem Zustimmungsbeschluss der Hauptversammlungen geschehen.[314] Zusätzliche Formanforderungen für den Verschmelzungsplan können sich aus dem Recht der anderen sich verschmelzenden Gesellschaft ergeben.

175

Gem. Art. 18 SE-VO iVm § 61 S. 1 UmwG ist der Verschmelzungsplan vor der Einberufung der Hauptversammlung der deutschen Aktiengesellschaft, die über die Verschmelzung beschließt, **zum**

176

---

310 Siehe Rn 247 ff.
311 Auch der den §§ 4, 5 UmwG zugrundeliegende Art. 5 der Dritten Gesellschaftsrechtlichen Richtlinie spricht von einem Verschmelzungsplan, nicht von einem Verschmelzungsvertrag.
312 Vgl MünchKommAktG/*Schäfer* Art. 20 SE-VO Rn 8 f.
313 Vgl Manz/Mayer/Schröder/*Schröder* Art. 20 Rn 43; kritisch *Brandes* AG 2005, 177, 182. Für den Verschmelzungsplan bei der grenzüberschreitenden Verschmelzung sieht der neue § 122 c Abs. 4 UmwG ebenfalls ein Beurkundungserfordernis vor.
314 MünchKommAktG/*Schäfer* Art. 20 SE-VO Rn 6.

Handelsregister einzureichen. Für die Einberufung der Hauptversammlung gilt die 30-Tages-Frist des § 123 Abs. 1 AktG. Bei der Einreichung sind dem Registergericht die Angaben nach Art. 21 SE-VO – insbesondere Hinweise auf Rechte der Gläubiger und Minderheitsaktionäre – mitzuteilen, § 5 S. 1 SEAG. Das Registergericht hat gem. §§ 61 S. 2 UmwG, 5 S. 2 SEAG einen Hinweis auf den eingereichten Verschmelzungsplan sowie die Angaben gem. Art. 21 SE-VO bekanntzumachen.

177 Eine **Zuleitung an die Betriebsräte** der sich verschmelzenden Gesellschaften entsprechend § 5 Abs. 3 UmwG ist nicht erforderlich.[315] Zum einen enthält der Verschmelzungsplan nach Art. 20 SE-VO anders als der Verschmelzungsvertrag nach deutschen Recht (vgl § 5 Abs. 1 Nr. 9 UmwG) keine Angaben zu den Folgen der Verschmelzung für die Arbeitnehmer. Genau hieran knüpft jedoch die Pflicht zur Zuleitung an die Betriebsräte an.[316] Zudem schafft die SE-RL ein eigenständiges Regime zur Information und Beteiligung der Arbeitnehmer, neben dem die nationalen Bestimmungen keinen Anwendungsbereich haben. § 5 Abs. 3 UmwG wird insofern von § 4 Abs. 2 SEBG verdrängt.[317]

Hinweis: Da die Rechtslage nicht geklärt ist, empfiehlt sich eine Abstimmung mit dem zuständigen Registergericht.

178 Soll eine Tochtergesellschaft auf ihre Muttergesellschaft verschmolzen werden, die sämtliche Aktien (einschließlich aller Vorzugsaktien)[318] und sonstige Wertpapiere, die ein Stimmrecht gewähren, an der Tochtergesellschaft hält, entfallen einzelne Gegenstände des Verschmelzungsplans, wie zB die Angaben zum Umtauschverhältnis, Art. 31 Abs. 1 S. 1 SE-VO.

179 Die SE-VO stellt es den Mitgliedstaaten in Art. 24 Abs. 2 frei, für die ihrem Recht unterliegenden Gesellschaften Vorschriften zum Schutz jener Minderheitsaktionäre zu erlassen, die sich gegen die Verschmelzung ausgesprochen haben. Der deutsche Gesetzgeber hat durch § 7 SEAG von dieser Ermächtigung Gebrauch gemacht. Die Norm gilt nur, wenn die aus der Verschmelzung hervorgehende SE ihren Sitz im Ausland haben soll. In diesem Fall ist denjenigen Aktionären der übertragenden AG, die gegen den Verschmelzungsbeschluss Widerspruch zu Niederschrift erklären, im Verschmelzungsplan ein Angebot zum Erwerb ihrer Aktien gegen eine **angemessene Barabfindung** zu unterbreiten, § 7 Abs. 1 S. 1 SEAG.[319] Dem Widerspruch steht es gleich, wenn ein Anteilseigner zu Unrecht nicht zur Versammlung zugelassen wurde, diese nicht ordnungsgemäß einberufen oder der Beschlussgegenstand nicht ordnungsgemäß bekannt gemacht wurde, § 7 Abs. 1 S. 5 iVm § 29 Abs. 2 UmwG.

ee) Verschmelzungsbericht

180 Der Vorstand der sich verschmelzenden AG hat gem. Art. 18 SE-VO iVm § 8 Abs. 1 S. 1 Hs 1 UmwG einen ausführlichen schriftlichen Bericht zu erstatten, der die Verschmelzung, den Verschmelzungsplan und insbesondere das Umtauschverhältnis sowie die Höhe einer anzubietenden Barabfindung rechtlich und wirtschaftlich erläutert und begründet.[320] Das deutsche Recht sieht die Möglichkeit eines gemeinsamen Berichts der sich verschmelzenden Gesellschaften vor, § 8 Abs. 1 S. 1, 2. Hs UmwG. Ein solcher **gemeinsamer Bericht** ist freilich nur möglich, wenn auch das Recht der anderen sich verschmelzenden Gesellschaft eine entsprechende Regelung kennt. Der Verschmelzungsbericht ist nach Art. 18 SE-VO iVm § 8 Abs. 3 S. 1 Alt. 2 UmwG entbehrlich, wenn eine 100%ige Tochtergesellschaft auf ihre Muttergesellschaft verschmolzen wird.[321] Ein Verschmelzungsbericht ist zudem entbehrlich, wenn sämtliche Aktionäre darauf verzichten, § 8 Abs. 3 S. 1 Alt. 1 UmwG.[322]

---

315 Ebenso *Brandes* AG 2005, 177, 182; aA MünchKommAktG/*Schäfer* Art. 20 SE-VO Rn 10; Jannott/Frodermann/*Jannott* Kap. 3 Rn 52 jeweils mwN.
316 Lutter/*Lutter/Drygala* § 5 Rn 98.
317 Vgl *Seibt/Reinhard* Konzern 2005, 407, 415 (zur Umwandlung).
318 Jannott/Frodermann/*Jannott* Kap. 3 Rn 49; aA MünchKommAktG/*Schäfer* Art. 31 SE-VO Rn 3.
319 Zur Überprüfung der Angemessenheit der Abfindung s. Rn 202.
320 Ausführlich zum Inhalt des Verschmelzungsberichts *Neun*, in: Theisen/Wenz (Hrsg.), S. 101 ff.
321 Siehe hierzu bereits Rn 178. Die optionale Erleichterung in Art. 31 Abs. 2 SE-VO für Verschmelzungen von 90%igen Tochtergesellschaften auf ihre Muttergesellschaft ist in Deutschland nicht umgesetzt worden, vgl §§ 60, 62 Abs. 3 S. 1, 63 Abs. 1 Nr. 4 UmwG.
322 Vgl Semler/Stengel/*Gehling* § 8 Rn 68 ff; Lutter/*Lutter/Drygala* § 8 Rn 45 ff.

ff) Verschmelzungsprüfung, Prüfungsbericht

Ebenso wie der Verschmelzungsvertrag bei einer dem UmwG unterliegenden Verschmelzung ist der Verschmelzungsplan von unabhängigen Sachverständigen zu prüfen. Art. 22 S. 1 SE-VO setzt eine solche Prüfungspflicht voraus, indem er den sich verschmelzenden Gesellschaften die Möglichkeit eröffnet, einen **gemeinsamen Antrag auf Bestellung** eines oder mehrerer Verschmelzungsprüfer durch das zuständige Gericht oder die zuständige Behörde zu stellen. Anderenfalls hat jede Gesellschaft einen eigenen Prüfer bestellen zu lassen. Art. 22 S. 2 SE-VO stellt klar, dass die Prüfer die nötigen Auskünfte von jeder der sich verschmelzenden Gesellschaften verlangen können. Über Art. 18 SE-VO gilt im Übrigen das auf der Dritten Gesellschaftsrechtlichen Richtlinie beruhende nationale Verschmelzungsrecht. In Deutschland sind dies die §§ 9 ff, 60 UmwG. Die Bestellung der Verschmelzungsprüfer erfolgt auf Antrag des Vorstandes durch das Landgericht am Sitz der AG, § 10 Abs. 1 und 2 UmwG. Die Prüfung kann nur von Wirtschaftsprüfern bzw Wirtschaftsprüfungsgesellschaften durchgeführt werden, §§ 319 Abs. 1 S. 1 HGB, 11 Abs. 1 S. 1 UmwG. Die Verschmelzungsprüfer haben nach § 12 Abs. 1 UmwG einen schriftlichen Prüfungsbericht zu erstellen. Eine Verschmelzungsprüfung ist nach Art. 31 Abs. 1 S. 1 SE-VO nicht erforderlich, wenn eine 100%ige Tochtergesellschaft auf ihre Muttergesellschaft verschmolzen wird. Eine Verschmelzungsprüfung ist außerdem entbehrlich, wenn sämtliche Aktionäre darauf verzichten, §§ 8 Abs. 3 S. 1 Alt. 1, 9 Abs. 3 UmwG.[323]

181

gg) Vorbereitung der Hauptversammlung

Die SE-VO bestimmt in Art. 23 Abs. 1, dass die Zustimmung zum Verschmelzungsplan durch **Beschluss der Hauptversammlungen** der sich verschmelzenden Gesellschaften erfolgt. Nationale Vorschriften wie § 62 UmwG, die in Umsetzung von Art. 27 der Dritten Gesellschaftsrechtlichen Richtlinie vorsehen, dass ein Hauptversammlungsbeschluss der übernehmenden AG entbehrlich ist, wenn sie 90 % oder mehr bzw alle Aktien an der auf sie zu verschmelzenden Tochtergesellschaft hält, finden keine Anwendung. Dies ergibt sich daraus, dass Art. 31 Abs. 2 SE-VO Verschmelzungs- und Prüfungsbericht, nicht aber die Hauptversammlung für entbehrlich erklärt.[324]

182

Für die AG gilt über Art. 18 SE-VO ergänzend deutsches Verschmelzungs- und Aktienrecht, insbesondere die §§ 121 ff AktG. Insofern gelten keine Besonderheiten gegenüber einer Verschmelzung von Kapitalgesellschaften nach dem UmwG.[325] Insbesondere sind von dem Tag der Einberufung an die in § 63 Abs. 1 UmwG aufgezählten Unterlagen in den Räumen der AG auszulegen und den Aktionären gem. § 63 Abs. 3 UmwG auf Verlangen abschriftlich zu übersenden.

183

hh) Durchführung der Hauptversammlung

Art. 23 Abs. 1 SE-VO schreibt die Zustimmung der Hauptversammlungen der zu verschmelzenden Gesellschaften zum Verschmelzungsplan vor, legt aber keine Einzelheiten fest. Insofern gilt gem. Art. 18 SE-VO nationales Recht. Während der Hauptversammlung sind die in § 63 Abs. 1 UmwG aufgezählten Unterlagen auszulegen, § 64 Abs. 1 S. 1 UmwG. Zu Beginn der Verhandlung ist der Verschmelzungsplan vom Vorstand entsprechend § 64 Abs. 1 S. 2 UmwG mündlich zu erläutern. Gem. § 64 Abs. 2 UmwG erstreckt sich das Auskunftsrecht der Aktionäre auch auf Angelegenheiten der anderen übertragenden Gesellschaft. Der Zustimmungsbeschluss bedarf einer Mehrheit von mindestens drei Vierteln des bei der Beschlussfassung vertretenen Grundkapitals, § 65 Abs. 1 S. 1 UmwG. Bestehen mehrere Aktiengattungen, sind nach § 65 Abs. 2 UmwG **Sonderbeschlüsse** der stimmberechtigten Aktionäre jeder Gattung mit der gleichen Mehrheit durchzuführen. Im Falle der Verschmelzung durch Aufnahme ist regelmäßig eine Kapitalerhöhung bei der aufnehmenden Gesellschaft erforderlich, um einen entsprechenden Aktientausch zu ermöglichen. Zur Gewährleistung einer realen Kapitalaufbringung ist die Kapitalerhöhung aber in bestimmten, in § 68 UmwG

184

---

[323] Vgl Rn 180.
[324] Ebenso MünchKommAktG/*Schäfer* Art. 31 SE-VO Rn 7; *Kalss* ZGR 2003, 593, 619; aA *Teichmann* ZGR 2002, 383, 431.
[325] Siehe hierzu ausführlich § 10 Rn 12 ff.

genannten Fällen, ausgeschlossen. Für die Kapitalerhöhung gelten die §§ 182 ff AktG, wobei § 69 Abs. 1 S. 1 UmwG von der Befolgung einzelner Vorschriften befreit.[326]

185 Der Beschluss ist nach § 13 Abs. 3 S. 1 UmwG iVm § 130 Abs. 1 S. 1 AktG durch eine über die Verhandlung **notariell aufgenommene Niederschrift** zu beurkunden.[327] Bei der Verschmelzung durch Neugründung findet § 76 Abs. 1 UmwG Anwendung, wonach eine AG einen Verschmelzungsbeschluss nur fassen kann, wenn sie und die andere übertragende Gesellschaft bereits seit zwei Jahren im Register eingetragen sind. Wurde noch keine Vereinbarung über die Beteiligung der Arbeitnehmer geschlossen,[328] kann sich die Hauptversammlung jeder der sich verschmelzenden Gesellschaften das Recht vorbehalten, die Eintragung der SE davon abhängig zu machen, dass die geschlossene Vereinbarung von ihr ausdrücklich genehmigt wird, Art. 23 Abs. 2 S. 2 SE-VO.

ii) Bestellung der ersten Organe und Abschlussprüfer

186 Die Ämter der Aufsichtsräte der sich verschmelzenden Gesellschaften erlöschen mit Entstehen der SE; dies gilt auch für die Verschmelzung durch Aufnahme.[329] Die Bestellung des ersten Aufsichts- bzw Verwaltungsorgans der SE erfolgt **durch die Satzung**, vgl Art. 40 Abs. 2 S. 2 SE-VO bzw Art. 43 Abs. 3 S. 2 SE-VO.[330] Statt der Aufnahme in die Satzung genügt gem. Art. 6 SE-VO[331] iVm Art. 20 Abs. 2 SE-VO auch eine Aufnahme in den Verschmelzungsplan.[332] Für eine Amtszeitbeschränkung nach § 30 Abs. 1 AktG, lässt die SE-VO keinen Raum.[333] Vielmehr kann das Aufsichts- oder Verwaltungsorgan von der Verschmelzungsgründung an für die volle Amtszeit des Art. 46 Abs. 1 SE-VO bestellt werden.

187 Schwierigkeiten können sich bei der mitbestimmten SE ergeben. Zum Zeitpunkt der Aufstellung und Offenlegung des Verschmelzungsplans und damit der Satzung hat das Verfahren zur Beteiligung der Arbeitnehmer in aller Regel noch nicht einmal begonnen, wie sich aus § 4 Abs. 2 S. 3 SEBG ergibt.[334] Es steht also noch nicht fest, ob und wie viele Arbeitnehmervertreter im Aufsichtsrat vertreten sein sollen. In dieser Situation ist es empfehlenswert, die gesetzliche Auffangregelung bzw ein wahrscheinliches Verhandlungsergebnis vorwegzunehmen und nur die voraussichtlich der Anteilseignerseite zustehenden Mandate zu vergeben.[335] Dabei sind jedoch die Anforderungen an die Beschlussfähigkeit – mindestens drei Mitglieder – der dualistischen SE[336] zu beachten, vgl Art. 9 Abs. 1 lit. c) ii) SE-VO iVm § 108 Abs. 2 S. 3 AktG. Es kann sich bei der (voraussichtlich) mitbestimmten SE auch anbieten, Verschmelzungsplan und Satzung nach Abschluss des Beteiligungsverfahrens erforderlichenfalls anzupassen und erneut offenzulegen, bevor sie der Hauptversammlung zur Zustimmung vorgelegt werden.[337]

188 Auch für die Bestellung der ersten Abschlussprüfer nach Art. 18 SE-VO iVm §§ 197 S. 1 UmwG, 30 Abs. 1 AktG empfiehlt sich eine Aufnahme in den Verschmelzungsplan nach Art. 6, 20 Abs. 2 SE-VO.[338]

---

326 Ausführlich zur Verschmelzungshauptversammlung § 10 Rn 105 ff.
327 Semler/Stengel/*Gehling*, UmwG, § 13 Rn 63.
328 Siehe hierzu Rn 254 ff.
329 *Walden/Meyer-Landrut* DB 2005, 2119, 2124; *Seibt/Reinhard* Konzern 2005, 407, 421 (zur Umwandlung); aA Jannott/Frodermann/*Jannott* Kap. 3 Rn 86, 254.
330 Die Hauptversammlung der SE existiert noch nicht, so dass eine Bestellung nach Art. 40 Abs. 2 S. 1 SE-VO bzw Art. 43 Abs. 3 S. 1 SE-VO ist in diesem Stadium nicht möglich ist.
331 Danach umfasst der Begriff der Satzung der SE auch die Gründungsurkunde, worunter in diesem Fall der Verschmelzungsplan zu verstehen ist; vgl *Neun*, in: Theisen/Wenz (Hrsg.), S. 134 Fn 7.
332 Jannott/Frodermann/*Jannott* Kap. 3 Rn 86; *Walden/Meyer-Landrut* DB 2005, 2119, 2124. Für eine Bestellung anal. §§ 30, 31 AktG, 36 Abs. 2 S. 2, 76 Abs. 2 S. 2 UmwG dagegen MünchKommAktG/*Reichert/Brandes* Art. 40 SE-VO Rn 52, 43 SE-VO Rn 47 ff.
333 Vgl Jannott/Frodermann/*Jannott* Kap. 3 Rn 86; Manz/Mayer/Schröder/*Manz* Art. 40 Rn 25; aA MünchKommAktG/*Reichert/Brandes* Art. 40 Rn 53 ff., Art. 43 Rn 47.
334 Zum Beteiligungsverfahren siehe Rn 247 ff, insbesondere Rn 258.
335 Jannott/Frodermann/*Jannott* Kap. 3 Rn 86; *Walden/Meyer-Landrut* DB 2005, 2119, 2124. Enden die Verhandlungen mit einem unerwarteten Ergebnis, ist ein Statusverfahren gem. §§ 97 ff AktG bzw §§ 25 f SEAG durchzuführen.
336 Siehe Rn 269 ff.
337 Siehe Rn 264.
338 *Neun*, in: Theisen/Wenz (Hrsg.), S. 135. Eine Bestellung durch übereinstimmenden Beschluss der sich verschmelzenden Gesellschaften kommt der Aufnahme in den Verschmelzungsplan praktisch gleich und sollte daher ebenfalls genügen.

jj) Gründungsprüfung, Gründungsbericht, Nachgründung

Bei der Verschmelzung durch Neugründung ist gem. § 75 Abs. 2 UmwG weder ein Bericht der Gründer noch eine Gründungprüfung durch externe Prüfer erforderlich. Gem. Art. 15 SE-VO iVm §§ 33, 34 AktG ist aber ein **Gründungsbericht** durch die Mitglieder des Leitungs- und des Aufsichtsorgans bzw gem. § 22 Abs. 6 SEAG des Verwaltungsrats zu erstellen. Bei der Verschmelzung durch Aufnahme ist die Rechtslage umstritten. Manche Autoren halten wegen des mit der Verschmelzung verbundenen Formwechsels der aufnehmenden Gesellschaft eine umfassende Anwendung der aktienrechtlichen Gründungsvorschriften für richtig, §§ 197, 245 UmwG analog.[339] Andere wollen § 75 Abs. 2 UmwG heranziehen und die Aufnahme wie eine Neugründung behandeln.[340] Überzeugender erscheint es, eine Prüfung auf die wenigen in § 69 Abs. 1 S. 1 UmwG genannten Ausnahmefälle im Rahmen einer Kapitalerhöhung bei der aufnehmenden Gesellschaft sowie auf Nachgründungssachverhalte (§ 67 S. 1 UmwG) zu beschränken.[341] 189

Hinweis: Wegen der unklaren Rechtslage empfiehlt sich eine Absprache mit dem zuständigen Registergericht.

kk) Anmeldung zum Handelsregister

Für die Anmeldung der Verschmelzung verweisen Art. 15, 18 SE-VO auf das nationale Recht. Für die deutsche AG gelten die §§ 16, 17 UmwG, im Fall der Verschmelzung durch Neugründung ergänzt durch die §§ 36, 38 UmwG. Insoweit bestehen bei der Verschmelzung zur SE keine Besonderheiten gegenüber der Verschmelzung nach dem UmwG.[342] Zudem ist die aus der Verschmelzung hervorgehende SE anzumelden. Bei der Verschmelzung durch Aufnahme genügt es, die Anmeldung der übernehmenden Gesellschaft entsprechend zu ergänzen. Die Verschmelzung durch Neugründung erfordert dagegen eine gesonderte Anmeldung am künftigen Sitz der SE. Anders als im Falle des § 36 Abs. 1 AktG ist die Gründung einer deutschen SE entsprechend § 38 Abs. 2 UmwG nur durch die Vertretungsorgane der sich verschmelzenden Gesellschaften anzumelden; § 21 Abs. 1 SEAG sollte insofern teleologisch reduziert werden,[343] zumal der neue § 122 l Abs. 1 S. 1 UmwG dieselbe Regelung für die grenzüberschreitende Verschmelzung trifft. 190

Hinweis: Wegen der unklaren Rechtslage ist es ratsam, eine Abstimmung mit dem zuständigen Registergericht zu suchen bzw die Anmeldung entsprechend §§ 36 Abs. 1 AktG, 21 Abs. 1 SEAG unter Mitwirkung der Organe der SE vorzunehmen.

Prüfungsreihenfolge: 191
Inhalt der Anmeldung der Verschmelzung für die übertragende AG
1. Anmeldung der Verschmelzung (durch Aufnahme bzw durch Neugründung);
2. Negativerklärung gem. § 16 Abs. 2 S. 1 UmwG (soweit kein Klageverzicht vorliegt).

Anlagen zur Anmeldung
1. Verschmelzungsplan (enthält die Satzung der neuen SE), entsprechend § 17 Abs. 1 UmwG;
2. Niederschrift über den Verschmelzungsbeschluss, entsprechend § 17 Abs. 1 UmwG;[344]
3. ggf Zustimmungserklärungen einzelner Aktionäre, § 17 Abs. 1 UmwG;
4. Verschmelzungsbericht der AG bzw Verzichtserklärungen gem. § 8 Abs. 3 UmwG, § 17 Abs. 1 UmwG;

---

339 MünchKommAktG/*Schäfer* Art. 20 SE-VO Rn 39.
340 *Scheifele*, Gründung, S. 254 f.
341 Vgl Jannott/Frodermann/*Jannott* Kap. 3 Rn 66 f und 89 Fn 181; *Spitzbart* RNotZ 2006, 369, 392.
342 Siehe § 10 Rn 119.
343 IE ebenso MünchKommAktG/*Schäfer* Art. 26 SE-VO Rn 6 f, der die Anmeldpflicht allerdings direkt aus Art. 26 SE-VO herleitet; aA Jannott/Frodermann/*Jannott* Kap. 3 Rn 94.
344 Ob die Gründungsgesellschaften einem gleich lautenden Verschmelzungsplan zugestimmt haben, ist nach Art. 26 Abs. 3 SE-VO durch die zuständige Behörde am Sitz der zu gründenden SE zu überprüfen. Daher sollte sich hier die Vorlage aller Verschmelzungsbeschlüsse erübrigen.

5. Prüfungsbericht der AG oder der gemeinsame Prüfungsbericht nach Art. 22 SE-VO bzw die Verzichtserklärungen nach §§ 9 Abs. 3, 12 Abs. 3 UmwG, § 17 Abs. 1 UmwG;
6. Genehmigungsurkunde, sofern für die Verschmelzung eine staatliche Genehmigung erforderlich ist, § 17 Abs. 1 UmwG;
7. ggf notariell beurkundeter Klageverzicht, § 16 Abs. 2 S. 2 UmwG;
8. Schlussbilanz der AG, § 17 Abs. 2 UmwG;
9. Anzeige des Treuhänders über den Besitz der zu gewährenden Aktien und ggf der baren Zuzahlung, Art. 18 SE-VO iVm § 71 Abs. 1 S. 2 UmwG;
10. Im Falle der Verschmelzung durch Neugründung: Registerauszüge, die belegen, dass die sich verschmelzenden Gesellschaften bereits zwei Jahre in dem jeweiligen Register eingetragen sind, § 76 Abs. 1 UmwG.

192 **Prüfungsreihenfolge**: Inhalt der Anmeldung der Verschmelzung durch Aufnahme für die aufnehmende AG[345] und die Gründung der SE
1. Anmeldung der Verschmelzung (durch Aufnahme);
2. Negativerklärung gem. § 16 Abs. 2 S. 1 UmwG (soweit kein Klageverzicht vorliegt);
3. Anmeldung der Gründung der SE;
4. Versicherung der Mitglieder des Leitungsorgans, dass keine Umstände vorliegen, die ihrer Bestellung nach § 76 Abs. 3 S. 3 und 4 AktG entgegenstehen, und dass sie über ihre unbeschränkte Auskunftspflicht gegenüber dem Gericht belehrt worden sind, § 37 Abs. 2 S. 1 AktG; entsprechendes gilt gem. § 21 Abs. 2 S. 1 SEAG für die geschäftsführenden Direktoren;[346]
5. Angaben zur Vertretungsbefugnis der Mitglieder des Leitungsorgans bzw der geschäftsführenden Direktoren, § 37 Abs. 3 AktG bzw § 21 Abs. 2 S. 2 SEAG;
6. **Anlagen** zur Anmeldung
7. Verschmelzungsplan (enthält die Satzung der neuen SE), entsprechend § 17 Abs. 1 UmwG;
8. ggf Zustimmungserklärungen einzelner Aktionäre, § 17 Abs. 1 UmwG;
9. Verschmelzungsbericht der AG bzw Verzichtserklärungen gem. § 8 Abs. 3 UmwG, § 17 Abs. 1 UmwG;
10. Prüfungsbericht der AG oder der gemeinsame Prüfungsbericht nach Art. 22 SE-VO bzw die Verzichtserklärungen nach §§ 9 Abs. 3, 12 Abs. 3 UmwG, § 17 Abs. 1 UmwG;[347]
11. Genehmigungsurkunde, sofern für die Verschmelzung eine staatliche Genehmigung erforderlich ist, § 17 Abs. 1 UmwG;
12. ggf notariell beurkundeter Klageverzicht, § 16 Abs. 2 S. 2UmwG;
13. Anzeige des Treuhänders über den Besitz der zu gewährenden Aktien und ggf der baren Zuzahlung, Art. 18 SE-VO iVm § 71 Abs. 1 S. 2 UmwG;
14. Niederschriften über die Verschmelzungsbeschlüsse der sich verschmelzenden Gesellschaften, § 17 Abs. 1 UmwG, Art. 26 Abs. 3 SE-VO;
15. Ausfertigungen des Verschmelzungsplans, dem die jeweilige Gesellschaft zugestimmt hat, Art. 26 Abs. 2 SE-VO;
16. Rechtmäßigkeitsbescheinigung gem. Art. 25 Abs. 2 SE-VO für die ausländische Aktiengesellschaft, Art. 26 Abs. 2 SE-VO;[348]

---

345 Zuvor ist eine ggf erforderliche Kapitalerhöhung (siehe Rn 184) anzumelden. Der Verschmelzungsplan und die Niederschriften über die Verschmelzungsbeschlüsse sind auch dieser Anmeldung beizufügen, § 69 Abs. 2 UmwG. Allgemein zur Kapitalerhöhung siehe § 6 Rn 717 ff.
346 Zur Reichweite der Verweisung siehe Rn 278.
347 Der Wortlaut von § 17 Abs. 1 UmwG verlangt nur die Vorlage der Verschmelzungs- und Prüfungsberichte für die jeweilige Gesellschaft. Gerade bei der Anmeldung der aufnehmenden Gesellschaft sollte aber mit dem Registergericht abgestimmt werden, ob auch die Verschmelzungs- und Prüfungsberichte der anderen Gesellschaften eingereicht werden müssen.
348 Für die übernehmende AG dürfte die Vorlage einer Rechtmäßigkeitsbescheinigung entbehrlich sein, vgl auch den neuen § 122 l Abs. 1 S. 1 UmwG.

C. Europäische Rechtsformen   8

17. Vereinbarung über die Beteiligung der Arbeitnehmer nach § 21 SEBG bzw ein Nachweis, dass eine entsprechende Vereinbarung zulässigerweise nicht abgeschlossen wurde, Art. 12 Abs. 2, 26 Abs. 3 SE-VO;
18. Gründungsaufwand, § 37 Abs. 4 Nr. 2 AktG;
19. Urkunde über die Bestellung der Mitglieder des ersten Aufsichtsorgans bzw Verwaltungsrates (sofern nicht in der Satzung bzw im Verschmelzungsplan enthalten),[349] § 37 Abs. 4 Nr. 3 AktG bzw § 21 Abs. 2 S. 3 SEAG;
20. Urkunde über die Bestellung der Mitglieder des ersten Leitungsorgans bzw der geschäftsführenden Direktoren, § 37 Abs. 4 Nr. 3 AktG bzw § 21 Abs. 2 S. 3 SEAG;
21. Gründungsbericht von Leitungs- und Aufsichtsorgan bzw des Verwaltungsrats, § 37 Abs. 4 Nr. 4 AktG bzw § 21 Abs. 2 S. 3 SEAG.

Prüfungsreihenfolge: Inhalt der Anmeldung der Gründung der SE im Falle der Verschmelzung durch Neugründung   193
1. Anmeldung der Gründung der SE;
2. Versicherung der Mitglieder des Leitungsorgans, dass keine Umstände vorliegen, die ihrer Bestellung nach § 76 Abs. 3 S. 3 und 4 AktG entgegenstehen, und dass sie über ihre unbeschränkte Auskunftspflicht gegenüber dem Gericht belehrt worden sind, § 37 Abs. 2 S. 1 AktG; entsprechendes gilt gem. § 21 Abs. 2 S. 1 SEAG für die geschäftsführenden Direktoren;[350]
3. Angaben zur Vertretungsbefugnis der Mitglieder des Leitungsorgans bzw der geschäftsführenden Direktoren, § 37 Abs. 3 AktG bzw § 21 Abs. 2 S. 2 SEAG;
4. Anlagen der Anmeldung;
5. Ausfertigungen des Verschmelzungsplans, dem die jeweilige Gesellschaft zugestimmt hat, Art. 26 Abs. 2 SE-VO;[351]
6. Niederschriften über die Verschmelzungsbeschlüsse aller sich verschmelzenden Gesellschaften, § 17 Abs. 1 UmwG, Art. 26 Abs. 3 SE-VO;
7. Rechtmäßigkeitsbescheinigung gem. Art. 25 Abs. 2 SE-VO für jede der sich verschmelzenden Gesellschaften, Art. 26 Abs. 2 SE-VO;
8. Gründungsaufwand, § 37 Abs. 4 Nr. 2 AktG;
9. Urkunde über die Bestellung der Mitglieder des ersten Aufsichtsorgans bzw Verwaltungsrats (sofern nicht in der Satzung oder im Verschmelzungsplan enthalten),[352] Art. 15 Abs. 1 SE-VO iVm § 37 Abs. 4 Nr. 3 AktG bzw § 21 Abs. 2 S. 3 SEAG;
10. Gründungsbericht von Leitungs- und Aufsichtsorgan bzw des Verwaltungsrats, § 37 Abs. 4 Nr. 4 AktG bzw § 21 Abs. 2 S. 3 SEAG;
11. Vereinbarung über die Beteiligung der Arbeitnehmer nach § 21 SEBG bzw ein Nachweis, dass eine entsprechende Vereinbarung zulässigerweise nicht abgeschlossen wurde, Art. 12 Abs. 2, 26 Abs. 3 SE-VO.[353]

II) Eintragung

Die SE ist in ein durch das Recht des Sitzstaates zu bestimmendes Register einzutragen, Art. 12 Abs. 1 SE-VO.[354] Die Eintragung der Verschmelzung und damit verbunden die Eintragung der SE schließt sich an eine **zweistufige Rechtmäßigkeitsprüfung** gem. Art. 25 und 26 SE-VO an.   194

Auf der ersten Stufe ist die Prüfung auf die Verfahrensabschnitte betreffend die einzelnen sich verschmelzenden Gesellschaften beschränkt, Art. 25 Abs. 1 SE-VO. Sie richtet sich nach den Vorschrif-   195

---

349 Siehe Rn 186 f.
350 Zur Reichweite der Verweisung siehe Rn 278.
351 Damit sollte auch den Anforderungen des Art. 15 Abs. 1 SE-VO iVm § 37 Abs. 4 Nr. 1 AktG (Vorlage von Satzung und Gründungsurkunde) genüge getan sein.
352 Siehe Rn 186 f.
353 Die Anforderungen nach § 16 Abs. 2 und 3 sowie § 17 UmwG bestehen hier vor dem Hintergrund der Aufgabenverteilung nach Art. 25 und 26 SE-VO nicht, vgl nunmehr auch den neuen § 122 l Abs. 1 S. 3 Hs 2 UmwG.
354 Siehe Rn 169.

ten des Mitgliedstaates, dessen Recht die jeweilige Gesellschaft unterliegt. Die Prüfung erfolgt nach der Anmeldung der Verschmelzung durch die sich verschmelzenden Gesellschaften bei dem jeweils für sie zuständigen Register. Anschließend erteilt die zuständige Behörde eine **Bescheinigung** über die Durchführung aller der Verschmelzung vorangehenden Rechtshandlungen und Formalitäten, Art. 25 Abs. 2 SE-VO. Ist beispielsweise zur Durchführung einer Verschmelzung durch Aufnahme eine Kapitalerhöhung bei der aufnehmenden AG erforderlich,[355] gehört auch die vorherige Eintragung der Kapitalerhöhung gem. Art. 18 SE-VO iVm § 66 UmwG zu den „Formalitäten" iSd Art. 25 Abs. 2 SE-VO. Bei einer übertragenden AG bietet sich an, dass das für diese AG zuständige Register zugleich mit der Erteilung der Bescheinigung die Verschmelzung unter dem Wirksamkeitsvorbehalt des § 19 Abs. 1 S. 2 UmwG einträgt.[356]

196 Die zweite Stufe der Rechtmäßigkeitsprüfung betrifft die Durchführung der Verschmelzung und die Gründung der SE, Art. 26 Abs. 1 SE-VO. Nach Art. 26 Abs. 2 SE-VO sind die sich verschmelzenden Gesellschaften jeweils verpflichtet, der zuständigen Behörde die Bescheinigung nach Art. 25 Abs. 2 SE-VO **innerhalb von sechs Monaten** nach ihrer Ausstellung sowie eine Ausfertigung des Verschmelzungsplans vorzulegen. Die zuständige Behörde des künftigen Sitzstaats der SE prüft gem. Art. 26 Abs. 3 und 4 SE-VO daraufhin, ob
- die sich verschmelzenden Gesellschaften einem gleich lautenden Verschmelzungsplan zugestimmt haben;
- eine Vereinbarung über die Beteiligung der Arbeitnehmer gem. der SE-RL geschlossen wurde. Hierin liegt ein verkürzter Verweis auf Art. 12 Abs. 2 SE-VO, der die Eintragung einer SE von der Wahrung der Beteiligungsrechte der Arbeitnehmer abhängig macht.[357] Der Abschluss einer Vereinbarung stellt entgegen dem missverständlichen Wortlaut des Art. 26 Abs. 3 SE-VO nur eine der Optionen dar, die Beteiligungsrechte zu wahren;
- die gem. Art. 15 Abs. 1 SE-VO anzuwendenden Gründungsvoraussetzungen des Sitzstaates eingehalten wurden.

197 Mit der Eintragung werden die Verschmelzung und die Gründung der SE wirksam, Art. 27 Abs. 1 SE-VO. Die **Wirkungen der Verschmelzung** regelt Art. 29 Abs. 1 und Abs. 2 SE-VO:
- das Aktiv- und Passivvermögen der übertragenden Gesellschaften geht auf die aufnehmende Gesellschaft bzw die neu gegründete SE über;
- die Aktionäre der übertragenden Gesellschaften werden Aktionäre der übernehmenden Gesellschaft bzw der neu gegründeten SE;
- die übertragenden Gesellschaften erlöschen und
- im Falle der Verschmelzung durch Aufnahme: die übernehmende Gesellschaft wird in eine SE umgewandelt.

198 Gem. Art. 29 Abs. 3 SE-VO sind die Formalitäten einzuhalten, die ein Mitgliedstaat im Falle einer Verschmelzung von Aktiengesellschaften für die Rechtswirksamkeit der Übertragung bestimmter, von den sich verschmelzenden Gesellschaften eingebrachter Vermögensgegenstände, Rechte und Verbindlichkeiten gegenüber Dritten vorschreibt. Der Wortlaut der deutschen Fassung ist missverständlich. Wie sich aus der englischen und französischen Fassung deutlicher ergibt, geht es nur um die Rechtswirksamkeit der Vermögensübertragung Dritten gegenüber.[358] Die Formalitäten können vor oder nach der Verschmelzung von den sich verschmelzenden Gesellschaften bzw von der SE erfüllt werden; bis dahin ist die Übertragung der betreffenden Positionen Dritten gegenüber schwebend unwirksam. Das deutsche Verschmelzungsrecht kennt eine derartige Einschränkung nicht.[359] Art. 29 Abs. 3 SE-VO berücksichtigt nur **Übertragungshindernisse** aus der Rechtsordnung der über-

---

355 Siehe dazu § 10 Rn 98 ff.
356 Dafür *Walden/Mayer-Landrut* DB 2005, 2619, 2622; aA Jannott/Frodermann/*Jannott* Kap. 3 Rn 98 Fn 197.
357 Hierzu und zu dem Ausnahmefall der sog. arbeitnehmerlosen SE siehe Rn 264.
358 Manz/Mayer/Schröder/*Schröder* Art. 29 SE-VO Rn 27.
359 Vgl Manz/Mayer/Schröder/*Schröder* Art. 29 SE-VO Rn 53. *Scheifele*, Gründung, S. 292 hält dagegen die Grundbuchberichtigung, §§ 894 BGB, 22 GBO, und die steuerliche Unbedenklichkeitsbescheinigung, § 22 GrEStG, für einschlägig.

tragenden Gesellschaft.[360] Wird demnach eine AG auf eine ausländische Gesellschaft verschmolzen, ist Art. 29 Abs. 3 SE-VO unbeachtlich.

Zum Schutz der Arbeitnehmer bestimmt Art. 29 Abs. 4 SE-VO, dass die zum Zeitpunkt der Eintragung aufgrund der einzelstaatlichen Rechtsvorschriften und Gepflogenheiten sowie aufgrund individueller Arbeitsverträge oder Arbeitsverhältnisse bestehenden Rechte und Pflichten der sich verschmelzenden Gesellschaften hinsichtlich der Beschäftigungsbedingungen auf die SE übergehen. Für Arbeitsverträge ergibt sich dies bereits aus Art. 29 Abs. 1 lit. a) SE-VO. Bedeutung kommt Art. 29 Abs. 4 SE-VO aber insbesondere für **Tarifverträge** und **Betriebsvereinbarungen** zu. Sofern diese nicht auch für die SE gelten, wirken ihre Bestimmungen individualvertraglich fort.[361] 199

Gem. Art. 30 S. 1 SE-VO kann eine **fehlerhafte Verschmelzung** nach der Eintragung nicht mehr für nichtig erklärt werden. Eine Heilung wird dadurch nicht bewirkt.[362] Bei der deutschen AG können Beurkundungsmängel des Verschmelzungsplans und ggf erforderlicher Zustimmungs- oder Verzichtserklärungen aber nach Art. 18 SE-VO iVm § 20 Abs. 1 Nr. 4 UmwG geheilt werden.[363] Das Fehlen der Rechtmäßigkeitskontrolle nach Art. 25 und 26 SE-VO kann gem. Art. 30 S. 2 SE-VO einen Auflösungsgrund darstellen. Die Vorschrift ist nach zutreffender überwiegender Auffassung nicht als eigenständiger Auflösungsgrund, sondern als bloßer Verweis auf das nationale Recht zu verstehen.[364] Das deutsche Recht sieht keine entsprechende Regelung vor.[365] 200

mm) Offenlegung und Veröffentlichung

Es sind sowohl die Durchführung der Verschmelzung für jede der sich verschmelzenden Gesellschaften gem. Art. 28 SE-VO als auch die Eintragung der SE gem. Art. 15 Abs. 2, 13 SE-VO im Einklang mit der Ersten Gesellschaftsrechtlichen Richtlinie von den zuständigen Registergerichten offenzulegen. In Deutschland geschieht dies gem. §§ 19 Abs. 3, 10 HGB. Im Übrigen siehe Rn 169. 201

nn) Durchführung eines Spruchverfahrens

Sofern eine SE mit Sitz im Ausland unter Beteiligung einer AG gegründet werden soll, muss der Verschmelzungsplan gem. Art. 24 Abs. 2 SE-VO iVm § 7 SEAG ein **Barabfindungsangebot** für die der Verschmelzung widersprechenden Aktionäre enthalten.[366] Vorbehaltlich des Art. 25 Abs. 3 S. 1 SE-VO kann die Verschmelzung nicht wegen der Unangemessenheit der Höhe der Abfindung angefochten werden, § 7 Abs. 5 SEAG. Die Angemessenheit der Abfindung ist stattdessen im Spruchverfahren nach dem SpruchG[367] zu überprüfen, wobei das Verfahren auch einschlägig ist, wenn ein Abfindungsangebot nicht oder nicht ordnungsgemäß erfolgt ist, § 7 Abs. 7 S. 1 und 2 SEAG. Art. 25 Abs. 3 S. 1 SE-VO sieht vor, dass dann, wenn das Recht der anderen sich verschmelzenden Gesellschaft kein dem Spruchverfahren entsprechendes Verfahren kennt, ein Spruchverfahren nur durchgeführt werden kann, wenn die Hauptversammlung dieser Gesellschaft seiner Durchführung (und damit der potentiell aus einer Erhöhung der Barabfindung für die übernehmende SE resultierenden Liquiditätsbelastung) bei der Zustimmung zum Verschmelzungsplan ausdrücklich zustimmt. Kennt das Recht der ausländischen Gründungsgesellschaft ein ähnliches Verfahren kennt, können sich auch deren Aktionäre die Angemessenheit ihrer Barabfindung im Spruchverfahren überprüfen lassen, falls die deutschen Gerichte international zuständig sind, § 7 Abs. 7 S. 3 SEAG.[368] Erfolgt keine 202

---

360 MünchKommAktG/*Schäfer* Art. 29 SE-VO Rn 9.
361 Ausführlich Manz/Mayer/Schröder/*Schröder* Art. 29 SE-VO Rn 29 ff.
362 MünchKommAktG/*Schäfer* Art. 30 SE-VO Rn 4.
363 Vgl Manz/Mayer/Schröder/*Schröder* Art. 30 SE-VO Rn 9 f.
364 Unter Hinweis auf Art. 63 SE-VO Manz/Mayer/Schröder/*Schröder* Art. 30 SE-VO Rn 8; *Scheifele*, Gründung, S. 303; differenzierend MünchKommAktG/*Schäfer* Art. 30 SE-VO Rn 7.
365 Manz/Mayer/Schröder/*Schröder* Art. 30 SE-VO Rn 13.
366 Siehe Rn 179.
367 Siehe § 10 Rn 150. Die Anwendung des SpruchG setzt die internationale Zuständigkeit deutscher Gerichte voraus, deren Herleitung aufgrund des ausländischen Sitzes der aus der Verschmelzung hervorgehenden SE – sonst käme § 7 SEAG überhaupt nicht zur Anwendung – aber nicht unproblematisch ist, vgl MünchKommAktG/*Schäfer* Art. 20 SE-VO Rn 33 f; *Nießen* NZG 2006, 441.
368 Siehe die vorstehende Fußnote.

Zustimmung nach Art. 25 Abs. 3 S. 1 SE-VO, kann das Fehlen oder die Unangemessenheit der Barabfindung nur durch Anfechtungsklage geltend gemacht werden.

203 Eine entsprechende Regelung trifft § 6 SEAG für die Überprüfung der **Angemessenheit des Umtauschverhältnisses**. Eine Anfechtungsklage der Aktionäre einer übertragenden AG[369] kann nicht auf die Unangemessenheit des Umtauschverhältnisses gestützt werden, § 6 Abs. 1 SEAG. Vielmehr können alle[370] Aktionäre eine bare Zuzahlung verlangen, § 6 Abs. 2 SEAG, die nach den Regeln des SpruchG zu bestimmen ist, § 6 Abs. 4 S. 1 SEAG. Diese Regelung gilt gem. § 6 Abs. 4 S. 2 SEAG auch für Aktionäre ausländischer Gesellschaften, wenn das Recht dieser Gesellschaften ein ähnliches Verfahren kennt und die deutschen Gerichte international zuständig sind.[371] Auch die gerichtliche Prüfung des Umtauschverhältnisses im Spruchverfahren ist gem. Art. 25 Abs. 3 S. 1 SE-VO nur dann möglich, wenn die Rechtsordnung der anderen sich verschmelzenden Gesellschaft ein entsprechendes Verfahren kennt oder aber die Hauptversammlung dieser Gesellschaft der Durchführung des Spruchverfahrens zustimmt. Anderenfalls bleibt nur der Rückgriff auf die Anfechtungsklage.

oo) Gläubigerschutz

204 Für den Gläubigerschutz verweist Art. 24 Abs. 1 SE-VO auf das Recht des Mitgliedstaats, dem die jeweilige sich verschmelzende Gesellschaft unterliegt. Dabei unterscheidet die Norm[372] zwischen allgemeinen Forderungsinhabern, Anleihegläubigern und Sonderrechtsinhabern.

(1) Forderungsinhaber und Anleihegläubiger

205 Bei der AG ist für Anleihegläubiger und sonstige Forderungsinhaber danach zu unterscheiden, ob der Sitz der zu gründenden SE im In- oder Ausland liegt. Liegt der Sitz der neuen SE im Inland, ergeben sich für die Gläubiger keine besonderen Gefährdungen gegenüber der inländischen Verschmelzung. Es gilt § 22 UmwG.[373] Liegt der Sitz der künftigen SE dagegen im Ausland, gilt § 8 SEAG. Danach finden § 13 Abs. 1 und 2 SEAG über den Gläubigerschutz bei der Sitzverlegung der SE entsprechend Anwendung, wonach Gläubiger unter bestimmten Umständen **Sicherheitsleistung** verlangen können.[374] In den Verschmelzungsplan ist entsprechend § 13 Abs. 1 S. 3 SEAG ein Hinweis auf das Recht zur Sicherheitsleistung aufzunehmen. Die Rechtmäßigkeitsbescheinigung gem. Art. 25 Abs. 2 SE-VO[375] darf erst dann ausgestellt werden, wenn alle Vorstandsmitglieder der AG versichern, dass allen berechtigten Gläubigern Sicherheit geleistet wurde, § 8 S. 2 SEAG. Damit richtet sich der Anspruch auf Sicherheitsleistung anders als bei § 22 UmwG nicht gegen die aus der Verschmelzung hervorgehende SE, sondern die sich verschmelzende AG.

(2) Sonderrechtsinhaber

206 Sonderrechtsinhabern der AG sind gleichwertige Rechte an dem übernehmenden Rechtsträger zu gewähren, § 23 UmwG, unabhängig davon, ob der Sitz der neuen SE im Inland oder im Ausland liegt.[376]

c) Gründung einer Holding-SE

aa) Allgemeines/Anzuwendendes Recht

207 Die Gründung einer Holding-SE ist wesentlich knapper geregelt als die Verschmelzungsgründung. Überdies fehlt es an einer Verweisung wie Art. 18 SE-VO. Zwar gilt die Verweisung des Art. 15 Abs. 1

---

369 Nicht aber der Aktionäre der aufnehmenden Gesellschaft.
370 § 6 Abs. 2 SEAG setzt keinen Widerspruch gegen den Verschmelzungsbeschluss voraus. *Walden/Meyer-Landrut* DB 2005, 2619, 2620 f, sehen hierin mit guten Gründen einen Verstoß gegen Art. 24 Abs. 2 SE-VO, der nur Vorschriften zum Schutz von Aktionären vorsieht, die sich gegen die Verschmelzung ausgesprochen haben.
371 Siehe Fn zu Rn 202.
372 Wie bereits Art. 13 bis 15 der Dritten Gesellschaftsrechtlichen Richtlinie.
373 Insoweit gelten keine Besonderheiten gegenüber der Verschmelzung einer AG.
374 Siehe Rn 298.
375 Siehe Rn 195.
376 Die Vorschrift ist nicht auf Vorzugsaktien anzuwenden, da Art. 24 Abs. 1 SE-VO Aktionäre nicht als Sonderrechtsinhaber behandelt; iE auch MünchKommAktG/*Schäfer* Art. 24 SE-VO Rn 8.

SE-VO. Sie erfasst aber nur die Verfahrensschritte, die sich auf die zu gründende SE beziehen, nicht aber solche, die die Gründungsgesellschaften betreffen (zB Beschlusserfordernisse). Um die Lücken in der SE-VO zu füllen, bietet es sich vielfach an, Art. 18 SE-VO analog anzuwenden.[377]

Bei der Holding-Gründung wird die SE von ihren künftigen Tochtergesellschaften errichtet. Art. 32 Abs. 1 S. 2 SE-VO stellt klar, dass die Gründungsgesellschaften auch nach der SE-Gründung bestehen bleiben. Im Zuge der Gründung tauschen die Gesellschafter der Gründungsgesellschaften ihre Anteile gegen Aktien an der SE, die damit zur Holding für die Gründungsgesellschaften wird. Aus der Sicht deutschen Rechts ist diese Struktur eher ungewöhnlich. Typischerweise würde die Holding durch die Gesellschafter der künftigen Tochtergesellschaften (und nicht durch diese selbst) im Wege einer Sachgründung gegründet, bei der die Gesellschafter ihre Anteile an den Tochtergesellschaften als Einlage in die neue Holding einbringen.[378] 208

bb) Anforderungen an die beteiligten Gesellschaften

Anders als die Gründung durch Umwandlung oder Verschmelzung steht die Gründung einer Holding-SE auch Gesellschaften mit beschränkter Haftung iSd Anhangs II zur SE-VO offen. In Deutschland gilt dies für die GmbH. Außerdem müssen mindestens zwei der Gesellschaften dem Recht verschiedener Mitgliedstaaten unterliegen, Art. 2 Abs. 2 lit. a) SE-VO, oder seit mindestens zwei Jahren eine dem Recht eines anderen Mitgliedstaates unterliegende **Tochtergesellschaft** oder eine **Zweigniederlassung** in einem anderen Mitgliedstaat haben, Art. 2 Abs. 2 lit. b) SE-VO. In der zweiten Variante ist eine SE-Gründung – anders als im Fall der Verschmelzung – durch zwei deutsche Gesellschaften ohne unmittelbare Beteiligung einer ausländischen Gesellschaft möglich. 209

Das Erfordernis einer Tochtergesellschaft oder Zweigniederlassung, die dem Recht eines anderen Mitgliedstaates unterliegt, soll einen Gemeinschaftsbezug sicherstellen. Mittels der **Zwei-Jahres-Frist** soll allein sichergestellt werden, dass dieser Gemeinschaftsbezug nicht ad hoc hergesellt wird. Diese Erwägungen sind bei der Auslegung des Art. 2 Abs. 2 lit. b) SE-VO zu berücksichtigen. Das Kriterium ist also auch dann erfüllt, wenn die Tochtergesellschaft (oder ihre die SE gründende Muttergesellschaft) innerhalb der zwei Jahre ihre Rechtsform gewechselt hat oder wenn die Muttergesellschaft innerhalb der zwei Jahre unterschiedliche Tochtergesellschaft ggf in unterschiedlichen Mitgliedstaaten gehalten hat.[379] Entsprechendes gilt für die Zweigniederlassung. 210

Die SE-VO definiert den Begriff Tochtergesellschaft nicht, aber die SE-RL in ihrem Art. 2 lit. c). Diese Definition – ein Unternehmen, auf das die betreffende Gesellschaft einen **beherrschenden Einfluss** im Sinne des Art. 3 Abs. 2 bis 7 der Richtlinie zum Europäischen Betriebsrat (EBR-RL)[380] ausübt – ist für die Auslegung der SE-VO entsprechend heranzuziehen.[381] Ein beherrschender Einfluss ist zu vermuten, wenn die Obergesellschaft direkt oder indirekt die Mehrheit des gezeichneten Kapitals des Unternehmens besitzt, über die Mehrheit der mit den Anteilen an dem Unternehmen verbundenen Stimmrechte verfügt oder mehr als die Hälfte der Mitglieder des Verwaltungs-, Leitungs- oder Aufsichtsorgans des Unternehmens bestellen kann.[382] Tochtergesellschaft im Sinne der SE-VO kann daher auch eine (Ur-)Enkelgesellschaft sein. Der EBR-RL liegt ein weiter, rechtsformneutraler Unternehmensbegriff zugrunde, der jede organisatorische Einheit umfasst, die wirtschaftliche Tätigkeit ausübt und am Rechtsverkehr teilnimmt beziehungsweise solche Tätigkeiten vorbereitet. 211

---

[377] *Scheifele*, Gründung, S. 311; wohl auch MünchKommAktG/*Schäfer* Art. 32 SE-VO Rn 3; zum Umfang der Analogie vgl die nachfolgenden Rn.
[378] Zuweilen wird die künftige Holding zunächst von einem Treuhänder gegründet. Dies wurde beispielsweise bei der Zusammenführung von der Daimler-Benz AG und der Chrysler Corporation praktiziert, vgl *Walden/Meyer-Landrut* DB 2005, 2119, 2120.
[379] Ausführlich zur Auslegung der Zwei-Jahres-Frist *Seibt/Reinhard* Konzern 2005, 407, 410 ff.
[380] Richtlinie 94/45/EG des Rates vom 22.9.1994 über die Einsetzung eines Europäischen Betriebsrats oder die Schaffung eines Verfahrens zur Unterrichtung und Anhörung der Arbeitnehmer in gemeinschaftsweit operierenden Unternehmen und Unternehmensgruppen, ABl. L 254 vom 30.9.1994, S. 64; zuletzt geändert durch Richtlinie 2006/109/EG des Rates vom 20.11.2006 zur Anpassung der Richtlinie 94/45/EG des Rates anlässlich des Beitritts Bulgariens und Rumäniens, ABl. L 363 vom 20.12.2006, S. 416.
[381] Jannott/Frodermann/*Jannott* Kap. 3 Rn 13; *Seibt/Reinhard* Konzern 2005, 407, 410.
[382] Art. 3 Abs. 2 lit. b) bis c) EBR-RL, in Deutschland umgesetzt durch § 6 Abs. 2 Nr. 1 bis 3 EBRG.

Auch reine Vermögensverwaltungsgesellschaften unterfallen diesem Unternehmensbegriff, nicht jedoch Innengesellschaften.[383]

cc) Überblick über den Verfahrensablauf

212 Der Ablauf der Gründung einer Holding-SE zeigt einige Parallelen zum Ablauf der Verschmelzungsgründung. Nachfolgend werden die wesentlichen Schritte für eine typische Gründung einer Holding-SE unter Beteiligung einer deutschen Gesellschaft dargestellt. Da die Beteiligung sowohl der AG als auch der GmbH offensteht, wird jeweils auf die Anforderungen für beide Rechtsformen eingegangen. Andere Konstellationen oder besondere Umstände des Einzelfalls können zusätzliche Maßnahmen erfordern.

Prüfungsreihenfolge: Typischer Ablauf der Gründung einer Holding-SE
1. Erstellung eines Gründungsplans inklusive Holdingbericht (dazu Rn 213 f);
2. Offenlegung des Gründungsplans (dazu Rn 214 aE.);
3. Beginn eines Verfahrens zur Beteiligung der Arbeitnehmer (dazu Rn 247 ff);
4. Prüfung des Gründungsplans, Erstellung eines Prüfungsberichts (dazu Rn 215);
5. Beschlussfassung der Hauptversammlungen bzw Gesellschafterversammlungen der Gründungsgesellschaften über den Gründungsplan (dazu Rn 216 ff);
6. Bestellung des ersten Aufsichts- bzw Verwaltungsorgans (dazu Rn 220);
7. Einbringung der Anteile an den Gründungsgesellschaften in die SE (dazu Rn 221 f);
8. Anmeldung Gründung und der Holding-SE an ihrem künftigen Sitz (dazu Rn 224);
9. Eintragung der Holding-SE (dazu Rn 224) und Offenlegung der Eintragung (dazu Rn 226).

dd) Gründungsplan und Holdingbericht

213 Nach Art. 32 Abs. 2 SE-VO haben die Leitungs- bzw die Verwaltungsorgane der Gründungsgesellschaften – bei der AG also der Vorstand und bei der GmbH die Geschäftsführung – einen gleich lautenden Gründungsplan aufzustellen. Anders als bei der Verschmelzung enthält der Plan auch einen Bericht der Leitungs- bzw Verwaltungsorgane, der die Gründung in rechtlicher und wirtschaftlicher Hinsicht erläutert und begründet und auf Auswirkungen für Aktionäre und Arbeitnehmer eingeht (Holdingbericht).[384] Im Übrigen hat der Gründungsplan die in Art. 20 Abs. 1 lit. a) bis c) sowie f) bis i) SE-VO für den Verschmelzungsplan vorgesehenen Angaben zu enthalten. Schließlich ist im Gründungsplan der **Mindestprozentsatz der Anteile** festzulegen, der von den Gesellschaftern der Gründungsgesellschaften eingebracht werden muss, damit die SE gegründet werden kann. Dieser Mindestsatz muss mehr als 50 Prozent der durch Anteile verliehenen ständigen Stimmrechte betragen.[385] Damit soll sichergestellt werden, dass die SE ihre Funktion als Holding ausüben kann.[386]

Prüfungsreihenfolge: Mindestinhalt des Gründungsplans
1. der Holdingbericht;
2. Firma und Sitz der Gründungsgesellschaften und der zu gründenden SE;
3. das Umtauschverhältnis der Aktien und eine etwaige Ausgleichsleistung;
4. Einzelheiten hinsichtlich der Übertragung der Aktien der SE;
5. Angaben zur Behandlung von Sonderrechtsinhabern;
6. Angaben zu Sondervorteilen der Verschmelzungsprüfer und Mitglieder der Verwaltungs-, Leitungs-, Aufsichts- und Kontrollorgane;
7. die Satzung der SE;
8. Angaben zum Verfahren über die Beteiligung der Arbeitnehmer nach der SE-RL;
9. der Mindestprozentsatz der von den Aktionären einzubringenden Anteile.

---

383 Seibt/Reinhard Konzern 2005, 407, 411.
384 Ausführlich zum Inhalt des Holdingberichts Neun, in: Theisen/Wenz (Hrsg.), S. 145 f.
385 Bei der AG sind demnach nur Stammaktien zu berücksichtigen, da das Stimmrecht aus Vorzugsaktien nur temporär besteht, vgl § 140 Abs. 2 AktG.
386 Vgl MünchKommAktG/Schäfer Art. 32 SE-VO Rn 16.

Für den Gründungsplan ist durch die SE-VO keine besondere Form vorgeschrieben. Vorbehaltlich 214
mitgliedstaatlicher Bestimmungen genügt daher **Textform**. Das gilt auch dann, wenn es sich bei einer
Gründungsgesellschaft um eine AG oder GmbH handelt; § 6 UmwG ist nicht analog auf den Gründungsplan anzuwenden.[387] Soll die Holding-SE ihren Sitz in Deutschland haben, ist ihre Gründungsurkunde nach Art. 15 Abs. 1 SE-VO iVm § 23 AktG notariell zu beurkunden. Bei der Gründung einer
Holding-SE entspricht der Gründungsplan der Gründungsurkunde.[388] Der Gründungsplan ist einen
Monat vor der Hauptversammlung, die über die Gründung zu beschließen hat, für jede Gesellschaft
offenzulegen, Art. 32 Abs. 3 SE-VO.[389]

ee) Prüfung des Gründungsplans

Der Gründungsplan ist (wie der Verschmelzungsplan) durch unabhängige Sachverständige zu prüfen, 215
Art. 32 Abs. 4 S. 1 SE-VO. Die Norm verweist – in der deutschen Fassung sprachlich verunglückt – auf
die einzelstaatlichen Umsetzungen der Dritten Gesellschaftsrechtlichen Richtlinie des Mitgliedstaates,
dessen Recht die jeweilige Gründungsgesellschaft unterliegt. Bei deutschen Gründungsgesellschaften gelten also für die Bestellung der Holdingprüfer die §§ 10, 11 UmwG.[390] Nach Art. 32 Abs. 4 S. 2 SE-VO ist
auch eine gemeinsame Prüfung möglich. Die Ausführungen zur Verschmelzung gelten entsprechend.[391]

ff) Vorbereitung der Hauptversammlung bzw Gesellschafterversammlung

Die SE-VO enthält keine Vorschriften bzgl der Vorbereitung der Hauptversammlung bzw Gesellschaf- 216
terversammlung, die über die Holding-Gründung beschließt. Diese Lücke ist über die analoge Anwendung des Art. 18 SE-VO durch den Rückgriff auf nationales Recht zu schließen.[392] Mit anderen Worten
sind grundsätzlich die Regeln zur Vorbereitung eines Verschmelzungsbeschlusses anzuwenden. Dabei
ist jedoch nach der Rechtsform der Gründungsgesellschaft zu differenzieren. Für die Vorbereitung der
Hauptversammlung einer deutschen AG kann auf die Ausführung zur Verschmelzungsgründung verwiesen werden.[393] Für die GmbH bedarf es einer weiteren Analogie, so dass Art. 18 SE-VO insofern
nicht auf Aktienrecht, sondern auf das GmbHG ergänzt durch die §§ 47 ff UmwG verweist.[394]
Über die allgemeinen Regeln zur Einberufung einer Gesellschafterversammlung hinaus[395] schreibt 217
§ 49 Abs. 1 UmwG vor, dass die Verschmelzung – im vorliegenden Zusammenhang zu lesen: die
Gründung der Holding-SE – in der Einberufung als Gegenstand der Beschlussfassung anzukündigen
ist. Mit der Einberufung sind den Gesellschaftern außerdem der Gründungsplan und der Holdingbericht zu übersenden, § 47 UmwG. Die Vorschrift ist auch auf den Prüfungsbericht zum Gründungsplan anzuwenden.[396] Von dem Zeitpunkt der Einberufung an sind die Jahresabschlüsse und die Lageberichte der Gründungsgesellschaften für die letzten drei Geschäftsjahre in dem Geschäftsraum der
Gesellschaft auszulegen, § 49 Abs. 2 UmwG. Des Weiteren steht den Gesellschaftern nach § 49 Abs. 3
UmwG ein jederzeitiges Auskunftsrecht bzgl der für die Holdinggründung wesentlichen Angelegenheiten der anderen Gründungsgesellschaften zu.

gg) Durchführung der Hauptversammlung

Auch für die Durchführung der Hauptversammlung bzw Gesellschafterversammlung enthält die 218
SE-VO keine Regelungen. Für Deutschland schreibt § 10 Abs. 1 SEAG vor, dass der **Zustimmungsbeschluss** mit einer Mehrheit von drei Vierteln der abgegebenen Stimmen zu fassen ist. Im Übrigen

---

387 Jannott/Frodermann/*Jannott* Kap. 3 Rn 131; aA MünchKommAktG/*Schäfer* Art. 32 SE-VO Rn 23.
388 Manz/Mayer/Schröder/*Schröder* Art. 32 SE-VO Rn 95; *Heckschen* DNotZ 2003, 251, 261.
389 Zu der Frage, ob § 61 UmwG analog auf den Gründungsplan der AG anzuwenden ist, siehe MünchKommAktG/
Schäfer Art. 32 SE-VO Rn 24.
390 Vgl *Scheifele*, Gründung, S. 329 f.
391 Siehe Rn 181.
392 Jannott/Frodermann/*Jannott* Kap. 3 Rn 153; *Neun*, in: Theisen/Wenz (Hrsg.), S. 156 f.
393 Siehe Rn 182 f.
394 Vgl Jannott/Frodermann/*Jannott* Kap. 3 Rn 153; dagegen für eine Anwendung der §§ 63 und 64 UmwG auch auf
die GmbH MünchKommAktG/*Schäfer* Art. 32 SE-VO Rn 33.
395 Siehe hierzu § 6 Rn 45 ff und Rn 593 ff.
396 Jannott/Frodermann/*Jannott* Kap. 3 Rn 157; allg. zu § 47 UmwG auch Schmitt/Hörtnagl/Stratz/*Stratz* § 47 Rn 1.

ist wiederum Art. 18 SE-VO analog anzuwenden. Für die AG kann auf die Ausführungen zur Verschmelzungsgründung verwiesen werden.[397] Für die GmbH ist anders als für die AG (vgl § 64 Abs. 1 UmwG) weder die Auslegung von Unterlagen noch die Erläuterung des Gründungsplans vorgeschrieben. In der Praxis geschieht dies in der Regel gleichwohl freiwillig, um eine möglichst hohe Zustimmung zur SE-Gründung zu erreichen.

219 Der Hauptversammlungsbeschluss einer AG bedarf nach § 130 Abs. 1 AktG der **notariellen Beurkundung** unabhängig davon, ob man § 13 Abs. 3 UmwG analog auf den Gründungsbeschluss anwendet. Gegen eine solche Analogie spricht, dass die Gründung einer Holding-SE anders als die Verschmelzung die innere Struktur der Gründungsgesellschaften unberührt lässt.[398]

Hinweis: Da die Frage umstritten ist, sollte mit dem zuständigen Registergericht abgestimmt werden, ob der Beschluss der GmbH-Gesellschafterversammlung notariell beurkundet wird.

hh) Bestellung der ersten Organe

220 Für die Bestellung der ersten Organe und der Abschlussprüfer siehe oben Rn 186 f und 188.

ii) Gründungsbericht und Gründungsprüfung

221 Nach hM erfordert die Gründung der Holding-SE einen Gründungsbericht, eine interne Gründungsprüfung durch die Mitglieder des Leitungs- und des Aufsichtsorgans bzw gem. § 22 Abs. 6 SEAG des Verwaltungsrats und eine externe Gründungsprüfung (Art. 15 SE-VO iVm §§ 32 ff AktG).[399] Gründer iSd § 32 AktG sind die Gründungsgesellschaften.[400]

jj) Einbringung der Aktien

222 Die Gründung der Holding-SE vollzieht sich über einen Aktientausch. Die Anteilseigner der Gründungsgesellschaften bringen ihre Anteile an den Gründungsgesellschaften in die SE ein und erhalten dafür Aktien der SE, Art. 33 Abs. 4 SE-VO. Sobald der Gründungsplan gem. Art. 32 SE-VO endgültig festgelegt ist, haben sie **drei Monate** Zeit, um ihrer Gesellschaft mitzuteilen, ob sie ihre Anteile bei der Gründung der SE einzubringen beabsichtigen, Art. 33 Abs. 1 SE-VO. Diese Frist kann nicht von den Gründungsgesellschaften verkürzt werden.[401] Die endgültige Festlegung des Gründungsplans geschieht in der Regel durch die Zustimmung der Haupt- bzw Gesellschafterversammlung nach Art. 32 Abs. 6 S. 1 und Abs. 7 SE-VO. Ggf sind aber nach Art. 33 Abs. 6 S. 3 SE-VO erforderliche Genehmigungsbeschlüsse abzuwarten.[402]

223 Art. 33 Abs. 2 SE-VO bestimmt, dass die SE nur gegründet werden kann, wenn der im Gründungsplan bestimmte Mindestprozentsatz der Anteile innerhalb der Drei-Monats-Frist in die SE eingebracht wurde. Insofern geht Art. 33 SE-VO in seinem zweiten Absatz über den ersten Absatz hinaus, welcher in derselben Frist lediglich eine Absichtserklärung der Anteilsinhaber fordert. Gem. Art. 33 Abs. 1 und 2 SE-VO ist es erforderlich, aber auch ausreichend, wenn der „Vor-SE" – die eigentliche SE entsteht erst durch Eintragung – in der Drei-Monats-Frist **Zeichnungsscheine** bezüglich der Aktien der SE entsprechend § 185 AktG sowie bindende Angebote auf dingliche Übertragung der Anteile an den Gründungsgesellschaften in dem erforderlichen Umfang zugehen. Demgegenüber ist nicht erforderlich, dass die Angebote der Anteilseigner innerhalb der Drei-Monats-Frist angenommen werden und die Annahmeerklärungen zugehen.[403] Die fristgerechte Annahme wäre bei Gründungsgesellschaf-

---

[397] Siehe Rn 184 f.
[398] Jannott/Frodermann/*Jannott* Kap. 3 Rn 160; ähnlich *Neun*, in: Theisen/Wenz (Hrsg.), S. 158; aA MünchKommAktG/*Schäfer* Art. 32 SE-VO Rn 34; *Heckschen* DNotZ 2003, 251, 262.
[399] Vgl nur MünchKommAktG/*Schäfer* Art. 32 SE-VO Rn 37 mwN.
[400] So schon *Neun*, in: Theisen/Wenz (Hrsg.), S. 166.
[401] *Scheifele*, Gründung, S. 363.
[402] Vgl *Teichmann* ZGR 2002, 383, 436.
[403] Anders die wohl hM, vgl Manz/Mayer/Schröder/*Schröder* Art. 33 SE-VO Rn 2; Jannott/Frodermann/*Jannott* Kap. 3 Rn 168; *Bayer*, in: Lutter/Hommelhoff (Hrsg.), S. 53; wiederum anders MünchKommAktG/*Schäfer* Art. 33 SE-VO Rn 9: schuldrechtlicher Einbringungsvertrag genügt.

ten mit besonders zahlreichen Gesellschaften kaum praktikabel beweisbar. Die hier vertretene Auffassung erspart zudem eine Rückabwicklung der Einbringung für den Fall, dass sich nach Ablauf der Drei-Monats-Frist herausstellt, dass die Mindestschwelle verfehlt wurde. Wurde die Mindestschwelle erreicht und liegen auch die anderen Gründungsvoraussetzungen vor, ist dies nach Art. 33 Abs. 3 S. 1 SE-VO bekanntzumachen.[404] Nach der Bekanntmachung besteht für die übrigen Anteilseigner der Gründungsgesellschaften eine **Nachfrist** von einem Monat, um die Mitteilung nach Art. 33 Abs. 1 S. 1 SE-VO vorzunehmen, Art. 33 Abs. 3 Unterabs. 2 SE-VO.[405]

kk) Minderheitenschutz

Art. 34 SE-VO ermächtigt die Mitgliedstaaten, Regelungen zum Schutz der die Gründung ablehnenden Minderheitsgesellschafter, der Gläubiger und der Arbeitnehmer zu erlassen. Der deutsche Gesetzgeber hat diese Ermächtigung in den §§ 9 und 11 SEAG umgesetzt. Gem. § 9 Abs. 1 S. 1 SEAG hat der Gründungsplan ein **Abfindungsangebot** zu enthalten, wenn die SE ihren Sitz im Ausland haben soll oder abhängig iSd § 17 AktG ist. Das Angebot richtet sich an jene Anteilseigner, die gegen den Zustimmungsbeschluss zum Gründungsplan Widerspruch zur Niederschrift erklärt haben. Im Übrigen gelten gem. § 9 Abs. 1 S. 5, Abs. 2 die §§ 7 Abs. 2 bis 7 SEAG, 29 Abs. 2 UmwG.[406] Ist bei der Gründung einer Holding-SE das **Umtauschverhältnis** der Anteile nicht angemessen, können die Anteilseigner nach § 11 Abs. 1 SEAG einen Ausgleich durch bare Zuzahlung verlangen. § 11 Abs. 2 SEAG verweist im Übrigen auf § 6 Abs. 1, 3 und 4 SEAG über die Verbesserung des Umtauschverhältnisses bei der Verschmelzungsgründung.[407]

224

ll) Anmeldung, Eintragung und Offenlegung der Eintragung

Zur Eintragung der SE siehe Rn 169. Für die Anmeldung einer deutschen Holding-SE gelten die §§ 36 ff AktG, für die monistisch strukturierte SE überlagert durch § 21 SEAG. Zudem verlangt § 14 SEAG eine Negativerklärung der Vertretungsorgane der SE bzgl etwaiger Klagen gegen die Wirksamkeit der Zustimmungsbeschlüsse.

225

Die Gründung der Holding-SE kann angemeldet und eingetragen werden, sobald der festgesetzte Mindestprozentsatz der Anteile eingebracht wurde. Auf den Ablauf der Drei-Monats-Frist bzw der Nachfrist gem. Art. 33 Abs. 1, Abs. 3 Unterabs. 3 SE-VO kommt es dagegen nicht an.[408] Dies hat zur Konsequenz, dass zum Zeitpunkt der Eintragung der SE deren endgültiges Gründungskapital möglicherweise noch nicht feststeht.[409] Nach deutschem Aktienrecht ist eine solche **Stufengründung** an sich nicht zulässig,[410] gleichwohl ergibt sich die Notwendigkeit, die europarechtlichen Vorgaben umzusetzen.

226

Hinweis: Ein praktikabler Weg besteht darin, in der Satzung der SE ein Grundkapital in Höhe der Mindesteinbringungsquote und ein bedingtes Kapital in Höhe der noch ausstehenden Anteile an den Gründungsgesellschaften entsprechend § 192 Abs. 2 Nr. 2 AktG vorzusehen.[411] Die für „reguläres" bedingtes Kapital bestehende Höchstgrenze von der Hälfte des Grundkapitals gem. § 192 Abs. 3 AktG ist – europarechtskonform – nicht anzuwenden.[412] In jedem Falle empfiehlt sich die Abstimmung mit dem zuständigen Registergericht.

---

404 Zur Form der Bekanntmachung siehe Rn 201.
405 Die Frist von drei Monaten steht den Anteilseignern in jedem Fall zur Verfügung.
406 Siehe Rn 179 und Rn 202.
407 Siehe Rn 203.
408 MünchKommAktG/*Schäfer* Art. 33 SE-VO Rn 26 aE.
409 Zur Problematik *DAV-Handelsrechtsausschuss* NZG 2004, 75, 78 f.
410 Vgl *Hüffer* § 23 Rn 16.
411 MünchKommAktG/*Schäfer* Art. 33 SE-VO Rn 23 f; stattdessen für ein genehmigtes Kapital entsprechend § 202 AktG Jannott/Frodermann/*Jannott* Kap. 3 Rn 140.
412 Alternativ kann man zusätzlich zu dem bedingten Kapital ein genehmigtes Kapital schaffen. Somit stünden Aktien in Höhe von 100 Prozent des Mindestkapitals zur Verfügung, was wegen der im Grundkapital reflektierten Mindesteinbringungsquote des Art. 32 Abs. 2 SE-VO stets ausreichend ist.

227 Die SE entsteht mit ihrer Eintragung, Art. 16 Abs. 1 SE-VO. Die Eintragung führt allerdings anders als bei der Verschmelzung (Art. 30 Abs. 1 SE-VO) zu keinem besonderen Bestandsschutz;[413] es gelten die allgemeinen Regeln.[414] Die Eintragung der SE ist offenzulegen.[415]

d) Gründung einer Tochter-SE

228 Die Gründung einer Tochter-SE steht nach Art. 2 Abs. 3 SE-VO allen Erwerbsgesellschaften iSd Art. 48 Abs. 2 EGV[416] sowie juristischen Personen des öffentlichen oder privaten Rechts offen, die nach dem Recht eines Mitgliedstaates gegründet worden sind und ihren Sitz sowie ihre Hauptverwaltung in der Gemeinschaft haben. Der Kreis möglicher Rechtsformen für die **Gründungsgesellschaften** einer Tochter-SE ist damit denkbar weit, im Unterschied zu den übrigen, insofern restriktiveren Gründungsformen. Mindestens zwei der Gründungsgesellschaften müssen dem **Recht verschiedener Mitgliedstaaten** unterliegen oder seit mindestens zwei Jahren eine dem Recht eines anderen Mitgliedstaats unterliegende Tochtergesellschaft oder eine Zweigniederlassung in einem anderen Mitgliedstaat haben.[417]

229 Auf die Gründungsgesellschaften sind die nationalen Vorschriften anzuwenden, die auch für die Beteiligung der jeweiligen Gesellschaft an der Gründung einer Aktiengesellschaft gelten, Art. 36 SE-VO. Für die Gründung der SE gilt nach Art. 15 Abs. 1 SE-VO das Aktienrecht ihres künftigen Sitzstaates. Für die Gründung einer deutschen Tochter-SE gilt also abgesehen von den Vorgaben der SE-VO für sämtliche SE-Gründungsvarianten (Mindestkapital, Sitz, Hauptverwaltung)[418] und den Beschränkungen der möglichen Gründer sowie den Bestimmungen zur Arbeitnehmerbeteiligung ausschließlich Aktienrecht. Daher ergeben sich abgesehen von der Beteiligung der Arbeitnehmer[419] keine Besonderheiten gegenüber der Gründung einer AG.[420]

230 Daneben kann auch eine SE allein eine Tochter-SE gründen, Art. 3 Abs. 2 S. 1 SE-VO. Gem. Art. 3 Abs. 2 S. 2 SE-VO sind die zur Umsetzung der Zwölften Gesellschaftsrechtlichen Richtlinie[421] ergangenen nationalen Regelungen zur „Einmann-GmbH" auf eine solche „**Einmann-SE**" anzuwenden.[422] Im Übrigen beruft Art. 15 Abs. 1 SE-VO das Recht des Sitzes der künftigen Tochter-SE zum auf die Gründung anwendbaren Recht.

231 Nach zutreffender Auffassung ist bei der „derivativen" Gründung einer Tochter-SE durch eine SE **kein Verfahren zur Beteiligung der Arbeitnehmer**[423] erforderlich.[424] Hierfür sprechen Art. 3 Abs. 1 SE-RL und § 4 Abs. 2 S. 2 SEBG, die sich auf den „Abschluss der Vereinbarung eines Plans zur Gründung einer Tochtergesellschaft" beziehen, was zu der Gründung durch eine einzelne Gesellschaft (nämlich der Mutter-SE) nicht passt. Art. 12 Abs. 2 SE-VO, der das Beteiligungsverfahren zur Eintragungsvoraussetzung macht, ohne nach Gründungsvarianten zu differenzieren, ist wie im Fall der „arbeitnehmerlosen SE"[425] einschränkend auszulegen.

---

413 MünchKommAktG/*Schäfer* Art. 33 SE-VO Rn **33.**.
414 Siehe hierzu § 6 Rn 467.
415 Siehe Rn 169.
416 Siehe hierzu Rn 166.
417 Siehe hierzu Rn 210 f.
418 Siehe Rn 169.
419 Siehe hierzu Rn 254 ff.
420 Allgemein zur Gründung einer AG siehe § 6 Rn 467ff.
421 Zwölfte Richtlinie 89/667/EWG des Rates vom 21.12.1989 auf dem Gebiet des Gesellschaftsrechts betreffend Gesellschaften mit beschränkter Haftung mit einem einzigen Gesellschafter, ABl. L 395 vom 30.12.1989, S. 40; zuletzt geändert durch Richtlinie 2006/99/EG des Rates vom 20.11.2006 zur Anpassung bestimmter Richtlinien im Bereich Gesellschaftsrecht anlässlich des Beitritts Bulgariens und Rumäniens, ABl. L 363 vom 20.12.2006, S. 137.
422 In Deutschland enthält sind das zB die §§ 42, 118 Abs. 1, 130 Abs. 1 AktG; siehe außerdem die Übersicht bei Manz/Mayer/Schröder/*Schröder* Art. 3 SE-VO Rn 31.
423 Zum Ablauf des Verfahrens siehe Rn 250 ff.
424 MünchKommAktG/*Jacobs* Vor § 1 SEBG Rn 11; ihm folgend *Seibt* ZIP 2005, 2248, 2249; aA Jannott/Frodermann/*Kienast* Kap. 13 Rn 201 ff.
425 Siehe Rn 264.

Hinweis: Die Entbehrlichkeit der Arbeitnehmerbeteiligung der SE-Gründung schafft eine für die Praxis interessante Option. Das Vorgehen in dieser streitanfälligen Frage sollte aber mit dem zuständigen Registergericht abgestimmt werden.

Die Gründung einer Tochter-SE – sei es gem. Art. 2 Abs. 3 oder gem. Art. 3 Abs. 2 SE-VO – ist im Vergleich der Gründungsvarianten mit dem geringsten Aufwand verbunden. Daher wird sie in der Praxis auch häufig gewählt, insbesondere zur Gründung von Vorratsgesellschaften.[426]

e) Umwandlung

Für eine Aktiengesellschaft, die in die Rechtsform der SE strebt, wird eine Umwandlung – ihre Rechtswirkungen entsprechen denen des Formwechsels gem. §§ 190 ff. UmwG, vgl Art. 37 Abs. 2 SE-VO – in vielen Fällen der einfachste Weg sein. Insbesondere ist anders als im Rahmen der Verschmelzung bei der Gründung keine zweite Rechtsordnung zu berücksichtigen. Aus dem Kreis deutscher Großunternehmen hatten laut Pressemeldungen bis zum April 2007 die Fresenius AG, die BASF AG und die Dr. Ing. h.c. F. Porsche AG angekündigt, sich in eine SE umzuwandeln. Die SE-VO regelt die Gründung einer SE durch Umwandlung einer Aktiengesellschaft in nur einem Artikel, nämlich Art. 37 SE-VO. Über Art. 15 Abs. 1 SE-VO gilt ergänzend nationales Recht, für eine Umwandlung in Deutschland also insbesondere die §§ 190 ff. UmwG sowie (über § 197 UmwG) die §§ 23 ff AktG.[427]

aa) Anforderungen an die umzuwandelnde Gesellschaft

Gem. Art. 2 Abs. 4 SE-VO kann nur eine **Aktiengesellschaft** in eine SE umgewandelt werden, die nach dem Recht eines Mitgliedstaates gegründet worden ist, ihren Sitz in der Gemeinschaft hat und seit mindestens zwei Jahren eine dem Recht eines anderen Mitgliedstaates unterliegende Tochtergesellschaft hat. Für Deutschland eröffnet der Anhang I zur SE-VO diese Gründungsvariante nur für die AG.[428] Das gezeichnete Kapital der aus der Umwandlung hervorgehenden SE muss gem. Art. 4 Abs. 2 SE-VO mindestens 120 000 EUR betragen. Ist das bei der umzuwandelnden Aktiengesellschaft nicht der Fall, muss es erhöht werden, bevor die Umwandlung wirksam wird.[429] Ferner muss die umzuwandelnde Aktiengesellschaft gem. Art. 37 Abs. 6 SE-VO über ein **Nettoreinvermögen** mindestens in Höhe ihres Grundkapitals zuzüglich der kraft Gesetzes oder Satzung nicht ausschüttungsfähigen Rücklagen verfügen.[430] Für das Erfordernis einer **Tochtergesellschaft**, die dem Recht eines anderen Mitgliedstaates unterliegt, gelten dieselben Anforderungen wie bei der Gründung einer Holding-SE.[431]

Hinweis: Sofern eine die Rechtsform der SE anstrebende Gesellschaft die Umwandlungsvoraussetzungen des Art. 2 Abs. 4 SE-VO nicht erfüllt, sollten Gestaltungsvarianten stets sorgfältig geprüft werden. So kann es im Einzelfall lohnen, beispielsweise eine GmbH zunächst in eine AG umzuwandeln, bevor diese in einem zweiten Schritt den Formwechsel in eine SE vollzieht. Fehlt der umzuwandelnden AG die ausländische Tochtergesellschaft, ist zu erwägen, die AG zB eine englische *plc.* erwerben und diese dann im vereinfachten Verfahren nach Art. 31 SE-VO auf die AG zur SE verschmelzen zu lassen.[432]

bb) Umwandlungsplan

Nach Art. 37 Abs. 4 hat das Leitungs- oder Verwaltungsorgan der umzuwandelnden Gesellschaft – bei der deutschen AG also der Vorstand – einen Umwandlungsplan zu erstellen. Zum Inhalt des Umwandlungsplans enthält die SE-VO keine Vorgaben. Daher wird erwogen, §§ 194 Abs. 1, 243,

---

426 Siehe hierzu Rn 264.
427 *Seibt/Reinhard* Konzern 2005, 407, 419; iE ebenso *Teichmann* ZGR 2002, 383, 440.
428 Nicht dagegen für die KGaA, siehe Fn bei Rn 171.
429 Zum etwaigen Erfordernis einer Kapitalerhöhung *Seibt/Reinhard* Konzern 2005, 407, 412.
430 Siehe Rn 239.
431 Siehe Rn 210 f; ausführlich *Seibt/Reinhard* Konzern 2005, 407, 410 ff.
432 Zur Zulässigkeit dieser Gestaltung vgl *Casper* AG 2007, 97, 101 f f Zu den Vereinfachungen für die Konzernverschmelzung siehe Rn 178, 180 und 181.

218 UmwG über den Umwandlungsbeschluss heranzuziehen.[433] Überzeugender erscheint es, sich an der Regelung des Art. 20 SE-VO über den Inhalt des Verschmelzungsplans zu orientieren.[434]

Prüfungsreihenfolge: Mindestinhalt des Umwandlungsplans
1. Firma und Sitz der umzuwandelnden Aktiengesellschaft und der SE;
2. Zahl, Nennbetrag und ggf Gattung der auszugebenden Aktien;
3. Einzelheiten hinsichtlich der Übertragung der Aktien der SE;
4. Angaben zur Behandlung von Sonderrechtsinhabern;
5. Angaben zu Sondervorteilen der Unwandlungsprüfer und Mitglieder der Verwaltungs-, Leitungs-, Aufsichts- und Kontrollorgane der umzuwandelnden Gesellschaft;
6. die Satzung der SE.[435]

Angaben zum Verfahren über die Beteiligung der Arbeitnehmer nach der SE-RL sind anders als beim Verschmelzungsplan im Umwandlungsplan entbehrlich,[436] weil dieser durch einen zur Information der Arbeitnehmer bestimmten Umwandlungsbericht ergänzt wird.[437]

Hinweis: Da die inhaltlichen Anforderungen an den Umwandlungsplan nicht abschließend geklärt sind, empfiehlt es sich in jedem Fall, sich rechtzeitig mit dem zuständigen Handelsregister abzustimmen.

236 Der Umwandlungsplan ist durch Vorstandsmitglieder in vertretungsberechtigter Zahl zu erstellen.[438] Eine notarielle Beurkundung des Umwandlungsplans ist mangels ausdrücklicher gesetzlicher Anordnung nicht erforderlich.[439] Es genügt jedenfalls die **Schriftform** nach § 126 BGB.

237 Der Umwandlungsplan ist nach Art. 37 Abs. 5 SE-VO mindestens einen Monat vor dem Tag der Hauptversammlung, die über die Umwandlung zu beschließen hat, nach den Rechtsvorschriften der einzelnen Mitgliedstaaten gem. Art. 3 der Ersten Gesellschaftsrechtlichen Richtlinie (in Deutschland also gem. § 12 HGB) offenzulegen. Der Umwandlungsplan ist nicht analog § 194 Abs. 2 UmwG dem zuständigen **Betriebsrat** zuzuleiten.[440] § 194 Abs. 2 UmwG bezieht sich auf den Umwandlungsbeschluss bei einem Formwechsel nach deutschem Recht. Anders als der Umwandlungsbeschluss gem. § 194 Abs. 1 Nr. 7 UmwG enthält der Umwandlungsplan jedoch keine Angaben zu den Folgen der Umwandlung für die Arbeitnehmer. Vielmehr sind diese in den Umwandlungsbericht aufzunehmen, Art. 37 Abs. 4 SE-VO. Die Information des Betriebsrats ist außerdem durch die Offenlegung des Umwandlungsplans gem. Art. 37 Abs. 5 SE-VO und durch die Informationspflichten im Rahmen des Arbeitnehmerbeteiligungsverfahrens (insbesondere § 4 SEBG) sichergestellt.[441]

cc) Umwandlungsbericht

238 Nach Art. 37 Abs. 4 SE-VO hat das Leitungs- oder das Verwaltungsorgan neben dem Umwandlungsplan einen Bericht zu erstellen, in dem die rechtlichen und wirtschaftlichen Aspekte der Umwandlung erläutert und begründet sowie die Auswirkungen, die der Übergang zur Rechtsform einer SE für die Aktionäre und Arbeitnehmer hat, dargelegt werden.[442] Der Umwandlungsplan ist durch Vorstandsmitglieder in vertretungsberechtigter Zahl zu erstellen.[443] Anders als der Umwandlungsbericht gem. § 192 UmwG dient dieser Bericht auch der Unterrichtung der Arbeitnehmer. Die Aktionäre können

---

433 Vgl Jannott/Frodermann/*Jannott* Kap. 3 Rn 233.
434 *Seibt/Reinhard* Konzern 2005, 407, 413 f; vgl auch MünchKommAktG/*Schäfer* Art. 37 SE-VO Rn 1; zum Verschmelzungsplan siehe Rn 174.
435 Auf die Satzung ist § 243 Abs. 1 S. 2 und 3 UmwG anzuwenden.
436 *Seibt/Reinhard* Konzern 2005, 407, 414; aA Manz/Mayer/Schröder/*Schröder* Art. 37 SE-VO Rn 19.
437 Siehe Rn 237.
438 *Vossius* ZIP 2005, 741, 747 Fn 76.
439 Vgl Jannott/Frodermann/*Jannott* Kap. 3 Rn 232; MünchKommAktG/*Schäfer* Art. 37 SE-VO Rn 14; aA *Scheifele*, Gründung, S. 408; wohl auch *Heckschen* DNotZ 2003, 251, 264.
440 *Seibt/Reinhard* Konzern 2005, 407, 415; aA Jannott/Frodermann/*Jannott* Kap. 3 Rn 235.
441 Dazu schon Rn 177.
442 Ausführlich zum Inhalt des Umwandlungsberichts *Neun*, in: Theisen/Wenz (Hrsg.), S. 175 ff.
443 *Vossius* ZIP 2005, 741, 747 Fn 76.

daher nicht nach analog § 192 Abs. 3 UmwG auf seine Erstellung verzichten.[444] Eine Zuleitung an den Betriebsrat analog § 194 Abs. 2 UmwG ist nicht erforderlich.[445] Eine Offenlegung des Umwandlungsberichts sieht die SE-VO nicht vor.

dd) Umwandlungsprüfung

Vor der Hauptversammlung, die über die Unwandlung beschließt, ist zu prüfen, ob das **Nettoeinvermögen** der Gesellschaft mindestens ihr Kapital (gemeint ist das Grundkapital) zuzüglich der kraft Gesetzes oder Statutes nicht ausschüttungsfähigen Rücklagen deckt, Art. 37 Abs. 6 SE-VO. Kraft Gesetz nicht ausschüttungsfähig sind in Deutschland die gesetzliche Rücklage (§ 150 Abs. 1 und 2 AktG) sowie die Kapitalrücklage gem. §§ 272 Abs. 2 Nr. 1 bis 3 HGB, 150 Abs. 3 und 4 AktG. Die Vermögenswerte der AG sind dabei mit Zeit- und nicht mit Buchwerten anzusetzen.[446]

239

Die Prüfung ist von einem oder mehreren Sachverständigen durchzuführen. Für deren Auswahl verweist Art. 37 Abs. 6 SE-VO auf die einzelstaatlichen Durchführungsbestimmungen der Dritten Gesellschaftsrechtlichen Richtlinie. In Deutschland sind dies §§ 9 bis 11, 60 UmwG. Die Prüfung kann folglich nur von Wirtschaftsprüfern bzw Wirtschaftsprüfungsgesellschaften durchgeführt werden, §§ 319 Abs. 1 S. 1 HGB, 11 Abs. 1 S. 1 UmwG. Die Sachverständigen haben eine Bescheinigung über das Nettoeinvermögen der Gesellschaft in sinngemäßer Anwendung der Bestimmungen der Zweiten Gesellschaftsrechtlichen Richtlinie[447] zu erteilen.[448] Die Durchführung der Umwandlungsprüfung dient zumindest auch den Interessen der Gläubiger der Gesellschaft und steht damit nicht zur Disposition der Aktionäre.[449]

240

ee) Vorbereitung und Durchführung der Hauptversammlung

Mangels Regelungen in der SE-VO gilt für die Vorbereitung der Hauptversammlung, die über die Umwandlung beschließen soll, das Recht der umzuwandelnden Aktiengesellschaft. Für die AG gelten die §§ 121 ff AktG.[450] Entsprechend § 124 Abs. 2 S. 2 AktG sind auch der nach Art. 37 Abs. 7 SE-VO zu beschließende Umwandlungsplan und die zu genehmigende Satzung der SE zumindest ihrem wesentlichen Inhalt nach bekanntzumachen. Entsprechend §§ 230 Abs. 2, 238 S.1 UmwG sind ab dem Zeitpunkt der Einberufung der Umwandlungsplan und der Umwandlungsbericht in den Geschäftsräumen der AG auszulegen. Diese Verpflichtung ist auf den Umwandlungsprüfungsbericht zu erstrecken.[451] Diese Unterlagen sind entsprechend § 239 UmwG auch während der Hauptversammlung auszulegen und zu deren Beginn vom Vorstand zu erläutern.[452]

241

Für die **Beschlussfassung** verweist Art. 37 Abs. 7 SE-VO auf die einzelstaatlichen Durchführungsbestimmungen zu Art. 7 der Dritten Gesellschaftsrechtlichen Richtlinie. In Deutschland gilt damit gem. § 65 UmwG eine Mehrheit von drei Vierteln des vertretenen Kapitals. Auch wenn Art. 37 SE-VO kein Pendant zu Art. 23 Abs. 2 S. 2 SE-VO enthält, kann sich die Hauptversammlung als Minus zur vorbehaltlosen Zustimmung zur Umwandlung die Genehmigung einer im Nachhinein getroffenen Beteiligungsvereinbarung vorbehalten.[453] Ferner ist der Beschluss gem. §§ 193 Abs. 3 UmwG, 130 Abs. 1 S. 1 AktG notariell zu beurkunden. § 244 UmwG, wonach die Niederschrift von den Personen, die den Gründern nach § 245 Abs. 1 bis 3 gleichstehen, unterzeichnet werden muss, fin-

242

---

444 *Seibt/Reinhard* Konzern 2005, 407, 416; aA MünchKommAktG/*Schäfer* Art. 37 SE-VO Rn 17.
445 Siehe Rn 237 (zum Umwandlungsplan).
446 Ausführliche Begründung bei *Seibt/Reinhard* Konzern 2005, 407, 412 f.
447 Zweite Richtlinie 77/91/EWG des Rates vom 13.12.1976 zur Koordinierung der Schutzbestimmungen, die in den Mitgliedstaaten den Gesellschaften im Sinne des Artikels 58 Absatz 2 des Vertrages im Interesse der Gesellschafter sowie Dritter für die Gründung der Aktiengesellschaft sowie für die Erhaltung und Änderung ihres Kapitals vorgeschrieben sind, um diese Bestimmungen gleichwertig zu gestalten, ABl. L 26 vom 31.1.1977, S. 1; zuletzt geändert durch Richtlinie 2006/99/EG des Rates vom 20.11.2006 zur Anpassung bestimmter Richtlinien im Bereich Gesellschaftsrecht anlässlich des Beitritts Bulgariens und Rumäniens, ABl. L 363 vom 20.12.2006, S. 137.
448 Weitere Einzelheiten bei *Seibt/Reinhard* Konzern 2005, 407, 419.
449 *Seibt/Reinhard* Konzern 2005, 407, 419; vgl auch MünchKommAktG/*Schäfer* Art. 37 Rn 23.
450 Siehe hierzu allgemein § 6 Rn 601 ff.
451 Jannott/Frodermann/*Jannott* Kap. 3 Rn 247.
452 Vgl MünchKommAktG/*Schäfer* Art. 37 SE-VO Rn 27.
453 *Seibt/Reinhard* Konzern 2005, 407, 420; aA Jannott/Frodermann/*Jannott* Kap. 3 Rn 252; Manz/Mayer/Schröder/ *Mayer* Art. 37 Rn 57.

det keine Anwendung. Bei der Umwandlung einer AG in eine SE ist die Zuweisung eines Gründerstatus nicht sinnvoll.[454] Der Sitz der Gesellschaft darf anlässlich der Umwandlung nicht verlegt werden, Art. 37 Abs. 3 SE-VO. In Deutschland kann folglich nur eine deutsche SE gegründet werden.

ff) Bestellung von Organen und Abschlussprüfern

243 Die Bestellung des ersten Aufsichts- bzw Verwaltungsorgans erfolgt nach Art. 40 Abs. 2, 43 Abs. 3 SE-VO in der Satzung bzw im Umwandlungsplan.[455] Eine Amtskontinuität analog § 203 UmwG scheidet aus;[456] bei einer Veränderung der Größe des Aufsichtsrats oder bei der Umwandlung in eine monistische SE ist dies offensichtlich. Zur Bestellung des ersten Abschlussprüfers schweigt die SE-VO. Insoweit sind Art. 15 Abs. 1 SE-VO §§ 197 S. 1 UmwG, 30 Abs. 1 AktG dergestalt analog anzuwenden, dass die Abschlussprüfer durch die Hauptversammlung zu wählen sind.[457]

gg) Gründungsbericht und Gründungsprüfung

244 Zusätzlich zur Umwandlungsprüfung gemäß SE-VO können Gründungsprüfungsvorschriften nach nationalem Umwandlungs- bzw Aktienrecht zur Anwendung kommen. Für die Umwandlung einer AG wird sowohl ein Gründungsbericht (§ 32 AktG) als auch eine externe Gründungsprüfung (§ 33 Abs. 2 AktG) unter Hinweis auf § 75 Abs. 2 UmwG überwiegend für entbehrlich gehalten.[458] Das Leitungsorgan bzw der Verwaltungsrat sind aber gem. Art. 15 SE-VO iVm § 33 Abs. 1 AktG zur Prüfung des Hergangs der Gründung verpflichtet. Der Gesetzgeber hat diese Pflicht in § 21 Abs. 2 S. 3 SEAG für die monistische SE ausdrücklich bestätigt.

Hinweis: Vorsichtshalber sollte der Verzicht auf Gründungsbericht und -prüfung mit dem zuständigen Registergereicht abgestimmt werden.

hh) Anmeldung, Eintragung und Offenlegung

245 Zur Eintragung der SE siehe Rn 169. Die Anmeldung erfolgt entsprechend § 246 Abs. 1 UmwG durch den Vorstand der umzuwandelnden AG in vertretungsberechtigter Zahl.[459] Der Vorstand meldet gem. § 246 Abs. 2 UmwG auch die Mitglieder des Leitungsorgans bzw die geschäftsführenden Direktoren der SE an. § 21 Abs. 1 SEAG ist nicht auf die Umwandlung einer AG anzuwenden.[460] Im Übrigen gelten § 37 Abs. 2 bis 5 AktG sowie §§ 16 Abs. 2 und 3, 198 Abs. 3 UmwG.[461]

Prüfungsreihenfolge: Anlagen der Anmeldung
1. die Niederschrift des Umwandlungsbeschlusses nebst Feststellung der Satzung (darin enthalten die Bestellung der Aufsichtsrats- bzw Verwaltungsratsmitglieder) und Wahl des Abschlussprüfers;
2. der Umwandlungsplan;[462]
3. der Umwandlungsbericht;
4. die Bescheinigung der Umwandlungsprüfer;
5. die Vereinbarung über die Beteiligung der Arbeitnehmer nach § 21 SEBG bzw ein Nachweis, dass eine entsprechende Vereinbarung zulässigerweise nicht abgeschlossen wurde;
6. ein Nachweis über das Bestehen einer ausländischen Tochtergesellschaft nach Art. 2 Abs. 4 SE-VO;
7. sofern die Umwandlung der staatlichen Genehmigung bedarf: die Genehmigungsurkunde (§ 199 UmwG aE).

---

454 Ausführlich *Seibt/Reinhard* Konzern 2005, 407, 421; aA *Vossius* ZIP 2005, 741, 749 Fn 84.
455 Vgl *Neun*, in: Theisen/Wenz (Hrsg.), S. 181 f; im Übrigen vgl die Ausführungen zur Verschmelzung Rn 186 f.
456 Manz/Mayer/Schröder/*Mayer* Art. 37 Rn 106; aA Jannott/Frodermann/*Jannott* Kap. 3 Rn 254.
457 IE ebenso MünchKommAktG/*Schäfer* Art. 37 SE-VO Rn 31.
458 Siehe nur MünchKommAktG/*Schäfer* Art. 37 SE-VO Rn 26 mwN.
459 Vgl Jannott/Frodermann/*Jannott* Kap. 3 Rn 263.
460 MünchKommAktG/*Schäfer* Art. 37 SE-VO Rn 33; vgl insofern auch die Ausführungen zur Verschmelzung Rn 190.
461 *Seibt/Reinhard* Konzern 2005, 407, 422 f.
462 Die Beifügung ist an sich nicht notwendig, da dem Register der Umwandlungsplan gem. Art. 37 Abs. 5 SE-VO bereits vorliegt. Wegen anders lautender Stimmen in der Literatur (zB Jannott/Frodermann/*Jannott* Kap. 3 Rn 264) sollte der Verzicht auf eine erneute Vorlage des Umwandlungsplans aber mit dem Register abgestimmt werden.

Mit der Eintragung der SE wird die Umwandlung wirksam. Mängel der Umwandlung lassen deren Rechtswirksamkeit nach Art. 15 Abs. 1 SE-VO iVm § 202 Abs. 1 Nr. 3, Abs. 2 UmwG unberührt.[463] Dies gilt auch für Mängel im Zusammenhang mit der Beteiligung der Arbeitnehmer. Die Umwandlung wirkt sich nicht auf eine **Börsenzulassung** von Aktien der umzuwandelnden AG aus. Allerdings muss die Notierung entsprechend der Umfirmierung umgestellt werden. Außerdem sind die §§ 30 a ff WpHG zu beachten. Insbesondere sind die BaFin und die Zulassungsstellen sowohl inländischer als auch ausländischer Märkte, an denen eine Notierung besteht, nach § 30 c WpHG über den Umwandlungsplan zu informieren. Die Eintragung der SE ist offenzulegen.[464]   246

f) Beteiligung der Arbeitnehmer

aa) Allgemeines

Die Beteiligungsrechte der Arbeitnehmer werden durch das zur Umsetzung der SE-RL ergangene nationale Recht geregelt. Die SE-RL ist als eine untrennbare Ergänzung der SE-VO zu lesen.[465] In Deutschland ist die SE-RL durch das SEBG umgesetzt worden. In ihrem Kern – der hier vorhandene Raum erlaubt nur eine überblicksartige Darstellung[466] – regeln SE-RL und SEBG, dass bei der Gründung einer SE ein Vertretungsgremium der Arbeitnehmer zu bilden ist, das mit den Unternehmensleitungen der an der Gründung der SE beteiligten Gesellschaften (das SEBG spricht abkürzend von den „Leitungen") eine Vereinbarung zur Beteiligung der Arbeitnehmer auf betrieblicher Ebene (durch Betriebsräte) und auf Unternehmensebene (im Aufsichts- oder Verwaltungsorgan) schließt. Kommt eine solche Vereinbarung nicht zustande, treten gesetzliche Auffangregelungen in Kraft.   247

Die Verknüpfung von SE-VO und SE-RL zeigt sich insbesondere in Art. 12 SE-VO. Nach Art. 12 Abs. 2 SE-VO kann die SE erst eingetragen werden, wenn ein Verfahren über die Beteiligung der Arbeitnehmer ordnungsgemäß abgeschlossen wurde.[467] Die Einhaltung der Beteiligungsbestimmungen ist mithin **Eintragungsvoraussetzung** und von der jeweils zuständigen Behörde – in Deutschland also dem Registergericht – vor der Eintragung der SE zu prüfen. Art. 12 Abs. 4 SE-VO verbietet Widersprüche der Satzung zur Beteiligungsvereinbarung. Ist die Beteiligungsvereinbarung erst nach Erlass der Satzung geschlossen worden, ist die Satzung entsprechend anzupassen. Die Mitgliedstaaten können das Leitungs- oder Verwaltungsorgan der SE ermächtigen, diese Änderung vorzunehmen, ohne dass es eines Beschlusses der Hauptversammlung bedarf. Deutschland hat hiervon keinen Gebrauch gemacht.   248

Nach seinem § 3 Abs. 1 ist das SEBG anzuwenden auf: 249
- die SE mit Sitz in Deutschland;
- in Deutschland beschäftigte Arbeitnehmer einer SE (auf deren Sitz es insoweit nicht ankommt);
- beteiligte Gesellschaften, betroffene Tochtergesellschaften und betroffene Betriebe mit Sitz in Deutschland.

Gem. § 2 SEBG (der Art. 2 SE-RL umsetzt) sind beteiligte Gesellschaften die an der Gründung einer SE unmittelbar beteiligte Gesellschaften und Tochtergesellschaften oder Betriebe „betroffen", wenn sie Tochtergesellschaft bzw Betrieb einer beteiligten Gesellschaft sind und zu einer Tochtergesellschaft bzw zu einem Betrieb der SE werden sollen. Die folgende Darstellung beschränkt sich im Wesentlichen auf die in Deutschland maßgeblichen Beteiligungsregeln.

bb) Bildung des Besonderen Verhandlungsgremiums

Als Vertretung der Arbeitnehmerseite bei den Verhandlungen über die Beteiligungsvereinbarung ist das sog. besondere Verhandlungsgremium (BVG) zu bilden, § 4 Abs. 1 SEBG. Unverzüglich nach der Offenlegung des Gründungsplans für die Holding-SE, des Verschmelzungs- oder des Umwand-   250

---

463 Manz/Mayer/Schröder/*Mayer* Art. 37 Rn 104; *Seibt/Reinhard* Konzern 2005, 407, 423.
464 Siehe Rn 169.
465 19. Erwägungsgrund der SE-VO.
466 Ausführlich zur Arbeitnehmerbeteiligung in der SE Jannott/Frodermann/*Kienast* Kap. 13.
467 Zu den Einzelheiten siehe Rn 253.

lungsplans bzw nach der Vereinbarung[468] eines Plans zur Gründung einer Tochter-SE haben die Leitungen gem. § 4 Abs. 1 S. 1, Abs. 2 und 3 SEBG die Arbeitnehmervertretungen und Sprecherausschüsse in den beteiligten Gesellschaften, betroffenen Tochtergesellschaften und betroffenen Betrieben

- aufzufordern, ein BVG zu bilden, und
- über das Gründungsvorhaben zu informieren; die in § 4 Abs. 3 SEBG spezifizierte Mindestinformation zielt dabei nicht auf die Einzelheiten der beabsichtigten SE-Gründung, sondern soll die Arbeitnehmer in die Lage versetzen, das BVG entsprechend der Vorgaben des SEBG zusammensetzen.

Soweit Arbeitnehmer weder durch Vertretungen auf irgendeiner Ebene (zB Betriebsrat, Gesamtbetriebsrat, Konzernbetriebsrat) noch durch Sprecherausschüsse repräsentiert sind, sind sie von den Leitungen unmittelbar zu informieren. Die Information ausländischer Arbeitnehmervertretungen bzw Arbeitnehmer ist nicht durch das SEBG geregelt (vgl dessen § 3, siehe oben Rn 249), sondern bestimmt sich nach der jeweiligen nationalen Umsetzung der SE-RL im betreffenden Mitgliedstaat.[469] Arbeitnehmer außerhalb der Gemeinschaft sind nicht zu beteiligen.

251 Die §§ 5 bis 10 SEBG enthalten detaillierte Regelungen zur **Zusammensetzung und Wahl** des BVG. § 5 Abs. 1 S. 2 SEBG stellt sicher, dass die Beschäftigten aus jedem Mitgliedstaat repräsentiert sind: Je angefangene 10 Prozent der in einem Mitgliedstaat beschäftigten Arbeitnehmer an der Gesamtzahl der in allen Mitgliedstaaten beschäftigten Arbeitnehmer aller beteiligten Gesellschaften und betroffenen Tochtergesellschaften und Betriebe ist ein Vertreter zu entsenden.[470] Das BVG besteht demnach stets aus mindestens 10 Mitgliedern.[471]

cc) **Verhandlungsverfahren**

252 Die Leitungen sind unverzüglich über die in das BVG gewählten Mitglieder zu informieren. Gem. § 11 Abs. 1 S. 1 SEBG soll die Wahl innerhalb einer **Konstituierungsfrist** von höchstens zehn Wochen nach der Information gem. § 4 Abs. 2 und 3 SEBG erfolgt sein. Stehen die Mitglieder nach Ablauf der Frist noch nicht vollständig fest, kann das Verhandlungsverfahren dennoch begonnen werden, wenn die Überschreitung der Frist von den Arbeitnehmern – gemeint ist wohl: wenigstens einem Arbeitnehmer – zu vertreten ist, § 11 Abs. 2 S. 1 SEBG.

Hinweis: Da die Information der Arbeitnehmer gem. § 4 SEBG die Zehn-Wochen-Frist in Gang setzt, haben die Leitungen ein Interesse an einer möglichst frühzeitigen und vollständigen Information.[472] Treten während der Wahl- oder der anschließenden Verhandlungsphase Änderungen bei den relevanten Gesellschaften ein, die zu einer anderen Zusammensetzung des BVG führen würden, ist die Konstituierung neu zu beginnen, § 4 Abs. 4 SEBG. Zur Vermeidung von Verzögerungen sollten die Leitungen daher in dieser Phase nur mit besonderer Umsicht umstrukturieren oder Tochtergesellschaften veräußern oder erwerben.

253 Das Verhandlungsverfahren beginnt mit der Ladung des BVG zu seiner konstituierenden Sitzung durch die Leitungen, § 12 Abs. 1 SEBG. Mit dem Tag der konstituierenden Sitzung läuft die **Verhandlungsfrist**. Sie beträgt längstens sechs Monate, sofern sie von den Parteien nicht einvernehmlich auf ein Jahr verlängert wird, § 20 SEBG. Das BVG kann sich von Sachverständigen und insbesondere Gewerkschaftsvertretern unterstützen und bei den Verhandlungen beraten lassen, § 14 Abs. 1 SEBG. Die Verhandlungen können zu drei denkbaren Ergebnissen führen:

---

468 Dieser Plan muss nicht offengelegt werden, daher der Bezug auf die Vereinbarung. Anders als das SEBG bezieht sich die SE-RL auch bei der Umwandlung auf die Vereinbarung des Plans. Hierbei dürfte es sich um ein Redaktionsversehen handeln.
469 Eingehend *Seibt/Reinhard* Konzern 2005, 407, 416 f.
470 Für die Gründung einer SE im Wege der Verschmelzung enthalten § 5 Abs. 2 und 3 SEBG Sonderregelungen.
471 Ebenso MünchKommAktG/*Jacobs* § 5 SEBG Rn 2.
472 Im Ergebnis unerhebliche Informationsmängel können den Fristlauf aber nicht verzögern, vgl *Seibt/Reinhard* Konzern 2005, 407, 417 f f Ein Verstoß gegen die Informationspflicht ist zudem bußgeldbewehrt, vgl § 46 Abs. 1 Nr. 1 SEBG.

- Die Parteien einigen sich fristgerecht auf eine Beteiligungsvereinbarung (dazu Rn 254 ff).
- Die Frist verstreicht, ohne dass eine Einigung erzielt wird. In diesem Fall gilt gem. §§ 22 ff SEBG die gesetzliche Auffangregelung zu SE-Betriebsrat und Mitbestimmung (dazu Rn 259 ff).
- Das BVG beschließt mit einer Mehrheit von zwei Dritteln, keine Verhandlungen aufzunehmen bzw begonnene Verhandlungen abzubrechen, § 16 Abs. 1 SEBG. Die Vertreter im BVG, welche die Zwei-Drittel-Mehrheit tragen, müssen mindestens zwei Drittel der vertretenen[473] Arbeitnehmer vertreten und aus mindestens zwei Mitgliedstaaten stammen (**doppelt qualifizierte Mehrheit**).[474] Dabei werden den in einem Mitgliedstaat gewählten Vertretern gem. § 15 Abs. 1 S. 1, Abs. 2 S. 2 SEBG die in diesem Mitgliedstaat beschäftigten Arbeitnehmer jeweils anteilig zugerechnet. Im Fall der Umwandlung einer AG in eine SE kann ein solcher Beschluss nicht gefasst werden, wenn die umzuwandelnde AG mitbestimmt ist, § 16 Abs. 3 SEBG. Andernfalls hat der Beschluss zur Folge, dass Vorschriften zur Unternehmensmitbestimmung auf die SE keine Anwendung finden und anstelle der Auffangregelung zum SE-Betriebsrat die nationalen Vorschriften zur betrieblichen Mitbestimmung unter Einschluss des EBRG gelten, §§ 16 Abs. 2 S. 2, 47 Abs. 1 SEBG.

dd) Beteiligungsvereinbarung

(1) Inhalt und Form

Gem. § 21 Abs. 1 SEBG muss die Beteiligungsvereinbarung zumindest die folgenden Punkte regeln: 254
- den Geltungsbereich der Vereinbarung;
- die Zusammensetzung und Größe des SE-Betriebsrats;
- die Befugnisse des SE-Betriebsrats und die Häufigkeit seiner Sitzungen;
- die finanzielle und materielle Ausstattung des SE-Betriebsrats;
- den Zeitpunkt ihres Inkrafttretens.

Sofern kein SE-Betriebsrat zu bilden ist, sind entsprechende Festlegungen für ein alternatives Verfahren zur Anhörung und Unterrichtung der Arbeitnehmer vorzusehen, § 21 Abs. 2 SEBG.

Treffen die Parteien eine Vereinbarung über die Mitbestimmung, ist deren Inhalt mit folgendem Mindestinhalt festzulegen, § 21 Abs. 3 SEBG: 255
- die Zahl der Arbeitnehmervertreter im Aufsichts- oder Verwaltungsorgan der SE;
- das konkrete Verfahren zur Bestimmung der Arbeitnehmervertreter;
- die Rechte der Arbeitnehmervertreter im Aufsichts- oder Verwaltungsorgan.

Im Falle der Umwandlung einer AG muss das Niveau der Arbeitnehmerbeteiligung in Bezug auf alle Komponenten mindestens beibehalten werden, § 21 Abs. 6 SEBG, ebenso bei einem Wechsel von der monistischen Struktur in die dualistische und umgekehrt.[475]

Die Beteiligungsvereinbarung steht in einem Spannungsverhältnis zu der Privatautonomie der Hauptversammlung der SE und – soweit es die Mitbestimmung betrifft – dem Selbstorganisationsrecht des Verwaltungs- oder Aufsichtsorgans und hat sich zudem innerhalb des durch SE-VO und SE-RL bzw SEAG und SEBG eröffneten Regelungsrahmens zu bewegen. 256

Hinweis: Die Möglichkeiten und Grenzen der Beteiligungsvereinbarung sind bislang nur ungenügend ausgelotet,[476] so dass ein Entwurf sorgfältig geprüft und mit dem zuständigen Handelsregister abgestimmt werden sollte.

Die Beteiligungsvereinbarung bedarf der Schriftform, § 13 Abs. 1 S. 1 SEBG.

---

473 Vgl § 15 Abs. 2 S. 1 SEBG. Arbeitnehmer der beteiligten Gesellschaften und der betroffenen Tochtergesellschaften und Betriebe, die gem. § 15 Abs. 1 S. 2 SEBG nicht als vertreten gelten, bleiben unberücksichtigt.
474 Die gesetzliche Formulierung ist unklar. Die hier vertretene Auslegung stützt sich auf den englischen Wortlaut der SE-RL.
475 Siehe hierzu Rn 265 ff.
476 Vgl *Habersack* AG 2006, 345 ff; *Seibt* AG 2005, 413 ff.

(2) Beschlussfassung des BVG

257 Das BVG beschließt grundsätzlich mit der **Mehrheit der Mitglieder,** die zugleich die Mehrheit der vertretenen Arbeitnehmer repräsentieren muss, § 15 Abs. 2 S. 1 SEBG. Würde ein Beschluss zu einer Minderung von Mitbestimmungsrechten führen, ist die doppelte qualifizierte Zwei-Drittel-Mehrheit[477] erforderlich, wenn sich die Mitbestimmung auf mindestens 25 Prozent der Gesamtzahl der Arbeitnehmer der beteiligten Gesellschaften und der beteiligten Tochtergesellschaften bei der Verschmelzungsgründung bzw auf 50 Prozent der Arbeitnehmer bei der Gründung einer Holding- oder Tochter-SE erstreckt. Die Minderung von Mitbestimmungsrechten wird in § 15 Abs. 4 SEBG näher definiert. Der Beschluss des BVG ist gem. § 17 SEBG in eine Niederschrift aufzunehmen, die der Vorsitzende und ein weiteres Mitglied zu unterzeichnen haben.

(3) Beteiligungsvereinbarung und Gesellschafterbeschluss

258 Nach § 4 SEBG beginnt das Beteiligungsverfahren unverzüglich nach der Offenlegung des Gründungsplans für die Holding-SE, des Verschmelzungs- bzw des Umwandlungsplans.[478] Der jeweilige Plan ist zugleich gem. Art. 23 Abs. 1, 32 Abs. 6 Unterabs. 1, 37 Abs. 7 SE-VO Grundlage des Zustimmungsbeschlusses der Gesellschafter der Gründungsgesellschaft(en). Nach der Logik von SE-VO und SEBG kann der Zustimmungsbeschluss das Ergebnis des Beteiligungsverfahrens daher nicht berücksichtigen, sondern sich höchstens vorbehalten, die Eintragung der SE von der Zustimmung der Hauptversammlung zu einer Beteiligungsvereinbarung abhängig zu machen, vgl Art. 23 Abs. 2, 32 Abs. 6 Unterabs. 2 SE-VO. Dies kann dazu führen, dass die Satzung der SE bereits unmittelbar nach der Gründung an eine Beteiligungsvereinbarung anzupassen ist, was in Deutschland die Einberufung einer Hauptversammlung erfordert, vgl Art. 12 Abs. 4 SE-VO.

Hinweis: Das geschilderte Problem wird vermieden, wenn man den Zustimmungsbeschluss der Gesellschafter bis zur Beendigung des Beteiligungsverfahrens zurückstellt und den relevanten Plan – sofern erforderlich – an das Verhandlungsergebnis anpasst und rechtzeitig[479] vor der Haupt- bzw Gesellschafterversammlung erneut offenlegt.

ee) Gesetzliche Auffangregelung

(1) SE-Betriebsrat

259 Die §§ 22 bis 33 SEBG enthalten detaillierte Bestimmungen zum SE-Betriebsrat im Hinblick auf seine Bildung und Geschäftsführung, seine Aufgaben sowie zur Freistellung seiner Mitglieder und zu den Kosten seiner Tätigkeit. Die Bestimmungen sind an das Europäische Betriebsräte-Gesetz (EBRG) angelehnt.[480] Anders als beispielsweise die sich aus den §§ 87, 99, 103, 111 ff. BetrVG ergebenden Mitbestimmungsrechte des Betriebsrats sieht das SEBG für den SE-Betriebsrat nur Unterrichtungs- und Anhörungsrechte vor.

(2) SE-Mitbestimmung

260 Die §§ 34 bis 38 SEBG regeln die Mitbestimmung im Verwaltungs- oder Aufsichtsorgan. Sie differenzieren nach den Gründungsvarianten der SE:
- Bei der **Umwandlung** gilt das strikte Vorher-Nachher-Prinzip: Die SE unterliegt demselben Mitbestimmungsregime wie die sich umwandelnde AG, §§ 34 Abs. 1 Nr. 1, 35 Abs. 1 SEBG.
- Bei der **Verschmelzungsgründung** unterliegt die SE nur dann der Mitbestimmung, wenn das BVG einen entsprechenden Beschluss fasst oder sich die Mitbestimmung auf mindestens 25 Prozent der Gesamtzahl der Arbeitnehmer der beteiligten Gesellschaften und der beteiligten Tochtergesell-

---

477 Hierzu siehe Rn 253.
478 Siehe Rn 250. Bei der Gründung einer Tochter-SE ist ein Gesellschafterbeschluss nicht zwingend erforderlich.
479 Siehe Rn 176, 214, 237.
480 MünchKommAktG/*Jacobs* § 16 SEBG Rn 4.

schaften[481] erstreckt, § 34 Abs. 1 Nr. 2 SEBG. Bestehen bei den Gesellschaften verschiedene Formen der Mitbestimmung, bestimmt § 34 Abs. 2 SEBG, dass das BVG darüber beschließt, welche Form für die SE gelten soll und sieht eine mehrstufige Auffangregelung für den Fall vor, dass das BVG keinen entsprechenden Beschluss fasst. Gem. § 35 Abs. 2 SEBG bemisst sich die Zahl der Arbeitnehmervertreter im Aufsichts- oder Verwaltungsorgan nach dem höchsten Anteil an Arbeitnehmervertretern, der in den Organen der beteiligten Gesellschaften bestanden hat.

- Bei der Gründung einer **Holding- oder Tochter-SE** gelten die Bestimmungen für die Verschmelzungsgründung entsprechend, allerdings liegt der Schwellenwert, der eine Beschlussfassung des BVG zugunsten der Mitbestimmung erforderlich macht, bei 50 Prozent der Arbeitnehmer, §§ 34 Abs. 1 Nr. 3, Abs. 2, 35 Abs. 2 SEBG.

Die Verteilung der Sitze der Arbeitnehmervertreter richtet sich nach dem jeweiligen Anteil der in den Mitgliedstaaten beschäftigen Arbeitnehmer der SE, ihrer Tochtergesellschaften und Betriebe, § 36 Abs. 1 S. 2 SEBG. Die von den Arbeitnehmern bestimmten Vertreter sind von der Hauptversammlung der SE zu wählen, die an die Wahlvorschläge gebunden ist, § 36 Abs. 4 SEBG. Die Arbeitnehmervertreter haben im Aufsichts- oder Verwaltungsorgan die gleichen Rechte und Pflichten wie die Vertreter der Anteilseigner, § 38 Abs. 1 SEBG. In der gesetzlich mitbestimmten SE müssen mindestens zwei Mitglieder für das Leitungsorgan bzw zwei geschäftsführende Direktoren bestellt werden, von denen einer für den Bereich Arbeit und Soziales zuständig ist, § 38 Abs. 2 SEBG.[482]

ff) SE-Mitbestimmung vs. MitbestG und DrittelbG

Das **MitbestG** und das **DrittelbG** finden keine Anwendung auf die SE, § 47 Abs. 1 Nr. 1 SEBG. Das bedeutet unter anderem, dass eine nicht-mitbestimmte SE auch dann nicht der Mitbestimmung unterfällt, wenn sie nach ihrer Gründung regelmäßig mehr als 500 bzw 2 000 Arbeitnehmer beschäftigt. Umgekehrt verändert eine mitbestimmte SE ihren Status nicht, wenn die Anzahl ihrer Arbeitnehmer unter die genannten Schwellen sinkt. Zudem sind beispielsweise unerheblich:
- die Größenvorschriften des § 7 Abs. 1 MitbestG, der zB für ein Unternehmen mit in der Regel mehr als 10 000 Mitarbeitern einen 16-köpfigen Aufsichtsrat vorschreibt;
- § 31 Abs. 2 MitbestG, der für die Wahl von Vorstandsmitgliedern eine Zwei-Drittel-Mehrheit vorsieht.

gg) Wiederaufnahme des Verfahrens

§ 18 SEBG bestimmt zwei Fälle, in denen das Beteiligungsverfahren wieder aufgenommen werden kann:
- auf **Antrag** von mindestens 10 Prozent der Arbeitnehmer der SE, ihrer Tochtergesellschaften und Betriebe bzw deren Vertreter, wenn das BVG gem. § 16 Abs. 1 SEBG beschlossen hatte, die Verhandlungen nicht aufzunehmen oder abzubrechen, jedoch frühestens zwei Jahre nach dem betreffenden Beschluss, sofern die Parteien nicht eine frühere Wiederaufnahme vereinbaren. Scheitern die Verhandlungen, bleibt die Auffangregelung der §§ 22 ff SEBG weiterhin ausgeschlossen.
- wenn **strukturelle Änderungen** geplant sind, die geeignet sind, Beteiligungsrechte der Arbeitnehmer zu mindern. Der Begriff der strukturellen Änderung ist unscharf. Die Gesetzesbegründung zum SEBG nennt beispielhaft den Fall, dass eine SE ein mitbestimmtes Unternehmen mit einer größeren Zahl von Arbeitnehmern „aufnimmt", in der SE aber bisher keine Mitbestimmung gilt.[483] Richtiger Auffassung zufolge liegt eine strukturelle Änderung nur dann vor, wenn die geplante Maßnahme eine (nicht nur unwesentliche) Satzungsänderung erfordert oder in ihrer Wirkung einer Satzungsänderung gleichkommt.[484] Maßnahmen nach dem Umwandlungsgesetz können daher strukturelle Maßnahmen darstellen, ein Unternehmens- oder Beteiligungskauf in der Regel nicht.[485]

---

481 Art. 7 Abs. 2 lit. b) SE-RL stellt dagegen nur auf die beteiligten Gesellschaften ab. Zur Frage der Richtlinienkonformität des § 34 Abs. 1 Nr. 2 SEBG vgl Jannott/Frodermann/*Kienast* Kap. 13 Rn 267 ff.
482 Anders als für den Arbeitsdirektor in § 33 Abs. 1 S. 1 MitbestG ist nicht vorgeschrieben, dass der für Arbeit und Soziales Zuständige ein gleichberechtigtes Organmitglied sein muss.
483 RegE BT-Drucks. 15/3405, S. 50.
484 Ähnlich *Wollburg/Banerjea* ZIP 2005, 277, 279 (korporative Akte von erheblichem Gewicht); dagegen *Rehberg* ZGR 2005, 859, 883.
485 Zum Sonderfall der arbeitnehmerlosen SE siehe Rn 264.

Hinweis: Die in der Praxis bestehende Unsicherheit zu den Voraussetzungen einer strukturellen Änderung erfordert eine umsichtige Beratung. Dies gilt vor allem vor dem Hintergrund des § 43 SEBG, der den Missbrauch der SE zur Verkürzung der Beteiligungsrechte von Arbeitnehmer verbietet, und einen solchen Missbrauch vermutet, wenn eine solche Verkürzung aufgrund einer strukturellen Änderung innerhalb eines Jahres nach Gründung der SE eintritt. § 45 Abs. 1 Nr. 2 SEBG bedroht einen Verstoß gegen das Missbrauchsverbot sogar mit Freiheitsstrafe bis zu zwei Jahren oder Geldstrafe.

264 **Exkurs: Arbeitnehmerlose SE:** Die Durchführung des vom SEBG vorgesehenen Verfahrens stößt an Grenzen bei der sog. arbeitnehmerlosen SE. Dabei handelt es sich um eine SE, die nicht nur zum Zeitpunkt ihrer Gründung keine Arbeitnehmer hat – dies dürfte zB bei der Gründung einer Tochter-SE der Regelfall sein –, sondern auch nach der Gründung bestimmungsgemäß keine Arbeitnehmer anstellen soll. Dies kann zB bei einer **Vorratsgesellschaft**, einer reinen Finanzholding oder einem Akquisitionsvehikel der Fall sein. Es erscheint sinnlos, über Beteiligungsrechte zu verhandeln, wenn es keine Arbeitnehmer gibt, die von dem Verhandlungsergebnis profitieren. Das LG Hamburg[486] verlangt gleichwohl unter Verweis auf den Wortlaut des Art. 12 Abs. 2 SE-VO auch in einem solchen Fall die Durchführung des Beteiligungsverfahrens. Zumindest in solchen Fällen, in denen auch die beteiligten Gesellschaften (und ihre Tochtergesellschaften) keine oder weniger als zehn Arbeitnehmer beschäftigen, ist dem mit der hM nicht zu folgen.[487] Denn in dieser Situation ist es nicht einmal möglich, das BVG ordnungsgemäß zu bilden.[488] Ist eine SE ohne Beteiligungsverfahren gegründet worden, ist dieses entsprechend § 18 Abs. 3 SEBG[489] nachzuholen, wenn die SE erstmals Mitarbeiter beschäftigt.[490]

Hinweis: Es empfiehlt sich, mit dem zuständigen Gericht abzustimmen, ob es die SE auf der Grundlage einer Negativerklärung (keine Einstellung bei der SE geplant, ggf keine Arbeitnehmer bei den beteiligten Gesellschaften und ihren Tochtergesellschaften beschäftigt) einträgt. Falls dies nicht der Fall ist, ist zu erwägen, das Beteiligungsverfahren durch Abschluss einer Beteiligungsvereinbarung mit vorübergehend bei den Gründungsgesellschaften beschäftigten Arbeitnehmern formal durchzuführen.

3. Organe

265 Gem. Art. 38 SE-VO verfügt eine SE über folgende Organe: Zum einen die **Hauptversammlung** der Aktionäre und zum anderen – abhängig von den Festsetzungen in der Satzung – entweder über ein **Aufsichtsorgan** und ein **Leitungsorgan (dualistisches System)** oder über ein **Verwaltungsorgan (monistisches System)**. Im dualistischen System entspricht die Struktur der SE weitgehend derjenigen einer deutschen AG. Das monistische System schafft eine *Board*-Struktur nach anglo-amerikanischem Vorbild. Die SE-VO regelt Konstituierung und innere Ordnung der Organe nur bruchstückhaft, ebenso wie ihre Rechte und Pflichten sowie diejenigen ihrer Mitglieder. Die Art. 46 bis 60 SE-VO enthalten einige Vorgaben, die sowohl für das dualistische als auch für das monistische System gelten, wobei die Art. 52 ff SE-VO die Hauptversammlung betreffen. Diese Vorgaben werden durch die Art. 39 bis 42 SE-VO für das dualistische System und die Art. 43 bis 45 SE-VO für das monistische System ergänzt. Die Mitgliedstaaten können ergänzende Vorschriften für das ihrer Rechtsordnung jeweils unbekannte System erlassen, Art. 39 Abs. 5 bzw Art. 43 Abs. 4 SE-VO. Im Übrigen gilt über Art. 9 Abs. 1 lit. c) ii) SE-VO nationales Aktienrecht.

266 Der deutsche Gesetzgeber hat die SE-VO in den §§ 20 bis 49 SEAG für das monistische System ergänzt; die §§ 76 bis 116 AktG gelten ausdrücklich nicht, § 20 SEAG. In den §§ 15 bis 19 SEAG finden sich auch einige wenige Regelungen für das dualistische System. Im Übrigen gelten für das Leitungsorgan die Vorschriften über den Vorstand und für das Aufsichtsorgan die Vorschriften über den Aufsichtsrat.

---

486 RIW 2006, 68 (mit ablehnender Anm. von *Reinhard*); *Blanke* ZIP 2006, 789, 790.
487 Vgl AG Düsseldorf ZIP 2006, 287; AG München ZIP 2006, 130; MünchKommAktG/*Schäfer* Art. 16 SE-VO Rn 13; *Reinhard* RIW 2006, 68, 69 f.
488 Zur Mindestgröße des BVG siehe Rn 251.
489 Siehe Rn 263.
490 Ausführlich hierzu *Casper/Schäfer* ZIP 2007, 653, 658 ff.

Hinweis: Die Bezeichnung der SE-Organe in der SE-VO und im SEAG wird zuweilen als unbeholfen empfunden und in der Praxis ignoriert. Zur Vermeidung von Auseinandersetzungen beispielsweise mit dem Registergericht ist aber zu empfehlen, die Bezeichnungen Aufsichtsorgan und Leitungsorgan konsequent zu verwenden.

a) Gemeinsame Bestimmungen für das dualistische und das monistische System

Die Mitglieder sämtlicher Organe werden für einen in der Satzung bestimmten Zeitraum gewählt, der sechs Jahre nicht übersteigen darf, Art. 46 Abs. 1 SE-VO. Eine Wiederbestellung ist vorbehaltlich anders lautender Satzungsbestimmungen zulässig, Art. 46 Abs. 2 SE-VO. Gem. Art. 47 Abs. 1 SE-VO können grundsätzlich auch Gesellschaften oder juristische Personen Organmitglied sein, es sei denn, dass das nationale Recht eine solche Möglichkeit für seine Aktiengesellschaften ausschließt, wie es in Deutschland der Fall ist.[491] Personen, die nach nationalem Recht keinem Organ einer Aktiengesellschaft angehören dürfen, können auch keine Organfunktion in der SE bekleiden, Art. 47 Abs. 2 SE-VO. Bei der deutschen SE kann die Satzung nach Art. 47 Abs. 4 SE-VO iVm § 101 Abs. 2 AktG ein Entsenderecht vorsehen.

267

Laut Art. 48 SE-VO muss die Satzung der SE Geschäfte definieren, die im dualistischen System der Zustimmung des Aufsichtsorgans unterliegen bzw im monistischen System eines ausdrücklichen Beschlusses des Verwaltungsorgans bedürfen. Gem. § 19 SEAG kann das Aufsichtsorgan diese Geschäfte auch selbst bestimmen.[492] Für die Beschlussfassung und Beschlussfähigkeit der Organe enthält Art. 50 SE-VO Auffangregelungen, sollte die Satzung der SE hierzu schweigen. Die Art. 49 und 51 SE-VO normieren Vertraulichkeitspflichten und Schadensersatzpflichten für die Organmitglieder einer SE, die sich an das Recht der Aktiengesellschaft in den jeweiligen Mitgliedstaaten anlehnen.[493]

268

b) Dualistisches System

Wie ausgeführt gelten grundsätzlich die §§ 76 ff AktG für das Leitungsorgan und die 95 ff AktG für das Aufsichtsorgan einer deutschen SE. Insofern wird auf die entsprechenden Ausführungen zur AG verwiesen.[494] Nachfolgend dargestellt werden nur die besonderen Vorgaben der SE-VO und der §§ 15 ff SEAG.

269

aa) Leitungsorgan

Das Leitungsorgan führt die Geschäfte der SE in eigener Verantwortung, Art. 39 Abs. 1 S. 1 SE-VO. Seine Mitglieder werden vom Aufsichtsorgan bestellt und abberufen, Art. 39 Abs. 2 S. 1 SE-VO.[495] Mitglieder des Aufsichtsorgans können nicht gleichzeitig Mitglieder des Leitungsorgans sein, sondern nur vorübergehend zur Wahrnehmung der Aufgaben eines Mitglieds des Leitungsorgans bei einer entsprechenden Vakanz abgestellt werden, Art. 39 Abs. 3 SE-VO. Während dieser Zeit ruht das Mandat im Aufsichtsorgan.[496] Die Zahl der Mitglieder des Leitungsorgans bestimmt sich im Rahmen mitgliedstaatlich gesetzter Höchst- und Mindestzahlen nach der Satzung der SE, Art. 39 Abs. 4 SE-VO. Für eine deutsche SE mit einem Grundkapital von mehr als 3 000 000 EUR besteht das Leitungsorgan aus mindestens zwei Personen, sofern die Satzung keine andere Bestimmung trifft, § 16 S. 1 SEAG. Für die mitbestimmte deutsche SE sieht die Auffangregelung des § 38 Abs. 2 SEBG eine Mindestzahl von zwei Personen vor, von denen eine für den Bereich Arbeit und Soziales zuständig sein muss.[497]

270

---

491 Vgl §§ 76 Abs. 3 S. 1, 100 Abs. 1 S. 1 AktG.
492 Entspricht § 111 Abs. 4 S. 2 AktG.
493 In Deutschland sind dies die §§ 93 Abs. 1 S. 3, Abs. 2, 116 AktG.
494 Siehe § 6 Rn 511 ff und 568 ff.
495 Entspricht §§ 76 Abs. 1, 84 Abs. 1 S. 1 AktG. Mitgliedstaaten, deren Aktiengesellschaften abweichend strukturiert sind, gestattet Art. 39 SE-VO abweichende Regelungen.
496 § 15 SEAG regelt weitere Einzelheiten.
497 Siehe Rn 261 aE.

bb) Aufsichtsorgan

271 Das Aufsichtsorgan überwacht die Führung der Geschäfte durch das Leitungsorgan, ist aber nicht berechtigt, die Geschäfte der SE selbst zu führen, Art. 40 Abs. 1 SE-VO.[498] Zu diesem Zweck kann das Aufsichtsorgan und – wenn der zuständige Mitgliedstaat dies so bestimmt – auch jedes seiner Mitglieder vom Leitungsorgan alle erforderlichen Informationen verlangen, Art. 41 Abs. 3 SE-VO. § 18 SEAG eröffnet den einzelnen Mitgliedern das Recht, Informationen zu verlangen, jedoch nur an das Aufsichtsorgan als Ganzes. Gem. Art. 41 Abs. 1 SE-VO ist das Aufsichtorgan mindestens alle drei Monate über den Gang der Geschäfte der SE und deren voraussichtliche Entwicklung zu unterrichten. Daneben hat das Leitungsorgan rechtzeitig über alle Informationen zu unterrichten, die sich spürbar auf die Lage der SE auswirken können, Art. 41 Abs. 2 SE-VO. Schließlich sieht Art. 41 Abs. 4 SE-VO ein Prüfungsrecht des Aufsichtsorgans vor.[499]

272 Die Mitglieder des Aufsichtsorgans werden wie die des Aufsichtsrats einer AG von der Hauptversammlung bestellt, Art. 40 Abs. 2 S. 1 SE-VO.[500] Die Zahl der Mitglieder des Leitungsorgans bestimmt sich im Rahmen mitgliedstaatlich gesetzter Höchst- und Mindestzahlen nach der Satzung der SE, Art. 40 Abs. 3 SE-VO. Das Aufsichtsorgan einer deutschen SE besteht aus mindestens drei und – abhängig vom Grundkapital – höchstens neun bis 21 Personen, wobei die Zahl stets durch drei teilbar sein muss, § 17 Abs. 1 SEAG.[501] Das Aufsichtsorgan wählt aus seiner Mitte einen Vorsitzenden, der in einer paritätisch mitbestimmten SE ein Vertreter der Anteilseigner sein muss, Art. 42 SE-VO, und doppeltes Stimmrecht hat, Art. 50 Abs. 2 SE-VO.[502]

c) Monistisches System

aa) Aufgabenverteilung

273 Zentrales Organ im monistischen System ist das Verwaltungsorgan, den das SEAG als Verwaltungsrat bezeichnet. Der Verwaltungsrat führt nach Art. 43 Abs. 1 S. 1 SE-VO die Geschäfte der SE. Satz 2 derselben Vorschrift zeigt, dass es sich nicht notwendigerweise auch mit dem Tagesgeschäft befassen muss, indem er gestattet, die laufenden Geschäfte der SE auf Geschäftsführer zu übertragen.[503] Im Einklang mit der Delegierbarkeit des Tagesgeschäfts muss sich der Verwaltungsrat vorbehaltlich abweichender Bestimmungen in der Satzung Art. 44 Abs. 1 SE-VO gem. nur alle drei Monate treffen. Die Vorschriften des SEAG für die deutsche SE schaffen denn auch eine dem dualistischen System angenäherte Arbeitsteilung:

- Der **Verwaltungsrat** als Leitungsorgan leitet die Gesellschaft, bestimmt die Grundlinien ihrer Tätigkeit und überwacht deren Umsetzung, § 22 Abs. 1 SEAG.
- Die **geschäftsführenden Direktoren** sind das Geschäftsführungs- (§ 40 Abs. 2 S. 1 SEAG) und Vertretungsorgan (§ 41 Abs. 1 SEAG) der SE.

274 Die Abgrenzung von Leitung und Geschäftsführung, der für die AG wegen des Gleichlaufs der §§ 76, 77 AktG keine Bedeutung zukommt, ist für die deutsche SE mithin wesentlich.[504] Es wäre ein Missverständnis, den Verwaltungsrat als einen „verkappten" Aufsichtsrat zu deuten. Neben der Generalklausel, die ihm – wie dem Vorstand der AG, § 76 AktG – die Unternehmensleitung zuweist, obliegen ihm gem. § 22 Abs. 3 und 5 SEAG mit der Führung der Handelsbücher, der Einrichtung eines Überwachungssystems (vgl § 91 AktG) sowie den an § 92 AktG ausgerichteten Pflichten bei Verlusten

---

498 Entspricht § 111 Abs. 1 und 4 AktG.
499 Die Informations- und Prüfungsrechte des Aufsichtsorgans entsprechen strukturell den §§ 90 Abs. 1 S. 1 Nr. 3 und S. 3, 111 Abs. 2 AktG.
500 Zur Bestellung des ersten Aufsichtsorgans siehe Rn 186 f. Bei der mitbestimmten SE sind die Vereinbarung über die Beteiligung der Arbeitnehmer bzw die gesetzliche Auffangregelung zu beachten, siehe Rn 254 ff.
501 Entspricht § 95 S. 1 bis 4 AktG.
502 Zu einem ähnlichen Ergebnis führen §§ 27 Abs. 2, 29 Abs. 2 MitbestG.
503 Für das deutsche Recht hat die Bestimmung allerdings keine Bedeutung, weil sie eine entsprechende Regelung für Aktiengesellschaften in dem betreffenden Mitgliedstaat voraussetzt.
504 Hierzu Merkt ZGR 2003, 650, 657 ff.

oder Insolvenz weitere vorstandstypische Aufgaben.[505] Besonders deutlich wird die **Kompetenzfülle des Verwaltungsrats** an den folgenden Bestimmungen:

- § 22 Abs. 6 SEAG überträgt dem Verwaltungsrat generalklauselartig alle Rechte und Pflichten sowohl des Aufsichtsrats als auch des Vorstandes einer AG, sofern das SEAG keine abweichende Regelung trifft.
- Gem. § 44 Abs. 2 SEAG haben die geschäftsführenden Direktoren neben anderen Vorgaben die Weisungen des Verwaltungsrats zu befolgen.
- Gem. § 40 Abs. 5 S. 1 SEAG kann der Verwaltungsrat die geschäftsführenden Direktoren jederzeit abberufen.

Diese Kompetenzen führen dazu, dass der Verwaltungsrat anders als der Aufsichtsrat, aber ähnlich wie die Gesellschafterversammlung in der GmbH auch aktiv in die Geschäfte der Gesellschaft eingreifen kann. Der Verwaltungsrat kann die ihm gesetzlich zugewiesenen Aufgaben nicht auf die geschäftsführenden Direktoren übertragen, § 40 Abs. 2 S. 3 SEAG.[506]

Die monistische Struktur der deutschen SE kann durch Satzungsgestaltung verstärkt werden. So können **Verwaltungsratsmitglieder als geschäftsführende Direktoren** bestellt werden, sofern die Mehrheit im Verwaltungsrat weiterhin aus nicht geschäftsführenden Mitgliedern besteht, § 40 Abs. 1 SEAG. Damit ergibt sich eine Struktur ähnlich derjenigen eines anglo-amerikanischen Board mit *Executive Directors* und *Non-Executive Directors*. Eine weitere Bündelung der Leitungsmacht lässt sich durch Bestellung des Vorsitzenden des Verwaltungsrats zum geschäftsführenden Direktor erreichen.[507]

bb) Verwaltungsrat

Die Mitglieder des Verwaltungsrats werden von der Hauptversammlung bestellt, Art. 43 Abs. 3 S. 1 SE-VO.[508] Gem. Art. 43 Abs. 2 SE-VO bestimmt sich die Zahl der Mitglieder des Verwaltungsrats im Rahmen mitgliedstaatlich gesetzter Höchst- und Mindestzahlen nach der Satzung der SE; sofern die SE mitbestimmt ist und die Mitbestimmung der gesetzlichen Auffangregelung der SE-RL unterfällt, muss der Verwaltungsrat aber mindestens drei Mitglieder haben. Der Verwaltungsrat einer deutschen SE besteht – abhängig vom Grundkapital – aus mindestens ein bis drei und höchstens neun bis 21 Personen, § 23 Abs. 1 SEAG. Für die Zusammensetzung des Verwaltungsrats und die Bestellung seiner Mitglieder enthalten die §§ 24 ff SEAG detaillierte Bestimmungen, die den §§ 96 ff AktG nachempfunden sind.[509]

Der Verwaltungsrat wählt aus seiner Mitte einen Vorsitzenden, der in einer paritätisch mitbestimmten SE ein Vertreter der Anteilseigner sein muss, Art. 42 SE-VO, und doppeltes Stimmrecht hat, Art. 50 Abs. 2 SE-VO.[510] Für die deutsche SE ergänzt § 34 SEAG, dass der Verwaltungsrat mindestens einen Stellvertreter wählt. Im Übrigen enthalten die §§ 34 ff SEAG detaillierte Bestimmungen zur inneren Ordnung und zur Beschlussfassung des Aufsichtsrats, die den §§ 107 ff AktG nachempfunden sind. Für die Kreditgewährung an und den Abschluss sonstiger Verträge mit Verwaltungsratmitgliedern sowie für ihre Vergütung verweist § 38 SEAG sogar ausdrücklich auf die §§ 113 ff AktG, für ihre Haftung verweist § 39 SEAG auf § 93 AktG. Zu den Kompetenzen des Verwaltungsrats siehe oben Rn 274. Über die Generalklausel in § 22 Abs. 6 hinaus weist das SEAG dem Verwaltungsrat einige spezielle Aufgaben zu, beispielsweise zur Feststellung des Jahresabschlusses in § 47 Abs. 5 und zur Einberufung der Hauptversammlung in §§ 22 Abs. 2, 48 Abs. 1.

---

505 Die geschäftsführenden Direktoren sind insoweit berichtspflichtig, § 40 Abs. 3 SEAG.
506 Dieser Grundsatz gilt nicht ausnahmslos, vgl § 22 Abs. 2 S. 3 SEAG.
507 Vergleichbar dem *président directeur general* im französischen Recht, dazu Merkt ZGR 2003, 650, 664; Hirte DStR 2005, 700, 701.
508 Zur Bestellung des ersten Verwaltungsorgans siehe Rn 186 f. Bei der mitbestimmten SE sind die Vereinbarung über die Beteiligung der Arbeitnehmer bzw die gesetzliche Auffangregelung zu beachten, siehe Rn 254 ff.
509 Die Bestellungsverbote für Vorstandsmitglieder der AG gem. § 76 Abs. 3 AktG finden Anwendung über Art. 47 Abs. 2 lit. a) SE-VO.
510 Zu einem ähnlichen Ergebnis führen §§ 27 Abs. 2, 29 Abs. 2 MitbestG.

cc) Geschäftsführende Direktoren

278 Die geschäftsführenden Direktoren sind eine Schöpfung des SEAG; in der SE-VO sind sie daher nicht erwähnt. Nach § 40 Abs. 1 SEAG erfolgt die Bestellung durch den Verwaltungsrat und ist zum Handelsregister anzumelden. Abgesehen von § 38 Abs. 2 SEBG[511] bestehen keine Vorgaben bezüglich der Zahl der geschäftsführenden Direktoren. Nach § 40 Abs. 2 S. 1 SEAG erfolgt die Geschäftsführung gemeinschaftlich, soweit die Satzung oder eine vom Verwaltungsrat erlassene Geschäftsordnung keine anderweitige Regelung treffen. Die geschäftsführenden Direktoren sind die organschaftlichen Vertreter der SE;[512] entsprechend sieht § 40 Abs. 2 S. 4 SEAG vor, dass Anmeldungen und Einreichungen zum Handelsregister von den geschäftsführenden Direktoren vorgenommen werden.

Hinweis: Bei der Anmeldung der Gesellschaft sowie bei der Anmeldung neuer geschäftsführender Direktoren sind gem. §§ 21 Abs. 2 S.1 bzw 46 Abs. 2 S. 1 SEAG iVm § 40 Abs. 1 S. 4 SEAG die vorstandsüblichen Versicherungen abzugeben. Allerdings verweist § 40 Abs. 1 S. 4 SEAG auf den gesamten § 76 Abs. 3 AktG, während sich die aktienrechtliche Versicherung gem. §§ 37 Abs. 2 S. 1, 81 Abs. 3 S. 1 AktG auf dessen Sätze 3 und 4 beschränkt. Um Zwischenverfügungen übergenauer Registergerichte zu vermeiden, sollte die Versicherung der geschäftsführenden Direktoren vorsorglich auch auf die ersten beiden Sätze des § 76 Abs. 3 AktG ausgedehnt werden.

Vorbehaltlich anderweitiger Satzungsbestimmungen sind die geschäftsführenden Direktoren aktiv nur gemeinschaftlich zur Vertretung befugt, während sie passiv stets einzelvertretungsberechtigt sind, § 44 Abs. 2 SEAG. Im Übrigen kann ihre Vertretungsbefugnis nicht beschränkt werden, § 44 Abs. 1 SEAG. Gegenüber den geschäftsführenden Direktoren wird die SE durch den Verwaltungsrat vertreten, § 40 Abs. 5 SEAG.

279 Das SEAG enthält zahlreiche Aufgabenzuweisungen an die geschäftsführenden Direktoren. Über die bereits erwähnten Pflichten hinaus sind dies insbesondere die (dispositive) Berichtspflicht analog § 90 AktG (§ 40 Abs. 6 SEAG), die Aufstellung des Jahresabschlusses (§ 47 Abs. 1 SEAG) sowie die Vorstandspflichten aus den §§ 308 ff, 319 ff AktG bei konzernierten und eingegliederten Unternehmen (§ 49 SEAG). Für Bezüge, Wettbewerbsverbote und Kreditgewährung verweist § 40 Abs. 7 SEAG auf die §§ 87 ff AktG über den Vorstand der AG, die Haftung der geschäftsführenden Direktoren bestimmt sich gem. Abs. 8 nach § 93 AktG.

d) Monistisches oder dualistisches System?

280 Die Vor- und Nachteile des monistischen und des dualistischen Systems sind im Einzelfall gegeneinander abzuwägen. Relevante Erwägungen können beispielsweise sein:
- Welches System bietet den Beteiligten die größere **Vertrautheit**? US-amerikanische Investoren werden vermutlich das monistische Board-Modell bevorzugen.
- Welches System bietet mehr **Rechtssicherheit**? In Deutschland haben Rechtsprechung und Kautelarpraxis das dualistische Modell der AG über Jahrzehnte hinweg konturiert.
- Welches System ist **kostengünstiger**? Das monistische Modell erlaubt eine Minimalstruktur mit einem Einpersonenverwaltungsrat und zusätzlich einem geschäftsführenden Direktor. Das Aufsichtsorgan des dualistischen Modells besteht aus mindestes drei Mitgliedern.
- Welches System ist **effektiver**? Dem monistischen Modell wird zuweilen ein besserer Informationsfluss zugesprochen.[513] Falls dies gewünscht ist, erlaubt es zudem, einen Großteil der Leitungsmacht in einer Hand zu bündeln (Vorsitzender des Verwaltungsrats, der gleichzeitig geschäftsführender Direktor ist – „President and CEO")

---

511 Nach der Vorschrift hat die mitbestimmte SE zwei geschäftsführende Direktoren, von denen einer für Arbeit und Soziales zuständig ist.
512 Siehe Rn 273 aE.
513 Vgl *Neye/Teichmann* AG 2003, 169, 179.

- Ist die SE mitbestimmt? Im monistischen System ist die Rolle der **Arbeitnehmervertreter** deutlich aufgewertet, indem sie nicht nur Zugang zum Kontrollorgan der Gesellschaft haben, sondern an Leitungsentscheidungen mitwirken und entsprechend umfangreichere und sensiblere Informationen enthalten.

Hinweis: Ist eine monistische SE paritätisch mitbestimmt, ist sorgfältig zu prüfen, ob von der Möglichkeit Gebrauch gemacht werden soll, Verwaltungsratsmitglieder zugleich zu geschäftsführenden Direktoren zu bestellen. Da diese der Anteilseignerseite im Verwaltungsrat zuzurechnen sind, haben die Arbeitnehmervertreter unter den „nicht-operativen" Verwaltungsratsmitgliedern die Mehrheit. Dies kann dazu führen, dass die geschäftsführenden Direktoren einen Verwaltungsratsbeschluss mit den Arbeitnehmervertretern gegen die (übrigen) Vertreter der Anteilseigner durchsetzen können.[514]

e) Hauptversammlung

Vorschriften über die Hauptversammlung der SE finden sich in den Art. 52 bis 60 SE-VO. Die **Zuständigkeit** der Hauptversammlung ergibt sich nach Art. 52 S. 1 SE-VO zunächst aus der SE-VO und den nationalen Vorschriften zur Umsetzung der SE-RL am Sitzstaat der SE. Ferner verweist Art. 52 S. 2 SE-VO auf die Rechtsvorschriften des Sitzstaats der SE bezüglich der seinem Recht unterliegenden Aktiengesellschaften[515] betreffend die nationale Aktiengesellschaft sowie auf die Satzung der SE, soweit sie mit diesen Rechtsvorschriften in Einklang steht. Diese Verweisung ist nach zutreffender Auffassung auf ungeschriebene Hauptversammlungszuständigkeiten, wie beispielsweise die Holzmüller/Gelatine-Rechtsprechung des BGH[516] zu erstrecken.[517]

281

Für die **Organisation und den Ablauf** der Hauptversammlung verweist Art. 53 SE-VO ebenfalls auf das Recht des Sitzstaates, sofern die Art. 52 bis 60 SE-VO keine abweichenden Regelungen treffen. Nach Art. 54 Abs. 1 S. 1 SE-VO ist eine Hauptversammlung mindestens einmal im Jahr binnen sechs Monaten[518] nach Abschluss des Geschäftsjahres durchzuführen. Für die Einberufung verweist Art. 54 Abs. 2 SE-VO auf das Recht des Sitzstaates. Daneben gewähren die Art. 55 und 56 SE-VO einer Minderheit, deren Anteil am Grundkapital mindestens zehn Prozent beträgt, das Recht, eine Einberufung der Hauptversammlung sowie die Aufstellung bzw Ergänzung der Tagesordnung zu verlangen. Allerdings können die nationalen Vorschriften bzw die Satzung geringere Anforderungen stellen, wenn solche auch für ihrem Recht unterliegende Aktiengesellschaften gelten. Bei einer deutschen SE genügt für die in Art. 55 und 56 SE-VO gewährten Rechte gem. § 50 SEAG bereits ein Anteil von fünf Prozent am Grundkapital, für Ergänzungen der Tagesordnung alternativ auch eine Beteiligung am Grundkapital von nominal mindestens 500 000 EUR.[519]

282

Beschlüsse der Hauptversammlung werden nach Art. 57 SE-VO grundsätzlich mit der Mehrheit der abgegebenen Stimmen gefasst, sofern nach der SE-VO oder nach nationalem Aktienrecht nicht größere Mehrheiten vorgeschrieben sind.[520] Enthaltungen oder ungültige Stimmen gelten nicht als abgegeben, Art. 58 SE-VO. **Sonderbeschlüsse** bei verschiedenen Aktiengattungen regelt Art. 60 SE-VO. Nach Abs. 1 ist eine gesonderte Abstimmung jeder Gruppe von Aktionären erforderlich, deren spezifische Rechte durch den Beschluss berührt werden.

283

4. Mitgliedschaft

Die Mitgliedschaft in der SE als Summe aller Rechte und Pflichten des Aktionärs wird – wie auch bei der AG – in Aktien verbrieft,[521] wobei die Haftung des Aktionärs auf die Höhe des von ihm gezeichne-

284

---

514 Manche Autoren halten die Ausgestaltung der Mitbestimmung im monistischen System daher für verfassungswidrig, vgl MünchKommAktG/*Jacobs* § 35 SEBG Rn 20; *Kämmerer/Veil* ZIP 2005, 369, 373.
515 In Deutschland ist dies insbesondere § 119 Abs. 1 AktG.
516 Siehe dazu § 6 Rn 594.
517 Vgl Manz/Mayer/Schröder/*Mayer* Art. 52 Rn 10 und 17 f; aA MünchKommAktG/*Kubis* Art. 52 SE-VO Rn 22.
518 Vgl dagegen § 175 Abs. 1 S. 2 AktG: acht Monate.
519 Entspricht § 122 Abs. 1 und 2 AktG.
520 Zu den Mehrheitserfordernissen bei einer Satzungsänderung siehe Rn 287.
521 Vgl auch Jannott/Frodermann/*Kuhn* Kap. 2 Rn 48.

ten Kapitals beschränkt ist,[522] vgl Art. 1 Abs. 2 SE-VO. Im Übrigen enthält die SE-VO nur wenige Bestimmungen zur Mitgliedschaft.[523] Im Wesentlichen gilt daher über Art. 5 und 9 Abs. 1 lit. c) (ii) SE-VO das Aktienecht des Sitzstaates der SE. Für die deutsche SE kann insofern auf die Ausführungen in § 6 Rn 633 ff verwiesen werden.

5. Gesellschafterstreit

285 Für die Auseinandersetzung zwischen Aktionären der SE oder zwischen der SE und ihren Aktionären enthalten weder die SE-VO noch – für Deutschland – das SEAG besondere Anordnungen. Insofern gilt gem. Art. 9 Abs. 1 lit. c) ii) SE-VO das Aktienrecht des Sitzstaates der SE. Für die deutsche SE kann insofern auf § 6 Rn 661 ff verwiesen werden.

6. Finanzverfassung

286 Art. 4 Abs. 2 schreibt ein Mindestkapital von 120 000 EUR vor.[524] Im Übrigen gilt für das Kapital der SE, seine Erhaltung und Änderung das Aktienrecht des Sitzstaates, Art. 5 SE-VO. Die Kapitalaufbringung unterfällt gem. Art. 15 Abs. 1 SE-VO ebenfalls nationalem Aktienrecht. Für die deutsche SE kann insofern auf § 6 Rn 702 ff verwiesen werden.

7. Satzungsänderung

287 Satzungsänderungen bedürfen nach Art. 59 Abs. 1 SE-VO eines Hauptversammlungsbeschlusses mit einer Mehrheit von mindestens zwei Dritteln der abgegebenen Stimmen, soweit das nationale Recht keine höheren Anforderungen stellt. Dies ist nach deutschem Recht der Fall: § 179 Abs. 2 S. 1 AktG verlangt grundsätzlich eine **Mehrheit von drei Vierteln** des bei der Beschlussfassung vertretenen Grundkapitals. Allerdings kann die Satzung der AG gem. § 179 Abs. 2 S. 2 AktG eine andere – im Fall einer Änderung des Unternehmensgegenstandes jedoch nur eine höhere – Kapitalmehrheit vorsehen. Sollte die Satzung eine geringere Mehrheit als zwei Drittel der abgegebenen Stimmen vorsehen, ist dies nicht von Art. 59 Abs. 1 SE-VO gedeckt. Allerdings kann ein Mitgliedstaat gem. Art. 59 Abs. 2 SE-VO vorsehen, dass die einfache Mehrheit für eine Satzungsänderung genügt, sofern bei der Beschlussfassung mindestens die Hälfte des Grundkapitals vertreten ist. Der deutsche Gesetzgeber gestattet der SE in § 51 SEAG, eine entsprechende Festlegung zu treffen. Ausgenommen sind Beschlüsse über die Änderung des Unternehmensgegenstandes, die grenzüberschreitende Sitzverlegung sowie Fälle, für die eine höhere Kapitalmehrheit gesetzlich zwingend vorgeschrieben ist. Art. 59 Abs. 1 und 2 SE-VO gelten gem. Art. 60 Abs. 2 SE-VO auch für Sonderbeschlüsse bei Vorhandensein mehrerer Aktiengattungen.[525] Damit ist auch § 51 SEAG anzuwenden.[526]

288 Von der durch Art. 12 Abs. 4 S. 3 SE-VO eingeräumten Möglichkeit, das Leitungs- oder Verwaltungsorgan zur Anpassung der Satzung an die Vereinbarung über die Beteiligung der Arbeitnehmer zu ermächtigen, hat der deutsche Gesetzgeber keinen Gebrauch gemacht. Allerdings ist davon auszugehen, dass Fassungsänderungen entsprechend § 179 Abs. 1 S. 2 AktG auch dem Aufsichts- bzw Verwaltungsrat übertragen werden können.[527]

8. Sitz und Sitzverlegung

a) Allgemeines

289 Die SE muss ihren Sitz nach Art. 7 S. 1 SE-VO in der Gemeinschaft haben, und zwar in dem Staat, in dem sich auch ihre **Hauptverwaltung** befindet. Das nationale Recht kann darüber hinaus festlegen,

---

522 Diese missverständliche Formulierung ist dahingehend zu verstehen, dass den Gläubigern nur das Vermögen der Gesellschaft haftet, Jannott/Frodermann/*Kuhn* Kap. 2 Rn 43.
523 Vgl Art. 55, 56 SE-VO (Antragsrecht auf Einberufung der Hauptversammlung und Ergänzung der Tagesordnung). Siehe hierzu Rn 282.
524 Siehe hierzu Rn 168.
525 Siehe dazu Rn 283.
526 Vgl MünchKommAktG/*Fischer* Art. 60 SE-VO Rn 7.
527 Vgl Jannott/Frodermann/*Kolster* Kap. 4 Rn 106.

dass Registersitz und Sitz der Hauptverwaltung übereinstimmen müssen, Art. 7 S. 2 SE-VO. Von dieser Ermächtigung hat der deutsche Gesetzgeber in § 2 SEAG Gebrauch gemacht.

Die Sitzverlegung ist ein Unterfall der Satzungsänderung; insofern gelten die allgemeinen Bestimmungen für Satzungsänderungen.[528] Eine eigenständige Regelung hat die grenzüberschreitende Sitzverlegung innerhalb der Gemeinschaft in Art. 8 SE-VO gefunden, der zu einem Wechsel des gem. Art. 9 Abs. 1 lit. c) (ii) SE-VO auf die SE anzuwenden Rechts (sog. Statutenwechsel) und damit zu einem höheren Regelungsbedarf führt. 290

b) Grenzüberschreitende Sitzverlegung

aa) Überblick

Nach Art. 8 Abs. 1 S. 1 SE-VO kann der Sitz der SE in einen anderen Mitgliedstaat verlegt werden. S. 2 der Vorschrift stellt klar, dass dieser Vorgang weder zur Auflösung noch zur Neugründung führt. Art. 8 SE-VO führt zu dem Gegenschluss, dass der Sitz der SE nicht außerhalb der Gemeinschaft verlegt werden kann.[529] Das Verfahren der grenzüberschreitenden Sitzverlegung regeln die Abs. 2 bis 13 des Art. 8 SE-VO. Es sind ein Verlegungsplan und ein Verlegungsbericht zu erstellen. Auf dieser Grundlage fasst die Hauptversammlung einen Verlegungsbeschluss. Weitere Bestimmungen betreffen den Minderheiten- und Gläubigerschutz sowie das Registerverfahren. Ausgeschlossen ist die Sitzverlegung, wenn gegen die SE ein Verfahren wegen Auflösung, Liquidation, Zahlungsunfähigkeit oder vorläufiger Zahlungseinstellung oder ein ähnliches Verfahren eröffnet worden ist, Art. 8 Abs. 15 SE-VO. 291

bb) Verlegungsplan

Das Leitungs- oder Verwaltungsorgan hat einen Verlegungsplan aufzustellen, der unbeschadet zusätzlicher nationaler Regelungen gem. Art. 13 SE-VO im Einklang mit der Ersten Gesellschaftsrechtlichen Richtlinie offengelegt werden und folgenden Mindestinhalt aufweisen muss, Art. 8 Abs. 2 SE-VO: 292
- die bisherige Firma, den bisherigen Sitz und die bisherige Registriernummer der SE;
- den neuen Sitz der SE;
- die neue Satzung der SE (und ggf die neue Firma);
- etwaige Folgen der Sitzverlegung für die Beteiligung der Arbeitnehmer;[530]
- den vorgesehenen Zeitplan für die Verlegung;
- die zum Schutz der Gläubiger und Aktionäre vorgesehenen Rechte.

Die Satzung der SE wird im Fall der grenzüberschreitenden Sitzverlegung in aller Regel übersetzt und überarbeitet werden müssen, um dem Aktienrecht des neuen Sitzstaats zu genügen.

Für das deutsche Recht konkretisiert § 12 Abs. 1 S. 3 SEAG den letzten Punkt dahingehend, dass das Barabfindungsangebot an die der Sitzverlegung widersprechenden Aktionäre[531] in den Verlegungsplan aufzunehmen ist. Entsprechendes sieht § 13 Abs. 1 S. 2 SEAG für einen Hinweis an die Gläubiger der SE vor, Sicherheit verlangen zu können.[532] 293

cc) Verlegungsbericht

Außerdem hat das Leitungs- oder Verwaltungsorgan nach Art. 8 Abs. 3 SE-VO einen Bericht zu erstellen, der die **rechtlichen und wirtschaftlichen Aspekte der Verlegung** erläutert und begründet und die Auswirkungen für die Aktionäre, Gläubiger und Arbeitnehmer im Einzelnen darlegt.[533] 294

---

528 Siehe Rn 287.
529 *Heuschmid/Schmidt* NZG 2007, 54, 55 f.
530 Dazu Rn 299.
531 Siehe dazu Rn 296.
532 Siehe dazu Rn 298.
533 Ausführlich Jannott/Frodermann/*Hunger* Kap. 9 Rn 57 ff.

dd) Verlegungsbeschluss

295 Für die Vorbereitung und Durchführung der Hauptversammlung gilt gem. Art. 53 SE-VO neben den Art. 54 ff SE-VO das nationale Recht des Sitzstaates der SE.[534] Ergänzend bestimmt Art. 8 Abs. 4 SE-VO, dass Aktionäre und Gläubiger mindestens einen Monat lang die Möglichkeit haben müssen, den Verlegungsplan und Verlegungsbericht am Sitz der SE einzusehen. Außerdem können sie in dieser Zeit die unentgeltliche Aushändigung bzw Übersendung[535] von Abschriften verlangen. Gem. Art. 8 Abs. 6 S. 1 SE-VO kann der Verlegungsbeschluss erst nach Ablauf von zwei Monaten nach Offenlegung des Verlegungsplans gefasst werden. Der Sitzverlegungsbeschluss selbst bedarf einer **satzungsändernden Mehrheit** gem. Art. 59 SE-VO. In Deutschland ist dies eine Mehrheit von mindestens drei Vierteln des bei der Beschlussfassung vertretenen Grundkapitals, Art. 59 Abs. 1 SE-VO iVm § 179 Abs. 2 S. 1 AktG. Eine Absenkung der Mehrheitsschwelle durch die Satzung der SE ist nicht möglich, § 51 S. 2 iVm S. 1 SEAG.

ee) Schutz der Minderheitsaktionäre

296 Art. 8 Abs. 5 SE-VO ermächtigt den nationalen Gesetzgeber, Vorschriften für einen angemessenen Schutz der Minderheitsaktionäre vorzusehen, die sich gegen die Verlegung ausgesprochen haben. Der deutsche Gesetzgeber hat davon in § 12 SEAG Gebrauch gemacht. Nach Abs. 1 S. 1 der Vorschrift ist den Aktionären, die gegen den Verlegungsbeschluss Widerspruch zur Niederschrift erklärt haben, eine **angemessene Barabfindung** anzubieten. Für die Barabfindung gelten dieselben Regeln wie bei der Gründung einer SE im Wege der Verschmelzung, § 12 Abs. 2 iVm § 7 Abs. 2 bis 7 SEAG.[536] Mithin sind Aktionäre bei einem unangemessenen, nicht ordnungsgemäßen oder fehlenden Abfindungsgebot auf das **Spruchverfahren** verwiesen. Anfechtungsklage können sie in diesen Fällen nicht erheben.[537]

ff) Gläubigerschutz

297 Art. 8 Abs. 16 SE-VO sieht vor, dass die SE auch nach der Sitzverlegung an ihrem alten Sitz verklagt werden kann, soweit Forderungen betroffen sind, die vor der Sitzverlegung entstanden sind (**Sitzfiktion**).[538] Außerdem kann die Eintragung der Sitzverlegung erst erfolgen, wenn nachgewiesen wird, dass die Interessen der Gläubiger und sonstigen Forderungsberechtigten in Bezug auf alle vor der Offenlegung des Verlegungsplans[539] entstandenen Verbindlichkeiten im Einklang mit den Anforderungen des bisherigen Sitzstaates angemessen geschützt sind, Art. 8 Abs. 7 bis 9 SE-VO. Art. 8 Abs. 7 Unterabs. 1 SE-VO ermächtigt die Mitgliedstaaten implizit, solche Gläubigerschutzregelungen zu treffen.[540]

298 Zum Schutz der Gläubiger einer deutschen SE sieht § 13 Abs. 1 und 2 SEAG ein Recht auf **Sicherheitsleistung** vor. Dieses Recht steht einem Gläubiger zu, dessen Forderung vor oder bis zu 15 Tage nach Offenlegung des Verlegungsplans entstanden ist und die er innerhalb von zwei Monaten nach der Offenlegung des Verlegungsplans schriftlich bei der SE anmeldet, soweit er keine Befriedigung verlangen kann[541] und glaubhaft macht, dass seine Forderung durch die Sitzverlegung gefährdet wird. Eine solche Gefährdung soll wegen der Sitzfiktion des Art. 8 Abs. 16 SE-VO nach dem Willen des Gesetz-

---

534 Vgl Rn 282.
535 MünchKommAktG/*Oechsler* Art. 8 SE-VO Rn 25; aA Manz/Mayer/Schröder/*Schröder* Art. 8 SE-VO Rn 54.
536 Siehe Rn 202.
537 Jannott/Frodermann/*Hunger* Kap. 9 Rn 97; aA für das fehlende oder nicht ordnungsgemäße Abfindungsangebot MünchKommAktG/*Oechsler* Art. 8 SE-VO Rn 17.
538 Maßgeblich ist der Zeitpunkt der Eintragung nach Art. 8 Abs. 10 SE-VO. Insofern wird von Art. 8 Abs. 13 S. 1 SE-VO abgewichen, wonach die Sitzverlegung Dritten gegenüber erst mit der Offenlegung der Eintragung wirksam wird.
539 Die Mitgliedstaaten können auch Forderungen einbeziehen, die bis zur Verlegung entstehen oder entstehen können, Art. 8 Abs. 7 Unterabs. 1 S. 2 SE-VO.
540 Vgl *Teichmann* ZGR 2002, 383, 460.
541 In diesem Fall kann der Gläubiger unmittelbar auf Erfüllung klagen, das Minus einer Sicherheitsleistung ist entbehrlich.

gebers nur dann vorliegen, wenn eine spätere Durchsetzung der Forderung durch die Verlagerung von Vermögenswerten faktisch erschwert wird.[542]

gg) Auswirkung auf die Beteiligung der Arbeitnehmer

Welchen Einfluss die grenzüberschreitende Sitzverlegung auf die Beteiligung der Arbeitnehmer hat, hängt in erster Linie von ihrer Regelungsgrundlage ab.[543] Bestimmt sich die Beteiligung der Arbeitnehmer nach der gesetzlichen Auffangregelung, so folgt aus dem mit Sitzverlegung verbundenen Statutenwechsel,[544] dass nunmehr die Bestimmungen des Zuzugsstaates gelten.[545] Haben die Parteien dagegen eine Vereinbarung über die Beteiligung der Arbeitnehmer gem. Art. 4 SE-RL getroffen, kann bereits darin die Neuverhandlung für den Fall der Sitzverlegung angeordnet sein, vgl Art. 4 Abs. 2 lit. h) SE-RL (in Deutschland § 21 Abs. 1 Nr. 6 SEBG). Ansonsten wäre eine Pflicht zur Neuverhandlung der Beteiligungsvereinbarung nur aus dem 18. Erwägungsgrund der SE-RL[546] und in Deutschland zusätzlich aus § 18 Abs. 3 sowie § 21 Abs. 4 SEBG herzuleiten, indem man die grenzüberschreitende Sitzverlegung als **strukturelle Änderung** betrachtet, die zur Neuverhandlung verpflichtet.[547] Die Frage kann nur auf der Grundlage der SE-RL ohne Rückgriff zB auf das SEBG entschieden werden, da sich annehmen lässt, dass der Richtliniengeber sie nicht der unterschiedlichen Beantwortung durch die Mitgliedstaaten überlassen wollte. Der mit einer Sitzverlegung verbundene Statutenwechsel lässt sich nicht als der im 18. Erwägungsgrund der SE-RL erwähnte strukturelle Änderungsprozess beschreiben, der das zu schützende „**Vorher-Nachher-Prinzip**" beeinträchtigt.[548] Aufgrund der durch die SE-RL geschaffenen Rechtsvereinheitlichung ist das Vorher-Nachher-Prinzip im Fall der Sitzverlegung bereits gewahrt. Gleichzeitig mit der Sitzverlegung beschlossene strukturelle Änderungen (wie zB der Wechsel zwischen dem monistischen und dem dualistischen System) können aber selbstverständlich eine Neuverhandlungspflicht auslösen.

299

hh) Registerverfahren, Eintragung und Offenlegung

Gem. Art. 8 Abs. 8 SE-VO stellt die zuständige Behörde im bisherigen Sitzstaat der SE eine Bescheinigung aus, aus der zweifelsfrei hervorgeht, dass die der Verlegung vorangehenden Rechtshandlungen und Formalitäten durchgeführt wurden. In Deutschland ist dies das Handelsregister am bisherigen Sitz der SE, §§ 3, 4 SEAG, 125 FGG, 14 AktG. Die Bescheinigung darf nur erteilt werden, wenn die SE nachweist, dass die nationalen Vorschriften über den Gläubigerschutz eingehalten wurden, Art. 8 Abs. 7 SE-VO. Für die deutsche SE verlangt § 14 SEAG für die Erteilung der Bescheinigung zusätzlich eine Negativerklärung der Vertretungsorgane der SE bzgl etwaiger Klagen gegen die Wirksamkeit des Verlegungsbeschlusses.

300

Neben der Vorlage der Bescheinigung gem. Art. 8 Abs. 8 SE-VO ist für die Eintragung im neuen Sitzstaat zusätzlich nachzuweisen, dass die dort erforderlichen Formalitäten erfüllt wurden, Art. 8 Abs. 9 SE-VO. Es ist umstritten, welche Formalitäten damit gemeint sind. Die Gegenstände der Bescheinigung nach Art. 8 Abs. 8 SE-VO sind im Zuzugsstaat jedenfalls nicht erneut zu überprüfen.[549] Zu weit dürfte es auch gehen, die Einhaltung der allgemeinen Gründungsvorschriften insbesondere bzgl der Kapitalaufbringung zu überprüfen.[550] Darin läge eine ungerechtfertigte Erschwerung der Sitzverlegung,[551] zumal die Sitzverlegung nach Art. 8 Abs. 1 S. 2 SE-VO nicht zu einer Neugründung führt.[552] Nicht zu prüfen ist außerdem die Verlegung der Hauptverwaltung.[553] Vielmehr beschränkt

301

---

542 RegE BT-Drucks. 15/3405, S. 35.
543 Siehe dazu Rn 254 ff.
544 Siehe Rn 291.
545 Vgl MünchKommAktG/*Jacobs* § 3 SEBG Rn 3; Jannott/Frodermann/*Kienast* Kap. 13 Rn 199.
546 Hierauf stellt *Köstler*, in: Theisen/Wenz (Hrsg.), S. 367, ab.
547 Für eine Anwendung von § 21 Abs. 4 SEBG, aber ablehnend bzgl § 18 Abs. 3 SEBG *Oechsler* AG 2005, 373, 376.
548 AA *Huizinga/Meinema*, in: Oplustil/Teichmann (Hrsg.), The European Company – all over Europe, S. 233.
549 Ebenso MünchKommAktG/*Oechsler* Art. 8 SE-VO Rn 50;.
550 So aber *Wenz*, in: Theisen/Wenz (Hrsg.), S. 254 f.
551 Vgl Manz/Mayer/Schröder/*Schröder* Art. 8 Rn 97 aE.
552 Vgl MünchKommAktG/*Oechsler* Art. 8 SE-VO Rn 51.
553 MünchKommAktG/*Oechsler* Art. 8 SE-VO Rn 50; aA Manz/Mayer/Schröder/*Schröder* Art. 8 Rn 100.

sich die Prüfung darauf, dass die Satzung der SE mit dem Aktienrecht des neuen Sitzstaates vereinbar ist und kein Ausschlussgrund nach Art. 8 Abs. 15 SE-VO – zB die Eröffnung des Insolvenzverfahrens – eingetreten ist.[554]

302 **Prüfungsreihenfolge: Inhalt** der Handelsregisteranmeldung (Sitzverlegung aus Deutschland)
1. Anmeldung der Sitzverlegung;
2. Negativerklärung des Leitungsorgans bzw der geschäftsführenden Direktoren gem. § 14 SEAG;
3. Versicherung des Leitungsorgans bzw der geschäftsführenden Direktoren, dass allen berechtigen Gläubigern angemessene Sicherheit geleistet wurde, § 13 Abs. 1 SEAG.

Anlagen zur Anmeldung
1. Verlegungsplan;[555]
2. Verlegungsbericht;
3. Niederschrift über den Verlegungsbeschluss der Hauptversammlung.

Prüfungsreihenfolge: Inhalt der Handelsregisteranmeldung (**Sitzverlegung nach Deutschland**)
1. Anmeldung der Sitzverlegung;
2. Änderung bzw Neufassung der Satzung.

Anlagen zur Anmeldung
1. die Bescheinigung nach Art. 8 Abs. 8 SE-VO;
2. die für die SE vorgesehene Satzung.

303 Gem. Art. 8 Abs. 11 SE-VO teilt das Register im neuen Sitzstaat die Eintragung der SE der Registerbehörde im bisherigen Sitzstaat mit; erst danach kann diese die Löschung der SE vornehmen. Gem. Art. 8 Abs. 12 SE-VO ist die Eintragung der SE im Register des neuen Sitzstaats und die Löschung im bisherigen Register im Einklang mit Art. 13 SE-VO und der Ersten Gesellschaftsrechtlichen Richtlinie von den zuständigen Registergerichten offenzulegen. In Deutschland geschieht dies gem. § 10 HGB. Mit der Eintragung der SE im neuen Register wird die Sitzverlegung und die damit verbundene Satzungsänderung wirksam, kann Dritten allerdings erst dann entgegengehalten werden, wenn die neue Eintragung offengelegt wurde, Art. 8 Abs. 10 und 13 S. 1 SE-VO. Dritte können sich gem. Art. 8 Abs. 13 S. 2 SE-VO sogar solange auf den alten Sitz berufen, bis die SE in ihrem früheren Register gelöscht ist, sofern die SE dem Betreffenden keine Kenntnis vom neuen Sitz nachweisen kann.[556]

9. Beendigung

a) Allgemeines

304 Für Auflösung, Liquidation, Zahlungsunfähigkeit, Zahlungseinstellung und ähnliche Verfahren verweist die SE-VO in Art. 63 auf das Recht des Sitzstaates der SE. Auf die deutsche SE sind also die §§ 262 ff AktG sowie die InsO anzuwenden; insofern wird auf § 6 Rn 750 ff verwiesen. Ergänzend sind mindestens Verfahrenseröffnung, -abschluss und die Entscheidung über die Weiterführung der Geschäftstätigkeit entsprechend den Bestimmungen der Ersten Gesellschaftsrechtlichen Richtlinie offenzulegen, Art. 65 SE-VO.

b) Verstoß gegen Art. 7 SE-VO

305 Daneben enthält Art. 64 SE-VO Sonderregelungen für den Fall, dass der Mitgliedstaat des Satzungssitzes und der Hauptverwaltung des SE entgegen Art. 7 SE-VO auseinanderfallen. Die Mitgliedstaaten haben Maßnahmen zu treffen, um die SE zu verpflichten, den Zustand innerhalb einer bestimmten Frist zu beheben, indem sie entweder ihre Hauptverwaltung im Sitzstaat errichtet oder ihren Sitz nach dem Verfahren in Art. 8 SE-VO in den Staat der Hauptverwaltung verlegt. Kommt die SE dieser Verpflichtung nicht nach, ist sie zu liquidieren. Der Mitgliedstaat hat Rechtsmittel mit

---

554 Manz/Mayer/Schröder Art. 8 SE-VO Rn 98 und 99. Die Prüfung beschränkt sich auf den Zeitraum seit Erteilung der Bescheinigung gem. Art. 8 Abs. 8 SE-VO.
555 Stattdessen dürfte ein Verweis auf den bereits zur Offenlegung eingereichten Verlegungsplan genügen. Ein Verzicht auf die Beifügung sollte aber mit dem zuständigen Register abgestimmt werden.
556 Wegen der Perpetuierung des Sitzes für Altforderungen siehe Rn 297.

aufschiebender Wirkung gegen die genannten Maßnahmen vorzusehen. Die Behörden des Staates, in dem die SE ihre Hauptverwaltung hat, sind verpflichtet, die Behörden im Sitzstaat der SE über einen Verstoß gegen Art. 7 SE-VO zu informieren, sofern sie dies – ggf auf Veranlassung einer betroffenen Partei[557] – feststellen.

Bei einer deutschen SE stellt das Auseinanderfallen von Sitz und Hauptverwaltung einen Mangel der Satzung nach § 262 Abs. 1 Nr. 5 AktG dar, § 52 S. 1 SEAG. Nach § 52 S. 2 SEAG fordert das Registergericht die SE auf, den Zustand zu beheben. Kommt sie dieser Aufforderung nicht innerhalb der bestimmten Frist nach, hat das Gericht den Mangel der Satzung festzustellen. Sobald diese Feststellung rechtskräftig wird, liegt ein **Auflösungsgrund** gem. § 262 Abs. 1 Nr. 5 AktG vor. Gegen die Feststellung findet die sofortige Beschwerde statt, § 52 Abs. 3 SEAG. 306

10. Umwandlung in eine Aktiengesellschaft

Art. 66 SE-VO regelt die (Rück-)Umwandlung der SE in eine Aktiengesellschaft nach dem Recht ihres Sitzstaates. Wie die Umwandlung einer Aktiengesellschaft in eine SE führt auch diese weder zur Auflösung der Gesellschaft noch zur Gründung einer neuen juristischen Person, Art. 66 Abs. 2 SE-VO. Art. 66 Abs. 1 S. 1 SE-VO bestimmt, dass ein Umwandlungsbeschluss **erst zwei Jahre nach der Eintragung der SE** oder nach Genehmigung der ersten beiden Jahresabschlüsse gefasst werden kann. Bei den Jahresabschlüssen kann es sich auch um Rumpfgeschäftsjahre handeln.[558] Das in Art. 66 Abs. 3 bis 6 SE-VO geregelte Verfahren folgt weitgehend den Bestimmungen zur Gründung der SE durch Umwandlung in Art. 37 SE-VO.[559] So sind ein Umwandlungsplan und ein Umwandlungsbericht zu erstellen, und der Umwandlungsplan ist mindestens einen Monat vor der Hauptversammlung, die über die Umwandlung beschließt, offenzulegen. Außerdem ist eine **Werthaltigkeitsprüfung** durch unabhängige Sachverständige vorgesehen, die bescheinigen,[560] dass das Nettovermögen der SE die Höhe ihres Kapitals – gemeint ist das Grundkapital – erreicht oder übersteigt; Rücklagen der SE sind anders als bei Art. 37 Abs. 6 SE-VO nicht zu berücksichtigen. Schließlich bedarf die Umwandlung der Zustimmung der Hauptversammlung der SE. Ergänzend gilt über Art. 9 Abs. 1 lit. c) (ii) SE-VO nationales Recht. In Deutschland finden mithin die Vorschriften des UmwG und des AktG Anwendung.[561] 307

Es stellt sich die Frage, inwiefern Art. 66 SE-VO von **abschließendem Charakter** ist. Für den Formwechsel ist dies zu bejahen. Art. 66 SE-VO würde praktisch leer laufen, wenn die SE nach nationalem Umwandlungsrecht ohne Wartezeit und in beliebige Rechtsformen umgewandelt werden könnte.[562] Sonstige Umwandlungsformen wie die Verschmelzung oder die Spaltung sind von Art. 66 SE-VO aber nicht erfasst. Insofern besteht weder Anlass noch Grundlage, die SE gegenüber einer Aktiengesellschaft bei der Anwendung nationalen Umwandlungsrechts zu diskriminieren.[563] Nach deutschem Recht kann eine AG (und damit eine SE) in den ersten beiden Jahren nach ihrer Eintragung weder als übertragende Gesellschaft an einer Verschmelzung durch Neugründung noch an einer Spaltung – abgesehen von der Ausgliederung zur Neugründung – teilnehmen, §§ 76 Abs. 1, 141 UmwG. 308

11. Registerrecht

Registerrechtlich bedeutsame Bestimmungen für die SE sind vorstehend im jeweiligen Sachzusammenhang erläutert. Im Übrigen gilt gem. Art. Art. 9 Abs. 1 lit. c) (ii) SE-VO das Aktienrecht des Sitzlandes der SE. Für die deutsche SE ist insofern ergänzend auf § 6 Rn 757 f zu verweisen. 309

---

557 In Frage kommen Arbeitnehmer, Aktionäre oder Gläubiger, auf die sich das Auseinanderfallen von Sitz und Hauptverwaltung negativ auswirkt, vgl Manz/Mayer/Schröder/*Fuchs* Art. 64 SE-VO Rn 22.
558 MünchKommAktG/*Schäfer* Art. 66 SE-VO Rn 5.
559 Siehe Rn 235 ff.
560 Die Bescheinigung ist wie im Falle des Art. 37 Abs. 6 SE-VO entsprechend der Zweiten Gesellschaftsrechtlichen Richtlinie zu erteilen, Manz/Mayer/Schröder/*Schröder* Art. 66 SE-VO Rn 16.
561 Ausführlich Jannott/Frodermann/*Veil* Kap. 10 Rn 22 ff.
562 Ebenso Jannott/Frodermann/*Veil* Kap. 10 Rn 20; aA *Oplustil/Schneider* NZG 2003, 13, 16.
563 Enger Jannott/Frodermann/*Veil* Kap. 10 Rn 16 ff; zT. aA *Oplustil/Schneider* NZG 2003, 13, 16 f.

II. Europäische Genossenschaft[564]

1. Allgemeine rechtliche Darstellung

a) Rechtsquellen

310 Ebenso wie die SE ist auch die Europäische Genossenschaft oder Societas Cooperativa Europaea (SCE), die mit der EG-Verordnung Nr. 1435/2003 (SCE-VO)[565] eingeführt wurde, eine supranationale Gesellschaftsform. Die Beteiligung der Arbeitnehmer in einer SCE ist ebenso wie bei der SE in einer gesonderten Richtlinie 2003/72/EG (SCE-RL)[566] geregelt. Über Art. 77 iVm Anhang XXII Nr. 10c des Abkommens über den Europäischen Wirtschaftsraum (EWR)[567] gilt die SCE-VO auch in den Staaten des EWR.[568] In Deutschland wurde am 18.8.2006 das Gesetz zur Einführung der Europäischen Genossenschaft und zur Änderung des Genossenschaftsrechts erlassen. Enthalten waren das Ausführungsgesetz zur SCE-VO (SCEAG)[569] und das Gesetz zur Umsetzung der SCE-RL (SCEBG).[570]

311 Die SCE ist wie die SE stark durch das nationale Recht geprägt. Soweit keine Sonderregeln für die SCE bestehen, ist sie wie eine Genossenschaft nationalen Rechts zu behandeln. Art. 8 Abs. 1 SCE-VO regelt eine detaillierte Normenhierarchie, die Art. 9 SE-VO für die SE entspricht.[571]

b) Rechtsnatur

312 Nach Art. 1 SCE-VO ist die SCE eine Gesellschaft mit **eigener Rechtspersönlichkeit**, deren Grundkapital in Geschäftsanteile zerlegt ist. Die Mitglieder der SCE haften grundsätzlich nur bis zur Höhe ihres eingezahlten Geschäftsanteils. Die Satzung kann allerdings anderes vorsehen, dh auch eine Haftung der Mitglieder mit ihrem gesamten Privatvermögen.[572] Gilt für die Mitglieder der SCE eine beschränkte Haftung, muss der Firma der SCE der **Zusatz „mit beschränkter Haftung"** angefügt werden.

c) Zweck der SCE

313 Hauptzweck einer SCE ist es, den **Bedarf ihrer Mitglieder** zu decken und/oder deren **wirtschaftliche und/oder soziale Tätigkeiten** zu fördern; sie tut dies insbesondere durch den Abschluss von Vereinbarungen mit ihren Mitgliedern über die Lieferung von Waren oder die Erbringung von Dienstleistungen oder die Durchführung von Arbeiten im Rahmen der Tätigkeiten, die die SCE ausübt oder ausüben lässt, Art. 1 Abs. 3 SCE-VO. Im Vordergrund des Zwecks einer SCE steht damit der gegenseitige Nutzen der Mitglieder.[573] Durch die supranationale Gesellschaftsform SCE soll Genossenschaften ein rechtliches Instrument zur Förderung ihrer länderübergreifenden Tätigkeiten bereitgestellt werden.[574]

---

564 Der Verfasser dankt Herrn RA Dr. *Tim Lanzius*, LL.M. für wertvolle Vorarbeiten bei der Erstellung des Manuskripts.
565 Verordnung (EG) Nr. 1435/2003 des Rates vom 22.7.2003 über das Statut der Europäischen Genossenschaft (SCE), ABl. Nr. L 207 vom 18.8.2003, S. 1–24.
566 Richtlinie 2003/72/EG des Rates vom 22.7.2003 zur Ergänzung des Statuts der Europäischen Genossenschaft hinsichtlich der Beteiligung der Arbeitnehmer, ABl. Nr. L 207 vom 18.8.2003, S. 25–36.
567 Abkommen über den Europäischen Wirtschaftsraum vom 2.3.1992, ABl. L 1 vom 3.1.1994 S. 3; sowie Anhang XXII - Gesellschaftsrecht - Verzeichnis nach Art. 77, ABl. L 1 vom 3.1.1994 S. 517, in der Fassung des Beschlusses des Gemeinsamen EWR-Ausschusses Nr. 15/2004 vom 6.2.2004, ABl. L 116 vom 22.4.2004, S. 68.
568 Dazu gehören Norwegen, Island und Liechtenstein. Der EWR ist im Folgenden bei Verweisen auf die EU oder ihre Mitgliedstaaten sinngemäß eingeschlossen.
569 Gesetz zur Ausführung der Verordnung (EG) Nr. 1435/2003 des Rates vom 22.7.2003 über das Statut der Europäischen Genossenschaft (SCE) vom 14.8.2006, BGBl. I S. 1911.
570 Gesetz über die Beteiligung der Arbeitnehmer und Arbeitnehmerinnen in einer Europäischen Genossenschaft vom 14.8.2006, BGBl. I S. 1917.
571 Dazu Rn 162. Für das Gründungsrecht gilt Art. 17 Abs. 1 SCE-VO, entspricht Art. 15 Abs. 1 SE-VO.
572 *Beuthien* Art. 2 SCE Rn 6.
573 Vgl den 10. Erwägungsgrund der SCE-VO.
574 Vgl den 6. Erwägungsgrund der SCE-VO.

2. Gründung

a) Überblick

Nach Art. 2 Abs. 1 SCE-VO stehen zur Gründung einer SCE ausschließlich die folgenden fünf Varianten zur Verfügung:
- Gründung durch mind. fünf natürliche Personen;
- Gründung durch mind. fünf natürliche Personen und nach dem Recht eines Mitgliedstaates gegründete Erwerbsgesellschaften iSd Art. 48 Abs. 2 EGV[575] bzw juristische Personen des öffentlichen oder privaten Rechts;
- Gründung durch mind. zwei nach dem Recht eines Mitgliedstaates gegründete Erwerbsgesellschaften iSd Art. 48 Abs. 2 EGV bzw juristische Personen des öffentlichen oder privaten Rechts;
- Verschmelzung von mind. zwei Genossenschaften mit Sitz und Hauptverwaltung in der Gemeinschaft;
- Umwandlung einer Genossenschaft mit Sitz und Hauptverwaltung in der Gemeinschaft.

Wie sich insbesondere aus Art. 1 Abs. 3 S. 2 SCE-VO schließen lässt, kann sich auch eine SCE an der Gründung einer SCE beteiligen.

314

Alle Varianten verlangen einen Bezug zu mind. **zwei Mitgliedstaaten**. In den ersten vier Varianten müssen die natürlichen Personen bzw Gesellschaften ihren Wohnsitz in mind. zwei verschiedenen Mitgliedstaaten haben bzw dem Recht mind. zweier verschiedener Mitgliedstaaten unterliegen. Eine Genossenschaft, die in eine SCE umgewandelt werden soll, muss seit mind. zwei Jahren über eine dem Recht eines anderen Mitgliedstaates unterliegende Niederlassung oder Tochtergesellschaft verfügen.[576]

315

Eine SCE ist entsprechend den für Aktiengesellschaften geltenden Vorschriften in das mitgliedstaatlich bestimmte Register einzutragen, Art. 11 Abs. 1 SCE-VO. Erst mit dieser Eintragung erlangt sie Rechtspersönlichkeit, Art. 18 Abs. 1 SCE-VO. Die Eintragung ist bekanntzumachen, Art. 17 Abs. 2, 12 Abs. 1 SCE-VO. Die Eintragung kann gem. Art. 11 Abs. 2 SCE-VO allerdings erst nach ordnungsgemäßer Beteiligung der Arbeitnehmer[577] erfolgen. Bei der deutschen SCE erfolgt die Eintragung im Genossenschaftsregister, § 3 S. 1 SCEAG. Der Anmeldung ist die Bescheinigung eines Prüfverbandes beizufügen, dass die SCE zum Beitritt zugelassen ist, § 3 S. 2 SCEAG.[578]

316

Art. 18 Abs. 2 SCE-VO sieht eine Haftung für Rechtshandlungen im Namen der SCE vor deren Eintragung vor.[579] Im Übrigen gelten für die deutsche **Vor-SCE** gem. Art. 17 Abs. 1 SCE-VO die Regeln zur Vor-eG (siehe hierzu § 6 Rn 884 ff).[580]

317

b) Satzung der SCE

Die Gründungsmitglieder[581] der SCE erstellen eine Satzung nach dem Gründungsrecht für Genossenschaften im Sitzstaat, wobei die Satzung der Schriftform bedarf und von den Gründungsmitgliedern zu unterzeichnen ist, Art. 5 Abs. 2 SCE-VO. Der Mindestinhalt ist in Art. 5 Abs. 4 SCE-VO geregelt.

318

Prüfungsreihenfolge: Mindestinhalt der SCE-Satzung
1. Firma mit dem Zusatz „SCE" sowie ggf dem Zusatz „mit beschränkter Haftung";[582]
2. Gegenstand der SCE;
3. Namen der Gründungsmitglieder der SCE; bei Gesellschaften sind zudem Sitz und Gesellschaftszweck anzugeben;
4. Sitz der SCE;

---

575 Dazu Rn 166.
576 Zu diesem Kriterium siehe Rn 210 f.
577 Siehe dazu Rn 327 ff.
578 Entspricht § 11 Abs. 2 Nr. 3, 1. Alt. GenG für die eG.
579 Im Umgeschluss haften nicht-handelnde Mitglieder der Vor-SCE nicht, vgl *Beuthin* GenG Art. 18 SCE Rn 6.
580 Nur teilweise übereinstimmend *Beuthin* Art. 18 SCE-VO Rn 3 ff.
581 Bei der Verschmelzungs- und Umwandlungsgründung sind dies die beteiligten Genossenschaften.
582 Siehe Rn 312.

5. Bedingungen und Modalitäten für die Aufnahme, den Ausschluss und den Austritt der Mitglieder;
6. Rechte und Pflichten der Mitglieder bzw Gattungen von Mitgliedern;
7. Nennwert der Geschäftsanteile sowie das Grundkapital und die Angabe, dass dieses veränderlich ist;
8. besondere Vorschriften für die gesetzliche Rücklage;[583]
9. Befugnisse und Zuständigkeiten der Mitglieder jedes Organs;
10. Einzelheiten der Bestellung und der Abberufung der Mitglieder dieser Organe;
11. Mehrheits- und Beschlussfähigkeitsregeln;
12. Dauer des Bestehens der SCE, wenn diese begrenzt ist.

c) Neugründung einer SCE

319 Die ersten drei Gründungsvarianten, bei denen die SCE als eine neue Gesellschaft und nicht durch Verschmelzung oder Umwandlung existenter Genossenschaften gegründet wird, sind in der SCE-VO nicht geregelt. Insofern ist gem. Art. 17 Abs. 1 SE-VO auf das für die Genossenschaften geltende Recht des Mitgliedstaates zurückzugreifen, in dem die SCE ihren Sitz haben soll. Für die Gründung einer SCE mit Sitz in Deutschland kann also auf die Ausführungen zur Gründung einer deutschen Genossenschaft verwiesen werden, siehe § 6 Rn 891 ff § 4 GenG, der für eine deutsche eingetragene Genossenschaft (eG) mind. drei Mitglieder vorschreibt, wird jedoch von Art. 2 Abs. 1 SCE-VO mit seinen differenzierenden Anforderungen verdrängt. Die Gründung einer deutschen SCE ist nach Art. 5 Abs. 3 SCE-VO iVm §§ 32, 33 AktG zu prüfen. Die externe Gründungsprüfung (§ 33 Abs. 2 AktG) ist gem. Art. 71 SCE-VO iVm § 54 GenG durch den Prüfungsverband[584] durchzuführen.

d) Verschmelzung

320 An einer Verschmelzungsgründung können sich nur **Genossenschaften** beteiligen. Die SCE-VO enthält in Art. 19 bis 34 detaillierte Regelungen, die inhaltlich weitgehend den Regelungen in Art. 17 bis 31 SE-VO entsprechen.[585] Wie Art. 18 SE-VO verweist Art. 20 SCE-VO auf das nationale Verschmelzungsrecht für Genossenschaften und in Ermangelung solcher für Aktiengesellschaften. Art. 19 SCE-VO unterscheidet zwischen den bekannten Alternativen der Verschmelzung durch Aufnahme und der Verschmelzung durch Neugründung. Für die eG gilt also über Art. 20 SCE-VO deutsches Verschmelzungsrecht, insbesondere die §§ 79 ff UmwG.

321 Die Leitungs- und Verwaltungsorgane der sich verschmelzenden Genossenschaften haben einen **Verschmelzungsplan** aufzustellen, dessen Mindestinhalt sich gem. Art. 22 SCE-VO weitgehend mit dem des SE-Verschmelzungsplans[586] gem. Art. 20 SE-VO deckt – zusätzlich sind Besonderheiten von Wertpapieren, die keine Mitgliedschaft an der SCE vermitteln,[587] sowie Vorkehrungen für den Gläubigerschutz darzustellen (Art. 22 Abs. 1 lit. f) und h) SCE-VO). Zudem ist ein **Verschmelzungsbericht** zu erstellen, der den Verschmelzungsplan wirtschaftlich und rechtlich erläutert, Art. 23 SCE-VO. Der Verschmelzungsplan ist gem. Art. 24 SCE-VO bekanntzumachen und gem. Art. 26, 4 Abs. 6 SCE-VO durch Sachverständige zu prüfen. Für die eG sieht § 6 SEAG eine Prüfung durch den Prüfungsverband vor.[588]

322 Der Verschmelzungsplan ist von den **Generalversammlungen** der sich verschmelzenden Genossenschaften zu billigen, Art. 27 Abs. 1 SCE-VO. Vorbehaltlich strengerer Satzungsbestimmungen bedarf der entsprechende Beschluss einer eG nach §§ 84, 96 UmwG einer Drei-Viertel-Mehrheit.[589] Der Beschluss ist gem. § 13 Abs. 3 S. 1 UmwG **notariell zu beurkunden**. Vorbereitung und Durchführung

---

583 Vgl Art. 65 SCE-VO.
584 Siehe dazu § 6 Rn 891 f.
585 Siehe dazu Rn 169 ff.
586 Siehe dazu Rn 173 ff.
587 Aufgrund eines Redaktionsversehens verweist Art. 22 Abs. 1 lit. f) SCE-VO auf Art. 66 statt auf Art. 64 SCE-VO.
588 Die Vereinbarkeit mit Art. 26 Abs. 1 iVm Art. 4 Abs. 6 SE-VO, die auf das Recht der Aktiengesellschaften – für Deutschland damit § 10 UmwG – verweisen, ist fragwürdig.
589 Nur iE ebenso *Beuthin* Art. 27 SCE-VO Rn 1.

der Generalversammlung bestimmen sich nach §§ 82 und 83 UmwG. Art. 27 Abs. 2 S. 2 SCE-VO sieht wie bei der SE-Gründung einen Vorbehalt bzgl der Vereinbarung zur Beteiligung der Arbeitnehmer vor.[590]

Für den **Gläubigerschutz** verweist Art. 28 Abs. 1 SCE-VO auf das nationale Verschmelzungsrecht für Aktiengesellschaften. Für die eG gilt also § 22 UmwG; hat die zu gründende SCE ihren Sitz im Ausland, gilt § 9 SCEAG, der auf § 11 Abs. 1 und 2 SCEAG über die grenzüberschreitende Sitzverlegung der SCE verweist.[591] Art. 28 Abs. 2 SCE-VO ermächtigt die Mitgliedstaaten, Regelungen zum Schutz der Mitglieder vorzusehen, die sich gegen die Verschmelzung ausgesprochen haben. Für die eG treffen §§ 7 (Verbesserung des Umtauschverhältnisses)[592] und 8 SCEAG (Ausschlagungsrecht) entsprechende Regelungen. 323

Art. 29 und 30 SCE-VO sehen eine **zweistufige Rechtmäßigkeitsprüfung** vor und entsprechen inhaltlich den Art. 25 und 26 SE-VO.[593] Zur Eintragung der Verschmelzung und deren Wirkungen s. Art. 31, 33, 34 SCE-VO, die weitgehend den Art. 27, 29 und 30 SE-VO nachgebildet sind.[594] 324

e) Umwandlung

Nur eine **Genossenschaft** kann sich in eine SCE umwandeln. Die Umwandlung ist in Art. 35 SCE-VO geregelt, in den Art. 35, der eng an Art. 37 SE-VO angelehnt ist.[595] Ergänzend gilt über Art. 17 Abs. 1 SCE-VO das Recht des Sitzstaates, für die eG also insbesondere §§ 190, 258 ff. UmwG und (über § 197 UmwG) die §§ 5 ff. Die Umwandlung führt wie bei der SE nicht zur Auflösung der umzuwandelnden Gesellschaft oder zur Gründung einer neuen juristischen Person, der Sitz darf anlässlich der Umwandlung nicht in einen anderen Mitgliedstaat verlegt werden. Es sind ein **Umwandlungsplan**, der mindestens einen Monat vor der Generalversammlung, die über die Umwandlung beschließt, bekannt zu machen ist, und ein **Umwandlungsbericht** zu erstellen. Der Inhalt des Umwandlungsplans ist aus Art. 22 SCE-VO abzuleiten.[596] Sachverständige haben das Umtauschverhältnis bzw die Vermögensaufteilung zu bescheinigen, Art. 35 Abs. 5 iVm Art. 22 Abs. 1 lit. b) SCE-VO. Bei der eG erfolgt die Prüfung gem. § 259 UmwG durch den Prüfungsverband. 325

Schließlich bedarf der Umwandlungsplan der Zustimmung der **Generalversammlung** der Genossenschaft, Art. 35 Abs. 6 SCE-VO; gleichzeitig ist die Satzung der SCE zu genehmigen. Der Beschluss einer eG bedarf nach § 262 Abs. 1 UmwG mind. einer Drei-Viertel-Mehrheit.[597] Vorbereitung und Durchführung richten sich nach §§ 260 und 261 UmwG. 326

f) Beteiligung der Arbeitnehmer

Das im SCEBG in Umsetzung der SCE-RL geregelte Verfahren zur Beteiligung der Arbeitnehmer folgt grundsätzlich den Regelungen des SEBG, so dass auf die vorstehenden Erläuterungen (Rn 247 ff) verwiesen werden kann: Zunächst konstituiert sich ein **besonderes Verhandlungsgremium** (BVG), das mit den Leitungen des Gründungsunternehmens bzw der Gründungsunternehmen über eine Vereinbarung zur Arbeitnehmerbeteiligung verhandelt, § 5 Abs. 1 SCEBG. Anstelle einer solchen Vereinbarung gilt 327

- die gesetzliche Auffangregelung der §§ 22 ff SCEBG, falls die Verhandlungsfrist von sechs Monaten (verlängerbar auf ein Jahr) ergebnislos verstreicht, §§ 20 Abs. 1 Nr. 2, 20 SCEBG, oder
- das Recht des jeweiligen Sitzstaates unter Einschluss des EBRG, aber mit Ausnahme der Gesetze zur Unternehmensmitbestimmung, falls das BVG nicht aufnimmt oder abbricht, §§ 16, 49 Abs. 1 SCEBG.

---

590 Siehe Rn 185. Zur Arbeitnehmerbeteiligung bei der SCE siehe Rn 327 ff.
591 Siehe Rn 351.
592 Dem § 6 SEAG nachgebildet, siehe hierzu Rn 203.
593 Zur Rechtmäßigkeitsprüfung bei der SE siehe Rn 194 ff.
594 Siehe dazu Rn 197 ff.
595 Siehe dazu Rn 233 ff.
596 Zu derselben Frage bei der SE siehe Rn 235. Die Auslegung wird durch den Verweis in Art. 35 Abs. 5 SCE-VO auf Art. 22 Abs. 1 lit. b) SCE-VO unterstützt.
597 IE allerdings unter Hinweis auf Art. 61 SCE-VO *Beuthin* Art. 35 SCE-VO Rn 3.

328 Das eben beschriebene Verfahren gilt ohne weiteres, wenn die SCE durch Umwandlung gegründet wird oder an ihr mindestens zwei „**juristische Personen**" – ggf neben natürlichen Personen – beteiligt sind, § 4 Abs. 1, 40 SCEBG. Abweichend von der üblichen juristischen Diktion versteht § 2 Abs. 2 SCEBG unter einer juristischen Person auch jedwede Erwerbsgesellschaft iSv Art. 48 Abs. 2 EGV.[598] Sind dagegen höchstens eine Gesellschaft und im Übrigen nur natürliche Personen an der Gründung beteiligt, kommt es auf die Anzahl der Arbeitnehmer an, die von den Gründern beschäftigt werden: Sind insgesamt mind. 50 Arbeitnehmer in mind. zwei Mitgliedstaaten beschäftigt, gelten die Bestimmungen des SCEBG entsprechend, § 41 Abs. 1 SCEBG. Im Übrigen bleibt es bei der Geltung nationalen Arbeitnehmerbeteiligungsrechts, § 41 Abs. 2 SCEBG, es sei denn, der Schwellenwert des § 41 Abs. 1 SCEBG wird nachträglich überschritten oder ein Drittel der Beschäftigten der SCE, ihrer Tochtergesellschaften und Betriebe, die aus mind. zwei Mitgliedstaaten kommen, beantragen die Geltung des SCEBG, § 41 Abs. 3 SCEBG.

329 Die **Wiederaufnahme des Verhandlungsverfahrens** ist in § 18 SCEBG entsprechend dem für die SE geltenden § 18 SEBG[599] geregelt.

330 Für den Fall der **grenzüberschreitenden Sitzverlegung**[600] einer mitbestimmten SCE ordnet § 41 Abs. 4 SCEBG an, dass den Arbeitnehmern nach der Sitzverlegung mind. dasselbe Niveau an Mitbestimmungsrechten zu gewährleisten ist.[601]

3. Organisationsverfassung

331 Die Organisationsverfassung der SCE ist stark an die der SE angelehnt.[602] Jede SCE verfügt über eine Generalversammlung (entspricht der Hauptversammlung der SE) sowie nach Festlegung in der Satzung über ein **Leitungsorgan** und ein **Aufsichtsorgan (dualistisches System)** oder ein **Verwaltungsorgan (monistisches System)**. Art. 37 Abs. 5 bzw Art. 42 Abs. 4 SCE-VO gestatten es den Mitgliedstaaten, Regelungen für das ihnen unbekannte System zu treffen. Die eG weist eine dualistische Struktur auf.[603] Dementsprechend regeln die §§ 17 bis 27 SCEAG das monistische System der deutschen SCE, während die §§ 12 bis 16 SCEAG das dem GenG zugrunde liegende dualistische Modell nur in wenigen Punkten ergänzen.

a) Vorschriften für das dualistische System

332 Geschäftsführung und Vertretung der SCE obliegen dem Leitungsorgan, Art. 37 Abs. 1 SCE-VO. Dieses muss bei der deutschen SCE gem. Art. 37 Abs. 4 SCE-VO iVm § 14 SCEAG aus mind. zwei Personen bestehen. Wenn die Satzung dies vorsieht, werden die Mitglieder des Leitungsorgans von der Generalversammlung, ansonsten vom Aufsichtsorgan bestellt und abberufen, Art. 37 Abs. 2 SCE-VO iVm § 12 SCEAG.

333 Das Aufsichtsorgan überwacht die Geschäftsführung des Leitungsorgans und vertritt die SCE gegenüber ihren Mitgliedern sowie den Mitgliedern des Leitungsorgans bei Rechtsstreitigkeiten oder beim Abschluss von Verträgen, Art. 39 Abs. 1 SCE-VO. Die Mitglieder werden von der Generalversammlung bestellt und abberufen, Art. 39 Abs. 2 SCE-VO. Das Aufsichtsorgan der deutschen SCE besteht aus mind. drei Personen, Art. 39 Abs. 4 SCE-VO iVm § 15 Abs. 1 S. 1 SCEAG.

b) Vorschriften für das monistische System

334 Zentrales Organ im monistischen System ist das Verwaltungsorgan, den das SCEAG als **Verwaltungsrat** bezeichnet. Der Verwaltungsrat führt nach Art. 42 Abs. 1 S. 1 SE-VO die Geschäfte der SCE. Das SCEAG weist dem Verwaltungsrat der deutschen SCE vorbehaltlich besonderer Regelungen alle Auf-

---

598 Siehe dazu Rn 166.
599 Siehe Rn 263.
600 Siehe Rn 351.
601 Der Anwendungsbereich der Norm ist unklar. Nach ihrer Stellung im SCEBG betrifft sie nur SCE-Gründung unter Beteiligung von höchstens einer Gesellschaft. In der SCE-RL bezieht sich der entsprechende Art. 8 Abs. 2 Unterabs. 2 sogar nur auf eine nach nationalem Recht mitbestimmte SCE.
602 Siehe Rn 265 ff.
603 Siehe § 6 Rn 918 ff und 936 ff.

gaben zu, die dem Vorstand oder dem Aufsichtsrat einer eG zukommen, § 18 Abs. 4 SCEAG. In Anlehnung der Ausgestaltung der SE-VO durch das SEAG[604] ist für die deutsche SCE mit den geschäftsführenden Direktoren ein zusätzliches Geschäftsführungs- (§ 22 Abs. 2 S. 1 SCEAG) und Vertretungsorgan (§ 23 Abs. 1 SEAG) geschaffen worden.

Die Mitglieder des Verwaltungsrats werden von der Generalversammlung bestellt, Art. 42 Abs. 3 SCE-VO. Der Verwaltungsrat einer deutschen SCE besteht grundsätzlich aus mindestens fünf Personen, bei einer SCE mit höchstens 20 Mitglieder aus mind. drei Personen, Art. 42 Abs. 2 S. 2 SCE-VO iVm § 19 Abs. 1 SCEAG. Die geschäftsführenden Direktoren werden vom Verwaltungsrat bestellt und abberufen, § 22 Abs. 1 S. 1, Abs. 4 SCEAG. 335

c) Gemeinsame Vorschriften für das dualistische und das monistische System

Die gemeinsamen Vorschriften für das dualistische und das monistische System bei der SCE (Art. 45 bis 51 SCE-VO) sind weitgehend den Art. 46 bis 51 SE-VO nachgebildet, so dass auf die Ausführungen zur SE (s. Rn 107 f) verwiesen werden kann. Zusätzlich regelt Art. 47 SCE-VO die **Vertretungsbefugnis und Haftung** der SCE. Die Vorschrift trägt dem Umstand Rechnung, dass die SCE (anders als die SE durch ihre Gleichstellung mit der Aktiengesellschaft) nicht in den Anwendungsbereich der Ersten Gesellschaftsrechtlichen Richtlinie[605] fällt, und statuiert daher den Grundsatz der unbeschränkten und unbeschränkbaren Vertretungsmacht.[606] Anders als in § 9 Abs. 2 S. 1 GenG für die eG ist für die SCE keine Selbstorganschaft vorgesehen. 336

d) Die Generalversammlung

Die Generalversammlung der SCE beschließt über diejenigen Angelegenheiten, für die sie nach der SCE-VO, der mitgliedstaatlichen Umsetzung der SCE-RL, mitgliedstaatlichem Genossenschaftsrecht oder durch – nach diesem Recht zulässige – Satzungsbestimmung zuständig ist, Art. 52 SCE-VO. Für **Organisation, Ablauf und Abstimmungsverfahren** gilt vorbehaltlich der Bestimmungen der SCE-VO das Genossenschaftsrecht des Sitzstaats, Art. 53 SCE-VO. Die Generalversammlung tagt mind. einmal im Kalenderjahr binnen sechs Monaten nach Abschluss des Geschäftsjahres; sie beschließt mindestens zu der Genehmigung des Jahresabschlusses und zur Ergebnisverwendung, Art. 54 Abs. 1 S. 1, Abs. 3 SCE-VO. 337

Jedes Mitglied ist gem. Art. 58 Abs. 1 SCE-VO berechtigt, an der Generalversammlung teilzunehmen und abzustimmen. Dabei gilt grundsätzlich das **Kopfprinzip**, nach dem jedes Mitglied unabhängig von der Anzahl seiner Geschäftsanteile eine Stimme hat, Art. 59 Abs. 1 SCE-VO. Allerdings kann ein Mitgliedstaat zulassen, dass durch Satzung zusätzliche anteilsbezogene Stimmen geschaffen werden, jedoch begrenzt sowohl auf fünf Stimmen je Mitglied als auch auf 30 % der gesamten Stimmrechte, Art. 59 Abs. 2 SCE-VO. Hiervon hat der deutsche Gesetzgeber in § 29 SCEAG in dem auf § 43 Abs. 3 GenG[607] beschränkten Rahmen Gebrauch gemacht. Investierenden Mitgliedern[608] dürfen nicht mehr als 25 % der gesamten Stimmrechte zustehen, Art. 59 Abs. 3 S. 2 SCE-VO. Für die Stimmrechte investierender Mitglieder einer deutschen SCE enthält § 30 Abs. 2 SCEAG weitergehende Beschränkungen. 338

Die Beschlussfassung ist im Einzelnen in Art. 61 SCE-VO geregelt. Grundsätzlich beschließt die Generalversammlung mit der **Mehrheit der abgegebenen gültigen Stimmen**, Art. 61 Abs. 2 SCE-VO. Zu Satzungsänderungen siehe Rn 348 f. 339

---

604 Siehe Rn 273 ff.
605 Erste Richtlinie 68/151/EWG des Rates vom 9.3.1968 zur Koordinierung der Schutzbestimmungen, die in den Mitgliedstaaten den Gesellschaften im Sinne des Art. 58 Abs. 2 des Vertrages im Interesse der Gesellschafter sowie Dritter vorgeschrieben sind, um diese Bestimmungen gleichwertig zu gestalten, ABl. L 65 vom 14.3.1968, S. 8; zuletzt geändert durch Richtlinie 2006/99/EG des Rates vom 20.11.2006, ABl. L 363 vom 20.12.2006, S. 137.
606 Vgl *Habersack*, Europäisches Gesellschaftsrecht, § 13 Rn 12.
607 Siehe dazu § 6 Rn 901.
608 Dazu Rn 340.

4. Mitgliedschaft

340 Mitglied in einer SCE können natürliche und juristische Personen werden, soweit die Satzung nicht etwas anderes vorschreibt, Art. 14 Abs. 1 Unterabs. 4 SCE-VO. Die Satzung einer in Deutschland gegründeten SCE kann weiterhin vorsehen, dass Personen, die für die Nutzung oder Produktion der Güter und die Nutzung oder Erbringung der Dienste der SCE nicht in Frage kommen, als **investierende (nicht nutzende) Mitglieder** zugelassen werden können, Art. 14 Abs. 1 Unterabs. 2 SCE-VO iVm § 4 SCEAG.

341 Der **Erwerb der Mitgliedschaft** in der SCE bedarf der Zustimmung des Leitungs- bzw des Verwaltungsorgans, wobei ein abgewiesener Antragsteller verlangen kann, dass die Generalversammlung über die Mitgliedschaft entscheidet, Art. 14 Abs. 1 Unterabs. 1 SCE-VO.[609] Zum Erwerb der Mitgliedschaft muss das neue Mitglied mind. einen Geschäftsanteil erwerben; die Satzung kann eine höhere Zahl vorsehen, Art. 4 Abs. 7 SCE-VO, und den Beitritt darüber hinaus von weiteren Bedingungen abhängig machen, Art. 14 Abs. 2 SCE-VO.

342 Die Geschäftsanteile können mit Zustimmung der Generalversammlung oder des Leitungs- bzw Verwaltungsorgans unter den in der Satzung festgelegten Bedingungen an ein Mitglied oder jede andere Person, die die Mitgliedschaft erwirbt, übertragen werden, Art. 4 Abs. 11 SCE-VO. Gem. Art. 14 Abs. 4 bis 6 SCE-VO wirkt eine **Anteilsübertragung** gegenüber der SCE und Dritten erst mit ihrer Eintragung in die von der SCE zu führende Mitgliederliste.

343 Der **Verlust der Mitgliedschaft** ist in Art. 15 SCE-VO geregelt. Die Mitgliedschaft endet insbesondere durch Tod (die Geschäftsanteile sind also nicht vererblich), Austritt oder Ausschluss. Bei Beendigung der Mitgliedschaft ist das Geschäftsguthaben des betreffenden Mitglieds nach Maßgabe des Art. 16 SCE-VO auszuzahlen. Dieser Auszahlungsanspruch ist allerdings nicht durchsetzbar, soweit die Rückzahlung ein Absinken des Grundkapitals unter einen durch die Satzung vorgeschriebenen Mindestbetrag, der 30 000 EUR nicht unterschreiten darf, zur Folge hätte, Art. 3 Abs. 4 SCE-VO.

5. Finanzverfassung

a) Kapitalaufbringung, -erhöhung, -herabsetzung

344 Das **Grundkapital** einer SCE muss nach Art. 3 Abs. 2 SCE-VO mind. 30 000 EUR betragen. Zwar spricht die Bestimmung von „Einzahlungen", aus dem Text der englischen (*subscribed capital*) sowie der französischen Fassung (*capital souscrit*) der SCE-VO wird jedoch deutlich, dass damit nicht der tatsächlich eingezahlte Betrag, sondern das gezeichnete Kapital gemeint ist.[610] Wird dieser Betrag unterschritten, kann dies die Auflösung der SCE nach sich ziehen, Art. 73 Abs. 1 SCE-VO. Das Grundkapital ist variabel ausgestaltet – es kann durch weitere Einzahlungen der Mitglieder oder durch den Beitritt neuer Mitglieder erhöht oder durch die Rückzahlung des Geschäftsguthabens in den Schranken des Art. 3 Abs. 4 SCE-VO herabgesetzt werden, Art. 3 Abs. 5 Unterabs. 1 SCE-VO. Änderungen des Grundkapitals erfordern weder eine Satzungsänderung noch eine Bekanntmachung, Art. 3 Abs. 5 Unterabs. 2 SCE-VO.

345 Geschäftsanteile, die gegen Bareinlage ausgegeben werden, müssen zu mind. 25 % ihres Nennwertes sofort einbezahlt werden, der Restbetrag ist innerhalb von fünf Jahren zu erbringen, Art. 4 Abs. 4 SCE-VO; Verschärfungen durch die Satzung der SCE sind zulässig. Gegen Sacheinlagen ausgegebene Gesellschaftsanteile erfordern die vollständige Einbringung zum Zeitpunkt der Beteiligung, Art. 4 Abs. 5 SCE-VO.

---

[609] Bei investierenden Mitgliedern entscheidet primär die Generalversammlung, Art. 14 Abs. 1 Unterabs. 2 S. 2 SCE-VO.

[610] Vgl *Beuthin* Art. 3 SCE-VO Rn 1. Nationale Vorschriften über ein höheres Mindestkapital bei Ausübung bestimmter Tätigkeiten bleiben unberührt, Art. 3 Abs. 3 SCE-VO.

b) Kapitalerhaltung

Der Kapitalerhaltung dient der bereits erörterte Art. 3 Abs. 4 SCE-VO.[611] Zudem bestimmt der gem. Art. 8 Abs. 1 lit. c) ii) SCE-VO auf die deutsche SCE anwendbare § 22 Abs. 4 GenG, dass das Geschäftsguthaben eines Mitglieds vor seinem Ausscheiden nicht ausgezahlt werden darf. Zur Verteilung unter den Mitgliedern steht damit nur das gem. Art. 65 ff SCE-VO verfügbare Ergebnis zur Verfügung.

346

c) Wertpapiere mit besonderen Vorteilen

Zu ihrer Finanzierung kann die SCE nach Maßgabe des Art. 64 SCE-VO Wertpapiere, die keine Geschäftsanteile sind, und Schuldverschreibungen ausgeben. Deren Inhaber haben kein Stimmrecht, können aber gem. Art. 58 Abs. 2 SCE-VO an der Generalversammlung teilnehmen.

347

6. Satzungsänderungen

Für Satzungsänderungen ist die Generalversammlung zuständig. Diese Zuständigkeit wird von Art. 61 Abs. 4 SCE-VO vorausgesetzt und für die deutsche SCE von Art. 8 Abs. 1 lit. c) ii) aus § 16 Abs. 1 GenG ausdrücklich angeordnet. Gem. Art. 61 Abs. 4 Unterabs. 1 SCE-VO ist eine Generalversammlung, die über eine Satzungsänderung beschließen soll, zunächst nur dann beschlussfähig, wenn mindestens die Hälfte der Mitglieder anwesend bzw vertreten ist, die zum Zeitpunkt der Einberufung der Versammlung im Mitgliederverzeichnis der SCE (Art. 14 Abs. 4 SCE-VO) eingetragen sind. Scheitert die Satzungsänderung an der **Beschlussfähigkeit**, ist bei einer zweiten Einberufung der Generalversammlung mit derselben Tagesordnung keine Beschlussfähigkeitsvorschrift zu beachten.

348

Die Satzungsänderung bedarf grundsätzlich einer **Mehrheit** von zwei Dritteln der gültigen Stimmen, soweit das nationale Recht keine höheren Mehrheiten vorsieht, Art. 61 Abs. 4 Unterabs. 2 SCE-VO. Bei der deutschen SCE erfordern bestimmte Beschlussgegenstände mind. eine Drei-Viertel- bzw Neun-Zehntel-Mehrheit, im Übrigen kann die Satzung vom Erfordernis der Drei-Viertel-Mehrheit abweichen, vgl § 16 Abs. 2 bis 4 GenG,[612] kann wegen Art. 61 Abs. 4 Unterabs. 2 SCE-VO allerdings keine geringere als eine Zwei-Drittel-Mehrheit vorsehen. In diesem Zusammenhang ist § 30 Abs. 2 SCEAG zu beachten, nach dem die Satzung der SCE sicherstellen muss, das investierende Mitglieder keinen Beschluss, der nach Satzung oder Gesetz eine Drei-Viertel-Mehrheit verlangt, verhindern können.

349

7. Sitz und Sitzverlegung

Der Sitz der SCE muss in der Gemeinschaft liegen, und zwar in dem Mitgliedstaat, in dem sich die Hauptverwaltung der SCE befindet, Art. 6 Satz 1 SCE-VO. Ein Verstoß kann nach Art. 73 Abs. 2 bis 5 SCE-VO zur Liquidation der SCE führen. § 10 SCEAG regelt die Einzelheiten für die deutsche SCE.[613] Anders als bei der SE hat der deutsche Gesetzgeber nicht gem. Art. 6 S. 2 SCE-VO vorgeschrieben, dass sich Sitz und Hauptverwaltung der SCE am selben Ort befinden müssen.

350

Die Verlegung des Sitzes der SCE ist in Art. 7 SCE-VO in enger Anlehnung an Art. 8 SE-VO[614] geregelt. Mitglieder, die gegen den Verlegungsbeschluss gestimmt haben, können ihren Austritt erklären (Art. 7 Abs. 5 SCE-VO).[615]

351

8. Beendigung

Hinsichtlich der **Auflösung, Liquidation und Insolvenz** unterliegt die SCE den Rechtsvorschriften, die für eine nach dem Recht des Sitzstaates der SCE gegründete Genossenschaft maßgeblich wären, Art. 72 SCE-VO. Zu den auf die eG anzuwendenden Bestimmungen siehe § 6 Rn 975 ff.

352

---

611 Siehe Rn 343.
612 Siehe dazu § 6 Rn 971 f.
613 Zur SE siehe Rn 305 f. Zur Löschung der eG siehe § 6 Rn 986.
614 Siehe dazu Rn 290 ff.
615 Ähnlich muss eine deutsche SE nach Art. 8 Abs. 5 SE-VO, § 12 SEAG den Aktionären, die gegen den Sitzverlegungsbeschluss Widerspruch erklärt haben, den Erwerb ihrer Aktien gegen Barabfindung anbieten.

353 Außerdem ist die SCE gem. Art. 73 Abs. 1 SCE-VO auf Antrag bei einzelnen **Rechtsverstößen** aufzulösen, wenn nämlich im Rahmen der Gründung Art. 2 Abs. 1 oder Art. 3 Abs. 2 SCE-VO (Gründungsvarianten, Mindestkapital) verletzt oder eine Rechtmäßigkeitsprüfung nach Art. 29, 30, 34 Abs. 2 SCE-VO unterlassen wurde. Zur Auflösung wegen eines Verstoßes gegen Art. 6 S. 1 SCE-VO siehe Rn 350.

354 Die **Verteilung** des im Fall der Auflösung nach Befriedigung aller Gläubiger und Rückzahlung der Kapitalbeteiligung der Mitglieder verbleibenden Vermögens kann die Satzung einer deutschen SCE frei bestimmen (Art. 75 SCE-VO iVm § 91 Abs. 2 und 3 GenG).[616]

9. Umwandlung in eine Genossenschaft

355 Schließlich kann eine SCE nach Maßgabe des Art. 76 SCE-VO in eine dem Recht ihres Sitzmitgliedstaats unterliegende Genossenschaft umgewandelt werden. Die Regelungen in Art. 76 SCE-VO entsprechen im Wesentlichen denen in Art. 66 SE-VO über die Umwandlung der SE in eine nationale Aktiengesellschaft.[617]

III. Die Europäische wirtschaftliche Interessenvereinigung – EWIV

356 Die Rechtsform der Europäischen wirtschaftlichen Interessenvereinigung (EWIV)[618] wurde 1985 durch eine auf Art. 308 EGV beruhende EG-Verordnung (EWIV-VO) geschaffen.[619] Über Art. 77 iVm Anhang XXII Nr. 10 des Abkommens über den Europäischen Wirtschaftsraum (EWR)[620] gilt die EWIV-VO auch für die Staaten der EWR.[621] Sie ist die erste supranationale Rechtsform, die vom europäischen Gesetzgeber verabschiedet wurde. Die EWIV-VO ist in Deutschland unmittelbar geltendes Recht. Sie wird ergänzt durch das 1988 erlassene deutsche Ausführungsgesetz (EWIV-AG).[622]

357 Die EWIV ist dem französischen *groupement d'intérêt économique* nachempfunden.[623] Sie verfolgt keine eigenen wirtschaftlichen Interessen, sondern ist darauf beschränkt, die wirtschaftlichen Interessen ihrer Mitglieder zu fördern.[624] Diese Zweckgebundenheit mag auch ein Grund für die relative Zurückhaltung der Praxis gegenüber dieser europäischen Rechtsform sein.[625]

358 Das Verhältnis der Rechtsquellen ergibt sich aus Art. 2 EWIV-VO. Danach gelten primär die Regelungen der EWIV-VO. Daneben verweist Art. 2 Abs. 1 EWIV-VO für den Gründungsvertrag – mit Ausnahme von Fragen des Personenstands und der Rechts-, Geschäfts- und Handlungsfähigkeit natürlicher Personen und der Rechts- und Handlungsfähigkeit juristischer Personen[626] – und die innere Verfassung der EWIV auf das Recht des Staates, in dem die jeweilige EWIV nach dem Gründungsvertrag ihren Sitz hat. Das hat zur Folge, dass die EWIV in den verschiedenen Ländern sehr unterschiedlich ausgestaltet sein kann. Dabei können die Nationalstaaten entscheiden, welcher Rechtsrahmen im Einzelnen auf die EWIV anwendbar sein soll.

---

616 Siehe daher die Ausführungen zur eG § 6 Rn 989.
617 Siehe Rn 307 f.
618 Englisch: *european economic interest grouping* (EEIG), französisch: *groupement européen d'intérêt économique* (GEIE).
619 VO (EWG) Nr. 2137/85 des Rates vom 25.7.1985 über die Schaffung einer Europäischen wirtschaftlichen Interessenvereinigung (EWIV), ABl. L 199 vom 31.7.1985, S. 1.
620 Abkommen über den Europäischen Wirtschaftsraum vom 2.3.1992, ABl. L 1 vom 3.1.1994, S. 3; sowie Anhang XXII - Gesellschaftsrecht - Verzeichnis nach Artikel 77, ABl. L 1 vom 3.1.1994, S. 517.
621 Dazu gehören Norwegen, Island und Liechtenstein. Der EWR ist im Folgenden bei Verweisen auf die EU oder ihre Mitgliedsstaaten sinngemäß eingeschlossen.
622 Gesetz zur Ausführung der EWG-Verordnung über die Europäische wirtschaftliche Interessenvereinigung (EWIV-Ausführungsgesetz) vom 14.4.1988, BGBl. I S. 514.
623 Dazu Ebenroth/Boujong/W. *Hakenberg* EWIV Rn 2.
624 Siehe Rn 359.
625 In Deutschland sind bisher nur 199 EWIV-Gründungen dokumentiert. Erfolgreicher ist die EWIV zB in Frankreich (262) und Belgien (408) insgesamt gab es 1 720 Gründungen; vgl Statistik des Europäischen EWIV-Informationszentrums vom 8.1.2007, http://www.libertas-institut.com/de/EWIV/statistik.pdf; vgl außerdem *Grundmann*, Europ. Gesellschaftsrecht, Rn 1069.
626 Diese Fragen werden vom sog. Personalstatut beantwortet, in Deutschland durch Art. 7 iVm Art. 5 EGBGB.

In Deutschland wird die EWIV-VO nur durch wenige spezialgesetzliche Bestimmungen ergänzt. Im Übrigen sind gem. § 1 EWIV-AG die für die offene Handelsgesellschaft geltenden Vorschriften auf die EWIV anzuwenden. Die EWIV gilt demnach auch als Handelsgesellschaft im Sinne des HGB.

In den Bereichen, welche die EWIV-VO nicht erfasst, zB das Sozial- und Arbeitsrecht, das Wettbewerbsrecht sowie das Recht des geistigen Eigentums, gilt das Recht der Mitgliedsstaaten.[627] Welches staatliche Recht dabei anzuwenden ist, bestimmt sich nach den allgemeinen kollisionsrechtlichen Grundsätzen.

1. Zweck/Einsatzmöglichkeiten/Struktur

a) Zweck

Zweck der EWIV ist gem. Art. 3 Abs.1 S. 1 EWIV-VO, die wirtschaftliche Tätigkeit ihrer Mitglieder zu erleichtern oder zu entwickeln sowie die Ergebnisse dieser Tätigkeit zu verbessern oder zu steigern. Art. 3 Abs. 1 S. 2 EWIV-VO präzisiert, dass die EWIV auf Hilfstätigkeiten beschränkt ist, die mit der wirtschaftlichen Tätigkeit der Mitglieder in Zusammenhang stehen. Diese werden sich häufig auf die grenzüberschreitende Zusammenarbeit ihrer Mitglieder beziehen.[628] Dagegen darf der Zweck der EWIV nicht darauf gerichtet sein, Gewinn für sich selbst zu erzielen, Art. 3 Abs. 1 S. 1 Hs 2 EWIV-VO.

Neben dieser allgemeinen Beschränkung des Gesellschaftszwecks sind die in Art. 3 Abs. 2 EWIV-VO aufgezählten Tätigkeitsverbote zu beachten. So darf eine EWIV
1. weder unmittelbar noch mittelbar die Leitungs- oder Kontrollmacht über die eigenen Tätigkeiten ihrer Mitglieder oder die Tätigkeiten eines anderen Unternehmens ausüben;
2. weder unmittelbar noch mittelbar Anteile oder Aktien an einem Mitgliedsunternehmen halten; das Halten von Anteilen oder Aktien an einem anderen Unternehmen ist nur insoweit zulässig, als es notwendig ist, um das Ziel der Vereinigung zu erreichen, und für Rechnung ihrer Mitglieder geschieht;
3. nicht mehr als 500 Arbeitnehmer beschäftigen;
4. von einer Gesellschaft nicht dazu benutzt werden, einem Leiter einer Gesellschaft oder einer mit ihm verbundenen Person ein Darlehen zu gewähren, wenn solche Darlehen nach den für die Gesellschaften geltenden Gesetzen der Mitgliedstaaten einer Einschränkung oder Kontrolle unterliegen. Auch darf eine EWIV nicht für die Übertragung eines beweglichen oder unbeweglichen Vermögensgegenstandes zwischen einer Gesellschaft und einem Leiter oder einer mit ihm verbundenen Person benutzt werden, außer soweit es nach den für die Gesellschaften geltenden Gesetzen der Mitgliedstaaten zulässig ist;
5. nicht Mitglied einer anderen EWIV sein.

Diese speziellen Tätigkeitsverbote folgen teilweise bereits aus der allgemeinen Zwecksetzung der EWIV, im Übrigen handelt es sich um Vorkehrungen gegen einen Missbrauch der nur wenig regulierten Rechtsform zur Umgehung von für andere Rechtsformen bestehende Beschränkungen. So sollen beispielsweise die Verbote, Leitungsmacht über andere Unternehmen auszuüben oder mehr als 500 Arbeitnehmer zu beschäftigen, eine Aushöhlung von Mitbestimmungsregeln unterbinden.[629]

Eine EWIV, deren Gründungsvertrag[630] mit der Zweckbestimmung und den Tätigkeitsverboten des Art. 3 EWIV-VO unvereinbar ist, kann nicht in das Handelsregister eingetragen werden.[631] Wird der Mangel erst nach der Eintragung entdeckt, ist die EWIV durch gerichtliche Entscheidung aufzulösen, Art. 32 Abs. 1 EWIV-VO.[632]

---

627 Vgl den 15. Erwägungsgrund der EWIV-VO.
628 Vgl den 1. Erwägungsgrund der EWIV-VO.
629 Vgl *Habersack*, Europ. Gesellschaftsrecht, § 11 Rn 15.
630 Siehe Rn 372.
631 Siehe Rn 377.
632 Siehe Rn 403.

b) Einsatzmöglichkeiten

364 Die Einsatzmöglichkeiten der EWIV sind aufgrund der geschilderten Vorgaben eingeschränkt. In Betracht kommt die Gründung insbesondere zu Schulungs-, Vertriebs-, Werbe- und Entwicklungszwecken sowie als Alternative zu Bau-Arbeitsgemeinschaften.[633] Beliebt ist die EWIV auch bei Freiberuflern als Vehikel zur Organisation ihrer grenzüberschreitenden Zusammenarbeit. Dies gilt insbesondere für Rechtsanwälte, wobei die EWIV durch ihre Zweckgebundenheit aber nicht selbst rechtsberatend tätig werden darf.[634]

Hinweis: Vor Wahl der EWIV ist stets sorgfältig zu erwägen, ob andere Rechtsformen den Interessen des oder der Mandanten nicht besser entsprechen. Für eine grenzüberschreitende Tätigkeit kann sich beispielsweise auch eine Kapitalgesellschaft oder ein eingetragener Verein anbieten. Den Einschränkungen der EWIV – u.a. Zweckbeschränkung, weitgehendes Einstimmigkeitsprinzip, unbeschränkte Haftung der Mitglieder[635] – steht mit der Möglichkeit der grenzüberschreitenden Sitzverlegung[636] ein Vorteil gegenüber, den inzwischen auch die Europäische Aktiengesellschaft bereitstellt. Zudem bereitet die Kommission derzeit[637] eine Richtlinie zur grenzüberschreitenden Sitzverlegung auch anderer Kapitalgesellschaftstypen vor.

c) Struktur

365 Den engen Tätigkeitsvorgaben der EWIV-VO steht eine weitreichende Gestaltungsfreiheit der Mitglieder für die Binnenbeziehungen der EWIV gegenüber.[638] EWIV-VO und – für das deutsche Recht – die Bestimmungen über die OHG legen die Struktur der EWIV grundsätzlich in das Ermessen ihrer Mitglieder. Die EWIV-VO schreibt lediglich vor, dass sie über mindestens zwei Organe verfügen muss, das Gesellschaftsorgan als Zusammenschluss der gemeinschaftlich handelnden Mitglieder und die Geschäftsführung. Weitere Organe können im Gründungsvertrag vorgesehen werden, Art. 16 Abs. 1 Unterabs. 2 EWIV-VO.

366 Die EWIV besitzt nach Art. 1 Abs. 2 EWIV-VO die Fähigkeit, im eigenen Namen Träger von Rechten und Pflichten jeder Art zu sein, Verträge zu schließen oder andere Rechtshandlungen vorzunehmen und vor Gericht zu stehen. Das entspricht inhaltlich der Regelung des § 124 Abs. 1 HGB für die OHG. Die in Deutschland ansässige EWIV besitzt wegen des Verweises auf das Recht der OHG in § 1 EWIV-AG keine darüber hinausgehende **Rechtspersönlichkeit**, ist also keine juristische Person. Insofern hat der deutsche Gesetzgeber nicht von der Möglichkeit des Art. 1 Abs. 3 EWIV-VO Gebrauch gemacht.

367 Art. 40 EWIV-VO bestimmt, dass das Ergebnis der Tätigkeit der EWIV nur bei ihren Mitgliedern besteuert wird.[639] Ebenso wie inländische Personengesellschaften ist die EWIV daher für Einkommensteuerzwecke „transparent". Abweichend von der Behandlung von Personengesellschaften sorgt § 5 Abs. 1 S. 4 GewStG dafür, dass die EWIV auch nicht der deutschen Gewerbesteuer unterliegt. Soweit Gewerbesteuer anfällt, schulden die Mitglieder sie als Gesamtschuldner.

---

633 Weitere Beispiele bei MünchHdb PersGesR/*Salger/Neye* § 94 Rn 29.
634 Vgl *von Rechenberg* ZGR 1992, 299, 300 f.
635 Siehe Rn 387 und Rn 390.
636 Siehe Rn 392 f.
637 Stand: Februar 2007.
638 Vgl den 4. Erwägungsgrund der EWIV-VO.
639 Ausführlich zur Besteuerung der EWIV MünchHdb PersGesR/*Salger/Neye* § 98.

Hinweis: Wie bei jeder anderen Rechtsform sind bei der Entscheidung für oder gegen eine EWIV auch steuerliche Aspekte zu berücksichtigen. Allerdings wird die EWIV aufgrund ihrer Zweckbeschränkungen nur ausnahmsweise zur Steueroptimierung anderweitiger unternehmerischer Aktivitäten eingesetzt werden können.

2. Gesellschaftsvertrag und Gründung

a) Gründungsvoraussetzungen

Voraussetzung für die Gründung einer EWIV ist gem. Art. 1 Abs. 1 Unterabs. 2 iVm Art. 6 und 39 EWIV-VO der Abschluss eines Gesellschaftsvertrages (in der EWIV-VO Gründungsvertrag genannt) und die Eintragung in ein von den jeweiligen Mitgliedstaaten festegelegtes Register. Für die in Deutschland ansässige EWIV ist das nach § 2 Abs. 1 EWIV-AG das Handelsregister, das für den im Gründungsvertrag genannten Sitz der EWIV zuständig ist.

368

b) Mitglieder

Parteien des Gründungsvertrages sind die Mitglieder des EWIV. Die EWIV muss mindestens zwei Mitglieder haben, Art. 4 Abs. 2 EWIV-VO. Sog. Einmanngründungen sind damit ausgeschlossen.

369

Hinweis: In Betracht kommt aber die Gründung einer EWIV durch ein Mitglied und eine von diesem Mitglied beherrschte Gesellschaft.

Tritt das vorletzte Mitglied aus, muss das verbleibende Mitglied die Auflösung der EWIV beschließen, Art. 31 Abs. 3 EWIV-VO.[640] Umgekehrt kann jeder Mitgliedsstaat für die in seinen Registern eingetragenen EWIV vorsehen, dass sie nicht mehr als 20 Mitglieder haben dürfen, Art. 4 Abs. 3 EWIV-VO. Der deutsche Gesetzgeber hat von dieser Ermächtigung keinen Gebrauch gemacht.

Mitglieder einer EWIV können sein:

370

- **Gesellschaften** iSd Art. 48 Abs. 2 EGV (das sind alle Gesellschaften des bürgerlichen und des Handelsrechts einschließlich der Genossenschaften und der sonstigen juristischen Personen des öffentlichen und privaten Rechts mit Ausnahme derjenigen, die keinen Erwerbszweck verfolgen) und alle anderen juristischen Einheiten des öffentlichen oder des Privatrechts, die ihren Sitz und ihre Hauptverwaltung in der Gemeinschaft haben, Art. 4 Abs. 1 lit. a) EWIV-VO und
- **natürliche Personen**, wenn sie eine gewerbliche, kaufmännische, handwerkliche, landwirtschaftliche oder freiberufliche Tätigkeit in der Gemeinschaft (oder einem Staat des EWR) ausüben oder dort andere Dienstleistungen erbringen, Art. 4 Abs. 1 lit. b) EWIV-VO.

Gesellschaften oder natürliche Personen aus Drittstaaten können demnach kein Mitglied einer EWIV sein.

Zusätzlich verlangt Art. 4 Abs. 2 EWIV-VO, dass mindestens zwei der Mitglieder ihre Hauptverwaltung in **zwei verschiedenen Mitgliedstaaten** haben bzw ihre Haupttätigkeit in zwei verschiedenen Staaten ausüben. Die EWIV ist damit strukturell eine grenzüberschreitende Vereinigung. Entfällt dieses Element der Mehrstaatlichkeit nach der Gründung, sind die verbleibenden Mitglieder nach Art. 31 Abs. 3 EWIV-VO verpflichtet, die EWIV aufzulösen.[641]

371

c) Gründungsvertrag

Art. 5 EWIV-VO zählt bestimmte **Mindestangaben** auf, die im **Gründungsvertrag** enthalten sein müssen:

372

Prüfungsreihenfolge: Mindestinhalte des Gründungsvertrages
1. Name der EWIV
2. Sitz der EWIV
3. Unternehmensgegenstand der EWIV

---

640 Siehe Rn 402 aE.
641 Siehe Rn 402 aE.

4. Dauer der EWIV (sofern sie nicht unbestimmt ist)
5. Identifikation sämtlicher Mitglieder durch Name bzw Firma, Rechtsform, Wohnsitz bzw Sitz, Nummer und Ort der Registereintragung.

Eine Form wird für den Gründungsvertrag nicht ausdrücklich vorgeschrieben. Allerdings erfordert die in Art. 7 S. 1 EWIV-VO vorgesehene Hinterlegung des Gründungsvertrags, dass er in einem Dokument festgehalten ist. Insofern ist die Textform gem. § 126 b BGB erforderlich, aber auch ausreichend.[642] Inhaltlich genießen die Mitglieder weitgehende Vertragsfreiheit bei der Gestaltung des Gründungsvertrages.

Hinweis: Es ist dringend zu empfehlen, weitere Festlegungen über den Inhalt des Mindestinhalts des Gründungsvertrags hinaus zu treffen und dabei künftigen Regelungsbedarf zu antizipieren. Ansonsten sind nämlich alle Entscheidungen der Mitglieder einstimmig zu treffen.

Prüfungsreihenfolge: Fakultative Regelungsinhalte des Gründungsvertrages
1. Einlagen/Beiträge der Mitglieder
2. Gewinnverteilung, Verlustausgleich
3. Aufwendungsersatz, Innenausgleich zwischen Mitgliedern
4. Bestellung und Entlassung von Geschäftsführern
5. Vertretungsbefugnis der Geschäftsführer
6. Vertretungsbefugnis im Gründungsstadium
7. Formen und Fristen für Mitgliederversammlungen
8. Beschlüsse der Mitglieder außerhalb von Versammlungen
9. Stimmrechte
10. Beschlussmehrheiten in der Gesellschafterversammlung
11. Weitere Organe, zB Aufsichtsrat oder Beirat
12. Kündigung und Ausschluss von Mitgliedern, Abfindung
13. Geschäftsjahr, Jahresabschluss, Prüfung

373 Der **Name** der EWIV muss „Europäische wirtschaftliche Interessenvereinigung" oder die Abkürzung EWIV enthalten – voran- oder nachgestellt oder als Namensbestandteil, Art. 5 lit. a) EWIV-VO.

374 Als **Sitz** muss entweder der Ort der Hauptverwaltung der EWIV oder der Ort der Hauptverwaltung bzw Haupttätigkeit eines Mitglieds gewählt werden, Letzteres indes nur, wenn die EWIV dort tatsächlich eine Tätigkeit ausübt; der Sitz muss zwingend innerhalb der Gemeinschaft liegen (Art. 12 EWIV-VO). Es ist hingegen nicht erforderlich, dass der Sitz in einem Mitgliedsstaat gewählt wird, in dem eines der Mitglieder seine Hauptverwaltung hat oder seine Haupttätigkeit ausübt.[643]

d) Eintragung

375 Erst mit der Eintragung nach Art. 6 EWIV-VO und der damit erlangten Rechtsfähigkeit iSd Art. 1 Abs. 2 EWIV-VO ist der Gründungsvorgang abgeschlossen. Die Eintragung wirkt mithin konstitutiv und nicht, wie bei der OHG, deklaratorisch.

376 Im **Gründungsstadium** (dh nach Abschluss des Gründungsvertrages) gilt für das Innenverhältnis zwischen den Gesellschaftern grundsätzlich bereits das Recht der EWIV. Im Verhältnis zu Dritten gilt dasselbe, es sei denn, einzelne Normen setzen zwingend die Eintragung der EWIV voraus.[644] Im Übrigen ist die deutsche „Vor-EWIV" in diesem Stadium als Gesellschaft bürgerlichen Rechts zu behandeln.[645] Zwischen der späteren EWIV und ihrer Vor-Gesellschaft besteht Identität, ein Vermögensübergang findet nicht statt.[646] Art. 9 Abs. 2 EWIV-VO ordnet eine Handelndenhaftung ähnlich dem

---

642 Ähnlich Ebenroth/Boujong/W. *Hakenberg* EWIV Rn 12. Eine eigenhändige Unterschrift nach § 126 Abs. 1 BGB ist nicht erforderlich.
643 Zur Sitzverlegung siehe Rn 391 ff.
644 Baumbach/Hopt/*Hopt* Anh. § 160 Rn17. Dies dürfte zB für Art. 23 Abs. 2 EWIV-VO gelten.
645 HdbPersGes/*Bärwaldt* § 19 Rn 7.
646 *Habersack*, Europ. Gesellschaftsrecht, § 11 Rn 18.

§ 11 Abs. 2 GmbHG an, wenn die EWIV die im Gründungsstadium begründeten Verbindlichkeiten nicht übernimmt. Dies ist dann der Fall, wenn die Geschäftsführer der EWIV ohne Vertretungsmacht handelten, weil weder Gründungsvertrag noch Mitgliederbeschluss sie nicht zum Abschluss von Rechtsgeschäften ermächtigt, die den künftigen Geschäftsbetrieb betreffen.[647]

Hinweis: Wegen der Haftungsproblematik sind zulässige Aktivitäten der EWIV vor ihrer Eintragung im Gründungsvertrag zu definieren oder aber ausdrücklich auszuschließen.

Für die deutsche EWIV erfolgt die Eintragung in das Handelsregister bei dem Gericht, in dessen Bezirk sie ihren Sitz haben soll, § 2 Abs. 1 EWIV-AG iVm Art. 39 Abs. 1 EWIV-VO. § 2 Abs. 2 EWIV-AG bestimmt den zur Veröffentlichung bestimmten **Inhalt der Registeranmeldung.** 377

Prüfungsreihenfolge: Mindestinhalt der Registeranmeldung
1. sämtliche Punkte der Checkliste zu den Mindestinhalten des Gründungsvertrages;[648]
2. Geburtsdaten der Mitglieder, soweit sie natürliche Personen sind;
3. Name, Geburtsdaten, Wohnsitz und Vertretungsbefugnisse der Geschäftsführer.

Die weiteren Bestimmungen für die Anmeldung sind aus dem GmbH-Recht vertraut: Die Anmeldung ist von allen Geschäftsführern vorzunehmen, § 3 Abs. 1 S. 2 EWIV-AG, die jeweils zu versichern haben, dass keine Umstände vorliegen, die nach Art. 19 Abs. 1 EWIV-VO ihrer Bestellung entgegenstehen,[649] und dass sie über ihre entsprechende Auskunftspflicht belehrt worden sind, § 3 Abs. 3 EWIV-AG. Sie haben außerdem ihre Namensunterschrift zur Aufbewahrung bei Gericht zu zeichnen, § 3 Abs. 4 EWIV-AG. 378

3. Innenverhältnis

a) Entstehung

Zwar setzt das Entstehen einer EWIV – wie soeben dargestellt – den Abschluss des Gründungsvertrags und die Eintragung nach Art. 6 EWIV-VO voraus. Mit dem Abschluss des Gründungsvertrages gilt aber im Innenverhältnis bereits das Recht der EWIV, soweit es nicht die Eintragung voraussetzt und der Gründungsvertrag nicht etwas anderes bestimmt.[650] 379

b) Rechte und Pflichten der Mitglieder

Die EWIV-VO regelt die wesentlichen Rechte und Pflichten der Mitglieder. Für eine deutsche EWIV gelten über § 1 EWIV-AG ergänzend die §§ 109 ff HGB. Angesichts des weitreichenden Gestaltungsspielraums, der für die Binnenstruktur der EWIV besteht, dürften in der Praxis aber vor allem die im Gründungsvertrag getroffenen Vereinbarungen im Vordergrund stehen. 380

Die **Regelungen der EWIV-VO** lassen sich wie folgt zusammenfassen: Jedem Mitglied steht gleiches Stimmrecht zu, sofern der Gründungsvertrag keine abweichende Regelung trifft, Art. 17 EWIV-VO. Jedes Mitglied kann umfassend Auskunft von der Geschäftsführung verlangen und dabei in die Bücher und Geschäftsunterlagen Einsicht nehmen, Art. 18 EWIV-VO, sowie eine Mitgliederversammlung einberufen, Art. 17 Abs. 4 EWIV-VO. Vorbehaltlich einer abweichenden Regelung im Gründungsvertrag stehen Gewinne den Mitgliedern zu gleichen Teilen zu, Art. 21 Abs. 1 EWIV-VO. Entsprechendes gilt für die Pflicht der Mitglieder, Verluste der EWIV auszugleichen, Art. 21 Abs. 2 EWIV-VO. Neben der Verlustausgleichspflicht regelt die EWIV-VO keine Pflicht zur Leistung von Einlagen oder Beiträgen. Insofern gelten die Festsetzungen des Gründungsvertrages und – für die in Deutschland ansässige EWIV – die §§ 105 Abs. 3 HGB, 706 BGB.[651] Ohne dass die EWIV-VO sie im Einzelnen regeln würde, bestehen zwischen den Mitgliedern zudem wechselseitige **Treue- und Mit-** 381

---

647 MünchAnwHdB PersGesR/*Pathe* § 14 Rn 72 f.
648 Siehe Rn 372.
649 Siehe Rn 383.
650 Siehe Rn 376.
651 HdbPersGes/*Bärwaldt* § 19 Rn 52.

wirkungspflichten. Sie sind beispielsweise in Art. 27 Abs. 2 EWIV-VO vorausgesetzt.[652] Zur gesamtschuldnerischen, unbeschränkten Haftung der Mitglieder siehe unten Rn 390.

382 Die EWIV-VO schweigt über den **Innenausgleich** zwischen Mitgliedern, die wegen Verbindlichkeiten der EWIV von Dritten in Anspruch genommen worden sind, ebenso wie über den Ersatz von Aufwendungen, welche die Mitglieder im Interesse der EWIV gemacht haben. Insofern gelten für die deutsche EWIV die auf die OHG anzuwendenden Regeln,[653] sofern die Mitglieder keine abweichende Regelung im Gründungsvertrag getroffen haben.

c) Geschäftsführung

383 Regelungen über die Geschäftsführung finden sich sowohl in der EWIV-VO als auch für die deutsche EWIV im EWIV-AG. Es gilt der Grundsatz der **Fremdorganschaft**, wie er auch von deutschen Kapitalgesellschaften, nicht aber bei Personengesellschaften, vertraut ist (zur OHG vgl § 114 Abs. 1 HGB). Nach Art. 19 Abs. 1 S. 1 EWIV-VO können grundsätzlich nur natürliche Personen Geschäftsführer der EWIV sein. Sie werden durch den Gründungsvertrag oder durch Gesellschafterbeschluss bestellt. Eine Ermächtigung für die Mitgliedstaaten, auch juristische Personen als EWIV-Geschäftsführer zuzulassen, hat Deutschland nicht aufgegriffen. Art. 19 Abs. 1 S. 2 EWIV-VO schließt unter Verweis auf nationales Recht bzw nationale Gerichts- und Verwaltungsentscheidungen Personen von der Geschäftsführung einer EWIV aus, denen es untersagt ist, Verwaltungs- oder Leitungsorganen von Gesellschaften anzugehören oder Unternehmen zu leiten. Für die deutsche EWIV gelten damit u.a. die Ausschlussgründe für die Bestellung des GmbH-Geschäftsführers nach § 6 Abs. 2 GmbHG.

384 Einzelheiten der Bedingungen für die **Bestellung** und die **Entlassung** der Geschäftsführer (nicht notwendigerweise die Bestellung oder Entlassung im Einzelfall) sowie die Befugnisse der Geschäftsführer sind im Gründungsvertrag oder durch einstimmigen Gesellschafterbeschluss festzulegen, Art. 19 Abs. 3 EWIV-VO. Für den Fall einer fehlenden Bestimmung durch die Mitglieder legt § 7 EWIV-AG für die deutsche EWIV fest, dass die Bestellung der Geschäftsführer jederzeit frei widerruflich ist, unbeschadet von Entschädigungsansprüchen aus bestehenden Verträgen.

Hinweis: Es empfiehlt sich aus praktischer Sicht, im Gründungsvertrag festzulegen, dass Bestellungen und Entlassungen (im Sinne einer Abberufung als Organ) durch einfache Mehrheit der Mitglieder beschlossen werden kann, da Unstimmigkeiten unter den Mitgliedern die EWIV ansonsten dauerhaft lähmen können.

385 Die EWIV-VO regelt die **Pflichten der Geschäftsführung** gegenüber den Mitgliedern der EWIV nicht umfassend. Für die deutsche EWIV ist diese Lücke insbesondere durch die §§ 5 und 6 EWIV-AG ausgefüllt, der den Kerngehalt der §§ 41 bis 43 GmbHG auf die EWIV-Geschäftsführer überträgt. Dies bedeutet die Pflicht
- zur Buchführung;
- zur Aufstellung eines Jahresabschlusses sowie
- zur Anwendung der Sorgfalt eines ordentlichen und gewissenhaften Geschäftsleiters.

Eine Kontrolle der Geschäftsführung ist den Mitgliedern insbesondere durch das Auskunfts- und Einsichtsrecht aus Art. 18 EWIV-VO ermöglicht. Daneben besteht die Möglichkeit, der Geschäftsführung durch Beschluss Weisungen zu erteilen. Zwar ist dieses **Weisungsrecht** weder in der EWIV-VO noch im EWIV-AG ausdrücklich geregelt. Es ergibt sich aber aus der Regelung in Art. 16 Abs. 2 EWIV-VO, nach der die Mitgliederversammlung „jeden Beschluss zur Verwirklichung des Unternehmensgegenstandes" der EWIV fassen kann.[654]

---

652 HdbPersGes/*Bärwaldt* § 19 Rn 53.
653 Siehe § 5 Rn 389, Rn 260.
654 *Habersack*, Europ. Gesellschaftsrecht, § 11 Rn 20.

Hinweis: Die Mitgliederversammlung wird schon aufgrund ihrer Größe häufig zu schwerfällig sein, um eine effektive Kontrolle über die Geschäftsführung zu gewährleisten. In solchen Fällen ist daran zu denken, gem. Art. 16 Abs. 1 S. 2 EWIV-VO im Gründungsvertrag einen Beirat oder Aufsichtsrat einzurichten, der diese Aufgabe effektiver wahrnehmen kann.

d) Beschlussfassung

386 Die Beschlussfassung richtet sich nach Art. 16 Abs. 2 EWIV-VO, wonach die als Organ handelnden Mitglieder der EWIV jeden Beschluss zur Verwirklichung des Unternehmensgegenstandes fassen können. Grundsätzlich hat jedes Mitglied nur eine Stimme. Im Gründungsvertrag können jedoch abweichende Regelungen getroffen werden (zB die Ausrichtung an der Kapitalbeteiligung). In keinem Fall darf einem Mitglied die Mehrheit der Stimmen zugesprochen werden, Art. 17 Abs. 1 S. 2 EWIV-VO. Soweit die EWIV-VO nichts anderes bestimmt, kann der Gründungsvertrag die Mehrheitserfordernisse festlegen. Andernfalls ist gem. Art. 17 Abs. 3 S. 2 EWIV-VO Einstimmigkeit erforderlich.

Hinweis: Einstimmigkeit als Voraussetzung für jedweden Beschluss wird nur selten den Interessen der Mitglieder gerecht werden. Sie räumt einer Minderheit eine Veto-Position ein, die im Einzelfall sogar sachfremd als Druckmittel eingesetzt werden mag. Daher sollte man – wie bei anderen Gesellschaftsformen üblich – die einfache Mehrheit genügen lassen, soweit Gesetz oder Gründungsvertrag nicht konkret eine höhere Mehrheit fordern.

387 Zahlreiche Gegenstände erfordern nach der EWIV eine **zwingend einstimmige Beschlussfassung**. Einstimmigkeit stellt auf alle in der EWIV vorhandenen, nicht nur die bei einer Beschlussfassung anwesenden oder vertretenen Stimmen ab.[655] Daraus folgt, dass Stimmenthaltungen der Einstimmigkeit entgegenstehen.[656]

Prüfungsreihenfolge: Zwingende Einstimmigkeit
1. Änderung des Unternehmensgegenstandes, Art. 17 Abs. 2 lit. a) EWIV-VO
2. Änderung der Stimmenzahl eines Mitglieds, Art. 17 Abs. 2 lit. b) EWIV-VO
3. Änderung der Bedingungen für die Beschlussfassung, Art. 17 Abs. 2 lit. c) EWIV-VO
4. Verlängerung der Dauer der EWIV über den im Gründungsvertrag festgelegten Zeitpunkt hinaus, Art. 17 Abs. 2 lit. d) EWIV-VO
5. Änderung des Beitrags jedes Mitglieds oder bestimmter Mitglieder zur Finanzierung der EWIV, Art. 17 Abs. 2 lit. e) EWIV-VO
6. grenzüberschreitende Sitzverlegung, Art. 14 Abs. 1 S. 3 EWIV-VO
7. Abtretung der Mitgliedschaft, Art. 22 Abs. 1 EWIV-VO
8. Aufnahme weiterer Mitglieder, Art. 26 Abs. 1 EWIV-VO
9. Kündigung der Mitgliedschaft, Art. 27 Abs. 1 EWIV-VO
10. Erbfolge in die Mitgliedschaft, Art. 28 Abs. 2 EWIV-VO

Darüber hinaus sieht die EWIV-VO für einige Beschlussgegenstände dispositive Einstimmigkeit vor, zB für andere als die in Art. 17 Abs. 2 lit. a) bis e) EWIV-VO genannten Änderungen des Gründungsvertrags, Art. 17 Abs. 2 lit. g) EWIV-VO.

388 Über die Modalitäten der Beschlussfassung macht die EWIV-VO keine Angaben. Es gelten mithin die Vorschriften über die OHG, § 1 EWIV-AG. Für Einzelheiten wie die Vorbereitung und Durchführung von Mitgliederversammlungen kann daher auf die Ausführungen zur OHG verwiesen werden.[657] Dasselbe gilt für Fragen der formellen und materiellen Beschlusskontrolle.

---

655 Wie in der OHG: Ebenroth/Boujong/*W. Hakenberg* EWIV Rn 27.
656 So auch MünchHdb/PersGesR/*Salger/Neye* § 96 Rn 12.
657 Siehe § 5 Rn 328, Rn 179 ff.

4. Außenverhältnis

a) Vertretung

389 Art. 20 EWIV-VO regelt die **Vertretungsmacht** der Geschäftsführer. Nur sie vertreten die EWIV[658] und dies grundsätzlich mit **Einzelvertretungsbefugnis**. Die Vertretungsmacht ist nicht beschränkbar. Sie ist grundsätzlich auch nicht durch den Unternehmensgegenstand begrenzt (keine Anwendung der ultra vires-Doktrin), es sei denn, das Überschreiten des Gegenstandes war dem Vertragspartner bekannt oder musste sich ihm aufdrängen.[659] Der Gründungsvertrag kann aber **Gesamtvertretung** durch zwei oder mehrere Geschäftsführer anordnen, Art. 20 Abs. 2 EWIV-VO. Neben der organschaftlichen Vertretung, die ausschließlich den Geschäftsführern obliegt, kann die Vertretungsbefugnis rechtsgeschäftlich auch auf andere Personen übertragen werden, wobei für die deutsche EWIV die §§ 48 ff HGB Anwendung finden.[660]

b) Haftung

390 Die Mitglieder haften gem. Art. 24 EWIV-VO **unbeschränkt und gesamtschuldnerisch** für jedwede Verbindlichkeiten der EWIV. Bis zur Beendigung der Abwicklung der EWIV müssen Gläubiger allerdings zunächst die EWIV zur Zahlung aufgefordert haben, ohne dass diese in angemessener Frist erfolgt ist. Die Haftung der Mitglieder ist also **subsidiär**. Für die Folgen der Haftung verweist die EWIV-VO auf das nationale Recht. In Deutschland sind somit ergänzend die §§ 128 ff HGB heranzuziehen.

5. Sitzverlegung

391 Der Sitz der EWIV kann innerhalb der Gemeinschaft verlegt werden, Art. 13 Abs. 1 EWIV-VO. Dabei bedingt eine Sitzverlegung innerhalb der Landesgrenzen keine Besonderheiten gegenüber anderen Änderungen des Gründungsvertrages, vgl Art. 13 Abs. 2 EWIV-VO. Allerdings ändert sich das für die EWIV zuständige Register, § 2 Abs. 1 EWIV-VO.

392 Die EWIV-VO gestattet aber auch eine **grenzüberschreitende Sitzverlegung** innerhalb des Gemeinschaftsgebiets, ohne dass dies zur Auflösung der EWIV führen würde. Eine solche Sitzverlegung führt zwingend zu einem Wechsel des nach Art. 2 EWIV-VO anzuwendenden Rechts. Als Voraussetzungen nennt Art. 14 EWIV-VO

- die Erstellung und Hinterlegung (dh in Deutschland Einreichung beim Handelsregister) eines Verlegungsplans durch die Geschäftsführung sowie seine anschließende Bekanntmachung;[661]
- einen einstimmigen Mitgliederbeschluss, der frühestens zwei Monate nach der Bekanntmachung des Verlegungsplans gefasst werden kann, sowie
- die Eintragung der EWIV in dem für den neuen Sitz zuständigen Register.

393 Die Verlegung wird mit der Eintragung des neuen Sitzes wirksam, Art. 14 Abs. 1 S. 4 EWIV-VO. Dritte, denen die Sitzverlegung nicht bekannt ist, können sich gem. Art. 14 Abs. 3 EWIV-VO bis zur Bekanntmachung der Löschung der EWIV im Register des alten Sitzes noch auf diesen Sitz berufen. Die Eintragung der EWIV am alten Sitz kann erst nach ihrer Eintragung am neuen Sitz gelöscht werden, Art. 14 Abs. 2 EWIV-VO.

6. Gesellschafterwechsel

a) Aufnahme neuer Mitglieder

394 Die Aufnahme neuer Mitglieder kann nur auf einstimmigen Beschluss der bisherigen Mitglieder erfolgen, Art. 26 Abs. 1 EWIV-VO. Neumitglieder haften grundsätzlich auch für Altverbindlichkeiten der EWIV, Art. 26 Abs. 2 EWIV-VO. Allerdings kann diese Haftung im Gründungsvertrag oder im Bei-

---

658 Eine *actio pro socio* ist mit der Fremdorganschaft der EWIV nicht vereinbar.
659 Dies ist nicht schon aufgrund der Eintragung des Unternehmensgegenstandes im Handelsregister der Fall, Art. 20 Abs. 1 Unterabs. 2 Hs 2 EWIV-VO.
660 MünchHdB PersGesR/*Salger/Neye* § 97 Rn 8.
661 Vgl hierzu § 4 EWIV-AG.

trittsvertrag abbedungen werden. Dritten kann ein solcher Haftungsausschluss nur entgegengesetzt werden, wenn er nach Art. 8 EWIV-VO bekannt gemacht worden ist.[662] Die Bekanntmachung muss zeitnah nach dem Beitritt erfolgen.[663]

Die Aufnahme eines Mitglieds ist nach Art. 7 lit. a) EWIV-VO bei dem nach Art. 39 Abs. 1 EWIV-VO zu bestimmenden Register (in Deutschland also bei dem für den Sitz der EWIV zuständigen Handelsregister, § 2 Abs. 3 Nr. 1 EWIV-AG) zu hinterlegen und gem. Art. 8 lit. a) EWIV-VO bekannt zu machen. Anders als bei Gründung[664] und Sitzverlegung[665] sieht die EWIV-VO nicht vor, dass die Registereintragung für die Aufnahme konstitutiv ist. Für die deutsche EWIV hat die Eintragung daher entsprechend der Handhabung im Recht der OHG nur deklaratorischen Charakter. 395

b) Ausscheiden eines Mitglieds

Die EWIV besteht, soweit der Gründungsvertrag nichts anderes vorschreibt, auch nach dem Ausscheiden eines Mitglieds fort, Art. 30 EWIV-VO. Die Ausscheidungsgründe ergeben sich aus Art. 27 und 28 EWIV-VO. Dazu gehören u.a. das Ausscheiden wegen Todes, einer Kündigung nach Maßgabe des Gründungsvertrages oder durch Ausschluss durch die Mitgesellschafter. Art. 33 EWIV-VO fingiert eine Auseinandersetzung insofern, als dass das Vermögen der Vereinigung zum Zeitpunkt des Ausscheidens zu ermitteln ist, und das ausscheidende Mitglied entweder ein Auseinandersetzungsguthaben beanspruchen kann oder – falls das Vermögen negativ ist – zur Leistung an die EWIV verpflichtet ist. Anspruch oder Verpflichtung dürfen nicht im Voraus pauschal bestimmt werden. Diese Regelungen gelten nicht für eine Abtretung der Mitgliedschaft, dazu sogleich. 396

Das ausscheidende Mitglied trifft eine **Nachhaftung** für Verbindlichkeiten, die sich aus der Tätigkeit der EWIV vor seinem Ausscheiden ergeben, Art. 34 EWIV-VO. Die Auslegung von „ergeben" ist nicht eindeutig. Unter Rückgriff auf die englische Fassung der EWIV-VO („arising") ist aber davon auszugehen, dass darauf abzustellen ist, dass die Verbindlichkeit vor dem Ausscheiden begründet, nicht aber notwendigerweise fällig geworden ist.[666] Ansprüche gegen das ausgeschiedene Mitglied verjähren gem. Art. 37 Abs. 1 EWIV-VO spätestens fünf Jahre nach der Bekanntmachung seines Ausscheidens. 397

Die Vereinbarung über das Ausscheiden ist nach Art. 7 S. 2 lit. a), Art. 8 S. 1 lit. a) EWIV-VO bei dem zuständigen Register zu hinterlegen und bekannt zu machen. Die Eintragung wirkt lediglich deklaratorisch. 398

c) Abtretung der Mitgliedschaft

Ferner ist auch die vollständige oder teilweise Abtretung der Mitgliedschaft auf Dritte oder andere Mitglieder möglich, soweit alle übrigen Mitglieder zustimmen, Art. 22 Abs. 1 EWIV-VO. Es ist zweifelhaft, ob dieses Zustimmungserfordernis im Gründungsvertrag abbedungen werden kann.[667] Verpflichtungs- und Verfügungsgeschäft sind formfrei.[668] Die Ausführungen zu Rn 238 gelten entsprechend. 399

Gem. Art. 22 Abs. 2 S. 1 EWIV-VO bedarf auch die **Bestellung einer Sicherheit** an der Mitgliedschaft der Zustimmung aller Mitglieder. Insoweit bestimmt die EWIV-VO ausdrücklich, dass der Gründungsvertrag von dem Zustimmungserfordernis abweichen kann. Als Sicherheit kommt nach deutschem Recht nur die Verpfändung in Betracht.[669] 400

---

662 Bei der deutschen EWIV ist auch das eintretende Mitglied befugt, den Haftungsausschluss zum Handelsregister anzumelden, § 3 Abs. 2 S. 2 EWIV-AG.
663 Zu der vergleichbaren Regelung in § 25 Abs. 2 HGB siehe Baumbach/Hopt/*Hopt* § 25 Rn 15.
664 Siehe Rn 375.
665 Siehe Rn 393.
666 So auch § 160 HGB für die OHG.
667 Dafür *Habersack*, Europ. Gesellschaftsrecht, § 11 Rn 23. Der Vergleich zu Art. 22 Abs. 2 EWIV-VO spricht dagegen.
668 MünchAnwHdB PersGesR/*Pathe* § 14 Rn 143.
669 MünchAnwHdB PersGesR/*Pathe* § 14 Rn 146.

401 Der Veräußerer hat im Falle der Übertragung keinen Anspruch auf Abfindung gegen die EWIV, unterliegt aber als ein ausscheidendes Mitglied der **Haftung** nach Art. 34 EWIV-VO, während der Erwerber nach Maßgabe des Art. 26 Abs. 2 EWIV-VO für Altverbindlichkeiten haftet. Unter Haftungsgesichtspunkten wirkt die Übertragung der Mitgliedschaft daher wie ein Ausscheiden des alten bei gleichzeitiger Aufnahme des neuen Mitglieds.

7. Beendigung

a) Auflösung

402 In den Art. 31 und 32 EWIV-VO findet sich eine abschließende Aufzählung der Gründe für eine Auflösung. Die Gesellschaft kann nur durch gerichtliche Entscheidung oder Beschluss der Mitglieder aufgelöst werden. Ein Auflösungsbeschluss muss einstimmig erfolgen, soweit der Gründungsvertrag nichts anderes vorsieht, Art. 31 Abs. 1 EWIV-VO. Die Mitglieder der EWIV sind verpflichtet, einen Auflösungsbeschluss zu fassen, sofern die im Gründungsvertrag bestimmte Dauer der EWIV abgelaufen oder ein anderer dort bestimmter Auflösungsgrund eingetreten ist oder wenn der Unternehmensgegenstand verwirklicht wurde oder nicht weiter verfolgt werden kann, Art. 31 Abs. 2 EWIV-VO. Das Gleiche gilt, wenn die EWIV nicht mehr aus mindestens zwei unterschiedlichen Mitgliedstaaten zuzurechnenden Mitgliedern besteht, Art. 31 Abs. 3 EWIV-VO.

403 Sofern die Mitglieder ihrer Pflicht zur Auflösung der EWIV nicht nachkommen, die Zwecksetzung der EWIV nicht mehr in Einklang mit Art. 3 EWIV-VO steht, der Sitz der EWIV entgegen Art. 12 EWIV-VO aus dem Gemeinschaftsgebiet heraus verlegt wurde oder ein Mitglied einen wichtigen Grund geltend macht, kann die EWIV durch **Gerichtsbeschluss** aufgelöst werden, Art. 31 Abs. 2, Art. 32 Abs. 1 und 2 EWIV. Allerdings muss das Gericht zuvor Gelegenheit geben, dem Auflösungsgrund abzuhelfen, sofern dies möglich ist. Das Gericht beschließt aber nur auf Antrag eines Beteiligten oder einer zuständigen Behörde. Der Begriff des Beteiligten ist weit auszulegen.[670] Er umfasst alle Vertragspartner und Gläubiger der EWIV sowie alle sonstigen Personen, die ein berechtigtes Interesse an der Auflösung glaubhaft machen können.

404 Gem. Art. 35 Abs. 2 EWIV-VO führt die Auflösung der Gesellschaft zu ihrer **Abwicklung**, die sich nach nationalem Recht richtet. Die Geschäftsfähigkeit der EWIV bleibt bis zur Beendigung der Abwicklung erhalten, Art. 35 Abs. 3 EWIV-VO, so dass die Auflösung wie im Recht der OHG nur zu einer Änderung des Geschäftszwecks führt.[671] § 10 EWIV-AG bestimmt bei fehlender anderweitiger Willensbildung der Mitglieder für die deutsche EWIV deren Geschäftsführer zu Liquidatoren. Im Übrigen gelten die §§ 145 ff HGB.

b) Nichtigkeit

405 Art. 15 Abs. 1 EWIV-VO überlässt es dem nationalen Recht, die Gründe für eine Nichtigkeit der EWIV zu definieren. Mangels spezialgesetzlicher Regelungen im deutschen Recht kommen vor allem Willensmängel beim Abschluss des Gründungsvertrags als Nichtigkeitsgründe in Frage. Die Rechtsfolgen einer Nichtigkeit stellt Art. 15 Abs. 2 denen einer Auflösung gleich: Es kommt zur Abwicklung und nicht zu einer sofortigen Beendigung. Insofern gelten die Ausführungen zu Rn 244 entsprechend.

c) Insolvenz

406 Die Insolvenz der EWIV richtet sich grundsätzlich nach dem einzelstaatlichen Recht (Art. 36 S. 1 EWIV-VO), also dem Recht des Sitzstaates, vgl Art. 2 EWIV-VO. Für eine in Deutschland ansässige EWIV gilt demnach die InsO, vgl § 11 Abs. 2 Nr. 1 InsO, insbesondere die Insolvenzgründe der §§ 17 bis 19 InsO. Berechtigt, einen Insolvenzantrag für den Schuldner zu stellen, sind über § 1 EWIV-AG, § 15 Abs. 1 InsO sämtliche Mitglieder und gem. § 11 EWIV-AG auch die Geschäftsführer. Unter Strafandrohung (§ 15 EWIV-AG) zur Antragstellung verpflichtet sind bei Vorliegen der Voraussetzungen des § 130 a HGB nur die Geschäftsführer, nicht aber die Mitglieder, § 11 S. 2

---

670 MünchHdb PersGesR/*Salger/Neye* § 99 Rn 6.
671 *Habersack*, Europ. Gesellschaftsrecht, § 11 Rn 39.

EWIV-AG. Gem. Art. 36 S. 2 EWIV-VO darf die Eröffnung des Insolvenzverfahrens über das Vermögen der EWIV nicht automatisch die Eröffnung des Insolvenzverfahrens über das Vermögen ihrer Mitglieder zur Folge haben. Eine solche Folge wäre dem deutschen Recht auch fremd.

D. „Scheinauslandsgesellschaften" mit Sitz in Deutschland

I. Grundlagen

Der Begriff der **Scheinauslandsgesellschaften** bezeichnet ein Phänomen, das seit der *Inspire Art*-Entscheidung[672] des Europäischen Gerichtshofs (EuGH) mehr und mehr alltäglich geworden ist, nämlich das Phänomen der ausländischen Kapitalgesellschaften mit tatsächlichem Verwaltungssitz in Deutschland. War die Anerkennung dieser Gesellschaften nach der in Deutschland vertretenen **Sitztheorie** in der Vergangenheit abgelehnt worden, zwang die *Inspire Art*-Entscheidung auch die deutsche Rechtsprechung zum Umdenken. Zwar hat der EuGH die Sitztheorie nicht vollständig abgelehnt, hat aber immerhin festgestellt, dass diese der **Niederlassungsfreiheit** der Kapitalgesellschaften in der Europäischen Union (EU) nicht im Wege stehen dürfe. In diesem vom EuGH geschaffenen Freiraum hat sich mittlerweile eine gewisse Rechtssicherheit etabliert. Dennoch sind viele Fragen noch ungeklärt.

Im Folgenden soll ein Überblick über die Entwicklung der Rechtsprechung des EuGH gegeben werden. Sodann wird unter Berücksichtigung der neueren Rechtsprechung der deutschen Gerichte in diesem Zusammenhang aufgezeigt werden, in welchen Bereichen welches Recht auf ausländische Kapitalgesellschaften mit Verwaltungssitz in Deutschland Anwendung findet. Im Anschluss werden einzelne Gesellschaftsformen unter Beschreibung ihrer wesentlichen Organisationsstruktur vorgestellt und daraufhin untersucht, inwieweit sie als Rechtsformalternative zur deutschen Gesellschaft mit beschränkter Haftung (GmbH) in Betracht kommen.

1. Theorien zur Bestimmung des Gesellschaftsstatuts

Verlegt eine unter ausländischem Recht gegründete Kapitalgesellschaft ihre Geschäftstätigkeit schwerpunktmäßig nach Deutschland, so stellt sich insbesondere für die Gerichte, aber letztlich auch für jeden Geschäftspartner die Frage, nach welchem Recht eine solche Gesellschaft zu behandeln ist. Die Bestimmung des Gesellschaftsstatuts einer Kapitalgesellschaft gibt Auskunft darüber, nach welcher Rechtsordnung sich die Rechtsfähigkeit einer Gesellschaft, ihre Organisationsstruktur, ihre Finanzverfassung, die Haftung ihrer Gesellschafter und Geschäftsführer und nicht zuletzt ihre Liquidation und Auflösung richtet.[673] Zur Bestimmung des Gesellschaftsstatuts stehen sich im Wesentlichen zwei Theoreme gegenüber, die die Frage, nach welchem Recht eine Kapitalgesellschaft zu behandeln ist, deren tatsächlicher Verwaltungssitz sich nicht in dem Staat befindet, in dem die Gesellschaft gegründet wurde, diametral unterschiedlich beurteilen: die sogenannte **Sitztheorie** auf der einen Seite und die sogenannte **Gründungstheorie** auf der anderen Seite.

a) Sitztheorie

Die **Sitztheorie** besagt, dass sich die Rechtsverhältnisse einer Kapitalgesellschaft nach dem Recht desjenigen Staates richten, in dem sich der tatsächliche Verwaltungssitz der Gesellschaft befindet.[674] Der **tatsächliche Verwaltungssitz** bezeichnet nach einer Formel des Bundesgerichtshofs (BGH) den Ort, *„wo die grundlegenden Entscheidungen der Unternehmensleitung effektiv in laufende Geschäftsführungsakte umgesetzt werden"*[675]. Die Anknüpfung an den Verwaltungssitz soll gewährleisten, dass stets das Recht desjenigen Staates auf eine Gesellschaft anzuwenden ist, der durch deren Tätigkeit

---
672 Vgl EuGH EuR 2004, 104 ff.
673 Vgl *Jasper*, in: MünchHdb GesR, Bd. 3, 2. Aufl., 2003, § 75 Rn 1.
674 Vgl BGH NJW 2002, 3539; OLG Zweibrücken ZIP 2003, 849; BayObLG BayObLGZ 2002, 413.
675 Vgl BGHZ 97, 269, 272.

am stärksten betroffen ist.[676] Die Sitztheorie wurde – zumindest bis zur *Inspire Art*-Entscheidung[677] des EuGH – insbesondere in **Deutschland**, aber auch in **Frankreich**,[678] **Belgien**[679] und **Italien**[680] vertreten.

411 Die Anwendung der Sitztheorie hat dabei auf der einen Seite zur Konsequenz, dass eine deutsche Kapitalgesellschaft ihren tatsächlichen Verwaltungssitz nicht ins Ausland verlegen kann, da die deutsche Rechtsprechung dies als einen ungeschriebenen Fall ihrer Auflösung qualifiziert.[681]

412 Auf der anderen Seite – und nur diese Seite ist im Rahmen der vorliegenden Untersuchung interessant – wurde eine ausländische Kapitalgesellschaft, die ihren tatsächlichen Verwaltungssitz nach Deutschland verlegt hat, nach der Sitztheorie nicht als ausländische Gesellschaft anerkannt. Um als inländische Kapitalgesellschaft anerkannt werden zu können, fehlte es ihr an der Eintragung in einem deutschen Handelsregister, die für die Entstehung einer deutschen Kapitalgesellschaft konstituierend ist.[682] Folglich musste die Gesellschaft, wollte man ihr die Rechts- und Parteifähigkeit im Inland nicht gänzlich absprechen,[683] in eine Gesellschaft bürgerlichen Rechts (GbR) bzw eine Offene Handelsgesellschaft (OHG) umqualifiziert werden, deren Entstehung keine Eintragung in das Handelsregister voraussetzt.[684] Dies hatte für die Gesellschafter der im Ausland gegründeten Gesellschaft den unangenehmen Nebeneffekt der unbeschränkten persönlichen Haftung für die Gesellschaftsverbindlichkeiten.[685]

b) Gründungstheorie

413 Demgegenüber bestimmt sich nach der **Gründungstheorie**, die insbesondere im **anglo-amerikanischen Rechtskreis** vertreten wird, das Gesellschaftsstatut einer Gesellschaft ausschließlich nach dem **Gründungsrecht**. Eine Gesellschaft unterliegt damit stets dem Recht ihres Heimatstaats, der tatsächliche Verwaltungssitz der Gesellschaft ist zur Bestimmung des Gesellschaftsstatuts unerheblich. Die Anwendung der Gründungstheorie gestattet einen Wettbewerb der Gesellschaftsrechte, indem sie es ermöglicht, eine Kapitalgesellschaft in dem Staat zu gründen, in dem die Gründungsbedingungen am günstigsten sind, um mit der Gesellschaft sodann in einem anderen Staat wirtschaftlich tätig zu werden.

2. Die Entwicklung der Rechtsprechung des EuGH

414 Den Widerstreit der vorgenannten Theorien zur Bestimmung des Gesellschaftsstatuts von Kapitalgesellschaften dürfte der EuGH durch die grundlegenden Entscheidungen der vergangenen Jahre, namentlich die *Centros*-Entscheidung, die *Überseering*-Entscheidung und die *Inspire Art*-Entscheidung, zumindest innerhalb der EU zu Gunsten der Gründungstheorie entschieden haben. In den vorgenannten Entscheidungen maß der EuGH die aus der Anwendung der Sitztheorie als kollisionsrechtlicher Theorie resultierenden Rechtsfolgen an der innerhalb der EU zu gewährenden Niederlassungsfreiheit gemäß Art. 43, 48 EG und entschied, dass die Verweigerung der Anerkennung der Rechtsfähigkeit einer innerhalb der EU gegründeten Kapitalgesellschaft in einem anderen EU-Mitgliedstaat eine Verletzung der Niederlassungsfreiheit darstelle.

---

676 Vgl Staudinger/*Großfeld*, EGBGB, Intern GesR, 13. Aufl., 1998, Rn 18.
677 Vgl EuGH EuR 2004, 104 ff.
678 Vgl Art. 1837 Code Civil.
679 Vgl Art. 197 Code de Commerce.
680 Vgl Art. 25 IPRG 1995.
681 Vgl BGH NJW 1981, 522, 525; BGH ZIP 1986, 643, 644; OLG Hamm NJW-RR 1998, 615; OLG Düsseldorf NJW 2001, 2184; BayObLG NJW-RR 2004, 836; OLG Brandenburg GmbHR 2005, 484; kritisch hierzu *Triebel/von Hase*, BB 2003, 2409, 2411; *Hirte*, in: Hirte/Bücker (Hrsg.), Grenzüberschreitende Gesellschaften, 2005, § 1 Rn 18 mwN.
682 Vgl BGH ZIP 1986, 643, 644.
683 So aber noch BGH BB 2002, 1106; OLG Düsseldorf JZ 2000, 203; BGHZ 97, 269, 271.
684 Vgl BGH NJW 2002, 3539.
685 Vgl § 714 BGB, § 128 HGB.

a) Centros-Entscheidung des EuGH

In der **Centros**-Entscheidung[686] stellte der EuGH fest, dass ein EU-Mitgliedstaat, der einer in einem anderen Mitgliedstaat wirksam gegründeten Kapitalgesellschaft die Eintragung einer Zweigniederlassung mit dem Argument verweigere, dass im Registrierungsstaat keine Geschäftätigkeit betrieben werde, gegen die Niederlassungsfreiheit verstoße.[687] Die Zweigniederlassung einer innerhalb der EU wirksam gegründeten Kapitalgesellschaft müsse auch dann eingetragen werden, wenn im Registrierungsstaat keine geschäftlichen Aktivitäten entwickelt würden, vielmehr die Auslandsgründung nur deshalb erfolgt sei, um die strengeren Gründungsvorschriften im Inland zu umgehen.[688] In der Tatsache, dass ein Staatsangehöriger eines Mitgliedstaats eine Gesellschaft in dem Mitgliedstaat gründe, der ihm die größte Freiheit belasse, um dann in anderen Mitgliedstaaten Zweigniederlassungen zu gründen, sei **keine missbräuchliche Ausnutzung der Niederlassungsfreiheit** zu sehen.[689]

415

b) Überseering-Entscheidung des EuGH

In der **Überseering**-Entscheidung[690] verfolgte der EuGH seine mit der Centros-Entscheidung begonnene Linie weiter und urteilte, dass es gegen die Niederlassungsfreiheit verstoße, wenn einer in den Niederlanden gegründeten Kapitalgesellschaft mit tatsächlichem Verwaltungssitz in Deutschland die Rechts- und Parteifähigkeit als Kapitalgesellschaft niederländischen Rechts abgesprochen werde.[691] Der EuGH führte aus, dass die Verweigerung der rechtlichen Anerkennung von im EU-Ausland gegründeten Gesellschaften mit inländischem Verwaltungssitz einer **„Negierung der Niederlassungsfreiheit**[692] **"** gleichkomme, für die es keine Rechtfertigung gebe. Jeder Mitgliedstaat sei verpflichtet, im Falle der Verlegung des Verwaltungssitzes einer in einem anderen Mitgliedstaat wirksam gegründeten Gesellschaft in das eigene Hoheitsgebiet „die Rechtsfähigkeit und damit die Parteifähigkeit zu achten, die diese Gesellschaft nach dem Recht ihres Gründungsstaates besitzt[693]". Mit der Überseering-Entscheidung erteilte der EuGH nicht nur der Anwendung der Sitztheorie auf EU-Auslandsgesellschaften in Deutschland eine Absage, sondern ließ auch bereits erkennen, dass der vom BGH frisch entwickelte Gedanke, ausländische Kapitalgesellschaften in deutsche Personengesellschaften umzuqualifizieren,[694] vor dem Hintergrund der Niederlassungsfreiheit keinen Bestand haben könne.[695]

416

c) Inspire Art-Entscheidung

Die **Inspire Art**-Entscheidung[696] stellt den bisherigen Schlusspunkt der EuGH-Rechtsprechung zum internationalen Gesellschaftsrecht dar.[697] Der EuGH stellte in der Entscheidung fest, dass es mit der Niederlassungsfreiheit unvereinbar sei, wenn ein EU-Mitgliedstaat die Errichtung einer Zweigniederlassung einer im EU-Ausland gegründeten Kapitalgesellschaft von Voraussetzungen abhängig mache, die im innerstaatlichen Recht bezüglich des Mindestkapitals und der Haftung der Geschäftsführer für die Gründung von Gesellschaften vorgesehen sei.[698] Damit erteilte der EuGH dem Versuch der niederländischen Regierung, alle auf dem nationalen Markt tätigen Kapitalgesellschaften den niederländischen Mindestkapitalerfordernissen zu unterwerfen, eine Absage. Darüber hinaus stellte der

417

---

686 Vgl EuGH NJW 1999, 2027.
687 Vgl EuGH NJW 1999, 2027.
688 Vgl EuGH NJW 1999, 2028 f.
689 Vgl EuGH NJW 1999, 2028.
690 Vgl EuGH NJW 2002, 3614.
691 Vgl EuGH NJW 2002, 3614.
692 Vgl EuGH NJW 2002, 3616.
693 Vgl EuGH NJW 2002, 3617.
694 Vgl BGH NJW 2002, 3539.
695 Ebenso *Bayer* BB 2003, 2357, 2362.
696 Vgl EuGH EuR 2004, 104.
697 Vgl *Bayer* BB 2003, 2357.
698 Vgl EuGH EuR 2004, 104.

EuGH fest, dass ein Mitgliedstaat **kein Sonderrecht für Zweigniederlassungen** von EU-Auslandsgesellschaften implementieren dürfe, wenn dieses den Gesellschaften über das geltende Europarecht hinausgehende Offenlegungspflichten auferlege.[699]

3. Konsequenzen der EuGH-Rechtsprechung für die „Scheinauslandsgesellschaften"

418 Seit der *Inspire Art*-Entscheidung des EuGH dürfte sicher sein, dass in den Mitgliedstaaten der EU wirksam gegründete Kapitalgesellschaften mit tatsächlichem Verwaltungssitz in Deutschland als **Kapitalgesellschaften ihrer Gründungsjurisdiktion** anerkannt werden müssen. Darüber hinaus hat der EuGH auch der Beschränkung von Zuzugsmöglichkeiten durch die Implementierung eines „Fremdenrechts" für EU-Auslandsgesellschaften eine eindeutige Absage erteilt.[700] Die bisherige deutsche Praxis, ausländische Kapitalgesellschaften mit deutschem Verwaltungssitz in Personengesellschaften umzuqualifizieren, ist damit obsolet geworden.[701] Die deutsche Rechtsprechung hat auf das *Inspire Art*-Urteil schnell reagiert und erkennt in der EU gegründete Kapitalgesellschaften mittlerweile in ihrer Gründungsrechtsform als rechts- und parteifähig an.[702]

419 Damit hat der EuGH den Grundstein für einen echten Wettbewerb der Gesellschaftsrechte gelegt. Es kann nicht mehr bezweifelt werden, dass ein Unternehmer, der auf dem deutschen Markt tätig werden möchte, sich dazu jeder beliebigen Kapitalgesellschaftsrechtsform bedienen kann, die im EU-Ausland zur Verfügung gestellt wird. Allerdings bestehen nach wie vor erhebliche Unsicherheiten, die insbesondere mit der, soweit ersichtlich, noch immer ungeklärten Reichweite des Gesellschaftsstatuts zusammenhängen. Im folgenden Abschnitt soll überblicksartig beleuchtet werden, welche Rechtsbereiche sich bei allen EU-Auslandsgesellschaften nach dem jeweiligen Gründungsrecht richten und auf welche deutsches Recht anzuwenden ist.

a) Rechts- und Geschäftsfähigkeit

aa) Allgemeine Rechtsfähigkeit und Parteifähigkeit

420 Seit der *Inspire Art*-Entscheidung des EuGH steht außer Zweifel, dass eine in einem EU-Mitgliedstaat wirksam gegründete und ansässige Kapitalgesellschaft in jedem Mitgliedstaat als rechts- und parteifähig anzuerkennen ist, sofern sie nach ihrem **Gründungsrecht** als **juristische Person** ausgestaltet ist. Da sich die Rechtsfähigkeit einer Gesellschaft nach ihrem Gesellschaftsstatut richtet und damit von ihrem jeweiligen Gründungsrecht abhängig ist, kann eine ausländische Kapitalgesellschaft, deren Gründungsrecht eine identitätswahrende Verlegung des tatsächlichen Verwaltungssitzes ins Ausland mit dem Verlust der Rechtspersönlichkeit sanktioniert, im Ausland nicht als rechtsfähig anerkannt werden.[703]

bb) Grundbuchfähigkeit

421 Grundbuchfähig ist, wer als Eigentümer ins Grundbuch eingetragen werden kann. Grundsätzlich gilt, dass sich die Grundbuchfähigkeit einer Gesellschaft nach deren **Rechtsfähigkeit** bemisst.[704] Nach § 15 Abs. 1 der Grundbuchverfügung (GBV) gilt, dass nur „**juristische Personen, Handels- und Partnerschaftsgesellschaften**" als solche in das Grundbuch eingetragen werden. Da sich die Rechtsfähigkeit einer EU-Auslandsgesellschaft mit deutschem Verwaltungssitz nach ihrem Gründungsrecht bestimmt, kommt es für die Grundbuchfähigkeit einer solchen Gesellschaft darauf an, ob diese nach ihrem Gründungsrecht als juristische Person zu klassifizieren ist. Das ist bei den gängigen europäischen Kapitalgesellschaften der Fall.

---

699 Vgl EuGH EuR 2004, 104.
700 Ebenso *Bayer* BB 2003, 2357, 2363.
701 Ebenso *Just*, Die englische Limited in der Praxis, 2. Aufl., 2006, Rn 21.
702 Vgl BGH BB 2003, 915; OLG Zweibrücken BB 2003, 864.
703 So zutreffend *Leible*, in: Hirte/Bücker, aaO, § 10 Rn 3.
704 Vgl zuletzt BayObLG NZG 2003, 290; *Leible/Hoffmann* NZG 2003, 259.

cc) Geschäftsfähigkeit

Die Geschäftsfähigkeit einer Gesellschaft bezeichnet die Frage, in welchem Umfang welche Organe die Gesellschaft vertreten können. Diese Frage richtet sich nach dem **Gesellschaftsstatut**.[705] Das bedeutet, dass sich sowohl die grundsätzliche Frage nach der Vertretungsberechtigung der Gesellschaftsorgane als auch die Frage, ob deren Mitglieder einzel- oder gesamtvertretungsberechtigt sind, stets nach dem Gründungsrecht der Gesellschaft richtet. Ist die Vertretungsmacht eines Gesellschaftsorgans durch dem Gründungsrecht entstammende Vorschriften begrenzt, so entfällt diese Begrenzung nicht, weil die Gesellschaft ihren tatsächlichen Verwaltungssitz nach Deutschland verlegt, sondern bleibt für das Vertretungsorgan bindend.

Hinweis: Von der Frage nach der Geschäftsfähigkeit einer Gesellschaft ist die Frage zu unterscheiden, ob und inwieweit eine Anscheins- oder Duldungsvollmacht besteht. Überschreitet ein Geschäftsführer seine Vertretungsmacht, so beurteilt sich die Frage der Haftung der Gesellschaft nach Rechtsscheinsgrundsätzen nach dem Recht des Ortes, an dem das betreffende Rechtsgeschäft vorgenommen wurde.[706] Liegen die Voraussetzungen einer Rechtsscheinshaftung allerdings vor, kann der Inanspruchnahme einer EU-Auslandsgesellschaft Art. 31 Abs. 2 EGBGB in entsprechender Anwendung entgegenstehen, wenn die Gesellschaft sich darauf berufen kann, dass nach ihrem Gründungsrecht kein vergleichbarer Rechtsscheintatbestand besteht.[707]

dd) Kaufmannseigenschaft

Die Kaufmannseigenschaft einer Gesellschaft richtet sich nach überwiegender Auffassung **nicht** nach deren **Gesellschaftsstatut**, sondern nach dem sogenannten **Wirkungsstatut**.[708] Unter dem Wirkungsstatut ist das Recht zu verstehen, dem das jeweilige handelsrechtliche Rechtsgeschäft unterliegt. Die Kaufmannseigenschaft einer EU-Auslandsgesellschaft mit Verwaltungssitz in Deutschland kann daher nicht isoliert festgestellt werden, sondern ist stets daran zu messen, ob die Norm, deren Anwendbarkeit die Kaufmannseigenschaft voraussetzt, nach geltendem Kollisionsrecht anwendbar ist.[709] Findet deutsches Recht Anwendung, ist im Verfahren der **Substitution** zu prüfen, ob die ausländische Kapitalgesellschaft unter dem Tatbestandsmerkmal „**Kaufmann**" subsumiert werden kann. Voraussetzung einer solchen Substitution ist deren Vergleichbarkeit mit einer deutschen Kapitalgesellschaft.

Hinweis: Die Vergleichbarkeit muss für jede ausländische Rechtsform isoliert festgestellt werden. Eine Interpretationshilfe bietet insoweit Art. 1 der Publizitätsrichtlinie,[710] in der die untereinander vergleichbaren Rechtsformen innerhalb der EU aufgelistet sind.[711] Für die europäischen Kapitalgesellschaften dürften die Regelungen zum Formkaufmann nach § 6 Abs. 1 HGB iVm § 3 Abs. 1 AktG bzw § 13 Abs. 3 GmbH allerdings im Wege der Substitution einschlägig sein.

b) Gerichtsstand

Der Gerichtsstand einer Gesellschaft ist nach § 12 ZPO das Gericht, bei dem Klagen gegen die Gesellschaft zu erheben sind. Neben dem **allgemeinen Gerichtsstand** kennt die ZPO auch **besondere** und **ausschließliche Gerichtsstände**. Soweit eine Gesellschaft durch Gerichtsstandsvereinbarungen abweichende Gerichtsstände festlegen möchte, ist die Zulässigkeit dieser Vereinbarungen zu prüfen.

---

705 Vgl zuletzt OLG München GmbHR 2006, 603; BGH NJW 1993, 2744, 2745.
706 Vgl *Leible* IPrax 1998, 257, 260.
707 Vgl *Leible*, in: Hirte/Bücker, aaO, § 10 Rn 49 mwN.
708 Vgl *Staudinger/Großfeld* Intern GesR, Rn 326.
709 Vgl *Rehberg*, in: Eidenmüller (Hrsg.), Ausländische Kapitalgesellschaften im deutschen Recht, 2004, § 5 Rn 13.
710 Erste Richtlinie 68/151/EWG des Rates vom 9.3.1968, ABl. L 65 vom 14.3.1968, S. 8 ff, zuletzt geändert durch Richtlinie 2003/58/EG des Europäischen Parlaments und des Rates vom 15.7.2003, ABl. L 221 vom 4.9.2003, S. 13 ff.
711 Hierauf verweist *Rehberg*, in: Eidenmüller, aaO, § 5 Rn 15.

aa) Allgemeiner Gerichtsstand

425 Nach Art. 2 iVm Art. 60 der Europäischen Gerichtsstands- und Vollstreckungsverordnung (**EuGVO**) liegt der allgemeine Gerichtsstand einer juristischen Person oder einer Gesellschaft entweder am Ort des **satzungsmäßigen Sitzes** der Gesellschaft oder am Ort der **Hauptverwaltung** oder **Hauptniederlassung** der Gesellschaft.

Hinweis: Für in Großbritannien oder Irland inkorporierte Gesellschaften verweist Art. 60 Abs. 2 EuGVO zur Bestimmung des satzungsmäßigen Sitz im Sinne des Art. 60 Abs. 1 EuGVO auf das jeweilige *registered office*.

426 Unter der **Hauptverwaltung** einer Gesellschaft ist deren tatsächlicher Verwaltungssitz zu verstehen. Unter der **Hauptniederlassung** versteht man den Ort, von dem aus die Gesellschaft mit ihren Geschäftspartnern in geschäftlichen Kontakt tritt.[712] Die Hauptverwaltung und die Hauptniederlassung werden häufig identisch sein.

Hinweis: Auch die Zweigniederlassung einer Gesellschaft kann Hauptniederlassung im Sinne des Art. 60 Abs. 1 EuGVO sein, wenn es keine tatsächliche Hauptniederlassung gibt oder die Zweigniederlassung den tatsächlichen Verwaltungssitz darstellt.[713]

427 Bei ausländischen Kapitalgesellschaften mit inländischem Verwaltungssitz werden Satzungssitz und Sitz der Hauptverwaltung bzw Hauptniederlassung regelmäßig auseinander fallen. In diesem Fall kann die Gesellschaft sowohl am **Satzungssitz** als auch am **Sitz der Hauptverwaltung** verklagt werden. Der Kläger kann daher, soweit kein ausschließlicher Gerichtsstand gemäß Art. 22 Nr. 2 EuGVO gegeben ist, zwischen den in Betracht kommenden Gerichtsständen wählen.[714]

428 Zur Bestimmung des allgemeinen Gerichtsstands ist auf die ZPO zurückzugreifen, da die EuGVO nur die internationale Zuständigkeit regelt. Im Falle der ausländischen Kapitalgesellschaften mit inländischem Verwaltungssitz wird der inländische allgemeine Gerichtsstand regelmäßig gemäß § 17 Abs. 1 S. 2 ZPO am Ort des tatsächlichen Verwaltungssitzes der Gesellschaft sein.

bb) Besondere Gerichtsstände
(1) Gerichtsstand für Vertragsklagen

429 Ein besonderer Gerichtsstand für Vertragsklagen ist nach **Art. 5 Nr. 1 EuGVO** eröffnet, wenn „ein **Vertrag** oder **Ansprüche aus einem Vertrag**" den Verfahrensgegenstand bilden. Unter den Begriff des Vertrages im Sinne der EuGVO, den der EuGH in ständiger Rechtsprechung entwickelt hat, ist jedes auf autonomer Selbstbindung beruhende Rechtsgeschäft zu fassen.[715] Dieser weite Vertragsbegriff hat zur Folge, dass **auch gesellschaftsrechtliche Ansprüche** dem Gerichtsstand für Vertragsklagen zugewiesen werden können,[716] sofern diese nicht den Bestand der Gesellschaft betreffen oder ihren Grund in der Gesellschafterstellung haben und infolgedessen gemäß Art. 22 Nr. 2 EuGVO ein ausschließlicher Gerichtsstand eröffnet ist.

Hinweis: Der Anwendungsbereich des Art. 5 Nr. 1 EuGVO ist recht weit, da dieser Vorschrift neben den vertraglichen Primäransprüchen auch sämtliche Sekundäransprüche aus einem vertraglichen Verhältnis unterfallen. Dabei sind in der Vergangenheit als vertragliche Ansprüche im genannten Sinne auch Rückzahlungsansprüche aus §§ 32 a, 32 b GmbHG,[717] Ansprüche aus Differenz- und Ausfallhaftung nach §§ 9, 24 GmbHG sowie aus Rückübertragung von Kapital gemäß § 30 GmbHG[718] klassifiziert worden.

---

712 Vgl *Leible*, in: Hirte/Bücker, aaO, § 11 Rn 3 mwN.
713 Vgl *Altmeppen/Wilhelm* DB 2004, 1083, 1087.
714 Vgl *Leible*, in: Hirte/Bücker, aaO, § 11 Rn 4 mwN.
715 Vgl *Leible*, in: Hirte/Bücker, aaO, § 11 Rn 15 mwN.
716 Vgl EuGH vom 22.3.1983, 34/82, Peters/Zuid Nederlandse Aanemers Vereniging, EuGHE 1983, 987, Rn 13 ff.
717 Vgl OLG Bremen RIW 1998, 63 (zu Art. 5 Nr. 1 LugÜ).
718 Vgl OLG Koblenz NZG 2001, 759.

Soweit der Gerichtsstand für Vertragsklagen eröffnet ist, ist das Gericht am **Erfüllungsort** international und örtlich zuständig.[719] Soweit wegen der Verletzung einer vertraglichen Sekundärpflicht geklagt wird, ist zur Bestimmung des Erfüllungsortes stets auf die **verletzte Primärpflicht**, nicht auf die Sekundärpflicht abzustellen.[720]

(2) Gerichtsstand für Klagen aus Delikt

Ein besonderer Gerichtsstand für Klagen aus **unerlaubter Handlung** ist gemäß **Art. 5 Nr. 3 EuGVO** am Gericht des Ortes eröffnet, an dem ein schädigendes Ereignis eingetreten ist bzw eine schädigende Handlung vorgenommen wurde. Fallen diese Orte auseinander, hat der Kläger ein Wahlrecht. Unter einer unerlaubten Handlung iSd EuGVO ist in Abgrenzung zum Gerichtsstand für Vertragsklagen jede Schadenshaftung zu verstehen, die **nicht aus einem Vertrag** iSd Art. 5 Nr. 1 EuGVO herrührt.

cc) Ausschließlicher Gerichtsstand (Art. 22 Nr. 2 EuGVO)

Für Klagen, die die **Gültigkeit, Nichtigkeit** oder **Auflösung** einer **juristischen Person** oder Gesellschaft oder die Gültigkeit der Beschlüsse ihrer Organe zum Gegenstand haben, begründet **Art. 22 Nr. 2 EuGVO** einen ausschließlichen Gerichtsstand bei den Gerichten desjenigen Mitgliedsstaats, in dessen Hoheitsgebiet die Gesellschaft ihren Sitz hat.

Hinweis: *Leible* weist zutreffend darauf hin, dass dieser ausschließliche Gerichtsstand nicht für insolvenzbedingte Auflösungsverfahren gilt, da diese nach Art. 1 Abs. 2 EuGVO aus dem Anwendungsbereich der EuGVO ausgenommen sind.[721]

Zur Bestimmung des für die Zwecke des Art. 22 Nr. 2 EuGVO maßgeblichen **Gesellschaftssitzes** ist gemäß Art. 22 Nr. 2 S. 2 EuGVO auf die Normen des Internationalen Privatrechts des am Gerichtsort geltenden Rechts, des sogenannten **lex fori**, zu rekurrieren, nicht auf die Regelungen des Art. 60 EuGVO. Sofern eine Gesellschaft nach dem an ihrem Satzungssitz geltenden Recht einen **Doppelsitz** haben kann, hat der Kläger hinsichtlich der in Frage kommenden Gesellschaftssitze ein **Wahlrecht**.[722]

Hinweis: Die Auffassung, dass dem Kläger auch dann ein Wahlrecht bezüglich des Gerichtsstandes zukäme, wenn eine Gesellschaft ihren Satzungssitz in einer der Gründungstheorie folgenden Jurisdiktion und ihren Verwaltungssitz in einer der Sitztheorie folgenden Jurisdiktion habe, dürfte vor dem Hintergrund der neueren Rechtsprechung des EuGH zum europäischen Gesellschaftsrecht nicht mehr haltbar sein. In diesen Fällen muss vielmehr auf den Satzungssitz der Gesellschaft abgestellt werden.

Art. 22 Nr. 2 EuGVO regelt nur die internationale Zuständigkeit abschließend. Die Ermittlung des konkreten Gerichtsstandes richtet sich nach nationalem Prozessrecht.

dd) Gerichtsstandsvereinbarungen

Eine in einem EU-Mitgliedsstaat ansässige Gesellschaft kann mit ihren Gesellschaftern sowohl hinsichtlich eines bereits entstandenen Rechtsstreits als auch im Hinblick auf künftige Rechtsstreitigkeiten eine **Gerichtsstandsvereinbarung** treffen. Nach Art. 23 EuGVO bedarf es zur Wirksamkeit der Gerichtsstandsvereinbarung einer schriftlichen Vereinbarung zwischen den Parteien oder einer schriftlich bestätigten mündlichen Vereinbarung. Diese Voraussetzungen sind erfüllt, wenn die Gerichtsstandsvereinbarung in der **Satzung** der Gesellschaft verankert wird.

Ist die Gerichtsstandsvereinbarung wirksam, hat sie zur Folge, dass für den durch sie geregelten Bereich **ausschließlich der vereinbarte Gerichtsstand** gilt, soweit kein sonstiger ausschließlicher Gerichtsstand, bspw nach § 22 Nr. 2 EuGVO, besteht.[723]

---

719 Vgl *Leible*, in: Hirte/Bücker, aaO, § 11, Rn 19 mwN.
720 Vgl BGH RIW 1979, 711; BGH WM 1992, 1344; BGH NJW 1996, 1819.
721 Vgl *Leible*, in: Hirte/Bücker, aaO, § 11, Rn 11.
722 Vgl *Mankowski*, in: Rauscher, Europäisches Zivilprozessrecht, 2004, Art. 22 Brüssel-I VO, Rn 29.
723 Vgl Art. 23 Abs. 5 EuGVO.

c) Registerrecht

437 Ausländische Kapitalgesellschaften können in Deutschland auf verschiedene Weise tätig werden. Sie können eine selbständige **Tochtergesellschaft** in Deutschland gründen oder eine **Zweigniederlassung** oder **unselbständige Betriebsstätte** errichten.[724]

438 Im Rahmen der vorliegenden Untersuchung soll nur die **Errichtung einer Zweigniederlassung** interessieren. Unter einer Zweigniederlassung versteht man die **Niederlassung eines Kaufmanns**, an der der Kaufmann teils abhängig von der Hauptniederlassung, teils unabhängig von ihr, Handelsgeschäfte ausführt.[725] Die Errichtung der Zweigniederlassung einer Gesellschaft ist ein **tatsächlicher Vorgang**.[726] Der nachfolgenden Eintragung einer Zweigniederlassung in das Handelsregister kommt lediglich deklaratorische Bedeutung zu. Das hat zur Folge, dass eine ausländische Kapitalgesellschaft eine Zweigniederlassung bereits zu dem Zeitpunkt begründet, in dem die Voraussetzungen einer Zweigniederlassung nach deutschem Recht vorliegen.[727]

439 Als Merkmale einer Zweigniederlassung werden deren **räumliche** und **organisatorische Selbständigkeit** von der Hauptniederlassung und eine gewisse **personelle Organisation** genannt.[728] Diese Voraussetzungen werden bei einer ausländischen Kapitalgesellschaft mit tatsächlichem Verwaltungssitz in Deutschland schon deshalb stets vorliegen, weil anderenfalls kein deutscher Verwaltungssitz gegeben wäre.[729]

440 Nach der Rechtsprechung des EuGH in Sachen *Centros*[730] und *Inspire Art*[731] ist es für die Klassifizierung des deutschen Verwaltungssitzes einer im europäischen Ausland gegründeten Kapitalgesellschaft als Zweigniederlassung irrelevant, dass es sich bei ihr faktisch zumeist um die Hauptniederlassung handeln wird.[732]

Hinweis: Obwohl die Errichtung einer Zweigniederlassung gemäß § 13 d Abs. 1 iVm § 13 e Abs. 2 HGB zwingend zum Handelsregister anzumelden ist, sind nach aktuellen Schätzungen von den ca. 30 000 englischen Limited, die in Deutschland tätig sein sollen, nur etwa 5 000 eingetragen.[733] Von einer Missachtung der Eintragungspflicht kann nur dringend abgeraten werden, da das Registergericht die Anmeldung einer Zweigniederlassung nach § 14 HGB unter Festsetzung eines Zwangsgelds erzwingen kann.

aa) Zuständigkeit für die Registrierung der Zweigniederlassung

441 Das Registrierungsverfahren ist ein **nationales Verwaltungsverfahren**, das sich insofern nach dem nationalen Recht der jeweiligen Verwaltungsbehörde bzw des jeweiligen Gerichts richtet.[734] Die Registrierung der Zweigniederlassung einer ausländischen Kapitalgesellschaft in Deutschland richtet sich demnach nach **deutschem Registerrecht**.[735] Nach § 13 d Abs. 1 HGB ist zur Registrierung der Zweigniederlassung einer ausländischen Gesellschaft das Registergericht am **Ort der Zweigniederlassung** zuständig.

bb) Anmeldepflicht und Anmeldebefugnis

442 Eine ausländische Kapitalgesellschaft, die in Deutschland eine **Zweigniederlassung** errichtet, ist nach § 13 d Abs. 1 iVm § 13 e Abs. 2 HGB verpflichtet, diese in das **örtlich zuständige Handelsregister** ein-

---

724 Vgl *Just*, Die englische Limited in der Praxis, 2. Aufl., 2006, Rn 41.
725 Vgl *Hopt*, in: Baumbach/Hopt, HGB, 31. Aufl., 2003, § 13 Rn 3.
726 Vgl BayObLGZ 1992, 59, 60; *Bokelmann*, in: MünchKommHGB, Bd. 1, 1996, § 13, Rn 16.
727 Vgl *Hopt*, in: Baumbach/Hopt, HGB, 31. Aufl., 2003, § 13 Rn 6.
728 Vgl *Bokelmann*, in MünchKommHGB, Bd. 1, 1996, § 13 Rn 9.
729 Ebenso *Klose-Mokroß*, DStR 2005, 971, 972.
730 Vgl EuGH vom 9.3.1999, NJW 1999, 2027.
731 Vgl EuGH vom 30.9.2003, EuR 2004, 104.
732 Vgl AG Duisburg NZG 2003, 1072; aA *Liese* NZG 2006, 201, 204.
733 Vgl *Just*, Die englische Limited in der Praxis, 2. Aufl., 2006, Rn 44.
734 Vgl BayObLGZ 1973, 205, 209; KG, GmbHR 2004, 116, 117.
735 Vgl *Mankowski*, in: Hirte/Bücker, aaO, § 12 Rn 2.

tragen zu lassen.⁷³⁶ Erfolgt die Anmeldung nicht, kann das Registergericht nach § 14 HGB, §§ 132 ff FGG die Anmeldung unter Festsetzung eines Zwangsgeldes erzwingen. Die Errichtung der Zweigniederlassung ist gemäß § 13 e Abs. 2 S. 1 HGB von den **Geschäftsführern** der ausländischen Kapitalgesellschaft **in vertretungsberechtigter Zahl** zum Handelsregister anzumelden.⁷³⁷

cc) Inhalt der Anmeldung

(1) Angaben zur inländischen Zweigniederlassung

In der Handelsregisteranmeldung ist zunächst nach § 13 e Abs. 2 S. 1 HGB zu erklären, dass eine Zweigniederlassung errichtet worden ist. Nach § 13 d Abs. 2 HGB ist die **Firma** der Zweigniederlassung anzugeben. Die Firma der Zweigniederlassung muss **deutschem Recht** entsprechen, sie darf also insbesondere **nicht verwechslungsfähig** sein.⁷³⁸ Es gelten die allgemeinen Grundsätze des deutschen Firmenrechts.⁷³⁹ Führen die Zweigniederlassung und die ausländische Gesellschaft die gleiche Firma, so ist kein Zusatz erforderlich, der die Zweigniederlassung als solche kennzeichnet.⁷⁴⁰ Unterscheiden sich die Firma der Zweigniederlassung und die Firma der Hauptniederlassung, ist ein solcher Zusatz erforderlich.⁷⁴¹

Die Firma der Zweigniederlassung ist in jedem Fall mit demselben **Rechtsformzusatz** zu führen, den die ausländische Gesellschaft führt. Besteht an dem Ort, in dem eine Zweigniederlassung errichtet wird, bereits eine Gesellschaft unter der gleichen Firma, muss der Firma der Zweigniederlassung nach § 30 Abs. 3 HGB ein **entsprechender Zusatz** beigefügt werden. Ist der Firma der Zweigniederlassung ein solcher Zusatz beigefügt, so ist auch dieser einzutragen, § 13 d Abs. 2, 2. Hs HGB.

Nach § 13 e Abs. 2 S. 3 HGB iVm § 24 Abs. 3 der Handelsregisterverordnung (**HRV**) ist die **Geschäftsadresse** der Zweigniederlassung anzugeben. Die Geschäftsadresse muss im Handelsregisterbezirk des Registergerichts liegen. Nach § 13 e Abs. 2 S. 3 HGB ist auch der **Gegenstand der Zweigniederlassung** anzugeben, der nicht mit dem Gegenstand der ausländischen Gesellschaft identisch sein muss, sondern sich auf einen Ausschnitt desselben beschränken kann.⁷⁴² Eine inhaltliche Prüfung des Unternehmensgegenstands der Zweigniederlassung ist dem Registergericht versagt, da insoweit das Gesellschaftsrecht der Gründungsjurisdiktion der ausländischen Gesellschaft Anwendung findet.⁷⁴³

Soweit für die Zweigniederlassung Personen bestellt werden, die als **ständige Vertreter** für die Tätigkeit der Zweigniederlassung befugt sind, die Gesellschaft gerichtlich und außergerichtlich zu vertreten, sind diese gemäß § 13 e Abs. 2 S. 4 Nr. 3 HGB einschließlich der ihnen übertragenen Befugnisse zu nennen. Ein ständiger Vertreter ist eine nicht nur vorübergehend zur Vertretung der Zweigniederlassung bevollmächtigte Person.⁷⁴⁴ Unter diesen Begriff fallen jedenfalls Prokuristen und zur Prozessführung ermächtigte Handlungsbevollmächtigte.⁷⁴⁵ Hinsichtlich der Befugnisse ist nicht nur der Umfang der Vertretungsmacht anzumelden, sondern auch, ob der Vertreter allein oder nur gemeinsam vertreten kann.

(2) Angaben zur ausländischen Gesellschaft

Art und Umfang der Pflichtangaben zur ausländischen Gesellschaft richten sich danach, ob diese Gesellschaft eine der deutschen Aktiengesellschaft vergleichbare Rechtsform hat oder eher der deutschen GmbH vergleichbar ist. Im ersteren Fall ist § 13 f HGB anwendbar, im letzteren Fall gilt

---

736 Vgl AG Duisburg NZG 2003, 1072, 1073.
737 Vgl *Bokelmann*, in: MünchKommHGB, Bd. 1, 1996, § 13 e Rn 4.
738 Vgl *Hopt*, in: Baumbach/Hopt, HGB, 31. Aufl., 2003, § 13 d Rn 4.
739 Vgl *Wachter* MDR 2004, 611, 614.
740 Vgl LG Frankfurt aM RNotZ 2005, 373, 374.
741 Vgl *Klose-Mokroß* DStR 2005, 971, 974.
742 Vgl OLG Jena GmbHR 1999, 822.
743 Vgl OLG Hamm NJW-RR 2005, 1626; OLG Hamm DB 2006, 2169, 2171; OLG Düsseldorf DB 2006, 1102; OLG Frankfurt aM DB 2006, 269.
744 Vgl *Wachter* MDR 2004, 611, 613.
745 Vgl *Bokelmann*, in: MünchKommHGB, Bd. 1, 1996, § 13 e Rn 7 mwN.

§ 13 g HGB. Die wechselseitige **Vergleichbarkeit der Kapitalgesellschaften** mit Sitz in der EU ergibt sich aus der **Zwölften gesellschaftsrechtlichen Richtlinie**.[746] Die im Rahmen der vorliegenden Bearbeitung zu untersuchenden Scheinauslandsgesellschaften werden regelmäßig mit der deutschen GmbH vergleichbar sein. Deshalb wird im Folgenden die Rechtslage nur für mit der GmbH vergleichbare Gesellschaften dargestellt.

448 Handelt es sich bei der Hauptniederlassung um eine Gesellschaft, deren Rechtsform mit der deutschen GmbH vergleichbar ist, so sind gemäß § 13 g Abs. 3 HGB iVm § 10 Abs. 1 GmbHG die **Firma**, der **Unternehmensgegenstand** und der **Sitz** der Gesellschaft anzugeben. Darüber hinaus ist dem Registergericht nach § 13 e Abs. 2 S. 4 Nr. 2 HGB stets die **Rechtsform** der ausländischen Gesellschaft mitzuteilen.

449 Nach § 13 e Abs. 2 S. 4 Nr. 1 HGB sind bei der Anmeldung auch das **Register**, bei dem die ausländische Gesellschaft geführt wird, sofern ein solches existiert, und im Falle der notwendigen Registereintragung die **Registrierungsnummer** anzugeben.

450 Gemäß § 13 g Abs. 3 HGB iVm § 10 Abs. 1 GmbHG muss die Anmeldung die Angabe des **Unternehmensgegenstands** der Gesellschaft enthalten. Ferner ist dem Registergericht gemäß § 13 g Abs. 3 HGB iVm § 10 Abs. 1 GmbHG die **Höhe des Stammkapitals** der Hauptniederlassung anzugeben. Sofern die Gründungsjurisdiktion der ausländischen Kapitalgesellschaft eine Unterscheidung zwischen ausgegebenem Stammkapital und autorisiertem Stammkapital vorsieht, wie das etwa in Großbritannien der Fall ist, so ist das ausgegebene Stammkapital anzugeben, da dieses als Haftkapital dem deutschen Stammkapital entspricht.[747]

451 Weiterhin sind gemäß § 13 g Abs. 2 S. 2 HGB iVm § 8 Abs. 4 GmbHG Angaben zu denjenigen Personen zu machen, die in der ausländischen Hauptniederlassung eine einem deutschen **Geschäftsführer** vergleichbare Organfunktion ausüben. Sie sind mit **Namen**, **Vornamen**, **Geburtstag** und **Wohnort** zu benennen.

Hinweis: Die Geschäftsführer der ausländischen Gesellschaft müssen bei der Anmeldung der Zweigniederlassung keine Versicherung nach § 8 Abs. 3 iVm § 6 Abs. 2 GmbHG abgeben. Daher können Personen, die wegen einer Insolvenzstraftat vom Amt des Geschäftsführers einer deutschen GmbH ausgeschlossen sind, als Leitungsorgan einer ausländischen Gesellschaft über die Errichtung einer Zweigniederlassung auf dem deutschen Markt tätig werden.[748]

452 Weiterhin sind die den Geschäftsführern verliehenen **Vertretungsbefugnisse** zu nennen.[749] Es ist anzugeben, ob die Geschäftsführer der Hauptniederlassung allein- oder gesamtvertretungsberechtigt sind. Die Befreiung eines Organs der Hauptniederlassung von einem dem § 181 BGB vergleichbaren Verbot des Insichgeschäfts und der Mehrfachvertretung wird nach verbreiteter Ansicht für nicht eintragungsfähig gehalten.[750] Insoweit erübrigt sich eine entsprechende Angabe.

Hinweis: Handelt es sich bei der ausländischen Gesellschaft um eine Limited, ist das im englischen Recht verankerte Prinzip der den Direktoren obliegenden Treuepflichten zu beachten. Diese gebieten es, Konflikte zwischen den persönlichen Interessen der Direktoren und den Interessen der Gesellschaft zu vermeiden. Ein Insichgeschäft ist demnach nur zulässig, wenn die Gesellschafter einer Maßnahme im Einzelfall zugestimmt haben oder die Satzung insoweit lediglich die Zustimmung der anderen Direktoren voraussetzt.[751] Eine pauschale Erlaubnis solcher Geschäfte ohne Zustimmung ist ausgeschlossen. Damit verbietet sich auch eine Eintragung einer Befreiung vom Verbot des Selbstkontrahierens.

453 Ist die Gesellschaft für eine **bestimmte Zeitdauer** eingegangen, so ist diese nach § 13 g Abs. 3 HGB iVm § 10 Abs. 2 GmbHG in der Anmeldung mitzuteilen. Erfolgt die Anmeldung in den ersten zwei

---

746 Einpersonengesellschaftsrichtlinie 89/667/EWG des Rates vom 21.12.1989, ABl. L 395, S. 40.
747 Vgl OLG Hamm DB 2006, 2169, 2171; OLG München DB 2006, 2058; OLG Celle NZG 2006, 273.
748 Vgl OLG Oldenburg GmbHR 2002, 29.
749 Vgl *Klose-Mokroß* DStR 2005, 1013.
750 Ausführlich zum Streitstand *Klose-Mokroß* DStR 2005, 1013, 1015 mwN.
751 Vgl *Lippe-Weißenfeld*, in: Römermann (Hrsg.), Private Limited Company in Deutschland, 2006, Kapitel C Rn 45.

Jahren nach der Eintragung der ausländischen Gesellschaft in das Handelsregister ihres Sitzes, so muss die Anmeldung gemäß § 13 g Abs. 2 S. 3 HGB iVm § 5 Abs. 4 GmbHG Angaben über etwaige **Sacheinlagen** und den Betrag der Stammeinlage, auf den sich die Sacheinlagen bezogen haben, enthalten.

Hinweis: Dies gilt allerdings nur dann, wenn das Gründungsrecht der ausländischen Gesellschaft auch ein Recht der Kapitalaufbringung kennt.

dd) Form der Anmeldung

Die Anmeldung hat auf Deutsch zu erfolgen, was sich aus § 8 FGG iVm § 184 GVG ergibt, und ist nach § 12 Abs. 1 S. 1 HGB zwingend **elektronisch in öffentlich beglaubigter Form** einzureichen.[752] Die öffentliche Beglaubigung der Anmeldung erfolgt gemäß § 39 a BeurkG durch einfaches elektronisches Zeugnis.

ee) Notwendige Anlagen zur Anmeldung:

Voraussetzung für die Errichtung einer inländischen Zweigniederlassung nach deutschem Recht ist die **Rechtsfähigkeit** der im Ausland gegründeten Kapitalgesellschaft in Deutschland.[753] Die Existenz der ausländischen Gesellschaft muss dem Registergericht gemäß § 13 e Abs. 2 S. 2 HGB nachgewiesen werden, etwa durch Vorlage eines Auszug aus dem ausländischen Handelsregister oder Vorlage der Gründungsurkunde.[754] Es kann die Vorlage eines beglaubigten Registerauszugs verlangt werden.[755]

Bedarf der Betrieb der ausländischen Gesellschaft einer **Genehmigung**, ist auch die Existenz dieser Genehmigung nachzuweisen, § 13 e Abs. 2 S. 2, 2. Hs HGB. Die Vorlage einer öffentlich beglaubigten Abschrift der Satzung oder des Gesellschaftsvertrags ist gemäß § 13 g Abs. 2 S. 1 HGB ebenfalls erforderlich.[756] Schließlich ist die **Legitimation der Geschäftsführer** der ausländischen Gesellschaft nach § 13 g Abs. 2 S. 2 HGB iVm § 8 Abs. 1 Nr. 2 GmbHG nachzuweisen. Ergibt sich die Legitimation der Geschäftsführer nicht aus der Satzung oder dem Gesellschaftsvertrag, ist eine entsprechende notarielle Bescheinigung vorzulegen.[757]

d) Insolvenzstatut

Je beliebter EU-Auslandsgesellschaften mit Verwaltungssitz in Deutschland als Alternative zur deutschen GmbH werden, umso häufiger wird sich die Frage stellen, nach welchem Recht sich die Insolvenz einer solchen Gesellschaft richtet. Diese Frage wird im Grundsatz vom internationalen Insolvenzrecht beantwortet und entscheidet sich nach dem sogenannten **Insolvenzstatut** der Gesellschaft.[758] Allerdings ist die Qualifikation des anwendbaren Rechts nicht unproblematisch, denn da das Insolvenzstatut einer Gesellschaft nicht mit deren Gesellschaftsstatut übereinstimmen muss, und dies im Falle der EU-Auslandsgesellschaften mit Verwaltungssitz in Deutschland zumeist auch nicht wird, richtet sich die Anwendung der deutschen Vorschriften danach, ob diese **gesellschaftsrechtlicher** oder **insolvenzrechtlicher** Natur sind. Diese Abgrenzungsfragen waren in der Vergangenheit hoch umstritten und sind, zumindest im Schrifttum, immer noch nicht abschließend geklärt.[759]

Die Insolvenz einer EU-Auslandsgesellschaft mit deutschem Verwaltungssitz stellt einen **grenzüberschreitenden Tatbestand** dar. Für Insolvenzfälle, die Berührung mit einem Staat haben, der nicht der

---

752 Vgl *Lippe-Weißenfeld*, in: Römermann, aaO, Kapitel C Rn 35.
753 Vgl *Lippe-Weißenfeld*, in: Römermann, aaO, Kapitel C Rn 11.
754 Vgl *Wachter* MDR 2004, 611, 615.
755 OLG Hamm DB 2006, 2169, 2170.
756 OLG Hamm DB 2006, 2169, 2170.
757 Vgl *Wachter* MDR 2004, 611, 615.
758 Vgl *Kuntz* NZI 2005, 424, 425 mwN.
759 Vgl zum Streitstand *von Hase* BB 2006, 2141 ff.

EU angehört, gelten die Vorschriften der §§ 335 ff. InsO uneingeschränkt.[760] Sind durch eine Unternehmensinsolvenz ausschließlich EU-Mitgliedstaaten betroffen, so sind die Vorschriften der **Europäischen Verordnung über Insolvenzverfahren**[761] **(EuInsVO)** gemeinsam mit den deutschen Durchführungsbestimmungen in Art. 102 EGInsO vorrangig anwendbar.

459 Im Rahmen der Prüfung stellt sich neben der Frage, welcher Mitgliedstaat für die **Eröffnung des Insolvenzverfahrens** über eine EU-Auslandsgesellschaft zuständig ist, auch die Frage nach dem anwendbaren **Verfahrensrecht** und, in der Praxis besonders wichtig und haftungsträchtig, inwieweit die Geschäftsführung einer ausländischen Kapitalgesellschaft der **Insolvenzantragspflicht** nach deutschem Recht unterliegt.

aa) Bestimmung des Insolvenzstatuts

460 Die internationale Zuständigkeit für die **Eröffnung eines Hauptinsolvenzverfahrens** bestimmt sich unter den EU-Mitgliedstaaten nach § 3 Abs. 1 S. 1 EuInsVO. Nach dieser Vorschrift sind die Gerichte desjenigen Mitgliedstaats international zuständig, in dem der Schuldner den **Mittelpunkt seines hauptsächlichen Interesses** hat.[762] Nach dem Erwägungsgrund 13 der EuInsVO ist dies der Ort, an dem der Schuldner gewöhnlich für Dritte erkennbar der Verwaltung seiner Interessen nachgeht.[763] Das Insolvenzstatut ist somit unabhängig vom Gesellschaftsstatut einer Gesellschaft. Bei Gesellschaften und juristischen Personen wird allerdings gemäß Art. 3 Abs. 1 S. 2 EuInsVO **widerleglich vermutet**, dass der Mittelpunkt des hauptsächlichen Interesses deren **satzungsmäßiger Sitz** ist. Diese Vermutung ist nach deutschem Verständnis regelmäßig widerlegt, wenn eine Gesellschaft ihren **tatsächlichen Verwaltungssitz** in einem anderen Mitgliedstaat nimmt, denn in diesem Fall wird der Mittelpunkt der tatsächlichen Interessen am tatsächlichen Verwaltungssitz der Gesellschaft liegen.[764]

Hinweis: Der Begriff des Mittelpunkts des hauptsächlichen Interesses wird europaweit nicht einheitlich gefasst. Im Wesentlichen stehen sich zwei Positionen gegenüber. Der sogenannte *mind of management*-Ansatz geht davon aus, dass es zur Bestimmung des Mittelpunkts des hauptsächlichen Interesses auf den Ort ankomme, an dem die tatsächlichen Unternehmensleitungsentscheidungen getroffen werden. Demgegenüber zieht der *business activities*-Ansatz den Ort der hauptsächlichen Geschäftstätigkeit zur Bestimmung des Mittelpunkts des hauptsächlichen Interesses einer Gesellschaft heran. Diese Ansätze können insbesondere im Rahmen von Konzerninsolvenzen zu unterschiedlichen Ergebnissen führen.[765] Der EuGH, dem in der Sache *Eurofood* die Frage nach der Bestimmung des Mittelpunkts des hauptsächlichen Interesses zur Prüfung vorgelegt wurde, hat diese nicht abschließend beantwortet, sondern nur konstatiert, dass grundsätzlich die Regel des Art. 3 Abs. 1 S. 1 EuInsVO gelte und jede Abweichung für externe Dritte erkennbar und objektiver Natur sein müsse.[766]

461 Sofern ein Hauptinsolvenzverfahren in einem Mitgliedstaat eröffnet ist, wobei die vorläufige Verfahrenseröffnung ausreichend sein soll, haben die Gerichte der anderen Mitgliedstaaten diese Eröffnung nach Art. 16 EuInsVO anzuerkennen, ohne dass ihnen insoweit ein Prüfungsrecht zukäme.[767] Für EU-Auslandsgesellschaften mit **Verwaltungssitz in Deutschland** werden regelmäßig die **deutschen Insolvenzgerichte** zuständig sein. Örtlich zuständig ist dabei gemäß Art. 4 EuInsVO iVm § 3 Abs. 1, § 2 Abs. 1 InsO das Amtsgericht am Verwaltungssitz der Gesellschaft.

bb) Anwendbares Recht

462 Nach Art. 4 Abs. 1 EuInsVO findet auf das Insolvenzverfahren einer Gesellschaft das Recht des Mitgliedstaats Anwendung, in dem das Verfahren eröffnet worden ist (*lex fori concursus*).

---

760 Vgl *Mincke*, in: Römermann, aaO, Kapitel L, Rn 5.
761 VO (EG) Nr. 1346/2000 des Rates über Insolvenzverfahren vom 29.5.2000, ABl. 2000 Nr. L 160, S. 1 ff.
762 Vgl hierzu *Lawlor* NZI 2005, 432, 433.
763 Vgl BGH NZG 2004, 197, 198.
764 Vgl AG Hamburg GmbHR 2003, 957.
765 Vgl zum Streitstand ausführlich *Mankowski* BB 2006, 1753 ff.
766 Vgl EuGH vom 2.5.2006, BB 2006, 1762, 1764.
767 Vgl EuGH vom 2.5.2006, BB 2006, 1762, 1764; kritisch dazu *Mankowski* BB 2006, 1753, 1755 f.

D. „Scheinauslandsgesellschaften" mit Sitz in Deutschland 8

(1) Insolvenzfähigkeit

Dies gilt nach Art. 4 Abs. 2 lit. a EuInsVO insbesondere für die **Insolvenzfähigkeit** einer Gesellschaft. Die insoweit einschlägigen §§ 11, 12 InsO sehen zwar die Insolvenzfähigkeit ausländischer Kapitalgesellschaften nicht vor, jedoch ergibt sich aus der allgemeinen Rechts- und Parteifähigkeit der EU-Auslandsgesellschaften mit deutschem Verwaltungssitz, dass solche Gesellschaften auch in ihrer **Gründungsrechtsform** insolvenzfähig sein müssen.[768]   463

(2) Insolvenzgründe

Ist die grundsätzliche Anwendbarkeit des deutschen Insolvenzrechts festgestellt, ergibt sich aus der Verfahrenshoheit des deutschen Rechts nach Art. 4 Abs. 1 EuInsVO, dass sich auch die Gründe zur Eröffnung eines Insolvenzverfahrens **nach deutschem Recht** richten müssen. Auf ausländische Kapitalgesellschaften finden dabei die für deutsche Kapitalgesellschaften geltenden Eröffnungsgründe Anwendung.[769] Dies sind nach den §§ 17–19 InsO die **Zahlungsunfähigkeit**, die **drohende Zahlungsunfähigkeit** und die **Überschuldung**. Der materielle Gehalt der Insolvenzgründe ist allerdings eng mit dem jeweiligen Gesellschaftsstatut verknüpft. Wollte man an dieser Stelle deutsches Recht zur Anwendung kommen lassen, so könnten die deutschen Mindestkapitalvorschriften durch die Hintertür auch auf ausländische Kapitalgesellschaften angewandt werden. Dies widerspricht aber der vom EuGH in den Entscheidungen *Centros* und *Überseering* geschaffenen Leitlinien.[770] Das gilt namentlich für die Überschuldung. Die Frage der **Überschuldung** einer Gesellschaft ist so eng mit deren Kapitalverfassung verknüpft, dass deren materieller Gehalt sich nach dem **Gründungsrecht der Gesellschaft** richten muss. Insoweit kommt deutsches Insolvenzrecht daher **nicht** zur Anwendung.[771]   464

(3) Insolvenzantragsrecht und Insolvenzantragspflicht

Das **Insolvenzantragsrecht** gemäß § 15 InsO ist als insolvenzrechtliche – und damit dem Insolvenzstatut unterliegende – Regelung zu qualifizieren. Somit können die **Gläubiger** oder die **Geschäftsführer** der Gesellschaft einen Insolvenzantrag stellen. Die Vertretungsberechtigung der Leitungsorgane richtet sich aber wiederum nach dem jeweiligen Gründungsrecht der Gesellschaft.[772]   465

Neben dem Insolvenzantragsrecht besteht nach deutschem Recht unter bestimmten Umständen auch eine **Insolvenzantragspflicht**. So muss der **Geschäftsführer** einer GmbH bei Eintritt der **Zahlungsunfähigkeit** oder **Überschuldung** gemäß § 64 GmbHG iVm §§ 17, 19 InsO unverzüglich Insolvenz anmelden.[773] Es ist **im Schrifttum umstritten**, ob die Insolvenzantragspflicht gesellschaftsrechtlichen Charakter hat und damit dem Gesellschaftsstatut unterfällt oder insolvenzrechtlichen Charakter hat und damit dem Insolvenzstatut unterliegt.[774] Die Klärung dieser Frage hat insbesondere für die Leitungsorgane ausländischer Kapitalgesellschaften mit Verwaltungssitz in Deutschland essentielle Bedeutung. Klassifiziert man die deutsche Insolvenzantragspflicht nämlich als gesellschaftsrechtliche Norm, findet sie auf ausländische Gesellschaften keine Anwendung, da deren gesellschaftsrechtliche Verhältnisse sich nach dem jeweiligen Gründungsrecht richten. Betrachtet man die Insolvenzantragspflicht hingegen als insolvenzrechtliche Regelung, so unterliegt ihre Anwendbarkeit dem Insolvenzstatut. Damit wären auch Leitungsorgane ausländischer Gesellschaften mit deutschem Verwaltungssitz insolvenzantragspflichtig.   466

Von einem **Teil der Literatur** wird die Insolvenzantragspflicht als **gesellschaftsrechtliche Norm** klassifiziert.[775] Dies ergebe sich bereits daraus, dass die Antragspflicht im GmbH-Gesetz und damit einem rein gesellschaftsrechtlichen Regelwerk verortet sei. Weiterhin handle es sich bei § 64 GmbHG um   467

---

[768] Vgl BGHZ 154, 185.
[769] Vgl *Riedemann* GmbHR 2004, 345, 348.
[770] Ebenso *Heinz*, Die englische Limited, 2. Aufl., 2006, Rn 42.
[771] Vgl *Mincke*, in: Römermann, aaO, Kapitel L, Rn 29.
[772] Vgl *Riedemann* GmbHR 2004, 345, 348.
[773] Vgl *Riedemann* GmbHR 2004, 345, 348.
[774] Vgl zum Meinungsstand *von Hase* BB 2006, 2141, 2146.
[775] Vgl *Burg* GmbHR 2004, 1379, 1383; *Ebert/Levedag* GmbHR 2003, 1337, 1341; *Mock/Schildt* ZInsO 2003, 396, 400; *Ulmer* NJW 2004, 1201, 1207, jeweils mwN.

einen Haftungstatbestand, der an die Organstellung des Leitungsorgans anknüpfe.[776] Da die Organisationsverfassung einer Gesellschaft stets dem Gründungsrecht unterliege, müssten auch die an die Organstellung geknüpften Verpflichtungen dem Gründungsrecht unterliegen. Weiterhin gehöre die Insolvenzantragspflicht zu den Regelungen über die Kapitalausstattung. Bei unzureichender Kapitalausstattung sei die Ausübung der werbenden Tätigkeit einer Gesellschaft nach deutschem Recht nicht mehr statthaft.[777] Dieser Grundsatz gelte in ausländischen Gesellschaftsrechten nicht zwingend und dürfe den diesen Gesellschaftsrechten unterliegenden Gesellschaften nicht aufgezwungen werden.

468 Demgegenüber klassifiziert der **überwiegende Teil der Literatur** die Insolvenzantragspflicht als **insolvenzrechtliche** Norm.[778] Auf den Regelungsstandort einer Norm könne es nicht ankommen, entscheidend sei ihr materieller Gehalt.[779] Dieser sei unzweifelhaft insolvenzrechtlicher Natur, denn die Sicherung der Haftungsmasse der Gläubiger und das Fernhalten insolventer Gesellschaften vom Geschäftsverkehr seien insolvenzrechtliche Anliegen.[780] Ziel der Insolvenzantragspflicht sei die Einleitung eines außerhalb des Gesellschaftsrechts angesiedelten Verfahrens.[781] Die Antragspflicht stelle eine Voraussetzung des Insolvenzverfahrens dar und könne bereits deshalb nicht gesellschaftsrechtlicher Natur sein. Dass es sich bei der Antragspflicht um eine organschaftliche Verpflichtung der Leitungsorgane handle, sei irrelevant. Den Geschäftsführern oblägen auch anderweitige Organpflichten, die nicht zwingend gesellschaftsrechtlicher Natur seien.[782] Dem hat sich mit Urteil vom 20.4.2006 das LG Kiel angeschlossen, das den *director* einer englischen Limited wegen Insolvenzverschleppung verurteilte, weil er seiner Insolvenzantragspflicht in Deutschland nicht nachgekommen war.[783]

Hinweis: Vor dem Hintergrund dieser Rechtsprechung wird man den Geschäftsführern einer ausländischen Kapitalgesellschaft mit deutschem Verwaltungssitz nur dringend raten können, sich an die Insolvenzantragspflicht gebunden zu fühlen, um Haftungsrisiken zu vermeiden.

II. Die Private Limited Company (Ltd.) nach englischem Recht

1. Allgemeines

a) Einleitung

469 Nach dem Wegfall der Zuzugsbeschränkungen für ausländische Kapitalgesellschaften durch die Rechtsprechung des EuGH in Sachen *Überseering* und *Inspire Art* wurde von einigen Stimmen ein Gründungsboom von *private limited companies* nach englischem Recht (nachfolgend auch „*Limited*" genannt) mit tatsächlichem Verwaltungssitz in Deutschland prognostiziert.[784] Tatsächlich ist die Limited mittlerweile die **beliebteste ausländische Kapitalgesellschaft** auf dem deutschen Markt. Nach einer neueren Erhebung sollen bereits mehr als 30 000 englische Gesellschaften mit Verwaltungssitz in Deutschland existieren.[785] Dennoch ist die ganz große Gründungswelle bis jetzt ausgeblieben. Dies mag damit zusammenhängen, dass der Limited nicht nur in Fachkreisen, sondern auch in der Geschäftswelt nach wie vor eine gewisse Skepsis entgegenschlägt.

470 So groß die erste Euphorie nach der *Inspire Art*-Entscheidung des EuGH war, so überzeichnet ist häufig die Kritik an der Rechtsform der Limited. Eine Limited lässt sich auf den deutschsprachigen Websites professioneller Dienstleistungsgesellschaften so einfach wie ein Buch oder eine CD bestellen. Hinzu kommt, dass die Gründungskosten verhältnismäßig gering sind und die fehlende Verpflichtung zur Aufbringung eines adäquaten Mindestkapitals die Möglichkeit eröffnet, ohne große Investitionen

---

776 Vgl *von Hase* BB 2006, 2141, 2147; *Schumann* DB 2004, 743, 746.
777 Vgl *Mock/Schildt*, in: Hirte/Bücker, aaO, § 16, Rn 36.
778 Vgl *Altmeppen* DB 2004, 1083; *Borges* ZIP 2004, 733, 740; *Goette* DStR 2005, 197, 200; *Leutner/Langer* ZInsO 2005, 575; *Wachter* BB 2006, 1463, 1464, jeweils mwN.
779 So auch *Mock/Schildt*, in: Hirte/Bücker, aaO, § 16, Rn 36.
780 Vgl *Borges* ZIP 2004, 733, 736 ff.
781 Vgl *Kuntz* NZI 2005, 424, 427.
782 Vgl *Kuntz* NZI 2005, 424, 427.
783 Vgl LG Kiel ZIP 2006, 1248, 1249.
784 Vgl *Westhoff* ZInsO 2004, 289.
785 Vgl *Westhoff* GmbHR 2005, 525.

D. „Scheinauslandsgesellschaften" mit Sitz in Deutschland   8

und persönliche Haftung am Geschäftsleben partizipieren zu können. Vergessen wird bei der ersten Begeisterung leicht, dass sich die Verwaltung einer Limited mit Verwaltungssitz in Deutschland erheblich aufwendiger gestaltet als die Verwaltung einer deutschen GmbH. Dies beginnt mit den Kosten für die Übersetzung der englischsprachigen Gründungsdokumente zur Einreichung beim deutschen Handelsregister und reicht über eventuelle Mehrkosten für die Erstellung von Jahresabschlüssen in England und Deutschland bis zu den Kosten für die Beauftragung eines *company secretary* in England, der den Kontakt zum *Companies House* hält.

Neben der ersten Euphorie hat sich aber auch ein Großteil der Rechtsunsicherheit in Deutschland hinsichtlich der Behandlung einer Limited mit deutschem Verwaltungssitz gelegt, so dass sich die Gründung einer Limited derzeit erheblich einfacher und unproblematischer als noch vor zwei Jahren gestaltet. Letztlich kann die Gründung einer Limited mit Verwaltungssitz in Deutschland sowohl Risiko als auch Chance sein. Entscheidend und für eine ausgewogene Entscheidung unabdingbar ist die Kenntnis der rechtlichen Grundlagen der Limited. Denn ohne fundierte Kenntnisse im englischen Recht dürfte die Führung einer Limited kaum möglich sein.   471

b) Rechtsquellen

Die wesentlichen Bestimmungen für das Recht der Limited finden sich im **Companies Act 1985 (CA 1985)**, der neben der Limited auch die Rechtsverhältnisse der *public limited company (p.l.c.)*, der britischen Aktiengesellschaft, regelt. Der CA 1985 gilt für alle in England, Schottland und Wales gegründeten Gesellschaften.   472

Der CA 1985 steht kurz vor einer bedeutenden Reformierung durch den **Companies Act 2006**, der voraussichtlich Ende des Jahres 2007 umgesetzt sein wird. Ziel der Reform ist die Deregulierung der Limited zur Steigerung der Attraktivität dieser Rechtsform sowohl in Großbritannien als auch im Ausland.[786] Soweit die geplanten Änderungen im Rahmen der vorliegenden Betrachtung von Bedeutung sind, sind sie in die folgende Darstellung einbezogen worden.   473

Obwohl der Großteil des Gesellschaftsrechts auch in England kodifiziert ist, ist das englische Recht als *common law* in erheblichem Maße von **Richterrecht** geprägt. Im Rahmen der vorliegenden Betrachtung konnten aus dem reichen *case law* zum englischen Gesellschaftsrecht naturgemäß nur die ganz wesentlichen Entscheidungen Berücksichtigung finden.   474

2. Gründung

a) Gründungsvoraussetzungen

Eine englische Limited entsteht mit der Ausstellung eines *certificate of incorporation*, der formalen **Gründungsurkunde**, durch den *registrar of companies*, den Leiter des *Companies House*.[787] Das *certificate of incorporation* wird erteilt, wenn die gesetzlichen Gründungsvoraussetzungen erfüllt sind und dem *Companies House* die nach englischem Recht zur Gründung erforderlichen Dokumente vorgelegt wurden. Es dient als Gründungsbescheinigung, mit dem die Eintragungsvoraussetzungen seitens des *Companies House* bestätigt werden. Das Ausstellungsdatum auf dem *certificate of incorporation* bezeichnet das Gründungsdatum der Gesellschaft.   475

Das englische Gesellschaftsrecht kennt kein der deutschen „**Vorgesellschaft**" entsprechendes Rechtsinstitut. Vor Ausstellung des *certificate of incorporation* existiert eine Limited nicht und kann daher auch nicht verpflichtet werden. Schließt eine Person im Namen einer noch nicht existenten Limited einen Vertrag ab, so werden nach englischem Recht weder die späteren Gesellschafter der Gesellschaft noch die Gesellschaft selbst verpflichtet, sondern grundsätzlich der Handelnde persönlich, sofern dieser seine persönliche Haftung nicht zuvor ausdrücklich ausgeschlossen hat.[788] Um die Gesellschaft zum Vertragspartner eines vor ihrer Gründung in ihrem Namen geschlossenen Geschäfts zu machen, muss die Gesellschaft nach Abschluss der Gründungsvoraussetzungen den Vertrag im Wege der   476

---

786 Vgl *Just*, Die englische Limited in der Praxis, 2. Aufl., 2006, Rn 25.
787 Vgl Ziffer 13 (3) CA 1985.
788 Vgl Ziffer 36 CA 1985 (*"subject to any agreement to the contrary"*).

Novation neu abschließen.[789] Bis zu diesem Zeitpunkt trägt der Handelnde das alleinige Haftungsrisiko, ohne dass ihm ein korrespondierender Freistellungsanspruch gegen die Gesellschaft zustünde.

Hinweis: Der Abschluss von Vorgründungsverträgen sollte daher vermieden werden. Um das Haftungsrisiko der Handelnden zu verringern, ist es aber denkbar, entweder ein beiderseitiges Rücktrittsrecht für den Fall vorzusehen, dass der Vorgründungsvertrag von der Gesellschaft innerhalb einer bestimmten Frist nicht übernommen wird, oder den Vertrag erst nach der Gründung für die Gesellschaft unterzeichnen zu lassen.

477 Eine Limited kann wie eine GmbH von einer **einzigen Person** gegründet werden.[790] Gesellschafter einer Limited können natürliche und juristische Personen sein.

Hinweis: Auch wenn eine Limited von einer Person als alleinigem Gesellschafter und *director* (dem Leitungsorgan der Gesellschaft) gegründet werden kann, kann sie dennoch nicht als Einmanngesellschaft nach deutschem Verständnis geführt werden, da das geltende englische Recht neben dem *director* ein weiteres zwingendes Gesellschaftsorgan, nämlich den *company secretary*, vorsieht.[791] Letzterer darf zumindest dann nicht mit dem *director* personenidentisch sein, wenn die Gesellschaft nur einen *director* hat.[792] Das Erfordernis der Bestellung eines *company secretary* soll mit Inkrafttreten der *Company Law Reform* für die *private limited companies* abgeschafft werden.[793] Auch nach derzeit geltendem Recht erfordert die Bestellung eines *company secretary* aber nicht die Beteiligung eines zweiten Gesellschafters, da die Aufgaben des *company secretary* in England häufig von Rechtsanwälten oder sonstigen spezialisierten Dienstleistern gegen eine geringe jährliche Verwaltungsgebühr für eine Vielzahl von Gesellschaften wahrgenommen werden.

aa) Companies House

478 Das *Companies House* ist das **zentrale Gesellschaftsregister** für England und Wales. In Großbritannien gibt es keine dezentral geführten Handelsregister bei den örtlichen Gerichten, sondern zwei zentrale Gesellschaftsregister. Das *Companies House* in Cardiff ist zuständig für in England und Wales gegründete Gesellschaften, das *Companies House* in Edinburgh ist zuständig für Schottland.[794]

Hinweis: Die Führung eines zentralen Gesellschaftsregisters ermöglicht in England einen in Deutschland weitgehend unbekannten Dienstleistungsansatz bei der Registrierung von Gesellschaften. So können umfassende Hinweise zur Gründung von Gesellschaften in Großbritannien sowie die erforderlichen Formulare und Vordrucke auf der vorbildlichen Website des *Companies House* unter www.companieshouse.org.uk heruntergeladen werden. Darüber hinaus können die Gründungsformulare auch schon online ausgefüllt und versandt werden und somit eine Limited online gegründet werden.

479 Die **Gründung** einer Limited setzt voraus, dass die Gesellschaftsgründer folgende Unterlagen gemeinsam mit einem Scheck zur Deckung der Verwaltungsgebühren in Höhe von 20 GBP (derzeit ca. 29 EUR) beim *Companies House* vorlegen:[795] Zunächst ist der **Gesellschaftsvertrag** der Gesellschaft vorzulegen. Dieser besteht in England aus **zwei Dokumenten**, nämlich dem *memorandum of association* und den *articles of association*. Das **memorandum of association** ist das wichtigere Dokument, denn es regelt das **Außenverhältnis** der Gesellschaft. Das *memorandum of association* ist in Schriftform einzureichen und von den Gründern zu unterzeichnen. Der Mindestinhalt ist gesetzlich festgeschrie-

---

789 Eine bloße Genehmigung des Vertrags durch die Gesellschaft reicht nach englischem Recht nicht aus.
790 Vgl Ziffer 1 (3A) CA 1985.
791 Vgl Ziffer 283 (1) CA 1985.
792 Vgl Ziffer 283 (2) CA 1985.
793 Vgl den Stand der Reformbemühungen unter .
794 Die Gründungsvoraussetzungen sind bei beiden Gesellschaftsregistern weitgehend gleich. Dennoch soll im Rahmen dieses Handbuchs aufgrund ihrer größeren Verbreitung nur die englische Limited behandelt werden.
795 Vgl Ziffer 10 CA 1985.

ben.⁷⁹⁶ Die *articles of association* regeln die **Innenorganisation** der Gesellschaft. Für beide Dokumente sind in den *Companies Regulations 1985* **Musterdokumente** vorgesehen, nämlich die *Table A articles of association*⁷⁹⁷ und das *Table B memorandum of association*.⁷⁹⁸ Sofern die Gründer sich für die *Table A articles of association* entscheiden, reicht ein entsprechender Hinweis. Die gesonderte Einreichung eines Schriftstücks ist dann entbehrlich.⁷⁹⁹

Hinweis: Auch wenn die Verwendung der Musterdokumente sicherlich eine große Vereinfachung darstellt, sollten diese Muster nicht ohne vorherige Prüfung verwandt werden, da sie für das deutsche Rechtsverständnis teils eigenwillige Regelungen treffen, die dann für die Gesellschaft verbindlich werden.⁸⁰⁰

- Weiterhin ist eine **schriftliche Erklärung** der Person bzw der Personen einzureichen, die die Funktion eines *director* bzw des *company secretary* bei der Gesellschaft übernehmen. Diese Erklärung wird auf dem **Standardformular 10** abgegeben, auf dem jeder *director* und der *company secretary* seinen Namen, seine Anschrift, Nationalität und Beruf sowie sein Geburtsdatum und **weitere Geschäftsführerpositionen** anzugeben hat. Die Erklärung muss sowohl von den Gründern der Gesellschaft als auch von jedem *director* und dem *company secretary* unterzeichnet werden.

- Darüber hinaus muss dem *Companies House* die **Geschäftsadresse** der Gesellschaft, das *registered office*, mitgeteilt werden. Erforderlich ist eine **Zustellungsadresse in England**, unter der die von der Limited zu führenden Verzeichnisse eingesehen werden können.⁸⁰¹ Daher reicht die Nennung einer reinen Postadresse nicht aus. Für Gesellschaften mit Verwaltungssitz außerhalb Englands bieten spezialisierte Dienstleister die Bereitstellung einer Geschäftsadresse an.

- Schließlich ist eine **eidesstattliche Erklärung** (*statutory declaration*) entweder des englischen Rechtsanwalts, der mit der Gründung der Gesellschaft betraut war, oder eines *director* oder des *company secretary* der Gesellschaft einzureichen, dass die gesetzlichen Gründungsvorschriften befolgt wurden.⁸⁰² Die Erklärung ist auf dem **Standardformular 12** abzugeben. Soll sie von einem englischen Rechtsanwalt unterzeichnet werden, kommen neben *solicitors* auch *barristers* oder *notaries* in Betracht.

Hinweis: Alle zur Gründung einer Limited erforderlichen Formulare und Vordrucke können von der Website des *Companies House* (www.companieshouse.org.uk) herunter geladen werden.

Die einzureichenden Gründungsunterlagen werden sodann vom *registrar of companies* in formeller Hinsicht geprüft. Weiterhin wird untersucht, ob die gewählte Firma mit englischem Recht vereinbar ist oder bereits von einer anderen Gesellschaft geführt wird oder der Gesellschaftszweck gegen geltendes englisches Recht verstößt. Kommt der *registrar of companies* zum Ergebnis, dass die Gründungsvoraussetzungen vorliegen, stellt er das *certificate of incorporation* aus. Mit Ausstellung des *certificate of incorporation* erlangt die Limited ihre **Rechtsfähigkeit als juristische Person**.⁸⁰³

Das *certificate of incorporation* beweist dabei nach englischem Recht abschließend, dass die gesetzlichen Gründungsvoraussetzungen eingehalten wurden.⁸⁰⁴ Das englische Recht räumt der Verkehrssicherheit insoweit einen sehr hohen Stellenwert ein. Denn eine dem deutschen Rechtsinstitut der „**fehlerhaften Gesellschaft**" vergleichbare Konstruktion fehlt nach englischem Recht. Mit der Ausstellung des *certificate of incorporation* werden etwaige Mängel in den Gründungsdokumenten geheilt.

---

796 Vgl Ziffern 2 ff CA 1985.
797 Vgl Companies (Table A to F) Regulations 1985, Table A.
798 Vgl Companies (Table A to F) Regulations 1985, Table B.
799 Vgl Ziffer 10 (1) CA 1985.
800 Zu den Regelungen der Standarddokumente vgl Companies (Table A to F) Regulations 1985, Table A und Companies (Table A to F) Regulations 1985, Table B.
801 Vgl Ziffer 287 CA 1985.
802 Vgl Ziffer 12 CA 1985.
803 Vgl Ziffer 13 (1) CA 1985.
804 Vgl Ziffer 13 (7) CA 1985.

Hinweis: Das Registrierungsverfahren nimmt beim *Companies House* etwa eine Woche in Anspruch. Darüber hinaus bietet das *Companies House* gegen eine Gründungsgebühr von 50 GBP auch eine 24-Stunden-Gründung an. Wird die Gründung der Gesellschaft online vorgenommen, reduzieren sich die Gebühren.[805]

485 Nach Abschluss des Registrierungsverfahrens wird jeder Gesellschaft vom *Companies House* eine individuelle **Registernummer** zugewiesen.[806] Unter dieser Registernummer sind die **wichtigsten Gesellschaftsunterlagen** für die Öffentlichkeit **frei zugänglich**. So können der Gesellschaftsvertrag einer Limited, die Namen der *directors*, etwaige Sicherungsrechte an Gegenständen des Gesellschaftsvermögens – sogenannte *charges* – und insbesondere die letzten Jahresabschlüsse gegen eine geringe Bearbeitungsgebühr eingesehen werden. Die Publizitätsanforderungen werden in England sehr ernst genommen. Die *directors* einer Limited und der *company secretary* haften persönlich für die Einreichung der Jahresabschlüsse. Unterlassungen sind strafbewehrt und können mit der Verhängung von Bußgeldern gegen die Verantwortlichen geahndet werden.[807]

bb) Memorandum of Association

486 Wie bereits angemerkt, hat eine Limited keinen einheitlichen Gesellschaftsvertrag. Vielmehr setzt sich die Satzung einer Limited aus dem *memorandum of association* und den *articles of association* zusammen. Das *memorandum of association* regelt die Rechtsverhältnisse zwischen der Gesellschaft und Dritten, während die *articles of association* das Verhältnis zwischen der Gesellschaft und den Gesellschaftern regeln. Das *memorandum of association* ist das wichtigere Dokument. Im Falle eines Widerspruchs zwischen den Regelungen des *memorandum of association* und der *articles of association* gehen die Regelungen des *memorandum of association* vor.[808]

487 Der **Mindestinhalt** des *memorandum of association* ist **gesetzlich festgeschrieben**.[809] Nach den gesetzlichen Vorschriften sind die folgenden Angaben zu machen.

- Firma der Gesellschaft (*company name*) einschließlich des auf die Haftungsbeschränkung hinweisenden Namenszusatzes „*Limited*" bzw „*Ltd.*",
- Sitz der Gesellschaft (*registered office*),
- Unternehmensgegenstand (*company's objects*),
- Höhe des registrierten Nominalkapitals (*authorised share capital*) und Stückelung des Stammkapitals in Geschäftsanteile unter Angabe des Nennwerts,
- Anzahl der von jedem Gründer übernommenen Geschäftsanteile,
- Erklärung über die Beschränkung der Haftung auf das Gesellschaftsvermögen.

Hinweis: Als Grundlage für den Entwurf des *memorandum of association* kann grundsätzlich das *Table B*-Musterdokument[810] genommen werden. Dies sollte jedoch nicht ohne sorgfältige Prüfung des Inhalts geschehen, denn das *memorandum of association* kann nachträglich nur schwer geändert werden.

(1) Firma

488 Die **Firma** der Gesellschaft kann nach englischem Recht grundsätzlich **frei gewählt** werden.[811] Es besteht keine Verpflichtung, die Namen der Gesellschafter oder eine Umschreibung der Geschäftstätigkeit in die Firma aufzunehmen. Es sind neben **Sach- und Personenfirmen** somit auch **Fantasiebezeichnungen** zulässig. Insoweit unterscheidet sich das englische Recht nicht vom deutschen GmbH-Recht.

---

805 Die aktuellen Gebührensätze sind unter www.companieshouse.org.uk abrufbar.
806 Vgl Ziffer 705 CA 1985.
807 Vgl Ziffer 242 (2) CA 1985.
808 Vgl Guiness v. Land Corporation of Ireland (1882) 22 CH D 349.
809 Vgl Ziffer 2 CA 1985.
810 Vgl Companies (Table A-F) Regulations 1985, Table B, SI 1985/805.
811 Vgl Ziffer 26 CA 1985.

Der *registrar* wird die Eintragung einer Firma jedoch ablehnen, wenn bereits eine Gesellschaft unter dieser Firma oder einer sehr ähnlichen Firma beim *Companies House* registriert ist.[812] Bei der Beantwortung der Frage, wann die Eintragung einer Firma aufgrund **Firmenähnlichkeit** abzulehnen ist, kommt dem *registrar* ein gewisses Ermessen zu. Die Eintragung wird regelmäßig abgelehnt werden, wenn eine Firma aufgrund der Ähnlichkeit zu einer existierenden Firma geeignet ist, Verwechslungen hervorzurufen oder die Öffentlichkeit irrezuführen. Eine **Irreführung** wird angenommen, wenn eine Gesellschaft mit ihrer Firma den guten Ruf eines anderen Unternehmens ausnutzt oder schädigt. In letzterem Fall besteht auch ein deliktischer Unterlassungsanspruch des betroffenen Unternehmens gegen die Führung der Firma.[813] Das *Companies House* kann auch noch nach der Registrierung einer Gesellschaft bei zu großer Firmenähnlichkeit die Änderung einer Firma verlangen.[814] Weiterhin ist die Führung einer Firma unzulässig, deren Gebrauch strafrechtlich relevant ist oder nach Auffassung des *registrar* beleidigend oder anstößig wirkt.[815]

Die Verwendung von Firmenbestandteilen, die auf eine Verbindung mit Regierungsbehörden oder dem Königshaus oder auf eine besonderen Regeln unterliegende Geschäftstätigkeit hindeuten, ist nur nach Rücksprache mit dem *Companies House* und bei Nachweis eines berechtigten Grundes zulässig. Beispiele für solche Firmenbestandteile sind „**British**", „**International**", „**Royal**" oder „**Insurance**" und „**Trust**".

Hinweis: Um unnötige Kosten im Gründungsverfahren, etwa für den Druck von Briefpapier mit dem Firmenbriefkopf, zu vermeiden, sollte vor der Gründung möglichst eine Namensprüfung durchgeführt werden. Sowohl eine Liste der bereits vergebenen Namen als auch eine Liste der genehmigungspflichtigen Firmenbestandteile ist auf der Internetseite der *Companies House* (www.companieshouse.org.uk) abrufbar.

Auch nach englischem Recht ist eine Kapitalgesellschaft verpflichtet, einen **Rechtsformzusatz** zu führen, der den Rechtsverkehr auf die Beschränkung der Haftung der Gesellschaft auf das Gesellschaftsvermögen hinweist. Bei der Limited ist der Firma der Zusatz „*Limited*" bzw die Abkürzung „*Ltd.*" anzufügen.[816] Die Gesellschaft ist verpflichtet, den Firmennamen einschließlich des Rechtsformzusatzes auf allen Geschäftsbriefen, Rechnungen, Bestellungen und sonstiger Geschäftskorrespondenz zu führen.[817] Entspricht die Gesellschaft dieser Verpflichtung nicht, so können sowohl die Gesellschaft als auch ihre *directors* und der *company secretary* mit einer Geldbuße belegt werden.[818] Darüber hinaus können die Handelnden für eine rechtsgeschäftliche Verpflichtung, die die Gesellschaft ohne Angabe der Firma übernommen hat, persönlich haftbar gemacht werden, wenn die Gesellschaft ihren Verpflichtungen – aus welchen Gründen auch immer – später nicht nachkommen kann.[819]

(2) Sitz der Gesellschaft

Nach englischem Recht ist zwischen dem Gründungssitz der Limited (*domicile*), dem satzungsmäßigem Sitz (*registered office*) und dem tatsächlichen Verwaltungssitz zu unterscheiden.

Die Gründer der Gesellschaft haben im *memorandum of association* zunächst anzugeben, ob der **Gründungssitz** – das sogenannte *domicile* – in England und Wales oder in Schottland registriert werden soll.[820] Der Gründungstheorie folgend, richtet sich die Rechtspersönlichkeit einer Gesellschaft nach dem **Ort ihrer Gründung**. Diese Entscheidung der Gründer ist daher **unumkehrlich**. Ist im *memorandum of association* vorgesehen, dass eine Limited in England registriert werden wird, so untersteht sie fortan englischem Recht und kann diesen Gründungssitz später nicht verlegen.

---

812 Vgl Ziffer 26 (1) (c) CA 1985.
813 Vgl Reckitt & Coleman Products Ltd. v. Borden Incorporation (No. 3) (1990) 1 WLR 491 (H.L.).
814 Vgl Ziffer 28 (2) CA 1985.
815 Vgl Ziffer 26 (1) (d), (e) CA 1985.
816 Vgl Ziffer 25 (2) CA 1985.
817 Vgl Ziffern 348 ff CA 1985.
818 Vgl Ziffern 348 (2), 349 (2), 350 (1) CA 1985.
819 Vgl Ziffer 349 (4) CA 1985.
820 Vgl Ziffer 2 (1) (b), (2) CA 1985.

494 Der **satzungsmäßige Sitz** – das sogenannte *registered office* – ist die **Adresse der Gesellschaft**, an die zum einen das *Companies House* den Schriftverkehr mit der Gesellschaft richtet und an dem zum anderen bestimmte Informationen und Dokumente zur Einsicht der Öffentlichkeit und der Gesellschafter bereitgehalten werden müssen. Das *registered office* kann jederzeit geändert werden. Da es aber der – britischen – Öffentlichkeit die Einsichtnahme von Dokumenten ermöglichen soll, kann es nicht außerhalb von England und Wales oder Schottland genommen werden.[821]

495 Eine Übersicht der Unterlagen, die am *registered office* einer Limited aufbewahrt und auf dem neuesten Stand gehalten werden müssen, findet sich unter Rn 547.

Diese Unterlagen müssen während bestimmter Geschäftszeiten jedermann **am satzungsmäßigen Sitz** der Gesellschaft **zur Einsicht** zur Verfügung gestellt werden. Diese für den deutschen Rechtskreis ungewohnten Publizitätsanforderungen sind der Ersatz für die fehlenden Mindestkapitalanforderungen nach englischem Recht. Daher wird die Einhaltung der Publizitätsvorschriften in England auch deutlich ernster genommen als dies in Deutschland der Fall ist. Werden die Unterlagen nicht zur Einsicht bereitgehalten, können sowohl die Gesellschaft als auch deren Direktoren mit Bußgeldern belegt werden.

Hinweis: Eine reine Postanschrift reicht zur Einrichtung eines *registered office* aufgrund der vorbezeichneten Publizitätsanforderungen nicht aus. Auch muss ein Firmenschild außerhalb des *registered office* auffällig und leicht lesbar angebracht werden. Allerdings bieten spezialisierte Dienstleister in England den Betrieb von *registered offices* für diverse Gesellschaften an. Die Bereithaltung der publizitätspflichtigen Dokumente und die Kommunikation mit dem *Companies House* sind im Preis enthalten.

496 Demgegenüber bezeichnet der **tatsächliche Verwaltungssitz** den **Ort der tatsächlichen Geschäftstätigkeit**. Dieser kann nach dem der Gründungstheorie folgenden englischen Gesellschaftsrecht **überall in der Welt** sein. Für die Rechtspersönlichkeit der Gesellschaft ist dies nach englischem Rechtsverständnis gänzlich irrelevant, da die durch die Gründung einmal erworbene Rechtsfähigkeit – von der Verlegung der Geschäftstätigkeit ins Ausland unberührt – bestehen bleibt.

(3) Gegenstand des Unternehmens

497 Grundsätzlich ist der Unternehmensgegenstand nach englischem Recht im *memorandum of association* genau zu bezeichnen.[822] Nach der sogenannten **ultra vires-Lehre**, die früher in England galt, konnte eine Überschreitung des Unternehmensgegenstands einer Gesellschaft durch die *directors* zur Nichtigkeit der im Namen der Gesellschaft abgeschlossenen Rechtsgeschäfte führen.[823] Die Nichtigkeitsfolge ist mit dem derzeit geltenden englischen Recht jedoch nicht mehr vereinbar.[824] Darüber hinaus ermöglicht die Verankerung einer catch-all-**Klausel** im *memorandum of association*, den Unternehmensgegenstand mit dem Betrieb einer general commercial company anzugeben.[825] Die Gesellschaft ist dann zum Betrieb eines **jeden Handelsgewerbes** und jeglicher Geschäfte ermächtigt. Allerdings wird häufig auch heute noch der Unternehmensgegenstand recht genau definiert, um keine Rechtsunsicherheiten aufkommen zu lassen. Denn ein Rechtsgeschäft, das über den Unternehmensgegenstand hinausgeht, führt zur **persönlichen Haftung** der Geschäftsführer, die damit ihre Kompetenzen gegenüber der Gesellschaft überschritten haben.[826]

Hinweis: Anders als bei der deutschen GmbH-Satzung, die frei verändert werden kann, darf das *memorandum of association* nur in gesetzlich geregelten Ausnahmefällen nachträglich modifiziert werden.[827] Die Änderung des Unternehmensgegenstands ist aber auch nach englischem Recht im

---

821 Vgl Ziffer 10 (1) CA 1985.
822 Vgl Ziffer 2 (1) (c) CA 1985.
823 Vgl Ashbury Railway Carriage and Iron Co. v. Richie (1875) L.R. 7 H.L. 653.
824 Vgl Ziffern 35, 35A CA 1985.
825 Vgl Ziffer 3A CA 1985.
826 Vgl Ziffern 35, 35A CA 1985.
827 Vgl Ziffern 2 (7), 17 CA 1985.

Nachhinein möglich,[828] so dass eine Limited nicht für alle Zeiten an den einmal gewählten Unternehmensgegenstand gebunden ist.

(4) Kapitalklausel

Das der Gesellschaft maximal zur Verfügung stehende Gesellschaftskapital, das sogenannte *authorised share capital*, ist im *memorandum of association* zu bezeichnen. Im Unterschied zum deutschen Stammkapital bezeichnet das ***authorised share capital*** nicht das der Gesellschaft tatsächlich zur Verfügung stehende Haftkapital, sondern den **Gesamtbetrag des Nominalkapitals**, das die Gesellschaft ausgeben darf. Das *authorised share capital* ist vom *issued share capital* zu unterscheiden. Letzteres bezeichnet das **Haftkapital**, das bereits von den Gesellschaftern übernommen worden ist. Da das englische Recht für die Limited kein Mindestkapital vorsieht, kann das *authorised share capital* auch lediglich 1 GBP betragen.

498

Neben dem *authorised share capital* ist die **Stückelung der Geschäftsanteile** im *memorandum of association* anzugeben. Auch bei der Stückelung besteht weder nach oben noch nach unten eine Grenze. Es können Geschäftsanteile mit einem Nominalwert (*nominal value*) von 1 000 000,00 GBP gebildet werden, aber auch Geschäftsanteile im Nominalwert von nur 1 Pence. Mindestens ein Anteil ist stets zu bilden.[829]

499

(5) Haftungsbeschränkungsklausel

Im *memorandum of association* ist zu erklären, dass die Haftung der Gesellschaft beschränkt ist. Sofern die Standardformulierung verwendet wird („*The liability of the company is limited.*"), ist die Haftung der Gesellschaft auf das Gesellschaftskapital beschränkt.[830] Eine darüber hinausgehende persönliche Haftung der Gesellschafter kommt nach englischem Recht nur in wenigen Ausnahmefällen in Betracht.[831]

500

(6) Gründungsklausel

Das *memorandum of association* schließt mit der sogenannten Gründungsklausel ab, in der die Gründungsgesellschafter erklären, dass sie beabsichtigen, eine Limited zu gründen und die hinter ihrem Namen angegebene Anzahl von Geschäftsanteilen zu übernehmen.[832] Die Gründungsgesellschafter sind mit Namen und Adresse zu bezeichnen. Abschließend ist das *memorandum of association* von jedem Gründungsgesellschafter in Anwesenheit eines Zeugen zu unterzeichnen. Dabei ist der Zeuge mit Namen und Adresse zu bezeichnen. Auch er muss das *memorandum of association* unterzeichnen.[833]

501

cc) Articles of Association

Neben dem *memorandum of association* können die Gründer einer Limited auch eine das Innenverhältnis der Gesellschaft betreffende Gesellschaftervereinbarung, nämlich die *articles of association*, abschließen. Reichen die Gründungsgesellschafter beim *Companies House* im Zuge des Gründungsverfahrens keine *articles of association* ein, so gelten automatisch die Standard-*Table A articles of association* für die Limited.[834] Dies bedeutet dann, dass das Innenverhältnis zwischen der Gesellschaft und den Gesellschaftern so geregelt ist, wie der englische Gesetzgeber sich dies vorgestellt hat. Das bedeutet allerdings nicht, dass diese Regelungen den Anforderungen und Erwartungen deutscher Gesellschafter genügen müssen. Daher empfiehlt es sich dringend, die Standard-*articles of association* an die individuellen Bedürfnisse der jeweiligen Gesellschaft und ihrer Gesellschafter anzupassen, auch

502

---

828 Vgl Ziffer 4 CA 1985.
829 Vgl Ziffer 2 (5) CA 1985.
830 Vgl Salomon v. Salomon & Co. Ltd. (1897) A.C. 22 (H.L.).
831 Vgl hierzu Rn 604 ff.
832 Vgl Ziffer 2 (6) CA 1985.
833 Vgl Ziffer 2 (6) CA 1985.
834 Vgl Ziffer 8 (2) CA 1985.

wenn dies mit einem höheren Aufwand verbunden ist, als die Standard-*articles of association* einfach durch Erklärung gegenüber dem *Companies House* zu übernehmen. Dennoch wäre es fahrlässig, die weiten Ermessensspielräume, die der englische Gesetzgeber den Gesellschaftern einer Limited zur Regelung ihres Innenverhältnisses belassen hat, ungenutzt zu lassen. Denn die Gesellschafter sind in Bezug auf den Inhalt der *articles of association* weitgehend frei. Bei Mehrpersonengesellschaften kann es sich bspw empfehlen, die **freie Übertragbarkeit der Geschäftsanteile** einzuschränken oder **Stimmbindungsvereinbarungen** zu implementieren. Auch mag es zumindest dann, wenn die *directors* nicht aus dem Gesellschafterkreis stammen, angezeigt sein, einen **Katalog zustimmungsbedürftiger Geschäfte** in die *articles of association* aufzunehmen oder die Befugnisse der *directors* in sonstiger Weise zu beschränken. Die Standard-*articles* treffen derartige Regelungen nicht.

Hinweis: Es ist ratsam, die *Table A articles of association* zur Grundlage einer eigenen Satzungsfassung zu nehmen und sich an die dort vorgegebene Reihenfolge der Vorschriften zu halten. Bei der Änderung der Regelungen der Standardsatzung ist stets zu bedenken, dass sich die *articles of association* nicht in Widerspruch zum *memorandum of association* setzen dürfen. Zu beachten ist weiterhin, dass die *Table A articles of association* insoweit fortgelten, wie sie durch die von den Gründungsgesellschaftern entworfenen Regelungen nicht ausgeschlossen oder modifiziert worden sind.[835] Allein deshalb empfiehlt es sich stets, ein vollständiges Dokument zu entwerfen und dies als *articles of association* beim *Companies House* registrieren zu lassen.

Die wichtigsten Regelungen, die sich in den *articles of association* wiederfinden sollten, werden im Sachzusammenhang in den folgenden Abschnitten erläutert.

b) Vorratsgesellschaften

503 Zur klassischen dokumentengebundenen Gründung einer Limited über das *Companies House* existieren zwei überlegenswerte Varianten: Zum einen der **Kauf einer Vorratsgesellschaft** (*shelf company*) bei spezialisierten Anbietern, zum anderen die **Gründung** einer Limited über einen spezialisierten *formation agent* **über das Internet**.

Der Kauf einer englischen Vorratsgesellschaft unterscheidet sich letztlich nicht vom Kauf einer Vorrats-GmbH. Die Vorratsgesellschaften sind bereits gegründet, mit an das allgemeine Wirtschaftsleben angepassten *articles of association* versehen und zumeist mit einem minimalen Stammkapital – 1 oder 2 GBP – ausgestattet. Als *directors* sind üblicherweise Angestellte des Anbieters eingetragen, die ihr Amt vor der Eigentumsübertragung niederlegen, so dass der Erwerber neue *directors* bestellen kann. Der *company secretary* ist häufig ebenfalls ein Dienstleistungsunternehmen, dessen Dienste vom Erwerber gegen eine Verwaltungsgebühr weiterhin in Anspruch genommen werden können. Die Adressen der verschiedenen Anbieter von Vorratsgesellschaften sind nach Eingabe des Stichworts „*Limited*" bei den diversen Internet-Suchmaschinen problemlos zu finden. Der **Erwerb einer Vorratsgesellschaft** lässt sich in der Regel **innerhalb weniger Stunden** abwickeln. Auch wenn die konventionelle Gründung einer Limited über das *Companies House* ebenfalls nur wenig Zeit in Anspruch nimmt, verringert der Erwerb einer Vorratsgesellschaft den Verwaltungsaufwand für den Gründer der Gesellschaft noch weiter. Dem stehen nur **geringe Mehrkosten** gegenüber.

504 Die Alternative zum Erwerb einer Vorratsgesellschaft ist die **Gründung einer Limited** über einen sogenannten *formation agent* **über das Internet**. Auch die Adressen der verschiedenen *formation agents* lassen sich problemlos über das Internet herausfinden. Im Unterschied zum Erwerb einer Vorratsgesellschaft kann mit Hilfe eines *formation agents* **innerhalb von 24 Stunden** eine neue Gesellschaft selbst gegründet werden. Die erforderlichen Formulare können heruntergeladen werden. Die Versendung der Gründungsdokumentation erfolgt dann via E-Mail im pdf-Format.

---

835 Vgl Ziffer 8 (2) CA 1985.

Hinweis: Sowohl der Erwerb einer Vorratsgesellschaft als auch die Gründung einer Limited über das Internet beinhalten selbstverständlich keine Rechtsberatung. Auch wenn die niedrigen Gründungskosten manchmal davon ablenken können, erfordert eine Gesellschaftsgründung im Ausland regelmäßig ein Mindestmaß an juristischem Beistand, da sich die Gesellschafter zumindest über ihre Pflichten im Klaren sein sollten. Auch bei der Ausarbeitung des *memorandum of association* oder der *articles of association* sollte bei Mehrpersonengesellschaften zumindest dann nicht auf Mustertexte zurückgegriffen werden, wenn die getroffenen Vereinbarungen und ihre Rechtswirkungen den Gesellschaftern nicht bis ins letzte Detail klar geworden sind.

3. Organe

Als juristische Person handelt die Limited durch ihre Organe. Jede Limited hat **mindestens drei Organe**, nämlich (i) die Gesamtheit der **Geschäftsführer**, also den *director*, wenn nur einer bestellt ist, oder das sogenannte *board of directors*, wenn mehrere *directors* bestellt sind, (ii) die **Gesellschafterversammlung**, das *general meeting*, und (iii) den **company secretary**. Durch die dreigliedrige Leitungsstruktur unterscheidet sich die Limited von der deutschen GmbH, die mit zwei Pflichtorganen, nämlich den Geschäftsführern und der Gesellschafterversammlung, auskommt.

Während nach dem gesetzlichen Konzept das general meeting zur Entscheidung über grundlegende Fragen, wie etwa Kapitalerhöhungen oder -herabsetzungen und Änderungen des *memorandum of association* oder der *articles of association*, berufen ist, führen die directors die Geschäfte der Gesellschaft und vertreten die Gesellschaft gegenüber Dritten.[836]

Die *directors* haben als Vertreter der Gesellschaft die Befugnis, mit Wirkung für und gegen die Gesellschaft Willenserklärungen abzugeben und entgegenzunehmen.[837] Sofern die Vertretungsmacht der *directors* in den *articles of association* beschränkt worden ist, wirkt dies nicht gegenüber gutgläubigen Dritten.[838] Die *directors* sind aber im Innenverhältnis verpflichtet, solche Beschränkungen einzuhalten.

Der company secretary ist als Gesellschaftsorgan im deutschen Recht ohne Entsprechung. Der *company secretary* nimmt im Wesentlichen Verwaltungsaufgaben, wie die Führung der Geschäftsbücher oder die Erstellung von Protokollen der *general meetings*, wahr.[839] Er wird vom *board of directors* bestellt und abberufen.

a) Geschäftsführung (Board of Directors)

Die Geschäftsführung der Gesellschaft ist den *directors* übertragen. Nach englischem Recht reicht zur Führung der Geschäfte ein einziger *director* aus.[840]

Hinweis: Obwohl das englische Gesellschaftsrecht die Bestellung eines einzigen *director* zur Führung einer Limited ausreichen lässt, sehen die *Table A articles of association* die Bestellung von zumindest zwei *directors* vor.[841] Hier zeigt sich, dass die Standardsatzungen nicht ungeprüft übernommen werden sollten.

aa) Eignungsvoraussetzungen

Das englische Gesellschaftsrecht enthält **keine Eignungsvoraussetzungen** für die Bestellung zum *director*. Ein *director* muss weder nach deutschem Verständnis voll geschäftsfähig sein noch muss es sich überhaupt um eine natürliche Person handeln. Auch eine **juristische Person** kann zum *director*

---

836 Vgl Ziffer 35A CA 1985.
837 Vgl Ziffer 35A (1) CA 1985.
838 Vgl Ziffer 35A (1) CA 1985, dazu sogleich noch unter Rn 524 ff.
839 Hierzu ausführlich sogleich unter Rn 547 ff.
840 Vgl Ziffer 282 CA 1985.
841 Vgl Companies (Table A to F) Regulations 1985, Table A, Art. 64.

einer Limited bestellt werden.⁸⁴² Bei der Limited gilt ebenso wie bei der deutschen GmbH das **Prinzip der Fremdorganschaft**. Es können sowohl Gesellschafter als auch Dritte *director* einer Limited sein.

511 Es bleibt den Gesellschaftern aber unbenommen, in den ***articles of association*** der Gesellschaft persönliche Eignungsvoraussetzungen für die *directors* niederzulegen und deren Amtsantritt insbesondere davon abhängig zu machen, dass sie sich an der Gesellschaft selbst beteiligen. Die Möglichkeit einer Satzungsregelung, nach der die *directors* innerhalb von zwei Monaten nach Amtsantritt eine bestimmte Anzahl von Geschäftsanteilen an der Gesellschaft haben müssen, ist auch im Gesetz angelegt.⁸⁴³

512 Allerdings kann eine Person nur *director* einer Limited sein, wenn ihr nicht durch ein englisches Gericht die Amtsfähigkeit abgesprochen wurde. Die Voraussetzungen einer solchen disqualification, mittels der bestimmte Personen von der Ausübung einer Tätigkeit als *director* ausgeschlossen werden können, sind im ***Company Directors Disqualification Act 1986 (CDDA 1986)*** geregelt. Insbesondere die folgenden Tatbestände können zu einem Ausschluss eines *director* von seinem Amt führen:
- Verurteilung wegen einer schweren Straftat im Zusammenhang mit der Gründung oder der Leitung einer Gesellschaft,⁸⁴⁴
- fortgesetzte Verletzung der Mitteilungspflichten gegenüber dem *Companies House*,⁸⁴⁵

Hinweis: An dieser Stelle zeigt sich, dass die Missachtung der Publizitätsvorschriften für den einzelnen *director* handfeste Folgen haben kann. Insoweit sollten sich gerade deutsche *directors* mit ihren Pflichten gut vertraut machen.

- Unfähigkeit zur Geschäftsführung (unfitness) im Zusammenhang mit der Insolvenz einer Gesellschaft,⁸⁴⁶
- Betrügerisches Handeln (fraudulent trading) oder bewusste Gläubigerbenachteiligung (wrongful trading),⁸⁴⁷
- Privatinsolvenz des *director*.⁸⁴⁸

Der wichtigste Tatbestand ist sicherlich der Tatbestand der **unfitness**. Denn sofern ein englisches Gericht zu dem Ergebnis kommt, dass sich ein *director* im Zusammenhang mit der Insolvenz einer Gesellschaft als **unfähig zur Geschäftsführung** der Gesellschaft erwiesen hat, so **muss** das Gericht diese Person von der Geschäftsführung anderer Gesellschaften ausschließen, während der Ausschluss bei den anderen Tatbeständen im Ermessen des Gerichts liegt.⁸⁴⁹ Der Begriff der *unfitness* ist ein unbestimmter Rechtsbegriff, dessen Auslegung den Gerichten überlassen ist. Neben der Verletzung von **Treuepflichten** oder sonstigen **gesetzlichen Pflichten** durch einen *director* untersuchen die Gerichte auch dessen **Kompetenz** zur Bewältigung einer wirtschaftlichen Krise.⁸⁵⁰ Wird ein *director* von seinem Amt ausgeschlossen, darf er sich, solange er ausgeschlossen ist, weder an der Gründung noch an der Leitung einer Gesellschaft beteiligen.⁸⁵¹ Tut er dies dennoch, kann er mit bis zu zwei Jahren Freiheitsstrafe belegt werden.⁸⁵² Darüber hinaus ist er der Gesellschaft für alle Verbindlichkeiten, die während seiner Amtszeit eingegangen worden sind, persönlich haftbar.⁸⁵³

---

842 Vgl Ziffer 289 (1) (b) CA 1985.
843 Vgl Ziffer 291 CA 1985, sogenannte *share qualification*.
844 Vgl Ziffer 2 CDDA 1986.
845 Vgl Ziffer 3 CDDA 1986.
846 Vgl Ziffer 6 CDDA 1986.
847 Vgl Ziffer 10 CDDA 1986.
848 Vgl Ziffer 11 CDDA 1986.
849 Vgl ausführlich zum Ausschluss *Just*, Die englische Limited in der Praxis, 2. Aufl., 2006, S. 47 f.
850 Vgl *Römermann/Mönchmeyer*, in Römermann, aaO, S. 47, der als Beispiel die Entscheidung Re Richborough Furniture Ltd ((1996) 1 BCLC 507) anführt, bei der das Gericht einen *director* aufgrund der Unerfahrenheit zur Bewältigung der finanziellen Krise der Gesellschaft ausgeschlossen hat.
851 Vgl Ziffer 1 CDDA 1986.
852 Vgl Ziffer 13 CDDA 1986.
853 Vgl Ziffer 15 CDDA 1986.

Hinweis: Die Vorschriften des CDDA 1986 können nach Auffassung der englischen Gerichte auch angewandt werden, wenn ein Geschäftsleiter einen Ausschlusstatbestand im Ausland verwirklicht hat.[854] Es empfiehlt sich, vor der Bestellung der Direktoren einer Gesellschaft das *Disqualified Directors Register* einzusehen, das beim *Companies House* online abgerufen werden kann (www.companieshouse.org.uk).

bb) Bestellung und Abberufung von Geschäftsführern

Die **Bestellung** der ersten *directors* einer Limited erfolgt über das **Formblatt 10**.[855] Dieses Formblatt ist von allen Gesellschaftern oder deren Stellvertretern zu unterzeichnen und von den zu bestellenden *directors* gegenzuzeichnen. Es wird sodann gemeinsam mit den übrigen Gründungsunterlagen zur Prüfung durch den *registrar of companies* zum *Companies House* eingereicht. Die Bestellung wird mit der Ausstellung des certificate of incorporation der Limited durch den *registrar* rechtswirksam.[856] Nach Gründung der Limited können **weitere Direktoren** entweder durch einen entsprechenden **Beschluss des** *general meeting* bestellt werden oder, für das deutsche Rechtsverständnis etwas ungewohnt, durch einen **Beschluss des** *board of directors*. Ein solcher Beschluss des *board of directors* muss jedoch spätestens beim nächsten *annual general meeting* durch die Gesellschafterversammlung bestätigt werden.[857]

Hinweis: Die Regelungen in den *Table A articles of association* zur Bestellung von *directors* sind unnötig detailliert und in ihrer Komplexität nahezu unverständlich. Da der *Companies Act 1985* keine Bestimmungen über die Bestellung von *directors* enthält, können die Gesellschafter abweichende Regelungen über die Bestellung in den *articles of association* der Gesellschaft treffen. Dies sei hiermit dringend anempfohlen.

Zur **Abberufung** einzelner *directors* ist nach englischem Gesellschaftsrecht die **Gesellschafterversammlung** zuständig.[858] Diese Kompetenz kann weder durch die *articles of association* noch durch eine Selbstverpflichtung der Gesellschafter untereinander wirksam beschränkt werden.[859] Die Gesellschafterversammlung beschließt über die Abberufung eines *directors* mittels einer *ordinary resolution*, dh mit **einfacher Stimmenmehrheit**. Die *articles of association* können die Abberufbarkeit von *directors*, die zugleich dem Gesellschafterkreis angehören, erschweren. Dies kann etwa dadurch geschehen, dass dem abzuberufenden Gesellschafter-Geschäftsführer in der Abstimmung über seine Abberufung ein höheres Stimmrecht eingeräumt wird.[860]

Mit der Abberufung endet die Vertretungsbefugnis des *directors* für die Gesellschaft, nicht aber ein mit ihm möglicherweise geschlossener Dienstvertrag. Dieser ist separat zu kündigen und kann die kündigende Gesellschaft zu Abfindungszahlungen verpflichten. Jede Bestellung oder Abberufung eines *directors* ist in ein am *registered office* der Gesellschaft geführtes und der Öffentlichkeit zugängliches Verzeichnis einzutragen.[861] Des Weiteren ist jeder Wechsel in der Geschäftsführung einer Gesellschaft dem *Companies House* mittels der **Formblätter 288a** bzw **288b** mitzuteilen.

cc) Das Board of Directors

Sind mehrere *directors* bestellt, bilden sie ein ***board of directors***. Die Geschäftsführungsbefugnis wird in den *articles of association* üblicherweise dem *board of directors* als Leitungsorgan übertragen.[862] Das *board of directors* kann jedoch in den *articles of association* ermächtigt werden, entweder im Sinne eines **Geschäftsverteilungsplans** bestimmte Geschäftsführungsbefugnisse auf einzelne Mitglie-

---

854 Vgl Re Seagull Manufacturing (No 2) (1994) 1 BCLC 273.
855 Die Formblätter sind unter www.companieshouse.gov.uk abrufbar.
856 Vgl Ziffer 13 (5) CA 1985.
857 Vgl Companies (Table A to F) Regulations 1985, Table A, Art. 79.
858 Vgl Ziffer 303 CA 1985.
859 Vgl Ziffer 303 (1) CA 1985.
860 Vgl Bushell v. Faith (1970) AC 1099, HL.
861 Vgl Ziffer 288 CA 1985.
862 Vgl Companies (Table A to F) Regulations 1985, Table A, Art. 70.

der zu übertragen oder einen **managing director** aus ihrer Mitte zu benennen und ihm sämtliche Geschäftsführungsaufgaben und -befugnisse zu übertragen.[863]

518 Das *board of directors* kann in *executive directors* und *non-executive directors* unterteilt werden. Wird eine solche Unterteilung in den *articles of association* vorgenommen, so liegt die Geschäftsführungsbefugnis vollständig bei den *executive directors*, während den *non-executive directors* nur Kontrollfunktionen zukommen. Die Funktion des *non-executive director* ist daher in etwa mit der eines deutschen **Aufsichtsrats** vergleichbar. Da die Bestellung von *non-executive directors* nach englischem Recht nicht vorgeschrieben ist, wird man sie nur in solchen Gesellschaften bestellen, in denen die Größe des Gesellschafterkreises und des verwalteten Gesellschaftsvermögens die Errichtung eines Kontrollorgans unabdingbar erscheinen lassen.

519 Das *board of directors* entscheidet über Geschäftsführungsangelegenheiten, die nicht an einzelne *directors* delegiert worden sind, in Versammlungen, sogenannten board meetings, die nach den *Table A articles of association* von jedem *director* unter Einhaltung einer angemessenen Frist einberufen werden können.[864] Was unter einer ordnungsgemäßen Einberufung zu verstehen ist, ist nicht immer ganz eindeutig. Es scheint entschieden zu sein, dass eine **mündliche Einberufung** zumindest dann ausreicht, wenn nach den Umständen eine förmlichere Einberufung nicht zu erwarten gewesen wäre.[865] Grundsätzlich ist auch eine Beschlussfassung im **schriftlichen Umlaufverfahren** möglich, wenn alle *directors* diesem Verfahren zustimmen.[866]

Hinweis: Um Rechtsklarheit zu schaffen, empfiehlt es sich in jedem Fall, das Einberufungsverfahren in den *articles of association* zu regeln. Weiterhin sollte dort auch die Möglichkeit eingeräumt werden, Geschäftsführungsbeschlüsse auch im schriftlichen Umlaufverfahren, per Telefax, per E-Mail oder telefonisch zu fassen, um der Geschäftsführung größtmögliche Flexibilität bei der Entscheidungsfindung einzuräumen. Eine gute Vorlage findet sich diesbezüglich in den *Table A articles of association*.[867]

520 Nach den in den *Table A articles of association* vorgegebenen Regelungen ist ein *board meeting* **beschlussfähig**, wenn zumindest **zwei Direktoren** anwesend und stimmberechtigt sind.[868] Ein **Stimmrechtsausschluss** kommt zum Beispiel bei einer Interessenskollision in Betracht.[869]

521 Die *directors* stimmen nach den Regelungen der *Table A articles of association* mit **einfacher Mehrheit** ab, wobei die Stimme des Vorsitzenden des *board of directors*, des *chairman*, in einer Patt-Situation doppelt zählt.[870] Diese Regelungen sind aber dispositiv und unterliegen der Satzungsautonomie der Gesellschafter. Weiterhin müssen die *board meetings* protokolliert und im *registered office* zum Zwecke der Einsichtnahme durch die Gesellschafter aufbewahrt werden.[871]

dd) Befugnisse der Geschäftsführer

522 Nach dem Grundverständnis des englischen Gesellschaftsrechts führen die *directors* die Geschäfte der Limited und vertreten diese im Außenverhältnis gegenüber Dritten,[872] während das *general meeting* zur Entscheidung über grundsätzliche Fragen berufen ist.

523 Die articles of association können das Verhältnis zwischen *general meeting* und *board of directors* aber modifizieren. Üblicherweise sind die *directors* einer Limited berechtigt, die Geschäfte der Gesellschaft im Rahmen der ihnen in den *articles of association* zugewiesenen Befugnisse **weitgehend weisungsfrei** zu führen. Die dem deutschen GmbH-Recht immanente Weisungsgebundenheit der

---

863 Vgl Companies (Table A to F) Regulations 1985, Table A, Art. 72.
864 Vgl Companies (Table A to F) Regulations 1985, Table A, Art. 88.
865 Vgl Brown v. La Trinidad (1888) L.R. 37 ChD 1, CA.
866 Vgl Companies (Table A to F) Regulations 1985, Table A, Art. 93.
867 Vgl Companies (Table A to F) Regulations 1985, Table A, Art. 88 ff.
868 Vgl Companies (Table A to F) Regulations 1985, Table A, Art. 89.
869 Vgl Companies (Table A to F) Regulations 1985, Table A, Art. 95.
870 Vgl Companies (Table A to F) Regulations 1985, Table A, Art. 88.
871 Vgl Companies (Table A to F) Regulations 1985, Table A, Art. 100.
872 Vgl Ziffer 35 (1) CA 1985.

Geschäftsführung existiert im englischen Gesellschaftsrecht so nicht. Allerdings leiten sich die Geschäftsführungsbefugnisse der *directors* und der Umfang ihrer Vertretungsmacht zumeist nicht aus dem Gesetz, sondern aus den *articles of association* der jeweiligen Gesellschaft ab. Es steht den Gesellschaftern daher frei, von der Satzungsautonomie unter englischem Gesellschaftsrecht Gebrauch zu machen und in den *articles of association* etwa einen Katalog bestimmter Geschäfte niederzulegen, zu deren Vornahme die *directors* die Zustimmung des *general meeting* einholen müssen.

Hinweis: Die *Table A articles of association* sehen vor, dass den *directors* alle Geschäftsführungsbefugnisse zustehen, sofern sie nicht durch das Gesetz oder durch die *articles of association* den Gesellschaftern zugewiesen werden.[873] Weisen die *articles* den Gesellschaftern keine Entscheidungsbefugnisse zu, hat dies zur Folge, dass die Gesellschafter in Fragen der Geschäftsführung nur in einigen wenigen gesetzlich vorgesehenen Ausnahmefällen Einfluss nehmen können. Als Kontrollinstrument verbleibt sodann nur das Recht der Gesellschafterversammlung, die *directors* abzuberufen.[874]

Die **Befugnisse** der *directors* werden durch einige **gesetzliche Vorschriften** eingeschränkt. Überschreitet ein *director* seine Befugnisse, berührt dies die Wirksamkeit der von ihm namens der Gesellschaft abgeschlossenen Rechtsgeschäfte regelmäßig nicht, allerdings macht er sich der Gesellschaft gegenüber schadensersatzpflichtig.

Die wichtigste Regelung ist die **Beschränkung** der Befugnisse der Geschäftsführung **auf den Unternehmensgegenstand**. Geschäfte außerhalb des im *memorandum of association* niedergelegten Unternehmensgegenstands sind unzulässig und führten nach der in der Vergangenheit vertretenen ultra vires-**Regel** zur Nichtigkeit der durch die Geschäftsführung abgeschlossenen Rechtsgeschäfte. Die Nichtigkeitsfolge ist mit geltendem Recht in England nicht mehr vereinbar. Ein namens der Gesellschaft abgeschlossenes Rechtsgeschäft bleibt auch dann wirksam, wenn es vom Unternehmensgegenstand nicht gedeckt ist.[875] Eine derartige Überschreitung führt aber im Innenverhältnis zu einer Haftung gegenüber der Gesellschaft.

Einige Maßnahmen der Geschäftsführung sind an die vorherige Zustimmung der Gesellschafterversammlung gebunden, so etwa die Gewährung einer zusätzlichen Abfindungszahlung an einen ausscheidenden *director*[876] oder der Abschluss eines Dienst- bzw Anstellungsvertrages namens der Gesellschaft auf der einen und sich selbst auf der anderen Seite mit einer Laufzeit von über fünf Jahren.[877] In letzterem Fall führt die fehlende Zustimmung nur zu einem Kündigungsrecht der Gesellschaft.

Weiterhin ist es einem *director* untersagt, **Gegenstände von bedeutendem Wert** von der Gesellschaft zu erwerben oder an diese zu veräußern.[878] Ein Gegenstand ist dabei von bedeutendem Wert, wenn (i) er zwischen **2 000 GBP** und **100 000 GBP** liegt und (ii) dieser Betrag **10 % des Gesellschaftsvermögens**, wie es sich aus der letzten Bilanz der Gesellschaft ergibt, überschreitet. Gegenstände mit einem Wert von **mehr als 100 000 GBP** sind im Sinne dieser Vorschrift **immer** von bedeutendem Wert, ohne dass es auf das Verhältnis des jeweiligen Gegenstandes zum gesamten Gesellschaftsvermögen ankäme. Auch darf sich kein *director* von der Gesellschaft ein **Darlehen** gewähren lassen.[879]

ee) Pflichten der Geschäftsführung

Der Direktor einer Limited ist nicht nur **Vertreter** der Gesellschaft, sondern auch **treuhänderischer Verwalter** des Gesellschaftsvermögens. Neben den Pflichten aus seinem Dienstvertrag hat der Direktor aufgrund seiner Stellung Pflichten zu erfüllen, die sich als unmittelbare Zuweisung aus dem Gesetz ergeben.

---

873 Vgl Companies (Table A to F) Regulations 1985, Table A, Art. 70.
874 Vgl Ziffer 303 (1) CA 1985.
875 Vgl Ziffern 35, 35A CA 1985.
876 Vgl Ziffer 312 CA 1985.
877 Vgl Ziffer 319 CA 1985.
878 Vgl Ziffer 320 CA 1985.
879 Vgl Ziffer 330 CA 1985.

§ 8 Internationales Gesellschaftsrecht

(1) Allgemeine Verantwortungsbereiche

529 Die **Hauptverantwortlichkeiten** der Direktoren liegen darin, die Geschäfte der Gesellschaft zu führen, soweit dies nicht ausschließlich anderen Personen zugewiesen ist, und die Gesellschaft nach außen zu vertreten.[880] Der Direktor ist weiterhin verantwortlich für die **Buchführung** der Gesellschaft und für die **Aufstellung des Jahresabschlusses**.[881] Im Zusammenhang mit der Vorlage des Jahresabschlusses ist der Direktor auch verpflichtet, der Gesellschafterversammlung jährlich einen **Geschäftsbericht**, den *directors' report*, über das jeweils vergangene Geschäftsjahr vorzulegen.[882]

530 Der Direktor einer Limited hat umfassendere **Mitteilungspflichten** als der Geschäftsführer einer deutschen GmbH. Er muss dem *Companies House* zunächst jährlich einen *annual return* vorlegen. Der *annual return* gibt einen Überblick über den **gesellschaftsrechtlichen Status** der Gesellschaft und muss u.a. Angaben über den Firmensitz, die Gesellschaftsform, die Art der Geschäftstätigkeit und das ausgegebene Stammkapital (*issued capital*) sowie Namen und Adressen der Gesellschafter, der Direktoren und des *company secretary* enthalten.[883] Der Direktor ist verpflichtet, den Jahresbericht spätestens 28 Tage nach dem Jahrestag der Gründung der Gesellschaft oder dem Jahrestag der vorjährigen Einreichung einzureichen.[884] Werden die Jahresberichte nicht rechtzeitig abgegeben, können sowohl der Gesellschaft als auch den Direktoren und dem *company secretary* ein Bußgeld auferlegt werden.[885] Bei fortgesetzten Verstößen kann ein Direktor auch seines Amtes enthoben werden.[886]

Hinweis: In der Praxis wird die Einreichung der Jahresberichte dadurch vereinfacht, dass der Gesellschaft vom *Companies House* ein auf dem **Formblatt 363s** vorgefertigter *annual return* zugeleitet wird, den die Direktoren bzw der *company secretary* nur noch auf Richtigkeit und Vollständigkeit zu prüfen haben und an das *Companies House* zurücksenden.

Neben dem Jahresbericht müssen die Direktoren innerhalb von zehn Monaten nach Ablauf jeden Geschäftsjahres den **Jahresabschluss** zum *Companies House* einreichen.[887]

531 Neben diesen Publizitätspflichten haben die Direktoren außerdem jeden Wechsel auf der Ebene der Geschäftsführung oder bei der Person des *company secretary* und einen etwaigen Wechsel des Gesellschaftssitzes dem *Companies House* innerhalb von 14 Tagen unter Verwendung entsprechender Formblätter mitzuteilen.[888]

(2) Treuepflichten

532 Neben den kodifizierten Verpflichtungen unterliegen die Direktoren einer Limited einer Reihe ungeschriebener **Treue- und Sorgfaltspflichten**, die dem *common law* entstammen. Die ungeschriebenen Verpflichtungen der Direktoren einer Limited sind richterrechtlich weiterentwickelt und präzisiert worden. Aus diesen Pflichten sind die Direktoren grundsätzlich nur der Gesellschaft, nicht den Gesellschaftern, verpflichtet.[889]

533 Die **Treuepflichten** der *directors*, die sogenannten *fiduciary duties*, konkretisieren sich in verschiedenen Handlungsmaximen. Als Grundmaxime sind die Direktoren gehalten, die ihnen übertragenen Befugnisse stets **redlich und in gutem Glauben** auszuüben. Dies verpflichtet sie zum einem, nur im Rahmen der ihnen eingeräumten Befugnisse zu handeln, und zum anderen, stets im Interesse der Gesellschaft zu handeln und die Interessen der Gesellschaft über die eigenen zu stellen. Ein *director*

---

880 Vgl Ziffern 35, 35A CA 1985.
881 Vgl Ziffern 222, 226 CA 1985.
882 Vgl Ziffer 234 CA 1985.
883 Vgl Ziffern 364, 364A CA 1985.
884 Vgl Ziffer 363 CA 1985.
885 Vgl Ziffer 363 (3), (4) CA 1985.
886 Vgl Ziffer 3 CDDA 1986.
887 Vgl Ziffer 244 (1) (a) CA 1985.
888 Vgl Formblatt 288a, 288b, 287.
889 Eine direkte Haftung der Direktoren gegenüber Dritten oder einzelnen Gesellschaftern kommt deshalb in der Regel nicht in Betracht; vgl Percival v. Wright (1902) 2 Ch. 421.

kann bereits dann haftbar gemacht werden, wenn er die Interessen der Gesellschaft bei einer Entscheidung **auch nur fahrlässig** außer Acht gelassen hat.[890]

Ein Teil der sich aus den allgemeinen Treuepflichten ergebenden Einzelverpflichtungen hat wiederum als sogenannte fair dealing-**Pflichten** Eingang ins Gesetz gefunden. So darf ein *director* eine **Abfindungszahlung** bei seinem Ausscheiden (etwa infolge einer Übernahme) erst nach Offenlegung gegenüber den Gesellschaftern annehmen.[891] Weiterhin sind die Direktoren verpflichtet, etwaige **Konflikte** zwischen dem **Gesellschaftsinteresse** und ihren **Eigeninteressen** der Gesellschaft offenzulegen.[892] Für alle Geschäfte, die ein Direktor mit der Gesellschaft abzuschließen gedenkt, muss er das Einverständnis der Gesellschafterversammlung einholen.[893] Sofern die Direktoren oder ihre direkten Angehörigen Anteile an der Gesellschaft oder von der Gesellschaft ausgegebene **Schuldverschreibungen** halten, müssen sie dies publik machen.[894] 534

Neben den allgemeinen Treuepflichten unterliegen die Direktoren auch bestimmten **Sorgfaltspflichten**. Maßstab für die Sorgfaltspflicht ist die Sorgfalt, die man objektiv von einem Geschäftsführer mit den besonderen persönlichen Fähigkeiten und Kenntnissen des betroffenen Direktors erwarten kann.[895] Dieser Maßstab ist bindend, eine **Reduzierung des Sorgfaltsmaßstabs** in den *articles of association* oder durch Individualvereinbarung mit den Gesellschaftern ist **unzulässig**.[896] 535

Hinweis: Um den vielschichtigen Pflichtenkatalog der Direktoren für alle Beteiligten besser handhabbar zu gestalten, sieht der *Company Law Reform Bill* vor, alle Verpflichtungen der Direktoren zu kodifizieren und dem *Companies Act* als Anhang beizufügen. Das verbessert sicherlich die Übersichtlichkeit, wird den Einzelnen aber dennoch nicht von der Verpflichtung entheben, die Entstehung neuer oder modifizierter Verpflichtungen im Wege der allgemeinen Rechtsfortbildung im Auge zu behalten.

b) Gesellschafterversammlung (General Meeting)

Die Gesellschafterversammlung ist das **oberste Willensbildungsorgan** der Gesellschaft. Nach englischem Gesellschaftsrecht muss mindestens einmal jährlich eine **ordentliche Gesellschafterversammlung**, das annual general meeting, stattfinden,[897] sofern die Gesellschafter nicht durch eine *elective resolution* einstimmig auf die Durchführung von ordentlichen Gesellschafterversammlungen verzichtet haben.[898] Die ordentliche Gesellschafterversammlung beschließt über die **Feststellung des Jahresabschlusses** und die **Gewinnverwendung** sowie über die Bestellung der Abschlussprüfer für das jeweils folgende Geschäftsjahr. Darüber hinaus nimmt die Gesellschafterversammlung den Lagebericht der Geschäftsführung der Gesellschaft über das abgeschlossene Geschäftsjahr, den *directors' report*, entgegen. 536

Neben ordentlichen Gesellschafterversammlungen können die *directors* bei Bedarf **außerordentliche Gesellschafterversammlungen** einberufen. Die Einberufung von *extraordinary general meetings* kann auch von den Gesellschaftern verlangt werden.[899] 537

aa) Einberufung von Gesellschafterversammlungen

Zu den Gesellschafterversammlungen sind die Gesellschafter schriftlich zu laden.[900] 538

Die **Einberufungsfrist** beträgt bei ordentlichen Gesellschafterversammlungen und bei außerordentlichen Gesellschafterversammlungen, bei denen im Wege einer *special resolution* oder einer *elective*

---

890 Vgl Re W & M Roith Ltd (1967) 1 W.L.R. 432.
891 Vgl Ziffer 314 CA 1985.
892 Vgl Ziffer 317 CA 1985.
893 Vgl Ziffer 320 CA 1985.
894 Vgl Ziffern 324, 325 CA 1985.
895 Vgl Norman v. Theodore Goddard (1991) BCLC 1027.
896 Vgl Ziffer 310 CA 1985.
897 Vgl Ziffer 366 CA 1985.
898 Vgl Ziffer 379 CA 1985.
899 Vgl zu den Einberufungsrechten der Gesellschafter sogleich unter Rn 558 ff.
900 Vgl Ziffer 369 CA 1985.

resolution entschieden werden soll,[901] nach der gesetzlichen Regelung **21 Tage**,[902] ansonsten reichen **14 Tage** aus.[903] Die Gesellschafter können auf die Einhaltung dieser Einberufungsfristen jedoch verzichten.[904]

Hinweis: Zu beachten ist, dass bei der Fristberechnung nach englischem Recht weder der Tag der Zustellung der Einberufung beim Gesellschafter noch der Tag der Gesellschafterversammlung berücksichtigt werden.[905]

539 In der Einberufung sind neben dem genauen **Ort** und der **Zeit** der Versammlung die abzuhandelnden **Tagesordnungspunkte** aufzuführen. Beschlussvorlagen, über die im Wege einer *extraordinary resolution* oder einer *special resolution* entschieden werden muss, sind in der Einberufung im Wortlaut mitzuteilen.[906] Darüber hinaus werden die Geschäftsführung und der *company secretary* die vorgenannten Beschlussvorlagen zumeist in einem Begleitschreiben, dem *circular*, erläutern.[907] Gesetzlich vorgeschrieben ist die Erstellung eines *circular* allerdings nicht. Gesellschafter, die mindestens 5 % des eingezahlten Stammkapitals der Limited halten, können von den Direktoren die Versendung ihrer Beschlussvorschläge verlangen.[908]

bb) Durchführung von Gesellschafterversammlungen

540 Die **Beschlussfähigkeit** der Gesellschafterversammlung richtet sich grundsätzlich nach den Regelungen in den *articles of association*. In den *Table A articles of association* ist insoweit festgesetzt, dass die Gesellschafterversammlung beschlussfähig ist, wenn mindestens **zwei Gesellschafter** anwesend oder rechtswirksam vertreten sind.[909] Zumindest bei einer Einpersonengesellschaft sollte diese Regelung modifiziert werden.

541 Zur Fassung der Gesellschafterbeschlüsse sehen die *Table A articles of association* vor, dass durch Handaufheben abgestimmt wird, wobei jeder Gesellschafter nur **eine Stimme** haben soll, unabhängig davon, wie hoch seine Beteiligung am Stammkapital der Gesellschaft ist.[910] Diese Regelung ist für das deutsche Rechtsverständnis ungewohnt und sollte dahingehend abgeändert werden, dass die Gesellschafter **nach Kapitalanteilen** abstimmen. Nach den *Table A articles of association* steht dem **Versammlungsleiter**, dem *chairman*, bei Stimmengleichheit **eine zusätzliche Stimme** zu.[911] Inwieweit eine solche Regelung sinnvoll ist, müssen die Gesellschafter jeder Limited für sich entscheiden.

542 Gesellschafterbeschlüsse werden grundsätzlich **mit einfacher Mehrheit** gefasst (*ordinary resolutions*), sofern nicht das Gesetz oder die *articles of association* eine höhere Mehrheit vorschreiben. Das englische Gesellschaftsrecht sieht eine **Dreiviertelmehrheit** der abgegebenen Stimmen bei der Fassung sogenannter special resolutions vor, wie dies etwa Änderungen des *memorandum of association* odes der *articles of association* oder die Beschlussfassung über den Ausschluss eines Bezugsrechts sind.[912]

543 Weiterhin kennt das englische Recht extraordinary resolutions, die ebenso eine **Dreiviertelmehrheit** der abgegebenen Stimmen der Gesellschafter erfordern.[913] Die Fälle, in denen *extraordinary resolutions* gefasst werden müssen, ergeben sich im Einzelnen aus dem Gesetz. Es handelt sich aber um ausgesprochene Ausnahmefälle.

---

901 Vgl hierzu sogleich unter Rn 542 ff.
902 Vgl Ziffern 369, 378 CA 1985.
903 Vgl Ziffer 369 (1) (b) (ii) CA 1985.
904 Vgl Ziffer 369 (3), (4) CA 1985.
905 Vgl auch *Just*, aaO, Rn 102.
906 Vgl Ziffer 378 CA 1985.
907 Vgl *Kasolowsky*, in: Hirte/Bücker, aaO, § 4 Rn 59.
908 Vgl Ziffer 376 CA 1985.
909 Vgl Companies (Table A-F) Regulations 1985, Table A, Art. 40.
910 Vgl Companies (Table A-F) Regulations 1985, Table A, Art. 54.
911 Vgl Companies (Table A-F) Regulations 1985, Table A, Art. 50.
912 Vgl Ziffer 378 (2) CA 1985.
913 Vgl Ziffer 378 (1) CA 1985.

D. „Scheinauslandsgesellschaften" mit Sitz in Deutschland

Als letzte Form des Sonderbeschlusses wäre noch die elective resolution zu nennen, die nur **einstimmig von allen Gesellschaftern** gefasst werden kann, und die es den Gesellschaftern ermöglicht, die Anwendung bestimmter gesetzlicher Regelungen auf die Gesellschaft abzubedingen.[914] Dies gilt für die **Abhaltung ordentlicher Gesellschafterversammlungen** oder die **jährliche Bestellung des Abschlussprüfers**.[915] Soweit relevant, werden gesetzliche Regelungen, die Gegenstand einer *elective resolution* sein können, im Sachzusammenhang behandelt.

Jede Gesellschafterversammlung ist zu protokollieren, das Protokoll ist vom Versammlungsleiter zu unterschreiben.[916] Darüber hinaus sind Kopien aller *special resolutions, extraordinary resolutions* und *elective resolutions* binnen 15 Tagen nach der Beschlussfassung beim *Companies House* einzureichen. Kopien von *ordinary resolutions* sind nur zum *Companies House* einzureichen, wenn sie Kapitalerhöhungen,[917] Ermächtigungen zur Ausgabe von Geschäftsanteilen[918] oder den Widerruf einer *elective resolution* betreffen.[919]

Die Gesellschafter haben nach englischem Recht die Möglichkeit, Beschlüsse außerhalb von Gesellschafterversammlungen im **schriftlichen Umlaufverfahren**, der sogenannten circulation procedure, zu fassen. Ein solcher Beschluss ist aber nur dann wirksam, wenn er von allen Gesellschaftern der Limited unterzeichnet worden ist.[920]

c) Der Company Secretary

Der *company secretary* ist verantwortlich für die **Führung der Verzeichnisse** bei einer Limited und die **Erfüllung der Mitteilungspflichten** gegenüber dem *Companies House*. Eine Limited muss nach englischem Recht u.a. folgende Verzeichnisse und Unterlagen am satzungsmäßigen Sitz aufbewahren und, soweit erforderlich, aktualisieren:

- Verzeichnis der Gesellschafter (einschließlich etwaiger Anteilsverkäufe),[921]
- Protokollbuch der Gesellschafterversammlungen,[922]
- Verzeichnis der Direktoren und des *company secretary* mit Angabe ihrer Namen, ihres Geburtsdatums, ihrer Adressen, ihrer Staatsangehörigkeit, ihres Berufs und einer Auflistung etwaiger sonstiger Geschäftsführungspositionen,[923]
- Auflistung des ausgegebenen Kapitals, der Geschäftsanteile und der von Direktoren gehaltenen Geschäftsanteilen bzw der diesen gewährten Darlehen,[924]
- Auflistung der Sicherheiten und Belastungen – sogenannter *charges* – die am Vermögen der Gesellschaft bestellt worden sind, und Abschrift der entsprechenden Verträge,[925]
- Abschrift der Dienst- bzw Anstellungsverträge der Direktoren,[926]
- Verzeichnis aller Inhaber von Schuldverschreibungen der Gesellschaft und Auflistung der Schuldverschreibungen, die von Direktoren gehalten werden.[927]

Darüber hinaus unterliegt ein *company secretary* den gleichen Mitteilungspflichten gegenüber dem *Companies House* wie ein *director*.[928] Tatsächlich werden die Mitteilungen zumeist vom *company secretary* allein vorgenommen. Der Direktor haftet aber neben dem *company secretary* für die Erfül-

---

914 Vgl Ziffer 379A CA 1985.
915 Vgl Ziffern 366A, 379A CA 1985.
916 Vgl Ziffer 380 CA 1985.
917 Vgl Ziffer 123 CA 1985.
918 Vgl Ziffer 80 CA 1985.
919 Vgl Ziffer 380 CA 1985.
920 Vgl Ziffer 381A CA 1985.
921 Vgl Ziffer 352 CA 1985.
922 Vgl Ziffern 382, 383 CA 1985.
923 Vgl Ziffern 288, 289 (1) CA 1985.
924 Vgl Ziffern 324, 325 CA 1985.
925 Vgl Ziffern 406, 407 CA 1985.
926 Vgl Ziffer 318 CA 1985.
927 Vgl Ziffer 190 CA 1985.
928 Vgl hierzu zuvor unter Rn 530.

lung der Mitteilungspflichten. Neben diesen Aufgaben sind dem *company secretary* häufig **weitere Verwaltungstätigkeiten** übertragen, wie die Protokollführung in Gesellschafterversammlungen.

549 Der *company secretary* ist ein **Pflichtorgan** der Limited, dh eine Limited kann ohne Benennung eines *company secretary* nicht wirksam gegründet werden.[929] Der *company secretary* wird von den Direktoren bestellt und von diesen auch wieder abberufen.[930] Die *articles of association* können diese Kompetenzen aber auch der Gesellschafterversammlung übertragen. Die **Abberufung** eines *company secretary* ist jederzeit möglich, ohne dass es hierzu eines besonderen Grundes bedürfte.

550 Im Unterschied zur *public limited company*, wo die Position des *company secretary* nur von einem Rechtsanwalt oder Wirtschaftsprüfer wahrgenommen werden darf, stellt das Gesetz bei der Limited keine Anforderungen an die Qualifikation des *company secretary*. Sind in einer Gesellschaft mehrere Direktoren bestellt, kann einer der Direktoren nebenbei auch die Funktion des *company secretary* übernehmen.[931]

Hinweis: In Großbritannien bieten Rechtsanwälte und spezialisierte Dienstleistungsunternehmen an, gegen eine Verwaltungsgebühr die Funktion des *company secretary* zu übernehmen. Da mit der Übernahme dieser Funktion häufig auch die Bereitstellung des *registered office* einhergeht, kann dies für Gesellschaften mit Verwaltungssitz außerhalb Großbritanniens, die den allgemeinen Publizitätsvorschriften und den Mitteilungspflichten zum *Companies House* dennoch entsprechen müssen, interessant sein.[932]

Der *Company Law Reform Bill* sieht vor, das Erfordernis der Bestellung eines *company secretary* für Limiteds abzuschaffen. Dessen Aufgaben entfallen dadurch jedoch nicht, sondern sind sodann vom Direktor wahrzunehmen. Die Möglichkeit, einen *company secretary* zu bestellen, wird aber erhalten bleiben.[933]

4. Mitgliedschaft

a) Erwerb der Gesellschafterstellung

aa) Zeichnung von Geschäftsanteilen

551 Die **Gründungsgesellschafter** erwerben ihre Geschäftsanteile an der Gesellschaft mit der Entstehung der Gesellschaft durch Ausstellung des *certificate of incorporation*. Ein weiterer Fall des originären Erwerbs von Geschäftsanteilen ist die **Ausgabe neuer Geschäftsanteile** durch das *board of directors*. Zur Ausgabe neuer Geschäftsanteile gibt es nach englischem Recht zwei Möglichkeiten, die mit der Unterscheidung zwischen *authorised share capital* und *issued share capital* nach englischem Recht zusammenhängen.[934] Unabhängig von der Art der Kapitalerhöhung erwerben die Gesellschafter die Geschäftsanteile durch Eintragung der Übernahme der Geschäftsanteile durch die Gesellschafter in das bei der Limited geführte Gesellschafterverzeichnis.[935]

552 Sofern die Altgesellschafter bei einer Kapitalerhöhung von ihrem Bezugsrecht keinen Gebrauch machen oder ihr Bezugsrecht ausgeschlossen worden ist, erwerben die **neuen Gesellschafter** ihre Gesellschafterstellung durch Eintragung ihrer Namen in das Gesellschafterverzeichnis.[936] Die Ausstellung von *share certificates* im Namen der neuen Gesellschafter hat keine konstitutive Wirkung.

---

929 Vgl Ziffer 283 CA 1985.
930 Vgl Companies (Table A-F) Regulations 1985, Table A, Art. 99.
931 Vgl Ziffer 283 (2) CA 1985.
932 Ein derartiger Service oder zumindest die Vermittlung dieser Dienstleistungen wird häufig von Verkäufern von Vorratsgesellschaften bzw von den *formation agents* angeboten, deren Adressen sich nach Eingabe des Stichworts „Limited" oder „Ltd." in eine gängige Internet-Suchmaschine problemlos finden lassen.
933 Vgl bzw Final Report, Volume I, 4.6, 4.7.
934 Vgl zur Kapitalerhöhung sogleich unter Rn 595 ff.
935 Vgl Ziffer 22 (2) CA 1985.
936 Vgl Ziffer 22 (2) CA 1985.

bb) Übertragung von Geschäftsanteilen

Die Aufnahme neuer Gesellschafter kann auch durch **Veräußerung eines Geschäftsanteils** durch einen Gesellschafter erfolgen. Hierzu müssen Veräußerer und Erwerber eine stock transfer form ausfüllen, die bei sogenannten *law stationers* erhältlich ist,[937] und die ausgefüllte *stock transfer form* zusammen mit den *share certificates*, die für die zu übertragenden Geschäftsanteile ausgestellt worden sind, an die Gesellschaft schicken. Die Direktoren sind für die Eintragung des neuen Gesellschafters in das **Gesellschaftsregister** verantwortlich, dürfen diese aber nur versagen, wenn sie in den *articles of association* explizit dazu ermächtigt worden sind.[938] Mit der Eintragung seiner Person in das Gesellschaftsregister wird der Erwerber Gesellschafter. Die Ausstellung der neuen *share certificates* hat keine konstitutive Wirkung.

553

Hinweis: Die Übertragung eines Geschäftsanteils an einer Limited unterliegt nach englischem Recht nicht der notariellen Beurkundung, wohl aber einer sogenannten *stamp duty* in Höhe von 0,5 % des für den Anteil zu entrichtenden Kaufpreises.

Darüber hinaus kann ein Geschäftsanteil auch durch **Gesamtrechtsnachfolge** erworben werden, etwa im Erbfall. Die *articles of association* können Erben verpflichten, ihre Geschäftsanteile an die übrigen Gesellschafter oder einen Dritten zu veräußern, wenn die übrigen Gesellschafter keine neuen Mitgesellschafter wünschen.

554

b) Rechte und Pflichten der Gesellschafter

Die Mitgliedschaft in einer Limited begründet für die Gesellschafter **subjektive Rechte und Pflichten**, die durch das englische Recht und die *articles of association* begründet und ausgestaltet werden. Die subjektiven Rechte werden bei Begründung der Mitgliedschaft erworben. Sie können ohne Zustimmung der jeweils betroffenen Gesellschafter nicht entzogen oder gemindert werden und bleiben den Gesellschaftern bis zu ihrem Ausscheiden oder der Liquidation der Gesellschaft erhalten.

555

aa) Rechte der Gesellschafter

Wie bei der deutschen GmbH ist auch bei der Limited zwischen den **Verwaltungsrechten** und den **Vermögensrechten** der Gesellschafter zu unterscheiden. Der Übersichtlichkeit halber werden die Klagerechte der Gesellschafter, die strukturell eigentlich zu den Verwaltungsrechten gehören, in einem eigenen Abschnitt behandelt.

556

(1) Verwaltungsrechte

Die wichtigsten Verwaltungsrechte der Gesellschafter sind das Recht auf **Teilnahme an den Gesellschafterversammlungen**, den *shareholders' meetings*, und das **Stimmrecht** auf diesen Gesellschafterversammlungen. Nach den Regelungen der *Table A articles of association* hat jeder Gesellschafter bei einer Abstimmung **eine Stimme**, unabhängig von der Höhe seiner Beteiligung am Kapital der Gesellschaft.[939] Nach englischem Recht kann aber die **Abstimmung nach Geschäftsanteilen** verlangt werden.[940] Soweit nach Geschäftsanteilen abgestimmt wird, kann jeder Gesellschafter sein Stimmrecht durch einen selbst gewählten Vertreter, einen *proxy*, ausüben lassen.[941]

557

Die Gesellschafter haben das Recht, die Einberufung von extraordinary general meetings zu verlangen, solange die Antragsteller gemeinsam **mindestens 10 % des eingezahlten Stammkapitals** halten.[942] In diesem Fall sind die *directors* verpflichtet, spätestens 21 Tage nach Eingang des entsprechenden begründeten Antrags am *registered office* der Gesellschaft eine außerordentliche Gesellschafterversammlung einzuberufen, die spätestens 28 Tage nach der Einberufung stattfinden muss.

558

---

937 Vgl *Kasolowsky*, in Hirte/Bücker, aaO, § 4 Rn 91.
938 Vgl *Just*, aaO, S. 25.
939 Vgl Companies (Table A-F) Regulations 1985, Table A, Art. 54.
940 Vgl Ziffer 373 CA 1985.
941 Vgl Ziffer 372 CA 1985.
942 Vgl Ziffern 368 (1), (2), 370 (1), (3) CA 1985.

559 Außerordentliche Gesellschafterversammlungen können auch **auf Antrag eines Gesellschafters** durch den *Secretary of State* einberufen werden.[943] Schließlich können sich die Gesellschafter auch an die Gerichte wenden, um die Einberufung einer Gesellschafterversammlung zu erzwingen. Dies setzt voraus, dass die Gerichte dies zur Lösung dringlicher Fragen im Interesse der Gesellschaft für nötig befinden.[944]

560 Die Gesellschafter sind zu den Gesellschafterversammlungen ordnungsgemäß zu laden.[945] Jeder Gesellschafter, der mindestens 5 % am eingezahlten Stammkapital der Gesellschaft hält, hat das Recht, einen Tagesordnungspunkt auf die Agenda setzen zu lassen und von den Direktoren zu verlangen, dass sie seine Stellungnahmen zu bestimmten Tagesordnungspunkten an die übrigen Gesellschafter weiterleiten.[946]

561 Weiterhin kommen den Gesellschaftern umfassende **Informationsrechte** zu. So sind sie zunächst berechtigt, Einsicht in die **Gesellschaftsunterlagen** zu nehmen.[947] Darüber hinaus können sie bei den ordentlichen Gesellschafterversammlungen Fragen an die Direktoren stellen und die Vorlage des **Jahresabschlusses** verlangen.[948] Sollte die Gesellschafterversammlung eine *elective resolution* dahingehend gefasst haben, dass keine ordentlichen Gesellschafterversammlungen mehr abgehalten werden sollen, kann jeder Gesellschafter bei der Gesellschaft beantragen, dass dennoch eine ordentliche Gesellschafterversammlung abzuhalten ist. Dem Antrag ist zu entsprechen.[949]

(2) Vermögensrechte

562 Neben den Verwaltungsrechten stehen dem Gesellschafter einer Limited auch Vermögensrechte zu. Das wichtigste Vermögensrecht ist der Anspruch auf **Teilhabe am Bilanzgewinn** der Gesellschaft. Eine Ausschüttung an die Gesellschafter darf nach englischem Recht nur erfolgen, wenn die Gesellschaft tatsächlich einen Gewinn erwirtschaftet hat.[950] Werden entgegen der genannten Regel Beträge an die Gesellschafter ausgeschüttet, obwohl ein distributable profit nicht vorliegt, sind die begünstigten Gesellschafter der Gesellschaft gegebenenfalls rückzahlungspflichtig.[951]

563 Weiterhin steht den Gesellschaftern ein Recht auf **Teilhabe am Liquidationserlös** der Gesellschaft und ein Recht auf **Abfindung** beim Ausscheiden aus der Limited zu.[952] Schließlich haben die Gesellschafter ein **Bezugsrecht** auf von der Gesellschaft begebene neue Geschäftsanteile,[953] das ihnen aber entzogen werden kann.[954]

(3) Klagerechte der Gesellschafter

564 Die Verfolgung von Ansprüchen der Gesellschaft gegen die Geschäftsführung obliegt nach englischem Recht grundsätzlich der Gesellschaft selbst. Seit der Grundsatzentscheidung Foss v. Harbottle[955] gehen die englischen Gerichte davon aus, dass ein Anspruch der Gesellschaft nur in Ausnahmefällen von einzelnen Gesellschaftern geltend gemacht werden kann. Soweit Geschäftsführungsmaßnahmen von der Mehrheit der Gesellschafterversammlung genehmigt werden, sind sie kaum angreifbar. Die Überprüfung solcher Maßnahmen versuchen die Gerichte, soweit möglich, zu vermeiden.[956]

---

943 Vgl Ziffer 367 CA 1985.
944 Vgl Ziffer 371 CA 1985.
945 Vgl hierzu Rn 538 f.
946 Vgl Ziffer 176 CA 1985.
947 Vgl Cooper v. The Premier Trust (1945) OR 35.
948 Vgl Ziffern 366, 238 CA 1985.
949 Vgl *Stamp/Dawson/Elliott*, Practical Company Law and Corporate Transactions, 2004, Ch. 6.11.3.
950 Vgl Ziffer 263 CA 1985.
951 Vgl Ziffer 277 (1) CA 1985.
952 Vgl Ziffern 459, 461 CA 1985.
953 Vgl Ziffer 89 CA 1985.
954 Vgl Ziffern 91, 95 CA 1985.
955 Vgl Foss v. Harbottle (1843) 2 Hare 461, 67 ER 189.
956 Vgl *Just*, aaO, S. 34, FN 209, der einen sehr plastischen Nachweis dieser Überzeugung der britischen Gerichte aus der Entscheidung Carlen v. Drury (1812) zitiert: „This court is not to be required on every occasion to take the management of every playhouse and brewhouse in the kingdom."..

D. „Scheinauslandsgesellschaften" mit Sitz in Deutschland

Dennoch gibt es auch in England die Möglichkeit der *actio pro socio*, also der Klage eines Gesellschafters im Namen der Gesellschaft, in England als derivative action bezeichnet. Allerdings ist der einzelne Gesellschafter gehalten, zunächst das Gericht von seiner Antragsbefugnis zu überzeugen, die anerkannt wird, wenn die angegriffenen Geschäftsführungsmaßnahmen, die von der Mehrheit der Gesellschafterversammlung mitgetragen werden, einseitig zu Lasten des klagenden Gesellschafters oder der klagenden Gesellschaftergruppe gehen *(fraud on the minority)*[957] und eine Klageerhebung durch die Gesellschafterversammlung nicht durchsetzbar ist, weil die Personen, gegen die sich die Klage richtet, die Mehrheit der Anteile halten.[958] Aufgrund der hohen Anforderungen ist eine solche Klage nur selten erfolgreich.

Einfacher für den Gesellschafter ist die **Durchsetzung eigener Rechtsansprüche**. So können Gesellschafter gerichtlich geltend machen, dass die Gesellschaft in einer Art und Weise geleitet wird, die zu einer einseitigen Benachteiligung *(unfair prejudice)* der klagenden Gesellschafter führt.[959] In den meisten Fällen geht der klägerische Antrag auf die Verpflichtung der Gesellschaft oder der übrigen Gesellschafter zum **Erwerb der Geschäftsanteile** des klagenden Gesellschafters zum Marktwert.[960]

Darüber hinaus kann ein Gesellschafter auch gerichtlich beantragen, die Gesellschaft auflösen zu lassen, sofern er ein berechtigtes Interesse an der **Auflösung der Gesellschaft** nachweisen kann.[961] Diesen Weg wird ein Gesellschafter nur gehen, wenn er ansonsten nicht mehr daran glaubt, das eingelegte Kapital zurückzuerhalten.

bb) Pflichten der Gesellschafter

Die Hauptpflicht der Gesellschafter liegt in der Erbringung ihrer **Kapitaleinlage**. Im Unterschied zum deutschen Recht kann die Einlage auf nahezu beliebige Art und Weise erbracht werden.[962] Erbringt ein Gesellschafter seine Kapitaleinlage trotz Aufforderung nicht, so sehen die *Table A articles of association* ein **Einziehungsrecht** vor.[963] Der Eingezogene bleibt dann weiterhin für die Zahlung der Kapitaleinlage haftbar.[964]

Grundsätzlich besteht eine **Rücksichtnahmepflicht** jedes Gesellschafters auf die Interessen der anderen Gesellschafter. Wird die Rücksichtnahmepflicht gegenüber einem Gesellschafter verletzt, hat letzterer die vorgenannten Klagerechte. Weitere Gesellschafterpflichten können sich aus den *articles of association* ergeben.

5. Finanzverfassung

Nach dem *CA 1985* hat jede Limited ein in Geschäftsanteile eingeteiltes **Stammkapital**. Im Unterschied zu den *public limited companies* sieht das englische Gesellschaftsrecht für die Limited **kein Mindestkapital** vor. Da eine Limited nach englischem Recht von einer einzigen Person gegründet werden kann und diese Person nur einen einzigen Geschäftsanteil übernehmen muss,[965] kann eine Limited theoretisch von einem Gesellschafter mit einem **Stammkapital von 1 Pence** gegründet werden.[966]

a) Stammkapital

aa) Authorised Share Capital und Issued Share Capital

Bei der Limited ist zwischen dem *authorised share capital* und dem *issued share capital* zu unterscheiden. Das **authorised share capital** bezeichnet den maximalen Nominalbetrag des Stammkapitals, für den die Gesellschaft Geschäftsanteile ausgeben darf. Die Bestimmung der Höhe des *authorised share*

---

957 Vgl *Kasolowsky*, in: Hirte/Bücker, aaO, § 4 Rn 74.
958 Vgl Pavlides v. Jensen (1956) CH. 565.
959 Vgl Ziffer 459 CA 1985.
960 Vgl Ziffer 461 (2) (d) CA 1985.
961 Vgl Ziffer 122 (1) (g) Insolvency Act 1986.
962 Vgl Ziffer 99 CA 1985.
963 Vgl Companies (Table A-F) Regulations 1985, Table A, Art. 19.
964 Vgl Companies (Table A-F) Regulations 1985, Table A, Art. 21.
965 Vgl Ziffern 1 (3A), 2 (5) (b) CA 1985.
966 Vgl *Just*, aaO, S. 53.

capital steht im Belieben der Gesellschafter. Das englische Recht verlangt keine dem jeweiligen Geschäft oder dem Geschäftsumfang angemessene Kapitalausstattung. Die Höhe des *authorised share capital* und der Nennbetrag der Geschäftsanteile muss im *memorandum of association* der Gesellschaft festgesetzt werden.[967] Das *authorised share capital* kann durch Gesellschafterbeschluss aber jederzeit erhöht werden.[968]

Hinweis: Im Rahmen der *Company Law Reform* ist beabsichtigt, die Verpflichtung der Gesellschafter zur Festsetzung eines *authorised share capital* im *memorandum of association* abzuschaffen. Kapitalerhöhungen sollen auf diese Art vereinfacht werden.

572 Das **issued share capital** stellt die Summe des Nominalkapitals dar, für das die Gesellschaft bereits Geschäftsanteile ausgegeben hat. Im Rahmen des *issued share capital* ist sodann zwischen dem Teil des Nominalkapitals zu unterscheiden, der entweder bereits eingezahlt oder dessen Zahlung von der Gesellschaft angefordert worden ist (*paid-up share capital* bzw *called share capital*), und dem Teil des Nominalkapitals, für den noch kein Zahlungsabruf erfolgt ist (*uncalled share capital*).

Hinweis: Das Nominalkapital einer Limited muss nicht zwingend auf Pfund Sterling lauten, sondern kann auch auf Euro oder eine andere Währung lauten.

bb) Klassen von Geschäftsanteilen

573 Nach englischem Recht ist es unproblematisch möglich, unterschiedliche **Anteilsgattungen** zu bilden, das heißt, verschiedene Gesellschafter unterschiedlich zu behandeln. Eine Differenzierung zwischen den verschiedenen *classes of shares* kann etwa beim Stimmrecht vorgenommen werden. So ist es möglich und insbesondere für familiengesteuerte Unternehmen auch interessant, eine bestimmte Anteilsgattung mit **höheren Stimmrechten** auszustatten als die anderen Geschäftsanteile. Auf diese Art und Weise ist es möglich, Kapital in die Gesellschaft zu holen, ohne die Kontrolle aufzugeben.[969] Auf der anderen Seite ist es auch möglich, etwaigen Investoren Geschäftsanteile anzubieten, die bei der Liquidation der Gesellschaft bevorzugt zurückgezahlt werden. Solche preferred liquidation rights reduzieren das Risiko der Investoren, den erbrachten Kapitaleinsatz bei einer Liquidation der Gesellschaft nicht mehr realisieren zu können.

574 Die Gesellschafter englischer Limiteds sind bei der Ausgestaltung der Anteilsgattungen relativ frei.[970] Sie sind vor allem nicht verpflichtet, die Ausgabe eines stimmrechtslosen Geschäftsanteils mit einem erhöhten Gewinnanteil oder einer festen Dividendenzahlung zu kompensieren, obwohl dies in der Praxis häufig der Fall sein wird. Die Rechte und Pflichten, die den verschiedenen Anteilsgattungen zuzuordnen sind, werden regelmäßig in den *articles of association* der Gesellschaft niedergelegt.

575 Im Wesentlichen lassen sich **Stammanteile**, sogenannte *ordinary shares*, von **Vorzugsanteilen**, sogenannten *preference shares*, unterscheiden. Innerhalb der *ordinary shares* können aber weiterhin verschiedene Gattungen, etwa *class A shares* und *class B shares*, gebildet werden, die unterschiedliche Rechte vermitteln. Die *preference shares* werden zumeist als stimmrechtslose Geschäftsanteile, sogenannte *non-voting shares*, ausgestaltet sein. Dies ist aber nicht zwingend. Bezüglich des Dividendenrechts werden *cumulative preference shares* von *non-cumulative preference shares* unterschieden. Während der jährliche Dividendenanspruch bei letzteren verfällt, wenn die Gesellschaft keinen ausreichenden Gewinn erwirtschaftet hat, vermitteln erstere einen festen Dividendenanspruch, der sich auf das Folgejahr überträgt, wenn die Gewinne in einem Jahr zur Befriedigung des Anspruchs nicht ausreichen.[971]

---

967 Vgl Ziffer 2 (5) (a) CA 1985.
968 Vgl Ziffer 121 CA 1985.
969 Vgl *Kasolowsky*, in: Hirte/Bücker, aaO, § 4 Rn 94.
970 Vgl *Lippe-Weißenfeld*, in: Römermann, aaO, Kapitel H Rn 24.
971 Vgl *Stamp/Dawson/Elliott*, aaO, S. 51.

Hinweis: Soweit die *articles of association* der Limited keine abweichende Regelung treffen, gelten *preference shares* grundsätzlich als *cumulative preference shares*.[972]

Eine im deutschen Gesellschaftsrecht unbekannte Anteilsgattung sind die **rückkaufbaren Geschäftsanteile**, die redeemable shares. Diese Geschäftsanteile haben die Besonderheit, dass die Gesellschaft sie zu einem bestimmten Zeitpunkt zurückkaufen kann bzw zurückkaufen muss.[973] *Redeemable shares* werden häufig ausgegeben, um den kurz- bis mittelfristigen Finanzierungsbedarf einer Gesellschaft zu decken. *Redeemable shares* werden in aller Regel als *preference shares* ausgegeben.

Hinweis: Die Rechte und Pflichten, die bestimmte Anteilsgattungen vermitteln, können nicht beliebig geändert werden. Jede Änderung erfordert entweder eine *extraordinary resolution* der Gesellschafter der jeweils betroffenen Anteilsgattung oder die schriftliche Zustimmung der betroffenen Gesellschafter mit einer 3/4-Mehrheit.[974] Es empfiehlt sich daher, etwaige Anteilsgattungen bereits bei Gründung der Gesellschaft zu bilden. Es ist auch möglich, Stammanteile als *convertible shares* zu emittieren, die vom Inhaber zu einem bestimmten Zeitpunkt in Stammanteile umgetauscht werden können.[975]

b) Kapitalaufbringung
aa) Ausgabe von Geschäftsanteilen gegen Kapitaleinlage

Aus dem Charakter der Limited als Kapitalgesellschaft ergibt sich, dass sie ein **Stammkapital** aufweisen muss. Die Einzahlung des Stammkapitals stellt dabei, wie nach deutschem Recht, die Hauptverpflichtung der Gesellschafter einer Kapitalgesellschaft dar. Entsprechend sieht der *CA 1985* vor, dass jeder Gesellschafter einer Limited zumindest einen Geschäftsanteil an der Gesellschaft übernehmen muss.[976]

Der Betrag der von jedem Gesellschafter auf das Stammkapital zu leistenden Einlage muss nicht in Pfund Sterling angegeben sein, sondern kann, gleich, ob er durch Bareinzahlung oder Sacheinlage zu erbringen ist, auch auf eine andere Währung lauten.[977] Die Gründungsgesellschafter dürfen die zu leistende Stammeinlage nicht unter dem Nominalwert des Geschäftsanteils, dem *par value*, ansetzen.[978] Eine **Unterpari-Emission** ist also, wie im deutschen Recht verboten. Hingegen bleibt es der Gesellschaft unbenommen, Geschäftsanteile zu einem Preis zu emittieren, der über ihrem Nominalwert liegt. Solche zusätzlichen Beitragsleistungen, im englischen Recht *share premium* genannt, gehören zum Gesellschaftsvermögen und sind zwingend auf ein besonderes *share premium account* zu buchen.[979]

Das *share premium account* unterliegt den englischen **Kapitalerhaltungsvorschriften** und darf grundsätzlich nicht an die Gesellschafter ausgeschüttet werden.[980] Vielmehr darf es nur zu den im *CA 1985* genannten Zwecken verwendet werden.[981] So ist etwa die Zahlung eines vereinbarten *share premium* im Zusammenhang mit dem Rückerwerb von *redeemable shares* aus dem *share premium account* zulässig.[982] Eine Verwendung der auf dem *share premium account* gebildeten Rücklagen zu einem anderen als den gesetzlich vorgesehenen Zwecken ist nur zulässig, wenn die Gesellschaft die strengen Vorschriften zur Kapitalherabsetzung einhält.[983]

Hinsichtlich der **Ausgabe von Geschäftsanteilen** wird im englischen Recht zwischen der **Zuteilung** des Geschäftsanteils und dessen **Ausgabe** an den Gesellschafter unterschieden. Die Zuteilung eines

---

972 Vgl Webb v. Earle (1875) 1 Ch 361.
973 Vgl Ziffer 159 (2) CA 1985.
974 Vgl Ziffer 125 (2) CA 1985.
975 Vgl *Stamp/Dawson/Elliott*, aaO, S. 53.
976 Vgl Ziffer 2 (5) (b) CA 1985.
977 Vgl Ziffer 738 (4) CA 1985.
978 Vgl Ziffer 100 CA 1985.
979 Vgl Ziffer 130 (1) CA 1985.
980 Vgl *Stamp/Dawson/Elliott*, aaO, S. 46.
981 Vgl Ziffer 130 (2) CA 1985.
982 Vgl Ziffer 160 (2) CA 1985.
983 Vgl Ziffer 130 (3) CA 1985; vgl zur Kapitalherabsetzung sogleich Rn 588 f.

Geschäftsanteil, das sogenannte *allotment*, wird von den Direktoren der Limited erklärt und gewährt dem Begünstigten ein Recht auf den Erwerb der zugeteilten Geschäftsanteile.[984] Als ausgegeben (*issued*) gilt ein Geschäftsanteil erst, wenn der Gesellschafter in das Gesellschaftsregister eingetragen wurde.[985] Die Eintragung wird durch den *company secretary* vorgenommen, der hierzu die Genehmigung der Direktoren der Gesellschaft einholen muss. Ab dem Zeitpunkt der Eintragung ist der Erwerber des Geschäftsanteils auch dann Gesellschafter, wenn er noch keine *share certificates* als Beleg seiner Gesellschafterstellung erhalten hat.[986]

581 Jeder Gesellschafter muss seine Bareinlage zu mindestens 25 % bei Übernahme des Geschäftsanteils erbringen.[987] Die Fälligkeit der ausstehenden Kapitaleinlagen kann bereits in den *articles of association* geregelt werden oder von einer Einforderung, einem sogenannten *call*, durch die Direktoren abhängig gemacht werden.[988]

Hinweis: Gibt die Gesellschaft Geschäftsanteile gegen Bareinzahlung aus, so ist die Ausgabe dem *Companies House* unter Verwendung des **Formblatts 88 (2)** innerhalb eines Monats mitzuteilen. Aus der Mitteilung muss dabei hervorgehen, in welcher Höhe die Kapitaleinlage geleistet wurde oder angefordert ist und welcher Betrag aussteht.

bb) Ausgabe von Geschäftsanteilen gegen Sacheinlage

582 Den Gründern einer Limited steht es nach englischem Recht frei, ihre Leistungen auf das Stammkapital der Gesellschaft in Form von Geld oder gegen **Sacheinlagen** (*money's worth*) zu erbringen.[989] Im englischen Recht ist der Begriff der Sacheinlage sehr weit gefasst. Nach den gesetzlichen Regelungen können Gegenstand einer Sacheinlage neben der Einbringung von **beweglichen** und **unbeweglichen Sachen** auch **vermögenswerte immaterielle Rechte** und sogar die **Zusicherung** der zukünftigen Übertragung von Vermögenswerten sein.[990] Darüber hinaus ist gerichtlich anerkannt, dass Gegenstand einer Sacheinlage auch die **Erbringung von Dienstleistungen** sein kann.[991] Weiterhin gelten die Bewertungsvorschriften für Sacheinlagen nach englischem Gesellschaftsrecht nicht für die Limited.[992] Vielmehr steht die Bewertung der einzubringenden Sacheinlagen im pflichtgemäßen Ermessen der Direktoren der Gesellschaft. Bei der Ausübung ihres Ermessens sind die Direktoren allerdings gehalten, im Interesse der Gesellschaft zu handeln und ihre Sorgfaltspflichten nicht zu vernachlässigen.[993]

583 Die einlagepflichtigen Gesellschafter können nur in Ausnahmefällen, etwa bei **evidenter Unterbewertung** einer Sacheinlage, gerichtlich gegen die Bewertung vorgehen.[994]

Hinweis: Die Ausgabe von Geschäftsanteilen gegen Sacheinlagen ist dem *Companies House* ebenfalls binnen eines Monats mitzuteilen. Neben dem **Formblatt 88 (2)** ist aber auch der Einbringungsvertrag vorzulegen. Liegt eine schriftliche Vereinbarung nicht vor, müssen die vertraglichen Vereinbarungen auf dem **Formblatt 88 (3)** niedergelegt werden und zum *Companies House* eingereicht werden. Nach englischem Recht ist die Einbringung von Sacheinlagen steuerpflichtig. Der Einbringungsvertrag bzw das Formblatt 88 (3) muss daher von den Finanzbehörden vor Einreichung zum *Companies House* gestempelt werden.

---

984 Vgl Ziffer 738 (1) CA 1985.
985 Vgl Ziffer 22 (2) CA 1985.
986 Vgl Ziffer 22 (2) CA 1985.
987 Vgl Ziffer 100 CA 1985.
988 Vgl Companies (Table A-F) Regulations 1985, Table A, Art. 12, 13.
989 Vgl Ziffer 99 (1) CA 1985.
990 Vgl Ziffer 99 CA 1985.
991 Vgl Gardner v. Iredale (1912) 19 Mans 245.
992 Vgl zu den Bewertungsvorschriften bei der *plc* Ziffern 103–111 CA 1985.
993 Vgl Park Business Interiors Ltd. v. Park (1992) BCLC 1034; Tintin Exploration Syndicate v. Sandys (1947) 177 LT 412.
994 Vgl Re Wragg (1897) 1 Ch 796; Park Business Interiors Ltd. v. Park (1992) BCLC 1034.

c) Kapitalerhaltung

Auch im englischen Recht wird im Interesse der Gesellschaft und ihrer Gläubiger das Gesellschaftsvermögen vor Zugriffen der Gesellschafter geschützt. Die Gläubiger sollen sich darauf verlassen können, dass das Kapital, das der Gesellschaft zur Verfügung gestellt worden ist, nicht an die Gesellschafter zurückgeführt wurde. Diese Garantiefunktion kann das Stammkapital einer Limited aber nur erfüllen, wenn die Gesellschaft ihrem Geschäftsvolumen gemäß mit Eigenkapital ausgestattet worden ist. Steht der Gesellschaft hingegen nur ein minimales Stammkapital zur Verfügung, so laufen die Kapitalerhaltungsregeln nach englischem Recht letztlich leer.

aa) Verbot der Financial Assistance beim Kauf von Geschäftsanteilen der Gesellschaft

Es ist einer englischen Gesellschaft und ihren Tochtergesellschaften grundsätzlich untersagt, Dritte beim Erwerb von Geschäftsanteilen an der Gesellschaft direkt oder indirekt zu unterstützen. Es soll verhindert werden, dass die Gesellschafter ihre Kapitaleinlageverpflichtung dadurch umgehen, dass sie sich die eingebrachten Mittel in irgendeiner Form von der Gesellschaft vorfinanzieren oder erstatten lassen. Dieser von der Rechtsprechung entwickelte Grundsatz ist auch im *CA 1985* niedergelegt.[995]

Untersagt ist jegliche **direkte** oder **indirekte finanzielle Unterstützung** Dritter durch die Gesellschaft zum Zwecke des Erwerbs von Anteilen oder der Reduzierung von Einlageverpflichtungen.[996] Das Verbot gilt für jede zweckgerichtete finanzielle Unterstützung, die **vor und während eines Anteilserwerbs** von der Gesellschaft gewährt wird. Eine finanzielle Unterstützung **nach einem Anteilserwerb** ist nur unzulässig, wenn der Zweck darin liegt, die Einlageverpflichtung eines Gesellschafters zu reduzieren.[997]

Hinweis: Wann eine gewährte finanzielle Unterstützung nach erfolgtem Anteilserwerb zulässig ist, wird sich in der Praxis nur schwer abgrenzen lassen. Es kann daher nur empfohlen werden, von Zahlungen an Gesellschafter im Zusammenhang mit dem Erwerb von Geschäftsanteilen generell Abstand zu nehmen. Dies gilt insbesondere, da ein Verstoß gegen das Finanzierungsverbot nicht nur Geldstrafen für die Gesellschaft, sondern auch Haftstrafen für die Direktoren nach sich ziehen kann.[998]

Der **Gegenstand der Zuwendung** durch die Gesellschaft kann nach der gesetzlichen Regelung in einem Geschenk liegen, in der Gewährung einer Garantie oder einer sonstigen Sicherheit, im Abschluss einer Entschädigungsvereinbarung, in der Freistellung von Verpflichtungen oder in einem Verzicht auf Ansprüche gegen einen Gesellschafter. Weiterhin kann ein Verstoß auch in der Vergabe eines Darlehens an einen Gesellschafter liegen oder in jeder sonstigen finanziellen Unterstützung, die das Aktivvermögen der Gesellschaft wesentlich reduziert.[999] Auch die Übernahme der Kosten einer **Vendor Due Diligence** bei einer Gesellschaft durch die Gesellschaft selbst kann eine verbotene *financial assistance* zugunsten der späteren Kaufinteressenten darstellen.[1000]

Neben einigen eng gezogenen **Ausnahmetatbeständen**, nach denen *financial assistance* etwa dann zulässig ist, wenn sie sich auf ausschüttungsfähige Gewinne beschränkt und im Einklang mit den *articles of association* der Gesellschaft steht,[1001] sieht das englische Gesellschaftsrecht ein **Ratifizierungsverfahren für Finanzierungshilfen** vor.[1002] Das als whitewash procedure bezeichnete Verfahren erfordert, dass die Gesellschafter die Gewährung der Finanzierungshilfe mittels einer *special resolution* genehmigen.[1003] Daraufhin müssen die Direktoren namens der Gesellschaft eine *statutory declaration* dahingehend abgeben, dass die Gesellschaft ihre Verbindlichkeiten innerhalb der kommenden zwölf

---

995 Vgl Trevor v. Whitworth (1887) 12 App Case 409; Ziffer 151 CA 1985.
996 Vgl Ziffer 151 (1) CA 1985.
997 Vgl *Stamp/Dawson/Elliott*, aaO, S. 138.
998 Vgl Ziffer 151 (3) CA 1985.
999 Vgl Ziffer 152 CA 1985.
1000 Vgl *Stamp/Dawson/Elliott*, aaO, S. 138 f.
1001 Vgl Ziffer 153 (3) CA 1985.
1002 Vgl Ziffern 155–158 CA 1985.
1003 Vgl Ziffer 157 CA 1985.

Monate erfüllen können wird.[1004] Diese Erklärung ist auf dem **Formblatt 155 (6) (a)** oder **(b)** abzugeben und gemeinsam mit dem Bericht eines unabhängigen Prüfers zu dieser Frage an das *Companies House* zu übersenden.

Hinweis: Im Rahmen der *Company Law Reform* ist vorgesehen, das Verbot der Gewährung von Finanzierungshilfen für die *private limited companies* zu streichen.[1005]

bb) Kapitalherabsetzung

588 Die Herabsetzung des issued share capital führt entweder zu einer **Rückführung von geleisteten Kapitaleinlagen** an die Gesellschafter oder zu einer **Reduzierung ihrer Einlageverpflichtungen**. Deshalb ist sie nach geltendem Recht nur unter strengen Voraussetzungen zulässig, die in *Chapter IV* des *CA 1985* niedergelegt sind:

589 Zunächst müssen die *articles of association* der jeweiligen Gesellschaft das Recht zur Kapitalherabsetzung vorsehen und die Gesellschafter müssen der Herabsetzung des *issued share capital* mittels einer *special resolution* zustimmen.[1006] Nachdem dies geschehen ist, muss die Gesellschaft einen Antrag auf Kapitalherabsetzung beim zuständigen *Companies Court* stellen.[1007] Das Gericht beraumt dann einen Termin an, um Gesellschaftsgläubigern die Gelegenheit einzuräumen, der Kapitalherabsetzung zu widersprechen.[1008] Stimmt das Gericht der Kapitalherabsetzung zu, erlässt es eine entsprechende *court order*, die dem *Companies House* zuzuleiten ist.[1009] Weiterhin ist dem *Companies House* auch eine Kopie der *special resolution* zuzuleiten, mit der die Kapitalherabsetzung beschlossen wurde.[1010] Die Kapitalherabsetzung wird erst mit der Eintragung im beim *Companies House* geführten Gesellschaftsregister wirksam.[1011]

Hinweis: Im Rahmen der *Company Law Reform* ist vorgesehen, die Möglichkeit der Kapitalherabsetzung für *private limited companies* zu erleichtern.[1012] Zukünftig soll kein gerichtliches Verfahren mehr erforderlich sein. Vielmehr soll, sofern entsprechende Regelungen in den *articles of association* eine Kapitalherabsetzung gestatten, ein mittels *special resolution* gefasster zustimmender Gesellschafterbeschluss und die *statutory declaration* der Direktoren ausreichend sein, um das Kapital herabzusetzen.

cc) Ausgabe von Redeemable Shares

590 Die Gesellschaft kann zur Befriedigung eines kurz- oder mittelfristigen Kapitalbedarfs Geschäftsanteile herausgeben, die sie zu einem späteren Zeitpunkt zurückkaufen kann oder muss. Mittels solcher *redeemable shares* wird der Gesellschaft aber nur höchstens mittelfristig Eigenkapital zur Verfügung gestellt. Deshalb ist die Ausgabe von *redeemable shares* nach englischem Recht nur zulässig, wenn die Gesellschaft neben den *redeemable shares* auch normale Stammanteile emittiert hat.[1013]

591 Die Rechte und Pflichten, die die *redeemable shares* ihren Inhabern vermitteln, werden grundsätzlich in den *articles of association* der jeweiligen Gesellschaft festgesetzt. Insbesondere beim Rückkauf sind aber gesetzliche Rahmenbedingungen zu beachten. So ist aus Kapitalerhaltungsgründen der Rückerwerb von *redeemable shares*, auf die die Kapitaleinlage noch nicht vollständig erbracht ist, unzulässig.[1014] Weiterhin darf der Rückerwerb von Geschäftsanteilen nur aus dem ausschüttungsfähigen

---

1004 Vgl Ziffer 156 CA 1985.
1005 Vgl Companies Act 2006, Private Companies Information, Februar 2007, erhältlich über www.dti.gov.uk.
1006 Vgl Ziffer 135 (1) CA 1985.
1007 Vgl Ziffer 136 (1) CA 1985.
1008 Vgl Ziffer 136 (3) CA 1985.
1009 Vgl Ziffer 138 (1) CA 1985.
1010 Vgl Ziffer 380 CA 1985.
1011 Vgl Ziffer 138 (2) CA 1985.
1012 Vgl Companies Act 2006, Private Companies Information, Februar 2007, erhältlich über www.dti.gov.uk.
1013 Vgl Ziffer 159 (2) CA 1985.
1014 Vgl Ziffer 159 (3) CA 1985.

Gewinn der Gesellschaft oder durch die Ausgabe neuer Stammanteile finanziert werden.[1015] Ein Rückkauf aus dem Stammkapital ist dagegen nur unter besonderen Umständen zulässig.[1016]

dd) Erwerb eigener Geschäftsanteile

Einer Limited ist der Erwerb eigener Geschäftsanteile **grundsätzlich untersagt**.[1017] Zuwiderhandlungen führen regelmäßig zur Unwirksamkeit des Anteilserwerbs durch die Gesellschaft und können die Verhängung von Geldstrafen gegen die Gesellschaft und Geld- oder Haftstrafen gegen die Direktoren der Gesellschaft nach sich ziehen.[1018] Wie der Rückkauf von *redeemable shares* erfordert auch der Erwerb eigener Geschäftsanteile eine entsprechende Erlaubnis in den *articles of association* und die Billigung des Anteilserwerbs durch die Gesellschafter im Wege einer *special resolution*.[1019] Darüber hinaus ist der Erwerb der Geschäftsanteile mit einer *stamp duty* in Höhe von 0,5 % des Kaufpreises belegt, die vor Erwerb der Geschäftsanteile an das Finanzamt abzuführen ist. Schließlich ist der Erwerb dem *Companies House* anzuzeigen und die Veräußerer müssen der Gesellschaft die *share certificates* zum Zweck der Einziehung übersenden.

Der Rückerwerb von Geschäftsanteilen **aus dem Stammkapital** der Gesellschaft ist nur unter strengen Voraussetzungen zulässig. Die Direktoren müssen eine *statutory declaration* abgeben, dass die Gesellschaft ihren Verbindlichkeiten in den nächsten zwölf Monaten vollumfänglich nachkommen kann.[1020] Die Erklärung der Direktoren muss durch den Bericht eines unabhängigen Prüfers bestätigt werden.[1021] Nach Vorlage der vorgenannten Unterlagen müssen die Gesellschafter den Erwerb der eigenen Anteile durch eine *special resolution* ratifizieren.[1022] Sodann sind die vorgenannten Unterlagen einschließlich einer Kopie des Gesellschafterbeschlusses zum *Companies House* einzureichen.[1023] Schließlich muss die Absicht, eigene Anteile zu erwerben, in der *London Gazette* und einer überregionalen Tageszeitung bekannt gegeben werden,[1024] um den Gläubigern zu ermöglichen, die Entscheidung der Gesellschafterversammlung innerhalb einer bestimmten Frist gerichtlich prüfen zu lassen.[1025]

ee) Aveling Barford Rule

Nach der von der Rechtsprechung entwickelten *Aveling Barford Rule* darf eine Gesellschaft außerhalb der regulären Gewinnausschüttungen grundsätzlich kein Kapital an die Gesellschafter zurückführen.[1026] Nach diesem Grundsatz sind Ausschüttungen an die Gesellschafter verboten, die den ausschüttungsfähigen Bilanzgewinn der Gesellschaft überschreiten. Ein solcher *unlawful return of capital* kann auch in der Zahlung von überhöhten Geschäftsführergehältern an einen Gesellschafter liegen.[1027] Der Schutz des Eigenkapitals der Gesellschaft geht nach diesem Grundsatz weiter als bei der GmbH, bei der nur das Stammkapital vor Entnahmen geschützt ist.[1028]

Hinweis: Es wird abzuwarten bleiben, wie die Erleichterungen bei der Herabsetzung des Gesellschaftskapitals und die Abschaffung des Finanzierungsverbots sich zur *Aveling Barford Rule* verhalten. Es dürfte jedoch klar sein, dass eine unkontrollierte Rückführung des Gesellschaftsvermögens

---

1015 Vgl Ziffer 160 (1) CA 1985; Aufzahlungen auf den Ausgabepreis der *redeemable shares* darf die Gesellschaft durch Auflösung der in das *share premium account* eingestellten Rücklagen finanzieren, vgl Ziffer 160 (2) CA 1985.
1016 Vgl hierzu sogleich unter Rn 593.
1017 Vgl Ziffer 143 (1) CA 1985.
1018 Vgl Ziffer 143 (2) CA 1985.
1019 Vgl Ziffern 162 (1), 164 (1) CA 1985.
1020 Vgl Ziffer 173 (3) CA 1985.
1021 Vgl Ziffer 173 (5) CA 1985.
1022 Vgl Ziffern 173 (2), 174 (1) CA 1985.
1023 Vgl 175 (5) CA 1985.
1024 Vgl 175 CA 1985.
1025 Vgl 176 (1) CA 1985.
1026 Vgl Aveling Barford v. Perion (1989) BCLC 626.
1027 Vgl Re Halt Garage (1964) Ltd. (1982) 3 All ER 1016.
1028 Vgl *Kasolowsky*, in: Hirte/Bücker, aaO, § 4 Rn 114.

an die Gesellschafter auch nach der Reform des *Company Law* vor dem Hintergrund dieser Rechtsprechung nicht zulässig sein wird.

d) Kapitalerhöhung

595 Das *authorised share capital* bezeichnet den maximalen Nominalbetrag des Stammkapitals, für den die Gesellschaft Geschäftsanteile ausgeben darf. Das *issued share capital* stellt die Summe des Nominalkapitals dar, für das die Gesellschaft bereits Geschäftsanteile ausgegeben hat. Aus dieser besonderen Regelungstechnik ergeben sich zwei Möglichkeiten zur Kapitalerhöhung, nämlich zum einen bis zur Grenze des *authorised share capital* und zum anderen über diese Grenze hinaus. Während das *board of directors* zur Ausgabe von *shares* bis zur Grenze des *authorised share capital* durch die *articles of association* oder durch Beschluss der Gesellschafterversammlung im Vorhinein ermächtigt sein wird,[1029] ist zur Erhöhung des *authorised share capital* in jedem Fall ein vorheriger Gesellschafterbeschluss erforderlich.[1030]

aa) Erhöhung des Issued Share Capital

596 Soweit eine Gesellschaft ihr *authorised share capital* noch nicht vollständig ausgegeben hat und die Direktoren in den *articles of association* oder durch Gesellschafterbeschluss zur Ausgabe von Geschäftsanteilen ermächtigt worden sind,[1031] kann das **board of directors** junge Geschäftsanteile bis zur Höhe des *authorised share capital* ausgeben.

Hinweis: Nach derzeit geltendem Recht kann die Gesellschafterversammlung die Direktoren durch einen mit einfacher Mehrheit zu fassenden Beschluss für einen Zeitraum von bis zu fünf Jahren zur Ausgabe von Geschäftsanteilen ermächtigen.[1032] Mittels einer *elective resolution* kann sie diese Begrenzung abschaffen und die Direktoren mittels eines weiteren mit einfacher Mehrheit zu fassenden Beschlusses für einen längeren oder unbegrenzten Zeitraum zur Anteilsausgabe ermächtigen.[1033] Diese Möglichkeit soll im Rahmen der *Company Law Reform* abgeschafft werden. Eine Ermächtigung der Direktoren über die 5-Jahres-Frist hinaus soll nicht mehr möglich sein.[1034]

597 Soweit junge Geschäftsanteile einer Limited gegen **Bareinzahlung** ausgegeben werden sollen, steht den Gesellschaftern ein **gesetzliches Bezugsrecht** zu.[1035] Die Direktoren müssen die Geschäftsanteile zunächst den Gesellschaftern zum Kauf anbieten, die sie kaufen, ablehnen und sogar Dritten zum Kauf anbieten können.[1036] Werden Geschäftsanteile gegen **Sacheinlagen** emittiert, haben die Gesellschafter **kein Bezugsrecht**.[1037]

Hinweis: Das Bezugsrecht der Gesellschafter kann entweder bereits in den *articles of association* oder durch mittels eines im Wege einer *special resolution* gefassten Gesellschafterbeschlusses ausgeschlossen werden,[1038] ohne dass es einer Begründung bedürfte.

bb) Erhöhung des Authorised Share Capital

598 Die **Gesellschafterversammlung** kann das *authorised share capital* der Gesellschaft durch einen mit einfacher Mehrheit zu fassenden Gesellschafterbeschluss erhöhen.[1039]

1029 Vgl Ziffer 80 CA 1985.
1030 Vgl Ziffer 121 CA 1985.
1031 Vgl Ziffer 80 (1) CA 1985.
1032 Vgl Ziffer 80 (4) CA 1985.
1033 Vgl Ziffer 80A CA 1985.
1034 Vgl Companies Act 2006, Private Companies Information, Februar 2007, erhältlich über www.dti.gov.uk.
1035 Vgl Ziffer 80 CA 1985.
1036 Vgl Ziffer 80 CA 1985.
1037 Vgl Ziffer 80 CA 1985.
1038 Vgl Ziffer 95 CA 1985.
1039 Vgl Ziffer 121 (1), (3) CA 1985.

e) Gewinnverwendung

Soweit ein Gewinn bei der Gesellschaft entstanden ist, kann er in der Gesellschaft thesauriert werden, um das Eigenkapital der Gesellschaft zu stärken. Die Gesellschafter nehmen dann durch die Erhöhung des Werts der von ihnen gehaltenen Geschäftsanteile mittelbar am Gewinn der Gesellschaft teil. Zum anderen kann ein Gewinn aber auch unmittelbar an die Gesellschafter ausgeschüttet werden.[1041]

Nach englischem Recht kann eine **Dividende** an die Gesellschafter nur ausgeschüttet werden, wenn ein entsprechender **ausschüttungsfähiger Gewinn** erwirtschaftet wurde. Es obliegt den Direktoren, anhand des Jahresabschlusses festzustellen, ob und gegebenenfalls in welcher Höhe ein ausschüttungsfähiger Gewinn erzielt worden ist.[1042] Neben den gesetzlichen Regelungen haben sie auch die Vorschriften zur Gewinnverwendung in den *articles of association* der Gesellschaft zu berücksichtigen.[1043] Sind etwa Vorzugsanteile begeben worden, deren Dividendenanspruch vor den Stammanteilen bedient werden muss, haben sie das bei der Gewinnverwendung zu berücksichtigen.

Die Direktoren unterbreiten der Gesellschafterversammlung regelmäßig einen **Gewinnverwendungsvorschlag**, über den diese zu beschließen hat. Die *Table A articles of association* sehen vor, dass die Höhe der Dividende den Vorschlag der Direktoren nicht überschreiten darf.[1044] Eine solche Regelung ist aber rechtlich nicht zwingend.

Genügt eine ausgeschüttete Dividende den gesetzlichen und satzungsmäßigen Vorschriften nicht, haften die Direktoren auf Rückzahlung, wenn sie die Ausschüttung vorgeschlagen haben.[1045] Daneben haften die Gesellschafter auf Rückzahlung, wenn sie wussten oder hätten wissen müssen, dass die Ausschüttung nicht rechtmäßig war.[1046]

6. Haftung

Aus dem Wesen der Limited als Kapitalgesellschaft folgt, dass den Gläubigern für die Verbindlichkeiten der Gesellschaft nur das Gesellschaftsvermögen haftet. Die Haftung der Gesellschafter für die Gesellschaftsverbindlichkeiten ist demgegenüber begrenzt auf die Leistung ihrer Kapitaleinlagen. Dieses Prinzip ergibt sich nach englischem Recht nicht aus dem Gesetz, sondern wird zwischen den Gesellschaftern vereinbart und im *memorandum of association* der Gesellschaft niedergelegt.[1047] Von der Haftung der Gesellschafter ist die Haftung der Direktoren zu unterscheiden. Auch letztere haften für die Verbindlichkeiten der Gesellschaft grundsätzlich nicht.

a) Haftung der Gesellschafter

Wie in Deutschland so ist auch nach englischem Gesellschaftsrecht zwischen dem Gesellschaftsvermögen der Kapitalgesellschaft und dem Privatvermögen der Gesellschafter zu unterscheiden. Eine Inanspruchnahme des Privatvermögens der Gesellschafter für die Verbindlichkeiten der Gesellschaft kommt nur in Betracht, wenn der Schutz der Gläubigerinteressen einen Haftungsdurchgriff auf die Gesellschafter im Einzelfall als unverzichtbar erscheinen lässt. Denn ein Haftungsdurchgriff auf das Privatvermögen der Gesellschafter widerspricht dem System des Kapitalgesellschaftsrechts.

Die **persönliche Haftung** der Gesellschafter setzt grundsätzlich eine selbständige Verpflichtung der Gesellschafter voraus. Eine solche Verpflichtung kann sich beispielsweise daraus ergeben, dass ein

---

1040 Vgl Ziffer 123 CA 1985.
1041 Vgl Ziffer 263 (2) CA 1985.
1042 Vgl Ziffern 263 (1), 270, 271 CA 1985.
1043 Vgl Ziffer 281 CA 1985.
1044 Vgl Companies (Table A-F) Regulations 1985, Table A, Art. 102.
1045 Vgl Re Loquitur Ltd., IRC v. Richmond (2003) STC 1394.
1046 Vgl Ziffer 277 (1) CA 1985.
1047 Vgl Ziffer 2 (3) CA 1985.

Gesellschafter vor der Gründung der Gesellschaft im Namen der Gesellschaft einen Vertrag abschließt. Denn das englische Recht kennt das Rechtsinstitut der Vorgesellschaft nicht. Schließt eine Person im Namen einer noch nicht existenten Limited einen Vertrag ab, wird nach englischem Recht nicht die Gesellschaft selbst verpflichtet, sondern der Handelnde persönlich, sofern dieser seine persönliche Haftung nicht ausdrücklich ausgeschlossen hat.[1048]

606 Darüber hinaus kommt eine Durchgriffshaftung nur in **evidenten Missbrauchsfällen** in Betracht, etwa wenn eine Gesellschaft als bloße Fassade einzig zu dem Zweck gegründet wurde, die persönliche Haftung eines Gesellschafters zu vermeiden.[1049] Da die Vermeidung der persönlichen Haftung aber legitimer Zweck der Gründung einer Kapitalgesellschaft ist, kann auch das nur in Ausnahmefällen gelten. *Rehm* bildet das Beispiel einer Limited, die zum Zwecke des Abschlusses eines Vertrags gegründet wird, der allein einem der Gesellschafter nutzt, und durch den Vertragsschluss mit der Gesellschaft die Inanspruchnahme dieses Gesellschafters aus dem Vertrag verhindert werden soll.[1050]

607 Die **englischen Gerichte** sind **sehr zurückhaltend** mit der Gewährung einer Durchgriffshaftung der Gesellschafter. Das gilt selbst bei evidenter Unterkapitalisierung.[1051] Eine gesetzliche Haftung der Gesellschafter besteht allerdings, wenn sie Dividendenausschüttungen erhalten haben, obwohl ein ausschüttungsfähiger Gewinn nicht bestand und die Gesellschafter wussten oder hätten wissen müssen, dass sie zur Entgegennahme der Dividenden nicht berechtigt waren. Die Gesellschafter sind dann gegenüber der Gesellschaft zur Rückerstattung der erhaltenen Zahlungen verpflichtet.[1052]

b) Haftung der Direktoren

608 Eine persönliche Haftung der Direktoren einer Limited ist grundsätzlich sowohl gegenüber der Gesellschaft als auch gegenüber den Gesellschaftern oder Dritten denkbar. Soweit sich eine Haftung der Direktoren aus der Anwendung des deutschen Rechts ergibt, etwa gegenüber der öffentlichen Hand oder den Sozialversicherungsträgern aufgrund der Verletzung öffentlich-rechtlicher Pflichten oder aus deliktischem Handeln, kann auf die Ausführungen in § 6 dieses Handbuchs verwiesen werden.
Im folgenden Abschnitt soll einzig und allein die Haftung der Direktoren einer Limited **nach englischem Recht** behandelt werden.

aa) Haftung gegenüber der Gesellschaft

609 Der Direktor einer Limited unterliegt bei der Ausübung seiner Tätigkeit einer Reihe ungeschriebener **Treue- und Sorgfaltspflichten**. Wie bereits unter Rn 528 ff dieser Bearbeitung dargelegt, bestehen insbesondere Treuepflichten gegenüber der Gesellschaft in den unterschiedlichsten Ausprägungen. Im Wesentlichen beinhalten all diese Treuepflichten die Verpflichtung der Direktoren auf die Interessen der Gesellschaft.[1053] Stellt der Direktor in Ausübung seines Amtes eigene Interessen über die Gesellschaftsinteressen, handelt er pflichtwidrig und ist der Gesellschaft schadensersatzpflichtig.[1054]

610 Weiterhin hat ein Direktor in der Ausübung seines Amtes die **Sorgfalt eines typischen vernünftigen Geschäftsmanns mit seinen persönlichen Fähigkeiten** anzuwenden.[1055] Verletzt ein Direktor diesen Sorgfaltsmaßstab schuldhaft, so haftet er für den entstandenen Schaden. Diese Haftung besteht als Innenhaftung gegenüber der Gesellschaft.[1056]

611 Überschreitet ein Direktor seine Befugnisse, indem er die Gesellschaft zu einem Geschäft außerhalb ihres Unternehmensgegenstandes verpflichtet oder missbraucht er seine Vertretungsmacht, indem er beim Abschluss von Verträgen im Innenverhältnis bestehende Beschränkungen ignoriert, wird die

---

1048 Vgl Ziffer 36 CA 1985 (*"subject to any agreement to the contrary"*).
1049 Vgl Clifford Motor Co. v. Horne (1933) Ch. 935.
1050 Vgl *Rehm*, in: Eidenmüller, aaO, § 10 Rn 66.
1051 Vgl Re Polly Peck International Plc (in Administration) (1996) 2 All ER 441.
1052 Vgl Ziffer 277 CA 1985.
1053 Vgl auch *Römermann/Röver*, in: Römermann, aaO, Kapitel E Rn 51 mwN.
1054 Vgl Guiness Plc. v. Sunders (1990) 2 A.C. 633.
1055 Vgl Ziffer 214 (5) IA 1986; Dorchester Finance Co. Ltd. v. Stebbings (1989) BCLC 498.
1056 Vgl Percival v. Wright (1902) 2 Ch. 421.

Gesellschaft daraus verpflichtet, es sei denn, dass der Dritte die Beschränkung kannte oder kennen musste.[1057] Durch den Abschluss eines solchen Geschäfts verstößt der Direktor gegen die im Innenverhältnis zur Gesellschaft bestehenden Pflichten und ist daher schadensersatzpflichtig.[1058]

Die **Gesellschafterversammlung** kann einzelne Direktoren von der Haftung für eine Pflichtverletzung freistellen, allerdings nur im Nachhinein.[1059] Dies erfordert die Fassung zweier Gesellschafterbeschlüsse in Form der *special resolution*, durch die erst der haftungsbegründende Sachverhalt genehmigt und in einem zweiten Schritt auf eine Inanspruchnahme der Direktoren aus diesem Sachverhalt verzichtet wird.[1060]

bb) Haftung gegenüber den Gesellschaftern

Grundsätzlich haften die Direktoren einer Limited nach englischem Recht nicht gegenüber den Gesellschaftern, sondern nur gegenüber der Gesellschaft. Schadensersatzansprüche einzelner Gesellschafter bestehen daher im Regelfall nicht. Denn obwohl die den Direktoren obliegenden gesetzlichen oder vertraglichen Verpflichtungen teilweise unmittelbar gegenüber den Gesellschaftern zu erfüllen sind, wie etwa die Auskunftspflicht des Direktors gegenüber einzelnen Gesellschaftern, schuldet er die Erfüllung seiner Verpflichtungen nicht diesen, sondern der Gesellschaft.[1061]

Allerdings können einzelne Gesellschafter in Ausnahmefällen Ansprüche der Gesellschaft geltend machen. Dies ist im Rahmen einer derivative action möglich, durch die ein Gesellschafter namens der Gesellschaft Schadensersatzzahlungen einklagen kann, etwa wenn sich die Mehrheit der Gesellschafterversammlung weigert, einen Direktor in Anspruch zu nehmen und dieses Unterlassen einen *fraud on the minority* darstellt.[1062]

cc) Haftung gegenüber Dritten

Die Frage, inwieweit die Geschäftsführung einer Gesellschaft ihren Pflichten vollumfänglich nachgekommen ist, gewinnt naturgemäß an Bedeutung, wenn die Gesellschaft sich in der **Insolvenz** befindet und etwaige Schadensersatzansprüche gegen die Geschäftsführung unmittelbar die Insolvenzmasse der Gesellschaft vergrößern würden. Dies gilt auch im englischen Gesellschaftsrecht und hat bei der Limited aufgrund der fehlenden Verpflichtung der Gesellschafter zur Aufbringung eines Mindestkapitals als Haftungsmasse für die Gesellschaftsgläubiger auch eine herausgehobene Bedeutung.

(1) Wrongful Trading

Der Liquidator einer insolventen Gesellschaft kann gemäß **Ziffer 214** des **Insolvency Act 1986 (IA 1986)** gegen einen Direktor einer Limited gerichtlich vorgehen, wenn dieser wusste oder hätte wissen müssen, dass eine Insolvenz der Gesellschaft nicht mehr verhindert werden konnte, und es dennoch unterlassen hat, alle notwendigen Schritte zu unternehmen, um die Verluste der Gesellschaftsgläubiger zu minimieren.

Der **Sorgfaltsmaßstab**, dem ein Direktor genügen muss, wird von den englischen Gerichten nach einem zweistufigen Verfahren ermittelt. Auf der ersten Stufe wird ein **objektiver Sorgfaltsmaßstab** angelegt. Von einem Geschäftsführer wird erwartet, dass er so handelt, wie man es von einem **typischen und vernünftigen Geschäftsleiter** erwarten kann.[1063] Dabei befreit der gute Glaube eines Direktors ihn nicht von seiner Haftung.[1064] Auf einer zweiten Stufe wird die Sorgfalt eines Direktors auch anhand seiner **eigenen persönlichen Fähigkeiten, Kenntnisse und Erfahrungen** gemessen.[1065] Dies

---

[1057] Vgl Ziffer 35A (2) (c) CA 1985.
[1058] Vgl Ziffern 35, 35A CA 1985.
[1059] Vgl Ziffer 310 (2) CA 1985.
[1060] Vgl Ziffer 35 CA 1985.
[1061] Vgl *Römermann/Röver*, in: Römermann, aaO, Kapitel E, Rn 48 mit Verweis auf *Multinational* Gas and Petrochemicals Co. v. Multinational Gas and Petrochemicals Services Ltd. (1983) Ch. 258.
[1062] Vgl *Kasolowsky*, in: Hirte/Bücker, aaO, § 4, Rn 73 ff.
[1063] Vgl Ziffer 214 (5) CA 1985.
[1064] Vgl Re Produce Marketing Consortium Ltd. (No. 2) (1989) BCLC 520, 550.
[1065] Vgl Ziffer 214 (4) CA 1985.

bedeutet, dass ein erfahrener Geschäftsleiter einem strengeren Haftungsmaßstab unterliegt als ein junger und unerfahrener Geschäftsleiter.[1066] Allerdings stellt der objektive Sorgfaltsmaßstab die **untere Schwelle** für die Haftung der Direktoren einer Limited dar.

Hinweis: Der Begriff des Geschäftsleiters im Sinne von Ziffer 214 IA 1986 schließt den sogenannten *shadow director* mit ein. Schattendirektoren sind natürliche und juristische Personen, die tatsächliche Kontrolle über die Geschicke einer Gesellschaft ausüben und deren Anweisungen die Geschäftsleitung einer Limited üblicherweise befolgen.[1067] Dies kann auch auf Muttergesellschaften oder Kreditinstitute zutreffen, sofern diese in die Geschäftsführung einer Gesellschaft faktisch eingreifen.[1068]

617 Gemäß Ziffer 214 (3) IA 1986 kann sich ein Direktor exkulpieren, wenn er beweisen kann, dass er alles unternommen hat, um den Verlust der Gläubiger gering zu halten. Eine solche **Exkulpation** erfordert jedoch die gleichmäßige Berücksichtigung der Interessen aller Gläubiger, was der Geschäftsleitung einer insolvenzreifen Gesellschaft nur schwerlich gelingen dürfte.[1069]

(2) Fraudulent Trading

618 Neben dem Anspruch aus *wrongful trading* kann auch ein Schadensersatzanspruch aus *fraudulent trading gemäß* **Ziffer 213 IA 1986** gegen einzelne Direktoren bestehen. Dies setzt voraus, dass sich im Rahmen der Liquidation einer Gesellschaft herausstellt, dass in der Absicht der Gläubigerbenachteiligung Geschäfte getätigt wurden.[1070] Wie der Anspruch aus *wrongful trading* steht auch der Anspruch aus *fraudulent trading* dem Liquidator der Gesellschaft zu und ist auf Schadensersatz gerichtet. Allerdings haftet jeder Direktor nur für den von ihm selbst verursachten Schaden. Ein Direktor kann nicht für Schäden in Anspruch genommen werden, die ausschließlich von anderen Direktoren verursacht worden sind.[1071] Das Gericht kann einen Direktor nicht nur zum Ersatz des tatsächlich entstandenen Schadens, sondern auch zur Zahlung eines den tatsächlichen Schaden übersteigenden **Strafschadensersatzes** verurteilen.[1072] Neben dem zivilrechtlichen Anspruch aus Ziffer 213 IA 1986 kann ein Direktor wegen *fraudulent trading* auch strafrechtlich in Anspruch genommen werden.[1073]

7. Beendigung der Gesellschaft

619 Im englischen Recht unterscheidet man zwei Möglichkeiten zur Auflösung einer Limited: Zum einen kann die Gesellschaft durch **Beschluss der Gesellschafterversammlung** oder durch **Beschluss der Gläubiger** oder durch **gerichtliche Anordnung** formal aufgelöst werden. Dieses *winding up* genannte Verfahren ist im *Insolvency Act 1986 (IA 1986)* geregelt und entspricht in etwa dem deutschen Auflösungsverfahren nach den §§ 60 ff GmbHG. Eine schnelle und preiswerte Alternative zum Auflösungsverfahren ist das im *Companies Act 1985 (CA 1985)* geregelte **Amtslöschungsverfahren**, das sogenannte *striking off the register*. Dieses Verfahren gestattet der Gesellschafterversammlung, unter bestimmten Voraussetzungen die Löschung aus dem Gesellschaftsregister zu beantragen, ohne ein formelles Auflösungsverfahren durchzuführen. Das *Companies House* kann auch selbständig eine Amtslöschung vornehmen, wenn es Grund zur Annahme hat, dass die betroffene Gesellschaft keine Geschäftstätigkeit ausübt. Die englischen Insolvenzvorschriften werden im Folgenden nicht behandelt, da sie für eine Limited mit Verwaltungssitz in Deutschland regelmäßig nicht zur Anwendung kommen werden.[1074]

1066 Vgl *Kasolowsky*, in: Hirte/Bücker, aaO, § 4, Rn 41.
1067 Vgl Ziffer 741 (2) CA 1985.
1068 Vgl Re Hydrodam (Corby) Ltd. (1994) 2 BCLC 180.
1069 Vgl *Römermann/Röver*, in: Römermann, aaO, Kapitel E Rn 84.
1070 Vgl Ziffer 213 IA 1986.
1071 Vgl *Kasolowsky*, in: Hirte/Bücker, aaO, § 4 Rn 44.
1072 Vgl Re Produce Marketing Consortium Ltd. (No. 2) (1989) BCLC 520.
1073 Vgl Ziffer 458 CA 1985.
1074 Vgl hierzu Rn 457 ff.

a) Auflösung der Gesellschaft

Im Rahmen der **freiwilligen Auflösung** einer Gesellschaft, dem sogenannten *voluntary winding up*, unterscheidet man im englischen Recht die Auflösung durch entsprechenden Beschluss der Gesellschafterversammlung, das *members' voluntary winding up*, von der Auflösung durch Beschluss der Gläubigerversammlung der Gesellschaft, dem *creditors' voluntary winding up*.[1075] Die maßgeblichen Regelungen sind für beide Formen der Auflösung im *Insolvency Act 1986 (IA 1986)* geregelt.

aa) Members' voluntary winding up

Eine Gesellschaft kann durch **Beschluss der Gesellschafterversammlung** aufgelöst werden, wenn (i) der in den *articles of association* festgesetzte Zeitraum, für den die Gesellschaft eingegangen wurde, abgelaufen ist oder (ii) ein Umstand eingetreten ist, der nach den *articles of association* die Auflösung der Gesellschaft erforderlich macht,[1076] oder wenn (iii) die Gesellschafterversammlung mittels einer *special resolution* die Auflösung der Gesellschaft beschließt.[1077]

Bevor ein Auflösungsbeschluss in der Gesellschafterversammlung gefasst werden kann, muss nach englischem Recht sichergestellt sein, dass die Gesellschaft in der Lage sein wird, ihre Außenstände innerhalb von 12 Monaten nach der Fassung des Auflösungsbeschlusses begleichen zu können. Daher kann die Auflösung der Gesellschaft nur dann wirksam beschlossen werden, wenn der Direktor der Gesellschaft, oder wenn es mehrere Direktoren gibt, die Mehrheit im *board of directors*, eine **Solvenzerklärung**, die *statutory declaration of solvency*, abgegeben hat.[1078]

Hinweis: Die *statutory declaration of solvency* sollte nicht leichtfertig abgegeben werden. Denn die Direktoren machen sich strafbar, wenn sie eine solche Erklärung abgeben, ohne dass es vernünftige Gründe zur Annahme gibt, dass die Gesellschaft ihre Außenstände begleichen können wird.[1079]

Der Beschluss der Gesellschafterversammlung, die Gesellschaft aufzulösen, muss innerhalb von 14 Tagen in der *London Gazette* veröffentlicht werden.[1080] Sowohl die *statutory declaration of solvency* als auch der Auflösungsbeschluss müssen des Weiteren binnen 15 Tagen nach der Fassung des Auflösungsbeschlusses zum *Companies House* eingereicht werden.[1081] Zur Durchführung der Auflösung der Gesellschaft ist ein Liquidator zu bestellen,[1082] der das Gesellschaftsvermögen veräußert, die Ansprüche der Gesellschaftsgläubiger befriedigt und das restliche Gesellschaftsvermögen an die Gesellschafter verteilt.

Die Gesellschaft besteht auch nach Fassung des Auflösungsbeschlusses zunächst fort. Allerdings hat sie ihre Geschäftstätigkeit einzustellen, soweit die Fortführung nicht zur Auflösung der Gesellschaft erforderlich ist.[1083] Sind alle Verbindlichkeiten der Gesellschaft abgelöst, muss der Liquidator eine Abschlussbilanz erstellen, diese der Gesellschafterversammlung vorlegen und dem *Companies House* übermitteln.[1084] Die Gesellschaft gilt, sofern kein Gericht interveniert, drei Monate nach der Registrierung der Abschlussbilanz durch den *registrar of companies* als aufgelöst.[1085]

Kommt der Liquidator im Rahmen der Auflösung der Gesellschaft zu dem Schluss, dass die Gesellschaft ihre Außenstände nicht innerhalb des in der *statutory declaration of solvency* genannten Zeitraums wird begleichen können, muss er innerhalb von 28 Tagen eine Versammlung der Gesellschafts-

---

1075 Vgl Ziffern 73 (2), 90 IA 1986.
1076 Vgl Ziffer 84 (1) (a) IA 1986.
1077 Vgl Ziffer 84 (1) (b) IA 1986.
1078 Vgl Ziffer 89 (1), (2) (a) IA 1986.
1079 Vgl Ziffer 89 (4) IA 1986.
1080 Vgl Ziffer 85 (1) IA 1986.
1081 Vgl Ziffer 84 (3) IA 1986 iVm Ziffer 380 CA 1985, Ziffer 89 (3) IA 1986.
1082 Vgl Ziffer 91 (1) IA 1986.
1083 Vgl Ziffer 87 IA 1986.
1084 Vgl Ziffer 94 IA 1986.
1085 Vgl Ziffer 201 IA 1986.

gläubiger einberufen.[1086] Mit Einberufung der **Gläubigerversammlung** wird das *members' voluntary winding up* zu einem *creditors' voluntary winding up*.[1087]

bb) Creditors' voluntary winding up

626 Geben die Direktoren der Gesellschaft keine *statutory declaration of solvency* ab, ist die Auflösung der Gesellschaft als *creditors' voluntary winding up* vorzunehmen.[1088] In diesem Fall haben die Gesellschafter mittels einer **extraordinary resolution** über die Auflösung der Gesellschaft zu beschließen.[1089] Die Gesellschaft muss nach Fassung des Auflösungsbeschlusses innerhalb von 14 Tagen eine Gläubigerversammlung einberufen, zu der die Gläubiger unter Berücksichtigung einer Einberufungsfrist von sieben Tagen persönlich zu laden sind und deren Einberufung sowohl in der *London Gazette* als auch in zwei weiteren lokalen Tageszeitungen am Sitz der Gesellschaft bekannt zu machen ist.[1090]

627 Die Direktoren der Gesellschaft haben den Gläubigern auf der Gläubigerversammlung einen Überblick über die finanzielle Lage der Gesellschaft zu geben und insbesondere die Außenstände der Gesellschaft zu bezeichnen.[1091] Die Gläubigerversammlung und die Gesellschafterversammlung können einen Liquidator bestimmen, wobei die Gläubigerversammlung das Letztentscheidungsrecht hat.[1092] Die Gesellschafter können gegen die Auswahl der Gläubigerversammlung gerichtlich vorgehen.[1093]

628 Sobald das Gesellschaftsvermögen verteilt ist, beruft der Liquidator eine Gläubigerversammlung ein und legt ihr seine Schlussrechnung vor, die er innerhalb einer Woche an den *registrar of companies* übermitteln muss.[1094] Wie beim *members' voluntary winding up* gilt die Gesellschaft drei Monate nach der Registrierung der Abschlussbilanz durch den *registrar of companies* als aufgelöst, wenn das Gericht nicht interveniert.[1095]

b) Amtliches Löschungsverfahren

629 Neben dem formalen Auflösungsverfahren existiert in England ein **Amtslöschungsverfahren**, das es dem *registrar of companies* unter bestimmten Voraussetzungen gestattet, eine Gesellschaft ohne Durchführung eines formalen Auflösungsverfahrens aus dem Gesellschaftsregister zu streichen.[1096] Eine Amtslöschung kommt insbesondere dann in Betracht, wenn der *registrar of companies* Grund zu der Annahme hat, dass die Gesellschaft **keine Geschäftstätigkeit** mehr ausübt, was insbesondere dann der Fall ist, wenn Anschreiben des *Companies House* unbeantwortet bleiben oder wenn die Direktoren den Publizitätspflichten gegenüber dem *Companies House* nicht nachkommen. Der Streichung der Gesellschaft aus dem Gesellschaftsregister muss dabei ein kompliziertes Verfahren mehrfacher Mahnungen vorausgehen, um der Gesellschaft Gelegenheit zu geben, die Amtslöschung zu verhindern. Wird eine Gesellschaft gelöscht, werden ihre Bankkonten eingefroren und das Gesellschaftsvermögen fällt als *bona vacantia* an den britischen Staat.[1097]

Hinweis: Ursache der Amtslöschung ist häufig, dass die Verlegung des Geschäftssitzes der Gesellschaft dem *Companies House* nicht mitgeteilt werden und Benachrichtigungen daher nicht mehr zugestellt werden können.

630 Des Weiteren kann auch die Gesellschaft selbst ihre Streichung aus dem Gesellschaftsregister beantragen.[1098] Voraussetzung eines solchen Antrages ist, dass die Gesellschaft innerhalb der letzten drei

---

1086 Vgl Ziffer 95 IA 1986.
1087 Vgl Ziffer 96 (b) IA 1986.
1088 Vgl Ziffer 90 IA 1986.
1089 Vgl Ziffer 84 (1) (c) IA 1986.
1090 Vgl Ziffer 98 (1) IA 1986.
1091 Vgl Ziffer 99 IA 1986.
1092 Vgl Ziffer 100 (1), (2) IA 1986.
1093 Vgl Ziffer 100 (3) IA 1986.
1094 Vgl Ziffer 106 IA 1986.
1095 Vgl Ziffer 201 IA 1986.
1096 Vgl Ziffer 652 CA 1985.
1097 Vgl Ziffer 654 CA 1985.
1098 Vgl Ziffer 652 a CA 1985.

Monate vor Antragstellung weder (i) am Geschäftsleben teilgenommen hat noch (ii) die Firma geändert hat noch (iii) Betriebsvermögen im Rahmen der gewöhnlichen Geschäftstätigkeit veräußert hat oder (iv) eine andere geschäftliche Tätigkeit vorgenommen hat, die nicht lediglich zur Vorbereitung des Löschungsverfahrens oder zur Begleichung von Außenständen der Gesellschaft oder aufgrund gesetzlicher Verpflichtungen unternommen wurde.

Hinweis: Die Streichung einer Gesellschaft aus dem englischen Gesellschaftsregister hat nicht zur Folge, dass auch eine in ein deutsches Handelsregister eingetragene Zweigniederlassung automatisch gelöscht wird. Unabhängig von der Löschung der Gesellschaft in England muss daher die Zweigniederlassung in Deutschland separat gelöscht werden.[1099]

Insbesondere die Gesellschafter und die Gläubiger der Gesellschaft können der Durchführung des Amtslöschungsverfahrens aber **widersprechen**. Ein entsprechender Antrag kann **bis zu 20 Jahren** nach dem Löschungsdatum der Gesellschaft gerichtlich gestellt werden. Ist der Antrag erfolgreich, so ist den Gesellschaftsgläubigern bzw den Gesellschaftern der seinerzeitige Gegenwert des eingezogenen Gesellschaftsvermögens zu erstatten.

III. Die Sociedad de Responsabilidad Limitada (SRL) nach spanischem Recht[1100]

1. Allgemeines

a) Rechtsquellen

Die *Sociedad de Responsabilidad Limitada* (nachfolgend **SRL**) ist die mit Abstand **beliebteste Gesellschaftsform in Spanien**. Über 90 % aller im Jahre 2005 in Spanien gegründeten Handelsgesellschaften wurden in dieser Rechtsform gegründet.[1101] Die SRL hat ihre gesetzliche Grundlage im Gesetz über die Gesellschaften mit beschränkter Haftung (*Ley de Sociedades de Responsabilidad Limitada*) vom 23.3.1995, (nachfolgend **LSRL**), das zahlreiche Verweise auf die Bestimmungen des spanischen Aktiengesetzes (*Ley de Sociedades Anónimas*) (nachfolgend **LSA**) und des spanischen Handelsgesetzbuches (*Código de Comercio*) (nachfolgend **CCom**) enthält. Das LSRL wurde durch Gesetz vom 1. 4. 2003 umfassend reformiert und um die Vorschriften betreffend die seit dem Jahr 2003 existierende *Sociedad de Responsabilidad Limitada Nueva Empre s.a.* (nachfolgend **SLNE**) erweitert.

b) Abgrenzung zur SLNE

Bei der SLNE handelt es sich nicht um eine völlig selbständig neben der SRL bestehende Gesellschaftsform. Vielmehr kommen die Vorschriften zur SRL auch bei der SLNE zur Anwendung, soweit deren Anwendung nicht ausdrücklich ausgeschlossen ist oder im Widerspruch zu den SLNE-spezifischen Regelungen stünde. Mit der Schaffung der SLNE folgt Spanien der **Empfehlung der Europäischen Kommission vom 22.4.1997**[1102] zur Verbesserung und Vereinfachung von Unternehmensgründungen und der in der **Europäischen Charta von Feira**[1103] im Juni 2000 übernommenen Verpflichtung, einen rechts- und verwaltungstechnischen Rahmen zur **Förderung der unternehmerischen Tätigkeit kleiner und mittelständischer Unternehmen** zu schaffen.[1104] Der wesentliche Unterschied zwischen der SRL und der SLNE liegt in der **Beschleunigung des Gründungsverfahrens**, das auf elektronischem Wege erfolgen kann. Die elektronische Gründung verkürzt das Gründungsverfahren auf **48 Stunden**. Da die SLNE aber als Gesellschaftsform für kleinere und mittlere Unternehmen entwickelt wurde, sind einige Besonderheiten zu berücksichtigen, die eine universelle Einsetzbarkeit der SLNE für alle Wirtschaftsbereiche erschweren. In der folgenden Betrachtung wird die SLNE gemeinsam mit der SRL behandelt, jedoch werden die für die SLNE geltenden Besonderheiten gesondert dargestellt.

1099 Vgl *Heinz*, Die englische Limited, 2. Aufl., 2006, Rn 33.
1100 Für die Unterstützung bei der Auswertung der Quellen und der Erstellung dieses Abschnitts bedanke ich mich sehr herzlich bei meiner Frau *Annette Peschke*.
1101 Vgl *Löber/Lozano/Steinmetz*, in: Süß/Wachter, Handbuch des internationalen GmbH-Rechts, 2006, S.1551.
1102 ABl L 145 vom 5.6.1997, S. 29 ff.
1103 Anlage III der Schlussfolgerungen des Europäischen Rats von Santa María da Feira (Lissabon) vom 19./20.6.2000.
1104 Vgl *Vietz*, GmbHR 2003, 26.

2. Gründung

634 Die SRL ist eine **Handelsgesellschaft**,[1105] die von den Gründungsgesellschaftern durch eine notariell beglaubigte Gründungsurkunde errichtet wird.[1106] Die SRL erwirbt ihre Rechtsfähigkeit mit der Eintragung in das Handelsregister (*Registro Mercantil*).[1107]

a) Notarielle Gründungsurkunde (Escritura de Constitución)

635 Eine SRL wird durch eine **Gründungsurkunde** (*escritura de constitución*) in notarieller Form errichtet,[1108] die in Anwesenheit des Notars von allen Gründungsgesellschaftern oder deren rechtskräftig Bevollmächtigten unterzeichnet werden muss.[1109] Der Mindestinhalt der Gründungsurkunde ist gesetzlich festgeschrieben. Nach den gesetzlichen Vorgaben sind zwingend die folgenden Angaben zu machen:[1110]

- Angaben zur Person des/der Gesellschafter(s),
- Erklärung des/der Gesellschafter(s), eine SRL zu gründen,
- Höhe und Natur der zu erbringenden Stammeinlagen (Bar- oder Sacheinlagen) und die Nummerierung der ausgegebenen Geschäftsanteile,
- Satzung (*estatutos sociales*) der Gesellschaft,
- Angaben zur Verwaltungsorganisation der Gesellschaft, sofern diese nicht eindeutig in der Satzung geregelt ist, *und*
- Benennung der geschäftsführungs- und vertretungsberechtigten Personen.

636 Daneben können in die Gründungsurkunde **weitere Vereinbarungen** aufgenommen werden, sofern diese nicht gegen geltendes Recht verstoßen oder den Grundprinzipien der Gesellschaft mit beschränkter Haftung widersprechen.[1111]

Hinweis: Auch die Gründung einer SLNE setzt eine notariell beurkundete Gründungsurkunde voraus. Allerdings ist das Gründungsverfahren für die SLNE weniger zeitintensiv, da es auf elektronischem Wege erfolgen kann. Die Gründung einer Gesellschaft kann auf diese Weise binnen 48 Stunden erfolgen.[1112]

637 Die Gründung einer SLNE kann sowohl **in Papierform** als auch **auf elektronischem Wege** erfolgen.[1113] Die elektronische Variante setzt voraus, dass die Gründungsgesellschafter über staatliche Beratungsstellen, die sogenannten *Puntos de Asesoramiento e Inicio de Tramitación (PAITs)* eine Firma für die zu gründende Gesellschaft beantragen und die Gründung samt dem dazugehörigen Verwaltungsverfahren mittels eines elektronischen Einheitsdokuments, des sogenannten **Documento Único Electrónico** (*DUE*) einleiten. In diesem Dokument sind alle Daten zusammengefasst, die dem Handelsregister sowie weiteren für die Gründung der Gesellschaft zuständigen Behörden mitzuteilen sind. Entscheiden sich die Gesellschaftsgründer für die **elektronische Gründungsvariante**, so können sie keine individuell ausgestaltete Satzung vereinbaren, sondern müssen eine **Mustersatzung**[1114] des spanischen Justizministeriums verwenden.[1115] Das *DUE* wird sodann an den Notar übermittelt, der die notarielle Gründungsurkunde der Gesellschaft errichtet, sobald ihm die Einzahlung des Stammkapitals nachgewiesen wurde. Der Notar

---

1105 Vgl Art. 3 LSRL.
1106 Vgl Art. 11 Abs. 1 iVm Art. 12 Abs. 1 LSRL.
1107 Vgl Art. 11 Abs. 1 LSRL.
1108 Vgl Art. 119 CCom.
1109 Vgl Art. 12 LSRL.
1110 Vgl Art. 12 Abs. 2 LSRL.
1111 Vgl Art. 12 Abs. 3 LSRL.
1112 Vgl *Vietz*, GmbHR 2003, 26, 27.
1113 Vgl Art. 134 Abs. 2 LSRL.
1114 Verordnung des Justizministeriums vom 4.6.2003, BOE vom 5.6.2003, 134/2003; im Internet erhältlich unter www.circe.es.
1115 Vgl 10. Zusatzbestimmung Abs. 2 LSRL.

ist verpflichtet, die Gründungsurkunde innerhalb von 24 Stunden an das zuständige Handelsregister weiterzuleiten, das wiederum verpflichtet ist, die SLNE innerhalb von 24 Stunden einzutragen.

b) Satzung (Estatutos Sociales)

Auch der Abschluss der **Satzung** einer SRL bedarf der notariellen Beurkundung. Die Satzung einer SRL hat nach Art. 13 LSRL folgende Mindestangaben zu enthalten: 638
- Firma der Gesellschaft,
- Gesellschaftszweck,
- Geschäftsjahr,
- Gesellschaftssitz,
- Höhe des Stammkapitals sowie Nennwert und fortlaufende Nummerierung der ausgegebenen Geschäftsanteile,
- Angaben zur Verwaltung der Gesellschaft.

Hinweis: Bei der SLNE haben die Gesellschaftsgründer die Wahl, entweder eine individuell ausgestaltete Satzung zu vereinbaren oder die Mustersatzung des spanischen Justizministeriums zu verwenden.[1116] In diesem Zusammenhang ist aber zu beachten, dass die beschleunigte Gesellschaftsgründung die Verwendung der Mustersatzung voraussetzt. Das Handelsregister ist nur bei Verwendung der Mustersatzung verpflichtet, die Gründungsurkunde innerhalb von 24 Stunden zu prüfen und die Gesellschaft in das Handelsregister einzutragen.[1117]

(aa) Firma

Die **Firma** der Gesellschaft kann nach spanischem Recht frei gewählt werden. Zulässig sind neben Sachfirmen und Personenfirmen auch Fantasiebezeichnungen. 639

Hinweis: Bei der Sachfirma ist jedoch zu berücksichtigen, dass sich diese nicht auf Geschäftstätigkeiten beziehen darf, die außerhalb des vereinbarten Gesellschaftszwecks der jeweiligen Gesellschaft liegen.[1118]

Gemäß Art. 2 Abs. 2 LSRL darf die Gesellschaft **keine bereits existierende Firma** führen. Um die doppelte Verwendung einer Firma zu vermeiden, müssen die Gründungsgesellschafter dem Notar vor Erstellung der Gründungsurkunde eine **Negativbescheinigung** (*certificación negativa*) des **zentralen spanischen Handelsregisters in Madrid** vorlegen, in der bestätigt wird, dass die gewählte Firma nicht registriert ist. 640

Hinweis: Darüber hinaus ist eine Firma auch dann nicht eintragungsfähig, wenn sie irreführend ist oder mit einer bereits bestehenden Firma eines Unternehmens verwechselt werden kann.[1119]

Des Weiteren ist die Führung einer Firma unzulässig, deren Gebrauch eine Straftat darstellt oder gegen die guten Sitten verstößt.[1120]

Die Verwendung von Firmenbestandteilen, die auf eine Verbindung mit staatlichen oder regionalen Regierungsbehörden hindeuten, wie etwa „*España*", „*nacional*", „*provincial*" oder „*municipal*" ist nur zulässig, wenn die jeweils in Bezug genommene Körperschaft oder Behörde an der Gesellschaft mehrheitlich beteiligt ist.[1121] 641

Auch nach spanischem Recht muss die die Firma der Gesellschaft einen **Rechtsformzusatz** enthalten, der den Rechtsverkehr auf die Beschränkung der Haftung der Gesellschaft auf das Gesellschaftsver- 642

1116 Vgl 10. Zusatzbestimmung Abs. 2 LSRL.
1117 Vgl Art. 134 Abs. 6 LSRL.
1118 Vgl *Löber/Wendland/Bilz/Lozano*, Die neue spanische GmbH, 3. Aufl., 2006, S. 13.
1119 Vgl Art. 406 ff. Reglamento del Registro Mercantil (RRM).
1120 Vgl Art. 404 RRM.
1121 Vgl Art. 405 RRM.

mögen hinweist. Bei der SRL ist der Firma der Rechtsformzusatz *„Sociedad de Responsabilidad Limitada"* oder *„Sociedad Limitada"* oder die dementsprechende Abkürzung *„SRL"* oder *„SL"* anzufügen.[1122]

Hinweis: Bei der SLNE muss die Firma zwingend den Vor- und Nachnamen eines Gründungsgesellschafters sowie den Rechtsformzusatz *„Sociedad Limitada Nueva Empresa"* oder die Abkürzung „SLNE" enthalten. Darüber hinaus muss der Firma ein alphanumerischer Code angefügt werden, der aus neun Ziffern und einem Buchstaben besteht.[1123] Der alphanumerische Code soll die Einmaligkeit der Firma gewährleisten und der Verwechslungsgefahr von Unternehmen durch Firmenähnlichkeit entgegenwirken.[1124]

(bb) Gesellschaftszweck

643 Der Gesellschaftszweck ist gemäß Art. 13 a) LSRL in der Satzung der Gesellschaft zu bezeichnen. Der genauen Bezeichnung des **satzungsmäßigen Gesellschaftszwecks** kommt erhebliche praktische Bedeutung zu. Denn die Vertretungsmacht des Geschäftsführungsorgans der SRL, der sogenannten *administradores* (Verwalter), richtet sich im spanischen Recht nach dem Gesellschaftszweck der Gesellschaft. Die Vertretungsmacht der Verwalter erstreckt sich dabei auf alle vom Gesellschaftszweck erfassten Handlungen.[1125] Darüber hinaus orientiert sich auch der Umfang des gesetzlichen **Wettbewerbsverbots**, dem die Verwalter einer SRL unterliegen, an deren satzungsmäßigen Gesellschaftszweck.[1126] Schließlich stellt in Spanien die Erreichung oder die offensichtliche Unmöglichkeit der Erreichung des Gesellschaftszwecks einen gesetzlichen Grund zur Auflösung der Gesellschaft dar.[1127]

Hinweis: Bei der SLNE ist die genaue Bezeichnung des Gesellschaftszwecks entbehrlich. Nach der gesetzlichen Regelung reicht der Verweis auf eines der im Gesetz bezeichneten allgemeinen geschäftlichen Tätigkeitsfelder, wie etwa die Ausübung eines „Handelsgewerbes", aus.[1128] Das vereinfacht die Gründung der Gesellschaft, erweitert allerdings auch die Kompetenzen der Geschäftsführung erheblich.

(cc) Sitz der Gesellschaft

644 Auch nach spanischem Recht ist der **satzungsmäßige Sitz** einer Gesellschaft von ihrem **tatsächlichen Verwaltungssitz** zu unterscheiden. Die Gesellschafter müssen den satzungsmäßigen Sitz der Gesellschaft bei deren Gründung in der Satzung festlegen und zum Handelsregister anmelden.[1129] Der **satzungsmäßige Sitz** der Gesellschaft muss sich grundsätzlich **in Spanien** befinden. Nach dem satzungsmäßigen Sitz der Gesellschaft bestimmt sich das zuständige Handelsregister, in das die Gesellschaft einzutragen ist. Während die Verlegung des Satzungssitzes innerhalb Spaniens möglich ist, führt die Verlegung des Satzungssitzes einer spanischen Gesellschaft ins Ausland regelmäßig zum Wechsel des Gesellschaftsstatuts und damit zum Verlust der Rechtspersönlichkeit der Gesellschaft.[1130]

645 Der **tatsächliche Verwaltungssitz** bezeichnet demgegenüber den Ort der tatsächlichen Geschäftstätigkeit. Dieser kann von Anfang an im Ausland genommen oder später ins Ausland verlegt werden, ohne dass dies Einfluss auf die Rechtspersönlichkeit der Gesellschaft hat, sofern der Satzungssitz in Spanien verbleibt.[1131]

1122 Vgl Art. 2 Abs. 1 LSRL.
1123 Vgl Art. 131 Abs. 1 und 3 LSRL.
1124 Ebenso *Lindner*, ZfRV 2004, 204, 208.
1125 Vgl Art. 63 Abs. 1 LSRL.
1126 Vgl Art. 65 Abs. 1 LSRL.
1127 Vgl Art. 104 Abs. 1 c) LSRL.
1128 Vgl Art. 132 LSRL.
1129 Vgl Art. 13 d) LSRL.
1130 Vgl *Löber/Lozano/Steinmetz*, in: Süß/Wachter, Handbuch des internationalen GmbH-Rechts, 2006, S.1612 mwN.
1131 Vgl *Löber/Lozano/Steinmetz*, in: Süß/Wachter, Handbuch des internationalen GmbH-Rechts, 2006, S.1612 mwN.

(dd) Stammkapital und Stammeinlagen

Das der Gesellschaft zur Verfügung gestellte Stammkapital, das sogenannte *capital social*, ist in der Satzung der Gesellschaft genau zu bezeichnen. Nach Art. 4 LSRL muss eine SRL ein **Mindestkapital** von 500 000 Peseten (= 3 006 EUR) aufweisen. Das Stammkapital ist bereits bei der Gründung der Gesellschaft vollständig einzuzahlen.[1132] Eine Obergrenze für das Stammkapital existiert für die SRL nicht.

Hinweis: Dies unterscheidet die SRL von der SLNE. Bei der SLNE beträgt das Stammkapital mindestens 3 012 EUR und darf höchstens 120 202 EUR betragen.[1133]

Neben dem Stammkapital sind auch **Anzahl** und **Nennwert** der ausgegebenen Geschäftsanteile in der Satzung zu bezeichnen. Bei der Bestimmung der Nennwerte der Geschäftsanteile sind die Gesellschafter grundsätzlich frei. Bereits bei Gründung der Gesellschaft kann ein Gesellschafter mehrere Geschäftsanteile übernehmen.[1134]

(ee) Verwaltungsorganisation in der Gesellschaft

In der Satzung ist die Organisation der Geschäftsführung in der Gesellschaft niederzulegen. Nach spanischem Recht gibt es insoweit **drei Möglichkeiten**. Es kann ein **alleiniger Verwalter**, ein sogenannter *administrador único*, bestellt werden, der alle Geschäftsführungsaufgaben und die Vertretung der Gesellschaft allein übernimmt. Weiterhin können auch **mehrere Verwalter** bestellt werden, die die Geschäfte der Gesellschaft dann entweder jeweils als alleinvertretungsberechtigte Verwalter, als *administradores solidarios*, oder gemeinsam als gesamtvertretungsberechtigte Verwalter, *administradores mancomunados*, führen.[1135] Im Unterschied zum deutschen Recht ist es im spanischen Recht zulässig, juristische Personen zu Verwaltern einer Gesellschaft zu bestellen. Schließlich kann die Geschäftsführung auch einem **Verwaltungsrat**, dem sogenannten *consejo de administración*, als Kollegialorgan übertragen werden.

Hinweis: Machen die Gründungsgesellschafter von der Möglichkeit Gebrauch, in der Satzung mehrere Verwaltungsformen alternativ vorzusehen, so müssen sie die Geschäftsführungsstruktur, die bei Gründung der Gesellschaft zur Anwendung kommen soll, in der Gründungsurkunde festlegen.[1136]

(ff) Fakultativer Satzungsinhalt

Abgesehen vom zwingend erforderlichen Mindestinhalt können die Gesellschafter alle Vereinbarungen in die Satzung aufnehmen, die sie für notwendig erachten, sofern diese nicht den Gesetzen oder den Grundprinzipien der Gesellschaft mit beschränkter Haftung widersprechen.[1137] Zu denken wäre beispielsweise an die Implementierung einer **Geschäftsordnung für die Verwaltung** der Gesellschaft oder an eine **Befreiung der Verwalter vom Wettbewerbsverbot** des Art. 65 LSRL.

c) Gründungsgesellschafter

In einer SRL können sowohl natürliche als auch juristische Personen Gesellschafter sein. Eine SRL kann daher auch von einem Verein, einer Aktiengesellschaft oder einer sonstigen Handelsgesellschaft gegründet werden. Eine SRL kann als **Einpersonengesellschaft** gegründet werden (*sociedad unipersonal originaria*) oder durch Vereinigung aller Geschäftsanteile in einer Hand nachträglich dazu werden (*sociedad unipersonal sobrevenida*).[1138] Der Umstand, dass eine Gesellschaft nur von einem Gesellschafter gehalten wird, ist dem Rechtsverkehr dadurch bekannt zu geben, dass die Firma zwingend den **Zusatz** *„Sociedad Unipersonal"* führen muss.[1139]

1132 Vgl Art. 4 LSRL.
1133 Vgl Art. 135 Abs. 1 LSRL.
1134 Vgl *Löber/Wendland/Bilz/Lozano*, Die neue spanische GmbH, 3. Aufl., 2006, S. 17.
1135 Vgl Art. 57 Abs. 1 LSRL.
1136 Vgl Art. 13 Abs. 2 e) LSRL.
1137 Vgl Art. 12 Abs. 3 LSRL.
1138 Vgl Art. 125 LSRL.
1139 Vgl Art. 126 Abs. 2 LSRL.

Hinweis: Nicht nur die Gründung, sondern auch die nachträgliche Entstehung einer Einpersonengesellschaft ist innerhalb einer Frist von sechs Monaten in das Handelsregister einzutragen. Wird dies versäumt, haftet der Alleingesellschafter persönlich und unbeschränkt für die Verbindlichkeiten, die der Gesellschaft seit dem Ausscheiden des letzten Mitgesellschafters entstanden sind.[1140]

651 Bei der **SLNE** müssen alle Gesellschafter **natürliche Personen** sein. Wird die Gesellschaft durch eine Einzelperson gegründet, so darf diese nicht gleichzeitig Alleingesellschafter einer anderen SLNE sein.[1141] Der Kreis der Gründungsgesellschafter darf fünf Personen nicht übersteigen.[1142] Die Beschränkung des Gesellschafterkreises auf fünf Personen besteht allerdings nur bei Gründung der Gesellschaft, so dass in einem späteren Stadium weitere Gesellschafter aufgenommen werden können.[1143]

Hinweis: Erwirbt eine juristische Person Geschäftsanteile an einer SLNE, so muss sie diese Anteile innerhalb von 3 Monaten auf eine natürliche Person übertragen. Andernfalls wird die Gesellschaft gesetzlich in eine SRL umqualifiziert.[1144]

d) Eintragung in das Handelsregister

652 Nach der Beurkundung ist die Gründungsurkunde innerhalb einer Frist von **zwei Monaten** bei dem Handelsregister am Gesellschaftssitz zur Eintragung vorzulegen.[1145] Die Eintragung der Gesellschaft im Handelsregister erfolgt nur, wenn die folgenden Unterlagen eingereicht werden:
- Ausfertigung der Gründungsurkunde,
- Beleg über die Entrichtung der Stempelsteuer,
- Negativbescheinigung des zentralen Handelsregisters über die Firma der Gesellschaft,
- vorläufige Steuernummer (*código de identificación fiscal*) der Gesellschaft in Gründung.

653 Die **Eintragung** im Handelsregister ist **konstitutiv**, dh erst mit der Eintragung erlangt die SRL ihre Rechtspersönlichkeit.[1146] Die Eintragung der SRL in das Handelsregister wird von Amts wegen im *Boletín Oficial del Registro Mercantil* publiziert.

Hinweis: Bei der SLNE erfolgt die Beantragung der Eintragung in das Handelsregister durch den Notar mittels des elektronischen Gesellschaftsgründungsdokuments *DUE* innerhalb von 24 Stunden nach Erstellung der Gründungsurkunde. Das Handelsregister ist sodann verpflichtet, soweit die durch das spanische Justizministerium erarbeitete Mustersatzung verwendet wurde, die Gesellschaft innerhalb von weiteren 24 Stunden in das Handelsregister einzutragen.[1147]

3. Organe

654 Die Pflichtorgane der SRL sind die **Hauptversammlung** gemäß Art. 43 LSRL sowie der oder die **Verwalter** gemäß Art. 57 LSRL als Leitungsorgan der Gesellschaft.

a) Verwalter

655 Die Geschäftsführung in der spanischen SRL kann durch einen **Alleinverwalter**, den sogenannten *administrador unico*, durch zwei oder mehrere **alleinvertretungsberechtigte Verwalter**, sogenannte *administradores solidarios*, zwei oder mehrere **gesamtvertretungsberechtigte Verwalter**, *administradores mancomunados* oder aber durch einen **Verwaltungsrat**, den *consejo de administraciòn*, wahr-

---

1140 Vgl Art. 129 LSRL.
1141 Vgl Art. 133 Abs. 2 LSRL.
1142 Vgl Art. 133 Abs. 1 LSRL.
1143 Vgl Art. 136 Abs. 2 LSRL.
1144 Vgl Art. 136 Abs. 3 LSRL.
1145 Vgl Art. 15 Abs. 1 LSRL.
1146 Vgl Art. 11 Abs. 1 LSRL.
1147 Vgl Art. 134 LSRL.

genommen werden.¹¹⁴⁸ Hierbei handelt es sich um einen Numerus clausus von Regelungsmöglichkeiten. Eine Kombination der Modelle ist unzulässig.¹¹⁴⁹ Aus diesem Grunde ist es ausgeschlossen, dass die SRL zugleich alleinvertretungsberechtigte und gesamtvertretungsberechtigte Verwalter hat. Die Satzung der SRL kann gemäß Art. 57 Abs. 2 LSRL unterschiedliche Organisationsformen für die Verwaltung enthalten, wobei es der Gesellschafterversammlung überlassen bleibt, sich alternativ für das eine oder andere Modell zu entscheiden, ohne dass es einer Satzungsänderung bedarf.

Hinweis: Ein Wechsel in der Verwaltungsorganisation der Gesellschaft erfordert stets eine notarielle Beurkundung und die Eintragung ins Handelsregister. Dies gilt auch dann, wenn eine Satzungsänderung im gegebenen Fall nicht erforderlich sein sollte, weil die Satzung mehrere Varianten für die Verwaltungsorganisation vorsieht.¹¹⁵⁰

aa) Eignungsvoraussetzungen

Grundsätzlich kann jede **geschäftsfähige Person**, die über ihr Vermögen verfügungsberechtigt ist, Verwalter einer SRL werden, ohne dass es insoweit auf ihre Staatsangehörigkeit ankäme.¹¹⁵¹ Auch eine **juristische Person** kann Verwalter einer SRL sein, die dann wiederum durch eine natürliche Person vertreten wird.¹¹⁵² Verwalter müssen, sofern die Satzung nichts anderes bestimmt, nicht zwingend Gesellschafter sein.¹¹⁵³ Somit gilt wie bei der deutschen GmbH das **Prinzip der Fremdorganschaft**.

656

Hinweis: Das Prinzip der Fremdorganschaft gilt allerdings nicht für die SLNE, in der nach Art. 139 Abs. 3 LSRL nur Gesellschafter zum Verwalter bestellt werden können.

Gesetzlich vom Amt des Verwalters ausgeschlossen sind Personen, die nicht voll geschäftsfähig sind, wie etwa Minderjährige oder Personen, die aufgrund gerichtlicher Entscheidung für geschäftsunfähig erklärt wurden.¹¹⁵⁴ Darüber hinaus kann nicht Verwalter einer SRL sein, wer wegen einer Straftat mit einem **Berufsverbot** belegt wurde oder nach dem spanischen Konkursgesetz von diesem Amt ausgeschlossen ist. Schließlich darf die Ausübung des Amtes als Verwalter einer SRL nicht rechtlich unvereinbar mit sonstigen Amtspflichten einer Person sein. Daher sind insbesondere **Beamte** vom Amt des Verwalters ausgeschlossen, wenn sie in der öffentlichen Verwaltung ein Amt bekleiden, das mit den von der Gesellschaft ausgeübten Tätigkeiten in Zusammenhang steht. Auch **Richter** und sonstige Personen, deren Amt mit der Tätigkeit als Verwalter unvereinbar ist, können nicht zum Verwalter bestellt werden bzw müssen, soweit sie das Amt des Verwalters ausüben, dieses Amt niederlegen.¹¹⁵⁵

657

Die Geschäftsführung in der Gesellschaft kann auch einem **Verwaltungsrat**, dem sogenannten *consejo de administraciòn*, übertragen werden. Beim Verwaltungsrat handelt es sich um ein dem spanischen Aktienrecht entstammendes Leitungsorgan, dessen Bestellung in der Satzung der Gesellschaft explizit vorgesehen sein muss.¹¹⁵⁶ Die Einsetzung eines Verwaltungsrats empfiehlt sich nur für die Leitung größerer Gesellschaften. Dies gilt insbesondere deshalb, weil ein Verwaltungsrat bereits gesetzlich aus **mindestens drei Mitgliedern**, den *consejeros*, bestehen muss. Der Verwaltungsrat kann bis zu zwölf Mitglieder haben, wobei die Satzung die Anzahl der Mitglieder entweder festlegen kann oder lediglich eine durch die Gesellschafterversammlung zu bestimmende Mindest- und Höchstzahl von Mitgliedern festsetzt.¹¹⁵⁷

658

1148 Vgl Art. 57 Abs. 1 LSRL.
1149 Vgl *Sánchez Calero*, Los administradores de las sociedades de capital, 2005, S. 49.
1150 Vgl Art. 57 Abs. 3 LSRL.
1151 Vgl *Löber/Lozano/Steinmetz*, in: Süß/Wachter, Handbuch des internationalen GmbH-Rechts, 2006, S.1584 mwN.
1152 Res. DGRN 11.3.1991 (RJ 1991, 2534).
1153 Vgl Art. 58 Abs. 2 LSRL.
1154 Vgl Art. 58 Abs. 3 LSRL.
1155 Vgl Art. 58 Abs. 3 LSRL.
1156 Vgl Art. 57 Abs. 1 LSRL.
1157 Vgl *Löber/Wendland/Bilz/Lozano*, Die neue spanische GmbH, 2006, S. 48.

bb) Bestellung und Abberufung von Verwaltern

659 Zur **Bestellung** der Verwalter ist die Hauptversammlung der Gesellschaft zuständig. Die Bestellung eines Verwalters wird mit der Annahmeerklärung des jeweiligen Verwalters rechtswirksam.[1158] Die Verwalter üben ihr Amt grundsätzlich auf unbestimmte Zeit aus, allerdings kann die Satzung bestimmte **Amtszeiten** festlegen.[1159]

Hinweis: Denkbar wäre etwa, sich zur Bestimmung der Amtszeit der Verwalter der SRL am spanischen Aktienrecht zu orientieren, das eine regelmäßige Amtszeit von fünf Jahren für die Verwalter vorsieht.[1160]

660 Die Bestellung eines Verwalters muss im **Handelsregister** eingetragen werden.[1161] Ist der Geschäftsführer eine juristische Person, so erfolgt die Eintragung erst dann, wenn die natürliche Person, welche die als Verwalter fungierende juristische Person ihrerseits vertreten soll, zum Handelsregister angemeldet worden ist.[1162]

661 Die Verwalter haben nach der gesellschaftsrechtlichen Grundkonzeption des LSRL grundsätzlich **keinen Anspruch auf Vergütung** für die Wahrnehmung ihrer Aufgaben.[1163] In der Praxis werden aber regelmäßig Dienstverträge mit den Verwaltern geschlossen werden, die eine Vergütung vorsehen.[1164] Wird aber auf den Abschluss eines Dienstvertrages verzichtet, wie dies etwa bei einem geschäftsführenden Gesellschafter denkbar ist, ist die Gesellschaft nicht zur Zahlung von Bezügen an den Verwalter verpflichtet.

662 Ein Verwalter kann von der Hauptversammlung jederzeit mit einfacher Mehrheit abberufen werden.[1165]

Hinweis: Nach Art. 68 Abs. 2 LSRL ist eine Satzungsbestimmung unzulässig, nach der die Abberufung eines Verwalters von einer Mehrheit von mehr als zwei Dritteln des stimmberechtigten Stammkapitals abhängig gemacht wird. Die bei der deutschen GmbH beliebte Regelung, die Abberufung von Geschäftsführern an eine qualifizierte Mehrheit von 75 % des Stammkapitals zu binden, ist demnach bei der spanischen SRL unzulässig.

cc) Befugnisse der Verwalter

663 Die Verwalter bzw der Verwaltungsrat sind umfassend zur **Geschäftsführung** in der Gesellschaft und deren **Vertretung** im Außenverhältnis befugt, soweit nicht das Gesetz bestimmte Materien der Hauptversammlung zur Entscheidung zuweist.[1166] Ist nur ein Verwalter bestellt, ist dieser notwendigerweise alleinvertretungsberechtigt. Sind **mehrere Verwalter** bestellt, kann die Satzung oder die Hauptversammlung entweder allen Verwaltern Einzelvertretungsbefugnis zuerkennen oder vorsehen, dass alle Verwalter gesamtvertretungsberechtigt sind, dh die Gesellschaft nur durch jeweils zwei Verwalter gemeinsam vertreten werden kann. Ist ein Verwaltungsrat eingerichtet, so ist die Vertretung der Gesellschaft diesem als Kollegialorgan übertragen.

Hinweis: Das spanische Recht gestattet die Bestellung einer beliebigen Anzahl von Verwaltern. Nach der gesetzlichen Konzeption ist es jedoch unzulässig, zugleich alleinvertretungsberechtigte und gesamtvertretungsberechtigte Verwalter zu bestellen. Sind mehrere Personen zum Verwalter bestellt, müssen sich die Gesellschafter daher für eine Form der Vertretungsbefugnis entscheiden.

664 Die **Geschäftsführungs- und Vertretungsbefugnis** der Verwalter erstreckt sich nach Art. 63 Abs. 1 S.1 LSRL auf alle Handlungen, deren Vornahme von dem in der Satzung bestimmten Gesellschaftszweck

---

1158 Vgl Art. 58 Abs. 1, 4 LSRL.
1159 Vgl Art. 60 Abs. 1 LSRL.
1160 Vgl Art. 126 LSA.
1161 Vgl Art. 191 ff, 141 ff RRM.
1162 Vgl Art. 143 Abs. 2 RRM.
1163 Vgl Art. 66 Abs. 1 LSRL.
1164 Vgl *Marinel-lo Jordan/Meyer*, Die spanische GmbH, 1998, S. 20.
1165 Vgl Art. 68 Abs. 1 LSRL.
1166 Vgl hierzu sogleich unter Rn 669.

umfasst ist. Eine **Beschränkung** der Vertretungsmacht der Verwalter ist nach spanischem Recht nur im Innenverhältnis, nicht aber im Außenverhältnis wirksam. Nach der Regelung des Art. 63 Abs. 1 S. 2 LSRL ist eine Beschränkung der Vertretungsbefugnis eines Verwalters gegenüber Dritten selbst dann unwirksam, wenn sie im Handelsregister eingetragen ist. Dies bedeutet, dass die Gesellschaft gegenüber gutgläubigen Dritten selbst dann verpflichtet wird, wenn sich aus der im Handelsregister eingetragenen Satzung ergibt, dass die entsprechende Handlung des Verwalters nicht vom Gesellschaftszweck umfasst ist.[1167]

dd) Pflichten der Verwalter

Bei der Erfüllung seiner Aufgaben unterliegt der Verwalter bestimmten **Treuepflichten** gegenüber der Gesellschaft. Diese Treuepflichten lassen sich in zwei Kategorien einteilen, nämlich zum einen in die **Sorgfaltspflicht** bei der Erfüllung seiner Aufgaben und zum anderen in die **allgemeine Treuepflicht** gegenüber der Gesellschaft.

Die Regelung des **Sorgfaltsmaßstabs** in Art. 61 Abs. 1 LSRL, den ein Verwalter bei der Ausübung seiner Tätigkeit für die Gesellschaft zu beachten hat, entspricht den aktienrechtlichen Vorschriften. Nach Art. 61 Abs. 1 LSRL ist ein Verwalter verpflichtet, seine Aufgaben mit der Sorgfalt eines ordentlichen Kaufmanns und redlichen Sachwalters auszuüben. Der gleichlautende aktienrechtliche Sorgfaltsmaßstab findet auf die Verwalter der LSRL in haftungsrechtlichen Fragen unmittelbare Anwendung.[1168]

Die Verwalter einer spanischen SRL unterliegen einem **gesetzlichen Wettbewerbsverbot**. Nach Art. 65 LSRL dürfen die Verwalter keine Tätigkeit ausüben, die dem Gesellschaftszweck der von ihnen vertretenen Gesellschaft entspricht oder diesem ähnlich ist oder diesen ergänzt, es sei denn, die Hauptversammlung der vertretenen Gesellschaft hat die jeweilige Wettbewerbstätigkeit ausdrücklich genehmigt.

Hinweis: Das gesetzliche Wettbewerbsverbot der Verwalter gemäß Art. 65 SRL kann je nach Fassung des Gesellschaftszwecks zu einer sehr weitreichenden Bindung der Verwalter führen, die ihnen eine Nebentätigkeit nahezu unmöglich macht.

Weiterhin bedarf die **Gewährung von Krediten, Sicherheiten** oder **finanziellen Leistungen** durch die Gesellschaft an einen Verwalter der Genehmigung durch die Hauptversammlung in jedem Einzelfall.[1169] Auch die Begründung von Dienst- oder Werkverträgen zwischen der Gesellschaft und einem Verwalter und die Änderung solcher Verträge bedürfen der Genehmigung der Hauptversammlung.[1170] Sind die betroffenen Verwalter gleichzeitig Gesellschafter und befinden sich insoweit in einem Interessenkonflikt, haben sie in den genannten Fallkonstellationen kein Stimmrecht in der Hauptversammlung.[1171]

b) Hauptversammlung

In der **Hauptversammlung** der SRL, der sogenannten **junta general**, erfolgt die Willensbildung der Gesellschaft. Nach dem gesetzlichen Grundkonzept sind der Hauptversammlung einer SRL die folgenden Materien zur Entscheidung übertragen:
- Bestellung und Abberufung sowie Entlastung der Verwalter,[1172]
- Genehmigung des Jahresabschlusses und Entscheidung über die Ergebnisverwendung,[1173]
- Befreiung der Verwalter vom gesetzlichen Wettbewerbsverbot,[1174]

1167 Vgl *Löber/Lozano/Steinmetz*, in Süß/Wachter, Handbuch des internationalen GmbH-Rechts, 2006, S.1588 mwN.
1168 Vgl Art. 69 Abs. 1 LSRL iVm Art. 127 LSA.
1169 Vgl Art. 10 Abs. 1 LSRL.
1170 Vgl Art. 67 LSRL.
1171 Vgl Art. 52 Abs. 1 LSRL.
1172 Vgl Art. 44 Abs. 1 a), b) LSRL.
1173 Vgl Art. 44 Abs. 1 a) LSRL.
1174 Vgl Art. 44 Abs. 1 c) LSRL.

- Vergabe von Krediten, Darlehen, Sicherheiten oder sonstigen finanziellen Leistungen an einen Gesellschafter oder einen Verwalter,[1175]
- Zustimmung zur Übertragung von Geschäftsanteilen,[1176]
- Änderung der Satzung, einschließlich der Erhöhung oder Herabsetzung des Stammkapitals,[1177]
- Umwandlung, Verschmelzung oder Spaltung der Gesellschaft,[1178]
- Beschluss über die Auflösung der Gesellschaft.[1179]

670 Die Geschäftsführung in der Gesellschaft fällt grundsätzlich nicht in die Zuständigkeit der Gesellschafter, sondern in diejenige der Verwalter. Die Hauptversammlung ist aber berechtigt, den Verwaltern **einzelfallbezogene Weisungen** in Geschäftsführungsangelegenheiten zu erteilen und allgemein bestimmte Geschäftsführungsmaßnahmen von ihrer **Zustimmung** abhängig zu machen.[1180] Darüber hinaus können die Gesellschafter durch Satzungsbestimmung originäre Geschäftsführungsbefugnisse an sich ziehen.[1181] Wie bei der deutschen GmbH können die Gesellschafter einer SRL somit erheblichen Einfluss auf die Geschäftsführung in der Gesellschaft nehmen.

671 Nach dem gesetzlichen Grundkonzept haben die Verwalter innerhalb der ersten sechs Monate jeden Geschäftsjahres eine **ordentliche Hauptversammlung** einzuberufen, auf der über die Entlastung der Geschäftsführung, die Feststellung des Jahresabschlusses des jeweils vorausgegangenen Geschäftsjahres und über die Gewinnverwendung Beschluss gefasst werden soll.[1182] Wird die ordentliche Hauptversammlung nicht innerhalb der gesetzlichen Frist einberufen, so kann jeder einzelne Gesellschafter die Einberufung einer Hauptversammlung gerichtlich erzwingen.[1183]

672 Eine Hauptversammlung kann von den Verwaltern ferner immer dann einberufen werden, wenn sie dies für notwendig oder zweckmäßig halten.[1184] Das gleiche Recht steht auch jeder Gruppe von **Gesellschaftern** zu, die zusammen mindestens **5 %** des **Stammkapitals** halten. Stellen diese unter Vorlage der zu behandelnden Tagesordnung einen Antrag auf Einberufung einer Hauptversammlung, müssen die Verwalter innerhalb eines Monats nach Eingang des Antrags eine Hauptversammlung einberufen.[1185] Wird dem Antrag zur Einberufung einer Hauptversammlung nicht entsprochen, kann die Einberufung gerichtlich erzwungen werden.[1186]

673 Sofern die Satzung der Gesellschaft keinen anderen Ort bestimmt, sind die Hauptversammlungen am **satzungsmäßigen Sitz der Gesellschaft** abzuhalten.[1187]

aa) Einberufung der Hauptversammlungen

674 Grundsätzlich setzt die Beschlussfähigkeit einer Hauptversammlung eine formell **ordnungsgemäße Einberufung** durch die Verwalter voraus. Der Zweck der Einberufungspflicht ist es, allen Gesellschaftern zu ermöglichen, an der Hauptversammlung teilzunehmen und sich inhaltlich auf diese vorbereiten zu können. Dieses Recht der Gesellschafter ist aber dispositiv. So kann auf eine formelle Einberufung der Hauptversammlung verzichtet werden, wenn alle Gesellschafter auf einer **Vollversammlung**, einer sogenannten *junta universal*, anwesend oder rechtmäßig vertreten sind und der Durchführung der Hauptversammlung und der Tagesordnung zustimmen.[1188] Eine Universalversammlung kann an jedem beliebigen Ort abgehalten werden.[1189]

1175 Vgl Art. 10 Abs. 1 LSRL.
1176 Vgl Art. 29 Abs. 2 LSRL.
1177 Vgl Art. 44 Abs. 1 d), e) LSRL.
1178 Vgl Art. 44 Abs. 1 f) LSRL.
1179 Vgl Art. 44 Abs. 1 g) LSRL.
1180 Vgl Art. 44 Abs. 2 LSRL.
1181 Vgl Art. 44 Abs. 1 h) LSRL.
1182 Vgl Art. 45 Abs. 2 LSRL.
1183 Vgl Art. 45 Abs. 2 LSRL.
1184 Vgl Art. 45 Abs. 3 LSRL.
1185 Vgl Art. 45 Abs. 3 LSRL.
1186 Vgl Art. 45 Abs. 3 LSRL.
1187 Vgl Art. 47 LSRL.
1188 Vgl Art. 48 Abs. 1 LSRL.
1189 Vgl Art. 48 Abs. 2 LSRL.

Außerhalb von Vollversammlungen werden Hauptversammlungen von den Verwaltern durch Veröffentlichung einer Anzeige im *Boletín Oficial del Registro Mercantil* sowie in einer weit verbreiteten Tageszeitung am Satzungssitz der Gesellschaft einberufen.[1190] In der Satzung der Gesellschaft kann bestimmt werden, dass Hauptversammlungen anderweitig, etwa durch persönliche Ladung der Gesellschafter, einberufen werden müssen.[1191] Zwischen Einberufung und Abhaltung der Hauptversammlung muss nach Art 46 Abs. 3 LSRL eine Frist von mindestens 15 Tagen liegen. Diese Frist kann durch die Satzung verlängert, aber nicht verkürzt werden.[1192] In der **Einberufung** sind Ort, Datum und Uhrzeit der Hauptversammlung sowie die Tagesordnung genau zu bezeichnen.

Hinweis: Aus der Tagesordnung müssen sich die Gegenstände ergeben, über die in der Hauptversammlung Beschluss gefasst werden soll. Einer Beschlussfassung über nicht angekündigte Gegenstände können die Gesellschafter grundsätzlich widersprechen. Dies gilt jedoch nicht, sofern über die Abberufung von Verwaltern oder die Geltendmachung von Haftungsansprüchen gegen einzelne Verwalter Beschluss gefasst werden soll.[1193]

bb) Durchführung von Hauptversammlungen

Die **Beschlussfähigkeit** einer Hauptversammlung setzt die Anwesenheit von mindestens **einem Drittel** des stimmberechtigten Stammkapitals der Gesellschaft voraus.[1194] Nach der gesetzlichen Grundregel des Art. 53 Abs. 1 LSRL bedürfen Beschlüsse der Hauptversammlung zu ihrer Wirksamkeit der **Mehrheit der abgegebenen Stimmen**, sofern das Gesetz oder die Satzung der Gesellschaft keine höhere Mehrheit fordern.
Grundsätzlich berechtigt jeder Geschäftsanteil seinen Inhaber zur Abgabe einer Stimme, es sei denn, die Satzung sieht etwas anderes vor (Art. 53 Abs. 4 LSRL).

Die Beschlussfassung über Erhöhungen oder Herabsetzungen des Stammkapitals der Gesellschaft sowie über Satzungsänderungen, für die gesetzlich keine höhere Mehrheit erforderlich ist, bedarf der **einfachen Mehrheit aller vorhandenen Stimmen**.[1195] Die Beschlussfassung über einen Formwechsel, die Verschmelzung, oder Spaltung der Gesellschaft, den Ausschluss des Bezugsrechts der Gesellschafter auf junge Geschäftsanteile bei Kapitalerhöhungen, den Ausschluss eines Gesellschafters aus der Gesellschaft oder die Befreiung eines Verwalters vom Wettbewerbsverbot setzt die Zustimmung von mindestens **zwei Dritteln aller vorhandenen Stimmen** voraus.[1196]

Hinweis: Das spanische Gesellschaftsrecht sieht **einstimmige Beschlussfassung** vor, wenn durch einen Gesellschafterbeschluss einzelne Gesellschafter in ihren individuellen Rechten beeinträchtigt werden. So kann etwa eine disproportionale Kapitalherabsetzung nur mit den Stimmen aller Gesellschafter beschlossen werden.

Sämtliche Hauptversammlungsbeschlüsse bedürfen der **Protokollierung**.[1197] In das Protokoll ist eine Anwesenheitsliste aufzunehmen. Das Protokoll soll am Schluss der Hauptversammlung von den anwesenden Gesellschaftern genehmigt werden. Kommt eine solche Genehmigung nicht zu Stande, kann das Protokoll innerhalb von 15 Tagen vom Vorsitzenden der Hauptversammlung und mindestens zwei Gesellschaftern, die bei der Hauptversammlung anwesend waren, nachgenehmigt werden.[1198]

1190 Vgl Art. 45 Abs. 1, 46 Abs. 1 LSRL.
1191 Vgl Art. 46 Abs. 2 LSRL.
1192 Vgl *Löber/Wendland/Bilz/Lozano*, Die neue spanische GmbH, 2006, S. 33.
1193 Vgl *Löber/Lozano/Steinmetz*, in Süß/Wachter, Handbuch des internationalen GmbH-Rechts, 2006, S.1580.
1194 Vgl Art. 53 Abs. 1 LSRL.
1195 Vgl Art. 53 Abs. 2 a) LSRL.
1196 Vgl Art. 53 Abs. 2 b) LSRL.
1197 Vgl Art. 54 Abs. 1 LSRL.
1198 Vgl Art. 54 Abs. 2 LSRL.

Hinweis: Die Bestimmungen zur Einberufung und Durchführung einer Hauptversammlung bei der SLNE unterscheiden sich im Grundsatz nicht von den für die SRL geltenden Bestimmungen. Allerdings kann die Einberufung auch durch eingeschriebenen Brief mit Rückschein und auf elektronischem Wege erfolgen. Die Veröffentlichung der Einberufung im *Boletín Oficial del Registro Mercantil* ist dann entbehrlich.[1199]

4. Mitgliedschaft

a) Erwerb der Mitgliedschaft

aa) Zeichnung von Geschäftsanteilen

679 Die Geschäftsanteile verleihen den Gesellschaftern ihre Gesellschafterstellung. Die Geschäftsanteile sind **unteilbar** und **kumulierbar** und haben keinen Wertpapiercharakter.[1200] Sie sind von den Gesellschaftern zum Zeitpunkt der Gründung der Gesellschaft zu zeichnen und die entsprechenden Einlagen sind in voller Höhe zur freien Verfügung der Gesellschaft zu leisten.[1201] Jeder Gesellschafter kann bereits bei der Gründung der Gesellschaft mehrere Geschäftsanteile zeichnen.[1202]

680 Die Gesellschafter können durch einen entsprechenden Hauptversammlungsbeschluss das Stammkapital der Gesellschaft erhöhen. Das Stammkapital kann durch die **Schaffung neuer Geschäftsanteile** oder durch **Aufstockung** bereits bestehender Geschäftsanteile erhöht werden.[1203] Die Kapitalerhöhung kann sowohl gegen Bareinlagen als auch gegen Einbringung von Sacheinlagen erfolgen. Als **Sacheinlage** ist nach spanischem Recht auch die Verrechnung von Forderungen gegen die Gesellschaft oder die Umwandlung von in der Gesellschaft thesaurierten Rücklagen oder Gewinnen zulässig.[1204] Im Falle der Erhöhung durch Aufstockung des Nennbetrages bereits bestehender Geschäftsanteile ist die Zustimmung aller Gesellschafter erforderlich, es sei denn, die Erhöhung wird vollständig aus bereits vorhandenen Rücklagen oder Gewinnen der Gesellschaft vorgenommen.[1205] Bei einer Erhöhung des Stammkapitals im Wege der Aufrechnung mit Forderungen müssen diese vollumfänglich beziffert und fällig sein.[1206] Wird eine Kapitalerhöhung gegen Sacheinlagen vorgenommen, so haben die Verwalter einen Bericht zu erstellen, in dem die einzubringenden Vermögensgegenstände genau beschrieben und bewertet werden.[1207] Den Gesellschaftern steht grundsätzlich ein **gesetzliches Bezugsrecht** auf die neuen Geschäftsanteile im Verhältnis der von ihnen bereits gehaltenen Geschäftsanteile zu.[1208] Das Bezugsrecht kann jedoch durch Beschluss der Hauptversammlung ganz oder teilweise ausgeschlossen werden. Die Voraussetzungen hierfür sind in Art. 76 LSRL geregelt.

681 Die **Beschlussfassung** über die Erhöhung des Stammkapitals und die Durchführung der Kapitalerhöhung ist nach den Vorschriften der Art. 71 Abs. 2, 78 Abs. 1 und 2 LSRL notariell zu beurkunden und in das Handelsregister der Gesellschaft einzutragen. Die Urkunde über die Durchführung der Kapitalerhöhung muss die jeweils eingebrachten Vermögensgegenstände und Rechte im Einzelnen bezeichnen.[1209]

bb) Übertragung von Geschäftsanteilen

682 Die spanische SRL ist nach dem Willen des Gesetzgebers im Gegensatz zur Aktiengesellschaft eine geschlossene Gesellschaft, was sich vor allem in den in Art. 26 bis 42 LSRL geregelten **strengen Übertragungsvorschriften** für Geschäftsanteile zeigt. Jede Übertragung von Geschäftsanteilen sowie die

---

1199 Vgl Art. 138 LSRL.
1200 Vgl Art. 5 Abs. 2 LSRL.
1201 Vgl Art. 19 Abs. 2 LSRL.
1202 Vgl Art. 5 Abs. 1 LSRL.
1203 Vgl Art. 73 Abs. 1 LSRL.
1204 Vgl Art. 73 Abs. 1 LSRL.
1205 Vgl Art. 74 Abs. 1 LSRL.
1206 Vgl Art. 74 Abs. 2 LSRL.
1207 Vgl Art. 74 Abs. 3 LSRL.
1208 Vgl Art. 75 Abs. 1 LSRL.
1209 Vgl Art. 78 Abs. 1 LSRL.

Bestellung von Pfandrechten daran hat zwingend in notarieller Urkunde zu erfolgen.[1210] Eine nicht in einer notariellen Urkunde beurkundete Übertragung von Geschäftsanteilen ist nichtig und entfaltet gegenüber der Gesellschaft keine Wirkung.[1211] Jede Übertragung ist in dem von den Verwaltern geführten **Gesellschafterregister**, dem sogenannten *libro registro de socios*, nicht jedoch im Handelsregister einzutragen. Der Erwerber wird ab dem Zeitpunkt Gesellschafter der Gesellschaft, zu dem diese von der Übertragung Kenntnis erlangt.[1212] Zu beachten ist, dass nach Art. 28 LSRL Geschäftsanteile nicht vor der Eintragung der Gesellschaft ins Handelsregister und neue Geschäftsanteile nicht vor Eintragung des Kapitalerhöhungsbeschlusses übertragen werden können.

Eine **Besonderheit** des spanischen Gesellschaftsrechts stellt es dar, dass die Übertragung von Geschäftsanteilen unter den Gesellschaftern oder auf Angehörige eines Gesellschafters oder auf Konzerngesellschaften ohne Zustimmung der Mitgesellschafter erfolgen kann, sofern die Satzung keine abweichende Regelung trifft.[1213]

In allen anderen Fällen richtet sich die Zulässigkeit der Übertragung von Geschäftsanteilen nach den satzungsmäßigen Bestimmungen. Ist in der Satzung keine diesbezügliche Regelung enthalten, kommen gemäß Art. 29 Abs. 2 LSRL die gesetzlichen Bestimmungen zur Anwendung. Gemäß Art. 29 Abs. 2 a) LSRL muss ein Gesellschafter, der einen Geschäftsanteil übertragen möchte, dies der Gesellschaft schriftlich mitteilen.[1214] Die Hauptversammlung muss der Übertragung durch Gesellschafterbeschluss zustimmen, wobei die ordentliche gesetzliche Mehrheit entscheidet.

Die Gesellschafter, die über die Zustimmung zur Anteilsübertragung beschließen, haben ein **gesetzliches Vorkaufsrecht**. Sind mehrere Gesellschafter am Erwerb eines Geschäftsanteils interessiert, werden ihnen die Anteile im Verhältnis ihrer jeweiligen Beteiligung am Stammkapital zugeteilt.[1215] Übt kein Gesellschafter sein Vorkaufsrecht aus, kann die Hauptversammlung gemäß Art. 29 Abs. 2 c) LSRL auch die Übernahme der Anteile durch die Gesellschaft selbst beschließen. Verstreicht seit Bekanntgabe des Übertragungsvorhabens eine Frist von drei Monaten, ohne dass das Vorkaufsrecht der Mitgesellschafter oder der Gesellschaft ausgeübt wird, hat der veräußerungswillige Gesellschafter das Recht, seine Geschäftsanteile zu den Bedingungen, die er der Gesellschaft übermittelt hat, an Außenstehende zu übertragen.[1216]

Die Gesellschafter haben die Möglichkeit, die gesetzlichen Regelungen weitgehend durch Satzungsbestimmungen abzubedingen. Allerdings sind Satzungsbestimmungen, die dazu führen, dass die Übertragung unter Lebenden praktisch frei möglich ist, gemäß Art. 30 Abs. 1 LSRL unwirksam. Demgegenüber sind Satzungsbestimmungen, die die rechtsgeschäftliche Übertragung von Geschäftsanteilen vollständig untersagen, gemäß Art. 30 Abs. 3 LSRL zulässig, sofern die Satzung jedem Gesellschafter im Gegenzug das Recht gewährt, jederzeit aus der Gesellschaft auszuscheiden.

Hinweis: Bei der SLNE ist die Besonderheit zu beachten, dass die Übertragung von Geschäftsanteilen an eine juristische Person verboten ist und diese für den Fall, dass sie Geschäftsanteile einer SLNE erwirbt, verpflichtet ist, die Geschäftsanteile binnen drei Monaten nach dem Erwerb an natürliche Personen zu veräußern. Andernfalls wird die SLNE in eine herkömmliche SRL umqualifiziert.[1217]

b) Rechte und Pflichten der Gesellschafter

Die im Geschäftsanteil verkörperte Mitgliedschaft eines Gesellschafters in einer SRL begründet subjektive Rechte und Pflichten, die durch das Gesetz und die Satzung der Gesellschaft begründet und

---

1210 Vgl Art. 26 Abs. 1 LSRL.
1211 Vgl Art. 34 LSRL.
1212 Vgl Art. 26 Abs. 2 LSRL.
1213 Vgl Art. 29 Abs. 1 LSRL.
1214 Die Mitteilung hat schriftlich zu erfolgen, muss sich an das Verwaltungsorgan richten und folgende Angaben enthalten: Anzahl und Art der zu übertragenden Anteile, Identität des Erwerbers, Preis und sonstige Übertragungsbedingungen.
1215 Vgl Art. 29 Abs. 2 c) LSRL.
1216 Vgl Art. 29 Abs. 2 f) LSRL.
1217 Vgl Art. 136, Abs. 1, 3 LSRL.

gegebenenfalls ausgestaltet werden. Die Rechte und Pflichten entstehen mit dem Erwerb des Geschäftsanteils und enden erst mit dem Ausscheiden des Gesellschafters oder der Liquidation der Gesellschaft.

aa) Rechte der Gesellschafter

687 Die den Gesellschaftern zustehenden Mitgliedschaftsrechte lassen sich in **Verwaltungsrechte** und **Vermögensrechte** unterteilen.

(1) Verwaltungsrechte

688 Die wichtigsten Verwaltungsrechte der Gesellschafter einer SRL sind das Recht auf **Teilnahme** an und **Stimmrecht** auf **Hauptversammlungen**, die Informations- und Prüfungsrechte gegenüber der Verwaltung der Gesellschaft und das Recht auf Anfechtung der und gegebenenfalls Klagerhebung gegen Hauptversammlungsbeschlüsse.

689 Jeder Gesellschafter einer SRL ist berechtigt, an den Hauptversammlungen teilzunehmen und ist zu diesen form- und fristgerecht zu laden, sofern die Gesellschafter nicht im Einzelfall auf die Einhaltung der Frist- und Formvorschriften verzichten.[1218] Eine Satzungsregelung, nach der die Teilnahme an Hauptversammlungen von einer bestimmten Beteiligungshöhe abhängig gemacht wird, ist unzulässig.[1219] Das Recht auf Teilnahme an der Hauptversammlung umfasst neben dem Recht auf Anwesenheit auch das Recht auf Beteiligung an der Willensbildung der Hauptversammlung durch Wortmeldungen und Anfragen an die Verwaltung der Gesellschaft. Die Verwaltung ist im Rahmen ihrer Möglichkeiten zur Auskunftserteilung verpflichtet.[1220] Ein Gesellschafter muss an Hauptversammlungen nicht selbst teilnehmen, sondern kann sich durch Mitgesellschafter oder nahe Angehörige auf Hauptversammlungen vertreten lassen.[1221] Der Bevollmächtigte ist dann nicht nur teilnahme-, sondern auch stimmberechtigt.

Hinweis: Es ist den Gesellschaftern unbenommen, durch Satzungsregelung auch die Stellvertretung durch weitere Personengruppen zuzulassen.[1222]

690 Das wohl wichtigste Verwaltungsrecht des Gesellschafters ist das **Stimmrecht**, das die Möglichkeit vermittelt, an der Willensbildung in der Gesellschaft mitzuwirken. Grundsätzlich vermittelt jeder Geschäftsanteil eines Gesellschafters **eine Stimme**, sofern die Satzung keine abweichende Regelung trifft.[1223] Hat die Gesellschaft unterschiedliche Gattungen von Geschäftsanteilen begeben, können einzelnen Geschäftsanteilen unterschiedliche Stimmrechte zugewiesen werden. Die Gesellschaft ist berechtigt, stimmrechtslose Geschäftsanteile, *participaciones sin voto*, zu emittieren.

Hinweis: Das spanische Recht ermöglicht die Differenzierung zwischen verschiedenen Anteilsgattungen in weit stärkerem Maße als dies nach deutschem Recht möglich ist. Nach spanischem Recht ist es möglich, einzelnen Geschäftsanteilen unterschiedliche Stimmrechte zuzuweisen und auf diese Weise etwa Mehrstimmrechtsanteile oder Vorzugsanteile mit reduziertem Stimmrecht zu schaffen.

691 Die Gesellschafter einer SRL haben nach Art. 27 Abs. 3 LSRL jederzeit das Recht, das von den Verwaltern geführte Gesellschafterbuch einzusehen. Weiterhin können die Gesellschafter ab dem Zeitpunkt der Einberufung der Hauptversammlung auf entsprechenden Antrag Einsicht in den Lagebericht der Verwaltung, den Bericht des Abschlussprüfers und in alle Unterlagen verlangen, deren Kenntnis zur Beschlussfassung in der Gesellschafterversammlung erforderlich ist.[1224] Gesellschafter, die zusammen eine Beteiligung am Stammkapital der Gesellschaft von mindestens 5% halten, können

---

1218 Vgl Art. 45 ff, 49 Abs. 1 LSRL.
1219 Vgl Art. 49 Abs. 1 S. 2 LSRL.
1220 Vgl Art. 51 S. 2 LSRL.
1221 Vgl Art. 49 Abs. 2 LSRL.
1222 Vgl *Löber/Lozano/Steinmetz*, in Süß/Wachter, Handbuch des internationalen GmbH-Rechts, 2006, S.1581.
1223 Vgl Art. 53 Abs. 4 LSRL.
1224 Vgl Art. 86 Abs. 1 LSRL.

darüber hinaus Einsichtnahme in alle Bücher und Aufzeichnungen verlangen, auf deren Grundlage der Jahresabschluss der Gesellschaft erstellt wird.[1225]

Hinweis: Darüber hinaus zählen auch das bereits genannte Recht der Gesellschafter auf Stellung von Anfragen an die Verwaltung der Gesellschaft auf Hauptversammlungen und der gesetzliche Mindestinhalt der Ladungen zu den Hauptversammlungen zu den Informationsrechten der Gesellschafter einer SRL.[1226]

Die Gesellschafter haben das Recht, innerhalb von 40 Tagen ab der Beschlussfassung solche Hauptversammlungsbeschlüsse anzugreifen, die gegen das Gesetz verstoßen oder der Satzung der Gesellschaft widersprechen oder die Interessen der Gesellschaft zu Gunsten der Interessen eines oder mehrerer Gesellschafter oder Dritter verletzen.[1227] Weiterhin haben die Gesellschafter das Recht, gegen eine Beschlussfassung, deren Gegenstand gegen das Gesetz oder gegen die öffentliche Ordnung verstößt, eine **Nichtigkeitsklage** zu erheben, die regelmäßig innerhalb eines Jahres ab der Beschlussfassung eingelegt werden muss.[1228] Hinsichtlich der Anspruchsgrundlagen und der Verfahrensvorschriften für beide Verfahren verweist Art. 56 LSRL auf die entsprechenden aktienrechtlichen Vorschriften.[1229]

Darüber hinaus haben die Gesellschafter das Recht, durch Hauptversammlungsbeschluss die Erhebung einer *acción social*, einer Haftungsklage gegen einen oder mehrere Verwalter der Gesellschaft, herbeizuführen, um Schadensersatzansprüche der Gesellschaft gegen die Verwaltung der Gesellschaft geltend zu machen.[1230]

(2) Vermögensrechte

Das wichtigste vermögensrechtliche Mitgliedschaftsrecht der Gesellschafter einer SRL ist das Recht auf **Teilhabe am Gewinn** der Gesellschaft. Bezüglich der Vorschriften zur Gewinnermittlung und zur Gewinnverwendung verweist Art. 84 LSRL auf die Vorschriften des spanischen Aktienrechts. Die Gewinnermittlung wird durch die Hauptversammlung vorgenommen. Die Gewinne können an die Gesellschafter ausgeschüttet oder in der Gesellschaft thesauriert werden. Nach § 84 LSRL in Verbindung mit Art. 214 Abs. 1 LSA ist aber in jedem Fall ein Betrag in Höhe von 10 % des erwirtschafteten Jahresüberschusses in die **gesetzliche Gewinnrücklage** einzustellen, bis die Gewinnrücklage einen Betrag in Höhe von 20% des Gesellschaftskapitals erreicht hat. Sofern die Satzung keine abweichende Regelung trifft, erfolgt die Gewinnverteilung im Verhältnis der Beteiligung der Gesellschafter am Stammkapital der Gesellschaft.[1231] Eine disquotale Gewinnverteilung ist aber möglich und kann durch entsprechende Satzungsregelung implementiert werden.

Den Gesellschaftern einer SRL steht des Weiteren im Falle der Liquidation der Gesellschaft ein Recht auf **Teilhabe am Liquidationserlös** zu. Auch die Verteilung des Liquidationserlöses richtet sich grundsätzlich nach der Beteiligung der Gesellschafter am Stammkapital, sofern die Satzung keine abweichende Regelung trifft.[1232]

Weitere Vermögensrechte der Gesellschafter sind das **gesetzliche Bezugsrecht** auf junge Geschäftsanteile, die im Rahmen von Kapitalerhöhungen in der Gesellschaft ausgegeben werden und das **gesetzliche Vorkaufsrecht** bezüglich der von Mitgesellschaftern gehaltene Geschäftsanteile, die nicht an nahe Verwandte übertragen werden sollen.[1233] Das Bezugsrecht der Gesellschafter kann unter bestimmten Voraussetzungen durch Beschluss der Hauptversammlung ausgeschlossen werden.[1234]

1225 Vgl Art. 86 Abs. 2 LSRL.
1226 Vgl Art. 51 Abs. 1, Art. 46 Abs. 4 LSRL.
1227 Vgl Art. 56 LSRL iVm Art. 115 Abs. 1 LSA.
1228 Vgl Art. 56 LSRL iVm Art. 116 LSA.
1229 Vgl hierzu *Marinel-lo Jordan/Meyer*, Die spanische GmbH, 1998, S. 21.
1230 Vgl Art. 69 Abs. 1 LSRL iVm Art. 134 LSA.
1231 Vgl Art. 85 LSRL.
1232 Vgl Art. 119 Abs. 1 LSRL.
1233 Vgl Art. 75, Art. 29 LSRL.
1234 Vgl Art. 76 LSRL.

bb) Pflichten der Gesellschafter

697 Die Hauptverpflichtung des Gesellschafters besteht in der Leistung der vereinbarten **Stammeinlage**, die sowohl als Bar- wie als Sacheinlage erbracht werden kann. Da die Stammeinlagen nach spanischem Recht bei der SRL bereits bei der Gründung vollumfänglich zu erbringen sind, haben sich die Hauptpflichten der Gesellschafter demzufolge bereits bei der Gründung der Gesellschaft weitestgehend erschöpft.[1235]

698 Weiterhin unterliegen die Gesellschafter einer SRL **allgemeinen Treuepflichten**. Eine gesetzliche Ausprägung der allgemeinen Treuepflicht findet sich in Art. 52 Abs. 1 LSRL, wonach es Gesellschaftern untersagt ist, ihr Stimmrecht bei Beschlüssen auszuüben, deren Gegenstand ihre eigenen Interessen berühren. So sollen Interessenskonflikte zwischen der Gesellschaft und den Gesellschaftern vermieden werden.

Hinweis: Nach der gesetzlichen Regelung hat ein Gesellschafter kein Stimmrecht bei der Beschlussfassung über die Zustimmung zur Übertragung von Geschäftsanteilen, wenn seine eigenen Geschäftsanteile betroffen sind. Auch darf ein geschäftsführender Gesellschafter bei der Beschlussfassung über seine Befreiung von dem gesetzlichen Wettbewerbsverbot gemäß Art. 65 LSRL nicht mitstimmen.[1236]

699 Darüber hinaus können allen oder einzelnen Gesellschaftern Verpflichtungen zur Erbringung von **Nebenleistungen** jeglicher Natur, sogenannten *prestaciones accesorias*, auferlegt werden.[1237] Diese Nebenleistungsverpflichtungen sind in der Satzung der Gesellschaft niederzulegen und genau zu umschreiben.[1238] Der Gegenstand solcher Nebenleistungsverpflichtungen ist gesetzlich nicht definiert und kann daher beliebiger Natur sein. Solche Nebenleistungen werden häufig in nicht einlagefähigen Dienstleistungen liegen.[1239] So kann in der Satzung festgesetzt werden, dass ein Gesellschafter unentgeltlich die Geschäftsführung in der Gesellschaft übernimmt.

5. Finanzverfassung

a) Kapitalaufbringung

aa) Mindestkapital

700 Das gesetzliche Mindestkapital der spanischen SRL beträgt gemäß Art. 4 LSRL **500 000 Peseten**, umgerechnet also **3 006 EUR**. Eine Höchstgrenze für das Stammkapital der SRL existiert nicht mehr. Das Stammkapital der SRL ist nach Art. 5 Abs. 1 LSRL in unteilbare Geschäftsanteile aufgeteilt, wobei ein Gesellschafter bei der Gründung mehr als einen Anteil übernehmen kann. Jeder der Geschäftsanteile gewährt den Inhabern im Verhältnis zum Betrag der übernommenen Stammeinlagen grundsätzlich die gleichen Stimm- und Gewinnbezugsrechte, wobei es den Gesellschaftern allerdings unbenommen bleibt, durch entsprechend zu fassende Satzungsbestimmungen Vorzugsanteile oder Mehrstimmrechtsanteile zu schaffen.[1240]

701 Die Kapitaleinlage muss nicht in Euro, sondern kann auch in einer anderen Währung erbracht werden. In diesem Fall ist allerdings die Umrechnung auf der Grundlage des offiziellen Devisenkurses der Europäischen Zentralbank zum Gründungstag der Gesellschaft in die Gründungsurkunde aufzunehmen.[1241] Die Einlagen können sowohl als Geld- als auch als Sacheinlage erbracht werden, wobei aber zu beachten ist, dass Arbeits- oder Dienstleistungen der Gesellschafter prinzipiell nicht einlagefähig sind.[1242]

1235 So *Löber/Wendland/Bilz/Lozano*, Die neue spanische GmbH, 2006, S. 53.
1236 Vgl Art. 52 Abs. 1 LSRL.
1237 Vgl Art. 22 ff LSRL.
1238 Vgl Art. 22 Abs. 1 LSRL.
1239 Vgl *Löber/Wendland/Bilz/Lozano*, Die neue spanische GmbH, 2006, S. 20.
1240 Vgl Art. 5 Abs. 1 S. 2 LSRL; ebenso *Bascopé/Hering*, GmbHR 2005, 609, 610.
1241 Vgl *Löber/Lozano/Steinmetz*, in: Süß/Wachter, Handbuch des internationalen GmbH-Rechts, 2006, S. 1561.
1242 Vgl Art. 18 Abs. 1 S. 2 LSRL.

Hinweis: Bei der SLNE beträgt das Mindestkapital gemäß Art. 135 Abs. 1 LSRL 3 012 EUR, die Stammkapitalziffer ist auf 120 202 EUR beschränkt.[1243] Wird die Stammkapitalgrenze überschritten, wird die SLNE gesetzlich in eine herkömmliche SRL umqualifiziert.[1244] Darüber hinaus ist bei der SLNE zu beachten, dass die Stammeinlagen nur in Form von Bareinlagen erbracht werden dürfen.[1245]

bb) Einbringung von Bareinlagen

Gemäß Art. 4 LSRL muss die Stammeinlage bereits zum Zeitpunkt der **Gründung** der Gesellschaft vollständig erbracht werden. Dem Notar sind bei der Gründung entweder Bankbescheinigungen über die Hinterlegung der entsprechenden Bareinlagen oder die Bareinlagen selbst auszuhändigen.[1246] In letzterem Fall nimmt der Notar die Hinterlegung bei einem Kreditinstitut auf den Namen der Gesellschaft vor. Jede Kapitaleinlage geht unabhängig von ihrer Natur als Bar- oder Sacheinlage mangels entgegenstehender ausdrücklicher Vereinbarung in das Eigentum der Gesellschaft über.[1247]

cc) Einbringung von Sacheinlagen

Werden neben oder anstelle von Bareinlagen Sacheinlagen erbracht, so müssen die eingebrachten Gegenstände wirtschaftlich bewertbar sein.[1248] Die eingebrachten Gegenstände sind in der Gründungsurkunde genau zu beschreiben und zu bewerten. Zulässig ist unter anderem die Einbringung von beweglichen oder unbeweglichen Sachen, von Gewerbebetrieben, Patenten, Lizenzen, Marken, Geschmacksmustern oder ähnlichen Rechten.[1249] Die Sacheinlagen müssen nicht durch einen unabhängigen, vom Handelsregister zu benennenden Gutachter bewertet werden, wie dies nach spanischem Gesellschaftsrecht für die Aktiengesellschaft vorgesehen ist.[1250] Vielmehr sind die Gesellschafter berechtigt, die einzubringenden Sacheinlagen selbst zu bewerten.

Die Gesellschafter haften sowohl gegenüber der Gesellschaft als auch gegenüber den Gesellschaftsgläubigern gesamtschuldnerisch auf einen **Zeitraum von fünf Jahren** sowohl für den tatsächlichen Bestand der Sacheinlagen als auch dafür, dass diese den in der Gründungsurkunde genannten Gegenwert auch tatsächlich erreichen.[1251] Lassen die Gesellschafter eine Sacheinlage gemäß den für die spanische Aktiengesellschaft geltenden Bewertungsvorschriften (Art. 39 LSA) bewerten, so finden die Haftungsvorschriften insoweit keine Anwendung.[1252] Wird das Stammkapital einer SRL gegen Sacheinlagen erhöht, sind jene Gesellschafter von der gesamtschuldnerischen Haftung für die eingebrachten Sacheinlagen befreit, die gegen die Kapitalerhöhung oder die Bewertung der Sacheinlage gestimmt haben und ihren Einspruch zu Protokoll gegeben haben.[1253]

Hinweis: Zur Vermeidung des erheblichen Haftungsrisikos aus der gesamtschuldnerischen Haftung für den Bestand und den Wert von Sacheinlagen, sollte jeder Gesellschafter einer SRL im Zusammenhang mit der Einbringung einer Sacheinlage auf der Durchführung eines formellen Bewertungsverfahrens nach den aktienrechtlichen Vorschriften bestehen. Dies gilt insbesondere, wenn Forderungen eingebracht werden, da die Haftung sich dann gemäß Art. 20 Abs. 2 LSRL iVm Art. 39 Abs. 1 LSA nicht nur auf den Bestand der Forderung, sondern auch auf die Zahlungsfähigkeit des Schuldners erstreckt.

1243 Vgl Art. 135 Abs. 1 LSRL.
1244 Vgl *Funke Gavilá*, GmbHR Sonderheft September 2006, 59, 60.
1245 Vgl Art. 135 Abs. 2 LSRL.
1246 Vgl Art. 19 Abs. 2 LSRL.
1247 Vgl Art. 18 Abs. 2 LSRL.
1248 Vgl Art. 20 Abs. 1 LSRL.
1249 Vgl *Löber/Lozano/Steinmetz*, in: Süß/Wachter, Handbuch des internationalen GmbH-Rechts, 2006, S. 1561.
1250 Vgl *Marinel-lo Jordan/Meyer*, Die spanische GmbH, 1998, S. 15.
1251 Vgl Art. 21 Abs. 1 iVm Abs. 4 LSRL.
1252 Vgl Art. 21 Abs. 5 LSRL iVm Art. 39 LSA.
1253 Vgl Art. 21 Abs. 1 LSRL.

dd) Nebenleistungen (Prestaciones Accesorias)

705 In der Satzung können einzelne Gesellschafter zur Erbringung von Nebenleistungen verpflichtet werden.[1254] Nebenleistungen sind persönliche Leistungen der Gesellschafter, die keine Stammeinlagen darstellen und somit nicht zum Stammkapital gehören. Zumeist sind hierunter **Arbeits- und persönliche Dienstleistungen** der Gesellschafter zu verstehen. Die Leistungspflicht kann in der Satzung an die Inhaberschaft bestimmter Anteile geknüpft werden.[1255] Neben dem Inhalt der Nebenleistung ist gemäß Art. 22 Abs. 1 LSRL ferner zu bestimmen, ob die Nebenbestimmung unentgeltlich oder gegen Vergütung erbracht werden soll. Nach Art. 23 LSRL darf die in der Satzung festzulegende Vergütung für entgeltliche Nebenleistungen den objektiven Wert der Nebenleistungen keinesfalls überschreiten.

b) Kapitalerhaltung

706 Das spanische Recht sieht für die SRL eine Reihe von Regelungen vor, die gewährleisten sollen, dass das Stammkapital der Gesellschaft nicht an die Gesellschafter zurückgeführt oder zu Ungunsten der Gesellschaftsgläubiger gemindert werden kann. Im Wesentlichen sind dies die Grundsätze zur Ausschüttung von **Dividendenzahlungen** an die Gesellschafter, die Regelungen zum **Erwerb eigener Geschäftsanteile** durch die Gesellschaft und die Regelungen zur **Herabsetzung des Stammkapitals**.

aa) Dividendenzahlungen an die Gesellschafter

707 Die Beschlussfassung über die Ausschüttung von Dividendenzahlungen fällt gemäß Art. 84 Abs. 1 LSRL in den Zuständigkeitsbereich der Hauptversammlung. Ausschüttungen an die Gesellschafter können grundsätzlich nur beschlossen werden, wenn ein **Jahresüberschuss** in entsprechender Höhe vorhanden ist. Darüber hinaus können die in die freien Rücklagen eingestellten Gewinne aus den vorangegangenen Geschäftsjahren unter der Voraussetzung ausgeschüttet werden, dass der Buchwert des Nettoeinvermögens der Gesellschaft nicht niedriger ist als das Stammkapital und dieses infolge der Ausschüttung auch nicht unterschreitet.[1256] In jedem Fall ist solange nach Art. 84 LSRL iVm Art. 214 LSA zwingend ein Betrag in Höhe von 10 % des Jahresüberschusses in die gesetzliche Gewinnrücklage einzustellen, bis diese eine Mindesthöhe von 20 % des Gesellschaftskapitals erreicht hat.

bb) Erwerb eigener Geschäftsanteile

708 Ein wesentlicher Bestandteil des Kapitalschutzes im spanischen Gesellschaftsrecht ist das Verbot des Erwerbs eigener Anteile durch die Gesellschaft in Art. 39 LSRL. Nach Art. 39 Abs. 1 LSRL ist einer Gesellschaft der Erwerb eigener Geschäftsanteile prinzipiell untersagt. Versuchen die Gesellschafter oder die Verwalter das Verbot des Art. 39 Abs. 1 LSRL durch Einschaltung eines Strohmanns zum Erwerb der Geschäftsanteile zu umgehen, so haften die Gesellschafter und die Verwalter gesamtschuldnerisch für die Rückzahlung des für die übernommenen Geschäftsanteile gezahlten Kaufpreises.[1257]

Hinweis: Eine Freistellung von der Haftung aus dem Erwerb eigener Geschäftsanteile ist nur solchen Gesellschaftern und Verwaltern möglich, die nachweisen können, dass sie beim Erwerb der Geschäftsanteile nicht schuldhaft gehandelt haben.[1258]

709 Nur in den in Art. 40 Abs. 1 LSRL abschließend genannten **Ausnahmefällen** ist der Gesellschaft der Erwerb eigener Geschäftsanteile gestattet, nämlich dann, wenn:
- die Geschäftsanteile (i) Teil einer Vermögensübernahme im Wege der Gesamtrechtsnachfolge sind, (ii) unentgeltlich erworben wurden oder (iii) der Gesellschaft zur Erfüllung einer Forderung der Gesellschaft gegen die Inhaber der Anteile gerichtlich zugeteilt wurden (Art. 40 Abs. 1 a) LSRL), oder

---

1254 Vgl Art. 22 LSRL.
1255 Vgl Art. 22 Abs. 2 LSRL.
1256 Vgl *Löber/Wendland/Bilz/Lozano*, Die neue spanische GmbH, 2006, S. 72.
1257 Vgl Art. 39 Abs. 2 LSRL.
1258 Vgl Art. 39 Abs. 3 LSRL.

- die eigenen Anteile in Ausführung eines Beschlusses der Hauptversammlung zur Kapitalherabsetzung erworben wurden (Art. 40 Abs. 1 b) LSRL), oder
- die Gesellschaft die eigenen Anteile im Rahmen einer Pfändung gemäß Art. 31 Abs. 3 LSRL erworben hat (Art. 40 Abs. 1 c) LSRL).

Die von der Gesellschaft erworbenen eigenen Anteile müssen innerhalb von drei Jahren eingezogen oder weiterveräußert werden. Werden die Geschäftsanteile veräußert, so muss der Kaufpreis dem angemessenen Wert der Anteile entsprechen. Die Bewertung muss durch einen vom zuständigen Handelsregister benannten Wirtschaftsprüfer durchgeführt werden.[1259] Ist der Erwerb der eigenen Anteile nicht zum Zweck der Rückführung von Stammeinlagen an die Gesellschafter erfolgt, so muss die Gesellschaft eine Rücklage in Höhe des Nennwerts der eingezogenen Geschäftsanteile bilden, über welche die Gesellschaft grundsätzlich erst nach Ablauf einer Frist von fünf Jahren nach Veröffentlichung der Herabsetzung des Stammkapitals im *Boletín Oficial del Registro Mercantil* bzw ab der Befriedigung aller vor der Kapitalherabsetzung eingegangenen Gesellschaftsverpflichtungen verfügen darf.[1260]

Hinweis: Der Gesellschaft ist es nicht nur – mit den vorgenannten Ausnahmen – untersagt, eigene Anteile zu erwerben, sondern nach Art. 40 Abs. 5 LSRL auch verboten, Darlehen, Sicherheiten oder sonstige Finanzhilfen im Zusammenhang mit dem Erwerb eigener Anteile zu gewähren. Verstöße gegen die Vorschriften des Art. 40 LSRL können mit Bußgeldern geahndet werden.

cc) Kapitalherabsetzung

Eine Kapitalherabsetzung kann nach Art. 79 Abs. 1 LSRL entweder zum Zwecke der Rückführung von Stammeinlagen an die Gesellschafter oder zum Ausgleich von Verlusten der Gesellschaft erfolgen. Erfolgt die Kapitalherabsetzung zum Zwecke der **Rückerstattung von Stammeinlagen**, haften die Gesellschafter, denen Stammeinlagen zurückerstattet wurden, gemeinsam mit der Gesellschaft als Gesamtschuldner für die vor der Kapitalherabsetzung entstandenen Verbindlichkeiten der Gesellschaft.[1261] Die Haftung der Gesellschafter ist begrenzt auf den im Zusammenhang mit der Rückerstattung der Stammeinlage bezogenen Betrag und verjährt binnen 5 Jahren nach Eintragung der Kapitalherabsetzung im Handelsregister.[1262] Die Haftung ist ausgeschlossen, wenn die Gesellschaft gleichzeitig mit der Kapitalherabsetzung eine Rücklage in Höhe des zurückerstatteten Betrags gebildet hat. Über eine solche Rücklage darf gemäß Art. 80 Abs. 4 LSRL vor Ablauf von fünf Jahren ab der Veröffentlichung der Kapitalherabsetzung im *Boletín Oficial del Registro Mercantil* bzw bis zur Befriedigung aller vor der Kapitalherabsetzung eingegangenen Gesellschaftsverpflichtungen nicht verfügt werden. Eine Kapitalherabsetzung zum **Ausgleich von Verlusten** darf gemäß Art. 82 LSRL nur vorgenommen werden, wenn die Gesellschaft über keinerlei Rücklagen verfügt.

710

Das spanische Gesellschaftsrecht kennt außer im Falle der Einziehung von Geschäftsanteilen keine Verpflichtung zur Durchführung einer Kapitalherabsetzung. Eine indirekte Verpflichtung ergibt sich aber aus Art. 104 Abs. 1 e) LSRL, wonach eine Gesellschaft aufgelöst wird, wenn der Buchwert des Gesellschaftsvermögens die Hälfte des Stammkapitals unterschreitet.[1263] Eine Kapitalherabsetzung darf aber grundsätzlich nicht zu einer Unterschreitung des gesetzlichen **Mindestkapitals** führen, da die Gesellschaft in diesem Fall nach Art. 104 Abs. 1 f) LSRL aufgelöst wird.

711

Wie jede andere Satzungsänderung erfordert auch eine Kapitalherabsetzung grundsätzlich einen entsprechenden Gesellschafterbeschluss. Dieser kann grundsätzlich mit **einfacher Mehrheit** des stimmberechtigten Stammkapitals gefasst werden.[1264] Betrifft die Kapitalherabsetzung jedoch nicht alle

712

1259 Vgl Art. 40 Abs. 2 S. 1, 2 iVm Art. 100 Abs. 1 LSRL.
1260 Vgl Art. 40 Abs. 2 S. 3 LSRL.
1261 Vgl Art. 80 Abs. 1 LSRL.
1262 Vgl Art. 80 Abs. 2, 3 LSRL.
1263 So zutreffend *Löber/Wendland/Bilz/Lozano*, Die neue spanische GmbH, 2006, S. 84.
1264 Vgl Art. 53 Abs. 2 a) LSRL.

Geschäftsanteile gleichmäßig, so ist die Zustimmung aller Gesellschafter erforderlich.[1265] Ein Gesellschafterbeschluss ist allerdings entbehrlich, wenn die Kapitalherabsetzung zwingende Folge der Rückerstattung von Einlagen wegen des Austritts oder Ausschlusses von Gesellschaftern ist. Für diesen Fall sieht Art. 102 Abs. 1 LSRL vor, dass die Kapitalherabsetzung von den Verwaltern ohne vorherigen Gesellschafterbeschluss durchgeführt werden kann. Über die Kapitalherabsetzung ist gemäß der Art. 201, 202 RRM eine notarielle Urkunde zu erstellen, die im zuständigen Handelsregister eingetragen werden muss.

dd) Sonstige Gläubigerschutzvorschriften

713 Sind auf einen Geschäftsanteil **Sacheinlagen** erbracht worden, so haften gemäß Art. 21 Abs. 1 LSRL die Gesellschafter, die der Ausgabe des Geschäftsanteils gegen Sacheinlagen nicht widersprochen haben sowie die Erwerber von Geschäftsanteilen, auf die Sacheinlagen erbracht wurden, der Gesellschaft und den Gesellschaftsgläubigern gegenüber als Gesamtschuldner sowohl für den tatsächlichen Bestand der Sacheinlagen als auch dafür, dass die Sacheinlagen den ihnen zugemessenen Wert tatsächlich erreichen. Des Weiteren haften die Verwalter gesamtschuldnerisch für die Differenz zwischen der nach Art. 74 Abs. 3 LSRL vorgenommenen Bewertung der Sacheinlagen und ihrem tatsächlichen Wert.

6. Haftung

714 Aus dem Wesen der SRL als juristischer Person mit eigener Rechtspersönlichkeit folgt, dass den Gläubigern der Gesellschaft grundsätzlich nur das Gesellschaftsvermögen als Haftungsmasse zur Befriedigung ihrer Forderungen zur Verfügung steht. Die Haftung der Gesellschafter für die Verbindlichkeiten der Gesellschaft ist grundsätzlich auf die Erbringung der übernommenen Stammeinlage beschränkt. Von der Haftung der Gesellschafter ist die Haftung der Verwalter zu unterscheiden. Auch diese haften grundsätzlich nicht für Gesellschaftsverbindlichkeiten.

a) Haftung der Gesellschafter

715 Es entspricht dem Wesen der SRL als Kapitalgesellschaft, dass den Gesellschaftsgläubigern grundsätzlich nur das Gesellschaftsvermögen haftet. Das Vermögen der Gesellschaft und das Vermögen der Gesellschafter sind strikt getrennt. Die Gesellschafter haften für die Verbindlichkeiten der Gesellschaft beschränkt auf die von ihnen übernommene Kapitaleinlage, darüber hinaus haften sie grundsätzlich nicht.[1266]

716 Über die bereits dargestellte Haftung für Bestand und Bewertung von Sacheinlagen, denen die Gesellschafter unter bestimmten Umständen unterliegen,[1267] hinaus kommt eine persönliche Haftung der Gesellschafter nur in Betracht, wenn entweder Stammeinlagen im Rahmen einer Kapitalherabsetzung oder im Zuge der Kündigung eines Gesellschafters unrechtmäßig zurückgeführt wurden oder eine Gesellschaft nachträglich zu einer Einpersonengesellschaft wird, ohne dass dieser Status innerhalb von sechs Monaten in das zuständige Handelsregister eingetragen wurde.[1268]

b) Haftung der Verwalter

717 Eine **persönliche Haftung** der Verwalter einer SRL ist sowohl gegenüber der Gesellschaft als auch gegenüber den Gesellschaftern oder Dritten denkbar. Soweit sich eine Haftung der Verwalter aus der Anwendung des deutschen Rechts ergibt, etwa gegenüber der öffentlichen Hand oder den Sozialversicherungsträgern aufgrund der Verletzung öffentlich-rechtlicher Pflichten oder aus deliktischem Handeln, kann auf die Ausführungen in § 6 dieses Handbuchs verwiesen werden.

Im folgenden Abschnitt soll einzig und allein die Haftung der Verwalter einer SRL nach **spanischem Recht** behandelt werden.

1265 Vgl Art. 79 Abs. 2 LSRL.
1266 Vgl Art. 1 aE LSRL.
1267 Vgl hierzu Rn 713.
1268 Vgl Art. 80 Abs. 1, Art. 103 Abs. 1, Art. 129 S. 1 LSRL.

Die persönliche Haftung der Verwalter einer SRL richtet sich gemäß Art. 69 Abs. 1 LSRL nach den entsprechenden Regelungen des spanischen Aktiengesetzbuchs.[1269] Die Verwalter sind nach Art. 69 Abs. 1 LSRL iVm Art. 127 Abs. 1 LSA verpflichtet, bei der Wahrnehmung ihrer Aufgaben die **Sorgfalt eines ordentlichen Kaufmannes und eines redlichen Sachwalters** walten zu lassen. Jeder Verstoß gegen die allgemeine Sorgfaltspflicht, gegen das Gesetz oder gegen die Gesellschaftssatzung kann die persönliche Haftung des Verwalters auslösen, sofern der Verwalter fahrlässig gehandelt hat.[1270] Bereits **einfache Fahrlässigkeit** reicht zur Begründung der Haftung der Verwalter aus.[1271] Grundsätzlich haften alle Mitglieder des Verwaltungsorgans, das die schadensbegründende Handlung vorgenommen oder den schädigenden Beschluss gefasst hat, gesamtschuldnerisch, wobei die grundsätzliche Haftung aller beteiligten Verwalter gesetzlich vermutet wird.[1272] Eine **Exkulpation** kommt nur für diejenigen Verwalter in Betracht, die beweisen können, dass sie weder an der Beschlussfassung noch an der Durchführung der Beschlüsse mitgewirkt haben, von ihr keine Kenntnis hatten oder in Kenntnis davon alles Erforderliche unternommen haben, um den Eintritt des Schadens zu verhindern.[1273] 718

Hinweis: Die Verwalter unterliegen damit, insbesondere unter Berücksichtigung der Tatsache, dass grundsätzlich bereits einfache Fahrlässigkeit zur Begründung von Schadensersatzansprüchen ausreicht, einem vergleichsweise strengen Haftungsmaßstab. Nach Art. 69 Abs. 1 LSRL iVm Art. 133 Abs. 4 LSA werden die Verwalter auch dann nicht von der Haftung befreit, wenn die Hauptversammlung die fraglichen Maßnahmen genehmigt oder durchgeführt hat.

Besteht bei einer SRL einer der in Art. 104 LSRL genannten **Auflösungsgründe**, so sind die Verwalter gesetzlich verpflichtet, einen Auflösungsbeschluss zu erwirken oder die gerichtliche Auflösung selbst zu beantragen. Kommen die Verwalter diesen Verpflichtungen nicht innerhalb eines Zeitraums von zwei Monaten nach Eintritt eines Auflösungsgrundes nach, so haften sie gesamtschuldnerisch mit der Gesellschaft für die Verbindlichkeiten, die seit dem Eintritt des Auflösungsgrundes entstanden sind. 719

Hinweis: Dieser Haftungstatbestand hat in Spanien erhebliche Bedeutung erlangt.[1274] Dies ist insbesondere darauf zurückzuführen, dass Art. 105 Abs. 5 LSRL eine gesetzliche Vermutung dahingehend postuliert, dass gegen die Gesellschaft gerichtete Ansprüche nach Eintritt des gesetzlichen Auflösungsgrundes entstanden sind. Der Verwalter kann sich daher nur aus der Haftung befreien, wenn er nachweisen kann, dass die Ansprüche bereits vor Eintritt des Auflösungsgrundes bestanden. Berücksichtigt man, dass ein Auflösungsgrund bereits dann besteht, wenn das Gesellschaftsvermögen weniger als die Hälfte des Stammkapitals beträgt, lässt sich ermessen, wie leicht Verwalter haftbar gemacht werden können.

Die Haftung der Verwalter besteht gemäß Art. 69 Abs. 1 LSRL iVm Art. 133 Abs. 1 LSA grundsätzlich nicht nur gegenüber der Gesellschaft, sondern auch gegenüber den Gesellschaftern und den Gläubigern der Gesellschaft. Damit besteht eine **direkte Außenhaftung** der Verwalter gegenüber den Gläubigern der Gesellschaft. 720

7. Beendigung der Gesellschaft

Die **Auflösung** der Gesellschaft, die sogenannte *disolución*, ist die Voraussetzung für die Beendigung der Gesellschaft. Im Grundsatz ist die **gesetzliche Auflösung** der Gesellschaft nach Eintritt eines gesetzlichen Auflösungsgrundes von der **Auflösung durch Beschluss der Hauptversammlung** zu unterscheiden. Die Auflösung der Gesellschaft ist nicht gleichzusetzen mit dem Erlöschen der Gesellschaft, sondern leitet lediglich die Abwicklung der Gesellschaft im Rahmen eines formellen Liquidationsver- 721

1269 Vgl Art. 133 LSA.
1270 Vgl Art. 69 Abs. 1 LSRL iVm Art. 133 Abs. 1 LSA.
1271 Vgl *Funke Gavilá*, GmbHR Sonderheft September 2006, 59, 62.
1272 Vgl Art. 69 Abs. 1 LSRL iVm Art. 133 Abs. 3 LSA.
1273 Vgl Art. 69 Abs. 1 LSRL iVm Art. 133 Abs. 3 LSA.
1274 Vgl *Marinel-lo Jordan/Meyer*, Die spanische GmbH, 1998, S. 27.

fahrens ein, das auf die Abwicklung der rechtlichen Beziehungen der Gesellschaft zu ihren Gesellschaftern und zu außenstehenden Dritten gerichtet ist.[1275]

a) Auflösung der Gesellschaft
aa) Auflösungsgründe

722 Die **gesetzlichen Auflösungsgründe** sind in Art. 104 Abs. 1 LSRL geregelt. Danach wird die Gesellschaft aufgelöst:
- durch Ablauf der in der Satzung bestimmten Laufzeit der Gesellschaft,[1276]
- durch Erreichen des Unternehmenszwecks oder bei offenkundiger Unmöglichkeit, den Gesellschaftszweck zu erfüllen oder bei dauernder Handlungsunfähigkeit der Gesellschaftsorgane,[1277]
- wenn die Gesellschaft über einen Zeitraum von zwei Jahren keine ihrem Gesellschaftszweck entsprechenden Tätigkeiten ausgeübt hat,[1278]
- wenn der Buchwert des Gesellschaftsvermögens auf einen Wert von weniger als der Hälfte des Stammkapitals gesunken ist,[1279]
- wenn das Stammkapital unter den gesetzlichen Mindestbetrag von 3 006 EUR herabgesetzt wird.[1280]

723 Neben den gesetzlichen Auflösungsgründen können nach Art. 104 Abs. 1 g) LSRL in der Satzung **weitere Auflösungsgründe** festgelegt werden, bei deren Vorliegen die Gesellschaft durch einen entsprechenden Gesellschafterbeschluss aufzulösen ist.

bb) Auflösung durch Beschluss der Gesellschafterversammlung

724 Eine Auflösung kann darüber hinaus auch ohne satzungsmäßige Grundlage durch Beschluss der Gesellschafterversammlung unter Beachtung der für satzungsändernde Beschlüsse erforderlichen Mehrheit und Voraussetzungen beschlossen werden.[1281] Der Auflösungsbeschluss muss als satzungsändernder Beschluss den Formerfordernissen des Art. 71 Abs. 1 LSRL genügen und kann nach Art. 53 Abs. 2 a) LSRL mit einfacher Mehrheit aller Stimmen gefasst werden. Die Satzung kann die Fassung des Auflösungsbeschlusses allerdings an strengere Mehrheitserfordernisse knüpfen.[1282]

cc) Auflösungsverfahren

725 Die Gesellschaft wird nach Art. 104 Abs. 1 a) LSRL nach Ablauf der in der Satzung bestimmten Dauer **automatisch** aufgelöst, wenn nicht rechtzeitig eine Verlängerung der Laufzeit der Gesellschaft beschlossen und ins Handelsregister eingetragen wird.[1283] Die Auflösung erfolgt in diesem Fall von Rechts wegen. Der Zeitablauf bedingt die Auflösung der Gesellschaft, ohne dass es dazu eines Beschlusses der Hauptversammlung oder einer gerichtlichen Entscheidung bedürfte.

726 Bei Eintritt eines gesetzlichen Auflösungsgrundes nach Art. 104 Abs. 1 c) bis f) LSRL oder eines gesellschaftsvertraglichen Auflösungsgrundes nach Art. 104 Abs. 1 g) LSRL wird die Gesellschaft nicht automatisch aufgelöst. Vielmehr bedarf die Auflösung eines **Beschlusses der Gesellschafterversammlung**, der mit einfacher Mehrheit gefasst werden kann.[1284] Um sicherzustellen, dass dieser Beschluss gefasst wird, verpflichtet Art. 105 Abs. 1 LSRL die Verwalter, innerhalb von zwei Monaten eine Hauptversammlung einzuberufen, um über die Auflösung der Gesellschaft oder Maßnahmen zur Fortführung der Gesellschaft zu beschließen. Sofern die Auflösung der Gesellschaft trotz fortbestehendem Auflösungsgrund nicht durch die Hauptversammlung beschlossen wird, müssen die Verwalter

---

1275 Vgl Art. 109 Abs. 1 LSRL.
1276 Vgl Art. 104 Abs. 1 a) LSRL.
1277 Vgl Art. 104 Abs. 1 c) LSRL.
1278 Vgl Art. 104 Abs. 1 d) LSRL.
1279 Vgl Art. 104 Abs. 1 e) LSRL.
1280 Vgl Art. 104 Abs. 1 f) LSRL.
1281 Vgl Art. 104 Abs. 1 b) LSRL.
1282 Vgl Art. 53 Abs. 3 LSRL.
1283 Vgl Art. 107 LSRL.
1284 Vgl Art. 105 Abs. 1 g) LSRL.

die gerichtliche Auflösung der Gesellschaft beantragen.[1285] Kommen die Verwalter ihrer Verpflichtung zur Einberufung der Hauptversammlung oder Beantragung der gerichtlichen Auflösung nicht innerhalb von zwei Monaten nach, haften sie für die Verbindlichkeiten der Gesellschaft, die nach Eintritt des Auflösungsgrundes entstanden sind.[1286]

Hinweis: Neben den in Art. 104 Abs. 1 LSRL genannten Auflösungsgründen ist eine SLNE auch dann aufzulösen, wenn Verluste den Buchwert des Gesellschaftsvermögens über einen Zeitraum von sechs Monaten auf weniger als die Hälfte des Stammkapitals reduzieren oder wenn die Gesellschaft als Vermögensverwaltungsgesellschaft klassifiziert werden sollte.[1287]

b) Wiederbelebung der Gesellschaft

Die Gesellschafterversammlung kann unter strenger Einhaltung der für Satzungsänderungen vorgeschriebenen Form- und Mehrheitsvorschriften beschließen, die Geschäftstätigkeit der Gesellschaft wieder aufzunehmen, vorausgesetzt der Auflösungsgrund ist beseitigt, das Buchvermögen der Gesellschaft nicht geringer als das Stammkapital und es wurde noch nicht mit der Auszahlung des Liquidationsguthabens an die Gesellschafter begonnen.[1288] Dies gilt aber nicht, wenn die Gesellschaft nach Art. 104 Abs. 1 a) LSRL von Rechts wegen automatisch aufgelöst worden ist. Des Weiteren ist zu beachten, dass die Gläubiger der Wiederbelebung der Gesellschaft nach Art. 106 Abs. 3 LSRL widersprechen können.

c) Liquidation der Gesellschaft

Mit der Auflösung tritt die Gesellschaft in die Abwicklungsphase ein und muss gemäß Art. 109 Abs. 2 LSRL während des Liquidationszeitraumes mit dem Zusatz *„en liquidación"* firmieren.

aa) Liquidationsverfahren

Mit dem Eintritt in die Liquidationsphase scheiden die Verwalter gemäß Art. 110 Abs. 1 LSRL aus ihrem Amt aus. Nach der gesetzlichen Grundkonzeption werden sie automatisch zu **Liquidatoren**, es sei denn, die Satzung oder die Hauptversammlung bestimmen andere Personen. Die Liquidatoren sind grundsätzlich auf unbestimmte Zeit bestellt, sofern die Satzung nichts Gegenteiliges vorsieht.[1289] Die Rechtsstellung der Liquidatoren entspricht der Rechtsstellung der Verwalter.[1290] Die Liquidatoren müssen gemäß Art. 115 Abs. 1 LSRL innerhalb von drei Monaten nach Liquidationsbeginn eine Bilanz und ein Inventarverzeichnis bezogen auf den Tag der Auflösung erstellen.

Im Rahmen der Liquidation der Gesellschaft wird das Gesellschaftsvermögen zum Zwecke der Begleichung der Verbindlichkeiten der Gesellschaft veräußert. Art. 118 Abs. 1 LSRL sieht vor, dass die Liquidatoren nach Beendigung der Liquidationsgeschäfte der Hauptversammlung eine Abschlussbilanz sowie einen kompletten Bericht über die vorgenommenen Handlungen nebst einem Vorschlag zur Verteilung des Restvermögens an die Gesellschafter vorlegen. Grundsätzlich steht jedem Gesellschafter eine quotale Beteiligung am Restvermögen der Gesellschaft zu.[1291] Die Auszahlung eines Liquidationserlöses ist aber erst zulässig, wenn alle Gläubiger befriedigt sind oder der zur Befriedigung der Gesellschaftsgläubiger erforderliche Geldbetrag bei einem Kreditinstitut hinterlegt ist.[1292] Nach Auszahlung des Liquidationserlöses an die Gesellschafter haben die Liquidatoren den Abschluss des Liquidationsverfahrens in einer notariellen Urkunde zu bestätigen.[1293] Durch diese Urkunde und die in ihr abzugebenden Erklärungen bestätigen die Liquidatoren, dass die Gesell-

---

1285 Vgl Art. 105 Abs. 4 LSRL.
1286 Vgl Art. 105 Abs. 5 LSRL.
1287 Vgl Art. 142 Abs. 1 LSRL.
1288 Vgl Art. 106 Abs. 1 LSRL.
1289 Art. 111 Abs. 1 LSRL.
1290 Art. 114 LSRL.
1291 Art. 119 Abs. 1 LSRL.
1292 Vgl Art. 120 LSRL.
1293 Vgl Art. 121 LSRL.

schaft tatsächlich löschungsreif ist.[1294] Die Löschung der Gesellschaft ist gemäß Art. 122 Abs. 1 LSRL im Handelsregister einzutragen.

bb) Nachtragsliquidation

731 Ist nach der Löschung der Gesellschaft aus dem Handelsregister noch Gesellschaftsvermögen vorhanden, so ist nach Art. 123 Abs. 1 LSRL eine Nachtragsliquidation durchzuführen. Vermögensgüter sind zu veräußern und der Erlös unter den Gesellschaftern zu verteilen. Für die Verbindlichkeiten haften die Gesellschafter nach Art. 123 Abs. 2 LSRL gesamtschuldnerisch bis zur Höhe ihrer Liquidationsquote.

IV. Die Corporation nach dem Recht des US-Bundesstaats Delaware

1. Allgemeines

a) Einleitung

732 Die in Deutschland lange vorherrschende **Sitztheorie**, nach der sich die Rechtsverhältnisse einer Kapitalgesellschaft nach dem Recht desjenigen Staates richten, in dem sich der tatsächliche Verwaltungssitz der Gesellschaft befindet, ist durch die Entscheidungen des EuGH in Sachen „*Centros*", „*Überseering*" und „*Inspire Art*" zumindest für Kapitalgesellschaften mit Satzungssitz in einem Mitgliedstaat der Europäischen Union für unanwendbar erklärt worden. Dies bedeutet aber nicht, dass sich das deutsche internationale Gesellschaftsrecht nun generell an der **Gründungstheorie** orientieren würde, nach der sich die Rechtsverhältnisse einer Gesellschaft nach dem Recht des Staates richten, in dem die Gesellschaft gegründet wurde. Der EuGH hat zwar ausgesprochen, dass die Rechtsfähigkeit der in einem Mitgliedstaat der EU rechtswirksam gegründeten Kapitalgesellschaften europaweit anzuerkennen ist. Daraus ist zumindest in Deutschland aber nicht die Konsequenz gezogen worden, die Anwendung der Sitztheorie generell aufzugeben. Vielmehr findet die Sitztheorie gegenüber außereuropäischen Kapitalgesellschaften weiterhin Anwendung. Dies hat zur Folge, dass außereuropäische Kapitalgesellschaften mit deutschem Verwaltungssitz in Deutschland grundsätzlich nicht als rechtsfähige Kapitalgesellschaften, sondern bestenfalls als Personengesellschaften anerkannt werden.

733 Die Rahmenbedingungen der Geschäftstätigkeit von ausländischen Kapitalgesellschaften in Deutschland und die Frage des auf sie anwendbaren Rechts kann aber durch bilaterale oder multilaterale Staatsverträge festgelegt werden.[1295] Die Bestimmungen des Art. XXV Abs. 5 S. 2 des **Freundschafts-, Handels- und Schifffahrtsvertrages** zwischen der Bundesrepublik Deutschland und den Vereinigten Staaten von Amerika vom 29.10.1954 stellt eine solche staatsvertragliche Kollisionsnorm dar, der gemäß Art. 3 Abs. 2 S. 1 EGBGB Vorrang vor den Regelungen des deutschen internationalen Gesellschaftsrechts zukommt.[1296] Nach dieser Vorschrift gelten Gesellschaften, die gemäß den Gesetzen und sonstigen Vorschriften des einen Vertragsteils in dessen Gebiet errichtet wurden, als Gesellschaften dieses Vertragsteils. Der rechtliche Status einer in einem US-amerikanischen Bundesstaat wirksam gegründeten Kapitalgesellschaft ist daher in Deutschland auch dann anzuerkennen, wenn die Gesellschaft ihren Verwaltungssitz in Deutschland hat. Dies hat der BGH in vier jüngeren Entscheidungen bestätigt.[1297] Offen gelassen hat der BGH allerdings die Frage, ob die Anwendung des Gründungsrechts auf US-amerikanische Kapitalgesellschaften mit tatsächlichem Verwaltungssitz in Deutschland ein Mindestmaß an tatsächlichen Beziehungen, einen sogenannten *genuine link*, der Gesellschaft zu ihrem Gründungsstaat voraussetzt.[1298] Dies ist insbesondere in einer Entscheidung des Oberlandesgerichts Düsseldorf angenommen worden.[1299] Nach zutreffender Ansicht kann ein *genuine link* aber

---

1294 Vgl *Löber/Wendland/Bilz/Lozano*, Die neue spanische GmbH, 2006, S. 124.
1295 Vgl die Aufzählung in *Rehm*, in: Eidenmüller, aaO, § 2, Rn 3.
1296 Vgl nur BGH NZG 2005, 44.
1297 Vgl BGH NZG 2005, 44; BGH NZG 2004, 1001, BGH NZG 2003, 531; BGH NJW-RR 2002, 1359.
1298 Vgl hierzu *Drouven/Mödl*, NZG 2007, 7, 8.
1299 Vgl OLG Düsseldorf, NJW-RR 1995, 1124, 1125.

nicht gefordert werden, der ohnehin auch nach der Auffassung der Befürworter bereits bei Bestehen einer tatsächlichen geschäftlichen Beziehung zu den USA gegeben wäre.[1300]

Wie der BGH ausführt, richtet sich das **Gesellschaftsstatut** einer juristischen Person und damit auch deren Rechts- und Parteifähigkeit im Verhältnis zwischen der Bundesrepublik Deutschland und den Vereinigten Staaten von Amerika grundsätzlich nach dem Recht des Staates, in dem die juristische Person gegründet wurde. Eine in Übereinstimmung mit US-amerikanischen Vorschriften in den USA wirksam gegründete und dort rechts- und parteifähige Gesellschaft ist daher in Deutschland unabhängig davon rechts- und parteifähig, wo sich ihr tatsächlicher Verwaltungssitz befindet.[1301] In dieser Hinsicht sind US-Kapitalgesellschaften in Deutschland also nicht anders zu behandeln als Kapitalgesellschaften aus den EU-Mitgliedstaaten. 734

In den USA gibt es kein einheitliches Gesellschaftsrecht. Vielmehr wird die gesellschaftsrechtliche Gesetzgebungskompetenz im Wesentlichen von den Einzelstaaten wahrgenommen.[1302] Eine Betrachtung der *Delaware Close Corporation* bietet sich deshalb an, weil dies die wohl erfolgreichste Gesellschaftsform in den Vereinigten Staaten ist. Was von der einen Seite als *race to the bottom* gescholten und von der anderen Seite als effizient und fortschrittlich gelobt wird, ist jedenfalls ein Erfolgsmodell, das das Gesellschaftsrecht in den anderen Bundesstaaten der USA nachhaltig geprägt hat.[1303] Die *Delaware Close Corporation* wird daher als Musterbeispiel der amerikanischen Kapitalgesellschaft betrachtet und soll als solches im Folgenden untersucht werden. 735

b) Rechtsquellen

Die grundlegenden Bestimmungen für das Recht der *corporation* finden sich im *Delaware General Corporation Law* (nachfolgend **DGCL**). Man unterscheidet in Delaware die kleine Kapitalgesellschaft, die sogenannte *close corporation*, von der großen Kapitalgesellschaft, der sogenannten *public corporation*. Als Rechtsform für eine Auslandsgesellschaft mit Verwaltungssitz in Deutschland dürfte aufgrund der vereinfachten Organisationsstruktur in erster Linie die *close corporation* interessant sein, die in etwa der deutschen Gesellschaft mit beschränkter Haftung entspricht, während die *public corporation* eher einer deutschen Aktiengesellschaft ähnelt. Beide Formen der *corporation* sind im DGCL geregelt und sind sich weit ähnlicher als dies bei der deutschen GmbH und der AG der Fall ist. Nach dem gesetzlichen Grundkonzept trifft das DGCL allgemein geltende Vorschriften für die *public corporation*, die grundsätzlich auch für die *close corporation* gelten, und in den §§ 341–356 DGCL einige wenige Sondervorschriften für die *close corporation*. Die *close corporation* ist daher eher eine kleine Aktiengesellschaft als eine vollkommen selbständige Rechtsform. 736

Hinweis: Soweit im Folgenden von einer *corporation* die Rede ist, ist stets die *close corporation* gemeint. Sofern Bezug auf die *public corporation* genommen wird, wird diese ausdrücklich als *public corporation* bezeichnet.

2. Gründung

a) Gründungsvoraussetzungen

Eine *close corporation* nach dem Recht des US-amerikanischen Bundesstaates Delaware (nachfolgend *corporation* genannt) entsteht mit der Registrierung des von allen Gründern unterschriebenen und von einem *notary public* beglaubigten *certificate of incorporation*, der **Gründungsurkunde** der *corporation*, bei dem *Secretary of State*. Dieser nimmt die Registrierung, das sogenannte *filing*, des *certificate of incorporation* vor, wenn das *certificate* formal ordnungsgemäß erstellt wurde und alle im Rahmen der 737

1300 Vgl zum Streitstand *Drouven/Mödl*, NZG 2007, 7, 8.
1301 Vgl nur BGH NZG 2005, 44.
1302 Vgl *Rehm*, in: Eidenmüller, aaO, § 11, Rn 1.
1303 Vgl *Rehm*, in: Eidenmüller, aaO, § 11, Rn 2 mwN.

Gründung einer *corporation* anfallenden Steuern und Gebühren eingezahlt sind.[1304] Das Datum der Registrierung der Gesellschaft ist gleichzeitig deren Gründungsdatum.[1305] Der *Secretary of State* kann aber auf Antrag der Gründer ein späteres Datum als Gründungsdatum der Gesellschaft festlegen, wenn ihm das praktikabel erscheint.[1306]

738 Eine *corporation* kann wie eine deutsche GmbH von einer **einzigen Person** gegründet werden. Gründer kann sowohl eine natürliche als auch eine juristische Person oder eine Personengesellschaft sein, unabhängig von ihrem Wohnort oder Geschäftssitz.[1307]

b) Certificate of Incorporation

739 Eine *corporation* hat keinen einheitlichen Gesellschaftsvertrag. Vielmehr werden die Rechtsverhältnisse der Gesellschaft in zwei Dokumenten geregelt, dem *certificate of incorporation* und den sogenannten *bylaws*. Das *certificate of incorporation* regelt dabei die Rechtsbeziehungen der Gesellschaft nach außen, während die *bylaws* das Innenverhältnis zwischen den Gesellschaftern und der Geschäftsführung, dem *board of directors*, regeln. Das *certificate of incorporation* ist dabei das höherrangige Dokument. Im Falle eines Widerspruchs zwischen dem *certificate of incorporation* und den *bylaws* gehen die im *certificate of incorporation* niedergelegten Vorschriften den Regelungen der *bylaws* vor.[1308]

740 Der Mindestinhalt des *certificate of incorporation* ist gesetzlich festgelegt:
- Bezeichnung der Gesellschaft als *close corporation* in der Überschrift des *certificate of incorporation*,[1309]
- Firma der Gesellschaft (*name of the corporation*) zzgl eines die Haftungsbeschränkung indizierenden Zusatzes oder einer entsprechenden Abkürzung,[1310]
- Adresse des *registered office* der Gesellschaft und der Name des Zustellungsbevollmächtigten der Gesellschaft an dieser Adresse (*registered agent*),[1311]
- Unternehmensgegenstand (*corporate purposes*),[1312]
- Anzahl und Nennwert aller Geschäftsanteile, die die Gesellschaft ausgeben darf bzw, sofern nennwertlose Geschäftsanteile ausgegeben werden, der Hinweis darauf, dass die Geschäftsanteile keinen Nennwert haben, sowie, wenn mehrere Anteilsgattungen begeben werden, eine Beschreibung der mit diesen verbundenen Rechte und Pflichten,[1313]
- Namen und Adressen der Gründungsgesellschafter,[1314]
- Namen und Adressen der *directors*, sofern die Befugnisse der Gründungsgesellschafter nicht über die Registrierung der Gesellschaft hinausgehen.[1315]

741 Darüber hinaus können im *certificate of incorporation* weitere Angaben gemacht werden.[1316] Regelungen, die eine flexible Handhabung erfordern, sollten aber in den *bylaws* getroffen werden, da diese schneller und einfacher geändert werden können als das *certificate of incorporation*.

(aa) Firma

742 Die Firma einer *corporation* kann grundsätzlich frei gewählt werden. Die Gesellschafter sind weder verpflichtet, ihre Namen in die Firma der Gesellschaft aufzunehmen noch eine Umschreibung des

---

1304 Vgl § 106 Delaware General Corporation Law (DGCL).
1305 Vgl § 103 (c) (3) DGCL; zur Höhe der anfallenden Steuern vgl § 391 DGCL.
1306 Vgl § 103 (c) (4) DGCL.
1307 Vgl § 101 DGCL.
1308 Vgl § 109 (b) DGCL.
1309 Vgl § 343 (1) DGCL.
1310 Vgl § 102 (a) (1) DGCL.
1311 Vgl § 102 (a) (2) DGCL.
1312 Vgl § 102 (a) (3) DGCL.
1313 Vgl § 102 (a) (4) DGCL.
1314 Vgl § 102 (a) (5) DGCL.
1315 Vgl § 102 (a) (6) DGCL.
1316 Vgl § 102 (b) DGCL und die Aufzählung in *Rehm*, in: Eidenmüller, aaO, § 11, Rn 16.

Gesellschaftszwecks der *corporation*. Neben **Sach- und Personenbezeichnungen** sind dementsprechend auch **Fantasiebezeichnungen** zulässig.

Allerdings ist nach dem Recht des Staates Delaware zu fordern, dass die gewählte Firma der *corporation* sich von den bereits in Delaware registrierten Gesellschaften hinreichend unterscheidet.[1317] Darüber hinaus ergibt sich aus dem Gesetz, dass eine Gesellschaft ohne besondere Genehmigung keinen Namensbestandteil benutzen darf, der eine Tätigkeit der Gesellschaft im Bankwesen indiziert, wie etwa „*bank*" oder „*trust*".[1318]

Die Firma der *corporation* muss nach § 102 (a) (1) DGCL einen **Rechtsformzusatz** führen, der die Beschränkung der Haftung der Gesellschaft auf das Gesellschaftsvermögen anzeigt. In Delaware stehen hierfür unter anderem die Bezeichnungen „*association*", „*company*", „*corporation*", „*club*", „*foundation*", „*fund*", „*incorporated*", „*institute*", „*society*", „*union*", „*syndicate*", „*limited*" oder die entsprechend gängigen Abkürzungen zur Wahl.

(bb) Sitz der Gesellschaft

Auch nach dem Recht des Staates Delaware ist zwischen dem **Satzungssitz** einer Gesellschaft (*registered office*) und dem **tatsächlichen Verwaltungssitz** zu differenzieren. Jede in Delaware gegründete Gesellschaft ist verpflichtet, den satzungsmäßigen Sitz, das sogenannte *registered office*, im Staate Delaware zu nehmen und beizubehalten.[1319] Das *registered office* dient den Behörden des Staates Delaware als Zustellungsadresse für offizielle Mitteilungen und macht die Gesellschaft in Delaware gerichtspflichtig.[1320]

Hinweis: Eine reine Postanschrift reicht zur Einrichtung eines *registered office* nicht aus, da jede Gesellschaft einen sogenannten *registered agent* als Zustellungsbevollmächtigten benennen muss. Der *registered agent* kann eine natürliche Person mit Wohnsitz in Delaware oder eine Gesellschaft mit Sitz in Delaware sein.[1321] Das *registered office* muss zu regelmäßigen Geschäftszeiten geöffnet sein, um die Zustellung von Mitteilungen, Ladungen und sonstigen Bekanntmachungen zu ermöglichen.[1322] Die Erfüllung dieser Pflichten erfordert jedoch nicht die tatsächliche Unterhaltung eines eigenen Büros, da die Aufgaben des *registered agent* auch von Rechtsanwaltskanzleien oder spezialisierten Dienstleistungsunternehmen gegen eine Gebühr wahrgenommen werden können.

Der **tatsächliche Verwaltungssitz** bezeichnet den Ort der tatsächlichen Geschäftstätigkeit der Gesellschaft. Die Gesellschaft ist nicht verpflichtet, ihren tatsächlichen Verwaltungssitz in Delaware zu nehmen. Da Delaware der Gründungstheorie folgt, ist nach dortigem Verständnis die Verlegung des tatsächlichen Verwaltungssitzes in einen anderen Bundesstaat oder ein anderes Land für die Rechtspersönlichkeit der Gesellschaft irrelevant. Daher wird in § 131 (1) DCGL klargestellt, dass der Satzungssitz zwar dem Verwaltungssitz entsprechen kann, aber nicht entsprechen muss.

(cc) Gegenstand des Unternehmens

Im *certificate of incorporation* ist der Unternehmensgegenstand der Gesellschaft zu bezeichnen. Die Bezeichnung des Unternehmensgegenstands war in den US-amerikanischen Jurisdiktionen früher von erheblicher Bedeutung, denn nach der **ultra-vires-Lehre** waren die Befugnisse der Gesellschaft auf ihren Unternehmensgegenstand beschränkt. Diese Befugnisse umrissen im untechnischen Sinne die Rechtsfähigkeit der Gesellschaft.[1323] Eine Überschreitung des Unternehmensgegenstands konnte nach damaligem Verständnis die Nichtigkeit der getätigten Rechtsgeschäfte nach sich ziehen. Die *ultra-vires*-Lehre hat aber dadurch an Bedeutung verloren, dass in das Gesellschaftsrecht des Bundesstaates Delaware eine sogenannte *catch-all clause* eingeführt wurde, die es gestattet, eine Gesell-

---

1317 Vgl § 102 (a) (1) (ii) DGCL.
1318 Vgl §§ 102 (a) (1) (iii), 395 DGCL.
1319 Vgl § 131 (a) DGCL.
1320 Vgl §§ 132 (b), 321 (b) DGCL.
1321 Vgl § 132 (a) DGCL.
1322 Vgl § 132 (b) DGCL.
1323 So zutreffend *Bungert*, Gesellschaftsrecht in den USA, 3. Aufl., 2003, S. 35.

schaft zur Verfolgung jedes rechtmäßigen Zweckes zu betreiben.[1324] Die Gesellschaft kann bei Implementierung einer solchen Klausel in das *certificate of incorporation* jedes Handelsgewerbe und alle Geschäfte betreiben. Demnach hat die *ultra-vires*-Lehre heute eigentlich keinen Anwendungsbereich mehr.

c) Bylaws

748 Die Gesellschafter einer *corporation* können neben dem *certificate of incorporation* noch weitere interne Regelwerke schaffen. Gesetzlich vorgesehen ist die Implementierung von *bylaws*, die einer Geschäftsordnung für die Geschäftsführung ähnlich sind.[1325] Die Erstellung von *bylaws* steht dabei im Ermessen der Gesellschafter. Weder ist es zur formgerechten Errichtung einer *corporation* erforderlich, *bylaws* zu implementieren, noch müssen diese beim *Secretary of State* registriert werden. Aus der Tatsache, dass die *bylaws* nicht registriert werden, ergibt sich notwendigerweise, dass dort getroffene Regelungen den Bestimmungen des *certificate of incorporation* nicht widersprechen dürfen.[1326] Andernfalls könnten die im *certificate of incorporation* publik gemachten Bestimmungen regelmäßig durch die Hintertür rückgängig gemacht werden. Die *bylaws* können auch nach der Gründung der Gesellschaft noch aufgestellt werden und können während der Lebensdauer der Gesellschaft laufend verändert werden.[1327]

749 In der Praxis sind die *bylaws* häufig deutlich umfangreicher als das *certificate of incorporation*. Soweit die in den *bylaws* getroffenen Regelungen weder dem Gesetz noch dem *certificate of incorporation* widersprechen, können die Gesellschafter den Inhalt der *bylaws* frei gestalten.[1328] Es bietet sich an, die Geschäftsführungsbefugnisse des *board of directors* in den *bylaws* zu definieren und näher auszugestalten. So kann es sinnvoll sein, einen Katalog von Rechtsgeschäften und Geschäftsführungsmaßnahmen aufzustellen, die der vorherigen Zustimmung der Gesellschafterversammlung bedürfen. Solche Regelungen sollten in den *bylaws* getroffen werden, da diese sich verhältnismäßig einfach ändern lassen. Nach der gesetzlichen Grundregel können die *bylaws* sowohl durch Beschluss der Gründungsgesellschafter als auch durch Beschluss des *board of directors* geändert werden, bevor die Gesellschaft Zahlungen auf das Stammkapital erhalten hat. Nachdem erste Einzahlungen auf das Stammkapital erfolgt sind oder wenn die Gesellschaft kein Stammkapital führt, können Änderungen nur durch Gesellschafterbeschluss vorgenommen werden, sofern das Recht zur Änderung der *bylaws* nicht im *certificate of incorporation* auf das *board of directors* übertragen wurde.[1329]

Hinweis: Sofern in den *bylaws* Regelungen getroffen werden sollen, die das *board of directors* in seiner Geschäftsführungsbefugnis betreffen und binden sollen, empfiehlt es sich, Änderungen der *bylaws* nur durch die Gesellschafterversammlung zuzulassen.

3. Organe

750 Die *corporation* handelt als juristische Person durch ihre Organe. Das Gesetz sieht für die *corporation* zwei Organe vor, nämlich (i) das **board of directors** als Leitungsorgan der Gesellschaft und (ii) die **Gesellschafterversammlung**, das *stockholders' meeting*. Die Organisationsstruktur der *corporation* ähnelt insoweit der der deutschen GmbH.

751 Das *stockholders' meeting* ist das oberste Organ der Gesellschaft. Im Unterschied zur Gesellschafterversammlung einer deutschen GmbH hat sie nach dem Gesetz aber deutlich geringere Befugnisse, auf die Unternehmensleitung einzuwirken. Die Befugnisse des *stockholders' meeting* sind, wie die einer Hauptversammlung einer deutschen Aktiengesellschaft, auf die Entscheidung grundlegender Fragen beschränkt. Dies mag darin begründet liegen, dass die *close corporation* strukturell eine verkleinerte

---

1324 Vgl §§ 102 (a) (3), 121, 122 DGCL.
1325 Vgl § 109 DGCL.
1326 Vgl § 109 (b) DGCL.
1327 Vgl § 109 (a) DGCL.
1328 Vgl § 109 (b) DGCL.
1329 Vgl § 109 (a) DGCL.

public corporation, also eine kleine Aktiengesellschaft, ist, was sich daraus ergibt, dass die gesetzliche Grundkonzeption beider Gesellschaften gleich ist, für die *close corporation* allerdings in bestimmten Bereichen eigene Regelungen getroffen werden. Während im deutschen Recht GmbH und Aktiengesellschaft als selbständige Organisationsformen nebeneinander stehen, stellt die *close corporation* eine personalisierte *public corporation* dar.

Das **board of directors** leitet die Geschäfte der Gesellschaft und ist berechtigt, die Gesellschaft gegenüber Dritten rechtswirksam zu vertreten.[1330] Sowohl die Geschäftsführungsbefugnisse als auch die Vertretungsmacht der *directors* können intern im *certificate of incorporation* oder in den *bylaws* beschränkt werden.[1331] In größeren Gesellschaften übernimmt das *board of directors* die Geschäftsführung in der Gesellschaft nicht selbst, sondern delegiert Geschäftsführungsaufgaben, wie das Tagesgeschäft und die Vertretung der Gesellschaft in diesem Rahmen, auf leitende Angestellte, sogenannte *officers*.[1332] *Officers* sind Vertreter der Gesellschaft kraft Amtes.[1333]

a) Geschäftsführung (Board of Directors)

Die Geschäfte der Gesellschaft werden von den *directors* geführt. Nach geltendem Recht ist die Bestellung eines einzigen *directors* zur Geschäftsführung ausreichend.[1334]

Hinweis: Eine *corporation* kann von einer einzigen Person gegründet und auch geführt werden. Der einzige Gesellschafter einer *corporation* kann demzufolge gleichzeitig alleiniger *director* und einziger *officer* der Gesellschaft sein. Eine Beteiligung weiterer Personen an der Geschäftsführung ist nicht erforderlich.[1335]

aa) Eignungsvoraussetzungen

Gemäß § 141 (b) DGCL kann zum *director* einer *corporation* nur eine **natürliche Person** bestellt werden, die Gesellschafter sein kann, aber nicht sein muss. Zusätzlich zu den gesetzlichen Anforderungen können sowohl das *certificate of incorporation* als auch die *bylaws* zusätzliche Eignungsvoraussetzungen für die *directors* festlegen.[1336] So kann vorgesehen werden, dass die *directors* ein bestimmtes Mindestalter haben müssen oder umgekehrt ein bestimmtes Alter nicht überschreiten dürfen. Das Gesetz räumt auch die Möglichkeit ein, die Bestellung zum *director* an die Gesellschafterposition zu binden.[1337] Denkbar ist auch, die Bestellung zum *director* von einer kaufmännischen Ausbildung oder sonstigen Qualifikation abhängig zu machen oder, in einer Familiengesellschaft, die Familienzugehörigkeit als Bestellungskriterium festzusetzen.

bb) Bestellung und Abberufung von Geschäftsführern

Die Bestellung der ersten *directors* der *corporation* kann bereits im *certificate of incorporation* erfolgen.[1338] Machen die Gesellschafter einer *corporation* von ihrem Recht Gebrauch, die Geschäftsführung selbst auszuüben und auf die Bestellung eines *board of directors* gänzlich zu verzichten, so ist eine entsprechende Erklärung in das *certificate of incorporation* aufzunehmen.[1339] Die Gesellschafter werden dann vom Gesetz wie *directors* behandelt; sie unterliegen insbesondere den gleichen Verpflichtungen.[1340]

1330 Vgl § 141 (a) DGCL.
1331 Vgl § 141 (a) DGCL.
1332 Vgl § 142 (a) DGCL.
1333 Vgl *Bungert*, Gesellschaftsrecht in den USA, 3. Aufl., 2003, S. 40.
1334 Vgl § 141 (b) DGCL.
1335 Vgl § 351 DGCL.
1336 Vgl § 141 (b) DGCL.
1337 Vgl § 141 (b) DGCL.
1338 Vgl § 102 (a) (6) DGCL.
1339 Vgl § 351 DGCL.
1340 Vgl § 351 (2), (3) DGCL.

Hinweis: Die nachträgliche Aufnahme des Verzichts auf die Bestellung eines *board of directors* in das *certificate of incorporation* erfordert einen einstimmigen Beschluss aller Gesellschafter der *corporation*. Die Streichung der Verzichtserklärung ist bereits mit einfacher Mehrheit möglich.[1341]

756 Sind die ersten *directors* nicht bereits im *certificate of incorporation* bestellt und wurde auch nicht auf die Bestellung eines *board of directors* verzichtet, so sind die *directors* nach erfolgter Gründung der Gesellschaft anlässlich eines sogenannten *organization meeting* durch Gesellschafterbeschluss mit einfacher Mehrheit zu bestimmen.[1342]

Hinweis: Ein solcher Bestellungsbeschluss kann grundsätzlich auch im schriftlichen Umlaufverfahren gefasst werden, wenn die Beteiligten zustimmen.[1343]

Während der Laufzeit der Gesellschaft werden die *directors* jährlich durch die Gesellschafterversammlung anlässlich des *annual meeting*, das vom *board of directors* einberufen wird, mit einfacher Mehrheit bestätigt oder es werden neue Direktoren bestellt.[1344] Alternativ kann auch schriftlich über die Bestellung der Direktoren beschlossen werden.

Hinweis: Bei der Bestellung eines *director* sollte grundsätzlich bedacht werden, dass nach § 141 (h) DGCL das *board of directors* berechtigt ist, die Vergütung seiner Mitglieder selbst festzulegen, falls das *certificate of incorporation* oder die *bylaws* keine abweichende Regelung treffen. Zumindest bei Fremdgeschäftsführern empfiehlt es sich, diese Kompetenz in den *bylaws* der Gesellschafterversammlung zuzuweisen.

757 Die *directors* einer *corporation* können grundsätzlich jederzeit durch Beschluss der Gesellschafterversammlung mit einfacher Mehrheit abberufen werden, ohne dass es hierzu eines wichtigen Grundes bedürfte.[1345] Die *directors* sollen nur solange amtieren können, wie sie das Vertrauen der Mehrheit der Gesellschafterversammlung genießen. Die Gesellschafter können aber im *certificate of incorporation* oder in den *bylaws* der Gesellschaft die Abberufung von *directors* an die Erreichung einer qualifizierten Mehrheit oder das Vorliegen eines besonderen Grundes für die Abberufung binden.

Hinweis: Darüber hinaus ist die jederzeitige Abberufung ausgeschlossen, wenn einzelne Gesellschaftergruppen ein Entsendungsrecht für einen oder mehrere *directors* haben. In diesem Fall ist eine Abberufung durch Gesellschafterbeschluss mit einfacher Mehrheit nur zulässig, wenn dies im *certificate of incorporation* vorgesehen ist.[1346]

cc) Das Board of Directors

758 Sofern mehrere *directors* bestellt sind, wird die Gesellschaft vom *board of directors* als Kollegialorgan geleitet.[1347] Das *board of directors* trifft die Leitentscheidungen zur Geschäftspolitik in der Gesellschaft, ist aber üblicherweise nicht mit dem Tagesgeschäft befasst. Vielmehr wird das *board of directors* regelmäßig in den *bylaws* ermächtigt, *officers* zu ernennen, die die tatsächliche Geschäftsführung übernehmen.[1348]

759 Eine *corporation* hat in der Regel zumindest drei *officers*, nämlich den *president*, den *secretary* und den *treasurer*. Die Bestellung eines *officers* ist aber nicht gesetzlich vorgeschrieben,[1349] so dass es im

---

1341 Vgl § 351 DGCL.
1342 Vgl § 108 (a) DGCL.
1343 Vgl § 108 (c) DGCL.
1344 Vgl § 211 (b) DGCL; § 141 (d) DGCL räumt auch die Möglichkeit ein, *directors* verschiedener Klassen mit unterschiedlich langer Amtszeit zu bestellen.
1345 Vgl § 141 (k) DGCL.
1346 Vgl § 141 (k) (1) DGCL.
1347 Vgl § 141 (a) DGCL.
1348 Vgl § 142 (a) DGCL.
1349 Vgl § 142 (d) DGCL.

Ermessen der Gesellschafter steht, ob sie überhaupt einen *officer* bestellen, und wenn ja, ob sie diesen aus dem Gesellschafterkreis oder dem *board of directors* bestellen oder einen außenstehenden Dritten hierzu bestimmen.

Der *president*, häufig auch *chief executive officer* genannt, steht an der Spitze der Verwaltung. Der *treasurer*, teilweise auch *chief financial officer* genannt, nimmt die Funktion eines Finanzvorstandes wahr. Der *secretary* ist für die Gegenzeichnung wichtiger Dokumente und die Protokollführung bei *board meetings* verantwortlich.[1350] Die *officers* sind in der Regel im Rahmen ihrer Aufgabenbereiche einzelvertretungsbefugt, wobei sich der Umfang ihrer Vertretungsmacht nach den *bylaws* bestimmt. Der *president* ist zumeist berechtigt, die Gesellschaft in allen Angelegenheiten des laufenden Geschäftsbetriebs zu vertreten. Maßnahmen außerhalb des gewöhnlichen Geschäftsbetriebs erfordern aber in der Regel die Zustimmung des *board of directors*.

Das *board of directors* entscheidet über die Geschäftsführungsangelegenheiten, die nicht durch die *officers* allein wahrgenommen werden können, in *board meetings*, die auch als Telefonkonferenzen oder unter Einsatz von elektronischen Medien abgehalten werden können, wenn alle Beteiligten einem solchen Verfahren zustimmen.[1351] Die Frage der **Beschlussfähigkeit** von *board meetings* sollte in den *bylaws* der Gesellschaft geklärt werden. Nach § 141 (b) DGCL muss jedoch mindestens ein Drittel der *directors* anwesend sein, damit Beschlüsse gefasst werden können. Die *directors* stimmen mit einfacher Mehrheit ab, sofern in den *bylaws* keine höhere Mehrheit vorgesehen ist.

dd) Befugnisse der Geschäftsführer

Das *board of directors* ist grundsätzlich umfassend zur **Geschäftsführung** in der *corporation* und der **Vertretung** der *corporation* im Außenverhältnis befugt, soweit nicht das Gesetz bestimmte Materien der Gesellschafterversammlung zur Entscheidung zuweist.

Im Rahmen ihrer Leitungskompetenzen führen die *directors* die Geschäfte der Gesellschaft **weitgehend weisungsfrei** aus. Die *directors* sind an Weisungen der Gesellschafterversammlung grundsätzlich nur in den Bereichen gebunden, die entweder nach dem Gesetz oder nach dem *certificate of incorporation* bzw den *bylaws* den Gesellschaftern zur Entscheidung zugewiesen sind. Außerhalb dieser Bereiche können die Gesellschafter nur durch ihr jederzeitiges Abberufungsrecht Einfluss auf die Geschäftsführung der Gesellschaft nehmen. In der *close corporation* ist es im Gegensatz zur *public corporation* aber zulässig, eine **Geschäftsordnung für die Geschäftsführung** der Gesellschaft als Gesellschaftervereinbarung zu implementieren.[1352] Dies ermöglicht den Gesellschaftern einer *close corporation*, mehr Einfluss auf die Geschäftsführung zu nehmen als ansonsten möglich wäre. Allerdings haften sie dann auch für Schäden, die der Gesellschaft dadurch entstehen, dass die *directors* den ihnen gegebenen Handlungsanweisungen im Rahmen der Geschäftsführung Folge leisten.[1353]

Die umfassende Leitungsmacht der *directors* ist allerdings in den Bereichen eingeschränkt, in denen sie einem **Interessenkonflikt** unterliegen. Sofern einzelne *directors* ein direktes oder indirektes persönliches Interesse an der Vornahme einer Geschäftsführungsmaßnahme haben, müssen sie diesen Interessenkonflikt gegenüber dem *board of directors* oder gegenüber der Gesellschafterversammlung offenlegen.[1354] Tun sie dies nicht, kann ihre Stimme bei der Abstimmung über die betroffene Maßnahme nur dann mitgezählt werden, wenn die Gesellschafterversammlung dem in Kenntnis der Sachlage zustimmt oder die Maßnahme der Gesellschaft gegenüber *fair* ist.[1355]

ee) Pflichten der Geschäftsführung

Nach klassischem Rechtsverständnis ist ein *director* ein **treuhänderischer Verwalter** des Gesellschaftsvermögens – ein *agent* – der Gesellschaft. Aus dieser Organstellung erwachsen besondere Pflichten,

---

1350 Vgl auch *Bungert*, Gesellschaftsrecht in den USA, 3. Aufl., 2003, S. 39.
1351 Vgl § 141 (f), (i) DGCL.
1352 Vgl § 350 DGCL.
1353 Vgl *Rehm*, in: Eidenmüller, aaO, § 11, Rn 18.
1354 Vgl § 144 (a) (1), (2) DGCL.
1355 Vgl § 144 (a) (3) DGCL.

die sich im Wesentlichen unmittelbar aus dem Gesetz ergeben. So hat der *director* die Geschäfte der Gesellschaft zu führen, soweit dies nicht der Gesellschafterversammlung vorbehalten ist oder die Geschäftsführung zulässigerweise auf die *officers* delegiert worden ist.[1356] Ferner vertritt der *director* die Gesellschaft im Außenverhältnis. Er muss die Gesellschafterversammlungen einberufen oder durch den *secretary* einberufen lassen und die Beschlussfassung der Gesellschafter vorbereiten.[1357] Er hat für eine ordnungsgemäße Buchführung in der Gesellschaft zu sorgen. Darüber hinaus ist er den Gesellschaftern gegenüber auskunftspflichtig und muss ihnen auf Antrag Einsicht in die Geschäftsunterlagen der Gesellschaft gewähren.[1358] Zwar trifft die *directors* einer *corporation* in Delaware keine allgemeine Verpflichtung, einen Jahresabschluss aufstellen und prüfen zu lassen. In der Praxis werden aber bereits deshalb Jahresabschlüsse erstellt, weil eine kaufmännische Rechnungslegung zur ordnungsgemäßen Führung eines Unternehmens unabdingbar ist. Darüber hinaus verringert die Erstellung **geprüfter Jahresabschlüsse** das Haftungsrisiko der *directors*, da diese sich auf die geprüften Zahlen verlassen dürfen.[1359]

766 Bei der Erfüllung seiner Aufgaben unterliegt der *director* bestimmten **Treuepflichten**, sogenannten *fiduciary duties*, gegenüber der Gesellschaft. Diese Treuepflichten lassen sich grob in zwei Kategorien einteilen, nämlich zum einen in eine **Sorgfaltspflicht** bei der Erfüllung der Aufgaben, die sogenannte *duty of care*, und zum anderen in eine allgemeine **Loyalitätspflicht** gegenüber der Gesellschaft, die so genannte *duty of loyalty*.

(1) Duty of Care

767 Die *duty of care* beschreibt den Sorgfaltsmaßstab, den ein *director* bei der Ausübung seiner Tätigkeit für die Gesellschaft zu beachten hat. Dieser **Sorgfaltsmaßstab** erfordert, dass ein *director* seine Aufgaben mit der Sorgfalt wahrnimmt, die ein vernünftiger Dritter („*reasonably prudent person*") in ähnlicher Position und unter vergleichbaren Umständen walten lassen würde, und im guten Glauben, im Interesse der Gesellschaft zu handeln.[1360] Ein Verstoß gegen die *duty of care* führt aber nur dann zur Haftung der Unternehmensführung, wenn die unternehmerische Handlung nicht durch die **business judgment rule** gedeckt ist.[1361] Die *business judgment rule* besagt, dass eine geschäftliche Entscheidung dann gesetzmäßig und damit nicht sorgfaltswidrig ist, wenn die Unternehmensführung sie bewusst, sachkundig, ohne Eigeninteresse und in gutem Glauben getroffen hat. Das Kriterium des bewussten Tätigwerdens setzt dabei voraus, dass eine bestimmte Entscheidung in ihren Konsequenzen bedacht wurde. Dies schließt die Entscheidung der Unternehmensführung, in einem bestimmten Bereich nicht zu handeln, aber mit ein.[1362] Sachkundig ist die Entscheidung eines *directors*, wenn sich dieser angemessen informiert und eines nachvollziehbaren Entscheidungsfindungsprozesses bedient hat.[1363] Die Gutgläubigkeit wird einem *director* nicht nur dann abgesprochen, wenn er aus unlauteren Motiven tätig wird, sondern auch, wenn er den Gesellschaftern oder dem *board of directors* wichtige Informationen zur Beurteilung einer Entscheidung vorenthält.[1364] Liegen die Voraussetzungen der *business judgment rule* vor, so werden Geschäftsführungsentscheidungen nicht gerichtlich überprüft und die jeweiligen *directors* können dementsprechend nicht haftbar gemacht werden. Dieser großzügige gerichtliche Kontrollmaßstab trägt dem Umstand Rechnung, dass geschäftliche Entscheidungen stets risikobehaftet sind.[1365]

1356 Vgl § 141 (a) DGCL.
1357 Vgl §§ 211, 222 DGCL.
1358 Vgl § 220 DGCL.
1359 Vgl § 141 (e) DGCL.
1360 Vgl § 8.30 *Revised Model Business Corporation Act (R.M.B.C.A.)* In Delaware ist die Sorgfaltspflicht der *directors* einer *corporation* nicht kodifiziert; vgl aber Graham v. Allis-Chalmers Manufacturing Co., 188 A.2d 125, 130–141 Del. Ch. 78, 84 (Del. Ch. 1963): „*directors of a corporation in managing the corporate affairs are bound to use that amount of care which ordinarily careful and prudent men would use in similar circumstances.*".
1361 Vgl *Gilson*, 33 Stan.L.Rev. 821; *Johnson*, The Modest Business Judgment Rule, 55 Bus.Law. (2000) 625. *Veasey*, The Roles of the Delaware Courts in Mergers and Acquisitions Litigation, 26 Del.J.Corp.L. (2001) 849.
1362 Vgl Brane v. Roth, 590 N. E.2d 587, 592 (Ind. Ct. App. 1992).
1363 Vgl Smith v. Van Gorkom, 488 A.2d 858 (Del. Supr. 1985).
1364 Vgl Potter v. Pholad, 560 N. E.2d 388, 395 (Minn. Ct. App. 1997).
1365 Vgl Auerbach v. Bennett, 393 N. E.2d 994, 1000 (N.Y. 1979).

(2) Duty of Loyalty

Darüber hinaus unterliegt jeder *director* und *officer* gegenüber der Gesellschaft einer **Loyalitätspflicht**, der *duty of loyalty*, die ihn verpflichtet, die ihm übertragenen Befugnisse stets redlich und in gutem Glauben auszuüben. Die aus der Loyalitätspflicht resultierenden Handlungsmaximen werden auch als *fair dealing*-Pflichten bezeichnet. So ist es einem *director* untersagt, mit der Gesellschaft in Wettbewerb zu treten oder Geschäftschancen der Gesellschaft für sich selbst zu nutzen.[1366] Weiterhin muss er etwaige Interessenkonflikte den Gesellschaftern oder dem *board of directors* mitteilen.[1367]

768

b) Gesellschafterversammlung (Stockholders' Meeting)

Die Gesellschafterversammlung ist das **oberste Willensbildungsorgan** der Gesellschaft. Nach dem gesetzlichen Grundkonzept soll einmal jährlich eine **ordentliche Gesellschafterversammlung**, das sogenannte *annual meeting*, abgehalten werden, auf dem das *board of directors* entweder im Amt bestätigt oder neu gewählt werden soll.[1368] Auf die Durchführung eines *annual meeting* kann allerdings verzichtet werden, wenn das *board of directors* im schriftlichen Umlaufverfahren bestellt wird oder die Gesellschafter grundsätzlich auf die Bestellung eines *board of directors* verzichtet haben.[1369]

769

Das *stockholders' meeting* beschließt neben der Bestellung des *board of directors* über grundlegende Fragen, wie die Entscheidung über Verschmelzungen mit anderen Gesellschaften[1370] oder die Veräußerung des gesamten Gesellschaftsvermögens.[1371] Darüber hinaus erfordern Änderungen des *certificate of incorporation* stets einen Beschluss der Gesellschafterversammlung,[1372] während die *bylaws* bei entsprechender Ermächtigung auch durch das *board of directors* geändert werden können.[1373] Über die Feststellung des Jahresabschlusses beschließt die Gesellschafterversammlung nur, wenn dies in den *bylaws* vorgesehen ist, da eine gesetzliche Pflicht zur Aufstellung eines Jahresabschlusses für die *close corporations* im Staate Delaware nicht besteht.[1374]

770

Neben ordentlichen Gesellschafterversammlungen kann das *board of directors* oder andere im *certificate of incorporation* oder den *bylaws* autorisierte Personen **außerordentliche Gesellschafterversammlungen**, sogenannte *special meetings*, einberufen.[1375]

771

Hinweis: Ein gesetzliches Recht der Minderheitsgesellschafter, die Einberufung einer Gesellschafterversammlung bei Erreichen eines bestimmten Quorums zu verlangen, besteht nach dem Recht des Staates Delaware nicht. Ein derartiges Recht der Minderheitsgesellschafter kann jedoch in den *bylaws* der *corporation* niedergelegt werden.

Sofern das *certificate of incorporation* oder die *bylaws* einer Gesellschaft den Ort der Gesellschafterversammlungen nicht bestimmen, kann das *board of directors* einen Ort festsetzen, der sich innerhalb wie außerhalb des Staates Delaware befinden kann oder bestimmen, dass die Versammlung via elektronischer Medien abgehalten wird.[1376]

772

aa) Einberufung von Gesellschafterversammlungen

Die Gesellschafter sind zu den Gesellschafterversammlungen schriftlich zu laden.[1377] Zum Zwecke der Benachrichtigung der Gesellschafter legt das *board of directors* ein sogenanntes **record date** fest, an dem die Anzahl der zu benachrichtigenden Gesellschafter bestimmt werden kann. Das *record*

773

1366 Vgl Thompson v. Price, (1967) 251 Cal.App.2d 182, 59 Cal. Rptr. 174.
1367 Vgl § 144 (a) DGCL.
1368 Vgl § 211 (b) DGCL.
1369 Vgl §§ 211 (b), 351 (1) DGCL.
1370 Vgl § 251 (c) DGCL.
1371 Vgl § 271 (a) DGCL.
1372 Vgl § 242 (b) DGCL.
1373 Vgl § 109 (a) DGCL.
1374 Vgl *Rehm*, in: Eidenmüller, aaO, § 11, Rn 56.
1375 Vgl § 211 (d) DGCL.
1376 Vgl § 211 (a) (1) DGCL.
1377 Vgl § 222 (b) DGCL.

date soll nicht mehr als 60 Tage und nicht weniger als 10 Tage vor dem Tag der jeweiligen Gesellschafterversammlung liegen.[1378] Die Einberufungsfrist für eine Gesellschafterversammlung beträgt mindestens 10 Tage und sie beginnt zu laufen, wenn die Ladung an die letzte der Gesellschaft bekannte Adresse der Gesellschafter mittels *United States Mail* versandt worden ist.[1379] Für die Einberufung ist das *board of directors* bzw der jeweilige *secretary* verantwortlich.

774 In der Einberufung sind der Ort, das Datum und die genaue Zeit der Gesellschafterversammlung anzugeben. Soll die Versammlung unter Verwendung elektronischer Medien, etwa als Videokonferenz oder über das Internet durchgeführt werden, so sind in der Ladung die Art dieser elektronischen Medien und deren Benutzung zu erläutern.[1380] Die **Tagesordnungspunkte** müssen in der Einberufung nur bezeichnet werden, wenn außerordentliche Gesellschafterversammlungen, *special meetings*, einberufen werden.

bb) Durchführung von Gesellschafterversammlungen

775 Die **Beschlussfähigkeit** der Gesellschafterversammlung richtet sich nach den Regelungen im *certificate of incorporation* oder den *bylaws* der Gesellschaft. Gesetzlich festgelegt ist aber, dass eine Gesellschafterversammlung keinesfalls beschlussfähig ist, wenn nicht zumindest ein **Drittel des stimmberechtigten Kapitals** anwesend ist.[1381] Treffen *certificate of incorporation* oder *bylaws* keine Regelung, setzt die Beschlussfähigkeit die Anwesenheit der **Mehrheit des stimmberechtigten Kapitals** voraus.[1382]

776 Hat die Gesellschaft nur eine Gattung von Geschäftsanteilen begeben, so vermittelt nach dem Grundsatz **one share – one vote** jeder Geschäftsanteil eine Stimme.[1383] Sofern die Gesellschaft mehrere Gattungen von Geschäftsanteilen ausgeben möchte, können den Gattungen unterschiedliche Stimmrechte zugewiesen werden oder stimmrechtslose Geschäftsanteile oder umgekehrt Mehrstimmrechtsanteile begeben werden.

777 Grundsätzlich werden Gesellschafterbeschlüsse mit der **einfachen Mehrheit** des anwesenden oder vertretenen Kapitals gefasst, soweit das *certificate of incorporation* oder die *bylaws* keine abweichende Regelung treffen.[1384] Für die Bestellung des *board of directors* stellt § 216 (3) DGCL klar, dass nur mit der Mehrheit der Stimmen des anwesenden oder vertretenen Kapitals ein Gesellschafterbeschluss gefasst werden kann.

778 Die Gesellschaft hat vor der Durchführung einer Gesellschafterversammlung einen *inspector* zu bestimmen, der die Anzahl der Stimmen des anwesenden oder vertretenen Kapitals aufnimmt, die Beschlussfähigkeit feststellt, die Abstimmungsergebnisse feststellt und ein schriftliches Protokoll über die Gesellschafterversammlung erstellt.[1385]

779 Die Gesellschafter können Gesellschafterbeschlüsse jederzeit und ohne Einhaltung irgendwelcher Formen und Fristen im schriftlichen Umlaufverfahren fassen, wenn die gleiche Mehrheit erreicht wird, die nach dem Gesetz oder dem *certificate of incorporation* oder den *bylaws* der Gesellschaft auf einer Gesellschafterversammlung zur Beschlussfassung über den konkreten Beschlussgegenstand erforderlich gewesen wäre.[1386]

1378 Vgl § 213 (a) DGCL.
1379 Vgl § 222 (b) DGCL.
1380 Vgl § 222 (a) DGCL.
1381 Vgl § 216 DGCL für die *stock corporation*. Ist die Gesellschaft eine *non stock corporation*, hat sie also nur nennwertlose Geschäftsanteile emittiert, so muss mindestens ein Drittel der Gesellschafter anwesend sein, vgl insoweit § 215 (c) (1) DGCL.
1382 Vgl § 216 (1) DGCL.
1383 Vgl § 212 (a) DGCL.
1384 Vgl § 216 (2) DGCL.
1385 Vgl § 231 (a), (b) DGCL.
1386 Vgl § 228 (a) DGCL.

4. Mitgliedschaft

a) Erwerb der Gesellschafterstellung

aa) Zeichnung von Geschäftsanteilen

Die Gründungsgesellschafter erwerben ihre Geschäftsanteile an der Gesellschaft mit der Entstehung der Gesellschaft durch Ausstellung des *certificate of incorporation*.

Sofern die Gesellschaft noch nicht alle Geschäftsanteile ausgegeben hat, zu deren Ausgabe sie nach den Regelungen im *certificate of incorporation* autorisiert ist, ist das *board of directors* berechtigt, Geschäftsanteile auszugeben, bis der im *certificate of incorporation* genannte maximale Ausgabebetrag erreicht ist.[1387] Darüber hinaus können die Gesellschafter durch einen Gesellschafterbeschluss zur Änderung des *certificate of incorporation* auch den maximalen Ausgabebetrag erhöhen. Auf diese Weise ist wiederum das *board of directors* berechtigt, junge Geschäftsanteile auszugeben. Unabhängig von der Art der Kapitalerhöhung erwerben die Gesellschafter die Geschäftsanteile entweder durch Übergabe der Anteilszertifikate, der *security certificates*, oder durch Eintragung in das bei der Gesellschaft geführte Gesellschafterverzeichnis.[1388]

Hinweis: Zu bedenken ist allerdings, dass eine *corporation* Geschäftsanteile nach dem amerikanischen Kapitalmarktrecht nicht öffentlich anbieten darf, ohne sie einem aufwendigen Registrierungs- und Überwachungsverfahren zu unterwerfen. Bezüglich der Ausgabe von Geschäftsanteilen durch das *board of directors* ist insoweit Vorsicht geboten, da der Begriff des öffentlichen Angebots im amerikanischen Kapitalmarktrecht weit gefasst ist und ein solches bereits dann vorliegen soll, wenn für die Geschäfte der Gesellschaft sehr offensiv geworben wird und der Erwerb von Beteiligungen an der Gesellschaft möglich erscheint.[1389]

bb) Übertragung von Geschäftsanteilen

Anteile an einer *corporation* sind im Grundsatz frei übertragbar. Allerdings ist gemäß § 342 (a) (2) in Verbindung mit § 202 DGCL in Delaware gesetzlich vorgeschrieben, dass die Geschäftsanteile einer *close corporation* zumindest einer der in § 202 DGCL niedergelegten **Übertragungsbeschränkungen** unterliegen müssen. Dies entspricht der gesetzlichen Grundkonzeption der *close corporation* im Recht von Delaware als personalisierter Kapitalgesellschaft. Eine freie Handelbarkeit der Geschäftsanteile würde die *close corporation* insoweit zu sehr in die Nähe einer *public corporation* rücken.

Die Gesellschafter einer *corporation* können eine oder mehrere der folgenden Übertragungsbeschränkungen im *certificate of incorporation* und den *bylaws* vorsehen:

- Den Mitgesellschaftern kann ein Vorkaufsrecht, ein *right of first refusal*, auf Geschäftsanteile eingeräumt werden, die an Dritte veräußert werden sollen.[1390]
- Der Gesellschaft oder den Mitgesellschaftern kann die Verpflichtung auferlegt werden, Geschäftsanteile zu kaufen, die an Dritte veräußert werden sollen.[1391]
- Die Übertragung von Geschäftsanteilen kann generell an die Zustimmung der Mitgesellschafter oder der Gesellschaft gebunden werden.[1392]
- Die Gesellschafter können verpflichtet werden, bei Eintritt eines bestimmten Ereignisses ihre Geschäftsanteile an die Gesellschaft und/oder ihre Mitgesellschafter zu verkaufen und zu übertragen.[1393] Denkbar wäre etwa, eine Übertragungsverpflichtung für den Fall der dauerhaften Pfändung eines Geschäftsanteils oder der drohenden Insolvenz eines Gesellschafters vorzusehen.

1387 Vgl § 161 DGCL.
1388 Vgl § 8–301 Delaware Uniform Commercial Code (U.C.C.).
1389 Vgl In the matter of Carl M. Loeb, Rhoades & Co., 38 S.E.C. 843, 848 ff (1959).
1390 Vgl § 202 (c) (1) DGCL.
1391 Vgl § 202 (c) (2) DGCL.
1392 Vgl § 202 (c) (3) DGCL.
1393 Vgl § 202 (c) (4) DGCL.

- Den Gesellschaftern kann untersagt werden, ihre Geschäftsanteile an eine spezifizierte Gruppe von Personen oder bestimmte Einzelpersonen zu übertragen.[1394] Dies bietet sich insbesondere an, wenn verhindert werden sollen, dass sich Wettbewerber der Gesellschaft in die Gesellschaft einkaufen können.

Hinweis: Sofern sich die Gesellschafterversammlung einen gewissen Einfluss auf die Zusammensetzung des Gesellschafterkreises sichern möchte, ohne die Gesellschafter zu eng an die Gesellschaft zu binden, empfiehlt sich die Implementierung eines Zustimmungsvorbehalts der Gesellschafterversammlung für jede Veräußerung eines Geschäftsanteils sowie eines Vorkaufsrechts der Mitgesellschafter, wie dies auch in den Gesellschaftsverträgen deutscher Gesellschaften mit beschränkter Haftung üblich ist.

784 Weiterhin kann ein Geschäftsanteil im Wege der **Gesamtrechtsnachfolge** im Erbfall übertragen werden. Für diesen Fall können die *bylaws* oder das *certificate of incorporation* einer *corporation* aber vorsehen, dass die Erben verpflichtet sind, die erworbenen Geschäftsanteile auf Anforderung der Gesellschafterversammlung entweder an die Gesellschaft oder an einen oder mehrere der übrigen Gesellschafter zu übertragen.

b) Rechte und Pflichten der Gesellschafter

785 Die im Geschäftsanteil verkörperte Mitgliedschaft eines Gesellschafters in einer *corporation* begründet **subjektive Rechte und Pflichten**, die durch das *certificate of incorporation* und die *bylaws* der Gesellschaft ausgestaltet bzw erweitert werden können. Die Rechte und Pflichten des Gesellschafters entstehen mit dem Erwerb des Geschäftsanteils und können prinzipiell ohne die Zustimmung des Gesellschafters nicht entzogen werden. Sie bleiben dem Gesellschafter bis zum Ausscheiden aus der Gesellschaft oder der Liquidation oder anderweitigen Beendigung der Gesellschaft erhalten.

aa) Rechte der Gesellschafter

786 Inhaltlich werden die dem Gesellschafter einer *corporation* zustehenden Rechte – wie bei der deutschen GmbH – in **Verwaltungsrechte** und in **Vermögensrechte** unterteilt.

(1) Verwaltungsrechte

787 Zu den Verwaltungsrechten eines Gesellschafters einer *corporation* gehören insbesondere das Recht auf Teilnahme an Gesellschafterversammlungen, das Stimmrecht auf Gesellschafterversammlungen, das Informationsrecht gegenüber dem *board of directors* und das Recht auf die Anfechtung von Gesellschafterbeschlüssen und Klage gegen Gesellschafterbeschlüsse.

788 Das wohl wichtigste Verwaltungsrecht ist das Recht auf **Teilnahme an den Gesellschafterversammlungen**, den *stockholders' meetings*, und das **Stimmrecht** auf diesen Gesellschafterversammlungen. Die Gesellschafter sind zu den Gesellschafterversammlungen ordnungsgemäß zu laden.[1395] Dies gilt auch dann, wenn das *board of directors* beschließt, eine Gesellschafterversammlung unter Verwendung von elektronischen Medien abzuhalten.[1396] Allerdings können einzelne Gesellschafter, soweit sie die gesetzlich und satzungsmäßig geforderte Stimmrechtsmehrheit halten, **schriftliche Beschlüsse** fassen, ohne dass die anderen Gesellschafter an dieser Beschlussfassung teilnehmen müssen oder auch nur zuvor davon in Kenntnis gesetzt werden müssten.[1397]

Hinweis: Es mag ratsam sein, Beschlüsse im schriftlichen Verfahren durch Regelung in den *bylaws* nur als Beschlüsse im Umlaufverfahren zuzulassen, so dass die Beschlussvorlagen allen Gesellschaftern vor der Beschlussfassung zugesandt werden und somit alle Gesellschafter über zu fassende Gesellschafterbeschlüsse informiert sind.

1394 Vgl § 202 (c) (5) DGCL.
1395 Vgl § 222 DGCL.
1396 Vgl § 222 (a) DGCL.
1397 Vgl § 228 (a) DGCL.

Weiterhin vermittelt jeder von einem Gesellschafter gehaltene Geschäftsanteil an einer *corporation* jeweils eine Stimme, sofern die Gesellschaft nur eine Gattung von Geschäftsanteilen ausgegeben hat.[1398] Hat die Gesellschaft verschiedene Anteilsgattungen begeben, können den Gattungen unterschiedliche Stimmrechte zugewiesen werden.

Zur Stärkung des Stimmrechts von Minderheitsgesellschaftern bei der Bestellung der *directors* kann das *certificate of incorporation* einer Gesellschaft ein sogenanntes **cumulative voting** vorsehen. Dies bedeutet, dass die Gesellschafter ihr Stimmrecht nicht nur zur Wahl des gesamten *board of directors* ausüben können, sondern ihre Stimmen auch zur Bestellung eines *directors* kumulieren können, so dass sie gegen die Stimmen des Mehrheitsgesellschafters eigene Vertreter in das *board* entsenden können.[1399]

Die Gesellschafter einer *corporation* haben nach § 220 (b) DGCL auf entsprechenden Antrag das Recht, während der üblichen Geschäftszeiten der Gesellschaft die Gesellschafterliste und die sonstigen Bücher und Aufzeichnungen der Gesellschaft einzusehen und Kopien von diesen Dokumenten anzufertigen, sofern sie einen angemessenen Grund für die Dokumenteneinsicht nennen können. Das Einsichtsrecht kann sich auch auf Tochtergesellschaften erstrecken, wenn der Gesellschaft die entsprechenden Unterlagen vorliegen und sie diese dem Gesellschafter zur Einsicht vorlegen kann, ohne gegen Vereinbarungen mit außenstehenden Dritten zu verstoßen.[1400]

Darüber hinaus haben die Gesellschafter einer *corporation* das Recht, Beschlüsse der Gesellschafterversammlung, deren Rechtmäßigkeit sie prüfen lassen möchten, unabhängig vom Gegenstand der Beschlussfassung dem *Court of Chancery* vorzulegen.[1401] Auch hat ein Gesellschafter im Rahmen einer actio pro socio, *derivative suit* genannt, das Recht, Ansprüche der Gesellschaft oder der Gesamtheit der Gesellschafter im eigenen Namen, aber gerichtet auf Leistung an die Gesellschaft, geltend zu machen.[1402]

(2) Vermögensrechte

Neben den Verwaltungsrechten stehen den Gesellschaftern einer *corporation* auch Vermögensrechte zu. Die Vermögensrechte eines Gesellschafters einer Kapitalgesellschaft bestehen klassischerweise im Anspruch auf Teilhabe am erwirtschafteten Jahresüberschuss und im Anspruch auf Teilhabe am Liquidationserlös der Gesellschaft.

Allerdings steht den Gesellschaftern einer *corporation* grundsätzlich **kein Anspruch auf Ausschüttung einer Dividende** gegen die Gesellschaft zu. Vielmehr liegt es im alleinigen Ermessen der *directors*, ob bei Vorliegen der gesetzlichen Voraussetzungen eine Dividende an die Gesellschafter ausgeschüttet wird oder nicht.[1403] Darüber hinaus können *certificate of incorporation* und die *bylaws* weitere Einschränkungen vorsehen. Den Gesellschaftern steht aber ein Recht auf **Teilhabe am Liquidationserlös** der Gesellschaft zu sowie ein Recht auf **Abfindung** beim Ausscheiden aus der *corporation*.[1404] Die Gesellschafter haben **grundsätzlich kein Bezugsrecht** auf junge Geschäftsanteile, allerdings kann im *certificate of incorporation* ein Bezugsrecht vorgesehen werden.[1405]

bb) Pflichten der Gesellschafter

Die Hauptpflicht der Gesellschafter einer *corporation* liegt in der **Erbringung ihrer Kapitaleinlage**. Die Kapitaleinlage muss nicht sofort erbracht werden, die Einzahlung kann auch von der Anforderung durch das *board of directors* abhängig gemacht werden.[1406] Erbringt ein Gesellschafter seine Kapitaleinlage trotz Aufforderung durch das *board of directors* nicht, so kann dieser Gesellschafter

---

1398 Vgl § 212 (a) DGCL.
1399 Vgl § 214 DGCL.
1400 Vgl § 220 (b) (2) DGCL.
1401 Vgl § 225 DGCL.
1402 Vgl § 327 DGCL.
1403 Vgl § 170 (a) DGCL.
1404 Vgl §§ 281 (a), 151 (b) DGCL.
1405 Vgl § 102 (b) (3) DGCL.
1406 Vgl §§ 156, 163 DGCL.

auf Zahlung verklagt oder der Teil der Geschäftsanteile des Gesellschafters, auf den die Stammeinlage nicht erbracht ist, öffentlich versteigert werden.[1407] Bleibt dies erfolglos, ist die Gesellschaft berechtigt, die von dem säumigen Gesellschafter gehaltenen Geschäftsanteile einzuziehen.[1408]

796 Die Gesellschafter einer *close corporation* unterliegen untereinander den gleichen **Treuepflichten** wie die Gesellschafter einer *partnership*.[1409] Daraus folgt, dass die Gesellschafter einer *corporation* auf die Interessen ihrer Mitgesellschafter Rücksicht nehmen müssen und nicht nur ihre Eigeninteressen verfolgen dürfen. Die **Rücksichtnahmepflicht** besteht nicht nur für Mehrheitsgesellschafter gegenüber Minderheitsgesellschaftern, sondern auch umgekehrt. Auch Minderheitsgesellschafter dürfen ihr Stimmrecht nicht zum Schaden der Gesellschaft oder der Mitgesellschafter ausüben.[1410] Weitere Gesellschafterpflichten können sich aus dem *certificate of incorporation* und den *bylaws* der Gesellschaft, aber auch aus Gesellschaftervereinbarungen ergeben.

5. Finanzverfassung

a) Klassen von Geschäftsanteilen

797 Nach dem Recht des Staates Delaware gibt es, wie im englischen Recht, weitreichende Möglichkeiten, unterschiedliche Gattungen von Geschäftsanteilen zu bilden und die Inhaber der Geschäftsanteile bezüglich des Stimmrechts oder des Gewinnbezugsrechts unterschiedlich zu behandeln. Neben den bereits bei der Limited dargestellten Möglichkeiten der Bildung von Stammanteilen verschiedener Gattungen, **Vorzugsanteilen**, sogenannten *preference shares*, und **rückkaufbaren Geschäftsanteilen**, sogenannten *redeemable shares*, auf deren erneute Darstellung an dieser Stelle verzichtet wird,[1411] wäre als U.S.-amerikanische Besonderheit noch auf die *tracking stocks* einzugehen.

798 Der Begriff des *tracking stock* lässt sich am Besten mit Spartenanteil übersetzen. Es handelt sich um Geschäftsanteile, bei denen sich die Vermögensrechte in Abhängigkeit vom wirtschaftlichen Erfolg einer bestimmten Unternehmenssparte bestimmen.[1412] Der entscheidende Unterschied zum normalen Stammanteil liegt also darin, dass das durch den Spartenanteil vermittelte Gewinnbezugsrecht sich nicht am Gewinn des Gesamtunternehmens orientiert, sondern nur eine Beteiligung am Gewinn eines bestimmten Unternehmensteils, nämlich der sogenannten *tracked unit*, gewährt. Es ist auf diese Weise möglich, ein Mehrspartenunternehmen in verschiedene *tracked units* aufzuteilen und den auf die jeweilige *tracked unit* entfallenden Gewinn sodann nur unter den Inhabern der zur entsprechenden Sparte gehörenden *tracking stocks* zu verteilen.

b) Kapitalaufbringung

799 Das Gesellschaftsrecht des Staates Delaware kennt **kein gesetzliches Garantiekapital**, seit das Mindestkapitalerfordernis von 1 000 USD in Jahre 1967 abgeschafft wurde.[1413] Das Stammkapital einer *corporation* ergibt sich, sofern Geschäftsanteile zum Nennwert ausgegeben werden, aus der Addition der Nennwerte aller ausgegebenen Anteile.[1414] Das *board of directors* darf die auf einen Geschäftsanteil zu leistende Stammeinlage nicht unter dem Nennwert des Geschäftsanteils ansetzen.[1415] Auch in Delaware ist also die Emission von Geschäftsanteilen unter pari unzulässig. Das auf einen Geschäftsanteil zu zahlende Nominalkapital muss nicht bereits bei der Übernahme der Geschäftsanteile vollständig eingezahlt werden. Auch muss kein Gesellschafter einen bestimmten Prozentsatz der Kapitaleinlage bei Übernahme eines Geschäftsanteils erbringen. Vielmehr kann das *board of directors* die Einzahlung der Stammeinlage auch schrittweise in Abhängigkeit vom Kapitalbedarf der Gesellschaft einfordern.[1416]

1407 Vgl § 164 DGCL.
1408 Vgl § 164 DGCL.
1409 Vgl Donahue v. Rodd Electrotype Co. of New England, Inc., 328 N.E.2d 505 (Mass. 1975).
1410 Vgl *Bungert*, Gesellschaftsrecht in den USA, 3. Aufl., 2003, S. 59.
1411 Vgl insoweit die Darstellung unter Rn 590.
1412 Vgl *Blumers/Beinert/Witt*, DStR 2002, 616, 619; *Prinz/Schürner*, DStR 2001, 759.
1413 Vgl *Fleischer*, RIW 2005, 92, 93.
1414 Vgl § 154 DGCL.
1415 Vgl § 153 (a) DGCL.
1416 Vgl § 163 DGCL.

Allerdings dürfen in Delaware sogenannte *no par value shares*, also nennwertlose Geschäftsanteile, ausgegeben werden. Diese Anteile haben keinen Nominalwert und werden gegen eine vom *board of directors* festzusetzende Einlage ausgegeben.[1417] Gibt eine Gesellschaft nur nennwertlose Anteile aus, so hat sie folglich **kein Stammkapital**.   800

Nach § 152 DGCL setzt das *board of directors* fest, auf welche Art die Kapitaleinlagen zu erbringen sind. Neben Bareinlagen können die *directors* auch Sacheinlagen zulassen. Als **Sacheinlage** sind neben beweglichen und unbeweglichen Sachen auch Nutzungsrechte an Grundstücken und bereits erbrachte Dienstleistungen einlagefähig.[1418] Zukünftig zu erbringende Dienstleistungen sind hingegen nicht einlagefähig. § 152 DGCL verlangt zumindest die Erbringung irgendeiner greifbaren Gegenleistung.[1419] Für die Bewertung von Sacheinlagen ist allein das *board of directors* der jeweiligen Gesellschaft verantwortlich. Soweit kein Betrug vorliegt, ist die Einschätzung des *board of directors* für die Bewertung der Sacheinlagen abschließend.[1420] Bei einer **eklatanten Überbewertung** können jedoch die Gerichte in Delaware angerufen werden.[1421]   801

c) Kapitalerhaltung

So wenig Sorgfalt auf die rechtliche Kontrolle der Kapitalaufbringung verwandt wird, so klein ist die Anzahl der Schutzinstrumente zur Kapitalerhaltung. Es erstaunt allerdings nicht, dass in einem Rechtssystem, das die Gründung einer Kapitalgesellschaft ohne Stammkapital zulässt, der Schutz des Stammkapitals nicht im Vordergrund steht.   802

Zwar gibt es auch in Delaware Vorschriften zum Schutz des Nominalkapitals, diese bleiben jedoch deutlich hinter dem kontinentaleuropäischen Schutzniveau zurück.[1422] Zudem wird Gläubigerschutz in Delaware weniger durch die Festlegung starrer Grundsätze als vielmehr durch die Gewährung von Sekundäransprüchen gegen die handelnden Personen vermittelt. Somit ist zwar die unternehmerische Handlungsfreiheit tendenziell größer als im europäischen Raum, allerdings auch das Haftungsrisiko.   803

aa) Dividendenzahlungen an die Gesellschafter

Die **Ausschüttung von Dividenden** wird in Delaware allein vom *board of directors* verantwortet. Das *board* kann Ausschüttungen an die Gesellschafter zwar nicht in beliebigem Umfang anordnen, allerdings sind die Mechanismen zum Schutz des Eigenkapitals der *corporation* an dieser Stelle eher schwach. Denn nach der gesetzlichen Grundregel, die freilich durch Satzungsregelungen verschärft werden kann, können die *directors* Dividendenzahlungen sowohl aus dem Reinvermögen der Gesellschaft, dem sogenannten *surplus*, als auch aus den Gewinnen, die die Gesellschaft im laufenden oder im vorangegangenen Geschäftsjahr erwirtschaftet hat, vornehmen.[1423] Dabei ist unter *surplus* der Betrag zu verstehen, um den das Nettoreinvermögen der Gesellschaft deren Eigenkapital übersteigt, wobei unter Nettoreinvermögen der Überschuss des Gesellschaftsvermögens über die Gesellschaftsverbindlichkeiten verstanden wird.[1424] Diese Regelung hat zur Folge, dass Dividenden selbst dann noch ausgeschüttet werden können, wenn die Gesellschaft bereits überschuldet ist, sofern die Gesellschaft im laufenden Geschäftsjahr oder im vorhergehenden Geschäftsjahr einen Gewinn erzielt hat.   804

Verstoßen die Direktoren gegen die gesetzlichen oder statutarischen Ausschüttungsvorschriften, so haften sie der Gesellschaft persönlich und gesamtschuldnerisch auf Rückzahlung der geleisteten Zahlungen an die Gesellschafter.[1425] Überraschenderweise hat die Gesellschaft aber keinen direkten Rück-   805

1417 Vgl § 153 (b) DGCL.
1418 Vgl Haft v. Dart Group Corp., 841 F. Supp. 549, 575 (D. Del. 1993).
1419 Vgl Michelson v. Duncan, 407 A.2d 211, 224 (Del. 1979).
1420 Vgl § 152 DGCL.
1421 So *Fleischer* RIW 2005, 92, 93 unter Verweis auf In re Tri-Star Pictures, Inc., Litigation, 634 A.2d 319, 325 (Del. 1993) sowie Haft v. Dart Group Corp., 841 F. Supp. 549, 575 (D. Del. 1993).
1422 Vgl *Fleischer* RIW 2005, 92, 93.
1423 Vgl § 170 (a) DGCL.
1424 Vgl § 154 DGCL.
1425 Vgl § 174 (a) DGCL; von dieser Haftung können die Direktoren auch nicht durch Satzungsregel freigestellt werden, vgl § 102 (b) (7) (iii) DGCL.

zahlungsanspruch gegen die Gesellschafter. Vielmehr können lediglich die Direktoren bei den Gesellschaftern Regress nehmen, sofern letztere bei Entgegennahme der Zahlungen bösgläubig gewesen sind.[1426]

bb) Erwerb eigener Geschäftsanteile

806 Der *corporation* ist es grundsätzlich gestattet, eigene Geschäftsanteile zu erwerben.[1427] Die Direktoren entscheiden über den Erwerb eigener Anteile durch die Gesellschaft. Ein Ermächtigungsbeschluss der Gesellschafterversammlung ist nicht erforderlich.

807 Sofern bereits bei Gründung der Gesellschaft Geschäftsanteile begeben worden sind, die die Gesellschaft zu einem späteren Zeitpunkt zurückkaufen kann oder muss, sogenannte *redeemable shares*, werden die Modalitäten des Rückerwerbs zumeist im *certificate of incorporation* oder den *bylaws* der Gesellschaft geregelt. Die Gesellschaft kann aber auch Geschäftsanteile erwerben, die nicht als *redeemable shares* begeben wurden.

808 Nach § 160 (a) (1) DGCL ist ein Erwerb eigener Geschäftsanteile aber nur zulässig, wenn das Stammkapital der Gesellschaft durch den Rückerwerb nicht angegriffen wird. Darüber hinaus ist die Gesellschaft nicht berechtigt, *redeemable shares* zu einem Preis zurückzukaufen, der über dem ursprünglich vereinbarten Rückkaufpreis liegt.[1428] Ein Erwerb eigener Anteile ist auch dann ausgeschlossen, wenn nach dem Erwerb kein Geschäftsanteil mehr ausgegeben ist, den die Gesellschaft nicht zurückkaufen muss.[1429]

cc) Kapitalersatz

809 Eine Gläubigerschutzvorschrift von erheblicher Bedeutung findet sich im bundesrechtlichen *Bankruptcy Code*. Nach dessen § 510 (c) (1) ist das Insolvenzgericht berechtigt, einen **Rangrücktritt**, eine *equitable subordination*, der Forderungen von Gesellschaftern gegen die Gesellschaft hinter die Forderungen sonstiger Gesellschaftsgläubiger anzuordnen. Die Sanktionierung von **eigenkapitalersetzenden Gesellschafterdarlehen** ist auch im deutschen Recht bekannt und entspringt dem Gedanken, dass es den Gesellschaftern einer Kapitalgesellschaft zwar grundsätzlich überlassen bleiben soll, ob sie ihre Gesellschaft unter Einsatz von Fremdkapital oder von Eigenkapital finanzieren, diese Wahlfreiheit aber entfällt, wenn sich die Gesellschaft in der Krise befindet. Nach der deutschen Konzeption darf der Gesellschafter der Kapitalgesellschaft in diesem Zeitpunkt nur noch Eigenkapital zuführen. Führt er der Gesellschaft Fremdkapital zu, wird dieses gesetzlich, vereinfacht gesprochen, in Eigenkapital umqualifiziert.[1430]

810 Das amerikanische Instrument der *equitable subordination* ist gegenüber der deutschen Konzeption weniger spezifisch. Nach der sogenannten *Deep Rock*-Doktrin,[1431] die über § 510 (c) (1) Eingang in den *Bankruptcy Code* gefunden hat, können Gesellschafterforderungen als nachrangig gegenüber den Ansprüchen anderer Gesellschaftsgläubiger erklärt werden, wenn dies aus Gründen der *fairness* geboten erscheint.[1432] Die Tatbestandsvoraussetzungen der *equitable subordination* sind schwer zu fassen.[1433] Dies macht das Kapitalersatzrecht in Delaware zu einem flexiblen Korrektiv für unbilliges Verhalten einzelner Gesellschafter bei der Kapitalisierung einer Gesellschaft. Neben der Subordination von Gesellschafterdarlehen kommt in besonderen Fällen auch die gerichtliche Umqualifizierung von Gesellschafterdarlehen in Eigenkapital in Betracht.[1434]

1426 Vgl § 174 (c) DGCL.
1427 Vgl § 160 (a) DGCL.
1428 Vgl § 160 (a) (2) DGCL.
1429 Vgl § 160 (a) (3) iVm § 151 (b) DGCL.
1430 Vgl *Rümker*, in: MünchHdb GesR, 2. Aufl., 2003, Bd. 3, § 52.
1431 Vgl Taylor v. Standard Gas & Electric Co., 306 U.S. 307 (1939).
1432 Vgl *Rehm*, in: Eidenmüller, aaO, § 11 Rn 51.
1433 Vgl *Fleischer* RIW 2005, 92, 95 mwN.
1434 Vgl In re Autostyle Plastics, Inc., 269 F.3d 726, 745 (6th Cir. 2001).

D. „Scheinauslandsgesellschaften" mit Sitz in Deutschland

6. Haftung

Aus dem Wesen der *corporation* als juristischer Person mit eigener Rechtspersönlichkeit folgt, dass den Gläubigern der Gesellschaft grundsätzlich nur das Gesellschaftsvermögen als Haftungsmasse zur Befriedigung ihrer Forderungen zur Verfügung steht. Die Haftung der Gesellschafter für Verbindlichkeiten der Gesellschaft ist demgegenüber prinzipiell beschränkt auf die Erbringung der übernommenen Kapitaleinlagen. Von der Haftung der Gesellschafter ist die Haftung der Direktoren zu unterscheiden. Auch letztere haften für die Verbindlichkeiten der Gesellschaft im Grundsatz nicht.

a) Haftung der Gesellschafter

Eine **Durchgriffshaftung** der Gesellschafter für die Verbindlichkeiten der *corporation* widerspricht dem Wesen des Kapitalgesellschaftsrechts und kommt deshalb nur in Ausnahmefällen in Betracht.[1435] Die Tatbestandsmerkmale, die zu einer Durchgriffshaftung der Gesellschafter, dem *veil piercing*, führen können, sind nicht kodifiziert, sondern sind über Jahrzehnte von der Rechtsprechung entwickelt worden.[1436] Dies hat zu einer **fallgruppenartigen Betrachtung** geführt, der es häufig an Trennschärfe fehlt. Klar dürfte jedenfalls sein, dass die bloße Unterkapitalisierung einer *corporation* noch nicht zur Annahme einer Durchgriffshaftung ausreicht.[1437] Ein Durchgriff setzt vielmehr voraus, dass die Rechtsform der Körperschaft systemwidrig benutzt wird, um Verpflichtungen auszuweichen oder den Rechtsverkehr zu täuschen.[1438] Ein häufig verwandtes Schlagwort ist das der Gesellschaft als *mere instrumentality*[1439] oder *mere puppet*[1440] eines übermächtigen Gesellschafters. Darüber hinaus kommt eine Durchgriffshaftung gegen die Gesellschafter einer *corporation* dann in Betracht, wenn die Vermögenssphären von Gesellschaft und den Gesellschaftern so weit vermischt sind, dass sich Vermögensgegenstände oder Verbindlichkeiten nicht mehr zuweisen lassen.[1441]

b) Haftung der Direktoren

Eine persönliche Haftung der Direktoren einer *corporation* ist grundsätzlich sowohl gegenüber der Gesellschaft als auch gegenüber den Gesellschaftern oder Dritten denkbar. Soweit sich eine Haftung der Direktoren aus der Anwendung des deutschen Rechts ergibt, etwa gegenüber der öffentlichen Hand oder den Sozialversicherungsträgern aufgrund der Verletzung öffentlich-rechtlicher Pflichten oder aus deliktischem Handeln, kann auf die Ausführungen in § 6 dieses Handbuchs verwiesen werden. Im folgenden Abschnitt soll einzig und allein die Haftung der Direktoren einer *corporation* nach dem **Recht des Staates Delaware** behandelt werden.

Nach § 174 (a) DGCL haften die Direktoren der Gesellschaft bzw im Insolvenzfall den Gesellschaftsgläubigern, wenn sie eine Dividende ausgeschüttet haben, ohne die gesetzlichen und satzungsmäßigen Vorschriften einzuhalten bzw wenn sie Geschäftsanteile zurückgekauft haben, ohne die Grundsätze des § 160 (a) DGCL einzuhalten. Darüber hinaus sind die Direktoren nach § 281 (c) DGCL haftbar, wenn sie Gesellschaftsvermögen in der Liquidation der Gesellschaft unter Missachtung der hierfür geltenden Regelungen und Vorschriften an Gesellschafter oder Dritte verteilt haben.

Verletzen die Direktoren in Ausübung ihrer Tätigkeit die ihnen obliegenden **Treue- oder Sorgfaltspflichten**[1442] und entsteht dadurch der Gesellschaft oder Dritten ein Schaden, so sind die Direktoren für diesen Schaden ersatzpflichtig. Liegt ein Treue- oder Sorgfaltspflichtverstoß eines Direktors vor,

---

1435 Vgl Pauley Petroleum, Inc. v. Continental Oil Co., 239 A.2d 629, 633 (Del. 1968).
1436 *Fleischer* RIW 2005, 92, 95 verweist zur Geschichte des *veil piercing* auf die Studie von *Thompson*, 76 Cornell L. Rev. 1036 (1991), in der 1 600 Durchgriffsentscheidungen ausgewertet und systematisiert worden sind.
1437 Vgl *Klein/Coffee*, Business Organization and Finance, 8. Aufl., 2002, 142.
1438 Vgl United States v. Milwaukee Refrigerator Transit Co., 142 F. 247, 255 (E.D.Wis. 1905).
1439 Vgl Hoffmann Wall Paper Co. v. City of Hartford, 159 A. 346, 348 (Conn. 1932).
1440 Vgl Zaist v. Olson, 227 A.2d 552, 558 (Conn. 1967).
1441 Vgl *Rehm*, in: Eidenmüller, aaO, § 11 Rn 50; *Bungert*, aaO, S. 49.
1442 Vgl hierzu die Darstellung unter Rn 765 ff.

können auch die Gesellschafter im Wege der *derivative suit* Ersatzansprüche für Rechnung der Gesellschaft geltend machen.[1443]

816 Die *corporation* kann ihre Direktoren grundsätzlich und generell von der Haftung aufgrund von Verletzungen ihrer Sorgfaltspflichten im *certificate of incorporation* befreien.[1444] Dies gilt allerdings nicht für die Haftung aus einer Verletzung der *duty of loyalty* des Direktors gegenüber der Gesellschaft oder den Gesellschaftern,[1445] für die Haftung des Direktors wegen unredlicher oder bewusster Pflichtverletzungen,[1446] für die gesetzliche Haftung des Direktors wegen unerlaubter Ausschüttung einer Dividende oder unerlaubtem Rückkauf von Geschäftsanteilen[1447] oder für die Haftung aus solchen Geschäften, aus denen der Direktor ungehörige persönliche Vorteile gezogen hat.[1448]

817 Darüber hinaus kann die Gesellschaft einen Direktor auch im Einzelfall von einer aus seiner Tätigkeit resultierenden Haftung gegenüber Dritten freistellen, wenn der Betroffene bezüglich seiner Handlungen gutgläubig war und meinte, im besten Interesse der Gesellschaft zu handeln.[1449] Das Vorliegen dieser Voraussetzungen ist durch die verbleibenden Direktoren, durch einen unabhängigen Rechtsanwalt oder die Gesellschafter festzustellen.[1450] Darüber hinaus kann die Gesellschaft zugunsten ihrer Direktoren eine Haftpflichtversicherung, eine sogenannte *directors & officers insurance*, abschließen. Die für die Freistellung geltenden Beschränkungen gelten dann nicht.[1451]

7. Beendigung der Gesellschaft

818 Die Auflösung der Gesellschaft, die sogenannte *dissolution*, ist die Voraussetzung für die Beendigung der Gesellschaft. Die Auflösung der Gesellschaft kann unter bestimmten Voraussetzungen von jedem Gesellschafter beantragt werden, wenn die Entscheidungsfindung in der Gesellschafterversammlung durch **Stimmrechtsgleichheit**, einem sogenannten *deadlock*, unmöglich geworden ist.[1452] Darüber hinaus können die Gesellschafter die Auflösung der Gesellschaft jederzeit durch Gesellschafterbeschluss mit einfacher Stimmenmehrheit beschließen.[1453] In diesem Fall ist ein sogenanntes *certificate of dissolution* beim *Secretary of State* einzureichen, das den Namen der Gesellschaft, das Datum des Auflösungsbeschlusses und Namen und Adressen der *directors* und der *officers* der Gesellschaft enthalten muss.[1454] Mit formgerechter Einreichung des *certificate of dissolution* ist die Gesellschaft aufgelöst.[1455]

819 Nach der Auflösung der Gesellschaft sind die Gläubiger der Gesellschaft von der Auflösung zu unterrichten.[1456] Daraufhin wird das Gesellschaftsvermögen zum Zwecke der Befriedigung der Gesellschaftsgläubiger liquidiert. Das verbleibende Gesellschaftsvermögen wird unter den Gesellschaftern entweder abhängig von deren Kapitalbeteiligung oder unter Berücksichtigung abweichender Satzungsregelungen oder Vorzugsrechte, sogenannter *liquidation preference rights*, verteilt.[1457] Haben die Gesellschafter Zahlungen aus dem Gesellschaftsvermögen erhalten, obwohl nicht alle Gesellschaftsgläubiger vollständig befriedigt wurden, haften sie in Höhe des empfangenen Betrages für die noch ausstehenden Gesellschaftsverbindlichkeiten.[1458]

1443 Vgl Cede & Co. v. Technicolor, Inc., 634 A.2d 345, 363–365 (Del. 1993); *Klein/Coffee*, Business Organization and Finance, 8. Aufl., 2002, 196.
1444 Vgl § 102 (b) (7) DGCL.
1445 Vgl § 102 (b) (7) (i) DGCL.
1446 Vgl § 102 (b) (7) (ii) DGCL.
1447 Vgl § 102 (b) (7) (iii) DGCL.
1448 Vgl § 102 (b) (7) (iv) DGCL.
1449 Vgl § 145 (a) DGCL.
1450 Vgl § 145 (d) DGCL.
1451 Vgl § 145 (g) DGCL.
1452 Vgl § 273 (a) DGCL.
1453 Vgl § 275 (b) DGCL.
1454 Vgl § 275 (d) DGCL.
1455 Vgl § 275 (f) DGCL.
1456 Vgl § 280 (a) DGCL.
1457 Vgl § 281 (a) DGCL.
1458 Vgl § 282 (a) DGCL.

§ 9 Konzernrecht

Einleitung	1
A. Arten der Unternehmensverbindungen	8
I. Verbundene Unternehmen gem. § 15 AktG	10
1. Allgemeine rechtliche Darstellung	10
a) Unternehmen	11
b) Öffentliche Hand als Unternehmen	12
2. Rechtsfragen aus der Praxis	13
II. Mehrheitsbeteiligung gem. § 16	14
1. Allgemeine rechtliche Darstellung	14
2. Rechtsfragen aus der Praxis	18
III. Abhängigkeit gem. § 17	19
1. Allgemeine rechtliche Darstellung	19
2. Rechtsfragen aus der Praxis	23
IV. Konzern gem. § 18	27
1. Allgemeine rechtliche Darstellung	27
a) Unterordnungskonzern	28
b) Gleichordnungskonzern	30
2. Rechtsfragen aus der Praxis	31
V. Wechselseitige Beteiligungen gem. §§ 19, 328 AktG	34
1. Allgemeine rechtliche Darstellung	34
2. Rechtsfragen aus der Praxis	36
VI. Unternehmensverträge gem. § 291–§ 307 AktG	37
1. Allgemeine rechtliche Darstellung	38
a) Beherrschungsvertrag	39
b) Gewinnabführungsvertrag	45
c) Unternehmensverträge gem. § 292 Abs. 1 AktG	47
2. Rechtsfragen aus der Praxis	51
a) Steuerliche Fragen	51
b) Organschaftsverträge	53
c) Unternehmensverträge gem. § 292 Abs. 1	54
d) Fehlerhafte Unternehmensverträge	58
e) Abgrenzung zu anderen Verträgen	59
f) Nicht geregelte Unternehmensverträge	60
VII. Abschluss, Änderung und Beendigung von Unternehmensverträgen gem. §§ 293 ff AktG	61
1. Vertragsabschluss	62
2. Besonderheiten für Abschluss von Verträgen gem. § 293 Abs. 1 AktG	65
a) Ausgleich gemäß § 304 AktG	66
b) Abfindung gemäß § 305 AktG	74
3. Exkurs: Verfahren nach dem Spruchverfahrensgesetz (SpruchG)	82
a) Allgemeine rechtliche Darstellung	82
b) Rechtsfragen aus der Praxis	85
4. Vertragsänderung	88
a) Allgemeine rechtliche Darstellung	89
b) Rechtsfragen aus der Praxis	92
5. Beendigung von Unternehmensverträgen	94
a) Allgemeine rechtliche Darstellung	94
b) Rechtsfragen aus der Praxis	101
B. Mitteilungspflichten	105
I. Mitteilungen gem. §§ 20 ff AktG	106
1. Allgemeine rechtliche Darstellung	107
2. Rechtsfragen aus der Praxis	113
II. Mitteilungen nach §§ 20 ff WpHG	116
1. Allgemeine rechtliche Darstellung	116
2. Rechtsfragen aus der Praxis	119
C. Leitungsmacht und Verantwortlichkeit	120
I. Leitung und Verantwortung im Vertragskonzern gem. §§ 308 ff AktG	121
1. Vertragskonzern	122
2. Allgemeine rechtliche Darstellung	122
II. Leitung und Verantwortung im faktischen Konzern gem. § 311 ff AktG	129
1. Allgemeine rechtliche Darstellung	129
a) Nachteilige Einflussnahme im faktischen Konzern	130
b) Kausale Veranlassung eines Nachteils	131
c) Ausgleich des Nachteils	134
d) Abhängigkeitsbericht und Prüfpflichten gem. §§ 312 ff AktG	135
2. Rechtsfragen aus der Praxis	137
a) § 311 und anderweitiger Rechtsschutz	137
b) Beweis- und Taktikfragen	142
D. Eingliederung gem. §§ 319 ff AktG	144
I. Allgemeine rechtliche Darstellung	144
1. Eingliederung nach § 319 AktG	147
2. Eingliederung durch Mehrheitsbeschluss nach § 320 AktG	152
3. Wirkungen der Eingliederung gem. §§ 322, 323	158
4. Gläubigerschutz gem. § 321 AktG	161
5. Beendigung der Eingliederung § 327 AktG	162
II. Rechtsfragen aus der Praxis	165
E. GmbH-Konzernrecht	169
I. Anwendung der §§ 15–19 AktG	170
II. Anwendung der §§ 291 ff AktG	171
III. Keine Geltung der §§ 311 ff AktG	173
F. Konzernrecht für Personengesellschaften und anderer Organisationen	176
I. Personengesellschaften	176
II. Andere Organisationen	179
1. Genossenschaften	179
2. Vereine	180
3. Stiftungen	181

Einleitung

Das Konzernrecht ist das Recht der **verbundenen Unternehmen**. Es gilt für Unternehmen, die sich mittels der folgenden gesellschaftsrechtlichen Instrumente verbinden:

- mitgliedschaftliche **Beteiligung (Aktie bzw Gesellschaftsanteil)**
- **Unternehmensvertrag** (§ 291 ff AktG) und
- **Eingliederung** (§ 319 ff AktG).

Diese Verbindungen zeichnen sich gegenüber sonstigen Unternehmensverbindungen, wie etwa die Verschmelzung nach den Bestimmungen des UmwG, dadurch aus, dass die beteiligten Unternehmen wirtschaftliche Aktivitäten konzentrieren können, zugleich aber dezentral organisiert bleiben, weil ihre rechtliche Selbständigkeit erhalten bleibt. Im Idealfall führt das zu kürzeren Entscheidungswegen, so dass der Konzern aus kleineren Einheiten heraus operieren kann. Er bleibt aber ein Großunternehmen, weil die Entscheidungsfreiheiten der einzelnen Konzernunternehmen eingeschränkt sind.

2 Charakteristisch für einen Konzern ist also das Zusammentreffen von wirtschaftlicher Einheit (des Konzerns) bei gleichzeitiger rechtlicher Selbständigkeit der am Konzern beteiligten Unternehmen. Dabei gibt es unterschiedliche Formen. Wenn ein Konzern so gestaltet ist, dass die Produktion eines Teilunternehmens von einem anderen Teilunternehmen weiterverarbeitet oder vermarktet wird, spricht man von einem **vertikalen Konzern**. Wenn ein Konzern – wie etwa in der Automobilbranche üblich – in jedem seiner Unternehmen ein und dasselbe Produkt herstellt bildet er einen **horizontalen Konzern**. Bilden Unternehmen aus den verschiedensten Branchen einen Konzern, die weder produktionsmäßig aufeinander aufbauen noch einen Produktbereich des jeweils anderen Unternehmens abdecken, liegt ein **Mischkonzern** vor. Eine besondere Form des Konzerns ist die **Holding**. Hierbei wird eine Gruppe von Unternehmen durch eine Muttergesellschaft „gehalten", die selber nichts produziert, sondern sich nur mit der Verwaltung der Tochterunternehmen befasst.

3 Die praktische Relevanz des Konzernrechts ist enorm. Die Bildung von Konzernen war für die Großindustrie interessant, lange bevor es die ersten gesetzlichen Regelungen im AktG von 1965 gab. Die vielfältigen gesellschaftsrechtlichen Möglichkeiten, fremde Unternehmen an sich zu ketten, haben unlängst auch den Mittelstand erreicht, weshalb das Konzernrecht mittlerweile zum klassischen Handwerkszeug des gesellschaftsrechtlichen Beraters gehört. Und: Mittlerweile sind Konzerne ein globales Phänomen, sie halten sich – im Gegensatz zum Gesetzgeber – nicht an nationale Grenzen. Konzerngesellschaften werden dort gegründet oder eingebracht, wo die besten wirtschaftlichen (und ggf auch rechtlichen) Voraussetzungen bestehen.

4 Dabei dient der Konzern weniger dazu, strategische Allianzen gleichberechtigter Partner zu begründen, auch wenn § 18 AktG den sog. Gleichordnungskonzern kennt. Ein Konzern wird in dem meisten Fällen gebildet, um ein **anderes Unternehmen** zu **kontrollieren**. Neben der Machtkonzentration ist die Bildung von Konzernen häufig auch steuerlich motiviert, da der Gesetzgeber den Gewinn- und Verlustausgleich innerhalb von sog. Organschaftsverhältnissen begünstigt, vgl etwa §§ 14–17 KStG.[1] Aufgabe des Konzernrechts muss sein, die aus der Konzernbildung entstehenden Folgen sachgerecht zu erfassen, denn die Bildung von Konzernstrukturen führt naturgemäß zu Konflikten zwischen den beteiligten Unternehmen, wie etwa die publikumsträchtigen Übernahmen börsennotierter Unternehmen durch internationale Hedge-Fonds oder anderer Kapitalanlagegesellschaften in jüngster Zeit zeigen. Das Konzernrecht zielt aber nicht darauf, derartige Übernahmen oder andere Unternehmensverbindungen zu verbieten oder deren Bildung zu beschränken.[2] Vielmehr legt es für die Konzernleitung wie für die Konzernunternehmen gewisse Regeln zum Schutz der abhängigen Gesellschaft und deren Aktionäre, der Gläubiger aber auch der Gesellschafter der herrschenden Gesellschaft fest. Das Konzernrecht ist deshalb als **Organisationsrecht**, vor allem aber als **Recht der Gefahrenabwehr** zu verstehen.[3]

5 Der Begriff des Konzernrechts ist dabei etwas ungenau, weil ein Konzern tatbestandlich nur eine von mehreren Unternehmensverbindungen darstellt, vgl § 18 AktG. Er hat sich aber zur sprachlichen Vereinfachung mittlerweile allgemein durchgesetzt. Das Konzernrecht betrifft dabei viele Rechtsgebiete, wie etwa das Handels- und Gesellschaftsrecht, das Steuerrecht und auch das öffentliche Recht. Soweit der Begriff nachfolgend verwendet wird, ist das Recht der verbundenen Unternehmen im Sinne der aktienrechtlichen Bestimmungen gemeint.

6 Die wichtigsten zusammenhängenden konzernrechtlichen Bestimmungen befinden sich im AktG und zwar in den

- §§ 15 – 19 AktG (Arten der verbundenen Unternehmen),
- §§ 20 – 22 AktG (Mitteilungspflichten bei der Konzernentstehung) und
- §§ 291 – 338 AktG (Unternehmensverträge, faktischer Konzern und Eingliederung).

---

1 Siehe unten Rn 51 ff.
2 BGH NJW 1992, 2760, 2762.
3 Statt aller: Emmerich/Habersack/*Habersack*, Einl. Rn 1.

Das **Konzernrecht** gilt nicht nur für die AG und die KGaA. Jedenfalls die §§ 15 ff AktG gelten auch für die **GmbH** und **Personengesellschaften**.[4] Die §§ 291–338 AktG sind dagegen nicht ausnahmslos übertragbar, weshalb das Konzernrecht für die GmbH und die **weiteren Organisationsformen** gesondert dargestellt wird.[5]

A. Arten der Unternehmensverbindungen

§§ 15 ff, 291 ff AktG beschreiben die Arten der verbundenen Unternehmen. Auf diese Begriffsbestimmungen nimmt das AktG an verschiedenen Stellen Bezug, so etwa in §§ 71, 71 a AktG (Erwerb eigener Aktien), § 89 AktG (Kreditgewährung an Vorstandsmitglieder) und in § 90 AktG (Berichtspflicht des Vorstands). Auch außerhalb des AktG wird der Begriff der verbundenen Unternehmen verwendet wie zum Beispiel in § 54 BetrVG, in §§ 5, 32 ff MitbestG, in §§ 22 ff GWB und in zahlreichen steuerlichen Bestimmungen wie etwa in §§ 14 ff KStG (Organgesellschaften). Dabei lässt sich die aktienrechtliche Begriffsbestimmung nicht immer schematisch übertragen. Wenn etwa die Bilanzierungspflicht einer Gesellschaft nach § 266 HGB auch die Aktivierung von Anteilen an verbundenen Unternehmen gem. § 271 Abs. 2 HGB erfasst, sind die verbundenen Unternehmen begrifflich abweichend von §§ 15 ff AktG zu verstehen, wie bereits der Wortlaut von § 271 Abs. 2 HGB zeigt.[6] Das Gleiche gilt für §§ 24 WpHG und § 2 Abs. 6 WpÜG. Dagegen gibt es keinen eigenen betriebsverfassungsrechtlichen Konzernbegriff, so dass für das BetrVG uneingeschränkt auf das AktG zurückgegriffen werden kann.[7]

Ist ein konzernrechtlicher Tatbestand im Sinne des AktG erfüllt, ist wirtschaftlich zumeist eine einheitliche Betrachtungsweise geboten, welche oftmals die rechtliche Selbständigkeit der beteiligten Unternehmen überlagert. Das kann je nach Interessenlage Vor- oder Nachteile für die Beteiligten haben, was anhand der Tatbestände außerhalb des AktG verdeutlicht werden kann. So ist ein **Konzern** gemäß §§ 15 ff, 291 ff AktG kartellrechtlich „ein" Unternehmen im Sinne des GWB, was erhebliche, und zwar aus Sicht der beteiligten Unternehmen, negative Konsequenzen im Hinblick auf die Frage der Marktbeherrschung gem. § 19 GWB und im Rahmen der Fusionskontrolle gemäß §§ 35 ff GWB hat. Demgegenüber können Unternehmensverträge im Sinne des § 291 Abs. 1 AktG im Rahmen von **Organschaftsverhältnissen** zu einer günstigeren Besteuerung für die Beteiligten, folglich zu einer wirtschaftlichen Besserstellung führen.

I. Verbundene Unternehmen gem. § 15 AktG

1. Allgemeine rechtliche Darstellung

Gemäß § 15 AktG gibt es fünf unterschiedliche Unternehmensverbindungen,
- die Mehrheitsbeteiligung (§ 16 AktG),
- die Beherrschung (§ 17 AktG),
- den Konzern (§ 18 AktG),
- die wechselseitige Beteiligung (§ 19 AktG)
- sowie die Verbindung durch Unternehmensvertrag (§§ 291, 292 AktG).

Die einzelnen Unternehmensverbindungen können sich überlagern, zum Beispiel kann ein Beherrschungsvertrag im Rahmen einer Mehrheitsbeteiligung geschlossen werden. Für §§ 15 ff AktG können auch mittelbare Beteiligungen ausreichen, wie bereits der Wortlaut des § 17 Abs. 1 AktG zeigt. Jedoch reicht nicht jede Beteiligung „um die Ecke" aus.

Beispiel zur mittelbaren Unternehmensverbindung: Hält eine Holding zwei Tochtergesellschaften (GmbH), die ansonsten untereinander keinerlei Verbindung aufweisen, so gelten die §§ 15 ff AktG nicht im Verhältnis der Tochtergesellschaften, mit der weiteren Folge, dass auch die Regeln zum

---
4 BGH NJW 1989, 1800, 1802 (für die GmbH); BGH NJW 1984, 1351, 1352 (für Personengesellschaften).
5 Siehe unten Rn 169 ff; Rn 176 ff.
6 Baumbach/Hopt/*Merkt*, HGB, 271 Rn 9.
7 BAG NZG 2005, 512, 513.

Eigenkapitalersatz gem. §§ 30–32 b AktG GmbHG unter den Tochtergesellschaften nicht zur Anwendung kommen.[8] Liegt keine Unternehmensverbindung im Sinne der §§ 15 ff AktG vor, so sind Konflikte zwischen den Unternehmen/Gesellschaftern im Rahmen der allgemeinen Bestimmungen des Zivil- und Gesellschaftsrechts zu lösen.

a) Unternehmen

11 Von wenigen Ausnahmen abgesehen (etwa in §§ 327 a-327 f AktG), setzt die Anwendung der §§ 15 ff AktG die Beteiligung von **Unternehmen** voraus. Ein Unternehmer (oder Unternehmen) ist jeder Gesellschafter, der **außerhalb seiner Beteiligung wirtschaftlichen Interessenbindungen** unterliegt, welche so stark sind, dass der Gesellschafter ihretwegen seinen Einfluss zum Nachteil der Gesellschaft geltend machen kann (nicht muss).[9] Die bloße (auch mehrheitliche) Beteiligung an einer AG reicht folglich nicht aus.[10] Entscheidend ist eine **anderweitige unternehmerische Tätigkeit**, die so angelegt sein muss, dass sie die Möglichkeit der Einflussnahme eröffnet, was regelmäßig dann der Fall ist, wenn der Aktionär an einer anderen Gesellschaft **maßgeblich beteiligt** ist.[11] Das Kriterium der Maßgeblichkeit grenzt den zumeist institutionellen Mehrfachaktionär vom privaten Kleinanleger ab. Die Rechtsform des Unternehmers ist allerdings unerheblich, weshalb auch natürliche Personen Unternehmer sein können. Erfasst werden neben diesen Handelsgesellschaften und Vereine, EWIV, Stiftungen, Partnergesellschaften, Genossenschaften und auch juristische Personen des öffentlichen Rechts. Bloße **Stimmrechtskonsortien** allerdings, die keine anderweitigen wirtschaftlichen Interessen als die Einflussnahme auf ein bestimmtes Unternehmen verfolgen, sind im Regelfall keine Unternehmen im Sinne des Konzernrechts.[12] Jedoch kommen als Unternehmen die einzelnen Mitglieder des Konsortiums in Betracht, wen diese ihrerseits die o.a. Kriterien erfüllen. Dagegen erfüllt eine **Holding** regelmäßig den Tatbestand eines Unternehmens, auch wenn es sich auf das bloße Halten von Beteiligungen beschränkt. Anders kann es dagegen liegen, wenn die Beteiligung lediglich an einer Gesellschaft besteht.

b) Öffentliche Hand als Unternehmen

12 Für die **öffentliche Hand** gelten dagegen **andere Maßstäbe**. Abweichend von der obigen Definition reicht für die Unternehmensqualität bereits aus, wenn die öffentliche Hand das Unternehmen, an dem sie beteiligt ist, beherrscht. Auf eine zusätzliche anderweitige unternehmerische Aktivität kommt es nicht an, weil bereits die außerhalb des Unternehmens stehenden öffentlichen und politischen Interessen der öffentlichen Hand zu einem **Interessenkonflikt** führen und die Belange des Unternehmens gefährden können.[13] Die Unternehmereigenschaft ist dagegen nicht gegeben, wenn die öffentliche Hand sämtliche Anteile an dem Unternehmen hält. In diesem Fall decken sich die öffentlichen und die Interessen des Unternehmens vollständig, so dass ein Interessenkonflikt nicht zu befürchten ist. Im Falle einer Mehrheitsbeteiligung wäre es denkbar, die den potentiellen Konflikt auslösenden öffentlichen Interessen bereits wirksam im Gesellschaftsvertrag zu verankern, um der öffentlichen Hand die Unternehmensqualität abzusprechen.[14] Eine solche Vertragsgestaltung ist aber praktisch wohl wirkungslos, denn es müssten sämtliche in Betracht kommenden Belange der öffentlichen Hand vertraglich festgeschrieben werden, um einen Interessenkonflikt sicher auszuschließen. Außerdem kann es weitere öffentliche Belange geben, die erst nach Vertragsschluss hinzutreten. Sofern die öffentliche Hand nicht Alleineigentümerin ist, muss deshalb regelmäßig davon ausgegangen werden, dass das Konzernrecht zwischen der öffentlichen Hand und dem Unternehmen, an dem sie beteiligt ist, anzuwenden ist.

---

8 OLG Jena NZG 1998, 858, 859; dagegen für die Anwendung von § 18 Abs. 2: *S. Henssler* ZGR 2000, 479.
9 St. Rspr BGH, zuletzt in NJW 2001, 2973, 2974.
10 OLG Düsseldorf AG 2004, 211, 212; OLG Hamm AG 2001, 146, 147.
11 BGH NJW 2001, 2973, 2974.
12 OLG Köln AG 2002, 89, 90.
13 BGH NJW 1997, 1855, 1856.
14 So Emmerich/Habersack/*Emmerich*, § 15 Rn 27c.

2. Rechtsfragen aus der Praxis

Die Unternehmenseigenschaft kann fraglich sein, wenn ein Gesellschafter neben seiner Beteiligung weitere Beteiligungen hält, aus denen ein Interessenkonflikt nicht ohne weiteres sichtbar wird.

Beispiel zur Unternehmereigenschaft: Ein Kleinaktionär will sich mit einer Anfechtungsklage gegen die Entlastung des Vorstands und des Aufsichtsrates einer AG wegen angeblich fehlerhafter Rechnungslegung wehren. Die AG hätte keinen Abhängigkeitsbericht gem. § 312 Abs. 1 S. 2 AktG erstellt, obwohl sie von ihrem Mehrheitsaktionär gem. § 17 Abs. 1 AktG abhängig sei. Immerhin halte der Mehrheitsaktionär noch weitere Beteiligungen an Tochtergesellschaften der AG.
Der BGH hat die Frage der Abhängigkeit nicht beantworten müssen, weil dem Mehrheitsaktionär bereits die Unternehmereigenschaft abgesprochen wurde. Das bloße Halten anderweitiger Beteiligungen (9 % und 15 %) sei ohne das Hinzutreten weiterer Umstände nicht ausreichend und könne keinen Interessenkonflikt mit der Beteiligung an der AG begründen. Anders läge es dann, wenn der Mehrheitsaktionär zum Beispiel durch Verabredung mit anderen Gesellschaftern unternehmerisch in den Tochtergesellschaften tätig wäre.[15] Dafür lagen jedoch im maßgeblichen Fall keine Anhaltspunkte vor.

II. Mehrheitsbeteiligung gem. § 16

1. Allgemeine rechtliche Darstellung

Für § 16 AktG gilt derselbe Unternehmensbegriff wie in § 15 AktG und zwar sowohl für das beteiligte wie auch für das Unternehmen, an dem die Mehrheitsbeteiligung besteht (Untergesellschaft). Eine Mehrheitsbeteiligung iSd § 16 Abs. 1 AktG entsteht durch Anteils- oder Stimmenmehrheit. Die Berechnung richtet sich nach den Abs. 2 und 3.

Für die Berechnung der **Anteilsmehrheit** ist der Nennbetrag der Anteile des beteiligten Unternehmens in das Verhältnis zum Nennkapital aller von der Untergesellschaft ausgegebenen Anteile zu setzen. Zu den Anteilen des beteiligten Unternehmens gehören nicht nur eigene, sondern gem. § 16 Abs. 4 AktG **alle Anteile, die** diesem **wirtschaftlich zuzurechnen** sind. Hierzu zählen auch Anteile abhängiger Unternehmen, welche die Anteile für das beteiligte Unternehmen hält, sei es im Rahmen mehrstufiger Unternehmensverbindungen oder im Wege von Geschäftsbesorgungsverträgen oder Treuhandverhältnissen.[16] Bloße Kauf- oder Verkaufsoptionen gegenüber Dritten reichen allerdings nicht, um eine wirtschaftliche Zurechnung zu begründen. Bei der Berechnung der Anteilsmehrheit sind gemäß Abs. 2 S. 2 eigene Anteile der Untergesellschaft an ihrem Unternehmen herauszurechnen. Das gilt aber nicht für eigene Anteile der Untergesellschaft, welche nicht von dieser, sondern von einem abhängigen Unternehmen für diese gehalten werden.

Bei der **Stimmenmehrheit** ist das Verhältnis der dem beteiligten Unternehmen zuzurechnenden Stimmrechte zur Gesamtzahl aller Stimmrechte maßgeblich. Regelmäßig fällt zwar die Anteils- mit der Stimmenmehrheit zusammen. Anders liegt es indes, wenn Stimmrechtsaktien, stimmrechtslose Vorzugsaktien (vgl §§ 12 Abs. 1 und 2 AktG) oder Anteile mit Stimmrechtsbeschränkungen ausgegeben werden. Auch in GmbH-Satzungen werden häufig individuelle Regelungen zum Stimmrecht getroffen, wodurch Anteils- und Stimmenmehrheit auseinander fallen können. In diesen Fällen ist Mehrheitsbesitz durch mehrere Unternehmen an einer Gesellschaft möglich.

Sind die Voraussetzungen des § 16 AktG erfüllt, liegt nicht nur eine Unternehmensverbindung iSd § 15 AktG vor, auf die innerhalb und außerhalb des AktG Bezug genommen wird. Gem. § 17 Abs. 2 AktG wird überdies die widerlegbare Vermutung einer Abhängigkeit gem. § 17 Abs. 1 AktG begründet. Die Abhängigkeit hat gravierende rechtliche Konsequenzen, wie §§ 311–318, § 18 Abs.1 S. 3 AktG zeigen.[17]

---

15 BGH NJW 2001, 2973, 2974.
16 BGH NJW 1992, 1167, 1167.
17 Siehe hierzu unten Rn 25 ff, 129 ff.

2. Rechtsfragen aus der Praxis

18 Erfolgt der Erwerb von Anteilen nicht über den klassischen Kaufvertrag, ist bei der Berechnung des korrekten Anteilsbesitzes Vorsicht geboten.

Beispiel: Der Mehrheitsaktionär einer AG möchte gem. § 327 a Abs. 1 AktG Hauptaktionär werden, um den Ausschluss von Minderheitsaktionären gegen Barabfindung (sog. „Squeeze-out"), herbeizuführen. Das setzt den Besitz von 95 % der ausgegebenen Aktien voraus. Im Wege einer Wertpapieranleihe und eines Wertpapierdarlehns erwirbt der Mehrheitsaktionär dann tatsächlich zusätzliche Aktien die zu einem Anteilsbesitz von 95 % führen. Bei solchen Vertragsgestaltungen ist jedoch Vorsicht geboten, denn hierin kann ein missbräuchliches Umgehungsgeschäft liegen, wenn diese Verträge Pflichten des Mehrheitsaktionärs vorsehen, die eine Übertragung des Vollrechts aushöhlen. Das ist der Fall, wenn der wirtschaftliche Wert letztlich doch bei dem Darlehens- bzw Leihgeber verbleibt.[18]

III. Abhängigkeit gem. § 17

1. Allgemeine rechtliche Darstellung

19 Die wichtigste und zentrale Unternehmensverbindung ist die Abhängigkeit gem. § 17 Abs. 1 AktG. Vorraussetzung für die Abhängigkeit ist, dass ein Unternehmen (Obergesellschaft) unmittelbar oder mittelbar einen beherrschenden Einfluss auf ein anderes rechtlich selbständiges Unternehmen (Untergesellschaft) ausüben kann. Eine Mehrheitsbeteiligung gemäß § 16 AktG begründet eine widerlegbare Vermutung einer solchen Abhängigkeit, § 17 Abs. 2 AktG. Im Falle der Abhängigkeit wiederum wird das Vorliegen eines Konzerns gemäß § 18 Abs. 1 S. 3 AktG vermutet.

20 Die Obergesellschaft hat herrschenden Einfluss, wenn es über ausreichende rechtliche Möglichkeiten verfügt, der Untergesellschaft Konsequenzen anzudrohen und auch durchzusetzen, wenn dieses dem Willen der Obergesellschaft nicht Folge leistet.[19] Das setzt voraus, dass die Obergesellschaft als herrschendes Unternehmen **beständig, umfassend und gesellschaftsrechtlich einwirken** kann.[20] Nicht erforderlich ist, dass die Obergesellschaft tatsächlich von der Einflussmöglichkeit Gebrauch macht. Eine so vermittelte Einflussnahme wird – wie dargelegt[21] – bei einer Mehrheitsbeteiligung vermutet. Aber auch bei einer Beteiligung von unter 50 % kann sie gegeben sein, zB, wenn die Hauptversammlungen einer AG erfahrungsgemäß so besucht sind, dass auch die unter 50 % liegende Beteiligung eines Großaktionärs regelmäßig ausreicht, um für einen längeren Zeitraum Beschlüsse mit einfacher Mehrheit durchzusetzen.[22] Dagegen reichen Beteiligungen unter 25 % regelmäßig nicht aus.[23] Da die Einflussmöglichkeit der Obergesellschaft gesellschaftsrechtlich vermittelt sein muss, kann aber Abhängigkeit auch durch Unternehmensverträge gem. § 291 AktG entstehen.

21 Problematisch wird die Beurteilung, wenn die Beteiligung allein nicht ausreicht, um eine Abhängigkeit zu begründen. Dann kommt es auf das **Hinzutreten weiterer Umstände, die den Einfluss verstärken**. Da die Verbindung gesellschaftsrechtlich vermittelt sein muss, können allerdings solche Umstände allenfalls in Verbindung mit der Ausübung von Beteiligungsrechten, nicht jedoch losgelöst von diesen, also allein einen beherrschenden Einfluss im Sinne von § 17 AktG begründen.[24] Besetzt etwa ein Großaktionär ein oder mehrere Mandate im Aufsichtsrat, kann dies die Möglichkeit einer Einflussnahme erhöhen.[25] Darüber hinaus können vertragliche Absprachen zwischen Aktionären oder Aktionären und Aufsichtsratsmitgliedern eine Einflussnahme begünstigen, jedenfalls dann, wenn sie von einiger Dauer sind.[26] Absprachen für einmalige „Aktionen" oder ein freiwilliges und damit unver-

---

18 OLG München NZG 2006, 398, 399.
19 BGH NJW 1993, 2114, 2116.
20 BGH NJW 1997, 1855, 1857; BGHZ 90, 381; 385; KG NZG 2001, 80, 81.
21 Rn 17.
22 BGH NJW 1997, 1855, 1857.
23 BGH NJW 1984, 1893, 1894.
24 BGH NJW 1993, 2114, 2116; OLG Düsseldorf AG 2003, 688, 689.
25 BGH NJW 1984, 1893, 1894.
26 BGH NJW 1997, 1855, 1857; OLG Karlsruhe NZG 2004, 334, 334.

bindliches begünstigendes Verhalten eines Dritten reichen dagegen nicht.[27] **Tatsächliche Abhängigkeiten** etwa aufgrund von Liefer- oder vergleichbarer Beziehungen **reichen** für § 17 Abs. 1 AktG jedenfalls **für sich allein** ebenfalls **nicht** aus, wenngleich derartige Verträge wie etwa die zuliefergeprägte Automobilbranche zeigt, starke wirtschaftliche Abhängigkeiten schaffen.

Soweit § 17 Abs. 1 AktG neben einer **unmittelbaren** auch eine **mittelbare Beteiligung** ausreichen lässt, wirft das keine Probleme auf. Eine unmittelbare Einflussmöglichkeit ist gegeben, wenn die Obergesellschaft ohne fremde Hilfe allein in der Lage ist, den Einfluss auszuüben. Eine mittelbare Beherrschung liegt dagegen vor, wenn hierzu die Mitwirkung Dritter, etwa von Tochtergesellschaften, oder anderer Gesellschaften zum Beispiel im Wege von Stimmbindungsverträgen etc. notwendig ist. 22

2. Rechtsfragen aus der Praxis

Ist nach der Beteiligungsquote die Frage der Abhängigkeit nicht sicher zu beantworten, kann die Beurteilung der weiteren Umstände problematisch sein. Auch geringe Beteiligungen schließen Abhängigkeit nicht aus, wenn besondere Umstände hinzutreten, die für die Anwendung des § 17 AktG sprechen. 23

So kann es etwa bei den in der Praxis gängigen, kartellrechtlich aber wegen §§ 35 ff GWB nicht immer unbedenklichen Stimmrechtspoolverträgen liegen. Minderheitsaktionäre bündeln vertraglich ihre Interessen, um gemeinsam den Einfluss auf die Geschicke des Unternehmens zu verstärken. Dadurch kann der Fall eintreten, dass ein Unternehmen (Gemeinschaftsunternehmen) nicht nur von einem, sondern von mehreren Unternehmen gleichzeitig beherrscht wird.[28] 24

Sind die Vorstände der gemeinsam mehrheitsbeteiligten Unternehmen personenidentisch, soll dies auch ohne besondere Vereinbarung ausreichen, um ein Abhängigkeitsverhältnis zu begründen.[29] 25

Andererseits kann trotz einer bedeutsamen Beteiligung eine Abhängigkeit fehlen. 26

Beispiel: A-AG und B-AG sind hälftige Gesellschafter einer GmbH. Ist im Gesellschaftsvertrag der GmbH vereinbart, dass das Verhältnis zwischen den Gesellschaftern paritätisch sein soll und hat die A-AG zudem kein Mitwirkungsrecht bei der Besetzung der GmbH-Geschäftsführung, dann kann die A-AG die GmbH nicht beherrschen, so dass es sich bei der GmbH nicht um ein mit der A-AG verbundenes Unternehmen gem. § 17 Abs. 1 AktG handelt. Ein Darlehen, das die Aktiengesellschaft zum Erwerb von Aktien durch einen Arbeitnehmer der GmbH gewährt, ist dann gem. § 71 a Abs. 1 S. 1 AktG nichtig, da bei einer Gleichstellung der verbundenen Unternehmen die Voraussetzungen des § 71 a Abs. 1 S. 2 Hs 1 AktG nicht vorliegen.[30]

IV. Konzern gem. § 18

1. Allgemeine rechtliche Darstellung

§ 18 AktG unterscheidet zwischen dem **Unterordnungskonzern** (Abs. 1) und dem **Gleichordnungskonzern** (Abs. 2). In beiden Fällen geht es um die Zusammenfassung von Unternehmen unter einheitlicher Leitung (dann sog. Konzernunternehmen). Das AktG knüpft nur in vereinzelten Vorschriften an das Bestehen eines Konzerns an, so etwa in den §§ 97, 100 AktG. Größere Bedeutung hat der Konzernbegriff außerhalb des AktG, insbesondere in den §§ 100, 290 HGB sowie in § 5 MitbestG. 27

a) Unterordnungskonzern

Unterordnungskonzern; *Einheitliche Leitung*Ein Unterordnungskonzern liegt gemäß Abs. 1 vor, wenn ein oder mehrere abhängige Unternehmen unter der **einheitlichen Leitung** eines herrschenden Unternehmens stehen. Wegen seiner Verweisung auf die Abhängigkeit gem. § 17 AktG ist der Begriff des Konzerns trotz seiner sprachlichen Popularität rechtlich von eher geringer Bedeutung, denn von 28

---

27 BGH NJW 1981, 1512, 1513; OLG Frankfurt NZG 1998, 229, 229.
28 BAG NZA 1996, 274, 275.
29 BAG NZA 1996, 274, 275.
30 OLG Frankfurt NZG 2004, 419, 419.

wesentlicher Bedeutung ist auch hier das Kriterium der Abhängigkeit. Der Begriff der „einheitlichen Leitung" bereitet in der Praxis regelmäßig schon deshalb keine großen Schwierigkeiten, weil dessen Feststellung durch gesetzliche Vermutungsregeln erleichtert wird. Schließt die Untergesellschaft einen Beherrschungsvertrag gem. § 291 Abs. 1 AktG ab oder gliedert sie sich gem. § 319 AktG in das herrschende Unternehmen ein, wird unwiderlegbar einheitliche Leitung vermutet (Abs. 1 S. 2). Die einheitliche Leitung wird widerlegbar im Falle der Abhängigkeit vermutet (Abs. 1 S. 3), wobei auch diese Vermutung sich nur schwerlich widerlegen lässt, denn es müsste dargelegt werden, dass eben keine einheitliche Leitung des herrschenden Unternehmens gegeben ist.

29 Zudem sind die Anforderungen der Rechtsprechung nicht besonders hoch, weil der sog. weite Konzernbegriff gilt. Das heißt, es müssen nicht sämtliche wichtigen Geschäftsbereiche zusammengelegt werden, um mehrere Unternehmen einheitlich zu leiten. Der BGH hält bereits eine einheitliche Finanzplanung für die verbundenen Unternehmen für ausreichend, ohne dass es auf die Zentralisierung weiterer Geschäfts- bzw Kernbereiche noch ankommt.[31]

b) Gleichordnungskonzern

30 Ein Gleichordnungskonzern ist gemäß Abs. 2. gegeben, wenn die beteiligten Unternehmen unter einheitlicher Leitung zusammengefasst sind, ohne dass ein beteiligtes Unternehmen beherrscht wird. Der Gleichordnungskonzern unterscheidet sich vom Unterordnungskonzern folglich dadurch, dass die beteiligten Unternehmen als gleichrangige Partner die einheitliche Leitung vereinbaren. Wird die einheitliche Leitung vertraglich festgelegt, liegt ein sog. **vertraglicher Gleichordnungskonzern** vor. Eine solche Vereinbarung kann auch durch die Gründung einer Leitungsgesellschaft erfolgen, von der die beteiligten Unternehmen naturgemäß nicht abhängig sein können. Ohne eine Vereinbarung zwischen den beteiligten Unternehmen kann ein **faktischer Gleichordnungskonzern**, etwa durch personelle Verflechtungen der Leitungsorgane erfolgen.[32] Der faktische Gleichordnungskonzern basiert auf einer (freiwilligen) Unterwerfung der beteiligten Unternehmen unter einer einheitlichen Leitung, so etwa bei Familienkonzernen.[33]

2. Rechtsfragen aus der Praxis

31 Die Verschiebung oder Zusammenlegung von Leitungsmacht hat in der Praxis oftmals nicht nur ökonomische Gründe. Schon frühzeitig haben Unternehmen versucht, auf diese Weise gesetzlich verankerte Schutzrechte der Arbeitnehmer zu umgehen, was bei der Mitbestimmung besonders deutlich wird. Zentraler praktischer Anwendungsbereich für § 18 AktG ist deshalb die Mitbestimmung in § 5 MitbestG. Vor dessen Novellierung waren die Mitbestimmungsrechte der Arbeitnehmer nur bei dem Arbeitgeberunternehmen anzusiedeln. Gibt der Arbeitgeber aber zentrale Entscheidungsbefugnisse zB an seine Muttergesellschaft ab, laufen die Mitbestimmungsrechte ins Leere, weil wesentliche Entscheidungen nicht mehr beim Arbeitgeber getroffen werden. Das verhindert § 5 MitbestG, indem die Arbeitnehmer des abhängigen Unternehmens mitbestimmungsrechtlich dem herrschenden Unternehmen zugerechnet werden. Insbesondere werden ihnen Wahl- und Mitspracherechte im Aufsichtsrat des herrschenden Unternehmens eingeräumt, wobei sich jedoch die Mitbestimmung auf inländische Kapitalgesellschaften beschränkt. Letzteres wird in der Praxis gelegentlich durch die Verschiebung von Leitungsmacht in ausländische Mutterunternehmen – gesetzlich zulässig – umgangen.

32 In § 5 MitbestG gilt der gleiche Begriff des Unterordnungskonzerns wie in § 18 AktG. Auch hier ist nicht der sog. enge Konzernbegriff maßgeblich, wonach die Konzernspitze alle sog. zentralen unternehmerischen Bereiche (zB Finanzwesen, Grundsätze der Geschäftspolitik)) inne halten muss. Maßgeblich ist der weite Konzernbegriff, wonach ausreichend ist, dass lediglich untergeordnete Unternehmensbereiche, zB Einkauf, Organisation, Personalwesen zentral bei der Konzernspitze angesiedelt sind. Dieses weite Verständnis führt dazu, dass die Mitbestimmungsrechte der Arbeitnehmer des abhängigen Unternehmens umfassend gesichert sind.

---

31 BGH NJW 1989, 1800, 1802.
32 BGH NJW 1993, 2114, 2116; AG 1999, 181, 183.
33 BKartA AG 1996, 477, 478; BGH AG 1999, 181, 183.

Unter den Voraussetzungen des § 5 MitbestG ist auch die Figur des „**Konzern im Konzern**" in der Rechtsprechung anerkannt.[34] Grundsätzlich werden die Arbeitnehmer sowohl der Enkel- wie auch der Tochtergesellschaft der Konzernspitze, also der Muttergesellschaft zugerechnet. Delegiert die Muttergesellschaft jedoch Kompetenzen auf ihre Tochtergesellschaft und übt diese insoweit Leitungsmacht auf die Enkelgesellschaft aus, so greift § 5 MitbestG auch im Verhältnis zwischen Enkel- und Tochtergesellschaft.[35] Die Mitbestimmung ist also dort anzusiedeln, wo die Unternehmensentscheidungen getroffen werden.[36] Mindestvoraussetzung für einen Konzern im Konzern ist aber stets, dass Leitungsmacht von der Konzernspitze nachweisbar aufgespalten wurde.[37] Das gilt auch im Falle der **Mehrmütterorganschaft**. wenn mehrere Muttergesellschaften gemeinsam auf ein Unternehmen Einfluss nehmen. Dann findet § 5 MitbestG auch auf Arbeitnehmer des abhängigen Gemeinschaftsunternehmens Anwendung.[38]

V. Wechselseitige Beteiligungen gem. §§ 19, 328 AktG

1. Allgemeine rechtliche Darstellung

§§ 19, 328 AktG regeln die wechselseitige/n Beteiligung/en als weitere Form der Unternehmensverbindung iSd §§ 15 ff AktG. Der allgemeine Unternehmensbegriff gilt hier nicht, da bereits nach dem Wortlaut nur Unternehmen in der Rechtsform einer Kapitalgesellschaft gemeint sind. Sind Kapitalgesellschaften in der Weise verbunden, dass jedem Unternehmen mehr als 25 % der Anteile des anderen Unternehmens gehören, so liegt eine wechselseitige Beteiligung vor. Liegt gemäß § 19 Abs. 2 und 3 AktG zusätzlich eine ein- oder beidseitige Mehrheit oder Abhängigkeit vor, so spricht man von einer **qualifizierten wechselseitigen Beteiligung**. In diesem Fall gelten neben den allgemeinen konzernrechtlichen Rechtsfolgen § 18 Abs. 1 S. 3 AktG und die Mitteilungspflichten gem. § 20 ff AktG. Ist die qualifizierte wechselseitige Beteiligung einseitig, können die Rechte aus den Aktien des abhängigen Unternehmens an dem herrschenden Unternehmen gem. §§ 71 d S. 4, 71 b AktG nicht wahrgenommen werden, sofern die Quote 10 % überschreiten. Die darüber liegende Beteiligung muss dann abgebaut werden. Das Gleiche gilt im Falle beidseitiger qualifizierter wechselseitiger Beteiligung, also gegenseitiger Mehrheit oder Abhängigkeit.

Liegt dagegen kein einseitiges oder wechselseitiges Abhängigkeits- oder Mehrheitsverhältnis vor, spricht man von einer **einfachen wechselseitigen Beteiligung**. Für diese ordnet § 328 AktG an, dass das beteiligte Unternehmen seine Rechte aus den Anteilen an dem anderen Unternehmen nur bis zur Höhe von 25 % ausüben darf, sog. **Ausübungssperre**. Damit sollen insbesondere die Regeln der Kapitalaufbringung und Kapitalerhaltung gem. § 57 AktG geschützt werden, da anderenfalls eine Einlagenrückgewähr nicht ausgeschlossen wäre.[39] Gemäß § 328 Abs. 1 S. 3 AktG sind bei der Berechnung der Anteile gem. § 16 Abs. 4 AktG auch diejenigen Anteile zuzurechnen, die entweder von abhängigen Unternehmen oder von Dritten gehalten werden, so dass sie dem wechselseitig beteiligten Unternehmen wirtschaftlich zuzurechnen sind. Die Ausübungssperre des § 328 AktG soll gemäß Abs. 1 nur bei Kenntnis der wechselseitigen Beteiligung eintreten. Gemäß Abs. 2 gilt die Ausübungssperre also (nur) für das Unternehmen nicht, welches die Wechselseitigkeit der Beteiligungen nicht kennt. Über die Ausübungssperre des § 328 Abs. 1 AktG hinaus können die wechselseitig beteiligten Unternehmen nicht an den Wahlen von Mitgliedern in den Aufsichtsrat im jeweils anderen Unternehmen teilnehmen, § 328 Abs. 3 AktG. Hierdurch sollen die Rechte der verbleibenden Anteilseigner geschützt werden, weshalb bei Abs. 3 von einer **Eigentümerkontrolle** gesprochen wird.

---

34 BAG WM 1986, 885, 887.
35 BAG AP BetrVG 1972 § 54 Nr. 1.
36 OLG Düsseldorf DB 1979, 699, 700.
37 Einzelheiten bei: ErfK/*Oetker*, § 5 MitbestG Rn 8 ff.
38 BAG AP BetrVG (1952) § 76 Nr. 20.
39 Weitere Einzelheiten deshalb bei Emmerich/Habersack/*Emmerich* § 19 Rn 5.

2. Rechtsfragen aus der Praxis

36 Sowohl § 19 AktG wie auch die komplizierte und teils schwer verständliche Regelung in § 328 AktG spielt in der Rechtsprechung keine große Rolle. Wechselseitige Beteiligungen sind in der gesellschaftsrechtlichen Praxis dagegen von großer Bedeutung.[40] Sie werden zB als Instrument der intensiven strategischen Zusammenarbeit (mitunter auch als Vorstufe zu einer Verschmelzung) genutzt. Zunehmend kritisiert werden allerdings die teils wechselseitigen Ring- und Überkreuzverflechtungen zwischen deutschen Großunternehmen („Deutschland AG"), die nicht nur ordnungspolitisch bedenklich sind, sondern handfeste rechtliche Probleme bereiten. So führen jedenfalls flächendeckende wechselseitige Beteiligungen zu Wettbewerbsbeschränkungen, weil die Beteiligung von 25 % in einigen gesetzlichen (und ggf auch satzungsmäßig geregelten) Fällen eine Sperrminorität ermöglicht. Gleichzeitig werden bei vielen Ringverflechtungen aber üblicherweise Beteiligungen vermieden, die kartellrechtliche Meldepflichten auslösen. Vor allem aber schwächt die gegenseitige Kontrollmöglichkeit die Rechte der weiteren Aktionäre der beteiligten Unternehmen, weil die Beteiligungen untereinander bei Abstimmungen so eingesetzt werden können, dass außenstehende Privataktionäre gegen die Stimmen der Unternehmensverwaltungen keinen wesentlichen Einfluss mehr geltend machen können. Dies wiederum führt zu einer erheblichen Machtverdichtung in den Vorständen.

VI. Unternehmensverträge gem. § 291–§ 307 AktG

37 Die §§ 291, 292 AktG beschreiben die Unternehmensverträge, die neben den §§ 15 ff AktG von zentraler konzernrechtlicher Bedeutung sind.

1. Allgemeine rechtliche Darstellung

38 Unternehmensverträge sind
- der Beherrschungsvertrag (§ 291 Abs. 1 AktG),
- der Gewinnabführungsvertrag (§ 291 Abs. 1 AktG),
- die Gewinngemeinschaft, der Teilgewinnabführungsvertrag, der Betriebspacht- und der Betriebsüberlassungsvertrag (§ 292 Abs. 1 AktG),

Vor allem die Verträge gemäß § 291 Abs. 1 AktG spielen in der Praxis eine große Rolle. So kann der Gewinnabführungsvertrag **steuerliche Vergünstigungen** im Rahmen einer körperschaftsteuerrechtlichen **Organschaft** gem. §§ 14 Abs. 1 KStG begründen.[41] Im Unterschied zu einer Verschmelzung nach dem UmwG haben Unternehmensverträge zur Folge, dass die beteiligten Unternehmen rechtlich selbständig bleiben können und damit zB der wertvolle Firmenname erhalten bleiben kann.[42] Anders als bei der Eingliederung gem. § 319 AktG oder mitunter bei der Mehrheitsbeteiligung gem. § 16 AktG die kann der Unternehmensvertrag dem herrschenden Unternehmen nicht nur intensive Einwirkungsmöglichkeiten, sondern je nach Vertragsgestaltung auch einen sicheren und zeitnahen „Exit" aus der abhängigen Gesellschaft ermöglichen.[43] Zudem ist der Unternehmensvertrag ein flexibles Macht- und Steuerungsinstrument, denn das herrschende Unternehmen kann Einfluss und Verantwortung – freilich im Rahmen der zwingenden gesetzlichen Haftungs- und sonstigen Schutzbestimmungen – vertraglich variabel gestalten. Auf der anderen Seite darf nicht übersehen werden, dass §§ 293 ff AktG mit erheblichen Wirksamkeitsvoraussetzungen zum Schutz der Aktionäre und der Gläubiger aufwarten, wie etwa die Zustimmung der Hauptversammlung und der registerrechtlichen Publizierungspflicht. Zudem ordnen §§ 302 ff AktG für Unternehmensverträge nach § 291 Abs. 1 AktG zahlreiche Schutzbestimmungen zugunsten der Untergesellschaft, deren außenstehender Aktionäre und ihrer Gläubiger an.

---

40 Emmerich/Habersack/*Emmerich* § 19 Rn 1 ff, § 328 Rn 1 ff.
41 Siehe unten Rn 51 ff.
42 *Haan* in Steuerliches Vertrags- und Formularbuch A.10.00 Rn 2.
43 Zur Beendigung von Unternehmensverträgen, siehe unten Rn 94 ff.

a) Beherrschungsvertrag

Der Beherrschungsvertrag hat in erster Linie die durch seinen Inhalt in § 291 Abs.1 AktG vorgegebene Funktion, nämlich **Leitungsbefugnisse herzustellen**. Mittels eines Beherrschungsvertrages unterstellt eine Gesellschaft (Untergesellschaft) ihre Leitung einem anderen, dem herrschenden Unternehmen. Wie alle Unternehmensverträge in §§ 291, 292 AktG setzt der Beherrschungsvertrag weiter voraus, dass die Untergesellschaft eine AG oder KGaA ist. Über den Wortlaut hinaus soll jedoch auch eine GmbH eine Untergesellschaft sein können.[44] Ob dies auch für Personengesellschaften gilt, ist dagegen fraglich.[45] Herrschendes Unternehmen kann dagegen jeder Rechtsträger sein, also neben juristischen Personen und Personenhandelsgesellschaften auch Einzelkaufleute oder ausländische Unternehmen. Gemeinschaftsunternehmen können auch mit mehreren Muttergesellschaften Beherrschungsverträge schließen. Steuerlich ist aber die Mehrmütterorganschaft gemäß § 14 Abs. 1 Nr. 2 S. 2 und 3 KStG nur eingeschränkt möglich.[46]

Die **Übertragung der Leitung** hat gemäß § 308 Abs. 1 AktG zur Folge, dass die herrschende Gesellschaft der Untergesellschaft Weisungen erteilen kann. Aus diesem Grund kann es einen Beherrschungsvertrag im Gleichordnungskonzern gemäß § 18 Abs. 2 AktG nicht geben. Was indes zur Leitung einer Gesellschaft gehört, wird weder in den §§ 291 ff AktG noch in § 76 AktG (Leitung der Aktiengesellschaft) definiert und ist streitig. Nach der herrschenden Meinung soll die Leitung die wesentlichen Leitungsfunktionen betreffen, die das herrschende Unternehmen in die Lage versetzen, die Untergesellschaft in allen wesentlichen Bereichen zu kontrollieren. Hierzu gehören in der Praxis regelmäßig die Bereiche Finanzen, Personal sowie die Bereiche, welche die Unternehmensstrategie/Planung betreffen.[47]

Dabei darf sich die Übertragung der Leitung durchaus auf bestimmte Teilbereiche bzw bestimmte Funktionen beschränken, solange gewährleistet ist, dass das herrschende Unternehmen „Herr im Haus" bleibt. **Teilbeherrschungsverträge** sind also zulässig, dürfen aber nicht so ausgestaltet sein, dass letztlich die Untergesellschaft wirtschaftlich selbständig bleibt. Dann läge nur ein Gleichordnungsvertrag vor.[48] Nicht ausreichend iSd § 308 AktG ist dagegen die Übertragung der Leitung von Unternehmensteilen oder einzelner Betriebe.

Für die Übertragung der Leitung ist in der Praxis üblich etwa die folgende Formulierung:

▶ **§ 1 Leitung und Weisungen**
Die Gesellschaft B unterstellt sich der Leitung durch die Gesellschaft A. Letztere ist berechtigt, den Vorständen der Gesellschaft B hinsichtlich der Leitungen der Gesellschaft Weisungen zu erteilen.
Der Vorstand der Gesellschaft B ist verpflichtet, den Weisungen der Gesellschaft A zu folgen.
Das Weisungsrecht besteht nicht hinsichtlich folgender Maßnahmen: ... (Ausnahmekatalog) ◀

Wird die Leitung übertragen, ist das herrschende Unternehmen berechtigt, den Vorstand der Untergesellschaft **direkt anzuweisen**, während, jedenfalls formal betrachtet, bei einer (bloßen) Beteiligung gerade der bei Aktiengesellschaften umständliche Weg über die Hauptversammlung der Untergesellschaft genommen werden muss und damit nur mittelbarer Einfluss auf den Vorstand möglich ist. Beherrschungsverträge berechtigen zudem, auf die Untergesellschaft in den Grenzen der §§ 308 Abs. 2, 309 AktG **nachteilig Einfluss zu nehmen**, wobei ein solcher Einfluss vertraglich auch ausgeschlossen werden kann. Auf der anderen Seite werden die von einer solchen Benachteiligung Betroffenen finanziell kompensiert. So muss das herrschende Unternehmen zum Geschäftsjahresende die Verluste der Untergesellschaft gem. § 302 AktG ausgleichen und deren Gläubigern nach Maßgabe von § 303 Sicherheit leisten. Bereits im Beherrschungsvertrag sind gem. §§ 304, 305 AktG zwingend Ausgleichs- und Abfindungsleistungen zugunsten der außenstehenden Aktionären der Untergesellschaft zu regeln.

---

44 BGH NZG 2000, 139, 140; siehe hierzu unten Rn 168 ff.
45 Siehe hierzu unten Rn 176 ff.
46 Hierzu im einzelnen Emmerich/Habersack/*Emmerich* § 17 Rn 29 c, 30.
47 *Emmerich*, Konzernrecht § 11 II 1.
48 *Emmerich*, Konzernrecht § 11 II 2 b).

44 Beherrschungsverträge werden meist im Rahmen bereits bestehender Abhängigkeiten geschlossen, zumal eine freiwillige Unterwerfung ohne Abhängigkeit kaum denkbar ist. Aber auch dort, wo direkte Beteiligungen nicht möglich oder unerwünscht sind, wie etwa zwischen Enkel- und Muttergesellschaft oder zwischen Schwestergesellschaften, sind Beherrschungsverträge anzutreffen.

b) Gewinnabführungsvertrag

45 Für den Gewinnabführungsvertrag setzt § 291 Abs. 1 S. 1 AktG voraus, dass eine AG oder KGaA (Untergesellschaft) ihren **ganzen Gewinn** an ein anderes Unternehmen abzuführen hat. Gleichgestellt wird gemäß Abs. 1 S. 2 der Fall, dass ein Unternehmen die Verpflichtung übernimmt, das Unternehmen für Rechnung eines anderen Unternehmens zu führen. Entsteht kein abzuführender Gewinn muss das herrschende Unternehmen den Jahresfehlbetrag ausgleichen, § 302 AktG. Mit der Abführung des gesamten Gewinns ist der Bilanzgewinn oder Jahresüberschuss gemeint, der ohne Gewinnabführungsvertrag in der Untergesellschaft entstehen würde. Der Bilanzgewinn der Untergesellschaft wird nach Maßgabe der §§ 300 Nr. 1 und 301 AktG in einer Vorbilanz ermittelt, da der Gewinn in der endgültigen Bilanz der Untergesellschaft nicht mehr ausgewiesen wird. Der so ermittelte Bilanzgewinn wird dann als Verbindlichkeit gegenüber dem verbundenen Unternehmen in der Bilanz der Untergesellschaft passiviert. Um einen Gleichlauf der Bilanzen der beteiligten Unternehmen zu ermöglichen, empfiehlt es sich entsprechende Regelungen für die beteiligten Unternehmen vertraglich zu regeln. Dabei ist auch die Vereinbarung einer **Rückwirkung** grundsätzlich **zulässig**.[49]

▶ **§ 1 Gewinnabführung**
Gesellschaft A verpflichtet sich, ihren ganzen Gewinn an Gesellschaft B abzuführen. Abzuführen ist – vorbehaltlich der Bildung oder Auflösung von Rücklagen – der ohne die Gewinnabführung entstehende Jahresüberschuss, vermindert um einen etwaigen Verlustvortrag aus dem Vorjahr. ◀

46 Die vollständige Gewinnabführung begründet wie der Beherrschungsvertrag Abhängigkeit gemäß § 17 Abs. 1 AktG. Der in § 291 Abs. 1 S. 2 AktG dem Gewinnabführungsvertrag gleichgestellte **Geschäftsführungsvertrag** unterscheidet sich nur dadurch, dass die Untergesellschaft den Jahresüberschuss bei sich bilanziert und erst aufgrund des Geschäftsführungsvertrages anschließend abführt. Voraussetzung für einen solchen Vertrag ist, dass die Untergesellschaft ihr gesamtes Geschäft für Rechnung eines anderen Unternehmens betreibt. So wenig wie die Abführung von Teilgewinnen beim Gewinnabführungsvertrag ausreichend ist, so wenig reicht hier die Führung nur einzelner Betriebs- oder Geschäftsteile für fremde Rechnung. Nach ganz herrschender Meinung ist für die Tätigkeit allerdings nicht erforderlich, dass die Untergesellschaft auch im eigenen Namen tätig ist. Es reicht aus, wenn für fremde Rechnung und auch im fremden Namen gehandelt wird.[50] Darüber hinaus muss die Tätigkeit unentgeltlich erfolgen, denn anderenfalls würde die Untergesellschaft Gewinne erwirtschaften. Da § 308 Abs. 1 AktG (Weisungsrecht) weder für den Gewinnabführungsvertrag noch für den Geschäftsführungsvertrag gilt, dürfte trotz der Fremdnützigkeit der Tätigkeit der Untergesellschaft auch das Weisungsrecht gem. § 665 BGB nicht gelten, weil es durch die Wertung des § 308 Abs. 1 AktG überlagert wird.[51] Das bedeutet, dass **Weisungsbefugnisse** nur im Rahmen von Beherrschungsverträgen, **nicht** aber **in Gewinn- bzw Geschäftsführungsverträgen** geregelt werden können.

c) Unternehmensverträge gem. § 292 Abs. 1 AktG

47 Gemäß § 292 Abs. 1 AktG sind weitere Unternehmensverträge die Gewinngemeinschaft (Abs. 1 Nr. 1), die Teilgewinnabführung (Abs. 1 Nr. 2) sowie die Betriebspacht und die Betriebsüberlassung (Abs. 1 Nr. 3). Die Unternehmensverträge in § 292 AktG sind anders als die Verträge in § 291 AktG schuldrechtliche Verträge, weil sie den Austausch von Leistungen entweder voraussetzen (so im Falle der Gewinngemeinschaft, des Betriebspachtvertrages und des Betriebsüberlassungsvertrages) oder jedenfalls nicht auszuschließen (so im Falle der Teilgewinnabführung). Auch aus diesem Grund sind

---

49 OLG Frankfurt DB 2004, 2463, 2464.
50 *Hüffer*, AktG, § 291 Rn 31.
51 *Hüffer*, AktG, § 291 Rn 32.

zahlreiche Gläubiger- und Aktionärsschutzvorschriften (§§ 300 ff, 304 f AktG), welche für die Verträge gem. § 291 AktG gelten, auf Unternehmensverträge gemäß § 292 AktG nicht anzuwenden.

aa) Gewinngemeinschaft

Eine **Gewinngemeinschaft** (Nr. 1) setzt voraus, dass eine AG oder KGaA ihren Gewinn teilweise oder vollständig mit dem Gewinn anderer Unternehmen zusammenlegt, um den „gemeinschaftlichen Topf" dann wieder aufzuteilen. Das Gesetz regelt keine weiteren Einzelheiten, insbesondere ist keine einheitliche Leitung der beteiligten Unternehmen erforderlich. Nicht verwechselt werden dürfen die Gewinngemeinschaften mit solchen Verträgen, die die Aufteilung des Gewinns aus ein oder mehreren Geschäften vorsehen. Zwar ist mit dem Betriff „Gewinn" nicht zwangsläufig der Bilanzgewinn/Jahresüberschuss wie beim Gewinnabführungsvertrag gemäß § 291 Abs. 1 AktG gemeint, jedoch muss der **Gewinn** jedenfalls **periodisch erfasst** sein, weshalb Konsortien oder Arbeitsgemeinschaften keine Gewinngemeinschaften gemäß § 292 Abs. 1 Nr. 1 AktG sind.

48

bb) Teilgewinnabführungsvertrag

Ein **Teilgewinnabführungsvertrag** setzt gem. § 292 Abs. 1 Nr. 2 AktG voraus, dass die Untergesellschaft (nur) einen Teil ihres Gewinns oder den Gewinn einzelner ihrer Betriebe ganz oder zum Teil an einen anderen abführt. Ebenso wie bei Abs. 1 Nr. 1 muss der Gewinn periodisch ermittelt sein. Dass der Gewinn aus einzelnen Geschäften nicht gemeint sein kann, stellt bereits § 292 Abs. 2 AktG klar. Der andere Teil des Vertrages muss kein Unternehmen gem. § 15 AktG sein. § 292 Abs. 2 AktG enthält überdies für den Teilgewinnabführungsvertrag quasi eine personelle Bagatellgrenze. Demnach sind Beteiligungen von Mitgliedern des Vorstands und des Aufsichtsrats sowie von Arbeitnehmern, nicht als Teilgewinnabführungsverträge zu qualifizieren. § 292 Abs. 2 AktG kann aber nicht analog auf Teilgewinnabführungsverträge mit geringer wirtschaftlicher Bedeutung angewendet werden.[52] Anders als der Gewinnabführungsvertrag gem. § 291 AktG sieht der Teilgewinnabführungsvertrag keine Verlustausgleichspflicht des herrschenden Unternehmens gem. § 302 AktG vor, was sich daraus erklärt, dass Verträge gem. § 291 AktG stärker in die Struktur der Untergesellschaft eingreifen können als Verträge gem. § 292 AktG. Allerdings kann – mangels gesetzlicher Beschränkung – der Teilgewinnabführungsvertrag vertraglich fast den ganzen Gewinn der Untergesellschaft erfassen, so dass er sachlich dem Gewinnabführungsvertrag gemäß § 291 Abs. 1 AktG nahe kommt. Auch wenn 99 % des Gewinns abgeführt werden, bleibt es beim Teilgewinnabführungsvertrag. Das hat für den anderen Vertragsteil den Vorteil, dass zahlreiche Schutzvorschriften für Gläubiger- und Aktionäre der Untergesellschaft nicht eingreifen.

49

cc) Betriebspacht- und Betriebsüberlassungsvertrag

Unternehmensverträge sind schließlich die § 292 Abs. 1 Nr. 3 AktG genannten **Betriebspacht- und Betriebsüberlassungsverträge**. Betriebspachtverträge sind gemäß §§ 581 ff BGB Verträge, durch die sich eine AG oder KGaA verpflichtet, dem anderen Teil die volle Nutzung des Betriebes ihres ganzen Unternehmens für die Dauer der Pachtzeit gegen Zahlung des vereinbarten Pachtzinses zu gewähren. Wie auch beim Teilgewinnabführungsvertrag muss der andere Vertragspartner kein Unternehmen iSd § 15 AktG sein. Beim Betriebsüberlassungsvertrag führt der Übernehmer den Betrieb des überlassenen Unternehmens nicht im eigenen Namen, sondern im fremden Namen und auf eigene Rechnung. Ansonsten besteht jedoch kein Unterschied zur Betriebspacht. Man spricht auch von einer sog. Innenpacht.

50

2. Rechtsfragen aus der Praxis

a) Steuerliche Fragen

Eine der wichtigsten Funktionen von Unternehmensverträgen und der Bildung von Konzernstrukturen überhaupt ist die steuerrechtliche Begünstigung durch die Zurechnung von Verlusten im Rahmen der sog. **Organschaft**. Dabei wird eine an sich rechtlich selbständige Person (die Organgesellschaft) in eine

51

---

52 OLG Stuttgart, Urt. v. 29.1.2005, Az 19 127/03 (n.v.).

andere rechtlich selbständige Person (den Organträger) dergestalt integriert, dass die steuerlichen Vorgänge der einen Person der anderen als eigene zugerechnet werden. Beide Personen erscheinen dadurch als ein einheitlicher Steuerpflichtiger. Auf diese Weise können Gewinne, vor allem aber Verluste der Tochterunternehmen bei der Konzernmutter zusammengefasst und dort einheitlich besteuert werden. Der EuGH hält sogar unter bestimmten Umständen die Anrechnung von Verlusten ausländischer Konzerngesellschaften im Inland für zulässig.[53] Die Organschaft betrifft sowohl die Körperschaftsteuer, die Gewerbesteuer wie auch die Umsatzsteuer.

52 Von wichtiger praktischer Bedeutung sind dabei die geänderten gesetzlichen Voraussetzungen der Organschaft. Notwendig ist für alle Steuerarten (KStG, UStG, GewStG) das Vorliegen eines Gewinnabführungsvertrages und die finanzielle Eingliederung. Letzteres setzt die Stimmenmehrheit des Organträgers an der Organgesellschaft voraus. Die daneben früher erforderliche organisatorischen Eingliederung, die mittels eines Beherrschungsvertrages hergestellt wurde, ist dagegen in der körperschaft- und gewerbesteuerrechtlichen Organschaft nicht mehr erforderlich, so dass der **Beherrschungsvertrag** insoweit in der Praxis an **Bedeutung verloren hat.**[54]

b) Organschaftsverträge

53 Die aus steuerlicher Sicht früher notwendige Verbindung von Beherrschungsvertrag und Gewinnabführungsvertrag zum sog. **Organschaftsverträgen** ist heute nur noch für die umsatzsteuerliche Organschaft gem. § 2 Abs. 2 Nr. 2 UStG erforderlich. Der praktische Bedeutungsverlust des Organschaftsvertrages hält sich gleichwohl in Grenzen, weil es gesellschaftsrechtlich sinnvoll sein kann, die Untergesellschaft besonders weitgehend an die herrschende Gesellschaft zu binden. Will sich die herrschende Gesellschaft zB nicht auf die bloße Gewinnmitnahme beschränken, sondern bereits bei der Bilanzaufstellung Einfluss nehmen, reicht der Abschluss eines isolierten Gewinnabführungsvertrages nicht aus. Erst die Kombination mit einem Beherrschungsvertrag erlaubt es der herrschenden Gesellschaft, bei der Aufstellung des Jahresabschlusses, insbesondere bei den vielfältigen Wahlmöglichkeiten im Rahmen der Bilanzierung, mitzuwirken. So kann im Vertrag diesbezüglich etwa folgendes formuliert werden:

▶ **Organschaftsvertrag**
§ 1 Beherrschung
(siehe oben)
§ 2 Gewinnabführung
(1) Gesellschaft A verpflichtet sich, ihren ganzen Gewinn an Gesellschaft B abzuführen. Abzuführen ist – vorbehaltlich der Bildung oder Auflösung von Rücklagen nach Absatz 2 – der ohne die Gewinnabführung entstehende Jahresüberschuss, vermindert um einen etwaigen Verlustvortrag aus dem Vorjahr.
(2) Gesellschaft A kann mit Zustimmung von Gesellschaft B Beträge aus dem Jahresüberschuss insoweit in andere Gewinnrücklagen einstellen, als dies handelsrechtlich zulässig und bei vernünftiger kaufmännischer Beurteilung wirtschaftlich begründet ist. Während der Dauer dieses Vertrags gebildete freie Rücklagen (andere Gewinnrücklagen nach § 272 Abs. 3 HGB) sind auf Verlangen von Gesellschaft B aufzulösen und zum Ausgleich eines Jahresfehlbetrags zu verwenden oder als Gewinn abzuführen. Die Abführung von Beträgen aus der Auflösung von freien Rücklagen nach Satz 2, die vor Beginn dieses Vertrags gebildet wurden, ist ausgeschlossen. ◀

c) Unternehmensverträge gem. § 292 Abs. 1

54 Bei den Unternehmensverträgen in § 292 AktG ist gem. Abs. 1 Nr. 1–3 wie folgt zu unterscheiden:

55 Die **Gewinngemeinschaft** ist ein gesetzlich geregelter Sonderfall der früher recht weit verbreiteten Interessengemeinschaften. Da sie jedoch – anders als früher – als Grundlage für eine steuerliche Organschaft keine Rolle mehr spielt, ist sie in der Praxis nur noch selten anzutreffen.

---

53 EuGH ABl. C 304 v. 13.12.2003.
54 Änderung des § 14 Abs. 2 durch das StSenkG v. 23.10.2000. § 14 KStG gilt in der derzeitigen Fassung auch für die Erhebung der Gewerbesteuer (§ 2 Abs. 2 GewStG). Dagegen verlangt § 2 Abs. 2 Nr. 2 UStG auch eine organisatorische Eingliederung, damit Umsätze zwischen verbundenen Unternmehmen keine Umsatzsteuer auslösen (dann sog. Innenumsätze).

Bei der **Teilgewinnabführung** war regelmäßig die stille Beteiligung an der AG/KGaA Gegenstand gerichtlicher Entscheidungen. Der BGH hat mittlerweile aber klar gestellt, dass die stille Beteiligung kein Genussrecht gem. § 221 Abs. 4 AktG, sondern ein Teilgewinnabführungsvertrag ist, der folglich dem Zustimmungsvorbehalt der Hauptversammlung unterliegt und eintragungspflichtig ist.[55]

56

Werden **Betriebspachtverträge** in bestehenden Konzernen, insbesondere in abhängigen Strukturen geschlossen, kann die Angemessenheit des Pachtzinses in Frage stehen. Zum Schutz der Untergesellschaft ordnet § 302 Abs. 2 AktG an, dass die herrschende Gesellschaft den durch einen unangemessenen Pachtzins entstandenen Jahresfehlbetrag in der Untergesellschaft auszugleichen hat. Für die Angemessenheit des Pachtzinses dürfte es auf den marktüblichen Pachtzins ankommen.[56] Ist der Pächter zudem an der Untergesellschaft beteiligt, greifen zusätzlich die Kapitalschutzvorschriften der §§ 57, 58 und 60 AktG, wonach insbesondere verdeckte Gewinnausschüttungen unzulässig und gemäß § 292 Abs. 3 AktG anfechtbar sind. Außerdem müssen die der Untergesellschaft entstehenden Nachteile, die durch den in einem Abhängigkeitsverhältnis geschlossenen Betriebspachtvertrag geschlossen werden, gemäß § 311 AktG ausgeglichen werden, wozu auch die Vereinbarung eines unangemessenen Pachtzinses zählen dürfte.

57

d) Fehlerhafte Unternehmensverträge

Von Bedeutung für sämtliche Unternehmensverträge ist die Behandlung unwirksamer bzw. **fehlerhafter Unternehmensverträge**. Beachten die Parteien die in § 291, 292 AktG festgelegten Voraussetzungen oder die Wirksamkeitshindernisse in § 293 ff AktG nicht, ist der gleichwohl vollzogene Unternehmensvertrag nicht ohne weiteres nichtig, obwohl §§ 293 Abs. 2, 304 Abs. 3 AktG und §§ 125, 134, 138 AktG das anordnen. Auf unwirksame Unternehmensverträge werden uneingeschränkt die Grundsätze der fehlerhaften Gesellschaft angewendet,[57] vor allem deshalb, weil die Rückabwicklung praktisch zu kompliziert ist. Der Vertrag ist folglich solange als wirksam zu behandeln, bis sich eine der Parteien auf die Unwirksamkeit des Vertrages beruft und dieser dann auch tatsächlich beendet wird. Für die GmbH hat der BGH ebenfalls keine Bedenken, die Regeln über die fehlerhafte Gesellschaft anzuwenden.[58] Teilweise wird allerdings nicht ganz zu unrecht gefordert, dass die Grundsätze nicht bei Fehlen eines Zustimmungsbeschlusses gem. § 293 Abs. 1 AktG oder bei fehlender Eintragung gem. § 294 Abs. 2 AktG gelten könnten.[59] So kann in der Tat bezweifelt werden, dass jemand auf den Bestand des Vertrages vertraut oder vertrauen darf, wenn diese Voraussetzungen nicht beachtet wurden. Der BGH hat aber festgehalten, dass es für die Anwendung der Grundsätze jedenfalls nicht der Eintragung des Vertrages in das Handelsregister bedarf.[60] Sind die Regeln über die fehlerhafte Gesellschaft auf einen vollzogenen Unternehmensvertrag uneingeschränkt anzuwenden, ist nach Auffassung des LG München eine außerordentliche Kündigung aus wichtigem Grund gemäß § 297 Abs. 1 S. 1 AktG für die Beendigung erforderlich,[61] während der Bundesfinanzhof eine einfache Beendigungserklärung ausreichen lässt.[62]

58

e) Abgrenzung zu anderen Verträgen

Problematisch ist mitunter, den Unternehmensvertrag als solchen zu identifizieren, denn es besteht keine Kennzeichnungspflicht. So muss der gesetzlich nicht geregelte, inhaltlich den Verträgen in § 292 AktG aber nahe stehende **Betriebsführungsvertrag, der** nach jedenfalls herrschender Meinung **kein Unternehmensvertrag ist**,[63] abgegrenzt werden. Der Betriebsführungsvertrag setzt nicht wie die

59

---

[55] BGH NJW-RR 2006, 540, 541; NJW-RR 2003, 3412, 3413; Anmerkungen zum letztgenannten Urt. *K. Schmidt* in JbFSt 2004, 327 ff.
[56] *Emmerich*, Konzernrecht, § 15 II 2 b).
[57] BGH NJW 1988, 1326, 1328.
[58] BGH NJW 1992, 505, 506; NJW 2002, 1822, 1824; für den Teilgewinnabführungsvertrag mit einer AG vgl BGH NZG 2005, 261, 262.
[59] *Emmerich*, Konzernrecht § 11 IV mwN.
[60] BGH NJW 2002, 822, 823; ZIP 2005, 254, 255.
[61] LG München DB 2000, 1217, 1218.
[62] BFH NZG 1998, 227, 228.
[63] Nachweise bei MünchVertragsHdb/*Hoffmann-Becking*, Bd. 1, X.11 Anm. 2.

Geschäftsführung eine geschäftliche Tätigkeit des Unternehmens für fremde Rechnung voraus. Vielmehr liegt der Fall umgekehrt. Der Betriebsführer muss für das Unternehmen für dessen Rechnung dessen Geschäfte führen. Bei der Betriebspacht und der Betriebsüberlassung wird der Pächter bzw. Überlassungsnehmer dagegen für eigene Rechnung tätig. Schwieriger kann es im Fall der **Produktion für fremde Rechnung** liegen, wobei es sich um eine Betriebsüberlassung, um einen Geschäftsführungsvertrag oder sogar um einen Beherrschungsvertrag handeln kann, letzteres sofern eine Weisungsgebundenheit erwünscht ist.[64] Auch kann hierin je nach Vertragsgestaltung überhaupt kein Unternehmensvertrag liegen, weshalb in allen **Zweifelsfällen** nicht nur eine ausreichend klare Formulierung, sondern **eine Anmeldung zum Handelsregister** gem. § 294 AktG **geboten** ist, um das Gericht überprüfen zu lassen, ob ein Unternehmensvertrag vorliegt oder nicht. Anderenfalls besteht die Gefahr, dass unerkannt Unternehmensverträge geschlossen werden, die dann mangels Zustimmung der Hauptversammlung und Eintragung in das Handelsregister unwirksam bzw. fehlerhaft sind.

f) Nicht geregelte Unternehmensverträge

60 Von erheblicher Bedeutung in der aktienrechtlichen Beratung ist nach wie vor eine gesetzlich nicht geregelte, aber eine den Unternehmensverträgen ähnliche Fallkonstellation. Trotz des recht umfangreichen Katalogs der Unternehmensverträge in §§ 291, 292 AktG und der damit verbundenen Verpflichtung in diesen Fällen die Zustimmung der Hauptversammlung gem. § 293 AktG einzuholen, hat die bekannte **Holzmüller Entscheidung** des BGH gesetzgeberische Lücken bei den zustimmungsbedürftigen Unternehmensverträgen aufgedeckt, um diese sogleich zu schließen.[65] So kann der Vorstand eines Unternehmens Unternehmensteile verkaufen, ohne dass der Verkauf nach den Bestimmungen des §§ 291 ff AktG als Unternehmensvertrag zu qualifizieren wäre. Mithin wäre auch nicht die Zustimmung der Hauptversammlung gem. § 293 AktG einzuholen.[66] Sind jedoch wesentliche Betriebsteile betroffen, ist nach Auffassung des BGH eine § 293 AktG vergleichbare Rechtslage gegeben, weshalb der Vorstand analog dieser Bestimmung einen Beschluss der Hauptversammlung einzuholen hat. Damit wird ein solcher Verkauf einem Unternehmensvertrag quasi gleich gestellt, wobei allerdings zu beachten ist, dass im Außenverhältnis gegenüber dem Vertragspartner und sonstigen Dritten der Verkauf stets auch ohne Zustimmung der Hauptversammlung rechtswirksam ist.

VII. Abschluss, Änderung und Beendigung von Unternehmensverträgen gem. §§ 293 ff AktG

61 Die §§ 293 ff AktG enthalten teils gemeinsame und teils unterschiedliche Voraussetzungen für Verträge gem. § 291 Abs. 1 AktG und gem. § 292 Abs. 1 AktG.

1. Vertragsabschluss

62 Sämtliche Unternehmensverträge müssen, um wirksam zu sein,
- schriftlich geschlossen werden (§ 293 Abs. 3 AktG),
- bedürfen der Zustimmung der Hauptversammlung der Untergesellschaft im Falle des § 291 Abs. 1 AktG bzw. derjenigen Gesellschaft, welche die vertragstypische Leistung erbringt im Falle des § 292 AktG; die Beschlussfassung setzt eine Dreiviertelmehrheit voraus (§ 293 Abs. 1 S. 1 und 2 AktG),
- unterliegen der Berichtspflicht des Vorstands gemäß § 293 a AktG,
- sind durch gerichtlich zu bestellende so genannte Vertragsprüfer zu überprüfen (§§ 293 a-e AktG), und
- sind in das Handelsregister einzutragen (konstitutive Wirkung, § 294 AktG).

63 Das Zustimmungserfordernis gemäß § 293 Abs. 1 AktG setzt die **Zustimmung der Hauptversammlung** der Untergesellschaft **zu allen Vertragsteilen** eines Unternehmensvertrages voraus.[67] Deckt der Zustimmungsbeschluss nicht alle Vertragsteile ab, führt dies gemäß § 139 BGB im Zweifel zur

---

64 *Hüffer*, AktG, § 291 Rn 33.
65 BGH NJW 1982, 1703, 1705.
66 Zu den Voraussetzungen des § 293 siehe Rn 61 ff.
67 BGH NJW 1982, 933, 935.

Unwirksamkeit des gesamten Vertrages,[68] wobei freilich hier wiederum die Grundsätze der fehlerhaften Gesellschaft greifen können. Sofern darüber hinaus ein Zustimmungsbeschluss der Hauptversammlung der Obergesellschaft im Falle eines Beherrschungs- oder Gewinnabführungsvertrages erforderlich ist (§ 293 Abs. 2 AktG) gilt Vorstehendes entsprechend. Gibt es mehrere Muttergesellschaften, muss die Hauptversammlung jeder Muttergesellschaft im Falle des § 293 Abs. 2 AktG zustimmen. Bei Abschluss eines Beherrschungs- oder Gewinnabführungsvertrages zwischen einer Mutter- und Enkelgesellschaft bedarf es allerdings keiner Zustimmung der zwischengeschalteten Tochtergesellschaft.

Die ordnungsgemäße Zustimmung durch die Hauptversammlung setzt voraus, dass sämtliche Vertragsteile einschließlich Anlagen vorgelegt werden. Das Verfahren hierzu regeln die §§ 293 a, f, g AktG. Hiernach müssen die Vorstände jedes der beteiligten Unternehmen den Unternehmensvertrag, die Jahresabschlüsse und Lageberichte sowie die Berichte der Vorstände und der Vertragsprüfer vorlegen. Außerdem müssen die Vorstände den Unternehmensvertrag ausführlich schriftlich (§ 293 a AktG) und mündlich in der Hauptversammlung erläutern (§ 293 g Abs. 2 AktG). Dabei muss nicht nur die Erläuterung, sondern auch der Bericht der Vorstände verständlich sein und die Aktionäre vor der Hauptversammlung in die Lage versetzen, die wirtschaftliche und rechtliche Notwendigkeit des Unternehmensvertrages auf Plausibilität zu prüfen.[69] Auf die Berichtspflicht des Vorstands kann gemäß § 293 a Abs. 3 AktG nur durch öffentlich beglaubigte Verzichtserklärungen aller Anteilsinhaber aller beteiligten Unternehmen verzichtet werden. Werden die vorstehenden Voraussetzungen nicht eingehalten, kann der gleichwohl ergangene Zustimmungsbeschluss anfechtbar sein, wenn das Fehlen bestimmter Informationen kausal für die Zustimmung war. Fehlt ein Bericht oder ist dieser mangelhaft, kann der infolgedessen ergangene Zustimmungsbeschluss der Hauptversammlung gemäß § 243 Abs. 1 in der Regel erfolgreich angefochten werden.[70] Anfechtbar ist ein Zustimmungsbeschluss auch, wenn die Vertragsprüfung durch den außenstehenden Prüfer gemäß § 293 b AktG, welcher nur im Falle der vollständigen Abhängigkeit der Untergesellschaft von dem herrschenden Unternehmen unterbleiben kann, fehlt oder der Vertragsprüfer den Unternehmensvertrag nicht mit dem Inhalt des § 293 AktG bestätigt hat. In diesem Fall darf das Registergericht den Unternehmensvertrag ohnehin nicht in das Handelsregister eintragen, § 294 AktG.

2. Besonderheiten für Abschluss von Verträgen gem. § 291 Abs. 1 AktG

Über die vorstehenden Voraussetzungen hinaus fordert das Gesetz zwingend für den Beherrschungs- und den Gewinnabführungsvertrag wegen der besonderen Intensität des Eingriffs in die Belange der Untergesellschaft, dass vertraglich
- ein **angemessener Ausgleich** gemäß § 304 AktG und
- eine **angemessene Abfindung** gemäß § 305 AktG

festgelegt werden.

a) Ausgleich gemäß § 304 AktG

Der Anspruch auf Ausgleich gemäß § 304 AktG dient – wie auch der Abfindungsanspruch gemäß § 305 AktG – dem Schutz der Aktionäre der Untergesellschaft, die infolge Unternehmensvertrages vermögensrechtlich erheblich beeinträchtigt werden. Im Ansatz sind die Aktionäre in der Untergesellschaft so zu stellen, als wäre der Unternehmensvertrag gar nicht zustande gekommen, wobei es beim Ausgleich um den Anspruch auf die Dividende geht.[71] Die infolge des Vertragsabschlusses fehlende oder beeinträchtigte Dividendenausschüttung an die Aktionäre ist entweder in Form einer Dividendengarantie (nur für Beherrschungsvertrag gem. Abs. 1 S. 2) einem festen Ausgleich (Abs. 2 S. 1) oder einem variablem Ausgleich (Abs. 2 S. 2) zu kompensieren. Ausgleichsverpflichtet ist nicht die Untergesellschaft, sondern das herrschende Unternehmen.

---

68 OLG München AG 1991, 358, 360.
69 BGH NJW 1989, 2689, 2691 (zu § 340 aF).
70 LG Mainz AG 2002, 247, 247.
71 BGH NJW 1998, 1866, 1867.

67 Wird ein **Ausgleich** im Unternehmensvertrag **nicht festgelegt**, ist der **Vertrag** ohne weiteres gemäß § 304 Abs. 3 AktG **nichtig**, bzw es gelten die Grundsätze der fehlerhaften Gesellschaft Im Falle des Gewinnabführungsvertrages hat das zur Folge, dass die Organschaft gemäß § 14 KStG nicht anerkannt werden kann. Der Unternehmensvertrag bleibt nur dann wirksam, wenn die Untergesellschaft zu 100 % im unmittelbaren oder im mittelbaren (zB über eine Zwischengesellschaft) Besitz des herrschenden Unternehmens steht. Dann ist kein außenstehender Aktionär gem. § 304 AktG mehr vorhanden, weshalb auch kein Ausgleichsanspruch besteht. Das gleiche gilt für solche Aktionäre, die mit der herrschenden Unternehmen ihrerseits aufgrund eines Beherrschungs- oder Gewinnabführungsvertrages in Verbindung stehen. Auch dann muss eine Ausgleichspflicht nicht vereinbart werden.[72]

68 Von dem Fall des fehlenden Ausgleichs ist der **unangemessene Ausgleich** zu unterscheiden. In diesem Fall hat jeder Aktionär gemäß § 304 Abs. 3 S. 3 AktG sowie § 1 Nr. 1 SpruchG das Recht ein Spruchverfahren gemäß den Bestimmungen des SpruchG einzuleiten mit dem Ziel der Festlegung eines höheren Ausgleichs.[73] Eine Feststellungs- oder Leistungsklage gemäß den Bestimmungen der ZPO ist dagegen nicht möglich, auch eine inzidente Prüfung der Angemessenheit des Ausgleichs ist unzulässig. Zu beachten ist, dass je nach Ertragslage das Spruchgericht auch den Betrag „null" für angemessen halten kann.[74]

69 § 304 AktG – wie auch § 305 AktG – bezweckt den Schutz der außenstehenden Aktionäre der Untergesellschaft. Neben dem herrschenden Unternehmen als Teilhaber der Untergesellschaft scheiden auch tantiemeberechtigte Mitarbeiter, Genussscheininhaber oder stille Gesellschafter aus und sonstige Dritte mit vermögensrechtlichen Ansprüchen gegen die Untergesellschaft aus. Zwar sind vermögensrechtliche Ansprüche gewinnabhängig, aber sie sind mit den Dividendenansprüchen der Aktionäre nicht gleichzusetzen. Die Gläubiger müssen ihre Rechte nach den allgemeinen Bestimmungen suchen, wenn der Unternehmensvertrag ihre Rechte aus Verträgen mit der Untergesellschaft verletzt.[75]

70 Vereinbaren die Parteien einen **isolierten Beherrschungsvertrag**, muss dieser eine **Dividendengarantie** gemäß § 304 Abs. 1 S. 2 AktG enthalten. Da nicht feststeht, ob die Untergesellschaft noch Gewinne abführen kann, ist der Betrag geschuldet, der bei Abschluss eines Gewinnabführungsvertrages als **fester oder variabler Ausgleich** gemäß § 304 Abs. 2 AktG geschuldet wäre.

71 Der feste Ausgleich gemäß Abs. 2 S. 1 entspricht demjenigen Betrag, der nach der bisherigen Ertragslage der Untergesellschaft in Zukunft voraussichtlich als Gewinnanteil auf eine einzelne Aktie entfallen wäre. Es hat also nach anerkannter Ertragswertmethode eine Prognose anhand der Werte aus der Vergangenheit zu erfolgen. Nicht maßgeblich sind Börsenwerte, da sie (mehr oder weniger) aktuelle Entwicklungen, nicht aber den Ertragswert der vergangenen Jahre abbilden und damit keine Aussagekraft für die Berechnung des voraussichtlichen Durchschnittsgewinns haben.[76] Steht der feste Ausgleich fest, kann er etwa wie folgt im Vertrag formuliert werden:

▶ **§ 2 Ausgleich**
A verpflichtet sich gegenüber den außenstehenden Aktionären der B zu einer jährlichen Ausgleichszahlung für die Dauer des Vertrages. Der Ausgleich beträgt brutto EUR … je Aktie im Nennbetrag von EUR … abzüglich Körperschaftssteuer und Solidaritätszuschlag. ◀

72 Ist das herrschende Unternehmen eine AG oder KGaA kann statt eines festen Ausgleichs auch ein variabler Ausgleich gem. § 304 Abs. 2 S. 2 AktG vereinbart werden. Dieser Ausgleich orientiert sich nicht an dem Ertrag der Untergesellschaft, sondern an dem Ertrag des herrschenden Unternehmens. Außerdem kommt es nicht wie beim festen Anteil auf den durchschnittlichen Jahresertrag, sondern ausschließlich auf die **tatsächlich gezahlte Dividende** des herrschenden Unternehmens an. Anders als bei der Berechnung des festen Anteils sind deshalb Gewinnrücklagen nicht zu berücksichtigen,[77] was

---

72 OLG Nürnberg AG 1996, 228, 228.
73 Siehe unten Rn 82 ff.
74 BGH NZG 2006, 347, 348.
75 Emmerich/Habersack/*Emmerich*, § 304 Rn 14 d; mwN aus der Rechtsprechung.
76 Einzelheiten bei *Hüffer*, AktG, § 304, Rn 8 ff.
77 OLG Düsseldorf AG 1984, 216, 219.

im Ergebnis zu erheblichen Unterschieden führen kann. Steht der tatsächlich gezahlte Gewinn des herrschenden Unternehmens fest, muss dieser angemessen auf die Untergesellschaft umgerechnet werden, um die anspruchsberechtigten Aktionäre der Untergesellschaft angemessen zu kompensieren. Gem. § 304 Abs. 2 S. 3 AktG müssen die Aktien der beteiligten Unternehmen – wie bei der Verschmelzung – in ein Umtauschverhältnis gesetzt werden, was die Bewertung beider beteiligter Unternehmen voraussetzt.[78] Dabei darf der Verkehrswert regelmäßig nicht unterhalb eines etwaigen Börsenkurses der Untergesellschaft liegen. Der Börsenkurs ist also Untergrenze, es sei denn, es stünde ausnahmsweise fest, dass der Verkehrswert unter dem Börsenkurs liegt.[79] In der Regel ist es deshalb zulässig, einfach die Börsenkurse der beteiligten Unternehmen gegenüberzustellen.[80] Wegen der mitunter schwierigen Bewertungsfragen von zwei Unternehmen kann die Berechnung des variablen Anteils kompliziert sein, was die Wahrscheinlichkeit von Spruchverfahren erhöht.[81] Noch komplizierter kann es werden, wenn ein variabler Anteil im Falle eines Unternehmensvertrages mit mehreren Muttergesellschaften angedacht wird. Dann müssten die Verkehrswerte aller Müttergesellschaften ausgerechnet werden, weshalb sich in diesem Fall zur Vereinfachung auf einen festen Anteil abgestellt werden sollte.

Für alle Ausgleichsformen gem. § 304 Abs. 1 und Abs. 2 AktG gilt, dass das herrschende Unternehmen gemäß § 304 Abs. 4 AktG den Unternehmensvertrag fristlos kündigen kann, sollte das angerufene Spruchgericht einen höheren als den vertraglich vereinbarten Ausgleich festlegen. 73

b) Abfindung gemäß § 305 AktG

Neben dem Ausgleich muss der Beherrschungs- bzw Gewinnabführungsvertrag die Verpflichtung des herrschenden Unternehmens enthalten, auf Verlangen eines außenstehenden Aktionärs der Untergesellschaft dessen Aktien gegen eine im Vertrag bestimmte angemessene Abfindung zu erwerben. Der außenstehende Aktionär der Untergesellschaft wird über § 304 AktG unter Umständen nicht ausreichend kompensiert wird, da der Ausgleich nur den Gewinnverlust, nicht aber den faktischen Verlust aller Mitgliedschaftsrechte auffängt.[82] Der Abfindungsanspruch ist ein verkehrsfähiges Recht und geht folglich mit dem in der Aktie verbrieften Anteilsrecht auf den Erwerber über.[83] 74

Die Abfindung gemäß § 305 AktG und der Ausgleich gemäß § 304 AktG können nur wahlweise geltend gemacht werden.[84] Da das herrschende Unternehmen für die Annahme der Abfindung eine Frist setzen kann, wobei diese gem. § 305 Abs. 4 S. 2 AktG mindestens zwei Monate seit Bekanntmachung der Eintragung des Unternehmensvertrages bzw seit Bekanntmachung des gerichtlichen Beschlusses bei Durchführung eines Spruchstellenverfahrens nach dem SpruchG beträgt, ist dieses Zeitfenster auch für die Ausübung des Wahlrechts maßgeblich. Wenn der Aktionär bereits Ausgleichszahlungen erhalten hat, kann er aber noch zur Abfindung wechseln, solange keine Frist abgelaufen ist.[85] Als echter Vertrag zugunsten Dritter ist der Abfindungsanspruch (ebenso wie der Ausgleich) vom weiteren Bestand des Beherrschungs- und Gewinnabführungsvertrages unabhängig. Selbst wenn dieser im Rahmen eines Spruchverfahrens aufgehoben wird, bleibt der Anspruch bestehen.[86] 75

Die Abfindung muss in der Gewährung eigener Aktien des herrschenden Unternehmens bestehen, wenn das herrschende Unternehmen eine unabhängige inländische AG oder KGaA ist (§ 305 Abs. 2 Nr. 1 AktG). Ist das herrschende Unternehmen dagegen seinerseits abhängig oder steht im Mehrheitsverhältnis einer anderen inländischen AG oder KGaA, so kann die Abfindung entweder in Aktien dieser Gesellschaft oder in einer zu verzinsenden Barzahlung bestehen (Abs. 2 Nr. 2, Abs. 3 76

---

78 OLG Düsseldorf AG 1984, 216, 219.
79 LG Hamburg AG 2005, 822, 823 unter Hinweis auf BVerfG NJW 1999, 3769. 3771.
80 BVerfG NJW 1999, 3769, 3771: Börsenkurs ist wegen Art. 14 GG stets zu berücksichtigen; ferner BGH NZG 2001, 603, 605: Verkehrswert kann höher als Börsenwert sein.
81 Hierzu Rn 82 ff.
82 BVerfG NJW 1999, 3769, 3771.
83 OLG Jena NZG 2005, 400, 400.
84 BGH NJW 1997, 2242, 2244.
85 BGH NJW 1998, 1866, 1868.
86 BGH NJW 1997, 2242, 2244.

S. 3). Nach dem Wortlaut von Abs. 2 Nr. 2 muss dass herrschende Unternehmen nicht beide Alternativen vertraglich anbieten. Werden allerdings beide Optionen vertraglich festgelegt, dürfte nicht mehr dem herrschenden Unternehmen, sondern dem außenstehenden Aktionär der Untergesellschaft das Wahlrecht zustehen. Dies ist in der Rechtsprechung jedoch noch nicht geklärt. Ist weder der Tatbestand von Abs. 2 Nr. 1 noch von Nr. 2 erfüllt, ist immer eine zu verzinsende Barabfindung zu zahlen. Wurde eine Abfindung nicht oder unangemessen im Vertrag festgelegt, entscheidet in beiden Fällen auf Antrag das Spruchgericht. Im Unterschied zum Ausgleich gemäß § 304 AktG führt das Fehlen einer Abfindungsregelung also nicht zur Nichtigkeit des Unternehmensvertrages, vgl § 305 Abs. 5 S. 2 AktG.

77 **Angemessen** ist eine **Abfindung** in Aktien, wenn sie den Anforderungen von Abs. 3 S. 1 genügt. Hier gilt – wie schon beim Ausgleich gemäß § 304 AktG – das Umtauschverhältnis von Aktien der Untergesellschaft zu den Aktien des herrschenden Unternehmens.[87] Die Aktien des herrschenden Unternehmens müssen also dem Wert der Aktien an der Untergesellschaft entsprechen. Dabei ist wie auch bei der **angemessenen Barabfindung** auf den wahren Wert der Beteiligungen abzustellen. Während bei der Abfindung in Aktien sowohl das herrschende Unternehmen wie auch die Untergesellschaft beleuchtet werden müssen, kommt es bei der Barabfindung nur auf die Untergesellschaft an. Maßgeblich ist hier gem. § 305 Abs. 3 S. 2 AktG die Berechnung im Zeitpunkt der Beschlussfassung der Hauptversammlung der Untergesellschaft, weshalb nachträgliche Entwicklungen unberücksichtigt bleiben.[88] Bei der Abfindung in Aktien gilt dieser Zeitpunkt ebenfalls.[89] Der jeweilige Wert ist wie schon beim Ausgleich nach § 304 AktG nach den anerkannte Ertragswertmethode zu ermitteln.[90] Dabei gilt der sog. Grenzpreis, das heißt der Preis zu dem der außenstehende Aktionär ohne Nachteil aus der Gesellschaft ausscheiden kann.[91] Der errechnete Wert der Aktie ist gegebenenfalls anhand des Börsenkurses zu korrigieren. Liegt der Börsenkurs aber unterhalb der rechnerisch ermittelten Abfindung, bleibt er unberücksichtigt.[92] Nicht auf den Ertragswert, sondern auf den Liquidationswert, das heißt der Wert, der bei Zerschlagung des Unternehmens zu erzielen wäre, kommt es dagegen an, wenn sich ein Unternehmen in der Abwicklung befindet und auch kein operatives Geschäft mehr betreibt. Das gilt jedenfalls für die Barabfindung.[93] Für die Abfindung in Aktien kann bei der Bewertung der Untergesellschaft nichts anderes gelten.

78 Wie auch im Falle des Ausgleichs kann das herrschende Unternehmen gemäß § 305 Abs. 5 S. 4 AktG den Unternehmensvertrag fristlos kündigen, wenn im Spruchstellenverfahren die Abfindung erhöht wird.

79 Um den Voraussetzungen des § 305 AktG im Falle einer Barabfindung zu genügen, kann vertraglich etwa Folgendes vereinbart werden:

▶ **§ 3 Abfindung**
Auf Verlangen eines außenstehenden Aktionärs der B muss A dessen Aktien gegen Barabfindung von EUR … je Aktie (alternativ: gegen Barabfindung in angemessener Höhe) im Nennbetrag von EUR … erwerben. Diese Verpflichtung endet sechs Monate nach Eintragung des Beherrschungsvertrages in das Handelsregister. Eine Fristverlängerung nach den gesetzlichen Bestimmungen bleibt hiervon unberührt. ◀

80 Fraglich und umstritten ist die Frage, ob diejenigen Aktionäre, die sich zunächst mit der angebotenen Abfindung einverstanden erklärt haben diese noch ergänzen können, wenn andere Aktionäre durch Spruchentscheid eine höhere Abfindung ausgefochten haben. Das ist vor allem deshalb zu bejahen,

---

87 Vgl oben, Rn 66 ff.
88 BGHZ 138, 136, 139 f; BayObLG AG 2001, 138, 139.
89 BGHZ 138, 136, 139 f.
90 BGH AG 2003, 627.
91 BGHZ 138, 136, 140.
92 OLG München, Urt. v. 30.11.2006, Az 31 Wx 59/06, derzeit n.v.; Einzelheiten sind streitig, zB ob es auf einen stichtagsbezogenen oder einen zeitraumsbezogenen, das heißt durchschnittlichen Börsenkurs ankommt, vgl Einzelheiten bei *Hüffer*, AktG, § 305 Rn 24 a ff.
93 OLG Düsseldorf, Urt. v. 4.10.2006, 26 W 7/06 AktE, derzeit n.v.

weil dem Anspruchsverpflichteten aus der Unangemessenheit des Abfindungsangebots keine Vorteile erwachsen dürfen.[94]

Für den Fall, dass der Beherrschungs- oder Gewinnabführungsvertrag durch Verschmelzung der beteiligten Unternehmen endet, besteht der Abfindungsanspruch der außenstehenden Aktionäre fort, denn dieser Anspruch genießt Schutz nach Art. 14 GG und kann nicht durch den Verlust der Mitgliedschaft infolge der Verschmelzung tangiert werden, zumal die Verschmelzung ohnehin nur für die Zukunft wirkt.[95]

3. Exkurs: Verfahren nach dem Spruchverfahrensgesetz (SpruchG)

a) Allgemeine rechtliche Darstellung

Das am 1.9.2003 in Kraft getretene Spruchgesetz löste zahlreiche verstreute Einzelregelungen im UmwG und im AktG, u.a. § 306 AktG ab. Der Antrag im Spruchverfahren ist der ausschließliche Rechtsbehelf, wenn sich ein außenstehender Aktionär der Untergesellschaft gegen einen unangemessenen Ausgleich oder eine unangemessene Abfindung wehren möchte. Zwar ist bei Abschluss oder Änderung eines Unternehmensvertrages die Zustimmung der außenstehenden Aktionäre erforderlich, soweit Regelungen zum Ausgleich oder Abfindung betroffen sind. Für diese Zustimmung reicht aber eine 3/4-Mehrheit, weshalb insbesondere die Minderheitsaktionäre, die nicht zugestimmt haben, das Spruchverfahren einleiten können.

Zuständig für das **Spruchverfahren** ist gemäß § 2 SpruchG das Landgericht, in dessen Bezirk die Untergesellschaft ihren Sitz hat. Bei mehrfacher oder zweifelhafter Zuständigkeit gelten die Bestimmungen des § 4, 5 FGG. Antragsberechtigt ist ausschließlich der außenstehende Aktionär. Antragsgegner ist gem. § 5 Nr. 1 SpruchG das herrschende Unternehmen. Der Antrag ist gem. § 4 Abs. 1 Nr. 1 SpruchG darauf zu richten, dass entweder bei Abschluss oder bei Änderung eines Unternehmensvertrages der Ausgleich gem. § 304 AktG und/oder die Abfindung gem. § 305 AktG unangemessen berechnet wurden. Das **Verfahren** ist für den Antragsteller grundsätzlich **kostenfrei** ist, vgl § 15 Abs. 2 SpruchG. Der Antragsteller hat jedoch ausnahmsweise die Gerichtskosten zutragen, wenn dies der Billigkeit entspricht, was nur bei einem Missbrauch des Antragsrechts sowie dann der Fall ist, wenn der Antrag eindeutig unzulässig oder unbegründet ist.[96] Die Tatsache, dass das Verfahren insgesamt für die Antragsteller kostenfrei ist, erhöht die Wahrscheinlichkeit von Beschwerden gemäß § 12 SpruchG.

Der **Spruch** ist **kein Vollstreckungstitel**, weshalb die Nichtbefolgung durch das herrschende Unternehmen nur mit dem Gang vor die ordentlichen Gerichte geahndet werden kann. Dort allerdings ist der im Spruchverfahren ergangene Beschluss bindend, unabhängig davon, ob das ordentliche Gericht die Höhe des Ausgleichs oder der Abfindung unmittelbar auf Antrag oder inzident prüft. Anders als gerichtliche Urteile der ordentlichen Gerichte gilt der **Spruch** selbst nicht nur gegenüber den konkreten Antragstellern (inter partes), sondern **erstreckt sich auf alle Antragsberechtigten** (inter omnes), selbst wenn diese keinen Antrag gestellt haben, § 13 S. 2 SpruchG.

b) Rechtsfragen aus der Praxis

Das Spruchverfahren soll einen effizienten Rechtsbehelf ermöglichen, da sich das Verfahren ausschließlich auf die Kompensationszahlung konzentriert. Dafür spricht, dass das Spruchverfahren häufig von **mehreren Antragstellern** betrieben wird. Eine Verfahrensbeschleunigung insbesondere im Vergleich zu Verfahren in der ordentlichen Gerichtsbarkeit darf gleichwohl bezweifelt werden. So sind für die Spruchverfahren die ohnehin schon überlasteten Landgerichte sachlich zuständig. Vor allem aber ordnet das **SpruchG keine zwingend Verfahrensfristen** an, mit Ausnahme der in § 4 SpruchG geregelte Antragsfrist von drei Monaten (früher zwei Monate) ab der Bekanntmachung der Eintragung des Unternehmensvertrages im Handelsregister.

---

94 OLG Düsseldorf, Urt. v. 4.10.2006, Az 26 W 7/06, derzeit n.v.
95 OLG Karlsruhe ZIP 2004, 2330, 2332; BGH NZG 2001, 603, 605.
96 BayOLG ZIP 2002, 2257, 2260 f.

86 In der Rechtsprechung der Instanzgerichte wurden bereits die Anforderungen an die Antragsfrist,[97] die Antragsberechtigung[98] und die Antragsbegründung[99] konkretisiert. Abweichend vom Wortlaut ist für eine fristgerechte Antragsbegründung gemäß § 4 Abs. 2 S. 2 Nr. 2 SpruchG nicht der urkundliche Nachweis der Antragsberechtigung, sondern lediglich die Darlegung erforderlich. Die Antragsberechtigung muss aber spätestens zum Schluss der mündlichen Verhandlung nachgewiesen sein.[100]

87 Die inhaltliche Streitfrage der angemessenen Kompensation setzt – wie dargelegt[101] – eine zutreffende Unternehmensbewertung voraus. Der Antrag im Spruchverfahren kann allerdings nur dann Aussicht auf Erfolg haben, wenn die Unangemessenheit der Kompensation konkret dargelegt wird. Die Unternehmensbewertung darf nicht nur pauschal in Frage gestellt werden, sondern muss sich auf einzelne überprüfbare Parameter der Unternehmensbewertung beziehen und diese mit substantieller Begründung kritisieren.[102]

4. Vertragsänderung

88 Während die §§ 293, 294 AktG die Vorraussetzungen für den Abschluss der Unternehmensverträge beschreiben, regelt § 295 AktG die Vorraussetzungen zur Änderung von Unternehmensverträgen.

a) Allgemeine rechtliche Darstellung

89 Wie der Abschluss verlangt auch die Änderung des Unternehmensvertrages die Zustimmung der Hauptversammlung der Untergesellschaft, § 295 Abs. 1 AktG. Betreffend die Voraussetzungen der Zustimmung gelten die §§ 293, 294 AktG, weshalb auch die Vertragsänderung in das Handelsregister einzutragen ist. Unter § 295 Abs. 1 AktG fällt jedwede inhaltliche, wie redaktionelle Änderung. Zweifelhaft ist dagegen, ob auch eine Änderung ohne sachlichen Gehalt, wie etwa die Änderung eines Firmensitzes, etc. unter die Bestimmung fällt. Das dürfte zu verneinen sein. Im Übrigen setzt die Vertragsänderung eine Vereinbarung voraus, einseitige Änderungskündigungen werden von § 295 Abs. 1 AktG nicht erfasst.[103] Dagegen ist der Parteiwechsel, das heißt die Übernahme des Unternehmensvertrages auf der Seite des herrschenden Unternehmens durch einen neuen Vertragspartner einer Vertragsänderung gleichzusetzen und bedarf der Zustimmung gem. § 295 Abs. 1 AktG. Voraussetzung ist aber in allen Fällen der Vertragsänderung, dass der alte **Unternehmensvertrag in seinem Kern bestehen** bleibt.[104] Anderenfalls liegt ein neuer Vertrag vor. Kein Partweichsel ist die Formumwandlung einer Vertragspartei. Der Unternehmensvertrag lässt einen solchen Wechsel grundsätzlich unberührt,[105] weshalb auch § 295 AktG nicht anwendbar ist.

90 Gem. § 295 Abs. 2 AktG ist ein **Sonderbeschluss der außenstehenden Aktionäre** zur Vertragsänderung notwendig, wenn der Unternehmensvertrag eine Ausgleichs- oder Abfindungsregelung zugunsten der außenstehenden Aktionäre der Untergesellschaft enthält und eine solche Regelung geändert werden soll. Damit sind in erster Linie der Beherrschungs- und Gewinnabführungsvertrag als § 291 Abs. 1 AktG gemeint. Aber auch andere Unternehmensverträge werden erfasst, wenn diese eine (freiwillige) Ausgleichs- oder Abführungsregelung enthalten. Das Gesetz differenziert nicht danach, ob die Änderung eine Verschlechterung oder Verbesserung der Ansprüche der außenstehenden Aktionäre betrifft.[106] Der Sonderbeschluss ersetzt die ohne diese Regelung erforderliche Zustimmung jedes einzelnen außenstehenden Aktionärs, wobei eine qualifizierte Mehrheit erforderlich ist (§ 295 Abs. 2 iVm § 293 Abs. 1 AktG). Der Begriff des außenstehenden Aktionärs ist im Rahmen des § 295 AktG etwas enger auszulegen als in den §§ 304, 305 AktG. Hier wie dort kann zwar das herrschende Unter-

---

97 OLG Düsseldorf NZG 2005, 719, 719; OLG Frankfurt aM AG 2005, 923, 924; OLG Karlsruhe NZG 2005, 84, 84.
98 OLG Frankfurt aM, AG 2005, 923, 924.
99 OLG Stuttgart NZG 2004, 1162, 1162.
100 OLG Frankfurt aM, AG 2006, 290, 291.
101 Siehe oben Rn 70, 72, 77.
102 OLG Frankfurt aM, NZG 2006, 674, 675.
103 BGHZ, 122, 211, 233.
104 BGHZ 119, 11, 16.
105 OLG Düsseldorf NZG 2005, 280, 282.
106 BGHZ 119, 1, 8.

nehmen nicht gleichzeitig außenstehender Aktionär sein. Dem herrschenden Unternehmen zugerechnet werden aber solche Aktionäre, die im weitesten Sinne von dem herrschenden Unternehmen abhängig sind. Hierzu zählen nicht nur Abhängigkeit gemäß § 17 AktG oder Beherrschungs- oder Gewinnabführungsverträge zwischen dem Aktionär und dem herrschenden Unternehmen. Erfasst werden sämtliche vertragliche Gestaltungen, die es dem herrschenden Unternehmen ermöglichen, auf einen Aktionär der Untergesellschaft Einfluss zu nehmen. Hierzu gehören nicht nur Treuhandverhältnisse, sondern auch tatsächliche Abhängigkeiten, wie sie oftmals bei wirtschaftlich abhängigen Zulieferbetrieben vorkommen. In einem solchen Fall ist der Aktionär nicht an der Versammlung zum Sonderbeschluss zu beteiligen, da er andernfalls die Interessen des herrschenden Unternehmens wahrnehmen könnte.[107]

Der Sonderbeschluss gemäß § 295 AktG ist auch im Falle eines Parteiwechsels erforderlich, da sich der Schuldner der Ansprüche ändert. Anders liegt es dagegen bei einem bloßen Vertragsbeitritt, da hier nicht in Rechte der außenstehenden Aktionäre eingegriffen wird.[108]

b) Rechtsfragen aus der Praxis

Die Voraussetzungen für einen **Sonderbeschluss** gem. § 295 Abs. 2 AktG können **nicht** durch Aufhebung und Neuabschluss eines Unternehmensvertrages **umgangen** werden, denn der Sonderbeschluss ist auch für die Aufhebung erforderlich, § 296 Abs. 2 AktG. Anders liegt es aber bei einer Vertragsverlängerung oder einer nachträglichen Befristung des Vertrages. Diese können sich zwar auf den Ausgleich auswirken, rechtfertigen jedoch keinen Sonderbeschluss. Die Aktionäre werden trotzdem geschützt, indem die Rechtsprechung solche Änderungen vollständig aus § 295 AktG herausnimmt und eine (konkludente) Aufhebung verbunden mit einem neuen Unternehmensvertrag annimmt. Dieser neue Vertrag muss dann wieder angemessene Regelungen zum Ausgleich und zur Abfindung gemäß §§ 304, 305 AktG enthalten.[109]

Nicht nur bei neuen Unternehmensverträgen, sondern auch bei **Vertragsänderungen** kommen **Spruchstellenverfahren** in Betracht. Sofern eine Regelung zum Ausgleich oder Abfindung verschlechtert wird und der Sonderbeschluss der außenstehenden Aktionäre vorliegt, können die außenstehenden Aktionäre die Änderung angreifen.[110]

5. Beendigung von Unternehmensverträgen

a) Allgemeine rechtliche Darstellung

Ein Unternehmensvertrag wird beendet durch
- einvernehmliche Aufhebung gemäß § 296 AktG,
- ordentliche Kündigung,
- Kündigung aus wichtigem Grund gemäß § 297 Abs. 1 AktG,
- Zeitablauf bei vertraglicher Befristung,
- Anfechtung des Zustimmungsbeschlusses gemäß §§ 243, 293 AktG,
- sonstige Gründe nach den allgemeinen Bestimmungen.

Darüber hinaus endet ein Beherrschungs- oder Gewinnabführungsvertrag gemäß § 307 AktG, wenn im Zeitpunkt seiner Beschlussfassung ein außenstehender Aktionär nicht vorhanden war, sondern erst nachträglich beteiligt wird. Zur Sicherung von Ausgleich und Abfindung des hinzugetretenen Aktionärs endet der Vertrag spätestens bis zum Ende des Geschäftsjahres, in dem der außenstehender Aktionär an der Untergesellschaft beteiligt wird. Die Vertragsparteien können dann einen neuen Unternehmensvertrag – unter Wahrung der Rechte der dann vorhandenen außenstehenden Aktionäre – schließen.

---

107 OLG Nürnberg AG 1996, 226, 227.
108 BGHZ 119, 1, 7.
109 OLG Frankfurt DB 2004, 2463, 2464.
110 OLG Frankfurt DB 2004, 2463, 2464; BayObLG DB 2002, 2525, 2525.

95 Die **einvernehmliche Aufhebung** gemäß § 296 Abs. 1 AktG kann nur zum Ende des Geschäftsjahres der Untergesellschaft bzw zum Ende der vertraglich vereinbarten Abrechnungsperiode erfolgen. Eine **Rückwirkung** ist **ausgeschlossen**. Wie der Abschluss des Unternehmensvertrages bedarf auch seine Aufhebung der Schriftform. Haben die Parteien einen unzulässigen Aufhebungszeitpunkt vereinbart, dürfte entweder automatisch das Ende des Geschäftsjahres der Untergesellschaft gelten oder die Aufhebung ist unwirksam.[111] Ebenso wie bei der Vertragsänderung bedarf auch die Aufhebung eines Sonderbeschlusses der außenstehenden Aktionäre, wenn der Unternehmensvertrag eine Ausgleichs- oder Abfindungsregelung enthält. Ein solcher Sonderbeschluss kann auch erst nach Abschluss des Aufhebungsvertrages geschlossen werden und zwar wohl auch erst nach Eintritt des Aufhebungszeitpunktes.[112] Für das Wirksamwerden des Sonderbeschlusses gelten die gleichen Voraussetzungen wie im Falle der Vertragsänderung gemäß § 295 AktG. Insbesondere werden auch Unternehmensverträge gemäß § 292 AktG erfasst, wenn diese freiwillige Ausgleichs- oder Abfindungsregelungen enthalten.

96 Dass die **ordentliche Kündigung** möglich ist, zeigt der Wortlaut des § 297 Abs. 2 AktG. Dort ist allerdings nur der Fall geregelt, dass die ordentliche Kündigung einen Sonderbeschluss der außenstehenden Aktionäre erfordert, sofern deren Rechte auf Ausgleich und Abfindung berührt werden. Für die Wirksamkeit eines Sonderbeschlusses gelten die Bestimmungen zur Änderung und Aufhebung von Unternehmensverträgen entsprechend. Abgesehen von dem Fall des § 297 Abs. 2 AktG können die Parteien die Kündigungsvoraussetzungen, insbesondere die Fristen frei regeln.[113] Sie dürfen dabei lediglich nicht von der zwingenden Schriftform gem. § 297 Abs. 3 AktG abweichen. Regeln die Parteien nichts zur ordentlichen Kündigung, gelten die allgemeinen Bestimmungen. Für den Beherrschungs- und den Gewinnabführungsvertrag heißt das, dass eine ordentliche Kündigung nur im Falle des § 297 Abs. 2 AktG möglich ist. Sollten die Parteien beim Beherrschungs- oder Gewinnabführungsvertrag zwar die ordentliche Kündigung geregelt, aber keine Fristenregelung getroffen haben, was praktisch allerdings selten vorkommt, dürfte § 132 HGB, also eine sechsmonatige Kündigungsfrist gelten, da diese Unternehmensverträge gravierende Veränderungen herbeiführen, die nicht ohne weiteres kurzfristig wieder geändert bzw zurückgeführt werden können. Bei Unternehmensverträgen gemäß § 292 gelten die Bestimmungen des BGB, bei der Gewinngemeinschaft also § 723 BGB, bei der Betriebspacht oder der Betriebsüberlassung §§ 595, 584 sowie bei den Betriebsführungsverträgen entweder § 627 BGB oder § 671 BGB.

97 Die **außerordentliche Kündigung aus wichtigem Grund** gemäß § 297 Abs. 1 AktG ist insbesondere dann gerechtfertigt, wenn das herrschende Unternehmen die Verpflichtungen aus dem Unternehmensvertrag voraussichtlich nicht erfüllen kann. Damit ist allerdings nicht eine kurzfristige, sondern eine Unerfüllbarkeit von einiger Dauer gemeint, die allerdings nicht schon eingetreten, immerhin aber absehbar sein muss. Das Kündigungsrecht steht in diesen Fällen beiden Vertragsteilen zu. Neben der Regelung in § 297 Abs. 1 S. 2 AktG enthalten auch die §§ 304 Abs. 4 sowie 305 Abs. 5 S. 4 AktG außerordentliche Kündigungsgründe, namentlich für das herrschende Unternehmen für den Fall, dass das Spruchgericht die vertraglich festgelegte Regelung zum Ausgleich bzw zur Abfindung erhöht. Wie üblich im Kündigungsrecht können jedoch auch weitere, gesetzlich und vertraglich nicht geregelte Gründe zur fristlosen Kündigung berechtigen. Sofern Parteien vertraglich bestimmte Kündigungsgründe festlegen, dürfen diese aber nicht abschließend sein. Veräußert das herrschende Unternehmen seine Anteile an der Untergesellschaft an ein konzernfremdes Unternehmen, kann hierauf eine fristlose außerordentliche Kündigung gem. § 297 Abs. 1 AktG nicht gestützt werden.[114] Auch eine teilweise Kündigung, etwa des Ergebnisabführungsteils bei einem Beherrschungs- und Gewinnabführungsvertrag (Organschaftsvertrag) ist nicht möglich, da sie auf eine unzulässige einseitige Änderung des Organschaftsvertrages hinausläuft.[115] Wie die ordentliche bedarf auch die außerordentliche Kündigung stets der Schriftform.

---

111 Streitig, Nachweise zum Schrifttum bei *Hüffer*, AktG, § 296 Rn 3; in der Rechtsprechung ist die Frage noch nicht entschieden.
112 LG Essen, AG 1995, 189, 189.
113 BGHZ 122, 211, 228.
114 OLG Oldenburg, NZG 2000, 1138, 1141.
115 OLG Karlsruhe, NJW-RR 2001, 973, 974.

Sollen Unternehmensverträge aus **sonstigen Gründen beendet** werden, sind zunächst die vertraglichen Regelungen heranzuziehen. So kann der Vertrag unter einer auflösenden oder aufschiebenden Bedingung abgeschlossen werden.[116] Ansonsten kommen die üblichen Beendigungstatbestände des BGB (Anfechtung, Rücktritt, etc.) in Betracht. Zur gesetzlichen Beendigung führt auch eine Eingliederung der Untergesellschaft in das herrschende Unternehmen gemäß §§ 319, 320 AktG[117] oder die Verschmelzung der beiden Vertragsparteien gemäß §§ 2, 60 ff UmwG. Auch dann, wenn die Untergesellschaft etwa nach Insolvenz, Liquidation oder infolge Verschmelzung mit einem Dritten konzernfremden Unternehmen aufgelöst wird, endet der Unternehmensvertrag.[118]

98

Gemäß § 298 AktG ist die **Beendigung eines Unternehmensvertrages** in das Handelsregister **einzutragen**, wobei anders als beim Abschluss des Unternehmensvertrages die Eintragung der Aufhebung nur deklaratorische Wirkung hat. Für Verträge nach § 292 AktG sieht das Gesetz ansonsten keine weiteren Verpflichtungen oder Rechtsfolgen vor. Anders dagegen ist die Rechtslage beim Beherrschungs- und Gewinnabführungsvertrag. Gemäß § 303 Abs. 1 AktG **muss das herrschende Unternehmen** noch vor Eintragung der Beendigung in das Handelsregister den **Gläubigern der Untergesellschaft** unter bestimmten Voraussetzungen **Sicherheit leisten**. Hintergrund ist, dass die Untergesellschaft mit Beendigung des Beherrschungs- oder Gewinnabführungsvertrages nunmehr wieder auf eigenen Füßen steht, insbesondere endet die Verlustausgleichspflicht des herrschenden Unternehmens gem. § 302 AktG. Sicherheiten muss das herrschende Unternehmen den Gläubigern geben, deren Forderungen begründet worden sind, bevor die Eintragung der Beendigung des Unternehmensvertrages als bekannt gemacht gilt (Veröffentlichung gem. § 10 HGB). Die Gläubiger müssen sich dann binnen sechs Monaten nach der Bekanntmachung der Eintragung bei dem herrschenden Unternehmen melden. Erst nach Anmeldung muss die Sicherheit durch das herrschende Unternehmen geleistet werden, wobei sich die Art. der Sicherheitsleistung nach den §§ 232 ff BGB richtet. Alternativ kann sich das herrschende Unternehmen gemäß § 302 Abs. 3 S. 1 AktG auch verbürgen.

99

Häufigster Fall des § 303 AktG ist die Vermögenslosigkeit der Untergesellschaft, die eine konkrete Gefährdung der Gläubiger zur Folge haben kann. In diesem Fall wurde früher zunächst statt der gesetzlich angeordneten, aber praktisch sinnlosen Sicherheitsleistung eine unmittelbare Zahlungspflicht des herrschenden Unternehmens gegenüber den Gläubigern angenommen.[119] Nach den neuesten Entwicklungen in der Rechtsprechung kann der Gläubiger unter Umständen unmittelbar Zahlung nach den Grundsätzen der Durchgriffslehre verlangen.[120] Bei Dauerschuldverhältnissen, wie etwa bei Miet- oder Pachtverträgen können die sicherungsberechtigten Gläubiger der Untergesellschaft allerdings nicht automatisch die während der Restlaufzeit des jeweiligen Vertrages fällig werdenden Ansprüche verfolgen. Maßgeblich ist hier das jeweils angemessen zu begrenzende Sicherheitsinteresse des Gläubigers.[121]

100

b) Rechtsfragen aus der Praxis

Um das Erfordernis eines Sonderbeschlusses gem. § 297 Abs. 2 AktG zu umgehen, können Parteien nach dem Wortlaut statt einer ordentlichen, einen außerordentlichen Kündigungsgrund vereinbaren. Der BGH hat allerdings festgelegt, dass ein **Sonderbeschluss** gem. § 297 Abs. 2 AktG auch im Falle einer **außerordentlichen Kündigung** erforderlich ist, die sich auf einen vertraglich festgelegten Kündigungsgrund stützt.[122]

101

Die Berechtigung zur **außerordentlichen Kündigung** ist nach Auffassung des OLG Düsseldorf[123] fraglich bei einer **formwechselnden Umwandlung** einer beherrschten AG in eine GmbH & Co. KG. Grundsätzlich besteht hiernach der Beherrschungs- und Gewinnabführungsvertrag fort, denn die Ver-

102

---

116 BGHZ 122, 211, 228.
117 BGH NJW 1974, 1557, 1558.
118 OLG Karlsruhe AG 1995, 139, 140 für den Fall der Verschmelzung nach UmwG.
119 BGHZ 116, 37, 42.
120 Hierzu im Einzelnen mit Nachweisen aus der Rspr *Hüffer*, AktG, § 1, Rn 22 ff, 25 ff.
121 BGH NJW 1996, 1539, 1541.
122 BGH 122, 211, 227.
123 In NZG 2005, 280, 283.

tragsparteien bleiben rechtlich identisch. Anders soll es allerdings liegen, wenn der Komplementär eine natürliche Person ist, die nicht auch zum Kreis des herrschenden Unternehmens gehört. Wird der Vertrag in diesem Fall ohne Kündigung fortgesetzt, geht aber das Recht zur außerordentlichen Kündigung verloren.

103 Ob eine außerordentliche Beendigung auch im Falle der **Insolvenz** einer der Vertragsparteien erforderlich ist, oder der **Unternehmensvertrag automatisch endet**, ist nicht restlos geklärt. Die Rechtsprechung neigt bei Verträgen gem. § 291 AktG zu einer automatischen Beendigung, da der Insolvenzverwalter bei Insolvenz der abhängigen Gesellschaft nicht weisungsabhängig sein dürfe und bei Insolvenz der herrschenden Gesellschaft nicht zum Konzernverwalter mutieren dürfe.[124] Vorsorglich sollte stets eine außerordentliche Kündigung ausgesprochen werden, zumal diese, wie § 297 Abs. 1 S. 2 AktG zeigt, auch schon bei drohender Insolvenz möglich ist. Wie dagegen Verträge gem. § 292 AktG zu behandeln sind, ist offen. Auch hier ist deshalb vorsorglich eine außerordentliche Kündigung auszusprechen.

104 Legen die Parteien vertraglich einen außerordentlichen Kündigungsgrund fest, kann dies inhaltlich einer Aufhebungsvereinbarung gemäß § 296 Abs. 1 S. 1 AktG nahekommen, weil auch diese letztlich immer auf besondere Umstände beruht. Ein Verstoß gegen den zwingenden Aufhebungszeitpunkt gemäß § 296 Abs. 1 S. 1 AktG ist hierin jedoch nicht zu sehen, der Kündigungsgrund folglich wirksam vereinbart.[125]

B. Mitteilungspflichten

105 Unternehmen sind gemäß §§ 20 ff AktG verpflichtet, konzernrechtlich relevante Tatsachen mitzuteilen. Für börsennotierte Unternehmen gelten die Sonderbestimmungen in §§ 21 ff WpHG.

I. Mitteilungen gem. §§ 20 ff AktG

106 Nicht börsennotierte Unternehmen, die durch den Ankauf von Aktien eine konzernrechtlichen Tatbestand erfüllen, müssen unter den Voraussetzungen der §§ 20 ff AktG Mitteilung an die Untergesellschaft machen.

1. Allgemeine rechtliche Darstellung

107 Das Konzernrecht kennt die folgenden **Fälle der Mitteilung**: Gem. § 20 Abs. 1 AktG muss ein beliebiges Unternehmen, wenn es **mehr als 25 % der Aktien** an der Untergesellschaft (AG oder KGaA) hält, diese hierüber unverzüglich schriftlich unterrichten. Für die Berechnung der Anteile gilt § 16 Abs. 2 S. 1 und § 16 Abs. 4 AktG. Es kommt hiernach sowohl auf die unmittelbar von dem herrschenden Unternehmen an der Untergesellschaft gehaltenen Aktien als auch auf solche Aktien an, die im Eigentum Dritter stehen, dem herrschenden Unternehmen aber zugerechnet werden müssen.[126] Gem. § 20 Abs. 2 AktG sind ferner solche Aktien einzubeziehen, auf deren Übereignung ein Anspruch besteht oder zu deren Abnahme eine Verpflichtung besteht. Das gilt jeweils für das herrschende Unternehmen, das von ihr abhängige Unternehmen oder auch ein anderes drittes Unternehmen, welches für Rechnung des herrschenden Unternehmens verpflichtet ist.

108 Darüber hinaus besteht eine **gesonderte Mitteilungspflicht** gemäß § 20 Abs. 3 AktG für den Fall, dass das herrschende Unternehmen ohne Zurechnung gemäß § 20 Abs. 2 AktG mehr als 25 % der Anteile an der Untergesellschaft hält. Da Abs. 1 und Abs. 3 nebeneinander gelten, kann der Fall eintreten, dass das herrschende Unternehmen zweimal, und zwar sowohl nach Abs. 1 wie auch nach Abs. 3 der Untergesellschaft Mitteilung machen muss.

109 Da § 20 Abs. 1–3 AktG nur auf die Kapitalanteile abstellen, verpflichtet § 20 Abs. 4 AktG auch solche Unternehmen zur schriftlichen Mitteilung, die über eine Mehrheit an der Untergesellschaft gemäß

---

124 BGH NJW 1988, 1326, 1328; AG Duisburg ZIP 2002, 1636, 1640 betr. Insolvenz Babcock-Borsig.
125 BGHZ 122, 211, 227.
126 Siehe oben Rn 14 ff.

§ 16 Abs. 1 AktG verfügen. Gemeint ist damit vor allem die **Stimmenmehrheit**. Diese wird also einer kapitalmäßigen Beteiligung von mehr als 25 % gleichgestellt.

Nicht nur der Erwerb, sondern auch jede Beendigung der Beteiligung muss der Untergesellschaft mitgeteilt werden, § 20 Abs. 5 AktG, wobei ein Unterlassen nicht die evidenten Rechtsfolgen des § 20 Abs. 7 AktG auslöst. Soweit die Mitteilung schriftlich und unverzüglich zu erfolgen hat, gelten §§ 121, 125 BGB. Die Mitteilung muss inhaltlich so erfolgen, dass die Untergesellschaft ohne weiteres ihrer Verpflichtung zur Bekanntmachung gemäß § 20 Abs. 6 AktG nachkommen kann. Die Mitteilung setzt dabei keine konkreten Angaben zur Höhe der Beteiligung oder zur Zusammensetzung voraus. Ebenso wenig ist es notwendig, die Art der Beteiligung gemäß § 16 Abs. 4 AktG (unmittelbare oder mittelbare Anteile) mitzuteilen.[127] Die Untergesellschaft muss in den Gesellschaftsblättern lediglich die Beteiligung und den Namen des beteiligten Unternehmens angeben. Hierauf kann die vorherige Mitteilung dann ebenfalls beschränkt werden. Die Bekanntmachungspflicht entfällt lediglich im Falle des § 20 Abs. 3 AktG. 110

Im Falle wechselseitiger Beteiligung tritt die Mitteilungspflicht gemäß § 328 Abs. 4 AktG hinzu. Hiernach besteht unabhängig von der Beteiligungsquote eine prinzipielle gegenseitige Mitteilungspflicht der beteiligten Unternehmen, sofern das jeweilige Unternehmen eine AG oder KGaA ist. Auch ist über jede Änderung der Beteiligung zu unterrichten. 111

Die Rechtsfolgen einer **unterlassenen Mitteilung** sind gravierend. Gemäß § 20 Abs. 7 AktG bestehen **keine Rechte an der Untergesellschaft**, solange die Mitteilung gemäß § 20 Abs. 1 oder Abs. 4 AktG nicht ordnungsgemäß erfüllt wurde. Dies gilt sowohl für das herrschende wie auch das Unternehmen, welches für Rechnung des herrschenden Unternehmens Aktien an der Untergesellschaft hält und zudem für das abhängige Unternehmen. Der (zeitweise) Verlust der Rechte gemäß § 20 Abs. 7 AktG erfasst sämtliche Mitgliedschaftsrechte, also auch das Recht zur Anfechtungsbefugnis. Sofern ein Aktionär gleichwohl bei Beschlüssen in der Hauptversammlung mitgewirkt hat, sind diese Beschlüsse allerdings nur anfechtbar und nicht nichtig.[128] Ausgenommen von § 20 Abs. 7 AktG sind lediglich Dividendenansprüche der Aktionäre gemäß § 58 Abs. 4 AktG sowie der geldwerte Anspruch gemäß § 271 AktG im Falle der Auflösung der Gesellschaft. Die Ausnahmen gelten aber nur, wenn die Mitteilung nicht vorsätzlich unterlassen wurde und nachgeholt worden ist.[129] Das muss der Aktionär beweisen. 112

2. Rechtsfragen aus der Praxis

Die Mitteilungspflicht gemäß § 20 Abs. 1 AktG entsteht nicht erst mit dem Erwerb von Aktien an der Untergesellschaft. Bereits die Gründungsaktionäre der Untergesellschaft sind dieser gegenüber mitteilungspflichtig,[130] wobei allerdings die Pflicht erst mit Eintragung der Gesellschaft erfolgen kann, weil die Bekanntmachung der Mitteilung vor Eintragung der Gesellschaft keinen Sinn macht. 113

Bei einem Aktienerwerb infolge Kapitalerhöhung muss unterschieden werden. Sicher ist, dass die Kapitalerhöhung aus eigenen Mitteln des Aktionärs von §§ 20 ff AktG erfasst wird. Die hM im Schrifttum verneint dagegen die Anwendung der §§ 20 ff AktG für den Erwerb von Aktien, die aus einer Kapitalerhöhung aus Gesellschaftsmitteln stammen. In der Praxis empfiehlt sich in jedemjeden Fall einer Kapitalerhöhung Mitteilung zu machen, sofern die weiteren Voraussetzungen der §§ 20 ff AktG erfüllt sind. 114

Dass die Sanktionsregelung in § 20 Abs. 7 AktG bei vorsätzlicher unterlassener Mitteilung auch den Dividendenanspruch erfasst, kann nachhaltige Konsequenzen haben. Selbst wenn die Mitteilung nachgeholt wird, muss der mitteilungspflichtige Aktionär darauf achten, dass der Gewinnverwendungsbeschluss noch nicht gefasst wurde. Da mit diesem Beschluss der Dividendenanspruch fällig wird, muss die Mitteilung bis zur Beschlussfassung nachgeholt worden sein, weil anderenfalls der Anspruch auf die Dividende für das ganze betroffene Jahr verfällt.[131] 115

---

127 LG Bonn, Der Konzern 2004, 491, 494.
128 BGH NZG 2006, 505, 507.
129 Emmerich/Habersack/*Emmerich*, § 20 Rn 20.
130 BGH NZG 2006, 505, 506.
131 BGHZ 114, 203, 218.

II. Mitteilungen nach §§ 20 ff WpHG

1. Allgemeine rechtliche Darstellung

116 Die Mitteilungspflichten in den §§ 20 ff WpHG sind nicht nur als Pendant der §§ 20 ff AktG für **börsennotierte Unternehmen** zu verstehen. Sie dienen vor allem dazu dem mit dem WpHG angestrebten Zweck, dem **Insiderhandel vorzubeugen**. Das soll durch eine möglichst umfassende Transparenz des börsennotierten Unternehmens geschehen, um damit das Anlegervertrauen zu stärken. So sind etwa Insidergeschäfte strafbar (§ 14, 38 WpHG). Führungskräfte, die mit Aktien einer börsennotierten Gesellschaft Geschäfte tätigen, müssen dies unmittelbar der Bundesanstalt für Finanzdienstaufsicht (BaFin) mitteilen (sog. Directors' Dealings in § 15 a WpHG). Außerdem muss das börsennotierte Unternehmen kursrelevante Tatsachen per ad-hoc Mitteilung unverzüglich veröffentlichen (§ 15 WpHG).

117 Die §§ 21 ff WpHG legen fest, dass der Erwerb wie auch die Abgabe einer Beteiligung von 3 %, 5 %, 10 % etc. (vgl Schwellenwerte in § 21 Abs. 1 WpHG) sowohl der BaFin wie auch der börsennotierten Gesellschaft unverzüglich, dh spätestens innerhalb von vier Handelstagen mitzuteilen ist. Kommt der Aktionär seiner Pflicht nicht nach, verliert er nicht nur (zeitweise) seine Rechte aus den Aktien gem. § 28 WpHG,[132] sondern handelt auch ordnungswidrig gemäß § 39 Abs. 2 Nr. 2 WpHG. Weitere Konsequenzen, insbesondere Schadensersatzansprüche im Falle unterlassener Mitteilung durch andere Anleger, sind derzeit nicht gegeben. Die Verhaltensregeln des WpHG sind keine Schutzgesetze im Sinne des § 823 Abs. 2 BGB, weil sie nicht den Schutz des einzelnen Anlegers bezwecken, sondern nur die Marktteilnehmer insgesamt bzw den Kapitalmarkt als Institution im Auge haben. Eine Haftung lässt sich derzeit allenfalls über § 826 BGB konstruieren, wenn in der unterlassenen Mitteilung eine vorsätzliche sittenwidrige Schädigung der anderen Anleger liegen würde. Das ist bislang aber in der Rechtsprechung noch nicht entschieden worden.

118 Soweit § 21 Abs. 1 WpHG die Mitteilungspflicht der Aktionäre schon beim Erwerb oder der Abgabe von 3 % aller ausgegebenen Aktien konstituiert, wird deutlich, dass anders als in den §§ 20 ff AktG auch konzernrechtlich nicht relevante Beteiligungen iSd §§ 15 ff AktG die Mitteilungspflicht auslösen. Von konzernrechtlicher Bedeutung wiederum ist, dass – ähnlich wie in § 20 Abs. 2 – nicht nur eigene Aktien des Mitteilungspflichtige, sondern auch Aktien Dritter zugerechnet werden, § 22 WpHG. Betroffen sind Aktien von Tochterunternehmen und von Dritten, die für Rechnung des Meldepflichtigen Aktien halten, oder Aktien, die der Meldepflichtige im Wege der Sicherungsübereignung übertragen hat oder an denen er einen Nießbrauch zugunsten des Meldepflichtigen besteht. Ferner sind Aktien hinzuzurechnen, die der Meldepflichtige durch eine Willenserklärung erwerben kann oder die er selbst nur als Treuhänder hält. Der Katalog ist damit etwas präziser ausformuliert als in § 20 Abs. 2 AktG. Wichtig ist, dass im Gegensatz zu §§ 20 ff AktG die §§ 21 ff WpHG nicht auf die kapitalmäßige Beteiligung, sondern ausschließlich auf das Verhältnis der Stimmrechte abstellen. Stimmrechtslose Aktien sind folglich herauszurechnen. Ausnahmsweise können gem. § 23 WpHG auf schriftlichen Antrag bestimmte Aktien bei der Berechnung außer vor bleiben, wenn diese nicht dauerhaft gehalten werden sollen.

2. Rechtsfragen aus der Praxis

119 Bei einer Übertragung von Aktien kann der Fall so liegen, dass sowohl der Erwerber wie auch der Veräußerer jeweils eine Schwelle iSd § 21 Abs. 1 WpHG über- bzw unterschreiten. In diesem Fall ist jede Vertragspartei meldepflichtig. Meint ein Aktionär, er sei – im Gegensatz zur Rechtsauffassung der BaFin – nicht mitteilungspflichtig iSd §§ 21 ff WpHG, und teilt er den relevanten Sachverhalt nur „vorsorglich" mit, reicht das für § 21 WpHG nicht aus. Zwar kann die Frage, ob eine Mitteilungspflicht besteht, zweifelhaft sein,[133] dann mag auch der zugrunde liegende Sachverhalt vorsorglich mitgeteilt werden. Hat jedoch die zuständige Aufsichtsbehörde bereits durch Erlass eines Bescheides ihre

---

[132] Die Bestimmung ist nahezu identisch mit § 20 Abs. 7 AktG.
[133] BGHZ 114, 203, 204.

Rechtsauffassung mitgeteilt, muss der Meldepflichtige dieser Auffassung uneingeschränkt nachkommen.[134] Anderenfalls verliert er seine Rechte gem. § 28 WpHG.

C. Leitungsmacht und Verantwortlichkeit

Die allgemeinen aktienrechtlichen Bestimmungen zur Zuständigkeit und Haftung des Vorstands und anderer Organe sowie die allgemeinen Regelungen zu den Rechten und Pflichten der Aktionäre in §§ 53 a ff AktG gehen vom Leitbild der unabhängigen Gesellschaft aus. Sie werden den konzernrechtlichen Besonderheiten nicht gerecht, weil sie insbesondere die Untergesellschaft und deren Gläubiger nicht ausreichend schützen. In Konzernen besteht die Gefahr, dass herrschende Unternehmen ihren Einfluss auf abhängige Unternehmen nicht im Sinne des gemeinsamen Gesellschaftsinteresses, sondern zugunsten ihrer anderweitigen unternehmerischen Interessen zum Nachteil der Untergesellschaft ausüben. Deshalb sieht das AktG für den Beherrschungsvertrag („Vertragskonzern") in §§ 302 ff, 308 ff AktG und für abhängige Unternehmen („faktischer Konzern") in den §§ 311 ff AktG Ausgleichsregelungen für die Untergesellschaft vor.

I. Leitung und Verantwortung im Vertragskonzern gem. §§ 308 ff AktG

1. Vertragskonzern

Liegt ein Beherrschungsvertrag vor, so spricht man von einem Vertragskonzern. Das herrschende Unternehmen hat in einer solchen konzernrechtlichen Verbindung das Recht, der Untergesellschaft Weisungen zu erteilen (§ 308 AktG), aber auch die Pflicht, die Haftung für vertrags- oder gesetzeswidrige Weisungen zu übernehmen (§ 309 AktG).

2. Allgemeine rechtliche Darstellung

Das herrschende Unternehmen ist gemäß § 308 Abs. 1 AktG berechtigt, dem Vorstand der abhängigen Gesellschaft auch nachteilige Weisungen zu erteilen, wenn sie den Belangen des herrschenden Unternehmens der mit ihm und der Untergesellschaft verbundenen Unternehmen dienen.

Damit liegt die Besonderheit des Weisungsrechts in § 308 Abs. 1 AktG darin, dass der gesetzliche Vertreter des herrschenden Unternehmens nicht nur faktisch als Geschäftsführer der Untergesellschaft handeln kann, sondern weitergehende Rechts als jeder andere gesetzliche Vertreter einer Gesellschaft hat, weil er Maßnahmen anordnen kann, die nicht im Interesse der Gesellschaft liegen. Die einzige Einschränkung besteht darin, dass die Weisung im Interesse des herrschenden Unternehmens liegen muss. Liegt sie nicht in diesem Interesse oder ergeht sie sonst wie vertrags- oder gesetzeswidrig, haftet das herrschende Unternehmen der Untergesellschaft nach Maßgabe von § 309 AktG auf Schadensersatz.

Beurteilungsmaßstab für den gesetzlichen Vertreter des herrschenden Unternehmens ist die **Sorgfalt eines** ordentlichen und gewissenhaften „**Geschäftsleiters**". So dürfen dem gesetzlichen Vertreter der Untergesellschaft keine Weisungen erteilt werden, die außerhalb des satzungsmässigen Gegenstands der Untergesellschaft liegen.[135] Auch sind Weisungen ausgeschlossen, die nicht in den Zuständigkeitsbereich des Geschäftsführers, sondern etwa des Aufsichtsrats oder der Hauptversammlung der Untergesellschaft fallen. Daneben dürfen Weisungen nicht gegen die zwingenden Bestimmungen des AktG verstoßen. Auch Weisungen, die nach allgemeinen Bestimmungen außerhalb des AktG rechtswidrig sind, dürfen nicht durch eine entsprechende Weisung übergangen werden.

Über die vertraglichen und gesetzlichen Bestimmungen hinaus erfolgt eine Einschränkung daraus, dass das **Weisungsrecht keine existenzbedrohenden Folgen** für die Untergesellschaft haben darf.[136] Unzulässig ist danach der übermäßige Abzug von Liquidität, die Einstellung lebenswichtiger Produktionen oder deren Übertragung auf Konzernunternehmen. Solche Maßnahmen können zugleich deliktische Ansprüche nach §§ 823, 824, 826 BGB auslösen.[137] Andererseits gelten die Kapitalschutzvor-

---

134 VG Frankfurt, Urt. v. 18.5.2006, AZ: 1 A 3049/05, derzeit n.v.
135 OLG Nürnberg NZG 2000, 154, 156.
136 OLG Düsseldorf AG 1990, 490, 492.
137 BGH NJW 2005, 145, 146.

schriften in §§ 57, 58, 60 AktG wegen § 291 Abs. 3 AktG nicht, so dass die Untergesellschaft zu verdeckten Gewinnausschüttungen an das herrschende Unternehmen angewiesen werden kann.

126 Während sich der vertragliche und gesetzliche Rahmen der Weisungsbefugnisse noch einigermaßen abstecken lässt, bereitet die Beurteilung der **ökonomischen Richtigkeit** einer Entscheidung weitaus mehr Schwierigkeiten, zumal jedem gesetzlichen Vertreter einer Gesellschaft ein gewisser Ermessensspielraum zustehen muss, weil die wirtschaftlichen Folgen einer Entscheidung nicht immer absehbar sind. Für den gesetzlichen Vertreter des herrschenden Unternehmens gilt für die Weisung damit das, was für jeden gesetzlichen Vertreter einer Gesellschaft gilt. Erst wenn eine Maßnahme – ex ante betrachtet – **in keiner Weise mehr kaufmännisch vertretbar** ist, ist Raum für eine Haftung nach § 309 AktG.

127 Sofern das herrschende Unternehmen nach den vorstehenden Grundsätzen der Untergesellschaft auf Schadensersatz gemäß § 309 Abs. 2 S. 1 AktG haftet, kann zugleich eine Haftung des gesetzlichen Vertreters der Untergesellschaft gegeben sein. Liegt etwa eine Weisung nicht im Interesse des herrschenden Unternehmens, ist der gesetzliche Vertreter der Untergesellschaft nicht nur berechtigt, sondern auch verpflichtet, die Weisung zu missachten. Anderenfalls kann er gegenüber der Untergesellschaft gemäß § 93 AktG zum Schadensersatz verpflichtet sein, was gem. § 310 AktG zu einer gesamtschuldnerischen Haftung neben dem gesetzlichen Vertreter des herrschenden Unternehmens führt. Die faktische Übernahme der Geschäftsführung durch das herrschende Unternehmen entbindet den gesetzlichen Vertreter der Untergesellschaft also nicht von der eigenen Prüfung der auferlegten Maßnahmen. Dies ist vor allem dann wichtig, wenn der gesetzliche Vertreter der Untergesellschaft über mehr Detailinformationen als das herrschende Unternehmen verfügt.

128 Für den Fall, dass Hauptversammlung oder Aufsichtsrat ihre gesetzliche oder satzungsmäßig erforderliche Zustimmung zu Maßnahmen der gesetzlichen Vertretung der Untergesellschaft verweigern, kann das herrschende Unternehmen durch einfache Wiederholung der Weisung gemäß § 308 Abs. 3 AktG das Zustimmungserfordernis umgehen. Allerdings muss in diesem Fall die Zustimmung des Aufsichtsrats des herrschenden Unternehmens, sofern vorhanden eingeholt werden.

II. Leitung und Verantwortung im faktischen Konzern gem. § 311 ff AktG

1. Allgemeine rechtliche Darstellung

129 Während das Gesetz für den Vertragskonzern umfassende Regelungen in §§ 302 ff, 308 ff AktG zum Eingriff aber auch zum Ausgleich vorsieht, gibt es ein vergleichbares gesetzliches System bei nachteiligen Maßnahmen im **faktischen Konzern** nicht.

a) Nachteilige Einflussnahme im faktischen Konzern

130 Der Begriff des faktischen Konzerns bezeichnet das Verhältnis zwischen einem herrschenden und einem abhängigen Unternehmen innerhalb eines Konzerns, **ohne** dass deren Verhältnis durch einen **Beherrschungsvertrag** oder eine **Eingliederung** gem. § 319 AktG geregelt ist. Auch bei „bloßer" Abhängigkeit besteht die Gefahr, dass das herrschende Unternehmen seinen Einfluss auf die Untergesellschaft zugunsten seines anderweitigen unternehmerischen Interessen zum Nachteil der Gesellschaft ausübt, obwohl § 308 AktG hier nicht gilt und jeder Aktionär einer Treuebindung unterliegt, die ihn verpflichtet, Maßnahmen zu unterlassen, die dem Gesellschaftsinteresse zuwiderlaufen.[138] Der Gesetzgeber hat erkannt, dass das gesetzesimmanente Verbot nachteiliger Maßnahmen nicht ausreicht, um die Untergesellschaft zu schützen, zumal die Kapitalschutzbestimmungen in §§ 57, 60, 62 AktG im Anwendungsbereich des § 311 AktG nicht gelten und damit die Untergesellschaft zB veranlasst werden kann, dem herrschenden Unternehmen marktunübliche Sonderkondition anzubieten. Deshalb **erlaubt § 311 Abs. 1 AktG prinzipiell nachteilige Maßnahmen, solange diese** zugunsten der Untergesellschaft **kompensiert** werden. Abs. 1 legt insoweit das Prinzip des Einzelausgleichs fest. Jeder einzelne Nachteil in der Untergesellschaft, der durch das herrschende Unternehmen veranlasst wird, ist zu kompensieren. Gleichzeitig hat der Gesetzgeber in § 312 AktG der Untergesellschaft eine

---

138 Zur Treuepflicht: *Hüffer*, AktG, § 53 a Rn 16 mwN.

Kombination von Dokumentations-, und Publizitätspflichten auferlegt, damit sich die außenstehenden Aktionäre die notwendigen Informationen verschaffen können, um die Rechte der Untergesellschaft zu wahren.

b) Kausale Veranlassung eines Nachteils

Tatbestandlich erfordert § 311 Abs. 1 AktG neben der **Abhängigkeit** gem. § 17 AktG einen **kausalen Beitrag** des herrschenden Unternehmens zu einem **nachteiligen Rechtsgeschäft** der Untergesellschaft. Kausal handelt das herrschende Unternehmen, wenn es die Untergesellschaft zu einem für sie nachteiligen Rechtsgeschäft veranlasst. Die Einflussnahme ist weit zu fassen, so dass nicht nur ein mit den Stimmen des herrschenden Unternehmens gefasster Beschluss in der Hauptversammlung einen derartigen Einfluss vermitteln kann, sondern jede Anregung, die jedenfalls für das Verhalten der Untergesellschaft ursächlich war. Eine gewisse Nachdrücklichkeit der Veranlassung ist nicht erforderlich, vielmehr genügt es, wenn sich die beherrschte Gesellschaft veranlasst sehen durfte. 131

Das infolgedessen von der Untergesellschaft abgeschlossene Rechtsgeschäft ist nachteilig, wenn sich die Vermögens- oder Ertragslage mindert.[139] Ein Nachteil entsteht auch durch die konkrete Gefährdung der Vermögens- oder Ertragslage der Gesellschaft. Deshalb muss der Nachteil nicht einmal quantifizierbar sein,[140] was die Feststellung einer konkreten Gefährdung (statt einer Minderung) erleichtert. Kann der Nachteil im Einzelfall nicht bewerten werden, ist ein Einzelausgleich nicht möglich. In diesem Fall kann § 311 AktG nicht anwendbar sein. Vielmehr bleibt das nachteilige Rechtsgeschäft rechtswidrig. 132

Selbst wenn der Nachteil bewertet werden kann, ist nicht jede rechnerische Minderung ein Nachteil im Sinne des § 311 AktG. Hinzukommen muss die pflichtwidrige Ausübung unternehmerischen Ermessens durch das herrschende Unternehmen gegenüber der Untergesellschaft. Wie bei allen Rechtsgeschäften einer Gesellschaft gilt der Grundsatz des freien unternehmerischen Ermessens. Entscheidend ist also, ob sich eins ordentlicher und gewissenhafter Geschäftsleiter einer unabhängigen Gesellschaft im Zeitpunkt des Rechtsgeschäfts ebenso verhalten hätte wie das herrschende Unternehmen. Bei hohen Investitionen etwa muss also zum Erwerbszeitpunkt geprüft werden, ob den Investitionen wirtschaftlich gleichwertige Vorteile gegenüberstehen. Nicht immer lässt sich dabei die „Gegenleistung" exakt bewerten. Droht etwa bei einem Verzicht auf die Investitionen ein Verlust an Marktanteilen, kann die Sorgfalt es gebieten, die Investition zu tätigen, selbst wenn sich im Nachhinein diese Annahme als falsch erweist.[141] 133

c) Ausgleich des Nachteils

Zur Rechtfertigung der nachteiligen Einflussnahme hat das herrschende Unternehmen die **Nachteile durch Gewährung gleichwertiger Vorteile auszugleichen**. Gleichwertig ist ein Vorteil, der geeignet ist, die bilanziellen Auswirkungen des Nachteils im nächsten Jahresabschluss zu neutralisieren. Dies ist durch einen tatsächlichen Ausgleich oder durch die Gewährung eines vertraglichen Rechtsanspruches auf Nachteilsausgleich (erst) zum Ende des Geschäftsjahres möglich, wobei es bei der Berechnung des Ausgleichs auf die Beurteilung des Nachteiles zum Zeitpunkt der Ausgleichsgewährung ankommt. Damit sind weitere Nachteile, die erst nach Vornahme der nachteiligen Maßnahme und vor Gewährung des Ausgleichs eintreten, zu berücksichtigen. Der späte Ausgleich der nachteiligen Maßnahme am Ende des Geschäftsjahres und nicht zum Zeitpunkt des nachteiligen Rechtsgeschäfts führt dazu, dass die Untergesellschaft bis zum Ausgleich das **Insolvenzrisiko** des herrschenden Unternehmens trägt. Abgesehen davon hat die Untergesellschaft trotz § 311 Abs. 2 S. 2 AktG auch keinen Rechtsanspruch auf Nachteilsausgleich, sondern nur auf einen entsprechenden Vertrag auf die Gewährung des Ausgleichs. Kommt dieser nicht zustande, ist die Untergesellschaft auf nachträglichen Schadenersatz nach § 317 AktG beschränkt, den gem. § 317 Abs. 4 iVm § 309 Abs. 4 S. 1 AktG auch von den Aktionären für die Untergesellschaft verlangt werden kann. 134

---

139 BGH WM 1999, 850, 851.
140 BGH WM 1999, 850, 851.
141 OLG Köln 2006, 547, 548 f (betr. Ankauf von UMTS-Lizenzen).

d) Abhängigkeitsbericht und Prüfpflichten gem. §§ 312 ff AktG

135 Die Untergesellschaft und deren außenstehende Aktionäre können im Rahmen des § 311 AktG nur dann wirkungsvoll geschützt werden, wenn das nachteilige Rechtsgeschäft, tatbestandlich als Vorgang erfasst werden kann. Das erfordert eine entsprechende **Transparenz der Aktivitäten der Untergesellschaft**, die dadurch erreicht werden soll, dass der Vorstand der Untergesellschaft gem. § 312 AktG einen sog. **Abhängigkeitsbericht** zu erstellen hat, der die Beziehungen der Gesellschaft zu verbundenen Unternehmen dokumentiert. Die Berichtspflicht erstreckt sich auf alle Rechtsgeschäfte, die die Gesellschaft im vorangegangenen Geschäftsjahr vor allem mit dem herrschenden Unternehmen aber auch mit anderen verbundenen Unternehmen vorgenommen hat. Ferner ist zum Schutz der außenstehenden Aktionäre über alle Maßnahmen zu informieren, die auf Veranlassung oder im Interesse dieser Unternehmen im vergangenen Geschäftsjahr getroffen oder unterlassen wurden. Damit beschränkt sich die Berichtspflicht nicht auf die Auflistung vermeintlich nachteiliger Geschäfte. Vielmehr bezieht sie sich auf alle Geschäfte und Maßnahmen, die sich auf die Vermögens- oder Ertragslage der abhängigen Gesellschaft auswirken können. In einer Schlusserklärung hat der Vorstand der Untergesellschaft anschließend anzugeben, ob die Gesellschaft bei Rechtsgeschäften stets eine angemessene Gegenleistung erhielt und durch Maßnahmen ohne rechtsgeschäftlichen Charakter nicht benachteiligt wurde. Falls dies nicht zutrifft, ist anzugeben, ob die entstandenen Nachteile ausgeglichen wurden oder nicht. Diese Schlusserklärung wird gem. § 312 Abs. 3 S. 3 AktG in den Lagebericht nach §§ 264 Abs. 1, 289 HGB aufgenommen und erlangt dadurch Publizität. Der eigentliche Abhängigkeitsbericht wird nicht veröffentlicht. Wenn der Schlussbericht eine Benachteiligung ohne Ausgleich feststellt, ist ein Grund zur Anordnung einer Sonderprüfung nach § 315 S. 1 Nr. 3 AktG gegeben. Die Publizität des **Schlussberichtes verdrängt** den **Auskunftsanspruch des Aktionärs** über Angelegenheiten der Gesellschaft in der Hauptversammlung nach § 131 AktG.[142]

136 Nachteilige Maßnahmen im Sinne des § 311 AktG erfüllen oftmals zugleich den Tatbestand des § 117 Abs. 1 AktG , wonach Schadensersatz wegen vorsätzlicher Veranlassung gesellschaftsschädigender Maßnahmen zu leisten ist. Wegen der Möglichkeit des nachträglichen Nachteilsausgleichs nach § 311 Abs. 2 AktG wird nach der herrschenden Meinung § 117 AktG verdrängt. Bleibt ein nachträglicher Haftungsausgleich aus oder ist § 311 AktG nicht anwendbar, lebt der Haftungstatbestand des § 117 AktG jedoch wieder auf.

2. Rechtsfragen aus der Praxis

a) § 311 und anderweitiger Rechtsschutz

137 Das Prinzip des Einzelausgleichs kann im Einzelfall praktisch unbrauchbar sein, wenn sich mehrere nachteilige Vorgänge nicht voneinander trennen lassen, also ein Nachteil tatbestandlich nicht isoliert werden kann. Das dürfte vor allem bei massiven und nachhaltigen Eingriffen in die Untergesellschaft häufig der Fall sein. In diesen Fällen gilt das oben Gesagte, nämlich dass ein Ausgleich nach § 311 AktG nicht möglich ist und die Maßnahme(n) rechtswidrig bleibt. Es verbleibt dann der Schadensersatzanspruch gem. § 117 AktG.

138 Ein konzeptioneller Nachteil des § 311 AktG scheint darin zu liegen, dass der außenstehende Aktionär zwischen einem nachteiligen Rechtsgeschäft und dem tatsächlichen Ausgleich mitunter Monate warten muss. Bei genauer Betrachtung ist dieses „Wartenmüssen" aber durchaus zumutbar. Selbst wenn der außenstehende Aktionär erst nach dem Schlussbericht gem. § 312 AktG, informiert wird, kann er nicht erwarten etwa noch vor Durchführung des nachteiligen Rechtsgeschäfts informiert zu werden. Aktionäre haben – anders als GmbH-Gesellschafter gem. § 51 a GmbHG (Informationsrecht) – auch außerhalb des Konzernrechts keinen Anspruch darauf, zeitnah über die Belange des Unternehmens informiert zu werden. Allein der administrative Aufwand wäre mitunter enorm und die Handlungsfähigkeit der Gesellschaft eingeschränkt.

139 Aber jedenfalls dann, wenn das herrschende Unternehmen im Rahmen der Hauptversammlung zum nachteiligen Rechtsgeschäft veranlasst, erlangt der außenstehende Aktionär rechtzeitig Kenntnis von

---

142 OLG Frankfurt AG 2003, 335, 335.

dem drohenden Nachteil und kann eine **Beschlussanfechtung** erwägen, statt auf den Nachteilsausgleich zu warten.[143] Gem. § 243 Abs. 2 AktG kann die Anfechtung darauf gestützt werden, dass der Beschluss dazu dient, zum Schaden der Gesellschaft einem Aktionär oder einem Dritten einen Sondervorteil einzuräumen.

Kann ein Einzelausgleich gem. § 311 AktG aus den obigen Gründen nicht erfolgen, stellt sich die Frage, ob die für das Recht der Einmann-GmbH entwickelten **Grundsätze des qualifiziert faktischen Konzerns** jedenfalls für die Einmann-AG oder für die mehrgliedrige AG bei einverständlichem Handeln aller Aktionäre anzuwenden sind. Hiernach tritt für die nachteilige Einflussnahme eine gem. § 302 AktG analoge Haftung des herrschenden Unternehmens ein. Jedoch ist noch nicht geklärt, ob diese Grundsätze überhaupt auf die AG anwendbar sind, nachdem der BGH sie für das Recht der GmbH aufgegeben und durch die **Grundsätze des existenzvernichtenden Eingriffs** ersetzt hat.[144] Hierbei handelt es sich um eine Durchgriffshaftung, die in Konzernverhältnissen eingreift, wenn das herrschende Unternehmen auf die Zweckbindung des Gesellschaftsvermögens der Untergesellschaft keinerlei Rücksicht nimmt und der Gesellschaft ohne angemessenen Ausgleich Vermögen entzieht, das sie zur Erfüllung ihrer Verbindlichkeiten benötigt. Erforderlich ist ein gezielter, betriebsfremder Eingriff, etwa durch Verlagerung des Kundenstamms oder Warenbestandes oder die Eingehung hoch spekulativer Geschäfte, die in ihrem Verlustpotenzial deutlich über die Eigenkapitalausstattung hinausgehen.[145] In der Rechtsprechung wird erwogen, diese Grundsätze auf die AG anzuwenden.[146] Hiernach sollen die Grundsätze jedenfalls bei Insolvenz der Untergesellschaft auf die AG übertragbar sein, wobei die Insolvenzanfälligkeit von Aktiengesellschaften jedoch eher gering ist.

Ist weder ein Ausgleich gem. § 311 AktG möglich noch eine Haftung des herrschenden Unternehmens nach den vorgenannten Grundsätzen gegeben, können allenfalls die für das Recht der GmbH entwickelten Grundsätze zur allg. Durchgriffslehre weiterhelfen. Die in der Rechtsprechung herausgearbeiteten Fallgruppen der Unterkapitalisierung, der Vermögensvermischung, der Konzernverhältnisse und der Haftung kraft besonderer Vereinbarung sind jedoch nur selten anwendbar.[147] Daneben kommt unter Umständen eine Haftung aus allg. Treuegesichtspunkten in Betracht, wobei jedoch auch hier die Einzelheiten noch ungeklärt sind.[148]

b) Beweis- und Taktikfragen

Ungeklärt ist bislang die Frage, inwieweit die Veranlassung des herrschenden Unternehmens nachgewiesen werden muss. Nach allgemeinen Beweislastgrundsätzen obliegt der Untergesellschaft die volle Beweislast für die Voraussetzungen des § 311 AktG und für die Voraussetzungen des Schadensersatzanspruchs in § 317 AktG die Gläubiger bzw die Minderheitsaktionäre. Im Schrifttum werden aber Beweiserleichterungen nach dem Prinzip der Tatsachennähe diskutiert, wobei zumeist eine tatsächliche Vermutung dafür angenommen wird dass das herrschende Unternehmen veranlasst hat.[149]

Minderheitsaktionäre und Gläubiger müssen bei nachteiligen Maßnahmen zu Lasten der Untergesellschaft schon wegen evtl Fristen frühzeitig überlegen, welche Rechtsbehelfe neben § 311 AktG möglich sind. So kann es aus wirtschaftlichen wie auch aus prozessualen Erwägungen geboten sein, die (präventive) Beschlussanfechtung dem (nachträglichen) Ausgleich vorzuziehen. Die Beschlussanfechtung ist prinzipiell möglich, wenn die Hauptversammlung der Untergesellschaft einem nachteiligen Rechtsgeschäft zustimmen muss. Das Zustimmungsrecht dürfte jedenfalls für die abhängige GmbH – je nach Gestaltung der Satzung – eine erhöhte Relevanz haben. Wegen der schwierigen Beurteilung, ob ein nachteiliges Rechtsgeschäft vorliegt und ob dieses vom herrschenden Unternehmen veranlasst wurde, treten bei den Überlegungen **Darlegungs- und Beweislastfragen** in den Vordergrund. Der BGH nimmt

---

143 LG Bonn AG 2001, 201, 204; LG München NZG 2002, 826, 828.
144 BGH NJW 2002, 3024, 3025. Zu den Voraussetzungen des qualifiziert faktischen Konzerns (für die GmbH): BGH NJW 1993, 1200, 1202.
145 BGH NZG 2005, 215, 216.
146 OLG Köln, DB 2007, 158, 161.
147 Im Einzelnen: *Hüffer*, AktG § 1 Rn 19.
148 *Hüffer*, AktG § 53 a Rn 20 ff.
149 Nachweise bei *Hüffer*, AktG § 311 20 ff.

bei einer Beschlussanfechtung wegen inhaltlicher Mängel, um die es hier geht, an, dass die zu verklagende Gesellschaft den Beschluss sachlich rechtfertigen muss.[150] Der klagende Aktionär muss dann das Gegenteil darlegen und beweisen. Ficht der Aktionär dagegen nicht an und wartet auf den Ausgleich, ist die Situation nahezu umgekehrt. Abgesehen von den obigen Beweiserleichterungen müssen die weiteren tatbestandlichen Voraussetzungen in §§ 311, 317 AktG, also insbesondere das nachteilige Rechtsgeschäft **uneingeschränkt dargelegt und bewiesen werden**.[151]

D. Eingliederung gem. §§ 319 ff AktG
I. Allgemeine rechtliche Darstellung

144 Die Eingliederung begründet ein Konzernverhältnis zwischen einer Tochtergesellschaft (Untergesellschaft) und ihrer Muttergesellschaft (Hauptgesellschaft), wobei beide Gesellschaften zwingend eine AG sein müssen. Sie ist die engste aller konzernrechtlichen Unternehmensverbindungen, die in ihren rechtlichen Wirkungen einer Verschmelzung nahe kommt, sich aber dadurch unterscheidet, dass die beteiligten Unternehmen rechtlich selbständig bleiben. Die Eingliederung ermöglicht es der Hauptgesellschaft, die Untergesellschaft **umfassend zu leiten**, ohne auf die Vorteile der rechtlichen Selbständigkeit verzichten zu müssen. Wirtschaftlich kann man die eingegliederte Gesellschaft mit einer Betriebsabteilung der Hauptgesellschaft vergleichen.

145 Das Gesetz unterscheidet zwischen der Eingliederung hundertprozentiger Tochtergesellschaften in § 319 AktG und der Eingliederung durch Mehrheitsbeschluss in § 320 AktG.

146 Die gesetzliche Regelungen in §§ 321, 322, 324 Abs. 3 AktG bezwecken in beiden Fällen der Eingliederung den Schutz der Gläubiger der eingegliederten Untergesellschaft, bei der Eingliederung durch Mehrheitsbeschluss zusätzlich den Schutz der außenstehenden Aktionäre, §§ 320–320 b AktG.

1. Eingliederung nach § 319 AktG

147 Eine Eingliederung nach § 319 AktG setzt voraus, dass sich alle Aktien der einzugliedernden Untergesellschaft in der Hand der Hauptgesellschaft befinden. Eine Zurechnung von Aktien Dritter nach § 16 Abs. 4 AktG findet nicht statt. Auch Aktien im Eigenbesitz der Untergesellschaft stehen der Anwendung des § 319 AktG entgegen.

148 Für den Eingliederungsbeschluss gelten die allgemeinen Regelungen über Hauptversammlungsbeschlüsse, nicht aber die gesetzlichen oder satzungsmäßigen Bestimmungen zu Satzungsänderungen, § 319 Abs. 1 S. 2 AktG. Bei der Hauptversammlung handelt es sich wegen des vollen Aktienbesitzes der Hauptgesellschaft zwangsnotwendig um eine Vollversammlung. Ein Verstoß gegen förmliche Beschlussvoraussetzungen (Einberufungsmängel) ist deshalb unbeachtlich. Es genügt, dass der Vorstand der Hauptgesellschaft eine Eingliederungserklärung als Beschlussinhalt zur Niederschrift abgibt und der Aufsichtsratsvorsitzende die Niederschrift unterzeichnet.

149 Der Eingliederungsbeschluss wird gemäß § 319 Abs. 2 AktG nur wirksam, wenn die Hauptversammlung der Hauptgesellschaft der Eingliederung zustimmt. Die bloße Zustimmung des Vorstandes der Hauptgesellschaft reicht wegen der Haftung der Hauptgesellschaft für alte und neue Verbindlichkeiten der Untergesellschaft sowie der Verpflichtung zur Verlustübernahme nicht aus. Auf die zeitliche Abfolge der Beschlüsse der HV der Tochtergesellschaft und der Hauptgesellschaft kommt es nicht an.

150 Zur **Information der Aktionäre** der zukünftigen Hauptgesellschaft sieht § 319 Abs. 3 AktG die Pflicht zur Auslegung von Unterlagen über die Untergesellschaft für den Zeitraum zwischen der Einberufung der Hauptversammlung und der Beschlussfassung vor. Darüber hinaus haben die Aktionäre der zukünftigen Hauptgesellschaft in der Hauptversammlung ein Auskunftsrecht in Bezug auf alle weiteren für die Eingliederung relevanten Informationen. Ob dem Vorstand in diesem Zusammenhang ein Auskunftsverweigerungsrecht nach § 131 Abs. 3 AktG zusteht, ist noch nicht geklärt.[152]

---

150 BGHZ 71, 40, 48.
151 LG Bonn NZG 2005, 856, 857.
152 *Hüffer*, AktG § 319 Rn 12.

Unter Beachtung der Voraussetzungen des § 319 Abs. 4 AktG muss der Vorstand der einzugliedernden Gesellschaft die Eingliederung und die Firma der Hauptgesellschaft zur Eintragung in das Handelsregister anzumelden. Die **Eintragung** in das Handelsregister wirkt gem. § 319 Abs. 7 AktG **konstitutiv**. 151

2. Eingliederung durch Mehrheitsbeschluss nach § 320 AktG

Eine Eingliederung gem. § 320 AktG ist durch Mehrheitsbeschluss möglich, sofern die Hauptgesellschaft mindestens 95 % des Grundkapitals an der einzugliedernden Gesellschaft hält. Die übrigen Aktionäre verlieren nach erfolgter Eingliederung ihre Mitgliedschaft, § 320 a AktG gegen Zahlung einer Abfindung (sog. squeeze out). Bei der Berechnung der Anteile sind gem. § 320 Abs. 1 S. 2 AktG, anders als bei einer Eingliederung nach § 319 AktG, eigene Aktien der einzugliedernden Gesellschaft und Aktien die einem anderen für Rechnung der Gesellschaft gehören vom Grundkapital abzusetzen. Allerdings können auch hier Aktien Dritter gem. § 16 Abs. 4 AktG nicht zugerechnet werden. 152

In der Rechtsprechung ungeklärt ist, ob außer der Kapitalmehrheit auch eine Stimmenmehrheit der Hauptgesellschaft bestehen muss. Diese Frage stellt sich beispielsweise bei stimmrechtslosen Vorzugsaktien oder Mehrstimmrechtsaktien. Einem solchen zusätzlichen Erfordernis steht aber wohl der Wortlaut des § 320 Abs. 1 AktG entgegen. 153

Durch Verweis in § 320 Abs. 1 S. 3 AktG gelten die Regelungen des § 319 Abs. 1 S. 2 und Abs. 2–7 AktG entsprechend. Die Eingliederung bedarf auch hier eines Beschlusses der Hauptversammlung. Im Unterschied zu § 319 AktG sind hier wegen der Teilnahme von Minderheitsaktionären aber die förmlichen Voraussetzungen zu beachten. Ansonsten gelten die gleichen Voraussetzungen wie in § 319 AktG mit Ausnahme von § 320 Abs. 2 AktG, wonach bei der Einberufung der Hauptversammlung die Firma und der Sitz der Hauptgesellschaft zu benennen sind. 154

Für die Eingliederung durch Mehrheitsbeschluss ist gemäß § 320 Abs. 3 AktG eine **Pflichtprüfung** durch einen oder mehrere sachverständige Prüfer vorgesehen. Diese Prüfung soll vor allem sicherstellen, dass die ausscheidenden Minderheitsaktionäre eine angemessene Abfindung gem. § 320 b AktG erhalten. Der Rechtsbehelf des Minderheitsaktionärs gegen eine unangemessene Abfindung im Spruchverfahren bleibt hiervon zwar unberührt, die Prüfung kann aber eine gerichtliche Überprüfung der Angemessenheit der Abfindung entbehrlich machen oder zumindest abkürzen. Die Durchführung der Pflichtprüfung richtet sich nach den §§ 293 a Abs. 3 und 293 c bis 293 e AktG. Gegenstand der Prüfung sind sämtliche Voraussetzungen der Mehrheitseingliederung nach §§ 320 ff AktG, **nicht** aber **die Zweckmäßigkeit der Eingliederung**. 155

Die Bestimmungen der §§ 319 Abs. 5–7 AktG gelten für die Eingliederung durch Mehrheitsbeschluss entsprechend, insbesondere wird die Eingliederung erst mit Eintragung in das Handelsregister wirksam. Daran anknüpfend bestimmt § 320 a AktG, dass mit der Eintragung die Mitgliedschaftsrechte der außenstehenden Aktionäre auf die neue Hauptgesellschaft übergehen und etwaige Aktienurkunden bis zu ihrer Aushändigung an die Hauptgesellschaft nur noch den Anspruch auf Abfindung verbriefen. Die außenstehenden Aktionäre, zu denen auch die Untergesellschaft mit eigenen Aktien zählt, sind mit der Eintragung zur Rückgabe der Urkunden an die Hauptgesellschaft verpflichtet. 156

Als Ausgleich für den Verlust der Mitgliedschaftsrechte erwerben die **Minderheitsaktionäre** nach § 320 b AktG einen **Anspruch auf angemessene Abfindung**. Dieser Anspruch entsteht ebenfalls mit der Eintragung der Eingliederung. Die gesetzliche Regelung des Abfindungsanspruches stimmt im Wesentlichen mit der Regelung des § 305 AktG überein.[153] Gläubiger sind alle ausgeschiedenen Aktionäre, also auch die eingegliederte Gesellschaft, sofern diese über eigene Aktien verfügte. Als Abfindung sind nach § 320 b AktG grundsätzlich **Aktien der Hauptgesellschaft zu gewähren**. Die zur Erfüllung der Abfindungsverpflichtungen erforderlichen Aktien kann die Hauptgesellschaft nach § 71 Abs. 1 S. Nr. 3 und 8 AktG erwerben oder eine Kapitalerhöhung vornehmen bzw eine bereits genehmigte Kapitalerhöhung ausnutzen. Ist die Hauptgesellschaft von einem herrschenden Unternehmen abhängig, kann der aus der Untergesellschaft ausgeschiedene Aktionär wahlweise nach § 320 157

---

153 Siehe oben Rn 74 ff.

Abs. 1 S. 3 AktG entweder eigene Aktien der Hauptgesellschaft oder eine Barabfindung beanspruchen. Eine Abfindung in Aktien der die Hauptgesellschaft beherrschenden Gesellschaft sieht § 320 b AktG nicht vor.

3. Wirkungen der Eingliederung gem. §§ 322, 323

158 Durch die Eingliederung erlangt die Hauptgesellschaft nach § 323 AktG ein **umfassendes Weisungsrecht** gegenüber dem Vorstand der Untergesellschaft, welches, abweichend von § 308 AktG inhaltlich nicht begrenzt ist. Abgesehen davon gelten die Ausführungen zu § 308 AktG aber entsprechend.[154] Auf § 308 Abs. 2 S. 1, Abs. 3, §§ 309, 310 AktG verweist § 323 Abs. 1 S. 2 AktG ausdrücklich.

159 Dass die Hauptgesellschaft in jeder Hinsicht wie eine Betriebsabteilung behandeln und total beherrschen kann, verdeutlicht auch § 323 Abs. 2 AktG. Hiernach kann die Hauptgesellschaft uneingeschränkt **Zugriff auf das Vermögen der Untergesellschaft** nehmen, ohne dass die Regeln der Kapitalbindung beachtet werden müssten. Darüber hinaus kann die Hauptgesellschaft die eingegliederte Gesellschaft auch ohne Gewinnabführungsvertrag zur Abführung von erzielten Gewinnen anweisen. Eine solche Gewinnabführung ist nach § 324 Abs. 2 S. 3 AktG begrenzt auf die Höchstgrenze des Bilanzgewinns, was keine Beschränkung bei der Abführung bedeutet, sondern vielmehr bedeutet, dass der Bilanzgewinn nicht durch den Verlustvortrag aus dem Vorjahr gemindert werden muss. Umgekehrt besteht nach § 324 Abs. 3 AktG eine Verlustausgleichspflicht der Hauptgesellschaft, soweit der Bilanzverlust den Betrag der Kapital- und der Gewinnrücklagen übersteigt.

160 Den uneingeschränkten Befugnissen der Hauptgesellschaft stehen umgekehrt zahlreiche Schutzbestimmungen der Gläubiger der Untergesellschaft gegenüber, die mit der Eingliederung faktisch einen neuen Vertragspartner erhalten. Die **Hauptgesellschaft haftet** gem. § 322 Abs. 1 AktG gesamtschuldnerisch neben der Untergesellschaft vom Zeitpunkt der Eingliederung an **für sämtliche von der Untergesellschaft begründeten Verbindlichkeiten**, gleich ob diese vor oder nach der Eingliederung begründet wurden. Dabei ist der gesetzlich verwendete Begriff „Haftung" nicht ganz richtig, denn die Hauptgesellschaft schuldet inhaltlich dasselbe wie die Untergesellschaft. Sie muss auch Verbindlichkeiten, die nicht auf Geld gerichtet sind, erfüllen. Für Einwendungen gilt indes nicht § 425 BGB, sondern § 322 Abs. 2 und Abs. 3 AktG, wonach sich die Hauptgesellschaft nicht nur auf eigene, sondern auf sämtliche Einwendungen und Einreden sowie das bloße Bestehen des Anfechtungsrechts der Untergesellschaft berufen kann. Die Leistung verweigern kann die Hauptgesellschaft außerdem, solange der Gläubiger gegen eine Forderung der Untergesellschaft aufrechnen kann. Im Innenverhältnis zwischen Haupt- und Untergesellschaft gilt § 426 BGB.

4. Gläubigerschutz gem. § 321 AktG

161 Diejenigen Gläubiger, deren Forderungen bis zur Eingliederung begründet wurden, steht nicht nur die Hauptgesellschaft als weiteres Haftungssubjekt zur Verfügung. Daneben sieht § 321 AktG vor, dass die Untergesellschaft als Ausgleich für die Eingliederung ihren Gläubigern eine Sicherheitsleistung zu stellen hat, wenn diese sich innerhalb von sechs Monaten nach der Bekanntmachung melden und aus rechtlichen Gründen keine Befriedigung erlangen können, etwa weil eine Forderung noch nicht fällig ist. Für die Stellung der Sicherheit haftet die Hauptgesellschaft neben der Untergesellschaft gesamtschuldnerisch gem. § 322 AktG.

5. Beendigung der Eingliederung § 327 AktG

162 § 327 AktG regelt abschließend die Gründe für eine Beendigung der Eingliederung. Sie endet
- durch Beschluss der Hauptversammlung der Untergesellschaft,
- wenn die Hauptgesellschaft nicht mehr eine Aktiengesellschaft mit Sitz im Inland ist,
- wenn sich nicht mehr alle Aktien der eingegliederten Gesellschaft in der Hand der Hauptgesellschaft befinden oder
- durch Auflösung der Hauptgesellschaft.

---

154 Siehe oben Rn 121 ff.

Für den Fall, dass sich nicht mehr alle Aktien in der Hand der Hauptgesellschaft befinden, muss diese der Untergesellschaft unverzüglich Mitteilung machen, § 327 Abs. 2 AktG. Das Ende der Eingliederung dem Handelsregister zur Eintragung anzumelden, § 327 Abs. 3 AktG. Die Eintragung hat deklaratorische Wirkung.

Mit der Beendigung der Eingliederung endet die Haftung der Hauptgesellschaft für Verbindlichkeiten der Untergesellschaft gem. § 322 AktG. Eine Nachhaftung besteht gem. § 327 Abs. 4 AktG. Sie ist beschränkt auf Verbindlichkeiten, die vor der Eintragung des Endes der Eingliederung oder vor dem nach § 15 Abs. 2 HGB maßgeblichen Zeitpunkt begründet wurden.

II. Rechtsfragen aus der Praxis

Für das Verfahren der Eingliederung ist bedeutsam, dass die Eingliederung erst dann eingetragen werden darf, wenn weder Zustimmungsbeschluss der Hauptgesellschaft noch der Beschluss der Untergesellschaft (Squeeze-Out-Beschluss) gem. §§ 241 ff AktG gerichtlich angegriffen worden sind. Der Vorstand der Untergesellschaft muss eine entsprechende Negativerklärung abgeben, § 319 Abs. 5, § 320 Abs. 1 S. 3 AktG. Gem. § 319 Abs. 6 AktG kann die Negativerklärung bei bereits eingeleiteten gerichtlichen verfahren ersetzt werden und zwar durch einen rechtskräftigen Beschluss des für das Klageverfahren gegen einen Hauptversammlungsbeschluss zuständigen Landgericht. Ein solcher Beschluss greift einem abschließenden Urteil vor, weshalb er gem. § 319 Abs. 6 S. 2 AktG nur unter engen Voraussetzungen ergehen kann und zwar
- bei Unzulässigkeit der Klage,
- bei offensichtlicher Unbegründetheit der Klage, oder
- wenn die Interessen der Gesellschaft und ihrer Aktionäre an der alsbaldigen Eintragung der Eingliederung (Vollzugsinteresse) vorrangig sind gegenüber dem Interesse des Klägers am Aufschub der Eintragung (Aufschubinteresse).

Entsprechend der Bestimmungen zum zivilprozessualen einstweiligen Rechtsschutz sind die vorzutragenden Tatsachen glaubhaft zu machen. Die Entscheidung kann in dringenden Fällen ohne mündliche Verhandlung ergehen, wobei das Vorliegen einer der vorgenannten Gründe allein nicht ausreicht. Es muss eine besondere Eilbedürftigkeit hinzukommen.[155]

Die Rechtsprechung stellt hohe inhaltliche Anforderungen an den gerichtlichen Beschluss. Zwar macht die Eintragung der Eingliederung nach einem Beschluss die anhängige Klage nicht gänzlich obsolet, weil der Kläger gem. § 319 Abs. 6 S. 6 AktG Schadensersatz von der den Beschluss erwirkenden Gesellschaft verlangen kann, sollte die Klage begründet sein und sich deshalb der Beschluss als unzutreffend erweisen. Anders als im einstweiligen Rechtsschutz gem. §§ 916, 925 ff ZPO nimmt der Beschluss aber die Hauptsache endgültig vorweg, denn das ursprüngliche Klageziel, den Zustimmungsbeschluss zu beseitigen, kann nicht mehr erreicht werden.

Sowohl die Zulässigkeit wie auch die Begründetheit sind – wie üblich – im summarischen Verfahren voll zu prüfen, wobei stets die Gefahr besteht, dass Streitstoff nicht berücksichtigt wird, der im (länger andauernden) Klageverfahren eingebracht wird. Nach Auffassung des OLG München sind Anfechtungsklagen gegen einen **Squeeze-Out-Beschluss**, nur dann **offensichtlich unbegründet** gem. § 319 Abs. 6 S. 2 AktG , wenn die **Anfechtbarkeit** oder Nichtigkeit des angegriffenen Beschlusses **als nicht oder kaum vertretbar** erscheint.[156] Auch kann eine Klage gegen die Wirksamkeit des Übertragungsbeschlusses nicht gem. §§ 319 Abs. 6, 327 e Abs. 2 AktG offensichtlich unbegründet sein, wenn durch sie eine Vielzahl von Rechtsfragen aufgeworfen wird, die bisher nicht höchstrichterlich entschieden sind.[157] Bei der **Abwägung** zwischen dem **Vollzugsinteresse** und dem **Aufschubinteresse** sind von vornherein offensichtlich nicht gegebene Rechtsverletzungen auszuscheiden.[158] Alle weiteren behaupteten Rechtsverletzungen sind aber als gegeben zu unterstellen. Zu beachten ist schließlich, dass die Interes-

---

155 OLG Stuttgart DB 2005, 2235, 2235; OLG Saarbrücken AG 2005, 366.
156 OLG München WM 2006 291, 291.
157 OLG Zweibrücken AG 2005, 934, 934.
158 OLG Düsseldorf DB 2001, 2390, 2392.

sen der Gesellschaft und ihrer Aktionäre unterschiedlich und beide Interessen je für sich vorrangig gegenüber dem Aufschubinteresse sein können.

E. GmbH-Konzernrecht

169 Die konzernrechtlichen Bestimmungen des AktG sind grundsätzlich uneingeschränkt anwendbar sind, soweit das herrschende Unternehmen bzw die Obergesellschaft eine GmbH ist, es sei denn das Gesetz verlangt ausdrücklich etwas anderes, wie etwa § 319 AktG für die Eingliederung. Einer differenzierten Betrachtung bedarf es dagegen, soweit die Untergesellschaft bzw das abhängige Unternehmen eine GmbH ist.

I. Anwendung der §§ 15–19 AktG

170 Diese Bestimmungen sind rechtsformneutral und gelten daher unproblematisch auch für die GmbH als Untergesellschaft. Das wirkt sich entsprechend auf die Bestimmungen innerhalb und außerhalb des AktG aus, die auf die §§ 15–19 AktG Bezug nehmen. Diese gelten dann ebenfalls für die abhängige GmbH, es sei denn, solche Bestimmungen verlangen ausdrücklich eine andere Rechtsform (AG/KGaA).

II. Anwendung der §§ 291 ff AktG

171 Grundsätzlich anwendbar sind auch, von einigen Ausnahmen abgesehen, die Bestimmungen über **Unternehmensverträge** gem. §§ 291 292, 293, 294 AktG. Für den Beherrschungsvertrag gemäß § 291 Abs. 1 S. 1 AktG besteht auch ein gewichtiges Interesse. Zwar hat der Mehrheitsgesellschafter anders als der Mehrheitsaktionär ein starkes Weisungsrecht in der Gesellschafterversammlung. Insbesondere kann er die Geschäftsführung zum reinen Ausführungsorgan degradieren. Aber das Weisungsrecht ist durch die gesellschaftsrechtliche Treuepflicht beschränkt, so dass nachteilige Weisungen unzulässig und deshalb nur im Rahmen eines Beherrschungsvertrages gem. § 308 möglich sind.[159] Soweit gemäß § 293 Abs. 1 S. 1 AktG der Unternehmensvertrag der Zustimmung der Anteilseigner bedarf, gilt diese Bestimmung auch für die GmbH. Fraglich ist, ob entsprechend § 293 Abs. 1 S. 2 AktG der Beschluss mit qualifizierter ¾-Mehrheit oder einstimmig ergehen muss. Insoweit dürfte richtig sein, nicht auf § 293 Abs.1 S. 2 AktG, sondern auf eine Analogie zu § 53 Abs. 2 S. 2 GmbHG (3/4-Mehrheit bei Satzungsänderungen) oder § 53 Abs. 3 GmbHG (Einstimmigkeit bei Vermehrung der Leistungspflichten der Gesellschafter) abzustellen. In beiden Fällen gelten § 53 Abs. 2 S. 1 GmbHG und § 54 Abs. 3 GmbHG, wonach der Zustimmungsbeschluss notariell beurkundet und eingetragen werden muss. Abgesehen von der vorstehenden Frage gelten die §§ 293 Abs. 3, 294 AktG entsprechend auch für die GmbH. Unklar ist aber, ob dies auch für die 1994 in das AktG eingefügten Bestimmungen der §§ 293 a-g AktG gilt. Das wird überwiegend verneint[160] und ist jedenfalls dann richtig, wenn man einen einstimmigen Zustimmungsbeschluss erfordert, weil sich dann die weiteren Voraussetzungen der §§ 293 a-g AktG erübrigen. Uneingeschränkt anwendbar sind dagegen die Bestimmungen in §§ 293 ff, 302 ff AktG, betreffend die Bestimmung des Ausgleichs bzw der Abfindung zugunsten der Minderheitsgesellschafter. Sämtliche Wirksamkeitsvoraussetzungen dürfen nicht durch Satzungsregelungen unterlaufen werden. Unzulässig sind daher Bestimmungen, die etwa andere Mehrheitserfordernisse unterhalb der Schwelle des § 53 Abs. 2 GmbHG vorsehen oder gar den Abschluss des Unternehmensvertrages ausschließlich in die Hände der Geschäftsführung legen.

172 Die vorstehenden Ausführungen gelten entsprechend für den Abschluss von Gewinnabführungsverträgen. Auch die Bestimmungen für Unternehmensverträge gem. § 292 AktG sind entsprechend auf die GmbH anwendbar. Für den erforderlichen Zustimmungsbeschluss der Gesellschafterversammlung dürfte auf § 53 Abs. 2 GmbHG abzustellen sein, wonach die qualifizierte Mehrheit regelmäßig ausreichend ist.

---

159 BGH NJW 1992, 1452, 1453.
160 *Emmerich*, Konzernrecht, § 32 II 2 b.

III. Keine Geltung der §§ 311 ff AktG

Nicht anwendbar auf die GmbH sind §§ 311 ff AktG, was aber nur scheinbar gravierende Konsequenzen im Hinblick auf die Haftung des herrschenden Unternehmens für nachteilige Maßnahmen in der abhängigen GmbH hat. Grundsätzlich gelten für die Haftung des herrschenden Gesellschafters die allgemeinen nicht konzernspezifischen Regeln des GmbH-Rechts, die zumeist auch ausreichen, um etwaige Benachteiligungen der GmbH und damit der Minderheitsgesellschafter und Gläubiger der GmbH angemessen zu kompensieren.

173

Soweit die abhängige Gesellschaft eine **Einmann-GmbH** oder eine mehrgliedrige GmbH ist, deren Gesellschafter vollständig einer für die Gesellschaft nachteiligen Maßnahme zugestimmt haben, kommt – seit Aufgabe der Haftung zum sog. qualifiziert faktischen Konzern – eine Haftung des herrschenden Gesellschafters nach den **Grundsätzen des existenzvernichtenden Eingriffs** in Betracht.[161] Haftungsadressat ist jeder Gesellschafter. Anspruchsberechtigt sind die Gläubiger der GmbH[162] oder der bereits eingesetzte Insolvenzverwalter. Daneben scheidet eine **Haftung unter Treuegesichtspunkten** in diesen Fällen logisch aus, weil alle Gesellschafter die Benachteiligung wollen.[163] Außerdem fehlt es hier bereits an einem geeigneten Anspruchsberechtigten.

174

Sofern Minderheitsgesellschafter vorhanden sind und diese im Rahmen einer Beschlussfassung der Benachteiligung der Gesellschaft nicht zugestimmt haben, gilt zunächst einmal § 47 Abs. 4 GmbHG. Danach darf der herrschende Gesellschafter bei Interessenkollision bereits an der Beschlussfassung nicht teilnehmen. Dies betrifft jedenfalls sämtliche Rechtsgeschäfte zwischen der abhängigen GmbH und dem Mehrheitsgesellschafter und diesen zuzurechnenden Unternehmen.[164] Selbst wenn es dem herrschenden Gesellschafter im Einzelfall erlaubt ist, an der Beschlussfassung teilzunehmen, kann ein Beschluss durch den Minderheitsgesellschafter analog § 243 AktG wegen Treuepflichtverletzung angefochten werden. Soweit eine Beschlussanfechtung oder eine Haftung wegen Verstoß gegen die Treuepflicht ausscheiden, sind die Interessen der Minderheitsgesellschafter und Gläubiger der abhängigen GmbH (nur noch) über die Kapitalschutzvorschriften in §§ 30, 31 GmbHG geschützt. Flankiert bzw gesichert werden sämtliche Anspruchsgrundlagen des Minderheitsgesellschafters durch das umfassende Informationsrecht gem. § 51 a GmbHG, wonach die Geschäftsführer auf Verlangen eines Gesellschafters unverzüglich Auskunft über die Angelegenheiten der Gesellschaft zu geben haben.

175

F. Konzernrecht für Personengesellschaften und anderer Organisationen

I. Personengesellschaften

Es wurde bereits darauf hingewiesen,[165] dass die §§ 15–19 AktG auch für Personengesellschaften gelten. Das gilt auch dann, wenn diese nicht herrschende, sondern abhängige Unternehmen sind. Gleichermaßen können Unternehmensverträge gemäß § 292 AktG geschlossen werden. Dies betrifft insbesondere den Abschluss von Betriebsführungs- und Betriebspachtverträgen.[166] Sofern die Personengesellschaft herrschendes Unternehmen ist, reicht für den Zustimmungsbeschluss dieser Gesellschaft entsprechend § 293 Abs. 2 iVm § 293 Abs. 1 S. 2 AktG eine ¾-Mehrheit für den Abschluss eines Gewinnabführungsvertrages.[167] In der umgekehrten Konstellation, wenn die Personengesellschaft mittels Unternehmensvertrag beherrscht wird, sind Beherrschungs- und Gewinnabführungsverträge gem. § 291 AktG jedenfalls dann zulässig, wenn an der Gesellschaft keine natürliche Peson beteiligt ist.[168] Der Abschluss

176

---

161 Siehe oben Rn 140.
162 BGH NZG 2002, 914, 916.
163 BGH NJW 1993, 193, 194; Zur Reichweite der Anfechtung vgl Baumbach/Hueck/*Zöllner*, GmbHG, Anh. § 47 Rn 98 ff.
164 Baumbach/Hueck/*Zöllner*, GmbHG, SchlAnhKonzernR Rn 83.
165 Siehe Fn. 4.
166 BGH NJW 1982, 1817, 1818.
167 OLG Hamburg NZG 2005, 966, 967.
168 OLG Düsseldorf NZG 2005, 280, 282.

dieser Verträge bedarf allerdings schon wegen der persönlichen Haftung der Gesellschafter auch für nachteilige Rechtsgeschäfte nach richtiger Auffassung der Zustimmung aller Gesellschafter.[169]

177 Soweit die Personengesellschaft abhängig ist, gelten die § 311 ff AktG nicht. Es muss aber bedacht werden, dass die Bestimmungen im HGB und BGB aufgrund der personalistischen Struktur der Gesellschaft letztlich Benachteiligungen ohne Wissen und Zustimmung der Minderheitsgesellschafter praktisch ausschließen. So gilt nicht nur Einstimmigkeit bei Beschlussfassungen gem. § 119 HGB. Aus § 115 HGB folgt, dass jeder geschäftsführende Gesellschafter trotz Einzelgeschäftsführungsbefugnis aller Gesellschafter jederzeit einer Handlung des anderen widersprechen kann. Überdies hat jeder Geschäftsführer bei bedeutenden Maßnahmen die Zustimmung der/des anderen Geschäftsführer einzuholen.[170] Für die GbR ist Gesamtgeschäftsführung sogar die Regel, § 709 Abs. 1 BGB. Außerdem schützt das Wettbewerbsverbot in § 112 HGB vor einer anderweitigen unternehmerischen Tätigkeit des herrschenden Gesellschafters im Handelszweig der Gesellschaft, wobei diese Reglung freilich gesellschaftsvertraglich abbedungen werden kann. Schließlich bindet die bereits aus dem Gesellschaftszweck folgende Treuepflicht (§ 705 BGB) alle Gesellschafter, die in ihre Reichweite auch nachteilige Maßnahmen zu Lasten der Gesellschaft ausschließt. Wegen der persönlichen Haftung der Gesellschafter sind daneben besondere Schutzmechanismen zugunsten der Gläubiger nicht erforderlich.

178 Ist die Personengesellschaft herrschend, muss bedacht werden, dass, sofern Gesellschafter von der Geschäftsführung ausgeschlossen sind, was gesetzlich nur für den Kommanditisten gem. § 164 HGB gilt, die Geschäftsführung gem. § 116 Abs. 1 HGB in abhängigen Tochtergesellschaften agieren kann. Hier muss im Einzelfall aber unter den Voraussetzungen des § 116 Abs. 2 HGB die Zustimmung der Gesellschafter eingeholt werden.

II. Andere Organisationen

1. Genossenschaften

179 Auf Genossenschaften sind die §§ 15–19 AktG ebenfalls anwendbar, jedenfalls wenn die Genossenschaft herrschendes Unternehmen ist, denn § 1 Abs. 2 GenG erlaubt – wenngleich nur eingeschränkt – die Beteiligung an anderen Unternehmen ausdrücklich. Abhängige Genossenschaften sind dagegen jedenfalls praktisch ausgeschlossen.[171] Zwar können gem. § 30 GenG auch juristische Personen, Personenhandelsgesellschaften oder andere Personenvereinigungen Mitglieder einer Genossenschaft sein. Die Verfassung der Genossenschaft sieht in § 43 Abs. 3 GenG aber vor, dass jedes Mitglied nur eine Stimme hat und Mehrstimmrechte in der Satzung nur sehr begrenzt gewährt werden dürfen. Mehrfache Mitgliedschaften eines Mitglieds sind folglich nicht denkbar.[172] Allenfalls dann, wenn einem Mitglied andere Mitgliedschaften über § 16 Abs. 4 AktG wirtschaftlich zuzurechnen wären, könnte eine Abhängigkeit konstruiert werden. Ob die §§ 291 ff AktG anwendbar sind, soweit die Genossenschaft Untergesellschaft ist, ist nicht geklärt. Bei einem Beherrschungsvertrag muss das herrschende Unternehmen jedenfalls den Satzungszweck und die zwingenden gesetzlichen Vorgaben des GenG beachten, dann dürfte der Anwendung nichts entgegenstehen.[173] Nicht anwendbar sind dagegen §§ 311 ff AktG.

2. Vereine

180 Auf den Verein sind die §§ 15–19 AktG unproblematisch anwendbar. So bilden etwa zahlreiche eingetragene Fußballvereine Konzernspitzen, denen eine oder mehrere Tochtergesellschaften angehören. Auch der BGH hat die Anwendung der §§ 15–19 AktG schon lange anerkannt.[174] Vereine können aber auch je nach den Vereinsstatuten abhängig sein, weil § 38 BGB lediglich dispositiv die Nicht-

---

169 Emerich/Habersack/*Emmerich*, vor § 291 Rn 12.
170 BGH NJW 1984, 1461, 1463.
171 Im Ergebnis ebenso OLG Frankfurt AG 1998, 139, 140.
172 Zu den Regelungen des GenG, insbes. den gesetzlichen Neuerungen vgl *Geschwandter/Helios* NZG 2006, 691 ff.
173 Zum Streitstand: *Emmerich*, Konzernrecht, § 36 IV.
174 BGH NJW 1983, 569, 573.

übertragbarkeit der Mitgliedschaft anordnet. Die §§ 291 ff AktG dürften anwendbar sein und zwar unabhängig davon, ob der Verein herrschend oder abhängig ist. Die §§ 311 ff AktG sind nach Auffassung des BGH ebenfalls anwendbar, sofern der Verein herrschendes Unternehmen ist.[175] Für den umgekehrten Fall ist das noch nicht entschieden. Sollten die §§ 311 ff AktG nicht gelten, kann auf die allgemeinen vereinsrechtlichen Grundsätze zurückgegriffen werden. Im Vordergrund steht dabei die Treuepflicht, welche die Mitglieder zur Förderung des Vereinzwecks verpflichtet und damit schädigende Maßnahmen zu Lasten des Vereins ausschließt bzw in einem solchen Fall eine Schadensersatzpflicht des herrschenden Unternehmens auslöst.[176]

3. Stiftungen

Die Stiftung kann nicht abhängiges Unternehmen gem. §§ 15–19 AktG sein, da nur der Stifter Beteiligter und eine Übertragung der Beteiligung ausgeschlossen ist. Dagegen ist die Stiftung als herrschendes Unternehmen möglich und in der Praxis auch recht häufig. Das Konzernrecht gilt dabei nach hM uneingeschränkt und wird nicht durch die §§ 80 ff BGB überlagert.[177]

181

---

175 BGH NJW 1983, 569, 573.
176 BGH MDR 1978, 29, 30.
177 *Emmerich*, Konzernrecht, § 38 II, III.

§ 10 Umwandlungsrecht

- A. Einleitung 1
  - I. Möglichkeiten zur Strukturänderung von Rechtsträgern 1
  - II. Abgrenzung zu sonstigen Restrukturierungsalternativen 4
  - III. Berührungen mit anderen Rechtsgebieten 8
  - IV. Umwandlungen mit Auslandsberührung 9
- B. Verschmelzung 12
  - I. Einführung und Allgemeines 12
    1. Wesensmerkmale der Verschmelzung 12
    2. Arten der Verschmelzung 13
       - a) Verschmelzung durch Aufnahme und durch Neugründung 13
       - b) Relevanz der Rechtsform der beteiligten Rechtsträger 14
       - c) Innerstaatliche und grenzüberschreitende Verschmelzung 15
    3. Relevante Zeitpunkte (Stichtage) 16
       - a) Stichtag der Schlussbilanz (vgl § 17 Abs. 2 UmwG) 17
       - b) Verschmelzungsstichtag (§ 5 Abs. 1 Nr. 6 UmwG) 19
       - c) Beginn der Gewinnberechtigung (§ 5 Abs. 1 Nr. 5 UmwG) 20
       - d) Zeitpunkt des dinglichen Wirksamwerdens der Verschmelzung 21
       - e) Steuerlicher Übertragungsstichtag (§ 2 Abs. 1 UmwStG) 22
       - f) Bewertungsstichtag 23
  - II. Verschmelzungsfähigkeit 24
    1. Allgemeine rechtliche Darstellung 24
       - a) Europäische Aktiengesellschaft (SE) ... 25
       - b) Natürliche Person 26
       - c) Aufgelöster Rechtsträger 27
       - d) Verschmelzungsfähigkeit bei der grenzüberschreitenden Verschmelzung 28
    2. Rechtsfragen aus der Praxis 29
       - a) Maßgeblicher Zeitpunkt für die Verschmelzungsfähigkeit 29
       - b) Aufgelöster Rechtsträger als übernehmender Rechtsträger 30
       - c) Überschuldeter Rechtsträger 31
  - III. Verschmelzungsvertrag und Verschmelzungsplan 32
    1. Allgemeine rechtliche Darstellung 32
       - a) Allgemeines 32
       - b) Beteiligte und Vertretung 37
       - c) Inhalt 39
       - d) Form 58
       - e) Sonstige Wirksamkeitsvoraussetzungen . 61
    2. Rechtsfragen aus der Praxis 62
       - a) Die Angaben nach § 5 Abs. 1 Nr. 9 UmwG 62
       - b) Bedingungen im Verschmelzungsvertrag 67
       - c) „Kettenumwandlungen" 69
       - d) Zuleitung an den Betriebsrat (§ 5 Abs. 3 UmwG) 71
  - IV. Verschmelzungsbericht und Verschmelzungsprüfung 72
    1. Verschmelzungsbericht 73
       - a) Erforderlichkeit 73
       - b) Gemeinsamer Verschmelzungsbericht und Zuständigkeit 76
       - c) Form 77
       - d) Inhalt 78
       - e) Zugänglichmachung 79
    2. Verschmelzungsprüfung 80
       - a) Erforderlichkeit 81
       - b) Antrag auf Bestellung und Bestellung . 82
       - c) Person des Verschmelzungsprüfers 83
       - d) Prüfungsbericht 84
  - V. Anteilsgewährung 85
    1. Anteilsgewährungspflicht 85
       - a) Grundsatz 85
       - b) Ausnahmen 86
    2. Erfüllung der Anteilsgewährungspflicht .. 93
       - a) Herkunft der zu gewährenden Anteile . 93
       - b) Schaffung zu gewährender Anteile durch Kapitalerhöhung 98
  - VI. Verschmelzungsbeschluss 105
    1. Allgemeine rechtliche Darstellung 105
       - a) Erforderlichkeit eines Verschmelzungsbeschlusses 105
       - b) Das Erfordernis einer Versammlung und Zustimmungsvorbehalte 109
       - c) Vorbereitung und Durchführung der Versammlung 111
       - d) Inhalt des Verschmelzungsbeschlusses 114
       - e) Materielle Anforderungen an den Verschmelzungsbeschluss 115
    2. Rechtsfragen aus der Praxis 116
       - a) Informationspflichten nach § 62 Abs. 3 UmwG nur im Fall des § 62 Abs. 2 UmwG 116
       - b) Zustimmungsvorbehalte bei der Ausübung des Stimmrechts 117
       - c) Sonderbeschlüsse bei mehreren Aktiengattungen 118
  - VII. Anmeldung, Freigabeverfahren und Wirkungen der Eintragung 119
    1. Anmeldung 119
       - a) Anzumeldende Tatbestände 119
       - b) Zuständiges Handelsregister 120
       - c) Ordnungsgemäße Vertretung des Rechtsträgers 121
       - d) Anlagen zur Anmeldung 122
       - e) Versicherungen und Erklärungen 123
    2. Freigabeverfahren (§ 16 Abs. 3 UmwG) .. 124
       - a) Zulässigkeit des Antrags 125
       - b) Begründetheit des Antrags 128
       - c) Verfahren und Rechtsmittel 130
    3. Wirkungen der Eintragung 131
       - a) Unmittelbare Wirkungen (§ 20 Abs. 1 UmwG) 132
       - b) Mittelbare Wirkungen 140
  - VIII. Rechtsschutz gegen eine Verschmelzung 141
    1. Klage gegen den Verschmelzungsbeschluss 141
       - a) Rechtsfolge der Klageerhebung 142
       - b) Klageart 143
       - c) Zulässigkeit der Klage 144
    2. Klage gegen den Kapitalerhöhungsbeschluss 149
    3. Anspruch nach § 15 Abs. 1 UmwG und Anspruch nach § 34 UmwG (Spruchverfahren) 150
- C. Spaltung 151
  - I. Einführung und Allgemeines 151
    1. Wesensmerkmale der Spaltung 151

§ 10 Umwandlungsrecht

    2. Beweggründe, Anlässe und Ziele 153
    3. Arten der Spaltung 154
        a) Aufspaltung, Abspaltung, Ausgliederung 154
        b) Spaltung zur Aufnahme und zur Neugründung 162
        c) Verhältniswahrende und nicht-verhältniswahrende Spaltung 164
    4. Relevante Zeitpunkte 169
  II. Spaltungsfähigkeit 170
    1. Allgemeine rechtliche Darstellung 170
        a) Aufspaltung und Abspaltung 170
        b) Ausgliederung 172
        c) Aufgelöste Rechtsträger 174
        d) Misch-Spaltung 175
    2. Rechtsfragen aus der Praxis 176
  III. Entsprechende Geltung des Verschmelzungsrechts 179
  IV. Spaltungsvertrag und Spaltungsplan 180
    1. Allgemeine rechtliche Darstellung 180
    2. Rechtsfragen aus der Praxis 183
        a) Die Aufteilung des Vermögens zwischen den beteiligten Rechtsträgern 183
        b) Hinreichende Bestimmbarkeit der Vermögensteile 186
        c) Aufhebung von § 132 UmwG 188
        d) Weitere fakultative Regelungen des Spaltungsvertrages/-planes 191
  V. Spaltungsbericht und Spaltungsprüfung 195
  VI. Anteilsgewährung 197
    1. Anteilsgewährungspflicht 197
    2. Ausnahmen von der Anteilsgewährungspflicht 198
  VII. Spaltungsbeschluss 201
    1. Allgemeine rechtliche Darstellung 201
    2. Rechtsfragen aus der Praxis 202
  VIII. Kapitalaufbringung und Kapitalerhaltung bei der Beteiligung von Kapitalgesellschaften an der Spaltung 203
    1. Übertragender Rechtsträger 204
    2. Übernehmender Rechtsträger 205
  VIII. Anmeldung, Freigabeverfahren und Wirkungen der Eintragung 206
    1. Allgemeine rechtliche Darstellung 206
    2. Rechtsfragen aus der Praxis 209
        a) Anmeldende Personen 209
        b) Anlagen der Anmeldung 211
        c) Reihenfolge der Eintragungen 217
        d) Gläubigerschutz 218
        e) Grundbuchberichtigung 219
        f) Firma der übernehmenden bzw neuen Rechtsträger 220
  IX. Rechtsschutz gegen die Spaltung 221

D. Formwechsel 222
  I. Einführung und Allgemeines 222
    1. Wesensmerkmale des Formwechsels 222
        a) Identität des Rechtsträgers 223
        b) Identität der Anteilsinhaber und Identität der Beteiligungen 224
        c) Formwechsel außerhalb des UmwG ... 225
    2. Beweggründe, Anlässe, Ziele 226
  II. Formwechselfähigkeit 229
    1. Allgemeine rechtliche Darstellung 229
    2. Rechtsfragen aus der Praxis 231
        a) Formwechsel in eine GmbH & Co. KG 231
        b) Formwechsel einer Rechtsanwalts-GmbH 232
  III. Ablauf des Formwechsels 233
  IV. Entsprechende Geltung des Gründungsrechts 236
  V. Bericht über den Formwechsel 240
    1. Allgemeine rechtliche Darstellung 240
    2. Rechtsfragen aus der Praxis 243
        a) Schriftform 243
        b) Vermögensaufstellung 244
        c) Ausnahmen von der Berichtpflicht ... 245
  VI. Der Formwechselbeschluss 248
    1. Allgemeine rechtliche Darstellung 248
    2. Rechtsfragen aus der Praxis 251
        a) Bezeichnung unbekannter Gesellschafter 251
        b) Beschlussfassung über die Satzung oder den Gesellschaftsvertrag 253
        c) Erforderliche Mehrheiten 254
        d) Veräußerung von Anteilen nach dem Formwechselbeschluss 255
        e) Angebot der Barabfindung 256
  VII. Anmeldungen, Freigabeverfahren und Wirkungen der Eintragung 259
    1. Allgemeine rechtliche Darstellung 259
    2. Rechtsfragen aus der Praxis 263
        a) Anmeldende Personen 263
        b) Anlagen der Anmeldung 264
        c) Auswirkungen des Formwechsels auf die Organstellung der gesetzlichen Vertreter 267
        d) Firmenbildung 269
        e) Grundbuchberichtigung 270
  VIII. Rechtsschutz gegen einen Formwechsel 271
    1. Allgemeine rechtliche Darstellung 271
    2. Rechtsfragen aus der Praxis 272
        a) Anfechtung bei qualitativer Schlechterstellung 272
        b) Anfechtung beim nicht-verhältniswahrenden Formwechsel 273
  IX. Vermögensübertragung 274

A. Einleitung

I. Möglichkeiten zur Strukturänderung von Rechtsträgern

Das **Umwandlungsrecht**, wie es heute im Umwandlungsgesetz kodifiziert ist, stellt den Rechtsträgern **verschiedene Möglichkeiten** zur Verfügung, ihre **Struktur und Rechtsform zu verändern**.[1] Hiervon machen in der Praxis vor allem solche Rechtsträger Gebrauch, die Träger eines am Markt tätigen Unternehmens sind. Bei ihnen ist der Anpassungsdruck an die sich verändernden Bedingungen des Wettbewerbs am höchsten, der eine ständige Überprüfung der eigenen Position einschließlich der unternehmenstragenden Rechtsform und der gewählten Konzernstruktur erfordert.[2] Da Unternehmen in der Regel durch Personen- und Kapitalgesellschaften geführt werden, steht die Umwandlung dieser Gesellschaften in der Praxis und deshalb auch bei der nachfolgenden Darstellung im Vordergrund.

Vor dem Inkrafttreten des UmwG waren lediglich die **Verschmelzung** (vgl Rn 12 ff) und die **formwechselnde** und **formwahrende Umwandlung** (vgl zum Formwechsel Rn 222 ff) spezialgesetzlich geregelt.[3] Erst mit dem Inkrafttreten des UmwG im Jahr 1995 wurde die **Spaltung** (vgl Rn 151 ff) als neues Rechtsinstitut eingeführt, die davor nur von der Treuhand verwalteten Unternehmen zur Verfügung stand. Durch das UmwG wurde außerdem der **Kreis der Unternehmen bzw Rechtsträger**, die an einem Umwandlungsvorgang beteiligt sein können, im Vergleich zur früheren Rechtslage wesentlich **erweitert**.

In der Grundsatzbestimmung **§ 1 UmwG** werden die einzelnen Umwandlungsmöglichkeiten festgelegt und damit zugleich der Begriff der „Umwandlung" zum Oberbegriff für die in § 1 Abs. 1 UmwG aufgeführten Instrumente der **Verschmelzung**, der **Spaltung**, der **Vermögensübertragung** und des **Formwechsels** bestimmt. Damit veränderte das UmwG von 1994 die klassische Terminologie, die unter einer Umwandlung lediglich den Wechsel der Rechtsform verstand und erweiterte ihn zum umfassenden Oberbegriff für **Umwandlungen mit Vermögensübergang** (Verschmelzung, Spaltung und Vermögensübertragung) und **Umwandlungen ohne Vermögensübergang** (Formwechsel). In der Praxis wird der Formwechsel gleichwohl häufig noch als Umwandlung bezeichnet.

II. Abgrenzung zu sonstigen Restrukturierungsalternativen

§ 1 Abs. 2 und 3 UmwG bestimmt, dass eine **Umwandlung** im Sinne des § 1 Abs. 1 UmwG **nur möglich** ist, wenn sie durch eine gesetzliche Bestimmung **ausdrücklich zugelassen** ist und dass von den Vorschriften des UmwG nur dann abgewichen werden kann, wenn dies ausdrücklich zugelassen ist. Damit bestimmt das Gesetz einen **Numerus Clausus der Umwandlungsmöglichkeiten** und gleichzeitig ein **Analogieverbot**.[4] Bei der Anwendung des Gesetzes ist somit zu berücksichtigen, dass das, was nicht ausdrücklich erlaubt ist, grundsätzlich verboten ist. Der Wortlaut des § 1 UmwG lässt daher einen sehr weiten Anwendungsbereich des UmwG zu, weshalb sich seit seiner Einführung die Frage stellt, welche **Auswirkungen** diese weite Formulierung **auf sonstige**, auch schon vor dem Inkrafttreten des UmwG zulässige **Restrukturierungsalternativen** hat. Vor allem stellt sich die Frage, ob damit bereits bestehende Restrukturierungsalternativen beschränkt oder gänzlich ausgeschlossen werden sollten. Dies hat der Gesetzgeber jedoch ausdrücklich verneint. Vielmehr ging es dem Gesetzgeber mit der Einführung des UmwG im Wesentlichen darum, eine **Herabsetzung der Beschlussmehrheiten für die Zustimmungsbeschlüsse** zu den einzelnen Umwandlungsmaßnahmen bei den einzelnen

---

1 Veröffentlicht als Art. 1 des Gesetzes zur Bereinigung des Umwandlungsrechts (UmwBerG) vom 28.10.1994 (BGBl. I S. 3210). Das Gesetz ist am 1.1.1995 in Kraft getreten. Im Hinblick auf umwandlungsrechtliche Rechtsfortentwicklungen wurde es durch das Gesetz zur Änderung des UmwG vom 22.7.1998 (BGBl. I S. 1878) angepasst. Zuletzt wurde das Umwandlungsgesetz durch das Zweite Gesetz zur Änderung des Umwandlungsgesetzes vom 24.4.2007 (BGBl. I S. 542) geändert, Vgl dazu auch *Heckschen* DNotZ 2007, 444 ff.
2 Zur Auswahl der richtigen Rechtsform Vgl die ausführliche Darstellung in § 4.
3 Die Regelungen verteilten sich auf das Umwandlungsgesetz 1969, das AktG, das KapErhG, das GenG sowie das VAG, vgl dazu ausführlich *Neye* DB 1994, 2069. Soweit im Folgenden vom UmwG gesprochen wird, ist stets das geltende Umwandlungsgesetz von 1994 in seiner aktuellen Fassung gemeint.
4 Vgl hierzu ausführlich Begründung zu § 1 BT-Drucks. 12/6699, S. 80; sowie Lutter/*Lutter*/*Drygala* § 1 Rn 33 ff; Widmann/Mayer/*Heckschen* § 1 Rn 384 ff.

Rechtsträgern **zu verhindern**, und nicht darum, andere Möglichkeiten zur Veränderung bestehender Rechtsträger auszuschalten.[5] Auch nach Erlass des UmwG ist es daher weiterhin **zulässig, Unternehmensumstrukturierungen** über die **allgemeinen zivil- und gesellschaftsrechtlichen Wege** und nicht im Rahmen der vom UmwG zur Verfügung gestellten Rechtsinstitute zu bewerkstelligen.[6]

5 Insbesondere **Umstrukturierungen durch Einzelrechtsnachfolge** werden vom UmwG überhaupt nicht erfasst. Ob dennoch einzelne Schutzvorschriften des UmwG auf solche Maßnahmen analog anzuwenden sind, ist umstritten.[7] In seiner Entscheidung zum **Delisting** hat der BGH keine analoge Anwendung der Regelungen des UmwG angeordnet und lediglich den Rechtsgedanken des § 29 UmwG aufgegriffen, wonach im Verschmelzungsvertrag den Anteilsinhabern ein Abfindungsangebot gemacht werden muss.[8] Es besteht deshalb grundsätzlich für einen Rechtsträger die **freie Wahl**, welchen **Umstrukturierungsweg** es einschlägt. Er kann sich dabei der vom UmwG zur Verfügung gestellten Instrumente bedienen, ist dazu jedoch nicht verpflichtet.[9]

6 In der Praxis müssen daher bei jeder geplanten Unternehmensumstrukturierung sowohl die umwandlungsrechtlichen als auch die übrigen zivil- und gesellschaftsrechtlichen Optionen geprüft und gegeneinander abgewogen werden, um zu einer **wirtschaftlich und steuerlich optimalen Gestaltung** zu gelangen, die **auch außerhalb des Anwendungsbereiches des UmwG** liegen kann. Dabei ist insbesondere zwischen den bei der Anwendung des Umwandlungsgesetzes bestehenden Vorteilen der (partiellen) Gesamtrechtsnachfolge und der Durchführung der Maßnahme auf der Grundlage eines Mehrheitsbeschlusses und den damit verbundenen Nachteilen, die insbesondere in einer wesentlich höheren Informations- und Dokumentationspflicht besteht, abzuwägen.[10]

7 Zu den wichtigsten **Gestaltungsalternativen** gehören:

- die **Einbringung und Ausgliederung** im Wege der **Einzelrechtsnachfolge** insbesondere im Wege der **Sacheinlage**, durch die ebenfalls die durch Verschmelzung und Spaltung erreichbaren Ziele, nämlich entweder die sachen- und gesellschaftsrechtliche Zusammenführung verschiedener Rechtsträger auf einen einzigen oder die Aufteilung von Vermögensbestandteilen eines Rechtsträgers auf verschiedene Rechtsträger unter Anteilstausch, erreicht werden können; der wesentliche Unterschied besteht nur darin, dass hierzu bei der Einbringung und Ausgliederung eine Vielzahl von Einzelakten erforderlich sind (vgl auch Rn 158 ff);[11] zu nennen sind in diesem Zusammenhang auch die **Liquidation** sowie die **Realteilung bei Personengesellschaften** auf der Grundlage von § 145 Abs. 1 HGB,[12]

- die **Anwachsung im Personengesellschaftsrecht**, bei der sich alle Anteile an einer Personengesellschaft in einer Hand vereinigen und daher das Gesamthandsvermögen gem. § 738 BGB bei dieser Person anwächst,[13]

- der **Anteilstausch**, bei der Anteilsinhaber eines Rechtsträgers Anteile an diesem Rechtsträger in einen anderen Rechtsträger einbringen und dafür im Gegenzug Anteile an diesem Rechtsträger erhalten.[14]

---

5 Vgl Begründung zu § 1 BT-Drucks. 12/6699, S. 80.
6 Das Gesetz spricht in § 1 Abs. 2 UmwG ausdrücklich nur von „Umwandlungen im Sinne dieses Gesetzes"; vgl BT-Drucks. 12/6699, S. 80; Lutter/*Lutter/Drygala* § 1 Rn 34.
7 Dagegen LG Hamburg DB 1997, 6; BayOgLG ZIP 1998, 2002; dafür unter Hinweis auf die Holzmüller-Rechtsprechung des BGH (BGHZ 83, 122 ff) LG Frankfurt ZIP 1997, 1698; LG Karlsruhe ZIP 1998, 385; für eine besondere Informationspflicht analog zum UmwG OLG Stuttgart DB 2001, 854; Vgl aus der Lit. insbes. *Heckschen*, in: Heckschen/Simon, Umwandlungsrecht, § 7 Rn 41 ff; *Früchtl* NZG 2007, 368 ff; Lutter/*Lutter* Einl. Rn 46; Lutter/*Lutter/Drygala* § 1 Rn 39; Lutter/*Teichmann* § 123 Rn 24 f; Semler/Stengel/*Semmler* § 1 Rn 78 ff; Kallmeyer/*Kallmeyer* § 1 Rn 23.
8 BGH ZIP 2003, 387 m.Anm. *Streit*. Zur Umwandlung als Mittel des Delisting vgl *Steck* AG 1998, 261. Vgl in diesem Zusammenhang auch die Neufassung von § 29 Abs. 1 UmwG, Widmann/Mayer/*Vollrath* § 29 Rn 11 f.
9 Vgl BVerfG DB 2000, 1905.
10 Vgl OLG Frankfurt DB 2003, 872.
11 Zur Abgrenzung insbesondere zur Ausgliederung vgl Kallmeyer/*Kallmeyer* § 123 Rn 2, 16 ff; Lutter/*Teichmann* § 123 Rn 24. Vgl zur Einbringung auch die Muster von *Fox* in: Engl, Formularbuch Umwandlungen, D.3a ff.
12 Zur Realteilung vgl ausführlich Kallmeyer/*Kallmeyer* § 123 Rn 25 sowie die Muster von *Fox* in: Engl, Formularbuch Umwandlungen, D.3a ff.
13 Dazu *Orth* DStR 1999, 1011 und DStR 1999, 1053; *Früchtl* NZG 2007, 368 ff; vgl auch die Muster in MünchHdb GesR/*Riegger/Götze* III.21 f.
14 Zum Anteilstausch vgl ausführlich *Sagasser* in: Sagasser/Bula/Brünger, Umwandlungen, H Rn 12 ff; 16 ff.

III. Berührungen mit anderen Rechtsgebieten

Bei der Planung und Durchführung von Umwandlungen nach dem UmwG sind vielfältige Verknüpfungen zu anderen Rechtsgebieten zu beachten. Dies gilt zunächst für das **Steuerrecht**, das im UmwStG seine eigene Kodifikation erfahren hat. Es wird ausführlich unter § 14 behandelt. Eng mit dem Steuerrecht verknüpft sind bilanzrechtliche Fragen des **Handelsrechts** (vgl dazu auch § 13). Auch das **Arbeitsrecht** spielt eine wichtige Rolle, wobei es insbesondere um die Anwendbarkeit von § 613 a BGB und die Beachtung betriebsverfassungsrechtlicher und mitbestimmungsrechtlicher Regelungen geht (vgl dazu auch § 16). Die **spezialgesetzlichen Regelungen etwa in den §§ 203, 323, 324 und 325 UmwG** sind zu berücksichtigen. Schließlich können Umwandlungen auch in den Anwendungsbereich etwa des deutschen und europäischen **Kartellrechts** fallen, so dass sie bei den zuständigen Behörden anzumelden sind und möglicherweise einem Vollzugsverbot nach deutschem oder europäischen Kartellrecht unterliegen.

8

IV. Umwandlungen mit Auslandsberührung

Aus dem **Wortlaut von § 1 Abs. 1 S. 1 UmwG** („Sitz im Inland") folgte bisher, dass an einer Umwandlung nach dem UmwG nur **Rechtsträger mit dem Sitz in Deutschland** beteiligt sein konnten.[15] Die grenzüberschreitende Umwandlung ist danach nicht zulässig. Möglich ist hiernach lediglich, dass ausländische Anteilsinhaber über einen deutschen Rechtsträger an einer Umwandlung teilnehmen.[16] Zwar wurden in der Praxis vereinzelt grenzüberschreitende Umwandlungen durchgeführt; sie bewegten sich allerdings auf ungesichertem zivil-, gesellschafts- und steuerrechtlich Terrain.[17]

9

Nach Auffassung des EuGH (*Sevic*) ist dieser enge Anwendungsbereich des deutschen UmwG mit Art. 43, 48 EGV unvereinbar.[18] Vielmehr falle der entschiedene Fall der **Hineinverschmelzung** (Verschmelzung einer ausländischen auf eine deutsche Kapitalgesellschaft) in den **Anwendungsbereich der Niederlassungsfreiheit** (näher hierzu § 8 Rn 116 ff) und müsse daher zugelassen werden. Diese Entscheidung machte es erforderlich, den Anwendungsbereich des deutschen UmwG zu erweitern. Darüber hinaus hatte der deutsche Gesetzgeber bis zum Dezember 2007 die europäische **Richtlinie über die Verschmelzung von Kapitalgesellschaften** aus verschiedenen Mitgliedstaaten in nationales Recht umzusetzen (näher hierzu § 8 Rn 103 ff).[19]

10

Mit dem Zweiten Gesetz zur Änderung des UmwG hat der Gesetzgeber diese Umsetzung durchgeführt und im zehnten Abschnitt unter dem Titel „Grenzüberschreitende Verschmelzung von Kapitalgesellschaften" die **§§ 122 a bis 122 l** in das UmwG eingefügt.[20] Die grenzüberschreitende Verschmelzung ist im verschmelzungsrechtlichen Teil dieses Kapitels (unten Rn 12 ff) dargestellt. Es bleibt allerdings abzuwarten, ob und inwieweit der deutsche Gesetzgeber mit diesen Gesetzesänderungen der Forderung des EuGH in der *Sevic*-Entscheidung, grenzüberschreitende Verschmelzungen im Sinne der Niederlassungsfreiheit zu ermöglichen, ausreichend nachgekommen ist, ob also die Niederlassungsfreiheit nicht eine **weitergehende Liberalisierung des Umwandlungsrechts** im Hinblick auf ausländische Rechtsträger erforderlich macht.

11

---

15 Vgl dazu und zu den diskutierten Ausweichstrategien Kallmeyer/*Kallmeyer* § 1 Rn 13 ff; Widmann/Mayer/*Heckschen* § 1 Rn 18 und 89 ff.
16 *Saß* BB 1997, 2505.
17 Vgl Lutter/*Lutter/Drygala* § 1 Rn 5 ff.
18 EuGH GmbHR 2006, 140 m. Komm. *Haritz*.
19 Richtlinie 2005/56/EG des Europäischen Parlaments und des Rates vom 26.10.2005 über die Verschmelzung von Kapitalgesellschaften aus verschiedenen Mitgliedstaaten, ABl. EG Nr. L 310, S. 1 ff. Näher zu dieser Richtlinie § 8 Rn 71 ff sowie *Bayer/Schmidt* NJW 2006, 401; *Forsthoff* DStR 2006, 613; *Kallmeyer/Kappes* AG 2006, 224; *Koppensteiner* Der Konzern 2006, 40; *Neye* ZIP 2005, 1893; *Spahlinger/Wegen* NZG 2006, 721.
20 BGBl. 2007 I S. 542. Vgl dazu den Gesetzesentwurf der Bundesregierung in BT-Drucks. 16/2919, S. 1 ff vom 12.10.2006 und die Stellungnahme des Bundesrates zum Gesetzesentwurf der Bundesregierung in BR-Drucks. 548/06, S. 1 ff. Aus der Literatur zum zweiten Änderungsgesetz zum UmwG *Bayer/Schmidt* NZG 2006, 841; *Drinhausen* BB 2006, 2313 und, soweit es die Richtlinie über die grenzüberschreitende Verschmelzung umsetzt, *Drinhausen/Keinath* BB 2006, 725; *Hans-Friedrich Müller* NZG 2006, 286; *Neye/Timm* DB 2006, 488, *Jochen Vetter* AG 2006, 613.

B. Verschmelzung

I. Einführung und Allgemeines

1. Wesensmerkmale der Verschmelzung

12 Die Wesensmerkmale der Verschmelzung sind in § 2 UmwG niedergelegt:
- Mit der Verschmelzung wird **Vermögen** eines Rechtsträgers (übertragender Rechtsträger) auf einen anderen Rechtsträger (übernehmender Rechtsträger) **übertragen**. Wie die anderen Umwandlungsarten ist die Verschmelzung also zunächst einmal ein besonderer Übertragungstatbestand. Dabei kann es mehrere übertragende Rechtsträger geben, jedoch nur einen übernehmenden Rechtsträger. Umgekehrt ist dies bei der Spaltung (vgl unten Rn 155 ff). Sofern nicht ausdrücklich behandelt, liegt dem Folgenden der Regelfall zugrunde, dass nur ein übertragender Rechtsträger an der Verschmelzung beteiligt ist.
- Wenn § 2 UmwG vom Vermögen des übertragenden Rechtsträgers spricht, so meint er das **Vermögen** des übertragenden Rechtsträgers **in seiner Gesamtheit**. Hierin gleicht die Verschmelzung der Aufspaltung (§ 123 Abs. 1 UmwG) und unterscheidet sich die Verschmelzung von der Abspaltung (§ 123 Abs. 2 UmwG) und der Ausgliederung (§ 123 Abs. 3 UmwG).
- Das Vermögen des übertragenden Rechtsträgers wird "als Ganzes" auf den übernehmenden Rechtsträger übertragen. Es handelt sich also um eine **Gesamtrechtsnachfolge** (Universalsukzession), die eine Ausnahme vom sachenrechtlichen Spezialitätsgrundsatz darstellt und in der Rechtsordnung nur selten vorkommt (vgl etwa § 1922 Abs. 1 BGB).
- Mit der Übertragung seines gesamten Vermögens ist der übertragende **ohne Abwicklung aufgelöst**. Er erlischt also (vgl § 20 Abs. 1 Nr. 2 S. 1 UmwG), ohne dass der Rechtsträger das Auflösungsverfahren zu durchlaufen hat, das nach allgemeinem Gesellschaftsrecht zur Beendigung des Rechtsträgers erforderlich ist.
- Die Verschmelzung ist ein Austauschgeschäft. Die Gegenleistung für die Übertragung des Vermögens des übertragenden Rechtsträgers besteht darin, dass die (früheren) Anteilsinhaber des übertragenden Rechtsträgers **Anteile am übernehmenden Rechtsträger erhalten** und auf diese Weise Anteilsinhaber des übernehmenden Rechtsträgers werden. Insoweit unterscheidet sich die Verschmelzung von der Ausgliederung (§ 123 Abs. 3 UmwG), bei der nicht die Anteilsinhaber des übertragenden Rechtsträgers die Anteile am übernehmenden Rechtsträger erhalten, sondern der übertragende Rechtsträger selbst.

2. Arten der Verschmelzung

a) Verschmelzung durch Aufnahme und durch Neugründung

13 Ist der übernehmende Rechtsträger bereits vorhanden, so spricht das Gesetz von einer Verschmelzung **durch Aufnahme** (vgl insb. §§ 4 ff UmwG). Daneben sieht das Gesetz die Möglichkeit vor, den übernehmenden Rechtsträger erst durch die Verschmelzung zu gründen, sog. Verschmelzung **durch Neugründung** (vgl insb. §§ 36 ff UmwG).

b) Relevanz der Rechtsform der beteiligten Rechtsträger

14 Das UmwG enthält zunächst allgemeine Vorschriften, die grundsätzlich für jede Verschmelzung gelten (§§ 2–38 UmwG, allgemeines Verschmelzungsrecht). Im Anschluss differenziert das Gesetz nach der **Rechtsform der beteiligten Rechtsträger** (§§ 39 ff–122 UmwG, besonderes Verschmelzungsrecht). Innerhalb des besonderen Verschmelzungsrechts wird wiederum danach unterschieden, ob es sich um eine Verschmelzung durch Aufnahme oder um eine Verschmelzung durch Neugründung handelt.

c) Innerstaatliche und grenzüberschreitende Verschmelzung

15 Schließlich lässt sich nach dem **Sitz der beteiligten Rechtsträger** unterscheiden. Das Verschmelzungsrecht der §§ 2 ff–122 UmwG gilt nur für Rechtsträger mit Sitz im Inland (§ 1 Abs. 1 UmwG). Seit dem Zweiten Gesetz zur Änderung des UmwG (vgl oben Rn 11) lässt das UmwG jedoch auch eine **grenzüberschreitende Verschmelzung** zu (§§ 122 a ff UmwG, vgl oben Rn 10 f) und setzt damit die europäi-

sche Richtlinie über die grenzüberschreitende Verschmelzung (zu dieser ausführlich § 8 Rn 103 ff) um.[21] Bei der grenzüberschreitenden Verschmelzung handelt es sich um eine Verschmelzung, an der mindestens eine Kapitalgesellschaft mit Sitz im Inland und eine Kapitalgesellschaft beteiligt ist, die die Voraussetzungen des § 122 b UmwG erfüllt, also insbesondere eine solche, die nach dem Recht eines EU-Mitgliedstaats gegründet wurde und ihren Sitz in einem EU-Mitgliedstaat hat. Auf eine grenzüberschreitende Verschmelzung sind die besonderen Vorschriften des Rechts der grenzüberschreitenden Verschmelzung (§§ 122 a ff UmwG)[22] und im Übrigen die Vorschriften des allgemeinen Verschmelzungsrechts und das besondere Verschmelzungsrecht der Kapitalgesellschaften anzuwenden (§ 122 a Abs. 2 UmwG).

3. Relevante Zeitpunkte (Stichtage)

Mehrere Bestimmungen des Verschmelzungsrechts knüpfen an einen bestimmten Zeitpunkt an.[23] Diese sog. Stichtagsregelungen müssen genauestens beachtet werden, wenn eine Verschmelzung geplant wird.

16

a) Stichtag der Schlussbilanz (vgl § 17 Abs. 2 UmwG)

Von besonderer Bedeutung ist der Stichtag (vgl § 242 Abs. 1 S. 1 HGB) der Bilanz des übertragenden Rechtsträgers, die der Anmeldung der Verschmelzung gemäß § 17 Abs. 2 S. 1 UmwG beizufügen ist, sog. Schlussbilanz. Gemäß § 17 Abs. 2 S. 4 UmwG darf das Registergericht die Verschmelzung nur eintragen, wenn der Stichtag der Schlussbilanz längstens acht Monate vor der Anmeldung der Verschmelzung liegt.[24] Dabei ist zu berücksichtigen, dass für die Schlussbilanz gemäß § 17 Abs. 2 S. 2 UmwG die Vorschriften über die Jahresbilanz (§§ 242 ff, 266 ff HGB) und deren **Prüfung** (§§ 316 ff HGB) Anwendung finden. Ein interner Zwischenabschluss genügt also nicht, sondern es bedarf einer durch einen Abschlussprüfer geprüften Bilanz. Daher wird der Verschmelzung zumeist die Bilanz des letzten Jahresabschlusses des übertragenden Rechtsträgers als Schlussbilanz zugrunde gelegt. Ist diese, wie in der Regel, auf den 31. Dezember eines Jahres aufgestellt, muss die Verschmelzung spätestens am 31. August des Folgejahres angemeldet worden sein.

17

Erfolgt die Anmeldung innerhalb der Frist des § 17 Abs. 2 S. 4 UmwG, so ist die Anmeldung auch dann rechtzeitig, wenn eine **Klage gegen die Wirksamkeit des Verschmelzungsbeschlusses** anhängig ist (vgl § 16 Abs. 2 S. 1 UmwG). Die Anhängigkeit einer solchen Klage hindert also nur die Eintragung, nicht die Anmeldung. Freilich kann es empfehlenswert sein, zunächst den Ausgang eines Klageverfahrens abzuwarten, bevor die Anmeldung vorgenommen wird. Der Verschmelzungsvertrag sollte für diesen Fall eine Regelung zur Änderung der Stichtage und der relevanten Schlussbilanz enthalten (vgl noch unten Rn 56).

18

b) Verschmelzungsstichtag (§ 5 Abs. 1 Nr. 6 UmwG)

Gemäß § 5 Abs. 1 Nr. 6 UmwG muss der Verschmelzungsvertrag den Zeitpunkt bestimmen, von dem an die Handlungen des übertragenden Rechtsträgers als für Rechnung des übernehmenden Rechtsträgers vorgenommen gelten (sog. Verschmelzungsstichtag). Hiermit ist der Stichtag angesprochen, an dem die Verschmelzung im Verhältnis zwischen den beteiligten Rechtsträgern wirtschaftlich wirksam wird, unabhängig vom Zeitpunkt des dinglichen Wirksamwerdens der Verschmelzung (dazu unten Rn 21). Gleichzeitig wechselt zu diesem Zeitpunkt die Rechnungslegung für handels- und steuerrechtliche Zwecke. Nach hM müssen der Verschmelzungsstichtag und der Stichtag der Schlussbilanz (siehe oben Rn 17) identisch sein.[25] Dabei wird wohl allgemein davon ausgegangen, dass der Verschmelzungsstichtag auch ein Zeitpunkt im Laufe eines Tages sein kann,[26] und dass eine auf einen bestimmten Tag aufgestellte Bilanz jeden Zeitpunkt dieses Tages abbildet (also bis 24.00 Uhr). Daher kann bei

19

---

21 Die Mitbestimmung der Arbeitnehmer in einer Gesellschaft, die aus einer grenzüberschreitenden Verschmelzung hervorgeht, ist in einem gesonderten Gesetz geregelt, dem MgVG, BGBl. 2006 I S. 3332.
22 Vgl *Krause/Kulpa* ZHR 2007 (171), 38, 57 ff.
23 Grundlegend zu den Stichtagsregelungen im Verschmelzungsrecht *Hoffmann-Becking* FS Fleck 1988, S. 105, 106 ff.
24 Vgl hierzu etwa OLG Jena NZG 2003, 43.
25 Lutter/*Lutter/Drygala* § 5 Rn 42 mwN; *Heidenhain* NJW 1995, 2873, 2875; aA Kallmeyer/*Welf Müller* § 5 Rn 33.
26 So auch FG Köln Der Konzern 2005, 612, 613, allerdings aus steuerlicher Perspektive.

einer auf den 31. Dezember eines Jahres aufgestellten Schlussbilanz der 1. Januar des Folgejahres, 0.00 Uhr, als Verschmelzungsstichtag vorgesehen werden.

c) Beginn der Gewinnberechtigung (§ 5 Abs. 1 Nr. 5 UmwG)

20 Der Verschmelzungsvertrag muss ferner bestimmen, ab wann die Anteile, die die Anteilsinhaber des übertragenden Rechtsträgers am übernehmenden Rechtsträger erhalten, gewinnberechtigt sind. Zwingende rechtliche Vorgaben für die Bestimmung dieses Zeitpunkts gibt es nicht. Er sollte auf einen Tag gelegt werden, zu dem der übernehmende Rechtsträger bereits aus Gründen der allgemeinen Rechnungslegung seinen Gewinn ermittelt.

d) Zeitpunkt des dinglichen Wirksamwerdens der Verschmelzung

21 Besonders wichtig ist ferner der Zeitpunkt, in dem die dinglichen Wirkungen der Verschmelzung (§ 20 UmwG) eintreten (zu diesen näher unten Rn 132 ff). Dieser Zeitpunkt ist ungewiss, da diese Wirkungen gemäß § 20 Abs. 1 AktG eintreten, wenn die Verschmelzung in das Register des Sitzes des übernehmenden Rechtsträgers eingetragen worden ist. Auch um die hiermit verbundene Unsicherheit zu reduzieren, ist die Verschmelzung frühzeitig mit den beteiligten Handelsregistern abzustimmen.

e) Steuerlicher Übertragungsstichtag (§ 2 Abs. 1 UmwStG)

22 Gemäß § 2 Abs. 1 UmwStG ist der Stichtag der Schlussbilanz (oben Rn 17) gleichzeitig der Zeitpunkt, ab dem das Einkommen und das Vermögen des übertragenden Rechtsträgers als Einkommen und Vermögen des übernehmenden Rechtsträgers gelten. Auch für diesen sog. steuerlichen Übertragungsstichtag gilt also, dass er längstens acht Monate vor dem Tag der Anmeldung liegen kann (§ 17 Abs. 2 S. 4 UmwG).

f) Bewertungsstichtag

23 Das UmwG regelt nicht, auf welchen Zeitpunkt es ankommt, wenn zu entscheiden ist, ob das Umtauschverhältnis der Anteile (§ 5 Abs. 1 Nr. 3 UmwG) angemessen ist (§ 15 Abs. 1 UmwG, näher unten Rn 41, 150). Nach wohl hM kann dieser sog. Bewertungsstichtag im Verschmelzungsvertrag grundsätzlich frei bestimmt werden, muss aber vor dem Zeitpunkt der ersten Beschlussfassung der Anteilsinhaber eines beteiligten Rechtsträgers liegen.[27] Nach der Gegenauffassung kommt es auf den Tag an, an dem die Anteilsinhaber des übertragenden Rechtsträgers den Verschmelzungsbeschluss fassen (§§ 305 Abs. 3 S. 2, 327 b Abs. 1 S. 1 2. Hs AktG analog).[28]

II. Verschmelzungsfähigkeit

1. Allgemeine rechtliche Darstellung

24 § 3 UmwG regelt, welche Rechtsträger fähig sind, an einer Verschmelzung beteiligt zu sein. Die Verschmelzungsfähigkeit muss für jeden an der Verschmelzung beteiligten Rechtsträger gesondert geprüft werden. Die in § 3 Abs. 1 UmwG aufgeführten Rechtsträger können in jeder Eigenschaft an einer Verschmelzung beteiligt sein, also als übertragender, übernehmender und als neuer Rechtsträger. Hingegen können die in § 3 Abs. 2 UmwG aufgeführten Rechtsträger nur in der dort genannten Eigenschaft an einer Verschmelzung beteiligt sein. § 3 Abs. 2, Abs. 3 UmwG ist im Gegenschluss zu entnehmen, dass die Vorgesellschaft nicht verschmelzungsfähig ist (vgl aber noch unten Rn 29).[29]

a) Europäische Aktiengesellschaft (SE)

25 Die SE, die gemäß Art. 9 Abs. 1 lit. c) ii) der SE-VO[30] der Aktiengesellschaft grundsätzlich gleichzustellen ist, ist grundsätzlich gemäß § 3 Abs. 1 Nr. 2 UmwG verschmelzungsfähig. Dies gilt aus-

---

27 Lutter/*Lutter/Drygala* § 5 Rn 21 mwN.
28 MünchHdbGesR/*Hoffmann-Becking* Anm. 7 zu Formular XI. 1. (S. 1449).
29 Vgl nur Kallmeyer/*Marsch-Barner* § 3 Rn 9.
30 Verordnung (EG) Nr. 2157/2001 des Rates vom 8.10.2001 über das Statut der europäischen Aktiengesellschaft (SE), ABl. EG Nr. L 294, S. 1 ff. Näher zu dieser Verordnung § 8 Rn 161 ff.

nahmsweise nicht, wenn bei einer Verschmelzung durch Neugründung eine SE als neuer Rechtsträger beteiligt sein soll. In diesem Fall geht verdrängendes Sonderrecht der SE (Art. 17 ff SE-VO) vor.[31]

b) Natürliche Person

§ 3 Abs. 2 Nr. 2 UmwG regelt die Verschmelzungsfähigkeit **natürlicher Personen**. Hieran knüpfen die §§ 120 bis 122 UmwG an. Aus diesem systematischen Verhältnis folgt, dass nur natürliche Personen als Alleingesellschafter im Sinne von §§ 120 bis 122 UmwG in Betracht kommen.[32]

26

c) Aufgelöster Rechtsträger

§ 3 Abs. 3 UmwG regelt partiell, nämlich für die Beteiligung als übertragender Rechtsträger, wann ein **aufgelöster Rechtsträger** an einer Verschmelzung beteiligt sein kann. Voraussetzung ist hiernach, dass die Fortsetzung des Rechtsträgers beschlossen werden könnte. Hieran fehlt es insbesondere, wenn über das Vermögen des Rechtsträgers ein Insolvenzverfahren eröffnet und dieses noch nicht aufgehoben worden ist (vgl § 274 Abs. 2 Nr. 1 AktG, § 60 Abs. 1 Nr. 4 GmbHG). Zur Verschmelzungsfähigkeit eines aufgelösten übernehmenden Rechtsträgers siehe unten Rn 30.

27

d) Verschmelzungsfähigkeit bei der grenzüberschreitenden Verschmelzung

An einer **grenzüberschreitenden Verschmelzung** können nur Kapitalgesellschaften beteiligt sein (§ 122 b Abs. 1 UmwG). Dies steht im Einklang mit der Richtlinie über die grenzüberschreitende Verschmelzung, nicht jedoch mit dem sog. *Sevic*-Urteil des EuGH.[33] Hierin hat der EuGH für die Verschmelzung eines Rechtsträgers mit Sitz in einem EU-Mitgliedstaat auf einen deutschen Rechtsträger (sog. Hineinverschmelzung) entschieden, dass das deutsche Recht dem ausländischen Rechtsträger die Verschmelzung ermöglichen muss, wenn einem deutschen Rechtsträger vergleichbarer Rechtsform die Verschmelzung möglich ist.[34] Hierauf dürfte dem ausländischen Rechtsträger somit ein Rechtsanspruch zustehen, so dass sich die Frage stellt, ob die § 122 a ff UmwG analog angewendet werden müssen, um diesen Rechtsanspruch zu erfüllen.[35]

28

2. Rechtsfragen aus der Praxis

a) Maßgeblicher Zeitpunkt für die Verschmelzungsfähigkeit

In der Praxis kann das Bedürfnis bestehen, einen Rechtsträger zu einem Zeitpunkt an einer Verschmelzungsmaßnahme zu beteiligen, in dem der Rechtsträger noch nicht gemäß § 3 UmwG verschmelzungsfähig ist. Es stellt sich dann die Frage, zu welchem Zeitpunkt die Verschmelzungsfähigkeit des Rechtsträgers spätestens gegeben sein muss. Hierzu finden sich in Rechtsprechung und Literatur kaum allgemeine Aussagen. Lediglich bei Einzelfragen kommt die hM zu dem Ergebnis, dass der maßgebliche Zeitpunkt die Eintragung der Verschmelzung in das Handelsregister ist. So wird etwa vertreten, dass eine Vorgesellschaft am Abschluss des Verschmelzungsvertrags mitwirken und auch der Verschmelzungsbeschluss im Stadium der Vorgesellschaft gefasst werden könne, solange die (Vor-)Gesellschaft eingetragen ist, bevor der Verschmelzungsbeschluss eingetragen wird.[36] Entsprechendes wird überwiegend für Rechtsträger angenommen, über deren Vermögen das Insolvenzverfahren eröffnet wurde.[37] Diese Einzelaussagen sind verallgemeinerungsfähig. Klarstellend ist hinzuzufügen, dass die Verschmelzungsfähigkeit der beteiligten Rechtsträger bereits bei der

29

---

31 Kallmeyer/*Marsch-Barner* § 3 Rn 9a.
32 Ganz hM, siehe nur Lutter/*Karollus* § 120 Rn 21 mwN.
33 EuGH Rs. C-411/03 ZIP 2005, 2311 auf eine Vorlage des LG Koblenz ZIP 2003, 2210 mit Anm. *Mankowski* EWiR 2004, 139. Näher zur *Sevic*-Entscheidung in § 8 Rn 86 (siehe dort auch zu weiteren Nachweisen).
34 Zur Hinausverschmelzung *Geyrhalter/Weber* NZG 2005, 837.
35 Vgl *Jochen Vetter* AG 2006, 613, 616.
36 Widmann/Mayer/*Fronhöfer* § 3 Rn 75; Lutter/*Lutter/Drygala*, § 3 Rn 5. Ausführlich *Karsten Schmidt* FS Zöllner 1999, Band I, S. 521 ff.
37 *Noack* FS Zöllner 1999, S. 411, 427; aA wohl *Limmer* in: Kölner Schrift zur Insolvenzordnung, S. 1246 f (Rn 70). Vgl auch *Heckschen* DB 2005, 2675, 2676; *Eidenmüller* ZGR 2001, 680, 693 Fn 50.

Eintragung des Verschmelzungsbeschlusses in das Handelsregister am Sitz des übertragenden Rechtsträger vorliegen muss (vgl § 19 Abs. 1 S. 1 UmwG).

b) Aufgelöster Rechtsträger als übernehmender Rechtsträger

30 § 3 Abs. 3 UmwG regelt nicht, inwieweit ein aufgelöster Rechtsträger als übernehmender Rechtsträger an einer Verschmelzung beteiligt sein kann. Die wohl hM verneint diese Frage.[38] Danach kann ein Rechtsträger, der einmal aufgelöst war, folglich nur dann als übernehmender Rechtsträger an einer Verschmelzung beteiligt sein, wenn er zuvor wirksam fortgesetzt wurde.[39] Hierbei wird man nach dem oben Gesagten (Rn 29) auf den Zeitpunkt abzustellen haben, in dem die Verschmelzung im Handelsregister des übertragenden Rechtsträgers eingetragen wird. Nach der Gegenauffassung kann ein aufgelöster Rechtsträger hingegen in Anlehnung an § 3 Abs. 3 UmwG bereits dann an einer Verschmelzung als übernehmender Rechtsträger beteiligt sein, wenn die Fortsetzung des Rechtsträgers beschlossen werden könnte. Diese Auffassung setzt sich in Widerspruch zu dem systematischen Verhältnis zwischen § 3 Abs. 3 UmwG und § 3 Abs. 1 UmwG und kann daher nicht überzeugen.

c) Überschuldeter Rechtsträger

31 Ein überschuldeter Rechtsträger, der nicht aufgelöst ist, ist nach zutreffender hM sowohl als übernehmender als auch als übertragender Rechtsträger verschmelzungsfähig.[40] In diesem Fall stößt die Verschmelzung jedoch in der Regel auf andere Hindernisse.[41] Insbesondere ist eine **Kapitalerhöhung** beim übernehmenden Rechtsträger zur Durchführung der Verschmelzung ausgeschlossen, wenn dieser überschuldet ist (näher unten Rn 102). Außerdem sind die Vertretungsorgane strafrechtlich bewehrt verpflichtet, innerhalb bestimmter Fristen **Insolvenzantrag** zu stellen (insb. §§ 64 Abs. 1, 84 Abs. 1 Nr. 2 GmbHG; §§ 92 Abs. 2, 401 Abs. 1 Nr. 2 AktG). Diese Frist wird nicht dadurch gehemmt, dass das Vertretungsorgan die Aussichten einer Sanierung prüft. Sobald das Insolvenzverfahren eröffnet oder dessen Eröffnung mangels Masse abgelehnt worden ist, ist der Rechtsträger nicht mehr verschmelzungsfähig (siehe oben Rn 27).

III. Verschmelzungsvertrag und Verschmelzungsplan

1. Allgemeine rechtliche Darstellung

a) Allgemeines

32 Der Verschmelzungsvertrag (insb. § 5 UmwG) ist das Kernstück der Verschmelzung. Entsprechend der allgemeinen Systematik des UmwG werden die Vorschriften über den Verschmelzungsvertrag, die das allgemeine Verschmelzungsrecht enthält (§§ 4 bis 7, 29 UmwG), von Bestimmungen des besonderen Verschmelzungsrechts (§§ 39 ff UmwG) ergänzt und modifiziert.

33 Bei der **grenzüberschreitenden Verschmelzung** gibt es keinen Verschmelzungsvertrag, sondern einen **Verschmelzungsplan** (§ 122 c UmwG).[42] Der konzeptionelle Wechsel von einem Vertrag hin zu einem gemeinsamen Organisationsakt ist damit zu erklären, dass die Richtlinie über die grenzüberschreitende Verschmelzung dies so vorsieht (siehe § 8 Rn 76).[43] Unglücklich ist, dass § 122 c Abs. 2 UmwG von den Formulierungen des § 5 Abs. 1 UmwG abweicht, obwohl offenbar keine anderen Aussagen getroffen werden sollen. Das Verständnis von Vorgaben des § 122 c Abs. 2 UmwG, die sich in § 5 Abs. 1 UmwG

---

38 OLG Naumburg NJW-RR 1998, 178, 179 f; Lutter/*Lutter/Drygala* § 3 Rn 19; aA etwa *Bayer* ZIP 1997, 1613, 1614; *Heckschen* DB 1998, 1385, 1387.
39 Trat die Auflösung als Folge der Löschung der Gesellschaft gemäß § 141 a FGG ein, können die Gesellschafter nach hM nicht wirksam die Fortsetzung beschließen, KG NZG 1998, 359 f mwN.
40 Ebenso OLG Stuttgart ZIP 2005, 2066 (mit Anm. *Heckschen* EWiR 2005, 839) für die Verschmelzung einer überschuldeten GmbH auf ihren Alleingesellschafter nach § 120 UmwG mit einer Begründung, die verallgemeinerungsfähig sein dürfte.
41 Näher Widmann/Mayer/*Mayer* § 55 Rn 83.1 ff.
42 Vgl hierzu *Kallmeyer* AG 2007, 472.
43 Der *Handelsrechtsausschuss des DAV*, NZG 2006, 737, 740, hat deshalb die Frage aufgeworfen, ob nicht auch bei der innerstaatlichen Verschmelzung das bisherige Vertragskonzept zugunsten eines gemeinsamen Verschmelzungsplans aufgegeben werden sollte.

nicht finden, bereitet Schwierigkeiten.⁴⁴ Die folgenden Ausführungen beziehen sich auf den Verschmelzungsvertrag, sofern nicht ausdrücklich auf den Verschmelzungsplan eingegangen wird.

Neben dem Verschmelzungsvertrag kennt das Umwandlungsgesetz den **Entwurf** des Verschmelzungsvertrags (vgl § 4 Abs. 2 UmwG). Die meisten gesetzlichen Bestimmungen gelten in gleicher Weise für den Verschmelzungsvertrag wie für seinen Entwurf (vgl zB § 5 Abs. 3, § 9 Abs. 1 UmwG). Lag der Beschlussfassung der Anteilsinhaber (§ 13 Abs. 1 UmwG) ein Entwurf zugrunde, darf die Verwaltung den Entwurf nicht mehr inhaltlich ändern, sondern nur offenbare Unrichtigkeiten berichtigen.⁴⁵

34

Der Verschmelzungsvertrag ist eng mit dem **Verschmelzungsbeschluss** (näher unten Rn 105 ff) verknüpft. Gemäß § 13 Abs. 1 S. 1 UmwG wird der Verschmelzungsvertrag nur wirksam, wenn ihm die Anteilsinhaber der beteiligten Rechtsträger durch einen wirksamen Beschluss zustimmen (Verschmelzungsbeschluss). Welche Rechtswirkungen der Verschmelzungsvertrag zeitigt, solange dieser Beschluss nicht vorliegt, ist unklar. Weitgehend gesichert ist allerdings, dass bei einer Verschmelzung durch Neugründung mit Abschluss des Verschmelzungsvertrags der übernehmende Rechtsträger als Vorgesellschaft zur Entstehung gelangt.⁴⁶

35

Seiner **Rechtsnatur** nach ist der Verschmelzungsvertrag eine schuldrechtliche Vereinbarung zwischen den beteiligten Rechtsträgern, die dadurch erfüllt und vollzogen wird, dass mit der Eintragung der Verschmelzung die Wirkungen der Verschmelzung gemäß § 20 UmwG eintreten. Da der Verschmelzungsvertrag gleichzeitig Grundlage der gesamten Verschmelzung ist, wird der Verschmelzungsvertrag von vielen auch als ein den Unternehmensverträgen (§§ 291, 292 AktG)⁴⁷ vergleichbarer gesellschaftsrechtlicher Organisationsakt angesehen.⁴⁸

36

b) Beteiligte und Vertretung

An einem Verschmelzungsvertrag sind zwingend ein übertragender Rechtsträger und der übernehmende Rechtsträger beteiligt. Falls mehrere Rechtsträger übertragen (vgl oben Rn 12), können diese gemeinsam als übertragende Rechtsträger am Verschmelzungsvertrag beteiligt werden. Alternativ können in diesem Fall gesonderte Verschmelzungsverträge abgeschlossen werden, an denen jeweils ein übertragender und der übernehmende Rechtsträger beteiligt sind. Der Unterschied zwischen mehreren **Einzelverschmelzungen** und einer **Gesamtverschmelzung** liegt vor allem darin, dass bei der Gesamtverschmelzung die gesamte Verschmelzung nicht wirksam wird, wenn ihr die Anteilsinhaber nur eines übertragenden Rechtsträgers nicht nach § 13 UmwG zustimmen. Ist dies zu befürchten, kann ein Ausweg darin liegen, für jede Einzelverschmelzung einen gesonderten Verschmelzungsvertrag zu schließen. Dies macht die Verschmelzung freilich komplizierter. Insbesondere müssen dann Eventualregelungen für den Fall in die Verschmelzungsverträge aufgenommen werden, dass eine Verschmelzung nicht wirksam wird.

37

Die beteiligten Rechtsträger werden bei Abschluss des Verschmelzungsvertrags gemäß § 4 Abs. 1 S. 1 UmwG durch ihre **Vertretungsorgane** vertreten. Dieser Bestimmung ist zu entnehmen sein, dass gesellschaftsrechtliche Bestimmungen über die Vertretung des Rechtsträgers (zB § 179 a Abs. 1 AktG, § 112 AktG, § 46 Nr. 5 GmbHG analog), sofern einschlägig, verdrängt sind. Ein **Prokurist** ist bei Abschluss eines Verschmelzungsvertrags zur Vertretung schon deswegen nicht befugt, weil der Umfang seiner Prokura (§ 49 HGB) dies nicht deckt. Nach hM soll ein Prokurist allerdings insoweit zum Abschluss eines Verschmelzungsvertrags berechtigt sein, als er nach dem Gesellschaftsvertrag bzw der Satzung die Gesellschaft zusammen mit einem Mitglied des Vertretungsorgans vertritt (sog. unechte Gesamtvertretung).⁴⁹ Diese Auffassung ist zweifelhaft, da die Zulässigkeit unechter Gesamtvertretung nichts daran ändert, dass der Prokurist nicht Mitglied des Vertretungsorgans (§ 4 Abs. 1 S. 1 UmwG) ist.

38

---

44 Zu § 122 c Abs. 2 Nr. 11 UmwG etwa *Jochen Vetter* AG 2006, 613, 618 f.
45 Zu den Möglichkeiten der Verwaltung einer AG, einen gegenüber der Einladung zur Hauptversammlung geänderten Entwurf zur Abstimmung zu stellen, siehe OLG Hamm DB 2005, 2236; *Lüttge / Baßler* Der Konzern 2005, 341, 345.
46 Etwa *Neye* in: Limmer (Hrsg.), Handbuch der Unternehmensumwandlung, Rn 181 mwN; *Limmer* in: Limmer (Hrsg.), Handbuch der Unternehmensumwandlung, Rn 369.
47 Zur Rechtsnatur der Unternehmensverträge siehe BGHZ 105, 324, 331.
48 Etwa Lutter/*Lutter/Drygala* § 4 Rn 4 mwN.
49 Lutter/*Lutter/Drygala* § 4 Rn 8 mwN.

c) Inhalt

aa) Mindestinhalt (§ 5 Abs. 1 UmwG)

39 Ein Verschmelzungsvertrag hat mindestens die in § 5 Abs. 1 UmwG genannten Angaben zu enthalten. Dies gilt unabhängig von der Rechtsform der beteiligten Rechtsträger und unabhängig davon, ob es sich um eine Verschmelzung durch Aufnahme oder eine Verschmelzung durch Neugründung handelt. Abweichendes gilt nur, wenn sich alle Anteile eines übertragenden Rechtsträgers in der Hand des übernehmenden Rechtsträgers befinden (sog. aufsteigende Verschmelzung, näher unten Rn 87 f). Insoweit entfallen gemäß § 5 Abs. 2 UmwG die Angaben nach § 5 Abs. 1 Nr. 2 bis 5 UmwG. Von besonderem Interesse sind die folgenden Mindestangaben nach § 5 Abs. 1 UmwG:

(1) Vermögensübertragung und Anteilsgewährung (§ 5 Abs. 1 Nr. 2 UmwG)

40 Nach § 5 Abs. 1 **Nr. 2** 1. Fall UmwG hat der Verschmelzungsvertrag die Vereinbarung zu enthalten, dass der übertragende Rechtsträger sein **Vermögen** als Ganzes auf den übernehmenden Rechtsträger **überträgt**. Dieser schuldrechtlichen Vereinbarung verleiht § 20 Abs. 1 Nr. 1 UmwG dingliche Wirkung, sobald die Verschmelzung in das Handelsregister des übernehmenden Rechtsträgers eingetragen worden ist. Daneben hat der Verschmelzungsvertrag die Vereinbarung zu enthalten, dass die **Gegenleistung** für die Übertragung des Vermögens darin besteht, dass den Anteilsinhabern des übertragenden Rechtsträgers **Anteile** am übernehmenden Rechtsträger **gewährt** werden (§ 5 Abs. 1 Nr. 2 2. Fall UmwG). Fehlt diese Angabe, ist der Verschmelzungsvertrag nichtig.[50] Diese Mindestangabe, die sich mit dem Erfordernis des § 2 UmwG deckt, wird häufig auch als Anteilsgewährungspflicht bezeichnet (dazu ausführlich unten Rn 85 ff). Die Angaben zur Anteilsgewährungspflicht entfallen, wenn eine Ausnahme von der Anteilsgewährungspflicht vorliegt. Der bereits erwähnte Fall, dass sich alle Anteile des übertragenden Rechtsträgers in der Hand des zu übernehmenden Rechtsträgers befinden (§ 5 Abs. 2 UmwG), ist nicht die einzige Ausnahme (zu den Ausnahmen unten Rn 86 ff). Zur Frage, ob im Verschmelzungsvertrag die Herkunft der Anteile anzugeben ist, mit denen die Anteilsgewährungspflicht erfüllt wird, siehe unten Rn 45.

(2) Umtauschverhältnis und bare Zuzahlung (§ 5 Abs. 1 Nr. 3 UmwG)

41 Am wichtigsten sind die Angaben über das **Umtauschverhältnis der Anteile** (§ 5 Abs. 1 **Nr. 3** 1. **Fall** UmwG). Hiermit ist das Verhältnis gemeint, in dem die Anteilsinhaber des übertragenden Rechtsträgers Anteile am übernehmenden Rechtsträger (vgl § 2 UmwG aE) im Tausch für ihre Anteile am übertragenden Rechtsträger erhalten. Letztere gehen nämlich in dem Zeitpunkt unter, in dem der übertragende Rechtsträger gemäß § 20 Abs. 1 Nr. 2 S. 1 UmwG erlischt. § 5 Abs. 1 UmwG spricht nicht davon, dass das Umtauschverhältnis angemessen sein muss. Ist das Umtauschverhältnis nicht angemessen, berührt dies somit nicht die Wirksamkeit des Verschmelzungsvertrages. Anteilsinhabern des übertragenden Rechtsträgers steht jedoch der Ausgleichsanspruch nach § 15 Abs. 1 S. 1 UmwG gegen den übernehmenden Rechtsträger zu (vgl unten Rn 150). Um ein angemessenes Umtauschverhältnis bestimmen zu können, bedarf es in der Regel einer Unternehmensbewertung der beteiligten Rechtsträger.[51]

42 Nach § 5 Abs. 1 **Nr. 3** 2. Fall UmwG ist gegebenenfalls die Höhe der **baren Zuzahlung** anzugeben. Mit der Formulierung „gegebenenfalls" nimmt § 5 Abs. 1 Nr. 3 2. Fall UmwG auf § 2 UmwG aE Bezug, wonach die den Anteilsinhabern des übertragenden Rechtsträgers zu gewährende Gegenleistung in Anteilen am übernehmenden Rechtsträger bestehen muss.[52] Grundsätzlich ist eine bare Zuzahlung also unzulässig. Von diesem Grundsatz macht das UmwG jedoch eine Ausnahme, wenn der übertragende Rechtsträger eine GmbH (§ 54 Abs. 4 UmwG), eine AG (368 Abs. 3 UmwG) oder eine KGaA (§§ 7 Abs. 1, 68 Abs. 3 UmwG) ist. Diese Vorschriften gelten nach hM entgegen ihrer sys-

---

50 Vgl BayObLG DB 1989, 1558 (zum früheren Verschmelzungsrecht).
51 Zur Frage, ob bei der Bewertung eines börsennotierten Rechtsträgers der Börsenkurs zu berücksichtigen ist, siehe auch LG München I Der Konzern 2007, 137, 140 f mwN.
52 Siehe etwa Kallmeyer/*Marsch-Barner* § 2 Rn 12.

tematischen Stellung nicht nur für Verschmelzungen, zu deren Durchführung das Kapital des übernehmenden Rechtsträgers erhöht wird, sondern für jede Art der Verschmelzung.[53] Dabei bedarf es nach hM keines besonderen Zwecks, um die von diesen Vorschriften gesetzte 10 %-Grenze auszuschöpfen. Eine bare Zuzahlung bis zu dieser Grenze ist also nicht nur dann zulässig, wenn sie den Antragsinhabern des übertragenden Rechtsträgers zum Ausgleich eines sog. Spitzenbetrages gewährt wird, der sich daraus ergibt, dass einem Anteilsinhaber des übertragenden Rechtsträgers durch die Gewährung ganzer Anteile keine angemessene Gegenleistung gewährt werden kann.

Ein Grundprinzip des Verschmelzungsrechts ist berührt, wenn der Anteilsinhaber bei einem angemessenen Umtausch seiner Anteile am übertragenden Rechtsträger Anteile am übernehmenden Rechtsträger nur in einer Höhe erhielte, die unterhalb des **Mindestbetrags** liegt, zu dem Anteile am übernehmenden Rechtsträger geschaffen werden dürfen (§ 5 Abs. 1 2. Hs GmbHG, § 8 Abs. 2 S. 1 und § 8 Abs. 3 S. 3 AktG). Hier ließe sich argumentieren, dass aus § 2 UmwG folge, dass jeder Anteilsinhaber des übertragenden Rechtsträgers zwingend zumindest einen Anteil am übernehmenden Rechtsträger erhalten muss. Die hM kommt jedoch zu Recht zu dem Ergebnis, dass in diesem Fall eine bare Zuzahlung zulässig ist, ohne dass dem Anteilsinhaber ein Anteil gewährt wird.[54] 43

(3) Einzelheiten der Übertragung oder des Erwerb der Mitgliedschaft am übernehmenden Rechtsträger, Zeitpunkt der Gewinnberechtigung und Verschmelzungsstichtag (§ 5 Abs. 1 Nr. 4–6 UmwG)

Unklar ist, welche Angaben nach § 5 Abs. 1 **Nr. 4** UmwG in den Verschmelzungsvertrag aufzunehmen sind. Die Bestimmung ist nicht so zu verstehen, dass im Verschmelzungsvertrag allgemeine umwandlungsrechtliche Zusammenhänge darzustellen sind. Anzugeben ist aber etwa, ob dem Anteilsinhaber beim Erwerb des Anteils am übernehmenden Rechtsträger **Kosten** entstehen. Freilich wird im Verschmelzungsvertrag regelmäßig bestimmt, dass alle mit der Anteilsgewährung zusammenhängenden Kosten von einem der beteiligten Rechtsträger getragen werden, damit der Anteilsinhaber nicht veranlasst wird, gegen den Verschmelzungsbeschluss zu stimmen. 44

Umstritten ist, ob gemäß § 5 Abs. 1 anzugeben ist, wie der übernehmende Rechtsträger die **Anteilsgewährungspflicht erfüllt** (hierzu näher unten Rn 93 ff). Der Katalog des § 5 Abs. 1 UmwG sieht dies nicht ausdrücklich vor. Gleichwohl verlangt eine starke Auffassung, dass der Verschmelzungsvertrag darauf hinweisen muss, dass zur Durchführung der Verschmelzung eine Kapitalerhöhung vorgesehen ist, und angeben muss, welche jungen Anteile der einzelne Anteilsinhaber des übertragenden Rechtsträgers erhalten soll.[55] Für die Gegenauffassung[56] spricht der Gegenschluss zu § 46 Abs. 2 UmwG. Nach dieser Vorschrift sind nur in dem Fall, dass die Anteilsgewährungspflicht durch eine Kapitalerhöhung beim übernehmenden Rechtsträger erfüllt wird, Angaben in den Verschmelzungsvertrag insoweit aufzunehmen, als die durch die Kapitalerhöhung geschaffenen Anteile mit anderen Rechten und Pflichten ausgestattet sind als die vorhandenen Anteile. Zu § 5 Abs. 1 **Nr. 5 und Nr. 6** UmwG siehe oben Rn 19 bzw Rn 20. 45

(4) Besondere Rechte beim übernehmenden Rechtsträger (§ 5 Abs. 1 Nr. 7 UmwG)

Gemäß § 5 Abs. 1 Nr. 7 UmwG hat der Verschmelzungsvertrag ferner die **Rechte** anzugeben, **die der übernehmende Rechtsträger einzelnen Anteilsinhabern und den Inhabern besonderer Rechte gewährt** oder die für diese Personen vorgesehenen Maßnahmen. Der Wortlaut dieser Vorschrift ist recht weit. Zunächst sind Anteilsinhaber im Sinne der Vorschrift nicht nur die – bei der Verschmelzung durch Aufnahme – bereits vorhandenen Anteilsinhaber des übernehmenden Rechtsträgers, sondern auch diejenigen Anteilsinhaber, die durch die Verschmelzung zu Anteilsinhabern des übernehmenden Rechtsträgers werden. Außerdem erfasst die Vorschrift jede Art der Rechtsgewährung. Es kommt 46

---

53 Siehe nur Lutter/*Winter* § 54 Rn 30.
54 Lutter/*Winter* § 54 Rn 37; Kallmeyer/*Kallmeyer* § 46 Rn 3a.
55 Lutter/*Lutter/Drygala* § 5 Rn 38; Lutter/*Winter* § 46 Rn 13; Wiedmann/Mayer/*Mayer* § 46 Rn 9; Semler/Stengel/*Schröer* § 5 Rn 29.
56 Kallmeyer/*Marsch-Barner* § 5 Rn 16 mwN; Streck/*Mack/Schwedhelm*, GmbHR 1995, 161, 163; Schmitt/Hörtnagl/Stratz/*Stratz* § 46 Rn 4; Semler/Stengl/*Reichert* § 46 Rn 16.

also nicht darauf an, ob die Rechte gerade anlässlich der Verschmelzung gewährt werden. Schließlich ist auch das Tatbestandsmerkmal „Recht" nicht weiter eingegrenzt. Die hM lässt hierunter daher zutreffend im Grundsatz sowohl Verwaltungs- als auch Vermögensrechte fallen, ohne dass es darauf ankommt, ob diese gesellschaftsrechtlicher oder schuldrechtlicher Natur sind.[57] Um den Anwendungsbereich der Vorschrift nicht ausufern zu lassen, wird man die Vorschrift allerdings dahingehend einschränkend auszulegen haben, dass sie nur Rechte erfasst, die einem Anteilsinhaber in **Abweichung vom gesetzlichen Leitbild** gewährt werden. Dies legen auch die einzelnen Fälle nahe, die in § 5 Abs. 1 Nr. 7 UmwG aufgezählt werden.

Noch nicht abschließend geklärt ist, inwieweit § 5 Abs. 1 Nr. 7 UmwG für Rechte gilt, die der übernehmende Rechtsträger nicht selbst geschaffen hat, sondern die auf einer Grundlage beruhen, die gemäß § 20 Abs. 1 Nr. 1 UmwG vom übertragenden Rechtsträger auf den übernehmenden Rechtsträger übergeht.[58]

(5) Besondere Vorteile (§ 5 Abs. 1 Nr. 8 UmwG)

47 § 5 Abs. 1 **Nr. 8** UmwG ähnelt § 5 Abs. 1 Nr. 7 UmwG. Nach § 5 Abs. 1 Nr. 8 UmwG muss im Verschmelzungsvertrag jeder **besondere Vorteil** angegeben werden, der einem Mitglied des geschäftsführenden Organs oder eines Aufsichtsorgans (irgend-)eines an der Verschmelzung beteiligten Rechtsträgers oder einem Abschlussprüfer oder einem Verschmelzungsprüfer gewährt wird. Anders als bei § 5 Abs. 1 Nr. 7 UmwG entspricht es bei § 5 Abs. 1 Nr. 8 UmwG der hM, dass die Vorschrift nur auf Vorteile Anwendung findet, die im Zusammenhang mit der Verschmelzung gewährt werden.[59] Wie bei § 26 Abs. 1 AktG fällt es schwer zu bestimmen, welche Vorteile im Einzelnen als besonderer Vorteil anzusehen sind. Einigkeit besteht, dass die Vorschrift, soweit sie auf Abschlussprüfer und Verschmelzungsprüfer anzuwenden ist, die übliche Vergütung und den üblichen Aufwendungsersatz nicht erfasst.[60]

(6) Folgen der Verschmelzung für die Arbeitnehmer (§ 5 Abs. 1 Nr. 9 UmwG)

48 Nach § 5 Abs. 1 **Nr. 9** UmwG gehört es schließlich zum Mindestinhalt des Verschmelzungsvertrags, die **Folgen der Verschmelzung für die Arbeitnehmer** und ihre Vertretungen sowie die insoweit vorgesehenen Maßnahmen anzugeben (dazu näher unten Rn 62 ff).

bb) Abfindungsangebot

(1) Begriff

49 Zum zwingenden Inhalt eines Verschmelzungsvertrags kann ferner ein **Abfindungsangebot nach § 29 UmwG** gehören. Ein Abfindungsangebot ist ein Angebot des übernehmenden Rechtsträgers an die der Verschmelzung widersprechenden Anteilsinhaber des übertragenden Rechtsträgers, den Anteil des Anteilsinhabers gegen Abfindung zu erwerben (§ 29 Abs. 1 S. 1 1. Hs UmwG). Nach dem Gesetz muss die Abfindung zwingend **in bar** erfolgen. Dem Anteilsinhaber können also nicht (zusätzliche) Anteile am übernehmenden Rechtsträger als Abfindung angeboten werden.

(2) Erforderlichkeit

50 Ein Abfindungsangebot ist den folgenden Fällen **erforderlich**: Ein Abfindungsangebot ist zunächst notwendig, wenn der übertragende Rechtsträger eine **andere Rechtsform** hat als der übernehmende Rechtsträger (§ 29 Abs. 1 S. 1 1. Hs 1. Fall UmwG, vgl § 3 Abs. 4 2. Fall UmwG). Dies gilt sowohl bei der Verschmelzung durch Aufnahme (§ 29 Abs. 1 S. 1 UmwG) als auch bei der Verschmelzung

---

57 Lutter/*Lutter*/*Drygala* § 5 Rn 44 ff.
58 Verneinend OLG Hamburg NZG 2004, 729, 731.
59 OLG Hamburg NZG 2004, 729, 731; wohl auch Lutter/*Lutter*/*Drygala* § 5 Rn 47.
60 So schon die Begründung des Regierungsentwurfs eines Gesetzes zur Durchführung der Dritten Richtlinie des Rates der Europäischen Gemeinschaften zur Koordinierung des Gesellschaftsrechts (Verschmelzungsrichtlinie-Gesetz), BT-Drucks. 9/1065, S. 15.

durch Neugründung (§ 36 Abs. 1 S. 1 UmwG). KG und OHG sind Rechtsträger unterschiedlicher Rechtsform.[61] AG und KGaA gelten gemäß § 78 S. 4 UmwG nicht als Rechtsträger unterschiedlicher Rechtsform. Diese gesetzliche Fiktion muss als ausgesprochen fragwürdig bezeichnet werden, da lediglich die individualrechtliche Rechtsstellung des Kommanditaktionärs mit der des Aktionärs übereinstimmt (§ 278 Abs. 3 AktG), sich die Kompetenzen der Hauptversammlung der KGaA jedoch ganz erheblich von der der AG unterscheiden können (näher § 6 Rn 832 ff). Auch die Rechtsstellung des Aufsichtsrats der KGaA ist eine ganz andere als die des Aufsichtsrats der AG (näher § 6 Rn 810 ff).

§ 29 Abs. 1 S. 1 1. Hs 2. Fall UmwG bedarf es eines Abfindungsangebots ferner, wenn eine **börsennotierte AG auf eine nicht börsennotierte AG verschmolzen** wird. Dieser Tatbestand ist durch das Zweite Gesetz zur Änderung des UmwG (vgl oben Rn 11) in die Vorschrift eingefügt worden. Zuvor gelangte die hM über eine Analogie zu § 29 Abs. 1 S. 2 UmwG zum selben Ergebnis.[62] Die Vorschrift gilt für die SE entsprechend (Art. 9 Abs. 1 lit. c) ii) SE-VO).[63] Entgegen der Empfehlung des Rechtsausschusses[64] erfasst der Wortlaut der Vorschrift die KGaA nicht. Die Bundesregierung hatte im Gesetzgebungsverfahren erklärt, im weiteren Verlauf des Verfahrens prüfen zu wollen, ob ein praktisches Bedürfnis zur „ausdrücklichen" Einbeziehung der KGaA bestehe.[65] Angesichts dieser Gesetzeshistorie ist es fraglich, ob § 29 Abs. 1 S. 1 1. Hs 2. Fall UmwG – was geboten wäre[66] – analog auf die KGaA angewendet werden kann. 51

Nach § 29 Abs. 1 S. 2 UmwG ist ein Abfindungsangebot außerdem erforderlich, wenn bei einer Verschmelzung von Rechtsträgern derselben Rechtsform die **Verfügung** über die Anteile am übernehmenden Rechtsträger **Beschränkungen** unterliegt. Nach hM sind Beschränkungen in diesem Sinne nur dinglich wirkende Beschränkungen. Dem ist mit Blick auf den Wortlaut der Vorschrift („Verfügung") zuzustimmen, auch wenn schuldrechtliche Beschränkungen in ihrer wirtschaftlichen Wirkung einer dinglichen Beschränkung durchaus gleichkommen können. Nach hM kommt es nicht darauf an, ob sich die für den übernehmenden Rechtsträger geltende Verfügungsbeschränkung aus dem Gesetz oder dem Gesellschaftsvertrag ergibt. Daher kommt die Vorschrift bei allen Personengesellschaften zur Anwendung, sofern der Gesellschaftsvertrag nicht vorsieht, dass der Anteilsinhaber über seinen Anteil frei verfügen kann. 52

Bei der **grenzüberschreitenden Verschmelzung** muss der Verschmelzungsplan ein Abfindungsangebot enthalten, wenn der übernehmende Rechtsträger **nicht dem deutschen Recht** unterliegt (§ 122 i Abs. 1 S. 1 UmwG).[67] Dieser Tatbestand ist zu weit geraten. Insbesondere erscheint ein Abfindungsangebot im Grundsatz nicht erforderlich, wenn der übernehmende Rechtsträger börsennotiert ist. 53

(3) Erfüllung des Abfindungsangebots und Rechtsschutz

Nimmt der Anteilsinhaber das Abfindungsangebot an, erhält er die Abfindung Zug um Zug gegen Übertragung seiner Anteile an den übernehmenden Rechtsträger. Dadurch erwirbt der übernehmende Rechtsträger **eigene Anteile** (vgl § 71 AktG für AG und KGaA und § 33 GmbHG für die GmbH). Dies ist jedoch ausnahmsweise zulässig (§ 71 Abs. 1 Nr. 3 AktG, § 33 Abs. 3 GmbHG), allerdings nur unter bestimmten Voraussetzungen (§ 71 Abs. 2 AktG, § 33 Abs. 3 2. Hs GmbHG). Werden diese Voraussetzungen nicht eingehalten, berührt dies allerdings ausnahmsweise nicht die Wirksamkeit des zugrunde liegenden Kausalgeschäfts (§ 29 Abs. 1 S. 1 2. Hs UmwG).[68] Zum **Rechtsschutz** des Anteilsinhabers bei nicht angemessener Abfindung vgl unten Rn 151. 54

---

61 Widmann/Mayer/*Vollrath* § 29 Rn 11; Lutter/*Grunewald* § 29 Rn 2.
62 So insb. OLG Düsseldorf ZIP 2005, 300 für die Aufspaltung (§ 123 Abs. 1 UmwG) einer börsennotierten AG auf zwei nicht börsennotierte AGs.
63 Vgl BT-Drucks. 16/2919, S. 27.
64 BR-Drucks. 548/06, S. 3.
65 Gegenäußerung der Bundesregierung zur Stellungnahme des Bundesrats, BT-Drucks. 16/2919, S. 27.
66 Vgl auch BGHZ 153, 47 („*Macrotron*").
67 Hierzu etwa Haritz/von Wolff GmbHR 2006, 340, 342 f.
68 Der Anwendungsbereich der Vorschrift war irrigerweise zunächst auf § 71 AktG beschränkt, erfasst seit dem Zweiten Gesetz zur Änderung des UmwG (oben Rn 11) nunmehr ausdrücklich auch die GmbH.

cc) Sonstige zwingende Angaben

55 Je nach Art der Verschmelzung und der beteiligten Rechtsträger hat der Verschmelzungsvertrag weitere Angaben zu enthalten:

- Wichtig ist, dass bei der Verschmelzung durch Neugründung **der Gesellschaftsvertrag bzw die Satzung** des neuen Rechtsträgers Teil des Verschmelzungsvertrags sein muss (§ 37 UmwG). Dies entspricht der Rechtslage beim Formwechsel (§ 218 Abs. 1 S. 1 UmwG, § 243 Abs. 1 S. 1 UmwG, näher unten Rn 252). Gleiches gilt bei der grenzüberschreitenden Verschmelzung für den Verschmelzungsplan (§ 122 c Abs. 2 Nr. 9 UmwG).
- Ist der übertragende Rechtsträger eine AG oder KGaA, sind nach § 35 S. 1 UmwG die **unbekannten Aktionäre** im Verschmelzungsvertrag oder in den anderen in § 35 S. 1 UmwG genannten Erklärungen zu bezeichnen.
- Ist der übernehmende Rechtsträger eine GmbH, sieht § **46 UmwG** verschiedene zusätzliche Angaben vor. Diese Vorschrift bringt verschiedene Probleme mit sich. Hierzu sei auf die einschlägigen Kommentierungen verwiesen.
- Ist der übertragende Rechtsträger eine Personengesellschaft, ist gemäß § 40 Abs. 1 S. 1 UmwG im Verschmelzungsvertrag anzugeben, welche **Gesellschafter persönlich haften** und welche Gesellschafter, im Falle der KG, Kommanditisten sind. Dazu regelt § 40 Abs. 2 UmwG, welchen Anteilsinhabern des übertragenden Rechtsträgers die Stellung eines Kommanisten eingeräumt werden muss.

dd) Weiterer zulässiger Inhalt

56 Neben den oben dargestellten zwingenden Inhalten können in den Verschmelzungsvertrag weitere Bestimmungen aufgenommen werden. Üblich ist eine Regelung zur Änderung der relevanten Stichtage für den Fall, dass sich die Eintragung der Verschmelzung verzögert.[69]

ee) Rechtsfolgen eines inhaltlichen Mangels

57 Uneinheitlich ist das Meinungsbild zu der Frage, welche Rechtsfolgen inhaltliche Mängel des Verschmelzungsvertrages auslösen und wie solche Mängel geltend gemacht werden können. Entgegen manchen Äußerungen[70] wird man die Frage der Rechtsfolge eines Inhaltsmangels für jede gesetzliche Vorschrift, die Anforderungen an den Inhalt des Verschmelzungsvertrags stellt, gesondert untersuchen müssen. So wird für die Angaben nach § 5 Abs. 1 Nr. 1–3 UmwG, soweit nicht nach § 5 Abs. 2 UmwG entbehrlich, angenommen, ein Verstoß begründe einen Mangel der Verschmelzung, der sogar durch die Eintragung der Verschmelzung nicht geheilt werden könne.[71] Diese Auffassung ist wegen des Wortlauts und des Sinn und Zwecks von § 20 Abs. 2 UmwG jedoch fraglich. Für die Angaben nach § 5 Abs. 1 Nr. 9 UmwG und wohl auch für die Angaben nach § 5 Abs. 1 Nr. 7 und Nr. 8 UmwG lässt sich annehmen, dass diese wegen ihres überwiegend informatorischen Charakters nur unter den Voraussetzungen von § 243 Abs. 4 AktG zur Klage gegen den Verschmelzungsbeschluss berechtigen, wenn der beteiligte Rechtsträger eine AG oder KGaA (§ 278 Abs. 3 AktG) ist.[72] Bei Rechtsträgern anderer Rechtsform bleibt abzuwarten, inwieweit die Rechtsprechung die gesetzgeberische Wertung in § 243 Abs. 4 AktG auf andere Gesellschaftsformen überträgt.

d) Form

58 Gemäß § 6 UmwG bedarf der Verschmelzungsvertrag der **notariellen Beurkundung**.[73] Wird diese Form nicht beachtet, ist der Verschmelzungsvertrag nichtig (§ 125 S. 1 BGB). Mit der Eintragung

---

69 Vgl MünchHdb GesR/*Hoffmann-Becking* Formular X. 1. § 8 und Anm. 7 dazu.
70 So scheint das OLG Hamburg NZG 2004, 729, 732 den gesamten Inhalt eines Verschmelzungsvertrags als Information im Sinne von BGHZ 149, 158 bzw § 243 Abs. 4 AktG nF (dazu *Noack/Zetsche* ZHR 170 (2006), 218; *Kersting* ZGR 2007, 319) einstufen zu wollen.
71 OLG Frankfurt WM 1999, 322, 323 mwN; KG WM 1999, 323, 325 (jeweils für die Verschmelzung von Schwestergesellschaften ohne Anteilsgewährung).
72 Vgl OLG Hamburg NZG 2004, 729, 732.
73 Zu einem aus mehreren notariellen Urkunden bestehenden Verschmelzungsvertrag OLG Naumburg NZG 2004, 734.

der Verschmelzung ist die Nichtigkeit nach hM gemäß § 20 Abs. 2 UmwG **geheilt**.[74] Zur Eintragung dürfte es in diesem Fall allerdings gar nicht kommen, da das Registergericht bei einem Formmangel die Eintragung abzulehnen hat.[75] Wie sich aus § 4 Abs. 2 UmwG ergibt, kann die Beurkundung des Verschmelzungsvertrages **vor oder nach den Verschmelzungsbeschlüssen** erfolgen.[76] Freilich bedarf der Verschmelzungsbeschluss seinerseits ebenfalls der notariellen Beurkundung (§ 13 Abs. 3 S. 1 UmwG, vgl unten Rn 114).

Die Formvorschrift des § 6 UmwG erfasst neben dem Verschmelzungsvertrag alle **weiteren Vereinbarungen** zwischen den Beteiligten, sofern diese hinreichend eng mit der Verschmelzung zusammenhängen. Zur Bestimmung des erforderlichen Zusammenhangs kann auf die zu § 311 b Abs. 1 BGB entwickelten Grundsätze zurückgegriffen werden,[77] welche ihrerseits an § 139 BGB ausgerichtet sind. Sofern sich der Formzwang auf eine Nebenvereinbarung erstreckt, ist die Nebenvereinbarung auch von der Heilungswirkung des § 20 Abs. 1 Nr. 4 UmwG erfasst.[78] Zur Frage, ob eine **Beurkundung im Ausland** ausreicht, nimmt die hM an, dass jedenfalls das Wirkungsstatut im Sinne von Art. 11 Abs. 1 1. Fall EGBGB (also § 6 UmwG) Anwendung findet, die von § 6 UmwG geforderte Beurkundung bei einer Beurkundung im Ausland aber dann erfüllt ist, wenn die Beurkundung der Beurkundung durch einen deutschen Notar gleichwertig ist.[79]

59

Der für die **Kosten der Beurkundung** relevante Geschäftswert richtet sich grundsätzlich nach dem Betrag, der als Aktivvermögen des übertragenden Rechtsträgers in dessen Schlussbilanz ausgewiesen ist.[80] Wird der Verschmelzungsvertrag nicht sogleich geschlossen, sondern zunächst ein **Entwurf** aufgestellt, so bedarf dieser der Schriftform (§ 4 Abs. 2 UmwG).

60

e) Sonstige Wirksamkeitsvoraussetzungen

Daneben stellt das Gesetz einige weitere Anforderungen an die Wirksamkeit des Verschmelzungsvertrages. Zentrale Anforderung ist § 13 Abs. 1 S. 1 UmwG, wonach der Verschmelzungsvertrag nur wirksam wird, wenn die Anteilsinhaber der beteiligten Rechtsträger dem Vertrag durch Beschluss zustimmen (näher unten Rn 105 ff). § 311 b Abs. 2 BGB steht der Wirksamkeit des Verschmelzungsvertrags nicht entgegen, da § 4 Abs. 1 S. 2 UmwG die Anwendbarkeit dieser Vorschrift ausschließt. Auch die Zuleitung des Verschmelzungsvertrags an den Betriebsrat nach § 5 Abs. 3 UmwG (siehe unten Rn 71) ist keine Vorraussetzung für die Wirksamkeit des Verschmelzungsvertrags. Ist der übernehmende Rechtsträger eine AG und wird der Verschmelzungsvertrag in den ersten zwei Jahren seit Eintragung der AG geschlossen, sind gemäß § 67 S. 1 AktG bestimmte Vorschriften des Nachgründungsrechts der AG (§ 52 AktG) zu beachten. Auch diese Vorschriften enthalten jedoch keine zusätzlichen Voraussetzungen für die Wirksamkeit des Verschmelzungsvertrags, sondern begründen besondere Anforderungen an die Prüfung des Vertrags und das weitere Verfahren.

61

2. Rechtsfragen aus der Praxis

a) Die Angaben nach § 5 Abs. 1 Nr. 9 UmwG

Die nach § 5 Abs. 1 Nr. 9 UmwG in den Verschmelzungsvertrag aufzunehmenden Angaben bilden zumeist den längsten Teil des Verschmelzungsvertrags. Die Folgen der Verschmelzung für die Arbeitnehmer (§ 5 Abs. 1 Nr. 9 1. Fall UmwG) bestehen zum überwiegenden Teil in rechtlichen Folgen. Insoweit sind die in den Verschmelzungsvertrag aufzunehmenden Bestimmungen weder konstitutiver Art noch klären sie – wie bei § 5 Abs. 1 Nr. 7, Nr. 8 und Nr. 9 2. Fall UmwG – über Umstände tat-

62

---

74 Lutter/*Lutter/Drygala* § 6 Rn 12.
75 *Limmer* in: Limmer (Hrsg.), Handbuch der Unternehmensumwandlung, Rn 193.
76 Vor Inkrafttreten des UmwG war dies umstritten, vgl *Rowedder/Zimmermann*, GmbHG, 2. Aufl., Anh. § 77 GmbHG Rn 398.
77 Widmann/Mayer/*Heckschen* § 6 Rn 14 mwN.
78 Lutter/*Lutter/Drygala* § 6 Rn 12.
79 LG Kiel DB 1997, 1223; aus der Literatur etwa Lutter/*Lutter/Drygala* § 6 Rn 87 ff. Dies entspricht der Rechtsprechung zu anderen Formvorschriften, etwa zu § 53 Abs. 2 S. 1 GmbHG (BGHZ 80, 76, 78) und § 15 Abs. 3 GmbHG (vgl OLG Stuttgart DB 2000, 1218).
80 BayObLG, DB 1997, 970. Vgl BayObLG, NZG 1999, 894.

sächlicher Art auf. Aus diesem Grunde wird § 5 Abs. 1 Nr. 9 UmwG im Schrifttum prinzipiell kritisiert. Es sei der Rechtsordnung fremd, an privaten Rechtsakten Beteiligte dazu zu zwingen, rechtlich belehrende Bestimmungen zu schaffen.[81] In der Tat gehörten die Angaben nach § 5 Abs. 1 Nr. 9 UmwG richtigerweise allein in den Verschmelzungsbericht (zu diesem unten Rn 73 ff).

63 Bei der Anwendung von § 5 Abs. 1 Nr. 9 UmwG stellen sich eine Vielzahl von **Zweifelsfragen**. Ungeklärt ist neben den Rechtsfolgen fehlender oder mangelhafter Angaben[82] insbesondere, ob auch auf mittelbare Folgen der Verschmelzung hinzuweisen ist und wie diese zum einen von unmittelbaren Folgen und zum anderen von den vorgesehenen Maßnahmen (§ 5 Abs. 1 Nr. 9 2. Fall UmwG) abzugrenzen sind.[83] Anerkannt ist jedenfalls, dass auf alle Arten arbeitsrechtlicher Folgen hinzuweisen ist, also auf individual- wie kollektivarbeitsrechtliche und auf die Folgen für die Unternehmensmitbestimmung.

64 Für die **individualarbeitsrechtlichen Folgen** ist vor allem die Streitfrage von Bedeutung, ob sich der Übergang der Arbeitsverhältnisse nach § 20 Abs. 1 Nr. 1 UmwG oder nach § 613 a Abs. 1 S. 1 BGB bemisst. Die hM nimmt unter Hinweis auf § 324 UmwG das letztere an (vgl unten Rn 134). Hieraus folgt, dass im Verschmelzungsvertrag zu den individualarbeitsrechtlichen Folgen der Verschmelzung insbesondere anzugeben ist, dass

- die Arbeitsverhältnisse, also der Arbeitsvertrag insbesondere einschließlich etwaiger Pensionszusagen oder -vereinbarungen, gemäß § 324 UmwG in Verbindung mit § 613 a Abs. 1 S. 1 BGB vom übertragenden Rechtsträger auf den übernehmenden Rechtsträger übergehen,
- der übernehmende Rechtsträger die Dienstzeiten des Arbeitnehmers beim übertragenden Rechtsträger oder die Dauer der Zugehörigkeit zu einem Betrieb des übertragenden Rechtsträgers anrechnet,
- Rechtsnormen eines Tarifvertrags oder einer Betriebsvereinbarung, die für den übertragenden Rechtsträger gelten, zum Inhalt des Arbeitsverhältnisses werden (§ 613 a Abs. 1 S. 2 BGB), soweit nicht Rechtsnormen eines Tarifvertrags oder einer Betriebsvereinbarung einschlägig sind, die für den übernehmenden Rechtsträger gelten (§ 613 a Abs. 1 S. 2 BGB),
- eine Kündigung des Arbeitsverhältnisses wegen der Verschmelzung unwirksam ist (§ 613 a Abs. 4 S. 1 BGB), und
- der Arbeitnehmer dem Übergang des Arbeitsverhältnisses gemäß § 613 a Abs. 6 BGB widersprechen kann.

65 In **mitbestimmungsrechtlicher Hinsicht** ist insbesondere anzugeben, dass ein etwaiger mitbestimmter Aufsichtsrat beim übertragenden Rechtsträger erlischt und beim übernehmenden Rechtsträger, falls ein Mitbestimmungsgesetz anwendbar ist, ggf ein Aufsichtsrat zu bilden und gemäß den Bestimmungen des anwendbaren Mitbestimmungsgesetzes zusammenzusetzen ist.

66 Auf die **betriebsverfassungsrechtliche Organisation** des Unternehmens des übertragenden Rechtsträgers hat die Verschmelzung als solche keine Auswirkungen. Häufig ist jedoch beabsichtigt, im Zusammenhang mit der Verschmelzung die betriebsverfassungsrechtliche Organisation zu ändern, etwa indem Betriebe zusammengefasst, aufgelöst oder anders gebildet werden. Ist dies der Fall, müssen auch hierüber Angaben in den Verschmelzungsvertrag aufgenommen werden.

b) Bedingungen im Verschmelzungsvertrag

aa) Aufschiebende Bedingung

67 In der Praxis stellt sich häufig die Frage, inwieweit der Verschmelzungsvertrag unter eine Bedingung gestellt werden kann: Besondere Bedeutung hat dabei zunächst die **aufschiebende Bedingung** (§ 158 Abs. 1 BGB). Dass es grundsätzlich zulässig ist, aufschiebende Bedingungen in einen Verschmelzungsvertrag aufzunehmen, ergibt sich aus § 7 S. 1 UmwG. Folgende Bedingungen kommen in Betracht:

---

81 Vgl etwa Lutter/*Lutter/Drygala* § 5 Rn 50.
82 Vgl LG Stuttgart WiB 1996, 994; LG Stuttgart DNotZ 1996, 701.
83 Hierzu etwa OLG Düsseldorf DB 1998, 1399; *Joost* ZIP 1995, 976, 979; *Hjort* NJW 1999, 750, 751.

- Teilweise wird empfohlen, den Verschmelzungsvertrag unter die aufschiebende Bedingung zu stellen, dass die **Anteilsinhaber** des übertragenden und des übernehmenden Rechtsträgers dem **Verschmelzungsvertrag** zustimmen. Eine solche Bedingung ist wegen § 13 Abs. 1 UmwG überflüssig.
- Als aufschiebende Bedingung kann zulässigerweise vereinbart werden, dass die Verschmelzung nur wirksam wird, wenn sie **bis zu einem bestimmten Zeitpunkt im Handelsregister eingetragen** worden ist.[84] Bei einer solchen Bedingung ist präzisierend auf die Eintragung im Handelsregister des Sitzes des übernehmenden Rechtsträgers abzustellen, da allein diese die Wirkungen der Verschmelzung auslöst (§§ 19 Abs. 1 S. 1, 20 Abs. 1 UmwG).
- Bei einer Verschmelzung, die in den Anwendungsbereich des GWB oder der europäischen **Fusionskontrolle** fällt, ist es ohne weiteres zulässig und ratsam, den Verschmelzungsvertrag unter den Vorbehalt zu stellen, dass der in der Verschmelzung liegende Zusammenschluss von der zuständigen Behörde freigegeben bzw innerhalb der einschlägigen Frist nicht untersagt wird.

Der Eintritt der aufschiebenden Bedingung ist dem Registergericht in erweiterter Anwendung von § 17 Abs. 1 UmwG **nachzuweisen**.[85] Die Erbringung dieses Nachweises ist aber nicht erforderlich, um die Frist des § 17 Abs. 2 S. 4 UmwG zu wahren.[86]

bb) Auflösende Bedingung

Zur Zulässigkeit **auflösender Bedingungen** trifft § 7 UmwG keine Aussage. Auflösende Bedingungen sind nach hM jedenfalls unwirksam oder wirkungslos, nachdem die Verschmelzung eingetragen worden ist. Auf den davor liegenden Zeitraum bezogene auflösende Bedingungen werden indes überwiegend für zulässig gehalten.[87]

68

c) „Kettenumwandlungen"

Häufig besteht das Bedürfnis, mehrere Umwandlungen aufeinander folgen zu lassen.[88]

69

Beispiele:
- Es ist beabsichtigt, Teile des Vermögens verschiedener übertragender Rechtsträger auf einen übernehmenden Rechtsträger auszugliedern oder abzuspalten. Der übernehmende Rechtsträger soll sodann in einem zweiten Umwandlungsvorgang auf einen weiteren übernehmenden Rechtsträger verschmolzen werden.
- Mehre übertragende Rechtsträger sollen auf einen übernehmenden Rechtsträger in der Rechtsform einer GmbH verschmolzen werden. Der übernehmende Rechtsträger soll sodann durch Formwechsel die Rechtsform einer AG oder KGaA erhalten, da beabsichtigt ist, den übernehmenden Rechtsträger an die Börse zu bringen.

Unproblematisch wäre es, mit dem zweiten Umwandlungsvorgang erst nach Eintragung des ersten Umwandlungsvorgangs zu beginnen. Der hiermit verbundene Zeitverlust lässt sich jedoch insoweit vermeiden, als mit dem zweiten Umwandlungsvorgang bereits vor Eintragung des ersten Umwandlungsvorgangs begonnen werden kann. Hierbei ist zwischen den folgenden Gesichtspunkten zu unterscheiden:

70

- Ist der erste Umwandlungsvorgang eine Verschmelzung oder Spaltung durch Neugründung, so muss der übernehmende Rechtsträger dieses Umwandlungsvorgangs zumindest als **Vorgesellschaft** entstanden sein, um an Maßnahmen des zweiten Umwandlungsvorgangs teilnehmen zu können. Hierfür ist jedenfalls erforderlich, dass der Verschmelzungs- oder Spaltungsvertrag des ersten Umwandlungsvorgangs wirksam geworden ist, ihm also insbesondere die Anteilsinhaber der beteiligten Rechtsträger durch Beschluss zugestimmt haben (§ 13 Abs. 1 S. 1 UmwG). Dabei ist zu berücksichtigen, dass § 13 Abs. 1 S. 1 UmwG Verschmelzungsbeschlüsse meint, die ihrerseits

---

84 Lutter/*Lutter*/*Drygala* § 5 Rn 90. Vgl *Barz*, AG 1972, 1, 4.
85 Im Ergebnis ebenso Semler/Stengel/*Schröer* § 7 Rn 5.
86 *Limmer* in: Limmer (Hrsg.), Handbuch der Unternehmensumwandlung, Rn 165 mwN.
87 Semler/Stengel/*Schröer* § 5 Rn 96 f.
88 Ausführlich zu Kettenumwandlungen *Simon*, in: Heckschen/Simon, Umwandlungsrecht, § 5 Rn 1 ff.

wirksam geworden sind. Dies ist insbesondere bei Zustimmungsvorbehalten von Bedeutung (zu diesen vgl unten Rn 110).
- Ist der übertragende Rechtsträger des zweiten Umwandlungsvorgangs zumindest als Vorgesellschaft rechtlich existent, können Maßnahmen des zweiten Umwandlungsvorgangs vorgenommen, etwa ein **Verschmelzungsvertrag** abgeschlossen werden. Dem wird teilweise entgegengehalten, der übertragende Rechtsträger des zweiten Umwandlungsvorgangs könne den Verschmelzungsvertrag nicht abschließen, da er mangels Eintragung des ersten Umwandlungsvorgangs noch nicht über das Vermögen verfüge, auf das sich der Verschmelzungsvertrag bezieht. Dieser Einwand geht jedoch fehl, weil der Verschmelzungsvertrag lediglich schuldrechtlicher Natur ist (dazu oben Rn 36).
- Da der zweite Umwandlungsvorgang nur wirksam werden soll, nachdem der erste Umwandlungsvorgang wirksam geworden ist, ist ein Verschmelzungsvertrag, der Grundlage des zweiten Umwandlungsvorgangs ist, unter die **aufschiebende Bedingung** zu stellen, dass der erste Umwandlungsvorgang in das Register des übernehmenden Rechtsträgers (§§ 19 Abs. 1 S. 1, 20 Abs. 1 UmwG) bzw des übertragenden Rechtsträgers (§§ 130 Abs. 1 S. 1, 131 Abs. 1 UmwG) eingetragen worden ist. Eine solche aufschiebende Bedingung ist nach ganz hM zulässig.[89] Auch ein Formwechselbeschluss kann unter eine solche Bedingung gestellt werden.[90]
- Ferner fragt sich, wie bei dem übertragenden Rechtsträger des zweiten Umwandlungsvorgangs der **Umwandlungsbeschluss** (§§ 13, 193 UmwG) zu fassen ist. Ist dieser Rechtsträger bereits existent (und keine Vorgesellschaft), wird der Umwandlungsbeschluss nach hM allein durch die derzeitigen Anteilsinhaber gefasst.[91] Es sollen lediglich Treuepflichten gegenüber den künftigen Anteilsinhabern, dh. den Anteilsinhabern des übertragenden Rechtsträgers des ersten Umwandlungsvorgangs, bestehen. Anders ist dies, wenn sich der erste Umwandlungsvorgang durch Neugründung vollzog. In diesem Fall sind die Anteilsinhaber des übertragenden Rechtsträgers des ersten Umwandlungsvorgangs Gründer und damit Anteilsinhaber des übertragenden Rechtsträgers des zweiten Umwandlungsvorgangs.
- Steht der Verschmelzungsvertrag des zweiten Umwandlungsvorgangs unter der beschriebenen Bedingung, können die **Zustimmungsbeschlüsse** zu diesem Vertrag **unbedingt** gefasst werden.
- Es ist nicht zwingend erforderlich, dass die Schlussbilanz des übertragenden Rechtsträgers des zweiten Umwandlungsvorgangs den ersten Umwandlungsvorgang abbildet.[92]

d) Zuleitung an den Betriebsrat (§ 5 Abs. 3 UmwG)

71 Gemäß § 5 Abs. 3 UmwG ist der Verschmelzungsvertrag oder sein Entwurf spätestens ein Monat vor der Beschlussfassung über die Verschmelzung dem Betriebsrat des Rechtsträgers zuzuleiten. Ein Nachweis darüber ist der Anmeldung der Verschmelzung als Anlage beizufügen (§ 17 Abs. 1 UmwG). Fehlt dieser Nachweis, hat das Registergericht die Eintragung abzulehnen. Nach hM kann der Betriebsrat auf die Zuleitung nach § 5 Abs. 3 UmwG nicht verzichten, wohl aber darauf, dass die Monatsfrist eingehalten wird.[93] Hat der Rechtsträger keinen Betriebsrat, entfällt naturgemäß die Zuleitung. In diesem Fall hat das Vertretungsorgan in der Anmeldung zu versichern, dass ein Betriebsrat nicht besteht.[94] Verfügt der beteiligte Rechtsträger nicht über einen Betriebsrat, wohl aber eine Tochtergesellschaft dieses Rechtsträgers, begründet allein dies kein Zuleitungspflicht. Dies folgt aus dem insoweit klaren Wortlaut des § 5 Abs. 3 UmwG, der allein auf den beteiligten Rechtsträger abstellt. Bestehen mehrere Betriebsräte oder ein Gesamtbetriebsrat, so entscheiden die Regelungen des BetrVG darüber, wie zuzuleiten ist.

---

89 *Körner/Rodewald* BB 1999, 853 855; *Limmer* in: Limmer (Hrsg.), Handbuch der Unternehmensumwandlung, Rn 165; Semler/Stengel/*Schröer* § 5 Rn 99 mwN.
90 *Limmer* in: Limmer (Hrsg.), Handbuch der Unternehmensumwandlung, Rn 166.
91 *Sagasser/Ködderitzch* in: Sagasser/Bula/Brünger, Umwandlungen, Abschnitt J Rn 168; Semler/Stengel/*Schröer* § 5 Rn 99.
92 Vgl *Schwenn* Der Konzern 2007, 173, 177 ff.
93 Etwa Kallmeyer/*Willemsen* § 5 Rn 76; *Müller* DB 1997, 713, 717 mwN. Zur Fristberechnung *Krause* NJW 1999, 1448.
94 Etwa *Limmer*, in: Limmer (Hrsg.), Handbuch der Unternehmensumwandlung, Rn 331 mwN. Vgl auch AG Duisburg GmbHR 1996, 372.

IV. Verschmelzungsbericht und Verschmelzungsprüfung

Das Institut des Verschmelzungsberichts (insbesondere § 8 UmwG) und die Verschmelzungsprüfung (insbesondere §§ 9–12 UmwG) sind miteinander verwandt. Beide Institute dienen der Information der Anteilsinhaber der beteiligten Rechtsträger. Der Verschmelzungsbericht wird von dem jeweiligen Vertretungsorgan der beteiligten Rechtsträger erstattet, während die Verschmelzungsprüfung von einem Verschmelzungsprüfer durchgeführt wird.

1. Verschmelzungsbericht

a) Erforderlichkeit

Im Hinblick auf den Verschmelzungsbericht ist als erstes zu fragen, ob ein solcher **erforderlich** ist. § 8 Abs. 1 S. 1 UmwG ist zu entnehmen, dass es bei jeder Verschmelzungsart grundsätzlich eines Verschmelzungsberichts bedarf. Von diesem Grundsatz gibt es jedoch **Ausnahmen**:

Ein Verschmelzungsbericht ist nicht erforderlich, wenn auf seine Erstattung gemäß § 8 Abs. 3 1. Fall UmwG **verzichtet** worden ist. Nach dem eindeutigen Wortlaut der Bestimmung ist ein Verzicht der Anteilsinhaber sowohl des übertragenden als auch des übernehmenden Rechtsträgers erforderlich. Die Verzichtserklärung ist eine Willenserklärung eines jeden einzelnen Anteilsinhabers. Die Erklärung ist nur wirksam (§ 125 S. 1 BGB), wenn sie notariell beurkundet worden ist (§ 8 Abs. 3 S. 2 UmwG).[95]

Ein Verschmelzungsbericht ist ferner nicht erforderlich, wenn sich **alle Anteile des übertragenden Rechtsträgers in der Hand des übernehmenden Rechtsträgers** befinden (§ 8 Abs. 3 S. 1 2. Fall UmwG). Diese Vorschrift ist im Zusammenhang mit §§ 5 Abs. 2, 9 Abs. 2, 20 Abs. 1 Nr. 3 S. 1 UmwG zu lesen. Wie § 9 Abs. 2 UmwG wird man § 8 Abs. 3 S. 1 2. Fall UmwG dahin auszulegen haben, dass ein Verschmelzungsbericht nur insoweit entbehrlich ist, als er die Aufnahme des Rechtsträgers betrifft, an dem der übernehmende Rechtsträger alle Anteile hält. Weitere Ausnahmevorschriften finden sich in §§ **41, 45c** S. 1 UmwG.

b) Gemeinsamer Verschmelzungsbericht und Zuständigkeit

Grundsätzlich bedarf es eines gesonderten Verschmelzungsberichts für jeden beteiligten Rechtsträger (§ 8 Abs. 1 S. 1 1. Hs UmwG). Es kann jedoch auch ein **gemeinsamer Verschmelzungsbericht** für alle beteiligten Rechtsträger erstattet werden (§ 8 Abs. 1 S. 1 2. Hs UmwG). **Zuständig** für die Erstattung des Verschmelzungsberichts ist das Vertretungsorgan des Rechtsträgers. Nach hM muss das Vertretungsorgan durch seine sämtlichen Mitglieder handeln; ein Handeln in vertretungsberechtigter Zahl genügt nicht.[96] Die Mitglieder können sich auch nicht vertreten lassen.[97]

c) Form

Der Bericht muss **schriftlich** sein (§ 8 Abs. 1 S. 1 UmwG). Mit diesem Tatbestandsmerkmal will das Gesetz deutlich machen, dass eine nur mündliche Erstattung des Berichts nicht ausreicht. Nicht erforderlich ist daher, dass der Bericht in der Form des § 126 BGB zu unterzeichnen ist.[98]

d) Inhalt

Die gesetzlichen Anforderungen an den **Inhalt** des Verschmelzungsberichts finden sich in § 8 Abs. 1 S. 1–3 UmwG, die von der Rechtssprechung in einzelnen Bereichen weiter konkretisiert worden sind.[99] Zu den wichtigsten Inhalten gehören:

---

[95] Zu kostenrechtlichen Fragen OLG Karlsruhe GmbHR 2003, 1277.
[96] LG Berlin NZG 2004, 337.
[97] Ganz hM, etwa Lutter/Lutter/Drygala § 8 Rn 9.
[98] KG AG 2005, 205 („*Vattenfall*"); dazu Linnerz EWiR 2005, 135. Ferner Fuhrmann AG 2004, 135; vgl auch *Hüffer* FS Claussen 1997, S. 171.
[99] OLG Düsseldorf DB 2002, 781; OLG Hamburg DB 2002, 572; OLG Hamm NJW 1999, 2907 (Leitsatz) = NZG 1999, 560 („*Thyssen/Krupp*"); OLG Düsseldorf AG 1999, 418 („*Thyssen/Krupp*"); LG Essen NZG 1999, 556.

- Die Verschmelzung ist **wirtschaftlich zu begründen** (§ 8 Abs. 1 S. 1 UmwG). Dies macht es erforderlich, die Vor- und Nachteile sowie die Chancen und Risiken der Verschmelzung darzustellen.[100] Hierzu gehört es, die Verschmelzung gegen andere in Betracht kommende gesellschaftsrechtliche Maßnahmen abzuwägen.[101]
- Ferner ist das **Umtauschverhältnis** (vgl § 5 Abs. 1 Nr. 3 UmwG, näher oben Rn 41) zu begründen. Zur Begründung des Umtauschverhältnisses gehört es, die Unternehmenswerte der beteiligten Rechtsträger anzugeben und zu begründen. Die hierfür erforderliche Unternehmensbewertung kann ausgesprochen komplex. Es kann daher von dem Vertretungsorgan nicht verlangt werden, im Verschmelzungsbericht die Unternehmensbewertung umfassend darzulegen. Jedoch müssen die Ausführungen so umfangreich und präzise sein, dass es dem Anteilsinhaber möglich ist, das im Verschmelzungsvertrag bestimmte Umtauschverhältnis zumindest auf seine Plausibilität hin zu überprüfen.[102] In der Praxis nimmt bei jeder größeren Verschmelzung ein Wirtschaftsprüfer eine Unternehmensbewertung nach den Grundsätzen des Instituts der Wirtschaftsprüfer (IDW S1) vor, auf die das Vertretungsorgan seine Entscheidung zum Umtauschverhältnis stützt.
- Bei einer **grenzüberschreitenden Verschmelzung** sind ferner die von § 122 e UmwG geforderten Angaben in den Verschmelzungsbericht aufzunehmen.

Ein Verschmelzungsbericht kann wie folgt **gegliedert** werden:

▶ A. Überblick
B. Die beteiligten Rechtsträger
I. [Übernehmender Rechtsträger]
1. Unternehmensgeschichte
2. Sitz, Geschäftsjahr und Unternehmensgegenstand
3. [Kapital] und [Anteilsinhaber]
4. Organe
5. Geschäftstätigkeit
II. [Übertragender Rechtsträger]
1. Unternehmensgeschichte
2. Sitz, Geschäftsjahr und Unternehmensgegenstand
3. [Kapital] und [Anteilsinhaber]
4. Organe
5. Geschäftstätigkeit
C. Begründung der Verschmelzung
I. Gründe für die Verschmelzung
II. Alternativen zur Verschmelzung
D. Folgen der Verschmelzung
I. Bilanzielle Folgen
II. Gesellschaftsrechtliche Folgen
III. Steuerrechtliche Folgen
E. Erläuterung des Verschmelzungsvertrags
F. Erläuterung des Umtauschverhältnisses
I. Bewertungsmethode und Bewertungsstichtag
II. Insbesondere Ermittlung der Ertragswerte
III. Nicht betriebsnotwendiges Vermögen
IV. Besondere Schwierigkeiten bei der Bewertung ◀

---

100 Vgl BGHZ 107, 296, 302 („*Kochs Adler*"); *Bayer* ZIP 1997, 1613, 1619.
101 LG München AG 2000, 86, 87; *Heckschen* in: Heckschen/Simon, Umwandlungsrecht, § 2 Rn 45; Semler/Stengel/*Gehling* § 8 Rn 18.
102 Etwa OLG Hamm NZG 1999, 560, 561 („*Thyssen/Krupp*").

e) Zugänglichmachung

Der Verschmelzungsbericht ist den Anteilsinhabern der beteiligten Rechtsträger **zugänglich zu machen** (§ 42, § 45 c S. 2, § 47, § 63 Abs. 1 Nr. 4, § 78 S. 1 iVm § 63 Abs. 1 Nr. 4, § 82 Abs. 1 S. 1, § 101 Abs. 1 S. 1, § 112 Abs. 1 S. 1 UmwG). Der Verschmelzungsbericht ist ferner Anlage zur Anmeldung (§ 17 Abs. 1 UmwG). 79

2. Verschmelzungsprüfung

Die Verschmelzungsprüfung ist im Wesentlichen in den §§ 9–12 UmwG geregelt. Gegenstand der Verschmelzungsprüfung ist der Verschmelzungsvertrag (§ 9 Abs. 1 UmwG), insbesondere das im Vertrag bestimmte Umtauschverhältnis (§ 12 Abs. 2 S. 1 UmwG). Hiervon ist die Prüfung der nach § 29 UmwG anzubietenden Barabfindung zu unterscheiden (§ 30 Abs. 2 S. 1 UmwG). Für diese Prüfung gelten die §§ 10–12 UmwG entsprechend (§ 30 Abs. 2 S. 2 UmwG). 80

a) Erforderlichkeit

Wie beim Verschmelzungsbericht (siehe oben Rn 73 ff) stellt sich bei der Verschmelzungsprüfung als erstes die Frage, in welchen Fällen sie **erforderlich** ist. Im Unterschied zum Verschmelzungsbericht ist die Verschmelzungsprüfung nicht schon nach allgemeinem Verschmelzungsrecht erforderlich (arg. e § 9 Abs. 1 AktG). Vielmehr bestimmt sich nach den Vorschriften des besonderen Verschmelzungsrechts, die jeweils gesondert auf jeden beteiligten Rechtsträger anzuwenden sind, ob es einer Verschmelzungsprüfung bedarf: 81

- Für manche Rechtsträger ist **stets** eine Verschmelzungsprüfung **durchzuführen**. Dies gilt für die AG (§ 60 UmwG), für die KGaA (§ 78 S. 1 iVm § 60 UmwG) und für den rechtsfähigen Verein (§ 100 S. 1 UmwG). Auch bei der grenzüberschreitenden Verschmelzung ist eine Verschmelzungsprüfung stets erforderlich (§ 122 f S. 1 1. Hs UmwG).
- Bei anderen Rechtsträgern ist eine Prüfung nur durchzuführen, wenn ein Anteilsinhaber dies **verlangt**. Dies gilt für die Personenhandelsgesellschaft (§ 44 S. 1 UmwG) und die GmbH (§ 48 S. 1 UmwG). Vor Inkrafttreten des Zweiten Gesetzes zur Änderung des UmwG (vgl oben Rn 11) war streitig, bis zu welchem Zeitpunkt der Anteilsinhaber sein Verlangen erklären konnte. Nach hM konnte dies noch in der Versammlung der Anteilsinhaber geschehen, die über die Verschmelzung beschließt, so dass die Beschlussfassung gegebenenfalls zu vertagen war.[103] Nunmehr bestimmen §§ 44 S. 1, 48 S. 1 UmwG, dass das Verlangen innerhalb einer Frist von einer Woche seit Unterrichtung (§§ 42, 47 UmwG, vgl oben Rn 79) erklärt werden muss.
- Ist hiernach eine Verschmelzungsprüfung erforderlich, bleiben die (**Unter-)Ausnahmen** des § 9 Abs. 2, Abs. 3 UmwG zu berücksichtigen.

b) Antrag auf Bestellung und Bestellung

Ist im Ergebnis eine Verschmelzungsprüfung erforderlich, so muss zunächst die **Bestellung eines Verschmelzungsprüfers beantragt** werden. Das Nähere bestimmt § 10 UmwG. Die Bestellung erfolgt durch das Gericht, dessen Zuständigkeit sich nach § 10 Abs. 2 UmwG und ggf nach einer auf der Grundlage von § 10 Abs. 4 UmwG erlassenen Verordnung richtet. Wird für mehrere oder alle beteiligten Rechtsträger die Bestellung eines gemeinsamen Prüfers beantragt (§ 10 Abs. 1 S. 2 UmwG), ist das Gericht für die Bestellung zuständig, das zuerst in der Sache tätig geworden ist (§ 4 FGG).[104] 82

c) Person des Verschmelzungsprüfers

Welche Person das Gericht zum **Verschmelzungsprüfer** bestellt, steht in seinem Ermessen. In der Praxis ist es üblich, einen Vorschlag zu machen und dem Antrag eine Erklärung des vorgeschlagenen Wirtschaftsprüfers beizufügen, dass dieser mit der Bestellung einverstanden ist und an der Prüfung 83

---

[103] Etwa Widmann/Mayer/*Vossius* § 44 Rn 17 mwN (für § 44 UmwG).
[104] *Bungert* BB 1995, 1399; aA Schmitt/Hörtnagel/Stratz/*Stratz* § 10 Rn 9 mwN.

nicht nach § 11 Abs. 1 S. 1 UmwG iVm §§ 319, 319 a Abs. 1 HGB gehindert ist. Nach zutreffender hM kann auch der **Abschlussprüfer** des Rechtsträgers zum Verschmelzungsprüfer bestellt werden.[105] Umgekehrt ist der Verschmelzungsprüfer nicht davon ausgeschlossen, in der Folge zum Abschlussprüfer gewählt[106] oder in einem Spruchverfahren, das den Rechtsträger betrifft, zum Sachverständigen ernannt[107] zu werden. Gemäß § 10 Abs. 2 S. 2 UmwG kann für mehrere oder alle beteiligten Rechtsträger ein **gemeinsamer Verschmelzungsprüfer** bestellt werden. Dies dürfte auch für die grenzüberschreitende Verschmelzung gelten (vgl § 122 Abs. 2 UmwG).

d) Prüfungsbericht

84 Nach Abschluss der Prüfung erstattet der Verschmelzungsprüfer einen **Prüfungsbericht**, der den Anforderungen des § 12 UmwG genügen muss.

V. Anteilsgewährung

1. Anteilsgewährungspflicht

a) Grundsatz

85 Gemäß § 2 UmwG ist es Wesensmerkmal der Verschmelzung, den Anteilsinhabern des übertragenden Rechtsträgers Anteile am übernehmenden Rechtsträger zu gewähren.[108] Diese sog. Anteilsgewährungspflicht gehört gemäß § 5 Abs. 1 Nr. 2 UmwG zum Mindestinhalt des Verschmelzungsvertrags (vgl oben Rn 40). Im Grundsatz besteht die Anteilsgewährungspflicht bei jeder Verschmelzung, also unabhängig von der Art der Verschmelzung und der Rechtsform der beteiligten Rechtsträger (vgl etwa § 80 Abs. 1 UmwG für die Verschmelzung unter Beteiligung eingetragener Genossenschaften). Daher ist es konsequent, wenn mit § 20 Abs. 1 Nr. 3 S. 1 1. Hs UmwG eine Vorschrift des allgemeinen Verschmelzungsrechts anordnet, dass die Anteilsinhaber des übertragenden Rechtsträgers Anteilsinhaber des übernehmenden Rechtsträgers werden.

b) Ausnahmen

86 Von der Pflicht, den Anteilsinhabern des übertragenden Rechtsträgers Anteile am übernehmenden Rechtsträger zu gewähren, gibt es Ausnahmen. Diese Ausnahmen ergeben sich vor allem aus § 20 Abs. 1 Nr. 3 S. 1 2.Hs UmwG.[109]

aa) Beteiligung des übernehmenden Rechtsträgers am übertragenden Rechtsträger (§ 20 Abs. 1 Nr. 3 S. 1 2. Hs 1. Fall UmwG)

87 Eine Ausnahme von der Anteilsgewährungspflicht besteht als erstes insoweit, als der **übernehmende Rechtsträger Anteilsinhaber des übertragenden Rechtsträgers** ist (§ 20 Abs. 1 Nr. 3 S. 1 2. Hs 1. Fall UmwG). Gemäß der vorgenannten Vorschrift stehen Anteilen des übernehmenden Rechtsträgers Anteile einer Person gleich, die die Anteile für Rechnung des übernehmenden Rechtsträgers hält. Ist der Anteilsbesitz des übernehmenden Rechtsträgers so hoch, dass der übertragende Rechtsträger Tochtergesellschaft des übernehmenden Rechtsträgers ist, so spricht man von einer aufsteigenden

---

105 *Hoffmann-Becking* FS Fleck 1988, S. 121; *Lutter/Drygala*, in: Lutter, § 11 Rn 6; Widmann/Mayer/*Mayer* § 11 Rn 18; Kallmeyer/*Müller* § 11 Rn 5; Schmitt/Hörtnagl/Stratz/*Stratz* § 11 Rn 3. Zu den Wesensunterschieden der beiden Prüfungen vgl auch LG München I ZIP 1999, 2152, 2154 („funktional und konzeptionell völlig unterschiedliche Rechenwerke").
106 LG München I ZIP 1999, 2152.
107 OLG Düsseldorf EWiR 2001, 247; LG Mannheim DB 2002, 889.
108 Grundsätzlich zur Anteilsgewährung *Limmer* FS Schippel 1996, S. 415 ff; *Winter* FS Lutter 2000, S. 1279 ff.
109 Häufig werden die § 20 Abs. 1 Nr. 3 S. 1 2. Hs UmwG zu entnehmenden Ausnahmen von der Anteilsgewährungspflicht aus §§ 54, 68 AktG UmwG abgeleitet. Dies ist aus einem doppelten Grunde unrichtig. Zum einen regeln diese Vorschriften lediglich die Kapitalerhöhung beim übernehmenden Rechtsträger, betreffen also die Erfüllung der Anteilsgewährungspflicht (dazu unten Rn 93 ff), nicht die Anteilsgewährungspflicht selbst (dazu unten Rn 85 ff). Zum anderen sind §§ 54, 68 UmwG nur anwendbar, wenn der übernehmende Rechtsträger eine GmbH oder AG ist. Die § 20 Abs. 1 Nr. 3 S. 1 2. Hs UmwG zu entnehmenden Ausnahmen sind jedoch allgemeingültig und folglich in § 20 Abs. 1 UmwG richtig platziert.

Verschmelzung (im Konzern), sog. **upstream merger**.[110] Grundgedanke dieses Ausnahmetatbestandes ist es, die Verschmelzung nicht zu einer Beteiligung des übernehmenden Rechtsträgers an sich selbst führen zu lassen. Dieser Kapitalschutzgedanke liegt auch Regelungen in anderen Bereichen der Rechtsordnung zugrunde (vgl § 56 Abs. 1 AktG, §§ 71 ff AktG, § 33 GmbHG). Dementsprechend darf auch das Kapital einer GmbH oder AG, die übernehmender Rechtsträger ist, nicht zur Durchführung der Kapitalerhöhung erhöht werden, soweit die übernehmende GmbH oder AG an dem übertragenden Rechtsträger beteiligt ist (§§ 54 Abs. 1 S. 1 Nr. 1, 68 Abs. 1 S. 1 Nr. 1 UmwG).

Hält der übernehmende Rechtsträger Anteile des übertragenden Rechtsträgers, so löst dies **weitere Folgen** aus: 88

- Befinden sich sämtliche Anteile des übertragenden Rechtsträgers in der Hand des übernehmenden Rechtsträgers, entfallen die Angaben im **Verschmelzungsvertrag** nach § 5 Abs. 1 Nr. 2–5 UmwG (§ 5 Abs. 2 1. Hs UmwG). Sind mehrere übertragende Rechtsträger an der Verschmelzung beteiligt, gilt dies nur für Rechtsträger, an denen der übernehmende Rechtsträger sämtliche Anteile hält (§ 5 Abs. 2 2. Hs UmwG).
- Ist der übernehmende Rechtsträger eine Aktiengesellschaft und hält diese mindestens 90 % des Kapitals des übertragenden Rechtsträgers, so ist abweichend von § 13 Abs. 1 S. 1 UmwG ein **Verschmelzungsbeschluss der übernehmenden AG nicht erforderlich** (§ 62 Abs. 1 S. 1 UmwG, näher unten Rn 106).
- Für den Fall, dass übernehmender Rechtsträger eine **GmbH** ist, enthält das Gesetz keine § 62 UmwG vergleichbare Sonderregelung (vgl §§ 46 ff UmwG). Hier bleibt es also bei dem Grundsatz, dass auch beim übernehmenden Rechtsträger ein Verschmelzungsbeschluss gefasst werden muss (§ 13 Abs. 1 S. 1 UmwG).

bb) Eigene Anteile und Handeln auf Rechnung (§ 20 Abs. 1 Nr. 3 S. 1 2. Hs 2. Fall UmwG)

Die zweite Ausnahme von der Anteilsgewährungspflicht ist in § 20 Abs. 1 Nr. 3 S. 1 2.Hs 2. Fall UmwG normiert. Hiernach sind insoweit keine Anteile an dem übernehmenden Rechtsträger zu gewähren, als der übertragende Rechtsträger **eigene Anteile** (vgl §§ 71 ff AktG, § 33 GmbHG) hält. Hintergrund ist, dass der übertragende Rechtsträger als Folge der Verschmelzung erlischt (§ 20 Abs. 1 Nr. 2 S. 1 UmwG), so dass er nicht mehr gemäß § 20 Abs. 1 Nr. 3 S. 1 1. Hs UmwG Anteilsinhaber des übernehmenden Rechtsträgers werden kann. 89

Darüber hinaus erfasst dieser Ausnahmetatbestand Personen, die **auf Rechnung** des übertragenden Rechtsträgers handeln. Somit wird eine Person, die auf Rechnung des übertragenden Rechtsträgers Anteile an diesem übertragenden Rechtsträger hält, ebenfalls nicht Anteilsinhaber des übernehmenden Rechtsträgers (§ 20 Abs. 1 Nr. 3 S. 1 2. Hs 2. Fall UmwG). Auch für diesen Ausnahmetatbestand sieht das Gesetz bestätigend vor, dass insoweit das Kapital des übernehmenden Rechtsträgers nicht erhöht werden darf, wenn übernehmender Rechtsträger eine GmbH (§ 54 Abs. 1 S. 1 Nr. 2, Abs. 2 UmwG) oder eine AG (§ 68 Abs. 1 S. 1 Nr. 2, Abs. 2 UmwG) ist. 90

cc) Verzicht auf die Anteilsgewährung (§ 54 Abs. 1 S. 3, § 68 Abs. 1 S. 3 UmwG)

Vor allem für konzerninterne Umstrukturierungen ist von großer Bedeutung, ob ein dritter Ausnahmetatbestand vorliegt, soweit dieselbe Person gleichzeitig am übertragenden und übernehmenden Rechtsträger beteiligt ist, diese Rechtsträger also **Schwestergesellschaften** sind. Werden beide Beteiligungen zu 100 % gehalten und verzichtet der Alleingesellschafter ausdrücklich darauf, neue Anteile zu erhalten, so erscheint kaum einsichtig, warum es gleichwohl erforderlich sein sollte, dem Alleingesellschafter Anteile am neuen Rechtsträger zu gewähren. Die früher hM hielt dies 91

---

110 Zu der auch von der Öffentlichkeit verfolgten Verschmelzung der T-Online AG auf die Deutsche Telekom AG siehe BGH ZIP 2006, 1151; OLG Frankfurt aM DB 2006, 438. Dazu *Hofmann/Krolop* AG 2005, 866; *Neumann/Siebmann* DB 2006, 435. Zur Verschmelzung der Muttergesellschaft auf ihre Tochtergesellschaft (sog. absteigende Verschmelzung, *downstream merger*), insb. den kapitalerhaltungsrechtlichen Fragen, *Mertens* AG 2005, 785; *Klein/Stephanblome* ZGR 2007, 351.

trotzdem für zwingend erforderlich.[111] Ihr war zuzugeben, dass sie sich auf den Wortlaut des Gesetzes und den Willen des Gesetzgebers stützen konnte.[112] Dieser hM ist der Gesetzgeber entgegengetreten. Seit dem Zweiten Gesetz zur Änderung des UmwG (siehe oben Rn 11) ist nunmehr ausdrücklich für GmbH und AG allgemein vorgesehen, dass der übernehmende Rechtsträger von einer Anteilsgewährung absehen kann, wenn alle Anteilsinhaber des übertragenden Rechtsträgers darauf in notariell beurkundeter Form **verzichten** (§ 54 Abs. 1 S. 3, § 68 Abs. 1 S. 3 UmwG). Systematisch richtig wäre es gewesen, diese Bestimmung in § 20 Abs. 1 Nr. 3 UmwG aufzunehmen.

dd) Abgrenzung

92 Klarzustellen ist, dass in dem von § 54 Abs. 1 S. 1 Nr. 3, § 68 Abs. 1 S. 1 Nr. 3 UmwG geregelten Fall der **unvollständigen Leistung der Einlage** keine Ausnahme von der Anteilsgewährungspflicht besteht. In diesem Fall greifen allerdings andere Sonderbestimmungen (vgl § 51 Abs. 1 S. 1 UmwG für die GmbH) ein.

2. Erfüllung der Anteilsgewährungspflicht

Besteht hiernach eine Anteilsgewährungspflicht, stellt sich die weitere Frage, wie diese Pflicht zu erfüllen ist.

a) Herkunft der zu gewährenden Anteile

93 Um den Anteilsinhabern des übertragenden Rechtsträgers Anteile am übernehmenden Rechtsträger gewähren zu können, müssen solche Anteile zunächst einmal existieren. Dies muss spätestens zu dem Zeitpunkt der Fall sein, in dem die Verschmelzung mit der Eintragung der Verschmelzung in das Handelsregister des übernehmenden Rechtsträgers wirksam wird und die Anteilsinhaber des übertragenden Rechtsträgers Anteilsinhaber des übernehmenden Rechtsträgers werden (§ 20 Abs. 1 Nr. 3 UmwG). Der übernehmende Rechtsträger hat die folgenden **Möglichkeiten**, die zur Erfüllung der Anteilsgewährungspflicht erforderlichen Anteile zur Verfügung zu stellen. Zur Frage, ob hierüber Angaben in den Verschmelzungsvertrag aufzunehmen sind, siehe oben Rn 45.

aa) Kapitalerhöhung beim übernehmenden Rechtsträger

94 Zunächst kommt eine **Erhöhung des Kapitals** der übernehmenden Gesellschaft in Betracht. Dies ist der Regelfall. Das Gesetz spricht hierbei von einer Kapitalerhöhung zur Durchführung der Verschmelzung (vgl etwa §§ 53, 54 Abs. 1 S. 1, 55 Abs. 1 S. 1, 68 Abs. 1 S. 1, 69 Abs. 1 S. 1 UmwG). Diese Art der Kapitalerhöhung wird als Kapitalerhöhung zur Durchführung der Verschmelzung bezeichnet und ist eine besondere Kapitalerhöhung gegen Sacheinlage (dazu näher unten Rn 98 ff). Die Sacheinlage ist das Vermögen des übertragenden Rechtsträgers (§ 20 Abs. 1 Nr. 1 UmwG). Die Besonderheit dieser Sachkapitalerhöhung liegt darin, dass die Sacheinlage nicht durch die Personen erbracht wird, die die neuen Anteile erwerben, sondern durch den übertragenden Rechtsträger.[113] Um zu gewährleisten, dass die durch Kapitalerhöhung geschaffenen Anteile spätestens im Zeitpunkt des Wirksamwerdens der Verschmelzung zur Verfügung stehen, sieht das Gesetz vor, dass die Kapitalerhöhung vor der Verschmelzung in das Handelsregister eingetragen werden muss (§§ 53, 66 UmwG).

bb) Eigene Anteile des übernehmenden Rechtsträgers

95 Verfügt der übernehmende Rechtsträger über **eigene Anteile,** kann er nach Maßgabe des allgemeinen Gesellschaftsrechts[114] auch diese verwenden, um die Anteilsgewährungspflicht zu erfüllen (vgl §§ 54 Abs. 1 S. 2 Nr. 1, 68 Abs. 1 S. 2 Nr. 1 UmwG). Ist der übernehmende Rechtsträger eine GmbH und ist zur Erfüllung der Anteilsgewährungspflicht eine Teilung der von der GmbH gehaltenen eigenen

---

111 OLG Frankfurt aM WM 1999, 322; KG WM 1999, 323 (jeweils mwN); befürwortend auch OLG Hamm NZG 2004, 1005.
112 BR-Drucks. 12/6699, S. 101.
113 Vgl Lutter/*Winter* § 55 Rn 2.
114 Zur Frage, ob diese Art der Verwendung bei der AG nur auf § 71 Abs. 1 Nr. 8 AktG oder auch auf § 71 Abs. 1 Nr. 3 AktG (analog) gestützt werden kann, vgl *Martens*, FS Boujong (1996), S. 335 ff.

Anteile erforderlich (vgl § 17 Abs. 6 GmbHG), so können die Anteile unter gegenüber dem allgemeinen Recht erleichterten Voraussetzungen geteilt werden (§ 54 Abs. 3 UmwG).

cc) Anteile des übertragenden Rechtsträgers am übernehmenden Rechtsträger

Drittens ist es möglich, dass **der übertragende Rechtsträger Anteile am übernehmenden Rechtsträger hält**. Da diese Anteile gemäß § 20 Abs. 1 Nr. 1 UmwG auf den übernehmenden Rechtsträger übergehen, können grundsätzlich auch diese Anteile verwendet werden, um die Anteilsgewährungspflicht zu erfüllen. 96

dd) Anteile Dritter am übernehmenden Rechtsträger

Schließlich ist denkbar, dass **Dritte** zur Erfüllung der Anteilsgewährungspflicht Anteile am Übernehmenden Rechtsträger an die Anteilsinhaber des übertragenden Rechtsträgers übertragen.[115] Handelt der Dritte auf Rechnung des übernehmenden Rechtsträgers, sind allerdings die Vorschriften über den Erwerb eigener Anteile zu berücksichtigen. Dies ergibt sich für die AG aus § 71 a Abs. 2 AktG und entspricht für die GmbH der hM zu § 33 GmbHG.[116] 97

b) Schaffung zu gewährender Anteile durch Kapitalerhöhung

In der Regel werden die zu gewährenden Anteile dadurch geschaffen, dass das Kapital des übernehmenden Rechtsträgers erhöht wird. Auf diese sog. **Kapitalerhöhung zur Durchführung der Verschmelzung** finden grundsätzlich die Vorschriften des allgemeinen Gesellschaftsrechts Anwendung (§§ 55 ff GmbHG für die GmbH und §§ 182 ff AktG für AG und KGaA). Jedoch enthält das Umwandlungsgesetz in §§ 55, 69 UmwG einige verdrängende Sonderregeln. Neben § 54 Abs. 1 S. 1, § 68 Abs. 1 S. 1 UmwG, die eine Kapitalerhöhung zur Durchführung der Verschmelzung ausschließen, sind die wichtigsten dieser Sonderregeln die folgenden: 98

aa) Beschluss über die Kapitalerhöhung

Für den **Beschluss** über die Kapitalerhöhung gelten grundsätzlich keine Besonderheiten. Lediglich § 55 Abs. 1 S. 2 UmwG enthält eine Erleichterung gegenüber § 55 Abs. 4 iVm § 5 GmbHG. Da die Kapitalerhöhung zur Durchführung der Verschmelzung eine Sachkapitalerhöhung (siehe oben Rn 94) ist, gilt im Grundsatz das allgemeine Sachkapitalerhöhungsrecht. Daher muss der Beschluss über die Kapitalerhöhung die **Angaben über Sacheinlagen** nach § 56 Abs. 1 S. 1 GmbHG bzw § 183 Abs. 1 S. 1 AktG enthalten. Bei einer AG soll eine Kapitalerhöhung im Allgemeinen nicht stattfinden, solange auf das bisherige Grundkapital noch **Einlagen ausstehen** (§§ 182 Abs. 4, 184 Abs. 2 AktG). § 69 Abs. 1 S. 1 UmwG bestimmt, dass diese Vorschriften nicht anzuwenden sind. 99

bb) Keine Übernahme bzw Zeichnung und kein Bezugsrecht

Einer **Übernahme** der neuen Geschäftsanteile (§§ 55 Abs. 1, 57 Abs. 3 Nr. 1 GmbHG) bzw einer **Zeichnung** der jungen Aktien (§§ 185, 188 Abs. 3 Nr. 1 AktG) bedarf es nicht (§§ 55 Abs. 1 S. 1, 69 Abs. 1 S. 1 1. Hs UmwG). Dies ist folgerichtig, da die Anteilsinhaber des übertragenden Rechtsträgers die Anteile am übernehmenden Rechtsträger gemäß § 20 Abs. 1 Nr. 3 S. 1 1. Hs UmwG unmittelbar kraft Gesetzes erwerben. 100

Den vorhandenen Anteilsinhabern des übernehmenden Rechtsträgers steht ein **Bezugsrecht** auf die jungen Anteile **nicht zu**. Dies ergibt sich für die AG aus § 69 Abs. 1 S. 1 1. Hs UmwG und entspricht für die GmbH trotz fehlender gesetzlicher Regelung allgemeiner Meinung.[117] 101

cc) Prüfung der Sacheinlage

Daraus, dass es sich um eine Sachkapitalerhöhung handelt (vgl Rn 94, 99), folgt weiter, dass es der **Prüfung der Sacheinlage** bedarf, soweit das allgemeine Kapitalerhöhungsrecht dies vorsieht. Für die 102

---

115 *Limmer* in: Limmer (Hrsg.), Handbuch der Unternehmensumwandlung, Rn 258.
116 Scholz/*Westermann* § 33 Rn 12.
117 Lutter/*Winter* § 55 Rn 22 mwN.

AG bestimmt § 183 Abs. 3 S. 1 AktG, dass Sacheinlagen durch einen sachverständigen Prüfer zu prüfen sind. Hierzu enthält § 69 Abs. 1 S. 1 2. Hs UmwG modifizierende Vorschriften. Bei der GmbH findet eine Prüfung von Sacheinlagen bei einer Kapitalerhöhung nicht statt. Nach hM bedarf es insbesondere auch keines Sacheinlageberichts der Gesellschafter oder der Geschäftsführung analog § 5 Abs. 4 S. 2 GmbHG.[118] Hiervon unberührt bleibt allerdings die Befugnis des Registergerichts, Nachweise über den Wert der Sacheinlage zu verlangen.[119]

dd) Verbot der Unterpariemission

103 Neben dem Erfordernis einer Prüfung der Sacheinlage ist das sog. **Verbot der Unterpariemission** zu beachten. Dieses Verbot besagt, dass der Wert einer Sacheinlage mindestens den Nennwert des Anteils erreichen muss, der für die Einlage gewährt wird. Bei Stückaktien einer AG oder KGaA steht dem Nennwert der anteilige Betrag am Grundkapital (vgl § 8 Abs. 3 S. 3, § 9 Abs. 1 AktG) gleich. Dabei ist der Wert des Vermögens sein tatsächlicher Wert, nicht der des bilanziellen Nettovermögens (Eigenkapital), der sich aus der Schlussbilanz (§ 17 Abs. 2 S. 1 UmwG) ergibt. Ist der übertragende Rechtsträger bei Ansatz der tatsächlichen Werte **überschuldet**, kann eine Kapitalerhöhung folglich nicht durchgeführt werden. Maßgeblicher **Stichtag** für die Bewertung der Sacheinlage, also des Vermögens des übertragenden Rechtsträgers, ist der Tag, an dem die Verschmelzung in das Register des übernehmenden Rechtsträgers eingetragen wird.[120]

104 Primäre **Rechtsfolge** eines Verstoßes gegen dieses Verbot ist es, dass das Registergericht die **Eintragung** der Kapitalerhöhung **abzulehnen** hat, wenn der Wert der Sacheinlage den Nennwert des Anteils nicht erreicht (§§ 57 a, 9 c Abs. 1 S. 2 GmbHG, § 183 Abs. 3 S. 3 AktG). Nach allgemeinem Kapitalerhöhungsrecht ist zweite Rechtsfolge eines Verstoßes gegen das Verbot der Unterpariemission, dass der Erwerber der jungen Anteile auf die **Differenz haftet**, die zwischen dem Wert der Sacheinlage und dem Nennwert des dafür erworbenen Anteils besteht.[121] Diese Differenzhaftung greift bei einer Kapitalerhöhung zur Durchführung einer Verschmelzung ausnahmsweise nicht ein.[122]

VI. Verschmelzungsbeschluss

1. Allgemeine rechtliche Darstellung

a) Erforderlichkeit eines Verschmelzungsbeschlusses

aa) Grundsatz

105 Gemäß § 13 Abs. 1 S. 1 UmwG wird der Verschmelzungsvertrag nur wirksam, wenn ihm die Anteilsinhaber der beteiligten Rechtsträger durch Beschluss zustimmen (sog. Verschmelzungsbeschluss). Es bedarf also für jeden Rechtsträger, der an der Verschmelzung beteiligt ist, jeweils eines Verschmelzungsbeschlusses. Zuständig sind die Anteilsinhaber des Rechtsträgers. Bei einer GmbH sind dies die Gesellschafter (§ 53 Abs. 1 GmbHG); bei einer AG ist es die Hauptversammlung (vgl § 118 Abs. 1 AktG). Die von § 13 Abs. 1 S. 1 UmwG angeordnete Zuständigkeit der Anteilsinhaber ist nach allgM zwingender Natur, so dass diese Zuständigkeit durch Gesellschaftsvertrag oder Satzung nicht auf ein anderes Gesellschaftsorgan oder -gremium übertragen werden kann.[123]

bb) Ausnahmen

106 Das Gesetz enthält nur drei, teils eng umrissene **Ausnahmen**, in denen ein Verschmelzungsbeschluss abweichend von § 13 Abs. 1 S. 1 UmwG nicht erforderlich ist: Die erste dieser Ausnahmen ist § 62 Abs. 1 S. 1 UmwG. Danach ist ein Verschmelzungsbeschluss des übernehmenden Rechtsträgers nicht

---

118 *Zöllner*, in: Baumbach/Hueck, GmbHG, § 6 Rn 17.
119 *Zöllner*, in: Baumbach/Hueck, GmbHG, § 57 Rn 10.
120 *Ihrig*, GmbHR 1995, 622, 641 f; Widmann/Mayer/*Mayer* § 55 Rn 71 f.
121 Dieser Anspruch der Gesellschaft ergibt sich bei der GmbH aus §§ 56 Abs. 2, 9 Abs. 1 GmbHG und bei der AG aus der Zeichnungserklärung (BGHZ 64, 52, 62).
122 BGH ZIP 2007, 1237; OLG München NZG 2006, 73; kritisch *Thoß* NZG 2006, 376; *Wälzholz* AG 2006, 469.
123 Widmann/Mayer/*Heckschen* § 13 Rn 42 mwN; *Limmer* in: Limmer (Hrsg.), Handbuch der Unternehmensumwandlung, Rn 564.

erforderlich, wenn der übernehmende Rechtsträger **mindestens 90 %** des gezeichneten Kapitals einer übertragenden Kapitalgesellschaft hält und der übernehmende Rechtsträger eine **AG** ist. Es herrscht Streit darüber, zu welchem Zeitpunkt der von § 62 Abs. 1 S. 1 UmwG geforderte Anteilsbesitz vorliegen muss. Nach manchen Autoren kommt es auf den Zeitpunkt an, in dem die Anteilsinhaber des übertragenden Rechtsträgers den Verschmelzungsbeschluss fassen.[124] Nach der Gegenmeinung ist demgegenüber auf den Zeitpunkt abzustellen, in dem die Verschmelzung zur Eintragung in das Handelsregister angemeldet wird.[125] § 62 Abs. 1 S. 1 UmwG gilt ausnahmsweise nicht und ein Verschmelzungsbeschluss der Anteilsinhaber auch der übernehmenden AG ist erforderlich, wenn Aktionäre der übernehmenden AG, die 5 % des Grundkapitals auf sich vereinigen, die Einberufung einer Hauptversammlung verlangen, in der über die Zustimmung zur Verschmelzung beschlossen wird (§ 62 Abs. 2 S. 1 UmwG). Auch wenn § 62 Abs. 1 S. 1 UmwG einschlägig ist, bleibt der Holzmüller-Vorbehalt des allgemeinen Aktienrechts nach zutreffender Auffassung verdrängt.[126] Wichtig zu wissen ist, dass das UmwG einen § 62 Abs. 1 S. 1 UmwG vergleichbaren Tatbestand für die **GmbH** als übernehmenden Rechtsträger nicht enthält.

Der zweite Ausnahmetatbestand zu § 13 Abs. 1 S. 1 UmwG liegt vor, wenn eine Kapitalgesellschaft auf ihren Alleingesellschafter verschmolzen wird und der **Alleingesellschafter eine natürliche Person** ist (§§ 120 ff UmwG). Da eine natürliche Person nur einen einheitlichen Willen bilden kann, genügt hier, dass der übernehmende Rechtsträger mit dem Abschluss des Verschmelzungsvertrags seine Zustimmung zur Verschmelzung erklärt hat.

Drittens ist ein Verschmelzungsbeschluss entbehrlich, wenn sich bei einer **grenzüberschreitenden Verschmelzung** sämtliche Anteile des übertragenden Rechtsträgers in der Hand des übernehmenden Rechtsträgers befinden (§ 122 g Abs. 2 UmwG). Diese 100 %-Schwelle, die über die Vorgaben der zugrunde liegenden Richtlinie hinausgeht,[127] schränkt den Anwendungsbereich der Vorschrift misslicherweise stark ein.

b) Das Erfordernis einer Versammlung und Zustimmungsvorbehalte

Gemäß der zwingenden Vorschrift des § 13 Abs. 1 S. 2 UmwG kann der Verschmelzungsbeschluss nur in einer **Versammlung** der Anteilsinhaber gefasst werden. Dies bedeutet zum einen, dass ein Verschmelzungsbeschluss auch dann nicht in einem schriftlichen Umlaufverfahren gefasst werden kann, wenn der Gesellschaftsvertrag bzw die Satzung dies vorsieht. Zum anderen hat § 13 Abs. 1 S. 2 UmwG zur Folge, dass es bei der Prüfung, ob die für die Beschlussfassung erforderliche Mehrheit erreicht ist, allein auf die Stimmen ankommt, die in der Versammlung abgegeben worden sind (insb. § 50 Abs. 1, § 65 Abs. 1 UmwG, vgl noch unten Rn 113).

Unberührt hiervon bleiben die sog. **Zustimmungsvorbehalte**. Dies sind individuelle Zustimmungsrechte einzelner Anteilsinhaber, die nicht daran gebunden sind, dass der Anteilsinhaber in der Versammlung der Anteilsinhaber erscheint. Wichtige Zustimmungsvorbehalte enthalten § 13 Abs. 2, § 43 Abs. 1 2. Hs, § 45 d Abs. 1 2. Hs, § 50 Abs. 2 und § 51 Abs. 1 UmwG. Der Verschmelzungsbeschluss wird erst wirksam, wenn jede erforderliche Zustimmung wirksam erklärt ist.

c) Vorbereitung und Durchführung der Versammlung

aa) Allgemeines

Für die Vorbereitung und die Durchführung der Versammlung, in der der Verschmelzungsbeschluss gefasst wird, gelten zunächst die **Bestimmungen** des Gesetzes und des Gesellschaftsvertrags bzw der Satzung, die **allgemein** für Versammlungen der Anteilsinhaber des Rechtsträgers gelten. Bei der Vorbereitung einer Versammlung der Gesellschafter einer GmbH sind daher insbesondere die

---

124 Lutter/*Grunewald* § 62 Rn 6; Schmitt/Hörtnagl/Stratz/*Stratz* § 62 Rn 7. Vgl OLG Karlsruhe ZIP 1991, 1145, 1148.
125 Henze AG 1993, 341, 344; Kallmeyer/*Marsch-Barner* § 62 Rn 7. Ähnlich Semler/Stengel/*Diekmann* § 62 Rn 19 f.
126 Lutter/*Grunewald* § 62 Rn 7; aA die wohl hM *Liebscher* ZGR 2005, 1, 28 f mwN; Semler/Stengel/*Diekmann* § 62 Rn 5.
127 Vgl Art. 9 Abs. 3 der Richtlinie über die grenzüberschreitende Verschmelzung (2005/56/EG, zu dieser näher § 8 Rn 103 ff) iVm Art. 8 der Verschmelzungsrichtlinie (78/855/EWG, zu dieser näher § 8 Rn 91 ff).

§§ 49 ff GmbHG, bei der Hauptversammlung einer AG die §§ 121 ff AktG zu beachten. Als Vorschriften des allgemeinen Gesellschaftsrechts über die Durchführung der Versammlung müssen bei der GmbH insbesondere § 51 a GmbHG, bei der AG insbesondere §§ 129 ff AktG berücksichtigt werden. Das UmwG enthält zusätzliche Vorschriften über die Vorbereitung und Durchführung der Versammlung, die die Bestimmungen des allgemeinen Gesellschaftsrechts teils ergänzen, teils modifizieren. Dabei ergeben sich diese **besonderen Vorschriften des UmwG** nicht aus dem allgemeinen Verschmelzungsrecht (§§ 2–38 UmwG), sondern stets aus den Vorschriften des besonderen Verschmelzungsrechts (§§ 39–122 UmwG).

bb) Vorbereitung der Versammlung

112   Zur Vorbereitung der Versammlung sieht das besondere Verschmelzungsrecht vor:
- Ist der Rechtsträger eine Personenhandelsgesellschaft, sind den Gesellschaftern, die von der Geschäftsführung ausgeschlossen sind (vgl § 114 Abs. 2 HGB), der **Verschmelzungsvertrag oder sein Entwurf und der Verschmelzungsbericht zu übersenden**, und zwar spätestens zusammen mit der Einberufung der Versammlung (§ 42 UmwG). Dasselbe gilt bei einer Partnerschaftsgesellschaft (§ 45 c S. 2 UmwG) und bei einer GmbH (§ 47 UmwG). Diese Vorschriften sind nach hM insoweit zwingend, als dass ein Gesellschafter nicht allgemein auf sein Übersendungsrecht verzichten kann. Ein Verzicht kann jedoch im Zusammenhang mit der einzelnen zu beschließenden Verschmelzung erklärt werden.[128]
- Für manche Rechtsträger ordnet das Gesetz an, dass bestimmte **Unterlagen** ab der Einberufung der Versammlung in den Geschäftsräumen des Rechtsträgers **auszulegen** sind (§ 49 Abs. 2 UmwG für die GmbH, § 63 Abs. 1 UmwG für AG und KGaA, § 82 Abs. 1 S. 1 UmwG für die Genossenschaft, § 101 Abs. 1 S. 1 UmwG für den Verein und § 112 Abs. 1 S. 1 UmwG für den Versicherungsverein auf Gegenseitigkeit). Zu den auszulegenden Unterlagen gehören vor allem die Jahresabschlüsse und die Lageberichte sämtlicher an der Verschmelzung beteiligter Rechtsträger für die letzten drei Geschäftsjahre (vgl § 49 Abs. 2, 63 Abs. 1 Nr. 2 UmwG).
- Eine besondere Vorschrift über die Auslegung von Unterlagen enthält **§ 62 Abs. 3 UmwG**. Diese Vorschrift greift ein, wenn ein Verschmelzungsbeschluss des übernehmenden Rechtsträgers gemäß § 62 Abs. 1 S. 1 UmwG nicht erforderlich ist (dazu oben Rn 106). Bei der Vorbereitung der Versammlung der Anteilsinhaber des übertragenden Rechtsträgers ist dann darauf zu achten, dass die in § 63 Abs. 1 UmwG bezeichneten Unterlagen einen Monat vor dem Tag der Versammlung in den Geschäftsräumen des Rechtsträgers ausgelegt werden (§ 62 Abs. 3 S. 1 UmwG). Gleichzeitig hat der Vorstand der übernehmenden AG in den Gesellschaftsblättern der Gesellschaft (§ 25 AktG) bekannt zu machen, dass die Verschmelzung bevorsteht. § 62 Abs. 3 S. 3-6 UmwG enthalten ergänzende Regelungen. Ferner hat der Vorstand den Verschmelzungsvertrag oder seinen Entwurf zum Handelsregister einzureichen (§ 62 Abs. 3 S. 2 UmwG).
- Bei AG und KGaA (§ 278 Abs. 3 AktG) ist die Beschlussfassung über die Zustimmung zum Verschmelzungsvertrag als **Gegenstand der Tagesordnung** bekanntzumachen (§ 124 Abs. 1 S. 1 AktG). Vorstand und Aufsichtsrat müssen hierzu Beschlussvorschläge unterbreiten (§ 124 Abs. 3 S. 1 AktG). Insoweit wirkt der Aufsichtsrat auch dann an der Verschmelzung mit, wenn der Abschluss des Verschmelzungsvertrags nicht seiner Zustimmung (§ 111 Abs. 4 S. 2 AktG) unterliegt.
- Bei AG und KGaA (§ 78 S. 1 UmwG) besonders zu beachten ist § 61 S. 1 UmwG, wonach der Verschmelzungsvertrag oder sein Entwurf dadurch **bekanntzumachen** sind, dass sie vor der Einberufung der Hauptversammlung zum Handelsregister eingereicht werden. Eine Bekanntmachung sieht § 122d UmwG auch für den Verschmelzungsplan bei der grenzüberschreitenden Verschmelzung vor. Nach Nr. 4 dieser Vorschrift muss die Bekanntmachung Hinweise über die Rechte der Gläubiger und der Minderheitsgesellschafter enthalten. Der Wortlaut dieser Bestimmung erscheint ausgesprochen weit und bedarf der Konkretisierung durch die weitere Rechtsentwicklung.
- Bei der GmbH besteht schließlich das besondere **Auskunftsrecht** des § 49 Abs. 3 GmbHG.

---

128 Lutter/*Winter* § 47 Rn 5.

cc) Durchführung der Versammlung

Bei der Durchführung der Versammlung sind die folgenden Bestimmungen des besonderen Verschmelzungsrechts zu berücksichtigen: 113

- Die **Unterlagen**, die ab der Einberufung auszulegen sind (siehe oben Rn 112), sind auch während der Versammlung **auszulegen** (§ 64 Abs. 1 S. 1 UmwG für die AG, § 83 Abs. 1 S. 1 UmwG für die Genossenschaft, § 102 S. 1 UmwG für den Verein, § 112 Abs. 2 S. 1 UmwG für den Versicherungsverein auf Gegenseitigkeit). Dies gilt bis zur Fassung des Verschmelzungsbeschlusses.[129] Nach hM sind die Unterlagen in ausreichender Zahl auszulegen.[130] Hiermit kann jedoch nicht gemeint sein, dass für jeden erwarteten Versammlungsteilnehmer ein Exemplar vorzuhalten ist. Vielmehr genügt es, wenn Exemplare in einer Zahl vorhanden sind, die es ermöglicht, dass Versammlungsteilnehmer die Unterlagen in der Nähe der Ausgabestelle der Unterlagen einsehen können. Abschriften müssen während der Versammlung nicht mehr erteilt werden.[131]
- Bei AG, Genossenschaft, Verein und Versicherungsverein auf Gegenseitigkeit hat das Vertretungsorgan des Rechtsträgers den Verschmelzungsvertrag oder seinen Entwurf zu Beginn der Versammlung mündlich zu **erläutern** (§§ 64 Abs. 1 S. 2, 83 Abs. 1 S. 2, 102 S. 2, 112 Abs. 2 S. 2 UmwG).
- Bei GmbH, AG, Genossenschaft, Verein und Versicherungsverein auf Gegenseitigkeit ist jedem Anteilsinhaber auf Verlangen in der Versammlung **Auskunft** auch **über** alle **anderen Rechtsträger** zu geben, die an der Verschmelzung beteiligt sind (§§ 49 Abs. 3, 64 Abs. 2, 83 Abs. 1 S. 3, 102 S. 2, 112 Abs. 2 S. 2 UmwG). Diese Sonderauskunftsrechte ergänzen das Auskunftsrecht des Anteilsinhabers nach allgemeinem Gesellschafsrecht, das ihn zu einer Auskunft über alle für die Verschmelzung wesentlichen Angelegenheiten seines Rechtsträgers berechtigt. Wegen der systematischen Nähe des Sonderauskunftsrechts zu dem allgemeinen Auskunftsrecht gelten für das Sonderauskunftsrecht nach zutreffender hM dieselben Schranken, die für das allgemeine Auskunftsrecht gelten. Dies sind bei der GmbH § 51 a Abs. 2 GmbHG und bei der AG § 131 Abs. 3 S. 1 AktG. Trotz dieser Schranken kann es sich empfehlen, die Vertretungsorgane der anderen beteiligten Rechtsträger vor der Versammlung zu befragen oder an der Versammlung teilnehmen zu lassen, um das Auskunftsbegehren eines Anteilsinhabers, der von seinem Sonderauskunftsrecht Gebrauch macht, erfüllen zu können.[132]
- Die **Mehrheit**, derer der Verschmelzungsbeschluss bedarf, ist in den Vorschriften des besonderen Verschmelzungsrechts geregelt (insb. § 50 Abs. 1, § 65 Abs. 1 UmwG). Ein übernehmender Rechtsträger, der am übertragenden Rechtsträger beteiligt ist, ist bei der Beschlussfassung in der Versammlung der Anteilsinhaber des übertragenden Rechtsträgers nicht vom Stimmrecht ausgeschlossen (vgl § 136 Abs. 1 AktG, § 47 Abs. 4 GmbHG).[133]
- Der Verschmelzungsbeschluss ist **notariell zu beurkunden** (§ 13 Abs. 3 S. 1 UmwG).

d) Inhalt des Verschmelzungsbeschlusses

Der Verschmelzungsbeschluss beinhaltet lediglich die Aussage, dass dem Verschmelzungsvertrag oder seinem Entwurf zugestimmt wird (vgl § 13 Abs. 1 S. 1 UmwG). Im Vergleich zu einem Formwechselbeschluss (vgl Rn 248 ff) ist der Inhalt eines Verschmelzungsbeschlusses also recht knapp. Dies gilt auch bei der Verschmelzung durch Neugründung, da der Gesellschaftsvertrag oder die Satzung des neuen Rechtsträgers nicht Inhalt des Verschmelzungsbeschlusses ist (vgl § 218 Abs. 1 S. 1, § 243 Abs. 1 S. 1 UmwG), sondern des Verschmelzungsvertrags (siehe oben Rn 55). 114

---

129 Zutreffend Lutter/*Grunewald* § 64 Rn 2; aA Semler/Stengel/*Diekmann* § 64 Rn 4.
130 *Limmer* in: Limmer (Hrsg.), Handbuch der Unternehmensumwandlung, Rn 571.
131 Lutter/*Grunewald* § 64 Rn 2.
132 *Limmer* in: Limmer (Hrsg.), Handbuch der Unternehmensumwandlung, Rn 573. Vgl *Barz* AG 1972, 1, 6.
133 *Hoffmann-Becking*, in: Münchener Vertragshandbuch, Band 1: Gesellschaftsrecht, S. 1476 mwN.

e) Materielle Anforderungen an den Verschmelzungsbeschluss

115 Der Verschmelzungsbeschluss unterliegt grundsätzlich keiner materiellen Beschlusskontrolle.[134] Insbesondere sind die gesetzlich vorgesehenen Folgen einer Verschmelzung kein Sondervorteil iSv § 243 Abs. 2 S. 1 AktG.[135]

2. Rechtsfragen aus der Praxis
a) Informationspflichten nach § 62 Abs. 3 UmwG nur im Fall des § 62 Abs. 2 UmwG

116 § 62 Abs. 3 UmwG enthält verschiedene Instrumente zur Information der Aktionäre einer übernehmenden AG, wenn deren Verschmelzungsbeschluss nach § 62 Abs. 1 S. 1 UmwG grundsätzlich entbehrlich ist (siehe oben Rn 106). Nach dem Wortlaut von § 62 Abs. 3 UmwG gilt die Vorschrift unabhängig davon, welche Mehrheitsverhältnisse in der übernehmenden AG bestehen. Danach bestünden die Informationspflichten nach § 62 Abs. 3 UmwG insbesondere auch dann, wenn die übernehmende AG nur einen Aktionär hat. Dieses Ergebnis steht jedoch in Widerspruch zur Systematik von § 62 UmwG und dem Sinn und Zweck von § 62 Abs. 3 UmwG. § 62 Abs. 3 S. 3 UmwG macht deutlich, dass die Informationspflichten nach § 62 Abs. 3 UmwG allein bezwecken, die Aktionäre der übernehmenden AG auf ihr Minderheitenrecht nach § 62 Abs. 2 UmwG hinzuweisen. Dieses Recht steht jedoch nur Aktionären zu, die 5 % des Grundkapitals der Gesellschaft auf sich vereinigen. Gibt es solche Aktionäre nicht, weil ein Aktionär mindestens 95 % des Kapitals hält, besteht das Minderheitenrecht des § 62 Abs. 3 UmwG nicht. Damit entfällt auch die Rechtfertigung für die Informationspflichten nach § 62 Abs. 3 UmwG.[136] Zum maßgeblichen Zeitpunkt für die Beurteilung der Mehrheitsverhältnisse siehe oben Rn 106.

b) Zustimmungsvorbehalte bei der Ausübung des Stimmrechts

117 Ist ein Anteilsinhaber eines an der Verschmelzung beteiligten Rechtsträgers eine Gesellschaft, so wird das Stimmrecht der Gesellschaft in der Gesellschafterversammlung des beteiligten Rechtsträgers durch das Geschäftsführungsorgan der Gesellschaft ausgeübt, weil die Ausübung von Beteiligungsrechten allgemein in die Zuständigkeit des Geschäftsführungsorgans fällt.[137] Das Geschäftsführungsorgan kann bei der Ausübung des Stimmrechts jedoch einem Zustimmungsvorbehalt unterliegen. Diese Frage stellt sich etwa, wenn eine wesentliche Tochtergesellschaft eines Konzerns auf eine Gesellschaft außerhalb des Konzerns verschmolzen werden soll.[138] Hier fragt sich, ob das Geschäftsführungsorgan der Tochtergesellschaft bei Abschluss des Verschmelzungsvertrags einer Zustimmung der Gesellschafterversammlung der Muttergesellschaft bedarf.[139] Dem steht jedoch entgegen, dass Zustimmungsvorbehalte für Organe eines Rechtsträgers nicht gleichzeitig Organe eines anderen Rechtsträgers unmittelbar binden können. Vielmehr wird die Kompetenzordnung in der Tochtergesellschaft dadurch gewahrt, dass der Verschmelzungsvertrag gemäß § 13 Abs. 1 S. 1 UmwG erst wirksam wird, wenn ihm die Gesellschafterversammlung der Tochtergesellschaft zugestimmt hat. Jedoch können Zustimmungsvorbehalte, die auf Ebene der Muttergesellschaft gelten, eingreifen, wenn die Stimmen der Muttergesellschaft in der Gesellschafterversammlung der Tochtergesellschaft durch das Geschäftsführungsorgan der Muttergesellschaft ausgeübt werden. Bei der AG kann sich ein solcher Zustimmungsvorbehalt aus der Holzmüller-Rechtsprechung oder aus § 111 Abs. 4 S. 2 AktG, bei einer mitbestimmten Gesellschaft überdies aus § 32 MitbestG ergeben.

---

134 Zur grundsätzlichen Zulässigkeit der Mehrheitsumwandlung bereits BVerfGE 14, 263 (*„Fehldmühle"*). Zu den Ausnahmen siehe Lutter/*Drygala*, § 13 Rn 31 ff.
135 OLG Frankfurt AG 2006, 249 („*T-Online*").
136 Ebenso Kallmeyer/*Marsch-Barner* § 62 Rn 25.
137 Vgl *Hopt* in: Baumbach/Hopt, HGB, § 126 Rn 3.
138 OLG Köln ZIP 1993, 110.
139 Vgl *Heckschen*, in: Heckschen/Simon, Umwandlungsrecht, § 2 Rn 49.

c) Sonderbeschlüsse bei mehreren Aktiengattungen

Ist ein an der Verschmelzung beteiligter Rechtsträger eine AG mit verschiedenen Aktiengattungen (§ 11 AktG), so sieht § 65 Abs. 2 S. 1 UmwG vor, dass der Verschmelzungsbeschluss zu seiner Wirksamkeit eines zustimmenden Sonderbeschlusses der stimmberechtigten Aktionäre einer jeden Gattung bedarf. Die hiernach erforderliche Stimmberechtigung der Aktionäre fehlt bei der praktisch wichtigsten besonderen Gattung, den Vorzugsaktien ohne Stimmrecht (§§ 139-141 AktG, vgl § 179 Abs. 3, § 138 AktG). Nach hM ist jedoch dann ein Sonderbeschluss der Vorzugsaktionäre erforderlich, wenn das Stimmrecht der Vorzugsaktionäre nach § 140 Abs. 2 S. 1 AktG aufgelebt ist.[140] Diese Auffassung entspricht dem Wortlaut von § 65 Abs. 2 S. 1 UmwG und verdient daher im Ergebnis Zustimmung. Sie steht jedoch im Widerspruch zur hM, die zu vergleichbaren Vorschriften aus dem Kapitalerhöhungsrecht (§§ 182 Abs. 2, 222 Abs. 2 AktG) vertreten wird.[141] Zwar lässt sich diese gegenteilige Auffassung mit dem leicht unterschiedlichen Wortlaut der §§ 182, Abs. 2, 222 Abs. 2 AktG begründen, der nahe legt, dass es sich um eine an und für sich stimmberechtigte Gattung handeln muss. Ob §§ 182 Abs. 2, 222 Abs. 2 AktG einerseits und § 65 Abs. 2 UmwG andererseits ein unterschiedlicher Sinn und Zweck innewohnt, erscheint jedoch fraglich.

118

VII. Anmeldung, Freigabeverfahren und Wirkungen der Eintragung

1. Anmeldung

a) Anzumeldende Tatbestände

Damit die **Verschmelzung** wirksam werden kann, muss sie zur Eintragung in das Handelsregister angemeldet werden. Wird zur Durchführung der Verschmelzung das **Kapital** des übernehmenden Rechtsträgers **erhöht**, muss außerdem diese Erhöhung angemeldet werden (§ 57 Abs. 1 GmbHG für die GmbH, § 184 Abs. 1 AktG für die AG und KGaA und § 175 S. 1 HGB für die KG). Bei AG und KGaA ist ferner die **Durchführung der Kapitalerhöhung** anzumelden (§§ 188, 278 Abs. 3 AktG). Eine Kapitalerhöhung zur Durchführung einer Verschmelzung ist durchgeführt, wenn der Verschmelzungsvertrag abgeschlossen ist und die erforderlichen Verschmelzungsbeschlüsse gefasst sind.[142]

119

b) Zuständiges Handelsregister

Gemäß § 16 Abs. 1 S. 1 UmwG bedarf es einer gesonderten Anmeldung für jeden beteiligten Rechtsträger. Zuständig ist jeweils das **Handelsregister** des Sitzes des Rechtsträgers. Verfügt ein Rechtsträger über eine Zweigniederlassung, ist eine Anmeldung beim Handelsregister der Zweigniederlassung nicht erforderlich (§ 13 c Abs. 1 HGB). Das Handelsregister des Sitzes hat seine Eintragung von Amts wegen dem Handelsregister der Zweigniederlassung mitzuteilen (§ 13 c Abs. 2 S. 1 HGB).

120

c) Ordnungsgemäße Vertretung des Rechtsträgers

Für die Anmeldung ist jeweils das Vertretungsorgan des Rechtsträgers **zuständig** (§ 16 Abs. 1 S. 1 UmwG). Die Anmeldung für den übertragenden Rechtsträger kann neben dessen Vertretungsorgan auch das Vertretungsorgan des übernehmenden Rechtsträgers vornehmen (§ 16 Abs. 1 S. 2 UmwG). Auch bei der Verschmelzung durch Neugründung sind allein die Vertretungsorgane der beteiligten Rechtsträger zuständig (§ 38 UmwG; vgl demgegenüber § 36 Abs. 1 AktG für AG und KGaA). Wird zur Durchführung der Verschmelzung das Kapital der übernehmenden Gesellschaft erhöht, ist bei der GmbH nach hM zu § 54 Abs. 1 GmbHG auch dieser Vorgang durch das Vertretungsorgan anzumelden.[143] Bei AG und KGaA muss hingegen außer dem Vertretungsorgan der Vorsitzende des Aufsichtsrats mitwirken (§§ 184 Abs. 1 S. 1, 188 Abs. 1, 278 Abs. 3 AktG).

121

---

140 Lutter/*Grunewald* § 65 Rn 8; Kallmeyer/*Zimmermann* § 65 Rn 22; *Kiem*, ZIP 1997, 1627, 1628.
141 MünchKommAktG/*Volhard* § 141 Rn 18; GroßkommAktG/*Bezzenberger* § 141 Rn 23; wohl auch *Hüffer*, AktG, § 182 Rn 19.
142 Lutter/*Grunewald* § 69 Rn 2; Kallmeyer/*Marsch-Barner* § 69 Rn 19. Ebenso für das alte Recht *Bayer* WM 1989, 121, 124 mwN.
143 Baumbach/Hueck/*Zöllner* § 54 Rn 2.

d) Anlagen zur Anmeldung

122 § 17 UmwG zählt die Unterlagen auf, die der Anmeldung als **Anlagen** beizufügen sind. Hierzu gehört gemäß § 17 Abs. 2 S. 1 UmwG insbesondere die Schlussbilanz (siehe oben Rn 17 f). Die Anlagen zur Anmeldung einer Kapitalerhöhung und ggf deren Durchführung sind in den Vorschriften des allgemeinen Kapitalerhöhungsrechts aufgeführt (§ 57 Abs. 3 GmbHG, § 188 Abs. 3 AktG).

e) Versicherungen und Erklärungen

123 In der Anmeldung haben die Anmeldenden ferner bestimmte **Versicherungen und Erklärungen** abzugeben. Von besonderer Bedeutung ist hierbei die Erklärung nach § 16 Abs. 2 S. 1 UmwG. Danach haben die Vertretungsorgane bei der Anmeldung zu erklären, dass eine Klage gegen die Wirksamkeit eines Verschmelzungsbeschlusses (dazu unten Rn 141 ff) nicht oder nicht fristgemäß erhoben oder eine solche Klage rechtskräftig abgewiesen oder zurückgenommen worden ist. Ist der Rechtsträger, gegen dessen Verschmelzungsbeschluss sich die Klage richtet, eine AG oder KGaA, kann die Erklärung nach § 16 Abs. 2 S. 1 UmwG wirksam frühestens nach Ablauf der Frist des § 246 Abs. 1 AktG abgegeben werden.[144] Auf diese Weise führt die Erhebung einer Klage gegen den Verschmelzungsbeschluss dazu, dass die Verschmelzung nicht eingetragen werden kann (sog. **Registersperre**).[145] Diese Registersperre kann nur dadurch überwunden werden, dass der Rechtsträger, gegen dessen Verschmelzungsbeschluss sich die Klage richtet, das sog. Freigabeverfahren nach § 16 Abs. 3 UmwG einleitet (dazu unten Rn 124 ff). Bei Erfolg des Freigabeverfahrens erlässt das Prozessgericht einen Beschluss, durch den es feststellt, dass die Erhebung der Klage der Eintragung der Verschmelzung nicht entgegensteht. Sobald dieser Beschluss rechtskräftig geworden ist, steht er der Erklärung des Vertretungsorgans nach § 16 Abs. 2 S. 1 gleich (§ 16 Abs. 3 S. 1 UmwG).

2. Freigabeverfahren (§ 16 Abs. 3 UmwG)

124 § 16 Abs. 3 UmwG regelt das sog. Freigabeverfahren. Dieses Antragsverfahren gibt einem Rechtsträger, gegen dessen Verschmelzungsbeschluss eine Klage erhoben worden ist, die Möglichkeit, die durch die Klageerhebung ausgelöste Registersperre (vgl oben Rn 123) in einem zeitlich gestrafften Verfahren zu überwinden. Der bei Erfolg des Antrags ergehende Beschluss des Gerichts ist für das Registergericht bindend. Trägt es die Verschmelzung daraufhin in das Handelsregister ein, ist die Verschmelzung bestandskräftig wirksam (§ 20 UmwG, vgl unten Rn 131). Währenddessen bleibt die Klage gegen den Verschmelzungsbeschluss im sog. Hauptsacheverfahren anhängig. Wegen der Bestandskraft der Eintragung ist das Interesse des Klägers jedoch ab Eintragung darauf gerichtet, den Schaden ersetzt zu erhalten, der ihm aus einer zu Unrecht bewirkten Eintragung entstanden ist. Hierauf hat er nach § 16 Abs. 3 S. 8 1. Hs UmwG einen Anspruch. Als Ersatz kann jedoch nicht verlangt werden, die Wirkungen der Eintragung zu beseitigen (§ 16 Abs. 3 S. 8 2. Hs UmwG als Sondernorm zu § 249 Abs. 1 BGB). Ein Freigabeschriftsatz lässt sich wie folgt **gliedern**:

▶ A. Sachverhalt
   B. Zulässigkeit des Antrags
   C. Begründetheit des Antrags
     I. Unzulässigkeit der Klagen
     II. Offensichtliche Unbegründetheit der Klagen
     III. Vorrangiges Vollzugsinteresse
       1. Vollzugsinteressen der beteiligten Rechtsträger
       2. Vollzugsinteressen der Anteilsinhaber der beteiligten Rechtsträger ◀

---

144 BGH, NZG 2006, 956, 957 f, dort auch zu dem Gesichtspunkt einer weiteren Verzögerung wegen § 167 ZPO.
145 Zu Amtshaftungsansprüchen, falls das Registergericht gleichwohl einträgt, BGH, NZG 2006, 956.

a) Zulässigkeit des Antrags

aa) Zuständiges Gericht

Der Antrag ist gemäß § 16 Abs. 3 S. 1 UmwG an das Prozessgericht des Hauptsacheverfahrens zu richten. Dessen Zuständigkeit bemisst sich nach den allgemeinen Vorschriften. Bei der AG ist daher ausschließlich das Landgericht zuständig, in dessen Bezirk die Gesellschaft ihren Sitz hat (§ 246 Abs. 3 S. 1 AktG).

bb) Parteien

Antragsteller ist der Rechtsträger, gegen dessen Verschmelzungsbeschluss Klage erhoben ist. Antragsgegner sind die Kläger des Hauptsacheverfahrens. Die Parteirollen sind gegenüber dem Hauptsacheverfahren also umgekehrt verteilt.

cc) Streitgegenstand

Nach dem Wortlaut von § 16 Abs. 3 S. 1 UmwG kann nach dieser Vorschrift eine Freigabe nur im Hinblick auf den Verschmelzungsbeschluss erreicht werden. Nach hM ist § 16 Abs. 3 S. 1 UmwG jedoch analog auf einen Beschluss über eine Kapitalerhöhung zur Durchführung der Verschmelzung und auf einen entsprechenden Satzungsänderungsbeschluss analog anzuwenden.[146] Darüber hinaus ist § 16 Abs. 3 S. 1 UmwG richtigerweise analog auf alle eintragungspflichtigen Beschlüsse anzuwenden, die zur Durchführung der Verschmelzung erforderlich sind.[147]

b) Begründetheit des Antrags

Der Antrag ist begründet, wenn die Voraussetzungen des § 16 Abs. 3 S. 2 UmwG erfüllt sind. Diese Vorschrift unterscheidet zwischen drei Fällen:
- Unzulässigkeit der Klage gegen den Verschmelzungsbeschluss,
- Offensichtliche Unbegründetheit der Klage gegen den Verschmelzungsbeschluss,
- Vorrangiges Eintragungsinteresse des Rechtsträgers.

Die größte praktische Bedeutung hat die dritte dieser Fallgruppen. Danach hat das Gericht das **Interesse des Rechtsträgers an einer alsbaldigen Eintragung** der Verschmelzung mit den Rechtsverletzungen abzuwägen, die der Kläger im Hauptsacheverfahren geltend gemacht hat. Kommt das Gericht nach seiner freien Überzeugung zu dem Ergebnis, dass das Eintragungsinteresse des Rechtsträgers vorrangig erscheint, ist der Antrag begründet. Der Gesetzgeber hat es bewusst der Rechtsentwicklung überlassen, diese recht abstrakten Vorgaben zu konkretisieren. Ein einheitliches Meinungsbild hat sich noch nicht herausgebildet. Unter anderem sind die folgenden Gesichtspunkte bei der Abwägung zu berücksichtigen:[148]
- In die Abwägung einzubeziehen sind nicht nur die Interessen des Rechtsträgers, sondern auch die Interessen eines etwaigen Mehrheitsgesellschafters des Rechtsträgers sowie des Konzerns, dem dieser etwa angehört.[149]
- In die Abwägung einzustellen ist die Länge des Zeitraums, um den sich die Umsetzung eines Restrukturierungskonzepts verzögert.[150]
- Die Rüge eines bloßen Formfehlers ist in der Regel unbeachtlich.[151]

---

146 BGH AG 2007, 625, 627 („Vattenfall/Bewag"); OLG Hamm Der Konzern 2005, 374, 376 („*Vectron/Hansa*"); LG Berlin Der Konzern 2003, 483, 486 mwN. Siehe aber LG Hanau ZIP 1995, 1820, 1822 (Zustimmungsbeschluss zu Unternehmensvertrag).
147 *Lüttge/Baßler* Der Konzern 2005, 341, 342. Vgl auch *Noack* ZHR 162 (2000), 274, 288 ff.
148 Näher etwa *Neumann/Siebmann* DB 2006, 435.
149 Vgl OLG Düsseldorf NZG 2002, 191; LG München I Der Konzern 2007, 279, 289 f.
150 OLG Frankfurt aM DB 2006, 438, 442 („*T-Online*").
151 OLG Stuttgart ZIP 1997, 75.

- Es sind nur die Interessen der Anfechtungskläger zu berücksichtigen; Interessen nicht klagender Minderheitsgesellschafter bleiben somit außer Betracht.[152]
- Richtigerweise haben die Interessen des Anfechtungsklägers vorbehaltlich der Verletzung elementarer Aktionärsrechte zurückzustehen, wenn dieser in lediglich sehr geringer Höhe am Rechtsträger beteiligt ist.[153]
- Ist der Kläger ein Berufskläger[154], lässt allein dies seine Interessen nicht zurückstehen. Dieser Gesichtspunkt kann jedoch unter Umständen als Indiz herangezogen werden.[155]
- Ferner kann ein eindeutiges Abstimmungsergebnis zugunsten des Rechtsträgers berücksichtigt werden.[156]

c) Verfahren und Rechtsmittel

130 Der Antragsteller hat die von ihm vorgebrachten Tatsachen glaubhaft zu machen (§ 16 Abs. 3 S. 5 UmwG iVm § 294 ZPO). In dringenden Fällen kann der Beschluss ohne mündliche Verhandlung ergehen (§ 16 Abs. 3 S. 3 UmwG, § 128 Abs. 4 ZPO), was im Antrag ggf angeregt und begründet werden sollte. Der Beschluss soll spätestens drei Monate nach Antragstellung ergehen; Verzögerungen der Entscheidung sind durch unanfechtbaren Beschluss zu begründen (§ 16 Abs. 3 S. 4 UmwG). Gegen den (stattgebenden wie ablehnenden) Beschluss findet gemäß § 16 Abs. 3 S. 6 UmwG die **sofortige Beschwerde** (§§ 567 ff ZPO) statt. Die **Rechtsbeschwerde** (§§ 574 ff ZPO) gegen den Beschluss des Gerichts der zweiten Instanz ist ausgeschlossen (§ 16 Abs. 3 S. 7 UmwG).[157]

3. Wirkungen der Eintragung

131 Mit der Eintragung der Verschmelzung in das Register des übernehmenden Rechtsträgers ist die Verschmelzung wirksam.[158] Anders als bei Unternehmensvertrag und Kapitalmaßnahmen ohne vorheriges Freigabeverfahren (vgl § 246 a Abs. 1 2. Fall AktG) hat die Eintragung der Verschmelzung Bestandskraft (§ 20 Abs. 2 UmwG).[159] Bei den Wirkungen der Eintragung lässt sich zwischen unmittelbaren und mittelbaren Wirkungen unterscheiden:

a) Unmittelbare Wirkungen (§ 20 Abs. 1 UmwG)

aa) Übergang des Vermögens des übertragenden Rechtsträgers auf den übernehmenden Rechtsträger (§ 20 Abs. 1 Nr. 1 UmwG)

132 Die unmittelbaren Wirkungen der Eintragung der Verschmelzung ergeben sich aus § 20 Abs. 1 UmwG: Danach ist die erste Folge der Verschmelzung, dass das **Vermögen des übertragenden Rechtsträgers auf den übernehmenden Rechtsträger übergeht** (§ 20 Abs. 1 Nr. 1 UmwG). Wenn die Vorschrift von „Vermögen" spricht, meint sie das Vermögen im Ganzen (vgl § 2 UmwG, oben Rn 12). Der von § 20 Abs. 1 Nr. 1 UmwG angeordnete Vermögensübergang vollzieht sich also im Wege der Gesamtrechtsnachfolge.

133 Hieraus ergibt sich zunächst, dass die Vermögensgegenstände des übertragenden Rechtsträgers gerade auch dann auf den übernehmenden Rechtsträger übergehen, wenn zur Einzelrechtsübertragung des Vermögensgegenstands die **Zustimmung eines Dritten** erforderlich wäre. Daher wird der übernehmende Rechtsträger zur Partei von Verträgen, an denen der übernehmende Rechtsträger beteiligt war,[160] obwohl es nach allgemeinem Recht einer dreiseitigen Vereinbarung mit dem Ver-

---

152 Vgl die Gesetzesbegründung zu der Parallelvorschrift des § 246a Abs. 2 AktG, BT-Drucks. 15/5092, S. 29 („des Anfechtungsklägers").
153 OLG Frankfurt aM DB 2006, 438, 442; LG Heilbronn EWiR 1997, 43 mit Anm. *Bayer/Schmitz-Riol*. Vgl aber OLG Stuttgart AG 2003, 456, 457; *Bayer* ZGR 1995, 613, 623 f. Siehe auch EuGH AG 2000, 470.
154 Vgl *Fischer/Herold* Going Public 4/2007, 50.
155 OLG Stuttgart AG 2003, 456, 457.
156 LG Frankfurt am Main DB 1999, 2304. Vgl auch *Neumann/Siebmann* DB 2006, 435, 437.
157 Vgl BGH ZIP 2006, 1151 („*T-Online*").
158 Zu den Folgen einer unrechtmäßigen Löschung einer eingetragenen Verschmelzung *Custodis* GmbHR 2006, 904.
159 Vgl OLG Hamburg NZG 2004, 729; *Paschos/Johannsen-Roth* NZG 2006, 327.
160 Vgl aber BGH ZIP 2003, 2155, 2156 (obiter dictum) zu einem Mietvertrag, an dem der übertragende Rechtsträger als Mieter beteiligt ist.

tragspartner bedarf, um die Rechtsstellung aus einem Vertrag auf eine andere Person zu übertragen. Ebenso greifen Vinkulierungsklauseln (vgl §§ 15 Abs. 5 GmbHG, 68 Abs. 2 AktG) nicht ein, die für Gesellschaftsanteile aus dem Vermögen des übertragenden Rechtsträger gelten. Verträge, die zwischen den an der Verschmelzung beteiligten Rechtsträger bestehen (zB Unternehmensverträge),[161] erlöschen durch Konfusion. Daraus, dass es sich bei § 20 Abs. 1 Nr. 1 UmwG um einen Tatbestand der Gesamtrechtsnachfolge handelt, folgt weiter, dass die Vorschriften des allgemeinen Rechts über den **gutgläubigen Erwerb** keine Anwendung finden. Da auch das UmwG keine Gutglaubensvorschriften kennt, ist es somit ausgeschlossen, dass der übernehmende Rechtsträger Vermögensgegenstände anlässlich der Verschmelzung gutgläubig erwirbt.[162]

Keine letzte Klarheit besteht, wie sich die Eintragung der Verschmelzung auf die **Arbeitsverhältnisse** auswirkt, die zwischen dem übertragenden Rechtsträger und seinen Arbeitnehmern bestehen. Bei unbefangenem Verständnis von § 20 Abs. 1 Nr. 1 UmwG würde man vermuten, dass diese Arbeitsverhältnisse zum Vermögen des übertragenden Rechtsträgers gehören und somit gemäß § 20 Abs. 1 Nr. 1 UmwG auf den übernehmenden Rechtsträger übergehen. Eine Konkurrenz zu dem Übertragungstatbestand des § 613a Abs. 1 BGB bestünde nicht, da § 613a Abs. 1 BGB nach hM für Fälle der Gesamtrechtsnachfolge nicht gilt. Nun ordnet jedoch § 324 UmwG an, dass § 613a Abs. 1, 4-6 BGB durch die Wirkungen der Eintragung der Verschmelzung unberührt bleibt. Dieser kaum verständliche Wortlaut wird von der hM dahin verstanden, dass Grundlage für den Übergang der Arbeitsverhältnisse nicht § 20 Abs. 1 Nr. 1 UmwG, sondern § 324 UmwG iVm § 613a Abs. 1 BGB ist.[163] Es ist dann konsequent, wenn § 324 UmwG den Arbeitnehmern des übertragenden Rechtsträgers die Informationsrechte des § 613a Abs. 5 BGB und das Widerspruchsrecht des § 613a Abs. 6 BGB ebenfalls einräumt. 134

Als allgemeiner Tatbestand über die Gesamtrechtsnachfolge steht § 20 Abs. 1 Nr. 1 UmwG solchen gesetzlichen Vorschriften nicht entgegen, die es **ausdrücklich verbieten**, dass der übernehmende Rechtsträger einen bestimmten Vermögensgegenstand erwirbt.[164] So wird etwa diskutiert, ob beim übertragenden Rechtsträger erfasste personenbezogene Daten nicht auf den übernehmenden Rechtsträger übergehen.[165] Solche Verbotsnormen sind jedoch recht selten. Die Verbotsnorm des § 71 Abs. 1 AktG über den Erwerb eigener Aktien enthält einen Ausnahmetatbestand für die Gesamtrechtsnachfolge (§ 71 Abs. 1 Nr. 5 AktG). 135

Gemäß § 20 Abs. 1 Nr. 1 UmwG gehören zum Vermögen des übertragenden Rechtsträgers auch dessen **Verbindlichkeiten**. Diese Aussage der Norm ist lediglich klarstellender Natur, da der Begriff des Vermögens sowohl das Aktiv- als auch das Passivvermögen erfasst. Auch insoweit ist die Vorschrift nicht etwa bilanziell, sondern rein materiell-rechtlich zu verstehen. Verbindlichkeiten gehen also auch dann auf den übernehmenden Rechtsträger über, wenn sie der übertragende Rechtsträger nicht in seiner Bilanz passiviert hatte oder sie ihm gänzlich unbekannt waren. 136

bb) Erlöschen des übertragenden Rechtsträgers (§ 20 Abs. 1 Nr. 2 UmwG)

Weitere Wirkung der Eintragung der Verschmelzung ist, dass der **übertragende Rechtsträger erlischt**, ohne dass es seiner Löschung im Handelsregister bedarf (§ 20 Abs. 1 Nr. 2 UmwG). Mit dem Rechtsträger erlöschen seine Organe, so dass die Organmitglieder des übertragenden Rechtsträgers diese 137

---

161 OLG Hamm AG 2003, 585, 586; *Krieger*, in: Münchener Handbuch des Gesellschaftsrechts, Band 4: Aktiengesellschaft, § 70 Rn 22 mwN. Zum rechtlichen Schicksal eines Unternehmensvertrags zwischen einem der beteiligten Rechtsträger und einem Dritten vgl LG Bonn GmbHR 1996, 774.
162 Vgl etwa Lutter/*Grunewald* § 20 Rn 10.
163 Siehe nur Lutter/*Joost* § 324 Rn 3 mwN.
164 Hierzu zählt nach AG Kaiserslautern NZG 2005, 285 beispielsweise auch § 38 BGB und folgert daraus, eine Vereinsmitgliedschaft gehe nur dann auf den übernehmenden Rechtsträger über, wenn die Satzung des Vereins die Gesamtrechtsnachfolge in die Mitgliedschaft ausdrücklich zulässt.
165 Näher hierzu *Wengert/Widmann-Wengert* NJW 2000, 1289; *Marsch-Barner/Mackenthun* ZHR 165 (2001), 426; *Teichmann/Kießling* ZGR 2001, 33; *Lüttge* NJW 2000, 2463.

Funktion verlieren.[166] Gleichzeitig verlieren die Anteilsinhaber des übertragenden Rechtsträger ihre Anteile an dem übertragenden Rechtsträger.

cc) Wechsel der Anteilsinhaberschaft (§ 20 Abs. 1 Nr. 3 UmwG)

138 Grundsätzlich werden die **Anteilsinhaber des übertragenden Rechtsträgers Anteilsinhaber des übernehmenden Rechtsträgers** (§ 20 Abs. 1 Nr. 3 1. Hs UmwG). Zu den Ausnahmen von diesem Grundsatz (insbesondere § 20 Abs. 1 Nr. 3 2. Hs UmwG), näher oben Rn 86 ff.

dd) Heilung von Mängeln (§ 20 Abs. 1 Nr. 4 UmwG)

139 Gemäß § 20 Abs. 1 Nr. 4 UmwG **heilt** die Eintragung der Verschmelzung schließlich etwaige **Mängel**, die sich daraus ergeben, dass dem Verschmelzungsvertrag, Zustimmungs- oder Verzichtserklärungen die erforderliche Form der notariellen Beurkundung fehlt.

b) Mittelbare Wirkungen

140 Die Wirkungen der Eintragung der Verschmelzung nach § 20 Abs. 1 UmwG (oben Rn 132 ff) können ganz unterschiedliche weitere Rechtsfolgen auslösen. Exemplarisch sei auf folgende Fälle hingewiesen:

- Mit der Eintragung der Verschmelzung **erhöht sich die Zahl der Arbeitnehmer des übernehmenden Rechtsträgers** um die Zahl der Arbeitnehmer des übertragenden Rechtsträgers. Dies kann zur Folge haben, dass ein Mitbestimmungsgesetz anwendbar wird (vgl insbesondere § 1 Abs. 1 DrittelbG, § 1 Abs. 1 Nr. 2 MitbestG) oder sich die Vorschriften über die Zusammensetzung des Aufsichtsrats des übernehmenden Rechtsträgers nach Maßgabe von § 7 Abs. 1 S. 1 MitbestG ändern. In diesen Fällen muss rechtzeitig ein Statusverfahren nach §§ 97-99 AktG durchgeführt werden (vgl § 96 Abs. 2 AktG, § 6 Abs. 2 S. 1 MitbestG).
- Gehören zum übergegangenen Vermögen Beteiligungen an anderen Gesellschaften, sind die **Mitteilungspflichten** nach §§ 20, 21 AktG, die Anmeldungsobliegenheiten nach § 16 Abs. 1 GmbHG und § 67 Abs. 2 AktG sowie die ggf die Mitteilungspflichten des § 21 Abs. 1 S. 1 WpHG zu beachten.
- Mit der Eintragung der Verschmelzung wird der **Anspruch aus § 23 UmwG fällig**.[167] Inhaber von Sonderrechten können somit ab diesem Zeitpunkt rügen, dass ihnen beim übernehmenden Rechtsträger keine gleichwertigen Rechte gewährt worden sind. Der Anspruch nach § 23 UmwG wird sofort fällig (vgl § 271 Abs. 1 BGB), so dass der Inhaber des Sonderrechts den übernehmenden Rechtsträger ab diesem Zeitpunkt in Verzug setzen kann.

VIII. Rechtsschutz gegen eine Verschmelzung

1. Klage gegen den Verschmelzungsbeschluss

141 Die primäre Rechtsschutzmöglichkeit der Anteilsinhaber der beteiligten Rechtsträger liegt darin, den Verschmelzungsbeschluss ihres Rechtsträgers mit einer Klage anzugreifen. In diesem Sinne strukturiert das Erfordernis des Verschmelzungsbeschlusses (§ 13 Abs. 1 UmwG) den Rechtsschutz gegen eine Verschmelzung.

a) Rechtsfolge der Klageerhebung

142 Wird eine Klage gegen den Verschmelzungsbeschluss erhoben, hat dies zur Folge, dass das Vertretungsorgan die Erklärung nach § 16 Abs. 2 S. 1 UmwG nicht abgeben kann (vgl oben Rn 123). Hat das Vertretungsorgan die Verschmelzung zu einem Zeitpunkt angemeldet, in dem noch keine Klage erhoben war, so hat es dem Registergericht unverzüglich mitzuteilen, dass nunmehr eine Klage erhoben ist (§ 16 Abs. 2 S. 1 2. Hs UmwG). Die mit dieser Registersperre verbundene Verzögerung machen sich

---

166 Zu den Auswirkungen der Verschmelzung auf das Anstellungsverhältnis *Baums* ZHR 156 (1992), 248; *Hockemeier*, Die Auswirkung der Verschmelzung auf die Anstellungsverhältnisse der Geschäftsleiter (1990).
167 Lutter/*Grunewald* § 32 Rn 8.

Berufskläger zunutze.[168] Die Registersperre kann nur dadurch überwunden werden, dass der betroffene Rechtsträger ein Freigabeverfahren nach § 16 Abs. 3 UmwG einleitet (siehe oben Rn 124 ff).

b) Klageart

Da das UmwG rechtsformübergreifend angelegt ist, spricht es allgemein von der Klage gegen den Verschmelzungsbeschluss (vgl §§ 14, 16 Abs. 2, Abs. 3 UmwG). Welche Klageart bei welcher Rechtsträgerform statthaft ist, bemisst sich nach allgemeinem Gesellschaftsrecht. Nach diesem gilt Folgendes: **143**
- Bei der AG ist grundsätzlich Anfechtungsklage, die eine Gestaltungsklage ist, zu erheben (§§ 243–246 AktG). Lediglich in den in § 241 AktG aufgezählten Fällen ist die Nichtigkeitsklage nach § 249 AktG statthaft.
- Dasselbe gilt für die KGaA (§ 278 Abs. 3 AktG) und für den VVaG (§ 36 S. 1 VAG iVm §§ 241 ff AktG).
- Entsprechendes gilt für die Genossenschaft (§ 51 GenG).
- Das GmbHG sagt nicht, wie Beschlüsse der Gesellschafterversammlung einer GmbH anzugreifen sind. Nach heute allgM gilt die aktienrechtliche Unterscheidung zwischen Anfechtbarkeit und Nichtigkeit jedoch auch für Beschlüsse der Gesellschafter einer GmbH. Bedeutung hat dies vor allem deswegen, weil lediglich zur Anfechtbarkeit führende Beschlussmängel nur innerhalb einer bestimmten Frist geltend gemacht werden können. Zwar ist streitig, ob die Monatsfrist des § 246 Abs. 1 AktG im GmbH-Recht analog gilt.[169] Die Frist des § 246 Abs. 1 AktG hat jedoch jedenfalls Leitbildfunktion für die GmbH, so dass sie in der Regel Anwendung findet.[170]
- Bei Verein, Personenhandelsgesellschaften und GbR gibt es keine besonderen gesellschaftsrechtlichen Klagearten. Statthaft ist bei diesen Rechtsträgern somit die allgemeine Feststellungsklage des § 256 ZPO.

c) Zulässigkeit der Klage

aa) Parteifähigkeit

Die Zulässigkeit der Klage richtet sich grundsätzlich nach dem jeweils einschlägigen Gesellschaftsrecht und nach allgemeinem Zivilprozessrecht. Es gilt jedoch umwandlungsrechtliche Sondervorschriften zu berücksichtigen: Die **Parteifähigkeit** ist nach § 50 ZPO zu beurteilen. Hieraus ergibt sich, dass der Betriebsrat des Rechtsträgers nicht fähig ist, Klage gegen den Verschmelzungsbeschluss zu erheben.[171] **144**

bb) Statthafte Rügen (insbesondere Ausschluss der Bewertungsrüge)

Welche **Rügen statthaft** sind, sagt zunächst das allgemeine Gesellschaftsrecht. In der Regel kann eine Anfechtungsklage auf jede Verletzung des Gesetzes oder des Gesellschaftsvertrags bzw der Satzung gestützt werden (vgl § 243 Abs. 1 AktG). Hiervon macht das UmwG Ausnahmen. Die wichtigste Ausnahme ist in § **14 Abs. 2 UmwG** enthalten, wonach die Klage nicht darauf gestützt werden kann, dass das Umtauschverhältnis der Anteile zu niedrig bemessen ist oder dass die Mitgliedschaft beim übernehmenden Rechtsträger kein ausreichender Gegenwert für die Anteile am übertragenden Rechtsträger ist (vgl § 5 Abs. 1 Nr. 3, § 8 Abs. 1 S. 1. Hs UmwG). § 14 Abs. 2 UmwG schließt also die **Bewertungsrüge** aus. Diese für das Umwandlungsrecht grundlegende Regelung war bereits in den Vorgängergesetzen enthalten.[172] § 14 Abs. 2 UmwG gilt nach heute ganz hM analog für Informationsmängel, die sich auf Bewertungsfragen beziehen.[173] Der Anteilsinhaber ist in diesen Fällen jedoch keinesfalls rechtlos gestellt. Vielmehr verweist ihn das Gesetz nur auf einen anderen Rechtsbehelf: Bei mangelhafter Bewer- **145**

---

168 Zu diesen aus empirischer Sicht *Baums/Vogel/Tacheva* ZIP 2000, 1649, 1651.
169 Vgl Baumbach/Hueck/Zöllner Anh. § 47 Rn 9.
170 BGHZ 111, 224.
171 OLG Naumburg AG 1998, 430.
172 § 352 c Abs. 1 AktG und § 31 a KapErhG.
173 Vgl BGH ZIP 2001, 412; BGH, ZIP 2001, 199 (jeweils für § 210 UmwG).

tung hat der Anteilsinhaber einen Anspruch auf Ausgleich nach § 15 Abs. 1 S. 1 UmwG, den er im Spruchverfahren geltend zu machen hat (§ 1 Nr. 4 SpruchG; vgl unten Rn 150).

146 Bewertungsfragen stellen sich nicht nur bei der Gewährung der neuen Anteile am übernehmenden Rechtsträger, sondern auch beim **Abfindungsangebot** nach § 29 Abs. 1 UmwG (vgl oben Rn 49 ff). Konsequenterweise ordnet das Gesetz hier ebenfalls an, dass eine Klage gegen den Verschmelzungsbeschluss eines übertragenden Rechtsträgers nicht darauf gestützt werden kann, das Abfindungsangebot sei zu niedrig bemessen oder die Barabfindung sei im Verschmelzungsvertrag nicht oder nicht ordnungsgemäß angeboten worden (§ 32 UmwG). Stattdessen steht dem Anteilsinhaber auch in diesem Fall ein im Spruchverfahren geltend zu machender Ausgleichsanspruch zu (§ 34 UmwG; vgl unten Rn 150).

147 Sowohl § 14 Abs. 2 UmwG als auch § 32 UmwG schließt die Bewertungsrüge nur bei einer Klage aus, die sich gegen den Verschmelzungsbeschluss eines **übertragenden Rechtsträgers** richtet. Diese Vorschriften treffen hingegen keine Aussage zu Klagen gegen den Verschmelzungsbeschluss des übernehmenden Rechtsträgers. Insoweit bleibt es folglich bei dem Grundsatz, dass die Klage auf die Bewertungsrüge gestützt werden kann. Anteilsinhaber des übernehmenden Rechtsträgers können also durch Anfechtungsklage rügen, dass das Umtauschverhältnis der Anteile (vgl § 14 Abs. 2 UmwG) oder die Barabfindung (vgl § 32 UmwG) zu hoch bemessen worden sei. Ob diese Differenzierung zwischen dem übertragenden und dem übernehmenden Rechtsträger rechtspolitisch wünschenswert ist, war bereits unter den früheren Umwandlungsrechtsordnungen umstritten und ist dies bis heute.[174] Solange der Gesetzgeber den Ausschluss der Bewertungsrüge nicht auf den übernehmenden Rechtsträger erstreckt hat, bleibt der Praxis nur die Möglichkeit, das Risiko von Bewertungsrügen der Anteilsinhaber des übernehmenden Rechtsträgers dadurch zu reduzieren, dass die Verschmelzung in besonderer Weise strukturiert wird. Hierzu kommt vor allem in Betracht, die Verschmelzung als Verschmelzung durch Neugründung auszugestalten. In diesem Fall gibt es keine Anteilsinhaber des übernehmenden Rechtsträgers, die einen Verschmelzungsbeschluss des übernehmenden Rechtsträgers angreifen könnten. Ebenso verhält es sich, wenn der übertragende Rechtsträger auf eine 100 %ige Tochtergesellschaft des Rechtsträgers verschmolzen wird, der wirtschaftlich der übernehmende Rechtsträger sein soll.

cc) Frist

148 Als **Frist** für eine Klage gegen den Verschmelzungsbeschluss sieht § 14 Abs. 1 UmwG für alle Rechtsträger einen Monat vor.

2. Klage gegen den Kapitalerhöhungsbeschluss

149 Wird zur Durchführung der Verschmelzung des Kapital der übernehmenden Rechtsträgers erhöht, haben die Anteilsinhaber des übernehmenden Rechtsträgers die Möglichkeit, neben dem Verschmelzungsbeschluss den **Kapitalerhöhungsbeschluss** anzugreifen, um die Verschmelzung zu verhindern. Gleiches gilt, wenn im Einzelfall weitere Beschlüsse, die zur Durchführung der Verschmelzung rechtlich oder wirtschaftlich erforderlich sind, gefasst wurden, wie etwa ein Beschluss zur Änderung des Unternehmensgegenstands des übernehmenden Rechtsträgers. Nach zutreffenden Auffassung kommt allerdings auch gegenüber Klagen gegen solche Beschlüsse das Freigabeverfahren (§ 16 Abs. 3 UmwG analog) zur Anwendung (siehe oben Rn 127).

3. Anspruch nach § 15 Abs. 1 UmwG und Anspruch nach § 34 UmwG (Spruchverfahren)

150 Die Anteilsinhaber des übertragenden Rechtsträgers können in einer Klage gegen den Verschmelzungsbeschluss nicht geltend machen, dass das Umtauschverhältnis der Anteile zu niedrig bemessen

---

174 *Neye,* in: Limmer (Hrsg.), Handbuch der Unternehmensumwandlung, Rn 618 mwN. Vgl hierzu auch die Gesetzesbegründung, BR-Drucks. 75/94, S. 87 und die Stellungnahme des Handelsrechtsausschusses des DAV zum Regierungsentwurf eines Zweiten Gesetzes zur Änderung des UmwG, NZG 2006, 737 f, sowie den Gesetzgebungsvorschlag des Handelsrechtsausschusses des DAV zum Spruchverfahren bei Umwandlung und Sachkapitalerhöhung und zur Erfüllung des Ausgleichsanspruchs durch Aktien, NZG 2007, 497.

sei und dass der Anteil am übernehmenden Rechtsträger kein ausreichender Gegenwert für den Anteil am übertragenden Rechtsträger sei (§ 14 Abs. 2 UmwG, vgl oben Rn 145). Entsprechendes gilt beim Abfindungsangebot (§ 32 UmwG, vgl oben Rn 146). In beiden Fällen haben die Anteilsinhaber jedoch einen materiellrechtlichen Anspruch auf eine angemessene Leistung, dh auf ein angemessenes Umtauschverhältnis (§ 15 Abs. 1 UmwG) bzw auf eine angemessene Abfindung (§ 34 UmwG). Beide Ansprüche sind in einem besonderen Verfahren, dem sog. **Spruchverfahren**, geltend zu machen (§ 1 Nr. 4 SpruchG).

C. Spaltung
I. Einführung und Allgemeines
1. Wesensmerkmale der Spaltung

Die Spaltung wird im Umwandlungsgesetz im dritten Buch in den **§§ 123 bis 173 UmwG** geregelt.[175] Spaltung im Sinne des UmwG bedeutet im Unterschied zur Verschmelzung die Übertragung von Vermögensteilen eines Rechtsträgers im Wege der so genannten **partiellen Gesamtrechtsnachfolge**.[176] Während bei der Verschmelzung der übernehmende Rechtsträger insgesamt Rechtsnachfolger des übertragenden Rechtsträgers wird, gehen bei der Spaltung lediglich Vermögensteile, Verbindlichkeiten und Vertragsverhältnisse in dem für die Spaltung gewählten Umfang auf den übernehmenden Rechtsträger ohne spezielle Übertragungsgeschäfte und ohne Zustimmung der Gläubiger oder Vertragspartner über. Sie kann auch als „umgekehrte Verschmelzung" bezeichnet werden, weil sie die Aufteilung der Vermögensbestandteile eines Rechtsträgers auf verschiedene andere Rechtsträger ermöglicht, während bei der Verschmelzung das Vermögen bei dem übernehmenden Rechtsträger konzentriert wird. 151

Die partielle Gesamtrechtsnachfolge zeichnet die Spaltung vor anderen, **alternativen Gestaltungen** wie der **Sachgründung** und **Sachkapitalerhöhung** aus, denn in diesen Fällen erfordert die Einbringung der betroffenen Gegenstände eine **Übertragung im Wege der Einzelrechtsnachfolge** (vgl zur Abgrenzung Rn 5, 158 ff). Bei den Spaltungsformen der Auf- und Abspaltung (vgl zum Begriff Rn 155 f) kann darüber hinaus im Gegensatz zu den auf dem Prinzip der Einzelrechtsnachfolge basierenden Alternativen mit der Spaltung erreicht werden, dass die Gegenleistung für die Übertragung von Vermögensteilen auf einen anderen Rechtsträger nicht dem übertragenden Rechtsträger selbst zukommt, sondern unmittelbar dessen Anteilsinhabern. 152

2. Beweggründe, Anlässe und Ziele

Die Spaltung erleichtert die Übertragung von Vermögensteilen auf andere Rechtsträger. Sie empfiehlt sich daher vor allem als Gestaltungsmittel bei **Umstrukturierungen** innerhalb bestehender Unternehmensverbindungen, etwa um unterschiedliche Unternehmenssparten in selbständige Rechtsträger auszulagern. Die Gesetzesbegründung zum UmwG zählt eine Vielzahl von Beweggründen, Anlässen und Zielen für die Durchführung einer Spaltung auf, die im Grunde allesamt mit der Umgestaltung bestehender betrieblicher Organisationen im Zusammenhang stehen.[177] Hier seien vor allem die Folgenden genannt: 153

- **Schaffung kleinerer am Markt selbständig auftretender Einheiten**, insbesondere von Tochterunternehmen, als Kooperationspartner zur Bildung von Gemeinschaftsunternehmen oder als Vorstufe für eine Teilfusion mit anderen Unternehmen;

---

[175] Vertragsmuster für alle möglichen Spaltungsmaßnahmen finden sich zB bei *Brünger* in: Sagasser/Bula/Brünger, Umwandlungen, N Rn 170 ff; MünchHdb GesR/*Heidenhain* XII.1. ff; *Sommer* in: Engl, Formularbuch Umwandlungen, B.1. ff; *Limmer* in: Limmer, Handbuch der Unternehmensumwandlung Rn 1854 ff; Widmann/Mayer/*Mayer* Anhang 4 Rn M 80 ff.
[176] Vgl ausführlich zur partiellen Gesamtrechtsnachfolge etwa Lutter/*Teichmann* § 123 Rn 7 f. Zu den Auswirkungen der Aufhebung von § 132 UmwG auf den Umfang der partiellen Gesamtrechtsnachfolge vgl Rn 188 ff.
[177] BT-Drucks. 12/6699, S. 74; vgl auch Wiedmann/Mayer/*Schwarz* § 123 Rn 1 ff.

- **Vorbereitung der Veräußerung von Unternehmensteilen** vor allem in Fällen der Sanierung oder der Konzentration auf bestimmte Kernkompetenzen;
- **Isolierung von Haftungsrisiken**, durch Konzentration dieser Risiken in einem selbständigen Rechtsträger;
- **Betriebsaufspaltungen**;
- **Umwandlung** eines gewerblichen Unternehmens in eine **Holding** oder in eine **Teilholding**;
- Trennung von operativem und nicht betriebsnotwendigem Vermögen;
- **Auseinandersetzung unter Mitinhabern** wie Aktionärsgruppen oder Familienstämmen;
- Vorwegnahme oder Vorbereitung von Erbauseinandersetzungen;
- **Einpassung** von Teilen einer Konzern-Untergesellschaft oder eines Teilkonzerns **in die Spartenorganisation der Konzern-Obergesellschaft**;
- **Rückgängigmachung** fehlerhafter oder erfolgloser **Verschmelzungen**;
- **Auflösung** vollzogener Unternehmenszusammenschlüsse nach § 24 Abs. 2, 6 GWB;
- **Entflechtungsmaßnahmen**;
- unter Umständen können **Publizitäts- und Mitbestimmungspflichten** umgangen werden, wenn die dafür maßgeblichen Kriterien wie zB Bilanzsumme, Umsatzerlöse oder Arbeitnehmerzahl durch die Spaltung unterschritten werden.

3. Arten der Spaltung

a) Aufspaltung, Abspaltung, Ausgliederung

154 Das UmwG unterscheidet in § 123 UmwG zwischen der **Aufspaltung**, der **Abspaltung** sowie der **Ausgliederung**.

aa) Aufspaltung

155 Bei der **Aufspaltung** kann gemäß § 123 Abs. 1 UmwG ein Rechtsträger (übertragender Rechtsträger) unter Auflösung ohne Abwicklung sein Vermögen auf andere Rechtsträger (übernehmende Rechtsträger) aufspalten.[178] Die bisherigen Anteilsinhaber des übertragenden Rechtsträgers erhalten als Gegenleistung Anteile oder Mitgliedschaften der übernehmenden Rechtsträger. Die Aufspaltung setzt notwendigerweise voraus, dass das Vermögen des übertragenden Rechtsträgers zumindest auf zwei andere Rechtsträger übertragen wird, andernfalls handelt es sich um eine Verschmelzung.

bb) Abspaltung

156 Bei der **Abspaltung** kann gemäß § 123 Abs. 2 UmwG ein Rechtsträger (übertragender Rechtsträger) von seinem Vermögen einen Teil oder mehrere Teile auf einen oder mehrere Rechtsträger (übernehmende Rechtsträger) abspalten.[179] Die Anteilsinhaber des übertragenden Rechtsträgers erhalten als Gegenleistung Anteile oder Mitgliedschaften des oder der übernehmenden Rechtsträger.

cc) Ausgliederung

157 Bei der **Ausgliederung** kann gemäß § 123 Abs. 3 UmwG ein Rechtsträger (übertragender Rechtsträger) aus seinem Vermögen einen Teil oder mehrere Teile auf einen oder mehrere Rechtsträger (über-

---

178 Vertragsmuster für Aufspaltungen finden sich zB bei *Brünger* in: Sagasser/Bula/Brünger, Umwandlungen, N Rn 170 ff; MünchHdb GesR/*Heidenhain* XII.1. ff; *Sommer* in: Engl, Formularbuch Umwandlungen, B.2.; *Limmer* in: Limmer, Handbuch der Unternehmensumwandlung Rn 1941 ff; Widmann/Mayer/*Mayer* Anhang 4 Rn M 98 ff.

179 Vertragsmuster für Abspaltungen finden sich zB bei *Brünger* in: Sagasser/Bula/Brünger, Umwandlungen, N Rn 171 ff; MünchHdb GesR/*Heidenhain* XII.18.; *Sommer* in: Engl, Formularbuch Umwandlungen, B.2.; *Limmer* in: Limmer, Handbuch der Unternehmensumwandlung Rn 1869 ff, 1931 ff, 1952 ff, 2010 ff; Widmann/Mayer/*Mayer* Anhang 4 Rn M 88 ff.

nehmende Rechtsträger) ausgliedern.[180] Als Gegenleistung erhält der übertragende Rechtsträger Anteile oder Mitgliedschaften dieses Rechtsträgers oder dieser Rechtsträger. Im Unterschied zur Auf- und Abspaltung erhalten also bei der Ausgliederung nicht die Anteilsinhaber des übertragenden Rechtsträgers Anteile oder Mitgliedschaften an dem übernehmenden Rechtsträger, sondern der übertragende Rechtsträger selbst.

dd) Abgrenzung der Ausgliederung von der Einbringung

In der Praxis ist die **Ausgliederung** insbesondere **von der Einbringung abzugrenzen** (vgl auch schon Rn 5, 152).[181] Denn sowohl im Wege der Ausgliederung als auch im Wege der Einbringung – etwa in Form der Sachkapitalerhöhung – kann ein Rechtsträger Vermögensteile in einen anderen Rechtsträger gegen die Gewährung von Anteilen einbringen. Es muss daher von Fall zu Fall entschieden werden, welche der beiden Gestaltungsvarianten zur Anwendung kommen soll.[182] 158

Die **Ausgliederung** wird sich immer dann besonders anbieten, wenn sich das zu übertragende **Vermögen** aus einer **Vielzahl einzelner Gegenstände** zusammensetzt, da die Ausgliederung in solchen Fällen vielfach schneller und auch kostengünstiger als die Einbringung durchzuführen ist.[183] Dies gilt ganz besonders dann, wenn auch **Verbindlichkeiten und Vertragsverhältnisse** auf den übernehmenden Rechtsträger **übertragen werden sollen**, denn dieser Übergang erfordert bei der Ausgliederung grundsätzlich nicht die Zustimmung von Gläubigern und Vertragspartnern; dies gilt seit der Aufhebung von § 132 UmwG umso mehr (vgl Rn 188 ff). 159

Der **Vorteil der Einbringung** im Wege der Einzelrechtsnachfolge liegt dagegen darin, dass **kein formalisiertes Verfahren** wie bei der Ausgliederung nach dem UmwG einzuhalten ist. Grundsätzlich sind für die Einbringung von Gegenständen eines Rechtsträgers bei einem anderen Rechtsträger **keine Zustimmungsbeschlüsse der Anteilsinhaber der beteiligten Rechtsträger** erforderlich.[184] Auch bedarf der Einbringungsvertrag vorbehaltlich besonderer Formvorschriften (zB § 311 b BGB) keiner notariellen Beurkundung und es müssen grundsätzlich die im Umwandlungsrecht vor allem zum Schutz von Minderheiten vorgeschriebenen Berichts-, Prüfungs- und Informationspflichten nicht eingehalten werden.[185] Nach Ansicht des LG Karlsruhe sind die **Vorschriften des UmwG zum Schutz der Anteilsinhaber**, insbesondere zum Spaltungsbericht, **auf Ausgliederungen durch Einzelrechtsübertragungen entsprechend anzuwenden**.[186] Dagegen ist die Rechtsnachfolge bei der Einzelrechtsnachfolge stets ungewiss, da insbesondere die **Übernahme von Vertragsverhältnissen die Zustimmung des jeweiligen Vertragspartners erfordert** (§§ 414, 415 BGB). Kann sie nicht erreicht werden, so haftet der übertragende Rechtsträger weiter. Bei der Ausgliederung besteht dagegen eine wesentlich höhere Rechtssicherheit, weil § **133 UmwG** lediglich **für fünf Jahre** eine **gesamtschuldnerische Haftung** des übertragenden Rechtsträgers vorsieht (vgl auch Rn 218). Danach kommt eine Haftung nicht mehr in Betracht. 160

---

180 Vertragsmuster für Ausgliederungen finden sich zB bei *Brünger* in: Sagasser/Bula/Brünger, Umwandlungen, N Rn 172 ff; MünchHdb GesR/*Heidenhain* XII.19. ff; *Greve/Kraus* in: Engl, Formularbuch Umwandlungen, D.1. ff; *Limmer* in: Limmer, Handbuch der Unternehmensumwandlung Rn 1946 ff, 2015 ff, 2053 ff; Widmann/Mayer/*Mayer* Anhang 4 Rn M 111 ff.
181 Vgl dazu etwa auch *Heckschen* in: Beck'sches Notarhandbuch, Abschnitt D IV Rn 75 ff; Kallmeyer/*Kallmeyer* § 123 Rn 16 ff; Lutter/*Teichmann* § 123 Rn 24 f.
182 Beide Gestaltungsvarianten erlauben gemäß § 20 UmwStG steuerlich die rückwirkende Fortführung zu Buchwerten, einen besonderen steuerlichen Vorteil bietet die Spaltung somit nicht, vgl zum Umwandlungssteuerrecht auch § 14 D.
183 Jedenfalls soweit das zu übertragende Vermögen einen Wert von über 5 Mio. EUR hat, denn dies stellt gem. § 39 Abs. 4 KostO den höchsten der Beurkundung des Spaltungsvertrages zugrunde zu legenden Wert dar.
184 Bei der AG kann nach den Holzmüller/Gelatine-Grundsätzen des BGH (BGHZ 83, 122 und AG 2004, 384) eine Zustimmung der Aktionäre erforderlich sein, sofern die Ausgliederung einen wesentlichen Vermögensteil der AG betrifft. Vgl dazu auch *Habersack* AG 2005, 137 und *Reichert* AG 2005, 150.
185 Es ist allerdings umstritten, ob nicht einzelne Schutzmechanismen auf solche Fälle analog anzuwenden sind; vgl insoweit bereits Rn 5 sowie LG Frankfurt ZIP 1997, 1698; LG Karlsruhe ZIP 1998, 385; OLG Stuttgart DB 2001, 854; *Heckschen*, in: Heckschen/Simon, Umwandlungsrecht, § 7 Rn 41 ff.
186 LG Karlsruhe AG 1998, 99; ablehnend LG Hamburg DB 1997, 516; *Bungert* NZG 1998, 367; *Heckschen* DB 1998, 1385.

161 In der Entscheidung zwischen den beiden Möglichkeiten ist das ausgliedernde Unternehmen frei (**Wahlfreiheit**). Die Entscheidung ist von den Anteilsinhabern und auch von den im Zusammenhang mit der Ausgliederung angerufenen Gerichten zu respektieren.[187] Die Wahlfreiheit findet nur dort ihre **Grenze, wo zwingendes materielles Recht beachtet werden muss**. Beide Gestaltungsvarianten bieten daher zB keine Möglichkeit, die Rechtsfolgen des § 613 a BGB zu vermeiden und damit den **Übergang von Arbeitnehmern** zu verhindern. Betrifft die Ausgliederung oder Einbringung einen Betrieb oder Betriebsteil, so gehen kraft Gesetzes auch die zugehörigen Arbeitnehmer mit auf den übernehmenden Rechtsträger über (vgl Rn 185).

b) Spaltung zur Aufnahme und zur Neugründung

162 Bei allen Arten der Spaltung (Aufspaltung, Abspaltung und Ausgliederung) kann gemäß § 123 UmwG das zu übertragende Vermögen entweder von einem bereits bestehenden oder von einem durch die Spaltung gegründeten Rechtsträger übernommen werden. Das Gesetz geht in § 123 Abs. 1, 2 und 3 UmwG ausdrücklich von der **Spaltung zur Aufnahme** und der **Spaltung zur Neugründung** aus. Gemäß § 123 Abs. 4 UmwG kann die Spaltung auch durch **gleichzeitige Übertragung auf bestehende und neue Rechtsträger** erfolgen. Im Wesentlichen sind auch auf die Spaltung zur Neugründung die Normen der Spaltung zur Aufnahme anzuwenden (vgl § 135 Abs. 1 UmwG).

163 Gemäß § 136 UmwG tritt bei der Spaltung zur Neugründung an die Stelle des **Spaltungsvertrags** der einseitige **Spaltungsplan**, der sich aber nur durch seine Bezeichnung und nicht durch seinen Inhalt vom Spaltungsvertrag unterscheidet (vgl Rn 180 ff). Bei der Spaltung zur Neugründung ist darüber hinaus zu beachten, dass gemäß § **135 Abs. 2 UmwG** die **Gründungsvorschriften** der jeweiligen Rechtsnorm des durch die Spaltung neu errichteten Rechtsträgers maßgebend sind.

c) Verhältniswahrende und nicht-verhältniswahrende Spaltung
aa) Allgemeine rechtliche Darstellung

164 Gemäß § 123 Abs. 1 und 2 UmwG sind den **Anteilsinhabern des übertragenden Rechtsträgers** im Gegenzug für die Übertragung von Vermögensteilen auf die übernehmenden Rechtsträger bei Aufspaltung und Abspaltung **Anteile oder Mitgliedschaften an den übernehmenden Rechtsträgern** zu gewähren (zur Anteilsgewährungspflicht und ihren Ausnahmen vgl Rn 197 ff). Dabei geht das Gesetz, wie die Ausnahmeregelung des § 128 UmwG zeigt, von der so genannten **verhältniswahrenden Spaltung** aus, das heißt, dass die Beteiligung jedes Anteilsinhabers des übertragenden Rechtsträgers an dem oder den übernehmenden Rechtsträgern im gesetzlichen Regelfall derjenigen entsprechen muss, die er vor der Spaltung am übertragenden Rechtsträger hatte.[188] Dabei kommt es zum einen auf die Beteiligungshöhe des jeweiligen Anteilsinhabers des übertragenden Rechtsträgers an dem übertragenden Rechtsträger an, zum anderen auf das Verhältnis des Gesamtvermögens des übertragenden Rechtsträgers zum Gesamtvermögen des übernehmenden Rechtsträgers.[189]

165 Von diesem Grundsatz erlaubt § 128 UmwG Ausnahmen (sog. **nicht-verhältniswahrende Spaltung**). Der Gesetzgeber wollte durch die Reglung die Trennung verschiedener Gesellschafterstämme (bzw Gesellschaftergruppen) im Wege der Sonderrechtsnachfolge eröffnen und erleichtern.[190] In der Konsequenz ist damit auch eine **Spaltung zu Null** möglich, bei der Anteilsinhaber des übertragenden Rechtsträgers an einem übernehmenden oder im Zuge der Spaltung neu gegründeten Rechtsträger überhaupt nicht beteiligt werden.[191] Eine nicht-verhältniswahrende Spaltung liegt außerdem auch dann vor, wenn bei einer Abspaltung die **Beteiligungsquoten am übertragenden Rechtsträger verändert** werden oder **Anteilsinhaber** im Zuge der Spaltung **aus dem übertragenden Rechtsträger ausscheiden**.[192]

---

187 LG Hamburg AG 1999, 239.
188 Vgl dazu eingehend mit Beispiel Widmann/Mayer/*Schwarz* § 123 Rn 5.6.
189 Widmann/Mayer/*Schwarz* § 123 Rn 5.6.
190 BT-Drucks. 12/6699, S. 120 zu § 128 UmwG.
191 Vgl nur LG Essen ZIP 2002, 893 (EWiR 2002, 637 m.Anm. *Kiem*); 893; LG Konstanz ZIP 1998, 1226; Kallmeyer/*Kallmeyer* § 128 Rn 4; Lutter/*Priester* § 128 Rn 13; *Wirth* AG 1997, 455, 457.
192 Kallmeyer/*Kallmeyer* § 128 Rn 4.

bb) Rechtsfragen aus der Praxis

In der Praxis stellt sich im Rahmen des § 128 UmwG häufig die Frage, in welcher Form und in welchem Umfang § 128 UmwG **Abweichungen von der verhältniswahrenden Spaltung** zulässt (**Anwendungsbereich von § 128**). Dabei ist § 128 S. 2 UmwG zu beachten, der den **Begriff der nicht-verhältniswahrenden Spaltung** deutlich eingrenzt, indem er klarstellt, dass bei einer Spaltung zur Aufnahme der Berechnung des Beteiligungsverhältnisses der jeweils zu übertragende Teil des Vermögens zugrunde zu legen ist. Damit liegt eine nicht-verhältniswahrende Spaltung zur Aufnahme nur dann vor, wenn sich beim übernehmenden Rechtsträger die rechnerischen Beteiligungsquoten der Anteilsinhaber des übertragenden Rechtsrägers untereinander ändern. Es kommt also im Rahmen des § 128 UmwG nicht darauf an, ob die Anteilsinhaber dem **Wertverhältnis** zwischen übertragenden und übernehmenden Rechtsträger entsprechend am übernehmenden Rechtsträger beteiligt werden. Dieser Fall einer auf den Beteiligungswert bezogenen nicht-verhältniswahrenden Spaltung regelt sich vielmehr nach den §§ 125, 14 Abs. 2, 15 UmwG (vgl Rn 149, 221) und ist damit im Rahmen eines **Spruchverfahrens** zu überprüfen.[193]

166

Kein Fall der nicht-verhältniswahrenden Spaltung liegt darüber hinaus dann vor, wenn den Anteilsinhabern des übertragenden Rechtsträgers lediglich **Teilrechte** gewährt werden, ebenso **Abweichungen der Beteiligungsquoten**, wenn sie im Interesse der Durchführbarkeit der Spaltung notwendig sind.[194] Umstritten ist, ob eine nicht-verhältniswahrende Spaltung dann vorliegt, wenn Abweichungen im gesetzlich zulässigen Rahmen durch **bare Zuzahlung** ausgeglichen werden.[195]

167

Zu beachten ist **bei der nicht-verhältniswahrenden Spaltung**, dass gemäß § 128 S. 1 UmwG der Spaltungs- und Übernahmevertrag nur wirksam wird, wenn ihm **alle Anteilsinhaber** des übertragenden Rechtsträgers **zustimmen**. Gemeint sind damit auch die **nicht stimmberechtigten** und auch die in der über die Spaltung entscheidenden Versammlung **nicht erschienenen Anteilsinhaber** (vgl §§ 125, 43 Abs. 1 UmwG).[196] Das bedeutet im Ergebnis, dass der **Zustimmungsbeschluss** beim übertragenden Rechtsträger **einstimmig** gefasst werden muss.[197] Im Einzelfall kann die gesellschaftsrechtliche **Treuepflicht** eine Zustimmung zur Spaltung gebieten.[198] Die **Zustimmungserklärungen** der nicht erschienenen Anteilsinhaber sind nach §§ 125, 13 Abs. 3 S. 1 UmwG **notariell zu beurkunden**.[199] Da die Zustimmung aller Gesellschafter nicht in jedem Fall zu erreichen ist, bietet sich in der Praxis als Ausweg die Durchführung einer **verhältniswahrenden Spaltung in Verbindung mit schuldrechtlichen Tauschverträgen** zwischen einzelnen Gesellschaftern an.[200]

168

4. Relevante Zeitpunkte

Hinsichtlich der bei der Durchführung einer Spaltung zu berücksichtigenden relevanten Zeitpunkte (**Stichtage**) wird auf die Darstellung zur Verschmelzung verwiesen (Rn 16 ff). Der **Spaltungsstichtag** ist auch im Spaltungsvertrag gem. § 126 Abs. 1 Nr. 6 UmwG zu bestimmen.

169

II. Spaltungsfähigkeit

1. Allgemeine rechtliche Darstellung

a) Aufspaltung und Abspaltung

Gemäß § 124 Abs. 1 UmwG können an einer **Aufspaltung** oder einer **Abspaltung** als übertragende, übernehmende oder neue Rechtsträger **die in § 3 Abs. 1 UmwG genannten Rechtsträger** beteiligt sein. Dies sind:

170

---

[193] Kallmeyer/*Kallmeyer* § 128 Rn 3; Lutter/*Priester* § 128 Rn 10; Widmann/Mayer/*Mayer* § 128 Rn 40 ff.
[194] Kallmeyer/*Kallmeyer* § 128 Rn 2.
[195] Dafür Kallmeyer/*Kallmeyer* § 128 Rn 2; dagegen Widmann/Mayer/*Mayer* § 128 Rn 34; Lutter/*Priester* § 128 Rn 11; *Sagasser/Sickinger* in: Sagasser/Bula/Brünger, Umwandlungen, N Rn 34..
[196] Widmann/Mayer/*Mayer* § 128 Rn 20; Lutter/*Priester* § 128 Rn 18.
[197] Kallmeyer/*Kallmeyer* § 128 Rn 5; Lutter/*Priester* § 128 Rn 18.
[198] Widmann/Mayer/*Mayer* § 128 Rn 22.
[199] Kallmeyer/*Kallmeyer* § 128 Rn 5; Widmann/Mayer/*Mayer* § 128; Rn 19; Lutter/*Priester* § 128 Rn 18.
[200] Vgl dazu Kallmeyer ZIP 1994, 1746, 1748; Lutter/*Teichmann*, § 123 UmwG Rn 15.

- Personenhandelsgesellschaften und Partnerschaftsgesellschaften,
- Kapitalgesellschaften,[201]
- eingetragene Genossenschaften,
- eingetragene Vereine,
- genossenschaftliche Prüfungsverbände, sowie
- Versicherungsvereine auf Gegenseitigkeit.

171 Zu beachten ist, dass – mit Ausnahme der **Ausgliederung durch Neugründung** – gemäß § 141 UmwG eine **AG** oder eine **KGaA**, die **noch nicht zwei Jahre im Register eingetragen** ist, **nicht gespalten** werden kann, gleichgültig ob sie neu gegründet wurde oder durch Formwechsel entstanden ist.[202] Eine **Vorgesellschaft** kann nicht als übertragende Gesellschaft an einer Spaltung beteiligt sein.[203] Möglich sein soll allerdings eine **vorweggenommene Spaltung** der durch Eintragung entstehenden GmbH oder AG/KGaA[204] Nicht spaltungsfähig ist eine **BGB-Gesellschaft**. Seit der Einfügung des neuen § **105 Abs. 2 HGB** kann jedoch eine solche Gesellschaft bürgerlichen Rechts, die nur eigenes Vermögen verwaltet im Handelsregister als OHG oder KG eingetragen werden. Über einen solchen „Kunstgriff" wird sie dann auch spaltungsfähig. Als übertragende Rechtsträger können darüber hinaus gemäß § 124 Abs. 1 UmwG an einer Aufspaltung oder Abspaltung auch **wirtschaftliche Vereine** beteiligt sein.

b) Ausgliederung

172 An einer **Ausgliederung** können als übertragende, übernehmende oder neue Rechtsträger die in § 3 Abs. 1 UmwG genannten Rechtsträger sowie in Erweiterung von § 3 Abs. 1 UmwG als übertragende Rechtsträger **wirtschaftliche Vereine, Stiftungen sowie Gebietskörperschaften** oder Zusammenschlüsse von Gebietskörperschaften, die nicht Gebietskörperschaften sind, beteiligt sein.

173 Möglich ist gemäß §§ 124 Abs. 1, 152 ff UmwG auch die **Ausgliederung vom eingetragenen Einzelkaufmann**.[205] Sie ist gem. § 152 S. 2 UmwG jedoch nur dann möglich, wenn dessen Verbindlichkeiten sein Vermögen nicht übersteigen, wobei auf das Gesamtvermögen und nicht auf das auszugliedernde Vermögen abzustellen ist. Ist die natürliche Person, aus deren Vermögen ausgegliedert werden soll, noch nicht als Einzelkaufmann eingetragen, so reicht es aus, dass die Eintragung als Einzelkaufmann beantragt ist und eine juristische Sekunde vor der Wirksamkeit der Ausgliederung eingetragen wird.[206] Gemäß § 152 S. 1 UmwG können **aufnehmende Rechtsträger** nur **Personenhandelsgesellschaften, Kapitalgesellschaften oder eingetragene Genossenschaften** sein. Eine **Ausgliederung zur Neugründung** kann vom eingetragenen Einzelkaufmann gemäß § 152 S. 2 UmwG **nur auf Kapitalgesellschaften** erfolgen, denn eine Personenhandelsgesellschaft muss aus mindestens zwei Mitgliedern bestehen und es dürfen im Zuge der Ausgliederung keine neuen Mitglieder aufgenommen werden.[207] Die **Ausgliederung auf eine Personenhandelsgesellschaft** kann daher in der Praxis nur durch eine Ausgliederung zur Aufnahme durch eine zuvor gegründete Personenhandelsgesellschaft durchgeführt werden.[208]

---

201 Eine Europäische Gesellschaft (SE) kann ebenso wie eine Aktiengesellschaft gespalten werden. Eine SE kann sich auch als übernehmender Rechtsträger an einer Spaltung beteiligen, nicht aber ist eine Spaltung zur Neugründung einer SE möglich. Art. 3 Abs. 2 der SE-VO lässt lediglich die Ausgliederung zur Neugründung einer SE zu; vgl dazu Lutter/*Teichmann* § 124 Rn 6 f und zur Verschmelzung Rn 24.
202 Zum maßgeblichen Zeitpunkt für den Ablauf der Frist vgl Kallmeyer/*Kallmeyer* § 141 Rn 2. Die Ausnahme bei der Ausgliederung durch Neugründung wurde durch das Zweite Gesetz zur Änderung des UmwG eingeführt, nachdem das generelle Spaltungsverbot in der Nachgründungsphase wiederholt auf Kritik gestoßen war, weil sie den Aufbau sinnvoller Holdingstrukturen verhindere. Da bei der Ausgliederung zur Aufnahme ein Vermögensverlust droht, wenn der übertragende Rechtsträger überschuldet ist oder dessen Anteile nicht vollständig dem übertragenden Rechtsträger gehören und das Umtauschverhältnis unzutreffend festgesetzt wird, wurde die Ausnahme auf die Ausgliederung durch Neugründung beschränkt, vgl BT-Drucks. 16/2919, S. 19.
203 Schmitt/Hörtnagl/Stratz/*Hörtnagl* § 124 Rn 10.
204 Schmitt/Hörtnagl/Stratz/*Hörtnagl* § 124 Rn 10, § 3 Rn 24 ff.
205 Vgl dazu ausführlich *Limmer* in: Limmer, Handbuch der Unternehmensumwandlung Rn 2053 ff.
206 Schmitt/Hörtnagl/Stratz/*Hörtnagl* § 152 Rn 3, 9; Lutter/*Karollus* § 152 Rn 25; *Heckschen* in: Beck'sches Notarhandbuch, D IV Rn 76.
207 Vgl zu diesem Verbot *Heckschen* in: Beck'sches Notarhandbuch, D IV Rn 76; Schmitt/Hörtnagl/Stratz/*Hörtnagl* § 124 Rn 6; aA Kallmeyer/*Kallmeyer* § 124 Rn 9; Widmann/Mayer/*Mayer* § 152 Rn 81 ff.
208 *Heckschen* in: Beck'sches Notarhandbuch, D IV Rn 76.

c) Aufgelöste Rechtsträger

Gemäß § 124 Abs. 2 ist § 3 Abs. 3 UmwG auf die Spaltung entsprechend anzuwenden, das heißt, dass an der Spaltung als übertragende Rechtsträger auch **aufgelöste Rechtsträger** beteiligt sein können, wenn die Fortsetzung dieser Rechtsträger beschlossen werden könnte (zu § 3 Abs. 3 UmwG vgl Rn 30). Das ist jedenfalls dann nicht mehr der Fall, wenn mit der Verteilung des Vermögens bereits begonnen wurde.[209] Eine analoge Anwendung des § 3 Abs. 3 UmwG auf den übernehmenden Rechtsträger ist nicht möglich.[210]

174

d) Misch-Spaltung

Gemäß § 124 Abs. 2 iVm § 3 Abs. 4 UmwG kann die Spaltung unter gleichzeitiger Beteiligung von Rechtsträgern unterschiedlicher Rechtsform erfolgen, soweit nicht gesetzlich etwas anderes bestimmt ist (sog. **Misch-Spaltung**). Wie bei der Verschmelzung sind damit übertragende, übernehmende und neue Rechtsträger gemeint. Im Wege der Spaltung können somit aus einem Unternehmen mehrere Unternehmen unterschiedlicher Rechtsform entstehen. Wie bei der Misch-Verschmelzung ist auch bei der Misch-Spaltung § 29 UmwG anwendbar, das heißt, es muss den ablehnenden Anteilseignern ein Abfindungsangebot unterbreitet werden.

175

2. Rechtsfragen aus der Praxis

In der Praxis stellt sich oft die Frage, ob und wie eine GmbH & Co. KG gespalten werden kann.[211] Die **Spaltungsfähigkeit** einer **GmbH & Co. KG** richtet sich grundsätzlich nach den für die Personengesellschaften geltenden Regelungen. Sie wird nicht anders behandelt als eine KG. Die Regelungen zur KG und OHG erfassen daher auch die GmbH & Co. KG. Da es sich jedoch um eine **Kombination von GmbH und Personengesellschaft** handelt, sind in der Praxis einige Besonderheiten zu beachten.

176

Soll zB Vermögen auf eine GmbH & Co. KG zur Aufnahme oder Neugründung abgespalten werden, so erfordert dies eine **Mehrfachabspaltung** sowohl auf die eigentliche KG als auch auf ihre Komplementär-GmbH, denn in der Regel ist ja gerade gewünscht, dass die Gesellschafter der KG gleichzeitig auch die Gesellschafter der Komplementär-GmbH sind. Bei der **Spaltung zur Neugründung einer GmbH & Co. KG** bedarf es außerdem noch des Beitritts der neuen GmbH als Komplementär ohne Kapitalanteil zur KG, was gemäß Spaltungsplan erfolgen kann und mit Eintragung der Spaltung wirksam wird.[212]

177

Soll dagegen eine **GmbH & Co. KG aufgespalten** werden oder Vermögensteile von ihr abgespalten werden, zB auf eine Kapitalgesellschaft, so wird die Komplementär-GmbH, die nicht am Kapital der KG beteiligt ist, nicht an dem übernehmenden oder neuen Rechtsträger beteiligt. Zwar geht § 123 UmwG grundsätzlich von einer **Anteilsgewährungspflicht** zugunsten der Gesellschafter des übertragenden Rechtsträgers aus (vgl zur Anteilsgewährungspflicht Rn 197 ff), dies soll jedoch nicht für einen Komplementär ohne Kapitalanteil gelten, dessen Nichtbeteiligung spaltungsbedingt ist.[213] Wird eine GmbH & Co. KG aufgespalten und die Komplementär-GmbH nicht länger benötigt, so kann in einem zweiten, wenn auch möglicherweise parallel verlaufenden Umwandlungsvorgang, auch sie aufgespalten oder alternativ auf einen übernehmenden Rechtsträger verschmolzen werden.[214]

178

III. Entsprechende Geltung des Verschmelzungsrechts

Gemäß § 125 UmwG sind grundsätzlich die **Vorschriften zur Verschmelzung auf die Spaltung** anzuwenden, soweit sich nicht aus § 125 UmwG selbst oder den übrigen Spaltungsvorschriften

179

---

209 OLG Naumburg DB 1998, 251; KG DB 1998, 2409; vgl auch Kallmeyer/*Kallmeyer* § 124 Rn 4.
210 OLG Naumburg DB 1997, 1152; Kallmeyer/*Kallmeyer* § 124 Rn 5.
211 Ausführlich und mit entsprechenden Mustern dazu etwa *Sommer/Kraus* in: Engl, Formularbuch Umwandlungen, B.2. und D.2.; *Limmer* in: Limmer, Handbuch der Unternehmensumwandlung, Rn 1854 ff.
212 Kallmeyer/*Kallmeyer* § 124 Rn 9. Zur Gestaltung im Fall, bei dem gerade keine beteiligungsidentischen KG gewünscht wird vgl Kallmeyer/*Kallmeyer* § 124 Rn 9.
213 So Kallmeyer/*Kallmeyer* § 124 Rn 10; aA Widmann/Mayer/*Mayer*, § 5 Rn 24.5.
214 Kallmeyer/*Kallmeyer* § 124 Rn 10.

(§§ 126–173 UmwG etwas anderes ergibt.[215] Auf die Darstellung des Verschmelzungsrechts sei daher an dieser Stelle ausdrücklich verwiesen (vgl Rn 12 ff). § 125 S. 3 UmwG stellt klar, dass an die Stelle der übertragenden Rechtsträger der einzelne übertragende Rechtsträger tritt und an die Stelle des übernehmenden oder neuen Rechtsträgers ggf die übernehmenden oder neuen Rechtsträger treten. Diese grundsätzliche Verweisung auf die Vorschriften des Verschmelzungsrechts ist dadurch gerechtfertigt, dass gerade die Spaltung zur Neugründung vielfach das **Spiegelbild der Verschmelzung** darstellt. Darüber hinaus enthalten Spaltungen zur Aufnahme Elemente der Verschmelzung, was die Verweisung auf die Vorschriften des Verschmelzungsrechts geradezu zwingend erscheinen lässt. Zwar macht § 125 UmwG bereits selbst Ausnahmen von der Anwendbarkeit der Regelungen über die Verschmelzung, dies enthebt den Anwender jedoch nicht von der Verpflichtung, in jedem Einzelfall die Anwendbarkeit einer verschmelzungsrechtlichen Regelung auf einen Spaltungsvorgang im Einzelnen zu überprüfen, da einzelne Spaltungsarten deutliche Strukturunterschiede gegenüber der Verschmelzung aufweisen, die in der Verweisungsnorm nicht ausdrücklich berücksichtigt sind, die aber nach Sinn und Zweck zu weiteren Modifikationen führen müssen.[216]

IV. Spaltungsvertrag und Spaltungsplan

1. Allgemeine rechtliche Darstellung

180 Bei der **Spaltung zur Aufnahme** haben die beteiligten Rechtsträger gem. §§ 125, 4 Abs. 1 UmwG einen **Spaltungs- und Übernahmevertrag** abzuschließen, bei der **Spaltung zur Neugründung** gem. § 136 UmwG hat lediglich der übertragende Rechtsträger einen **Spaltungsplan** aufzustellen. Der Spaltungsvertrag und auch der Spaltungsplan bedürfen der notariellen Beurkundung.[217] Für den Abschluss des Spaltungsvertrags bzw der Erstellung des Spaltungsplans sind die jeweiligen Verwaltungsorgane der an der Spaltung beteiligten Rechtsträger zuständig (§ 125 iVm § 4 UmwG). Da es sich um ein sogenanntes Grundlagengeschäft handelt, dürfen Prokuristen der beteiligten Rechtsträger nicht allein handeln. Zulässig – und auch allgemein üblich – ist jedoch die Erteilung einer speziellen Vollmacht zum Abschluss des Vertrages bzw das Auftreten eines Vertreters ohne Vertretungsmacht und einer anschließenden Genehmigung durch das jeweilige Verwaltungsorgan.[218]

181 Das UmwG regelt in § 126 den **Inhalt des Spaltungs- und Übernahmevertrages**. Auf den **Spaltungsplan** sind gem. § 135 Abs. 1 UmwG die Regelungen des § 126 UmwG entsprechend anzuwenden sind, dh, er muss im Wesentlichen den gleichen Inhalt aufweisen. Gem. § 126 Abs. 1 sind im Spaltungs- und Übernahmevertrag bzw im Spaltungsplan in jedem Fall die folgenden Punkte zu regeln:

- Name oder **Firma und Sitz** der an der Spaltung **beteiligten Rechtsträger** (§ 126 Abs. 1 Nr. 1 UmwG);
- Vereinbarung über die **Übertragung** der Teile des Vermögens des übertragenden Rechtsträgers **im Wege der partiellen Gesamtrechtsnachfolge** gegen Gewährung von Anteilen oder Mitgliedschaften an den übernehmenden Rechtsträger (§ 126 Abs. 1 Nr. 2 UmwG);
- **Zeitpunkt der Gewinnberechtigung** der gewährten Anteile oder Mitgliedschaften sowie alle Besonderheiten im Hinblick darauf (§ 126 Abs. 1 Nr. 5 UmwG);
- Zeitpunkt, von dem die Handlungen des übertragenden Rechtsträgers als für Rechnung jedes der übernehmenden Rechtsträger vorgenommen gelten (**Spaltungsstichtag**) (§ 126 Abs. 1 Nr. 6 UmwG);
- **Sonderrechte**, welche die übernehmenden Rechtsträger einzelnen Anteilsinhabern gewähren (§ 126 Abs. 1 Nr. 7 UmwG),
- **Sondervorteile**, die an der Spaltung beteiligten Personen im Zusammenhang mit der Spaltung gewährt werden (§ 126 Abs. 1 Nr. 8 UmwG);

---

215 Vgl hierzu und zu den Ausnahmen mit ausführlichen Übersichten Widmann/Mayer/*Fronhöfer* § 125 Rn 1 ff, 12 ff.
216 Kallmeyer/*Kallmeyer* § 125 Rn 2.
217 Vgl §§ 125, 135, 6 UmwG. Der Geschäftswert der Beurkundung richtet sich gemäß § 39 Abs. 1 S. 1 KostO nach dem auf den neu gegründeten bzw aufnehmenden Rechtsträger übergehenden Aktivvermögen. Gem. § 39 Abs. 4 KostO besteht jedoch ein Höchstwert von fünf Millionen Euro.
218 Vgl dazu auch Widmann/Mayer/*Mayer*, § 4 Rn 33 ff.

- **genaue Bezeichnung und Aufteilung** der zu übertragenden **Gegenstände** des Aktiv- und Passivvermögens sowie der übergehenden Betriebe und Betriebsteile unter Zuordnung auf den jeweils übernehmenden Rechtsträger (§ 126 Abs. 1 Nr. 9 UmwG);
- **Folgen der Spaltung für Arbeitnehmer** und ihre Vertretungen (§ 126 Abs. 1 Nr. 11 UmwG).

Bei **Auf- und Abspaltung** sind **zusätzlich** die folgenden Punkte aufzunehmen, die sich mit der Aufteilung der Anteile auf die Anteilsinhaber des übertragenden Rechtsträgers befassen: 182
- **Umtauschverhältnis der Anteile** und ggf die Höhe der baren Zuzahlung oder Angaben über die Mitgliedschaft bei den übernehmenden Rechtsträgern (§ 126 Abs. 1 Nr. 3 UmwG);
- Einzelheiten für die **Übertragung der Anteile** der übernehmenden Rechtsträger oder über den **Erwerb der Mitgliedschaft** bei den übernehmenden Rechtsträgern (§ 126 Abs. 1 Nr. 4 UmwG);
- **Aufteilung der Anteile oder Mitgliedschaften** jedes der beteiligten Rechtsträger auf die Anteilsinhaber des übertragenden Rechtsträgers sowie den Maßstab für die Aufteilung (§ 126 Abs. 1 Nr. 10 UmwG).

Im Folgenden soll auf einige ausgewählte, spaltungsspezifische Rechtsfragen aus der Praxis genauer eingegangen werden. Wegen der weiteren Einzelheiten wird auf die **Darstellung zum Verschmelzungsvertrag bzw -plan** verwiesen (vgl Rn 32 ff).

2. Rechtsfragen aus der Praxis
a) Die Aufteilung des Vermögens zwischen den beteiligten Rechtsträgern
aa) Grundsatz der Aufteilungsfreiheit

Die §§ 126, 131, 135 UmwG räumen dem übertragenden Rechtsträger bei der Spaltung weitgehende Freiheit bei der Verteilung des Vermögens des übertragenden Rechtsträgers auf die übernehmenden Rechtsträger ein (**Aufteilungsfreiheit**).[219] So können nicht nur **Vermögensteile insgesamt** übertragen werden, die Spaltung erlaubt prinzipiell auch die **Übertragung einzelner** oder nur **eines Gegenstands** des Aktiv- oder Passivvermögens, etwa eines Grundstücks.[220] Zu beachten ist jedoch, dass für eine **steuerrechtlich neutrale Spaltung** gem. § 15 Abs. 1 UmwG zumindest ein **Teilbetrieb, ein Mitunternehmeranteil oder eine 100 %ige Beteiligung** an einer Kapitalgesellschaft übergeht bzw beim übertragenden Rechtsträger verbleibt.[221] Bei der Zuordnung von Vermögensteilen ist darüber hinaus zu berücksichtigen, dass eine Verbindlichkeit grundsätzlich nicht aufgeteilt werden kann. Die Verbindlichkeit muss vielmehr eindeutig einem beteiligten Rechtsträger zugeordnet sein, es sei denn, es wäre mit einem Gläubiger eine abweichende Regelung getroffen worden.[222] 183

Die Aufteilungsfreiheit erlaubt es auch durch eine Spaltung bei einer Gesellschaft eine **Holdingstruktur** einzuführen. So kann im Rahmen einer Ausgliederung das gesamte Vermögen des übertragenden Rechtsträgers im Wege der „**Totalausgliederung**" auf verschiedene übernehmende Rechtsträger übertragen werden und damit der übertragende Rechtsträger zu einer reinen Holding-Gesellschaft werden.[223] 184

bb) Einschränkungen der Aufteilungsfreiheit

Verschiedene **Einschränkungen der Aufteilungsfreiheit** sind allerdings zu berücksichtigen. So sind bei einer Spaltung von Kapitalgesellschaften die **Kapitalaufbringungs- und -erhaltungsvorschriften** zu 185

---

219 Vgl dazu etwa auch eingehend Widmann/Mayer/*Mayer* § 126 Rn 61 ff; 175 ff.
220 Denkbar ist daher auch die Spaltung im Hinblick auf eine einzelne Verbindlichkeit. Dem können allerdings bei Kapitalgesellschaften die Kapitalerhaltungsvorschriften entgegenstehen, Widmann/Mayer/*Mayer* § 126 Rn 175.
221 *Sagasser/Fahrenberg* in: Sagasser/Bula/Brünger, Umwandlungen, P Rn 6 ff. Zum UmwStG vgl auch ausführlich § 14 D.
222 *Heckschen* in: Beck'sches Notarhandbuch, D IV Rn 64. Vgl zur Vermögensaufteilung auch *Pickhardt* DB 1999, 729.
223 Zu dieser Gestaltungsvariante vgl etwa *Limmer* in: Limmer, Handbuch der Unternehmensumwandlung, Rn 1504 mwN sowie das Vertragsmuster Rn 1941 ff.

beachten (vgl Rn 203 ff). Weiterhin ist **§ 613 a BGB** zu beachten.[224] Über die Verweisung in § 324 UmwG auf § 613 a BGB stellt das Gesetz sicher, dass auch im Rahmen der Spaltung die den übertragenen Betriebsmitteln zuzuordnenden Arbeitsverhältnisse mit auf den übernehmenden Rechtsträger übergehen, auch wenn der Spaltungsvertrag/-plan dies nicht vorsieht (vgl hierzu bereits bei der Verschmelzung Rn 64). Wegen des zwingenden Charakters des § 613 a BGB haben entsprechende **Regelungen im Spaltungsvertrag nur deklaratorische Bedeutung** oder kommen gar nicht zur Anwendung. Eine verbindliche Wirkung können sie allerdings im Hinblick auf mögliche Gewährleistungsansprüche haben. Soll die **Zuordnung von Arbeitnehmern** zu bestimmten Betrieben oder Teilbetrieben **ausgeschlossen oder** umgekehrt gerade **sichergestellt** werden, so müssen **Um- und Versetzungsmaßnahmen** bereits **im Vorfeld der Spaltung** vorgenommen werden. Lassen sich Arbeitnehmer **nicht einem bestimmten Betrieb** zuordnen, die gleichwohl auf einen übernehmenden Rechtsträger übergehen sollen, so kann dies im Spaltungsvertrag bzw -plan **ausdrücklich bestimmt** werden. Der Übergang bedarf dann jedoch der **Zustimmung des betroffenen Arbeitnehmers**. Das gleiche gilt in den Fällen, in denen Arbeitnehmer eines Betriebes oder Betriebsteils gerade übergehen oder nicht übergehen sollen. Die Zustimmung der Arbeitnehmer kann gem. §§ 182 ff BGB durch **Einwilligung oder Genehmigung** erfolgen.[225] In der Praxis kann eine Regelung im Hinblick auf die Arbeitnehmer im Spaltungsvertrag/-plan wie folgt formuliert werden:

▶ Die zum Betriebsteil ... gehörenden und in der Anlage ... näher bezeichneten Arbeitsverhältnisse gehen auf die ... (*übernehmender Rechtsträger*) über. *Evtl:* Die von dem Übergang betroffenen Arbeitnehmer haben der Übertragung ihrer Arbeitsverhältnisse bereits unbedingt und unwiderruflich zugestimmt. ◀

b) Hinreichende Bestimmbarkeit der Vermögensteile

186 Da anders als bei einer Verschmelzung bei einer Spaltung nur eine **partielle Vermögensnachfolge** stattfindet, müssen für alle Beteiligten, aber auch die Gläubiger und künftigen Gesellschafter, die auf die übernehmenden Rechtsträger **übergehenden Bestandteile des Aktiv- und Passivvermögens** im Spaltungsvertrag bzw -plan gem. **§ 126 Abs. 1 Nr. 9, Abs. 2 UmwG hinreichend genau bezeichnet** werden.[226] **Besondere Vorschriften** für die Bezeichnung bestimmter Gegenstände bei der Einzelrechtsnachfolge sind **gem. § 126 Abs. 2 UmwG zu beachten**. Die Spaltung bietet somit in dieser Hinsicht gegenüber der Einzelrechtsnachfolge keine besonderen Vorteile. Bei der Bezeichnung der zu übertragenden Gegenstände kann man sich im Hinblick auf die beweglichen Sachen bei den für das Sachenrecht, insbesondere für die **Sicherungsübereignung**, entwickelten Grundsätzen anlehnen.[227] Zulässig ist es daher, mit generalklauselartigen „**Allformeln**" zu arbeiten bzw auf die Grundsätze, die die Rechtsprechung zu Unternehmensübertragungen im Wege des so genannten „**Asset Deal**" aufgestellt hat, Bezug zu nehmen.[228] In der Praxis kann dies – nachdem auf verschiedene Anlagen mit der Auflistung einzelner Gegenstände verwiesen wurde – wie folgt formuliert werden:

▶ Die ... übernimmt sämtliche dem Teilbetrieb ... unmittelbar oder mittelbar, rechtlich oder wirtschaftlich zuzuordnenden Verträge und sonstigen Gegenstände des gegenwärtigen und zukünftigen Aktiv- und Passivvermögens, unabhängig davon, ob diese bilanzierungsfähig sind oder nicht. ◀

Bei der **Übertragung von Grundstücken** ist gem. § 126 Abs. 2 S. 2 UmwG die Regelung des § 28 GBO zu beachten. Sie sind also in Übereinstimmung mit dem Grundbuch oder durch Hinweis auf das Grundbuchblatt zu bezeichnen.[229] Bei der **Übertragung von Betrieben oder Teilbetrieben** soll eine hinreichende Individualisierung bereits dann gegeben sein, wenn sich der Gegenstand nach betriebswirtschaftlicher Betrachtungsweise dem übertragenen Betrieb oder Teilbetrieb zurechnen lässt.[230] Zur Sicherheit sollte man allerdings in der Praxis die entsprechenden zu dem Betrieb oder Betriebsteil

---

224 Zum Vorrang von § 613 a BGB vgl *Limmer* in: Limmer, Handbuch der Unternehmensumwandlung, Rn 1475 und bereits oben Rn 146.
225 Vgl zum Ganzen auch *Boecken* ZIP 1994, 1093.
226 Vgl dazu ausführlich etwa Widmann/Mayer/*Mayer* § 126 Rn 202 ff; Lutter/*Priester* § 126 Rn 45 ff jeweils mwN.
227 Ausführlich zB Palandt/*Bassenge* § 930 Rn 2 ff.
228 BGH NZG 2003, 1172.
229 Vgl *Schöner/Stöber*, Grundbuchrecht, 13. Aufl., 2004, Rn 130 ff.
230 Vgl *Priester* DNotZ 1995, 427, 445.

gehörenden Buchungsunterlagen (Summen- und Saldenlisten) beifügen.[231] Die betriebswirtschaftliche Zuordnung sollte dann nur als Auffangklausel dienen.[232] In der Praxis kann dies wie folgt formuliert werden:
▶ In den als Anlage ... beigefügten Summen- und Saldenlisten sind die wesentlichen auf die ... übertragenen Gegenstände näher bezeichnet. ◀

Die **Bezugnahme auf Bilanzen und Inventare** reicht gem. § 126 Abs. 2 S. 3 UmwG dann aus, wenn deren Inhalt eine Zuweisung der einzelnen Gegenstände ermöglicht. Gegenstände, die überhaupt nicht bilanzierungsfähig sind, wie zB Vertragsverhältnisse, müssen in jedem Fall gesondert aufgelistet werden. Bei der bereits beschriebenen **Totalausgliederung** (vgl Rn 184) kann dagegen allgemeiner formuliert werden. Sollen im Wesentlichen alle Vermögensgegenstände auf einen Rechtsträger ausgegliedert werden, so können auch umgekehrt gerade **die bei dem übertragenen Rechtsträger verbleibenden Vermögensgegenstände** benannt werden und im Übrigen bestimmt werden, dass ansonsten alle Vermögensgegenstände auf den übernehmenden Rechtsträger übergehen.

Da bei einer Aufspaltung der übertragende Rechtsträger untergeht, bestimmt **§ 131 Abs. 3 UmwG**, dass **soweit Gegenstände des Aktiv- oder Passivvermögens nicht eindeutig** einem der übernehmenden Rechtsträger **zugeordnet worden sind** und sich diese Zuordnung auch nicht durch Auslegung des Spaltungsvertrags ermitteln lässt, der Gegenstand auf alle übernehmenden Rechtsträger in dem Verhältnis übergeht, welches sich für die Aufteilung des Überschusses der Aktivseite der Schlussbilanz über deren Passivseite ergibt. Wird dies von den Vertragsbeteiligten nicht gewünscht, sollte eine abweichende Regelung in den Spaltungsvertrag aufgenommen werden.[233]

187

c) Aufhebung von § 132 UmwG

Die nunmehr durch das Zweite Gesetz zur Änderung des UmwG aufgehobene Regelung des § 132 UmwG besagte, dass nach allgemeinem Recht bestehende **Übertragungshindernisse** auch bei der Spaltung galten und daher **zu beachten waren**.[234] Diese Regelung, die auch als „Übertragungsbremse" bezeichnet wurde, hatte im Verschmelzungsrecht keine Entsprechung. Sie **schwächte** das in § 131 UmwG zum Ausdruck kommende **Prinzip der partiellen Universalsukzession** und schwächte damit auch das erklärte Ziel des Gesetzgebers, durch den Erlass des UmwG Umwandlungen zu erleichtern.[235] Lediglich die **Anwendung der §§ 414 ff BGB** konnte **ausgeschlossen** werden.

188

Die Praxis versuchte, die Wirkungen des § 132 UmwG zum Teil durch **spezielle Vertragsgestaltungen** zu umgehen. So wurden Abtretungsverbote so gestaltet, dass sie Spaltungen gerade nicht erfassten oder im Spaltungsvertrag selbst bestimmte salvatorische bzw Ersetzungsklauseln verwandt, die für den Fall des Scheiterns der Universalsukzession eine Ersatzlösung vorsahen. Die Parteien verpflichteten sich in der Regel, zumindest im Innenverhältnis den Zustand herzustellen, der bestehen würde, wären alle Vertragsverhältnisse wirksam auf den übernehmenden Rechtsträger übergegangen.[236] Wegen der Regelung des § 132 UmwG empfahl sich außerdem eine genaue **steuerliche Prüfung**, um sicherzustellen, dass auch im Fall des Scheiterns des Übergangs bestimmter Vermögensgegenstände der **Status eines Teilbetriebs** im Sinne des § 15 UmwStG nicht gefährdet war (vgl dazu auch die ausführliche Darstellung unter § 14 D).

189

Die Vorschrift wurde von der Praxis und großen Teilen der Literatur stark kritisiert, und es gab eine Reihe von Vorschlägen, die Vorschrift einschränkend zu interpretieren.[237] Der Gesetzgeber hat sich der Kritik angeschlossen und **§ 132 UmwG** mit dem Zweiten Gesetz zur Änderung des UmwG **aufgehoben**. Erklärtes Ziel ist es, zukünftig die Gesamtrechtsnachfolge bei Verschmelzung und Spaltung denselben Grundsätzen zu unterwerfen. Wie bei der Verschmelzung bleiben damit zukünftig

190

---

231 Widmann/Mayer/Mayer § 126 Rn 203 ff.
232 Vgl zB die Musterformulierung in MünchHdb GesR/*Heidenhain* XII.1.
233 Vgl zB die Musterformulierung in MünchHdb GesR/*Heidenhain* XII.1.
234 Zum Zweiten Gesetz zur Änderung des Umwandlungsgesetzes vom 24.4.2007 (BGBl. I S. 542).
235 Vgl die Gesetzesbegründung, BT-Drucks. 12/6699, S. 71 ff.
236 Vgl zB die Musterformulierungen in in MünchHdb GesR/*Heidenhain* XII.1.
237 Vgl *Heidenhain* ZHR 2004, 468 ff.

von der Rechtsnachfolge nur höchstpersönliche Rechte und Pflichten ausgenommen.[238] Ob und inwieweit ein durch den Rechtsübergang betroffener Dritter, der sich durch die Gesamtrechtsnachfolge einem neuen Vertragspartner gegenübersieht, diesen Zustand akzeptieren oder sich dagegen durch Kündigung, Rücktritt, Berufung auf den Wegfall der Geschäftsgrundlage oder ähnliche Gründe wehren kann, ergibt sich daher in Zukunft aus den insoweit geltenden allgemeinen Vorschriften.[239]

d) Weitere fakultative Regelungen des Spaltungsvertrages/-planes

191 Es steht den Parteien des Spaltungsvertrages frei, über die in § 126 Abs. 1 UmwG vorgesehenen Regelungen weitere **fakultative Regelungen** in den Spaltungsvertrag aufzunehmen.[240] In der Praxis sollten insbesondere die folgenden Punkte berücksichtigt werden:

aa) Auffangklauseln

192 Um sicherzustellen, dass die durch die Durchführung der Spaltung angestrebte **Vermögenszuordnung** in jedem Fall feststellbar ist, empfiehlt es sich, in den Spaltungsvertrag neben den speziellen Regelungen zur Verteilung der zu übertragenen Aktiva und Passiva allgemeine Regelungen darüber zu treffen, wie etwa vergessene oder nach Abschluss bzw Aufstellung von Spaltungsvertrag oder -plan bzw nach dem Spaltungsstichtag veräußerte Aktiva oder Passiva behandelt werden sollen (**Auffangklauseln**).[241] In der Praxis kann eine Auffangklausel wie folgt formuliert werden:

▶ An die Stelle von seit dem Spaltungsstichtag von der ... (*übertragender Rechtsträger*) veräußerten Gegenständen, treten die hierfür im Vermögen der ... (*übertragender Rechtsträger*) befindlichen Surrogate. Soweit ein Vertragsverhältnis oder ein sonstiger Vermögensgegenstand im weitesten Sinne dem auf die ... (*übernehmender Rechtsträger*) übertragenen Teilbetrieb zuzuordnen ist, geht er auf die ... (*übernehmender Rechtsträger*) über, auch wenn er in diesem Vertrag nicht ausdrücklich benannt worden ist. Dies gilt auch für immaterielle oder solche Gegenstände einschließlich Verbindlichkeiten, die bis zur Eintragung der Spaltung im Register der ... (*übertragender Rechtsträger*) erworben werden. ◀

bb) Änderung der Satzung bzw des Gesellschaftsvertrages

193 Weiterhin kann die Gelegenheit der Spaltung genutzt werden, die **Satzung bzw den Gesellschaftsvertrag** eines aufnehmenden Rechtsträgers **zu ändern oder zu ergänzen**. Bei einem neu gegründeten Rechtsträger kann sogleich eine **Regelung über die Besetzung der Organe** aufgenommen werden.

cc) Bedingungen und Befristungen

194 Weiterhin kann es sich gerade bei Publikumsgesellschaften empfehlen, der durch mögliche **Anfechtungsklagen von Anteilseignern** ausgelösten Registersperre (vgl §§ 125, 16 Abs. 2 UmwG) zu begegnen. Die bereits bei der Verschmelzung diskutierte **Vereinbarung von Bedingungen und Befristungen** ist daher auch bei der Spaltung zu überdenken (vgl Rn 67 f). In der Praxis kann eine solche Befristung wie folgt formuliert werden:

▶ Dieser Vertrag bedarf der Zustimmung der/aller Anteilsinhaber der beteiligten Rechtsträger. Er gilt daher als nicht zustande gekommen, wenn diese Zustimmung nicht bis zum ... erteilt worden ist (aufschiebende Bedingung). ◀

V. Spaltungsbericht und Spaltungsprüfung

195 Nach § 127 UmwG haben die Verwaltungsorgane auch bei der Spaltung einen **ausführlichen schriftlichen Bericht** zu erstellen, in dem die Spaltung und der Spaltungsvertrag im Einzelnen sowie bei Auf- und Abspaltung das Umtauschverhältnis sowie dessen Ermittlung, ferner die Höhe einer

---

238 Vgl die Gesetzesbegründung, BT-Drucks. 16/2919, S. 19.
239 Vgl die Gesetzesbegründung, BT-Drucks. 16/2919, S. 19. Zur nunmehr bestehenden Umgehungsgefahr von Verfügungsbeschränkungen vgl ausführlich Widmann/Mayer/*Mayer* § 132 Rn 11 ff.
240 Vgl dazu etwa ausführlich Widmann/Mayer/*Mayer* § 126 Rn 298 ff.
241 Vgl LAG Düsseldorf, BB 2003, 1344; *Heckschen* in: Beck'sches Notarhandbuch, D IV Rn 65 sowie die Musterformulierung in MünchHdb GesR/*Heidenhain* XI.1.

ggf anzubietenden Barabfindung rechtlich und wirtschaftlich zu erläutern sind. Über § 125 UmwG gelten dabei auch bei der Spaltung weitgehend die gleichen **Grundsätze wie bei der Verschmelzung**. Auf die entsprechende Darstellung bei der Verschmelzung wird daher verwiesen (vgl Rn 72 ff). Auch beim Spaltungsbericht bildet die rechtliche und wirtschaftliche Erläuterung und Begründung des **Umtauschverhältnisses** der Anteile, der Maßstab für ihre Aufteilung und eine möglicherweise anzubietende Barabfindung den Schwerpunkt der Darstellung.[242] Darüber hinaus hat die rechtliche und wirtschaftliche Erläuterung und Begründung im Spaltungsbericht insbesondere auch Informationen über die aus der Spaltung entstehenden **Haftungs- und Einstandsrisiken** nach § 133 Abs. 1 und 3 UmwG zu enthalten. Wie bei der Verschmelzung kann der Spaltungsbericht nach § 8 Abs. 3 UmwG unterbleiben, wenn alle Anteilseigner aller beteiligten Rechtsträger hierauf in notariell beurkundeter Form verzichten oder sich der spaltende Rechtsträger zu 100 % in der Hand eines Gesellschafters befindet.

Sofern die rechtsformspezifischen Regelungen nicht etwas anderes vorsehen, hat bei der Auf- und Abspaltung grundsätzlich eine **Spaltungsprüfung** statt zu finden. Auch hier soll auf die entsprechende Darstellung zur Verschmelzung verwiesen werden (vgl Rn 80 ff). Dies gilt allerdings bei der **Ausgliederung** gem. § 125 S. 2 UmwG ausdrücklich nicht. Auch auf die Spaltungsprüfung und den Prüfungsbericht kann verzichtet werden, vgl §§ 125 S. 1, 9 Abs. 3, 8 Abs. 3 S. 1 1. Alt. bzw 125 S. 1, 12 Abs. 3, 8 Abs. 3 S. 1 1. Alt. UmwG. 196

VI. Anteilsgewährung

1. Anteilsgewährungspflicht

Wie § 2 UmwG für die Verschmelzung sieht auch § 123 UmwG für die Spaltung vor, dass die Aufspaltung, Abspaltung und Ausgliederung „gegen Gewährung von Anteilen oder Mitgliedschaften" durchgeführt wird. In § 126 Abs. 1 Ziff. 2 bis 5 und § 131 Abs. 1 Ziff. 3 S. 1 UmwG finden sich entsprechende Regelungen zu den §§ 5 Abs. 1 und 20 Abs. 1 UmwG (vgl dazu bereits Rn 85 ff). Ausgehend von den vorgenannten Vorschriften geht daher die ganz hM in Rechtsprechung und Schrifttum auch bei der Spaltung von einer **Anteilsgewährungspflicht** aus (vgl dazu bei der Verschmelzung bereits Rn 85 ff).[243] 197

2. Ausnahmen von der Anteilsgewährungspflicht

Das Gesetz sieht eine Befreiung von der Anteilsgewährungspflicht in § 131 Ziff. 3 S. 1 UmwG einerseits für den Fall der **Spaltung einer Tochter auf ihre Mutter** vor, da ansonsten eigene Anteile der Muttergesellschaft entstehen würden, was aus Gründen des Gläubigerschutzes vom Gesetzgeber nicht erwünscht ist, und andererseits für den Fall, dass der **übertragene Rechtsträger eigene Anteile hält**, soweit der übertragene Rechtsträger die eigenen Anteile innehat.[244] 198

Umstritten war bisher, ob von einer Anteilsgewährungspflicht auch bei einer **Spaltung von Schwestergesellschaften** auszugehen ist (vgl zum Parallelproblem bei der Verschmelzung bereits Rn 91). Über den Verweis in § 125 UmwG kommen nun für die **Auf- und Abspaltung** auch die Neufassungen der §§ 54 Abs. 1 S. 3 und 68 Abs. 1 S. 3 UmwG zur Anwendung, nach denen eine Anteilsgewährung dann nicht erforderlich sein soll, wenn alle Anteilsinhaber eines übertragenden Rechtsträgers darauf in notariell beurkundeter Form verzichten.[245] In der Praxis kann ein solcher Verzicht der Anteilsinhaber wie folgt formuliert werden: 199

▶ Auf die Gewährung von Anteilen als Gegenleistung für die vorstehende Vermögensübertragung wird von ... (*Bezeichnung der Anteilsinhaber*) als Anteilsinhabern des übertragenden Rechtsträgers verzichtet. ◀

---

242 Vgl dazu auch Kallmeyer/*Kallmeyer* § 127 Rn 7.
243 Vgl die ausführliche Darstellung bei *Limmer* in: Limmer, Handbuch der Unternehmensumwandlung, Rn 1572 ff.
244 Die Befreiung von der Anteilsgewährungspflicht korrespondieren in diesen Fällen mit einem Verbot der Kapitalerhöhung, vgl *Limmer* in: Limmer, Handbuch der Unternehmensumwandlung, Rn 1573 ff.
245 Vgl dazu auch die Gesetzesbegründung, BT-Drucks. 16/2919, S. 13 f. Zur Kritik an der Neuregelung vgl ausführlich Widmann/Mayer/*Mayer* § 5 Rn 41 ff.

200 Auch bisher erlaubte bereits § 128 UmwG mit der Zustimmung sämtlicher Anteilsinhaber, die Anteile des übernehmenden Rechtsträgers den Anteilsinhabern des übertragenden Rechtsträgers auch in einem abweichenden Anteilsverhältnis zu verteilen (**nicht-verhältniswahrende Spaltung**), sogar bis hin zu einer sogenannten **Spaltung zu Null** (vgl bereits Rn 165). Aus dem Grundsatz der Anteilsgewährungspflicht wird allerdings bisher geschlossen, dass § 128 UmwG lediglich die verhältniswahrende Spaltung zur Disposition der Beteiligten stellt, nicht jedoch eine Anteilsgewährung insgesamt obsolet macht.[246] Dies bedeutet insbesondere bei einer Spaltung zu Null, dass es nach § 128 UmwG zwar möglich ist, einen Anteilsinhaber nicht am übernehmenden Rechtsträger zu beteiligen, dieser dann aber zumindest am übertragenden Rechtsträger beteiligt bleiben muss.[247]

VII. Spaltungsbeschluss

1. Allgemeine rechtliche Darstellung

201 Gem. § 125 iVm § 13 UmwG wird der Spaltungsvertrag nur wirksam, wenn ihm die Anteilsinhaber der beteiligten Rechtsträger zustimmen (**Spaltungsbeschluss**). Der Spaltungsbeschluss ist gem. §§ 125, 13 Abs. 3 UmwG **notariell zu beurkunden** (zum Verschmelzungsbeschluss vgl bereits die Darstellung unter Rn 105 ff). Gem. § 126 Abs. 3 UmwG ist wie bei § 5 Abs. 3 UmwG für die Verschmelzung der Spaltungsvertrag oder sein Entwurf einen Monat vor der Beschlussfassung über die Spaltung bei dem jeweiligen Rechtsträger deren Betriebsräten zuzuleiten (vgl zu den Einzelheiten bereits bei der Verschmelzung Rn 71). Bei den einzuhaltenden Formalien, Beschlussmehrheiten, Informationspflichten und Zustimmungserfordernissen gelten über § 125 UmwG die Regelungen für die Verschmelzung entsprechend (vgl Rn 105 ff). Bei der **nicht-verhältniswahrenden Spaltung** ist insbesondere § 128 UmwG zu beachten, der die Zustimmung aller Anteilsinhaber des übertragenden Rechtsträgers fordert (vgl bereits Rn 164 ff). In der Praxis können in unkomplizierten Fällen, **Spaltungsvertrag und Spaltungsbeschluss** unmittelbar nacheinander und auch **in einer Urkunde** beurkundet werden. Dies setzt allerdings voraus, dass die Pflichten zur Vorabinformation der Anteilsinhaber eingehalten und entsprechend § 126 Abs. 3 UmwG den Arbeitnehmervertretungen der Spaltungsvertrag/-plan oder sein Entwurf rechtzeitig zugestellt wurden und bei der Aktiengesellschaft gemäß §§ 125, 61 UmwG die Einreichung beim Handelsregister erfolgt war. In der Praxis kann ein Spaltungsbeschluss wie folgt formuliert werden:

▶ Dem mit Urkunde vom ... des Notars ... mit dem Amtssitz in ... (UR.Nr. ...) geschlossenen Spaltungsvertrag wird zugestimmt. ◀

2. Rechtsfragen aus der Praxis

202 Die Anteilsinhaber können den **Zustimmungsbeschluss** zur Spaltung auch **eingeschränkt** fassen. So ist es denkbar, dass der Beschluss bestimmte Vermögensteile, die laut Spaltungsvertrag auf den übernehmenden Rechtsträger übergehen sollen, ausdrücklich aus dem Zustimmungsbeschluss ausgenommen werden. Enthält der Vertrag dann keine salvatorische Klausel, richten sich die Folgen nach § 139 BGB, was im Einzelfall leicht zum Scheitern der Spaltung führen kann. In der Praxis sollte man dem dadurch begegnen, dass der Vertrag im Entwurf vorgelegt wird oder gleichzeitig mit dem Beschluss beurkundet wird.[248]

VIII. Kapitalaufbringung und Kapitalerhaltung bei der Beteiligung von Kapitalgesellschaften an der Spaltung

203 Nehmen Kapitalgesellschaften an einer Spaltung als übertragender oder übernehmender Rechtsträger teil, so ist stets darauf zu achten, dass bei ihnen die einschlägigen **Vorschriften zur Kapitalaufbringung und Kapitalerhaltung** eingehalten werden.[249]

---

246 Widmann/Mayer/*Mayer* § 5 Rn 15 ff; Lutter/*Lutter*/*Drygala* § 5 Rn 9; Kallmeyer/*Marsch-Barner* § 2 Rn 12.
247 Widmann/Mayer/*Mayer* § 126 Rn 274 ff; Lutter/*Priester* § 128 Rn 10; die Einräumung einer entsprechend höheren Beteiligung am übertragenden Rechtsträger soll allerdings nicht erforderlich sein, vgl LG Konstanz DB 1998, 1177, 1178.
248 Vgl auch Kallmeyer/*Kallmeyer* § 125 Rn 16.
249 Vgl dazu auch die ausführliche Darstellung bei *Limmer* in: Limmer, Handbuch der Unternehmensumwandlung, Rn 1623 ff; 1697 ff.

1. Übertragender Rechtsträger

Handelt es sich bei dem **übertragenden Rechtsträger** um eine AG oder GmbH, so müssen die **Vorschriften zur Kapitalerhaltung** berücksichtigt werden (vgl das Verbot der §§ 57 Abs. 1 AktG und 30 Abs. 1 GmbHG).[250] Es darf also nicht über den Umweg der Spaltung gebundenes Vermögen an die Anteilsinhaber ausgekehrt werden. Führt etwa eine Abspaltung dazu, dass das nach der Abspaltung noch vorhandene Vermögen die Grund- oder Stammkapitalziffer nicht mehr deckt (**Unterbilanz**), weil die Gegenleistung für die abgespaltenen Vermögensgegenstände direkt den Anteilsinhabern des übertragenden Rechtsträgers zugute kommen und nicht dem abspaltenden Rechtsträger, so ist vor der Spaltung eine **Kapitalherabsetzung** durchzuführen.[251] Erfordert die Spaltung eine Kapitalherabsetzung, so schreibt das Gesetz für die GmbH und die AG in den §§ 139 S. 2, 145 S. 2 UmwG vor, dass die Spaltung erst eingetragen werden darf, nachdem die Kapitalherabsetzung im Handelsregister eingetragen wurde.[252] Die Kapitalherabsetzung kann bei GmbH und AG gem. §§ 139 S. 1, 145 S. 1 UmwG **in vereinfachter Form** gem. den §§ 58 a ff GmbHG bzw den §§ 229 ff AktG erfolgen. Die Geschäftsführer bzw Vorstände der übertragenden Gesellschaft haben bei der Anmeldung der Spaltung gem. §§ 140, 146 UmwG zu versichern, dass das bei der übertragenden Gesellschaft verbleibende Vermögen ausreicht, um das Stamm- bzw Grundkapital zu decken. Diese Versicherung ist gem. § 313 Abs. 2 UmwG strafbewehrt. In der Praxis kann eine solche Versicherung wie folgt formuliert werden:

▶ Wir (*Geschäftsführer oder Vorstand*) versichern, dass die durch Gesetz oder Gesellschaftsvertrag/Satzung vorgesehenen Voraussetzungen für die Gründung dieser Gesellschaft unter Berücksichtigung der Abspaltung/Ausgliederung im Zeitpunkt der Anmeldung vorliegen. ◀

204

2. Übernehmender Rechtsträger

Beim übernehmenden Rechtsträger sind die Vorschriften zur **Kapitalaufbringung** zu beachten. Ist bei dem übernehmenden Rechtsträger im Zuge der Spaltung und zur Erfüllung der **Anteilsgewährungspflicht** (vgl dazu bereits Rn 197 ff) eine Kapitalerhöhung erforderlich, so müssen die im Zuge der Spaltung auf den übernehmenden Rechtsträger übertragenden Vermögenswerte den Betrag der Kapitalerhöhung abdecken. Bei der Spaltung zur Neugründung muss das Grund- bzw Stammkapital der übernehmenden Gesellschaft durch die in die Gesellschaft im Zuge der Spaltung eingebrachten Vermögensteile gedeckt sein. Dabei gelten die **Grundsätze der Sachkapitalerhöhung bzw Sachgründung**.

205

VIII. Anmeldung, Freigabeverfahren und Wirkungen der Eintragung

1. Allgemeine rechtliche Darstellung

Die Spaltung ist ebenso wie die Verschmelzung **zur Eintragung** in das Register des Sitzes der an der Spaltung beteiligten Rechtsträger **anzumelden** (zur Verschmelzung vgl bereits Rn 119 ff). Die Eintragung in das Register des übertragenden Rechtsträgers hat zur Folge, dass gemäß § 131 Abs. 1 UmwG
- das Vermögen bzw bei Abspaltung und Ausgliederung die entsprechenden Vermögensteile als Ganzes auf den oder die übernehmenden Rechtsträger übergeht (**partielle Gesamtrechtsnachfolge**),
- bei der **Aufspaltung** der **übertragende Rechtsträger** ohne Liquidation **erlischt**,

206

---

250 Zur Kapitalerhaltung bei GmbH und AG vgl etwa Scholz/H.P. *Westermann* § 30 Rn 1 ff; *Hüffer* § 57 Rn 1 ff und bereits oben § 6 A.VI. und § 6 B.VI.
251 Einige Stimmen in der Literatur verlangen, dass die Kapitalherabsetzung nur in der Höhe erfolgen darf, wie dies zur Bildung des Nennkapitals beim übernehmenden Rechtsträger erforderlich ist, so etwa in der Voraufl. Kallmeyer/*Kallmeyer* § 139 Rn 3; Semler/Stengel/*Reichert* § 139 Rn 10. Soll also zB das Nennkapital des übertragenden Rechtsträgers um 100.000 EUR herabgesetzt werden, so muss das Nennkapital beim übernehmenden Rechtsträger um 100.000 EUR erhöht werden bzw mit 100.000 EUR festgesetzt werden. Eine ausdrückliche gesetzliche Anordnung findet sich hierfür allerdings nicht, aA daher Widmann/Mayer/*Mayer* § 139 Rn 51; Limmer in: Limmer, Handbuch der Unternehmensumwandlung, Rn 1716; *Sagasser/Sickinger* in: Sagasser/Bula/Brünger, Umwandlungen, N 87; neuerdings auch Kallmeyer/*Kallmeyer* § 139 Rn 3.
252 Bei einer Ausgliederung wird eine Kapitalherabsetzung idR nicht erforderlich sein, da der übertragende Rechtsträger für die ausgegliederten Vermögensbestandteile Anteile an dem übernehmenden Rechtsträger erhält (sog. „Aktivtausch"). Der Wert der Anteil kann allerdings unter dem Wert des ausgeglichenen Vermögens liegen, vgl dazu MünchHdb GesR Bd. III/*Mayer* Rn 731; *Sagasser/Sickinger* in: Sagasser/Bula/Brünger, Umwandlungen, N 81.

- bei Auf- bzw Abspaltung die Anteilseigner des übertragenden Rechtsträgers **Anteilseigner des übernehmenden Rechtsträgers** werden und sich die **Rechte Dritter** an den Anteilen als Rechte an den neuen Anteilen **fortsetzen,**
- **Beurkundungsmängel** des Spaltungs- und Übernahmevertrags und ggf erforderlicher Zustimmungsbeschlüsse **geheilt** werden.

207 Die **Eintragung** der Spaltung in das Handelsregister **ist unumkehrbar** im Hinblick auf die vorgenannten Rechtsfolgen. Auch eine sich später als begründet erweisende Anfechtungsklage oder ein erneuter Beschluss der Anteilseigner können eine Rückabwicklung nicht herbeiführen. Ausdrücklich ordnet § 131 Abs. 2 UmwG an, dass Mängel der Spaltung die Wirkungen der Eintragung nach § 131 Abs. 1 UmwG unberührt lassen. Gem. § 16 Abs. 2 S. 6 2. Hs UmwG ist **Schadensersatz durch Naturalrestitution ausgeschlossen.**

208 Wie bei der Verschmelzung kann auch bei der Spaltung zur Überwindung einer durch anhängige Anfechtungsklagen verursachten Registersperre gem. §§ 125, 137, 16 Abs. 3 UmwG ein **Unbedenklichkeits- oder Freigabeverfahren** durchgeführt werden, mit der Folge, dass eine Spaltung trotz anhängiger Anfechtungsklagen eingetragen werden kann, wenn das Gericht die Klage als unzulässig bzw offensichtlich unbegründet ansieht oder eine vom Gericht vorgenommene Interessenabwägung die Eintragung als vorrangig erscheinen lässt. Wegen der Einzelheiten wird auf die Darstellung zur Verschmelzung verwiesen (vgl Rn 124 ff).

2. Rechtsfragen aus der Praxis

a) Anmeldende Personen

209 Die Spaltung ist gem. §§ 125, 16 Abs. 1 UmwG von den **Vertretungsorganen der beteiligten Rechtsträger** zur Eintragung in das zuständige Register anzumelden. Dabei genügt die **Unterzeichnung der Anmeldung** durch die **Vertretungsorgane in vertretungsberechtigter Zahl**, sofern nicht Ausnahmen hinsichtlich der Anmeldung bei einer Spaltung zur Neugründung und bei Kapitalmaßnahmen zu beachten sind. Die Anmeldung der Spaltung darf, wie § 129 UmwG klarstellt, auch durch das **Vertretungsorgan jedes der übernehmenden Rechtsträger** erfolgen. In einem solchen Fall bedarf es der Mitwirkung der Vertretungsorgane des übertragenden Rechtsträgers nicht. Die Anmeldung der Spaltung zur Neugründung erfolgt gem. § 137 Abs. 2 UmwG durch das Vertretungsorgan des übertragenden Rechtsträgers. Gleichzeitig hat das Vertretungsorgan des übertragenden Rechtsträgers jeden der neuen Rechtsträger gem. § 137 Abs. 1 UmwG bei dem Gericht, in dessen Bezirk er seinen Sitz haben soll, zur Eintragung in das Register anzumelden.

210 Neben den einschlägigen umwandlungsrechtlichen Vorschriften sind die **Gründungsvorschriften** der jeweiligen Gesellschaftsform zu beachten.[253] Die im Rahmen der Gründung des neuen Rechtsträgers etwa erforderlichen **Negativversicherungen** müssen durch die Organe der neuen Rechtsträger erfolgen.[254] Im Übrigen ist die bei der Beteiligung einer GmbH oder AG gem. §§ 140 bzw 146 UmwG erforderliche **Versicherung im Hinblick auf die Einhaltung der Gründungsvorschriften** von allen Geschäftsführern bzw Vorständen zu unterzeichnen.[255]

b) Anlagen der Anmeldung

211 Für die Anmeldung der Spaltung gelten über § 125 UmwG die §§ 16, 17 UmwG bezüglich der notwendigen Erklärungen und beizufügenden Unterlagen entsprechend. Gemäß §§ 125, 17 UmwG sind der Anmeldung der Spaltung folgende **Anlagen** beizufügen:
- Spaltungsvertrag bzw -plan,
- die Niederschriften über die Zustimmungsbeschlüsse,
- die erforderlichen Zustimmungserklärungen einzelner Anteilseigner,

---

253 Vgl dazu auch die Darstellung in den §§ 5 und 6.
254 Vgl für die GmbH etwa § 8 Abs. 3 GmbHG und für die AG § 37 Abs. 2 AktG.
255 Kallmeyer/*Zimmermann* § 140 Rn 4; Widmann/Mayer/*Mayer* § 140 Rn 16; aA noch die Vorauf. von Kallmeyer/ *Zimmermann* § 140 Rn 6.

- der Spaltungsbericht,
- der Prüfungsbericht oder anstelle des Spaltungs- und Prüfungsberichts die entsprechenden Verzichtserklärungen gem. §§ 8 Abs. 3, 9 Abs. 3 oder 12 Abs. 3 UmwG,
- Nachweis über die rechtzeitige Zuleitung des Spaltungsvertrages oder des Entwurfs an den zuständigen Betriebsrat,
- etwa erforderliche staatliche Genehmigungen.

Gem. § 17 Abs. 2 UmwG ist der Anmeldung zum Register des Sitzes des übertragenden Rechtsträgers außerdem die sogenannte **Schlussbilanz**, die nicht auf einen mehr als acht Monate zurückliegenden Stichtag aufgestellt sein darf, dieses Rechtsträgers beizufügen.[256] Im Fall der **Abspaltung** erscheint es in Ausnahmefällen, insbesondere wenn das zu übertragende Vermögen unwesentlich im Verhältnis zum Gesamtvermögen des übertragenden Rechtsträgers ist und/oder der Stichtag der Schlussbilanz nicht mit dem vorangegangenen Bilanzstichtag des übertragenden Rechtsträgers übereinstimmt, ausreichend, der Anmeldung zum Register eine geprüfte **Teilbilanz** beizufügen, die nur die zu übertragenden Vermögensteile umfasst.[257] Hierbei kann bereits eine **Anpassung an die Bewertungsmethoden des übernehmenden Rechtsträgers** vorgenommen werden, wobei eintretende Erfolgswirkungen in der Gewinn- und Verlustrechnung des übertragenden Rechtsträgers zu erfassen sind.[258] 212

Wird das **Kapital** bei der übernehmenden Gesellschaft bei der Spaltung zur Aufnahme im Zusammenhang mit der Spaltung **erhöht** oder bei der übertragenden Gesellschaft **herabgesetzt**, so sind entsprechende Nachweise über die Durchführung dieser Maßnahmen der Anmeldung der Spaltung beim übernehmenden wie beim übertragenden Rechtsträger beizufügen.[259] 213

Bei der **Spaltung zur Neugründung** sind zusätzlich die nach dem Gründungsrecht des betreffenden Rechtsträgers erforderlichen Unterlagen beizufügen (§ 135 Abs. 2 UmwG).[260] Gem. § 138 UmwG ist bei einer Spaltung auf eine neu gegründete GmbH stets ein **Sachgründungsbericht** erforderlich. 214

Der Anmeldung beizufügen ist darüber hinaus die **Negativerklärung** im Sinne des § 16 Abs. 2 UmwG, dass der Eintragung der Spaltung keine Klage gegen die Wirksamkeit der Spaltungsbeschlüsse entgegensteht, es sei denn es lägen entsprechende notariell beurkundete **Verzichtserklärungen** der klageberechtigten Anteilsinhaber vor (§ 16 Abs. 2 S. 2 UmwG) oder es wäre gem. § 16 Abs. 3 UmwG erfolgreich ein **Unbedenklichkeitsverfahren** durchgeführt worden. In der Praxis kann eine solche Verzichtserklärung wie folgt formuliert werden: 215

▶ Die Gesellschafter verzichten auf die Anfechtung der vorstehenden Beschlüsse. ◀

Der Anmeldung der Spaltung beim übertragenden Rechtsträger ist im Übrigen ein **Nachweis über die Eintragung beim übernehmenden Rechtsträger** etwa in Form eines entsprechenden Handelsregisterauszugs beizufügen.[261] 216

---

256 Da idR der letzte ordentliche Abschluss zum 31. Dezember des Vorjahres als Schlussbilanz verwandt werden soll, scheidet in der Praxis eine Spaltung nach dem 31. August des laufenden Jahres aus, da die Beteiligten nicht bereit sind, einen entsprechenden Zwischenabschluss vorzulegen, vgl dazu bereits oben bei der Verschmelzung unter Rn 16 ff. Bei der Aktiengesellschaft sind im Übrigen die §§ 125, 63 Abs. 1 Nr. 3 UmwG zu beachten, wonach bei der Einberufung der Hauptversammlung eine Zwischenbilanz auszulegen ist, falls sich der letzte Jahresabschluss auf ein Geschäftsjahr bezieht, das mehr als sechs Monate vor dem Abschluss des Spaltungsvertrages oder der Aufstellung des Entwurfes abgelaufen ist.
257 Widmann/Mayer/*Mayer* § 24 Rn 163; Stellungnahmen HFA 1/1998, Zweifelsfragen bei Spaltungen, WPg 1998, 508, 509; aA Schmitt/Hörtnagl/Stratz/*Hörtnagl* § 17 UmwG Rn 50 ff mwN.
258 *Heckschen* in: Beck'sches Notarhandbuch, D IV Rn 75.
259 Vgl Kallmeyer/*Zimmermann* §§ 53 Rn 6 ff; 66 Rn 7 und 12 zur Kapitalerhöhung. Bei einer Kapitalherabsetzung sind der Anmeldung der übertragenden Gesellschaft die notarielle Urkunde mit Kapitalherabsetzungs- und Satzungsänderungsbeschluss in Ausfertigung oder beglaubigter Abschrift und der vollständige Wortlaut der Satzung letzter Fassung beizufügen (§ 54 Abs. 2 S. 2 GmbHG, § 181 Abs. 1 S. 2 AktG), bei regulärer Kapitalherabsetzung einer GmbH die Belegblätter über die öffentliche Bekanntmachung der Kapitalherabsetzung (§ 58 Abs. 1 Nr. 4 GmbHG), vgl auch Kallmeyer/*Zimmermann* § 130 Rn 14 f.
260 Bei der GmbH zB der für die neu gegründete Gesellschaft festgestellte Gesellschaftsvertrag (§§ 135, 37 UmwG), der Beschluss über die Bestellung der Geschäftsführer (§§ 6 Abs. 2 S. 2, 47 GmbHG), sofern nicht im Spaltungsplan enthalten, sowie eine Liste der Gesellschafter (§§ 8 Abs. 1 Nr. 3 GmbHG, 135, 125, 56, 52 Abs. 2 UmwG). Gem. § 138 UmwG ist stets ein Sachgründungsbericht und gem. § 8 Abs. 1 Nr. 5 GmbHG ein Wertnachweis beizufügen.
261 Vgl § 130 Abs. 1 S. 1 UmwG.

c) Reihenfolge der Eintragungen

217 Nach § 130 UmwG Abs. 1 UmwG darf die **Spaltung in das Register des Sitzes des übernehmenden Rechtsträgers erst eingetragen** werden, wenn sie **in das Register am jeweiligen Sitz der übertragenden Rechtsträger eingetragen** ist. Zuvor ist ggf noch eine Kapitalerhöhung bei der übernehmenden Gesellschaft (§§ 125 S. 1, 53, 66 UmwG) und eine Kapitalherabsetzung bei der übertragenden Gesellschaft (§§ 139 S. 2, 145 S. 2 UmwG) einzutragen. In der Praxis sollte, um Verzögerungen zu vermeiden, berücksichtigt werden, dass die **Mitteilung über die Voreintragung** beim übernehmenden Rechtsträger **nicht von Amts wegen** an das Register des übertragenden Rechtsträgers erfolgt. Eine solche Mitteilung erfolgt jedoch meist auf besonderen Antrag, der daher gleich mit dem Eintragungsantrag verbunden werden sollte. Alternativ können beglaubigte Registerauszüge über die Voreintragung beim Register des übernehmenden Rechtsträgers nachgereicht werden.[262]

d) Gläubigerschutz

218 Gerade bei der **Aufspaltung**, bei der der übertragende Rechtsträger mit Wirksamwerden der Spaltung ohne Liquidation erlischt, besteht für die Gläubiger die Gefahr, dass ihre Forderungen nach Eintragung der Spaltung gegenüber einem Schuldner bestehen, der nicht die gleiche Bonität wie der übertragende Rechtsträger besitzt. Dieser Gefahr begegnet das Gesetz in § 133 Abs. 1 S. 1 UmwG, der eine **gesamtschuldnerische Haftung aller beteiligten Rechtsträger** für solche Verbindlichkeiten anordnet, die **vor dem Wirksamwerden der Spaltung begründet** wurden. Außerdem besteht ein Anspruch der Gläubiger auf Sicherheitsleistung gemäß § 133 Abs. 1 S. 2 UmwG. Darüber hinaus sind die §§ 25 ff HGB anwendbar. Gleichwohl kann die Spaltung zu einer **Enthaftung eines beteiligten Rechtsträgers** führen, denn die mögliche Haftung wird gem. § 133 Abs. 3 UmwG begrenzt. Sie kommt gegen den mithaftenden Rechtsträger nur für solche **Verbindlichkeiten** in Betracht, die **innerhalb von fünf Jahren nach der Spaltung fällig** werden. Ab einem bestimmten Zeitpunkt nach Eintragung der Spaltung kann sich der Gläubiger wegen seiner Forderungen daher nur noch an den übernehmenden Rechtsträger halten. Diese Rechtsfolge der Spaltung kann auch oder gerade ein Motiv für eine Spaltung sein, um sicherzustellen, dass ein Rechtsträger in Zukunft bestimmten Ansprüchen nicht mehr ausgesetzt sein wird.

e) Grundbuchberichtigung

219 Ist die Spaltung durch Registereintragung einmal wirksam geworden, so kann unter **Vorlage eines beglaubigten Registerauszugs**, einer auszugsweisen **beglaubigten Abschrift des Spaltungsvertrages**, aus dem sich die Übertragung des entsprechenden Grundbesitzes und der Antrag auf Grundbuchberichtigung ergibt, sowie der **steuerlichen Unbedenklichkeitsbescheinigung** die Berichtigung des Grundbuchs beantragt werden, das durch die partielle Gesamtrechtsnachfolge des übernehmenden Rechtsträgers unrichtig geworden ist.

f) Firma der übernehmenden bzw neuen Rechtsträger

220 Für die **Aufspaltung**, nicht dagegen für die Abspaltung und Ausgliederung, erklärt § 125 UmwG den § 18 UmwG für anwendbar. Im Unterschied zur Verschmelzung stellt sich bei der Aufspaltung die Frage, welcher der übernehmenden oder neuen Rechtsträger die **Firma des übertragenden Rechtsträgers fortführen** darf: nur derjenige, auf den das Unternehmen im Großen und Ganzen übergeht,[263] oder derjenige, für den dies im Spaltungsvertrag bzw -plan bestimmt wird.[264] Im Rahmen der entsprechenden Anwendung des § 18 UmwG soll es außerdem möglich sein, dass jeder übernehmende Rechtsträger einen solchen **Firmenbestandteil** fortführt, der mit dem von ihm übernommenen Betrieb oder Teilbetrieb in Zusammenhang steht.[265] Unzulässig ist es, dass sich die Firma vervielfältigt, indem

---

262 Vgl auch Widmann/Mayer/*Schwarz* § 19 Rn 13.3.
263 Lutter/*Teichmann* § 125 Rn 6.
264 Kallmeyer/*Kallmeyer* § 125 Rn 28; *Sagasser/Sickinger* in: Sagasser/Bula/Brünger, Umwandlungen, N Rn 67.
265 Kallmeyer/*Kallmeyer* § 125 Rn 28.

alle übernehmenden oder neuen Rechtsträger die Firma des übertragenden Rechtsträgers fortführen.[266] Es wird allerdings diskutiert, ob die vorgenannten Ausnahmen zu § 22 HGB nicht auch bei der **Abspaltung** und der **Ausgliederung** zur Anwendung kommen können.[267] Im Falle der Aufspaltung wird durch die Verweisung in § 125 UmwG § 18 UmwG für anwendbar erklärt, so dass die für die Verschmelzung bereits erörterten Grundsätze auch hier gelten.

IX. Rechtsschutz gegen die Spaltung

Für die Anteilseigner der an der Spaltung beteiligten Rechtsträger besteht wie bei der Verschmelzung (vgl Rn 141 ff) die Möglichkeit den Spaltungsbeschluss binnen eines Monats nach der Beschlussfassung gem. §§ 125 S. 1, 14 Abs. 1 UmwG mit Hilfe einer **Anfechtungsklage** anzugreifen. Gem. §§ 125 S. 1, 14 Abs. 2 UmwG kann auch die Klage gegen die Wirksamkeit des Spaltungsbeschlusses eines übertragenden Rechtsträgers nicht darauf gestützt werden, dass das **Umtauschverhältnis** der Anteile **zu niedrig** bemessen sei oder dass die **Mitgliedschaft** bei dem übernehmenden Rechtsträger **kein ausreichender Gegenwert** für die Anteile oder die Mitgliedschaft bei dem übertragenden Rechtsträger sei (vgl Rn 145 ff). Wegen der insoweit gem. §§ 125 S. 1, 15 UmwG möglicherweise geschuldeten baren Zuzahlung sind die Anteilsinhaber des übertragenden Rechtsträgers auf das **Spruchverfahren** nach dem Spruchverfahrensgesetz verwiesen (vgl Rn 150 ff). In der Praxis ist zu beachten, dass gem. § 125 S. 1 UmwG die Einschränkung des § 14 Abs. 2 UmwG im Fall der **Ausgliederung zur Aufnahme** nach § 123 Abs. 3 Nr. 1 UmwG nicht gilt.[268] Anders als bei der Verschmelzung kann die Anfechtungsklage in einem solchen Fall auch auf die Begründung gestützt werden, die dem übertragenden Rechtsträger gewährten Anteile stellten keine angemessene Gegenleistung dar.

221

D. Formwechsel

I. Einführung und Allgemeines

1. Wesensmerkmale des Formwechsels

Der Formwechsel wird im Umwandlungsgesetz im fünften Buch in den §§ **190 bis 304 UmwG** geregelt.[269] Hier sind die früher im Umwandlungsgesetz von 1969 als Umwandlung bezeichneten Maßnahmen der sogenannten formwechselnden Umwandlung und der übertragenden Umwandlung zusammengefasst. Der Gesetzgeber hat für das Recht des Formwechsels im UmwG als **eigene Rechtsmaterie der Unternehmensumstrukturierung** ausgestaltet. Anders als bei der Spaltung werden in den §§ 190 ff UmwG **nur wenige Rückgriffe auf das Recht der Verschmelzung** genommen. Der Formwechsel greift im Wesentlichen auf seine eigenen Regelungen zurück. Nach der gesetzgeberischen Konzeption stellt der **Formwechsel** im Unterschied zu Verschmelzung und Spaltung **einen lediglich den formwechselnden Rechtsträger betreffender Vorgang** dar. Es kann stets **nur ein Rechtsträger beteiligt** sein, weshalb hierzu auch **kein Vertrag** über den Formwechsel erforderlich ist, sondern der interne Beschluss des betroffenen Rechtsträgers im Vordergrund steht.

222

a) Identität des Rechtsträgers

Durch den Formwechsel erfolgt **keine Vermögensübertragung**. Vielmehr geht der Gesetzgeber davon aus, dass sich beim Formwechsel allein die rechtliche Organisation des Unternehmensträgers

223

---

266   Kallmeyer/*Kallmeyer* § 125 Rn 28.
267   Kallmeyer/*Kallmeyer* § 125 Rn 29; Lutter/*Teichmann* § 132 Rn 48; *Sagasser/Sickinger* in: Sagasser/Bula/Brünger, Umwandlungen, Rn 66.
268   OLG Stuttgart DB 2003, 33. Es stellt sich dann allerdings das Problem, was die Rechtsfolge der fehlerhaften Bewertung des ausgegliederten Betriebs sein soll.
269   Vertragsmuster für alle möglichen Formwechselmaßnahmen finden sich zB bei *Brünger* in: Sagasser/Bula/Brünger, Umwandlungen, R Rn 111 ff; MünchHdb GesR/*Schmidt-Diemitz/Moszka* XIII.1. ff; *Greve* in: Engl, Formularbuch Umwandlungen, E.1. ff; *Limmer* in: Limmer, Handbuch der Unternehmensumwandlung Rn 2507 ff; Widmann/Mayer/*Vossius* Anhang 4 Rn M 150 ff.

ändert, dem vor und nach der Umwandlung dasselbe Vermögen zugeordnet ist (**Wahrung der Identität des Rechtsträgers**).[270] Dabei liegt die entscheidende und wesentliche Innovation der Kodifizierung des Formwechsels im UmwG darin, dass auch bei der Umwandlung einer Personen- in eine Kapitalgesellschaft und umgekehrt **keine Vermögensübertragung** stattfindet, sondern der Gesetzgeber auch hier von der Identität des Rechtsträgers ausgeht.[271]

b) Identität der Anteilsinhaber und Identität der Beteiligungen

224 Der Grundsatz der Identität des Rechtsträgers bedingt weiterhin, dass grundsätzlich die gleichen Anteilsinhaber vor und nach dem Formwechsel an dem Rechtsträger neuer Rechtsform beteiligt sind (**Prinzip der Gesellschafteridentität**), und zwar im Regelfall im gleichen Verhältnis wie an dem Rechtsträger alter Rechtsform (**Identität der Beteiligungen**).[272] Hiervon geht wohl auch das Gesetz in § 202 Abs. 1 Nr. 2 UmwG aus. Die hM lässt allerdings eine Abweichung vom Identitätsgrundsatz in solchen Fällen zu, in denen die betroffenen Anteilsinhaber einer von der Beteiligung am Ausgangsrechtsträger abweichenden Verteilung der Anteile am Zielrechtsträger zustimmen (**nicht-verhältniswahrender Formwechsel**).[273] Teile der Literatur halten sogar einen **Formwechsel zu Null** für möglich.[274]

c) Formwechsel außerhalb des UmwG

225 Die Neuregelung des Formwechsels im UmwG hat nichts daran geändert, dass nach wie vor bestimmte **Formwechsel kraft Gesetzes** und **außerhalb der Regelungen im UmwG** eintreten (vgl § 190 Abs. 2 UmwG). Beispiele hierfür sind:
- Änderung des Unternehmensgegenstandes einer Gesellschaft bürgerlichen Rechts bzw **Eintragung einer solchen Gesellschaft in das Handelsregister**, die kein Handelsgewerbe betreibt, formt diese kraft Gesetzes zur OHG (§ 105 Abs. 2 HGB);
- Austritt aller Gesellschafter bis auf einen aus einer Personengesellschaft führt über die **Anwachsung gem. § 738 BGB** zu einem „Formwechsel in eine Einzelperson";
- eine GmbH & Co. KG wird zur GmbH, wenn alle Kommanditisten austreten oder ihre Kommanditbeteiligung auf die Komplementärin übertragen (**Anwachsungs- und Abwachsungsmodell**).[275]

2. Beweggründe, Anlässe, Ziele

226 Bei der Entscheidung über die Durchführung eines Formwechsels spielen in der Praxis oft **steuerliche Gesichtspunkte** eine entscheidende Rolle, was vor allem daran liegt, dass die unterschiedlichen Rechtsformen im Steuerrecht unterschiedlich behandelt werden, so dass der Wechsel der Rechtsform konkrete steuerliche Vorteile nach sich ziehen kann.[276]

227 Darüber hinaus dürften für den **Formwechsel einer Kapitalgesellschaft** (vor allem einer GmbH) **in eine Personengesellschaft** die folgenden Gründe sprechen:
- Flucht aus den strengen **Kapitalerhaltungsvorschriften** des Kapitalgesellschaftsrechts;

---

270 BT-Drucks. 12/6699, S. 136. So darf etwa das Grundbuchamt vor Berichtigung des Grundbuchs nach einem Formwechsel einer Personengesellschaft in eine Kapitalgesellschaft und umgekehrt gerade wegen der Rechtsträgeridentität nicht die Vorlage einer steuerlichen Unbedenklichkeitsbescheinigung in der Form des § 29 GBO verlangen, vgl LG Dresden DB 1998, 1807.
271 BT-Drucks. S. 12/6699, 136. So hat auch der BFH festgestellt, dass keine ernstlichen Zweifel daran bestehen können, dass der Formwechsel einer Kapitalgesellschaft in eine Personengesellschaft nicht der Grunderwerbsteuer unterliegt. Das Grunderwerbsteuerrecht müsse mangels grundsätzlich anders lautender Vorschriften den zivilrechtlichen Vorgaben des Umwandlungsrechts folgen, vgl ZIP 1997, 144.
272 Vgl hierzu grundlegend *Limmer* in: Limmer, Handbuch der Unternehmensumwandlung Rn 2145 ff.
273 Eine solche Zustimmung kann bereits in einem einstimmig gefassten Beschluss über den Formwechsel liegen, vgl Schmitt/Hörtnagl/Stratz/*Stratz* § 202 Rn 7; Lutter/*Decher* § 202 Rn 21.
274 *Priester* DB 1998, 560, 566.
275 Vgl dazu *Sagasser* in: Sagasser/Bula/Brünger, Umwandlungen, H Rn 23 ff. Das UmwStG enthält allerdings in § 20 eine Regelung zur steuerlichen Behandlung solcher Fälle. Für weitere Beispiele der Änderung der Rechtsform außerhalb des UmwG vgl Kallmeyer/*Kallmeyer* § 190 Rn 14.
276 Vgl dazu *Sagasser* in: Assmann/Schütz Hanbuch des Kapitalanlagerechts § 3 Rn 32 ff.

- **Verbesserung der Kreditwürdigkeit** einer Gesellschaft, wenn mit der neuen Gesellschaftsform die persönliche Haftung eines Gesellschafters verbunden ist;
- **Flucht aus den Publizitätsvorschriften des HGB** durch Formwechsel in eine Rechtsform, bei dem persönlich haftender Gesellschafter eine natürliche Person ist, da diese Gesellschaften zB keinen Jahresabschluss beim Handelsregister einreichen müssen;
- **Flucht aus der Unternehmensmitbestimmung** durch Umwandlung in eine Personengesellschaft;
- **Stärkung des Einflusses der Gesellschafter auf die Geschäftsführung**, etwa dadurch, dass bei der Personengesellschaft ein Gesellschafter die Geschäfte der Gesellschaft zu führen hat;
- **Vermeidung der Insolvenzantragspflicht**, da eine dem § 64 GmbHG entsprechende Vorschrift im Personengesellschaftsrechts nicht gilt, solange ein persönlich haftender Gesellschafter eine natürliche Person ist.[277]

Für den **Formwechsel einer Personengesellschaft in eine Kapitalgesellschaft** sprechen im Wesentlichen die folgenden Überlegungen: 228
- Inanspruchnahme der im Kapitalgesellschaftsrecht geltenden **Haftungsbegrenzung**;[278]
- **Möglichkeit der Fremdgeschäftsführung**, da das Prinzip der Selbstorganschaft (§§ 125 ff HGB) für die Kapitalgesellschaften nicht gilt;
- **Versorgung des laufenden Unternehmens mit neuer Liquidität** etwa durch Umwandlung in eine AG mit dem Ziel der Börsennotierung.

II. Formwechselfähigkeit

1. Allgemeine rechtliche Darstellung

Welche Gesellschaften einen Formwechsel nach dem UmwG durchführen dürfen, richtet sich nach § 191 Abs. 1 UmwG (**Formwechselfähigkeit**). Genannt werden dort: 229
- Personenhandelsgesellschaften,
- Kapitalgesellschaften,
- eingetragene Genossenschaften,
- rechtsfähige Vereine,
- Versicherungsvereine auf Gegenseitigkeit,
- Körperschaften und Anstalten des öffentlichen Rechts.

Dagegen dürfen gemäß § 191 Abs. 2 UmwG **Rechtsträger der neuen Rechtsform** nur sein: 230
- Gesellschaften bürgerlichen Rechts;[279]
- Personenhandelsgesellschaften und Partnerschaftsgesellschaften;
- Kapitalgesellschaften,
- eingetragene Genossenschaften.

Nach § 191 Abs. 3 UmwG ist der Formwechsel auch **bei aufgelösten Rechtsträgern** möglich, wenn ihre Fortsetzung in der bisherigen Rechtsform beschlossen werden könnte.

2. Rechtsfragen aus der Praxis

a) Formwechsel in eine GmbH & Co. KG

Der **Formwechsel in eine GmbH & Co. KG** ist als Formwechsel in eine Personenhandelsgesellschaft prinzipiell durch das UmwG eröffnet.[280] Erschwert wird er allerdings durch das dem Gesetz zugrunde liegende **Prinzip der Gesellschafteridentität** (vgl Rn 224). Daraus folgt, dass die spätere Komplementär- 231

---

277 Zur Insolvenzantragspflicht der GmbH & Co. KG vgl § 177 a iVm § 130 a HGB.
278 Dieses Ziel lässt sich allerdings auch mit einer GmbH & Co. KG erreichen.
279 § 191 Abs. 2 Nr. 1 UmwG stellt eine Ausnahme dar, zu § 228 Abs. 2 UmwG, vgl *Bärwaldt/Schabacker* NJW 1999, 623.
280 BR-Drucks. 75/94. Will man sich nicht des Formwechsels bedienen, so ist es, soll etwa eine GmbH in eine GmbH & Co. KG umgewandelt werden, auch möglich, eine neue GmbH zu gründen. Diese gründet dann als Komplementärin mit den übrigen Gesellschaftern der alten GmbH als Kommanditisten eine KG. Im Anschluss wird die alte GmbH auf die neu gegründete KG verschmolzen.

GmbH dem Ausgangsrechtsträger vor der Eintragung des Formwechsels zumindest für eine juristische Sekunde beigetreten sein muss.[281] Soll also zB eine GmbH in eine GmbH & Co. KG umgewandelt werden, so ist zunächst die neu gegründete spätere Komplementär-GmbH an der formwechselnden GmbH zu beteiligen.[282] Der Anteil kann ihr treuhänderisch aufschiebend bedingt bis zur Wirksamkeit des Formwechsels übertragen werden.[283] Sodann kann die formwechselnde GmbH in eine KG umgewandelt werden, wobei die neu gegründete GmbH die Stellung des Komplementärs ohne eigene Kapitalbeteiligung übernimmt und die übrigen Gesellschafter der GmbH Kommanditisten der KG werden.[284]

b) Formwechsel einer Rechtsanwalts-GmbH

232 Der Formwechsel einer **Rechtsanwalts-GmbH** in eine AG rechtfertigt trotz des den Formwechsel beherrschenden Identitätsgrundsatzes den Widerruf der Zulassung. Insgesamt bestehen jedoch keine Bedenken gegen eine Rechtsanwalts-AG, soweit sie die berufsrechtlichen Voraussetzungen erfüllt, was im Einzelfall stets neu zu prüfen ist.[285]

III. Ablauf des Formwechsels

233 Der Ablauf des Formwechsels lässt sich mit *Sagasser/Sickinger* in verschiedene Phasen gliedern.[286] In einer ersten **Planungsphase** sollte überdacht werden, wie die einzelnen im Rahmen des Formwechsels **erforderlichen Schritte zeitlich aufeinander abgestimmt** werden können und müssen. Dabei sind vor allem die folgenden Punkte zu berücksichtigen:

- **Übersendung des Entwurfs** des Umwandlungsbeschlusses gemäß § 194 Abs. 2 UmwG an den Betriebsrat des formwechselnden Rechtsträgers einen Monat vor der Beschlussfassung (vgl dazu bereits bei der Verschmelzung Rn 71);
- eine **Orientierung am Bilanzstichtag** des formwechselnden Rechtsträgers ist nicht mehr deshalb nötig, um eine Vermögensaufstellung aus der Bilanz ableiten zu können, da der entsprechende § 192 Abs. 2 UmwG mit dem Zweiten Gesetz zur Änderung des UmwG aufgehoben worden ist; allerdings erfordert § 14 UmwStG nach wie vor eine Orientierung am Bilanzstichtag.
- Einplanung der für die **Prüfung des Barabfindungsangebots** erforderlichen Zeit;[287]
- die für die Durchführung einer **Gründungsprüfung** im Rahmen der über § 197 UmwG anzuwendenden Gründungsvorschriften erforderliche Zeit ist ebenso einzuplanen;
- ist bei der neuen Rechtsform ein Aufsichtsrat zu bilden, so müssen ein **Statusverfahren** gemäß §§ 97 ff UmwG und die entsprechenden Wahlen durchgeführt werden; die Einführung des neuen § 197 S. 3 UmwG durch das Zweite Gesetz zur Änderung des UmwG hat hier bei der Umwandlung in eine AG allerdings erhebliche Erleichterungen gebracht (vgl Rn 237);
- Berücksichtigung der **für die Einberufung von Versammlungen** der Anteilsinhaber **einzuhaltenden Fristen**, soweit auf diese nicht verzichtet werden kann.[288]

234 In einer darauf folgenden **Vorbereitungsphase** sind die für den Formwechsel erforderlichen Dokumente zu erstellen und den jeweiligen Empfängern rechtzeitig zur Verfügung zu stellen. Den größten Aufwand erfordert in dieser Phase die **Erstellung des Umwandlungsberichts** (vgl Rn 240 ff), wenn er nicht gemäß § 192 Abs. 3 UmwG verzichtbar ist. Eine **Vermögensaufstellung** ist nach der Neufassung von § 192 UmwG nicht mehr erforderlich. Unterbleiben kann möglicherweise auch eine Unterneh-

---

281 BayObLG NJW-RR 2000, 637; *Priester* DB 1997, 560; Schmitt/Hörtnagl/Stratz/*Stratz* § 226 UmwG Rn 3 f; Lutter/*Happ* § 228 Rn 27 ff.
282 Dabei genügt eine Beteiligung von 100 EUR, vgl §§ 5 Abs. 1, 17 Abs. 4 GmbHG.
283 Schmitt/Hörtnagl/Stratz/*Stratz* § 226 UmwG Rn 4.
284 Das BayObLG GmbHR 2000, 89 lässt es genügen, wenn die GmbH zwischen Umwandlungsstichtag und Eintragung der Umwandlung in die GmbH eintritt.
285 BGH NJW 2005, 1568; vgl auch *Passarge* NJW 2005, 1835.
286 *Sagasser/Sickinger* in: Sagasser/Bula/Brünger, Umwandlungen, R Rn 18.
287 Vgl § 208 iVm § 30 Abs. 2 UmwG. Es können allerdings alle Gesellschafter sowohl auf das Barabfindungsangebot als auch auf dessen Prüfung in notariell beurkundeter Form verzichten; Kallmeyer/*Müller* § 208 Rn 8.
288 Dies ist zB im Rahmen einer Universalversammlung bei der Personengesellschaft und der Kapitalgesellschaft möglich.

mensbewertung nach der Ertragswertmethode,[289] soweit ein Barabfindungsangebot nicht in den Umwandlungsbeschluss aufzunehmen ist (vgl Rn 255 ff). Schließlich sind die **Ladungen an die Anteilsinhaber** zu versenden, um über den Formwechsel zu beschließen. Der Formwechsel ist dabei als Gegenstand der Tagesordnung zu bezeichnen (vgl §§ 216, 230, 238, 251 UmwG). Zumindest allen nicht-geschäftsführenden Gesellschaftern ist ein **Exemplar des Umwandlungsberichts** zu übersenden und, soweit erforderlich, in den Geschäftsräumen auszulegen.[290] Auch das **Barabfindungsangebot** ist ggf zu übersenden und auszulegen.[291] Die Auslegung hat auch während der über den Formwechsel beschließenden Versammlung zu erfolgen.

In der sich anschließenden **Beschlussphase** findet die gemäß § 193 Abs. 1 UmwG erforderliche Abstimmung über den Formwechsel statt. Nach der Beschlussfassung über den Formwechsel muss dieser gemäß §§ 198 ff. UmwG bei dem Register, bei dem der formwechselnde Rechtsträger registriert ist, zur Eintragung angemeldet werden. 235

IV. Entsprechende Geltung des Gründungsrechts

Beim Formwechsel sind grundsätzlich gemäß **§ 197 S. 1 UmwG** die für die neue Rechtsform geltenden **Vorschriften der Gründung** zu beachten. Gemäß **§ 197 S. 2 UmwG** sind jedoch solche Vorschriften auf den Formwechsel nicht anzuwenden, die für die Gründung eine **Mindestzahl der Gründer** vorschreiben, sowie Vorschriften über die **Bildung und Zusammensetzung des ersten Aufsichtsrats**. 236

Gerade für den wichtigen praktischen Fall der **Umwandlung in die AG** sieht § 197 S. 3 UmwG seit der Änderung durch das Zweite Gesetz zur Änderung des UmwG nun vor, dass beim Formwechsel eines Rechtsträgers in eine AG § 31 AktG ausdrücklich anwendbar ist.[292] Dies war vor der Einführung des § 197 S. 3 UmwG unklar, und sollte durch die Neuregelung ausdrücklich klargestellt werden. Ist also bei dem in eine AG formwechselnden Rechtsträger erstmals ein Aufsichtsrat zu bilden, so kann dies zunächst gem. § 31 Abs. 1 AktG durch die bisherigen Anteilsinhaber geschehen. Später ist dann gem. § 31 Abs. 3 AktG ein **Statusverfahren** im Sinne der §§ 97 ff AktG durchzuführen. 237

Im Hinblick auf die Anwendbarkeit der Gründungsvorschriften ist in der Praxis besonders Folgendes zu beachten: Gemäß § 219 S. 1 UmwG sind bei einem **Formwechsel einer Personenhandelsgesellschaft** zB in eine GmbH alle Gesellschafter der formwechselnden Gesellschaft als Gründer anzusehen. Wird der Beschluss über den Formwechsel allerdings mit einer Mehrheitsentscheidung gefasst, so bestimmt § 219 S. 2 UmwG, dass nur diejenigen Gesellschafter als Gründer anzusehen sind, die tatsächlich für den Formwechsel gestimmt haben. 238

Beim **Formwechsel in eine GmbH oder AG** stellt sich bei der Anwendung des entsprechenden Gründungsrechts die Frage, ob der Formwechsel als Bar- oder Sachgründung aufzufassen ist, dh, ob über § 197 UmwG auch die §§ 5 Abs. 4 GmbHG und 27 AktG zur Anwendung gelangen.[293] Die Rechtslage ist hier umstritten. In der Praxis empfiehlt es sich daher, in der Satzung des Zielrechtsträgers und auch im Beschluss über den Formwechsel auszuweisen, wie das dort ausgewiesene Stamm- bzw Grundkapital erbracht wurde, indem auf die Sacheinlage durch Formwechsel verwiesen wird.[294] Dem Grundsatz der Identität des Rechtsträgers würde es allerdings widersprechen zu verlangen, dass sämtliche Vermögensgegenstände des formwechselnden Rechtsträgers aufgelistet werden.[295] In der Praxis kann im Formwechselbeschluss und in der Satzung daher wie folgt formuliert werden: 239

▶ Die Stammeinlagen werden erbracht durch den Übergang des Vermögens der ... *(formwechselnder Rechtsträger)* im Wege des Formwechsels gem. §§ 190 ff UmwG. ◀

---

[289] Vgl dazu auch Widmann/Mayer/*Mayer* § 9 Rn 28.
[290] §§ 216, 231, 251 UmwG für die AG, die KGaA und Genossenschaften.
[291] §§ 216, 231, 251 UmwG.
[292] S.Vgl BGBl. 2007 I S. 542.
[293] Vgl zu dieser Frage auch *Limmer* in: Limmer, Handbuch der Unternehmensumwandlung, Rn 2350 ff.
[294] *Limmer* in: Limmer, Handbuch der Unternehmensumwandlung, Rn 2354; Widmann/Mayer/*Mayer* § 197 Rn 42 ff und Muster in Anh. 4 M 189, jeweils mwN.
[295] So auch *Limmer* in: Limmer, Handbuch der Unternehmensumwandlung, Rn 2354.

- Beim **Formwechsel in eine AG** sind gemäß § 244 Abs. 1 UmwG die Personen, die für den Formwechsel stimmen, namentlich aufzuführen, da sie gemäß § 245 Abs. 1 bis 3 UmwG den Gründern einer AG gleichgestellt werden.
- Findet ein **Formwechsel einer GmbH in die Rechtsform der AG** statt und hat die GmbH ein Stammkapital, das unter dem Mindestgrundkapital einer AG liegt, so muss eine **Kapitalerhöhung** durchgeführt werden.[296]
- Bei einem **Formwechsel einer Kapitalgesellschaft in eine GmbH** muss abweichend von § 5 Abs. 3 GmbHG gemäß § 243 Abs. 3 S. 2 UmwG der auf die einzelnen Anteile entfallende Betrag vom Stammkapital nur fünfzig Euro betragen und auch nur durch zehn teilbar sein.

V. Bericht über den Formwechsel

1. Allgemeine rechtliche Darstellung

240 Gemäß § 192 Abs. 1 UmwG hat das Vertretungsorgan des formwechselnden Rechtsträgers einen **ausführlichen schriftlichen Bericht** zu erstatten, in dem der Formwechsel und insbesondere die künftige Beteiligung der Anteilsinhaber an dem Rechtsträger neuer Rechtsform rechtlich und wirtschaftlich erläutert und begründet werden (**Umwandlungsbericht**). Auf den Umwandlungsbericht ist § 8 Abs. 1 S. 2 bis 4 und Abs. 2 UmwG entsprechend anzuwenden (vgl dazu bereits die entsprechenden Darstellungen zum Verschmelzungsrecht unter Rn 73 ff). Der Umwandlungsbericht hat darüber hinaus gemäß § 192 Abs. 1 S. 3 UmwG den **Entwurf des Umwandlungsbeschlusses** zu enthalten.

241 Zu den gemäß § 192 Abs. 1 UmwG erforderlichen Erläuterungen und Begründungen gehört auch die **Erläuterung der angebotenen Barabfindung** einschließlich der Angabe der für die Ermittlung der Abfindung verwandten Bewertungsmethode und einer Begründung, warum die angewandte Bewertungsmethode gewählt wurde.[297] Daneben sollten auch die Ergebnisse der Bewertung aufgeschlüsselt und im Einzelnen dargelegt werden.[298] Das Vertretungsorgan hat aus seiner Sicht die Vor- und Nachteile des Formwechsels zu erläutern.[299] Die Darlegung einer sachlichen Rechtfertigung des Formwechsels ist dagegen nicht erforderlich.[300]

242 Die **Aufstellung einer Umwandlungsbilanz** ist beim Formwechsel nicht erforderlich. Anders als bei der Verschmelzung ist auch die **Vorlage eines Prüfberichts** beim Formwechsel nicht erforderlich. § 8 Abs. 1 S. 1 UmwG findet keine Anwendung, denn § 192 Abs. 1 S. 2 UmwG verweist nur auf § 8 Abs. 1 Sätze 2 bis 4 und Abs. 2 UmwG. Für eine analoge Anwendung besteht kein Raum, da es bereits an der hierfür erforderlichen unbewussten Regelungslücke fehlt.[301]

2. Rechtsfragen aus der Praxis

a) Schriftform

243 Gem. § 192 Abs. 1 UmwG ist der der Umwandlungsbericht „schriftlich" abzufassen. Streitig ist dabei, ob „schriftlich" im Sinne des § 192 Abs. 1 UmwG bedeutet, dass der Umwandlungsbericht durch sämtliche Mitglieder des Vertretungsorgans,[302] nur durch Mitglieder in vertretungsberechtigter Zahl oder überhaupt nicht unterzeichnet werden muss.[303] Aus **Vorsichtsgründen** empfiehlt es sich daher in der Praxis, den Bericht durch **sämtliche Mitglieder des Vertretungsorgans unterschreiben** zu lassen.

---

296 Kallmeyer/*Meister*/*Klöcker* § 197 Rn 30. Zu einer möglicherweise erforderlichen Nachgründung nach einem Formwechsel in eine AG vgl *Martens* ZGR 1999, 548.
297 LG Heidelberg DB 1996, 1768, 1769; Kallmeyer/*Meister*/*Klöcker* § 207 Rn 21; aA LG Berlin DB 1997, 969, 970.
298 LG Heidelberg DB 1996, 1768; aA LG Berlin DB 1997, 969.
299 Kallmeyer/*Meister*/*Klöcker* § 192 Rn 10; Lutter/*Decher* § 192 Rn 12.
300 *Sagasser*/*Sickinger* in: Sagasser/Bula/Brünger, Umwandlungen, R Rn 19.
301 LG Berlin, DB 1997, 969.
302 LG Berlin NZG 2004, 337, 338.
303 Vgl Widmann/Mayer/*Mayer* § 192 Rn 25; Lutter/*Decher* § 192 Rn 4, jeweils mwN.

b) Vermögensaufstellung

Für die Praxis von besonderer Bedeutung ist, dass seit der Aufhebung des alten § 192 Abs. 2 UmwG durch das Zweite Gesetz zur Änderung des UmwG eine **Vermögensaufstellung** für die Durchführung des Formwechsels **nicht mehr erforderlich** ist.[304] Dies stellt eine erhebliche Erleichterung dar, war doch die Vermögensaufstellung nicht nur mit erheblichen Kosten verbunden, sondern berührte auch die Geheimhaltungsinteressen des formwechselnden Rechtsträgers, da die aufzuführenden Gegenstände und Verbindlichkeiten unter Aufdeckung stiller Reserven mit ihrem wirklichen Wert anzusetzen waren, der ihnen am Tage der Erstellung des Berichts beizulegen war. In der Praxis wurde daher auch bisher schon nach Mitteln und Wegen gesucht, die Vermögensaufstellung zu vermeiden.[305] Gerade die mit der Vermögensaufstellung verbundene Aufdeckung stiller Reserven betrachtet der Gesetzgeber angesichts der Anwendbarkeit der Gründungsvorschriften (§ 197 UmwG) und der im Rahmen des § 208 UmwG erforderlichen Unternehmensbewertung als nicht notwendig, weshalb dieses Erfordernis entfallen konnte.[306]

244

c) Ausnahmen von der Berichtspflicht

Ein **Bericht über den Formwechsel** ist gemäß § 192 Abs. 3 S. 1 UmwG dann nicht erforderlich, wenn an dem formwechselnden Rechtsträger **nur ein Anteilsinhaber** beteiligt ist oder wenn **alle Anteilsinhaber** auf seine Erstattung **verzichten**. Gemäß § 192 Abs. 3 S. 2 UmwG sind die Verzichtserklärungen notariell zu beurkunden. Der Verzicht muss im Zeitpunkt der Anmeldung des Formwechsels zum Handelsregister vorliegen.[307]

245

Gemäß § 215 UmwG ist darüber hinaus ein **Umwandlungsbericht bei einer Personenhandelsgesellschaft** dann nicht erforderlich, wenn alle Gesellschafter der formwechselnden Gesellschaft zur Geschäftsführung berechtigt sind, so wie dies bei der OHG gemäß § 114 Abs. 1 HGB der gesetzliche Regelfall ist. Sieht der Gesellschaftsvertrag eine hiervon abweichende Regelung vor (§ 114 Abs. 2 HGB) oder ist die Geschäftsführungsbefugnis einem Gesellschafter entzogen worden (§ 117 HGB), so ist ein Bericht zu erstatten. Dies gilt auch für die KG, bei der regelmäßig nur der Komplementär zur Führung der Geschäfte berechtigt ist. Aus dem Zusammenspiel des § 192 Abs. 3 mit dem § 215 UmwG ergibt sich allerdings, dass ein Verzicht auf die Erstellung des Berichts stets nur von den von der Geschäftsführung ausgeschlossenen Gesellschaftern erklärt werden muss.[308]

246

Beim **Formwechsel zwischen Kapitalgesellschaften** bedarf es grundsätzlich eines Umwandlungsberichts. Die Ausnahme des § 238 S. 2 UmwG im Hinblick auf die Notwendigkeit einer Vermögensaufstellung konnte mit dem Zweiten Gesetz zur Änderung des UmwG entfallen, da auch § 192 Abs. 2 UmwG gestrichen wurde (vgl Rn 244). In der Regel wird der Bericht allerdings nur bei Publikumsgesellschaften erforderlich sein, da die Gesellschafter einer kleinen Gesellschaft, insbesondere bei konzerninternen Umwandlungen gem. § 192 Abs. 3 UmwG auf ihn verzichten werden. In der Praxis kann ein solcher Verzicht wie folgt formuliert werden:

247

▶ Auf die Erstellung eines Umwandlungsberichts wird verzichtet. ◀

VI. Der Formwechselbeschluss

1. Allgemeine rechtliche Darstellung

Gemäß § 193 Abs. 1 UmwG ist mangels eines Formwechselvertrages/-planes als zentralem Erfordernis für den Formwechsel ein Beschluss der Anteilsinhaber des formwechselnden Rechtsträgers über den Formwechsel erforderlich (**Umwandlungsbeschluss**). Der Beschluss kann nur in einer Versammlung der Anteilseigner gefasst werden. Hängt die Abtretung von Anteilen des formwechselnden Rechtsträgers von der **Genehmigung einzelner Anteilsinhaber** ab, so bedarf der Umwandlungs-

248

---

304 Vgl BGBl. 2007 I S. 542.
305 Ein Verzicht war nach hM mit der Zustimmung aller Anteilsinhaber möglich, vgl nur OLG Frankfurt DB 2003, 2378; Wiedmann/Mayer/*Vollrath* § 207 Rn 20.
306 Vgl dazu auch die Gesetzesbegründung, BT-Drucks. 16/2919, S. 19.
307 Widmann/Mayer/*Mayer* § 192 Rn 17, § 8 Rn 59 f.
308 Widmann/Mayer/*Mayer* § 192 Rn 21.

beschluss gemäß § 193 Abs. 2 UmwG zu seiner Wirksamkeit ihrer Zustimmung. Der Umwandlungsbeschluss und die nach der vorgenannten Regelung erforderlichen Zustimmungserklärungen bedürfen gemäß § 193 Abs. 3 UmwG zu ihrer Wirksamkeit der **notariellen Beurkundung**. Die Regelungen des Besonderen Teils enthalten darüber hinaus spezielle Regelungen für die Vorbereitung und die Durchführung der über den Formwechsel entscheidenden Versammlungen der Anteilsinhaber.[309]

249 Der zwingende Inhalt des Umwandlungsbeschlusses ergibt sich aus § 194 Abs. 1 UmwG und den Sondervorschriften der §§ 214 ff. UmwG. Gemäß § 194 Abs. 1 UmwG müssen im Umwandlungsbeschluss bestimmt werden:
- die **Rechtsform**, die der Rechtsträger durch den Formwechsel erlangen soll,
- der Name oder die **Firma** des Rechtsträgers neuer Rechtsform,
- die **Beteiligung der bisherigen Anteilsinhaber** an dem Rechtsträger neuer Rechtsform, soweit die Beteiligung nicht gänzlich entfällt,
- **Zahl, Art und Umfang der Anteile oder Mitgliedschaften**, welche die Anteilsinhaber durch den Formwechsel erlangen sollen oder die einem beitretenden persönlich haftenden Gesellschafter eingeräumt werden sollen,
- die einzelnen Personen gewährten **Sonderrechte**,
- ein **Abfindungsangebot** gemäß § 207 UmwG,[310]
- die **Folgen des Formwechsels für die Arbeitnehmer** und ihre Vertretungen einschließlich der insoweit vorgesehenen Maßnahmen.

In der Praxis kann ein solcher Formwechselbeschluss etwa bei einem Formwechsel einer OHG in eine GmbH wie folgt formuliert werden:
▶ 1. Die ... OHG wird formwechselnd umgewandelt in eine GmbH in Firma ... .
2. Die Beteiligung der bisherigen Gesellschafter sowie Zahl, Art und Umfang ihrer Anteile und ihre Gesellschafterrechte ergeben sich aus dem dieser Urkunde als Anlage beigefügten Gesellschaftsvertrag.
3. Besondere Rechte einzelner Anteilsinhaber oder Dritter bestehen nicht.
4. Auf die Arbeitnehmer der ... OHG und ihre Vertretungen wirkt sich der Formwechsel wie folgt aus: ...
5. Auf die Erstattung eines Umwandlungsberichts wird verzichtet.
6. Zu einzelvertretungsberechtigten und von den Beschränkungen des § 181 BGB befreiten Geschäftsführern der ... GmbH werden ... und ... bestellt. ◀

250 Gemäß § 194 Abs. 2 UmwG ist der Entwurf des Umwandlungsbeschlusses spätestens einen Monat vor dem Tage der Versammlung der Anteilsinhaber, die den Formwechsel beschließen soll, dem **zuständigen Betriebsrat** des formwechselnden Rechtsträgers zuzuleiten (zur entsprechenden Regelung bei der Verschmelzung vgl Rn 71). Im Übrigen ist dem Beschluss die Satzung, der Vertrag oder das Statut des Rechtsträgers neuer Form beizufügen.[311]

2. Rechtsfragen aus der Praxis

a) Bezeichnung unbekannter Gesellschafter

251 Bei der **Umwandlung einer AG** sind die Aktionäre grundsätzlich gem. §§ 213, 35 UmwG namentlich zu bezeichnen. Blieben Aktionäre dem Namen nach unbekannt, so mussten sie nach **bislang** geltendem Recht zumindest unter **Angabe der Nummer ihrer Aktienurkunde** bezeichnet werden.[312] Fehlte eine entsprechende Bezeichnung durfte der Formwechsel im Handelsregister nicht eingetragen werden.[313] Problematisch war dies vor allem bei solchen Gesellschaften, deren Aktien sich in **Girosammelverwahrung** ohne Einzelverbriefung befanden.

---

309 Für OHG und KG: § 217 UmwG; für die GmbH: §§ 232 Abs. 1, 139 Abs. 1, § 151 Abs. 2 UmwG; für die KGaA §§ 232, 239, 251 Abs. 2 UmwG; für die e.G. § 261 UmwG; für den Verein §§ 274 Abs. 2, 283 Abs. 2, 239 UmwG; für die VVaG §§ 292 Abs. 2, 239 UmwG.
310 Dies ist nur erforderlich, sofern nicht der Umwandlungsbeschluss zu seiner Wirksamkeit der Zustimmung aller Anteilsinhaber bedarf oder an dem formwechselnden Rechtsträger nur ein Anteilsinhaber beteiligt ist.
311 Vgl §§ 218 Abs. 1, 243, 253 Abs. 1, 263 Abs. 1, 276 Abs. 1, 185 Abs. 1, 294 Abs. 1, 302 UmwG.
312 BayObLG ZIP 1996, 1468.
313 BayObLG ZIP 1996, 1468.

252 Mit dem Zweiten Gesetz zur Änderung des UmwG wurde jedoch § 35 UmwG, auf den § 213 UmwG verweist, insoweit neu gefasst, als dass nun unbekannte Aktionäre in einem Sammelvermerk durch die Angabe des auf sie insgesamt entfallenden Teils des Grundkapitals und der auf sie nach dem Formwechsel entfallenden Anteile bestimmt werden können. Für **unbekannte GmbH-Gesellschafter** kann im Rahmen eines Formwechsels trotz der Regelung der §§ 213, 35 UmwG zur Sicherung der Barabfindung ein Pfleger gemäß § 1913 BGB bestellt werden.[314]

b) Beschlussfassung über die Satzung oder den Gesellschaftsvertrag

253 Bei der **Umwandlung in eine Kapitalgesellschaft** ist gemäß §§ 218, 243 UmwG gemeinsam mit dem Umwandlungsbeschluss auch der Beschluss über die Satzung des Rechtsträgers neuer Form zu fassen. Darin sind alle notwendigen Änderungen im Hinblick auf die neue Rechtsform vorzunehmen. In der Praxis empfiehlt es sich bei dieser Gelegenheit **weitere für erforderlich oder zweckmäßig gehaltenen Änderungen** vorzunehmen, um die Gesellschaft an die veränderten tatsächlichen und rechtlichen Bedürfnisse anzupassen. Zu beachten ist, dass gem. § 243 Abs. 1 S. 2 UmwG Festsetzungen über Sondervorteile, Gründungsaufwand, Sacheinlagen und Sachübernahmen aus der alten Satzung bzw dem alten Gesellschaftsvertrag in die Satzung bzw den Gesellschaftsvertrag neuer Rechtsform zu übernehmen sind. Keiner Festssetzung der Satzung bedürfen dagegen die anlässlich früherer Kapitalerhöhungen geleisteten Sacheinlagen.[315] Bei der **Umwandlung in eine Personengesellschaft** ist zwar nicht zwingend vorgeschrieben, den Gesellschaftsvertrag zum Umwandlungsbeschluss hinzu zu nehmen (vgl § 234 Nr. 1 und Nr. 3 UmwG). Dies kann sich jedoch schon deshalb empfehlen, um spätere Streitigkeiten über den genauen Inhalt des Gesellschaftsvertrages zu verhindern.[316]

c) Erforderliche Mehrheiten

254 Die für den Beschluss über den Formwechsel **erforderlichen Mehrheiten** ergeben sich aus den für die einzelnen Rechtsträger geltenden Regelungen des Besonderen Teils.[317] Zustimmungserfordernisse einzelner Gesellschafter sind zu beachten.[318] Beim **Formwechsel einer Personenhandelsgesellschaft** ist gemäß den allgemeinen Prinzipien des Personengesellschaftsrechts und gemäß § 217 Abs. 1 S. 1 UmwG der Umwandlungsbeschluss einstimmig zu treffen. Der Gesellschaftsvertrag der formwechselnden Gesellschaft kann jedoch gemäß § 217 Abs. 1 S. 2 UmwG eine Mehrheitsentscheidung vorsehen, wobei die im Gesellschaftsvertrag vorgesehene Mehrheit gemäß § 217 Abs. 1 S. 3 UmwG mindestens drei Viertel der abgegebenen Stimmen betragen muss.[319]

d) Veräußerung von Anteilen nach dem Formwechselbeschluss

255 Der Beschluss über den Formwechsel und auch seine Eintragung hindern einen Anteilsinhaber nicht daran, seinen **Anteil** – evtl auch zusammen mit dem Anspruch auf Barabfindung – zu **veräußern**, es sei denn, es bestünden kraft Gesetzes oder Gesellschaftsvertrags, Satzung oder sonstigen Statuts irgendwelche Verfügungsbeschränkungen.[320] Daher können auch **nach einem Beschluss** einer AG über einen Formwechsel in eine KG die **Aktionäre ihre Aktien weiterhin veräußern**. Die Rechtswirkungen des Formwechsels treten dann in der Person des jeweiligen Erwerbers ein.[321] Durch die Regelung des § 211 UmwG wird der **Minderheitenschutz** in der Weise verstärkt, dass – wie bei der Verschmelzung in § 33 UmwG – beim formwechselnden Rechtsträger bestehende statutarische oder

---

314 OLG Bremen BB 2003, 1525.
315 Lutter/*Decher* § 197 Rn 18; für den umgekehrten Fall eines Formwechsels einer AG in eine GmbH vgl Widmann/Mayer/*Mayer* § 197 Rn 43.
316 Widmann/Mayer/*Vollrath* § 194 Rn 59.
317 Vgl §§ 214 ff, 217, Abs. 1 S. 1, 225c, 233 Abs.1-3, 240 Abs. 1, § 252, 262 Abs. 1, 275 Abs. 1 u. 2, 284, 293 S. 1, 301-304 UmwG.
318 Vgl für den Formwechsel von Kapitalgesellschaften vgl §§ 233 Abs. 1 2. Hs, 50 Abs. 2, 65 Abs. 2 UmwG.
319 Vgl dazu *Neye* DB 1998, 1649.
320 Vgl nur *Kallmeyer* § 211 UmwG Rn 1.
321 BayObLG ZIP 2003, 1145.

gesetzliche **Verfügungsbeschränkungen** dann einer Veräußerung nicht entgegenstehen, wenn ein zur Barabfindung berechtigter Anteilsinhaber seine Anteile bis zum Ablauf der in § 209 UmwG bestimmten Frist veräußert. Eine Regelung im Gesellschaftsvertrag einer KG, nach der die Gesellschafter, die einer Umwandlung nicht zustimmen, gegen Erhalt einer Abfindung aus der Gesellschaft ausscheiden, ist unwirksam.[322]

e) Angebot der Barabfindung

256 Gem. § 207 UmwG hat der formwechselnde Rechtsträger jedem Anteilsinhaber, der gegen den Umwandlungsbeschluss **Widerspruch zur Niederschrift** erklärt, auf seine Kosten den Erwerb seiner umgewandelten Anteile oder Mitgliedschaften gegen eine angemessene Barabfindung anzubieten (**Barabfindungsangebot**).[323] Kann der Rechtsträger aufgrund seiner neuen Rechtsform eigene Anteile oder Mitgliedschaften nicht erwerben, so ist die Barabfindung für den Fall anzubieten, dass der Anteilsinhaber sein Ausscheiden aus dem Rechtsträger erklärt. § 29 Abs. 2 UmwG ist entsprechend anzuwenden. Auf den Anspruch auf Barabfindung ist gem. § 208 UmwG die Regelung des § 30 UmwG entsprechend anzuwenden. Es ist also eine Bewertung und eine Barabfindungsprüfung vorzunehmen. Das Barabfindungsangebot kann gem. § 209 UmwG nur **innerhalb von zwei Monaten nach Bekanntmachung der Eintragung des Formwechsels** im zuständigen Register bzw **zwei Monate nach Bekanntgabe der endgültigen rechtskräftigen Entscheidung im Spruchverfahren** über das Barabfindungsangebot (vgl § 212 UmwG) **angenommen** werden.

257 Gem. § 210 UmwG kann eine **Klage gegen die Wirksamkeit des Umwandlungsbeschlusses** nicht darauf gestützt werden, dass das **Angebot nach § 207 UmwG zu niedrig** bemessen oder dass die **Barabfindung im Umwandlungsbeschluss nicht oder nicht ordnungsgemäß angeboten** worden ist. Solche Einwände sind gem. § 212 UmwG vielmehr dem **Spruchverfahren** nach dem Spruchverfahrensgesetz vorbehalten.

258 Auf das gemäß 207 UmwG abzugebende **Barabfindungsgebot** kann **in notarieller Form verzichtet** werden. In einem solchen Fall braucht auch der Umwandlungsbericht keine Angaben zu einem Abfindungsangebot zu machen[324] Ein solcher Verzicht ergibt sich in der Regel auch ohne ausdrücklichen Ausspruch bereits aus einem **einstimmigen Beschluss der Anteilsinhaber**. In einem solchen Fall ist somit nicht nur die Darlegung des Angebots im Bericht, sondern auch die Verpflichtung zur Abgabe eines solchen Angebots gem. § 207 UmwG suspendiert.[325] In der Praxis kann ein solcher Verzicht wie folgt formuliert werden:

▶ Auf ein Abfindungsangebot wird verzichtet. ◀

VII. Anmeldungen, Freigabeverfahren und Wirkungen der Eintragung

1. Allgemeine rechtliche Darstellung

259 Der **Formwechsel wird wirksam mit der Eintragung** im für den Zielrechtsträger zuständigen Register. Die Eintragung des Formwechsels hat gem. § 202 Abs. 1 UmwG **folgende Wirkungen:**
- Der formwechselnde Rechtsträger besteht in der in dem Umwandlungsbeschluss bestimmten Rechtsform weiter (**Identitätsprinzip**).
- Die Anteilsinhaber des formwechselnden Rechtsträgers sind an dem Rechtsträger nach den für die neue Rechtsform geltenden Vorschriften beteiligt, sofern die Beteiligung nicht aufgrund anderer Vorschriften entfällt (**Identität der Anteilsinhaber und der Beteiligungen**).
- **Mängel der notariellen Beurkundung** des Umwandlungsbeschlusses und ggf erforderlicher Zustimmungs- oder Verzichtserklärungen einzelner Anteilsinhaber **werden geheilt**.

Gem. § 202 Abs. 3 UmwG **lassen Mängel des Formwechsels die Wirkungen der Eintragung** der neuen Rechtsform oder des Rechtsträgers neuer Rechtsform in das Register **unberührt**.

---

322 OLG Karlsruhe ZIP 2003, 78 (EWiR 2003, 181 m.Anm. *Kowalski/Dörrbecker*).
323 Gem. § 207 S. 1 2. Hs UmwG ist § 71 Abs. 4 S. 2 AktG insoweit nicht anzuwenden.
324 *Limmer* in: Limmer, Handbuch der Unternehmensumwandlung, Rn 2325.
325 Widmann/Mayer/*Vollrath* § 207 Rn 20.

Die **Anmeldung des Formwechsels** hat gemäß § 198 Abs. 1 UmwG grundsätzlich bei dem **Register des** 260 **Ausgangsrechtsträgers** zu erfolgen, soweit dieser in einem Register eingetragen ist. Ist der formwechselnde Rechtsträger **nicht in einem Register eingetragen**, so ist der Rechtsträger neuer Rechtsform gemäß § 198 Abs. 2 S. 1 UmwG bei dem zuständigen Gericht zur Eintragung in das **für die neue Rechtsform maßgebende Register** anzumelden. Ändert sich durch den Formwechsel auch die Art des für den Rechtsträger maßgebenden Registers oder wird durch eine mit dem Formwechsel verbundene Sitzverlegung die Zuständigkeit eines anderen Registers begründet, so ist die Anmeldung auch bei dem für den Rechtsträger neuer Rechtsform zuständigen Register vorzunehmen.[326] Vorher wird die Umwandlung nicht wirksam. Zu beachten ist, dass auch bei einem **Formwechsel einer Kapitalgesellschaft** in eine andere Kapitalgesellschaft das alte Registerblatt geschlossen wird und ein neues mit einer **neuen HRB-Nummer** angelegt wird.[327]

Die materielle Prüfung durch das Registergericht vor der Eintragung umfasst insbesondere die Prüfung der **Wirksamkeit des Umwandlungsbeschlusses** und die **Ordnungsmäßigkeit der Errichtung des neuen Rechtsträgers**.[328] Beim Wechsel in eine Kapitalgesellschaft durch einen Rechtsträger anderer Rechtsform prüft das Gericht auch, ob im Zeitpunkt der Anmeldung der **Nennbetrag des Grund- bzw Stammkapitals** durch das nach Abzug der Verbindlichkeiten verbleibende Vermögen des umwandelnden Rechtsträgers gedeckt ist.[329] 261

Gemäß § 198 Abs. 3 UmwG ist § 16 Abs. 2 und 3 UmwG entsprechend anzuwenden (vgl dazu bereits oben unter Rn 119 ff). Das heißt, dass auch bei einem Formwechsel die Vertretungsorgane zu erklären haben, dass eine Klage gegen den Formwechselbeschluss nicht anhängig ist (**Negativerklärung**) oder eine solche Klage der Eintragung nicht entgegensteht, weil erfolgreich ein so genanntes **Unbedenklichkeits- oder Freigabeverfahren** durchgeführt wurde. 262

2. Rechtsfragen aus der Praxis

a) Anmeldende Personen

Die allgemeinen Vorschriften des UmwG zum Formwechsel legen nicht fest, wer den Formwechsel bei 263 dem zuständigen Register anzumelden hat. Dies regelt sich vielmehr nach den besonderen Vorschriften des Formwechsels für die einzelnen Rechtsträger. Danach gilt Folgendes:

- Beim **Formwechsel von Personenhandelsgesellschaften** hat die Anmeldung gem. § 222 UmwG durch alle Mitglieder des zukünftigen Vertretungsorgans zu erfolgen.[330]
- Beim Formwechsel **von Kapitalgesellschaften** hat die Anmeldung gem. §§ 235 Abs. 2, 246 Abs. 1, 254 Abs. 1 UmwG durch das Vertretungsorgan der formwechselnden Gesellschaft zu erfolgen, dh durch die Organmitglieder in vertretungsberechtigter Zahl.[331] Die **unechte Gesamtvertretung** etwa durch einen Geschäftsführer und einen Prokuristen reicht aus.[332] Gemäß § 246 Abs. 1 UmwG müssen bei der AG die **Aufsichtsratsmitglieder** die **Registeranmeldung** des Formwechsels **nicht unterschreiben**. Die gleichzeitig abzugebenden **Versicherungen** haben durch sämtliche Vertretungsorgane der künftigen Kapitalgesellschaft zu erfolgen (vgl etwa §§ 246 Abs. 1, 197 UmwG iVm 8 Abs. 3 GmbHG). Dies gilt entsprechend für die Geschäftsführer und die künftigen Mitlieder des Vorstands beim Formwechsel der GmbH in die AG (§§ 246 Abs. 1, 197 UmwG iVm 37 Abs. 2 AktG).

---

326 Vgl § 198 Abs. 2 S. 2 und 3 UmwG. Ändert etwa ein Verein seine Rechtsform in eine GmbH, so ist der Formwechsel einerseits beim Vereinsregister, andererseits jedoch auch bei dem für die zukünftige GmbH zuständigen Handelsregister anzumelden.
327 Kallmeyer/*Zimmermann* § 198 Rn 3.
328 Kallmeyer/*Zimmermann* § 198 Rn 19.
329 LG München GmbHR 1996, 128, 129; Lutter/*Decher* § 198 Rn 25; vgl auch *Priester* DNotZ 1995, 452, 914; Lutter/*Joost* § 220 Rn 17.
330 Bei Partnerschaftsgesellschaften gilt § 222 UmwG entsprechend, vgl § 225 c UmwG.
331 Kallmeyer/*Zimmermann* § 198 Rn 8; zur Anmeldung des Formwechsels der Genossenschaft vgl §§ 265, 222 Abs. 1 und 3 UmwG, zum Verein vgl §§ 278, 222 Abs. 1 und 3 UmwG.
332 Kallmeyer/*Kallmeyer* § 235 Rn 5.

b) Anlagen der Anmeldung

264 Der Anmeldung sind gemäß § 199 UmwG folgende **Unterlagen beizufügen**:
- **Niederschrift über den Umwandlungsbeschluss** in Ausfertigung oder beglaubigter Abschrift;
- etwa nach dem Gesetz erforderliche **Zustimmungserklärungen einzelner Anteilsinhaber**;
- **Umwandlungsbericht** oder entsprechende Verzichtserklärungen;
- Nachweis über die **fristwahrende Zuleitung** des Entwurfs des Umwandlungsbeschlusses **an den Betriebsrat**;
- etwa erforderliche **staatliche Genehmigungen**.

Die für den Formwechsel der verschiedenen Rechtsträger geltenden Rechtsvorschriften sind stets zu beachten. (vgl §§ 246 Abs. 3, 265, 278, 223, 253 Abs. 1, 254 Abs. 1 259, 265 S. 2 UmwG).

265 Im Übrigen sind bei der Anmeldung des Formwechsels diejenigen Unterlagen beizufügen, die für die **Gründung des Zielrechtsträgers** nach den jeweils anwendbaren gesetzlichen Regelungen (GmbHG, AktG, etc.) erforderlich sind. Bei einem **Formwechsel in eine Kapitalgesellschaft** ist insbesondere § 220 Abs. 1 UmwG zu beachten. Danach ist beim Formwechsel in eine Kapitalgesellschaft der Nachweis zu erbringen, dass der Nennbetrag des Grund- bzw Stammkapitals durch das Vermögen des formwechselnden Rechtsträgers gedeckt ist. Dabei ist es nicht erforderlich, diesen Nachweis nach den Regeln über den Jahresabschluss zu erbringen. Es genügt vielmehr ein speziell für die Gründung aufgestellter Vermögensstatus, in dem das Reinvermögen nach Zeitwerten bemessen wird.

266 Eine **Schlussbilanz** ist bei der Anmeldung des Formwechsels, anders als bei Verschmelzung und Spaltung, nicht vorzulegen. Es besteht keine Bindung an Fristen, wie dies § 17 Abs. 2 UmwG für Verschmelzung und Spaltung vorsieht. Es ist jedoch zu beachten, dass **steuerrechtlich** eine Rückbeziehung des Formwechsels auf einen länger als acht Monate zurück liegenden Stichtag nicht möglich ist. Daher darf auch beim Formwechsel die **Stichtagsbilanz nicht älter als acht Monate** sein.[333] Nicht verlassen sollte man sich dabei auf die Rechtsprechung zum alten UmwG von 1969, die geringfügige Fristüberschreitungen tolerierte, denn es ist nicht endgültig geklärt, ob die Finanzverwaltung diese Rechtsprechung auch für das geltende UmwG anerkennt.[334]

c) Auswirkungen des Formwechsels auf die Organstellung der gesetzlichen Vertreter

267 Anders als das den Formwechsel an sich beherrschende Identitätsprinzip vermuten lassen würde, **endet mit der Eintragung des Formwechsels** in das zuständige Register die **Organstellung der gesetzlichen Vertreter** des Ausgangsrechtsträgers. In aller Regel erfolgt daher die Bestellung der gesetzlichen Vertreter des neuen Rechtsträgers zusammen mit dem Beschluss über dem Formwechsel. Gemäß § 197 UmwG richtet sich die Bestellung nach den auf den Formwechsel entsprechend anwendbaren Vorschriften zur Gründung eines Rechtsträgers der neuen Rechtsform.[335] Bei der AG richtet sich die Wahl des ersten Aufsichtsrates neuerdings ebenfalls nach der Gründungsvorschrift des § 31 AktG, da § 197 S. 3 AktG diesen nun ausdrücklich für anwendbar erklärt.[336] Mit Ausnahme der in § 203 UmwG geregelten Fälle der **Amtskontinuität** wird der Aufsichtsrat daher durch die Anteilsinhaber des formwechselnden Rechtsträgers gewählt. Ist bei dem Rechtsträger neuer Rechtsform an sich ein mitbestimmter Aufsichtsrat zu bilden, so hat dies anschließend im Rahmen eines **Statusverfahrens** zu erfolgen (vgl bereits Rn 237).

268 Zu beachten ist, dass lediglich die Organstellung der gesetzlichen Vertreter von dem Formwechsel berührt wird. Nicht davon betroffen sind die **Prokuristen einer Gesellschaft**. Die Eintragung einer fortbestehenden Prokura auf dem für den formwechselnden Rechtsträger anzulegenden Registerblatt darf daher nicht von ihrer erneuten Anmeldung abhängig gemacht werden, es sei denn, es ist mit dem Formwechsel eine über die Änderung des Rechtsformzusatzes hinausgehende Änderung verbunden.[337]

---

333 Lutter/*Decher* § 192 Rn 65; Schmitt/Hörtnagl/Stratz/*Schmitt* § 14 UmwStG Rn 19.
334 Vgl dazu *Heckschen* DB 1998, 1385.
335 Sie kann daher etwa bei der GmbH gemäß § 6 Abs. 3 S. 2 GmbHG auch im Gesellschaftsvertrag erfolgen. Der Vorstand der AG wird gemäß § 84 AktG vom Aufsichtsrat bestimmt.
336 Vgl BGBl. 2007 I S. 542 ff.
337 OLG Köln DNotZ 1996, 700; Semler/Stengel/*Vollhard* § 202 Rn 10; Lutter/*Decher* § 202 Rn 45.

d) Firmenbildung

Gem. § 200 UmwG darf der Rechtsträger neuer Rechtsform seine **bisher geführte Firma** grundsätzlich **beibehalten**, solange nicht auf die Rechtsform des formwechselnden Rechtsträgers verwiesen wird.[338] Da § 200 Abs. 2 UmwG auf § 19 HGB und § 4 GmbHG verweist, ist der Firma des Zielrechtsträgers ein nach dem anwendbaren Recht gebotener **Rechtsformzusatz** anzuhängen. Beim Formwechsel in eine GmbH & Co. KG ist daher eine Firmierung als bloße „GmbH & Co." unzulässig.[339] Bei ausscheidenden Anteilsinhabern ist § 203 Abs. 3 UmwG zu beachten. Handelt es sich um natürliche Personen, so darf ihr Name nur dann in der Firma verwandt werden, wenn eine ausdrückliche Einwilligung des Anteilsinhabers oder seiner Erben vorliegt.

269

e) Grundbuchberichtigung

Ist der formwechselnde Rechtsträger im Grundbuch als Eigentümer oder von sonstigen Rechten an Grundbesitz eingetragen, so ist nach Wirksamwerden des Formwechsels keine Grundbuchberichtigung iSv § 22 GBO erforderlich. Vielmehr folgt aus dem Identitätsprinzip, dass lediglich eine von Amts wegen vorzunehmende Berichtigung anzuregen ist.[340] Es fällt keine Grunderwerbsteuer an, weshalb auch eine Unbedenklichkeitsbescheinigung des Finanzamtes für die Berichtigung nicht erforderlich ist.[341]

270

VIII. Rechtsschutz gegen einen Formwechsel

1. Allgemeine rechtliche Darstellung

Für die Anteilseigner des am Formwechsel beteiligten Rechtsträgers besteht wie bei Verschmelzung (vgl Rn 141 ff) und Spaltung (vgl Rn 221) die Möglichkeit den Formwechselbeschluss binnen eines Monats nach der Beschlussfassung gem. § 195 Abs. 1 UmwG mit Hilfe einer **Anfechtungsklage** anzugreifen. Die Klage kann jedoch gemäß § 195 Abs. 2 UmwG nicht darauf gestützt werden, dass die in einem Beschluss bestimmten **Anteile** an dem Rechtsträger neuer Rechtsform **zu niedrig bemessen** sind oder dass die **Mitgliedschaft kein ausreichender Gegenwert** für die Anteile oder die Mitgliedschaft bei dem formwechselnden Rechtsträger ist. Vielmehr sieht § 196 UmwG in einem solchen Fall vor, dass jeder Anteilsinhaber dessen Klagerecht ausgeschlossen ist, von dem Rechtsträger einen **Ausgleich durch bare Zuzahlung** verlangen kann. Die angemessene Zuzahlung wird auf Antrag durch ein Gericht im Rahmen eines **Spruchverfahrens** nach den Vorschriften des Spruchverfahrensgesetzes bestimmt, wobei § 15 Abs. 2 UmwG entsprechend anzuwenden ist. Der Antrag auf gerichtliche Bestimmung einer baren Zuzahlung gemäß § 196 UmwG kann parallel zum Antrag auf Bestimmung einer angemessenen Abfindung gemäß §§ 212, 207 UmwG gestellt werden. Das Wahlrecht zwischen Verbleib im formwechselnden Rechtsträger und Annahme des Angebots der Barabfindung kann noch später ausgeübt werden.[342]

271

2. Rechtsfragen aus der Praxis

a) Anfechtung bei qualitativer Schlechterstellung

Eine bare Zuzahlung auf der Grundlage des § 196 UmwG kommt dann nicht in Betracht, wenn eine **qualitative Schlechterstellung** vorliegt, die alle Anteilseigner gleichmäßig trifft, so etwa bei einer Reduzierung der gesetzlichen Mitwirkungsrechte bei einem Formwechsel aus der GmbH in die AG oder der geringeren Fungibilität der Anteile bei einem Formwechsel von der AG in die GmbH & Co. KG.[343] Insoweit ist § 196 UmwG teleologisch zu reduzieren.[344]

272

---

[338] OLG Frankfurt DB 1999, 733. Die allgemeinen Grundsätze der §§ 22 ff HGB sind dagegen nicht anwendbar, da sie einen Vermögensübergang voraussetzen, der beim Formwechsel gerade nicht vorliegt.
[339] *Limmer* in: Limmer, Handbuch der Unternehmensumwandlung, Rn 2972.
[340] *Limmer* in: Limmer, Handbuch der Unternehmensumwandlung, Rn 2481.
[341] Auch beim Wechsel einer Personengesellschaft in eine Kapitalgesellschaft oder umgekehrt fällt keine Grunderwerbsteuer an, BFH MittBayNot 1997, 124; *Heckschen* in: Heckschen/Simon, Umwandlungsrecht, § 2 Rn 114.
[342] OLG Schleswig ZIP 2004, 2433 (EWiR 2005, 321 *Klöcker/Frowein*).
[343] Kallmeyer/*Meister/Klöcker* § 196 Rn 9.
[344] OLG Düsseldorf ZIP 2004, 753; Lutter/*Decher* § 196 Rn 11.

b) Anfechtung beim nicht-verhältniswahrenden Formwechsel

273 Nach wohl hM sind die Anteilsinhaber auch bei einem **nicht-verhältniswahrenden Formwechsel** nicht allein auf die bare Zuzahlung und damit das Spruchverfahren verwiesen, sondern können den Beschluss insgesamt mit einer **Anfechtungsklage** angreifen.[345] Dies ist deshalb konsequent, weil eine Veränderung der Beteiligungsquoten stets der Zustimmung aller betroffenen Anteilsinhaber bedarf.[346] Zwar verbietet das UmwG nicht einen Formwechsel unter Veränderung der Beteiligungsquoten, das Herausdrängen von unliebsamen Anteilsinhabern soll jedoch durch das UmwG nicht ermöglicht werden.[347]

IX. Vermögensübertragung

274 Das vierte Buch des UmwG behandelt in den §§ 174 bis 189 die Vermögensübertragung.[348] Bei der Vermögensübertragung ist zwischen der **Vollübertragung** (§ 174 Abs. 1 UmwG) und der **Teilübertragung** (§ 174 Abs. 2 UmwG) zu unterscheiden. Bei der **Vollübertragung** kann ein übertragender Rechtsträger in Anlehnung an die Verschmelzung unter Auflösung ohne Abwicklung sein Vermögen als Ganzes auf einen bestehenden Rechtsträger gegen Gewährung einer Gegenleistung an die Anteilsinhaber des übertragenden Rechtsträgers, die nicht in Anteilen oder Mitgliedschaften besteht, übertragen. Bei der **Teilübertragung** kann ein übertragender Rechtsträger ähnlich wie bei der Spaltung sein Vermögen aufspalten, abspalten oder ausgliedern, wobei auch bei der Teilübertragung anders als bei der Spaltung keine Anteile oder Mitgliedschaften an dem übernehmenden Rechtsträger gewährt werden dürfen, sondern eine andere Gegenleistung. Sie spielt in der Praxis bisher nur eine **untergeordnete Rolle**, was jedoch daran liegt, dass der **Kreis der beteiligten Rechtsträger** gem. § 175 **UmwG sehr beschränkt** ist. Die Vermögensübertragung hat im Grunde nur solche Rechtsträger im Blick, bei denen wegen der für sie geltenden Regelungen ein Anteilstausch nicht in Betracht kommt, also Rechtsträger öffentlichen Rechts.

---

345 Vgl *Lutter/Decher* § 196 Rn 9; Kallmeyer/*Meister*/Klöcker § 196 Rn 9; *Meyer-Landrut/Kiem* WM 1997, 1413, 1419 einerseits; Widmann/Mayer/*Vollrath* § 196 Rn 8 andererseits.
346 Kallmeyer/*Meister*/Klöcker § 196 Rn 8.
347 Begründung RegE, BT-Drucks. 12/6699 S. 144.
348 Vgl hierzu ausführlich Widmann/Mayer/*Schwarz* §§ 174 ff.

§ 11 Unternehmens- und Beteiligungskauf

- A. Grundlagen des Unternehmens- und Anteilskaufs 1
  - I. Das Unternehmen als Kaufgegenstand 6
  - II. Arten des Unternehmenskaufs 9
    1. Anteilskauf 11
    2. Wirtschaftsgüterkauf 14
  - III. Übersicht über den Unternehmenskaufprozess 17
    1. Interne Willensbildung 20
    2. Vorvertragliches Stadium des Kaufvertrages 23
    3. Kaufvertragsverhandlung und -abschluss . 25
    4. Kaufvertragsabwicklung 26
- B. Vorvertragliches Stadium 27
  - I. Absichtserklärung 28
    1. Begriff und Inhalt der Absichtserklärung . 28
    2. Haftungsrisiko ohne Absichtserklärung ... 31
    3. Form der Absichtserklärung 33
    4. Arten der Absichtserklärung 34
       a) Einseitige Absichtserklärung 35
       b) Zweiseitige Absichtserklärung 36
    5. Rechtliche Verbindlichkeit der Absichtserklärung 37
    6. Abgrenzung zu anderen vorvertraglichen Gestaltungsinstrumenten 39
       a) Bloße Vorverhandlungen 39
       b) Vorvertrag/Option/Vorkaufsrecht 40
  - II. Vorverträge 41
  - III. Unternehmensprüfung 44
    1. Durchführung 46
       a) Unternehmensprüfung durch Käufer ... 46
       b) Unternehmensprüfung durch Verkäufer . 47
       c) Nachvertragliche Unternehmensprüfung 48
       d) Arten von Unternehmensprüfungen 49
    2. Besonderheiten der Unternehmensprüfung bei der AG 54
- C. Unternehmenskaufvertrag 56
  - I. Anteilskaufvertrag 57
    1. Parteien 58
    2. Zustimmungserfordernisse 61
       a) Vinkulierung 62
       b) Übertragung des (nahezu) gesamten Gesellschaftsvermögens 63
       c) Familienrecht 68
       d) Minderjährige 70
       e) Erbrecht 71
    3. Form des Anteilskaufvertrages 72
       a) GmbH-Geschäftsanteile 73
       b) Vertrag über gegenwärtiges Vermögen . 75
       c) Rechtsfolgen bei Formverstößen 76
       d) Sonstige typische Gesellschaftsformen . 77
    4. Betroffene Rechtsgebiete beim Anteilskaufvertrag 78
       a) Kaufrecht 79
       b) Gesellschaftsrecht 80
       c) Kartellrecht 81
    5. Kaufgegenstand und Übertragungsstichtag 82
       a) Bestimmung des Kaufgegenstandes 82
       b) Übertragungsstichtag 83
    6. Kaufpreis 100
       a) Bestimmung des Kaufpreises 100
       b) Fixkaufpreis 105
       c) Variable Kaufpreisgestaltungen 106
       d) Fälligkeit des Kaufpreises 112
    7. Selbständige Garantien 119
       a) Abgrenzung zu anderen Garantiearten 120
       b) Abdingbarkeit der gesetzlichen Kaufgewährleistungsvorschriften 123
       c) Typische Verkäufergarantien in Unternehmenskaufverträgen 127
       d) Käufergarantien 154
    8. Freistellungen 155
       a) Steuerfreistellungen 157
       b) Umweltfreistellungen 159
       c) Verjährung 162
    9. Sicherheiten für Garantien und Freistellungen 163
       a) Bürgschaft 164
       b) Garantie 165
       c) Patronatserklärung 166
       d) Hinterlegung eines Kaufpreisteils 167
    10. Präambel und Schlussbestimmungen 169
       a) Präambel 169
       b) Wettbewerbsverbot 170
       c) Vertraulichkeitsvereinbarung 171
       d) Kosten 172
       e) Mitteilungen 173
       f) Salvatorische Klausel 174
       g) Rechtswahl- und Gerichtsstandsvereinbarungen 175
  - II. Wirtschaftsgüterkaufvertrag 179
    1. Parteien 179
    2. Zustimmungserfordernisse 181
       a) Gesellschaftsrecht 181
       b) Familienrecht, Erbrecht 182
       c) Zivilrecht 183
       d) Öffentliches Recht 187
    3. Form 193
    4. Kaufgegenstand und Übertragungsstichtag 198
       a) Beschreibung des Kaufgegenstandes ... 199
       b) Kaufpreisallokation 217
    5. Selbständige Garantien 218
    6. Freistellungen 220
       a) Steuern 221
       b) Umwelt 222
       c) Weitere Freistellungen 223
    7. Sicherheiten für Garantien und Freistellungen 224
    8. Betriebsübergang und Arbeitsverhältnisse, § 613 a BGB 225
       a) Voraussetzungen des Betriebsübergangs 227
       b) Rechtsfolgen eines Betriebsübergangs . 229
       c) Vertragliche Regelungen 242
    9. Konsequenzen 243
- D. Besonderheiten des Unternehmenskaufs bei Leveraged Buyout, Management Buyout und Owner's Buyout 245
  - I. Besonderheiten des Leveraged Buyout 250
    1. Vermögenseinsatz der Zielgesellschaft zur Kaufpreisfinanzierung 251
    2. Zielgesellschaft in der Rechtsform der GmbH 254
       a) Kapitalerhaltung, § 30 GmbHG 255
       b) Verbot existenzvernichtender Eingriffe 262
       c) Lösungswege 265
       d) Formwechsel der Zielgesellschaft in eine GmbH & Co. KG 269

3. Zielgesellschaft in der Rechtsform der AG 270	a) Zahlungsunfähigkeit nach § 17 InsO .. 290
a) Vermögensbindung 271	b) Drohende Zahlungsunfähigkeit nach § 18 InsO 291
b) Verbot der Finanzierung des Erwerbs eigener Aktien 272	c) Überschuldung nach § 19 InsO 292
c) Lösungswege 273	II. Insolvenzverwalter als Partei kraft Amtes 293
II. Besonderheiten des Management Buyout 275	1. Vorläufiges Insolvenzverfahren 294
1. Vertraulichkeit; Interessenkonflikt 276	2. Hauptinsolvenzverfahren 296
2. Gewährleistung des Verkäufers 278	III. Anteilskauf oder Wirtschaftsgüterkauf? 297
3. Aufklärungspflicht des Erwerbers 280	IV. Besonderheiten des Insolvenzrechts 298
III. Besonderheiten des Owner's Buyout 281	1. Erfüllungswahlrecht des Insolvenz- verwalters 298
E. **Besonderheiten des Unternehmenskaufs in Krise und Insolvenz** 286	2. Anfechtungsmöglichkeiten 300
I. Krise und Insolvenz 287	V. Vertragsgestaltung 301
1. Krise des Zielunternehmens 288	1. Parteien des Vertrages 302
2. Insolvenz 289	2. Eingeschränkter Garantienkatalog 303

A. Grundlagen des Unternehmens- und Anteilskaufs

1 Das Volumen der weltweiten Unternehmenstransaktionen (auch als sog. Mergers & Acquisitions oder kurz M&A bezeichnet) erreichte im Jahr 2005 eine Summe von über **2 Billionen US-Dollar**,[1] was in etwa dem Bruttoinlandsprodukt von Frankreich, Großbritannien oder China entspricht. Angesichts dieser Zahlen lässt sich unschwer die wirtschaftliche Bedeutung des Unternehmenskaufs erkennen. In das breite öffentliche Blickfeld deutscher Medien gelangen Unternehmens- und Beteiligungskäufe meist nur, wenn es um sehr große Unternehmenskäufe mit Beteiligung von börsennotierten Unternehmen geht, wie zuletzt etwa die deutsche Pharmafusion, bei der das DAX-Unternehmen Schering AG durch die Bayer AG übernommen wurde. Die Mehrzahl der Unternehmenskäufe mit deutscher Beteiligung betreffen indes eher kleinere und mittlere Unternehmen.[2]

2 Dementsprechend zählt das sog. **Transaktionsgeschäft** – nicht zuletzt aufgrund seiner Vielschichtigkeit und Komplexität – auch für die Rechtsberatung des Mittelstandes zu den immer häufiger vorkommenden Beratungsfeldern. Mandatierungen auf diesem Sektor kommen nicht nur auf Käufer- und auf Verkäuferseite vor. Ebenso besteht Beratungsbedarf auf Seiten des geschäftsführenden Managements des zu veräußernden Unternehmens (sog. Zielgesellschaft) aber auch auf Seiten der den Unternehmenskauf finanzierenden Banken.

3 Die konkreten **Anlässe** für den Kauf bzw Verkauf von Unternehmen sind vielschichtig: Für den Verkäufer bietet häufig das Abstoßen einer Unternehmenssparte, die Unternehmensnachfolge oder eine finanzielle Schieflage bis hin zur Insolvenz den Anlass für die Notwendigkeit einer Veräußerung des Unternehmens. Auf Käuferseite gibt es ebenso vielschichtige Gründe, ein Unternehmen zu erwerben: So erwirbt bspw ein Unternehmenskäufer das Zielunternehmen, um sein Produktangebot zu optimieren oder zu erweitern oder um damit seine Wettbewerbsfähigkeit zu steigern. Ganz generell ist auf Seiten von Verkäufer und Käufer auch von Bedeutung, ob es sich bei der jeweiligen Partei um ein selbst am Markt agierendes Unternehmen (sog. **strategischer Investor**) oder um eine Partei handelt, die die Veräußerung und den Erwerb eines Unternehmens als Kapitalanlage betreibt (sog. **Finanzinvestor**): Während der strategische Investor auf die wirtschaftliche Optimierung seines eigenen Unternehmens durch Nutzung von Synergie-Effekten aus ist, begehrt der Finanzinvestor durch eine Optimierung seines eher als Kapitalanlage gehaltenen Unternehmens die Erreichung einer möglichst hohen Rendite für seine bei ihm investierenden Kapitalgeber. Zu beachten ist, dass der erwerbende Finanzinvestor das Unternehmen nach einer kurzen bis mittelfristigen Halteperiode und zwischenzeitlich vorgenommenen Umstrukturierungen wieder gewinnbringend zu verkaufen sucht, um seinen Kapitalgebern das überlassene Kapital nebst einer angemessenen Verzinsung zurückzahlen zu können.

4 Im Rahmen solcher Mandate können die **Aufgaben** des juristischen Beraters stark differieren: Während ihm in seiner klassischen Rolle „lediglich" die Ausarbeitung oder Überprüfung des ausgehandelten Unternehmenskaufvertrages zufällt, übernehmen andere juristische Berater nicht selten auch die

---

1 Vgl M&A Review 2006, S. 1 ff.
2 Siehe auch M&A Review 2006, S. 319.

rechtliche Unternehmensprüfung sowie die aktive Verhandlungsrolle. Unabdingbare Grundvoraussetzung für die Beratungstätigkeit des Rechtsanwalts bleibt dennoch die profunde Kenntnis des deutschen und internationalen Privatrechts. Bei der Vermittlung dieser Kenntnisse setzt dieses Kapitel auf eine komprimierte Darstellung der Rechtslage, um die übliche Praxis beim Unternehmens- und Anteilskauf näher zu beschreiben. Der Fokus ist hierbei insbesondere auf den Kauf von mittelgroßen, nicht börsennotierten Unternehmen, insbesondere Gesellschaften mit beschränkter Haftung, gerichtet.[3]

Neben den hier schwerpunktmäßig behandelten Rechtsfragen der Vertragsgestaltung und des Gesellschaftsrechts werden beim Kauf von Unternehmen insbesondere kartell-, arbeits- und steuerrechtliche Fragen relevant. Letztere sowie das betriebswirtschaftliche Problem der Unternehmensbewertung können in diesem Kapitel lediglich kurz angerissen werden, um eine Einordnung in die Thematik zu ermöglichen.

I. Das Unternehmen als Kaufgegenstand

Wirtschaftlich betrachtet ist es Ziel jedes Unternehmens- bzw Beteiligungskaufs, einen „Eigentümerwechsel" an dem jeweiligen Zielunternehmen herbeizuführen. Unternehmerinitiative und -risiko sowie das Recht auf Unternehmensgewinn sollen auf den Erwerber übergehen. Das „**Unternehmen**" ist somit Kaufgegenstand. Ein einheitlicher Rechtsbegriff des Unternehmens hat sich im deutschen Recht nicht herausgebildet.[4] Für Zwecke des Unternehmenskaufrechts lässt sich das Unternehmen als eine **selbständige Organisations- und Funktionseinheit** beschreiben, die aus einer Gesamtheit von materiellen und immateriellen Rechtsgütern besteht und in der Menschen mit dem Ziel zusammenwirken, planmäßig und dauerhaft wirtschaftliche Aktivitäten zu entfalten.[5] Der Unternehmensbegriff geht dabei weiter als derjenige des Handelsgewerbes iSd § 1 HGB, da er auch freiberufliche Praxen erfasst.

Das so definierte Unternehmen kann auch ein Teilbetrieb sein. Es erschöpft sich nicht in der Zusammenfassung konkreter Sachen oder Rechte. Ein Unternehmen stellt sich vielmehr als Inbegriff von Sachen und Rechten, schuldrechtlichen und tatsächlichen Beziehungen, Geschäftschancen, Kunden und Lieferanten sowie Mitarbeitern dar. Die **immateriellen Faktoren** wie insbesondere Betriebs- und Produktionsergebnisse (sog. Know-how), branchenspezifische Kontakte oder Qualifikationen der Mitarbeiter, sind für den Wert des Unternehmens zum Teil weit maßgebender als bspw Maschinen oder Büroausstattung. Der Wert bemisst sich dabei grundsätzlich nicht nach der Summe der Verkehrs- oder Liquidationswerte der im Unternehmen vorhandenen Wirtschaftsgüter abzüglich der vorhandenen Unternehmensschulden, sondern vielmehr danach, welche **Erträge** das Unternehmen **in der Zukunft** erwirtschaften wird.

Trotz seiner organisatorischen Verselbständigung ist das organische Gebilde „Unternehmen" als solches grundsätzlich nicht rechtsfähig und kann infolgedessen auch nicht selbst Träger von Rechten und Pflichten sein. Eigentümer der dem Unternehmen zugeordneten Sachen sowie Inhaber seiner Vermögenswerte ist mithin nicht das Unternehmen selbst, sondern der **Unternehmensträger**. Mit gewissen Einschränkungen bei den freien Berufen kann jede natürliche oder juristische Person Unternehmensträger sein, ferner aber auch eine OHG, eine KG oder andere Personen(handels)gesellschaften, die zwar nicht juristische Personen sind, jedoch im Rechtsverkehr als solche behandelt werden. Auch ausländische juristische Personen (sowie Personenvereinigungen) sind aufgrund der in Art. 43 bis 48 EGV verankerten Niederlassungsfreiheit mittlerweile in Deutschland als rechtsfähig anerkannt.[6] So kommen bspw die niederländische „Besloten Vennootschap" oder die englische „Limited" nach internationalem Gesellschaftsrecht aufgrund neuerer EU-Rechtsprechung als Unternehmensträger in Betracht.

---

[3] Zu den Besonderheiten beim Erwerb börsennotierter Unternehmen, vgl *Holzapfel/Pöllath*, Unternehmenskauf, Rn 250 ff.
[4] *Bergjan*, Unternehmenskauf, S. 63 ff.
[5] Vgl Hölters/*Semler*, Unternehmenskauf, VII, Rn 1; *Rödder/Hötzel/Mueller-Thuns*, Unternehmenskauf, § 1, Rn 1.
[6] Siehe insbesondere die „*Überseering*"-Entscheidung des EuGH, NJW 2002, 3614 ff.

II. Arten des Unternehmenskaufs

9 Der Grundsatz der dem BGB zugrunde liegenden Vertragsfreiheit ermöglicht es, dass in **schuldrechtlicher Hinsicht** nahezu alles nach §§ 134, 138 Abs. 1 BGB Nicht-Verbotene oder Nicht-Sittenwidrige zum Kaufgegenstand gemacht werden kann. Insbesondere kann sich der Unternehmensträger verpflichten, sein Unternehmen als eine Einheit insgesamt zu übertragen.

10 Für das **dingliche Verfügungsgeschäft**, also die rechtliche Übertragung des „Unternehmens", gilt dies jedoch nicht. Aufgrund des sachenrechtlichen Bestimmtheitsgrundsatzes kann das Unternehmen als solches nicht auf den Erwerber übertragen werden. Gegenstand des dinglichen Verfügungsgeschäfts kann daher nur die Übertragung einer Vielzahl einzelner **hinreichend bestimmter Vermögensgegenstände** wie Sachen oder Rechte oder alternativ dazu die Übertragung von Gesellschaftsanteilen an einem Unternehmen sein. Dazwischen gibt es Kombinationen dieser beiden Unternehmensübertragungsarten, wenn bspw im Rahmen der Übertragung einzelner Wirtschaftsgüter Beteiligungen an Tochterunternehmen mitveräußert werden. Da der Verkäufer nicht die alleinige Wahl hat, auf welche Weise er das Zielunternehmen überträgt, wirkt sich dieser sachenrechtliche Bestimmtheitsgrundsatz natürlich auf die schuldrechtliche Abrede aus. Der Unternehmenskaufvertrag stellt im Regelfall einen einheitlichen schuldrechtlichen und dinglichen Vertrag dar, in dem Verpflichtungs- und Verfügungsgeschäft zusammen in einer Vertragsurkunde entweder als Anteilskaufvertrag oder als Wirtschaftsgüterkauf geregelt werden.

1. Anteilskauf

11 Beim Anteilskauf (sog. **Share Deal**) wird das Unternehmen durch **Übertragung seines Unternehmensträgers** – der Zielgesellschaft – erworben. Hierbei werden sämtliche Gesellschaftsanteile bspw an einer KG oder an einer juristischen Person wie zB der GmbH unmittelbar von den jeweiligen Gesellschaftern an den Erwerber als zukünftigen Gesellschafter abgetreten. Auf diese Weise können jedoch nur Personen(handels)gesellschaften – wozu auch die Gesellschaft bürgerlichen Rechts nach §§ 705 ff BGB zählt – oder Kapitalgesellschaften übergehen.

12 Der Kauf von Gesellschaftsanteilen ist **Rechtskauf** iSd § 453 Abs. 1 Var. 1 BGB, wonach die Vorschriften über den Sachkauf entsprechende Anwendung finden. Sind Gesellschaftsanteile rechtsmangelhaft, haftet der Verkäufer gemäß § 435 BGB. Indessen haftet der Verkäufer beim Anteilskauf nicht ohne weiteres auch für Sachmängel, respektive für „Mängel des Unternehmens", welches von der Zielgesellschaft betrieben wird. Die Regeln über den Sachkauf kommen nur dann vollumfänglich zur Anwendung, wenn die Beteiligungsrechte allesamt oder nahezu vollständig[7] veräußert werden, da andernfalls nicht das Unternehmen sondern „nur" die Beteiligung Gegenstand der Gewährleistung ist.[8] In der Praxis wird diese Abgrenzungsschwierigkeit durch die Vereinbarung zahlreicher selbständiger (verschuldensunabhängiger) Garantien betreffend das Zielunternehmen überwunden, die regelmäßig über die gesetzliche Gewährleistungshaftung der §§ 434 ff BGB weit hinausgehen.[9]

13 Mit Blick auf das dingliche Verfügungsgeschäft lässt sich der (Haupt-) Vorteil des Anteilskaufs erkennen, denn die Abtretung von Gesellschaftsanteilen gestaltet sich rechtlich und auch tatsächlich **vergleichsweise einfach**. Es bedarf lediglich eines Kauf- und Abtretungsvertrages über Geschäftsanteile, der je nach Gesellschaftsform der Zielgesellschaft, zB bei einer GmbH,[10] der notariellen Form bedarf. Der Verkäufer, der sich im Übrigen auch keine erheblichen steuerlichen Vorteile durch die Wahl dieser Art des Unternehmenskaufs verspricht, wird schon aus Praktikabilitäts- und Kostengründen diese Art der Unternehmensübertragung wählen.

---

7 Zur beherrschenden Unternehmensstellung nach neuem Schuldrecht siehe *Bergjan*, Unternehmenskauf, S. 293 f, wobei eine qualifizierte Anteilsmehrheit gefordert wird.
8 Vgl BGH NJW 1983, 390 ff, 1998, 2360 ff; Hölters/*Semler*, Unternehmenskauf, VII, Rn 142.
9 Siehe Rn 121 ff.
10 Auch nach dem derzeitigen Referentenentwurf der Bundesregierung vom 29.5.2006 zum Entwurf eines Gesetzes zur Modernisierung des GmbH-Rechts und zur Bekämpfung von Missbräuchen (MoMiG).

2. Wirtschaftsgüterkauf

Die weitere Möglichkeit, ein Unternehmen zu veräußern, besteht in einem **Kauf- und Übertragungsvertrag über die dem Unternehmen zuzuordnenden Sachen, Rechte, immateriellen Vermögensgegenstände**, Arbeitsverhältnisse und andere schuldrechtliche Beziehungen sowie Verbindlichkeiten mit jeweiliger Zustimmung der Gläubiger (sog. **Asset Deal**). Diese Art des Unternehmenskaufs ist zwingend, sofern es sich bei dem bisherigen Unternehmensträger um eine natürliche Person handelt. Der Kauf einzelner Wirtschaftsgüter wird häufig aber auch dann gewählt, wenn ein Unternehmen aus einer Krise oder gar Insolvenz heraus verkauft wird oder wenn nur ein Betrieb bzw eine selbständige Organisations- und Funktionseinheit eines Gesamtunternehmens zur Veräußerung steht und folglich eine Übertragung des Rechtsträgers nicht in Frage kommt. Insbesondere bei Krise und Insolvenz will der potentielle Erwerber gerade nicht die Schulden des Unternehmens „erben". Schließlich verlangt der Käufer eines Unternehmens gelegentlich diese Art des Unternehmenskaufs aus steuerlichen Gründen, um das Abschreibungspotential der erworbenen Einzelwirtschaftsgüter gewinnmindernd zu nutzen.

Schuldrechtlicher Kaufgegenstand und damit Gegenstand der gesetzlichen Gewährleistungsrechte ist das Zielunternehmen. Unternehmen sind zwar keine Sachen, jedoch nach der Schuldrechtsreform 2001 „**Sonstige Gegenstände**" gemäß § 453 Abs. 1 Var. 2 BGB, auf die die Vorschriften des Sachmängelgewährleistungsrechts entsprechende Anwendung finden.[11] Folglich ist der Verkäufer nach § 433 Abs. 1 BGB verpflichtet, dem Käufer das Zielunternehmen frei von Sach- und Rechtsmängeln zu verschaffen. Dabei ist hervorzuheben, dass Gegenstand der Gewährleistungsrechte nicht die einzelnen Wirtschaftsgüter sind, sondern das Unternehmen, obgleich beim Kauf einzelner Wirtschaftsgüter jeweils nur einzelne Vermögensgegenstände übertragen werden. Das heißt: Der Käufer kann die gesetzlichen Gewährleistungsrechte nur wegen eines Mangels des Unternehmens, nicht aber aufgrund der Mangelhaftigkeit einzelner Vermögensgegenstände geltend machen. Ist aber die Funktionstauglichkeit des gesamten Unternehmens durch den einzigen Mangel an einem Vermögensgegenstand berührt, so kann letztlich auch ein einzelner mangelhafter Vermögensgegenstand zu gesetzlichen Gewährleitungsansprüchen nach §§ 434 ff BGB führen, sofern keine anderweitigen vertraglichen Regelungen getroffen worden sind.

Die **besonderen Schwierigkeiten** beim Wirtschaftsgüterkauf liegen vor allem in der Übertragung von Vertragspositionen, Forderungen oder Schulden. Dies gilt insbesondere bei Dauerschuldverhältnissen. Hinsichtlich einzelner Forderungen kann bspw ein Abtretungsverbot bestehen; die befreiende Schuldübernahme oder ein Eintreten des Käufers in bestehende Dauerschuldverhältnisse bedürfen entsprechend § 415 Abs. 1 BGB der Genehmigung durch den jeweiligen Vertragspartner. Eine Vorabklärung dieser Zustimmungsfragen ist jedenfalls bei für das Zielunternehmen bedeutenden Schuldverhältnissen anzuraten, da der Verkäufer ansonsten Gefahr läuft, seine Pflicht zur Übertragung des Unternehmens nicht vollständig erfüllen zu können und die Transaktion hieran scheitern könnte. Nicht selten kommt es vor, dass der Vertragspartner versucht, sich seine Zustimmung durch bessere Vertragskonditionen abkaufen zu lassen.

III. Übersicht über den Unternehmenskaufprozess

Die Besonderheiten des Zielunternehmens, der Vertragspartner des Unternehmenskaufs sowie ihre besonderen wirtschaftlichen Ziele im Zusammenhang mit der Transaktion, machen jeden Unternehmenskauf auf den ersten Blick einzigartig. Dennoch gibt es Gemeinsamkeiten je nachdem, ob ein Wirtschaftsgüter- oder ein Anteilskauf von den Parteien angestrebt wird. Unternehmenstransaktionen sind aber meist wesentlich komplizierter als es sich durch diese beiden Grundformen darstellen lässt. Soll etwa eine ganze Unternehmensgruppe verkauft werden, kann es hinsichtlich einzelner Tochterunternehmen zur Übertragung der Gesellschaftsrechte kommen, während aus anderen Tochterunternehmen nur bestimmte Wirtschaftsgüter herausgekauft werden. Weitere in der Praxis regelmäßig auftretende Transaktionsformen sind zB der Unternehmenskauf durch Einbringung

---

11 Vgl nur Palandt/*Putzo*, § 453 BGB Rn 7.

sämtlicher Gesellschaftsanteile oder durch Einbringung eines Teilbetriebes gegen Gewährung von Gesellschaftsanteilen an der Erwerbergesellschaft oder die Ausgliederung eines Teilbetriebs durch das Management (sog. Management Buyout).[12]

18 Die wirtschaftlichen Lebenssachverhalte, die den Hintergrund eines jeden Erwerbvorgangs bilden, sind also denkbar vielfältig und erfordern im Einzelnen ein unterschiedliches Vorgehen. Dennoch lassen sich insbesondere mit Blick auf den zeitlichen Ablauf einer Transaktion bestimmte Phasen feststellen. Aus Vereinfachungsgründen wird hier nicht von einem in der Praxis immer öfter vorkommenden Auktionsprozess ausgegangen, sondern vielmehr zunächst unterstellt, dass dem Unternehmensverkäufer nur ein Kaufinteressent auf Erwerberseite gegenübersteht (sog. **Direktverkauf**).[13]

19 Wie durch die nachstehende Abbildung veranschaulicht, lässt sich der Ablauf einesUnternehmenskaufsUnternehmenskaufs zeitlich in **4 Phasen** untergliedern:

1. Interne Willensbildung

20 Den ersten – in der Regel wirtschaftlichen – Gesprächen der Parteien einer möglichen Unternehmenstransaktion geht zunächst eine interne Willensbildung voraus. Der Käufer wird die Ziele des Unternehmenserwerbes definieren, wie etwa Diversifizierung, Erweiterung der Wertschöpfungskette, Einsparpotential durch Synergien, Sanierung mit mittelfristig geplantem Weiterverkauf (sog. **Exit**) oder Steuervorteile. Beide Parteien werden anhand einer wirtschaftlichen **Unternehmensbewertung** mittels Planzahlen der Zielgesellschaft zunächst eine Einschätzung des Unternehmenswertes und des sich daran orientierenden Kaufpreises vornehmen und intern weitere (Neben-)Bedingungen festlegen.

21 Der Käufer wird hierbei seine Ziele mit in die Unternehmensbewertung einfließen lassen und die Planzahlen des Verkäufers kritisch einer Prüfung durch seine wirtschaftlichen Berater unterziehen. Die Interessen der Parteien sind bereits hier klar vorgegeben: Während der Verkäufer in der Regel bemüht sein wird, das Zielunternehmen in möglichst gutem Licht erscheinen zu lassen und hierbei insbesondere die entscheidenden Wirtschaftsgüter und andere wertbildende Zukunftfaktoren herauszuarbeiten, wird der Käufer diese Unternehmensbewertung entsprechend den Ergebnissen seiner Berechnungen mit Blick auf den später zu zahlenden Kaufpreis mit Verweis auf tatsächliche oder mögliche Zinsen nach unten korrigieren wollen. In dieser Phase der internen Willensbildung wird beiderseits Klarheit über den Umfang des Erwerbes, den Kaufpreis(rahmen) sowie die zeitliche Umsetzung der Transaktion geschaffen.

22 Die Inanspruchnahme der rechtlichen Berater erfolgt – abgesehen von der rechtlichen Beauftragung mit Blick auf die zukünftige Erwerberstruktur – zeitlich eher später. Dennoch kann es bereits zu diesem Zeitpunkt sehr sinnvoll sein, dem insbesondere wirtschaftlich orientierten Beraterstab einen rechtlichen Berater zur Seite zu stellen, da dieser auch schon mit Blick auf die Transaktion mögliche alternative Gestaltungsmöglichkeiten aufzeigen und eine **rechtliche Risikoprophylaxe** vornehmen kann.

2. Vorvertragliches Stadium des Kaufvertrages

23 Das vorvertragliche Stadium ist in der Regel durch die Untersuchungen geprägt, die der Käufer in Bezug auf das zu erwerbende Unternehmen durchführen möchte. Um das Unternehmen genauer bewerten zu können, wird der Käufer im Rahmen einer Unternehmensprüfung (sog. **Due Diligence**) regelmäßig vor Vertragsschluss Einblicke in die Geschäfte sowie die rechtlichen, finanziellen und steuerlichen Angelegenheiten des Unternehmens verlangen. Im Mittelpunkt der Verkäuferinteressen stehen in diesem Stadium nahezu immer Fragen der **Vertraulichkeit und Geheimhaltung** durch die potentiellen Erwerber sowie die Foglen eines Verstoßes dagegen. Dies gilt besonders, wenn es sich bei einem Erwerber um einen Wettbewerber oder Strategen handelt. Um der Schutzbedürftigkeit des Verkäufers gerecht zu werden, können vor Preisgabe von sensiblen Unternehmensinformationen verschiedene Abreden getroffen werden. Solche Abreden regeln zB Abwerbungsverbote sowie Geheimhaltungs-

---

12 Siehe Rn 280 ff.
13 Zum sog. Bieterverfahren bzw Auktionsprozess vgl Hölters/*Hölters*, Unternehmenskauf, I, Rn 138 ff, 209 ff; *Rödder/Hötzel/Mueller-Thuns*, Unternehmenskauf, § 2 Rn 1 ff.

pflichten gegenüber Lieferanten, Kunden und Mitarbeitern, nicht selten kombiniert mir einer strafbewehrten Unterlassungserklärung des Kaufinteressenten, die gewonnenen Erkenntnisse im Falle des Scheiterns nicht anderweitig zu verwerten. Spätestens hier ist rechtlicher Rat gefragt. Nach Unterzeichnung einer Geheimhaltungsvereinbarung (sog. **Confidentiality Agreement**) können der Käufer sowie dessen Berater mit der Prüfung des Zielunternehmens beginnen. Die mittels Unternehmensprüfung erlangten Erkenntnisse dienen der Erkennung von Chancen und Risiken, der Vorbereitung der Finanzierung sowie einer steuerlich optimierten Transaktionsstruktur.

In der Praxis beginnt das vorvertragliche Stadium nicht selten mit einer zwischen den Parteien in Schriftform geschlossenen **Absichtserklärung** (sog. Letter of Intent). Diese Absichtserklärung ist in aller Regel als Brief (sog. Letter) oder als Vertrag derart gestaltet, dass hinsichtlich der im Gegenseitigkeitsverhältnis stehenden Hauptpflichten des angestrebten Unternehmenskaufs (Kauf des Unternehmens gegen Zahlung eines Kaufpreises) gerade keine rechtliche Bindungswirkung entfaltet wird. Insbesondere im Falle eines Direktverkaufs ist die Absichtserklärung ein geeignetes Mittel, die Parteien zum Abschluss eines Unternehmenskaufvertrages zu führen. Die Absichtserklärung enthält üblicherweise Nebenvereinbarungen wie vorvertragliche Vertrauens-, Informations- und Sorgfaltspflichten als Sekundärpflichten, die von den Parteien als bindend betrachtet werden (müssen). Üblicherweise wird auch der Zeitplan festgelegt, um hierdurch beiden Parteien nebst ihren Beratern einen klaren zeitlichen Rahmen bis zum Abschluss des Unternehmenskaufvertrages vorzugeben.

3. Kaufvertragsverhandlung und -abschluss

Die dritte Phase beginnt mit der Verhandlung des Unternehmenskaufvertrages. In dieser Phase werden die Ergebnisse der **Unternehmensprüfung ausgewertet** und in dem Unternehmenskaufvertrag widergespiegelt. Während sich in dieser Phase der Verkäufer im Wesentlichen auf den abzuschließenden Unternehmenskaufvertrag und alle damit in Zusammenhang stehenden Nebenvereinbarungen konzentriert, bereitet der Käufer parallel dazu die Gründung der Erwerbergesellschaft (zB durch Gründung einer neuen Mantelgesellschaft), die Finanzierung des Erwerbs mit Eigen- und Fremdkapital sowie die gegebenenfalls erforderliche Kartellanmeldung vor. Die Phase der Vertragsverhandlung endet mit dem rechtlich verbindlichen Abschluss des Unternehmenskaufvertrags (sog. Signing).

4. Kaufvertragsabwicklung

Die Vertragsabwicklung erfolgt nach Vertragsschluss bis zum dinglichen Übertragungszeitpunkt des Unternehmens (sog. Closing). In dieser Zwischenzeit werden insbesondere die im Unternehmenskauf **vereinbarten Bedingungen**, die Voraussetzung für den dinglichen Übergang der Gesellschaftsanteile des Unternehmens oder seiner Wirtschaftsgüter sind, abgearbeitet. Üblicherweise zählen hierzu neben der Kaufpreiszahlung durch den Käufer auch die Zustimmung der Kartellbehörden im Rahmen der Fusionskontrolle sowie die Niederlegung von Beirat und Aufsichtsratsposten. Gleichzeitig wird die Finanzierung des Kaufpreises sichergestellt. Das der Finanzierung dienende Eigenkapital muss ebenso in die Erwerbergesellschaft gegeben werden (zB mittels Bar- oder Sachkapitalerhöhung) wie das Fremdkapital bspw aufgrund Abschlusses von Darlehensverträgen mit Banken oder den (neuen) Gesellschaftern. Insbesondere bei den Fremdkapitalgebern sind im Vorfeld alle Voraussetzungen zu schaffen, damit diese den vereinbarten Darlehensbetrag auszahlen können. Dies setzt zwingend einen Abgleich der Finanzierungsverträge mit dem Unternehmenskaufvertrag voraus. Zudem sollte auch der Unternehmenskaufvertrag vor Unterzeichnung der Darlehensverträge mit den Darlehensgebern abgestimmt werden. Eine Unterzeichnung der Finanzierungsverträge *vor* der Unterzeichnung des Unternehmenskaufvertrages ist empfehlenswert.

B. Vorvertragliches Stadium

Nach erfolgter interner Willensbildung über den Verkauf und Kauf eines Unternehmens durch die Parteien erfolgt regelmäßig – insbesondere bei **Direktverkäufen** – der Abschluss einer Absichtserklärung durch die potentiellen Kaufvertragsparteien.

I. Absichtserklärung

1. Begriff und Inhalt der Absichtserklärung

28 Das Rechtsinstitut der Absichtserklärung (sog. Letter of Intent oder Memorandum of Understanding) stammt aus dem angelsächsischen Rechtsgebiet und beinhaltet die Erklärung einer oder mehrerer Parteien, ein bestimmtes **umfangreiches Rechtsgeschäft** (zB den Erwerb eines Unternehmens/einer Immobilie oder die Vereinbarung eines Joint Ventures) in der Zukunft schließen zu wollen.[14]

29 **Inhaltlich** wird in einer Absichtserklärung über den Kauf eines Unternehmens verankert, welcher Kaufgegenstand zu welchem Kaufpreis unter welchen festgelegten Bedingungen innerhalb eines bestimmten Zeitraums auf den potentiellen Erwerber übergehen soll. Ganz konkret wird zunächst bestimmt, was Kaufgegenstand des Unternehmenskaufvertrages sein soll (zB alle Gesellschaftsanteile an einer GmbH) und welche (steuerliche) Struktur sich die Parteien bei dem Erwerb des Unternehmens vorstellen (sog. Akquisitionsstruktur). Der Kaufpreis sowie dessen Fälligkeit, Finanzierung und Absicherung werden ebenso konkretisiert wie die Annahmen, auf denen die Kaufpreisermittlung basiert (zB die (Plan-)Bilanzen, auf deren Grundlage die zukünftige Ertragskraft des Zielunternehmens berechnet worden ist).

30 Regelmäßiger Inhalt einer Absichtserklärung ist der wirtschaftliche Übergangszeitpunkt, also der Zeitpunkt, zu dem das Unternehmen wirtschaftlich auf den Erwerber übergehen soll und ab dem dem potentiellen Erwerber die Erträge des Unternehmens zustehen sollen. Da zu diesem Zeitpunkt immer auch eine Abrechnungsbilanz aufzustellen ist, bietet es sich an, diesen Zeitpunkt auf das Ende des Geschäftsjahres des Zielunternehmens oder wenigstens auf das Ende eines Monats zu legen.[15] Die Grenzen von einer allgemein gehaltenen Absichtserklärung (sog. weiche Absichtserklärung) zu einer inhaltlich bereits sehr konkreten (sog. harte Absichtserklärung) sind in der Praxis fließend.[16]

2. Haftungsrisiko ohne Absichtserklärung

31 Fehlt es an einer Absichtserklärung und an einem darin enthaltenen ausdrücklichen Haftungsausschluss, so laufen beide Parteien Gefahr, aufgrund der „**Gewährung von in Anspruch genommenem Vertrauen**"[17] aus Verschulden bei Vertragsverhandlungen gemäß §§ 311 Abs. 2 Nr. 1, 241 Abs. 2 BGB (sog. Haftung aus Culpa in Contrahendo) der jeweils anderen Partei zu haften.[18] Dabei ist die Abwägung zwischen der grundsätzlich vorgehenden Vertragsfreiheit einerseits und dem Vertrauen auf das Zustandekommen des Vertrages andererseits ohne ausdrückliche Vereinbarungen in der Praxis eher schwierig. Es gilt auch beim Unternehmenskauf der Grundsatz, dass jede Partei auf eigene Gefahr handelt, wenn sie im Vertrauen auf den erhofften Vertragsabschluss Aufwendungen tätigt. Jedoch gelten auch hier die allgemeinen Ausnahmen, dass ein Vertragspartner dann ausnahmsweise haftet, wenn er in zurechenbarer Weise den Eindruck erweckt, es werde mit Sicherheit zum Abschluss des Unternehmenskaufvertrages kommen und gleichwohl **ohne triftigen Grund** die Verhandlungen abbricht.[19] Jedoch werden dabei an die Annahme eines wichtigen Grundes von der Rechtsprechung keine übertriebenen Anforderungen gestellt. Es genügt jede vernünftige Erwägung, um einen Abbruch der Vertragsverhandlungen zu rechtfertigen.[20] Hier besteht ein vermeidbares Streitpotential und ein im Vorfeld verhinderbares Prozessrisiko durch eine entsprechende Regelung im vorvertraglichen Stadium:

▶ Für den Fall der Einräumung von Exklusivität verpflichten sich die Parteien im Falle des Abbruchs der Vertragsverhandlungen ohne wichtigen Grund der jeweils anderen Partei die angefallenen und nachzuweisenden Kosten bis zu einem Maximalbetrag von ... zu ersetzen. Eine darüber hinausgehende Haftung (insbesondere aus Culpa in Contrahendo) ist ausgeschlossen. ◀

---

14 Vgl nur *Beisel/Klumpp*, Unternehmenskauf, Rn 50 ff.
15 Der Zeitpunkt weicht regelmäßig von dem Zeitpunkt des dinglichen Übertragungsstichtages ab.
16 *Pöllath*, Steuerliches Vertrags- und Formularbuch, B. 21.03, Rn 5 f.
17 BGHZ 60, 226.
18 *Bergjan*, ZIP 2004, 395 ff.
19 RGZ 104, 265, 267, BGH NJW 1980, 1985, 1779.
20 BGH WM 1996, 738.

Zu beachten ist weiter, dass eine bloß verhandelnde Partei zudem der anderen Partei auch ohne Vertragsschluss aus Verschulden bei Vertragsschluss haftet, wenn die Abschlussbereitschaft von einer Seite lediglich vorgetäuscht ist,[21] bspw weil der potentielle Kaufinteressent sich durch sein vorgetäuschtes Kaufinteresse einen Zugang zu den vertraulichen Unternehmensdaten seines Mitbewerbers verschaffen wollte.

Im Falle einer solchen Haftung hat die jeweils andere Partei einen **Schadensersatzanspruch** nach § 280 Abs. 1 BGB, der auf das sog. **negative Interesse** gerichtet ist. Zu Buche schlagen hier insbesondere die aufgrund einer umfangreichen Unternehmensprüfung angefallenen Beraterkosten. Ausnahmsweise kommt auch eine Haftung auf das sog. positive Interesse in Betracht, wenn dem Geschädigten (zB dem verkaufswilligen Gesellschafter) der Beweis gelingt, er hätte ohne die Pflichtverletzung mit einem anderen Kaufinteressenten einen Unternehmenskaufvertrag schließen können. Zu beachten ist hier schließlich die Rechtsprechung des BGH zur Kausalität, wonach eine tatsächliche Vermutung angenommen wird, dass der Abschluss eines Kaufvertrages gerade wegen der Pflichtverletzung nicht zustande gekommen ist.[22]

3. Form der Absichtserklärung

Grundsätzlich bedarf eine Absichtserklärung nicht der Form des beabsichtigten Hauptgeschäfts (zB besteht **regelmäßig keine Beurkundungspflicht** für eine Absichtserklärung mit dem Ziel eines Grundstückserwerbs oder der Veräußerung von GmbH-Gesellschaftsanteilen). Ausnahmen gelten jedoch für die Fälle, in denen Aufwendungs-, Schadensersatzansprüche oder Vertragsstrafen einen mittelbaren Druck (sog. **faktischen Zwang**) zum Vertragsabschluss ausüben. Hier bedarf auch der Abschluss einer derartigen Absichtserklärung der Form des beabsichtigten Hauptgeschäfts. Dies ergibt sich aus einer Parallelwertung zur Rechtsprechung des BGH zu Maklerverträgen: Ein Maklervertrag, der die Vermittlung eines Grundstückserwerbs zum Gegenstand hat, ist danach beurkundungspflichtig, wenn dem Makler für den Fall, dass der Grundstückserwerbsvertrag nicht abgeschlossen wird, eine Vergütung zustehen soll, die über den Ersatz nachgewiesener oder angemessen pauschalierter Aufwendungen des Maklers einschließlich einer angemessenen Tätigkeitsvergütung hinausgeht.[23] Hilfreich ist die **10%ige Obergrenze** des BGH bei der Beurteilung der Beurkundungspflicht, wonach die Grenze der Zulässigkeit jedenfalls bei einer Maklerprovision von 10 % des vereinbarten Kaufpreises anzusehen ist. Übertragen auf den Unternehmenskauf bedeutet dies, dass bei Beurkundungsbedürftigkeit des Hauptvertrags die pauschalierten Aufwendungs- und Schadensersatzbeiträge in der Summe 10 % des beabsichtigten Unternehmenskaufpreises nicht übersteigen dürfen oder die Absichtserklärung notariell zu beurkunden ist.

4. Arten der Absichtserklärung

Ganz generell ist bei der Absichtserklärung zwischen einseitigen und zweiseitigen Absichtserklärungen zu unterscheiden:

a) Einseitige Absichtserklärung

Die Absichtserklärungen werden im Rahmen eines einseitigen Briefes lediglich von einer Partei abgegeben (zB die bloße Absichtserklärung des Käufers, das Unternehmen erwerben zu wollen). Es erfolgt **keine Gegenzeichnung** der anderen Partei. Ob und inwieweit hier bspw durch konkludente Annahme der anderen Partei ein Vertragsschluss hinsichtlich des bindenden Inhalts des Briefes zustande kommt, hängt von den Umständen des Einzelfalls ab.

b) Zweiseitige Absichtserklärung

Die zweiseitige Absichtserklärung wird hinsichtlich der bindenden Vereinbarungen auf jeden Fall als Vertrag nach §§ 145 ff BGB geschlossen, wobei es rechtlich keinen Unterschied macht, ob diese

---
21 OLG Koblenz BB 1992, 2125.
22 BGH NJW 1996, 1828, 1828 f.
23 Vgl BGH NJW 1971, 557, 557; MünchKommBGB/*Kanzleiter*, § 311 b Rn 36.

gleich als zweiseitiger Vertrag (in der Praxis immer häufiger) oder nur als einseitiger Brief einer Partei an die andere und **Gegenzeichnung** dieses Briefes durch die andere Partei abgeschlossen wird.

5. Rechtliche Verbindlichkeit der Absichtserklärung

37 Durch eine Absichtserklärung werden in der Regel keine rechtlichen Bindungen in Bezug auf das beabsichtigte Hauptgeschäft herbeigeführt, da es an dem **Rechtsbindungswillen** zum Abschluss eines Kaufvertrages fehlt.[24] Es kommt hinsichtlich der Hauptleistungspflichten noch **nicht zu einem Vertrag** im Sinne der §§ 145 ff BGB, da sich die Parteien gemäß § 154 Abs. 1 S. 1 BGB gerade noch nicht über alle maßgeblichen Punkte des Vertrages geeinigt haben.

38 Dennoch ist zu beachten, dass eine Absichtserklärung in der Praxis regelmäßig auch über die Hauptleistungspflichten hinausgehende Sekundärvereinbarungen, wie bspw Geheimhaltungs-, Exklusivitäts- oder Kostentragungsvereinbarungen enthält, deren Abschluss gerade den Sinn und Zweck hat, für die Parteien rechtliche Bindung zu entfalten (sog. **Vorfeldvereinbarungen**). Um hier für den Fall eines nicht zustande kommenden Unternehmenskaufvertrages Streitigkeiten im Vorfeld zu vermeiden, sollten die Erklärungen (auch von ihrer Systematik her) klar danach **untergliedert** sein, welche Erklärungen für die Parteien bindend sind und welche die Parteien gerade nicht binden sollen.[25]

6. Abgrenzung zu anderen vorvertraglichen Gestaltungsinstrumenten

a) Bloße Vorverhandlungen

39 Mangels übereinstimmender Erklärungen über den Abschluss eines Unternehmenskaufs nach §§ 145 ff BGB sind reine Vorverhandlungen – unabhängig ob schriftlich oder mündlich abgeschlossen – **rechtlich** grundsätzlich **nicht bindend**.

b) Vorvertrag/Option/Vorkaufsrecht

40 Anders als die bloßen Vorverhandlungen sind der Vorvertrag, die Option und das gewährte Vorkaufsrecht **rechtlich bindende Vereinbarungen**. Zu beachten bei derartigen Vereinbarungen, dass die Form des Hauptvertrages zwingend erforderlich ist (zB die Beurkundungspflicht eines Vorvertrags über die Veräußerung von Grundstücken oder GmbH-Gesellschaftsanteilen).

II. Vorverträge

41 Im Vergleich zu der Absichtserklärung kommt die Vereinbarung von Vorverträgen in der Praxis eher selten vor. Dies liegt insbesondere daran, dass Vorverträge die Vertragsparteien bereits zum Abschluss des Hauptvertrages verpflichten. Hinzu kommt, dass Vorverträge in einem Stadium geschlossen werden, in dem der Abschluss des Hauptvertrages aufgrund von Einigungslücken noch gar nicht vollständig möglich ist. Damit birgt der Vorvertrag das nicht unerhebliche Risiko, den Anspruch auf Abschluss des Hauptvertrages nicht hinreichend bestimmt darlegen zu können. Diese **fehlende hinreichende Bestimmtheit** wird dann nach §§ 315, 316 BGB durch die Bestimmung des jeweils anderen Teils, der die Gegenleistung zu fordern hat, ersetzt.[26] Hinzu kommen Risiken der Vertragsauslegung durch die Parteien sowie durch das jeweils für die Auslegung zuständige (Schieds-)Gericht.

42 Hinsichtlich der Form des Vorvertrages ist zwingend zu beachten, dass diese der **Form des Hauptvertrages** entspricht.[27] Damit ist bspw der Vorvertrag über den Erwerb von GmbH-Gesellschaftsanteilen wegen der Formbedürftigkeit des Hauptvertrages nach § 15 Abs. 3 und Abs. 4 GmbHG ebenfalls formbedürftig. Ein Verstoß hiergegen führt zu einer Nichtigkeit des gesamten Vorvertrages nach § 125 S. 1 BGB.

43 Für den Fall, dass die Parteien die Vereinbarung eines Vorvertrages bezogen auf den Abschluss eines Hauptvertrages über den Kauf eines Unternehmens beabsichtigen, sollte der Hauptvertrag Regelungen über das **Verhältnis von Vor- und Hauptvertrag** beinhalten. Üblicherweise wird eine Klausel in

---

24 *Rödder/Hötzel/Mueller-Thuns*, Unternehmenskauf, § 3 Rn 17 mwN.
25 Vgl auch OLG Koblenz, Urt. v. 30.3.2006, Az 6 u 1474/05.
26 BGB NJW 1990, 2234.
27 BGHZ 61, 48, 50 f.

den Hauptvertrag aufgenommen, wonach der Vorvertrag mit Unterzeichnung des Hauptvertrages endet oder zumindest den Vereinbarungen des Hauptvertrages Vorrang gewährt wird:[28]
▶ Dieser Unternehmenskaufvertrag enthält alle schriftlichen und mündlichen, sowie konkludent getroffene Vereinbarungen der Parteien. Alle zuvor getroffenen im Zusammenhang mit dem Erwerb des Unternehmens, insbesondere [...], werden mit Unterzeichnung dieses Vertrages unwirksam. ◀

III. Unternehmensprüfung

Vor näherer Ausgestaltung des Unternehmenskaufvertrages und Beginn der Vertragsverhandlungen über den Erwerb des Unternehmens wird regelmäßig der Kaufgegenstand (hier das Unternehmen) einer sorgfältigen Prüfung unterzogen (sog. **Due Diligence**). Der Begriff Due Diligence stammt aus dem anglo-amerikanischen Rechtskreis und setzt das dortige Rechtsverständnis voraus, dass der Käufer den Kaufgegenstand zuvor zu untersuchen hat, um später wirksame Mängel geltend machen zu können.[29] Nach diesem sog. **Caveat Emptor-Grundsatz** muss der Käufer „Acht geben", dass der Kaufgegenstand den eigenen Erwartungen gemäß mangelfrei ist. Sofern sich der Käufer nicht ausdrücklich seitens des Verkäufers Garantien für festgestellte Mängel des Kaufgegenstandes geben lässt, bestehen – anders als im deutsch-römischen Rechtskreis – keine allgemeinen gesetzlichen Gewährleistungsansprüche. Insbesondere bei umfangreichen Transaktionen, wie dem Erwerb von Immobilien oder Unternehmen, hat sich deshalb diese **ausgiebige Prüfung des Kaufgegenstandes** auch in Deutschland trotz eines gesetzlichen Gewährleistungskataloges nach §§ 434 ff BGB durchgesetzt. Der Käufer hat sich vor Erwerb des Unternehmens darüber Sicherheit zu verschaffen, dass das erworbene Unternehmen mit seinen Wirtschaftsgütern auch für die Folgejahre den vom Verkäufer durch Vorlage seiner Planbilanzen propagierten Ertrag bringt und dass die Wirtschaftsgüter werthaltig sind. Darüber hinaus dient die Unternehmensprüfung auch dazu, alle vorhersehbaren Chancen und Risiken aufzudecken. Obwohl dem Geschäftsführer nach § 43 GmbHG seitens der Rechtsprechung des BGH bei **unternehmerischen Entscheidungen** ein erhebliches **Handlungsermessen** eingeräumt wurde,[30] fordert die obergerichtliche Rechtsprechung zumindest bei nicht ausreichender oder nicht klarer Informationslage die Durchführung einer **umfassenden Due Diligence**.[31]

Durch die Unternehmensprüfung können aber auch Kaufgegenstand und -preis exakter bestimmt werden. Deckt diese Prüfung Unternehmensrisiken auf, kann der potentielle Erwerber vor Vertragsschluss hierauf reagieren und sich vom Verkäufer entsprechende Garantien für den Fall des Risikoeintritts geben lassen. Gelegentlich deckt eine Unternehmensprüfung auch solche Mängel auf, die vor Abschluss des Unternehmenskaufvertrages zwingend einer Heilung bedürfen. So kann bspw eine in früherer Vergangenheit liegende unwirksame Übertragung von Gesellschaftsanteilen an einer GmbH, die zugleich Kaufgegenstand im Rahmen einen Anteilskaufvertrages sind, erst dann ordnungsgemäß vom Verkäufer auf den Käufer übertragen werden, wenn die Unwirksamkeit der Geschäftsanteilsübertragung durch eine Nachtragsurkunde geheilt worden ist (was sich auch durch das MoMIG nicht wesentlich ändern wird). Für den Verkäufer wiederum ist die Unternehmensprüfung durch den Käufer insoweit von Bedeutung, als er sich hierbei dem Käufer offenbaren kann und es infolgedessen keinen Anlass zur Gewährung von diesbezüglichen Garantien gibt. Sofern der Unternehmenskaufvertrag dem gesetzlichem Kaufgewährleistungsrecht unterstellt werden soll und damit die Ausschlussklausel des § 442 Abs. 1 BGB greift oder die Parteien einen Haftungsausschluss bei Kenntnis des Käufers ausdrücklich vereinbaren, ist es von erheblicher Bedeutung, ob und wieweit der Käufer im Rahmen der Unternehmensprüfung (nachweislich) Kenntnis von haftungsausschließenden Umständen erlangt hatte.[32]

---

28 Vgl auch *Holzapfel/Pöllath*, Unternehmenskauf, Rn 11.
29 Siehe Hölters/*Semler*, Unternehmenskauf, VII, Rn 29 mwN.
30 BGHZ 135, 244, 257; DB 2002, 473.
31 Vgl nur OLG Oldenburg, Urt. v. 22.6.2006, Az 1 U 34/03.
32 Zum Mitverschulden nach § 254 BGB bei Durchführung einer Due Diligence siehe OLG München, Urt. v. 26.7.2006, Az 7 U 2128/06.

1. Durchführung

a) Unternehmensprüfung durch Käufer

46 Je nach Größe des zu erwerbenden Unternehmens und Art des Verkaufsprozesses stellt entweder der Verkäufer bereits von sich aus alle Unterlagen eigenständig in einem besonderen Raum (sog. Datenraum) zur Einsicht für den Käufer und seine Berater zur Verfügung (insbesondere bei verkäufergesteuerten Auktionsverfahren) oder der Käufer übermittelt dem Verkäufer ausführliche Anforderungs- und Fragelisten mit Bezug auf das Unternehmen, welche der Verkäufer dann durch das Management des Unternehmens zusammenstellen lässt (insbesondere bei exklusiv nur dem einen Käufer zugesagten Verhandlungen). In der Praxis wird ein solcher **Datenraum** zunehmend als virtueller Datenraum über das Internet zur Verfügung gestellt, um Zeit und Kosten zu sparen. Im Übrigen lässt sich für den Verkäufer auf diese Weise elektronisch exakt nachvollziehen, welche Dokumente der Käufer und dessen Berater tatsächlich geöffnet und damit kenntniswirksam eingesehen haben. Doch auch bei einem bloß physischen Datenraum empfiehlt sich schon aus Gründen der Nachweisbarkeit eine gemeinsame Verschließung und Lagerung der Datenraumunterlagen.

b) Unternehmensprüfung durch Verkäufer

47 Zur besseren Koordination des Verkaufes kommt es gelegentlich vor, dass der Verkäufer nicht nur alle Unterlagen zur Einsicht für den Käufer zusammenstellt, sondern dass diese auch bereits **von den Beratern des Verkäufers bewertet** worden sind. Diese Vorgehensweise spart dem Käufer Zeit und Beraterkosten, birgt jedoch auch das Risiko einer unter Umständen verkäuferfreundlicheren Bewertung der im Datenraum zur Verfügung gestellten Unterlagen. Dies führt gelegentlich zu einer aufwendigen Zweitbegutachtung durch externe Berater des Käufers.

c) Nachvertragliche Unternehmensprüfung

48 Selbst bei kleineren Unternehmen ist es typisch, dass eine Unternehmensprüfung zeitlich **vor** Abschluss des Unternehmenskaufvertrages durchgeführt wird. Dennoch gibt es zB aus Gründen eines einzuhaltenden straffen Zeitplanes auch Unternehmensveräußerungen, bei denen eine nachvertragliche Unternehmensprüfung vereinbart wird. Eine derartige Vereinbarung erfordert zwingende Anpassungen im zu vereinbarenden Unternehmenskaufvertrag, da der Käufer sozusagen „die Katze im Sack" kauft. Der Käufer muss auf jeden Fall ein **Kaufpreisanpassungssystem** in den Kaufvertrag aufnehmen, welches eine Anpassung des Kaufpreises für den Fall der Aufdeckung von ertragswertmindernden Umständen im Rahmen der nachträglichen Unternehmensprüfung vornimmt. Darüber hinaus muss ein solcher Unternehmenskaufvertrag von Seiten des Käufers auch eine besondere Rücktrittsklausel für den Fall vorsehen, dass die Unternehmensprüfung zu einer für den Käufer wesentlichen nachteiligen Abweichung führt (was die Vertragsparteien als „wesentlich" ansehen, sollte unbedingt durch Regelbeispiele konkretisiert werden). Schließlich sollte auch bei dem Umfang des Garantienkataloges berücksichtigt werden, dass nach Abschluss des Kaufvertrages Risiken bei der Unternehmensprüfung entdeckt werden, die vorher von den Parteien auch nicht ansatzweise für möglich gehalten wurden.

d) Arten von Unternehmensprüfungen

49 Art und Umfang der Unternehmensprüfungen hängen im Wesentlichen von der Größe des Unternehmens, dessen Branche und von dem vom Käufer beabsichtigten Prüfungsumfang ab. Die **wesentlichsten Prüfungsarten** sind:
- Wirtschaftliche Unternehmensprüfung
- Rechtliche Unternehmensprüfung
- Steuerliche Unternehmensprüfung

aa) Wirtschaftliche Unternehmensprüfung

50 Die für den Erwerber **bedeutendste Prüfungsart** ist die wirtschaftliche Unternehmensprüfung, auf deren Basis der Verkäufer sich überhaupt für den Erwerb eines Unternehmens entscheidet und auch

den Ertragswert des Zielunternehmens errechnet oder bereits vorgenommene Berechungen überprüft (sog. **Financial Due Diligence**). Wie bei jeder Unternehmensbewertung werden hier vergangenheits- und zukunftsbezogene Faktoren aus unternehmenseigenen Bilanzen und Planbilanzen zur **Bewertung der zukünftigen Ertragsentwicklung** des Unternehmens herangezogen.

bb) Rechtliche Unternehmensprüfung

Bei der rechtlichen Unternehmensprüfung wird das Unternehmen auf seine **rechtlichen Risiken** hin untersucht (sog. **Legal Due Diligence**). Hierbei ist zwischen allgemeinen Prüfkriterien sowie danach zu unterscheiden, ob zwischen den Parteien ein Anteilskauf oder ein Kauf von einzelnen Wirtschaftsgütern beabsichtigt ist.

- **Allgemeiner Schwerpunkt:** Ein allgemeiner Schwerpunkt der rechtlichen Unternehmensprüfung ist unabhängig von der Art des Unternehmenskaufvertrages immer, ob der Umstand der Unternehmensübertragung einem Vertragspartner des Zielunternehmens ein außerordentliches Kündigungsrecht einräumt (sog. **Change of Control-Klauseln**). Dies gilt insbesondere für die wesentlichen Verträge des Unternehmens mit Kunden und Lieferanten aber auch für Verträge mit dem Management und mit Versicherungsgesellschaften. Darüber sind aber auch alle sonstigen Vereinbarungen, Verträge, Urteile und Bescheide mit Blick auf eventuelle rechtliche Risiken für den potentiellen Käufer durchzusehen und mit Blick auf den anstehenden Erwerb durch den Rechtsanwalt zu bewerten.
- **Anteilskauf:** Beim Anteilskaufvertrag liegt ein Schwerpunkt der Prüfung zudem auf der unbelasteten **Inhaberschaft** und der effektiven Kapitalaufbringung der zu veräußernden Gesellschaftsanteile. Nach derzeitigem § 16 Abs. 3 GmbHG-Entwurf (MoMiG) wird sich hieran auch nach Inkrafttreten des MoMiG am 1.10.2007 nichts ändern, da der Gutglaubenserwerb mindestens drei Jahre unrichtig in der Gesellschafterliste enthalten sein muss, kein Widerspruch zum Handelsregister eingereicht worden sein darf und dem Erwerber die Unrichtigkeit nicht positiv bekannt oder gar infolge grober Fahrlässigkeit unbekannt sein darf (der Nachweis wird in der Praxis kaum zu führen sein). So ist bspw nach derzeitig[33] geltendem GmbH-Recht die gesamte Inhaberkette der Gesellschafter einer GmbH von der unter Umständen jahrzehntelang zurückliegenden Gründung der Gesellschaft bis hin zum heutigen Status Quo des Gesellschafterbestandes vor Erwerb auf ihre Wirksamkeit der Anteilsübertragungen hin zu überprüfen.
- **Kauf einzelner Wirtschaftsgüter:** Bei der Übertragung einzelner Wirtschaftsgüter ist der gesellschaftsrechtliche Teil – abgesehen von der Überprüfung der rechtlichen Existenz des Verkäufers und Vertretung durch die Organe – bei weitem nicht so ausgeprägt wie beim Anteilskaufvertrag. Dafür ist hier aber der Schwerpunkt bei den Verträgen zusätzlich darauf zu legen, dass alle Verträge des Unternehmens mit Dritten nur mit deren **Zustimmung** entsprechend § 415 Abs. 1 S. 1 BGB auf den Käufer übergehen können.

cc) Steuerliche Unternehmensprüfung

Die steuerliche Unternehmensprüfung (sog. **Tax Due Diligence**) hat das Ziel, dem Käufer die steuerlichen **Risiken des Zielunternehmens** sowie **des Unternehmenskaufs als solchem** aufzuzeigen. Der Käufer will insbesondere wissen, welche bereits vorhandenen oder drohenden Steuerrisiken des Unternehmens auf ihn übergehen. So will der Käufer je nach Art des Unternehmenskaufs bspw wissen, welche Verlustvorträge und Abschreibungspotentiale er durch den Erwerb für sich nutzen kann; aber auch, welche Steuernachzahlungsrisiken ihn in Zukunft treffen werden. Von diesen Erkenntnissen hängt zudem ab, welche (steuerliche) Transaktionsstruktur für den potentiellen Erwerber am besten ist.

---

33 Der derzeitige Gesetzesentwurf der Bundesregierung vom 23.5.2006 zum Entwurf eines Gesetzes zur Modernisierung des GmbH-Rechts und zur Bekämpfung von Missbräuchen (sog. MoMiG) sieht jedoch in § 16 Abs. 3 GmbHG-Entwurf die Einführung eines gutgläubigen Erwerbs von GmbH-Gesellschaftsanteilen auf Basis der beim Handelsregister eingereichten Gesellschafterliste vor, wenn die Liste zum Zeitpunkt des Erwerbs hinsichtlich des Geschäftsanteils weniger als drei Jahre unrichtig und die Unrichtigkeit dem Berechtigten nicht zuzurechnen ist; jedoch nur insoweit dürfte sich der Prüfungsumfang mit Blick auf die Gesellschaftshistorie deutlich verringern.

dd) Sonstige Arten der Unternehmensprüfung

53 Je nach Art des Zielunternehmens kommen auch weitere Unternehmensprüfungen in Betracht. Insbesondere ist eine Umweltprüfung (sog. **Environmental Due Diligence**) häufig anzutreffen, da der potentielle Käufer wissen will, welche **Altlasten** das von ihm erworbene (Produktions-)Unternehmen aufweist und welche Sanierungs- und Haftungspflichten ihn nach den bislang geschlossenen Verträgen sowie nach Gesetz (insbesondere nach dem BBodSchG) treffen. Darüber hinaus gibt es auch weitere Prüfungsschwerpunkte, wie bspw eine kulturelle oder auch technische Prüfung des Zielunternehmens.

2. Besonderheiten der Unternehmensprüfung bei der AG

54 Bei der AG ist die Besonderheit zu beachten, dass der Vorstand – anders als bspw der Geschäftsführer bei einer GmbH – auf Grund seiner eigenen Verantwortung nach § 76 Abs. 1 AktG nicht weisungsgebunden ist und dass die Aktionäre auch **kein generelles Auskunfts- und Einsichtsrecht** haben. Vor diesem Hintergrund und der Tatsache, dass eine Verletzung der Geheimhaltungspflicht des Vorstandes nach §§ 93 Abs. 1 S. 3, 404 Abs. 1 AktG sogar unter Strafe gestellt ist, stellt sich die Frage, inwieweit der Vorstand einer AG zur Weitergabe von Informationen für eine Unternehmensprüfung befugt ist. Um einen strafbewehrten Verstoß gegen die **Verschwiegenheitspflicht** nach § 93 Abs. 1 S. 3 AktG zu vermeiden, sollte vor der Weitergabe von Informationen an einen potentiellen Erwerber im Rahmen der Unternehmensprüfung hierüber zumindest ein Vorstandsbeschluss herbeigeführt[34] und gegenüber dem potentiellen Erwerber auf jeden Fall eine Vertraulichkeitsvereinbarung abgeschlossen werden.[35] Zu beachten ist jedoch, dass ein Teil der Literatur darüber hinaus noch engere Voraussetzungen an die Zulässigkeit einer Unternehmensprüfung knüpfen.[36] Ein weiter Teil der Literatur verlangt sogar die Unumgänglichkeit für das Zustandekommen des Unternehmenskaufvertrages,[37] was für die Praxis den Abschluss eines bindenden Vertrags vor Zulassung einer Unternehmensprüfung bedeuten würde.

55 Sofern es sich bei der AG um eine solche handelt, deren Aktien nach dem WpHG börsennotiert sind, sind die Insidervorschriften der §§ 12 ff WpHG zwingend zu beachten. Das bedeutet, dass **Insiderinformationen** im Rahmen der Unternehmensprüfung nicht offen zu legen sind oder entsprechend § 15 WpHG unverzüglich veröffentlicht werden müssen.

C. Unternehmenskaufvertrag

56 Der Unternehmenskaufvertrag bildet das Kernstück des Unternehmenskaufs. Wie dargelegt,[38] lässt sich ein Unternehmen grundsätzlich im Wege eines Anteilskaufvertrages oder im Wege eines Wirtschaftsgüterkaufes erwerben.

I. Anteilskaufvertrag

57 Beim Anteilskaufvertrag wird das Unternehmen unter **Beibehaltung seiner Trägerschaft** durch Erwerb der Gesellschaftsanteile von den jeweiligen Gesellschaftern erworben. Hieraus ergeben sich als Kaufgegenstand die Gesellschaftsanteile an der Zielgesellschaft.

1. Parteien

58 Beim Anteilskauf treten auf Veräußererseite grundsätzlich die **Gesellschafter** des Unternehmens **als Verkaufsparteien** auf, während sich auf Erwerberseite üblicherweise eine von dem Erwerber bereits gehaltene oder eine speziell für den Erwerb neu gegründete Käufergesellschaft (sog. **NewCo**) findet. Aus haftungs- sowie aus steuerrechtlichen Gründen gibt es in der Praxis kaum Konstellationen, bei denen der

---

34 Linker/Zinger NZG 2002, 497, 498 ff.
35 Hüffer/*Hüffer*, § 93 AktG Rn 8 mwN.
36 Lutter ZIP 1997, 613, 617.
37 So ausdrücklich Hüffer/*Hüffer*, § 93 AktG Rn 8.
38 Siehe Rn 10 ff.

Erwerber die Gesellschaftsanteile an der Zielgesellschaft unmittelbar als natürliche Person erwirbt. Für die Käufergesellschaft wird regelmäßig die Rechtsform der GmbH gewählt, da hier grundsätzlich[39] ein Haftungsrückgriff auf die hinter der GmbH stehenden Gesellschafter ausgeschlossen ist und die Gesellschafter wegen § 37 Abs. 1 GmbHG gegenüber den Geschäftsführern weisungsbefugt sind.

Ist Kaufgegenstand die Übertragung von Anteilen an einer **GmbH**, so kann es vorkommen, dass auch diese Zielgesellschaft – wie beim Wirtschaftsgüterkauf – Partei des Anteilskaufvertrages wird, da nach § 16 GmbHG die Veräußerung von GmbH-Gesellschaftsanteilen anzuzeigen und im Falle einer Teilung von Gesellschaftsanteilen zum Zwecke der Veräußerung an mehrere Parteien die Genehmigung der Zielgesellschaft nach § 17 GmbHG einzuholen ist.[40] Nach § 16 Abs. 1 S. 1 GmbHG-Entwurf (MoMiG) entfällt jedoch die gesonderte Anzeige an die Gesellschaft, die durch die Einreichung der Gesellschafterliste ersetzt wird. Zudem sehen auch viele GmbH-Gesellschaftsverträge eine Einschränkung in der Weise vor, dass eine Übertragung von GmbH-Geschäftsanteilen nur bei vorheriger Zustimmung der Gesellschafterversammlung, aller Gesellschafter oder der Gesellschaft wirksam ist.[41] Derartige Einschränkungen (sog. **Vinkulierungen**) sieht § 15 Abs. 5 GmbHG für GmbH-Geschäftsanteile ausdrücklich vor. Schließlich ist die Zielgesellschaft ebenfalls Partei des Anteilskaufvertrages, wenn mit den Gesellschaftsanteilen zugleich auch Gesellschafterdarlehen an die Zielgesellschaft mitverkauft oder alternativ abgelöst werden. Hier bedarf die Vertragsübernahme der Zustimmung der Gesellschaft entsprechend § 415 Abs. 1 BGB.

Darüber hinaus kommen auch vermeintlich außenstehende **Dritte als Vertragspartner** in Betracht: So können bspw Sicherheitengeber auf Veräußerer- oder Erwerberseite mit in den Vertrag als Partei aufgenommen werden, um einen – die dritte Partei im Übrigen nicht bindenden – Vertrag zu Lasten Dritter zu verhindern. In der Praxis wird dies jedoch regelmäßig aus Geheimhaltungsgründen durch Zustimmungen außerhalb des Anteilskaufvertrages (aber unter Beifügung als Anlage) erreicht.

2. Zustimmungserfordernisse

Schließlich ist von Bedeutung, ob und inwieweit Dritte dem Anteilskaufvertrag in irgendeiner Weise zustimmen müssen, sofern sie nicht bereits selbst Vertragspartner des Anteilskaufvertrages geworden sind.

a) Vinkulierung

Wenn nach dem Gesellschaftsvertrag Gesellschaftsanteile oder Teile davon nur mit vorheriger **Zustimmung der Gesellschafterversammlung**, der **Gesellschafter** der Zielgesellschaft oder der Gesellschaft abgetreten werden können, bedarf der Anteilskaufvertrag insoweit der Zustimmung. Hieran ist insbesondere zu denken, wenn nicht alle Anteile einer Gesellschaft zu veräußern sind. Im Gegensatz zur GmbH ist bei einer AG eine Vinkulierung in der Satzung nur bei Namensaktien im Rahmen des § 68 Abs. 2 AktG zulässig; die Zustimmung hat bei vinkulierten Namensaktien durch die Zielgesellschaft zu erfolgen.

b) Übertragung des (nahezu) gesamten Gesellschaftsvermögens

aa) Kapitalgesellschaften

Handelt es sich bei der Veräußerin um eine AG oder eine KGaA und beabsichtigt diese die **Übertragung** ihres **gesamten Gesellschaftsvermögens** (zB als Holdinggesellschaft), so bedarf das Verpflichtungsgeschäft (nicht auch das dingliche Verfügungsgeschäft) nach §§ 179 a Abs. 1, 179 Abs. 1 S. 1, Abs. 2 S. 1 AktG eines zustimmenden Mehrheitsbeschlusses der Hauptversammlung mit Dreiviertelmehrheit des vertretenen Grundkapitals. Zu beachten ist, dass eine Übertragung des ganzen Vermögens von der Rechtsprechung auch dann angenommen wird, wenn lediglich unwesentliches Ver-

---

39 Abgesehen von den von der Rechtsprechung entwickelten Fällen der Durchgriffshaftung, vgl nur Lutter/*Hommelhoff*, § 13 GmbHG Rn 6 ff.
40 Sofern die Zielgesellschaft nicht Vertragspartner wird, haben Anzeigen und Genehmigungen außerhalb des Anteilskaufvertrages zu erfolgen.
41 Vgl *Arens/Lichtenwimmer*, Gesellschaftsrecht, § 5 S. 273.

mögen bei der Gesellschaft zurückbleibt.[42] Unwesentliches Vermögen bleibt zurück, wenn die Gesellschaft mit dem zurückbehaltenen Betriebsvermögen nicht ausreichend in der Lage bleibt, ihre in der Satzung festgelegten unternehmerischen Ziele zu verwirklichen.[43] Die Vorschrift des § 179 a AktG wird von der Rechtsprechung des BGH auch auf die **GmbH** und ebenso auf **Personenhandelsgesellschaften**[44] entsprechend angewandt.[45]

64 Nach der **Holzmüller-Entscheidung** des BGH[46] ist auch dann die Zustimmung der Hauptversammlung einer AG einzuholen, wenn der „Kernbereich der Unternehmenstätigkeit" betroffen ist, die Voraussetzungen des § 179 a AktG jedoch nicht vorliegen. Der Kernbereich der Unternehmertätigkeit ist nach neuerer Rechtsprechung des BGH[47] im Regelfall erreicht, wenn etwa **80 % des Gesellschaftsvermögens** von der Geschäftsführungsmaßnahme betroffen sind. Der Zustimmungsbeschluss bedarf dann ebenfalls einer Dreiviertelmehrheit des vertretenen Grundkapitals.

bb) Personengesellschaften

65 Zu teils abweichenden Ergebnissen kommen Ableitungen aus dem Personengesellschaftsrecht:[48] Danach soll die Veräußerung des **gesamten** Unternehmens durch eine Personengesellschaft grundsätzlich eine Änderung des Unternehmensgegenstandes bedeuten und infolgedessen nicht von der organschaftlichen Vertretungsmacht der Gesellschafter gedeckt sein. Das macht eine Zustimmung der übrigen Gesellschafter erforderlich. Ohne die notwendige Zustimmung ist der Unternehmenskaufvertrag schwebend unwirksam. Das erforderliche Zustimmungsquorum ergibt sich aus dem Gesellschaftsvertrag. Enthält der Gesellschaftsvertrag hierzu keine Regelungen, bedarf es – anders als bei analoger Anwendung des § 179 a AktG – der **Zustimmung aller Gesellschafter** gemäß § 119 Abs. 1 HGB. Von der Veräußerung des **gesamten** Unternehmens wird bei Personengesellschaften – anders als bei Kapitalgesellschaften – teils die Veräußerung des **nahezu gesamten Unternehmens** unterschieden. Letztere soll keinem Zustimmungsvorbehalt mit Außenwirkung unterfallen, sondern lediglich einem Zustimmungsvorbehalt mit Innenwirkung.[49]

66 Allerdings ist zu berücksichtigen, dass Zustimmungsvorbehalte mit Innenwirkung – auf Seiten des Käufers wie auch auf Seiten des Verkäufers – unter bestimmten Umständen **Außenwirkung** entfalten können. Das ist zum einen dann der Fall, wenn der Zustimmungsvorbehalt zur aufschiebenden Bedingung des Unternehmenskaufvertrags gemacht wird (sog. **Gremienvorbehalt**). Derartige Vorbehalte machen aus dem Unternehmenskaufvertrag einen Optionsvertrag zugunsten der Vertragspartei, die sich den Gremienvorbehalt hat einräumen lassen. Aus diesem Grund sind sie für die andere Seite gefährlich und sollten grundsätzlich abgelehnt werden. Ein zweiter Weg, auf dem Zustimmungsvorbehalte mit Innenwirkung ausnahmsweise Außenwirkung entfalten können, ist das Institut des Missbrauchs der Vertretungsmacht.

67 Unter dem Gesichtspunkt des „**sichersten Weges**" für den rechtlichen Berater empfiehlt es sich, bei der Einholung gesellschaftsrechtlicher Zustimmungen konservativ vorzugehen und alle solche Zustimmungen einzuholen, die erforderlich sind, um über jeden Zweifel einer ggf fehlenden Zustimmung erhaben zu sein.

c) Familienrecht

aa) Gesetzliches Güterrecht

68 Ist ein Veräußerer von Gesellschaftsanteilen eine natürliche Person, die mangels anderweitiger ehevertraglicher Vereinbarungen kraft Gesetzes im **Güterstand der Zugewinngemeinschaft** nach

---

42 RG JW 1929, 1371; RGZ 124, 279, 294 f; BGHZ 83, 122, 28 („*Holzmüller*").
43 Hölters/*Semler*, Unternehmenskauf, VII, Rn 131.
44 BGH JZ 1995, 576 f; *Wagner* in: Heidel, Aktienrecht, § 179 a AktG Rn 20.
45 BGH ZIP 1995, 278 ff, 279 noch zu § 361 AktG.
46 BGHZ 83, 122 ff.
47 BGH ZIP 2004, 1001, 1003; 2004, 993, 998 („*Gelatine*" I und II).
48 *Rödder/Hötzel/Müller-Thuns*, Unternehmenskauf, § 6 Rn 2-9.
49 Vgl *Rödder/Hötzel/Müller-Thuns*, Unternehmenskauf, § 6 Rn 6.

§§ 1363 ff BGB lebt, und stellt der zu veräußernde Gesellschaftsanteil das **ganze oder nahezu das ganze Vermögen** des Gesellschafters dar, so bedarf sowohl das Verpflichtungs- als auch das Verfügungsgeschäft der Einwilligung des jeweils anderen Ehegatten. Nach der Rechtsprechung des BGH ist selbst dann noch eine Einwilligung des anderen Ehegatten erforderlich, wenn das verbleibende Vermögen nach der Übertragung der Gesellschaftsanteile weniger als 10 % des ursprünglichen Gesamtvermögens beträgt.[50] In solchen Fällen kann es sinnvoll sein, den Ehegatten als Vertragspartei des Anteilskaufvertrages mit aufzunehmen. Aus Geheimhaltungsgründen kommt es hier in der Praxis aber eher vor, dass eine separat erteilte **Einwilligung des Ehegatten** lediglich als Anlage zum Anteilskaufvertrag hinzugenommen wird. Schließlich ist zu beachten, dass ein Verstoß gegen § 1365 Abs. 1 BGB zur Unwirksamkeit des gesamten Anteilskaufvertrages führt (sog. **absolutes Veräußerungsverbot**).[51]

bb) Gütergemeinschaft

In den praktisch eher seltenen Fällen der ehevertraglichen Vereinbarung einer Gütergemeinschaft nach §§ 1415 ff BGB können Ehegatten nach §§ 1419 Abs. 1, 1450 Abs. 1 S. 1 BGB nur **gemeinschaftlich** über Gesellschaftsanteile verfügen. Verfügt ein Ehegatte ohne die erforderliche Einwilligung des jeweils anderen Ehegatten, so sind das Verpflichtungs- und das Verfügungsgeschäft gemäß §§ 1453 Abs. 1, 1366 Abs. 1 BGB unwirksam.

69

d) Minderjährige

Für den Fall, dass eine oder mehrere Parteien im Zeitpunkt des Vertragsschlusses noch nicht volljährig sind, bedarf der Anteilskaufvertrag insoweit für diese Parteien grundsätzlich einer **vormundschaftsgerichtlichen Genehmigung** nach §§ 1643 Abs. 1, 1822 Nr. 3 Var. 1 BGB. Hiernach ist eine Genehmigung erforderlich, wenn der Vertrag auf den entgeltlichen Erwerb oder die Veräußerung eines Erwerbsgeschäfts gerichtet ist. Darunter fällt nicht nur die entgeltliche Übertragung von Aktiva und Passiva im Wege des Wirtschaftsgüterkaufes, sondern auch jeglicher entgeltliche Erwerb von Gesellschaftsanteilen.[52] Für die Erteilung der Genehmigung ist nach § 1643 Abs. 1 BGB das **Familiengericht** zuständig. Beim Erwerb oder der Veräußerung von GmbH-Geschäftsanteilen oder Aktien bedarf es jedoch nur dann einer Genehmigung nach § 1822 Nr. 3 BGB, wenn dem Minderjährigen wirtschaftliche Nachteile entstehen können, die über die Risiken einer **reinen Kapitalbeteiligung** hinausgehen.[53] Nach der Literatur werden wirtschaftliche Nachteile angenommen, wenn sämtliche Anteile oder ein wesentlicher Teil hiervon erworben oder veräußert werden.[54] Darüber hinaus ist insbesondere in Fällen, in denen neben dem Minderjährigen auch die **Eltern** Gesellschafter sind oder werden wollen, eine Vertretung des Minderjährigen durch die Eltern nach §§ 1629 Abs. 2 S. 1, 1795 Abs. 1 Nr. 1, Abs. 2, 181 BGB regelmäßig ausgeschlossen. In solchen Fällen ist nach § 1909 Abs. 1 BGB ein **Ergänzungspfleger** beim **Vormundschaftsgericht**[55] zu bestellen.

70

e) Erbrecht

Bei dem Erwerb von Gesellschaftsanteilen aus einer Erbengemeinschaft heraus ist zu beachten, dass Erbengemeinschaften als **Gesamthandsgemeinschaften** nach § 2040 Abs. 1 BGB nur gemeinschaftlich über die Gesellschaftsanteile verfügen können.[56]

71

---

50 BGH NJW 1991, 1739 ff.
51 BGH FamRZ 1964, 25.
52 RGZ 122, 370.
53 BGH FamRZ 1957, 121 ff; *Rotthege/Wassermann*, Mandatspraxis Unternehmenskauf, Rn 421 mwN.
54 Staudinger/*Engler*, § 1822 Rn 41 mwN.
55 Vgl insb. *Servatius*, NJW 2006, 334, 335.
56 Zum weiteren erbrechtlichen Zustimmungserfordernis im Falle der Vorerbschaft sowie der Testamentsvollstreckung vgl Hölters/*Semler*, Unternehmenskauf, VII, Rn 130.

3. Form des Anteilskaufvertrages

72 Bei der anzuwendenden Form des Anteilskaufvertrages ist zwingend zu beachten, dass es hier einige Ausnahmen vom allgemeinen Grundsatz der Formfreiheit von Verträgen gibt. Diese Ausnahmen hängen insbesondere mit der Frage zusammen, welche Gesellschaftsanteile von welcher **Gesellschaftsform** veräußert werden sollen. Ganz allgemein lässt sich sagen, dass als absolute Mindestvoraussetzung – selbst bei einer Formfreiheit des Vertrages – schon aus Darlegungs- und Beweisgründen stets die **Schriftform** gewählt werden sollte.

a) GmbH-Geschäftsanteile

73 Der praktisch wohl am häufigsten vorkommende Ausnahmefall ist – und bleibt auch nach Inkrafttreten des MoMiG – der Erwerb von GmbH-Geschäftsanteilen: Nach § 15 Abs. 4 S. 1 und Abs. 3 GmbHG bedarf sowohl das schuldrechtliche Verpflichtungsgeschäft als auch das dingliche Verfügungsgeschäft der notariellen **Form der Beurkundung** iSd § 128 BGB iVm §§ 1 ff BeurkG. Hinsichtlich des Verpflichtungsgeschäftes ist zu beachten, dass nicht nur die Hauptverpflichtungen der Parteien – nämlich die Abtretung von Gesellschaftsanteilen gegen Zahlung eines bestimmten Kaufpreises – notariell beurkundet werden müssen, sondern dass nach ständiger Rechtsprechung auch **alle Nebenabreden** des Anteilskaufvertrages dieser notariellen Form genügen müssen.[57] Dabei sind nur solche Nebenabreden ausnahmsweise nicht notariell zu beurkunden, die die Parteien auch ohne den Abschluss des Anteilskaufvertrages getroffen hätten.[58] In der Praxis des Unternehmenskaufs kommen solche Nebenabreden als sog. **Side Letters** nicht selten vor. In der Regel sind derartige Abreden – selbst wenn es sich hierbei nur um die Niederschrift eines gemeinsamen Auslegungsverständnisses der Parteien handelt – aufgrund ihrer Nähe zur Veräußerung der Gesellschaftsanteile mit zu beurkundende Nebenabreden. Darüber hinaus sind auch weitere im Zusammenhang mit der Transaktion stehende Verträge hinsichtlich der Form an diesen Rechtssprechungsgrundsätzen zu messen.

74 Für den Fall, dass das Verpflichtungsgeschäft nicht oder nicht vollständig notariell beurkundet worden ist, ist die **Heilungsmöglichkeit** nach § 15 Abs. 4 S. 2 GmbHG zu beachten, wonach die notarielle Beurkundung des dinglichen Verfügungsgeschäftes (hier die Abtretung der GmbH-Geschäftsanteile) zu einer Heilung des formunwirksamen Verpflichtungsgeschäftes führt. Jedoch erfolgt bei einem bedingt abgeschlossenen Verfügungsgeschäft die Heilung erst **mit Bedingungseintritt** (zumindest mit Eingang des Kaufpreises beim Anteilsverkäufer).[59] Schließlich ist anzumerken, dass auch Treuhandverträge über GmbH-Geschäftsanteile grundsätzlich der Beurkundungspflicht unterliegen.[60]

b) Vertrag über gegenwärtiges Vermögen

75 Als weitere Formvorschrift ist auch bei einem Anteilskaufvertrag zwingend zu beachten, dass dieser unabhängig von der Art der Gesellschaftsanteile nach § 311 b Abs. 3 BGB eine notarielle Beurkundung erfordert, wenn der Verkäufer sich durch den Anteilskaufvertrag verpflichtet, sein **gegenwärtiges Vermögen** oder **Bruchteile davon** zu übertragen. Diese Formvorschrift greift jedoch nur, wenn der Vertrag nach dem Willen der Parteien auf die Übertragung des Vermögens als solches gerichtet ist und nur dann, wenn Vertragsgegenstand kein Sondervermögen, wie zB das Sondervermögen einer OHG, ist.[61] Eine Anwendbarkeit dieser Formvorschrift lässt sich zudem vertragsgestalterisch dadurch vermeiden, dass der Vertragsgegenstand (hier die jeweiligen Gesellschaftsanteile an einer Gesellschaft) einzeln aufgeführt sind, denn nach der Rechtsprechung ist in derartigen Fällen die Nichtanwendbarkeit des § 311 b Abs. 3 BGB selbst für den Fall anerkannt, dass die in dem Vertrag aufgeführten Gegenstände praktisch das gesamte Vermögen ausmachen.[62]

---

57 RGZ 112, 236, 239; BGH NJW 1969, 2049, 2049 f; NJW 1996, 3338, 3339.
58 BGH NJW 1981, 222; 2000, 951; BB 2002, 1564.
59 BGH NJW 1998, 2360; BGHZ 138, 195.
60 BGH BB 1990, 1233; Lutter/*Hommelhoff*, § 15 GmbHG Rn 44 ff.
61 RGZ 69, 420; 94, 315; RG JW 10, 242.
62 RGZ 69, 420; BGHZ 25, 4; ZIP 1990, 1544.

c) Rechtsfolgen bei Formverstößen

Ein beurkundungspflichtiger aber nicht beurkundeter Unternehmenskaufvertrag führt nach § 125 S. 1 BGB unweigerlich zur **Nichtigkeit des gesamten Anteilskaufvertrages**, sofern nicht besondere Heilungsvorschriften wie bspw § 15 Abs. 4 GmbHG greifen. Diese Rechtsfolge gilt – wie dargelegt – insbesondere auch für beurkundungspflichtige Nebenabreden.

d) Sonstige typische Gesellschaftsformen

Die Veräußerung von Gesellschaftsanteilen an anderen Gesellschaftsformen, wie bspw Personen(handels)gesellschaften oder Aktiengesellschaften, bedarf hingegen keiner besonderen Form, so dass auch hier wieder aus Darlegungs- und Beweisgründen zumindest die **Schriftform** gewahrt bleiben sollte. Anders als bei der Übertragung von Einzelwirtschaftsgütern bedarf ein Anteilskaufvertrag selbst dann keiner notariellen Beurkundung nach § 311 b Abs. 1 S. 1 BGB, wenn die Gesellschaft, deren Anteile veräußert werden, Grundstücke oder grundstücksgleiche Rechte wie zB Wohnungseigentum oder Erbbaurechte im Aktivvermögen hat; lediglich wenn Vermögensgegenstände/Aktiva in Form von GmbH-Geschäftsanteilen zu übertragen sind, bedarf auch der Wirtschaftsgüterkauf als Ganzes wegen § 15 Abs. 3 und Abs. 4 GmbHG der notariellen Beurkundung.[63]

4. Betroffene Rechtsgebiete beim Anteilskaufvertrag

Ganz unabhängig davon, ob der Rechtsberater bei einem Unternehmenskauf auf Käufer- oder Verkäuferseite steht, hat er folgende **Rechtsgebiete** des privaten und teilweise auch des öffentlichen Rechts besonders zu würdigen:

a) Kaufrecht

Auf einen Kaufvertrag über Gesellschaftsanteile finden ohne anderweitige Vereinbarungen grundsätzlich die Vorschriften der §§ 433 BGB, 453 Abs. 1 Var. 1 BGB Anwendung. Zu beachten ist jedoch, dass Anteilskaufverträge regelmäßig das gesetzliche Haftungsregime so weit wie möglich ausschließen, damit alleinige Grundlage für die Ansprüche zwischen Verkäufer und Käufer ausschließlich der zwischen beiden geschlossene Anteilskaufvertrag nebst den dort vereinbarten Garantien ist. Der Ausschluss des gesetzlichen Kaufrechts nach §§ 433 ff BGB gilt insbesondere mit Blick auf das Kaufgewährleistungsrecht der §§ 434 ff BGB. Im Umkehrschluss bedeutet dies, dass der Anteilskaufvertrag seinerseits **eigene Gewährleistungsregelungen**, häufig als selbstständige Garantien nach § 311 Abs. 1 BGB sowie als Freistellungen ausgestaltet, enthält. Die Grenzen eines Gewährleistungsausschlusses nach Kaufrecht zeigen sich jedoch in § 276 Abs. 3 BGB, wonach eine Haftung wegen Vorsatzes **nicht im Voraus** ausgeschlossen werden kann. Hierbei ist zu beachten, dass auch ein bedingt vorsätzliches Verhalten auf Seiten der Vertragsparteien (zB Behauptungen des Verkäufers „ins Blaue hinein")[64] ausreichen kann, um das eigens für die Übertragung des Unternehmens geschaffene Haftungsregime zu durchbrechen. Daneben regelt ein Anteilskaufvertrag typischerweise auch gesondert die Verjährung von Ansprüchen des Käufers sowie die üblicherweise sehr eingeschränkten Rücktrittsmöglichkeiten der Parteien.

b) Gesellschaftsrecht

Wie bereits dargelegt, enthalten die Satzungen der Gesellschaften, deren Anteile zu übertragen sind, **Vinkulierungen** derart, dass Verfügungen über Gesellschaftsanteile nur mit Zustimmung der Gesellschafterversammlung, der Gesellschafter oder der Zielgesellschaft zulässig sind.[65] Derartige gesellschaftsrechtliche Voraussetzungen für die Übertragung von Gesellschaftsanteilen sind zwingend zu berücksichtigen.

---

63 Siehe auch BGH NJW 1983, 1110; *Holzapfel/Pöllath*, Unternehmenskauf, Rn 906.
64 BGHZ 63, 382, 386; NJW 1998, 302.
65 Siehe Rn 63.

c) Kartellrecht

81 Je nach Größe der beteiligten Unternehmen (insbesondere auch mit Blick auf das Käuferunternehmen) bedarf der Anteilskaufvertrag – sofern die kartellrechtlichen Schwellenwerte durch den Kaufvertrag überschritten werden – Bestimmungen über den Umgang mit den Fusionskontrollentscheidungen der deutschen oder europäischen Kartellbehörden. Dies betrifft nicht nur Mitwirkungspflichten beider Parteien im Zusammenhang mit den Kartellverfahren, sondern insbesondere auch Vollzugshindernisse. Werden diese Grundsätze missachtet oder übersehen, führt dies zu einer unwirksamen dinglichen Übertragung der Gesellschaftsanteile (sog. **Vollzugsverbot**).[66] Deshalb bedürfen kartellrechtlich relevante Anteilskaufverträge aus Käufersicht vor Zahlung des Kaufpreises jedenfalls einer aufschiebenden Bedingung für die Wirksamkeit der Abtretung der Gesellschaftsanteile dergestalt, dass die Gesellschaftsanteile erst dann auf den Käufer übergehen, wenn seitens der jeweils zuständigen Kartellbehörden die Freigabe erklärt worden ist. Umgekehrt sollte der Unternehmenskaufvertrag aber auch Regelungen für den Fall beinhalten, dass die Kartellbehörden der Übernahme der Anteile nicht oder nur unter Auflagen zustimmen.

5. Kaufgegenstand und Übertragungsstichtag

a) Bestimmung des Kaufgegenstandes

82 Der Anteilskaufvertrag muss den Vertragsgegenstand, hier die zu veräußernden Gesellschaftsanteile, konkret bezeichnen. Hierzu gehört nicht nur die Bezeichnung der Gesellschaft und der zu veräußernden **Gesellschaftsanteile** unter Angabe des jeweiligen Nennwertes und/oder der Stückzahl sowie deren Gattung, zB Inhaberstück- oder Vorzugsaktien (nebst konkreten Handelsregisterangaben wie zB Firma, Handelsregisternummer, Bezeichnung des Registergerichts), sondern hier sollten auch die Tochtergesellschaften ebenso konkret aufgeführt sein, da diese – wenn auch nicht unmittelbar Vertragsgegenstand – so doch zumindest mittelbar je nach Höhe der zu erwerbenden Gesellschaftsanteile an der Muttergesellschaft miterworben werden. Zugleich besteht bei der Formulierung der Garantien für das wirksame Bestehen der erworbenen Gesellschaftsanteile nebst Unterbeteiligungen zumindest seitens des Käufers das Interesse und durch eine derartige Formulierung auch die Möglichkeit, insoweit auf diese Bestimmungsklausel zu verweisen.

b) Übertragungsstichtag

83 Der Anteilskaufvertrag sollte einen **wirtschaftlichen** sowie einen **dinglichen Übertragungsstichtag** festsetzen:

aa) Wirtschaftlicher Übertragungsstichtag

84 Die Festlegung des wirtschaftlichen Übertragungsstichtages im Anteilskaufvertrag hat den Zweck, den wirtschaftlichen Übergang der Gesellschaftsanteile und damit des Unternehmens festzulegen. Mit diesem Zeitpunkt wird zwischen den Parteien bestimmt, ab wann dem Käufer die Erträge, insbesondere das **Gewinnbezugsrecht** aus den Gesellschaftsanteilen, zusteht. Der wirtschaftliche Übertragungsstichtag wird regelmäßig auf einen in der Vergangenheit liegenden Zeitraum, häufig zum Ende eines Geschäftsjahres bzw Kalenderjahres, gelegt. Um den Wert der Gesellschaftsanteile zum Zeitpunkt der wirtschaftlichen Übernahme exakt zu bestimmen, bedarf es der Aufstellung einer Bilanz auf den Zeitpunkt des wirtschaftlichen Übertragungsstichtages (sog. **Abrechnungsbilanz**). Diese Unternehmensbilanz stellt schließlich auch die Basis für die Wertermittlung des Unternehmens und damit die Grundlage für die Festsetzung des Kaufpreises dar. Fällt der wirtschaftliche Übertragungsstichtag nicht auf das Ende des Wirtschaftsjahres und wird deshalb die Erstellung einer gesonderten Abrechnungsbilanz erforderlich, so ist – bestenfalls unter Hinzuziehung des Zielunternehmens und ihres Wirtschaftsprüfers – so konkret wie möglich aufzunehmen, nach welchen **Bilanzierungsgrundsätzen** die Abrechnungsbilanz zu welchem Zeitpunkt aufzustellen ist. Der Rückwirkungszeitpunkt kann beim wirtschaftlichen Übertragungsstichtag so weit zurück gewählt werden, wie hierüber

---

66 Vgl bspw Vollzugsverbot nach § 41 Abs. 1 S. 2 GWB.

noch kein Gewinnverwendungsbeschluss durch die Gesellschafter gefasst worden ist, denn mit dem Gewinnverwendungsbeschluss wird der Gewinn der Gesellschaft bereits den Gesellschaftern zugeordnet. Ganz praktisch sollte die Wahl des Übertragungsstichtages – insbesondere bei einer Abweichung vom Wirtschaftsjahr – mit der Zielgesellschaft abgestimmt werden, ob und inwieweit sich zu welchen Stichtagen eine gesonderten Abrechnungsbilanz aufstellen lässt. Generell wird hier wohl jeweils das Ende eines Monats vorrangig sein dürfen, da viele Gesellschaften durch ihr Monatsreporting eher in der Lage sein dürften, eine Abrechnungsbilanz zum Monatsende aufzustellen.

bb) Dinglicher Übertragungsstichtag

Der dingliche Übertragungsstichtag legt den Tag fest, an dem die Gesellschaftsanteile aufgrund Zahlung des Kaufpreises dinglich durch **Abtretung** nach §§ 398 ff BGB auf den Käufer übergehen sollen. Regelmäßig wird der dingliche Übergang der Gesellschaftsanteile nach § 158 Abs. 1 BGB **aufschiebend bedingt** an bestimmte von den Parteien zuvor zu erfüllende Vorraussetzungen, wie insbesondere die vollständige Zahlung des Kaufpreises, geknüpft. Ganz allgemein lässt sich sagen, dass die Anknüpfung des Anteilsüberganges an aufschiebende Bedingungen umso wichtiger ist, je länger der voraussichtliche Zeitraum zwischen Unterzeichnung des Kaufvertrages und dinglicher Übertragung der Gesellschaftsanteile ist. Aber auch für den Käufer sind derartige aufschiebende Bedingungen wichtig, da er von dem Eintritt solcher Bedingungen auch seine Kaufpreiszahlung abhängig machen kann. 85

Selbst wenn alle Gesellschaftsanteile an einer Gesellschaft Gegenstand des Anteilskaufvertrags sind und in dem Vermögen der Gesellschaft auch Grundstücke sind, liegt darin kein Fall des § 925 Abs. 2 BGB, wonach eine Auflassung unter einer Bedingung unwirksam ist.[67] 86

Als aufschiebende Bedingungen (sog. **Conditions Precedent**) für den Übergang der Anteile kommen insbesondere in Betracht: 87

(1) Vollständige Kaufpreiszahlung

Sofern es sich bei den Vertragsparteien nicht ausnahmsweise um Konzernunternehmen und damit um verbundene Unternehmen nach § 15 AktG handelt, muss aus Verkäufersicht jedenfalls die **vollständige Kaufpreiszahlung** eine Bedingung des Verkäufers für die dingliche Übertragung der Gesellschaftsanteile sein. Der Verkäufer stellt hierdurch sicher, dass die Gesellschaftsanteile erst nach Erhalt des vollständigen Kaufpreises oder eines zuvor einheitlich festgehaltenen Kaufpreisteiles auf den Käufer übergehen können: 88

▶ Die Übertragung der Geschäftsanteile steht unter der aufschiebenden Bedingung (§ 158 Abs. 1 BGB) der vollständigen Kaufpreiszahlung. ◀

(2) Kartellfreigabe

Der Käufer wird darauf drängen, dass er erst seinen Kaufpreis zahlen und damit den dinglichen Übergang der Geschäftsanteile auslösen muss, wenn im Falle einer Fusionskontrolle die jeweils zuständige deutsche oder europäische Kartellbehörde ihre Freigabe des Unternehmenszusammenschlusses erteilt hat. 89

Fusionskontrolle nach GWB: Im Falle eines Unternehmenskaufs, der nach §§ 35 ff GWB unter die kartellrechtliche Zusammenschlusskontrolle durch das Bundeskartellamt fällt, laufen die Parteien des Anteilskaufvertrages Gefahr, dass bei einer fehlenden Freigabe des Zusammenschlusses durch das Bundeskartellamt die **dingliche Übertragung** der Gesellschaftsanteile nach § 41 Abs. 1 S. 2 GWB **unwirksam** ist. Im Übrigen stellt ein Verstoß gegen § 41 Abs. 1 S. 1 GWB auch eine Ordnungswidrigkeit nach § 81 Abs. 2 Nr. 1 GWB dar, die mit bis zu 1 000 000 EUR Geldbuße geahndet werden kann. 90

Ein Unternehmenskaufvertrag als Zusammenschlusstatbestand unterliegt nach §§ 35 ff GWB der Fusionskontrolle bei der Überschreitung der Schwellengrenze von **500 000 000 EUR weltweitem Umsatz** der beteiligten Unternehmen (einschließlich der mit ihnen verbundenen Unternehmen nach 91

---

67 Siehe auch *Holzapfel/Pöllath*, Unternehmenskauf, Rn 902; BGH NJW 1983, 1110.

§ 36 Abs. 2 GWB iVm § 17 AktG) und **25 000 000 EUR** Umsatz von mindestens einem beteiligten **Inlandsunternehmens** jeweils bezogen auf das letzte Geschäftsjahr **vor** dem geplanten Zusammenschluss.[68]

Ein vom Bundeskartellamt zu beurteilender **Zusammenschlusstatbestand** liegt nach § 37 Abs. 1 Nr. 1 GWB insbesondere vor, wenn das Vermögen eines anderen Unternehmens ganz oder zu einem wesentlichen Teil erworben wird oder nach Nr. 3, wenn durch einen Erwerb von Anteilen an einem anderen Unternehmen, wenn die Anteile – allein oder zusammen – mit sonstigen dem Unternehmen bereits gehörenden Anteilen 50 % oder 25 % des Kapitals oder der Stimmrechte des anderen Unternehmens erreichen. Sofern der Erwerb von Anteilen, zB durch Erwerb von mehr als 50 %, zu einer Kontrolle des Käufers über die Gesellschaft führt, liegt zugleich auch ein Zusammenschlusstatbestand nach § 37 Abs. 1 Nr. 2 GWB durch Erwerb der unmittelbaren oder mittelbaren Kontrolle des Unternehmens vor.[69] Nicht kontrollpflichtig und damit nicht anzeigepflichtig sind Zusammenschlüsse, die keine sog. Inlandsauswirkung im Sinne von § 130 Abs. 2 GWB haben (regelmäßig zu verneinen, wenn ein Unternehmen Inlandsumsatz aufweist),[70] nichtabhängige Unternehmen zum Gegenstand haben, die im letzten Geschäftsjahr weltweit Umsatzerlöse von weniger als 10 000 000 EUR erzielt haben (sog. de minimis-Klausel nach § 35 Abs. 2 Nr. 1 GWB) oder die nach § 35 Abs.2 Nr. 2 GWB ausschließlich einen Markt betreffen, auf dem seit mindestens fünf Jahren Waren oder gewerbliche Leistungen angeboten werden und auf den im letzten Kalenderjahr weniger als 15 000 000 EUR umgesetzt wurden.

92 Zwischen Unterzeichnung und Vollzug des Anteilskaufvertrages ist mit Blick auf eine erforderliche Kartellfreigabe die **Monatsfrist** des § 40 Abs. 1 GWB zu beachten. Hiernach darf das Bundeskartellamt seine Zustimmung zu einem seiner Kontrolle unterliegenden Zusammenschluss nur dann versagen, wenn es den anmeldenden Unternehmen innerhalb einer Frist von einem Monat seit Eingang der vollständigen und richtigen Anmeldung mitteilt, dass es in die Prüfung des Zusammenschlusses eingetreten ist. Wird der Zusammenschluss im sog. **Hauptprüfungsverfahren** nicht innerhalb einer **Frist von vier Monaten** untersagt oder freigegeben, so gilt nach § 40 Abs. 2 S. 2 GWB der Zusammenschluss als freigegeben (Fiktion). Anmeldepflichtig sind nach § 39 Abs. 2 GWB alle am Zusammenschluss beteiligten Unternehmen sowie in Fällen des Vermögenserwerbs nach § 37 Abs. 1 Nr. 1 GWB und in Fällen des Erwerbs von Anteilen an einem Unternehmen nach § 37 Abs. 1 Nr. 3 GWB auch der Verkäufer der Gesellschaftsanteile. Demzufolge darf der Anteilskaufvertrag im Falle einer Anmeldepflicht entweder erst nach einem Monat dinglich vollzogen werden, ohne dass das Bundeskartellamt das Hauptprüfungsverfahren eingeleitet hat oder bei Einleitung eines Hauptprüfungsverfahrens erst nach vier Monaten, ohne dass das Bundeskartellamt über die Anmeldung positiv oder negativ entschieden hat.

93 **EG-Fusionskontrolle:** Nach § 35 Abs. 3 GWB hat jedoch die EG-Fusionskontrollverordnung Nr. 139/2004 über die Kontrollen von Unternehmenszusammenschlüssen mit gemeinschaftsweiter Bedeutung vom 29.1.2004 Vorrang gegenüber der deutschen Fusionskontrolle durch das Bundeskartellamt nach GWB. Gemeinschaftsweite Bedeutung hat ein Zusammenschluss nach Art. 1 Abs. 2 Buchst. a und b und Abs. 3 Buchst. a bis d EG-Fusionskontrollverordnung, wenn folgende Umsatzschwellen erreicht werden: Entweder ein **weltweiter Gesamtumsatz** aller beteiligten Unternehmen von **mehr als 5 000 000 000 EUR** und ein **gemeinschaftsweiter Gesamtumsatz** von **mindestens zwei der beteiligten Unternehmen** von **jeweils mehr als 250 000 000 EUR** oder (alternativ) ein weltweiter Gesamtumsatz aller beteiligten Unternehmen von zusammen mehr als 2 500 000 000 EUR und ein Gesamtumsatz aller beteiligten Unternehmen in mindestens drei Mitgliedsstaaten von jeweils mehr als 100 000 000 EUR, ein Gesamtumsatz von jeweils zwei beteiligten Unternehmen in den drei Mit-

---

68 Siehe hierzu auch das Merkblatt des Bundeskartellamtes unter www.bundeskartellamt.de/wDeutsch/merkblaetter/Fusionskontrolle/MerkblFusion.shtml.
69 Zur Annahme einer sonstigen Verbindung von Unternehmen nach § 37 Abs. 1 Nr. 4 GWB für den Fall, dass der erwerbende Gesellschafter unterhalb der 25 %igen Schwellgrenze liegt aber einen wettbewerblich erheblichen Einfluss ausüben kann siehe *Holzapfel/Pöllath*, Unternehmenskauf, Rn 52 mwN.
70 Siehe auch Merkblatt Bundeskartellamt zur Inlandsauswirkung unter www.bundeskartellamt.de/wDeutsche/download/pdf/Merkblaetter_deutsch/inlandsauswirkung.pdf.

gliedsstaaten von jeweils mehr als 25 000 000 EUR und ein Gemeinschaftsweiter Gesamtumsatz von mindestens zwei beteiligten Unternehmen von jeweils mehr als 100 000 000 EUR.
Erzielen die beteiligten Unternehmen jedoch jeweils mehr als 2/3 ihres gemeinschaftsweiten Umsatzes in ein und demselben Mitgliedstaat, ist auch bei Überschreiten der oben genannten Schwellenwerte ausnahmsweise weiterhin nach Art. 1 Abs. 2 und 3 EG-Fusionskontrollverordnung eine Zuständigkeit des Bundeskartellamtes gegeben:

▶ Die dingliche Abtretung der Geschäftsanteile kann nach den jeweils anwendbaren kartellrechtlichen Vorschriften uneingeschränkt vollzogen werden. ◀

Mitwirkungspflichten: Trotz Aufnahme einer solchen aufschiebenden Bedingung bedarf der Vertrag zusätzlich auch einer ausdrücklichen Mitwirkungsverpflichtung beider Parteien unter genauer Bestimmung, welche Partei (in der Regel der Käufer) die Kartellanmeldung innerhalb welches Zeitrahmens bei welcher Kartellbehörde einreicht. Bei der Kartellanmeldung und dem anschließenden Fusionskontrollverfahren sind beide Parteien zwischen Vertragsunterzeichnung und dinglichem Übertragungsstichtag aufeinander angewiesen: Nur der Verkäufer kann als (Noch-)Inhaber der Geschäftsanteile die für die Kartellanmeldungen notwendigen Informationen über das Zielunternehmen beschaffen, während nur der Käufer die zwingend erforderlichen kartellrechtlichen Informationen über sein bisheriges Unternehmen erbringen kann. So wird gewährleistet, dass eine vollständige und richtige Kartellanmeldung – ggf auch erst nach einem Hauptprüfungsverfahren – zu einer Freigabe durch die Kartellbehörden führt und damit diese aufschiebende Bedingung des Anteilskaufvertrages eintritt. Die Parteien sollten sich jeweils auch ein Rücktrittsrecht der jeweils anderen Partei für den einräumen lassen, dass die Freigabe nicht rechtzeitig oder nur unter Einschränkungen erfolgt.

94

(3) Niederlegung von Aufsichtsrats- oder Beiratspositionen

Der Käufer hat ebenso ein nicht unerhebliches Interesse an einer Niederlegung von bislang durch den Verkäufer besetzten Aufsichtsrats- und Beiratspositionen vor Zahlung seines Kaufpreises. Insbesondere bei der Übertragung von Aktien einer AG oder einer KGaA sowie in Fällen von Gesellschaftsanteilen einer Gesellschaft, deren Beirat über das Schicksal der Gesellschaft zu entscheiden hat, sollte der Anteilskaufvertrag eine aufschiebende Bedingung des Inhalts enthalten, dass eine Kaufpreiszahlung und damit der Übergang der Anteile erst dann erfolgt, wenn die dem Verkäufer nahe stehenden Personen im Kontrollgremium des Unternehmens ihr Amt schriftlich niedergelegt haben. Hierbei sind die Vorgaben der oft bestehenden **Geschäftsordnung** für den Fall der Niederlegung zu berücksichtigen, um eine wirksame Niederlegung und damit die Erfüllung dieser aufschiebenden Bedingung rechtsfehlerfrei zu ermöglichen. Erst eine formgerechte Niederlegung der Aufsichtsrats- oder Beiratsmandate führt dazu, dass der Käufer durch sofortige Neubesetzung der Gremien ohne Abwarten von Wahlperioden die Kontrolle über das erworbene Unternehmen erhält.

95

(4) MAC-Klausel

In der Praxis kommt in Anteilskauf- sowie auch in Transaktionsfinanzierungsverträgen mit Kapitalgebern als aufschiebende Bedingung für die Zahlung des Kaufpreises und damit für den Vollzug des Vertrages immer öfter eine sog. **MAC-Klausel** (Material Adverse Change) vor, welche für den Fall einer **wesentlichen Verschlechterung der Unternehmenslage zwischen Vertragsschluss und dinglichem Übergang** die Kaufpreiszahlung und damit auch den Anteilsübergang verhindern soll. Zudem wird an den Eintritt eines solchen Ereignisses nicht selten auch ein **Rücktrittsrecht des Käufers** geknüpft, um den bereits geschlossenen Kaufvertrag bei dem Eintritt eines solchen Ereignisses auch wieder rückabwickeln zu können. Aufgrund der Unbestimmtheit und der Weite des Begriffs einer „wesentlich negativen Veränderung" bedarf der Anteilskaufvertrag in dieser Hinsicht in jedem Fall einer **Konkretisierung** in der Weise, dass die Unzumutbarkeitsschwelle bestenfalls durch objektiv nachvollziehbare Bilanzposten oder -kennziffern näher beschrieben wird. Am besten erfolgt eine Konkretisierung anhand der Quantifizierung von überprüfbaren Kriterien wie bspw die Anknüpfung an die Umsatzzahlen des Zielunternehmens im Vergleich zum letzten Jahresabschluss an (zB Umsatzeinbruch bei der Zielgesellschaft von 30 % im Vergleich zu den jeweiligen Vorjahresmonaten). Als sog. **MAC-Ereignis** kommen sowohl **unternehmensspezifische und kapitalmarktbezogene Anknüpfungspunkte** als

96

auch solche Anknüpfungspunkte in Betracht, die an nicht wirtschaftliche Ereignisse wie Kriege, Terroranschläge oder Naturkatastrophen im Wirkungskreis des Zielunternehmens anknüpfen. Während der Käufer versuchen wird, die MAC-Ereignisse so weit wie möglich zu fassen, wird der Verkäufer versuchen, diese Ereignisse auf solche Ereignisse zu beschränken, auf die das Zielunternehmen auch tatsächlich Einfluss hat.

(5) Sofortige Eintragung eines Widerspruchs zur Verhinderung des gutgläubigen Erwerbs

97 Um das Risiko einer zwischenzeitlichen Veräußerung (insb. der Abtretung) der bereits verkauften Geschäftsanteile zu verhindern, sollte der Käufer nach Inkrafttreten des MoMiG unbedingt darauf bestehen, dass nach Unterzeichnung – möglichst noch am Tag der Unterzeichnung – der Verkäufer einen Widerspruch zum Handelsregister (elektronisch) anmeldet, um einen gutgläubigen Erwerb der bereits verkauften Geschäftsanteile durch einen fremden Dritten gemäß § 16 Abs. 3 S. 1 GmbHG-Entwurf zu verhindern. Die Eintragung eines Widerspruchs dürfte dann auch den gutgläubigen Zwischenerwerb gemäß § 161 Abs. 3 iVm § 16 Abs. 3 S. 1 GmbHG-Entwurf verhindern. Für die Praxis wohl zu unsicher dürfte die Variante anstelle der Bedingung sein, dass die Parteien sofort nach Zeichnung – was bereits heute bei größeren Transaktionen üblich ist – eine Pressemitteilung abgeben, welches den Gutglaubensschutz zu einem gewissen Teil zerstören würde (da auch die grob fahrlässige Unkenntnis ausreichen soll).[71]

(6) Weitere aufschiebende Bedingungen

98 Verkäufer und Käufer sind in ihrer Gestaltung frei, welche weiteren zwingend zu erfüllenden aufschiebenden Bedingungen sie in den Unternehmenskaufvertrag einarbeiten. So kommt es bspw vor, dass der Käufer auf der vereinbarten **Sicherheitenübergabe** für die Verkäufergarantien vor Zahlung des Kaufpreises besteht und dieses Verlangen nicht nur als einfache vertragliche Verpflichtung, sondern auch als aufschiebende Bedingung nach § 158 Abs. 1 BGB im Anteilskaufvertrag regeln will. Sofern es sich bei dem Anteilskauf um eine Herauslösung eines Unternehmens aus einer Unternehmensgruppe handelt, verlangt der Verkäufer regelmäßig auch eine vollkommene Loslösung des Zielunternehmens von der gesamten Unternehmensgruppe. Hierunter fällt insbesondere das Begehren des Käufers, dass vor Kaufpreiszahlung alle noch bestehenden **Beherrschungs- und Gewinnabführungsverträge** iSd §§ 291 ff AktG zwischen dem Zielunternehmen und der verbleibenden Unternehmensgruppe des Verkäufers sowie alle noch bestehenden konzerninternen Liquiditätsausgleichsregelungen (sog. **Cash Pooling**) vor Kaufpreiszahlung gekappt werden.

99 Generell bleibt jedoch festzuhalten, dass jede zusätzliche aufschiebende Bedingung ein weiteres **Risiko für das Nichtzustandekommen** des gesamten Anteilskaufvertrages für beide Parteien darstellt, da an die Nichterfüllung der aufschiebenden Bedingungen – sofern die Parteien auf den Eintritt einzelner Bedingungen nicht ausdrücklich einvernehmlich verzichten – nicht selten eine **Rückabwicklung des gesamten Unternehmenskaufvertrages** oder ein **Rücktrittsrecht** der Parteien geknüpft ist. Auch die Aufnahme von aufschiebenden Bedingungen, die ihrerseits die Zahlung des Kaufpreises voraussetzen, verbietet sich. So führt bspw die aufschiebende Bedingung der Übertragung der Unternehmenssicherheiten auf den Käufer zur Finanzierung seines Anteilserwerbs bei seinen Banken zu einem Zirkelschluss, wenn die bisherigen Banken des Verkäufers die bestehenden Sicherheiten nur nach Zahlung des Kaufpreises freigeben. Derartige Verpflichtungen lassen sich nur gesondert als Mitwirkungspflichten der Parteien zwischen Vertragsunterzeichnung und dinglichem Übergang der Anteile in den Kaufvertrag aufnehmen.[72]

---

71 Gesetzesentwurf der Bundesregierung vom 23.5.2007 S. 7.
72 Gelegentlich finden sich in komplexeren Unternehmenskaufverträgen auch noch andere zusätzlich auferlegte Verhaltensweisen der Parteien (insbesondere aber für den noch die Kontrolle über das Zielunternehmen innehabenden Verkäufer) betreffend die Fortführung des Unternehmens zwischen Vertragsunterzeichnung und dinglichem Übertragungsstichtag (sog. Conduct of Business Clause).

6. Kaufpreis

a) Bestimmung des Kaufpreises

In einem Anteilskaufvertrag kann – wie in jedem Unternehmenskaufvertrag – der Kaufpreis für das Unternehmen in vielerlei Weise vertraglich festgeschrieben werden. Grundsätzlich bleibt zunächst festzuhalten, dass sich auch der Kaufpreis für ein Unternehmen wirtschaftlich nach **Angebot und Nachfrage** sowie dem zukünftigen Ertragswert des Unternehmens richtet. Deshalb führen die unzähligen Arten der Unternehmenswertermittlungen nicht immer zu einem marktgerechten Ergebnis. Unabhängig davon, ob die Parteien eines Anteilskaufvertrages einen fixen oder einen variablen Kaufpreis vertraglich vereinbaren wollen, bedarf die Verankerung eines Kaufpreises der vorherigen **Bestimmung des Unternehmenswertes**. Mit anderen Worten: Sowohl der Verkäufer als auch der Käufer müssen in einem ersten Schritt den Wert des zu veräußernden Unternehmens und damit zugleich den Wert der zu erwerbenden Gesellschaftsanteile zu einem zuvor festgelegten Zeitpunkt bestimmen. Zur Bestimmung des Unternehmenswertes gibt es zahlreiche Bewertungsverfahren:

100

aa) Einzelbewertungsverfahren

Der reinen Vollständigkeit halber seien die hier in der Praxis eher selten vorkommenden Verfahren der **Substanz- und Liquidationswertermittlung** als Einzelbewertungsverfahren zu nennen. Beim Einzelbewertungsverfahren wird der Wert eines Unternehmens zu einem bestimmten Stichtag an der Summe seiner bilanzierten Einzelwirtschaftsgüter – ohne Berücksichtigung des Unternehmens als Ganzes und ohne Berücksichtigung seiner zukünftigen Ertragskraft – gemessen.[73]

101

bb) Gesamtbewertungsverfahren

Bei den Gesamtbewertungsverfahren (insbesondere beim Ertragswertverfahren und beim sog. **Discounted Cash-Flow-Verfahren**) wird der Wert eines Unternehmens anhand der **zukünftig** zu erwartenden **Ertragsüberschüsse** bestimmt. Ganz konkret wird der Wert eines Unternehmens aus der Summe der abgezinsten Nettozuflüsse ermittelt:[74]

102

(1) Ertragswertverfahren

Das Ertragswertverfahren ist das in Deutschland praktisch am häufigsten vorkommende Verfahren zur Bewertung eines laufenden Unternehmens.[75] Bei dem (reinen) Ertragswertverfahren entspricht der Wert des Unternehmens dem sog. **Barwert aller zukünftigen erwirtschafteten Überschüsse**. Diese in der Zukunft liegenden Überschüsse werden auf dem Zeitpunkt des Verkaufs (wirtschaftlicher Übertragungsstichtag) abgezinst. Zu beachten ist, dass anhand vergangenheitsbezogener Werte die zukünftigen Erträge unter Berücksichtigung des zukünftigen Umsatz-, Kosten-, Investitions- und Gewinnpotentials zu **prognostizieren** sind. Die Ermittlung der den neuen Anteilseignern künftig zufließenden Barwerte ergibt sich aus der künftigen handelsrechtlichen Überschussrechnung.

103

(2) Discounted Cash-Flow-Verfahren

Das im anglo-amerikanischen Wirtschaftsraum häufig angewandte Discounted Cash-Flow-Verfahren ist ein Gesamtbewertungsverfahren, welches auf die **zukünftige Ertragskraft des Unternehmens** und damit auf die Ertragskraft der zu erwerbenden Gesellschaftsanteile abstellt. Im Unterschied zum Ertragswertverfahren wird jedoch nicht auf die handelsrechtliche Überschussrechnung abgestellt, sondern direkt auf die **Kapitalisierung von Zahlungsmittelüberschüssen** (sog. **Cash-Flows**).[76] Beim Discounted Cash-Flow-Verfahren ist zwischen dem Netto-Verfahren und dem Brutto-Verfahren zu unterscheiden:

104

---

[73] Hölters/*Widmann*, Unternehmenskauf, II, Rn 162 ff.
[74] *Bruski*, BB 2005, 19 und 20.
[75] Hölters/*Widmann*, Unternehmenskauf, II, Rn 42.
[76] Hölters/*Widmann*, Unternehmenskauf, II, Rn 72.

- **Netto-Verfahren:** Beim Netto-Verfahren (sog. **Equity-Approach**) werden lediglich die Zuflüsse an die Eigenkapitalgeber diskontiert, so dass das Ergebnis den **Marktwert des Eigenkapitals** widerspiegelt.
- **Brutto-Verfahren (Entity-Approach):** Während das Netto-Verfahren den Marktwert des Eigenkapitals bestimmt, ermittelt das Brutto-Verfahren (sog. **Entity-Approach**) zunächst den **Gesamtwert des Unternehmens**, in dem der Free Cash-Flow diskontiert wird. Erst in einem zweiten Schritt wird der Marktwert des Fremdkapitals dem Unternehmensgesamtwert abgezogen, so dass sich daraus der Marktwert des Eigenkapitals ergibt.

Auf weitere Unterverfahren der Unternehmenswertermittlung nach dem Brutto-Verfahren, wie bspw. dem WACC-Verfahren und dem APV-Verfahren, soll hier nicht weiter eingegangen werden.[77]

b) Fixkaufpreis

105   In der Praxis kommt – je nach Größe der Transaktion – die Vereinbarung von fixen Kaufpreisen **eher selten** vor. Hintergrund hierfür ist, dass sich der Wert eines Unternehmens im Vergleich zu sonstigen (vergleichbar) großen Kaufgegenständen regelmäßig nach den in der Zukunft durch das Unternehmen zu erwirtschaftenden Überschüssen bestimmt. Dagegen bemisst sich der tatsächliche (zukunftsorientierte) Wert eines Unternehmens gerade nicht nur aus der Summe der vorhandenen Vermögensgegenstände abzüglich vorhandener Schulden.[78] Darüber hinaus wird die Festsetzung eines Fixkaufpreises dadurch erschwert, dass insbesondere bei mittleren und großen Transaktionen der Zeitpunkt des den Kaufpreis festlegenden Vertragsschlusses nicht unerheblich von dem teilweise Monate später liegenden Zeitpunkt der Übertragung der Gesellschaftsanteile liegt. In dieser Zwischenzeit können sich – in positiver wie in negativer Hinsicht – erhebliche Änderungen gerade mit Blick auf den Kassenbestand sowie dem Stand der Finanzverbindlichkeiten ergeben. Selbst wenn der Zeitpunkt des Vertragsschlusses und der Übertragungsstichtag zeitlich nicht so weit auseinander liegen sollten, berücksichtigt ein vom Verkäufer erstellter Jahresabschluss oder eine Zwischenbilanz nicht ausreichend die Interessen des Erwerbers, da bei der Aufstellung dieser Abschlüsse auf Seiten der erstellenden Partei ein nicht unerheblicher **Ermessensspielraum** sowohl handelsrechtlich als auch steuerlich einseitig ausgenützt werden könnte. Fixpreisvereinbarungen, die sich – je nach Ertragskraft des Unternehmens und der vorhandenen stillen Reserven im Unternehmen – nach dem Eigenkapital eines Unternehmens richten, kommen außer bei kleineren Unternehmen, bei denen sich der Prüfungs- und Gestaltungsaufwand angesichts der dadurch verursachten Kosten nicht lohnt, insbesondere in folgenden Fällen vor:

- **Verkauf des Unternehmens** durch die Gesellschafter **an die Geschäftsführung**, bei dem das Management die Bewertung des Unternehmens im Zweifel selbst in Auftrag gegeben hat und die Bewertungsdifferenzen im Rahmen des eigenen Erwerbs positiv kennt (sog. Management **Buyout**).
- **Kauf** eines Unternehmens **aus der Insolvenz**, da der Insolvenzverwalter regelmäßig der von ihm betreuten Insolvenzmasse eine feste Summe zuschreiben möchte.[79]
- **Verkauf** von Unternehmen **aus öffentlicher Hand**.

c) Variable Kaufpreisgestaltungen

106   Viel häufiger kommen in der Praxis die Vereinbarungen von variablen Kaufpreisen vor. Der Hintergrund hierfür liegt im Wesentlichen – wie dargelegt – in dem zeitlichen Auseinanderfallen von Vertragsschluss und dinglichem Übertragungsstichtag. Der variable Kaufpreis setzt sich zusammen aus einem vorläufigen festen Kaufpreis sowie einem zusätzlichen Kaufpreis, der die planmäßigen Veränderungen seit Aufstellung der letzten Bilanz bis zum Übertragungsstichtag berücksichtigt. Für die Bestimmung des endgültigen Kaufpreises bedarf es regelmäßig einer gesondert aufgestellten Abrechnungsbilanz, welche auf den Übertragungsstichtag aufzustellen ist.[80] Anhand dieser Abrechnungsbilanz wird festgestellt, ob und inwieweit die planmäßigen Veränderungen tatsächlich eingetreten

---

77 *Copeland/Koller/Murrin*, S. 18; Hölters/*Widmann*, Unternehmenskauf, II, Rn 81 sowie Rn 95.
78 Hölters/*Widmann*, Unternehmenskauf, II, Rn 44.
79 *Bruski*, BB 2005, 19 ff.
80 Hölters/*Semler*, Unternehmenskauf, VII, Rn 90.

und der im Vertrag festgesetzte variable Kaufpreisteil nachträglich durch Kaufpreisnach- oder -rückzahlungen angepasst werden muss. Mit der Vereinbarung solcher **Kaufpreisanpassungsmechanismen** wird sichergestellt, dass zum dinglichen Übertragungsstichtag ein Kaufpreis gezahlt wird, der dem tatsächlichen Wert zu diesem Zeitpunkt entspricht.

Da bis zum dinglichen Übertragungsstichtag der Verkäufer und danach der Käufer die Kontrolle über das Zielunternehmen hat, besteht das Risiko von Manipulationen mit Blick auf solche Bilanzpositionen, die Einfluss auf den Kaufpreisanpassungsmechanismus und damit auf den Kaufpreis haben. Diese liegen in dem bilanziellen Ermessensspielraum des Zielunternehmens, in fehlenden Definitionen im Rahmen der Kaufpreisanpassungsklauseln sowie in der **Ausnutzung von Bilanzierungs- und Bewertungswahlrechten**. Daher sind in dem Kaufvertrag die Vermögensgegenstände und Schulden zB anhand eines Verweises auf § 266 HGB klar zu definieren. Dies gilt insbesondere auch mit Blick auf Bankguthaben und Kassenbestände sowie Finanzverbindlichkeiten, wenn die Parteien den Verkauf der Gesellschaftsanteile – wie häufig – **frei von Finanzverbindlichkeiten und Kassenbeständen** vereinbart haben (sog. Cash- and Debt Free-Vereinbarung). Durch eine solche Vereinbarung werden am dinglichen Übertragungsstichtag alle Bankguthaben und Kassenbestände den Kaufpreis erhöhen und alle vorhandenen Finanzverbindlichkeiten den Kaufpreis senken. 107

Darüber hinaus sehen Kaufpreisklauseln auch **Schutzmechanismen** dagegen vor, dass der Verkäufer zwischen Vertragsunterzeichnung und dinglichem Übertragungsstichtag keine unangemessene Maßnahmen ergreift, die nach der Kaufpreisformel den Kaufpreis erhöhen. Je nach Kaufpreisformel ist der Käufer insbesondere gegen die folgenden „Gestaltungsmöglichkeiten" des Verkäufers zu schützen: 108

- übermäßiger Einzug von Forderungen;
- unzureichende Begleichung von Verbindlichkeiten;
- unzureichende Anschaffung von Vorräten;
- Unterlassen geplanter Investitionen;
- Veräußerung von Vermögensgegenständen außerhalb des gewöhnlichen Geschäftsverkehrs.

Als Maßstab dessen, was im Einzelfall „übermäßig" oder „unzureichend" ist, können insbesondere die bisherige Praxis und die Planung des Zielunternehmens herangezogen werden. 109

Gelegentlich vereinbaren die Parteien auch einen Besserungsschein (sog. **Earn Out-Klausel**), der dem Verkäufer bei einer positiven Unternehmensentwicklung auch nach der dinglichen Übertragung des Unternehmens einen **nachträglichen Kaufpreis** aufgrund einer positiven Entwicklung zuspricht. Hier hat der Verkäufer unbedingt darauf zu achten, dass diese Klausel so konkret wie möglich gefasst wird, damit der Käufer sich nach Übergang des Unternehmens nicht aus dieser Klausel „stehlen" kann. Insbesondere besteht das Risiko, dass spätere Umstrukturierungen oder Unternehmenskäufe eine positive Unternehmensentwicklung (verursacht durch den Verkäufer) nicht mehr oder nur unter sehr hohem Aufwand nachvollziehen lassen. 110

Wichtig ist schließlich, dass die Abrechnungsbilanz nach den gleichen Finanzierungsgrundsätzen aufgestellt wird wie die bisherigen Bilanzen. Da die Abrechnungsbilanz zum Übertragungsstichtag üblicherweise nur vom Käufer erstellt werden kann, sollte sich der Verkäufer ein **Mitwirkungsrecht** bei der Aufstellung der Abrechnungsbilanz einräumen lassen. Für den Fall, dass sich die Parteien nicht über die Erstellung einer Abrechnungsbilanz einigen, sollte die Kaufpreisklausel nach kurzer Frist die Einleitung eines **gesonderten Schiedsverfahrens** (zB durch einen Wirtschaftsprüfer) vorsehen. Hier wird regelmäßig eine gesonderte Schiedsgutachterklausel entsprechend §§ 317 ff BGB vereinbart. 111

d) Fälligkeit des Kaufpreises

Bei einem Anteilskaufvertrag wird die Fälligkeit des zu zahlenden Kaufpreises regelmäßig **gesondert bestimmt**,[81] da der Kaufpreis ansonsten gemäß § 271 Abs. 1 BGB sofort und nach dem Teilleistungsverbot des § 266 BGB in voller Höhe fällig wäre. Wie dargelegt, wird üblicherweise vereinbart, dass der Kaufpreis (oder ein Teil davon) am **Übertragungsstichtag** zur Zahlung **fällig** wird. Der Verkäufer 112

---

81 *Beisel/Klumpp*, Unternehmenskauf, Rn 617.

sollte darauf achten, dass die Fälligkeit nicht an Bedingungen im Kaufvertrag geknüpft ist, die der Verkäufer nicht beeinflussen kann.

113 Nicht selten wird aufgrund der Höhe des zu zahlenden Kaufpreises eine **Ratenvereinbarung** zwischen den Parteien getroffen, die es dem Käufer ermöglicht, den Kaufpreis in verschiedenen Teilbeträgen zu zahlen. Bei einer derartigen Kaufpreisgestaltung ist zu beachten, dass die zu zahlenden Teilbeträge sowie die jeweils dazugehörigen Fälligkeitsdaten exakt bestimmt werden. Insbesondere sind die Zahlungstermine aller Beträge so genau zu bestimmen, dass im Falle von Verzugszinsen eine Mahnung nach § 286 Abs. 2 Nr. 1 und 2 BGB entbehrlich ist. Für den Fall, dass der Käufer mit einer Kaufpreisrate für einen bestimmten Zeitraum in Verzug gerät, sollte die Fälligkeitsklausel alle übrigen noch ausstehenden Kaufpreisraten einschließlich der bis zu diesem Zeitpunkt aufgelaufenen Zinsen insgesamt fällig stellen.

aa) Verzinsung des Kaufpreises

114 Darüber hinaus sollte eine Kaufpreisklausel neben der Fälligkeit auch die Verzinsung des fälligen Kaufpreises mit **Zinslauf und Höhe** bestimmen. Sofern der Kaufpreis in Teilbeträgen zu erbringen ist, beginnt der Zinslauf regelmäßig im Zeitpunkt der Fälligkeit des ersten Teilbetrages.[82] Diese Vereinbarung dürfte wirtschaftlich auch gerecht sein, da der Käufer durch die Vereinbarung von Ratenzahlungen einen Zahlungsaufschub erhält und der Verkäufer diesen quasi als verzinsliches Darlehen vergütet bekommt.

bb) Rücktrittsrecht

115 Der Verkäufer muss sich überlegen, ob und inwieweit er an den Verzug der Zahlung von Kaufpreisraten zusätzlich auch ein **vertragliches Rücktrittsrecht** knüpfen will. Für den Fall, dass der Käufer den Kaufpreis nicht innerhalb einer bestimmten Frist (zB innerhalb von einem Monat) bezahlt, könnte dem Verkäufer bspw ein Rücktrittsrecht eingeräumt werden.

cc) Ausschluss von Einwendungen des Käufers

116 Für den Verkäufer ist es wichtig, dass der Zahlung des vereinbarten Kaufpreises keinerlei **Einwendungen im weiteren Sinne** (also inklusive Einreden) entgegenstehen können. Insbesondere sollte er eine Aufrechnung nach §§ 387 ff BGB sowie die Einrede des Zurückbehaltungsrechts nach § 273 BGB auf jeden Fall **ausschließen**, sofern der von dem Käufer geltend gemachte Gegenanspruch nicht unbestritten oder rechtskräftig festgestellt worden ist.

dd) Sicherung der Kaufpreiszahlung

117 Der Verkäufer hat ein nicht unerhebliches Interesse an einer Sicherung seines Kaufpreiszahlungsanspruches. Insbesondere wenn auf Käuferseite eine als Vorratsgesellschaft **neu gegründete Erwerbergesellschaft** mit wenig Haft-/Stammkapital die zu erwerbenden Gesellschaftsanteile übernehmen soll, ist dieses Begehren des Verkäufers in Anbetracht des regelmäßig hohen Kaufpreises verständlich. Zwar wird der Verkäufer in dem Kaufvertrag darauf achten, dass die erworbenen Geschäftsanteile erst dann dinglich übergehen, wenn der Kaufpreis – wie vereinbart – beim Verkäufer eingegangen ist. Dennoch kann der Verkäufer Gefahr laufen, dass der Käufer trotz bereits geschlossenen Anteilskaufvertrages seinen vertraglichen Verpflichtungen nicht nachkommt und der Verkäufer nicht in der Lage ist, die Gesellschaftsanteile vereinbarungsgemäß zu übertragen. Zudem kommt bei vorläufigen Kaufpreiszahlungen das Problem hinzu, dass üblicherweise mit der ersten (vorläufigen) Kaufpreiszahlung die Gesellschaftsanteile auf die Erwerbergesellschaft übergehen und der **Restkaufpreis** mangels weiterer Vereinbarungen zwischen den Parteien nicht gesichert ist.

118 Als Kaufpreissicherungsmittel des Verkäufers kommen insbesondere in Betracht:
- Schriftliche, unwiderrufliche, unbedingte und unbefristete Bürgschaft eines im Inland zum Geschäftsbetrieb befugten Kreditinstituts
- Patronatserklärung (sog. **Letter of Comfort**) einer liquiden Muttergesellschaft der Erwerbergesellschaft

---

[82] Rödder/Hötzel/Mueller-Thuns, Unternehmenskauf, § 8 Rn 48.

7. Selbständige Garantien

Typischerweise enthalten Unternehmenskaufverträge – unabhängig davon, ob es sich um einen Anteilskaufvertrag oder um einen Wirtschaftsgüterkauf handelt – ein **eigenständiges abgeschlossenes Haftungsregime**. Dieses Haftungsregime wird regelmäßig durch eine Vielzahl das Zielunternehmen betreffende selbständige Garantien iSd § 311 Abs. 1 BGB sowie durch einen Ausschluss der gesetzlichen Gewährleistungsvorschriften dargestellt.

a) Abgrenzung zu anderen Garantiearten

In Abgrenzung zu einer unselbständigen Garantie, zeichnet sich die selbständige Garantie nach § 311 Abs. 1 BGB dadurch aus, dass der Garantiegeber über einen typischen Vertragsinhalt hinaus **verschuldensunabhängig** für einen bestimmten Erfolg einzustehen hat.[83] Hierbei handelt es sich um **eigenständiges Schuldverhältnis**, welches neben die Rechte aus dem geschlossenen Kaufvertrag tritt.[84] Eine **unselbständige Garantie** dagegen gestaltet ein bereits bestehendes Vertragsverhältnis (zB Kaufvertrag) hinsichtlich der Haftung der Parteien näher aus. Die unselbständige Garantie stellt gerade **kein eigenständiges Schuldverhältnis** neben dem Kaufvertrag dar. Die selbständige Garantie unterscheidet sich von der gesetzlichen Gewährleistung auch insoweit, als das Garantieversprechen regelmäßig auf die Zukunft gerichtet sind, während gesetzliche und insbesondere kaufrechtliche Gewährleistungsvorschriften als Bezugspunkt den Gefahrübergang haben.[85]

Im gesetzlichen Kaufgewährleistungsrecht kommen derartige unselbständige Garantien als **Beschaffenheits- und Haltbarkeitsgarantie** nach § 443 BGB vor. Auch diese Kategorie der unselbständigen Garantien verstärkt und ergänzt die gesetzliche Mängelgewährleistungshaftung des Verkäufers, wonach der Verkäufer die Sache dem Käufer nach § 433 Abs. 1 S. 2 BGB frei von Sach- und Rechtsmängeln zu verschaffen hat. Die Vereinbarung von solchen Beschaffenheits- und Haltbarkeitsgarantien stellt kein eigenständiges Schuldverhältnis nach § 311 Abs. 1 BGB dar. Während eine Beschaffenheitsgarantie eine verschuldensunabhängige Eigenschaftszusicherung in Bezug auf den Kaufgegenstand beinhaltet, handelt es sich bei der Haltbarkeitsgarantie lediglich um eine individualvertragliche Verlängerung der gesetzlichen Gewährleistungsvorschriften kombiniert mit der Beweislastumkehr für den Fall des Auftretens eines Mangels vor Ablauf der Garantiefrist.[86]

b) Abdingbarkeit der gesetzlichen Kaufgewährleistungsvorschriften

Das gesetzliche Kaufgewährleistungsrecht kann und wird bei Unternehmenskaufverträgen grundsätzlich insgesamt **vertraglich abgedungen**. Hierbei gibt es jedoch folgende **Ausnahmen** zu beachten:

aa) Unzulässigkeit eines Haftungsausschlusses nach § 276 Abs. 3 BGB

Für den gesamten Anteilskaufvertrag gilt, dass eine gesetzliche Haftung des Anteilsverkäufers dann nicht **im Voraus** eingeschränkt oder gar ausgeschlossen werden kann, wenn der Umstand der Haftung auf **Vorsatz des Anteilsverkäufers** ruht. Sofern der Anteilskäufer dem Verkäufer ein vorsätzliches Verhalten darlegt und auch beweisen kann, hilft dem Verkäufer der vertragliche Ausschluss des gesetzlichen Kaufgewährleistungsrechts nicht. Der Verkäufer haftet dann zusätzlich aus den im Vertrag abgegebenen selbständigen Garantien und zusätzlich nach gesetzlichem Kaufgewährleistungsrecht gemäß §§ 434 ff BGB sowie insbesondere auch nach Deliktsrecht der §§ 823 ff BGB.[87]

bb) Unzulässigkeit eines Haftungsausschluss nach § 444 BGB

Dem Wortlaut des § 444 BGB zufolge ist ein Ausschluss der Haftung des Anteilsverkäufers nicht möglich, wenn er entweder einen Mangel mit Bezug auf die veräußerten Gesellschaftsanteile arglistig

---

83 Vgl MünchKommBGB/*Westermann*, § 437 BGB Rn 36; *Grunewald*, Das neue Schuldrecht in der Praxis, S. 313.
84 *Fischer*, DStR 2004, 276, 281.
85 MünchKommBGB/*Westermann*, § 443 BGB Rn 1.
86 Vgl auch MünchKommBGB/*Westermann*, § 443 BGB Rn 8 f.
87 Siehe *Holzapfel/Pöllath*, Unternehmenskauf, Rn 442; *Dauner-Lieb/Thiessen*, ZIP 2002, 108 ff; Schröcker, ZGR 2005, 63, 94.

verschwiegen hat, oder wenn „eine Garantie für die Beschaffenheit der Sache übernommen" worden ist. Die zweite Variante des § 444 BGB lässt ihrem Wortlaut nach zunächst vermuten, dass nach (neuem) Kaufgewährleistungsrecht eine Haftungsbeschränkung oder ein Haftungsausschluss im Vergleich zur bisherigen Rechtslage bei Einräumung einer (selbständigen oder unselbständigen) Garantie nicht mehr möglich ist.[88] Obwohl der Gesetzgeber bei der Schuldrechtsreform in § 444 BGB den Garantiebegriff mit dem des § 276 Abs. 1 S. 1 BGB gleichsetzen wollte und somit der Begriff Garantie nicht nur die unselbständige, sondern auch die selbständige Garantie umfassen sollte,[89] beabsichtigte er jedoch lediglich bei der Fassung des § 444 BGB die bisherigen Vorschriften der §§ 443, 446 BGB und § 11 Nr. 11 AGBGB aF in einer Vorschrift zusammenzufassen.[90] Eine darüber hinausgehende Änderung der bisherigen Rechtslage war seitens des Gesetzgebers der Schuldrechtsreform nicht beabsichtigt.[91] Die systematische Auslegung des Garantiebegriffes in § 444 BGB führt dazu, dass die im Kaufgewährleistungsrecht verankerte Ausschlussvorschrift lediglich die ebenfalls im Kaufrecht geregelten (unselbständigen) Beschaffenheits- und Haltbarkeitsgarantien des § 443 BGB betreffen, während sich die selbständigen Garantien nach den allgemeinen schuldrechtlichen Vorschriften der §§ 311 Abs. 1, 241 BGB bestimmen. Der Gesetzgeber hatte nicht beabsichtigt, weitergehend als die bisherigen Vorschriften die Privatautonomie einzuschränken. Schließlich hat der Gesetzgeber 2004 die Vorschrift des § 444 BGB insoweit noch einmal nachträglich korrigiert, dass er einen Haftungsausschluss jetzt nur dann nicht mehr zulässt, *„soweit"* (anstelle von *„wenn"*) ein Mangel arglistig verschwiegen oder eine Garantie für die Beschaffenheit der Sache übernommen wurde.[92] Nach alledem bleibt festzuhalten, dass das Haftungsausschlussverbot des § 444 BGB auf typischerweise im Unternehmenskaufvertrag geregelte selbständige Garantien nach §§ 311 Abs. 1, 241 BGB nicht anzuwenden ist, sondern dass sich das Haftungsausschlussverbot lediglich auf im Kaufrecht geregelte **unselbständige Garantien** beschränkt. Obergerichtliche oder höchstrichterliche Rechtssprechung liegt – soweit derzeit ersichtlich – jedoch (noch) nicht vor und dürfte aufgrund der regelmäßig in Unternehmenskaufverträgen vereinbarten Schiedsklauseln auch in Zukunft nur vereinzelt vorkommen. Somit dürfte das Restrisiko, dass die Rechtssprechung den Garantiebegriff in § 444 BGB entgegen der sich nunmehr gebildeten herrschenden Meinung in der Literatur auslegt, gerade wegen der nachträglichen Gesetzeskorrektur aus 2004 äußerst gering sein.

cc) Kein Ausschluss bei Verbrauchsgüterkauf nach §§ 474 ff BGB

126 Der Vollständigkeit halber sei an dieser Stelle auch erwähnt, dass ein eigenständiges Haftungsregime unter Ausschluss aller übrigen gesetzlichen Kaufgewährleistungsvorschriften dann ausgeschlossen ist, wenn der Verkäufer eines Unternehmens seine Gesellschaftsanteile beim Anteilskauf oder seine beweglichen Vermögensgegenstände beim Verkauf einzelner Wirtschaftsgüter unmittelbar an eine **natürliche Person als Verbraucher** iSd § 13 BGB veräußert. Selbst wenn es sich bei den natürlichen Personen als Käufer um das Management handelt, welches bereits die Geschäftsführung im zu veräußernden Unternehmen inne hatte, handelt es sich bei diesen Personen regelmäßig um Verbraucher nach § 13 BGB. Dies gilt jedoch nicht für persönlich haftende Gesellschafter von Personen(handels-)gesellschaften. Diese Ausnahme gilt selbstverständlich nur dann, wenn auch auf Veräußererseite ein Unternehmer iSd § 14 Abs. 1 BGB auftritt, der den Verkauf des Unternehmens als gewerbliche oder selbständige berufliche Tätigkeit ausübt. Schließlich ist beim Anteilskauf zu berücksichtigen, dass es sich hierbei um einen Rechtskauf, und nicht um einen Sachkauf handelt, sodass insoweit ein eigenes Haftungsregime nicht nach § 475 Abs. 1 BGB gesetzlich ausgeschlossen ist. Auch beim Kauf einzelner Wirtschaftsgüter scheidet eine Anwendung der §§ 474 ff BGB aus, sofern mit dem Kaufvertrag auch Immobilien auf den Käufer als natürliche Person übertragen werden.[93]

---

88 *Von Westphalen*, ZIP 2001, 2107; *Schröcker*, ZGR 2005 63, 94.
89 BT-Drucks. 14/7052, S. 197.
90 BT-Drucks. 14/6040, S. 240 iVm S. 236.
91 *Bergjan*, Unternehmenskauf, S. 321 ff.
92 BT-Drucks. 15/3483, S. 51 ff.
93 *Dauner-Lieb/Büdenbender*, § 8 Rn 80.

c) Typische Verkäufergarantien in Unternehmenskaufverträgen

aa) Allgemeines

Der Umstand, dass in Unternehmenskaufverträgen das gesetzliche Haftungsregime der §§ 434 ff BGB typischerweise vertraglich ausgeschlossen wird, führt dazu, dass das selbstgeschaffene vertragliche Haftungsregime insbesondere aus dem Blickwinkel des Käufers neben dem Kaufgegenstand als solchem alle Bereiche des zu erwerbenden **Zielunternehmens** mit Garantien abdecken muss.

(1) Objektive und subjektive Garantien

Alle in einem Unternehmenskaufvertrag vereinbarten selbständigen Garantien lassen sich in sog. objektive und subjektive Garantien einteilen. Während bei den objektiven Garantien die **Einstandspflicht des Verkäufers** für die Vollständigkeit und Richtigkeit des garantierten Umstandes objektiv und damit frei von jeglicher (subjektiven) Kenntnis versprochen wird, regeln subjektive Garantien solche Umstände, welche für die Einstandspflicht des Verkäufers die **Kenntnis** desselben voraussetzen. Der Unternehmensverkäufer wird typischerweise – wenn er überhaupt schon eine bestimmte Garantie für einen Umstand abgibt – versuchen, diese Garantie so weit wie möglich einzuschränken. Bei einer subjektiven Garantie liegt eine solche Einschränkung in dem Hineinformulieren einer zusätzlichen Voraussetzung in den Kaufvertrag, dass der Verkäufer nur dann für diesen garantierten Umstand haftet, wenn er und/oder das Management der Zielgesellschaft von dem Umstand bei Abschlusses des Unternehmenskaufvertrages auch tatsächlich positive Kenntnis hatte. Bei der Vertragsgestaltung von subjektiven Garantien sind auf Verkäuferseite folgende vertragsgestalterische Feinheiten zu beachten:

Definition des Kenntnisbegriffes: Um spätere Streitigkeiten über die Auslegung des Begriffes Kenntnis im Rahmen einer Geltendmachung von Garantien zu vermeiden, empfiehlt es sich, in dem Unternehmenskaufvertrag den **Begriff der Kenntnis** zu definieren. Das Erfordernis einer Definition zeigt sich insbesondere bei einem Streit um die Frage, ob der Verkäufer und/oder das Management der Zielgesellschaft das Nichtvorhandensein eines garantierten Umstandes positiv kannte oder nach der Legaldefinition des § 122 Abs. 2 Var. 2 BGB infolge Fahrlässigkeit nicht kannte und somit nicht kennen musste. Der Unternehmenskäufer wird regelmäßig – sofern er sich überhaupt auf eine (eingeschränkte) subjektive Garantie einlässt – eine Haftung des Verkäufers verlangen, wenn er oder das Management einen Umstand infolge Fahrlässigkeit nicht kannte. Praktisch von Bedeutung wird die Frage von Kennen und Kennenmüssen auch dann, wenn es sich bei dem erworbenen Unternehmen um einen Konzern mit mehreren Tochtergesellschaften gehandelt hat, wo selbst das Management des Konzerns nicht alle Einzelumstände – insbesondere solche auf Ebene der Tochtergesellschaften – wissen kann, diese aber vertraglich garantiert worden sind.

Bestimmung des Personenkreises: Für den Fall der Vereinbarung von subjektiven Garantien, die auf die Kenntnis von bestimmten Personen abstellt, sollten die Vertragsparteien die **Kenntnisträger** im Unternehmenskaufvertrag ausdrücklich **bestimmen**. Typische Kenntnisträger von Umständen im Unternehmen sind in erster Linie das gesamte Management der Zielgesellschaft nebst dem Management der Tochtergesellschaften und beim Anteilskauf erst zweitrangig die verkaufenden Gesellschafter des Zielunternehmens. So hilft bspw die Vereinbarung einer subjektiven Garantie dem Käufer regelmäßig nicht weiter, wenn der definierte Personenkreis sich auf Personen beschränkt, die über Einzelheiten des zu verkaufenden Unternehmens keine oder nur wenig Detailkenntnisse haben.

Beweislast: Der Käufer muss sich bewusst sein, dass er den Umstand der Kenntnis einer bestimmten Person als Tatbestandsvoraussetzung **darzulegen und zu beweisen** hat, bevor er den Verkäufer aus einer subjektiven Garantie in Anspruch nehmen kann. Hier zeigen sich in der Praxis erhebliche Schwierigkeiten, zumal es sich gerade bei der Kenntnis um **schwer nachweisbare subjektive Faktoren** handelt. Die Beweislastproblematik verschärft sich zudem dann, wenn der Unternehmenskäufer das erworbene Unternehmen mittlerweile an einen Dritten weiterveräußert und damit keinerlei Zugriff auf Unternehmensdaten mehr hat. Aus diesen Gründen ist dem Käufer, der sich auf eine subjektive Garantie einlässt, die Vereinbarung einer Beweislastumkehr zu empfehlen, so dass der Verkäufer seine Unkenntnis oder das Nichtvorliegen einer fahrlässigen Unkenntnis zu beweisen hat.

(2) Zeitpunkt

132 Für alle Parteien ist es wichtig, dass der Zeitpunkt, zu welchem die Garantien abgegeben werden sollen, vertraglich bestimmt wird. Hierzu wird typischerweise zu Beginn ein allgemeiner Zeitpunkt festgelegt, von dem in vereinzelten Garantien ausdrücklich abgewichen wird. Auch hier werden die gegensätzlichen Interessen von Verkäufer und Käufer deutlich: während der Verkäufer so wenig wie möglich haften möchte und daher seine Garantien wenn überhaupt dann grundsätzlich nur zum Zeitpunkt des **Abschlusses des Unternehmenskaufvertrages** abgeben möchte, begehrt der Käufer üblicherweise eine Abgabe aller Garantien sowohl zum Zeitpunkt des Vertragsschlusses als auch zum Zeitpunkt des **dinglichen Übertragungsstichtages**. Hinsichtlich des zweiten Zeitpunkts muss sich der Verkäufer im Klaren sein, dass er derartige Garantien bei Vertragsschluss zusätzlich auch auf einen in der Zukunft liegenden Zeitpunkt abgibt, den er nicht oder nicht vollständig in allen Einzelheiten vorhersehen und beeinflussen kann, selbst wenn er noch bis zur dinglichen Übertragung des Unternehmens teilweise Einfluss ausüben kann. Für den Standpunkt des Käufers spricht, dass dieser erst mit Übergabe des Unternehmens an ihn überhaupt Einfluss auf das erworbene Unternehmen ausüben kann. Bis zum dinglichen Übertragungsstichtag hat der Verkäufer weiterhin die Möglichkeit, die Geschicke des Unternehmens zu lenken. Die Abgabe von Garantien zum Zeitpunkt des Vertragsschlusses und zusätzlich zum Zeitpunkt der dinglichen Übergabe birgt für den Verkäufer die Gefahr, dass er mit der Unterschrift unter dem Vertrag auf einen in der Zukunft gerichteten Zeitpunkt seine Garantie abgibt, ohne die zukünftige Entwicklung des Unternehmens auch tatsächlich wissen zu können. Dies zwingt den Verkäufer dazu, nach Vertragsschluss darauf zu achten, dass die bereits garantierten Umstände sich bis zur Übertragung des Unternehmens nicht nachteilig ändern. Gerade bei den **zukunftsgerichteten Garantien** kann eine Beschränkung auf eine Haftung des Verkäufers für ihm tatsächlich bekannte Umstände interessengerecht sein.

133 Können sich die Parteien – wie so oft – nicht auf eine allgemeine für alle Garantien geltende Bestimmung einigen, so kann der Unternehmenskaufvertrag als **Kompromiss** den Vertragsschluss als maßgeblichen Zeitpunkt vorsehen und bei den entsprechenden Einzelgarantien kann dann je nach Verhandlung ein weiterer oder ein gesonderter Zeitpunkt der Haftung hinzugenommen werden.

bb) Aufbau eines umfassenden Garantienkataloges

134 Wie dargelegt, muss aus Sicht des Käufers der Garantienkatalog so vollumfänglich und umfassend sein, dass das konkrete Unternehmen ohne Einschränkungen und mit der vom Käufer vorausgesetzten Ertragskraft fortgeführt werden kann. Mit anderen Worten: Der Käufer muss sich den **Zustand des Unternehmens** durch selbständige Garantien derart absichern, dass so weit wie möglich jede vorhersehbare aber auch unvorhersehbare Abweichung von den geplanten Erträgen durch die Geltendmachung einer entsprechenden Garantie aufgefangen werden kann. Daher müssen jedenfalls alle wesentlichen und die Ertragskraft eines Unternehmens beeinflussenden Unternehmensgegenstände, Kunden- und Lieferantenbeziehungen sowie die Weiterbeschäftigung von Managern und sonstigen wichtigen Kenntnisträgern so weit wie möglich durch Garantien abgesichert sein. Darüber hinaus hat sich der Käufer für alle während der **Unternehmensprüfung** entdeckten und seitens des Verkäufers nicht oder nicht ausreichend aufgeklärten **Risiken** durch entsprechende zusätzliche Garantien im Unternehmenskaufvertrag abzusichern. Dieses Begehren gilt sowohl für festgestellte Risiken aus der rechtlichen und steuerlichen Unternehmensprüfung als auch bei Risiken oder **Widersprüchen**, die sich bspw im Zusammenhang mit der wirtschaftlichen Unternehmens-, Umwelt- oder aus der Versicherungsprüfung ergeben.

(1) Bestandsgarantien

135 Wohl am bedeutendsten für den Käufer sind die Garantien, wonach der Verkäufer den **Bestand des Kaufgegenstandes** (sog. **unmittelbare Bestandsgarantie**) und den Bestand und die Funktionsfähigkeit von mit dem Kaufgegenstand im Zusammenhang stehenden Wirtschaftsgütern und sonstigen Verhältnissen und Rechten des Unternehmens (sog. **mittelbare Bestandsgarantien**) garantieren lässt. Für den Anteilskaufvertrag bedeutet dies, dass der Verkäufer die Vollständigkeit und Richtigkeit sowie das

Bestehen der zu veräußernden Gesellschaftsanteile ausdrücklich garantiert. Mit Blick auf das MoMiG sollte unbedingt auch aufgenommen werden, dass bis zur Kaufvertragsunterzeichnung keine Verfügungen irgendwelcher Art stattgefunden haben, und dass auch bis zum dinglichen Übertragungsstichtag keinerlei (Zwischen-)Verfügungen erfolgen werden. Es wird neben dem Bestehen des rechtlichen und wirtschaftlichen Eigentums des Verkäufers zumindest **zum Zeitpunkt des dinglichen Übertragungsstichtages** zudem stets garantiert, dass das geschuldete Haftkapital vollständig eingezahlt und nicht zwischenzeitlich zurückgewährt worden ist. Sofern beim Anteilskaufvertrag neben den Gesellschaftsanteilen auch Gesellschafterdarlehen als eigenständiger Kaufgegenstand mit auf den Käufer übertragen werden, muss die Bestandsgarantie immer auch diese **Gesellschafterdarlehen** in gleichem Maße mit umfassen. Insbesondere wird bei den Darlehen garantiert, dass diese wirksam entstanden sind und bis zum Übergang der Darlehen in entsprechend angegebener Höhe tatsächlich nebst Zinsansprüchen bestehen.

Beim **Wirtschaftsgüterkauf** sind im Rahmen der Garantien das Bestehen aller einzeln zu übertragenden Wirtschaftsgüter im Detail aufzunehmen und zu garantieren. Dabei empfiehlt es sich aus Käufersicht, den Begriff der einzelnen Wirtschaftsgüter derart weit zu fassen, dass von diesem Begriff sämtliche für die uneingeschränkte Fortführung des Unternehmens erforderlichen Vermögenswerte (sowohl Sachen als auch Rechte) erfasst werden. Wenn die Zielgesellschaft und/oder deren Tochtergesellschaft Grundstücke besitzen, lässt sich der Käufer das Eigentum, die Art und Lage sowie die **Lastenfreiheit** der entsprechenden **Grundstücke** noch einmal ausdrücklich garantieren. Entsprechendes gilt auch für den umgekehrten Fall, dass das Zielunternehmen gerade keine Grundstücke im Eigentum hat, um hier später bspw nicht mit einem mit Altlasten verseuchten Grundstück konfrontiert zu werden. Darüber hinaus werden auch Bestandsgarantien über das wirksame Bestehen von **Beteiligungen an Tochterunternehmen** sowie an anderen Drittunternehmen durch den Verkäufer abgegeben.

Im Einzelnen lassen sich hier positiv insbesondere folgende Bestandsgarantien aufführen:

- wirksames Bestehen der aufgeführten Beteiligungen, keine Rückgewährung und kein Verstoß gegen Kapitalerhaltungsgrundsätze;
- kein Vorliegen oder Drohen einer Insolvenz (durch Überschuldung oder Zahlungsunfähigkeit), gegebenenfalls kein Vorlegen einer Krise iSd § 32 a Abs. 1 S. 1 GmbHG;
- wirksames Bestehen von Unternehmensverträgen iSd § 291 Abs. 1 S. 1 AktG (Beherrschungs- und/oder Gewinnabführungsverträge);
- ordnungsgemäß aufgestellte Bilanz;
- Existenz eines Eigenkapitalgrundstocks;
- wirksames Bestehen der aufgeführten Grundstücke und grundstücksgleichen Rechte;
- ordnungsgemäßer Zustand und Funktionstüchtigkeit aller Einzelwirtschaftsgüter;
- wirksames Bestehen von nicht gekündigten oder beendeten Kunden- und Lieferantenverträgen;
- wirksames Bestehen gewerblicher Schutz- und Namensrechte sowie Know-how;
- wirksames Bestehen aller behördlichen Erlaubnisse und Konzessionen für die gesamte wirtschaftliche Tätigkeit des Unternehmens;
- wirksames Bestehen aller aufgezeigten ungekündigten Versicherungsverträge;
- wirksames Bestehen aller Beschäftigungsverhältnisse, insbesondere des Managements sowie der sonstigen Führungskräfte.

(2) Bilanzgarantie

Eine besondere Form der Bestandsgarantie stellt die Bilanzgarantie dar. Sie ist eine der wichtigsten Garantien für den Käufer. Der Verkäufer versichert hier die **Richtigkeit seiner Jahresabschlüsse**. Die Ausformulierungen der Bilanzgarantie sind vielfältig und wiederum interessenabhängig: Der Unternehmenskäufer wird regelmäßig die Vollständigkeit und Richtigkeit der Jahresabschlüsse zugesichert haben wollen, während der Verkäufer allenfalls zusichern will, dass Jahresabschlüsse nach (bester) Kenntnis des Verkäufers gemäß § 264 Abs. 2 S. 1 HGB aufgestellt worden sind. Durch diese Einschränkung hat der Verkäufer nach der Bilanzgarantie nur für solche Unrichtigkeiten in der Bilanz einzustehen, die er positiv kannte oder kennen musste.[94] Einen **Mittelweg** ebnet hier § 264 Abs. 2 S. 1 HGB, wonach der Jahresabschluss unter Beachtung der Grundsätze ordnungsgemäßer Buchführung **ein den tatsächlichen Verhältnissen entsprechendes Bild der Vermögens-, Finanz- und Ertragslage** der Gesellschaft zu vermitteln hat. Darüber hinaus will der Käufer einer Unternehmensgruppe regelmäßig den konsolidierten Jahresabschluss sowie die Einzelabschlüsse der letzten Jahre zugesichert bekommen, während der Verkäufer allenfalls den letzten konsolidierten Jahresabschluss zusichern will. Gelegentlich lässt sich der Käufer auch die vorgelegte Planbilanz oder den Businessplan garantieren, da diese die Grundlage der Unternehmensbewertung und damit der Kaufpreisbildung darstellen. Formulierungsbeispiel für eine objektive Bilanzgarantie:

▶ Die Einzeljahresabschlüsse der Gesellschaft der Geschäftsjahre ... sind vollständig und richtig aufgestellt. ◀

139 Die Bilanzgarantie muss unter der Wahrung der **Ansatz- und Bewertungsstetigkeit** nach §§ 252 Abs. 1 Nr. 6 HGB abgegeben werden, da ohne Bewertungsstetigkeit ein Vergleich mit den Vorjahren nicht oder nur eingeschränkt möglich ist und die Bilanzgarantie ansonsten leerliefe.

140 Obwohl die Generalklausel des § 264 Abs. 2 S. 1 HGB bereits das international anerkannte „**True and Fair View-Prinzip**" für die Aufstellung eines Jahresabschlusses enthält[95] und voraussetzt, dass sowohl die Vermögenslage (Verhältnis von Vermögen und Schulden), die Finanzlage (Finanzierung und Liquidität) als auch die Ertragslage (Aufwendungen und Erträge der letzten Rechnungsperiode) die ordnungsgemäße Bildung von angemessenen Rückstellungen und die Vornahme von Pauschalwertberichtigungen voraussetzt, werden diese **Details** nicht selten auch noch einmal ausdrücklich im Unternehmenskaufvertrag geregelt. Somit garantiert der Verkäufer die ausreichende Bildung von Rückstellungen für ungewisse Verbindlichkeiten und drohende Verluste aus schwebenden Geschäften nach § 249 HGB. Zudem garantiert der Verkäufer, dass die Gesellschaft entsprechend § 253 Abs. 3 HGB ausreichende Einzel- und/oder Pauschalwertberichtigungen vorgenommen hat.

(3) Eigenkapitalgarantie

141 Typischerweise drängt der Käufer auf die Abgabe einer Eigenkapitalgarantie durch den Verkäufer. Hiernach sichert der Verkäufer dem Käufer objektiv einen bestimmten vertraglich festgelegten **Eigenkapitalwert des Unternehmens** zum Übertragungsstichtag zu:

▶ Das bilanzierte Eigenkapital der Gesellschaft beträgt per 31.12.2006 mindestens 1 000 000 EUR. ◀

Sofern sich später herausstellen sollte, dass das tatsächliche Eigenkapital zu dem jeweils bestimmten Zeitpunkt betraglich unter dem garantierten Eigenkapitalbetrag liegt, löst allein dieser Verstoß gegen diese Eigenkapitalgarantie die sofortige Zahlung des Differenzbetrages an den Käufer aus.

cc) Rechtsfolgen bei Garantieverstößen

142 Die Regelung eines eigenständigen Haftungsregimes führt zur Formulierung eines **selbständigen Rechtsfolgensystems**, sofern nicht ausdrücklich auf die käuferfreundlichen Rechtsfolgen der §§ 249 ff BGB verwiesen wird. Doch selbst bei Verweis auf das gesetzliche Schadensrecht sind bei einem Unternehmenskaufvertrag hiervon abweichende Vereinbarungen unerlässlich:

(1) Art und Umfang des Schadenersatzes

143 Wie bei dem Schadensrecht der §§ 249 ff BGB hat auch bei einem Unternehmenskaufvertrag der Verkäufer nach § 249 Abs. 1 BGB den Zustand wiederherzustellen, der bestünde, wenn der zum Ersatz verpflichtende Umstand nicht eingetreten wäre (sog. **Naturalrestitution**). Damit gilt auch hier der Grundsatz der Vorrangigkeit der Naturalrestitution. Erst wenn eine Schadensbegleichung durch Naturalrestitution zB wegen Verletzung einer Person oder wegen Beschädigung einer Sache nicht möglich oder unverhältnismäßig ist, besteht ein Anspruch des Käufers entsprechend § 249 Abs. 2 BGB auf den zur Wiederherstellung erforderlichen Geldbetrag. Der Käufer eines Unternehmens sollte sich jedoch auf die Naturalrestitution des Verkäufers nicht oder nur unter Setzung einer

---

94 Zur Einschränkung des Kenntnis habenden Personenkreises siehe Rn 130.
95 Vgl nur Baumbach/Hopt, § 264 HGB Rn 9.

sehr kurzen Frist einlassen, so dass entweder sofort nach Verletzung der Garantie der dadurch eingetretene Schaden unmittelbar – oder wenigstens nach Ablauf der Frist – in Geld zu ersetzen ist. Denn regelmäßig hat der Verkäufer im Garantiefalle keinerlei Einfluss auf das Unternehmen mehr. Da der Schadensbegriff – sofern nicht eigenständig definiert – in Anlehnung an §§ 249 ff BGB die mittel- und unmittelbaren Vermögensschäden ebenso einbezieht wie den Nichtvermögensschäden, empfiehlt sich für den Verkäufer eines Unternehmens die **Einschränkung des Schadensbegriffes** auf unmittelbare Vermögensschäden, so dass lediglich mittelbare Schäden und Nichtvermögensschäden aus der Schadensdefinition ausgeklammert werden:

▶ Mit Ausnahme der in diesem Unternehmenskaufvertrag vereinbarten Rücktrittsgründe ist ein darüber hinausgehender Rücktritt aus anderen Gründen ausgeschlossen. ◀

Ein weiterer Streitpunkt stellt stets der Ersatz des **entgangenen Gewinns** dar: Sofern der Verkäufer den entgangenen Gewinn entsprechend § 252 BGB nicht ausdrücklich aus seinem Schadensbegriff ausklammert, haftet er dem Käufer auch für den aufgrund der Garantieverletzung nicht erwirtschafteten Gewinn, der entsprechend § 252 S. 2 BGB nach dem gewöhnlichen Lauf der Dinge oder nach den besonderen Umständen mit Wahrscheinlichkeit vom Käufer erwartet werden konnte. Für den Fall, dass der Verkäufer auch für den entgangenen Gewinn des Käufers einstehen soll, ist weiter zu klären, ob die in § 252 S. 2 BGB enthaltene **Beweiserleichterung**[96] auch zwischen Verkäufer und Käufer Anwendung finden soll. Auch wenn die gesetzlichen Kaufgewährleistungsfolgen wie Nacherfüllung, Minderung, Rücktritt und Schadenersatz nach § 437 BGB bereits vollumfänglich vertraglich ausgeschlossen wurden, sollte in dem Unternehmenskaufvertrag der Rechtsfolgenhinweis nicht fehlen, dass ein Verstoß gegen eine selbständige Garantie gerade nicht zum Rücktritt und damit nicht oder nur unter ganz bestimmten Umständen wie bspw für die fehlende Zustimmung der Kartellbehörden zur Rückabwicklung des gesamten Unternehmenskaufvertrages führen kann. Eine **Rückabwicklung des gesamten Unternehmenskaufs** ist im Regelfall für keine der Parteien sinnvoll, insbesondere mit Blick auf den unter Umständen bereits sehr langen Zeitablauf zwischen Übernahme des sich ständig verändernden Unternehmens durch den Käufer und Geltendmachung der Garantie. Zwischenzeitliche Umstrukturierungen sowie Zu- und Verkäufe machen eine Rückabwicklung eines organischen Unternehmens faktisch unmöglich. Lediglich in Fällen schwerster Mängel des Unternehmens kann eine Rücktrittsfolge in Betracht gezogen werden.

(2) Haftungsausschluss bei Kenntnis

Die Parteien müssen sich in dem Unternehmenskauf auch darüber einigen, ob und inwieweit die Kenntnis des Käufers von Umständen, die eine Garantiehaftung auslösen, zu einem Ausschluss der Haftung führen soll. Der Verkäufer wird versuchen, durch einen Verweis auf § 442 Abs. 1 BGB, die Haftung für diese Umstände auszuschließen. Hiernach haftet der Verkäufer somit nicht, wenn der Verkäufer die zur Garantieverletzung geführten Umstände zB aufgrund der Unternehmensprüfung bei Vertragsschluss **positiv** gekannt hat. Sofern sich der Käufer auf diese Haftungsbeschränkung des Verkäufers einlässt, sollte er diesen Haftungsausschluss durch die Definition der Kenntnis einerseits und des Kenntnisträger-Personenkreises andererseits so weit wie möglich einschränken. Auch hier sollte klargestellt werden, ob Kenntnis nur die positive oder auch die **grob fahrlässige Unkenntnis** beinhaltet. Die Festlegung des Personenkreises der Kenntnisträger ermöglicht es beiden Parteien, ihr Haftungs- bzw -ausschlussrisiko zu bewerten. Einigen sich die Parteien auf einen bloßen Verweis auf die Anwendbarkeit des § 442 BGB, so sollte klar sein, dass bei positiver Kenntnis des Käufers von garantiebegründenden Umständen die **Haftung des Verkäufers insgesamt entfällt**, während der Verkäufer bei grob fahrlässiger Unkenntnis des Käufers nur dann entsprechend § 442 Abs. 1 S. 2 BGB haftet, wenn der Verkäufer die Umstände arglistig verschwiegen hat. Da auch hier Kenntnisumstände in der Sphäre des Käufers vom Verkäufer regelmäßig nur schwer nachzuweisen sind, diese aber nach § 442 Abs. 1 BGB vom Verkäufer darzulegen und zu beweisen sind, fällt es dem Verkäufer in der Praxis schwer, diese seine Haftung ausschließenden Umstände im Bestreitensfalle darzulegen und zu

---

96 BGHZ 29, 399; 74, 224; NJW 1983, 758 ff.

beweisen. Die Vereinbarung einer Beweislastumkehr zu Lasten des Käufers wird andererseits nur schwer durchzusetzen sein, da dieser für die Entkräftung des Haftungsausschlusses darzulegen und zu beweisen hätte, dass er von bestimmten Umständen gerade keine Kenntnis hatte bzw diese Umstände nicht kennen musste.

146 Für den üblichen Fall, dass den Verhandlungen eine Unternehmensprüfung vorausgegangen ist, sollte seitens des Verkäufers versucht werden, einen Haftungsausschluss insoweit zu erreichen, als im **Datenraum** veröffentlichte Sachverhalte nicht zu einer Haftung führen. Diese üblicherweise auch vom Verkäufer darzulegenden und zu beweisenden Ausschlussumstände bedürfen jedoch einer detaillierten Dokumentation der im Datenraum insgesamt offen gelegten Dokumente. Hier bietet es sich an, das Inhaltsverzeichnis mit allen im Datenraum zur Verfügung gestellten Dokumenten als gesonderte Anlage dem Unternehmenskaufvertrag anzufügen und den Datenraum als solchen gesondert zu versiegeln und zu hinterlegen. Bei einem virtuellen Datenraum dürfte der Nachweis aufgrund der Zugriffsprotokolle einfacher zu führen sein.

(3) Haftungsgrenzen

147 Der Verkäufer wird gegenüber dem Käufer **Haftungshöchst- und -mindestgrenzen** durchzusetzen versuchen, welche seine Haftung weiter einschränken.

148 **Haftungshöchstgrenzen:** Die Haftungshöchstgrenze (sog. **Cap**) gibt dem Verkäufer die Gewissheit, dass er **maximal** – unabhängig von den noch zukünftig geltend gemachten Garantien – bis zu dem vereinbarten Betrag gegenüber dem Käufer haftet. Dieser Haftungshöchstbetrag sollte aus Verkäufersicht auch allumfassend sein, und damit bspw gesondert im Unternehmenskaufvertrag geregelte Freistellungen mit umfassen. Hierauf wird sich der Käufer aber nicht immer einlassen wollen.

149 **Mindesthaftungsbeträge:** Die Vereinbarung von Mindesthaftungsbeträgen schützt den Verkäufer vor der Geltendmachung vieler einzelner Garantieverletzungen mit Kleinstbeträgen. Verkäufer und Käufer haben bei der Festlegung dieses Bagatellschwellenwertes zu beachten, ob es sich bei diesem sog. **de minimis-Betrag** um eine einzelfallbezogene sog. **Freigrenze** handelt, wonach ab Überschreiten dieses Betrages der gesamte Betrag vom Käufer verlangt werden kann, oder ob es sich hierbei um einen sog. **Freibetrag** handelt, wonach der Käufer bei Überschreiten des vereinbarten Mindestbetrages nur den Mehrbetrag gegenüber dem Verkäufer geltend machen kann.

(4) Weitere Haftungseinschränkungen

150 Üblicherweise vereinbaren die Parteien einen Haftungsausschluss des Verkäufers, wenn für einen Umstand, der unter eine oder mehrere selbständige Garantien des Vertrages fällt, **Rückstellungen** gebildet worden sind, die das verwirklichte Risiko gerade abdecken sollten. Der Verkäufer hat den im Übrigen gewinnmindernden Rückstellungsaufwand gerade aus dem Grund gebildet, um im Falle des Eintritts der ungewissen Verbindlichkeit oder der Realisierung des drohenden Verlustes die Rückstellung auflösen zu können. Des Weiteren sollte der Verkäufer einen Haftungsausschluss für den Fall erreichen, dass ein garantieauslösender Umstand zugleich von einer **Versicherung** des Zielunternehmens beglichen wird. Sofern sich der Käufer hierauf einlässt, wird er versuchen, diese Haftungseinschränkung näher dahingehend zu konkretisieren, dass die Haftung nur dann ausgeschlossen ist, wenn die Versicherungsgesellschaft auch tatsächlich innerhalb einer bestimmten (kurzen) Frist nach Meldung des Versicherungsfalles an die Gesellschaft zahlt.

dd) Verjährung

151 Ein Unternehmenskaufvertrag enthält üblicherweise auch **eigenständige Regelungen** über die Verjährung von Ansprüchen des Käufers aus selbständigen Garantien, da die gesetzlichen Verjährungsvorschriften der §§ 194 ff BGB für diese besondere Art des Unternehmenskaufs nicht für alle Garantien gleichermaßen interessengerecht sind: Wenn das gesetzliche Verjährungsrecht der §§ 194 ff BGB nicht vertraglich ausgeschlossen ist, so beträgt die Verjährung der Ansprüche aus den selbständigen Garantien des Verkäufers drei Jahre beginnend mit dem Schluss des Jahres, in dem der Anspruch nach §§ 195, 199 Abs. 1 BGB objektiv entstanden ist und der Käufer von den anspruchsbegründenden Umständen Kenntnis erlangt hat oder ohne grobe Fahrlässigkeit hätte erlangen müssen. Diese

gesetzliche Regelung passt nicht auf den Verkauf eines Unternehmens, da es je nach gewährter selbständiger Garantie unterschiedliche Bedeutung hat, wann ein Anspruch nicht mehr geltend gemacht werden kann. Für Garantien, die sich unmittelbar auf den **wirksamen Bestand des Kaufgegenstandes** (zB beim Anteilskaufvertrag auf das wirksame Bestehen der Anteilsinhaberschaft) beziehen, hat der Käufer ein berechtigtes Interesse an einer vergleichsweise längeren Verjährungsfrist, als für garantierte das **laufende Geschäft** betreffende Umstände. In der Praxis finden sich hinsichtlich der ersten Gruppe Verjährungsfristen von üblicherweise drei bis zehn Jahren während die das laufende Geschäft betreffenden Garantien dagegen regelmäßig zwischen einem und fünf Jahren betragen. Für den Käufer wird hinsichtlich der zweiten Gruppe stets von Bedeutung sein, in welchen Zeiträumen er sich ein Bild von den übernommenen Unternehmen machen kann und einen in **Eigenregie** aufgestellten Jahresabschluss mit den von dem Verkäufer garantierten Umständen zu vergleichen in der Lage ist. Der Käufer sollte darauf achten, dass vom Verkäufer gewährte Freistellungen – anders als die gewährten Garantien – zwingend einer gesonderten Verjährungsregelung unterliegen, da Freistellungsrisiken typischerweise nicht für den Käufer erkenntlich waren.

Hinsichtlich des **Verjährungsbeginns** sollte ebenfalls abweichend von der gesetzlichen Regelung des § 199 Abs. 1 BGB ausschließlich objektiv auf einen bestimmten Zeitpunkt abgestellt werden. Hier bietet sich insbesondere der Zeitpunkt des **dinglichen Unternehmensübergangs** vom Verkäufer auf den Käufer an. Erst in diesem Zeitpunkt übernimmt der Käufer das Unternehmen und kann dieses beeinflussen.

152

ee) Kein gesetzliches Gewährleistungsrecht

Sofern nicht bereits zu Beginn des Garantienkataloges klargestellt worden ist, dass ausschließlich dieser Unternehmenskaufvertrag das Verhältnis zwischen Käufer und Verkäufer regelt und dass das gesetzliche Gewährleistungsrecht gerade nicht greifen soll, haben die Parteien diesen Zusatz am Ende des Garantienkataloges bei den Rechtsfolgen noch einmal ausdrücklich aufzunehmen und auf das eigenständige Haftungsregime unter **Ausschluss** jeglicher **gesetzlicher Vorschriften** hinzuweisen. Dieser Ausschluss sollte im Übrigen auch die sonstigen gesetzlichen Ansprüche – soweit möglich – wie bspw solche aus Verschulden bei Vertragsschluss im Vorfeld der Unterzeichnung des Unternehmenskaufvertrages mit umfassen.

153

d) Käufergarantien

Auch der Verkäufer hat – schon wegen der Hauptpflicht des Käufers auf Zahlung des üblicherweise nicht unerheblichen Kaufpreises – neben der Kaufpreisabsicherung ein berechtigtes Interesse daran, dass der Käufer zumindest im Wege einer selbständigen Garantie nach § 311 Abs. 1 BGB das **Bestehen seiner Erwerbergesellschaft** ausdrücklich garantiert. In diesem Zusammenhang bestehen manche Verkäufer auch auf der Abgabe der Garantie durch den Käufer, dass die gegenüber dem Verkäufer auftretenden Personen, die den Unternehmenskaufvertrag zeichnen, zur **Vertretung der Gesellschaft** berechtigt sind. Insbesondere bedarf es bei ausländischen Käufergesellschaften einer Garantie, dass die entsprechenden Gremien der Gesellschaft wie bspw die Haupt- oder Gesellschafterversammlung der Unterzeichnung des Unternehmenskaufvertrages zugestimmt haben.

154

8. Freistellungen

Im Vergleich zu den selbständigen Garantien zeichnen sich vom Verkäufer gewährte Freistellungen dadurch aus, dass sie auf Tatbestandsebene Risiken betreffen, die dem Grunde nach bestehen, deren Eintritt und Ausmaß jedoch noch unbekannt sind.[97] Auf Rechtsfolgenseite kennzeichnet solche Freistellungen, dass es hier nicht erst zu einem Schadenseintritt kommen muss; vielmehr hat der Käufer bereits bei Vorliegen des Freistellungstatbestandes das Recht, sich durch den Verkäufer von der **Verbindlichkeit** gegenüber einem Dritten **befreien** zu lassen.

155

---

97 *Knott-Mielke*, Unternehmenskauf, Rn 645.

156 Bei Vorliegen des Freistellungstatbestandes kann der Käufer so zB vom Verkäufer durch einfache Vorlage eines behördlichen Bescheides verlangen, dass der Verkäufer diesen für den Käufer gegenüber der bescheidenden Behörde mittels Zahlung direkt begleicht. Üblicherweise kommen solche Freistellungen in den Unternehmenskaufverträgen als **Steuerfreistellungen** und **Freistellungen für Umweltlasten** vor:

a) Steuerfreistellungen

157 Jeder Unternehmenskaufvertrag mit Dritten enthält üblicherweise eine Freistellung des Verkäufers gegenüber dem Käufer für Nachforderungen von **Steuern** iSd § 3 Abs. 1 AO und **Sozialversicherungsbeiträgen** iSd Sozialgesetzbücher betreffend den Zeitraum bis zum dinglichen Übertragungsstichtag. Eine solche Zusage des Verkäufers ist üblicherweise als eigenständige Freistellung ausgestaltet, da der Käufer von derartigen Nachforderungen aus einer Zeit, in dem noch der Verkäufer das Unternehmen führte, sofort freigestellt werden will. Eine Ausgestaltung als Garantie mit einer vorrangigen Schadenersatzfolge ist hier systematisch[98] nicht passend, da der Verkäufer gar nicht in der Lage sein wird, die Nachforderung im Wege der Naturalrestitution aus der Welt zu schaffen. Darüber hinaus dürfte es für den Käufer von Interesse sein, dass der Verkäufer auch von sonstigen (freiwilligen) Aufwendungen und Schäden freistellt, die durch unrichtige, unvollständige, oder nicht rechtzeitig abgegebene Steuer- und Sozialversicherungserklärungen entstanden sind.

158 Der Verkäufer wird hier regelmäßig jedoch wiederum verlangen, dass eine Freistellung dann nicht erfolgt, wenn und soweit hierfür in der Gesellschaft entsprechende angemessene **Rückstellungen** gebildet worden sind. Der Käufer sollte bereits im Vorfeld die Zusage von dem Verkäufer verlangen, dass für die Gesellschaft ausreichend Rückstellungen gebildet worden sind. Hierdurch schützt sich der Käufer vor unzureichend gebildeten Rückstellungen, die für die geltend gemachten behördlichen Nachforderungen nicht ausreichen.

b) Umweltfreistellungen

159 Insbesondere, wenn es sich bei der Zielgesellschaft um ein Unternehmen aus dem **produzierenden Gewerbe** handelt, sollte bereits im Rahmen der umweltrechtlichen Unternehmensprüfung darauf geachtet werden, ob und inwieweit – insbesondere bei im Eigentum der Gesellschaft stehenden Grundstücken – **Umweltbelastungen oder Altlasten** vorliegen. Für den Fall, dass solche bereits bei der Unternehmensprüfung aufgedeckt worden sind, aber auch für den Fall, dass das Vorhandensein von Altlasten nicht ausgeschlossen werden kann, wird der Käufer die Abdeckung dieses Risikos durch eine Umweltfreistellung verlangen. Zum Zeitpunkt des Vertragsschlusses steht noch gar nicht fest, ob überhaupt und, wenn ja, welche Altlasten aufgrund umweltbehördlicher Aktivitäten auf den Käufer zukommen. Bei der Abgabe einer solchen Freistellung sollte der Käufer im Minimum die Vorgaben des am 1.3.1999 in Kraft getretenen **BBodSchG** beachten.[99] Nach § 3 Abs. 1 BBodSchG findet dieses Gesetz Anwendung auf **Bodenveränderungen** und **Altlasten**. Ausgenommen sind jedoch nach § 3 Abs. 2 BBodSchG Verunreinigungen durch radioaktive Stoffe sowie Kampfmittelverunreinigungen. Der Käufer muss sich überlegen, ob die in § 2 Abs. 3 BBodSchG legal definierten schädlichen „Beeinträchtigungen der Bodenfunktionen, die geeignet sind, Gefahren, erhebliche Nachteile oder erhebliche Belästigungen für den einzelnen oder die Allgemeinheit herbeizuführen", seinen konkreten Unternehmenserwerb abdecken.

160 Selbiges gilt für **Altlasten** nach § 2 Abs. 5 BBodSchG, die als „stillgelegte Abfallbeseitigungsanlagen sowie sonstige Grundstücke, auf den Abfälle behandelt, gelagert oder abgelagert worden sind" sowie als „Grundstücke stillgelegter Anlagen und sonstige Grundstücke, auf denen mit umweltgefährdeten Stoffen umgegangen worden ist, ausgenommen Anlagen, deren Stilllegung einer Genehmigung nach dem Atomgesetz bedarf", definiert werden. Zu beachten ist, dass seitens der Umweltbehörden neben

---

[98] Obwohl auch die Naturalrestitution nach § 249 Abs. 1 BGB mittelbar einen Befreiungsanspruch mit umfasst, vgl § 257 BGB.
[99] Bis zum Inkrafttreten des BBodSchG galten für Bodenaltlasten inklusive Gewässerverunreinigungen landesrechtliche Vorschriften.

dem Grundstückseigentümer auch der Inhaber der tatsächlichen Gewalt (und damit **auch der Mieter**) aufgrund seiner in § 4 Abs. 2 BBodSchG verankerten Schadensbeseitigungspflicht herangezogen werden kann. Aufgrund dessen sollte der Käufer eines Unternehmens, der lediglich in die bestehenden Mietverträge des Verkäufers „eintritt", beachten, dass auch er bzw die Zielgesellschaft – obwohl nicht Grundstückseigentümerin – seitens der Umweltbehörden zur Beseitigung herangezogen werden kann.

Hinzu kommt, dass selbst bei Zugriff der Umweltbehörden auf den Grundstückseigentümer ein **interner Kostenbeseitigungsanspruch** zwischen Grundstückseigentümer und Mieter nach § 24 Abs. 2 BBodSchG verankert ist. Die Haftung im Innenverhältnis beider hängt davon ab, inwieweit die Gefahr oder der Schaden vorwiegend von dem einen oder dem anderen Teil verursacht worden ist. Dieser Ausgleichsanspruch verjährt nach § 24 Abs. 2 S. 3 und 4 BBodSchG in drei Jahren nach Beitreibung der Kosten durch die Umweltbehörde, ansonsten nach Beendigung der Maßnahmen durch den Ersatzverpflichteten und Kenntnis des Verpflichteten von der Person des Mitverpflichteten.[100] Während der Käufer versuchen wird, die Freistellung über die Anforderungen des BBodSchG hinaus auszudehnen, wird der Verkäufer solche Sanierungen des Käufers zu verhindern wissen, die behördlich nicht oder nicht in diesem Umfang verlangt werden können. Sofern der Verkäufer seinerseits das Unternehmen mit einer Umweltfreistellung zu seinen Gunsten zu einem früheren Zeitpunkt erworben hat, sollte er – was für alle Freistellungen gilt – versuchen, diese seinerseits erhaltene Umweltfreistellung im Unternehmenskaufvertrag mit dem Käufer eins zu eins zu spiegeln. Diese Vorgehensweise ermöglicht es dem Verkäufer im Falle einer Inanspruchnahme durch seinen Käufer, **schadlos Rückgriff zu nehmen**.[101]

c) Verjährung

Bei Freistellungen, insbesondere bei Steuer- und Umweltfreistellungen, hat der Unternehmenskaufvertrag im Interesse des Käufers unbedingt eine **gesonderte Verjährung** vorzusehen. Die allgemeine Verjährungsvorschrift mit einer absoluten Verjährungsfrist hilft dem Käufer nicht weiter, gerade wenn nach Ablauf dieser unter Umständen eher kurzen Frist Steuernachforderungen an die erworbene Gesellschaft gestellt werden oder Umweltbehörden das Unternehmen auffordern, zwischenzeitlich entdeckte Altlasten zu beseitigen. Bei dieser Art von Freistellungen wird üblicherweise eine Verjährungsfrist von 6 Monaten nach Erhalt eines entsprechenden behördlichen und **bestandskräftigen Nachforderungs- oder Beseitigungsbescheides** zwischen den Parteien vereinbart.

9. Sicherheiten für Garantien und Freistellungen

Der Käufer eines Unternehmens muss sich darüber im Klaren sein, dass die umfangreichsten Garantien und Freistellungen unter Umständen leerlaufen, wenn der Verkäufer persönlich nicht in der Lage ist, die entsprechenden Schadens- oder Aufwendungsersatzzahlungen leisten zu können. Spiegelbildlich zu dem Sicherungsbegehren des Verkäufers hinsichtlich seiner Kaufpreiszahlung sollte auch der Käufer auf die **Stellung von Sicherheiten** für den Fall des **Eintritts eines Garantie- oder Freistellungsfalles** Wert legen. Hier bestehen verschiedene Möglichkeiten des Käufers, sich abzusichern:

a) Bürgschaft

In Anlehnung an § 108 Abs. 1 S. 2 Var. 1 ZPO kann der Käufer Sicherheitsleistungen durch die schriftliche, unwiderrufliche, unbedingte und unbefristete Bürgschaft eines im Inland zum Geschäftsbetrieb befugten Kreditinstituts verlangen. Die Bürgschaft ist generell für den Verkäufer insoweit vorteilhaft, als nach § 767 Abs. 1 S. 1 BGB der Umfang der Bürgschaftsschuld von dem Bestand der Hauptverbindlichkeit (hier das Bestehen eines Garantie- oder Freistellungsanspruches) abhängig ist. Diese sog. **Akzessorietät** der Bürgschaft zur Hauptschuld sichert den Verkäufer bspw dahingehend ab, dass die Bürgschaft seitens des Käufers bei Eintritt eines Garantiefalles nicht mehr geltend

---

100 Der Innenausgleichsanspruch verjährt jedenfalls ohne Rücksicht auf die Kenntnis 30 Jahre nach Beendigung der Beseitigungsmaßnahmen, § 24 Abs. 2 S. 5 BBodSchG.
101 Zur Verjährung siehe Rn 151 f.

gemacht werden kann, wenn dieser Anspruch nach dem Unternehmenskaufvertrag bereits verjährt ist. Die Gewährung einer Bürgschaft als Sicherheit für Garantie- und Freistellungsansprüche birgt für den Verkäufer aber auch Nachteile: So sind auf der einen Seite die **Kosten** zu bedenken, die dem Verkäufer seitens des die Bürgschaft stellenden Kreditinstitutes jährlich in Rechnung gestellt werden. Je nach Kreditinstitut können sich diese Kosten teilweise sogar zuzüglich eines einmaligen Pauschalbetrages, auf bis zu 2 % der im Übrigen nicht unerheblichen Bürgschaftssumme belaufen.[102] Ein ebenso bedeutender Nachteil für den Verkäufer ist aber der Umstand, dass die von dem Kreditinstitut ausgelegte Bürgschaft den **Kreditrahmen** insgesamt in voller Höhe der ausgelegten Bürgschaftssumme belastet. Schließlich sollte der Käufer bei der Gewährung einer Bürgschaft durch den Verkäufer unbedingt darauf bestehen, dass die Bürgschaft **einredefrei**, insbesondere mit dem Verzicht auf die Einrede der Vorausklage nach § 771 BGB, und **auf erstes Anfordern** des Käufers gestellt wird.[103] Unabhängig davon, ob das Stellen der Bürgschaft auch auf Seiten des Hauptschuldners, hier des Verkäufers, ein Handelsgeschäft darstellt (was bei einem vereinzelt auftretenden Unternehmenskauf auf Seiten des Verkäufers bezweifelt werden kann), sollte trotz der in § 350 HGB normierten Formfreiheit für diese Bürgschaft schon aus Darlegungs- und Beweisgründen der Bürgschaftsvertrag schriftlich aufgesetzt werden, was bei Kreditinstituten in der Praxis ohnehin stets der Fall ist. Des Weiteren ist zu beachten, dass die Bürgschaft die Bedingungen des Unternehmenskaufvertrages hinsichtlich der gewährten Garantien und Freistellungen eins zu eins wiedergibt. Wie für alle Sicherheiten im Zusammenhang mit einem Unternehmenskaufvertrag gilt auch hier, dass der Bürgschaftstext bereits bei Unterzeichnung dem Unternehmenskaufvertrag als **Musteranlage** beigefügt werden sollte. Dies verhindert ein nicht unerhebliches Streitpotential bei Übergang des Zielunternehmens und einer diesem Übergang vorgeschalteten Übergabe der Bürgschaftsurkunde an den Käufer.

b) Garantie

165 Im Vergleich zur Bürgschaft wird der Käufer als Sicherheit regelmäßig eine (verschuldensunabhängige) Garantie bevorzugen. Diese Garantie unterliegt nicht den Restriktionen einer Bürgschaft und die Vorschriften der § 765 ff BGB finden auf einen Garantievertrag keine Anwendung. Hieraus resultiert insbesondere, dass die Garantie in keiner Weise von dem Bestehen einer Hauptschuld abhängig ist. Diese Art der Sicherung zwingt den Verkäufer jedoch noch mehr als bei einer Bürgschaft zur **Anpassung des Garantietextes** an die Garantien und Freistellungen im Unternehmenskaufvertrag. Sofern der Unternehmenskaufvertrag bspw neben den üblichen Verjährungsbestimmungen auch noch das Abschmelzen des Gesamthaftungsbetrages nach Ablauf bestimmter Zeitperioden vorsieht, sind diese Regelungen unbedingt auch im Garantievertrag wiederzuspiegeln. Ansonsten hätte der Käufer die Möglichkeit, den Garantiegeber für einen Betrag in Anspruch zu nehmen, der ihm nach dem Unternehmenskaufvertrag gegenüber dem Verkäufer gar nicht (mehr) zustünde.[104] Wie bei der Bürgschaft kommt auf den Verkäufer neben den unter Umständen nicht unerheblichen jährlichen **Kosten** für die Auslegung der Bankgarantie zusätzlich wieder die **Kürzung der Kreditlinie** um den vollen Garantiebetrag zu.

c) Patronatserklärung

166 Alternativ zu einer Bürgschaft oder Garantie durch ein Kreditinstitut kommt bei dem Verkauf einer Gesellschaft aus einem Konzern auch eine Patronatserklärung der Konzernmuttergesellschaft als Sicherungsinstrument in Frage. Sofern der Käufer sich aufgrund der Bonität **der Konzernmutter** auf eine solche Patronatserklärung als Sicherheit einlassen kann, sollte jedenfalls aus seiner Sicht die Erklärung als sog. **harte Patronatserklärung** dergestalt verfasst sein, dass der Patron hieraus unmittel-

---

102 Aufgrund der hohen Bürgschaftssumme kann und sollte jedoch gegenüber dem absichernden Kreditinstitut durch Verhandlungen die Bürgschaftskosten 1 % auf keinen Fall überschreiten.
103 Da die Bürgschaft regelmäßig von einem Kreditinstitut gestellt wird, dürfte die Einrede der Vorausklage nach § 349 S. 1 HGB schon deshalb ausgeschlossen sein, weil das Stellen der Bürgschaft für das Kreditinstitut ein Handelsgeschäft nach § 343 Abs. 1 HGB darstellen dürfte.
104 Selbstverständlich kann der Verkäufer den übermäßig und zu Unrecht beanspruchten Garantiebetrag nach den Vorschriften über die ungerechtfertigte Bereicherung gemäß §§ 812 ff BGB zurückfordern.

bar wegen der Verletzung einer Garantie oder einer Freistellung durch ihre Tochtergesellschaft zur Zahlung herangezogen werden kann.[105]

d) Hinterlegung eines Kaufpreisteils

Bei umfangreicheren Unternehmenstransaktionen, bei der insbesondere die Stellung einer Bürgschaft oder Garantie seitens des Verkäufers nicht möglich oder aus Liquiditäts- oder Kostengründen nicht gewollt ist, bietet sich die Hinterlegung eines Teils des vom Käufer an den Verkäufer gezahlten Kaufpreises an. Nach Zahlung des Kaufpreises hat der Verkäufer **ausreichend Liquidität,** um einen Teil davon als Sicherheit für den Eintritt eines Garantie- oder Freistellungsfalles zu hinterlegen. Verkäufer und Käufer einigen sich hierbei auf einen neutralen Dritten als Verwalter, wie bspw einen Notar. Aufgrund eines gesondert geschlossenen Hinterlegungsvertrages (sog. Escrow Agreement) zahlt der Käufer den im Unternehmenskaufvertrag vereinbarten Hinterlegungsbetrag unmittelbar auf ein **Treuhandkonto** des Verwalters. Auch dieser Hinterlegungsvertrag sollte von seinem Wortlaut her bereits vor Unterzeichnung des Unternehmenskaufvertrages feststehen und sicherheitshalber dem Unternehmenskaufvertrag als **Musteranlage** beigefügt werden. Neben den Vorgaben an den Verwalter, insbesondere ob und inwieweit er das Geld während der Laufzeit des Hinterlegungsvertrages anzulegen hat, wird geregelt, unter welchen Voraussetzungen der Verwalter die hinterlegte Sicherheit durch Auszahlung freigeben darf. Da hier der Verkäufer bereits den hinterlegten Teil nicht als Kaufpreis erhalten hat, vereinbaren die Parteien üblicherweise eine Auszahlung des hinterlegten Betrages durch den Verwalter, wenn entweder

- beide Parteien den Verwalter **schriftlich zur Freigabe** des hinterlegten Betrages **auffordern,** oder
- der Käufer dem Verwalter ein **rechtskräftiges Urteil eines (Schieds-)Gerichts,** welches den Verkäufer aufgrund Verletzung einer Garantie- oder Freistellung zur Zahlung eines bestimmten Geldbetrages verurteilt,

vorlegt.

Darüber hinaus hat der Verkäufer wie bei einem Garantievertrag als Sicherheit darauf zu achten, dass der Hinterlegungsvertrag die **Haftungsfolgen** des Unternehmenskaufvertrages eins zu eins widerspiegelt.

10. Präambel und Schlussbestimmungen

a) Präambel

Der Anteilskaufvertrag sollte wie jeder umfangreiche Vertrag eine Präambel enthalten, die als Vorbemerkung zumindest den aktuellen Stand der Beteiligungsverhältnisse nebst angestrebter Beteiligungsstruktur sowie die **Intentionen von Verkäufer und Käufer** beinhalten. Die Wiedergabe dieser Umstände dient der Auslegungshilfe sowie der Vermeidung späterer Streitigkeiten. Insbesondere mit Blick auf die **salvatorische Klausel,** die schon wegen § 139 BGB zwingender Bestandteil eines jeden Anteilskaufvertrages ist, können Ausführungen in der Präambel zu Auslegungszwecken im Falle der Teilnichtigkeit einer Klausel herangezogen werden. Hierdurch wird der Umstand zumindest wirtschaftlich so wieder hergestellt, als sei die teilnichtige Klausel im Anteilskaufvertrag wirksam zustande gekommen. Ganz konkret sollte bei einem Anteilskauf in die Präambel unbedingt aufgenommen werden, wer mit welcher Einlage Gesellschafter der Gesellschaft ist, wer welchen Anteil an wen zu veräußern beabsichtigt, in welchem Wirtschaftsbereich die Gesellschaft tätig ist, den Hintergrund von Verkauf und Kauf aus Sicht beider Parteien sowie besondere Umstände des Einzelfalles (zB Verkauf aus der Insolvenz heraus). So ist in die Präambel insbesondere auch aufzunehmen, ob und inwieweit die verkaufenden Gesellschafter ihre unter Umständen bestehenden Gesellschafterdarlehen ebenfalls an den Verkäufer mitveräußern oder ob insoweit eine Rückzahlung der Darlehen erfolgen soll.

---

[105] Eine sogenannte weiche Patronatserklärung, bei der sich ein Anspruch des Käufers gegen die Konzernmuttergesellschaft nicht ausdrücklich aus dem Wortlaut der Erklärung ergibt, sollte auf jeden Fall vermieden werden.

b) Wettbewerbsverbot

170 Der Käufer hat den Erwerb des Unternehmens durch die Vereinbarung eines gesonderten Wettbewerbsverbots des Verkäufers abzusichern, wenn hierdurch nach Übertragung des Unternehmens auch nur die **Gefahr konkurrierenden Wettbewerbs** besteht. Hier gelten die allgemeinen von der Rechtsprechung des BGH entwickelten Grundsätze, wonach ein nachvertragliches Wettbewerbsverbot über § 138 Abs. 1 BGB an den Voraussetzungen des Art. 12 GG zu messen ist.[106] Insbesondere gilt auch hier, dass die Verbotsfrist nach ständiger Rechtsprechung 2 Jahre grundsätzlich nicht überschreiten darf.[107]

c) Vertraulichkeitsvereinbarung

171 Die Tatsache, dass ein Unternehmen verkauft werden soll, stellt für das gesamte Umfeld der Zielgesellschaft einen Umstand von erheblicher Bedeutung und deren Öffentlichwerden eine erhebliche Gefahr für das gesamte Zielunternehmen dar. Dies gilt nicht nur für die Kunden- und Lieferantenbeziehungen sowie für Beziehungen zu Kreditinstituten, sondern auch für das Verhältnis zu den Mitarbeitern der Gesellschaft. Daher muss ein Unternehmenskaufvertrag unbedingt eine Vertraulichkeitsklausel in der Form enthalten, dass sich die Parteien des Kaufvertrages[108] zur Verschwiegenheit sowohl über den Umstand, dass überhaupt ein Unternehmenskaufvertrag geschlossen worden ist, als auch über den Inhalt der Vereinbarungen, verpflichten. Ausnahmen hiervon kann es nur hinsichtlich **gesetzlich normierter Publizitätspflichten** der Parteien (zB im Rahmen von kartellrechtlichen Genehmigungsverfahren), Offenlegung gegenüber den von den Parteien im Rahmen dieser Transaktion eingeschalteten Beratern sowie für den Fall, dass beide Parteien einer Offenbarung einer Partei vorher schriftlich zugestimmt haben, geben. Ein Käufer, insbesondere wenn es sich hierbei um einen Finanzinvestor handelt, der nach einigen Jahren die Zielgesellschaft wieder weiterveräußern möchte, sollte die Vertraulichkeitsklausel so fassen, dass eine Offenlegung des Unternehmenskaufvertrages im Falle des **Weiterverkaufs** der Zielgesellschaft zulässig ist.

d) Kosten

172 Typischerweise vereinbaren die Parteien eine gesonderte Kostenregelung dahingehend, dass der Käufer die Kosten des Vertrages (insbesondere die **Notar- und Registergebühren**) trägt. Im Übrigen trägt jede Partei ihre eigenen **Beraterkosten** im Zusammenhang mit der Vorbereitung und der Durchführung des Unternehmenskaufvertrages selbst. Sofern aufgrund der Veräußerung der Gesellschaft Steueratbestände ausgelöst werden (zB Umsatz- oder Grunderwerbsteuer), sollten sich die Parteien bereits im Unternehmenskaufvertrag über die Kostentragung einigen. Selbiges gilt für die nicht unerheblichen Kosten des **Kartellverfahrens**, welche üblicherweise dem Käufer auferlegt werden.

e) Mitteilungen

173 Da jeder Unternehmenskaufvertrag Mitteilungen der Parteien an die jeweils andere Partei enthält, sollte der Unternehmenskaufvertrag kurz die Art und Weise der Übermittlung von Mitteilungen (zB Inanspruchnahmen aus Garantien oder Freistellungen) regeln. Solche Mitteilungen an die jeweils andere Partei sollten aus Gründen der Nachweisbarkeit zumindest in Schriftform erfolgen. Als Übermittlungsmedium bieten sich der (eingeschriebene) Brief, Fax oder auch E-Mail an. Für die Parteien sind der Klarheit wegen auch konkrete Adressen der Parteien sowie jeweils eines Rechtsanwaltes jeder Partei mit **Zustelladressen** und ggf unter Angabe der Faxnummer und E-Mail im Kaufvertrag anzugeben. Mitteilungen haben unverzüglich zu erfolgen. Während der Verkäufer eine **Ausschlussklausel** dahingehend gestalten will, dass nicht unverzüglich oder nicht innerhalb einer (kurzen) Frist mitgeteilte Ansprüche nicht mehr geltend gemacht werden können, wird der Käufer derartige Einschränkungen aus gutem Grund abweisen wollen. Insbesondere das nicht immer am Unternehmenskaufver-

---

106 BVerfG NJW 1990, 1469 ff, BGH NJW-RR 1996, 741 ff.
107 Vgl nur BGH NJW 2004, 66 ff mwN.
108 Sie müssen sich ebenfalls verpflichten, auch auf ihre jeweiligen Berater dementsprechend einzuwirken. Dies gilt insbesondere für nicht zur Verschwiegenheit beruflich verpflichtete, wie zB Unternehmensberater und -makler.

trag unmittelbar beteiligte Zielunternehmen ist von einer derartigen Ausschlussklausel betroffen und in der Pflicht, rechtzeitig einen Verstoß gegen Vorgaben des Unternehmenskaufvertrages zu erkennen und dem Käufer anzuzeigen. Dies wird insbesondere bei solchen Zielunternehmen problematisch, bei denen Tochterunternehmen erst Verstöße an die Geschäftsführung des Mutterunternehmens weiterleiten müssen. Hierbei hilft nur die Etablierung eines konzernweiten „Frühwarnsystems" mit sofortigen Meldepflichten an das Konzernmanagement.

f) Salvatorische Klausel

Eine sog. salvatorische Klausel, wonach die Unwirksamkeit, Undurchführbarkeit oder Nichtigkeit einer Bestimmung nicht auch zugleich zu einer Unwirksamkeit des gesamten Kaufvertrages führt, darf auf keinen Fall fehlen. Die Vereinbarung einer solchen Klausel verhindert die Annahme einer **Gesamtnichtigkeit des Unternehmenskaufvertrages** nach § 139 BGB. In Erweiterung dieser salvatorischen Klausel sollte zudem auch aufgenommen werden, dass anstelle der unwirksamen, undurchführbaren oder nichtigen Bestimmung diejenige Bestimmung im Unternehmenskaufvertrag als vereinbart gilt, die dem Sinn und Zweck der unwirksamen Bestimmung **weitestgehend** entspricht. Auch für den Fall einer Lücke, also einer später hochkommenden Streitfrage zwischen den Parteien, die im Unternehmenskaufvertrag keine Berücksichtigung gefunden hat, sollte dasjenige als vereinbart gelten, was nach dem Sinn und Zweck des Unternehmenskaufvertrages vereinbart worden wäre, hätten die Parteien den fehlenden Umstand von vornherein bedacht. 174

g) Rechtswahl- und Gerichtsstandsvereinbarungen

aa) Rechtswahlklauseln

In Anlehnung an Art. 27 Abs. 1 EGBGB hat der Unternehmenskaufvertrag – insbesondere, wenn er einen Bezug zum Ausland hat – als anwendbares Recht das Recht der Bundesrepublik Deutschland ausschließlich zu bestimmen. Rein vorsorglich sollten die Vorschriften des **UN-Kaufrechts** sowie die **Kollisionsvorschriften** des Internationalen Privatrechts bei Auslandsbezug ausgeschlossen werden. 175

bb) Gerichtswahl

Die Parteien haben regelmäßig die Möglichkeit, für Streitigkeiten abweichend von der Zuständigkeit des **staatlichen Gerichts** im Rahmen einer Schiedsvereinbarung ein bestimmtes **Schiedsgericht** zu wählen. 176

(1) Schiedsvereinbarung

Die Aufnahme einer Schiedsvereinbarung in den Unternehmenskaufvertrag sollte dergestalt erfolgen, dass alle Streitigkeiten, die sich im Zusammenhang mit dem Unternehmenskaufvertrag oder über dessen Gültigkeit ergeben, nach einer bestimmten Schiedsordnung unter Ausschluss des ordentlichen Rechtsweges entschieden werden.[109] Die Parteien sollten sich bei der Wahl eines Schiedsgerichts jedoch darüber im Klaren sein, dass das Schiedsgericht grundsätzlich **endgültig** über den ihm vorgelegten Rechtsstreit im Zusammenhang mit dem Unternehmenskauf entscheidet. Vereinbaren die Parteien im Unternehmenskaufvertrag eine Schiedsklausel, sind die Voraussetzungen der §§ 1029 ff ZPO zwingend zu berücksichtigen. Insbesondere ist die **Form** des § 1031 Abs. 1 ZPO zu beachten, wonach Schiedsvereinbarungen zwischen den Parteien entweder in einem gemeinsam von beiden unterzeichneten Schriftstück oder in zwischen ihnen gewechselten Schreiben enthalten sein müssen. Sofern eine der Kaufvertragsparteien **Verbraucher** nach § 13 BGB ist, muss eine Schiedsvereinbarung zwingend in einer von den Parteien **eigenhändig unterzeichneten Urkunde** gemäß § 1031 Abs. 5 S. 1 ZPO enthalten sein.[110] Verstößt eine Schiedsvereinbarung gegen die nach § 1031 ZPO 177

---

109 Hier würde sich bspw die Aufnahme der Deutschen Institution für Schiedsgerichtsbarkeit als Schiedsgericht empfehlen, vgl auch Internetseite der Deutschen Institution für Schiedsgerichtsbarkeit unter .
110 Eine derartige Schiedsvereinbarung muss zwingend die Schriftform des § 126 BGB oder in Form einer elektronischen Signatur nach § 126 a BGB enthalten bzw eingehalten sein.

§ 11 Unternehmens- und Beteiligungskauf

vorgeschriebene Form, so kann dieser Mangel nach § 1031 Abs. 6 ZPO nur durch Einlassung auf die schiedsgerichtliche Verhandlung zur Hauptsache geheilt werden.[111]

(2) Staatliche Gerichte

178 Sofern die Parteien keine Schiedsvereinbarung im Falle von Streitigkeiten im Zusammenhang mit dem Unternehmenskaufvertrag treffen, bleiben die staatlichen Gerichte nach allgemeinen Regeln sachlich und örtlich zuständig. Sofern die Kaufvertragsparteien Kaufleute oder juristische Personen des öffentlichen Rechts sind, kommt auch die Vereinbarung einer **Gerichtsstandsklausel** in Betracht. Hier wird selbstverständlich jede Partei versuchen, einen eventuellen Streit an seinem Wohn- oder Geschäftsitz oder am Geschäftsitz des Zielunternehmens entscheiden lassen zu wollen. Sofern eine der Parteien des Kaufvertrages kein Kaufmann gemäß §§ 1 ff HGB ist, scheidet die Vereinbarung einer solchen Gerichtsstandsvereinbarung vor dem Entstehen einer Streitigkeit wegen § 38 Abs. 3 Nr. 1 ZPO generell aus. Bei Unternehmenskaufverträgen mit internationalem Bezug, insbesondere wenn sich die Parteien auf eine **nicht-deutsche Vertragssprache** unter Anwendung deutschen Rechts geeinigt haben, eignet sich die Wahl der deutschen staatlichen Gerichte zur Entscheidung über einen Streit im Rahmen des Unternehmenskaufvertrages nicht zwingend. Selbst bei Unternehmenskaufverträgen mit ausschließlich nationalem Bezug bestehen insoweit Risiken, als dass ein ordentliches Gericht mit den Besonderheiten eines Unternehmenskaufvertrages und insbesondere mit der Unternehmenswertermittlung unter Umständen nur sehr selten zu tun hat. Jedenfalls im Falle eines nicht-deutschsprachigen Unternehmenskaufvertrages empfiehlt sich daher die Vereinbarung einer Schiedsklausel.

II. Wirtschaftsgüterkaufvertrag

1. Parteien

179 Anders als beim Anteilskauf tritt beim Wirtschaftsgüterkauf (sog. **Asset Deal**) auf Verkäuferseite in erster Linie der Unternehmensträger auf, also derjenige Rechtsträger, dessen Unternehmen veräußert wird. In den meisten Fällen ist dies eine Gesellschaft; lediglich beim Verkauf eines einzelkaufmännischen Unternehmens agiert beim Wirtschaftsgüterkauf eine natürliche Person als Verkäufer. Häufig sind beim Wirtschaftsgüterkauf jedoch auch „Dritte" auf Verkäuferseite am Vertrag beteiligt. Sie agieren typischerweise als **Sicherheitengeber** in Bezug auf Garantien und Freistellungen des Verkäufers oder als Verkäufer von Vermögensgegenständen, die zum Unternehmen gehören, aber nicht im Eigentum des Unternehmensträgers stehen.[112]

180 Auf Käuferseite unterscheidet sich der Wirtschaftsgüterkauf prinzipiell nicht vom Anteilskauf. Allerdings ist der Kauf durch eine speziell hierfür gegründete Erwerbergesellschaft (sog. **NewCo**) beim Wirtschaftsgüterkauf noch häufiger zu sehen als beim Anteilskauf. Das gilt jedenfalls immer dann, wenn der Käufer das erworbene Unternehmen nicht mit einem bei ihm bereits bestehenden Unternehmen zusammenführen, sondern als rechtlich selbständige Einheit fortführen will. Die Fortführung als rechtlich selbständige Einheit kann sich u.a. aus Garantiegesichtspunkten empfehlen: Der Nachweis eines Garantiefalls wird in vielen Fällen ungleich schwerer zu führen sein, wenn das erworbene Unternehmen nicht mehr als abgrenzbare Einheit fortbesteht, sondern in einem anderen Unternehmen aufgegangen ist.

2. Zustimmungserfordernisse

a) Gesellschaftsrecht

181 Die gesellschaftsrechtlichen Zustimmungserfordernisse sind dem Grunde nach bei Anteilskauf und Wirtschaftsgüterkauf ähnlich.[113]

---

111 Eine Klageabweisung nach § 1032 Abs. 1 ZPO wegen Unzulässigkeit scheidet selbst bei einer Rüge der jeweils beklagten Partei aus, da die Schiedsvereinbarung formunwirksam ist.
112 Vgl Rn 207.
113 Siehe dazu die Ausführungen beim Anteilskauf Rn 61 ff.

b) Familienrecht, Erbrecht

Familien- und erbrechtliche Verfügungsbeschränkungen sind beim Wirtschaftsgüterkauf grundsätzlich nur zu prüfen, wenn ein **einzelkaufmännisches Unternehmen** zum Verkauf steht.[114] Daneben ist noch denkbar, dass gesellschaftsrechtlich erforderliche Zustimmungserklärungen in Sonderfällen familien- und erbrechtlichen Beschränkungen unterliegen.

c) Zivilrecht

Anders als beim Anteilskauf liegt beim Wirtschaftsgüterkauf ein **Schwerpunkt der Zustimmungserfordernisse** im Zivilrecht. Das betrifft zum einen Vermögensgegenstände (zB Vorräte), die der Verkäufer seinerseits lediglich unter Eigentumsvorbehalt erworben hat. Mangels Zustimmung des Vorveräußerers, die unter Eigentumsvorbehalt stehenden Gegenstände im Rahmen eines Wirtschaftsgüterkaufes weiter zu veräußern, erwirbt der Unternehmenskäufer im Regelfall nur das Anwartschaftsrecht des Unternehmensverkäufers.

Der wesentlich wichtigere Zustimmungsvorbehalt betrifft jedoch die beim Wirtschaftsgüterkauf auf den Käufer **übergehenden Verträge**. Der Verkäufer kann die zu seinem Unternehmen gehörenden Verträge nach dem Prinzip der Privatautonomie grundsätzlich nur mit Zustimmung des Vertragspartners auf den Käufer übertragen. Der Vertragspartner ist in der Regel frei, die Zustimmung zu verweigern oder an Bedingungen zu knüpfen. Aus diesem Grund muss der Käufer besondere Maßnahmen ergreifen, um sicherzustellen, dass zumindest die wirtschaftlich **wesentlichen Verträge** (zB Kundenverträge, Lieferantenverträge, Mietverträge, Lizenzen) tatsächlich auf ihn übergehen. Das ist dann gewährleistet, wenn der jeweilige Vertrag dem Unternehmensverkäufer die Übertragung seiner Vertragsstellung auf einen Dritten abstrakt gestattet. Enthält der Vertrag keine solche Klausel, so muss der Verkäufer darauf dringen, dass die Zustimmung vor Vertragsschluss eingeholt wird oder eine diesbezüglich aufschiebende Bedingung in den Unternehmenskaufvertrag aufgenommen wird.

In Wirtschaftsgüterkaufverträgen findet sich häufig die Formulierung, dass der Verkäufer übernommene Verträge im eigenen Namen, aber **auf Rechnung und Weisung des Käufers** fortführen wird, soweit der dritte Vertragspartner dem Übergang des Vertrags auf den Käufer widerspricht, etwa mit der folgenden Formulierung:

▶ Soweit für die Übertragung der Vermögensgegenstände, die Übernahme der Verpflichtungen, Verbindlichkeiten und Eventualverbindlichkeiten oder den Eintritt in die Verträge oder Vertragsangebote die Zustimmung Dritter, insbesondere die Zustimmung von Forderungsschuldnern, Gläubigern bestimmter Verbindlichkeiten oder Vertragspartnern oder die Anzeige gegenüber Vertragspartnern erforderlich ist, werden sich die Parteien um diese Zustimmung gemeinsam bemühen bzw die Anzeige gemeinsam vornehmen. ◀

Ist die **Einholung einer Zustimmung nicht möglich** oder nach Ansicht des Erwerbers oder des Veräußerers nicht zweckmäßig, werden sich die Parteien entweder unter Beendigung der bisherigen Vertragsverhältnisse um den Abschluss eines neuen Vertrages zu für den Erwerber wirtschaftlich gleichwertigen Bedingungen zwischen dem Erwerber und den betroffenen Dritten bemühen oder sich im Innenverhältnis so stellen, als ob die Übertragung der Verpflichtungen und Verbindlichkeiten bzw Eintritt in die Vertragsverhältnisse und Vertragsangebote zum Closing wirksam vollzogen worden wäre. In diesem Fall wird der Veräußerer im **Außenverhältnis** Eigentümer der betreffenden Sachen, Inhaber des betreffenden Rechts, Schuldner der betreffenden Verpflichtung, Verbindlichkeit oder Eventualverbindlichkeit und Vertragspartei des betreffenden Vertragsverhältnisses bzw Vertragsangebots bleiben, den betreffenden Vermögensgegenstand, das betreffende Recht, die betreffende Verpflichtung, Verbindlichkeit oder Eventualverbindlichkeit oder den betreffenden Vertrag bzw das betreffende Vertragsangebot im Innenverhältnis aber treuhänderisch nach Weisung und für Rechnung des Erwerbers innehaben bzw halten oder durchführen. Soweit in diesen Fällen der Veräußerer sich im Außenverhältnis noch Ansprüchen aus solchen Verpflichtungen, Verbindlichkeiten, Eventualverbindlichkeiten oder Vertragsverhältnissen ausgesetzt sieht, kann der Veräußerer vom Erwerber jederzeit

---

114 Insofern wird auf die Ausführungen zum Anteilskaufvertrag in Rn 68 ff verwiesen.

Vorauszahlungen bzw Vorausleistung verlangen, um auszuschließen, dass der Veräußerer wirtschaftlich aufgrund der Haftung im Außenverhältnis weiterhin Risiken trägt. Eine solche Klausel bietet dem Käufer bei wirtschaftlich wesentlichen Verträgen **keinen adäquaten Schutz**. Das gilt zum einen dann, wenn Vertragsgegenstand die Nutzungsüberlassung von Rechten und Sachen ist (zB Mietvertrag, Lizenzvertrag) und der Nutzer nicht befugt ist, die Sache nicht ohne Zustimmung einem Dritten zur Nutzung zu überlassen.[115] Bei anderen wesentlichen Verträgen besteht das Risiko, dass der Dritte zur Kündigung des Vertrags aus wichtigem Grund befugt ist, wenn sein Vertragspartner den Vertrag nicht mehr auf eigene Rechnung, sondern auf Rechnung eines Dritten durchführt. Anknüpfungspunkte für eine **Kündigung aus wichtigem Grund** können insbesondere vertragliche **Geheimhaltungspflichten** des Unternehmensverkäufers sein. Diese verbieten ihm (indirekt), den Vertrag auf Rechnung eines Dritten durchzuführen.

186 Weitere zivilrechtliche Zustimmungsvorbehalte können sich aus **Vorkaufsrechten** ergeben. Ein typischer Anwendungsfall sind Vorkaufsrechte an Grundstücken, die zum Betriebsvermögen gehören. Hier empfiehlt es sich für den Käufer, durch eine genaue immobilienrechtliche Prüfung vor Vertragsschluss sicherzustellen, dass auf den zum Betriebsvermögen gehörenden Grundstücken keine Vorkaufsrechte lasten bzw sämtliche Vorkaufsberechtigte vor Vertragsschluss auf das Vorkaufsrecht bzw dessen Ausübung im Einzelfall verzichtet haben.

d) Öffentliches Recht

187 Öffentlich-rechtliche Zustimmungserfordernisse ergeben sich beim Wirtschaftsgüterkauf vor allem dann, wenn zum Zielunternehmen sog. **personenbezogene Genehmigungen** gehören, deren Übertragung auf einen Dritten der Zustimmung der Behörde bedarf. Das ist bspw bei (älteren) wasserrechtlichen Genehmigungen zu prüfen.

188 Von den personenbezogenen Genehmigungen, die mit Zustimmung der Behörde übertragen werden können, sind zum einen solche – ebenfalls personenbezogenen – Genehmigungen zu unterscheiden, die gar nicht übertragen werden können, insbesondere weil sie eine Aussage über die persönliche Eignung ihres Inhabers treffen. Hier muss sich der Erwerber seinerseits rechtzeitig um die Einholung der erforderlichen Konzessionen bemühen.[116]

189 Zum anderen sind von den personenbezogenen Genehmigungen die **sachbezogenen Genehmigungen** zu unterscheiden. Typisches Beispiel für eine sachbezogene Genehmigung ist die Baugenehmigung. Sachbezogene Genehmigungen können grundsätzlich ohne Zustimmung der Behörde auf einen Dritten übertragen werden, allerdings nicht abstrakt sondern nur zusammen mit dem Gegenstand, auf den sie sich beziehen.

190 Allerdings ist auch hier Vorsicht geboten. Zum einen sollte bei komplexen sachbezogenen Genehmigungen geprüft werden, dass diese in den Nebenbestimmungen (§ 36 VwVfG) keine „versteckten" Zustimmungsvorbehalte enthalten. Zum anderen ist zu beachten, dass sachbezogene Genehmigungen *angelegentlich* eines Unternehmensverkaufes (gleich ob Wirtschaftsgüterkauf oder Anteilskauf) entfallen können, wenn sich im Zusammenhang damit wesentliche Änderungen im Zielunternehmen ergeben, zB Änderungen der verantwortlichen Personen.

191 Vorsicht ist schließlich geboten, wenn das Zielunternehmen in der Vergangenheit **Subventionen** in Anspruch genommen hat. Hier ist vorab genau zu prüfen, ob der Unternehmensverkauf oder anschließend geplante Änderungen im Zielunternehmen zu Rückforderungen von Subventionen führen können. Derartige Rückforderungsrechte können je nach Volumen wie Zustimmungsvorbehalte wirken.

192 Gehört zum Zielunternehmen ein Grundstück, so sollte vorab der Verzicht auf das **gemeindliche Vorkaufsrecht** (§§ 24 ff BauGB) eingeholt werden. Insbesondere in Zielunternehmen, die einer regulierten Industrie angehören, sind darüber hinaus weitere öffentlich-rechtliche Beschränkungen, die im Einzelfall über das Gelingen der Transaktion entscheiden können.

---

115 *Rödder/Hötzel/Müller-Thuns*, Unternehmenskauf, § 4 Rn 12.
116 *Rödder/Hötzel/Müller-Thuns*, Unternehmenskauf, § 6 Rn 25.

3. Form

Beim Wirtschaftsgüterkauf gilt das Prinzip der **Formfreiheit**. Auch wenn dies theoretisch den mündlichen Vertragsschluss ermöglicht, dürften Unternehmensverkäufe nach dem Parteiwillen zumindest die privatschriftliche Form voraussetzen.[117]

Beim Wirtschaftsgüterkauf ist die notarielle Beurkundung des Unternehmenskaufvertrags dann erforderlich, wenn zum Zielunternehmen Vermögensgegenstände gehören, deren Veräußerung ihrerseits der notariellen Form bedarf. Das ist vor allem der Fall, wenn zum Zielunternehmen (inländische) **Immobilien** oder Anteile an einer (Tochter-)**GmbH** gehören, die Beurkundungspflicht folgt hier aus § 15 GmbHG bzw § 311 b BGB. Eine Beurkundungspflicht kann sich nach der Rechtsprechung im Übrigen auch dann aus § 15 GmbHG ergeben, wenn zum Vermögen des Zielunternehmens Anteile an einer **ausländischen Gesellschaft** gehören, die **strukturell der deutschen GmbH vergleichbar** ist.[118]

Machen die Vermögensgegenstände, deren Veräußerung der notariellen Form bedürfen, nur einen kleinen Teil des Zielunternehmens aus, wird in der Praxis mitunter erwogen, den beurkundungspflichtigen Teil zu „isolieren", um die Beurkundung der gesamten Transaktion zu vermeiden. Dieses Kalkül geht nur auf, wenn die beiden Teile der Transaktion nach dem Willen der Parteien unabhängig voneinander bestehen sollen. Beim Unternehmenskauf wird dies die seltene Ausnahme sein. Von daher kann nur empfohlen werden, im Zweifel stets die gesamte Transaktion zu beurkunden.

Gehören zum Zielunternehmen Vermögensgegenstände mit besonderem **Auslandsbezug** (insbesondere ausländische Immobilien sowie Anteile an einer ausländischen Gesellschaft), so ist zu prüfen, ob sich weitere Formerfordernisse aus anderen Rechtsordnungen ergeben.

Ist der Unternehmenskaufvertrag notariell zu beurkunden, so ziehen die Parteien – ebenso wie beim Anteilskauf – häufig und insbesondere aus Kostengründen eine **Auslandsbeurkundung** in Betracht. Beim Wirtschaftsgüterkauf ist hiervon aus praktischen Erwägungen jedenfalls dann abzuraten,[119] wenn zum Zielunternehmen **Grundstücke** gehören, die in Deutschland belegen sind. Zwar kann der schuldrechtliche Kaufvertrag auch von einem ausländischen Notar beurkundet werden.[120] Die dingliche Auflassung ist jedoch vor einem deutschen Notar zu erklären.[121] Dies kann zum einen Kosteneffekte haben, die den Kostenvorteil der Auslandsbeurkundung wiederum einschränken.[122] Wichtiger jedoch dürften **Prozesserwägungen** sein. Beim Unternehmensverkauf sollten die notariellen Dienstleistungen so weit wie möglich aus einer Hand erbracht werden. Der Einsatz mehrerer Notare, deren Abstimmung untereinander sowie ggf anschließende Schwierigkeiten, Nachfragen und Verzögerungen im Grundbuchverfahren sollten möglichst zugunsten einer einheitlichen Inlandsbeurkundung vermieden werden.

4. Kaufgegenstand und Übertragungsstichtag

In vielen Punkten entspricht der Wirtschaftsgüterkaufvertrag im Wesentlichen einem Anteilskaufvertrag. Das gilt insbesondere für den grundsätzlichen Aufbau des Kaufvertrags, für die Kaufpreisbestimmungen, die aufschiebenden Bedingungen, das vertragliche Haftungsregime (Garantien, Freistellungen) und die Schlussbestimmungen. Gleichwohl gibt es markante Unterschiede, die im Folgenden dargestellt werden sollen.

a) Beschreibung des Kaufgegenstandes

Beim Wirtschaftsgüterkauf ist die Definition des Kaufgegenstandes mit sehr viel höherem Aufwand verbunden als beim Anteilskauf. Hintergrund der Definitionsbemühungen ist stets das **Bestimmtheitsprinzip**, dem die dinglichen Übertragungsverträge genügen müssen. Beim Anteilskauf ist die Bestimmtheit des Kaufgegenstandes in der Regel kein Problem, da die Kapital- und Anteilsverhält-

---
117 P+P, Unternehmensfortführung, Rn 949.
118 BGH GmbHR 2005, 53.
119 Generell zurückhaltend zur Auslandsbeurkundung P+P, Unternehmensfortführung, Rn 959.
120 *Holzapfel/Pöllath*, Unternehmenskauf, Rn 914.
121 Palandt/*Heldrich*, § 11 EGBGB, Rn 9.
122 *Holzapfel/Pöllath*, Unternehmenskauf, Rn 914.

nisse überschaubar und nachvollziehbar sind und mit geringem Aufwand im Kaufvertrag abgebildet werden können. Beim Wirtschaftsgüterkauf müssen dagegen die verkauften Vermögensgegenstände, Verbindlichkeiten und (sonstigen) Rechtsverhältnisse im Einzelnen beschrieben werden, da das Unternehmen als Ganzes nicht Gegenstand eines einheitlichen Verfügungsgeschäfts sein kann.[123]

aa) Einzelaufstellung

200 Grundsätzlich sollte versucht werden, die verkauften Gegenstände so weit wie möglich einzeln zu beschreiben.

(1) Vermögensgegenstände

201 Der Käufer ist in erster Linie daran interessiert, die verkauften Vermögensgegenstände **möglichst genau** zu bezeichnen und so ihre Übertragung sicherzustellen. Das gilt für sämtliche Vermögensgegenstände: Sachen, Rechte und immaterielle Vermögensgegenstände.

202 Die Beschreibung von Sachen und Rechten erfolgt typischerweise unter Bezugnahme auf **Bilanzen** sowie in **Listen**, die dem Unternehmenskaufvertrag als **Anlage** beigefügt werden. Häufig werden hierfür Listen verwendet, die aus der Buchhaltung des Zielunternehmens gewonnen werden. Wichtig ist, dass die verkauften Vermögensgegenstände in den Listen so genau beschrieben werden, dass sie sich alleine aufgrund der **listenmäßigen Beschreibung** eindeutig identifizieren lassen. Das kann bei beweglichen Sachen durchaus mit Schwierigkeiten verbunden sein, zB wenn von mehreren gleichartigen Sachen nur einzelne übertragen werden sollen.

203 Zentrale Vermögensgegenstände werden zweckmäßig individuell im Kaufvertrag beschrieben. Das gilt etwa für Grundstücke oder Beteiligungen an anderen Gesellschaften.

204 Neben den „greifbaren" Vermögensgegenständen (Sachen und Rechte) umfasst der Unternehmenskaufvertrag auch die sog. **immateriellen Vermögensgegenstände**; hierzu gehören insbesondere das Know-how, selbstgeschaffene Software, Betriebsgeheimnisse, die Kunden-, Lieferanten- und sonstigen Geschäftsbeziehungen und die Reputation des Zielunternehmens. Diese Vermögensgegenstände können nicht als solche übereignet werden. Im Einzelfall ist genau zu überlegen, wie die Übertragung rechtlich zu gestalten ist. In vielen Fällen kommt nur die Übertragung von Datenträgern in Betracht, auf denen immaterielle Vermögensgegenstände gespeichert sind. Vielfach sind jedoch ergänzende Maßnahmen erforderlich, zB Einweisungspflichten und Wettbewerbsverbote.

205 Ein besonderer immaterieller Vermögensgegenstand ist die **Firma** des Zielunternehmens. Gemäß § 23 HGB kann die Firma nur gemeinsam mit dem Handelsgeschäft, für welches sie geführt wird, veräußert werden. Dafür müssen auf Basis einer Gesamtschau die wesentlichen Vermögensgegenstände und Betriebsgrundlagen auf den Käufer übertragen werden, so dass dieser zur Fortführung des Zielunternehmens in der Lage ist.[124] Dagegen ist für die Firmenfortführung nicht erforderlich, dass auch die Verbindlichkeiten des Zielunternehmens auf den Käufer übertragen werden.

206 Führt der Käufer das Zielunternehmen unter dessen bisheriger Firma fort, so haftet er gemäß § 25 Abs. 1 HGB neben dem Verkäufer Dritten für alle Verbindlichkeiten des Zielunternehmens, auch soweit diese vor dem Erwerb des Zielunternehmens begründet worden sind. Die Haftung gemäß § 25 Abs. 1 HGB lässt sich gemäß § 25 Abs. 2 HGB dadurch ausschließen, dass Käufer und Verkäufer eine **abweichende Vereinbarung** treffen, die im Handelsregister eingetragen oder dem Gläubiger des Zielunternehmens mitgeteilt wird.

(2) Vermögensgegenstände im Eigentum Dritter

207 Mitunter gehören zum Zielunternehmen Vermögensgegenstände, die nicht im Eigentum des Verkäufers stehen. Bspw. treffen große Konzerne zuweilen die Entscheidung, bestimmte Vermögensgegenstände konzernweit in spezialisierten Gesellschaften zu poolen. Das lässt sich insbesondere bei **gewerblichen Schutzrechten** und **Immobilien** beobachten. Im Mittelstand ist hingegen zu beobachten,

---

123 *Rödder/Hötzel/Müller-Thuns*, Unternehmenskauf, § 4 Rn 1.
124 *Rödder/Hötzel/Müller-Thuns*, Unternehmenskauf, § 4 Rn 11.

dass einzelne Vermögensgegenstände von Gesellschaftern gehalten und dem Zielunternehmen zur Nutzung überlassen werden. Auch hier sind gewerbliche Schutzrechte, Internetdomains und Immobilien als Beispiele zu nennen. Diese Eigentumsverhältnisse müssen im Rahmen der rechtlichen Unternehmensprüfung aufgedeckt und dann im Unternehmenskaufvertrag abgebildet werden. Die jeweiligen Eigentümer müssen zur Partei des Unternehmenskaufvertrags gemacht werden und als Verkäufer der jeweils von ihnen gehaltenen Vermögensgegenstände agieren.

(3) Verbindlichkeiten

Bei den Verbindlichkeiten liegt die genaue Beschreibung des Kaufgegenstandes in erster Linie naturgemäß im Interesse des Verkäufers. Auch hier empfiehlt sich die Beschreibung mithilfe von Bestandsverzeichnissen, die eine eindeutige Identifizierbarkeit erlauben und als Anlage zum Vertrag genommen werden. Zu den Verbindlichkeiten zählen auch die **Rückstellungen**, die in Wirtschaftsgüterkaufverträgen zuweilen als eigener Kaufgegenstand aufgenommen werden.[125]

208

(4) Verträge und sonstige Rechtsverhältnisse

Bei den Verträgen und sonstigen Rechtsverhältnissen liegt die genaue Beschreibung des Kaufgegenstandes im beiderseitigen Interesse von Käufer und Verkäufer: Dem Käufer ist daran gelegen, die mit den Rechtsverhältnissen verbundenen Rechte zu erwerben. Umgekehrt ist der Verkäufer daran interessiert, die aus den Rechtsverhältnissen verbundenen Verbindlichkeiten loszuwerden. Auch hier empfiehlt sich die so weit wie möglich die individualisierende Beschreibung des Kaufgegenstandes mittels Listen, die als Anlage zum Vertrag genommen werden.

209

bb) Auffangklauseln

Ungeachtet der Anstrengungen, die unternommen werden, um den Kaufgegenstand individuell zu beschreiben, kommt man beim Wirtschaftsgüterkauf nicht um die Verwendung von **Auffangklauseln** umhin. Diese Auffangklauseln genügen zwar nicht immer dem sachenrechtlichen **Bestimmtheitsgrundsatz**, begründet aber eine auch insofern **wirksame schuldrechtliche Verpflichtung** zur dinglichen Übertragung.

210

(1) Vermögensgegenstände

Soweit die Auffangklauseln Vermögensgegenstände betreffen, wird sich der Käufer um eine möglichst breite Formulierung bemühen, der Verkäufer hingegen um einen möglichst engen Wortlaut. Der Käufer befürchtet, durch eine zu enge Fassung nicht alle Vermögensgegenstände zu erwerben, die zum Zielunternehmen gehören und die er bezahlt. Umgekehrt befürchtet der Verkäufer, durch eine zu weite Fassung der Auffangklausel auch Vermögensgegenstände zu verkaufen, die nicht zum Zielunternehmen gehören und die nicht in die Kaufpreisberechnung eingeflossen sind.

211

Soweit Sachen betroffen sind, besteht eine mögliche Lösung darin, eine **räumliche Auffangklausel** zu formulieren: Dabei wird mittels eines als Anlage dem Unternehmenskaufvertrag beizufügenden Lageplans eine Fläche definiert und sämtliche Sachen, die sich zu einem bestimmten Zeitpunkt auf dieser Fläche befinden und im (ggf aufschiebend bedingten) Eigentum des Verkäufers befinden, dem Kaufgegenstand zugeschlagen.

212

Soweit Forderungen betroffen sind, besteht eine häufig verwendete Lösung darin, an das **zugrunde liegende Rechtsverhältnis** anzuknüpfen. Danach werden sämtliche Forderungen, die einem bestimmten Rechtsverhältnis – insbesondere Verträgen – zuzuordnen sind, dem Kaufgegenstand zugeschlagen.

213

Dieser begrenzten Möglichkeiten zum Trotz wird der Käufer darauf dringen, eine weitere Auffangklausel in den Vertrag aufzunehmen, nach der auch sämtliche sonstigen dem Zielunternehmen wirtschaftlich zuzuordnenden Vermögensgegenstände Kaufgegenstand sein sollen. Diese Klausel genügt zwar nicht dem dinglichen **Bestimmtheitsgrundsatz**, begründet aber eine **wirksame schuldrechtliche Verpflichtung** zur dinglichen Übertragung. Wenn der Verkäufer eine solche allgemeine Auffangklau-

214

---

125 Näher dazu *Rödder/Hötzel/Müller-Thuns*, Unternehmenskauf, § 4 Rn 18 ff.

sel nicht abwehren kann, wird er seine Bemühungen darauf konzentrieren, die Definition des Zielunternehmens möglichst präzise und eng zu fassen.

(2) Verbindlichkeiten

215 Soweit die Auffangklauseln Verbindlichkeiten betreffen, gilt das oben Gesagte mit umgekehrtem Vorzeichen: der Verkäufer wird sich um eine möglichst breite Formulierung bemühen, der Käufer hingegen um einen möglichst engen Wortlaut. Der Käufer befürchtet, durch eine zu weite Fassung Verbindlichkeiten zu erwerben, mit denen er nicht rechnen konnte, insbesondere die berüchtigten „Leichen im Keller". Umgekehrt befürchtet der Verkäufer, durch eine zu enge Fassung der Auffangklausel auf Verbindlichkeiten sitzen zu bleiben, die bei wirtschaftlicher Betrachtung zum Zielunternehmen gehören und deshalb auf den Käufer übergehen sollen.

216 Ähnlich wie bei Forderungen empfiehlt sich als Anknüpfungspunkt für die abstrakte Beschreibung von Verbindlichkeiten das **Rechtsverhältnis**, aus dem die Verbindlichkeit resultiert. Der Käufer muss darauf dringen, hier Grenzen einzuziehen. Er sollte insbesondere auf den Ausschluss von Verbindlichkeiten beharren, die vor Abschluss des Vertrags entstanden oder wirtschaftlich verursacht worden sind und nicht nach Art und Höhe in einer Vertragsanlage definiert worden sind; bei Dauerschuldverhältnissen (zB Mietverträge) empfiehlt sich eine periodische Abgrenzung. Umgekehrt muss sich der Käufer in der Regel darauf einlassen, Verbindlichkeiten zu übernehmen, die erst nach Abschluss des Vertrags entstanden oder wirtschaftlich verursacht worden sind.

b) Kaufpreisallokation

217 Der Wirtschaftsgüterkaufvertrag unterscheidet sich vom Anteilskaufvertrag häufig bei der Kaufpreisallokation. Beim Anteilskaufvertrag wird der Kaufpreis in der Regel den Verkäufern pro rata der von ihnen verkauften Gesellschaftsanteile zugewiesen. Befinden sich alle Anteile in einer Hand, so fehlt es in aller Regel an einer Klausel zur Kaufpreisallokation. Anders ist das beim Wirtschaftsgüterkauf. Aus Verkäufersicht kann sich eine vertragliche Kaufpreisallokation empfehlen, wenn **mehrere Rechtsträger** als Verkäufer auftreten. Das ist insbesondere dann der Fall, wenn zum Zielunternehmen Vermögensgegenstände im Eigentum Dritter (Gesellschafter, Schwestergesellschaften) gehören. Aus Käufersicht kann sich eine Kaufpreisallokation mit Blick auf das künftige **Abschreibungspotential** (Zulässigkeit der Abschreibung, Abschreibungsdauer) und sonstige steuerlichen Erwägungen empfehlen.[126] Gehört zum Zielunternehmen ein Grundstück, das miterworben werden soll, so empfiehlt sich schon wegen der beim Erwerb fälligen **Grunderwerbsteuer** dringend, im Kaufvertrag einen gesonderten Kaufpreisanteil für die Immobilie auszuweisen.

5. Selbständige Garantien

218 Der Wirtschaftsgüterkaufvertrag gleicht dem Anteilskaufvertrag darin, dass das gesetzliche Gewährleistungsregime regelmäßig durch ein **vertragliches Haftungsregime** ersetzt wird. Sowohl dem Grunde als auch den Grenzen nach bedingen die Besonderheiten des Wirtschaftsgüterkaufes nur begrenzte Abweichungen beim vertraglichen Garantienkatalog. Eine wichtige Abweichung besteht sicherlich bei den auf den Kaufgegenstand bezogenen Garantien. Die für den Anteilskauf typischen „rechtlichen" Garantien, die sich speziell auf die Zielgesellschaft als rechtliche Hülle und die Anteile an der Zielgesellschaft beziehen, entfallen. Dazu zählen insbesondere die Garantien, dass die Zielgesellschaft wirksam gegründet wurde und besteht und dass die Verkäufer das unbeschränkte und unbelastete Eigentum an den verkauften Gesellschaftsanteilen haben. Gehören jedoch zum Kaufgegenstand beim Wirtschaftsgüterkauf auch Gesellschaftsanteile an Tochtergesellschaften, so sind in Bezug auf diese auch beim Wirtschaftsgüterkauf „rechtliche" Garantien vorzufinden.

219 **Bilanzbezogene Garantien** sind beim Wirtschaftsgüterkauf mit gewissen Schwierigkeiten verbunden, wenn das verkaufte Geschäft bislang nicht selbständig in einer eigenen Gesellschaft geführt wurde. In diesem Fall gibt es naturgemäß keine „echten" Bilanzen für die Vergangenheit, auf die sich Garan-

---

126 Dazu *Holzapfel/Pöllath*, Unternehmenskauf, Rn 145 ff.

tien beziehen könnten. In der Praxis behilft man sich mit Pro-Forma-Garantien, die vor der Transaktion in Bezug auf das Zielunternehmen erstellt worden sind.

6. Freistellungen

Die für den Anteilskauf typischen Freistellungen – Steuern und Umwelt – finden sich dem Grunde nach auch beim Wirtschaftsgüterkauf wieder. 220

a) Steuern

Bei der **Steuerfreistellung** resultiert eine wesentliche Abweichung daraus, dass der Käufer grundsätzlich nur im Rahmen des § 75 AO für die Steuerverbindlichkeiten des Verkäufers haftet.[127] Gemäß § 75 AO haftet der Erwerber eines Unternehmens im Ganzen mit dem übernommenen Vermögen für betriebliche Steuern und Steuerabzugsbeträge, die im letzten vor dem Erwerb liegenden Kalenderjahr entstanden sind.[128] Die wichtigsten Betriebsteuern sind die **Gewerbesteuer** und die **Umsatzsteuer**, letztere auch, soweit sie durch den Wirtschaftsgüterkauf selbst ausgelöst wird. Die wichtigsten Steuerabzugsbeträge („Quellensteuer") sind die Lohnsteuer und die Kapitalertragsteuer. Nicht von § 75 AO erfasst sind hingegen insbesondere die **Einkommensteuer** und die **Körperschaftsteuer**. 221

b) Umwelt

Bei der Umweltfreistellung ergeben sich **keine wesentlichen Abweichungen** vom Anteilskauf. Den Erwerber trifft als neuen Grundstückseigentümer etwaige Sanierungsverpflichtungen gemäß § 4 BBodSchG als **Zustandsstörer**. In Betracht kommt, den Wirtschaftsgüterkauf als Fall der Gesamtrechtsnachfolge im Sinne des § 4 BBodSchG anzusehen mit der Folge, dass der Erwerber der verschärften Haftung als Gesamtrechtsnachfolger eines **Handlungsstörers** unterfallen kann. Von Bedeutung wäre dies auch für den **Ausgleichsanspruch** gemäß § 24 Abs. 2 BBodSchG. 222

c) Weitere Freistellungen

Tendenziell finden sich beim Wirtschaftsgüterkauf **zusätzliche Freistellungstatbestände**, die so beim Anteilskauf nicht vorkommen. Freistellungen finden sich beim Wirtschaftsgüterkauf insbesondere im Zusammenhang mit den vertraglichen Bestimmungen zum Betriebsübergang (§ 613 a BGB), zur Haftung gemäß § 25 HGB sowie bei der Abgrenzung der übernommenen Verbindlichkeiten. In der Praxis kann eine Freistellung im Zusammenhang mit § 613 a BGB wie folgt formuliert werden: 223

▶ Der Erwerber trägt wirtschaftlich alle gesetzlichen Abgabepflichten für die in der Anlage ... aufgeführten Mitarbeiter (die „Übergehenden Mitarbeiter") und alle Verpflichtungen aus den Arbeitsverhältnissen gegenüber den Übergehenden Mitarbeitern, welche den Zeitraum ab Closing betreffen und stellt den Veräußerer von sämtlichen Verpflichtungen im Innenverhältnis frei. Der Veräußerer verpflichtet sich, dafür Sorge zu tragen, dass alle gesetzlichen Abgabepflichten für die Übergehenden Mitarbeiter, und alle Verpflichtungen aus den Arbeitsverhältnissen gegenüber den Übergehenden Mitarbeitern, die bis zum Closing entstehen oder fällig werden, erfüllt werden. Soweit Übergehende Mitarbeiter Jahresurlaub für frühere Jahre bis zum Closing noch nicht genommen haben, wird dieser vom Erwerber gewährt; der Veräußerer wird dem Erwerber den Wert dieser Urlaubsansprüche ersetzen. Der Veräußerer wird den Erwerber jeweils unverzüglich von sämtlichen evtl Ansprüchen freistellen, die von gegenwärtigen oder früheren Arbeitnehmern des Veräußerers, die nicht in Anlage ... aufgeführt sind, gegenüber dem Erwerber, seinen Organen, Angestellten, Gesellschaftern oder verbundenen Unternehmen geltend gemacht werden. ◀

7. Sicherheiten für Garantien und Freistellungen

Drittsicherheiten zugunsten des Käufers für Ansprüche aus Garantien und Freistellungen sind beim Wirtschaftsgüterkauf insbesondere dann wichtig, wenn der Verkäufer eine Gesellschaft mit beschränk- 224

---

[127] Allerdings kann sich ggf auch das Finanzamt auf die Haftung des Erwerbers aus § 25 HGB stützen, vgl *Holzapfel/Pöllath*, Unternehmenskauf, Rn 668.
[128] Näher dazu *Holzapfel/Pöllath*, Unternehmenskauf, Rn 664 ff.

ter Haftung ist, die mehr oder weniger ihr **gesamtes Vermögen veräußert**. In diesem Fall ist nämlich damit zu rechnen, dass der Kaufpreis alsbald nach Vollzug des Unternehmenskaufs an die Gesellschafter des Verkäufers ausgeschüttet wird und somit **keine Haftungsmasse** vorhanden ist, mit der Ansprüche des Käufers aus Garantien und Freistellungen befriedigt werden können.

8. Betriebsübergang und Arbeitsverhältnisse, § 613 a BGB

225 Wer ein Unternehmen im Wege eines Wirtschaftsgüterkaufes erwirbt, erwirbt dessen Arbeitsverhältnisse regelmäßig von Gesetzes wegen (§ 613 a BGB) mit. Anders als bei sonstigen Vertragsverhältnissen bedarf es für den Übergang der Arbeitsverhältnisse somit nicht der Zustimmung des anderen Vertragspartners gemäß § 415 BGB.[129]

226 Der Umfang, in dem Arbeitsverhältnisse beim Wirtschaftsgüterkauf auf den Käufer übergehen, ergibt sich aus dem Gesetz und kann im Unternehmenskaufvertrag nicht abgeändert werden.[130] Die Parteien können und sollten jedoch im Unternehmenskaufvertrag präzise regeln, wie weit der Übergang der Arbeitsverhältnisse in ihrem **Innenverhältnis** reichen soll. Die Notwendigkeit hierzu ergibt sich häufig schon daraus, dass der Umfang der übergehenden Arbeitsverhältnisse zwar von Gesetzes wegen feststeht, aber keineswegs immer zweifelsfrei zu bestimmen ist. Die resultierende **Unsicherheit** über den Umfang der übergehenden Arbeitsverhältnisse ist im Interesse beider Parteien vertraglich zu beseitigen.

a) Vorraussetzungen des Betriebsübergangs

227 Der Übergang der Arbeitsverhältnisse gemäß § 613 a BGB verlangt im Grundsatz viererlei: (1) Ein Betrieb oder Teilbetrieb muss (2) durch Rechtsgeschäft (3) auf einen neuen Inhaber (4) übergehen.

228 Ein „klassischer" Unternehmenskauf per Wirtschaftsgüterkauf erfüllt diese Voraussetzungen regelmäßig; klärungsbedürftig ist dann nicht mehr das „Ob" des Betriebsübergangs, sondern dessen **Umfang**.[131] Das entscheidet sich maßgeblich danach, wie die Parteien den erwerbenden Betrieb oder Teilbetrieb bestimmen und welche Arbeitnehmer dieser übergehenden Einheit tatsächlich zuzuordnen sind. § 613 a BGB ist anders als § 25 HGB und § 75 AO auch nach **Eröffnung des Insolvenzverfahrens** anwendbar; allerdings gelten hier Besonderheiten für den Umfang, in dem die Verpflichtungen des Zielunternehmens für die Vergangenheit auf den Erwerber übergehen.

b) Rechtsfolgen eines Betriebsübergangs

aa) Übergang der Arbeitsverhältnisse

229 Rechtsfolge des Betriebsübergangs ist, dass die im Zielunternehmen bei Betriebsübergang bestehenden Arbeitsverhältnisse mitsamt aller Rechte und Pflichten auf den Erwerber übergehen. Der Übergang umfasst insbesondere auch **sämtliche offenen Forderungen** der betroffenen Arbeitnehmer für die Zeit *vor* dem Betriebsübergang. Nicht von § 613 a BGB erfasst sind die Dienstverhältnisse der **Vorstände und Geschäftsführer** des Zielunternehmens.

230 Der Übergang betrifft das Arbeitsverhältnis mitsamt allen **Nebenabreden**. Im Einzelfall können Abgrenzungsschwierigkeiten zu Rechtsverhältnissen auftreten, die lediglich **anlässlich** der Arbeitnehmerstellung begründet worden sind, wie zB Arbeitnehmerdarlehen oder Mitarbeiterbeteiligungsverträge. Richtiger Auffassung nach werden diese Rechtsverhältnisse nicht von § 613 a BGB erfasst.[132]

(1) Individualrechtliche Regelungen

231 Soweit die Rechte und Pflichten der übergehenden Arbeitsverhältnisse auf individualrechtlicher Grundlage beruhen, gehen sie einheitlich und ohne Besonderheiten auf den Betriebserwerber über.

---

129 Allerdings kann der Arbeitnehmer den Übergang des Arbeitsverhältnisses durch seinen Widerspruch verhindern (§ 613 a Abs. 6 BGB).
130 Ein gewisser Gestaltungsspielraum besteht allerdings im Vorfeld des Unternehmensverkaufs; dazu *Rödder/Hötzel/Müller-Thuns*, Unternehmenskauf, § 12 Rn 31.
131 Zu den Besonderheiten beim Asset Deal mit Auslandsberührung vgl *Rödder/Hötzel/Müller-Thuns*, Unternehmenskauf, § 12 Rn 27 ff.
132 Vgl *Holzapfel/Pöllath*, Unternehmenskauf, Rn 696.

(2) Kollektivrechtliche Regelungen

Soweit sich die Rechte und Pflichten der übergehenden Arbeitsverhältnisse beim Betriebsveräußerer dagegen aus kollektivrechtlichen Grundlagen (Betriebsvereinbarungen, Tarifverträge) ergeben, ist weiter zu differenzieren.[133]

Betriebsvereinbarungen: Soweit sich die Rechte und Pflichten der übergehenden Arbeitsverhältnisse beim Betriebsveräußerer aus **Betriebsvereinbarungen** ergaben, sind **drei Fälle** zu unterscheiden.

- Bleibt die **Identität** des übergehenden Betriebs beim Betriebserwerber erhalten, so gelten die alten Betriebsvereinbarungen auf kollektivrechtlicher Grundlage fort.[134]
- Bleibt die Identität des übergehenden Betriebs beim Betriebserwerber nicht erhalten, so werden die Rechte und Pflichten der übergehenden Arbeitsverhältnisse, die sich beim Betriebsveräußerer aus Betriebsvereinbarungen ergaben, beim Betriebserwerber grundsätzlich in individualrechtliche Rechten und Pflichten **transformiert** (§ 613 a Abs. 1 S. 2 BGB). Nachfolgende Änderungen der transformierten Betriebsvereinbarungen wirken sich nicht mehr auf die übergegangenen Arbeitsverhältnisse aus.
- Eine Transformation gemäß § 613 a Abs. 1 S. 2 BGB erfolgt nicht, soweit beim Betriebserwerber **Betriebsvereinbarungen mit demselben Regelungsbereich** bestehen. Insofern werden die beim Betriebsveräußerer bestehenden Betriebsvereinbarungen für die übergehenden Arbeitnehmer durch die Betriebserwerber bestehenden Betriebsvereinbarungen ersetzt (sog. Kollisionsregelung, vgl § 613 a Abs. 1 S. 3 BGB); das gilt auch dann, wenn die beim Betriebserwerber bestehenden Betriebsvereinbarungen aus Arbeitnehmersicht ungünstiger sind als die beim Betriebsveräußerer bestehenden Betriebsvereinbarungen.

Tarifverträge: Soweit sich die Rechte und Pflichten der übergehenden Arbeitsverhältnisse beim Betriebsveräußerer aus Verbandstarifverträgen ergaben, sind ebenfalls drei Fälle zu unterscheiden.

- Sind der Betriebserwerber und der Betriebsveräußerer **Mitglieder desselben Arbeitgeberverbands**, die übergehenden Arbeitnehmer **gewerkschaftlich organisiert** und fällt der übergehende Betrieb in den **sachlichen Geltungsbereich** des Tarifvertrags, so gilt dieser auf kollektivrechtlicher Grundlage beim Betriebserwerber fort.[135]
- Liegen die vorgenannten Voraussetzungen für eine kollektivrechtliche Fortgeltung des Tarifvertrags nicht vor, so werden die Rechte und Pflichten der übergehenden Arbeitsverhältnisse, die sich beim Betriebsveräußerer aus Tarifvertrag ergaben, beim Betriebserwerber grundsätzlich in individualrechtliche Rechten und Pflichten **transformiert** (§ 613 a Abs. 1 S. 2 BGB). Nachfolgende Änderungen der transformierten Tarifverträge wirken sich nicht mehr auf die übergegangenen Arbeitsverhältnisse aus.
- Eine Transformation gemäß § 613 a Abs. 1 S. 2 BGB erfolgt nicht, soweit beim Betriebserwerber **Tarifverträge mit demselben Regelungsbereich** bestehen. Insofern werden die beim Betriebsveräußerer bestehenden Tarifverträge für die übergehenden Arbeitnehmer durch die Betriebserwerber bestehenden Tarifverträge ersetzt (§ 613 a Abs. 1 S. 3 BGB); das gilt auch dann, wenn die beim Betriebserwerber bestehenden Tarifverträge aus Arbeitnehmersicht ungünstiger sind als die beim Betriebsveräußerer bestehenden Tarifverträge.

(3) Widerspruchsrecht der Arbeitnehmer

Die vom Betriebsübergang betroffenen Arbeitnehmer sind nach Maßgabe des § 613 a Abs. 5 BGB über den Betriebsübergang zu unterrichten. Binnen **vier Wochen** ab dem Zugang der ordnungsgemäßen Unterrichtung können die Arbeitnehmer dem Übergang ihrer Arbeitsverhältnisse widersprechen mit der Folge, dass der Übergang unterbleibt (§ 613 a Abs. 6 BGB). Der Betriebsveräußerer hat in

---

133 Vgl zum Folgenden *Rödder/Hötzel/Müller-Thuns*, Unternehmenskauf, § 12 Rn 35 ff.
134 Dies ist gesetzlich nicht geregelt, ergibt sich aber aus der Auffangfunktion des § 613 a BGB, vgl *Holzapfel/Pöllath*, Unternehmenskauf, Rn 699.
135 Dies ist ebenfalls gesetzlich nicht geregelt, ergibt sich aber aus der Auffangfunktion des § 613 a BGB, vgl *Holzapfel/Pöllath*, Unternehmenskauf, Rn 699.

diesem Fall in der Regel ein **betriebsbedingtes Kündigungsrecht**.[136] Die gesetzliche Regelung des Widerspruchsrechts ist für die Parteien des Unternehmenskaufvertrags mit erheblichen Risiken verbunden, da nicht klar ist, wie weit die Unterrichtungspflicht gemäß § 613 a Abs. 5 BGB im Einzelnen reicht. Wird die Unterrichtungspflicht nicht ordnungsgemäß erfüllt, so wird die vierwöchige Widerspruchsfrist des § 613 a Abs. 6 BGB nicht in Gang gesetzt mit der Folge, dass das Widerspruchsrecht grundsätzlich **unbefristet** besteht. Eine Grenze für die spätere Ausübung des Widerspruchsrechts ergibt sich dann lediglich aus dem Gedanken des Rechtsmissbrauchs bzw der **Verwirkung** (§ 242 BGB).

(4) Haftungsbegrenzung bei Betriebsübergang nach Eröffnung des Insolvenzverfahrens

236   Erfolgt der Betriebsübergang **nach Eröffnung des Insolvenzverfahrens** über das Vermögen des Betriebsveräußerers, so ist die Haftung des Betriebserwerbers begrenzt: Verbindlichkeiten gegenüber den Arbeitnehmern, die bis zur Eröffnung des Insolvenzverfahrens entstanden bzw im Falle von Versorgungsansprüchen bis zur Eröffnung des Insolvenzverfahrens erdient worden sind, sind in diesem Fall vom Übergang auf den Betriebserwerber ausgeschlossen.

bb) Besonderer Kündigungsschutz, § 613 a Abs. 4 BGB

237   Gemäß § 613 a Abs. 4 S. 1 BGB dürfen weder der Betriebsveräußerer noch der Betriebserwerber vom Betriebsübergang betroffene Arbeitnehmer *wegen* des Betriebsübergangs kündigen. § 613 a Abs. 4 S. 2 BGB stellt klar, dass das Recht zur Kündigung aus anderen Gründen unberührt bleibt. Daraus folgt die Notwendigkeit einer Abgrenzung zwischen der (unzulässigen) Kündigung wegen des Betriebsübergangs und der (zulässigen) Kündigung aus anderen Gründen. Gemeinhin wird darauf abgestellt, welcher der **tragende Beweggrund** für die Kündigung ist. Ist der Betriebsübergang der tragende Beweggrund, so verstößt die Kündigung gegen § 613 a Abs. 4 S. 1 BGB.

cc) Änderung der Arbeitsverhältnisse nach Betriebsübergang

238   Die übergegangenen Arbeitsverhältnisse können beim Betriebserwerber grundsätzlich individualvertraglich oder durch kollektivrechtliche Regelung geändert werden. Eine Ausnahme gilt für die gemäß § 613 a Abs. 1 S. 2 BGB in **transformierten Rechte und Pflichten** worden sind: Sie unterliegen einer einjährigen **Veränderungssperre**. Eine Rückausnahme gilt für den Fall, dass die transformierten kollektivrechtlichen Regelungen zwischenzeitlich entfallen. In diesem Fall entfällt gemäß § 613 a Abs. 1 S. 3 BGB die Veränderungssperre.

dd) Betriebsverfassungsrecht

239   Gemäß § 111 Abs. 1 S. 1 BetrVG hat ein Unternehmer in Betrieben mit mehr als 20 wahlberechtigten Arbeitnehmern den **Betriebsrat** über geplante Betriebsänderungen, die wesentliche Nachteile für die Belegschaft oder erhebliche Teile der Belegschaft zur Folge haben können, rechtzeitig und umfassend zu **unterrichten** und die geplanten Betriebsänderungen mit dem Betriebsrat zu **beraten**. Ein Betriebsübergang ist nicht per se eine gemäß § 111 Abs. 1 S. 1 BetrVG unterrichtungspflichtige Betriebsänderung. Jedoch können Maßnahmen im Zusammenhang mit dem Betriebsübergang zu einer Unterrichtungspflicht gemäß § 111 Abs. 1 S. 1 BetrVG führen.

240   In Unternehmen mit einem **Wirtschaftsausschuss** ist dieser gemäß § 106 Abs. 2 BetrVG vom Unternehmer über die wirtschaftlichen Angelegenheiten des Unternehmens zu unterrichten. Dazu zählen insbesondere alle Vorgänge und Vorhaben, welche die Interessen der Arbeitnehmer des Unternehmens wesentlich berühren können (§ 106 Abs. 3 BetrVG).

241   Verstöße gegen die vorstehenden Unterrichtungspflichten sind **Ordnungswidrigkeiten**, die nach § 121 BetrVG mit einem Bußgeld geahndet werden können. Bleibt die **Identität** des Betriebs beim Betriebserwerber erhalten, so bleibt der Betriebsrat mitsamt seinen Mitgliedern unverändert bestehen.[137]

---

136   *Rödder/Hötzel/Müller-Thuns*, Unternehmenskauf, § 12 Rn 16.
137   Näher *Rödder/Hötzel/Müller-Thuns*, Unternehmenskauf, § 14 Rn 9 auch für den Fall, dass die Identität des Betriebs nicht erhalten bleibt.

c) Vertragliche Regelungen

Im Hinblick auf einen Betriebsübergang sollten im Wirtschaftsgüterkaufvertrag insbesondere die folgenden Punkte geregelt werden:[138]
- Genaue Definition der übergehenden Einheit;
- Abschließende Auflistung der übergehenden Arbeitnehmer;
- Freistellung des Käufers durch den Verkäufer für die Forderungen der übergehenden Arbeitnehmer, die vor Betriebsübergang entstanden bzw wirtschaftlich verursacht worden sind;
- Freistellung des Käufers durch den Verkäufer für unfreiwillig übernommene Arbeitnehmer;
- Regelung der Arbeitnehmerunterrichtung gemäß § 613 a Abs. 5 BGB;
- Regelung des Umgangs mit widersprechenden Arbeitnehmern;
- Unterrichtung von Betriebsrat und Wirtschaftsausschuss;
- Regelung des Umgangs mit Rechtsverhältnissen, die lediglich anlässlich der Arbeitnehmerstellung eingegangen worden sind;
- Ggf. aufschiebende Bedingungen für den Vollzug des Unternehmenskaufs (zB Erlöschen des Widerspruchsrechts für eine Mindestquote von Arbeitnehmern und/oder von bestimmten wichtigen Arbeitnehmern; Abschluss bestimmter Personalmaßnahmen)

242

9. Konsequenzen

Der Wirtschaftsgüterkauf ist gegenüber dem Anteilskauf *ceteris paribus* die eindeutig komplexere Form des Unternehmenskaufs. Bei umfangreichen Transaktionen kann die mit dem Wirtschaftsgüterkauf verbundene **zusätzliche Komplexität** den Unternehmensverkauf erheblich erschweren: Die erhöhte Komplexität verlängert die Dauer der Transaktion, mindert die Transaktionssicherheit, reduziert die Berechenbarkeit des Verkaufsprozesses, erhöht die Transaktionskosten und steigert das Risiko des Scheiterns.[139]

243

Aus diesen Gründen wird Verkäufern empfohlen, das Zielunternehmen vor der eigentlichen Transaktion auf eine Erwerbergesellschaft zu übertragen und sodann die Erwerbergesellschaft im Wege eines Anteilskaufs an den Käufer zu übertragen.[140] In vielen Fällen kann dies in der Tat eine sinnvolle Gestaltung sein. Der Käufer ist dann nicht am Wirtschaftsgüterkauf beteiligt, sondern prüft den Wirtschaftsgüterkauf vielmehr als Teil seiner juristischen Unternehmensprüfung. Die Praxis zeigt jedoch, dass der **vorgeschaltete Wirtschaftsgüterkauf** nicht selten fehlerhaft konzipiert oder lückenhaft durchgeführt wird. Derartige Fehler zeigen sich dann im Rahmen der Unternehmensprüfung und führen ihrerseits zu einer Verlängerung des Verkaufsprozesses und in Einzelfällen gar zu dessen Scheitern. Selbst wenn der Wirtschaftsgüterkauf fehlerfrei konzipiert und richtig durchgeführt worden ist, wird er häufig einseitige Klauseln zugunsten des Verkäufers enthalten. Das führt dann dazu, dass der vorgeschaltete Wirtschaftsgüterkauf im Zuge des nachfolgenden Anteilskaufs noch einmal **weitgehend nachverhandelt** werden muss. Ein weiterer Nachteil des vorgeschalteten Wirtschaftsgüterkaufs für den Verkäufer ist, dass er die **Kosten** dafür trägt. Schließlich trägt er das Risiko, das Zielunternehmen in einer Weise umzustrukturieren, die nur bei einem anschließenden Verkauf Sinn macht, der anschließende Verkauf dann aber letztlich nicht zustande kommt.

244

D. Besonderheiten des Unternehmenskaufs bei Leveraged Buyout, Management Buyout und Owner's Buyout

Als **Leveraged Buyout** (abgekürzt „LBO") wird ein Unternehmenskauf bezeichnet, bei dem der Kaufpreis (in hohem Maße) fremdfinanziert wird.[141] Als **Management Buyout** (abgekürzt „MBO") wird

245

---

[138] Vgl auch *Holzapfel/Pöllath*, Unternehmenskauf, Rn 705.
[139] Aus der Praxis sind Fälle bekannt, in denen die beteiligten Anwälte nach Closing eines Asset Deals T-Shirts mit dem Aufdruck „I survived an Asset Deal" verteilt haben.
[140] *Rödder/Hötzel/Müller-Thuns*, Unternehmenskauf, § 4 Rn 41.
[141] Üblich sind Fremdfinanzierungsquoten von 60-70 %.

ein Unternehmenskauf bezeichnet, bei dem das Management des Zielunternehmens als Käufer agiert. Als **Owner's Buyout** wird ein Unternehmenskauf bezeichnet, bei dem sich die Gesellschafter der Zielgesellschaft an der Erwerbergesellschaft (rück-)beteiligen.

246 Die drei Sonderformen Leveraged Buyout, Management Buyout und Owner's Buyout können als Anteilskauf oder als Wirtschaftsgüterkauf verwirklicht werden. Sie können zudem in beliebiger **Kombination** zusammentreffen. Die Sonderformen Leveraged Buyout und Management Buyout treten so häufig zusammen auf, dass die beiden Begriffe teils synonym verwendet oder als Sonderfall der jeweils anderen Form verstanden oder abgehandelt werden.

247 Das entspricht durchaus den praktischen Erfahrungen: Beabsichtigen Manager den Erwerb des Unternehmens, in dem sie tätig sind, so werden sie in der Regel nur über einen Teil des für den Kauf erforderlichen Kapitals verfügen. Zur Finanzierung des übrigen Kaufpreises werden sie eine Fremdfinanzierung in Betracht ziehen – daraus ergibt sich dann automatisch das Zusammentreffen von Management Buyout und Leveraged Buyout. Häufig verfügen die Manager jedoch auch nicht über das beim Leveraged Buyout erforderliche Eigenkapital. Die Finanzierungslücke wird dann typischerweise von Finanzinvestoren geschlossen.

248 **Finanzinvestoren** erwerben Unternehmen so gut wie ausschließlich im Zuge eines Leveraged Buyout. Typischerweise beteiligen sie das Management mit 5-10 % an der Erwerbergesellschaft. Häufig ist das Management bereits an der Zielgesellschaft beteiligt, insbesondere bei sog. Secondary-Transaktionen, bei denen das Zielunternehmen von einem Finanzinvestor an einen anderen Finanzinvestor verkauft wird. In diesen Fällen treffen die drei Sonderformen Leveraged Buyout, Management Buyout und Owner's Buyout zusammen.

249 Da die drei Sonderformen Leveraged Buyout, Management Buyout und Owner's Buyout jedoch mit je eigenen rechtlichen Problemen verbunden sind, empfiehlt sich im Folgenden eine getrennte Darstellung.

I. Besonderheiten des Leveraged Buyout

250 Das wirtschaftliche Kalkül besteht beim Leveraged Buyout für den Erwerber darin, mit dem Zielunternehmen eine Gesamtkapitalrendite zu erwirtschaften, die höher ist als die Zinsen auf das Fremdkapital.[142] Daraus ergibt sich dann für die Eigentümer der gewünschte finanzwirtschaftliche **Hebeleffekt** (sog. leverage). Zusätzlich muss die zur Rückzahlung der Akquisitionsfinanzierung (Zinsen, Tilgung) erforderliche Liquidität sichergestellt werden.

1. Vermögenseinsatz der Zielgesellschaft zur Kaufpreisfinanzierung

251 Gesellschaftsrechtliche Probleme entstehen beim Leveraged Buyout insbesondere beim Anteilskauf, wenn das Vermögen der Zielgesellschaft zur Finanzierung des Kaufpreises eingesetzt wird und die Zielgesellschaft eine Kapitalgesellschaft oder eine Personengesellschaft mit beschränkter Haftung ist. Vereinfacht dargestellt ist die Situation beim Leveraged Buyout diejenige, dass unmittelbarer Erwerber der Zielgesellschaft eine Erwerbergesellschaft ist, die 100% der Gesellschaftsanteile (Geschäftsanteile, Aktien) an der Zielgesellschaft kauft, welche ihrerseits als GmbH oder AG verfasst ist. In diesen Fällen kann die Finanzierung des Kaufpreises durch das Vermögen der Tochter vielfältige Formen annehmen, von denen die folgenden nur eine Auswahl sind:

- Die Zielgesellschaft **verkauft** nicht betriebsnotwendiges Vermögen und verwendet die Erlöse zur Zahlung eines Teils des Kaufpreises oder zur Rückführung des Akquisitionsdarlehens.
- Die Zielgesellschaft **besichert** mit ihrem Vermögen einen gestundeten Teil der Kaufpreisforderung.
- Die Zielgesellschaft besichert mit ihrem Vermögen das Akquisitionsdarlehen der Erwerbergesellschaft.
- Die Zielgesellschaft nimmt selbst ein **Darlehen** auf, das sie mit ihrem Vermögen besichert, und verwendet die Darlehensmittel für eine entsprechende Ausschüttung an die Erwerbergesellschaft (Sonderdividende, Kapitalrückzahlung) oder für die Gewährung eines Darlehens an die Erwerbergesellschaft.

---

142 *Holzapfel/Pöllath*, Unternehmenskauf, Rn 328.

D. Besonderheiten bei Leveraged Buyout, Management Buyout und Owner's Buyout 11

Alle diese Formen haben eins gemeinsam: Begünstigte sind die Erwerbergesellschaft bzw deren Gläubiger. Letztere können zur Befriedigung ihrer Forderungen grundsätzlich nur auf das Vermögen der Erwerbergesellschaft zugreifen, also auf deren Anteile an der Zielgesellschaft. Diese können sie sich auch ohne kapitalerhaltungsrechtliche Probleme verpfänden lassen. Sie bleiben jedoch auch dann gegenüber den Gläubigern der Zielgesellschaft **strukturell nachrangig**: Die Anteile an der Zielgesellschaft vermitteln lediglich einen Anteil am Reinvermögen der Zielgesellschaft, also nach Abzug aller Verbindlichkeiten und Rückstellungen. 252

Um diesen strukturellen Nachrang zu überwinden, dringen die Gläubiger der Erwerbergesellschaft darauf, dass das Vermögen der Zielgesellschaft zur Zahlung des Kaufpreises eingesetzt wird. Ist die Zielgesellschaft eine Kapitalgesellschaft, so laufen sie dabei Gefahr, in einen Konflikt mit den Vorschriften der Vorschriften über die Kapitalerhaltung bzw Vermögensrückgewähr zu geraten. Im Einzelnen unterscheiden sich die Konfliktlinien u.a. danach, ob die Zielgesellschaft als **GmbH** oder **AG** verfasst ist. 253

2. Zielgesellschaft in der Rechtsform der GmbH

Ist die Zielgesellschaft als GmbH verfasst, so ergeben sich die Grenzen für den Einsatz ihres Vermögens zur Finanzierung des Kaufpreises aus den Regeln zur Kapitalerhaltung sowie aus dem Verbot existenzvernichtender Eingriffe.[143] 254

a) Kapitalerhaltung, § 30 GmbHG

Im Zentrum des Kapitalerhaltungsrechts steht die Vorschrift des **§ 30 GmbHG**. Diese verbietet Auszahlungen an die Gesellschafter, soweit dadurch das zur Erhaltung des Stammkapitals erforderliche Vermögen angegriffen wird. Die Gesellschaft darf mit anderen Worten durch Leistungen an ihre Gesellschafter nicht in eine **Unterbilanz** geraten oder diese verstärken. Eine Unterbilanz liegt vor, wenn das bilanzielle Aktivvermögen der Gesellschaft abzüglich aller Rückstellungen und Verbindlichkeiten unterhalb der Stammkapitalziffer liegt. Ob eine Auszahlung zu einer Unterbilanz führt oder eine solche verstärkt, ist grundsätzlich nach handelsbilanziellen Maßstäben zu entscheiden. 255

Wird das Vermögen der Zielgesellschaft durch eine Ausschüttung zur Kaufpreisfinanzierung eingesetzt, so sind die Vorgaben des § 30 GmbHG klar: Die Ausschüttung muss so bemessen sein, dass sich die Zielgesellschaft auch nach der Ausschüttung nicht im Zustand einer Unterbilanz befindet. 256

Weniger klar sind die anzulegenden Maßstäbe in den Fällen, in denen die Zielgesellschaft der Erwerbergesellschaft zur Finanzierung des Kaufpreises ein Darlehen gewährt (sog. **aufsteigendes Darlehen**) oder Sicherheiten stellt (sog. **aufsteigende Sicherheiten**). Bei aufsteigenden Darlehen tendiert die Rechtsprechung zu einer **sehr strengen Sicht**: Gesellschaftsdarlehen sind danach für die Frage der Unterbilanz wie Ausschüttungen im Zeitpunkt der Darlehensgewährung zu behandeln, dh der Darlehensrückzahlungsanspruch gegen den Gesellschafter muss für die Frage der Unterbilanz unabhängig von seiner Werthaltigkeit außer Acht gelassen werden. Ausnahmen davon sollen nur unter strengsten Auflagen gemacht werden dürfen. 257

Wie sich diese Rechtsprechung auf die Beurteilung aufsteigender Sicherheiten auswirkt, ist umstritten und in der Rechtsprechung bislang nicht geklärt. Ein wesentlicher Streitpunkt betrifft die Frage, zu welchem **Zeitpunkt** bei aufsteigenden Sicherheiten die „Auszahlung" im Sinne des § 30 GmbHG erfolgt – bei Bestellung der Sicherheit, bei Verwertung der Sicherheit oder zu beiden Zeitpunkten? 258

§ 30 GmbHG ist kein Schutzgesetz im Sinne des § 134 BGB. Ein Verstoß gegen § 30 GmbHG wirkt deshalb grundsätzlich **nur innergesellschaftlich**: der begünstigte Gesellschafter muss die unzulässige „Auszahlung" zurückgewähren (§ 31 Abs. 1 GmbHG).[144] Subsidiär haften für den Erstattungsbetrag 259

---

[143] Weitere Grenzen ergeben sich aus gesellschaftsinternen Verpflichtungen, *Holzapfel/Pöllath*, Unternehmenskauf, Rn 335.
[144] Stundet der Verkäufer einen Teil der Kaufpreisforderung und lässt er sich den gestundeten Kaufpreisanspruch aus dem Vermögen der Zielgesellschaft besichern, so ist er für die Zwecke des § 30 GmbHG ungeachtet des Umstands, dass er nicht mehr Gesellschafter ist, noch wie ein Gesellschafter zu behandeln, vgl Lutter/Hommelhoff, § 30 GmbHG Rn 22.

auch die anderen Gesellschafter (§ 31 Abs. 3 GmbHG). Die Geschäftsführer haften ebenso (§§ 31 Abs. 6, 43 Abs. 2, 3 GmbHG). Führt die Bestellung bzw Verwertung von aufsteigenden Sicherheiten durch einen Dritten, beim Leveraged Buyout insbesondere durch die akquisitionsfinanzierende Bank, zu Verstößen gegen § 30 GmbHG, so muss der Dritte diesen Verstoß nach der bisherigen Rechtsprechung grundsätzlich nicht gegen sich gelten lassen. Er kann sich darauf zurückziehen, dass sich das Auszahlungsverbot ausschließlich an Dritte richtet.[145]

260 Der Verstoß gegen § 30 GmbHG kann darüber hinaus als Fall der **Untreue (§ 266 StGB)** zu qualifizieren sein.[146] Schon dies lässt es dringend ratsam erscheinen, mögliche Verstöße gegen § 30 GmbHG beim Leveraged Buyout nicht auf die leichte Schulter zu nehmen.

261 Im praktisch wichtigsten Fall, der Bestellung von aufsteigenden Sicherheiten zugunsten der akquisitionsfinanzierenden Banken, erfolgt die Vorsorge durch Aufnahme begrenzender Klauseln (sog. **Limitation Language**) in die Sicherheitenverträge. Die Berater der Zielgesellschaft müssen darauf dringen, dass die Bestellung und Verwertung von aufsteigenden Sicherheiten vertraglich unter den Vorbehalt des § 30 GmbHG gestellt wird. Für die Bank entwertet dies die Sicherheit weitgehend. Die Bank wird daher auf Strukturmaßnahmen dringen, die einen Verstoß gegen § 30 GmbHG ausschließen.

b) Verbot existenzvernichtender Eingriffe

262 Eine weitere Grenze für den Einsatz des Zielgesellschaftsvermögens zur Kaufpreisfinanzierung ergibt sich aus dem **Verbot existenzvernichtender Eingriffe**. Das Verbot existenzvernichtender Eingriffe richtet sich in erster Linie an den (beherrschenden) Gesellschafter. Es verbietet ihm den Abzug von Mitteln (in Form von Darlehen oder Ausschüttungen) aus dem Vermögen der (Tochter-)Gesellschaft, soweit er dabei auf die Fähigkeit der Gesellschaft, ihren Verbindlichkeiten nachzukommen, nicht angemessen Rücksicht nimmt.[147]

263 Ein Verstoß gegen das Verbot existenzvernichtender Eingriffe führt zu einer Durchgriffshaftung des Gesellschafters sowie zur Strafbarkeit der daran Beteiligten (§ 266 StGB).

264 Aus diesem Grund muss das Verbot existenzvernichtender Eingriffe beim Leveraged Buyout in die oben erwähnte **Limitation Language** aufgenommen werden. Die Berater der Zielgesellschaft müssen darauf dringen, dass die Bestellung und Verwertung von aufsteigenden Sicherheiten vertraglich auch unter den Vorbehalt des Verbots existenzvernichtender Eingriffe gestellt wird. Für die Bank entwertet dies die Sicherheit weiter.

c) Lösungswege

265 Als Lösungsweg aus dem oben geschilderten Dilemma kommt zum einen in Betracht, das Zielunternehmen nicht im Wege eines Anteilskaufs, sondern eines Wirtschaftsgüterkaufes zu erwerben. Die mit dem Wirtschaftsgüterkauf verbundenen Nachteile werden diesen Weg jedoch in vielen Fällen versperren.

aa) Verschmelzung

266 In der Regel wird deshalb nach einem Lösungsweg gesucht, der sich mit dem Anteilskauf verbinden lässt. Eine gängige Gestaltung besteht darin, die Zielgesellschaft nach Abschluss des Erwerbs auf die Erwerbergesellschaft zu verschmelzen. Mit Wirksamwerden der Verschmelzung stehen die Vermögensgegenstände der (vormaligen) Zielgesellschaft im unmittelbaren Eigentum der Erwerbergesellschaft und können somit auch ohne weiteres zur Besicherung ihrer Verbindlichkeiten eingesetzt werden. Eine abstrakte Gefahr, die in der Praxis regelmäßig beiseite geschoben wird, kann sich für die Beteiligten aus den **Gläubigerschutzvorschriften** bei der Verschmelzung ergeben. Gemäß § 22 Abs. 1 UmwG können die Gläubiger der Zielgesellschaft innerhalb von sechs Monaten nach Bekanntmachung der Verschmelzung für ihre Forderungen, die noch nicht fällig sind, Sicherheit verlangen. Die Gläubiger müssen hierfür allerdings glaubhaft machen, dass die Verschmelzung die Erfüllung ihrer Forderung gefährdet. Ist durch Presseberichte o.Ä. bekannt geworden, dass die Erwerbergesell-

---

[145] Lutter/Hommelhoff, § 30 GmbHG Rn 39.
[146] Näher dazu Holzapfel/Pöllath, Unternehmenskauf, Rn 336.
[147] BGH ZIP 2001, 1874 (Bremer Vulkan); BGH ZIP 2002, 1578 (KBV).

schaft hoch mit Akquisitionskrediten verschuldet ist, dürfte eine solche Glaubhaftmachung nicht von vornherein ausgeschlossen sein.

Für den deutschen Rechtskreis noch nicht geklärt ist die Frage, inwieweit die Verschmelzung der Zielgesellschaft auf die mit Akquisitionskrediten hoch verschuldete Erwerbergesellschaft zu einer nachfolgenden Haftung der Beteiligten führen kann, wenn die verschmolzene Gesellschaft wegen der hohen Schuldenlast Insolvenz anmelden muss.[148] Ein **spezieller Haftungstatbestand** zulasten des Management ist in § 25 UmwG vorgesehen.

bb) Beherrschungs- und Gewinnabführungsvertrag

Eine Alternative zur Verschmelzung besteht im Abschluss eines Beherrschungs- und Gewinnabführungsvertrags zwischen Erwerbergesellschaft und Zielgesellschaft. Nach herrschender Meinung hat der Abschluss eines solchen Vertrags in analoger Anwendung des § 291 Abs. 3 AktG nach hM zur Folge, dass bei der Zielgesellschaft das **Kapitalerhaltungsgebot** des § 30 GmbHG **keine Anwendung** mehr findet.[149] Das Verbot des existenzvernichtenden Eingriffs dürfte dagegen auch hier uneingeschränkte Anwendung finden.[150] Der Abschluss eines Beherrschungs- und Gewinnabführungsvertrags bietet somit insbesondere in den Fällen der aufsteigenden Besicherung zugunsten der akquisitionsfinanzierenden Bank nur eine **begrenzte Sicherheit**.

d) Formwechsel der Zielgesellschaft in eine GmbH & Co. KG

Mitunter ist zu beobachten, dass die Zielgesellschaft in eine GmbH & Co. KG umgewandelt wird, um den Zwängen des § 30 GmbHG zu entgehen. Dieser Weg ist nur bedingt tauglich, da § 30 GmbHG in der GmbH & Co. KG über die Komplementär-GmbH Anwendung findet.[151] Wie diese Anwendung im Einzelnen aussieht, insbesondere auf die aufsteigende Besicherung beim Leveraged Buyout, ist alles andere als geklärt.

3. Zielgesellschaft in der Rechtsform der AG

Ist die Zielgesellschaft als AG verfasst, so ergeben sich die Grenzen für den Einsatz ihres Vermögens zur Finanzierung des Kaufpreises in erster Linie aus dem Prinzip der Vermögensbindung sowie dem Verbot der Finanzierung des Erwerbs eigener Aktien.

a) Vermögensbindung

Anders als im GmbH-Recht ist im Aktienrecht nicht nur das zur Erhaltung des Stammkapitals erforderliche Vermögen vor einer Auszahlung an die Gesellschafter geschützt, sondern das **gesamte Vermögen** (§ 57 AktG). Hiervon ausgenommen sind die Verteilung des Bilanzgewinns, sowie die Rückzahlung des Kapitals im Rahmen der Liquidation oder eines zulässigen Erwerbs eigener Aktien. Schon dies macht eine aufsteigende Besicherung der als AG verfassten Zielgesellschaft beim Leveraged Buyout **praktisch unmöglich**, zumal ein Verstoß gegen § 57 AktG anders als ein Verstoß gegen § 30 GmbHG jedenfalls bei Offenkundigkeit auch Außenwirkung zeitigt.[152] Die aufsteigend besicherte Bank trägt somit das Risiko eines Verstoßes gegen § 57 AktG mit.

b) Verbot der Finanzierung des Erwerbs eigener Aktien

Hinzu kommt das Verbot des § 71 a AktG. Danach ist ein Rechtsgeschäft nichtig, dass die Gewährung eines Vorschusses oder eines Darlehens oder die Leistung einer Sicherheit durch die Gesellschaft an einen anderen zum Zweck des Erwerbs von Aktien dieser Gesellschaft zum Gegenstand hat (§ 71 a Abs. 1 S. 1 AktG).

---

148 In einem österreichischen Fall, der freilich nicht unmittelbar auf deutsche Verhältnisse übertragen werden kann, haben die Gerichte eine Durchgriffshaftung bejaht: öOGH AG 1996, 574.
149 *Becker* DStR 1998, 1429, 1432.
150 Dazu Lutter/*Hommelhoff*, Anh. § 13 GmbHG Rn 71.
151 BGHZ 60, 324.
152 Hüffer/*Hüffer*, § 57 AktG Rn 23.

c) Lösungswege

273 Die Verschmelzung von Zielgesellschaft und Erwerbergesellschaft bietet bei der als AG verfassten Zielgesellschaft unter denselben Voraussetzungen einen Lösungsweg aus dem vorstehend beschriebenen Dilemma wie bei der als GmbH verfassten Zielgesellschaft.

274 Der Abschluss eines Beherrschungs- und Gewinnabführungsvertrags ist dagegen bei der AG ein weniger geeigneter Lösungsweg. Er lockert zwar gemäß § 291 Abs. 3 AktG die Vermögensbindung,[153] lässt aber das Verbot des § 71 a AktG unberührt. Ähnliches gilt für die Eingliederung.[154] Scheidet eine Verschmelzung aus, so ist zur Linderung der Problematik ein Formwechsel in die GmbH oder GmbH & Co. KG in Erwägung zu ziehen.

II. Besonderheiten des Management Buyout

275 Der Management Buyout, also die Beteiligung des Management an der Erwerbergesellschaft, ist typischerweise mit drei rechtlichen Problemkreisen verbunden:[155] Dem Interessenkonflikt des Managements, der Gewährleistung des Veräußerers, sowie der Frage, ob der Erwerber einer Aufklärungspflicht gegenüber dem Veräußerer unterliegt.

1. Vertraulichkeit; Interessenkonflikt

276 Als Angestellter, Vorstand oder Geschäftsführer der Zielgesellschaft steht der Manager in einem **besonderen Pflichtenverhältnis** zur Zielgesellschaft. Bei einem angestellten Manager ergibt sich das aus dem Anstellungsvertrag, bei einem als Vorstand oder Geschäftsführer tätigen Manager weiter gehend aus seinem schuldrechtlichen Dienstverhältnis und seiner Stellung als Organ der Gesellschaft. Diese Pflichtenstellung gebietet dem Manager, einen Management Buyout nicht heimlich vorzubereiten und einzufädeln, sondern die Gesellschaft frühzeitig über seine Absichten zu informieren und die grundsätzliche Zustimmung hierzu einzuholen.

277 Darüber hinaus empfiehlt es sich, die am Management Buyout beteiligten Manager von der **Verhandlungsführung** sowohl auf Seiten der Erwerbergesellschaft als auch auf Seiten des Verkäufers auszuschließen, und zwar auch beim Wirtschaftsgüterkauf, wo Verkäufer ja die Zielgesellschaft selbst ist.[156] Dessen ungeachtet muss sich der Unternehmensverkäufer im Klaren sein, dass Manager, die einen Management Buyout selber vorbereiten oder auch nur einen von dritter Seite vorbereiteten Leveraged Buyout/Management Buyout wittern, ihre **Loyalität** schnell vom bisherigen Unternehmensinhaber lösen und auf den Erwerbsinteressenten übertragen. Der bisherige Inhaber kann diesen Loyalitätsschwund dadurch lindern, dass er dem Management für den Fall des erfolgreichen Unternehmensverkaufes einen angemessenen Bonus verspricht (sog. **Incentivierung**).[157]

2. Gewährleistung des Verkäufers

278 Ein zweiter Problemkreis beim Management Buyout betrifft die Verkäufergarantien.[158] Stehen auf Erwerberseite die Manager, die das Unternehmen seit langem kennen und führen, wird der Verkäufer versuchen, unter Hinweis auf die besondere Sachnähe der Erwerber zum Kaufgegenstand jegliche Gewährleistung einschließlich der bei Unternehmenskäufen an sich üblichen Verkäufergarantien auszuschließen. Ob ihm das gelingt, wird nicht zuletzt davon abhängen, wie sich die Erwerberseite

---

153 Die Vermögensbindung gilt nicht für Leistungen, die *aufgrund* eines Beherrschungs- oder Gewinnabführungsvertrags erbracht worden sind. Leistungen aufgrund eines Beherrschungsvertrags sind nur solche, die auf einer rechtmäßigen Ausübung der Weisungsbefugnis (§ 308 AktG) beruhen, vgl Hüffer/*Hüffer*, § 291 AktG, Rn 36. Die Ausübung der Weisungsbefugnis ist insbesondere dann unrechtmäßig, wenn dadurch der Bestand der beherrschten Gesellschaft gefährdet wird. Auf diese Weise findet der Gedanke des von der GmbH bekannten Verbots existenzvernichtender Eingriffs auch bei der AG Anwendung.
154 Vgl dazu *Holzapfel/Pöllath*, Unternehmenskauf, Rn 331.
155 Steuerlich ist die Beteiligung des Management an der Erwerbergesellschaft zuweilen mit lohnsteuerlichen Risiken verbunden, dazu näher *Holzapfel/Pöllath*, Unternehmenskauf, Rn 372, 375.
156 *Holzapfel/Pöllath*, Unternehmenskauf, Rn 373a.
157 Näher dazu P+P, Unternehmensfortführung, Rn 742 ff.
158 *Holzapfel/Pöllath*, Unternehmenskauf, Rn 377.

zusammensetzt. Stehen auf Erwerberseite neben den Managern noch **Finanzinvestoren** (in der Regel mit 85 %-90 % des Eigenkapitals) und/oder finanzierende **Banken,** wird ein weitgehender Gewährleistungsausschluss nicht realistisch sein. Der Verkäufer kann die Gefahr opportunistischen Managerverhaltens jedoch dadurch lindern, dass er sich die Richtigkeit der von ihm gegebenen Garantien von den Managern zumindest nach deren Kenntnis/bester Kenntnis schriftlich bestätigen lässt.

Daneben ist auch von Bedeutung, wie sich die Verkäuferseite zusammensetzt. Steht das Management auch auf der Verkäuferseite, so können die ausscheidenden Verkäufer, die nicht dem Management der Zielgesellschaft angehören, versuchen, die gesamten Verkäufergarantien auf das Management überzuwälzen. 279

3. Aufklärungspflicht des Erwerbers

Schließlich stellt sich beim Management Buyout die Frage, ob das Management verpflichtet ist, den Verkäufer über Umstände aufzuklären, die die Verhandlungsposition des Verkäufers verbessern können oder ihn im Extremfall sogar von einem Verkauf abhalten können.[159] Bei der Antwort auf diese Frage ist zu unterscheiden zwischen Umständen, die der **Sphäre der Zielgesellschaft** zuzuordnen sind (zB Informationen über stille Reserven; Informationen über besondere Wertsteigerungspotentiale), und Umständen, die der **Sphäre der Erwerberseite** zuzuordnen sind (zB Informationen über die Zahlungsbereitschaft der Erwerberseite). Über erstere muss das Management den Verkäufer zumindest auf Nachfrage informieren, über letztere nicht. Die Aufklärungspflicht zumindest auf Nachfrage ergibt sich aus dem Arbeits- oder Dienstverhältnis des jeweiligen Managers und darüber hinaus ggf aus seinem Organschaftsverhältnis. Die Abgrenzung zwischen Umständen, die die Zielgesellschaft betreffen, und Umständen, die lediglich die Erwerberseite betreffen, kann schwierig sein. Insbesondere dürften jedoch Informationen über die Zielgesellschaft, die die Erwerberseite dem Management zur Verfügung gestellt hat, von der Offenlegungspflicht des Managements umfasst sein. Im Einzelfall mag es sich für die Erwerberseite empfehlen, bestimmte sensible Informationen über die Zielgesellschaft oder deren Umfeld, die die Verhandlungsposition des Verkäufers stärken könnten, nicht mit dem Management zu teilen, um zu verhindern, dass diese Informationen der Offenlegungspflicht des Managements gegenüber dem Verkäufer unterfallen. 280

III. Besonderheiten des Owner's Buyout

Ein Owner's Buyout ist häufig ein Sonderfall des Leveraged Buyout: Ein Finanzinvestor will über eine Erwerbergesellschaft (typischerweise eine GmbH) 100 % der Anteile an der Zielgesellschaft erwerben. Er ist gleichzeitig jedoch daran interessiert, dass ein Teil der bisherigen Gesellschafter der Zielgesellschaft – zB das Management – auch in der neuen Struktur investiert bleibt. Um dies zu erreichen, verlangt er von den Managern, sich an der Erwerbergesellschaft zu beteiligen. 281

Der **scheinbar einfache Weg** zu einer solchen Beteiligung besteht darin, dass die Manager ihre Beteiligung an der Zielgesellschaft an die Erwerbergesellschaft verkaufen, die Erwerbergesellschaft den Managern hierfür den Kaufpreis zahlt und die Manager für einen Teil des Kaufpreises im Rahmen einer Barkapitalerhöhung eine Beteiligung an der Erwerbergesellschaft erwerben. 282

Ist die Erwerbergesellschaft eine GmbH, so verstößt, wer diesen Weg geht, in aller Regel gegen das **Verbot der verdeckten Sacheinlage.**[160] Das hat zur Folge, dass der rückbeteiligte Manager seine Stammeinlage bei der Erwerbergesellschaft nicht wirksam erbracht hat und nochmals leisten muss. Sehr viel gravierender ist jedoch die weitere Konsequenz, dass der Vertrag zwischen den rückbeteiligten Managern und Erwerbergesellschaft über die Veräußerung ihrer Anteile an der Zielgesellschaft analog § 27 Abs. 3 S. 1 AktG in seinem schuldrechtlichen und dinglichen Teil nichtig ist.[161] 283

In der Praxis wird vielfältig nach Wegen gesucht, um diese Konsequenz zu vermeiden. Eine **Vermeidungsstrategie** besteht darin, die Rückbeteiligung der Manager nicht über eine Kapitalerhöhung zu erreichen, sondern über eine Abtretung von Geschäftsanteilen der Finanzinvestoren an der Erwerbergesellschaft. Eine zweite Vermeidungsstrategie besteht darin, dass die Manager einen Teil ihrer Kaufpreisforderung 284

---

159 Dazu *Rödder/Hötzel/Müller-Thuns,* Unternehmenskauf, § 15 Rn 18.
160 Dazu ausführlich Lutter/*Bayer,* § 5 GmbHG Rn 37 ff; speziell für den Fall des Unternehmenskaufes *Wächter* GmbHR 2006, 1084 ff.
161 BGH NJW 2003, 3127 ff.

stunden und die gestundete Forderung im Rahmen einer Sachkapitalerhöhung in die Erwerbergesellschaft einbringen. Diese und einige weitere Strategien sind immer noch dem Risiko ausgesetzt, gegen das Verbot der verdeckten Sacheinlage mit den erwähnten Konsequenzen zu verstoßen.[162]

285 Um den potentiell weiträumigen Tatbestand des Verbots verdeckter Sacheinlagen sicher zu umschiffen, empfiehlt sich eine **gemischte Sachkapitalerhöhung** unter Einbeziehung der gesamten Transaktion zwischen Manager und Erwerbergesellschaft. Dabei schließen Manager und Erwerbergesellschaft keinen Kaufvertrag über die Anteile des Managers an der Zielgesellschaft. Vielmehr bringt der Manager seine gesamten Anteile an der Zielgesellschaft im Rahmen einer Sachkapitalerhöhung in die Erwerbergesellschaft ein. Soweit der Manager aufgrund der wirtschaftlichen Einigung zwischen den Parteien seine Beteiligung an der Zielgesellschaft versilbern darf (soweit er also im Ausgangsmodell den Kaufpreis für seine Beteiligung an der Zielgesellschaft nicht in die Erwerbergesellschaft reinvestieren muss, sondern behalten darf) verpflichtet sich die Erwerbergesellschaft im Rahmen der Sachkapitalerhöhung zu einer **baren Ausgleichszahlung**. Dieses Gesamtpaket muss dann in dem bei der Sachkapitalerhöhung obligatorischen Wertgutachten geprüft werden. Der Gutachter muss zu dem Ergebnis kommen können, dass der Wert der eingebrachten Geschäftsanteile mindestens dem Wert der Stammeinlage zuzüglich der baren Ausgleichszahlung entspricht. Wird dies bestätigt, so steht der Eintragung der Kapitalerhöhung nichts mehr im Wege. Das hier empfohlene Modell der gemischten Sacheinlage ist sicherlich komplexer, langwieriger und teurer als das Ausgangsmodell mit der teilweisen Reinvestition des Kaufpreises. Diese Nachteile dürften durch die gestiegene Transaktionssicherheit jedoch mehr als aufgewogen werden. Wer sich bei der Erwerbsstruktur Risiken erlaubt, wird spätestens beim Versuch, das Zielunternehmen wieder zu verkaufen, mit diesen Risiken wieder konfrontiert werden.

E. Besonderheiten des Unternehmenskaufs in Krise und Insolvenz

286 Gelegentlich kommt es vor, dass das vom Erwerber zum Kauf ins Auge gefasste Zielunternehmen sich in der **Krise** oder gar in der (drohenden) **Insolvenz** befindet. Bei einem solchen Erwerb sind zahlreiche gesetzliche und vertragsgestalterische Besonderheiten im Zusammenhang mit der Transaktion und insbesondere mit Blick auf den zu gestaltenden Unternehmenskaufvertrag zu beachten.

I. Krise und Insolvenz

287 Der zeitliche Ablauf von Krise und Insolvenz lässt sich vereinfacht wie folgt graphisch darstellen:

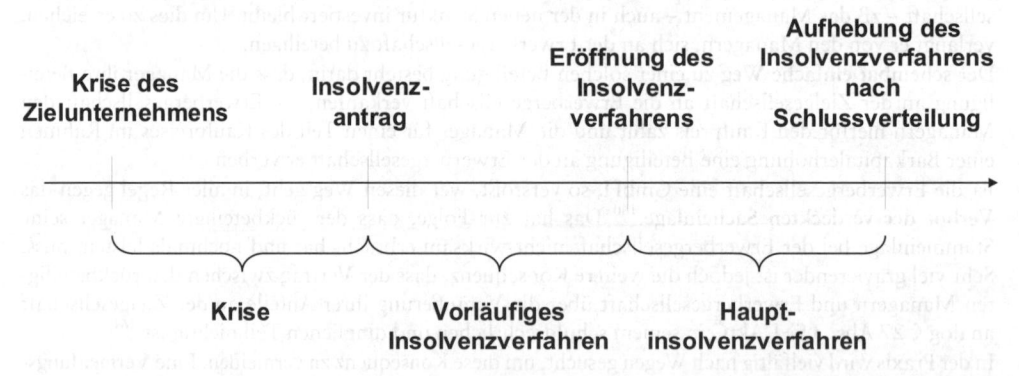

---

[162] Das Risiko, mit der Einbringung der gestundeten Forderung im Wege der Sachkapitalerhöhung gegen das Verbot der verdeckten Sacheinlage zu verstoßen, erscheint zunächst fernliegend, da zum Tatbestand des Verbot der verdeckten Sacheinlage typischerweise die (verdeckende) Barkapitalerhöhung gezählt wird. Wegen der ausufernden Rechtsprechung zum Verbot der verdeckten Sacheinlage besteht jedoch das Risiko, dass die Rechtsprechung bei passender Gelegenheit die Auffassung vertreten wird, dass eine Sacheinlage durch eine andere Sacheinlage verdeckt werden kann, zB die Einlage eines Unternehmens durch die Einlage einer Kaufpreisforderung. Näher zum Ganzen *Bunnemann* NZG 2005, 955 ff.

E. Besonderheiten des Unternehmenskaufs in Krise und Insolvenz 11

1. Krise des Zielunternehmens

In Anlehnung an die Legaldefinition des § 32 a Abs. 1 GmbHG wird von der Krise eines Zielunternehmens ausgegangen, wenn die Gesellschafter dem Unternehmen als ordentliche Kaufleute Eigenkapital zugeführt hätten. Die Rechtsprechung des BGH stellt hierbei auf den Zeitpunkt ab, in dem das Unternehmen **kreditunwürdig** geworden ist.[163] Dabei wird eine Kreditunwürdigkeit angenommen, wenn das Unternehmen von dritter Seite **kein Darlehen zu marktüblichen Konditionen** (mehr) erhält und ohne diese Kapitalmittel das Insolvenzverfahren eröffnet werden müsste.[164]

2. Insolvenz

Die Phase der Insolvenz beginnt mit dem Antrag auf Eröffnung des Insolvenzverfahrens nach § 13 Abs. 1 InsO. Nach § 16 InsO setzt die Eröffnung eines Insolvenzverfahrens durch das Insolvenzgericht einen Eröffnungsgrund voraus. Hier kommen folgende **Eröffnungsgründe** alternativ in Betracht:

a) Zahlungsunfähigkeit nach § 17 InsO

Der Schuldner ist nach § 17 Abs. 2 InsO zahlungsunfähig, wenn er nicht in der Lage ist, seine fälligen Zahlungsverpflichtungen zu erfüllen. Eine Zahlungsunfähigkeit wird regelmäßig vermutet, wenn der Schuldner seine **Zahlungen eingestellt** hat.

b) Drohende Zahlungsunfähigkeit nach § 18 InsO

Das Unternehmen droht nach § 18 Abs. 2 InsO zahlungsunfähig zu werden, wenn es **voraussichtlich** nicht in der Lage sein wird, die bestehenden Zahlungsverpflichtungen im Zeitpunkt der Fälligkeit zu erfüllen. Zu beachten ist, dass dieser Eröffnungsgrund nur durch das **Unternehmen als Schuldner** im Rahmen eines Insolvenzantrages beansprucht werden kann.

c) Überschuldung nach § 19 InsO

Eine Überschuldung liegt nach § 19 Abs. 2 InsO vor, wenn das Vermögen des Schuldners die **bestehenden Verbindlichkeiten nicht mehr deckt**, wobei bei der Bewertung des Vermögens des Unternehmens die **Fortführung zugrunde zu legen** ist, wenn diese nach den Umständen überwiegend wahrscheinlich ist. Der Eröffnungsgrund der Überschuldung gilt nach § 19 Abs. 3 InsO bei **Gesellschaften ohne Rechtspersönlichkeit entsprechend**, wenn keine natürliche Person als persönlich haftender Gesellschafter vorhanden ist.

II. Insolvenzverwalter als Partei kraft Amtes

Für den Fall des Kaufs eines Unternehmens aus der Insolvenz stellt sich zunächst die Frage, wer in einem Insolvenzverfahren auf der Seite des insolventen Zielunternehmens Partei des Kaufvertrages ist. Hierbei ist zwischen der Phase des **vorläufigen Insolvenzverfahrens** beginnend mit der Antragsstellung und endend mit dem Eröffnungsbeschluss nach § 27 InsO einerseits und dem **Hauptinsolvenzverfahren** ab Eröffnungsbeschluss andererseits zu unterscheiden.

1. Vorläufiges Insolvenzverfahren

In dem vorläufigen Insolvenzverfahren hat das Insolvenzgericht nach § 21 InsO bis zur Eröffnung des Insolvenzverfahrens **Sicherungsmaßnahmen** anzuordnen. Dabei kann das Gericht nach § 21 Abs. 2 Nr. 2 InsO dem Unternehmen als Gemeinschuldner ein allgemeines Verfügungsverbot auferlegen oder auch Anordnungen treffen, dass Verfügungen des Gemeinschuldners nur mit Zustimmung des vorläufigen Insolvenzverwalters wirksam werden. Wird eine solche Anordnung getroffen, handelt es sich um einen sog. **starken Insolvenzverwalter**. In der Praxis agiert der vorläufige Insolvenzverwalter jedoch regelmäßig als sog. **schwacher Insolvenzverwalter** nach § 22 Abs. 2 InsO, weil dem Schuldner durch das Insolvenzgericht gerade kein allgemeines Verfügungsverbot auferlegt worden ist. Für den

---

[163] BGH GmbHR 1993, 87, 89.
[164] Vgl auch: BGH GmbHR 1998, 233; Lutter/*Hommelhoff* §§ 32 a, b GmbHG Rn 18 ff.

Fall des Erwerbs einzelner Wirtschaftsgüter des Unternehmens vom Gemeinschuldner sind deshalb eventuelle **Verfügungsbeschränkungen** und **Zustimmungsverbote** zwingend zu beachten.

295 Speziell für den (Teil-)Verkauf des Unternehmens durch den **vorläufigen (starken) Insolvenzverwalter** ist zudem zu beachten, dass er in seiner Position als bloß vorläufiger Insolvenzverwalter bis zur Eröffnung des Hauptinsolvenzverfahrens **nicht berechtigt** ist, **über das Unternehmen zu verfügen**. Nach ständiger Rechtsprechung des BGH ist der bloß vorläufige Insolvenzverwalter nicht zur Verwertung der Insolvenzmasse befugt.[165] Der vorläufige Insolvenzverwalter hat nach § 22 Abs. 1 S. 2 Nr. 1 InsO das **Vermögen des Schuldners zu sichern und zu erhalten**. Diese Beschränkung der Befugnisse des vorläufigen Insolvenzverwalters hat zur Folge, dass für den Abschluss eines Unternehmenskaufvertrages der Eröffnungsbeschluss abgewartet werden sollte.

2. Hauptinsolvenzverfahren

296 Im Falle des Hauptinsolvenzverfahrens ab Erlass des Eröffnungsbeschlusses ist § 80 Abs. 1 InsO maßgeblich, wonach mit Eröffnung des Insolvenzverfahrens das **Verfügungsrecht** über das zur Insolvenzmasse gehörende Unternehmen sowie das **Verwaltungsrecht** auf den **Insolvenzverwalter** übergeht. Nach der in der Rechtsprechung des BGH immer noch vorherrschenden Amtstheorie ist der Insolvenzverwalter Partei kraft Amtes.[166]

III. Anteilskauf oder Wirtschaftsgüterkauf?

297 Zu den bereits allgemein geltenden Vor- und Nachteilen von Anteils- und Wirtschaftsgüterkauf sind bei dem Erwerb eines Unternehmens in der Krise oder eines insolventen Unternehmens zu berücksichtigen, dass der Käufer mit einem Anteilskauf zugleich das Unternehmen inklusive aller Verbindlichkeiten erwerben würde. Aus Sicht des Käufers ist somit von elementarer Bedeutung, dass er sich im Wege des Wirtschaftsgüterkaufes solche Wirtschaftsgüter heraussucht, die er für die Fortführung des Zielunternehmens benötigt. Insbesondere werden bei dem Wirtschaftsgüterkauf gerade die **Verbindlichkeiten** nicht vom Käufer unternommen. Der Verkäufer dagegen wird regelmäßig eher einen Anteilskauf bevorzugen, damit auch die Verbindlichkeiten auf den Käufer übergehen. Die ungleichen Verhandlungspositionen von dem unter Zeitdruck stehenden, insolventen Verkäufer einerseits und dem starken, solventen Erwerber andererseits führen in der Praxis jedoch regelmäßig dazu, dass das insolvente Unternehmen oder Teile davon im Wege des **Wirtschaftsgüterkaufes** und nicht im Wege des Anteilskaufs veräußert werden. Beim Wirtschaftsgüterkauf aus der Insolvenz findet nach der Rechtsprechung des BGH die Haftungsvorschrift des § 25 Abs. 1 HGB keine Anwendung.

IV. Besonderheiten des Insolvenzrechts

1. Erfüllungswahlrecht des Insolvenzverwalters

298 Für den Fall, dass das Zielunternehmen erst nach Abschluss des Unternehmenskaufvertrages insolvent wird, ist das **Wahlrecht des Insolvenzverwalters** nach § 103 InsO zu berücksichtigen. Der Insolvenzverwalter kann den Unternehmenskaufvertrag erfüllen, er kann aber auch nach § 103 Abs. 2 S. 1 InsO die Erfüllung ablehnen. Diese Grundsätze gelten ebenso im Falle der Insolvenz des Verkäufers als auch bei der Insolvenz des Käufers eines Unternehmens, unabhängig davon, ob ein Anteils- oder ein Wirtschaftsgüterkauf zwischen den entsprechenden Parteien vereinbart worden ist. Das Wahlrecht des Insolvenzverwalters entsteht im **Zeitpunkt des Eröffnungsbeschlusses** nach § 127 InsO.[167]

299 Lehnt der Insolvenzverwalter die Erfüllung des Unternehmenskaufvertrags ab, so kann der jeweils andere Teil nach § 103 Abs. 2 S. 1 InsO seine verbleibende Forderung mit dem Risiko des Ausfalls dieser Forderung lediglich als Insolvenzgläubiger geltend machen. Gegebenenfalls erhält die andere Partei bei entsprechender Liquidität des Gemeinschuldners eine – üblicherweise geringe – **Insolvenzquote**.

---

165 BGH NJW 2001, 1496 ff; 2003, 2240, 2242.
166 Vgl nur RGZ 29, 29 ff; BGHZ 38, 282; 49, 16; 68, 17.
167 Vgl auch Hölters/*Buchta*, Unternehmenskauf, XII, Rn 66.

2. Anfechtungsmöglichkeiten

Der Vertragspartner der insolvent gewordenen Partei ist schließlich selbst bei bereits erfolgter Erfüllung des Unternehmenskaufvertrages bspw durch Zahlung des Kaufpreises der **Gefahr der Anfechtung** dieses Geschäfts nach § 192 ff InsO, sowie nach dem AnfG ausgesetzt. Das Eingreifen derartiger Anfechtungsgründe führt dazu, dass die veräußerten Vermögensgegenstände nach § 143 Abs. 1 S. 1 InsO und § 11 Abs. 1 S. 1 AnfG zurückzugewähren sind. Das gilt bei einer Insolvenz des Käufers für den vom Verkäufer erhaltenen Kaupreis ebenso wie im Falle einer Insolvenz des Verkäufers für die Vermögensgegenstände oder Gesellschaftsanteile, die der Käufer erhalten hat. Zu beachten ist weiter, dass die Gegenansprüche des solventen Anfechtungsgegners bei einer Anfechtung nach § 129 ff InsO wegen § 144 Abs. 2 InsO **nur als Insolvenzforderung** geltend gemacht werden können. Letzteres gilt jedoch nicht und die Gegenleistung ist aus der Insolvenzmasse zu erstatten, wenn nach § 144 Abs. 2 S. 1 InsO die Gegenleistung noch unterscheidbar vorhanden oder die Masse insoweit um ihren Wert bereichert ist.

300

V. Vertragsgestaltung

Im Vergleich zum Erwerb eines sich nicht in der Krise oder Insolvenz befindenden Zielunternehmens weist der Unternehmenskaufvertrag über den Erwerb eines Unternehmens in der Krise oder eines insolventen Unternehmens **vertragsgestalterische Besonderheiten** auf:[168]

301

1. Parteien des Vertrages

Wie dargelegt, ist je nach Phase des Insolvenzverfahrens zwingend zu berücksichtigen, ob und inwieweit der **Insolvenzverwalter** anstelle des jeweiligen Gemeinschuldners Partei des Unternehmenskaufvertrages ist.[169]

302

2. Eingeschränkter Garantienkatalog

Handelt es sich bei dem Kaufgegenstand um ein sich im Insolvenzverfahren befindendes Zielunternehmen, so wird der Insolvenzverwalter bei der Übertragung der einzelnen Wirtschaftsgüter sich regelmäßig nicht auf die Abgabe von selbständigen aber auch unselbständigen **Gewährleistungsgarantien** einlassen können. Er würde hiermit die Insolvenzmasse für einen erheblich langen Zeitraum bis zur Verjährung der jeweils gewährten Garantieansprüche belasten. Letzteres würde einer Schlussverteilung der verbleibenden Insolvenzmasse entgegenstehen. Hinzu kommt, dass der Käufer durch die Abgabe von Garantien des Insolvenzverwalters nur eingeschränkt vor Gewährleistungsrisiken geschützt ist, da derartige Ansprüche aus Garantien **einfache Insolvenzforderungen** des Käufers darstellen würden.[170] Sofern Garantien jedoch aus Sicht des Käufers unerlässliche Grundbedingungen für den Abschluss eines Kaufvertrages sind, so kann der Käufer seine Gewährleistungsansprüche durch die Vereinbarung einer Hinterlegung eines bestimmten Teils des Kaufpreises absichern.

303

---

168 Siehe auch Hölters/*Buchta*, Unternehmenskauf, XII, Rn 86 ff.
169 Siehe dazu bereits Rn 297 ff.
170 Vgl Hölters/*Buchta*, Unternehmenskauf, XII, Rn 88.

2. Anfechtungsmöglichkeiten

Der Vertragspartner der insofern gewordenen Partei ist schließlich selber bei bereits erfolgter Erfüllung des Unternehmenskaufvertrages bzw. durch Zahlung des Kaufpreises zur Gefahr der Anfechtung dieser Geschäfts nach §§ 129 ff. InsO, sowie nach dem AnfG ausgesetzt. Das bedeutet deutet in der Anfechtungsgründe führt dazu, dass die verzupflichten Vermögensgegenstände nach §§ 143 Abs. 1 S. 1 InsO und § 11 Abs. 1 S. 1 AnfG zurückzugewähren sind. Ausgelöst bei einer Insolvenz des Käufers für den vom Verkäufer erhaltenen Kaufpreis ebenso wie im Falle einer Insolvenz des Verkäufers für die Vermögensgegenstände oder Geschäftsanteile, die ihrer Kaufpreises erhalten hat. Zu beachten ist weiter, dass die angemessene Anfechtungsgegners bei einer Anfechtung nach § 129 ff. InsO weder in § 143 Abs. 2 InsO nur als Insolvenzforderung geltend gemacht werden können. Letzteres gilt jedoch nicht und die Gegenleistung ist nur der Insolvenzmasse zu erstatten, wenn nach § 144 Abs. 2 S. 1 InsO die Gegenleistung noch unterscheidbar vorhanden oder die Masse um ihren Wert bereichert ist.

V. Vertragsgestaltung

Im Vergleich zum Erwerbsthese sich nicht in der Krise oder Insolvenz befindenden Zielunternehmens weist der Unternehmenskaufvertrag über den Erwerb einer Unternehmens in der Krise oder eines insolventen Unternehmens in transgesellschaftlichte Besonderheiten auf.

1. Parteien des Vertrages

Wie dargelegt, ist je nach Phase der Insolvenzverfahrens zwingend zu berücksichtigen, ob und wieweit der Insolvenzverwalter anstelle der jeweiligen Gemeinschaftlichen Partei des Unternehmens insolventen Vertrags tritt.

2. Eingeschränkter Garantienkatalog

Handelt es sich bei dem Kaufgegenstand um ein in Insolvenzverfahren befindendes Zielunternehmens, so wird der Insolvenzverwalter bei der Übernahme der einzelnen Wirtschaftsgüter sich regelmäßig nicht auf die Abgabe von selbstberührigen auch unsolventen dieser Gewährleistungsgarantien einlassen können. Es würde hierin die Haftungsprisma für einen erheblichen längeren Zeitraum bis zur Verjährung der jeweils gewährten Garantieansprüche belasten. Letzteres würde einer Schlussverteilung der verbleibenden Insolvenzmasse entgegenstehen. Hinzu kommt, dass der Käufer durch die Abgabe von Garantien des Insolvenzverwalters mit eingeschränkt vor Gewährleistungsrisiken geschäftet ist, da derartig Ansprüche des Garantien der Insolvenzforderungen der Käufer dar stellen würden. Sofern Garantien jedoch aus Sicht des Käufers unerlässliche Grundbedingungen für den Abschluss eines Kaufvertrages sind, so kann der Käufer seine Gewährleistungsansprüche durch die Vereinbarung einer Übertragung einer angemessen Teiles des Kaufpreises absichern.

§ 12 Unternehmensnachfolge

- A. Allgemeine rechtliche Darstellung 1
  - I. Einführung 1
  - II. Grundsätzliches zum Erbrecht 6
    1. Erbfall und Stellung des Erben 7
       - a) Erbfall und Erbfähigkeit 7
       - b) Gesamtrechtsnachfolge und Vonselbsterwerb 8
       - c) Nachlassverbindlichkeiten 10
       - d) Ausschlagung 13
       - e) Erbengemeinschaft 15
       - f) Erbschein 17
    2. Gesetzliche Erbfolge 18
    3. Verfügung von Todes wegen 22
       - a) Begriff 22
       - b) Testament und Erbvertrag 23
       - c) Gewillkürte Erbfolge 29
       - d) Vermächtnis 36
       - e) Teilungsanordnung 39
       - f) Auflage 40
       - g) Testamentsvollstreckung 41
    4. Pflichtteilsrecht 46
       - a) Pflichtteilsanspruch 47
       - b) Pflichtteilsergänzungsanspruch 49
    5. Erbverzicht und Pflichtteilsverzicht 52
       - a) Erbverzicht 52
       - b) Pflichtteilsverzicht 54
    6. Internationales Privatrecht 57
       - a) Deutsches internationales Erbrecht 57
       - b) Verhältnis von Erbstatut zu Gesellschaftsstatut 59
  - III. Grundsätzliches zum Güter- und Minderjährigenrecht 62
    1. Eherecht 62
    2. Minderjährigenrecht 65
       - a) Grundsätze der Vertretung des Minderjährigen 65
       - b) Bestellung eines Ergänzungspflegers ... 66
       - c) Familien-/vormundschaftsgerichtliche Genehmigung 68
       - d) Beschränkung der Haftung des Minderjährigen 71
       - e) Beschränkung der Vermögenssorge der Eltern 72
  - IV. Grundsätzliches zum Steuerrecht 74
    1. Erbschaft- und schenkungsteuerliche Aspekte 75
    2. Einkommensteuerliche Aspekte 88
- B. Vorweggenommene Erbfolge 89
  - I. Einführung 89
  - II. Gestaltungsmöglichkeiten der vorweggenommenen Erbfolge 91
    1. Sicherung der Versorgung des Übergebers und Dritter 92
       - a) Nießbrauch 93
       - b) Unterbeteiligung 105
       - c) Weitere Formen 108
    2. Einwilligungs- und Genehmigungserfordernisse 110
       - a) Eherecht 110
       - b) Minderjährigenrecht 117
    3. Rückforderungsrechte und Rückabwicklung 135
       - a) Gesetzliche Rückforderungsrechte 135
       - b) Vertragliche Rückforderungsrechte ... 136
       - c) Verpflichtung zur Weiterüberragung . 141
    4. Güterrechtliche Regelungen 142
    5. Pflichtteilsverzicht, letztwillige Verfügungen, Vorsorgevollmacht 143
       - a) Pflichtteilsverzicht 143
       - b) Unternehmertestament 144
       - c) Vorsorgevollmacht 145
  - III. Besonderheiten bei den einzelnen Unternehmensformen 150
    1. Einzelkaufmännisches Unternehmen 150
       - a) Übertragung 150
       - b) Haftung 151
    2. Personengesellschaften – GbR, OHG, KG 153
       - a) „Eintritt" in das Geschäft eines Einzelkaufmanns 154
       - b) Übertragung 155
    3. Kapitalgesellschaften 159
       - a) GmbH 159
       - b) Aktiengesellschaft 161
  - IV. Steuerliche Aspekte 166
    1. Erbschaft- und Schenkungsteuer 167
    2. Einkommensteuerliche Aspekte 169
- C. Unternehmensnachfolge von Todes wegen .. 171
  - I. Einführung 171
  - II. Besonderheiten bei den einzelnen Unternehmensformen 172
    1. Einzelkaufmännisches Unternehmen 172
       - a) Rechtsübergang 172
       - b) Haftung 177
       - c) Erbengemeinschaft 183
       - d) Fortführung der Firma/Handelsregister 184
       - e) Berufsrechtliche Genehmigungen 185
       - f) Änderung der Rechtsform 187
    2. Personengesellschaften 188
       - a) Gesellschaft bürgerlichen Rechts 189
       - b) Offene Handelsgesellschaft 218
       - c) Kommanditgesellschaft 233
       - d) Haftung der Nachfolger bei den einzelnen Nachfolgeszenarien 239
       - e) Steuerliche Folgen der einzelnen Nachfolgeszenarien 255
    3. Kapitalgesellschaften 264
       - a) Nachfolgerechtliche Gemeinsamkeiten von GmbH und AG 264
       - b) Gesellschaft mit beschränkter Haftung 267
       - c) Aktiengesellschaft 289
       - d) Steuerliche Aspekte 300
  - III. Testamentsvollstreckung über ein Unternehmen 302
    1. Grundsätzliches 302
    2. Die Abwicklungsvollstreckung 303
    3. Die Verwaltungsvollstreckung 304
       - a) Das einzelkaufmännische Unternehmen 305
       - b) Personengesellschaften 311
       - c) GbR-Anteile und stille Gesellschaft 315
       - d) GmbH-Anteil 316
       - e) Aktien 317

§ 12 Unternehmensnachfolge

A. Allgemeine rechtliche Darstellung

I. Einführung

1 Hinter dem Schlagwort „Unternehmensnachfolge" verbirgt sich ein komplexes Thema für Familienunternehmen jeglicher Größenordnung. Letztlich geht es darum, den **Erhalt und die Fortführung eines Familienunternehmens** über Generationen hinweg sicherzustellen. Unternehmensnachfolge ist zu allererst eine „Unternehmernachfolge". Im Rahmen des Generationswechsels muss sich also der Unternehmer darüber klar werden, ob und wer aus seiner Familie die persönliche und fachliche Qualifikation hat, das Familienunternehmen fortzuführen. Dieses Thema ist für ihn brisant. Denn er muss sich eingestehen, dass auch er vergänglich ist und sein Haus bestellen muss.

2 Ein weitsichtiger Unternehmer wird vor diesem Hintergrund die Unternehmernachfolge selbst in die Hand nehmen, zu Lebzeiten regeln und sie nicht dem Zufall überlassen. Er kann dann noch rechtzeitig die erforderlichen Weichenstellungen vornehmen, sollte er feststellen, dass aus seiner Familie kein **geeigneter Nachfolger** nachwächst.

3 Sollte er in der eigenen Familie einen Nachfolger finden, bedarf es weitreichender Überlegungen dazu, wie die Unternehmernachfolge zu gestalten ist. Dabei sind die Bedürfnisse des Unternehmers, der designierten Nachfolger, der Familie des Unternehmers und eventueller Mitgesellschafter des Unternehmers zu berücksichtigen. Besondere Aufmerksamkeit ist dabei all denen zu schenken, die glaubten, als Nachfolger geeignet zu sein, jedoch aufgrund der Entscheidung des Unternehmers nicht zum Zuge gekommen sind.

4 Bei der Nachfolgegestaltung kommen stets **verschiedene Rechtsgebiete** zum Tragen, nämlich insbesondere das Gesellschaftsrecht, Erbrecht, Recht der Schenkungen und Übergaben, Familienrecht und Steuerrecht. Vielfach müssen die Regelungen aus den verschiedenen Rechtsgebieten passgenau ineinander greifen. Anderenfalls mag zwar beispielsweise eine steueroptimierte Schenkung aus steuerlicher Sicht gelungen sein. Die gesamte Unternehmensnachfolge kann im Nachhinein aber hinfällig werden, wenn der Unternehmensnachfolger mangels adäquaten Ehevertrags in einem späteren Scheidungsverfahren einem Zugewinnausgleichsanspruch auch im Hinblick auf das Unternehmen ausgesetzt ist und der Senior hierauf nicht mehr reagieren kann, weil es an den notwendigen Rückforderungsrechten im Schenkungsvertrag fehlt.

5 Der Unternehmer sollte die Nachfolge nicht nur **zu Lebzeiten** planen, sondern auch zu Lebzeiten umsetzen. In jedem Falle sollte er darüber hinaus für den Notfall eine **letztwillige Verfügung** errichten, die die Nachfolge in sein Vermögen unter Berücksichtigung der unternehmerischen Zusammenhänge regelt. Die nachfolgende Darstellung befasst sich in den Grundzügen mit der Unternehmernachfolge zu Lebzeiten und von Todes wegen. Dem vorangestellt wird ein Überblick über das Erbrecht, das Ehe- und Minderjährigenrecht und die wichtigsten steuerrechtlichen Aspekte.

II. Grundsätzliches zum Erbrecht

6 Im Folgenden sollen in aller Kürze die wichtigsten Aspekte des Erbrechts, die für das Verständnis der Unternehmensnachfolge erforderlich sind, dargestellt werden. Weitere Bereiche des Erbrechts werden insbesondere in Teil C (Rn 171 ff) dieses Kapitels angesprochen.

1. Erbfall und Stellung des Erben

a) Erbfall und Erbfähigkeit

7 Mit dem Tod eines Menschen tritt zugleich der Erbfall ein (§ 1922 Abs. 1 BGB). In diesem Zeitpunkt geht gem. § 1922 Abs. 1 BGB das Vermögen des Verstorbenen (Erblassers) als Ganzes auf den bzw die Erben über. Erbe kann gem. § 1923 Abs. 1 BGB nur werden, wer zur Zeit des Erbfalls lebt (Erbfähigkeit). § 1923 Abs. 2 erweitert die Erbfähigkeit auf den Nasciturus: wer zur Zeit des Erbfalls noch nicht lebte, aber bereits gezeugt war, ist ebenfalls erbfähig.

b) Gesamtrechtsnachfolge und Vonselbsterwerb

In § 1922 Abs. 1 BGB ist bestimmt, dass mit dem Erbfall die Erbschaft „als Ganzes" auf den/die Erben übergeht. Unter **Vonselbsterwerb** versteht man, dass für den Übergang auf den Erben kein Rechtsgeschäft oder sonstiger Akt erforderlich ist, sondern der Erbe allein kraft Gesetzes Rechtsnachfolger des Erblassers wird.[1] Das Gesetz spricht auch von dem Anfall der Erbschaft (§ 1942 Abs. 1 BGB). 8

Weiter geht das Vermögen des Erblassers grundsätzlich im Wege der **Gesamtrechtsnachfolge** (Universalsukzession) als Ganzes und ungeteilt auf den/die Erben über. Folge dieses Grundsatzes ist, dass der Erblasser auch im Wege der gewillkürten Erbfolge nicht einzelne Vermögensgegenstände vererben kann. 9

c) Nachlassverbindlichkeiten

Wegen des Grundsatzes der Gesamtrechtsnachfolge gehen auf den Erben auch sämtliche beim Erbfall offene Verbindlichkeiten des Erblassers über. Gem. § 1967 BGB haftet der Erbe für diese Verbindlichkeiten, sowie Verbindlichkeiten, die den Erben aufgrund des Erbfalls treffen (insbesondere Verbindlichkeiten aus Pflichtteilsrechten, Vermächtnissen und Auflagen). 10

Nach §§ 1967 ff BGB haftet der Erbe zunächst **unbeschränkt aber beschränkbar**: Grundsätzlich haftet der Erbe ab Annahme der Erbschaft nach § 1958 BGB auch mit seinem Vermögen; allerdings wird dem Erben die Möglichkeit eingeräumt, seine Haftung unter bestimmten Voraussetzungen gemäß §§ 1975 bis 1992 BGB auf den Nachlass zu beschränken. Möglichkeiten der Haftungsbeschränkung ergeben sich gemäß § 1975 BGB aus der Anordnung der Nachlassverwaltung oder der Eröffnung des Nachlassinsolvenzverfahrens. Daneben kann der Erbe auf die haftungsbeschränkenden Einreden der §§ 1990 und 1992 BGB zurückgreifen. 11

Unbeschränkt ist die Haftung des Erben, wenn der Erbe seine Beschränkungsmöglichkeiten verloren hat. Ein Verlust dieser Beschränkungsmöglichkeiten liegt vor, wenn der Erbe eine ihm gesetzte Frist zur Erstellung eines Inventars hat verstreichen lassen (§ 1994 BGB), absichtlich ein unrichtiges Inventar errichtet hat (§ 2005 BGB) oder – gegenüber einem einzelnen Nachlassgläubiger – eine geforderte eidesstattliche Versicherung verweigert hat (§ 2006 BGB). Die vorgenannten Regeln gelten im Grundsatz auch, wenn mehrere Personen zugleich erben (Miterben). Einige Sonderregeln sind in §§ 2058 ff BGB enthalten. 12

d) Ausschlagung

Zunächst erbt der Erbe auch gegen seinen Willen (Anfall der Erbschaft). Allerdings räumt ihm das Gesetz das Recht ein, die Erbschaft auszuschlagen (§ 1942 BGB). Die Ausschlagung führt dazu, dass der Anfall der Erbschaft an den Ausschlagenden als nicht erfolgt gilt (§ 1953 Abs. 1 BGB). Gem. § 1953 Abs. 2 BGB fällt die Erbschaft weiter demjenigen an, der für den Fall als Erbe berufen wäre, hätte der Ausschlagende zur Zeit des Erbfalls nicht gelebt. 13

Der Erbe muss allerdings innerhalb der sog. **Ausschlagungsfrist** ausschlagen. Diese beträgt regelmäßig sechs Wochen und beginnt mit dem Zeitpunkt, in welchem der Erbe von dem Anfall der Erbschaft und dem Grund seiner Berufung als Erbe Kenntnis erlangt (§ 1944 Abs. 2 BGB). Beruht die Erbenstellung auf einer Verfügung von Todes wegen, beginnt die Frist nicht vor Verkündung der Verfügung durch das Nachlassgericht. Die Ausschlagung erfolgt gem. § 1945 BGB durch **Erklärung** gegenüber dem zuständigen Nachlassgericht, wobei die Erklärung zur Niederschrift des Nachlassgerichts oder in öffentlich (notariell) beglaubigter Form abzugeben ist. 14

e) Erbengemeinschaft

Die Erbengemeinschaft ist in §§ 2032 ff BGB geregelt. Demnach entsteht die (Mit-)Erbengemeinschaft kraft Gesetzes durch den Tod des Erblassers, wenn mehrere Personen gleichzeitig Erben werden. Die Erbengemeinschaft stellt, ebenso wie die GbR, eine **Gesamthandsgemeinschaft** dar, die bis 15

---

[1] Palandt/*Edenhofer* § 1922 Rn 6.

zu ihrer Auseinandersetzung durch die Miterben bestehen bleibt. Die Erbengemeinschaft hat jedoch nach Ansicht des BGH im Unterschied zu der GbR keine eigene Rechtspersönlichkeit und ist auch nicht auf sonstige Weise rechtsfähig.[2]

16 Grundsätzlich können die Miterben im Rahmen der Erbengemeinschaft nur gemeinschaftlich handeln (vgl § 2038 BGB). Jeder Miterbe kann gem. § 2033 BGB über seinen Erbteil (und damit Anteil an der Erbengemeinschaft) verfügen. Auch hat jeder Miterbe gem. § 2042 BGB Anspruch auf jederzeitige Auseinandersetzung der Erbengemeinschaft. In diesen Punkten unterscheidet sich die Erbengemeinschaft deutlich von der GbR.

f) Erbschein

17 Seine Rechtsstellung als Erbe kann dieser im Rechtsverkehr durch den Erbschein nachweisen. Gem. § 2365 BGB gilt die Vermutung, dass der im Erbschein als Erbe bezeichneten Person das Erbrecht (ggf mit den angegebenen Beschränkungen wie Nacherbschaft) zusteht. Dies wird von §§ 2366, 2367 BGB fortgeführt, die dem Erbschein einen **öffentlichen Glauben** beilegen. § 2366 BGB ermöglicht damit im Interesse der Sicherheit des Rechtsverkehrs und des Schutzes eines redlichen Dritten einen gutgläubigen Erwerb vom nichtberechtigten „Erbscheinsscheinerben". § 2367 BGB erweitert den öffentlichen Glauben insbesondere auf Leistungen an den Erbscheinserben Das Verfahren der Erbscheinserteilung ist in §§ 2353 ff BGB geregelt.

2. Gesetzliche Erbfolge

18 Hat der Erblasser nicht durch Verfügung von Todes wegen wirksam die Erbfolge nach ihm bestimmt, tritt die gesetzliche Erbfolge der §§ 1924–1936 BGB ein. Erben werden die Verwandten des Erblassers (Verwandtenerbrecht) und – falls vorhanden – der Ehegatte des Erblassers gem. § 1931 BGB (Ehegattenerbrecht).

19 Bei den **Verwandten** sind gem. § 1924 BGB zuerst die Abkömmlinge – also Kinder, Enkel, Urenkel usw – als gesetzliche Erben zu berufen (gesetzliche Erben erster Ordnung). Dabei schließt ein Abkömmling entfernte verwandte Abkömmlinge von der Erbfolge aus, wenn sie – wie die Enkel durch einen noch lebenden Sohn – nur über ihn mit dem Erblasser verwandt sind. Gleich nahe verwandte Abkömmlinge erben zu gleichen Teilen. Ist ein Abkömmling bereits vor dem Erbfall verstorben und hat Abkömmlinge (zB Kinder) hinterlassen, so sind diese nun Erben jeweils in Höhe der durch ihre Kopfzahl geteilt gedachten Erbquote des bereits verstorbenen Abkömmlings (im Beispiel: ihres Vaters).

20 Gibt es im Erbfall keine Abkömmlinge, so sind als Erben zweiter Ordnung Erben gem. § 1925 BGB die Eltern des Erblassers bzw deren Abkömmlinge, dh die Geschwister, Neffen und Nichten usw des Erblassers. Fehlt es auch an Erben zweiter Ordnung, erben in dritter Ordnung gem. § 1926 BGB die Großeltern des Erblassers bzw deren Abkömmlinge, beim Wegfall auch der dritten Ordnung, weiter entfernte Verwandte.

21 Hat der Erblasser einen **Ehegatten** zurückgelassen, ist zunächst dessen Erbquote zu bestimmen, da dessen Erbrecht gegenüber dem Erbrecht der Verwandten des Erblassers vorrangig ist; letztere erhalten lediglich den nicht dem Ehegatten nach § 1931 BGB zugeordneten Erbteil. Die genaue Größe des Erbteils des Ehegatten hängt gem. § 1931 BGB vom Güterstand während der Ehe und davon ab, ob der Erblasser Verwandte einer bestimmten Ordnung oder gar Kinder zurückgelassen hat.

3. Verfügung von Todes wegen

a) Begriff

22 „Verfügung von Todes wegen" ist zum einen der Oberbegriff zu „Testament" und „Erbvertrag", also den Gestaltungsformen, mit denen der künftige Erblasser in den spezifischen Formen des Erbrechts die Weitergabe seines Vermögens im Erbfall regeln kann. Zum anderen bezeichnet der Begriff Verfügung in diesem Zusammenhang die einzelne Anordnung in einem Testament/Erbvertrag, wie zB eine Erbeinsetzung.

---

2 BGH NJW 2002, 3389, 3390.

b) Testament und Erbvertrag

aa) Testament

Um ein wirksames Testament zu errichten (aber auch zu ändern oder aufzuheben), muss der Erblasser im Zeitpunkt der Errichtung gem. § 2229 BGB **testierfähig** sein. Nach dem Gesetz gilt jede Person, die das 16. Lebensjahr vollendet hat, als testierfähig. Die Testierunfähigkeit bildet bei diesen Personen demgegenüber die Ausnahme. Bis zum Beweis der Testierunfähigkeit gilt ein Erblasser aus diesem Personenkreis als testierfähig. Testierunfähig ist nach § 2229 Abs. 4, wer wegen krankhafter Störung der Geistestätigkeit, wegen Geistesschwäche oder wegen Bewusstseinsstörung nicht in der Lage ist, die Bedeutung einer von ihm abgegebenen Willenserklärung einzusehen und nach dieser Einsicht zu handeln.

Als **Testamentsformen** kommen gem. § 2231 BGB grundsätzlich das vor einem Notar errichtete Testament (öffentliches Testament) und das durch eine eigenhändig geschriebene und unterschriebene Erklärung errichtete Testament (eigenhändiges Testament) in Betracht. Nach § 2064 BGB kann der Erblasser ein Testament nur **persönlich errichten**. Auch kann der Erblasser in seinem Testament wegen § 2065 BGB grundsätzlich nicht bestimmen, dass ein Dritter entscheidet, ob die angeordnete Erbeinsetzung gilt, bzw den Empfänger oder Gegenstand einer Zuwendung festlegt.

Der Erblasser kann ein Testament bzw einzelne Anordnungen eines Testaments jederzeit durch ein reines Widerrufstestament, durch Vernichtung oder Veränderung, durch Rücknahme aus der amtlichen Verwahrung (nicht bei dem eigenhändigen Testament) oder durch ein späteres mit dem früheren Testament in Widerspruch stehendes **aufheben** (§§ 2253 ff BGB).

bb) Gemeinschaftliches Testament

Eine besondere Art des Testaments stellt das in §§ 2265 ff BGB geregelte gemeinschaftliche Testament dar. Nur **Ehegatten** und **eingetragene Lebenspartner** können nach § 2265 BGB ein gemeinschaftliches Testament abschließen. Grundsätzlich steht und fällt sein Schicksal daher mit dem Bestand der Ehe bzw der Lebenspartnerschaft der Erblasser (§ 2268 BGB). Ein gemeinschaftliches Testament kann in den gleichen Formen wie ein Testament errichtet werden. Allerdings sieht § 2267 BGB eine Formerleichterung bei Abfassung des gemeinschaftlichen Testaments als eigenhändigem Testament vor: hier genügt es, wenn einer der Ehegatten/Lebenspartner das Testament in der Form des eigenhändigen Testaments errichtet und der andere Ehegatte/Lebenspartner das Testament mit unterzeichnet.

Trotz dieser Formerleichterung verfügen beide Erblasser in dem gemeinschaftlichen Testament unabhängig voneinander. Allerdings können die Verfügungen, sofern es sich bei ihnen um Erbeinsetzung, Vermächtnis oder Auflage handelt, so verbunden werden, dass die Nichtigkeit oder der Widerruf der einen Verfügung die Unwirksamkeit der verbundenen Verfügung des anderen zur Folge hat (§ 2270 BGB). Man spricht von sog. **wechselbezüglichen Verfügungen**. Weiter ist der Widerruf einer wechselbezüglichen Verfügung gem. § 2271 BGB nur bereits zu Lebzeiten des anderen Ehegatten/Lebenspartners möglich. Die wechselbezügliche Verfügung kann auch nicht durch eine neue Verfügung bei Lebzeiten einseitig aufgehoben werden. Mit dem Tod des anderen erlischt das Recht zum Widerruf und die wechselbezügliche Verfügung wird bindend (§ 2271 BGB). Eine besondere Art des gemeinschaftlichen Testaments stellt das von § 2269 BGB behandelte sog. **Berliner Testament** dar, bei dem sich zunächst die Ehegatten jeweils als alleinige Erben einsetzen und die Kinder als Schlusserben nach dem überlebenden Ehegatten einsetzen. Bei der Unternehmensnachfolge von Todes wegen kann das Berliner Testament zu besonderen Problemen führen (vgl Rn 211).

cc) Erbvertrag

Der Erblasser kann auch durch einen Erbvertrag von Todes wegen verfügen (§ 1941 BGB). Der in § 2274 BGB näher geregelte Erbvertrag stellt eine Verfügung von Todes wegen in Vertragsform und daher – jedenfalls zum Teil – mit Bindungswirkung dar. Der Erbvertrag steht im Gegensatz zu dem gemeinschaftlichen Testament **jedermann** und sogar mehr als zwei Personen offen. Ein Erbvertrag muss mindestens eine vertragsmäßige, dh bindende Verfügung von Todes wegen enthalten. Das ergibt sich aus dem Wesen des Erbvertrags. **Vertragsmäßige Verfügungen** können nach § 2278 BGB Erbeinsetzungen, Vermächtnisse und Auflagen sein. Vertragsmäßige Verfügungen können nach Abfassung des Erbvertrags durch den Erblasser nur noch gemeinsam mit dem Vertragspartner unter Lebenden gem. §§ 2290 ff BGB aufgehoben werden. In einem Erbvertrag enthaltene einseitige, also nicht vertragsmäßige Verfügungen können hingegen nach § 2299 BGB einseitig durch Testament aufgehoben werden.

c) Gewillkürte Erbfolge

29 Der Erblasser muss es nicht bei der gesetzlichen Erbfolge belassen. Er kann gem. § 1937 BGB durch Verfügung von Todes wegen, dh durch Testament oder durch Erbvertrag, seine Erbfolge regeln.

aa) Erbfolge

30 Der Erblasser kann nach Belieben einen oder mehrere Erben nach bestimmten Bruchteilen (zB drei Kinder je zu 1/3) als Erben einsetzen. Hierbei sollte er darauf achten, dass keine Bruchteile übrig bleiben und Unklarheiten vermieden werden. Der Wille des Erblassers, soweit in der Verfügung von Todes wegen zumindest angedeutet, hat Vorrang vor den gesetzlichen Auslegungsregeln der §§ 2066 ff BGB.

31 Wichtig ist, dass der Erblasser wegen § 2065 Abs. 2 BGB nicht bestimmen kann, dass ein Dritter entscheidet, ob eine Erbeinsetzung gilt (**Ausschluss der Fremdbestimmung**). Diese Vorschrift erlangt bei der Unternehmensnachfolge von Todes wegen große Bedeutung, weil sie im Grundsatz ausschließt, dass ein Dritter (auch der Testamentsvollstrecker) den Unternehmererben bestimmt. Allerdings ist eine Erbeinsetzung dergestalt möglich, dass der Eintritt oder Nichteintritt einer Bedingung über die Einsetzung als Erben entscheidet. Auf diese Weise kann die Unternehmensnachfolge gesteuert werden, soll sie im Wege der Erbfolge stattfinden.

bb) Ersatzerbfolge

32 Nach § 2096 BGB kann der Erblasser für den Fall, dass der eingesetzte Erbe nicht Erbe wird, einen anderen als Erben (sog. Ersatzerbe) einsetzen. Ein **Ersatzfall** kann dadurch eintreten, dass der zunächst bestimmte Erbe bereits vor dem Erbfall verstirbt oder nach dem Erbfall – mit Rückwirkung auf den Eintritt des Erbfalls – zB durch Ausschlagung wegfällt. Vorteil der Ersatzerbfolge ist, dass der Erblasser hierdurch auch in Fällen, in denen überraschend der vorgesehene Erbe wegfällt, die gewillkürte Erbfolge sichern und dadurch die gesetzliche Erbfolge ausschließen kann. Von besonderer Bedeutung ist diese Art der Vorsorge bei der Anordnung einer Vor- und Nacherbfolge,[3] da bis zum Nacherbfall häufig ein größerer Zeitraum besteht, der unvorhersehbare Ereignisse bringen kann.

cc) Vor- und Nacherbfolge

33 Durch Anordnung von Vor- und Nacherbfolge gem. §§ 2100 ff BGB kann der Erblasser die Weitergabe seines Vermögens in der Weise steuern, dass es zunächst dem Vorerben persönlich, bei Eintritt eines bestimmten Ereignisses (Nacherbfall) aber nicht dessen Erben, sondern einem vom Erblasser bestimmten Nacherben zukommt. Oftmals erhält der Nacherbe den Nachlass des Erblassers mit dem Tod des Vorerben. Dennoch ist in diesem Fall der Nacherbe nicht Erbe des Vorerben, sondern Erbe des Erblassers. Merkmal der Nacherbfolge ist daher, das **zeitliche Aufeinanderfolgen verschiedener Erben** desselben Erblassers bezüglich derselben Erbschaft. Zwar kommt das Vermögen dem Vorerben persönlich zu, doch bildet es in dessen Hand ein Sondervermögen, das von dessen restlichem Vermögen zu unterscheiden ist und über das der Vorerbe nur eingeschränkt (nach den Beschränkungen der §§ 2113 ff BGB) verfügen kann. Sofern der Vorerbe von Gesetzes wegen oder aufgrund Befreiung durch den Erblasser über Gegenstände des Nachlasses verfügen darf, wird das Entgelt für die Verfügung gem. § 2111 Abs. 1 BGB Teil der Vorerbschaft (Prinzip der Surrogation).

---

3 Palandt/*Edenhofer* § 2096 Rn 1.

Bis zum Zeitpunkt des Nacherbfalls hat der Vorerbe die Stellung eines Erben inne und damit die Eigenschaft als Eigentümer und Inhaber der zum Nachlass gehörenden Gegenständen und Rechte. Dies hat zB zur Folge, dass der Vorerbe, der in eine Gesellschafterstellung des Erblassers einrückt, handelsrechtlich unbeschränkter Gesellschafter wird und somit grundsätzlich auch an Änderungen des Gesellschaftsvertrages ohne Gestattung des Nacherben mitwirken kann.[4] Bis zum Nacherbfall stehen dem Vorerben gem. § 2111 Abs. 1 S. 1 BGB die vollen **Nutzungen** (§ 100 BGB) der Vorerbschaft zu. 34

Der Nacherbe erlangt mit dem Erbfall noch keine Rechtsposition, wohl aber ein **Anwartschaftsrecht**. Dieses kann rechtsgeschäftlich übertragen oder – bei entsprechender Anordnung durch den Erblasser bzw Auslegung – vererbt werden.[5] Erst mit Eintritt des Nacherbfalls erlischt das Recht des Vorerben und die Erbschaft geht rechtlich von selbst und unmittelbar auf den Nacherben über.[6] Nach § 2130 BGB hat der Nacherbe mit Eintritt des Nacherbfalls zudem den Anspruch auf Herausgabe der Vorerbschaft in dem Zustand, der sich bei einer bis zur Herausgabe fortgesetzten ordnungsmäßigen Verwaltung ergeben würde. Ist Nacherbfall der Tod des Vorerben, so richtet sich der Herausgabeanspruch gegen dessen Erben. 35

d) Vermächtnis

aa) Vermächtnis

Durch Vermächtnis kann der Erblasser einem anderen, dem Vermächtnisnehmer, einen Vermögensvorteil zuwenden, ohne diesen als Erben einzusetzen (§ 1939 BGB). Damit begründet das Vermächtnis auch nur einen **schuldrechtlichen Anspruch** des Vermächtnisnehmers. Beschwerter dieses Anspruchs ist entweder der Erbe bzw sind die Erben oder ein anderer Vermächtnisnehmer (§ 2147 BGB). Gegenstand eines Vermächtnisses kann jedes Tun oder Unterlassen sein, das Gegenstand einer Leistung aus einem Schuldverhältnis sein könnte.[7] Die Durchsetzung von Vermächtnissen kann der Erblasser durch die Ernennung eines Testamentsvollstreckers sichern (vgl Rn 302 ff). 36

Auch ein Unternehmen oder ein Gesellschaftsanteil können Gegenstand eines Vermächtnisses sein. Von Vorteil ist hierbei, dass der Erblasser gem. § 2151 BGB einen Personenkreis von Vermächtnisnehmern bestimmen kann, aus welchem ein **Dritter**, beispielsweise der Testamentsvollstrecker, **den Vermächtnisnehmer auswählt**. 37

Beispiel: So könnte der Unternehmer beispielsweise seinen Kindern das Unternehmen durch Vermächtnis zuwenden, wobei der Testamentsvollstrecker befugt und verpflichtet wäre, im Erbfall den geeigneten Unternehmensnachfolger auszuwählen. Bei der Einsetzung von Erben gilt hingegen § 2065 Abs. 2 BGB, der bestimmt, dass der Erblasser die Bestimmung des Erben keinem Dritten überlassen darf.

bb) Vorausvermächtnis

Wird einem Erben ein Vermächtnis zugewandt, spricht man von einem Vorausvermächtnis (§ 2150 BGB). Dieses Vermächtnis muss sich der Erbe in der Erbengemeinschaft nicht auf seinen Erbteil anrechnen lassen. Es wird **keine Ausgleichspflicht** iSv. §§ 2050 ff BGB begründet. Hierdurch unterscheidet sich das Vorausvermächtnis von der Teilungsanordnung gem. § 2048 BGB, mit welcher der Erblasser die Aufteilung bei Auseinandersetzung der Erbengemeinschaft regelt. Oftmals kann nur durch Auslegung ermittelt werden, ob der Erblasser einem Erben einen bestimmten Gegenstand im Rahmen eines Vorausvermächtnisses oder einer Teilungsanordnung zuordnen möchte. 38

e) Teilungsanordnung

Durch die Teilungsanordnung gem. § 2048 BGB ordnet der Erblasser an, wie der Nachlass unter den Miterben auseinanderzusetzen ist. Wesen der Teilungsanordnung ist, dass sich durch sie die Erbteile und die mittels der Erbteile zugeordneten Werte nicht verschieben. Daher ist ein Erbe den 39

---

4 Palandt/*Edenhofer* § 2100 Rn 8.
5 MünchKommBGB/*Grunsky* § 2108 Rn 4.
6 Palandt/*Edenhofer* § 2100 Rn 12.
7 Palandt/*Edenhofer* Einführung von § 2147 Rn 2.

Miterben zum **Ausgleich** verpflichtet, sollte er durch die Teilungsanordnung mehr erhalten, als ihm aufgrund seiner Erbquote zukommen sollte. Dies stellt den wesentlichen Unterschied zum Vorausvermächtnis dar.

f) Auflage

40 Durch eine Auflage verpflichtet der Erblasser den Erben oder einen Vermächtnisnehmer zu einer Leistung, ohne einem anderen ein Recht auf Leistung zuzuwenden (§ 1940 BGB). Zwar kann es einen Begünstigten der Auflage geben, jedoch hat dieser **keinen Anspruch** auf die Leistung. Dies stellt den wesentlichen Unterschied zu dem Vermächtnis dar. Allerdings können insbesondere der Erbe, der Miterbe und ein vom Erblasser eingesetzter Testamentsvollstrecker die Vollziehung der Auflage verlangen. **Gegenstand** einer Auflage kann, wie beim Vermächtnis, jedes Tun oder Unterlassen sein, zu welchem man sich schuldrechtlich verpflichten kann.[8]

g) Testamentsvollstreckung

41 Die Testamentsvollstreckung ist in §§ 2197 ff BGB geregelt. Unter Testamentsvollstreckung ist eine von dem Erblasser angeordnete Verwaltung seines ganzen Nachlasses oder eines Teiles davon durch einen Dritten, den Testamentsvollstrecker, zu verstehen, der die Aufgabe hat, die **Anordnungen des Erblassers** auszuführen. Der Testamentsvollstrecker ist Träger eines privaten Amtes, das ihm durch den Erblasser übertragen wird. Er leitet seine Legitimation, seine Rechtsposition und auch seinen Aufgabenbereich unmittelbar aus der Verfügung des Erblassers von Todes wegen ab (insbesondere § 2203 BGB).

42 Gegenüber dem Erben hat der Testamentsvollstrecker eine **selbständige Stellung,** auch wenn jener aufgrund der Gesamtrechtsnachfolge Eigentümer des Nachlasses ist. Der unter der Verwaltung des Testamentsvollstreckers stehende Nachlass stellt daher eine Art Sondervermögen dar; die Erben können hierüber gem. § 2211 BGB nicht verfügen. Die Erben können dem Testamentsvollstrecker auch keine Anordnungen im Hinblick auf die Verwaltung des Nachlasses erteilen. Allerdings ist der Testamentsvollstrecker den Erben gem. § 2218 iVm § 666 BGB rechenschafts- und auskunftspflichtig und haftet ihnen gegenüber gem. § 2219 BGB zudem für die Verletzung der ihm obliegenden Verpflichtung, den Nachlass nach § 2216 BGB ordnungsmäßig zu verwalten.

43 Es gibt **verschiedene Arten der Testamentsvollstreckung**: die Abwicklungsvollstreckung gem. § 2203 BGB (sie hat die Ausführung der in der letztwilligen Verfügung des Erblassers enthaltenen Anordnungen im Rahmen der Auseinandersetzung des Nachlasses zum Ziel), die Verwaltungsvollstreckung gem. § 2209 S. 1 Hs 1 BGB (ihr Gegenstand ist allein die Verwaltung des Nachlasses) und die Dauervollstreckung gem. § 2209 S. 1 Hs 2 BGB (bei welcher Abwicklungs- und Verwaltungsvollstreckung zeitlich nacheinander vorgesehen sind). Die Testamentsvollstreckung kann auch nur einzelne bestimmte Aufgaben (zB Erfüllung von Vermächtnissen) oder die Verwaltung bestimmter Vermögensteile zum Gegenstand haben. Inhalt und Umfang der Testamentsvollstreckung bestimmen sich ausschließlich nach dem Willen des Erblassers.

44 Zumeist ordnet ein Erblasser Testamentsvollstreckung an, um die Verwaltung bzw Auseinandersetzung eines Nachlasses zu gewährleisten, sei es auch nur deshalb, weil er vermutet oder weiß, dass die Erben nicht in der Lage sein werden, den Nachlass streitfrei auseinanderzusetzen oder – wie von dem Erblasser gewünscht – zu erhalten. Ein weiterer Grund für die Anordnung von Testamentsvollstreckung kann der Schutz Minderjähriger oder geschäftsunerfahrener Erben sein.

45 Auf Antrag erhält der Testamentsvollstrecker gem. § 2362 BGB ein **Testamentsvollstreckerzeugnis.** Das Testamentsvollstreckerzeugnis bestätigt, dass die im Zeugnis genannte Person wirksam zum Testamentsvollstrecker ernannt wurde und dass keine weiteren als die in dem Zeugnis abgegebenen Beschränkungen oder Erweiterungen seiner Befugnisse bestehen. Gem. § 2368 Abs. 3 iVm §§ 2366, 2367 BGB dient der Erbschein dem Schutz des öffentlichen Glaubens bei Rechtsgeschäften, die der Testamentsvollstrecker im Rahmen seiner Befugnisse vornimmt.

---

8 Palandt/*Edenhofer* § 2192 Rn 3.

4. Pflichtteilsrecht

Das Pflichtteilsrecht beschränkt den Erblasser in seiner Testierfreiheit, indem es den Pflichtteilsberechtigten, den Abkömmlingen des Erblassers (gleich ob ehelich, nichtehelich oder angenommen), dessen Eltern, sowie dem Ehegatten oder dem eingetragenen Lebenspartner, eine Mindestbeteiligung an dem Nachlass gewährt, für den Fall, dass sie nach der gesetzlichen Erbfolge als Erben berufen wären (§ 2303 BGB). Das Pflichtteilsrecht ist Grundlage für den Pflichtteilsanspruch und den Pflichtteilsergänzungsanspruch. 46

a) Pflichtteilsanspruch

Wird ein Pflichtteilsberechtigter durch eine Verfügung von Todes wegen (nicht durch die Mechanismen der gesetzlichen Erbfolge) von der Erbfolge ausgeschlossen, so hat er gem. § 2303 BGB gegen die Erben einen Anspruch auf den Pflichtteil. Der Pflichtteil besteht in der Hälfte des Wertes des gesetzlichen Erbteils, den der Pflichtteilsberechtigte erhalten hätte, wäre er nicht enterbt worden (§ 2303 Abs. 1 S. 2 BGB). Der Pflichtteilsanspruch ist somit ein **Anspruch in Geld**, der mit dem Erbfall entsteht (§ 2317 BGB). Der Pflichtteilsanspruch verjährt in recht kurzer Zeit, nämlich in drei Jahren (§ 2322 BGB). Verjährungsbeginn ist der Zeitpunkt, in welchem der Pflichtteilsberechtigte von dem Eintritt des Erbfalls (dh dem Tod des Erblassers) und von der ihn beeinträchtigenden Verfügung von Todes wegen Kenntnis erlang (unter Umständen reicht die Kenntnis allein aufgrund mündlicher Mitteilung aus). Unabhängig hiervon tritt nach § 2332 BGB spätestens 30 Jahre nach dem Erbfall Verjährung ein. 47

Wird ein Pflichtteilsberechtigter als Erbe oder Vermächtnisnehmer wertmäßig unterhalb der Pflichtteilsquote (Hälfte des gesetzlichen Erbteils) eingesetzt, ergibt sich unter Umständen ein Anspruch auf einen Restpflichtteil (§ 2305 BGB und § 2307 BGB). Vorsicht ist wegen § 2306 BGB angeraten: Wird ein Pflichtteilsberechtigter mit **höchstens der Hälfte des gesetzlichen Erbteils** als Erbe eingesetzt und durch die Ernennung eines Testamentsvollstreckers beschränkt bzw eine Teilungsanordnung, ein Vermächtnis oder eine Auflage beschwert, so gilt die Beschränkung oder die Beschwerung automatisch als nicht angeordnet (§ 2306 Abs. 1 S. 1 BGB). Die Einsetzung des Pflichtteilsberechtigten als Nacherben gilt im Übrigen auch als Beschränkung der Erbeinsetzung (§ 2306 Abs. 2 BGB). Allein die Bestimmung des § 2306 BGB kann – bei Nichtbeachtung – ein gesamtes Nachfolgekonzept zu Fall bringen. Ist im Übrigen der Erbteil größer als die Hälfte des gesetzlichen Erbteils und wurden die vorgenannte Beschränkung oder Beschwerungen angeordnet, kann der Pflichtteilsberechtigte die Erbschaft ausschlagen und den Pflichtteil verlangen (§ 2306 Abs. 1 S. 2 BGB). 48

b) Pflichtteilsergänzungsanspruch

Neben dem Pflichtteilsanspruch gibt es gem. § 2325 BGB den rechtlich selbständigen Pflichtteilsergänzungsanspruch. Sinn und Zweck des Pflichtteilsergänzungsanspruchs ist es zu verhindern, dass der Erblasser zu seinen Lebzeiten durch Schenkungen den Nachlass verringert und somit den auf eine wertmäßige Beteiligung am Nachlass gerichteten Pflichtteilsanspruch aushöhlt. Gem. § 2325 Abs. 3 BGB bleiben allerdings Schenkungen unberücksichtigt, wenn zur Zeit des Erbfalls zehn Jahre seit der Leistung des verschenkten Gegenstandes verstrichen sind. Diese **10-Jahres-Frist** beginnt jedoch solange nicht zu laufen, als der Erblasser trotz Schenkung den „Genuss" des verschenkten Gegenstands nach der Schenkung nicht auch tatsächlich entbehren muss (sich also zB den Nießbrauch vorbehält).[9] Auch während der Dauer einer Ehe läuft die 10-Jahres-Frist bei Schenkungen an den Ehegatten nicht (§ 2325 BGB). Somit kann der Pflichtteilsberechtigte den Betrag verlangen, um den sich sein ordentlicher Pflichtteil erhöhen würde, wenn zum Nachlass alle Schenkungen hinzugerechnet würden, die der Erblasser innerhalb der 10-Jahres-Frist gemacht hat. Nicht einbezogen werden sog. Pflicht- und Anstandsschenkungen iSv § 2330 BGB. 49

Der Anspruch nach § 2325 BGB richtet sich gegen den Erben, unabhängig davon, ob der Erbe selbst pflichtteilsberechtigt ist (§ 2328 BGB). Der Pflichtteilsergänzungsanspruch steht auch dem Erben zu, 50

---

9   BGH NJW 1994, 1791 f.

sofern er pflichtteilsberechtigt ist, allerdings muss hierfür gem. § 2326 BGB der Wert des Hinterlassenen geringer sein als der Wert des Pflichtteilsanspruchs unter Hinzurechnung des Wertes der Schenkung. Soweit der Erbe nach §§ 1975, 1990 BGB für die Nachlassverbindlichkeiten nur beschränkt haftet und der Nachlass zur Entrichtung der Pflichtteilsergänzung nicht ausreicht oder soweit dem Erben die Einrede des § 2328 BGB zusteht, **haftet der Beschenkte subsidiär** nach § 2329 BGB.[10]

51 Der Pflichtteilsergänzungsanspruch entsteht mit dem Erbfall und ist vererblich sowie übertragbar. Er verjährt gem. § 2332 BGB innerhalb von drei Jahren von dem Zeitpunkt an, in welchem der Pflichtteilsberechtigte von dem Eintritt des Erbfalls, der ihn beeinträchtigenden Verfügung von Todes wegen und der Schenkung Kenntnis erlangt. Unabhängig hiervon tritt nach § 2332 BGB wiederum spätestens 30 Jahre nach dem Erbfall Verjährung ein.

5. Erbverzicht und Pflichtteilsverzicht

a) Erbverzicht

52 Der Erbverzicht ist in den §§ 2346 ff BGB geregelt. Durch einen notariell zu beurkundenden **Erbverzichtsvertrag** mit dem Erblasser können Verwandte und der Ehegatte/eingetragene Lebenspartner des Erblassers auf ihr gesetzliches Erbrecht und/oder Pflichtteilsrecht verzichten. Da der Erblasser die gesetzlichen Erben jedoch ohnehin ohne Angabe von Gründen enterben kann, stellt der Erbverzicht unter Einschluss des Pflichtteilsverzichts den gesetzlichen Regelfall dar (§ 2346 Abs. 1 BGB). Durch einen solchen Erbverzicht erlangt der Erblasser die volle Testierfreiheit.

53 Beim Erbverzicht ist zu beachten, dass der Verzichtende nach § 2310 S. 2 BGB bei der Ermittlung des Pflichtteils nicht mitgezählt wird, so dass der Erbverzicht zu einer **Erhöhung der Pflichtteilsquoten** der übrig gebliebenen Pflichtteilsberechtigten führt.

b) Pflichtteilsverzicht

54 Beim Pflichtteilsverzicht tritt anders als beim Erbverzicht bei den übrig gebliebenen Pflichtteilsberechtigten **keine Erhöhung der Pflichtteilsquoten** ein. Der Pflichtteilsverzicht führt somit dazu, dass die Belastung der Erben durch Pflichtteils- und Pflichtteilsergänzungsansprüche tatsächlich reduziert werden kann.

55 Beim Pflichtteilsverzicht verzichtet der Pflichtteilsberechtigte durch notariell zu beurkundenden Vertrag mit dem Erblasser auf sein Pflichtteilsrecht gegenüber dem Erblasser (§ 2346 Abs. 1 und Abs. 2 BGB). Auch der Pflichtteilsverzicht führt daher zur **Testierfreiheit des Erblassers**. Der Verzichtende kann beim Tod des Erblassers keinen Pflichtteil und insbesondere keine Pflichtteilsergänzung nach § 2325 BGB bzw §§ 2325, 2329 BGB geltend machen. Entsprechend der Auslegungsregel des § 2349 BGB sollte sich der Pflichtteilsverzicht ausdrücklich auf die Abkömmlinge des Verzichtenden erstrecken. Allerdings muss darauf geachtet werden, dass der Verzichtende noch Erbe ist und ggf durch eine Verfügung von Todes wegen enterbt werden muss.

56 Oftmals erfolgt der rechtlich abstrakte Pflichtteilsverzicht gegen Zahlung einer **Abfindung**. In diesem Fall ist insbesondere darauf zu achten, dass das Kausalgeschäft, das dem Pflichtteilsverzicht und der Abfindung zu Grunde liegt, bzw der Pflichtteilsverzicht selbst nicht wegen Täuschung über den Wert des Pflichtteils anfechtbar oder sittenwidrig sind.[11] Alternativ kann ein Pflichtteilsverzicht auch ohne Vereinbarung einer Abfindung erfolgen.

6. Internationales Privatrecht

a) Deutsches internationales Erbrecht

57 Das deutsche internationale Erbrecht ist in Art. 25 und 26 EGBGB geregelt. Art. 25 EGBGB regelt, welches Recht auf den Erbfall anzuwenden ist (**Erbstatut**). Die Rechtsnachfolge von Todes wegen bestimmt sich nach dem Recht des Staates, dem der Erblasser zum Zeitpunkt seines Todes angehörte. Dieses Erbstatut gilt in der Regel unabhängig von der Art und Lage der einzelnen Nachlassgegen-

---

10 MünchKommBGB/*Lange* § 2329 Rn 2 ff.
11 OLG München ZEV 2006, 313 f; *Theiss/Boger* ZErb 2006, 164, 166.

stände für den gesamten weltweiten Nachlass (Grundsatz der Nachlasseinheit).[12] Etwas anderes kann sich jedoch aus einer teilweisen Rück- oder Weiterverweisung oder abweichenden Anknüpfungsregeln, insbesondere anderer Staaten, in denen sich Nachlassgegenstände (v.a. Grundvermögen) befinden, ergeben. In **Ausnahme** von Art. 25 Abs. 1 EGBGB sieht Art. 25 Abs. 2 EGBGB vor, dass ein ausländischer Staatsangehöriger für in Deutschland gelegenes unbewegliches Vermögen durch eine Verfügung von Todes wegen deutsches Recht wählen kann.

Art. 26 EGBGB regelt, welches Recht auf die **Form von Verfügungen von Todes** wegen anzuwenden ist. Dabei wurde in Art. 26 EGBGB der wesentliche Inhalt des Haager Übereinkommens über das auf die Form letztwilliger Verfügungen anzuwendende Recht, welches für die Bundesrepublik Deutschland am 1.1.1966 in Kraft getreten ist, übernommen. Grundsatz dieser Regelung ist die Erhaltung der formalen Gültigkeit einer Verfügung von Todes wegen. Aus diesem Grund ist die formale Gültigkeit einer Verfügung von Todes wegen alternativ nach mehreren gem. Art. 26 EGBGB bestimmbaren Rechtsordnungen zu prüfen.

b) Verhältnis von Erbstatut zu Gesellschaftsstatut

Nachdem das Erbrecht auch eng mit einer Reihe anderer Rechtsmaterien verknüpft ist, ergeben sich hieraus nicht nur materiellrechtliche, sondern auch kollisionsrechtliche Berührungs- und Überschneidungsmöglichkeiten.[13] Im Rahmen der Unternehmensnachfolge stellt sich die Frage des Verhältnisses von Erb- und Gesellschaftsstatut.

Hier ist zunächst danach zu unterscheiden, ob der Erblasser eine Beteiligung an einer **Personengesellschaft** oder einer **Kapitalgesellschaft** hinterlässt. Da es im zuletzt genannten Fall regelmäßig an einer beachtenswerten persönlichen Bindung an die betreffende Gesellschaft fehlt, führt der Erbfall lediglich zur Auswechslung der Person des Aktionärs oder des Inhabers des Gesellschaftsanteils. Weil die Gesellschaft in der Regel hiervon nicht wesentlich berührt wird, findet hier das Erbstatut Anwendung.[14]

Anders ist dies jedoch, wenn der Erblasser Gesellschafter einer Personengesellschaft war. Nachdem die deutsche Rechtsprechung die Nachfolge an Gesellschaftsanteilen in gewisser Weise von bestimmten Grundsätzen des allgemeinen Erbrechts abgetrennt hat, bestehen umso größere Schwierigkeiten, diese neu entwickelten Grundsätze beim Zusammentreffen nicht aufeinander abgestimmter Rechtsordnungen, aufrechtzuerhalten. Ob die Gesellschafterstellung vererblich ist, bestimmt sich hier im Grundsatz nach dem Gesellschaftsstatut, das Erbstatut entscheidet hingegen darüber, wer mit welchem Anteil Erbe wird.[15] Für Anteile an einer Personengesellschaft mit tatsächlichem Sitz in Deutschland gelten daher die nachfolgend dargestellten Regelungen (vgl Rn 188 ff).

III. Grundsätzliches zum Güter- und Minderjährigenrecht

1. Eherecht

Treffen Ehegatten keinerlei Regelungen zu Ihrem Güterstand, dann gilt gem. § 1363 Abs. 1 BGB für die Ehegatten der Güterstand der Zugewinngemeinschaft. Nach § 1365 Abs. 1 BGB bedarf ein Ehegatte für Verpflichtungsgeschäfte und Verfügungsgeschäfte über sein **Vermögen im Ganzen** der Einwilligung des anderen Ehegatten. Allerdings wird § 1365 Abs. 1 BGB in der Weise ausgelegt, dass, je nach Vermögensumfang, die Einwilligung bereits erforderlich ist, wenn ein überwiegender Teil des Vermögens betroffen ist. Auf die Bedeutung dieser Vorschrift im Rahmen der vorweggenommenen Erbfolge wird noch eingegangen (vgl Rn 110 f). Geringere Bedeutung hat die Verfügungsbeschränkung des § 1369 BGB, die Verfügungen über Haushaltsgegenstände betrifft. Doch sollte auch sie im Rahmen einer güterrechtlichen Vereinbarung ausgeschlossen werden (vgl Rn 142).

---

12 Palandt/*Heldrich* Art. 25 EGBGB Rn 6.
13 MünchKommBGB/*Birk* Art. 25 EGBGB Rn 149.
14 MünchKommBGB/*Birk* Art. 25 EGBGB Rn 180.
15 MünchKommBGB/*Birk* Art. 25 EGBGB Rn 183.

63 Eine weitere wichtige Folge der Zugewinngemeinschaft ist der bei Scheidung gem. § 1372 BGB durchzuführende **Zugewinnausgleich**. Dabei ist der Zugewinn jedes Ehegatten zu ermitteln. Dieser Zugewinn ermittelt sich jeweils durch Vergleich des Vermögens des Ehegatten am Ende der Ehe (Endvermögen) mit dem Vermögen zu Beginn der Ehe (Anfangsvermögen) (§ 1373 BGB). Nach Ermittlung dieser Werte zieht man das Anfangsvermögen von dem Endvermögen ab und erhält so den Zugewinn des jeweiligen Ehegatten. Übersteigt der Zugewinn des einen Ehegatten den Zugewinn des anderen Ehegatten, so hat der Ehegatte mit dem höheren Zugewinn gem. § 1378 BGB die Hälfte der Differenz zwischen den beiden Zugewinnen an den anderen Ehegatten auszubezahlen. In diesem Zusammenhang ist es sehr wahrscheinlich, dass ein unternehmerisch tätiger Ehegatte einen hohen Zugewinn erwirtschaftet und dementsprechend einem nicht unternehmerisch tätigen Ehegatten einen hohen Zugewinnausgleich schuldet. Es besteht die große Gefahr, dass der unternehmerisch tätige Ehegatte sein Unternehmen bzw seine Unternehmensbeteiligung liquidieren muss, um den Zugewinnausgleichsanspruch des anderen Ehegatten zu befriedigen.

64 Zur Vermeidung der Beschränkung durch § 1365 BGB und zur Vermeidung eines Anspruchs auf Zugewinnausgleich könnte gem. § 1414 BGB die Gütertrennung vereinbart werden. Allerdings wird hierdurch eben nicht nur das betroffene Unternehmen vor dem Zugewinnausgleichsanspruch geschützt, sondern jeglicher Zugewinnausgleichsanspruch ausgeschlossen. Zudem ist diese Regelung im Hinblick auf § 5 Abs. 2 ErbStG ungünstig, der klarstellt, dass ein Zugewinnausgleich unter Lebenden schenkungsteuerfrei ist. Vor diesem Hintergrund kann ein Zugewinnausgleichsanspruch, der sich auf das private Vermögen beschränkt, als Vehikel für schenkungsteuerfreie Zuwendungen unter Ehegatten genutzt werden. Daher empfiehlt sich im Rahmen der Unternehmerehe die ehevertragliche Vereinbarung einer sog. **modifizierten Zugewinngemeinschaft** (vgl Rn 142).

2. Minderjährigenrecht

a) Grundsätze der Vertretung des Minderjährigen

65 Gem. § 1629 BGB umfasst die elterliche Sorge die Vertretung des minderjährigen Kindes. Nach § 1629 Abs. 1 S. 2 Hs 1 BGB vertreten die Eltern ihr minderjähriges Kind gemeinschaftlich. Eingeschränkt wird diese **Vertretungsmacht** zum einen durch Abs. 2 S. 1 für die Fälle, in denen auch ein Vormund nach § 1795 BGB von der Vertretung ausgeschlossen wäre. Zum anderen ist auch, wie § 1795 Abs. 2 BGB bestätigt, daneben § 181 BGB weiterhin zu beachten, so dass grundsätzlich Eltern ihr minderjähriges Kind bei Rechtsgeschäften mit sich selbst ebenfalls nicht vertreten können. Sinn dieser Regelungen ist, das minderjährige Kind vor einem Interessenkonflikt der Eltern und damit einer möglichen Schädigung und Beeinträchtigung seiner Interessen zu schützen. Daher ist die Norm für den Fall, dass mit dem Rechtsgeschäft für den Minderjährigen lediglich ein rechtlicher Vorteil verbunden ist, teleologisch zu reduzieren.[16] Wichtig ist, dass die Eltern bereits insgesamt von der Vertretung ausgeschlossen sind, wenn auch nur bei einem Elternteil ein Ausschlussgrund vorliegt.[17]

b) Bestellung eines Ergänzungspflegers

66 Sind die Eltern von der Vertretung des minderjährigen Kindes ausgeschlossen, wird eine Ergänzungspflegschaft gem. § 1909 BGB erforderlich. Für das Kind ist ein Ergänzungspfleger zu bestellen, der dann an die Stelle der Eltern tritt. Nach wohl hM ist für die Bestellung das Familiengericht und nicht das Vormundschaftsgericht zuständig.[18]

67 Zu beachten ist, dass, sofern mehrere Minderjährige beteiligt sind, jeder der Minderjährigen durch einen eigenen Ergänzungspfleger vertreten sein muss, da auch der Ergänzungspfleger dem **Verbot des Insichgeschäfts** (§ 181 Alt. 2 BGB) unterliegt, wenn und soweit die Eltern an der Vornahme von bestimmten Rechtsgeschäften verhindert sind. Hingegen genügt bereits ein Ergänzungspfleger für

---

16 Palandt/*Heinrichs* § 181 Rn 9; Palandt/*Diederichsen* § 1795 Rn 11.
17 Palandt/*Diederichsen* § 1629 Rn 23; BayObLG FamRZ 1976, 168, 168.
18 MünchKommBGB/*Schwab* § 1909 Rn 62.

mehrere Kinder, wenn in ihrem Namen bei gleicher Interessenlage gleich lautende Erklärungen an Dritte abgegeben werden sollen.

c) Familien-/vormundschaftsgerichtliche Genehmigung

Auch in Fällen, in denen die Bestellung eines Ergänzungspflegers für den Abschluss eines konkreten Rechtsgeschäfts nicht notwendig ist, und daher eine Vertretung des Minderjährigen durch die Eltern erfolgen kann, gibt es Rechtsgeschäfte, für die die Eltern einer familiengerichtlichen Genehmigung bedürfen. Wann dies der Fall ist, ergibt sich aus § 1643 iVm § 1821 und § 1822 Nr. 1, 3, 5, 8–11 BGB.

Daneben gelten für Rechtsgeschäfte, bei denen der Minderjährige von einem bestellten Ergänzungspfleger vertreten wird, über § 1915 BGB die Genehmigungsvorschriften der §§ 1821 und 1822 BGB. Zuständig ist in diesem Fall das Vormundschaftsgericht. Wurde der Minderjährige beim Vertragsschluss nicht ordnungsgemäß von einem Ergänzungspfleger vertreten und ist der Vertrag daher unwirksam, so heilt im Übrigen nach hM auch die nachträgliche gerichtliche Genehmigung nicht diesen unwirksamen Vertragsschluss: denn das Gericht ist nicht befugt, durch eine nachträgliche Genehmigung von den Beschränkungen des § 181 BGB zu befreien.[19]

Die **entscheidende Genehmigungsvorschrift** im Rahmen der Unternehmensnachfolge ist § 1822 Nr. 3 BGB, der unabhängig vom Erfordernis eines Ergänzungspflegers anwendbar ist. § 1822 Nr. 3 BGB sieht die Genehmigung insbesondere für folgende Verträge vor: Verträge, die auf den entgeltlichen Erwerb eines Erbwerbsgeschäfts gerichtet sind, und Gesellschaftsverträge, die zum Betrieb eines Erwerbsgeschäfts eingegangen werden (vgl Rn 127).

d) Beschränkung der Haftung des Minderjährigen

Der Minderjährigenschutz des BGB wird nicht nur durch das Erfordernis der Bestellung eines Ergänzungspfleger und der Kontrolle durch das Familiengericht bzw des Vormundschaftsgerichts gewährleistet, sondern auch durch eine Haftungsbeschränkung. Wie sich aus § 1629 a BGB ergibt, ist die Haftung des Minderjährigen für Verbindlichkeiten auf den Vermögensbestand des Kindes bei Eintritt der Volljährigkeit beschränkt. Gleichgültig ist hierbei, ob die Verbindlichkeit des Minderjährigen durch Rechtsgeschäft oder durch eine sonstige Handlung der Eltern oder eines sonstigen Vertreters begründet worden ist, so dass folglich auch Verbindlichkeiten aus gerichtlich genehmigten Rechtsgeschäften hiervon umfasst sind. Ist das volljährig gewordene Kind allerdings Mitglied einer Gesellschaft und hat es nicht innerhalb von drei Monaten ab Eintritt der Volljährigkeit die Kündigung erklärt, so gilt nach § 1629 a Abs. 4 BGB die Vermutung, dass die aus der Gesellschaft herrührenden Verbindlichkeiten nach dem Eintritt der Volljährigkeit entstanden sind. Kann der Minderjährige hier nicht das Gegenteil beweisen, ist für ihn die Haftungsbeschränkung nach § 1629 a Abs. 1 BGB außer Kraft gesetzt. Die sicherste Möglichkeit für den Volljährigen, diese Haftungsbeschränkung zu erhalten, besteht daher darin, der Gesellschaft innerhalb der 3-Monats-Frist die **Kündigung zu erklären**. In diesem Zusammenhang ist § 723 Abs. 1 BGB zu beachten. Danach kann der volljährig Gewordene grundsätzlich innerhalb von drei Monaten ab Erreichung der Volljährigkeit und Kenntniserlangung von seiner Stellung als voll haftender Gesellschafter einer Personengesellschaft (GbR-/OHG-Gesellschafter oder Komplementär einer KG) kündigen. Im Einzelnen ist umstritten auf welche Arten der Beteiligung an Personengesellschaften das Kündigungsrecht des volljährig Gewordenen Anwendung findet.[20] Zu beachten ist, dass das Kündigungsrecht die Möglichkeit der Eltern erschwert, ihre Kinder auch über die Volljährigkeit hinaus langfristig in Vermögensverwaltungsgesellschaften einzubinden.[21] Das Kündigungsrecht kann nicht, wie sich aus § 723 Abs. 3 BGB ergibt, beschränkt oder gar ausgeschlossen werden. Auch kann wohl ein indirekter Ausschluss durch Regelung einer besonders niedrigen Abfindung für diesen Fall nicht erreicht werden.[22]

---

19 BGHZ 21, 229, 234.
20 *Glöckner* ZEV 2001, 47, 48.
21 Bonefeld/Daragan/Wachter/*Scherer*/Feick S. 1244 Rn 166.
22 Groll/*Steiner* B I Rn 59.

e) Beschränkung der Vermögenssorge der Eltern

72 Nach dem gesetzlichen Regelfall unterliegt das gesamte Vermögen des minderjährigen Kindes – unabhängig von der Herkunft des Vermögens – der Verwaltung der elterlichen Vermögenssorge und damit ihrer Verwaltung. §§ 1638 ff BGB sehen Möglichkeiten der Beschränkung vor, wenn das Kind Vermögen durch Schenkung oder von Todes wegen erwirbt. Nach § 1638 BGB kann der Schenker oder Erblasser im Rahmen der Schenkung oder der Verfügung von Todes wegen vorsehen, dass ein Elternteil oder auch beide Elternteile von der **Verwaltung des Vermögens ausgeschlossen** sind (im letztgenannten Fall ist gem. § 1909 BGB ein Pfleger zu bestellen). Wird eine Bestimmung gem. § 1638 BGB in einem Schenkungsvertrag getroffen, ist eine Zustimmung der Eltern als den gesetzlichen Vertretern des Kindes nach wohl herrschender Ansicht nicht erforderlich.

73 Nach § 1639 BGB kann der Schenker oder Erblasser den Eltern verbindliche Anordnungen für die Verwaltung des Vermögens erteilen. Daneben haben die Eltern ein **Vermögensverzeichnis** zu erstellen und bei dem Familiengericht einzureichen, wenn das Kind von Todes wegen Vermögen erhält, das einen Wert von 15 000,00 EUR übersteigt und der Erblasser keine Befreiung von dieser Pflicht angeordnet hat (§ 1940 BGB).

IV. Grundsätzliches zum Steuerrecht

74 Eine Unternehmensnachfolge zu strukturieren, unabhängig davon, ob dies zu Lebzeiten oder von Todes wegen geschieht, ohne die steuerlichen Auswirkungen zu bedenken, wäre fatal. Oftmals sind es auch steuerliche Überlegungen, wie zB die Verlagerung von Einkunftsquellen in die nächste Generation, die geringer steuerlich belastet ist, oder die Ausschöpfung von Freibeträgen im Rahmen des Erbschaftsteuer- und Schenkungsteuergesetzes, die eine Unternehmensnachfolge initiieren. Im Einzelnen:

1. Erbschaft- und schenkungsteuerliche Aspekte

75 Das derzeit geltende **Erbschaft- und Schenkungsteuergesetz** belastet unter anderem Erwerber von Todes wegen und Schenkungen unter Lebenden. Als steuerpflichtiger Erwerb gilt die Bereicherung des Erwerbers, soweit sie nicht steuerfrei ist. § 19 Abs. 1 ErbStG bestimmt unabhängig davon, aus welchen Vermögensarten sich der Nachlass oder die Schenkung zusammensetzen, für alle steuerpflichtigen Erwerbe einen einheitlichen Steuertarif. Es handelt sich dabei um einen nach dem Wert des Erwerbs progressiven, in drei nach Verwandtschaftsgraden abgestuften Steuerklassen unterteilten Prozentsatz des Erwerbs.

76 Damit man zu dem in Geld zu entrichtenden Steuerbetrag gelangt, müssen die Vermögensgegenstände, die dem steuerpflichtigen Erwerb unterliegen, in einem Geldbetrag ausgewiesen werden. Soweit es sich nicht um Geldsummen handelt, ist die Umrechnung in einen Geldwert mittels einer Bewertungsmethode erforderlich. Das ErbStG bestimmt in § 12 Abs. 1, dass sich die Bewertung, soweit nicht in § 12 Abs. 2 bis Abs. 6 ErbStG Sonderregelungen vorgesehen sind, nach den Vorschriften des Bewertungsgesetzes richtet.

77 § 9 Abs. 1 BewG nennt als Regelfall den **gemeinen Wert**, also den Verkehrswert. Das Bewertungsgesetz enthält jedoch eine Vielzahl von Sonderregelungen, abhängig von der zu bewertenden Vermögensklasse. So wird **Betriebsvermögen**, welches in Form von Anteilen an Personengesellschaften oder aus einem Einzelunternehmen besteht, steuerrechtlich privilegiert. Denn hier wird nur der steuerliche Buchwert angesetzt (§ 12 Abs. 5 ErbStG). Anteile an Kapitalgesellschaften werden, soweit sich der Wert der Anteile nicht aus Börsenkursen oder Verkäufen, die maximal ein Jahr zurückliegen, ableiten lässt, nach dem Stuttgarter Verfahren bewertet. Hierbei handelt es sich um ein Bewertungsverfahren, bei dem sowohl der Substanz- als auch der Ertragswert anzusetzen ist.[23] Dieses Betriebsvermögen wird nach dem Erbschaft- und Schenkungsteuergesetz folgendermaßen **steuerlich begünstigt**:

78 Unabhängig von der Beteiligungshöhe gehören zum Betriebsvermögen Anteile an Personengesellschaften oder Einzelunternehmen. Bei Anteilen an Kapitalgesellschaften gilt dies nur dann, wenn der

---

23 Vgl ErbStR R 96 ff.

Erblasser bzw Schenker am Nennkapital dieser Gesellschaft zu mehr als einem Viertel unmittelbar beteiligt war (§ 13 a Abs. 4 Nr. 3 ErbStG).

Die Begünstigung für dieses Betriebsvermögen besteht zum einen in einem Freibetrag von 225 000,00 EUR (§ 13 a Abs. 1 ErbStG) und zum anderen in einem Bewertungsabschlag in Höhe von 35 Prozent (§ 13 a Abs. 2 ErbStG). Zudem führte der Gesetzgeber die Tarifbegrenzung des § 19 a ErbStG ein: Hiernach wird auch bei Erwerbern von Betriebsvermögen, die eigentlich den ungünstigeren Steuerklassen II und III angehören, die Erbschaftsteuer nach der Steuerklasse I berechnet. Schließlich kann dem Erwerber gemäß § 28 ErbStG die Erbschaftsteuer auf Antrag bis zu 10 Jahren gestundet werden, soweit dies zur Erhaltung des Betriebes notwendig ist.

Die unterschiedliche Bewertung der Vermögensklassen nach dem Erbschaft- und Schenkungsteuergesetz in Verbindung mit dem Bewertungsgesetz hat den BFH veranlasst, mit **Aussetzungs- und Vorlagebeschluss** vom 22.5.2002, dem Bundesverfassungsgericht die Frage vorzulegen, ob Teile des Erbschaft- und Schenkungsteuergesetzes wegen Verstoßes gegen den Gleichheitssatz des Art. 3 GG verfassungswidrig sind.[24]

Der erste Senat des Bundesverfassungsgerichtes hat mit Beschluss vom 7.11.2006 (1 BvL 10/02), welcher am 31.1.2007 veröffentlicht worden ist, festgestellt, dass die durch § 19 Abs. 1 ErbStG angeordnete Erhebung der Erbschaftsteuer mit einheitlichen Steuersätzen auf den Wert des Erwerbs **mit dem Grundgesetz nicht vereinbar** sei. Denn sie knüpfe an Werte an, deren Ermittlung bei wesentlichen Gruppen von Vermögensgegenständen den Anforderungen des Gleichheitssatzes aus Art. 3 Abs. 1 GG nicht genüge.[25] Dieser fordere, dass Vermögensgegenstände, die der Erbschaft- bzw Schenkungsteuer unterliegen, **einheitlich mit dem gemeinen Wert** bewertet werden. Dies gelte insbesondere für die Bewertung des Betriebsvermögens. Die Bewertung von Einzelunternehmen und Anteilen an Personengesellschaften unter Ansatz der Steuerbilanzwerte führe zu einem deutlich unter dem gemeinen Wert liegenden Steuerwert. Die strukturell angelegte Verfehlung des gemeinen Werts gehe nach Auffassung des Bundesverfassungsgerichts bei weitem über das Maß hinaus, das auf der Bewertungsebene als Ermittlung eines Annäherungswertes an den gemeinen Wert gerechtfertigt werden könnte. Ebenso wenig hielte dem Gleichheitsgrundsatz die Bewertung von Anteilen an Kapitalgesellschaften, die nicht an der Börse notiert sind, stand. Das Stuttgarter Verfahren stelle ebenfalls nicht sicher, dass ein Annäherungswert an den gemeinen Wert gefunden werde. Denn aufgrund der angeordneten Berücksichtigung der Ertragsaussichten könne es bei besonders ertragstarken Kapitalgesellschaften zu einem deutlich höheren Steuerwert als bei dem Betriebsvermögen kommen, in Extremfällen sogar den gemeinen Wert im Sinne des Verkehrswertes übersteigen. Demgegenüber könnten anlageintensive, aber ertragsschwache Unternehmen sogar noch stärker von der Übernahme der Steuerbilanzwerte profitieren. Daraus folge eine große Streubreite der Steuerwerte im Verhältnis zu den Verkehrswerten.

Da bereits die **Bewertungsregelungen** nach Auffassung des Bundesverfassungsgerichtes **mit Art. 3 GG unvereinbar** sind, brauchte es nicht die weiteren Betriebsvermögensbegünstigungen (Freibetrag, Wertabschlag, Steuerklassenprivileg gemäß §§ 13 a und 19 a ErbStG) auf ihre Verfassungswidrigkeit hin zu überprüfen. Das Bundesverfassungsgericht hat es dem Gesetzgeber freigestellt, wie er den verfassungswidrigen Zustand beseitigen will. Er muss nur gewährleisten, dass **alle Vermögensgegenstände in einem Annäherungswert an den gemeinen Wert** erfasst werden. In der Wahl der Wertermittlungsmethoden ist er jedoch grundsätzlich frei.

Dem Gesetzgeber ist es zudem unbenommen, bei Vorliegen ausreichender Gemeinwohlgründe in einem zweiten Schritt mittels einer **Verschonungsregelung** den Erwerb bestimmter Vermögensgegenstände, gegebenenfalls auch sehr weitgehend, zu begünstigen. Diese Normen müssen allerdings den allgemein für **Regelungen zur außerfiskalischen Lenkung oder Förderung** geltenden verfassungsrechtlichen Anforderungen genügen. Insbesondere müssen die Lenkungszwecke von erkennbaren gesetzgeberischen Entscheidungen getragen, der Kreis der Begünstigten sachgerecht abgegrenzt und die Lenkungszwecke gleichheitsgerecht ausgestaltet sein. Fernerhin kann der Gesetzgeber auch mittels

---

24 BStBl. II 2002, 598 ff.
25 www.bverfg.de/entscheidungen.

Differenzierungen beim Steuersatz eine steuerliche Lenkung verfolgen, wenn ebenfalls die vorgenannten verfassungsrechtlichen Vorgaben eingehalten werden.

84 Der Gesetzgeber ist nach dem Bundesverfassungsgericht verpflichtet, eine **Neuregelung spätestens bis zum 31.12.2008** zu treffen. In diesem Zusammenhang stellt es ausdrücklich fest, dass die **weitere Anwendung des geltenden Erbschaftsteuerrechts** bis zur gesetzlichen Neuregelung **zugelassen** wird. Für die Vergangenheit ergebe sich dies aus den Erfordernissen einer verlässlichen Finanz- und Haushaltsplanung und eines gleichmäßigen Verwaltungsvollzuges für Zeiträume einer weitgehend abgeschlossenen Veranlagung. Die Weiteranwendung bis zur Neuregelung sei hingegen erforderlich, um für die Übergangszeit einen Zustand der Rechtsunsicherheit, der insbesondere die Regelung der lebzeitigen Vermögensnachfolge während dieser Zeit erschweren könnte, zu vermeiden.

85 Damit besteht für die Zeit bis zu dem Inkrafttreten eines neuen Erbschaft- und Schenkungsteuergesetzes **Planungssicherheit**. Angesichts der klaren Aussage des Bundesverfassungsgerichtes ist es eigentlich nicht vorstellbar, dass der Gesetzgeber eine Neuregelung trifft und diese rückwirkend in Kraft setzt, es sei denn, der Steuerpflichtige hätte das Recht, zwischen der Besteuerung nach altem bzw neuem Recht zu wählen.

86 Bereits vor Verkündung des Beschlusses des Bundesverfassungsgerichtes gab es verschiedene Initiativen zur Reform der Erbschaftsteuer im Hinblick auf das unternehmerische Vermögen. Die Bundesregierung hat am 25.10.2006 den **Entwurf eines Gesetzes zur Erleichterung der Unternehmensnachfolge** verabschiedet.[26] Die Literatur hat sich hierzu kritisch geäußert.[27] Zentrale Regelung dieses Gesetzentwurfs ist das sogenannte **Abschmelzungsmodell**. Die Erbschaft- und Schenkungsteuer für begünstigtes Vermögen wird demnach auf die Dauer von zehn Jahren gestundet und erlischt zum Ende eines jeden Jahres in Höhe eines Teilbetrages von einem Zehntel. Die Stundung der Steuer wird zinslos und ohne Sicherheiten gewährt. Soweit auch nicht begünstigtes Vermögen vorhanden ist, wird die hierauf entfallende Steuer sofort und in voller Höhe fällig. Voraussetzung für das Erlöschen der Steuer ist jedoch, dass der Betrieb im Wesentlichen unverändert fortgeführt wird.

87 Weitere zentrale Regelung ist die Definition des **begünstigten Vermögens**. Damit versucht die Bundesregierung, Vermögen, „das in erster Linie der weitgehend risikolosen Renditeerzielung dient und in der Regel weder die Schaffung von Arbeitsplätzen noch zusätzliche volkswirtschaftliche Leistungen bewirkt", aus der Begünstigung herauszunehmen. Die so getroffene Unterscheidung zwischen begünstigtem und nicht begünstigtem Vermögen erscheint willkürlich. Man denke nur an familiengeführte Privatbanken oder Versicherungen, die nach der Definition des Gesetzentwurfes nur nicht begünstigtes Vermögen halten und deshalb nicht in den Genuss des Abschmelzungsmodells kommen. Dies obgleich es sich um familiengeführte Unternehmen handelt. Unabhängig von der in der Literatur geäußerten Kritik an dem Gesetzentwurf ist es ausgesprochen fraglich, ob er in Anbetracht des Beschlusses des Bundesverfassungsgerichtes vom 7.11.2006 in dieser Fassung verabschiedet werden wird.

2. Einkommensteuerliche Aspekte

88 Bei der Planung der Unternehmensnachfolge zu Lebzeiten bzw von Todes wegen muss der Vermögensübergang auch aus der Sicht des Einkommensteuerrechts geprüft und gestaltet werden. Zum einen kann bei der Nachfolge zu Lebzeiten die ertragsteuerliche Belastung in der Gesamtfamilie durch die **Verlagerung von Einkunftsquellen** reduziert werden. Zum anderen gilt es auch bei der Unternehmensnachfolge von Todes wegen, **ungewollte Gewinnrealisierungen** zu vermeiden. Beispielsweise sei nur die gescheiterte Nachfolge in eine Personenhandelsgesellschaft mit qualifizierter Nachfolgeklausel erwähnt, die Entnahme von Sonderbetriebsvermögen oder die ungewollte Beendigung einer Betriebsaufspaltung. Diese Gestaltungsfehler haben erhebliche einkommensteuerliche Konsequenzen, die bei sachgerechter Strukturierung der Nachfolge vermieden werden können.

---

26 Volltext unter www.bundesfinanzministerium.de.
27 *Söffing/Seitz* ErbStB 2007, 16 ff; *Crezelius*, DB 2006, 2252 ff.

B. Vorweggenommene Erbfolge
I. Einführung

Der Unternehmer tut gut daran, sein Haus zu Lebzeiten zu bestellen und dem Nachfolger das Unternehmen zu übergeben. Die Nachfolge in einem Unternehmen ist ein Prozess, der von dem Unternehmer wie auch dem Nachfolger mit großem Einfühlungsvermögen gestaltet werden muss. Generationswechsel bedeutet immer auch Kulturwandel. Die Sichtweise des Nachfolgers und seine Meinung dazu, was in dem Unternehmen verändert werden muss, wird naturgemäß erheblich von der Auffassung des Übergebers abweichen. Der Senior muss das Ruder loslassen, der Junior muss es übernehmen. Auch daraus ergeben sich vielfältige Friktionen.

Soll die Unternehmensnachfolge zu Lebzeiten Erfolg haben, muss diesen Aspekten bei der Planung Rechnung getragen werden. Es müssen darüber hinaus aber auch die Grundlagen für den Übergeber geschaffen werden, dass er sich in Ruhe aus dem Unternehmen zurückziehen kann, ohne das Gefühl zu haben, zukünftig dem Nachfolger gegenüber als Bittsteller auftreten zu müssen. Er soll überdies auch nach Übergabe des Unternehmens die Möglichkeit haben, die Nachfolge in seinem Sinne zu beeinflussen, wenn erkennbar wird, dass der Nachfolger aus bestimmten Gründen das Unternehmen nicht weiterführen kann. Auf diese und andere wesentliche Aspekte wie zB Güterstandsregelungen und Pflichtteilsverzichte sowie Besonderheiten der jeweiligen Gesellschaftsformen wird nachfolgend in den Grundzügen eingegangen.

II. Gestaltungsmöglichkeiten der vorweggenommenen Erbfolge

Der vorweggenommenen Erbfolge liegt in der Regel eine **Schenkung** im Sinne von § 516 BGB zugrunde. Gem. § 518 Abs. 1 BGB ist das Schenkungsversprechen notariell zu beurkunden. Fehlt es an einer solchen notariellen Beurkundung, ist – betreffend die Schenkung – der Formmangel geheilt, sobald die Schenkung vollzogen ist (§ 518 Abs. 2 BGB). Im Zusammenhang mit der Schenkung als Grundgeschäft sind wesentliche Aspekte zu beachten, die im Folgenden dargestellt werden.

1. Sicherung der Versorgung des Übergebers und Dritter

Allein der Umstand, dass der Übergeber im Wege der vorweggenommenen Erbfolge seinem Nachfolger ein Unternehmen oder einen Gesellschaftsanteil geschenkt hat, begründet vielleicht moralische, aber keine rechtlichen Ansprüche gegen diesen. Vielmehr empfiehlt sich eine dingliche, zumindest jedoch eine vertragliche Absicherung der eigenen Versorgung oder auch Dritter. Im Folgenden soll lediglich auf den Kern der wichtigsten Sicherungsmaßnahmen eingegangen werden.

a) Nießbrauch
aa) Allgemeines

Eine häufig gewählte Gestaltungsmöglichkeit des Erblassers, um für sich oder einen Dritten die Versorgung zu sichern, ist die Bestellung eines Nießbrauchs. Dieses Gestaltungsmittel bietet nämlich die Möglichkeit, die Vermögenssubstanz vom Ertrag zu trennen und entweder die Substanz oder den Ertrag an die künftigen Erben weiterzureichen. Dies hat die positive Folge, dass der gewünschte Nachfolger bereits in eine Unternehmerstellung eingeführt werden kann.

Durch den Nießbrauch wird dem Nießbraucher ein unveräußerliches und unvererbliches dingliches Recht gewährt, für den Zeitraum der Einräumung – befristet oder auf Lebzeit –, die **Nutzungen des belasteten Gegenstandes zu ziehen**. Belastet werden mit einem Nießbrauch können nicht nur Sachen, Rechte, das Vermögen als solches oder die Erbschaft (§§ 1030 Abs. 1, 1068, 1085, 1089 BGB), sondern auch ein Unternehmen.[28] Beschränkt wird der Nießbraucher durch die Tatsache, dass er bei der Ausübung des eingeräumten Nutzungsrechts die bisherige wirtschaftliche Bestimmung des Nießbrauchsgegenstandes aufrechterhalten, nach den Regeln einer ordnungsgemäßen Wirtschaft verfah-

---

28 Palandt/*Bassenge*, § 1068 Rn 2 ff.

ren und für die Unterhaltung und Erhaltung des Gegenstands in ihrem wirtschaftlichen Bestand sorgen muss, vgl §§ 1036, 1041, 1068 Abs. 2 BGB.

95 Der Nießbrauch entsteht als dingliches Recht durch Rechtsgeschäft (Bestellungsvertrag), dh bei beweglichen Sachen gem. § 1032 BGB, bei Grundstücken gem. §§ 873, 874 BGB, bei Rechten gem. §§ 1069, 1081 Abs. 2 BGB. Damit bestimmt sich die Einräumung des Nießbrauchs nach den Vorschriften über die Übertragung des zu belastenden Gegenstandes, so dass auch die hiermit verbundenen Formvorschriften (zB § 15 Abs. 3 GmbHG) zu beachten sind.

bb) Einzelheiten im Rahmen der Unternehmensnachfolge

(1) Nießbrauch an einem Handelsgeschäft

96 Hinsichtlich der Bestellung eines Nießbrauchs an einem Handelsgeschäft kann zwischen einem **Nießbrauch am Gesamtunternehmen** und einem **Ertragsnießbrauch** mit schuldrechtlichem Anspruch auf die Gewinnauszahlung gewählt werden.[29] Auch bei letzterem kommt es zu einer dinglichen Bestellung des Nießbrauchs.[30] Jedoch erwirtschaftet der Nießbraucher die gewerblichen Erträge nicht selbst, sondern der Berechtigte hat lediglich ein Recht auf wiederkehrende Leistungen durch fortlaufende Gewinnbeteiligung. Dies bedeutet, dass bei dem Ertragsnießbrauch trotz der dinglichen Wirkung dem Nießbrauchberechtigten lediglich ein schuldrechtlicher Anspruch auf Auszahlung des Gewinn(-anteil)s zusteht, Verwaltungs- und Mitgliedschaftsrechte ihm hieraus aber nicht erwachsen.[31]

97 Dient die Bestellung des Nießbrauchs zur Übertragung der **eigenverantwortlichen Leitung** des Unternehmens an den Nießbrauchberechtigten, so ist der Nießbrauch an dem gesamten Unternehmen zu bestellen. Dabei bedarf es entsprechend § 1085 BGB der Einräumung des Nießbrauchs nicht an dem Unternehmen als Sach- und Rechtsgesamtheit, sondern an den einzelnen zum Unternehmen gehörenden Sachen und Rechten,[32] sowie unter Einweisung in den goodwill. Der goodwill ist der eigentliche Unternehmenskern, doch scheidet eine Nießbrauchbestellung direkt hieran aus, da er weder Recht noch Sache im Sinne des BGB ist.[33] Darüber hinaus ist die Änderung der Unternehmerstellung im Handelsregister einzutragen.[34]

98 Ebenfalls zu einer Löschung des bisherigen Inhabers im Handelsregister kommt es, wenn ein sog. **Quotennießbrauch** eingeräumt wird. In diesem Fall überträgt der Einzelkaufmann das Geschäft an den Empfänger, wobei er sich den Nießbrauch an einem Bruchteil vorbehält.[35] Seine Stellung ist damit wirtschaftlich mit der eines stillen Gesellschafters vergleichbar, wobei seine Position dinglich abgesichert ist. Folge ist, dass der Einzelkaufmann seine kaufmännische Verantwortung vollständig abgibt. Möchte er hingegen einen Teil davon behalten, so bedarf es hierzu einer ausdrücklichen Vereinbarung mit der Konsequenz, dass das Unternehmen entweder als OHG oder als GbR fortzuführen ist.[36]

99 Möchte der bisherige Unternehmer zwar das Unternehmen auf den Nachfolger übertragen und zugleich aber das Unternehmen eigenverantwortlich fortführen, so kann ein **Vorbehaltsnießbrauch** vereinbart werden. Mithin erfolgt die Schenkung unter dem Vorbehalt der Bestellung des Nießbrauchs für den bisherigen (und künftigen) Unternehmer.

100 Während der Nießbraucher, der die Firma fortführt, im Außenverhältnis für die Geschäftsschulden des bisherigen Inhabers haftet (§§ 22 Abs. 2, 25 Abs. 1 HGB), gehen im Innenverhältnis die betrieblichen Verbindlichkeiten nicht auf ihn über. Bzgl. der Verbindlichkeiten im Außenverhältnis, empfiehlt es sich daher gem. § 25 Abs. 2 HGB den Ausschluss in das Handelsregister einzutragen.

---

29 MünchKommBGB/*Pohlmann* § 1085 Rn 14.
30 AA: Bamberger/Roth/*Wegmann* § 1085 Rn 16.
31 Palandt/*Bassenge* § 1085 Rn 3.
32 RGZ 70, 232.
33 Bamberger/Roth/*Wegmann* § 1085 Rn 19.
34 BayObLGZ 1973, 168, 171.
35 BayObLG DNotZ 1974, 243.
36 MünchKommBGB/*Petzoldt* § 1085 Rn 8.

Auch wenn die Führung des Betriebs durch den neuen Nießbraucher erfolgt, so verbleibt dennoch das Anlagevermögen nebst Inventar Eigentum des Bestellers. Hingegen wird das Umlaufvermögen einschließlich Forderungen Eigentum des Nießbrauchers (§ 1067 BGB), außerdem haftet dieser für die von ihm begründeten neuen Geschäftsschulden.[37]

(2) Nießbrauch an Personengesellschaftsanteilen

Auch ein Anteil an einer Personengesellschaft kann mit einem Nießbrauch belastet werden.[38] Allerdings bedarf die Einräumung eines Nießbrauchs an Personengesellschaftsanteilen der **Zustimmung aller Gesellschafter.** Dies ergibt sich daraus, dass gem. § 1069 Abs. 2 BGB ein Nießbrauch nicht an einem nicht übertragbaren Recht bestellt werden kann und die Übertragung von Anteilen am Gesellschaftsvermögen grundsätzlich die Zustimmung aller Gesellschafter erfordert.[39] Zu beachten ist dabei, dass die bereits im Gesellschaftsvertrag enthaltene Zustimmung zur Übertragung der Anteile, nicht für die Belastung mit einem Nießbrauchrecht ausreicht, sofern die Zustimmung nicht auch diese Fälle umfasst.[40]

Der Nießbraucher kann aus seinem Recht den **auf den Anteil entfallenden Gewinn** und den gegebenenfalls auf das Gesellschafterkonto entfallenden Zins beanspruchen,[41] sowie Informations- und Auskunftsrechte[42] geltend machen. Jedoch stehen dem Nießbraucher nicht die Mitverwaltungsrechte (wie Stimmrecht, Geschäftsführungs- und Vertretungsbefugnis) zu. Diese verbleiben bei dem Gesellschafter, welcher ebenfalls das Haftungsrisiko trägt.[43] Ob neben der Haftung des Gesellschafters auch eine Haftung des Nießbrauchers besteht, ist in der Rechtsprechung noch nicht abschließend geklärt, die herrschende Ansicht in der Literatur verneint dies jedoch.[44] Bezüglich der Eintragung ins Handelsregister gilt, dass ein Antrag auf Eintragung der Belastung zurückgewiesen wird, wenn nicht zugleich eine treuhänderische Übertragung vereinbart wird, da die Eintragung von Belastungen eines Gesellschaftsanteils grundsätzlich unzulässig ist.[45]

(3) Nießbrauch an Kapitalgesellschaftsbeteiligungen

Auch die Belastung einer Kapitalgesellschaftsbeteiligung mit einem Nießbrauch ist grundsätzlich möglich.

- **GmbH:** Sieht der Gesellschaftsvertrag einer GmbH jedoch einen Zustimmungsvorbehalt iSv § 15 Abs. 5 GmbHG vor, so bedarf es hier ebenso der Genehmigung für die Nießbrauchsbestellung seitens der übrigen Gesellschafter. Ferner ist bei der Bestellung eines Nießbrauchs an einem GmbH-Anteil auf die **Einhaltung der Form** (notarielle Beurkundung, § 15 Abs. 3 GmbHG) zu achten.
  Bei GmbH-Anteilen kann sich der Nießbrauch auf den Geschäftsanteil selbst oder die Gewinnansprüche beziehen. Nachdem im GmbHG keine Regelungen über den Nießbrauch enthalten sind, gelten die Vorschriften der §§ 1068 ff BGB über den Nießbrauch an Rechten, die teilweise auf die Vorschriften der §§ 1030 ff BGB über den Nießbrauch an Sachen verweisen. Jedoch vermag die Anwendung dieser gesetzlichen Vorschriften es nicht, die Probleme, welche mit der Bestellung des Nießbrauchs an Geschäftsanteilen möglicherweise auftreten können, differenziert zu lösen. Daher ist es ratsam, selbst möglichst **vollständige vertragliche Regelungen** zu vereinbaren.[46] Haben die Vertragspartner jedoch nichts Abweichendes vereinbart, so erstreckt sich der Nießbrauch als Recht, die Nutzungen aus dem Anteil zu ziehen (§§ 1068 Abs. 2, 1030, 100 BGB), auf den ausgeschütteten Gewinnanteil, weiterhin auf die Surrogate des Geschäftsanteils, nicht jedoch auf die

---

37 Palandt/*Bassenge* § 1085 Rn 5 f.
38 BGH NJW 1972, 1755, 1756.
39 MünchKommBGB/*Pohlmann* § 1068 Rn 32.
40 Sudhoff/*Stenger* § 34 Rn 19.
41 BGH NJW 1981, 1560, 1560.
42 BGH NJW 1995, 1918, 1919.
43 OLG Koblenz NJW 1992, 2163, 2164.
44 MünchKommBGB/*Pohlmann* § 1068 Rn 91.
45 Sudhoff/*Stenger* § 34 Rn 23.
46 MünchHdb GmbH/*Sommer* Bd. 3 § 26 Rn 62.

stillen Reserven des Anlagevermögens.[47] Nicht erfasst werden ferner die aus der Gesellschafterstellung fließenden Verwaltungsrechte, da diese beim Gesellschafter verbleiben. Dies folgt aus dem sozialrechtlichen Charakter der Mitverwaltungsrechte, die nicht von der Person des Gesellschafters getrennt werden können. Folglich ist der Nießbrauch an einem solchen Gesellschaftsanteil in seiner Wirkung immer nur von vermögensrechtlicher Natur.[48]

- **AG:** Ein Nießbrauch kann auch an einer Aktie als Mitgliedschaftsrecht an der Aktiengesellschaft bestellt werden, soweit sie übertragbar ist. Dies gilt auch für einzelne Mitgliedschaftsrechte, wie zB dem Gewinnstammrecht. Bei Anteilen an einer Aktiengesellschaft gilt für die Nießbrauchbestellung, dass diese bei Inhaberaktien durch Einigung und Übergabe (bzw Mitbesitzeinräumung) erfolgt und bei Namensaktien durch Indossament, Einigung und Übergabe.[49]

Inhaltlich begründet der Nießbrauch einen Anspruch auf die Nutzungen (§§ 1068 Abs. 2, 1030, 100 BGB), also insbesondere auf die **Dividende** einschließlich der Vorabdividende nach § 60 Abs. 2 AktG als bestimmungsgemäßer Ertrag der Aktie.[50] Nicht umfasst vom Nießbrauch ist das – unmittelbare und mittelbare – Bezugsrecht gem. § 186 AktG, welches weiterhin dem Aktionär zusteht. Der Aktionär ist dabei frei in seiner Wahl, ob er das Bezugsrecht veräußert oder ausübt. Jedoch muss er bei Veräußerung entsprechend § 1079 BGB dem Nießbraucher den Nießbrauch am Erlös bestellen. Im Falle der Ausübung des Bezugsrechts ist er verpflichtet, dem Berechtigten einen quotenmäßigen Nießbrauch an den jungen Aktien zu bestellen.[51]

Letztlich verbleibt auch die Ausübung des Stimmrechts, jedenfalls im Verhältnis zur Aktiengesellschaft, beim Aktionär.[52] Im Innenverhältnis hat jedoch der Aktionär bei der Stimmabgabe auch die Interessen des Nießbrauchers zu berücksichtigen. Im Übrigen kann der Nießbraucher nur mittels der Befugnis zur Anfechtung von Hauptversammlungsbeschlüssen (vgl § 245 AktG) auf die Beschlüsse in der Hauptversammlung Einfluss nehmen.[53]

b) Unterbeteiligung

aa) Allgemeines

105 Möglich ist darüber hinaus eine Sicherung durch die Einräumung einer Unterbeteiligung. Eine Unterbeteiligung stellt eine „Beteiligung an einer Beteiligung" dar. Erforderlich ist daher, dass der Inhaber eines Gesellschaftsanteils mit dem Unterbeteiligten einen Gesellschaftsvertrag schließt, wodurch dem Unterbeteiligten ein Anteil an der Hauptbeteiligung in Form einer obligatorischen Mitberechtigung eingeräumt wird. Diese berechtigt den Unterbeteiligten, je nach Ausgestaltung, zur Wahrnehmung von bestimmten Rechten. So ist es zB möglich, dass der Hauptbeteiligte die Verwaltungsrechte aus der Hauptbeteiligung ausübt, während der Unterbeteiligte die wirtschaftlichen Ergebnisse empfängt.[54] Eine **Beteiligung des Unterbeteiligten am Gewinn**, der auf die Hauptbeteiligung fällt, ist dabei immer zwingend, diejenige am Verlust die Regel. Der Unterbeteiligte ist somit an der Hauptbeteiligung nur schuldrechtlich mitberechtigt, der Hauptbeteiligte bleibt also alleiniger Inhaber der Hauptbeteiligung. Hauptbeteiligung kann jede Art von Geschäftsbeteiligung sein, also Aktien, GmbH-Anteile, Mitgliedschaften an Personenhandelsgesellschaften oder einer GbR.[55] Sie ist somit eine stille Beteiligung an einer Geschäftsbeteiligung, die zB bei der GmbH sich derart gestaltet, dass lediglich der Hauptbeteiligte Gesellschafter der GmbH ist, der Unterbeteiligte hingegen in keiner Rechtsbeziehung zu der GmbH steht.[56] Uneinigkeit besteht zwar in der Frage nach der rechtlichen **Einordnung der Unterbeteiligung**. Die hM sieht hierin eine GbR in Form einer BGB-Innengesellschaft. Teilweise soll

---

47 MünchHdb GmbH/*Sommer* Bd. 3 § 26 Rn 72 ff.
48 Sudhoff/*Stenger* § 34 Rn 26.
49 MünchHdb AG/*Wiesner* Bd. 4 § 14 Rn 55.
50 Staudinger/*Frank* Anh. §§ 1068, 1069 Rn 109.
51 MünchHdb AG/*Wiesner* Bd. 4 § 14 Rn 57.
52 Palandt/*Bassenge* § 1068 Rn 3.
53 MünchHdb AG/*Wiesner* Bd. 4 § 14 Rn 59.
54 MünchHdb AG/*Rieger* Bd. 1 § 24 Rn 3.
55 Sudhoff/*Stenger* § 34 Rn 29.
56 MünchHdb AG/*Sommer* Bd. 3 § 26 Rn 120.

es sich auch um eine stille Gesellschaft oder eine Mischform handeln. Da jedoch weder die §§ 705 ff BGB noch die §§ 230 ff HGB eine Lösung der wesentlichen Probleme beinhalten, ist der Streit nicht ergebnisorientiert. Vielmehr empfiehlt es sich, im Unterbeteiligungsvertrag selbst diese Probleme zu lösen.[57]

bb) Der Unterbeteiligungsvertrag

Mindestinhalt ist dabei die Bezeichnung der Vertragspartner und der Hauptbeteiligung sowie die Absprache, dass und in welchem Umfang der Unterbeteiligte an dieser Hauptbeteiligung eine Unterbeteiligung erhalten soll. Darüber hinaus sind Regelungen zur Geschäftsführung in der Hauptbeteiligung, Regelungen bezüglich der Änderung zukünftiger Kapitalverhältnisse in der Hauptgesellschaft, Mitsprache- und Kontrollrechte, Kündigungsrechte, Wettbewerbsverbote sowie Auseinandersetzungs- und Beendigungsregeln vorzunehmen.[58] 106

Grundsätzlich ist zwar der Unterbeteiligungsvertrag nicht formbedürftig; insbesondere auch dann nicht, wenn die Hauptbeteiligung ein GmbH-Anteil ist, da durch die Beteiligung keine Verpflichtung zur Abtretung des Geschäftsanteils besteht. Jedoch bestehen hiervon zwei Ausnahmen. Zum einen bedarf es der Einhaltung der in § 518 Abs. 1 BGB vorgeschriebenen **Form**, wenn die Unterbeteiligung schenkweise dem Unterbeteiligten gegenüber eingeräumt wird, was im Rahmen der vorweggenommenen Erbfolge die Regel ist. Dabei gilt es zu beachten, dass die Einräumung selbst kein heilender Schenkungsvollzug der Unterbeteiligung ist.[59] Zum anderen hat die Übernahme einer Verpflichtung im Unterbeteiligungsvertrag, für welche eine besondere Form vorgeschrieben ist, das Formerfordernis für den gesamten Vertrag zur Folge.[60] Dies gilt zum Beispiel dann, wenn sich der Hauptbeteiligte gegenüber dem Unterbeteiligten verpflichtet, bei Beendigung der Unterbeteiligung einen Teil seines Geschäftsanteils abzutreten (§ 15 Abs. 4 GmbHG).[61] Weiterhin bedarf der Unterbeteiligungsvertrag auch keiner Einwilligung der Hauptgesellschaft oder ihrer Gesellschafter; dies gilt selbst dann, wenn im Gesellschaftsvertrag für die Übertragung von Gesellschaftsanteilen ein Zustimmungsvorbehalt vereinbart wurde.[62] 107

c) Weitere Formen

Daneben kann die Absicherung des Übergebers oder Dritter insbesondere durch die Vereinbarung einer **Leibrente** oder einer sog. **dauernden Last** erreicht werden, die hier nur kursorisch angesprochen werden sollen. **Inhalt** der Leibrente ist die Verpflichtung einer Person (hier dem Übergeber oder Dritten) lebenslang eine Rente zu bezahlen (§ 759 BGB). Die Leibrente kann durch eine Reallast gem. § 1105 BGB oder Rentenschuld gem. § 1199 BGB dinglich gesichert werden. 108

Die dauernde Last ist im BGB nicht direkt geregelt. Im Unterschied zur Leibrente bleibt bei ihr der regelmäßig zu zahlende Betrag nicht gleich hoch, sie ist vielmehr je nach Änderung der Leistungsfähigkeit oder der Bedarfslage bei dem Berechtigten Änderungen unterworfen. Eine dingliche Sicherung ist als Reallast möglich (§1105 BGB). 109

2. Einwilligungs- und Genehmigungserfordernisse

a) Eherecht

Gem. § 1365 Abs. 1 BGB bedarf es zur wirksamen Verfügung eines Ehegatten über das Vermögen im Ganzen der Einwilligung des anderen Ehegatten, wenn die Ehegatten im (gesetzlichen) Güterstand der Zugewinngemeinschaft (§ 1363 ff BGB) leben und keine abweichende Regelungen getroffen haben. Ob eine Verfügung das **ganze Vermögen** umfasst bestimmt sich nach der herrschenden Einzeltheorie, die besagt, dass auch solche Rechtsgeschäfte einwilligungsbedürftig sind, die nahezu das ganze Ver- 110

---

57 MünchHdb AG/*Sommer* Bd. 3 § 26 Rn 122.
58 MünchHdb AG/*Riegger* Bd. 1 § 24 Rn 25.
59 MünchHdB. AG/*Sommer* Bd. 3 § 26 Rn 126.
60 Sudhoff/*Stenger* § 34 Rn 34.
61 MünchHdb AG*Riegger* Bd. 1 § 24 Rn 17.
62 MünchKommBGB/*Ulmer* Vor § 705 Rn 97.

mögen betreffen. Dies ist, je nach Vermögensumfang der Fall, wenn der zu verfügende Umstand 80 bis 95 % des Vermögens ausmacht.[63]

111 Da jedoch in der Regel nur Ehegatten als Gesellschafter akzeptiert werden, die durch Ehevertrag den **gesetzlichen Güterstand modifiziert** oder zugunsten der Gütertrennung ausgeschlossen haben, ist die praktische Bedeutung des § 1365 BGB gering. Häufig werden auch bereits in die Gesellschaftsverträge Klauseln aufgenommen, wonach eine Pflicht für verheiratete Gesellschafter statuiert wird, welche diesen den Abschluss eines aus Sicht der Gesellschaft vorteilhaften Ehevertrages, sowie dessen Nachweis, abverlangt (sog. **Güterstandsklauseln**). Neben der Gütertrennung sollten diese Klauseln auch die Vereinbarung einer modifizierten Zugewinngemeinschaft zulassen.

112 Sollte § 1365 BGB jedoch nicht abbedungen werden, gilt Folgendes:

aa) Abschluss eines Gesellschaftsvertrages

113 Der Abschluss eines Gesellschaftsvertrages bedarf der Einwilligung des Ehegatten, wenn er die Verpflichtung enthält, das ganze Vermögen auf die Gesellschaft zu übertragen. Unberücksichtigt bleibt die Tatsache, dass die Übertragung lediglich einen Wechsel der Alleinzuständigkeit des einbringenden Ehegatten zur gesamthänderischen Zuständigkeit am Gesellschaftsvermögen führt. Zwar stellt die Mitberechtigung am Gesellschaftsvermögen eine Gegenleistung dar, diese ist jedoch nicht zu berücksichtigen, da der Gesellschafter-Ehegatte sein Alleineigentum aufgibt und seine Vermögenssubstanz durch Umschichtung schmälert.[64] Eine in der Minderheit gebliebene Ansicht stellt hingegen auf eine rein wirtschaftliche Betrachtungsweise ab, so dass nach ihr es nur der Zustimmung des Ehepartners bedarf, wenn die Übertragung zu ökonomischen Verlusten führt oder doch führen kann.[65]

bb) Änderungen des Gesellschaftsvertrages

114 Eine Abänderung des Gesellschaftsvertrages kann ebenfalls eine Verfügung über das Vermögen des Gesellschafter-Ehegatten darstellen. Allerdings liegt nur eine Verfügung über das ganze Vermögen vor, wenn die Änderung ökonomisch relevante Bereiche der Mitgliedschaft betreffen, dh die Änderung sofort oder im späteren Vollzug zur **Preisgabe nahezu des ganzen Vermögens** führt oder führen kann. Zustimmungsfrei ist hingegen zB der Vertragsbeitritt weiterer Gesellschafter oder die Verlängerung eines auf bestimmte Zeit vereinbarten Gesellschaftsverhältnisses, da nicht jede nachteilige Änderung dem Schutzzweck des § 1365 BGB unterliegt.[66]

cc) Veräußerung des Gesellschaftsanteils

115 Eine Übertragung eines Gesellschaftsanteils ist dann dem Einwilligungserfordernis des § 1365 BGB unterworfen, wenn der Anteil des verheirateten Gesellschafters an der Gesamthand sein ganzes oder nahezu ganzes Vermögen ausmacht.

dd) Beendigung der Mitgliedschaft, Beendigung der Gesellschaft

116 Auch bei diesen Vorgängen kommt es wiederum darauf an, dass (nahezu) das gesamte Vermögen des Gesellschafters betroffen ist: so werden nach der hM die Beendigung der Mitgliedschaft durch Vertrag oder Kündigung unter Fortbestand der Gesellschaft im Übrigen, sowie die Beendigung der Gesellschaft selbst durch Vertrag, Kündigung oder Auflösungsklage, ebenfalls von § 1365 BGB erfasst. Weiterhin ist § 1365 BGB auch anzuwenden, wenn ein Gesellschafter bei seinem Ausscheiden oder der Auseinandersetzung der Gesellschaft über seinen Abfindungsanspruch oder über seinen Anspruch auf Auskehrung des auf seinen Anteil entfallenden Überschusses (§ 734 BGB und § 155 Abs. 1 HGB) verfügt.[67]

---

63 MünchKommBGB/*Koch* § 1365 Rn 16.
64 MünchKommBGB/*Koch* § 1365 Rn 71.
65 MünchKommBGB/*Koch* § 1365 Rn 72.
66 MünchKommBGB/*Koch* § 1365 Rn 73.
67 MünchKommBGB/*Koch* § 1365 Rn 75.

b) Minderjährigenrecht

Im Rahmen einer vorweggenommenen Erbfolge, stellt sich bei einer Beteiligung von Minderjährigen zunächst die Frage, ob die gesetzlichen Vertreter des Minderjährigen wegen des **Verbots des Insichgeschäfts** oder einem anderen Grund verhindert sind und es daher der Bestellung eines Ergänzungspflegers bedarf. Weiter ist von Bedeutung, ob (ggf zusätzlich) eine familien- bzw vormundschaftsgerichtliche Genehmigung erforderlich ist.

aa) Notwendigkeit der Bestellung eines Ergänzungspflegers

Wie bereits ausgeführt, stellt sich die Frage der Notwendigkeit einer Ergänzungspflegschaft in den folgenden Fallkonstellationen nur, wenn zumindest ein Elternteil des minderjährigen Unternehmensnachfolgers selbst auch als Vertragsparteien auftritt (vgl Rn 66 f).

(1) Gründung einer Familiengesellschaft

Wird eine Familiengesellschaft neu gegründet, so sind die Eltern, sofern sie an der Gründung der Gesellschaft beteiligt sind, nach den oben genannten Grundsätzen von der Vertretung ausgeschlossen. Dies gilt sowohl für die Gründung einer Personengesellschaft, als auch für Verträge zur Errichtung einer Kapitalgesellschaft.[68] Daher muss auch in diesen Fällen, da offensichtlich ein Unternehmerrisiko dem Minderjährigen aufgebürdet wird, dieser von einem Ergänzungspfleger vertreten werden (vgl § 1909 Abs. 1 S. 1 BGB).

(2) Schenkung eines Anteils an einer bestehenden Gesellschaft

Die unter Rn 66 f dargelegten Grundsätze gelten auch für den Eintritt in eine bereits bestehende Gesellschaft (zB durch Anteilsabtretung). Die Eltern können daher, sofern notwendig (vgl § 107 BGB) ihr minderjähriges Kind vertreten, solange sie nicht selbst an den Verträgen beteiligt sind oder die Schenkung lediglich rechtlich vorteilhaft ist. Die Rechtsprechung sieht jedoch den Erwerb von Gesellschaftsbeteiligungen an Personengesellschaften nicht als lediglich rechtlich vorteilhaft an, weil dieser mit Rechten und Pflichten verbunden ist.[69] Bei der Zuwendung einer stillen Beteiligung gilt entsprechendes, wenn die Beteiligung mit einer Verlustbeteiligung verknüpft ist.[70] Folglich bedarf es hierbei einer Ergänzungspflegschaft. Hingegen wird die Schenkung und Abtretung eines voll einbezahlten GmbH-Anteils als lediglich rechtlich vorteilhaft qualifiziert.[71]

(3) Änderung des Gesellschaftsvertrages

Regelmäßig muss ein Ergänzungspfleger bestellt werden – sowohl bei Personen-, als auch bei Kapitalgesellschaften –, wenn ein Gesellschaftsvertrag oder eine GmbH-Satzung geändert werden soll.[72] Hierzu gehören zum Beispiel Änderungen der Stimm-, Gewinn-, Informations- und Liquidationserlösrechte, Änderungen hinsichtlich einer freien Abtretbarkeit des Gesellschaftsanteils, sowie je nach Gesellschaftsform Änderungen des Geschäftsführungsrechts oder dem Recht, an Gesellschafterversammlungen teilnehmen zu können.[73]

(4) Laufende Geschäftsführung

Keiner Anordnung der Ergänzungspflegschaft bedarf es in der Regel für die laufende Verwaltung der Beteiligung im Rahmen des bestehenden Gesellschaftsvertrages. Hierzu zählen sämtliche Maßnahmen, die direkt auf die Erreichung des jeweiligen Gesellschaftszwecks zielen, wie zB Vertragsabschlüsse, aber auch die Buch- und Prozessführung.[74] Nach der höchstrichterlichen Rechtsprechung

---

68 MünchKommBGB/*Wagenitz* § 1795 Rn 7.
69 Groll/*Steiner* B I Rn 49.
70 Schmidt/*Heinicke* § 20 EStG Rn 135.
71 Staudinger/*Peschel-Gutzeit* § 1629 Rn 248; Staudinger/*Knothe* § 107 Rn 29.
72 Palandt/*Heinrichs* § 181 Rn 11 f.
73 Bonefeld/Daragan/Wachter/*Scherer*/Feick S. 1243 Rn 162.
74 Bonefeld/Daragan/Wachter/*Scherer*/Feick S. 1243 Rn 164.

fallen gewöhnliche Gesellschafterbeschlüsse, die die laufende Geschäftsführung betreffen, nicht unter §§ 181, 1795 BGB. Folglich können minderjährige Gesellschafter hierbei von ihren Eltern vertreten werden. Nach einer in der Literatur vertretenen Ansicht gilt jedoch dann etwas anderes, wenn der Minderjährige Kommanditist einer GmbH & Co KG und ein Elternteil geschäftsführender Alleingesellschafter der GmbH ist. Das Vertretungsverbot des § 181 BGB soll in Folge des § 35 Abs. 4 GmbHG bestehen bleiben.[75]

(5) Vereinbarung von Rückforderungsrechten

123 Für unvorhergesehene Fälle, wie zB groben Undank, behalten sich Eltern in der Praxis häufig Rückforderungsrechte vor (vgl Rn 135 ff). Auch hier stellt sich die Frage, ob eine Zuwendung unter dem Vorbehalt eines Rückforderungsrechts für das minderjährige Kind lediglich rechtlich vorteilhaft ist. Die Beantwortung der Frage hängt von der **Ausgestaltung des Rückforderungsrechts** im jeweiligen Einzelfall ab und ist im Einzelnen sehr umstritten.[76] Es empfiehlt sich daher in der Praxis, bis eine höchstrichterliche Klärung der Frage stattgefunden hat, vorsorglich die Bestellung eines Ergänzungspflegers zu beantragen und somit der schwebenden Unwirksamkeit (§ 108 Abs. 1 BGB) zu entgehen.

(6) Pflichtteilsverzicht und Pflichtteilsanrechnung

124 Zunächst ist bereits der Pflichtteilsverzicht nach § 2346 Abs. 2 BGB kein lediglich rechtlich vorteilhaftes Rechtsgeschäft. Nach herrschender Meinung führt darüber hinaus die Erklärung eines Pflichtteilsverzichts im Zusammenhang mit einem Übergabevertrag bzw Schenkungsvertrag dazu, dass der **Übergabevertrag bzw Schenkungsvertrag** nicht mehr in die Kategorie „lediglich rechtlich vorteilhaft" eingeordnet werden kann.[77] Somit wäre grundsätzlich ein Ergänzungspfleger zu bestellen. Allerdings wird dieser, um einen möglichen Haftungsanspruch des Minderjährigen nicht entstehen zu lassen, an einem Pflichtteilsverzicht bzw einer solchen Vertragskonstellation in der Regel auch nicht mitwirken. Ein Haftungsanspruch steht hier deshalb im Raum, weil sich im Zeitpunkt der Verzichtserklärung noch in keiner Weise vorausahnen lässt, wie sich der Verzicht wirtschaftlich für den Minderjährigen auswirken wird.[78]

125 Umstritten ist diese Frage bei der Aufnahme einer **Bestimmung zur Pflichtteilsanrechnung** nach § 2315 BGB. Teilen der Literatur zu Folge bringt eine unentgeltliche Zuwendung mit Anrechnungsbestimmung nicht lediglich einen rechtlichen Vorteil gem. § 107 BGB.[79] Der BGH hat sich unmittelbar zu dieser Frage nicht geäußert, sondern lediglich in einer älteren Entscheidung einen Schenkungsvertrag, der eine Ausgleichungsanordnung nach § 2050 BGB enthielt, als lediglich rechtlich vorteilhaft eingestuft.[80] Da aber diese Entscheidung des BGH nicht ganz aktuell ist und zudem einen anders gelagerten Fall behandelt hat, ist es auch hier ratsam, vorsorglich die Bestellung eines Ergänzungspflegers zu beantragen.

(7) Einräumung einer Unterbeteiligung

126 Soll einem Minderjährigen eine Unterbeteiligung eingeräumt werden, so bedarf es dessen Vertretung durch den gesetzlichen Vertreter (§§ 104 ff, 1629 BGB), sofern er nicht nur einen rechtlichen Vorteil erlangt. Dies ist nur dann der Fall, wenn es sich im Unterbeteiligungsvertrag zu keiner Leistung verpflichtet und von der Teilnahme am Verlust ausgeschlossen ist.[81] Ist der gesetzliche Vertreter zugleich Hauptbeteiligter, so dass er von der Mitwirkung gem. § 181 BGB ausgeschlossen ist, bedarf es stattdessen der Zustimmung des Ergänzungspflegers, vgl § 1909 BGB.

---

75 *Reimann* DNotZ 1999, 179 197 f.
76 Groll/*Steiner* B I Rn 50; Bonefeld/Daragan/Wachter/*Scherer*/Feick S. 1237 Rn 146 f.
77 *Fembacher/Franzmann* MittBayNot 2002, 78, 85.
78 Bonefeld/Daragan/Wachter/*Scherer*/Feick S. 1237 Rn 148.
79 MünchKommBGB/*Lange* § 2315 Rn 9; Staudinger/*Haas* § 2315 Rn 31.
80 BGH NJW 1955, 1353 f.
81 BFH BStBl. II 1974, 289 ff.

bb) Familien-/vormundschaftsgerichtliche Genehmigung

Wie bereits dargestellt, kann sich unabhängig von dem Erfordernis der Bestellung eines Ergänzungspflegers im Rahmen der vorweggenommenen Erbfolge die Notwendigkeit einer familien-/vormundschaftsgerichtlichen Genehmigung ergeben (vgl Rn 68 ff). Die entscheidende Norm ist hier § 1822 Nr. 3 BGB. Bereits an dieser Stelle soll darauf hingewiesen werden, dass in zahlreichen Fällen **Uneinigkeit über die Auslegung dieser Vorschrift** besteht. Daher sollte auch in Zweifelsfällen stets die entsprechende gerichtliche Genehmigung des Rechtsgeschäfts eingeholt werden.

127

(1) Gründung einer Familiengesellschaft

Wie oben aufgezeigt, ist die Bestellung eines Ergänzungspflegers im Rahmen der Gründung einer Familiengesellschaft regelmäßig erforderlich. In vielen Fällen kommt hierzu noch das Erfordernis einer vormundschaftsgerichtlichen Genehmigung gem. § 1915 Abs. 1 iVm § 1822 Nr. 3 2. Alt BGB. Dies ist dann der Fall, wenn der Gesellschaftsvertrag zum Betrieb eines Erwerbsgeschäfts eingegangen wird. Die vormundschaftsgerichtliche Genehmigung ist auch dann nötig, wenn die **Rechtsform einer KG** gewählt wird und der Minderjährige bei der Gründung nur als Kommanditist mit einer bestimmten Einlage an der Familiengesellschaft beteiligt wird.[82] Wird die Gesellschaft in der Rechtsform einer GbR gegründet, so ist sie jedenfalls dann genehmigungspflichtig, wenn der Gesellschaftszweck auf den Betrieb eines Erwerbsgeschäfts gerichtet ist,[83] da dann der Minderjährige ein gewisses Unternehmerrisiko übernimmt und für fremde Verbindlichkeiten haftet. In der Rechtsprechung wurde darüber hinaus auch noch die Genehmigungspflicht bejaht, wenn der Gesellschaftszweck den Erwerb, die Verwaltung und die Verwertung von Immobilien erfasst und die Gesellschaft auf lange Dauer errichtet wird.[84] Daher empfiehlt es sich, um Risiken zu minimieren, auch bei der Gründung einer vermögensverwaltenden Familiengesellschaft, bei der Minderjährige beteiligt sind, eine Genehmigung des Vormundschaftsgerichts einzuholen.[85]

128

(2) Schenkung des Anteils einer bereits bestehenden Gesellschaft

Dem Wortlaut des § 1822 Nr. 3 BGB nach, setzt die Genehmigungspflicht einen entgeltlichen Erwerb und eben keine Schenkung voraus. Dennoch ist nach hM eine Genehmigung zumindest bei einer Schenkung eines Personengesellschaftsanteils erforderlich. Hieran hat auch das Gesetz zur Beschränkung der Haftung von Minderjährigen, mit welchem die Haftungsbeschränkung des § 1629 a BGB eingeführt wurde, nichts geändert.[86] Bei der Schenkung von Kapitalgesellschaftsanteilen herrscht Uneinigkeit, in welchen Fällen eine Genehmigung erforderlich ist. Vor diesem Hintergrund empfiehlt es sich in jedem Fall für die **Schenkung** eines Gesellschaftsanteils eine **gerichtliche Genehmigung einzuholen**.[87]

129

(3) Änderung des Gesellschaftsvertrages

Sehr umstritten ist auch die Frage, ob die Änderung eines Gesellschaftsvertrages der Genehmigung des Vormundschaftsgerichts bedarf.[88] Nach der Rechtsprechung des BGH bedarf die Änderung des Gesellschaftsvertrages, wenn der Minderjährige der Gesellschaft bereits angehört, keiner Genehmigung.[89] Dem lässt sich entgegen halten, dass auch der Änderungsvertrag ein Gesellschaftsvertrag ist und daher bei Beteiligung eines Minderjährigen der Genehmigung bedarf.[90] Aus diesem Grund empfiehlt es sich auch hier, eine Genehmigung einzuholen.

130

---

82 BGHZ 17, 160 ff; BGHZ 38, 26 ff.
83 OLG Zweibrücken FamRZ 2000, 117, 119.
84 BayObLG FamRZ 1997, 842, 844.
85 Bonefeld/Daragan/Wachter/*Scherer/Feick* S. 1240 Rn 157.
86 Groll/*Steiner* B I Rn 54; Bonefeld/Daragan/Wachter/*Scherer/Feick* S. 1240 Rn 160 f.
87 *Damrau* ZEV 2000, 209, 214.
88 MünchKommBGB/*Wagenitz* § 1822 Rn 28.
89 BGH WM 1972, 1368, 1370.
90 MünchKommBGB/*Wagenitz* § 1822 Rn 28.

(4) Laufende Geschäftsführung

131 Eine familien- oder vormundschaftsgerichtliche Genehmigung ist nicht erforderlich.

(5) Vereinbarung von Rückforderungsrechten

132 Auch hier kann man wegen § 1822 Nr. 3 isoliert an das Erfordernis einer gerichtlichen Genehmigung denken. Allerdings werden Rückforderungsrechte zumeist in Vertragskonstellationen mit Pflichtteilsverzicht oder Pflichtteilsanrechnung vereinbart, so dass schon aus diesem Grund eine Genehmigung beantragt werden sollte, die dann im Wege der Gesamtbetrachtung auch die Rückforderungsrechte erfassen würde.

(6) Pflichtteilsverzicht und Pflichtteilsanrechnung

133 Da bei der gerichtlichen Prüfung eine Gesamtbetrachtung angestellt wird, bedarf nicht nur der Pflichtteilsverzicht an sich, sondern auch die ihn gewissermaßen auslösende Zuwendung der Zustimmung des Vormundschaftsgerichts (§ 2347 Abs. 2 BGB).[91] Das gleiche gilt nach der wohl hM in der Literatur auch, wenn die Schenkung lediglich die Bestimmung der Anrechnung auf den Pflichtteil enthält.[92] In beiden Fällen sollte daher eine Genehmigung eingeholt werden.

(7) Einräumung einer Unterbeteiligung

134 Hier kann eine vormundschaftliche Genehmigung nach § 1822 Nr. 3 BGB erforderlich sein, wenn die Hauptgesellschaft ein Erwerbsgeschäft betreibt und der Unterbeteiligte an dessen wirtschaftlichem Risiko teilnimmt, er folglich einer Leistungs- und Verlusttragungspflicht unterliegt, oder der Unterbeteiligungsvertrag ein sonstiges Rechtsgeschäft der in den §§ 1821, 1822 BGB genannten Art enthält.[93]

3. Rückforderungsrechte und Rückabwicklung

a) Gesetzliche Rückforderungsrechte

135 Der Gesetzgeber hat mit der Nichtvollziehung einer Auflage (§ 527 BGB), der Verarmung des Schenkers (§ 528 BGB) und einer Widerrufsmöglichkeit wegen groben Undanks (§ 530 BGB) drei Tatbestände gesetzlich geregelt, die ein Rückforderungsrecht bei einer Schenkung begründen. Aus Sicht eines Kautelarjuristen, sind diese gesetzlichen Rückforderungsrechte jedoch **in der Praxis nicht ausreichend** und im Übrigen bereiten auch die Rechtsfolgen Schwierigkeiten. So kann nach § 527 Abs. 1 BGB für den Fall der Nichtvollziehung einer Auflage die Herausgabe des Geschenks nach den bereicherungsrechtlichen Vorschriften verlangt werden, jedoch nur insoweit, als das Geschenkte zur Vollziehung der Auflage hätte verwendet werden müssen. Dies ist nicht praxistauglich, so dass es sich bei Vereinbarung einer Auflage empfiehlt, § 527 BGB vertraglich ausdrücklich abzubedingen. Dies ist auch zulässig.[94] Nicht abbedungen werden kann hingegen nach herrschender Ansicht § 528 BGB,[95] der einen Rückforderungsanspruch begründet für den Fall, dass der Zuwendende seinen angemessenen Unterhalt nicht mehr bestreiten oder seinen gesetzlichen Unterhaltspflichten nicht mehr nachkommen kann.[96]

b) Vertragliche Rückforderungsrechte

aa) Tatbestände

136 Gerade im Bereich der vorweggenommenen Erbfolge, werden große Teile des Vermögens schon lange Zeit vor dem Tod des Übergebers auf einen Nachfolger übertragen. Daher sind neben den drei gesetzlich normierten Rückforderungsfällen, weitere Fälle denkbar, in denen der Zuwendende das

---

91 *Fembacher/Franzmann* MittBayNot 2002, 78, 85.
92 MünchKommBGB/*Lange* § 2315 Rn 9; Staudinger/*Haas* § 2315 Rn 31.
93 Sudhoff/*Stenger* § 34 Rn 35.
94 Groll/*Steiner* B I Rn 112.
95 MünchKommBGB/*Kollhosser* § 528 Rn 7.
96 Groll/*Steiner* B I Rn 112.

Geschenkte zurückerlangen möchte. Um Risiken in Zusammenhang mit der verringerten Reaktionsfähigkeit bei der vorweggenommenen Vermögensübertragung zu reduzieren, können neben den gesetzlichen auch vertragliche Rückforderungsrechte in den Schenkungsvertrag aufgenommen werden. Diese entschärfen den Vermögensverlust beim Veräußerer und sind für den Begünstigten hinnehmbar. Für welche Fälle aber soll ein solches Rückforderungsrecht bestehen? Am praktischsten wäre es aus Sicht des Veräußerers, wenn das vertragliche Rückforderungsrecht von dem freien Ermessen des Zuwenders abhängig wäre. Hiervon ist jedoch abzuraten, da derartige Klauseln gegenüber dem Erwerber unfair und im Übrigen kontraproduktiv sind. Da der Unternehmensnachfolger stets damit rechnen muss, das Unternehmen wieder zu verlieren, wird er sich schwer tun, eine nachhaltige und selbstbewusste Strategie zu entwickeln. Darüber hinaus werfen sie steuerliche Probleme auf: Auch wenn der Vermögensübergang schenkungsteuerlich anerkannt wird,[97] werden jedoch die steuerbaren Einkünfte aus einkommensteuerlicher Sicht dem Übergeber weiterhin zugerechnet. Besser ist es daher, **Rückforderungstatbestände enumerativ** in der Vereinbarung **aufzulisten**. Die folgenden Rückforderungstatbestände haben sich in der kautelarjuristischen Praxis bewährt:

Beispiele für Rückforderungstatbestände:
- Tod des Erwerbers vor dem Schenker
- Erfüllung der Voraussetzungen für die Entziehung des Pflichtteils in der Person des Erwerbers
- Eingehung einer Ehe durch den Erwerber ohne Vereinbarung der Gütertrennung oder des Ausschlusses des übergebenen Vermögens von dem Zugewinnausgleich
- Veräußerung oder Belastung des übergebenen Vermögens durch den Erwerber ohne Zustimmung des Veräußerers
- Insolvenz des Erwerbers oder Zwangsvollstreckung in das übergebene Vermögen
- Eintritt der Voraussetzungen für die Entziehung des Pflichtteils in der Person des Erwerbers
- Eintritt des Erwerbers in eine Sekte
- Widersetzung der Anordnung einer gesetzlichen Betreuung für den Erwerber, wenn dieser alkohol- oder drogenabhängig wird
- Versuch des Erwerbers, einen anderen als den vom Veräußerer mit seiner Verfügung von Todes wegen gewünschten Rechtszustand herbei zu führen
- Übertragung des Gegenstands ganz oder teilweise an eine andere Person, die im jeweils gültigen Gesellschaftsvertrag nicht als Rechtsnachfolger zugelassen ist, durch den Erwerber
- Ordentliche oder außerordentliche Kündigung der Gesellschaft mit Wirkung vor einem bestimmten Zeitpunkt
- Festsetzung einer höheren Steuer als von den Vertragsparteien festgelegt in einem bestandskräftigen Schenkungsteuerbescheid durch die Finanzbehörde
- Nichtabschluss einer Ausbildung, die zur Führung des Familienunternehmens unerlässlich ist
- Notbedarf des Veräußerers
- Grober Undank des Erwerbers

Auch wenn die beiden letztgenannten Tatbestände mit der gesetzlichen Regelung übereinstimmen, so empfiehlt es sich dennoch, diese vertraglich zu vereinbaren, da hierdurch die **Modalitäten der Rückabwicklung** abweichend vom Gesetz geregelt werden können.[98] Im Übrigen überschneiden sich die Rückforderungstatbestände zum Teil, insbesondere mit Regelungen aus dem Ehevertrag des Erwerbers und einem eventuellen Gesellschaftsvertrag (bei der Schenkung eines Gesellschaftsanteils). Dies führt zu einer gewünschten Mehrfachabsicherung in bestimmten Bereichen der Unternehmensnachfolge.

137

Im Zusammenhang mit der Schenkung von Gesellschaftsbeteiligungen stellt sich zudem die Frage nach der Zulässigkeit von sog. **Hinauskündigungsklauseln.** Hierunter versteht man, dass die Kündigung in das freie Ermessen eines anderen Gesellschafters gestellt wird. Eine solche Klausel ist nur dann nicht sittenwidrig (§ 138 BGB) und damit unzulässig, wenn die Ausübung des Ermessens an das Vorliegen ganz besonderer Umstände geknüpft ist.[99] Hierdurch will man der Gefahr entgegen-

138

---

97 BFH NJW 1990, 1750, 1750.
98 Groll/*Steiner* B I Rn 113.
99 BGHZ 68, 212, 215.

steuern, dass die geschenkte Geschäftsbeteiligung zu einer Mitgliedschaft minderen Rechts verkommt.[100] Im Vergleich zu den Rückforderungsrechten hat die Hinauskündigung den Vorteil, dass nicht grundsätzlich der Veräußerer die Geschäftsbeteiligung zurückerhält, sondern diese den anderen Gesellschaftern anwächst. Allerdings ist in der Regel eine Abfindung zu zahlen. Daher ist das Instrument der vertraglichen Rückforderungsrechte dem Instrument der Hinauskündigungsklauseln vorzuziehen.

bb) Rechtliche Gestaltung

139   Im Rahmen der Gestaltung des Rückforderungsrechts bestehen diverse Möglichkeiten: Zum einen kann das Rückforderungsrecht als auflösende Bedingung iSv § 158 BGB vereinbart werden. Von Nachteil ist der damit einhergehende Automatismus, welcher häufig nicht zweckmäßig ist. Vielmehr möchte sich der Veräußerer in der Regel die **Entscheidung über die Ausübung des Rückforderungsrechts** vorbehalten. Lediglich bei zwei Rückforderungstatbeständen, der Zwangsvollstreckung in das übergebene Vermögen und der Insolvenz des Erwerbers, empfiehlt sich aus zwangsvollstreckungs- bzw insolvenzrechtlichen Gründen die Gestaltung als auflösende Bedingung für die Schenkung und die Übertragung, soweit § 925 BGB nicht entgegensteht.

140   In den anderen Fällen sollte das Rückforderungsrecht so gestaltet werden, dass es zu einer **angemessenen Rückabwicklung** kommen kann. Dabei sollte auch die Behandlung von Nutzungen und Verwendungen bedacht werden. Keinesfalls sollte die Geltendmachung der Rückforderung zu einer Rückabwicklung nach den §§ 812 ff BGB führen. Die für den Schenker sicherste Form der Rückabwicklung wird dadurch erreicht, dass die Schenkung und die dingliche Übertragung unter die auflösende Bedingung der Geltendmachung des Rückforderungsrechts gestellt werden. Hinsichtlich der dinglichen Übertragung von Grundstücken ist dies allerdings wegen § 925 Abs. 2 BGB nicht möglich. Hier kann aber für den Fall der Rückabwicklung bereits eine Absicherung durch Eintragung einer Vormerkung in das Grundbuch erfolgen. Zudem bietet es sich für den Schenker an, sich vom Empfänger eine **unwiderrufliche Vollmacht** erteilen zu lassen, durch die der Schenker in die Lage versetzt wird, alle zur Rückabwicklung nötigen Schritte gegebenenfalls selbst durchzuführen.

c) Verpflichtung zur Weiterübertragung

141   Einen Unterfall des Rückforderungsrechts stellt die Vereinbarung einer Verpflichtung dar, nach welcher der Erbwerber im Fall der Rückforderung zur Weiterleitung des Geschenkten an einen Dritten verpflichtet ist.[101] Zum Teil hat der Schenker auch ein Wahlrecht, Rückforderung an sich oder Weiterleitung an einen Dritten zu fordern. Grundsätzlich kann hier auf das zu den Rückforderungsrechten Gesagte verwiesen werden. Unterschiedlich ist lediglich bei Letzterem, dass der Gegenstand nicht an den Veräußerer zurückfällt, sondern im Wege des Vertrages zugunsten Dritter (§ 328 BGB) weitergeleitet wird. Im Falle einer Weitergabe an den Dritten, erwirbt dieser jedoch in schenkungsteuerlicher Hinsicht nicht vom Zwischenerwerber, sondern unmittelbar vom ursprünglichen Veräußerer. Folglich bestimmen sich auch Freibetrag und Steuerklasse nach dem Verhältnis des ursprünglichen Veräußerers zum Dritten.[102]

4. Güterrechtliche Regelungen

142   Durch folgende Formulierung könnte für eine Unternehmerehe eine modifizierte Zugewinngemeinschaft durch notariell zu beurkundenden Ehevertrag nach § 1408 BGB vereinbart werden. Damit würde das unternehmensbezogene Vermögen in allen denkbaren Fällen – dh unter Lebenden, wie im Fall der Scheidung, und beim Tod des Unternehmers – **vom Zugewinnausgleich ausgenommen**. Allerdings könnte der Unternehmensnachfolger im Gegenzug auch nicht im Zusammenhang mit einem Erwerb einer Beteiligung stehende Verbindlichkeiten zu seinen Gunsten beim Zugewinnausgleich geltend machen. Neben den Beteiligungen an sich, werden auch Gegenstände vom Zugewinnausgleich

---

100   Bonefeld/Daragan/Wachter/*Scherer*/*Feick* S. 1229 Rn 123.
101   *Feick* ZEV 2002, 85, 86.
102   Groll/*Steiner* B I Rn 122.

ausgenommen, die der Unternehmensnachfolger – zB bei einem Verkauf – an Stelle der Beteiligungen erhält (sog. Surrogate). Weiter enthält der Formulierungsvorschlag eine Klausel zu Entnahmen. Zudem vereinbaren die Ehegatten, dass wegen eines Zugewinnausgleichsanspruchs, der sich ohne Berücksichtigung der Unternehmensbeteiligung ergibt, nicht in die Unternehmensbeteiligung vollstreckt werden darf. Schließlich werden die Verfügungsbeschränkungen der §§ 1365, 1369 BGB ausgeschlossen. In der Praxis kann wie folgt formuliert werden:

▶ Es verbleibt bei dem gesetzlichen Güterstand der Zugewinngemeinschaften, der wie folgt modifiziert wird:
Die Beteiligungen, die Herr A an der Firma A GmbH & Co. KG bzw deren Rechtsnachfolger hält bzw in Zukunft erwirbt, einschließlich aller bei dieser Gesellschaft geführten Gesellschafter- und Darlehenskonten, einschließlich aller Ansprüche gegen diese Gesellschaften oder Unternehmen sowie einschließlich des Sonderbetriebsvermögens, werden bei der Berechnung des Zugewinnausgleichs in allen denkbaren Fällen des Zugewinnausgleichs in keiner Weise berücksichtigt. Sie werden deshalb weder bei der Berechnung des Anfangsvermögens von Herrn A noch seines Endvermögens einbezogen.
Eventuelle zum Erwerb der vorgenannten Beteiligungen eingegangene bzw zukünftig einzugehende Verbindlichkeiten, finden bei der Berechnung des Zugewinnausgleichs ebenfalls keine Berücksichtigung.
Auch Surrogate dieser vom Zugewinnausgleich ausgenommenen Gegenstände stellen kein ausgleichspflichtiges Vermögen dar. Sie werden also bei der Berechnung des Endvermögens nicht berücksichtigt.
Beträge, die Herr A aus den Konten bei der vorbezeichneten Gesellschaft entnimmt und die er nicht für die Begleichung von Verbindlichkeiten verwendet, die im Zusammenhang mit dem Erwerb von Beteiligungen an der Gesellschaft entstanden sind bzw entstehen werden, oder die er nicht sonst wie zur Erhaltung der genannten Gesellschaft verwendet, bzw die mit diesen Beträgen erworbenen Vermögensgegenstände fallen in das Vermögen, das bei der Berechnung des Zugewinnausgleichs berücksichtigt wird.
Die Zwangsvollstreckung in das vom Zugewinnausgleich ausgenommene Vermögen wegen eines Zugewinnausgleichsanspruchs ist unzulässig.
Weiter werden hiermit die Verfügungsbeschränkung der §§ 1365 ff BGB für das beiderseitige Vermögen in vollem Umfang ausgeschlossen. ◀

5. Pflichtteilsverzicht, letztwillige Verfügungen, Vorsorgevollmacht

a) Pflichtteilsverzicht

Ist der Unternehmensnachfolger im Verhältnis zu dem Übergeber pflichtteilsberechtigt, so ist anlässlich der Übergabe des Unternehmens bzw wesentlicher Teile ein Pflichtteilsverzicht des Unternehmensnachfolgers für sich und seine Abkömmlinge angebracht. Durch diesen Pflichtteilsverzicht erhält der Übergeber im Hinblick auf den Unternehmensnachfolger seine **Testierfreiheit** zurück (vgl Rn 54 ff). Der Übergeber muss den Unternehmensnachfolger in Folge des Pflichtteilsverzichts bei der weiteren vorweggenommenen Erbfolge oder bei seinen Verfügungen von Todes wegen nicht mehr berücksichtigen. Es bleibt dem Übergeber selbstverständlich unbenommen, den Unternehmensnachfolger weiterhin zu berücksichtigen und zu bedenken. Der Pflichtteilsverzicht kann ohne Vereinbarung eines Entgelts oder – etwa in der Übergabeurkunde – gegen Entgelt vorgenommen werden (vgl Rn 54 ff). 143

b) Unternehmertestament

Der Unternehmensnachfolger sollte bereits mit Nachfolge in die Unternehmerstellung – für den Fall seines unerwarteten Todes – **seine eigene Nachfolge** in Form eines Unternehmertestaments regeln. Sollte der Übergeber nur Teile des Unternehmens bzw seines Gesellschaftsanteils übergeben und noch kein Testament haben, gilt gleiches für ihn. Dabei gelten grundsätzlich die gleichen Regeln wie bei jedem Unternehmertestament. Besteht das unternehmerische Vermögen aus Gesellschaftsanteilen, ist insbesondere darauf zu achten, dass Testament und Gesellschaftsvertrag aufeinander abgestimmt sind (vgl Rn 188 ff). 144

c) Vorsorgevollmacht

145 Zugleich sollte der Unternehmensnachfolger wie jeder Unternehmer (und grundsätzlich auch jede andere natürliche Person) eine Vorsorgevollmacht, Patientenverfügung und Betreuungsverfügung abgeben.

146 Durch die **Vorsorgevollmacht** wird sichergestellt, dass, sollte der Unternehmer – zB wegen Krankheit – über kürzere oder längere Zeit nicht selbst handeln können, ein Bevollmächtigter an Stelle des Unternehmers im Unternehmen, aber auch hinsichtlich seines Privatvermögens und in persönlichen Angelegenheiten (zB Unterbringung), handeln kann. Im Hinblick auf den unternehmensbezogenen Teil der Vollmacht kann der Unternehmer spezielle Anweisungen und Richtlinien niederlegen.[103] Die Vorsorgevollmacht sollte notariell beurkundet werden.

147 Mit der **Patientenverfügung** kann der Unternehmer im rein privaten Bereich festlegen, welche medizinische Behandlung er für den Fall wünscht, dass er unheilbar krank sein und seinen Willen nicht mehr äußern können sollte.

148 Ein rechtlicher Betreuer ist dann für einen Volljährigen zu bestellen, wenn dieser aufgrund einer psychischen Krankheit oder körperlichen, geistigen oder seelischen Behinderung seine Angelegenheiten nicht mehr besorgen kann (§ 1896 Abs. 1 BGB). Durch die Erteilung der Vorsorgevollmacht ist die Bestellung eines rechtlichen Betreuers grundsätzlich gem. § 1896 Abs. 2 BGB nicht erforderlich. Dennoch sollte zusätzlich zu der Vorsorgevollmacht eine **Betreuungsverfügung** erstellt werden, in welcher der Bevollmächtigte für den Fall, dass trotz Vollmacht die rechtliche Betreuung anzuordnen ist, den Bevollmächtigten als Betreuer nennt.

149 Vorsorgevollmacht, Patientenverfügung und Betreuungsverfügung können Gegenstand einer Urkunde oder mehrere Urkunden sein. Auch kann der Notar bei einer Urkunde über bestimmte Teile, die mit den anderen Teilen nicht in unmittelbarem Zusammenhang stehen, getrennte Ausfertigungen erstellen (§§ 49 Abs. 5, 42 Abs. 3 BeurkG).

III. Besonderheiten bei den einzelnen Unternehmensformen

1. Einzelkaufmännisches Unternehmen

a) Übertragung

150 In schuldrechtlicher Hinsicht liegt bei der vorweggenommenen Erbfolge in der Regel eine Schenkung vor. Dinglich geht es um die Übertragung des einzelkaufmännischen Unternehmens, welches man auch als einen Tätigkeitsbereich in Verbindung mit den zugehörigen Gegenständen (Sachen, Rechten, Chancen, Beziehungen usw) einschließlich der Schulden, definieren kann.[104] Doch wie wird ein solcher Tätigkeitsbereich übertragen? Nach geltendem deutschem Recht kann das kaufmännische Unternehmen nicht als solches übertragen werden, vielmehr ist nach dem sachenrechtlichen Spezialitätsgrundsatz die **Einzelübertragung** aller zum Unternehmen gehörender Gegenstände erforderlich. Daraus folgt, dass Grundstücke durch Auflassung und Eintragung ins Grundbuch, bewegliche Sachen durch Einigung und Übergabe (oder Übergabesurrogat), Forderung abgetreten und Schulden vertraglich übernommen werden müssen. Durch Einweisung des Erwerbers in den Tätigkeitsbereich, also durch Realakt, wird letztlich der Tätigkeitsbereich übertragen.

b) Haftung

aa) Erwerber

151 Wie sich aus § 25 Abs. 1 S. 1 HGB ergibt, haftet grundsätzlich derjenige, der ein unter Lebenden erworbenes Handelsgeschäft unter der bisherigen Firma mit oder ohne Beifügung eines das Nachfolgeverhältnis andeutenden Zusatzes fortführt, für alle im Betrieb des Geschäfts begründeten Verbindlichkeiten des früheren Inhabers. Nachdem das Gesetz auch keine Beschränkung auf das übernommene Vermögen vorsieht, haftet der Erwerber **in der Regel unbeschränkt persönlich**.[105] Die Haftung

---

103 *Langenfeld* ZEV 2005, 52 ff.
104 *Canaris*, Handelsrecht § 8 Rn 1.
105 *Canaris*, Handelsrecht § 7 Rn 37.

für Altverbindlichkeiten kann jedoch nach Abs. 2 der Vorschrift vermieden werden. Eine Vereinbarung eines Haftungsausschlusses ist nämlich auch einem Dritten gegenüber möglich und rechtswirksam, wenn sie in das Handelsregister eingetragen und bekannt gemacht oder von dem Erwerber oder dem Veräußerer dem Dritten mitgeteilt worden ist.

bb) Veräußerer

Neben dem Erwerber haftet der Veräußerer weiterhin. Soweit jedoch der Erwerber aufgrund der Fortführung der Firma oder aufgrund Kundmachung (§ 25 Abs. 3 HGB) für Geschäftsverbindlichkeiten haftbar ist, bestimmt § 26 HGB eine **Beschränkung der Haftung** des Veräußerers.[106]

152

2. Personengesellschaften – GbR, OHG, KG

Anders als beim einzelkaufmännischen Unternehmen, muss bei Gesellschaften nicht jeder zum Unternehmen gehörende Gegenstand einzeln übertragen werden. Vielmehr genügt die **Übertragung der Anteile an der Gesellschaft**.

153

a) „Eintritt" in das Geschäft eines Einzelkaufmanns

In § 28 HGB spricht der Gesetzgeber von dem „Eintritt" in das Geschäft eines Einzelkaufmanns. Ein Eintritt in das Geschäft eines Einzelkaufmanns ist – streng juristisch betrachtet – jedoch gar nicht möglich. Vielmehr bedeutet dieser Vorgang die **Gründung** einer OHG bzw KG, in die der bisherige Einzelkaufmann sein Unternehmen einbringt.[107] Dies ist auch zugleich das praktische Anwendungsfeld von § 28 HGB. Entsprechend des § 28 HGB hat dieser „Eintritt" zur Folge, dass die neue Gesellschaft, auch wenn sie die frühere Firma nicht fortführt, für alle im Betriebe des Geschäfts entstandenen Verbindlichkeiten haftet. § 28 Abs. 2 HGB sieht eine dem § 25 Abs. 2 HGB entsprechende Regelung über den Haftungsausschluss des Eintretenden vor.

154

b) Übertragung

Die Aufnahme des Nachfolgers in eine Personengesellschaft, auch wenn der Übergeber gleichzeitig aus der Gesellschaft austritt, stellt zugleich auch eine **Änderung des Gesellschaftsvertrages** dar. Die Wahrung einer besonderen Form ist dabei jedoch nicht erforderlich. Für die Anerkennung der steuerlichen Wirkung bei Verträgen zwischen Familienmitgliedern ist jedoch die Schriftform unabdingbar.[108] Die grundsätzliche Formfreiheit besteht auch dann, wenn zum Vermögen der Gesellschaft Gegenstände gehören, deren Übertragung selbst formbedürftig wären, wie zB Grundstücke (§§ 311 b Abs. 1 und 925 BGB) oder GmbH-Anteile (§ 15 Abs. 3 und 4 GmbHG). Der Grund liegt darin, dass Gegenstand der Übertragung nicht ein Anteil an diesen Gegenständen und auch nicht der Anteil am Gesellschaftsvermögen ist, sondern die Mitgliedschaft.[109] Ein Gesellschafterwechsel kann im Grunde auf zwei verschiedene Arten erreicht werden.

155

aa) Doppelvertrag

Zum einen können der ausscheidende und der neu eintretende Gesellschafter nacheinander oder zeitlich übereinstimmende jeweils entsprechende Vereinbarungen mit den übrigen Gesellschaftern treffen (sog. Doppelvertrag).[110] Der „Übergang" der gesamthänderischen Berechtigung auf den Neueintretenden erfolgt im Wege der **Anwachsung mit anschließender Abwachsung** bei den Mitgesellschaftern.[111] Eine unmittelbare Rechtsnachfolge zwischen dem ausscheidenden und dem eintretenden Gesellschafter liegt hier nicht vor.[112] Die Rechtsfolgen hinsichtlich des Austrittsvertrages

156

---

106 *Canaris*, Handelsrecht § 7 Rn 42.
107 *Canaris*, Handelsrecht § 7 Rn 80.
108 *Sudhoff*, Unternehmensnachfolge § 21 Rn 20.
109 MünchKommBGB/*Ulmer* § 719 Rn 26; BGH NJW 1983, 1110 f; BGH NJW 1998, 376, 377.
110 MünchKommBGB/*Ulmer* § 719 Rn 17.
111 MünchKommBGB/*Ulmer* § 719 Rn 17.
112 MünchKommBGB/*Ulmer* § 719 Rn 18.

sind dabei dieselben wie beim Ausscheiden durch Kündigung.[113] Dies kann unter Umständen auch nicht erwünschte Rechtsfolgen mit sich bringen. Der Austritt des Komplementärs aus einer zweigliedrigen KG führt beispielsweise automatisch zur persönlichen Haftung des bisherigen Kommanditisten für sämtliche Verbindlichkeiten der bisherigen Gesellschaft.[114] Dies ergibt sich daraus, dass das Ausscheiden des einen Gesellschafters – zumindest für eine logische Sekunde – zur Beendigung der Gesellschaft führt. Daher funktioniert diese Art von Gesellschafterwechsel eigentlich nur im Rahmen einer mehrgliedrigen Gesellschaft und nicht bei einer Zweipersonengesellschaft.

bb) Anteilsübertragung

(1) Allgemeines

157 Um diese meist unerwünschten Folgen zu vermeiden, bietet sich die Verfügung über einen Gesellschaftsanteil an, welche zugleich die **weitaus gebräuchlichere Variante** des Vollzugs eines Gesellschafterwechsels ist. Hierbei bleibt der Anteil bestehen und nur dessen Inhaber wechselt, so dass auch eine gleichmäßige An- und Abwachsung der Gesellschaftsanteile nicht stattfindet.[115] Die Übertragung des Anteils geschieht durch Abtretungsvertrag, dessen wichtigste Voraussetzung die Zustimmung aller Mitgesellschafter ist.[116] Sie kann bereits vorab im Gesellschaftsvertrag mit bestimmten Einschränkungen, zB Abtretung an nur einen bestimmten Personenkreis, erteilt werden. Es kann dann formuliert werden:

▶ Jeder Gesellschafter kann seinen Gesellschaftsanteil oder einen Teil seines Gesellschaftsanteils oder Ansprüche im Zusammenhang mit seiner Beteiligung entgeltlich oder unentgeltlich an leibliche Abkömmlinge der Gesellschafter A und B übertragen.
Im Übrigen ist die Übertragung oder Belastung eines Gesellschaftsanteils oder der durch ihn vermittelten oder an ihm bestehenden Rechte nur mit Zustimmung der Gesellschafterversammlung zulässig. ◀

(2) Besonderheiten bei der KG

158 Gerade bei der KG hat die **Anteilsübertragung mittels Abtretung** aus Haftungsgründen einen weiteren entscheidenden Vorteil gegenüber der Alternative des Gesellschafterwechsels durch Austritt des Alt- und Eintritt des Neugesellschafters. Zum einen führt gem. § 172 Abs. 4 HGB das Ausscheiden des Kommanditisten zu einem Wiederaufleben seiner Haftung, wenn ihm seine Einlage ausbezahlt wurde. Zum anderen sieht § 176 HGB eine unbeschränkte Haftung des neu eintretenden Kommanditisten für Verbindlichkeiten vor, die zwischen dessen Eintritt und der Eintragung des Eintrittes in das Handelsregister begründet wurden. Zwar lässt sich für den Eintretenden diese ungünstige Rechtsfolge dadurch vermeiden, dass der Eintritt aufschiebend bedingt auf die Eintragung im Handelsregister vereinbart wird. Der ausscheidende Kommanditist hat diese Möglichkeit, die Gefahr einer Haftung zu bannen, hingegen nicht. Wird der Gesellschafterwechsel mittels Übertragung des Kommanditanteils vollzogen, so wird die Gefahr des Wiederauflebens der Haftung vermieden, da der Erwerber hier im Wege der Sonderrechtsnachfolge in die Rechtsstellung des Veräußerers eintritt. Folglich kommt ihm deshalb auch die geleistete Haftungseinlage zugute.[117] Zu beachten ist hierbei noch, dass die Wirkung der Übertragung von der Eintragung des Gesellschafterwechsels im Handelsregister abhängig gemacht werden sollte, da andernfalls die Rechtsfolge des § 176 Abs. 2 HGB gilt.[118]

3. Kapitalgesellschaften

a) GmbH

159 Wie sich aus § 15 Abs. 1 GmbHG ergibt, sind GmbH-Geschäftsanteile **grundsätzlich frei veräußerlich**. Damit der spekulative Handel mit GmbH-Anteilen erschwert und daneben die Beweisführung

---

113 Handbuch der Personengesellschaften/*Sauter* § 7 Rn 46.
114 BGH NZG 2000, 474.
115 Handbuch der Personengesellschaften/*Sauter* § 7 Rn 47.
116 MünchKommBGB/*Ulmer* § 719 Rn 27.
117 Handbuch der Personengesellschaften/*Sauter* § 7 Rn 63 f.
118 BGH NJW 1983, 2258, 2259.

erleichtert wird, bedürfen aber sowohl der schuldrechtliche Verpflichtungs- als auch der dingliche Abtretungsvertrag der notariellen Beurkundung (§ 15 Abs. 3 und 4 GmbHG).[119] Eine Schenkungsvereinbarung muss daher nicht nur der Form des § 518 BGB entsprechen, sondern auch der des § 15 Abs. 4 GmbHG. Zu beachten ist, dass der letztere Formzwang über denjenigen nach § 518 BGB insoweit hinausgeht, als der gesamte Vertrag der Beurkundung bedarf und nicht nur das Schenkungsversprechen. Bezüglich des Umfangs der Formpflicht gilt, dass die notarielle Urkunde neben der Verpflichtung zur Abtretung alle Punkte enthalten muss, welche die Beteiligten im Zusammenhang mit der Übertragungspflicht für wesentlich erachtet haben, unabhängig davon, ob sich die betreffende Klausel auf den Geschäftsteil selbst oder auf die Modalitäten der Vertragserfüllung bezieht.[120] Auch wenn die Nichtbeachtung der Form grundsätzlich zur Nichtigkeit der zwingenden Vereinbarung führt, ist eine Heilung nach § 15 Abs. 4 S. 2 GmbHG möglich, sofern der Abtretungsvertrag wirksam und formgerecht geschlossen wird. Auch dieser bedarf nach § 15 Abs. 3 GmbHG der notariellen Beurkundung, wobei eine Heilung hier nicht möglich ist.[121] Weiterhin setzt die Wirksamkeit voraus, dass der sachenrechtliche Bestimmtheitsgrundsatz beachtet wurde und eine eindeutige Bezeichnung des Geschäftsanteils erfolgt ist. Eine Heilung des Verpflichtungsgeschäfts tritt nur ein, wenn der Abtretungsvertrag den im Gesellschaftsvertrag festgelegten Voraussetzungen entspricht. Ferner setzt die Heilung voraus, dass der Abtretungsvertrag unbedingt ist, bzw die aufschiebende Bedingung eingetreten ist.[122]

Daneben kann der Gesellschaftsvertrag die Abtretung an weitere Voraussetzungen, wie die Genehmigung der Gesellschaft oder das Vorliegen bestimmter Eigenschaften in der Person des Erwerbers, knüpfen (§ 15 Abs. 5 GmbHG) und dadurch eine Verstärkung des personenbezogenen Charakters der GmbH erreichen.[123]

160

b) Aktiengesellschaft

Bei der Übertragung von Aktien ist hinsichtlich der Form zu unterscheiden, ob es sich um Inhaber- oder Namensaktien handelt bzw sich die Aktien in Girosammelverwahrung befinden.

161

aa) Inhaberaktien

Die Übertragung von Inhaberaktien bestimmt sich nach den §§ 929 ff BGB, dh es bedarf einer **Einigung und Übergabe der Urkunde** (sofern eine solche vorhanden ist), bzw eines Übergabesurrogats iSv §§ 930, 931 BGB. Dabei folgt das Recht aus dem Papier dem Recht am Papier. Darüber hinaus können Inhaberaktien, was insbesondere dann eine Rolle spielt, wenn die Aktien nicht verbrieft sind, nach den Grundsätzen der Zession durch Abtretung der Mitgliedschaft gem. §§ 398 ff, 413 BGB übertragen werden.[124] Auch wenn der Verpflichtungs- und Abtretungsvertrag keiner besonderen Form bedarf, ist es dennoch empfehlenswert, eine Abtretungsurkunde auszustellen, da die AG den Erwerber nur bei Vorlage der Urkunde gem. § 410 BGB als Gläubiger anerkennen muss.

162

bb) Namensaktien

Die Übertragung von Namensaktien ist in § 68 AktG geregelt. Hiernach werden diese durch **Indossament und Übergabe** der Aktienurkunde übertragen. Ein Indossament iSd Norm ist eine schriftliche Übertragungserklärung, die zum Ausdruck bringt, dass die Mitgliedschaft künftig einem Dritten zustehen soll. Gem. § 68 Abs. 1 S. 2 AktG iVm § 13 Wechselgesetz muss das Indossament auf die Namensaktie oder auf ein mit der Urkunde verbundenes Blatt gesetzt und vom Indossanten unterschrieben werden. Daneben bedarf es wiederum der Voraussetzungen der §§ 929 ff BGB.[125] Ebenso wie bei den Inhaberaktien, ist darüber hinaus eine Übertragung durch Abtretung (§§ 398 ff, 413

163

---

119 Handbuch der GmbH/*Schlacht* § 12 Rn 1.
120 Handbuch der GmbH/*Schlacht* § 12 Rn 21.
121 Handbuch der GmbH/*Schlacht* § 12 Rn 42.
122 Handbuch der GmbH/*Schlacht* § 12 Rn 23.
123 Handbuch der GmbH/*Schlacht* § 12 Rn 1.
124 Handbuch der AG/*Zätzsch/Maul* § 4 Rn 111.
125 Handbuch der AG/*Zätzsch/Maul* § 4 Rn 112.

BGB) möglich. Auch wenn hier eine Übertragung auch ohne gleichzeitige Übergabe der Urkunde erfolgen kann, ist letztere dennoch ratsam, da der Erwerber die Urkunde zu verschiedenen Anlässen, wie zB für die Anmeldung des Rechtsübergangs zur Eintragung in das Aktienregister oder für eine spätere Weiterübertragung durch Indossament benötigt.[126]

cc) Vinkulierte Namensaktien

164 Vinkulierte Namensaktien werden ebenfalls entweder durch Indossament oder durch Abtretung (s.o.) übertragen. Allerdings bedarf es zur Wirksamkeit der Übertragung hier noch der **Zustimmung der AG**. Zuständig hierfür ist gem. § 68 Abs. 2 S. 2 AktG der Vorstand, sofern die Satzung nicht eine andere Regelung getroffen hat.[127] Bei Inhaberaktien ist eine Vinkulierung nicht möglich.

dd) Übertragung nach dem DepotG

165 Befinden sich die Aktien in **Girosammelverwahrung**, so werden in der Regel die Miteigentumsanteile an den sammelverwahrten Aktien rechtsgeschäftlich nach §§ 929 ff BGB übertragen. Die genaue rechtliche Konstruktion ist aber äußerst umstritten.[128] Entweder kommt die erforderliche Einigung direkt zwischen Veräußerer und Erwerber, oder aber unter Mitwirkung des Verwahrers (Clearstream Banking AG) als Vertreter des Veräußerers und/oder des Erwerbers zustande. Die Besitzübergabe vollzieht sich hier durch eine Umstellung des Besitzmittlungsverhältnisses durch Umbuchung des Verwahrers.[129]

IV. Steuerliche Aspekte

166 Die Unternehmernachfolge zu Lebzeiten durchzuführen, hat erhebliche steuerliche Auswirkungen. Ihnen ist bei der Planung entsprechend Rechnung zu tragen.

1. Erbschaft- und Schenkungsteuer

167 Die sogenannte vorweggenommene Erbfolge kann auf unterschiedlichste Weise strukturiert werden. Es kommt die Übergabe des Betriebes insgesamt oder der Anteile an Personengesellschaften oder Kapitalgesellschaften in Betracht. Sie kann entgeltlich oder teilentgeltlich erfolgen, unter Vorbehalt eines Nießbrauchs oder gegen Abstands- bzw Ausgleichszahlungen oder Versorgungsleistungen. Soweit der Übertragung keine äquivalente Gegenleistung gegenübersteht und der Vermögensübergeber im Bewusstsein der Un- oder Teilentgeltlichkeit gehandelt hat, ist eine **freigiebige Zuwendung** gegeben (§ 7 Abs. 1 Nr. 1 ErbStG), die der Schenkungsteuer unterliegt (§ 1 Abs. 1 Nr. 2 ErbStG). Eine Einigung zwischen Schenker und Beschenktem – wie im Zivilrecht – ist für die Erfüllung dieses Steuertatbestandes nicht erforderlich.[130] Während bei einer reinen Schenkung die Bereicherung des Erwerbers dem Steuerwert des Schenkungsgegenstandes entspricht, ist bei einer gemischten Schenkung der Steuerwert im Wege einer Verhältnisrechnung zu ermitteln.[131]

168 Eine andere häufig anzutreffende Gestaltung besteht in der Übertragung von Anteilen an Gesellschaften unter **Vorbehalt des Nießbrauchs** zugunsten des Übergebers (vgl Rn 102 ff). Bei Anteilen an Personengesellschaften stellt sich das steuerrechtliche Problem, dass der Nießbraucher nur dann, wenn er eigene Einkünfte aus Gewerbebetrieb erzielt, die Stellung eines **Mitunternehmers** einnimmt. Er muss also Unternehmerinitiative entfalten können und ein Unternehmerrisiko tragen. Ebenso wird die Mitunternehmereigenschaft eines Beschenkten verneint, wenn sich der Schenker den freien Widerruf der Schenkung vorbehalten hat. Die Folge dieser beiden Gestaltungen ist, dass der Beschenkte kein Betriebsvermögen erwirbt und damit § 13 a ErbStG nicht anwendbar ist.

---

126 Handbuch der AG/*Zätzsch/Maul* § 4 Rn 114.
127 Handbuch der AG/*Zätzsch/Maul* § 4 Rn 111.
128 *Einseele* WM 2001, 7, 12.
129 Handbuch der AG/*Zätzsch/Maul* § 4 Rn 117.
130 ErbStR R 14 Abs. 1 S. 1.
131 *Landsittel*, Gestaltungsmöglichkeiten von Erbfällen und Schenkungen, 3. Aufl., 2006, S. 281 ff.

2. Einkommensteuerliche Aspekte

Soweit Unternehmen unter Lebenden übertragen werden, können sich zahlreiche einkommensteuerrechtliche Probleme ergeben. Handelt es sich nicht um reine Schenkungen, sondern werden Gegenleistungen (zB Übernahme von Verbindlichkeiten, Ausgleichszahlungen) erbracht, ist die steuerliche Behandlung dieser Gegenleistung zu prüfen.

169

Stellt die Gesellschaft eine Mitunternehmerschaft im Sinne von § 15 Abs. 1 Nr. 2 EStG dar – was neben der OHG und KG wegen § 1 Abs. 2 HGB auch eine GbR betreffen kann – so ist darauf zu achten, dass nicht **ungewollt stille Reserven aufgedeckt werden**. Wird der Mitunternehmeranteil im Ganzen auf den Unternehmensnachfolger übertragen und soll er Mitunternehmer werden, müssen auch die Wirtschaftsgüter des Sonderbetriebsvermögens auf ihn übertragen werden. Werden sie hingegen von dem Übergeber zurückbehalten, führt dies zur Aufgabe der Mitunternehmerstellung, wenn es sich bei dem zurückbehaltenen Wirtschaftsgut um eine funktional wesentliche Betriebsgrundlage handelt.[132]

170

C. Unternehmensnachfolge von Todes wegen

I. Einführung

Die Unternehmensnachfolge von Todes wegen ist allein aus unternehmerischer Sicht nur die zweitbeste Wahl, um ein Familienunternehmen auf die nächste Generation zu übertragen. Denn anstelle eines dynamischen Übergabeprozesses erfolgt der Übergang im Falle des Todes abrupt und zumeist unvorbereitet. Die vorstehenden Ausführungen zu der Nachfolge zu Lebzeiten haben deutlich gemacht, welche rechtlichen und steuerrechtlichen Gefahren hier lauern. Dennoch mag es Sachverhaltskonstellationen geben, die nur eine Nachfolge von Todes wegen zulassen. Unabhängig davon gehört es zu einer **vollständigen Planung** einer Unternehmernachfolge, dass der Übergeber eine letztwillige Verfügung für den Fall getroffen hat, dass er vor der Durchführung der Unternehmensnachfolge verstirbt. Nachfolgend wird in Grundzügen erörtert, welche Folgen bei der jeweiligen Rechtsform des Unternehmens im Todesfalle eintreten können.

171

II. Besonderheiten bei den einzelnen Unternehmensformen

1. Einzelkaufmännisches Unternehmen

a) Rechtsübergang

aa) Erbeinsetzung

Die **Vererblichkeit eines Einzelunternehmens** ist im Gesetz nicht ausdrücklich bestimmt. Allerdings ist in § 22 Abs. 1 HGB geregelt, dass derjenige, der ein bestehendes Handelsgeschäft von Todes wegen erwirbt, für das Geschäft die bisherige Firma fortführen darf, wenn der bisherige Geschäftsinhaber oder die Erben in die Fortführung der Firma ausdrücklich einwilligen. Demnach war für den Gesetzgeber selbstverständlich, dass das einzelkaufmännische Unternehmen vererblich ist. Folglich fällt das Handelsgeschäft des Einzelkaufmanns mit den sonstigen Gegenständen des Erblassers als wirtschaftliche Einheit in den Nachlass.[133]

172

Dies bedeutet, dass im Erbfall das **gesamte Geschäfts- und Betriebsvermögen**, wie zB Forderungen, Grundstücke und Patente sowie alle Aktiven (§ 1922 BGB) und Passiven (§ 1967 BGB) einschließlich der Firma, der Marke, den immateriellen Güter- und gewerblichen Schutzrechten auf den Erben übergehen. Hierunter fällt auch die rechtliche Zuordnung bzw der nur potentielle rechtliche Gehalt zunächst rein tatsächlicher Beziehungen, die in dem Tätigkeitsbereich des Unternehmens entstehen, wie zB Geschäftserfahrungen, Fabrikationsgeheimnisse, Kenntnisse von Bezugs- und Absatzquellen, der Verbindung mit der Kundschaft, inneren Ordnung des Betriebs und Organisationspläne und letzt-

173

---

132 BFH Bundessteuerblatt II, 1999, 269.
133 Scherer/*Erker*/*Oppelt* § 29 Rn 131.

lich des gesamten „goodwill" (Know-how).[134] Das Unternehmen ist Teil der Erbmasse und kann als solches von der restlichen Erbmasse nicht ohne Auseinandersetzung getrennt werden. Außerdem erwirbt der Erbe mit dem Handelsgeschäft auch das Recht zur Führung der Firma des Erblassers; sogar dann, wenn sie dessen Namen enthält.[135]

174 **Nicht vererblich** ist hingegen die **Kaufmannseigenschaft selbst.** Diese wird bei Fortführung des hinterlassenen Betriebs „originär" erworben,[136] dh die Merkmale eines Kaufmanns, welche in den §§ 1, 2, 3, 5, 6 HGB geregelt sind, müssen in der Person des jeweiligen Inhabers vorliegen. Nicht vererblich sind auch öffentlich-rechtliche Konzessionen und andere Genehmigungen.

175 Hat der Erblasser eine **Vor- und Nacherbfolge** (§§ 2100 ff BGB) angeordnet, und gehört zum Nachlass ein einzelkaufmännisches Unternehmen, so wird im Erbfall der Vorerbe unmittelbar Eigentümer der dem Unternehmen zugeordneten Gegenstände.[137] Trotz der Beschränkungen, denen der Vorerbe unterliegt, kann dieser allerdings allein über die Fortführung oder die Einstellung des Handelsgeschäfts gem. §§ 22, 25, 27 HGB entscheiden, da er nicht verpflichtet ist, die wirtschaftliche Zweckbestimmung der Nachlassgegenstände aufrechtzuerhalten.[138] Vielmehr gehört eine solche Entscheidung, auch wenn sie grundlegender Natur ist, zur allgemeinen Verwaltungsbefugnis des Vorerben (§ 2130 Abs. 1 S. 1 BGB).

bb) Vermächtnis

176 Neben einer Erbeinsetzung kann der Erblasser ein Einzelunternehmen auch im Wege des Vermächtnisses einem Dritten zuwenden. Zu beachten ist bei dieser Möglichkeit aber, dass bei der Zuwendung eines Einzelunternehmens der Erblasser **genau bezeichnen muss**, welche Vermögenswerte auf den Vermächtnisnehmer übertragen werden sollen. Eine Bezugnahme auf die Bilanz ist dabei in der Regel ungenügend, da nicht alle Wirtschaftsgüter, die dem Unternehmen zuzuordnen sind, in der Bilanz erfasst werden (müssen). Außerdem muss der Erblasser auch bestimmen, ob und inwieweit Verbindlichkeiten und Vertragsverhältnisse auf den Vermächtnisnehmer mit übergehen. Schließlich kann es zu Problemen führen, wenn zu dem Einzelunternehmen Vermögensgegenstände gehören, die rechtsgeschäftlich nicht übertragbar sind. Hierunter fallen zum Beispiel Forderungen, deren rechtsgeschäftliche Übertragung ausgeschlossen ist. Zusammenfassend kann daher gesagt werden, dass die Übertragung eines einzelkaufmännischen Unternehmens auf einen Vermächtnisnehmer wenig praktikabel und sinnvoll ist.[139]

b) Haftung

177 Von entscheidender Bedeutung ist auch die Frage nach der Haftung, insbesondere nach der Haftung für die Geschäftsschulden. Zum einen ist insoweit in zeitlicher Hinsicht zu unterscheiden, ob die Verbindlichkeiten schon vor oder erst nach dem Erbfall begründet wurden. Zum anderen kommt es darauf an, ob das Unternehmen fortgeführt wird oder nicht. Je nach Fallgestaltung ergibt sich dann eine Haftung nach erbrechtlichen, nach handelsrechtlichen oder nach beiden Grundsätzen. Diese Frage stellt sich unabhängig davon, ob ein Alleinerbe, die Erbengemeinschaft oder ein übernehmender Miterbe das einzelkaufmännische Unternehmen fortführt.[140]

aa) Begründung von Verbindlichkeiten nach dem Erbfall

178 Grundsätzlich haften die Erben für Neuverbindlichkeiten **persönlich mit ihrem gesamten Vermögen**, sofern sie nicht ausdrücklich durch Vereinbarung mit den Vertragspartnern eine Beschränkung auf den Nachlass geregelt haben.

---

134 Staudinger § 1922 Rn 219.
135 Staudinger § 1922 Rn 218.
136 Staudinger § 1922 Rn 222.
137 Scherer/*Hennicke* § 19 Rn 131.
138 Scherer/*Hennicke* § 19, Rn 131.
139 Bonefeld/Daragan/Wachter/*Wachter* S. 892 Rn 38 ff.
140 *Nieder* § 20 Rn 1334.

bb) Begründung von Verbindlichkeiten vor dem Erbfall ohne Fortführung des Unternehmens

Gem. § 1967 Abs. 1 BGB haftet der Erbe (bei einer Erbengemeinschaft in Verbindung mit den §§ 2058 ff BGB) für die Nachlassverbindlichkeiten und zwar **grundsätzlich unbeschränkt**. Zu diesen Nachlassverbindlichkeiten zählen unter anderem auch die Verbindlichkeiten, welche der Erblasser im Rahmen seiner kaufmännischen Tätigkeit begründet hat. Der Erbe kann jedoch seine Haftung insbesondere durch die Beantragung einer Nachlassverwaltung oder die Einleitung eines Nachlassinsolvenzverfahrens **auf den Nachlass beschränken** (§§ 1975 ff BGB). 179

cc) Begründung von Verbindlichkeiten vor dem Erbfall bei Fortführung des Unternehmens

Unabhängig von der erbrechtlichen Haftungsfrage ist darüber hinaus auch die handelsrechtliche Haftung der Erben gem. § 27 HGB zu beachten. Nach dieser Norm haftet der Erbe, sofern er ein zum Nachlass gehörendes Handelsunternehmen unter der bisherigen Firma mit oder ohne Beifügung eines Nachfolgezusatzes fortführt oder ein besonderer Verpflichtungsgrund, wie zB eine handelsübliche Bekanntmachung, vorliegt, gem. §§ 27 Abs. 1, 25 Abs. 1 und 3 HGB für die Altverbindlichkeiten **voll und unbeschränkbar**. Voraussetzung hierfür ist neben der Fortführung des Handelsunternehmens unter der alten Firma, dass der Erblasser Vollkaufmann war. Hinterlässt der Erblasser mehrere Miterben, dh es besteht eine Erbengemeinschaft, so muss ferner jeder von ihnen bezüglich der Fortführung des Unternehmens auch aktiv geworden sein. Dies setzt allerdings nicht voraus, dass der Einzelne selbst tätig geworden sein muss, vielmehr ist es ausreichend, dass derjenige, der das Unternehmen fortführt, von allen übrigen Miterben bevollmächtigt ist.[141] Letzteres kann sogar konkludent erfolgen.[142] 180

Diese **handelsrechtliche persönliche Haftung** der das Einzelunternehmen fortführenden Erben für Altverbindlichkeiten (§ 27 HGB) kann jedoch durch **verschiedene Maßnahmen beseitigt werden**. So tritt sie nicht ein, wenn die Fortführung des Handelsgeschäfts innerhalb einer Bedenkzeit von drei Monaten seit Kenntnis vom Anfall der Erbschaft vollständig eingestellt wird (§ 27 Abs. 2 HGB). Eingestellt werden muss dabei nach der hM nicht nur die Fortführung des Geschäfts durch den oder die Erben, sondern das Geschäft selbst, so dass weder seine Veräußerung an Dritte noch sein Einbringung in eine von den Erben gegründete Handelsgesellschaft zu einer Haftungsbefreiung nach § 27 Abs. 2 HGB führen.[143] Die Haftung ist auch ausgeschlossen, wenn das Unternehmen mit einer neu gebildeten Firma fortgeführt wird (vgl §§ 27 Abs. 1, 25 Abs. 1, 3 HGB). Dies setzt aber voraus, dass nicht nur ein Firmenzusatz neu hinzukommt, sondern der Firmenkern neu gebildet wird.[144] Schließlich kann in das Handelsregister auch ein Haftungsausschluss für die Altverbindlichkeiten eingetragen werden (§§ 27 Abs. 1, 25 Abs. 2 HGB). Problematisch ist dabei jedoch, dass die Eintragung nur dann diese Wirkung hat, wenn sie unverzüglich nach der Geschäftsübernahme angemeldet und bekannt gemacht wurde. In den meisten Fällen können allerdings die erbrechtlichen Nachweise nicht so zeitig beigebracht werden, so dass der Haftungsausschluss leerläuft.[145] 181

dd) Besonderheiten bei minderjährigen Erben

Anders ist dies hingegen bei Minderjährigen. Ein minderjähriger Erbe kann auch ohne Genehmigung des Familien- oder Vormundschaftsgerichts das Einzelunternehmen fortführen, wobei in einem solchen Fall an eine Fortführung durch den Testamentsvollstrecker zu denken ist. In diesem Fall kann er allerdings, wie sich aus § 1629 a BGB ergibt, die Haftung für Verbindlichkeiten, die seine Eltern durch Rechtsgeschäft bereits begründet haben, auf das **bei Eintritt der Volljährigkeit vorhandene Vermögen beschränken**. Sinn und Zweck der Norm ist nämlich, den Minderjährigen davor zu schützen, dass er mit Schulden oder sonstigen Verpflichtungen in die Volljährigkeit startet, die sein gesetzlicher Vertreter für ihn begründet hat. Erforderlich ist hierfür gem. § 1629 a Abs. 4 S. 2 BGB lediglich, dass er innerhalb von drei Monaten nach Eintritt der Volljährigkeit das Handelsgeschäft einstellt (vgl Rn 71). 182

---

141 *Nieder* § 20 Rn 1334.
142 BGH NJW 59, 2114; 60, 962.
143 *Nieder* § 20 Rn 1335.
144 *Nieder* § 20 Rn 1335.
145 *Nieder* § 20 Rn 1335.

c) Erbengemeinschaft

183 Besteht eine Mehrheit von Erben und hat darüber hinaus der Erblasser keine über ein Testament hinausgehende Vorsorge bzgl der Nachfolge getroffen, so fällt das Unternehmen nach der hM[146] in das Vermögen der ungeteilten Erbengemeinschaft. (vgl §§ 2032 ff BGB). Man spricht in einem solchen Fall von einem sog. „Miterben-Unternehmen".[147] Das Handelsgeschäft geht dann auf die Miterben als Rechtsträger **in gesamthänderischer Verbundenheit** über, auch wenn die Erbengemeinschaft an sich nicht rechtsfähig ist,[148] also selbst nicht Träger von Rechten und Pflichten sein kann. Das Einzelunternehmen wird dadurch auch nicht zu einer handelsrechtlichen Gesellschaft, vielmehr bleibt es ein Einzelunternehmen mit der Besonderheit, dass es mehrere Inhaber hat.[149] Die Fortführung des Einzelunternehmens durch die Erbengemeinschaft ist dabei rechtlich ohne zeitliche Begrenzung zulässig; dh die Miterben können das Unternehmen als werbendes Unternehmen fortführen, ohne sich zu einer Handelsgesellschaft zusammenschließen zu müssen.[150] Hieran ändert auch das nachträgliche Ausscheiden eines oder mehrerer Miterben durch Erbteilsübertragung oder einverständliche persönliche Teilauseinandersetzung[151] nichts, solange wenigstens zwei Miterben übrig bleiben. Insbesondere erfolgt keine zwangsweise Umwandlung der Erbengemeinschaft in eine OHG oder Gesellschaft des bürgerlichen Rechts, denn dafür genügt allein die Tatsache, dass mehrere Miterben das Unternehmen auf Dauer fortführen, nicht. Auch kann in dieser Tatsache allein noch nicht auf den Willen, eine Gesellschaft zu gründen, geschlossen werden.

d) Fortführung der Firma/Handelsregister

184 § 31 Abs. 1 HGB ordnet an, dass eine Änderung der Inhaber der Firma nach den Vorschriften des § 29 HGB zur Eintragung in das Handelsregisters anzumelden ist. Demnach bedarf es einer solchen Anmeldung im Erbfall in jedem Fall, da der Übergang des Handelsgeschäfts auf den/die Erben auch einen solchen Inhaberwechsel darstellt. Sinn und Zweck der Norm ist, dass durch die dann zu erfolgende Eintragung die Rechtsnachfolge nach dem Tod eines eingetragenen Kaufmanns auch **im Außenverhältnis dokumentiert** wird.[152] Ebenfalls ist in das Handelsregister eintragen zu lassen, ob der Erbe oder die Erbengemeinschaft die Firma fortführt (§ 31 Abs. 1 HGB) oder er/sie das Unternehmen einstellt und die Firma somit erlischt (vgl § 31 Abs. 2 HGB). Dies gilt auch für den Vorerben eines Unternehmens. Die Eintragung eines Nacherbenvermerks im Handelsregister ist hingegen nicht vorgesehen und nicht zulässig.

e) Berufsrechtliche Genehmigungen

185 Das einzelkaufmännische Unternehmen ist zwar grundsätzlich vererblich, doch wird diese Vererblichkeit zugleich durch berufsrechtliche Genehmigungen eingeschränkt. Ebenso wie die Kaufmannseigenschaft, sind auch die zur Ausübung bestimmter Gewerbe erforderlichen öffentlich-rechtlichen Konzessionen, Erlaubnisse, Gestattungen oder Bewilligungen **grundsätzlich nicht vererbar**. Das bedeutet, dass diese Genehmigungen (zB gem. §§ 1 ff ApothekenG §§ 30 ff GewO, §§ 2 ff GaststättenG, §§ 1 Abs. 1, 6 ff HandwO, § 1 FahrlehrerG, §§ 3 ff SchornsteinfegerG) von dem Erben selbst beantragt werden müssen. Dies resultiert aus der Tatsache, dass diese Genehmigungen in der Regel von persönlichen Eigenschaften wie zB Sachkunde und Zuverlässigkeit des Antragstellers abhängen. Eine Vererblichkeit dieser Genehmigungen wäre auch offensichtlich nicht mit dem Schutzgedanken, der hinter dem Erfordernis der Genehmigungen steht, vereinbar. Dennoch gestatten zahlreiche Sondervorschriften den Erben oder bestimmten Angehörigen des Erblassers, ein genehmigtes bzw erlaubtes gewerbliches Unternehmen zumindest vorübergehend unter Umständen auch nur **mittels eines**

---

146 BGHZ 92, 259, 262 = NJW 1985, 136, 137.
147 *Nieder* § 20 Rn 1333.
148 Palandt/*Edenhofer*, § 2032 Rn 4.
149 *Nieder* § 20 Rn 1333.
150 Palandt/*Edenhofer* § 2032 Rn 4; BGH 92, 259.
151 Palandt/*Edenhofer* § 2042 Rn 17.
152 Bonefeld/Daragan/Wachter/*Uricher* S. 721 Rn 114.

geeigneten Stellvertreters, fortzuführen. (vgl zB §§ 13, 9 Abs. 1 Nr. 2, 3 und Abs. 1a ApothekenG, § 46 GewO, § 10 GaststättenG, §§ 4, 22 Abs. 4 HandwO, § 15 FahrlehrerG, § 21 SchornsteinfegerG).

Anhand des ApothekenG soll hier **ein kurzer Einblick in die gesetzliche Gestaltung** gegeben werden. Mit §§ 13, 9 Abs. 1 Nr. 2, 3 und Abs. 1a ApothekenG enthält das Gesetz Sonderregelungen, die es den Erben auch ohne eigene Betriebserlaubnis ermöglichen, die Apotheke nach dem Tod des Erlaubnisinhabers fortzuführen. So steht zum Beispiel allen Erben gem. § 13 Abs. 1 ApothekenG das Recht zu, die Apotheke längstens zwölf Monate durch einen Apotheker verwalten zu lassen. Dabei wird die Apotheke im Namen der Erben und für deren Rechnung geführt. Ist kein Erbe im Besitz einer apothekenrechtlichen Erlaubnis zum Betrieb oder besitzt er das Recht zur Verpachtung der Apotheke nicht, so muss die Apotheke innerhalb dieser Frist von zwölf Monaten verkauft werden. Etwas anderes gilt gem. § 9 ApothekenG nur dann, wenn eines der erbberechtigten Kinder bis zur Vollendung des 23. Lebensjahres den Apothekenberuf ergreift. In diesem Fall kann die Frist auf Antrag verlängert werden, bis er in seiner Person die Voraussetzungen für die Erteilung erfüllt.[153]

186

f) Änderung der Rechtsform

Eine Änderung der Rechtsform, zB in eine OHG/KG, ist zwar gesetzlich nicht vorgeschrieben, jedoch möglich und auch sinnvoll, wenn eine Mehrheit von Erben besteht. Zu beachten ist allerdings, dass eine Umwandlung nach den Vorschriften des Umwandlungsgesetzes nicht möglich ist, da die Erbengemeinschaft nicht zu den umwandlungsfähigen/verschmelzungsfähigen Rechtsträgern im Sinne von § 3 UmwG gehört.

187

2. Personengesellschaften

Bereits von Gesetzes wegen vererblich sind bei den Personengesellschaften nur Kommanditanteile an einer KG. Hingegen sind Anteile an einer GbR, an einer OHG oder Komplementäranteile an einer KG nur vererblich, wenn sie in dem Gesellschaftsvertrag vererblich gestellt wurden. Die wesentlichen Klauseln für die Unternehmensnachfolge von Todes wegen werden zunächst am Grundfall der Personengesellschaft, der GbR, dargestellt. Abweichungen bei der OHG oder KG werden im Anschluss erläutert.

188

a) Gesellschaft bürgerlichen Rechts

Bei der GbR regelt § 727 Abs. 1 BGB, dass die Gesellschaft grundsätzlich durch den Tod eines der Gesellschafter aufgelöst wird. Die Gesellschaft wandelt sich in eine Abwicklungsgesellschaft um, die regelmäßig nach §§ 730 ff BGB auseinanderzusetzen ist. Den Erben steht das auf den Erblasser entfallende Auseinandersetzungsguthaben zu.

189

aa) Fortsetzungsklausel

Von der gesetzlichen Regelung abweichend kann im Gesellschaftsvertrag zunächst gem. § 736 BGB für den Fall des Todes eines Gesellschafters die **Fortsetzung der Gesellschaft mit den verbleibenden Gesellschaftern** vereinbart werden (Fortsetzungsklausel). Bei Versterben eines der Gesellschafter scheidet dieser nach § 736 Abs. 1 BGB aus. Sein Anteil wächst gem. § 738 Abs. 1 S. 1 BGB den anderen Gesellschaftern an. Nach § 738 Abs. 1 S. 2 haben diese an die Erben des verstorbenen Gesellschafters den Abfindungsanspruch zu leisten. Die Fortsetzungsklausel stellt eine angemessene Lösung für Gesellschaften dar, deren Bestand wesentlich von den Personen bzw Persönlichkeiten der Gesellschafter abhängen soll. Sie kann wie folgt formuliert werden:

190

▶ Verstirbt ein Gesellschafter, scheidet dieser aus der Gesellschaft aus. Die Gesellschaft wird mit den übrigen Gesellschaftern fortgesetzt. Der Anteil des verstorbenen Gesellschafters wächst den übrigen Gesellschaftern im Verhältnis ihrer Beteiligungen an der Gesellschaft an. ◀

---

153 *Rohner* ZEV 2003, 15, 15.

191 Eine Fortsetzungsklausel kann auch so formuliert werden, dass die Fortsetzung der Gesellschaft mit den verbleibenden Gesellschaftern nur für den Tod bestimmter Gesellschafter vorgesehen wird; für den Tod anderer Gesellschafter kann zB die Nachfolge durch die Erben vorgesehen werden.

192 Besonderheiten gelten, wenn die Gesellschaft vor dem Fortsetzungsfall nur noch aus zwei Gesellschaftern besteht (sog. **zweigliedrige Gesellschaft**). In einem solchen Fall ist bei dem Ausscheiden eines der Gesellschafter eine Fortsetzung der Gesellschaft nicht möglich. Es tritt Auflösung der Gesellschaft unter gleichzeitiger Vollbeendigung ein.[154] Grundsätzlich kann bei dieser Konstellation eine Fortsetzungsklausel als Übernahmeklausel ausgelegt werden, durch die der übrig bleibende Gesellschafter berechtigt wird, das Vermögen der Gesellschaft zu übernehmen. Hierbei ist es ratsam, die Übernahme nicht als Automatismus auszugestalten, sondern von einer Übernahmeerklärung des überlebenden Gesellschafters abhängig zu machen.[155] Vor diesem Hintergrund empfiehlt es sich, hierzu eine Regelung im Gesellschaftsvertrag vorzusehen. Der oben genannte Formulierungsvorschlag könnte folgendermaßen ergänzt werden:

▶ Bleibt bei dem Tod eines Gesellschafters nur noch ein Gesellschafter übrig, hat dieser das Recht, das Vermögen der Gesellschaft zu übernehmen und die Tätigkeit der Gesellschaft fortzuführen. Hierzu hat der übrig gebliebene Gesellschafter eine schriftliche Übernahmeerklärung abzugeben, die den Erben innerhalb einer Frist von drei Monaten ab dem Zeitpunkt des Todes des Gesellschafters zugehen muss. ◀

193 Von Bedeutung ist weiter die **Regelung des Abfindungsanspruchs** aus § 738 Abs. 1 S. 2 BGB. Der Rechtsprechung zu Folge kann der Abfindungsanspruch, der bei Versterben eines Gesellschafters entsteht, in dem Gesellschaftsvertrag beschränkt oder sogar ausgeschlossen werden.[156] Unter Umständen kann der Ausschluss des Abfindungsanspruchs für den Fall des Versterbens allerdings ein **Schenkungsversprechen auf den Todesfall** nach § 2301 BGB darstellen. Dies ist zB der Fall, wenn nur bei einigen Gesellschaftern ein solcher Ausschluss vorgesehen ist und andere Gesellschafter dadurch die Chance erhalten, eine Anwachsung zu erleben, ohne dafür eine Abfindung zahlen zu müssen. Nach der Rechtsprechung muss der Gesellschaftsvertrag auch in einer solchen Konstellation nicht den Formerfordernissen des § 2301 Abs. 1 BGB entsprechen. Aus Sicht der Rechtsprechung kommt in einem solchen Fall § 2301 Abs. 2 BGB zum Tragen.[157] § 2301 Abs. 2 BGB sieht vor, dass die Vorschriften über eine Schenkung unter Lebenden anzuwenden sind, falls der Schenker die Schenkung durch Leistung des zugewendeten Gegenstandes vollzieht. Dies ist nach Rechtsprechung bei dem vertraglichen Ausschluss geschehen, so dass im Übrigen auch ein etwaiger Formmangel gem. § 518 Abs. 2 BGB geheilt ist.[158]

194 Sofern ein Ausschluss des Abfindungsanspruchs für jeden Gesellschafter und seine Erben gilt, liegt nach der herrschenden Meinung ohnehin ein grundsätzlich entgeltliches Rechtsgeschäft zwischen den Gesellschaftern vor, so dass es auf die vorgenannten Formvorschriften nicht ankommt.[159] Etwas anderes gilt nach der herrschenden Meinung, wenn der Ausschluss zwar grundsätzlich für alle Gesellschafter gilt, die Gesellschafter bzw deren Erben aber ein grob unterschiedliches Risiko zu tragen haben, lediglich aus der Gesellschaft auszuscheiden und keine Anwachsung wegen Ausscheidens eines anderen Gesellschafters zu erleben.[160] Ein grobes Missverhältnis bei der Risikoverteilung kann zB bei deutlich unterschiedlicher Lebenserwartung der Gesellschafter bestehen. In einem solchen Fall ist von einer unentgeltlichen Zuwendung zu Gunsten der Gesellschafter auszugehen, die ein lediglich geringes Risiko tragen.

195 Die Pflichtteilsberechtigten des von der Risikoverteilung „benachteiligten" Gesellschafters könnten gegen dessen Erben bzw gegen die übrigen Gesellschafter unter Umständen einen Pflichtteilsergänzungsanspruch nach § 2325 ff BGB gelten machen. Dies gilt selbstverständlich auch, wenn aufgrund eines offenen einseitigen Ausschlusses des Abfindungsanspruchs von einer Schenkung auszugehen ist.

---

154 MünchKommBGB/*Ulmer* § 736 Rn 9.
155 MünchKommBGB/*Ulmer* § 736 Rn 9.
156 BGH WM 1971, 1338 f.
157 BGH WM 1971, 1338, 1339.
158 BGH WM 1971, 1338. 1339.
159 BGH NJW 1957, 180, 181; MünchKommBGB/*Lange* § 2325 Rn 19.
160 BGH NJW 1981, 1956, 1957; MünchKommBGB/*Lange* § 2325 Rn 19.

bb) Eintrittsklausel

Durch eine Eintrittsklausel erhält der Begünstigte im Wege des **Vertrags zu Gunsten Dritter** gem. §§ 328, 331 BGB einen schuldrechtlichen Anspruch auf Aufnahme als Gesellschafter. 196

Der Gesellschaftsanteil geht also nicht aufgrund Erbfolge auf den Nachfolger über. Aus diesem Grund scheidet der verstorbene Gesellschafter gem. § 736 Abs. 1 BGB aus der Gesellschaft aus; der Gesellschaftsanteil wächst den übrigen Gesellschaftern an. Die Eintrittsklausel impliziert daher eine Fortsetzung der Gesellschaft unter den übrigen Gesellschaftern. Für einen Gesellschafter ist eine Eintrittsklausel daher interessant, wenn er den Gesellschaftsanteil am Nachlass vorbei weitergeben will. Weiter ist die Eintrittsklausel für den Gesellschafter von Interesse, der zB seinem Abkömmling vollkommen unabhängig von dessen Erbenstellung die Möglichkeit einräumen möchte, in den Gesellschaftsanteil nachzufolgen. 197

Mit dem Ausscheiden des verstorbenen Gesellschafters entsteht grundsätzlich gem. § 738 Abs. 1 S. 2 BGB ein Abfindungsanspruch, welcher den Erben des verstorbenen Gesellschafters zusteht. Daher empfiehlt sich im Zusammenhang mit der Eintrittsklausel eine **Regelung des Abfindungsanspruchs**. Fehlt eine solche Regelung, kann der Begünstigte der Eintrittsklausel zwar Gesellschafter werden, dies jedoch ohne die entsprechende vermögensrechtliche Stellung. Um diese zu erlangen, müsste der eingetretene Gesellschafter eine entsprechende Einlage an die Gesellschaft leisten. 198

Eine Möglichkeit dem Begünstigten die Leistung der Einlage zu ermöglichen, besteht darin, dass der Erblasser in seinem Testament durch Vermächtnis oder Teilungsanordnung dafür sorgt, dass der Begünstigte die in den Nachlass gefallene Abfindung erhält. Besser ist es allerdings, wenn eine Regelung zu dem Abfindungsanspruch auf der Ebene des Gesellschaftsvertrages getroffen wird. Hier gibt es zwei Möglichkeiten:[161] Der bisherige Gesellschafter kann dem Begünstigten den Abfindungsanspruch auf den Todesfall nach § 2301 Abs. 1 BGB im Voraus abtreten. Alternativ kann der Abfindungsanspruch für den Fall des Todes des bisherigen Gesellschafters ausgeschlossen werden, wobei sich die übrigen Gesellschafter gem. § 328 BGB verpflichten, die mit dem Anteil verbundenen Vermögensrechte treuhänderisch für den Begünstigten zu halten und bei dessen Eintritt auf diesen zu übertragen. Diese Alternative entspricht gegenüber der dinglichen Weitergabe des Abfindungsanspruchs den Interessen der verbleibenden Gesellschafter. Da nicht sicher ist, ob der Begünstigte sein Eintrittsrecht ausüben wird, steht der Abfindungsausschluss grundsätzlich unter der auflösenden Bedingung des Nichteintritts. 199

Begünstigter einer Eintrittsklausel kann jedermann sein. Ein Zusammenhang mit der Erbfolge nach dem verstorbenen Gesellschafter besteht nicht. Als Begünstigter kann/können in der Eintrittsklausel eine bestimmte Person, aber auch eine anhand einer bestimmten Qualifikation noch zu ermittelnde Person oder auch mehrere Personen genannt werden. Auch kann einer Person, zB auch dem Gesellschafter selbst durch Erklärung (etwa in seinem Testament) die Bestimmung des Begünstigten überlassen werden. In der Abfassung der Eintrittsklausel besteht weitgehende Freiheit. Auch der Erbe kann Begünstigter der Eintrittsklausel sein. Die Entscheidung, ob er das Eintrittsrecht ausüben will, liegt grundsätzlich bei dem Begünstigten. 200

Der Anspruch auf Aufnahme als Gesellschafter kann zum einen in der Weise gestaltet sein, dass es zur Erfüllung des Anspruchs der Mitwirkung der übrigen Gesellschafter bedarf, zum anderen in der Weise, dass eine einseitige Erklärung des Begünstigten für den Eintritt genügt. Die letztere Alternative wird man dann wählen, wenn der Begünstigte möglichst die Stellung des verstorbenen Gesellschafters einnehmen soll. Das Eintrittsrecht ist jeweils in angemessener Frist auszuüben.[162] Ist der Eintretende minderjährig, so sind die für den Eintritt erforderlichen Erklärungen auf Seiten des Minderjährigen gem. § 1643 Abs. 1 iVm § 1822 Nr. 3 BGB genehmigungspflichtig. Tritt ein Elternteil beim Vollzug des Eintritts des Minderjährigen zugleich als Gesellschafter auf, ist wegen § 1795 BGB zugleich ein Ergänzungspfleger zu bestellen. Formuliert werden kann dann wie folgt: 201

---

161 MünchKommBGB/*Ulmer* § 727 Rn 59.
162 RGZ 170, 98, 108.

> Jeder Gesellschafter ist berechtigt, für seinen Todesfall durch schriftliche Erklärung gegenüber der Gesellschaft oder durch Verfügung von Todes wegen eine Person zu bestimmen (im Folgenden auch „Berechtigter"), die berechtigt ist, als Nachfolger in die Gesellschaft einzutreten. Der Berechtigte kann innerhalb von drei Monaten, gerechnet vom Zeitpunkt des Todes des Gesellschafters, eine Erklärung über seinen Eintritt abgeben. Wird eine derartige Erklärung innerhalb der vorgenannten Frist allen Gesellschaftern gegenüber abgegeben, tritt der Berechtigte vom Zeitpunkt des Zugangs der Erklärung bei dem letzten Gesellschafter in die Rechte und Pflichten des verstorbenen Gesellschafters ein; ausgenommen hiervon sind jedoch höchstpersönliche Rechte des verstorbenen Gesellschafters.
> Hat der verstorbene Gesellschafter von seinem vorgenannten Bestimmungsrecht keinen Gebrauch gemacht, so steht seinen Erben dieses Bestimmungsrecht innerhalb von zwei Monaten nach Eröffnung des Nachlasses des verstorbenen Gesellschafters zu.
> Macht der Berechtigte von seinem Eintrittsrecht Gebrauch, sind die übrigen Gesellschafter verpflichtet, ihm den Gesellschaftsanteil des verstorbenen Gesellschafters mit dem Kapitalanteil und sämtlichen aus dem Gesellschaftsverhältnis zugunsten des verstorbenen Gesellschafters bestehenden Rechten und Ansprüchen, sofern sie nicht persönlicher Natur waren, unentgeltlich zu übertragen. Ein Abfindungsanspruch der Erben des verstorbenen Gesellschafters ist ausgeschlossen.
> Wird eine Erklärung durch den Berechtigten nicht innerhalb der vorgegebenen Frist abgegeben, so wird die Gesellschaft unter den übrigen Gesellschaftern fortgesetzt. ◂

cc) Einfache Nachfolgeklausel

202 Durch eine Nachfolgeklausel wird im Gesellschaftsvertrag die **Vererblichkeit des Gesellschaftsanteils** vereinbart.[163] Ob und wer Erbe des Gesellschaftsanteils wird, bestimmt sich hingegen nach dem Erbrecht.[164] Sofern der Gesellschaftsanteil auf die Erben übergeht und damit nicht den anderen Gesellschaftern anwächst, entsteht kein Abfindungsanspruch.

203 Bei der sog. einfachen Nachfolgeklausel ist im Gesellschaftsvertrag grundsätzlich nur vereinbart, dass die Gesellschaft beim Tod eines Gesellschafters mit den Erben fortgesetzt wird. Dies führt dazu, dass jeder der testamentarischen oder gesetzlichen Erben des Verstorbenen beim Erbfall in dessen Gesellschaftsanteil nachfolgt. Möchte der Erbe die Nachfolge in den Gesellschaftsanteil verhindern, so bleibt ihm nur die Möglichkeit, die Erbschaft als Ganzes auszuschlagen.

204 Für Anteile an Personengesellschaften gilt allerdings in Ausnahme vom Grundsatz der Universalsukzession die sog. **Sondererbfolge**. Die Sondererbfolge dient der Vermeidung von Kollisionen zwischen dem erbrechtlichen Haftungsrecht (Beschränkbarkeit der Haftung auf den Nachlass) und dem gesellschaftsrechtlichen Haftungsrecht (Grundsatz der unbeschränkten persönlichen Haftung).[165] Daher folgen sämtliche Erben einzeln entsprechend ihrer Erbquoten in den Gesellschaftsanteil nach: dh der Gesellschaftsanteil teilt sich zum Zeitpunkt des Erbfalls entsprechend der Erbquoten in einzelne Gesellschaftsanteile auf, die auf die Erben einzeln übergehen. Dennoch gehört der Gegenstand dieser Sondererbfolge, der Gesellschaftsanteil, im Übrigen zum Gesamtnachlass des Erblassers.[166]

205 Dem kann durch eine **Teilungsanordnung** gem. § 2048 BGB entgegengewirkt werden, indem der Erblasser in seiner Verfügung von Todes wegen anordnet, dass zB nur einer der Erben in die Gesellschaft nachfolgen soll. Der durch die Teilungsanordnung begünstigte Erbe hat dann ggf gegen Leistung eines Wertausgleichs einen schuldrechtlichen Anspruch auf Übertragung der Gesellschaftsanteile durch die Miterben.[167] Alternativ kann der Erblasser durch ein **Vermächtnis** gem. §§ 2147, 2174 BGB bzw durch ein Vorausvermächtnis zugunsten eines der Erben nach §§ 2147, 2174 BGB iVm § 2150 BGB die Nachfolge in seinen Gesellschaftsanteil regeln. Auch hier hat die in der Verfügung von Todes wegen bedachte Person einen Anspruch auf Übertragung des Gesellschaftsanteils bzw der durch die Sondererbfolge aufgeteilten Gesellschaftsanteile auf sich. Im Unterschied zu der

---

163 BGH NJW 1977, 1339, 1340.
164 BGH NJW 1977, 1339, 1340.
165 Palandt/*Edenhofer*, § 1922 Rn 8.
166 BGH NJW 1977, 1339, 1342.
167 Palandt/*Edenhofer*, § 2048 Rn 4 u. 6.

Teilungsanordnung führt ein Vermächtnis jedoch nicht zu einer Wertausgleichungspflicht.[168] Die erforderliche Zustimmung der Gesellschafter zu Übertragungen an Vermächtnisnehmer regelt man am besten dadurch, dass man in der einfachen Nachfolgeklausel auch Vermächtnisnehmer als nachfolgeberechtigt bezeichnet:
Verstirbt ein Gesellschafter, wird die Gesellschaft mit seinen Erben und/oder den für den Gesellschaftsanteil vorgesehenen Vermächtnisnehmern fortgesetzt.

Sofern die Nachfolgeklausel hierzu keine abweichende Regelung enthält, sind **Erben im Sinne der Nachfolgeklausel** nach hM auch Vor- und Nacherbe.[169] Dies und, falls gewünscht, die Zulässigkeit von Vor- und Nachvermächtnissen sollte jedoch im Rahmen der Nachfolgeklausel ausdrücklich geregelt werden. Hierzu kann die Nachfolgeklausel wie folgt ergänzt werden: 206

▶ Ein Gesellschafter kann durch Verfügung von Todes wegen anordnen, dass Erben oder Vermächtnisnehmer Rechtsnachfolger in seinen Gesellschaftsanteil werden, nachdem zunächst andere Erben oder Vermächtnisnehmer die Rechtsnachfolge angetreten haben (Fälle der Vor- und Nacherbfolge bzw des Vor- und Nachvermächtnisses). ◀

Im Hinblick auf die **Willensbildung** kann der Zersplitterung des Gesellschaftsanteils auch durch Aufnahme einer sog. Vertreterklausel in den Gesellschaftsvertrag begegnet werden, durch die, soweit rechtlich zulässig, eine einheitliche Ausübung der Willensbildung hergestellt wird.[170] Soll Testamentsvollstreckung über den Gesellschaftsanteil ermöglicht werden, ist dies auch bereits in dem Gesellschaftsvertrag zu regeln (vgl Rn 302 ff). 207

dd) Qualifizierte Nachfolgeklausel

Auch durch die sog. qualifizierte Nachfolgeklausel wird wie bei der einfachen Nachfolgeklausel der Gesellschaftsanteil vererblich gestellt. Gleichzeitig lässt sich bei der qualifizierten Nachfolgeklausel im Unterschied zur einfachen Nachfolgeklausel schon auf Ebene des Gesellschaftsvertrags **eingrenzen, wer von den Erben** in die Gesellschaft von Todes wegen **nachfolgen darf**. Die Gesellschafter können zB bestimmen, dass nur leibliche Abkömmlinge als Erben oder nur der älteste Abkömmling als Erbe in den Gesellschaftsanteil nachfolgen. Damit die gewünschte Nachfolge von Todes wegen tatsächlich eintritt, müssen die Personen, die den Vorgaben der qualifizierten Nachfolgeklausel entsprechen, durch den Gesellschafter als Erben eingesetzt werden. Aus wirtschaftlichen Gründen müssen zudem steuerrechtliche Vorgaben beachtet werden. Vor diesem Hintergrund gilt die qualifizierte Nachfolgeklausel als **äußerst beratungsintensiv**. 208

Auch bei einer qualifizierten Nachfolgeklausel erhalten die in der Klausel genannten Erben den Gesellschaftsanteil einzeln und aufgeteilt im Wege der **Sondererbfolge**. Von der qualifizierten Nachfolgeklausel nicht erfasste Erben folgen dagegen nicht in den Gesellschaftsanteil nach. Sofern eine Nachfolge stattfindet, erhalten die ausgeschlossenen Erben auch keine Abfindung. Erfüllt zB nur einer der Erben die Erfordernisse der qualifizierten Nachfolgeklausel, so folgt dieser unmittelbar und vollumfänglich in den Gesellschaftsanteil nach.[171] In Fällen wie diesem stellt sich die Frage, wie und ob sich der durch die Nachfolgeklausel Begünstigte den Gesellschaftsanteil im Verhältnis zu den anderen Erben „anrechnen" lassen muss. Übersteigt der Wert des Gesellschaftsanteils den der Erbquote entsprechenden wertmäßigen Anteil des Nachfolgers am gesamten Nachlass, zu welchem auch der Gesellschaftsanteil zu rechnen ist, so hat dieser nach der Rechtsprechung und der ganz herrschenden Meinung den anderen Erben **Ausgleich zu leisten**, wobei die Rechtsgrundlage für diese Pflicht umstritten ist.[172] Bei der Feststellung, ob und in welcher Höhe ein Ausgleichsanspruch besteht, kommt es bei dem Gesellschaftsanteil stets auf dessen Verkehrswert an. Zur Vermeidung entsprechender Liquiditätsschwierigkeiten des Nachfolgers könnte der Erblasser ihm die Wertdifferenz zwischen dem Miterbenanteil und dem Gesellschaftsanteil als Vorausvermächtnis zuwenden. 209

---

168 Palandt/*Edenhofer*, § 2048 Rn 5.
169 BGH NJW 1977, 1540.
170 *Schörnig* ZEV 2002, 343 ff.
171 BGH NJW 1977, 1339, 1342.
172 MünchKommBGB/*Ulmer* § 727 Rn 45; BGH NJW 1977, 1339, 1342.

210 Allerdings kann die Vererbung des Gesellschaftsanteils auch **Pflichtteilsansprüche** auslösen. Bei der Ermittlung des Pflichtteilsanspruchs ist der Gesellschaftsanteil ebenfalls grundsätzlich mit seinem Verkehrswert anzusetzen.[173]

211 Eine große Gefahr bei der qualifizierten Nachfolgeklausel stellt weiter die **fehlende Abstimmung mit dem Testament** des Gesellschafters dar. Denn wird keine der von der Klausel genannten Personen auch Erbe, kann sie auch nicht in den Gesellschaftsanteil nachfolgen.

Beispiel: Gemäß der qualifizierten Nachfolgeklausel können nur Abkömmlinge der Gesellschafter Nachfolger werden. Der Gesellschafter und seine Ehefrau haben sich jedoch im Rahmen eines gemeinschaftlichen Testaments gegenseitig als Alleinerben eingesetzt; Schlusserbe, also Erbe des Längstlebenden, wird der gemeinsame Sohn (Variante des sog. Berliner Testaments). Verstirbt nun der Gesellschafter, kann die Ehefrau, die Erbin ist, nicht in den Gesellschaftsanteil nachfolgen. Der Sohn, der nachfolgen könnte, ist dagegen nicht Erbe geworden. Daher scheidet im Ergebnis der Gesellschafter mit seinem Tode im Rechtssinne aus der Gesellschaft aus. Soweit die Gesellschaft in diesem Fall fortzusetzen ist – bei der GbR aufgrund Vereinbarung, bei der OHG von Gesetzes wegen –, wächst der Gesellschaftsanteil den anderen Gesellschaftern an und erwirbt die Ehefrau lediglich den – möglicherweise durch den Gesellschaftsvertrag stark eingeschränkten – Abfindungsanspruch, der in den Nachlass fällt – ein Ergebnis, das für alle Beteiligten sehr unbefriedigend ist.

212 Sollte der Sohn in unserem Beispiel Ersatzerbe der Ehefrau sein, bestünde eine Lösung darin, dass die Ehefrau die Erbschaft nach §§ 1942 ff BGB **ausschlägt**. Allerdings beträgt die regelmäßige Ausschlagungsfrist nach § 1944 Abs. 1 BGB lediglich sechs Wochen. Bei einer Erbeinsetzung durch Testament beginnt die Ausschlagungsfrist nach § 1944 Abs. 2 BGB frühestens damit, dass der Erbe von der Eröffnung des Testaments Kenntnis erlangt.[174] Ist die Ausschlagung erfolgreich, ist der Sohn nach § 1953 Abs. 2 BGB ex tunc Erbe und folgt damit in den Gesellschaftsanteil nach.

213 Schlägt die Ehefrau nicht (rechtzeitig) aus, so kann eine Lösung darin liegen, dass man die qualifizierte Nachfolgeklausel, sofern der Gesellschaftsvertrag dies hergibt, **als Eintrittsklausel auslegt** (vgl Rn 197 f).[175] Der Sohn könnte dann trotz fehlender Erbenstellung in die Gesellschaft eintreten. Der Ehefrau stünde allerdings der in den Nachlass gefallene Abfindungsanspruch zu. Zeigt sich die Mutter nicht zur Kooperation bereit, wird der Sohn Schwierigkeiten haben, eine entsprechende Einlage an die Gesellschaft zu leisten. Dies wäre allerdings erforderlich, damit er nicht nur Gesellschafter wird, sondern in der Gesellschaft auch die Vermögensposition des verstorbenen Gesellschafters erlangt. Eine Möglichkeit der Kooperation zwischen Mutter und Sohn könnte darin liegen, dass die Mutter ihren Abfindungsanspruch gegen Zahlung von Raten oder ohne Entgelt an den Sohn abtritt.

214 Vor diesem Hintergrund muss immer die letztwillige Verfügung des Gesellschafters auf die gesellschaftsvertraglichen Bestimmungen abgestimmt werden. Zudem sollte der Gesellschaftsvertrag Regelungen dazu enthalten, ob Nachfolger auch aufgrund von Vermächtnissen bestimmt werden können. Auch sollte festgelegt werden, ob Vor- und Nacherbfolge bzw ein Vor- und Nachvermächtnis zulässig sind. Hier kann folgende Formulierung verwendet werden:

▶ Verstirbt ein Gesellschafter, so wird die Gesellschaft mit seinem durch Verfügung von Todes wegen bestimmten Nachfolger (Erben bzw Vermächtnisnehmer) fortgesetzt, soweit dieser leiblicher Abkömmling des Gesellschafters ist.

Hat ein Gesellschafter keine Anordnung in diesem Sinne getroffen, geht der Gesellschaftsanteil auf seine eingesetzten, hilfsweise gesetzlichen Erben über, soweit sie nachfolgeberechtigt im Sinne des vorhergehenden Satzes sind. ◀

(Regelung zur Vor – und Nacherbfolge, vgl Formulierungsbeispiel zur einfachen Nachfolgeklausel)

---

173 Palandt/*Edenhofer* § 2311 Rn 9.
174 Palandt/*Edenhofer* § 1944 Rn 5.
175 BGH NJW 1978, 264 ff.

ee) Rechtsgeschäftliche Nachfolgeklausel

Bei der rechtsgeschäftlichen Nachfolgeklausel geht der Gesellschaftsanteil **unabhängig von der erbrechtlichen Situation** rechtsgeschäftlich durch Verfügung auf den Nachfolger über. Anders als bei der Eintrittsklausel erwirbt der designierte Nachfolger nicht lediglich ein Eintrittsrecht. Durch die Nachfolgeklausel wird der Gesellschaftsanteil an dem Nachlass des Gesellschafters vorbeigeleitet. Dies kann allerdings dazu führen, dass Pflichtteilsergänzungsansprüche gegen den Erben, eventuell auch gegen den Nachfolger geltend gemacht werden. Interessant ist diese Klausel dann, wenn unklar ist, ob der designierte Nachfolger als Erbe berufen wird bzw werden kann. Nachteilig an der rechtsgeschäftlichen Nachfolgeklausel ist die Bindung, die der Gesellschafter und der Nachfolger bereits zu Lebzeiten des Gesellschafters eingehen. 215

Der Gesellschafter und der Nachfolger vereinbaren bei der rechtsgeschäftlichen Nachfolgeklausel, dass der Gesellschaftsanteil bei dem Tod des Gesellschafters **unmittelbar dinglich** auf den Nachfolger übergeht. Zudem ist wegen der Verfügung über den Gesellschaftsanteil die Zustimmung der übrigen Gesellschafter erforderlich, die aber bereits in der rechtsgeschäftlichen Nachfolgeklausel im Gesellschaftsvertrag zu sehen ist.[176] 216

Da es den Vertrag zu Gunsten Dritter mit dinglicher Wirkung und – im Hinblick auf die mit der Übertragung einhergehenden Verpflichtungen – den Vertrag zu Lasten Dritter nicht gibt, ist hier die **Annahme der Verfügung** (und der Schenkung) durch den Nachfolger noch zu Lebzeiten des Gesellschafters erforderlich.[177] Geschieht die Annahme zu Lebzeiten des Gesellschafters, ist die Schenkung nach § 2301 Abs. 2 BGB rechtzeitig vollzogen und auch nach § 518 Abs. 2 BGB formwirksam. Bei Annahme nach Versterben des Gesellschafters kann hingegen keine Heilung im Sinne von § 2301 Abs. 2 BGB mehr erfolgen.[178] Liegt im Grunde eine rechtsgeschäftliche Nachfolgeklausel vor, hat jedoch der Nachfolger nicht mitgewirkt, kann die Klausel in aller Regel in eine Eintrittsklausel umgedeutet werden.[179] Formuliert werden kann wie folgt: 217

▶ Verstirbt Gesellschafter A, erhält sein ältester Abkömmling (Sohn oder Tochter) den Gesellschaftsanteil einschließlich aller Forderungen und Verbindlichkeiten aus dem Gesellschaftsverhältnis. Der älteste Abkömmling kann diese Übertragung durch Unterzeichnung des Gesellschaftsvertrags annehmen und bewirken. Der Abfindungsanspruch ist in diesem Fall ausgeschlossen.
Erfolgt die Annahme nicht zu Lebzeiten des A, so hat der älteste Abkömmling das Recht, innerhalb von zwei Monaten ab dem Erbfall des A in die Gesellschaft einzutreten. Wird dieses Eintrittsrecht fristgerecht durch schriftliche Erklärung gegenüber allen übrigen Gesellschaftern ausgeübt, so folgt der Abkömmling in den Gesellschaftsanteil des Erblassers nach, wie dieser zum Zeitpunkt des Erbfalls bestand. Auch wenn das Eintrittsrecht nicht fristgerecht ausgeübt wird, setzen die übrigen Gesellschafter die Gesellschaft fort. ◀

b) Offene Handelsgesellschaft

Im Unterschied zur GbR führt der Tod eines Gesellschafters bei der OHG nicht zur Auflösung der Gesellschaft. Nach § 131 Abs. 2 Nr. 1 HGB scheidet der Gesellschafter mit dem Tode aus, während die Gesellschaft mit den übrigen Gesellschaftern fortgesetzt wird. Der **gesetzliche Regelfall** sieht also die Fortsetzung der Gesellschaft vor und entspricht insofern der Fortsetzungsklausel bei der GbR. Dagegen ist der Gesellschaftsanteil wie bei der GbR nach dem gesetzlichen Regelfall nicht vererblich. Zur Vererblichstellung bedarf es vielmehr der Vereinbarung einer Nachfolgeklausel im Gesellschaftsvertrag. 218

aa) Fortsetzung

Ist in dem Gesellschaftsvertrag nichts geregelt bzw zur Klarstellung keine ausdrückliche Fortsetzungsklausel enthalten, so wächst der Anteil des verstorbenen Gesellschafters am Gesellschaftsvermögen 219

---

176 MünchKommBGB/*Ulmer* § 727 Rn 51.
177 BGH NJW 1964, 1124, 1125; BGH NJW 1977, 1339, 1341.
178 Palandt/*Edenhofer* § 2301 Rn 8.
179 BGH NJW 1977, 1339, 1341.

den übrigen Gesellschaftern zu (§ 738 BGB iVm § 105 Abs. 3 HGB). Die Erben des ausgeschiedenen Gesellschafters werden nicht Gesellschafter; ihnen steht lediglich der Abfindungsanspruch nach § 738 BGB iVm § 105 Abs. 3 HGB zu, welcher in den Nachlass fällt. Auch im Übrigen gilt das bereits zur Fortsetzung bei der GbR Ausgeführte.

220 Scheidet ein Gesellschafter durch Tod aus, so ist dies nach § 143 HGB zur Eintragung in das Handelsregister anzumelden. Die Anmeldung ist in diesem Fall gem. § 143 Abs. 1 und 3 durch alle verbleibenden Gesellschafter und alle Erben, auch soweit sie nicht nachfolge- oder eintrittsberechtigt sind, vorzunehmen.[180] Wird die Gesellschaft beim **Tod des vorletzten Gesellschafters** in der zweigliedrigen Gesellschaft aufgelöst und zugleich voll beendigt ist dies ebenfalls nach § 143 HGB von dem verbleibenden Gesellschafter und den Erben des verstorbenen Gesellschafters zur Eintragung anzumelden.[181] Wird das Unternehmen durch den verbleibenden Gesellschafter fortgeführt, ist neben der Auflösung, der Wechsel des Firmeninhabers bei dem Handelsregister anzumelden.[182]

bb) Eintrittsklausel

221 Hier gilt das zur GbR Ausgeführte. Bei der OHG gilt zusätzlich, dass in der Eintrittsklausel festgelegt werden sollte, ob der Eintretende **Komplementär oder Kommanditist** wird. Ist in der Eintrittsklausel hierzu nichts geregelt, kann jedenfalls nicht auf § 139 HGB zurückgegriffen werden (§ 139 HGB gilt nur für den Erben, der aufgrund Erbgangs Gesellschafter wird).[183] Soll der Eintretende Kommanditist werden, so sollte der Eintritt im Hinblick auf § 176 Abs. 2 HGB, dh zur Vermeidung der persönlichen Haftung durch den Eintretenden, aufschiebend bedingt auf die Eintragung in das Handelsregister vollzogen werden.

222 Nach § 143 HGB ist das Ausscheiden von den verbleibenden Gesellschaftern und den Erben des verstorbenen Gesellschafters, nach §§ 107, 108 HGB der Eintritt des neuen Gesellschafters durch die verbleibenden Gesellschafter und den eintretenden Gesellschafter zur Eintragung in das Handelsregister anzumelden.

cc) Rechtsgeschäftliche Nachfolgeklausel

223 Hier gilt das zur GbR Ausgeführte. Zu ergänzen ist, dass das Ausscheiden des alten Gesellschafters und das Eintreten des neuen Gesellschafters von den verbleibenden Gesellschaftern, allen Erben und dem neuen Gesellschafter – unter Nachweis der Erbfolge in öffentlich beglaubigter Form nach § 12 HGB – gem. §§ 143 Abs. 2 und 3, 107, 108 HGB zur Eintragung in das Handelsregister anzumelden ist.

dd) Nachfolgeklauseln

224 Auch hier gilt zunächst das zur GbR Ausgeführte. Für die erforderlichen Anmeldungen der Nachfolge gem. § 143 Abs. 2 und 3 HGB zur Eintragung in das Handelsregister durch sämtliche Gesellschafter und den Erben, ist der Nachweis der Erbfolge in der Regel durch Erbschein und gem. § 12 Abs. 1 HGB in öffentlich beglaubigter Form zu erbringen.

225 Im Unterschied zu der GbR muss der Erbe des Gesellschafters die Erbschaft nicht im Ganzen ausschlagen, um die persönliche Haftung als Gesellschafter zu verhindern. Wegen § 139 HGB, der nach hM nicht auf die GbR anwendbar ist,[184] kann der Erbe die Erbschaft annehmen und hat das **Wahlrecht**, persönlich haftender Gesellschafter zu werden oder seinen Verbleib in der Gesellschaft davon abhängig zu machen, dass ihm die Stellung eines Kommanditisten eingeräumt wird (§ 139 Abs. 1 HGB). Wünscht der Nachfolger die Einräumung einer Kommanditistenstellung, so hat er einen entsprechenden formlosen Antrag an die übrigen Gesellschafter zu richten.[185] Mehreren Erben steht das Wahl-

---

180 Baumbach/Hopt/*Hopt* § 143 Rn 3.
181 Baumbach/Hopt/*Hopt* § 143 Rn 1.
182 Baumbach/Hopt/*Hopt* § 143 Rn 1.
183 Baumbach/Hopt/*Hopt* § 139 Rn 37.
184 Baumbach/Hopt/*Hopt* § 139 Rn 8.
185 Baumbach/Hopt/*Hopt* § 139 Rn 37.

recht jeweils einzeln zu.[186] Auch dem Vorerben und dem Nacherben, soweit nicht bereits der Vorerbe das Recht ausgeübt hat, steht das Wahlrecht zu.[187] Ist der Erbe bereits vor dem Erbfall Gesellschafter der OHG, so steht ihm wegen des Grundsatzes der Einheitlichkeit des Gesellschaftsanteils ein Wahlrecht nicht zu.[188] Das Wahlrecht muss der Erbe gemäß § 139 Abs. 3 HGB innerhalb einer Frist von drei Monaten nach dem Zeitpunkt, in welchem er von dem Anfall der Erbschaft Kenntnis erlangt hat, ausüben. Wegen § 139 Abs. 3 S. 3 HGB endet diese Frist jedoch nicht vor dem Ablauf der Ausschlagungsfrist.

Nehmen die übrigen Gesellschafter den Antrag des Erben nicht an, so hat dieser nach § 139 Abs. 2 HGB das **Recht**, ohne Einhaltung einer Kündigungsfrist, sein **Ausscheiden aus der Gesellschaft** zu erklären. Allerdings muss auch das Ausscheiden gemäß § 139 Abs. 3 HGB innerhalb der Dreimonatsfrist erklärt werden. Der Erbe kann die Erklärung, bei Ablehnung seines Antrags ausscheiden zu wollen, bereits mit dem Antrag selbst verbinden. Ein minderjähriger Erbe wird bei der Erklärung zum Ausscheiden grundsätzlich von seinem gesetzlichen Vertreter vertreten; eine familien- bzw. vormundschaftsgerichtliche Genehmigung ist nicht erforderlich. Sofern es sich bei der Gesellschaft nicht lediglich um eine zweigliedrige Gesellschaft handelt, besteht diese nach dem Ausscheiden des Erben unter den übrigen Gesellschaftern fort. Dem ausscheidenden Erben steht gegen die Gesellschaft ein **Abfindungsanspruch** zu. Eine gesellschaftsvertragliche Regelung, nach welcher das Abfindungsguthaben eines kündigenden Gesellschafters beschränkt wird, gilt im Zweifel nicht für den nach § 139 Abs. 2 HGB ausscheidenden Erben.[189] 226

Scheidet mit dem Erben der **vorletzte Gesellschafter** aus, so ist § 140 Abs. 1 S. 2 HGB analog anwendbar. Die Gesellschaft wird mit dem Ausscheiden zugleich aufgelöst und beendet.[190] Der verbleibende Gesellschafter wird Alleininhaber des Unternehmens im Wege der Gesamtrechtsnachfolge. Soll daher sichergestellt werden, dass eine Personenhandelsgesellschaft auch nach Erbfällen fortbesteht, sollte rechtzeitig eine GmbH – zumindest auch – als persönlich haftende Gesellschafterin in die Handelsgesellschaft aufgenommen werden.[191] Alternativ kann der Erbe als persönlich haftender Gesellschafter in der OHG verbleiben. 227

Nehmen die übrigen Gesellschafter den **Antrag des Erben** an, kommt eine vertragliche Beteiligungsumwandlung durch Vertrag des Erben mit den Mitgesellschaftern zustande. Stellen mehrere Erben einen Antrag auf Einräumung einer Kommanditistenstellung, können die Mitgesellschafter jeweils unterschiedlich reagieren.[192] Bei einem minderjährigen Erben ist – wegen der Minderung seines Risikos – für die Vereinbarung nicht die Genehmigung des Vormundschaftsgerichts erforderlich.[193] 228

Kommt der **Vertrag zwischen dem Erben und den Mitgesellschaftern** zustande, werden die Gesellschaft zur KG und der Erbe zum Kommanditisten. Sieht der Gesellschaftsvertrag nichts anderes vor, hat der Erbe als Kommanditist denselben Gewinn- und Verlustanteil wie der Erblasser (§ 139 Abs. 1 und Abs. 5 HGB). Weiter wird gemäß § 139 Abs. 1 HGB der auf den Erben entfallende Teil der Einlage des Erblassers die Kommanditeinlage des Erben. Die Einlage des Erblassers in diesem Sinne stellt nach hM der Kapitalanteil des Erblassers bei seinem Tode dar.[194] Auch bei einem negativen Kapitalanteil des Erblassers steht dem Erben die Ausübung des Wahlrechts nach § 139 Abs. 1 HGB zu (nach wohl hM). Umstritten ist jedoch, welche Hafteinlage der Erbe in diesem Fall zu erbringen hat.[195] 229

Da § 139 HGB dem Schutz des Erben dient, ist diese Vorschrift **zwingend** (§ 139 Abs. 5 Hs 1 HGB). Das Wahlrecht des Erben darf auf gesellschaftsrechtlicher Ebene nicht erschwert werden, insbesondere nicht durch eine Verkürzung der Wahlfrist oder eine Verpflichtung, eine im Verhältnis zur Ein- 230

---

186 BGH NJW 1971, 1268 f.
187 Baumbach/Hopt/*Hopt* § 139 Rn 37.
188 Baumbach/Hopt/*Hopt* § 139 Rn 37.
189 Baumbach/Hopt/*Hopt* § 139 Rn 43; Ebenroth/Boujong/Joost/*Lorz*, § 139 Rn 108.
190 Baumbach/Hopt/*Hopt* § 139 Rn 43; Ebenroth/Boujong/Joost/*Lorz* § 139 Rn 109.
191 Vgl Bonefeld/Daragan/Wachter/*Wachter* § 18 Rn 230.
192 BGH NJW 1971, 1268, 1269.
193 Baumbach/Hopt/*Hopt* § 139 Rn 39.
194 Baumbach/Hopt/ *Hopt* § 139 Rn 41; Bonefeld/Daragan/Wachter/*Wachter* § 18, Rn 227.
195 Vgl Baumbach/Hopt/*Hopt* § 139, Rn 42.

lage des Erblassers höhere Kommanditbeteiligung zu übernehmen. Allerdings lässt es § 139 Abs. 5 Hs 2 HGB zu, dass der Gewinnanteil des Kommanditisten anders bestimmt wird als der des Erblassers, also gekürzt wird. Hintergrund ist die eingeschränkte Haftung des Kommanditisten im Verhältnis zum Erblasser. Außerdem sind Regelungen zulässig, die die Haftungsbeschränkung des Erben erleichtern. So darf der Gesellschaftsvertrag insbesondere vorsehen, dass der Erbe frei zwischen einer Stellung als persönlich haftender Gesellschafter und als Kommanditist wählen darf und wie folgt formulieren:

▶ Verstirbt ein Gesellschafter, wird die Gesellschaft mit seinen Erben fortgesetzt. Jeder Erbe hat das Recht, durch schriftliche Erklärung gegenüber den anderen Gesellschaftern innerhalb von drei Monaten nach Eintritt des Erbfalls zu verlangen, dass der geerbte Gesellschaftsanteil in einen Kommanditanteil umgewandelt wird. ◀

231 Alternativ kann der Gesellschaftsvertrag vorsehen, dass der Erbe automatisch die Stellung eines Kommanditisten erhält (sog. **Umwandlungsklausel**). Die Umwandlungsklausel kann insbesondere vorsehen, dass nur bestimmte Erben eine Stellung als Kommanditist erhalten. Ein Vorteil der Umwandlungsklausel liegt darin, dass die Zuweisung einer Stellung als Kommanditist unabhängig von der Entscheidung der Erben ist. Die Klausel kann wie folgt formuliert werden:

▶ Verstirbt ein Gesellschafter, wird die Gesellschaft mit den Erben fortgesetzt. Die Erben der Gesellschafter A und B werden jedoch Kommanditisten. Der auf den jeweiligen Erben entfallende Anteil der Kapitaleinlage des Erblassers wird dabei Hafteinlage der Kommanditisten. ◀

232 Der Erblasser kann den Erben durch eine Auflage oder die Aufnahme einer auflösenden Bedingung **im Testament** dazu motivieren, zB von seinen Rechten nach § 139 HGB keinen Gebrauch zu machen. § 139 Abs. 5 HGB ist insoweit nicht anwendbar.

c) Kommanditgesellschaft

233 Bei der Kommanditgesellschaft ist zwischen dem Versterben eines Komplementärs und dem Versterben eines Kommanditisten zu unterscheiden.

aa) Tod eines Komplementärs

234 Für den Tod eines Komplementärs gilt das für den Gesellschafter einer OHG Gesagte.

235 Etwas anderes gilt jedoch, wenn der Verstorbene der **einzige Komplementär** der KG war und nunmehr ausgeschieden ist. Eine KG setzt begriffsnotwendig einen Komplementär voraus. Ist der einzige Komplementär ausgeschieden, ist die KG aufgelöst und befindet sich in Liquidation.[196] Die Kommanditisten können in diesem Fall die Gesellschaft als werbende Gesellschaft weiterführen. Diese wird dann – abhängig von §§ 1 ff HGB – zur OHG oder GbR (sog. Rechtsform wechselnde Umwandlung). Der bzw die verbleibenden Kommanditisten können alternativ einen persönlich haftenden Gesellschafter aufnehmen und die KG in Liquidation als werbende KG fortführen.[197] In dem Gesellschaftsvertrag der KG kann für das Ausscheiden des letzten Komplementärs Sorge getragen und vereinbart werden, dass insbesondere eine GmbH als persönlich haftende Gesellschafterin aufzunehmen ist. Sicherer ist es, wenn bereits vor Versterben des letzten persönlich haftenden Gesellschafters eine GmbH – zumindest auch – als persönlich haftende Gesellschafterin ohne vermögensmäßige Beteiligung in die Gesellschaft aufgenommen wird.

236 Einen Spezialfall stellt der **Tod des Komplementärs in der zweigliedrigen KG**, also bestehend aus dem Komplementär und einem Kommanditisten dar. Enthält der Gesellschaftsvertrag keine vorbeugende Regelung, insbesondere keine Nachfolgeklausel für den Komplementär, scheidet der Komplementär nach § 131 Abs. 2 Nr. 1 durch den Tod aus der KG aus. Hierdurch wird die zweigliedrige Gesellschaft nicht nur aufgelöst (Auflösung bedeutet Übergang von der werbenden Tätigkeit in die Abwicklung), sondern gleichzeitig (voll) beendet.[198] Der übrig bleibende Gesellschafter wird zum Gesamtrechtsnachfolger der beendeten Gesellschaft; dies gilt auch, wenn der übrig bleibende

---

196 Baumbach/Hopt/*Hopt* § 177 Rn 1.
197 Baumbach/Hopt/*Hopt* § 177 Rn 1.
198 Baumbach/Hopt/*Hopt* § 131, Rn 35; BGH NJW 2000, 1119 f.

Gesellschafter Kommanditist war.[199] Für die Haftung des überlebenden Kommanditisten bedeutet dies, dass er in Folge der Gesamtrechtsnachfolge qua Gesellschaftsrecht nach wohl hM dann unbeschränkt und persönlich haftet, wenn er das Unternehmen nach dem Ausscheiden des persönlich haftenden Gesellschafters werbend fortführt. Dieser Ansicht nach ist die Frist, in welcher die werbende Tätigkeit – zwecks Haftungsbeschränkung – einzustellen ist, in entsprechender Anwendung von § 27 Abs. 2 HGB mit drei Monaten zu bemessen.[200]

bb) Tod eines Kommanditisten

Im Unterschied zu den bereits besprochenen Mitgliedschaften in den Personengesellschaften, ist die **Mitgliedschaft als Kommanditist** nach dem gesetzlichen Regelfall **vererblich** (§ 177 HGB). Mehrere Erben folgen entsprechend ihren Erbquoten einzeln in den Kommanditanteil nach. Es gilt hier statt der Universalsukzession die Sondererbfolge. Der in § 177 HGB geregelte gesetzliche Regelfall entspricht somit der einfachen Nachfolgeklausel. § 177 HGB ist jedoch ausdrücklich dispositiv. So kann an Stelle der einfachen Nachfolge nach § 177 HGB im Gesellschaftsvertrag für die Kommanditisten jede der vorstehend für die GbR/OHG genannten Klauseln und Lösungen, insbesondere die qualifizierte Nachfolgeklausel, vereinbart werden.

237

Sollte der Erbe bereits Gesellschafter der KG sein, so gilt der **Grundsatz der Einheitlichkeit des Gesellschaftsanteils**.[201] Ist der Erbe bereits Kommanditist, so erhöht sich sein Kommanditanteil entsprechend; ist der Erbe persönlich haftender Gesellschafter, erhöht sich sein Kapitalanteil entsprechend, wobei es jedoch bei der persönlichen Haftung des Gesellschafters verbleibt.[202]

238

d) Haftung der Nachfolger bei den einzelnen Nachfolgeszenarien

aa) Allgemeines zur Haftung bei Eintritt eines neuen Gesellschafters

(1) GbR-, OHG-Gesellschafter und persönlich haftender Gesellschafter der KG

Grundsätzlich haftet der neu eintretende Gesellschafter in eine GbR oder OHG **gleich den anderen Gesellschaftern** für Neuverbindlichkeiten und gem. § 130 iVm §§ 128, 129 HGB für die vor seinem Eintritt begründeten Verbindlichkeiten unbeschränkt (bei der GbR gelten diese Vorschriften analog).[203] Nachdem die Stellung des persönlich haftenden Gesellschafters einer KG, der eines OHG-Gesellschafters entspricht, gilt entsprechendes über § 161 Abs. 2 HGB auch für diesen.

239

(2) Kommanditist

Die Haftung des in eine KG neu eintretenden Kommanditisten für Altverbindlichkeiten ist in § 173 HGB geregelt. Demnach haftet dieser für die vor seinem Eintritt begründeten Verbindlichkeiten nach §§ 171, 172 HGB. Für Verbindlichkeiten, die zwischen seinem Eintritt und seiner Eintragung im Handelsregister begründet werden, haftet der Kommanditist gem. § 176 Abs. 2 iVm Abs. 1 HGB unbeschränkt, falls dem Gläubiger seine Stellung als Kommanditist nicht bekannt war.[204] Es empfiehlt sich daher darauf zu achten, dass die **Anmeldung zum Handelsregister** der Begründung der Gesellschafterstellung zeitlich vorangeht, bzw die Begründung der Gesellschafterstellung unter der Bedingung der Eintragung erfolgt. So kann nämlich eine persönliche Haftung der in der Zwischenzeit begründeten Verbindlichkeiten vermieden werden.[205]

240

---

199 Baumbach/Hopt/*Hopt* § 131, Rn 35; BGH NJW 2000, 1119 f.
200 MünchHdb KG /*Piehler/Schulte* S. 729 Rn 14; Ebenroth/Boujong/Joost /*Lorz* § 140, Rn 42.
201 Baumbach/Hopt/*Hopt* § 124, Rn 16.
202 Baumbach/Hopt/*Hopt* § 177, Rn 4.
203 BGH NJW 2003, 1803, 1804 f.
204 Baumbach/Hopt/*Hopt* § 176 Rn 9; Sudhoff/*Stenger* § 30 Rn 13.
205 Baumbach/Hopt/*Hopt* § 176, Rn 9; Sudhoff/*Stenger* § 30 Rn 13.

bb) Besonderheit: Der Erbe eines Gesellschafters

(1) GbR

241 Wird die **Gesellschaft** bürgerlichen Rechts nach dem Tod des Erblassers **aufgelöst**, weil der Gesellschaftsvertrag zB weder eine Fortsetzungs- noch eine Nachfolgeklausel enthält, so rückt der Erbe bzw die Erbengemeinschaft in die dann bestehende Liquidationsgesellschaft ein und haftet gem. § 1967 BGB nach erbrechtlichen Grundsätzen.[206] Jedoch besteht hier die Möglichkeit der Beschränkung der Haftung auf den Nachlass (§§ 1975 ff BGB). Enthält der Gesellschaftsvertrag eine Fortsetzungsklausel, haften die Erben für die bis zum Ausscheiden des verstorbenen Gesellschafters entstandenen Verbindlichkeiten als Nachlassverbindlichkeiten nach § 1967 BGB, ebenfalls mit der Möglichkeit der Beschränkung gem. §§ 1975 ff BGB. Wegen § 738 Abs. 1 Satz 2 iVm § 1922 BGB haben die Erben, soweit nicht im Gesellschaftsvertrag ausgeschlossen, jedoch gegen die Gesellschaft einen Anspruch auf Befreiung von diesen Verbindlichkeiten.[207]

242 **Tritt hingegen der Erbe** in Folge einer entsprechenden Klausel **in die Gesellschaft ein**, so ist zu unterscheiden: Für Altverbindlichkeiten haftet er erbrechtlich, dh mit der Möglichkeit der Beschränkung auf den Nachlass nach §§ 1975 ff BGB. Ob daneben eine gesellschaftsrechtliche Haftung nach § 130 HGB analog auch für die vor seinem Eintritt begründeten Verbindlichkeiten besteht, ist umstritten. Nachdem der BGH diese Haftung für einen neu eintretenden Gesellschafter bejaht hat,[208] mehren sich die Stimmen in der Literatur, die auch eine Haftung bei dem Eintritt durch Erbfolge befürworten.[209] Allerdings fragt es sich dann, ob in diesem Fall auch die Rechte aus § 139 HGB geltend gemacht werden können, was jedoch wohl verneint werden muss.[210]

243 Ebenso wie der Nachfolgererbe haften bei der qualifizierten Nachfolgeklausel auch die nicht zur Nachfolge berechtigten Erben für Altverbindlichkeiten der Gesellschaft nach den Grundsätzen der Haftung für Nachlassverbindlichkeiten.[211] Hinsichtlich der Neuverbindlichkeiten haftet der Erbe, der in die Gesellschaft einrückt, grundsätzlich unbeschränkt.

(2) OHG

244 **Grundsatz:** Hinsichtlich der Haftung des Erben eines OHG-Gesellschafters bedarf es zunächst einer Unterscheidung, ob die Gesellschaft – mangels Nachfolgeklausel – nach dem Tod des Gesellschafters unter den Altgesellschaftern fortgesetzt wird (§ 131 Abs. 3 HGB) oder ob der Erbe aufgrund einer Nachfolgeklausel in die Gesellschafterstellung einrückt.

245 Im ersten Fall (**Fortsetzung**) erhält der Erbe, ähnlich wie bei der GbR, lediglich einen Abfindungsanspruch und haftet für die Altverbindlichkeiten des verstorbenen Gesellschafters nach §§ 1967, 1975 ff BGB, dh grundsätzlich unbeschränkt, jedoch beschränkbar. Eine gesellschaftsrechtliche Haftung besteht daneben, insbesondere für Neuverbindlichkeiten nicht, da der Erbe endgültig nicht Gesellschafter wird.[212]

246 Rückt der Erbe jedoch aufgrund einer **Nachfolgeklausel** in die Gesellschaft ein, so besteht neben der erbrechtlichen auch eine gesellschaftsrechtliche Haftung gem. §§ 130, 128, 129 HGB. Dies hat zur Folge, dass er grundsätzlich für alle Verbindlichkeiten persönlich und unbeschränkbar (eine erbrechtliche Haftungsbeschränkung wirkt sich nicht aus) haftet. Bei der qualifizierten Nachfolgeklausel haften für Altverbindlichkeiten auch die weichenden Erben, allerdings nur gem. §§ 1967 ff BGB.

247 **§ 139 HGB:** Jedoch kann der Nachfolgererbe der gesellschaftsrechtlichen Haftung uU entgehen, da er wegen § 139 HGB das **Wahlrecht** hat, persönlich haftender Gesellschafter zu werden oder seinen Verbleib in der Gesellschaft davon abhängig zu machen, dass ihm die Stellung eines Kommanditisten eingeräumt wird (vgl Rn 224 ff).

---

206 MünchKommBGB/*Ulmer* § 727 Rn 21.
207 MünchKommBGB/*Ulmer* § 738 Rn 77.
208 BGH NJW 2003, 1803.
209 Zum Meinungsstand: *Hoppe* ZEV 2004, 226 ff.
210 *Hoppe* ZEV 2004, 226, 231; Baumbach/Hopt/*Hopt* § 139 Rn 8.
211 Sudhoff/*Froning* § 44 Rn 95; Groll/*Trotz* B XI Rn 207.
212 Sudhoff/*Scherer* § 12 Rn 16.

Verlässt der Erbe innerhalb der Dreimonatsfrist des § 139 Abs. 3 HGB **die Gesellschaft**, so haftet er gem. § 139 Abs. 4 HGB sowohl für die Altverbindlichkeiten als auch für die sog. Zwischenneuschulden (Verbindlichkeiten, welche in der Zeit zwischen dem Erbfall und dem Ausscheiden aus der Gesellschaft/Umwandlung durch die Gesellschaft begründet worden sind) nur nach den erbrechtlichen Grundsätzen, dh auf den Nachlass beschränkbar. 248

Hat hingegen der Erbe fristgerecht den **Antrag auf Einräumung der Kommanditistenstellung** gestellt und wurde dieser **angenommen**, so beurteilt sich die Haftung einerseits nach erbrechtlichen, andererseits nach gesellschaftsrechtlichen Grundsätzen wie folgt: 249

Für die Altverbindlichkeiten der Gesellschaft, für welche der Erblasser gem. § 128 HGB haftete, besteht die erbrechtliche Haftung mit deren Beschränkungsmöglichkeit gem. § 139 Abs. 4 HGB iVm §§ 1967, 1975 ff BGB. Daneben haftet der Erbe aufgrund seiner Stellung als Kommanditist für diese Verbindlichkeiten gem. § 173 iVm §§ 171, 172 HGB, dh nur bis zu seiner im Handelsregister eingetragenen Haftsumme unmittelbar. Gem. § 139 Abs. 1 HGB wird der auf den Erblasser entfallende Teil der Einlage als Kommanditeinlage des Kommanditisten anerkannt und in der Regel in dieser Höhe auch als Haftsumme im Handelsregister eingetragen.[213] 250

Die Zwischenneuschulden werden aufgrund des Haftungsprivilegs nach § 139 Abs. 4 HGB gewissermaßen zu Nachlassverbindlichkeiten erklärt. Die Möglichkeit der Haftungsbeschränkung nach den §§ 1967, 1975 ff BGB besteht.[214] Gleiches gilt im Falle des Ausscheidens. Umstritten und noch nicht höchstrichterlich entschieden ist die Frage, ob § 176 Abs. 2 HGB auf den Fall des Einrückens des Kommanditisten im Erbfall anwendbar ist.[215] Bis es zu einer Klärung der Streitfrage gekommen ist, muss dem Erben dringend geraten werden, seine Kommanditistenstellung zeitgleich mit Umwandlung im Handelsregister eintragen zu lassen. Wird die Gesellschafterstellung des Erben erst nach der Frist des § 139 Abs. 3 HGB in eine Kommanditistenstellung umgewandelt, so entfällt die Haftungsprivilegierung, mit der Folge, dass auch für die Zwischenneuschulden gem. § 128 HGB unbeschränkt gehaftet wird.[216] 251

Gem. § 139 Abs. 3 HGB hat der Erbe eine **Bedenkzeit** von höchstens drei Monaten, so dass die Schwebezeit maximal diesen Zeitraum einnehmen kann. In dieser Zeit haftet der Erbe wie ein persönlich haftender Gesellschafter, kann aber die Haftung mit seinem Privatvermögen verweigern.[217] Weiter haftet er aufgrund der erbrechtlichen Haftung für Nachlassverbindlichkeiten gem. § 128 HGB, allerdings wiederum nach der Maßgabe der §§ 1967, 1975 ff BGB beschränkbar.[218] Nachdem während des Schwebezustands noch keine Anmeldepflicht zur Eintragung ins Handelsregister besteht, scheidet außerdem auch eine Haftung nach § 15 Abs. 1 HGB von vornherein aus.[219] 252

(3) KG

War der verstorbene Gesellschafter Komplementär, so gelten die vorstehenden Ausführungen entsprechend. Jedoch ist zu beachten, dass, wenn der **Erblasser der einzige Komplementär** der Gesellschaft war, das Verlangen des Erben, Kommanditist zu werden, zur Auflösung der Gesellschaft führt, da mindestens ein Komplementär vorhanden sein muss (vgl Rn 234 f). 253

Tritt der Erbe an die **Stelle eines Kommanditisten**, so geht nach § 177 HGB der Gesellschaftsanteil auf ihn über. Die §§ 171 und 172 HGB sind auf den Erben in gleicher Weise anwendbar wie auf den Erblasser.[220] Nach hM ist auch § 173 HGB auf die Erbfolge in den Kommanditanteil anwendbar.[221] Dabei gilt § 173 HGB für die Haftung des Erben als neuem Kommanditisten, während §§ 171, 172 254

---

213 Sudhoff/*Scherer* § 12 Rn 17; Ebenroth/Boujong/Joost/*Lorz* § 139 Rn 106.
214 Sudhoff/*Froning* § 44 Rn 107.
215 Baumbach/Hopt/*Hopt* § 139 Rn 47.
216 Sudhoff/*Froning* § 44 Rn 107.
217 Baumbach/Hopt/*Hopt* § 139 Rn 45.
218 Baumbach/Hopt/*Hopt* § 139 Rn 45.
219 Sudhoff/*Froning* § 44 Rn 105.
220 Baumbach/Hopt/ *Hopt* § 177 Rn 4.
221 Baumbach/Hopt/*Hopt* § 173 Rn 15; Groll/*Trotz* B XI Rn 222.

HGB in Verbindung mit § 1967 BGB die Haftung für Nachlassverbindlichkeiten regeln.[222] Wird wegen einer qualifizierten Nachfolgeklausel auch für Kommanditisten nur ein Erbe im Wege der Erbfolge Kommanditist, so haftet entsprechend nur dieser nach § 173 HGB. § 176 Abs. 2 HGB ist nach hM nicht auf die Nachfolge im Rahmen der Erbfolge anwendbar.[223] In jedem Fall ist jedoch aufgrund der Erbfolge ein Nachfolgevermerk in das Handelsregister einzutragen, weil ansonsten die Haftung kraft Rechtsscheins droht.[224]

e) Steuerliche Folgen der einzelnen Nachfolgeszenarien

aa) Fortsetzung ohne Erben

255 Bei Vereinbarung einer Fortsetzungsklausel wird die Gesellschaft zwischen den verbleibenden Gesellschaftern fortgesetzt. Der Gesellschaftsanteil des verstorbenen Gesellschafters wächst den verbleibenden Gesellschaftern zu. In der Person des verstorbenen Gesellschafters entsteht ein Abfindungsanspruch, der in den Nachlass fällt. **In einkommensteuerlicher Hinsicht** erzielt der Erblasser einen begünstigten Veräußerungsgewinn. Er entspricht der Differenz zwischen dem Abfindungsanspruch, der sich nach dem Gesellschaftsvertrag bestimmt, und dem Buchwert seines Kapitalkontos zum Zeitpunkt seines Ablebens.[225]

256 **Aus erbschaftsteuerlicher Sicht** stellt der Abfindungsanspruch eine Kapitalforderung dar, deren Höhe sich wiederum nach dem Gesellschaftsvertrag bestimmt. Da die Erben aber kein Betriebsvermögen, sondern nur einen Abfindungsanspruch erwerben, stehen ihnen nicht die Begünstigungen des § 13 a ErbStG zu.

bb) Einfache Nachfolgeklausel

257 Die Erben treten bei dieser Vertragsgestaltung an die Stelle des verstorbenen Gesellschafters entsprechend ihrer Erbquote. Damit wird der Gesellschaftsanteil des Erblassers in mehrere Teilgesellschaftsanteile gesplittet. **In einkommensteuerrechtlicher Hinsicht** kommt es nicht zu einer Gewinnrealisierung. Denn der persönliche und sachliche Betriebszusammenhang bleibt hinsichtlich der Wirtschaftsgüter, die beim Erblasser seinem Sonderbetriebsvermögen zugeordnet waren, gewahrt.[226] **Aus erbschaftsteuerlicher Sicht** ist ein Erwerb von Todes wegen gegeben, § 3 Abs. 1 Nr. 1 ErbStG. Ein etwa vorhandenes Sonderbetriebsvermögen wird ebenfalls zwischen den Erben entsprechend aufgeteilt. Die Erben können demnach auch die Begünstigungen des § 13 a ErbStG in Anspruch nehmen.

cc) Qualifizierte Nachfolgeklausel

258 Bei dieser Vertragsgestaltung geht der Gesellschaftsanteil des Erblassers nur auf einen oder mehrere Erben, nicht jedoch auf alle über. Damit werden nicht alle Miterben Gesellschafter. Sie haben aus zivilrechtlicher Sicht auch keinen Abfindungsanspruch gegen die Gesellschaft, sondern nur einen aus ihrer erbrechtlichen Stellung resultierenden Wertausgleichsanspruch.[227]

259 **Einkommensteuerrechtlich** erwirbt der qualifizierte Erbe den Gesellschaftsanteil unentgeltlich. Er hat die Buchwerte fortzuführen. Die ausgeschlossenen Erben werden nicht Mitunternehmer, da sie keine Gesellschafter sind.[228] Soweit der qualifizierte Erbe **Ausgleichszahlungen** an die weichenden Erben leisten muss, handelt es sich hierbei weder um Anschaffungskosten für ihn noch entsteht ein Veräußerungsgewinn bei den übrigen Miterben.[229]

260 **In erbschaftsteuerlicher Sicht** erhalten die Erben den Gesellschaftsanteil entsprechend ihrer Erbquote. Sie erwerben damit auch Betriebsvermögen und können grundsätzlich die Begünstigungen des § 13 a

---

222 Baumbach/Hopt/*Hopt* § 173 Rn 15.
223 Baumbach/Hopt/*Hopt* § 176 Rn 12.
224 Baumbach/Hopt/*Hopt* § 177 Rn 15.
225 Schmidt/*Wacker*, § 16 Rn 661.
226 Schmidt/*Wacker* § 16, Rn 665.
227 BGHZ 68, 252.
228 BHF Bundessteuerblatt II, 1992, 512.
229 Schmidt/*Wacker*, § 16 Rn 672.

ErbStG geltend machen. Allerdings haben sie die Gesellschaftsanteile an den qualifizierten Erben herauszugeben, so dass sie den Tatbestand des § 13 a Abs. 5 Nr. 1 ErbStG verwirklichen und es damit zu einer Nachversteuerung kommt.[230]

dd) Eintrittsklausel

Dem Erben wird hier das Recht eingeräumt, einen Gesellschaftsanteil zu übernehmen. Demgemäß hat er zum Zeitpunkt des Erbfalles einen Anspruch auf Abschluss eines entsprechenden Gesellschaftsvertrages. 261

Aus der Sicht des Einkommensteuerrechts geht das BMF-Schreiben vom 11.1.1993 davon aus, dass die Gesellschaft zunächst mit den verbleibenden Gesellschaftern fortgesetzt wird. Demnach treten die gleichen Rechtsfolgen wie bei einer Fortsetzungsklausel ein (vgl Rn oben).[231] Nimmt der berechtigte Erbe allerdings sein Eintrittsrecht wahr, behandelt die Finanzverwaltung dies wie eine Sonderrechtsnachfolge aufgrund einfacher oder qualifizierter Nachfolgeklausel, wenn dieses Recht innerhalb einer Frist von sechs Monaten nach dem Erbfall ausgeübt wird und die Eintrittsklausel so zu interpretieren ist, dass die verbleibenden Gesellschafter den angewachsenen Gesellschaftsanteil als Treuhänder halten.[232] 262

Aus erbschaftsteuerlicher Sicht erwirbt der eintretende Gesellschafter kein Betriebsvermögen. Vielmehr fällt der in der Person des Erblassers entstandene Abfindungsanspruch in den Nachlass. Damit können den Erben auch nicht die Begünstigungen des § 13 a ErbStG zugesprochen werden. 263

3. Kapitalgesellschaften

a) Nachfolgerechtliche Gemeinsamkeiten von GmbH und AG

Anders als bei den Personengesellschaften, sind die Beteiligung an einer GmbH und an einer Aktiengesellschaft – sowohl in Form von Inhaberaktien als auch von Namensaktien – **frei vererblich** (vgl für die GmbH ausdrücklich § 15 Abs. 1 GmbHG, für die AG §§ 69 Abs. 3 S. 2, 213 Abs. 1 AktG). Die freie Vererblichkeit kann auch nicht durch eine entsprechende Satzung ausgeschlossen werden. Somit gehen zwangsläufig die Beteiligungsanteile inklusive der damit verbundenen Beteiligungsrechte im Erbfall im Wege der Gesamtrechtsnachfolge gem. §§ 1922 ff BGB auf die Erben über. Ausgenommen hiervon sind lediglich gesellschaftsrechtliche Sonderrechte wie zB Geschäftsführungsbefugnisse, Mehrfachstimmrechte oder erhöhte Gewinnanteile, da diese im Zweifel höchstpersönlicher Natur und somit nicht vererblich sind.[233] Eine entsprechende Klarstellung in der Satzung empfiehlt sich dennoch. 264

Ein weiterer Unterschied zu den Personengesellschaften besteht darin, dass keine Sondererbfolge stattfindet. Vielmehr hat der **Grundsatz der Universalsukzession** Gültigkeit. Daher stehen auch die Beteiligungsrechte, welche gem. §§ 1922 ff BGB auf die Erben als Erbengemeinschaft übergegangen sind, diesen gesamthänderisch zu. Wie das Gesetz ausdrücklich bestimmt (vgl § 18 Abs. 1 GmbHG, § 69 Abs. 1 AktG), können diese Beteiligungsrechte nur gemeinschaftlich ausgeübt werden. Zum Schutze der Gesellschaft vor unnötiger Belastung, können darüber hinaus gem. § 18 Abs. 3 S. 1 GmbH bzw § 69 Abs. 3 S. 1 AktG Willenserklärungen der Gesellschaft auch nur einem Berechtigten gegenüber wirksam abgegeben werden. Zu den Besonderheiten bei der Testamentsvollstreckung (vgl Rn 302 ff). 265

Weiter ist bei der Vererbung von Anteilen an Kapitalgesellschaften eine Anordnung der **Vor- und Nacherbschaft** möglich. Der Vorerbe wird, wie jeder andere Erbe auch, Inhaber des Geschäftsanteils mit allen Rechten und Pflichten. Umfasst sind hiervon auch Nebenleistungspflichten iSv § 3 Abs. 2 GmbHG. Hierzu gehört beispielsweise die Verpflichtung zur Geldleistung oder zur Wiedereinzahlung eines Teils der Dividende als Gewinnrückführung, Ankaufsrechte und Erwerbsvorrechte für Geschäftsanteile, Unterlassungspflichten in Form von Wettbewerbsverboten oder einer Abtretungsverpflichtung.[234] Ferner ist der Vorerbe grundsätzlich zu allen Verfügungen über den Geschäftsteil 266

---

230 *Gebel*, Betriebsvermögensnachfolge, 2. Aufl., 2002, Rn 820.
231 Bundessteuerblatt I, 1993, 62, Z. 79.
232 Schmidt/*Wacker*, § 16 Rn 677.
233 Bonefeld/Daragan/Wachter/*Wachter* S. 956 Rn 262.
234 Baumbach/Hueck/*Hueck*/Fastrich § 3 Rn 40, 42, 44.

befugt, ausgeschlossen sind gem. § 2113 Abs. 2 BGB unentgeltliche Verfügungen. Ferner sind auch einseitig zu Lasten des Geschäftsanteils des Vorerben erfolgende Satzungsänderungen unwirksam, sofern kein entsprechender Ausgleich erfolgt.[235] Einziehungs- oder Abtretungsentgelte, sowie ein eventueller Liquidationserlös, sind Surrogate des Geschäftsanteils und fallen somit in den Nachlass. Folglich darf auch hierüber nicht unentgeltlich verfügt werden.

b) Gesellschaft mit beschränkter Haftung
aa) Allgemeines

267 Für die GmbH sind neben den allgemeinen erbrechtlichen Regelungen des BGB die speziellen Vorschriften des GmbHG anwendbar: Die **freie Vererblichkeit** von Anteilen an einer GmbH ergibt sich aus § 15 Abs. 1 GmbHG. Ferner ist die in § 15 Abs. 3 GmbHG vorgeschriebene notarielle Form für die Übertragung von Geschäftsanteilen im Wege eines Vermächtnisses oder einer Teilung aufgrund einer Teilungsanordnung des Erblassers zu beachten.[236]

268 Die Erbfolge muss zwar nicht gem. § 16 Abs. 1 GmbHG angemeldet werden.[237] Allerdings kann die Geschäftsführung eine Legitimation, zB durch den Nachweis eines Erbscheins, verlangen. Eine Anmeldung bei der Gesellschaft ist im Übrigen in der Praxis empfehlenswert, da der Rechtsnachfolger erst dann seine mitgliedschaftlichen Rechte geltend machen kann.[238] Gem. § 40 Abs. 1 S. 1 GmbHG haben die Geschäftsführer unverzüglich eine neue Liste der Gesellschafter zum Handelsregister einzureichen.

bb) Regelungsmöglichkeiten im Rahmen des Gesellschaftsvertrages

269 Ausgangspunkt für die Gestaltung der Nachfolge bei einer GmbH ist die freie Vererblichkeit des Geschäftsanteils. Sie kann nicht ausgeschlossen werden, etwa durch Anordnung eine Sondererbfolge. Demgemäß kommen folgende Gestaltungsmittel in Betracht: Sinn und Zweck von Nachfolgeregelungen in der Satzung einer GmbH ist es, die **Folgen der freien Vererblichkeit zu regeln**, um so, eine gegebenenfalls ungewollte Überfremdung oder Zersplitterung der Gesellschaftsstruktur zu vermeiden. Nicht möglich ist es jedoch, die freie Vererblichkeit an sich auszuschließen, den Übergang der Mitgliedschaftsrechte auf die Erben von bestimmten Umständen abhängig zu machen oder eine Sondererbfolge anzuordnen.

(1) Einziehungsklauseln

270 Auch wenn mit dem Tod eines Gesellschafters dessen Geschäftsanteil zwingend auf dessen Erben übergeht (§ 1922 BGB iVm § 15 Abs. 1 GmbHG), so kann der Gesellschaftsvertrag vorsehen, dass unter Umständen der betroffene Anteil eingezogen wird. Dies ergibt sich aus § 34 Abs. 1 GmbHG, wonach Geschäftsanteile eingezogen (amortisiert) werden dürfen, soweit dies im Gesellschaftsvertrag zugelassen wurde.

271 Voraussetzung für eine derartige Zwangseinziehung ist, dass die Regelung in den Gesellschaftsvertrag vor dem **Zeitpunkt**, in welchem der Betroffene den Geschäftsanteil erworben hat, aufgenommen und die Voraussetzungen der Einziehung darin geregelt wurden. Andernfalls ist eine Einziehung nicht per se unmöglich, sie bedarf dann jedoch gem. § 34 Abs. 2 GmbHG der Zustimmung des betroffenen Gesellschafters. Strittig ist in diesem Zusammenhang, welche Anforderungen an eine **nachträgliche Einfügung** des Einziehungsrechts in die Satzung zu stellen sind. Weitgehend unstreitig ist, dass dies nur im Wege einer Satzungsänderung nach § 53 GmbHG erfolgen kann.[239]

272 Ferner ist Einziehungsvoraussetzung, dass der betreffenden Geschäftsanteil (§ 19 Abs. 2 GmbHG) **voll einbezahlt** ist. Ansonsten würde hierdurch gegen den Grundsatz, dass der Gesellschafter von seiner Einlageverpflichtung nicht befreit werden kann (§ 19 Abs. 2 S. 1 GmbHG) verstoßen werden. Ist

---

235 Sudhoff/*Froning* § 48 Rn 8.
236 Sudhoff/*Froning* § 48 Rn 4.
237 Lutter/*Bayer* § 16 Rn 3.
238 Lutter/*Bayer* § 16 Rn 3.
239 BGHZ 9, 157, 160; BGH NJW 1977, 2316, 2316.

die Volleinzahlung nicht erfolgt, kommt nur eine Kaduzierung gem. § 21 GmbHG oder eine formelle Kapitalherabsetzung gem. § 58 GmbHG in Betracht.

Zwar wird die Einziehungsklausel häufig zum Schutze der Gesellschaft vor Überfremdung verwendet.[240] Doch muss sie, insbesondere wegen eines mit der Einziehung verbundenen Einziehungsentgelts, nicht in jeder Lage der Gesellschaft die beste Möglichkeit sein. Denn nach §§ 34 Abs. 3, 30 Abs. 1 GmbHG darf die Zahlung dieses Einziehungsentgelts **nicht zu einer Stammkapitalrückzahlung** führen.[241] Deshalb sollte eine Einziehungsklausel auch mit einer Regelung zur Bildung einer Gewinnrücklage verbunden sein (§ 272 Abs. 3 S. 2 HGB) oder eine Nachschusspflicht der Gesellschafter (§ 26 GmbHG) vorsehen, um so die Einziehung auch tatsächlich durchführen zu können. Dies deshalb, da die Einziehung erst wirksam ist, wenn sämtliche Bedingungen erfüllt sind. Auch die vollständige Zahlung des Einziehungsentgelts stellt eine Wirksamkeitsvoraussetzung dar.[242]

Die **Abfindungshöhe** bestimmt sich in der Regel nach dem tatsächlichen Verkehrswert des Geschäftsanteils. Jedoch kann der Gesellschaftsvertrag die Höhe der Abfindung beschränken oder gar ganz ausschließen. Letzteres muss jedoch durch besondere sachliche Gründe gerechtfertigt sein: So zB bei der unentgeltlichen Anteilseinziehung von familienfremden Erben, wenn ein Interesse an der Erhaltung einer Gesellschaft als Familienunternehmen besteht.[243] Nachdem eine im Vordringen befindliche Auffassung in einem Ausschluss jeglichen Einziehungsentgelts eine Schenkung zugunsten der übrigen Gesellschafter ansieht,[244] ist es ratsam, um Pflichtteilsergänzungsansprüche nach § 2325 BGB zu vermeiden, im Vorhinein entsprechende Verzichtsvereinbarungen mit den pflichtteilsberechtigten Erben zu treffen. Weiter empfiehlt es sich, **Modalitäten der Abfindungszahlungen** wie das Bewertungsverfahren, die Fälligkeit oder die Zulässigkeit einer Ratenzahlung in der Satzung zu regeln.

Die Einziehung selbst erfolgt, sofern im Gesellschaftsvertrag keine abweichenden Bestimmungen getroffen wurden, durch einen entsprechenden Gesellschafterbeschluss (§ 46 Nr. 4 GmbHG) mit einfacher Mehrheit (§ 47 Abs. 1 GmbHG). Umstritten ist hierbei, ob die betroffenen Erben gem. § 47 Abs. 1 S. 1 GmbHG von der Stimmenabgabe ausgeschlossen sind; die hM verneint dies, es sei denn die Einziehung beruht auf einem in dessen Person liegenden Grund oder die Auslegung der Satzung ergibt etwas anderes.[245] Empfehlenswert ist aufgrund des bestehenden Streits eine Klarstellung im Gesellschaftsvertrag. Im Übrigen können die Erben die Einziehung auch nicht dadurch umgehen, dass sie den Geschäftsanteil vor einer entsprechenden Beschlussfassung veräußern. In einem solchen Fall ist der Geschäftsanteil durch die Einziehungsklausel belastet und geht, ohne dass ein gutgläubiger lastenfreier Erwerb möglich wäre (die Möglichkeit der Einziehung ist aus der Satzung ersichtlich), mit der bestehenden Belastung auf den Erwerber über. Überdies bietet es sich aus Gründen der Rechtssicherheit an, im Gesellschaftsvertrag eine Frist (zB innerhalb eines Jahres) für die Einziehung vorzusehen.[246]

Ist die **Einziehung erfolgt**, so erlischt der Geschäftsanteil mit sämtlichen Mitgliedschaftspflichten und -rechten. Den verbleibenden Gesellschaftern wachsen diese dann anteilsmäßig zu, so dass es zu einer (ungewollten) Stimmrechtsverschiebung kommt. Dies kann zur Folge haben, dass zB ein Gesellschafter, der bislang unter 25 % der Stimmrechte hielt, dadurch ein Vetorecht erlangt.

Daneben kann eine Einziehung auch **ungewollte steuerrechtliche Folgen** haben. Zum einen kann es aufgrund der Einziehung zu einer Steuerverstrickung kommen. Hierunter ist zu verstehen, dass ein Erbe, der bereits vor dem Erbfall mit weniger als 1 % des Nennkapitals beteiligt ist und die Beteiligung im Privatvermögen hält, durch einen weiteren Erwerb diese 1 %-Grenze überschreitet, mit der Folge, dass Veräußerungsgewinne – unabhängig von der Jahresfrist des § 23 EStG – gem. § 17 EStG stets steuerpflichtig sind. Zum anderen kann die Einziehung bei einer GmbH, zu deren Vermögen Grundbesitz gehört, eine Anteilsvereinigung begründen und Grunderwerbsteuer auslösen, § 1 Abs. 3 GrEStG.[247]

---

240 Sudhoff/*Froning* § 48 Rn 10.
241 Baumbach/Hueck/*Hueck/Fastrich* § 34 Rn 11.
242 Bonefeld/Daragan/Wachter/*Wachter* S. 960 Rn 275.
243 Baumbach/Hueck/*Hueck/Fastrich* § 34 Rn 34.
244 Gegen eine Schenkung noch: BGH NJW 1981, 1957; für Schenkung: *Hachenburg/Ulmer* § 34 Rn 97.
245 Baumbach/Hueck/*Hueck/Fastrich* § 34 Rn 14.
246 Bonefeld/Daragan/Wachter/*Wachter* S. 960 Rn 277 f.
247 Bonefeld/Daragan/Wachter/*Wachter* S. 960 Rn 282 f.

(2) Abtretungsklausel

278 Neben der Einziehungsklausel besteht auch die Möglichkeit, durch Satzung dem erbenden Gesellschafter eine Nebenleistungspflicht im Sinne von § 3 Abs. 2 GmbHG aufzuerlegen mit dem Inhalt, dass er nach erfolgter Aufforderung durch die Gesellschaft den ererbten Geschäftsanteil an einen Abtretungsempfänger zu übertragen hat. Dieser kann ein anderer Gesellschafter, ein laut Satzung zur Nachfolge berechtigter Erbe oder ein beliebiger Dritter sein, wobei die Bestimmung des Erwerbers nicht zwangsläufig schon im Gesellschaftsvertrag erfolgen muss. Möglich ist auch zum Beispiel, dass das Bestimmungsrecht den Gesellschaftern oder einem anderen Organ, wie dem Beirat, vorbehalten bleibt. Zur Vermeidung der Unwirksamkeit einer solchen Klausel, sollten **möglichst präzise Kriterien für die Bestimmung** in die Satzung aufgenommen werden.[248] Zusätzlich kann auch eine sog. Eintrittsklausel aufgenommen werden, die auch dem Begünstigten neben der Gesellschaft ein eigenes Forderungsrecht auf Erfüllung der Abtretungsverpflichtung einräumt. Wurde den Mitgesellschaftern des Erblassers das Bestimmungsrecht des Dritten eingeräumt, so empfiehlt es sich zur leichteren Durchsetzung der Abtretungsverpflichtung, die Gesellschaft zu ermächtigen, die Zession des Geschäftsanteils selbst vorzunehmen.[249]

279 Zwar ist auch hier für die Anteilsübertragung ein vereinbartes **Entgelt** zu bezahlen, doch trifft diese Verpflichtung den Erwerber, so dass in der Regel die Liquidität der Gesellschaft hierdurch nicht belastet wird. Lediglich wenn die Gesellschaft selbst den Geschäftsanteil übernimmt, muss die Gesellschaft die allgemeinen Beschränkungen des § 33 Abs. 2 S. 1 GmbHG beachten.

280 Um eine Umgehung der Abtretungsverpflichtung seitens der Erben durch frühzeitige Veräußerung der Anteile zu vermeiden, empfiehlt es sich, die Abtretungsklausel mit einer entsprechenden **Vinkulierungsklausel** gem. § 15 Abs. 5 GmbHG zu ergänzen. Dies hat zur Folge, dass es zu einer wirksamen Abtretung stets der vorherigen Zustimmung der Gesellschaft, respektive der anderen Gesellschafter, bedarf.

281 Im Gegensatz zur Einziehungsklausel, kann mit dieser Klausel ein unmittelbarer Übergang des Geschäftsanteils auf einen gewünschten Nachfolger ermöglicht und die mit der Einziehung verbundene Anteilsvernichtung vermieden werden. Darüber hinaus wird hierdurch in der Regel die Liquidität der Gesellschaft nicht belastet.

(3) Kombination beider Klauseln

282 Auch wenn meist die Abtretungsklausel günstiger als die Einziehungsklausel ist, sollten die Gesellschafter dennoch im Zeitpunkt der Satzungserrichtung sich nach Möglichkeit **alle Handlungsoptionen** für einen späteren Erbfall **offenhalten**. Daher ist es ratsam, in die Satzung eine Kombination beider Klauseln aufzunehmen.

(4) Zwischenzeitliches Ruhen der Verwaltungsrechte

283 Nachdem im Falle der Einziehung und ebenso im Falle der Abtretungsverpflichtung in der Regel ein größerer Zeitraum zwischen dem Erbfall und dem Wirksamwerden der jeweiligen Handlung (Einziehung/Abtretung) liegt, ist die **Anordnung eines zwischenzeitlichen Ruhens der Stimm- und sonstiger Verwaltungsrechte** in der Satzung für solche Fälle sinnvoll. Ebenso ist es ratsam, bei einer Mehrheit von Erben ein derartiges Ruhen anzuordnen, bis ein gemeinsamer Vertreter bestimmt wurde.[250]

(5) Teilung von Geschäftsanteilen

284 Sind mehrere Erben vorhanden, so findet die Auseinandersetzung häufig durch Realteilung statt. Gem. § 17 Abs. 1 GmbHG bedarf die Teilung zwar grundsätzlich der Genehmigung durch die Gesellschaft, allerdings ermöglicht § 17 Abs. 3 GmbHG von diesem Erfordernis abzusehen, wenn dies im Gesellschaftsvertrag bestimmt worden ist. Um eine **Zersplitterung der Anteile zu vermeiden**, bietet

---

248 Sudhoff/*Froning* § 48 Rn 28.
249 Sudhoff/*Froning* § 48 Rn 17.
250 Sudhoff/*Froning* § 48 Rn 27.

es sich an, diese antizipierte Genehmigung nur für bestimmte Fälle zu erteilen. Außerdem können weitere Voraussetzungen für die Genehmigung, beispielsweise eine qualifizierte Mehrheit in der Gesellschafterversammlung verlangt werden. Letztlich kann gem. § 17 Abs. 6 Satz 2 GmbHG in der Satzung sogar eine Teilung vollständig untersagt werden, wozu jedoch nicht geraten werden kann. Zudem sind auch die Vorschriften über den Mindestnennbetrag (§ 5 Abs. 1 GmbHG) und die Teilbarkeit (§ 5 Abs. 3 S. 2 GmbHG) zu beachten. Daraus folgt, dass jeder Geschäftsanteil mindestens 100,00 EUR betragen und durch 50 teilbar sein muss.

(6) Vinkulierung

Gem. § 15 Abs. 5 GmbHG kann durch den Gesellschaftsvertrag die Abtretung der Geschäftsanteile an bestimmte Voraussetzungen geknüpft werden. Hierzu nennt das Gesetz explizit die Möglichkeit, der Genehmigungsvoraussetzung durch die Gesellschaft. Allerdings betrifft dies nur **rechtsgeschäftliche Abtretungen,** so dass für den Erwerb eines Geschäftsanteils von Todes wegen eine Genehmigung in keinem Fall erforderlich ist. Umstritten ist indessen noch die Frage, ob und ggf unter welchen Umständen derartige Vinkulierungsklauseln auch für Übertragungen von Geschäftsanteilen im Zusammenhang mit einem Erbfall Anwendung finden.[251] 285

Die wohl überwiegende Ansicht im Schrifttum legt die Vinkulierungsklausel einschränkend aus. Sie geht davon aus, dass, zumindest wenn die Geschäftsanteile nach der Satzung frei vererblich sind, die darin vorgesehenen Abtretungsbeschränkungen für eine Anteilsübertragung im Wege der Erbauseinandersetzung nicht eingreifen. Zur Klarstellung sollte die Satzung eine ausdrückliche Regelung enthalten, ob die Zustimmung aller übrigen Gesellschafter zu einer Anteilsübertragung im Wege von Erbauseinandersetzung und zur Erfüllung von Vermächtnissen erforderlich ist.[252] Außerdem sollte in die Satzung noch explizit aufgenommen werden, ob die Beschränkung der Abtretbarkeit auch im Falle des Verpfändens oder der Einräumung eines Nießbrauches oder sonstiger Umgehungen anzuwenden ist.[253] 286

Strittig ist schließlich auch, ob Vinkulierungsklauseln bei **Übertragungen des Erbteils** nach § 2033 BGB gelten. Zwar verneint der BGH in diesem Zusammenhang die Anwendbarkeit von Vinkulierungsklauseln mit dem Argument, dass gem. § 2033 Abs. 1 BGB der Miterbe über seinen Anteil am Nachlass frei verfügen kann und andernfalls es zu einer unnötigen Erschwerung des Rechtsverkehrs kommen würde, wenn zwischen den einzelnen Nachlassgegenständen unterschieden werden müsste.[254] Jedoch wird zum Teil auch in der Literatur vertreten, dass die statutarischen Abtretungserfordernisse für die Geschäftsanteile anzuwenden sind,[255] so dass es ratsam ist, auch dies im Gesellschaftsvertrag klarzustellen. 287

(7) Vorkaufs-, Ankaufs- und Andienungsrechte

Alternativ zur Einziehung und Abtretung sind noch die Vorkaufs-, Ankaufs- und Andienungsrechte zugunsten der überlebenden Gesellschafter gegenüber den Erben zu nennen. Gerade wenn die Aufnahme einer Einziehungs- oder Abtretungsklausel in den Gesellschaftsvertrag mangels Mehrheitsfähigkeit nicht möglich erscheint, sind diese empfehlenswert. Zusammen mit der Abtretungsverpflichtung sind sie jedoch im Nachfolgefall nur wenig von Bedeutung, da der Schutz der Mitgesellschafter durch diese bereits hinreichend gewährleistet ist.[256] 288

c) Aktiengesellschaft

aa) Allgemeines

Ebenso wenig wie bei einer GmbH bedarf bei der AG der Rechtsübergang von Todes wegen einer Anmeldung. Allerdings ist beim Erwerb von Namensaktien eine Eintragung gem. § 67 Abs. 2 AktG 289

---

251 Bonefeld/Daragan/Wachter/*Wachter* S. 957 Rn 264 ff.
252 Bonefeld/Daragan/Wachter/*Wachter* S. 957 Rn 264 ff.
253 Sudhoff/*Froning* § 48 Rn 26.
254 BGH NJW 1985, 2592, 2594.
255 MünchHdb GmbH/*Mayer* Bd. 3 § 20 Rn 35.
256 Sudhoff/*Froning* § 48 Rn 31.

sinnvoll, da hierdurch eine Legitimation des Erben gegenüber der Gesellschaft erfolgt. Ferner kann der Erbe von Namensaktien ohne Eintragung in das Aktienregister in der Regel nicht an Hauptversammlungen teilnehmen oder seine Dividende einfordern. Gem. § 33 Abs. 2 ErbStG darf die Aktiengesellschaft die Umschreibung im Aktienregister jedoch erst vornehmen, wenn sie den Erwerb durch den Erben dem zuständigen Erbschaftsteuerfinanzamt angezeigt hat.[257]

290 Anders als bei einer GmbH ist wegen § 8 Abs. 5 AktG eine Auseinandersetzung durch Teilung grundsätzlich nicht möglich. Schwieriger als bei der GmbH erweist sich bei der AG zudem eine Nachfolgeregelung innerhalb der Satzung einer Aktiengesellschaft, da die Satzungsstrenge (§ 23 Abs. 5 AktG) hier besonders einschränkend wirkt.[258]

bb) Regelungsmöglichkeiten innerhalb des Gesellschaftsvertrages

(1) Abtretungsklausel

291 Im Unterschied zu dem Recht der GmbH, kann die oben erörterte **Abtretungsklausel** für GmbH-Anteile, wegen der Besonderheiten des Aktienrechts **nicht verwendet werden**. Dies ergibt sich daraus, dass abgesehen von der Nebenleistungsverpflichtung im Sinne von § 55 AktG andere Nebenleistungspflichten (§ 54 AktG) verboten sind und es sich bei einer Abtretungsverpflichtung um eine solche handelt.[259] Darüber hinaus kann dieses Verbot auch nicht dadurch umgangen werden, dass im Falle der Nichterfüllung eines Abtretungsversprechens die Aktien eingezogen werden. Ebenso wenig ist es möglich, Erwerbsrechte und Andienungspflichten im Aktienrecht zu vereinbaren.

(2) Vinkulierung

292 Um die Aktiengesellschaft vor Überfremdung zu schützen, kann, sofern die Gesellschaft **Namensaktien** ausgegeben hat, gem. § 68 Abs. 2 AktG die Übertragung von der Zustimmung der Gesellschaft abhängig gemacht werden. Jedoch ist dies **nur für rechtsgeschäftliche Übertragungen möglich** und kann nicht auf den Erwerb im Wege der Erbfolge ausgedehnt werden.[260] Allerdings bedarf im Falle der Vinkulierung auch die Übertragung von Aktien zur Erfüllung eines Vermächtnisses oder im Rahmen einer Erbauseinandersetzung der Zustimmung der Gesellschaft, so dass zumindest für diesen Fall eine Kontrollmöglichkeit besteht. Im Übrigen bedarf gem. § 180 Abs. 2 AktG die Aufnahme einer solchen Klausel in die Satzung einer bereits bestehenden Aktiengesellschaft die Zustimmung aller betroffenen Aktionäre.

293 Eine Verfügung über **Inhaberaktien** ist hingegen nicht beschränkbar.

(3) Einziehungsklausel

294 Wie sich aus § 237 Abs. 1 AktG ergibt, ist es auch im Aktienrecht zulässig, dass durch Satzung die Gesellschaft ermächtigt wird, im Falle des Todes eines Aktionärs dessen Aktien einzuziehen. Die Einziehung kann dabei **generell** oder **auch nur für bestimmte Fälle** angeordnet werden, zB wenn die Erben die Aktien nicht innerhalb einer bestimmten Frist auf Mitaktionäre, Abkömmlinge oder Ehepartner des Aktionärs übertragen.[261] Damit dies jedoch nicht lediglich eine Umgehung einer Abtretungsklausel darstellt, sind folgende Maßstäbe zugrunde zu legen: Aktien, die von Nicht-Familienangehörigen, Nicht-Berufsgenossen oder von anderen Personen übernommen wurden, können nur zu dem Zweck, eine bestimmte personale Struktur in der Hauptversammlung zu erhalten, eingezogen werden, wenn erstens die Aktiengesellschaft tatsächlich personal geprägt ist und zweitens der Gesellschaftszweck nur bei Aufrechterhaltung des homogenen Gesellschafterprofils erreicht werden kann.[262]

295 Anders als im GmbH-Recht setzt die Einziehung von Aktien zwingend eine **Kapitalherabsetzung** voraus. Zu beachten sind daher auch die Vorschriften über eine ordentliche Kapitalherabsetzung, einschließlich

---

[257] Bonefeld/Daragan/Wachter/*Wachter* S. 964 Rn 304.
[258] Bonefeld/Daragan/Wachter/*Wachter* S. 964 Rn 305.
[259] MünchKommBGB/AktG/*Bungeroth* § 54 Rn 22.
[260] MünchKommAktG/*Bayer* § 68 Rn 39.
[261] Bonefeld/Daragan/Wachter/*Wachter* S. 966 Rn 308.
[262] MünchKommAktG/*Oechsler* § 237 Rn 55.

der Bestimmungen für den Schutz von Gläubigern (§ 225 AktG). Lediglich wenn der Aktionär seine Einzahlungsverpflichtung voll erfüllt hat und die Einziehung zu Lasten des Bilanzgewinns oder einer Gewinnrücklage erfolgt, kann hiervon abgesehen werden. Gem. § 237 Abs. 6 AktG bedarf es außerdem hierfür auch keines Beschlusses der Hauptversammlung, vielmehr genügt eine Entscheidung des Vorstands. Keine Wirksamkeitsvoraussetzung für die Einziehung ist die Vernichtung der Aktienurkunden. Dennoch empfiehlt sich dies unter Umständen, bzw eine Kraftloserklärung durch den Vorstand.

cc) Regelungsmöglichkeiten außerhalb des Gesellschaftsvertrages

Da Abtretungsklauseln generell unzulässig sind und auch die Einziehungsklauseln wegen der damit verbundenen Kapitalherabsetzung wenig praktikabel sind, kann die freie Vererblichkeit der Aktien nur sehr ungenügend innerhalb der Satzung gesteuert werden. Jedoch ist außerhalb der Satzung eine **sachgerechte Steuerung der Nachfolge möglich**, wenn die Aktionäre ihre Rechte und Interessen in einem sog. Poolvertrag koordinieren. Da § 23 AktG keine Anwendung findet, ist der Poolvertrag grundsätzlich formfrei. 296

Schwierigkeiten können sich ergeben, wenn Poolverträge im Hinblick auf **Aktien an börsennotierten Gesellschaften** geschlossen werden. Je nach Ausgestaltung des Pools, insbesondere bei weit reichenden Kompetenzen der Poolorgane und Personalunion mit Organen der Gesellschaft, ist nämlich das WpHG zu beachten. Problematische Themenbereiche können unter anderem die Anwendung des Insiderrechts auf Informationsweitergaben an Poolmitglieder (§ 14 Abs. 1 Nr. 2 WpHG) oder Übertragungsgeschäfte innerhalb des Pools (§ 14 Abs. 1 Nr. 1 und 3 WpHG) sein.[263] 297

Alternativ kann eine ähnliche mittelbare Steuerung der Erbfolge durch **rein schuldrechtliche Vereinbarungen unter den Aktionären** erreicht werden. Im Erbfall gehen zwar die Aktien auf den Erben über, jedoch verbunden mit den entsprechenden Verpflichtungen. Diese können zB eine Stimmbindung oder die Wahrnehmung der Rechte durch einen gemeinsamen Vertreter umfassen. Darüber hinaus können ergänzend Ankaufs-, Vorkaufs- oder Eintrittsrechte beschlossen werden.[264] 298

Neben den Bestimmungen des AktG, sind bei **Beteiligungen an börsennotierten Aktiengesellschaften** darüber hinaus auch die Bestimmungen des Wertpapiererwerbs- und Übernahmegesetzes (WpÜG) zu beachten. Hält der Erbe, nach dem Erwerb von Todes wegen, mehr als 30 Prozent der Stimmrechte an der Aktiengesellschaft und erwirbt er somit die Kontrolle im Sinne von § 29 Abs. 2 WpÜG, so muss er gem. § 35 WpÜG ein Pflichtangebot abgeben. Ferner muss er innerhalb einer Frist von sieben Tagen ab Kenntnis von dem Kontrollerwerb dessen Erlangung veröffentlichen. Außerdem ist er gegenüber der Bundesanstalt für Finanzdienstleistungsaufsicht verpflichtet, ihr innerhalb von vier Wochen nach der Veröffentlichung eine Angebotsunterlage zu übermitteln und ein Übernahmeangebot zu veröffentlichen. Von diesen Verpflichtungen hat jedoch die Bundesanstalt für Finanzdienstleistungsaufsicht gem. § 36 WpÜG auf Antrag abzusehen, wenn der Erwerber die Aktien durch Erbgang oder Erbauseinandersetzung von Ehegatten, Lebenspartnern oder Verwandten in gerader Linie und bis zum dritten Grade erworben hat. In allen anderen Fällen kann die Bundesanstalt, dh nach freiem Ermessen, auf schriftlichen Antrag von den Verpflichtungen unter den Voraussetzungen des § 37 WpÜG absehen. Dieser Antrag auf Befreiung ist innerhalb von sieben Tagen ab dem Zeitpunkt zu stellen, ab dem der Erwerber Kenntnis von der Kontrolle über die Gesellschaft hatte oder hätte haben müssen. Letztlich kann der Erwerb von Aktien noch verschiedene Meldepflichten auslösen (siehe §§ 21, 22 WpÜG). Dies zum Beispiel dann, wenn durch den Erwerb eine Schwelle von 5, 10, 25, 50 oder 75 Prozent der Stimmrechte überschritten wird. 299

d) Steuerliche Aspekte

Im Gegensatz zu der Nachfolge bei Personengesellschaften sind Anteile an Kapitalgesellschaften frei vererblich. Sie fallen im Erbfall in den Nachlass. Eine Sondererbfolge kann nur durch eine entsprechende Gestaltung der Satzung vorgesehen werden, im Wege einer sozusagen nachträglichen Korrektur. 300

---

263 Beck'sches Formularbuch/*Blaum* VIII.A.3.
264 Bonefeld/Daragan/Wachter/*Wachter* S. 966 Rn 314.

301 Aus einkommensteuerrechtlicher Sicht gibt es im Erbfall keine unmittelbaren Folgen. Muss jedoch ein Erbe aufgrund der letztwilligen Verfügung des Erblassers oder in der Satzung vorgesehener Nachfolgeklauseln (Zwangsabtretung, Einziehung) den Anteil abtreten oder wird er eingezogen, so können sich hieraus im Hinblick auf die Abfindung steuerliche Folgen zB gemäß § 17 (wesentliche Beteiligung) oder § 23 Einkommensteuergesetz (privates Veräußerungsgeschäft) ergeben. **In erbschaftsteuerlicher Hinsicht** kommt für die Erben die Begünstigung des § 13 a ErbStG nur in Betracht, wenn der Erblasser mit mehr als einem Viertel an dem Kapital der Gesellschaft unmittelbar beteiligt ist (§ 13 a Abs. 4 Nr. 3 ErbStG).

III. Testamentsvollstreckung über ein Unternehmen

1. Grundsätzliches

302 Sind nach Ansicht des Erblassers keine als Unternehmensnachfolger geeignete Erben vorhanden, da diesen beispielsweise die berufliche Qualifikation fehlt oder weil sie noch minderjährig sind, bietet es sich für den Erblasser an, im Hinblick auf sein Unternehmen oder gar seinen gesamten Nachlass die Testamentsvollstreckung anzuordnen. Damit einhergehen schwierige rechtliche Probleme aus dem Grenzbereich zwischen Handels-, Gesellschafts- und Erbrecht. Besonders strittig ist die Frage, inwieweit der Testamentsvollstrecker ein Handelsgeschäft oder eine Beteiligung an einer Personengesellschaft verwalten kann, kann er doch nur den Nachlass, nicht jedoch die Erben persönlich verpflichten.

2. Die Abwicklungsvollstreckung

303 Unproblematisch ist dieser Konflikt im Rahmen der Abwicklungsvollstreckung. Hier besteht im Wesentlichen Einigkeit, dass die **reine Abwicklungsvollstreckung zulässig** ist, weil nur der Nachlass verpflichtet wird und nicht die Erben persönlich. Begründet wird dies mit einer kurzen Zeitdauer der Verwaltung und der Tatsache, dass der Testamentsvollstrecker im Grunde nicht unternehmerisch, sondern als Abwickler handelt. Dies hat zur Folge, dass, sofern nicht die Ausübung der Beteiligungsrechte selbst betroffen ist, die Zustimmung der anderen Gesellschafter nicht erforderlich ist.[265]

3. Die Verwaltungsvollstreckung

304 Bei der Beantwortung der Frage nach der Zulässigkeit der Verwaltungsvollstreckung bzw des Umfangs der Befugnisse des Testamentsvollstreckers ist zwischen den einzelnen Rechtsformen von Unternehmen zu unterscheiden.

a) Das einzelkaufmännische Unternehmen

305 Nach überwiegender Meinung ist die **Verwaltungsvollstreckung** bei einem einzelkaufmännischen Unternehmen auf Grund der Gegensätzlichkeit von Erb- und Handelsrecht **unzulässig**. Allerdings bestehen für die Fortführung verschiedene Möglichkeiten.[266]

aa) Vollmachtslösung

306 Hierbei führt der Testamtensvollstrecker das Geschäft als Vertreter des Erben, dh in fremdem Namen fort. Erforderlich dafür ist jedoch, dass der Erbe ihn dazu unwiderruflich **bevollmächtigen** muss, was der Erblasser mittels Bedingung oder Auflage nahe legen, jedoch letztlich nicht erzwingen kann.[267] Zwar kann auch bereits der Erblasser eine dementsprechende Vollmacht erteilen, doch ist diese vom Erben widerrufbar. Folge der Bevollmächtigung ist, dass in Abweichung von § 2206 BGB der Erbe persönlich verpflichtet werden kann, er gem. §§ 25, 27 HGB auch für Altverbindlichkeiten haftet und er ins Handelsregister als Erbe einzutragen ist.[268] Ein Testamtensvollstreckervermerk wird dabei nicht eingetragen. Der Erbe haftet hier persönlich und unbeschränkt.

---

265 Groll/*Groll* C IX Rn 158.
266 Palandt/*Edenhofer* § 2205 Rn 7.
267 BGH NJW 1954, 636; BGH NJW 1961, 1304.
268 Groll/*Groll* C IX Rn 160.

bb) Treuhandlösung

Eine weitere Möglichkeit besteht darin, dass der Testamentsvollstrecker **im eigenen Namen als Treuhänder** das Handelsgeschäft nach außen fortführt und nicht als Testamentsvollstrecker, wobei hiermit zugleich eine eigene Haftung und Verantwortung begründet wird. Allerdings hat er gegen die Erben im Rahmen einer ordnungsgemäßen Verwaltung einen **Befreiungsanspruch** gem. §§ 2218, 670 BGB. Sinnvoll ist es, wenn dieser Befreiungsanspruch zusätzlich im Testament verankert wird. Somit haftet zwar der Testamentsvollstrecker im Außenverhältnis persönlich und unbeschränkt, im Innenverhältnis treffen jedoch die wirtschaftlichen Auswirkungen der Unternehmensfortführung die Erben selbst. Im Gegenzug besteht auch für die Erben die Möglichkeit, ihre Haftung im Verhältnis zum Testamentsvollstrecker auf den Nachlass zu beschränken.[269]

307

Je nach Gestaltung kann es sich bei der Treuhand um eine **Vollrechtstreuhand** handeln, mit der Folge, dass der Testamentsvollstrecker Eigentümer des Betriebsvermögens wird (es bedarf der Einzelübertragung aller zum Unternehmen gehörender Aktiva und Passiva im Wege eines regelmäßig zulässigen Insichgeschäfts nach § 181 BGB); oder aber es handelt sich um eine **Verwaltungs- oder Ermächtigungstreuhand**, so dass der Testamentsvollstrecker nicht Eigentümer wird.[270] Bei Letzterem ähnelt die Stellung des Testamentsvollstrecker der eines Pächters des Unternehmens.[271] Zur Einräumung der Treuhand kann der Erbe wiederum durch eine entsprechende Gestaltung der letztwilligen Verfügung (Auflage oder Bedingung) angehalten werden.[272]

308

cc) Beaufsichtigende Testamentsvollstreckung oder Weisungsgeberlösung

Neben der oben beschriebenen Treuhandlösung kann der Erblasser auch mittels der beaufsichtigenden Testamentsvollstreckung erreichen, dass der **Erbe nicht ohne Zustimmung des Testamentsvollstreckers verfügen kann**. Dies bedeutet, dass zwar im Außenverhältnis die Erben das Unternehmen als Inhaber fortführen, jedoch im Innenverhältnis der Testamentsvollstrecker sich bestimmte Entscheidungsbefugnisse vorbehält.[273] Erforderlich ist hierfür lediglich, dass der Erblasser bestimmt, dass der Erbe eben nur mit Zustimmung des Testamentsvollstreckers über das zum Handelsgeschäft gehörende Vermögen verfügen kann.[274]

309

dd) Echte Testamentsvollstrecker-Lösung

Als letzte Möglichkeit kommt die sog. echte Testamentsvollstrecker-Lösung noch in Betracht. Der Erbe wird zwar Inhaber des Handelsgeschäfts, zugleich wird er jedoch zu Gunsten des Testamentsvollstreckers von der Verwaltung ausgeschlossen. Erreicht wird dies mittels Eintragung des Erben in das Handelsregister, verbunden mit einem klarstellenden Vermerk der Testamentsvollstreckung.[275] Folge dieser nicht unumstrittenen Konstellation ist, dass es einer der vorgenannten Hilfslösungen, welche in der Regel aufwändig sind, nicht bedarf. Da die Wirksamkeit der echten Testamentsvollstrecker-Lösung bislang **nur von einer Mindermeinung vertreten** wird, sollte im Testament in jedem Fall zusätzlich die Vollmachtslösung kombiniert mit der Treuhandlösung gewählt werden.

310

b) Personengesellschaften

Hier ist, entsprechend der persönlichen Haftung zwischen OHG-Gesellschafter/KG-Komplementär und dem Kommanditisten zu unterscheiden.

311

---

269 Groll/*Groll* C IX Rn 161.
270 Palandt/*Edenhofer* § 2205 Rn 8.
271 Bonefeld/Daragan/Wachter/*Wachter* S. 918 Rn 125.
272 Groll/*Groll* C IX Rn 161.
273 Bonefeld/Daragan/Wachter/*Wachter* S. 919 Rn 127.
274 Groll/*Groll* C IX Rn 162.
275 Palandt/*Edenhofer* § 2205 Rn 9.

aa) OHG-Gesellschafter und KG-Komplementär

312 Auch wenn grundsätzlich Einigkeit hinsichtlich der Zulässigkeit der Testamentsvollstreckung besteht, eröffnet das oben genannte Dogma der unbeschränkten persönlichen Haftung gem. § 105 Abs. 1 HGB (für die OHG) und § 161 Abs. 1 HGB (für den Komplementär) den gleichen Streit wie bei dem einzelkaufmännischen Unternehmen. Daher ist auch hier ein **Weg über die Ersatzlösungen (Vollmacht oder Treuhand)** zu favorisieren.[276]

313 Ein Sonderproblem ergibt sich, wenn der Erblasser **bereits zu Lebzeiten Gesellschaftsanteile** auf den späteren Erben **übertragen** hat und mit dem Erbfall weitere Gesellschaftsanteile auf diesen übergehen. Eine praktische Lösung besteht in diesem Fall darin, in der Verfügung von Todes wegen anzuordnen, dass sämtliche Gesellschaftsanteile treuhänderisch durch den Testamentsvollstrecker zu verwalten sind und dieser zusätzlich entsprechend zu bevollmächtigen ist.

bb) Kommanditist

314 Für **zulässig** hat der BGH die **Verwaltungsvollstreckung über den Kommanditanteil** erklärt.[277] Begründet wird dies damit, dass die Haftung des Kommanditisten auf dessen Einlage beschränkt ist. Dabei ist die Testamentsvollstreckung auch dann zulässig, wenn die Hafteinlage nicht voll erbracht bzw. wieder zurückgezahlt worden ist.[278] Jedoch setzt die Verwaltungstestamtensvollstreckung die Zustimmung der Mitgesellschafter voraus, welche im Vorhinein im Gesellschaftsvertrag oder auch noch nach dem Erbfall erklärt werden kann. Das Zustimmungserfordernis ergibt sich aus der persönlichen Verbundenheit der Gesellschafter in der KG.[279] Wird sie von den anderen Gesellschaftern nicht erteilt, so hat dies zur Folge, dass die Testamentsvollstreckung sich nicht auf die Innenseite der Beteiligung erstreckt; die zur Außenseite gehörenden Vermögensrechte bleiben dagegen von der Verweigerung unberührt.[280] Sofern man auch hier die „echte Testamentsvollstrecker-Lösung" ablehnt, umfasst die Testamentsvollstreckung hier jedoch nicht die Befugnis, den Anteil selbst, noch den Gewinnanteil zu schmälern, die Haftung zu verschärfen oder den Gesellschaftsvertrag zu ändern.[281]

c) GbR-Anteile und stille Gesellschaft

315 Bezüglich eines GbR-Anteils kann auf die Ausführung zum persönlich haftenden Gesellschafter einer OHG/KG verwiesen werden, da entsprechendes auch hier gilt.

d) GmbH-Anteil

316 Die **Verwaltungsvollstreckung** an einem GmbH-Anteil **ist zulässig** und bedarf auch nicht der Zustimmung der Mitgesellschafter.[282] Der Testamentsvollstrecker verwaltet dabei kraft Gesetzes – unter gleichzeitigem Ausschluss des Erben – und übt alle aus dem Anteil fließenden Verwaltungs- und Vermögensrechte aus.[283] Hierzu gehören die Entgegennahme von Gewinnausschüttungen und Liquidationsquote, Teilnahme an Gesellschafterversammlungen, Ausübung des Stimmrechts und der Informationsrechte (§ 51 a GmbHG), Kündigung der Mitgliedschaft, entgeltliche Veräußerung des Anteils, Überwachung des Geschäftsführers oder die Mitwirkung bei Satzungsänderungen (soweit §§ 2216 BGB beachtet wird). Seine Befugnis umfasst auch die Verpflichtung des Erben zu Nachschüssen, wobei bei der Eingehung von Verbindlichkeiten (zB Kapitalerhöhung) zu Lasten des Erben die Haftung auf den Nachlass beschränkt bleiben muss.[284] Der Testamentsvollstrecker bedarf der Zustimmung des Erben, soweit der Kernbereich der Mitgliedschaft berührt ist. Was dazu gehört, ist im Einzelnen sehr umstritten; hierzu zählen aber: Eingriffe in mitgliedschaftliche Sonderrechte oder

---

276 Groll/*Groll* C IX Rn 165.
277 BGH NJW 1989, 3152.
278 Bonefeld/Daragan/Wachter/*Wachter* S. 953 Rn 250.
279 *Winkler*, Der Testamentsvollstrecker, 17. Auflage 2005 Rn 345.
280 Bonefeld/Daragan/Wachter/*Wachter* S. 953 Rn 252; Winkler Rn 348.
281 Groll/*Groll* C IX Rn 166.
282 Palandt/*Edenhofer* § 2205 Rn 19.
283 Bonefeld/Daragan/Wachter/*Wachter* S. 962 Rn 293.
284 Groll/*Groll* C IX Rn 168.

unentziehbare Mitgliedschaftsrechte, Wettbewerbsverbote, Nachschusspflichten, neue Leistungspflichten, Abtretungsbeschränkungen.[285] Ausgenommen ist ferner die Wahrnehmung höchstpersönlicher Gesellschafterrechte, wie zB ein dem Gesellschafter-Erben statutarisch eingeräumtes Geschäftsführungsrecht.[286]

e) Aktien

Die **Verwaltungsvollstreckung** ist hier **ebenfalls zulässig**. Sie umfasst neben dem Stimmrecht nach § 134 AktG auch die Befugnis, Bezugsrechte geltend zu machen, § 186 AktG.[287] Aufgrund der Gründerhaftung nach § 46 AktG ist es dem Testamentsvollstrecker verboten, sich an der Gründung einer Aktiengesellschaft zu beteiligen. Lediglich, wenn er vom Erblasser mit der Verwaltung von GmbH-Anteilen betraut wurde, ist der Testamentsvollstrecker berechtigt, die Umwandlung dieser GmbH in eine Aktiengesellschaft herbeizuführen. Dies unter der Bedingung, dass hierdurch keine weitergehenden Verpflichtungen für die Erben begründet werden.[288]

317

---

285 Groll/*Groll* C IX Rn 168.
286 Bonefeld/Daragan/Wachter/*Wachter* S. 962 Rn 294.
287 Groll/*Groll* C IX Rn 169.
288 Bonefeld/Daragan/Wachter/*Wachter* S. 967 Rn 321.

§ 13 Handels- und Steuerbilanzrecht

A. Handelsrechtliche Rechnungslegung 2
I. Einführung 2
　1. Funktionen der Bilanz 8
　2. Rechtsgrundlagen der Handelsbilanz 14
II. Aufbau und Gliederung der Handelsbilanz ... 20
　1. Die Aktivseite – Kapitalverwendung 20
　2. Passivseite – Kapitalherkunft 25
　3. Eigenkapitalausweis bei Kapital-
　　gesellschaften 27
　4. Eigenkapitalausweis bei Personengesell-
　　schaften 35
　5. Gestaltung von Gesellschafterkonten 38
　6. Funktionen der gesellschaftsvertraglichen
　　Kontenteilung 43
　7. Gesellschafterkonten aus steuerlicher Sicht 49
B. Steuerbilanzrecht 56
I. Grundsätzliches zur Einkünfterechnung und
　steuerlichen Gewinnermittlung 56
　1. Einzelsteuerpflichtige und Personengesell-
　　schaften 56
　2. Zweistufigkeit der Gewinnermittlung 59
　3. Körperschaften 60
　4. Objektives Nettoprinzip und Verlustabzug . 61
　5. Zinsschranke 63
II. Steuerliche Gewinnermittlung durch Bilanzie-
　rung 67
III. Bilanzierung dem Grunde nach 68
　1. Grundsatz der Vollständigkeit 69
　2. Das Wirtschaftsgut als Ansatz und Bewer-
　　tungseinheit 70
　3. Verbot der Bilanzierung schwebender
　　Geschäfte 72
　4. Verbot der Aktivierung selbst hergestellter
　　immaterieller Wirtschaftsgüter des Anlage-
　　vermögens 73
　5. Weitere kodifizierte Bilanzierungsverbote . 74
　6. Firmen- und Geschäftswert 75
　7. Bilanzierung von Forderungen 77
　8. Bilanzierung von Verbindlichkeiten 79
　9. Bilanzierung von Beteiligungen 80
　　a) Handelsrecht 80
　　b) Steuerrecht 83
　10. Persönliche Zurechnung (wirtschaftliches
　　Eigentum) 89
　11. Sachliche Zurechnung (Betriebsvermögen) . 91
　　a) Einzelkaufleute 92
　　b) Personengesellschaft 95
　　c) Kapitalgesellschaften 98
IV. Bilanzierung der Höhe nach (Bewertung) 99
　1. Anschaffungskosten (§ 255 Abs. 1 HGB,
　　R 6.2 EStR) 100
　2. Herstellungskosten (§ 255 Abs. 2 HGB;
　　R 6.3 ff, 21.1 EStR) 113
　3. Teilwert 117
　4. Der gemeine Wert 125
　5. Buchwert 126
　6. Bewertungsgrundsatz 127
　7. Abschreibungen 131
V. Gewinnrealisierung und Entstehung stiller
　Reserven 153
　1. Aufschub der Besteuerung stiller Reserven 156
　2. Ersatzbeschaffung (R 6.6 EStR früher
　　R 35 EStR) 157
　3. Investitionsrücklage 158
　4. Übertragung stiller Reserven auf andere
　　Steuerrechtssubjekte 161
　5. Besteuerung stiller Reserven durch
　　Ersatzrealisationstatbestände 162
VI. Einlagen und Entnahmen 164
　1. Einlagen nach Zivil und Handelsrecht 165
　2. Einlagen im Steuerrecht 174
　3. Entnahmen 181
　4. Weitere Begriffsklärungen (Veräußerung
　　und tauschähnlicher Vorgang) 187
VII. Unentgeltliche Übertragung von Einzelwirt-
　schaftgütern aus dem Privatvermögen in das
　Betriebsvermögen 190
VIII. Übertragungen/Überführungen im Betriebsver-
　mögen 195
　1. Unentgeltliche Übertragung einer privile-
　　gierten Betriebseinheit (§ 6 Abs. 3 EStG) . 196
　2. Unentgeltliche Übertragung eines Einzel-
　　wirtschaftsguts in ein fremdes Betriebs-
　　vermögen (§ 6 Abs. 4 EStG) 200
　3. Überführung und Übertragung eines Wirt-
　　schaftsguts des Betriebsvermögens in ein
　　anderes Betriebsvermögen
　　(§ 6 Abs. 5 EStG) 206
　4. Tausch und verdeckte Einlage von Wirt-
　　schaftgütern des Betriebsvermögens
　　(§ 6 Abs. 6 EStG) 218

Mit der folgenden Darstellung des Bilanz- und Unternehmenssteuerrechts wird der Versuch unter- 1
nommen, die praxisrelevanten Grundlagen komprimiert und verständlich darzustellen, wobei eine
strikte Fokussierung auf die gestaltungsrelevanten Fragestellungen erfolgt. Dieses Konzept sowie die
Weite und Komplexität des Steuerrechts machen es erforderlich, vielfach auf die Darstellung von
Details und Fallbeispielen zu verzichten. Zur Vertiefung der Materie werden Verweise auf die Verwal-
tungsvorschriften (Richtlinien und Erlasse) gegeben. Die Unternehmenssteuerreform 2008 ist bereits
berücksichtigt.

A. Handelsrechtliche Rechnungslegung

I. Einführung[1]

2 Die **Bilanz** ist die Gegenüberstellung von Kapitalherkunft (= Passiva) und Kapitalverwendung (= Aktiva). Der handelsrechtliche Jahresabschluss von Einzelkaufleuten und Personengesellschaften setzt sich aus der Bilanz und der **Gewinn- und Verlustrechnung (GuV)** zusammen (§ 242 Abs. 3 HGB). Kapitalgesellschaften müssen diese beiden Rechnungslegungsinstrumente um den Anhang (§§ 284 ff HGB) erweitern. Der Anhang dient der Erläuterung, Ergänzung und Entlastung des Inhalts der Bilanz und der GuV. Ferner wird von mittelgroßen und großen Kapitalgesellschaften die Aufstellung eines Lageberichts (§ 289 HGB) verlangt, der allerdings – anders als der Anhang – keinen Bestandteil des Jahresabschlusses bildet.

3 Die Vorschriften über die Jahresabschlussprüfung ergeben sich aus den §§ 316-324 a HGB und aus den ergänzenden Spezialregelungen des Aktiengesetzes und des GmbH-Gesetzes, zB § 111 AktG, § 42 a GmbHG. Die folgende Übersicht gibt rechtsform- und größenabhängig Auskunft über die Thematik der Erforderlichkeit eines Anhangs, der Prüfungspflicht und der Publizität.

---

[1] In der Praxis werden Entscheidungen des BFH mit Datum und Aktenzeichen nach dem Bundessteuerblatt zitiert. Orthographischer Hinweis zum Zitieren von Gesetzen: Vor Steuer steht kein Binde-S (also nicht Einkommenssteuer sondern Einkommensteuer); Ausnahme: Umwandlungssteuergesetz.

A. Handelsrechtliche Rechnungslegung

	Größenkriterien	Aufstellung		Prüfungs-pflicht	Offenlegung					
		Anhang	Frist		Bilanzschema	GuV-Schema	Anhang	Handels-register	Bundes-anzeiger	Frist
Einzelkaufmann, Personen-handelsgesellschaft und KapG & Co. mit unbeschränkt haftender natürlicher Person (§ 264 a HGB) nicht publizitäts-pflichtig	B < 65 U < 130 A < 5000 (§ 1 PublG)	nicht aufzu-stellen	ordnungs-gemäßer Geschäfts-gang (§243 III HGB)	nein	keine Offenlegungspflicht					keine
publizitäts-pflichtig (§ 3 PublG)	B > 65 U > 130 A > 5000 (§ 1 PublG)	nicht aufzu-stellen (§ 5 II PublG)	3 Monate (§ 5 I PublG)	ja (§ 6 PublG)	volles Schema nach § 266 HGB, nur Eigenkapital in einem Posten (§ 9 III PublG)	außer einigen Details (§ 5 V PublG) nicht offen zu legen (§ 9 II PublG)	nicht offen zu legen	Bilanz, GuV oder Anlage gem. § 5 S. 3 PublG, Bestätigungsvermerk, Prüfungsbericht des Aufsichtsrats, Vorschlag und Beschluss über die Verwendung des Ergebnisses zum Handelsregister und in den Bundesanzeiger (§§ 9 I u. II PublG i. V. m. § 325 HGB)		12 Monate (§ 9 I, § 325 HGB)
Kapitalge-sellschaft und KapG & Co. ohne unbeschränkt haftende natürliche Person (§ 264 a HGB) klein	B < 3,438 U < 6,875 A < 50 (§ 267 I HGB)	verkürzt (§§ 274 a, 276 S. 2*, 288* HGB)	ordnungs-gemäßer Geschäfts-gang, max. 6 Monate (§ 264 I HGB)	nein (§ 316 I HGB)	wie aufgestellt (§ 326 HGB)*	nicht offen zu legen (§ 326 HGB)*	ohne GuV-Angaben (§326 HGB)*	Bilanz und Anhang (§ 326 HGB)	bei welchem Handels-register und unter welcher Nummer eingereicht (§325 I S. 2 HGB)	12 Monate (§ 325 HGB)
mittelgroß	3,438 < B < 13,75 6,875 < U < 27,5 50 < A < 250 (§ 267 II HGB)	verkürzt (§ 288 HGB)*	3 Monate (§ 264 I HGB)	ja (§ 316 I HGB)	verkürzt (§ 327 Nr. 1 HGB)*	wie aufgestellt (ggf. Zusam-menfassung der ersten Posten zum Rohergebnis § 276 HGB)*/**	verkürzt (§ 327 Nr. 2 HGB)*	Bilanz, GuV, Anhang, Be-stätigungsver-merk, Lagebe-richt (§ 289 HGB), Bericht des Aufsichts-rats sowie Vorschlag und Beschluss zur Gewinnver-wendung** (§ 325 HGB)		
groß	B > 13,75 U > 275 A > 250 (§ 267 III HGB)	alle nach §§ 284 - 287 HGB erforder-lichen Angaben			wie aufgestellt (volles Schema)	wie aufgestellt (volles Schema)	wie aufgestellt	wie Handels-register (§ 325 II HGB)		

A = Anzahl der Arbeitnehmer im Jahresdurchschnitt
B = Bilanzsumme in Mio. EUR, ggf. nach Abzug des Fehlbetrages gemäß § 268 III HGB
U = Umsatzerlöse in Mio. EUR in den letzten zwölf Monaten vor dem Abschlussstichtag

* Auskunftsrecht nach § 131 AktG bzw. Recht der Feststellung des Jahresabschlusses durch die Gesellschafter nach § 46 Nr. 1 GmbHG
** Angaben über Ergebnisverwendung bei Gesellschaften mit beschränkter Haftung nicht notwendig, wenn sich dadurch die Gewinnanteile von natürlichen Personen, die Gesellschafter sind, ermitteln ließen (§ 325 I S. 1 HGB)
*** Eine Kapitalgesellschaft gilt stets als so groß, wenn sie einen organisierten Markt i. S. § 2 V WpHG durch ihr ausgegebene Wertpapiere i. S. § 2 I S. 1 WpHG in Anspruch nimmt oder die Zulassung zum Handel an einem organisierten Markt beantragt worden ist (§ 267 III HGB)

Das HGB enthält eine detaillierte Gliederung für die Bilanzposten (§ 266 HGB) sowie die Posten der GuV (§ 275 HGB). Obwohl diese Vorschriften unmittelbar nur für Kapitalgesellschaften und haftungsbeschränkte Personengesellschaften iSd § 264 a HGB gelten, orientiert man sich an der Gliederung auch bei Einzelunternehmern und Personengesellschaften, verkürzt jedoch die Gliederung auf das notwendige Maß. Die Gliederung dient dazu mit vergleichsweise wenigen Angaben dem Bilanzleser ein möglichst großes Maß an Informationen zu vermitteln. Die Bilanz gibt dabei die Vermögensstruktur an, während die GuV eine Gegenüberstellung von Aufwendungen und Erträgen ist. Der ausgewiesene Gewinn bzw Verlust in der Bilanz und in der GuV ist immer gleich groß, denn den Erträgen und Aufwendungen entsprechen immer Anstieg oder Minderung von Aktiva und Passiva. Die GuV ist strukturell lediglich ein ausgegliederter Teil des Eigenkapitalpostens. Anders als in der Bilanz werden in der GuV die Erträge und Aufwendungen aufgegliedert, um damit die Quellen des Ergebnisses offenzulegen.

6   Für den Jahresabschluss gilt das **Stichtagsprinzip** (er ist also eine Momentaufnahme zum Stichtag, während unterjährige Prozesse nicht sichtbar werden). Er soll zeigen, welches Ergebnis im abgelaufenen Geschäftsjahr[2]/Wirtschaftsjahr[3] erzielt worden ist. Dazu ist ein Jahr vom anderen abzugrenzen (**Periodenabgrenzung**). Maßgebender Zeitpunkt ist der Schluss des Geschäftsjahres (§ 242 Abs. 1 S. 1 HGB) oder des Wirtschaftsjahres (§ 4 Abs. 1 EStG). Insoweit spricht man von Jahresbilanzen. Bei der Frage was und wie bilanziert wird, kommt es nicht auf das subjektive Wissen am Abschlusstag an, sondern – zwecks Darstellung einer den tatsächlichen Verhältnissen entsprechenden Vermögens-, Finanz- und Ertragslage – auf die objektiven Verhältnisse, selbst wenn diese erst zwischen dem Abschlussstichtag und dem Tag der Aufstellung des Jahresabschlusses bekannt geworden sind (§ 252 Abs. 1 Nr. 4 HGB, **Wertaufhellungsprinzip**).[4]

7   Das Bilanzrecht wird vom Prinzip der Vorsicht beherrscht und konkretisiert sich u.a. im sog. „Realisationsprinzip" und im „Imparitätsprinzip". Nach dem **Realisationsprinzip** ist ein Wertanstieg erst bei Veräußerung des Vermögensgegenstandes als Ertrag auszuweisen (§ 252 Abs. 1 Nr. 4, 2. Hs HGB); der Markt als objektiver Maßstab hat dann den Wert(anstieg) bestätigt. Nach dem **Imparitätsprinzip** ist es bei einer Wertminderung umgekehrt (impar = ungleich); sie wird aus Gründen der Vorsicht auch vor Veräußerung bereits bei ihrem Eintritt erfasst (§ 252 Abs. 1 Nr. 4, 1. Hs HGB – **Niederstwertprinzip**).

1. Funktionen der Bilanz

8   Die Handelsbilanz erfüllt unterschiedliche Funktionen. Die öffentlich-rechtliche Buchführungspflicht ist zur Sicherung der Kreditbeziehungen eingeführt worden (**Gläubigerschutzzweck**). Dabei dient bereits die **korrekte Selbstinformation** des Kaufmanns durch Buchführung und Bilanz dem Gläubigerschutz.

9   Für die Handelsgesellschaften ist die Bilanz zugleich **Gewinnverteilungsinstrument**. Der in der Handelsbilanz ausgewiesene Gewinn wird den Gesellschaftern nach Maßgabe ihrer Beteiligung zugewiesen (vgl § 121 HGB, § 60 AktG, § 29 Abs.1, 3 GmbHG). Die Aufstellung des Jahresabschlusses ist eine Geschäftsführungsmaßnahme. Die rechtliche Verbindlichkeit erlangt der Jahresabschluss dabei durch seine Feststellung. Die **Feststellung des Jahresabschlusses** ist die Anerkennung seiner Richtigkeit durch das dafür zuständige Organ mit der Folge der Verbindlichkeit für Gesellschaft und Gesellschafter. Sie ist Voraussetzung für den Ergebnisverwendungsbeschluss und Grundlage ergebnisabhängiger Ansprüche. Bei der Personenhandelsgesellschaft ist die Feststellung des Jahresabschlusses Grundlagengeschäft, dh alle Gesellschafter müssen zustimmen. Entspricht der Inhalt des Jahresabschlusses den gesetzlichen Vorschriften und dem Gesellschaftsvertrag und ist das Bilanzierungsermessen fehlerfrei ausgeübt worden, ist jeder Gesellschafter verpflichtet, dem Jahresabschluss zuzustimmen. Die Gesellschafterversammlung ist bei der Feststellung des Jahresabschlusses nicht an den von den Geschäftsführern aufgestellten Abschluss gebunden. Nichtigkeit und Anfechtbarkeit des festgestellten Jahresabschlusses richten sich nach allgemeinen für Gesellschafterbeschlüsse geltenden Grundsätzen (vgl für die AG und im Rahmen analoger Anwendung § 256 AktG). Ein prüfungspflichtiger, aber

---
2 Handelsbilanziell.
3 Steuerlich.
4 Vgl *Winnefeld*, Bilanz-Handbuch, 4. Aufl. 2006, E. 240.

nicht geprüfter Jahresabschluss darf nicht festgestellt werden, da er rechtlich nicht existiert. Eine Feststellung ist aber zulässig, obwohl der Bestätigungsvermerk des Wirtschaftsprüfers eingeschränkt oder versagt wurde.

Anders als die Ergebnisermittlung ist die **Ergebnisverwendung** in besonderem Maße rechtsformabhängig. Während bei Personengesellschaften regelmäßig eine direkte Verbuchung des Ergebnisses auf den Gesellschafterkonten stattfindet (der Gewinnanspruch entsteht mit Feststellung des Jahresabschlusses), ist bei Kapitalgesellschaften der Gewinnverwendungsbeschluss vorgelagert. Als Ergebnisverwendung sind bestimmte Maßnahmen zu verstehen, die zur Weiterentwicklung des Postens „Jahresüberschuss/-fehlbetrag" zum „Bilanzgewinn/-verlust" führen. Als derartige Maßnahmen sind anzusehen:

- die Ausschüttung des Gewinns an die Anteilseigner;
- die Einstellung oder Auflösung von Gewinnrücklagen;
- die Auflösung der Kapitalrücklage;
- die Zuweisung zum Gewinnvortrag.

Nicht zu vergessen ist ferner, dass die Steuerbilanz an die Handelsbilanz anknüpft (**Maßgeblichkeit der Handelsbilanz für die Steuerbilanz**). Der Maßgeblichkeitsgrundsatz wird insbesondere mit der sog. Gleichstellungsthese begründet. Danach können die Gewinnansprüche des Fiskus als „stiller Teilhaber" nicht anders bemessen werden als die Gewinnansprüche privater Teilhaber. Gewerbetreibende im steuerrechtlichen Sinn haben gemäß § 5 Abs. 1 S. 1 EStG bei der steuerrechtlichen Gewinnermittlung durch Bestandsvergleich nach § 4 Abs. 1 und § 5 EStG das Betriebsvermögen anzusetzen, das nach den „handelsrechtlichen Grundsätzen ordnungsgemäßer Buchführung (GoB) auszuweisen ist"; damit ist also nicht das vollständige 3. Buch des HGB verbindlich. Außerdem sind gemäß § 5 Abs. 1 S. 2 EStG „steuerrechtliche Wahlrechte in Übereinstimmung mit dem handelsrechtlichen Jahresabschluss auszuüben, sofern steuerrechtliche Spezialgesetze nicht etwas anderes regeln". Als Folge dieses Übereinstimmungserfordernisses gibt es nach §§ 247 Abs. 3, 254, 273, 279 Abs. 2 und 280 Abs. 2 HGB auch eine sog. **umgekehrte Maßgeblichkeit**, die es ermöglicht, die als Wahlrechte ausgestalteten steuerrechtlichen Begünstigungsvorschriften in das Handelsrecht zu transformieren, wenn entsprechende handelsrechtliche Begünstigungsvorschriften nicht bestehen.

Die Steuerbilanz unterscheidet sich allerdings auch in wesentlichen Punkten von der Handelsbilanz, denn steuerliche Sonderreglungen sind vorrangig vor dem Grundsatz der Maßgeblichkeit der Handelsbilanz zu berücksichtigen; insbesondere gelten abweichende Grundsätze für die Bewertung, vgl § 5 Abs. 6 EStG (sog. **Bewertungsvorbehalt**).

In der Praxis besteht die Möglichkeit, eine eigenständige Steuerbilanz neben der Handelsbilanz zu erstellen oder lediglich eine Überleitungsrechnung vorzulegen, welche durch Zusätze und Anmerkungen die Anpassungen an die steuerlichen Vorgaben gewährleistet, vgl § 60 EStDV. Möglich ist es auch, eine **Einheitsbilanz** zu erstellen, die steuerliche wie handelsrechtliche Zwecke erfüllt. Eine "Einheitsbilanzklausel" in einem Gesellschaftsvertrag könnte wie folgt lauten:

▶ Es ist eine Einheitsbilanz aufzustellen. Bei der Bilanzierung und Bewertung ist von steuerrechtlichen Ansatz- und Bewertungsvorschriften auszugehen, es sei denn, handelsrechtliche Vorschriften schreiben abweichende Ansätze und Bewertungen zwingend vor. Dies gilt auch für Bilanzierungs- und Bewertungswahlrechte, die nur insoweit ausgeübt werden dürfen, soweit sie auch steuerrechtlich zulässig sind. ◀

2. Rechtsgrundlagen der Handelsbilanz

Die Rechtsgrundlagen der Handelsbilanz sind im 3. Buch des HGB (§§ 238 bis 342 e HGB) zusammengefasst. Außerhalb des HGB sind nur wenige rechtsformspezifische Vorschriften verblieben, vgl §§ 41-42a GmbHG, §§ 150–161 AktG, § 33 GenG. Das Handelsrecht kodifiziert das Recht der Buchführung nicht abschließend. Es weist verschiedentlich auf die Grundsätze ordnungsgemäßer Buchführung (GoB) als unbestimmten Rechtsbegriff hin. Das 3. Buch des HGB enthält aber heute kaum noch Regelungslücken, so dass die praktische Bedeutung der GoB gering ist.

Zur europaweiten Vereinheitlichung der Rechnungslegung wurden die „**International Financial Reporting Standards**" (**IFRS**) geschaffen, die im Unterschied zum HGB lediglich dem Informationszweck dienen und einen vergleichsweise weiten Gestaltungsspielraum eröffnen. Im Rahmen der Internationalisierung der Rechnungslegung ist zwischen dem Einzelabschluss (für ein Unternehmen) und dem Konzernabschluss zu unterscheiden. Ein Konzern ist der Zusammenschluss rechtlich selbständiger Unternehmen (Tochterunternehmen) unter der einheitlichen Leitung des Mutterunternehmens zu einer wirtschaftlichen Einheit. Im Konzernabschluss werden alle einbezogenen Unternehmen so dargestellt, als ob der Konzern ein Unternehmen wäre. Dazu werden die Bilanzen und GuVen der Tochterunternehmen und des Mutterunternehmens zusammengefasst und dabei die konzerninternen Beziehungen wie Kapitalbeteiligungen, Forderungen, Verbindlichkeiten, Umsatzerlöse und Zwischengewinne eliminiert (Konsolidierung).

16 Kapitalmarktorientierte Unternehmen haben ihren Konzernabschluss ab 1.1.2005 nach den IFRS aufzustellen. Für nicht börsennotierte Unternehmen ist die Anwendung der IFRS optional. Der Einzelabschluss aller – auch der kapitalmarktorientierten Unternehmen – muss weiterhin nach dem Bilanzrecht des HGB aufgestellt werden.

17 Die Abkürzungen IAS (International Accounting Standards) und IFRS (International Financial Reporting Standards) stehen für ein in sich geschlossenes System von Rechnungslegungsvorschriften. Sie wurden und werden von einer privatrechtlichen Organisation mit Sitz in London, dem IASB (International Accounting Standards Board), erlassen. Ursprünglich wurden alle Standards unter der Bezeichnung IAS, seit 2003 werden neue Standards als IFRS erlassen. Die alten IAS bleiben gültig, wenn und soweit sie nicht aufgehoben oder ersetzt werden. Neben den eigentlichen Standards erlässt das IFRIC (International Financial Reporting Interpretations Committee) verbindliche Interpretationen zu Fragen, die in den Standards nicht (oder nicht detailliert genug) behandelt werden, unter der Bezeichnung IFRIC Interpretations (kurz ebenfalls als IFRIC bezeichnet). Bis 2002 wurden die Interpretationen unter der Bezeichnung SIC (Standard Interpretations Committee) Interpretations (kurz als SIC bezeichnet) erlassen. Alte SICs bleiben gültig, soweit sie nicht aufgehoben oder ersetzt worden sind.

18 Insgesamt bestehen die Vorschriften des internationalen Rechnungslegungssystems also aus Standards (IAS und IFRS) sowie Interpretationen (SIC und IFRIC); IAS 1.11 legt fest, dass alle diese Vorschriften von dem Oberbegriff IFRS umfasst sind. Art. 3 der IAS-Verordnung legt fest, dass die IFRS in einem vereinfachten Verfahren (sog. Komitologieverfahren) durch die Europäische Kommission in Form von Verordnungen übernommen werden. Die Kommission muss bei der Übernahme prüfen, ob die einzelnen IFRS die in Art. 3 der IAS-Verordnung festgelegten Voraussetzungen für eine Übernahme in europäisches Recht erfüllen. Die in europäisches Recht übernommenen IFRS sind nach den allgemeinen Auslegungsregeln für europäisches Sekundärrecht zu beurteilen; oberste Auslegungsinstanz ist der **EuGH**.

19 Skurril ist die Anwendung von IAS auf Personengesellschaften.[5] Nach dem maßgeblichen Standard IAS 32 sollen in der IAS-Bilanz der Personengesellschaft keine Kapitalanteile, sondern potentielle Abfindungsansprüche als „finanzielle Verbindlichkeiten" auszuweisen sein. Die Gesellschaft wird insoweit als Emittentin ihrer Anteile verstanden, die sich einer Kündigung der Gesellschaft nicht (§ 723 Abs. 3 BGB) und einer Abfindung nur ausnahmsweise entziehen kann. Die möglichen zukünftigen Mittelabflüsse sind nach IAS 32.23 mit dem Barwert zu bewerten, so dass im Falle der Wertsteigerung des Unternehmens ein Aufwand durch Erhöhung der Verbindlichkeit entsteht, während eine negative Wertentwicklung zu einem Ertrag führt. IFRS lassen sich daher gegenwärtig praktikabel nur für Kapitalgesellschaften verwenden.

II. Aufbau und Gliederung der Handelsbilanz

1. Die Aktivseite – Kapitalverwendung

20 Die Aktivseite gibt Aufschluss über die Zusammensetzung des Vermögens. Es sind drei Hauptgruppen von Aktiva zu unterscheiden (§ 266 Abs. 2 HGB): das Anlagevermögen, das Umlaufvermögen und die Rechnungsabgrenzungsposten. Beim **Anlagevermögen** sind nur die Gegenstände auszuweisen, die dazu bestimmt sind, dauernd dem Geschäftsbetrieb zu dienen (§ 247 Abs. 2 HGB). Zum **Umlaufver-**

---

5 *Sieker*, ZIP 849, 2007.

mögen gehören Vermögensgegenstände, die weiterveräußert (Waren, Erzeugnisse), verbraucht (Roh-, Hilfs- und Betriebsstoffe), in kurzer Zeit eingezogen (Forderungen aus Lieferungen und Leistungen) oder verausgabt werden sollen (Bank/flüssige Mittel). **Rechnungsabgrenzungsposten** können auf der Aktiv- und Passivseite der Bilanz auftreten. Es sind Posten ohne Vermögens- und Kapitalcharakter, die zum Zwecke periodengerechter Gewinnabgrenzung eingeführt werden. Sie zielen darauf ab, dem Geschäftsjahr die Aufwendungen und Erträge zuzurechnen, die in ihm verursacht worden sind (§ 250 HGB).

Das ausführliche Gliederungsschema nach § 266 HGB unterteilt das Anlagevermögen in immaterielle Vermögensgegenstände, Sachanlagen und Finanzanlagen.

- **Immaterielle Vermögensgegenstände** sind nicht mit unkörperlichen Wirtschaftsgütern gleichzusetzen. So zählen die Finanzanlagen (also Beteiligungen und Forderungen) zu den materiellen Vermögensgegenständen. Zu den immateriellen Vermögensgegenständen gehören alle (übrigen) unkörperlichen Gegenstände, insbesondere Rechte und tatsächliche Positionen mit wirtschaftlichem Wert (zB Know-how). Nach der BFH-Rechtsprechung[6] gehören auch entgeltlich erworbene Nutzungsrechte dinglicher und schuldrechtlicher Art zu den immateriellen Vermögensgegenständen, sofern sie für eine bestimmte Zeit oder immerwährend zu einer gesicherten Rechtsposition führen (Nießbrauch, Mietrecht).
- **Geleistete Anzahlungen** sind zu aktivieren, auch wenn der angezahlte Gegenstand selbst nicht aktivierungsfähig sein sollte. Ihnen liegt der schuldrechtliche Anspruch auf die ausstehende Lieferung oder Leistung zugrunde, an dessen Stelle der Anspruch auf Rückgewähr der Anzahlung tritt, wenn die Lieferung oder Leistung nicht erbracht wird. Die Anzahlungen werden zu Anschaffungskosten oder Aufwand, sobald der Geschäftspartner sie geleistet hat.
- Die **Sachanlagen** können entweder abnutzbar (Gebäude, technische Anlagen, Maschinen, Betriebs- und Geschäftsausstattung) oder nicht abnutzbar (Grund und Boden) sein. Unter dem Posten „Grundstücke" werden auch die aufstehenden Gebäude jeder Art ausgewiesen. Unter „technische Anlagen und Maschinen" sind die Produktionsmittel des Betriebs, nicht aber Büromaschinen (zum Beispiel Computer) auszuweisen. Diese gehören unter "andere Anlagen, Betriebs- und Geschäftsausstattung"; „Anlagen im Bau" sind unfertige Sachanlagen, die im Betrieb selbst hergestellt werden. Die „geleisteten Anzahlungen" betreffen schwebende Anschaffungsgeschäfte, die Sachanlagen zum Gegenstand haben.

Die weit gefächerte Gliederung der **Finanzanlagen** verfolgt das Ziel, die Geschäftsbeziehungen zu verbundenen Unternehmen (§ 271 Abs. 2 HGB) sichtbar zu machen. Bei den verbundenen Unternehmen handelt es sich vereinfacht gesagt um Unternehmen innerhalb eines Konzerns. Der Sache nach bestehen die Finanzanlagen aus Beteiligungen, Wertpapieren des Anlagevermögens, welche die besonderen Voraussetzungen einer Beteiligung nicht erfüllen, und Ausleihungen. Der Begriff der **Beteiligungen** ist in § 271 Abs. 1 HGB definiert. Danach sind Beteiligungen „Anteile an anderen Unternehmen, die bestimmt sind, dem eigenen Geschäftsbetrieb durch Herstellung einer dauernden Verbindung zu jenen Unternehmen zu dienen." Das Ziel der Beteiligung muss dabei über den Zweck einer reinen Kapitalanlage hinausgehen. Die Beteiligungsabsicht ist nicht an eine bestimmte Höhe des Anteilsbesitzes gebunden. Im Zweifel gelten als Beteiligung an einer Kapitalgesellschaft aber Anteile, deren Nennbeträge insgesamt den fünften Teil des Nennkapitals dieser Gesellschaft überschreiten, § 271 Abs. 1 S. 3 HGB. Anteile an einer Personengesellschaft gelten unabhängig von der Beteiligungshöhe grundsätzlich als Beteiligungen. **Wertpapiere des Anlagevermögens** sind nur diejenigen Wertpapiere, die als Kapitalanlage gehalten werden. Als **Ausleihungen** gelten die dauerhaft dem Geschäftsbetrieb dienenden Finanz- und Kapitalforderungen; ohne Daueranlageabsicht (Haltedauer unter einem Jahr) erfolgt ein Ausweis als Umlaufvermögen.

Die **Gliederung des Umlaufvermögens** ist auf den Produktionsbetrieb zugeschnitten und berücksichtigt den Grad der Fertigstellung. Roh-, Hilfs-, und Betriebsstoffe haben noch keine Bearbeitung erfahren. Unfertige Erzeugnisse und Leistungen werden je nach Branche auch als halbfertige Arbeiten, in

---

6 BFH v. 12.8.1982, IV R 184/79, BStBl. II 1982, 696.

Arbeit befindliche Aufträge oder als noch nicht abgerechnete Leistungen bezeichnet. Vorräte, die sofort verkauft werden können, heißen im Produktionsbetrieb Erzeugnisse, im Handelsbetrieb Waren. Im Dienstleistungsgewerbe kommen sie nicht vor.

24 Der mehrfach unterteilte Posten „Forderungen und sonstige Vermögensgegenstände" umfasst insbesondere die Forderungen aus Lieferungen und Leistungen, damit sind Forderungen aus der Geschäftstätigkeit gemeint. Schadensersatzansprüche, Ansprüche auf die Dividende oder Steuererstattungsansprüche sind demgegenüber „sonstige Vermögensgegenstände". Der Posten „Wertpapiere" ist das Gegenstück zu den Wertpapieren des Anlagevermögens. Eigene Anteile sind unabhängig von ihrer Zweckbestimmung stets im Umlaufvermögen gesondert auszuweisen. Flüssige Mittel sind der Kassenbestand, Bundesbankguthaben, Guthaben bei Kreditinstituten und Schecks. Wechsel sind in der Gliederung nicht aufgeführt; auch wenn der Schuldner einen Wechsel akzeptiert hat, wird in der Bilanz des Gläubigers weiter die Forderung gegen ihn ausgewiesen.

2. Passivseite – Kapitalherkunft

25 Die Passivseite der Bilanz gibt Aufschluss über die Mittel, mit denen die Vermögensgegenstände finanziert sind. Die Finanzierungsmittel sind, wie die Vermögensgegenstände auf der Aktivseite, nach Liquiditätsgesichtspunkten gegliedert. Die Passiva beginnen deshalb mit dem Eigenkapital, das dem Unternehmen auf Dauer zur Verfügung steht. Daran schließen sich (nach unten) die Schulden in der Reihenfolge der Fälligkeit an.

26 Verbindlichkeiten zeichnen sich dadurch aus, dass sie am Bilanzstichtag dem Grunde und der Höhe nach gewiss und quantifizierbar sind. Dies unterscheidet sie von den Rückstellungen, die nach Grund und/oder Höhe ungewiss sind und deshalb geschätzt werden müssen.

3. Eigenkapitalausweis bei Kapitalgesellschaften

27 Bei Kapitalgesellschaften unterstellt das Gliederungsschema des § 266 Abs. 3 A V HGB, dass die **Bilanz vor Ergebnisverwendung** aufgestellt wird, weil der Jahresüberschuss bzw Jahresfehlbetrag uneingeschränkt auszuweisen ist. Dieses Jahresergebnis enthält also keine Beträge, die sich aus einer Gewinnausschüttung oder Rücklagenbewegung ergeben. In diesem Fall müssen nach den Posten „Gezeichnetes Kapital", „Kapitalrücklage" und „Gewinnrücklage" die Posten „Gewinn-/Verlustvortrag" und „Jahresüberschuss/Jahresfehlbetrag" ausgewiesen werden.

28 Wird die Bilanz **nach teilweiser Verwendung des Jahresergebnisses** aufgestellt, was der Regelfall ist, bestimmt § 268 Abs. 1 HGB, dass an die Stelle der Posten „Gewinn-/Verlustvortrag" und „Jahresüberschuss/-fehlbetrag" der Posten „Bilanzgewinn/-verlust" tritt. Die Bilanz ist danach wie folgt zu gliedern:

A. Eigenkapital
I. Gezeichnetes Kapital
II. Kapitalrücklage
III. Gewinnrücklage
IV. Bilanzgewinn/Bilanzverlust

Der Posten IV. „Bilanzgewinn/Bilanzverlust" errechnet sich wie folgt:

	Jahresüberschuss/Jahresfehlbetrag
+/–	Gewinnvortrag/Verlustvortrag
./.	Verwendung des Jahresergebnisses
=	Bilanzgewinn/Bilanzverlust

29 Wird der Jahresabschluss unter vollständiger Verwendung des Jahresergebnisses aufgestellt (zB wenn ein Ausgleich des Verlustvortrages durch den Jahresüberschuss erfolgt oder zum Ausgleich eines Jahresfehlbetrages eine entsprechende Auflösung von Rücklagen herbeigeführt wird), so ist der Bilanzgewinn/Bilanzverlust null. Soll jedoch ein Restgewinn auf das nächste Jahr vorgetragen werden, ist dieser Betrag als Bilanzgewinn auszuweisen und nicht als „Gewinnvortrag", da dieser sich ausschließlich auf das Vorjahr bezieht.

Gezeichnetes Kapital ist bei der GmbH das Stammkapital, bei der Aktiengesellschaft das Grundkapital. Es wird bei der GmbH durch den Nennbetrag der Stammeinlagen, bei der Aktiengesellschaft durch den Nennbetrag der ausgegebenen Aktien bestimmt. Das gezeichnete Kapital wird auf der Passivseite der Bilanz zum Nennbetrag ausgewiesen und darf nur im Wege der Kapitalerhöhung oder der Kapitalherabsetzung nach Maßgabe besonderer Formvorschriften erhöht oder ermäßigt werden. Ausstehende Einlagen auf das gezeichnete Kapital sind auf der Aktivseite der Bilanz vor dem Anlagevermögen gesondert auszuweisen und entsprechend zu bezeichnen, § 272 Abs. 1 S. 2 HGB. Stattdessen können die noch nicht eingeforderten Einlagen auch auf der Passivseite von dem gezeichneten Kapital offen abgesetzt werden. Auf der Aktivseite erscheint dann das eingeforderte, aber noch nicht eingezahlte Kapital, § 272 Abs. 1 S. 3 HGB.

30

Als **Kapitalrücklage** sind Beträge auszuweisen, die von außen über das gezeichnete Kapital hinaus zugeführt worden sind, vgl §§ 272 Abs. 2, 270 Abs. 1 S. 1 HGB. Von größter praktischer Bedeutung sind die „anderen Zuzahlungen in das Eigenkapital" nach § 272 Abs. 2 Nr. 4 HGB. Hiermit werden als Auffangposition alle Zuzahlungen der Gesellschafter erfasst, die ohne Gegenleistung der Gesellschaft geleistet werden, das Eigenkapital erhöhen und nicht bereits unter § 272 Abs. 2 Nr. 1–3 HGB fallen. Einlagen und verlorene Zuschüsse (zB bei Sanierungen) der Gesellschafter führen aber nur dann zu einer Einstellung in die Kapitalrücklage, wenn die Leistung in das Eigenkapital mit Wissen und Willen des Gesellschafters erfolgt (faktisches Wahlrecht).[7] Eine klare Äußerung des Gesellschafters ist insoweit empfehlenswert. Leistet der Gesellschafter nicht in das Eigenkapital, dann ist sein Beitrag ggf als außerordentlichen Ertrag zu erfassen. Diese Auffassung knüpft an eine Äußerung des Rechtsausschusses an,[8] wonach die Leistung in das Eigenkapital gewollt sein muss, „so dass verdeckte Einlagen oder auch verlorene Zuschüsse nicht ohne weiteres erfasst werden." Umstritten sind die hieraus zu ziehenden Konsequenzen für den Fall der verdeckten Einlage. Bei einer verdeckten Einlage überträgt ein Gesellschafter der Gesellschaft Vermögensgegenstände (Geld oder Sachen) ohne die Gewährung zusätzlicher Gesellschaftsanteile, liefert Vermögensgegenstände an die Gesellschaft unter Preis oder nimmt Lieferungen oder Leistungen von ihr über Preis ab. Am weitesten gehen die Äußerungen des 1. Senats des BFH vom 28.8.1986:[9] „Im Schrifttum zum Gesellschaftsrecht besteht allerdings Einigkeit darüber, dass die Einlage die Vereinbarung einer Zuwendung „offen" als Beitrag des Gesellschafters voraussetzt ... . Verdeckte Einlagen, dh solche, die sich hinter einer anderen schuldrechtlichen Vereinbarung verbergen, werden gesellschaftsrechtlich entsprechend der nach außen hin in Erscheinung tretenden schuldrechtlichen Vereinbarung als von der Gesellschaft erzielte Erträge behandelt." Dagegen bezieht die herrschende Meinung im Schrifttum[10] diese „Zuzahlungen" grundsätzlich in den Anwendungsbereich des § 272 Abs. 2 Nr. 4 HGB ein, und sieht entgegen der eben dargestellten Ansicht keinen Widerspruch zwischen dem Bestehen einer "verdeckten Einlage" und anderen Zuzahlungen im Sinne des § 272 Abs. 2 Nr. 4 HGB. Sie macht die Einstellung in die Kapitalrücklage in Anknüpfung an die Formulierung des Rechtsausschusses von dem Willen des Gesellschafters abhängig.

31

Gewinnrücklagen werden aus dem Ergebnis des Geschäftsjahres oder eines früheren Geschäftsjahres gebildet, § 272 Abs. 3 S. 1 HGB. Die dort ausgewiesenen Beträge aus Gewinnen des Unternehmens sind also nicht ausgeschüttet, sondern – üblich auch zur sogenannten Innenfinanzierung – einbehalten worden (Gewinnthesaurierung). Zu den Gewinnrücklagen gehört die **gesetzliche Rücklage**, die bei Aktiengesellschaften zu finden ist, § 150 Abs. 1 und 2 AktG; sie soll das Eigenkapital ergänzen. Zu den Gewinnrücklagen gehören auch die satzungsmäßigen Rücklagen, deren Einzelheiten der Gesellschaftsvertrag regelt; sie sind grundsätzlich zwingend zu bilden, § 272 Abs. 2 S. 2 HGB. Als **andere Gewinnrücklagen** werden alle diejenigen Gewinnrücklagen ausgewiesen, die nicht gesetzliche oder satzungsmäßige Rücklagen sind. Man spricht insoweit von freiwilligen – und entsprechend in der Verwendung „freien" – Gewinnrücklagen. Die **Rücklage für eigene Anteile** ist eine besondere Form der

32

---

7 WP Handbuch 2006, Abschnitt F 268.
8 BT-Drucks. 10/4268 (§ 272 HGB).
9 BFH v. 20.8.1986, I R 41/82, BStBl. II 1987, 65 (70).
10 WP Handbuch 2006, Abschnitt F Rn 286.

Zwangsrücklage, § 272 Abs. 4 HGB; sie soll sicherstellen, dass durch den Erwerb eigener Anteile nicht Grund- oder Stammkapital zurückgezahlt wird, denn das würde dem Grundsatz der Kapitalerhaltung widersprechen. Diese Rücklage darf deshalb nur aus frei verfügbaren Gewinnrücklagen gebildet werden; fehlen solche Finanzmittel, muss der Erwerb unterbleiben.

33 **Gewinnvortrag** und **Verlustvortrag** beziehen sich auf das Vorjahr. Die Gesellschafter können beschließen, den Jahresüberschuss ganz oder teilweise erst in der Zukunft zu verteilen: „Der Jahresüberschuss/Jahresfehlbetrag wird auf neue Rechnung vorgetragen"; der nicht verteilte Gewinn des Vorjahres wird dann als Gewinnvortrag ausgewiesen. Gewinnvortrag und Rücklage unterscheiden sich rechtlich dadurch, dass der Gewinnvortrag im nächsten Jahr ohne weiteres in den verteilungsfähigen Gewinn eingeht, während eine Rücklage durch Auflösung im Rahmen der Bilanzfeststellung erst wieder verteilungsfähig gemacht werden muss. Ein Jahresfehlbetrag, der nicht durch einen Gewinnvortrag oder durch Auflösung von Rücklagen gedeckt werden konnte, wird in der Bilanz als Verlustvortrag ausgewiesen. Er wird auf der Passivseite als negativer Betrag vom Eigenkapital abgezogen (§ 266 Abs. 3 A IV HGB).

34 Der „**Jahresüberschuss**" oder „**Jahresfehlbetrag**" ist der Saldo aus Erträgen und Aufwendungen in der GuV, § 275 Abs. 2 Nr. 20 HGB. Er muss übereinstimmen mit dem entsprechenden Posten in der Bilanz, § 266 Abs. 3 A V HGB. Man spricht auch vom Jahresergebnis, vgl §§ 268 Abs. 1 S. 1 und 2, 285 Nr. 5 HGB. Wird die vollständige oder teilweise Verwendung des Jahresergebnisses bei Bilanzaufstellung schon berücksichtigt (§ 268 Abs. 1 HGB), so können die entsprechenden Posten im Anschluss an Nr. 20 in die GuV aufgenommen werden (§ 275 Abs. 4 HGB).

4. Eigenkapitalausweis bei Personengesellschaften

35 Die für Kapitalgesellschaften besonders konzipierte Regelung des § 266 Abs. 3 A HGB zum Kapitalausweis wird für Personenhandelsgesellschaften iSd § 264 a HGB durch § 264 c Abs. 2 HGB angepasst. Danach erhält der Posten Eigenkapital folgende Gliederung:
A. Eigenkapital
I. Kapitalanteile
II. Rücklagen
III. Gewinnvortrag/Verlustvortrag
IV. Jahresüberschuss/Jahresfehlbetrag

36 Der **Kapitalanteil** ist das ziffernmäßig im Kapitalkonto ausgedrückte Beteiligungsrecht der Gesellschafter und gibt für bestimmte Zwecke (zB bei Auseinandersetzung § 155 HGB) das Verhältnis der Rechte und Pflichten der Gesellschafter untereinander an. Nach den (dispositiven) Regelungen des HGB (§§ 120 Abs. 2, 161 Abs. 2, 167 HGB) gibt es für jeden Gesellschafter einer Personengesellschaft nur einen – in seiner Höhe variablen – Kapitalanteil. In der Praxis werden diese Regelungen jedoch im Gesellschaftsvertrag abbedungen und stattdessen neben einem festen Kapitalanteil weitere variable Konten vereinbart. Der Posten „**Rücklagen**" unterscheidet nicht nach Kapital- und Gewinnrücklagen.

37 Im Gegensatz zum Gewinnanspruch eines Gesellschafters einer Kapitalgesellschaft erfordert die Entstehung des Gewinnanspruchs des Gesellschafters einer Personengesellschaft keinen gesonderten Gewinnverwendungsbeschluss. Etwas anderes gilt allenfalls dann, wenn der Gesellschaftsvertrag der Personengesellschaft ausdrücklich vorsieht, dass ein **Gewinnverwendungsbeschluss** zu fassen ist. Die Geltendmachung des Gewinnanspruchs durch die Gesellschafter der Personengesellschaft erfolgt im Rahmen ihrer (Gewinn-)Entnahmerechte, die letztlich dafür maßgeblich sind, in welcher Höhe der Gesellschafter von der Gesellschaft die Auszahlung seines Gewinnanspruchs an sich verlangen kann. Übersteigt der Gewinnanspruch eines Gesellschafters dessen Entnahmerecht, erhöht der übersteigende Betrag den Kapitalanteil des betreffenden Gesellschafters. Da nach dem gesetzlichen Regelstatut (§§ 120 Abs. 2, 161 Abs. 2 HGB) Gewinnanteile dem Kapitalanteil des Gesellschafters zugeschrieben und Verlustanteile abgeschrieben werden, wird daraus für den Eigenkapitalausweis gefolgert, dass (ohne abweichende Regelung im Gesellschaftsvertrag) in der Bilanz ebenfalls eine unmittelbare Zu- und Abschreibung erfolgen soll. Der Ausweis eines unverteilten **Jahresüberschusses** (nach Posten

A III und A IV) kommt nur dann in Betracht, wenn im Gesellschaftsvertrag der Personengesellschaft bestimmt ist, dass die Verwendung des Gewinns – ganz oder teilweise – von einer Beschlussfassung der Gesellschafter abhängig ist.[11] In der GuV wird dagegen stets der unverteilte Jahresüberschuss ausgewiesen. Da Verluste von den Kapitalanteilen abzuschreiben sind bzw – wenn diese nicht ausreichen – aktivisch ausgewiesen werden müssen, besteht für den Ausweis eines **Jahresfehlbetrages** oder **Verlustvortrages** regelmäßig kein Raum. Ein **Gewinnvortrag** kann entstehen, wenn der Gesellschaftsvertrag die Gewinnverwendung von einer Beschlussfassung abhängig macht und der Beschluss entweder noch nicht gefasst worden ist oder einen Teil des Gewinns unverwendet gelassen hat. In diesem Fall kommt der Ausweis eines Bilanzgewinns nach § 268 Abs. 1 S. 2 HGB in Betracht.

5. Gestaltung von Gesellschafterkonten

Für das Grundverständnis einer Gesellschafterkontengestaltung ist die **Unterscheidung zwischen Kapitalkonto** (auch Beteiligungskonto genannt) **und Forderungskonto** (auch Verrechnungskonto, Privatkonto oder Darlehenskonto genannt) von ausschlaggebender Bedeutung. Die Unterscheidung ist bereits im Gesetz vorgezeichnet.

Nach dem dispositiven Gesetzesrecht ist für den Gesellschafter einer OHG und den Komplementär einer KG ein einheitliches Kapitalkonto zu führen, auf dem Gewinne, Verluste und Entnahmen zu verbuchen sind. Die rechtliche Funktion des Kapitalanteils (als Summe der Kapitalkonten) besteht darin, den gegenwärtigen Stand der Einlage des Gesellschafters wiederzugeben. Der Kapitalanteil stellt während des Bestehens der Gesellschaft keine Forderung des Gesellschafters gegen die Gesellschaft dar. Der Gesellschafter ist nicht berechtigt die Rückzahlung der Einlage zu verlangen.[12] Es handelt sich auch nicht um eine auf die Beendigung der Gesellschaft betagte Forderung, denn der Kapitalanteil kann durch künftige Verluste verringert oder ganz aufgezehrt werden.

Für den Kommanditisten sind dagegen nach dem Gesetz zwei Konten zu führen. Sobald der Kapitalanteil, dh der Habensaldo auf dem Kapitalkonto den Betrag der vertraglich festgesetzten Einlage erreicht, sobald also der Kommanditist seine Einlage geleistet oder durch stehengelassene Gewinne „angespart" hat, sind weitere Gewinnanteile dem Kapitalanteil nicht mehr zuzuschreiben, sondern auf einem zweiten Konto zu verbuchen. Dieses zweite Konto ist ein Forderungskonto. Der Kommanditist hat in Höhe seines Guthabens einen Anspruch auf Auszahlung gegen die Gesellschaft. Das gilt auch dann, wenn der Gesellschaftsvertrag abweichend vom Gesetz die Möglichkeit der Entnahme aus dem zweiten Konto beschränkt. Hierdurch wird nur die Fälligkeit des Anspruchs auf Auszahlung des Guthabens aufgehoben, dagegen kommt es – ohne Vereinbarung im Gesellschaftsvertrag – nicht zu einer Verbuchung von Verlusten auf dem zweiten Konto.[13] Das Kapitalkonto des Kommanditisten ist zudem dazu bestimmt, die Feststellung zu ermöglichen, ob die Einlage mit haftungsbefreiender Wirkung geleistet ist, § 171 Abs. 1 Hs 2 HGB, und vor allem, ob die Haftung durch Rückzahlung der Einlage wieder auflebt, § 172 Abs. 4 HGB.

Die Leistung der Einlage kann erfolgen durch Bareinlage oder Sacheinlage in das Gesellschaftsvermögen, durch Umbuchung vom Guthaben eines anderen Gesellschafters, oder durch Stehenlassen von Gewinnanteilen, die auf den Gesellschafter entfallen sind. Alle diese Vorgänge führen zu entsprechenden Gutschriften auf dem Kapitalkonto des Kommanditisten. Man kann deshalb auch folgendermaßen formulieren: die Einlage des Kommanditisten ist geleistet, und die Haftung des Kommanditisten gegenüber den Gläubigern ist gemäß § 171 Abs. 1 Hs 2 HGB ausgeschlossen, wenn das Guthaben des Kommanditisten auf dem Kapitalkonto den Betrag der Hafteinlage erreicht.

Unter „Zurückbezahlung" der Einlage versteht das Gesetz in § 172 Abs. 4 S. 1 HGB den actus contrarius, also eine Entnahme aus dem Gesellschaftsvermögen, die dazu führt, dass das Guthaben auf dem Kapitalkonto den Betrag der Hafteinlage nicht mehr deckt.[14] Entnahmen sind haftungsunschädlich, soweit der Gesellschafter bei der Gesellschaft ein Guthaben hat, dass seine Hafteinlage übersteigt.

---

11 WP Handbuch 2006, Abschnitt F 100 ff.
12 *Huber*, ZGR 1988, 1 (5).
13 *Huber*, ZGR 1988, 1 (29).
14 *Huber*, ZGR 1988, 1 (13).

Entnahmen des Kommanditisten, die dazu führen, dass das Guthaben auf dem Kapitalkonto die Einlage nicht mehr deckt, haben nach § 172 Abs. 4 S. 2 HGB die Folge, dass die Einlage „den Gläubigern gegenüber als nicht geleistet" gilt.

6. Funktionen der gesellschaftsvertraglichen Kontenteilung

43 Durch die Einführung eines festen Kapitalkontos wird erreicht, dass ein unveränderlicher Schlüssel für die Verteilung von Gewinn und Verlust, Entnahmerechte und für etwaige, im Gesellschaftsvertrag vorgesehene Nachschusspflichten, das Stimmrecht und für sonstige Rechte und Pflichten der Gesellschafter geschaffen wird, vergleichbar der Stammeinlage bei der GmbH. Deshalb handelt es sich bei dem **Festkapitalkonto (auch: Kapitalkonto I)** um eine nahezu frei wählbare Größe, deren Bedeutung sich nicht aus den darauf ausgewiesenen Beträgen, sondern aus dem Verhältnis der Nennbeträge zueinander ergibt.[15] Die Beteiligung an einer Personengesellschaft setzt darüber hinaus noch nicht einmal zwingend voraus, dass jeder Gesellschafter im Innenverhältnis zwischen den Gesellschaftern am Gesamthandsvermögen der Gesellschaft beteiligt ist. Bei einer Komplementär-GmbH wird regelmäßig eine Beteiligung am Gesamthandsvermögen der Kommanditgesellschaft im Innenverhältnis ausgeschlossen. Ein Kapitalkonto I braucht in diesem Fall für die Komplementärin nicht geführt zu werden. Soweit es um die Haftung des Kommanditisten geht, haben Kapitalkonto I und das variable Kapitalkonto zusammengenommen dieselbe Funktion, wie bei dem gesetzlichen Modell das einheitliche Kapitalkonto. Die Leistung der Einlage wird durch Gutschrift auf dem ersten Kapitalkonto festgehalten. Dass sie der Gesellschaft tatsächlich weiter zur Verfügung steht und nicht durch Verluste und Entnahmen verringert ist, ergibt sich aus dem zweiten Konto. Solange dieses für den Kommanditisten ein Guthaben aufweist oder zumindest ausgeglichen ist, ist die Einlage nicht verloren, laufende Gewinne können in haftungsunschädlicher Weise entnommen werden.

44 Wird neben dem festen Kapitalkonto lediglich ein weiteres Konto geführt hat das den Nachteil, dass auf diesem zweiten Konto ohne Unterschiede sowohl entnahmefähige Gewinnanteile als auch solche Gewinnanteile verbucht werden, deren Entnahme durch Gesetz oder Gesellschaftsvertrag ausgeschlossen ist. Deshalb wird das zweite (variable) Kapitalkonto regelmäßig nochmals unterteilt in ein sog. **Kapitalkonto II (oder Rücklagenkonto)**, auf dem nicht entnahmefähige Gewinnanteile und Verlustanteile verbucht werden, und ein Darlehenskonto (oder Privatkonto/Verrechnungskonto), auf dem die entnahmefähigen Gewinnanteile gutgeschrieben und die Entnahmen belastet werden (**3-Konten-Modell**). Kapitalkonto I und Kapitalkonto II sind im Fall des Ausscheidens miteinander zu verrechnen. Sie bilden zusammen den Kapitalanteil des Gesellschafters. Die Herausnahme des entnahmefähigen Gewinns aus dem Kapitalkonto dient nicht nur der besseren Übersicht, sondern hat zugleich die materielle Folge, dass demjenigen Gesellschafter, der entnahmefähigen Gewinn in der Gesellschaft stehen lässt, ein Anspruch auf Auszahlung des Gewinns durch spätere Verluste nicht mehr genommen werden kann.

45 Bei Kommanditgesellschaften werden für die Kommanditisten häufig **Verlustvortragskonten** geführt, diese führen neben Privat- oder Verrechnungskonten zu einer weiteren Aufgliederung des Kapitalkontos II. Auf dem Kapitalkonto II werden dann lediglich nicht entnahmefähige Gewinnanteile eines Gesellschafters gutgeschrieben, während entnahmefähige Gewinnanteile, sonstige Einlagen und Entnahmen auf dem Darlehenskonto gebucht und schließlich Verlustanteile dem Verlustvortragskonto belastet werden (**4-Konten-Modell**). Kernfrage bei der Regelung der Verlustverbuchung ist dabei letztlich, ob der auf einen Gesellschafter in einem schlechten Jahr entfallende Verlust mit den Gewinnen guter Jahre verrechnet werden soll. Des Weiteren ist zu klären, ob der Gewinn späterer Jahre mit dem Verlust früherer Jahre verrechnet werden soll, bevor seine Ausschüttung erfolgt und ferner ist regelungsbedürftig, ob der Gewinn früherer Jahre, soweit er nicht entnommen worden ist, mit dem Verlust späterer Jahre verrechnet werden soll oder der Gesellschafter, der Gewinn hat stehen lassen, einen unentziehbaren Anspruch auf Auszahlung der stehen gelassenen Gewinne haben soll.

---

15 *Carlé/Bauschatz*, FR 2002, 1153.

Kommanditisten müssen vor allem davor geschützt werden, dass ihre persönliche Haftung gemäß § 172 Abs. 4 HGB dadurch wieder auflebt, dass sie Gewinne entnehmen, während die Einlage durch Verlustvorträge belastet ist. Deshalb ist sinnvollerweise zu regeln, dass künftige Gewinne in erster Linie zum Ausgleich des Verlustvortrags verwendet werden. Beim 3-Konten-Modell erfolgt diese Verrechnung automatisch, beim 4-Konten-Modell muss dies eigens angeordnet werden. Soweit ein Bedürfnis besteht, Gesellschaftern ein ständiges Einkommen aus der Gesellschaft zu garantieren, sollte eine von Gewinn und Verlust überhaupt unabhängige, jederzeit entnahmefähige Vergütung festgesetzt werden. Was die stehen gebliebenen Gewinne früherer Jahre anbelangt, differenziert das Gesetz. Für OHG-Gesellschafter und Komplementäre ordnete es eine Verrechnung mit späteren Verlusten an (§§ 120 Abs. 2, 122 Abs. 1 iVm § 161 Abs. 2 HGB), für Kommanditisten schließt es die Verrechnung aus (§§ 167 Abs. 2, 169 Abs. 2 HGB). Diese Privilegierung des Kommanditisten wird grundsätzlich durch das 4-Konten-Modell fortgeführt. Zu einer Gleichbehandlung kommt es dagegen beim 3-Konten-Modell, bei dem jeder Gesellschafter einen unentziehbaren Anspruch auf solche Gewinne erwirbt, die er freiwillig in der Gesellschaft stehen lässt, wohingegen Gewinne, die einer Ausschüttungssperre unterliegen, mit späteren Verlusten zu verrechnen sind. Sieht der Gesellschaftsvertrag der Kommanditgesellschaft dagegen im Fall des Ausscheidens eines Kommanditisten oder wegen der Auflösung der Gesellschaft vor, dass ein Bestand auf dem Verlustvortragskonto mit dem Kapitalkonto II oder dem Darlehenskonto zu verrechnen ist, führt dies im Ergebnis zu einer Haftung des Kommanditisten über die Grenzen des § 169 Abs. 2 HGB hinaus.

Werden für alle Gesellschafter Darlehenskonten geführt, wird häufig an Stelle oder zusätzlich zum Kapitalkonto II ein **gesamthänderisch gebundenes Rücklagenkonto** geführt; an diesem Konto sind die Gesellschafter im Verhältnis ihrer Kapitalkonten I beteiligt. Das Konto unterliegt einer Entnahmebeschränkung. Die Rechtsnatur des gesamthänderisch gebundenen Rücklagenkontos folgt derjenigen des Kapitalkontos I. Für diese Einordnung spricht nicht zuletzt auch, dass das Rücklagenkonto nach § 264 c Abs. 2 S. 8 HGB unter der Position Eigenkapital auszuweisen ist.[16]

Die rechtliche Qualifikation eines Kontos richtet sich nicht nach dessen Bezeichnung, sondern nach den tatsächlich auf dem Konto vorgenommenen Buchungen. Maßgebliches Abgrenzungskriterium für das Vorliegen eines Kapitalkontos ist die Buchung der Verlustanteile des betreffenden Gesellschafters auf dem jeweiligen Konto.[17] Sofern solche Buchungen in jahrelanger Übung im Widerspruch zu den gesellschaftsvertraglichen Vereinbarungen vorgenommen wurden, besteht eine tatsächliche Vermutung für eine Änderung des Gesellschaftsvertrages.[18]

7. Gesellschafterkonten aus steuerlicher Sicht

In steuerlicher Hinsicht haben die Gesellschafterkonten insbesondere bei folgenden Fallgruppen Bedeutung:
- Verlustausgleichsbeschränkung, § 15 a EStG (Umfang des Kapitalkontos/Abgrenzung zum Darlehenskonto)
- Einbringung von Wirtschaftsgütern des Privatvermögens in das Gesamthandsvermögen gewerblicher Personengesellschaften, §§ 17, 23 EStG
- Übertragung einzelner Wirtschaftsgüter im betrieblichen Bereich, § 6 Abs. 5 S. 3 EStG
- Unentgeltliche Übertragung privilegierter Betriebseinheiten, § 6 Abs. 3 EStG (Entgeltlichkeit)
- Einbringung privilegierter Betriebseinheiten in eine Personengesellschaft, § 24 UmwStG (qualifizierte Entgeltlichkeit)

Die Finanzverwaltung hat zur Qualifikation der Kapitalkonten aus steuerlicher Sicht (und zwar für den speziellen Fall der Einbringung von Einzelwirtschaftsgütern aus dem Privatvermögen, §§ 17, 23 EStG) Stellung genommen.[19] Es geht dabei um die Frage, ob die Einbringung einen Veräußerungstatbestand begründet oder ob es sich um eine Einlage (ohne Gegenleistung) handelt. Für die Frage, ob als

---

16 *Carlé/Bauschatz*, FR 2002, 1153 (1160).
17 BFH v. 17.12.1980, II R 36/79, BStBl. II 1981, 325.
18 BGH v. 19.12.1977, II ZR 10/76, WM 1978, 300 (301).
19 BMF-Schreiben v. 26.11.2004, BStBl. I 2004, 1190.

Gegenleistung für die Übertragung Gesellschaftsrechte bei einem Mehr-Konten-Modell gewährt werden, ist grundsätzlich das Kapitalkonto der Handelsbilanz maßgebend. Erfolgt als Gegenleistung für die Übertragung die Buchung auf dem Kapitalkonto I, ist von einer Übertragung gegen Gewährung von Gesellschaftsrechten auszugehen. Werden neben dem Kapitalkonto I weitere gesellschaftsvertraglich vereinbarte Gesellschafterkonten geführt, kommt es darauf an, ob es sich hierbei um Kapitalkonten handelt; das ist der Fall, wenn auf dem jeweiligen Konto auch Verluste gebucht werden. Liegt demgemäß ein weiteres Kapitalkonto (Kapitalkonto II) vor, so gilt Folgendes: auch wenn das Kapitalkonto eines Gesellschafters in mehrere Unterkonten aufgegliedert wird, so bleibt es gleichwohl ein einheitliches Kapitalkonto. Eine Buchung auf einem Unterkonto des einheitlichen Kapitalkontos (und damit auch auf dem Kapitalkonto II) führt demnach regelmäßig zu einer Gewährung von Gesellschaftsrechten.

51 Handelt es sich bei dem betreffenden Gesellschafterkonto dagegen nicht um ein Kapitalkonto, ist regelmäßig von einem Darlehenskonto auszugehen. Erfolgt die Übertragung von Einzelwirtschaftsgütern gegen Buchung auf ein Darlehenskonto, dann kann dieses Konto keine Gesellschaftsrechte gewähren und es liegt insoweit ein entgeltlicher Vorgang vor, der nach § 6 Abs. 1 Nr. 1 oder 2 EStG zu bewerten ist.

52 Soweit dem Einbringenden keine Gesellschaftsrechte und auch keine sonstigen Gegenleistungen (einschließlich Begründung einer Darlehensforderung bei Buchung auf einem Darlehenskonto) gewährt werden, liegt mangels Gegenleistung eine verdeckte Einlage vor. Sie ist nach § 4 Abs. 1 S. 5 iVm § 6 Abs. 1 Nr. 5 EStG zu bewerten, auch wenn sie in der Steuerbilanz der Gesellschaft das Eigenkapital erhöht. Eine Übertragung im Wege der verdeckten Einlage ist dann anzunehmen, wenn die Übertragung des Wirtschaftsguts auf einem gesamthänderisch gebundenen Kapitalrücklagenkonto gutgeschrieben wird oder – was handelsrechtlich zulässig sein kann – als Ertrag gebucht wird. In beiden Fällen erhöht dies zwar das Eigenkapital der Gesellschaft, dem Einbringenden werden aber hierdurch keine zusätzlichen Gesellschaftsrechte gewährt. Bei der Buchung auf einem gesamthänderisch gebundenen Kapitalrücklagenkonto erlangt der übertragende Gesellschafter nämlich anders als bei der Buchung auf einem Kapitalkonto keine individuelle Rechtsposition, die ausschließlich ihn bereichert. Bei der Buchung auf einem gesamthänderisch gebundenen Rücklagenkonto wird vielmehr der Auseinandersetzungsanspruch aller Gesellschafter entsprechend ihrer Beteiligung dem Grunde nach gleichmäßig erhöht. Der Mehrwert fließt also – ähnlich wie bei einer Buchung auf einem Ertragskonto – in das gesamthänderisch gebundene Vermögen der Personengesellschaft und kommt dem übertragenden Gesellschafter ebenso wie allen anderen Mitgesellschaftern nur als reflexartige Wertsteigerung seiner Beteiligung zugute. Mangels Gegenleistung an den übertragenden Gesellschafter liegt deshalb ein unentgeltlicher Vorgang im Sinne einer verdeckten Einlage vor.

53 Die vorgenannten Grundsätze der Verwaltung gelten jedoch nicht uneingeschränkt für jedwede Form der Einbringung. Im Rahmen von § 6 Abs. 5 S. 3 EStG und § 24 UmwStG liegt eine **„Gewährung von Gesellschaftsrechten"** nur dann vor, wenn eine Verbuchung auf einem Kapitalkonto vorgenommen wird, das die Stimm- und/oder Gewinnbezugsrechte repräsentiert.[20] Das ist regelmäßig das Kapitalkonto I.

54 Im Rahmen des **§ 24 UmwStG** muss die Gutschrift aber nicht vollständig auf dem Kapitalkonto I erfolgen; ausreichend ist, wenn sie teilweise auf dem Kapitalkonto I und teilweise auf einem variablen Kapitalkonto oder gesamthänderisch gebundenen Rücklagenkonto gebucht wird.[21] Im Zusammenhang mit **§ 6 Abs. 5 S. 3 EStG** liegt eine „unentgeltliche Übertragung" dann vor, wenn die Verbuchung auf einem variablen Kapitalkonto erfolgt.[22]

55 Nicht ohne weiteres erkennbar ist im 4-Konten-Modell die Rechtsnatur des Kapitalkontos II. Nach Auffassung von *Huber*[23] ist das Kapitalkonto II im 4-Konten-Modell als Forderungskonto zu qualifizieren, weil das auf diesem Konto ausgewiesene Guthaben gerade nicht mit zukünftigen Verlusten

---

20 *Wendt*, FR 2002, 59.
21 *Patt* in Dötsch, KSt, § 24 UmwStG nF, Rn 98 f (Stand: Juni 2003).
22 *Patt* in Dötsch, KSt, § 24 UmwStG nF, Rn 35 (Stand: November 2005).
23 *Huber*, ZGR 1988,1 (88).

verrechnet werden soll, sondern einen dem Gesellschafter unentziehbar zustehenden Anspruch ausweist. Die Finanzverwaltung[24] wendet demgegenüber ein, dass nach § 120 Abs. 2 HGB auf dem Kapitalkonto II stehen gelassene Gewinne wie eine Einlage behandelt werden. Etwas anderes gelte nur dann, wenn die Gesellschafter nach dem Gesellschaftsvertrag eine Nachschusspflicht treffe und die nachzuschießenden Beträge durch Aufrechnung mit Gesellschafterforderungen zu erbringen seien.

Hinweis: Im Rahmen der vertraglichen Gesellschafterkontengestaltung ist zu definieren, welche Gesellschafterkonten geführt werden sollen. Für jedes Gesellschafterkonto muss klargestellt sein, welche Beträge es aufnehmen soll. So weit es zur Verbuchung auf ein und demselben Gesellschafterkonto kommt, erfolgt eine automatische Saldierung der Beträge. Sollen getrennte Gesellschafterkonten ganz oder teilweise miteinander verrechnet werden, so ist dies gesondert zu bestimmen. Wenn einzelne Beträge, die auf einem einheitlichen Gesellschafterkonto verbucht werden, zur Verdeutlichung auch getrennt ausgewiesen werden sollen, kann ein Konto in Unterkonten unterteilt werden. Die Rechtsnatur des Unterkontos folgt dabei regelmäßig der Rechtsnatur des Hauptkontos.[25] Gleichwohl sollte diesbezüglich eine vertragliche Klarstellung erfolgen. Sinnvoll kann es ferner sein, sich an den Vorgaben der Finanzverwaltung hinsichtlich der Kontentypen zu orientieren.

B. Steuerbilanzrecht

I. Grundsätzliches zur Einkünftezurechnung und steuerlichen Gewinnermittlung

1. Einzelsteuerpflichtige und Personengesellschaften

Im Rahmen der Gewinnermittlung ist die Erwerbssphäre (Einkommenserzielung) von der Privatsphäre (Einkommensverwendung) zu trennen. Instrument zur Scheidung der beiden Bereiche ist das sog. **Veranlassungsprinzip.** Demgemäß kommt es darauf an, ob das auslösende Element für eine Betriebseinnahme, Betriebsausgabe oder das Betriebsvermögen dem betrieblichen Bereich zuzuordnen ist. Nicht betrieblich veranlasste Vorgänge sind als Einlage/Entnahme (Verbuchung auf den Privatkonten) zu korrigieren. Dabei verlängert § 12 Nr. 1 S. 2 EStG das Abzugsverbot durch ein allgemeines Aufteilungsverbot für gemischte Aufwendungen, kraft dessen Aufwendungen, die in untrennbarer Verbindung sowohl betrieblich/beruflich als auch privat veranlasst sind, einheitlich als privat zu behandeln und nicht abziehbar sind; der BFH lässt allerdings zahlreiche Ausnahmen zu und schränkt somit das Aufteilungsverbot erheblich ein.[26] Das Aufteilungsverbot greift auch, wenn eine Personengesellschaft die bei ihrem Gesellschafter nicht abziehbaren Kosten der Lebensführung übernimmt.

Die Ermittlung der Einkünfte ist grundsätzlich subjektbezogen. Nach dem Grundsatz der **Besteuerung nach der persönlichen Leistungsfähigkeit** muss jede Aufwendung, die in der GuV angesetzt werden soll, das Eigenkapital des Steuerpflichtigen mindern, dh er darf bei der Gewinnermittlung nur die ihm persönlich zuzurechnenden Einnahmen und Aufwendungen berücksichtigen. Das EStG enthält jedoch keine allgemeine Definition des Begriffs „Einkünfteerzielung". Nach heute hM bedeutet Einkünfteerzielung die Ausübung einer Erwerbstätigkeit durch den Steuerpflichtigen, dh eine auf die Erwirtschaftung eines Vermögenszuwachses gerichtete Tätigkeit. Das Ergebnis der Erwerbshandlung, das Einkommen, bildet das Steuerobjekt der Einkommensteuer. Übt ein Steuerpflichtiger eine Erwerbstätigkeit aus, so tritt der Erfolg der Tätigkeit in der Regel in seinem Vermögen ein. Das Zivilrecht bietet aber auch eine Fülle von Gestaltungsformen, die zu einer Aufteilung von Handlung und Erfolg zwischen mehreren Steuerpflichtigen führen und die Einkünftezurechnung erforderlich machen. Die Einkünfte werden dabei steuerlich demjenigen zugerechnet, der über die **Dispositionsbefugnis über die Leistungserstellung** und damit der Möglichkeit Marktchancen zu nutzen verfügt.

---

24 BMF-Schreiben v. 30.5.1997, BStBl. I 1997, 627 (zu § 15 a EStG).
25 *Ley*, KÖSDI 1994, 9972 (9974).
26 Kfz-Kosten (BFH v. 19.10.1970, GrS 2/70, BStBl. II 1971, 17), Aufwendungen für die Hinreise und Rückreise bei gemischt beruflich (betrieblich) und privat veranlassten Reisen (BFH v. 20.7.2006, VI R 94/01, BStBl. II 2007, 121).

Mit diesem Kriterium der Dispositionsbefugnis lassen sich viele streitige Zurechnungsfragen beantworten: die zivilrechtlich mögliche Abtretung von Einkünften an Angehörige zum Beispiel ist einkommensteuerrechtlich grundsätzlich unbeachtlich, die von einem Treuhänder erzielten Einkünfte können dem weisungsbefugten Treugeber zuzurechnen sein, und die Nutzungen eines mit einem Nießbrauch belasteten Gegenstandes können dem Nießbraucher zugeordnet werden, wenn dieser die Nutzungen durch eigene Verwertungshandlungen erwirtschaftet.

58 Im Rahmen der Zurechnung ergeben sich unterschiedliche Anforderungen an die Nähe des Steuerschuldners zur Tatbestandsverwirklichung, je nachdem, mit welcher Intensität die einzelnen Tatbestandsmerkmale auf die Person des Steuersubjekts zugeschnitten sind. Das führt zum Beispiel dazu, dass die Erzielung von Einkünften aus nichtselbständiger Arbeit (§ 19 EStG) wegen ihres höchstpersönlichen Charakters eine Einschaltung Dritter in die Tatbestandsverwirklichung ausschließt und dass bei der Erzielung von Einkünften aus selbständiger Arbeit (§ 18 EStG) wegen des Erfordernisses einer persönlich qualifizierten Arbeitsleistung die Mithilfe anderer Personen nur in quantitativ und qualitativ begrenztem Umfang in Betracht kommt. Bei der Erzielung gewerblicher Einkünfte ist die Aufteilung der Tatbestandsverwirklichung auf mehrere Rechtssubjekte dagegen eine durchaus typische Erscheinungsform. Nicht alle Mitglieder einer bewusst zusammenwirkenden Personenmehrheit (Mitunternehmerschaft) müssen sämtliche Handlungen eigenständig vornehmen, um die entsprechenden Einkünfte zu erzielen. Es genügt vielmehr, wenn einzelne Mitglieder der Personenmehrheit Handlungen vornehmen, die sich insgesamt als selbständige Marktteilnahme darstellen und den (objektiven) Tatbestand einer Einkunftsart erfüllen. Eine gemeinsame Zurechnung kommt allerdings nur bei denjenigen Mitgliedern in Frage, die jeweils über **Mitunternehmerrisiko** und **Mitunternehmerinitiative** verfügen. Soweit ein Mitglied der Personenmehrheit nicht eigenhändig an allen Teilakten der Leistungserstellung teilnimmt, können ihm die Handlungen der anderen Mitglieder dann wie eigene zur Komplettierung des objektiven Tatbestandes zugerechnet werden. Soweit allerdings Einzeltatbestände des EStG besondere persönliche Merkmale voraussetzen, müssen diese bei dem jeweiligen Steuerpflichtigen selbst vorliegen. Beispiele hierfür sind die erforderliche Qualifikation bei den Einkünften aus selbständiger Arbeit gemäß § 18 EStG und personenbezogene Steuervergünstigungen. Auch die Einkünfteerzielungsabsicht ist (zusätzlich zur Betrachtung auf Ebene der Mitunternehmerschaft) bei jedem Steuerpflichtigen als subjektives Tatbestandsmerkmal zu prüfen.

2. Zweistufigkeit der Gewinnermittlung

59 Die Gewinnermittlung in ihrer konkreten Form erfolgt grundsätzlich zweistufig, vgl § 4 Abs. 1 EStG. Das Ergebnis der ersten Stufe bezeichnet das Gesetz als Unterschiedsbetrag. Der Unterschiedsbetrag ergibt sich aus dem Vergleich der Eigenkapitalposten zu den Stichtagen, die als Saldo des tatsächlich vorhandenen Betriebsvermögens ermittelt werden. Der Betriebsvermögensvergleich erfolgt auf dieser ersten Stufe unqualifiziert, dh es kommt nicht darauf an, aus welchen Gründen sich das Betriebsvermögen verändert hat. Auf der zweiten Stufe werden dann diejenigen Betriebsvermögensmehrungen bzw -minderungen korrigiert, die nicht betrieblich veranlasst waren (das sind bei Einzelunternehmern und Personengesellschaften Einlagen und Entnahmen, bei Kapitalgesellschaften Einlagen und verdeckte Gewinnausschüttungen). Auf dem Weg vom steuerlichen Gewinn zur Bemessungsgrundlage (dem zu versteuernden Einkommen) erfolgen dann noch (außerhalb der Bilanz) weitere Korrekturen (etwa die Hinzurechnung nicht abzugsfähiger Betriebsausgaben, vgl zB § 4 Abs. 5 EStG).

3. Körperschaften

60 Der Gewinnbegriff des § 4 Abs. 1 S. 1 EStG gilt gemäß § 8 Abs. 1 KStG auch für das Körperschaftsteuerrecht. Die Körperschaft hat allerdings keine „Privatsphäre" (außerbetriebliche Sphäre),[27] so dass für „Entnahmen" mit § 8 Abs. 3 KStG (verdeckte Gewinnausschüttung) eine Sonderregelung besteht. Damit sind sämtliche Wirtschaftgüter einer Kapitalgesellschaft, die der Einkunftserzielung

---

27 BFH v. 11.7.1996, IV R 67/95, BFH/NV 1997, 114.

dienen, Betriebsvermögen der Kapitalgesellschaft.[28] Sämtliche Ausgaben sind Betriebsausgaben. Eine Trennung der Sphären wird lediglich anerkannt
- zwischen dem wirtschaftlichen Geschäftsbetrieb und dem steuerbefreiten Bereich einer Körperschaft, und
- zwischen dem Betrieb gewerblicher Art und dem Hoheitsbereich einer Körperschaft des öffentlichen Rechts.[29]

4. Objektives Nettoprinzip und Verlustabzug

Nach dem Grundsatz des **objektiven Nettoprinzips** mindern Betriebsausgaben (Aufwand) den Gewinn. Aus der Logik des Systems folgt, dass Betriebsausgaben, die im Zusammenhang mit steuerfreien Einnahmen stehen, nicht berücksichtigt werden dürfen, § 3 c Abs. 1 EStG. Wegen der Nähe mancher Betriebsausgaben zum Privatbereich normiert § 4 Abs. 5 und 7 EStG **Betriebsausgabenabzugsverbote**. § 160 AO schließt den Betriebsausgabenabzug aus, wenn der Steuerpflichtige dem Finanzamt keine Auskunft über den Empfänger der Ausgaben macht. Nach der Unternehmenssteuerreform sind ab 2008 die **Gewerbesteuer** und die darauf entfallenden Nebenleistungen nicht mehr abziehbar, § 4 Abs. 5b EStG. Soweit nichtabzugsfähige Betriebsausgaben bei der Gewinnermittlung abgezogen wurden, sind sie außerhalb der Bilanz wieder hinzuzurechnen. 61

Die Folgen der **Abschnittsbesteuerung** (Gewinnermittlung für das Geschäftsjahr) mildert die Regelung über den **Verlustabzug** nach § 10 d EStG als eine Art abschnittsübergreifendes Nettoprinzip. Bis zur Höhe von 511 500 EUR [1 023 000 EUR im Falle der Zusammenveranlagung von Ehegatten] ist ein Verlustrücktrag in den unmittelbar vorausgegangenen Veranlagungszeitraum möglich. Abzugsbeträge, die als verbleibende Verluste nicht im Entstehungsjahr ausgeglichen oder in den vorangegangenen Veranlagungszeitraum zurückgetragen worden sind, hat das Finanzamt in künftigen Veranlagungszeiträumen als Verlustvortrag zu berücksichtigen. Im Rahmen der Regelung zur sog. Mindestbesteuerung wurde der Verlustvortrag allerdings auf einen Betrag iHv 1 Mio. EUR [bei zusammenveranlagten Ehegatten 2 Mio. EUR] beschränkt. Die über diesen Sockelbetrag hinausgehenden Verluste sind nur bis zu 60 % abziehbar. 62

5. Zinsschranke

Über die neuen §§ 4 h EStG, 8 a KStG wird der **Betriebsausgabenabzug für Zinsaufwendungen** begrenzt. Durch die Zinsschranke soll die Möglichkeit deutscher Tochterunternehmen, sich über Kredite ihrer ausländischen Konzernmütter fremdzufinanzieren und die Zinsen in Deutschland steuerlich geltend zu machen, eingeschränkt werden. Die Zinsschranke ist grundsätzlich von jedem inländischen Betrieb zu beachten, der nach inländischen Gewinnermittlungsvorschriften Aufwendungen aus der Inanspruchnahme von Fremdkapital bilanziert (vgl § 4 h Abs. 3 EStG). Es ist zunächst einmal unbeachtlich, ob der Gläubiger des Betriebs ein (wesentlich beteiligter) Gesellschafter ist oder aber ein nicht beteiligter Dritter. Wenn die Zinsaufwendungen die Zinserträge übersteigen, ist der Zinssaldo nur insoweit abzugsfähig, als er nicht die Schranke von 30 % bezogen auf das EBITDA (Ergebnis vor Zinsen, Steuern und Abschreibungen) überschreitet (vgl § 4 h Abs. 1 EStG). Ein gemäß § 4 h Abs. 4 EStG festgestellter, nicht abzugsfähiger Zinsaufwand ist zeitlich unbeschränkt vortragsfähig (Zinsvortrag). Somit wird der Zinsabzug nicht endgültig versagt, sondern zeitlich gestreckt, vorausgesetzt die Zinsschranke greift in den zukünftigen Perioden nicht mehr. Im ungünstigsten Fall kann es also dazu kommen, dass der vorgetragene Zinsaufwand überhaupt nicht zum Abzug kommt und damit endgültig verloren geht. Bei Aufgabe oder Übertragung des Betriebs geht er auf jeden Fall gemäß § 4 h Abs. 5 EStG unter. 63

Von obiger Regelung gibt es jedoch Ausnahmen. Nach § 4 h Abs. 2 Buchst. a) EStG wird eine **allgemeine Freigrenze** von 1 Mio. EUR gewährt, bis zu der ein negativer Zinssaldo unbegrenzt abgezogen werden kann. Ferner besteht eine sachliche Tatbestandsbegrenzung für Unternehmen, die kei- 64

---

28 BFH v. 24.3.1993, I R 131/90, BStBl. II 1993, 799 unter II. B. 3.
29 *Roser* in Gosch, KStG, § 8 Rn 67 ff.

nem Konzernkreis angehören, § 4 h Abs. 2 Buchst. b) EStG iVm § 8 a Abs. 2 KStG. Ausdrücklich wird in der Entwurfsbegründung auf Einzelunternehmer und Kapitalgesellschaften im Streubesitz verwiesen, die von der Zinsschranke ausgenommen werden sollen. Konzerne verfügen über eine **Escapeklausel** (§ 4 h Abs. 2 Buchst. c) EStG), der zufolge ein negativer Zinssaldo selbst bei Überschreiten der 30 %-Grenze anerkannt wird. So werden Zinsaufwendungen auch dann akzeptiert, wenn die Eigenkapitalquote des Betriebs nicht die entsprechende Quote des gesamten Konzerns übersteigt. Ein Unterschreiten der Eigenkapitalquote des Konzerns bis zu 1 % ist unschädlich. Zum Vergleich der beiden Quoten sollen grundsätzlich IFRS-Abschlüsse herangezogen werden, die von deutschen Abschlussprüfern zu testieren sind. Lediglich beim Konzernabschluss soll das Testat eines ausländischen Wirtschaftsprüfers unter bestimmten Vorraussetzungen als äquivalent angesehen werden.

65 Für **Körperschaften** bestehen zusätzlich Anforderungen zur **Vermeidung einer schädlichen Gesellschafterfremdfinanzierung**. Bei nicht zu einem Konzern gehörenden Körperschaften liegt eine steuerschädliche Gesellschafterfremdfinanzierung vor, wenn sie von einem zu mehr als einem Viertel unmittelbar oder mittelbar beteiligten Anteilseigner oder einer dieser nahe stehenden Person erfolgt und die Zinsaufwendungen im Rahmen der Gesellschafterfremdfinanzierung mehr als 10 % der Zinsaufwendungen eines Wirtschaftsjahres ausmachen, § 8 a Abs. 2 KStG. Bei konzerngebundenen Körperschaften ist eine Gesellschafterfremdfinanzierung dann schädlich, wenn sie von einem Anteilseigner oder einer diesem nahe stehenden Person erfolgt, die Verbindlichkeiten, mit denen die Zinsaufwendungen in Zusammenhang stehen, in der voll konsolidierten Konzernbilanz ausgewiesen werden und die Zinsaufwendungen hieraus mehr als 10 % der die Zinserträge übersteigenden Zinsaufwendungen eines Wirtschaftsjahres ausmachen, 8 a Abs. 3 KStG.

66 Ein rein deutscher Konzern ist von der Zinsschranke ausgenommen, sofern er bereits eine Organschaft etabliert hat, bzw hat die Möglichkeit, die Regelungen zur Zinsschranke zu umgehen, indem er eine **Organschaft** bildet. Nach § 15 S. 1 Nr. 3 KStG gilt der gesamte Organkreis für Zwecke der Zinsschranke als ein Betrieb.

II. Steuerliche Gewinnermittlung durch Bilanzierung

67 Im Folgenden werden Einzelheiten der steuerlichen Gewinnermittlung durch Bilanzierung dargestellt. Wegen der Maßgeblichkeit der Handelsbilanz für die Steuerbilanz werden dabei auch handelsbilanzielle Grundsätze behandelt, ohne dass handelsbilanzielle Ansatz- und Bewertungsvorschriften im Einzelnen durchgängig dargestellt werden sollen.

III. Bilanzierung dem Grunde nach

68 Die Ansatzvorschriften (Bilanzierung dem Grunde nach) werden wesentlich durch die (inzwischen kodifizierten) handelsrechtlichen Grundsätze ordnungsgemäßer Buchführung geprägt. Grundsätzlich sind alle Vermögensgegenstände/Wirtschaftsgüter zu bilanzieren, die dem Steuerpflichtigen sachlich (Betriebsvermögen) und persönlich (rechtliches oder wirtschaftliches Eigentum) zuzurechnen sind, es sei denn, ein Bilanzierungsverbot greift ein. Nicht maßgeblich für die Steuerbilanz sind sog. **Bilanzierungshilfen** (vgl §§ 269, 274 Abs. 2 HGB), dh handelsrechtliche Aktivierungswahlrechte, denen keine Wirtschaftgüter oder Rechnungsabgrenzungsposten zugrunde liegen.[30]

1. Grundsatz der Vollständigkeit

69 Nach § 246 Abs. 1 HGB hat der Jahresabschluss „sämtliche Vermögensgegenstände, Schulden ... " etc. zu enthalten. Im Unterschied zum Handelsrecht (Vermögensgegenstand, Schulden) spricht man im Steuerrecht von (aktiven/positiven bzw passiven/negativen) Wirtschaftsgütern, ohne dass inhaltlich ein Unterschied bestünde. Für ein Wirtschaftsgut ist konstitutiv, dass es einen greifbaren Vorteil bildet (der Kaufmann muss sich die Erlangung etwas kosten lassen), einer selbständigen Bewertung zugänglich ist und zumindest zusammen mit dem Betrieb übertragen werden kann.

---

30 BFH v. 7.8.2000, GrS 2/99, BStBl. II 2000, 632.

2. Das Wirtschaftgut als Ansatz und Bewertungseinheit

Das „selbständige Wirtschaftsgut" bildet bilanzrechtlich eine Ansatz- und Bewertungseinheit, woraus sich zugleich der Grundsatz der Einzelabschreibung ergibt. Maßstab für die Selbständigkeit ist dabei, ob das Wirtschaftsgut nach der Verkehrsanschauung in seiner Einzelheit von Bedeutung und bei einer Veräußerung greifbar ist (**Nutzungs- und Funktionszusammenhang**); dabei kommt es auf den Zeitpunkt der bestimmungsgemäßen Verwendung (zB nach Einbau) und nicht darauf an, ob der Gegenstand bei seiner Anschaffung als selbständig zu beurteilen war. Daher können mehrere Gegenstände im bürgerlichrechtlichen Sinne ein selbständiges Wirtschaftsgut bilden, andererseits kann ein Gegenstand im bürgerlichrechtlichen Sinne aus mehreren selbständigen Wirtschaftsgütern bestehen.

70

Bei **Grundstücken** ist steuerlich wie folgt zu differenzieren:[31] Grund und Boden sowie Gebäude sind jeweils selbständige, unbewegliche Wirtschaftsgüter, wobei der Grund und Boden nicht abnutzbar ist. Zubehör und Außenanlagen sind jeweils selbständige, bewegliche und abnutzbare Wirtschaftsgüter. Wird ein Gebäude teils eigenbetrieblich, teils fremdbetrieblich, teils zu eigenen und teils zu fremden Wohnzwecken genutzt, ist jeder der vier unterschiedlich genutzten Gebäudeteile ein gesondertes Wirtschaftsgut, weil das Gebäude in verschiedenen Nutzungs- und Funktionszusammenhängen steht. Zudem sind Gebäude/Gebäudeteile (zusätzlich) in so viele Wirtschaftsgüter aufzuteilen, wie Gebäudeeigentümer vorhanden sind.

71

3. Verbot der Bilanzierung schwebender Geschäfte

Ansprüche und Verbindlichkeiten aus schwebenden Geschäften dürfen in der Bilanz grundsätzlich nicht berücksichtigt werden, weil während des Schwebezustandes die widerlegbare Vermutung besteht, dass sich die wechselseitigen Rechte und Pflichten aus dem Vertrag wertmäßig ausgleichen.[32] Für die Verwendung im Bilanzrecht wird unter einem schwebenden Geschäft ein zweiseitig verpflichtender Vertrag iSd § 320 BGB verstanden, der auf einen Leistungsaustausch gerichtet ist und bei dem der zur Sach-, Dienst-, oder Werkleistung Verpflichtete seine Hauptverpflichtung noch nicht erbracht hat.[33] Hierzu zählen auch Dauerschuldverhältnisse.[34] Ein Bilanzausweis ist nur dann geboten, wenn und soweit das Gleichgewicht solcher Vertragsbeziehungen durch Vorleistungen oder Erfüllungsrückstände eines Vertragspartners gestört ist oder aus dem Geschäft ein Verlust droht. Die erbrachte Vorleistung ist beim leistenden Unternehmen erfolgsneutral zu behandeln und demzufolge zu aktivieren (in Position „geleistete Anzahlungen"; § 266 Abs. 2 B I 4 HGB) und beim Empfänger zu passivieren (in Position „erhaltene Anzahlungen auf Bestellungen"; § 266 Abs. 3 C 3 HGB). Für Erfüllungsrückstände ist eine Verbindlichkeit (zB Mietrückstände) oder eine Verbindlichkeitsrückstellung zu bilden. Ein Verlust aus einem schwebenden Geschäft droht, wenn konkrete Anzeichen dafür vorliegen, dass der Wert der eigenen Verpflichtung aus dem Geschäft den Wert der Ansprüche auf die Gegenleistung übersteigt (sog. „Verpflichtungsüberschuss"). Der Verpflichtungsüberschuss ist handelsrechtlich durch Bildung einer Drohverlustrückstellung zu antizipieren; steuerlich ist eine Drohverlustrückstellung nicht zulässig, vgl § 5 Abs. 4a EStG.

72

4. Verbot der Aktivierung selbst hergestellter immaterieller Wirtschaftgüter des Anlagevermögens

Immaterielle Wirtschaftsgüter des Anlagevermögens, die nicht entgeltlich erworben wurden, dürfen nicht angesetzt werden (§ 248 Abs. 2 HGB; § 5 Abs. 2 EStG). Dieses Vorsichtsprinzip tritt zurück, wenn ein selbstgeschaffenes immaterielles Wirtschaftsgut unentgeltlich aus einem Privatvermögen in ein Betriebsvermögen eingelegt wird. Zwar fehlt es an einem wertkonkretisierenden Transaktionsakt am Markt, doch ist der Ansatz hier erforderlich, um die Abgrenzung zwischen betrieblicher und außerbetrieblicher Sphäre zu gewährleisten. Gehört das selbstgeschaffene Wirtschaftsgut zum Umlaufvermögen, ist es mit den Herstellungskosten zu aktivieren.

73

---

31 R 4.2 (3 ff) EStR 2005.
32 Vgl *Winnefeld*, Bilanz-Handbuch, 4. Aufl. 2006, D 380.
33 Vgl *Winnefeld*, Bilanz-Handbuch, 4. Aufl. 2006, D 381.
34 BFH v. 23.6.1997, GrS 2/93, BStBl. II 1997, 735.

5. Weitere kodifizierte Bilanzierungsverbote

74 Weitere steuerliche Bilanzierungsverbote ergeben sich aus § 5 EStG und betreffen insbesondere Rückstellungen. Das Vollständigkeitsverbot wird ferner eingeschränkt durch die Verweisung des § 5 Abs. 6 EStG auf § 4 Abs. 5 EStG (Abzugsverbot von nicht abziehbaren Betriebsausgaben) und § 160 AO (Verbot der Passivierung für Schulden, deren Gläubiger auf Verlangen der Finanzbehörde nicht benannt werden). Im Rahmen einer Steuerbilanz dürfen diese Positionen nicht angesetzt werden; wird nicht eigens eine Steuerbilanz aufgestellt, sind die den steuerlichen Vorschriften nicht entsprechende Ansätze durch eine Überleitungsrechnung zu korrigieren, vgl § 60 Abs. 2 EStDV.

6. Firmen- und Geschäftswert

75 Die Begriffe "Firmenwert" und "Geschäftswert" sind synonym. Der Firmen- und Geschäftswert (sog. „Goodwill") kann aktiviert werden, wenn bei einer entgeltlichen Übertragung eines Unternehmens das Entgelt den Wert der einzelnen Vermögensgegenstände abzüglich der Schulden übersteigt, vgl § 255 Abs. 4 S. 1 HGB. Er ist an das Unternehmen gebunden und kann nicht selbständig veräußert oder entnommen werden.

76 Der Firmen- und Geschäftswert ist ein **immaterieller Vermögensgegenstand,** der eine Anzahl von einzelnen, nicht messbaren wertbildenden Faktoren beinhaltet. Er verkörpert Gewinnchancen eines Unternehmens, soweit sie nicht in einzelnen Vermögensgegenständen verkörpert sind. Deshalb tritt er nur dann hervor, wenn der Kaufpreis nicht vollständig auf die einzelnen Vermögensgegenstände aufgeteilt werden kann. In der Bilanz wird der originäre Firmen- oder Geschäftswert nicht durch das bilanzrechtliche Eigenkapital dargestellt, denn der positive Firmen- und Geschäftswert ist eine Folge davon, dass nicht bilanzierungsfähige immaterielle Vermögenswerte und bilanzierte Vermögensgegenstände am Bewertungsstichtag niedriger bewertet wurden, als es ihrer Ertragskraft entspricht. In der Bilanz können die im Firmen- und Geschäftswert verkörperten Zukunftserfolgswerte eines Unternehmens erst dann erfasst werden, wenn sie anlässlich eines Unternehmenskaufs entgeltlich erworben werden. Unterschreitet bei einem Unternehmenserwerb der Kaufpreis den Wert der Vermögensgegenstände nach Abzug der Schulden, stellt sich die Frage der bilanziellen Behandlung des (negativen) Differenzwertes. Ein derartiger Differenzbetrag kann ein Hinweis für einen vorteilhaften Erwerb sein („lucky buy"), weil der vereinbarte Kaufpreis unter dem Ertragswert des Unternehmens liegt; es kann aber auch zB ein Ausgleich künftiger, nicht bilanzierungsfähiger Verluste oder Mindereinnahmen des Unternehmens intendiert sein, die in dem Kaufpreis zu Kompensationszwecken betragsmindernd berücksichtigt wurden. Eine sofortige Gewinnrealisierung in Höhe des passiven Unterschiedsbetrages ist nicht zulässig, da eine Gewinnrealisierung grundsätzlich nur durch einen Umsatzakt erfolgen kann. Nach der BFH-Rechtsprechung ist der Differenzbetrag weder in der Handelsbilanz noch in der Steuerbilanz passivierbar. Ein Minderkaufpreis solle durch Abstockung der aktiven Wirtschaftsgüter berücksichtigt werden (sog. „Abstockungslösung"); bleibt nach Abstockung aller Aktiva – ohne Geldmittel – noch ein Negativwert, führe dies nicht zu einem Gewinnausweis, sondern zum Ansatz eines Passivpostens, der dem Ausgleich künftiger Verluste diene.[35]

7. Bilanzierung von Forderungen

77 Eine **Forderung aus einem gegenseitigen Vertrag** entsteht im bilanzrechtlichen Sinne erst, wenn die Pflichten aus dem schwebenden Rechtsgeschäft im Wesentlichen erfüllt wurden. Dies ist regelmäßig der Fall, wenn die vertragliche Hauptleistung erbracht wurde. **Aufschiebend bedingte Forderungen** sind bis zum Eintritt der Bedingung noch nicht realisiert und deshalb nicht zu aktivieren. **Auflösend bedingte Forderungen** sind zu aktivieren, wenn die auflösende Bedingung erst in einem späteren Wirtschaftsjahr wirtschaftlich verursacht wird. **Zeitraumbezogene Forderungen** (zB Miet- und Pachtforderungen) entstehen zeitgleich in dem jeweiligen Zeitraum. **Schadensersatzansprüche** entstehen mit ihrer Konkretisierung, dh wenn die vertraglichen oder gesetzlichen Voraussetzungen im Wesentlichen eingetreten sind. **Bestrittene Forderungen** sind trotz ihrer zivilrechtlichen Entstehung erst dann zu

---

35 BFH v. 21.4.1994, IV R 70/92, BStBl. II 1994, 745.

aktivieren, wenn sie vom Schuldner anerkannt sind oder über sie gerichtlich rechtskräftig entschieden wurde. Soweit Einreden gegen eine Forderung nur temporär wirken (zB Verlangen der Zug-um-Zug-Leistung gem. § 320 Abs. 1 BGB auf Grund der Einrede des nicht erfüllten Vertrages), ist gleichwohl die Forderung zu aktivieren, wenn die Einrede beseitigt werden kann, zB durch Anbieten der Zug-um-Zug-Leistung. **Anfechtbare Forderungen** sind zu aktivieren, bis das Rechtsgeschäft durch eine Anfechtungserklärung angefochten wird. **Nichtige Forderungen** können nicht aktiviert werden.

Eine entstandene Forderung ist auszubuchen, wenn sie rechtlich und wirtschaftlich nicht mehr besteht. Aus rechtlichen Gründen erlischt eine Forderung durch Erfüllung (§ 362 BGB), Aufrechnung (§ 389 BGB) sowie durch Abschluss eines Erlassvertrags (§ 397 BGB). Ferner ist eine Forderung auszubuchen, wenn mit ihrer Realisierung nicht mehr gerechnet werden kann, weil entweder eine dauernde Einrede geltend gemacht werden kann oder der Schuldner leistungsunfähig ist.

8. Bilanzierung von Verbindlichkeiten

Verbindlichkeiten sind **Verpflichtungen** des Unternehmers zu einer dem Inhalt und der Höhe nach **bestimmten Leistung** an einen Dritten, die **erzwingbar** ist und eine wirtschaftliche Belastung darstellt. Sofern eine bestehende Verbindlichkeit der Höhe nach am Stichtag noch ungewiss ist oder zivilrechtlich noch nicht entstanden ist sondern erst nach dem Stichtag entstehen wird, ist eine Rückstellung für ungewissen Verbindlichkeit im Sinne des § 249 Abs. 1 S. 1 HGB auszuweisen. **Bedingt entstehende Verbindlichkeiten** sind erst mit Eintritt der Bedingung zu passivieren. Sie sind aber als Verbindlichkeitsrückstellungen anzusetzen, wenn am Bilanzstichtag der Bedingungseintritt bereits erkennbar ist und die künftigen Ausgaben in der Vergangenheit wirtschaftlich verursacht sind. Die Verpflichtungen, die nur aus künftigen Einnahmen oder Gewinnen zu tilgen bzw zurück zu zahlen sind, sind nur dann als Verbindlichkeiten oder Rückstellungen zu passivieren, wenn sie entstanden sind, § 5 Abs. 2a EStG. **Auflösend bedingte Verbindlichkeiten** sind dagegen von Anfang an zu passivieren. Der Umstand, dass eine Verbindlichkeit noch nicht fällig ist, hindert deren Bilanzierung nicht. Im Rahmen der wirtschaftlichen Betrachtungsweise werden auch sogenannte **faktische Verbindlichkeiten** anerkannt; es handelt sich dabei um rechtlich nicht begründete und deshalb nicht einklagbare Leistungsverpflichtungen, denen sich das Unternehmen aus tatsächlichen Gründen (wirtschaftlichen Erwägungen) aber nicht entziehen kann.

9. Bilanzierung von Beteiligungen

a) Handelsrecht

Der **Begriff der Beteiligungen** ist in § 271 Abs. 1 HGB definiert. Danach sind Beteiligungen „Anteile an anderen Unternehmen, die bestimmt sind, dem eigenen Geschäftsbetrieb durch Herstellung einer dauernden Verbindung zu jenen Unternehmen zu dienen." Die Beteiligungsabsicht ist nicht an eine bestimmte Höhe des Anteilsbesitzes gebunden. Im Zweifel gelten als Beteiligung an einer Kapitalgesellschaft Anteile, deren Nennbeträge insgesamt den fünften Teil des Nennkapitals dieser Gesellschaft überschreiten (§ 271 Abs. 1 S. 3 HGB). Anteile an einer Personenhandelsgesellschaft gelten unabhängig von der Beteiligungshöhe grundsätzlich als Beteiligungen. Für eine Qualifizierung von Kapitaleinlagen eines stillen Gesellschafters als Beteiligung reichen die Merkmale einer typischen stillen Gesellschaft nach §§ 230 ff HGB (Beteiligung am Gewinn und am Verlust, Kontrollrecht) nicht aus, vielmehr muss hierfür die Gewährung von Mitspracherechten hinzukommen.

Die **Bewertung** erfolgt mit den Anschaffungskosten (Kaufpreis bei Erwerb von Dritten, Einlage bei Neugründung) einschließlich der Anschaffungsnebenkosten (Notariatskosten, Provisionen und Spesen). Vom bilanzierenden Unternehmen geleistete Zu- oder Nachschüsse sind nur aktivierbar, wenn sie zu einer dauerhaften Wertsteigerung der Anteile führen und nicht nur dem Ausgleich von nicht durch Abschreibungen erfassten Wertminderungen der Anteile oder dem Ausgleich eines Verlustvortrages dienen. Werden Anteile an einer Kapitalgesellschaft erworben und wird mit dem Veräußerer vereinbart, dass der Erwerber die Gewinnanteile an der Kapitalgesellschaft aus der Zeit vor dem Erwerbszeitpunkt erhalten soll, dann ist der in den Anschaffungskosten der Anteile enthaltene Betrag für die Abgeltung des Anspruchs des Veräußerers auf den anteiligen Gewinn nicht als Anschaffungskosten der Anteile, sondern als Gewinnanspruch unter den sonstigen Vermögensgegenständen zu aktivieren. Nach den §§ 253 Abs. 2, 279 Abs. 1 HGB können die Anteile außerplanmäßig auf den am Bilanzstichtag geltenden niedrigeren beizulegenden Wert abgeschrieben werden (gemildertes Niederstwertprinzip); bei voraussichtlich dauernder Wertminderung besteht eine Pflicht zur Abschreibung. Der beizulegende Wert der Beteiligung ist idR vom Ertragswert aus der Sicht der die Beteiligung bilanzierenden Gesellschaft abzuleiten.

82 **Dividendenforderungen** sind unter den Forderungen gegen Unternehmen, mit denen ein Beteiligungsverhältnis besteht, zu erfassen. Eine phasenkongruente Aktivierung von Dividendenforderungen bedeutet die Berücksichtigung von Beteiligungserträgen im Jahresabschluss des Mutterunternehmens bereits in dem Geschäftsjahr, in dem die Tochtergesellschaft den Gewinn erzielt hat. Die phasengleiche Vereinnahmung kommt in Betracht, wenn das Mutterunternehmen mit stimmrechtlicher Mehrheit an einer Tochterkapitalgesellschaft beteiligt ist, das Geschäftsjahr der Beteiligungsgesellschaft nicht nach dem Geschäftsjahr des beteiligten Unternehmens endet, die Feststellung des Jahresabschlusses der Tochtergesellschaft noch vor der Testierung des Jahresabschlusses der Muttergesellschaft erfolgt und der Jahresabschluss der Beteiligungsgesellschaft ein den tatsächlichen Verhältnissen entsprechendes Bild der Vermögens-, Finanz- und Ertragslage vermittelt. Sofern bis zur Beendigung der Prüfung des Jahresabschlusses des beteiligten Unternehmens ein Gewinnverwendungsbeschluss bei dem Tochterunternehmen gefasst worden ist, besteht eine Verpflichtung zur phasengleichen Gewinnvereinnahmung. Liegt demgegenüber bis zu diesem Zeitpunkt lediglich ein Gewinnverwendungsvorschlag bei der Beteiligungsgesellschaft vor, existiert ein Wahlrecht zur phasengleichen Aktivierung.[36] Dem handelsrechtlichen Aktivierungswahlrecht bzw -gebot steht steuerlicherseits ein grundsätzliches Bilanzierungsverbot gegenüber. Erfolgt handelsrechtlich eine phasengleiche Gewinnvereinnahmung, liegt das handelsrechtliche Periodenergebnis c.p. über dem steuerlichen, so dass bei einer künftigen Steuermehrbelastung in der Handelsbilanz gem. § 274 Abs. 1 HGB eine Rückstellung für latente Steuern zu bilden ist. Gewinne einer Personenhandelsgesellschaft stehen den Gesellschaftern – anders als bei Kapitalgesellschaften – idR zum Abschlussstichtag unmittelbar zu, so dass grundsätzlich eine phasengleiche Aktivierung der Gewinnanteile geboten ist. Nach der Rechtsprechung des BGH gilt vorbehaltlich anderweitiger Regelungen im Gesellschaftsvertrag die Anerkennung des Jahresabschlusses durch alle Gesellschafter mittels Feststellung des Abschlusses als ausreichende Konkretisierung der Forderung. Die bloße Aufstellung des Jahresabschlusses, die in den alleinigen Zuständigkeitsbereich der geschäftsführenden Gesellschafter fällt, wird hingegen als nicht ausreichend angesehen. Soweit der Gewinnanteil der Verfügung durch den Gesellschafter entzogen ist, was aufgrund gesetzlicher Bestimmungen, Regelungen des Gesellschaftsvertrags oder eines Gesellschafterbeschlusses möglich ist, entsteht kein bilanzierungsfähiger Gewinnanspruch.[37]

b) Steuerrecht

aa) Kapitalgesellschaften

83 Die Bewertung erfolgt nach § 6 Abs. 1 Nr. 2 EStG mit den Anschaffungskosten der Beteiligung oder dem niedrigeren Teilwert. Bei Sacheinlagen bildet der Teilwert der eingebrachten Wirtschaftsgüter die Anschaffungskosten (vgl § 6 Abs. 1 Nr. 5 Hs 1 EStG). Sind Ansprüche des Bilanzierenden auf Beteiligungserträge aus der Zeit vor dem Anteilserwerb bei Bemessung des Kaufpreises der Anteile berücksichtigt worden, so stellt dieser zur Abgeltung des Gewinnanspruchs des Veräußerers aufgewandte Betrag ebenfalls Anschaffungskosten der Anteile dar. Lediglich ein erworbener Gewinnanspruch, der bereits durch einen Gewinnverwendungsbeschluss früherer Jahre entstanden ist, ist gesondert zu aktivieren.

84 Generell gilt die widerlegbare Vermutung, dass sich der Teilwert einer Beteiligung mit ihren Anschaffungskosten deckt. Im Einzelnen sind Teilwertabschreibungen vorzunehmen, wenn mit einem länger-

---

36 Vgl IDW HFA-Verlautbarung: Zur phasengleichen Vereinnahmung von Erträgen aus Beteiligungen an Kapitalgesellschaften nach dem Urt. des BGH v. (), WPg 1998, f unter ergänzender Bezugnahme auf die Urt. des BGH v. (ZR 1167/73) und des EuGH v. (C-234/94).
37 BGH v. 29.3.1996, II ZR 263/94, DB 1996, ff.

fristigen Verlust des Beteiligungsunternehmens gerechnet werden muss oder wenn die wirtschaftlichen Erwartungen bei Anteilserwerb nicht erfüllt werden konnten (Irrtum über Substanzwert, Ertragswert oder Bedeutung der Beteiligung für das eigene Unternehmen), so dass eine Fehlinvestition gegeben ist.[38] Gleiches gilt auch, wenn eine Kapitaleinlage für wertlose Fehlmaßnahmen ausgegeben wurde.[39]

Anlaufverluste rechtfertigen demgegenüber keine Teilwertabschreibung, da ihr Ausgleich im normalen Geschäftsbetrieb erwartet werden kann.[40] Ausschüttungsbedingte Teilwertabschreibungen sind denkbar, wenn der Wert der Beteiligung dadurch unter den Buchwert gesunken ist.[41] Die vorausgesetzte Dauerhaftigkeit der Wertminderung wird im Schrifttum schon bei einem Betrachtungszeitraum von fünf Jahren angenommen. Die Teilwertabschreibung auf Kapitalgesellschaftsbeteiligungen ist bei Personenunternehmen und natürlichen Personen als Anteilseigner (durch außerbilanzielle Hinzurechnung) auf 50 % (ab 2009: 60 %) beschränkt (§§ 3 c Abs. 2, 3 Nr. 40 EStG), bei Kapitalgesellschaften als Anteilseigner bleibt sie (durch außerbilanzielle Hinzurechnung) ohne Wirkung (§ 8 b Abs. 2 und 3 KStG). 85

Eine Kapitalgesellschaft, die mehrheitlich an einer anderen Kapitalgesellschaft beteiligt ist, kann Dividendenansprüche aus einer zum Bilanzstichtag noch nicht beschlossenen Gewinnverwendung der nachgeschalteten Gesellschaft grundsätzlich nicht aktivieren, da ein künftiger Dividendenanspruch am Bilanzstichtag noch nicht die Voraussetzungen eines Wirtschaftsguts erfüllt (keine phasengleiche Aktivierung).[42] Die für Kapitalgesellschaften entwickelten Rechtsgrundsätze gelten auch, wenn bilanzierende Einzelunternehmer oder Personengesellschaften Gesellschafter der ausschüttenden Kapitalgesellschaft sind.[43] 86

Der Zeitpunkt der Gewinnrealisation ist bei Ausschüttungen zwischen unbeschränkt steuerpflichtigen Kapitalgesellschaften weitgehend bedeutungslos, da derartige Beteiligungserträge bei der Ermittlung des Einkommens gemäß § 8 b Abs. 1 KStG außer Ansatz bleiben (lediglich 5 % gelten als nicht abzugsfähige Betriebsausgaben). Bei Dividendenausschüttungen an Personengesellschaften und Einzelunternehmen erfolgt die Besteuerung nach dem Halbeinkünfteverfahren (also zu 50 %) (ab 2009: Teileinkünfteverfahren – 60 %), § 3 Nr. 40 EStG. 87

bb) Personengesellschaften

Dem Ausweis von Beteiligungen an Personenhandelsgesellschaften kommt für Zwecke der Besteuerung keine selbständige Bedeutung zu, da das Ergebnis einer Personenhandelsgesellschaft nach § 180 Abs. 1 Nr. 2 a AO einheitlich und gesondert festzustellen und den Gesellschaftern im Veranlagungszeitraum, in dem das Geschäftsjahr der Personengesellschaft endet, außerhalb der Bilanz zuzurechnen ist.[44] In der Praxis wird die Beteiligung an einer Personengesellschaft deshalb mit dem Stand des Kapitalkontos in der steuerrechtlichen Gesamtbilanz der Personengesellschaft unter Einbeziehung des Sonderbetriebsvermögens sowie bestehender Ergänzungsbilanzen abgebildet (sog. **Spiegelbildmethode**); die Beteiligung ist jedoch kein Wirtschaftsgut sondern nur eine Zurechnungsgröße und kann daher zB nicht teilwertabgeschrieben werden. Während handelsrechtlich bei der Ermittlung der Anschaffungskosten zwischen einer Beteiligung an Kapitalgesellschaften und an Personengesellschaften keine Unterscheidung getroffen wird, ist für Zwecke des Steuerrechts zu unterscheiden. Einkommensteuerrechtlich ist die Beteiligung an einer Personengesellschaft kein Anteil am Gesamthandsvermögen, sondern der ideelle Anteil an den im Gesamthandsvermögen erfassten einzelnen Wirtschaftsgütern. 88

---

38 BFH v. 31.10.1978, VIII R 124/74, BStBl. II 1979.
39 BFH v. 6.8.1971, IIIR 88/68, BStBl. II 1972.
40 BFH v. 27.7.1988, IR 104/84, BStBl. II 1989.
41 BFH v. 22.12.1999, I B 158/98, BFH/NV 2000, 710.
42 BFH v. 7.8.2000, GrS 2/99, BStBl. II 2000, 632.
43 BFH v. 31.10.2000, VIII R 85/94, BStBl. 2001, 185.
44 Vgl insofern BFH v. 23.7.1975, I R 165/73, BStBl. II 1976; BFH v. 29.9.1976, I R 171/75, BStBl. II 1977, ; BFH v. 6.11.1985, I R 242/81, BStBl. II 1986, .

10. Persönliche Zurechnung (wirtschaftliches Eigentum)

89 Die Bilanzierung von Vermögensgegenständen und Schulden erfolgt grundsätzlich nach Maßgabe der zivilrechtlichen Rechtslage. Fallen Verfügungs- und Nutzungsrecht auseinander, bleibt es nach der Dogmatik des BGB beim ungeteilten Eigentumsrecht, nach wirtschaftlichen Gesichtspunkten hat der zivilrechtliche Eigentümer allerdings nur noch eine leere Rechtsposition inne. Da in der Bilanz nicht Eigentums- oder Schuldverhältnisse, sondern Wirtschaftgüter zu erfassen sind,[45] ist für die Bilanzierung entscheidend, wem Substanz und Ertrag des Vermögensgegenstandes auf Dauer zustehen und wer dadurch den Vorteil der Wertsteigerung in Anspruch nehmen kann und das Risiko der Wertminderungen und des Verlustes trägt.[46] In diesen Fällen des Auseinanderfallens von formaler Eigentumsposition und tatsächlicher Sachherrschaft spricht man davon, dass einem anderen als dem (rechtlichen) Eigentümer das sog. "wirtschaftliche Eigentum" an dem Vermögensgegenstand zusteht. Es handelt sich dabei nicht um einen eigenen steuerlichen Eigentumsbegriff, sondern lediglich um die wirtschaftliche Betrachtungsweise in Bezug auf die Zurechnung von Vermögensgegenständen.[47] Eine gesetzliche Zuordnungsregelung besteht in § 246 Abs. 1 S. 2 und 3 HGB für Vermögensgegenstände, die unter Eigentumsvorbehalt erworben werden oder an Dritte für eigene oder fremde Verbindlichkeiten verpfändet oder in anderer Weise als Sicherheit übertragen sind sowie in § 340 b HGB für die Behandlung von Pensionsgeschäften bei Kreditinstituten. Im Übrigen gelten die Grundsätze über das wirtschaftliche Eigentum als – überwiegend nicht kodifizierte – GoB.

90 Das Steuerrecht enthält in § 39 Abs. 1 und 2 Nr. 1 AO eine konkrete Zurechnungsvorschrift, die auch für den Bereich des Bilanzsteuerrechts gilt. Die einzelnen Regelungen stehen in Übereinstimmung mit den GoB, so dass Fragen der Zurechnung von Wirtschaftsgütern bei personeller Trennung von rechtlichem und wirtschaftlichem Eigentum für Handels- und Steuerbilanz grundsätzlich einheitlich beantwortet werden können.[48] Da der wirtschaftliche Eigentümer den zivilrechtlichen Eigentümer im Regelfall für die gewöhnliche Nutzungsdauer von der Einwirkung auf das Wirtschaftgut ausschließen können muss, zieht der BFH als wesentliches Abgrenzungskriterium heran, ob der Herausgabeanspruch (§ 985 BGB) des Eigentümers nicht mehr besteht oder zumindest keine wirtschaftliche Bedeutung mehr hat.[49] Insbesondere in folgenden Fällen erlangt die Frage des wirtschaftlichen Eigentums Bedeutung:

- Bei (**Grundstücks-**)**Veräußerungen** steht dem Erwerber, unabhängig von der Eintragung in das Grundbuch, das wirtschaftliche Eigentum zu, sobald Besitz, Gefahr, Nutzen und Lasten übergegangen sind.
- Unter **Eigentumsvorbehalt** gelieferte Gegenstände sind in der Bilanz des Käufers zu berücksichtigen. Dies gilt jedenfalls solange, wie der Eigentumsvorbehalt nicht von dem Verkäufer geltend gemacht wird.
- **Zur Sicherheit übereignete Sachen** oder zur Sicherheit abgetretene Forderungen sind in der Bilanz des Treugebers und nicht in der des Treuhänders, zu dessen Sicherheit die Übereignungen bzw. Abtretungen vorgenommen wurden, auszuweisen.[50]
- Auch bei den verschiedenen Formen der **Treuhandverhältnisse** verbleibt das wirtschaftliche Eigentum idR bei dem Treugeber.
- **Gebäude**, die **auf fremdem Grund und Boden** errichtet wurden sowie Einbauten in Gebäuden, die Dritten gehören sind grundsätzlich bilanziell demjenigen zuzurechnen, der die Gebäude bzw Einbauten errichtet hat.[51]

---

45 BGH v. 6.11.1995, II ZR 164/94, DB 1996, 268; BFH v.12.9.1991, III R 233/90, BStBl. II 1992, 1982.
46 *Adler/Düring/Schmaltz*, HGB, § 246 Rn 263.
47 Vgl *Lang* in Tipke/Lang, Steuerrecht, § 5 Rn 111.
48 BFH v. 12.9.1991, III R 233/90, BStBl. II 1992, 182 f.
49 BFH v. 27.11.1996, XR 92/92, BStBl. II 1998, 97.
50 BFH v. 23.11.1983, I R 147/78, BStBl. II 1984, 217; v. 20.1.1999, I R 69/97, BStBl. II 1999, 514.
51 Vgl hierzu auch BMF v. 15.1.1976, BStBl. I 1976, 66 betr. ertragsteuerlicher Behandlung von Mietereinbauten und -umbauten.

- Bei der **Verkaufskommission** verbleibt das rechtliche und das wirtschaftliche Eigentum an den bis zum Verkauf dem Kommissionär mit dem Ziel des Verkaufs übergebenen Sachen bei dem Kommittenten. Bei der Einkaufskommission erwirbt der Kommissionär zwar rechtlich das Eigentum an der Kommissionsware, wirtschaftlich ist die Ware dagegen dem Kommittenten zuzurechnen, da sie für seine Rechnung und auf sein Risiko eingekauft wird.
- Im Fall von **Leasinggeschäften** richtet sich die Zuordnung des wirtschaftlichen Eigentums danach, ob es sich der Art nach um einen Finanzierten Kauf oder eine Miete bzw Pacht handelt.[52]
- **Nießbrauchern, Mietern** und **Pächtern** sind die Ihnen überlassenen Vermögensgegenstände regelmäßig nicht zuzurechnen.

11. Sachliche Zurechnung (Betriebsvermögen)

Nur Wirtschaftgüter, die sachlich dem unternehmerischen Bereich zuzurechnen sind, dürfen bilanziert werden. Das Unternehmensvermögen ist daher vom Privatvermögen (außerbetriebliche Sphäre) abzugrenzen.

a) Einzelkaufleute

Die von einem Kaufmann vorgenommenen Rechtsgeschäfte gelten nach § 344 HGB im Zweifel als zum Betrieb seines Handelsgewerbes gehörig (wenn der private Charakter nicht evident ist).

Für steuerliche Zwecke unterscheidet man notwendiges und gewillkürtes Betriebsvermögen einerseits und notwendiges Privatvermögen andererseits. Zum notwendigen Betriebsvermögen gehören Wirtschaftsgüter, wenn und soweit sie unmittelbar für eigene betriebliche Zwecke benutzt werden. Sie müssen dem Betrieb in dem Sinne dienen, dass sie objektiv erkennbar zum unmittelbaren Einsatz im Betrieb selbst bestimmt sind; dabei ist auf die tatsächliche konkrete Funktion im Betrieb abzustellen, die der Unternehmer dem Wirtschaftsgut zugewiesen hat.[53] Bei gemischt genutzten Wirtschaftsgütern gilt der **Grundsatz der Unteilbarkeit:**[54] Liegt die betriebliche Nutzung über 50 %, so ist insgesamt notwendiges Betriebsvermögen gegeben, liegt sie darunter, ist sie aber nicht von untergeordneter Bedeutung (unter 10 %), hat es der Steuerpflichtige in der Hand, das Wirtschaftsgut insgesamt zum gewillkürten Betriebsvermögen zu ziehen. Eine betriebliche Nutzung unter 10 % begründet notwendiges Privatvermögen.[55]

Ein **Gebäude teilt man dagegen auf:** Wird ein Gebäude teils eigenbetrieblich, teils fremdbetrieblich, teils zu eigenen und teils zu fremden Wohnzwecken genutzt, ist jeder der vier unterschiedlich genutzten Gebäudeteile ein besonderes Wirtschaftsgut.[56] Die Betriebsvermögenseigenschaft teilt den Grund und Boden im Verhältnis der Zugehörigkeit des Gebäudes oder Gebäudeteiles zum Betriebsvermögen.[57]

b) Personengesellschaft

§ 344 HGB ist gegenstandslos bei Handelsgesellschaften, da alle ihre Geschäfte im Betrieb des Handelsgewerbes vorgenommen werden.[58] Bei Handelsgesellschaften rechnen etwa auch Rechtsakte, die bei Privatpersonen Privatgeschäfte sein können (wie gemeinnützige Geldspenden) zu ihrem Gesellschaftszweck und damit zu ihrem Handelsgewerbe; dies gilt auch für die eingetragene Personenhandelsgesellschaft nach § 105 Abs. 2 HGB.[59] Insoweit kann man verkürzt sagen: Die Handelsgesellschaft hat (handelsrechtlich) keine Privatsphäre (außerbetriebliche Sphäre). Infolgedessen sind im Gesamthandsvermögen stehende Vermögensgegenstände auch dann dem handelsrechtlichen Bilanzvermögen der Gesellschaft zuzurechnen, wenn sie von den Mitunternehmern ausschließlich für pri-

---

52 Vgl hierzu BMF v. 19.4.1971, BStBl. I 1971, 264; v. 21.3.1972, BStBl. I 1972, 188; v. 22.12.1975, BStBl. I 1976 und v. 23.12.1991, BStBl. I 1992, 13.
53 BFH v. 6.3.1991, X R 57/88, BStBl. II 1991, 829, 830.
54 BGH v. 13.3.1964, IV 158/61 S, BStBl. III 1964, 455.
55 Vgl R 4.2 EStR 2005.
56 R 4.2 (4) EStR 2005; vgl zu Grundstücksteilen von untergeordnetem Wert § 8 EStDV u. R 4.2 (8) EStR 2005.
57 BFH v. 12.7.1979, IV R 55/74, BStBl. II 1980, 5.
58 BGH v. 5.5.1960, II ZR 128/58, NJW 1960, 1852.
59 *Kort* in Ebenroth/Boujong/Joost, HGB, § 344, Rn 27.

vate Zwecke genutzt werden.[60] Umgekehrt können Vermögensgegenstände, die zivilrechtlich nicht dem Gesamthandsvermögen, sondern dem Vermögen einzelner Gesellschafter gehören, nicht in der Handelsbilanz der Gesellschaft ausgewiesen werden. Analog zu den Vermögensgegenständen ist handelsrechtlich mit den Schulden zu verfahren: zu passivieren sind alle diejenigen Schulden, die Verpflichtungen der Gesamthand darstellen.

96 Das **steuerliche Betriebsvermögen der Personengesellschaft**[61] setzt sich aus dem Gesamthandsvermögen der Personengesellschaft und dem dieser Personengesellschaft zuzurechnenden Sonderbetriebsvermögen der Mitunternehmer zusammen. Die in der Handelsbilanz der Personengesellschaft bilanzierten Vermögensgegenstände gehören bereits nach dem Maßgeblichkeitsgrundsatz zum steuerlichen Betriebsvermögen. Darüber hinaus werden im Eigentum der Gesellschafter stehende Wirtschaftsgüter, die zwar nicht in der Handelsbilanz der Personengesellschaft aktiviert sind, aber durch entsprechende Widmung des Gesellschafters dazu bestimmt sind, dem gemeinschaftlichen Betrieb oder der Beteiligung zu dienen, als Sonderbetriebsvermögen zum steuerlichen Betriebsvermögen gerechnet. Bei Mitunternehmerschaften ohne Gesamthandsvermögen (zB atypische stille Gesellschaft) zählen zum Betriebsvermögen die dem Betrieb des tätigen Teilhabers (§ 235 HGB) gehörigen Wirtschaftsgüter, vergleichbar dem Gesamthandsvermögen einer KG, und das Sonderbetriebsvermögen des atypisch stillen Gesellschafters.[62] Für Wirtschaftsgüter des Gesamthandsvermögens, die nicht unmittelbar dem Betrieb dienen (zB fremd vermietetes Gebäude; Geldvermögen), hat die Gesellschaft anders als der Einzelunternehmer kein Wahlrecht, sie als Betriebs- oder als Privatvermögen zu behandeln (**kein gewillkürtes Gesamthands-Betriebsvermögen**); sie sind, sofern sie nicht notwendiges Privatvermögen sind, notwendiges Betriebsvermögen, auch wenn sie fälschlich nicht in der Bilanz ausgewiesen sein sollten. Im Bereich des Sonderbetriebsvermögens gibt es dagegen auch **gewillkürtes Sonderbetriebsvermögen**.

97 Soweit es bei den von der Gesellschaft erworbenen Wirtschaftsgütern an einer betrieblichen Veranlassung fehlt, sind diese zwar zivilrechtlich Bestandteil des Gesamthandvermögens, aber steuerrechtlich als Privatvermögen zu qualifizieren.[63] Das gilt etwa für Wirtschaftsgüter, bei denen erkennbar ist, dass sie nur Verluste bringen können[64] sowie für Wirtschaftsgüter, die auf Dauer dazu bestimmt sind, eigenen Wohnzwecken eines Gesellschafters zu dienen.[65] Es findet also für steuerliche Zwecke eine Abgrenzung zum außerbetrieblichen Bereich nach dem Veranlassungsprinzip statt.

c) Kapitalgesellschaften

98 Einer Kapitalgesellschaft sind handelsrechtlich und steuerrechtlich alle in ihrem Namen eingegangenen Rechtsgeschäfte und die daraus resultierenden Vermögensgegenstände sachlich zuzuordnen. Auf den wirtschaftlichen Zusammenhang mit dem Betrieb des Unternehmens kommt es nicht an, da eine Kapitalgesellschaft kein „Privatvermögen" haben kann. Investitionen/Ausgaben ohne Gewinnerzielungsabsicht (sog. Liebhaberei) werden durch Hinzurechnung als verdeckte Gewinnausschüttung korrigiert.[66]

IV. Bilanzierung der Höhe nach (Bewertung)

99 Für die Bewertung gelten grundsätzlich steuerlich nicht die GoB, da diese Unterbewertungen zulassen (vgl § 253 Abs. 4 HGB), sondern die Regeln der §§ 6-7 k EStG, hilfsweise auch die Vorschriften des Bewertungsgesetzes (allgemeiner Teil). Für das Bilanzsteuerrecht sind lediglich fünf Wertkategorien von Bedeutung:
- Anschaffungskosten,
- Herstellungskosten,

---

60 *Niehus/Wilke*, Die Besteuerung der Personengesellschaften, C II.
61 Vgl R 4.2 (2) EStR 2005.
62 *Wacker* in Schmidt, EStG, § 15 Rn 480.
63 *Crezelius* in Kirchhof Kompakt EStG, § 4 Rn 85.
64 BFH v. 22.5.1975, IV R 193/71, BStBl. II 1975, 804.
65 BFH v. 30.6.1987, VIII R 353/82, BStBl. II 1988, 418.
66 BFH v. 8.7.1998, I R 123/97, BFH/NV 1999, 269.

- Teilwert,
- gemeiner Wert,
- Buchwert.

1. Anschaffungskosten (§ 255 Abs. 1 HGB, R 6.2 EStR)

Anschaffungskosten sind alle **einzeln zurechenbaren Aufwendungen**, die geleistet werden, um ein bestehendes, bereits vorhandenes Wirtschaftgut zu erwerben und in einen betriebsbereiten Zustand zu versetzten, vgl § 255 Abs. 1 HGB. Ein Anschaffungsvorgang liegt aber auch dann vor, wenn Vertragsgegenstand ein erst herzustellendes Wirtschaftgut ist und der Veräußerer (nicht der Erwerber) unter wirtschaftlichen Gesichtspunkten als Hersteller zu beurteilen ist. 100

Zu den Anschaffungskosten zählen auch die **Anschaffungsnebenkosten**. Anschaffungsnebenkosten sind alle einzelzurechenbaren Ausgaben, die neben dem Anschaffungspreis (Rechnungspreis) bis zum Abschluss des Beschaffungsvorgangs anfallen (zB Notar- und Gerichtskosten). Bei der Beschaffung von Vermögensgegenständen entstehen häufig Kosten für innerbetriebliche Leistungen, die generell geeignet sind, den Wert des Einzelgegenstandes zu erhöhen. Die innerbetrieblichen Einzelkosten sind aktivierungsfähig, wenn sie durch Einzelaufschreibungen und Einzelabrechnungen nachgewiesen werden können. In der Praxis wird nur in Ausnahmefällen ein verursachungsgerechter Nachweis dieser Kosten geliefert werden können. Gemeinkosten (zB Kosten der Einkaufsabteilung) können nicht in die Anschaffungskosten einbezogen werden. 101

Gemäß § 255 Abs. 1 S. 2 HGB gehören zu den Anschaffungskosten auch die **nachträglichen Anschaffungskosten**. Hierunter fallen zunächst jene zeitnah nachgelagerten Kosten, die ihrem Grunde nach den Anschaffungsvorgang noch unmittelbar betreffen. Das können nachträglich verwirklichte Verbrauchsteuern ebenso sein wie Preisveränderungen auf der Grundlage einer vertraglich vorgesehenen Nachkalkulation oder der nachträglichen Feststellung des Kaufpreisumfangs durch eine gerichtliche (schiedsgerichtliche) Entscheidung. Abzugrenzen sind allerdings Maßnahmen, die Bestandteile eines Herstellungsvorgangs sind. Führen nachträgliche Aufwendungen zu einer über den ursprünglichen Zustand hinausgehenden wesentlichen Verbesserung des Vermögensgegenstandes, liegen Herstellungskosten im Sinne des § 255 Abs. 3 S. 1 HGB vor. 102

Der BFH rechnet **auch werterhöhende Maßnahmen nach Anschaffung** zu den nachträglichen Anschaffungskosten. Ein zeitlicher Zusammenhang mit dem Anschaffungsvorgang ist dabei nicht erforderlich. Hauptanwendungsfälle für nachträglich gesetzte werterhöhende Maßnahmen sind Grundstücke und Gesellschaftsbeteiligungen. Bei **Grundstücken** gehören zB Anlieger- bzw Erschließungsbeiträge, Kanalanschlussbeiträge sowie Flächenbeiträge gemäß § 58 Abs. 1 BBauG nicht etwa zu den sofort absetzbaren Betriebsausgaben, sondern zu den (nachträglichen) Anschaffungskosten für das Grundstück. 103

Nachträgliche Anschaffungskosten auf **Gesellschaftsbeteiligungen** liegen vor, wenn es zu einer Vermögensmehrung bei der Gesellschaft und damit indirekt auch zu einer wesentlichen Werterhöhung der Beteiligung kommt. Ob es sich dabei um verdeckte Einlagen, Forderungsverzichte, Verlustübernahmen oder sonstige Formen der Vorteilsgewährung handelt, ist nicht entscheidend. Beim Zusammentreffen einer Zuschussleistung mit den Voraussetzungen für eine Teilwertabschreibung hat eine Wertzuschreibung allerdings zu unterbleiben, da sich dadurch am inneren Wert der Beteiligung nichts ändert. Demgegenüber kann der Verlust eines Gesellschafterdarlehens oder die Inanspruchnahme aus einer Bürgschaftserklärung nicht auf den Wert der Beteiligung durchschlagen. Abgesehen davon, dass dadurch ein Vermögensnachteil beim Gesellschafter, nicht aber ein Vermögensvorteil bei der Gesellschaft entsteht, handelt es sich dabei um ein neben dem gesellschaftsrechtlichen Verhältnis bestehendes eigenständiges schuldrechtliches Verhältnis, das für sich und ohne Auswirkungen auf ersteres zu beurteilen ist. 104

Als Anschaffung wird die Überführung des Vermögensgegenstandes aus einer fremden in eine eigene wirtschaftliche Verfügungsgewalt angesehen. Der Anschaffungszeitpunkt wird bestimmt durch den **Übergang der wirtschaftlichen Verfügungsmacht** (wirtschaftliches Eigentum) auf den Erwerber. Wer- 105 den in Anrechnung auf den Kaufpreis Schulden übernommen, so gehört zu den Anschaffungskosten auch der Wert der Verbindlichkeiten.

106 Ein **Gesamtkaufpreis** für mehrere Vermögensgegenstände ist aufzuteilen. Grundsätzlich gilt, dass die im Vertrag vorgenommene Preisaufteilung der Parteien bei der Bestimmung der Anschaffungskosten maßgebend ist. Werden keine Angaben im Kaufvertrag gemacht oder entspricht die Kaufpreisaufteilung nicht den wirtschaftlichen Gegebenheiten ist der Kaufpreis beim Erwerb aus dem Privatvermögen im Verhältnis der gemeinen Werte, beim Erwerb aus dem Betriebsvermögen im Verhältnis der Teilwerte aufzuteilen.

107 Bei einem **teilentgeltlichen Anschaffungsvorgang** (gemischte Schenkung) ist grundsätzlich der Erwerb teilweise als entgeltlicher Anschaffungsvorgang, teilweise als unentgeltlicher Erwerb zu behandeln (sog. **Trennungstheorie**). Anschaffungsnebenkosten sind in diesen Fällen nicht aufzuteilen, sondern in vollem Umfang den Anschaffungskosten zuzuordnen.[67] Eine Ausnahme vom Grundsatz der Trennungstheorie besteht im Rahmen des § 6 Abs. 3 EStG.

108 Zu den Anschaffungskosten gehören der Rechnungspreis sowie die ggf noch zu erbringenden Leistungen. Die in Rechnung gestellte **Umsatzsteuer** ist nicht in den Anschaffungspreis einzubeziehen, wenn sie als Vorsteuer gemäß § 15 UStG abgezogen werden kann. Kann sie nicht geltend gemacht werden, ist sie mit einzubeziehen, vgl § 9 b EStG.

109 Wird ein **überhöhter Kaufpreis** im Rahmen eines Marktgeschehens gezahlt, ist für die Bestimmung der Anschaffungskosten auch der überhöhte Preis maßgebend. In einem zweiten Bewertungsschritt ist am Abschlusstag aber eine Teilwertabschreibung (außerplanmäßige Abschreibung) vorzunehmen.

110 Im Zusammenhang mit Zuschüssen ist bilanziell zwischen sog. echten und unechten Zuschüssen zu unterscheiden. **Echte Zuschüsse** werden ohne Rückzahlungsverpflichtung aus öffentlichen oder privaten Mitteln gewährt. Es besteht ein bilanzielles Wahlrecht, die Zuschüsse ergebniswirksam als Einnahmen zu behandeln, so dass die Anschaffungs- oder Herstellungskosten durch die Zuschüsse nicht gemindert werden, oder die Zuschüsse ergebnisneutral zu behandeln, indem die Zuschüsse von den Anschaffungs- oder Herstellungskosten abgesetzt werden, so dass nur die zum Erwerb oder zur Herstellung aufgewandten Kosten aktiviert und abgeschrieben werden. Werden dagegen Zuschüsse gewährt, die in einem unmittelbaren wirtschaftlichen Zusammenhang mit einer Leistung des Empfängers stehen, liegt ein unechter Zuschuss vor. Regelmäßig besteht in diesen Fällen ein künftiges Leistungsverhältnis, das bilanzrechtlich zu beachten ist.

111 Werden Vermögensgegenstände gegen Zahlung von **Zeit- oder Leibrenten** erworben, sind die Anschaffungskosten für die erworbenen Vermögensgegenstände in Höhe des Barwerts der Rentenverpflichtung zu bemessen. Der Barwert ist nach versicherungsmathematischen Grundsätzen nach dem im Zeitpunkt des Vertragsschlusses gegebenen Zinssatzes und der durchschnittlichen Lebenserwartung des Begünstigten zu ermitteln. Die Finanzverwaltung geht von einem Zinssatz iHv 5,5 % aus und hat zur vereinfachten Berechnung Tabellen herausgegeben.[68] Der tatsächliche Verlauf der Rentenzahlung hat keinen Einfluss auf die Höhe der Anschaffungskosten. Dies gilt auch für die Änderung einer Verbindlichkeit oder der Rentenzahlungen auf Grund von Wertsicherungsklauseln.

112 Wird die längerfristige **Kaufpreisforderung** eines Lieferanten nachweislich **zinslos gestundet**, sind die Anschaffungskosten in Höhe des Barwerts der Verpflichtung anzusetzen. In diesem Fall liegen zwei Geschäfte vor, die eine Aufteilung des Verpflichtungsbetrages zur Folge haben: ein entgeltlicher Erwerb eines Vermögensgegenstandes in Höhe des Barwerts und ein Kreditgeschäft in Höhe der Differenz zwischen Ziel- und Barpreis. Die gleichen Grundsätze gelten auch bei nachweislich **unverzinslichen Ratenzahlungen**.

2. Herstellungskosten (§ 255 Abs. 2 HGB; R 6.3 ff, 21.1 EStR)

113 Im Gegensatz zu der zeitpunktbezogenen Anschaffung ist die Herstellung eines zeitraumbezogener Wertumformungsprozesses, der notwendigerweise einen Beginn und ein Ende hat. § 255 Abs. 2

---

[67] St. Rspr zB BFH v. 20.12.1990, XI R 11/88, BFH/NV 1991, 308.
[68] Gleichlautender Ländererlass v. 7.12.2001, BStBl. I 2001, 1041 ber. 2002, 112.

S. 2–4 HGB bestimmt, welche Kosten in die Herstellungskosten einzurechnen sind. Wichtig ist in diesem Zusammenhang die Unterscheidung zwischen Einzelkosten, die unmittelbar zuzurechnen sind, und Gemeinkosten, die nur über einen Umlageschlüssel geschätzt werden können. Im Steuerrecht ist das handelsrechtliche Aktivierungswahlrecht weitgehend als Aktivierungspflicht zu beachten.

Herstellungskosten (Muss- und Kann-Bestandteile)	Handelsrecht	Steuerrecht
Materialeinzelkosten	Muss	Muss
Fertigungseinzelkosten	Muss	Muss
Sondereinzelkosten der Fertigung	Muss	Muss
Materialgemeinkosten	Kann	Muss
Fertigungsgemeinkosten	Kann	Muss
Wertverzehr des Anlagevermögens	Kann	Muss
Kosten der allgemeinen Verwaltung	Kann	Kann
Sozialkosten	Kann	Kann
Zinsen für Fremdkapital	Kann uU	Kann uU
Vertriebskosten	Darf nicht	Darf nicht

114

Die Herstellung endet mit der Fertigstellung des Wirtschaftsguts. Gegenstände des Anlagevermögens sind fertig gestellt, wenn sie ihrer Bestimmung gemäß nutzbar sind. Die Finanzierung zählt nicht zum Bereich der Herstellung.

115 Neben dem Grundtatbestand der Herstellung eines bisher noch nicht existierenden Wirtschaftsguts (**Ersterstellung**) kann Herstellung auch bei Wiederherstellung eines vollständig verschlissenen Wirtschaftsguts (**Zweitherstellung**) sowie bei einer Änderung der betrieblichen Funktion (**Wesensänderung**) vorliegen. Darüber hinaus können Herstellungskosten nur noch anfallen bei der **Erweiterung** oder bei einer über den ursprünglichen Zustand hinausgehenden **wesentlichen Verbesserung**. Durch die umfassende Bestimmung der Herstellungskosten in § 255 Abs. 2 S. 1 HGB ist zugleich die **Abgrenzung zum Erhaltungsaufwand** vollzogen. Alles, was nicht den Herstellungskostenbegriff ausfüllt, ist nicht aktivierungsfähig und damit sofort abzugsfähiger Erhaltungsaufwand. Eine Erweiterung (Substanzmehrung) muss sich auf das Wirtschaftsgut als Ganzes, dh auf seine zweckbestimmte Nutzungsmöglichkeit und nicht nur auf einzelne Teile beziehen. Dabei ist auch eine nur geringfügige Erweiterung im Gegensatz zu Aufwendungen zur Verbesserung des Wirtschaftsguts, die nur aktiviert werden dürfen, wenn es sich um eine über den ursprünglichen Zustand hinausgehende wesentliche Verbesserung handelt, ausreichend. Der Herstellungstatbestand der wesentlichen Verbesserung über den ursprünglichen Zustand hinaus kommt in der Regel bei Gebäuden zum Tragen. Mit dem ursprünglichen Zustand ist der Zeitpunkt des entgeltlichen Erwerbs gemeint. Eine wesentliche Verbesserung ist erst dann gegeben, wenn sie über die zeitgemäße Erneuerung hinaus den Gebrauchswert des Wirtschaftsguts im Ganzen deutlich erhöht. Dies ist bei Wohngebäuden zB der Fall, wenn durch Modernisierungsmaßnahmen ein Sprung von einem sehr einfachen auf einen mittleren oder einem mittleren auf einen sehr anspruchsvollen Standard erfolgt. Instandsetzungs- oder Modernisierungsinstallationen, die für sich allein noch als Erhaltungsmaßnahmen zu beurteilen wären, können in ihrer Gesamtheit zu einer deutlichen Gebrauchswerterhöhung führen. Fallen Herstellungs- und Erhaltungsaufwand zusammen, ist grundsätzlich eine Trennung vorzunehmen. Etwas anderes gilt nur dann, wenn der Erhaltungsaufwand mit Herstellungskosten in der Weise in einem sachlichen Zusammenhang steht, dass sie bautechnisch ineinander greifen, dh dass die eine Baumaßnahme durch die andere bedingt ist. In diesem Fall sind die Aufwendungen einheitlich als Herstellungskosten zu beurteilen. Bei Aufwendungen bis 4000 EUR netto je Baumaßnahme erkennt die Finanzverwaltung ohne Prüfung Erhaltungsaufwand an (R 21.1 Abs. 2 EStR).

116 Zu den Herstellungskosten eines Gebäudes gehören auch Aufwendungen für Instandsetzungs- und Modernisierungsmaßnahmen, die innerhalb von drei Jahren nach der Anschaffung des Gebäudes durchgeführt werden, wenn die Aufwendungen ohne Umsatzsteuer 15 % der Anschaffungskosten des Gebäudes übersteigen (**anschaffungsnaher Aufwand**). Zu diesen Aufwendungen zählen nicht Erweiterungsaufwendungen sowie Aufwendungen für Erhaltungsarbeiten, die jährlich üblicherweise anfallen, § 6 Abs. 1a EStG.

3. Teilwert

117 Nach § 6 Abs. 1 Nr. 1 S. 3 EStG ist der Teilwert der Betrag, den ein (gedachter) Erwerber des ganzen Betriebes im Rahmen des Gesamtkaufpreises für das einzelne Wirtschaftsgut ansetzen würde; dabei ist davon auszugehen, dass der Erwerber den Betrieb fortführt. Die Ermittlung des Teilwerts stellt eine Schätzung (§ 162 AO) auf der Grundlage eines hypothetischen Sachverhalts dar. Die Untergrenze des Teilwerts bildet der Einzelveräußerungspreis. Da der Erwerber des Betriebes hinsichtlich der Abziehbarkeit der Vorsteuer in der gleichen Lage ist wie der vormalige Betriebsinhaber, ist bei der Bemessung des Teilwerts eines Wirtschaftsguts die nichtabziehbare und daher aktivierte Vorsteuer zu berücksichtigen; dies gilt auch, wenn die Anschaffungskosten/Herstellungskosten infolge der Aktivierung der nicht abziehbaren Vorsteuer über dem Marktpreis des Wirtschaftsguts liegen.[69]

118 Im Falle der Einlage eines Wirtschaftsguts aus dem Privatvermögen in ein Betriebsvermögen (§ 6 Abs. 1 Nr. 5 S. 1 EStG) kann häufig noch kein betriebsbezogener Wert gebildet werden, so dass der Teilwert dem Verkehrswert entspricht.[70] Bei der Entnahme ist aber ein betriebsbezogener Wert anzusetzen; Finanzverwaltung und Steuerpflichtiger werden nach einem Kompromiss im Wege der tatsächlichen Verständigung suchen. Wegen der Schwierigkeiten in der praktischen Anwendung hat die Rechtsprechung (widerlegbare) tatsächliche Vermutungen für den Fall entwickelt, dass sich der Steuerpflichtige im Rahmen seines Jahresabschlusses auf den niedrigeren Teilwert beruft:
- Der Teilwert eines Wirtschaftsguts im Zeitpunkt seiner Anschaffung oder Herstellung entspricht den tatsächlichen Anschaffungskosten/Herstellungskosten.
- Zu späteren Bewertungsstichtagen entspricht der Teilwert
  - eines Wirtschaftsguts des Anlagevermögens, das der Abnutzung unterliegt, den (ursprünglichen) Anschaffungskosten/Herstellungskosten, vermindert um die AfA nach § 7 EStG (Voraussetzung ist aber, dass tatsächlich linear abgeschrieben wurde);
  - eines Wirtschaftsguts des Anlagevermögens, das nicht der Abnutzung unterliegt, den (ursprünglichen) Anschaffungskosten/Herstellungskosten;
  - eines Wirtschaftsguts des Umlaufvermögens den Wiederbeschaffungs- oder Wiederherstellungskosten zum Bewertungsstichtag.

119 Bei der Ermittlung der Wiederbeschaffungskosten ist auf die Aufwendungen abzustellen, die bei Erwerb des betreffenden Wirtschaftsguts gerade durch den Betrieb des Steuerpflichtigen anfallen würden (betriebsindividuelle Bewertung). Dabei sind auch Anschaffungsnebenkosten zu berücksichtigen; ist der Steuerpflichtige zum Vorsteuerabzug berechtigt, so ist die Umsatzsteuer außer Ansatz zu lassen (§ 9 b EStG).

120 Bei der Ermittlung der Wiederherstellungskosten sind die hypothetischen Herstellungskosten im Zeitpunkt des Bewertungsstichtages einschließlich aller Fertigungsgemeinkosten zu berücksichtigen. Die zwingende Einbeziehung der Gemeinkosten beruht darauf, dass für die Frage des Teilwerts nicht darauf abzustellen ist, welche Aufwendungen bei dem Steuerpflichtigen zu den sofort abziehbaren Betriebsausgaben oder zu den zu aktivierenden Anschaffungskosten/Herstellungskosten gehören, sondern darauf, welcher Anteil des Gesamtkaufpreises von dem gedachten Erwerber auf das betreffende Wirtschaftsgut entfallen würde.

121 Die Teilwertvermutungen können u.a. durch den Nachweis entkräftet werden, dass
a. die Anschaffung oder Herstellung des Wirtschaftsguts bereits im Zeitpunkt der Anschaffung oder Herstellung eine Fehlmaßnahme gewesen ist;
b. der Teilwert des Wirtschaftsguts nach der Anschaffung oder Herstellung zum Bewertungsstichtag unter den Buchwert gesunken ist;
- durch Sinken der Wiederbeschaffungskosten oder Wiederherstellungskosten,
- durch Sinken der voraussichtlichen Verkaufserlöse – der Teilwert liegt (noch) unter den Wiederbeschaffungs- bzw Wiederherstellungskosten, wenn der voraussichtliche (künftige) Veräußerungs-

---

69 Kirchhof/Söhn, EStG, § 9 b Rn A 34.
70 BFH v. 10.7.1991, VIII R 126/86, BStBl. II 1991, 840.

preis die tatsächlichen Anschaffungskosten/Herstellungskosten zzgl der Verwaltungskosten und Vertriebskosten (Selbstkosten) und des durchschnittlichen Unternehmerlohns nicht mehr deckt.

Anlaufverluste schließen eine Teilwertabschreibung auf eine Beteiligung gewöhnlich aus, wenn voraussehbar in naher Zukunft mit Gewinnen zu rechnen ist. Eine **ausschüttungsbedingte Teilwertabschreibung** auf einen Anteil oder eine Beteiligung setzt voraus, dass durch die Ausschüttung der Wert der Beteiligung unter den Buchwert gesunken ist (Schätzung zB durch Ertragswertverfahren); der bloße Umstand der Ausschüttung genügt nicht. Auch organschaftliche Gewinnabführungen können zu sog. abführungsbedingten Teilwertabschreibungen führen. Nach einer **Betriebseinstellung** ist eine Teilwertabschreibung nicht mehr möglich. Der Teilwert einer **Forderung** wird beeinflusst durch die Zahlungsfähigkeit und Zahlungswilligkeit des Schuldners sowie durch ihre Verzinslichkeit. Stehen dem Gläubiger Sicherungs- oder Rückgriffsrechte zu, die ihrerseits nicht zweifelhaft sind, kann ein Absinken des Teilwerts der Forderung nicht angenommen werden. Der Teilwert unverzinslicher oder niedrigverzinslicher Forderungen entspricht ihrem Barwert (dabei wird letztlich die Gewinnrealisierung aus dem Grundgeschäft im Wege der Teilwertabschreibung korrigiert bzw bei Darlehen der Verlust antizipiert). Eine Fehlmaßnahme liegt bei fehlerhafter Einschätzung der Ertragslage einer **Kapitalgesellschaft** vor; zusätzliche Anschaffungskosten in Gestalt verdeckter Einlagen können aber nicht abgeschrieben werden, wenn die Aufwendungen auch der Sanierung dienen sollten. Auf die **Beteiligung an einer Organgesellschaft** ist grundsätzlich (allein) wegen erlittener laufender Verluste keine Teilwertabschreibung zulässig, da eine Verlustübernahme durch den Organträger erfolgt, so dass die Substanz des Organträgers nicht geschmälert wird („eingefrorener" Beteiligungswert). Die Teilwertabschreibung einer **Personengesellschaft** ist nicht möglich, da die Beteiligung an einer Personengesellschaft nicht als Wirtschaftsgut gewertet wird.

Für die Frage, ob (als Voraussetzung einer Teilwertabschreibung) eine Wertminderung von Dauer ist, hat die Finanzverwaltung[71] folgende Regeln aufgestellt: **Grundsätzlich** ist eine Wertminderung voraussichtlich nachhaltig, wenn der Steuerpflichtige hiermit am Bilanzstichtag aufgrund objektiver Anzeichen ernsthaft zu rechnen hat. Aus der Sicht eines sorgfältigen und gewissenhaften Kaufmanns müssen mehr Gründe für als gegen eine Nachhaltigkeit sprechen. Grundsätzlich ist von einer voraussichtlich dauernden Wertminderung auszugehen, wenn der Wert des Wirtschaftsguts die Bewertungsobergrenze (ggf abzuschreibende Anschaffungskosten/Herstellungskosten) während eines erheblichen Teils der voraussichtlichen Verweildauer im Unternehmen nicht erreichen wird. Zusätzliche Erkenntnisse bis zum Zeitpunkt der Aufstellung der Handelsbilanz sind zu berücksichtigen.

Für die Wirtschaftsgüter des **nicht abnutzbaren Anlagevermögens** ist grundsätzlich (ohne konkretere Regel) darauf abzustellen, ob die Gründe für eine niedrigere Bewertung voraussichtlich anhalten werden. Kursschwankungen von börsendotierten Wirtschaftsgütern des Anlagevermögens stellen aber zB eine nur vorübergehende Wertminderung dar. Bei **abnutzbarem Anlagevermögen** ist die Wertminderung von Dauer, wenn der Teilwert niedriger ist als der halbe Buchwert. Die Wirtschaftsgüter des **Umlaufvermögens** sind nicht dazu bestimmt dem Betrieb auf Dauer zu dienen. Sie werden stattdessen regelmäßig für den Verkauf oder den Verbrauch gehalten. Demgemäß kommt dem Zeitpunkt der Veräußerung oder Verwendung die Bestimmung einer voraussichtlich dauernden Wertminderung eine besondere Bedeutung zu. Hält die Minderung bis zum Zeitpunkt der Aufstellung der Bilanz oder dem vorangegangenen Verkaufs- oder Verbrauchszeitpunkt an, so ist die Wertminderung voraussichtlich von Dauer.

4. Der gemeine Wert

Bei der unentgeltlichen Übertragung von Wirtschaftsgütern vom Betriebsvermögen eines Steuerpflichtigen in das Betriebsvermögen eines anderen (vgl § 6 Abs. 4 EStG) sowie beim Tausch (vgl § 6 Abs. 6 S. 1 EStG und das UmwStG) wird der gemeine Wert angesetzt. Mangels eigener Definition im EStG ist auf § 9 Abs. 2 BewG zurückzugreifen. Der gemeine Wert ist der Wert, den das Wirtschaftsgut bei Veräußerung im gewöhnlichen Geschäftsverkehr erzielen würde (= Verkehrswert = Einzelveräußerungs-

---

71 BMF-Schreiben v. 25.2.2000, BStBl. I 2000, 372.

preis). Ungewöhnliche oder persönliche Verhältnisse sind nicht zu berücksichtigen; die USt ist eingeschlossen.

5. Buchwert

126 Das Gesetz selbst verwendet den Begriff des Buchwertes nur vereinzelt (vgl § 1 Abs. 5 Nr. 4 UmwStG) und spricht im Übrigen umschreibend von dem Wert, der sich nach den Vorschriften über die Gewinnermittlung ergibt (vgl § 6 Abs. 5 S. 1 EStG); gemeint sind in beiden Fällen die fortgeschriebenen[72] Anschaffungskosten/Herstellungskosten.

6. Bewertungsgrundsatz

127 Aufgrund des Realisationsprinzips dürfen Wirtschaftsgüter bis zur Realisation oder Ersatzrealisation nur mit den **historischen Anschaffungskosten/Herstellungskosten** – ggf unter Berücksichtigung von planmäßigen Abschreibungen (AfA) – angesetzt werden. Die nominellen Beträge bilden die Wertobergrenze (Nominalwertprinzip, § 244 HGB); die Inflation bleibt unberücksichtigt.

128 Ist der Teilwert aufgrund einer **voraussichtlich dauernden Wertminderung** jedoch niedriger (bei Verbindlichkeiten höher) als die historischen Kosten, so ist der Teilwert anzusetzen. Zwar spricht § 6 EStG davon, dass der Teilwert angesetzt werden *kann*, aber die Verpflichtung zum niedrigeren Wertansatz nach Handelsrecht (§ 253 HGB) bewirkt durch den Maßgeblichkeitsgrundsatz eine Pflicht zur Teilwertabschreibung (Wertberichtigung). Steigt der Teilwert wieder, so hat eine Wertzuschreibung bis maximal zu den historischen Kosten (ggf abzüglich AfA) zu erfolgen (sog. Wertaufholungsgebot).

129 Da der Steuerpflichtige für steuerliche Zwecke nicht über den Gewinn durch Bilanzierungswahlrechte zu Lasten der Staatseinnahmen disponieren können soll, sind **handelsrechtliche Aktivierungswahlrechte** in der Steuerbilanz **zwingend** auszuüben; **handelsrechtliche Passivierungswahlrechte** dürfen **nicht** ausgeübt werden.[73] So besteht zB entgegen § 255 Abs. 2 S. 3 HGB kein Wahlrecht für die Einbeziehung der Gemeinkosten in die steuerrechtlichen Herstellungskosten.

130 Sonderregelungen der Bewertung bestehen für Rückstellungen (§ 6 Abs. 1 Nr. 3a EStG); Entnahmen (§ 6 Abs. 1 Nr. 4 EStG); Einlagen (§ 6 Abs. 1 Nr. 5 EStG); Betriebseröffnung (§ 6 Abs. 1 Nr. 6 EStG); Unternehmenskauf (§ 6 Abs. 1 Nr. 7 EStG); Übertragungen/Überführungen im Betriebsvermögen (§ 6 Abs. 3–6); Pensionsrückstellungen § 6 a EStG. Unverzinsliche Verbindlichkeiten mit einer Laufzeit von wenigstens 12 Monaten, die nicht auf einer Anzahlung oder Vorauszahlung beruhen, sind gemäß § 6 Abs. 1 Nr. 3 EStG mit einem Zinssatz von 5,5 % abzuzinsen.

7. Abschreibungen

131 Im Rahmen der Einkünfteermittlung erfüllen Absetzungen gemäß § 7 in erster Linie eine Verteilungsfunktion, in dem sie den Erträgen einer Periode die in einem vereinfachten Verfahren gewonnenen Aufwendungen für bestimmte längerlebige Wirtschaftsgüter (Nutzung mehr als 1 Jahr) zuordnen. Im Regelfall spiegelt dieser **Verteilungsgesichtspunkt** zugleich den Wertverzehr wieder, den ein abnutzbares Wirtschaftsgut durch den Einsatz zur Einnahmenerzielung erfährt.

132 Für die Zwecke der Abschreibung darf ein Wirtschaftsgut nicht in seine Teile zerlegt werden; es gilt vielmehr die Fiktion, dass sich die einzelnen Teile auch tatsächlich gleichmäßig abnutzen. Von dieser Fiktion ist selbst dann auszugehen, wenn feststeht, dass die einzelnen Teile eine unterschiedliche Lebensdauer aufweisen. Wird nämlich ein Teil durch die betriebsgewöhnliche Abnutzung bereits vor Ablauf der Nutzungsdauer des gesamten Wirtschaftsguts erneuerungsbedürftig, so würde der Ansatz der für die Erneuerung aufgewendeten Beträge als (nachträgliche) Herstellungskosten zu dem unrichtigen Ergebnis führen, dass dieser Teil zweimal in den Anschaffungs- oder Herstellungskosten enthalten wäre. Hierin liegt der tiefere Grund, weshalb in diesen Fällen die Kosten der Erneuerung als Erhaltungsaufwand zu beurteilen sind. Sie dienen lediglich dazu, das Wirtschaftsgut als Ganzes in dem Zustand zu erhalten, der sich aus der Fiktion der gleichmäßigen Lebensdauer ergibt. Im Rahmen der

---

72 Dh um Abschreibungen korrigiert.
73 BFH v. 3.2.1969, GrS 2/68, BStBl. II 1969, 291.

planmäßigen Abschreibung unterscheidet man zwischen der linearen und der degressiven Absetzung für Abnutzung (AfA).

Bei der **linearen Abschreibung** (in gleichen Jahresbeträgen) werden Anschaffungs- bzw Herstellungskosten durch die Jahre der betriebsgewöhnlichen Nutzungsdauer geteilt; hieraus ergibt sich der Abschreibungsprozentsatz der auf die Anschaffungskosten/Herstellungskosten anzuwenden ist. Die lineare AfA ist bei sämtlichen abnutzbaren Wirtschaftsgütern zulässig, seien sie materiell oder immateriell, beweglich oder unbeweglich, § 7 Abs. 1 S. 1 EStG. Abnutzung kann in technischer Hinsicht erfolgen (zB durch Verschleiß) oder in wirtschaftlicher Hinsicht (zB zeitlich beschränktes Nutzungsrecht). Ein Wechsel zur degressiven AfA ist zulässig, § 7 Abs. 3 S. 1. und 2 EStG. 133

Bei beweglichen Wirtschaftsgütern des Anlagevermögens (nicht bei immateriellen Wirtschaftsgütern) ist wahlweise auch die **degressive AfA** zulässig. Bei der degressiven AfA wendet man einen festen Prozentsatz nicht auf die ursprünglichen Anschaffungs- bzw Herstellungskosten an, sondern auf den jeweils verbleibenden Restwert. Der Prozentsatz darf 20 % nicht übersteigen und höchstens das Doppelte des Abschreibungsprozentsatzes bei einer gedachten linearen AfA betragen, § 7 Abs. 2 S. 2 EStG. Bei Wirtschaftsgütern, die 2006 oder 2007 angeschafft oder hergestellt werden, erhöhen sich die Grenzen auf 30 % und das Dreifache, § 7 Abs. 2 S. 3 EStG. Ein Übergang zur linearen AfA ist nicht zulässig. Für Wirtschaftsgüter, die 2008 oder später angeschafft oder hergestellt werden, hat die Unternehmenssteuerreform 2008 die degressive AfA (durch Streichung von § 7 Abs. 2 und 3) abgeschafft. 134

Eine **leistungsabhängige Abschreibung** ist bei beweglichen Wirtschaftsgütern des Anlagevermögens gestattet (zB Maschinen, Autos), deren Leistung erheblich schwankt, § 7 Abs. 6 EStG. Der Umfang der Leistung pro Jahr ist nachzuweisen (zB durch Kilometerzähler). 135

Die **betriebsgewöhnliche Nutzungsdauer** eines Wirtschaftsguts ist zu schätzen, wobei das BMF **AfA-Tabellen** mit typisierten Nutzungsdauern (für fabrikneue Wirtschaftsgüter) herausgibt. 136

Die Abschreibungsdauer des **Geschäfts- und Firmenwertes** wird auf 15 Jahre typisiert, § 7 Abs. 1 S. 3 EStG. Demgegenüber hat die Rechtsprechung aufgrund der persönlichen Vertrauensverhältnisse zum Praxisinhaber vom Geschäftswert den sog. „**Praxiswert**" freier Berufe unterschieden. Die Nutzungsdauer eines entgeltlich erworbenen Einzelpraxiswertes wird zwischen drei bis fünf Jahren taxiert, weil das den Praxiswert bildende Vertrauensverhältnis des ausscheidenden Praxisinhabers sich in diesem Zeitraum verflüchtigt; beim Einstieg in eine Sozietät geht man von sechs bis zehn Jahren aus.[74] 137

Im Rahmen der **linearen Gebäude-AfA** gemäß § 7 Abs. 4 S. 1 EStG wird eine Nutzungsdauer von 33, 40 oder 50 Jahren vermutet. Abweichungen von der gesetzlichen Typisierung sind nur zulässig, wenn von einer geringeren tatsächlichen Nutzungsdauer auszugehen ist (vgl § 7 Abs. 4 S. 2 EStG). Bei „Betriebsgebäuden" (im Betriebsvermögen und nicht Wohnzwecken dienend) beträgt der Abschreibungssatz 3 %, bei anderen Gebäuden (insbesondere Privatgebäuden) beträgt er 2 %, § 7 Abs. 4 EStG. Die Vorschriften gelten auch für Gebäudeteile und Eigentumswohnungen, § 7 Abs. 5a EStG. 138

Wahlweise kann der Steuerpflichtige bei Gebäuden auch die (**gestaffelte**) **degressive Gebäude-AfA** vornehmen, sofern es sich um im Inland gelegene Neubauten handelt, welche die Bauherren selbst hergestellt oder noch im Jahre der Fertigstellung angeschafft haben. Dies gilt im Fall der Anschaffung nur, wenn der Hersteller für das veräußerte Gebäude weder degressive Gebäude-AfA, noch erhöhte Absetzungen oder Sonderabschreibungen in Anspruch genommen hat. 139

Die AfA beginnt im **Jahr der Anschaffung** (Lieferung als Verschaffen der Verfügungsmacht) oder Herstellung (Fertigstellung als Einsatzbereitschaft), § 9 a EStDV. Im Erstjahr hat der Steuerpflichtige die AfA grundsätzlich entsprechend in dem Zeitraum vorzunehmen, in dem das betreffende Wirtschaftsgut sich im Betriebsvermögen befindet oder zur Einkünfteerzielung bereit steht (**pro rata temporis**), denn nur in diesem Zeitraum findet ein Wertverzehr statt. Aus Praktikabilitätsgründen kann auf volle Monate auf- oder abgerundet werden. Bei der AfA nach § 7 Abs. 5 EStG ist dagegen im Jahr der Anschaffung oder Herstellung des Gebäudes der volle Jahresbetrag abzuziehen.[75] 140

---

[74] Vgl BMF v. 15.1.1995, BStBl. I 1995, 15.
[75] BFH v. 19.2.1974, VIII R 114/69, BStBl. 1974, 704.

141 Nach § 6 Abs. 2 S. 1 EStG können die Anschaffungskosten/Herstellungskosten (oder der nach § 6 Abs. 1 Nr. 5 oder 6 EStG an deren Stelle tretende Wert) von abnutzbaren Wirtschaftsgütern des Anlagevermögens, die einer selbständigen Nutzung fähig sind, im Wirtschaftsjahr der Anschaffung/Herstellung (oder Einlage des Wirtschaftsguts oder der Eröffnung des Betriebs) in voller Höhe als Betriebsausgaben abgesetzt werden, wenn die Anschaffungskosten/Herstellungskosten vermindert um einen darin enthaltenen Vorsteuerbetrag oder der nach § 6 Abs. 1 Nr. 5 oder 6 EStG an deren Stelle tretende Wert für das einzelne Wirtschaftsgut 410,00 EUR nicht übersteigen (**Sofortabschreibung geringwertiger Wirtschaftsgüter – GWG**). Sätze 2 und 3 regeln die Voraussetzungen, unter denen ein Wirtschaftsgut einer selbständigen Nutzung nicht fähig ist. Sätze 4 und 5 enthalten die buchmäßigen Voraussetzungen. § 6 Abs. 2 EStG ist sachlich trotz der Überschrift des § 6 EStG keine Bewertungsvorschrift, sondern eine **Sonderregelung der AfA**. Die Vorschrift bezweckt in erster Linie die Vereinfachung der betrieblichen Rechnungslegung. Für Wirtschaftsgüter bis 150 EUR, die nach dem 31.12.2007 endenden Wirtschaftsjahren angeschafft oder hergestellt werden, ist aufgrund der Unternehmenssteuerreform zwingend eine Sofortabschreibung vorgesehen; dabei wird auf besondere Aufzeichnungspflichten verzichtet. Betragen die Anschaffungskosten zwischen 151 EUR und 1 000 EUR ist zwingend eine „Poolbewertung" vorzunehmen, dh in einem Sammelposten werden die Zugänge aller entsprechenden Wirtschaftsgüter erfasst und einheitlich über 5 Jahre abgeschrieben, § 6 Abs. 2a EStG. Daran ändert auch die spätere Veräußerung oder Entnahme eines Wirtschaftsguts nichts.

142 Hat ein Steuerpflichtiger ein **Wirtschaftsgut zunächst im Rahmen der** Einkünfte gemäß § 2 Abs. 1 Nr. 4–7 EStG (**Überschusseinkünfte**) **eingesetzt**, konnte er die diesbezüglichen Abschreibungen bereits innerhalb der jeweiligen Überschusseinkunftsart geltend machen. Bei einer nunmehrigen Einlage des Wirtschaftsguts in das Betriebsvermögen ist weiterhin als Einlagewert im Grundsatz der Teilwert zu berücksichtigen, jedoch soll eine entsprechende Erhöhung des Abschreibungsvolumens – ohne zusätzliche neue Aufwendungen – vermieden werden. Um dies sicherzustellen sieht Satz 5 des § 7 EStG eine Minderung der historischen Anschaffungskosten oder Herstellungskosten um die tatsächlich in Anspruch genommenen (Sonder-)Abschreibungen und (erhöhten) Absetzungen vor. Maßgeblich ist hiernach der sich nach der bisherigen Einkünfteerzielung ergebende Restwert.

143 Bei **unentgeltlichem Erwerb** auf Einzel- oder Gesamtrechtsnachfolge sind die Regelungen der §§ 6 Abs. 3, 11 d EStDV ergänzend heranzuziehen. Die in § 6 Abs. 3 EStDV angeordnete Bindung des Rechtsnachfolgers bezieht sich nicht nur auf die Wertansätze; auch in der Wahl des Absetzungsverfahrens oder etwa in der Schätzung der (Rest-)Nutzungsdauer ist der Rechtsnachfolger an die Handhabung des Rechtsvorgängers gebunden. § 11 d EStDV bezieht sich auf Zuwendungen aus dem Privatvermögen eines Steuerpflichtigen in das Privatvermögen eines anderen Steuerpflichtigen. Der Grundgedanke ist, dass der Steuerpflichtige, der ein Wirtschaftsgut aus privatem Anlass unentgeltlich erwirbt, bezüglich der steuerlichen Handhabung die Rechtsstellung des Rechtsvorgängers fortsetzt, dh er soll die gleichen Rechte haben, die auch der Rechtsvorgänger hätte, wenn dieser das Wirtschaftsgut selbst weiterhin zur Erzielung steuerpflichtiger Einnahmen einsetzen würde. Hätte der Rechtsvorgänger zB ein Wirtschaftsgut aus seinem Betriebsvermögen entnommen, so könnte er, wenn er dieses Wirtschaftsgut im Rahmen der Überschusseinkünfte einsetzte, die AfA von dem Entnahmewert vornehmen. Das gleiche Recht hat der Rechtsnachfolger, wenn ihm der Rechtsvorgänger das Wirtschaftsgut nach der Entnahme unentgeltlich zuwendet.

144 Bei **teilweise entgeltlichem und teilweise unentgeltlichem Erwerb** eines Wirtschaftsguts tritt der Rechtsnachfolger hinsichtlich des unentgeltlichen Teils in die Rechtsstellung des Vorgängers ein, bezüglich des entgeltlichen Teils hat er eigene Anschaffungskosten, so dass zwei unterschiedliche Abschreibungsreihen laufen können.

145 **Nach einer Einlage** eines abnutzbaren Wirtschaftsguts ist Bemessungsgrundlage für die weitere AfA der Einlagewert nach § 6 Abs. 1 Nr. 5 EStG. Anzusetzen ist damit der Teilwert, ggf der Höhe nach begrenzt durch die Anschaffungskosten bzw Herstellungskosten (bzw einen früheren Entnahmewert) abzüglich bisheriger AfA. Die Anschaffungs- und Herstellungskosten sind aber nicht nur um die AfA nach §§ 7 und 6 Abs. 2 EStG, sondern ggf auch um erhöhte Absetzungen und Sonderabschreibungen

zu kürzen, die auf die Zeit zwischen der Anschaffung oder Herstellung des Wirtschaftsguts und seiner Einlage entfallen.

Eine Regelung zur Bemessungsgrundlage **nach Entnahme/Betriebsaufgabe** fehlt im Gesetz. Im Anschluss des BFH-Urteils vom 9.8.1983[76] wird davon ausgegangen, dass der Teilwert im Entnahmefall und der gemeine Wert im Betriebsaufgabefall (bzw bei Überführung nicht wesentlicher Betriebsgrundlagen in das Privatvermögen bei Betriebsveräußerung) den Anschaffungskosten im Sinne des § 7 EStG gleichzusetzen ist; die AfA ist mit dieser Bemessungsgrundlage und ggf mit Rücksicht auf eine neu zu schätzende künftige Nutzungsdauer bzw dem typisierten Gebäude-AfA-Satz neu zu berechnen. 146

Die **Abschreibung für außergewöhnliche technische oder wirtschaftliche Abnutzung (AfaA)** gemäß § 7 Abs. 1 S. 6 EStG ergänzt die lineare AfA und kann sogar zu einem unter dem Teilwert liegenden Wertansatz führen. Zweck der AfaA ist die durch außergewöhnliche Umstände erforderliche Neuverteilung der Anschaffungs- oder Herstellungskosten herbeizuführen, weil die bisherige Verteilung nach der Normal-AfA nicht mehr gerechtfertigt ist. Die AfaA ist als Wahlrecht ausgestaltet; eine Pflicht zur Vornahme besteht nur, wenn ein Wirtschaftsgut (komplett) aus der betrieblichen Nutzung ausscheidet (unbrauchbar wird). Die AfaA ist nicht neben der degressiven AfA zulässig, § 7 Abs. 1 S. 5 EStG. 147

Weitere steuerrechtlich begründete Abschreibungen sind möglich, wenn der Teilwert niedriger ist als die Anschaffungskosten/Herstellungskosten (sog. **Teilwertabschreibung**), die bei abnutzbaren Anlagegegenständen um die AfA (und AfaA) nach § 7 EStG zu mindern sind. Rechtsgrundlage für die Teilwertabschreibung ist § 6 Abs. 1 Nr. 1 S. 2, Nr. 2 S. 2 EStG. Im Falle eines Wegfalls der Gründe für die AfaA oder Teilwertabschreibung hat zwingend eine Wertaufholung zu erfolgen. 148

Ein Mittel zur Wirtschaftsförderung sind **erhöhte Absetzungen** (anstelle der AfA nach § 7 EStG) und **Sonderabschreibungen** (zusätzlich neben der AfA nach § 7 EStG). § 7 a EStG enthält allgemeine Regeln für erhöhte Absetzungen und Sonderabschreibungen. Beispiele für erhöhte Absetzungen sind § 7 h EStG (erhöhte Absetzung bei Gebäuden in Sanierungsgebieten und städtebaulichen Entwicklungsbereichen) und § 7 i EStG (erhöhte Absetzung bei Baudenkmalen). 149

Wichtige Sonderabschreibung ist die sog. **Ansparabschreibung** nach § 7 g EStG (**sog. Mittelstands-AfA**). Danach können für neue bewegliche Wirtschaftsgüter des Anlagevermögens im Jahr der Anschaffung oder Herstellung und in den folgenden vier Jahren neben der gewöhnlichen AfA Sonderabschreibungen bis zu insgesamt 20 % (für fünf Jahre) vorgenommen werden. Dem Steuerpflichtigen steht es frei, auf welches Jahr oder welche Jahre er die Sonderabschreibung verteilt; er kann sie auch vollständig im Anschaffungs- oder Herstellungsjahr geltend machen. Voraussetzung ist (außer bei Existenzgründern) u.a., dass eine (den Gewinn mindernde) **Rücklage mit Angabe des Investitionsobjektes** gebildet wurde. Kommt es später nicht zur Umsetzung des Investitionsversprechens sollen die durch die steuerfreie Rücklagenbildung (= Steuerstundung) entstandenen Vorteile rückgängig gemacht werden; deshalb ist außerhalb der Bilanz der steuerliche Gewinn für jedes volle Jahr, in dem die Rücklage bestanden hat, um 6 % zu erhöhen. Die Steuerstundung wird also nachträglich verzinst, es sei denn der Steuerpflichtige ist Existenzgründer, § 7 g Abs. 7 EStG. 150

Die Regelungen des § 7 g Abs. 1 und 2 EStG aF zur Gewährung einer Sonderabschreibung werden durch die **Unternehmenssteuerreform** in § 7 g Abs. 5–7 EStG neu gefasst. Die Sonderabschreibung neuen Zuschnitts kann auch dann vorgenommen werden, wenn zuvor keine Investitionsabzugsbeträge abgezogen wurden; sie stellt nun eine **eigenständige Fördermaßnahme** dar, die auch für gebraucht erworbene Wirtschaftsgüter zulässig ist. Die Sonderabschreibung beträgt – wie bisher – 20 % der Anschaffungs- oder Herstellungskosten und kann verteilt im Jahr der Anschaffung und in den folgenden vier Jahren in Anspruch genommen werden. Wird der Investitionsabzugsbetrag in Anspruch genommen ist die Sonderabschreibung von den Anschaffungskosten/Herstellungskosten abzüglich Investitionsabzugsbetrag vorzunehmen. Voraussetzung für die Inanspruchnahme der Sonderabschreibung ist, dass der Betrieb bestimmte Größenmerkmale nicht überschreitet: Bei bilanzierenden Betrieben darf das Betriebsvermögen nicht höher sein als 235 000 EUR. Bei Einnahmen-Über- 151

---

[76] BFH v. 9.8.1983, VIII R 177/80, BStBl. II 1983, 759.

schussrechnern darf der Gewinn nicht höher sein als 100 000 EUR. Die Sonderabschreibung ist nur zulässig, wenn das Wirtschaftsgut im Jahr der Anschaffung/Herstellung und im folgenden Wirtschaftsjahr in einer inländischen Betriebsstätte, zu mindestens 90 % betrieblich genutzt wird. Der Verbleibens- und Nutzungszeitraum wird also von bisher 1 Jahr auf 2 Jahre erweitert. Die Neuregelung gilt erstmals für Wirtschaftsgüter, die ab dem 1.1.2008 angeschafft oder hergestellt werden.

152 Die bisher als Ansparrücklage bzw Ansparabschreibung bezeichnete Möglichkeit, Abschreibungspotenzial zeitlich vorzuziehen, wird nach § 7 g Abs. 1- 4 EStG nF in einen **Investitionsabzugsbetrag** umgewandelt. Den systematischen Wechsel begründet der Gesetzgeber mit dem BFH-Urteil vom 31.8.2006,[77] wonach die Bezeichnung der Rücklagen nach § 7 g Abs. 3 EStG aF als Ansparabschreibung missverständlich gewesen sei. Für die geplante Anschaffung oder Herstellung von beweglichen Wirtschaftsgütern des Anlagevermögens können nach neuem Recht bis zu 40 % der voraussichtlichen Anschaffungs- oder Herstellungskosten außerbilanziell gewinnmindernd abgezogen werden. Der Abzugsbetrag darf im Jahr der Inanspruchnahme und in den drei Vorjahren maximal 200 000 EUR betragen. Begünstigt sind auch Wirtschaftsgüter, die nicht neu sind. Die Sonderregelungen für Existenzgründer sind entfallen. Wird das begünstigte Wirtschaftsgut, für das ein Abzugsbetrag in Anspruch genommen wurde, planmäßig angeschafft oder hergestellt, können die tatsächlichen Anschaffungs- oder Herstellungskosten sofort um bis zu 40 % gewinnmindernd reduziert werden. Die Bemessungsgrundlage für die weiteren Abschreibungen vermindert sich entsprechend. Gleichzeitig ist der für dieses Wirtschaftsgut berücksichtigte Investitionsabzugsbetrag in Höhe von 40 % außerbilanziell gewinnerhöhend hinzuzurechnen. Entsprechen die bei Inanspruchnahme des Investitionsabzugsbetrages prognostizierten Anschaffungs- oder Herstellungskosten dem tatsächlichen Investitionsaufwand, ergeben sich im Wirtschaftsjahr der Anschaffung und Herstellung keine Gewinnauswirkungen. Die außerbilanzielle gewinnerhöhende Hinzurechnung kann durch die gewinnmindernde Kürzung der Anschaffungs- und Herstellungskosten des investierenden Wirtschaftsguts vollständig kompensiert werden. Sind dagegen die tatsächlichen Kosten höher als der prognostizierte Anschaffungs- oder Herstellungsaufwand, übersteigt die höchstmögliche gewinnmindernde Kürzung der Bemessungsgrundlage den hinzurechnenden, in einem Vorjahr berücksichtigten Abzugsbetrag. In Höhe der Differenz ergibt sich jedoch kein den Gewinn mindernden Aufwand, da § 7 g Abs. 2 EStG bestimmt, dass die gewinnmindernde Herabsetzung der Anschaffungs- oder Herstellungskosten nicht höher ist als der tatsächlich in Anspruch genommene jeweilige Investitionsabzugsbetrag. Wurden die voraussichtlichen Kosten zu hoch geschätzt, kann ein maximal beanspruchter Investitionsbetrag nicht vollständig hinzugerechnet werden, da die Hinzurechnung auf 40 % der geringeren Investitionskosten beschränkt ist. Der verbleibende Restbetrag ist spätestens nach Ablauf der Investitionsfrist rückwirkend gewinnerhöhend zu erfassen. Sofern das geplante Wirtschaftsgut nicht abgeschafft wird, ergeben sich folgende Auswirkungen: Die Berücksichtigung des Investitionsabzugsbetrages ist rückgängig zu machen und die Veranlagung des Wirtschaftsjahres des Abzugs entsprechend zu korrigieren. Damit wird der ursprüngliche Abzug in diesem Veranlagungszeitraum nicht mehr berücksichtigt, was zu einer entsprechenden Gewinnerhöhung führt. § 7 g Abs. 3 EStG enthält eine entsprechende verfahrensrechtliche Änderungsvorschrift. Als Folge kann sich eine Verzinsung der daraus resultierenden Steuernachforderungen gemäß § 223 a AO ergeben. Die bisherige Verzinsung gemäß § 7 g Abs. 5 EStG aF entfällt.

V. Gewinnrealisierung und Entstehung stiller Reserven

153 Ein verfassungsrechtliches Gebot für die Besteuerung ist, dass die Besteuerung nach der Leistungsfähigkeit des Steuerpflichtigen wirtschaftlich maßvoll zu gestalten ist und möglichst sichere Werte zu Grunde gelegt werden sollen. Prinzipiell ist deshalb die Realisation am Markt durch Leistungsaustausch (Umsatzakt) als Materialisierung zugewonnener Leistungsfähigkeit abzuwarten. Der Besteuerung ist der realisierte Wert zugrunde zu legen. Zur Bestimmung des Realisationszeitpunktes wird regelmäßig an die zugrunde liegenden Zivilrechtsstrukturen angeknüpft. Im Falle eines Umsatzaktes

---

[77] IV R 26/05, BStBl. II 2006, 910.

kommen grundsätzlich drei Realisationszeitpunkte in Betracht: der Zeitpunkt des Vertragsschlusses, der Leistung und schließlich der Bezahlung des Entgelts. Der sicherste Zeitpunkt ist die Bezahlung des Entgelts. Gleichwohl wird nach den Grundsätzen ordnungsgemäßer Buchführung der Gewinn bereits bei der Erbringung der Leistung (Übergang der tatsächlichen Verfügungsmacht) ausgewiesen. Gewinnrealisierung ist grundsätzlich auch dann anzunehmen, wenn ein Tausch oder tauschähnlicher Vorgang vorliegt, also das Veräußerungsentgelt nicht in Bargeld, sondern in Sachwerten oder in Dienstleistungen besteht.

Da Wertzuwächse erst bei ihrer Realisierung erfasst werden, können sich sog. stille Reserven bilden. Stille Reserve ist der Unterschiedsbetrag zwischen Buchwert und höherem gemeinen Wert (Verkehrswert) eines Wirtschaftsguts. Im Zeitpunkt der Leistung werden die stillen Reserven aufgedeckt und steuerlich erfasst. 154

Stille Reserven entstehen insbesondere durch: 155
- Nichtberücksichtigung von Wertzuwächsen in Folge des Anschaffungs- bzw Herstellungskostenprinzips des § 6 Abs. 1 Nr. 1, 2 EStG;
- erhöhte Absetzungen oder Sonderabschreibungen;
- Sofortabschreibung von geringwertigen Wirtschaftsgütern;
- inflationäre Erhöhung des Preises für Wirtschaftsgüter;
- Überbewertung von Schulden (insbesondere bei Fremdwährungsverbindlichkeiten infolge von Abwertungen der Fremdwährung).

1. Aufschub der Besteuerung stiller Reserven

Unter bestimmten Voraussetzungen wird die Besteuerung der stillen Reserven trotz Realisationsaktes aufgeschoben, wenn stille Reserven auf ein anderes Wirtschaftsgut oder ein anderes Steuersubjekte übertragen werden und die spätere Erfassung sichergestellt ist. Der Besteuerungsaufschub gegenüber dem Steuerpflichtigen, der die stillen Reserven erwirtschaftet hat, verändert den Zeitpunkt der Besteuerung. Hierdurch entstehen Liquidations- und Zinsvorteile. Der Aufschub der Besteuerung stiller Reserven wird insbesondere gewährt, um Umstrukturierungen des Anlagevermögens steuerlich nicht zu stören oder zu verhindern. Für Umstrukturierungen im Betriebsvermögen ohne Aufdeckung stiller Reserven vgl insbesondere das UmwStG sowie § 6 Abs. 3 und 5 EStG. 156

2. Ersatzbeschaffung (R 6.6 EStR früher R 35 EStR)

Scheidet ein Wirtschaftsgut infolge höherer Gewalt oder infolge bzw zur Vermeidung eines behördlichen Eingriffs gegen Entschädigung aus dem Betriebsvermögen aus und wird im Laufe desselben Wirtschaftsjahres ein Ersatzwirtschaftsgut angeschafft, so kann die stille Reserve auf das Ersatzwirtschaftsgut übertragen werden. Wird die Ersatzbeschaffung nicht in demselben Jahr durchgeführt, ist sie aber ernstlich geplant, so darf als Passivposten eine „steuerfreie Rücklage für Ersatzbeschaffung" in Höhe der stillen Reserve gebildet werden. Im Zeitpunkt der Ersatzbeschaffung ist die Rücklage durch Übertragung auf das Ersatzwirtschaftsgut aufzulösen; dessen Buchwert wird entsprechend niedriger als die Anschaffungskosten angesetzt. Die Ersatzbeschaffung ist grundsätzlich innerhalb des auf das Ausscheiden folgenden Wirtschaftsjahrs vorzunehmen, andernfalls ist die Rücklage gewinnerhöhend aufzulösen. 157

3. Investitionsrücklage

§ 6 b EStG gestattet die Übertragung stiller Reserven bei Veräußerung bestimmter Anlagegüter. Der frühere umfangreiche Katalog der begünstigten Anlagegüter umfasst nur noch **Grund und Boden, Gebäude** sowie Aufwuchs auf land- und forstwirtschaftlichen Grund und Boden (§ 6 b Abs. 1 S. 1 und 2 EStG) und in begrenztem Umfang Anteile an Kapitalgesellschaften (§ 6 b Abs. 10 EStG). Voraussetzung ist, dass das Wirtschaftsgut mindestens sechs Jahre zum Betriebsvermögen gehört hat. Die Übertragung ist limitiert auf die Anschaffung artgleicher Wirtschaftsgüter, dh der Gewinn aus der Veräußerung von Grund und Boden kann nur auf die Anschaffungs- bzw Herstellungskosten von Grund und Boden übertragen werden. 158

159 Lediglich der Gewinn aus der Veräußerung von **Anteilen an Kapitalgesellschaften** kann bis zu einem Betrag von 500 000 EUR auch auf andere Wirtschaftsgüter übertragen werden. § 6 b Abs. 10 EStG verfolgt auch den Zweck Rechtsformunterschiede bei der Besteuerung von Personenunternehmen und Körperschaften zu mildern.

160 Findet die Anschaffung nicht im Jahr der Veräußerung statt, kann eine gewinnmindernde **Rücklage** gebildet werden, die spätestens am Schluss des vierten auf ihre Bildung folgenden Wirtschaftsjahrs aufzulösen ist (§ 6 Abs. 3 EStG), bzw nach 2 Jahren, (§ 6 b Abs. 10 EStG).

4. Übertragung stiller Reserven auf andere Steuerrechtssubjekte

161 Die Besteuerung nach der individuellen Leistungsfähigkeit gebietet es grundsätzlich, dass jede natürliche Person ihr eigenes Einkommen versteuert. Gleichwohl lassen § 6 Abs. 3, Abs. 5 EStG und das UmwStG sowie die Regelungen zur Erbauseinandersetzung durch die Rechtsprechung die Übertragung stiller Reserven ausnahmsweise zu. Technisch wird die spätere Erfassung der stillen Reserven beim Empfänger regelmäßig durch die Fortführung der Buchwerte sichergestellt.

5. Besteuerung stiller Reserven durch Ersatzrealisationstatbestände

162 Im Zeitpunkt des Ausscheidens aus der Steuerverstrickung (d.i. der Zustand, in welchem die Veräußerung eines Wirtschaftsgutes steuerpflichtig wäre) wird es erforderlich, die stillen Reserven als ultima ratio steuerlich abzurechnen. Diesem Zweck dienen die Vorschriften über Entnahme (§ 4 Abs. 1 EStG) und Betriebsaufgabe (§ 16 Abs. 3 EStG) sowie die §§ 11 und 12 KStG.

163 Die Rechtsprechung[78] lehnt eine Betriebsaufgabe beim Strukturwandel (zB vom Gewerbebetrieb zum landwirtschaftlichen Betrieb/vom freiberuflichen Betrieb zum Gewerbebetrieb) und beim Übergang zur Liebhaberei ab. Die Rechtsprechung lässt sich davon leiten, dass der Steuerpflichtige beim Strukturwandel und beim Übergang zur Liebhaberei einerseits kein Veräußerungserlös erzielt, aus welchem er die Steuern zahlen könnte, andererseits aber die stillen Reserven unter steuerlicher Kontrolle bleiben, so dass sie bei einer späteren Veräußerung erfasst werden können.

VI. Einlagen und Entnahmen

164 Einlagen und Entnahmen sind die nicht durch betriebliche Anlässe bewirkten Mehrungen und Minderungen des Betriebsvermögens.

1. Einlagen nach Zivil und Handelsrecht

165 Im Bereich des Zivilrechts ist die Definition des Einlagebegriffs unklar. Eine Legaldefinition besteht nicht. Allgemein anerkannt ist die Notwendigkeit, die Gesetzesbegriffe des Beitrags und der Einlage zu unterscheiden und gegeneinander abzugrenzen. **Beitrag** im Sinne des Gesellschaftsrechts kann jedes den Gesellschaftszweck fördernde Tun oder Unterlassen sein.[79] Zivilrechtliche **Einlagen** sind dagegen nur solche Beiträge, die zur Mehrung der Haftungsmasse in das Verbandsvermögen – bei der stillen Gesellschaft an den Unternehmensträger – zu leisten sind.[80]

166 Allgemein zu unterscheiden sind sodann Geldeinlagen und Nichtgeldeinlagen. Regelmäßig werden Geldeinlagen als Bareinlagen und Nicht-Geldeinlagen als Sacheinlagen bezeichnet. Einlagen können nur solche Gegenstände sein, die einlagefähig sind. Entscheidend ist, dass der betreffende Einlagegegenstand die Haftungsmasse des Unternehmens mehrt. Hierfür ist erforderlich, dass der Gegenstand einen Vermögenswert hat. Dienstleistungen als solche sind nach überwiegender Auffassung daher grundsätzlich nicht einlagefähig (§ 27 Abs. 2 AktG ist insoweit deklaratorisch), sie können aber einen Beitrag darstellen (vgl § 733 Abs. 2 S. 3 BGB). Der allgemeine zivilrechtliche Einlagebegriff erfordert das gegenständliche Verbringen in das Unternehmen zu einem bestimmten Zeitpunkt. Werden Dienstleistung gegen Entgelt gegenüber einem Unternehmen erbracht und soll das Entgelt dem Unter-

---

78 BFH v. 7.10.1974, GrS 1/73, BStBl. II 1975, 168; BFH v. 15.5.2002, X R 3/99, BStBl. II 2002, 809.
79 *Schmidt* in Schlegelberger, HGB, § 105 Rn 153.
80 *K. Schmidt*, Gesellschaftsrecht, § 20 II 3.

nehmen belassen werden, so kommt das Entgelt als Gegenstand einer Geldeinlage oder die Entgeltforderung als Gegenstand einer Sacheinlage in Betracht.

Problematisch ist auch die **Einlagefähigkeit von Nutzungen und Nutzungsrechten**. Während dingliche Nutzungsrechte wie Nießbrauch oder Dienstbarkeit zivilrechtlich einlagefähig sind, sind reine tatsächliche Nutzungsvorteile als solche zivilrechtlich nicht einlagefähig. Obligatorische Nutzungsrechte werden differenziert betrachtet. Im Regelfall dürfte in den betreffenden Fällen eine Mehrung der Haftungsmasse des Unternehmens nicht eintreten, so dass mangels Einlagefähigkeit keine zivilrechtliche Einlage gegeben sein kann.[81] 167

Ähnlich wie bei einer Übereignung setzt die Wirksamkeit einer Einlage einen Einlagewillen voraus. Da der Einlagevorgang bei einem Einzelunternehmer nur ein und denselben Rechtsträger betrifft, kann die Einlage in diesem Fall nicht rechtsgeschäftlicher Natur sein. Vielmehr stellt sie einen Realakt ohne zugrunde liegende Einlageverpflichtung dar. 168

Gesellschaftsrechtliche Einlagen können entgeltlich (offen) oder unentgeltlich (verdeckt) erfolgen. Verdeckt ist eine Einlage dann, wenn die einlegende Person für ihre Einlage keine Gegenleistung in Form von Gesellschaftsrechten erhält. **Offene Einlagen** erfordern dagegen begriffsnotwendig eine Gegenleistung. Bei dem Begriff der **verdeckten Einlagen** besteht eine unglückliche begriffliche Disharmonie gegenüber dem Gesellschaftsrecht. Der dortige Begriff der verdeckten Sacheinlage beschreibt einen Vorgang, bei dem im Falle einer gesellschaftsvertraglich begründeten Bareinlageverpflichtung die Bareinlage nicht wirksam erbracht wird. Die sehr weitgehende Rechtsprechung versteht hierunter insbesondere auch Fälle, in denen die vereinbarte Bareinlage zunächst vermeintlich wirksam erbracht wird, in denen auf Grund eines in nahem zeitlichen Zusammenhang vorgenommenen weiteren Vorgangs aber im Rahmen einer zusammenfassenden Würdigung die Bareinlage als nicht wirksam (zB weil zurückgezahlt) beurteilt wird. Anders formuliert liegt eine verdeckte Sacheinlage vor, wenn laut Gründungsvertrag oder Kapitalerhöhungsbeschluss eine Bareinlage zu leisten ist, der Gesellschafter aber statt ihrer im wirtschaftlichen Ergebnis eine Sacheinlage leistet. Besonders im steuerlichen Schrifttum wird die verdeckte Einlage iSd Gesellschaftsrechts nicht selten als "**verschleierte**" **Sacheinlage** bezeichnet. Voraussetzung einer handelsrechtlichen Einlage ist die Bilanzierungsfähigkeit. Regelmäßig sind zivilrechtliche Einlagen und solche iSd Handelsbilanzrechts gleich. Anzumerken ist, dass im Handelsbilanzrecht, wie im Steuerrecht, eine wirtschaftliche Vermögenszugehörigkeit maßgebend ist. Die vom Kaufmann auszuweisenden Vermögensgegenstände müssen also nicht in dessen zivilrechtlichem Eigentum stehen. Nach anerkannter Auffassung besteht ein handelsbilanzielles Bewertungswahlrecht für Sacheinlagen. Als Herstellungskosten bzw Anschaffungskosten sind wahlweise der Buchwert oder der Zeitwert des Einlagegegenstandes anzusetzen.[82] 169

Neben dem Begriff Einlage wird häufig der Begriff der **Einbringung** verwendet. Allgemein gesprochen liegt im Gesellschaftsrecht eine Einbringung vor, wenn Vermögen auf einen anderen Rechtsträger übertragen wird und der Übertragende als Gegenleistung dafür wenigstens teilweise neue Gesellschaftsrechte erhält oder bestehende Gesellschaftsrechte aufgewertet werden. Der Begriff der Einbringung bezeichnet keine besondere Übertragungsform, sondern unterstreicht nur das gesellschaftsrechtliche Element der einer dinglichen Übertragung zugrunde liegenden causa, die ordnungsrechtlich Sacheinlage oder Einlage genannt wird. 170

Begrifflich getrennt zu betrachten sind Einlage und zugrunde liegende **Einlageverpflichtung**. Eine Einlage setzt voraus, dass der einlagefähige Gegenstand auf eine Einlageschuld geleistet wird. Die Einlageverpflichtung ergibt sich aus dem Gesellschaftsvertrag selbst oder aus einem Gesellschafterbeschluss. 171

Für die Beschreibung der Einlagehandlung wird vielfach Bezug genommen auf die Begriffe der Einbringung **quoad dominum (zu Eigentum)**, **quoad sortem (dem Werte nach)** und **quoad usum (zur Nutzung)**. Während Beiträge in allen drei genannten Formen erbracht werde können, ist nur die Einbringung zu Eigentum eine die Haftungsmasse mehrende Einlage. Die Einbringung quoad dominum ist 172

---

81 K. *Schmidt*, Gesellschaftsrecht, § 20 II 3 a cc.
82 *Ellrott/Gutike* in Beck'scher Bilanzkommentar, § 255 Rn 146.

eine rechtsgeschäftliche Eigentumsübertragung von der einbringenden Person auf die Gesellschaft. Durch einen Gesellschafterbeitrag „quoad sortem" überlässt der Gesellschafter der Gesellschaft Sachen oder Rechte in der Weise, dass zwar nicht das zivilrechtliche Eigentum auf die Gesellschaft übergeht, dass aber die Sache (das Recht) so behandelt wird, als ob das Eigentum auf die Gesellschaft übertragen wäre. Ist die Einlage „quoad sortem" vollzogen, so kann die Gesellschaft über die Sache (das Recht) durch ihre Organe verfügen. Die mit der Sache (dem Recht) verbundenen Lasten, die Gefahr und der Nutzen gehen dann die Gesamtheit der Gesellschafter an. Es bestehen dabei nur schuldrechtliche Rechtsbeziehungen, die sich auf die Überlassung des Wertes der Sache an die Gesellschaft beziehen. Das Versprechen der Einbringung „quoad sortem" begründet mithin keinen Anspruch der Gesellschaft auf dingliche Rechtsänderung, sondern nur darauf, dass ihr die Sache zur Verfügung gestellt wird, um sich ihren Wert einzuverleiben. Bei der Einbringung zur Nutzung überlässt der Gesellschafter seiner Gesellschaft eine Sache zum Gebrauch gegen Gewinnbeteiligung. Es handelt sich um ein mietähnliches Verhältnis, dessen Rechtsgrund unmittelbar durch den Gesellschaftsvertrag gebildet wird; ein Mietvertrag kommt dabei nicht zustande.

173 Die Einlage (Sacheinlage) darf höchstens mit dem Verkehrswert angesetzt werden. Eine Bindung an historische Anschaffungskosten oder Herstellungskosten besteht nicht. Bei der Einlage aus einem anderen Gesellschaftsvermögen oder einem Einzelunternehmen besteht keine Bindung an den Buchwert.

2. Einlagen im Steuerrecht

174 Nach § 4 Abs. 1 S. 7 EStG sind Einlagen alle Wirtschaftsgüter, die der Steuerpflichtige dem Betrieb im Laufe des Wirtschaftsjahres zugeführt hat; einer Einlage steht die Begründung des Besteuerungsrechts der Bundesrepublik Deutschland hinsichtlich des Gewinns aus der Veräußerung eines Wirtschaftsguts gleich (sog. Steuerverstrickung). Einlagen sind grundsätzlich mit dem Teilwert zu bewerten (§ 6 Abs. 1 Nr. 5 S. 1, 1. Hs EStG). Verzichtet ein Gesellschafter aus im Gesellschaftsverhältnis liegenden Gründen auf eine Forderung gegen seine Gesellschaft, so ist eine Einlage nur in Höhe des Teilwerts der Forderung gegeben.[83]

175 Nach der Entscheidung des Großen Senats[84] sind grundsätzlich **nur bilanzierungsfähige Wirtschaftsgüter** einer Einlage in das Betriebsvermögen zugänglich. Entsprechend dem Zweck der Einlageregelung, die (erneute) Besteuerung des im Privatvermögen des Steuerpflichtigen steuerfrei gebliebenen oder bereits versteuerten Vermögens zu verhindern, können zwar auch immaterielle Wirtschaftsgüter des Anlagevermögens entgegen § 5 Abs. 2 EStG eingelegt werden, nicht jedoch schlichte Nutzungsmöglichkeiten/Nutzungsvorteile, da hierdurch der aufgrund der Nutzung erwirtschaftete Gewinn über die AfA der Besteuerung entzogen würde. Die vollständige Berücksichtigung der Betriebsausgaben gebietet es allerdings, diejenigen Aufwendungen als Einlage zu behandeln, die aufgrund der betrieblichen Nutzung betriebsfremden Vermögens entstehen (Aufwandseinlage oder Nutzungseinlage), wie auch umgekehrt die betriebsfremde Nutzung von Wirtschaftsgut des Betriebsvermögens als Entnahme anzusetzen. Die gleiche Wertung gilt auch für **dingliche und obligatorische Nutzungsrechte**, diese stellen zwar Wirtschaftgüter dar, dürfen aber nicht mit dem Teilwert angesetzt werden, sondern nur die dem Steuerpflichtigem tatsächlich entstandenen Aufwendungen im Wege der Aufwandseinlage.

176 Abweichend von dem Grundsatz, dass Einlagen mit dem Teilwert anzusetzen sind, sind sie nach § 6 Abs. 1 Nr. 5 S. 1 2. Hs EStG höchstens mit den Anschaffungskosten bzw Herstellungskosten anzusetzen, wenn das zugeführte Wirtschaftsgut

- innerhalb der letzten drei Jahre vor dem Zeitpunkt der Zuführung angeschafft oder hergestellt worden ist oder
- ein Anteil an einer Kapitalgesellschaft ist und der Steuerpflichtige an der Gesellschaft iSd § 17 Abs. 1 oder 6 EStG beteiligt ist; § 17 Abs. 2 S. 4 EStG gilt entsprechend.

---

83 BFH v. 9.6.1997, GrS 1/94, BStBl. II 1998, 307.
84 BFH v. 26.10.1987, GrS 2/86, BStBl. II 1988, 348.

Durch die Dreijahresfrist des § 6 Abs. 1 Nr. 5 S. 1a EStG sollen einerseits die während der privaten Besitzzeit eingetretenen Wertsteigerungen vor der Besteuerung geschützt, andererseits aber auch Steuerumgehungen unterbunden werden. Hieraus folgt, dass Einlagen nur dann mit den Anschaffungskosten bzw Herstellungskosten bewertet werden dürfen, wenn diese niedriger sind als der Teilwert im Zeitpunkt der Zuführung. Sind die Anschaffungskosten/Herstellungskosten höher als der Teilwert im Zeitpunkt der Zuführung, ist die Einlage mit dem Teilwert zu bewerten. Ist die Einlage ein abnutzbares Wirtschaftsgut, sind die Anschaffungskosten/Herstellungskosten um die AfA zu kürzen, die auf den Zeitraum zwischen der Anschaffung oder Herstellung des Wirtschaftsguts und der Einlage entfallen. Da Anteile an einer Kapitalgesellschaft keine der Abnutzung unterliegenden Wirtschaftsgüter sind, ist § 6 Abs. 1 Nr. 5 S. 2 EStG auf diese nicht anwendbar. Geringwertige Wirtschaftsgüter, deren Anschaffungskosten im Rahmen der Überschusseinkünfte in vollem Umfang als Werbungskosten berücksichtigt worden sind, sind innerhalb der Dreijahresfrist nur mit null Euro einzulegen. Nach § 6 Abs. 1 Nr. 5 S. 2 EStG sind die Anschaffungskosten/Herstellungskosten vermindert um die AfA, die auf den Zeitraum zwischen der Anschaffung oder Herstellung des Wirtschaftsguts und der Einlage entfällt, anzusetzen. Dies gilt nicht nur dann, wenn schon die ungekürzten Anschaffungskosten/Herstellungskosten niedriger sind als der Teilwert, sondern auch dann, wenn die um die AfA abgekürzten Anschaffungskosten/Herstellungskosten niedriger sind als der Teilwert im Zeitpunkt der Zuführung. Die Anschaffungskosten/Herstellungskosten sind nicht nur um die AfA nach §§ 7 und 6 Abs. 2 EStG, sondern ggf auch um erhöhte Absetzungen und Sonderabschreibungen zu kürzen, die auf die Zeit zwischen der Anschaffung oder Herstellung des Wirtschaftsguts und seine Einlage entfallen.[85]

Einlagen sind nach § 6 Abs. 1 Nr. 5 S. 1 Buchst. b EStG statt mit dem Teilwert höchstens mit den Anschaffungskosten/Herstellungskosten anzusetzen, wenn das zugeführte Wirtschaftsgut ein Anteil an einer Kapitalgesellschaft ist und der Steuerpflichtige an der Gesellschaft innerhalb der letzten fünf Jahren maßgeblich beteiligt war. Diese Regelung verfolgt den Zweck, die Umgehung der in § 17 EStG getroffenen Regelung durch Einlage einer maßgeblichen Beteiligung und die anschließende Veräußerung zu verhindern. Im Falle einer verdeckten Einlage ist die Vorschrift dahingehend zu reduzieren, dass die verdeckt eingelegten Anteile mit dem Teilwert anzusetzen sind, denn die verdeckte Einlage in eine Kapitalgesellschaft gilt als Veräußerung.[86]

Ist die Einlage ein Wirtschaftsgut, das vor der Zuführung aus dem Betriebsvermögen des Steuerpflichtigen entnommen worden ist, tritt an die Stelle der Anschaffungskosten/ Herstellungskosten der Wert, mit dem die Entnahme angesetzt worden ist und an die Stelle des Zeitpunkts der Anschaffung oder Herstellung der Zeitpunkt der Entnahme, § 6 Abs. 1 Nr. 5 S. 3 EStG. Durch diese Höchstbewertungsgrenze soll ebenfalls verhindert werden, dass bei steigenden Preisen Wirtschaftsgüter entnommen und nach dem Preisanstieg zu höherem Zeitwert wieder eingelegt werden. Satz 3 der Vorschrift stellt sicher, dass auch im Fall der (Wieder-)Einlage eines Wirtschaftsguts, das innerhalb des Dreijahreszeitraums vor der Zuführung entnommen worden ist, die während der Zugehörigkeit des Wirtschaftsguts zum Privatvermögen eingetretenen Wertsteigerungen steuerrechtlich erfasst werden, indem die Bewertung der Einlage mit dem Wert erfolgt, mit dem die Entnahme angesetzt worden ist. Die Regelung gilt auch für Anteile an Kapitalgesellschaften. § 6 Abs. 1 Nr. 6 EStG ordnet an, dass bei Eröffnung eines Betriebes die Regelungen über die Einlage entsprechend anzuwenden sind (Betriebseröffnung als Globaleinlage).

Neben der allgemeinen Entstrickungsregelung hat der Gesetzgeber korrespondierend in § 4 Abs. 1 S. 8 EStG einen allgemeinen Verstrickungstatbestand geschaffen. Danach führt die Begründung des Besteuerungsrechts der Bundesrepublik Deutschland zu einer Verstrickung, die einer Einlage gleichsteht. Sie ist mit dem gemeinen Wert anzusetzen.

---

[85] BFH v. 15.11.2002, XI B 2/02, BFH/NV 03, 466.
[86] BFH v. 11.2.1998, I R 89/97, BStBl. II 1998, 691.

3. Entnahmen

181 Entnahmen sind alle Wirtschaftsgüter (Barentnahmen, Waren, Erzeugnisse, Nutzungen und Leistungen), die der Steuerpflichtige dem Betrieb für sich, für seinen Haushalt oder für andere betriebsfremde Zwecke im Laufe des Wirtschaftsjahres entnommen hat, § 4 Abs. 1 S. 2 EStG.

182 Entnahmen sind handelsrechtlich (soweit es sich um Sachentnahmen handelt) nach den Vorschriften des Gesellschaftsvertrages zu bewerten, im Übrigen nach dem Verkehrswert. Steuerlich hat grundsätzlich eine Bewertung mit dem Teilwert zu erfolgen, vgl § 6 Abs. 1 Nr. 4 EStG. Die **private Nutzung eines KfZ**, das zu mehr als 50 % betrieblich genutzt wird, ist für jeden Kalendermonat mit 1 % des inländischen Listenpreises im Zeitpunkt der Erstzulassung zuzüglich der Kosten für Sonderausstattung einschließlich Umsatzsteuer anzusetzen. Bei Sachspenden aus dem Betriebsvermögen gilt ein Buchwertprivileg, § 6 Abs. 1 Nr. 4 S. 4 EStG.

183 Inhaltlich sieht § 4 Abs. 1 S. 3 EStG vor, dass einer Entnahme zu betriebsfremden Zwecken der **Ausschluss oder die Beschränkung des Besteuerungsrechts** der Bundesrepublik Deutschland gleichsteht. Die Vorschrift zielt ab auf den Fall der Überführung von Wirtschaftsgütern aus Betriebsstätten innerhalb und außerhalb des Gemeinschaftsgebietes.[87] Bei der gewinnrealisierenden Überführung des Wirtschaftsgutes in eine ausländische Betriebsstätte im Gemeinschaftsgebiet ist die Bildung eines steuerlichen Ausgleichspostens in Höhe der Differenz zwischen dem Buchwert und dem Wert im Sinne des § 6 Abs. 1 Nr. 4 S. 1 EStG erlaubt, der über die Dauer von 5 Jahren aufzulösen ist. Die Regelung wird allerdings gegenstandslos, wenn das Wirtschaftsgut den EU/EWR-Raum verlässt, wobei eine entsprechende Mitteilungspflicht des Steuerpflichtigen besteht. Das Antragsrecht kann nur einheitlich für jedes Wirtschaftsgut ausgeübt werden und es ist ein entsprechendes Verzeichnis der Wirtschaftsgüter zu führen.

184 Vom allgemeinen Entstrickungstatbestand des § 4 Abs. 1 S. 3 EStG sind Vorgänge ausgenommen, die Anteile an einer SE (Europäische AG) bzw einer SCE (Europäische Genossenschaft) betreffen. In solchen Fällen ist vorgesehen, dass die Besteuerung nachgeholt wird, wenn der Bereich des Gemeinschaftsgebietes verlassen wird oder eine Veräußerung stattfindet. Die Entstrickung erfolgt vom Wertansatz her zum gemeinen Wert, vgl § 6 Abs.1 Nr. 4 S. 1 EStG, wodurch ein gewisser Widerspruch zu der Entnahme durch eine tatsächliche Entwidmung entsteht, die gemäß § 6 Abs. 1 Nr. 1 S. 3 EStG zum Teilwert erfolgt.

185 Für die Ebene der Kapitalgesellschaft korrespondiert § 12 Abs. 1 KStG mit der Regelung des § 4 Abs. 1 S. 3 EStG als allgemeiner Entstrickungstatbestand. Mangels einer anderen als der betrieblichen Sphäre bei Kapitalgesellschaften (und damit der Unmöglichkeit einer Entnahme durch Beschränkung des Besteuerungsrechts) fingiert der Gesetzgeber bei Ausschluss oder Beschränkung des Besteuerungsrechts des deutschen Fiskus eine Veräußerung. Vergleichbar mit der Regelung in § 6 Abs. 1 Nr. 4 S. 1 EStG soll dabei nicht der Teilwert, sondern der gemeine Wert maßgeblich sein. Der sachliche Anwendungsbereich des § 12 Abs. 1 KStG ist allerdings gering, da er nur die innerbetriebliche grenzüberschreitende Übertragung von Wirtschaftsgütern erfasst. Liegt eine Übertragung auf einen anderen Rechtsträger vor, kann es nach den Grundsätzen einer verdeckten Gewinnausschüttung oder einer verdeckten Einlage zu einer Realisierung kommen; insoweit ist § 12 Abs. 1 KStG nicht anwendbar. Nach § 12 KStG ist der Entstrickungstatbestand sowohl in den Fällen des Nicht-DBA als auch des Freistellungs-DBA bzw des Anrechnungs-DBA beim Zielstaat verwirklicht.

186 Bei der Sitzverlegung einer Körperschaft ist gemäß § 12 Abs. 3 KStG vorgesehen, dass die Sitzverlegung innerhalb der EU bzw des EWR nicht zu einer Besteuerung führt. Erst wenn der Sitz außerhalb des Gemeinschaftsgebiets bzw des EWR-Raumes verlegt wird, sieht § 12 Abs. 3 KStG eine Besteuerung vor, wobei diese die gesamten stillen Reserven erfasst. Entscheidend für die Besteuerung ist allerdings, dass zuvor eine unbeschränkte Steuerpflicht innerhalb des Geltungsbereiches des Gemeinschaftsrechts bzw EWR-Abkommens bestanden hat.

---

87 Für die Frage der Zuordnung eines Wirtschaftsgutes zu einer Betriebsstätte ist das BMF-Schreiben v. 24.12.1999, BStBl. I, 1999, 1076 maßgeblich.

4. Weitere Begriffsklärungen (Veräußerung und tauschähnlicher Vorgang)

Zivilrechtlich kann man unterscheiden zwischen einer Veräußerung im engeren Sinne und im weiteren Sinne. Unter einer Veräußerung im engeren Sinne ist allein das Verfügungsgeschäft in Gestalt der Rechtsübertragung zu verstehen. Unter einer Veräußerung im weiteren Sinne sind schuldrechtlicher Kaufvertrag und dinglicher Erfüllungsvertrag beim Verkaufsgeschäft zu verstehen. Im Steuerrecht ist der Begriff der Veräußerung stärker verbreitet als im Zivilrecht. Die Veräußerung im Sinne des Steuerrechts erfordert nach ihrer allgemein anerkannten Definition die entgeltliche Übertragung des rechtlichen oder zumindest des wirtschaftlichen Eigentums auf einen anderen Rechtsträger. Der erwerbende Rechtsträger macht dann eine Anschaffung. 187

Der Begriff des Tauschs ist grundsätzlich steuerrechtlich und zivilrechtlich in gleicher Weise zu verstehen. Der gewöhnliche Tausch stellt sich damit als wechselseitiges Veräußerungs- und Anschaffungsgeschäft dar. Der Begriff des tauschähnlichen Vorgangs zur Beschreibung gesellschaftsrechtlicher Sachverhalte ist kein zivilrechtlicher, sondern ein originär steuerrechtlicher Begriff. Die ausdrückliche Kennzeichnung des Vorgangs als einem Tausch lediglich ähnlich bringt zum Ausdruck, dass weder zivilrechtlich noch steuerrechtlich ein echter Tausch vorliegt. Tauschähnliche Vorgänge werden im Steuerrecht bei der Einbringung von Wirtschaftsgütern in eine Kapitalgesellschaft oder in eine Personengesellschaft angenommen, so weit die Einbringung gegen Gewährung von Gesellschaftsrechten erfolgt. Tauschähnlichkeit ist hierbei unabhängig davon zu bejahen, ob der eingebrachte Gegenstand aus dem Betriebsvermögen oder aus dem Privatvermögen stammt. 188

Argumentiert wird dabei etwa wie folgt: im Unterschied zum Tausch seien bei der Sacheinlage nicht zwei Tauschpartner beteiligt, die durch einen Leistungsaustausch verbunden seien. Die Hingabe des Wirtschaftsguts habe eine gesellschaftsrechtliche Grundlage. Die das Wirtschaftsgut aufnehmende Gesellschaft übertrage als Gegenleistung kein Wirtschaftsgut aus ihrem Vermögen. Vielmehr entstünden die neuen Beteiligungsrechte erst durch den Gründungs- oder Kapitalerhöhungsvorgang. Wirtschaftlich könne aber von einem Tausch beziehungsweise genauer von einem tauschähnlichen Vorgang gesprochen werden. Wie beim echten Tausch bestehe nämlich ein wirtschaftlicher Zusammenhang zwischen der Hingabe eines betrieblichen Wirtschaftsgutes und dem Erhalt der eingetauschten Beteiligung an der aufnehmenden Gesellschaft.[88] Hier setzt sich also wieder – wie so häufig im Ertragsteuerrecht – die wirtschaftliche Betrachtungsweise durch. Konstruktiv anders hat offenbar der VIII. Senat des BFH im Urteil vom 19.10.1998 entschieden;[89] er hat nämlich die Gegenleistung nicht in den Anteilsrechten, sondern im Erlöschen der in Geld ausgedrückten Einlagepflicht gesehen. 189

VII. Unentgeltliche Übertragung von Einzelwirtschaftgütern aus dem Privatvermögen in das Betriebsvermögen

In § 6 Abs. 1 Nr. 5 EStG ist die Bewertung von Einlagen geregelt. Ob dem Grunde nach von einer Einlage auszugehen ist, bestimmt sich nach § 4 Abs. 1 S. 5 EStG. Einlagen sind danach alle Wirtschaftsgüter (Bareinzahlungen und sonstige Wirtschaftsgüter), die der Steuerpflichtige dem Betrieb (unentgeltlich) im Laufe des Wirtschaftsjahres (aus seinem Privatvermögen) zugeführt hat. Die Vorschriften finden auf Einlagen in Kapitalgesellschaften entsprechende Anwendung, obwohl Einlegender und Kapitalgesellschaft verschiedene Rechtsträger sind. 190

§ 6 Abs. 1 Nr. 5 EStG regelt nur die Bedeutung für des aufnehmende Betriebsvermögen, nicht aber die Konsequenzen im Herkunftsprivatvermögen. Diese richten sich nach §§ 17, 23 EStG (und 21 UmwStG aF). Die (verdeckte) **Einlage in eine Kapitalgesellschaft** wird dabei als Veräußerungsvorgang fingiert, §§ 17 Abs. 1 S. 2, 23 Abs. 1 S. 5 Nr. 2 EStG. 191

Die **Einlage in ein Betriebsvermögen** (eines Einzelunternehmers oder einer Mitunternehmerschaft) gilt demgegenüber nur dann als fiktive Veräußerung, wenn eine tatsächliche Veräußerung aus dem 192

---

[88] BFH v. 21.6.1994, VIII R 5/92, BStBl. II 1994, 856; *Patt* in Herrmann/Heuer/Raupach (StSenkG), EStG, § 6 Anm. R 150 mwN.
[89] BFH v. 19.10.1998, VIII R 69/95, BStBl. II 2000, 230.

Betriebsvermögen innerhalb von 10 Jahren seit Anschaffung erfolgt; der Veräußerungszeitpunkt wird damit sozusagen hinausgeschoben, § 23 Abs. 3 S. 7 EStG.

193 Auch für **Anteile an Kapitalgesellschaften** soll die Umgehung einer Besteuerung durch Einlage in ein Betriebsvermögen zum Teilwert und anschließende Veräußerung vermieden werden. Technisch erfolgt dies durch die Beschränkung des Wertansatzes auf die Anschaffungskosten/Herstellungskosten des Einlegenden abzüglich AfA. § 6 Abs. 1 Nr. 5 Buchst. b EStG enthält nach Auffassung der Rechtsprechung[90] eine planwidrige Gesetzeslücke in Fällen, in denen im Privatvermögen gehaltene, wertgeminderte wesentliche Beteiligungen in ein Betriebsvermögen eingelegt werden. Der nach § 17 EStG realisierbare Wertverlust darf nicht durch den Ansatz des niedrigeren Teilwertes endgültig verloren gehen. Die Lücke ist nach der Entstehungsgeschichte der Regelungen in §§ 6 Abs. 1 Nr. 5 Buchst. b, 17 EStG, ihrem Sinn und Zweck und der Systematik sowie zusätzlich aus Erwägungen der Praktikabilität in der Weise zu schließen, dass anstelle des niedrigeren Teilwertes die höheren ursprünglichen Anschaffungskosten anzusetzen sind. Die Finanzverwaltung wendet das Urteil nicht an und präferiert folgende Lösung in R 17 Abs. 8 EStR:

194 Aus Gründen sachlicher Billigkeit ist in Fällen, in denen eine Beteiligung iSd § 17 Abs. 1 S. 1 EStG aus einem Privatvermögen in ein Betriebsvermögen eingelegt wird und der Teilwert der Beteiligung im Zeitpunkt der Einlage unter die Anschaffungskosten gesunken ist, der Unterschiedsbetrag zwischen den Anschaffungskosten und dem niedrigeren Teilwert im Zeitpunkt der Einlage festzuhalten und im Zeitpunkt des Ausscheidens der Beteiligung aus dem Betriebsvermögen für Zwecke der Einkommensteuer zur Hälfte (§ 3 c Abs. 2 EStG) gewinnmindernd zu berücksichtigen, wenn im Zeitpunkt des Ausscheidens der Beteiligung aus dem Betriebsvermögen § 17 Abs. 2 S. 4 EStG einer Verlustberücksichtigung nicht entgegenstehen würde und es sich nicht um einen mit einem Sperrbetrag nach § 50 c EStG idF des Gesetzes vom 24.3.1999 belasteten Anteil handelt, bei dem die vor der Einlage in das Betriebsvermögen eingetretene Wertminderung ausschüttungsbedingt ist.

VIII. Übertragungen/Überführungen im Betriebsvermögen

195 § 6 Abs. 3–7 EStG regelt die Bewertung der Wirtschaftsgüter sowohl auf Seiten des abgebenden Betriebsvermögens als auch des aufnehmenden Betriebsvermögens und damit auch Fragen der Gewinnrealisierung. Die Vorschriften sind dagegen nicht auf das Privatvermögen anwendbar.[91]

1. Unentgeltliche Übertragung einer privilegierten Betriebseinheit (§ 6 Abs. 3 EStG)

196 Nach § 6 Abs. 3 EStG kommt es bei einer **unentgeltlichen Übertragung einer privilegierten Betriebseinheit** (Betrieb, Teilbetrieb, Mitunternehmeranteil) auf einen anderen Rechtsträger nicht zur Aufdeckung stiller Reserven beim Übertragenden, sondern zur Buchwertfortführung durch den Erwerber. Dahinter ist die Absicht des Gesetzgebers erkennbar, die unentgeltliche Betriebsübertragung im Interesse der betrieblichen Kontinuität ertragsteuerlich nicht dadurch zu belasten, dass die stillen Reserven aufgedeckt und dem Betrieb in der Folge liquide Mittel entzogen werden. Bei Vorliegen der Voraussetzungen für die Buchwertfortführung ist diese zwingend, dh, dass eine wahlweise Aufdeckung und Versteuerung der stillen Reserven nicht zur Disposition steht. Durch die Bindung des Rechtsnachfolgers an die Buchwerte des Rechtsvorgängers werden stille Reserven vom Übertragenden auf den Rechtsnachfolger verlagert. Die Regelung des § 6 Abs. 3 EStG führt somit zu einer Durchbrechung des Subjektsteuerprinzips. Nach diesem Grundsatz sind stille Reserven von dem Steuersubjekt zu versteuern, welches sie erwirtschaftet hat. Die stillen Reserven dürfen grundsätzlich nicht auf andere Steuersubjekte übertragen werden.[92] Dies entspricht dem der Besteuerung zu Grunde liegenden Leistungsfähigkeitsprinzip.

197 Von einer unentgeltlichen Übertragung im Sinne des § 6 Abs. 3 EStG kann allerdings nur dann gesprochen werden, wenn die zu einer privilegierten Betriebseinheit (Betrieb, Teilbetrieb, Mitunternehmeranteile) vereinigten und zum Funktionieren dieser Betriebseinheit wesentlichen Wirtschafts-

---

90 BFH v. 25.7.1995, VIII R 25/94, BStBl. II 1996, 684.
91 *Ehmke* in Blümich, EStG, § 6 Rn 1210 (Stand: März 2004).
92 BFH v. 14.7.1993, X R 74-75/90, BStBl. II 1994, 15.

güter in einem einheitlichen Übertragungsakt und in einer Weise auf den Erwerber übertragen werden, dass dieser in die Lage versetzt ist, dass unternehmerische Engagement ohne weiteres Zutun in seiner Person fortzusetzen. Kommt es dabei zur Zurückbehaltung wesentlicher Bestandteile des Betriebsvermögens, liegt keine unentgeltliche Betriebsübertragung, sondern insgesamt eine Betriebsaufgabe mit den daran geknüpften Rechtsfolgen der Versteuerung der stillen Reserven vor. Für den Fall der Übertragung eines Mitunternehmeranteils gehören zu den wesentlichen Betriebsgrundlagen auch die funktional wesentlichen Wirtschaftsgüter eines Sonderbetriebsvermögens.

Das Tatbestandsmerkmal der Unentgeltlichkeit ist dabei nicht gleichzusetzen mit dem Fehlen einer Gegenleistung seitens des Erwerbers. Von Unentgeltlichkeit kann – wie es bei einer vorweggenommenen Erbfolge häufig auftritt – vielmehr auch dann gesprochen werden, wenn es zwar zu einer Gegenleistung an den Übertragenden (Versorgungsleistungen) oder auch an Dritte (Abfindungszahlungen, Gleichstellungsgelder) kommt, die Summe dieser Gegenleistungen aber kein wirtschaftliches Äquivalent für die erhaltene Betriebseinheit darstellt (das Entgelt übersteigt nicht den Buchwert nebst Veräußerungskosten). 198

Anwendbar ist die Vorschrift auch auf den Fall der Aufnahme einer natürlichen Person in ein bestehendes Einzelunternehmen sowie auf den Fall, dass lediglich ein Teil eines Mitunternehmeranteils unentgeltlich übertragen wird. Letzteres sogar dann, wenn ein ggf bestehendes Sonderbetriebsvermögen nicht ebenso im Ausmaß des Mitunternehmeranteils übertragen wird (sog. quotengleiche Mitübertragung) sofern die zurückbehaltenen Wirtschaftsgüter weiterhin der Mitunternehmerschaft zur Verfügung stehen und der übertragene Mitunternehmeranteil beim Erwerber mindestens fünf Jahre verbleibt. Diese Sonderregelung des § 6 Abs. 3 S. 2 EStG ist bei der Übertragung des gesamten Mitunternehmeranteils unter Zurückbehaltung von wesentlichem Sonderbetriebsvermögen idR aber nicht einschlägig, da der Übertragende nach Übertragung nicht mehr Mitunternehmer ist und somit die zurückbehaltenen Wirtschaftsgüter nicht mehr zur Mitunternehmerschaft gehören (nicht mehr Sonderbetriebsvermögen sind). 199

2. Unentgeltliche Übertragung eines Einzelwirtschaftsguts in ein fremdes Betriebsvermögen (§ 6 Abs. 4 EStG)

Regelungsgegenstand von § 6 Abs. 4 EStG ist der praktisch eher seltene Fall, dass in das Betriebsvermögen des Steuerpflichtigen unentgeltlich Wirtschaftsgüter aus dem Betriebsvermögen eines anderen Steuerpflichtigen übertragen werden und dies keine Einlage ist. Der Erwerbende muss das Wirtschaftsgut aus betrieblicher Veranlassung erlangt haben, andernfalls handelt es sich um eine Einlage.[93] Außerhalb von Einlagen ist nämlich jegliche Erhöhung des Betriebsvermögens betrieblich veranlasst (und damit erfolgswirksam).[94] 200

Für den Erwerber wird ein entgeltlicher Anschaffungsvorgang mit dem gemeinen Wert (mutmaßlichen Einkaufspreis) fingiert. Da beim Erwerber das Wirtschaftsgut mit den (fiktiven) Anschaffungskosten zu bilanzieren ist, ergeben sich mangels tatsächlicher eigener Aufwendungen des Erwerbers Betriebseinnahmen in Höhe des gemeinen Wertes.[95] Der Begriff der Betriebseinnahmen setzt nicht ein auf Erzielung gerade dieser Einnahmen gerichtetes Tätigwerden des Steuerpflichtigen voraus, vielmehr genügt das Vorliegen einer betrieblichen Veranlassung, so dass Betriebseinnahmen auch dann vorliegen können, wenn der Steuerpflichtige als Betriebsinhaber unentgeltliche Zuwendungen erhält.[96] Auf Seiten des Übertragenden finden die allgemeinen Regelungen Anwendung.[97] 201

Werden Wirtschaftsgüter des Betriebsvermögens unentgeltlich aus betrieblicher Veranlassung übertragen, ist eine Betriebsausgabe in Höhe des (Rest-)Buchwerts gegeben. Unmaßgeblich ist hierbei, ob die Schenkung angemessen ist oder sich der beabsichtigte Erfolg auch einstellt.[98] Eine Einschränkung 202

---

93 *Korn/Strahl* in Korn, EStG, § 6 Rn 482 (Stand: Dezember 2005).
94 *Werndl* in Kirchhof/Söhn, § 6 Rn K 23 (Stand: Oktober 2004).
95 BFH v. 12.10.1977, I R 248/74, BStBl. II 1978, 191.
96 BFH v. 6.9.1990, IV R 125/89, BStBl. II 1990, 1028.
97 *Niehus/Wilke* in Hermann/Heuer/Raupach, EStG, § 6 Rn 1437 u. 1438 (Stand: Oktober 2004).
98 BFH v. 4.3.1986, VIII R 188/84, BStBl. II 1986, 373.

der Abziehbarkeit kann sich aus § 4 Abs. 5 EStG ergeben, was jedoch der Anwendung des § 6 Abs. 4 EStG beim Erwerber nicht entgegensteht. Das Abzugsverbot gilt aber nicht, soweit die zugewendeten Wirtschaftsgüter beim Empfänger lediglich betrieblich genutzt werden können.

203 Wird ein Wirtschaftsgut des Betriebsvermögens aus privater Veranlassung unentgeltlich auf einen anderen Steuerpflichtigen übertragen, wird es zunächst in das Privatvermögen entnommen und anschließend aus dem Privatvermögen unentgeltlich übertragen. Die Bewertung der Entnahme richtet sich nach § 6 Abs. 1 Nr. 4 EStG und führt ggf zur Aufdeckung stiller Reserven.

204 Für die unentgeltlich Übertragung eines Wirtschaftgutes aus dem Privatvermögen aus privater Veranlassung auf einen anderen Steuerpflichtigen gilt: Je nachdem, ob die Veranlassung der unentgeltlichen Übertragung im Bereich der Überschusseinkünfte oder außerhalb der Einkunftserzielungsphäre angesiedelt ist, liegen entweder Werbungskosten oder lediglich Privataufwendungen vor, die steuerlich unbeachtlich sind, soweit sie nicht als Sonderausgaben oder außergewöhnliche Belastungen abziehbar sind.

205 Wird ein Wirtschaftsgut des Privatvermögens von einem Betriebsinhaber aus betrieblichen Gründen unentgeltlich auf einen anderen Steuerpflichtigen übertragen, geht der Schenkung eine Einlage in das eigene Betriebsvermögen voraus, deren Bewertung sich nach § 6 Abs.1 Nr. 5 EStG richtet. Die anschließende betrieblich veranlasste unentgeltliche Übertragung führt zu einer Betriebsausgabe in Höhe des Einlagewertes.

3. Überführung und Übertragung eines Wirtschaftsguts des Betriebsvermögens in ein anderes Betriebsvermögen (§ 6 Abs. 5 EStG)

206 Überführungen und Übertragungen im Betriebsvermögen beurteilte die Rechtspraxis bis zur erstmaligen Kodifikation im Rahmen des § 6 Abs. 5 EStG unter dem Gesichtspunkt der Sicherstellung der Besteuerung der stillen Reserven. In diesem Sinne wurde immer dort eine Buchwertverknüpfung angenommen bzw eine gewinnrealisierende Entnahme in Abrede gestellt, wo der Steueranspruch weiterhin gesichert erschien. Ausgehend von einem sog. finalen Entnahmebegriff sowie unter Berufung auf einen weiten Betriebsbegriff wurde auf eine Erfassung der stillen Reserven solange verzichtet, wie die diesbezüglichen Wirtschaftsgüter weiterhin steuerverstrickt blieben. In entsprechender Anwendung der §§ 20 und 24 UmwStG wurde den Steuerpflichtigen sogar das Recht zugestanden, die Übergänge einzelner Wirtschaftsgüter wahlweise zu Buchwerten oder zu Teilwerten vorzunehmen. Die Finanzverwaltung hatte sich dieser Auffassung angeschlossen und die Fälle von intersubjektiven Verlagerungen stiller Reserven im Bereich von Mitunternehmerschaften in einem Erlass, dem sog. **Mitunternehmer-Erlass** zusammengefasst.

207 In § 6 Abs. 5 EStG ist begrifflich zwischen Überführungen und Übertragungen zu unterscheiden. Das Merkmal der Überführung von Wirtschaftsgütern ist dadurch gekennzeichnet, dass ein Wechsel der steuerrechtlichen Zuordnung zu einem Betriebsvermögen (im eng verstandenen Sinne) ohne Rechtsträgerwechsel, dh ohne Übertragung des wirtschaftlichen Eigentums, erfolgt. Bei der Überführung von Wirtschaftsgütern ist nicht danach zu unterscheiden, ob der Vorgang entgeltlich oder unentgeltlich, gegen Gewährung oder Minderung von Gesellschaftsrechten oder sonst im Wege des Tauschs oder der Einlage erfolgt. Die Übertragung eines Wirtschaftgutes setzt demgegenüber einen Wechsel des Rechtsträgers voraus, dh den Übergang des wirtschaftlichen Eigentums an dem Wirtschaftsgut zwischen Mitunternehmer und Mitunternehmerschaft oder zwischen verschiedenen Mitunternehmerschaften.[99]

208 § 6 Abs. 5 S. 1 EStG regelt, dass Überführungen einzelner Wirtschaftsgüter von einem Betriebsvermögen in ein anderes Betriebsvermögen desselben Steuerpflichtigen zwingend zu Buchwerten erfolgen, sofern die Besteuerung der stillen Reserven sichergestellt ist. Dasselbe gilt nach Satz 2 des § 6 Abs. 5 EStG auch für Überführungen aus einem eigenen Betriebsvermögen des Steuerpflichtigen in dessen Sonderbetriebsvermögen bei einer Mitunternehmerschaft und umgekehrt sowie für die Überführung einzelner Wirtschaftsgüter zwischen verschiedenen Sonderbetriebsvermögen desselben Steu-

---

99 *Wendt*, FR 2002, 57.

erpflichtigen bei verschiedenen Mitunternehmerschaften. Bei Überführungen eines Wirtschaftsguts in eine ausländische Betriebsstätte ist die Besteuerung der stillen Reserven im Inland aus rechtlichen Gründen ausgeschlossen und damit nicht mehr gesichert, wenn der Betriebstättengewinn nach einen DBA (Doppelbesteuerungsabkommen) von der inländischen Besteuerung freigestellt ist. Dasselbe gilt, wenn nach einem DBA das Anrechnungsverfahren anzuwenden ist. Ist kein DBA anwendbar, kann die Besteuerung im Inland aus tatsächlichen Gründen nicht gesichert sein; dies hängt von den tatsächlichen Umständen ab.

Demgegenüber regelt Satz 3 des § 6 Abs. 5 EStG die Übertragung von einzelnen Wirtschaftsgütern bei gleichzeitigem Rechtsträgerwechsel im Rahmen einer Mitunternehmerschaft. Betroffen sind zunächst unentgeltliche Vorgänge. Ungeachtet ihrer Beurteilung als tauschähnlicher Vorgänge durch die Rechtsprechung werden aber auch Übertragungen gegen Gewährung von Gesellschaftsrechten erfasst und dem Buchwertzwang unterstellt. Geregelt sind folgende Fallkonstellationen: **209**

- Übertragung von einzelnen Wirtschaftsgütern zwischen dem Einzelbetrieb des Mitunternehmers und dem Gesamthandsvermögen einer Mitunternehmerschaft und umgekehrt (Nr. 1);
- Übertragung von einzelnen Wirtschaftsgütern zwischen dem Sonderbetriebsvermögen eines Mitunternehmers und dem Gesamthandsvermögen derselben Mitunternehmerschaft und umgekehrt (Nr. 2 Alt. 1);
- Übertragung von einzelnen Wirtschaftsgütern zwischen dem Sonderbetriebsvermögen eines Mitunternehmers und dem Gesamthandsvermögen einer anderen Mitunternehmerschaft und umgekehrt (Nr. 2 Alt. 2);
- Übertragung von einzelnen Wirtschaftsgütern zwischen dem Sonderbetriebsvermögen verschiedene Mitunternehmer an derselben Mitunternehmerschaft (Nr. 3).

Von großer praktischer Bedeutung ist die Frage, ob auch dann Buchwerte anzusetzen sind, falls mit einem übertragenen Wirtschaftsgut **in wirtschaftlichem Zusammenhang stehende Schulden** übernommen werden. Man kann sich zB ein Grundstück des Sonderbetriebsvermögens vorstellen, auf welchem eine Verbindlichkeit lastet. Nach der Verwaltungsauffassung führt die Teilentgeltlichkeit zu einer Aufteilung in eine voll entgeltliche und eine voll unentgeltliche Übertragung (sog. Trennungstheorie), wobei sich der Umfang der Entgeltlichkeit nach dem Verhältnis des Kaufpreises zum Verkehrswert des übertragenen Wirtschaftsguts bestimmt.[100] Die Übernahme von Verbindlichkeiten wird ebenfalls als gesondertes Entgelt gewertet. Schließlich wird auch noch der Buchwertverkauf (der Kaufpreis bestimmt sich nach der Höhe des Buchwerts) als eine teilentgeltliche Übertragung angesehen. Demnach liegen im Ausmaß der Entgeltlichkeit Anschaffungskosten vor, während im Ausmaß der Unentgeltlichkeit der Buchwert fortzuführen ist. Der beim Erwerber zu aktivierende Wert setzt sich in der Folge aus der entgeltlichen und der unentgeltlichen Wertkomponente zusammen. **210**

Für die Praxis bedeutsam ist weiter die Frage, ob eine Buchwertverknüpfung auch im Rahmen der **Übertragung zwischen Schwestergesellschaften** anwendbar ist. Da die Aufzählung in § 6 Abs. 5 S. 3 EStG abschließend ist, liegt nach Auffassung der Finanzverwaltung bei einer Direktübertragung von Einzelwirtschaftsgütern zwischen Schwesterpersonengesellschaften kein Anwendungsfall des Buchwertprivilegs nach § 6 Abs. 5 S. 3 EStG vor. Folglich ist bei der Direktübertragung der Teilwert anzusetzen, so dass die im zu übertragenden Einzelwirtschaftsgut enthaltenen stillen Reserven bei der abgebenden Mitunternehmerschaft aufzudecken und zu versteuern sind.[101] In der Gestaltungspraxis wird die Übertragung von Einzelwirtschaftsgütern zwischen Schwesterpersonengesellschaften vor dem Hintergrund der Unmöglichkeit der Direktübertragung vielfach in einem zweistufigen Verfahren unter Berufung auf das Buchwertprivileg des § 6 Abs. 5 S. 3 EStG erwogen. Im ersten Schritt wird das Einzelwirtschaftsgut gemäß § 6 Abs. 5 S. 3 Nr. 2 Alt. 1 EStG aus dem Gesamthandsvermögen in das Sonderbetriebsvermögen derselben Mitunternehmerschaft übertragen. Im zweiten Schritt wird dann das Einzelwirtschaftsgut gemäß § 6 Abs. 5 S. 3 Nr. 2 Alt. 2 EStG aus dem Sonderbetriebsvermögen bei der abgebenden Mitunternehmerschaft in das Gesamthandsvermögen der Schwestergesellschaft übertragen. **211**

---

100 *Brandenberg*, FR 2000, 1182 (1185).
101 OFD Koblenz v. 20.6.2006, S - 2241 / 27 - St 111, Tz. 4.1.

212 Die Finanzverwaltung betrachtet das vorstehend beschriebene zweistufige Verfahren als „Umweggestaltung" und unterzieht derartige Fallgestaltungen einer Überprüfung nach Maßgabe der sich aus dem BFH-Urteil vom 6.9.2000[102] ergebenden Gesamtplanrechtsprechung. Besteht danach zwischen den beiden Schritten ein zeitlicher und dadurch idR indizierter sachlicher Zusammenhang, werden die beiden Übertragungsvorgänge in der rechtlichen Beurteilung zu einer einheitlichen Übertragung zusammen gefasst, im Ergebnis also wie eine Direktübertragung behandelt. Dann erfolgt bei der abgebenden Gesellschaft ein Teilwertansatz unter Aufdeckung und Versteuerung der im Einzelwirtschaftsgut enthaltenen stillen Reserven.[103]

213 Das letzte Wort hinsichtlich der Frage der Anwendbarkeit der Gesamtplanrechtsprechung auf zweistufige Übertragungen von Einzelwirtschaftsgütern zwischen Schwesterpersonengesellschaften wird der BFH sprechen müssen. Einstweilen kann mit dem Segen der Finanzverwaltung bei der Übertragung von Einzelwirtschaftsgütern zwischen Schwesterpersonengesellschaften im Ergebnis eine Buchwertfortführung dadurch erreicht werden, dass das Einzelwirtschaftsgut von der abgebenden Mitunternehmerschaft an die aufnehmende Schwesterpersonengesellschaft veräußert wird und der Veräußerungsgewinn aus dem Verkauf des Einzelwirtschaftsguts unter den weiteren Voraussetzungen des § 6 b EStG auf dasselbe[104] Wirtschaftsgut als Reinvestitionsgut der Schwestergesellschaft übertragen wird.[105] Die Anwendung des § 6 b EStG ist aber nur möglich, soweit die Mitunternehmer der abgebenden Personengesellschaft an der Schwesterpersonengesellschaft beteiligt sind.[106]

214 Die Möglichkeit der Übertragung einzelner Wirtschaftsgüter zu Buchwerten auf einen anderen Rechtsträger soll nur für Zwecke der Umstrukturierung und nicht auch zum Zweck der Vorbereitung einer nachfolgenden Veräußerung zur Verfügung stehen. Als Sicherungsmaßnahme im Interesse der Vermeidung von Missbräuchen sieht Satz 4 des § 6 Abs. 5 EStG daher eine Sperrfrist von sieben Jahren vor. Wird das übertragene Wirtschaftsgut innerhalb dieser Frist veräußert oder entnommen, ist rückwirkend auf den Zeitpunkt der Übertragung der Teilwert anzusetzen.

215 Die Rechtsfolge einer rückwirkenden Aufdeckung der stillen Reserven beim abgebenden Betriebsvermögen bzw die Bewertung mit dem Teilwert des fraglichen Wirtschaftsguts beim aufnehmenden Betriebsvermögen für den Fall eines Verkaufs (einer Entnahme) vor Ablauf der Behaltefrist soll allerdings dann nicht eintreten, wenn die stillen Reserven in einer Ergänzungsbilanz dem übertragenden Gesellschafter zugeordnet werden. Damit soll sichergestellt werden, dass es zu keinem Überspringen der stillen Reserven auf andere Steuersubjekte kommt. Relevant ist nur die Übertragung aus dem Einzelbetrieb oder aus dem Sonderbetriebsvermögen eines Mitunternehmers in das Gesamthandsvermögen einer Mitunternehmerschaft. Für diesen Fall wird das übertragene Wirtschaftsgut zwar mit seinem Teilwert in die Gesamthandsbilanz aufgenommen, gleichzeitig aber der Wert der stillen Reserven in einer Ergänzungsbilanz des einbringenden Gesellschafters passiviert. Nachdem Ergänzungsbilanzen Bestandteil der sog. additiven Gewinnermittlung der Mitunternehmerschaft sind, kommt es auf der Gesamtebene zu einem korrigierten Wertausweis im Sinne einer Buchwertfortführung.

216 Scheidet das Wirtschaftsgut später aus dem Gesamthandsvermögen aus, führt der Vorgang zu einer Realisierung der seit der Übertragung entstandenen stillen Reserven, nicht aber auch zur Realisierung jener stillen Reserven, die in der Zeit davor entstanden sind – das verhindert der Teilwertansatz im Zeitpunkt der Übertragung. Gleichzeitig mit dem Ausscheiden des Wirtschaftsguts aus dem Gesamthandsvermögen kommt es aber auch zur Auflösung des Passivpostens in der Ergänzungsbilanz des Mitunternehmers und damit zu einer entsprechenden Gewinnrealisierung in seiner Person. Diese Konstellation führt im Ergebnis dazu, dass die bis zum Zeitpunkt der Übertragung angesammelten stillen Reserven ausschließlich auf der Ebene des einbringenden Mitunternehmers, nämlich über dessen Gewinnanteil zur Versteuerung gelangen. Unter diesen Umständen glaubte der Gesetzgeber, auf

---

102 BFH v. 6.9.2000, IV R 18/99, BStBl. II 2001, 229.
103 OFD Koblenz v. 20.6.2006, S - 2241 / 27 - St 111, Tz. 4.2.
104 OFD Koblenz v. 23.12.2003, S - 2139 / S - 2139 aA.
105 OFD Koblenz v. 20.6.2006, S - 2241 / 27 - St 111, Tz. 4.3; Strahl, KÖSDI 2003, 13918 (13927); Strahl, FR 2004, 929 (932).
106 OFD Koblenz v. 20.6.2006, S - 2241 / 27 - St 111, Tz. 4.3; R 6b.2 Abs. 7 Nr. 4 EStR.

eine Behaltefrist verzichten zu können. § 6 Abs. 5 S. 4 EStG enthält nur eine entsprechende materiellrechtliche Regelung. Verfahrensrechtliche Berichtigungsnorm ist für die einheitliche und gesonderte Gewinnfeststellung des Übertragenden § 175 Abs. 1 Nr. 2 AO. Die Veräußerung oder Entnahme ist ein rückwirkendes Ereignis im Sinne der Vorschrift. Auf Seiten des Empfängers wirkt sich der Ansatz des Wirtschaftsgutes mit dem Teilwert bei abnutzbaren Wirtschaftsgütern über den höheren Ansatz der AfA auf den Zeitraum von der Übertragung bis zur Veräußerung/Entnahme aus; dies kann die Berichtigung der Bescheide mehrerer Veranlagungszeiträume erforderlich machen. Im Übrigen hat der Ansatz des Teilwerts im Veranlagungszeitraum der Veräußerung bzw Entnahme Einfluss auf die Höhe des daraus resultierenden Gewinns. Die gesetzestechnische Ausgestaltung der Sperrfrist wird vielfach kritisiert. Insbesondere die Regelungen unterschiedlich langer Fristen (drei Jahre Sperrfrist nach § 6 Abs. 5 S. 4, 5 Jahre Behaltefrist nach § 6 Abs. 3 S. 2 und 7 Jahre Sperrfrist nach § 6 Abs. 5 S. 6) werden als nicht praxisgerecht angesehen.

Zur rückwirkenden Versteuerung der stillen Reserven kommt es schließlich aber auch dann, wenn die stillen Reserven auf Körperschaftsteuersubjekte unter Nutzung der Vorteile, die durch die Umstellung auf das Halbeinkünfteverfahren entstehen, übertragen werden (S. 5 und 6 des § 6 Abs. 5 EStG). Nach der Absicht des Gesetzgebers soll damit verhindert werden, dass stille Reserven des übertragenen Wirtschaftsguts bei ihrer Aufdeckung letztlich vom Beteiligten Körperschaftsteuersubjekt und nicht vom übertragenden Gesellschafter zu versteuern sind. Veräußert in der Folge der Gesellschafter nämlich seinen Anteil an dieser Körperschaft, etwa an einer GmbH, ist der Veräußerungsgewinn grundsätzlich nur zur Hälfte der Besteuerung zu unterwerfen (§ 3 Nr. 40 EStG). Die als condicio sine qua non für alle Übertragungen nach § 6 Abs. 5 S. 3 EStG vorgesehene Bedingung, dass die Besteuerung der stillen Reserven, und zwar nicht nur dem Grunde, sondern auch der Höhe nach sichergestellt ist, könnte durch derartige Gestaltungen unterlaufen werden.

4. Tausch und verdeckte Einlage von Wirtschaftsgütern des Betriebsvermögens (§ 6 Abs. 6 EStG)

§ 6 Abs. 6 S. 1 EStG bestimmt die Anschaffungskosten eines Wirtschaftsgutes, das durch **Tausch** erworben wird; diese sind in Höhe des gemeinen Werts des hingegebenen Wirtschaftsguts anzusetzen (allgemeiner Grundsatz). Die Kodifikation dieses Grundsatzes ist erfolgt, um deutlich zu machen, dass das sog. **Tauschgutachten**[107] keine Anwendung mehr finden soll. Dieses hatte vorgesehen, dass kein Austauschgeschäft vorlag, wenn Anteile getauscht wurden, die wirtschaftlich betrachtet identisch waren (sog. Nämlichkeit der Anteile).[108]

§ 6 Abs. 6 S. 2 EStG fingiert (auf der Seite des Einlegenden) eine Veräußerung, wenn ein Wirtschaftsgut aus einem Betriebsvermögen **verdeckt (also unentgeltlich) in eine Kapitalgesellschaft** eingelegt wird und auch die Kapitalgesellschaft zum Betriebsvermögen des Einlegenden gehört. Das verdeckt eingelegt Wirtschaftsgut ist dann aus dem Betriebsvermögen des Einlegenden mit dem Buchwert auszubuchen; stattdessen ist die Beteiligung an der Kapitalgesellschaft um den Teilwert des eingelegten Wirtschaftsgutes zu erhöhen. Insoweit kommt es zur Realisierung eines laufenden Gewinnes.[109] Auf Seiten der empfangenden Kapitalgesellschaft sind mangels Gegenleistung keine Anschaffungskosten entstanden, so dass nach Einlagegrundsätzen mit dem Teilwert bewertet wird.[110]

Eine Ausnahme von der Erfassung der stillen Reserven auf der Ebene des einbringenden Gesellschafters ist indessen für den Fall vorgesehen, dass das verdeckt eingelegte Wirtschaftgut zuvor in das abgebende Betriebsvermögen eingelegt und dort gemäß § 6 Abs. 1 Nr. 5 S. 1 Buchst. a EStG nicht mit dem höheren Teilwert, sondern gemäß § 6 Abs. 1 Nr. 5 S. 2 EStG mit den ursprünglichen Anschaffungsbzw Herstellungskosten, ggf vermindert um AfA, bewertet wurde. Für diesen Fall kommt beim aufnehmenden Betriebsvermögen nicht der Teilwert, sondern der Einlagewert zum Ansatz. Die stillen

---

107 BFH v. 16.12.1958, I D 1/57 S, BStBl. III 1959, 30.
108 *Eckstein* in Hermann/Heuer/Raupach, EStG, § 6 Rn 1483 (Stand: Oktober 2003).
109 *Ehmke* in Blümich, EStG, § 6 Rn 1392 (Stand: März 2004).
110 *Werndl* in Kirchhof/Söhn, § 6 Rn M 20 (Stand: Oktober 2004).

Reserven werden demnach steuerlich nicht dort erfasst, wo sie auch erwirtschaftet worden sind, sondern auf die Kapitalgesellschaft übertragen.[111]

221 Gehören die Anteile der Kapitalgesellschaft, in die verdeckt eingelegt wird, nicht zum Betriebsvermögen des Einlegenden, kommt es ebenfalls zu Gewinnrealisation allerdings durch die Vorstellung der Entnahme des Wirtschaftsguts aus dem Betriebsvermögen und der Einlage in die Gesellschaft aus dem Privatvermögen.[112]

222 § 6 Abs. 6 S. 2 EStG ist nur auf die verdeckte Einlage einzelner Wirtschaftgüter des Betriebsvermögens anwendbar. Wird ein Betrieb, Teilbetrieb oder Mitunternehmeranteil verdeckt in eine Kapitalgesellschaft eingelegt, liegen weder die Voraussetzungen des § 6 Abs. 6 S. 2 EStG noch des § 6 Abs. 3 EStG vor. Der Vorgang ist vielmehr als Veräußerung iSd § 16 EStG zu beurteilen.[113]

---

111 *Werndl* in Kirchhof/Söhn, § 6 Rn M 20 (Stand: Oktober 2004).
112 *Korn/Strahl* in Korn, EStG, § 6 Rn 533 (Stand: März 2001).
113 *Ehmke* in Blümich, EStG, § 6 Rn 1390 (Stand: März 2004).

§ 14 Unternehmenssteuerrecht

A. Die Personengesellschaft 1
  I. Einführung: Einheits- oder Bruchteilsbetrachtung? 1
  II. Einzelheiten zur Ergänzungsbilanz als gesellschafterindividueller Wertkorrektur der Gesamthandsbilanz bei gewerblichen Personengesellschaften 8
  III. Der Sonderbetrieb – Vehikel zur Gleichstellung zwischen Einzelunternehmung und Mitunternehmerschaft 12
  IV. Additive Gewinnermittlung 19
  V. Einzelheiten zur Besteuerung der GmbH & Co. KG 21
  VI. Beispielsfall zur Bilanzierung der Personengesellschaft 29
  VII. Die vermögensverwaltende Personengesellschaft 43
  VIII. Verfahrensrechtliche der Gewinnfeststellung bei Personengesellschaften 47
  IX. Weichenstellung: Gewerblichkeit der Personengesellschaft 51
    1. Originäre gewerbliche Tätigkeit 52
      a) Tatbestandsmerkmale der Gewerblichkeit 53
      b) Gewerblicher Grundstückshandel (Drei-Objekt-Grenze) 57
      c) Betriebsaufspaltung (als mittelbare gewerbliche Tätigkeit) 58
      d) Betriebsverpachtung – Verpächterwahlrecht 65
    2. Abfärbe- oder Infektionstheorie § 15 Abs. 3 Nr. 1 EStG 67
    3. Gewerbliche Prägung 15 Abs. 3 Nr. 2 EStG 68
  X. Verlustverwertungsbeschränkung nach § 15 a EStG 71
  XI. Thesaurierungsbegünstigung 76
B. Besteuerungsrecht der Kapitalgesellschaft 82
  I. Das System des Halbeinkünfteverfahrens 82
  II. Kapitalrückzahlungen unterliegen nicht der Besteuerung 90
  III. Gewinnkorrekturen 95
  IV. Verdeckte Gewinnausschüttung 96
  V. Gesellschafterfremdfinanzierung (§ 8 a KStG aF) 108
  VI. Offene und verdeckte Einlagen 116
  VII. Verfahrensrechtliche Korrekturen 128
  VIII. Besteuerung auf Ebene des Anteilseigners 129
  IX. Teileinkünfteverfahren ab 2009 131
  X. Verlustnutzungsbeschränkungen und Sanierungsprivileg bei Kapitalgesellschaften 133
C. Gewerbesteuer 139
  I. Der Gewerbebetrieb als Steuergegenstand 141
  II. Der Gewerbeertrag als Bemessungsgrundlage 149
    1. Einschränkungen aus dem Objektsteuercharakter 152
    2. Konsequenzen und Grenzen der Anknüpfung an die einkommensteuerlichen Vorschriften 159
  III. Hinzurechnungen und Kürzungen (§§ 8 und 9 GewStG) 164
  IV. Gewerbeverlust 172
  V. Weiteres Verfahren 177
  VI. Fremdbestimmte Steuerwirkungen als Gestaltungsproblem 185
D. Umwandlungssteuerrecht 187
  I. Vermögensübertragung bei Verschmelzung auf eine Personengesellschaft oder auf eine natürliche Person und Formwechsel einer Kapitalgesellschaft in eine Personengesellschaft 193
    1. Übertragungsgewinn – Wertansätze in der steuerlichen Schlussbilanz der übertragenden Körperschaft 193
    2. Eintritt in die Rechtsstellung des übertragenden Rechtsträgers 197
    3. Aufspaltung des Übernahmeergebnisses durch fiktive Ausschüttung der Gewinnrücklage 199
    4. Bestimmung des Übernahmeergebnisses 202
    5. Schema zur Bestimmung des Übernahmeergebnisses 203
  II. Korrekturen durch das Zusammenfallen der Rechtsträger außerhalb des Übernahmeergebnisses i.R.d. laufenden Gewinns 209
    1. Beteiligungskorrekturgewinn 209
    2. Unterstützungskassenkorrekturgewinn 210
  III. Übernahmefolgegewinn (Konfusionsgewinn) 211
    1. Einlagefiktionen 213
    2. Vermögensübergang auf einen Rechtsträger ohne Betriebsvermögen 216
    3. Formwechsel einer Kapitalgesellschaft in eine Personengesellschaft 217
  IV. Verschmelzung und Vermögensübertragung (Vollübertragung) auf eine andere Körperschaft 218
    1. Übertragungsgewinn – Wertansätze in der steuerlichen Schlussbilanz der übertragenden Körperschaft 218
    2. Auswirkungen auf den Gewinn der übernehmenden Körperschaft 221
  V. Besteuerung der Anteilseigner der übertragenden Körperschaft 227
  VI. Aufspaltung, Abspaltung und Vermögensübertragung (Teilübertragung) 232
    1. Gewerbesteuer 236
    2. Einbringung von Betriebsvermögen in eine Kapitalgesellschaft oder Personengesellschaft 239
  VII. Einbringung von Unternehmensteilen in eine Kapitalgesellschaft oder Genossenschaft und Anteilstausch (§ 20 ff UmwStG) 240
    1. Differenzierung zwischen Sacheinlage (Betriebseinbringung) und Anteilstausch 240
      a) Sacheinlage (Betriebseinbringung) 246
      b) Anteilstausch 250
    2. Gemeinsame Regelungen für Betriebseinbringung und Anteilstausch 253
    3. Auswirkungen der Anteilsveräußerung innerhalb der Sperrfrist 255
    4. Auswirkungen bei der übernehmenden Gesellschaft 265
  VIII. Einbringung von Betriebsvermögen in eine Personengesellschaft (§ 24 UmwStG) 270
  IX. Formwechsel einer Personengesellschaft in eine Kapitalgesellschaft (§ 25 UmwStG) 277
E. Umsatzsteuer 278

F. Grunderwerbsteuer 281	3. Herabsetzung der Gegenleistung 327
I. Grundlagen 281	G. Finanzierung von Gesellschaften 328
II. Ergänzungstatbestände in Bezug auf die Änderung von Gesellschaftsbeteiligungen 295	I. Gesellschafterdarlehn bei Kapitalgesellschaften 328
1. Änderung des Gesellschafterbestandes, § 1 Abs. 2a GrEStG 298	II. Stille Gesellschaft 335
	1. Typisch stille Gesellschaft 339
2. Anteilsvereinigung, § 1 Abs. 3 GrEStG 305	2. Atypisch stille Gesellschaft 344
3. Organschaft 311	III. Unterbeteiligung 350
4. Anteilsübertragungen im Konzern oder im Organkreis 317	1. Typische Unterbeteiligung 355
	2. Atypische Unterbeteiligung 358
III. Korrekturen wegen Änderung der Besteuerungsgrundlagen 318	IV. Genussrecht 365
	H. Sanierung von Gesellschaften 368
1. Rückgängigmachung des Erwerbsvorgangs vor Eigentumsübergang 320	I. Sanierungsgewinne 368
	II. Forderungsverzicht (mit Besserungsschein) .. 370
2. Rückerwerb des Eigentums am veräußerten Grundstück 323	III. Rangrücktrittsvereinbarungen 377

A. Die Personengesellschaft

I. Einführung: Einheits- oder Bruchteilsbetrachtung?

1   Subjekt der Einkünfteerzielung nach § 2 Abs. 1 EStG können **nur natürliche Personen** sein, so dass sich die Rechtszuständigkeit des Verbundes (Personengesellschaft) auf die Qualifikation und die Ermittlung der von den Gesellschaftern gemeinsam erzielten Einkünfte beschränken muss. Fraglich ist, ob bei der jeweils zu beurteilenden steuerrechtlichen Vorschrift auf die einzelnen Gesellschafter (Vielheit) oder den rechtlichen Verbund (Einheit) abzustellen ist. Die zivilrechtliche Gesamthandstheorie ist dabei für das Steuerrecht ohne Bedeutung.

2   § 39 Abs. 2 Nr. 2 AO bestimmt, dass Wirtschaftsgüter, die mehreren zur gesamten Hand zustehen den Beteiligten anteilig zugerechnet werden, soweit eine getrennte Zurechnung für die Besteuerung erforderlich ist. Dies betrifft aber nur die **Rechtsfolgenseite**, dh ob die Bruchteilsbetrachtung angezeigt ist, ist nach dem Zweck der konkreten steuerlichen Norm (nach deren „Erfordernissen") zu entscheiden.

3   Die Gesamthandsgemeinschaft wir für Zwecke der **GewSt, GrESt** und **GrSt** als Steuerpflichtiger behandelt. Für die **ErbSt** werden trotz der Erbfähigkeit der Gesamthandsgemeinschaft gleichwohl die Gesamthänder als Steuerschuldner angesehen.[1]

4   Im Rahmen der **gewerblichen Personengesellschaft** (sog. **Mitunternehmerschaft**) ist die Personengesellschaft **Subjekt der Gewinnermittlung**. § 39 Abs. 2 Nr. 2 AO (Bruchteilsbetrachtung) wird, soweit es um die Zurechnung von Wirtschaftsgütern geht, durch § 15 Abs. 1 Nr. 2 EStG (Einheitsbetrachtung) verdrängt, wenn die Ermittlung des Gewinns durch die zivilrechtliche Selbständigkeit (Anknüpfung an den handelsrechtlichen Gewinn) bestimmt wird.[2] Demzufolge wird der Gewinn oder Verlust der Gesellschaft durch einen Vermögensvergleich oder eine Überschussrechnung der Gesellschaft und nicht durch Vermögensvergleiche oder Überschussrechnungen der einzelnen Gesellschafter ermittelt; steuerliche Wahlrechte werden einheitlich durch die Gesellschaft ausgeübt. Grundlage dafür ist bei der Gewinnermittlung nach § 5 EStG die aus der Handelsbilanz abgeleitete Steuerbilanz der Gesellschaft (und nicht etwa gedachte oder wirkliche Einzelbilanzen der Gesellschafter). Daraus ergibt sich weiter, dass auch Verträge und Veräußerungsgeschäfte zwischen der Gesellschaft und ihren Gesellschaftern der Besteuerung (im Sinne der Einheitsbetrachtung) zugrunde gelegt werden, soweit sie nicht in den Anwendungsbereich des § 15 Abs.1 Nr. 2 EStG fallen (Hinzurechnung im Sonderbetrieb) und soweit sie fremdüblichen Bedingungen entsprechen.[3] Nicht fremdübliche Konditionen werden über die Regeln der Einlage bzw Entnahme korrigiert.

5   Diese Einheitsbetrachtung findet dort eine Durchbrechung, wo gesellschafterbezogene Merkmale berücksichtigt werden müssen (so zB bei § 6 b EStG und erhöhten Absetzungen vgl § 7 a Abs. 7 EStG). Eine solche Konstellation stellt zugleich ein darstellungsmäßiges Problem dar, denn wenn

---

1 BFH v. 14.9.1994, II R 95/92, BStBl. II 1995, 81.
2 BFH v. 25.2.1991, GrS 7/89, BStBl. II 1991, 691.
3 BFH v. 24.3.1983, IV R 123/80, BStBl. II 1983, 598.

man von der Gesamthandsbilanz der Gesellschaft ausgeht, bedarf es **gesellschafterindividueller Korrekturen**. Zu diesem Zweck wird eine sog. **Ergänzungsbilanz** erstellt, welche die erforderlichen gesellschafterindividuellen Korrekturen aufnimmt.

Eine Bruchteilsbetrachtung muss zudem dann zu Zuge kommen, wenn es um die **Veräußerung von Mitunternehmeranteilen** (und die Erfassung des Zuwachses an finanzieller Leistungsfähigkeit) geht. Gleiches gilt beim Eintritt und Austritt von Gesellschaftern (dann dies ist wirtschaftlich gesehen nichts anderes als eine Anteilsveräußerung) sowie im Falle des § 17 EStG (Personengesellschaft hält Anteil an Kapitalgesellschaft). Der Personengesellschaftsanteil ist in diesem Zusammenhang nichts weiter als die Summe der ideellen (rechnerischen) Anteile an den einzelnen Wirtschaftgütern der Personengesellschaft.[4] Verfahrensmäßig wird der für die Mitunternehmerschaft im Rahmen der einheitlichen und gesonderten Gewinnfeststellung nach §§ 179, 180 AO zu ermittelnde Gewinnanteil dem jeweiligen Mitunternehmer (außerhalb einer etwaigen eigenen Steuerbilanz) zugerechnet. 6

In Ermangelung eines dem § 15 Abs. 1 Nr. 2 EStG entsprechenden Tatbestandes, der die steuerliche Einheit des Gesamthand voraussetzt, findet sich bei der **vermögensverwaltenden Personengesellschaft** grundsätzlich eine Bruchteilsbetrachtung. 7

II. Einzelheiten zur Ergänzungsbilanz als gesellschafterindividueller Wertkorrektur der Gesamthandsbilanz bei gewerblichen Personengesellschaften

Darstellungsmäßig ergibt sich das Problem, dass dem selbständigen zivilrechtlichen Charakter der Personengesellschaft folgend eine einheitliche Bilanzierung für die Gesellschaft erfolgen soll (Gesamthandsbilanz), dass aber diese Bilanzierung einzig und allein den Zweck hat, das Besteuerungssubstrat für die einzelnen Gesellschafter zu bestimmen. In bestimmten Fällen ergeben sich für einzelne Gesellschafter Sonderverhältnisses, die im Rahmen der einheitlichen Gesamthandsbilanz nicht berücksichtigt werden können. Deshalb ist es in einem solchen Fall möglich und notwendig für jeden Gesellschafter eine sog. Ergänzungsbilanz aufzustellen, die in Addition zur Gesamthandbilanz das bezogen auf den einzelnen Gesellschafter zutreffende Ergebnis ausweist. 8

Eine Ergänzungsbilanz als Wertkorrektur der Gesamthandsbilanz wird technisch durch Addition mit der Gesamthandsbilanz verbunden, dh eine dem Betrag nach zu erhöhende Bilanzposition wird auf der mit der Gesamthandsbilanz korrespondierenden Seite der Ergänzungsbilanz ausgewiesen, die Gegenbuchung erfolgt unter der Position „Mehrkapital" auf der Passivseite der Ergänzungsbilanz (man sprich von einer „positiven Ergänzungsbilanz"). Eine dem Betrag nach zu vermindernde Bilanzposition wird auf der Gegenseite in der Ergänzungsbilanz ausgewiesen, die Gegenbuchung erfolgt unter der Position „Minderkapital" auf der Aktivseite der Ergänzungsbilanz (man sprich von einer „negativen Ergänzungsbilanz"). Jeder Gesellschafter hat pro Personengesellschaft immer nur eine Ergänzungsbilanz, die dann alle Wertkorrekturen für die jeweilige Mitunternehmerschaft aufnimmt. Mit der Ausbuchung der zu korrigierenden Position in der Gesamthandsbilanz entfällt auch die Korrekturposition in der Ergänzungsbilanz. 9

Typische Fälle in denen uU eine gesellschafterindividuelle Wertkorrektur durch Ergänzungsbilanzen geleistet werden müssen sind: 10
- Veräußerung des Gesellschaftsanteils über/unter Buchwerten,
- Gründung/Aufnahme eines neuen Gesellschafters – Einbringung in Personengesellschaft, § 24 UmwStG,
- Übertragung eines Wirtschaftgut zwischen Mitunternehmer und Mitunternehmerschaft nach § 6 Abs. 5 EStG,
- Inanspruchnahme personenbedingter Steuervergünstigungen.

Abschreibungen auf Ebene der Gesamthandsbilanz bleiben von der Ergänzungsbilanz unberührt. Auf Ebene der Ergänzungsbilanz sind Abschreibungen so vorzunehmen, dass sich nach Addition mit dem anteiligen Wirtschaftgut aus der Gesamthandsbilanz ein Wert ergibt, der sich ergeben würde, wenn man das Wirtschaftgut steuerlich korrekt aber unter Berücksichtigung der Bruchteilsbetrachtung für 11

---

4 BFH v. 26.1.1978, IV R 97/76, BStBl. II 1978, 368.

III. Der Sonderbetrieb – Vehikel zur Gleichstellung zwischen Einzelunternehmung und Mitunternehmerschaft

12 Der Mitunternehmer soll steuerlich dem Einzelunternehmer angenähert werden, weil dieser keine Verträge mit sich selbst schließen kann und damit auch nicht durch entsprechende Verträge einen Aufwand generieren und sein Ergebnis mindern kann. Zudem soll das Ergebnis der Besteuerung bei der Mitunternehmerschaft nicht davon abhängig sein, ob die Leistungen des Gesellschafters durch einen Vorabgewinn oder eine besondere Vergütung abgegolten werden (**Gleichstellungstheorie**). Demgemäß sollen zum Gewerbebetrieb der Mitunternehmerschaft auch all diejenigen Wirtschaftsgüter und Einnahmen gezählt werden, die bei einem Einzelunternehmer zu seinem Gewerbebetrieb gehören würden (fiktives Einzelunternehmen). Gleichzeitig soll die Gesamthandsbilanz als Ausgangspunkt der steuerlichen Gewinnermittlung allerdings als formaler Anknüpfungspunkt erhalten bleiben. Deshalb behilft man sich technisch mit der **Vorstellung eines Sonderbetriebs**, der diejenigen Wirtschaftsgüter und Einnahmen umfasst, die bei einem Einzelunternehmer mit gleichem Tätigkeitsfeld zu seinen Gewerbebetrieb gehören würden. Für den Sonderbetrieb wird (entsprechend den allgemeinen Regeln) eine eigene Buchhaltung geführt. Allerdings wird regelmäßig keinen Sonderbetriebsbankkonto eingerichtet, so dass Zahlungen regelmäßig über das Privatkonto des Gesellschafters laufen und folglich als Entnahme (Einlage) verbucht werden müssen.

13 In der Praxis spricht man statt von Sonderbetrieb auch synonym von Sonderbetriebsvermögen. Während es in der Gesamthandbilanz nur notwendiges Betriebsvermögen gibt, wird auch **gewillkürtes Sonderbetriebsvermögen** zugelassen. Dabei ist zwischen Sonderbetriebsvermögen I und Sonderbetriebsvermögen II zu unterscheiden. Die Unterscheidung ist bedeutsam, weil Forderungen im Sonderbetriebsvermögen I wegen des Grundsatzes der korrespondierenden Bilanzierung nicht isoliert von der Gesamthandsbilanz auf den niedrigeren Teilwert abgeschrieben werden können. Bei Bilanzansätzen des Sonderbetriebsvermögens II ist dies wegen des fehlenden Zusammenhangs mit der Gesamthandsbilanz dagegen möglich.

14 Um **Sonderbetriebsvermögen I** handelt es sich, wenn der Gesellschafter Wirtschaftsgüter (Darlehen, Gebäude) oder seine Arbeitskraft (Geschäftsführung) dem Verfügungsbereich der Gesellschaft unterstellt und dafür von dieser entweder über seinen Gewinnanteil oder über Sondervergütungen eine Gegenleistung erhält. In Bezug auf den Transfer von Wirtschaftsgütern zwischen Sonderbetriebsvermögen und Gesamthandsvermögen beziehungsweise Sonderbetriebsvermögen unterschiedlicher Gesellschafter werden die Sonderbetriebsvermögen und das Gesamthandsvermögen **wie unterschiedliche Gewerbebetriebe** behandelt.[5] Die entsprechenden Vergütungen für die Tätigkeit des Gesellschafters für die Gesellschaft oder die Überlassung eines Wirtschaftsguts (einschließlich der Überlassung von Kapital) zum unmittelbaren Einsatz im Betrieb der Gesellschaft (Übergang in den Verfügungsbereich der Gesellschaft) werden als sog. **Sondervergütungen** bezeichnet. Sondervergütungen sind vom **Vorabgewinn** grundsätzlich nach der im Gesellschaftsvertrag getroffenen Vereinbarung abzugrenzen. Sondervergütungen im Sinne des § 15 Abs. 1 S. 1 Nr. 2 EStG (die als Aufwand in der Gesamthandsbilanz verbucht werden) sind – ohne Rücksicht auf handelsrechtliche Grundsätze ordnungsgemäßer Buchführung – gleichsam als **Korrekturposten** in dem Wirtschaftsjahr (oder in den Wirtschaftsjahren) und in der Höhe als **Sonderbetriebseinnahmen im Sonderbetrieb** zu erfassen, in dem (oder in denen) Sie den Gesamtgewinn der Gesellschaft gemindert haben. Dies gilt auch für eine Pensionsrückstellung; diese ist durch einen entsprechenden Ausgleichsposten (Forderung) in der Sonderbilanz des begünstigten Gesellschafters zu kompensieren.[6]

15 Diese Grundsätze gelten auch, wenn die Nutzungsüberlassung nicht aus dem Privatvermögen des Gesellschafters heraus, sondern (unmittelbar) aus seinem Betriebsvermögen (Einzelbetrieb oder Kapi-

---

5 *Wacker* in: Schmidt, EStG, § 15 Rn 660 ff.
6 BFH v. 30.3.2006, IV R 25/04, BFH/NV 2006, 1912; *Paus* FR 2007, 463.

talgesellschaft) heraus erfolgt (zB auch durch eine Obergesellschaft an die Untergesellschaft).[7] § 15 Abs. 1 S. 1 Nr. 2 S. 1 EStG ist insoweit **Zuordnungsnorm**, so dass das betreffende Wirtschaftsgut zwar in der Handelsbilanz des Überlassenden auszuweisen ist, aber steuerlich in der Bilanz der Mitunternehmerschaft, welche das Wirtschaftsgut zur Nutzung erhält. Anderes gilt nur im Verhältnis von zumindest teilweise personenidentischen Schwesterpersonengesellschaften; bei dieser nur mittelbaren Überlassung erfolgt die Zuordnung im Herkunftsbetriebsvermögen (sog. **Subsidiaritätsthese**).

Sondervergütungen kommen auch in Betracht, wenn ein Dritter in den Leistungsaustausch zwischen dem Gesellschafter und der Personengesellschaft eingeschaltet ist (**mittelbare Leistungen über Dritte** an die Gesellschaft), sofern die Leistung des Gesellschafters nicht dem zwischengeschalteten Dritten, sondern letztlich der leistungsempfangenden Mitunternehmerschaft zugute kommen soll. Eine Sondervergütung ist nur dann gegeben, wenn sie durch das Gesellschaftsverhältnis veranlasst ist. Dafür ist im Allgemeinen ausreichend, wenn der leistende Mitunternehmer ist und die Leistung zur Verwirklichung des Gesellschaftszwecks beiträgt. Entsprechend ist bei Leistung an einen Dritten festzustellen, welche Interessen der Gesellschafter mit der Überlassung des Wirtschaftsguts bzw seiner Arbeitskraft bei objektiver Betrachtung verfolgt und welche Einnahmen der Gesellschafter hieraus erzielt. Nicht unter § 15 Abs. 1 S. 1 Nr. 2 EStG fallen Vergütungen für Leistungen, bei denen ein wirtschaftlicher Zusammenhang zwischen der Leistung und der Mitunternehmerschaft ausgeschlossen erscheint, das heißt, diese nur zufällig zusammentreffen.

Die von einem Drittunternehmer (zB der GmbH im Rahmen einer GmbH & Co. KG) für eine Leistung eines Gesellschafters einer Personengesellschaft erbrachte Zahlung zählt zu den Einnahmen des Gesellschafters im Sinn des § 15 Abs. 1 S. 1 Nr. 2 EStG (Sondervergütungen), wenn die Leistung des Gesellschafters letztlich seiner Personengesellschaft und nicht dem Drittunternehmen zugute kommen soll. Dies bedingt, dass sich die vom Dritten entgoltene Tätigkeit hinreichend von der Tätigkeit des Gesellschafters für den übrigen Geschäftsbereich des Drittunternehmens abgrenzen lässt. Dies ist unproblematisch, wenn der Dritte keinen über die Tätigkeit für die Personengesellschaft hinausgehenden Geschäftsbereich hat (zB die Tätigkeit einer GmbH beschränkt sich auf die Geschäftsführung für die GmbH & Co. KG). Leistet die Gesellschaft dem Dritten Ersatz für die diesem durch die Leistung an den Gesellschafter entstandenen Aufwendungen, grenzt schon die Bestimmung des Erstattungsbetrags die Leistung des Gesellschafters hinreichend ab. Unerheblich für die Zurechnung ist, ob der Gesellschafter Sonderleistungen gegenüber einem Dritten aufgrund einer eigenen Leistungsverpflichtung erbringt und ob er den dritten rechtlich oder faktisch beherrscht. Lässt sich die Leistung des Gesellschafters für seine Gesellschaft im Rahmen des Drittunternehmens nicht von seiner übrigen Tätigkeit in dessen Geschäftsbereich unterscheiden, ist eine einheitliche Beurteilung der Leistung des Gesellschafters geboten; Sondervergütungen kommen nicht in Betracht.

Dient die Leistung des Gesellschafters einer Mitunternehmerschaft in anderer Weise als durch Überlassung von Wirtschaftsgütern oder der Arbeitskraft in den Verfügungsbereich der Gesellschaft, sind die hieraus erzielten Erträge **sonstige Sonderbetriebseinnahmen** im Rahmen des sog. Sonderbetriebsvermögens II. Sonderbetriebsvermögen II liegt vor, wenn dem Mitunternehmer gehörende Wirtschaftsgüter zur Stärkung der Beteiligung des Gesellschafters eingesetzt werden. Dies gilt auch für Dienstleistungen, die ein Gesellschafter gegenüber Drittunternehmen erbringt, und die dafür erhaltene Gegenleistung. Zur Konkretisierung des Merkmals „Stärkung der Beteiligung" ist ebenfalls vom Bild eines fiktiven Einzelunternehmens auszugehen.

IV. Additive Gewinnermittlung

Die Gewinnermittlung der Mitunternehmerschaft erfolgt additiv:[8]
Anteil am Steuerbilanzgewinn der Gesellschaft (Gesamthandsbilanz)
+   Ergebnis der Ergänzungsbilanz
+   Ergebnis der Sonderbilanz
=   gewerbliche Einkünfte des Mitunternehmers

---

7 BFH v. 18.7.1979, I R 199/75, BStBl. II 1979, 750; v. 24.3.1999, I R 114/97, BStBl. II 2000, 399.
8 BFH v. 25.2.1991, GrS 7/89, BStBl. II 1991, 691.

Dabei ist das Ergebnis der Gesamthandsbilanz nach dem allgemeinen Gewinnverteilungsschlüssel auf die Gesellschafter zu verteilen, das Ergänzungsbilanz- und Sonderbilanzergebnis ist dem jeweiligen Gesellschafter, für den diese Bilanz gebildet wurde, unmittelbar zuzurechnen. Die Aufstellung einer konsolidierten „Gesamtbilanz der Mitunternehmerschaft" ist weder vom Gesetz her vorgesehen noch praktisch erforderlich.

20 In Bezug auf die Einkünfteerzielungsabsicht nimmt der BFH eine zweistufige Prüfung vor. Besteht schon auf der Ebene der Gesellschaft keine Einkünfteerzielungsabsicht, so kann auch der Gesellschafter keine steuerlichen Einkünfte erzielen. Ist die Prognose für die Gesellschaft dagegen positiv, so ist ggf die Einkünfteerzielungsabsicht noch einmal auf der Ebene des Gesellschafters unter Berücksichtigung von Sonderaufwand/Sondereinnahmen und der Dauer der Beteiligung zu prüfen.[9]

V. Einzelheiten zur Besteuerung der GmbH & Co. KG

21 Bei der typischen GmbH & Co. KG gehören auch die **Gesellschaftsanteile** der Kommanditisten **an der Komplementär-GmbH** zum notwendigen Sonderbetriebsvermögen II. Dies gilt jedenfalls dann, wenn sich die GmbH auf die Komplementärtätigkeit beschränkt. Die Zuordnung zum Sonderbetriebsvermögen hat zur Folge, dass Ausschüttungen seitens der Komplementär-GmbH bei den sie empfangenden Mitunternehmern nicht zu Einkünften aus Kapitalvermögen führen, sondern gemäß § 15 Abs. 1 Nr. 2 EStG zu gewerblichen Einkünften umqualifiziert werden. Gleichwohl ist auch hier das Halbeinkünfteverfahren zu beachten. Darüber hinaus ist ein im Veräußerungsfall entstehender Veräußerungsgewinn oder -verlust unabhängig von der Beteiligungshöhe in jedem Fall steuerverhaftet. Er unterliegt gleichwohl ebenfalls nach § 3 Nr. 40 Buchst. a EStG dem Halbeinkünfteverfahren bzw ist nach § 8 b Abs. 2 KStG in vollem Umfang steuerfrei. Aufwendungen, die mit diesen Einnahmen in Zusammenhang stehen, zB Zinsen für ein Erwerb der Geschäftsanteile aufgenommenes Darlehen, zählen zu den Sonderbetriebsausgaben, wobei § 3 c Abs. 2 EStG bzw § 8 b Abs. 5 KStG zu beachten sind.

22 Bei einem Fremd-Geschäftsführer liegen hinsichtlich des Gehaltes **Einkünfte aus nichtselbständiger Arbeit** gem. § 19 EStG vor. Bei der GmbH handelt es sich um Betriebsausgaben. Hat die GmbH keinen eigenen Geschäftsbetrieb, bedeutet dies, dass das Geschäftsführergehalt einschließlich der gesetzlichen und freiwilligen sozialen Aufwendungen in voller Höhe als Sonderbetriebsausgabe im Rahmen der einheitlichen und gesonderten Gewinnfeststellung der GmbH & Co. KG zu erfassen ist. Bei einem eigenen Geschäftsbetrieb der GmbH ist nur der Anteil des Geschäftsführergehalts als Sonderbetriebsausgabe der KG zu behandeln, der auf die Geschäftsführertätigkeit für die KG entfällt.

23 Die vorstehenden Ausführungen bezüglich der Behandlung der Geschäftsführervergütung bei der GmbH gelten auch, wenn der Geschäftsführer gleichzeitig Kommanditist der KG ist. Zu beachten ist jedoch, dass es sich bei dem Gehalt des Geschäftsführers einschließlich der gesetzlichen Aufwendungen (falls diese überhaupt anfallen) und der freiwilligen sozialen Aufwendungen dann um Einkünfte aus Gewerbebetrieb iSd § 15 Abs. 1 Nr. 2 EStG handelt. Unerheblich ist dabei, ob der Geschäftsführer sein Gehalt von der GmbH oder unmittelbar von der KG erhält. Hat die GmbH noch einen eigenen Geschäftsbetrieb und erhält der Kommanditist auch dafür eine Geschäftsführervergütung, liegen bei der GmbH insoweit abzugsfähige Betriebsausgaben und beim Geschäftsführer Einkünfte aus nichtselbständiger Arbeit vor.

24 Vermietet der Kommanditist, der auch Gesellschafter der GmbH ist, ein Wirtschaftsgut an die GmbH und vermietet diese es an die KG weiter, gehört das Wirtschaftsgut zum notwendigen Sonderbetriebsvermögen des Kommanditisten. Folglich gehören die Vergütungen zu den Sonderbetriebseinnahmen iSv § 15 Abs. 1 Nr. 2 EStG und die mit diesen Wirtschaftsgütern im Zusammenhang stehenden Aufwendungen zu den Sonderbetriebsausgaben.

25 Ist die Komplementär-GmbH mit einer Vermögenseinlage kapitalmäßig am Gesellschaftsvermögen der KG beteiligt, muss sie angemessen am Gewinn beteiligt werden, wenn eine verdeckte Gewinnausschüttung vermieden werden soll. Nicht erforderlich ist es jedoch, das die Komplementär-GmbH im gleichen Verhältnis am Restgewinn beteiligt ist wie die Kommanditisten.

---

9 BFH v. 25.6.1984, GrS 4/82, BStBl. II 1984, 751.

Die Gewinnbeteiligung ist unter Bedingungen einzuräumen, wie sie mit einer Komplementär-GmbH vereinbart worden wären, deren Gesellschafter nicht gleichzeitig Kommanditisten sind. Die Gewinnbeteiligung der GmbH muss so bemessen sein, dass sich für die GmbH eine angemessene Kapitalrendite ergibt. Nach einer Verfügung der OFD Hannover[10] ist auf eine Verzinsung des Kapitals nach Berücksichtigung der Körperschaftsteuer von 10 bis 15 % abzustellen. 26

Ist die Komplementär-GmbH nicht mit einer Vermögenseinlage kapitalmäßig am Gesellschaftsvermögen der KG beteiligt, ist eine Gewinnbeteiligung nicht erforderlich. Es wird als ausreichend erachtet, dass die Komplementärin neben dem Auslagenersatz (zB Geschäftsführergehalt) eine angemessene Vergütung für die Übernahme des Haftungsrisikos erhält (1 % bis 6 % des Eigenkapitals der GmbH; idR jedoch 2 % bis 3 %). 27

Erhält die Komplementär-GmbH für ihre Tätigkeit als Geschäftsführer und für ihre Beteiligung an der GmbH & Co. KG eine unangemessen niedrige Gewinnbeteiligung, so liegt hinsichtlich der Differenz zu angemessenen Gewinnbeteiligung oder Vergütung eine verdeckte Gewinnausschüttung vor, weil darin ein Forderungsverzicht zugunsten eines Gesellschafters bzw zugunsten der Gesellschafter gesehen wird. In gleicher Weise liegt eine verdeckte Gewinnausschüttung vor, falls die GmbH keine Haftungsvergütung für die Übername des Haftungsrisikos erhält. 28

Beispiel:[11] An der A-KG sind X und Y als Kommanditisten beteiligt, während die A-GmbH die Komplementärsstellung innehat, allerdings selbst nicht am Kapital der A-KG beteiligt ist. Am Gewinn und Verlust der A-KG partizipieren die Kommanditisten jeweils zur Hälfte. Gesellschafter der A-GmbH sind X und Y. Die A-GmbH unterhält keinen eigenen Geschäftsbetrieb. Aufgrund der Haftungsübernahme durch die A-GmbH steht dieser eine angemessene Haftungsprämie in Höhe von 3 000 EUR zu, welche jedoch in der Gewinnverteilungsabrede nicht berücksichtigt wurde. Der gesamthänderisch erzielte Gewinn der KG beträgt 60 000 EUR, der je zur Hälfte X und Y zugerechnet worden ist. Sonderbetriebsausgaben im Zusammenhang mit den GmbH-Beteiligungen sind nicht angefallen.

Es liegt eine verdeckte Gewinnausschüttung in Höhe von 3 000 EUR seitens der A-GmbH an X und Y vor, da die GmbH mit Rücksicht auf das Gesellschaftsverhältnis auf die ihr eigentlich zustehende Haftungsprämie verzichtet hat. Die verdeckte Gewinnausschüttung ist innerhalb der einheitlichen Gewinnverteilung zu berücksichtigen, indem einerseits der Gewinn der GmbH um die Haftungsprämie in Höhe von 3 000 EUR erhöht und der Gewinnanteil der Kommanditisten entsprechend anteilig vermindert wird, andererseits den Kommanditisten korrespondierend Sonderbetriebseinnahmen zugerechnet werden, da die GmbH-Anteile dem notwendigen Sonderbetriebsvermögen II zuzurechnen sind. Die Sonderbetriebseinnahmen sind, da es sich bei den Kommanditisten um natürliche Personen handelt, gemäß § 3 Nr. 40 Buchst. d EStG zur Hälfte steuerfrei.

Im Ergebnis ergibt sich folgende Gewinnfeststellung:

	Anteil am gesamthänderischen Gewinn	Sonderbetriebseinnahmen	Summe
A-GmbH	3.000	–	3.000
X	28.500	1.500 -750	29.250
Y	28.500	1.500 -750	29.250
Summe	60.000	1.500	61.500

Der Gesamtgewinn der KG hat sich mithin um den steuerpflichtigen Teil der verdeckte Gewinnausschüttung (1 500 EUR) erhöht.

---

10 V. 27.5.1969, GmbHR 1970, S. 23.
11 Nach *Niehus/Wilke*, Die Besteuerung der Personengesellschaften, 2. Aufl. 2002, S. 302 f.

VI. Beispielsfall zur Bilanzierung der Personengesellschaft[12]

29 An der A, B & Co. KG sind als Komplementäre A und B sowie als Kommanditisten C, D und die E & A OHG beteiligt. A und B erhalten eine jährliche Tätigkeitsvergütung von je 60 000 EUR. Im Übrigen richtet sich die Gewinnverteilung nach dem Stand der Kapitalkonten I in der einheitlichen Handels- und Steuerbilanz der KG. D hat seinen Kommanditanteil am 1.7.2005 auf der Grundlage einer zu diesem Zeitpunkt nach handels- und steuerrechtlichen Vorschriften aufgestellten Bilanz der KG von F erworben. D ist mit der Vereinbarung in die Gesellschaft eingetreten, die Kapitalkonten des F in der Bilanz der KG unverändert zu übernehmen. Wegen der schlechten Ertragsaussichten der KG zahlte D an F aber nur 35 000 EUR. Den Kaufpreis hat er fremdfinanziert. Das entsprechende Darlehen über 35 000 EUR ist in den ersten drei Jahren tilgungsfrei; die erste Zinszahlung für die Zeit vom 1.7.-31.12.2005 in Höhe von 3 500 EUR wurde am 31.12.2005 bezahlt. D hält den Anteil an der KG im Betriebsvermögen seines Einzelunternehmens. Bereits seit zwei Jahren vermietet D eine Lagerhalle an die KG; die Jahresmiete beträgt 40 000 EUR. Der Mietvertrag bleibt auch nach dem Eintritt als Kommanditist bestehen. Die Lagerhalle stand am 31.12.2004 mit 260 000 EUR zu Buche; der dazugehörige Grund und Boden mit 180 000 EUR. Die jährliche AfA beträgt 40 000 EUR; die jährlichen laufenden Kosten für das Grundstück von 10 000 EUR trägt nach wie vor D selbst. Die gemeinen Werte betragen am 1.7.2005 für den Grund und Boden 300 000 EUR, für die Lagerhalle 320 000 EUR; die Teilwerte sind identisch. Gesellschafter der E & A OHG sind E und A zu gleichen Teilen. Die A, B & Co. KG hat im September des Jahres Saatgut zum marktüblichen Preis von 3 000 EUR von der E & A OHG erworben und sofort bezahlt. In diesem Zusammenhang erbrachte E Beratungsleistungen für 1 500 EUR gegenüber der KG, die sofort bezahlt und bei der KG als Betriebsausgaben verbucht wurden. Die Abschreibungen auf die auf der Aktivseite der KG-Bilanz am 1.7.2005 aufgeführten Gebäude betragen 36 000 EUR p.a., auf den Fuhrpark, der ebenfalls linear abgeschrieben wird, 20 000 EUR für das Jahr 2005. Die Vorräte und Forderungen wurden bis zum Jahresende 2005 vollständig substituiert; am 31.12.2005 sind die Vorräte nach bilanzsteuerrechtlichen Vorschriften mit 40 000 EUR und die Forderungen mit 17 000 EUR anzusetzen. Der Kassenbestand am 31.12.2005 beläuft sich auf 12 000 EUR, die Verbindlichkeiten sind seit dem 1.7.2005 in Bestand und Höhe unverändert. Weitere Posten sind nicht hinzugekommen.

30 **Zwischenbilanz** zum 1.7.2005 für die A, B & Co. KG (nach handels- und steuerrechtlichen Vorschriften)

Aktiva		Passiva	
Grund und Boden	300.000	Kapitalkonten I	
Gebäude	144.000	A	30.000
Fuhrpark	80.000	B	30.000
Beteiligung	100.000	C	60.000
Vorräte	50.000	F	60.000
Kasse	7.000	E & A OHG	120.000
Forderungen	19.000	Kapitalkonten II	
Verlust	40.000	(Verrechnungskonten)	
		A	-10.000
		B	-23.000
		C	5.000
		F	3.000
		Verbindlichkeiten	465.000
	740.000		740.000

---

12 Nach *Weber-Grellet*, Bilanzsteuerrecht, 8. Aufl., S. 242 ff.

A. Die Personengesellschaft

Teilwerte am 1.7.2005

Grund und Boden	400.000	Kapitalkonten	317.000
Gebäude	180.000	Verbindlichkeiten	450.000
Fuhrpark	91.000		
Beteiligung	20.000		
Vorräte	50.000		
Kasse	7.000		
Forderungen	19.000		
	767.000		767.000

Gesamthandsbilanz: Auf der Grundlage der Zwischenbilanz zum 1.7.2005 kann durch Fortschreibung die Gesamthandsbilanz der KG zum 31.12.2005 gewonnen werden, indem insbesondere die Wertansätze für Gebäude und Fuhrpark um die Halbjahres-AfA (18 000 EUR und 10 000 EUR) vermindert und für Vorräte, Kasse und Forderungen die im Sachverhalt genannten Bestände eingesetzt werden.
Die bis 31.12.2005 fortgeschriebene Steuerbilanz der KG hat daher folgendes Aussehen:

Grund und Boden	300.000	Kapitalkonten I	
Gebäude	126.000	A	30.000
Fuhrpark	70.000	B	30.000
Beteiligung	100.000	C	60.000
Vorräte	40.000	D	60.000
Kasse	12.000	A & E OHG	120.000
Forderungen	17.000	Kapitalkonten II	
		A	
		B	-10.000
		C	-23.000
		D	5.000
Verlust	75.000	Verbindlichkeiten	465.000
	740.000		740.000

Ergänzungsbilanz für D: Da sich D bei seinem Eintritt in die KG verpflichtet hat, die Kapitalkonten seines Rechtsvorgängers F fortzuführen, hat er den Differenzbetrag zwischen dem Kaufpreis und dem Buchwert des übernommenen Kapitalkontos in einer Ergänzungsbilanz auszuweisen. Der Buchwert des von F zum 1.7.2005 übernommenen Gesellschaftsanteils betrug:

Kapitalkonto	160.000 EUR
Kapitalkonto II	3.000 EUR
./. Verlustanteil	
(20 % von 40 000)	-8.000 EUR
Buchwert des Kapitalkontos	55.000 EUR

Von dem Minderbetrag von insgesamt 20 000 EUR (55 000 ./. 35 000) entfallen demnach zunächst 20 % von 80 000 EUR (100 000 ./. 20 000) = 16 000 EUR auf den Anteil des D an der Überbewertung der Beteiligung. Der verbleibende Minderbetrag von 4 000 EUR ist nach dem Verhältnis der Teilwerte auf alle übrigen positiven und negativen Wirtschaftsgüter mit Ausnahme des Bestandes an Geld bzw. Kasse zu verteilen. Das ergibt:

Teilwert (in 1 000 EUR)		Verteilung des Minderwertes v. 4 000 EUR		
Grund und Boden	400	400/310	=	5.161
Gebäude	180	180/310	=	2.323
Fuhrpark	91	91/310	=	1.174
Beteiligung	20	20/310	=	258

Teilwert (in 1 000 EUR)		Verteilung des Minderwertes v. 4 000 EUR		
Vorräte	50	50/310	=	645
Forderungen	19	19/310	=	245
Summe	760		=	9.806
Verbindlichkeiten	-450	-450/310	=	-5.806
	310		=	4.000

34 Die Ergänzungsbilanz des D hat danach folgendes Aussehen zum Eintrittszeitpunkt:

Ergänzungsbilanz zum 1.7.2005 für D

Minderkapital	20.000	Minderwert:	
		Grund und Boden	5.161
		Gebäude	2.323
		Fuhrpark	1.174
		Beteiligung (16 000 + 258)	16.258
Minderlast		Vorräte	645
Verbindlichkeiten	5.806	Forderungen	245
	25.806		25.806

35 Diese Werte sind bis zum 31.12.2005 fortzuschreiben. Die – die Wertansätze der Gesamthandelsbilanz ergänzenden – Minderwerte auf Vorräte und Forderungen sind aufzulösen. Nach dem Sachverhalt sind die – bei D wegen Minderkapitals abgewerteten – Forderungen eingegangen; die aus demselben Grund niedrigbewerteten Vorräte sind veräußert worden; diese Geschäftsvorfälle führen bei D zu (Sonder-)Ertrag. Die Minderwerte auf Gebäude und Fuhrpark sind entsprechend der AfA in der Hauptbilanz zu vermindern. So verringert sich für die Zeit vom 1.7.2005 – 31.12.2005 der Minderwert der Gebäude um 12,5 % = 290,38 EUR und derjenige auf den Fuhrpark ebenfalls um 12,5 % = 146,75 EUR. Damit haben ergänzende GuV-Rechnung und Ergänzungsbilanz folgendes Aussehen:

Ergänzende GuV vom 1.7.-31.12.2005

„Erträge" aus der Auflösung der Minderwerte (Korrektur der Hauptbilanz/GuV-Rechnung)	
Gebäude	290
Fuhrpark	147
Vorräte	645
Forderungen	245
	1.327

Ergänzungsbilanz D zum 31.12.2005

Minderkapital	20.000	Minderwerte	
		Grund und Boden	5.161
Minderlast		Gebäude	2.033
Verbindlichkeiten	5.806	Fuhrpark	1.027
		Beteiligung	16.258
		Gewinn	1.327
	25.806		25.806

36 **Sonderbilanzen der Gesellschafter A und B:** Die Gesellschafter A und B haben ihre Tätigkeitsvergütung von je 60 000 EUR als Sonderbetriebseinnahmen zu erfassen. Folglich entsteht in ihren Sonderbilanzen zum 31.12.2005 ein Gewinn von jeweils 60 000 EUR.

37 **Sonderbilanzen des D:** Bei seinem Eintritt in die KG und dem Erwerb der Mitunternehmerstellung wird die von D vermietete Lagerhalle zusammen mit dem zugehörigen Grund und Boden zu notwen-

digem Betriebsvermögen der KG. Eine Gewinnrealisierung tritt nicht ein. Eine Fortschreibung der Buchwerte entspricht der Zielsetzung des D, seinen Gewinnausweis für das Jahr 2005 zu minimieren. D übernimmt folglich die Lagerhalle und den dazugehörenden Grund und Boden am 1.7.2005 in sein Sonderbetriebsvermögen I bei der KG:

Sonderbetriebsvermögen I des D zum 1.7.2005

Grund und Boden	180.000	Sonderkapital	420.000
Lagerhalle (fortgeschriebener Wert; AfA 20 T)	240.000		

Sonderbetriebsvermögen II des D zum 1.7.2005

Minderkapital	35.000	Darlehen	35.000

Fortgeführt bis zum 31.12.2005 unter Erfassung aller erfolgswirksamen Vorfälle ergibt sich:

Sonderbetriebsvermögen I des D zum 31.12.2005

Grund und Boden	180.000	Sonderkapital	420.000
Gebäude	240.000	Entnahme (Mieteinnahmen)	-20.000
-AfA	-20.000	Einlage (Kosten Lagerhalle)	5.000
	220.000		
Verlust	5.000		

Sonderbetriebsvermögen II des D zum 1.7.2005

Minderkapital	35.000	Darlehen	35.000
Verlust	3.500	Einlage (Zinsen)	3.500

Sonderbilanz der E & A OHG: Die Abwicklung der Saatgutlieferung wie unter fremden Dritten führt nicht zur Anwendung des § 15 Abs. 1 S. 1 Nr. 2 S. 1, 2. Hs EStG.
E ist allerdings für die OHG tätig geworden, so dass das Beratungshonorar als Sonderbetriebseinnahme der OHG zu erfassen ist; sie führt im Sonderbetriebsvermögen der E & A OHG zu einem Gewinn zum 31.12.2005 in Höhe von 1 500 EUR.

Additive Gewinnermittlung

	Gesamthand	Ergbilanz	SBV I	SBV II	Addition
A	-7.500	-	60.000	-	52.500
B	-7.500	-	60.000	-	52.500
C	-15.000	-	-	-	-15.000
D	-7.000	1.327	-5.000	-3.500	-14.173
E & A OHG	-30.000	-	1.500	-	-28.500
F	-8.000	-	-	-	-8.000
	-75.000	+1.327	+116.500	-3.500	+39.327

Erwerb des KG-Anteils in der Bilanz des Einzelunternehmens des D: In der Handelsbilanz hat D die Beteiligung mit den Anschaffungskosten von 35 000 EUR zu aktivieren. Auf der Aktivseite dieser Bilanz werden die Posten für die Lagerhalle und den zugehörigen Grund und Boden fortgeführt; als Verbindlichkeit hat D ab dem 1.7.2005 den Darlehensbetrag zur Finanzierung der KG-Beteiligung mit dem Rückzahlungsbetrag von 35.000 EUR zu passivieren.
In der Steuerbilanz dagegen hat der Posten „Beteiligung" keine eigenständige Bedeutung; der Posten spiegelt lediglich das steuerliche Kapitalkonto bei der KG wider (sog. Spiegelbildmethode). Das steu-

erliche Kapitalkonto umfasst das der Gesamthandelsbilanz als auch die von Ergänzungs- und Sonderbilanzen. Dementsprechend ergibt sich für das Einzelunternehmen ein Ansatz in der Steuerbilanz in Höhe von 420 000 EUR.

Kapitalkonten	zum 1.7.2005:		zum 31.12.2005:
Gesamthandelsbilanz	55.000	-7.000	48.000
Ergänzungsbilanz	-20.000	+1.327	-18.673
Sonderbilanz I	420.000	-5.000	415.000
Sonderbilanz II	-35.000	-3.500	-38.500
	420.000		405.827

42 Im Unterschied zur Handelsbilanz werden in der Steuerbilanz des Einzelunternehmens des D die Posten „Lagerhalle", „Grund und Boden Lagerhalle" und „Verbindlichkeiten Beteiligung" nicht mehr angesetzt.

VII. Die vermögensverwaltende Personengesellschaft

43 **Vergütungen von Gesellschaftern** sind eigenständig zu qualifizieren; § 15 Abs. 1 S. 1 Nr. 2 S. 1 Hs 2 EStG ist nicht (auch nicht analog) anzuwenden. Bezüge, die in einem schuldrechtlichen Leistungsaustausch begründet sind, sind von der Gesellschaft als Werbungskosten abzuziehen und von den Gesellschaftern im Rahmen der einschlägigen Einkunftsart zu versteuern. Bezüge, die im Gesellschaftsverhältnis begründet sind, stellen eine Ergebniszuweisung dar.[13] Ein schuldrechtlicher Leistungsaustausch ist nur dann anzunehmen, wenn die Vergütung handelsrechtlich als Aufwand behandelt wird und auch dann zu zahlen ist, wenn kein Gewinn erwirtschaftet wird.[14] Auch fixe Bezüge sind als Gewinnbeteiligung anzusehen, wenn sie als Vorabgewinn ausgestaltet sind und somit mit dem späteren Gewinn zu verrechnen sind.[15] Irrelevant ist, in welchem Vertragswerk die Regelung getroffen ist. So kann ein schuldrechtlicher Leistungsaustausch auch im Gesellschaftsvertrag begründet sein, denn ein Beitrag zur Förderung des gemeinsamen Zweckes kann nicht nur in unentgeltlichen, sondern auch in entgeltlichen Dienstleistungen bestehen.[16]

44 Bei der **entgeltlichen Übertragung von Wirtschaftsgütern zwischen der Gesamthand und den Gesamthändern** findet eine Bruchteilsbetrachtung ebenso Anwendung, wie bei der Veräußerung an Dritte. Dem übertragenden Gesellschafter ist das Wirtschaftsgut daher auch nach der Übertragung anteilig zuzurechnen, insoweit finden kein entgeltlicher Erwerb und keine Veräußerung statt,[17] denn eine Veräußerung kann nicht an sich selbst erfolgen. Darstellungstechnisch kann die Bruchteilsbetrachtung im Falle der Veräußerung an die Gesellschaft umgesetzt werden, indem das Wirtschaftsgut auf Ebene der Gesellschaft mit dem Kaufpreis angesetzt wird und gleichzeitig ein Ausgleichsposten in einer Ergänzungsrechnung des veräußernden Gesamthänders gebildet wird.[18]

45 Nach hM ist ein Gesellschaftsvertrag kein gegenseitiger Vertrag, sondern ein Organisationsvertrag; die Gesellschafter erbringen keine Leistungen im Austausch, sondern fördern den gemeinsamen Zweck. Steuerlich werden für die Übertragung von Wirtschaftsgütern gewährte Gesellschaftsrechte bei einer gewerblichen Personengesellschaft als Gegenleistung gesehen; man spricht von einem tauschähnlichen Vorgang. Nach der Bruchteilsbetrachtung bei der vermögensverwaltenden Gesellschaft gilt demgegenüber: Bringt ein Gesellschafter ein Wirtschaftsgut in eine Gesellschaft ein, so wird ihm das Wirtschaftsgut weiterhin in Höhe seiner Beteiligung zugerechnet; insoweit liegt mangels Wechsels des wirtschaftlichen Eigentümers keine Veräußerung vor.[19] Das Hessische Finanzgericht betrachtet dementsprechend in Anwendung des § 39 Abs. 2 Nr. 2 AO die anteilswahrende Einbringung eines mitunternehmerisch gehaltenen Wirtschaftsguts nicht als Veräußerung; das Eigentum werde nicht aufgegeben, sondern nur

---

13 BFH v. 7.4.1987, IX R 103/85, BStBl. II 1987, 707.
14 BFH v. 13.10.1998, VIII R 4/98, BStBl. II 1999, 284.
15 BFH v. 18.11.1980, VIII R 194/78, BStBl. II 1981, 510; *Tulloch/Wellisch*, DStR 1999, 1094.
16 BFH v. 23.1.2001, VIII R 30/99, BStBl. II 2001, 621.
17 Niedersächsisches FG v. 29.4.1993, II 322/91, EFG 1994, 287.
18 Vgl *Groh* DB 1984, 2376, Fn 43 zur Zebragesellschaft.
19 BMF v. 5.10.2000, BStBl. I 2000, 1383, Tz 8.

qualitativ verändert.[20] Soweit das Wirtschaftsgut nach der Einbringung jedoch den anderen Gesellschaftern zuzurechnen ist, hat der einbringende Gesellschafter das Wirtschaftsgut auf die anderen Gesellschafter übertragen. Diese Übertragung ist als Veräußerung zu qualifizieren, wenn der einbringende Gesellschafter für die Übertragung ein Entgelt erhalten hat. Als Entgelt können die Anteile an den anderen Wirtschaftgütern der Gesellschaft oder jedenfalls die Anteile an gleichzeitig von den anderen Gesellschaftern eingebrachten Wirtschaftsgütern angesehen werden.

Die Überschusserzielungsabsicht ist sowohl auf der Ebene der Gesellschaft auch auf der Ebene des einzelnen Gesellschafters zu prüfen.[21]

VIII. Verfahrensrecht der Gewinnfeststellung bei Personengesellschaften

Der Gewinn oder Verlust einer Personengesellschaft wird durch Feststellungsbescheid festgesetzt, vgl §§ 179 Abs. 1, 180 Abs. 1 Nr. 2 Buchst. a AO. Dabei ist zu beachten, dass sich ein solcher Bescheid niemals gegen die Personengesellschaft selbst richtet, sondern gegen die einzelnen Gesellschafter. Mit einer Gewinnfeststellung durch das Gesellschaftsfinanzamt wird zweierlei verfolgt. Sie erfolgt gesondert (§ 179 Abs. 2 S. 1 AO), um den Gesellschafterfinanzämtern mehrfache Gewinnermittlungen hinsichtlich der Anteile der Einzelgesellschafter zu ersparen – Konsequenz ist die Bindungswirkung dieses Grundlagenbescheids für die Folgebescheide nach § 182 Abs. 1 AO; und sie erfolgt einheitlich (§ 179 Abs. 2 S. 2 AO), um unterschiedliche Entscheidungen gegenüber mehreren Beteiligten zu vermeiden.

In die gesonderte und einheitliche Feststellung von Mitunternehmerschaften sind einzubeziehen:
- die Frage, ob eine Mitunternehmerschaft vorliegt und wem diese Einkünfte zuzurechnen sind (wer also Mitunternehmer oder Einkünfteerzielungssubjekt der gemeinsamen Überschusseinkünfte ist);
- die Frage, ob Einkünfte vorliegen (Gewinnerzielungsabsicht?) und wie sie zu qualifizieren sind;
- die Frage, ob diese Einkünfte steuerpflichtig, steuerfrei oder steuerermäßigt sind,
- die Feststellung des Gesamtgewinns (oder Gewinnüberschusses) der Gesellschaft. Dazu rechnen nach der Praxis nicht nur die Gewinnelemente auf Gesellschaftsebene, sondern auch der Sonderbetriebsbereich (zB: Geschäftsführergehälter als Sondervergütungen nach § 15 Abs. 1 S. 1 Hs 2 EStG); dies sogar bei Sonderbetriebseinnahmen und Sonderbetriebsausgaben (Sondereinnahmen und Sonderwerbungskosten), die nicht den Weg über die Gesellschaft gegangen sind (zB: persönliche Schuldzinsen für den Kredit, mit dem die Beteiligung angeschafft wurde – dies kann mit Interessen des Gesellschafters an der Geheimhaltung solcher Vorgänge kollidieren);
- die Zurechnung des Gesamtgewinns an die Beteiligten;
- Besteuerungsgrundlagen, die an sich ins Veranlagungsverfahren der Gesellschafter gehören, aber mit feststellungspflichtigen Einkünften in Zusammenhang stehen. Hauptfall sind Spenden der Gesellschaft (Spenden der Gesellschaft sind keine Betriebsausgaben, die ihren Gewinn mindern, sondern Sonderausgaben der Gesellschafter (§ 10 b EStG), die ihnen im Verhältnis des Gewinnverteilungsschlüssels zuzurechnen sind. Ähnlich § 180 Abs. 5 Nr. 2: Auch Steuerabzugsbeträge – etwa Kapitalertragsteuer § 36 Abs. 2 Nr. 2 EStG auf Erträge aus gemeinsam angelegtem Vermögen – sind anteilig zuzurechnen.

Bei vermögensverwaltenden Gesellschaften gilt § 15 Abs. 1 S. 1 Nr. 2 EStG weder unmittelbar noch mittelbar. Einen "Sonderbetrieb" der Gesellschafter, dessen Ergebnisse in diese Einkünfteermittlung der Gesellschaft einzubeziehen wären, gibt es nicht. Gleichwohl sollen Sondereinnahmen und Sonderwerbungskosten (etwa persönliche Schuldzinsen eines Gesellschafters für das Darlehen, mit dem er seine persönliche Schuldzinsen eines Gesellschafters für das Darlehen, mit dem er seine Beteiligung finanziert hat) in die gesonderte Feststellung einbezogen werden.

Hinweis: Im Feststellungsverfahren zu treffende, aber unterlassene Entscheidungen können im Veranlagungsverfahren grundsätzlich nicht mehr nachgeholt werden – der Grundlagenbescheid bindet die Folgebescheide (§ 182 Abs. 1 AO).

---

20 Hessisches FG v. 18.9.2001, 1 K 4061/99, DStRE 2002, 734.
21 BFH v. 8.12.1998, IX R 49/95, BStBl. II 1999, 468.

49 Gewinnfeststellungsbescheide sind iSv § 122 Abs. 1 AO nicht für die Gesellschaft als solche bestimmt, sondern für die einzelnen Gesellschafter, denen der Gegenstand der Feststellung – dh ihr Gewinnanteil – zuzurechnen ist. Für die Bekanntgabe einheitlicher Feststellungsbescheide enthält § 183 AO Sondervorschriften, die eine viergestufte Empfangsbevollmächtigung vorsehen. Grundsätzlich soll diese Aufgabe durch den von den Feststellungsbeteiligten (Gesellschaftern) selbst bestellten Empfangsbevollmächtigten (§ 183 Abs. 1 S. 1 AO) wahrgenommen werden. Wenn dies geschieht, ist der Bevollmächtigte dazu berufen, den Feststellungsbescheid (in einer Ausfertigung) wie auch einen etwaigen Einspruchsbescheid mit Wirkung für und gegen alle in Empfang zu nehmen. Vertreter iSv § 80 AO ist er aber nicht und nicht zu weiteren Verfahrenshandlungen befugt. Kommen die Gesellschafter diesem „Sollen" nicht nach, fingiert § 183 Abs. 1 S. 2 AO einen Empfangsbevollmächtigten: jeder (irgendeiner) der vertretungsberechtigt ist. Ist ein Empfangsbevollmächtigter nicht bestellt worden und existiert auch kein Empfangsbevollmächtigter nach § 183 Abs. 1 S. 2 AO, kann das Finanzamt die Beteiligten auffordern, einen Empfangsbevollmächtigten zu benennen (§ 183 Abs. 1 S. 3 AO). Zugleich ist einer der Beteiligten mit dem Hinweis vorzuschlagen, dass er als bevollmächtigt gilt, wenn kein anderer benannt wird. Wird er oder ein anderer benannt, ist der Benannte empfangsbevollmächtigt. Erfolgt von Seiten der Gesellschafter keine Benennung, gilt der Vorgeschlagene als bevollmächtigt (§ 183 Abs. 1 S. 4).

50 Ist an einer nicht gewerblich tätigen Personengesellschaft (auch) ein Gesellschafter beteiligt, der seine Gesellschaft im Betriebsvermögen hält, dann entsteht eine sog. **Zebragesellschaft**, deren einzelne Gesellschafter „weiße" (nichtgewerbliche) und „schwarze" (gewerbliche) Einkünfte beziehen. Die dem Zebra-Gesellschafter zuzurechnenden Beteiligungseinkünfte werden dabei erst auf Ebene des Gesellschafters – nicht bereits auf der Ebene der vermögensverwaltenden Gesellschaft – in betriebliche Einkünfte umqualifiziert, vgl H 15.8 (1) EStR.

IX. Weichenstellung: Gewerblichkeit der Personengesellschaft

51 Wie bereits dargestellt ist die entscheidende Weichenstellung für die (rechtskonstruktive) Beurteilung einer Personengesellschaft die Klärung der Gewerblichkeit der Gesellschaft. Auch die praktischen Steuerwirkungen sind immens. So sind **Veräußerungen** aus dem Betriebsvermögen (einer Mitunternehmerschaft) **stets steuerpflichtig**, während Veräußerungen aus dem Privatvermögen (einer vermögensverwaltenden Personengesellschaft) nur unter den Bedingungen des § 23 EStG (Unterschreiten der Spekulationsfrist) oder 17 EStG (mehr als 1 % Beteiligung an Kapitalgesellschaft) steuerpflichtig sind. Zudem fällt bei gewerblichen Personengesellschaften Gewerbesteuer an, die nur teilweise durch Anrechnung (§ 35 EStG) kompensiert werden kann.

1. Originäre gewerbliche Tätigkeit

52 Mit dem Tatbestand der Gewerblichkeit soll die Tätigkeit erfasst werden, die – im Unterschied zur Nutzung der reinen Produktionsfaktoren Arbeit (§ 18 EStG), Boden (§ 21 EStG) und Kapital (§ 20 EStG) – durch Faktorkombination (Vermischung von Produktionsfaktoren) eine Wertschöpfung leistet.[22] Den Tatbestandsmerkmalen der Gewerblichkeit ist dies nicht ohne weiteres zu entnehmen. Gewerbliche Tätigkeit kann auch mittelbar verwirklicht werden. Vgl zur Frage der Gewerblichkeit von Private-Equity-Fonds das BMF-Schreiben vom 16.12.2003.[23]

a) Tatbestandsmerkmale der Gewerblichkeit

53 **Selbständigkeit**: Eine Person ist auf eigene Rechnung und Gefahr tätig, trägt das Erfolgsrisiko (Unternehmerrisiko) und kann Unternehmerinitiative entfalten.[24]

54 **Nachhaltigkeit**: Mit diesem Merkmal soll die geringfügige Faktorkombination (zB nur gelegentliche Tätigkeiten) ausgeschlossen werden.

---

22 *Schnoor*, NJW 2004, 3214.
23 BMF v. 16.12.2003, BStBl. I 2004.
24 BFH v. 24.10.1995, VIII R 2/92, BFH/NV 1996, 325.

Teilnahme am allgemeinen wirtschaftlichen Verkehr: Wenn die Bereitschaft vorhanden ist, an jeden zu verkaufen, der die Kaufbedingungen erfüllt,[25] auch wenn nur ein einziger Abnehmer vorhanden ist.[26] Die Leistungen müssen nicht in eigener Person vorgenommen werden; die Zurechnung bei Einschaltung eines Maklers oder Vertreters genügt.[27]

Gewinnerzielungsabsicht: Dem Merkmal (welches bei jedem der sieben Einkunftstatbestände des § 2 EStG erfüllt sein muss) kommt die Funktion eines Verlustabzugsverbots zu. Verluste aus einem Verhalten, dass nicht auf Gewinnerzielung angelegt war (sog. „**Liebhaberei**"), sollen nicht mit positiven Einkünften verrechnet werden können. Maßgeblich ist die Absicht einen Gewinn vor Steuern zu erzielen, welche bei dem subjektiven Tatbestandsmerkmal nur aus Beweisanzeichen (Indizien) geschlossen werden kann. Im Zweifel ist die Gewinnerzielungsabsicht bei einer positiven Ergebnisprognose zu bejahen. Erforderlich ist das Streben nach einer Betriebsvermögensmehrung in Form des „Totalgewinns" in der „Totalperiode", dh eines positiven (über den Kapitaleinsatz hinausgehenden) Gesamtergebnisses des Betriebes in der Zeit von der Gründung bis zur Veräußerung oder Aufgabe.[28] Steuerbare Veräußerungs- oder Aufgabegewinne sind mit einzubeziehen, selbst wenn sie steuerbefreit sind.[29] Selbständige Tätigkeitsbereiche sind je für sich zu beurteilen (sog. Segmentierung).[30] Wird ein Unternehmen abgewickelt, ist diese Tätigkeit noch Teil des Gewerbebetriebes. Da die Kapitalgesellschaft keinen „Privatbereich" kennt, wird die Liebhaberei bei ihr als verdeckte Gewinnausschüttung verstanden.

b) Gewerblicher Grundstückshandel (Drei-Objekt-Grenze)

Ein gewerblicher Grundstückshandel kommt nach ständiger Rechtsprechung des BFH **in der Regel** erst dadurch zustande, dass der Veräußerer eine Anzahl bestimmter Objekte zuvor gekauft oder bebaut hat und sie in engem zeitlichen Zusammenhang veräußert. Hat der Veräußerer mehr als drei Objekte gekauft oder errichtet und sie in engem zeitlichen Zusammenhang veräußert, so lässt dies nach den Regeln der Lebenserfahrung mangels gegenteiliger objektiver Anhaltspunkte grundsätzlich den Schluss zu, dass bereits im Zeitpunkt des Ankaufs oder der Errichtung zumindest eine bedingte Wiederverkaufsabsicht bestanden hat (sog. Drei-Objekt-Grenze).[31] Der zeitliche Zusammenhang (fünf Jahre) muss sowohl zwischen Anschaffung/Errichtung und Veräußerung des einzelnen Objektes als auch zwischen den Veräußerungen bestehen.[32] Gleichwohl handelt es sich nur um ein Indiz, dass widerlegbar ist; andererseits kann sich auch aus anderen Umständen die Gewerblichkeit ergeben. Als Zählobjekt gilt – und zwar unabhängig davon ob gleichartige oder verschiedenartige Objekte veräußert werden – jedes selbständig veräußerbare Immobilienobjekt, zB Einfamilienhäuser, Doppelhaushälften, Eigentumswohnungen, Zweifamilienhäuser, unbebaute Grundstücke und Parzellen, Miteigentumsanteile, Anteile an Grundstückspersonengesellschaften. Größe und Wert des Einzelobjekts ist grundsätzlich unbeachtlich. Dauerhaft selbstgenutze Objekte sind nicht zu berücksichtigen.[33] Mit einzubeziehen sind Objekte, die im Wege der vorweggenommenen Erbfolge oder durch Schenkung übertragen wurden, nicht jedoch ererbte Objekte. Vgl wegen der Einzelheiten das ausführliche BMF-Schreiben vom 26.3.2004.[34]

c) Betriebsaufspaltung (als mittelbare gewerbliche Tätigkeit)[35]

Für eine Betriebsaufspaltung (seltener „Doppelgesellschaft" genannt) ist der **typische Fall** kennzeichnend, dass eine nicht gewerbliche Betätigung einer natürlichen Person oder Personengesellschaft (wie das Vermieten oder Verpachten von Wirtschaftgütern) durch eine sachliche und persönliche Verflech-

---
25 BFH v. 6.2.1997, III B 122/94, BFH/NV 1997, 477.
26 BFH v. 22.1.2003, X R 37/00, BStBl. II 2003, 464.
27 BFH v. 7.12.1995, IV R 112/92, BStBl. II 1996, 367.
28 BFH v. 25.6.1984, GrS 4/82, BStBl. II 1984, 751.
29 BFH v. 18.9.1996, I R 69/95, BFH/NV 1997, 408.
30 BFH v. 25.6.1996, VIII R 28/94, BStBl. II 1997, 202.
31 BFH v. 29.10.1998, XI R 58/97, BFH/NV 1999, 766.
32 BFH v. 18.9.1991, XI R 23/90, BStBl. II 1992, 135.
33 BFH v. 16.10.2002, X R 74/99, BStBl. II 2003, 245.
34 BMF v. 26.3.2004, BStBl. I 2004, 434.
35 R 15.7 Abs. 4 ff EStR.

tung zwischen dem Vermieter (sog. Besitzunternehmen) und einer gewerblichen Betriebsgesellschaft (sog. Betriebsunternehmen) in einen Gewerbebetrieb umqualifiziert wird, weil die hinter beiden Unternehmen stehenden Personen einen **einheitlichen geschäftlichen Betätigungswillen** haben, so dass sie mittelbar (über das Betriebsunternehmen) am wirtschaftlichen Verkehr teilnehmen. Die Einkünfte unterliegen dann der **Gewerbesteuer** und die zur Nutzung überlassenen Wirtschaftgüter stellen **Betriebsvermögen** dar. Zum notwendigen Betriebsvermögen des Besitzunternehmens gehören dabei neben den überlassenen wesentlichen Betriebsgrundlagen auch die dem Betriebsunternehmen überlassenen nicht wesentlichen Wirtschaftsgüter,[36] es sei denn ein wirtschaftlicher Zusammenhang mit der Überlassung der wesentlichen Betriebsgrundlage kann ausgeschlossen werden.[37] Auch Anteile an der Betriebskapitalgesellschaft sowie Anteile an einer Kapitalgesellschaft, die eine mittelbare Beherrschung der Betriebsgesellschaft ermöglichen, gehören zum notwendigen Betriebsvermögen des Besitzunternehmers.[38] Im Ergebnis wird damit eine vergleichbare Situation wie bei der Sondervergütungen und dem Sonderbetriebsvermögen im Rahmen einer Mitunternehmerschaft bei einer Personengesellschaft herbeigeführt. Ist das Besitzunternehmen eine Personengesellschaft, betreibt diese (wegen der Abfärbtheorie) insgesamt einen Gewerbebetrieb, so dass alle Gesellschafter, auch diejenigen, die nicht an der Betriebsgesellschaft beteiligt sind (**Nur-Besitzgesellschafter**), gewerbliche Einkünfte erzielen. Die Abfärbung erstreckt sich allerdings grundsätzlich nicht auf Wirtschaftgüter, die nicht zum Gesamthandsvermögen gehören, es sei denn wegen eines wirtschaftlichen Zusammenhangs wäre Sonderbetriebsvermögen II anzunehmen.

59 Die (für gewerbliche Einkünfte) erforderliche Gewinnerzielungsabsicht ist auch bei der unentgeltlichen Überlassung an eine Kapitalgesellschaft gegeben, weil Ausschüttungen und Wertsteigerungen der Anteile wirtschaftlich einem gezahlten Nutzungsentgelt vergleichbar sind.[39]

60 Sind Besitz- und Betriebsgesellschaft Personengesellschaften spricht man von einer „**mitunternehmerischen Betriebsaufspaltung**". Hierbei ist zu aber beachten, dass im Falle der doppelstöckigen Gesellschaft (im Unterschied zur Schwesterpersonengesellschaft) die überlassenen Wirtschaftgüter zum Sonderbetriebsvermögen der Obergesellschaft bei der Untergesellschaft gehören, § 15 Abs. 1 S. 2, 2. Alt.[40] Daraus folgt: Eine mitunternehmerische Betriebsaufspaltung besteht nur dann, wenn eine vermögensverwaltende Personengesellschaft oder eine gewerblich tätige oder gewerblich geprägte Personengesellschaft („überlagerte Betriebsaufspaltung") wesentliche Betriebsgrundlagen einer Schwesterpersonengesellschaft mit Gewinnerzielungsabsicht überlässt.

61 **Personelle Verflechtung** ist gegeben, wenn Betriebsgesellschaft und das Besitzunternehmen von einem einheitlichen geschäftlichen Betätigungswillen getragen sind.[41] Dies ist der Fall bei

- **Beteiligungsidentität** (an beiden Unternehmen sind dieselben Personen im gleichen Verhältnis beteiligt);
- **Beherrschungsidentität** (eine Person oder Personengruppe beherrscht beide Unternehmen auf gesellschaftsrechtlicher oder vertraglicher Grundlage oder ausnahmsweise auch faktisch); maßgeblich ist die Regelung über die Geschäftsführungsbefugnis (und damit Dispositionsbefugnis über die Nutzungsüberlassung). Gilt für das Besitzunternehmen allgemein durch Vertrag oder Gesetz des **Einstimmigkeitsprinzip** (zB § 709 BGB), dann schließt auch ein nur minimal beteiligter Nur-Besitzgesellschafter die Beherrschungsidentität wegen seines Vetorechtes aus;[42] anders bei Rechtsmissbrauch (§ 42 AO), wenn zB die Einstimmigkeit auf Begründung, Änderung und Beendigung des Nutzungsverhältnisses beschränkt wird oder der Nur-Besitzgesellschafter faktisch beherrscht wird. Besteht in der Betriebskapitalgesellschaft aufgrund des Anteilsbesitzes keine Stimmenmehrheit des Besitzgesellschafter, kann diese durch **Stimmrechtsbindungsverträge** oder unwiderrufliche Stimmrechtsvollmacht begründet werden; die Stimme desjenigen, der gebunden ist, ist

---

36 BFH v. 23.9.1998, XI R 72/97, BStBl. II 1999, 281.
37 BFH v. 23.9.1998, XI R 72/97, BStBl. II 1999, 281.
38 BFH v. 23.7.1981, IV R 103/78, BStBl. II 1982, 60.
39 BFH v. 13.11.1997, IV R 67/96, BStBl. II 1998, 254.
40 BFH v. 7.12.2000, III R 35/98, BStBl. II 2001, 316.
41 BFH v. 8.11.1971, GrS 2/71, BStBl. II 1972, 63.
42 BFH v. 11.5.1999, VIII R 72/96, BStBl. II 2002, 722.

dann dem Weisungsbefugten zuzurechnen. Bei Ehegatten und Kindern darf allein wegen des Ehe- bzw Familienverhältnisses keine Vermutung gleichgerichteter Interessen angenommen werden (Verstoß gegen Art. 6 iVm Art. 3 GG).[43] Bei minderjährigen Kindern soll nach Ansicht der Finanzverwaltung aber ohne weiteres eine Hinzurechnung der Kinderanteile zulässig sein, wenn an beiden Gesellschaften die für das Kind vermögenssorgeberechtigten Elternteile beteiligt sind.[44]

Die **sachliche Verflechtung** besteht in der Nutzungsüberlassung wenigstens einer – aus Sicht des Betriebsunternehmens – wesentlichen (materiellen oder immateriellen) Betriebsgrundlage durch das Besitzunternehmen an das Betriebsunternehmen (zB Räumlichkeiten, Maschinen, Patente, Werberechte). Gleichgültig ist, ob das Besitzunternehmer Eigentümer der überlassenen Wirtschaftsgüter ist oder sie von dritter Seite (entgeltlich oder unentgeltlich) zur Nutzung überlassen sind.[45] Bei der Beurteilung, ob eine wesentliche Betriebsgrundlage vorliegt, ist allein die funktionale Bedeutung des überlassenen Wirtschaftsgutes für das Betriebsunternehmen maßgebend; auf die Höhe der vorhandenen stillen Reserven (sog. quantitative Betrachtung) kommt es hingegen nicht an.[46] Unerheblich ist, ob das Betriebsunternehmen jederzeit am Markt ein gleichwertiges Wirtschaftsgut von einem anderen erwerben oder mieten könnte oder ob die Wirtschaftsgüter auch von anderen Unternehmen sinnvoll genutzt werden könnten.[47]

Ein **Grundstück** ist wesentliche Betriebsgrundlage, wenn es für die Betriebsgesellschaft wirtschaftlich von nicht nur geringer Bedeutung ist, wobei eine besondere Gestaltung (branchenspezifische Herrichtung und Ausgestaltung) nicht erforderlich ist; auch Allerweltsgebäude oder nur einzelne Büroräume (Gebäudeteile) sind insoweit geeignet.[48] Eine wesentliche Betriebsgrundlage liegt bei **immateriellen Wirtschaftsgütern** regelmäßig nicht vor, wenn die Umsätze des Betriebsunternehmens nicht im wesentlichen Umfang auf diesen beruhen.[49]

Die Betriebsaufspaltung endet mit dem Wegfall der personellen oder sachlichen Verflechtung, gleich aus welchem Grund und führt grundsätzlich zu einer gewinnrealisierenden Betriebsaufgabe, die nicht der Gewebesteuer unterliegt.[50]

d) Betriebsverpachtung – Verpächterwahlrecht[51]

Eine **Sonderform der Betriebsunterbrechung** (im Unterschied zur endgültigen Betriebsaufgabe) liegt bei der sog. Betriebsverpachtung vor. Diese ist gegeben, wenn ein Betrieb oder Teilbetrieb als solcher (mit allen nach einer funktionalen Betrachtungsweise wesentlichen Betriebsgrundlagen) verpachtet wird.[52] Eine Betriebsverpachtung kann auch vorliegen, wenn das bewegliche Anlagevermögen und Umlaufvermögen an den Pächter veräußert wird und jederzeit leicht wiederbeschafft werden kann.[53] Dem Verpächter muss objektiv die Möglichkeit bleiben, den Gewerbebetrieb nach Beendigung des Pachtverhältnisses wieder aufzunehmen,[54] weshalb grundlegende Umgestaltungen durch Pächter oder Verpächter – nicht aber bloße Umstrukturierungen wie Verkleinerungen oder Pächterwechsel – zur Betriebsaufgabe führen können (zB die nachträglich Veräußerung oder Entnahme aller wesentlichen Betriebsgrundlagen[55] oder die Umgestaltung des Pachtbetriebes durch Aufnahme einer andersartigen Tätigkeit). Erklärt der Steuerpflichtige nicht ausdrücklich die Betriebsaufgabe (sog. Verpächterwahlrecht), erzielt er als Verpächter im Rahmen der Betriebsver-

---

43 BFH v. 27.8.1992, IV R 13/91, BStBl. II 1993, 134.
44 R 15.7 Abs. 8 EStR.
45 BFH v. 24.8.1989, IV R 135/86, BStBl. II 1989, 1014.
46 BFH v. 2.10.1997, IV R 84/96, BStBl. II 1998, 104.
47 BFH v. 26.5.1993, X R 78/91, BStBl.II 1993, 718.
48 BFH v. 13.7.2006, IV R 25/05, BStBl. II 2006, 804.
49 BFH v. 27.8.1998, IV R 77/97, BStBl. II 1999, 279.
50 BFH v. 17.4.2007, X R 8/00, BStBl. II 2002, 527.
51 R 16 Abs. 5 EStR.
52 BFH v. 17.4.1997, VIII R 2/95, BStBl. II 1998, 388.
53 BFH v. 26.5.1993, X R 101/90, BStBl. II 1993, 710.
54 BFH v. 28.8.2003, IV R 20/02, BStBl. II 2004, 10.
55 BFH v. 14.12.1993, VIII R 13/93, BStBl. II 1994, 922.

pachtung Einkünfte aus Gewerbebetrieb, die aber nicht der Gewerbesteuer unterliegen, da es sich um einen ruhenden Betrieb handelt.[56]

66 Im Unterschied zur Betriebsverpachtung (im eigenen Namen und auf eigene Rechnung) wird der Übernehmer bei der **Betriebsüberlassung** im fremden Namen aber auf eigene Rechnung und bei der **Betriebsführung** im fremden oder eigenen Namen und auf fremde Rechnung tätig.

2. Abfärbe- oder Infektionstheorie § 15 Abs. 3 Nr. 1 EStG

67 Wird von einer Personengesellschaft eine **einheitlich zu beurteilende Gesamttätigkeit** wahrgenommen, dann ist zu prüfen, ob es sich nach den prägenden Merkmalen um gewerbliche Einkünfte oder um Einkünfte einer anderen Einkunftsart handelt.[57] Die Abfärbe- oder Infektionstheorie findet keine Anwendung. Werden dagegen **zwei oder mehr voneinander abgrenzbare Tätigkeiten** ausgeübt, so gilt die Tätigkeit der Personengesellschaft in vollem Umfang als Gewerbebetrieb, § 15 Abs. 3 Nr. 1 EStG (Abfärbe- oder Infektionstheorie), es sei denn, die gewerbliche Tätigkeit hat nur einen „äußerst geringen Anteil".[58] Geringfügigkeit ist uE anzunehmen bei einem maximalen Umsatzanteil iHv 2-3 % und absoluten Einnahmen nicht höher als 24 500 EUR.[59] Die Abfärbung tritt auch dann ein, wenn die gewerbliche Tätigkeit von der Gewerbesteuer befreit ist; allerdings erstreckt sich dann die Befreiung auch auf die nur wegen der Abfärbung als gewerblich qualifizierten Einkünfte.[60] Die Abfärbung nach § 15 Abs. 3 S. 1 EStG hat nur Bedeutung für die Einkünftequalifikation der Gesellschafter bei der Einkommensteuer und Gewerbesteuer, nicht aber für andere Steuerarten.[61] Nach der früheren Rechtsprechung sollte auch das Halten einer Beteiligung an einer gewerblichen Mitunternehmerschaft als Untergesellschaft zu Abfärbung führen. An dieser Auffassung hält der BFH nur noch bei freiberuflichen sowie land- und forstwirtschaftlichen Obergesellschaften fest, nicht mehr aber bei vermögensverwaltenden Obergesellschaften.[62] Die Finanzverwaltung hat mit einem Nichtanwendungserlass[63] reagiert. Nach der Neufassung des § 15 Abs. 3 Nr. 1 EStG tritt die Abfärbewirkung auch durch Beteiligung einer vermögensverwaltenden Personengesellschaft an einer gewerblichen Mitunternehmerschaft ein. Die Novellierung ist nach der Anwendungsregelung in § 52 Abs. 32a EStG „auch für Veranlagungszeiträume vor 2005 anzuwenden".

3. Gewerbliche Prägung 15 Abs. 3 Nr. 2 EStG

68 Die Tätigkeit einer gewerblich geprägten Personengesellschaft gilt immer und in vollem Umfang als Gewerbebetrieb, § 15 Abs. 3 Nr. 2 EStG. Eine gewerblich geprägte Personengesellschaft liegt vor, wenn
- es sich um eine Personengesellschaft handelt und
- an ihr eine oder mehrere Kapitalgesellschaften als persönlich haftende Gesellschafter beteiligt sind und
- nur diese Kapitalgesellschaften oder Nichtgesellschafter zur Geschäftsführung befugt sind.

69 Bei doppel- oder mehrstöckigen Personengesellschaften steht die gewerblich geprägte Personengesellschaft (als Obergesellschaft) einer Kapitalgesellschaft (in Bezug auf die gewerbliche Prägung) gleich, § 15 Abs. 3 Nr. 2 S. 2 EStG. Diese Gleichstellung ist zur Vermeidung von Umgehungen (gegen den Gesetzeswortlaut) auch bei einer gewerblich tätigen Obergesellschaft anzunehmen.[64]

70 Das Gesellschaftsrecht verlangt lediglich für die Vertretung nach außen zwingend eine organschaftliche Vertreterstellung des persönlich haftenden Gesellschafters. Daher lässt sich die gewerblich Prägung bei einer KG vermeiden, indem einer natürlichen Person als Kommanditist zusätzlich (oder allein) neben (anstelle) der Kapitalgesellschaft Geschäftsführungsbefugnis eingeräumt wird; insoweit besteht ein **faktisches Wahlrecht**, ob eine vermögensverwaltende Personengesellschaft gewerblich ausgestaltet werden soll oder nicht.

---

56 BFH v. 18.6.1998, IV R 56/97, BStBl. II 1998, 735.
57 BFH v. 7.11.1991, IV R 17/90, BStBl. II 1993, 324.
58 BFH v. 11.8.1999, XI R 12/98, BStBl. II 2000, 229.
59 *Wacker* in: Schmidt, EStG, § 15 Rn 188.
60 BFH v. 28.10.1999, III R 55/97, BStBl. II 2000, 190.
61 BFH v. 14.9.05, VI R 89/98, BStBl. II 2006, 92.
62 BFH v. 6.10.2004, IX R 53/01, BStBl. II 2005, 383, BFH v. 06.11.03, IV ER – S – 3/03, BStBl. II 2005, 376.
63 BMF v. 18.5.2005, BStBl. I 2005, 698.
64 BFH v. 8.6.2000, IV R 37/99, BStBl. II 2001, 162.

X. Verlustverwertungsbeschränkung nach § 15 a EStG

Ziel der Vorschrift ist eine einkunftsquellenbezogene Verlustverwertungsbeschränkung für den beschränkt haftenden Gesellschafter (Kommanditisten). Nach der Grundregel des § 15 a EStG Abs. 1 S. 1 EStG sind Verlustanteile des Kommanditisten nicht ausgleichs- und abzugsfähig, sondern lediglich verrechenbar, soweit durch die Verlustzurechnung ein **negatives Kapitalkonto** entsteht oder sich erhöht. Maßgeblich hierfür ist der Vergleich des Kapitalkontos zum Ende des Verlustjahres mit demjenigen zum Ende der Vorperiode (sog. stichtagsbezogener Kapitalkontenvergleich). Unter dem Kapitalkonto wird in diesem Zusammenhang nur das Kapitalkonto in der Steuerbilanz der Gesamthand zuzüglich Ergänzungsbilanzen verstanden, die Sonderbilanz bleibt unberücksichtigt. Maßgeblich ist die tatsächlich geleistete Einlage, nicht die Pflichteinlage.[65]

Ausnahme: **Überschießende Außenhaftung** nach § 15 a Abs. 1 S. 1 und 2 EStG, dh trotz Anfalls eines negativen Kapitalkontos sind die zugerechneten Verluste ausgleichsfähig, soweit die in das Handelsregister eingetragene Haftsumme (§ 171 Abs. 1 HGB) den Betrag der am Bilanzstichtag geleisteten Einlage (= Kapitalkonto) überschreitet.

Rechtsfolge: Der Anteil eines Kommanditisten am Verlust der KG darf nicht mit anderen Einkünften ausgeglichen werden; der so entstehende sog. verrechenbare Verlust mindert die Gewinnanteile des Kommanditisten, die ihm aus seiner Beteiligung (jedoch ohne Sonderbilanzergebnis) für spätere Wirtschaftsjahre zugerechnet werden (§ 15 a Abs. 2 EStG) – **innerbetrieblicher Verlustvortrag**. Durch die Nichtbesteuerung späterer Gewinnanteile wird der verrechenbare Verlust wiederbelebt und damit im Ergebnis (dh zeitversetzt) in einen ausgleichsfähigen Verlust überführt. Verluste im Sonderbetriebsvermögen dürfen demgegenüber in voller Höhe abgezogen werden.[66] Gewinne im Sonderbetriebsvermögen dürfen nicht mit Verlusten der Gesamthand (einschließlich Ergänzungsbilanzen) verrechnet werden (sog. Saldierungsverbot).[67]

Entsteht (oder erhöht sich) ein negatives Kapitalkonto durch Entnahmen (Einlageminderungen), ohne dass es zum Wiederaufleben der Außenhaftung nach § 15 a Abs. 1 S. 2 iVm §§ 171 Abs. 1, 172 Abs. 4 HGB kommt, so werden ausgleichsfähige Verluste des Jahres der Entnahme sowie der vorangegangenen zehn Wirtschaftsjahre (elfjähriger Korrekturzeitraum) in verrechenbare Verluste umgewandelt. Rechtstechnisch geschieht dies nicht durch Änderung der für die Vorjahre ergangenen Feststellungsbescheide, sondern dadurch, dass dem Kommanditisten für das Jahr der Entnahme im Umfang der Einlageminderung ein Gewinn hinzugerechnet und in gleicher Höhe ein verrechenbarer Verlust festgestellt wird. Der am Bilanzstichtag verbleibende verrechenbare Verlust ist zum Zweck der Streitkonzentration Gegenstand eines gesonderten Feststellungsverfahrens (§ 15 a Abs. 5 EStG).

Die vorstehenden Rechtsgrundsätze gelten auch grundsätzlich für Innengesellschafter (zB atypisch stille Gesellschafter), wobei bei diesen die erweiterte Außenhaftung nach § 15 a Abs. 1 S. 2 EStG nicht zum tragen kommen kann. Durch Verweisung entsprechend anzuwenden sind die Vorschriften des § 15 a EStG auf Personengesellschaften mit Einkünften aus Land- und Forstwirtschaft (§ 13 Abs. 7), selbständiger Arbeit (§ 18 Abs. 4 S. 2 EStG), Vermietung und Verpachtung (§ 21 Abs. 1 S. 2 EStG) und typisch stiller Gesellschaft (§ 20 Abs. 1 Nr. 4 S. 2 EStG).

XI. Thesaurierungsbegünstigung

Damit auch Personenunternehmen in vergleichbarer Weise wie Körperschaften von der Unternehmenssteuerreform profitieren, wird ihnen über § 34 a EStG die Möglichkeit eingeräumt, nicht ausgeschüttete (= thesaurierte) Gewinne einem besonderen Steuersatz zu unterwerfen (sog. Thesaurierungsbegünstigung). Der nicht entnommene Gewinn aus Land- und Forstwirtschaft, Gewerbebetrieb oder selbständiger Arbeit, der in dem zu versteuernden Einkommen enthalten ist, ist auf Antrag des Steuerpflichtigen ganz oder teilweise mit einem ermäßigten Steuersatz (Sondertarif) von 28,25 % zu versteuern (§ 34 a Abs. 1 EStG). Dies gilt nicht, soweit für die Gewinne der Freibetrag nach § 16

---

[65] BFH v. 14.12.1995, IV R 106/94, BStBl. II 1996, 266.
[66] BFH v. 13.10.1998, VIII R 78/97, BStBl. II 1999, 163.
[67] BFH v. 13.10.1998, VIII R 78/97, BStBl. II 1999, 163.

Abs. 4 EStG in Anspruch genommen wird (Veräußerungsgewinne) oder es sich um Gewinne iS des § 18 Abs. 1 Nr. 4 EStG (carried interest) handelt. Steuerpflichtige, die ihren Gewinn durch Einnahmeüberschussrechnung ermitteln, sind nicht begünstigt. Bei Mitunternehmeranteilen kann der Steuerpflichtige den Antrag aus Vereinfachungsgründen nur stellen, wenn sein Anteil am Gewinn mehr als 10 % beträgt oder 10 000 EUR übersteigt (§ 34 a Abs. 1 S. 3 EStG). Durch den Steuersatz von 28,25 % wird der thesaurierte Gewinn in vergleichbarer Weise wie das Einkommen der Kapitalgesellschaften begünstigt. Der ermäßigt besteuerte Gewinn wird in die Festsetzung der Einkommensteuer einbezogen und unterliegt zusätzlich dem Solidaritätszuschlag und ggf der Kirchensteuer. Die pauschale Anrechnung der Gewerbesteuer auf die Einkommensteuer (§ 35 EStG) erstreckt sich auch auf die ermäßigte Steuer, die auf den thesaurierten Gewinn entfällt.

77 Nicht entnommen Gewinn des Betriebs oder Mitunternehmeranteils ist der nach § 4 Abs. 1 oder § 5 EStG ermittelte Gewinn, vermindert um den positiven Saldo der Entnahmen und Einlagen (§ 34 a Abs. 2 EStG). Er entspricht dem Unterschiedsbetrag iSd § 4 Abs. 1 S. 1 EStG.

78 Eine Nachversteuerung ist vorzunehmen, soweit der positive Saldo der Entnahmen und Einlagen des Wirtschaftsjahres (Nachversteuerungsbetrag) bei einem Betrieb oder Mitunternehmeranteil den laufenden Gewinn übersteigt (§ 34 a Abs. 4 S. 1 EStG). Die Nachbelastung erfolgt stets zum Sondertarif von 25 % (§ 34 Abs. 4 S. 2 EStG). Ein Antragsrecht auf Veranlagung wie bei der Abgeltungssteuer (§ 32 d Abs. 6 S. 1 EStG) ist nicht vorgesehen. Die Nachversteuerung ist auf die Höhe des nachversteuerungspflichtigen Betrags (§ 34 a Abs. 3 EStG) begrenzt. Der nachversteuerungspflichtige Betrag (§ 34 a Abs. 3 S. 2 EStG) ist aus dem Begünstigungsbetrag des Veranlagungszeitraums (§ 34 a Abs. 3 S. 1 EStG) zu entwickeln. Begünstigungsbetrag ist der Betrag, für den der Unternehmer (Mitunternehmer) die Begünstigung tatsächlich in Anspruch nimmt. Von dem Begünstigungsbetrag ist die darauf entrichtete ermäßigte Steuer (28,25 %) zzgl Solidaritätszuschlag abzuziehen. Die Kürzung um die Steuerbelastung geschieht offenbar in Parallele zu den Kapitalgesellschaften, bei denen das Ausschüttungspotenzial ebenfalls um die Ertragsteuern gemindert ist. Der nachversteuerungspflichtige Betrag wird jährlich fortgeschrieben und zum Ende des Veranlagungszeitraums im Rahmen der Einkommensteuerveranlagung des Steuerpflichtigen für jeden Betrieb oder Mitunternehmeranteil gesondert festgestellt (§ 34 a Abs. 3 S. 4 EStG). Der nachversteuerungspflichtige Betrag berechnet sich wie folgt:

    Begünstigungsbetrag des Veranlagungszeitraums
-    darauf entfallende Steuerbelastung
-    den darauf entfallenden Solidaritätszuschlag
+   nachversteuerungspflichtiger Betrag des Vorjahres
+   den auf diesen Betrieb oder Mitunternehmeranteil nach § 6 Abs. 5 EStG übertragenen nachversteuerungspflichtigen Betrag
-    positive Saldo der Entnahmen und Einlagen des Wirtschaftsjahres
=   Nachversteuerungspflichtiger Betrag

79 Übersteigt der positive Saldo der Entnahmen und Einlagen des Wirtschaftsjahres bei einem Betrieb oder Mitunternehmeranteil den ermittelten laufenden Gewinn (= Nachversteuerungsbetrag), kommt es zu einer Nachversteuerung, soweit zum Ende des vorangegangenen Veranlagungszeitraums ein nachversteuerungspflichtiger Betrag festgestellt wurde. Die Einkommensteuer auf den Nachversteuerungsbetrag beträgt 25 %.

80 Darüber hinaus ist der nachversteuerungspflichtige Betrag aufzulösen und eine Nachversteuerung durchzuführen
- bei Betriebsveräußerung oder -aufgabe,
- bei Einbringung eines Betriebs- oder Mitunternehmeranteils in eine Kapitalgesellschaft nach § 20 UmwStG oder eine Genossenschaft,
- in den Fällen des Formwechsels einer Personen- in eine Kapitalgesellschaft oder Genossenschaft,
- wenn der Gewinn nicht mehr nach § 4 Abs. 1 oder § 5 EStG ermittelt wird oder
- wenn der Steuerpflichtige dies beantragt.

In den Fällen von Betriebsveräußerung und -aufgabe sowie Einbringung nach § 20 UmwStG und Formwechsel wird die Einkommensteuer auf Antrag in regelmäßigen Teilbeträgen für einen Zeitraum von höchstens zehn Jahren seit Eintritt der ersten Fälligkeit zinslos gestundet, wenn die sofortige Einziehung mit erheblichen Härten verbunden wäre. Bei unentgeltlicher Übertragung eines Betriebs oder Mitunternehmeranteils nach § 6 Abs. 3 EStG hat der Rechtsnachfolger den nachversteuerungspflichtigen Betrag fortzuführen. Negative Einkünfte dürfen nicht mit ermäßigt besteuerten Gewinnen ausgeglichen werden; sie dürfen insoweit auch nicht nach § 10 d EStG abgezogen werden. 81

B. Besteuerung der Kapitalgesellschaft

I. Das System des Halbeinkünfteverfahrens

Bei einer Körperschaft handelt es sich aus steuerlicher Sicht um eine **intransparente, abschirmende Struktur**. Das heißt, dass Gewinn bzw Verlust der Körperschaft den Anteilseignern nicht ohne weiteres zugerechnet werden, vielmehr sind Körperschaft und Anteilseigner steuerlich getrennt zu betrachten. 82

Jedes System einer Besteuerung von Körperschaften muss aufgrund der vorgenannten Trennung von Gesellschaft und Anteilseignern das Thema einer steuerlichen Mehrfachbelastung entscheiden. Denkbar ist beispielsweise eine Doppelbesteuerung dergestalt, dass einerseits das Ergebnis auf Ebene der Körperschaft besteuert wird, zugleich allerdings auch eine etwaige Gewinnausschüttung auf der Ebene der Anteilseigner ein zweites Mal der Besteuerung unterliegt. Das Halbeinkünfteverfahren will demgegenüber eine solche Doppelbesteuerung beschränken, indem auf der Ebene der Körperschaft lediglich ein **gemäßigter Körperschaftsteuersatz** in Höhe von 25 % angewandt wird (§ 23 Abs. 1 KStG) und zugleich auf der Ebene des Anteilseigners, der eine natürliche Person ist, die erhaltene **Dividende nur zur Hälfte besteuert** wird (§ 3 Nr. 40 EStG). Das Halbeinkünfteverfahren hat in Deutschland das seit 1977 geltende Anrechnungsverfahren abgelöst. Das Halbeinkünfteverfahren gilt seit 2001 für Einnahmen aus ausländischen Beteiligungen, seit 2002 auch für inländische Beteiligungen an Kapitalgesellschaften. Die wichtigen Systemvorschriften zum Verständnis des Halbeinkünfteverfahrens sind die §§ 8 b KStG und 3 Nr. 40, 3 c Abs. 2 EStG. 83

Soweit eine **mehrstöckige Kapitalgesellschaftsstruktur** vorhanden ist, handelt es sich um einen „Störfall" in dem System, welches idealtypisch nur die Körperschaft und den unmittelbar beteiligten Anteilseigner im Blick hat. Zwischengeschaltete Körperschaften werden deshalb quasi als nicht existent behandelt, indem nach § 8 b Abs. 1 KStG die Dividendenausschüttungen von einer Körperschaft an eine andere Körperschaft außer Ansatz bleiben. Allerdings gelten nach § 8 b Abs. 5 KStG im Wege einer Fiktion 5 % der Dividendenbezüge als nicht abzugsfähige Betriebsausgaben. Dies bedeutet wirtschaftlich, dass letztendlich eine Dividendenausschüttung nur zu 98,75 % steuerfrei ist, denn 5 % bei einem Steuertarif von 25 % sind zu versteuern, dh im Ergebnis sind 1,25 % als Steuerzahlung abzuführen. Obwohl die Dividendenzahlungen außer Ansatz bleiben folgt daraus nicht ein Ansatzverbot von Betriebsausgaben; solche können vielmehr ohne Einschränkung geltend gemacht werden, vgl § 8 b Abs. 3 S. 2 und Abs. 5 S. 2 KStG. 84

Das Körperschaftsteuergesetz betrachtet die **Veräußerung** einer Kapitalgesellschaft letztlich nur als eine andere Form der Gewinnausschüttung, weshalb Veräußerungsgewinne grundsätzlich den gleichen Systemanforderungen wie Dividendenausschüttungen unterliegen. Gemäß § 8 b Abs. 2 KStG bleiben Gewinne aus der Veräußerung eines Anteils an einer Körperschaft außer Ansatz; 5 % des Veräußerungsgewinns gelten allerdings als nicht abzugsfähige Betriebsausgaben, vgl § 8 b Abs. 3 KStG. 85

Der Freistellung von Gewinnen aus Körperschaften (seien es Dividendenzahlungen oder Veräußerungsgewinne) muss korrespondierend auch eine **Nichtberücksichtigung von Verlusten** gegenüberstehen. Eben dies normiert § 8 b Abs. 3 S. 3 KStG. In der Praxis bedeutet dies etwa, dass Teilwertabschreibungen auf eine Kapitalgesellschaft, die von einer anderen Kapitalgesellschaft gehalten wird, bei der Mutter zwar bilanziell vorzunehmen sind, in einem zweiten Schritt aber im Rahmen der Körperschaftsteuererklärung und der Steuerveranlagung durch außerbilanzielle Korrektur im Ergebnis rückgängig zu machen sind. 86

Für die natürlichen Personen als Anteilseigner gelten die vorgenannten Grundsätze zur Nichtabzugsfähigkeit von Verlusten grundsätzlich ebenso, allerdings der Höhe nach nur zur Hälfte. Das heißt mit 87 anderen Worten: Dividendenzahlungen und Veräußerungsgewinne sind nur zur Hälfte zu versteuern, sie sind nach § 3 Nr. 40 EStG zur anderen Hälfte steuerfrei gestellt. Gleichzeitig können aber Verluste und Betriebsausgaben die mit dem nur hälftig steuerpflichtigen Einkünften in Zusammenhang stehen auch nur zur Hälfte abgezogen werden. Dies gilt unabhängig davon, ob die Beteiligung im Betriebsvermögen oder Privatvermögen gehalten wird.

88 Die vorstehenden Besteuerungsgrundsätze gelten nicht nur im Falle von unmittelbaren Beteiligungen an einer Kapitalgesellschaft, sondern auch bei der **Zwischenschaltung einer oder mehrerer Personengesellschaften** (vgl § 8 b Abs. 6 KStG); die Personengesellschaft wird als transparent behandelt, maßgebend für die Frage „§ 8 b KStG oder § 3 Nr. 40 EStG" ist der jeweilige Gesellschafter.

89 Ausgeschlossen sind vom System der § 8 b Abs. 1–6 KStG allerdings die Anteile, die bei Kreditinstituten und Finanzdienstleistungsinstituten nach § 1 Abs. 12 KWG zum Handelsbuch zurechnen sind, bzw die von Finanzunternehmen im Sinne des KWG mit dem Ziel der kurzfristigen Erzielung eines Eigenhandelserfolges erworben werden. Entsprechend unterliegen auf diese Anteile entfallende Ausschüttungen und Veräußerungsgewinne bei Kreditinstituten und Finanzdienstleistern der vollen Besteuerung. Korrespondierend damit sind Gewinnminderungen im Zusammenhang mit diesen Anteilen steuerlich anzuerkennen. Gleiches gilt für die Anteile, die von Lebens- und Krankenversicherungsunternehmen sowie von Pensionsfonds als Kapitalanlagen gehalten werden, vgl § 8 b Abs. 7 und 8 KStG. Eine Rückausnahme gilt nach § 8 b Abs. 9 KStG für Ausschüttungen europäischer Tochter- an Mutterunternehmen, sofern die Mindestbeteiligungsquote erreicht ist: 15 % ab 1.1.2007, 10 % ab 1.1.2009 (Art. 3 Abs. 1 Buchst. a) Mutter-Tochter-Richtlinie 90/435/EWG).

II. Kapitalrückzahlungen unterliegen nicht der Besteuerung

90 Das Eigenkapital an einer Kapitalgesellschaft setzt sich handelsbilanziell wie steuerbilanziell aus den Einlagen der Anteilseigner einerseits und aus den Gewinnen der Kapitalgesellschaft andererseits zusammen. Dementsprechend können sich Ausschüttungen der Kapitalgesellschaft an die Anteilseigner als Ausschüttung von Gewinnen oder als Rückzahlungen von Einlagen darstellen. Da die Rückzahlung geleisteter Einlagen grundsätzlich nicht der Besteuerung unterliegt, sind die Ausschüttungen danach zu unterscheiden, aus welcher Quelle sie gespeist werden. Das steuerliche Eigenkapital setzt sich aus körperschaftsteuerlicher Sicht aus insgesamt drei Bestandteilen zusammen:

- Nennkapital,
- nicht in das Nennkapital geleisteten Einlagen (sog. steuerliches Einlagekonto) und
- ausschüttbarer Gewinn.

Die Höhe des **Nennkapitals** (handelsrechtlich: gezeichnetes Kapital) ist der Handelsbilanz zu entnehmen.

91 Die **nicht in das Nennkapital geleisteten Einlagen** sind nach § 27 Abs. 1 KStG zum Schluss eines jeden Wirtschaftsjahres auf dem **steuerlichen Einlagekonto** auszuweisen, dessen Bestand nach § 27 Abs. 2 KStG gesondert festgestellt wird. Ausgehend von dem Bestand am Ende des vorangegangenen Wirtschaftsjahres ist das steuerliche Einlagekonto um die jeweiligen Zu- und Abgänge des jeweiligen Wirtschaftsjahres fortzuschreiben. Als Einlagen im Sinne des § 27 KStG sind insbesondere verdeckte Einlagen sowie alle Zuführungen zu Kapitalrücklagen im Sinne des § 272 Abs. 2 HGB zu erfassen (zB ein Agio oder freiwillige Zuzahlungen der Anteilseigner in das Eigenkapital der Kapitalgesellschaft). Eine Erfassung der Einlagen im steuerlichen Einlagekonto findet erst beim tatsächlichen Zufluss statt.

92 § 27 Abs. 1 S. 3 KStG bestimmt im Sinne einer **Verwendungsreihenfolge** bei Leistungen der Kapitalgesellschaft (das sind offene und verdeckte Gewinnausschüttungen), dass das steuerliche Einlagekonto nur gemindert wird, soweit die Summe der im Wirtschaftsjahr erbrachten Leistungen den auf den Schluss des vorangegangenen Wirtschaftsjahres ermittelten ausschüttbaren Gewinn übersteigt, der sich wiederum als Differenz des um das Nennkapital geminderten Eigenkapitals der Steuerbilanz und dem Bestand des steuerlichen Einlagekontos ergibt; dh erst wenn die Leistung des Wirtschaftsjahres nicht mehr aus dem (zum Schluss des vorangegangenen Wirtschaftsjahres vorhandenen) **ausschüttbaren Gewinn** bedient werden können, gilt für den darüber hinausgehenden Betrag das steuerliche Einlagekonto im Sinne des § 27 KStG als verwendet. Erst dann wird die Rückzahlung von Eigenkapital angenommen. Besonders zu beachten ist, das bezüglich der Verwendungsreihenfolge

auf die **Bestände zum Schluss des vorangegangenen Wirtschaftsjahres** abgestellt wird, so dass die Einlagen des Wirtschaftsjahres, indem die Ausschüttungen erfolgen, ebenso wenig bei der Berechnung berücksichtigt werden wie der Gewinn dieses Wirtschaftsjahres.

Da Ausschüttungen aus dem steuerlichen Einlagekonto eine Einlagenrückgewähr darstellen, sind auf Ebene des Anteilseigners (zunächst) lediglich die Anschaffungskosten der Beteiligung an der ausschüttenden Kapitalgesellschaft zu mindern. Erst wenn eine Ausschüttung aus dem steuerlichen Einlagekonto erfolgt, welche die Anschaffungskosten übersteigt, entsteht ein steuerbarer Veräußerungsgewinn,[68] es sei denn es handelt sich um eine nicht wesentliche Beteiligung, die im Privatvermögen gehalten wird. 93

Mit der Erteilung der Bescheinigung, ist die Verwendung des steuerlichen Einlagekontos festgeschrieben, dh die der Bescheinigung zugrunde gelegte Verwendung bleibt, gemäß § 27 Abs. 5 KStG unverändert, auch wenn sich im nachhinein zB aufgrund einer steuerlichen Betriebsprüfung die Ausgangsgrundlagen ändern und die Ausschüttung in Folge einer Gewinnerhöhung für eine Ausschüttung vorgelagertes Wirtschaftsjahr aus dem ausschüttbaren Gewinn hätte bedient werden können. 94

III. Gewinnkorrekturen

Eine bilanzierende Kapitalgesellschaft ermittelt ihren Gewinn im Sinne des § 2 Abs. 2 Nr. 1 EStG zweistufig. Auf der ersten Stufe ist der sog. Unterschiedsbetrag im Sinne des § 4 Abs. 1 S. 1 EStG zu bestimmen. Diese Ermittlung geschieht unter Anwendung des Maßgeblichkeitsgrundsatzes durch Betriebsvermögensvergleich (Vergleich des Eigenkapitals). Der so ermittelte Unterschiedsbetrag ist der sog. Steuerbilanzgewinn. Man kann die erste Stufe als Gewinnermittlung im engeren Sinne bezeichnen. Auf einer zweiten Stufe erfährt der zuvor ermittelte Unterschiedsbetrag Korrekturen. Er ist um Einlagen und steuerfreie Einkünfte zu mindern und um Entnahmen, verdeckte Gewinnausschüttungen und nicht abziehbare Aufwendungen zu erhöhen. Insoweit handelt es sich um Unterschiedsbetragskorrekturen, die außerhalb von Handels- und Steuerbilanz vollzogen werden. 95

IV. Verdeckte Gewinnausschüttung

Der Regelungsgrund der verdeckten Gewinnausschüttung besteht darin, die gewinnmindernde Wirkung von Formen der Einkommensverwendung bei einer Körperschaft zu neutralisieren. Offene (wie auch verdeckte) Gewinnausschüttungen mindern das zu versteuernde Einkommen nicht, § 8 Abs. 3 S. 1 und 2 KStG. 96

Abgrenzungsmaßstab für gesellschaftsrechtlich veranlasste Vermögensminderungen oder verhinderte Vermögensmehrungen (also Einkommensverwendung) ist der Fremdvergleichsgrundsatz. Der **Fremdvergleichsmaßstab** zeigt sowohl bei Kapitalgesellschaften als auch bei Personengesellschaft an, dass eine nicht betriebliche Veranlassung vorliegt. Der im Rahmen der verdeckten Gewinnausschüttung herangezogene Maßstab des Handelns eines **ordentlichen und gewissenhaften Geschäftsleiters** ist dabei als Unterfall des Fremdvergleichsmaßstabs zu verstehen. 97

Stellt man beim Fremdvergleich im Bereich der verdeckten Gewinnausschüttung darauf ab, ob die Kapitalgesellschaft unter den gleichen oder ähnlichen Bedingungen eine entsprechende Vereinbarung auch mit einem fremden Dritten abgeschlossen hätte, so ist es letztlich eine Selbstverständlichkeit, dass die Kapitalgesellschaft dem fremden Dritten die zu vereinbarenden Bedingungen nicht vorschreiben kann. Vielmehr zwingt der „Markt" sowohl der Kapitalgesellschaft als auch dem fremden Dritten die zu vereinbarenden Bedingungen auf. Zum „Markt" gehören auch die potentiellen Vertragspartner und deren wirtschaftliche Position. Insoweit wohnt bereits dem Maßstab des Handelns eines ordentlichen und gewissenhaften Geschäftsleiters zumindest im Denkansatz die Berücksichtigung dessen inne, was der andere Vertragspartner üblicherweise tun oder nicht tun würde. Im Zweifel wird der ordentliche und gewissenhafte Geschäftsleiter auf die Bedingungen eingehen, die ihm der „Markt" abverlangt. 98

Bei der Beurteilung eines Sachverhalts auf die Thematik der verdeckten Gewinnausschüttung hin stellt sich die Frage, ob die zu untersuchende Sachverhaltskonstellation (idR eine schuldrechtliche Vereinbarung) als verdeckte Gewinnausschüttung **dem Grunde nach** oder nur **der Höhe nach** zu qualifizie- 99

---

68 Kapitalgesellschaft als Anteilseigner: §§ 8 Abs. 2 und 3 KStG; natürliche Person oder Personengesellschaft als Anteilseigner (wenn Betriebsvermögen oder wesentliche Beteiligung iSd § 17 EStG): §§ 3 Nr. 40, 17 Abs. 4 EStG.

ren ist. Im ersten Fall ist die betreffende Vermögensminderung (verhinderte Vermögensmehrung) zugunsten des Gesellschafters in vollem Umfang als verdeckte Gewinnausschüttung anzusehen („**totale verdeckte Gewinnausschüttung**"); einen entsprechenden Vermögensnachteil hätte ein ordentlicher und gewissenhafter Geschäftsleiter unter keinen Umständen hingenommen. Anders liegen die Dinge, wenn die schuldrechtliche Veranlassung der Zuwendung als solche auch steuerlich anerkannt wird, jedoch der Umfang der Zuwendung als unangemessen angesehen wurde. Dann zieht dies nur eine anteilige VGA im Umfang der Unangemessenheit nach sich („**partielle VGA**").

100 Vor dem Hintergrund des Fremdvergleichsgrundsatzes sind nach ständiger Rechtsprechung Lieferungs- und Leistungsbeziehungen zwischen einer Kapitalgesellschaft und einem **beherrschenden Gesellschafter** steuerlich nur anzuerkennen, wenn sie auf „vorher abgeschlossenen, klaren und eindeutigen, rechtlich bindenden und tatsächlich durchgeführten Verträgen" beruhen (formelle Voraussetzungen).[69]

101 Der Gesellschafter ist ein „beherrschender", wenn er aufgrund seiner Position als Gesellschafter die Gesellschaft zum Abschluss des Geschäfts, dessen Qualifikation als verdeckte Gewinnausschüttung in Frage steht, zwingen kann. Das ist der Fall, wenn er mit Hilfe seiner Stimmrechte seinen **Willen in der Kapitalgesellschaft durchsetzten** kann, wozu regelmäßig mehr als 50% der Stimmrechte erforderlich sind (bei satzungsmäßiger qualifizierter Mehrheit für die maßgeblichen Geschäfte entsprechend mehr). Die Beherrschung kann auch über eine Kette von Beteiligungen erfolgen, wobei an jeder vermittelnden Gesellschaft die Mehrheit der Stimmrechte bestehen muss. Die Stimmrechte anderer Gesellschafter sind einem Gesellschafter zuzurechnen, wenn er mit den anderen Gesellschaftern **gleichgerichtete Interessen** hat; das ist der Fall, wenn mehrere Gesellschafter durch das gleiche Geschäft oder mehrerer vergleichbare Geschäfte gleichartige Vorteile erhalten. Es wird dann unterstellt, dass jeder Gesellschafter der Gewährung des Vorteils an den anderen Gesellschafter nur deshalb zustimmt, um für seinen eigenen Vorteil die Zustimmung der anderen Gesellschafter zu erhalten.[70] Der Umstand der Ehe oder einer familienrechtlichen Beziehung allein ist dafür nicht ausreichend.

102 Bei einer **AG** ist die Beherrschung gegeben, wenn der Gesellschafter-Vorstand den Aufsichtsrat (tatsächlich) beherrscht (zB durch Gefolgsleute). Bei einem Allein-Aktionär wird die Beherrschung des Aufsichtsrats widerlegbar vermutet.[71] Werden bei einem beherrschenden Gesellschafter die formalen Voraussetzungen nicht eingehalten, ist das Geschäft bereits dem Grunde nach gesellschaftsrechtlich veranlasst, so dass die gesamte von der Kapitalgesellschaft gezahlte Vergütung eine verdeckte Gewinnausschüttung ist.

103 Die verdeckte Gewinnausschüttung ist in der Regel mit dem **gemeinen Wert** des Vermögensvorteils (der verhinderten Vermögensmehrung) anzusetzen. Entgegen § 9 Abs. 2 S. 3 BewG sind ungewöhnliche und persönliche Verhältnisse allerdings zu berücksichtigen. Die auf die verdeckte Gewinnausschüttung entfallende Umsatzsteuer ist nicht zu eliminieren; § 10 Nr. 2 KStG tritt insoweit gegenüber § 8 Abs. 3 S. 2 KStG zurück.

104 Die verdeckte Gewinnausschüttung besteht aus einer Vermögensminderung bzw verhinderten Vermögensmehrung, die zu einer Minderung des Einkommens auf gesellschaftsrechtlicher Grundlage, aber in schuldrechtlicher Form führt. Der Vorgang ist vom Steuerpflichtigen entsprechend seiner äußeren Form als Einkommensminderung behandelt worden. Tatsächlich handelt es sich aber um eine Maßnahme der Einkommensverwendung. Die Annahme einer verdeckten Gewinnausschüttung muss daher zur **Umqualifikation** des Vorgangs führen; ein bisher als Einkommenserzielung, und damit einkommensmindernd behandelter Vorgang muss als Einkommensverwendung behandelt werden. Die Einkommensminderung, die der Steuerpflichtige vorgenommen hat, ist durch eine entsprechende Erhöhung des Einkommens rückgängig zu machen und der Vorgang als Ausschüttung an den Berechtigten zu behandeln, bei dem Gesellschafter ist entsprechend die Folgerung zu ziehen, die sich aus einer Ausschüttung ergeben. Die Umqualifizierung von Einkommenserzielung in Einkommensverwendung hat konsequent über alle Stufen zu erfolgen, die der Vorgang durchläuft, also von der Ebene der Einkommensermittlung der Körperschaft bis hin zur Ebene des Gesellschafters unter Anwendung des Halbeinkünfteverfahrens. Dabei sind die für jede dieser Stufe geltenden besonderen Regeln zu beachten.

---

69 ZB BFH v. 22.2.1989, I R 9/85, BStBl. II 1989, 631.
70 BFH v. 25.10.1995, I R 9/95, BStBl. II 1997, 703.
71 BFH v. 15.12.1971, I R 76/68, BStBl. II 1972, 436.

Diese Abwicklung hat als gedankliche Hilfskonstruktion zur sog. **Fiktionstheorie** geführt. Danach soll fingiert werden, dass das Geschäft zwischen Gesellschafter und Gesellschaft zu angemessenen Bedingungen, wie unter Dritten, abgewickelt wird. Da die Gesellschaft dann über ein höheres Vermögen verfügen müsste (keine Vermögensminderung, verhinderte Vermögensmehrung), das sie tatsächlich nicht hat, wird im Wege einer zweiten Fiktion unterstellt, dass der Betrag der verdeckten Gewinnausschüttung in der logischen Sekunde nach dem Geschäft als Gewinn an den Gesellschafter ausgeschüttet wird. Eine verdeckte Gewinnausschüttung ist in dem Veranlagungszeitraum zu korrigieren, in dem die Vermögensminderung bzw verminderte Vermögensmehrung einkommenswirksam geworden ist.

Aus dem Grundsatz, dass die Besteuerung nach der wirtschaftlichen Leitungsfähigkeit eine Einkommenskorrektur keine Korrektur des Bilanzgewinns erfordert, folgt, dass keine verdeckte Gewinnausschüttung vorliegt, wenn eine Minderung des Bilanzgewinns (des Unterschiedsbetrags nach § 4 Abs. 1 S. 1 EStG) eingetreten ist, aber aufgrund besonderer Vorschriften keine **Minderung des Einkommens**. Es handelt sich etwa um Fälle der Übertragung eines Vermögenswertes auf den Gesellschafter aus gesellschaftsrechtlichen Gründen, wobei ein Veräußerungsgewinn nicht zu einer Einkommenserhöhung führen würde (steuerfreie Einnahmen, Investitionszulage, Beteiligung nach § 8 b KStG) bzw nicht abzugsfähige Betriebsausgaben, die bereits nach § 10 KStG bzw § 4 Abs. 5 EStG hinzuzurechnen sind.

Eine verdeckte Gewinnausschüttung kann auch vorliegen, wenn die Leistung, die zu der Vermögensminderung oder verhinderten Vermögensmehrung beim Körperschaftsteuersubjekt führt, nicht unmittelbar an den Gesellschafter erfolgt, sondern an einen Dritten, zB Familienangehöriger oder Schwestergesellschaft. Bei verdeckten Gewinnausschüttungen in einem solchen **Dreiecksverhältnis** ist der Besteuerung nicht der tatsächliche Verlauf der Zuwendung im Zahlungsweg, sondern die wirtschaftliche Zuwendung des Vermögenswertes zugrunde zu legen. Der wirtschaftliche Gehalt des Vorgangs besteht in einer Leistung der Gesellschaft an den Gesellschafter und in einer weiteren Leistung des Gesellschafters an den Dritten.

V. Gesellschafterfremdfinanzierung (§ 8 a KStG aF)

Ein weiterer Maßstab zur Bestimmung der gesellschaftsrechtlichen Veranlassung ist § 8 a KStG aF für den Fall der **Gesellschafterfremdfinanzierung** durch **wesentlich beteiligte Gesellschafter**. Im Rahmen der Unternehmenssteuerreform 2008 wurde § 8 a KStG aF dogmatisch vollständig geändert, vgl hierzu den Abschnitt „Zinsschranke" im § 14 (Bilanzsteuerrecht).

Bei der Frage, welche Darlehen betroffen sein können, unterscheidet § 8 Abs. 1 KStG aF grundsätzlich zwischen zwei Gruppen:
- wird die Vergütung nicht in einem Bruchteil des Kapitals bemessen, so werden solche Darlehen immer als „schädlich" behandelt. Beispiel: partiarische Darlehen oder typisch stille Beteiligungen.
- wird die Vergütung in einem Bruchteil des Kapitals bemessen (Zinsen), so erfolgt eine weitere Prüfung in drei Stufen:
  - Stufe 1 (sog. **Safe-Haven-Regelung**): Beträgt das Darlehen nicht mehr als das Eineinhalbfache des anteiligen Eigenkapitals des Anteilseigners, so greift § 8 a KStG aF nicht ein.
  - Stufe 2 (**Fremdvergleich**): Die Regelung greift aber auch bei Überschreiten der Safe-Haven-Quote nicht ein, wenn das Darlehen einem Fremdvergleich standhält (§ 8 a Abs. 1 Nr. 2 S. 1 KStG aF).
  - Stufe 3 (**Freigrenze**): Greift die Bagatellregelung nicht und hält die Darlehensaufnahme einem Fremdvergleich nicht stand, so ist zu prüfen, ob die Vergütungen für das „schädliche" Fremdkapital insgesamt 250 000 EUR übersteigen. Es handelt sich hierbei um eine Freigrenze, dh, bei Überschreiten der Freigrenze wird die Gesamtsumme der Vergütungen als verdeckte Gewinnausschüttung behandelt.

Eine Beteiligung ist wesentlich, wenn der Anteilseigner am Grund- oder Stammkapital zu mehr als einem Viertel beteiligt ist. Eine mittelbare Beteiligung, die auch über eine Personengesellschaft gegeben sein kann, ist ebenfalls zu berücksichtigen. Für die Beteiligung kommt es nicht auf die Stimmrechte an, sondern auf die kapitalmäßige Beteiligung. Besteht neben einer unmittelbaren Beteiligung eine mittelbare Beteiligung an der Kapitalgesellschaft, so liegt eine wesentliche Beteiligung vor, wenn die Zusammenrechnung eine Beteiligung von mehr als einem Viertel ergibt. Bei der Zusammenrechnung kommt es nicht darauf an, ob der Anteilseigner die die mittelbare Beteiligung vermittelnde Gesellschaft beherrscht oder nicht.[72] Wird die Beteiligung über eine Personengesellschaft vermittelt, so kommt es auf die Beteiligungsquote an der Personengesellschaft an.[73]

111 Die Frage, wie das anteilige Eigenkapital des wesentlich beteiligten Anteilseigners berechnet wird, regelt im Einzelnen § 8 a Abs. 2 KStG aF. Nach § 8 a Abs. 1 S. 2 KStG aF ist eine verdeckte Gewinnausschüttung auch dann anzunehmen, wenn das der Kapitalgesellschaft gewährte Fremdkapital von einer Person ausgereicht wurde, die dem Anteilseigner nahesteht. Wer eine nahestehende Person ist, ergibt sich aus der Verweisung auf § 1 Abs. 2 AStG. Gemeint sind im Wesentlichen Konzernbeziehungen. Der Begriff „nahestehende Person" ist daher bei § 8 a KStG aF enger zu verstehen als im sonstigen VGA-Recht.

112 § 8 a KStG aF umfasst grundsätzlich auch Fremdfinanzierungen durch einen rückgriffsberechtigten Dritten, zB eine Bank. Gemeint sind Fälle, in denen die Bank gegen einen wesentlich beteiligten Anteilseigner der Kapitalgesellschaft sicherungshalber zurückgreifen kann (zB aufgrund einer Bürgschaft). Die Finanzverwaltung behandelt die Darlehenszinsen in diesen Fällen jedoch nur dann als verdeckte Gewinnausschüttung, wenn der wesentlich beteiligte Anteilseigner (oder eine nahestehende Person) gleichzeitig Einlagen bei der Bank unterhält.[74]

113 Für Holdinggesellschaften gilt die Sonderregelung des § 8 a Abs. 4 KStG aF. Bei Holdings iSd Vorschrift wird das Eigenkapital der Holding nicht um den Buchwert der Beteiligungen an Kapitalgesellschaften gemindert. Die nachgeordneten Kapitalgesellschaften haben weder einen eigenen Safe Haven noch gilt für sie die Freigrenze von 250 000 EUR.

114 Speziell für nachgeschaltete Personengesellschaften gilt der § 8 a Abs. 5 KStG aF, der eine mögliche Umgehung des § 8 a KStG aF durch Zwischenschaltung einer Personengesellschaft verhindern soll. Danach gilt das Fremdkapital als der Kapitalgesellschaft überlassen, auch wenn es der nachgeschalteten Personengesellschaft überlassen wurde. Es gilt insoweit die Grundsatzregelung der Absätze 1 bis 4 entsprechend, insbesondere auch hinsichtlich der wesentlichen Beteiligung.

115 Für den fremdfinanzierten konzerninternen Beteiligungserwerb gilt die Sonderregelung in § 8 a Abs. 6 KStG aF. Nach dieser Vorschrift sind Vergütungen für Fremdkapital nicht abzugsfähig, wenn

- das Fremdkapital von der Kapitalgesellschaft für den Erwerb einer Beteiligung an einer Kapitalgesellschaft aufgenommen wurde, und
- der Veräußerer der Beteiligung und der Fremdkapitalgeber ein wesentlich beteiligter Anteilseigner, eine nahestehende Person oder ein Dritter mit Rückgriffsmöglichkeit ist, oder
- gemäß § 8 a Abs. 6 S. 2 KStG aF: bei Beteiligungserwerb über eine nachgeschaltete Personengesellschaft.

Bei einem fremdfinanzierten internen Beteiligungserwerb gibt es keinen Safe Haven. Auch ein Fremdvergleich ist zur Abwehr der Rechtsfolgen des § 8 a Abs. 6 KStG aF nicht möglich.

VI. Offene und verdeckte Einlagen

116 **Offene Vermögensmehrungen** auf gesellschaftsrechtlicher Ebene liegen bei der Leistung von Einlagen durch die Gesellschafter im Rahmen einer Gründung oder Kapitalerhöhung vor. Unter diese den gesellschaftsrechtlichen Vorschriften entsprechenden Einlagen fallen Pflichteinlagen und freiwillige Einlagen:
Bei einer AG:
- Leistung des Nennbetrags der Aktien,
- Ausgabeaufgeld (bei Überpari-Emission), § 272 Abs. 2 Nr. 1 HGB,
- Zuzahlung zur Einräumung von Vorzugsaktien, § 272 Abs. 2 Nr. 3 HGB;

Bei einer GmbH insbesondere:
- Leistungen auf die Stammeinlage,
- Aufgeld auf die Stammeinlage,
- Nachschüsse, § 26 GmbHG

---

72 BFH v. 12.6.1980, IV R 128/77, BStBl. II 1980, 646.
73 BMF 15.12.1994, BStBl. I 1995, 25; BMF 15.7.2004, BStBl. I 2004, 593.
74 BMF 15.7.2004, BStBl. I 2004, 593 Rn 20; sog. Back-to-Back-Finanzierungen.

Gesellschaftsrechtliche Einlagen können zu Nennkapital führen (Leistungen auf den Nennbetrag der Aktien bzw Stammeinlagen) oder in die Kapitalrücklagen einzustellen sein (zB Aufgabeaufgeld).

Nutzungen und Leistungen können mangels Bilanzierbarkeit des (bloßen) Nutzungsvorteils nicht Gegenstand einer Einlage sein. Keine einlagefähigen Nutzungsvorteile sind insbesondere: 117
- eine ganz oder teilweise unentgeltliche Dienstleistung
- eine unentgeltliche oder verbilligte Gebrauchs- oder Nutzungsüberlassung eines Wirtschaftsguts und
- der Zinsvorteil bei unverzinslicher oder geringverzinslicher Darlehensgewährung
- Bürgschaftsübernahme des Gesellschafters zugunsten der Gesellschaft.

Die von den Gesellschaftern gewährten Nutzungsvorteile werden in der Regel den Gewinn der Kapitalgesellschaft erhöhen. An ihm nehmen die Gesellschafter nach Maßgabe der Gewinnausschüttung teil. Hierauf beruht auch die Rechtsprechung, dass Leistungsbeziehungen zwischen der Kapitalgesellschaft und ihren beherrschenden Gesellschaftern nur berücksichtigt werden, wenn im vorhinein eindeutige Vereinbarungen getroffen und diese auch durchgeführt worden sind. Die Begründung wird darin gesehen, dass der Gesellschafter für seine Gesellschaft auch unentgeltlich tätig werden oder ihr unentgeltlich Nutzungen überlassen und den Gegenwert in der Gewinnausschüttung finden kann. 118

Aufwendungen des Gesellschafters für die Nutzungsüberlassung bilden keine nachträglichen Anschaffungskosten auf die Beteiligung, es handelt sich regelmäßig um Werbungskosten oder Betriebsausgaben. 119

Eine sog. **verdeckte Einlage**[75] liegt vor, wenn 120
- ein Gesellschafter oder eine ihm nahestehende Person der Körperschaft außerhalb der gesellschaftsrechtlichen Einlagen einen einlagefähigen Vermögensvorteil zuwendet, und
- diese Zuwendung durch das Gesellschaftsverhältnis veranlasst ist.

Die Funktion der verdeckten Einlage besteht (ebenso wie diejenige der verdeckten Gewinnausschüttung) darin, die Trennung zwischen dem selbständigen Rechtssubjekt der Kapitalgesellschaft und seinen Gesellschaftern zu gewährleisten und damit eine zutreffende Gewinnermittlung für die Sphäre der Kapitalgesellschaft einerseits und die Sphäre der Anteilseigner andererseits zu gewährleisten.

Die Zuführung eines Vermögensvorteils im Rahmen einer verdeckten Einlage in die Gesellschaft kann durch den Gesellschafter selbst (unmittelbar) oder durch eine dem Gesellschafter nahestehende Person im Interesse des Gesellschafters (mittelbar) erfolgen. Die von einer **nahestehenden Person** erbrachte verdeckte Einlage ist regelmäßig dem Gesellschafter zuzurechnen, in dessen Interesse sie erbracht wurde.[76] Die Vermögensmehrung bei der Gesellschaft beruht in diesem Fall auf einer gleichzeitig vollzogenen Vermögensübertragung des Gläubigers auf die Gesellschafter und der Gesellschafter auf die Gesellschaft. Sie beruht im Verhältnis der Gesellschafter zur Gesellschaft (Valutaverhältnis) auf dem Gesellschaftsverhältnis, während im Verhältnis des Gläubigers zu den Gesellschaftern (Deckungsverhältnis) unterschiedliche Rechtsbeziehungen in Betracht kommen. Insbesondere kann es sich dabei um eine schenkungsweise Zuwendung an die Gesellschafter der Kapitalgesellschaft handeln. 121

Voraussetzung für die Annahme einer verdeckten Einlage ist stets, dass die Zuwendung des Gesellschafters oder einer ihm nahestehenden Person durch das Gesellschaftsverhältnis veranlasst ist. Die Ursächlichkeit des Gesellschaftsverhältnisses ist nur dann gegeben, wenn ein Nichtgesellschafter bei Anwendung der **Sorgfalt eines ordentlichen Kaufmanns** den Vermögensvorteil der Gesellschaft nicht eingeräumt hätte, was grundsätzlich durch Fremdvergleich festzustellen ist. 122

Verdeckte Einlagen sind nach § 6 Abs. 1 Nr. 5 S. 1, 1. Hs, § 6 Abs. 6 S. 2 EStG bei der Kapitalgesellschaft mit dem **Teilwert** der zugeführten Wirtschaftsgüter anzusetzen. Die Zuführung eines einlagefähigen Vermögensvorteils führt aus Sicht der Gesellschaft zu einer Gewinnerhöhung. Diese in der Steuerbilanz zu erfassende Gewinnerhöhung ist **außerhalb der Bilanz zu neutralisieren**, soweit es sich steuerrechtlich um eine werthaltige Einlage handelt. 123

Verdeckte Einlagen führen idR zu einer Erhöhung des ausschüttbaren Gewinns der Kapitalgesellschaft, da sie anders als gesellschaftsrechtliche Einlagen nicht Nennkapital werden und auch nicht in die Kapitalrücklage einzustellen sind, sondern handelsrechtlich grundsätzlich als Ertrag zu behandeln 124

---
75 BFH v. 14.11.1984, I R 50/80, BStBl. II 1985, 227.
76 BFH v. 9.6.1997, GrS 1/94, BStBl. II 1998, 307 unter C III.

sind. Bei dem steuerlichen Einlagekonto ergibt sich in Höhe der verdeckten Einlage ein Zugang gem. § 27 Abs. 1 S. 2 KStG. Der Zugang auf dem Einlagekonto erfolgt bei Zufluss.

125 Auf der Ebene des Gesellschafters führt die verdeckte Einlage in Höhe des Wertansatzes (Teilwerts) bei der Kapitalgesellschaft (Korrespondenzprinzip) zu **nachträglichen Anschaffungskosten** auf die Beteiligung, § 6 Abs. 6 S. 2 EStG.

126 Für die steuerliche Beurteilung eines **Verzichts des Gesellschafters auf Ansprüche** gegenüber der Kapitalgesellschaft aus zB:
- Gehalts-, Tantiemeforderungen, § 19 EStG,
- Zinsforderungen, § 20 Abs. 1 EStG,
- Miet- und Pachtforderungen, § 21 EStG,

ist entscheidend, zu welchem Zeitpunkt dieser Verzicht ausgesprochen wird. Während bei einem Verzicht von Anfang an nicht einlagefähige Nutzungen und Leistungen vorliegen, führt ein Verzicht auf Ansprüche unabhängig davon, ob der Verzicht vor Fälligkeit oder vor Auszahlung erfolgt, zu folgenden Konsequenzen:

bei der KapG
- zu einer **Einlage** in Höhe des werthaltigen Teils der Verbindlichkeit oder Rückstellung,
- zu einem **betrieblichen Ertrag** in Höhe des nicht mehr werthaltigen Teils der Verbindlichkeit oder Rückstellung.

beim Anteilseigner
- zu einem **Zufluss** (§ 11 EStG) des werthaltigen Teils der Forderung oder der Anwartschaft und damit zu einer Besteuerung dieser Erträge zB nach § 19 EStG,
- zu einer **Erhöhung der Anschaffungskosten** auf die Beteiligung in Höhe des werthaltigen Teils der Forderung oder Anwartschaft.

127 Verdeckte Einlagen nehmen grundsätzlich (wie oben dargelegt) keinen Einfluss auf den Gewinn der einlageempfangenden Kapitalgesellschaft, vgl § 8 Abs. 3 S. 3 KStG. Dieser Grundsatz wird allerdings für den Fall durchbrochen, dass die verdeckte Einlage das Einkommen des Gesellschafters (als Betriebsausgaben oder Werbungskosten) gemindert hat (§ 8 Abs. 3 S. 4 KStG). Das Einkommen der einlageempfangenden Kapitalgesellschaft erhöht sich um die verdeckte Einlage; der Gesellschafter hat keine nachträglichen Anschaffungskosten. Diese Regelung gilt zB im Falle einer Nutzungsüberlassung eines Wirtschaftsgutes durch die Kapitalgesellschaft an den Gesellschafter zu einem überhöhten Entgelt, hier liegen in Höhe des Überpreises keine Betriebsausgaben bzw keine Werbungskosten beim Gesellschafter, sondern eine verdeckte Einlage des Gesellschafters in seine Kapitalgesellschaft vor.

VII. Verfahrensrechtliche Korrekturen

128 Um eine **korrespondierende Besteuerung** im Halbeinkünfteverfahren hinsichtlich verdeckter Gewinnausschüttungen und verdeckter Einlagen bei der Kapitalgesellschaft und ihren Gesellschafter zu erreichen, wird eine **Korrekturvorschrift** eingefügt (§ 32 a KStG). Ein Steuerbescheid oder Feststellungsbescheid gegenüber dem Gesellschafter kann gemäß § 32 a Abs. 1 KStG geändert werden, soweit gegenüber einer Kapitalgesellschaft ein Steuerbescheid hinsichtlich der Berücksichtigung einer verdeckten Gewinnausschüttung erlassen, aufgehoben oder geändert wird. Die Festsetzungsfrist des gegenüber dem Gesellschafter zu ändernden Steuerbescheids endet insoweit nicht vor Ablauf eines Jahres nach Unanfechtbarkeit des Körperschaftsteuerbescheids. Diese Regelung greift insbesondere dann, wenn durch Betriebsprüfungen bei der Kapitalgesellschaft nachträglich verdeckte Gewinnausschüttungen aufgedeckt werden, die jedoch bereits einer vollen Einkommensteuerbelastung beim Gesellschafter (zB als Gehalt oder Tantieme) unterlagen. Durch § 32 a Abs. 1 KStG wird der Steuerbescheid des Gesellschafters offen gehalten und eine Anwendbarkeit des Halbeinkünfteverfahrens bei nachträglichem Aufdecken der verdeckten Gewinnausschüttung ermöglicht. § 32 a Abs. 2 KStG sieht eine Offenheit der Veranlagung bei der einlageempfangenden Kapitalgesellschaft vor, so dass der Bescheid an die Rechtswertung beim einlegenden Gesellschafter angepasst werden kann (siehe oben, § 8 Abs. 3 S. 4 KStG).

VIII. Besteuerung auf Ebene des Anteilseigners

Die Steuerpflicht von **Dividendenausschüttungen** ist unabhängig davon, ob sie in ein Betriebsvermögen oder Privatvermögen fließen, vgl § 20 Abs. 1 Nr. 1 und Abs. 3 EStG. Ist eine Körperschaft aber Anteilseigner, so bleibt die Dividende außer Ansatz (§ 8 b Abs. 1 KStG); lediglich 5 % der Dividende gelten als nicht abzugsfähige Betriebsausgaben. Bei der natürlichen Person als Anteilseigner ist die empfangene Dividende zur Hälfte steuerbefreit (§ 3 Nr. 40 EStG). Bei einer Personengesellschaft wird die Dividende nach dem Besteuerungsregime des dahinter stehenden Gesellschafters behandelt. Auf Dividendenausschüttungen ist grundsätzlich von der ausschüttenden Kapitalgesellschaft **Kapitalertragsteuer** iHv 20 Prozent zu erheben. Die Kapitalgesellschaft agiert dabei als Hilfsperson des Fiskus; die Kapitalertragsteuer hat die Wirkung einer Steuervorauszahlung. Im Rahmen der Steuerveranlagung wird die zu zahlende Steuer (unter Berücksichtigung von § 8 b KStG und 3 Nr. 40 EStG) genau errechnet, die einbehaltene Kapitalertragsteuer ist auf die Steuerzahllast anrechenbar (vgl § 36 EStG), überzahlte Beträge werden erstattet.

129

Soweit es um die **Veräußerung von Kapitalgesellschaftsbeteiligungen** geht, ist eine entscheidende Weichenstellung, ob die Beteiligung im Betriebs- oder Privatvermögen gehalten wird. Die Veräußerung von Kapitalgesellschaftsbeteiligungen aus dem Betriebsvermögen ist grundsätzlich steuerpflichtig, es greifen aber die Befreiungen nach § 8 b Abs. 3 KStG und § 3 Nr. 40 EStG (ähnlich wie bei einer Dividendenausschüttung). Die Veräußerung aus dem Privatvermögen ist demgegenüber nur steuerpflichtig, wenn ein besonderer Besteuerungstatbestand eingreift, insbesondere §§ 23 oder 17 EStG. Nach § 23 Abs. 1 S. 1 Nr. 2 ist die Veräußerung einer Kapitalgesellschaftsbeteiligung steuerpflichtig, wenn der Zeitraum zwischen Anschaffung und Veräußerung mehr als ein Jahr beträgt. Nach § 17 Abs. 1 S. 1 EStG ist die Veräußerung von Kapitalgesellschaftsanteilen steuerpflichtig, wenn der Veräußerer innerhalb der letzten fünf Jahre am Kapital der Gesellschaft unmittelbar oder mittelbar zu mindestens 1 % beteiligt war. Auf einen Veräußerungsgewinn wird keine Kapitalertragsteuer erhoben.

130

IX. Teileinkünfteverfahren ab 2009

Die Unternehmenssteuerreform 2008 sieht die Abschaffung des bislang geltenden Halbeinkünfteverfahrens vor. Dieses wird im Privatvermögen durch eine Abgeltungssteuer (§ 32 d EStG) in Höhe von 25 % und im Betriebsvermögen durch das sog. Teileinkünfteverfahren fortentwickelt. Von der abgeltenden Wirkung ausgenommen sind Kapitaleinkünfte, die aufgrund der Subsidiaritätsregel des § 20 Abs. 8 EStG zu anderen Einkunftsarten gehören. Sie unterliegen zwar auch der Abgeltungssteuer, die dann aber über die Veranlagung wie eine Steuervorauszahlung angerechnet wird.

131

Im Bereich des (jetzt erweiterten) § 20 EStG entfällt das Halbeinkünfteverfahren für natürliche Personen ab 2009 vollständig; Dividenden, GmbH-Gewinnausschüttungen und Veräußerungsgewinne werden in voller Höhe von der Abgeltungssteuer erfasst. Das gilt bei Aktienverkäufen aber nur, wenn die Aktien nach dem 31.12.2008 erworben worden sind. Ansonsten gilt der derzeitige § 23 EStG unverändert weiter. Im betrieblichen Bereich von Personenunternehmen kommt es zu einem Teileinkünfteverfahren, die Steuerfreistellung reduziert sich für ab 2009 angeschaffte Aktien und GmbH-Anteile von 50 auf 40 %. Im Gegenzug sind hiermit in Zusammenhang stehende Aufwendungen gemäß § 3 c EStG mit 60 % abzugsfähig. Im Bereich der Körperschaften bleibt es hingegen bei der Steuerfreiheit im Rahmen des § 8 b KStG.

132

X. Verlustnutzungsbeschränkungen und Sanierungsprivileg bei Kapitalgesellschaften[77]

Voraussetzung der Verlustnutzung bzw des Verlustabzugs (§ 10 d EStG) bei einer Kapitalgesellschaft ist, dass sie nicht nur rechtlich, sondern auch wirtschaftlich mit der Kapitalgesellschaft identisch ist, die den Verlust erlitten hat (§ 8 Abs. 4 S. 1 KStG). Die Vorschrift sollte zumindest in ihrer ursprünglichen Fassung Missbräuche im Zusammenhang mit dem Erwerb von Verlustmängeln (auch Mantelkauf genannt) verhindern. Als Mantelkauf wird gemeinhin der Kauf einer Kapitalgesellschaft ohne Betriebsvermögen (bzw mit geringem Betriebsvermögen) bezeichnet; mögliche Motive des Erwerbers

133

---

[77] Vgl BMF v. 16.4.1999, BStBl. I 1999, 455.

sind zB die Vermeidung von Kosten der Gründung oder Börseneinführung, der Erwerb eines bekannten Namens sowie insbesondere die steuerliche Nutzung von Verlustvorträgen. In den Fällen des Mantelkaufs findet (lediglich) ein Wechsel der Anteilseigner statt, von der die rechtliche Identität der (in der Regel vermögenslosen) Kapitalgesellschaft unberührt bleibt. Der oder die neuen Anteilseigner könnte(n) nun der Kapitalgesellschaft neues Betriebsvermögen zuführen und die dann von der Kapitalgesellschaft erwirtschafteten Gewinne könnten bis zur Höhe des Verlustvortrags steuerfrei vereinnahmt werden. Da den neuen Anteilseignern jedoch der steuerliche Vorteil aus der Verlustnutzung nicht zusteht (die – wirtschaftliche – Nutzung des Verlustvortrags steht nur den Anteilseignern zu, die ihn auch wirtschaftlich getragen haben), soll ein allein steuerlich motivierter Handel mit (weitgehend) vermögenslosen Gesellschaften unterbunden werden.

134 Zu diesem Zweck machte § 8 Abs. 4 KStG aF die Verlustnutzung nach § 10d EStG von der wirtschaftlichen Identität der Kapitalgesellschaft abhängig. Nach § 8 Abs. 4 S. 2 KStG aF ist die wirtschaftliche Identität einer Kapitalgesellschaft insbesondere dann nicht gegeben, wenn mehr als 50 % der Anteile an der Kapitalgesellschaft übertragen werden und die Kapitalgesellschaft ihren Geschäftsbetrieb mit überwiegend neuem Betriebsvermögen fortführt oder wieder aufnimmt. § 8 Abs. 4 S. 2 KStG aF definiert dementsprechend nicht den Verlust der wirtschaftlichen Identität selbst, sondern nennt lediglich deren Hauptanwendungsfall. Der Verlust der wirtschaftlichen Identität kann demnach auch durch weitere – gesetzlich nicht näher definierte Sachverhalte – hervorgerufen werden.

135 Die Anwendung dieser Vorschrift im Einzelfall ist nicht unproblematisch, da die Gefahr besteht, auch in solchen Fällen einen Verlustabzug zu versagen, in denen keine missbräuchliche Gestaltung vorliegt bzw beabsichtigt ist. Allgemein ist der Verlustabzug bei einer Kapitalgesellschaft nach § 8 Abs. 4 KStG aF zu versagen wenn:

- mehr als 50 % ihrer Anteile übertragen wurden (Erfasst wird sowohl der entgeltliche als auch der unentgeltliche Übergang der Anteile, ausgenommen ist die Anteilsübertragung im Wege der Erbfolge. Berücksichtigt werden nur Wechsel auf der unmittelbaren Beteiligungsebene; Wechsel auf der mittelbaren Ebene sind irrelevant. Die 50 %-Grenze bezieht sich auf das Nennkapital der Kapitalgesellschaft.)
- überwiegend neues Betriebsvermögen zugeführt wurde (Als Betriebsvermögen ist das Aktivvermögen der Kapitalgesellschaft anzusehen. Überwiegend neues Betriebsvermögen ist anzunehmen, wenn das zugeführte das noch vorhandene Betriebsvermögen übersteigt; hierbei ist auf die Teilwerte abzustellen.)

und

- die Kapitalgesellschaft ihren Geschäftsbetrieb fortführt oder wieder aufgenommen hat (Wiederaufnahme bedeutet, dass nach Einstellung des Geschäftsbetriebs die Anteilseigner wechseln und dann nach Zuführung neuen Betriebsvermögens der Geschäftsbetrieb wieder aufgenommen wird; die Art der Geschäftstätigkeit ist unerheblich.)

136 Die Voraussetzungen müssen kumulativ vorliegen; ist eine der Voraussetzungen nicht erfüllt, so ist ein Verlustabzug nach § 10 d EStG möglich. Da die Vorschriften über den Mantelkauf auch bei Fortführung des Geschäftsbetriebs zur Anwendung kommen, ist in § 8 Abs. 4 S. 3 KStG aF ein Ausnahmetatbestand enthalten. Dieser sieht vor, dass die Zuführung neuen Betriebsvermögens iSv § 8 Abs. 4 S. 2 KStG aF dann unschädlich ist, wenn diese allein der **Sanierung des Geschäftsbetriebs** dient, der den verbleibenden Verlustabzug verursacht hat. Darüber hinaus muss die Kapitalgesellschaft den Geschäftsbetrieb in einem nach dem Gesamtbild der wirtschaftlichen Verhältnisse vergleichbaren Umfang in den folgenden fünf Jahren fortführen. Sinn und Zweck der Regelung ist, dass der Verlustabzug nur weiter genutzt werden kann, wenn die Zuführung neuen Betriebsvermögens im Rahmen der Sanierung dazu dient, insbesondere die personellen und sachlichen Ressourcen des Geschäftsbetriebs, der den Verlust verursacht hat, wieder herzustellen. Eine beschleunigte Nutzbarmachung hoher Verluste durch Ausweitung von (gewinnbringenden) Aktivitäten wird jedoch durch diese Vorschrift („allein der Sanierung des Geschäftsbetriebs dient") verhindert.

137 Durch die Unternehmenssteuerreform 2008 wurde die Verlustabzugsbeschränkung strukturell verändert und in **§ 8 c KStG neu gefasst**. Die Tatbestandsvoraussetzung „Zuführung überwiegend neuen

Betriebsvermögens" wird aufgegeben. Maßgebliches Entscheidungskriterium für die Verlustabzugsbeschränkung ist künftig der Anteilseignerwechsel. Dabei wirkt die Verlustbeschränkung des § 8 c KStG zweistufig: Zunächst sieht sie einen quotalen Untergang des Verlustabzugs bei mittelbarer oder unmittelbarer Anteils- oder Stimmrechtsübertragungen von mehr als 25 % bis zu 50 % innerhalb eines Zeitraums von 5 Jahren vor. Sobald innerhalb eines Fünf-Jahres-Zeitraums die Schwelle von 25 % überschritten wird, kommt es zu einem quotalen Verlustuntergang entsprechend der Höhe der schädlichen Anteilsübertragung. Unabhängig davon kommt es im Falle der Übertragung von mehr als 50 % der Anteile oder Stimmrechte zum vollständigen Untergang des Verlustabzugs. Beim Mantelkauf gilt als ein Erwerber auch eine Gruppe von Erwerbern mit gleichgerichteten Interessen, etwa wenn die Kapitalgesellschaft von den Erwerbern gemeinsam beherrscht wird. Neben dem festgestellten verbleibenden Verlustvortrag unterliegt auch der laufende Verlust im Veranlagungszeitraum bis zur schädlichen Anteilsübertragung der Abzugsbeschränkung.

Die Mantelkaufregelung des § 8 Abs. 4 KStG findet letztmalig Anwendung, wenn mehr als die Hälfte der Anteile an einer Kapitalgesellschaft innerhalb eines Zeitraum von fünf Jahren, der vor dem 1.1.2008 beginnt, übertragen werden und die wirtschaftliche Identität der Kapitalgesellschaft vor 2013 entfällt. § 8 c KStG findet auf Anteilserwerbe **nach 2007** Anwendung. Fraglich ist, ob Tz 33 des BMF-Schreibens vom 16.4.1999, BStBl. I S. 455 fortgilt; in diesem Fall könnte § 8 Abs. 4 KStG auch für Veräußerungen über 2007 hinaus Bedeutung behalten.

C. Gewerbesteuer

Bei der Gewerbesteuer als sog. Realsteuer bzw **Objektsteuer** ist Gegenstand der Besteuerung nicht eine Person, sondern der **Gewerbebetrieb** als Objekt, soweit er **im Inland** betrieben wird. Die individuellen Verhältnisse des Unternehmens sind nicht von Bedeutung. Im Gegensatz zur Einkommensteuer findet eine Berücksichtigung der persönlichen Leistungsfähigkeit grundsätzlich nicht statt.

Für die Berechnung der Gewerbesteuer ergibt sich folgendes Schema:

Übersicht über die Berechnung der Gewerbesteuer

	Gewerbeertrag
	Gewinn, § 7 GewStG
+	Hinzurechnungen, § 8 GewStG
./.	Kürzungen, § 9 GewStG
=	Gewerbeertrag, § 7 GewStG
	ggf Verlustabzug, § 10 a, § 11 Abs. 1 S. 3 GewStG auf volle 100 EUR abgerundet
	gekürzt um den Freibetrag, § 11 Abs. 1 S.3 Nr. 1 GewStG
×	Steuermesszahl, § 11 Abs. 2 GewStG
=	Steuermessbetrag; § 14 GewStG
×	Hebesatz, § 16 GewStG
=	Gewerbesteuer

I. Der Gewerbebetrieb als Steuergegenstand

Steuergegenstand ist nach § 2 Abs. 1 GewStG der im Inland betriebene Gewerbebetrieb. Im Falle eines Organschaftsverhältnisses sind die einzelnen Unternehmungen nicht selbständig. Die Organgesellschaft gilt als Betriebsstätte des Organträgers.

Ein Gewerbebetrieb kraft gewerblicher Betätigung im Sinne von § 2 Abs. 1 GewStG iVm § 15 EStG liegt immer dann vor, wenn bei einer Betätigung die Voraussetzungen Selbständigkeit, Nachhaltigkeit, Gewinnerzielungsabsicht und Beteiligung am allgemeinen wirtschaftlichen Verkehr gegeben sind und es sich gleichzeitig nicht um eine Land- und Forstwirtschaft oder um eine selbständige Arbeit handelt. Man spricht hierbei von „natürlichen" Gewerbebetrieben.

143 Nach § 2 Abs. 2 S. 1 GewStG gilt stets und in vollem Umfang als Gewerbebetrieb die Tätigkeit der Kapitalgesellschaften, der Erwerbs- und Wirtschaftsgenossenschaften und der Versicherungsvereine auf Gegenseitigkeit. Diejenigen juristischen Personen des privaten Rechts, die nicht Kapitalgesellschaften, Genossenschaften oder Versicherungsvereine auf Gegenseitigkeit sind, und die nichtrechtsfähigen Vereine unterliegen nach § 2 Abs. 3 GewStG insoweit der Gewerbesteuer, als sie einen **wirtschaftlichen Geschäftsbetrieb** iSd § 14 AO (mit Ausnahme der Land- und Forstwirtschaft) unterhalten. Anders als im Einkommensteuerrecht, wo die **Personengesellschaft** lediglich Gewinnermittlungssubjekt ist, ist die gewerblich tätige Personengesellschaft für Zwecke der Gewerbesteuer **selbst Steuerschuldner** (§ 5 Abs. 1 S. 3 GewStG).

144 Gemäß A 16 Abs. 1 S. 1 GewStR ist jeder Betrieb für sich zu besteuern, wenn ein Gewerbetreibender mehrere Betriebe verschiedener Art (zB Maschinenfabrik und Spinnerei) betreibt. Gleichartig sind Betriebe, wenn sie sachlich, insbesondere wirtschaftlich, finanziell oder organisatorisch innerlich zusammenhängen. Die genannten Grundsätze gelten nur für Gewerbebetriebe von Einzelpersonen. Die gewerbliche Tätigkeit von Mitunternehmerschaften (Personengesellschaften) und Kapitalgesellschaften gilt immer als jeweils einheitlicher Gewerbebetrieb, auch wenn hier die verschiedensten Geschäftszweige zusammen gefasst sind (zB also Maschinenfabrik und Spinnerei in verschiedenen Gemeinden).

145 Bei Einzelgewerbetreibenden und Personengesellschaften beginnt die Gewerbesteuerpflicht gemäß A 18 Abs. 1 S. 1 GewStR zu dem Zeitpunkt, in dem alle Voraussetzungen iSd § 15 Abs. 2 EStG für die Annahme eines Gewerbebetriebs vorliegen. Bloße Vorbereitungshandlungen genügen somit für den Beginn der Steuerpflicht nicht.[78] Bei Kapitalgesellschaften, Erwerbs- und Wirtschaftsgenossenschaften sowie bei Versicherungsvereinen auf Gegenseitigkeit beginnt die Steuerpflicht grundsätzlich mit der Eintragung in das Handelsregister, Genossenschaftsregister oder der aufsichtbehördlichen Erlaubnis zum Geschäftsbetrieb.[79] Wird jedoch bei diesen Gesellschaftsformen die Gründergesellschaft als Vorgesellschaft bereits nach außen hin tätig, so bildet sie zusammen mit der später eingetragenen Kapitalgesellschaft oder einem anderen Unternehmen iSd § 2 Abs. 2 GewStG einen einheitlichen Steuergegenstand. Bei den sonstigen juristischen Personen des privaten Rechts und den nichtrechtfähigen Vereinen iSd § 2 Abs. 3 GewStG beginnt die Steuerpflicht grundsätzlich mit der Aufnahme eines wirtschaftlichen Geschäftsbetriebs.[80]

146 Die Gewerbesteuerpflicht erlischt gemäß A 19 Abs. 1 S. 1 GewStR bei Einzelgewerbetreibenden und bei Personengesellschaften mit der tatsächlichen Einstellung des Betriebs. Dies ist nach A 19 Abs. 1 S. 6 GewStR bei völliger Aufgabe jeder werbenden Tätigkeit der Fall. Vorübergehende Unterbrechungen, zB bei Saisonbetrieben, heben die Steuerpflicht gem. § 2 Abs. 4 GewStG nicht auf.[81] Bei Kapitalgesellschaften und den anderen Unternehmen im Sinne des § 2 Abs. 2 GewStG erlischt die Steuerpflicht erst mit Einstellung jeglicher Tätigkeit, dh erst nach Verteilung des Vermögens an die Gesellschafter.[82] Bei den sonstigen juristischen Personen des privaten Rechts und den nichtrechtsfähigen Vereinen erlischt die Steuerpflicht mit der tatsächlichen Einstellung des wirtschaftlichen Geschäftsbetriebes.[83]

147 Nach § 2 Abs. 5 S. 1 GewStG gilt ein Gewerbebetrieb, der im Ganzen auf einen anderen Unternehmer übergeht, als im Zeitpunkt des Übergangs durch den bisherigen Unternehmer eingestellt.[84] Der bisherige Unternehmer ist bis zum Zeitpunkt des Übergangs Steuerschuldner; § 5 Abs. 2 S. 1 GewStG.

148 In § 3 GewStG werden die von der Gewerbesteuerpflicht befreiten Körperschaften, Einrichtungen und sonstigen Unternehmen abschließend aufgezählt.

---

78 A 18 Abs. 1 S. 3 GewStR.
79 A 18 Abs. 2 S. 1 GewStR.
80 A 18 Abs. 3 GewStR.
81 A 19 Abs. 1 S. 4 GewStR.
82 A 19 Abs. 3 GewStR.
83 A 19 Abs. 4 GewStR.
84 A 20 Abs. 1 S. 1 GewStR.

II. Der Gewerbeertrag als Bemessungsgrundlage

Bemessungsgrundlage für die Gewerbesteuer ist der nach den Vorschriften des § 7 GewStG zu ermittelnde Gewerbeertrag. Diesen definiert § 7 S. 1 GewStG als den nach den Vorschriften des EStG zu ermittelnden Gewinn aus Gewerbebetrieb, der bei der Ermittlung des Einkommens für den dem Erhebungszeitraum entsprechenden Veranlagungszeitraum zu berücksichtigen ist, vermehrt und vermindert um die in den §§ 8 und 9 GewStG genannten Beträge. Abgesehen von diesen Hinzurechnungen und Kürzungen entspricht der der Gewerbesteuer zugrunde zu legende Gewerbeertrag damit grundsätzlich dem nach dem EStG ermittelten Gewinn aus Gewerbebetrieb (bei Personengesellschaften dem Ergebnis der einheitlichen und gesonderten Gewinnfeststellung).

149

Bei Personengesellschaften legt man – obwohl die **Personengesellschaft** als solche besteuert wird – nicht nur den Gewinn der Gesellschaft (§ 7 GewStG: „aus dem Gewerbebetrieb") zugrunde, sondern erfasst die Summe der gewerblichen Einkünfte der Gesellschafter iSd Einkommensteuerrechts, die sich aus der Steuerbilanz der Gesellschaft (Gesamthandsbilanz) sowie etwaiger Ergänzungsbilanzen und Sonderbilanzen für einzelne Mitunternehmer ergeben.

150

Nach § 7 S. 4 GewStG sind §§ 3 Nr. 40, 3 c Abs. 2 EStG bei der Ermittlung des Gewerbeertrags einer Mitunternehmerschaft anzuwenden, soweit mittelbar oder unmittelbar natürliche Personen beteiligt sind; im Übrigen ist § 8 b KStG anzuwenden. Damit wird mit Wirkung ab 2004 klargestellt, dass die Zwischenschaltung einer Personengesellschaft der Anwendung der §§ 3 Nr. 40 EStG, 8 b KStG entgegen der früheren Verwaltungsauffassung nicht entgegensteht.

151

1. Einschränkungen aus dem Objektsteuercharakter

Die GewSt erfasst nur die Einkünfte aus einem bestehenden Gewerbebetrieb. Gründung und Aufgabe eines Betriebs können daher nicht Gegenstand der Gewerbeertragsteuer sein, selbst dann nicht, wenn man die Veräußerung oder Aufgabe als letzten betrieblichen Vorgang ansieht. Folgende Gewinne bzw Verluste unterliegen daher nicht der GewSt:

152

- Gewinne/Verluste aus der Veräußerung des ganzen Gewerbebetriebs oder eines Teilbetriebs;
- Gewinne/Verluste aus der Veräußerung der Beteiligung an einer Mitunternehmerschaft (nicht aber eines Teils eines Mitunternehmeranteils) und an Gesellschaftsanteilen;
- Gewinne/Verluste aus dem Ausgleich zwischen den Gesellschaftern bei Trennung (sog. Spitzenausgleich);
- Gewinne/Verluste aus der Aufgabe des ganzen Gewerbebetriebs oder eines Teilbetriebs;
- Gewinne/Verluste aus sonstigen betriebsbeendenden Vorgängen;
- Gewinne (Verluste) aus verpachtetem oder ruhendem Gewerbebetrieb.

Der Gewinn aus der **Veräußerung eines Gewerbebetriebs oder eines Teilbetriebs** gehört nicht zum Gewerbeertrag. Der Veräußerungsgewinn umfasst sämtliche Gegenleistungen, die der Veräußerer vom Erwerber erhält.[85] Entschädigungen iS von § 24 Nr. 1 Buchst. a und b EStG, die im Rahmen einer Veräußerung oder Aufgabe eines Betriebs oder eines Teilbetriebs gezahlt werden, gehören zum Veräußerungspreis und damit zum Veräußerungs- bzw Aufgabegewinn iSd § 16 EStG. Entschädigungen für einen entgangenen Gewinn, deren Ursache unmittelbar im Gewerbebetrieb liegt, bei denen also eine unmittelbare Sachbezogenheit zu einem lebenden Betrieb besteht, gehören dagegen gewerbesteuerlich zum Gewerbeertrag ebenso wie einkommensteuerlich nach § 24 Nr. 1 Buchst. a EStG zu den Einkünften aus Gewerbebetrieb.

153

Gewinne aus der Veräußerung einer **Beteiligung an einer Personengesellschaft** unterliegen grundsätzlich ebenfalls nicht der GewSt.[86] Die Veräußerung hat den Charakter einer partiellen Betriebsbeendigung.[87] Nach § 7 S. 2 GewStG gehört durch gesetzliche Anordnung aber der Gewinn aus der Veräußerung oder Aufgabe des Betriebs oder eines Teilbetriebs einer Mitunternehmerschaft

154

---

[85] FG Ba.-Württ. v. 2.6.2005, 6 K 247/03, EFG 2005, 1715, nrkr., BFH 1 B 107/05.
[86] BFH v. 25.5.1962, I 78/61 S, BStBl. III 1962, 438.
[87] BFH v. 3.5.1993, GrS 3/92, BStBl. II 1993, 616.

(§ 7 S. 2 Nr. 1 GewStG) oder eines Mitunternehmeranteils (§ 7 S. 2 Nr. 2 GewStG) oder des Anteils eines persönlich haftenden Gesellschafters einer KGaA (§ 7 S. 2 Nr. 3 GewStG) zum Gewerbeertrag, wenn der Anteil, auf den der Gewinn entfällt, nicht von einer natürlichen Person **unmittelbar** gehalten wird. Indem die Veräußerungs- oder Aufgabegewinne juristischer Personen (und Personengesellschaften) aus ihrer Beteiligung an Mitunternehmerschaften in den Gewerbeertrag einbezogen werden, wird der Gestaltung vorgebeugt, dass eine Kapitalgesellschaft nach § 6 Abs. 5 S. 3 EStG ein oder mehrere Wirtschaftsgüter zum Buchwert in das Betriebsvermögen einer Mitunternehmerschaft einlegt, an der sie beteiligt ist, und anschließend den Mitunternehmeranteil ohne Gewerbesteuerbelastung veräußert.[88]

155 Zum Gewerbeertrag gehört auch nicht die Zahlung eines **Spitzenausgleichs bei der Realteilung** des Betriebsvermögens einer Personengesellschaft nach § 16 Abs. 3 EStG.[89] Der hierdurch entstehende Gewinn kann im Hinblick auf das Wesen der Gewerbesteuer als Objektsteuer nicht anders behandelt werden als die Betriebsveräußerung. Gewinne aus der **Veräußerung von Gesellschaftsanteilen im Betriebsvermögen**, insbesondere von Aktien, gehören stets zum laufenden Gewinn und unterliegen demnach der Gewerbesteuer.

156 Bei Kapitalgesellschaften und anderen **Körperschaften iSd § 2 Abs. 2 S. 1** GewStG unterliegen alle Gewinne – einschließlich der Veräußerungs- und Aufgabegewinne – der Gewerbesteuer. Die Gewerbesteuerpflicht ist bei Kapitalgesellschaften lediglich an die Rechtsform geknüpft. Nach § 2 Abs. 2 GewStG unterstellt das Gesetz in Form einer unwiderlegbaren Vermutung, dass in dieser Rechtsform, die für eine gewerbliche Betätigung typisch ist, auch nur eine solche ausgeübt wird.[90] Deshalb kann man bei Kapitalgesellschaften nicht von einer Veräußerung des **Gewerbebetriebs** im eigentlichen Sinn sprechen. Unter Veräußerung des Gewerbebetriebs ist bei Kapitalgesellschaften idR nur die Veräußerung des jeweils unterhaltenden Betriebs zu verstehen. Ein solcher Betrieb bedeutet für die Kapitalgesellschaft nur die jeweilige Erscheinungsform ihrer Tätigkeit, die steuerlich stets als gewerblich angesehen wird, nicht aber den Gewerbebetrieb im Ganzen. Eine Übertragung des Gewerbebetriebs iSd Gewerbesteuerrechts ist bei Kapitalgesellschaften deshalb nur dann möglich, wenn sie als solche aus dem Rechtsleben verschwinden, zB im Wege der Verschmelzung oder der Umwandlung in eine Personengesellschaft. Wenn man von diesen Ausnahmen absieht, gilt die Tätigkeit einer Kapitalgesellschaft stets gewerbesteuerlich als Gewerbebetrieb.

157 Nach § 16 Abs. 1 Nr. 1 EStG gilt zwar die Veräußerung der Beteiligung an einer Kapitalgesellschaft als Veräußerung eines Teilbetriebs, wenn die Beteiligung das **gesamte Nennkapital** einer Gesellschaft umfasst. Die gesetzliche Fiktion, dass in solchen Fällen ein Teilbetrieb veräußert ist, kann aber nicht dazu führen, den aus der Veräußerung der Beteiligung entstandenen Gewinn nicht der Gewerbesteuer zu unterwerfen. Denn § 16 Abs. 1 Nr. 1 2. Hs EStG enthält lediglich die auf Milderung der Progression bedachte Fiktion einer Teilbetriebsveräußerung. Der Gewinn aus der Veräußerung einer das gesamte Nennkapital umfassenden Beteiligung an einer Kapitalgesellschaft unterliegt allerdings dann nicht der Gewerbesteuer, wenn mit der Veräußerung der Gewerbebetrieb des Veräußerers eingestellt wird.[91] Der erzielte Gewinn ist in diesem Fall wegen seines engen wirtschaftlichen Zusammenhangs mit der Aufgabe des Betriebs als Betriebsaufgabegewinn anzusehen.[92] Hierbei ist aber zu beachten, dass der Veräußerungsgewinn im Falle der Betriebseinstellung dann der Gewerbesteuer unterliegt, wenn das veräußernde Unternehmen eine Kapitalgesellschaft oder ein anderes Unternehmen iSd § 2 Abs. 2 Nr. 2 GewStG ist.

158 Bei **anderen Körperschaften** als Kapitalgesellschaften, zB Vereinen, Stiftungen und Anstalten des öffentlichen Rechts, gehören Gewinne aus der Veräußerung des ganzen Gewerbebetriebs oder eines Teilbetriebs ebenso wie bei den natürlichen Personen nicht zum steuerpflichtigen Gewerbeertrag.

---

88 BR-Drucks. 638/2001, 67.
89 BMF v. 28.2.2006, BStBl. I 2006, 228.
90 BFH v. 5.9.2001, I R 27/01, BStBl. II 02, 155.
91 A 39 Abs. 1 S. 2 Nr. 1 S. 13 GewStR.
92 Vgl hierzu BFH v. 2.2.1972, I R 217/69, BStBl. II 1972, 470.

Denn bei diesen Körperschaften gilt nicht der Grundsatz, dass alle ihre Vorgänge den gewerblichen Gewinn berühren.[93]

2. Konsquenzen und Grenzen der Anknüpfung an die einkommensteuerlichen Vorschriften

Einkommensteuerliche Besonderheiten bei der Gewinnermittlung wirken sich grundsätzlich auch auf den Gewerbeertrag aus. Etwas anderes gilt nach ständiger Rechtsprechung des BFH nur, als sich unmittelbar aus dem Gewerbesteuergesetz etwas anderes ergibt oder soweit die Vorschriften des Einkommensteuerrechts mit dem besonderen Charakter der Gewerbesteuer als Objektsteuer nicht im Einklang stehen.[94] Von besonderer praktischer Relevanz sind dabei folgende drei Fallkonstellationen:

- Personenidentität auf Veräußerer- und Erwerberseite;
- Veräußerung von Teilen eines Mitunternehmeranteils;
- Zurückbehaltung von zum Sonder-Betriebsvermögen gehörenden wesentlichen Betriebsgrundlagen.

Gewinne aus der Veräußerung eines Betriebes iSd § 16 Abs. 1 EStG – und damit auch die Veräußerung von Mitunternehmeranteilen – sind einkommensteuerlich nicht privilegierte, laufende Gewinne, soweit auf der Seite des Erwerbers und des Veräußerers dieselben Personen Unternehmer oder Mitunternehmer sind. Der aus der Veräußerung eines Mitunternehmeranteils entstehende Veräußerungsgewinn ist auch Bestandteil des Gewerbeertrages nach § 7 S. 1 GewStG.

§ 16 Abs. 1 S. 2 EStG bestimmt, dass es sich bei dem Gewinn aus der Veräußerung von Teilen eines Mitunternehmeranteils ebenfalls um einen laufenden Gewinn handelt. Entgegen der überwiegenden Meinung im Schrifttum vertritt die OFD Düsseldorf die Auffassung, dass die einkommensteuerliche Wertung auch für die Gewerbesteuer zu gelten habe, so dass die Veräußerung von Teilen eines Mitunternehmeranteils auch immer der Gewerbesteuer unterliegt.[95] Hieraus kann die Gestaltungsüberlegung abgeleitet werden, bei zu erwartenden Veräußerungsverlusten einen Teil des Mitunternehmeranteils zurückzubehalten.[96]

Die §§ 16, 34 EStG verfolgen das Ziel, die beim Veräußerer infolge der geballten Aufdeckung stiller Reserven eintretende Einkommensteuerbelastung zu reduzieren. Voraussetzung für die Privilegierung ist allerdings, dass alle wesentlichen Betriebsgrundlagen mit veräußert werden. Die wesentlichen Betriebsgrundlagen sind nach dem BFH im Sinne einer kombinierten funktional-quantitativen Betrachtungsweise zu ermitteln.[97] Danach gehören zu den wesentlichen Betriebsgrundlagen iSd § 16 EStG

- sowohl Wirtschaftsgüter, die nach Art des Betriebes und ihrer Funktion im Betrieb für diesen wesentlich sind (unabhängig davon, ob sie stille Reserven enthalten oder nicht)
- als auch Wirtschaftsgüter, die funktional gesehen für den Betrieb nicht erforderlich sind, in denen aber erhebliche stille Reserven gebunden sind.

Unerheblich ist, ob die wesentlichen Betriebsgrundlagen zum Gesamthandsvermögen oder zum Sonderbetriebsvermögen eines Mitunternehmers gehören.

Im Schrifttum wird die Auffassung vertreten, dass die Wertung des § 16 Abs. 1 Nr. 2 EStG für gewerbesteuerliche Zwecke grundsätzlich unbeachtlich sei.[98] Denn für die Frage, ob ein der Gewerbesteuer unterliegender Veräußerungs- oder Aufgabegewinn vorliegt, spiele es keine Rolle, ob alle wesentlichen stillen Reserven aufgedeckt wurden. Entscheidend sei allein, ob das gewerbliche Engagement des Unternehmers oder Mitunternehmers in dem betreffenden Betrieb oder Teilbetrieb oder in der betreffenden Mitunternehmerschaft insgesamt endet.

---

93 Vgl RFH v. 21.5.1940, I 132/40, RStBl. 1940, 667.
94 BFH v. 15.6.2004, VIII R 7/01, BStBl. II 2004, 754.
95 OFD Düsseldorf v. 10.9.2002, G 1421 – 19 – St 132 – K, FR 2002, 1151.
96 Vgl dazu ausführlich *Neyer*, BB 2005, 577.
97 Vgl BFH v. 2.10.1997, IV R 84/96, BStBl. II 1998, 104.
98 *Behrens/Schmidt*, BB 2002, 860 (863.).

III. Hinzurechnungen und Kürzungen (§§ 8 und 9 GewStG)

164 Hinzurechnungen und Kürzungen sollen den Gewinn objektivieren, die „objektive" Ertragskraft – abstrahiert vom jeweiligen Rechtsträger oder Steuersubjekt – erfassen. Als Hinzurechnungen sind zu nennen, soweit sie bei der Ermittlung des Gewinns abgesetzt worden sind (bis zum Erhebungszeitraum 2008):

165 **Die Hälfte der Zinsen/Entgelte für Dauerschulden** (§ 8 Nr. 1 GewStG): Es handelt sich um Zinsen auf Fremdkapital, das insbesondere der nicht nur vorübergehenden Verstärkung des Betriebskapitals dient, sowie sonstige Entgelte für derartige Schulden (gewinnabhängige Vergütungen für zB partiarische Darlehen, Genussrechte und Gewinnobligationen sowie ein Damnum, das Zinskorrekturfunktion hat). Schulden mit einer Laufzeit von weniger als drei Monaten werden als laufende Schulden, Schulden mit einer Laufzeit von mehr als einem Jahr als Dauerschulden (widerlegbar) vermutet. Dient der Kredit der Finanzierung von Anlagevermögen, so wird eine Dauerschuld vermutet, betrifft er das Umlaufvermögen, so wird eine laufende Schuld vermutet. Verbindlichkeiten, die wirtschaftlich mit der Gründung oder dem Erwerb des Betriebs (Teilbetriebs) oder eines Anteils am Betrieb oder mit einer Erweiterung oder Verbesserung des Betriebs zusammenhängen (§ 8 Nr. 1, 1. Alt. GewStG), sollen auch dann hinzuzurechnen sein, wenn sie kurzfristig sind. Verbindlichkeiten, die mit dem laufenden Geschäftsverkehr zusammenhängen, sind nicht bereits deshalb Dauerschuld, weil ihre Laufzeit mehr als 12 Monate beträgt. Es soll nicht darauf ankommen, ob der Ertrag mit Eigen- oder mit Fremdkapital erzielt wurde; das langfristige Fremdkapital wird daher wie Eigenkapital behandelt.

166 **Betriebliche Renten** (Leib-, Zeitrenten) und **dauernde Lasten**, die mit der Gründung oder dem Erwerb des Betriebs (Teilbetriebs) oder eines Betriebsanteils zusammenhängen (§ 8 Nr. 2 S. 1 GewStG). Dies gilt auch für nachträgliche Betriebserweiterungen. § 8 Nr. 2 GewStG ist lex specialis zu § 8 Nr. 1 GewStG. Zahlungen, die nur deshalb geleistet werden, weil der Betriebsinhaber bei Gründung oder bei Erwerb des Betriebs Verbindlichkeiten übernommen hat, schmälern nicht die „objektive Ertragskraft eines Betriebs im Vergleich zu einem entsprechenden anderen Betrieb und sind daher hinzuzurechnen.

167 **Gewinnanteile eines (typischen) stillen Gesellschafters** (§ 8 Nr. 3 GewStG): Auch diese Hinzurechnung dient dazu, den mit Fremdkapital arbeitenden Betrieb dem Betrieb gleichzustellen, der mit Eigenkapital finanziert wird. Dementsprechend erhöhen Verlustanteile eines stillen Gesellschafters einen Verlust iSd § 7 GewStG. § 8 Nr. 3 GewStG ist lex specialis gegenüber § 8 Nr. 1 GewStG geworden, nachdem die letztgenannte Vorschrift auch gewinnabhängige Vergütungen für Fremdkapital erfasst.

168 Die **Hälfte der Miet- und Pachtzinsen für Anlagegüter** (außer Grundbesitz, vgl § 9 Nr. 1 GewStG), § 8 Nr. 7 GewStG. Es soll eine Gleichbehandlung mit Betrieben erreicht werden, die mit eigenen Wirtschaftsgütern arbeiten. Da nicht der (gedachte) Rohertrag (den die Anlagegüter abwerfen), sondern der Reinertrag hinzugerechnet werden soll, wird pauschal die Hälfte der Miet- und Pachtzinsen angesetzt. Liegen die Voraussetzungen für die Hinzurechnung der hälftigen Miet- und Pachtzinsen beim Mieter/Pächter vor, ist die dem Gewerbeertrag des Mieters/Pächters hinzugerechnete Miete oder Pacht beim Vermieter/Verpächter wieder zu kürzen (§ 9 Nr. 4 GewStG). Ausnahme: § 8 Nr. 7 S. 2 GewStG.

Hinweis: Bei Zahlungen von Renten und dauernden Lasten und Gewinnanteilen eines stillen Gesellschafters sowie Miet- und Pachtzinsen (§ 8 Nr. 2, 3 u. 7 GewStG) ist der Abzug jedoch zulässig (also keine Hinzurechnung), soweit die Beträge beim Empfänger zur Steuer nach dem Gewerbeertrag heranzuziehen sind. Dadurch soll eine **gewerbesteuerliche Doppelbelastung** verhindert werden.

169 Ab dem Erhebungszeitraum 2008: An die Stelle der oben angegebenen Dauerschulden treten nach der Unternehmenssteuerreform 2008 Abzugsbegrenzungen für sämtliche Finanzierungsaufwendungen. Die Hinzurechnung wird unabhängig von der steuerlichen Behandlung beim Gläubiger der jeweiligen Entgelte vorgenommen. Aus dem Abzinsungsvorgang für Verbindlichkeiten nach

§ 6 Abs. 1 Nr. 3 EStG ergeben sich keine Entgelte im Sinne des § 8 GewStG. Die Regelung sieht wie folgt aus:

> Entgelte für Schulden, die wirtschaftlich mit dem Betrieb zusammenhängen. Als Entgelt gilt nicht der Aufwand aus gewährten Skonti oder wirtschaftlich vergleichbaren Vorteilen im Zusammenhang mit der Erfüllung von Forderungen aus Lieferungen und Leistungen vor Fälligkeit sowie die Diskontbeträge bei der Veräußerung von Wechsel- und anderen Geldforderungen
> + Renten und dauernden Lasten, nicht jedoch Pensionszahlungen aufgrund einer unmittelbar vom Arbeitgeber erteilten Versorgungszusage
> + Gewinnanteile des stillen Gesellschafters
> + 1/5 der Miet- und Pachtzinsen (einschließlich Leasingraten) für die Benutzung von beweglichen Wirtschaftsgütern des Anlagevermögens, die im Eigentum eines anderen stehen.
> + 3/4; der Miet- und Pachtzinsen sowie Leasingraten für die Benutzung der nicht beweglichen Wirtschaftsgüter des Anlagevermögens
> - 1/4; der Aufwendungen für die zeitlich befristete Überlassung von Rechten (insbesondere Konzessionen und Lizenzen, mit Ausnahme von Lizenzen, die ausschließlich zum Weiterverkauf daraus abgeleiteter Rechte berechtigen).
> = **Summe der Finanzierungsaufwendungen**
> Betrag liegt bei maximal 100 000 EUR: Es erfolgt keine Hinzurechnung;
> Betrag liegt über 100 000 EUR: Es erfolgt eine Hinzurechnung mit 25 Prozent aus der Bemessungsgrundlage (Summe der Finanzierungsaufwendungen – 100 000 EUR).

Von der Unternehmenssteuerreform unverändert bestehen folgende Hinzurechnungen und Kürzungen: 170
- **Hinzurechnung – Ausländische Steuern:** Solche ausländische Steuern vom Einkommen, die nach § 34 c EStG (bereits) bei der Ermittlung der Einkünfte abgezogen werden, mindern grundsätzlich auch den Gewerbeertrag (§ 7 GewStG). Sie sind dem Gewinn aus Gewerbebetrieb aber hinzuzurechnen (= Abzugsverbot), soweit sie auf Gewinne oder Gewinnanteile entfallen, die bei der Ermittlung des Gewerbeertrags außer Ansatz gelassen werden (ausländische Betriebstätten) oder nach § 9 GewStG (Schachteldividenden) gekürzt werden (§ 8 Nr. 12 GewStG).
- **Kürzung – Grundbesitz:** Da der **Betrieb mit eigenem Grundbesitz** dem Betrieb mit fremdem Grundbesitz (der die Miete/Pacht abziehen kann) gleichgestellt werden soll, wird die Summe des Gewinns und der Hinzurechnungen um 1,2 % des Einheitswerts (per 1.1.1964 + 40 %, vgl § 121 a BewG) des zum Betriebsvermögen gehörenden und nicht von der Grundsteuer befreiten Grundbesitzes gekürzt (§ 9 Nr. 1 S. 1 GewStG). Bei Unternehmen, die ausschließlich eigenen Grundbesitz oder neben eigenem Grundbesitz eigenes Kapitalvermögen verwalten und nutzen, tritt auf Antrag an die Stelle der Kürzung nach § 9 Nr. 1 S. 1 GewStG eine Kürzung des Gewinns und der Hinzurechnungen um den Teil des Gewerbeertrages, der auf die Verwaltung und Nutzung eigenen Grundbesitzes entfällt (§ 9 Nr. 1 S. 2 ff GewStG). Diese sog. **erweiterte Kürzung** ist dann nicht möglich, wenn der Grundbesitz ganz oder zum Teil dem Gewerbebetrieb eines Gesellschafters dient (§ 9 Nr. 1 S. 5 GewStG). Dazu ist kein Miet- oder Pachtvertrag erforderlich, es reicht aus, dass der Grundbesitz unmittelbar oder mittelbar den betrieblichen Zwecken des Gesellschafters dient. Dies ist insb. bei einer mittelbaren, über eine Personengesellschaft gehaltenen Beteiligung an einer vermögensverwaltenden Kapitalgesellschaft und auch bei einer relativ geringen Beteiligungsquote der Fall. Die mittelbare Beteiligung über eine Kapitalgesellschaft schließt die erweiterte Kürzung demgegenüber nicht aus. Dem Inlandscharakter der Gewerbesteuer entsprechend bestimmt § 9 Abs. 3 GewStG, dass der auf **ausländische Betriebsstätten** entfallende Teil des Gewerbeertrages von der Ausgangsgröße zu kürzen ist.

Die folgenden korrespondierenden Hinzurechnungen/Kürzungen wirken zugleich auf der Seite des 171
Zahlenden (durch Hinzurechnung) wie auf der Seite des Zahlungsempfängers (durch Kürzung):
- § 9 Nr. 2a, 7 und 8 GewStG schaffen ein **gewerbesteuerliches Schachtelprivileg**, dass die Steuerfreiheit aus §§ 8 b Abs. 1 KStG bzw 3 Nr. 40 EStG für Dividenden ab einer Beteiligungsquote an Grund- oder Stammkapital von 10 % aufrechterhält (also eigentlich eine **Einschränkung der grundsätzlichen Dividendenfreistellung**). Ab 2008 gilt eine Beteiligungsquote von 15 %; ist in einem Doppelbesteuerungsabkommen eine niedrigere Mindestbeteiligungsquote vereinbart, ist

diese maßgebend. A 61 Abs. 2 GewStR verzichtet bei einer im Laufe eines Erhebungszeitraums beginnenden Steuerpflicht auf das Tatbestandsmerkmal „Beteiligung zu Beginn des Erhebungszeitraums" aus § 9 Nr. 2 a und 7 GewStG (Billigkeitsmaßnahme). Das Schachtelprivileg gilt jedoch nur für Beteiligungserträge, die laufend als Ausschüttung oder als steuerbare Liquidationsrate (§ 20 Abs. 1 Nr. 1 bis 3 EStG) vereinnahmt werden, **nicht für Gewinne aus der Veräußerung der Beteiligung**, Ausschüttungen aus dem EK 04 oder für den Übernahmegewinn im Rahmen der Umwandlung einer GmbH auf den Alleingesellschafter. Nach §§ 3 Nr. 40 EStG, 8 b Abs. 1 KStG freigestellte Gewinnanteile (**Dividenden**), Bezüge und Leistungen aus Anteilen an einer Körperschaft, Personenvereinigung oder Vermögensmasse, die als sog. Streubesitzdividenden nicht die Voraussetzungen des § 9 Nr. 2 a oder Nr. 7 GewStG erfüllen werden hingegen hinzugerechnet, § 8 Nr. 5 GewStG. Die steuerliche Freistellung von Kapitalgesellschaftsveräußerungen wird bereits im Rahmen der Ausgangsgröße (Gewerbeertrag) berücksichtigt und nicht weiter eingeschränkt. Wird aufgrund einer Gewinnausschüttung eine Teilwertabschreibung der Körperschaft vorgenommen und fand das gewerbesteuerliche Schachtelprivileg auf die Ausschüttung Anwendung, so ist die Gewinnminderung durch die Teilwertabschreibung hinzuzurechnen, § 8 Nr. 10 GewStG.

- Die **Anteile am Gewinn oder Verlust einer in- oder ausländischen Mitunternehmerschaft** sind gemäß § 9 Nr. 2 GewStG hinzuzurechnen bzw. gemäß § 8 Nr. 8 GewStG zu kürzen, da die Personengesellschaft selbst bereits als eigenes Gewerbesteuersubjekt behandelt wird.
- **Spenden** sind bei Körperschaften zunächst hinzuzurechnen (§ 8 Nr. 9 GewStG); dann erfolgt für alle Gewerbebetriebe unabhängig von der Rechtsform gemäß § 9 Nr. 5 KStG eine Kürzung.

IV. Gewerbeverlust

172 Wie im Einkommensteuerrecht nach § 10 d EStG (Verlustvortrag und Verlustrücktrag) wird auch im Gewerbesteuerrecht der Grundsatz der Abschnittsbesteuerung durch die Möglichkeit des Verlustvortrages durchbrochen. Gemäß § 10 a GewStG können Fehlbeträge unbegrenzt vorgetragen werden; der Verlustrücktrag ist nicht zulässig.

173 Für den Fall, dass ein Gewerbetreibender mehrere gewerbliche Betriebe unterhält, ist keine dem einkommensteuerlichen Verlustausgleich vergleichbare Saldierung von Gewerbeerträgen und Gewerbeverlusten der verschiedenen Betriebe erlaubt. Der Gewerbeverlust darf vielmehr nur bei demselben Gewerbebetrieb gekürzt werden, bei dem er entstanden ist (Voraussetzung der Unternehmensidentität).[99] **Unternehmensidentität** liegt grundsätzlich dann vor, wenn der Betrieb, der den Verlust erwirtschaftet hat, nach dem Gesamtbild der wesentlichen Merkmale mit dem Betrieb identisch ist, in dem der Verlust verrechnet werden soll.

174 Der Gewerbeverlust darf ferner nur dem Unternehmer zugute kommen, der den Verlust erlitten hat (Erfordernis der **Unternehmeridentität**).[100] Im Rahmen von Mitunternehmergemeinschaften ist deshalb bei einem Wechsel der Gesellschafter der Verlustabzug auf den Teil beschränkt, der auf die verbleibenden Gesellschafter entfällt. Dies gilt selbst dann, wenn der ausgeschiedene Gesellschafter über eine andere Personengesellschaft weiterhin an der Untergesellschaft beteiligt bleibt, insbesondere also auch nach Änderung des § 15 Abs. 1 Nr. 2 EStG, oder auch dann, wenn der ausgeschiedene Gesellschafter über eine Organgesellschaft mittelbar an der Personengesellschaft beteiligt bleibt. Umgekehrt bleibt danach der gewerbesteuerliche Verlustvortrag erhalten, sofern ein Einzelunternehmer seinen Gewerbebetrieb in eine Personengesellschaft einbringt.

175 Bei Kapitalgesellschaften setzt die Verlustverrechnung darüber hinaus gemäß § 10 a S. 8 GewStG, § 8 Abs. 4 KStG (ab 2008: § 8 c KStG), ausdrücklich voraus, dass die Kapitalgesellschaft, die den Verlustabzug geltend macht, nicht nur rechtlich, sondern auch wirtschaftlich mit der Körperschaft identisch ist, die den Verlust erlitten hat.

---

99 A 67 GewStR.
100 A 68 GewStR.

Der Verlustvortrag kann ab dem Erhebungszeitraum 2004 nur bis Höhe eines Sockelbetrag von 1 Mio. EUR unbegrenzt beim Gewerbeertrag berücksichtigt werden, § 10 a S. 1 GewStG. Es handelt sich bei diesem Sockelbetrag um eine sog. Mittelstandskomponente für kleinere und mittlere Unternehmen. Der darüber hinausgehende Verlust kann lediglich bis zur Höhe von 60 % des 1 Mio. EUR übersteigenden Teils verrechnet werden, § 10 a S. 2 GewStG.

V. Weiteres Verfahren

Ist der Gewerbeertrag aus der Ausgangsgröße unter Berücksichtigung der Zurechnungen, der Kürzungen und des Gewerbeverlustes mit einem positiven Betrag festgestellt worden, ist er nach § 11 Abs. 1 S. 3 GewStG zunächst auf volle 100 EUR **abzurunden**. Der Gewerbeertrag wird ferner bei Gewerbebetrieben von natürlichen Personen und Mitunternehmerschaften (nicht dagegen bei juristischen Personen) um einen **Freibetrag** vermindert, der maximal 24 500 EUR beträgt; ist der Gewerbeertrag geringer als 24 500 EUR, reduziert sich der Freibetrag auf die Höhe des Gewerbeertrages.

Der abgerundete und ggf um den Freibetrag geminderte Gewerbeertrag ist dann in einen Steuermessbetrag zu verwandeln. Das geschieht durch die Anwendung der in § 11 Abs. 2 GewStG genannten Steuermesszahl. Die allgemeine **Steuermesszahl** beträgt gem. § 11 Abs. 2 Nr. 2 GewStG 5 % (ab 2008: 3,5 %); vgl abweichend § 11 Abs. 3 GewStG. Für Gewerbebetriebe von natürlichen Personen oder Personengesellschaften sind die Steuermesszahlen von 1 % bis 5 % gestaffelt; die Staffelung erfolgt in Schritten von jeweils 12 000 EUR; § 11 Abs. 2 Nr. 1. Die Staffelregelung entfällt ab 2008. Durch Multiplikation des Steuermessbetrags mit dem Hebesatz, der von der Gemeinde festgesetzt wird, ergibt sich die Gewerbesteuer, § 16 GewStG.

Die zum Steuermessbetrag führenden Ermittlungen nimmt das für den Gewerbebetrieb zuständige Finanzamt (vgl § 11 AO) aufgrund entsprechender Steuererklärungen gemäß § 14 a GewStG vor. Dieses Finanzamt setzt auch in einem Gewerbesteuermessbescheid den Steuermessbetrag fest, § 184 AO. Ein solcher Bescheid enthält noch keine Steuerschuld und dementsprechend auch keine Angaben über die Zahlungsfrist usw

Die Gewerbesteuer ist nicht an die Finanzkasse des Finanzamtes zu entrichten. Gläubiger der Gewerbesteuer sind vielmehr die **Gemeinden,** in denen sich die Betriebsstätten des Gewerbebetriebs befinden. Die Gemeindesteuerämter setzen die Gewerbesteuer im Gewerbesteuerbescheid fest. Dabei sind sie jedoch an die Feststellungen gebunden, die im Gewerbesteuermessbescheid getroffen worden sind und die ihnen das Finanzamt mitgeteilt hat, § 182 Abs. 1, § 184 Abs. 3 AO. Die Höhe der Gewerbesteuer ergibt sich danach lediglich durch Anwendung des gemeindlichen Hebesatzes auf den Gewerbesteuermessbetrag. Die Gewerbesteuer wird zwar erst nach Ablauf des Erhebungszeitraums festgesetzt, allerdings hat der Steuerschuldner gemäß § 19 Abs. 1 GewStG vierteljährliche **Vorauszahlungen** zu entrichten, deren Höhe sich gemäß § 19 Abs. 2 GewStG grundsätzlich nach der Steuerhöhe der letzten Gewerbesteuerveranlagung richten.

Wenn ein Gewerbebetrieb sich über mehrere Gemeinden erstreckt oder Betriebsstätten in mehreren Gemeinden unterhält oder eine Betriebsstätte innerhalb des Erhebungszeitraums von einer in eine andere Gemeinde verlegt wird, ist eine Aufteilung des Steuermessbetrages erforderlich, um jedem Steuergläubiger, also den hebeberechtigten Gemeinden, einen Anteil an der Bemessungsgrundlage zuzuweisen. Dieser Vorgang, die **Zerlegung**, ist in den §§ 28 ff GewStG geregelt.

Der Gewerbesteuermessbescheid ist **Grundlagenbescheid** für den Gewerbesteuerbescheid. Sofern sich ein Steuerpflichtiger durch den Gewerbesteuermessbescheid beschwert fühlt, muss er deshalb gegen diesen unmittelbar und nicht erst gegen den Gewerbesteuerbescheid Einspruch einlegen, § 351 Abs. 2 AO. Der Einkommensteuer- bzw Körperschaftsteuerbescheid oder der Bescheid über die gesonderte Gewinnfeststellung ist kein Grundlagenbescheid mit einer Bindungswirkung im Sinne des § 182 AO für die Festsetzung des Gewerbesteuermessbetrags. Der Gewerbeertrag nach § 7 GewStG wird vielmehr materiell rechtlich eigenständig ohne verfahrensrechtliche Bindung an den Einkommensteuer- bzw Körperschaftsteuerbescheid oder den Bescheid über die gesonderte Gewinnfeststellung ermittelt. § 35 b Abs. 1 GewStG bestimmt deshalb, dass der Gewerbesteuermessbescheid nach § 14 GewStG oder der Verlustfeststellungsbescheid nach § 10 a S. iVm § 35 b

Abs. 2 GewStG von Amts wegen aufzuheben oder zu ändern ist, wenn der Einkommensteuerbescheid, der Körperschaftsteuerbescheid oder ein Feststellungsbescheid aufgehoben oder geändert wird und die Aufhebung oder Änderung den Gewinn (bzw Verlust) aus dem Gewerbebetrieb berührt.

183 Die Gewerbesteuer kann bis einschließlich 2007 als **Betriebsausgabe** beim Gewerbebetrieb abgezogen werden; durch den Abzug der Gewerbesteuer ab Betriebsausgabe wird die eigene Bemessungsgrundlage der Gewerbesteuer gemindert. Der Gewerbesteueraufwand (Gewerbesteuerrückstellung) lässt sich unter Berücksichtigung der Selbstabzugsfähigkeit[101] wie folgt berechnen:

$$\text{Gewerbesteueraufwand} = \frac{\text{Hebesatz}}{2000 + \text{Hebesatz}} \times \text{Gewerbeertrag (vor Abzug der Gewerbesteuer)}$$

Ab 2008 normiert § 4 Abs. 5b EStG ein **Abzugsverbot** für die Gewerbesteuer und die darauf entfallenden Nebenleistungen.

184 Bei Einzelgewerbetreibenden und Gesellschaftern von gewerblichen Personengesellschaften wird die tarifliche Einkommensteuer in Höhe des 1,8fachen (ab 2008: 3,8fachen) des (anteiligen) Gewerbesteuermessbetrages ermäßigt (**sog. Gewerbesteueranrechnung**), § 35 EStG. Der Abzug des Steuerermäßigungsbetrages ist auf die tatsächlich zu zahlende Gewerbesteuer beschränkt. Bei Mitunternehmerschaften bestimmt sich der Anteil eines Mitunternehmers am Gewerbesteuermessbetrag gemäß § 35 Abs. 2 EStG nach seinem Anteil am Gewinn der Mitunternehmerschaft nach Maßgabe des allgemeinen Gewinnverteilungsschlüssels, wobei Vorabgewinnanteile und Sondervergütungen unberücksichtigt bleiben.

VI. Fremdbestimmte Steuerwirkungen als Gestaltungsproblem

185 Da die Personengesellschaft nach § 5 Abs. 1 S. 3 GewStG als Steuerschuldner anzusehen ist kann es zu fremdbestimmten Steuerwirkungen kommen, wenn ein Gesellschafter für eine Erhöhung der Gewerbesteuer ursächlich ist, diese Erhöhung dann aber die Gesellschaft trägt, dh jeder Gesellschafter nur anteilig entsprechend seiner Beteiligungsquote. Beispiele sind die Einbeziehung von Ergebnissen aus Sonder- und Ergänzungsbilanzen sowie des Veräußerungsgewinns nach § 7 S. 2 Nr. 2 GewStG in den Gewerbeertrag. Als Ausgleichsmechanismus kommt eine Berücksichtigung im Gewinnverteilungsschlüssel in Frage, aber auch Einlage- und Freistellungsvereinbarungen.[102] Eine Klausel zur Anpassung der Gewinnverteilung könnte wie folgt formuliert werden:

186 Gewerbesteuerliche Mehr- und Minderbelastungen, die von einzelnen Gesellschaftern verursacht werden, werden im Rahmen der Gewinnverteilung nur diesen zugerechnet. Der Betrag der Mehr- oder Minderbelastung verringert oder erhöht den Gewinnanteil des Gesellschafters, der die entsprechende Belastung oder Entlastung verursacht hat. Dies gilt insbesondere für Ergebnisse aus Sonder- und Ergänzungsbilanzen sowie die durch einen Veräußerungsgewinn hervorgerufene Gewerbesteuer.

D. Umwandlungssteuerrecht

187 Das Umwandlungssteuerrecht wird im UmwStG normiert, welches durch das SEStEG (Gesetz über steuerliche Begleitmaßnahmen zur Einführung der Europäischen Gesellschaft und zur Änderung weiterer steuerrechtlicher Vorschriften) in wesentlichen Bereichen novelliert wurde. Mit dem SEStEG ist der Gesetzgeber seiner Verpflichtung zur Umsetzung der aufgrund der Einführung der SE neu gefassten Fusionsrichtlinie[103] (FRL) nachgekommen. Zu diesem Zweck hat er in § 1 Abs. 1–4 UmwStG den Anwendungsbereich des UmwStG auf EU- und EWR-ansässige Gesellschaften erweitert.

---

101 Bei Zugrundelegung einer Steuermesszahl von 5 %.
102 Vgl wegen einzelner Gestaltungen *Scheifele*, DStR 2006, 253 ff.
103 Richtlinie Nr. 2005/19/EG des Rates v. 17.2.2005 zur Änderung der Richtlinie 90/434/EWG über das gemeinsame Steuersystem für Fusionen, Spaltungen, die Einbringung von Unternehmensteilen und den Austausch von Anteilen, die Gesellschaften verschiedener Mitgliedstaaten betreffen, ABl. L 58 v. 4.3.2005, S. 19 ff.

Der Zweite bis Fünfte Teil des UmwStG gilt für bestimmte Fälle der Gesamtrechtsnachfolge nach dem UmwG, insbesondere für die Verschmelzung, Aufspaltung und Abspaltung von Körperschaften, den Formwechsel einer Kapitalgesellschaft in eine Personengesellschaft, nicht aber für die Ausgliederung (§ 123 Abs. 3 UmwG). Der Sechste bis Achte Teil normiert als Fälle der Gesamtrechtsnachfolge nach dem UmwG die Verschmelzung, Aufspaltung und Abspaltung von Personengesellschaften, die Ausgliederung von Vermögensteilen (§ 123 Abs. 3 UmwG) und den Formwechsel einer Personengesellschaft in eine Kapitalgesellschaft sowie als Fälle der Einzelrechtsnachfolge die Einbringung von Betriebsvermögen in eine Gesellschaft und den Anteilstausch. Den Umwandlungsvorgängen nach dem UmwG sind entsprechende ausländische Vorgänge gleichgestellt. 188

Die Neufassung des UmwStG gilt grundsätzlich für Umwandlungen, bei denen im Falle der Gesamtrechtsnachfolge die Eintragung im öffentlichen Register (Handelsregister) und im Falle der Einzelrechtsnachfolge der Übergang des wirtschaftliche Eigentums an den eingebrachten Wirtschaftsgütern nach dem 12.12.2006 (Tag der Verkündung) erfolgt ist, § 27 UmwStG. 189

In der Trias der bisherigen Bewertungsmaßstäbe (Buchwert, Zwischenwert, Teilwert) wird der Teilwert durch den gemeinen Wert ersetzt. Der gemeine Wert wird allerdings insoweit modifiziert, als für Pensionsrückstellungen der Wert nach § 6 a EStG anzusetzen ist; hierdurch wird die Entstehung von Aufwand vermieden, der durch den Ansatz des gemeinen Wertes der ggf nach § 6 a EStG unterbewerteten Pensionsrückstellung entstehen könnte. 190

Im neuen Umwandlungssteuerrecht ist die Steuerbilanz autonom; eine Maßgeblichkeit der Handelsbilanz für die Steuerbilanz – wie nach bisheriger Verwaltungsauffassung – gibt es nicht mehr. Die Möglichkeit einer steuerlichen Rückbeziehung der Umwandlung bleibt grundsätzlich erhalten. Steuerlicher Übertragungsstichtag ist der Tag, der dem handelsrechtlichen Umwandlungsstichtag unmittelbar vorausgeht, also der Tag, auf den die handelsrechtliche Schlussbilanz aufgestellt wird. Die der Anmeldung der Umwandlung beim Handelsregister beigefügte Schlussbilanz darf höchstens auf einen acht Monate vor der Handelsregisteranmeldung liegenden Stichtag aufgestellt worden sein, § 17 Abs. 2 UmwG. Bei ausländischen Rechtsträgern kommt es zur Bestimmung des steuerlichen Übertragungsstichtags auf den Stichtag der Bilanz nach ausländischem Gesellschaftsrecht an. Zur Vermeidung von unbesteuerten „weißen Einkünften" sind die Regelungen der steuerlichen Rückwirkung nicht anzuwenden, „soweit Einkünfte aufgrund abweichender Regelungen zur Rückbeziehung eines im § 1 Abs. 1 bezeichneten Vorgangs in einem anderen Staat der Besteuerung entzogen werden", § 2 Abs. 3 UmwStG. 191

Die Beschlussempfehlung hat auf den allgemeinen umwandlungssteuerlichen Missbrauchstatbestand aus dem Gesetzentwurf der Bundesregierung (§ 26 E-UmwStG) verzichtet, da die konsequente Anwendung von § 42 AO als ausreichend angesehen wurde. 192

I. Vermögensübertragung bei Verschmelzung auf eine Personengesellschaft oder auf eine natürliche Person und Formwechsel einer Kapitalgesellschaft in eine Personengesellschaft

1. Übertragungsgewinn – Wertansätze in der steuerlichen Schlussbilanz der übertragenden Körperschaft

Nach der Ansatz- und Bewertungsvorschrift des § 3 Abs. 1 UmwStG sind in der steuerlichen Schlussbilanz grundsätzlich sämtliche Wirtschaftsgüter, auch selbst geschaffene immaterielle Wirtschaftsgüter (Firmenwert, Patente etc.) mit dem gemeinen Wert anzusetzen. Der Ansatz der übergehenden Wirtschaftsgüter mit dem Buch- oder Zwischenwert ist nach § 3 Abs. 2 UmwStG auf Antrag zulässig, soweit 193
- sie Betriebsvermögen der übernehmenden Personengesellschaft oder natürlichen Person werden und sichergestellt ist, dass sie später der Besteuerung mit Einkommensteuer oder Körperschaftsteuer unterliegen (nicht bei subjektiver Steuerbefreiung eines Gesellschafters bzw der natürlichen Person) und

- das Recht der Bundesrepublik Deutschland hinsichtlich der Besteuerung des Gewinns aus der Veräußerung der übertragenen Wirtschaftsgüter bei den Gesellschaftern der übernehmenden Personengesellschaft oder bei der natürlichen Person nicht ausgeschlossen oder beschränkt wird (zB durch DBA)[104] und
- eine Gegenleistung nicht gewährt wird oder in Gesellschaftsrechten besteht.

194 In den Fällen der Verschmelzung auf eine Personengesellschaft oder des Formwechsels einer Kapitalgesellschaft in eine Personengesellschaft müssen die Voraussetzungen jeweils bezogen auf jeden Gesellschafter der Personengesellschaft vorliegen, ansonsten ist der gemeine Wert (anteilig) anzusetzen.

195 Der Antrag ist spätestens bis zur erstmaligen Abgabe der steuerlichen Schlussbilanz bei dem für die Besteuerung der übertragenden Körperschaft zuständigen Finanzamt zu stellen. Durch das Einreichen einer entsprechenden steuerlichen Schlussbilanz gilt der Antrag als gestellt.

196 Der durch den Ansatz des Zwischenwertes oder gemeinen Wertes entstehende Übertragungsgewinn ist nicht begünstigt. § 3 Abs. 3 UmwStG enthält eine Regelung zur fiktiven Anrechnung ausländischer Steuern, wenn im Falle der Herausverschmelzung die übertragende unbeschränkt steuerpflichtige Körperschaft eine Betriebsstätte im Ausland hat und für diese die Doppelbesteuerung durch die Anrechnungsmethode vermieden wird. Die Körperschaftsteuer auf den Übertragungsgewinn durch Ansatz des gemeinen Wertes (wegen Wegfalls des deutschen Besteuerungsrechts) ist entsprechend Art. 10 Abs. 2 FRL nach den Grundsätzen des § 26 KStG um die Steuer zu ermäßigen, die sich nach den ausländischen Rechtsvorschriften bei Veräußerung der übertragenen Wirtschaftsgüter zum gemeinen Wert ergeben würde.

2. Eintritt in die Rechtsstellung des übertragenden Rechtsträgers

197 Der übernehmende Rechtsträger hat die übergehenden Wirtschaftsgüter mit den steuerlichen Schlussbilanzwerten der übertragenden Körperschaft zu übernehmen (§ 4 Abs. 1 UmwStG) und tritt (im Sinne einer Gesamtrechtsnachfolge) in die steuerliche Rechtsstellung der übertragenden Körperschaft ein (zB hinsichtlich Abschreibungen, steuerfreien Rücklagen, Betriebszugehörigkeitsdauer), § 4 Abs. 2 S. 1 und 3 UmwStG. Sind die übergegangenen Wirtschaftsgüter in der steuerlichen Schlussbilanz der übertragenden Körperschaft mit einem über dem Buchwert liegenden Wert angesetzt, sind die AfA bei dem übernehmenden Rechtsträger in den Fällen des § 7 Abs. 4 S. 1 und Abs. 5 EStG nach der bisherigen Bemessungsgrundlage zu bemessen; der Abschreibungszeitraum verlängert sich. In allen anderen Fällen findet der von der umgewandelten Körperschaft angewendete AfA-Satz auf den aufgestockten Buchwert Anwendung, § 4 Abs. 3 UmwStG.

198 Verrechenbare Verluste, verbleibende Verlustvorträge oder vom übertragenden Rechtsträger nicht ausgeglichene negative Einkünfte gehen nicht mit über, § 4 Abs. 2 S. 2 UmwStG. Dies gilt auch für laufende Verluste im Wirtschaftsjahr der Umwandlung.

3. Aufspaltung des Übernahmeergebnisses durch fiktive Ausschüttung der Gewinnrücklage

199 Ein Übernahmegewinn (-verlust) entstand nach altem Recht, wenn der Saldo der Werte, mit denen die zu übernehmenden Wirtschaftsgüter in der steuerlichen Schlussbilanz der übertragenden Körperschaft angesetzt werden, höher (geringer) als der Buchwert der im Rahmen der Verschmelzung untergehenden Anteile an der übertragenden Kapitalgesellschaft ist. Das Übernahmeergebnis wurde so besteuert, als würde die Beteiligung an der übertragenden Kapitalgesellschaft veräußert. Ein bei der Verschmelzung entstehender Übernahmegewinn sollte in Form von gewerblichen Einkünften zu besteuern sein,

---

104 Das Recht der Bundesrepublik Deutschland zur Besteuerung der übertragenen Wirtschaftgüter wird zB eingeschränkt, wenn die Doppelbesteuerung aufgrund eines DBA (Aktivitätsvorbehalt) oder einer vergleichbaren Regelung (§ 20 Abs. 2 AStG) vor der Verschmelzung durch Anrechnung und nach der Verschmelzung beim übernehmenden Rechtsträger durch Freistellung vermieden wird. Eine Beschränkung des Besteuerungsrechts setzt voraus, dass zuvor ein Besteuerungsrecht bestanden hat. Nicht eingeschränkt wird das Besteuerungsrecht in den Fällen, in denen Deutschland schon bei der übertragenden Körperschaft an der Besteuerung der stillen Reserven, zB durch DBA mit Freistellungsmethode, gehindert war.

wenn die Anteile an der übertragenden Kapitalgesellschaft steuerverstrickt waren. Auf diese Weise wurde die Versteuerung der Gewinnrücklagen sichergestellt.

An diesem Grundkonzept hält auch das neue UmwStG fest. Allerdings soll insbesondere gegenüber ausländischen Gesellschaften, die wenigstens zu 1 % an der Überträgerin beteiligt sind, das deutsche Besteuerungsrecht an den Gewinnrücklagen durch Kapitalertragsteuerabzug gesichert werden. Wegen dieses erhebungstechnischen Ziels wird eine Aufspaltung des Übernahmeergebnisses hingenommen. 200

Nach § 7 UmwStG sind gesellschafterbezogen die Gewinnrücklagen (Eigenkapital abzüglich Nennkapital und steuerlichem Einlagekonto) der übertragenden Gesellschaft beim Anteilseigner als Ausschüttungen iS des § 20 Abs. 1 Nr. 1 EStG zu erfassen (fiktive Ausschüttung der Gewinnrücklagen), wobei der Kapitalertragsteuerabzug iHv 20 % zur Anwendung kommt (§§ 43 Abs. 1 S. 1 Nr. 1, 43 a Abs. 1 Nr. 1 EStG). Die Kapitalertragsteuer entsteht mit der Wirksamkeit der Umwandlung durch Eintragung im Handelsregister. Dem Übernahmeergebnis kommt lediglich eine Korrekturfunktion zu. 201

4. Bestimmung des Übernahmeergebnisses

Im Unterschied zur jedenfalls einsetzenden fiktiven Ausschüttung der Gewinnrücklagen ist ein Übernahmeergebnis (darüber hinaus) nur zu ermitteln, wenn die Anteile zum steuerlichen Betriebsvermögen gehören oder eine wesentliche Beteiligung iSv § 17 EStG darstellen. 202

5. Schema zur Bestimmung des Übernahmeergebnisses

    Übergehendes Betriebsvermögen nach dem Wertansatz in der steuerlichen Schlussbilanz der Überträgerin 203

+ Hinzurechnung der Differenz zum gemeinen Wert bei nicht der deutschen Besteuerung unterliegenden Wirtschaftsgütern, zB bei ausländischem Betriebsvermögen in einem DBA-Freistellungsstaat, § 4 Abs. 4 S. 2 UmwStG[105]
./. Umwandlungskosten
./. wegfallende Beteiligung der Übernehmerin an der Überträgerin (zum Buchwert, erhöht um steuerwirksam vorgenommene Teilwertabschreibungen und Abzüge nach 6 b EStG, § 4 Abs. 1 S. 2 UmwStG)
    vorläufiges Übernahmeergebnis iSd § 4 Abs. 4 UmwStG
+ Sperrbetrag nach § 50 c EStG
./. fiktiv ausgeschüttete Gewinnrücklage nach § 7 UmwStG

    Übernahmeergebnis iSd § 4 Abs. 5 UmwStG

Da die fiktive Ausschüttung der Gewinnrücklagen mit Kapitalertragsteuereinbehalt letztlich nur ein Vehikel ist, um Besteuerungssubstrat bei beschränkt Steuerpflichtigen sicherzustellen, muss dass Übernahmeergebnis insoweit korrigiert werden, als es – unter Berücksichtigung der bereits erfolgten fiktiven Ausschüttung der Gewinnrücklagen – „zu hoch" mit Blick auf die Veräußerungsvorstellung ist. Dies geschieht rechtstechnisch durch „Anrechnung" der Kapitalertragsteuer im Wege einer Verlustgenerierung auf Ebene der Personengesellschaft. Der fiktiv ausgeschüttete Betrag mindert einen Übernahmegewinn (selten) bzw erhöht einen Übernahmeverlust (die Regel). Abweichend vom Grundsatz der Nichtberücksichtigung des Übernahmeverlustes ist bei Körperschaften bis zur Höhe der fiktiven Gewinnausschüttung ein Übernahmeverlust zu berücksichtigen, wenn die Anteile an der übertragenden Körperschaft die Voraussetzungen des § 8 b Abs. 7 oder Abs. 8 S. 1 KStG erfüllen; soweit der Übernahmeverlust auf natürliche Personen entfällt, ist er bis zur Höhe der fiktiven Gewinnausschüttung zur Hälfte zu berücksichtigen. 204

---

105 Ohne diese Regelung zum Ansatz neutralen Vermögens mit dem gemeinen Wert gingen die stillen Reserven für die deutsche Besteuerung endgültig verloren, obwohl sie sich bei einer Veräußerung der Beteiligung auf den Kaufpreis auswirken und damit der deutschen Besteuerung unterliegen würden.

205 Zur Missbrauchsverhinderung wird ein Übernahmeverlust generell nicht berücksichtigt, soweit bei Veräußerung der Anteile an der übertragenden Gesellschaft ein Veräußerungsverlust nach § 17 Abs. 2 S. 5 EStG nicht zu berücksichtigen wäre oder soweit die Anteile an der übertragenden Gesellschaft innerhalb der letzten fünf Jahre vor dem steuerlichen Übertragungsstichtag entgeltlich erworben worden sind.

206 Da die übernehmende Personengesellschaft als Mitunternehmerschaft kein Steuersubjekt ist, treten die ertragsteuerlichen Folgen der Verschmelzung direkt bei ihren Gesellschaftern ein. Übernahmeergebnis sowie fiktive Gewinnausschüttung sind einheitlich und gesondert festzustellen.

207 Bei an der übernehmenden Personengesellschaft beteiligten Körperschaften ist auf den anteiligen Übernahmegewinn idR § 8 b Abs. 2 KStG anzuwenden (95%ige Steuerbefreiung); der Übernahmegewinn kann in den Fällen des § 8 b Abs. 7 und 8 KStG auch in voller Höhe steuerpflichtig sein. Bei an der übernehmenden Personengesellschaft beteiligten natürlichen Personen ist auf den anteiligen Übernahmegewinn § 3 Nr. 40 S. 1 und 2 sowie § 3 c Abs. 2 EStG anzuwenden (Halbeinkünfteverfahren). In beiden Konstellationen kann die einbehaltene Kapitalertragsteuer angerechnet werden.

208 Sind beschränkt Steuerpflichtige an der übertragenden Körperschaft beteiligt, wirkt die Kapitalertragsteuer grundsätzlich definitiv (§ 50 Abs. 5 EStG). Ausnahme: Die Anteile an dem übertragenden Rechtsträger werden in einer inländischen Betriebsstätte gehalten). Fraglich ist zum einen, ob die Benachteiligung von beschränkt Steuerpflichtigen europarechtskonform ist; zum anderen lässt sich der Aufkommenseffekt bezweifeln, da die involvierten Gesellschaften in aller Regel in den Anwendungsbereich eines DBA-Schachtelprivilegs[106] oder der MTRL[107] (§ 43 b EStG) fallen werden, so dass die Kapitalertragsteuer zu erstatten ist oder gar nicht erst erhoben werden darf. Bedauerlich ist in jedem Fall die „Nebenwirkung" einer Liquiditätsbelastung auch im Falle inländischer Umwandlungen, sofern die Finanzverwaltung (in Erstattungsfällen) nicht mit einer Stundungsregelung hilft.

II. Korrekturen durch das Zusammenfallen der Rechtsträger außerhalb des Übernahmeergebnisses i.R.d. laufenden Gewinns

1. Beteiligungskorrekturgewinn

209 Für Anteile an der übertragenden Kapitalgesellschaft, die zum steuerlichen Übertragungsstichtag zum Betriebsvermögen des übernehmenden Rechtsträgers gehören sowie für die fiktiv eingelegten Anteile nach § 5 UmwStG ist für steuerwirksame Teilwertabschreibungen sowie Abzüge nach 6 b EStG oder ähnliche Abzüge ein Beteiligungskorrekturgewinn als nicht begünstigter laufender Gewinn voll zu versteuern, § 4 Abs. 1 S. 2 und 3 UmwStG, § 5 Abs. 3 UmwStG.

2. Unterstützungskassenkorrekturgewinn

210 Zur Vermeidung einer doppelten Inanspruchnahme des Betriebsausgabenabzugs für Altersvorsorgeaufwendungen – einmal nach § 4 d EStG bei Leistungen an eine Unterstützungskasse und zum anderen gemäß § 6 a EStG bei der Bildung einer Pensionsrückstellung – führen im Falle der Verschmelzung der Unterstützungskasse auf ihr Trägerunternehmen oder auf einen Rechtsträger, an dem das Trägerunternehmen beteiligt ist, die nach § 4 d EStG abgezogenen Aufwendungen zu laufendem Ertrag, § 4 Abs. 2 S. 4 UmwStG. Der Betriebsausgabenabzug früherer Jahre nach § 4 d EStG wird damit im Ergebnis rückgängig gemacht. Zur Vermeidung einer Mehrfachbelastung erhöhen die hinzugerechneten Zuwendungen die Anschaffungskosten der Anteile an der übertragenden Unterstützungskasse.

---

106 Dies gilt, soweit die Finanzverwaltung den Dividendenartikel (Art. 10 OECD-MA) für anwendbar hält, was aus fiskalischer Sicht nahe liegt, da bei der Qualifikation als Veräußerungsgewinn (Art. 13 Abs. 4 OECD-MA) oder andere Einkünfte (Art. 21 OECD-MA) gar kein Besteuerungsrecht besteht.

107 Mindestbeteiligungserfordernisse: 15 % ab 1.1.2007, 10 % ab 1.1.2009 (Art. 3 Abs. 1 Buchst. a) MTRL.

III. Übernahmefolgegewinn (Konfusionsgewinn)

211 Konfusionsgewinne entstehen – falls Überträgerin und Übernehmerin vor der Verschmelzung in schuldrechtlicher Beziehung zueinander standen – durch die Vereinigung von Gläubiger- und Schuldnerstellung, wenn Forderung und Verbindlichkeit nicht in gleicher Höhe ausgewiesen waren (inkongruente Konfusion).[108] Sind beide Ansprüche in gleicher Höhe bilanziert, vollzieht sich die Vereinigung erfolgsneutral.

212 Ein Konfusionsgewinn ist ein voll zu besteuernder laufender Gewinn, der nicht Bestandteil des Übernahmeergebnisses ist. Zu der Konfusion kommt es aus steuerlicher Sicht eine logische Sekunde nach dem steuerlichen Übertragungsstichtag; in der steuerlichen Schlussbilanz des übertragenden Rechtsträgers sind die Forderungen und Verbindlichkeiten gegenüber dem übernehmenden Rechtsträger noch auszuweisen. Um eine sofortige Versteuerung zu vermeiden, darf eine steuermindernde Rücklage gebildet werden, welche in den Folgejahren mindestens mit je einem Drittel gewinnerhöhend aufzulösen ist. Der nach altem Recht in § 26 Abs. 1 UmwStG aF vorgesehene rückwirkende Wegfall der Anwendung des § 6 aF, wenn der übernehmende Rechtsträger den übergegangenen Betrieb innerhalb von fünf Jahren nach dem steuerlichen Übertragungsstichtag in eine Kapitalgesellschaft einbringt oder ohne triftigen Grund veräußert oder aufgibt, wurde in § 6 Abs. 3 UmwStG übernommen.

1. Einlagefiktionen

213 Bei der Ermittlung des Übernahmeergebnisses geht der Gesetzgeber davon aus, dass die übernehmende Personengesellschaft am steuerlichen Übertragungsstichtag alle Anteile an der übertragenden Kapitalgesellschaft in ihrem Betriebsvermögen hält. § 5 UmwStG ist systematisch erforderlich, um auch in den Fällen, in denen die übernehmende Personengesellschaft am steuerlichen Übertragungsstichtag keine oder nicht alle Anteile an der übertragenden Kapitalgesellschaft hält, den vom Gesetzgeber unterstellten Grundfall (fiktiv) herbeizuführen.

214 Schafft der übernehmende Rechtsträger Anteile an der übertragenden Kapitalgesellschaft nach dem steuerlichen Übertragungsstichtag aber vor dem handelsrechtlichen Umwandlungsbeschluss an, so gelten diese als am steuerlichen Übertragungsstichtag angeschafft; die Fiktion erfasst die Anschaffung einzelner oder aller Anteile an der übertragenden Kapitalgesellschaft. Entsprechendes gilt, wenn im Zuge der Umwandlung ein ausscheidender Anteilseigner eine Abfindung erhält, § 5 Abs. 1 UmwStG. Anteile an der übertragenden Kapitalgesellschaft iS des § 17 EStG gelten am steuerlichen Übertragungsstichtag mit den Anschaffungskosten als eingelegt, § 5 Abs. 2 UmwStG. Anteile, die am steuerlichen Übertragungsstichtag nicht zum Betriebsvermögen der Personengesellschaft, aber zu einem anderen Betriebsvermögen eines Anteilseigners gehört haben, gelten als zum Buchwert eingelegt, § 5 Abs. 3 UmwStG.[109]

215 Die Einlagefiktion und damit die Ermittlung eines Übernahmeergebnisses erfolgt nicht, soweit die Anteile im steuerlichen Privatvermögen gehalten werden und keine wesentliche Beteiligung iSd § 17 EStG vorliegt.

2. Vermögensübergang auf einen Rechtsträger ohne Betriebsvermögen

216 Geht Vermögen der übertragenden Körperschaft auf einen Rechtsträger ohne Betriebsvermögen über (vermögensverwaltende nicht gewerblich geprägte Personengesellschaft), dann ist das übergehende Vermögen nach § 3 UmwStG zwingend mit dem gemeinen Wert anzusetzen; es werden die infolge des Vermögensübergangs entstehenden Einkünfte nicht in Form eines einheitlichen Übernahmegewinns ermittelt, sondern individuell und direkt bei jedem Gesellschafter der Personengesellschaft (§ 8 UmwStG), so dass Einkünfte aus Gewerbebetrieb vorliegen, wenn die untergehenden Anteile an

---

108 ZB dann, wenn eine Forderung ganz oder teilweise abgeschrieben war oder eine Rückstellung gebildet wurde. Ist eine Forderung dagegen mit einem höheren Wert als die Verbindlichkeit bilanziert (sehr selten), dann entsteht ein Konfusionsverlust, der als laufender Verlust sofort abzugsfähig ist.
109 Dabei ist der Buchwert allerdings gewinnwirksam um Teilwertabschreibungen und um Abzüge nach § 6 b EStG zu erhöhen (Beteiligungskorrektur). Der entstehende Gewinn ist voll zu versteuern (§ 4 Abs. 1 S. 2 u. 3 UmwStG, § 5 Abs. 3 UmwStG).

der übertragenden Kapitalgesellschaft in einem Betriebsvermögen des Gesellschafters gehalten werden. Die Einkünfte sind dagegen solche iSd § 17 EStG,[110] wenn eine Beteiligung von mindestens 1 % an der untergehenden Kapitalgesellschaft vorliegt, die zum Privatvermögen des Gesellschafters gehört, wobei der Freibetrag nach § 17 Abs. 3 EStG ausgeschlossen ist.

3. Formwechsel einer Kapitalgesellschaft in eine Personengesellschaft

217 Der Formwechsel einer Kapitalgesellschaft in eine Personengesellschaft wird in § 9 UmwStG unter entsprechender Anwendung der Regelungen über die Verschmelzung (§§ 3 bis 8 und 10 UmwStG) geregelt. Die Kapitalgesellschaft hat für steuerliche Zwecke auf den Zeitpunkt, in dem der Formwechsel wirksam wird, eine Übertragungsbilanz, die Personengesellschaft eine Eröffnungsbilanz aufzustellen, wobei diese Bilanzen auch für einen Stichtag aufgestellt werden können, der höchstens acht Monate vor der Anmeldung des Formwechsels zur Eintragung in ein öffentliches Register liegt (Übertragungsstichtag).

IV. Verschmelzung und Vermögensübertragung (Vollübertragung) auf eine andere Körperschaft

1. Übertragungsgewinn – Wertansätze in der steuerlichen Schlussbilanz der übertragenden Körperschaft

218 Bei der Übertragung des Vermögens einer Körperschaft auf eine andere Körperschaft sind die übertragenen Wirtschaftsgüter, einschließlich nicht entgeltlich erworbener oder selbst geschaffener immaterieller Wirtschaftsgüter, in der steuerlichen Schlussbilanz[111] der übertragenden Körperschaft grundsätzlich mit dem gemeinen Wert auszuweisen, § 11 Abs. 1 S. 1 UmwStG.[112]

219 Abweichend von § 11 Abs. 1 UmwStG können nach Abs. 2 auf Antrag des übertragenden Rechtsträgers auch die steuerlichen Buchwerte oder Zwischenwerte der übergehenden Wirtschaftsgüter in der steuerlichen Schlussbilanz angesetzt werden, soweit

- sichergestellt ist, dass die übergehenden Wirtschaftsgüter später bei der übernehmenden Körperschaft der Besteuerung mit Körperschaftsteuer unterliegen und
- das Recht der Bundesrepublik Deutschland hinsichtlich der Besteuerung des Gewinns aus der Veräußerung der übertragenen Wirtschaftsgüter bei der übernehmenden Körperschaft nicht ausgeschlossen oder beschränkt wird und
- eine Gegenleistung nicht gewährt wird oder in Gesellschaftsrechten besteht.

220 Im Fall des Downstream Merger sind die Anteile an der übernehmenden Gesellschaft in der steuerlichen Schlussbilanz der übertragenden Gesellschaft mindestens mit dem Buchwert, erhöht um Teilwertanschreibungen und Abzüge nach § 6 b EStG sowie ähnliche Abzüge, die in früheren Jahren steuerwirksam vorgenommen worden sind, höchstens mit dem gemeinen Wert anzusetzen. Der hierdurch ggf entstehende Beteiligungskorrekturgewinn ist voll steuerpflichtig, § 11 Abs. 2 S. 2 und 3 UmwStG, § 8 b Abs. 2 S. 4 und 5 KStG. Befindet sich unter den übertragenen Wirtschaftsgütern eine in einem anderen Mitgliedstaat liegende Betriebsstätte, erfolgt eine fiktive Steueranrechnung entsprechend § 3 Abs. 3 UmwStG.

2. Auswirkungen auf den Gewinn der übernehmenden Körperschaft

221 Die Weichenstellung des übertragenden Rechtsträgers in der steuerlichen Schlussbilanz (Bewertungswahlrecht) ist für den übernehmenden Rechtsträger bindend, dieser hat die Wirtschaftsgüter mit den Schlussbilanzwerten anzusetzen, § 12 Abs. 1 UmwStG. Beim Upstream Merger hat der Ansatz der Anteile an der übertragenden Körperschaft jedoch unter Aufholung steuerwirksamer Teilwertabschreibungen und Abzüge nach § 6 b EStG zu erfolgen § 12 Abs. 1 S. 2, § 4 Abs. 1 S. 2 und 3 UmwStG.

222 Die übernehmende Körperschaft tritt nach dem Gedanken einer Gesamtrechtsnachfolge in die steuerliche Rechtsstellung der übertragenden Körperschaft ein; die Einzelheiten gelten wie bei der Verschmelzung auf eine Personengesellschaft, entsprechend § 4 Abs. 2 und 3 UmwStG. Im Fall einer Verschmelzung auf eine

---

110 § 22 Nr. 2 EStG ist nicht anzuwenden.
111 Von der Vorlage einer steuerlichen Schlussbilanz kann nur dann abgesehen werden, wenn eine solche nicht für inländische Besteuerungszwecke benötigt wird, vgl Entwurfsbegründung S. 65.
112 Eine Bindung an den steuerlichen Wertansatz nach ausländischem Recht besteht nicht.

unbeschränkt steuerpflichtige Körperschaft gehen das Einlagekonto, das Körperschaftsteuerguthaben und der Bestand an EK 02 auf die übernehmende Körperschaft über, vgl § 40 Abs. 1 KStG.

Übernahmeergebnis iS des § 12 Abs. 2 S. 1 UmwStG ist der Gewinn oder Verlust in Höhe des Unterschieds zwischen dem Buchwert der Anteile an der übertragenden Körperschaft und dem Wert, mit dem die übergegangenen Wirtschaftsgüter zu übernehmen sind, abzüglich der Kosten für den Vermögensübergang. Da die Verschmelzung wirtschaftlich betrachtet – soweit die übernehmende Körperschaft an der übertragenden Körperschaft beteiligt ist – als Veräußerungsvorgang gewertet werden kann, wird das Übernahmeergebnis so behandelt, als sei eine Veräußerung erfolgt und § 8 b KStG findet Anwendung. Dh das Übernahmeergebnis bleibt bei der übernehmenden Körperschaft grundsätzlich außer Ansatz, allerdings gelten 5 Prozent des Übernahmegewinns als nichtabzugsfähige Betriebsausgaben (§ 12 Abs. 2 UmwStG).[113]

Im Unterschied zum alten Recht geht ein verbleibender Verlustvortrag nicht auf die Übernehmerin über, § 12 Abs. 3 UmwStG. Vorhandene Verlustvorträge können damit bei der Übertragerin nur durch Ansatz des gemeinen Werts oder eines Zwischenwerts für das übertragene Vermögen verwertet werden, wobei allerdings die Vorschriften der Mindestbesteuerung die Verlustnutzung beschränken. Bei einem Anteilserwerb im Rückwirkungszeitraum gilt eine Einlagefiktion zum steuerlichen Übertragungsstichtag (§§ 12 Abs. 2 S. 3, 5 Abs. 1 UmwStG).

Zu einer fiktiven Ausschüttung der Gewinnrücklage mit Kapitalertragsteuerabzug kommt es (nur) im Falle des Vermögensübergangs in den nicht steuerpflichtigen oder steuerbefreiten Bereich der übernehmenden Körperschaft, § 12 Abs. 5 UmwStG.

Korrekturen durch das Zusammenfallen der Rechtsträger außerhalb des Übernahmeergebnisses iRd laufenden Gewinns ergeben sich wie im Falle der Verschmelzung auf eine Personengesellschaft als Beteiligungskorrekturgewinn (Upstream Merger: §§ 12 Abs. 1 S. 2, 4 Abs. 1 S. 2 und 3 UmwStG), Unterstützungskassenkorrekturgewinn (§§ 12 Abs. 3, 4 Abs. 2 S. 4 UmwStG) und Übernahmefolgegewinn/Konfusionsgewinn[114] (§§ 12 Abs. 4, 6 UmwStG). Für den Downstream Merger gilt die Sonderregelung nach § 11 Abs. 2 S. 2 und 3 UmwStG.

V. Besteuerung der Anteilseigner der übertragenden Körperschaft

Die Besteuerungsebene des Anteilseigners wird für den unbeschränkt wie beschränkt steuerpflichtigen Anteilseigner durch § 13 UmwStG geregelt und zwar unabhängig davon, wie im Rahmen der §§ 11 und 12 UmwStG auf Ebene der übertragenden bzw übernehmenden Körperschaft verfahren wurde.

Auf der Ebene des Anteilseigners kann auf Antrag eine Verknüpfung mit dem Wertansatz der untergehenden Anteile hergestellt werden, indem die Anteile an der übernehmenden Gesellschaft mit dem Buchwert der Anteile an der übertragenden Gesellschaft angesetzt werden, wenn das Besteuerungsrecht Deutschlands hinsichtlich des Gewinns aus der Veräußerung der Anteile an der übernehmenden Körperschaft nicht ausgeschlossen oder beschränkt wird oder auf die Verschmelzung Artikel 8 der FRL (EU-Verschmelzung) anzuwenden wäre, § 13 Abs. 2 UmwStG.

Im Fall des Buchwertansatzes tritt die übernehmende Rechtsträgerin mit den erhaltenen Anteilen in die Rechtsstellung der untergehenden Anteile ein.[115] Etwaige frühere Teilwertabschreibungen auf die Altanteile sind deshalb ggf bei den Neuanteilen wieder steuerwirksam aufzuholen. Bestand vor dem Vermögensübergang eine Beteiligung iSd § 17 Abs. 1 S. 1 EStG an der übertragenden Körperschaft und liegt an der übernehmenden Körperschaft keine solche Beteiligung vor, so gelten bei einer späteren Veräußerung der Anteile die Grundsätze des § 17 EStG (sog. verschmelzungsgeborene Anteile).

Sollte in den Fällen des Art. 8 der FRL (EU-Verschmelzung) das deutsche Besteuerungsrecht (ausnahmsweise) durch DBA verloren gehen, wird die Buchwertfortführung gleichwohl gestattet, weil ein späterer Verkauf der erhaltenen Anteile ungeachtet eines entgegenstehenden DBA (treaty over-

---

113 Bei Kreditinstituten und Versicherungsunternehmen gelten die Abs. 7 und 8 des § 8 b KStG.
114 Dies gilt für den Teil des Gewinns aus der Vereinigung von Forderungen und Verbindlichkeiten, welcher der Beteiligung der übernehmenden Körperschaft am Grund- und Stammkapital der übertragenden Körperschaft entspricht.
115 Gehören die Anteile an der übertragenden Körperschaft nicht zu einem Betriebsvermögen, treten an die Stelle des Buchwerts die Anschaffungskosten, § 13 Abs. 2 S. 3 UmwStG.

ride) so besteuert wird, wie die Veräußerung der Anteile an der übertragenden Körperschaft zu besteuern wäre (§ 13 Abs. 2 Nr. 2 UmwStG).

231 Liegen die Voraussetzungen einer Buchwertfortführung nicht vor, gilt die Fiktion einer Veräußerung der Anteile an der übertragenden Körperschaft zum gemeinen Wert und Anschaffung der Anteile an der übernehmenden Körperschaft zum gemeinen Wert. Für die Ermittlung der Einkünfte aus der Veräußerungsfiktion gelten die allgemeinen Grundsätze, insbesondere §§ 17, 22 Nr. 2 EStG, § 21 UmwStG, §§ 4, 5 EStG, § 8 b KStG und die Vorschriften der DBA.

VI. Aufspaltung, Abspaltung und Vermögensübertragung (Teilübertragung)

232 Wie nach bisherigem Recht wird der Übergang von Vermögen durch Aufspaltung, Abspaltung oder Teilübertragung als partielle Verschmelzung gedeutet, mit der Folge, dass im Falle der Aufspaltung, Abspaltung oder Teilübertragung einer Körperschaft auf eine andere Körperschaft grundsätzlich §§ 11–13 und 16 UmwStG entsprechend anzuwenden sind (§ 15 Abs. 1 UmwStG) und im Falle der Aufspaltung und Abspaltung von einer Körperschaft auf eine Personengesellschaft §§ 3 bis 8, 10 und 15 UmwStG gelten.

233 Der Ansatz eines Wertes unter dem gemeinen Wert setzt allerdings voraus, dass ein Teilbetrieb übertragen wird und im Falle der Abspaltung oder Teilübertragung bei der übertragenden Körperschaft ein Teilbetrieb verbleibt (sog. doppeltes Teilbetriebserfordernis). Als Teilbetrieb gilt auch ein Mitunternehmeranteil oder die Beteiligung an einer das gesamte Nennkapital umfassenden Beteiligung, § 15 Abs. 1 S. 3 UmwStG. Liegen die Voraussetzungen nicht vor, besteht auf Ebene der Gesellschaft keine Möglichkeit für eine steuerneutrale Spaltung. Auf der Ebene der Gesellschafter wird gemäß §§ 15 Abs. 1, 13 Abs. 1 UmwStG eine Veräußerung zum gemeinen Wert fingiert.[116]

234 Zum Zweck der Missbrauchsverhinderung ist der Ansatz des Buch- oder Zwischenwertes auf Ebene der übertragenden Körperschaft nicht möglich, wenn
- Mitunternehmeranteile und 100 % Beteiligungen innerhalb eines Zeitraums von drei Jahren vor dem steuerlichen Übertragungsstichtag durch Übertragung von Wirtschaftsgütern erworben oder aufgestockt worden sind, die keine Teilbetriebe sind;
- durch eine Spaltung die Veräußerung an außenstehende Personen vollzogen wird;
- durch eine Spaltung die Voraussetzungen für eine Veräußerung geschaffen werden, wovon auszugehen ist, wenn innerhalb von fünf Jahren nach dem steuerlichen Übertragungsstichtag Anteile an einer an der Spaltung beteiligten Körperschaft veräußert werden, die mehr als 20 % der vor Wirksamwerden der Spaltung an der Körperschaft bestehenden Anteile ausmachen;
- bei einer Trennung von Gesellschafterstämmen die Beteiligungen an der übertragenden Körperschaft nicht mindestens fünf Jahre vor dem steuerlichen Übertragungsstichtag bestanden haben.

235 Ein Verlustvortrag geht grundsätzlich unter (so bei Verschmelzung oder Aufspaltung). Bei einer Abspaltung bleibt ein Verlustvortrag nur insoweit erhalten, als Vermögen (im Verhältnis zum gemeinen Wert) bei der übertragenden Körperschaft verbleibt, § 15 Abs. 3 UmwStG.

1. Gewerbesteuer

236 Bei dem Vermögensübergang auf eine Personengesellschaft oder auf eine natürliche Person sowie bei einem Formwechsel in eine Personengesellschaft gelten die §§ 3 bis 9 und 16 UmwStG für die Ermittlung des Gewerbeertrages (Grundsatz der vollen Gewerbesteuerpflicht).[117] Der Übernahmegewinn oder -verlust wird allerdings ausgenommen ebenso wie der Gewinn nach § 7 UmwStG, wenn die Anteile an der übertragenden Körperschaft iSd § 17 EStG am Übertragungsstichtag nicht zu einem Betriebsvermögen eines Gesellschafters der aufnehmenden Personengesellschaft oder einer natürlichen Personen gehören, § 18 Abs. 2 UmwStG.

---

116 Nach altem Recht wurde eine Sachausschüttung an die Anteilseigner fingiert, Tz 15.11 des UmwStErl. v. 25.3.1998, BStBl. I 1998, 268.
117 ZB für Übertragungsgewinn, Beteiligungs- und Unterstützungskassenkorrekturgewinn sowie Übernahmefolgegewinn.

Die Bezüge nach § 7 UmwStG unterliegen bei einem Anteilseigner mit Anteilen im Betriebsvermögen nach § 8 Nr. 5 GewStG nicht der Gewerbesteuer, soweit die Voraussetzungen des gewerbesteuerlichen Schachtelprivilegs nach § 9 Nr. 2a oder Nr. 7 GewStG erfüllt sind. Bei Anteilen im Privatvermögen besteht keine Gewerbesteuerpflicht, da die Einlagefiktion des § 5 UmwStG nicht für die Bezüge iSd § 7 UmwStG gilt. 237

Bei der Verschmelzung von Körperschaften gelten nach § 19 UmwStG die §§ 11–13 UmwStG für die Ermittlung des Gewerbeertrages bei der übertragenden Kapitalgesellschaft wie auch bei der übernehmenden Kapitalgesellschaft und dem Gesellschafter der übertragenden Kapitalgesellschaft (volle Gewerbesteuerpflicht). Der gewerbesteuerliche Verlustvortrag teilt das Schicksal des körperschaftsteuerlichen Verlustvortrags, §§ 19 Abs. 2, 12 Abs. 3 und 15 Abs. 3 UmwStG. 238

2. Einbringung von Betriebsvermögen in eine Kapitalgesellschaft[118] oder Personengesellschaft

Ausgangspunkt der Vorschriften über die Einbringung (§§ 20 ff UmwStG) ist die Vorstellung, dass es sich bei der Einbringung gegen (neue) Gesellschaftsrechte aus Sicht des Einbringenden um einen tauschähnlichen Veräußerungsvorgang und aus Sicht des übernehmenden Rechtsträgers um ein Anschaffungsgeschäft handelt. Die Einbringung als Verschaffung des zivilrechtlichen Eigentums bzw wirtschaftlichen Eigentums (an denjenigen Wirtschaftsgütern, die in ihrer Gesamtheit einen Betrieb oder Teilbetrieb ausmachen) bzw die Abtretung eines Mitunternehmeranteils oder der Anteile von Kapitalgesellschaften gegen Gewährung von Gesellschaftsrechten würde nach der Grundregel des § 16 EStG zur Aufdeckung der stillen Reserven im Zeitpunkt der Übertragung des wirtschaftlichen Eigentums führen. Diese Regelanordnung nimmt das UmwStG auf, wenn es grundsätzlich die Bewertung des eingebrachten Betriebsvermögens mit dem gemeinen Wert[119] vorschreibt. Die gewollte Privilegierung des Umstrukturierungsvorgangs wird durch ein Bewertungswahlrecht umgesetzt; das eingebrachte Betriebsvermögen darf auch mit dem Buchwert oder einem Zwischenwert angesetzt werden.[120] Der Antrag auf Buch- oder Zwischenwertansatz ist von der übernehmenden Gesellschaft bei dem für sie zuständigen Finanzamt spätestens bis zur erstmaligen Abgabe der steuerlichen Schlussbilanz zu stellen, § 20 Abs. 2 S. 3, § 24 Abs. 2 S. 3 UmwStG. 239

VII. Einbringung von Unternehmensteilen in eine Kapitalgesellschaft oder Genossenschaft und Anteilstausch (§ 20 ff UmwStG)

1. Differenzierung zwischen Sacheinlage (Betriebseinbringung) und Anteilstausch

Für die Veräußerung von aufgrund einer Einbringung erhaltenen Anteilen gelten grundsätzlich die allgemeinen Regeln; diese werden allerdings nach § 22 UmwStG um die nachträgliche und rückwirkende Besteuerung der stillen Reserven ergänzt. 240

Bei der Einbringung in eine Kapitalgesellschaft besteht das Problem eines möglichen Wechsels des Besteuerungsregimes. Bringt ein Unternehmer seinen Betrieb oder seinen Mitunternehmeranteil in eine Kapitalgesellschaft ein, dann könnte er den (tauschweise erhaltenen) Kapitalgesellschaftsanteil unter Anwendung des Halbeinkünfteverfahrens (also mit hälftiger Steuerbefreiung, § 3 Nr. 40 EStG) bzw § 8 b KStG veräußern. Im Falle von eingebrachten Kapitalgesellschaftsanteilen könnte die hälftige Besteuerung bei natürlichen Personen umgangen werden, indem die erwerbende Gesellschaft die Anteile weiterveräußert. Die Einbringung und nachfolgende Veräußerung zum Zweck einer Steuerersparnis im vorgenannten Sinne betrachtet der Gesetzgeber als rechtsmissbräuchlich. 241

Sofern die Anteile innerhalb einer Frist von sieben Jahren nach der Einbringung (Sperrfrist) veräußert werden, vermutet der Gesetzgeber unwiderleglich eine Missbrauchsabsicht. In einem solchen Fall müssen die durch Ansatz des Buch- oder Zwischenwertes nicht versteuerten stillen Reserven nachver- 242

---

118 Erfasst werden auch die Einbringung in die Europäische Genossenschaft und der Fall des Anteilstausches.
119 Der gemeine Wert des eingebrachten Betriebsvermögens umfasst auch selbst geschaffene immaterielle Wirtschaftsgüter.
120 Im Fall der Einbringung in eine Personengesellschaft kann der Wertansatz ausschließlich in der Gesamthandsbilanz hergestellt werden oder es können gesellschafterbezogene Korrekturen durch Ergänzungsbilanzen geschaffen werden.

steuert werden. Da die Vermutung des Missbrauchs mit zunehmendem Abstand zum Einbringungszeitpunkt abnimmt, werden die nachträglich zu versteuernden stillen Reserven jährlich linear um ein Siebtel abgebaut, denn je länger die Sperrfrist läuft, umso geringer ist die Wahrscheinlichkeit, dass der ursprüngliche Einbringungsvorgang im Grunde nur dazu dienen sollte, eine nachfolgende Veräußerung vorzubereiten.

243 Dabei trifft die Darlegungslast den Steuerpflichtigen. Der Einbringende hat innerhalb der Sperrfrist jährlich insbesondere durch Vorlage eines Registerauszuges oder Bescheinigung der Gesellschaft nachzuweisen, dass die durch Einbringung erhaltenen Anteile zum jeweiligen Stichtag noch vorhanden sind; wird der Nachweis für einen Veranlagungszeitraum der Sperrfrist nicht erbracht, gelten die Anteile als am Tag nach dem Einbringungszeitpunkt oder dem entsprechenden Tag eines Folgejahres veräußert, § 22 Abs. 3 UmwStG.

244 Die Problematik der rechtsmissbräuchlichen Nutzung eines Wechsels des Besteuerungsregimes stellt sich selbstverständlich nicht, wenn der Einbringende die für die Einbringung von Kapitalgesellschaftsanteilen erhaltenen Anteile veräußert oder er nach § 6 AStG im Falle des Wegzugs (ohne Stundung) besteuert wird, vgl § 22 Abs. 2 S. 5 UmwStG.[121] Dies gilt ebenso für den Fall der Weiterveräußerung von eingebrachten Anteilen durch die übernehmende Gesellschaft, wenn Einbringende eine Kapitalgesellschaft ist. Daher ist es u.a. erforderlich bei den Rechtsfolgen zu unterscheiden zwischen der Einbringung von Betrieben, Teilbetrieben und Mitunternehmeranteilen (Betriebseinbringung) einerseits und Kapitalgesellschaftsanteilen andererseits.

245 Definitorisch spricht das Gesetz bei der Betriebseinbringung (Betriebe, Teilbetriebe und Mitunternehmeranteile) von einer „Sacheinlage" und nennt die aufnehmende Kapitalgesellschaft bzw Genossenschaft „übernehmende Gesellschaft", § 20 Abs. 1 UmwStG. Als „Anteilstausch" wird die Einbringung einer Kapitalgesellschaft in eine andere Kapitalgesellschaft legaldefiniert, wobei die eingebrachte Gesellschaft „erworbene Gesellschaft" und die übernehmende Gesellschaft „erwerbende Gesellschaft" heißt, § 21 Abs. 1 UmwStG. Ein „qualifizierter Anteilstausch" ist gegeben, wenn die übernehmende Gesellschaft nach der Einbringung aufgrund ihrer Beteiligung einschließlich der eingebrachten Anteile nachweisbar unmittelbar die Mehrheit der Stimmrechte an der erworbenen Gesellschaft hat, § 21 Abs. 1 S. 2 UmwStG.

a) Sacheinlage (Betriebseinbringung)

246 Eingebracht werden kann durch Sacheinlage ein Betrieb, Teilbetrieb[122] oder (Teil-)Mitunternehmeranteil, nicht aber eine 100%-Beteiligung an einer Kapitalgesellschaft. Erforderlich ist die Gewährung neuer Anteile. Der Ansatz des Buch- oder Zwischenwertes beim übernommenen Betriebsvermögen ist nach § 20 Abs. 2 S. 1 UmwStG auf Antrag zulässig, wenn
- sichergestellt ist, dass es später bei der übernehmenden Körperschaft der Besteuerung mit Körperschaftsteuer unterliegt (in den Fällen der Einbringung in eine steuerfreie Gesellschaft ist mithin der Ansatz zum gemeinen Wert zwingend);
- die Passivposten des eingebrachten Betriebsvermögens die Aktivposten nicht übersteigen, wobei das Eigenkapital nicht zu berücksichtigen ist (keine Überschuldung);
- das Recht der Bundesrepublik Deutschland hinsichtlich der Besteuerung des Gewinns aus der Veräußerung des eingebrachten Betriebsvermögens bei der übernehmenden Gesellschaft nicht ausgeschlossen oder beschränkt ist (wird dass Besteuerungsrecht zum Teil erst begründet, dann bleibt es insoweit beim Ansatz des gemeinen Wertes und § 6 Abs. 1 Nr. 5a EStG gilt entsprechend).

Der Antrag kann für jeden Einbringungsvorgang nur einheitlich gestellt werden, wobei Mitunternehmeranteile für jeden Gesellschafter als gesonderter Einbringungsvorgang anzusehen sind.

---

121 Wurde die Wegzugsteuer nach § 6 Abs. 5 AStG gestundet, gilt die Besteuerung des Einbringungsgewinns noch nicht als erfolgt. In diesen Fällen gilt der maßgebende Einbringungsgewinn II im Zeitpunkt des schädlichen Ereignisses als nachträgliche beschränkt steuerpflichtige Einkünfte iSv § 49 Abs. 1 Nr. 2 Buchst. a oder e EStG, vgl Entwurfsbegründung S. 78.
122 Für die Frage, ob ein Wirtschaftsgut eine wesentliche Betriebsgrundlage eines Teilbetriebs darstellt, ist die funktionale Betrachtungsweise maßgeblich.

Der bei einer Sacheinlage entstehende Veräußerungsgewinn ist steuerbegünstigt (Freibetrag bis max. 247
45 000 EUR, § 16 Abs. 4 EStG), wenn die Einbringung durch eine natürliche Person zum gemeinen
Wert erfolgt ist und es sich nicht nur um Teile eines Mitunternehmeranteils als Einbringungsgegenstand gehandelt hat. § 34 Abs. 1 und 3 (ermäßigter Steuersatz) EStG sind dann ebenfalls einschlägig,
es sei denn eine Steuerfreistellung erfolgt bei Einbringung von Kapitalgesellschaftsanteilen bereits
nach dem Halbeinkünfteverfahren (§ 20 Abs. 4 UmwStG).

Befindet sich unter den eingebrachten Wirtschaftsgütern eine in einem anderen Mitgliedstaat (ohne 248
Freistellungsmethode) liegende Betriebsstätte und wird das deutsche Besteuerungsrecht in Bezug auf
die Betriebsstätte durch die Einbringung eingeschränkt, dann ist (wenn es sich um eine EU-Umstrukturierung handelt, dh die FRL zur Anwendung kommt) eine Anrechnung der fiktiven auf den Einbringungsgewinn entfallenden ausländischen Steuer vorzunehmen, § 20 Abs. 7, § 3 Abs. 3 UmwStG.[123]
§ 20 Abs. 8 UmwStG stellt eine einbringende transparente EU-Gesellschaft (Personengesellschaft)
der Betriebsstätte insoweit gleich.

Die Rückbewirkung der Betriebseinbringung bis zu acht Monate ist auf Antrag zulässig, und zwar bei 249
Maßnahmen nach dem UmwG bezogen auf die Anmeldung zum Handelsregister und in den übrigen
Fällen bezogen auf den Abschluss des Einbringungsvertrages und den tatsächlichen Übergang der eingebrachten Wirtschaftsgüter auf die übernehmende Gesellschaft, § 20 Abs. 6 UmwStG.[124] Die Rückbewirkung erstreckt sich auf die Einkommen-, Körperschaft- und Gewerbesteuer. Sie gilt nicht für Entnahmen und Einlagen, die der Einbringende im Rückwirkungszeitraum vorgenommen hat. Diese wären
nämlich sonst als verdeckte Gewinnausschüttungen oder Einlagen der aufnehmenden Kapitalgesellschaft zu werten. Einlagen und Entnahmen sind nach § 20 Abs. 5 UmwStG bei den Anschaffungskosten
der als Gegenleistung für die Einbringung gewährten neuen Gesellschaftsanteile zu berücksichtigen.
Einlagen erhöhen die Anschaffungskosten, Entnahmen vermindern sie. Eine Besteuerung der Entnahmen wird damit bis zur steuerpflichtigen Veräußerung der erhaltenen Anteile aufgeschoben.

b) Anteilstausch

Die übernehmende Gesellschaft hat die eingebrachten Anteile grundsätzlich mit dem gemeinen Wert 250
anzusetzen. Beim qualifizierten Anteilstausch ist auch der Buch- oder Zwischenwertansatz zulässig,
§ 21 Abs. 1 S. 1 und 2 UmwStG. Haben die eingebrachten Anteile beim Einbringenden nicht zu einem
Betriebsvermögen gehört, treten an die Stelle des Buchwerts die Anschaffungskosten, § 21 Abs. 2 S. 5
UmwStG. Mit dem jeweiligen Wertansatz bestimmt die übernehmende Gesellschaft grundsätzlich
auch den Veräußerungspreis der eingebrachten und die Anschaffungskosten der erhaltenen Anteile,
§ 21 Abs. 2 S. 1 UmwStG.

Diese Verknüpfung der Wertansätze wird für den Einbringenden wie folgt durchbrochen: Als Ver- 251
äußerungspreis und Anschaffungskosten ist der gemeine Wert anzusetzen (im Unterschied zum Buchoder Zwischenwertansatz auf Ebene der übernehmenden Gesellschaft), wenn das Recht der Bundesrepublik Deutschland zur Besteuerung des Gewinns aus der Veräußerung der eingebrachten oder
erhaltenen Anteile ausgeschlossen oder beschränkt ist, § 21 Abs. 2 S. 2 UmwStG. Abweichend davon
kann auf Antrag der Buch- oder Zwischenwertansatz gewählt werden (während die Übernehmende
den gemeinen Wert ansetzt), wenn das Recht zur Besteuerung des Gewinns aus der Veräußerung der
erhaltenen Anteile nicht ausgeschlossen oder beschränkt ist oder die FRL zur Anwendung kommt
(EU-Verschmelzung), § 21 Abs. 2 S. 3 UmwStG. Wird in letzterem Fall[125] zwar das Besteuerungsrecht

---

[123] Beispiel: Eine inländische GmbH bringt ihre portugiesische Betriebsstätte gegen Gewährung von neuen Anteilen in
eine französische SA ein. Durch die Einbringung wird das Besteuerungsrecht der Bundesrepublik Deutschland hinsichtlich der portugiesischen Betriebsstätte (Besteuerungsrecht mit Anrechnungsverpflichtung bei passiven Einkünften) ausgeschlossen. Nach § 20 Abs. 2 S. 2 Nr. 3 UmwStG kommt es deshalb insoweit zwingend zum Ansatz des
gemeinen Wertes und damit zur Besteuerung des Einbringungsgewinns. Die auf den Gewinn aus einer gedachten
Veräußerung der Betriebsstätte entfallende fiktive portugiesische Steuer ist auf die inländische KSt auf den Einbringungsgewinn aus der portugiesischen Betriebsstätte anzurechnen.

[124] Nach altem Recht gewährte Stundungen können noch für einen Zeitraum von bis zu fünf Jahren weiterlaufen,
§ 27 Abs. 2 UmwStG.

[125] Beispiel: Eine unbeschränkt steuerpflichtige natürliche Person bringt im Rahmen eines Anteilstausches Anteile an
einer österreichischen GmbH in eine tschechische s.r.o. gegen Gewährung neuer Anteile ein.

der Bundesrepublik Deutschland an den erhaltenen Anteilen gegenüber dem Besteuerungsrecht an den eingebrachten Anteilen eingeschränkt, wird jedoch als Ausgleich die spätere Veräußerung der erhaltenen Anteile im Wege des treaty override so besteuert, wie die Veräußerung der eingebrachten Anteile zu besteuern gewesen wäre (Art. 8 Abs. 6 FRL); es kommt also lediglich zu einem Aufschub der Besteuerung. Durch den Verweis auf die entsprechende Anwendung von § 15 Abs. 1a S. 2 EStG wird insbesondere auch in den Fällen der verdeckten Einlage der erhaltenen Anteile in eine Kapitalgesellschaft und der Liquidation der Gesellschaft, an der die erhaltenen Anteile bestehen, die Besteuerung durch treaty override sichergestellt. Ist im Zeitpunkt der Anteilsveräußerung kein inländischer Anknüpfungspunkt gegeben, wird für diese Einkünfte eine beschränkte Steuerpflicht fingiert, § 49 Abs. 1 Nr. 2 e) bb) EStG. Den zwingenden Ansatz des gemeinen Wertes mit Antragsmöglichkeit zum Buch- oder Zwischenwert muss man insbesondere in folgendem Zusammenhang sehen: es soll letztendlich keine Beschränkung der deutschen Besteuerung für den Fall geben, dass für die erhaltenen Anteile das Anrechnungsverfahren maßgebend ist (und damit eine Beschränkung eintritt). Rechtstechnisch wird dies dadurch erreicht, dass entweder der gemeine Wert anzusetzen ist oder im Falle des Buch- oder Zwischenwertansatzes die (vollständige) Besteuerung nur aufgeschoben wird, indem die spätere Veräußerung der erhaltenen Anteile DBA-unabhängig (und damit ohne Anrechnung) erfolgt (treaty override).

252 Im Falle des Ansatzes des gemeinen Wertes ist auf den beim Anteilstausch entstehenden Veräußerungsgewinn des Einbringenden, der eine natürliche Person ist, § 17 Abs. 3 EStG anzuwenden; § 16 Abs. 4 EStG – nicht aber § 34 Abs. 1 EStG – gilt, wenn die 100 %ige Beteiligung an einer Kapitalgesellschaft aus dem Betriebsvermögen heraus eingebracht wird, § 21 Abs. 3 UmwStG. Eine Rückbewirkung ist nicht möglich.

2. Gemeinsame Regelungen für Betriebseinbringung und Anteilstausch

253 Wenn der Einbringende von der aufnehmenden Gesellschaft neben der Gewährung neuer Anteile eine sonstige Gegenleistung (zB eine bare Zuzahlung) erhält, kommt es erst dann zu einer steuerpflichtigen Gewinnrealisierung, wenn der gemeine Wert der sonstigen Gegenleistung den Buchwert des eingebrachten Betriebsvermögens oder der eingebrachten Anteile übersteigt, §§ 20 Abs. 2 S. 4, 21 Abs. 1 S. 3 UmwStG. Die bisherige Rechtslage bleibt also im Unterschied zum Regierungsentwurf bestehen. In Höhe des gemeinen Wertes der sonstigen Gegenleistung vermindern sich die Anschaffungskosten der erhaltenen Anteile, §§ 20 Abs. 3 S. 3, 21 Abs. 2 S. 6 UmwStG. Hierdurch wird die Besteuerung des Vorteils aus der anderen Gegenleistung aufgeschoben, bis eine steuerpflichtige Veräußerung der erhaltenen Anteile erfolgt.

254 Für einbringungsgeborene Anteile alten Rechts wurde mit §§ 20 Abs. 3 S. 4, 21 Abs. 2 S. 6 UmwStG eine Perpetuierungsregelung geschaffen, indem die neu gewährten Anteile (anteilig) ebenfalls als einbringungsgeboren gelten, so dass im Falle ihrer Veräußerung § 8 b Abs. 4 KStG aF anzuwenden ist (volle Besteuerung des Veräußerungsgewinns).

3. Auswirkungen der Anteilsveräußerung innerhalb der Sperrfrist

255 Die Veräußerung der erhaltenen Anteile innerhalb der Sperrfrist führt zu einer nachträglichen und rückwirkenden Besteuerung. Die schädliche Anteilsveräußerung oder das gleichgestellte Ereignis stellt nach §§ 22 Abs. 1 S. 2, Abs. 2 S. 2 UmwStG in Bezug auf die Steuerfestsetzung beim Einbringenden im Einbringungsjahr ein rückwirkendes Ereignis iSd § 175 Abs. 1 Nr. 2 AO dar.

256 Bemessungsgrundlage der rückwirkenden Besteuerung der stillen Reserven ist der sog. Einbringungsgewinn, der ein nicht begünstigter Gewinn ist, auf den die Privilegierungen der §§ 16 Abs. 4 und 34 EStG nicht anzuwenden sind, §§ 22 Abs. 1 S. 1, Abs. 2 S.1 UmwStG. Er gilt als nachträgliche Anschaffungskosten der erhaltenen Anteile, § 22 Abs. 1 S. 4, Abs. 2 S. 4 UmwStG. Einbringungsgewinn ist die Differenz zwischen dem gemeinen Wert des Betriebsvermögens im Zeitpunkt der Einbringung (abzüglich Transaktionskosten) und dem angesetzten Wert, vermindert um jeweils ein Siebtel für jedes abgelaufene Zeitjahr nach dem Einbringungszeitpunkt.

Der steuerschädlichen Veräußerung innerhalb der Sperrfrist gleichgestellt sind eine Reihe von Ersatzrealisationstatbeständen, um die Umgehung der Veräußerungsgewinnbesteuerung zu vermeiden, § 22 Abs.1 S. 6 und Abs. 2 S. 6 UmwStG: 257

- verdeckte Einlage in eine Kapitalgesellschaft bzw Realteilung nach Einbringung in eine Mitunternehmerschaft bei Quotenverschiebung (Fall der mittelbaren unentgeltlichen Übertragung der Anteile auf eine Kapitalgesellschaft);
- Generalklausel: Jede Form der entgeltlichen Übertragung, es sei denn sie erfolgt zum Buchwert aufgrund Betriebseinbringung oder Anteilstausch (bzw eines vergleichbaren ausländischen Vorgangs);
- Liquidation, Auskehrung im Rahmen der Kapitalherabsetzung und Rückzahlung aus dem Einlagekonto (§ 27 KStG);
- die Anteile, die der Einbringende erhält, werden zum Buchwert in eine weitere Kapitalgesellschaft eingebracht und diese veräußert sie dann, es sei denn, die Übertragung erfolgt zu Buchwerten;
- die Anteile, die der Einbringende erhält, werden zum Buchwert in eine weitere Kapitalgesellschaft eingebracht und die aus dieser Einbringung erhaltenen Anteile werden weiterveräußert, es sei denn die Übertragung erfolgt zu Buchwerten;
- die doppelte Ansässigkeit der am Umstrukturierungsvorgang beteiligten Rechtsträger in der EU oder im EWR iSd § 1 Abs. 4 UmwStG geht verloren;
- In den Fällen der „Weitereinbringung" (§ 22 Abs. 1 S. 6 Nr. 4 und 5 UmwStG) führt – wie bei der Sacheinlage – die Besteuerung des Einbringungsgewinns auch zu nachträglichen Anschaffungskosten der im Rahmen der Weitereinbringung ausgegebenen neuen Anteile, § 22 Abs. 1 S. 7 und Abs. 2 S. 7 UmwStG.

Die Einbringungsgewinnbesteuerung erfolgt auch dann, wenn die durch Betriebseinbringung erhaltenen oder durch Anteilstausch eingebrachten Anteile unentgeltlich übertragen werden und der Rechtsnachfolger diese veräußert oder ein gleichgestelltes Ereignis (iSd § 22 Abs. 1 S. 6 Nr. 1 bis 6 UmwStG) eintritt, § 22 Abs. 6 UmwStG. 258

Gehen im Rahmen der Gesellschaftsgründung oder einer Kapitalerhöhung aus Gesellschaftermitteln stille Reserven im Rahmen einer Sacheinlage oder eines Anteilstausches auf andere Anteile desselben Gesellschafters oder unentgeltlich auf Anteile Dritter über, so tritt insoweit zwar keine Gewinnverwirklichung ein; diese Anteile werden aber ebenfalls von der Steuerverstrickung erfasst (Mitverstrickung von Anteilen), § 22 Abs. 7 UmwStG.[126] 259

Die Besteuerung des Einbringungsgewinns differiert abhängig davon, ob der Einbringungsgewinn aus einer Betriebseinbringung (sog. Einbringungsgewinn I) oder einem Anteilstausch resultiert (sog. Einbringungsgewinn II). Die Veräußerung von eingebrachten Anteilen durch die übernehmende Gesellschaft im Fall des Anteilstausches (§ 21 Abs. 1 UmwStG) bzw der Einbringung von Anteilen im Rahmen einer Sacheinlage (§ 20 Abs. 1 UmwStG) wird, soweit eine Missbrauchsabsicht zu vermuten ist, grundsätzlich so vorgenommen, als sei eine Einbringung nicht erfolgt. Rechtstechnisch wird der Einbringende, welcher eine von § 8 b Abs. 2 KStG begünstigte Person (zB Kapitalgesellschaft) ist, nicht von der Einbringungsgewinnbesteuerung erfasst und auf die von § 8 b Abs. 2 KStG nicht begünstigte (zB natürliche) Person findet das Halbeinkünfteverfahren Anwendung, § 22 Abs. 2 S. 1 UmwStG. Im Fall der Betriebseinbringung wird die Veräußerung innerhalb der Sperrfrist „sanktioniert", indem der eigentlich durch § 3 Nr. 40, § 8 b Abs. 2 KStG begünstigte Veräußerungsgewinn in einen nicht begünstigten Gewinn iS von § 16 EStG umqualifiziert wird (§ 22 Abs. 1 S. 1 UmwStG). 260

---

126 Beispiel: Das Stammkapital der X-GmbH soll von 50 000 EUR auf 100 000 EUR erhöht werden. Der Verkehrswert der GmbH vor Kapitalerhöhung beläuft sich auf 400 000 EUR. Den neu gebildeten Geschäftsanteil von nominell 50 000 EUR übernimmt S gegen Bareinlage von 100 000 EUR. Die Altanteile von ebenfalls nominell 50 000 EUR werden von V, dem Vater des S, gehalten, der sie gegen Sacheinlage seines Einzelunternehmens zum Buchwert erworben hatte. Die Anschaffungskosten des V betragen 40 000 EUR. Durch die Einlage steigt der Verkehrswert der GmbH auf 500 000 EUR. Davon entfallen 50 % = 250 000 EUR auf den jungen Geschäftsanteil des S, der jedoch nur 100 000 EUR für seinen Anteil aufgewendet hat. Die Wertverschiebung ist darauf zurückzuführen, dass von den Anteilen des V 150 000 EUR stille Reserven unentgeltlich auf den Geschäftsanteil des S übergegangen sind.

261 Damit vollzieht der Gesetzgeber eine grundsätzliche Trennung zwischen dem Anteilsveräußerungsgewinn, der auf die stillen Reserven der eingebrachten privilegierten Betriebseinheit entfällt (Einbringungsgewinn) und demjenigen Anteilsveräußerungsgewinn, der durch stille Reserven nach dem Einbringungszeitpunkt bzw den linearen Abbaubetrag der im Einbringungszeitpunkt vorhandenen stillen Reserven entsteht (Neugewinn), was stets die Bestimmung des gemeinen Werts der eingebrachten Betriebseinheit erforderlich macht. Durch die Erhöhung der Anschaffungskosten um den Einbringungsgewinn mindert sich zugleich der Neugewinn, so dass es zu keiner doppelten Besteuerung kommt. Wird nur ein Teil der Anteile veräußert, ist der Einbringungsgewinn anteilig zu besteuern.

262 In dem Erfordernis der Bestimmung des gemeinen Wertes liegt die wesentliche (praktische) Schwäche der vom steuersystematischen Ansatz her zu begrüßenden Regelung, zumal das Stuttgarter Verfahren keine Anwendung mehr finden kann (§ 11 Abs. 2 S. 2 BewG), so dass die Bewertung nach einem Ertragswertverfahren erfolgen muss.[127]

263 Der Grundsatz, dass im Rahmen einer Betriebseinbringung übergegangene Anteile an Kapitalgesellschaften und Genossenschaften wie bei einem Anteilstausch zu besteuern sind, erleidet eine Beschränkung, wenn die Einbringung durch einen beschränkt Steuerpflichtigen erfolgt, § 22 Abs. 1 S. 5 UmwStG. In diesem Fall werden die eingebrachten Anteile wie bei einer Betriebseinbringung als Einbringungsgewinn I besteuert, denn sonst könnten die erhaltenen Anteile, soweit sie auf die mit eingebrachten Anteile entfallen, unmittelbar nach der Einbringung ohne deutsche Besteuerung veräußert werden.[128]

264 Bei juristischen Personen des öffentlichen Rechts und steuerbefreiten Körperschaften gilt in den Fällen der Betriebseinbringung der Gewinn aus der Veräußerung der erhaltenen Anteile als in einem Betrieb gewerblicher Art bzw wirtschaftlichen Geschäftsbetrieb entstanden, sofern die Anteilsveräußerung innerhalb der Sperrfrist stattfindet, § 22 Abs. 4 UmwStG.

4. Auswirkungen bei der übernehmenden Gesellschaft

265 Die übernehmende Gesellschaft tritt im Hinblick auf das übernommene Betriebsvermögen grundsätzlich in die steuerliche Rechtsstellung des Einbringenden ein (sog. Fußstapfentheorie); dies gilt auch bezüglich Abschreibungen und der Betriebszugehörigkeitsdauer von Wirtschaftsgütern, §§ 23 Abs. 1, 4 Abs. 2 S. 3, 12 Abs. 3, 1. Hs UmwStG. Beim Ansatzes des Zwischenwertes oder gemeinen Wertes ist die Bemessungsgrundlage der Abschreibung entsprechend zu erhöhen, § 23 Abs. 3 S. 1 UmwStG. Lediglich im Falle der Einbringung zum gemeinen Wert im Wege der Einzelrechtsnachfolge wird (in Abweichung von der Fußstapfentheorie) ein Anschaffungsvorgang durch die Kapitalgesellschaft angenommen, § 23 Abs. 4 UmwStG. Subjektbezogene verbleibende Verlustabzüge (zB 10 d EStG) gehen nicht mit über. Der betriebsbezogene gewerbesteuerliche Fehlbetrag (§ 10 a GewStG) ist durch besondere Anordnung nach § 23 Abs. 5 UmwStG ebenfalls nicht übertragbar. Ob und inwieweit er auf der Ebene des Einbringenden weiter verwertet werden kann, bestimmt sich nach den für § 10 a GewStG geltenden allgemeinen Regeln.

266 Die übernehmende Gesellschaft kann auf Antrag das eingebrachte Betriebsvermögen um den Einbringungsgewinn aus einer Betriebseinbringung (§ 22 Abs. 1 UmwStG) aufstocken, § 23 Abs. 2 S. 1 UmwStG. Kommt es in den Fällen des Anteilstauschs zu einer Besteuerung des Einbringungsgewinns (§ 22 Abs. 2 UmwStG), erhöhen sich bei der erwerbenden Gesellschaft die Anschaffungskosten der

---

127 Vgl die Verfügung der OFD Düsseldorf v. 12.8.2004, S-2242A – St 13, Bewertung von (Anteilen an) Kapitalgesellschaften für ertragsteuerliche Zwecke, BB 2004, 2184.
128 Beispiel: Der in Frankreich ansässige Y bringt seine inländische Betriebsstätte, zu der Anteile an der inländischen Y-GmbH gehören, in 01 in die Z-GmbH ein. In 02 veräußert er die Anteile an der Z-GmbH. Nach der Grundkonzeption des § 22 UmwStG kommt es aufgrund der Anteilsveräußerung in 02 nur insoweit zu einer nachträglichen Besteuerung des Einbringungsgewinns I als die stillen Reserven auf das im Rahmen der Sacheinlage eingebrachte Betriebsvermögen ohne Anteile entfallen. Dies ist systematisch korrekt, da die Veräußerung der erhaltenen Anteile – genauso wie die Veräußerung der eingebrachten Anteile – grundsätzlich eine Besteuerung im Halbeinkünfteverfahren auslöst und damit keine Statusverbesserung gegenüber den eingebrachten Anteilen entsteht. Dies gilt jedoch nur, wenn für die Veräußerung der erhaltenen Anteile ein inländisches Besteuerungsrecht besteht. Im Beispiel ist durch das DBA Frankreich das inländische Besteuerungsrecht hinsichtlich des Gewinns aus der Veräußerung der erhaltenen Anteile ausgeschlossen. Die Besteuerung muss deshalb durch die Einbeziehung der auf die Anteile an der Y-GmbH entfallenden stillen Reserven in den Einbringungsgewinn I sichergestellt werden.

Anteile. Damit verringert sich bei der übernehmenden Gesellschaft der steuerfreie Veräußerungsgewinn im Sinne von § 8 b KStG entsprechend. Dies gilt in den Fällen der Weitereinbringung der eingebrachten Anteile zum Buchwert auch im Hinblick auf die auf der Weitereinbringung beruhenden Anteile, § 23 Abs. 2 S. 3 UmwStG.

Obwohl die Besteuerung des Einbringungsgewinns rückwirkend erfolgt, kann die Aufstockung bei den Wirtschaftsgütern des eingebrachten Betriebsvermögens erst im Wirtschaftsjahr der schädlichen Anteilsveräußerung oder des gleichgestellten Ereignisses erfolgen, § 23 Abs. 3 S. 2 UmwStG. Dies ist systemgerecht, weil aufgrund der Siebtelregelung die auf die vorangegangenen Zeiträume entfallenden Teile des Einbringungsgewinns nicht der rückwirkenden Einbringungsgewinnbesteuerung unterliegen. Formal setzt die Aufstockung voraus, dass eine Bescheinigung des für den Einbringenden zuständigen Finanzamts über die Entrichtung des Einbringungsgewinns (§ 22 Abs. 5 UmwStG) vorliegt. Die Buchwertaufstockung in der Steuerbilanz ist gewinnneutral.[129]

267

Die Buchwertaufstockung im Falle einer Betriebseinbringung setzt in tatsächlicher Hinsicht zudem voraus, dass sich im Zeitpunkt der Veräußerung oder des gleichgestellten Ereignisses das jeweilige Wirtschaftsgut noch im Betriebsvermögen befindet. Wurde das eingebrachte Betriebsvermögen bereits zum gemeinen Wert veräußert, gilt der Aufstockungsbetrag als Sofortaufwand. Wurde es zum Buch- oder Zwischenwert weiter übertragen ist weder eine Buchwertaufstockung noch ein Abzug als Sofortaufwand zulässig.

268

Die Regelungen über das Konfusionsergebnis gelten entsprechend, § 23 Abs. 6 UmwStG. Ein Konfusionsgewinn wird als laufender Gewinn bei der übernehmenden Kapitalgesellschaft realisiert.

269

VIII. Einbringung von Betriebsvermögen in eine Personengesellschaft (§ 24 UmwStG)

Das Konzept der Ersetzung von steuerverstricktem Vermögen durch anderes steuerverstricktes Vermögen im Tauschwege lässt sich bei der Personengesellschaft als übernehmendem Rechtsträger dann umsetzen, wenn für eingebrachtes Betriebsvermögen[130] das deutsche Besteuerungsrecht erhalten bleibt und das Besteuerungsregime nicht zuungunsten des Fiskus wechselt.

270

Das deutsche Besteuerungsrecht bleibt erhalten, wenn eine nach ausländischen Rechtsvorschriften errichtete Gesellschaft, die nach deutschen Rechtsvorschriften als Personengesellschaft iSv § 15 Abs. 1 Nr. 2 EStG zu qualifizieren ist und die im Inland zB im Rahmen einer Betriebsstätte tätig ist als aufnehmende Gesellschaft fungiert, soweit eine privilegierte Wirtschaftseinheit iSv § 24 UmwStG in die Betriebsstätte eingebracht wird; denn die aufnehmende Personengesellschaft ist, sofern sie Einkünfte iSv §§ 1 Abs. 4, 49 EStG bezieht, im Inland mit diesen Einkünften (und dem entsprechenden Vermögen, § 49 Abs. 1 Nr. 1 iVm §§ 16, 17 EStG) beschränkt steuerpflichtig.[131] Unterhält die Personengesellschaft keine inländische Betriebsstätte, findet § 24 UmwStG nur Anwendung, wenn durch die Einbringung der Wirtschaftseinheit eine Betriebsstätte entsteht.

271

Nach § 1 Abs. 4 S. 2 UmwStG gelten für Einbringungen nach § 24 UmwStG keine Beschränkungen auf den EU/EWG-Raum, daher sind – nach wie vor – Einbringungen in Personengesellschaften sowohl von nicht in der EU ansässigen Personen als auch in nicht nach dem Recht eines Mitgliedstaats der EU gegründete Personengesellschaften zum Buchwert möglich.

272

Eine Einbringung gegen Gesellschaftsrechte ist nur insoweit erfüllt, als der Einbringende als Gegenleistung Mitunternehmeranteile an der aufnehmenden Gesellschaft erhält; sofern auch sonstige Gegenleistungen gewährt werden, liegt eine steuerpflichtige Veräußerung vor.[132] Dieser Gewinn des Einbringenden kann nicht durch eine negative Ergänzungsbilanz vermieden werden.[133] Eine Zuzah-

273

---

129 *Dötsch/Pung*, DB 2006, 2763 (2766) wollen in Höhe der Wertaufstockung einen Zugang im steuerlichen Einlagekonto erfassen.
130 Betrieb, Teilbetrieb (auch die zum Betriebsvermögen gehörende 100 % Beteiligung an einer Kapitalgesellschaft) und Mitunternehmeranteil, was grundsätzlich auch für die Einbringung von Anteilen iSd FRL gelten soll, vgl Entwurfsbegründung S. 82. Vorstehend nicht genannte Wirtschaftsgüter können nach § 6 Abs. 5 S. 3 EStG steuerneutral eingebracht werden.
131 Vgl *Schmitt* in: Schmitt/Hörtnagl/Stratz, UmwG/UmwStG, 4. Aufl. 2006, § 24 UmwStG Rn 110.
132 Tz 24.08 des UmwStErl. v. 25.3.1998, BStBl. I 1998, 268; BFH v. 18.10.1999, GrS 2/98, BStBl. II 2000, 123.
133 BFH v. 21.9.2000, IV R 54/99, BStBl. II 2001, 178 mwN.

lung in das Gesellschaftsvermögen, die nicht alsbald nach der Einzahlung durch den Einbringenden entnommen wird, wird dagegen als dem Ausgleich der Gesellschafter dienender Vorgang angesehen, der für den Einbringenden keine steuerlichen Konsequenzen nach sich zieht.

274 Das Besteuerungsregime wechselt zuungunsten des Fiskus, wenn durch die Einbringung einer natürlichen Person oder Personengesellschaft[134] (bei Ansatz des Buchwertes oder Zwischenwertes) stille Reserven an einer Kapitalgesellschaft auf einen Gesellschafter verschoben werden, der eine Körperschaft ist, da dieser unter Ausnutzung des § 8 b KStG veräußern könnte. Erfolgt eine Veräußerung der eingebrachten Anteile innerhalb von sieben Jahren nach dem Einbringungszeitpunkt, gilt die unwiderlegliche Vermutung des Rechtsmissbrauchs (§ 24 Abs. 5 UmwStG), wobei die Regelungen in § 22 UmwStG entsprechend anzuwenden sind, dh es kommt insoweit zu einer nachträglichen Besteuerung des Einbringungsgewinns, als im Zeitpunkt der Veräußerung oder des gleichgestellten Ereignisses stille Reserven aus den eingebrachten Anteilen auf Körperschaften entfallen. Die Siebtelregelung ist anzuwenden.

Beispiel: Die natürliche Person A bringt eine 100%-Beteiligung an der Y-GmbH nach § 24 UmwStG zum Buchwert in die AB-OHG (Gesellschafter zu je 50 % sind A und die B-GmbH) ein. Danach wird bei der OHG eine Realteilung durchgeführt, bei der die 100%-Beteiligung an der Y-GmbH auf die B-GmbH übertragen wird.

275 Im Unterschied zur Einbringung in eine Kapitalgesellschaft ist eine Zwangsaufstockung der Buchwerte im Fall der Unterbilanz nicht erforderlich. Eine Normierung der Anschaffungskosten der Beteiligung ist entbehrlich, da die Beteiligung an einer Personengesellschaft nicht bilanziert wird, sondern eine Zurechnung des Ergebnisses der einheitlichen und gesonderten Gewinnfeststellung stattfindet. Die Praxis behilft sich mit einer Bilanzierung des anteiligen Eigenkapitals des Gesellschafters (Spiegelbildmethode).

276 Gewerbesteuerliche Verlustvorträge gehen nach allgemeinen Grundsätzen über, wenn Unternehmer- und Unternehmensidentität gegeben ist.[135] Wegen der Auswirkungen der Einbringung auf die übernehmende Personengesellschaft verweist § 24 Abs. 4, 1. Hs UmwStG auf § 23 Abs. 1, 3, 4 u. 6 UmwStG. In den Fällen der Gesamtrechtsnachfolge kann der Einbringungszeitpunkt bis zu acht Monate rückbewirkt werden, § 24 Abs. 4, 2. Hs UmwStG.[136]

IX. Formwechsel einer Personengesellschaft in eine Kapitalgesellschaft (§ 25 UmwStG)

277 Die formwechselnde Umwandlung wird wie nach altem Recht als Einbringung in eine Kapitalgesellschaft behandelt, so dass §§ 20 ff UmwStG entsprechend gelten.

E. Umsatzsteuer

278 Die Umsatzsteuer spielt bei Unternehmensumstrukturierungen regelmäßig nur eine untergeordnete Rolle. Der Grund dafür liegt nicht zuletzt in der Nicht-Umsatzsteuerbarkeit der sog. Geschäftsveräußerung nach § 1 Abs. 1a UStG.

279 Wird ein **Unternehmen** oder ein in der Gliederung des Unternehmens **gesondert geführter Betrieb** im Ganzen **entgeltlich oder unentgeltlich übereignet** oder in eine Gesellschaft eingebracht (sog. Geschäftsveräußerung, § 1 Abs. 1a UStG), so liegt nach der Grundsystematik des Gesetzes eigentlich eine Vielzahl an Lieferungen von Wirtschaftsgütern und ggf von sonstigen Leistungen (Übertragungen von Rechten) vor, die zu einer Vielzahl von Umsätzen nach § 1 Abs. 1 Nr.1 (bei Entgeltlichkeit) oder nach § 1 Abs. 1 Nr. 1 iVm § 3 Abs. 1b und 9 a (bei Unentgeltlichkeit) führen müsste. Erfasst wird die vorweggenommene Erbfolge ebenso wie Umwandlungen nach dem UmwG oder Einbringungen.

280 Da bei einer solchen Geschäftsveräußerung im Regelfall der Erwerber vorsteuerabzugsberechtigt ist, wird aus Vereinfachungsgründen bestimmt, dass Umsätze im Rahmen der Geschäftsveräußerung an

---

134 D.i. eine nicht durch § 8 Abs. 2 KStG begünstigte Person.
135 *Schmitt* in: Schmitt/Hörtnagl/Stratz, UmwG/UmwStG, 4. Aufl. 2006, § 24 UmwStG Rn 258.
136 § 2 Abs. 3 UmwStG gilt entsprechend.

einen anderen Unternehmer für dessen Unternehmen nicht der Umsatzsteuer unterliegen; gleichwohl erfolgt auf Seiten des Veräußerers keine Vorsteuerkorrektur. Stattdessen tritt der erwerbende Unternehmer (vorsteuerrechtlich) „an die Stelle des Veräußerers", § 1 Abs. 1a S. 3 UStG, dh die Wirtschaftsgüter gehen hinsichtlich einer Vorsteuerberichtigung in der nach § 15 a UStG bestehenden Einbindung auf den Erwerber über. Dieser setzt deshalb bezüglich aller beim Veräußerer begründeten materiell-rechtlichen Merkmale die § 15 a UStG-Rechtslage fort (also auch hinsichtlich Vorsteuervolumen, anfängliche Verwendungsverhältnisse und Verwendungsbeginn) – **partielle Rechtsnachfolge**. Der Erwerber hat gemäß § 15 a Abs. 10 S. 2 UStG einen Anspruch darauf, dass der Veräußerer ihm die erforderlichen Angaben zur Durchführung einer möglichen Vorsteuerberichtigung macht (zB Rechnungskopien aus denen Vorsteuerabzug geltend gemacht wurde).

Auch entgeltliche Immobilienübertragungen sind als Geschäftsveräußerungen anzusehen, wenn der Kaufgegenstand vom Veräußerer entweder zur Vermietung oder allein zur Veräußerung bestimmt war und der Erwerber diese Tätigkeit fortführt. Dabei spielt es keine Rolle, ob der Erwerber noch nennenswerte Investitionen tätigen muss, um mit dem erworbenen Unternehmen Einnahmen erzielen zu können.[137]

F. Grunderwerbsteuer

I. Grundlagen

Gegenstand der Grunderwerbsteuer ist grundsätzlich der **Rechtsträgerwechsel** an einem **inländischen Grundstück** (nebst aufstehendem Gebäude – auch Wohnungseigentum). Maßgeblich ist der zivilrechtliche Grundstücksbegriff. Dem Grundstück gleichgestellt sind **Erbbaurechte** und **Gebäude auf fremden Grund und Boden**; ausgenommen sind Betriebsvorrichtungen, vgl § 2 GrEStG. Bei Veräußerung eines Grundstücks mit Betriebsvorrichtung findet die Umsatzsteuerbefreiung nach § 4 Nr. 9a UStG auf die Lieferung der Betriebsvorrichtung keine Anwendung.

Das GrEStG besteuert **kumulativ** u.a.

- den **obligatorischen Vertrag** (zB Kaufvertrag, Einbringung) § 1 Abs. 1 Nr. 1 GrEStG,
- den Übergang des rechtlichen Eigentums (kraft Gesetzes), wenn kein den Anspruch auf Übereignung begründendes Rechtsgeschäfts vorausgegangen ist (zB **Erbgang, Verschmelzung, Auf-/Abspaltung, Anwachsung**) § 1 Abs. 1 Nr. 3 GrEStG und
- den **Übergang des wirtschaftlichen Eigentums** § 1 Abs. 2 GrEStG.

Die Steuer wird jedoch nur für den historisch ersten Tatbestand erhoben (so dass es zu keiner mehrfachen Besteuerung kommt); bei den nachfolgenden Rechtsvorgängen wird nur der positive Unterschiedsbetrag der Bemessungsgrundlage im Vergleich zum ersten Tatbestand besteuert, um Werterhöhungen zu erfassen, vgl § 1 Abs. 6 GrEStG.

Der **Formwechsel** ist nicht grunderwerbsteuerbar, da kein Wechsel des Rechtsträgers stattfindet. Bei **Treuhandverhältnissen** entsteht eine „doppelte Steuer", wenn der Treuhänder von einem Dritten erwirbt, denn der Treuhänder erlangt das rechtliche Eigentum und der Treugeber das wirtschaftliche Eigentum.

Gesamthandsgemeinschaften werden materiell als transparent behandelt (anteilige Zurechnung zu den Gesellschaftern) auch wenn man sie formal zunächst als selbständige Steuerrechtssubjekte sieht (so dass sie selbst Veräußerer und Erwerber sind). Im Rahmen von § 1 Abs. 2a u. 3 GrEStG wird dementsprechend bei (mehrstöckigen) Personengesellschaftsstrukturen anteilig durchgerechnet. Bei Erwerbsvorgängen zwischen Gesamthändern und Gesamthandsgemeinschaft ist nur zu versteuern, was über den bereits vorhandenen Anteil hinausgeht, vgl §§ 5–7 GrEStG. Sperrfristen sollen Rechtsmissbräuche vermeiden, §§ 5 Abs. 3, 6 Abs. 3 und 4, 7 Abs. 3 GrEStG; es handelt sich bei dem Verstoß gegen eine Sperrfrist um ein rückwirkendes Ereignis iSd § 175 Abs. 1 S. 1 Nr. 2 AO.

Bemessungsgrundlage ist nach § 8 GrEStG grundsätzlich der Wert der Gegenleistung. Der Grundstückswert ist demgegenüber anzusetzen, wenn eine Gegenleistung nicht vorhanden bzw nicht zu

---

137 Vgl im Einzelnen *Klein*, DStR 2005, 1961 ff.

ermitteln ist, § 8 Abs. 2 S. 1 Nr. 1 GrEStG. Der Grundstückswert wird nach § 138 Abs. 2 oder 3 BewG ermittelt. Der Wert nach § 138 Abs. 2 BewG ist der unter Anwendung der §§ 139–144 BewG zu bestimmende Grundbesitzwert für die wirtschaftlichen Einheiten des land- und forstwirtschaftlichen Vermögens. Der Wert nach § 138 Abs. 3 BewG ist der für die wirtschaftlichen Einheiten des Grundvermögens abweichend von § 9 BewG mit einem typisierenden Wert unter Anwendung der §§ 139, 145–150 BewG zu ermittelnde Grundstückswert.

286 Werden zum Beispiel die Betriebsgrundstücke und das übrige wesentliche Anlagevermögen sowie das Vorratsvermögen eines Betriebs gegen einen symbolischen Kaufpreis von 1,00 EUR auf den Erwerber übertragen, ist Bemessungsgrundlage der Grunderwerbsteuer nach § 8 Abs. 2 S. 1 Nr. 1 GrEStG der Grundstückswert. Mangels ernsthafter Vereinbarung eines Kaufpreises ist keine Gegenleistung vorhanden. Der Wert der Gegenleistung ist allerdings grundsätzlich auch dann Bemessungsgrundlage für die Grunderwerbsteuer, wenn dieser ungewöhnlich niedrig ist und hinter dem Verkehrswert des Grundstückes zurückbleibt. Zur Gegenleistung gehören nach § 9 Abs. 2 Nr. 1 GrEStG auch nachträgliche Erhöhungen der Gegenleistung.

287 Da der Grunderwerbsteuer sowohl Kaufverträge über unbebaute als auch bebaute Grundstücke unterliegen, muss mit Rücksicht auf die Bemessungsgrundlage entschieden werden, was Gegenstand des Vertrages ist. Maßgeblich ist ob der Erfüllungsanspruch des Erwerbers aus dessen Sicht auf ein unbebautes oder bebautes Grundstück gerichtet ist (sog. **einheitliches Vertragswerk**).[138]

Beispiel: Ein Bauunternehmer ist Eigentümer diverser Bauplätze; er verkauft die Bauplätze stets nur an Bauwillige, die mit ihm einen entsprechenden Werkvertrag abschließen.

288 Der **Steuersatz** beträgt 3,5 %, § 11 GrEStG. Wichtige **Befreiungstatbestände** sind insbesondere:
- Bagatellfälle (Bemessungsgrundlage ≤ 2 500 EUR) § 3 Nr. 1 GrEStG
- Erbfälle und Schenkungen § 3 Nr. 2 GrEStG
- Erwerb durch Ehegatten § 3 Nr. 4 GrEStG
- Erwerb durch Verwandte in gerader Linie § 3 Nr. 6 GrEStG
- Rückerwerb durch den Treugeber bei Auflösung des Treuhandverhältnisses § 3 Nr. 8 GrEStG

289 Als sog. **Interpolation** bezeichnet man das Zusammentreffen von Befreiungstatbeständen, die in ihrer Zusammenschau einen neuen, eigenständigen Befreiungstatbestand ergeben. Ein Beispiel ist die Übertragung des vermachten Grundstücks durch den Erben in Erfüllung des Vermächtnisses auf den Ehegatten des Vermächtnisnehmers (Zusammenschau mit § 3 Nr. 4 GrEStG).

290 **Steuerschuldner** sind nach § 13 Nr. 1 GrEStG regelmäßig die am Erwerbsvorgang als **Vertragsteile** beteiligten Personen. Beim **Grundstückserwerb kraft Gesetzes** (zB Verschmelzung, Auf-/Abspaltung, Anwachsung) sind nach § 13 Nr. 2 GrEStG Steuerschuldner der bisherige Eigentümer und der Erwerber. Geht bei Umwandlungsvorgängen der übertragende Rechtsträger mit der Eintragung des Umwandlungsbeschlusses in das Handelsregister unter, kommt als Steuerschuldner für den durch den Umwandlungsvorgang ausgelösten Steueranspruch allerdings nur noch der übernehmende Rechtsträger in Betracht. Bei einer den Tatbestand des § 1 Abs. 2a GrEStG erfüllenden **Änderung des Gesellschafterbestandes** ist Steuerschuldner nach § 13 Nr. 6 GrEStG die Personengesellschaft, deren Gesellschafterbestand sich geändert hat. Im Falle der Anteilsvereinigung nach § 1 Abs. 3 GrEStG ist Steuerschuldner nur derjenige, in dessen Hand die Anteile vereinigt werden. Für den Fall der Anteilsvereinigung in der Hand von herrschenden und abhängigen Unternehmen, die als Einheit betrachtet werden, bestimmt § 13 Nr. 5 GrEStG als Steuerschuldner die an der Gesellschaftsanteilsvereinigung Beteiligten.

291 Zivilrechtlich trägt in Zweifel der Erwerber die Grunderwerbsteuer, § 448 Abs. 2 BGB. Das Finanzamt hat sich vorrangig an den zivilrechtlich Verpflichteten zu halten; erst wenn die Steuer von diesem nicht zu erlangen ist darf der andere Teil aufgefordert werden. Die Zahlung der Grunderwerbsteuer durch einen Gesamtschuldner kommt dem anderen Gesamtschuldner zugute (§ 44 Abs. 2 S. 1 AO). Bis zur Entrichtung der ganzen Grunderwerbsteuer bleiben alle Gesamtschuldner verpflichtet.

---

138 BFH v. 18.10.1989, II R 85/87, BStBl. II 1990, 181.

In den §§ 18 ff. GrEStG sind **Anzeigepflichten** der Gerichte, Behörden, Notare sowie der Beteiligten statuiert. Gemäß § 22 Abs. 1 GrEStG darf der Erwerber eines Grundstücks in das Grundbuch erst dann eingetragen werden, wenn eine Bescheinigung des Finanzamtes vorgelegt wird, aus der sich ergibt, dass der Eintragung keine steuerlichen Bedenken entgegenstehen (so genannte **Unbedenklichkeitsbescheinigung**). Die Nichterteilung der Unbedenklichkeitsbescheinigung hat die Wirkung einer Grundbuchsperre unabhängig davon, ob es sich um eine rechtsändernde oder nur berichtigende Eintragung handelt.

Die Grunderwerbsteuer wird vom Finanzamt **durch Steuerbescheid festgesetzt**. Die **Festsetzungsfrist** beträgt hinsichtlich der Grunderwerbsteuer nach § 169 Abs. 2 S. 1 Nr. 2 AO vier Jahre, nach § 169 Abs. 2 S. 2 AO bei Steuerhinterziehung zehn Jahre und bei leichtfertiger Steuerverkürzung fünf Jahre. Sie beginnt nach § 170 Abs.1 AO grundsätzlich mit Ablauf des Kalenderjahres, indem die Grunderwerbsteuer nach § 38 AO bzw § 14 GrEStG entstanden ist. Zu beachten sind allerdings die Besonderheiten nach §§ 18, 19 GrEStG. Nach § 170 Abs. 2 S. 1 Nr. 1 AO beginnt die Festsetzungsfrist im Hinblick auf die Verpflichtung zur Anzeige nach § 19 GrEStG erst mit Ablauf des Kalenderjahres, indem die Anzeige eingereicht wird, spätestens jedoch mit Ablauf des 3. Kalenderjahres, dass auf das Kalenderjahr folgt, indem die Grunderwerbsteuer entstanden ist. Die Nichterfüllung der den Gerichten, Behörden und Notaren obliegenden Anzeigepflicht nach § 18 GrEStG hat keinen Einfluss auf den Beginn der Festsetzungsfrist.

Nach § 15 S. 1 GrEStG wird die festgesetzte Grunderwerbsteuer **binnen eines Monats** nach Bekanntgabe des Steuerbescheides **fällig**. § 15 S. 2 GrEStG stellt es in das pflichtgemäße Ermessen des Finanzamtes, eine längere Zahlungsfrist zu bestimmen. Die Grunderwerbsteuer entsteht mit der Verwirklichung einer der Erwerbstatbestände des GrEStG. Spätere Ereignisse berühren den einmal entstandenen Steueranspruch grundsätzlich nicht. Den sich daraus ergebenden Härten trägt § 16 GrEStG Rechnung.

II. Ergänzungstatbestände in Bezug auf die Änderung von Gesellschaftsbeteiligungen

Da die **Veräußerung von Gesellschaftsanteilen** keinen Rechtsträgerwechsel bezogen auf ein Gesellschaftsgrundstück darstellt werden zur Vermeidung von Besteuerungslücken bestimmte Übertragungen von Gesellschaftsanteilen/Veränderungen des Gesellschafterbestandes als Erwerb des Gesellschaftsgrundstücks fingiert. § 1 Abs. 2a GrEStG betrifft dabei nur Personengesellschaften. Ändert sich der Gesellschafterbestand einer Personengesellschaft, kann eine Besteuerung nach § 1 Abs. 2a oder 3 GrEStG in Betracht kommen. § 1 Abs. 2a GrEStG geht der Anwendung des § 1 Abs. 3 GrEStG vor. Die Anwendung des § 1 Abs. 3 GrEStG wird durch § 1 Abs. 2a GrEStG auch dann ausgeschlossen, wenn nach dessen Satz 3 oder einer Befreiungsvorschrift die Steuer nicht erhoben wird.

Der Anwendungsbereich des § 1 Abs. 3 GrEStG in Bezug auf Personengesellschaften ist aber sehr eingeschränkt. Unter dem „Anteil der (Personen-)Gesellschaft" iS der Tatbestände des § 1 Abs. 3 GrEStG ist die gesellschaftsrechtliche Beteiligung an der Personengesellschaft zu verstehen, also die aus der Mitgliedschaft in der Personengesellschaft folgende gesamthänderische Mitberechtigung hinsichtlich des (aktiven) Gesellschaftsvermögens.[139] Auch derjenige Gesellschafter, der am Wert des Gesellschaftsvermögens nicht beteiligt ist, weil er sich ohne eine Einlage an einer Personengesellschaft beteiligt und auch nicht die Möglichkeit hat, eine Einlage durch Stehen lassen von Gewinnen aufzubauen, ist gesamthänderischer Mitinhaber der zum Gesellschaftsvermögen gehörenden Sachen, Forderungen und Rechte. Die gesamthänderische Mitberechtigung ist mit der Mitgliedschaft in der Personengesellschaft untrennbar verbunden, ist deren gesetzliche Folge.

Diese der sachrechtlichen Ebene zugeordnete gesellschaftsrechtliche Beteiligung entzieht sich – anders als die Beteiligung am Gesellschaftsvermögen im Ganzen, wie sie in §§ 5 und 6 und letztlich auch in § 1 Abs. 2 a GrEStG angesprochen ist, – jeder Quotenregelung. Jedem Mitglied einer Personengesellschaft steht stets nur eine (einzige) Beteiligung zu, unbeschadet dessen, dass deren Vermögenswert iS der Teilhabe am Reinvermögen im Verhältnis zu demjenigen der Mitgesellschafter unterschiedlich

---

139 BFH v. 8.8.2001, II R 66/98, BStBl. II 2002, 156.

hoch sein kann. Überträgt einer von mehreren Gesellschaftern seine Beteiligung, seine Mitgliedschaft als solche und damit seinen Anteil an der Personengesellschaft iSd § 1 Abs. 3 auf einen Mitgesellschafter, so geht seine gesamthänderische Mitberechtigung als Folge des Verlustes der Mitgliedschaft unter, während der den „Anteil" übernehmende Gesellschafter nach wie vor nur seinen (einzigen) Anteil an der Gesellschaft behält. Eine **unmittelbare Vereinigung von mindestens 95 % der Anteile einer Personengesellschaft in numerisch einer Hand ist schlechterdings ausgeschlossen**, weil § 1 Abs. 3 nicht darauf abstellt, welchen Anteil am Vermögen der Gesellschaft – deren Reinvermögen – mit dem Innehaben der gesellschaftsrechtlichen Beteiligung im Innenverhältnis der Gesellschafter untereinander verbunden ist. Ferner kommt eine unmittelbare Anteilsvereinigung selbst dann nicht in Betracht, wenn ein Gesellschafter 100 % der Anteile einer Personengesellschaft in seiner Hand vereinigt. Maßgebend ist, dass das Zivilrecht eine Einmannpersonengesellschaft nicht kennt. Vielmehr wächst das Gesellschaftsvermögen in derartigen Fällen kraft Gesetzes dem einzig verbleibenden Gesellschafter an.

1. Änderung des Gesellschafterbestandes, § 1 Abs. 2a GrEStG

298 Gehört zum Vermögen einer Personengesellschaft ein inländisches Grundstück und ändert sich innerhalb von 5 Jahren der Gesellschafterbestand unmittelbar oder mittelbar dergestalt, dass mindestens 95 % der Anteile am Gesellschaftsvermögen auf neue Gesellschafter übergehen, gilt dies nach § 1 Abs. 2a S. 1 GrEStG als ein auf die Übertragung eines Grundstücks gerichteter Vorgang. § 1 Abs. 2a GrEStG fingiert die Veräußerung der „alten" Gesellschaft an die „neue" Gesellschaft, dh Gesellschaft mit verändertem Gesellschafterbestand.[140] Der Gesellschafterbestand kann sich durch Übergang von vorhandenen Anteilen an der Personengesellschaft auf neue Gesellschafter (derivativer Erwerb) oder durch Erwerb von zusätzlichen Gesellschaftsanteilen durch neue Gesellschafter ändern (originärer Erwerb). Unter Anteil an der Personengesellschaft ist – wie bei §§ 5 und 6 GrEStG – der Anteil der einzelnen Gesellschafter am Gesellschaftsvermögen zu verstehen. Der Anteil am Gesellschaftsvermögen ist der den einzelnen Gesellschaftern zustehende Wertanteil am Reinvermögen als schuldrechtlicher, gesellschaftsvertraglicher Anspruch des einzelnen Gesellschafters gegen die Gesamthand. Die wertmäßige Beteiligung ergibt sich aus den gesellschaftsinternen Vereinbarungen, hilfsweise aus §§ 722, 734 BGB bzw §§ 120–122 HGB. Betroffen sind nur Grundstücke, die während des Fünfjahreszeitraums durchgängig zum Vermögen der Personengesellschaft gehört haben.[141]

299 Anteilsverschiebungen unter Altgesellschaftern sind nicht nach § 1 Abs. 2a GrEStG steuerpflichtig. Altgesellschafter in diesem Sinne sind
- die Gründungsgesellschafter,
- die Gesellschafter, die vor dem Beginn des Fünfjahreszeitraums des § 1 Abs. 2a GrEStG unmittelbar oder mittelbar an der Gesellschaft beteiligt waren (Ausnahme: Gesellschafterbeitritt in Fällen eines vorgefassten Plans) sowie
- die Gesellschafter, deren Beitritt schon einmal den Tatbestand des § 1 Abs. 2a GrEStG erfüllt hat.

300 Neuer Gesellschafter ist, wer mit dem Erwerb der Gesellschafterstellung in die Mitberechtigung an einem Grundstück eintritt; die Eigenschaft des Neugesellschafters wandelt sich nach spätestens fünf Jahren in die eines Altgesellschafters. Unter **originärem Erwerb** ist der Beitritt neuer Gesellschafter bei gleichzeitiger Kapitalerhöhung zu verstehen. Altgesellschafter in diesem Zusammenhang sind die Gründungsgesellschafter und grundsätzlich auch alle, die bereits vor dem Erwerb eines Grundstücks unmittelbar oder mittelbar an der Gesellschaft beteiligt gewesen sind. Gesellschafter, die bereits vor dem Erwerb eines Grundstücks an der Gesellschaft beteiligt waren, sind neue Gesellschafter und nicht Altgesellschafter, wenn ihre Beteiligung mit einer Immobilieninvestition nach einem vorgefassten Plan verknüpft ist.

301 Beim **derivativen Erwerb** liegen die Voraussetzungen des § 1 Abs. 2a GrEStG vor, wenn mindestens 95 % der Anteile am Gesellschaftsvermögen unmittelbar oder mittelbar auf neue Gesellschafter übergehen. Bei der Ermittlung des Prozentsatzes sind insbesondere zu berücksichtigen:
- Veränderungen der Vermögensbeteiligungen durch bloße Kapitaländerungen,

---

140 Vgl wegen der Einzelheiten die gleichlautenden Ländererlasse v. 26.2.2003, BStBl. I 2003, 271.
141 BFH v. 8.11.2000, II R 64/98, BStBl. II 2001, 422.

Beispiel: Eine Gesellschaft besteht aus fünf Gesellschaftern, die jeweils zu 20 % am Vermögen beteiligt sind. Das Gesellschaftsvermögen beträgt 100 000 EUR. Drei Gesellschafter übertragen ihre Anteile auf neue Gesellschafter. Anschließend wird innerhalb des Fünfjahreszeitraums das Vermögen im Wege der Kapitalerhöhung auf 1 000 000 EUR aufgestockt, wobei das zusätzliche Kapital ausschließlich auf die Anteile der hinzugetretenen Gesellschafter entfällt. Da die Altgesellschafter weiterhin zusammen nur zu 40 000 EUR am Vermögen der Gesellschaft beteiligt bleiben, sind auf die Neugesellschafter insgesamt 96 % der nunmehr bestehenden Anteile übergegangen.

- Begründung von Treuhandverhältnissen, Treuhänder- und Treugeberwechsel, nicht dagegen die Rückübertragung auf den Treugeber,
- mittelbare Veränderungen der Vermögensbeteiligungen (zB Änderungen der Beteiligungsverhältnisse bei einer Komplementär-GmbH).

Bei **mehrstufigen Beteiligungen** ist die Frage eines mittelbaren Anteilsübergangs auf jeder Beteiligungsebene gesondert zu prüfen (und zwar von unten nach oben). Mittelbare Veränderungen der Vermögensbeteiligungen sind bei Kapitalgesellschaften (im Unterschied zur anteiligen Zurechnung bei Personengesellschaften) nur dann zu berücksichtigen, wenn sich die Beteiligungsverhältnisse der Kapitalgesellschaft zu mindestens 95 % ändern. Bei mehrstufigen mittelbaren Beteiligungen von Kapitalgesellschaften ist die Prüfung, ob die 95%-Grenze erreicht ist, für jede Beteiligungsebene gesondert durchzuführen. Ist die 95%-Grenze erreicht, ist die mittelbare Beteiligung in voller Höhe – und nicht etwa nur iHv 95 % – zu berücksichtigen.[142]

Beispiele: An einer grundbesitzenden OHG sind A zu 85 %, B zu 5 % und die C-GmbH zu 10 % beteiligt. Die Anteile der C-GmbH halten X zu 90 % und Y und Z zu je 5 %. In 01 überträgt A seine gesamte Beteiligung an der OHG auf D, in 02 übertragen X und Y ihre Anteile an der C-GmbH auf E und F. Die Übertragung der Beteiligung des A auf D führt zu einem unmittelbaren Gesellschafterwechsel iHv 85 % der Anteile am Gesellschaftsvermögen. In Bezug auf die Anteile der C-GmbH liegt ein mittelbarer Gesellschafterwechsel iHv 10 % vor, weil die Änderung der Anteile an der C-GmbH 95 % beträgt. Die mittelbare Anteilsänderung ist nicht anteilig (95 % von 10 %), sondern voll mit 10 % zu berücksichtigen.

Eine GmbH ist als persönlich haftende Gesellschafterin zu 20 % am Gesellschaftsvermögen einer GmbH & Co. KG beteiligt. Alle Kommanditisten übertragen ihre Anteile auf neu hinzutretende Kommanditisten. Außerdem werden 80 % der Anteile an der GmbH an diese neu hinzutretenden Kommanditisten veräußert. Die Übertragung der Kommanditanteile allein erfüllt nicht die Voraussetzungen des § 1 Abs. 2a GrEStG. Der Wechsel im Gesellschafterbestand der GmbH ist nicht mit dem unmittelbaren Gesellschafterwechsel zusammenzurechnen, weil sich die Beteiligungsverhältnisse der GmbH nicht zu mindestens 95 % geändert haben. § 1 Abs. 2a GrEStG ist somit nicht erfüllt.

Für die Beurteilung der Frage, ob aufgrund einer Änderung des Gesellschafterbestandes von mindestens 95 % der Anteile eine Grundstücksübertragung anzunehmen ist, sind alle Anteilsübertragungen innerhalb von fünf Jahren zu berücksichtigen. Die Fünfjahresfrist gilt für die Zusammenrechnung von sukzessiven Anteilsübertragungen. Übertragungen von mindestens 95 % der Anteile, die in einem Rechtsakt vollzogen werden, vollziehen sich in einer logischen Sekunde, also immer innerhalb eines Zeitraums von fünf Jahren. Gehen Anteile an der Personengesellschaft von Todes wegen auf neue Gesellschafter über, bleibt der Erwerb dieser Anteile bei der Ermittlung des 95 %-Satzes iSd § 1 Abs. 2a S. 1 GrEStG außer Ansatz.

Hat die Personengesellschaft vor dem Wechsel des Gesellschafterbestandes von einem Gesellschafter ein Grundstück erworben und ist die für diesen Fall vorgesehene Vergünstigung nach § 5 Abs. 1 oder 2 GrEStG aufgrund des § 5 Abs. 3 GrEStG ganz oder teilweise zu versagen oder rückgängig zu machen, ist die Steuer insoweit zu erheben, als sich der Anteil des Veräußerers am Vermögen der Gesamthand innerhalb von fünf Jahren nach dem Übergang des Grundstücks auf die Gesamthand

---

142 Gleichlautende Ländererlasse v. 26.2.2003, BStBl. I 2003, 271, Tz 4.1.

vermindert. In diesen Fällen ist die Verminderung des Anteils des Veräußerers am Vermögen der Gesamthand ein rückwirkendes Ereignis im Sinne des § 175 Abs. 1 S. 1 Nr. 2 AO. Die Festsetzungsfrist beginnt mit Ablauf des Kalenderjahres, in dem das Ereignis eintritt (§ 175 Abs. 1 S. 2 AO). Durch die Versagung der Vergünstigung nach § 5 Abs. 1 oder 2 GrEStG wegen des Gesellschafterwechsels wird die Gesellschaft grunderwerbsteuerlich so behandelt, als sei der neue Gesellschafter bereits im Zeitpunkt des Erwerbs des Grundstücks durch die Personengesellschaft an dieser beteiligt.

2. Anteilsvereinigung, § 1 Abs. 3 GrEStG

305 Nach § 1 Abs. 3 GrEStG wird die unmittelbare oder mittelbare Vereinigung von mindestens 95 % der Anteile einer Gesellschaft in einer Hand oder in der Hand von herrschenden und abhängigen Unternehmen als Grundstückserwerb behandelt, wenn zum Vermögen der Gesellschaft ein Grundstück gehört, sei es durch Erwerb von mindestens 95 % der Anteile (§ 1 Abs. 4 Nr. 3 und 4 GrEStG) oder Erwerb der fehlenden Anteile an 95 % (§ 1 Abs. 3 Nr. 1 und 2 GrEStG). Erfasst werden auch Erwerbe von Todes wegen[143] und die Einziehung von Anteilen.[144] Eine Anteilsvereinigung kann auch Folge des Erwerbs eigener Anteile durch eine Kapitalgesellschaft sein. Die von der Kapitalgesellschaft erworbenen eigenen Anteile ruhen. Sie können keine Sachherrschaft über das Gesellschaftsvermögen der Kapitalgesellschaft vermitteln und zählen deshalb nicht mit. Der Vereinigung der Anteile steht das Rechtsgeschäft, das den Anspruch auf Übertragung der Anteile gewährt, gleich. § 1 Abs. 3 Nr. 1 und 2 GrEStG behandeln die Anteilsvereinigung als quasi Erwerb der Verwertungsbefugnis am Grundstück von der Gesellschaft (daher sind personenbezogene Befreiungen § 3 Nr. 2–7 GrEStG unanwendbar), während § 1 Abs. 3 Nr. 3 und 4 GrEStG den Anteilserwerb als quasi Erwerb des Grundstücks vom Anteilsveräußerer behandeln. Gegenstand der Besteuerung ist nicht der Erwerb der Anteile als solcher, sondern die Erlangung der Sachherrschaft an dem Gesellschaftsgrundstück über die rechtliche Verfügungsmacht an den Gesellschaftsanteilen. Dabei liegen so viele der Grunderwerbsteuer unterliegende Vorgänge vor, wie der Gesellschaft Grundstücke gehören.[145] Die Anteilsverstärkung – dem Prozentsatz nach (zB von 95 % auf 100 %) oder von mittelbarer zu unmittelbarer Inhaberschaft ist nicht tatbestandsmäßig.

306 Eine **unmittelbare Anteilsvereinigung** in der Hand des Erwerbers liegt nur dann vor, wenn die Anteile dem Erwerber zivilrechtlich zugeordnet werden können. Eine Zuordnung nach wirtschaftlichen Gesichtspunkten oder unter Einbeziehung der Zurechnungsvorschrift des § 39 AO ist nicht möglich.

307 Eine **mittelbare Anteilsvereinbarung** ist in zwei Fällen anzunehmen. Zum einen kommt sie in Betracht bei Vermittlung der Anteilsvereinigung durch eine mindestens zu 95 % beherrschte Zwischengesellschaft, da die mindestens zu **95 % beherrschte Hand** der beherrschenden Hand zugerechnet wird; unerheblich ist, ob diese Sachherrschaft mittelbar durch eine oder mehrere zwischengeschaltete Gesellschaften ausgeübt wird.[146] Zum anderen liegt eine mittelbare Anteilsvereinigung auch bei Vermittlung der Anteilsvereinigung durch einen **Treuhänder** vor, denn auch der Herausgabeanspruch des Treugebers nach § 667 BGB gegenüber dem Treuhänder ist ein rechtsgeschäftlich begründeter Anspruch auf Übertragung von Anteilen an einer Grundbesitzgesellschaft. Eine tatbestandsmäßige mittelbare Vereinigung über eine Personengesellschaft (zB KG) ist im Regelfall nicht möglich, da die Anteile, die eine Personengesellschaft an einer Kapitalgesellschaft hält, nicht dem (möglicherweise beherrschenden) Kommanditisten (allein) zugerechnet werden, weil auch der Komplementär einen „Anteil an der Gesellschaft" hält.[147] Ist eine Personengesellschaft zwischengeschaltet, darf nicht auf die vermögensmäßige Beteiligung abgestellt werden, vielmehr ist auch hier die gesamthänderische Mitberechtigung entscheidend.

---

143 BFH v. 8.6.1988, II R 143/86, BStBl. II 1988, 785.
144 BFH v. 14.2.1990, II B 107/89, BStBl. II 1990, 390.
145 BFH v. 8.11.1978, II R 82/73, BStBl. II 1979, 153.
146 BFH v. 5.11.2002, II R 23/00, BFH/NV 2003, 505.
147 *Fischer* in: Boruttau, GrEStG, 16 Aufl. 2006, § 1 Rn 898a.

Beispiel: An der grundbesitzenden X-OHG sind die A-GmbH mit 95 % und die B-GmbH & Co. KG mit 5 % beteiligt. Sämtliche Anteile an der A-GmbH werden von A gehalten. Anteilseigner der B-GmbH & Co. KG sind der B als Kommanditist mit 100 % und die B-GmbH als Komplementärin ohne wertmäßigen Anteil am Gesellschaftsvermögen. An der B-GmbH ist B zu 90 % beteiligt; ein Abhängigkeitsverhältnis iSd § 1 Abs. 4 Nr. 2 GrEStG besteht nicht. B erwirbt von A alle Anteile an der A-GmbH. B verfügt nach dem Anteilserwerb zwar mittelbar über 100 % der Anteile am Gesellschaftsvermögen der X-OHG. Ihm stehen jedoch nur 50 % der Anteile an der X-OHG, nämlich die über die A-GmbH vermittelten Anteile, zu. Die Anteile, die die B-GmbH & Co. KG an der X-OHG hält, können dem B als allein kapitalbeteiligtem Kommanditisten nicht zugerechnet werden, weil auch die B-GmbH als Komplementärin, selbst wenn ihre Beteiligung nicht mit einem wertmäßigen Anteil am Gesellschaftsvermögen verbunden ist, einen „Anteil an der Gesellschaft" hält. Mithin sind die Voraussetzungen einer Anteilsvereinigung iSd § 1 Abs. 3 Nr. 1 und 2 GrEStG nicht erfüllt. Der Vorgang unterliegt jedoch uU gemäß § 1 Abs. 2a GrEStG der Grunderwerbsteuer.

Mittelbare Vereinigungen sämtlicher Anteile an grundbesitzenden Personengesellschaften können in der Praxis in vielfältigen Konstellationen auftreten.

308

Beispiel: An der grundbesitzenden X-OHG sind die A-GmbH und die B-GmbH mit jeweils 50 % beteiligt. Die Anteile an der A-GmbH werden von C, diejenigen an der B-GmbH von D gehalten. Diese Konstellation besteht seit mehr als fünf Jahren. Nunmehr erwirbt C von D 95 % der Anteile an der B-GmbH. C verfügt nach dem Anteilserwerb mittelbar über 100 % der Anteile an der X-OHG (hier nämlich insgesamt 2 Anteile). Da die Beteiligungsquote des C an der B-GmbH mindestens 95 % beträgt, wird ihm deren Anteil an der X-OHG zugerechnet. Entsprechendes gilt für die Beteiligung der A-GmbH an der X-OHG. Mithin sind die Voraussetzungen einer Anteilsvereinigung iSd § 1 Abs. 3 Nr. 1 und 2 GrEStG auf der Ebene des C erfüllt. Ergänzend ist darauf hinzuweisen, dass der Vorgang nicht – und zwar auch nicht anteilig in Bezug auf die bereits mittelbar über die A-GmbH bestehende Beteiligung des C – gemäß § 6 Abs. 2 GrEStG von der Grunderwerbsteuer befreit ist. Zwar ist § 6 Abs. 2 GrEStG grundsätzlich auch auf Vorgänge iSd § 1 Abs. 3 Nr. 1 und 2 GrEStG anwendbar. Denn bei der Vereinigung aller Anteile iSd § 1 Abs. 3 GrEStG wird derjenige, in dessen Hand sich dies vollzieht, grunderwerbsteuerlich so behandelt, als habe er das Grundstück von der Gesellschaft erworben. Diese fiktive Grundstücksübertragung ist allerdings nur insoweit gemäß § 6 Abs. 2 GrEStG begünstigt, als ursprünglich bereits eine unmittelbare Beteiligung oder eine mittelbare Beteiligung über eine Personengesellschaft, die insofern als transparent behandelt wird, bestand. Auf mittelbar über Kapitalgesellschaften gehaltene Beteiligungen ist § 6 Abs. 2 GrEStG nicht anwendbar.

Eine mittelbare Anteilsvereinigung im Bereich von mindestens 95 %, aber weniger als 100 % ist demgegenüber allenfalls in Extremfällen denkbar, die wohl kaum einmal praxisrelevant werden dürften.

309

Beispiel: An der grundbesitzenden X-OHG sind A mit 25 %, B, C, D, E, F mit jeweils 15 % und 94 Kapitalgesellschaften ohne wertmäßigen Anteil am Gesellschaftsvermögen beteiligt. A erwirbt sämtliche Anteile an den 94 Kapitalgesellschaften. A hält nach dem Anteilserwerb zwar nach wie vor nur 25 % der Anteile am Gesellschaftsvermögen; er verfügt jedoch über 95 % der Anteile an der Gesellschaft. 1 % der Anteile hält A unmittelbar, die übrigen 94 % mittelbar über seine jeweils 100%igen Beteiligungen an den Kapitalgesellschaften. Folglich sind die Voraussetzungen einer Anteilsvereinigung iSd § 1 Abs. 3 Nr. 1 und 2 GrEStG erfüllt.

Die Mischform der teils unmittelbaren, teils mittelbaren Anteilsvereinigung iSd § 1 Abs. 3 Nr. 1 und 2 GrEStG ist insbesondere in den Fällen einer grundbesitzenden GmbH & Co. KG von Bedeutung.

310

Beispiel: An der grundbesitzenden Z-GmbH & Co. KG sind seit mehr als fünf Jahren A als Kommanditist mit 100 % und die Z-GmbH als Komplementärin ohne wertmäßigen Anteil am Gesellschaftsvermögen beteiligt. A erwirbt alle Anteile an der Z-GmbH. A verfügt nach dem Anteilserwerb teils unmittelbar, teils mittelbar über 100 % der Anteile an der Gesellschaft (hier nämlich insgesamt 2 Anteile). Mithin sind die Voraussetzungen einer Anteilsvereinigung iSd § 1 Abs. 3 Nr. 1 und 2 GrEStG erfüllt. Allerdings greift in voller Höhe die Steuerbefreiung des § 6 Abs. 2 GrEStG ein. Maßgebend ist, dass A bereits vor der Anteilsvereinigung unmittelbar an der Z-GmbH & Co. KG beteiligt war. Der Umfang der Steuerbefreiung richtet sich gemäß dem Wortlaut des § 6 Abs. 2 GrEStG nach dem „Anteil am Gesellschaftsvermögen" und nicht nach der allein für § 1 Abs. 3 Nr. 1 und 2 GrEStG bedeutsamen „gesellschaftsrechtlichen Beteiligung". Der Erwerbstatbestand des § 1 Abs. 2a GrEStG ist nicht erfüllt, da im Zuge des Anteilserwerbs keine Anteile am Gesellschaftsvermögen der Z-GmbH & Co. KG übergehen.

3. Organschaft

311 § 1 Abs. 3 Nr. 1 und 2 GrEStG lassen es in den Fällen, in denen es nicht zu einer Vereinigung von mindestens 95 % der Anteile an der grundbesitzenden Gesellschaft in der Hand des Anteilserwerbers kommt, genügen, dass sich die Anteile
- in der Hand von herrschenden und abhängigen Unternehmen,
- in der Hand von herrschenden Unternehmen und abhängigen Personen,
- in der Hand abhängiger Unternehmen allein oder
- in der Hand abhängiger Personen allein

zu mindestens 95 % vereinigen würden bzw vereinigen.

312 Der Begriff der **abhängigen Person** wird definiert in § 1 Abs. 4 Nr. 2 Buchst. a GrEStG. Hierunter sind natürliche Personen zu verstehen, soweit sie einzeln oder zusammengeschlossen einem Unternehmen so eingegliedert sind, dass sie den Weisungen des Unternehmens in Bezug auf die Anteile zu folgen verpflichtet sind. Praktische Bedeutung hat diese Regelung nicht.

313 Als **abhängige Unternehmen** gelten nach § 1 Abs. 4 Nr. 2 Buchst. a GrEStG juristische Personen, die nach dem Gesamtbild der tatsächlichen Verhältnisse finanziell, wirtschaftlich und organisatorisch in ein Unternehmen eingegliedert sind. Die Regelung in § 1 Abs. 4 Nr. 2 Buchst. b GrEStG entspricht dem Organschaftsbegriff nach § 2 Abs. 2 Nr. 2 UStG. Bei dem **Organträger** kann es sich um eine natürliche bzw juristische Person oder Personengesellschaft handeln. Die **Organgesellschaft** ist zwingend eine juristische Person. Die **finanzielle Eingliederung** liegt vor, wenn der Organträger über eine entsprechende kapitalmäßige Beteiligung verfügt, die es ihm ermöglicht, im Rahmen der Willensbildung der Organgesellschaft seinen eigenen Willen durchzusetzen. Dies ist regelmäßig der Fall, wenn die Beteiligung mehr als 50 % beträgt. Das Bestehen eines Beherrschungsvertrages ist nicht Voraussetzung für die Organschaft. Wirtschaftliche Eingliederung erfordert, dass die Organgesellschaft entsprechend dem Willen des Organträgers im Rahmen des Gesamtunternehmens fördernd und ergänzend tätig ist. Die **organisatorische Eingliederung** ist zu bejahen, wenn der Organträger durch organisatorische Maßnahmen sicherstellt, dass in der Organgesellschaft sein Wille auch tatsächlich durchgeführt wird. Die organisatorische Eingliederung wird insbesondere durch Personenidentität in den Leitungsorganen verwirklicht.

314 Steuerpflicht nach § 1 Abs. 3 Nr. 1 bzw 2, Abs. 4 Nr. 2 b GrEStG im Organkreis tritt ein, wenn durch die Erfüllung des den Anspruch auf Übertragung eines oder mehrerer Anteile an einer grundbesitzenden Gesellschaft begründenden Rechtsgeschäfts bzw die Übertragung selbst mindestens 95 % der Anteile entweder in der Hand der Organmutter und einer oder mehrerer Töchter oder Enkelinnen oder nur in der Hand ihrer Töchter oder Enkelinnen vereinigt werden.

Beispiel: Die A-GmbH beteiligt sich zu 75 % an der Grundbesitz haltenden Y-GmbH. Gleichzeitig wird eine Organschaft begründet. Die Y-GmbH hält eine Beteiligung in Höhe von 95 % an der Grundbesitz haltenden X-GmbH. In Bezug auf die Y-GmbH findet § 1 Abs. 3 und 4 GrEStG keine Anwendung. Es findet zwar gleichzeitig die Begründung einer Organschaft und ein Anteilserwerb statt. Dies führt aber nicht zu einer Anteilsvereinigung von mindestens 95 %. Im Rahmen des Organkreises wird jedoch die Begründung der Organschaft und den gleichzeitigen Anteilserwerb der A-GmbH eine Anteilsvereinigung in Bezug auf die X-GmbH nach § 1 Abs. 3 und 4 GrEStG bewirkt, da deren Anteile in der Hand der Organschaft vereinigt werden, unabhängig davon, dass sie bereits in der Hand der Y-GmbH vereinigt waren.

Die bloße Begründung oder Erweiterung einer Organschaft ohne gleichzeitigen Anteilserwerb führt nicht zu einer Verwirklichung des Tatbestandes des § 1 Abs. 3 und 4 GrEStG. Dies gilt auch dann, wenn die nunmehrige Organgesellschaft ihrerseits an grundbesitzenden Gesellschaften beteiligt ist. 315

Beispiele: Die A-GmbH ist zu 75 % an den grundbesitzenden Y-GmbH beteiligt. Zwischen der A-GmbH und der Y-GmbH wird eine Organschaft begründet. Die bloße Begründung einer Organschaft ersetzt nicht den Erwerb von mindestens 95 % der Anteile iSd § 1 Abs. 3 und 4 GrEStG, weil weder ein Rechtsgeschäft, das die Vereinigung oder Übertragung von Anteilen an der grundbesitzenden Gesellschaft begründet, noch eine tatsächliche Anteilsvereinigung bzw Anteilsübertragung stattgefunden hat.

Die A-GmbH ist zu 75 % an der grundbesitzenden Y-GmbH beteiligt. Diese ist wiederum zu 95 % an der grundbesitzenden X-GmbH beteiligt. Zwischen der A-GmbH und Der Y-GmbH wird eine Organschaft begründet. Die bloße Begründung einer Organschaft bewirkt keine Anteilsvereinigung, weil weder ein Rechtsgeschäft, das die Vereinigung oder Übertragung von Anteilen an der grundbesitzenden Gesellschaft begründet, nach eine tatsächliche Anteilsvereinigung bzw Anteilsübertragung vorliegt.

Die Verschmelzung des Organträgers auf ein organkreisfremdes Unternehmen kann unter der Voraussetzung der Aufrechterhaltung der Organverhältnisse im neuen Organkreis GrEStG auslösen. Ist der bisherige Organträger nicht nur an der Organgesellschaft, sondern auch an einer weiteren grundbesitzenden Gesellschaft in der Form beteiligt, dass das herrschende und das abhängige Unternehmen zusammen zu mindestens 95 % beteiligt sind, gehen im Zuge der Verschmelzung des Organträgers mit dem neuen Organträger sowohl die von ihm gehaltenen Anteile an der Organgesellschaft als auch die an der grundbesitzenden Gesellschaft unter gleichzeitigem Erlöschen des bisherigen Organträgers auf den neuen Organträger über. 316

Beispiel: Die A-GmbH ist zu 75 % an der grundbesitzenden Y-GmbH beteiligt. Diese ist wiederum zu 95 % an der grundbesitzenden X-GmbH beteiligt. Zwischen der A-GmbH und Y-GmbH besteht eine Organschaft. Die A-GmbH wird auf die B-GmbH verschmolzen. Durch den Organträgerwechsel findet in Bezug auf die Y-GmbH mangels Erreichens der Grenze von mindestens 95 % keine Anteilsvereinigung bzw Anteilsübertragung iSd § 1 Abs. 3 und 4 GrEStG statt. Die Verschmelzung bewirkt jedoch eine Anteilsübertragung im Sinne des § 1 Abs. 3 und 4 GrEStG in Bezug auf die X-GmbH, da aufgrund der Beteiligung der Y-GmbH iHv 95 % an der X-GmbH die Grundstücke der X-GmbH auch dem Organkreis zuzurechnen sind mit der Folge, dass durch den Organträgerwechsel eine Anteilsübertragung bewirkt wird.

4. Anteilsübertragungen im Konzern oder im Organkreis

Solche Anteilsübertragungen sind nicht steuerlich privilegiert. Allerdings werden § 1 Abs. 2a und 3 GrEStG dergestalt teleologisch reduziert, dass die Verkürzung der Beteiligungskette bzw der Übergang von einer mittelbaren zu einer unmittelbaren Beteiligung (upstream-Bewegungen) nicht tatbestandsmäßig sind, wenn bereits zuvor § 1 Abs. 2a und 3 GrEStG verwirklicht waren.[148] Rechtsvorgänge iSd § 1 Abs. 1 und 2 bleiben aber gleichwohl steuerbar, also zB die upstream Verschmelzung der grundbesitzenden Gesellschaft. 317

III. Korrekturen wegen Änderung der Besteuerungsgrundlagen

Die Grunderwerbsteuer wird unter den in § 16 GrEStG genannten Voraussetzungen entweder nicht bzw niedriger festgesetzt oder es ist eine bereits erfolgte Steuerfestsetzung aufzuheben oder zu ändern. § 16 GrEStG ist keine Steuerbefreiungsvorschrift, sondern eine am Besteuerungszweck der Grunder- 318

---

148 *Fischer* in: Boruttau, GrEStG, 16 Aufl. 2006, § 1 Rn 848 d und 901.

werbsteuer orientierte **Korrekturvorschrift zu § 1 GrEStG**. Folge ist, dass eine an sich geschuldete Grunderwerbsteuer nicht oder nicht in voller Höhe erhoben wird. Bei § 16 handelt es sich um eine spezialgesetzliche Änderungsvorschrift, die neben die allgemeinen Korrekturvorschriften der AO tritt. Über eine Anfechtung des ursprünglichen Grunderwerbsteuerbescheides oder über dessen Aufhebung nach §§ 172 ff AO einerseits und über den Antrag nach § 16 GrEStG andererseits ist verfahrensrechtlich jeweils gesondert zu entscheiden.

319 Gemäß § 16 Abs. 4 GrEStG endet die Festsetzungsfrist (§§ 169–171 AO) bei Eintritt eines Ereignisses, das nach § 16 Abs. 1 bis 3 GrEStG die Aufhebung oder Änderung einer Steuerfestsetzung begründet, insoweit nicht vor Ablauf eines Jahres nach dem Eintritt des Ereignisses (sog. Ablaufhemmung).

1. Rückgängigmachung des Erwerbsvorgangs vor Eigentumsübergang

320 § 16 Abs. 1 GrEStG erfasst die Rückgängigmachung von Erwerbsvorgängen, die zwar den Tatbestand des § 1 GrEStG erfüllt haben, bei denen es aber **noch nicht** zu einem **Eigentumsübergang** an einem Grundstück gekommen ist. In diesen Fällen bestimmt § 16 Abs. 1 GrEStG, dass die Grunderwerbsteuer für den ursprünglichen, dh den rückgängig gemachten Erwerbsvorgang, nicht festgesetzt bzw eine bereits erfolgte Steuerfestsetzung aufgehoben wird. Die Rückgängigmachung des steuerpflichtigen Erwerbsvorganges selbst erfüllt keinen Tatbestand nach § 1 GrEStG und unterliegt daher nicht der Grunderwerbsteuer.

321 Nach § 16 Abs. 1 Nr. 1 GrEStG wird, wenn ein Erwerbsvorgang rückgängig gemacht wird, bevor das Eigentum am Grundstück auf den Erwerber übergegangen ist, auf Antrag die Grunderwerbsteuer nicht festgesetzt oder die Steuerfestsetzung aufgehoben, wenn die Rückgängigmachung durch Vereinbarung, durch Ausübung eines vorbehaltenen Rücktrittsrechts oder eines Widerkaufrechts **innerhalb von zwei Jahren** seit der Entstehung der Grunderwerbsteuer stattfindet.

322 Nach § 16 Abs. 1 Nr. 2 GrEStG besteht ein Anspruch auf Nichtfestsetzung der Grunderwerbsteuer bzw auf Aufhebung der Steuerfestsetzung nur, wenn **Vertragsbedingungen nicht erfüllt** werden und der Erwerbsvorgang deshalb aufgrund eines Rechtsanspruches rückgängig gemacht wird. Die Entstehung des Anspruchs aus § 16 Abs. 1 Nr. 2 GrEStG ist an **keine Frist** gebunden.

2. Rückerwerb des Eigentums am veräußerten Grundstück

323 § 16 Abs. 2 GrEStG erfasst die Fälle, in denen eine Änderung der eigentumsmäßigen Zuordnung am Grundstück bereits stattgefunden hat, diese aber durch Rückerwerb rückgängig gemacht wird. Die Begünstigung nach § 16 Abs. 2 GrEStG hebt im Ergebnis die Grunderwerbsteuer für den ursprünglichen Erwerbsvorgang und die durch die Rückübertragung des Eigentums am Grundstück ausgelöste erneute Grunderwerbsteuer auf (doppelte Privilegierung). Der Rückerwerb des Eigentums am veräußerten Grundstück im Sinne von § 16 Abs. 2 GrEStG muss zwischen den gleichen Personen stattfinden, die am vorausgegangenen Erwerbsvorgang beteiligt waren. Dies gilt nicht, wenn zwischen den beiden Erwerbsvorgängen Gesamtrechtsnachfolge eingetreten ist, mit der Folge, dass eine Rückübertragung auch dann begünstigt ist, wenn sie auf die Erben des ursprünglichen Veräußerers erfolgt. Die Voraussetzung von § 16 Abs. 2 GrEStG sind ferner erfüllt, wenn das Grundstück im Auftrag des Veräußerers an einen Dritten aufgelassen wird, sofern der Veräußerer selbst mit dem Dritten das schuldrechtliche Geschäft abgeschlossen hat. Hat der ursprüngliche Erwerber – wenn auch im Einvernehmen mit dem Veräußerer – das Grundstück an den Dritten weiterverkauft, ist § 16 Abs. 2 GrEStG nicht anwendbar. Veränderungen im Zustand des Grundstückes sind für die Anwendbarkeit von § 16 Abs. 2 GrEStG unschädlich. Die Identität des der Rückübertragung unterliegenden Grundstücks wird nicht dadurch berührt, das sich dessen tatsächlicher Zustand wertmindernd oder werterhöhend verändert. Die Grunderwerbsteuer für den Rückerwerb wird somit auch insoweit erhoben, als der rückerwerbende ursprüngliche Eigentümer für die inzwischen vorgenommenen Wertänderungen einen Ausgleich an den ursprünglichen Erwerber zu leisten hat.

324 Beim Rückerwerb des veräußerten Grundstücks durch den Veräußerer **innerhalb von zwei Jahren** seit Entstehung der Grunderwerbsteuer für den vorausgegangenen Erwerbsvorgang wird nach § 16 Abs. 2 Nr. 1 GrEStG sowohl die Grunderwerbsteuer für den Rückerwerb als auch die Grunderwerbsteuer für den vorangegangenen Erwerbsvorgang auf Antrag nicht festgesetzt bzw eine entsprechende Steuerfestsetzung aufgehoben.

§ 16 Abs. 2 Nr. 2 GrEStG gewährt einen Anspruch auf Nichtfestsetzung der Grunderwerbsteuer bzw Aufhebung der Steuerfestsetzung sowohl für den vorausgegangenen Erwerbsvorgang als auch für den Rückerwerbsvorgang, wenn der Veräußerer deshalb das Eigentum an den veräußerten Grundstück zurückerwirbt, weil das dem Erwerbsvorgang zugrunde liegende **Rechtsgeschäft nichtig** oder in Folge einer Anfechtung als von Anfang an nichtig anzusehen ist. § 16 Abs. 2 Nr. 2 GrEStG erfasst die Fälle, in denen die abstrakte Eigentumsübertragung am Grundstück zivilrechtlich wirksam erfolgt ist, diese Eigentumsübertragung jedoch aufgrund einer nichtigen oder durch Anfechtung nichtig gewordenen schuldrechtlichen Verpflichtung vorgenommen wurde. Dem Veräußerer steht in diesem Fall nach § 812 ff BGB ein Anspruch auf Rückübertragung des Eigentums zu. 325

§ 16 Abs. 2 Nr. 3 GrEStG gewährt einen Anspruch auf Nichtfestsetzung der Grunderwerbsteuer bzw Aufhebung der Steuerfestsetzung sowohl für den rückgängig gemachten Erwerbsvorgang als auch für den Rückerwerbsvorgang, wenn der Veräußerer das Eigentum an dem veräußerten Grundstück in Folge Rückgängigmachung des ersten Erwerbsvorgangs wegen **Nichterfüllung von Vertragsbedingungen** des den Übereignungsanspruch begründenden Rechtsgeschäfts zurückerwirbt. Dabei müssen die nicht erfüllten Vertragsbedingungen solche sein, die das dass Grundstück betreffende Verpflichtungsgeschäft treffen. Die Regelung in § 16 Abs. 2 Nr. 3 GrEStG entspricht im Wesentlichen der Regelung in § 16 Abs. 1 Nr. 2 GrEStG. 326

3. Herabsetzung der Gegenleistung

§ 16 Abs. 3 GrEStG sieht die niedrigere Festsetzung der Grunderwerbsteuer bzw die Änderung der Steuerfestsetzung bei Herabsetzung der Gegenleistung vor, deren Wert nach § 8 Abs. 1 GrEStG Bemessungsgrundlage für die Grunderwerbsteuer ist. Die Herabsetzung der Gegenleistung muss nachträglich, dh nach Entstehung der Grunderwerbsteuer, erfolgt sein. Bei Herabsetzung der Gegenleistung vor Entstehung der Grunderwerbsteuer entsteht diese aus dem geringeren Betrag. § 16 Abs. 3 GrEStG entspricht spiegelbildlich der Regelung im § 9 Abs. 2 Nr. 1 GrEStG (nachträgliche Erhöhung der Gegenleistung). 327

G. Finanzierung von Gesellschaften
I. Gesellschafterdarlehn bei Kapitalgesellschaften

Wird ein Gesellschafterdarlehen aus dem Betriebsvermögen ausgereicht (zB in Höhe von 200), so kann eine defizitäre Wirtschaftssituation bei der empfangenden Kapitalgesellschaft uU über eine Wertberichtigung der entsprechenden Forderung im Wege der Teilwertabschreibung (zB in Höhe von 100) erfolgen. Erfolgt die Darlehensvergabe aus dem Privatvermögen ist eine Teilwertabschreibung nicht möglich, ein Darlehensverlust eines wesentlich im Sinne des § 17 EStG beteiligten Gesellschafters (1 % Beteiligung an Kapitalgesellschaft) kann aber als nachträgliche Anschaffungskosten der Beteiligung gemäß § 17 Abs. 2 EStG Bedeutung gewinnen.[149] Im Falle der Veräußerung (oder Auflösung etc.) wird ein Veräußerungsergebnis bestimmt: Veräußerungspreis/gemeiner Wert ./. Anschaffungskosten (im Beispiel 100 ./. 200 = – 100). Es kommt dann zu einer nachgelagerten Verlustberücksichtigung. 328

Zu den Anschaffungskosten einer wesentlichen Beteiligung iSd § 17 EStG gehören auch nachträgliche Aufwendungen auf die Beteiligung, wenn sie durch das Gesellschaftsverhältnis veranlasst und weder Werbungskosten bei den Einkünften aus Kapitalvermögen noch Veräußerungskosten sind. Danach zählt zu diesen Aufwendungen auch die Wertminderung des Rückzahlungsanspruchs aus einem der Gesellschaft gewährten Darlehen. Von entscheidender Bedeutung ist, ob das entwertete Darlehen mit dem Nennwert oder dem gemeinen Wert zu berücksichtigen ist. Im Einzelnen unterscheidet man für die Frage des Umfangs nachträglicher Anschaffungskosten vier Fallgruppen, dabei ist der Nennwert des Darlehens maßgeblich beim Krisendarlehen, krisenbestimmten Darlehen und Finanzplandarlehen, der gemeine Wert hingegen beim in der Krise stehengelassenen Darlehen. 329

---

149 BMF v. 8.6.1999, BStBl. I 1999, 545.

330 Ein Darlehen ist dann durch das Gesellschaftsverhältnis veranlasst, wenn ein ordentlicher Kaufmann das Risiko einer Kreditgewährung zu denselben Bedingungen wie der Gesellschafter nicht mehr eingegangen wäre (sog. Krise). Dies ist danach zu beurteilen, ob die Gesellschaft unter den bestehenden Verhältnissen von einem Dritten noch einen Kredit zu marktüblichen Bedingungen erhalten hätte.

331 Auf die Prüfung, wann die Krise eingetreten ist und wann der Gesellschafter hiervon Kenntnis erlangt hat, kann verzichtet werden, wenn der Gesellschafter schon in einem früheren Zeitpunkt mit bindender Wirkung gegenüber der Gesellschaft oder den Gesellschaftsgläubigern erklärt, dass er das Darlehen auch in der Krise stehen lassen werde (sog. **„krisenbestimmtes" Darlehen**). Das gilt jedenfalls dann, wenn die Erklärung im Rahmen einer vertraglichen Vereinbarung abgegeben wurde. Denn zu einer solchen Erklärung wäre ein Darlehensgeber, der nicht auch Gesellschafter ist, mit Rücksicht auf das ihm bei Gefährdung des Rückzahlungsanspruchs regelmäßig zustehende außerordentliche Kündigungsrecht im Allgemeinen nicht bereit. Fällt der Gesellschafter bei Auflösung der Gesellschaft mit einem solchen „krisenbestimmten" Darlehen aus, führt das im Allgemeinen zu nachträglichen Anschaffungskosten auf die Beteiligung in Höhe des Nennwerts des Darlehens. Das beruht auf der Erwägung, dass bei den „krisenbestimmten" Darlehen die Bindung bereits mit dem Verzicht auf eine ordentliche und außerordentliche Kündigung im Zeitpunkt der Krise eintritt und deshalb der Verlust des Darlehens auf diesem Verzicht und nicht nur auf den später eintretenden gesetzlichen Rechtsfolgen der Krise beruht, womit sich diese Fallgruppe wesentlich von derjenigen der „stehengelassenen" Darlehen unterscheidet.

332 Kein krisenbestimmtes Darlehen liegt vor, wenn der bindende Verzicht erst nach Eintritt der Krise erklärt worden ist. Wird die bindende Erklärung, das Darlehen auch in der Krise stehen zu lassen, erst nach Eintritt der Krise oder nach dem Zeitpunkt abgegeben, in dem der Gesellschafter von der Krise Kenntnis erlangt hat, ist der gemeine Wert des Darlehens bei Abgabe der bindenden Erklärung maßgebend.

333 Auf die Prüfung, wann die Krise der Gesellschaft eingetreten ist und wann die Gesellschafter hiervon Kenntnis erlangt haben, kann außer bei einem auf Krisenfinanzierung hin angelegten Darlehen auch bei einem Darlehen verzichtet werden, das von vornherein in die Finanzplanung der Gesellschaft in der Weise einbezogen ist, dass die zur Aufnahme der Geschäfte erforderliche Kapitalausstattung der Gesellschaft durch eine Kombination von Eigen- und Fremdfinanzierung erreicht werden soll. Solche von den Gesellschaftern gewährten „finanzplanmäßigen" Kredite zur Finanzierung des Unternehmenszwecks (sog. **Finanzplandarlehen**) sind nach Gesellschaftsrecht den Einlagen gleichgestellt. Liegt ein in diesem Sinne krisenunabhängiges Finanzplandarlehen vor, ist es nicht nur von vornherein – also mit seiner Hingabe – gesellschaftsrechtlich als Haftkapital gebunden; es ist auch für die einkommensteuerrechtliche Beurteilung davon auszugehen, dass es mit Rücksicht auf das Gesellschaftsverhältnis gewährt wurde. Dementsprechend erhöhen sich im Falle seines Verlustes die Anschaffungskosten der Beteiligung nicht nur in Höhe seines Wertes im Zeitpunkt der Krise, sondern in Höhe seines Wertes im Zeitpunkt der Gründung der Gesellschaft, also seines Nennwertes.

334 Bei dem **in der Krise stehengelassenen Darlehen** ist dagegen grundsätzlich der gemeine Wert in dem Zeitpunkt maßgeblich, in dem es der Gesellschafter mit Rücksicht auf das Gesellschaftsverhältnis nicht abzieht; dies kann ein Wert erheblich unter dem Nennwert des Darlehens, im Einzelfall sogar ein Wert von 0 EUR sein. Für **Bürgschaften** eines wesentlich beteiligten Gesellschafters zugunsten der Gesellschaft gilt das oben Gesagte entsprechend.[150]

II. Stille Gesellschaft

335 Der Stille nimmt im Zweifel gemäß §§ 231, 232 HGB und dem Gesellschaftsvertrag am Gewinn und Verlust des Handelsgeschäfts teil. Es handelt sich dann um eine nach steuerrechtlicher Nomenklatur „typische" stille Gesellschaft, die sich in wirtschaftlicher Betrachtung als Kapitalüberlassung darstellt. Es können aber auch Gestaltungen mit weitgehenden Rechten des Stillen vereinbart werden. Bei der Hauptform der atypischen stillen Gesellschaft wird im Verhältnis der Parteien (rein schuld-

---

150 BFH-Urteil v. 26.1.1999, VIII R 50/98, BStBl. II 1999, 559.

rechtlich ohne dingliche Wirkung) das ganze Geschäftsvermögen, auch das vor der Einlage des Stillen vorhandene, als gemeinsames Vermögen behandelt, so dass der Stille bei der Auseinandersetzung nach Auflösung der stillen Gesellschaft so zu stellen ist, als wäre er am ganzen Geschäftsvermögen gesamthänderisch beteiligt gewesen, die Wertänderungen des gesamten Geschäftsvermögen sind also auch ihm zuzurechnen (schuldrechtliche Als-Ob-Beteiligung). In wirtschaftlicher Betrachtungsweise ist dies die teilweise Übertragung des Handelsgeschäfts.

Als Beitrag des stillen Gesellschafters zur stillen Gesellschaft kommt jede Förderung des gemeinsamen Gesellschaftszwecks in Betracht. Der Stille wird seine Beitragspflichten zumeist durch eine bilanzierungsfähige Einlageleistung erfüllen. Häufig wird die Einlage des stillen Gesellschafters auch dadurch geleistet, dass der Geschäftsinhaber den stillen Gesellschafter auf dessen Einlagekonto einen bestimmten Betrag unentgeltlich gutschreibt und das eigene Geschäftskonto entsprechend belastet. Es handelt sich dann um eine Schenkung; eine Schenkung ist auch anzunehmen, wenn der Inhaber, was handelsrechtlich zulässig ist, die Vermögenseinlage höher bewertet, als es ihrem Verkehrswert entspricht, wie umgekehrt eine Schenkung des stillen Gesellschafters an den Inhaber anzunehmen ist, wenn seine Vermögenseinlage zu gering bewertet wird. Der vom stillen Gesellschafter zu leistende Beitrag kann auch in einer Gebrauchsüberlassung oder Dienstleistung bestehen. Das Einlagekonto des stillen Gesellschafters weist die durch die Auflösung der stillen Gesellschaft aufschiebend bedingte Forderung des stillen Gesellschafters gegen den Inhaber wegen seiner Beteiligung aus. Ein passives Einlagekonto hat dagegen nur die Bedeutung einer Gewinnauszahlungssperre. Der Beitrag des Geschäftsinhabers besteht darin, dass er das Unternehmen für gemeinsame Rechnung führt. 336

Steuerliche Motive für die Begründung einer stillen Beteiligung sind: Verlagerungen von positiven Einkünften zB auf Familienangehörige, Verlusttransfer von einer Kapitalgesellschaft auf die persönliche Ebene, höherer Gewerbesteuerfreibetrag und günstigerer Staffeltarif bei atypisch stiller Beteiligung an einer Kapitalgesellschaft, Möglichkeit zur (verdeckte) Schmälerung des ausgewiesenen handelsrechtlichen Ergebnisses einer GmbH (vgl § 285 Nr. 2 HGB, § 288 HGB). 337

Nach der ab dem VZ 2004 geltenden Fassung des § 15 Abs. 4 S. 6–8 EStG (ggf iVm § 20 Abs. 1 Nr. 4 S. 2 EStG) dürfen Verluste aus atypischen oder typischen stillen Gesellschaften, Unterbeteiligungen und sonstigen Innengesellschaften zwischen Kapitalgesellschaften auch im Fall der Zwischenschaltung einer Personengesellschaft nur noch mit Gewinnen des unmittelbar vorangegangenen oder nachfolgenden Jahren aus derselben Beteiligung verrechnet werden. Natürliche Personen als stille Gesellschafter oder Unterbeteiligte werden von der Regelung nicht erfasst. 338

1. Typisch stille Gesellschaft

Die typisch stille Gesellschaft stellt im Ergebnis eine bloße Kapitalüberlassung dar. Deshalb erhält sie neben dem Betriebsinhaber auch keine eigene Steuernummer. Sie führt beim stillen Gesellschafter im Zeitpunkt des Zuflusses grundsätzlich zu Einkünften aus Kapitalvermögen iSv § 20 Abs. 1 Nr. 4 EStG. Ausnahme: Die stille Beteiligung wird in einem – ggf bilanzierungspflichtigen – Betriebsvermögen gehalten, dann gelten die allgemeinen Bilanzierungsgrundsätze, dh die Einkünfte des Stillen sind in seiner Bilanz als Forderung für das Jahr, für das sie gewährt werden, einzustellen und erhöhen den Gewinn dieses Jahres. Die Einnahmen unterliegen grundsätzlich einem Kapitalertragsteuerabzug von 25 % (§§ 43 Abs. 1 Nr. 3, 43 a Abs. 1 Nr. 2 EStG), die Zuflussfiktion des § 44 Abs. 3 EStG gilt aber nur für kapitalertragsteuerliche Zwecke, nicht für die Frage der Vereinnahmung. Der Gewinnanteil des Stillen erhöht – wenn nichts anders vereinbart ist – nicht die Einlage, sondern ist auf dem Konto „Gewinnanspruch des stillen Gesellschafters" gutzubringen (§ 232 Abs. 3 HGB). Hinsichtlich der Angemessenheit der Gewinnverteilung sind H 15.9 (5) EStH zu beachten. Bei der GmbH & typisch Still wird die Angemessenheit der Gewinn-(Verlust-)Verteilung demgegenüber nicht wie bei Familien-Personengesellschaften unter dem Gesichtspunkt des § 12 EStG, sondern allein unter dem Gesichtspunkt einer möglichen verdeckten Gewinnausschüttung beurteilt.[151] 339

---

151 BFH v. 6.2.1980, I R 50/76, BStBl. II 1980, 477.

340 Die auf den stillen Gesellschafter entfallenden Gewinnanteile sind beim Inhaber Betriebsausgaben. In der Bilanz des Inhabers erscheint die stille Beteiligung als echte Verbindlichkeit. Bei der Berücksichtigung von Verlusten ist zu unterscheiden, ob sie den stillen Gesellschafter aufgrund gesellschaftsvertraglicher Verpflichtungen treffen oder nicht. In letzterem Fall stellen sie sich als Vermögensverluste dar, die nicht in unmittelbarem Zusammenhang mit den Einkünften aus Kapitalvermögen stehen und daher einkommensteuerrechtlich unbeachtlich sind. Verluste, an denen der Stille nach dem Gesellschaftsvertrag beteiligt ist, wirken sich mangels anderer Vereinbarung dahin aus, dass seine Einlage entsprechend verringert wird. Die im Falle der Verlustbeteiligung auf den Stillen entfallende Anteile am Jahresverlust stellen für ihn Werbungskosten bei den Einkünften aus Kapitalvermögen dar.[152] Ist die Vermögenseinlage gemindert, so sind die später erzielten Gewinne so lange zur Deckung der Verluste zu verwenden, bis die ursprüngliche Einlage wieder erreicht ist. Obwohl der stille Gesellschafter diese Gewinne nicht ausgezahlt werden, sind sie ihm zugeflossen und stellen steuerpflichtige Einkünfte aus Kapitalvermögen (oder Gewerbebetrieb) dar.[153] § 15 a EStG ist entsprechend anzuwenden; für den Stillen ist ein Kapitalkonto zu bilden. Gewinnanteile, mit denen der Stille sein Kapitalkonto wieder auffüllen muss, sind bei diesem weder Einnahmen, noch Aufwand beim Geschäftsinhaber, sie sind vielmehr erfolgsneutral mit dem negativen Kapitalkonto zu verrechnen.[154]

341 Die Rückzahlung der Einlage ist kein einkommensteuerlicher Vorgang, weil insoweit lediglich eine einkommensteuerlich unbeachtliche Vermögensumschichtung vorliegt. Übersteigt die Abfindung den Nennwert der Einlage ist zu unterscheiden: Stehen gelassenen Gewinne früherer Jahre, welche die Einlage erhöht haben, sind steuerfrei, da sie bereits im Zeitpunkt der Einlageerhöhung zu versteuern waren. Gewinnanteile aus der Auflösung stiller Reserven des Betriebsvermögens, die während des Bestehens der stillen Gesellschaft entstanden und auf betriebliche Vorgänge, wie zB erhöhte Abschreibungen, zurückzuführen sind, in der Auseinandersetzungsbilanz erhöhen den Gewinnanteil des letzten Wirtschaftsjahres, bilden aber keinen selbständigen Teil des Auseinandersetzungsguthabens. Geht der Betrag der Abfindungszahlung über den Nennwert der stillen Beteiligung und den Betrag der vorgenannten Posten hinaus, ist er insoweit als besonderes Entgelt für die Überlassung der Einlage zu qualifizieren und unterliegt der Besteuerung gemäß § 20 Abs. 2 S. 1 Nr. 1 EStG.

342 Veräußert der stille Gesellschafter seine im Privatvermögen gehaltenen Beteiligung, ist der Veräußerungsgewinn grundsätzlich steuerfrei, da es sich um einen Gewinn aus der Verwertung, nicht dagegen aus der Nutzungsüberlassung des eingesetzten Kapitals handelt. Hält der stille Gesellschafter seine Beteiligung im Betriebsvermögen, muss er bei Auflösung wie bei Veräußerung der stillen Beteiligung den über den Nominalwert der Einlage hinausgehenden Betrag versteuern. Demjenigen stillen Gesellschafter, der seine typische stille Beteiligung aufgeben will und weiß, dass er mehr als den Nominalbetrag seiner Einlage zurück erhält, ist zu empfehlen, nicht den Weg der Beendigung der stillen Gesellschaft, sondern den der Veräußerung seiner Beteiligung in ein fremdes Betriebsvermögen zu wählen. Der Auflösungsgewinn ist dann auch beim Erwerber nur insoweit zu versteuern, als er den Veräußerungspreis übersteigt.

343 Gewerbesteuerlich sind die – beim Inhaber abzugsfähigen – Gewinnanteile ebenso wie die stille Einlage der gewerbesteuerlichen Bemessungsgrundlage hinzuzurechnen, wenn sie nicht beim Empfänger der Gewerbesteuer unterliegen (§ 8 Nr. 3 GewStG). Wenn eine Verlustteilnahme des stillen Gesellschafters nicht erforderlich ist, kann wegen der nur hälftigen Hinzurechnung von Dauerschuldzinsen ein partiarisches Darlehen empfehlenswert sein.

2. Atypisch stille Gesellschaft

344 Bei der Hauptform der atypischen stillen Gesellschaft wird im Verhältnis der Parteien (rein schuldrechtlich ohne dingliche Wirkung) das ganze Gesellschaftsvermögen, auch das vor Einlage des Stillen vorhanden gewesene, als gemeinsames Vermögen behandelt, so dass der Stille bei der Auseinandersetzung nach Auflösung der stillen Gesellschaft so zu stellen ist, als wäre er am ganzen Geschäftsver-

---

152 BFH v. 28.5.1997, VIII R 25/96, BStBl. II 1997, 724.
153 BFH v. 24.1.1990, I R 55/85, BStBl. II 1991, 147.
154 BFH v. 23.7.2002, VIII R 36/01, BStBl. II 2002, 858.

mögen gesamthänderisch beteiligt gewesen, so dass also die Wertänderungen des ganzen Geschäftsvermögens ihm auch zukommen. Die atypisch stille Gesellschaft wird damit wie eine virtuelle (weil nur schuldrechtlich erzeugte) KG behandelt, in welcher der Geschäftsinhaber das Unternehmen als Treuhandvermögen für Rechnung der Innengesellschaft (virtuellen KG) führt.[155]

Steuerlich ist der atypische stille Gesellschafter Mitunternehmer und erzielt aus seiner Beteiligung Einkünfte aus Gewerbebetrieb gem. § 15 Abs. 1 Nr. 2 EStG, wenn die Voraussetzungen einer Mitunternehmerschaft vorliegen. Diese sind: Beteiligung am Unternehmerrisiko, dh insbesondere Beteiligung am Gewinn und Verlust und an den stillen Reserven und Unternehmerinitiative. Der Gewinnanspruch entsteht ohne weiteres zum Bilanzstichtag des Geschäftsinhabers. Mitunternehmerschaft liegt idR vor, wenn der stille Gesellschafter nicht nur am laufenden Gewinn und Verlust teilnimmt, sondern schuldrechtlich an den stillen Reserven und am Geschäftswert teilhaben soll. Hierzu ist erforderlich, dass er bei Auflösung der Gesellschaft nicht nur seine Einlage, sondern auch einen Anteil an den Wertsteigerungen des Betriebsvermögens einschließlich Geschäftswert erhält. Dabei muss die Beteiligung am Geschäftswert nach verkehrsüblichen Methoden berechnet werden; die Vereinbarung einer Pauschalabfindung genügt nicht. Eine Beteiligung am Firmenwert kann allerdings für den Fall des vorzeitigen Ausscheidens des stillen Gesellschafters ausgeschlossen oder eingeschränkt werden.[156] 345

Zu den gewerblichen Einkünften des atypischen stillen Gesellschafters gehört gem. § 15 Abs. 1 Nr. 2 EStG alles, was er als Vergütung für seine Tätigkeit im Dienste des Inhabers oder für die Hingabe von Darlehen oder für die Überlassung von Wirtschaftsgütern bezieht. Diese Vergütungen sind deshalb keine den steuerlichen Gewinn mindernden Betriebsausgaben. Wirtschaftsgüter, die der atypische stille Gesellschafter dem Inhaber zur Nutzung überlässt, bilden beim atypischen stillen Gesellschafter Sonderbetriebsvermögen I. Gewinnauszahlungen unterliegen nicht der Kapitalertragsteuer. Gewinne aus der Veräußerung einer atypischen stillen Beteiligung unterliegen der Einkommensteuer; gemäß § 34 Abs. 3 EStG kann ggf der halbe Steuersatz in Anspruch genommen werden. 346

Gewinne und Verluste des Inhabers und des stillen Beteiligten werden gem. § 180 Abs. 1 Nr. 2 Buchst. a AO gesondert und einheitlich festgestellt. Im Finanzgerichtsverfahren über die einheitliche Feststellung der Einkünfte aus Gewerbebetrieb für eine atypische stille Gesellschaft ist nicht die Gesellschaft klagebefugt, sondern der Inhaber des Handelsgeschäfts.[157] 347

Da die atypisch stille Gesellschaft handelsrechtlich und steuerrechtlich kein reales (sondern nur virtuelles) Gesellschaftsvermögen (Betriebsvermögen) hat, kann für sie auch kein Betriebsvermögensvergleich (§§ 4 Abs. 1, 5 EStG) durchgeführt werden. Handelsrechtlich und steuerrechtlich gibt es nur einen Vermögensvergleich und einen Gewinn oder Verlust des Inhabers des Handelsgeschäftes und einen Anteil des atypischen stillen Gesellschafters an diesem Gewinn oder Verlust. 348

Die atypische stille Gesellschaft ist – anders als die gewerbliche Personengesellschaft – nicht Subjekt der Gewerbesteuer. Steuerschuldner ist vielmehr nur der Inhaber; der atypische stille Gesellschafter kann nicht als Steuerschuldner in Anspruch genommen werden. Ein Gewerbesteuermessbescheid muss sich deshalb gegen den Geschäftsinhaber richten. 349

III. Unterbeteiligung

Der wirtschaftliche Zweck der Unterbeteiligung besteht darin, die Gewinn- und Verlustchancen aus der Gesellschafterstellung in der Hauptgesellschaft intern mit einem anderen zu teilen, der selbst an der Hauptgesellschaft in der Regel nicht beteiligt ist. Die Unterbeteiligung versteht sich so als Form der mittelbaren Unternehmensteilhabe, die immer dort Bedeutung erhält, wo eine direkte Beteiligung an der Hauptgesellschaft nicht möglich oder nicht gewollt ist. 350

Die Unterbeteiligung ist plastisch gesprochen die stille Beteiligung an einem Gesellschaftsanteil. Da das Halten und die Verwaltung eine Beteiligung kein Handelsgewerbe ist, kann die Unterbeteiligung keine stille Gesellschaft im Sinne der §§ 230 ff HGB sein. Die handelsrechtlichen Vorschriften über die stille Beteiligung sind im Zweifel jedoch entsprechend anwendbar. Unterbeteiligungen sind an 351

---

155 K. Schmidt in MünchKommHGB § 230 Rn 81 und 87.
156 BFH v. 12.11.1985, VIII R 364/83, BStBl. II 1986, 311.
157 BFH v. 29.7.1987, VIII B 203/86, BFH/NV 1988, 101.

Beteiligungen jeder Art möglich, auch am Anteil einer stillen Gesellschaft oder Unterbeteiligung. Von der Treuhand unterscheidet sich die Unterbeteiligung dadurch, dass sie nicht wie diese die ganze Mitgliedschaft erfasst, sondern nur die Vermögenswerte, und auch diese nur zum vereinbarten Teil. Das Rechtsverhältnis der Treuhand bestimmt sich nach Auftragsrecht. Die Unterbeteiligung verschafft keinen Einfluss auf die Gestaltung der Hauptbeteiligung und bedarf deshalb nicht wie etwa die Treuhand der Zustimmung der anderen Gesellschafter.

352 Einen wichtigen Anwendungsbereich findet die Unterbeteiligung u.a. bei der Erbfolge in Gesellschaftsanteile von Personengesellschaften. Eine Unterbeteiligung wird deshalb oft gewählt, wenn gesetzliche oder vertragliche Unübertragbarkeit von Gesellschaftsanteilen eine unmittelbare Beteiligung eines Dritten an der Gesellschaft selbst ausschließen oder wenn besondere Verhältnisse einen Wechsel im Anteilsbesitz oder eine Aufstückelung der Beteiligung unangebracht erscheinen lassen. Schließlich sind die Fälle zu erwähnen, in denen der Unterbeteiligte keinen eigene gesellschaftsvertraglich Bindung zu den Hauptgesellschaftern eingehen will, etwa um ein Wettbewerbsverbot zu vermeiden, oder in dem die Beteiligung nur vorübergehend gewollt ist und die Folgen des Ein- und Austritts aus der Hauptgesellschaft vermieden werden sollen.

353 Zur Förderung des Gesellschaftszwecks, der in dem Halten und der gewinnbringenden Nutzung des Anteils liegt, können die Beteiligten Beiträge und Einlageleistungen erbringen. Der Beitrag des Hauptbeteiligten liegt in der Verwaltung des Gesellschaftsanteils, die Beitragsleistung des Unterbeteiligten ist darin zu sehen, dass er den der Unterbeteiligung entsprechenden Anteil im Vermögen des Hauptbeteiligten hält. Darüber hinaus können selbstverständlich weitere Beiträge wie zB Geld-, Sach- und Dienstleistungen vereinbart sein, notwendig ist dies jedoch nicht.

354 Neben einer Beitragsleistung ist eine Einlageleistung als Voraussetzung für eine Unterbeteiligung nicht erforderlich. Notwendig ist lediglich die Begründung eines schuldrechtlichen bilanzfähigen Einlageverhältnisses zwischen dem Unterbeteiligten und Hauptbeteiligten, was auch ohne eine Einlageleistung des Unterbeteiligten geschehen kann zB durch Schenkung einer Unterbeteiligung im Wege der Einbuchung. Der Unterbeteiligte selbst erbringt hier keine Leistung, ein Einlageverhältnis zwischen Haupt- und Unterbeteiligtem wird durch die Umbuchung begründet. Ebenso verhält es sich, wenn einem Dritten eine Unterbeteiligung gegen Zahlung eines Entgelts eingeräumt wird. Gibt der Hauptgesellschafter eine Unterbeteiligung an einem ihm bis dahin allein zustehenden Gesellschaftsanteil ab, so fließt ihm ein hierfür erbrachte Leistung des Unterbeteiligten grundsätzlich frei von gesellschaftsrechtlichen Bindungen zu. Die Zahlung dieses Betrages ist keine Einlageleistung sondern Gegenleistung für die Einräumung der wirtschaftlichen Gesellschafterstellung. Anders verhält es sich dann, wenn der zu zahlende Betrag der Finanzierung des Hauptgesellschaftsanteils oder einer Kapitalerhöhung dienen soll. Nur in diesem Fall ist die Einbringung einer Einlageleistung vereinbart, weil nur dann der gemeinsame Zweck der Unterbeteiligungsgesellschaft gefördert werden soll und damit ein Beitrag iSd § 7, 105 BGB vorliegt. Die Einlage ist grundsätzlich in das Vermögen des Hauptbeteiligten zu leisten, der Einfachheit halber kann sie aber auch direkt in das Gesellschaftsvermögen der Hauptgesellschaft erbracht werden, wobei im Verhältnis der Hauptgesellschaft zum Hauptbeteiligten die Einlage als auf Rechnung des Hauptbeteiligten geleistet gilt.

1. Typische Unterbeteiligung

355 Die typische Unterbeteiligung ist dadurch gekennzeichnet, dass nach Beendigung des Gesellschaftsverhältnisses der Unterbeteiligte regelmäßig keinen Anspruch auf die stillen Reserven und auf einen etwaigen Geschäftswert hat. Der Anspruch ist auf die Rückzahlung der geleisteten Einlage zuzüglich noch nicht abgehobener Gewinnanteile beschränkt. Mit der Unterbeteiligung im Privatvermögen werden durch die zufließenden Gewinnanteile Einkünfte aus Kapitalvermögen im Sinne von § 20 Abs. 1 Nr. 4 EStG erzielt, ohne Rücksicht darauf, welcher Einkunftsart der Hauptbeteiligte verwirklicht. Bis zur Höhe des Einlagekapitals zählen auch Verlustanteile zu den Werbungskosten bzw Betriebsausgaben, da die Übernahme des Verlustrisikos zu Erwerbung der Einnahmen im Sinne von § 9 Abs. 1 S. 1 EStG dient. Verluste der Vermögenseinlage selbst, die den Unterbeteiligten nicht aufgrund gesellschaftsrechtlicher Verpflichtungen treffen, zB Insolvenz des Hauptbeteiligten, sind keine Werbungskosten bzw Betriebsausgaben. So weit die Unterbeteiligung nicht in einem Betriebsvermögen gehalten

wird, bei dem die Gewinnermittlung nach § 4 Abs. 1 S. 1 EStG erfolgt, gilt das Zuflussprinzip. Die Besteuerung erfolgt in dem Veranlagungszeitraum, in dem der Unterbeteiligte den Gewinn tatsächlich erhalten hat. Verlustanteile bis zur Höhe der Einlage sind in dem Jahr zu berücksichtigen, in dem der Verlust in der Hauptgesellschaft bilanziell festgestellt ist.[158] Für die die Einlage übersteigenden Verluste ist gemäß § 20 Abs. 1 Nr. 4 S. 2 EStG die Vorschrift des § 15 a EStG sinngemäß anzuwenden. Für den Hauptgesellschafter sind die Gewinnanteile des typisch Unterbeteiligten Werbungskosten bzw Betriebsausgaben.

Die Beendigung der typischen Unterbeteiligung führt zur Rückzahlung der Einlage. Dieser Vorgang bewirkt keine steuerbaren Einkünfte des Unterbeteiligten. Bekommt er mehr ausgezahlt als seine ursprüngliche Einlage, so führt das nach der BFH-Rechtsprechung[159] zu Einkünften aus Kapitalvermögen auf Seiten des Unterbeteiligten. Beim Hauptbeteiligten liegen dann Werbungskosten bzw Betriebsausgaben vor. Ist die Einlage bei Rückzahlung vermindert, so führt das nicht zu einkommensteuerlich relevanten Verlusten, wenn nicht die Unterbeteiligung im Betriebsvermögen gehalten wird. Mehrerlöse bei Veräußerung der Unterbeteiligung aus dem Privatvermögen sind grundsätzlich ebenso wenig zu berücksichtigen wie Mindererlöse. Es wird allerdings eine Ausnahme für den Fall angenommen, dass im Mehrerlös Gewinnanteile für ein schon abgelaufenes Wirtschaftsjahr enthalten sind. Mehr- oder Mindererlöse sind dagegen stets relevant, wenn die Unterbeteiligung Betriebsvermögen darstellt.

356

Bei einer typischen Unterbeteiligung sind Hauptbeteiligter und Unterbeteiligter nicht an denselben Einkünften beteiligt. Eine gesonderte Feststellung solcher Einkünfte findet deshalb nicht statt.[160] Für den Fall des der Hauptgesellschafter Mitunternehmer in der Hauptgesellschaft ist, können die abgeführten Gewinnanteile bei der einheitlichen Gewinnfeststellung der Hauptgesellschaft im Sonderbereich des Mitunternehmers berücksichtigt werden. Sie können aber, wenn die Unterbeteiligung geheim gehalten werden soll, auch bei der Steuerveranlagung des Hauptgesellschafters als Werbungskosten bzw Betriebsausgaben abgezogen werden. In jedem Fall trifft den Hauptbeteiligten die Pflicht zum Kapitalertragsteuerabzug. Gewerbesteuerlich sind die Zahlungen des Hauptbeteiligten an einer Mitunternehmerschaft an den Unterbeteiligten hinzuzurechnen, wenn sie nicht beim Empfänger der Gewerbesteuer unterliegen (§ 8 Nr. 3 GewStG).

357

2. Atypische Unterbeteiligung

Der atypisch Unterbeteiligte wird zivilrechtlich durch entsprechende Vereinbarung einem Gesellschafter gestellt. Dem folgt das Steuerrecht und behandelt den atypisch Unterbeteiligten als „Quasi"-Gesellschafter. Man spricht auch davon, dass es zu einer vertikalen Aufsplittung des Einkommens des Hauptbeteiligten auf den Haupt- und den Unterbeteiligten komme. Die Folge dieses Ansatzes ist die grundsätzliche Parallelität der Einkunftsarten bei den Beteiligten der Unterbeteiligungsgesellschaft wobei die Qualifikation beim Hauptbeteiligten auf den Unterbeteiligten durchschlägt.

358

Das bedeutet für die atypische Unterbeteiligung an einem GmbH-Anteil, dass der Unterbeteiligte Einkünfte aus Kapitalvermögen nach § 20 Abs. 1 Nr. 1 S. 1 EStG hat. Zu den Kriterien des Vorliegens einer atypisch stillen Unterbeteiligung an einem GmbH-Anteil hat sich der BFH mit Urteil vom 18.5.2005[161] im Einzelnen geäußert. Danach ist eine anteilige Zurechnung des GmbH-Anteils an den atypisch Unterbeteiligten (verbunden mit dem Übergang des wirtschaftlichen Eigentums iSd § 39 Abs. 2 Nr. 2 AO) vorzunehmen, wenn neben dem Übergang das Gewinnbezugsrechts (§ 29 GmbHG) auch die Chancen einer Wertsteigerung sowie das Risiko der Wertminderung übergehen und der Unterbeteiligte entsprechend seiner (schuldrechtlichen) Beteiligungsquote die gesetzlichen Verwaltungsrechte in Form der Auskunfts- und Einsichtsrechte sowie der Stimmrechte (§ 47 GmbHG) uneingeschränkt ausüben kann. Unerheblich ist hierbei dass insbesondere das Stimmrecht im Verhältnis zur Kapitalgesellschaft nur vom zivilrechtlichen Anteilseigner (und nicht vom Unterbe-

---

158 BFH v. 10.11.1987, VIII R 53/84, BStBl. II 1988,186.
159 BFH v. 1.6.1978, IV R 139/73, BStBl. II 1978, 570.
160 BFH v. 10.11.1987, VIII R 53/84, BStBl. II 1988, 186.
161 VIII R 34/01, BStBl. II 2005, 857.

teiligten als wirtschaftlichem Eigentümer) ausgeübt werden kann, da der Anteilseigner im Innenverhältnis zum Unterbeteiligten zur Wahrung seiner Interessen verpflichtet ist. Ob von Seiten des Hauptbeteiligten ein Kündigungsrecht besteht, ist für die Frage des Übergangs des wirtschaftlichen Eigentums unerheblich. Deshalb sind auch kurze Haltezeiten geeignet, dass wirtschaftliche Eigentum übergehen zu lassen, sofern obige Kriterien (Chancen- und Risikoübergang und Übergang der Verwaltungsrechte) erfüllt sind.

359 Einkünfte aus Gewerbebetrieb hat der atypisch Unterbeteiligte, wenn der Hauptbeteiligte Einkünfte aus Gewerbebetrieb hat also einen Mitunternehmeranteil hält und der Unterbeteiligte sich daran in der Weise atypisch beteiligt, dass er seinerseits als Mitunternehmer anzusehen ist. Die Stellung des atypisch Unterbeteiligten muss also derart ausgestaltet sein, dass er über Mitunternehmerrisiko und Mitunternehmerinitiative verfügt (ähnlich wie bei einem Kommanditisten). Gewinnanteile des als Mitunternehmer beteiligten Unterbeteiligten sind in dem Jahr zu versteuern, für das der Gewinn der Hauptgesellschaft ermittelt wird, unabhängig davon, ob der Unterbeteiligte über seinen Gewinnanteil verfügen kann oder nicht. Entsprechendes gilt für die Berücksichtigung von Verlusten. Übersteigen die Verluste die Einlage gilt § 15 a EStG.

360 Es liegen in den Fällen der Unterbeteiligung zwei Mitunternehmerschaften vor, nämlich die Hauptgesellschaft und die Unterbeteiligungsgesellschaft. Der Unterbeteiligte ist nicht Gesellschafter der Hauptgesellschaft und auch nicht deren Mitunternehmer. Es liegt allerdings insoweit eine doppelstöckige Mitunternehmerschaft vor, so dass auch auf Leistung des Unterbeteiligten an die Hauptgesellschaft § 15 Abs. 1 S. 2 EStG anwendbar ist, der Unterbeteiligte ist insoweit mittelbarer Mitunternehmer. Tätigkeitsvergütungen der Hauptgesellschaft an den atypisch stillen Unterbeteiligten sind demnach dem Gesamtgewinn der Hauptgesellschaft zuzurechnen.

361 Im Rahmen der Besteuerung des Hauptbeteiligten mindert der Ergebnisanteil des atypisch Unterbeteiligten die positiven bzw – bei Verlustübernahme – negativen Einkünfte des Hauptbeteiligten aus seiner Beteiligung.

362 Verfahrensrechtlich ist für die Unterbeteiligung eine eigene einheitliche und gesonderte Gewinnfeststellung durchzuführen, es sei denn, alle Beteiligten seien mit einer Zusammenfassung bei der Hauptgesellschaft einverstanden, § 179 Abs. 3 AO. Den Beteiligten steht somit hinsichtlich des Feststellungsverfahrens ein Wahlrecht zu. Dadurch ist gewährleistet, dass die Unterbeteiligung auch gegenüber den anderen Gesellschaftern der Hauptgesellschaft geheim gehalten werden kann. Die einheitliche und gesonderte Feststellung der Hauptgesellschaft ist Grundlagenbescheid für die gesonderte Feststellung der Unterbeteiligung.[162]

363 Auf die Einkünfte aus Vermietung und Verpachtung überträgt der BFH die auf atypisch Unterbeteiligung an Personengesellschaften mit Einkünften aus Gewerbebetrieb angewandten Grundsätze allerdings nicht, der Unterbeteiligte kann deshalb Einkünfte aus Vermietung und Verpachtung nur dann erzielen, wenn er selbst Träger der Rechte und Pflichten aus dem Miet- oder Pachtverhältnis ist, was regelmäßig nur dann der Fall ist, wenn er nach außen als Vermieter oder Verpächter auftritt.[163]

364 Die entgeltliche Einräumung einer atypischen Unterbeteiligung wird steuerlich wie die Veräußerung des anteiligen Gesellschaftsanteils betrachtet, so dass es zu einem Veräußerungsgewinn nach § 16 oder 17 EStG kommen kann. Auch Veräußerungsverluste sind zu berücksichtigen.[164] Infolge der Änderung des § 16 EStG stellen Gewinne aus der Veräußerung eines Teils eines Mitunternehmeranteils laufende Einkünfte dar, die der Gewerbesteuer unterliegen und für die die Begünstigung der §§ 16 Abs. 4, 34 EStG nicht zur Anwendung kommt.

IV. Genussrecht

365 Genussrechte sind schuldrechtliche Gläubigerrechte, die inhaltlich Vermögensrechte zum Gegenstand haben, wie sie typischerweise Gesellschaftern einer AG oder GmbH zustehen, ohne jedoch eine mitgliedschaftliche Beteiligung zu vermitteln. Genussrechte können dem Anleger eine Beteiligung am Gewinn

---

162 FG Hamburg v. 15.7.1993, I 222/90, EFG 1994, 150.
163 Vgl BFH v. 3.12.1991, IX R 155/89, BStBl. II 1992, 459.
164 BFH v. 12.6.1975, IV R 10/72, BStBl. II 1975, 853.

und daneben (oder auch alternativ) eine Beteiligung am Liquidationserlös einräumen. Sie können daher eher obligationsmäßig oder eher eigenkapitalmäßig ausgestattet sein; dem folgt das Steuerrecht.

Steuerlich sind **Genussrechte als Eigenkapital**[165] (eigenkapitalähnliches Genussrecht) – und Genussrechtsvergütungen wie Dividenden, die unter das Halbeinkünfteverfahren fallen – zu behandeln, wenn mit den Genussrechten „das Recht am Gewinn und Liquidationserlös" der Kapitalgesellschaft verbunden ist (§ 8 Abs. 3 S. 2 KStG; 20 Abs. 1 Nr. 1 EStG). Bei der Auszahlung ist Kapitalertragsteuer in Höhe von 20 % einzubehalten (§ 43 Abs.1 Nr. 1 EStG), die auf der Ebene des Empfängers angerechnet wird (§ 36 Abs. 2 S. 2 Nr. 2 EStG).

366

Zahlungen auf **fremdkapitalähnliche Genussrechte**, die von Kapitalgesellschaften begeben wurden, sind beim Empfänger wie Zinseinkünfte zu werten (§ 20 Abs. 1 Nr. 7 EStG). Ausschüttungen auf diese Genussrechte sind auf der Ebene der Gesellschaft als Betriebsausgaben abziehbar. Kapitalertragsteuer ist in Höhe von 25 % einzubehalten (§ 43 a Abs. 1 Nr. 2 EStG), aber anrechenbar (§ 36 EStG). Zahlungen auf **von Personengesellschaften begebende Genussrechte** sind demgegenüber stets als Zinseinkünfte (§ 20 Abs. 1 Nr. 7 EStG) zu erfassen.

367

H. Sanierung von Gesellschaften

I. Sanierungsgewinne

Seit der Abschaffung des § 3 Nr. 66 EStG, der die Steuerfreiheit von Sanierungsgewinnen vorsah, stellen Sanierungsgewinne steuerpflichtige Betriebseinnahmen dar. Unter Sanierungsgewinnen versteht man alle Maßnahmen, welche die finanzielle Gesundung des Unternehmens bezweckten und zu Betriebseinnahmen des Steuerpflichtigen führen. Da die Besteuerung von Sanierungsgewinnen mit dem Zweck der Gesundung eines Unternehmens in Zielkonflikte steht haben die Finanzbehörden ein Verfahrensmodell zum Erlass der Steuer unter bestimmten Bedingungen entwickelt.[166] Voraussetzungen für die Annahme eines begünstigten Sanierungsgewinns sind die Sanierungsbedürftigkeit und Sanierungsfähigkeit des Unternehmens, die Sanierungseignung des Schulderlasses und die Sanierungsabsicht des Gläubigers. Liegt ein Sanierungsplan vor, kann davon ausgegangen werden, dass diese Voraussetzungen erfüllt sind.

368

Das Verfahren der Finanzverwaltung vollzieht sich wie folgt: Die Erhebung der Steuer auf einen nach Ausschöpfen der ertragsteuerlichen Verlustverrechnungsmöglichkeiten verbleibenden Sanierungsgewinn bedeutet für den Steuerpflichtigen aus sachlichen Gründen eine erhebliche Härte. Die entsprechende Steuer ist daher auf Antrag des Steuerpflichtigen nach § 163 AO abweichend festzusetzen und nach § 222 AO mit dem Ziel des späteren Erlasses (§ 227 AO) zunächst unter Widerrufsvorbehalt ab Fälligkeit zu stunden. Verluste und negative Einkünfte der Folgezeit sind unbeschadet von Ausgleichs- und Verrechnungsbeschränkungen bis zur Höhe des Sanierungsgewinns vorrangig mit dem Sanierungsgewinn zu verrechnen. Sollte der Steuerpflichtige sich gegen eine solche Verlustverrechnung im Feststellungsverfahren wenden und die Verrechnung mit anderen Einkünften oder die Feststellung eines verbleibenden Verlustvortrags begehren, ist darin die Rücknahme seines Erlassantrags zu sehen mit der Folge, dass die Billigkeitsmaßnahme keine Anwendung findet. Nach abschließender Prüfung und nach Feststellung der endgültigen auf den verbleibenden zu versteuernden Sanierungsgewinn entfallenden Steuerbetrag ist die Steuer nach § 227 AO zu erlassen (Ermessensreduzierung auf Null).

369

II. Forderungsverzicht (mit Besserungsschein)

Ein Forderungsverzicht ist ein vollständiger oder teilweiser Verzicht des Gläubigers auf eine ihm gegen die Gesellschaft zustehende Forderung. Eine so genannte Besserungsabrede (Besserungsschein), die mit dem Forderungsverzicht verbunden werden kann, wirkt dem Ergebnis des endgültigen Forderungsausfalls entgegen. Sie lässt die Forderung zwar vorerst untergehen, aber begrenzt den Untergang durch eine auflösende Bedingung der wieder erstarkten Leistungsfähigkeit.[167]

370

---

165 Zur Handelsrechtlichen Behandlung: IDW HFA 1/1994 (Zur Behandlung von Genussrechten im Jahresabschluss von Kapitalgesellschaften), WPg 1994, 419.
166 Vgl BMF v. 27.3.2003, BStBl. I 2003, 240.
167 Vgl BMF v. 2.12.2003, BStBl. I 2003, 648.

371 Auf Seiten der Gesellschaft führt der Forderungsverzicht zum Erlöschen der Verbindlichkeit. Die Vereinbarung, dass die Forderung bei Eintritt der im Besserungsschein genannten Bedingungen wieder auflebt, steht dem nicht entgegen. Die bisher bei der Gesellschaft ausgewiesene Verbindlichkeit ist in Höhe des Betrages des Forderungsverzichts auszubuchen. Dies führt bei der Gesellschaft in Höhe des Betrags des Forderungsverzichts grundsätzlich zu einem Ertrag. Die Voraussetzungen eines Sanierungsgewinns sind zu prüfen.

372 Ist der Forderungsverzicht durch einen Gesellschafter einer Kapitalgesellschaft erfolgt (der Beteiligung und Forderung im Betriebsvermögen hält), so handelt es sich zugleich um eine Einlage, wenn der Verzicht durch das Gesellschaftsverhältnis veranlasst war. Nach den Grundsätzen des Beschlusses des Großen Senats vom 9.6.1997[168] ergibt sich: der werthaltige Teil der Forderung ist auf Ebene der Gesellschaft als Einlage, der nicht werthaltig Teil der Forderung ist als Ertrag zu erfassen. Gedanklich kann man sich vorstellen, dass die Forderung zunächst auf den Teilwert abzuschreiben war und dann natürlich nur in dieser verbleibenden Höhe einlagefähig ist.

373 Nach den gleichen Grundsätzen ist der Verzicht eines Gesellschafter-Geschäftsführers auf seine Pension zu beurteilen. Zu beachten ist, dass der Gesellschafter-Geschäftsführer im Zeitpunkt des Verzichts, auch ohne tatsächlichen Zufluss, Einkünfte aus nicht selbständiger Arbeit gemäß § 19 EStG in Höhe des werthaltigen Teils der Forderung erzielt, weil er über seinen Anspruch verfügt. Es liegt zwar kein Zufluss von Einnahmen vor, wenn der Gläubiger gegenüber dem Schuldner auf bestehende oder künftige Ansprüche ohne Ausgleich verzichtet und dadurch eine Vermögenseinbuße erleidet, der Zufluss ist aber gegeben, wenn bei einem Forderungsverzicht eine verdeckte Einlage erbracht wird. Der Gesellschafter erreicht durch die verdeckte Einlage nämlich quasi tauschweise eine Stärkung seiner Gesellschafterrechte. Denn der Forderungsverzicht führt zu einer Vermehrung des Vermögens und der Ertragsfähigkeit der Gesellschaft und damit zur Erhöhung der Ausschüttungsansprüche des Gesellschafters sowie des auf ihn entfallenden Liquidationserlöses.

374 Mit dem Forderungserlass hat sich das Fremdkapital in Eigenkapital umgewandelt. Dies ist mit Eintritt der auflösenden Bedingung, nämlich der Besserung, rückgängig zu machen. Bei Eintritt des Besserungsfalles ist der ursprünglich ausgebuchte Betrag des Forderungsverzichts wieder als Verbindlichkeit vermögensmindernd einzubuchen. So weit die ursprüngliche Ausbuchung als verdeckte Einlage berücksichtigt wurde, gilt diese als zurückgewährt und wird steuerlich nicht aufwandswirksam erfasst. All diese Vorgänge wirken nicht zurück, sondern in dem Zeitpunkt des Eintritts der Besserung. Eine derartige Verpflichtung aus dem Besserungsschein ist vor Eintritt der Bedingung nicht bilanziell zu berücksichtigen.

375 Auf der Ebene des Gesellschafters einer Kapitalgesellschaft ergeben sich folgende Wirkungen aus dem Forderungsverzicht. Befindet sich die Forderung gegen die Kapitalgesellschaft im Betriebsvermögen des Gesellschafters und ist sie noch voll werthaltig, so handelt es sich lediglich um einen erfolgsneutralen Aktivtausch innerhalb der Bilanz, da die Forderung untergeht und gleichzeitig die Anschaffungskosten der Beteiligung erhöht werden. Bei einer nicht mehr voll werthaltigen Forderung erhöht der werthaltige Teil der Forderung die Anschaffungskosten der Beteiligung und der nicht werthaltige Teil verursacht einen laufenden Verlust. Wird die Beteiligung nicht im Betriebsvermögen gehalten, aber liegt eine steuerverstrickte Beteiligung vor (wesentliche Beteiligung § 17 EStG) so wirkt sich der Verzicht erst später, nämlich bei einer Veräußerung der Anteile oder bei der Liquidation der Gesellschaft über die höheren Anschaffungskosten aus. Auch der nicht werthaltige Teil der Forderung ist in diesem Sinne uU zu berücksichtigen, wenn die Voraussetzungen des Krisendarlehens vorlagen vgl oben Finanzierung von Gesellschaften/Gesellschafterdarlehen.

376 Bei Personengesellschaften gelten folgende Grundsätze: Der Forderungsverzicht führt in der Gesamthandbilanz zu einer Erhöhung des oder der Kapitalanteile. Ob er allein dem verzichtenden Gesellschafter (regelmäßig) oder allen Gesellschaftern zugute kommt, hängt von den zugrunde liegenden Vereinbarungen ab; im letzteren Fall liegt eine mittelbare Schenkung vor. In der Sonderbilanz vermindert sich das Sonderkapital. Aus zivilrechtlicher Sicht, nicht aber steuerlich, liegt eine Einlage vor.

---

168 GrS 1/94, BStBl. II 1998, 307.

Umstritten ist der Verzicht auf eine wertgeminderte Forderung. UE können die Grundsätze des Großen Senats nicht angewandt werden, da Teilwertanschreibungen von Sonderbetriebsvermögen nicht möglich sind. Wegen des Grundsatzes der korrespondierenden Bilanzierung bleibt der Forderungsverzicht erfolgsneutral sowohl im Sonderbereich als auch im Gesamthandsbereich. Im Ergebnis erleidet der verzichtende Gesellschafter erst bei der Vollbeendigung der Gesellschaft einen Verlust, wenn ihm die Forderung nicht beglichen wird.

III. Rangrücktrittsvereinbarungen[169]

Mit der Vereinbarung eines Rangrücktritts verfolgen Gesellschafter und Gesellschaft regelmäßig das Ziel, die Passivierung einer Verbindlichkeit in der Überschuldungsbilanz gemäß § 19 InsO und damit die Insolvenzantragspflicht zu vermeiden. Der BGH[170] hat nämlich entschieden, dass Verbindlichkeiten aus eigenkapitalersetzend wirkenden Gesellschafterleistungen in der Überschuldungsbilanz nicht als Passiva zu erfassen sind. Diese Sicht gilt aber nicht auch für die Handels- und Steuerbilanz; in diesen Bilanzen ist die entsprechende Verbindlichkeit selbstverständlich anzusetzen. Im Unterschied zum Forderungsverzicht bleibt die Verbindlichkeit allerdings in der Bilanz erhalten, so dass sich nicht das Bilanzbild verbessert; vorteilhaft ist der Erhalt der Forderung allerdings aus der Sicht des Gesellschafters, wenn diese zur Besicherung verwendet wurde. Zudem ist der Rangrücktritt regelmäßig ohne steuerliche Komplikationen gestaltbar. 377

Bei Rangrücktrittsvereinbarungen ist zwischen dem einfachen Rangrücktritt und dem qualifizierten Rangrücktritt zu unterscheiden. Bei einem **einfachen Rangrücktritt** mit Besserungsabrede vereinbaren Schuldner und Gläubiger, dass eine Rückzahlung der Verbindlichkeit nur dann zu erfolgen habe, wenn der Schuldner dazu aus künftigen Gewinnen, aus einem Liquidationsüberschuss oder aus anderem freien Vermögen künftig in der Lage ist und der Gläubiger mit seiner Forderung im Rang hinter alle anderen Gläubiger zurücktritt. Da ein einfacher Rangrücktritt nicht ausreicht, um das Gesellschafterdarlehen im Überschuldungsstatus außer Ansatz zu lassen, hat er seine praktische Bedeutung weitgehend verloren. 378

Bei einem **qualifizierten Rangrücktritt** erklärt der Gläubiger sinngemäß, er wolle wegen der Forderung erst nach Befriedigung sämtlicher anderer Gläubiger der Gesellschaft und bis zur Abwendung der Krise auch nicht vor, sondern nur zugleich mit den Einlagenrückgewähransprüchen der Gesellschafter berücksichtigt, also so behandelt werden, als handele es sich bei seiner Forderung um statutarisches Kapital. 379

Die Vereinbarung eines einfachen oder qualifizierten Rangrücktritts hat grundsätzlich keinen Einfluss auf die Bilanzierung der Verbindlichkeit es sei denn § 5 Abs. 2a EStG griffe ein. Gemäß § 5 Abs. 2a EStG darf weder eine Verbindlichkeit angesetzt noch eine Rückstellung gebildet werden, wenn die Verpflichtung nur zu erfüllen ist, soweit künftig Einnahmen oder Gewinne anfallen. Eine solche Verbindlichkeit oder Rückstellung darf erst angesetzt werden, wenn die Einnahmen oder Gewinne angefallen sind. Voraussetzung für die Anwendung des § 5 Abs. 2a EStG ist, dass zwischen dem Ansatz der Verbindlichkeit und Gewinnen und Einnahmen ein Abhängigkeit im Zahlungsjahr besteht. Fehlt bei einem einfachen Rangrücktritt die Bezugnahme auf die Möglichkeit einer Tilgung auch aus sonstigem freien Vermögen, ist eine Passivierung der Verbindlichkeit ausgeschlossen und diese ist somit gewinnerhöhend aufzulösen. Bei der Vereinbarung eines qualifizierten Rangrücktritts liegen die Voraussetzungen des § 5 Abs. 2a EStG dagegen nicht vor, weil eine Abhängigkeit zwischen Verbindlichkeit und Einnahmen oder Gewinn nicht besteht, sondern die Begleichung der Verbindlichkeiten zeitlich aufschiebend bedingt bis zur Abwendung der Krise verweigert werden kann. Daher kann es in einem solchen Fall nicht auf eine ausdrückliche Bezugnahme auf die Möglichkeit der Tilgung auch aus einem Liquidationsüberschuss oder aus sonstigem freien Vermögen ankommen. 380

---

169 Vgl BMF v. 8.9.2006, BStBl. I 2006, 497.
170 V. 8.1.2001, II ZR 88/99, NJW 2001, 1280 ff.

§ 15 Dienstvertragsrecht

A. Das Dienstvertragsrecht in der GmbH 1	II. Trennung von Bestellungs- und Anstellungsverhältnis 87
I. Arbeitsrechtliche Einordnung des GmbH-Geschäftsführers 1	III. Bestellung und Abberufung 88
II. Trennung von Bestellungs- und Anstellungsverhältnis 7	1. Wesen der Bestellung 88
III. Bestellung und Abberufung 8	2. Eignung zum Vorstandsamt 89
1. Zuständiges Organ/Art der Bestellung 8	3. Zuständiges Organ 90
2. Dauer/Verlängerung der Bestellung 9	4. Beschluss des Aufsichtsrates 92
3. Mängel der Bestellung 10	5. Dauer/Verlängerung der Bestellung 94
4. Widerruf der Bestellung 11	6. Mängel der Bestellung 101
a) Grundsatz der freien Abberufbarkeit .. 11	7. Widerruf der Bestellung 102
b) Zuständiges Organ/Abberufungsbeschluss 14	a) Allgemeines, Verfahren, Zuständigkeit 102
	b) Wichtiger Grund 104
c) Beschlussmängel/Rechtsschutz bei streitiger Abberufung 15	c) Wirkung des Widerrufs 106
	d) Rechtsschutz des Vorstandsmitglieds .. 107
5. Sonstige Beendigungsgründe 16	8. Sonstige Beendigungsgründe 110
IV. Abschluss des Anstellungsvertrages 17	IV. Abschluss des Anstellungsvertrages 113
1. Zuständiges Organ/Form 17	1. Begriff 113
2. Sozialversicherungspflicht 18	2. Zuständiges Organ 116
3. Rechtsfolgen fehlerhaften Vertragsschlusses 19	3. Form 117
	4. Sozialversicherungspflicht 118
V. Inhalt des Anstellungsvertrages 20	5. Rechtsfolgen fehlerhaften Vertragsschlusses 119
1. Rechtsgrundlagen 20	V. Inhalt des Anstellungsvertrages – Rechte und Pflichten 120
2. Anwendbarkeit arbeitsrechtlicher Vorschriften 21	1. Allgemeines 120
3. Formularvertragliche Besonderheiten 22	2. Vertragsdauer 121
4. Rechte und Pflichten aus dem Anstellungsvertrag 23	3. Zustimmungspflichtige Rechtsgeschäfte .. 122
	4. Vergütung 123
a) Zustimmungspflichtige Rechtsgeschäfte 24	5. Pensionsansprüche und Übergangsgeld ... 130
b) Vergütung 25	6. Verschwiegenheit 131
c) Sonstige geldwerte Nebenleistungen ... 29	7. Gesetzliches/vertragliches Wettbewerbsverbot/Nebentätigkeiten 132
d) Nebentätigkeit/Verschwiegenheit 32	8. Nachvertragliches Wettbewerbsverbot ... 135
e) Vertragliches Wettbewerbsverbot 34	9. Zeugnis 136
f) Nachvertragliches Wettbewerbsverbot 35	VI. Vertretung und Geschäftsführung 137
g) Pensionsansprüche 52	VII. Haftung des Vorstandsmitglieds 140
VI. Vertretung und Geschäftsführung 55	1. Innenhaftung 140
VII. Haftung des Geschäftsführers 58	2. Außenhaftung 142
1. Innenhaftung 58	a) Gegenüber Aktionären 142
2. Außenhaftung 60	b) Gegenüber Gesellschaftsgläubigern ... 143
3. Verringerung des Haftungsrisikos durch D&O-Versicherung 61	3. Verringerung des Haftungsrisikos durch D&O-Versicherung 144
VIII. Betriebsübergang/Umwandlung 64	VIII. Betriebsübergang/Umwandlung 145
IX. Dauer und Beendigung des Anstellungsverhältnisses 68	IX. Beendigung des Anstellungsverhältnisses 146
1. Vertragsdauer/Verlängerung 68	1. Allgemeines 146
2. Kündigung durch die Gesellschaft 70	2. Kündigung durch die Gesellschaft 147
a) Ordentlich 70	3. Kündigung durch das Vorstandsmitglied . 154
b) Außerordentlich 75	4. Einvernehmliche Aufhebung 155
3. Kündigung durch den Geschäftsführer 81	X. Besondere Vorstandsmitglieder 156
4. Zeugnis 83	1. Vorstandsvorsitzender 156
5. Einvernehmliche Aufhebung 84	2. Stellvertretendes Vorstandsmitglied 158
B. Das Dienstvertragsrecht in der AG 86	3. Arbeitsdirektor 159
I. Arbeitsrechtliche Einordnung des Vorstandsmitglieds 86	C. Exkurs: Der leitende Angestellte 160

A. Das Dienstvertragsrecht in der GmbH

I. Arbeitsrechtliche Einordnung des GmbH-Geschäftsführers

Der GmbH-Geschäftsführer hat eine – unter arbeits- bzw. dienstvertraglichen Gesichtspunkten einstweilen problematische – **Doppelstellung** inne. Er ist notwendiges Organ der Gesellschaft und vertritt als solches die Gesellschaft im Außenverhältnis. Seine Befugnisse und Pflichten werden insoweit vom

1

GmbHG vorgegeben. Hierfür maßgebender Rechtsakt ist die gesellschaftsrechtliche Bestellung. Zugleich wird der Geschäftsführer aber auch aufgrund eines Dienstverhältnisses iS von §§ 611 ff BGB zur Gesellschaft tätig. Hierbei handelt es sich regelmäßig um einen entgeltlichen Geschäftsführeranstellungsvertrag. Bisher galt der allgemeine Grundsatz, dass der Geschäftsführer kein Arbeitnehmer ist und folglich auch die arbeitsrechtlichen Schutzvorschriften, insbesondere das Kündigungsschutzgesetz und das Arbeitsgerichtsgesetz keine Anwendung finden. Begründet wurde dies mit der für die Arbeitnehmereigenschaft erforderlichen und beim Geschäftsführer fehlenden arbeitsrechtlichen Weisungsgebundenheit. Die organschaftliche Stellung schloss eine **Qualifikation als Arbeitnehmer** aus.[1] Dieser Grundsatz kann nach neueren Entscheidungen des BAG in dieser Klarheit nicht mehr aufrechterhalten werden.

2 Zum einen ist zu beachten, dass bei der Bestellung eines Arbeitnehmers einer GmbH zu deren Geschäftsführer trotz des **Aufstiegs in der betrieblichen Hierarchie** das **bisherige Arbeitsverhältnis** als **ruhendes** fortbestehen kann. Nach bisher gefestigter Rechtsprechung des BAG sollte das im Zweifel dann der Fall sein, wenn sich durch seine Bestellung die Vertragsbedingungen im Übrigen nicht wesentlich geändert haben. In diesem Fall ging das BAG bisher davon aus, dass das frühere Arbeitsverhältnis während der Geschäftsführertätigkeit lediglich ruht und nach Abberufung wieder mit seinem ursprünglichen Inhalt auflebt.[2] Diese Grundsätze hat das BAG zwischenzeitlich aufgegeben. Es geht nunmehr davon aus, dass bei der Bestellung zum Geschäftsführer ein bisheriges Arbeitsverhältnis **im Zweifel aufgehoben** wird und ein neuer Geschäftsführeranstellungsvertrag abgeschlossen wird.[3] Dieser Rechtsprechung dürfte aber wiederum mit Inkrafttreten der gesetzlichen Schriftform gemäß § 623 BGB für Aufhebungsverträge der Boden entzogen worden sein. Geht man davon aus, dass in der Neubegründung des Geschäftsführeranstellungsvertrages zugleich eine Beendigung bzw Aufhebung des Arbeitsverhältnisses liegt, so ist § 623 BGB auch in dieser Konstellation anzuwenden. Das bisherige Arbeitsverhältnis des zum Geschäftsführer aufgestiegenen Arbeitnehmers kann dann nicht mehr durch mündliche Aufhebungsvereinbarung bzw konkludentes Verhalten beendet werden.[4] Nur dann, wenn der Geschäftsführervertrag schriftlich abgeschlossen wurde und in ihm direkt oder zumindest mittelbar die Beendigung des bisherigen Arbeitsvertrages schriftlich fixiert ist, genügt die zeitgleiche Beendigung des Arbeitsvertrages der Schriftform.[5] Problematisch ist aber auch, ob die Gesellschafter, die für den Abschluss des Geschäftsführeranstellungsvertrages zuständig sind, überhaupt zum Abschluss des Aufhebungsvertrages im Hinblick auf das bisherige Arbeitsverhältnis vertretungsbefugt sind.[6] Das BAG hat über diese Fragen noch nicht abschließend entscheiden. In der Praxis ist daher dringend anzuraten, im Rahmen der Bestellung des Geschäftsführers ein etwaiges bestehendes Arbeitsverhältnis **ausdrücklich und schriftlich** aufzuheben. Dieser gesonderte Aufhebungsvertrag muss von einem vertretungsberechtigten Geschäftsführer unterzeichnet werden.

3 Über die vorgenannten Fallkonstellationen hinaus ist festzustellen, dass das BAG, gerade in jüngeren Urteilen davon ausgeht, dass beim Geschäftsführer grundsätzlich die Möglichkeit besteht, dass dieser als Arbeitnehmer zu qualifizieren ist. Das BAG greift dabei auf Kriterien zurück, die es bisher bei der Frage der Abgrenzung eines Arbeitsverhältnisses zu freien Mitarbeiterverhältnissen herangezogen hat. Das BAG stellt auf dem Grad der persönlichen Abhängigkeit des Geschäftsführers ab.[7] In der Praxis dürfte dadurch die Arbeitnehmereigenschaft jedenfalls eines **Gesellschafter-Geschäftsführers**, der aufgrund seiner Kapitalbeteiligung einen erheblichen Einfluss auf die Gesellschaft hat, ausgeschlossen sein. Bei einem **Fremdgeschäftsführer** ist dagegen wie bei einem freien Mitarbeiter zu hinterfragen, ob dieser aufgrund seiner Eingliederung in den Betrieb und seiner Bindung an ein Direktionsrecht der Gesellschafter im Hinblick auf Zeit, Dauer, Ort und Art der Ausführung seiner Tätigkeit **persönlich abhängig** ist. Dies wird aber der Ausnahmefall sein. Insoweit bleibt es zwar bei dem Grundsatz,

---

1 BGH NJW 1980, 2415.
2 BAG NZA 1986, 792; BAG AP Nr. 2 zu § 1 AngestelltenkündigungsG.
3 BAG AP Nr. 16, 17, 24, 49 zu § 5 ArbGG 1979; BAG NZA 2006, 1154.
4 LAG Bremen DB 2006, 1012.
5 *Baeck/Hopfner* DB 2000, 1914; *Kamanabrou* DB 2002, 146; *Holthausen/Steinkraus* NZA-RR 2002, 281.
6 Vgl *Bauer/Baeck/Lösler* ZIP 2003, 1821, 1825.
7 BAG NZA 1999, 987.

dass der Geschäftsführer in der Regel kein Arbeitnehmer ist. Ausgeschlossen ist die Arbeitnehmereigenschaft jedoch nicht.

In der Praxis ist ferner zu berücksichtigen, dass auf den Geschäftsführer, selbst dann wenn er nicht als Arbeitnehmer zu qualifizieren ist, einzelne **arbeitsrechtliche Normen bzw arbeitsrechtliche Grundsätze Anwendung finden können**. Dies kommt immer dann in Betracht, wenn der Geschäftsführer in einem **mit einem Arbeitnehmer vergleichbaren Maß wirtschaftlich abhängig ist**.[8]

Besonderheiten sind zudem bei der **GmbH & Co. KG** zu beachten, wenn ein Arbeitnehmer der KG zum Geschäftsführer der Komplementär-GmbH bestellt wird. In dieser Konstellation besteht die Möglichkeit, dass die Arbeitnehmereigenschaft im Verhältnis zur KG bestehen bleibt.[9] Neuerdings ist das BAG von dieser Annahme aber ausdrücklich abgerückt, so dass die Arbeitsgerichte für Rechtsstreitigkeiten zwischen dem Geschäftsführer der Komplementär-GmbH und der KG nicht mehr zuständig sind.[10]

Arbeitgeber im individual- und kollektivarbeitsrechtlichen Sinn ist nicht der Geschäftsführer, sondern stets die GmbH als juristische Person. Der Geschäftsführer nimmt für die GmbH aber nach Außen diese **Arbeitgeberfunktion** wahr. Er schließt Arbeitsverträge ab, ist gegenüber den Arbeitnehmern weisungsbefugt und ist für Vertragsänderungen und den Ausspruch von Kündigungen zuständig. Ferner nimmt er die Rechte und Pflichten des Arbeitgebers nach dem BetrVG, dem SprAuG und anderen Arbeitsgesetzen wahr.[11]

II. Trennung von Bestellungs- und Anstellungsverhältnis

Die Bestellung zum GmbH-Geschäftsführer und damit zum Vertretungsorgan der Gesellschaft ist ein ausschließlich gesellschaftsrechtlicher Akt, durch den die Organstellung begründet wird. Davon rechtlich zu trennen ist der Anstellungsvertrag, der die schuldrechtlichen Beziehungen zwischen dem Geschäftsführer und der Gesellschaft regelt (sog. **Trennungstheorie**).[12] Organstellung und Anstellungsvertrag ergänzen sich, sind aber nicht Bestandteil eines einheitlichen Rechtsverhältnisses, so dass auch § 139 BGB keine entsprechende Anwendung findet. Beide Rechtsverhältnisse können ein unterschiedliches Schicksal haben.[13] Soweit der Geschäftsführer bereits bestellt ist, ein Anstellungsvertrag aber noch nicht abgeschlossen ist, hat der Geschäftsführer das Recht, sein Amt niederzulegen, wenn nicht in angemessener Frist ein Anstellungsvertrag zustande kommt.[14] Insgesamt hat der GmbH-Geschäftsführer dadurch eine **janusköpfige Rechtstellung**.

III. Bestellung und Abberufung

1. Zuständiges Organ/Art der Bestellung

Die Bestellung zum Geschäftsführer ist ein körperschaftlicher, einseitiger Akt der Gesellschaft. Da die Bestellung zum Geschäftsführer niemandem aufgedrängt werden kann, ist zu deren Wirksamkeit stets die **Annahme durch den Bestellten** notwendig. Zuständig für die Bestellung des Geschäftsführers ist im Normalfall die **Gesellschafterversammlung**, die durch Mehrheitsbeschluss entscheidet (§§ 46 Nr. 5, 47 GmbHG). Die Eintragung ins Handelsregister (§ 39 GmbHG) hat in diesem Zusammenhang nur deklaratorische Bedeutung. Die Bestellung kann schon vor Eintragung der GmbH erfolgen, was bei den ersten Geschäftsführern schon wegen der notwendigen Anmeldung durch diese der Regelfall ist. Die Bestellung des Geschäftsführers kann auch im Gesellschaftsvertrag erfolgen.[15] Ist der Geschäftsführer auch Gesellschafter, ist im Zweifel davon auszugehen, dass er mit Abschluss des Gesellschaftervertrages auch seine Bestellung zum Geschäftsführer annimmt.[16] Der Gesellschaftsver-

---

8 Dazu im Einzelnen auch noch nachfolgend unter Rn 21.
9 BAG DB 1995, 2271; BAG DB 1996, 483.
10 BAG AP Nr. 58 zu § 5 ArbGG 1979; BAG NZA 2006, 366; dazu *Zimmer/Rupp* GmbHR 2006, 572.
11 ZB bei der Unterrichtung des Betriebsrats über eine Betriebsänderung iS der §§ 111 ff BetrVG.
12 BGH NJW 1981, 757; BGHZ 78, 82, 85; BGHZ 36, 142,143.
13 BGH AP Nr. 9 zu § 850 ZPO.
14 MünchHdb GmbH/*Marsch-Barner/Diekmann* § 42 Rn 19.
15 Vgl § 6 Abs. 3 S. 2 GmbHG.
16 *Lutter/Hommelhoff*, GmbHG, § 6 Rn 27.

trag kann ferner vorsehen, dass der Geschäftsführer nicht durch die Gesellschafter sondern ein anderes Gremium (zB fakultativer Aufsichtsrat, Beirat oder Gesellschafterausschuss), durch einzelne Gesellschafter oder sonstige außenstehende Stellen (zB Behörden, Kreditgeber, Konzernmutter etc.) bestellt werden können (vgl § 45 Abs. 2 GmbHG).[17] Bei mitbestimmten Gesellschaften wird der Geschäftsführer abweichend von § 46 Nr. 5 GmbHG durch den obligatorischen **Aufsichtsrat** bestellt (vgl §§ 31 MitbestG, 12 Montan-MitbestG, 13 MitbestErgG).[18]

2. Dauer/Verlängerung der Bestellung

9   Ein Geschäftsführer kann sowohl zeitlich **befristet** als auch für einen **unbefristeten** Zeitraum bestellt werden. Eine zwingende **zeitliche Begrenzung** der Bestellung wie beim AG-Vorstand (vgl § 84 Abs. 1 S. 1 AktG) **existiert nicht**. Etwas anderes gilt lediglich bei **mitbestimmten Unternehmen**, in denen die Bestellung gesetzlich auf **höchstens fünf Jahre** begrenzt ist. (vgl § 84 Abs. 1 AktG iVm §§ 31 MitbestG, 12 Montan-MitbestG, 13 MitbestErgG). Auch bei diesen Gesellschaften ist aber eine wiederholte Bestellung möglich.[19] Unzulässig ist hingegen eine Bestellung unter einer aufschiebenden oder auflösenden Bedingung.[20]

3. Mängel der Bestellung

10   Sind die gesetzlichen Bestellungsvoraussetzungen nicht erfüllt oder nimmt der Geschäftsführer die Bestellung nicht an, so ist diese nichtig bzw nicht wirksam. Folgeprobleme entstehen dann, wenn der Geschäftsführer trotz unwirksamer Bestellung bzw ohne Vorliegen eines Bestellungsaktes sein Amt tatsächlich ausübt. Rechtsprechung und Literatur arbeiten dann mit der Figur der **fehlerhaften Organstellung** bzw des sog. **faktischen Geschäftsführers**.[21] Nach diesen Grundsätzen ist das Organhandeln der zivilrechtlich unwirksam bestellten Geschäftsführer in der Regel als wirksam zu behandeln. Die Rechts- und Pflichtenstellung entspricht nach hM der eines wirksam bestellten Organmitglieds. Für die Zeit der Amtsausübung hat der fehlerhaft bzw nicht bestellte Geschäftsführer Anspruch auf eine – ggf die anstellungsvertraglich vereinbarte – Vergütung.

4. Widerruf der Bestellung

a) Grundsatz der freien Abberufbarkeit

11   Die Abberufung bzw der Widerruf der Bestellung ist ein körperschaftlicher Rechtsakt, durch den dem Geschäftsführer die gesetzlichen und satzungsmäßigen Kompetenzen entzogen werden. Nach dem Grundsatz des **§ 38 Abs. 1 GmbHG** können die Geschäftsführer einer nichtmitbestimmten GmbH grundsätzlich **jederzeit abberufen werden**. § 38 Abs. 1 GmbHG stellt damit den Normalfall der Beendigung der Organstellung, die sog. Abberufung dar. Dem **Grundsatz der freien Abberufbarkeit** liegt der Gedanke zugrunde, dass der Geschäftsführer nur solange amtieren soll, wie er das volle Vertrauen der Gesellschafter genießt. Lediglich eine Abberufung die aus offenbar unsachlichen Gründen erfolgt ist unwirksam. Im Hinblick auf den Gesellschafter-Geschäftsführer kann sich aus den Treuebindungen der Gesellschafter untereinander eine Einschränkung des Grundsatzes der freien Abberufbarkeit ergeben. Auch ohne einschränkende Satzungsregelungen zur Abberufung muss demnach ein sachlicher Grund vorliegen, der einen verständigen Entscheidungsträger zur Abberufung veranlassen würde.[22] Die Interessen des Geschäftsführers werden im Rahmen seines Anstellungsverhältnisses geschützt. Der Widerruf der Bestellung stellt damit kein vertragswidriges und zum Schadensersatz verpflichtendes Verhalten der Gesellschaft gemäß § 628 Abs. 2 BGB dar. Der Geschäftsführer muss vor der Abberufung nicht angehört werden.[23]

---

17 BGHZ 43, 261, 264; BGH WM 1973, 1295.
18 Im Einzelnen dazu MünchHdb GmbH/*Marsch-Barner/Diekmann*, § 42 Rn 29 ff.
19 Vgl § 84 Abs. 1 S. 2 AktG.
20 *Lutter/Hommelhoff*, GmbHG, § 6 Rn 24.
21 Siehe die Nachweise bei Baumbach/Hueck/*Zöllner/Noack*, GmbHG, § 35 Rn 8 f; MünchHdb GmbH/*Marsch-Barner/Diekmann*, § 42 Rn 41.
22 OLG Zweibrücken GmbHR 1998, 373, 374.
23 BGH GmbHR 1960, 220 (Genossenschaft).

Wie sich aus § 38 Abs. 2 GmbHG ergibt, ist der Grundsatz der freien Abberufbarkeit nicht zwingend und kann durch Satzung auf das Vorliegen eines wichtigen Grundes beschränkt werden. Ein **wichtiger Grund** zur Abberufung ist dann anzunehmen, wenn die Aufrechterhaltung der Bestellung für die Gesellschaft unzumutbar ist. Das GmbHG nennt insoweit beispielhaft die grobe Pflichtverletzung oder Unfähigkeit zur ordnungsgemäßen Geschäftsführung (§ 38 Abs. 2 S. 2 GmbHG). Weder Verschulden noch ein Schadenseintritt ist zwingende Voraussetzung für eine Abberufung aus wichtigem Grund.[24] Es ist jedoch stets eine einzelfallbezogene Abwägung zwischen den Interessen der Gesellschaft und denen des Geschäftsführers vorzunehmen.[25] Ungeachtet des Trennungsprinzip zwischen Bestellungs- und Anstellungsverhältnisses stellen nach ganz hM die Gründe, die zur Kündigung des Anstellungsverhältnisses aus wichtigem Grund gemäß § 626 Abs. 1 BGB berechtigen, regelmäßig auch einen wichtigen Grund für eine Abberufung im Sinne des § 38 Abs. 2 S. 1 GmbHG dar.[26] Umgekehrt stellt ein wichtiger Grund für die Abberufung nicht automatisch einen wichtigen Grund für die Kündigung des Anstellungsvertrages dar. Bei Letzterem gelten wesentlich strengere Maßstäbe.

Einschränkungen gelten auch für die **mitbestimmte GmbH**. Dort können Geschäftsführer während ihrer Amtszeit nur aus wichtigem Grund vorzeitig abberufen werden (vgl § 84 Abs. 3 AktG, 31 MitbestG, 13 Montan-MitbestG, 13 MitbestergG). Gelangt die Gesellschaft, nachdem der Geschäftsführer bereits bestellt wurde, in den Geltungsbereich eines Mitbestimmungsgesetzes, so kann der Geschäftsführer unbeschadet einer früheren Beendigung seines Amtes spätestens nach Ablauf für fünf Jahren jederzeit auch ohne wichtigen Grund abberufen werden (vgl § 37 Abs. 3 S. 5 MitbestG).

b) Zuständiges Organ/Abberufungsbeschluss

Die Abberufung des Geschäftsführers fällt in der Regel in die Zuständigkeit der **Gesellschafterversammlung** (§ 46 Nr. 5 GmbHG), wenn und soweit die Satzung für die Bestellung und die Abberufung des Geschäftsführers nicht ein anderes Organ bestimmt hat.[27] Die Gesellschafterversammlung entscheidet über die Abberufung durch Beschluss mit einfacher Mehrheit (vgl § 47 Abs. 1 GmbHG). Etwas anderes gilt nur dann, wenn die Satzung eine andere Mehrheit, zB auch Einstimmigkeit, vorsieht. Der Gesellschafter-Geschäftsführer darf bei der Beschlussfassung über seine eigene Abberufung grundsätzlich mitstimmen, er muss dies sogar tun, wenn ihm die Geschäftsführerstellung als Mitgliedschaftsrecht zusteht.[28] Bei einer Abberufung aus wichtigem Grund hat er allerdings kein Stimmrecht. Er kann daher nicht Maßnahmen verhindern die sich gegen ihn selbst richten, aber aus wichtigem Grund erforderlich sind.[29] Die Abberufung aus wichtigem Grund muss innerhalb eines angemessenen Zeitraums seit Kenntnis des wichtigen Grundes erfolgen. Allerdings findet die für die Kündigung des Anstellungsvertrages geltende Zwei-Wochen-Frist des § 626 Abs. 2 BGB keine Anwendung. Der Abberufungsbeschluss muss dem abberufenen Geschäftsführer – jedenfalls dann wenn er nicht bei der Beschlussfassung anwesend war – mitgeteilt werden.

c) Beschlussmängel/Rechtsschutz bei streitiger Abberufung

Besteht Streit über die Wirksamkeit des Abberufungsbeschlusses, so stellt sich die Frage, wer und ggf wie eine verbindliche Klärung der Rechtslage herbeizuführen ist und ob insoweit das Verfahren des einstweiligen Rechtsschutzes zur Verfügung steht. Ein **nichtiger** oder unwirksamer **Abberufungsbeschluss** entfaltet keine Wirkung, auch nicht gegenüber Dritten. Der Geschäftsführer bleibt daher im Amt. Gründe der Nichtigkeit stellen vor allem schwerwiegende Verfahrensmängel dar, zB die Ladung zur Gesellschafterversammlung durch einen Unbefugten, die Nichteinladung eines teilnahmeberechtigten Gesellschafters oder die fehlende Angabe des Ortes oder der Zeit der Gesellschafterversammlung.[30] Die daraus resultierende Unwirksamkeit der Abberufung kann dann sowohl vom Gesell-

---

24 BGH NJW-RR 1992, 993, 994; OLG Düsseldorf GmbHR 1994, 884, 885.
25 BGH WM 1985, 567 f.
26 OLG Düsseldorf WM 1992, 14, 19; vgl dazu auch Rn 75 ff.
27 Zu den möglichen Bestellungsorganen siehe oben Rn 8.
28 BGHZ 15, 181; BGHZ 48, 143; BGH WM 1962, 201; BGH WM 1968, 1350.
29 BGHZ 34, 367, 371; BGHZ 86, 177, 178.
30 Vgl BGH NJW-RR 1989, 347.

schafter-Geschäftsführer als auch vom Fremdgeschäftsführer im Wege der **Nichtigkeitsklage** gemäß § 249 AktG analog geltend gemacht werden. Wird der Nichtigkeitsklage stattgegeben, wirkt das Urteil gegenüber jedermann. Ist der Abberufungsbeschluss dagegen nur (vermeintlich) **anfechtbar**, so ist er zunächst wirksam. Erst mit einer erfolgreichen Anfechtung wird die Abberufung rückwirkend (**ex tunc**) unwirksam. Mögliche Anfechtungsgründe können wiederum Verfahrensmängel sein, zB die Nichteinhaltung der Ladungsfristen, die nicht ordnungsgemäße Ankündigung der Tagesordnung und der Ausschluss von stimmberechtigten Gesellschaftern von der Abstimmung.[31] Einen Anfechtungsgrund stellt auch regelmäßig das subjektive Fehlen eines für die Abberufung kraft satzungsgemäßer Vereinbarung nach § 38 Abs. 2 GmbHG erforderlichen wichtigen Grundes dar. Im Falle eines lediglich anfechtbaren Abberufungsbeschlusses sind Rechtslage und zur Verfügung stehende Rechtsschutzinstrumente umstritten. Da der **Fremdgeschäftsführer** nach hM nicht anfechtungsberechtigt ist verliert der Fremdgeschäftsführer mit der Bekanntgabe des Abberufungsbeschlusses sein Amt und damit seine Geschäftsführungs- und Vertretungsmacht. Dies soll sowohl bei einer freien Abberufbarkeit gemäß § 38 Abs. 1 GmbHG als auch bei der Abberufung aus wichtigem Grund gemäß § 38 Abs. 2 GmbHG gelten. Der Fremdgeschäftsführer kann sich dann nicht aus eigenem Recht gegen den anfechtbaren Abberufungsbeschluss wehren. Da er nicht Gesellschafter ist fehlt ihm für die Anfechtungsklage gemäß § 246 AktG analog die Anfechtungsbefugnis. Greift also kein Gesellschafter den Beschluss an, wirkt sich dessen Anfechtbarkeit für den Fremdgeschäftsführer nicht aus. Auch ein Recht, sich mit einer einstweiligen Verfügung gegen die Abberufung zur Wehr zu setzen, steht ihm regelmäßig nicht zu.[32] **Gesellschafter-Geschäftsführern** steht hingegen der Weg der Anfechtungsklage analog § 246 AktG und subsidiär der Feststellungsklage gemäß § 256 ZPO offen. Auch ein Antrag auf Erlass einer einstweiligen Verfügung gegen die Abberufung ist zulässig. Ob auch der **Minderheitsgesellschafter-Geschäftsführer** einstweiligen Rechtsschutz gegen die Abberufung anstrengen kann ist streitig.[33] Sonderregeln gelten für die **mitbestimmte GmbH**. Hier ist der Widerruf der Organstellung wirksam, bis seine Unwirksamkeit rechtskräftig festgestellt worden ist (vgl § 84 Abs. 3 S. 4 AktG). Als Rechtsschutzinstrumente kommen die Klage auf Feststellung der Unwirksamkeit des Widerrufs der Organstellung und die Klage auf Wiedereinsetzung in die Organstellung in Betracht. **Einstweiliger Rechtsschutz** wird bei der mitbestimmten GmbH insbesondere dann in Betracht kommen, wenn der Abberufungsbeschluss wegen eines schwerwiegenden Verfahrens mangels nichtig ist. Der Geschäftsführer kann dann die Wirkung des Abberufungsbeschlusses suspendieren lassen.[34]

5. Sonstige Beendigungsgründe

Neben der Abberufung kann die Organstellung des Geschäftsführers aus verschiedenen Gründen enden, insbesondere **durch Zeitablauf im Falle befristeter Bestellung**. Mit Ablauf der Frist endet die Anstellung dann automatisch, ohne dass es eine Beschlussfassung des zuständigen Abberufungsorgans bedarf. Für die **mitbestimmte GmbH** ist die Befristung des Geschäftsführeramtes kraft Gesetzes vorgeschrieben. Gemäß § 84 AktG endet die Bestellung daher spätestens mit Erreichen der gesetzlich zulässigen Höchstdauer der Amtszeit von **fünf Jahren**. Außerhalb der mitbestimmten GmbH kann die **Frist** in der Satzung oder im Bestellungsbeschluss **beliebig** gewählt werden. Als weitere Beendigungsgründe kommen ferner der Tod des Geschäftsführers, der Verlust der unbeschränkten Geschäftsfähigkeit[35] sowie die Amtsniederlegung durch den Geschäftsführer in Betracht. Die **Amtsniederlegung durch den Geschäftsführer** ist jederzeit durch einseitige formlose Erklärung gegenüber der Gesellschaft fristlos oder befristet möglich, unabhängig davon, ob ein wichtiger Grund vorliegt und ohne Rücksicht auf anstellungsvertragliche Kündigungsfristen.[36] Die Unwirksamkeit der Amtsniederlegung kommt allenfalls dann in Betracht, wenn sie zu Unzeit erfolgt

---

31 BGHZ 100, 264, 265; LG Koblenz GmbHR 2003, 952; OLG Hamm GmbHR 1996, 768, 769.
32 OLG Hamm NZG 2002, 50, 51.
33 Bejahend: OLG Celle GmbHR 1981, 264, 266.
34 OLG Stuttgart WM 1985, 600, 601.
35 BGHZ 115, 78; OLG Düsseldorf GmbHR 1994, 114.
36 BGH GmbHR 1993, 216.

oder sich aus sonstigen Gründen als rechtsmissbräuchlich erweist.[37] In der rechtsmissbräuchlichen Amtsniederlegung kann dann eine Pflichtverletzung aus dem Anstellungsvertrag liegen, die wiederum die Gesellschaft zur Kündigung aus wichtigem Grund gemäß § 626 BGB berechtigt.

IV. Abschluss des Anstellungsvertrages

1. Zuständiges Organ/Form

Zuständig für Abschluss und Änderung des Anstellungsvertrages ist bei der nicht mitbestimmten GmbH in der Regel die **Gesellschafterversammlung (§ 46 Nr. 5 GmbHG)**.[38] Die Rechtsprechung geht insoweit von einer umfassenden Kompetenz der Gesellschafterversammlung für Entscheidungen über das Anstellungsverhältnis des Geschäftsführers aus.[39] Insbesondere die Tatsache, dass die Gesellschafterversammlung auch für Fragen der Änderung des Anstellungsvertrages zuständig ist, wird in der Praxis oft vernachlässigt. Es ist allerdings möglich, dass die Gesellschafterversammlung zu dem Abschluss und der Änderung des Anstellungsvertrages einzelne Personen ermächtigt. Möglich ist auch der Abschluss des Anstellungsvertrages durch andere Stellen, zB durch das herrschende Unternehmen in einem Konzernverbund oder die KG bei einer GmbH & Co. KG. **Bei mitbestimmten Gesellschaften**, die dem MitbestG oder dem Montan-MitbestG unterliegen, wird die Gesellschaft beim Abschluss des Anstellungsvertrages durch den **Aufsichtsrat** vertreten. In Gesellschaften, die dem DrittelbG unterliegen, verbleibt es bei der Zuständigkeit der Gesellschafter. Die Gesellschafter müssen sich in einer gesetzes- und satzungskonform einberufenen Gesellschafterversammlung mit dem Abschluss und Inhalt des Anstellungsvertrages befassen und darüber abstimmen. Der Anstellungsvertrag kann grundsätzlich formfrei abgeschlossen werden.[40] Dringend zu empfehlen und in der Praxis auch üblich ist eine genaue **schriftliche Fixierung** der Inhalte des Anstellungsvertrages.

17

2. Sozialversicherungspflicht

Der Geschäftsführer kann auch dann wenn er nicht als Arbeitnehmer zu qualifizieren ist, sozialversicherungspflichtig sein, dh der gesetzlichen Kranken-, Pflege-, Renten-, Arbeitslosen- und Unfallversicherung unterliegen. Ob im Einzelfall ein versicherungspflichtiges Beschäftigungsverhältnis beim Geschäftsführer vorliegt, bemisst sich danach, ob er wie ein Arbeitnehmer weisungsgebunden ist. Hierbei ist auf die allgemeinen, zum Begriff der sozialversicherungsrechtlichen Beschäftigung gem. **§ 7 SGB IV** entwickelten Grundsätze zurückzugreifen. Allein die Organstellung schließt eine Abhängigkeit des Geschäftsführers gegenüber der Gesellschaft bzw den Gesellschaftern nicht aus.[41] Der **Fremdgeschäftsführer** ist daher grundsätzlich sozialversicherungspflichtig, da er gemäß § 46 Nr. 6 GmbHG weisungsgebunden und damit sozial abhängig ist. Das gilt auch dann, wenn er keine arbeitsbezogenen Weisungen erhält.[42] Bei **Gesellschafter-Geschäftsführern** ist ein wesentliches Kriterium für die Frage der persönlichen Abhängigkeit der Umfang der Kapitalbeteiligung und der sich daraus für den Geschäftsführer ergebene Einfluss auf die Gesellschaft. Ein Gesellschafter-Geschäftsführer einer GmbH unterliegt demnach dann nicht der Versicherungspflicht, wenn er **mindestens 50 %** des Stammkapitals der GmbH hält.[43] Bei **Minderheitsgesellschaftern** ist dagegen zu unterscheiden: Besitzt der Gesellschafter-Geschäftsführer eine **Sperrminorität**, mit der er die Beschlüsse der anderen Gesellschafter, insbesondere ihn belastende Entscheidungen verhindern kann, so ist eine abhängige Beschäftigung regelmäßig ausgeschlossen.[44] Der Gesellschafter-Geschäftsführer einer GmbH, der weder über die Mehrheit der Geschäftsanteile noch über eine Sperrminorität ver-

18

---

37 Offengelassen von BGH GmbHR 1993, 216; ablehnend OLG Düsseldorf GmbHR 2001, 144.
38 Vgl BGH WM 1970, 249; BGH GmbHR 1997, 547, 548.
39 BGHZ 113, 237, 241.
40 BGH GmbHR 1997, 547, 548.
41 BSG NZA 1991, 869.
42 BSG GmbHR 2002, 324.
43 BSG NZA 1986, 805.
44 BAG NZA 1991, 869; BSG GmbHR 1992, 172.

fügt, ist in der Regel abhängig Beschäftigter der GmbH.[45] Für Unsicherheit hatte zwischenzeitlich eine Entscheidung des BSG gesorgt, wonach der Alleingesellschafter-Geschäftsführer einer GmbH, der selbst keine versicherungspflichtigen Arbeitnehmer beschäftigt, als arbeitnehmerähnlicher Selbständiger der Rentenversicherungspflicht unterliegt.[46] Diese Problematik wurde durch eine kurz darauf erfolgte gesetzgeberische Klarstellung in § 2 SGB VI entschärft.[47] Häufig kann die Frage nach der Sozialversicherungspflicht des Geschäftsführers auch vom versierten Anwalt nicht mit abschließender Gewissheit beantwortet werden. Empfehlenswert ist daher in Zweifelsfällen die Einholung einer verbindlichen Auskunft zum sozialversicherungsrechtlichen Status des Geschäftsführers. Seit dem 1.1.2005 besteht zudem ein obligatorisches, dh von Amts wegen bei der deutschen Rentenversicherung durchzuführendes **Statusfeststellungsverfahren** für Gesellschafter-Geschäftsführer einer GmbH (§ 7 a Abs. 1 S. 2 SGB IV).

3. Rechtsfolgen fehlerhaften Vertragsschlusses

19 Ein fehlerhafter Anstellungsvertrag kann von beiden Seiten nicht mehr rückwirkend, sondern nur noch mit **ex nunc-Wirkung** beendet werden.[48] Nur in Ausnahmefällen ist ein fehlerhafter Anstellungsvertrag als von Anfang an nicht wirksam zu behandeln. Dies kommt dann in Betracht, wenn es im Interesse der Allgemeinheit liegt oder dem Schutz gesetzlich geschützter Personen (zB einem geschäftsunfähigen Geschäftsführer) dient. Der Anstellungsvertrag ist daher, soweit der Geschäftsführer mit Wissen des für den Vertragsabschluss zuständigen Gesellschaftsorgans seine Tätigkeit aufgenommen hat, für die Dauer der Beschäftigung als wirksam zu behandeln, wobei das Wissen auch nur eines Organmitglieds ausreicht.[49] Der Geschäftsführer ist also so zu stellen, wie er bei Wirksamkeit des Anstellungsvertrages stehen würde, insbesondere ist ihm die versprochene Vergütung zu zahlen.

V. Inhalt des Anstellungsvertrages

1. Rechtsgrundlagen

20 Der schuldrechtliche Anstellungsvertrag ist im seltenen Fall einer unentgeltlicher Tätigkeit des Geschäftsführers ein Auftrag gem. §§ 662 ff BGB und bei entgeltlicher Tätigkeit ein **Geschäftsbesorgungsvertrag**, auf den die **Regeln des Dienstvertrages** (§§ 611, 675 BGB) anzuwenden sind. In Einzelheiten umstritten ist, ob und ggf wann ein Geschäftsführer-Anstellungsvertrag als Arbeitsvertrag zu qualifizieren ist, was erhebliche Relevanz im Hinblick auf die Anwendbarkeit von Arbeitnehmerschutzvorschriften und auch die Beendigung des Anstellungsverhältnisses hat. Grundsätzlich ist aber davon auszugehen, dass ein Arbeitsverhältnis nur im Ausnahmefall vorliegt.[50] Der Anstellungsvertrag regelt die Fragen, die sich nicht aus dem Organverhältnis selbst ergeben. In die Organstellung selbst kann der Anstellungsvertrag dabei allerdings nicht eingreifen. Der Anstellungsvertrag darf nicht gegen zwingende Gesetzesvorschriften verstoßen (§ 134 BGB). Widerspricht der Anstellungsvertrag dem Gesellschaftsvertrag oder sonstigem Organisationsrecht der Gesellschaft, so ist er zwar schuldrechtlich wirksam aber im Hinblick auf seine Bindungswirkung eingeschränkt.[51]

2. Anwendbarkeit arbeitsrechtlicher Vorschriften

21 Die grundsätzliche Qualifizierung des Geschäftsführeranstellungsvertrages als Dienstvertrag bedeutet hingegen nicht, dass ausnahmslos alle Vorschriften des Arbeitsrechts unanwendbar sind. Die Rechtsprechung wendet immer dann, wenn die Norm des **Arbeitsrechts** im Hinblick auf die **Schutzrichtung** auch auf den Geschäftsführer angewendet werden kann, diese Vorschriften analog an. Für folgende Gesetze bzw Normen hat die Rechtsprechung schon über eine Anwendbarkeit entschieden:

---

45 BSG GmbHR 2004, 494.
46 BSG NZA 2006, 396; dazu *Schrader/Straube* NZA 2006, 358; *Müller* DB 2006, 614.
47 Vgl *Freckmann* BB 2006, 2077.
48 BGH BB 1995, 536.
49 BGH WM 1973, 506, 507; BGH BB 1995, 536.
50 Siehe dazu auch oben Rn 1 ff.
51 MünchHdb GmbH/*Marsch-Barner/Diekmann*, § 43 Rn 6 f.

Anwendbar:

- BetrAVG[52]
- §§ 850 ff ZPO (Pfändungsschutz für Arbeitseinkommen)[53]
- § 630 BGB (Zeugniserteilung)[54]
- § 622 BGB (Kündigungsfristen)[55]
- Gleichbehandlungsgrundsatz[56]
- AGG (teilweise)[57]

Unanwendbar:

- § 613 a BGB (Betriebsübergang)[58]
- Arbeitnehmererfindungsgesetz[59]
- Bundesurlaubsgesetz[60]
- §§ 74 ff HGB (nachvertragliches Wettbewerbsverbot)[61]
- SGB IX (Schwerbehindertenrecht)[62]

3. Formularvertragliche Besonderheiten

Die Vertragsfreiheit bei der Gestaltung der einzelnen Inhalte des Geschäftsführerdienstvertrages kann im Einzelfall aufgrund der Vorschriften zur **Inhaltskontrolle** von Formularverträgen in den §§ 305 ff BGB eingeschränkt sein. Ob eine (entsprechende) Anwendung dieser Vorschriften auf Geschäftsführeranstellungsverhältnisse möglich ist, ist umstritten und höchstrichterlich noch nicht entschieden. Es spricht jedoch viel dafür, eine solche Anwendbarkeit zu bejahen, wenn die Gesellschaft standardisierte Musterverträge verwendet, die für eine Vielzahl von gleich gelagerten Fällen ausgearbeitet wurden. Da der Geschäftsführer – wie ausgeführt – in der Regel kein Arbeitnehmer ist, greift auch die Ausnahmeregelung des § 310 Abs. 4 S. 2 BGB nicht. Die Besonderheiten des Arbeitsrechts finden daher keine Berücksichtigung. Wenn und soweit der Geschäftsführer **Verbraucher** iS des § 13 BGB ist, sind die besonderen Maßgaben des § 310 Abs. 3 BGB zu berücksichtigen. Dies wird in vielen Fällen dazu führen, dass die Regelungen gem. § 310 Abs. 3 Nr. 3 BGB als angemessen zu werten sind. Nach dieser Bestimmung sind bei der Beurteilung der unangemessenen Benachteiligung iS von § 307 Abs. 1 und 2 BGB die den Vertragsschluss begleitenden Umstände zu berücksichtigen.

22

4. Rechte und Pflichten aus dem Anstellungsvertrag

Die nachfolgende Darstellung beschränkt sich auf einen kursorischen Überblick der rechtlichen Rahmenbedingungen und vertraglichen Gestaltungsmöglichkeiten bei der Formulierung eines Geschäftsführeranstellungsvertrages. Im Hinblick auf rechtssichere Mustervereinbarungen sei auf die gängigen Formularhandbücher und Formulierungsbeispiele verwiesen.[63] Besonderes Augenmerk bei der Vertragsgestaltung verdienen die verschiedenen Vergütungsbestandteile und das nachvertraglichen Wettbewerbsverbot, da sich hieran in der Praxis am ehesten Streitigkeiten entzünden.

23

---

52 Vgl § 17 Abs. 1, 2 BetrAVG hinsichtlich arbeitnehmerähnlicher Geschäftsführer.
53 BGH NJW 1978, 756.
54 BGH NJW 1968, 396.
55 BGH GmbHR 1984, 312.
56 BGH GmbHR 1990, 389.
57 Vgl § 6 Abs. 3 AGG (für den Zugang zur Erwerbstätigkeit sowie den beruflichen Aufstieg); dazu *Horstmeier* GmbHR 2007, 125; *Lutter* BB 2007, 725.
58 BAG NJW 2003, 2473, 2477; OLG Hamm GmbHR 1991, 466, 467.
59 BGH GRUR 1965, 302, 303; BGH WM 1990, 350.
60 OLG Düsseldorf NZG 2000, 377.
61 Siehe dazu nachfolgend unter Rn 61 ff.
62 BGH NJW 1978, 1435, 1437; BSG GmbHR 1993, 357.
63 U.a. *Jaeger*, Der Anstellungsvertrag des GmbH-Geschäftsführers; 4. Aufl. 2001, *Brandmüller*, Der GmbH-Geschäftsführer, 18. Aufl. 2006, Anhang; Küttner/*Kania*, Personalbuch 2006, Geschäftsführer Rn 31.

a) Zustimmungspflichtige Rechtsgeschäfte

24 Nicht selten findet man in der Praxis im Anstellungsvertrag einen **Katalog** zustimmungspflichtiger Rechtsgeschäfte, dh derjenigen Rechtsgeschäfte, die der **vorherigen Zustimmung der Gesellschafterversammlung** bedürfen. Zumeist handelt es sich hierbei um **Rechtsgeschäfte, die außerhalb des gewöhnlichen Geschäftsbetriebes der Gesellschaft liegen** (zB Abschluss von Arbeits-, Pacht-, Miet- und Leasingverträgen mit hohen finanziellen Volumina, Erteilung von Versorgungszusagen etc.). Ein solcher Katalog findet sich auch häufig – teils zusätzlich zum Anstellungsvertrag – in der **Geschäftsordnung für die Geschäftsführung**. Es ist daher zum einen zu beachten, dass sich die Kataloge nicht widersprechen. Zum anderen ist die Aufnahme zustimmungspflichtiger Rechtsgeschäfte nur in der Geschäftsordnung für die Geschäftsführung in der Regel vorteilhafter, da diese nachträglich ohne Einwilligung des Geschäftsführers verändert werden kann. Für eine Änderung des Anstellungsvertrages ist hingegen stets die Zustimmung des Geschäftsführers erforderlich. Wenn und soweit ein Katalog zustimmungspflichtiger Rechtsgeschäfte in den Anstellungsvertrag aufgenommen werden soll, so empfiehlt sich in jedem Fall die zusätzliche Aufnahme eines Vorbehalts, wonach dieser Zustimmungskatalog nicht abschließend ist und jederzeit durch Gesellschafterbeschluss bzw durch Satzungsänderung geändert, eingeschränkt und erweitert werden kann.

b) Vergütung

25 Die Vergütung des Geschäftsführers als wesentlicher Bestandteil kann grundsätzlich **frei ausgehandelt und ausgestaltet** werden. Bei Fremdgeschäftsführern stellt § 138 BGB die Grenze dar, die Regelung des **§ 87 AktG findet keine Anwendung**. Bei Gesellschafter-Geschäftsführern ist aber darauf zu achten, dass die Vergütung nicht zu hoch angesetzt wird, da dies sonst als **verdeckte Gewinnausschüttung** eingestuft werden kann. Ist ein Vergütungsanspruch im Anstellungsvertrag ausnahmsweise nicht bestimmt, wird sie jedenfalls bei einem Fremdgeschäftsführer in der Regel als gemäß § 612 Abs. 1 BGB stillschweigend vereinbart gelten. Die Formen und Systeme der Vergütung sind vielfältig.

26 Der Geschäftsführer erhält üblicherweise eine **Festgehalt**, das in zwölf, dreizehn oder vierzehn gleichen monatlichen Raten ausgezahlt wird. Hinzu können feste jährliche Einmalzahlungen wie Weihnachts- oder Urlaubsgeld kommen. Daneben tritt als Leistungsanreiz häufig eine oder mehrere **erfolgsabhängige variable Vergütungskomponenten**. Die erfolgsabhängige Vergütung bietet für die Gesellschaft die Möglichkeit, in wirtschaftlich unbefriedigenden Zeiten die bei der Herabsetzung der Festvergütung bestehenden Restriktionen zu umgehen und die Vergütung flexibel an die wirtschaftlichen Rahmenbedingungen anzupassen. Denkbar sind zunächst **Tantiemen** in der Form von Umsatz-, Gewinn-, Dividenden- oder Ermessenstantiemen. Hier ist im Rahmen der Vertragsgestaltung danach zu fragen, wo der entscheidende Leistungs- und Handlungsanreiz für den Geschäftsführer liegen soll.

27 Bei der Vereinbarung solcher Tantiemen sind **Berechnungsweise, Bemessungsgrundlage** und ggf auch **Höchstbeträge** genauestens im Anstellungsvertrag festzulegen, um potentielle spätere Streitfragen von Beginn an zu vermeiden. Bei Gewinntantiemen kommen als Bemessungsgrundlage Handelsbilanz- oder Steuerbilanzgewinn, der handels- oder steuerrechtliche Jahresüberschuss sowie ein ggf speziell modifizierter Gewinn in Betracht Bei nach rein subjektiven Kriterien festzulegenden Leistungsprämien entsteht schnell Streit darüber, ob und in welcher Höhe ein Anspruch besteht. Grundsätzlich empfiehlt sich daher stets eine Tantiemenberechnung, die sich anhand objektiver Kriterien überprüfen lässt. Es macht in der Regel auch Sinn, eine komplexe **Beispielsberechnung** in den Vertrag oder als Anlage aufzunehmen. Vorsicht ist indes geboten, wenn der Anstellungsvertrag vorsieht, dass in regelmäßigen zeitlichen Abständen (in der Regel **kalenderjährlich**) eine **separate Zielvereinbarung** getroffen wird, auf deren Grundlage die variable Vergütung berechnet wird. Der Geschäftsführer wird in der Regel für die Zukunft keine verschlechternde Regelung akzeptieren. Das heißt, dass durch die erste Zielvereinbarung ein Mindestvergütungsstandard geschaffen wird, von dem die Gesellschaft ohne Zustimmung des Geschäftsführers nicht mehr runterkommt. Wird daraufhin systemwidrig gar kein Zielvereinbarung mehr abgeschlossen, besteht das Risiko, dass die Gesellschaft nach Treu und Glauben und dem in **§ 162 Abs. 1 BGB** zum Ausdruck kommenden Rechtsgedanken verpflichtet ist, die variable Vergütung auf Basis der letzten Zielvereinbarung und unter Zugrundelegung eines Zieler-

reichungsgrades von 100 % zu bezahlen.⁶⁴ Die vertragliche Regelung zur variablen Vergütung sollte auch die Frage regeln, ob der Vergütungsanspruch im Falle der Abberufung bis zum Ende des Anstellungsvertrages fortbesteht. Insoweit besteht weitgehende Gestaltungsfreiheit.⁶⁵ Bei Gesellschafter-Geschäftsführern ist aus steuerrechtlicher Sicht anzuraten, dass der Anteil der variablen Vergütung 25 % der Gesamtvergütung nicht übersteigt.

Nicht selten erhält auch der Geschäftsführer Gratifikationen auf **freiwilliger Basis**. Auch ohne vertragliche Regelung kann der Fremdgeschäftsführer bei mindestens **dreimaliger vorbehaltsloser Zahlung** einen vertraglichen Anspruch auf die Leistung erwerben.⁶⁶

c) Sonstige geldwerte Nebenleistungen

aa) Dienstwagen

Die Überlassung eines Dienstwagens, der vom Geschäftsführer auch privat genutzt werden kann, gehört in Deutschland zum „Standardvertragspaket" des Geschäftsführers. Die Ausgestaltung der Überlassung erfolgt entweder aufgrund einer Regelung **direkt im Anstellungsvertrag**, aufgrund eines separaten **Dienstwagenüberlassungsvertrages** oder einer unternehmensweiten **Dienstwagenordnung**. Die Überlassung eines Dienstwagens stellt einen Vergütungsbestandteil dar, der ohne ausdrückliche vertragliche Ermächtigung von der Gesellschaft nicht einseitig entzogen werden kann. Die vertragliche Regelung sollte daher insbesondere etwaige **Herausgabepflichten** (zB bei Krankheit, Urlaub, Freistellung) regeln. Andernfalls besteht das Risiko, dass sich die Gesellschaft bei einem einseitigen Entzug des Dienstwagens schadensersatzpflichtig macht. Ferner sollten klare vertragliche Regelungen zu **Versicherung, Haftung, Austausch** des Dienstwagens sowie zur Tragung der **Nebenkosten** (Reparatur, Wartung, Benzin, Schmierstoffe; Wagenwäsche etc.) getroffen werden.⁶⁷ Nicht unüblich ist es, die Gewährung der **Privatnutzung** des Dienstwagens als freiwillige bzw jederzeit widerrufbare Leistung auszugestalten, was jedenfalls bei Formularverträgen im Hinblick auf §§ 305 ff BGB nicht unproblematisch ist. Mit der üblicherweise eingeräumten privaten Nutzungsmöglichkeit geht die Verpflichtung des Geschäftsführers einher, den daraus resultierenden geldwerten Vorteil zu **versteuern**. Dies geschieht entweder über Einzelnachweise oder pauschal anhand der „**1 %-Regel**".⁶⁸ Bei Letzterer wird als monatlicher steuerrelevanter Nutzungsvorteil für die Privatnutzung 1 % des auf volle 100 EUR abgerundeten Bruttolistenpreises des Dienstwagens zzgl 0,03 % des Listenpreises je Entfernungskilometer für die Fahrten zwischen Wohnung und Arbeitsstätte angesetzt. Es handelt sich hierbei um die überwiegend gewählte Methode, da bei der Versteuerung anhand von Einzelnachweisen ein **Fahrtenbuch** zu führen ist, an das die Finanzverwaltung sehr hohe Anforderungen stellt. Eine kurze Dienstwagenklausel im Anstellungsvertrag könnte wie folgt lauten:

▶ 1. Der Geschäftsführer erhält von der Gesellschaft einen Dienstwagen zur Nutzung für geschäftliche Zwecke. Der Fahrzeugtyp wird von der Gesellschaft bestimmt.
2. Der Geschäftsführer kann den Dienstwagen auch für private Zwecke nutzen. Es handelt sich insoweit um eine freiwillige Leistung der Gesellschaft, auf die auch nach wiederholter bzw längerer Inanspruchnahme kein Rechtsanspruch für die Zukunft besteht oder begründet wird. Sämtliche mit der Privatnutzung im Zusammenhang stehenden Steuern und/oder Sozialabgaben sind vom Geschäftsführer zu tragen.
3. Im Falle einer Freistellung oder nach Ausspruch einer Kündigung, gleich von welcher Seite oder aus welchem Grund, ist der Geschäftsführer verpflichtet, den Dienstwagen auf Verlangen der Gesellschaft unverzüglich zurückzugeben, ohne dass ein Anspruch auf Nutzungsausfallentschädigung besteht. Ein Zurückbehaltungsrecht besteht nicht.
4. Weitere Einzelheiten richten sich nach dem zwischen den Parteien gesondert abgeschlossenen Dienstwagenüberlassungsvertrag. ◀

---

64 LAG Köln DB 2003, 451; LAG Düsseldorf DB 2006, 2635.
65 Dazu *Bauer/Göpfert/Siegrist* DB 2006, 1774.
66 BGH BB 1990, 1436, 1437.
67 Formulierungsbeispiele bei *Nägele*, Der Dienstwagen, 2002.
68 Dazu *Nägele*, Der Dienstwagen, S. 227 ff.

bb) Versicherungen

30 Neben dem Abschluss einer sog. D&O-Versicherung[69] ist auch der Abschluss einer gesonderten **Unfallversicherung** für den Geschäftsführer bzw deren Einbeziehung in eine bestehende Gruppenunfallversicherung üblich. Hierdurch lässt sich zum einen die Unsicherheit beseitigen, ob der betreffende Geschäftsführer abhängig beschäftigt ist und demzufolge in der gesetzlichen Unfallversicherung nach dem SGB VII abgesichert ist. Des Weiteren kann der hervorgehobenen Stellung des Geschäftsführers durch erhöhte Deckungssummen Rechnung getragen werden. Im Anstellungsvertrag sollte dann ein echter Anspruch des Geschäftsführers auf Abschluss einer Unfallversicherung mit **Mindestdeckungssummen für den Todes- und Invaliditätsfall** aufgenommen werden. Die Beitragsleistungen werden üblicherweise von der Gesellschaft getragen.

cc) Urlaub/Krankheit/Sterbegeld

31 Das Bundesurlaubsgesetz (BUrlG) gilt für den Geschäftsführer nicht. Diesem steht aber aufgrund der Treue- und Fürsorgepflicht der Gesellschaft ein **angemessener Erholungsurlaub** zu, der in Anlehnung an den gesetzlichen Mindesturlaubsanspruch für Arbeitnehmer mindestens 24 Werktage (also 20 Tage auf Basis einer Fünf-Tage-Woche) betragen sollte. Üblich ist aber die Vereinbarung eines deutlich höheren Urlaubsanspruchs von 28 bis 35 Arbeitstagen. In der Praxis könnte wie folgt formuliert werden:

▶ Dem Geschäftsführer steht jährlich ein Anspruch auf bezahlten Erholungsurlaub von ... Arbeitstagen auf Basis einer Fünf-Tage-Woche zu. Bei der zeitlichen Festlegung des Urlaubs sind die geschäftlichen Belange der Gesellschaft zu berücksichtigen. Lage und Dauer des Urlaubs sind zudem mit den Mitgeschäftsführern abzustimmen. ◀

Bei **Erkrankung** des Geschäftsführers hat die Gesellschaft die Vergütung nach allgA für eine „verhältnismäßig nicht erhebliche Zeit" gemäß § 616 Abs. 1 BGB fortzuzahlen (dies wäre weniger als sechs Wochen). Das Entgeltfortzahlungsgesetz (EFZG) findet keine Anwendung. Um Streitigkeiten über die Dauer der **Vergütungsfortzahlung** zu vermeiden, ist die **ausdrückliche Regelung im Anstellungsvertrag** anzuraten. Üblicherweise wird die Vergütungsfortzahlung dann nicht auf die Dauer von sechs Wochen entsprechend der Regelung des § 3 Abs. 1 EFZG beschränkt, sondern auf einen Zeitraum von drei bis sechs Monaten ausgedehnt. Insbesondere die Frage der Berücksichtigung variabler Vergütungsbestandteile während des Fortzahlungszeitraums sollte klar geregelt werden. Eine Klausel zur Erkrankung bzw Dienstverhinderung könnte wie folgt lauten:

▶ Im Falle einer Erkrankung oder sonstigen unverschuldeten Dienstverhinderung werden dem Geschäftsführer seine vertragsgemäßen Bezüge [genau zu benennen!] für die Dauer von drei Monaten fortbezahlt. Etwaige aufgrund der Dienstverhinderung von Dritter Seite gezahlte Geldleistungen werden auf diese Vergütung angerechnet. Der Geschäftsführer ist verpflichtet, die Gesellschaft unverzüglich von einer solchen Dienstverhinderung in Kenntnis zu setzen. Bei Erkrankung hat er der Gesellschaft spätestens nach drei Tagen ein ärztliches Attest vorzulegen. ◀

Mit dem **Tod** des Geschäftsführers endet auch der Anstellungsvertrag. Um die **finanziellen Härten für die Hinterbliebenen** zu mildern, ist die Zahlung eines Sterbegeldes in Geschäftsführer-Anstellungsverträgen verbreitet. Üblicherweise wird die Weiterzahlung der Bezüge an die Ehefrau bzw die unterhaltsberechtigten minderjährigen Kinder für einen Zeitraum von zwei bis sechs Monaten zugesagt. Die vertragliche Regelung sollte vorsehen, dass die anspruchsberechtigten Personen Gesamtgläubiger iS von § 428 BGB sind mit der Folge, dass die Gesellschaft mit befreiender Wirkung nach Belieben an einen der Hinterbliebenen zahlen kann. Eine Regelung könnte wie folgt gefasst werden:

▶ Sollte der Geschäftsführer während der Dauer dieses Vertrages versterben, werden die festen vertragsgemäßen Bezüge [genau zu benennen!] für den Sterbemonat und die folgenden drei Monate, längstens aber bis zur Beendigung dieses Vertrages, an die Ehefrau oder die unterhaltsberechtigten Kinder als Gesamtgläubiger fortbezahlt. Die Gesellschaft kann an jede einzelne der genannten bezugsberechtigten Personen mit schuldbefreiender Wirkung gegenüber allen Gesamtgläubigern zahlen. ◀

---

69 Siehe nachfolgend Rn 61 ff.

d) Nebentätigkeit/Verschwiegenheit

Nebentätigkeiten sind dem Geschäftsführer nicht grundsätzlich untersagt, so lange er sich dabei an sein Wettbewerbsverbot hält. Üblich und sinnvoll sind Regelungen im Anstellungsvertrag, wonach Nebentätigkeiten einschließlich der Übernahme von Ehrenämtern **zustimmungspflichtig** sind. Hierdurch werden die Loyalitätspflichten des Geschäftsführers vertraglich verschärft. Ein pauschales Verbot jedweder Nebentätigkeit kann indes nicht wirksam vereinbart werden. Eine vertragliche Regelung zur Nebentätigkeit könnte wie folgt formuliert werden:

▶ Die Übernahme einer entgeltlichen oder unentgeltlichen Nebentätigkeit bedarf der vorherigen schriftlichen Zustimmung der Gesellschafterversammlung. Die Zustimmung ist zu erteilen, wenn durch die Nebenbeschäftigung die Belange der Gesellschaft nicht beeinträchtigt werden. Die erteilte Zustimmung ist jederzeit widerruflich. ◀

Der Geschäftsführer ist grundsätzlich zur **Verschwiegenheit** über vertrauliche gesellschaftsinterne Angelegenheiten und Geschäftsgeheimnisse verpflichtet. Die Verschwiegenheitspflicht stellt insoweit eine **Konkretisierung seiner Treuepflicht** dar. Anders als im Aktiengesetz oder Genossenschaftsgesetz[70] ist die Verschwiegenheitspflicht im GmbHG **nicht ausdrücklich geregelt**, wird jedoch in § 85 GmbHG vorausgesetzt. Ob eine Angelegenheit als vertraulich oder geheimhaltungsbedürftig zu bewerten ist, ist stets einzelfallbezogen aus Sicht des Unternehmensinteresses zu entscheiden. Die Verschwiegenheitspflicht besteht damit auch ohne besondere vertragliche Regelung. Eine klarstellende vertragliche Regelung, die den Umfang der Verschwiegenheitspflicht und den Umgang mit dieser Verpflichtung in Zweifelsfällen regelt, ist dennoch anzuraten. Ebenfalls nicht unüblich ist die Absicherung der Verschwiegenheitspflicht durch eine **angemessene Vertragsstrafe**. Eine Musterformulierung könnte hier lauten:

▶ Der Geschäftsführer wird über alle ihm während und im Zusammenhang mit seiner Tätigkeit für die Gesellschaft bekannt werdenden betrieblichen und geschäftlichen Angelegenheiten der Gesellschaft (insbesondere Betriebs- und Geschäftsgeheimnisse), die die Gesellschaft, etwaige mit der Gesellschaft verbundene Unternehmen, ihre Kunden und ihre Gesellschafter betreffen sowohl während der Dauer dieses Vertrages als auch nach dessen Beendigung Dritten gegenüber strengstes Stillschweigen bewahren, soweit nicht eine gesetzliche Offenlegungspflicht besteht. ◀

e) Vertragliches Wettbewerbsverbot

Während seiner Amtszeit bzw der Dauer seines Anstellungsvertrages unterliegt der Geschäftsführer, auch ohne dass dies im Anstellungsvertrag gesondert geregelt wurde, einem umfassenden Wettbewerbsverbot. Es existiert zwar **keine gesetzliche Regelung**, jedoch stellt das Wettbewerbsverbot die wohl **wichtigste Ausprägung der Treuepflicht** des Geschäftsführers dar.[71] Die Reichweite des jeweiligen Wettbewerbs ist anhand des Unternehmensgegenstandes zu bestimmen.[72] Soweit der Geschäftsführer gegen diese Verpflichtung verstößt, macht er sich schadenersatzpflichtig. Auch hier empfiehlt sich die Aufnahme einer vertraglichen Regelung zum Umfang des Wettbewerbsverbotes. Dieses kann dann ggf durch eine **Vertragsstraferegelung** abgesichert werden. Ein vertragliches Wettbewerbsverbot könnte lauten:

▶ Dem Geschäftsführer ist es untersagt, während der Dauer dieses Vertrages in selbständiger, unselbständiger oder in sonstiger Weise für ein Unternehmen tätig zu werden, das mit der Gesellschaft in direktem oder indirektem Wettbewerb steht. In gleicher Weise ist es ihm untersagt, während der Dauer dieses Anstellungsvertrages ein solches Unternehmen zu errichten, zu erwerben oder sich hieran unmittelbar oder mittelbar zu beteiligen. Hiervon ausgenommen sind lediglich rein finanzielle Beteiligungen an börsennotierten Unternehmen bis zur Höhe von ... Prozent des Kapitals, die keine unternehmerische Einflussmöglichkeit eröffnen. Der Geschäftsführer wird das Bestehen einer solchen Beteiligung der Gesellschaft jedoch unverzüglich schriftlich anzeigen. Der Geschäftsführer hat für jeden Fall der Zuwiderhandlung gegen dieses Wettbewerbsverbot eine Vertragsstrafe in Höhe von ... zu zahlen. Im Falle

---

[70] Vgl § 93 Abs. 1 S. 3 AktG, § 34 Abs. 1 S. 2 GenG.
[71] Für den AG-Vorstand statuiert § 88 AktG ausdrücklich ein Wettbewerbsverbot.
[72] OLG Nürnberg GmbHR 1994, 252.

eines Dauerverstoßes ist die Vertragsstrafe für jeden neu angefangenen Monat neu verwirkt. Weitergehende Ansprüche der Gesellschaft bleiben hiervon unberührt. ◄

f) Nachvertragliches Wettbewerbsverbot

35 Viele Gesellschaften, insbesondere Tochtergesellschaften ausländischer Konzerne vereinbaren mit ihren Führungskräften nachvertragliche Wettbewerbsverbote. Gerade im Hinblick auf Organmitglieder neigen die Gesellschaften dazu, flächendeckend in alle Anstellungsverträge weitreichende nachvertragliche Wettbewerbsverbote aufzunehmen. Viele Unternehmen sind sich dabei der damit verbundenen **erheblichen Kosten** im Ausscheidensfall nicht bewusst. Für den mit der Gestaltung eines Wettbewerbsverbotes befassten Anwalt steht daher zunächst immer die Klärung der Sinnhaftigkeit des „ob" der Vereinbarung eines Wettbewerbsverbotes im Vordergrund. Erst danach stellt sich die Frage, wie eine solche Vereinbarung rechtssicher ausgestaltet werden kann. Von der unkritischen Übernahme von Mustervereinbarungen aus Formularbüchern ist dabei dringend abzuraten. Ein nachvertragliches Wettbewerbsverbot macht nur dann Sinn und wird auch nur dann inhaltlich zulässig sein, wenn es auf das Organmitglied bzw. die Gesellschaft „**maßgeschneidert**" wurde. Begehrt der Mandant die Überprüfung der Wirksamkeit eines bereits vereinbarten Wettbewerbsverbotes, so wird schnell deutlich, ob dieser Grundsatz bei der Vereinbarung beherzigt wurde. Anders als bei Arbeitnehmern ist es bei Organmitgliedern egal, zu welchem Zeitpunkt und in welcher Urkunde (bereits im Anstellungsvertrag, gesondert nach Abschluss des Anstellungsvertrags, nach Beendigung des Anstellungsvertrags) das Wettbewerbsverbot vereinbart wurde. Es muss immer den gleichen Anforderungen genügen.[73]

aa) Rechtsgrundlagen

36 Nachvertragliche Wettbewerbsverbote lassen sich im Gegensatz zu Wettbewerbsverboten während der Laufzeit eines Anstellungsvertrages grundsätzlich weder aus gesetzlichen Bestimmungen, noch aus allgemeinen nachvertraglichen Verschwiegenheits- und Treuepflichten herleiten.[74] Zwar findet sich in **§ 85 GmbHG** ein gesetzliches Verbot betreffend der unbefugten Offenbarung von Betriebs- und Geschäftsgeheimnissen durch den Geschäftsführer, allerdings umfasst der Wortlaut zunächst nur die Weitergabe von Informationen außerhalb eines Anstellungsverhältnisses.[75] Ob diese Vorschrift im Einzelfall auch die Eingehung eines neuen Arbeitsverhältnisses untersagen kann, erscheint zumindest zweifelhaft.[76] In der Praxis lässt sich infolgedessen nicht sicher mit dem Verweis auf § 85 GmbHG arbeiten. Es sind daher stets einzelvertragliche Vereinbarungen erforderlich, deren Zulässigkeit dann anhand der von der Rechtsprechung gezogenen Grenzen zu beurteilen ist. Für den **Fremdgeschäftsführer**, der keine Gesellschaftsanteile hält, kann das Wettbewerbsverbot nur im bzw im Zusammenhang mit dem Anstellungsvertrag vereinbart werden.[77] Hierauf beschränken sich die nachfolgenden Ausführungen.

37 Für die Überprüfung der Zulässigkeit nachvertraglicher Wettbewerbsverbote im Geschäftsführeranstellungsvertrag hat die Rechtsprechung eigene Kriterien entwickelt. Die auch für Arbeitnehmer geltenden Vorschriften der **§§ 74 ff HGB** regeln umfassend die Möglichkeit der Vereinbarung nachvertraglicher Wettbewerbsverbote.[78] Während das BAG und ein Teil des Schrifttums durchaus die Arbeitnehmer-Eigenschaft eines GmbH-Geschäftsführers für möglich hält,[79] was dann auch für die Anwendbarkeit der §§ 74 ff HGB sprechen würde, verneint dies der BGH in ständiger Rechtsprechung.[80] Auch eine vielfach befürwortete analoge Anwendung der Vorschriften schließt der BGH aus-

---

73 *Bauer/Diller*, Wettbewerbsverbote, Rn 721 a.
74 BAG AP Nr. 40 zu § 611 BGB Konkurrenzklausel; BAG AP Nr. 11 zu § 611 BGB Treuepflicht.
75 Für den AG-Vorstand ist insoweit § 404 AktG einschlägig.
76 BGHZ 91,1, 5 hat dies zwar angedeutet, jedoch keine genauen Vorgaben für diese Fallgruppe aufgezeigt.
77 Ist der Geschäftsführer an der Gesellschaft beteiligt, ist ein Wettbewerbsverbot auch auf gesellschaftsvertraglicher Ebene denkbar. Diese Gestaltung kann besondere Probleme aufwerfen. Insbesondere besteht die Gefahr, dass ggf gesellschaftsvertragliches und anstellungsvertragliches Wettbewerbsverbot dann voneinander abweichen.
78 Dazu umfassend oben unter § 1 Rn 310 ff.
79 BAG AP Nr. 2 zu § 5 ArbGG, dort allerdings verneint; BAG AP Nr. 2 zu § 1 AngKünG; *Bauer/Diller*, Wettbewerbsverbote, Rn 711 mwN; siehe dazu auch oben Rn 1 ff.
80 BGHZ 10, 187, 191; BGHZ 12, 1, 7; BGHZ 49, 30, 31; BGH DB 1990, 676.

drücklich aus.[81] In einer Einzelentscheidung hat der BGH dagegen differenziert: Die §§ 74 ff HGB sollen demnach nicht generell unanwendbar sein. Soweit die gesetzlichen Bestimmungen der §§ 74 ff HGB die besonderen Interessen des Unternehmens wahren sollen, komme eine entsprechende Anwendung der §§ 74 ff HGB in Betracht. Gehe es dagegen um soziale Schutzrechte des Organmitglieds, seien die §§ 74 ff HGB unanwendbar, da diese Vorschriften auf anders geartete Rechtsverhältnisse zugeschnitten sind.[82] Diese Aussage ist in dieser Klarheit vom BGH jedoch nicht aufrechterhalten worden. Teilweise wurde diese vorgezeichnete Linie sogar ins Gegenteil verkehrt.[83] Für die Praxis ist in erster Linie maßgebend, dass der BGH tendenziell eine entsprechende Anwendung der §§ 74 ff HGB ablehnt.

Die Verneinung einer entsprechenden Anwendbarkeit der §§ 74 ff HGB bedeutet allerdings nicht, dass die Vereinbarung nachvertraglicher Wettbewerbsverbote im Geschäftsführeranstellungsvertrag schrankenlos zulässig wäre. Die Rechtsprechung misst die Wettbewerbsverbote wiederum an der allgemeinen Vorschrift des § 138 BGB und stellt dabei „strenge Anforderungen" auf.[84] Konkretisiert wird der Prüfungsmaßstab hierbei durch das Heranziehen der in den §§ 74 ff HGB zum Ausdruck kommenden Rechtsgrundsätze.[85] Die §§ 74 ff HGB finden somit zumindest von ihrer Grundwertung her über einen „Umweg" Anwendung und bilden für die Vertragsgestaltung im Anstellungsvertrag die entscheidende Grundlage

38

Die Zulässigkeit von nachvertraglichen Wettbewerbsverboten mit einem GmbH-Geschäftsführer überprüft die Rechtsprechung in **zwei** klar voneinander zu unterscheidenden **Schritten**, wobei sie sich fast wörtlich an der Vorschrift des § 74 a Abs. 1 HGB orientiert. Das nachvertragliche Wettbewerbsverbot muss danach „*dem Schutz eines berechtigten Interesses der Gesellschaft dienen*" (1. Stufe) und „*nach Ort, Zeit und Gegenstand die Berufsausübung und die wirtschaftliche Betätigung des Organmitglieds nicht unbillig erschweren*" (2. Stufe).[86] Auf der ersten Stufe erkennt der BGH im Wesentlichen zwei legitime Gründe für die Vereinbarung nachvertraglicher Wettbewerbsverbote an. Ein berechtigtes geschäftliches Interesse kann demzufolge einerseits im Schutz von Betriebs- und Geschäftsgeheimnissen und andererseits im Schutz vorhandener Kunden- bzw Lieferantenbeziehungen liegen.[87] Nicht geschützt ist hingegen der Wunsch, eine fachlich qualifizierte Kraft für einen bestimmten Zeitraum als Konkurrent auszuschalten.[88] Für die zweite Prüfungsstufe, also die mögliche unbillige Erschwerung der wirtschaftlichen Betätigung des GmbH-Geschäftsführers, ist entscheidend, ob, in welcher Höhe und unter welchen Bedingungen eine Karenzentschädigung gezahlt wird.[89]

39

bb) Inhaltliche Ausgestaltung

Ist grundsätzlich ein berechtigtes geschäftliches Interesse für die Vereinbarung eines nachvertraglichen Wettbewerbsverbotes gegeben, so ist einzelfallbezogen zu überprüfen, ob das Vereinbarte inhaltlich darüber hinausgeht, was zur Erreichung des Schutzinteresses erforderlich ist. Problematisch ist insbesondere die sachliche und räumliche Ausgestaltung des Wettbewerbsverbotes. Bei der sachlichen Ausgestaltung muss zwischen sog. **Kunden- und Mandantenschutzklauseln**, durch die lediglich ein Einbruch in bestehende Kunden- und Lieferantenkreise unterbunden werden soll, und vollständigen Tätigkeitsverboten unterschieden werden. Verfährt die Rechtsprechung bei ersteren Vereinbarungen unter der Voraussetzung, dass auch ein tatsächlicher Geschäftskontakt mit dem Kunden bzw Mandanten in den letzten 2–3 Jahren vor dem Ausscheiden des Geschäftsführers bestand, relativ großzügig, so erscheinen vollständige Tätigkeitsverbote vor dem Hintergrund problematisch, dass der ehe-

40

---

81 Vgl BGH WM 1965, 310; BGHZ 91, 1, 3; zur gegenläufigen Literatur siehe die Nachweise bei *Bauer/Diller*, Wettbewerbsverbote, Rn 716.
82 BGH GmbHR 1992, 263.
83 Vgl *Bauer/Diller* GmbHR 1999, 887.
84 BGH WM 1965, 310; BGHZ 91, 1, 5.
85 BGHZ 91, 1, 5.
86 BGH NJW 1968, 1717; BGH WM 1974, 74, 76; BGHZ 91, 1, 5.
87 *Bauer/Diller* GmbHR 1999, 888.
88 BGHZ 91, 1, 7; OLG Düsseldorf GmbHR 1993, 581, 582; OLG Düsseldorf GmbHR 1999, 121,122.
89 *Bauer/Diller* GmbHR 1999, 888.

malige Geschäftsführer auch als Konkurrent um zukünftige Kunden bzw Mandanten ausgeschaltet wird, was gerade kein berechtigtes Interesse im Sinne der Rechtsprechung darstellt.[90] Denkbar erscheint ein **vollständiges Tätigkeitsverbot** daher nur, wenn sonst die Einhaltung der Kunden- und Mandantenschutzklausel nicht effektiv überwacht und gewährleistet werden kann. Ist dies seitens des Begünstigten nicht eindeutig nachweisbar, dürfte ein uneingeschränktes Tätigkeitsverbot im Hinblick auf Art. 12 GG unwirksam sein.[91]

41 Von entscheidender Bedeutung ist auch der **räumliche Geltungsbereich**. Verbote ohne Bezug zur Tätigkeit des Geschäftsführers, zB konzernweite Wettbewerbsverbote oder Verbote ohne Bezug zur Geschäftstätigkeit der Gesellschaft, zB weltweite Wettbewerbsverbote werden in aller Regel unwirksam sein, da es an einem so weitreichenden berechtigten geschäftlichen Interesse fehlt.[92] Zwar kann eine solche Vereinbarung auf dem verständlichen Wunsch der Gesellschaft beruhen, Umgehungsmöglichkeiten auszuschließen. Allein die theoretische Missbrauchsmöglichkeit kann eine solche Vereinbarung jedoch nicht rechtfertigen. Räumlich sollten Wettbewerbsverbote demnach nur so weit gefasst werden, wie die Zuständigkeit bzw Möglichkeit der direkten Einflussnahme des Geschäftsführers während der Dauer des Anstellungsvertrages reicht.

42 Wettbewerbsverbote, insbesondere vollständige Tätigkeitsverbote, dürfen im Regelfall nur bis zu einem **Höchstzeitraum von zwei Jahren** vereinbart werden.[93] Allerdings hat sich auch hier die Rechtsprechung noch keineswegs festgelegt und auch ein zweijähriges vollständiges Wettbewerbsverbot für unwirksam befunden.[94] Etwas großzügiger ist die Rechtsprechung bei Mandanten- und Kundenschutzklauseln bei denen zwei Jahre nicht grundsätzlich die Obergrenze darstellen.[95] Ein Zeitraum von fünf Jahren wurde dagegen schon als unzulässig erachtet.[96] In der Praxis lässt sich aber mit einem Höchstzeitraum von zwei Jahren gut arbeiten. Eine Bindung von über zwei Jahren sollte nur in Ausnahmefällen in Betracht gezogen werden.

cc) Karenzentschädigung

43 In Anlehnung an § 74 Abs. 2 HGB ist das Wettbewerbsverbot nur verbindlich, wenn sich die Gesellschaft verpflichtet, für die Dauer des Verbots eine Entschädigung zu zahlen, die „für jedes Jahr des Verbots mindestens die Hälfte der zuletzt bezogenen vertragsmäßigen Leistungen erreicht". In der Praxis bereitet die korrekte Berechnung der **Karenzentschädigung** erhebliche Probleme. Auch hier sollte daher drohenden Streitigkeiten durch eine möglichst präzise Vereinbarung vorgebeugt werde. Die Vereinbarung sollte dabei auch stets die mögliche Veränderung der Bezüge während der Vertragslaufzeit berücksichtigen. Von der Aufnahme von Festbeträgen sollte daher unbedingt abgesehen werden. Für eine sichere Vertragsgestaltung lassen sich aber nur sehr vage Vorgaben formulieren. Auch hier sollte jedoch sinnvoller Weise zwischen vollständigem Tätigkeitsverbot einerseits und Kunden- und Mandantenschutzklausel andererseits unterschieden werden. **Vollständige Tätigkeitsverbote** sind generell nur bei Zahlung einer Karenzentschädigung wirksam.[97] Oftmals wird bei Organmitgliedern in Anlehnung an die Regelung in § 74 Abs. 2 HGB eine Karenzentschädigung in Höhe von 50 % der Festbezüge vereinbart, was angesichts der Schwere der Beschränkung in den beruflichen Entfaltungsmöglichkeiten des Geschäftsführers nicht ausreichen dürfte. Angemessen sollte im Grundsatz eine Entschädigung in Höhe von **50 % der Gesamtbezüge** sein.[98] Die Besonderheiten des Einzelfalls, insbesondere der räumliche und sachliche Geltungsbereich sowie die Dauer müssen jeweils hinreichend berücksichtigt werden. Denkbar ist zudem auch ein das Wettbewerbsverbot kompensierender

---

90 BGHZ 91, 1, 6; BGH GmbHR 1991, 15, 16.
91 Siehe OLG Düsseldorf NZG 2000, 737, 738.
92 So iE auch *Bauer/Diller* GmbHR 1999, 889.
93 Drei Jahre sind idR schon zu lang, vgl BGH NJW 1968, 1717.
94 So zB OLG Düsseldorf NZG 2000, 737.
95 Jedenfalls wurden zwei Jahre durchweg als angemessen beurteilt ohne diesen Zeitraum als Obergrenze festzulegen, vgl BGHZ 91, 1, 7; BGH GmbHR 1991, 15,16; OLG Düsseldorf NZG 2000, 737, 738.
96 OLG Hamm 1989, 259, 260.
97 *Bauer/Diller* GmbHR 1999, 891 mit umfassenden Nachweisen aus Rspr und Lit.
98 Ebenso *Bauer/Diller* GmbHR 1999, 891.

anderweitiger finanzieller Ausgleich, zB durch eine ausreichende Abfindung, wenn diese im Zusammenhang mit dem Wettbewerbsverbot gezahlt wird. **Kunden- und Mandantenschutzklauseln** können hingegen sogar ohne Zahlung einer Karenzentschädigung zulässig sein, wenn sie einerseits keinem Berufsverbot des Geschäftsführers gleichkommen und andererseits auf einen Zeitraum von zwei Jahren beschränkt sind.[99] Es sind jedoch immer die Besonderheiten des jeweiligen Tätigkeitsfeldes und Marktes zu berücksichtigen. Kommt eine solche Klausel aufgrund der Beschaffenheit des Marktes einem vollständigen Tätigkeitsverbot gleich, werden auch hier die obigen Entschädigungsgrundsätze gelten.

Bei der Ausgestaltung des Wettbewerbsverbots sollte auch in Anlehnung an § 74 c HGB die **Anrechnung anderweitigen Erwerbs** auf die Karenzentschädigung erwogen werden. Ohne dahingehende ausdrückliche Regelung muss sich der Geschäftsführer keinerlei anderweitigen Erwerb anrechnen lassen.[100] Zweifelhaft ist auch, ob durch den ergänzenden pauschalen Verweis auf die §§ 74 ff HGB auch die Anrechnungsvorschrift des § 74 c HGB bindend in Bezug genommen wird.[101] Durch vertragliche Vereinbarung kann im Einzelfall auch eine über § 74 c HBG hinausgehende Anrechnung bis hin zu einer vollen Anrechnung aller Bezüge möglich sein.[102] Üblich und angemessen dürfte eine Regelung sein, wonach pauschal 50 % aller anderweitigen Einkünfte angerechnet wird. Belastbare Rechtsprechung existiert hierzu nicht.   44

dd) Formvorschriften

Die in § 74 Abs. 1 HGB vorgesehene Schriftform gilt für den Geschäftsführer nicht.[103] Entsprechend entfällt auch das Erfordernis der Aushändigung der von der Gesellschaft im Original unterzeichneten Urkunde an den Geschäftsführer, die gegenüber Arbeitnehmern zwingend einzuhalten ist. Trotzdem ist die **schriftliche Fixierung** des Wettbewerbsverbotes sowohl aus Gründen der Rechtssicherheit als auch aus Praktikabilitätsgründen dringend zu empfehlen.   45

ee) Mängel und ihre Folgen/geltungserhaltende Reduktion

Verstößt die inhaltliche Ausgestaltung eines Wettbewerbsverbotes gegen die o.g. Vorgaben der Rechtsprechung, dient es also mit anderen Worten nicht dem berechtigten Interesse der Gesellschaft, so ist das Wettbewerbsverbot gem. **§ 138 BGB insgesamt nichtig.**[104] Dies hat zur Folge, dass die Nichtigkeit des Wettbewerbsverbots sowohl vom Geschäftsführer, als auch von der Gesellschaft geltend gemacht werden kann, unabhängig davon, wer von beiden bei Vertragsabschluß sittenwidrig gehandelt hat.[105] Demnach kann sich zB auch die Gesellschaft bei einem von ihr selbst formulierten und zu weit gefassten Wettbewerbsverbot auf dessen Nichtigkeit berufen und die Zahlung einer Karenzentschädigung verweigern, obwohl der Geschäftsführer zur Einhaltung des Wettbewerbsverbots bereit ist und die Zahlung der Karenzentschädigung verlangt. Begrenzt werden solche Handlungsoptionen allerdings auf beiden Seiten durch den Grundsatz von Treu und Glauben. Eine Berufung auf die Unwirksamkeit wird immer dann nicht möglich sein, wenn sich eine der Parteien, nachdem sie aus dem Wettbewerbsverbot bereits Vorteile gezogen hat, ihrer daraus resultierenden Verpflichtungen (später) entledigen will.[106]   46

Fraglich ist, ob eine teilweise Aufrechterhaltung des zu weit gefassten Wettbewerbsverbotes durch **geltungserhaltende Reduktion** möglich ist. Die Rechtsprechung steht dem sehr kritisch gegenüber.[107]   47

---

99 BGHZ 91, 1, 7.
100 BGH DB 1991, 1508.
101 Dafür *Bauer/Diller* GmbHR 1999, 892.
102 Vgl OLG Celle GmbHR 1980, 32, 35.
103 OLG Koblenz WM 1985, 1485.
104 Aufgrund der Anknüpfung der Inhaltskontrolle an § 138 BGB stellt sich die Frage der bloßen Unverbindlichkeit von Wettbewerbsverboten und eines etwaigen Wahlrechts, wie sie oftmals bei Arbeitnehmern auftreten, nicht; vgl dazu *Bauer/Diller*, Wettbewerbsverbote Rn 69 ff. Etwas anderes kann allerdings dann gelten wenn das Wettbewerbsverbot ergänzend auf §§ 74 ff HGB verweist und damit die dahingehende BAG-Rspr in Bezug nimmt; siehe *Bauer/Diller*, Wettbewerbsverbote Rn 717 a, 749; *Thüsing* NZG 2004, 14.
105 Vgl BGH NJW 1958, 989; NJW 1973, 465; BAG AP Nr. 34 zu § 138 BGB.
106 *Bauer/Diller*, Wettbewerbsverbote, Rn 731.
107 Vgl statt aller BGH NJW 1997, 3089 f.

Eine Reduktion bzw Umdeutung der Abrede in ein wirtschaftlich sinnvolles und zugleich mit der Rechtsordnung in Einklang stehendes Rechtsgeschäft führe sonst dazu, dass das Unternehmen regelmäßig sittenwidrige Vereinbarungen treffe, um schlimmstenfalls durch gerichtliche Festsetzung gerade noch Vertretbare zu erreichen.[108] In einer Einzelentscheidung hat der BGH eine inhaltliche Reduktion von Klauseln insofern zugelassen, als von zwei unterschiedlichen Klauseln die mildere Mandantenschutzklausel aufrechterhalten wurde.[109] In neuerer Zeit neigt der BGH aber zu einer differenzierenden Sichtweise: Ist das Wettbewerbsverbot nur teilweise vom berechtigten geschäftlichen Interesse gedeckt, also inhaltlich zu weit gefasst, ist es insgesamt nichtig. Lediglich für den Fall überlanger Bindungsdauer könne das Verbot mit der maximal zulässigen Zeit aufrechterhalten werden.[110] Fraglich ist, ob sich die Problematik durch die vertragliche Vereinbarung, dass **„ergänzend die §§ 74 ff HGB gelten"** entschärfen lässt.[111] Hierdurch ließe sich möglicherweise eine geltungserhaltende Reduktion auch in inhaltlicher Hinsicht erreichen, da § 74 a HGB eine solche ausdrücklich vorsieht. Die Instanzrechtsprechung stützt diese Auffassung.[112] BGH-Rechtsprechung hierzu liegt – soweit ersichtlich – noch nicht vor. Festzuhalten ist jedoch, dass die Vereinbarung eines Wettbewerbsverbotes ohne **salvatorische Klausel** einen Kunstfehler in der Vertragsgestaltung darstellt. Insbesondere dürfte dadurch eine geltungserhaltende Reduktion bei überlanger Bindungsdauer gesichert sein. Festzuhalten ist allerdings auch, dass Wettbewerbsverbote, die wegen einer zu geringen Entschädigung unwirksam sind, nicht durch salvatorische Klauseln gerettet werden können. Das Unternehmen kann dann die Unwirksamkeit auch nicht durch nachträgliche einseitige Zusage einer ausreichenden Entschädigung heilen.[113]

ff) Verzicht/Lösung vom Wettbewerbsverbot

48 Vor Beendigung des Anstellungsverhältnisses kann die Gesellschaft in Anlehnung an § 75 a HGB gegenüber dem Geschäftsführer auf ein für sie wertlos gewordenes Wettbewerbsverbot verzichten, allerdings mit der Verpflichtung, bis zum Ablauf eines Jahres nach Zugang der Verzichtserklärung beim Adressaten die vereinbarte Karenzentschädigung zu zahlen.[114] Wird der Verzicht also **mehr als ein Jahr vor Beendigung** des Arbeitsverhältnisses erklärt, fällt gar keine Karenzentschädigung an.[115] Der Geschäftsführer wird hingegen mit sofortiger Wirkung von der Pflicht zur Wettbewerbseinhaltung befreit. Dies entspricht den Rechtsfolgen des § 75 a HGB, der auch ohne ausdrückliche Regelung entsprechend für den Geschäftsführer gilt.[116] Das Verzichtsrecht der Gesellschaft kann gegenüber dem Geschäftsführer grundsätzlich auch vertraglich erweitert werden, wobei die Grenze der Sittenwidrigkeit wiederum nicht überschritten werden darf. Eine Klausel, nach der bei Verzicht der Gesellschaft die Karenzentschädigung sofort entfällt, ist kritisch. Zulässig dürfte jedoch die einzelfallbezogene Verkürzung der Frist sein. Ein einzuhaltendes Mindestmaß wurde von der Rechtsprechung bisher noch nicht vorgegeben. Auch die vertraglich vereinbarte Möglichkeit eines Verzichts **nach Beendigung** des Anstellungsverhältnisses, also während der Laufzeit des Wettbewerbsverbots, erscheint unbedenklich, wenn sie auf jeden Fall vorsieht, dass die Karenzentschädigung für einen angemessenen Zeitraum weitergezahlt wird.[117] In Betracht kommen hier Zeiträume von mindestens drei oder sechs Monaten oder eine Anlehnung an die ordentliche Kündigungsfrist.[118]

---

108 Vgl BGH NJW 1979, 1605, 1606; BGH WM 1986, 1251, 1253; BGH DB 1989, 1620, 1621; BGH GmbHR 1991, 15, 17; OLG Düsseldorf GmbHR 1999, 120, 122.
109 BGH BGHZ 91, 1, 7; so iE auch OLG Düsseldorf NZG 2000 737, 738.
110 BGH WM 1986, 1251,1253; BGH GmbHR 1991, 15,17 mwN.
111 GmbHR 1999, 890.
112 OLG Celle GmbHR 1980, 32, 35 f; OLG Zweibrücken NJW-RR 1990, 482.
113 *Bauer/Diller* GmbHR 1999, 892.
114 BGH NJW 1992, 1892; OLG Hamm DB 1991, 1066; LG Frankfurt GmbHR 1994, 803.
115 Dies gilt auch für den Fall, dass der Geschäftsführer bereits ein Jahr lang von seinen Arbeitspflichten bei vollen Bezügen freigestellt wurde, OLG Köln NZG 2000, 740.
116 BGH NJW 1992, 1892; einschränkend hinsichtlich der Jahresfrist des § 75 a HGB: OLG Köln NZG 2000, 740.
117 OLG Düsseldorf GmbHR 1996, 931.
118 OLG Düsseldorf GmbHR 1996, 931: 3 Monate ausreichend.

Problematisch ist, ob das **Lösungsrecht** des § 75 HGB auch bei Organmitgliedern anwendbar ist. Gem. § 75 Abs. 1 HGB ist ein Wettbewerbsverbot unwirksam, wenn für den Geschäftsführer ein Grund zur außerordentlichen Kündigung des Anstellungsvertrages besteht und er die Kündigung gegenüber der Gesellschaft erklärt. Gleiches gilt analog für das Unternehmen bei grob vertragswidrigem Verhalten des Geschäftsführers. Bis zum Inkrafttreten der Schuldrechtsreform im Jahr 2002 war von einer Anwendbarkeit dieser Vorschrift auf Organmitglieder auszugehen.[119] Dies ist durch Einfügung des § 314 BGB, der in wesentlichen Punkten von § 75 HBG abweicht, fraglich geworden.[120] Rechtssicher lässt sich mit diesem Lösungsrecht daher derzeit nicht arbeiten.

49

gg) Rechtsfolgen und Ansprüche bei Verletzung/Vertragsstrafe

Bei Verstößen gegen ein wirksames Wettbewerbsverbot kann der Geschäftsführer nach allgemeinen zivilrechtlichen Grundsätzen auf **Unterlassung** in Anspruch genommen werden. Prozessual kann dieser Anspruch durch Erlass einer einstweiligen Verfügung durchgesetzt werden. Für Zeiten der Zuwiderhandlung verliert der Geschäftsführer überdies seinen Anspruch auf Zahlung von Karenzentschädigung. Führt ein Verstoß des Geschäftsführers dazu, dass die Gesellschaft kein Interesse mehr an der Einhaltung des Wettbewerbsverbotes hat, so kann die Gesellschaft unter den Voraussetzungen des § 323 BGB vom Wettbewerbsverbot zurücktreten.[121] Der Geschäftsführer ist bei Verletzungen des Wettbewerbsverbots nach allgemeinen Grundsätzen **schadensersatzpflichtig**. In der Praxis sind etwaige Schadensersatzansprüche nur sehr schwer durchsetzbar, da der tatsächlich entstandene Schaden idR prozessual nicht hinreichend nachweisbar ist. Das nachvertragliche Wettbewerbsverbot wird in der (gerichtlichen) Durchsetzung damit sehr schnell zu einem stumpfen Schwert. Hilfreich und sinnvoll ist in diesem Fall die Vereinbarung einer **Vertragsstrafe** bei Verletzung des Wettbewerbsverbots. Die unproblematisch zulässige Höhe der Vertragsstrafe pro Verstoß dürfte im Bereich bis zu drei Monatsgehältern liegen. Im Einzelfall kommen auch höhere Vertragsstrafen in Betracht.[122] Die Vereinbarung einer zu hohen, unwirksamen Vertragsstrafe hat dabei nicht zwangsläufig die Unwirksamkeit der Vertragsstraferegelung oder sogar des ganzen Wettbewerbsverbots zur Folge. § 343 BGB sieht für diesen Fall eine angemessene Reduzierung der Vertragsstrafe durch das Gericht auf Antrag des Geschäftsführers vor. Bei vorformulierten Vertragsstrafabreden kommt gem. § 307 BGB bei einer unangemessenen Benachteiligung durch die Höhe der Vertragsstrafe auch die Rechtsfolge der Nichtigkeit in Betracht. Daher ist in diesem Fall bei der Bemessung der Höhe mehr Augenmaß erforderlich. Das Verhältnis der §§ 307, 343 BGB in dieser Fallkonstellation bedarf noch der gerichtlichen Klärung.

50

hh) Statuswechsel

Besonderheiten sind zu beachten, wenn ein Arbeitnehmer nach Vereinbarung eines nachvertraglichen Wettbewerbsverbotes in die Position eines Geschäftsführers aufrückt oder der Geschäftsführer umgekehrt nachträglich in ein „normales" Arbeitsverhältnis wechselt. Im ersten Fall wird ein ggf unwirksames Wettbewerbsverbot durch **den Wechsel in die Organstellung** nicht wirksam.[123] Im Fall des umgekehrten **Wechsels in ein Arbeitsverhältnis** bleibt ein Wettbewerbsverbot nur dann wirksam, wenn es den für Arbeitnehmer zwingenden Vorschriften der §§ 74 ff HGB entspricht.[124]

51

g) Pensionsansprüche

Die Altersversorgung spielt in den Anstellungsverträgen von Geschäftsführern eine erhebliche Rolle. Man geht davon aus, dass mehr als 80 % der Geschäftsführer über eine Zusage über eine Altersversorgung verfügen. Die Zusage von Pensionen gegenüber Geschäftsführern unterliegt den Regelungen des Gesetzes zur Verbesserung der betrieblichen Altersversorgung (BetrAVG), sofern diese eine arbeit-

52

---

119 OLG Celle GmbHR 1980, 32, 36.
120 Vgl *Bauer/Diller*, Wettbewerbsverbote, Rn 761 a; *Thüsing* NZG 2004, 13; *Bergwitz* GmbHR 2006, 1134.
121 Vgl BAG AP Nr. 49 zu § 74 HGB.
122 *Bauer/Diller* GmbHR 1999, 895: sechs bis zwölf Monatsgehälter bedenkenlos möglich.
123 OLG Koblenz WM 1985, 1484.
124 BAG AP Nr. 18 zu § 74 HGB.

nehmerähnliche Stellung im Unternehmen einnehmen (§ 17 Abs. 1 BetrAVG). Nicht in den Genuss des BetrAVG kommen demnach der Alleingesellschafter-Geschäftsführer und der Mehrheitsgesellschafter-Geschäftsführer.[125] Zur Durchführung der betrieblichen Altersversorgung stehen die in § 1 b BetrAVG genannte **fünf Wege** zur Verfügung (unmittelbare Versorgungszusage, Direktversicherungszusage, Pensionskassenzusage, Pensionsfondszusage, Unterstützungkassenzusage).

53 In der Praxis überwiegen Pensionszusagen, die dem Geschäftsführer durch die Gesellschaft **unmittelbar** gemacht werden (sog. Direktzusagen) gegenüber denjenigen Zusagen von Leistungen von Pensions- und Unterstützungskassen. Hinsichtlich des Umfangs der so zugesagten Leistungen besteht **Vertragsfreiheit**. In der Praxis sind zB **dynamische Zusagen** anzutreffen, die bei einem Pensionsalter von 65 Jahren auf einen Betrag von 75 % der **letzten Bruttobezüge** abstellen, unter Anrechnung etwaiger Leistungen der gesetzlichen Rentenversicherung oder privater Versicherungsunternehmen. Denkbar sind auch Zusagen, die auf geringere Prozentsätze der letzten Bruttovergütung abstellen und dafür auf eine Anrechnung anderweitiger Pensionsbezüge, insbesondere der Leistungen der gesetzlichen Rentenversicherung verzichten. Häufig sind auch Zusagen eines festen Sockelbetrages (**statische Zusagen**). Im Hinblick auf Gesellschafter-Geschäftsführer ist dabei besonders zu beachten, dass diese diesen Vergütungsbestandteil über einen längeren Zeitraum erdienen müssen, um nicht in den Bereich einer verdeckten Gewinnausschüttung zu geraten. In der Praxis von Bedeutung sind ferner **Direktversicherungszusagen** gemäß § 1 b Abs. 2 BetrAVG, bei der die Gesellschaft als Versicherungsnehmer zugunsten des Geschäftsführers eine Kapital- oder Rentenversicherung abschließt.

54 Soweit das BetrAVG gilt, tritt eine **Unverfallbarkeit** des Anspruchs ein, wenn der Berechtigte 30 Jahre alt ist und die Versorgungszusage mindestens 5 Jahre bestanden hat (§ 1 b BetrAVG). Diese **gesetzlich unverfallbare Anwartschaft** bleibt auch bei Ausscheiden des Geschäftsführers bestehen. Eine **vertragliche Unverfallbarkeit** zugunsten des Geschäftsführers ist beliebig regelbar. Der **Widerruf** einer Pensionszusage kommt ohne besondere vertragliche Vereinbarung nur dann in Betracht, wenn der Geschäftsführer sich gegenüber der Gesellschaft **schwerste Verfehlungen** hat zu schulden kommen lassen, die die Inanspruchnahme als **grob missbräuchlich** erscheinen lässt.[126] Ferner ist eine **Kürzung** denkbar, wenn sich das Unternehmen in einer **Existenz bedrohenden Notlage** befindet. Beide Fallgruppen werden von der Rechtsprechung nur sehr restriktiv angewandt. Geschäftsführer sind in den **Insolvenzschutz des Pensions-Sicherungs-Vereins** (PSV) einbezogen, soweit sie als arbeitnehmerähnlich und nicht als Unternehmer betrachtet werden. Der PSV greift dabei auf die allgemeinen Kriterien zur Beurteilung des Vorliegens einer sozialversicherungsrechtlichen Beschäftigung zurück.[127]

VI. Vertretung und Geschäftsführung

55 Gem. **§ 35 Abs. 1 GmbHG** obliegt dem Geschäftsführer die Vertretung der Gesellschaft im Rechtsverkehr.[128] Diese Befugnis ist zwingend und darf auch durch den Gesellschaftsvertrag nicht eingeschränkt werden (vgl § 37 Abs. 2 GmbHG). Die Vertretungsmacht umfasst die gerichtliche und außergerichtliche Vertretung der Gesellschaft, insbesondere die Abgabe von Willenserklärungen (Aktivvertretung) und die Entgegennahme von Willenserklärungen (Passivvertretung) sowie die Abgabe und Entgegennahme von geschäftsähnlichen Handlungen (zB Mahnung). Die gesetzliche Regelung sieht grundsätzlich vor, dass die Gesellschaft durch alle Geschäftsführer gemeinsam vertreten wird (sog. **Gesamtvertretung**, § 35 Abs. 2 S. 2 GmbHG). Eine **Einzelvertretung** kommt nur dann in Betracht, wenn nur ein Geschäftsführer bestellt ist oder alle weiteren Geschäftsführer ausscheiden. Auch bei mehreren Geschäftsführern ist es möglich, allen oder einzelnen Einzelvertretungsmacht einzuräumen. Zulässig ist es aber auch, einzelnen Geschäftsführern Einzelvertretungsmacht einzuräumen, während die anderen die Gesellschaft nur gemeinsam mit einem anderen Geschäftsführer vertreten können. Sog. **unechte Gesamtvertretung** liegt dann vor, wenn ein Geschäftsführer die Gesellschaft nur gemeinsam mit einem Prokuristen vertreten kann. Eine solche Regelung ist allerdings dann nicht

---

125 Vgl BGH GmbHR 1997, 843, 844.
126 Vgl BGH GmbHR 1984, 75; BGH NZG 2000, 498; BGH GmbHR 2002, 380, 381.
127 Siehe dazu oben Rn 18.
128 Siehe dazu auch § 6 Rn 89 ff.

zulässig, wenn nur ein Geschäftsführer vorhanden ist. Bei der GmbH & Co. KG ist eine Gesamtvertretung des Geschäftsführers der Komplementär-GmbH gemeinsam mit einem Prokuristen oder einer anderen vertretungsberechtigten Person der KG aufgrund der dann fehlenden Publizität des Handelsregisters unzulässig.[129]

Das Verbot des Selbstkontrahierens und der Mehrfachvertretung (§ **181 BGB**) ist gem. § 35 Abs. 4 GmbHG auch auf den Geschäftsführer anwendbar. Erfasst sind dabei alle Geschäfte der GmbH mit ihren Geschäftsführern, bei denen die GmbH durch den jeweiligen Geschäftsführer vertreten wird. Des Weiteren sind Geschäfte der GmbH mit einem Dritten erfasst, der den Geschäftsführer vertritt, soweit dieser gleichzeitig für die Gesellschaft handelt. Ein Verstoß gegen § 181 BGB führt zur schwebenden Unwirksamkeit des Rechtsgeschäfts (§ 177 Abs. 1 BGB). Dieses kann – sofern die Satzung eine Gestattung vorsieht oder ermöglicht – von den Gesellschaftern nachträglich mit ex tunc-Wirkung genehmigt werden. Es besteht allerdings die – in der Praxis oft genutzte – Möglichkeit, den Geschäftsführer durch entsprechende **Regelung im Anstellungsvertrag** vom Verbot des Selbstkontrahierens zu befreien. **56**

Dem Geschäftsführer obliegt im **Innenverhältnis** gegenüber der Gesellschaft die Befugnis zur **Geschäftsführung**.[130] Nach § 37 Abs. 1 GmbHG ist der Geschäftsführer dabei verpflichtet, die Beschränkungen einzuhalten, die ihm durch die Gesellschaft in der Satzung oder durch Beschluss aufgegeben worden sind. Dem Geschäftsführer obliegen grundsätzlich alle Führungsfunktionen, dh er leitet das Tagesgeschäft und führt die Entscheidungen der Gesellschafter aus, er sorgt für eine zweckmäßige Organisation des Unternehmens und des internen Controllings und ist für die Unternehmensplanung zuständig. Daneben treffen den Geschäftsführer u.a. folgende **gesetzliche Pflichten**: **57**

- Sicherstellung der ordnungsgemäßen Buchführung (§ 41 GmbHG)
- Aufstellung des Jahresabschlusses (§ 264 Abs. 1 HGB)
- Einberufung der Gesellschafterversammlung (§ 49 Abs. 2 und Abs. 3 GmbHG)
- Anmeldung zum Handelsregister (§ 78 GmbHG)
- Einreichung der Gesellschafterliste (§ 40 GmbHG)

Die **Grenzen seiner Geschäftsführungsbefugnis** ergeben sich insbesondere aus § 46 GmbHG, wonach die Gesellschafter für die dort aufgezählten grundlegenden Entscheidungen originär zuständig sind.

VII. Haftung des Geschäftsführers

1. Innenhaftung

Zentrale Norm für die Haftung des Geschäftsführers gegenüber der Gesellschaft ist § **43 Abs. 2 GmbHG**.[131] Durch § 43 Abs. 1 GmbHG wird der anzuwendende Sorgfaltsmaßstab des Geschäftsführers festgelegt. Einen Pflichtenkatalog enthält § 43 GmbHG nicht. Die Pflichten selbst sind vielmehr sonstigen Bestimmungen des GmbHG zu entnehmen, welche wiederum durch **zusätzliche Regelungen im Anstellungsvertrag** ergänzt werden können. § 43 Abs. 3 regelt darüber hinaus bestimmte Einzelfälle der Ersatzpflicht. Nach § 43 Abs. 4 GmbHG verjähren alle diese Ansprüche in fünf Jahren. Die Haftung des Geschäftsführers ist auf die **Angelegenheiten der GmbH** beschränkt. Damit ergibt sich aus § 43 Abs. 2 GmbHG keine Schadensersatzpflicht gegenüber Tochter- oder Schwestergesellschaften, zu denen kein Organverhältnis besteht.[132] Der Geschäftsführer hat in den Angelegenheiten der Gesellschaft die „**Sorgfalt eines ordentlichen Geschäftsmannes**" anzuwenden. Maßstab ist der an einen Verwalter fremden Vermögens aus verständiger Sicht anzulegende Sorgfaltsmaßstab. Den Geschäftsführer treffen dabei eine Vielzahl von typischen Pflichten, so zB die Überwachung der wirtschaftlichen Entwicklung der Gesellschaft (Ertragslage, Liquidität und Verschuldensquote, vgl §§ 49 Abs. 3, 64 Abs. 1 GmbHG)[133] die ordnungsgemäße Organisation des **58**

---

129 BayObLG BB 1970, 226.
130 Siehe dazu auch § 6 Rn 81 ff.
131 Siehe dazu auch § 6 Rn 96 ff.
132 Eine Ausnahme kann für den Fall der GmbH & Co. KG gelten, vgl BGH WM 2002, 1128.
133 BGH WM 1995, 709; BGHZ 126, 181.

Unternehmens (Zuständigkeitsbestimmungen, Festlegung von Geschäftsabläufen)[134] und die Einrichtung eines Risikomanagements.[135] Die Haftung des Geschäftsführers setzt **schuldhaftes Handeln** voraus. Dies kann sowohl vorsätzlich als auch fahrlässig geschehen (§ 276 Abs. 1 BGB). Der Sorgfaltsmaßstab ist dabei unabhängig von den persönlichen Eigenschaften, von der Ausbildung, von den körperlichen Voraussetzungen und den persönlichen Erfahrungen des Geschäftsführers. Haben mehrere Geschäftsführer gemeinschaftlich gehandelt, haften Sie gegenüber der Gesellschaft als Gesamtschuldner. Gemäß § 46 Nr. 5 GmbHG kann der Geschäftsführer entlastet werden. Der **Entlastungsbeschluss** hat dann Präklusionswirkung, dh dass die Gesellschaft dem entlasteten Geschäftsführer gegenüber mit der Geltendmachung von Tatsachen ausgeschlossen ist, die innerhalb der Reichweite des Entlastungsbeschlusses liegen. Daraus folgt, dass zum Zeitpunkt der Entlastung erkennbare Schadensersatzansprüche nach Entlastung nicht mehr geltend gemacht werden können.[136]

59 Neben der gesetzlichen Haftung aus § 43 GmbH kann der Geschäftsführer auch zum Schadensersatz aus den deliktsrechtlichen Vorschriften (§§ 823 ff BGB) verpflichtet sein. In Betracht kommt dabei insbesondere eine Ersatzpflicht aus § 823 Abs. 2 BGB in Verbindung mit einem Straftatbestand als Schutzgesetz, zB Untreue, § 266 StGB. Bei vorsätzlicher sittenwidriger Schädigung kommt daneben ein Ersatzanspruch nach § 826 BGB in Betracht.[137] **Gegenüber den Gesellschaftern** sieht § 31 Abs. 6 GmbHG nur eine Haftung des Geschäftsführers bei Erstattung verbotener Rückzahlungen vor. Eine darüber hinausgehende Haftung des Geschäftsführers gegenüber den Gesellschaftern besteht nach hM nicht.[138]

2. Außenhaftung

60 Die Pflichten zur ordnungsgemäßen Unternehmensleitung bestehen nur im Verhältnis zur Gesellschaft, nicht aber gegenüber Dritten, insbesondere nicht gegenüber Gläubigern der Gesellschaft.[139] Auch die Verletzung von § 43 GmbHG kann keine Ansprüche Dritter auf Schadensersatz begründen, da diese keine Schutznorm im Sinne von § 823 BGB ist. **Ansprüche Dritter bedürfen daher stets einer eigenständigen Anspruchsgrundlage.** Gegenüber privatrechtlichen Gesellschaftsgläubigern und sonstigen Dritten haftet der Geschäftsführer zunächst nach deliktsrechtlichen Grundsätzen gemäß **§ 823 Abs. 1 BGB**. Wie jeder Teilnehmer hat auch der Geschäftsführer sein Verhalten nach der im Rechtsverkehr erforderlichen Sorgfalt auszurichten. Lässt er dies vermissen und verursacht dadurch rechtswidrig einen Schaden an einem absoluten Rechtsgut eines Dritten, ist er zum Ersatz des Schadens verpflichtet. Eine Eigenhaftung des Geschäftsführers Dritten gegenüber kann sich zudem aus **§ 823 Abs. 2 BGB** in Verbindung mit einem Schutzgesetz ergeben. In Betracht kommen dabei wieder vor allem Straftatbestände (§§ 263, 265 b, 266, 266 a, 266 c und 283 ff StGB). Ein weiterer bedeutsamer Fall der Haftung des Geschäftsführers aus § 823 Abs. 2 ist die Verletzung der Insolvenzantragspflicht nach § 64 Abs. 1 GmbHG. Für **unerlaubte Handlungen von Mitarbeitern** haftet der Geschäftsführer nicht. Mitarbeiter sind keine Verrichtungsgehilfen des Geschäftsführers, so dass **§ 831 BGB keine Anwendung** findet. Umstritten ist die Haftung des Geschäftsführers, wenn es zu unerlaubten Handlungen von Mitarbeitern kommt, die dem Geschäftsführer wegen eines Verstoßes gegen seine Organisationspflichten verborgen geblieben sind.[140] Im Falle der Verletzung der dem Geschäftsführer obliegenden steuerlichen Pflichten kommt eine persönliche Haftung nach **§ 69 AO** in Betracht.

---

134 BGH WM 1995, 709; BGH WM 1995, 1665.
135 *Scholz/Schneider*, GmbHG, § 43 Rn 78a; zu weiteren Pflichten vgl MünchHdb GmbH/*Marsch-Barner/Diekmann*, § 46 Rn 6 ff.
136 BGH BB 1989, 1496.
137 Vgl BGH ZIP 1989, 1390, 1394.
138 Vgl MünchHdb GmbH/*Marsch-Barner/Diekmann*, § 46 Rn 58.
139 BGHZ 31, 258; zur Haftung gegenüber Gläubigern der GmbH siehe oben § 6 Rn 127 ff.
140 Vgl BGH BB 1990, 162; BGH BB 1994, 1095.

3. Verringerung des Haftungsrisikos durch D&O-Versicherung

Der Abschluss einer D&O-Versicherung (Directors and Officers Liability Insurance) ergänzend zu einer Betriebshaftpflichtversicherung stellt angesichts der vorgenannten Haftungsrisiken ein sinnvolles **Instrument zur Risikovermeidung** sowohl aus Sicht des Geschäftsführers als auch aus Sicht der Gesellschaft dar. Im Haftungsfall droht dem Geschäftsführer die Entziehung der privaten wirtschaftlichen Existenz. Aber auch für die Gesellschaft ist eine Absicherung des Haftungsrisikos sinnvoll: Die GmbH hat gemäß § 31 BGB analog für die Schäden einzustehen, für die der Geschäftsführer im Rahmen seines organschaftlichen Handels Dritten zugefügt hat. Sie kann zwar den schuldhaft handelnden Geschäftsführer in Regress nehmen, jedoch übersteigt ein etwaiger Schaden sehr schnell dessen Privatvermögen. Eine D&O-Versicherung gewährt Versicherungsschutz für den Fall, dass gegenwärtige oder ehemalige Mitglieder der geschäftsführenden Organe, der Aufsichtsorgane oder beratenden Organe eines Unternehmens aufgrund gesetzlicher Haftpflichtbestimmungen für einen **Vermögensschaden** in Anspruch genommen werden.[141] Personenschäden und Sachschäden sind regelmäßig nicht ersatzfähig. Üblicherweise umfasst der Versicherungsschutz sowohl die gerichtliche und außergerichtliche Abwehr von Schadensersatzansprüchen (Abwehrfunktion) und zugleich die Befriedigung begründeter Schadensersatzansprüche (Schadensausgleichsfunktion).[142] In der Regel können die Versicherungspolice bzw einzelne Versicherungsbedingungen durch Individualvereinbarungen modifiziert werden.

Üblicherweise wird der Versicherungsvertrag **zwischen der Gesellschaft und dem Versicherer** geschlossen. Der Versicherungsvertrag bedarf dabei aufgrund seiner haftungsrechtlichen Konsequenzen für den Geschäftsführer eines Gesellschafterbeschlusses.[143] Er ist dann ein Vertrag zugunsten Dritter, der sich nach den §§ 74 ff VVG richtet. Möglich ist aber auch ein direkter Abschluss des Versicherungsvertrages **zwischen Geschäftsführer und Versicherer**. Soweit die Gesellschaft dem Geschäftsführer die Beiträge erstattet, handelt es sich um einen Bestandteil der Vergütung des Geschäftsführers der wiederum eines Beschlusses der Gesellschafterversammlung bedarf.[144] Die Prämienübernahme durch die Gesellschaft führt dann bei der GmbH zu Betriebsausgaben und beim Geschäftsführer gegebenenfalls zu einem zu versteuernden geldwerten Vorteil. Etwas anderes gilt nur dann, wenn die Versicherung im überwiegenden eigenbetrieblichen Interesse der GmbH besteht.

Zeitlich umfasst der Versicherungsschutz alle Haftpflichtansprüche, die in dem versicherten Zeitraum erstmals gegenüber der versicherten Person erhoben werden. Abweichend von den sonst üblichen Deckungskonzepten anderer Versicherungen kommt es also allein darauf an, dass der Versicherungsschutz im Zeitpunkt der erstmaligen Geltendmachung des Schadensersatzanspruchs steht. Dieses Anspruchserhebungsprinzip hat eine „**Rückwärtsversicherung**" zu Folge, dh auch vor Vertragsabschluss liegende Pflichtverletzungen und Schadensfälle und solche, deren Verursacher bereits aus der Organfunktion ausgeschieden sind werden erfasst.[145] Bei Abschluss der D&O-Versicherung ist aus Sicht des Geschäftsführers darauf zu achten, dass sowohl die Außenhaftung des Geschäftsführers gegenüber Dritten als auch die Innenhaftung, also die Haftung des Geschäftsführers gegenüber der Gesellschaft abgedeckt ist. Ferner ist auf eine angemessene Versicherungssumme zu achten und auch auf die Höhe eines etwaigen Selbstbehalts für das Organ bzw die Gesellschaft. An dieser Stelle variieren die Versicherungsbedingungen der einzelnen Anbieter stark. Ferner ist zu überprüfen, ob die o.g. „Rückwärtsversicherung" und eine entsprechende Nachhaftung gewährt werden. Von der Haftung sind regelmäßig Ansprüche ausgeschlossen, die wegen vorsätzlicher Schadensverursachung oder durch vorsätzliches Abweichen von Gesetz, Vorschrift, Beschluss, Vollmacht oder Weisung oder durch sonstige wesentliche Pflichtverletzungen verursacht wurden. Ausgeschlossen ist des Weiteren die Deckung von Schäden, die auf einer dem Versicherten bereits vor Beginn des Vertrages bekannten Pflichtverletzung beruhen.[146]

---

141 Vgl Die Musterbedingungen des Gesamtverbandes der deutschen Versicherungswirtschaft.
142 *Kiethe* BB 2003, 537, 538.
143 *Scholz/Schneider*, GmbHG, § 43 Rn 299a.
144 *Scholz/Schneider*, GmbHG, § 43 Rn 299a.
145 *Kiethe* BB 2003, 537, 539.
146 Dazu im Einzelnen *Kiethe* BB 2003, 537, 541 f.

VIII. Betriebsübergang/Umwandlung

64 Bei einem **Betriebsübergang** gemäß § 613 a BGB geht das Anstellungsverhältnis der Organvertreter juristischer Personen, also des GmbH-Geschäftsführers, Vorstands des eingetragenen Vereins, der Aktiengesellschaft und der Genossenschaft in der Regel **nicht auf den Betriebserwerber über**.[147] § 613 a BGB ist auch nicht analog auf den Geschäftsführer anwendbar.[148] Etwas anderes kann nur dann gelten, wenn das der Bestellung zugrunde liegende schuldrechtliche Einstellungsverhältnis als Arbeitsvertrag zu qualifizieren ist, was jedoch die Ausnahme sein dürfte. Im Ergebnis verbleiben die Anstellungsverhältnisse damit bei dem übertragenen Rechtsträger und müssen regelmäßig arbeitgeberseitig voll erfüllt werden, ggf auch ohne Arbeitsleistung (§ 615 BGB). Um die aus dieser Rechtsfolge resultierenden Komplikationen zu verhindern ist eine frühzeitige vertragliche Übertragung bzw Aufhebung solcher Anstellungsverhältnisse dringend zu empfehlen. Sofern bei dem Organmitglied noch ein verdecktes (ggf ruhendes) Arbeitsverhältnis besteht, wird dieses von § 613 a BGB erfasst und geht auf den Betriebserwerber über.[149] Diese Konstellation, bei der das ruhende Arbeitsverhältnis auf den Betriebserwerber übergeht, während das der Organstellung zugrunde liegende Dienstverhältnis beim bisherigen Rechtsträger verbleibt ist von der Rechtsprechung – soweit ersichtlich – noch nicht entschieden worden. Dem Parteiwillen wird dies in der Regel nicht entsprechen, so dass auch insoweit eine vertragliche Regelung zwischen den beteiligten Rechtsträgern bzw dem Organ dringend anzuraten ist. Auch hier wird deutlich, dass der vor einem Betriebsübergang mit einer **due diligence** befasste Anwalt besonders auf etwaige ruhende Arbeitsverhältnisse von Organmitgliedern achten muss. Ferner ist die Interessenlage des Mandanten im Hinblick darauf, ob das Dienstverhältnis auf den Erwerber übergehen soll zu beachten. Oftmals wird ein Betriebsübergang von der erwerbenden Gesellschaft zum Anlass genommen werden, personelle Veränderungen auch auf der Ebene der Organmitglieder vorzunehmen. Bei einer Unternehmensveräußerung im Wege des **share-deals** liegt kein Betriebsübergang nach § 613 a BGB vor. Die Veräußerung wirkt sich hier nur auf gesellschaftsrechtlicher Ebene in einem Wechsel der Gesellschaftsanteile aus, so dass die Gesellschaft als Rechtssubjekt hiervon unberührt bleibt.[150] Der share-deal hat damit vorbehaltlich anderweitiger vertraglicher Vereinbarungen **weder Auswirkungen auf die Organstellung noch das zugrunde liegende Dienstverhältnis**. Bei einer Abberufung des Organmitglieds bzw einer Beendigung des Anstellungsvertrages gelten dann die allgemeinen Grundsätze.

65 In den Fällen der **Unternehmensumwandlung** ist bezogen auf das **Schicksal der Organstellung** danach zu unterscheiden, ob die Bestellungskörperschaft erlischt oder fortbesteht. Das Erlöschen des übertragenen Rechtsträgers (Verschmelzung, § 20 Abs. 1 Nr. 2 UmwG; Spaltung im Wege der Aufspaltung, § 131 Abs. 1 Nr. 2 UmwG; Vermögensübertragung im Wege der Vollübertragung, § 176 Abs. 3 UmwG) hat die automatische Beendigung der Organstellung zur Folge. In den Konstellationen, in denen der übertragenen Rechtsträger bestehen bleibt (Spaltung im Wege der Abspaltung, § 123 Abs. 2 UmwG; Ausgliederung § 123 Abs. 3 UmwG; Vermögensteilübertragung im Wege der Abspaltung oder Ausgliederung, § 77 Abs. 1 UmwG) wird die Organstellung von der Unternehmensumwandlung nicht berührt. In den Fällen des bloßen Formwechsels (§§ 190 ff UmwG) endet die Organstellung, da diese untrennbar mit dem unveränderten rechtlichen Bestand des Rechtsträgers verbunden ist, der mit Eintragung des Formwechsels (§ 198 UmwG) endet. Für die Fortsetzung der Organstellung ist eine Neubestellung nach den für die geänderte Rechtsform geltenden Vorschriften zwingend erforderlich.[151]

66 Auch für das **Schicksal des Anstellungsvertrages** des Organmitglieds ist von maßgeblicher Bedeutung, ob der übertragende Rechtsträger erlischt oder bestehen bleibt. Erlischt der übertragende Rechtsträger so bleibt der Anstellungsvertrag hiervon zunächst unberührt. Als Teil des Vermögens des erloschenen Rechtsträgers geht der Anstellungsvertrag im Wege der Gesamtrechtsnachfolge auf den überneh-

---

147 OLG Celle, DB 1977, 1840; *Willemsen*, Umstrukturierungen, Rn G 153.
148 BAG NZA 2003, 552.
149 Staudinger/*Annuß*, § 613 a BGB Rn 25.
150 BAG AP Nr. 87 zu § 613 a BGB.
151 *Röder/Lingemann* DB 1993, 1341, 1342.

menden Rechtsträger über. Dabei wandelt sich der Dienstvertrag nicht automatisch in ein Arbeitsverhältnis um.[152] Setzt das ehemalige Organ seine Tätigkeit beim aufnehmenden Rechtsträger fort, so bestimmt sich der Vertragstyp dann nach den allgemeinen Grundsätzen. Wenn eine Neubestellung unterbleibt kann daher ein Fortbestehen des Vertragsverhältnisses als freier Dienstvertrag oder auch als Arbeitsvertrag in Betracht kommen. Bei einer Neubestellung ändert der Dienstvertrag seine Rechtsnatur hingegen in der Regel nicht.

Oftmals besteht für das Organmitglied, dessen übertragender Rechtsträger erlischt ein großes Interesse an einer **Eigenkündigung**, sei es aufgrund einer späteren Einordnung in eine untere Hierarchieebene, sei es um ein alternatives Angebot eines anderen Unternehmens zu besseren Konditionen wahrzunehmen. Ist der Anstellungsvertrag des Organmitglieds, wie im Regelfall, fest befristet, kann sich das Organmitglied nur durch eine außerordentliche Kündigung des zugrunde liegenden Dienstverhältnisses gemäß § 626 BGB lösen. Dies ist nur dann möglich, wenn ihm die **Fortsetzung des Dienstverhältnisses unzumutbar** ist. Von einer solchen Unzumutbarkeit ist auszugehen wenn dem Organmitglied das im Anstellungsvertrag vorgesehene Amt ersatzlos entzogen wird. Ein Kündigungsrecht gemäß § 626 BGB kommt aber dann nicht in Betracht, wenn die aufnehmende Gesellschaft eine (vergleichbare) Organtätigkeit anbietet.[153] Für die Gesellschaft stellt der Wegfall der Organstellung aus Gründen der Umwandlung hingegen keinen Grund zur Beendigung des Dienstvertrages dar. Diese muss den Anstellungsvertrag daher bis zum Ablauf der vorgesehenen Vertragslaufzeit erfüllen.[154]

IX. Dauer und Beendigung des Anstellungsverhältnisses
1. Vertragsdauer/Verlängerung

Der Anstellungsvertrag des Geschäftsführers kann **befristet** oder **unbefristet** abgeschlossen werden. Das Gesetz sieht für die mitbestimmungsfreie GmbH insoweit keine Mindest- oder Höchstdauer des Anstellungsvertrages vor.[155] Auch mehrmalige Befristungen sind möglich, das Teilzeit- und Befristungsgesetz (TzBfG) findet auf den Geschäftsführer keine Anwendung. Bei der vertraglichen Ausgestaltung der Laufzeit ist stets auf die Auswirkung auf die Kündigungsmöglichkeiten zu achten. Üblich ist der Abschluss eines Anstellungsvertrages mit einer **Laufzeit zwischen zwei und fünf Jahren** mit oder ohne **ordentliche Kündigungsmöglichkeit**. Grundsätzlich gilt: je länger die feste Vertragslaufzeit ist, umso eher sollte eine ordentliche Kündigungsmöglichkeit in den Vertrag aufgenommen werden. Die Vereinbarung einer Probezeit ist möglich, aber unüblich. Nicht selten, aber in der Handhabung risikoreich sind Klauseln, die zu einer automatischen Verlängerung der Vertragsdauer führen, wenn nicht zu einem Bestimmten Zeitpunkt vor Ende der ursprünglichen Vertragslaufzeit (zB sechs Monate) eine Kündigung des Vertrages von einer der Parteien ausgesprochen wird. In der Praxis könnte zB im Rahmen des Abschlusses eines **unbefristeten** Anstellungsvertrages wie folgt formuliert werden:

▶ Dieser Vertrag beginnt am [Datum] und wird auf unbestimmte Zeit abgeschlossen. Dieser Vertrag kann von jeder Vertragspartei mit einer Frist von ... Monaten zum Monatsende gekündigt werden. ◀

Bei einer **festen Laufzeit ohne ordentliche Kündigungsmöglichkeit** könnte die Regelung wie folgt lauten:

▶ Dieser Vertrag beginnt am [Datum] und wird für die Dauer von ... Jahren fest abgeschlossen. Der Vertrag endet daher, ohne dass es einer Kündigung bedarf, mit Ablauf des [Datum]. Während der festen Laufzeit des Vertrages ist eine ordentliche Kündigung für beide Parteien ausgeschlossen. ◀

Der Widerruf der Bestellung führt nicht zur automatischen Beendigung des Anstellungsverhältnisses. Die Probleme, die sich aus der Trennung von Bestellung- und Anstellungsverhältnis ergeben, versucht man in der Praxis oftmals durch sog. **Koppelungsklauseln** zu umgehen, durch die die Fortdauer des Anstellungsvertrages an das Weiterbestehen der Organstellung geknüpft wird.[156] Eine wirksame Kop-

---

152 BAG NZA 2003, 552, 554; BAG NZA 1994, 905; BAG AP Nr. 36 zu § 5 ArbGG 1979.
153 Umfassend dazu *Willemsen*, Umstrukturierungen, Rn H 159.
154 *Röder/Lingemann* DB 1993, 1341, 1346.
155 Bei der mitbestimmten GmbH ist § 84 Abs. 1 AktG zu beachten.
156 Formulierungsbeispiele bei *Bauer*, Arbeitsrechtliche Aufhebungsverträge, Teil III Rn 26 ff.

pelungsklausel führt dazu, dass es im Falle der Abberufung des Geschäftsführers aus seiner Organstellung keiner zusätzlichen Kündigung des Anstellungsvertrages mehr bedarf. Bei der vertraglichen Ausgestaltung ist aber darauf zu achten, dass diese die gesetzlichen Mindestkündigungsfristen der §§ 621, 622 BGB bzw vertragliche ordentliche Kündigungsfristen nicht umgehen dürfen.[157] Ferner ist eine mögliche Unwirksamkeit bei Formularverträgen zu bedenken, wenn es sich um eine überraschende Klausel iS des § 305 c BGB handelt. Hier ist dafür Sorge zu tragen, dass der Bedeutung dieser Klausel auch bei der optischen Vertragsgestaltung hinreichend Rechnung getragen wird. Aber auch dann bleibt es dabei, dass ein juristisch nicht geschultes Organmitglied die Tragweite von Koppelungsklauseln regelmäßig nicht zu erkennen vermag.

2. Kündigung durch die Gesellschaft

a) Ordentlich

70 Das Anstellungsverhältnis des GmbH-Geschäftsführers **unterliegt nicht dem Kündigungsschutzgesetz**, so dass eine ordentliche Kündigung **jederzeit ohne Angabe von Gründen möglich** ist. Sieht der Anstellungsvertrag aber eine **feste Laufzeit** vor, ist die ordentliche Kündigung gem. **§ 620 Abs. 1 BGB ausgeschlossen**. Auch bei Abschluss befristeter Anstellungsverträge sollte sich die Gesellschaft daher das Recht zur ordentlichen Kündigung vorbehalten. Die Länge der Kündigungsfristen kann von den Parteien frei festegelegt werden. Sieht der unbefristete Anstellungsvertrag keine Kündigungsfristen vor, so ist zu unterscheiden: für **beherrschende Gesellschafter-Geschäftsführer** gilt die Kündigungsfrist des **§ 621 BGB**, wohingegen für **nicht beherrschende Gesellschafter-Geschäftsführer** und für **Fremdgeschäftsführer** die Kündigungsfristen des **§ 622 BGB** gelten.[158] Denkbar ist auch, dass der Anstellungsvertrag selber den Ausspruch der ordentlichen Kündigung an das Vorliegen bestimmter Kündigungsgründe koppelt. Von einer solchen Vertragsgestaltung ist aber abzuraten, da hierdurch eine große Unsicherheit hinsichtlich der Wirksamkeit des Kündigungsausspruchs geschaffen wird.

71 **Zuständig für die Kündigung** des Anstellungsvertrages ist aufgrund ihrer allumfassenden Kompetenz für Entscheidungen über das Anstellungsverhältnis die **Gesellschafterversammlung**.[159] Die Kündigungskompetenz geht jedoch auf den **(Mit-)Geschäftsführer** über, wenn das Anstellungsverhältnis nach vorheriger Abberufung als Arbeitsverhältnis fortgeführt wird. Es ist möglich, die Kompetenz zur Kündigung des Geschäftsführer-Anstellungsvertrages durch Satzung auf **andere Organe** oder **einzelne Gesellschafter** zu übertragen. Die Gesellschafterversammlung kann zudem einen oder mehrere Gesellschafter oder einen oder mehrere (Mit-)Geschäftsführer ermächtigen, den Kündigungsbeschluss auszuführen. In der **mitbestimmten GmbH** ist wiederum der **Aufsichtsrat** für die Beendigung des Anstellungsvertrages zuständig.

72 Die Kündigung setzt einen **wirksamen Gesellschafterbeschluss** voraus. Ein mit Mängeln behafteter Beschluss führt in der Regel zur Unwirksamkeit der Kündigung. Die Gesellschafterversammlung ist daher satzungs- und gesetzeskonform einzuberufen, insbesondere muss der Zweck der Versammlung in der **Einladung** deutlich (dh auch der Name des zu kündigenden Geschäftsführers) benannt werden.[160] Im Hinblick auf einen zu kündigenden **Gesellschafter-Geschäftsführer** ist zu beachten, dass dieser zu der Versammlung eingeladen werden muss und dort auch ein Rederecht hat, aber gemäß § 47 Abs. 4 GmbHG nicht über seine eigene Kündigung mit abstimmen darf.[161]

73 Der **Betriebsrat** ist nicht gem. § 102 BetrVG zur Kündigung **anzuhören**, da dieser gem. § 5 Abs. 2 BetrVG nicht für Organmitglieder zuständig ist und zwar auch dann nicht, wenn sie in einem Arbeitsverhältnis stehen. Etwas anderes kann aber gelten, wenn ein – ggf ruhendes – separates Arbeitsverhältnis mit gekündigt wird. In diesen Fällen sollte rein vorsorglich der Betriebsrat, sofern ein solcher besteht, zur Kündigung angehört werden.

---

157 BGH NJW 1998, 1480.
158 Dazu im Einzelnen und mit Rspr-Nachweisen *Bauer*, Arbeitsrechtliche Aufhebungsverträge, Teil III Rn 22a ff.
159 BGHZ 113, 237, 241; BGH NJW 1998, 3274.
160 Sie dazu auch *Bauer/Krieger* ZIP 2004, 1247, 1249.
161 BGH NJW 1971, 2225; BGH BB 1985, 567.

Die Kündigung sollte ungeachtet einer etwaigen Anwendbarkeit von § 623 BGB schon aus Beweissicherungsgründen **stets schriftlich** erfolgen. In der anwaltlichen Beratung ist bei Ausspruch der Kündigung darüber hinaus stets zu berücksichtigen, ob ein neben dem Dienstvertrag bestehendes – ggf ruhendes – **Arbeitsverhältnis mit gekündigt** werden muss. Im Zweifelsfall sollte ein solches rein vorsorglich stets mitgekündigt werden, wobei dann zu beachten ist, dass für diese (zweite) Kündigung gemäß § 35 GmbHG der (Mit-)Geschäftsführer zuständig ist, der dann das Kündigungsschreiben mit unterzeichnen sollte, um eine Zurückweisung der Kündigung gemäß **§ 174 BGB** zu verhindern. Sinnvoll ist es in solchen Überschneidungsfällen, dass die Gesellschafterversammlung, einen (Mit-)Geschäftsführer schriftlich auch zur Kündigung des Geschäftsführer-Anstellungsvertrages ermächtigt. Die entsprechende **Vollmacht** bzw der **Abberufungsbeschluss** sollte dann dem Kündigungsschreiben jeweils **im Original** (!) beigefügt werden. 74

b) Außerordentlich

Die außerordentliche, fristlose Kündigung des Anstellungsvertrages des Geschäftsführers ist gem. § 626 BGB nur bei Vorliegen eines **wichtigen Grundes** möglich. In der Regel kommt ein wichtiger Grund nur bei Fehlverhalten des Geschäftsführers in Betracht. Eine außerordentliche betriebsbedingte oder personenbedingte Kündigung (wegen Krankheit oder Dienstunfähigkeit) ist nur im absoluten Ausnahmefall vorstellbar. Ob ein wichtiger Grund vorliegt, ist stets unter Berücksichtigung aller Umstände des Einzelfalls und unter Abwägung aller Interessen (u.a. Schwere der Pflichtverletzung; Folgen/Schäden für die Gesellschaft; Verschuldensgrad; Dauer der Betriebszugehörigkeit des Geschäftsführers; bisheriger Verlauf des Dienstverhältnisses, Dauer der ordentlichen Kündigungsfrist bzw Restlaufzeit des Anstellungsvertrages; wirtschaftliche und soziale Folgen für den Geschäftsführer) zu ermitteln. Nur dann, wenn der Gesellschaft danach die **Fortsetzung des Anstellungsvertrages** bis zum Ablauf der ordentlichen Kündigungsfrist oder bis zum Vertragsende **nicht zumutbar** ist, liegt ein wichtiger Grund vor. Die Frage der Wirksamkeit einer Kündigung lässt sich aufgrund dieser allgemeinen Kriterien in der anwaltlichen Beratung nur schwer klar beantworten. Die sich daraus ergebenden finanziellen und prozessualen Risiken sind für beide Parteien groß. Es bietet sich daher eine Orientierung an den **Leitlinien der Rechtsprechung** in ähnlich gelagerten Fällen an. Von der Rechtsprechung ist ein wichtiger Grund im Hinblick auf folgende Pflichtverletzungen des Geschäftsführers bejaht bzw in Betracht gezogen worden: 75

- Grobe Missachtung gesellschaftsinterner Zuständigkeitsordnung[162]
- Verdacht der Erschleichung von Subventionen[163]
- Teilnahme an kartellrechtlich verbotenen Preisabsprachen[164]
- Vermischung von Gesellschaftsgeldern und privaten Geldern und Weigerung den Verbleib von Geldern aufzuklären[165]
- Spesenbetrug[166]
- Hangreiflichkeiten gegenüber und Bedrohung von Gesellschaftern[167]
- Verwendung von Arbeitskräften und Baumaterial der Gesellschaft für private Zwecke[168]
- Verstoß gegen Weisungen der Gesellschafter[169]
- Kompetenzüberschreitungen[170]
- Täuschung von Gesellschaftsorganen[171]

---

162 BGH NJW 1991, 1681.
163 OLG Düsseldorf, ZIP 1984, 86.
164 BGH NJW 1987, 1889 (dort offengelassen).
165 BGH DStR 1993, 1752.
166 BGH NJW 2003, 431; vgl dazu auch *Diller* GmbHR 2006, 333.
167 BGH DStR 1994, 1746 mit Anm. *Goette*.
168 BGH GmbHR 1997, 998.
169 BGH NJW 2004, 1528.
170 BGH DB 2001, 2438.
171 OLG Düsseldorf DB 1983, 1036.

- Verrat von Geschäftsgeheimnissen[172]
- Schuldhafte Insolvenzverschleppung[173]
- Verstoß gegen Wettbewerbsverbot[174]
- Ausführung verbotener Geschäfte in einer kommunalen Baugesellschaft[175]
- Eigenmächtige Auszahlung eines Bonus an sich selbst, der in das Ermessen der Gesellschaft gestellt ist[176]
- Eigenmächtiger, unabgestimmter Urlaubsantritt[177]
- Benutzung des Dienstwagens nach Abberufung für anderweitige berufliche Tätigkeit[178]
- Verschweigen anrechnungspflichtiger Verdienste bei der Gehaltszahlung[179]
- Zerwürfnis zwischen den Geschäftsführern[180]
- Ehrverletzende Äußerungen über einen Gesellschafter gegenüber Dritten[181]
- Abschluss von Verträgen mit Gesellschaftern, an denen der Geschäftsführer bzw Angehörige selbst beteiligt sind[182]
- Verletzung von Überwachungspflichten hinsichtlich wirtschaftlicher und finanzieller Situation der Gesellschaft[183]
- Fehlende Buchführung[184]
- Fehlerhafte Vorbereitung des Jahresabschlusses[185]
- Sorgfaltswidriger Abschluss von Risikogeschäften[186]

76 Nicht nur nachweisbare Pflichtverletzungen, sondern auch der **Verdacht** einer erheblichen Pflichtverletzung kann einen **eigenständigen Kündigungsgrund** darstellen. Es müssen hierfür allerdings erhebliche Verdachtsmomente bestehen. Vor eine Verdachtskündigung muss die Gesellschaft versuchen, den Sachverhalt umfassend aufzuklären. Im Zuge dieser **Aufklärungsbemühungen** ist die Gesellschaft verpflichtet den Geschäftsführer zu den Vorwürfen **anhören**, um diesem die Möglichkeit zu geben, die Vorwürfe zu entkräften.

77 Die Kündigung ist innerhalb der Frist des § **626 Abs. 2 BGB**, also binnen **zwei Wochen** ab Kenntnis aller kündigungsrelevanten Umstände, auszusprechen. Der Lauf dieser **Kündigungserklärungsfrist** beginnt, sobald die Gesellschaft positive und sichere Kenntnis von den für die Kündigung maßgeblichen Tatsachen hat. Der BGH stellt hierfür neuerdings auf den Zeitpunkt ab, in dem die **Gesellschaftsversammlung** als Gesamtgremium (und nicht einzelne Gesellschafter) **von dem Sachverhalt Kenntnis erlangt**.[187] Die Ausschlussfrist kann jedoch nicht dadurch verlängert werden, dass die Einberufung der Gesellschafterversammlung unangemessen verzögert wird. Im Falle einer solchen Verzögerung muss sich die Gesellschaft hinsichtlich des Fristbeginns so behandeln lassen, als sei die Gesellschafterversammlung zügig einberufen worden.[188] Es wird also ein früherer Zeitpunkt der Kenntnisnahme fingiert.

78 Der fristlosen Kündigung eines Geschäftsführers muss – jedenfalls dann, wenn er nicht als Arbeitnehmer zu qualifizieren ist – **keine Abmahnung** vorausgehen.[189] Daran dürfte auch die Einführung des

---

172 BGH DStR 1998, 1398.
173 BGH BB 2005, 1698.
174 BGH NJW 1995, 1358; vgl aber auch OLG Celle GmbHR 2005, 541.
175 BGH NJW 1997, 2055.
176 BGH NJW 1993, 463.
177 BGH NJW 1999, 3263.
178 OLG Düsseldorf DStR 2001, 1312 (dort verneint).
179 OLG Düsseldorf DStR 2001, 1312 (dort verneint).
180 BGH DStR 1995, 1926.
181 BGH NJW 2000, 1638.
182 OLG Brandenburg NZG 2000, 143.
183 BGH GmbHR 1995, 299.
184 OLG Rostock NZG 1999, 216.
185 OLG Bremen NJW-RR 1998, 468.
186 OLG Sachsen-Anhalt GmbHR 2005, 757.
187 BGHZ 139, 89; BGH GmbHR 2001, 1158.
188 BGH NZG 1998, 634.
189 BGH ZIP 2000, 667; BGH GmbHR 2001, 1158.

§ 314 BGB nichts geändert haben, da § 626 BGB nach hM eine Sondervorschrift für das Dienstverhältnis darstellt.[190] Höchstrichterliche Rechtsprechung zur Frage der Anwendbarkeit des § 314 **Abs. 2 BGB** auf die Kündigung eines Dienstverhältnisses existiert bisher nicht.

Auch die außerordentliche Kündigung erfordert einen vorangegangenen, **ordnungsgemäßen Beschluss** des für den Ausspruch der Kündigung zuständigen Organs und einer ordnungsgemäßen Kündigungserklärung.[191] Wird die Kündigung gegenüber einem Gesellschafter-Geschäftsführer ausgesprochen, gilt es wiederum zu beachten, dass dieser bei der Beschlussfassung in der Gesellschafterversammlung kein Stimmrecht hat, jedoch teilnahme- und redeberechtigt ist.

Der Geschäftsführer kann die Wirksamkeit der Kündigung mit einer **Feststellungsklage** gem. § 256 ZPO angreifen. Ferner kann er **Leistungsklage** auf Fortzahlung der **Vergütung** über den vermeintlichen Beendigungszeitpunkt hinaus oder auf **Schadensersatz** gem. § 628 Abs. 2 BGB erheben. Soweit es dem Geschäftsführer um Fortzahlung der vertraglich fixierten Vergütung nach Ausspruch einer außerordentlichen, fristlosen Kündigung geht, bietet sich für ihn die Wahl des **Urkundenverfahrens** gem. §§ 592 ff ZPO an. In dieser Prozessart ist der Gesellschaft regelmäßig der Nachweis eines wichtigen Grundes für die Kündigung abgeschnitten, da sich etwaige Pflichtverletzungen in aller Regel nicht durch Urkunden nachweisen lassen. Der Geschäftsführer kann dann zügig einen vollstreckbaren Zahlungstitel erlangen, ohne dass abschließend über die Kündigungsgründe entschieden werden muss. Hierüber wird dann erst im darauf folgenden Nachverfahren entschieden. Zuständig sind die **Zivilgerichte** und dort regelmäßig die **Kammern für Handelssachen** (§ 95 Abs. 1 Nr. 4 a GVG). Die **Arbeitsgerichte** sind für die Streitigkeiten zwischen Geschäftsführer und Gesellschaft gem. § 5 Abs. 1 S. 3 ArbGG **nicht zuständig**.[192]

3. Kündigung durch den Geschäftsführer

Auch der Geschäftsführer kann den Anstellungsvertrag durch ordentliche oder außerordentliche Kündigung beenden. Auch hier scheidet eine **ordentliche Kündigung** bei einem befristeten Dienstvertrag gemäß § 620 Abs. 1 BGB aus, wenn der Anstellungsvertrag diese Möglichkeit nicht ausdrücklich vorsieht. Im Rahmen der ordentlichen Kündigung eines unbefristeten Anstellungsvertrages gilt auch hier – soweit keine abweichende Vereinbarung getroffen wurde – für den **Fremdgeschäftsführer** und den **nicht beherrschenden Gesellschafter-Geschäftsführer** die Kündigungsfrist des § 622 BGB und für den **beherrschenden Gesellschafter-Geschäftsführer** die Frist des § 621 BGB. Bei Anstellungsverträgen, die auf Lebenszeit oder auf eine Laufzeit von über fünf Jahren abgeschlossen wurden, ist § 624 BGB zu beachten, wonach der Geschäftsführer nach Ablauf von fünf Jahren mit einer Frist von **sechs Monaten** ordentlich kündigen kann. Denkbar ist auch die Einräumung eines Sonderkündigungsrechtes des Geschäftsführers bei Änderung der Gesellschafterstruktur (sog. **Change of Control-Klausel**).[193]

Ebenso wie bei der Gesellschaft bedarf die außerordentliche Kündigung des Geschäftsführers gem. § 626 BGB eines wichtigen Grundes. Ein **wichtiger Grund** kommt nach der Kasuistik der Rechtsprechung auf Seiten des Geschäftsführers u.a. in folgenden Fällen in Betracht:

- Unberechtigte Entziehung oder Beschränkung der Vertretungsbefugnis[194]
- Anweisung seitens der Gesellschafterversammlung oder des Aufsichtsrates, gesetzeswidrige Maßnahmen durchzuführen[195]
- Widerruf der Bestellung[196]
- Unberechtigte fristlose Kündigung des Anstellungsvertrages durch die Gesellschaft[197]
- Unberechtigte Verweigerung der Entlastung und Vorenthaltung der vertraglich geschuldeten Vergütung[198]

---

190 Vgl dazu *Koch* ZIP 2005, 1621; *Trappehl/Scheuer* DB 2005, 1276; *Horstmeier* GmbHR 2006, 400.
191 Siehe oben Rn 71 ff.
192 Dazu *Reiserer* DB 2006, 1787.
193 Instruktiv mit Formulierungsvorschlägen *Kliemt/von Tilling* ArbRB 2006, 86.
194 OLG München OLGE 32, 111, 112; OLG Frankfurt GmbHR 1993, 288.
195 BGHZ 13, 188, 194.
196 BGH NJW 2003, 351.
197 BGH NJW 1994, 443, 444.
198 BGH WM 1988, 165, 166.

- Ungenügende Unterstützung durch die Gesellschafter, zB durch unzureichende Kapitalausstattung[199]
- Systematisches Vorenthalten der für die Geschäftsführung erforderlichen Informationen[200]

Auch der Geschäftsführer hat bei der außerordentlichen Kündigung die **Zwei-Wochen-Frist des § 626 Abs. 2 BGB** einzuhalten.

4. Zeugnis

83 Der Geschäftsführer hat in entsprechender Anwendung von **§ 630 BGB** einen Anspruch auf Zeugniserteilung.[201] Hinsichtlich des Inhalts des Zeugnisses gelten die für den Arbeitnehmer entwickelten Grundsätze entsprechend. Der herausgehobenen Stellung des Geschäftsführers ist jedoch bei der Zeugnisformulierung erkennbar Rechnung zu tragen. Für die Erteilung des Zeugnisses ist das Gesellschaftsorgan zuständig, welches auch den Dienstvertrag schließt bzw beendet. Über das Zeugnis hinaus sind in der Praxis auch **Verlautbarungen** gegenüber den Mitarbeitern des Betriebs bzw in der **Presse** üblich, die Geschäftsführer und Gesellschaft gemeinsam vorab abgestimmt werden sollten. In der anwaltlichen Beratung des Geschäftsführers ist zu beachten, dass für den Geschäftsführer aufgrund seiner Bekanntheit und Vernetzung in der jeweiligen Branche oftmals ein größeres Interesse an einer rufunschädlichen Kommunikation der Trennung als an einem Zeugnis besteht. Hieran ist insbesondere bei Abschluss eines Aufhebungsvertrages zu denken.

5. Einvernehmliche Aufhebung

84 Aufhebungsverträge spielen bei der Beendigung des Dienstverhältnisses von Organmitgliedern eine wichtige Rolle. Gerichtliche Auseinandersetzungen sind eher selten, die Durchführung des streitigen Verfahrens ohne gütliche Einigung sogar der Ausnahmefall. Die einvernehmliche Trennung zwischen Gesellschaft und Organmitgliedern **bedarf auf beiden Seiten sorgfältiger und fundierter Beratung.** Es ist zwingend erforderlich, noch vor Beginn der Aufhebungsverhandlungen die bestehenden wechselseitigen Rechtspositionen im Detail zu prüfen. Hierfür bedarf es einer **genauen Analyse sämtlicher zwischen den Parteien bestehenden Rechtbeziehungen,** insbesondere dann, wenn mit der Aufhebung des Anstellungsvertrages durch eine umfassende **Erledigungs- bzw Ausgleichsklausel** Rechtsfrieden im Hinblick auf sämtliche Rechtsbeziehungen der Parteien erreicht werden soll. Der bloße Blick auf den Beendigungszeitpunkt und die Höhe einer etwaigen Abfindung kann sich hier ganz schnell rächen, wenn unter Zeit- und Erfolgsdruck einzelne Rechte und Pflichten des Vertragsverhältnisses oder sogar ganze separate Rechtsverhältnisse übersehen oder falsch bewertet werden. Erst wenn Klarheit über alle wechselseitigen Rechte und Pflichten besteht, kann eine Strategie für die Aufhebungsverhandlungen festgelegt werden. In einem weiteren Schritt kann dann über die optimale Gestaltung der Vereinbarung nachgedacht werden. Dies gilt für die Verhandlung und den Abschluss gerichtlicher und außergerichtlicher Aufhebungsverträge gleichermaßen. Auch die **steuerlichen Folgen** der Vereinbarung sollten dabei stets bedacht werden.

85 Ein Aufhebungsvertrag sollte ungeachtet einer etwaigen Anwendbarkeit des § 623 BGB aus Beweisgründen **stets schriftlich** abgeschlossen werden. Zuständig für den Abschluss eines Aufhebungsvertrages ist auf Seiten der Gesellschaft das Organ, dass auch für den Abschluss des Anstellungsvertrages zuständig ist, soweit nach Gesetz oder Satzung keine anderweitige Zuständigkeit bestimmt ist.[202] Bei der konkreten **inhaltlichen Ausgestaltung** eines Aufhebungsvertrages[203] ist insbesondere an die Regelung folgender Aspekte zu denken:
- Beendigungszeitpunkt des Anstellungsvertrages
- Zeitpunkt der Abberufung
- Niederlegung des Geschäftsführeramts und ggf weiterer Ämter, uU auch in verbundenen Unternehmen

---

199 BGH NJW 1980, 2415 (hier bezogen auf Amtsniederlegung.).
200 BGH NJW 1995, 2850, 2851.
201 BGH NJW 1968, 396; KG BB 1979, 988, 989; offengelassen für Gesellschafter-Geschäftsführer: BGH, NJW 1968, 396.
202 BGH NJW 1991, 1680, 1681.
203 Ausformulierte Mustervereinbarungen bei *Bauer*, Arbeitsrechtliche Aufhebungsverträge, dort unter XIII.

- Aufhebung weiterer (ruhender) Arbeitsverhältnisse, uU auch in verbundenen Unternehmen (Achtung: andere Organe sind für die Aufhebung zuständig!)
- Beendigung weiterer Rechtsbeziehungen zwischen den Parteien
- Freistellung des Geschäftsführers (Widerruflich? Unwiderruflich? Sozialversicherungsrechtliche Folgen bedenken!)
- Fortzahlung der Vergütung; Anrechnung anderweitigen Erwerbs
- Abfindung (Brutto? Netto? Fälligkeitszeitpunkt? Vererblichkeit?)
- Bonus, Tantieme, Gratifikation, Aktienoptionen, sonstige variable Vergütung (bei erfolgsbezogener Vergütung ggf bereits Grad der Zielerreichung definieren)
- Dienstwagen (Nutzungsdauer, Kosten, Steuer)
- Sekretärin
- Spesen
- Ruhegeld/Übergangsgeld/Betriebliche Altersversorgung
- Wettbewerbsverbot bis zum Beendigungszeitpunkt
- Nachvertragliches Wettbewerbsverbot (Verzicht; einvernehmliche Aufhebung; Dauer, Höhe der Karenzentschädigung)
- Rückgabe von Gegenständen und Unterlagen (Wann? Wo? Wie?)
- Geheimhaltung/Verschwiegenheit
- Entlastung/Haftungsvorbehalt
- Offizielle Verlautbarungen/Presseerklärungen/Sprachregelungen
- Kostenübernahme für Rechtsberatung im Zusammenhang mit der Beendigung des Anstellungsvertrages
- Zeugnis
- Erledigungs- bzw Ausgleichsklausel
- Salvatorische Klausel

B. Das Dienstvertragsrecht in der AG

I. Arbeitsrechtliche Einordnung des Vorstandsmitglieds

Das Vorstandsmitglied hat – ebenso wie der GmbH-Geschäftsführer – eine **Doppelstellung** inne. Das Vorstandsmitglied ist Organ der AG und steht gleichzeitig zu ihr in einem Dienstverhältnis. Die aus der Organstellung resultierenden Rechte und Pflichten des Vorstandsmitglieds sind im AktG vorgegeben. Der für die Organstellung maßgebende Rechtsakt ist die gesellschaftsrechtliche Bestellung zum Vorstandsmitglied. Demgegenüber regelt der Anstellungsvertrag des Vorstandsmitglieds die schuldrechtlichen Beziehungen zur Gesellschaft und enthält insbesondere Rechte und Pflichten, die die aus der Organstellung resultierenden Rechte und Pflichten ergänzen. Der Anstellungsvertrag des Organmitglieds ist kein Arbeitsvertrag, sondern ein Dienstvertrag gem. § 611 BGB.[204]

86

II. Trennung von Bestellungs- und Anstellungsverhältnis

Wie auch beim Geschäftsführer (siehe oben Rn 1), sind die Berufung des Vorstandsmitgliedes zum Organmitglied der Gesellschaft als ausschließlich gesellschaftsrechtlicher Akt und der Abschluss des Anstellungsvertrages als schuldrechtliche Beziehung zwischen Gesellschaft und Organmitglied rechtlich streng zu trennen (sog. **Trennungstheorie**).[205] Wie beim GmbH-Geschäftsführer ergänzen sich Organstellung und Anstellungsvertrag, sind aber nicht Bestandteil eines einheitlichen Rechtsverhältnisses, so dass auch § 139 BGB keine entsprechende Anwendung findet. Beide Rechtsverhält-

87

---

204 Hüffer/*Hüffer*, AktG, § 84 Rn 11.
205 BGH NJW 1981, 757; BGHZ 36, 142,143; Semler/v. Schenck/*Fonk* ARHdb, § 9 Rn 28; KölnKomm/*Mertens*, § 84 AktG Rn 2; Hüffer/*Hüffer* AktG, § 84 Rn 2; MünchKommAktG/*Hefermehl/Spindler*, § 84 Rn 8; aA *Baums*, S. 3 ff, der eine Einheitstheorie vertritt.

nisse können ein unterschiedliches Schicksal haben.[206] Gerade diese Trennung der Rechtsverhältnisse bereitet in der Praxis vielfach Schwierigkeiten, so dass auf die Abgrenzung des jeweiligen Rechtsverhältnisses, gerade bei der Beendigung der Organstellung und des Anstellungsverhältnisses, besonderer Wert zu legen ist.

III. Bestellung und Abberufung

1. Wesen der Bestellung

88 Durch die Bestellung zum Vorstandsmitglied wird eine **natürliche Person** zum Organ der Gesellschaft berufen. Mit der Bestellung wird die Person Vorstandsmitglied und zwar sowohl im Außenverhältnis gegenüber Dritten als auch im Innenverhältnis zur Gesellschaft selbst.[207] Die AG wird hiermit als **juristische Person handlungsfähig**.[208] Mit der Bestellung werden die aus der Organstellung des Vorstandsmitglieds resultierenden Rechte und Pflichten begründet. Insbesondere wird mit der Bestellung das Recht und die Pflicht des Vorstands begründet, die AG in eigener Verantwortung zu leiten (§ 76 Abs. 1 AktG) und sie zu vertreten (§ 78 AktG). Bei der Geschäftsführung hat das Vorstandsmitglied nach § 93 Abs. 1 AktG die Sorgfalt eines ordentlichen und gewissenhaften Geschäftsleiters anzuwenden. Der Bestellungsvorgang ist ein **körperschaftlicher Akt**.[209] Aus der Organstellung des Vorstandsmitglieds resultieren organschaftliche Treubindungen zur AG.

2. Eignung zum Vorstandsamt

89 Die persönlichen Anforderungen an das Vorstandsmitglied und Hindernisse für eine Bestellung sind in § 76 Abs. 3 AktG niedergelegt.[210] Mitglied des Vorstands kann insbesondere nur eine natürliche, **unbeschränkt geschäftsfähige** Person sein, die nicht unter Betreuung stehen darf. Bestellungshindernisse dürfen nicht vorliegen. Die Staatsangehörigkeit ist irrelevant, ebenso ist ein Wohnsitz in der Bundesrepublik Deutschland nicht erforderlich. Allerdings ist zu fordern, dass das Vorstandsmitglied berechtigt ist, jederzeit in die Bundesrepublik Deutschland einzureisen.[211] Eine juristische Person kann nicht zum Vorstandsmitglied bestellt werden. Neben den gesetzlichen Voraussetzungen kann auch die Satzung der AG Voraussetzungen für die Eignung enthalten.[212] Allerdings ist zu beachten, dass die aufgestellten Voraussetzungen nicht so eng sein dürfen, dass faktisch in das **Recht des Aufsichtsrates zur freien Vorstandsbestellung** eingegriffen wird (siehe unten Rn 91).[213] Des Weiteren ist darauf zu achten, dass die Voraussetzungen keine diskriminierenden Merkmale im Sinne des Allgemeinen Gleichbehandlungsgesetzes aufweisen.[214] Sofern der Aufsichtsrat eine Person zum Mitglied des Vorstands bestellt, die die in der Satzung geforderten Voraussetzungen nicht erfüllt, liegt kein Fall der nichtigen Bestellung vor. Der Aufsichtsrat hat jedoch ein **Recht zum Widerruf der Bestellung**. Dies kann jedoch nur für den Fall gelten, dass das Vorstandsmitglied die satzungsrechtlich aufgestellte Voraussetzung nachträglich verliert. Hat der Aufsichtsrat sich in Ausübung pflichtgemäßen Ermessens bewusst über die satzungsrechtliche Voraussetzung hinweggesetzt, kann das Nichtvorhandensein der Eigenschaft keinen wichtigen Grund zur Abberufung darstellen.[215]

3. Zuständiges Organ

90 Die Bestellung des Vorstandsmitglieds obliegt ausschließlich dem **Aufsichtsrat** der Gesellschaft. Diese Bestellungskompetenz kann **nicht** – weder vom Aufsichtsrat noch von der Hauptversammlung – **auf ein anderes Organ der Gesellschaft oder einen Dritten verlagert werden**, da es sich bei § 84 Abs. 1

---

206 BGH AP Nr. 9 zu § 850 ZPO.
207 BGHZ 3, 90,92; MünchKommAktG/*Hefermehl/Spindler*, § 84 Rn 7.
208 Vgl Semler/v. Schenck/*Fonk*, ARHdb, § 9 Rn 27.
209 So die hM, vgl nur KölnKomm/*Mertens*, § 84 AktG Rn 3, aA *Baums*, S. 40, abw. auch *Hüffer*, AktG, § 84 Rn 4.
210 Vgl aber auch § 105 Abs. 1 AktG, wonach eine Unvereinbarkeit mit Mitgliedschaft im Aufsichtsrat besteht.
211 Vgl zur GmbH: OLG Zweibrücken, NZG 2001, 857; OLG Köln GmbHR 1999, 182, 183.
212 HdbVorstR/*Thüsing*, § 4 Rn 15.
213 Vgl dazu ausführlich MünchKommAktG/*Hefermehl/Spindler*, § 84 Rn 23.
214 So auch HdbVorstR/*Thüsing*, § 4 Rn 15.
215 Vgl MünchKommAktG/*Hefermehl/Spindler*, § 84 Rn 24.

S. 1 AktG um zwingendes Recht handelt.[216] Insbesondere kann die Kompetenz zur Bestellung nicht auf einen Ausschuss verlagert werden. Die Bestellung darf auch nicht von der Zustimmung eines Dritten abhängen. Entgegenstehende Regelungen wären nichtig. Auch in der Insolvenz bleibt der Aufsichtsrat für die Bestellung von Vorstandsmitgliedern zuständig.[217] Einzig die Vorbereitung der Bestellung kann einem Ausschuss übertragen werden.[218]

Der Aufsichtsrat ist bei der Entscheidung zur Bestellung einer Person zum Mitglied des Vorstands **frei**. Er kann sich nicht gegenüber Dritten verpflichten, eine bestimmte Person in den Vorstand zu berufen. So kann bspw weder durch eine Vereinbarung mit einem Aktionär noch durch die Satzung die **Entschließungsfreiheit** des Aufsichtsrates eingeschränkt werden. Daher kann auch keinem Aktionär ein Recht auf Bestellung eines Vorstandsmitglieds zugestanden werden. In der Satzung kann einem anderen Organ auch kein **Vorschlagsrecht** eingeräumt werden, da selbst bei einem unverbindlichen Vorschlagsrecht durch den hierdurch ausgeübten Druck die Gefahr besteht, dass der Aufsichtsrat nicht mehr in seiner Entschließung frei ist.[219] Dem steht es freilich nicht entgegen, dass der Vorstand sich faktisch in die **Vorstandssuche** einbringt und vielfach auch die Vorstandsbestellung in der Praxis auf Vorschlag des Vorstands erfolgt, solange dies nicht in der Satzung festgeschrieben wurde und die Entschließungsfreiheit des Aufsichtsrates unangetastet bleibt. In diesem Sinne enthält auch der **Corporate Governance Kodex** in Ziffer 5.1.2 die Empfehlung, dass der Aufsichtsrat gemeinsam mit dem Vorstand für eine langfristige Nachfolgeplanung sorgen soll. 91

4. Beschluss des Aufsichtsrates

Die Bestellung erfordert einen ausdrücklichen **Beschluss** (§ 108 AktG) des gesamten Aufsichtsrates, der dem potentiellen Kandidaten kundgegeben werden muss und dessen Einverständnis erfordert.[220] Eine konkludente Beschlussfassung kommt nicht in Betracht.[221] Es ist für jedes Vorstandsmitglied gesondert abzustimmen, wenn mehrere Positionen im Vorstand besetzt werden. Von der Bestellung ist die Zuweisung eines bestimmten Ressorts zu unterscheiden. Letztere erfolgt durch Geschäftsordnung. Etwas anderes gilt nur für den Arbeitsdirektor der mitbestimmten AG.[222] An der Beschlussfassung kann auch ein Aufsichtsratsmitglied mitwirken, das zum Vorstandsmitglied berufen werden soll, da das AktG insoweit kein Stimmverbot enthält.[223] 92

Der **Beschluss** kann wie folgt lauten:

▶ Mit sofortiger Wirkung wird Herr/Frau ... für die Dauer von drei Jahren zum neuen Mitglied des Vorstands bestellt. Gemäß § ... der Satzung vertritt er/sie die Gesellschaft gemeinschaftlich mit einem anderen Mitglied des Vorstands oder mit einem Prokuristen ◀

Alternativ:

▶ Herr/Frau X vertritt die Gesellschaft stets allein. Herr/Frau ... ist von den Beschränkungen des § 181 BGB befreit. ◀

Erforderlich und ausreichend ist eine **einfache Mehrheit**. Eine qualifizierte Mehrheit kann nicht vorgeschrieben werden, auch nicht in der Satzung.[224] Allerdings bestehen nach § 31 Abs. 2–4 MitbestG Besonderheiten bei der Beschlussfassung im Geltungsbereich des MitbestG. Hier ist nach § 31 Abs. 2 MitbestG im ersten Wahlgang eine 2/3-Mehrheit erforderlich. Verfehlt ein Kandidat diese Mehrheit, 93

---

216 Vgl BGH NJW 1976, 145, 146; BGH NJW 1981, 757, 758; Hüffer/*Hüffer*, AktG, § 84 Rn 1.
217 OLG Nürnberg AG 1991, 446, 447.
218 Vgl auch Corporate Governance Kodex Ziffer 5.1.2.
219 So auch KölnKomm/*Mertens*, § 84 AktG Rn 9, *Hüffer*, AktG, § 84 Rn 5; str. aA MünchKommAktG/*Hefermehl/Spindler*, § 84 Rn 11 wonach es möglich sein soll in der Satzung einem anderen Organ ein Vorschlagsrecht einzuräumen, das den Aufsichtsrat allerdings nicht bindet.
220 Vgl Hüffer/*Hüffer*, AktG, § 84 Rn 3; in KölnKomm/*Mertens*, § 84 AktG Rn 3.
221 OLG Dresden AG 2000, 43, 44.
222 Vgl KölnKomm/*Mertens*, § 84 AktG Rn 4; aA Lutter/*Krieger* AR, Rn 389; zum Arbeitsdirektor vgl auch unten Rn 159.
223 Str., wie hier: MünchKommAktG/*Semler*, § 108 Rn 156; Lutter/*Krieger* AR, Rn 128; MünchHdb AG/*Hoffmann-Becking*, § 31 Rn 59; Hüffer/*Hüffer* AktG, § 108 Rn 9; aA MünchKommAktG/*Hefermehl/Spindler*, § 84 Rn 15; MünchHdb AG/*Wiesner*, § 20 Rn 20.
224 Vgl KölnKomm/*Mertens*, § 84 AktG Rn 8.

muss der **Vermittlungsausschuss** angerufen werden. Dieser hat innerhalb eines Monats nach Scheitern der ersten Abstimmung einen Vorschlag für die Bestellung zu unterbreiten. Sobald der Vermittlungsausschuss einen Vorschlag unterbreitet oder die Monatsfrist ergebnislos abgelaufen ist, findet der zweite Wahldurchgang statt. Hier genügt die Mehrheit der Stimmen der Aufsichtsratsmitglieder. Verläuft auch dieser Wahldurchgang ergebnislos, findet regelmäßig ein dritter Wahldurchgang statt. Bei diesem Wahldurchgang hat der Vorsitzende des Aufsichtsrates zwei Stimmen. Bei Stimmengleichheit gibt dann also der Vorsitzende den Ausschlag.

5. Dauer/Verlängerung der Bestellung

94 Aus § 84 **AktG** folgt, dass die Amtsdauer des Vorstandsmitglieds **höchstens fünf Jahre** beträgt. Grund für diese Begrenzung ist, dass der Aufsichtsrat angesichts der starken Stellung des Vorstandsmitglieds spätestens alle fünf Jahre die **Geeignetheit** des Vorstandsmitglieds zur Leitung der Gesellschaft überprüfen muss, um seine Personalkompetenz abzusichern.[225] Diese Frist beginnt mit dem **Beginn der Amtszeit**. Dies wird im Regelfall der Tag der Bestellung und deren Annahme durch das Vorstandsmitglied sein. Zwingend ist das nicht. So kann der Bestellungsbeschluss auch einen späteren Beginn der Amtszeit vorsehen.[226] Allerdings kann ein solcher Bestellungsbeschluss, mit dem die Amtszeit zu einem späteren Zeitpunkt beginnen soll nicht Jahre vorher gefasst werden. Hier wird man unter Verweis auf § 84 Abs. 1 S. 3 AktG, der letztlich frühe Bindungen verhindern will, fordern müssen, dass zwischen Bestellungsbeschluss und Beginn der Amtszeit maximal der Zeitraum von einem Jahr liegen darf.[227]

95 In der Praxis finden sich des Öfteren Fälle, in denen eine Dauer der Bestellung im Bestellungsbeschluss fehlt. In diesen Fällen ist der Bestellungszeitraum durch Auslegung unter Einbeziehung des Anstellungsvertrages zu ermitteln. Im Regelfall wird eine solche Auslegung zur Bestellung für die Höchstdauer von fünf Jahren führen.[228]

96 Im Gegensatz zur **Höchstdauer** der Bestellung schreibt das AktG eine **Mindestdauer** für die Bestellung des Vorstandsmitglieds nicht vor, so dass grundsätzlich jede Bestelldauer vom AktG bis zur Höchstdauer toleriert würde. Allerdings hat das Vorstandsmitglied nach der Verfassung der Aktiengesellschaft im AktG eine starke Stellung als eigenverantwortlicher Leiter der Gesellschaft, unabhängig vom Aufsichtsrat. Daher finden sich in der Praxis vielfach Gestaltungen, die von einer Bestellung von **drei bis fünf Jahren** reichen. Die Wahl der konkreten Zeitdauer obliegt dabei dem Aufsichtsrat. In der Satzung kann eine konkrete Dauer nicht festgelegt werden. Fraglich ist jedoch, ob es eine aus der Verfassung der Aktiengesellschaft resultierende **Untergrenze** für die Dauer der Bestellung zum Vorstandsmitglied gibt. In diesem Zusammenhang darf nicht verkannt werden, dass die Gefahr einer Abhängigkeit des Vorstandsmitgliedes vom Aufsichtsrat steigt, je kürzer die Dauer der Bestellung vom Aufsichtsrat gewählt wurde.[229] Mit einer kurzen Bestelldauer bestünde also die Gefahr, dass der Aufsichtsrat faktisch die Leitung der Gesellschaft übernimmt und die Notwendigkeit eines Widerrufs der Bestellung des Vorstandsmitglieds aushebelt.[230] Andererseits kann es Situationen geben, in denen eine nur kurzfristige Bestellung notwendig ist, etwa wenn ein **Interimvorstand** bestellt wird, um die Zeit einer unerwarteten Personallücke zu überbrücken, bis das „eigentliche" Vorstandsmitglied seinen Dienst aufnimmt oder aber wenn Interimmanager zum kurzfristigen „Turnaround Management" angestellt werden. Dies verdeutlicht, dass es eine **feste Grenze für eine Mindestdauer für die Bestellung nicht geben kann**, sondern dass es auf den jeweiligen Einzelfall ankommt. Regelmäßig sollte aber die Bestellung vor dem Hintergrund der Verfassung der Aktiengesellschaft einen Zeitraum von **einem Jahr** nicht unterschreiten.[231] Mit einer zu kurzen Bestellung handelt der Aufsichtsrat pflichtwidrig. Konsequenzen für die Bestelldauer des jeweiligen Vorstandsmitglieds ergeben

---

225 So ausdrücklich: Hüffer/*Hüffer* AktG, § 84 Rn 1.
226 Vgl MünchKommAktG/*Hefermehl/Spindler*, § 84 Rn 28.
227 So auch KölnKomm/*Mertens*, § 84 AktG Rn 15; MünchKommAktG/*Hefermehl/Spindler*, § 84 Rn 28; Hüffer/*Hüffer*, AktG, § 84 Rn 6.
228 Vgl etwa MünchKommAktG/*Hefermehl/Spindler*, § 84 Rn 31; KölnKomm/*Mertens*, § 84 AktG Rn 16.
229 Vgl *Krieger*, Personalentscheidungen, S. 118 ff; Semler/v. Schenck/*Fonk*, ARHdb, § 9 Rn 37.
230 Vgl MünchKommAktG/*Hefermehl/Spindler*, § 84 Rn 30.
231 Vgl etwa MünchKommAktG/*Hefermehl/Spindler*, § 84 Rn 30; Semler/v. Schenck/*Fonk*, ARHdb, § 9 Rn 38, dort Fn 75.

sich allerdings nicht. Insbesondere verlängert sich bei zu kurzer Bestellung die Bestellung nicht auf einen angemessenen Zeitraum.[232]

Wird die Bestellung zum Vorstandsmitglied nicht verlängert, endet die Bestellung mit Ablauf des Bestellungszeitraumes. Eine **automatische Verlängerung** der Amtszeit über die **Höchstdauer** hinaus gibt es nicht. Insbesondere findet auch dann keine Verlängerung statt, wenn eine Abrede getroffen wurde, wonach sich die Bestellung verlängert, wenn keine Abberufung erfolgt, da der Aufsichtsrat spätestens alle fünf Jahre neu über die Besetzung des jeweiligen Vorstandspostens beschließen muss.[233] Eine **automatische Verlängerung** kann **nur innerhalb des zeitlichen Rahmens der gesetzlichen Höchstdauer** eintreten. Hat also der Aufsichtsrat das Vorstandsmitglied zunächst nur auf drei Jahre bestellt und gleichzeitig vereinbart, dass sich die Bestellung auf die Höchstdauer verlängert, wenn das Vorstandsmitglied nicht abberufen wird, findet eine automatische Verlängerung statt.[234] Streitig ist allerdings, ob der Aufsichtsrat dem auf weniger als fünf Jahre bestellten Vorstandsmitglied zusagen kann, die Bestellung auf die Höchstdauer von fünf Jahren zu verlängern. Dies ist zu bejahen, da der Aufsichtsrat auch bei der Bestellung den Höchstzeitraum hätte ausschöpfen können.[235] 97

Eine wiederholte Bestellung oder Verlängerung der Amtszeit des Vorstandsmitglieds ist gemäß § 84 Abs. 1 S. 2 AktG für höchstens fünf Jahre zulässig. Dabei kann die Wiederbestellung mit sofortiger Wirkung erfolgen oder aber zum Zeitpunkt des Ablaufs der Amtszeit Wirksamkeit entfalten. In jedem Fall bedarf die Wiederbestellung eines **erneuten ausdrücklichen Beschlusses** des Aufsichtsrates.[236] Eine konkludente Beschlussfassung oder eine Verlängerung der Amtszeit über eine Duldung der Tätigkeit des Vorstandsmitglieds über den Bestellzeitraum hinaus gibt es nicht, § 625 BGB findet hier keine Anwendung.[237] Zu beachten ist, dass ein solcher Beschluss frühestens **ein Jahr** vor Ablauf der bisherigen Amtszeit gefasst werden kann. Ein Verstoß gegen diese in § 84 Abs. 1 S. 3 AktG geregelte Vorschrift führt zur Unwirksamkeit der Bestellung des Vorstandsmitglieds. In der Satzung kann die Wiederbestellung eines Vorstandsmitglieds nicht ausgeschlossen werden. Über die Frage einer evtl Wiederbestellung entscheidet allein der Aufsichtsrat. Auch bei der Wiederbestellung entscheidet der Aufsichtsrat frei, eine Verpflichtung zur Wiederbestellung des Vorstandsmitglieds ist unwirksam. 98

Problematisch sind Fälle, in denen **während der laufenden Amtszeit** noch früher als ein Jahr vor Ablauf des Bestellungszeitraumes eine **erneute Bestellung** erfolgt, die die bisherige Amtsdauer unter Aufhebung der bisherigen Bestellung ersetzt. Wenn also bspw bei einem auf fünf Jahre bestellten Vorstandsmitglied nach zwei Jahren der Aufsichtsrat eine neue Bestellung auf fünf Jahre, die sich nicht an die bisherige Amtsdauer anschließen soll, beschließen möchte. Im **Corporate Governance Kodex** (Ziffer 5.1.2) findet sich die **Empfehlung**, von einer vorzeitigen Bestellung nur in Ausnahmefällen bei Vorliegen wichtiger Gründe Gebrauch zu machen. Obwohl diese Konstellation nicht unter den Wortlaut des § 84 Abs. 1 S. 3 AktG fällt, stellt sie eine Umgehung des § 84 Abs. 1 S. 3 AktG dar. Sie ist daher nur zulässig, sofern nicht die **Höchstdauer** der Bestellung von fünf Jahren unter Anrechnung der vorherigen Bestelldauer überschritten wird.[238] 99

Auch Leistungen, die dem Vorstandsmitglied für die Zeit nach seinem Ausscheiden zugesagt werden, können dazu führen, dass die **Entschließungsfreiheit** des Aufsichtsrates zur Wiederbestellung des Vorstandsmitglieds eingeschränkt wird. Ein solcher Ausnahmefall liegt zB vor, wenn dem Vorstandsmitglied Leistungen zugesagt werden, die so hoch sind, dass die AG sie neben dem Entgelt eines neuen Vorstandsmitgliedes nicht aufbringen kann. Ist der Aufsichtsrat durch eine solche Vereinbarung tatsächlich in seiner Entscheidung eingeschränkt, ist die Vereinbarung nichtig.[239] 100

---

232 MünchKommAktG/*Hefermehl/Spindler*, § 84 Rn 30.
233 BGH NJW 1953, 1465.
234 BGH WM 1980, 1139, 1140; KölnKomm/*Mertens*, § 84 AktG Rn 13.
235 So auch MünchHdb AG/*Wiesner*, § 20 Rn 33.
236 Vgl Hüffer/*Hüffer*, AktG, 84 Rn 6.
237 BGHZ 47, 341, 343; BGH NJW 1964, 1367.
238 Wie hier: MünchKommAktG/*Hefermehl/Spindler*, § 84 Rn 36. Sehr str. aA MünchHdb AG/*Wiesner*, § 20 Rn 32; Lutter/*Krieger* AR, Rn 358.
239 Vgl zur Einschränkung der Entschließungsfreiheit des Aufsichtsrates etwa: BGH NJW 1957, 1278.

6. Mängel der Bestellung

101 Wesentliche Verfahrensfehler und Verstöße gegen Gesetz oder Satzung führen zur **Nichtigkeit** des Bestellungsbeschlusses.[240] Ein solcher Fall der fehlerhaften Bestellung liegt insbesondere vor, wenn es an einem Bestellungsbeschluss des Aufsichtsrates überhaupt fehlt oder aber wenn ein nicht zuständiges Organ der AG den Bestellungsbeschluss gefasst hat. Ein Fall fehlerhafter Bestellung liegt auch vor, wenn das Mitglied des Vorstands seine Tätigkeit über das Ende der Bestellung hinaus ohne ausdrückliche Beschlussfassung des Aufsichtsrates fortsetzt.[241] In diesen Fällen ist die Organstellung **für die Vergangenheit** als wirksam anzusehen, sofern das Organverhältnis durch die Tätigkeit des Vorstandsmitglieds vollzogen wurde.[242] Allerdings kann **für die Zukunft** die Organstellung durch Widerruf der Bestellung[243] oder durch Amtsniederlegung durch das Mitglied des Vorstands beendet werden.[244] Für den Widerruf der Bestellung bedarf es insoweit keines wichtigen Grundes, da das Mitglied des Vorstands bei fehlerhafter Bestellung nicht schutzwürdig ist. Mit dem Zeitpunkt der **Mitteilung des Beschlusses** endet die fehlerhafte Organstellung.

7. Widerruf der Bestellung

a) Allgemeines, Verfahren, Zuständigkeit

102 Der Widerruf der Bestellung des Vorstandsmitglieds ist in § 84 Abs. 3 S. 1–4 AktG geregelt. Er ist von der Kündigung des Anstellungsvertrages abzugrenzen. Für die außerordentliche Kündigung des Anstellungsvertrages gilt § 626 BGB. Der Widerruf der Bestellung zielt auf die Beendigung der Organstellung des Vorstandsmitglieds und **beendet nicht gleichzeitig den zugrundeliegenden Anstellungsvertrag**.[245] Auch dies ist Ausdruck der **Trennungstheorie**. Allerdings kann die außerordentliche Kündigung konkludent durch den Widerruf der Bestellung erklärt werden.[246] Ob dies der Fall ist, ist durch Auslegung zu ermitteln.

103 Der Widerruf erfordert einen **Beschluss des Aufsichtsrates**, der für den Widerruf zuständig ist. Der Beschluss muss nicht begründet werden.[247] Der Aufsichtsrat kann diese Kompetenz nicht auf einen Dritten verlagern.[248] Die Erklärung des Widerrufs wird mit Zugang an das Vorstandsmitglied wirksam. Zur Abgabe der Erklärung kann der Aufsichtsrat eines seiner Mitglieder bevollmächtigen.[249] In der Praxis ist dies der Aufsichtsratsvorsitzende. Handelt an Stelle des Aufsichtsrates ein Ausschuss, ist die Abberufung unwirksam. Im AktG ist eine Frist für den Widerruf nicht enthalten. Das Recht zum Widerruf kann jedoch verwirken. Findet auf die AG das MitbestG Anwendung, ist das Verfahren nach § 31 MitbestG zu beachten. In der Praxis könnte ein Beschluss zum Widerruf der Bestellung wie folgt formuliert werden:

▶ Die Bestellung von Herrn/Frau ... zum Vorstandsmitglied der ... AG wird aus wichtigem Grund mit sofortiger Wirkung widerrufen. ◀

b) Wichtiger Grund

104 Ein Widerruf der Bestellung zum Vorstandsmitglied kann nur wirksam erklärt werden, wenn ein **wichtiger Grund** im Sinne des § 84 Abs. 3 S. 1 AktG vorliegt. Dies gilt ohne Ausnahme, um die Unabhängigkeit des Vorstandsmitglieds abzusichern. Daher könnte auch die Satzung kein Recht zum jederzeitigen Widerruf enthalten. Das Vorliegen eines wichtigen Grundes erfordert die Unzumutbarkeit der Fortsetzung der Organstellung bis zum Ende der Amtszeit. Einen wichtigen Grund stellen nach § 84 Abs. 3 S. 2 AktG die **grobe Pflichtverletzung**, die **Unfähigkeit zur ordnungsgemäßen Geschäfts-**

---

240 Semler/v. Schenck/*Fonk*, ARHdb, § 9 Rn 51; Lutter/*Krieger* AR, Rn 360.
241 So ausdrücklich Hüffer/*Hüffer* AktG, § 84 Rn 10.
242 Vgl Lutter/*Krieger* AR, Rn 360.
243 Notwendig ist ein Beschluss, der die Unwirksamkeit der Bestellung feststellt, vgl HdbVorstR/*Thüsing*, § 4 Rn 48.
244 Vgl Lutter/*Krieger* AR, Rn 360, mwN insbesondere MünchKommAktG/*Hefermehl/Spindler*, § 84 Rn 196 ff.
245 Vgl MünchKommAktG/*Hefermehl/Spindler*, § 84 Rn 87.
246 BGH NJW 1999, 3263, 3264/3265.
247 Vgl Semler/v. Schenck/*Fonk* ARHdb, § 9 Rn 296.
248 Lutter/*Krieger* AR, Rn 332.
249 Vgl zum GmbH Geschäftsführer: BGH WM, 1968, 570.

führung oder der **Vertrauensentzug durch die Hauptversammlung** dar, es sei denn, das Vertrauen wird offenbar aus unsachlichen Gründen entzogen. Die gesetzlich aufgeführten wichtigen Gründe sind Beispielsfälle, in denen ein wichtiger Grund vorliegt. Zur Ermittlung der Unzumutbarkeit müssen die Interessen der AG und des Vorstandsmitglieds gegeneinander abgewogen werden.[250] Hierfür ist entscheidend, **ob die Fortsetzung der Organstellung zumutbar ist.**[251] Ob das Vorstandsmitglied schuldhaft gehandelt hat, ist unerheblich.[252]

Aus Vorstehendem folgt, dass die Frage, des Vorliegens eines wichtigen Grundes nicht pauschal beantwortet werden kann. Absolute Gründe, die stets den Widerruf der Bestellung rechtfertigen gibt es nicht. Es kommt auf den Einzelfall an. Es ist stets zu prüfen, ob der AG die weitere Beschäftigung des Vorstandsmitglieds bis zum Ablauf des Bestellungszeitraums zuzumuten ist. Als **grobe Pflichtverletzung** sind von der Rechtsprechung insbesondere Fälle anerkannt worden, in denen das Vorstandsmitglied strafbare Handlungen begangen hat,[253] aber auch strafbares Verhalten im privaten Bereich, die Vornahme von Insidergeschäften, die unberechtigte Inanspruchnahme von Urlaub sowie Eingriffe in die Kompetenzen anderer Vorstandsmitglieder. Auch der Verstoß gegen Berichtspflichten kann den Widerruf rechtfertigen.[254] **Unfähigkeit zur Geschäftsführung** liegt vor, wenn dem Vorstandsmitglied die Kenntnisse zur Leitung der Gesellschaft fehlen, etwa wenn die gewerberechtliche Unbedenklichkeitsbescheinigung nicht erbracht werden kann.[255] Ausreichen kann aber beispielsweise ein nicht ausreichendes Risikomanagement im Bankenwesen.[256] Vielfach werden auch Fehlende Kenntnisse zur Bewältigung von Krisensituationen als wichtiger Grund angesehen, der den Widerruf der Bestellung rechtfertigen kann.[257] Allein Meinungsverschiedenheiten mit dem Aufsichtsrat über die strategische Ausrichtung der AG reichen nicht aus, wohl aber die mangelnde Offenheit gegenüber dem Aufsichtsrat.[258] Allerdings kann auch die Unverträglichkeit der Vorstandsmitglieder untereinander den Widerruf der Bestellung rechtfertigen.[259] Der **Vertrauensentzug durch die Hauptversammlung** stellt demgegenüber immer einen wichtigen Grund für die Abberufung dar, es sei denn, dies erfolgt aus offensichtlich unsachlichen Gründen. Hintergrund dieser Regelung ist, dass bei einem Vorstandsmitglied, das das Vertrauen der Anteilseigner der Hauptversammlung verloren hat, keine Basis für eine weitere Zusammenarbeit als unabhängiger Geschäftsleiter mit der gesetzliche eingeräumten Machtfülle besteht. Erforderlich und ausreichend ist ein Beschluss der Hauptversammlung, der dem Widerruf der Bestellung naturgemäß vorgehen muss.[260] Die nachträgliche Genehmigung ist nicht ausreichend. Die **Verweigerung der Entlastung** ist nicht als Vertrauensentzug durch die Hauptversammlung anzusehen.[261] Erforderlich ist stets ein eindeutiger Beschluss, denn aus der Verweigerung der Entlastung kann nicht automatisch der Rückschluss gezogen werden, dass die Hauptversammlung die weitere Zusammenarbeit mit dem Vorstandsmitglied ablehnt. Offenbar unsachliche Gründe liegen vor bei Treuwidrigkeit und Willkür. Wird dem Vorstandsmitglied das Vertrauen entzogen, führt dies nicht automatisch zum Widerruf der Bestellung, vielmehr ist stets der Aufsichtsrat gefordert, in eigener Verantwortung über die Abberufung als Mitglied des Vorstands zu entscheiden. Es besteht daher auch keine Verpflichtung des Aufsichtsrates das Vorstandsmitglied bei Vertrauensentzug durch die Hauptversammlung abzuberufen.

---

250 So die hM, vgl etwa BGH NJW-RR 1988, 352, 353; Semler/v. Schenck/*Fonk*, ARHdb, § 9 Rn 288; *Janzen* NZG 2003, 468, 470; KölnKomm/*Mertens*, § 84 AktG Rn 102; Hüffer/*Hüffer* AktG, § 84 Rn 26; aA MünchKommAktG/ *Hefermehl/Spindler*, § 84 Rn 95, die für die Abberufung nur auf die Interessen der AG abstellen.
251 BGH NJW-RR 1988, 352, 353; Lutter/*Krieger* AR, Rn 364; MünchHdb AG/*Wiesner*, § 20 Rn 41.
252 Vgl MünchHdb AG/*Wiesner*, § 20 Rn 44.
253 Vgl BGH WM 1984, 29.
254 Vgl LG München AG 2005, 131, das aber in diesem Fall zuvor eine Abmahnung fordert.
255 Vgl OLG Stuttgart AG 2003, 211, 213.
256 LG Berlin AG 2002, 682, 683.
257 MünchHdb AG/*Wiesner*, § 20 Rn 45.
258 BGH NJW 1956, 906; Hüffer/*Hüffer* AktG, § 84 Rn 28.
259 Vgl zur GmbH: BGH WM 1984, 29 f.
260 Vgl zur Verwirkung einer Kündigung: BGH WM 1962, 811.
261 So auch MünchKommAktG/*Hefermehl/Spindler*, § 84 Rn 105; MünchKommAktG/*Kubis*, § 120 Rn 35; Lutter/ *Krieger* AR, Rn 366; str. aA KölnKomm/*Mertens*, § 84 AktG Rn 105.

c) Wirkung des Widerrufs

106 Die Wirkung des Widerrufs statuiert § 84 Abs. 3 S. 4 AktG. Hiernach ist der Widerruf **wirksam**, bis seine **Unwirksamkeit rechtskräftig festgestellt** ist. Dies bedeutet, dass der Widerruf zunächst wirksam ist. In der Praxis **endet die Organstellung** des Vorstandsmitgliedes mit Zugang des Beschlusses mit dem der Aufsichtsrat die Vorstandsbestellung widerruft. Dies gilt auch dann, wenn ein wichtiger Grund nicht vorliegt, denn der Widerruf wird zunächst als wirksam behandelt. Erst wenn rechtskräftig gerichtlich festgestellt ist, dass der wichtige Grund fehlt, lebt die Organstellung wieder auf.[262] Umstritten ist allerdings, ob der Terminus der rechtskräftigen Entscheidung in § 84 Abs. 3 S. 4 AktG sich auf eine rechtskräftige Entscheidung im Hauptsacheverfahren bezieht, oder aber ob eine Entscheidung im Rahmen eines einstweiligen Verfügungsverfahren ausreicht. Angesichts der Gesetzessystematik muss davon ausgegangen werden, dass hier ein Endurteil in einem Hauptsacheverfahren vorliegen muss.[263]

d) Rechtsschutz des Vorstandsmitglieds

107 Das Vorliegen eines wichtigen Grundes kann vom Vorstandsmitglied **vollumfänglich gerichtlich überprüft** werden, der Aufsichtsrat hat hier keinen Beurteilungsspielraum.[264] Bei einer Klage wird die AG durch den **Aufsichtsrat** und nicht durch den Vorstand vertreten. Bei Vertretung durch den Vorstand ist Klage nach heute herrschender Ansicht unzulässig.[265] Die Klage des Vorstandsmitglieds kann je nach Begehren Gestaltungs- oder Feststellungsklage sein. Bei der Gestaltungsklage richtet sich die Klage auf Unwirksamerklärung der Abberufung. Bei der Feststellungsklage richtet sich die Klage regelmäßig auf Feststellung der Unwirksamkeit des Aufsichtsratsbeschlusses. In der Praxis sollten beide Anträge mit einander verbunden werden. Auf Seiten des Vorstandsmitglieds sollte im Übrigen stets das Vorgehen im Rahmen einer Urkundsklage geprüft werden.

108 Ob das Vorstandsmitglied gegen die Abberufung im Wege der **einstweiligen Verfügung** vorgehen kann, wird nicht einheitlich beurteilt. Es ist der Auffassung zuzustimmen, die einen Verfügungsantrag nur dann für zulässig hält, wenn es an einem formell ordnungsgemäß zustande gekommenen Aufsichtsratsbeschluss fehlt.[266]

109 In der Praxis sind vielfach Fehler im Zusammenhang mit dem **Nachschieben von Widerrufsgründen** festzustellen. Ausgangspunkt ist, dass die Gründe überprüft werden, die dem Beschluss des Aufsichtsrates zu Grunde lagen. Widerrufsgründe können nachgeschoben werden, solange diese Gründe bei der Erklärung des Widerrufs bereits **vorlagen**, dem Aufsichtsrat aber **nicht bekannt** waren. Kannte der Aufsichtsrat den Grund bereits, hat er den Widerruf hierauf aber nicht gestützt, dann kann der Aufsichtsrat diesen Grund nicht mehr für den Widerruf heranziehen, da das Widerrufsrecht insoweit **verwirkt** ist.[267] Des Weiteren erfordert das Nachschieben im Klageverfahren einen weiteren **ausdrücklichen Beschluss** des Aufsichtsrates, dass der Widerruf nunmehr auch auf diesen Grund gestützt werden soll.[268] Wird der Widerruf demgegenüber auf einen Grund gestützt, der nachträglich, dh nach der Erklärung des Widerrufs entstanden ist, so kann dieser Grund nicht nachgeschoben werden, vielmehr ist in diesem Fall ein **neuer Beschluss** zum Widerruf erforderlich.[269]

8. Sonstige Beendigungsgründe

110 Das Vorstandsmitglied kann sein **Amt niederlegen**.[270] Dies ist allgemein anerkannt. Die Amtsniederlegung erfordert eine einseitige Erklärung des Vorstandsmitglieds an den Aufsichtsrat, die Organstel-

---

262 Vgl MünchKommAktG/*Hefermehl/Spindler*, § 84 Rn 108.
263 Vgl Hüffer/*Hüffer* AktG, § 84 Rn 34; MünchKommAktG/*Hefermehl/Spindler*, § 84 Rn 108.
264 Vgl *Wiesner* in MünchHdb AG, § 20 Rn 50; KölnKomm/*Mertens*, § 84 AktG Rn 104.
265 Vgl BGH AG 1991, 269.
266 Vgl zum sog. „Dornier"-Fall: OLG Stuttgart ZIP 1985, 539, 540; LG München AG 1986, 142; Lutter/*Krieger* AR, Rn 371.
267 Vgl BGH ZIP 1992, 32, 33; BGH WM 1962, 109, 111; Lutter/*Krieger* AR, Rn 374.
268 Vgl Hüffer/*Hüffer* AktG, § 84 Rn 34; Lutter/*Krieger* AR, Rn 374; *Wiesner* in MünchHdb AG, § 20 Rn 54.
269 Vgl Hüffer/*Hüffer* AktG, § 84 Rn 34; Lutter/*Krieger* AR, Rn 374; *Wiesner* in MünchHdb AG, § 20 Rn 54.
270 BGH NJW 1993, 1198 (zur GmbH); BGHZ 78, 82 ff.

lung niederzulegen. Um sich nicht der vertraglichen Rechte zu begeben, bedarf die Amtsniederlegung des Vorstandsmitglieds eines wichtigen Grundes. Ein solcher liegt etwa bei unberechtigter Verweigerung der Entlastung vor. Liegt ein wichtiger Grund nicht vor, kann AG ihrerseits den Anstellungsvertrag fristlos kündigen. Die Amtsniederlegung entfaltet mit ihrem Zugang beim Aufsichtsrat Wirkung, wobei nicht erforderlich ist, dass sich das Vorstandsmitglied auf das Vorliegen eines wichtigen Grundes beruft.[271] Dies gilt auch dann, wenn das Vorliegen eines wichtigen Grundes streitig ist.[272] Ausreichend wäre folgende Erklärung:

▶ Hiermit lege ich mein Amt als Mitglied des Vorstands der [X AG] mit sofortiger Wirkung nieder. ◀

Umstritten ist, ob der Aufsichtsrat das Vorstandsmitglied einseitig **suspendieren** kann. Richtigerweise wird man eine Suspendierung **bei schwerwiegendem Verdacht eines Fehlverhaltes** des Vorstandsmitglieds als zulässig ansehen müssen, wenn der Verdacht eine solche Tragweite hat, dass er den Widerruf der Bestellung rechtfertigen würde.[273] Die Meinung, die die Suspendierung nur als befristeten Widerruf der Bestellung ohne eigenständige Bedeutung auffasst,[274] wird den Bedürfnissen der Praxis nicht gerecht. Insgesamt ist aber angesichts der insoweit bestehenden rechtlichen Unsicherheit zu empfehlen, von einer vorläufigen Suspendierung nur sehr zurückhaltend Gebrauch zu machen, selbst wenn die AG sich das Recht zur Suspendierung im Anstellungsvertrag vorbehalten hat.

111

▶ Die Gesellschaft ist berechtigt, das Vorstandsmitglied nach ihrem alleinigen Ermessen von seiner Dienstleistung für die verbleibende Vertragsdauer unter Anrechnung auf bestehende Urlaubsansprüche und unter Fortzahlung der vertragsgemäßen Vergütung freizustellen. ◀

Vorstandsmitglied und Aufsichtsrat können ein einverständliches Ausscheiden aus der Organstellung vereinbaren.[275] Hierfür bedarf es eines Beschlusses des Aufsichtsrates, das Handeln eines Ausschusses genügt insoweit nicht.[276]

112

IV. Abschluss des Anstellungsvertrages

1. Begriff

Das Vorstandsmitglied ist durch einen Anstellungsvertrag an die Gesellschaft gebunden. Dieser regelt die schuldrechtlichen Beziehungen des Vorstandsmitglieds zur Gesellschaft. Der **Vertragsschluss** richtet sich nach den allgemeinen Regeln. Die Annahmeerklärung des Vorstandsmitgliedes muss dem Aufsichtsrat zugehen. Wird ein ehemaliger Arbeitnehmer der AG zum Vorstandsmitglied bestellt, so bedarf es zur **Aufhebung des Arbeitsvertrages** seit dem 1.1.2000 wegen § 623 BGB einer **schriftlichen Vereinbarung**. In Anbetracht von § 623 BGB kommt eine konkludente Aufhebung[277] nicht mehr in Betracht.[278] Ausreichend ist allerdings, dass der neue Anstellungsvertrag die Aufhebung des vorherigen Arbeitsvertrags mitregelt.[279] Bei der Aufhebung des alten Arbeitsvertrages kann der Aufsichtsrat die AG vertreten, auch wenn eigentlich der Vorstand das für die Aufhebung zuständige Organ wäre.[280]

113

Der Anstellungsvertrag ist ein **Dienstvertrag** über die Leistung unabhängiger Dienste, das **Vorstandsmitglied ist** aber **nicht Arbeitnehmer** der AG.[281] Für die Arbeitnehmerstellung sind Weisungsabhängigkeit und Eingliederung in die Arbeitsorganisation des Arbeitgebers entscheidend. Das Vorstandsmitglied nimmt als Organ der AG selbst die Arbeitgeberstellung ein, es ist gesetzlicher Vertreter der AG. Das Vorstandsmitglied ist gerade aufgrund der in der Verfassung der AG vorgesehenen Stellung

114

---

271 Vgl zum GmbH-GF etwa BGH NJW 1995, 2850; BGH NJW 1993, 1198.
272 Vgl BGH NJW 1993, 1198; KölnKomm/*Mertens*, § 84 AktG Rn 163; MünchKommAktG/*Hefermehl/Spindler*, § 84 Rn 124.
273 Vgl wie hier: MünchHdb AG/*Wiesner*, § 20 Rn 60; vgl auch HdbVorstR/*Thüsing*, § 5 Rn 43 f; Semler/v. Schenck/ *Fonk*, ARHdb, § 9 Rn 283; *Wiesner* in MünchHdb AG, § 20 Rn 60; Lutter/*Krieger* AR, Rn 376.
274 LG München AG 1986, 142.
275 MünchHdb AG/*Wiesner*, § 20 Rn 56.
276 BGH NJW 1981, 757; MünchHdb AG/*Wiesner*, § 20 Rn 60.
277 So noch BAG NJW 2000, 3732, 3733; vgl auch BAG NJW 2003, 918, 919.
278 Vgl MünchKommAktG/*Hefermehl/Spindler*, § 84 Rn 42.
279 Vgl zutreffend HdbVorstR/*Thüsing*, § 4 Rn 60.
280 Vgl zutreffend HdbVorstR/*Thüsing*, § 4 Rn 60.
281 BGH NJW 1962, 340, 343; vgl auch MünchKommAktG/*Hefermehl/Spindler*, § 84 Rn 43.

für die Leitung der AG verantwortlich und insoweit auch nicht einem Weisungsrecht unterworfen.[282] Die oben unter Rn 1 ff dargelegte kontroverse Diskussion um die Stellung des GmbH-Geschäftsführers stellt sich für das Vorstandsmitglied nicht. Der Vertrag richtet sich nach den §§ 611, 675 BGB. Da die Tätigkeit als Vorstandsmitglied im Regelfall entgeltlich erfolgt, liegt kein Auftrag vor. Im Falle des – seltenen – unentgeltlichen Tätigwerdens des Vorstandsmitglieds richtet sich das Rechtsverhältnis nach §§ 662 ff.

115 Im Zusammenhang mit Konzernstrukturen taucht in der Praxis vielfach die Frage nach einer **Drittanstellung** des Vorstandsmitglieds auf. Diese Konstellation, die bei GmbH Geschäftsführern für zulässig gehalten wird, ist abzulehnen. Der Anstellungsvertrag kann nicht mit einem Dritten abgeschlossen werden, dh der Anstellungsvertrag muss **direkt** zwischen der AG und dem Vorstandsmitglied abgeschlossen werden.[283] Dies gilt selbst dann, wenn es sich bei dem Dritten um eine konzernangehörige Gesellschaft handelt, denn das Mitglied des Vorstands hat die AG nach § 76 AktG die Gesellschaft unter eigener Verantwortung zu leiten. Mit diesem gesetzlich normierten Auftrag ist die vertragliche Bindung an einen Dritten, wegen der bei einer solchen Konstellation auftretende Pflichtenkollision, nicht zu rechtfertigen.

2. Zuständiges Organ

116 Der **Aufsichtsrat** ist für den Abschluss des Anstellungsvertrages **zuständig**. Die schuldrechtliche Anstellung setzt also eine Beschlussfassung des Aufsichtsrates über den Abschluss des Anstellungsvertrages selbst durch den Aufsichtsrat als Vertreter der AG voraus.[284] Dabei ist zu beachten, dass dem Aufsichtsrat nicht nur für den Abschluss des Anstellungsvertrages zuständig ist, sondern auch für jede Änderung des Anstellungsvertrages, etwa um eine Erhöhung der Vergütung während der Laufzeit umzusetzen oder um über die Gewährung von Aktienoptionen zu entscheiden.[285] Ein Verstoß gegen die Zuständigkeit des Aufsichtsrates führt zur Nichtigkeit des Anstellungsvertrages bzw der Vertragsänderung. Während allerdings die Bestellung des Vorstandsmitglieds zwingend dem Aufsichtsrat obliegt (siehe Rn 90) kann der Abschluss des Anstellungsvertrages **einem besonderen Ausschuss übertragen** werden.[286] Dies gilt nicht nur für die Vorbereitung der Entscheidung, sondern auch für den Abschluss des Anstellungsvertrages, sofern dies in der Satzung festgelegt ist. Von dieser Möglichkeit machen vielfach größere Aktiengesellschaften Gebrauch. Allerdings darf die Tätigkeit des Ausschusses nicht die freie Entscheidung des Aufsichtsrates über die Bestellung einer Person zum Vorstandsmitglied beeinträchtigen. Im Übrigen kann der Ausschuss auch keine Ressortzuständigkeiten im Anstellungsvertrag verteilen. Ein Ausschuss kann nur wirksam handeln und auch den Anstellungsvertrag abschließen, wenn er mit drei Mitgliedern besetzt ist.[287] Der Vorsitzende des Aufsichtsrates alleine kann daher keinen Anstellungsvertrag mit dem Mitglied des Vorstandes wirksam abschließen.

3. Form

117 Der Anstellungsvertrag mit dem Vorstandsmitglied bedarf **keiner besonderen Form**, insbesondere ist Schriftform nicht vorgeschrieben. Allerdings ist Schriftlichkeit aus Gründen der Rechtssicherheit dringend anzuraten. Unterbleibt der Abschluss eines Anstellungsvertrages in schriftlicher Form, wird der Vertrag konkludent abgeschlossen, sofern das Vorstandsmitglied tatsächlich als solches tätig wird und der Aufsichtsrat nicht widerspricht.[288]

---

282 Vgl BGH ZIP 1988, 568; Hüffer/*Hüffer* AktG, § 84 Rn 11.
283 So auch KölnKomm/*Mertens*, § 84 AktG Rn 51; HdbVorstR/*Thüsing*, § 4 Rn 68; MünchKommAktG/*Hefermehl/Spindler*, § 84 Rn 44; *Baums*, S. 73 f; aA MünchHdb AG/*Wiesner*, § 21, Rn 2 ff; Lutter/*Krieger* AR, Rn 411.
284 Vgl OLG Schleswig NZG 2001, 275.
285 OLG Düsseldorf BB 1979, 1314.
286 BGH NJW 1976, 145, 146; BGH NJW 1981, 757, 758.
287 BGH NJW 1976, 145; BGH ZIP 1991, 869.
288 OLG Stuttgart AG 2003, 211, 213; zurückhaltender: MünchHdb AG/*Wiesner*, § 21, Rn 19.

4. Sozialversicherungspflicht

Das Vorstandsmitglied übt aufgrund der umfassenden Leitungsmacht Arbeitgeberfunktionen aus.[289] Das Vorstandsmitglied unterliegt daher gemäß § 1 S. 4 SGB VI nicht der Sozialversicherungspflicht in der **gesetzlichen Rentenversicherung** und der **Arbeitslosenversicherung** (§ 27 Abs. 1 Nr. 5 SGB III).[290] Auch in anderen Zweigen der Sozialversicherung besteht keine Sozialversicherungspflicht.[291] In der Praxis wird in Vorstandsdienstverträgen vielfach die fehlende Sozialversicherungspflicht durch Beiträge zu Lebensversicherungen kompensiert. Auch wird der Beitrag des Vorstandsmitglieds zur Krankenversicherung bis zur Hälfte des Betrages der gesetzlichen Kranken- und Pflegeversicherung übernommen.

5. Rechtsfolgen fehlerhaften Vertragsschlusses

Leidet der Anstellungsvertrag an Wirksamkeitsmängeln, so gelten die Grundsätze des **fehlerhaften Anstellungsvertrages**, wenn der Anstellungsvertrag in Vollzug gesetzt wurde.[292] Der fehlerhafte Anstellungsvertrag ist wirksam aber kann für die Zukunft jederzeit – auch ohne Vorliegen eines wichtigen Grundes – aufgelöst werden.[293]

V. Inhalt des Anstellungsvertrages – Rechte und Pflichten

1. Allgemeines

Die Rechte und Pflichten des Vorstandsmitglieds aus dem Anstellungsvertrag sind im AktG nicht geregelt. **Arbeitsrechtliche Schutzvorschriften** können im Einzelfall auch zugunsten des Vorstandsmitgliedes eingreifen, auch wenn das Vorstandsmitglied kein Arbeitnehmer ist. Dies jedoch nur dann, wenn dessen tatsächliche Stellung arbeitnehmerähnlich ausgestaltet ist.[294] Zunächst ist zu betonen, dass Schutzvorschriften wie etwa das Kündigungsschutzgesetz gemäß § 14 Abs. 1 Nr. 1 KSchG auf das Vorstandsmitglied keine Anwendung finden. Gleiches gilt für die Vorschriften des SGB IX, das Bundesurlaubsgesetz und das Entgeltfortzahlungsgesetz. Ebenso wenig findet § 623 BGB Anwendung.[295] Die Kündigung oder die Aufhebung des Anstellungsverhältnisses muss daher nicht zwingend schriftlich erfolgen, dies empfiehlt sich aber naturgemäß schon zu Beweszwecken. Ein Praxisproblem darf jedoch nicht unterschätzt werden: Wird das Mitglied des Vorstands abberufen und im Anschluss daran für die AG weiter tätig, dann erfordert die Kündigung eine soziale Rechtfertigung nach dem Kündigungsschutzgesetz, auch wenn die Kündigung begründende Sachverhalt in die Zeit der Vorstandstätigkeit fällt. Darüber hinaus findet **§ 625 BGB** keine Anwendung. Das Anstellungsverhältnis verlängert sich nicht stillschweigend, denn diese Regelung beabsichtigt letztlich die **Entfristung** des Anstellungsverhältnisses.[296] Eine solche Entfristung aber steht im Widerspruch zu § 84 Abs. 1 AktG.

Anwendbar:
- BetrAVG, insbesondere Insolvenzsicherung von Versorgungsansprüchen, wenn Vorstandsmitglied kein Mehrheitsaktionär ist[297]
- § 850 ff ZPO[298]
- Betriebliche Übung ist bei Auslegung zu berücksichtigen[299]

---

289 BGH NJW 1981, 757.
290 Vgl demgegenüber zum GmbH Geschäftsführer: BSG NZG 2002, 431, 432.
291 Wie hier: MünchKommAktG/*Hefermehl/Spindler*, § 84 Rn 44; aA MünchHdb AG/*Wiesner*, § 21, Rn 14, der eine Pflichtversicherung in der Unfall-, Kranken- und Pflegeversicherung annimmt.
292 BGH NJW 1964, 1367.
293 BGH NJW 1964, 1367; BGH NJW 2000, 2983; BGHZ 47, 341, 343; OLG Schleswig AG 2001, 651, 653; vgl auch *Baums*, S. 195 ff.
294 Vgl MünchKommAktG/*Hefermehl/Spindler*, § 84 Rn 44.
295 Siehe aber oben Rn 113 zur Aufhebung eines etwaigen Arbeitsvertrages.
296 Vgl MünchKommAktG/*Hefermehl/Spindler*, § 84 Rn 57.
297 Vgl BGH NJW 1980, 2254; Zu Gehaltsansprüchen des GmbH Geschäftsführers in der Insolvenz: BGH NZG 2003, 327, 328.
298 Vgl in KölnKomm/*Mertens*, § 84 AktG Rn 36.
299 BGH AG 1995, 188 f.

- Zeugnisanspruch (§ 630 BGB)[300]
- Allgemeiner Gleichbehandlungsgrundsatz
- Allgemeines Gleichbehandlungsgesetz

Angesichts der Nichtanwendbarkeit diverser Arbeitnehmerschutzvorschriften sollten daher bspw Regelungen zu Urlaub und Entgeltfortzahlung im Krankheitsfall in den Anstellungsvertrag des Vorstandsmitglieds aufgenommen werden. Fehlt eine Regelung zum Urlaub im Anstellungsvertrag, kann sich ein Urlaubsanspruch nur aus dem Fürsorgegedanken ergeben. Bei vertraglicher Regelung beträgt der Urlaubsanspruch vielfach 30 Tage. Die Entgeltfortzahlung im Krankheitsfall richtet sich ohne vertragliche Regelung nach § 616 BGB. In der Praxis variieren die vertraglichen Regelungen zur Entgeltfortzahlung beträchtlich. Die Konstellationen reichen von sechs Wochen über drei und mehr Monate. Auch hier ist stets die Angemessenheit der Bezüge zu beachten. Im Übrigen ist zu empfehlen, bei der Vertragsgestaltung die Empfehlungen des Corporate Governance Kodex mit einzubeziehen. In der Praxis könnte eine Regelung zur Entgeltfortzahlung wie folgt formuliert werden:

▶ Im Falle der Erkrankung oder einer anderen Arbeitsunfähigkeit, die das Vorstandsmitglied an der Ausübung seiner vertraglichen Pflichten hindert, erhält das Vorstandsmitglied seine monatliche Vergütung gemäß § ... dieses Vertrages für die Dauer von sechs Monaten, längstens jedoch bis zur Beendigung dieses Vertrages. ◀

2. Vertragsdauer

121 Der Anstellungsvertrag kann höchstens für die Dauer von fünf Jahren geschlossen werden. § 84 Abs. 1 S. 5 AktG gilt nicht nur für die Bestellung, sondern auch für den Anstellungsvertrag. Dabei muss die Laufzeit von Bestellung und Anstellung nicht deckungsgleich sein. Die Parteien können die automatische Verlängerung des Vertrages vorsehen, wenn die Bestellung zum Vorstandsmitglied durch den Aufsichtsrat verlängert wird.[301]

▶ Dieses Anstellungsverhältnis beginnt am [Datum] und endet automatisch am [Datum], ohne dass es einer Kündigung bedarf. Im Falle der Wiederbestellung von Herrn/Frau [Name] zum Vorstandsmitglied, verlängert sich dieser Anstellungsvertrag jeweils um den Zeitraum, für den der Aufsichtsrat mit Zustimmung von Herrn/Frau [Name] die Wiederbestellung beschließt. ◀

Ohne eine solche Klausel wäre auch für jede Verlängerung des Anstellungsvertrages ein Aufsichtsratsbeschluss erforderlich. Wie bereits oben unter Rn 87 erwähnt, können beide Rechtsverhältnisse allerdings ein unterschiedliches Schicksal haben. Ist eine Vertragsdauer nicht bestimmt, ist sie durch Auslegung zu ermitteln. Im Zweifel wird der Anstellungsvertrag auf den Ablauf der Bestellung abgeschlossen sein.[302] Die Annahme eines auf unbestimmte Zeit abgeschlossenen Vertrages kommt demgegenüber regelmäßig nicht in Betracht.[303]

3. Zustimmungspflichtige Rechtsgeschäfte

122 Nach § 111 Abs. 1 AktG ist es die Aufgabe des Aufsichtsrates, die Geschäftsführung zu überwachen. Maßnahmen der Geschäftsführung können dem Aufsichtsrat nicht übertragen werden. Allerdings kann die Satzung oder der Aufsichtsrat nach § 111 Abs. 4 S. 2 AktG bestimmen, dass bestimmte Arten von Geschäften nur mit seiner Zustimmung vorgenommen werden dürfen. Inhaltliche Vorgaben zu den zustimmungsbedürftigen Rechtsgeschäften enthält die Vorschrift nicht. Ein Blick in Ziffer 3.3 des **Corporate Governance Kodex** zeigt, welche Geschäfte dem Zustimmungsvorbehalt unterfallen sollen. Hiernach legen die Satzung oder der Aufsichtsrat für Geschäfte von **grundlegender Bedeutung** Zustimmungsvorbehalte zugunsten des Aufsichtsrats fest. Hierzu gehören Entscheidungen oder Maßnahmen, die die Vermögens-, Finanz- oder Ertragslage des Unternehmens grundlegend verändern. Enthält die Satzung solche Zustimmungsvorbehalte nicht, ist der Aufsichtsrat gefordert. In

---

300 BGH NJW 1968, 396 für den GmbH Geschäftsführer; bejahend für das Vorstandsmitglied: Hüffer/*Hüffer* AktG, § 84 Rn 17.
301 BGHZ 10, 187, 194.
302 Vgl Semler/v. Schenck/*Fonk* ARHdb, § 9 Rn 188.
303 Vgl Lutter/*Krieger* AR, Rn 406 f.

der Praxis sollten diese Zustimmungsvorbehalte **konkret** gefasst werden. So wäre eine generalklauselartige pauschale Verweise in der Satzung auf „wesentliche Geschäfte" bspw nicht zulässig. Möglich wäre aber bspw die Schließung von Betriebsstätten oder den Erwerb von Beteiligungen unter einen Zustimmungsvorbehalt zu stellen. Will das Vorstandsmitglied bei bestehendem Vorbehalt tätig werden, muss es die vorherige Zustimmung des Aufsichtsrates oder eines Ausschusses einholen, auf den der Aufsichtsrat diese Kompetenz verlagern kann. Verweigert der Aufsichtsrat die Zustimmung, kann der Vorstand verlangen, dass die Hauptversammlung über die Zustimmung beschließt. Häufig ist diese Konstellation in der Praxis allerdings nicht.

4. Vergütung

Im Grundsatz gilt zunächst, dass die Vergütung zwischen Vorstandsmitglied und Aufsichtsrat frei ausgehandelt wird. Allerdings gilt dies nicht schrankenlos, denn das AktG enthält Regelungen für die Bezüge von Vorstandsmitgliedern. Diese finden sich ausschließlich in § 87 AktG nachdem die ehemals in § 86 AktG geregelte Gewinnbeteiligung der Vorstandsmitglieder durch Gesetz vom 19.7.2002 aufgehoben wurde. Nach § 87 AktG hat der Aufsichtsrat bei der Festsetzung der Gesamtbezüge des einzelnen Vorstandsmitglieds dafür zu sorgen, dass die **Gesamtbezüge** in einem angemessenen Verhältnis zu den **Aufgaben** des Vorstandsmitglieds und zur **Lage** der Gesellschaft stehen. In diesem Rahmen muss der Aufsichtsrat die Vergütung des Vorstandsmitglieds festsetzen. Als Teile der Gesamtbezüge nennt das AktG Gehalt, Gewinnbeteiligungen, Aufwandsentschädigungen, Versicherungsentgelte, Provisionen und Nebenleistungen jeder Art. In der Praxis erhält das Vorstandsmitglied daher üblicherweise ein **Festgehalt**, das in zwölf, dreizehn oder vierzehn Raten gezahlt wird. Zu diesen Beispielen treten in der Praxis noch weitere Bestandteile. So gehört etwa die Privatnutzung eines Dienstwagens zur Standarddotierung eines Vorstandsvertrages (siehe zu Einzelheiten der Vertragsgestaltung bei Dienstwagen oben Rn 29).[304] Hinzu kommen teilweise sogar Nutzung von Fahrern oder Stellung von Hauspersonal, Dienstwohnungen und Mitgliedschaften in Vereinen (siehe zu den einzelnen Vergütungsbestandteilen schon oben Rn 25 ff). Im Rahmen von Unternehmenskäufen ist bei der **due diligence** besondere Sorgfalt auf die Prüfung etwaiger change of control-Klauseln zu verwenden. Zu change of control-Klauseln siehe oben Rn 81, auch sie müssen angemessen sein.[305] In der Satzung der AG können Richtlinien für die Vergütung aufgestellt werden, sofern diese nicht die Entschließungsfreiheit des Aufsichtsrates beeinträchtigen.[306] Fehlt es an einer Vergütungsvereinbarung, findet § 612 Abs. 1 BGB Anwendung. Etwas anderes kann nur gelten, wenn das Vorstandsmitglied Aktionär ist.[307]

Zur Konturierung des Begriffes der Angemessenheit der Bezüge kommt es entscheidend auf die jeweilige Gesellschaft an. Entscheidend ist stets das Verhältnis der Vergütung zu den Aufgaben des Vorstandsmitglieds und zur Lage der Gesellschaft. Eine absolute Grenze kann es daher nicht geben. Der Corporate Governance Kodex verweist in Ziffer 4.2.2 darauf, dass die Vergütung der Vorstandsmitglieder vom Aufsichtsrat unter Einbeziehung von etwaigen Konzernbezügen in **angemessener Höhe** auf der Grundlage einer **Leistungsbeurteilung** festgelegt werden soll. Kriterien für die Angemessenheit der Vergütung bilden hiernach insbesondere die Aufgaben des jeweiligen Vorstandsmitglieds, seine persönliche Leistung, die Leistung des Vorstands sowie die wirtschaftliche Lage, der Erfolg und die Zukunftsaussichten des Unternehmens unter Berücksichtigung seines Vergleichsumfelds. Verstößt der Aufsichtsrat bei der Festelegung der Bezüge gegen den Grundsatz der Angemessenheit besteht ein Schadensersatzanspruch der Aktionäre gegen den Aufsichtsrat. Das Vorstandsmitglied behält jedoch den Vergütungsanspruch, es sei denn die Festsetzung der Vergütung ist sittenwidrig.

Nach Ziffer 4.2.3 des Corporate Governance Kodex sollen die monetären Vergütungsteile **fixe und variable Bestandteile** umfassen. Die variablen Vergütungsteile sollten einmalige sowie jährlich wiederkehrende, an den geschäftlichen erfolgebundene Komponenten und auch Komponenten mit langfristiger Anreizwirkung und Risikocharakter enthalten. Sämtliche Vergütungsbestandteile müssen für

---

304 Vgl hierzu ausführlich Semler/v. Schenck/*Fonk* ARHdb, § 9 Rn 140.
305 Zu change of control-Klauseln in Vorstandsverträgen ausführlich: *Küttner*, FS ArbgArbR, S. 493 ff.
306 Vgl Hüffer/*Hüffer* AktG, § 87 Rn 2.
307 Vgl OLG Stuttgart AG 2003, 211, 213.

sich und insgesamt angemessen sein. Bei der vertraglichen Gestaltung der Vergütung finden sich daher bei Vorstandsmitgliedern häufig neben dem fixen Grundgehalt **Gewinntantiemen** und seltener Ermessenstantiemen. Vielfach beziehen sich Gewinntantiemen noch auf die Dividende, teilweise auf den Jahresgewinn der AG auf der Grundlage des Jahresüberschusses oder von EBITDA. Allerdings sind der Praxis verstärkt Zieltantiemen auf der Basis des Unternehmenserfolges anzutreffen. Vielfach werden hier mit dem Vorstandsmitglied bestimmte Ziele in Zielvereinbarungen verabredet, die sich auf konkrete persönliche Aufgaben, bspw die Erreichung oder Aufrechterhaltung eines bestimmten Standard & Poor's Rating beziehen oder die Veräußerung eines bestimmten Geschäftsfeldes zum Gegenstand haben. Problematisch sind demgegenüber im Hinblick auf Ihre Anreizwirkung **Umsatztantiemen**.

126 Daneben werden Vorstandsmitgliedern in der Praxis häufig **Aktienoptionen** („Stock Options") gewährt. Über Aktienoptionen die als langfristige Vergütungsbestandteile zu den sog. Long-Term Incentives (LTI) gehören, wird der Vorstand an der Steigerung des Unternehmenswertes unmittelbar beteiligt. Auch der Corporate Governance Kodex schlägt als variable Vergütungskomponenten mit langfristiger Anreizwirkung und Risikocharakter Aktien der Gesellschaft mit mehrjähriger Veräußerungssperre, Aktienoptionen oder vergleichbare Gestaltungen (zB Phantom Stocks) vor. Hiernach sollen Aktienoptionen und vergleichbare Gestaltungen auf anspruchsvolle, relevante Vergleichsparameter bezogen sein. Bei Aktienoptionen ist § 193 Abs. 2 Nr. 4 AktG zu beachten. Während die Hauptversammlung die Aktienoptionen auflegt, entscheidet der Aufsichtsrat über die Ausgestaltung und Auswahl der Vorstandsmitglieder.

127 Inwieweit eine **nachträgliche Honorierung** der Aufgaben des Vorstandsmitglieds möglich ist, wird streitig beurteilt.[308] Sie ist zulässig, da sich der Bedarf einer nachträglichen ergänzenden Vergütung ergeben kann, wenn die bisherige Vergütung nicht sachgerecht erscheint. Besonderer Wert ist in der Praxis in diesen Fällen auf die Angemessenheit der Höhe dieser ergänzenden Vergütungen zu legen. Problematisch sind demgegenüber Abfindungszahlungen.

128 Bei einer wesentlichen Verschlechterung der Verhältnisse der Gesellschaft ist der Aufsichtsrat berechtigt, die **Vergütung herabzusetzen**, wenn die Weitergewährung der Bezüge eine schwere Unbilligkeit für die Gesellschaft sein würde (§ 87 Abs. 2 AktG). Bei einem Vorstand aus mehreren Personen sind die Belastungen gleichmäßig aufzuteilen. Die Herabsetzung erfolgt in der Praxis durch Erklärung des Aufsichtsrates. Das Vorstandsmitglied kann die Herabsetzung gerichtlich überprüfen lassen, insbesondere im Wege einer Leistungsklage auf Fortzahlung der bisher gezahlten Vergütung. Des Weiteren kann das Vorstandsmitglied seinen Anstellungsvertrag kündigen (§ 87 Abs. 2 S. 3 AktG). Die Kündigungsfrist beträgt sechs Wochen zum Quartalsschluss. Sofern das Vorstandsmitglied Klage erhebt, läuft die Kündigungsfrist des § 87 Abs. 2 S. 3 AktG erst mit rechtskräftiger Entscheidung.[309] Daneben bleibt außerordentliche Kündigung nach § 626 BGB möglich.[310] Bei Insolvenz der AG ist § 87 Abs. 3 AktG zu beachten, der den Schadensersatzanspruch des Vorstandsmitglieds begrenzt.

129 Die Gesamtvergütung jedes Vorstandsmitglieds ist offenzulegen, soweit es sich um börsennotierte Gesellschaften handelt. Dies folgt aus dem Gesetz zur Offenlegung von Vorstandsvergütungen vom 3.8.2005. Hiernach sind neben den Gesamtbezügen die Bezüge des einzelnen Vorstandsmitgliedes zu individualisieren. Die Bezüge sind aufgeteilt nach erfolgsunabhängigen, erfolgsbezogenen und Komponenten mit langfristiger Anreizwirkung zu differenzieren. Auch Leistungen bei Beendigung der Vorstandsstellung sind offenzulegen. Die Regelung sieht eine Opt Out-Regelung für die Dauer von fünf Jahren für die Hauptversammlung vor.[311] Eine entsprechende Empfehlung findet sich auch in Ziffer 4.2.4 des Corporate Governance Kodex. Hiernach soll die Vergütung aufgeteilt nach erfolgsunabhängigen, erfolgsbezogenen und Komponenten mit langfristiger Anreizwirkung, unter Namens-

---

308 Dafür: *Hoffmann-Becking* NZG 2006, 127, 129; *Kort* NZG 2006, 131, 132; aA BGH AG 2006, 110, 112, BGH nimmt Untreue unter dem Gesichtspunkt der „kompensationslosen Anerkennungsprämie" an, da sie dem Unternehmen keinen zukunftsbezogenen Nutzen bringt.
309 Vgl MünchKommAktG/*Hefermehl/Spindler*, § 84 Rn 53.
310 So auch KölnKomm/*Mertens*, § 87 AktG Rn 21.
311 Vgl zu weiteren Einzelheiten *Spindler* NZG 2005, 689; *Thüsing* ZIP 2005, 1389.

nennung offengelegt werden, soweit nicht die Hauptversammlung mit Dreiviertelmehrheit anderweitig beschlossen hat.

5. Pensionsansprüche und Übergangsgeld

Obwohl der Anstellungsvertrag nur auf den Zeitraum von höchstens fünf Jahren geschlossen werden darf, können dem Vorstandsmitglied auch Leistungen für die Zeit nach seinem Ausscheiden zugesagt werden. Diese dürfen jedoch nicht so dotiert sein, dass sie wiederum die Entscheidungsfreiheit des Aufsichtsrates zur Wiederbestellung einschränken. Solche Leistungen können etwa **Übergangsgelder** sein. Regelmäßig wird Vorstandsmitgliedern auch eine **Altersversorgung** gewährt. Sie findet sich in der ganz überwiegenden Zahl der Anstellungsverträge. Auf die Altersversorgung – nicht die Übergangsgelder – finden die Regelungen des BetrAVG Anwendung. Dies gilt insbesondere im Hinblick auf die Insolvenzsicherung von Versorgungsansprüchen, wenn das Vorstandsmitglied kein Mehrheitsaktionär ist. Die Bandbreite der Gestaltungen ist vielfältig. Zur Durchführung der betrieblichen Altersversorgung wird vielfach auf die Direktzusage (siehe dazu oben Rn 52 ff) und die Zusage einer Direktversicherung zurückgegriffen. Eher selten finden sich Pensionskassenzusagen, Pensionsfondszusagen oder Unterstützungskassenzusagen. Im Hinblick auf die Gesamtvergütung des Vorstandsmitglieds ist zu betonen, dass auch die Zusage der Altersversorgung nur im Rahmen der **Angemessenheit** zulässig ist. Für die Anrechnung anderweitiger Leistungen auf die von der AG zu zahlende Alterversorgung ist der Inhalt der Versorgungszusage entscheidend. Der **Pensionsanspruch kann im Ausnahmefall entzogen werden**. Liegen allein Gründe vor, die eine fristlose Kündigung rechtfertigen, kann der Pensionsanspruch noch nicht entzogen werden. Hierfür bedarf es vielmehr einer ganz besonders schwerwiegenden Pflichtverletzung, die dazu führt, dass der Pensionsanspruch nicht mehr verdient ist.[312] Ergänzend zur Versorgungszusage werden teilweise Dienstwagen auf Lebenszeit oder ein Recht zur Nutzung des Vorstandssekretariates auch nach dem Ausscheiden aus den Diensten der AG gewährt.

130

6. Verschwiegenheit

Nach § 93 Abs. 1 S. 3 AktG haben Vorstandsmitglieder über vertrauliche Angaben und Geheimnisse der AG Stillschweigen zu bewahren. Vertrauliche Angaben in diesem Sinne sind alle Informationen, die das Vorstandsmitglied in seiner Eigenschaft als Vorstand erfahren hat, deren Mitteilung an Dritte für die AG nachteilig sein kann. Vielfach tauchen in der Praxis Probleme im Zusammenhang mit der Verschwiegenheitspflicht bei **Unternehmenskäufen** auf, wenn Informationen an den Erwerber im Rahmen eines due diligence Prozesses gegeben werden. Hier wird das Vorstandsmitglied Informationen an den Erwerber weitergeben können, wenn diese für den Vertragsschluss notwendig sind. In jedem Fall sollte das Vorstandsmitglied Informationen an einen Erwerber nur herausgeben, wenn eine Verschwiegenheitserklärung vom Erwerber abgegeben wurde. In der Praxis ist es nicht unüblich, die Verschwiegenheitspflicht durch eine **angemessene Vertragsstrafe** abzusichern. Siehe dazu schon oben Rn 33.

131

7. Gesetzliches/vertragliches Wettbewerbsverbot/Nebentätigkeiten

Für Vorstandsmitglieder enthält § 88 AktG ein gesetzlich normiertes Wettbewerbsverbot. Hiernach dürfen Vorstandsmitglieder kein **Handelsgewerbe** betreiben oder im Geschäftszweig der Gesellschaft **für eigene oder fremde Rechnung Geschäfte machen**, sofern der Aufsichtsrat nicht einwilligt. Verboten ist ferner die Tätigkeit als Vorstandsmitglied, Geschäftsführer oder persönlich haftender Gesellschafter einer anderen Handelsgesellschaft. Entsprechend findet sich in Ziffer 4.3.1 des Corporate Governance Kodex der Hinweis, dass Vorstandsmitglieder während ihrer Tätigkeit für das Unternehmen einem umfassenden Wettbewerbsverbot unterliegen. Das Wettbewerbsverbot besteht in zeitlicher Hinsicht solange das Vorstandsmitglied als solches bestellt ist. Im Falle des Widerrufs der Bestellung findet § 88 AktG keine Anwendung mehr. Ein nachvertragliches Wettbewerbsverbot muss ausdrücklich vereinbart

132

---

312 BGH AG 1997, 265, 266.

werden. Wenn Widerruf erfolgt, ohne dass der zugrunde liegende Anstellungsvertrag gekündigt wird, ist Anwendbarkeit des § 88 AktG fraglich, gilt aber solange die AG noch die vertragsgemäßen Bezüge an das Vorstandsmitglied zahlt.[313] Bei Amtsniederlegung durch das Vorstandsmitglied erlischt das Wettbewerbsverbot, wenn das Vorstandsmitglied sich auf einen wichtigen Grund zur Amtniederlegung berufen kann. Der Aufsichtsrat kann seine vorherige Zustimmung zu einer konkreten Tätigkeit erteilen, eine **konkludente Einwilligung** ist ausgeschlossen. Im Übrigen muss das Vorstandsmitglied regelmäßig seine gesamte Arbeitskraft der AG zur Verfügung stellen. Die Ausübung von Nebentätigkeiten sollte an die Zustimmung des Aufsichtsrates gebunden werden.

133 Verstöße des Vorstandsmitglieds gegen das Wettbewerbsverbot führen zum **Schadensersatz**. Die AG ist insoweit beweisbelastet. Allerdings kann die AG alternativ verlangen, dass das Vorstandsmitglied die von ihm getätigten Geschäfte für die AG gelten lässt und die Vergütung herausgibt oder an die AG abtritt (sog. **Eintrittsrecht**). Die AG kann zwischen beiden Ansprüchen wählen, sie kann auch nach Verlangen von Schadensersatz das Eintrittsrecht geltend machen.[314]

134 Die Pflichten nach § 88 AktG können im Anstellungsvertrag weiter ausgestaltet und ausgedehnt werden.[315] Sofern die AG den Corporate Governance Kodex anwendet, gilt für **sämtliche Nebentätigkeiten** außerhalb von § 88 AktG ein umfassendes Verbot. Hier heißt es in Ziffer 4.3.5, dass Vorstandsmitglieder Nebentätigkeiten, insbesondere Aufsichtsratsmandate außerhalb des Unternehmens, nur mit Zustimmung des Aufsichtsrats übernehmen sollen. In der Praxis finden sich im Regelfall Vertragsgestaltungen, die die Ausübung von Nebentätigkeiten ausschließen, sofern Aufsichtsrat nicht zustimmt. Eine entsprechende Vertragsgestaltung ist zu empfehlen, ebenso die Absicherung des Verbotes durch eine angemessene **Vertragstrafe**.

8. Nachvertragliches Wettbewerbsverbot

135 Das AktG enthält nur für den Zeitraum der Bestellung zum Vorstandsmitglied ein gesetzlich bestimmtes Wettbewerbsverbot. Im Falle des Widerrufs der Bestellung findet § 88 AktG keine Anwendung mehr. Wenn sich die AG vor **nachvertraglicher Konkurrenz** durch das Vorstandsmitglied absichern möchte, so muss die AG mit dem Vorstandsmitglied ein nachvertragliches Wettbewerbsverbot ausdrücklich vereinbaren. Gerade in Verträgen mit Vorstandsmitgliedern finden sich relativ häufig nachvertragliche Wettbewerbsverbote. Im Einzelfall ist stets zu hinterfragen, ob ein nachvertragliches Wettbewerbsverbot tatsächlich notwendig ist. Erst dann stellt sich die Frage, wie das Wettbewerbsverbot rechtssicher ausgestaltet werden kann. Dies erfordert besondere Sorgfalt. Die Regelungen der §§ 74 ff HGB gelten für Vorstandsmitglieder nicht (siehe dazu ausführlich oben Rn 35 ff). Die Grundwertungen der §§ 74 ff HGB sind aber zu berücksichtigen. Bei Vorstandsmitgliedern gilt daher wie auch beim GmbH-Geschäftsführer, dass ein Wettbewerbsverbot einem berechtigten Interesse der AG dienen und in zeitlicher, sachlicher und räumlicher Hinsicht angemessen sein muss (siehe oben Rn 39). Bezüglich der Zeitdauer des nachvertraglichen Wettbewerbsverbotes sollte auch bei Vorstandsmitgliedern ein Zeitraum von zwei Jahren nicht überschritten werden.[316] Auf die Anpassung des räumlichen Geltungsbereiches ist besondere Sorgfalt zu verwenden. Auch bei Vorstandsmitgliedern besteht für ein weltweites Verbot keine Rechtfertigung (siehe oben Rn 41). Für Vorstandsmitglieder kann ein Wettbewerbsverbot nur dann verbindlich sein, wenn eine Karenzentschädigung gezahlt wird. Diese sollte in der Praxis in Anlehnung an § 74 Abs. 2 HGB festgelegt werden, auch wenn allgemein angenommen wird, dass für Organmitglieder Abweichungen zulässig sind[317] (Einzelheiten dazu oben Rn 43). Wettbewerbsverbote mit Organmitgliedern, die nicht dem berechtigten Interesse der AG gelten, sind nichtig. Eine geltungserhaltende Reduktion kommt in der Regel nicht in Betracht.[318] Vgl die ausführliche Darstellung zu nachvertraglichen Wettbewerbsverboten von Organmitgliedern unter Rn 35 ff.

---

313 Vgl MünchKommAktG/*Hefermehl/Spindler*, § 88 Rn 7.
314 Str. wie hier: Hüffer/*Hüffer* AktG, § 88 Rn 7.
315 Vgl Semler/v. Schenck/*Fonk* ARHdb, § 9 Rn 94.
316 Vgl Semler/v. Schenck/*Fonk* ARHdb, § 9 Rn 169; vgl auch oben Rn 42.
317 Vielfach werden 50 % der Festbezüge als ausreichend angesehen, vgl Semler/v. Schenck/*Fonk* ARHdb, § 9 Rn 170.
318 Vgl Hüffer/*Hüffer* AktG, § 88 Rn 10; auch schon oben ausführlich Rn 46.

9. Zeugnis

Das Vorstandsmitglied hat in **entsprechender Anwendung des § 630 BGB** Anspruch auf Zeugniserteilung.[319] Es wird vom Aufsichtsrat erteilt. Die Zeugniserteilung ist in der Praxis in kleineren AGs die Regel, bei börsennotierten Gesellschaften allerdings unüblich. Es ist eher besonderer Wert auf Verlautbarungen gegenüber den Mitarbeitern und der Presse zu legen.

136

VI. Vertretung und Geschäftsführung

Mit der Bestellung wird unter anderem nach das Recht und die Pflicht des Vorstands begründet, die AG in eigener Verantwortung zu leiten (§ 76 Abs. 1 AktG), ihre Geschäfte zu führen (§ 77 AktG) und sie zu vertreten (§ 78 AktG). Unter der **Leitung der Gesellschaft** in diesem Sinne wird die Unternehmensleitung unter Führung des Vorstands verstanden. Mit dem Terminus „**unter eigener Verantwortung**" stellt das AktG unmissverständlich klar, dass das Vorstandsmitglied nicht weisungsgebunden ist. Insbesondere der Aufsichtsrat kann dem Vorstandsmitglied keine Weisungen erteilen. Soweit zustimmungspflichtige Rechtsgeschäfte betroffen sind, kann der Aufsichtsrat allerdings seine Zustimmung verweigern (siehe dazu oben Rn 122). Diesbezüglich heißt es im Corporate Governance Kodex in Ziffer 4.1.1, dass der Vorstand das Unternehmen in eigener Verantwortung leitet. Er ist an das Unternehmensinteresse gebunden und der Steigerung des nachhaltigen Unternehmenswertes verpflichtet. Der nachhaltige Unternehmenswert ist dabei von kurzfristiger Gewinnmaximierung abzugrenzen. Deshalb handelt ein Vorstand nicht pflichtwidrig, der zusätzliche Leistungen an die Belegschaft erbringt oder Spenden für wohltätige Zwecke leistet, sofern diese die Leistungsfähigkeit der AG und deren soziale Rolle berücksichtigt. Bei der Leitung der AG hat das Vorstandsmitglied auch Corporate Governance Grundsätze zu berücksichtigen.

137

Vorstandsmitglieder haben gem. § 77 AktG das Recht und die Pflicht zur Geschäftsführung. Sind mehrere Vorstandsmitglieder bestellt, gilt das Prinzip der **Gesamtgeschäftsführung**. In diesem Fall kann der Vorstand handeln, wenn alle Vorstandsmitglieder einer Maßnahme der Geschäftsführung zustimmen. In der Praxis findet sich eine abweichende Gestaltung in Geschäftsordnung oder Satzung, vielfach eine **ressort- oder spartenbezogene Einzelgeschäftsführung**. Trotz einer Geschäftsverteilung verbleibt eine Aufsichtspflicht des Vorstandsmitglieds auch für die anderen Ressorts. Im Übrigen verbleiben die dem Vorstand im AktG zugewiesenen Aufgaben als solche des gesamten Organs bestehen, etwa §§ 83, 90, 91, 92, 97, 98, 104 Abs. 1 und 2, 106, 110 Abs. 1, 118 Abs. 2, 119 Abs. 2, 121 Abs. 2, 124 Abs. 3 S. 1.

138

Nach § 78 AktG vertritt der Vorstand die AG. Diese Vorschrift ist zwingend. Die Vertretungsbefugnis ist unbeschränkt, sie kann auch nicht beschränkt werden (§ 82 Abs. 1 AktG). Sie umfasst die gerichtliche und außergerichtliche Vertretung der AG, insbesondere die Abgabe und Entgegennahme von Willenserklärungen. Das Vorstandsmitglied ist daher bspw im Prozess der AG Partei und kann nicht Zeuge sein. Das Gesetz geht in § 78 Abs. 2 AktG von einer **Gesamtvertretung** aus. Freilich ist es möglich, dem Vorstandsmitglied **Einzelvertretungsmacht** oder **unechte Gesamtvertretungsmacht** zu erteilen (zu diesen Begrifflichkeiten siehe oben Rn 55). Das Verbot des Selbstkontrahierens und der Mehrfachvertretung (§ 181 BGB) findet auch auf das Vorstandsmitglied Anwendung. Dieses ergibt sich schon aus § 112 AktG, wonach der Aufsichtsrat die Gesellschaft gegenüber den Vorstandsmitgliedern vertritt.

139

VII. Haftung des Vorstandsmitglieds

1. Innenhaftung

Vorstandsmitglieder haben nach § 93 Abs. 1 AktG bei der Geschäftsführung die Sorgfalt eines ordentlichen und gewissenhaften Geschäftsleiters anzuwenden. Diese Regelung spiegelt sich auch im Corporate Governance Kodex wider. Die Vorstandshaftung beginnt mit der Bestellung zum Vor-

140

---

[319] Soweit ersichtlich für AG nicht entschieden, ebenso: MünchHdb AG/*Wiesner*, § 21 Rn 62; MünchKommAktG/*Hefermehl/Spindler*, § 84 Rn 73.

standsmitglied und der Annahme durch den Bestellten und endet mit der Beendigung des Amtes als Vorstandsmitglied.[320] Die Vorstandshaftung ist keine Erfolgshaftung, sondern die Haftung für eine **schuldhafte Pflichtverletzung**. Der Sorgfaltsmaßstab des § 93 Abs. 1 basiert auf der Leitung der AG unter eigener Verantwortung. Es geht hier um die **Sorgfalt des ordentlichen und gewissenhaften Geschäftsleiters**, so dass entscheidend ist, wie ein pflichtbewusster selbständiger Leiter des Unternehmens der konkreten Art, bei selbständiger treuhänderischer **Wahrnehmung fremder Vermögensinteressen** gehandelt hätte. Der Maßstab der Sorgfaltspflicht hängt nicht von den individuellen Fähigkeiten des Vorstandsmitglieds ab, denn das Vorstandsmitglied muss die für seine Aufgaben notwendigen Fähigkeiten besitzen. Die Sorgfaltspflicht kann nach Art, Größe und Situation des Unternehmens variieren und ist aus einer ex ante-Sicht zu beurteilen.[321] Der BGH hat dabei stets betont, dass dem Vorstandsmitglied ein **weiter Handlungsspielraum**[322] eingeräumt wird, denn ohne diesen kann die Position als selbständiger Leiter des Unternehmens nicht ausgeübt werden. Dabei kann das Vorstandsmitglied auch geschäftliche Risiken eingehen. Die Grenze zur Pflichtwidrigkeit wird, wie der BGH in der ARAG/Garmenbeck-Entscheidung klargestellt hat, überschritten, wenn ein schlechthin **unvertretbares Organhandeln** vorliegt, dh wenn das Vorstandsmitglied die Bereitschaft Risiken einzugehen in **unverantwortlicher Weise überspannt**.[323] Entscheidend hierfür ist, ob das Organmitglied seine Entscheidung auf der Grundlage aller erforderlichen Faktoren unter Berücksichtigung des Unternehmensinteresses getroffen hat. Dies bedeutet, dass eine Haftung nicht allein deshalb eintreten kann, weil sich eine Entscheidung im Nachhinein als falsch herausgestellt hat. Zu weiteren Einzelheiten siehe auch oben Rn 58.

141 Hat das Vorstandsmitglied – auch das fehlerhaft bestellte Vorstandsmitglied – seine Pflichten schuldhaft, dh vorsätzlich oder fahrlässig verletzt, haftet er gegenüber der Gesellschaft (§ 93 Abs. 2 S. 1 AktG), wenn dieser ein Schaden (§§ 249 ff BGB) entstanden ist. Das Vorstandsmitglied trifft dabei die **Beweislast**, ob es die Sorgfalt eines ordentlichen und gewissenhaften Geschäftsleiters angewendet hat. (§ 93 Abs. 2 S. 2 AktG). § 93 Abs. 2 S. 1 AktG stellt eine **eigene Anspruchsgrundlage** dar. Bei einer Verteilung der Geschäftsbereiche unter mehreren Vorstandsmitgliedern ist jedes Vorstandsmitglied in erster Linie für sein Ressort verantwortlich. Allerdings bedeutet dies nicht, dass das Vorstandsmitglied durch die Ressortverteilung von der Verantwortung für die Geschäftsführung im Ganzen befreit ist, denn das Vorstandsmitglied hat weiterhin die Geschäftsbereiche der anderen Vorstandsmitglieder zu überwachen.[324] In der Praxis zu beachten ist, dass die Hauptversammlung über die **Entlastung** der Vorstandmitglieder beschließt. Diese enthält nach § 120 Abs. 2 S. 2 AktG allerdings keinen **Verzicht auf Ersatzansprüche**. Dies bedeutet, dass etwa in einem Aufhebungsvertrag zwischen Aufsichtsrat und Vorstandsmitglied der Aufsichtsrat nicht wirksam auf Ansprüche gegenüber dem Vorstandsmitglied verzichten kann. Ein Verzicht auf Ansprüche gegenüber dem Vorstandsmitglied ist nur unter den Voraussetzungen des § 93 Abs. 4 S. 3 AktG möglich. Hiernach kann die Gesellschaft erst drei Jahre nach Entstehung des Anspruchs und auch nur dann auf Ersatzansprüche verzichten oder sich über sie vergleichen, wenn die Hauptversammlung dem zustimmt und nicht eine Minderheit Widerspruch erhebt.

2. Außenhaftung

a) Gegenüber Aktionären

142 § 93 Abs. 2 AktG schützt nicht die Aktionäre, sondern die Gesellschaft. Ansprüche gegen das Vorstandsmitglied können aber bspw nach § 826 BGB und § 823 Abs. 2 BGB geltend gemacht werden, wobei § 93 Abs. 2 AktG auch kein Schutzgesetz ist. In der Praxis wird hier vielfach versucht, den Schaden der Aktionäre im Aktienerwerb selbst anzusiedeln.

---

320 Im Einzelfall kann die Haftung auch ohne Bestellung zum Vorstandsmitglied eintreten, vgl dazu MünchKomm-AktG/*Hefermehl/Spindler*, § 93 Rn 12, 14 ff.
321 Vgl dazu MünchKommAktG/*Hefermehl/Spindler*, § 93 Rn 22.
322 Vgl BGH NJW 1997, 1926, 1927; LG Düsseldorf GmbHR 2005, 1298.
323 BGH NJW 1997, 1926, 1927; LG Düsseldorf GmbHR 2005, 1298.
324 Vgl zum GmbH-Geschäftsführer: BGH NJW 1995, 2850, 2851.

b) Gegenüber Gesellschaftsgläubigern

Die Pflichten zur ordnungsgemäßen Unternehmensleitung bestehen zunächst **im Verhältnis zur AG,** 143
nicht aber gegenüber Dritten, insbesondere nicht gegenüber Gläubigern der Gesellschaft. § 93 Abs. 2
AktG schützt **Gesellschaftsgläubiger** nicht. Das Vorstandsmitglied muss sein Verhalten aber nach der
im Rechtsverkehr erforderlichen Sorgfalt auszurichten. Verstößt das Vorstandsmitglied hiergegen,
und verursacht dadurch rechtswidrig einen Schaden an einem absoluten Rechtsgut eines Dritten, ist
er zum Ersatz des Schadens verpflichtet. Siehe dazu schon oben Rn 60. Ansprüche gegen das Vorstandsmitglied können daher bspw aus deliktischen Ansprüchen nach § 826 BGB und § 823 Abs. 2
BGB geltend gemacht werden, wobei § 93 Abs. 2 AktG auch kein Schutzgesetz zugunsten von Gesellschaftsgläubigern ist. Hinzu kommen Ansprüche bei Inanspruchnahme eines **besonderen Vertrauens.**
Zu beachten ist daneben der Sondertatbestand des § 93 Abs. 5 AktG. Hiernach können Gläubiger der
AG einen Anspruch gegen das Vorstandsmitglied unter der Voraussetzung verfolgen, dass der Gläubiger von der AG keine Befriedigung seines Anspruchs erhält.

3. Verringerung des Haftungsrisikos durch D&O-Versicherung

In der Praxis kann sowohl dem Vorstandsmitglied als auch der AG nur dringend angeraten werden, 144
bei der Vertragsgestaltung besonderen Wert auf den Abschluss einer D&O-Versicherung zu legen.
Dieses bereits oben unter Rn 61 ff dargelegte Instrument der Risikovermeidung vermeidet im **Haftungsfall** die dem Vorstandsmitglied drohende Entziehung der **privaten wirtschaftlichen Existenz.**
Die D&O-Versicherung kann auch bei Vorstandsmitgliedern gesellschaftsfinanziert werden.[325] Der
Corporate Governance Kodex empfiehlt diesbezüglich in Ziffer 3.8. die Vereinbarung eines **angemessenen Selbstbehalts.** Da die Versicherungsprämie Vergütungsbestandteil ist, kann sie nur mit dem
Aufsichtsrat oder dem zuständigen Ausschuss vereinbart werden. Zu den weiteren Einzelheiten siehe
oben Rn 61 ff.

VIII. Betriebsübergang/Umwandlung

Bei einem Betriebsübergang geht das Anstellungsverhältnis des Vorstandsmitglieds nicht auf den 145
Betriebserwerber über. § 613 a BGB kann auch nicht analog auf das Vorstandsmitglied angewendet
werden. Bei Umwandlungsfällen ist danach zu unterscheiden, ob die Bestellungskörperschaft erlischt
oder fortbesteht. Vgl zu den weiteren Einzelheiten oben Rn 64 ff.

IX. Beendigung des Anstellungsverhältnisses

1. Allgemeines

Der Widerruf der Bestellung durch den Aufsichtsrat lässt den Anstellungsvertrag regelmäßig **unbe-** 146
rührt. Auch hier manifestiert sich die Trennungstheorie. Die Beendigung des Anstellungsverhältnisses
erfordert daher den Ausspruch einer Kündigung, wenn sich Aufsichtsrat und Vorstandsmitglied nicht
auf die einvernehmliche Beendigung verständigen können.

2. Kündigung durch die Gesellschaft

Der Anstellungsvertrag wird zwar regelmäßig befristet abgeschlossen, allerdings sind Anstellungsver- 147
träge von **unbestimmter Dauer** nicht ausgeschlossen. Auf eine ordentliche Kündigung findet regelmäßig § 622 Abs. 1 BGB analog Anwendung.[326] Es gelten auch die verlängerten Kündigungsfristen
nach § 622 Abs. 2 BGB.[327] Die ordentliche Kündigung bedarf insbesondere keiner sozialen Rechtfertigung, sie ist aber nur dann möglich, wenn gleichzeitig auch die Voraussetzungen für einen Widerruf
der Bestellung vorliegen.[328]

---

325 Vgl *Notthoff* NJW 2003, 1350, 1351.
326 Vgl MünchHdb AG/*Wiesner*, § 21 Rn 11.
327 Vgl MünchKommAktG/*Hefermehl/Spindler*, § 84 Rn 137.
328 Vgl zum KSchG 1926: BGHZ 12, 1, 9; Lutter/*Krieger* AR, Rn 406.

148 Der Anstellungsvertrag mit dem Vorstandsmitglied wird **im Regelfall befristet** abgeschlossen, wobei die Laufzeit dann üblicherweise der Bestelldauer entspricht:

▶ Dieses Anstellungsverhältnis beginnt am ... [Datum] und endet automatisch am ... [Datum], ohne dass es einer Kündigung bedarf. Das Anstellungsverhältnis kann während der Dauer des Vertrages von keiner Seite gekündigt werden. ◀

Die Kündigung des Anstellungsvertrages des Vorstandsmitglieds erfordert dann den Ausspruch einer **außerordentlichen, fristlosen Kündigung** iS des § 626 BGB und deren Zugang an das Vorstandsmitglied. **Zuständig** für den Ausspruch der fristlosen Kündigung **ist der Aufsichtsrat**.[329] Eine Kündigung ohne den Beschluss des Aufsichtsrates wäre unwirksam. Der Aufsichtsrat kann die Kompetenz zur Beschlussfassung aber **auf einen Ausschuss übertragen**.[330] Wie bereits oben dargelegt (Rn 103) darf die Entscheidung des Ausschusses nicht den Widerruf der Bestellung vorwegnehmen, da dieser Widerruf in die Kompetenz des Aufsichtsrates fällt. Dies bedeutet, dass der Ausschuss den Anstellungsvertrag nicht vor der endgültigen Beschlussfassung des Aufsichtsrates über den Widerruf der Bestellung kündigen darf.[331] Zulässig ist es aber, wenn der zuständige Ausschuss die außerordentliche Kündigung beschließt, sie aber unter den Vorbehalt stellt, dass sie nur erklärt werden soll, wenn der Gesamtaufsichtsrat die Bestellung des Vorstandsmitglieds widerruft. In der Praxis wird vielfach übersehen, dass eine gegenüber dem Vorstandsmitglied ausgesprochene Kündigung unwirksam ist, wenn dem Kündigungsschreiben weder ein entsprechender Beschluss des Aufsichtsrates noch eine Kündigungsvollmacht des Aufsichtsrates im Original beigefügt war.[332]

149 Zur Wirksamkeit der fristlosen Kündigung ist das Vorliegen eines **wichtigen Grundes** gemäß § 626 Abs. 1 BGB erforderlich, der es der AG unter Abwägung der beiderseitigen Interessen unzumutbar macht, das Vertragsverhältnis bis zum Ablauf der Anstellung fortzusetzen. Der Begriff des wichtigen Grundes im Sinne des § 626 BGB ist **selbständig zu prüfen und auszulegen.** Die Beweislast für das Vorliegen des wichtigen Grundes trägt die AG. Der wichtige Grund für den Widerruf der Bestellung rechtfertigt nicht automatisch die außerordentliche Kündigung des Anstellungsvertrages.[333] Im Regelfall werden **grobe Pflichtverletzungen** auch die außerordentliche Kündigung des Anstellungsvertrages rechtfertigen. Auch die Unfähigkeit zur Amtsführung dürfte in vielen Fällen neben dem Grund für den Widerruf der Bestellung auch einen Grund für die außerordentliche Kündigung des Anstellungsvertrages darstellen. **Demgegenüber kann der bloße Entzug des Vertrauens durch die Hauptversammlung keinen wichtigen Grund für die außerordentliche Kündigung des Anstellungsvertrages darstellen.** Vielmehr kommt es hier zur Rechtfertigung der Kündigung darauf an, welche Gründe den Entzug des Vertrauens durch die Hauptversammlung tragen.[334] Im Zusammenhang mit dem Vorliegen von groben Pflichtverletzungen stellt sich die Frage, ob der Kündigung des Anstellungsvertrages nicht eine **Abmahnung** vorauszugehen hat. Dies vor allem, da § 314 Abs. 2 S. 1 BGB für die Kündigung von Dauerschuldverhältnissen aus wichtigem Grund bei der Verletzung einer Vertragspflicht vor der Kündigung die Pflicht zur Abmahnung aufstellt. Bislang wurde die Pflicht zur vorherigen Abmahnung verneint.[335] Auch unter Geltung des § 314 Abs. 2 S. 1 BGB dürfte sich daran nichts geändert haben, da § 626 BGB eine Sondervorschrift für das Dienstverhältnis darstellt.[336] Rechtsprechung zu dieser Frage liegt – soweit ersichtlich – noch nicht vor. Selbst wenn man der hier vertretenen Ansicht nicht folgen sollte, dürfte die Abmahnung indes im Regelfall entbehrlich sein.

---

329 Vgl Hüffer/*Hüffer* AktG, § 84 Rn 38.
330 BGH NJW 1976, 145.
331 BGH NJW 1984, 733, 735.
332 Vgl OLG Düsseldorf NZG 2004, 141.
333 Vgl zur Kündigung eines Beratervertrages des GmbH Geschäftsführers: BGH WM 1995, 2064, 2065.
334 Vgl auch *Meier*, Der Vertrauensentzug nach § 84 Abs. 3 S. 2 AktG und die hierauf gestützte Beendigung des Vorstandsvertrages, FS ArbG ArbR, 505 ff, der allerdings ohne überzeugende Gründe die Kopplung des Dienstvertrags an die Bestellung ablehnt.
335 BGH NZG 2002, 46, 47.
336 Vgl OLG Saarland WM 2006, 2364; MünchKommAktG/*Hefermehl/Spindler*, § 84 Rn 139 (§ 626 BGB ist lex specialis im Verhältnis zu § 314; andere reduzieren § 314 Abs. 2 teleologisch wegen der Besonderheiten des Vorstandsamtes. Zum GmbH-Geschäftsführer schon oben Rn 78.

Ein wichtiger Grund wird im Regelfall bei **Fehlverhalten des Vorstandsmitglieds** in Betracht kommen. 150
Die Niederlegung des Vorstandsamtes stellt einen wichtigen Grund für die außerordentliche Kündigung des Anstellungsvertrages durch die AG dar, wenn das Vorstandsmitglied keinen rechtfertigen Grund vorbringen kann. In Ausnahmefällen können auch personenbedingte Gründe unter dem Gesichtspunkt der Unfähigkeit zur Geschäftsführung die Kündigung rechtfertigen, betriebsbedingte Gründe scheiden aus. In der Praxis der anwaltlichen Beratung lässt sich die Frage der Wirksamkeit der Kündigung angesichts der allgemeinen Kriterien nur schwer eindeutig beantworten. **Orientierung** bieten hier nur die von der Rechtsprechung aufgestellten Leitlinien in ähnlich gelagerten Fällen. Siehe dazu schon die Beispielsfälle oben im Zusammenhang mit der außerordentlichen Kündigung des Geschäftsführers (siehe oben Rn 75).

Der Widerruf der Bestellung kann als **auflösende Bedingung** für die Beendigung des Anstellungsvertrages vereinbart werden kann, sog. **Koppelungsklausel**.[337] In diesem Fall, der in der Praxis wie folgt formuliert werden kann, 151

▶ Der Dienstvertrag wird für die Zeit der Bestellung abgeschlossen ◀

endet der Anstellungsvertrag automatisch mit dem Widerruf der Bestellung.[338] Dies gilt auch auch bei einem Vertrauensentzug durch die Hauptversammlung. Allerdings hat der Widerruf hier nicht die Wirkung einer außerordentlichen Kündigung, sondern führt zur Beendigung des Anstellungsvertrages nach Ablauf der Frist des § 622 Abs. 1 S. 2 BGB, wenn kein Grund für eine außerordentliche Kündigung des Dienstvertrages vorliegt.[339] Solche Kopplungsklauseln verstoßen auch nicht gegen das Transparenzgebot.[340] Siehe zu den Problemen solcher Klauseln insbesondere bei Formularverträgen schon oben Rn 69.

Zu beachten ist, dass die Kündigung aus wichtigem Grund nur ausgesprochen werden kann, wenn die **Ausschlussfrist des § 626 Abs. 2 BGB** eingehalten wurde. Entscheidend für den Fristbeginn ist die Kenntnis beim **Kündigungsberechtigten** vom Vorliegen der **Tatsachen, die für die Kündigung maßgeblich sind**. Sobald der Kündigungsberechtigte eine zuverlässige Kenntnis vom Kündigungssachverhalt hat, beginnt die Frist, dh wenn er eine Entscheidung treffen kann, ob die Fortsetzung des Anstellungsverhältnisses zumutbar ist oder nicht. Hierbei kann der Kündigungsberechtigte Maßnahmen zur Ermittlung des Sachverhaltes durchführen, denn sofern er sie mit der gebotenen Eile durchführt, ist die Kündigungserklärungsfrist gehemmt. Kündigungsberechtigt bei der AG ist der Aufsichtsrat. Daher ist für den Beginn der Ausschlussfrist **die Kenntnis aller Mitglieder des Aufsichtsrates** erforderlich.[341] Die Frist läuft daher ab Sitzung des Aufsichtsrates, wenn diese mit der gebotenen Eile einberufen wurde.[342] 152

Das Vorstandsmitglied kann die Wirksamkeit der Kündigung mit einer **Feststellungsklage** nach § 256 ZPO angreifen. Darüber hinaus kann er auch Leistungsklage gerichtet auf Fortzahlung der Vergütung über den vermeintlichen Beendigungszeitpunkt hinaus erheben. Diese Klage sollte mit der Klage gegen den Widerruf der Bestellung verbunden werden. Vgl insoweit insbesondere zur Möglichkeit der Erhebung einer Urkundsklage die Rechtslage beim GmbH-Geschäftsführer (oben Rn 80). Zuständig sind die Zivilgerichte, hier regelmäßig die Kammer für Handelssachen. Die Arbeitsgerichte sind für die Streitigkeiten zwischen Vorstandsmitglied und AG nicht zuständig (§ 5 Abs. 1 S. 3 ArbGG). 153

3. Kündigung durch das Vorstandsmitglied

Auch das Vorstandsmitglied kann den befristet abgeschlossenen Anstellungsvertrag durch außerordentliche Kündigung beenden. Die außerordentliche Kündigung ist gegenüber dem Aufsichtsrat zu 154

---

337 BGH NJW 1989, 2683, ganz hM. Dagegen ohne überzeugende Gründe: *Meier*, Der Vertrauensentzug nach § 84 Abs. 3 S. 2 AktG und die hierauf gestützte Beendigung des Vorstandsvertrages, FS ArbG ArbR, 505, 520, 521.
338 Vgl BGH NJW 1989, 2683; BGH NJW 1981, 2748, 2749.
339 Vgl BGH NJW 1989, 2683.
340 Vgl MünchKommAktG/*Hefermehl/Spindler*, § 84 Rn 157; HdbVorstR/*Thüsing*, § 5 Rn 59.
341 Vgl KG NZG 2004, 1165, 1167; MünchKommAktG/*Hefermehl/Spindler*, § 84 Rn 138; str. Gegenansicht lässt Kenntnis eines Mitglieds, teilweise auch die Kenntnis nur des AR Vorsitzenden genügen: Vgl KölnKomm/*Mertens*, § 84 AktG Rn 144; BGH NJW 1964, 1357. Vgl zum Fristbeginn beim GmbH-GF schon oben Rn 75.
342 Vgl KG NZG 2004, 1165, 1167.

erklären und erfordert einen **wichtigen Grund** und die Einhaltung der Kündigungserklärungsfrist von zwei Wochen nach § 626 Abs. 2 BGB. Als Grund für eine außerordentliche Kündigung kommt insbesondere der unberechtigte Widerruf der Bestellung zum Vorstandsmitglied oder vertragswidriges Verhalten in Betracht. Sachverhalte, die das Vorstandsmitglied zur Kündigung aus wichtigem Grund berechtigen, etwa change of control-Fälle, können im Anstellungsvertrag festgelegt werden. Vgl zu einzelnen Kündigungsgründen bereits oben Rn 81. Ein besonderes Kündigungsrecht besteht bei der Herabsetzung der Vergütung des Vorstandsmitglieds (§ 87 Abs. 2 AktG).

4. Einvernehmliche Aufhebung

155 Aufhebungsverträge spielen, wie bereits oben dargelegt (siehe Rn 84), eine wichtige Rolle bei der Beendigung von Dienstverhältnissen mit Organmitgliedern. In der Praxis werden vielfach langwierige gerichtliche Verfahren durch Abschluss eines Aufhebungsvertrages vermieden. Gerade in großen Aktiengesellschaften finden auf dieser Ebene so gut wie keine gerichtlichen Auseinandersetzungen statt. Ein Aufhebungsvertrag sollte stets schriftlich abgeschlossen werden. Zur inhaltlichen Ausgestaltung eines Aufhebungsvertrages siehe bereits oben Rn 85.[343] Im Zusammenhang mit dem Inhalt des Aufhebungsvertrages für Vorstandsmitglieder ist ergänzend darauf hinzuweisen, dass hier besondere Vorsicht bei Erledigungs- und Ausgleichsklauseln geboten ist, da auf Ansprüche gegen das Vorstandsmitglied nur die Hauptversammlung unter den Voraussetzungen des § 93 Abs. 4 S. 3 AktG verzichten kann (siehe bereits Rn 141) verzichten kann. In der Praxis könnte eine Ausgleichsklausel mit einem Vorstandsmitglied wie folgt formuliert werden:

▶ Mit Abschluss und Erfüllung dieser Vereinbarung sind sämtliche bekannten gegenseitigen Ansprüche zwischen den Parteien aus dem Anstellungsverhältnis soweit dies gesetzlich zulässig und allein mit dem Aufsichtsrat vereinbar ist und in dieser Vereinbarung nichts Abweichendes geregelt ist, abgegolten. Das Gleiche gilt auch für Ansprüche im Verhältnis zu mit der Gesellschaft verbundenen Unternehmen. ◀

Zuständig für den Abschluss des Aufhebungsvertrages auf Seiten der AG ist der Aufsichtsrat, der diese Kompetenz jedoch auf einen Ausschuss verlagern kann. In der Praxis wird vielfach in sensiblen Fällen mit Außenwirkung vorbereitend nur der Aufsichtsratsvorsitzende tätig, der das Ausscheiden mit dem Vorstandsmitglied verhandelt und dann den abgeschlossenen Aufhebungsvertrag unter den Vorbehalt der Zustimmung des Aufsichtsrates oder eines Ausschuss stellt. Hierin liegt auch kein Verstoß gegen § 112 AktG, Verstöße gegen § 112 AktG führen dazu, dass das Geschäft schwebend unwirksam und genehmigungsfähig ist, denn die Gesellschaft ist durch die Möglichkeit der Verweigerung der Zustimmung ausreichend geschützt.[344]

X. Besondere Vorstandsmitglieder

1. Vorstandsvorsitzender

156 Werden mehrere Personen zu Vorstandsmitgliedern bestellt, so kann der Aufsichtsrat ein Mitglied zum **Vorsitzenden des Vorstands** ernennen (§ 84 Abs. 2 AktG). Über die Ernennung eines Vorstandsmitglieds zum Vorsitzenden des Vorstands entscheidet der **Aufsichtsrat** durch Beschluss. Der Beschluss bedarf der einfachen Mehrheit, auch wenn es sich um eine mitbestimmte AG handelt.[345] Die Kompetenz zur Ernennung der Vorsitzenden des Vorstands kann **nicht** auf einen Ausschuss **verlagert werden** (§ 107 Abs. 3 S. 2).[346] Die Ernennung kann nur mit Zustimmung des betroffenen Vorstandsmitglieds erfolgen. Die Dauer der Ernennung richtet sich nach den für die Bestellung des Vorstandsmitglieds geltenden Grundsätzen. Für den Verhinderungsfall kann auch ein stellvertretender Vorsitzender ernannt werden.[347]

---

343 Ausformulierte Muster finden sich etwa bei Bauer, Arbeitsrechtliche Aufhebungsverträge.
344 Wie hier: Lutter/*Krieger* AR, Rn 413, OLG Celle AG 2003, 433; aA OLG Stuttgart, BB 1992, 1669.
345 Str. wie hier: Hüffer/*Hüffer* AktG, § 84 Rn 20; KölnKomm/*Mertens*, § 84 AktG Rn 87; Semler/v. Schenck/*Fonk* ARHdb, § 9 Rn 58.
346 Vgl Semler/v. Schenck/*Fonk* ARHdb, § 9 Rn 58.
347 Vgl MünchKommAktG/*Hefermehl/Spindler*, § 84 Rn 80.

Das AktG hat die Stellung des Vorsitzenden des Vorstands nicht genau konturiert. Im Gesetz (§ 80 Abs. 1 S. 2 AktG) findet sich der Hinweis, dass er auf Geschäftsbriefen zu benennen ist. Im Grundsatz gilt Folgendes: Je größer ein Vorstand ist, um so mehr stellt sich die Frage der Ernennung eines Vorsitzenden.[348] In der Praxis obliegen diesem dann Aufgaben wie etwa die **Einberufung von Vorstandssitzungen und deren Leitung** aber auch die **Funktion des Vorstandssprechers in den Hauptversammlungen**. Unterbleibt die Bestellung eines Vorsitzenden des Vorstands durch den Aufsichtsrat, können die Vorstandsmitglieder einen Sprecher wählen. Fraglich ist, ob dem Vorsitzenden des Vorstands in Geschäftsordnung oder Satzung weitergehende Rechte übertragen werden können, etwa ein Vetorecht. Dies muss bezweifelt werden.[349] Insbesondere widerspräche es der Verfassung der AG, dem Vorsitzenden des Vorstands ein Weisungsrecht gegenüber den Mitgliedern des Vorstands zuzugestehen und ihm die Rolle eines CEO amerikanischer Prägung zuzuweisen.[350] Die Abberufung des Vorsitzenden des Vorstands richtet sich nach dem Widerruf der Bestellung für Vorstandsmitglieder.

157

2. Stellvertretendes Vorstandsmitglied

Stellvertretende Vorstandsmitglieder sind Vorstandsmitglieder mit allen Rechten und Pflichten (§ 94 AktG). Sie vertreten kein Vorstandsmitglied. Die Bezeichnung als stellvertretendes Vorstandsmitglied wurde nur gewählt, um zum Ausdruck zu bringen, dass dieses Vorstandsmitglied **hierarchisch hinter den anderen Vorstandsmitgliedern zurücksteht**, obwohl er die gleiche Vertretungsmacht wie ein ordentliches Vorstandsmitglied hat.[351] Vielfach wird die Bezeichnung als stellvertretendes Vorstandsmitglied nur für die Erstbestellung gewählt.

158

3. Arbeitsdirektor

Nach § 33 Abs. 1 MitbestG und § 13 Montan-MitbestG wird als gleichberechtigtes Mitglied in den Vorständen der AG und der Unternehmen des Bergbaus und der Eisen und Stahl erzeugenden Industrie ein **Arbeitsdirektor** bestellt. Der Arbeitsdirektor ist ein **Vorstandsmitglied** mit einem festgelegten Aufgabenbereich nämlich den **Sozial- und Personalangelegenheiten der AG**.[352] Zuständig für dessen Bestellung ist der Aufsichtsrat. Im Zusammenhang mit der Abberufung und Bestellung des Arbeitsdirektors ist die Besonderheit zu beachten, dass die Bestellung und Abberufung nach § 84 Abs. 4 AktG in Verbindung mit § 13 Abs. 1 Montan-MitbestG gegen die Arbeitnehmervertreter nicht vorgenommen werden kann. Im Bereich des MitbestG kann auch eine Bestellung gegen den Willen der Arbeitnehmervertreter im Aufsichtsrat durchgesetzt werden. Freilich kommt dies in der Praxis kaum vor, da gerade der Arbeitsdirektor ein besonderes Vertrauensverhältnis zu den Arbeitnehmern benötigt.

159

C. Exkurs: Der leitende Angestellte

Leitenden Angestellten kommt eine Sonderposition zu, die zwischen der Position des GmbH-Geschäftsführers bzw AG-Vorstands und der der übrigen Arbeitnehmer einzuordnen ist. Arbeitsrechtlich sind leitende Angestellte stets **Arbeitnehmer**. Der Unterschied besteht darin, dass sie für das Unternehmen oder einen Betrieb des Unternehmens unter eigener Verantwortung typische Unternehmerfunktionen mit einem eigenen erheblichen Entscheidungsspielraum wahrnehmen. Aus ihrer besonderen Nähe zum Arbeitgeber ergeben sich für leitende Angestellte **erhöhte Treuepflichten**.[353] Aus dem besonderen Vertrauen, dass der Arbeitgeber diesem Personenkreis entgegenbringt, folgt spiegelbildlich, dass an personen- oder verhaltensbedingte Gründe für eine ordentliche Kündigung bzw an den wichtigen Grund für eine außerordentliche Kündigung geringere Anforderungen als bei übrigen Arbeitnehmern zu stellen sind.[354] Der leitende Angestellte ist steuerrechtlich Arbeitnehmer, so dass

160

---

348 Vgl auch die Empfehlung in Ziffer 4.2.1 des Corporate Governance Kodex.
349 Vgl für den Fall der mitbestimmten AG: BGH NJW 1984, 733.
350 *Hoffmann-Becking* NZG 2003, 745, 750.
351 Semler/v. Schenck/*Fonk* ARHdb, § 9 Rn 68.
352 BGH NJW 1984, 733.
353 BAG AP Nr. 60 zu § 611 BGB Haftung des Arbeitnehmers.
354 BAG AP Nr. 49 zu § 626 BGB; LAG Nürnberg DB 1990, 2330.

sich insoweit keine Besonderheiten ergeben. Sofern leitende Angestellte nicht aufgrund eigener Kapitalbeteiligung das Unternehmen entscheidend beeinflussen oder als Organmitglieder juristischer Personen versicherungsfrei sind, gehören sie auch zu den **abhängig Beschäftigten** in der Sozialversicherung.

161 Zahlreiche arbeitsrechtliche Gesetze enthalten **Sondervorschriften** für leitende Angestellte.[355] Bei Anwendung dieser Normen ist unbedingt zu beachten, dass der Begriff des leitenden Angestellten je nach Zielsetzung bzw Schutzrichtung der Norm voneinander abweicht. So bezweckt die Vorschrift des § 5 Abs. 3 BetrVG, dass die Angelegenheiten derjenigen Arbeitnehmer der Einwirkung des Betriebsrates entzogen sind, die der Unternehmensleitung nahestehen.[356] Der Anwendungsbereich dieser Norm ist dabei weiter als zB der der §§ 14 Abs. 2, 15. Abs. 5 KSchG. Bei diesen leitenden Angestellten ist der Kündigungsschutz uU erheblich eingeschränkt. Dies setzt aber voraus, dass zwischen dem Arbeitgeber und diesen leitenden Angestellten ein ganz besonderes Vertrauensverhältnis bestehen muss. Entgegen einer weitläufig verbreiteten Meinung ist der Kreis der „echten" leitenden Angestellten im kündigungsschutzrechtlichen Sinn sehr eng zu ziehen. Die §§ 18 Abs. 1 Nr. 1 ArbZG, 1 Abs. 1 SprAuG, 3 Abs. 3 Nr. 2 MitbestG verzichten hingegen auf eine eigene Definition des leitenden Angestellten und verweisen auf § 5 Abs. 3 BetrVG.

---

355 Vgl §§ 5 Abs. 3 BetrVG, 14, 17 Abs. 3 KSchG; 18 Abs. 1 Nr. 1 ArbZG; 22 Abs. 2 Nr. 2 ArbGG; 1 SprAuG; 3, 15 Abs. 2 MitbestG.
356 BAGE 63, 200, 204; im Gegenzug räumt Ihnen aber das SprAuG das Recht zur Bildung von Sprecherausschüssen ein. Diese besitzen im Gegensatz zum Betriebsrat keine Mitbestimmungsrechte sondern lediglich Informations- und Beratungsrechte (vgl §§ 25 Abs. 2, 30, 31, 32 SprAuG).

§ 16 Mitbestimmung

- A. Grundlagen der betrieblichen Mitbestimmung ... 1
- I. Gründung und Aufgaben des Betriebsrates ... 2
  1. Betriebsratsfähigkeit ... 2
  2. Betriebsratswahlen ... 5
     - a) Wahlberechtigung ... 5
     - b) Vorbereitung der Wahl ... 11
     - c) Wahlverfahren ... 14
     - d) Vereinfachtes Wahlverfahren bei Kleinbetrieben ... 17
     - e) Feststellung des Wahlergebnisses ... 18
     - f) Wahlanfechtung ... 19
  3. Gemeinsamer Betriebsrat ... 21
  4. Gesamt- und Konzernbetriebsrat ... 23
     - a) Gesamtbetriebsrat ... 23
     - b) Konzernbetriebsrat ... 27
  5. Jugend- und Auszubildendenvertretung ... 34
  6. Rechte der Betriebsratsmitglieder ... 37
  7. Innere Organisation des Betriebsrates ... 40
  8. Grundsätze der Zusammenarbeit ... 42
  9. Allgemeine Aufgaben ... 44
  10. Kostentragung ... 46
  11. Streitverfahren ... 47
- II. Europäischer Betriebsrat ... 49
  1. Geltungsbereich ... 49
  2. Bildung eines Europäischen Betriebsrates ... 50
  3. Zuständigkeit ... 52
- III. Mitwirkungsrechte des Betriebsrates nach dem BetrVG ... 53
  1. Überblick ... 53
  2. Betriebsvereinbarungen ... 55
     - a) Abschluss ... 55
     - b) Inhalt ... 56
     - c) Gerichtliche Kontrolle ... 62
     - d) „Ablösende Betriebsvereinbarung" ... 63
     - e) Beendigung einer Betriebsvereinbarung ... 65
  3. Einigungsstellenverfahren ... 67
     - a) Bildung einer Einigungsstelle ... 67
     - b) Verfahren ... 69
     - c) Kosten ... 71
     - d) Rechtsmittel ... 72
  4. Mitbestimmung in sozialen Angelegenheiten ... 74
     - a) Erzwingbare Mitbestimmung ... 74
     - b) Freiwillige Betriebsvereinbarungen ... 77
     - c) Sonstige Aufgaben des Betriebsrates ... 78
  5. Mitbestimmung in personellen Angelegenheiten ... 80
     - a) Allgemeine personelle Angelegenheiten ... 81
     - b) Berufsbildung ... 83
     - c) Personelle Einzelmaßnahmen ... 86
  6. Mitbestimmung in wirtschaftlichen Angelegenheiten ... 95
     - a) Wirtschaftsausschuss ... 96
     - b) Betriebsänderungen ... 102
- IV. Mitbestimmung des Betriebsrates außerhalb des BetrVG ... 121
- V. Sprecherausschüsse ... 122
- B. Unternehmensmitbestimmung ... 124
- I. Drittelbeteiligungsgesetz ... 125
- II. Mitbestimmungsgesetz vom 4.5.1976 ... 128
  1. Erfasste Unternehmen ... 128
  2. Zusammensetzung des Aufsichtsrates ... 132
  3. Wahl der Arbeitnehmervertreter ... 134
  4. Rechte und Pflichten der Arbeitnehmervertreter ... 137
  5. Wahl und Aufgaben des Arbeitsdirektors ... 139
- III. Montan-Mitbestimmungsgesetz ... 141
  1. Erfasste Unternehmen ... 141
  2. Zusammensetzung des Aufsichtsrates ... 143
  3. Wahl der Vertreter der Anteilseigner ... 145
  4. Wahl der Arbeitnehmervertreter ... 146
  5. Rechte und Pflichten der Arbeitnehmervertreter ... 148
  6. Wahl und Aufgaben des Arbeitsdirektors ... 149
- IV. Mitbestimmungsergänzungsgesetz ... 150

A. Grundlagen der betrieblichen Mitbestimmung

Die betriebliche Mitbestimmung ist von der Mitbestimmung auf Unternehmensebene zu unterscheiden. Während letztere die Mitwirkung von Arbeitnehmern oder ihren Vertretern in den Entscheidungsgremien vor allem von Kapitalgesellschaften, also Vorstand und Aufsichtsrat betrifft, bezieht sich die betriebliche Mitbestimmung auf die Rechte und Pflichten der betrieblichen Arbeitnehmervertretung gegenüber der Leitung des Betriebes. Als „Betrieb" im Sinne des § 1 BetrVG ist die „organisatorische Einheit anzusehen, innerhalb derer der Unternehmer allein oder zusammen mit seinen Mitarbeitern mit Hilfe sächlicher und immaterieller Mittel bestimmte arbeitstechnische Zwecke fortgesetzt verfolgt."[1] Ein Unternehmen, etwa eine juristische Person, aber auch eine Personengesellschaft oder ein Einzelunternehmer, kann mehrere Betrieb haben, es ist aber auch denkbar, dass mehrere rechtlich selbständige Unternehmen ihre Tätigkeit so organisieren, dass sie gemeinsam einen Betrieb führen und dann auch eine einzige Mitarbeitervertretung im Sinne eines gemeinschaftlichen Betriebsrates haben (vgl § 1 Abs.1 S. 2 und Abs. 2 BetrVG).[2]

---

[1] St. Rspr, siehe etwa BAG AP BetrVG 1972, § 1 Nr. 9; BAG AP BetrVG 1972 § 1 Gemeinsamer Betrieb Nr. 21 und 22; *Richardi* BetrVG § 1 Rn 17; *Fitting* BetrVG § 1 Rn 63.
[2] Siehe hierzu Rn 21.

I. Gründung und Aufgaben des Betriebsrates

1. Betriebsratsfähigkeit

2 Die Formulierung in § 1 Abs. 1 BetrVG, wonach in Betrieben mit in der Regel mehr als fünf ständigen wahlberechtigten Arbeitnehmern, von denen drei wählbar sind, Betriebsräte gewählt werden, erweckt den Eindruck, als ob alle Betriebe, die die genannten Größenvoraussetzungen erfüllen, Betriebsräte haben müssten. Dies ist jedoch auch nach der 2001 verabschiedeten Novelle zum BetrVG, die u.a. bezweckte, die Zahl der betriebsratslosen Betriebe – etwa durch ein erleichtertes Wahlverfahren bei Kleinbetrieben (siehe § 14 a BetrVG)[3] – zu verringern, nicht der Fall. Nach den Angaben im Reg.Entw. gab es 1998 nur in 4 % der Betriebe mit 5–20 Beschäftigten und in 28 % der Betriebe mit 21 bis 100 Beschäftigten einen Betriebsrat.[4] 1994 sollen nach derselben Amtlichen Begründung nur 39 % der Beschäftigten in Betrieben mit Betriebsräten tätig gewesen sein.[5] Ein Unternehmer hat daher weder Veranlassung noch gar eine Pflicht, auf die Gründung von Betriebsräten hinzuwirken. Ihm sind andererseits jede Einflussnahme auf das Wahlverfahren, aber auch jeder Versuch der gesetzeswidrigen Behinderung der Wahl verboten (Straftat nach § 119 Abs. 1 Nr. 1 BetrVG).

3 Eine Änderung der gesetzlichen Betriebsverfassung kann vorsehen:
- Bei Unternehmen mit mehreren Betrieben die Bildung eines unternehmenseinheitlichen Betriebsrates oder die Zusammenfassung von Betrieben
- Die Bildung von sog. Spartentarifverträgen
- Zusätzliche betriebsverfassungsrechtliche Gremien (Arbeitsgemeinschaften) zur unternehmensübergreifenden Zusammenarbeit von Arbeitnehmervertretungen
- Zusätzliche betriebsverfassungsrechtliche Gremien, die die Zusammenarbeit zwischen Betriebsrat und Arbeitnehmern erleichtern, etwa in Bezug auf bestimmte Arbeitnehmergruppen.

Durch Tarifvertrag kann zudem eine gänzlich andere Arbeitnehmervertretungsstruktur geschaffen werden, wenn dies einer wirksamen und zweckmäßigen Interessenvertretung der Arbeitnehmer dient (§ 3 Abs.1 Nr. 3 BetrVG). Regelmäßig verbleibt es aber jedenfalls in Klein- und Mittelbetrieben bei der vom Gesetzgeber vorgegebenen Betriebsratsorganisation und -zuständigkeit.

4 Betriebsteile, die die Voraussetzungen des § 1 Abs. 1 S. 1 BetrVG erfüllen und 1. räumlich weit vom Hauptbetrieb entfernt oder 2. durch Aufgabenbereich und Organisation selbständig sind (§ 4 Abs. 1 BetrVG), gelten als selbständige Betriebe. Mitarbeiter in einem Betriebsteil, die keinen eigenen Betriebsrat haben, können mit Stimmenmehrheit formlos beschließen, an der Wahl zum Betriebsrat des Hauptbetriebes teilzunehmen (§ 3 Abs. 1 S. 2 BetrVG). Betriebsteile, die die Voraussetzungen des § 1 Abs. 1 BetrVG nicht erfüllen, gelten als Teil des Hauptbetriebes (§ 4 Abs. 2 BetrVG).

2. Betriebsratswahlen

a) Wahlberechtigung

aa) Aktive Wahlberechtigung

5 Wahlberechtigt für die Betriebsratswahlen sind Arbeiter und Angestellte einschließlich der zu ihrer Berufsausbildung Beschäftigten, auch Außendienst- und Telearbeiter sowie solche Heimarbeiter, die in der Hauptsache für den Betrieb arbeiten (§ 5 Abs. 1 BetrVG). Nicht wahlberechtigt sind jedoch folgende Personen (§ 5 Abs. 2 BetrVG):
- In juristischen Personen die Mitglieder des Organs, das zur Vertretung der juristischen Person berufen ist
- In Personengesellschaften Personen, die durch Gesetz, Satzung oder Gesellschaftsvertrag zur Vertretung der Gesellschaft berufen sind

---

3 Siehe die Amtl. Begründung BT-Drucks. 14/5741 S. 36 f.
4 Amtl. Begründung BT-Drucks. 14/5741 S. 23.
5 Siehe Fn 4.

- Personen, deren Tätigkeit nicht in erster Linie ihrem Erwerb, sondern karitativen oder religiösen Zwecken dient[6]
- Personen, deren Tätigkeit nicht in erster Linie ihrem Erwerb dient, sondern die überwiegend zu ihrer Heilung, Wiedereingewöhnung, sittlichen Eingewöhnung oder Erziehung beschäftigt werden
- Der Ehegatte, Lebenspartner, Verwandte und Verschwägerte ersten Grades, insbesondere also Kinder und Schwiegerkinder, die in häuslicher Gemeinschaft mit dem Arbeitgeber leben.

Nicht wahlberechtigt sind:

- sog. Ein-Euro-Jobber nach dem SGB II („Hartz IV"); diese sind nach § 16 Abs. 3 SGB II keine Arbeitnehmer
- in einem privaten Betrieb beschäftigte Strafgefangene
- echte freie Mitarbeiter.

Das Wahlrecht setzt die Vollendung des 18. Lebensjahres voraus. Sog. „Leih-Arbeitnehmer" sind im „Entleiher-Betrieb" wahlberechtigt, wenn sie dort länger als 3 Monate eingesetzt sind (§ 7 BetrVG).

Nicht wahlberechtigt sind auch leitende Angestellte. Leitender Angestellter ist, wer

- zur Einstellung und Entlassung von Arbeitnehmern befugt ist (§ 5 Abs. 3 Nr. 1 BetrVG) und zwar in einem Umfang, der von hinreichender unternehmerischer Relevanz sein muss, was sich auch aus der Anzahl der von dieser Befugnis betroffenen Personen ergeben kann.[7] Diese Befugnis muss auch im Innenverhältnis im Wesentlichen frei von Weisungen bestehen[8]
- Generalvollmacht oder Prokura hat (§ 5 Abs. 3 Nr. 2 BetrVG), wobei es sich nicht um eine unbedeutende Prokura, insbesondere eine bloße „Titular-Prokura" handeln darf.[9] Es muss allerdings keine Einzelprokura vorliegen[10]
- regelmäßig Aufgaben mit Bedeutung für Bestand und Sicherung des Unternehmens oder des Betriebes wahrnimmt, wenn diese Aufgaben besondere Erfahrungen und Kenntnisse voraussetzen und die Arbeit im wesentlichen weisungsfrei erfolgt oder der betreffende Angestellte solche Weisungen maßgeblich beeinflusst (§ 5 Abs. 3 Nr. 3 BetrVG). Diese Aufgabenwahrnehmung muss die Gesamttätigkeit des Angestellten prägen.[11] Als leitender Angestellter in diesem Sinne kommt beispielsweise der Leiter der Abteilung für Forschung und Entwicklung eines Unternehmens in Betracht, auch wenn er nur wenige Mitarbeiter haben sollte und keine selbständigen Einstellungen und Entlassungen vornehmen kann
- aus Anlass der letzten Betriebsrats-, Sprecherausschuss- oder Aufsichtsratswahl als leitender Angestellter behandelt worden ist oder durch rechtskräftige gerichtliche Entscheidung der Gruppe der „Leitenden" zugeordnet worden ist
- einer Leitungsebene angehört, in der die übrigen Personen überwiegend leitende Angestellte sind oder
- wenn auch dann noch Zweifel verbleiben, wessen Einkommen mehr als das Dreifache der Bezugsgröße nach § 18 SGB IV überschreitet; dies sind im Jahre 2007 insgesamt 88 464,00 EUR.

Ob ein Angestellter übertariflich vergütet wird und ob er in seinem Arbeitsvertrag als leitender Angestellter bezeichnet wird, ist unerheblich.

bb) Passive Wahlberechtigung

Wählbar sind im Regelfall alle aktiv Wahlberechtigten, die sechs Monate dem Betrieb angehören oder als Heimarbeiter für den Betrieb tätig waren (siehe im Einzelnen § 8 BetrVG).

---

6 Siehe u.a. *Richardi*, BetrVG § 5 Rn 177 f.
7 BAG AP BetrVG 1972 § 5 Nr. 69; *Richardi* BetrVG § 5 Rn 201.
8 *Richardi* BetrVG § 5 Rn 200.
9 BAG AP BetrVG 1972 § 5 Nr. 55; *Richardi* BetrVG § 5 Rn 201.
10 BAG AP BetrVG 1972 § 5 Nr. 37; *Richardi* BetrVG § 5 Rn 204.
11 BAG AP BetrVG 1972 § 5 Nr. 1, 2, 3, 11 und 32; *Richardi* BetrVG 1972 Rn 219.

b) Vorbereitung der Wahl

11 In Betrieben, in denen bereits ein Betriebsrat bestand, bestellt dieser spätestens 10 Wochen vor Ende seiner – regelmäßig alle vier Jahre zwischen dem 1. März und dem 31. Mai ablaufenden – Amtszeit einen **Wahlvorstand** (§ 16 Abs. 1 BetrVG). Der Wahlvorstand besteht regelmäßig aus 3 Mitgliedern, wobei der Betriebsrat die Zahl erhöhen kann, wenn dies – vor allem bei Großbetrieben – zur Durchführung der Wahl erforderlich ist. Eine im Betrieb vertretene Gewerkschaft, die kein Mitglied im Wahlvorstand hat, kann zusätzlich einen nicht stimmberechtigten Vertreter entsenden. Ist 8 Wochen vor Ablauf der Amtszeit noch kein Wahlvorstand bestellt, so ist er auf Antrag von wenigstens 3 Arbeitnehmern oder einer **im Betrieb vertretenen Gewerkschaft** zu bilden (§ 16 Abs. 2 BetrVG). Die Gewerkschaft kann den Nachweis, dass sie im Betrieb vertreten ist, notfalls dadurch erbringen, dass der zuständige Gewerkschaftssekretär – ohne Namensnennung der betroffenen Mitglieder – dies eidesstattlich vor einem Notar versichert.[12] Gehört ein betriebsratsloser Betrieb zu einem Konzern, in dem ein Gesamt- oder Konzernbetriebsrat vorhanden sind, wird der Wahlvorstand von diesen eingesetzt (§ 17 Abs. 1 BetrVG).

12 Sind weder ein Betriebsrat noch ein Gesamt- oder Konzernbetriebsrat vorhanden, wird der Wahlvorstand auf einer Wahlversammlung gewählt. Einladungsberechtigt sind auch hier **3 Mitarbeiter** oder eine **im Betrieb vertretene Gewerkschaft**. Vor allem in diesen Fällen kann streitig sein, ob die antragstellende Gewerkschaft tatsächlich wenigstens ein Mitglied im Betrieb hat. Dies ist grundsätzlich von der Gewerkschaft zu beweisen, der allerdings die dargelegte Möglichkeit der eidesstattlichen Versicherung dieser Tatsache zur Verfügung steht.[13] Der Arbeitgeber selbst ist nicht befugt, zu der Wahlversammlung einzuladen;[14] dies ergibt sich sowohl aus dem insoweit klaren Gesetzeswortlaut als auch deswegen, weil hierin ein unzulässige Einflussnahme des Arbeitgebers auf die Bildung einer – gegnerfreien – Interessenvertretung der Arbeitnehmer zu sehen wäre.

13 Findet trotz Einladung eine Wahlversammlung nicht statt oder wird – etwa mangels Interesses der Belegschaft – kein Wahlvorstand gewählt, so ist – ebenfalls auf Antrag von drei wahlberechtigten Mitarbeitern oder einer im Betrieb vertretenen Gewerkschaft – der Wahlvorstand vom Arbeitsgericht zu bestellen (§ 17 Abs. 4 BetrVG).

c) Wahlverfahren

14 Das Wahlverfahren ist sehr kompliziert geregelt. Wegen der Einzelheiten ist auf die zu § 14 BetrVG erlassene Wahlordnung 2001 zu verweisen. Die Wahl ist **geheim** und **unmittelbar**, also nicht über Wahlmänner, und grundsätzlich als **Verhältniswahl** durchzuführen. Die Zusammensetzung des Betriebsrates nach Geschlechtern hat so zu erfolgen, dass das Geschlecht, das im Betrieb in der Minderheit ist, in mindestens dreiköpfigen Betriebsräten wenigstens entsprechend dem zahlenmäßigen Verhältnis vertreten sein muss. Der Wahlvorstand hat nach § 5 WO 2001 das zahlenmäßige Verhältnis der Geschlechter festzustellen und bei der Listenwahl nach § 15 Abs. 5 WO 2001, bei einer Vorschlagsliste nach § 22 WO 2001, die richtige zahlenmäßige Vertretung der Geschlechter nach dem sog. Höchstzahlensystem[15] herbeizuführen.

15 Wird nur ein Wahlvorschlag eingereicht, so handelt es sich um eine echte Persönlichkeitswahl, bei der die Reihenfolge der Kandidaten auf der Liste keine Rolle spielt, bei einer Listenwahl hingegen werden – abgesehen von der Verteilung nach Geschlechter – die Sitze im Betriebsrat nach der Reihenfolge auf der Liste verteilt. Die Kosten der Wahl, wozu auch die Kosten der Wahlvorbereitung gehören, trägt der Arbeitgeber (§ 20 BetrVG).

16 Die Betriebsratsgröße hängt von der Betriebsgröße ab (vgl im Einzelnen § 9 BetrVG). So ist zB bei 5 bis 20 Wahlberechtigten eine Person, bei 21 bis 50 Wahlberechtigten sind 3 Mitglieder, bei 51 bis 100 Arbeitnehmern sind fünf Mitglieder und bei 7 001 bis 9 000 Arbeitnehmern sind 35 Mitglieder

---

12 BAG AP BetrVG 1972 § 2 Nr. 4; *Richardi* § 2 Rn 71 und § 16 Rn 36.
13 BAG AP BetrVG 1972 § 2 Nr. 4.
14 ErfK/*Eisemann* § 17 BetrVG Rn 4; *Fitting* BetrVG § 17 Rn 22; aA allerdings BAG AP BetrVG 1972 § 17 Rn1; *Richardi* BetrVG § 17 Rn12.
15 Vgl BAG AP BetrVG 1972 § 7 Nr.8; *Richardi* BetrVG WO 2001 Rn 3.

zu wählen. Bei noch größeren Betrieben sind für je angefangene weitere 3 000 Arbeitnehmer je weitere zwei Mitglieder zu wählen. Die Wahlen sind regelmäßig alle vier Jahre in der Zeit vom 1. März bis zum 31. Mai durchzuführen (§ 13 BetrVG).

d) Vereinfachtes Wahlverfahren bei Kleinbetrieben

Durch die 2001 eingeführte Vorschrift des § 14 a BetrVG ist für Betriebe mit 5 bis 50 wahlberechtigten Arbeitnehmern ein vereinfachtes Wahlverfahren – mit dem gesetzgeberischen Ziel des Abbaus von Hürden für die Betriebsratswahl – eingeführt worden. Zu unterscheiden sind zwei Fälle:

- Hat es bereits einen Betriebsrat gegeben, so bestellt dieser den Wahlvorstand. Auch kann der Wahlvorstand durch den Gesamt- oder Konzernbetriebsrat bestellt werden. Die Wahl des Betriebsrates erfolgt dann auf nur einer Wahlversammlung in geheimer und unmittelbarer Wahl; Wahlvorschläge sind eine Woche vor der Wahlversammlung einzureichen (§ 14 a Abs. 3 BetrVG).
- In anderen Fällen, also in betriebsratslosen Betrieben, für die der Gesamt- oder Konzernbetriebsrat keinen Wahlvorstand bestellt, wird der Wahlvorstand auf einer ersten Betriebsversammlung gewählt. Eine Woche später findet dann eine zweite Wahlversammlung statt, auf der der Betriebsrat ebenfalls in geheimer und unmittelbare Wahl gewählt wird (§ 14 a Abs. 1 BetrVG); die Wahlvorschläge werden auf der ersten Betriebsversammlung gemacht (§ 14 a Abs. 2 BetrVG).

e) Feststellung des Wahlergebnisses

Unverzüglich nach Abschluss der Wahl zählt der Wahlvorstand öffentlich die Stimmen aus, stellt das Ergebnis in einer Niederschrift fest und gibt es den Arbeitnehmern im Betrieb bekannt. Arbeitgeber und im Betrieb vertretene Gewerkschaft erhalten eine Abschrift der Wahlniederschrift (§ 18 BetrVG).

f) Wahlanfechtung

aa) Anfechtbarkeit

Bei wesentlichen Verstößen gegen Vorschriften über das Wahlrecht, die Wählbarkeit oder das Wahlverfahren können mindestens drei Wahlberechtigte, der Arbeitgeber oder eine im Betrieb vertretene Gewerkschaft die Wahl im sog. Beschlussverfahren vor dem Arbeitsgericht anfechten (§ 19 BetrVG). Der Antrag ist innerhalb von zwei Wochen ab Bekanntgabe des Wahlergebnisses zu stellen. Voraussetzung ist allerdings, dass der Mangel nicht vom Wahlvorstand bereits beseitigt worden ist, etwa im Wege der Korrektur von Rechenfehlern. Auch muss der Mangel für das Wahlergebnis kausal geworden sein; wenn durch den Verstoß das Wahlergebnis nicht geändert oder beeinflusst werden konnte, scheidet eine Wahlanfechtung aus (§ 19 Abs.1 2. Hs BetrVG). Bei erfolgreicher Anfechtung hat der Beschluss des Arbeitsgerichts rechtsgestaltende Wirkung.[16] Der – in anfechtbarer Weise – gewählte Betriebsrat verliert sein Amt (erst) mit Rechtskraft des arbeitsgerichtlichen Beschlusses,[17] die Anfechtung hat also keine Rückwirkung.

bb) Nichtigkeit

Bei groben und offensichtlichen Verstößen kann die Wahl aber auch (von Anfang an) nichtig sein. Die Betriebsratswahl muss „den Stempel der Nichtigkeit auf der Stirn tragen".[18] Es handelt sich hierbei allerdings um seltene Ausnahmefälle, etwa dann, wenn der betreffende Betrieb überhaupt nicht betriebsratsfähig ist[19] oder wenn derartig gegen die Vorschriften über das Wahlverfahren verstoßen worden ist, dass auch der Anschein einer dem Gesetz entsprechenden Wahl nicht mehr vorliegt.[20] Die Verkennung des Betriebsbegriffes durch den Wahlvorstand soll allerdings nach der Rechtsprechung des BAG nur zur Anfechtbarkeit führen.[21]

---

16 BAG AP BetrVG 1972 § 9 Nr.2; *Richardi* BetrVG § 19 Rn 61.
17 *Richardi* BetrVG § 19 Rn 63.
18 BAG AP BetrVG 1972 § 19 Nr. 55; *Richardi* BetrVG § 19 Rn 72.
19 *Richardi* BetrVG § 19 Rn 73 mwN.
20 AP BetrVG 1972 § 19 Nr.6; *Richardi* BetrVG § 19 Rn 75.
21 AP BetrVG 1972 § 19 Nr. 15 und 55; *Richardi* BetrVG § 19 Rn 73.

3. Gemeinsamer Betriebsrat

21 Von dem in Rn 23 zu behandelnden Gesamtbetriebsrat zu unterscheiden ist der **gemeinsame Betriebsrat** mehrerer Unternehmen (§ 1 Abs.1 S. 2 BetrVG). Mehrere rechtlich selbständige Unternehmen, auch solche, die gesellschaftsrechtlich miteinander nicht verbunden sind, können einen Betrieb gemeinschaftlich betreiben. Das BAG nimmt einen solchen gemeinsamen Betrieb an, wenn zwei oder mehrere Unternehmen gemeinsam eine arbeitstechnische Organisation bilden, ohne sie einem eigenen Rechtsträger – etwa einem Gemeinschaftsunternehmen – zu übertragen.[22] Die Rechtsprechung verlangt allerdings, dass sich die einzelnen Unternehmen zu einer gemeinsamen Führung des Betriebes rechtlich verbunden haben,[23] wobei diese Bindung sehr häufig stillschweigend zustande kommt.[24] Liegt ein gemeinsamer Betrieb vor, ist dementsprechend auch **ein** gemeinsamer Betriebsrat zu bilden.

22 Die durch die BetrVG-Novelle 2001 eingeführte Vorschrift des § 1 Abs. 2 BetrVG enthält zwei Vermutungstatbestände für die Annahme eines gemeinsamen Betriebes (als Voraussetzung für die Bildung eines gemeinsamen Betriebsrates):
- Der gemeinsame Einsatz von Betriebsmitteln und Arbeitnehmern zur Verfolgung arbeitstechnischer Ziele durch die beteiligten Unternehmen
- Die Zuweisung von Betrieben oder Betriebsteilen bei einer Spaltung an ein an der Spaltung beteiligtes Unternehmen ohne wesentliche Änderung der Organisation. Als „Spaltung" iSd § 1 Abs. 2 BetrVG ist nicht nur eine Spaltung iSd Umwandlungsgesetzes anzusehen, sondern alle Fälle der Aufspaltung, Abspaltung und Ausgliederung sowohl in Form der Gesamtrechtsnachfolge als auch in Form der Einzelrechtsnachfolge.[25]

In beiden Fällen ist die Vermutung widerlegt, wenn nachgewiesen ist, dass keine – auch konkludente – Führungsvereinbarung besteht.[26] Die Widerlegung dürfte in beiden Fällen allerdings sehr schwierig sein.[27] Das hat zur Folge, dass bei einer Auf- oder Abspaltung ohne grundlegende organisatorische Verselbständigung der auf- oder abgespaltenen Teile regelmäßig ein gemeinsamer Betrieb gegeben ist und damit auch ein gemeinsamer Betriebsrat weiterbesteht oder zu bilden ist. Zudem bleibt in jedem Fall bei einer Spaltung der Betriebsrat bis zu einer Neuwahl mit einem **Übergangsmandat** im Amt, sofern der betreffende Betriebsteil nicht in einen Betrieb eingegliedert wird, der selbst einen Betriebsrat hat (§ 21 a BetrVG). Geht ein Betrieb durch Stilllegung, Spaltung oder Zusammenlegung unter, so bleibt der Betriebsrat solange im Amt, wie dies zur Wahrnehmung der damit im Zusammenhang stehenden Mitwirkungs- und Mitbestimmungsrechte erforderlich ist (sog. **„Restmandat"**; § 21 b BetrVG).

4. Gesamt- und Konzernbetriebsrat

a) Gesamtbetriebsrat

23 Hingegen ist ein Gesamtbetriebsrat zu bilden, wenn ein ausländisches Unternehmen mehrere Betriebe mit eigenen Betriebsräten in der Bundesrepublik Deutschland hat.[28]

aa) Bildung und Zusammensetzung

24 Besteht ein Unternehmen aus mehreren Betrieben, so ist zwingend auf Unternehmensebene ein Gesamtbetriebsrat zu bilden (§ 47 Abs. 1 BetrVG). Es gilt hierbei das **Entsendungsprinzip** (§ 47 Abs. 2 BetrVG). Jeder Betriebsrat mit bis zu drei Mitgliedern hat eines seiner Mitglieder, größere Betriebsräte haben zwei Mitglieder zu entsenden, wobei die Geschlechter angemessen berücksichtigt werden sollen. Durch Tarifvertrag oder Betriebsvereinbarung kann die Mitgliederzahl abweichend geregelt werden.

---

22 AP BetrVG 1972 § 1 Gemeinsamer Betrieb Nr. 22; *Richardi* BetrVG § 1 Rn 66.
23 AP BetrVG 1972 § 1 Gemeinsamer Betrieb Nr. 22; *Richardi* BetrVG § 1 Rn 66 mwN.
24 BAG AP BetrVG 1972 § 1 Nr. 5, 6 und 9; *Richardi* BetrVG § 1 Rn 67.
25 Amtl. Begründung der Bundesregierung BT-Drucks. 14/5741 S. 33.
26 *Richardi* BetrVG § 1 Rn 75 und 78; ErfK/*Eisemann* § 1 BetrVG Rn 15; aA *Fitting* BetrVG § 1 Rn 89.
27 ErfK/*Eisemann* § 1 BetrVG Rn 15.
28 *Richardi/Annuß*, BetrVG § 47 Rn 21.

Bei sehr großen Gesamtbetriebsräten mit mehr als 40 Mitgliedern ist zwischen Gesamtbetriebsrat und 25
Arbeitgeber eine Betriebsvereinbarung abzuschließen, in der zu bestimmen ist, dass Betriebsräte mehrerer Betriebe eines Unternehmens, die regional oder durch gleichartige Interessen miteinander verbunden sind, gemeinsam Mitglieder in den Gesamtbetriebsrat entsenden (§ 47 Abs. 5 BetrVG). Jedes Mitglied hat so viele Stimmen, wie in seinem Betrieb wahlberechtigte Arbeitnehmer in der Wählerliste eingetragen sind, mehreren Mitgliedern stehen die Stimmen anteilig zu (§ 47 Abs. 7 BetrVG). Voraussetzung für die Bildung eines Gesamtbetriebsrats ist folglich, dass in einem Unternehmen mehrere Betriebsräte vorhanden sein müssen, es reicht nicht, dass sich ein Unternehmen in mehrere selbständige Betriebe gliedert.[29] Hat ein inländisches Unternehmen Betriebe im Ausland, so wirken die dortigen Betriebsvertretungen nicht an der Errichtung des inländischen Gesamtbetriebsrats mit.[30]

bb) Aufgaben

Der Gesamtbetriebsrat ist für die Planung von Angelegenheiten zuständig, die das gesamte Unterneh- 26
mern oder mehrere Betriebe betreffen und nicht durch die einzelnen Betriebsräte innerhalb ihrer Betriebe geregelt werden können. Insoweit erstreckt sich seine Zuständigkeit auch auf Betriebe ohne eigenen Betriebsrat (§ 50 Abs. 1 BetrVG). Von praktischer Bedeutung ist die Regelung in § 50 Abs. 2 BetrVG, wonach der Betriebsrat mit Stimmenmehrheit seiner Mitglieder den Gesamtbetriebsrat beauftragen kann, eine Angelegenheit für ihn zu behandeln (§ 50 Abs. 2 BetrVG). In Zweifelsfällen, in denen also nicht eindeutig ist, ob eine originäre Zuständigkeit des Gesamtbetriebsrats nach § 50 Abs. 1 BetrVG gegeben ist, empfiehlt es sich auch aus der Sicht des Arbeitgebers, auf entsprechende Beschlüsse der Einzelbetriebsräte zu dringen.[31] Fehlt es nämlich an einer Regelungskompetenz des Gesamtbetriebsrats, so sind die mit ihm abgeschlossenen Betriebsvereinbarungen unwirksam. Dies gilt etwa auch dann, wenn der Gesamtbetriebsrat von auf örtlicher Ebene getroffenen Vereinbarungen durch eine überbetriebliche Regelung zu Lasten der Arbeitnehmer abweicht.[32] Liegt hingegen eine originäre Kompetenz des Gesamtbetriebsrats vor, so können auch mit dem örtlichen Betriebsrat abgeschlossene Betriebsvereinbarungen verdrängt werden.[33]

b) Konzernbetriebsrat

aa) Bildung und Zusammensetzung

In einem Konzern im Sinne des § 18 Abs. 1 AktG **kann** durch Beschluss der einzelnen Gesamtbetriebs- 27
räte ein Konzernbetriebsrat errichtet werden. Erforderlich ist die Zustimmung der Gesamtbetriebsräte der Konzernunternehmen, in denen insgesamt mehr als 50 % der Arbeitnehmer der Konzernunternehmen beschäftigt sind (§ 54 Abs. 1 BetrVG).

Anders als bei dem Gesamtbetriebsrat ist somit die Bildung eines Konzernbetriebsrats fakultativ. Ist 28
ein Konzern so strukturiert, dass in einem oder mehreren Konzernunternehmen Gesamtbetriebsräte, in anderen aber nur Einzelbetriebsräte vorhanden sind, so kann gleichwohl ein Konzernbetriebsrat gebildet werden; Voraussetzung ist aber, dass zumindest ein Gesamtbetriebsrat vorhanden ist, der die Mitarbeiter des Gesamtunternehmens repräsentiert.[34] Entgegen dem insoweit missverständlichen Gesetzeswortlaut, ist es für die Bildung eines Konzernbetriebsrats keine Voraussetzung, dass der Konzern unter das Aktiengesetz fällt.[35]

Als herrschendes Unternehmen kommt daher durchaus auch eine natürliche Person in Betracht.[36] 29
Ausreichend ist eine tatsächlich bestehende Konzernleitungsmacht, so dass unerheblich ist, ob es sich um einen **Vertragskonzern**, einen **Eingehungskonzern** oder einen **faktischen Konzern** handelt.[37]

---

29 *Richardi/Annuß*, BetrVG § 47 Rn 16.
30 *Richardi/Annuß*, BetrVG § 47 Rn 19.
31 Vgl auch BAG AP BetrVG 1972, § 50 Nr. 16.
32 BAG AP BetrVG 1972, § 50 Nr. 22 u. 23; *Richardi/Annuß*, BetrVG § 50 Rn 44.
33 BAG AP BetrVG 1972, § 50 Nr. 22.
34 *Richardi/Annuß*, BetrVG § 54 Rn 55.
35 BAG AP BetrVG 1972, § 54 Nr. 9; *Richardi/Annuß*, BetrVG § 54 Rn 5.
36 BAG AP BetrVG 1972, § 54 Nr. 9.
37 *Richardi/Annuß*, BetrVG § 54 Rn 8.

Bei einer bloß tatsächlich bestehenden Abhängigkeit wird widerlegbar vermutet, dass das Unternehmen mit dem herrschenden Unternehmen einen Konzern bildet (§ 18 Abs. 1 S. 3 AktG); aus § 17 Abs. 2 AktG folgt zudem die widerlegliche Vermutung der Abhängigkeit eines im Mehrheitsbesitz stehenden Unternehmens von dem an ihm mit Mehrheit beteiligten Unternehmen.[38]

30 Der Konzernbetriebsrat ist eine Dauereinrichtung, er hat – wie auch der Gesamtbetriebsrat – keine Amtszeit.[39] Die Mitgliedschaft der einzelnen Betriebsräte endet allerdings mit ihrer Mitgliedschaft im Gesamtbetriebsrat. Der Konzernbetriebsrat kann sich durch Beschlüsse der Gesamtbetriebsräte wieder auflösen, wofür eine einfache Mehrheit ausreichend ist.[40] Der Konzernbetriebsrat endet auch dann, wenn die Voraussetzungen für seine Errichtung entfallen, insbesondere bei Auflösung des Konzerns.[41]

31 In den Konzernbetriebsrat entsendet jeder Gesamtbetriebsrat zwei Mitglieder, diesen stehen die Stimmen der Mitglieder des entsendenden Gesamtbetriebsrats je zur Hälfte zu. Das Stimmgewicht der entsandten Mitglieder hängt von der Zahl der von ihnen repräsentierten Arbeitnehmer ab.[42] Werden von einem einzigen Betriebsrat des Konzernunternehmens Mitglieder in den Konzernbetriebsrat entsandt, so richtet sich ihr Stimmgewicht nach § 47 Abs. 7 BetrVG.[43]

bb) Aufgaben

32 Der Konzernbetriebsrat ist für die Behandlung solcher Angelegenheiten zuständig, die den Konzern oder jedenfalls mehrere Konzernunternehmen betreffen und nicht durch die einzelnen Gesamtbetriebsräte innerhalb ihrer Unternehmen geregelt werden können. Er ist in diesen Fällen allerdings dann auch für Betriebe der Konzernunternehmen zuständig, die keinen Betriebsrat haben (§ 58 Abs. 1 BetrVG).

33 Entsprechend den für das Verhältnis der Einzelbetriebräte zum Gesamtbetriebsrat geltenden Regelungen kann auch ein Gesamtbetriebsrat den Konzernbetriebsrat mehrheitlich beauftragen, eine Angelegenheit für ihn zu behandeln. Insoweit gelten die vorstehenden Ausführungen zu Rn 26 entsprechend.

5. Jugend- und Auszubildendenvertretung

34 In Betrieben mit in der Regel mindestens 5 Arbeitnehmern, die das 18. Lebensjahr noch nicht vollendet haben oder die zu ihrer Berufsausbildung beschäftigt werden und das 25. Lebensjahr noch nicht vollendet haben, werden Jugend- und Auszubildendenvertretungen gewählt (§ 60 BetrVG). Voraussetzung hierfür ist, dass ein Betriebsrat besteht.[44] Werden daher in Betrieben, die – nicht nur kurzfristig – keinen Betriebsrat haben, gleichwohl Jugend- und Auszubildendenvertretungen bestellt, etwa dann, wenn die Arbeitnehmervertretung nicht als Betriebsrat im Sinne des Gesetzes konstruiert ist, so haben auch die in solchen Fällen etwa gebildeten Jugend- und Ausbildungsvertretungen nicht die gesetzlichen Rechte.

35 Die Jugend- und Auszubildendenvertretungen haben die besonderen Belange der Jugendlichen oder der in Ausbildung befindlichen Mitarbeiter wahrzunehmen. Für ihre Wahl, ihre Amtszeit und ihre Geschäftsführung gelten im Wesentlichen die Vorschriften für Betriebsräte entsprechend. Die Jugend- und Auszubildendenvertretung kann zu allen Betriebsratssitzungen einen Vertreter entsenden; werden Angelegenheiten behandelt, die speziell Jugendliche und Auszubildende betreffen, so hat die gesamte Jugend- und Auszubildendenvertretung ein Anwesenheitsrecht bei der Beratung (§ 67 Abs. 1 BetrVG).

36 Die allgemeinen Aufgaben der Jugend- und Auszubildendenvertretung sind in § 70 BetrVG geregelt. Sie beziehen sich u.a. auf Fragen der Berufsbildung und der Übernahme der Auszubildenden in ein Arbeitsverhältnis, die Beachtung der zu ihren Gunsten bestehenden Vorschriften und in der Möglich-

---

38 *Richardi/Annuß*, BetrVG § 54 Rn 8.
39 *Richardi/Annuß*, BetrVG § 54 Rn 45; *Fitting*, BetrVG § 54 Rn 50, § 57 Rn 4.
40 *Richardi/Annuß*, BetrVG § 54 Rn 47, 48.
41 *Richardi/Annuß*, BetrVG § 54 Rn 49; BAG – 7 ABR 51/05 – vom 23.8.2006.
42 *Richardi/Annuß*, BetrVG § 55 Rn 22.
43 *Richardi/Annuß*, BetrVG § 55 Rn 23; *Fitting*, BetrVG § 55 Rn 16.
44 *Richardi/Annuß*, BetrVG § 60 Rn 11; *Fitting*, BetrVG § 60 Rn 22; aA DKK-Trittin § 60 Rn 26.

keit, Anregungen, insbesondere zu Fragen der Berufsbildung zu unterbreiten. Wegen der Einzelheiten ist auf die gesetzlichen Vorschriften zu verweisen.

6. Rechte der Betriebsratsmitglieder

Betriebsratsmitglieder dürfen in der Ausübung ihrer Tätigkeit nicht gestört oder behindert werden, insbesondere dürfen sie weder benachteiligt noch bevorzugt werden (§ 78 BetrVG). Entsprechendes gilt für die Mitglieder anderer Vertretungsorgane, also insbesondere des Gesamtbetriebsrats, des Konzernbetriebsrats, aber auch der verschiedenen Jugend- und Auszubildendenvertretungen auf betrieblicher und überbetrieblicher Ebene. Betriebsratsmitglieder unterliegen einer Verschwiegenheitspflicht (§ 79 BetrVG). In größeren Betrieben hat der Arbeitgeber Mitglieder des Betriebsrats ganz von ihrer beruflichen Tätigkeit freizustellen. Dies bezieht sich bei 37

- Betrieben mit 200 bis 500 Arbeitnehmern auf mindestens ein Betriebsratsmitglied
- bei Betrieben zwischen 501 und 900 Arbeitnehmern auf zwei, bei Betrieben zwischen 901 und 1500 Arbeitnehmern auf mindestens drei und
- bei Betrieben zwischen 1501 und 2000 Mitarbeitern auf mindestens vier Betriebsratsmitglieder.

In größeren Betrieben erhöht sich die Zahl entsprechend (vgl im Einzelnen § 38 Abs. 1 BetrVG). Über die Freistellung beschließt der Betriebsrat nach Beratung mit dem Arbeitgeber; dieser kann die Einigungsstelle anrufen (§ 38 Abs. 2 BetrVG). Alle Betriebsratsmitglieder sind zudem von ihrer beruflichen Tätigkeit ohne Einkommensminderung zu befreien, „wenn und soweit es nach Umfang und Art des Betriebs zur ordnungsgemäßen Durchführung ihrer Aufgaben erforderlich ist". Ein Betriebsratsmitglied, das aus betriebsbedingten Gründen Betriebsratstätigkeit außerhalb der Arbeitszeit durchführt, hat einen Anspruch auf entsprechende Arbeitsbefreiung unter Fortzahlung des Arbeitsentgelts (§ 37 Abs. 3 BetrVG). 38

Es besteht ein Anspruch auf Entgelt-Gleichbehandlung während der Dauer der Betriebsratstätigkeit einschließlich eines Zeitraums von einem Jahr nach Beendigung (§ 37 Abs. 4 und 5 BetrVG). Betriebsratsmitglieder haben zudem einen Anspruch auf bezahlte Freistellung zur Teilnahme an Schulungs- und Bildungsveranstaltungen, „soweit diese Kenntnisse vermitteln, die für die Arbeit des Betriebsrats erforderlich sind." (§ 37 Abs. 6 BetrVG). Zudem hat jedes Betriebsratsmitglied während seiner regelmäßigen Amtszeit Anspruch auf bezahlte Freistellung von insgesamt 3 Wochen zur Teilnahme an Schulungs- und Bildungsveranstaltungen, die von der zuständigen obersten Landesarbeitsbehörde, regelmäßig also dem Landesarbeitsministerium, nach Beratung mit den Spitzenorganisationen von Gewerkschaften und Arbeitgeberverbänden als geeignet anerkannt sind (§ 37 Abs. 7 BetrVG). Bei neu gewählten Betriebsratsmitgliedern erhöht sich der Weiterbildungszeitraum sogar noch um eine weitere Woche. Diese Freistellungsverpflichtungen führen zu einer erheblichen, nach der eindeutigen gesetzlichen Regelung aber nicht zu vermeidenden Belastung der Unternehmen. 39

7. Innere Organisation des Betriebsrates

Nach Konstituierung wählt der Betriebsrat aus seiner Mitte einen Vorsitzenden und dessen Stellvertreter (§ 26 Abs. 1 BetrVG). Der Vorsitzende und im Falle der Verhinderung dessen Stellvertreter vertreten den Betriebsrat nach außen, zur Entgegennahme von Erklärungen gegenüber dem Betriebsrat sind nur der Vorsitzende oder im Fall seiner Verhinderung sein Stellvertreter berechtigt (§ 26 Abs. 2 BetrVG). 40

Betriebsräte mit 9 und mehr Mitgliedern bilden einen **Betriebsausschuss** zur Erledigung der laufenden Geschäfte des Betriebsrats. Der Betriebsausschuss besteht aus dem Vorsitzenden des Betriebsrats, dessen Stellvertretern und – je nach Größe – 3 bis 9 weiteren Ausschussmitgliedern. Der Betriebsrat kann dem Betriebsausschuss mit Stimmenmehrheit Aufgaben zur selbständigen Erledigung übertragen, nicht jedoch zum Abschluss von Betriebsvereinbarungen (§ 27 Abs. 2 BetrVG). Betriebsräte mit weniger als 9 Mitgliedern können die laufenden Geschäfte entweder auf den Betriebsratsvorsitzenden oder andere Betriebsratsmitglieder übertragen (§ 27 Abs. 3 BetrVG). Die Betriebsratssitzungen sind nicht öffentlich (§ 30 BetrVG). 41

8. Grundsätze der Zusammenarbeit

42 Für Arbeitgeber und Betriebsrat gilt das Gebot der vertrauensvollen Zusammenarbeit (§ 2 Abs. 1 BetrVG). Dieses ist in § 74 BetrVG noch näher ausgestaltet. Danach sollen Arbeitgeber und Betriebsrat zumindest einmal im Monat zu einer Besprechung zusammentreten, wobei sie strittige Fragen „mit dem ernsten Willen zur Einigung zu verhandeln und Vorschläge für die Beilegung von Meinungsverschiedenheiten zu machen" haben. Ausdrücklich untersagt sind Maßnahmen des Arbeitskampfes zwischen Arbeitgeber und Betriebsrat, wobei allerdings Arbeitskämpfe tariffähiger Parteien hierdurch nicht berührt werden. Dies führt natürlich in der Praxis bei Streikmaßnahmen zu erheblichen Problemen, da Betriebsratsmitglieder als solche durchaus streiken dürfen und häufig auch in Gewerkschaften mitarbeiten. Ein Betriebsratsmitglied soll in seiner Eigenschaft als Betriebsratsmitglied jedoch nicht zu Kampfmaßnahmen aufrufen dürfen, um betriebsverfassungsrechtliche Streitfragen zu regeln. Das Betriebsratsamt bleibt während eines Arbeitskampfes bestehen, seine Funktionsfähigkeit bleibt gewahrt.[45] Der Betriebsrat als solcher hat sich in einem Arbeitskampf streng neutral zu verhalten.[46] Er darf daher weder für noch gegen eine Arbeitsniederlegung eintreten.[47] Zudem gilt das Verbot parteipolitischer Betätigung im Betrieb sowohl für Arbeitgeber als auch für den Betriebsrat (§ 74 Abs. 2 S. 2 BetrVG).

43 Arbeitgeber und Betriebsrat haben darüber zu wachen, dass alle im Betrieb tätigen Personen nach den Grundsätzen von Recht und Billigkeit behandelt werden, insbesondere dass eine Diskriminierung wegen der Abstammung, Religion, Nationalität, Herkunft, politischer oder gewerkschaftlicher Betätigung und Einstellung oder wegen ihres Geschlechts oder ihrer sexuellen Identität unterbleibt (§ 75 Abs. 1 BetrVG). Sie haben die freie Entfaltung der Persönlichkeit der im Betrieb beschäftigten Arbeitnehmer zu schützen und zu fördern und die Selbständigkeit und Eigeninitiative der Arbeitnehmer und Arbeitnehmergruppen zu fördern (§ 75 Abs. 2 BetrVG). Zur Beilegung von Meinungsverschiedenheiten ist bei Bedarf eine **Einigungsstelle** oder durch Betriebsvereinbarung eine **ständige Einigungsstelle** zu errichten (vgl. zur Arbeitsweise und Zusammensetzung der Einigungsstelle § 76 BetrVG).

9. Allgemeine Aufgaben

44 Der Gesetzgeber hat dem Betriebsrat – über die in Rn 42 bereits behandelten Grundsätze hinaus – folgende allgemeine Aufgaben zugewiesen:
- Überwachung der Einhaltung der zugunsten der Arbeitnehmer geltenden gesetzlichen und sonstigen Vorschriften
- Beantragung von Maßnahmen, die dem Betrieb und der Belegschaft dienen
- Durchsetzung der tatsächlichen Gleichstellung von Frauen und Männern
- Förderung der Vereinbarkeit von Familie und Erwerbstätigkeit
- Entgegennahme und Versuch der Durchsetzung von Anregungen von Arbeitnehmern und der Jugend- und Auszubildendenvertretung
- Eingliederung Schwerbehinderter und sonstiger besonders schutzbedürftiger Personen
- Vorbereitung der Wahl einer Jugend- und Auszubildendenvertretung sowie Zusammenarbeit mit dieser
- Förderung der Beschäftigung älterer Arbeitnehmer
- Förderung der Integration ausländischer Arbeitnehmer sowie Bekämpfung von Rassismus und Fremdenfeindlichkeit
- Förderung und Sicherung der Beschäftigung im Betrieb
- Förderung von Maßnahmen des Arbeitsschutzes und des betrieblichen Umweltschutzes.

45 Der Betriebsrat hat nach § 80 Abs. 2 BetrVG ein **Unterrichtungsrecht** und ein Recht auf Überlassung der zur Erfüllung seiner Aufgaben benötigten Unterlagen; insoweit darf er in die Bruttolohnlisten einsehen (§ 80 Abs. 2 S. 2 BetrVG), ein Recht auf Aushändigung der Listen (auch in Form von Ablichtun-

---
45 BAG AP GG Art. 9 Arbeitskampf Nr. 57, 58, 63, 110; *Richardi*, BetrVG § 74 Rn 23.
46 *Richardi*, BetrVG § 74 Rn 24.
47 *Richardi*, BetrVG § 74 Rn 24.

gen) besteht nicht.[48] Der Betriebsrat verwirklicht seine Aufgaben zum erheblichen Teil durch den Abschluss von **Betriebsvereinbarungen** (siehe hierzu Rn 55 ff) und im Rahmen der **Mitbestimmung bei personellen Maßnahmen** (siehe Rn 80 ff).

10. Kostentragung

Eigene Haushaltsmittel hat der Betriebsrat nicht, vielmehr sind die laufenden Kosten der Betriebsratstätigkeit vom Arbeitgeber zu tragen. Dieser hat dem Betriebsrat in erforderlichem Umfang Räume, sächliche Mittel, Informations- und Kommunikationstechnik sowie Büropersonal zur Verfügung zu stellen. Er trägt auch die Kosten einer ständigen oder im Einzelfall einzuberufenden Einigungsstelle (§ 76 a Abs. 1 BGB). Durch die Novelle des Jahres 2001 ist auch klargestellt worden, dass der Betriebsrat Anspruch auf angemessene Kommunikationstechnik hat. In der betrieblichen Praxis sind Streitigkeiten über das Ausmaß der Kostentragungspflicht des Arbeitgebers nicht selten und können die betriebliche Zusammenarbeit durchaus belasten. Entscheidend ist, dass die **Kosten** für die Erfüllung der Betriebsratsaufgaben **notwendig** sind und die Inanspruchnahme des Arbeitgebers dem Grundsatz der **Verhältnismäßigkeit** entsprechen muss.[49]

46

11. Streitverfahren

Streitigkeiten zwischen Arbeitgeber und Betriebsrat sind regelmäßig zunächst vor einer **Einigungsstelle** zu verhandeln. Diese besteht aus einem unparteiischen Vorsitzenden, auf dessen Person sich die Beteiligten einigen müssen und der ggf vom Arbeitsgericht bestellt wird, und aus einer gleichen Anzahl von Beisitzern, die vom Arbeitgeber und Betriebsrat bestellt werden. Vielfach werden jeweils 3 Beisitzer berufen. Soweit das Gesetz dies ausdrücklich bestimmt, ersetzt der Spruch der Einigungsstelle die Einigung zwischen den Betriebsparteien, dies gilt etwa bei den erzwingbaren Betriebsvereinbarungen des § 87 BetrVG (vgl § 87 Abs. 2 BetrVG). In diesen Fällen kann die Einigungsstelle von einer der beiden Seiten angerufen werden, im Übrigen wird sie jedoch nur tätig, wenn beide Seiten es beantragen oder mit dem Tätigwerden einverstanden sind (§ 76 Abs. 6 BetrVG).

47

Für Streitigkeiten zwischen Arbeitgeber und Betriebsrat ansonsten, auch, sofern der Spruch der Einigungsstelle angefochten wird, ist das sog. **Beschlussverfahren** geschaffen (vgl § 2 a Abs. 1 ArbGG). Dieses Verfahren zeichnet sich durch Gerichtskostenfreiheit und eine – weitgehende – Amtsaufklärung (§ 83 Abs. 1 ArbGG) aus. Örtlich zuständig ist das Arbeitsgericht, in dessen Bezirk der Betrieb liegt (§ 82 Abs. 1 BetrVG).

48

II. Europäischer Betriebsrat

1. Geltungsbereich

Das Gesetz über Europäische Betriebsräte (EBRG) gilt für **gemeinschaftsweit tätige Unternehmen** mit Sitz im Inland und für gemeinschaftsweit tätige Unternehmensgruppen mit Sitz des herrschenden Unternehmens im Inland (§ 2 Abs. 1 EBRG). Auch dann, wenn zwar die zentrale Leitung nicht in einem Mitgliedstaat (Mitgliedstaaten der Europäischen Union sowie EWR-Staaten) liegt, jedoch eine nachgeordnete Leitung in Deutschland vorhanden ist, findet das Gesetz Anwendung. Entsprechendes gilt auch dann, wenn eine nachgeordnete Leitung in Deutschland zwar nicht vorhanden ist, aber die zentrale Leitung einen Betrieb oder ein Unternehmen im Inland als ihren Vertreter benennt oder – hilfsweise – wenn in Deutschland die meisten Arbeitnehmer des Unternehmens oder der Unternehmen der Unternehmensgruppe beschäftigt werden.

49

2. Bildung eines Europäischen Betriebsrates

Das Gesetz hat zunächst in § 8 EBRG ein **besonderes Verhandlungsgremium** vorgesehen, das die Aufgabe hat, mit der zentralen Leitung eine Vereinbarung über eine grenzübergreifende Unterrichtung und Anhörung der Arbeitnehmer abzuschließen. Die Bildung des Gremiums ist von den Arbeitneh-

50

---

48 BAG AP BetrVG 1972, § 80 Nr. 9 u. 17; ErfK/*Kania*, § 80 BetrVG Rn 29.
49 Vgl u.a. BAG AP BetrVG 1972, § 40 Nr. 7 u. 42; *Richardi/Thüsing*, BetrVG § 40 Rn 6 u. 7.

mern oder ihren Vertretern schriftlich bei der zentralen Leitung zu beantragen, wobei der Antrag von mindestens 100 Arbeitnehmern oder ihren Vertretern aus mindestens zwei Betrieben oder Unternehmen, die in verschiedenen Mitgliedsstaaten liegen, gestellt werden kann (§ 9 Abs. 2 EBRG). Die auf die im Inland beschäftigten Arbeitnehmer entfallenden Mitglieder des besonderen Verhandlungsgremiums werden vom zuständigen Gesamtbetriebsrat oder, falls ein solcher nicht vorhanden ist, vom Betriebsrat bestellt (§ 11 EBRG). Das besondere Verhandlungsgremium kann mit der zentralen Leitung auch abweichend vom Gesetz Unterrichtungs- und Anhörungsrechte der Arbeitnehmer ausgestalten (§ 17 EBRG).

51 Wenn die zentrale Leitung die Aufnahme von Verhandlung innerhalb von sechs Monaten nach Antragstellung ablehnt, ist ein Europäischer Betriebsrat zu errichten. Das gleiche gilt, wenn innerhalb von sechs Monaten nach Antragstellung keine entsprechende Vereinbarung mit der zentralen Leitung zustande kommt oder das vorzeitige Scheitern der Verhandlungen erklärt wird. Der in solchen Fällen zu bildende Europäische Betriebsrat setzt sich nach § 22 EBRG aus Arbeitnehmern der gemeinschaftsweit tätigen Unternehmen oder der gemeinschaftsweit tätigen Unternehmensgruppen zusammen, wobei zunächst aus jedem Mitgliedsstaat ein Arbeitnehmervertreter entsandt wird, bei größeren Unternehmen oder Unternehmensgruppen erhöht sich die Zahl der Mitglieder (vgl im Einzelnen § 22 Abs. 3 und 4 EBRG). Für die Bestellung der deutschen Mitglieder sind der Gesamtbetriebsrat oder, falls es einen solchen nicht gibt, der Einzelbetriebsrat zuständig.

3. Zuständigkeit

52 Die Zentrale Leitung hat den Europäischen Betriebsrat einmal pro Kalenderjahr über die Entwicklung der Geschäftslage und die Perspektiven des gemeinschaftsweit tätigen Unternehmens bzw der Unternehmensgruppe unter rechtzeitiger Vorlage erforderlicher Unterlagen zu unterrichten und anzuhören (§ 32 Abs. 1 EBRG). Hierzu gehören insbesondere (§ 32 Abs. 2 EBRG):
- Unternehmensstruktur sowie wirtschaftliche und finanzielle Lage
- voraussichtliche Entwicklung der Geschäfts-, Produktions- und Absatzlage
- Beschäftigungslage und ihre voraussichtliche Entwicklung
- Investitionsprogramme
- grundlegende Organisationsänderung
- Einführung neuer Arbeits- und Fertigungsverfahren
- Verlegung von Unternehmen, Betrieben oder wesentlicher Bestandteile sowie Verlagerung der Produktion
- Zusammenschlüsse oder Spaltungen
- Einschränkung oder Stilllegung von Unternehmen, Betrieben oder wesentlichen Betriebsteilen
- Massenentlassungen.

Ferner ist der Europäische Betriebsrat rechtzeitig über außergewöhnliche Umstände, insbesondere die Verlegung oder Stilllegung von Unternehmen, Betrieben oder wesentlichen Betriebsteilen und Massenentlassungen zu unterrichten. Das Gesetz bietet folglich nur für die Fälle, in denen es nicht zu einer freiwilligen Vereinbarung kommt, einen bestimmten Rahmen für eine Information der gemeinschaftsweit einzurichtenden Arbeitnehmervertretung. Echte Mitwirkungsrechte werden dem Europäischen Betriebsrat nicht eingeräumt.

III. Mitwirkungsrechte des Betriebsrates nach dem BetrVG

1. Überblick

53 Die Mitwirkungsrechte des Betriebsrats beziehen sich insgesamt auf
- soziale Angelegenheiten (§§ 87 ff BetrVG)
- personelle Angelegenheiten (§§ 92 bis 105 BetrVG) und
- wirtschaftliche Angelegenheiten (§§ 106 bis 113 BetrVG).

54 Diese Mitbestimmungsrechte verwirklichen sich zum einen durch den Abschluss von **Betriebsvereinbarungen** (§ 77 BetrVG) (siehe hierzu Rn 55 ff) und zum anderen durch sog. **Regelungsabreden** (betrieb-

liche Einigung, Betriebsabsprache). Während die zwingend schriftlich abzuschließenden Betriebsvereinbarungen normative Wirkung haben („Betriebsvereinbarungen gelten unmittelbar und zwingend"; § 77 Abs. 4 S. 1 BetrVG), gelten die (formlosen) Regelungsabreden primär nur zwischen den Betriebsparteien, wobei sie allerdings Ausstrahlung auf das einzelne Arbeitsverhältnis haben. Derartige Regelungsabreden gibt es bei diversen gesetzlich oder durch die Rechtsprechung dem Betriebsrat eingeräumten Mitbestimmungsrechten, etwa bei der Zustimmung zur Annahme von Überstunden, bei personellen Einzelmaßnahmen (Einstellung, Versetzung, Zustimmung zur Kündigung), aber auch bei Personalrichtlinien nach § 95 BetrVG und – hier ist allerdings Schriftform erforderlich – beim Interessenausgleich nach § 112 BetrVG (siehe hierzu Rn 102 ff). Regelmäßig sind solche Abreden formfrei möglich.[50]

2. Betriebsvereinbarungen

a) Abschluss

Eine Betriebsvereinbarung wird zwischen dem Arbeitgeber und dem durch den Vorsitzenden vertretenen Betriebsrat bzw im Rahmen von deren Zuständigkeit mit dem Gesamtbetriebsrat oder Konzernbetriebsrat abgeschlossen. Die Betriebsvereinbarung ist **schriftlich festzulegen** und durch den Arbeitgeber und den Vorsitzenden des Betriebsrats (vgl § 26 Abs. 3 BetrVG) zu unterzeichnen (§ 77 Abs. 1 und 2, 1. Hs BetrVG). Die Einhaltung dieser Formvorschrift ist **Wirksamkeitsvoraussetzung**, mündliche oder nicht unterzeichnete Betriebsvereinbarungen sind daher unwirksam.[51] Die Schriftform kann auch nicht durch eine elektronische Form ersetzt werden.[52] Unzulässig sind auch sog. dynamische Blankettverweisungen auf Tarifverträge in ihrer jeweils geltenden Fassung.[53] Eine Verweisung auf einen derzeit geltenden Tarifvertrag ist allerdings zulässig, ohne dass die in Bezug genommenen Vorschriften wiederholt zu werden oder als Anlage beigefügt werden müssen.[54] Betriebsvereinbarungen sind vom Arbeitgeber an geeigneter Stelle im Betrieb auszulegen (§ 77 Abs. 2 S. 3 BetrVG). Hierbei handelt es sich jedoch nur um eine Ordnungsvorschrift ohne konstitutive Bedeutung.[55] 55

b) Inhalt

Eine Betriebsvereinbarung kann nur über Angelegenheiten abgeschlossen werden, für die der Betriebsrat zuständig ist; der Betriebsrat muss im Rahmen seiner gesetzlich festgelegten funktionellen Zuständigkeit handeln.[56] Betriebsvereinbarungen können enthalten: 56

- Rechtsnormen für den Inhalt und die Beendigung von Arbeitsverhältnissen
- Betriebsnormen (betreffend Fragen der Ordnung des Betriebes)
- Regelungen über die Einstellung von Mitarbeitern (§§ 93 ff BetrVG)
- Betriebsverfassungsnormen (betreffend Rechtsbeziehungen zwischen Arbeitgeber und dem Betriebsrat in betriebsverfassungsrechtlichen Fragen) und
- schuldrechtliche Absprachen ohne normativen Charakter; u.a. Absprachen über die Überlassung von Einrichtungen für die Geschäftsführung des Betriebsrats.

Wie sich aus § 77 Abs. 4 BetrVG ergibt, haben Betriebsvereinbarungen mit nicht rein schuldrechtlichem Inhalt **normative Wirkung**, sie gelten unmittelbar und zwingend für alle Arbeitnehmer. Werden Arbeitnehmern durch die Betriebsvereinbarungen Rechte eingeräumt, so ist ein Verzicht auf sie nur mit Zustimmung des Betriebsrats zulässig (§ 77 Abs. 4 S. 2 BetrVG). 57

Auch bei Betriebsvereinbarungen gilt das für Tarifverträge im Gesetz geregelte **Günstigkeitsprinzip**. Die Feststellung, wann eine Betriebsvereinbarung für den Arbeitnehmer günstiger ist als eine Einzelvereinbarung, erfolgt nach dem **individuellen Günstigkeitsvergleich**.[57] Günstigere Betriebsverein- 58

---

50 ErfK/*Kania*, § 77 BetrVG Rn 30, 134; *Richardi*, BetrVG § 77 Rn 226.
51 *Richardi*, BetrVG § 77 Rn 37.
52 *Richardi*, BetrVG § 77 Rn 33.
53 BAG AP BetrVG 1972, § 77 Nr. 55; *Richardi*, BetrVG § 77 Rn 35.
54 BAG AP BetrVG 1972, § 77 Nr. 55; *Richardi*, BetrVG § 77 Rn 34.
55 *Richardi*, BetrVG § 77 Rn 40.
56 *Richardi*, BetrVG § 77 Rn 50.
57 *Richardi*, BetrVG § 77 Rn 68; *Fitting*, BetrVG § 77 Rn 199 ff.

barungen verdrängen ihrerseits arbeitsvertragliche Vereinbarungen lediglich für die Dauer ihrer Wirkung, machen diese aber nicht nichtig.[58]

59 **Arbeitsentgelte** und sonstige Arbeitsbedingungen, die durch Tarifvertrag geregelt sind oder üblicherweise geregelt werden, können **nicht Gegenstand einer Betriebsvereinbarung** sein (§ 77 Abs. 3 S. 1 BetrVG). Dies gilt nicht nur für materielle, sondern auch für „sonstige Arbeitsbedingungen", etwa für in geltenden Tarifverträgen geregelte Ausschlussklauseln.[59] Dieses Verbot besteht jedoch dann nicht, wenn und soweit der Tarifvertrag die Ergänzung durch eine Betriebsvereinbarung in Form einer sog. „**Öffnungsklausel**" zulässt (§ 77 Abs. 3 S. 2 BetrVG).[60] Nicht unter das Verbot des § 77 Abs. 3 BetrVG fallen auch Regelungen über Angelegenheiten, die nach § 87 Abs. 1 BetrVG der erzwingbaren Mitbestimmung des Betriebsrats unterliegen.[61]

60 Eine gegen § 77 Abs. 3 BetrVG verstoßende Betriebsvereinbarung ist nichtig.[62] Eine Öffnungsklausel kann jedoch auch rückwirkend zwischen den Tarifvertragsparteien vereinbart werden.[63] Eine gegen § 77 Abs. 3 BetrVG verstoßende nichtige Vereinbarung kann nur ausnahmsweise als rechtsgeschäftliches Angebot des Arbeitgebers an die Arbeitnehmer seines Betriebes umgedeutet werden. Dies ist nur dann der Fall, wenn besondere Umstände darauf schließen lassen, dass der Arbeitgeber sich unabhängig von der betriebsverfassungsrechtlichen Regelungsform binden wollte. Nur in einem solchen Fall ist der ansonsten nötige ausdrückliche Zugang der Annahmeerklärung der Arbeitnehmer nicht erforderlich (§ 151 BGB).[64]

61 Auf einen **Sozialplan** ist nach der ausdrücklichen gesetzlichen Regelung des § 112 Abs. 1 S. 3 BetrVG die Vorschrift des § 77 Abs. 3 BetrVG nicht anzuwenden; ein Sozialplan kann also auch materielle, ansonsten in Tarifverträgen geregelte Gegenstände beinhalten und tut dies auch regelmäßig.

c) Gerichtliche Kontrolle

62 Betriebsvereinbarungen unterliegen einer arbeitsgerichtlichen Billigkeitskontrolle.[65] Nach § 310 Abs. 4 S. 1 BGB gilt für Betriebsvereinbarungen allerdings nicht die AGB-Kontrolle. Zudem setzen die Grundrechte der Regelungsbefugnis der Betriebspartner Schranken. Diese Schrankensetzung ergibt sich aus der Schutzgebotsfunktion der Grundrechte (mittelbare Drittwirkung).[66]

d) „Ablösende Betriebsvereinbarung"

63 Nach der Rechtsprechung des Bundesarbeitsgerichts ist trotz ansonsten anerkanntem Günstigkeitsprinzip es möglich, durch eine sog. „**ablösende Betriebsvereinbarung**" die aufgrund einer allgemeinen betrieblichen Regelung (ohne Betriebsvereinbarung) gewährten Sozialleistungen zu verändern oder abzuschaffen. Der Große Senat des BAG[67] unterscheidet bezüglich der Zulässigkeit einer solchen ablösenden Betriebsvereinbarung danach, ob der Arbeitgeber den Umfang der bisher aufgrund der Einheitsregelung erbrachten Leistungen durch eine **verschlechternde Betriebsvereinbarung** einschränken will oder ob er den bisherigen Gesamtumfang der Leistungen beibehalten und sie lediglich nach neuen Gesichtspunkten anders verteilen will („**umstrukturierende Betriebsvereinbarung**").

64 Im ersten Fall wird der einzelne Arbeitnehmer durch das Günstigkeitsprinzip geschützt, wobei für ihn ein **individueller Günstigkeitsvergleich** stattfindet, im zweiten Fall stellt der Große Senat des BAG darauf ab,

---

58 BAG AP BetrVG 1972 § 77 Nr. 43 u. 83; *Richardi/Kania*, BetrVG § 77 Rn 68; aA Gemeinschaftskommentar zum BetrVG/*Kreutz*, § 77 Rn 231, 232.
59 BAG NZA 1991, 734.
60 BAG AP BetrVG 1972, § 77 Tarifvorbehalt Nr. 15; *Richard/Kania*, BetrVG § 77 Rn 59.
61 St. Rspr; Vgl BAG AP BetrVG 1972, § 77 Tarifvorbehalt Nr. 8, 10, 18; *Richardi*, BetrVG § 77 Rn 250.
62 *Richardi/Kania*, BetrVG § 77 Rn 40; *Belling/Hartmann*, NZA 1998, 673 ff.
63 BAG AP BetrVG 1972, § 77 Tarifvorbehalt Nr. 12; ErfK/*Kania*, BetrVG § 77 Rn 59; *Richardi/Kania*, BetrVG § 77 Rn 59.
64 BAG AP BetrVG 1972, § 77 Tarifvorbehalt Nr. 8.
65 Vgl u.a. BAG AP BetrVG 1972, § 112 Nr. 11 u. 12; BAG AP BetrAVG 1972, § 1 Ablösung Nr. 1, 9 u. 22; *Richardi*, BetrVG § 77 Rn 117.
66 Vgl BVerfGE 73, 261, 268 f = NJW 1987, 827; *Richardi*, BetrVG § 77 Rn 100; ErfK/*Dieterich*, GG Einleitung Rn 59 ff.
67 AP BetrVG 1972 § 77 Nr. 17 u. BAG NZA 1988, 509 u. NZA 2004, 271; *Richardi*, BetrVG § 77 Rn 174 ff.

ob die neue Regelung bei „kollektiver Betrachtung" für die Belegschaft ungünstiger ist („**kollektiver Günstigkeitsvergleich**"). Ist die Neuregelung kollektiv der bisherigen Regelung gegenüber mindestens wirtschaftlich gleichwertig, soll eine Verschlechterung für den einzelnen Arbeitnehmer möglich sein, allerdings nur dann, wenn für ihn die kollektive Ausgestaltung der bisher vom Arbeitgeber erbrachten Leistungen erkennbar war. Anderenfalls verbleibt es bei einem individuellen Günstigkeitsvergleich. Dann ist eine Verschlechterung nur bei einem (zulässigen) Widerrufsvorbehalt oder wegen Wegfalls der Geschäftsgrundlage möglich. **Einzelvertragliche Absprachen** über Nicht-Sozialleistungen können durch derartige ablösende Betriebsvereinbarungen allerdings nicht aufgehoben werden.[68] Durch diese Rechtsprechung hat das Bundesarbeitsgericht die Möglichkeit geschaffen, im Laufe von Jahren entstandenen „sozialen Wildwuchs" sinnvoll im Interesse der Gesamtbelegschaft umzustrukturieren.

e) Beendigung einer Betriebsvereinbarung

Eine Betriebsvereinbarung endet mit Ablauf der Zeit, für die sie eingegangen ist. Die zeitliche Begrenzung kann sich auch aus dem mit der Betriebsvereinbarung verfolgten Zweck ergeben.[69] Sie kann zudem durch Vereinbarung der Betriebsparteien jederzeit schriftlich aufgehoben werden, sie kann auch durch eine neue, auch eine verschlechternde Betriebsvereinbarung ersetzt werden, wobei allerdings die Grundsätze der Verhältnismäßigkeit und des Vertrauensschutzes zu beachten sind;[70] es gilt insoweit der Grundsatz des *„lex posterior derogat legi priori"*.[71] Schließlich kann eine Betriebsvereinbarung auch durch eine zulässige Kündigung enden. Eine Betriebsvereinbarung ist, soweit nichts anderes bestimmt ist oder sich aus dem Zweck der Vereinbarung ergibt, kündbar. Die gesetzliche Kündigungsfrist beträgt 3 Monate (§ 77 Abs. 5 BetrVG). Bei Vorliegen eines wichtigen Grundes kann die Betriebsvereinbarung auch fristlos gekündigt werden.[72]

65

Für die Kündigung ist, soweit die Betriebsvereinbarung dies nicht ausdrücklich vorsieht, keine besondere Form vorgeschrieben. Gleichwohl sollte die Kündigung schon aus Beweiszwecken in jedem Fall schriftlich erfolgen. Betriebsvereinbarungen sind nicht auf die Amtszeit des jeweiligen Betriebsrats beschränkt.[73] Soweit ein Betriebsrat ein Mitbestimmungsrecht hat, gelten die Bestimmungen der Betriebsvereinbarung über den Inhalt der Arbeitsverhältnisse auch nach Beendigung der Betriebsvereinbarung weiter, bis sie durch eine andere Abmachung ersetzt werden (§ 77 Abs. 6 BetrVG). Sie gelten auch für neu eintretende Arbeitnehmer.[74] Eine solche Abmachung kann eine andere Betriebsvereinbarung oder auch eine einzelvertragliche Abrede sein. Freiwillige Betriebsvereinbarungen, die nicht erzwingbar sind, gelten nicht weiter; sie haben auch keine Nachwirkung.[75] Die Nachwirkung kann auch bei zwingenden Vereinbarungen ausgeschlossen werden.[76] Andererseits kann für freiwillige Betriebsvereinbarungen die **Nachwirkung vereinbart** werden.[77]

66

3. Einigungsstellenverfahren

a) Bildung einer Einigungsstelle

Eine Einigungsstelle wird regelmäßig im Einzelfall gebildet, wobei die Betriebsparteien zumeist jeweils zwei bis drei Beisitzer stellen und sich über die Person des Vorsitzenden zu einigen haben. Gelingt eine solche Einigung nicht, bestellt das Arbeitsgericht den Vorsitzenden (§ 76 Abs. 2 BetrVG). Möglich ist auch eine Einrichtung einer **ständigen Einigungsstelle** durch eine entsprechende Betriebsvereinbarung (§ 76 Abs. 1 S. 2 BetrVG).

67

---

68 BAG NZA 1990, 351; 2001, 49, 51.
69 BAG AP BetrVG 1972, § 77 Nr. 7; *Richardi*, BetrVG § 77 Rn 193; *Fitting*, BetrVG § 77 Rn 142.
70 BAG AP BetrAVG § 1 Betriebsvereinbarung Nr. 2.
71 *Richardi*, BetrVG § 77 Rn 174.
72 *Richardi*, BetrVG § 77 Rn 201.
73 BAG AP BetrVG 1972, § 87 Urlaub Nr. 2; *Richardi*, BetrVG § 77 Rn 207.
74 *Richardi*, BetrVG § 77 Rn 166.
75 BAG AP BetrVG 1972, § 77 Nachwirkung Nr. 11; *Richardi*, BetrVG § 77 Rn 169.
76 *Richardi*, BetrVG § 77 Rn 173.
77 BAG NZA 1998, 1348.

68 In den Fällen, in denen der Spruch der Einigungsstelle nach ausdrücklicher gesetzlicher Regelung die Einigung zwischen Arbeitgeber und Betriebsrat ersetzt, wird die Einigungsstelle auf Antrag einer Seite tätig (§ 76 Abs. 5 S. 1 BetrVG), im Übrigen wird sie nur tätig, wenn dies beide Seiten beantragen oder mit ihrem Tätigwerden einverstanden sind; in diesen Fällen ersetzt der Spruch der Einigungsstelle die erforderliche Einigung zwischen Arbeitgeber und Betriebsrat nur, wenn sich beide Seiten dem Spruch im Voraus unterwerfen oder ihn nachträglich annehmen (§ 76 Abs. 6 BetrVG).

b) Verfahren

69 Die Einigungsstelle hat unverzüglich tätig zu werden (§ 76 Abs. 3 S. 1 BetrVG). Sie berät mündlich und fasst ihre Entscheidung mit Stimmenmehrheit. Die Mitglieder der Einigungsstelle sind Weisungen nicht unterworfen, pflegen jedoch üblicherweise die Interessen der sie entsendenden Partei zu vertreten. Bei der ersten Beschlussfassung hat sich der Vorsitzende zunächst der Stimme zu enthalten, kommt eine Mehrheit nicht zustande, nimmt der Vorsitzende nach Weiterberatung an der erneuten Beschlussfassung teil. Die Beschlüsse sind dann schriftlich niederzulegen, vom Vorsitzenden zu unterschreiben und Arbeitgeber und Betriebsrat zuzuleiten (§ 76 Abs. 3 BetrVG).

70 Die Einigungsstelle hat ihre Beschlüsse unter angemessene Berücksichtigung der Belange des Betriebs und der betroffenen Arbeitnehmer nach billigem Ermessen zufassen. Das Gesetz gibt also wenig konkrete Hinweise dazu, auf welcher Basis und mit welchem Inhalt die Einigungsstelle tätig wird. Die Betriebsparteien können durch Betriebsvereinbarung weitere Einzelheiten des Verfahrens vor der Einigungsstelle regeln (§ 76 Abs. 4 BetrVG).

c) Kosten

71 Die Kosten der Einigungsstelle trägt der Arbeitgeber (§ 76 a BetrVG). Betriebsangehörige Beisitzer haben keinen Anspruch auf Vergütung, lediglich auf – bezahlte – Freistellung.[78] Der Vorsitzende und die übrigen Beisitzer – auch etwa vom Betriebsrat bestellte nicht betriebsangehörige Gewerkschaftsvertreter – haben hingegen Anspruch auf eine angemessene Vergütung. Die in § 76 a Abs. 4 BetrVG vorgesehene Rechtsverordnung des (damaligen) Bundesministeriums für Wirtschaft und Arbeit ist noch nicht ergangen, die Vergütung ist daher nach den Grundsätzen des Abs. 4 S. 3 bis 5 nach billigem Ermessen zu bestimmen.[79] Das Beisitzerhonorar beträgt üblicherweise 7/10 des Honorars des Vorsitzenden.[80] Die effektive Höhe hängt von den zu lösenden rechtlichen und tatsächlichen wirtschaftlichen Problemen und der Bedeutung der zu lösenden Streitfrage ab. Das BAG hatte 1996 in einem Fall mit mittlerer Schwierigkeit einen Stundensatz von 300,00 DM für Beisitzer als nicht unangemessen erachtet.[81] Als Anwälte tätige Beisitzer erhalten ihre Vergütung nicht nach der (früheren) Bundesrechtsanwaltsgebührenordnung (BRAGO) oder dem (jetzigen) RVG, sondern nach den Grundsätzen des § 76 a BetrVG.[82] Vom Betriebsrat benannte betriebsfremde Beisitzer müssen dieselben Vergütungen erhalten wie die vom Arbeitgeber benannten Beisitzer.[83]

d) Rechtsmittel

72 Im gerichtlichen Verfahren kann lediglich die **Überschreitung der Grenzen des Ermessens** durch die Einigungsstelle geltend gemacht werden. Arbeitgeber und Betriebsrat können nur binnen einer Frist von 2 Wochen, vom Tage der Zuleitung des Beschlusses an, einen entsprechenden Antrag zur Einleitung eines Beschlussverfahrens stellen (§ 76 Abs. 5 S. 4 BetrVG). Eine Ermessensüberschreitung führt

---

78 ErfK/Kania § 76 a BetrVG Rn 3.
79 BAG AP BetrVG 1972, § 76 a Nr. 7; *Richardi*, BetrVG § 76 a Rn 21.
80 BAG AP BetrVG 1972, § 76 a Nr. 6.
81 BAG AP BetrVG 1972, § 76 a Nr. 7; ErfK/*Kania* § 76 a BetrVG Rn 5.
82 BAG AP BetrVG 1972, § 76 a Nr. 4; *Richardi*, BetrVG § 76 a Rn 17.
83 BAG AP BetrVG 1972, § 76 a Nr. 4; ErfK/*Kania* § 76 a BetrVG Rn 6.

nur zur Anfechtbarkeit, nicht zur Nichtigkeit des Beschlusses.[84] Das Arbeitsgericht kann bei Fehlerhaftigkeit nur die Rechtsunwirksamkeit des Beschlusses feststellen.[85]
Das Gericht kann die von der Einigungsstelle fehlerhaft vorgenommenen Interessenabwägungen nicht durch eine eigene Entscheidung nach billigem Ermessen ersetzen, vielmehr ist das verbindliche Einigungsverfahren erneut durchzuführen, sofern die Einigungsstelle überhaupt zuständig ist.[86] Verstößt der Spruch der Einigungsstelle seinem Inhalt nach gegen ein Gesetz oder einen Tarifvertrag, ist jedoch der Mangel jederzeit – als Vorfrage in einem Urteilsverfahren[87] – jgeltend zu machen, und zwar sowohl von dem betroffenen Arbeitnehmer als auch von dem Arbeitgeber. Verfahrensverstöße hingegen können nur Arbeitgeber und Betriebsrat, nicht aber die vom Spruch betroffenen Arbeitnehmer im Beschlussverfahren rügen.[88]

4. Mitbestimmung in sozialen Angelegenheiten

a) Erzwingbare Mitbestimmung

In der wohl wichtigsten die Mitbestimmung betreffenden Vorschrift, § 87 BetrVG, sind dem Betriebsrat **erzwingbare Mitbestimmungsrechte** in einer Vielzahl von unterschiedlichen Bereichen eingeräumt worden. Das Gesetz bestimmt ausdrücklich, dass hier bei Nichteinigung die Einigungsstelle verbindlich entscheidet (§ 87 Abs. 2 BetrVG).
Stichwortartig sind folgende Regelungsbereiche genannt:
- Fragen der Ordnung des Betriebes und des Verhaltens der Arbeitnehmer im Betrieb
- Lage der täglichen Arbeitszeit sowie Verteilung der Arbeitszeit auf die einzelnen Wochentage
- vorübergehende Verkürzung oder Verlängerung der Arbeitszeit
- Zeit, Ort und Art der Auszahlung der Arbeitsentgelte
- Urlaubsgrundsätze und Urlaubsplanung sowie Festsetzung der zeitlichen Lage des Urlaubs für einzelne Arbeitnehmer
- Einführung und Anwendung technischer Einrichtungen zur Überwachung der Arbeitnehmer
- Regelung zur Verhütung von Arbeitsunfällen und Berufskrankheiten sowie über den Gesundheitsschutz und die Unfallverhütungsschutzvorschriften
- Sozialeinrichtungen
- Betriebswohnungen
- betriebliche Lohngestaltung
- Akkord- und Prämiensätze
- betriebliches Vorschlagswesen
- Grundsätze über die Durchführung von Gruppenarbeit.

Von besonderer praktischer Bedeutung sind die Fragen der Ordnung des Betriebes, also etwa Torkontrollen, Verpflichtung zur Tragung von Arbeitskleidung, Alkohol- und Rauchverbote. Die Regelung der Ziffern 87 Nr. 10 und 11 (betriebliche Lohngestaltung bzw Festsetzung von Akkord- und Prämiensätzen) stellen keinen Verstoß gegen das Verbot dar, in Betriebsvereinbarungen Regelungen zu treffen, die üblicherweise in Tarifverträgen enthalten sind (§ 77 Abs. 3 BetrVG). Die genannten Bestimmungen tragen vielmehr dem Umstand Rechnung, dass sich Tarifverträge mit der konkreten betrieblichen Situation regelmäßig nicht auseinandersetzen können, so dass die Einzelheiten der betrieblichen Lohngestaltung – bei Beachtung der tariflichen Vorgaben – nur von den Betriebsparteien auf betrieblicher Ebene getroffen werden können.
Auch Beginn und Ende der täglichen Arbeitszeit können in Betrieben mit Betriebsräten vom Arbeitgeber nicht einseitig festgelegt werden, es bedarf vielmehr insoweit einer Mitbestimmung des Betriebsrats, regelmäßig in Form einer Betriebsvereinbarung. Soweit es um die Festsetzung der zeitlichen Lage

---

84 BAG AP BetrVG 1972, § 76 Nr. 26; *Richardi*, BetrVG § 76 Rn 134.
85 BAG AP BetrVG 1972, § 112 Nr. 9; *Richardi*, BetrVG § 76 Rn 135.
86 *Richardi*, BetrVG § 76 Rn 137, 138.
87 *Richardi*, BetrVG § 76 Rn 134.
88 *Richardi*, BetrVG § 76 Rn 134.

des Urlaubs für einzelne Arbeitnehmer geht, wird anstelle einer Betriebsvereinbarung im Allgemeinen eine (formlose) Betriebsabrede vorgenommen.

b) Freiwillige Betriebsvereinbarungen

77 Das Gesetz sieht darüber hinaus die Möglichkeit des Abschlusses freiwilliger Betriebsvereinbarungen vor; diese sind also nicht erzwingbar, der Spruch der Einigungsstelle – sollte sie einvernehmlich angerufen werden – würde mangels anderweitiger Erklärung der Betriebsparteien nicht die tatsächliche Einigung ersetzen. Das Gesetz sieht insoweit keinen Numerus clausus möglicher Regelungsgegenstände vor, sondern bestimmt lediglich, dass **insbesondere** geregelt werden können:
- zusätzliche Maßnahmen zur Verhütung von Arbeitsunfällen mit Gesundheitsschädigungen
- Maßnahmen des betrieblichen Umweltschutzes
- die Errichtung von Sozialeinrichtungen
- Maßnahmen zur Förderung der Vermögensbildung
- Maßnahmen zur Integration ausländischer Arbeitnehmer sowie zur Bekämpfung von Rassismus und Fremdenfeindlichkeit im Betrieb.

c) Sonstige Aufgaben des Betriebsrates

78 Dem Betriebsrat sind ferner Aufgaben im Bereich der sozialen Mitbestimmung für
- Arbeits- und betrieblichen Umweltschutz (§ 89 BetrVG) und
- Unterrichtungs- und Beratungsrechte bei der Planung von Bauten, technischen Anlagen sowie von Arbeitsverfahren und Arbeitsplänen (§ 90 BetrVG)

übertragen worden.

79 Der Arbeitgeber hat mit dem Betriebsrat die vorgesehenen Maßnahmen und ihre Auswirkungen so rechtzeitig zu beraten, dass Vorschläge und Bedenken des Betriebsrats bei der Planung berücksichtigt werden können (§ 90 Abs. 2 BetrVG). Der Betriebsrat kann die Einigungsstelle anrufen, die dann verbindlich entsprechende Maßnahmen verlangen kann, wenn bei der Änderung der Arbeitsplätze, des Arbeitsablaufs oder der Arbeitsumgebung gesicherten arbeitswissenschaftlichen Kenntnissen offensichtlich widersprochen wird und die Mitarbeiter hierdurch in besonderer Weise belastet werden (§ 91 BetrVG).

5. Mitbestimmung in personellen Angelegenheiten

80 Die Mitwirkung des Betriebsrats bei personellen Maßnahmen bezieht sich auf drei Bereiche:
- allgemeine personelle Angelegenheiten, u.a. Personalplanung, Auswahlrichtlinien u.a. (siehe hierzu Rn 81 f)
- Berufsbildung (siehe hierzu Rn 83 ff)
- personelle Einzelmaßnahmen (siehe hierzu Rn 86 ff).

a) Allgemeine personelle Angelegenheiten

81 Die allgemeinen personellen Angelegenheiten beziehen sich auf
- Personalplanung (§ 92 BetrVG)
- Beschäftigungssicherung (§ 92 a BetrVG)
- Ausschreibung von Arbeitsplätzen (§ 93 BetrVG); hier kann der Betriebsrat verlangen, dass noch zu besetzende Arbeitsplätze vor ihrer Besetzung innerhalb des Betriebes ausgeschrieben werden. Der Arbeitgeber ist aber nicht gehindert, die Arbeitsplätze auch zusätzlich außerhalb auszuschreiben.[89] Auch ist der Arbeitgeber nicht verpflichtet, Bewerbern aus dem Betrieb den Vorrang zu geben.[90]
- Personalfragebögen, Beurteilungsgrundsätze (§ 94 BetrVG)
- Auswahlrichtlinien für Einstellungen, Versetzungen, Umgruppierungen und Kündigungen (§ 95 BetrVG).

---

[89] *Richardi/Thüsing*, BetrVG § 93 Rn 24.
[90] BAG AP BetrVG 1972, § 100 Nr. 1 u. § 118 Nr. 11; *Richardi/ Thüsing*, BetrVG § 93, Rn 25; *Fitting*, BetrVG § 93 Rn 13.

In Betrieben mit mehr als 500 Arbeitnehmern kann der Betriebsrat die Aufstellung von Richtlinien über die bei solchen Maßnahmen zu beachtenden fachlichen und persönlichen Voraussetzungen und sozialen Gesichtspunkte verlangen. (§ 95 Abs. 2 BetrVG). Der Spruch der Einigungsstelle ersetzt insoweit die Einigung; die Mitbestimmung ist also erzwingbar. Unter „Versetzung" ist die Zuweisung eines anderen Arbeitsbereiches, die voraussichtlich mehr als 1 Monat andauert oder die mit einer erheblichen Änderung der Umstände verbunden ist, unter denen die Arbeit zu leisten ist, zu verstehen (§ 95 Abs. 1 BetrVG). 82

b) Berufsbildung

In dem praktischen wichtigen Bereich der Berufsbildung bestimmt das Gesetz, dass Arbeitgeber und Betriebsrat im Rahmen der Personalplanung im Zusammenhang mit den zuständigen Stellen die Berufsbildung der Arbeitnehmer zu fördern haben, wobei der Arbeitgeber auf Verlangen des Betriebsrats den Berufsbildungsbedarf zu ermitteln und mit dem Betriebsrat die Fragen der Berufsbildung zu beraten hat (§ 96 Abs. 1 BetrVG). Den Arbeitgeber trifft ferner die Pflicht, mit dem Betriebsrat über die Errichtung und Ausstattung betrieblicher Einrichtungen zur Berufsbildung, die Einführung betrieblicher Berufsbildungsmaßnahmen und die Teilnahme an außerbetrieblichen Berufsbildungsmaßnahmen zu beraten (§ 97 Abs. 1 BetrVG). 83

Hat der Arbeitgeber Maßnahmen geplant oder durchgeführt, die dazu führen, dass sich die Tätigkeit der betroffenen Arbeitnehmer ändert und ihre beruflichen Kenntnisse und Fähigkeiten zu Erfüllung der neuen Aufgaben nicht mehr ausreichen, so hat der Betriebsrat bei der Einführung von solchen Maßnahmen der betrieblichen Berufsbildung mitzubestimmen (§ 97 Abs.1 BetrVG). In diesem Fall entscheidet die Einigungsstelle verbindlich (§ 97 Abs. 2 BetrVG). 84

Schließlich hat der Betriebsrat auch bei der Durchführung von Maßnahmen der betrieblichen Berufsbildung mitzubestimmen, auch hier ist der Spruch der Einigungsstelle verbindlich (§ 98 Abs. 1 und 4 BetrVG). Zusätzlich kann der Betriebsrat beim Arbeitsgericht beantragen, dem Arbeitgeber aufzugeben, die Bestellung einer mit der Durchführung der betrieblichen Berufsbildung beauftragten Person zu unterlassen oder diese abzuberufen (§ 98 Abs. 5 BetrVG). 85

c) Personelle Einzelmaßnahmen

Im Rahmen der **personellen Einzelmaßnahmen** hat der Betriebsrat umfangreiche Aufgaben und Befugnisse. Hierzu gehören die Einstellung (nicht der Abschluss des Arbeitsvertrages), die Eingruppierung, die Umgruppierung und die Versetzung von Mitarbeitern. In Betrieben mit in der Regel mehr als 20 wahlberechtigten Arbeitnehmern hat der Arbeitgeber den Betriebsrat vor solchen Maßnahmen rechtzeitig zu unterrichten, ihm die erforderlichen **Bewerbungsunterlagen** vorzulegen und Auskunft über die Person der Beteiligten zu geben (§ 99 Abs. 1 BetrVG). 86

Der Betriebsrat kann die **Zustimmung** zu den vorstehend aufgeführten Maßnahmen (nur) **verweigern** (§ 99 Abs. 2 BetrVG), wenn: 87
- die Maßnahme gegen ein Gesetz, eine Verordnung, eine Unfallverhütungsschutzvorschrift oder gegen eine Bestimmung in einem Tarifvertrag oder in einer Betriebsvereinbarung, gegen eine gerichtliche oder behördliche Entscheidung oder Anordnung verstoßen würde
- die Maßnahme gegen eine Personalrichtlinie nach § 95 BetrVG verstoßen würde
- die durch Tatsachen begründete Besorgnis besteht, dass in Folge der Maßnahme im Betrieb beschäftigte Arbeitnehmer Nachteile erleiden, ohne dass dies aus betrieblichen oder persönlichen Gründen gerechtfertigt wäre
- der betroffene Arbeitnehmer durch die personelle Maßnahme benachteiligt würde, ohne dass dies aus betrieblichen oder in seiner Person liegenden Gründen gerechtfertigt wäre oder wenn eine erforderliche Ausschreibung im Betrieb unterblieben ist oder
- die durch Tatsachen begründete Besorgnis besteht, dass der in Aussicht genommene Bewerber oder Arbeitnehmer den Betriebsfrieden durch gesetzwidriges Verhalten oder grobe Verletzung der in § 75 BetrVG niedergelegten Grundsätze für eine Behandlung der Betriebsangehörigen nach Recht und Billigkeit, insbesondere durch rassistische oder fremdenfeindliche Betätigung stören würde.

88 Verweigert der Betriebsrat die Zustimmung, so hat er dies dem Arbeitgeber unter spezifizierter Angabe von Gründen (also nicht in bloßer Wiederholung des Gesetzeswortlauts) innerhalb einer Woche nach Unterrichtung schriftlich mitzuteilen. Geschieht dies nicht, gilt die Zustimmung als erteilt. Der Arbeitgeber kann beim Arbeitsgericht beantragen, die **Zustimmung des Betriebsrats zu ersetzen** (§ 99 Abs. 4 BetrVG). Der von der personellen Maßnahme betroffene Arbeitnehmer selbst hat keine Antragsbefugnis und ist in dem Verfahren auch kein Beteiligter iSd § 83 Abs. 3 BetrVG.[91]

Hinweis: Da der vom Arbeitgeber mit dem Bewerber möglicherweise schon geschlossene Arbeitsvertrag wirksam ist, der Arbeitgeber aber ohne Zustimmung des Betriebsrats gehindert ist, den Neueingestellten tatsächlich zu beschäftigen, ihn also in den Betrieb einzugliedern, sollte **vor Abschluss** des Arbeitsvertrages die Zustimmung des Betriebsrats eingeholt werden oder aber die Rechtswirksamkeit des Arbeitsvertrages aufschiebend bedingt von der Zustimmung abhängig gemacht werden.

89 In vielen Fällen wird – jedenfalls aus der Betrachtungsweise des Arbeitgebers – die personelle Maßnahme eilbedürftig sein. Da die Zustimmung des Betriebsrats erst mit rechtskräftiger Entscheidung des Arbeitsgerichts als ersetzt gilt, räumt das Gesetz dem Arbeitgeber die Möglichkeit zu einer „**vorläufigen personellen Maßnahme**" ein (§ 100 BetrVG). In diesen Fällen hat der Arbeitgeber den Arbeitnehmer über die Sach- und Rechtslage aufzuklären (§ 101 Abs. 1 S. 2 BetrVG). Auch die Einleitung einer vorläufigen personellen Maßnahme schafft für Arbeitgeber und den einzustellenden Arbeitnehmer weiterhin eine unklare Situation, da nicht sicher ist, ob das Arbeitsgericht letztlich die vorläufige personelle Maßnahme und die endgültige Einstellung bestätigen wird.

90 Will der Arbeitnehmer eine derartige vorläufige personelle Maßnahme ergreifen, so hat er den Betriebsrat unverzüglich zu unterrichten (§ 100 Abs. 2 BetrVG). Bestreitet der Betriebsrat, dass die Maßnahme aus sachlichen Gründen dringend erforderlich ist, so hat er wiederum dies dem Arbeitgeber unverzüglich mitzuteilen. Der Arbeitgeber, der die vorläufige personelle Maßnahme aufrechterhalten wird, muss dann innerhalb von 3 Tagen beim Arbeitsgericht sowohl die **Ersetzung der Zustimmung des Betriebsrats** als auch die Feststellung beantragen, dass die Maßnahme aus sachlichen Gründen dringend erforderlich war (§ 100 Abs. 2 S. 2 und 3 BetrVG).

91 Lehnt das Gericht durch rechtskräftige Entscheidung die Zustimmungsersetzung ab oder stellt es rechtskräftig fest, dass offensichtlich die Maßnahme aus sachlichen Gründen nicht dringend erforderlich war, so endet die vorläufige personelle Maßnahme mit Ablauf von zwei Wochen nach Rechtskraft der Entscheidung (§ 100 Abs. 3 BetrVG).

Hinweis: Insbesondere bei nur **vorläufig einzusetzenden Arbeitnehmern** bietet die personelle Einzelmaßnahme die Möglichkeit, auch gegen den Willen des Betriebsrats derartige Maßnahmen zu vollziehen, wenn auch uU um den Preis eines mit Kosten verbundenen Beschlussverfahrens, da die Maßnahme erst nach Rechtskraft der (negativen) Entscheidung zu beenden ist.
Entsprechendes gilt im Übrigen auch für den Einsatz von sog. **Leiharbeitnehmern** nach § 14 Abs. 3 AGG, die auch grundsätzlich nur mit Zustimmung des Betriebsrats tatsächlich beschäftigt werden dürfen. Auch hier ist eine vorläufige personelle Maßnahme möglich.

92 Wenn der Arbeitgeber ohne Zustimmung des Betriebsrats eine personelle Maßnahme durchführt oder wenn er eine vorläufige Personalmaßnahme entgegen den gesetzlichen Bestimmungen aufrechterhält kann der Betriebsrat beim Arbeitsgericht beantragen, ihm aufzugeben, die **Maßnahme aufzuheben** (§ 101 Abs. 1 BetrVG). Kommt der Arbeitgeber dieser rechtskräftigen gerichtlichen Entscheidung nicht nach, so kann er hierdurch durch erhebliche **Zwangsgelder** angehalten werden (§ 101 Abs. 2 und 3 BetrVG); das Zwangsgeld beträgt für jeden Tag der Zuwiderhandlung höchstens 250,00 EUR.

93 Von praktisch erheblicher Bedeutung ist das **Mitbestimmungsrecht des Betriebsrats bei Kündigungen**. Hier hat dieser allerdings regelmäßig nur ein Anhörungsrecht, und zwar sowohl bei außerordentlichen als auch bei ordentlichen Kündigungen. Lediglich dann, wenn ein Mitglied des Betriebsrats,

---

[91] BAG AP ArbGG 1979 § 80 Nr. 3; BAG AP BetrVG 1972 § 101 Nr. 6, BAG AP BetrVG 1972 § 118 Nr. 27; *Richardi/Thüsing*, BetrVG § 99 Rn 278.

einer Jugend- und Auszubildendenvertretung oder einer Bordvertretung eines Seebetriebsrats gekündigt werden soll, die sämtlich gegen ordentliche Kündigungen geschützt sind, bedarf es zu der vorzunehmenden außerordentlichen Kündigung der Zustimmung des Betriebsrats (§ 103 Abs. 1 BetrVG). Auch diese Zustimmung kann das Arbeitsgericht auf Antrag des Arbeitgebers ersetzen (§ 101 Abs. 3 BetrVG).

Eine unter Nichtbeachtung der Anhörungsrechte des Betriebsrats ausgesprochene außerordentliche oder ordentliche Kündigung ist – auch wenn sie sozial gerechtfertigt wäre (§ 102 BetrVG) – unwirksam (§ 101 Abs. 1 BetrVG). 94

Hinweis: Nicht selten scheitern auch ansonsten gerechtfertigte Kündigungen an der nicht ordnungsgemäßen und vor allem nicht hinreichend beweisbaren ausführlichen Information des Betriebsrats. Diese Information muss daher ausführlich sein, sie sollte eindeutig und am besten schriftlich mit ggf mündlicher Erläuterung erfolgen.

6. Mitbestimmung in wirtschaftlichen Angelegenheiten

Die Mitbestimmung in wirtschaftlichen Angelegenheiten bezieht sich zum einen auf die Tätigkeit des Wirtschaftsausschusses (§ 106 BetrVG; siehe nachfolgend Rn 96 ff) und auf die Mitwirkung des Betriebsrats bei Betriebsänderungen in Form des Interessenausgleichs und des Sozialplans (siehe hierzu Rn 102 ff). 95

a) Wirtschaftsausschuss

aa) Bildung

In größeren Betrieben mit mehr als 100 ständig beschäftigten Arbeitnehmern ist ein **Wirtschaftsausschuss** zu bilden (§§ 106 ff BetrVG). Der Wirtschaftsausschuss ist ein Beratungsgremium, er wird für das Unternehmen und nicht für einen oder mehrere Betriebe gebildet.[92] Der Wirtschaftsausschuss ist ausschließlich der Unternehmensebene zugeordnet, ein Konzernbetriebsrat kann deshalb keinen Wirtschaftsausschuss auf Konzernebene errichten.[93] Der Wirtschaftsausschuss ist nach der gesetzlichen Grundkonzeption ein Hilfsorgan des Betriebsrats.[94] 96

Die Mitglieder werden ausschließlich vom Betriebsrat bzw dem Gesamtbetriebsrat bestellt. Der Ausschuss besteht aus mindestens drei und höchstens sieben Mitgliedern, die dem Unternehmen angehören müssen. Unter ihnen muss sich mindestens ein Betriebsratsmitglied befinden (§ 107 Abs. 1 BetrVG). Zu Mitgliedern können auch leitende Angestellte bestimmt werden. Die Mitglieder sollen die zur Erfüllung ihrer Aufgaben erforderliche fachliche und persönliche Eignung besitzen. Die Mitglieder werden vom Betriebsrat, bei Bestehen eines Gesamtbetriebsrats von diesem bestellt. Die Mitglieder können jederzeit abberufen werden (§ 107 Abs. 2 BetrVG). Der Betriebsrat kann alternativ zur Einrichtung eines Wirtschaftsausschusses mit Stimmenmehrheit auch beschließen, die Aufgaben des Wirtschaftsausschusses einem Ausschuss des Betriebsrats zu übertragen (§ 107 Abs. 3 BetrVG). 97

bb) Aufgaben

Der Unternehmer hat den Wirtschaftsausschuss „*rechtzeitig und umfassend über die wirtschaftlichen Angelegenheiten des Unternehmens unter Vorlage der erforderlichen Unterlagen zu unterrichten, soweit dadurch nicht die Betriebs- und Geschäftsgeheimnisse des Unternehmens gefährdet werden, sowie die sich daraus ergebenden Auswirkungen auf die Personalplanung darzustellen.*" Zu diesen wirtschaftlichen Angelegenheiten gehören insbesondere: 98
- die wirtschaftliche und finanzielle Lage des Unternehmens
- die Produktions- und Absatzlage
- das Produktions- und Investitionsprogramm

---

92 *Richardi/Annuß*, BetrVG vor § 106 Rn 5.
93 BAG AP BetrVG 1972, § 106 Nr. 7; *Richardi/Annuß*, BetrVG vor § 106 Rn 6.
94 BAG AP BetrVG 1972, § 108 Nr. 1 u. Nr. 2; *Richardi/Annuß*, BetrVG vor § 106 Rn 4.

- Rationalisierungsvorhaben
- Fabrikations- und Arbeitsmethoden, insbesondere die Einführung neuer Arbeitsmethoden
- Fragen des betrieblichen Umweltschutzes
- die Einschränkung oder Stilllegung von Betrieben oder von Betriebsteilen
- die Verlegung von Betrieben oder Betriebsteilen
- der Zusammenschluss oder die Spaltung von Unternehmen oder Betrieben
- die Änderung der Betriebsorganisation oder des Betriebszwecks
- sowie sonstige Vorgänge und Vorhaben, die die Interessen der Arbeitnehmer des Unternehmens wesentlich berühren können.

99 Zwar hat der Wirtschaftsausschuss **keine Entscheidungskompetenz**. Da er jedoch monatlich zusammentritt (§ 108 Abs. 1 BetrVG), an den Sitzungen der Unternehmer oder sein Vertreter teilzunehmen hat, insbesondere der **Jahresabschluss** dem Wirtschaftsausschuss zu erläutern ist (§ 108 Abs. 5 BetrVG) und sich der Wirtschaftsausschuss zudem durch sachkundige Arbeitnehmer des Unternehmens und auch durch Sachverständige ergänzend informieren lassen kann, kommt dem Wirtschaftsausschuss in der Praxis eine erhebliche Bedeutung zu. Dies gilt auch deswegen, weil § 91 BetrVG mit der Möglichkeit der Hinzuziehung von Gewerkschaftsvertretern auch für den Wirtschaftsausschuss entsprechend anzuwenden ist.[95] Der Jahresabschluss ist dem Wirtschaftsausschuss unter Beteiligung des Betriebsrats zu erläutern, der Betriebsrat erfährt also auch genauere Angaben über die wirtschaftliche Situation des Unternehmens, die sich aus dem Jahresabschluss ergibt. Dass diese Kenntnis vom Betriebsrat legitimer Weise auch bei Verhandlungen mit dem Arbeitgeber berücksichtigt werden, ist selbstverständlich und von ihm entsprechend zu berücksichtigen.

100 Wird eine **Auskunft über wirtschaftliche Angelegenheiten** entgegen dem Verlangen des Wirtschaftsausschusses nicht ordnungsgemäß erteilt und kommt hierüber zwischen Unternehmer und Betriebsrat eine Einigung nicht zustande, so entscheidet verbindlich die **Einigungsstelle**; diese kann erforderlichenfalls Sachverständige anhören (§ 109 BetrVG).

101 Ein **Unternehmen mit in der Regel mehr als 1 000 ständig beschäftigten Arbeitnehmern** hat diese einmal pro Kalendervierteljahr nach vorheriger Abstimmung mit dem Wirtschaftsausschuss und dem Betriebsrat schriftlich **über die wirtschaftliche Lage und Entwicklung des Unternehmens zu unterrichten**, bei kleinen Unternehmen, die aber in der Regel mehr als 20 wahlberechtigte ständige Arbeitnehmer beschäftigen, ist ebenfalls eine Unterrichtung vorzunehmen, diese kann aber mündlich erfolgen, und zwar bei Fehlen eines Wirtschaftsausschusses nach vorheriger Abstimmung mit dem Betriebsrat (§ 110 Abs. 2 BetrVG).

b) Betriebsänderungen

aa) Interessenausgleich

102 Die Entscheidung darüber, ob ein Unternehmer eine **Betriebsänderung**, insbesondere also eine Einschränkung oder Stilllegung des ganzen Betriebes oder wesentlicher Betriebsteile vornimmt, obliegt nach der gesetzlichen Regelung letztlich ihm. Gleichwohl hat der Betriebsrat sowohl bei der Frage des „**Ob, Wie und Wann**" einer Betriebsänderung in Form des sog. **Interessenausgleichs** als auch bei der Regelung der sozialen Folgen einer derartigen Betriebsänderung (**Sozialplan**) ein weitgehendes Mitwirkungsrecht.

103 In Unternehmen mit in der Regel mehr als 20 wahlberechtigten Arbeitnehmern, die einen Betriebsrat haben, hat der Unternehmer mit dem Betriebsrat zumindest die Herbeiführung eines Interessenausgleichs über die geplante Betriebsänderung ernsthaft zu versuchen. Als Betriebsänderung gelten:
- Einschränkung und Stilllegung des ganzen Betriebes oder von wesentlichen Betriebsteilen
- Verlegung des ganzen Betriebes oder von wesentlichen Betriebsteilen
- Zusammenschluss mit anderen Betrieben oder die Spaltung von Betrieben
- grundlegende Änderungen der Betriebsorganisation, des Betriebszwecks oder der Betriebsanlagen

---

[95] BAG AP BetrVG 1972, § 108 Nr. 2 u. Nr. 6; *Richardi/Annuß*, BetrVG § 108 Rn 23.

■ Einführung grundlegend neuer Arbeitsmethoden und Fertigungsverfahren.

Dies bedeutet zunächst, dass in Unternehmen mit maximal 20 ständig beschäftigten wahlberechtigten Mitarbeitern und vor allem in Betrieben ohne einen Betriebsrat ein Interessenausgleich nicht herbeizuführen ist. Entscheidend ist hierbei, ob zu dem Zeitpunkt, in dem sich der Arbeitgeber entschließt, eine Betriebsänderung durchzuführen, ein Betriebsrat vorhanden ist.[96]

Hinweis: Wenn in einem betriebsratlosen Betrieb eine Betriebsänderung vorgesehen ist, sollte aus Arbeitgebersicht der Stilllegungsbeschluss alsbald endgültig getroffen und beweisbar fixiert werden. Aus Arbeitnehmersicht sollte in einem solchen Falle unverzüglich das Verfahren zur Wahl eines Betriebsrats eingeleitet werden. Wenn allerdings der Betriebsrat erst während der Durchführung einer Betriebsänderung gewählt wird, kann er nicht mehr die Aufstellung eines Sozialplans verlangen.[97]

Ein Interessenausgleich kann nur bei einer konkret geplanten Maßnahme erfolgen.[98] Es ist also nicht möglich, einen Interessenausgleich „auf Vorrat" für alle zukünftigen Betriebsänderungen zu vereinbaren, was beim Sozialplan möglich ist. Der Betriebsrat soll durch die Interessenausgleichsverhandlungen die Gelegenheit erhalten, auf die konkret geplante Maßnahme einzuwirken, was bei einem „Rahmen-Interessenausgleich" nicht möglich wäre.

104

Wenn es zu einer Einigung kommt, ist dieser **Interessenausgleich schriftlich niederzulegen** und zu unterschreiben (§ 112 Abs. 1 S. 1 BetrVG). Die Maßnahme sollte so konkret wie möglich beschrieben werden, wegen des Schriftformerfordernisses reicht es **nicht** aus, etwa zu formulieren: „Der Betriebsrat nimmt die von der Unternehmensleitung geplanten Maßnahmen zur Kenntnis." Es sollte vielmehr heißen:

105

▶ Der Arbeitgeber beabsichtigt, während des 3. Quartals 2007 folgende Maßnahmen durchzuführen:
a) Stilllegung der Betriebsstätte in X-Dorf
b) Verlagerung der A-Abteilung in Y-Dorf nach Z-Stadt
...
Der Betriebsrat nimmt die beabsichtigte Maßnahme zur Kenntnis. Er erklärt, dass seine betriebsverfassungsrechtlichen Rechte nach §§ 111, 112 Abs. 1 S. 1 BetrVG erfüllt sind. Mitwirkungsrechte des Betriebsrats bei den durchzuführenden Einzelmaßnahmen (Entlassungen, Versetzungen uÄ) bleiben unberührt. ◀

Wie sich aus dem vorstehenden Formulierungshinweis ergibt, unterliegen die folgenden Einzelmaßnahmen, also die konkrete Durchführung der Betriebsänderung, den gesetzlichen Mitwirkungsrechten des Betriebsrats. Dies gilt also insbesondere für Kündigungen und Versetzungen (§§ 99, 102 BetrVG). Allerdings darf sich der Betriebsrat im Rahmen der Mitwirkung bei den Einzelmaßnahmen nicht im Gegensatz zu dem beschlossenen Interessenausgleich stellen.[99] Dies bedeutet jedoch nur, dass er hiermit nicht die Betriebsänderung insgesamt verhindern darf, dass er aber bei der konkreten Einzelmaßnahme durchaus darstellen darf, dass diese zur Durchführung der vereinbarten Änderungsmaßnahme nicht erforderlich ist oder die Sozialauswahl nicht richtig getroffen worden ist.

106

Ein Interessenausgleich **kann** mit einer sog. **Namensliste** verbunden werden. Wenn dies der Fall ist, so erstreckt sich die gerichtliche Kontrolle nach § 1 Abs. 5 KSchG lediglich auf die Prüfung der groben Fehlerhaftigkeit der Sozialauswahl. In solchen Fällen wird vermutet, dass die Kündigung durch dringende betriebliche Erfordernisse bedingt ist, sofern sich die Sachlage nicht nach Zustandekommen des Interessenausgleichs wesentlich geändert hat.

107

Scheitert ein Interessenausgleich, können fakultativ sowohl der Arbeitgeber als auch der Betriebsrat den Vorstand der Bundesagentur für Arbeit um Vermittlung ersuchen (§ 112 Abs. 2 S. 1 BetrVG). Von dieser Möglichkeit wird relativ selten Gebrauch gemacht. Kommt ein Interessenausgleich nicht zustande, obwohl entsprechende ernsthafte Bemühungen unternommen worden sind, können Arbeitgeber oder Betriebsrat die **Einigungsstelle** anrufen. Der Arbeitgeber darf die Betriebsänderung erst

108

---

96 BAG AP BetrVG 1972, § 112 Nr. 15; *Richardi/Annuß*, BetrVG § 111 Rn 27; *Fitting*, BetrVG § 111 Rn 33 f.
97 BAG AP BetrVG 1972, § 112 Nr. 15; *Richardi/Annuß*, BetrVG § 111 Rn 27.
98 BAG NZA 1999, 949 = BB 2000, 47.
99 *Schaub/Koch*, ArbR § 244 Rn 31.

durchführen, wenn zumindest das Verfahren vor der Einigungsstelle ernsthaft versucht worden ist. Feste zeitliche Grenzen lassen sich für derartige Versuche nicht angeben, jedenfalls ist aber das Verfahren bis zur Einigungsstelle solange zu beschreiten, bis diese die Verhandlungen für gescheitert erklärt hat.[100] Es liegt also im eigenen Interesse des Arbeitgebers, alsbald nach Scheitern seiner Bemühungen mit dem Betriebsrat zu einem Interessenausgleich zu gelangen, die Einigungsstelle anzurufen. Dass auch der Betriebsrat selbst die Einigungsstelle anrufen könnte, ist insoweit unerheblich.

Hinweis: Gelegentlich besteht zwischen Arbeitgeber und Betriebsrat Übereinstimmung, dass die Durchführung weiterer Einigungsversuche zwecklos ist und deshalb von der Einberufung der Einigungsstelle abgesehen werden soll; dies ist aber nach einer jüngeren Entscheidung des Bundesarbeitsgerichts[101] zweifelhaft, so dass zur Vermeidung erheblicher Risiken für den Arbeitgeber auch in solchen Fällen die Einigungsstelle vorsorglich beteiligt werden sollte. Es dürfte sich dann allerdings vor der Einigungsstelle binnen Kurzem herausstellen, dass eine Einigung nicht in Betracht kommt. Ob der Vorsitzende der Einigungsstelle das Scheitern des Einigungsversuchs förmlich feststellen muss, ist allerdings zweifelhaft; eine solche Feststellung ist jedoch sinnvoll.[102]

109 In der Praxis werden Interessenausgleichs- und Sozialplanverhandlungen sehr häufig gemeinsam geführt und die Einigung auch in einer Urkunde festgehalten.

Hinweis: Aus der Sicht des Betriebsrats ist dies zweckmäßig, weil es dem Arbeitgeber regelmäßig daran gelegen ist, die beabsichtigte Maßnahme alsbald durchzuführen und er bereit sein kann, eine schnelle Mitwirkung des Betriebsrats am Interessenausgleich durch entsprechende höhere Sozialplanleistungen „zu belohnen". Bei einer Verzögerung der Interessenausgleichsverhandlungen läuft der Arbeitgeber ansonsten Gefahr, Kündigungen mit der Folge erheblich höherer Personalkosten noch nicht aussprechen zu können.

bb) Sozialplan

110 Während der Interessenausgleich die Frage der Betriebsänderung als solcher behandelt, regelt der **Sozialplan** die sich hieraus für die Mitarbeiter ergebenden Folgen (§ 112 Abs. 1 S. 2 BetrVG). Der Sozialplan hat die Wirkung einer Betriebsvereinbarung, wobei die einschränkende Zulässigkeit von Betriebsvereinbarungen gegenüber Tarifverträgen (§ 77 Abs. 3 BetrVG) auf ihn keine Anwendung findet (§ 112 Abs. 1 S. 3 BetrVG).

111 Der Inhalt von Sozialplänen kann sehr unterschiedlich sein. Regelmäßig werden für ausscheidende Mitarbeiter Abfindungen vorgesehen, denkbar ist jedoch auch ein Ausgleich für die Zuweisung einer anderen Tätigkeit, die Überlassung von Werkswohnungen, die Übernahme von Umzugs- oder Fahrtkosten, die Weitergewährung begünstigter Arbeitgeberdarlehen, Regelungen zur Betrieblichen Altersversorgung, Einrichtungen von Härtefonds o.Ä.[103] Auch hier kann bei Nichteinigung der Betriebsparteien die Einigungsstelle angerufen werden. Regelmäßig wird für Interessenausgleich und Sozialplan dieselbe Einigungsstelle bestimmt. Das Gesetz gibt der Einigungsstelle nur wenig konkrete Hinweise für ihre Entscheidung. Immerhin ist im Gesetz festgehalten, dass die Einigungsstelle beim Ausgleich oder der Milderung wirtschaftlicher Nachteile den Gegebenheiten des Einzelfalls Rechnung zu tragen und die Aussichten der betroffenen Arbeitnehmer auf dem Arbeitsmarkt zu berücksichtigen hat. Arbeitnehmer, die in einem zumutbaren Arbeitsverhältnis im selben Betrieb oder in einem anderen Betrieb des Unternehmens oder eines zum Konzern gehörenden Unternehmens weiterbeschäftigt werden können und die Weiterbeschäftigung ablehnen, sollen von Leistungen ausgeschlossen werden; die mögliche Weiterbeschäftigung an einem anderen Ort begründet für sich allein noch nicht die Unzumutbarkeit der Annahme einer solchen Tätigkeit (§ 112 Abs. 5 Ziff. 2 BetrVG).

---

100 BAG AP BetrVG 1972, § 113 Nr. 11, 13 u. 27; *Richardi/Annuß*, BetrVG § 113 Rn 23.
101 AP BetrVG 1972, § 113 Nr. 49; aA: *Richardi/Annuß*, BetrVG § 113 Rn 30.
102 Vgl *Fitting*, BetrVG §§ 112, 112 a Rn 48.
103 Vgl u.a. *Schaub/Koch*, ArbR § 244 Rn 47, 55 ff.

A. Grundlagen der betrieblichen Mitbestimmung 16

Schließlich soll die Einigungsstelle die Förderungsmöglichkeiten des SGB III zur Vermeidung von Arbeitslosigkeit berücksichtigen und bei der Bemessung des Gesamtbetrages der Sozialplanleistungen darauf achten, dass der Fortbestand des Unternehmens oder die nach Durchführung der Betriebsänderung verbleibenden Arbeitsplätze nicht gefährdet werden. Ungeachtet der nur sehr groben Kriterien gelingt es in der Praxis regelmäßig, durch Einschaltung der Einigungsstelle zu einer für beide Seiten vertretbaren Regelung zu kommen. 112

Eine abstrakte Höhe für die Bestimmung des jeweils zulässigen Dotationsrahmens fehlt. Die gesetzlichen Höchstgrenzen für Kündigungsschutzabfindungen sind nicht anwendbar.[104] Die in § 112 Abs. 5 BetrVG der Einigungsstelle vorgegebenen Maßstäbe, insbesondere die Beschränkung des Gesamtbetrages der Sozialplanleistungen zwecks Sicherung des Fortbestandes des Unternehmens, berücksichtigen die verfassungsrechtlich gewährleistete unternehmerische Betätigungsfreiheit (Art. 12 Abs. 1 GG) und die Verfassungsgarantie des Eigentums (Art. 14 GG).[105] 113

Die Abfindung wird üblicherweise nach folgender Formel ermittelt: 114

$$\frac{\text{Betriebsmonatsverdienst x Lebensalter x Betriebszugehörigkeit}}{[\text{zu vereinbarender Divisor}]^{106}} = \text{Grundabfindungsbetrag}$$

Es sind allerdings Sonderregelungen denkbar. In Betracht kommt beispielsweise:
- Berücksichtigung des Lebensalters erst zB vom 25. Jahr an
- zusätzliche Berücksichtigung von Unterhaltsverpflichtungen
- zusätzliche Berücksichtigung von Schwerbehinderung[107]
- Abschläge für Mitarbeiter, die ohne Rentenkürzungsmöglichkeiten bereits Altersruhegeld in Anspruch nehmen können[108]

In einer Schlechterstellung jüngerer Arbeitnehmer kann allerdings eine unzulässige Diskriminierung im Sinne der §§ 1, 7 des Allgemeinen Gleichbehandlungsgesetzes (AGG) zu sehen sein, auch wenn § 10 Nr. 8 AGG eine Differenzierung nach Alter und Betriebszugehörigkeit in Sozialplänen gestattet, in der die wesentlich vom Alter abhängigen Chancen auf dem Arbeitsmarkt durch eine verhältnismäßig starke Betonung des Lebensalters erkennbar berücksichtigt werden.[109] Nicht selten ist auch die Einrichtung eines sog. **Härtefonds**, der einvernehmlich von Vertretern des Arbeitgebers und des Betriebsrats verwaltet wird und besondere im Einzelfall nicht fassbare Härten bei betroffenen Mitarbeitern teilweise ausgleichen soll. 115

Der Spruch der Einigungsstelle kann vom Arbeitsgericht auf Ermessensmissbrauch überprüft werden. Ein derartiger Antrag ist innerhalb von 2 Wochen vom Tage der Zuleitung der Beschlussfassung an gerechnet, beim Arbeitsgericht einzureichen (§ 76 Abs. 5 S. 4 BetrVG). Beanstandet ein Arbeitnehmer, dass zu seinen Lasten Regelungen im von der Einigungsstelle festgestellten Sozialplan rechtswidrig sind, etwa wegen Verstoßes gegen den Gleichbehandlungsgrundsatz, kann er diese Ansprüche in einem Urteilsverfahren geltend machen. Dass Arbeitsgericht hat dann inzident diese Frage zu prüfen. Derartige Fehler führen nach Auffassung des BAG nicht zur Unwirksamkeit des Sozialplans, solange nur einzelne Arbeitnehmer benachteiligt worden sind und die Mehrbelastung des Arbeitgebers durch die Korrektur im Verhältnis zum Gesamtvolumen nicht ins Gewicht fällt.[110] 116

Fällt die Erhöhung des Gesamtvolumens jedoch ins Gewicht, kann dies zu einem Wegfall der Geschäftsgrundlage führen mit der Folge, dass der Sozialplan neu verhandelt werden muss.[111] Wenn der Sozialplan jedoch im Rahmen billigen Ermessens verbleibt und auch nicht gegen höherrangige Rechtsnormen verstößt, kann der einzelne Arbeitnehmer nicht eine unzureichende Fest- 117

---

104 BAG AP § 112 BetrVG 1972 Nr. 41.
105 *Richardi/Annuß*, BetrVG § 112 Rn 166.
106 *Schaub/Koch*, ArbR § 244 Rn 48b.
107 *Schaub/Koch*, § 244 Rn 48b ff.
108 BAG AP § 112 BetrVG 1972 Nr. 21 u. 103.
109 Zweifelnd zur Zulässigkeit der bisher üblichen auf Betriebszugehörigkeit und Lebensalter abstellenden Klauseln u.a. *Willemsen/Schweibert* NJW 2006, 2583, 2586.
110 BAG NZA 2004, 559; ErfK/*Kania* §§ 112, 112 a Rn 47.
111 ErfK/*Kania* § 112 Rn 47.

legung des Gesamtvolumens des Sozialplans durch die Betriebspartner oder die Einigungsstelle geltend machen.[112]

118 In der Arbeitgeberinsolvenz ist das Sozialplanvolumen auf einen Gesamtbetrag von 2 1/2 Monatsverdiensten der von der Entlassung betroffenen Arbeitnehmer und auf 1/3 der gesamten Masse beschränkt (§ 123 Abs. 1, 2 InsO). Sozialpläne aus den letzten **drei Monaten vor dem Antrag auf Insolvenzeröffnung** können sowohl von dem Insolvenzverwalter als auch dem Betriebsrat widerrufen werden. Geschieht dies nicht, sind die Ansprüche einfache Insolvenzforderungen nach § 39 InsO.

Hinweis: Im Sozialplan sollte ausdrücklich vereinbart werden, dass in Fällen, in denen Arbeitnehmer gegen ausgesprochene Kündigungen klagen, die Abfindungen erst einen Monat nach Rechtskraft des die Kündigungsschutzklage abweisenden Urteils fällig werden und dass etwaige Kündigungsschutzabfindungen auch auf die Sozialplanleistungen angerechnet werden.

119 Bezieht sich eine Betriebsänderungsmaßnahme auf einen **bloßen Personalabbau**, so sieht § 112 a BetrVG eine Sozialplanpflicht nur nach Maßgabe der dort genannten Mindestgrenzen vor. Bei einem bloßen Personalabbau besteht daher eine Sozialplanpflicht etwa

- in Betrieben mit in der Regel weniger als 60 Arbeitnehmern, wenn wenigstens 20 vH der beschäftigten Arbeitnehmer, mindestens aber 6 Arbeitnehmer, entlassen werden und
- in Betrieben mit in der Regel mehr als 500 Arbeitnehmern 10 vH der regelmäßig beschäftigten Arbeitnehmer, mindestens aber 60 Arbeitnehmer, aus betriebsbedingten Gründen entlassen werden.

Als Entlassung gilt hierbei auch das vom Arbeitgeber veranlasste Ausscheiden von Arbeitnehmern aufgrund von Aufhebungsverträgen.

cc) Nachteilsausgleich

120 Wenn der Arbeitgeber die Pflicht verletzt, einen (ernsthaften) Versuch zur Herbeiführung eines Interessenausgleichs zu unternehmen oder wenn er von einem abgeschlossenen Interessenausgleich abweicht, so räumt das Gesetz den betroffenen Arbeitnehmern einen **individualrechtlichen Nachteilsausgleichsanspruch** ein. Diese Vorschrift hat Sanktionscharakter.[113] Dies führt dazu, dass solche Ansprüche grundsätzlich unabhängig von etwaigen finanziellen Leistungen aufgrund eines Sozialplans festzusetzen sind. Das BAG bejaht aber zu Recht die automatische Anrechenbarkeit des erfolgreich eingeklagten Nachteilsausgleichs auf Sozialplanansprüche.[114] Gleichwohl sollte dies in einem Sozialplan vorsichtshalber ausdrücklich festgehalten werden. Die Nachteilsausgleichsansprüche können aber gerade wegen des Sanktionscharakters über die Sozialplanansprüche hinausgehen. Die Abfindungen nach § 113 BetrVG sind entsprechend § 10 KSchG festzusetzen, dies bedeutet in der Praxis regelmäßig einen Nachteilsausgleich in Höhe von 0,5 Bruttogehältern pro Beschäftigungsjahr. Ein Nachteilsausgleichsanspruch ist auch dann zu zahlen, wenn der Arbeitgeber den Arbeitnehmer veranlasst hat, im Hinblick auf die beabsichtigte Betriebsstilllegung des Arbeitsverhältnisses selbst zu kündigen.[115]

IV. Mitbestimmung des Betriebsrates außerhalb des BetrVG

121 Der Betriebsrat hat auch außerhalb des Kündigungsschutzgesetzes umfangreiche Rechte.[116] Zu nennen sind hier beispielhaft:

- § 3 Abs. 1 Altersteilzeitgesetz: Betriebsvereinbarung über zusätzliche Leistungen an Arbeitnehmer in Altersteilzeit
- § 21 Arbeitnehmererfindungsgesetz: Berufung von Arbeitnehmererfinderberatern

---

112 BAG AP BetrVG 1972, § 112 Nr. 11; ErfK/*Kania* §§ 112, 112 a Rn 47.
113 ErfK/*Kania*, § 113 BetrVG Rn 1 u. 2.
114 BAG NZA 2002, 992.
115 BAG NZA 1989, 31.
116 Vgl die - teilweise überholte - Aufstellung bei *Pulte* NZA 2000, 234 ff.

- § 9 Arbeitssicherheitsgesetz: Zusammenarbeit von Betriebsärzten und Sicherheitsfachkräften mit dem Betriebsrat
- § 14 Arbeitnehmerüberlassungsgesetz: (eingeschränkte) Vertretung von Leiharbeitnehmern durch den Betriebsrat des Entleiherbetriebes
- § 29 a Heimarbeitsgesetz: Kündigungsschutz für als Heimarbeiter tätige Betriebsratsmitglieder
- §§ 17 f Kündigungsschutzgesetz: Massenentlassungen
- § 183 SGB III: Mitteilung eines die Insolvenzeröffnung ablehnenden Beschlusses an Betriebsrat
- § 87 SGB IX: Mitwirken im Antragsverfahren zur Kündigung schwerbehinderter Menschen
- § 323 Abs. 2 UmwG: Interessenausgleich bei Verschmelzung, Spaltung oder Vermögensübertragung.

V. Sprecherausschüsse

Die leitenden Angestellten iSd § 5 BetrVG (siehe Rn 8) können dem Betriebsrat weder wählen noch werden von ihm vertreten. Für sie gilt das **Gesetz über Sprecherausschüsse** der leitenden Angestellten (SprAuG). Danach werden in Betrieben mit in der Regel mindestens zehn leitenden Angestellten Sprecherausschüsse der leitenden Angestellten gewählt (§ 1 SprAuG). Gehören zu einem Unternehmen mehrere Betriebe oder handelt es sich um Konzernunternehmen, können auch **Gesamt- und Konzernsprecherausschüsse** gebildet werden. Dies geschieht in ähnlicher Weise wie bei der Errichtung von Betriebsräten (siehe im Einzelnen § 5 bis 7 SprAuG).

122

Arbeitgeber und Sprecherausschüsse können nach § 28 Abs. 1 SprAuG **Richtlinien zur Gestaltung der Arbeitsverhältnisse der leitenden Angestellten** vereinbaren. Derartige Richtlinien wirken sich allerdings nicht unmittelbar und zwingend auf die Arbeitsverhältnisse aus, wie dies Betriebsvereinbarungen tun; sie haben also keine normative Wirkung. Vielmehr kann der Inhalt derartiger Vereinbarungen nur aufgrund einzelvertraglicher Vereinbarungen für das Arbeitsverhältnis des leitenden Angestellten Geltung erlangen. Es besteht jedoch die Möglichkeit, in Anlehnung an die für Betriebsvereinbarungen maßgebliche Vorschrift des § 77 Abs. 4 BetrVG auch derartigen Richtlinien unmittelbare und zwingende Wirkung beizulegen. Auf solche normativ geltende Richtlinien ist auch das betriebsverfassungsrechtliche Günstigkeitsprinzip anzuwenden. Das Gesetz sieht eine Nachwirkung derartiger Richtlinien jedoch – anders als beim Betriebsverfassungsgesetz – nicht vor. Die Wahl der Sprecherausschüsse ist in einer entsprechenden Wahlordnung ergangen (Erste Verordnung zur Durchführung des Sprecherausschussgesetzes – WOSprAuG).

123

B. Unternehmensmitbestimmung

Während es sich bei der bisher behandelten Mitbestimmung des Betriebsrats (und des Sprecherausschusses) um eine Vertretung der Arbeitnehmer gegenüber dem Unternehmer handelte, kennt das deutsche Recht auch eine unmittelbare Mitbestimmung der Arbeitnehmer in den Organen von Gesellschaften (Aufsichtsrat) und Vorstand. Der Umfang der Mitbestimmung ist – teilweise aus historischen Gründen – in der Montanindustrie und hiermit im Zusammenhang stehenden Unternehmen umfangreicher und unterscheidet sich im Übrigen im Ausmaß der Arbeitnehmermitwirkung nach der Größe der Unternehmen.

124

I. Drittelbeteiligungsgesetz

Das an die Stelle des in Teilen bis 2004 weiter geltenden Betriebsverfassungsgesetzes 1952 getretene sog. **Drittelbeteiligungsgesetz** nebst dazugehörender Wahlordnung (BGBl. 2004 I S. 794 ff) gilt für
- Aktiengesellschaften mit in der Regel mehr als 500 Arbeitnehmern und vor dem 10.8.1994 eingetragene Aktiengesellschaften mit weniger als 500 Arbeitnehmern, die keine Familiengesellschaften sind. Als Familiengesellschaften gelten solche AGs, deren Aktionär eine einzelne natürliche Person ist oder deren Aktionäre untereinander iSv § 15 Abs. 1 Nr. 2 bis 8, Abs. 2 AO verwandt oder verschwägert sind
- eine Kommanditgesellschaft auf Aktien mit in der Regel mehr als 500 Arbeitnehmern mit entsprechender Regelung für Alt-Gesellschaften

125

Schlüter

- Gesellschaften mit beschränkter Haftung mit in der Regel mehr als 500 Arbeitnehmern; solche Gesellschaften haben einen Aufsichtsrat zu bilden, dessen Rechte und Pflichten sich nach den – im Einzelnen in § 1 Abs. 1 Drittelbeteiligungsgesetz (DrittelBG) aufgeführten – Vorschriften des AktG richten
- einen Versicherungsverein auf Gegenseitigkeit mit in der Regel mehr als 500 Arbeitnehmern, allerdings nur dann, wenn dort ein Aufsichtsrat besteht
- eine Erwerbs- und Wirtschaftsgenossenschaft mit in der Regel mehr als 500 Arbeitnehmern, wobei § 96 Abs. 2 und §§ 97 bis 99 AktG entsprechend anzuwenden sind. Hier ist bestimmt, dass das Statut nur eine durch 3 teilbare Zahl von Aufsichtsratsmitgliedern festsetzen darf und der Aufsichtsrat mindestens 2 Sitzungen im Kalenderjahr abhalten muss.

126 Die auf Wahl der Arbeitnehmer-Aufsichtsratsmitglieder erfolgt nach den Grundsätzen der **Mehrheitswahl** in allgemeiner, geheimer, gleicher und unmittelbarer Wahl; sie werden für dieselbe Zeit gewählt, die im Gesetz oder in der Satzung für die von der Hauptversammlung zu wählenden Aufsichtsratsmitglieder bestimmt ist (§ 5 Abs. 1 DrittelBG). Die Wahl erfolgt aufgrund von Wahlvorschlägen, die entweder der Betriebsrat oder Arbeitnehmer unterbreiten können. Wahlvorschläge der Arbeitnehmer müssen von mindestens 1/10 der Wahlberechtigten oder von mindestens 103 Berechtigten unterzeichnet sein (§ 6 DrittelBG). Arbeitnehmer-Aufsichtsratsmitglieder können auch vor Ablauf ihrer Amtszeit auf Antrag des Betriebsrats oder von mindestens 1/5 der Wahlberechtigten durch Beschluss der Wahlberechtigten (allgemeine, geheime, gleiche und unmittelbare Abstimmung) mit 3/4-Mehrheit der abgegebenen Stimmen abberufen werden (§ 12 Abs. 1 DrittelBG).

127 Die Rechte und Pflichten der von den Arbeitnehmern gewählten Mitglieder des Aufsichtsrates entsprechen denen der von der Anteilseignerseite bestellten Aufsichtsratsmitglieder. Die Arbeitnehmer sind auf diesem Wege zwar in dem Aufsichtsratsgremium vertreten, können auf diesem Wege alle den übrigen Aufsichtsratsmitgliedern zustehenden Informationen erlangen und an den Abstimmungen teilnehmen, sie haben aber als solche aufgrund ihrer Beteiligung von nur 1/3 keinen entscheidenden Einfluss, sofern die Anteilseigner-Vertreter im Aufsichtsrat ihrerseits einheitlich abstimmen.

II. Mitbestimmungsgesetz vom 4.5.1976

1. Erfasste Unternehmen

128 Das während der sog. sozialliberalen Koalition erlassene Mitbestimmungsgesetz 1976 findet Anwendung auf Unternehmen, die in der Rechtsform
- einer Aktiengesellschaft
- einer Kommanditgesellschaft auf Aktien
- einer Gesellschaft mit beschränkter Haftung
- einer Erwerbs- und Wirtschaftsgenossenschaft

ein Unternehmen mit in der Regel **mindestens 2 000 Beschäftigten** betreiben.

129 Keine Anwendung findet das Gesetz auf Unternehmen, die dem **Montan-Mitbestimmungsgesetz** aus dem Jahre 1951 (siehe hierzu Rn 141 ff) oder dem **Mitbestimmungsergänzungsgesetz** aus dem Jahre 1956 (siehe hierzu Rn 150) unterliegen.

130 Für **Kommanditgesellschaften**, deren Komplementär eines der vorgenannten Unternehmen ist und deren Kommanditisten mehrheitlich Gesellschafter der Komplementärin sind, gelten die Arbeitnehmer der Kommanditgesellschaft als Arbeitnehmer des persönlich haftenden Gesellschafters, sofern dieser nicht einen eigenen Geschäftsbetrieb mit in der Regel mehr als 500 Arbeitnehmern hat. Ist die Kommanditgesellschaft wiederum persönlich haftende Gesellschafterin einer anderen Kommanditgesellschaft, so gelten auch deren Arbeitnehmer als Arbeitnehmer des Komplementärs der Muttergesellschaft. Ein Unterlaufen der gesetzlichen Regelungen kann auch nicht dadurch erreicht werden, dass etwa die genannte Komplementärgesellschaft von der Führung der Geschäfte der KG ausgeschlossen würde (§ 4 Abs. 2 MitbestG). Ferner sieht das Gesetz in § 5 eine Konzern-Klausel vor. Ist eines der genannten Unternehmen herrschendes Unternehmen eines Konzerns, so gelten für die Anwendung des Mitbestimmungsgesetzes auf das herrschende Unternehmen die Arbeitnehmer der Konzernunternehmen als deren

Arbeitnehmer Dies gilt auch für die Arbeitnehmer des in § 1 bezeichneten Unternehmens, das persönlich haftender Gesellschafter eines abhängigen Unternehmens in der Rechtsform einer KG ist.

Das Gesetz sieht dann weiter in § 5 ergänzende Regelungen für Fälle vor, in denen nach § 4 Arbeitnehmer einer Kommanditgesellschaft als Arbeitnehmer des persönlich haftenden Gesellschafters gelten. Wenn eine solche Kommanditgesellschaft herrschendes Unternehmen eines Konzerns ist, gelten für die Anwendung des Mitbestimmungsgesetzes auf den persönlich haftenden Gesellschafter auch die Arbeitnehmer der Konzernunternehmen als Arbeitnehmer des persönlich haftenden Gesellschafters (§ 5 Abs. 2 MitbestG). Schließlich sieht § 5 Abs. 3 MitbestG Regelungen für den Fall einer mittelbaren Beherrschung von Unternehmen über in § 5 Abs. 1 und 2 genannte Unternehmen vor.

2. Zusammensetzung des Aufsichtsrates

Bei den dem Mitbestimmungsgesetz unterliegenden Unternehmen ist ein **Aufsichtsrat** auch dann zu bilden, wenn dies nicht schon nach anderen gesetzlichen Vorschriften notwendig ist (§ 6 Abs. 1 MitbestG). Die **Größe des Aufsichtsrats** hängt von der Zahl der beschäftigten Arbeitnehmer ab. Insoweit gibt es drei Größenordnungen:
- Unternehmen mit in der Regel nicht mehr als 1 000 Arbeitnehmern: Je sechs Aufsichtsratsmitglieder der Anteilseigner und der Arbeitnehmer
- Unternehmen von mehr als 10 000 und nicht mehr als 20 000 Arbeitnehmern: Je acht Aufsichtsratsmitglieder der Anteilseigner und der Arbeitnehmer
- Unternehmen mit in der Regel mehr als 20 000 Arbeitnehmern: Je zehn Aufsichtsratsmitglieder der Anteilseigner und der Arbeitnehmer.

Unter den Aufsichtsratsmitgliedern der Arbeitnehmer müssen sich befinden:
- in einem Aufsichtsrat mit sechs Arbeitnehmervertretern: Vier Arbeitnehmer des Unternehmens und zwei Vertreter von Gewerkschaften
- in einem Aufsichtsrat mit acht Arbeitnehmervertretern: Sechs Arbeitnehmer des Unternehmens und zwei Vertreter von Gewerkschaften
- in einem Aufsichtsrat mit zehn Arbeitnehmervertretern: sieben Arbeitnehmer des Unternehmens und drei Vertreter von Gewerkschaften.

Der Einfluss der Gewerkschaften erhöht sich also mit der Größe der Unternehmen und damit verbunden der Größe der Aufsichtsräte.

3. Wahl der Arbeitnehmervertreter

Die Arbeitnehmervertreter müssen volljährig sein und dem Unternehmen oder einem Unternehmen, dessen Arbeitnehmer nach dem Gesetz dem erstgenannten Unternehmen zuzurechnen ist, angehören. Die Gewerkschaften selbst müssen in dem Unternehmen oder in einem Unternehmen vertreten sein, dessen Arbeitnehmer wahlberechtigt sind. Die Aufsichtsratsmitglieder in Unternehmen mit in der Regel nicht mehr als 8 000 Arbeitnehmern werden in **unmittelbarer Wahl** gewählt, sofern die wahlberechtigten Arbeitnehmer nicht eine Wahl durch Delegierte beschließen (§ 9 Abs. 2 MitbestG). In Unternehmen mit in der Regel mehr als 8 000 Arbeitnehmern werden die Aufsichtsratsmitglieder durch **Delegierte** gewählt, sofern die wahlberechtigten Arbeitnehmer nicht eine unmittelbare Wahl beschließen (§ 9 Abs. 1 MitbestG). Die Delegierten werden in geheimer Wahl und nach den Grundsätzen der Verhältniswahl gewählt. Wahlberechtigt sind volljährige Arbeitnehmer des Unternehmens, wählbar sind diejenigen Arbeitnehmer, die die weiteren Wählbarkeitsvoraussetzungen für die Wahl zu Betriebsräten erfüllen (§ 10 Abs. 3 MitbestG; § 8 BetrVG).

Die **Zahl der Delegierten** bestimmt sich nach den detaillierten Regelungen des § 11 MitbestG; danach entfällt auf je 90 wahlberechtigte Arbeitnehmer ein Delegierter, bei einer sich hieraus ergebenden zu großen Anzahl von Delegierten vermindert sich die Zahl der Delegierten, die zustehenden Stimmen erhöhen sich aber entsprechend (§ 11 MitbestG). So würden beispielsweise in einem Betrieb mit 14 400 Arbeitnehmern 151 Delegierte zu wählen sein, ihre Zahl verringert sich auf 1/7 = 23, jeder der Delegierten erhält dann aber sieben Stimmen. Die **Amtszeit der Delegierten** entspricht der Wahl der Amtszeit der von ihnen zu wählenden Aufsichtsratsmitglieder. Die Delegierten wählen die Arbeitnehmervertreter geheim und nach den Grundsätzen der **Verhältniswahl** aufgrund von Wahlvorschlägen. Diese Wahlvorschläge müssen von 1/5 oder 100 der Wahlberechtigten Arbeitnehmer unterzeichnet sein. Dem Aufsichtsrat muss ein leitender Angestellter angehören (§ 15 Abs. 1 S. 2 MitbestG). Das Aufsichtsratsmitglied der **leitenden Angestellten** wird aufgrund von Abstimmungsvorschlägen durch Beschluss der wahlberechtigten leitenden Angestellten aufgestellt. Ein Abstimmungsvorschlag muss von 1/20 oder 50 wahlberechtigten leitenden Angestellten unterzeichnet sein (§ 15 Abs. 2 Nr. 2 MitbestG).

136 Die Delegierten wählen auch die von den Gewerkschaften vorgeschlagenen **Gewerkschaftsvertreter** (§ 16 MitbestG). Die Bekanntmachung des Wahlergebnisses erfolgt durch das für die Vertretung des Unternehmens befugte Organ, regelmäßig also durch den Vorstand oder die Geschäftsführung, sie ist im elektronischen Bundesanzeiger zu veröffentlichen (§ 19 MitbestG).

4. Rechte und Pflichten der Arbeitnehmervertreter

137 Der **Vorsitzende des Aufsichtsrats** und sein Stellvertreter werden vom Aufsichtsrat grundsätzlich mit 2/3-Mehrheit gewählt. Ergibt sich keine erforderliche Mehrheit, so findet ein zweiter Wahlgang statt, wobei dann die Aufsichtsratsmitglieder der Anteilseigner den Aufsichtsratsvorsitzenden und die Aufsichtsratsmitglieder der Arbeitnehmer den Stellvertreter jeweils mit der Mehrheit der abgegebenen Stimmen wählen (§ 27 Abs. 1 und 2 MitbestG).

138 Ergibt sich bei einer sonstigen Abstimmung im Aufsichtsrat **Stimmengleichheit**, so hat bei einer erneuten Abstimmung über denselben Gegenstand, wenn sich ebenfalls Stimmengleichheit ergibt, der Aufsichtsratsvorsitzende zwei Stimmen (§ 29 Abs. 2 MitbestG). Auf diesem Wege wird erreicht, dass der letztlich von den Anteilseignern gewählte Aufsichtsratsvorsitzende durch seine Doppelstimme von den Anteilseignern getroffene Beschlüsse durchsetzen kann. Weisungsunterworfen ist der Aufsichtsratsvorsitzende aber natürlich nicht. Von Bedeutung ist insoweit, dass dem Stellvertreter die zweite Stimme nicht zusteht (§ 29 Abs. 2 S. 3 MitbestG). Ein entsprechendes **Doppelstimmrecht** hat der Aufsichtsratsvorsitzende auch bei der ansonsten mit 2/3-Mehrheit vorzunehmenden Bestellung von Mitgliedern des zur gesetzlichen Vertretung befugten Organs, also regelmäßig bei einer Aktiengesellschaft des Vorstandes oder einer GmbH der Geschäftsführung (§ 31 Abs. 2 bis 4 MitbestG).

5. Wahl und Aufgaben des Arbeitsdirektors

139 Auch das Mitbestimmungsgesetz kennt – wie das Montan-Mitbestimmungsgesetz – einen **Arbeitsdirektor** (§ 33 MitbestG). Er wird als **gleichberechtigtes Mitglied** des Vertretungsorgans bestellt, dies gilt allerdings nicht für Kommanditgesellschaften auf Aktien. Besondere Vorschriften für den Wahlmodus des Arbeitsdirektors und seiner Aufgaben bestehen nicht. Festgelegt ist lediglich, dass dieser wie die übrigen Mitglieder des Vertretungsorgans seine Aufgaben im engsten Einvernehmen mit dem Gesamtorgan auszuüben hat, nähere Regelungen sind der Geschäftsordnung überlassen. Das Gesetz umschreibt den Aufgabenbereich des Arbeitsdirektors nicht, gleichwohl entspricht es herrschender Auffassung, dass ihm ein unabdingbarer Mindestzuständigkeitsbereich als Kernbereich zu übertragen ist. Dieser soll nach den Vorstellungen des Gesetzgebers, die allerdings nicht zum Inhalt des Gesetzes geworden sind, die Personal- und Sozialangelegenheiten der Arbeitnehmer des Unternehmens betreffen.[117]

140 Von Bedeutung ist, dass der Personal- und Sozialbereich der leitenden Angestellten nach herrschender Auffassung nicht zur unabdingbaren Kernzuständigkeit des Arbeitsdirektors gehört.[118] Der Arbeitsdirektor kann – anders als bei § 13 Abs. 2 Nr. 2 Montan-MitbestG – auch gegen die Stimmen der Arbeitnehmervertreter bestellt werden.

III. Montan-Mitbestimmungsgesetz

1. Erfasste Unternehmen

141 Während das Mitbestimmungsgesetz keine volle Parität zur Folge hat, ist im **Montan-Mitbestimmungsgesetz** die **volle Parität** der Arbeitnehmervertreter in den Aufsichtsräten gewährleistet. Das

---

[117] Vgl BT-Drucks. 7/4845 S. 9 f sowie BVerfGE 50, 290 = NJW 1979, 699, 711; ErfK/*Oetker*, § 33 MitbestG Rn 19.
[118] ErfK/*Oetker*, § 33 MitbestG Rn 20 mwN.

Gesetz bezieht sich auf das Mitbestimmungsrecht in den Aufsichtsräten und in den zur gesetzlichen Vertretung berufenen Organen in folgenden Bereichen:
- Unternehmen, deren überwiegender Betriebszweck in der Förderung von Steinkohle, Braunkohle oder Eisenerz oder in der Aufbereitung, Verkokung, Verschwelung oder Brikettierung dieser Grundstoffe liegt und deren Betrieb unter der Aufsicht der Bergbehörden steht
- Unternehmen der eisen- und stahlerzeugenden Industrie unter Hinweis auf das Gesetz Nr. 27 der Alliierten hohen Kommission vom 16.5.1950
- Unternehmen, die von einem vorstehend bezeichneten und nach Gesetz Nr. 27 der Alliierten hohen Kommission zu liquidierenden Unternehmen abhängig sind, wenn sie die Voraussetzungen nach Buchstabe a) erfüllen und oder überwiegend Eisen und Stahl erzeugen.

Das Gesetz bestimmt dann weiter, dass und unter welchen Bedingungen die Herstellung von Walzwerkerzeugnissen aus Eisen oder Stahl als Erzeugen von Eisen und Stahl anzusehen ist (§ 1 Abs. 2 Montan-MitbestG). Das Gesetz findet nur auf diejenigen der vorgenannten Unternehmen Anwendung, die in Form einer **Aktiengesellschaft** oder einer **GmbH** betrieben werden und in der Regel mehr als 1000 Arbeitnehmer beschäftigen.

Im Jahre 1981 ist noch eine sog. **Konzernwahlklausel** in § 1 Abs. 4 eingefügt worden, die die Voraussetzung für die Beteiligung von Arbeitnehmern der Tochterunternehmen an der Wahl zum Aufsichtsrat des Konzerns betrifft. Diese greift ein, wenn das dem Montan-Mitbestimmungsgesetz unterliegende Unternehmen herrschendes Konzernunternehmen iSv § 18 Abs. 1 AktG sein und bei ihm ein Konzernbetriebsrat bestehen muss.[119] Bestimmungen des Montan-Mitbestimmungsgesetzes gehen denen des Aktiengesetzes, des GmbH-Gesetzes, der Berggesetze und des Betriebsverfassungsgesetzes vor.

142

2. Zusammensetzung des Aufsichtsrates

Sowohl in Aktiengesellschaften als auch – zwingend – in GmbHs, die dem Gesetz unterliegen, ist ein **Aufsichtsrat** zu bilden. Dieser besteht aus **11 Mitgliedern**, und zwar
- Vier Vertretern der Anteilseigner und einem weiteren Mitglied
- Vier Vertretern der Arbeitnehmer und einem weiteren Mitglied
- einem weiteren Mitglied.

143

Die genannten weiteren Mitglieder dürfen nicht Repräsentant einer Gewerkschaft oder einer Arbeitgebervereinigung oder einer Spitzenorganisation dieser Verbände sein und zu diesen nicht in einem ständigen Dienst- oder Geschäftsbesorgungsverhältnis stehen oder im letzten Jahr gestanden haben, in den Unternehmen als Arbeitnehmer oder Arbeitgeber tätig sein, an dem Unternehmen wirtschaftlich interessiert sein (§ 4 Abs. 2 Montan-MitbG).

Bei Gesellschaften mit einem **Nennkapital von mehr als 10 Mio. EUR** kann durch Satzung oder Gesellschaftsvertrag auch bestimmt werden, dass der Aufsichtsrat aus **15 Mitgliedern**, bei Gesellschaften mit einem Nennkapital von mehr als 25 Mio. EUR aus 21 Mitgliedern besteht (§ 9 MitbestG).

144

3. Wahl der Vertreter der Anteilseigner

Die von den **Anteilseignern** zu entsendenden Mitglieder werden nach Maßgabe der Satzung oder des Gesellschaftsvertrages der Gesellschaft gewählt.

145

4. Wahl der Arbeitnehmervertreter

Die **Arbeitnehmervertreter** werden in einem komplizierten Verfahren gewählt (§ 6 Montan-MitbestG). Unter den Arbeitnehmervertretern müssen sich zwei Arbeitnehmer befinden, die in dem Betrieb des Unternehmens beschäftigt sind; diese werden durch die Betriebsräte der Betriebe in geheimer Wahl gewählt und dem Wahlorgan, also der Hauptversammlung oder Gesellschafterversammlung, nach Beratung mit den im Betriebe vertretenen Gewerkschaften und deren Spitzenorganisationen vorgeschlagen. Die Spitzenorganisationen können gegen die beabsichtigte Berufung Widerspruch einlegen. Lehnen die Betriebsräte den Einspruch mit einfacher Stimmenmehrheit ab,

146

---

119 ErfK/*Oetker*, § 1 Montan-MitbestG Rn 29.

können sowohl sie als auch die Spitzenorganisationen der Gewerkschaft, die den Einspruch eingelegt hat, das Bundesarbeitsministerium anrufen. Zwei dieser Mitglieder werden von den Spitzenorganisationen mit vorhergehender Beratung mit den im Betrieb vertretenen Gewerkschaften vorgeschlagen, Entsprechendes gilt auch für das sog. weitere Mitglied (§ 6 Abs. 3 und 4 Montan-MitbestG).

147 Entscheidend für die Einflussnahme der Arbeitnehmervertreter in dem Aufsichtsrat ist das in § 4 Abs. 1 c) genannte „weitere Mitglied". Hierbei handelt es sich um das sog. **„neutrale Mitglied"**. Seine Wahl obliegt dem Aufsichtsrat selbst, sie hat mit Stimmenmehrheit zu erfolgen. Sie bedarf der Zustimmung von mindestens je drei Vertretern der Anteilseigner und der Arbeitnehmer. Kommt ein Vorschlag nicht zustande, ist ein Vermittlungsausschuss zu bilden, der innerhalb eines Monats dem Wahlorgan drei Personen zur Wahl vorschlägt. Ggf kann, wenn trotz Vorschlages des Vermittlungsausschusses die Wahl nicht erfolgt, das Oberlandesgericht angerufen werden. Das elfte, also neutrale, Aufsichtsratsmitglied kann somit nur gewählt werden, wenn zumindest einzelne Aufsichtsratsmitglieder einer Seite an der Wahl mitwirken, weil sich ansonsten keine Mehrheit ergeben kann.

5. Rechte und Pflichten der Arbeitnehmervertreter

148 Die Arbeitnehmervertreter haben die gleichen Rechte und Pflichten wie die von den Anteilseignern bestimmten Vertreter und das neutrale Mitglied. Sie sind an Aufträge und Weisungen nicht gebunden (§ 4 Abs. 3 Montan-MitbestG).

6. Wahl und Aufgaben des Arbeitsdirektors

149 Eine bei Inkrafttreten des Gesetzes wesentliche Besonderheit lag in der Installierung eines **Arbeitsdirektors** als **gleichberechtigtes Mitglied** des zur gesetzlichen Vertretung berufenen Organs. Dieser kann nicht gegen die Stimmen der Mehrheit der Arbeitnehmervertreter bestellt oder abberufen werden (§ 13 Abs. 1 Montan-MitbestG). Der Arbeitsdirektor hat seine Aufgaben im engsten Einvernehmen mit dem Gesamtorgan auszuüben, das Nähere bestimmt, wie dies inzwischen auch bei dem Mitbestimmungsgesetz 1976 der Fall ist, die Geschäftsordnung. Das Gesetz regelt die Aufgaben des Arbeitsdirektors nicht näher, es besteht jedoch Übereinstimmung darüber, dass er speziell mit dem Personal- und Sozialwesen im Unternehmen betraut ist[120] und eine ausschließliche Zuständigkeit für die vorgenannten Bereiche hat.[121]

IV. Mitbestimmungsergänzungsgesetz

150 Um ein „Auswandern" von Montanunternehmen aus dem Geltungsbereich des Montan-Mitbestimmungsgesetzes zu verhindern, hatte der Gesetzgeber im Jahre 1956 das Mitbestimmungsergänzungsgesetz verabschiedet. Dieses hatte die paritätische Montanmitbestimmung auf Unternehmen übertragen, die aufgrund eines Organschaftsverhältnisses über ein Montanunternehmen herrschen. Das Gesetz war hinsichtlich der Anknüpfung an den § 3 Abs. 2 S. 1 Nr. 2 festgesetzte Mitarbeiterzahl durch Urteil des Bundesverfassungsgerichts vom 2.3.1999[122] für verfassungswidrig erklärt worden. Durch Art. 3 Nr. 2 des 2. Gesetzes zur Vereinfachung der Wahl der Arbeitnehmervertreter in den Aufsichtsrat vom 18.5.2004 (BGBl. I S. 974) hat der Gesetzgeber in § 3 Abs. 2 S. 1 Nr. 2 Mitbestimmungsergänzungsgesetz nunmehr dahin geändert, dass die in montanmitbestimmten Konzernunternehmen oder abhängigen Unternehmen beschäftigten Arbeitnehmer einen bestimmten Anteil an der Konzernbelegschaft ausmachen müssen. Das nunmehr vorgesehene Quorum von 1/5 trägt den verfassungsgerichtlichen Anforderungen Rechnung.[123] Da für das Gesetz derzeit ein Anwendungsfall nicht besteht, braucht auf weitere Einzelheiten nicht eingegangen zu werden.[124]

---

120 ErfK/*Oetker*, Montan-MitbestG § 13 Rn 1.
121 ErfK/*Oetker*, Montan-MitbestG § 13 Rn 1.
122 NZA 1999, 435.
123 ErfK/*Oetker*, § 2 Rn 30.
124 Vgl im Übrigen ErfK/*Oetker*, Montan-MitbestG § 2 Rn 30 bis 32.

Stichwortverzeichnis

Die fetten Zahlen verweisen auf die einzelnen Paragraphen, die mageren auf die Randnummern.

Ab Werk **2** 137
Abberufung
 – Aufsichtsrat **6** 941
Abberufung des Vorstandes
 – vorläufige **6** 926
 – Zuständigkeit **6** 920, 926
Abberufung
 – s.a. Widerruf der Bestellung **15** 102
 – Geschäftsführer **15** 11 ff
Abberufungsdurchgriff **6** 784, 845 f
Abdingbarkeit **1** 547 ff, 551 ff, 570 ff, 608 ff, 616 ff, 625 ff
Abfärbe- oder Infektionstheorie
 – mitunternehmerische **14** 67 ff
Abfindung **1** 375; **5** 706 ff; **6** 325, 241 f, 249 ff
 – Sozialplan **16** 113 f
Abfindungsangebot **10** 146, 49 ff
 – andere Rechtsform **10** 50
 – eigene Anteile **10** 54
 – Erforderlichkeit **10** 50 ff
 – Grenzüberschreitende Verschmelzung **10** 53
 – nicht börsennotierter Rechtsträger **10** 51
 – unangemessene Abfindung **10** 146, 150
 – Verfügungsbeschränkung **10** 52
Abfindungsanspruch **5** 111; **6** 222, 234 ff
Abfindungsausschluss **5** 710 ff
Abfindungsbeschränkung **5** 711 ff
Abfindungsbilanz **5** 708 ff
Abfindungshöhe **5** 707 ff
Abfindungsklauseln **5** 709 ff
Abkürzung **1** 609 ff
Ablaufhemmung im Todesfall **1** 772 ff
Abmahnung **1** 633 ff
Abrechnung über die Provision **1** 571 ff
Abrechnungsbilanz **11** 30, 84, 106, 111,
Abreden
 – Aufhebungsvereinbarung **1** 762 ff
Abschlussfreiheit **1** 877 ff
Abschlussprovision **1** 778 ff
Abschlussprüfer **6** 841
Abschlussprüferrichtlinien **8** 132 ff
 – modernisierte Abschlussprüferrichtlinie **8** 133
 – Umsetzung **8** 134
Abschlussvertreter **1** 457 ff
Abschnittsbesteuerung
 – Verlustabzug **13** 63 ff
Abschreibung **11** 217
 – Einzelwirtschaftsgüter **11** 14
 – historische **13** 135 ff
Abschreibung für außergewöhnliche technische oder wirtschaftliche Abnutzung (AfaA)
 – typisierte Nutzungsdauer **13** 151 ff
Abschreibung, leistungsabhängige
 – degressive **13** 139 ff
Abschreibung, lineare
 – historische **13** 137 ff
Abschreibungsdauer **11** 217
Abschreibungspotential **11** 14, 52, 217
 – Kaufpreisallokation **11** 217
Absetzung für Abnutzung (AfA)
 – historische **13** 136 ff
Absetzungen, erhöhte
 – typisierte Nutzungsdauer **13** 153 ff

Absichtserklärung **11** 24, 28 ff
Abspaltung **10** 156
 – Betriebsrat **16** 22
 – GmbH & Co. KG **10** 176
 – mitunternehmerische **14** 232 ff
 – vergessene Vermögensgegenstände **10** 187
Abtretung **11** 13, 85, 284
 – Gesellschaftsanteile **11** 73, 81
 – Verbot **11** 16
Abtretungsverbot **2** 47
Abwälzung **1** 764 ff
Abwanderungsquote **1** 727 ff
Abwehrklausel **2** 107
Abwicklung **6** 430 f
Abzinsung **1** 736 ff
Actio pro socio **5** 166, 218, 455 ff, 649 ff; **6** 109, 182, 285 f, 850
AfA
 – degressive **13** 138 ff
 – historische **13** 136 ff
AfaA
 – typisierte Nutzungsdauer **13** 151 ff
AG **4** 48 ff
 – Aktionäre **1** 439
 – Befreiung vom Wettbewerbsverbot **1** 438
 – Einpersonengründung **4** 50
 – Gewinnausschüttung **4** 95
 – Vorstandsmitglieder **1** 437
AGB **1** 479 ff
Agentur für Arbeit **6** 894
Aktie **6** 485, 633 ff
 – s.a. Kommanditaktie
 – eigene **11** 270
 – Inhaberaktie **6** 485, 634
 – Namensaktie **6** 485, 634 f, 648 ff; **11** 62
 – Nennbetragsaktie **6** 485, 633
 – Stammaktie **6** 485, 638
 – Stückaktie **6** 485, 633
 – Übertragung **6** 643 ff; **11** 95
 – Vorzugsaktie **6** 485, 638; **11** 82
Aktiengesellschaft **6** 465 ff
 – Abtretungsklausel **12** 291
 – Auflösung **6** 752 ff
 – Einziehungsklausel **12** 294
 – Gründung **6** 467 ff
 – Mitbestimmung **16** 125, 128
 – nachfolgebedingte Steuern **12** 300
 – Organe **6** 486
 – Organisationsstruktur **6** 510
 – Unternehmensnachfolge von Todes wegen **12** 171 ff
 – Vinkulierung **12** 292
Aktionärsdarlehen **6** 714, 716
Aktionärsrechte **6** 667, 639 ff
Aktionsplan, gesellschaftsrechtlicher **8** 62 f
Aktivseite
 – Komitologieverfahren **13** 19 ff
Akzessorietätstheorie **5** 257 ff
Aliud **2** 133, 151
Alleinerbe **6** 960
Alleinvertretung **1** 536 ff
Allgemeine Differenzhaftung **6** 30, 36
Allgemeine Einkaufs- und Verkaufsbedingungen **2** 106 f

1555

Stichwortverzeichnis

Allgemeine Geschäftsbedingungen 2 102 ff
- allgemeine Einkaufs- und Verkaufsbedingungen 2 106 f
- Aufrechnungsverbot 2 114
- pauschalisierter Schadensersatz 2 120
- Preisanpassungsklausel 2 114
- Rügeobliegenheit 2 158; 160
- Vertragsstrafe 2 58, 120
- Verzögerungsschaden 2 121
- Zurückbehaltungsverbot 2 114

Allgemeiner Gerichtsstand 8 425 ff
Allgemeiner wirtschaftlicher Verkehr
- Teilnahme 14 55 ff

Allzuständigkeit 5 624 ff
Allzweck-Geschäft
- Stiftungszweck 6 1093 ff

Allzweck-Stiftung
- rechtsfähige 6 1028 ff

Altlasten 11 53, 136, 162, 159 f
Amtsdauer
- Vorstandsmitglied 15 94, 96

Amtslöschung 6 1002
Amtsniederlegung
- Vorstandsmitglied 15 110

Anfechtung 1 667 ff
- Betriebsratswahl 16 19
- Hauptvertrag 1 822 ff

Anfechtungsgründe 6 898, 899, 909
Anfechtungsklage 6 265 ff, 667 ff
- Anfechtungsbefugnis 6 910
- Bekanntmachungspflicht 6 911
- Besonderheiten bei Verschmelzung 6 981
- gegen den Insolvenzverwalter 6 995
- Heilung 6 909
- Klageantrag 6 910
- Klagefrist 6 910
- Passivlegitimation 6 910
- Rechtsmissbrauchsschranke 6 912
- Registersperre 6 678, 758 f
- Schadensersatzpflicht 6 912
- Vergleich 6 683 ff
- Zuständigkeit 6 911

Anknüpfung 8 3
Anlagegüter, Miet- und Pachtzinsen
- mitunternehmerische 14 168 ff

Anlagevermögen
- Anzahlungen 13 20 ff
- Finanzanlagen 13 20 ff
- immaterielle Vermögensgegenstände 13 20 ff
- immaterielle Wirtschaftsgüter 13 74 ff
- Sachanlagen 13 20 ff

Anmeldepflicht
- Anmeldepflichtiger 5 337
- Entstehen 5 333
- Inhalt 5 334

Anmeldepflichtige Tatsachen
- durch die Genossenschaft 6 997 f

Anmeldung 11 92, 94
- Kartell 11 25, 94

Anmeldung der Spaltung 10 206
- Anlagen der Anmeldung 10 211 ff
- Beachtung der Gründungsvorschriften 10 210
- mitwirkende Personen 10 209
- Nachweis der Voreintragung 10 216
- Nachweise bei Kapitalerhöhung 10 212
- Negativerklärung 10 215
- Reihenfolge der Eintragungen 10 217
- Schlussbilanz 10 212
- Spaltung zur Neugründung 10 214

Anmeldung der Verschmelzung 10 119 ff
- Anlagen 10 122
- Nachweis des Bedingungseintritts 10 67
- Registersperre 10 123
- Schlussbilanz 10 17 f
- Versicherungen und Erklärungen 10 123

Anmeldung des Formwechsels 10 258 ff
- Anlagen der Anmeldung 10 263 ff
- anmeldende Personen 10 262

Annahmeverzug 2 118 f
Annual accountsff 8 529
Annual general meeting 8 538
Annual return 8 530
Ansatz und Bewertungseinheit
- Nutzungs- und Funktionszusammenhang 13 71 ff

Anschaffungskosten
- historische 13 131 ff
- Sondebetriebsvermögen 13 101 ff

Anschaffungskosten, nachträgliche
- Sondebetriebsvermögen 13 103 ff

Anschaffungsvorgang, teilentgeltlicher
- Sondebetriebsvermögen 13 108 ff

Ansparabschreibung
- typisierte Nutzungsdauer 13 154 ff

Anstellungsverhältnis 6 68 f
Anstellungsvertrag 5 613 ff, 616 ff
Anstellungsvertrag des Geschäftsführers
- Abmahnung 15 78
- Abschluss 15 17
- Anwendbarkeit arbeitsrechtlicher Vorschriften 15 21
- Aufhebungsvertrag 15 84 f
- außerordentliche Kündigung 15 75
- Befristung 15 68
- betriebliche Altersversorgung 15 52 ff
- Betriebsratsanhörung bei Kündigung 15 73
- D&O-Versicherung 15 61 ff
- Dauer 15 68
- Dienstwagenüberlassung 15 29
- einvernehmliche Aufhebung 15 84 f
- Erkrankung 15 31
- fehlerhafter Vertragsschluss 15 19
- Festgehalt 15 26
- Form 15 17
- fristlose Kündigung 15 75
- Inhaltskontrolle 15 22
- Katalog zustimmungspflichtiger Rechtsgeschäfte 15 24
- Kündigung durch den Geschäftsführer 15 81 f
- Kündigung durch die Gesellschaft 15 70 ff
- Kündigungserklärungsfrist 15 77
- nachvertragliches Wettbewerbsverbot 15 35 ff
- Nebentätigkeiten 15 32
- Pensionsansprüche 15 52 ff
- Rechtsgrundlagen 15 20, 1 ff
- Rechtsschutz bei Kündigung 15 80
- Schriftform der Kündigung 15 74
- Tantieme 15 26 f
- Tod 15 31
- Treuepflicht 15 33, 34
- Unfallversicherung 15 30
- Urlaubsanspruch 15 31
- variable Vergütung 15 26 f
- Verdachtskündigung 15 76
- Vergütung 15 25 ff
- Vergütungsfortzahlung 15 31
- Verschwiegenheit 15 33
- Vertragsstrafe 15 33, 34
- wichtiger Grund für Kündigung 15 75

- zuständiges Organ 15 17
- Zuständigkeit für Kündigung 15 71

Anstellungsvertrag des Vorstandsmitglieds
- Abschluss 15 113, 116
- Aktienoptionen 15 126
- Altersversorgung 15 130
- Arbeitnehmerschutzrecht 15 114
- arbeitsrechtliche Schutzvorschriften 15 120
- Aufhebungsvertrag 15 155
- Drittanstellung 15 115
- fehlerhafter Anstellungsvertrag 15 119
- Form 15 117
- Herabsetzung der Vergütung 15 128
- Kündigung 15 147
- nachvertragliches Wettbewerbsverbot 15 135
- Offenlegung der Vergütung 15 129
- Vergütung 15 123
- Vertragsdauer 15 121
- Wettbewerbsverbot 15 132
- Zuständiges Organ 15 116
- Zustimmungspflichtige Rechtsgeschäfte 15 122

Anteilserwerb 11 98

Anteilsgattungen
- Delaware Corporation 8 797 ff
- Private Limited Company 8 573 ff
- Sociedad de Responsabilidad Limitada 8 690

Anteilsgewährungspflicht 10 40, 85 ff
- aufsteigende Verschmelzung 10 87
- Ausnahmen 10 86 ff
- Eigene Anteile 10 89, 95
- Erfüllung 10 93 ff
- Verzicht 10 91

Anteilstausch
- mitunternehmerische 14 250 ff

Anteilsübertragung 5 444 ff, 683 ff
- Delaware Corporation 8 782 ff
- im Konzern 14 317 ff
- Private Limited Company 8 553 ff
- Sociedad de Responsabilidad Limitada 8 682 ff

Anteilsvereinigung
- mitunternehmerische 14 305 ff

Anteilsverkauf
- Kapitalgesellschaft 4 176 f

Antragstellung 1 607 ff

Anwartschaftsrecht 11 183

Anwendungsvorrang 8 37, 123

Anzuwendendes Recht 6 772 ff

Arbeitnehmerdarlehen 11 230

Arbeitnehmervertreter
- Aufsichtsrat 16 132 f, 134, 137 ff, 146, 148

Arbeitsdirektor 6 847; 16 139 f, 149
- Vorstandsmitglied 15 159

Arbeitsverhältnisse 11 14, 225 ff, 229 ff, 238

Articles of association 8 502

Asset Deal 11 14, 179

Atypisch Stille Gesellschaft
- im Konzern 14 344 ff

Atypische OHG
- Eigenkapitalersatz 5 392
- Insolvenzantragspflicht 5 393
- Kennzeichnung 5 390
- Masseerhaltungspflicht 5 393

Atypische Personengesellschaft 5 320

Atypische Unterbeteiligung
- im Konzern 14 358 ff

Aufbewahrung 1 864 ff
- Proben 1 855 ff

Aufklärungspflicht 11 276, 280

Auflage 12 40

Auflassung 11 86, 197

Auflösung 5 721 ff; 6 416 ff, 427 f, 462
- auf Antrag der obersten Landesbehörde 6 987, 998
- Beschluss 6 896
- durch Auflösungsklage 6 987
- durch Beschluss der Generalversammlung 6 986, 997
- durch das Gericht 6 987, 998
- durch Insolvenz 6 994
- durch Löschung von Amts wegen 6 986
- durch Zeitablauf 6 986, 997
- Fortsetzung 6 896
- juristischer Personen/Personenhandelsgesellschaften 6 961
- sonstige 6 429, 437

Auflösung der Gesellschaft 6 841, 847, 878
- Auflösungsgründe 6 878
- Delaware Corporation 8 818 f
- Private Limited Company 8 620 ff
- Sociedad de Responsabilidad Limitada 8 722 ff

Auflösungsgründe 5 299 ff

Auflösungsklage 6 426 f, 908, 987
- Antragsberechtigung 6 987
- Antragsgründe 6 987
- wegen Nichtigkeit 6 1002
- Zuständig 6 987

Aufrechnung 11 116

Aufrechnungsverbot 2 114; 6 295 ff

Aufsichtsrat 5 549 ff, 640 ff, 645 ff; 6 75, 92, 147 ff, 159 f, 489, 568 ff, 764, 767, 810 ff; 11 26, 95
- Abberufung 6 154, 941
- Amtsenthebung 6 896
- Amtsniederlegung 6 941
- Amtszeit 6 938
- Anstellungsvertrag des Vorstandsmitglieds 15 116
- Anzahl Aufsichtsratsmitglieder 6 938
- Arbeitnehmervertreter 16 132 f, 134, 137 ff, 146, 148
- Aufgaben 6 584 ff
- Auskunftsrecht 6 925, 939
- Befugnisse 6 814 ff
- Bericht des Aufsichtsrats 6 821
- Berichtspflicht 6 939
- Bestellung 6 886, 891
- Bestellung des Vorsitzenden des Vorstands 15 156
- Bestellung Mitglieder 6 153
- Bestellung von Vorstandsmitgliedern 15 90
- Einberufungspflicht 6 939
- Einsichtsrecht 6 939
- Ende des Amtes 6 941
- Entlastung 6 903
- Genehmigungsrecht 6 939
- Gewerkschaftsvertreter 16 136
- Haftung 6 158, 590, 942
- Haftung bei Verschmelzungen 6 980
- Informationsrechte 6 820
- Kleinstgenossenschaft 6 925, 936
- Kündigung des Anstellungsvertrags des Vorstandsmitglieds 15 148
- leitende Angestellte 16 135
- Mitbestimmung 16 132 f, 134 ff, 137 f, 143, 147
- Mitgliedsfähigkeit 6 919, 937
- Notgeschäftsführung 6 937
- Personalkompetenz 6 815
- Prozess gegen Aufsichtsratsmitglieder 6 941
- Prozessführungsbefugnis 6 941
- Prüfung des Jahresabschlusses 6 821
- Prüfungspflicht 6 940
- Schadensersatz 6 925

1557

- Sorgfaltspflichten 6 942
- Stellung im Prozess 6 941
- Übertragung der Kontrollpflicht 6 940
- Überwachungsfunktion 6 152, 155 f
- Überwachungspflicht 6 925, 940
- Vergütung 6 938
- Vertretung 6 157
- Vertretung der Gesellschaft s. Vertretung
- Verzicht 6 936
- Wahl 6 896, 572 ff
- Wahlvorschläge 6 939
- Widerruf der Bestellung von Vorstandsmitgliedern 15 103
- Zusammensetzung 6 810
- zuständiges Gericht 6 935
- Zuständigkeit 6 584 ff
- Zuständigkeiten s. Befugnisse
- Zustimmung zu Darlehensvertrag 6 818
- Zustimmungsvorbehalte 6 764, 817 ff

Aufsichtsratsbeschluss
- Beschlussfassung 15 92
- Mehrheitserfordernisse 15 93

Aufsichtsratsmitglied 6 572 ff
- Abberufung 6 480 ff
- Entsendung 6 553
- Mitbestimmung 16 134 ff, 143, 146,
- Vergütung 6 569 f
- Wahl 6 572 ff

Aufsichtsratsmitglieder 6 782, 811 ff
- Bestellung 6 811 ff, 828 ff, 841, 865
- Bestellungshindernisse 6 812 f, 831, 865
- Entsendung 6 811, 828 ff
- Wahl durch die Hauptversammlung 6 841

Aufspaltung 10 155
- GmbH & Co. KG 10 178
- mitunternehmerische 14 232 ff

Aufwand, anschaffungsnaher
- Sondebetriebsvermögen 13 117 ff

Aufwendungen 1 612 ff; 11 31, 33, 140, 157
Aufwendungsersatz 1 611 ff; 5 171 ff
Auseinandersetzung 5 306 ff; 6 964
- abweichende Regelung 6 965
- Auseinandersetzungsguthaben 6 964
- Ausschlagungsrecht 6 978
- Auszahlungsfrist 6 964
- Auszahlungssperre 6 967
- Erzwingung 6 964
- Gesamtschuldnerausgleich 6 942
- Pflichteinlage 6 965
- Rücklagen 6 965
- Schadensersatzanspruch 6 965
- Verjährung 6 964, 978
- Verlustfall 6 965
- Zustimmungsvorbehalt 6 966

Ausfallhaftung 6 16, 30, 37, 187 ff, 348, 394
Ausfallmuster 2 140
Ausgleichsanspruch
- Handelsvertreter 1 698 ff
- Versicherungs- und Bausparkassenvertreter 1 774 ff

Ausgleichsmindernde Umstände 1 733 ff
Ausgliederung 10 157; 11 17
- Abgrenzung von der Einbringung 10 158 ff
- beteiligte Rechtsträger 10 172
- Betriebsrat 16 22
- vom eingetragenen Verein 10 173
- Vorteile der Ausgliederung 10 159
- Vorteile der Einbringung 10 160
- Wahlfreiheit zwischen Ausgliederung und Einbringung 10 161

Auskunftsanspruch 1 587 ff
- Auskunftsklage 1 806 ff

Auskunftsrecht 6 631, 698, 597 ff
- Aufsichtsrat 6 925
- Mitglieder 6 899

Auskunftsrecht der Gesellschafter
- Delaware Corporation 8 791
- Private Limited Company 8 561
- Sociedad de Responsibilidad Limitada 8 688, 691

Ausländische Stiftungen
- Beistatuten 6 1270 ff
- Familienstiftung 6 1259 ff
- Liechtenstein 6 1266 ff
- Motive 6 1254 ff
- Österreich 6 1262 ff
- Pflichtteilsverzicht 6 1255 ff
- Schweiz 6 1273 ff
- Steueroasen 6 1253 ff
- Steuervorteile 6 1257 ff
- Trusts 6 1277 ff
- Unterhaltsstiftungen 6 1270 ff
- Zugewinnausgleichsansprüche 6 1256 ff

Ausländischer Handelsvertreter 1 674 ff
Ausländischer Unternehmer 1 675 ff
Auslegung von Unterlagen 10 112
Auslegung, richtlinienkonforme 8 37
Ausscheiden 5 516 ff
Ausscheidensgründe
- Tod eines Gesellschafters 5 432

Ausschlagungsrecht 6 978, 985
Ausschließlichkeitsklausel 2 107
Ausschließlichkeit 5 107 ff, 693 ff; 6 243 ff
Ausschließungsgrund 6 952
Ausschluss 6 957 f
Ausschlussfrist 1 766 ff
Ausschlussklage 5 697 ff
Ausschüttung 6 389 f, 433, 435 f; 11 251, 256 f, 263
Außengesellschaft 5 15 ff
Außenrecht der GbR 5 221 ff
Außenverhältnis 5 655 ff
Außergewöhnliche Geschäfte 5 458 ff
Außerordentliche Kündigung 5 105, 759
Austauschverträge 1 440
- Rückabwicklung 1 447

Austritt 6 218 f, 220 ff
- Vorgründungsgesellschaft 6 884 f

Austrittskündigung 5 102 ff
Ausübung von Beteiligungsrechten 6 819, 839
Auswahlrichtlinien 16 81
Auszahlungssperre 6 966
Authorised share capital 8 498, 571, 598
Aveling Barford Rule 8 594
B.V. 4 70, 71
Bank 11 2, 26, 98, 107, 259, 261, 268, 271, 278,
Bankgarantie 11 165
Bare Zuzahlung 10 42 f
Bareinlage 6 704
Bargründung 6 7
Bauherrengemeinschaft 5 271
Bausparkassenvertreter 1 697 ff
Beendigung 5 720 ff; 6 416 ff, 425 f, 437, 462, 878 f
Beendigung der Genossenschaft 6 975 ff
Beendigung des Handelsvertretervertrages 1 702 ff
Befangenheit 6 900
Befreiungsverbot 6 295 ff
Beirat 6 160 ff, 165, 167, 783, 853
- Abberufung 6 164
- beratender 6 170
- bestimmender 6 166

- Haftung 6 169, 171
- überwachender 6 168

Beitragspflicht 5 34 ff, 752 ff
Beitritt 5 748 ff
- fehlerhafte Gesellschaft 6 947
- Haustürgeschäft 6 946
- verbundene Verträge 6 946

Beitrittserklärung 6 947
Belastungsvergleich
- steuerlich 4 137, 138

Bemühenspflicht 1 488 ff
Berater 11 4, 21 ff, 46 f, 67, 171, 261, 264
Beraterkosten 11 32, 47, 172
Berechnung
- Kappungsgrenze 1 741 ff
- Provision 1 565 ff
- Rabatte 1 800 ff
- Zeitpunkt 1 890 ff

Berichtspflicht 1 493 ff
Berufsbezeichnungen 5 777 ff
Berufsbildung 16 83
Berufsgenossenschaft 6 894
Beschaffenheits- und Haltbarkeitsgarantie 11 122, 125
Bescheinigung
- Verfahren 6 1215 ff

Beschluss 5 180
- Anfechtbarkeit 6 909
- Anfechtungsgründe 6 898, 899, 909
- fehlerhafter Beschlussinhalt 6 909
- Nichtigkeitsgründe 6 906

Beschlussfassung 6 898
Beschlussfeststellungsklage
- positive 6 273 f

Beschlussmängel 5 196 ff
Beschlussverfahren 16 48
Beschränkung der Erbenhaftung 5 128
Beschwer bei Berufung 1 598 ff
Besicherung 11 266, 268 f, 271
Besitzfähigkeit der GbR 5 227
Besserungsschein
- im Konzern 14 371 ff

Bestellung
- Geschäftsführer 15 8 ff
- Vorstandsmitglied 15 88
- Zuständigkeit für Bestellung 15 90

Bestellung der Geschäftsführung
- Delaware Corporation 8 755 f
- Private Limited Company 8 513 f
- Sociedad de Responsibilidad Limitada 8 659 ff

Bestellung des Aufsichtsrats
- Widerruf 6 941

Bestellung des Vorstandes
- Befristung 6 920
- Widerruf 6 926
- Zuständigkeit 6 920

Besteuerung 5 550 ff
Bestimmtheitsgrundsatz 5 188 ff, 637 ff, 754 ff; 11 10, 210, 214
Bestimmungskauf 2 109 f
Beteiligungen 11 10, 12, 137, 203
- an Tochterunternehmen 11 136
- immaterielle Wirtschaftsgüter 13 81 ff
- Kapitalbeteiligung 11 70
- Management s. Management Buy-Out
- Unterbeteiligung 11 82

Beteiligungsgleiche GmbH & Co. KG 5 552 ff
Beteiligungsidentität 5 687 ff, 692 ff, 699 ff, 705 ff
Beteiligungskorrekturgewinn
- mitunternehmerische 14 209 ff

Beteiligungsträgerstiftung
- Familienstiftung 6 1035 ff

Beteiligungsverbote 1 265
Betrieb 16 1
- Hauptbetrieb 16 4

Betriebsänderung 16 83 ff
Betriebsaufspaltung 4 122, 193 ff
- mitunternehmerische 14 60 ff
- Teilnahme 14 58 ff

Betriebsausschuss 16 41
Betriebseinbringung
- mitunternehmerische 14 246 ff

Betriebsführung
- mitunternehmerische 14 66 ff

Betriebsrat 11 239, 241, 242; 16 1 f
- Änderung der Betriebsverfassung 16 3
- Anhörungsrecht bei Kündigungen 16 93
- Aufgaben 16 44, 74 ff, 97, 121, 146
- Beschlussverfahren 16 48
- Betriebsausschuss 16 41
- Betriebsratsfähigkeit 16 2
- Betriebsteil 16 4
- Europäischer Betriebsrat 16 49 ff
- Freistellung 16 37 f
- gemeinschaftlicher Betriebsrat 16 1, 21
- Gesamtbetriebsrat 16 12, 23 ff
- Größe 16 16
- Gründung 16 2
- Jugend- und Auszubildendenvertretung 16 34 ff
- Kleinbetrieb 16 2, 3, 17
- Konzernbetriebsrat 16 11, 12, 27 ff
- Kosten 16 46
- Leiharbeitnehmer 16 7
- Organisation 16 40 ff
- Rechte 16 45, 97, 121, 146, 74 ff
- Streitverfahren 16 47 f
- unternehmenseinheitlicher BR 16 3
- Unterrichtsrecht 16 45
- vereinfachtes Wahlverfahren 16 17
- Wahlanfechtung 16 19 ff
- Wahlberechtigung 16 5 ff
- Wahlperiode 16 11
- Wahlverfahren 16 14
- Wahlvorbereitung 16 11 ff
- Wirtschaftsausschuss 16 96 ff
- Zusammenarbeit mit Arbeitgeber 16 42 f
- Zustimmung in Personalangelegenheiten 16 80 ff

Betriebsratsmitglieder 16 37 ff
Betriebsratsvorsitzender 16 40
Betriebsratswahl 16 2, 13, 14, 18
- Anfechtung 16 19
- Gewerkschaft 16 11 ff
- Kleinbetrieb 16 17
- Kosten 16 15
- Leih-Arbeitnehmer 16 7
- Nichtigkeit 16 20
- Wahlberechtigung 16 5, 7
- Wahlperiode 16 11
- Wahlverfahren 16 14
- Wahlvorstand 16 11 ff

Betriebssteuern 11 221
Betriebsteil 16 4
- Betriebsrat 16 4
- Hauptbetrieb 16 4

Betriebsübergang 11 223, 225, 227, 229, 235 ff, 239, 242 f
Betriebsüberlassung
- mitunternehmerische 14 66 ff

Betriebsvereinbarung 11 232 f; 16 55 ff
– ablösende Betriebsvereinbarung 16 63
– Abschluss 16 55
– Arbeitsbedingungen 16 59, 74 f
– Arbeitsentgelt 16 59
– Beendigung 16 65 f
– erzwingbare Mitbestimmung 16 74 ff
– freiwillige Betriebsvereinbarung 16 77
– Geltungsdauer 16 65 f
– gerichtliche Kontrolle 16 62
– Günstigkeitsprinzip 16 58
– Inhalt 16 56 ff
– Interessenausgleich 16 102 ff
– Nichtigkeit 16 60
– Sozialplan 16 110 ff
– Tarifvorrang 16 59 f
– Zulässigkeit 16 56
Betriebsverfassung 16 3
Betriebsvermögen 6 1005
– Übertragungen/Überführungen 13 198 ff
Betriebsverpachtung
– mitunternehmerische 14 65 ff
Beurkundung
– Auslands- 11 197
– Form 11 7374
– Pflicht 11 33
Bevollmächtigter der Genossenschaft
– bei Prozessen gegen Aufsichtsratsmitglieder 6 941
Beweisurkunde 1 843 ff
Bewertung 10 23, 41, 78
– Ansatz- und Bewertungsstetigkeit 11 139
– Unternehmens- 11 20 f
– Wahlrecht 11 107
– zukünfte Ertragsentwicklung 11 50
Bewertungsrüge 10 145 ff, 150
Bewertungsstichtag 10 23
Bewertungsvorbehalt
– Wertaufhellungsprinzip 13 12 ff
Bezirksvertreterprovision 1 533 ff
Bezirksvertretung 1 534 ff
Bezugsrecht 6 375, 730 ff
– Ausschluss 6 731
– Delaware Corporation 8 794
– Gewinnbezugsrecht 11 84
– mittelbares 6 730
– Private Limited Company 8 563, 597
– Sociedad de Responsibilidad Limitada 8 696
Bezugsrechtsausschluss
– Delaware Corporation 8 794
– Private Limited Company 8 597
– Sociedad de Responsibilidad Limitada 8 696
Bilanz 11 29, 50, 84, 106, 111, 137, 138, 203, 219
– Abrechnungsbilanz 11 30, 84, 106, 111
– Planbilanz 11 44, 50, 138
– Unterbilanz 11 255 ff
– Unternehmensbilanz 11 84
– Zwischenbilanz 11 105
Bilanz nach teilweiser Verwendung des Jahresergebnisses
– Rückstellungen 13 27 ff
Bilanz vor Ergebnisverwendung
– Rückstellungen 13 26 ff
Bilanzgarantie 11 219, 138 f
Bilanzgewinn 11 271
Bilanzierungsgrundsätze 11 84
Bilanzierungshilfen
– Verlustabzug 13 69 ff
Bilanzierungsverbote
– immaterielle Wirtschaftsgüter 13 75 ff
Bilanzierungswahlrecht 11 107

Bilanzrecht 8 124 ff
– Jahresabschluss 8 125
Billigkeit 1 730 ff
Billigkeitsprüfung 1 732 ff
Board of directors
– Delaware Corporation 8 753 ff, 758 ff
– Private Limited Company 8 509 ff, 517 ff
Branchengleiche bzw branchenfremde Verwertung von Kundenlisten 1 661 ff
Bringschuld 2 137
Bruchteilsbetrachtung
– verdeckte Einlage 14 4 ff
Bruchteilsgemeinschaft 5 7 ff
Buchauszug 1 577 ff, 680 ff
Bucheinsicht 1 588 ff
Buchwert
– Sondebetriebsvermögen 13 130 ff
Bundeskartellamt 11 90 ff
– Kartellbehörde 11 94
Bürgerstiftung
– Doppelstiftung 6 1038 ff
Bürgschaft 2 58; 11 118, 164 ff
– Akzessorietät 11 164
Business Judgment Rule 8 767
Bußgeld 11 241
Bylaws 8 748 f
Called share capital 8 572
Cash- and Debt Free-Vereinbarung 11 107
Cash Flow 11 102, 104, 106
Cash Pool 6 712 ff
Cash-Pooling 2 50; 6 310; 11 97
Centros-Entscheidung 8 415
Certificate of incorporation
– Delaware Corporation 8 739 ff
– Private Limited Company 8 475 ff
Close corporation   s. Delaware Corporation
Closing 11 26
Companies House 8 478 ff
Company secretary 8 547 ff
Company's object
– Delaware Corporation 8 747
– Private Limited Company 8 497
Corporate Governance 8 63
Corporation 8 17
Courtageabkommen 1 881 ff
Courtageanspruch 1 878 ff
Courtageschuldner 1 879 ff
Culpa in contrahendo 5 680 ff; 11 31
Darlehen 11 26, 114, 135, 169, 257, 262, 272, 288
– Akquisitionsdarlehen 11 251
– Arbeitnehmer 11 230
– aufsteigend 11 257
– eigenkapitalersetzendes 6 332, 340, 346, 347
– Gesellschafter 6 308, 309; 11 59, 135, 169, 251, 257
– Gesellschaftsdarlehen 11 257
– Rückzahlungsanspruch 11 257
Dauerschulden, Zinsen und Entgelte
– mitunternehmerische 14 165 ff
Dauerschuldverhältnis 11 16, 216
Degressive Gebäude-AfA 13 143 ff
Delaware 8 17
Delaware Corporation
– Anteilsübertragung 8 782 ff
– Auflösung 8 818 f
– Beendigung der Gesellschaft 8 818 f
– Bezugsrecht der Gesellschafter 8 794
– board of directors 8 753 ff, 758 ff
– Business Judgment Rule 8 767

- bylaws 8 748 f
- certificate of incorporation 8 739 ff
- derivative suit 8 792
- duty of care 8 767
- duty of loyalty 8 768
- Einsichts- und Informationsrechte 8 791
- Erwerb eigener Geschäftsanteile 8 806 ff
- filing 8 737
- Finanzverfassung 8 797 ff
- Firma 8 742 ff
- Gesellschafterversammlung 8 769 ff
- Gläubigerschutzvorschriften 8 802 ff, 813 ff
- Gründung 8 737 ff
- Haftung der directors 8 813 ff
- Haftung der Gesellschafter 8 812
- Kapitalerhaltungsgrundsätze 8 802 ff
- Klassen von Geschäftsanteilen 8 787 f
- Liquidation der Gesellschaft 8 818 f
- no par value shares 8 800
- officers 8 758 ff
- Organisationsverfassung 8 750 ff
- Rechtsquellen 8 736
- redeemable shares 8 797
- registered office 8 745 f
- Sacheinlagen 8 801
- Sorgfalts- und Treuepflichten der directors 8 767 f
- special resolutions 8 771
- Stammkapital 8 799 ff
- tracking stocks 8 798
- Übertragungsbeschränkungen 8 782 ff
- Unternehmensgegenstand 8 747
- Unterpariemission 8 799

Deliktsfähigkeit der GbR 5 235 ff
Delkredereprovision 1 520 f
Destinatäre
- Begriff 6 1237 ff
- rechtsfähige 6 1072 ff
- Rücklagen 6 1106 ff
- Steuervorteile 6 1257 ff

Dienstvertrag, Aufsichtsrat
- Kündigung 6 942

Dienstvertrag, Vorstand 6 920
- Kündigung 6 926

Differenzhaftung 6 16, 30 ff
Director (Delaware Corporation)
- s.a. Officers
- Abberufung 8 757
- Befugnisse 8 762 ff
- Bestellung 8 755 ff
- board meetings 8 761
- duty of care 8 767
- duty of loyalty 8 768
- Haftung 8 813 ff
- Pflichten 8 765 ff
- president 8 760
- treasurer 8 760

Director (Private Limited Company)
- Abberufung 8 515 f
- annual return 8 530
- Befugnisse 8 522 ff
- Bestellung 8 513 ff
- directors' report 8 529
- disqualification 8 512
- executive directors 8 518
- fair dealing-Pflichten 8 534
- fiduciary duties 8 533 ff
- fraudulent trading 8 618
- Haftung 8 608 ff
- non-executive directors 8 518

- Pflichten 8 528 ff
- shadow directors 8 616
- wrongful trading 8 616 ff

Dispositionsfreiheit
- Grenzen 1 513 ff

Disqualification 8 512 106
Distanzkauf 2 162 f
Distributable profits 8 562
Dividende
- Sonderdividende 11 251

Dividendenausschüttung
- Delaware Corporation 8 793, 804 f
- mitunternehmerische 14 129 ff
- Private Limited Company 8 562, 599 ff
- Sociedad de Responsabilidad Limitada 8 694, 707

Doppelmitgliedschaft 6 957
Doppelrechtsverhältnis 1 876 ff
Doppelstiftung
- Aufsicht 6 1240 ff
- Begriff 6 1237 ff
- Familienstiftung 6 1035 ff
- unternehmensverbundene 6 1037 ff

Doppelstöckige GmbH & Co. KG 5 558 ff
Doppeltätigkeit 1 830 ff
Doppelverpflichtungstheorie 5 257
Drei-Objekt-Grenze
- Teilnahme 14 57 ff

Dritte als Vertragspartner 11 60 f, 184 f
Drittelbeteiligungsgesetz 4 200
Drittelregelung
- Begriff 6 1237 ff
- Erbschaftsteuer 6 1047 ff
- Mustersatzung 6 1150 ff
- Rücklagen 6 1200 ff
- Stiftungszweck 6 1093 ff, 1102 ff

Due Diligence 11 23, 44, 134
- Environmental 11 53
- Financial 11 50
- Legal 11 51
- Tax 11 52

Durchgriffshaftung 11 263
- Delaware Corporation 8 812
- Private Limited Company 8 604 ff
- Sociedad de Responsabilidad Limitada 8 715 f

Durchsetzung 1 575 ff
Durchsetzungssperre 5 304 ff
Duty of care 8 767
Duty of loyalty 8 768
EA 8 65
Earn-out Klausel 11 110
EGBGB
- Auktionen 3 193 ff
- Ausdrückliche Rechtswahl 3 177 ff
- engste Verbindungen 3 188 ff
- Erfüllungsort 3 195 ff
- Form 3 173 ff, 198 ff
- gewöhnlicher Aufenthalt 3 186 ff
- Inlandsfälle 3 180 ff
- Konkludente Rechtswahl 3 182 ff
- Rechtswahl 3 175 ff
- Stillschweigende Rechtswahl 3 182 ff
- Verbraucherverträge 3 197 ff
- Vertragssprache 3 182 ff
- Vertragsstatut 3 180 ff
- Wirksamkeit 3 186 ff
- zwingende Vorschriften 3 181 ff
- zwingendes Recht 3 181 ff

EG-Fusionskontrolle 11 93 ff

EG-Richtlinie v. 18.12.1986 1 448 ff
– Auslegung 1 449 ff
EGV
– Art. 10 8 37
– Art. 12 8 42
– Art. 43 s. Niederlassungsfreiheit
– Art. 46 8 46
– Art. 48 s. Niederlassungsfreiheit
Eherecht 12 62, 110
Eigene Geschäftsanteile
– Delaware Corporation 8 806 ff
– Private Limited Company 8 592 f
– Sociedad de Responsibilidad Limitada 8 708 f
Eigenhaftung des Handelsmaklers 1 852 ff
Eigenkapital 6 966; 11 26, 105, 141, 247, 278, 288
– Marktwert 11 104 f
Eigenkapitalersatz 5 737 ff; 6 352 ff, 367
Eigenkapitalersatzrecht 6 232
Eigenkapitalgarantie 11 141
Eigenkapitalgrundstock 11 137
Eigenkapitalwert des Unternehmens 11 141
Eigenkündigung des Handelsvertreters 1 744 ff
Eigenkündigung wegen Alter bzw Krankheit 1 751 ff
Eigenschaften
– zugesicherte 11 122
Eigentum 11 135, 159, 179, 207, 213, 217 f
– Vorbehalt 11 183
– wirtschaftliches 11 135
Einberufung der Gesellschafterversammlung
– Delaware Corporation 8 769 ff
– Private Limited Company 8 538 f
– Sociedad de Responsibilidad Limitada 8 674 f
Einberufungsmängel 6 909
Einbeziehung eines Dritten 1 763 ff
Einbringung 11 17
– mitunternehmerische 14 239 ff, 270 ff
– Nutzungen und Nutzungsrechte 13 173 ff
Einfirmen-, Mehrfachvertreter 1 460 ff
Eingetragener Verein
– Flexibilität 6 1032 ff
– Mustersatzung 6 1166 ff
Eingliederung in Absatzorganisation 1 793 ff, 796 ff
Einheitsbetrachtung
– verdeckte Einlage 14 4 ff
Einheitsbilanz
– Wertaufhellungsprinzip 13 13 ff
Einheits-GmbH & Co. KG 5 556 ff
Einigungsstelle 16 43, 47, 67 ff, 100
– arbeitsgerichtliche Überprüfung 16 72 f
– Bildung 16 67 f
– Verfahren 16 69 f
– Vergütung 16 71
– Zusammensetzung 16 67
Einkommensteuer 6 1005
– Zuflussprinzip 4 156
Einkommensteuerrecht 12 88, 169, 300, 255 ff
Einkünfteerzielung, Subjekt
– verdeckte Einlage 14 1 ff
Einkünfteerzielungsabsicht
– verdeckte Einlage 14 20 ff
Einlage 6 182 ff, 187, 192, 703 ff; 11 169
– Aufschub der Besteuerung 13 167 ff
– Bareinlage 6 704
– Geldeinlage Sacheinlage 5 566 ff
– Sacheinlage 6 471, 705 f
– Verfügbarkeit 6 291 f
– Zurückbezahlung 13 41 ff
Einlagefähigkeit
– Nutzungen und Nutzungsrechte 13 170 ff

Einlagefiktionen
– mitunternehmerische 14 213 ff
Einlagekonto, steuerliches
– mitunternehmerische 14 91 ff
Einlagepflicht 6 295 ff, 301 ff
– Aufrechnungsverbot 6 299 f, 304
– Hin- und Herzahlungen 6 312 f
– zur freien Verfügung 6 306
Einlagerückgewähr 5 502 ff, 672 ff; 6 707
– mitunternehmerische 14 93 ff
– verdeckte 6 711
Einlageverpflichtung 5 198 ff
Einmalprovision 1 686 ff
– Folgeprovision 1 779 ff
Einmann-GmbH 8 79 ff
Einpersonengesellschaft 5 554 ff
– Delaware Corporation 8 738
– Private Limited Company 8 477
– Sociedad de Responsibilidad Limitada 8 650
Einpersonengesellschaftsrichtinie 8 79 ff
– Umsetzung 8 81
Einsichtsrecht 1 867 ff
Eintragung 6 892
– Ablehnung 6 892, 1000
– Eintragungsbescheinigung 6 892
– Eintragungsverfahren 6 1000
– Kosten 6 996
– Löschung der Eintragung 6 1000
Eintritt 5 518 ff, 686 ff
– Dritter anstelle des Handelsvertreters 1 758 ff
– Garantie- und Freistellungsfall 11 163
– Vorgründungsgesellschaft 6 885
Einzelgeschäftsführung 5 149 ff
Einzelkaufmännisches Unternehmen
– Unternehmensnachfolge von Todes wegen 12 171 ff
– vorweggenommene Erbfolge 12 150 ff
Einzelrechtsnachfolge 10 5
Einzelvertretung 6 921
Einzelwirtschaftsgüter 11 14, 77, 101, 137
Einzelwirtschaftsgüter, unentgeltliche Übertragung 13 203 ff
– dingliche und obligatorische 13 193 ff
Einziehung 5 694 ff; 6 223 ff, 658 ff
Elective resolution 8 544
Elektronisches Genossenschaftsregister 6 891
England 8 16
Entlastung 6 560, 903
– durch Gesellschafterversammlung 6 106
– Vorstand 6 934
– Wirkung 15 141
Entnahme
– dingliche und obligatorische 13 184 ff
Entnahmerecht 5 373
– Gewinnentnahmerecht 5 382
– Kapitalentnahmerecht 5 379
– Steuerentnahmerecht 5 385
Entscheidungsfreiheit des Versicherungsmaklers 1 885 ff
Entstehen der GmbH & Co. KG 5 590 ff
Entstehung der KG 5 438 ff
Entstrickungstatbestand, allgemeiner
– dingliche und obligatorische 13 187 ff
Entziehung der Vertretungsmacht 5 666 ff
EPG 8 67
Erbbaurechte 11 77
Erben 6 205 ff
Erbengemeinschaft 5 26 ff; 6 945, 960; 12 15
Erbersatzsteuer
– Doppelstiftung 6 1243 ff
– Zustiftungen 6 1249 ff

Erbfähigkeit der GbR 5 232
Erbfall und Erbfähigkeit 12 7
Erbfolge
- gesetzliche 12 18
- gewillkürte 12 29
- vorweggenommene 12 89, 91
Erbrecht 11 71, 182
Erbschaft- und Schenkungsteuerrecht 12 75 ff, 167, 255 ff, 300
Erbvertrag 12 23
Erbverzicht 12 52
Erfüllungstheorie 5 272
Ergänzung des Buchauszuges 1 590 ff
Ergänzungsbilanz
- verdeckte Einlage 14 9 ff
Ergänzungspfleger 11 70
Ergebnisfeststellungsklage 6 279 ff
Ergebnisverteilung 6 870
- Mehrgewinn 5 371
- Verlustverteilung 5 372
- Vorzugsdividende 5 370
Ergebnisverwendung
- Wertaufhellungsprinzip 13 10 ff
Erhaltungsaufwand
- Sondebetriebsvermögen 13 116 ff
Erhebliche Vorteile 1 711 ff
Ermächtigungsbeschluss 6 917
Ersatzbeschaffung
- Aufschub der Besteuerung 13 160 ff
Ersatzrealisationstatbestände
- Aufschub der Besteuerung 13 165 ff
Erstattungsvereinbarung 1 765 ff
Erwerb 11 20, 21, 25, 42, 44, 50 ff, 57, 70 f, 73, 91 f, 100, 105, 217, 221, 266, 270, 294
- eigene Aktien 11 272 ff
- Geschäftsanteile 6 944 f
- Grundstück 11 33
- unentgeltlicher 13 147 ff
- Unternehmen 11 3, 20 f, 28 f, 44, 50, 100, 170, 206, 247, 297, 301
Erwerber 11 6, 10 f, 14, 23, 29 f, 44, 50, 52, 54, 58, 105, 188, 280, 286, 297, 221 f, 228 f, 250 f, 276 f
- Aufklärungspflicht 11 276
- Betriebserwerber 11 231
- Betriebserwerber 11 233 f, 236 ff, 241 ff, 244
Erwerbergesellschaft 11 17, 25 f, 117 f, 154, 244, 248 f, 251 ff, 257, 266 ff, 273, 276 f, 281 ff
Erwerbs- und Wirtschaftsgenossenschaft
- Mitbestimmung 16 125, 128
Escapeklausel
- Verlustabzug 13 65 ff
EU-Gesellschaft 1 199
EuGH-Entscheidungen
- Cassis de Dijon 8 43
- Centros 8 43, 54, 58, 159
- Daily Mail 8 52
- Dassonville 8 43
- Gebhardt 8 43
- ICI 8 41
- Inspire Art 8 56
- Keck 8 54
- Klopp 8 43
- Kraus 8 11
- Reyners 8 43
- Sevic 8 58, 118 ff
- Überseering 8 55
- van Binsbergen 8 43
EuGVÜ 8 31
EuGVVO 8 31

Europäische Aktiengesellschaft 4 58 ff; 8 64, 161 ff
- Aktientausch 8 62 f
- Aktionärsschutz 8 179
- Arbeitnehmerbeteiligung 8 247 ff
- Arbeitnehmerlose SE 8 264
- Arbeitnehmerschutz 8 199
- Auffangregelung 8 259 ff
- Auffangregelung, Betriebsrat 8 259
- Auffangregelung, Mitbestimmung 8 260
- Barabfindungsverbot 8 202
- Beendigung 8 304 ff
- Besonderes Verhandlungsgremium 8 250 ff
- Beteiligungsvereinbarung 8 254 ff
- Finanzverfassung 8 286
- Gesellschafterstreit 8 285
- Gläubigerschutz 8 204 ff
- Gründung 8 165 ff
- Gründungsbericht 8 189, 221, 244
- Gründungsfähigkeit 8 166
- Gründungsprüfung 8 221, 244
- Gründungsvarianten 8 165 ff
- Handelsregisteranmeldung 8 190 ff, 225 ff, 245 ff
- Hauptversammlung 8 182 ff, 216 ff, 241 ff, 281 ff
- Holding-SE 8 166, 207 ff
- Holding-SE, beteiligte Gesellschaften 8 209 f
- Holding-SE, Gründungsplan 8 213
- Holding-SE, Holdingbericht 8 213
- Holding-SE, Verfahrensablauf 8 212
- Kapital der SE 8 168
- Kapitalerhöhung 8 184
- Minderheitenschutz 8 224
- Mitgliedschaft 8 284
- Normenhierarchie 8 162
- Offenlegung 8 201
- Organbestellung 8 186 ff, 220, 243
- Organe 8 265 ff
- Organe, dualistisches System 8 269 ff
- Organe, monistisches System 8 273 ff
- Rechtmäßigkeitsprüfung durch das Registergericht 8 194 ff
- Rechtspersönlichkeit 8 169
- Rechtsquellen 8 161
- Regelungsziel 8 163
- Registereintragung 8 169, 194 ff, 225 f
- Rückumwandlung in AG 8 307 f
- Satzungsänderung 8 287
- Sitz der SE 8 168, 289
- Sitzverlegung 8 172, 290 ff
- Sitzverlegung, grenzüberschreitende 8 172, 291 ff
- Spruchverfahren 8 202
- Tochter-SE 8 166, 228 ff
- Umtauschverhältnis 8 203
- Umwandlung 8 233 ff
- Umwandlung, umwandelnde Gesellschaft 8 234
- Umwandlungsbericht 8 238
- Umwandlungsplan 8 235 ff
- Umwandlungsprüfung 8 239 ff
- Verschmelzung 8 170 ff
- Verschmelzung, fehlerhafte 8 201
- Verschmelzungsbericht 8 180
- Verschmelzungsbeschluss 8 182 ff
- Verschmelzungsformen 8 172
- Verschmelzungsgründung 8 173
- Verschmelzungsplan 8 174 ff
- Verschmelzungsprüfung 8 181
- Vorgründungshaftung 8 169
- Vorteile der SE 8 164
Europäische Gegenseitigkeitsgesellschaft 8 65

Europäische Genossenschaft 8 64, 310 ff
- Arbeitnehmerbeteiligung 8 327 ff
- Beendigung 8 352 ff
- Finanzverfassung 8 344 ff
- Gläubigerschutz 8 323
- Gründung 8 314 ff
- Mitgliedschaft 8 340 ff
- Neugründung 8 319
- Organisationsverfassung 8 331 ff
- Organisationsverfassung, dualistisches System 8 332 ff
- Organisationsverfassung, Generalversammlung 8 337 ff
- Organisationsverfassung, monistisches System 8 334 ff
- Rechtsnatur 8 312
- Rechtsquellen 8 310 f
- Rückumwandlung 8 355
- Satzung 8 318
- Satzungsänderung 8 348 f
- Sitz 8 350
- Sitzverlegung 8 351
- Umwandlung 8 325 f
- Verschmelzung 8 320 ff
- Verschmelzungsbericht 8 321
- Verschmelzungsplan 8 321
- Zweck 8 313

Europäische Gesellschaftsformen 8 64
Europäische Privatgesellschaft 8 67
Europäische Stiftung 8 65
Europäische wirtschaftliche Interessenvereinigung s. EWIV
Europäischer Betriebsrat 16 49 ff
Europäischer Verein 8 65
Europäisches Gesellschaftsrecht
- Begriff 8 33
- eigene Aktien 8 70, 75, 77
- Gesellschaftsorganisationsrecht 8 64 ff
- Gründung einer Kapitalgesellschaft 8 72
- Kapitalaufbringung 8 71
- Nichtigkeit der Gesellschaft 8 69
- Offenlegung 8 82 ff
- Richtlinien 8 60
- Spaltung s. Spaltungsrichtlinie
- Umwandlung 8 90 ff
- Verschmelzung s. Verschmelzungsrichtlinie
- Vertretung von Kapitalgesellschaften 8 68

Europäisches Kapitalmarktrecht 8 35
EWIV 8 64, 356 ff
- Abtretung der Mitgliedschaft 8 399 ff
- als Handelsgesellschaft 8 359
- Auflösung 8 402 ff
- Aufnahme neuer Mitglieder 8 394 f
- Ausscheiden eines Mitglieds 8 396 ff
- Außenverhältnis 8 389 ff
- Beendigung 8 402 ff
- Beschlussfassung 8 386 ff
- Beschränkung des Gesellschaftszwecks 8 362
- Einsatzmöglichkeiten 8 364
- Eintragung 8 368, 375 ff
- Geschäftsführung 8 383 ff
- Gesellschaften als Mitglieder 8 370
- Gesellschafterwechsel 8 394 ff
- Gründungsvertrag 8 368, 372 ff
- Haftung 8 390
- Innenverhältnis 8 379 ff
- Insolvenz 8 406
- Mindestmitgliederzahl 8 369
- Name 8 373
- natürliche Personen als Mitglieder 8 370
- Nichtigkeit 8 405
- Rechte und Pflichten der Mitglieder 8 380 ff
- Registeranmeldung 8 377
- Sitz 8 374
- Sitzverlegung 8 391 ff
- Struktur 8 365 ff
- Vertretung 8 389
- Zweck 8 361 ff

Existenzvernichtung 6 393
Extraordinary general meeting 8 537
Extraordinary resolution 8 543
Fair dealing-Pflichten 8 534
Fair-Value-Richtlinie 8 129
Fallgestaltungen 1 642 ff
Fälligkeit der Provision 1 549 ff
Familienrecht 11 68, 182
Familienstiftung
- Begriff 6 1236 ff
- Familienstiftung 6 1259 ff
- Motive 6 1235 ff
- Steuerrecht 6 1243 ff
- Stiftungsaufsicht 6 1237 ff
- Unentgeltlichkeit/Entgeltlichkeit 6 1233 ff
- Verein 6 1033 ff
- Zustiftungen 6 1247 ff

Familienunternehmen 7 57 ff
Fantasiefirma 1 196
Fehlerhafte Beschlüsse 5 629 ff, 638 ff
Fehlerhafte Gesellschaft 5 51 ff
Festkapitalkonto
- Zurückbezahlung 13 42 ff

Feststellung
- einheitliche 14 48 ff
- gesonderte 14 48 ff

Feststellungsbescheid
- verdeckte Einlage 14 47 ff

Feststellungsklage 6 908
Fiduciary duties 8 533 ff
Fiktion der Vollmacht 1 664 ff
Filialprokura 1 238
Financial assistance 8 585 ff
Finanzamt 6 894
Finanzanlagen
- Ausleihungen 13 21 ff
- Beteiligungen 13 21 ff
- Wertpapiere des Anlagevermögens 13 21 ff

Finanzierung 6 766, 867 ff; 11 23, 25 f, 29, 98, 140, 251, 254, 257, 270, 272
- Akquisitionsfinanzierung 11 250
- Kaufpreisfinanzierung 11 26, 98, 247, 251, 256, 263

Finanzierungsaufwendungen
- mitunternehmerische 14 169 ff

Finanzierungsleasing 2 128
Finanzinvestoren 11 247 f, 278, 284
Finanzplankredit 5 746 ff; 6 363
Finanzverfassung 6 966, 867 ff
- Delaware Corporation 8 797 ff
- Private Limited Company 8 570 ff
- Sociedad de Responsibilidad Limitada 8 700 ff

Firma 1 116; 5 584 ff; 11 82, 205 f
- Abgrenzung 1 130
- absolutes Recht 1 118
- AG 1 194
- Angaben auf Geschäftsbriefen 1 200
- Delaware Corporation 8 742 ff
- Eintragung 1 142, 181, 197
- Entstehung 1 141
- Erlöschen 1 146

- Fortführung 1 165, 179
- GmbH 1 193
- GmbH & Co KG 1 192
- Inhaberwechsel 1 173
- Inhalt 1 121
- Insolvenz 1 163
- Internet-Domain 1 133
- KG 1 191
- Personenhandelsgesellschaft 1 190
- Private Limited Company 8 488 ff
- Prüfung 1 198
- Rechtsformzusatz 1 185
- Schadensersatz 1 208
- Schutz 1 203
- Sociedad de Responsibilidad Limitada 8 639 ff
- Übertragung 1 151, 156
- Umwandlung 1 168
- Unterlassungsantrag 1 207
- Vermögensrecht 1 119
- Voraussetzungen 1 144

Firmenfortführung 11 205

Firmenwert
- immaterielle Wirtschaftsgüter 13 76 ff

Firmierung 6 1001
- Amtslöschung 6 1002
- Auflösungsklage wegen Nichtigkeit 6 1002
- Firmenklarheit 6 1001
- Firmenunterscheidbarkeit 6 1001
- Firmenwahrheit 6 1001
- Kreditgenossenschaften 6 1001
- Untersagungsverfahren 6 1002

Fixgeschäft 2 116 f
Fixklauseln 2 117
Forderung 11 16, 108, 213, 216, 229, 242, 252, 266, 284, 299
- Insolvenzforderung 11 300, 303
- Kaufpreisforderung 11 251, 284

Forderungen und sonstige Vermögensgegenstände
- Ausleihungen 13 23 ff

Forderungskonto
- einheitliches 13 37 ff

Forderungsverzicht
- im Konzern 14 370 ff

Form 1 582 ff, 819 ff
- Frist 1 847 ff
- Handelsvertretervertrag 1 474 ff
- und Frist 1 574 ff
- und Inhalt der Kündigung 1 653 ff
- Unterrichtung 1 495 ff

Formfreiheit 1 475 ff

Formneutralität
- Recht 6 1044 ff

Formstatut 8 26
Formularbücher 2 103
Formwechsel 5 49; 6 896; 10 222 ff; 11 269, 275
- Ablauf des 10 233 ff
- Anmeldung 10 258 ff
- außerhalb des UmwG 10 225
- Beweggründe, Anlässe, Ziele 10 226 ff
- Entsprechende Geltung des Gründungsrechts 10 236 ff
- Firmenbildung 10 268
- Formwechselbericht 10 240 ff
- Formwechselbeschluss 10 248 ff
- Formwechselfähigkeit 10 229 ff
- Freigabeverfahren 10 258 ff
- Grundbuchberichtigung 10 269
- Identität der Anteilsinhaber 10 224
- Identität der Beteiligungen 10 224

- Identität des Rechtsträgers 10 223
- mitunternehmerische 14 217 ff
- Rechtsschutz gegen den 10 270 ff
- Wesensmerkmale 10 222 ff
- Wirkungen der Eintragung 10 258 ff, 266 f

Formwechselbericht 10 240 ff
- Ausnahmen von der Berichtspflicht 10 245 ff
- Erläuterung der Barabfindung 10 241
- Prüfbericht 10 242
- Schriftform 10 243
- Umwandlungsbilanz 10 242
- Vermögensaufstellung 10 244

Formwechselbeschluss 10 248 ff
- Angebot der Barabfindung 10 255 ff
- Beschlussfassung über Satzung oder Gesellschaftsvertrag 10 252
- Bezeichnung unbekannter Gesellschafter 10 251
- erforderliche Mehrheiten 10 253
- Veräußerung von Anteilen nach dem 10 254
- Zuleitung an den Betriebsrat 10 250
- zwingender Inhalt 10 249

Formwechselfähigkeit 10 229 ff
- Formwechsel in eine GmbH & Co. KG 10 231
- Rechtsanwalts-GmbH 10 232
- Rechtsträger der neuen Rechtsform 10 230

Formzwang 1 476 ff
Fortsetzung der Genossenschaft 6 990, 995
Fortsetzung der Gesellschaft 6 841, 879
Fortsetzungsklausel 5 116 ff
Franchisenehmer 1 464 ff
Fraud on the minority 8 565
Fraudulent trading 8 618
Freiberufler 1 370, 374
Freiberufliche Praxen 11 6
Freibetrag 11 149
Freier Beruf 2 127; 5 768 ff
Freigabeverfahren 10 123, 124 ff, 149
- Begründetheit des Antrags 10 128 f
- Parteien 10 126
- Streitgegenstand 10 127
- Verfahren und Rechtsmittel 10 130
- Zulässigkeit des Antrags 10 125 ff
- zuständiges Gericht 10 125

Freigrenze
- Verlustabzug 13 65 ff

Freistellung 11 79, 148, 151, 155 ff, 159, 161 ff, 173, 179, 198, 220, 242, 223 f
- Garantien und Freistellungen 11 155 ff, 163 ff; 173, 179, 198, 221, 224
- Umweltfreistellung 11 155, 159, 161 f, 222

Fremdfinanzierung 11 247
Fremdgeschäftsführung 5 143 ff
Fremdkapital 11 25 f, 104, 250
Fremdvergleichsmaßstab
- mitunternehmerische 14 97 ff

Frist 1 850 ff
Fusion 6 975
- s.a. Verschmelzung
- Pharmafusion 11 1

Fusionskontrolle 11 26, 81, 89
- nach EG-Fusionskontrollverordnung 11 93 f
- nach GWB 11 90 f
- Verfahren 11 94

Garantie 11 44 ff, 47, 79, 82, 163, 224, 119 ff, 125 f, 132 f, 165 ff
- Anpassung des Textes 11 165
- Beschaffenheits- und Haltbarkeitsgarantie 11 122, 125
- Bestandsgarantie 11 135 ff

Stichwortverzeichnis

- Bilanzgarantie **11** 219, 138 ff
- Eigenkapitalgarantie **11** 141
- Gewährleistungs- **11** 303
- Haftungseinschränkung **11** 148
- Käufergarantie **11** 154
- objektive und subjektive **11** 128 ff
- Rügeobliegenheit **2** 150
- selbständige **11** 12, 79, 119 ff, 124 f, 125 ff, 128 f, 134, 151, 155, 218
- unselbständige **11** 121 ff, 125
- Verkäufer **11** 44, 97, 127, 167, 278
- Verletzung der **11** 142 ff
- Zukunftsgerichtete **11** 132

Garantiefrist **11** 122
Garantienkatalog **11** 48, 134, 153, 218, 303
Gattungen von Geschäftsanteilen
- Delaware Corporation **8** 797 ff
- Private Limited Company **8** 573 ff
- Sociedad de Responsibilidad Limitada **8** 690

GbR **4** 9 ff
- s.a. Gesellschaft bürgerlichen Rechts
- einfache Nachfolgeklausel **12** 202
- Eintrittsklausel **12** 197
- Fortsetzungsklausel **12** 190
- Haftung der Nachfolger **12** 239 ff
- nachfolgebedingte Steuern **12** 255 ff
- qualifizierte Nachfolgeklausel **12** 208
- rechtsgeschäftliche Nachfolgeklausel **12** 215
- Unternehmensnachfolge von Todes wegen **12** 171 ff

Gegenleistung **11** 41, 300
Geheimhaltung **11** 60, 68
- Vertraulichkeit und **11** 23

Geheimhaltungspflicht **1** 657 ff; **11** 23, 54, 185
Geheimhaltungsvereinbarung **11** 23, 38
Geldeinlage **5** 568 ff
Gemeiner Wert
- Sondebetriebsvermögen **13** 129 ff

Gemeinnützigkeitsrecht
- Ausschließlichkeit **6** 1196 ff
- Feststellungsbescheid **6** 1216 ff
- gemeinnützige Zwecke **6** 1187 ff
- kirchliche Zwecke **6** 1190 ff
- mildtätige Zwecke **6** 1189 ff
- Selbstlosigkeit **6** 1191 ff
- steuerbegünstigte **6** 1019 ff
- Stiftungsvermögen **6** 1098 ff
- Unmittelbarkeit **6** 1197 ff
- Verein **6** 1184 ff
- Verfahren **6** 1214 ff

Gemeinsamer Betriebsrat **16** 21, 22
Gemeinsamer Zweck **5** 30 ff
Genehmigtes Kapital **6** 727 ff
Genehmigungsurkunde **6** 891
Generalklausel **11** 140
Generalversammlung **6** 920
- Ablauffehler **6** 909
- Antrag auf Ankündigung **6** 905
- Auskunftsrecht **6** 899
- Befugnisse **6** 896
- Beschlussfassung **6** 898
- Einberufung **6** 897
- Einberufungsantrag **6** 905
- Einberufungsberechtigt **6** 897
- Einberufungsfrist **6** 897
- Einberufungsgründe **6** 897
- Einberufungsmängel **6** 909
- gerichtliche Ermächtigung **6** 905
- Kleinstgenossenschaft **6** 925, 936
- Stimmenmehrheit, einfache **6** 902

- Stimmrecht **6** 900
- Stimmrechtsausschluss **6** 900
- Stimmrechtsvollmacht **6** 898, 900
- Tagesordnung **6** 897
- Tagungsort **6** 898
- Tagungszeitpunkt **6** 898
- Teilnahmeberechtigung **6** 898
- Verhandlungsgegenstände **6** 897
- virtuelle **6** 898

Generalvollmacht **6** 921
Genossenschaft
- Fortsetzung **6** 990, 995
- nicht eingetragene **6** 890

Genossenschaftsregister **1** 49; **6** 891, 982
Genuine link **8** 17
Genuine Link Rule **8** 733
Genussrecht
- im Konzern **14** 365 ff

Gerichte für Arbeitssachen
- Zuständigkeit **1** 472 ff

Gerichtsstand
- allgemeiner Gerichtsstand **8** 425 ff
- ausschließlicher Gerichtsstand **8** 432 ff
- besondere Gerichtsstände **8** 429 ff

Gerichtsstandsvereinbarungen **8** 435 f
Geringwertiger Wirtschaftsgüter (GWG) **13** 145 ff
Gesamtbetriebsrat **16** 23 ff
- ausländische Betriebsvertretungen **16** 25
- Betriebsratswahl **16** 12
- Betriebsvereinbarungen **16** 25
- Zuständigkeit **16** 26, 51

Gesamtgeschäftsführung **5** 145; **6** 80
Gesamthand **5** 443 ff
Gesamthandsbilanz
- verdeckte Einlage **14** 8 ff

Gesamthandsgemeinschaft **11** 71
Gesamtheit der Kommanditaktionäre **6** 773, 780, 816, 822
Gesamtkaufpreis
- Sondebetriebsvermögen **13** 107 ff

Gesamtrechtsnachfolge **10** 12; **11** 221; **12** 8
Gesamtvertretung **5** 240 ff; **6** 80
- echte/unechte **6** 921

Geschäfte, schwebende
- Nutzungs- und Funktionszusammenhang **13** 73 ff

Geschäftliche Bezeichnung **1** 131
Geschäfts- und Betriebsgeheimnisse **1** 656 ff
Geschäfts- und Firmenwert **13** 141 ff
Geschäftsanteil **6** 967, 972
- Einzahlung
- Erwerb **6** 946 f
- Mindestbetrag **6** 967
- Übertragung auf ein Nichtmitglied **6** 949
- Übertragung, Ausschluss **6** 950
- Übertragung, teilweise **6** 950
- Übertragung, vollständige **6** 949
- vinkulierter **6** 211 f
- Verschmelzung **6** 921

Geschäftsanteile (Delaware Corporation)
- Ausgabe **8** 780 f
- Bezugsrecht **8** 794
- Einzahlung **8** 799 ff
- Erwerb eigener Geschäftsanteile **8** 806 ff
- Klassen von Geschäftsanteilen **8** 797 ff
- tracking stocks **8** 798
- Übertragung **8** 782 ff
- Übertragungsbeschränkungen **8** 782 ff

Geschäftsanteile (Private Limited Company)
- Ausgabe **8** 551 f

- Aveling Barford Rule 8 594
- Bezugsrecht 8 563, 597
- distributable profits 8 562
- Einzahlung 8 577 ff
- Erwerb eigener Geschäftsanteile 8 592 f
- financial assistance 8 585 ff
- Klassen von Geschäftsanteilen 8 573 ff
- ordinary shares 8 575
- preference shares 8 575
- redeemable shares 8 576
- Übertragung 8 553 f
- unlawful return of capital 8 594
- whitewash procedure 8 587

Geschäftsanteile (Sociedad de Responsibilidad Limitada)
- Ausgabe 8 679 ff
- Bezugsrecht 8 696
- Dividendenausschüttung 8 694, 707
- Einzahlung 8 994 ff
- Erwerb eigener Geschäftsanteile 8 708 f
- Klassen von Geschäftsanteilen 8 690
- Übertragung 8 682 ff

Geschäftsbetrieb, wirtschaftlicher
- mitunternehmerische 14 143 ff

Geschäftsbeziehungen 11 204
Geschäftsfähigkeit 8 422
Geschäftsfähigkeit, beschränkte
- Mitgliedsfähigkeit 6 944

Geschäftsführer 11 54, 58, 260, 277
- Abberufung 6 51, 55, 71, 73; 15 11 ff
- Abmahnung 15 78
- Abschluss des Anstellungsvertrages 15 17
- Amtsniederlegung 15 16
- Anstellungsverhältnis 6 76
- anwendbarkeit Arbeitsrecht 15 4, 21
- Arbeitgeberfunktion 15 6
- Arbeitnehmereigenschaft 15 1 ff
- arbeitsrechtliche Doppelstellung 15 1
- Aufhebung des Anstellungsvertrages 15 84 f
- Außenhaftung 15 60
- befristete Bestellung 15 16
- Bestellung 6 70; 15 8
- betriebliche Altersversorgung 15 52
- Betriebsübergang 15 64 ff
- D&O-Versicherung 15 61 ff
- Dauer des Anstellungsverhältnisses 15 68 ff
- Dauer/Verlängerung der Bestellung 15 9
- Delaware Corporation 8 753 ff
- Dienstwagen 15 29
- Erkrankung 15 31
- faktischer 6 147
- faktischer 15 10
- fehlerhafte Organstellung 15 10
- fehlerhafter Anstellungsvertrag 15 19
- Haftung 15 58 ff
- Innenhaftung 15 58 f
- Koppelungsklausel 15 69
- Kündigung des Anstellungsvertrages 15 70 ff
- Kündigungserklärungsfrist 15 77
- Mängel der Bestellung 15 10
- nachvertragliches Wettbewerbsverbot 15 35 ff
- Nebentätigkeit 15 32
- Pensionsansprüche 15 52
- persönliche Haftung 6 130 ff, 137 f, 141
- Private Limited Company 8 509 ff
- Rechtsschutz bei streitiger Abberufung 15 15
- ruhendes Arbeitsverhältnis 15 2
- Sociedad de Responsibilidad Limitada 8 655 ff
- Sozialversicherungspflicht 15 18
- Status Feststellungsverfahren 15 18
- Trennung von Bestellungs- und Anstellungsverhältnis 15 7
- Treuepflicht 6 72; 15 34
- Umwandlung 15 65 ff
- Unfallversicherung 15 30
- Urlaubsanspruch 15 31
- Verbraucher 15 22
- Verdachtskündigung 15 76
- Vergütung 4 168; 15 25 ff
- Vergütungsfortzahlung 15 31
- Verschwiegenheit 15 33
- vertragliches Wettbewerbsverbot 15 34
- Vertragsstrafe 15 33, 34
- Vertretung 6 66 f
- Vertretung und Geschäftsführung 15 55 ff
- wichtiger Grund für Kündigung 15 75
- wichtiger Grund zur Abberufung 15 12
- Widerruf der Bestellung 15 11 ff
- Zeugnis 15 83
- Zielunternehmen 11 229
- Zustimmungspflichtige Rechtsgeschäfte 15 24

Geschäftsführerbestellung 5 612 ff
Geschäftsführerhaftung 5 614 ff, 617 ff, 677 ff; 6 96 ff, 110 f, 127
Geschäftsführervergütung 5 172 ff
Geschäftsführung 5 138 ff, 454 ff, 605 ff; 6 44, 452 ff, 764, 765, 800 ff, 803, 833 ff, 836 ff, 918; 11 105, 126, 173
- Amtsniederlegung 6 74
- außergewöhnliche Geschäftsführungsmaßnahmen 6 834
- Beschränkung 6 83, 896
- Entziehung der Geschäftsführung 5 158
- Kündigung 5 164
- Notgeschäftsführung 6 937
- Verstoß 6 88

Geschäftsführungsbefugnis
- Beschränkung 6 81
- Entziehung Abberufung 5 619 ff

Geschäftsführungsmaßnahmen 11 64
Geschäftsführungsverhältnis 6 801
Geschäftsgeheimnisse 1 317, 359, 431
- anvertraute 1 362
- Berufsauffassung eines ordentlichen Kaufmannes 1 363
- Dauer 1 365
- Karenzentschädigung 1 366
- Verwertung 1 364
- Verwertungsverbot 1 360

Geschäftsguthaben 6 968, 977
Geschäftsordnung 11 95
- für die Geschäftsführung 6 815
- Vorstand 6 924

Geschäftsordnung des Vorstands
- Vorsitzender des Vorstands 15 157

Geschäftsunfähigkeit
- Mitgliedsfähigkeit 6 944

Geschäftsveräußerung
- mitunternehmerische 14 279 ff

Geschäftsverbindung 1 705 ff
- mit Neukunden 1 704 ff

Geschäftsvermittlung 1 456 ff
Geschäftswert
- immaterielle Wirtschaftsgüter 13 76 ff

Gesellschaft bürgerlichen Rechts 11 11
- s.a. GbR
- Abgrenzung zu den Personenhandelsgesellschaften 5 5
- Abgrenzung zu Interessengemeinschaften 5 8

- Abgrenzung zu partiarischen Rechtsverhältnissen 5 10
- Abgrenzung zur Bruchteilsgemeinschaft 5 7
- Anteilsübertragung 5 135
- Auflösung 5 299
- Auseinandersetzung 5 300
- Begriffsmerkmale 5 2, 3
- Entstehung durch Neugründung 5 17
- Entstehung durch Umwandlung 5 48
- Entstehungszeitpunkt 5 18
- Geschäftsführung 5 138
- Gesellschafter 5 20
- Haftung der Gesellschafter 5 256
- Haftungsbegrenzung 5 268
- Mindestzahl der Gesellschafter 5 21
- Mitgliedsfähigkeit 6 943
- Pflichten der Gesellschafter 5 92
- Rechte der Gesellschafter 5 77
- Rechtsfähigkeit 5 221
- Rechtsfolgen des Ausscheidens eines Gesellschafters 5 109
- Rechtsformbezeichnung 5 39
- Vertretung 5 237
- Willensbildung 5 179

Gesellschafter
- Abfindung 6 425
- Ausscheiden 6 425
- Delaware Corporation 8 780 ff
- Pflichten 6 180 ff
- Private Limited Company 8 551 ff
- Rechte 6 174 ff
- Sociedad de Responsibilidad Limitada 8 679 ff
- Stimme 6 56
- Streit 6 254
- Verlustausgleichsbeschränkung 4 166

Gesellschafter, beherrschender
- mitunternehmerische 14 100 ff

Gesellschafteranteile
- Einziehung 6 425

Gesellschafterbeschluss 5 180; 6 58, 102 ff, 108, 373 f, 379, 381 f, 386 ff, 417 ff, 433
- Delaware Corporation 8 769 ff
- fehlerhafter 6 255 ff, 401 ff
- Private Limited Company 8 536 ff
- Sociedad de Responsibilidad Limitada 8 669 ff

Gesellschafterdarlehen 11 59, 135, 169
- eigenkapitalersetzendes 6 33, 125, 317, 349 ff, 364, 366
- im Konzern 14 328 ff

Gesellschafterfremdfinanzierung
- mitunternehmerische 14 108 ff
- Verlustabzug 13 66 ff

Gesellschafterhaftung
- Rechtsfolgen 5 272

Gesellschafterkontengestaltung 13 37 ff
- Zurückbezahlung 13 55 ff

Gesellschafterstreit 5 651 ff; 6 864 ff
Gesellschaftervereinbarungen 6 411 ff
Gesellschaftervergütung 4 167
Gesellschafterversammlung 5 185 ff, 622 ff, 630 ff; 6 82, 44 f
- Beschlussfassung 6 52
- Delaware Corporation 8 769 ff
- Einberufung 6 46
- Einberufung Teilnahmerecht Stimmrecht Beschlussfassung 5 627 ff, 633 ff
- Private Limited Company 8 536 ff
- Sociedad de Responsibilidad Limitada 8 669 ff
- Zuständigkeit 5 631 ff

Gesellschafterwechsel 5 133 ff, 682 ff
Gesellschaftsähnliche Rechtsverhältnisse 5 13
Gesellschaftsanteil 11 10, 11 ff, 17, 26, 29, 33, 40, 42, 45, 51, 57 ff, 62, 68 ff, 100, 104, 107, 117, 125 f, 135, 217 f, 251, 300
- Erwerb 6 369 ff
Gesellschaftsorganisationsrecht 8 64 ff
Gesellschaftsstatut 8 9 ff
Gesellschaftsvermögen 5 201 ff
Gesellschaftsvertrag 5 27 ff; 6 4
- Änderung 6 54
- Auslegung 6 6
- fakultativer Inhalt 5 36
- Mindestinhalt 5 28
- Verstoß gegen das Rechtsberatungsgesetz 5 58
Gesetzliches Schuldverhältnis 1 833 ff
Gesplittete Pflichteinlage 5 746 ff
Gestaltungsschranken 6 790, 843 f
Gestaltungsspielraum 6 763, 790
Gewährleistung 2 123 ff; 11 12, 15, 121 ff,
- Verkäufer 11 276, 278
Gewährleistungsansprüche 11 44, 303
Gewährleistungsausschluss 11 79, 276
Gewährleistungshaftung 11 121, 122
Gewährleistungsrechte 11 15, 45, 79, 153, 122 f,
Gewährleistungsregelungen
- eigene 11 79
Gewerbe 1 5
- freiberufliche Tätigkeit 1 7
- Gewinnerzielungsabsicht 1 6
Gewerbebetrieb kraft gewerblicher Betätigung
- mitunternehmerische 14 142 ff
Gewerbebetrieb, Veräußerung
- mitunternehmerische 14 153 ff
Gewerbeeinkünfte 4 158
Gewerbeertrag
- mitunternehmerische 14 149 ff
Gewerbesteuer 4 144 ff; 6 1004; 11 221
- Bemessungsgrundlage 4 145, 146, 147
- Freibeträge 4 148
- mitunternehmerische 14 139 ff
Gewerbesteueranrechnung
- mitunternehmerische 14 184 ff
Gewerbesteuermessbescheid
- mitunternehmerische 14 182 ff
Gewerbesteuerrechtliches Schachtelprivileg
- mitunternehmerische 14 171 ff
Gewerbetreibender 1 452 ff
Gewerbeverlust
- mitunternehmerische 14 172 ff
Gewerbliche Tätigkeit
- einheitliche 14 52 ff
Gewerkschaft
- Betriebsratswahl 16 11 f
- Vertretung im Aufsichtsrat 16 133, 136, 146
Gewinn 6 387 f
Gewinn und Verlust 5 604 ff
Gewinn- und Verlustrechnung (GuV)
- Periodenabgrenzung 13 5 ff
- Wertaufhellungsprinzip 13 5 ff
Gewinn- und Verlustverteilung 5 42, 213 ff
Gewinnausschüttung
- Delaware Corporation 8 793, 804 f
- Private Limited Company 8 562, 599 ff
- Sociedad de Responsibilidad Limitada 8 694, 707
Gewinnberechtigung 10 20
Gewinnentnahme 5 43, 509 ff, 672 ff
Gewinnermittlung, additive
- verdeckte Einlage 14 19 ff

Gewinnerzielungsabsicht
- Teilnahme **14** 56 ff
Gewinnrealisierung **13** 156 ff
Gewinnrücklage
- Rückstellungen **13** 31 ff
Gewinnverteilung **6** 369
Gewinnverwendung **6** 742 ff
Gewinnvortrag
- Rückstellungen **13** 32 ff
Gezeichnetes Kapital
- Rückstellungen **13** 29 ff
Gläubiger
- Kündigungsrecht **6** 956
Gläubigerschutz
- Delaware Corporation **8** 802 ff, 813 ff
- Private Limited Company **8** 577 ff, 608 ff
- Sociedad de Responsibilidad Limitada **8** 700 ff, 717 ff
- Verschmelzung **6** 976
Gläubigerschutzzweck
- Wertaufhellungsprinzip **13** 8 ff
GmbH **4** 44 ff; **11** 11, 13, 29, 33, 40, 42, 45, 51, 54, 58 f, 62 f, 70, 73 f, 76 f, 137, 194, 251, 253 f, 258 f, 268 f, 281, 288
- Abtretungsklausel **12** 278
- Aufhebung **1** 423
- Dispens **1** 424
- Einziehungsklauseln **12** 270
- Geschäftsführung **4** 46
- Gesellschafter **1** 427, 436
- Gesellschaftsvertrag **4** 44
- gesetzliches Wettbewerbsverbot **1** 421
- Gewinnausschüttung **4** 94
- Mitbestimmung **16** 125, 128
- nachfolgebedingte Steuern **12** 300
- nachvertragliches Wettbewerbsverbot **1** 430
- Ruhen der Verwaltungsrechte **12** 283
- Teilung von Geschäftsanteilen **12** 284
- Unternehmensnachfolge von Todes wegen **12** 171 ff
- vertragliches Wettbewerbsverbot **1** 425
- Vinkulierung **12** 285
- Vorkaufs-, Ankaufs- und Andienungsrechte **12** 288
GmbH & Co. KG **4** 32 ff; **5** 540 ff
- Aufspaltung **10** 178
- Einheitsgesellschaft **4** 33
- Formwechsel in eine **10** 231
- GmbH-Geschäftsführer **1** 417
- GmbH-Gesellschafter **1** 418
- Komplementär-GmbH/Kommanditist **1** 416
- Mehrfachspaltung **10** 177
- Spaltung **10** 176
GmbH & Co. KG, Besteuerung
- verdeckte Einlage **14** 21 ff
GmbH & Co. KGaA **6** 771, 784 f, 788, 810, 813, 815, 823 ff, 830, 844 ff
GmbH & Co. KG-Richtlinie **8** 128
GmbH & Still **7** 24 ff
Grenzüberschreitende Verschmelzung **10** 15, 10 f
- s.a. Richtlinie über die grenzüberschreitende Verschmelzung
- Abfindungsangebot **10** 53
- Richtlinie **10** 15, 10 f
- Verschmelzungsbericht **10** 78
- Verschmelzungsbeschluss **10** 94, 108
- Verschmelzungsfähigkeit **10** 28
- Verschmelzungsplan **10** 33
Grobe Pflichtverletzung **1** 831 ff
Grundbuchfähigkeit **8** 421
- GbR **5** 229 ff

Gründer **6** 5, 792
Gründerhaftung **6** 17, 36
Grunderwerbsteuer **11** 172, 217
- mitunternehmerische **14** 281 ff
Grundfreiheiten **8** 35
Grundkapital **6** 484, 789
Grundlagengeschäfte **5** 140; **6** 836 ff
- Geschäftsführungsbezogene Grundlagengeschäfte **6** 836 ff
Grundsatz der Vollständigkeit
- Verlustabzug **13** 70 ff
Grundstück **11** 40, 77, 86, 136 f, 159 ff, 186, 192, 197, 203, 217, 222
Grundstückshandel, gewerblicher
- Teilnahme **14** 57 ff
Gründung **5** 561 ff; **6** 441 ff, 467 ff, 786 ff
- Bargründung **6** 470
- Delaware Corporation **8** 737 ff
- Feststellung der Satzung **6** 791
- Gründungsbericht **6** 474, 477
- Gründungsprotokoll **6** 468 f
- Nachgründung s. dort
- Private Limited Company **8** 475 ff
- Sachgründung **6** 471 ff
- Sociedad de Responsibilidad Limitada **8** 634 ff
- Übernahme der Kommanditaktien **6** 793
Gründung der GbR **5** 17
- Formvorschriften **5** 55
Gründungsbericht **6** 794
Gründungsformalitäten **6** 891 ff
- zeitliche Reihenfolge **6** 893
Gründungsprüfung **6** 474, 478, 795
Gründungstheorie **8** 10, 413, 50 f
Gründungsversammlung **6** 886
Gründungsvoraussetzungen **5** 563 ff
Güterrecht **12** 62
Güterstand der Zugewinngemeinschaft **11** 68
Gutgläubiger Erwerb
- Anscheins- bzw Duldungsvollmacht **2** 64
- grobe Fahrlässigkeit **2** 73 ff
- guter Glaube an die Vertretungsmacht **2** 71
- Kommissionär **2** 76
- Kraftfahrzeug **2** 75
- Modifikation des BGB durch Handelsrecht **2** 60 ff
- persönlicher Anwendungsbereich **2** 63 ff
- Überwindung gesetzlicher Verfügungsbeschränkungen **2** 70
- Verfügungsbefugnis kraft Amtes **2** 69
Haftsumme **5** 487 ff, 567 ff; **6** 969
Haftung **5** 667 ff; **6** 3, 216, 441, 287 ff, 549 ff, 590 ff, 688 ff; **11** 31, 58, 79, 121 f, 124 f, 129, 132 f, 161, 206, 222 ff, 236, 256, 267, 271
- Aufsichtsrat **6** 942, 590 ff
- ausgeschiedener Gesellschafter **5** 285 ff
- für Altverbindlichkeiten **5** 281 ff
- für unternehmerische Entscheidungen **6** 591, 552 ff
- gegenüber beiden Parteien **1** 858 ff
- Geltendmachung **6** 592, 688 ff
- Geschäftsführer **5** 173 ff; **6** 328 ff
- Handelsmakler **1** 865 ff
- im Gründungsstadium **5** 572 ff
- Klagezulassungsverfahren **6** 689 ff
- Kommanditist **5** 483 ff
- Komplementär-GmbH **5** 668 ff
- Neuverbindlichkeiten Altverbindlichkeiten **5** 714 ff
- persönliche **6** 39
- vor Eintragung **5** 529 ff
- Vorgenossenschaft **6** 887

1569

- Vorgründungsgesellschaft 6 884 f
- Vorstand 6 549 ff, 562 ff, 930 ff
Haftung der Geschäftsführung
- Delaware Corporation 8 813 ff
- Private Limited Company 8 608 ff
- Sociedad de Responsibilidad Limitada 8 717 ff
Haftungsausschluss 11 31, 45, 124 ff, 145 f, 150
Haftungsbegrenzungen 5 268 ff
Haftungsdurchgriff 6 391 ff
Haftungsfolgen 11 168
Haftungsgrenze 11 147 ff
   - Höchstgrenze 11 147
   - Mindestgrenze 11 159
Haftungsmasse 11 224
Haftungspflicht 11 53
Haftungsregime 11 79, 126 f
   - eigenständiges abgeschlossenes 11 119, 121, 126, 142, 153
   - vertragliches 11 198, 218
Haftungstheorie 5 272
Halbeinkünfteverfahren 4 152
   - mitunternehmerische 14 82 ff
Handelndenhaftung 5 583 ff; 6 28, 41
Handelsbilanz, Maßgeblichkeit für Steuerbilanz
   - Wertaufhellungsprinzip 13 11 ff
Handelsbräuche 2 30 ff
   - Anwendungsbereich 2 32 ff
   - Auslegung 2 35 ff
   - Beweislast im Prozess 2 44
   - dispositves Recht 2 41
   - Feststellung 2 44
   - kaufmännische Verkehrssitte 2 30
Handelsgeschäft 2 1 ff
   - Anwendungsbereich 2 1
   - kaufmannsähnliche Personen 2 4 f
   - Nießbrauch 12 96
   - Vermutungsregel des § 344 28
Handelsgewerbe 1 8, 138; 5 329
   - Art 1 9
   - Umfang 1 9
   - Vermutung 1 8
Handelskauf 2 100 ff
   - allgemeine Einkaufs- und Verkaufsbedingungen 2 106 ff
   - Gewährleistung 2 123 ff
   - Kaufpreis 2 108 ff
   - Rügeobliegenheit 2 124 ff
   - Steuerrecht 2 164 ff
   - Umsatzsteuer 2 112, 164 f
   - Unternehmenskauf 2 129
   - Vertragsschluss 2 102 ff
Handelsmakler 1 812 ff
   - Pflichten 1 838 ff
Handelsmaklervertrag 1 835 ff
Handelsregister 1 47; 6 880 ff; 11 82, 206
   - Abschriften 1 96
   - Anmeldung 1 67; 6 18
   - Antrag 1 65
   - Aufbau 1 51
   - Auszug 1 57
   - Bekanntmachung 1 89
   - Bescheinigungen 1 96
   - Einsichtnahme 1 94
   - Einsichtsrecht 1 57
   - Einspruch 1 66
   - Eintragung 6 42
   - Eintragungsentscheidung 1 84
   - eintragungsfähige Tatsachen 1 82
   - Eintragungsfähigkeit 1 74

- eintragungsunfähige Tatsachen 1 83
- einzutragende Tatsachen 1 75
- elektronisch 1 47, 58
- elektronisches Handelsregister der Länder 1 95
- Hauptband 1 56, 94
- Kosten 1 93, 97
- negative Publizität 1 102
- Ordnungsgeld 1 91
- positive Publizität 1 108
- Publizität 1 50, 98
- Rechtsmittel 1 87
- Rechtsnachfolge 1 72
- Rechtsschein 1 114
- Registerblatt 1 51, 94
- Registerordner 1 56, 94
- Registervollmacht 1 72
- Registerzwang 1 66
- sofortige Beschwerde 1 66
- technisches Procedere 1 70
- Verfahren 1 59
- Vertretung 1 72
- weitere Beschwerde 1 87
- Wirkung der Eintragung 1 88
- Zuständigkeit 1 61
- Zwangsgeld 1 90
- Zweigniederlassungen 1 73, 113
Handelsüblichkeit 1 615 ff
Handelsvertreter 1 448 ff
- Abgrenzung 1 461 ff
- Abgrenzung zum Arbeitnehmer 1 473 ff
- Ausgleichsanspruch 1 698 ff
- außerhalb der EG 1 668 ff
- Begriff 1 450 ff
- im Nebenberuf 1 468 ff
- räumlicher Markt 1 332
- sachlicher Markt 1 331
- Urkunde über Wettbewerbsverbot 1 340
- Vertragsende 1 336
- Wettbewerbssituation 1 330
- Wettbewerbsverbot 1 329
Handelszweig 1 381
Handlungsvollmacht 1 247
- Abschlussvertreter 1 257
- Angestellte 1 258
- Arthandlungsvollmacht 1 253
- Außenverhältnis 1 256
- Erlöschen 1 255
- Erteilung 1 249
- Generalvollmacht 1 252
- Innenverhältnis 1 249
- Spezialhandlungsvollmacht 1 254
- Übertragung 1 249
- Umfang 1 250
- Widerruf 1 255
Hauptversammlung 6 490 ff, 593 ff, 832 ff, 864, 880
- Anfechtung von Beschlüssen 6 864
- außergewöhnliche Geschäftsführungsmaßnahmen 6 833 ff, 843 f
- Bekanntmachung 6 602
- Beschluss 6 621
- Beschlussmängel 6 663 ff
- Einberufung 6 601 ff, 607 ff
- Eintragung von Beschlüssen 6 876, 880
- Entlastung Vorstandsmitglied 15 141
- Niederschrift 6 621
- Ort 6 490, 622
- Stimmrecht 6 638 f
- Tagesordnung 6 602
- Teilnahmerecht 6 491, 596, 616 f

- Versammlungsleiter 6 493, 624 ff
- Vertrauensentzug (Vorstandsmitglied) 15 104
- Zeit 6 623, 618 f
- Zuständigkeit 6 600, 593 ff
- Zustimmungsvorbehalte 6 832 ff, 842 f

Hauptvertrag 1 821 ff
Hebesatz
- mitunternehmerische 14 178 ff

Herstellungskosten
- historische 13 131 ff
- Sondebetriebsvermögen 13 114 ff

Hinzurechnungen und Kürzungen
- mitunternehmerische 14 164 ff

Holding 11 63
Holschuld 2 137
Holzmüller-Vorbehalt 6 842
IAS 8 136
IASB 8 136
IAS-Verordnung 8 135 ff
- Anwendungsbereich 8 136
- Kommissionsverordnungen 8 136
- Übernahmeverordnungen 8 136
- Umsetzung 8 137

Identitätstheorie 6 23
IFRS 8 136
Immobilie 11 28, 44, 126, 186, 194, 195, 207, 217
Imparitätsprinzip
- Wertaufhellungsprinzip 13 7 ff

Incoterms 2 117
Individualsphäre 5 75
Informationen
- über das Zielunternehmen 11 23, 94, 280 f
- Weitergabe von 11 54

Informations- und Kontrollrecht 5 84 ff
Informationspflicht 1 492 ff, 510 ff; 11 24
Informationsrechte 5 597 ff, 753 ff
Informationsrechte der Gesellschafter
- Delaware Corporation 8 791
- Private Limited Company 8 561
- Sociedad de Responsibilidad Limitada 8 688, 691

Inhaltskontrolle 5 751 ff
Inkassoprovision 1 546 ff
Inkassovollmacht 1 857 ff
Innen-, Außenverhältnis 1 679 ff
Innengesellschaft 5 16 ff
Innenhaftung 5 578 ff; 6 32
Innenrecht der GbR 5 73
Innenverhältnis 5 589 ff
Insichgeschäft 6 922
- Selbstkontrahierungsverbot 6 95

Insiderinformationen 11 55
Insolvenz 1 576 ff; 5 730 ff; 6 112, 135, 353, 355 f, 359, 366, 368, 393, 396, 416, 422, 430, 991 ff; 11 3, 14, 107, 137, 169, 267, 296, 286 ff, 298 ff
- Anfechtungsklage gegen den Insolvenzverwalter 6 995
- Antragspflicht 6 993
- Antragsrecht 6 993
- Aufhebung 6 995
- Auflösung der Genossenschaft 6 994
- Einstellung 6 995
- Eröffnung des Insolvenzverfahrens 6 994, 998; 8 460 ff
- Eröffnungsgründe 6 991
- Eurofood-Entscheidung 8 460
- Europäische Insolvenzverordnung 8 458
- Gläubigerausschuss 6 994
- Insolvenzantragspflicht 8 467 f
- Insolvenzantragsrecht 8 465 f

- Insolvenzfähigkeit 8 463
- Insolvenzgründe 8 464
- Insolvenzplan 6 995
- Insolvenzverwalter 6 945, 994
- internationale Zuständigkeit 8 460 f
- Internationales Insolvenzrecht 8 30
- Kreditgenossenschaft 6 992
- Mittelpunkt der hauptsächlichen Interessen 8 460
- Nachschussberechnung 6 994
- Nachschusspflicht 6 994
- örtliche Zuständigkeit 8 461
- Reife 6 350, 114 ff, 341 ff
- Überschuldung 6 991
- Verfahren 6 342 ff
- Verschleppung 6 140
- Vorschussberechnung 6 995
- Vorschusspflicht 6 995
- Zahlungsunfähigkeit 6 991
- Zahlungsverbot 6 992

Insolvenzanfechtung 5 742 ff
Insolvenzantrag 5 736 ff; 11 291
Insolvenzantragspflicht 5 678 ff; 6 118 ff, 546, 566
Insolvenzfähigkeit der GbR 5 313 ff
Insolvenzforderung 11 300
Insolvenzgründe 5 731 ff
Insolvenzmasse 11 105, 300, 303, 295 f
Insolvenzverfahren 6 428; 11 235, 288 f, 296 ff
- Eröffnung 11 228, 236
- Hauptverfahren 11 293, 299 f
- vorläufiges 11 293

Insolvenzverwalter 11 105, 293 ff
- Wahlrecht 11 298

Inspire Art-Entscheidung 8 417
Intensivierter Altkunde 1 707 ff
Interessenabwägung 1 660 ff
Interessenausgleich
- Form 16 105
- Gegenstand 16 102 ff
- Kündigung eines Arbeitnehmers 16 107
- Namensliste 16 107
- Scheitern 16 108
- Schriftform 16 105

Interessengemeinschaft 5 8 ff
Interessenkonflikt 6 63, 64; 11 278 f
Interessenwahrnehmungspflicht 1 491 ff
International Accounting Standards (IAS)
- IFRIC Interpretations 13 17 ff
- International Accounting Standards Board 13 17 ff
- Komitologieverfahren 13 17 ff

International Financial Reporting Standards (IFRS)
- Wertaufhellungsprinzip 13 15 ff

Internationale gerichtliche Zuständigkeit 8 31
Internationales Erbrecht 12 57
Internationales Gesellschaftsrecht (IPR) 8 8 ff, s.a. IPR
Internationales Insolvenzrecht 8 30
Internationales Privatrecht 8 2 ff
- Anknüpfung 8 3
- Beherrschungsvertrag 8 23
- Durchgriffshaftung 8 20
- Firma 8 25
- Formfragen, Formstatut 8 26
- Gesellschafterhaftung 8 20
- Gesellschaftsstatut 8 9 ff
- Gewinnabführungsvertrag 8 23
- Gründungstheorie 8 10
- Insolvenz 8 30
- Konzernrecht 8 23
- Mitbestimmung 8 21 f
- Name 8 25

1571

Stichwortverzeichnis

- Niederlassungsfreiheit 8 16
- Qualifikation 8 3
- Rechtsfähigkeit 8 18
- Sitztheorie 8 10
- Sitzverlegung 8 12, 27
- Umwandlung 8 29
- Vertretung 8 19

Internationales Zivilprozessrecht 8 31 f
Interprofessionelle Zusammenschlüsse 5 772 ff
Investitionen 11 108
Investitionsabzugsbetrag 13 152 ff
Investitionsrücklage
- Aufschub der Besteuerung 13 158 ff

Isle of Man 8 16
Issued share capital 8 498, 572
(Ist-)Kaufmann 1 14
Jahresabschluss 6 821, 848, 387 f, 742 ff, 866 ff; 11 96, 105, 138, 140, 151
- Anhang 13 2 ff
- Aufstellung 5 360
- Bilanz 13 2 ff
- Feststellung 5 367; 6 848, 866, 868, 896
- Feststellung, Wertaufhellungsprinzip 13 9 ff
- Gewinn- und Verlustrechnung 13 2 ff
- Inhalt 6 869
- Lagebericht 13 2 ff
- Prüfung 5 366
- Prüfung durch den Abschlussprüfer 6 867
- Prüfung durch den Aufsichtsrat 6 821

Jahresabschlussprüfung
- Prüfungspflicht 13 3 ff
- Publizität 13 3 ff

Jahresabschlussrichtlinie 8 125
- Umsetzung 8 125

Jahresfehlbetrag
- Rückstellungen 13 33 ff

Jahresüberschuss
- Rückstellungen 13 33 ff

Jugend- und Auszubildendenvertretung 16 34 ff
Just-in-Time-Lieferung 2 158
Kammern für Handelssachen 1 32
Kannkaufmann 1 16
Kapital 6 702 ff
Kapitalanteil 5 204 ff; 6 862
- Rückstellungen 13 35 ff

Kapitalaufbringung 6 310, 703 ff
- Delaware Corporation 8 799 ff
- Private Limited Company 8 577 ff
- Sociedad de Responsibilidad Limitada 8 700 ff

Kapitalbeschaffung 6 872
Kapitalerhaltung 6 707 ff; 11 137, 252 ff, 268
- Delaware Corporation 8 802 ff
- Private Limited Company 8 584 ff
- Sociedad de Responsibilidad Limitada 8 706 ff

Kapitalerhöhung 6 372 f, 377 ff, 717 ff, 872, 874; 11 284 f
- aus Gesellschaftsmitteln 6 729
- Barkapitalerhöhung 11 282
- bedingte 6 726
- Delaware Corporation 8 781
- gegen Einlagen 6 718 ff
- Private Limited Company 8 595 ff
- Sachkapitalerhöhung 11 26, 285 f
- Sociedad de Responsibilidad Limitada 8 680 f

Kapitalerhöhung zur Durchführung der Verschmelzung 10 31, 45, 87, 94, 98 ff, 119, 127
- anzuwendendes Recht 10 98
- Beschluss 10 99
- Bezugsrecht 10 101

- Sacheinlage 10 94, 99
- Übernahme bzw Zeichnung 10 100
- Verbot der Unterpari-Emission 10 103 f

Kapitalertragsteuer 6 1004; 11 221
Kapitalgesellschaft 11 11, 63, 65, 251, 253
- Außenfinanzierung 4 104 f
- Fremdorganschaft 4 127
- Gesellschafterdarlehen 4 111 f
- Gewinnermittlung 4 154
- Haftung 4 117 f
- Kapitalaufbringung 4 90 f
- Kapitalrückzahlung 4 97 f
- Liquidation 4 191 f
- verdeckte Einlage 13 222 ff
- Wertermittlung 4 187

Kapitalgesellschaftsbeteiligung
- Nießbrauch 12 104

Kapitalgesellschaftsbeteiligungen, Veräußerung
- mitunternehmerische 14 130 f

Kapitalherabsetzung 6 737 ff, 873
- effektive 6 380 ff
- ordentliche 6 737, 739
- Private Limited Company 8 588 f
- Sociedad de Responsibilidad Limitada 8 710 ff
- vereinfachte 6 385 f, 737, 741

Kapitalisierung von Zahlungsmittelüberschüssen 11 104
Kapitalkonto 5 206 ff
- des Kommanditisten 13 39 ff
- einheitliches 13 37 ff

Kapitalmaßnahmen 6 461, 871 ff
Kapitalrichtlinie 8 70 ff
- Änderungsrichtlinie 8 70
- Anwendungsbereich 8 71
- eigene Aktien 8 75
- Gründung einer Kapitalgesellschaft 8 72
- Kapitalaufbringung 8 73
- Kapitalerhaltung 8 74
- Kapitalerhöhung 8 76
- Kapitalherabsetzung 8 77
- Sacheinlage 8 73
- Umsetzung 8 78

Kapitalrücklage
- Rückstellungen 13 30 ff

Kapitalschnitt 6 741
Kappungsgrenze 1 739 ff
Kartellrecht 1 356; 11 81, 90, 94, 171
- Zusammenschlusskontrolle 11 104

Kaufleute s. Kaufmann
Kaufmann
- Begriff 1 2
- Einteilung 1 13
- FGG-Verfahren 1 30
- Gerichtsstand 1 31
- Handelsregistereintrag 1 29
- Istkaufmann 1 4, 14
- Kammern für Handelssachen 1 32
- Kannkaufmann 1 16
- Kaufmann im Bereich der Land- und Fortwirtschaft 1 18
- Kaufmann kraft Rechtsform 1 21
- Kaufmann kraft Rechtsschein 1 25
- Kleingewerbetreibender 1 10
- Prozessuales 1 30
- Schiedsverfahren 1 33
- Zivilprozess 1 31

Kaufmann kraft Rechtsform
- juristische Personen 1 24
- Personenhandelsgesellschaften 1 22

Kaufmann kraft Rechtsschein 1 25
– Fiktivkaufmann 1 26
– Kaufmann kraft Eintragung 1 26
– Scheinkaufmann 1 27
Kaufmännischer Sorgfaltsmaßstab 2 58
Kaufmännisches Zurückbehaltungsrecht 2 83 ff
– Befriedigungsrecht 2 90
– beiderseitiges Handelsgeschäft 2 86
– Recht zum Besitz 2 89
Kaufmannseigenschaft 8 423
– Handelsgesellschaften 1 135
– Istkaufmann 1 134
– Kannkaufmann 1 137
– Kraft Eintragung 1 136
Kaufpreis 11 20, 24, 26, 29, 33, 48, 73, 81, 84, 88 f, 95 ff, 105 f, 154, 163, 167, 198, 217, 224, 245, 251, 253, 256 f, 265 f, 269, 282, 285 ff, 301, 303
– Fixpreis 11 105
– nachträglicher 11 110
– Restpreis 11 117
– variabler 11 106
Kaufpreis, überhöhter
– Sondebetriebsvermögen 13 110 ff
Kaufpreisallokation 11 217
Kaufpreisanpassungsmechanismen 11 47, 106 f
Kaufpreisberechnung 11 211
Kaufpreisfälligkeit 11 112
Kaufpreisfinanzierung 11 251, 256, 263
Kaufpreisforderung s. Forderung
Kenntnisträger 11 130
Kernbereich der Mitgliedschaft 5 81
Kernbereichslehre 5 80, 189 ff
Kettenumwandlung 10 69 ff
KG 4 20
– Außenfinanzierung 4 107
– Begriffsmerkmale 5 436
– Entstehung 5 438
– Geschäftsführung 4 24
– Haftung 4 21, 22
– Publikumsgesellschaft 4 27
KGaA 4 52, 53; 6 768, 761 ff
– Beendigung s. dort
– Finanzierung s. dort
– Mitbestimmung 16 125, 128
– Nachteile 6 769 ff
– Organe s. dort
– Vertretung s. dort
– Vorteile 6 762 ff
KG-Gesellschaft
– Kommanditist 1 412, 415
– Komplementär 1 408, 411
Kirchliche Stiftung
– rechtliche 6 1024 ff
Klage auf Abrechnung 1 593 ff
Klage auf Auskunft 1 595 ff
Klage auf Bucheinsicht 1 596 ff
Klage auf Erteilung eines Buchauszuges 1 594 ff
Klage gegen den Verschmelzungsbeschluss 10 18, 123, 141 ff
– Bewertungsrüge 10 145 ff
– Frist 10 148
– Klageart 10 143 f
– Parteifähigkeit 10 144
– Rechtsfolge der Klageerhebung 10 142
– Zulässigkeit 10 144 ff
Klageantrag 1 805 ff
Klagebegründung 1 807 ff
Klageverzichtsklauseln 1 693 ff
Kleingewerbetreibender 1 10

Kleinstgenossenschaft 6 918, 925, 936, 939
Kleinunternehmen 5 330
Know-how 11 7, 137, 204
Kommanditaktie 6 770, 793
– Übernahme bei Gründung 6 793
Kommanditaktionär 6 863, 777 ff
Kommanditgesellschaft auf Aktien s. KGaA
Kommanditgesellschaft
– Haftung der Nachfolger 12 239 ff
– nachfolgebedingte Steuern 12 255 ff
– Tod eines Kommanditisten 12 237
– Tod eines Komplementärs 12 234
– Unternehmensnachfolge von Todes wegen 12 171 ff
Kommanditist
– Aufwendungsersatz 5 475 ff
– Ausscheiden 5 516 ff
– Einlage 5 483 ff
– Einlagenrückgewähr 5 502 ff
– Eintritt 5 518 ff
– Geschäftsführung 5 454 ff
– Gewinnentnahme 5 509 ff
– Haftung 5 483 ff, 502 ff, 529 ff
– Kaufmannseigenschaft 5 445 ff
– Kontrollrechte 5 465 ff
– Mitgliedschaft 5 451 ff
– Pflichteinlage 5 490
– Scheingewinne 5 513 ff
– Tod 5 481 ff
– Vermögensrechte 5 475 ff
– Vertretung 5 461
– Wesensmerkmale 5 440 ff
– Wettbewerbsverbot 5 446 ff
Kommanditistenhaftung 5 581 ff, 669 ff, 717 ff
Kommission 2 171 ff
– Abgrenzung 2 172 f
– Ausführungsanzeige 2 185
– Ausführungsgeschäft 2 168, 193 ff
– Befriedigungsrecht des Kommissionärs 2 191
– Bereicherungsansprüche 2 198, 204 f
– Delkredere 2 186, 221
– Drittschadensliquidation 2 195, 223
– Gestaltung der Garantien im Ausführungsgeschäft 2 232
– Handelsmakler 2 173
– Interessenkonflikt 2 178
– Kartellrecht 2 210
– Kommissionsagent 2 173
– Kosten für Warentransport 2 222
– Leistungsstörungen 2 195
– Mangelhafte Lieferung 2 196 ff
– Nennung des Dritten 2 185, 227
– Prioritätsprinzip 2 178
– Provisionsanspruch 2 188, 220
– Rückabwicklung des Ausführungsgeschäfts 2 198
– Selbsteintritt 2 224, 207 f
– Wettbewerbsverbot 2 210
Kommissionär 1 463 ff
Komplementär s. persönlich haftender Gesellschafter
Komplementär-GmbH 11 269
Konkurrenzverbot 1 517 ff
Kontenteilung, gesellschaftsvertragliche
– Zurückbezahlung 13 42 ff
Konto, rechtliche Qualifikation
– Zurückbezahlung 13 46 ff
Kontokorrent 2 50 ff
Kontrolle 5 639 ff
Kontrollpflicht 11 90
Kontrollrechte 5 466 ff, 597 ff
Konzern 6 810, 821, 823 ff; 11 88, 96, 129, 166, 207

Konzernabschlussrichtlinie 8 126
Konzernbetriebsrat 16 27 ff
– Amtszeit 16 30
– Betriebsratswahl 16 11 f
– Voraussetzungen 16 27 ff
– Zusammensetzung 16 31
– Zuständigkeit 16 32 f
Konzernkreis
– Verlustabzug 13 65 ff
Konzernmutter 11 166
Konzernrechtsrichtlinie 8 158
Konzessionen 11 137, 188
Körperschaftsteuer 4 151; 6 1003, 1005
– Schachtelprivileg 4 155
Kosten 11 13, 46, 103, 105, 161, 164 ff, 172, 198, 244 f
– Beraterkosten 11 32, 46, 172
– Eintragung 6 996
Kostenbeseitigungsanspruch
– interner 11 161
Krämermakler 1 871 ff
Krankenkasse 6 894
Kreditgenossenschaften 6 919, 982, 988, 992, 1001
Kreditunwürdigkeit 6 351
Krise der Gesellschaft 5 739 ff
Kumulierende Gründe 1 632 ff
Kündigung 5 688 ff, 758 ff; 6 219 ff, 423 ff; 11 51, 185, 235, 237; 16 93 f
– außerordentliche 1 628 ff; 6 953 f
– des Unternehmers 1 753 ff
– Dienstvertrag 6 926
– durch Gläubiger 6 956
– ordentliche 1 621 ff; 6 951
– unzulässige Druckmittel der Genossenschaft 6 951
– Vorgründungsgesellschaft 6 884
– wegen Wohnsitzwechsel 6 952
Kündigung des Anstellungsvertrag des Vorstandsmitglieds
– außerordentliche 15 148
Kündigung des Anstellungsvertrags des Vorstandsmitglieds
– auflösende Bedingung (Bestellungswiderruf) 15 151
– Ausschlussfrist 15 152
– Kündigung durch das Vorstandsmitglied 15 154
– Rechtsschutz 15 153
– wichtiger Grund 15 149
– Zuständigkeit 15 148
Kündigungserklärung 1 623 ff
– Auslauffrist 1 637 ff
Kündigungsfristen 1 622 ff
Kündigungsrecht des Versicherungsnehmers 1 886 ff
Lasten, dauernde
– mitunternehmerische 14 166 ff
Legal Due Diligence 11 51
Leistung 11 255, 272
Leistungsfähigkeit, Besteuerung
– Zurückbezahlung 13 57 ff
Leistungsinhalt 2 58
Leistungszeit 2 58
Leitender Angestellter 15 160 f; 16 9
– Aufsichtsrat 16 135
– Betriebsrat 16 8
– Sprecherausschuss 16 122 f
Leitungsmacht 6 921, 923
Letter of Intent 11 24, 28
Leveraged Buy-Out 11 245 ff, 259 f, 264, 269, 271, 277, 281
Liebhaberei
– Sondebetriebsvermögen 13 99 ff
Lieferschein 2 106
Lineare Gebäude-AfA 13 142 ff

Liquidation 5 725 ff; 6 416, 422, 424, 462, 433 ff, 988 ff; 11 7, 271
– Delaware Corporation 8 818 f
– Gläubigeraufruf 6 988
– Private Limited Company 8 619 ff
– Sociedad de Responsibilidad Limitada 8 728 ff
– Sperrjahr 6 989
– Substanz- und Liquidationsermittlung 11 101
– unechte Vorgenossenschaft 6 889
– Verteilung des Restvermögens 6 989
Liquidation der OHG
– Löschung 5 428
– Nachtragsliquidation 5 429
Liquidationsrichtlinie 8 160
Liquidator 5 726 ff
– Abberufung 6 896, 988
– Aufgaben 6 988
– Bestellung 6 896
– Delaware Corporation 8 818 f
– geborener 6 988, 997 f
– gekorener 6 988
– gerichtlich bestellter 6 988
– Kreditgenossenschaften 6 988
– Private Limited Company 8 619 ff
– Sociedad de Responsibilidad Limitada 8 728 ff
Liquidität 11 140, 167, 250, 299
Lizenzen 11 184 f
Lohnsteuer 11 221
Löschung von Amts wegen 6 886
Ltd. 4 65 ff; 8 16
Luganer Übereinkommen 8 31
Makler 1 465 ff
Maklerleistung 1 837 ff
– Nachweis, Vermittlung 1 820 ff
Maklerprovision 11 33
Maklervertrag 1 817 ff
– Pflichten des Versicherungsmaklers 1 874 ff
Maklerwechsel, Maklereinbruch 1 884 ff
Management
– Interessenkonflikte 11 276 f
Management Buy-Out 11 17, 105, 245 ff, 276 ff, 280
Mandatsschutzklauseln 1 273
Mangel 11 15, 39, 44, 122, 125, 177, 183
– Rechtsmangel 11 12
– Unternehmen 11 15
Mantelgesellschaft 6 40, 507 ff; 11 25
Marken 1 132
MBO s. Management Buy-Out
ME 8 65
Mehrheitserfordernisse 5 187 ff
Mehrheitsgrundsatz 5 148
Mehrstimmrecht
– Änderung/Aufhebung 6 901
– Gewährung 6 901, 913, 972
Mehrstufiges Vertreterverhältnis 1 690 ff
Mehrwertsteuer 1 726 ff
Melius 2 133
Memorandum of association 8 486 ff
Mietvertrag 11 185
Minderheitenschutz 6 905
Minderjährigenrecht 12 62, 65, 117
– Ergänzungspflege 12 118
– Familien-/vormundschafts-gerichtliche Genehmigung 12 127
Minderjährigenschutz 5 69 ff
Minderjähriger 11 70
Minderung 11 144
Mindestanzahl 6 891, 965, 966, 973

Mindestkapital
- Auseinandersetzung 6 965

Mindestkapitalvorschriften
- Delaware Corporation 8 799 f
- Private Limited Company 8 498 f
- Sociedad de Responsibilidad Limitada 8 646 f

Misch-Spaltung 10 175
Missbrauch 11 66, 235
Missbrauchsverfahren 5 781 ff
Mitarbeiterbeteiligung 7 57 ff
MitBestG 6 75
Mitbestimmung 6 767, 810, 896, 920, 936, 938, 823 ff
Mitbestimmung des Betriebsrats 16 74 ff
- außerhalb des BetrVG 16 121
- Kündigung 16 93 f
- personelle Angelegenheiten 16 81 ff
- personelle Einzelmaßnahmen 16 86 ff
- soziale Angelegenheiten 16 74 ff
- vorläufige Maßnahmen 16 89 ff
- wirtschaftliche Angelegenheiten 16 88 ff
- Wirtschaftsausschuss 16 95 ff
- Zustimmungsersetzung 16 88 ff

Mitbestimmung im Unternehmen
- s. Unternehmensmitbestimmung

Mitbestimmungsergänzungsgesetz 16 150
Mitbestimmungsgesetz 4 199 f; 16 128 ff
Mitglied 6 172 f
- Auskunftsrecht 6 899
- Ausschlagungsrecht 6 978
- förderndes 6 904
- investierendes 6 896, 904, 919
- Mindestanzahl 6 891, 987
- Mitgliederliste 6 946
- Stimmrecht 6 900
- Teilnahmerecht 6 898

Mitglied, förderndes 6 904
Mitglied, investierendes 6 904, 919
- Abgrenzung 6 904
- Zulassung 6 896

Mitgliedschaft 5 74 ff, 440 ff; 6 213 ff, 847 ff
- Auseinandersetzung 6 964
- Ausschluss 6 957 ff
- Beendigung 6 217, 853
- Delaware Corporation 8 780 ff
- Erwerb 6 847, 203 ff, 946 f
- Erwerb der Mitgliedschaft in der GbR 5 76
- Fortführung 6 960
- Kündigung 6 951 ff
- Mitgliedsfähigkeit 6 919, 937, 943
- Private Limited Company 8 551 ff
- Rechte 6 848 ff
- Rechtsnachfolge 6 960
- Sociedad de Responsibilidad Limitada 8 679 ff
- Streit 6 283
- Übertragbarkeit 6 212, 209 f
- Übertragung 6 853
- Übertragung auf ein Nichtmitglied 6 949
- Übertragung, Ausschluss 6 950
- Übertragung, teilweise 6 950
- Übertragung, vollständige 6 949
- Umwandlung eines Mitgliedsunternehmens 6 963

Mitgliedsfähigkeit der GbR 5 233 ff
Mittelstandsrichtlinie 8 128
Mitunternehmeranteile, Veräußerung
- verdeckte Einlage 14 6 ff

Mitunternehmerinitiative
- Zurückbezahlung 13 58 ff

Mitunternehmerrisiko
- Zurückbezahlung 13 58 ff

Mitverkaufsrecht 6 213 ff
Mitwirkungsrecht 11 111
MoMiG 6 10, 117, 121, 315 ff, 321 ff, 364 ff; 11 97
Montan-Mitbestimmungsgesetz 16 141 ff
Musterklauseln 2 103 ff
Musterkollektionen 1 496 ff, 507 ff
Nachbearbeitung 1 687 ff
Nachfolgeklausel 5 118 ff
- und Nacherbfolge 5 125

Nachgründung 6 495 ff, 792, 795 ff, 841
- Persönlicher Anwendungsbereich 6 798
- Sachlicher Anwendungsbereich 6 799

Nachhaftung 5 715 ff
Nachhaltigkeit
- einheitliche 14 54 ff

Nachlassverbindlichkeiten 12 10
Nachlassverwalter 6 945
Nachlassverwaltung 5 132 ff
Nachschieben von Gründen 1 639 ff
- erneute Kündigung 1 654 ff

Nachschusspflicht 5 93; 6 189 ff, 947, 970, 971, 993, 1001
- Ausschluss 6 970
- Entfallen der Nachschusspflicht 6 994
- in der Insolvenz 6 994
- unbeschränkte 6 970

Nachteilsausgleich 16 120
Nachvertragliches Wettbewerbsverbot des Geschäftsführers 15 35 ff
- Anrechnung anderweitigen Erwerbs 15 44
- Form 15 45
- geltungserhaltende Reduktion 15 47
- Höchstzeitraum 15 42
- inhaltliche Ausgestaltung 15 40 ff
- Karenzentschädigung 15 43
- Kunden- und Mandantenschutzklausel 15 40
- Lösungsrecht 15 49
- Mängel 15 46
- räumlicher Geltungsbereich 15 41
- Rechtsgrundlagen 15 36 ff
- Tätigkeitsverbot 15 40
- Verletzung 15 50
- Vertragsstrafe 15 50
- Verzicht durch Gesellschaft 15 48
- zeitlicher Geltungsbereich 15 42
- Zulässigkeit 15 39

Name der GbR 5 38 ff
Name der Partnerschaft 5 773 ff
Namensaktien 11 62
Naturalrestitution 11 143, 157
Nebenabreden 11 73, 76, 230
Nebenkosten
- Mehrwertsteuer 1 566 ff

Nebentätigkeit 6 919
Nebenvereinbarungen 11 24 f
Nettogewicht 2 111
Nettoprinzip, objektives
- Betriebsausgabenabzugsverbot 13 62 ff
- Gewerbesteuer 13 62 ff

Netto-Verfahren 11 104 ff
Neugründung 6 984
Neukunde, Laufkunde, Stammkunde 1 706 ff
Nichtanfechtungserklärung 6 981 f
Nichtausführung insgesamt oder teilweise 1 557 ff
Nichtigkeitsgründe 6 906
Nichtigkeitsklage 6 459, 257 ff
- Abgrenzung zur Auflösungsklage 6 908
- Abgrenzung zur Feststellungsklage 6 908
- Besonderheiten bei Verschmelzung 6 981

- Klagebefugnis 6 907
- Rechtskraftwirkung 6 907

Nichtleistung 1 554 ff
- des Dritten 1 555 ff

Niederlassungsfreiheit 5 24; 8 16, 35 ff,
- Anwendungsbereich 8 38 ff
- Art. 46 EGV 8 46
- Beschränkungsverbot 8 43
- Centros-Entscheidung 8 415
- Gewährleistungsumfang 8 42 ff
- Gründungstheorie 8 413
- Inländerdiskriminierung 8 41
- Inspire Art-Entscheidung 8 417
- Missbrauchsrechtsprechung 8 48
- primäre Niederlassungsfreiheit 8 39
- Rechtfertigung im Allgemeininteresse 8 47
- Rechtsfolge 8 36
- Schranken 8 45 ff
- sekundäre Niederlassungsfreiheit 8 39
- Sitztheorie 8 410 ff
- Sitzverlegung 8 49 ff
- Überseering-Entscheidung 8 416
- unmittelbare Geltung 8 36
- Verhältnis zum nationalen Recht 8 37
- Verschmelzung, grenzüberschreitende 8 118 f

Niederlassungsverbot 1 274
Niederstwertprinzip
- Wertaufhellungsprinzip 13 7 ff

Nießbrauch 12 93
Nießbrauch an einer Beteiligung 7 284 ff
- Bestellung 7 296 ff
- Besteuerung 7 291 ff
- Verwaltungsrechte 7 302 ff

Non-executive directors 8 518
Notar 11 167
- ausländischer 11 167
- und Registergebühren 11 172

Notarielle Form 11 13, 33, 73 ff, 77, 167, 194 f
Notgeschäftsführung 5 165 ff
Novationstheorie 2 56
Nutzungsdauer, betriebsgewöhnliche
- AfA-Tabelle 13 140 ff
- typisierte Nutzungsdauer 13 140 ff

Nutzungsrechte
- dingliche und obligatorische 13 178 ff

Nutzungsüberlassung 11 185
Offene Einlagen
- Nutzungen und Nutzungsrechte 13 172 ff

Offene Handelsgesellschaft
- s.a. OHG
- Anmeldepflicht 5 332
- Auflösung 5 400
- Auflösungsfolgen 5 405
- Auflösungsgründe 5 402
- Ausscheiden eines Gesellschafters 5 430
- Ausscheiden von Gesellschaftern 5 400
- Ausscheidensgründe 5 430
- Begriffsmerkmale 5 328
- Ergebnisverteilung 5 369
- Geschäftsbeginn 5 343
- Geschäftsführung 5 345
- Gesellschafterhaftung 5 389
- Liquidation 5 410
- Liquidatoren 5 413
- Verteilung des Gesellschaftsvermögens 5 421
- Vertretung 5 386
- Wirksamwerden 5 341

Offenlegung 8 125, 81 ff
Öffentliches Recht 11 187

Öffentlich-rechtliche Stiftung
- privatrechtliche 6 1022 ff
- steuerbegünstigte 6 1020 ff

Officers 8 758 ff
OHG 4 13 ff; 11 8, 75
- s.a. Offene Handelsgesellschaft
- Eintrittsklausel 12 221
- Fortsetzung 12 219
- Gesamthandsgemeinschaft 4 15
- Geschäftsführung 4 17
- Haftung 4 16
- Haftung der Nachfolger 12 239 ff
- Nachfolgebedingte Steuern 12 255 ff
- Nachfolgeklauseln 12 224
- rechtsgeschäftliche Nachfolgeklausel 12 223
- Unternehmensnachfolge von Todes wegen 12 171 ff

Option 11 40, 66
Ordentliche Gerichte
- Zuständigkeit 1 471 ff

Ordentliche Gesellschafterversammlungen
- Delaware Corporation 8 769
- Private Limited Company 8 536
- Sociedad de Responsibilidad Limitada 8 671

Ordinary resolutions 8 542
Ordinary shares
- Delaware Corporation 8 797
- Private Limited Company 8 575

Ordnungsgemäße Buchführung, Grundsätze
- Wertaufhellungsprinzip 13 14 ff

Ordnungswidrigkeit 1 870 ff; 11 90, 241
Organ 6 44, 783, 800 ff
- Betriebsrat 16 5

Organisationsverfassung
- Delaware Corporation 8 750 ff
- Private Limited Company 8 505 ff
- Sociedad de Responsibilidad Limitada 8 648, 654 ff

Organschaft 11 65, 280
- mitunternehmerische 14 311 ff
- Verlustabzug 13 67 ff

Organschaftliche Vertretung 5 658 ff
Organschaftliches Rechtsverhältnis 6 778, 782, 785, 801, 865
Organstellung 6 68, 69
Paid-up share capital 8 572
Partei 11 3, 31, 59 ff, 105, 171 f 178, 207, 293, 296, 299 f, 302
- beide Parteien 11 31, 94, 167
- Insolvenzverwalter kraft Amtes 11 298 ff
- Verkaufspartei 11 58

Partiarisches Rechtsverhältnis 5 10 ff
Partnerbezeichnung
- Schutz 5 778 ff

Partnerschaftsgesellschaft 4 28 ff; 5 765 ff
- Anteilsübertragung 5 805 ff
- Auflösung 5 815 ff
- Beitragsleistung 5 796 ff
- Entstehung 5 786 ff
- Geschäftsführung 5 798 ff
- Haftung 5 810 ff
- Haftungskonzentration 5 812 ff
- Innenverhältnis 5 795 ff
- Liquidation 5 818 ff
- Nachhaftung 5 814 ff
- Partnerschaftsregister 5 790 ff
- Partnerschaftsvertrag 5 787 ff
- Rechtsfähigkeit 5 785 ff
- und Kontrollrechte 5 803 ff
- Vertretung 5 808 ff
- Wettbewerbsverbot 5 802 ff

Partnerschaftsregister 1 49
Partnerzusätze 5 775 ff
Passivseite
- Ausleihungen 13 24 ff
Patronatserklärung 11 119, 166
Pauschalisierter Schadensersatz 2 120
Periodenkontokorrent 2 53
Personelle Angelegenheiten 16 80 ff
- Berufsbildung 16 83 ff
- Kündigung 16 93
- Personalfragebogen 16 81
- Personalplanung 16 81
Personelle Verflechtung
- mitunternehmerische 14 61 ff
Personenfirma 1 188
Personengesellschaft 4 8; 11 11, 65, 251
- Außenfinanzierung 4 107
- Betriebsrat 16 5
- Gesamthands-Betriebsvermögen 13 97 ff
- Gewinnausschüttung 4 93
- Gewinnermittlung 4 160
- Gründungskosten 4 172
- Haftung 4 119
- Innenfinanzierung 4 101, 102
- Kapitalaufbringung 4 89
- Kapitalrückzahlung 4 96
- Liquidation 4 190
- Selbstorganschaft 4 124 f
- Sonderbetriebsvermögen 13 97 ff
- Sonderbetriebsvermögen 4 170
- steuerliches Betriebsvermögen 13 97 ff
- Transparenzprinzip 4 157
- Wertermittlung 4 185, 186
Personengesellschaft, Anwendung von IAS
- Komitologieverfahren 13 18
Personengesellschaft, Bilanzierung
- verdeckte Einlage 14 29 ff
Personengesellschaft, vermögensverwaltende
- verdeckte Einlage 14 43 ff
Personengesellschaften, Eigenkapitalausweis
- Rückstellungen 13 34 ff
Personengesellschaftsanteil
- Nießbrauch 12 102
Personenhandelsgesellschaft 11 63
Persönlich haftender Gesellschafter 6 800 ff, 847 ff
- actio pro socio 6 850
- Anstellungsverhältnis 6 802
- Aufnahme 6 847, 854 ff
- Darlehensvertrag 6 806 ff
- Geschäftsführungsbefugter 6 800 ff
- Haftung 6 852
- Kapitalanteil 6 862
- Klagerechte 6 850
- Personalkompetenz 6 815
- Pflichten 6 804, 852
- Rechte 6 803, 848 ff
- Rechtsverhältnisse 6 776, 778, 800, 847 ff
- starke Stellung 6 764
- Stimmrecht 6 849
- Tätigkeitsvergütung 6 805
- Vereinbarungen mit der KGaA 6 805 ff
- Vermögenseinlage s. dort
- Vertretung der Gesellschaft s. Vertretung
- Zustimmungsvorbehalte 6 848, 866, 877, 881
Persönliche Identität
- Kongruenz 1 826 ff
Persönliche Zurechnung (wirtschaftliches Eigentum)
- Eigentumsvorbehalt 13 90 ff
- Gebäude auf fremdem Grund 13 90 ff

- Grundstücksveräußerungen 13 90 ff
- Leasinggeschäfte 13 90 ff
- Mieter 13 90 ff
- Nießbrauch 13 90 ff
- Pächter 13 90 ff
- Sicherheitsübereignung 13 90 ff
- Treuhandverhältnisse 13 90 ff
- Verkaufskommission 13 90 ff
Pfändung von Gesellschaftsanteilen 5 137 ff, 298 ff
Pflichtanteil 6 950
Pflichtbeteiligung 6 968, 972
Pflichteinlage 5 490 ff, 567 ff; 6 966
Pflichtteilsrecht
- Pflichtteilsanspruch 12 47
- Pflichtteilsergänzungsanspruch 12 49
- Pflichtteilsverzicht 12 52, 54
Pflichtverletzung 11 32
Pönale 2 120
Poolbewertung 13 145 ff
Prägung, gewerbliche
- mitunternehmerische 14 68 ff
Praxiswert 13 141 ff
Preference shares
- Delaware Corporation 8 797
- Private Limited Company 8 575
Preisanpassungsklausel 2 114
Preisbestimmung 11 198
Private Limited Company
- annual general meeting 8 536
- annual return 8 530
- Anteilsübertragung 8 553 f
- articles of association 8 502
- Auflösung 8 620 ff
- authorised share capital 8 498 ff, 571, 798
- Aveling Barford Rule 8 594
- Beendigung der Gesellschaft 8 619 ff
- Bezugsrecht der Gesellschafter 8 563, 597
- board of directors 8 509 ff 517 ff
- called share capital 8 572
- certificate of incorporation 8 475 ff
- Companies House 8 478 ff
- company secretary 8 547 ff
- company's objects 8 497
- derivative action 8 565
- directors 8 509 ff
- directors' report 8 529
- distributable profits 8 562
- Einsichts- und Informationsrechte 8 561
- elective resolutions 8 544
- Erwerb eigener Geschäftsanteile 8 592 f
- extraordinary resolutions 8 543
- financial assistance 8 585 ff
- Finanzverfassung 8 570 ff
- Firma 8 488 ff
- Gesellschafterversammlung 8 536 ff
- Gläubigerschutzvorschriften 8 584 ff, 608 ff
- Gründung 8 475 ff
- Haftung der directors 8 608 ff
- Haftung der Gesellschafter 8 604 ff
- issued share capital 8 572
- Kapitalerhaltungsgrundsätze 8 584 ff
- Kapitalerhöhung 8 595 ff
- Kapitalherabsetzung 8 588 f
- Klassen von Geschäftsanteilen 8 573 ff
- Liquidation der Gesellschaft 8 619 ff
- memorandum of association 8 486 ff
- ordinary shares 8 575
- Organisationsverfassung 8 505 ff
- preference shares 8 575

- Publizitätspflichten 8 530 f, 547 ff
- Rechtsquellen 8 472 ff
- redeemable shares 8 576
- registered office 8 493 ff
- Sacheinlagen 8 582 f
- Sorgfalts- und Treuepflichten der directors 8 557 ff
- special resolutions 8 542
- Stammkapital 8 571 f
- striking-off the register 8 629 ff
- Unterpariemission 8 578
- Vorratsgesellschaften 8 503
- whitewash procedure 8 587

Private limited company by shares 8 16
Privatnutzung eines Kfz
- dingliche und obligatorische 13 185 ff

Privilegierte Betriebseinheit, unentgeltliche Übertragung
- privilegierte Betriebseinheit 13 199 ff

Pro rata temporis 13 144 ff
Prognose 1 712 ff
Prognoseberechnung
- Basisjahr 1 725 ff

Prognosezeitraum 1 713 ff
Prokura 1 223
- Außenverhältnis 1 244
- Einzelprokura 1 232
- Erlöschen 1 240
- Erteilung 1 225, 245
- gemischte Gesamtprokura 1 236
- Gesamtprokura 1 233
- halbseitige (gemischte) Gesamtprokura 1 237
- Innenverhältnis 1 224
- Insichgeschäfte 1 228
- Übertragung 1 239
- Umfang 1 227
- unechte Gesamtprokura 1 236

Prospekthaftung 5 761 ff
Provision 1 523 ff
- Anspruch gegen beide Parteien 1 860 ff
- aus künftigen Geschäften 1 723 ff
- bei Bezirksschutz 1 684 ff
- bei Dauerschuldverhältnissen von bestimmter Dauer 1 567 ff
- bei Dauerschuldverhältnissen von unbestimmter Dauer 1 568 ff
- bei Ergänzungsverträgen 1 683 ff
- bei Folgeaufträgen, Nachbestellungen 1 682 ff
- bei Geschäften nach Vertragsbeendigung 1 541 ff
- bei vorzeitiger Beendigung des Dauerschuldverhältnisses bzw des Handelsvertretervertrages 1 569 ff
- bei Zahlung der Prämie 1 685 ff
- Verlust 1 719 ff
- Verzichtsklauseln 1 781 ff

Provisionspflichtige Geschäfte
- Überhangprovisionen 1 525 ff

Provisionsteilungsabkommen, Provisionsabgabeverbot 1 891 ff
Prozessbevollmächtigter 6 896
Prozessuale Hinweise
- Stufenklage 1 804 ff

Prüfung s. Unternehmensprüfung
Prüfungsbericht
- Beschluss 6 896

Prüfungsverband 6 891, 985
- Beitritterklärung 6 895
- Bescheinigung 6 891
- Gutachten 6 891, 999
- Teilnahmerecht 6 975

Public corporation 8 736
Public limited company 8 472

Publikumsgesellschaft 5 559 ff, 747 ff
Publizität s. Publizitätsrichtlinie
Publizitätspflicht 11 171
Publizitätsrichtlinie 8 68 f, 82 ff
- Abschnitt I 8 82 ff
- Abschnitt II 8 68
- Abschnitt III 8 69
- Änderungsrichtlinie 8 82, 87
- Anwendungsbereich 8 82
- Gegenstände 8 83
- negative Publizität 8 85
- Nichtigkeit der Gesellschaft 8 69
- positive Publizität 8 85
- Publizitätsmittel 8 84
- Publizitätswirkungen 8 85
- Register 8 83
- Umsetzung 8 86 f
- Vertretung 8 68

Qualifikation 8 3
Qualifizierte Nachfolgeklausel 4 85
Qualitätssicherungsvereinbarung 2 158
Quoad dominum (zu Eigentum)
- Nutzungen und Nutzungsrechte 13 175 ff

Quoad sortem (dem Werte nach)
- Nutzungen und Nutzungsrechte 13 175 ff

Quoad usum (zur Nutzung)
- Nutzungen und Nutzungsrechte 13 175 ff

Rangrücktritt 5 745 ff
- im Konzern 14 378 ff
- qualifizierter 6 125

Rangrücktrittsvereinbarung
- im Konzern 14 377 ff

Ratenvereinbarung 11 113
Ratenzahlungen
- Sondebetriebsvermögen 13 113 ff

Realisationsprinzip
- Wertaufhellungsprinzip 13 7 ff

Rechnung 2 106
Rechnungsabschluss 5 211 ff
Rechtsfähigkeit
- Allgemeine Rechtsfähigkeit 8 420
- besondere Rechtsfähigkeiten 8 421 ff
- Grundbuchfähigkeit 8 421
- Insolvenzfähigkeit 8 463
- Kaufmannseigenschaft 8 423

Rechtsformverfehlung 5 61
Rechtsformwahl
- Betriebsaufgabe 4 212
- Existenzgründung 4 208, 209
- Generationenwechsel 4 211
- Konsolidierung 4 210

Rechtsformzwang
- Gesellschafterzahl 4 76 ff

Rechtsgeschäftliche Vertretung 5 660 ff
Rechtsgrundlagen des KGaA-Rechts 6 772 ff
Rechtskauf 11 12, 126
Rechtsmittel 6 164
- bei Grund- bzw Teilurteil 1 810 ff

Rechtsnachfolge 6 960; 11 222
- Alleinerbe 6 960
- Auflösung juristischer Personen/Personengesellschaften 6 961
- Erbengemeinschaft 6 960
- Fortführung der Mitgliedschaft 6 960

Rechtsprechungsregeln 5 743 ff
Rechtsscheinshaftung 6 128
Rechtsschutz 10 141 ff
Rechtsschutz gegen den Formwechsel 10 270 ff
- bei qualitativer Schlechterstellung 10 271

- beim nicht verhältniswahrenden Formwechsel 10 272
Rechtsverhältnisse innerhalb der KGaA 6 775 ff
Rechtswahl
- EU/EWR-Staat 1 673 ff
- Freiheit 1 669 ff
Redeemable shares
- Delaware Corporation 8 797
- Private Limited Company 8 576
Regelmäßiger Geschäftsbetrieb 1 613 ff
Regelungsabreden 16 54
Registered agent 8 745
Registered office
- Delaware Corporation 8 745 f
- Private Limited Company 8 493 ff
Registergericht 6 891 f, 996 ff
- anmeldepflichtige Tatsachen 6 997 f
- Eintragungsverfahren 6 1000
- Entscheidungen 6 996
- Prüfungskompetenz 6 892, 999
- Zuständigkeit 6 996
Registerrecht 6 438 ff, 880 ff
Registersperre 10 110, 111, 126
Registervollmacht 1 261
Registrierung
- Anmeldebefugnis und Anmeldepflicht 8 442
- Eintragung ins Handelsregister 8 437 ff
- Form der Anmeldung 8 454
- Inhalt der Anmeldung 8 443 ff
- Zuständigkeit 8 441
Reinvermögen 11 252
Reinvestition 11 285
Relatives Fixgeschäft 2 116 f
Rendite 11 3, 249
Renten, betriebliche
- mitunternehmerische 14 166 ff
Restvermögen 6 989
Richtlinie über die grenzüberschreitende Verschmelzung 8 98 ff, 103 ff
- Anwendungsbereich 8 103 ff
- Entstehungsgeschichte 8 92 ff
- Hinausverschmelzung 8 57, 122
- Hineinverschmelzung 8 57
- Mitbestimmung 8 114 f
- Rechtmäßigkeitskontrolle 8 112
- Richtlinienvorschläge 8 98 ff
- Umsetzung 8 116 f
- Verschmelzungsbericht 8 109
- Verschmelzungsbeschluss 8 111
- Verschmelzungsfähigkeit 8 106
- Verschmelzungsplan 8 108
- Verschmelzungsprüfung 8 110
- Wirksamwerden 8 113
Richtlinien
- allgemein 8 61
- gesellschaftsrechtliche 8 60 ff
Rosinentheorie 6 463
Rückabwicklung 11 98, 144
Rückgriff 11 58, 161
Rückgriffsanspruch 6 18, 29
Rücklagen 6 964
- Rückstellungen 13 35 ff
Rücklagenkonto
- gesamthänderisch gebundenes, Zurückbezahlung 13 46 ff
- Zurückbezahlung 13 43 ff
Rückstellungen 11 140, 150, 158, 208, 252, 255
Rücktritt vom Hauptvertrag 1 823 ff

Rücktrittsrecht 11 115, 96 ff
- Käufer 11 96
- vertragliches 11 115
Rückwirkung 11 84
Rückzahlungen 11 106, 169, 257, 271, 250 f
Rückzahlungsanspruch des Unternehmers 1 556 ff
Rügeobliegenheit 2 124 ff
Sacheinlage 5 568 ff; 6 11, 443, 449, 705 ff, 795, 860, 889, 968
- Bewertung 6 472, 706
- Delaware Corporation 8 801
- gemischte 11 285
- mitunternehmerische 14 246 ff
- Nutzungen und Nutzungsrechte 13 176 ff
- Private Limited Company 8 582 f
- Sociedad de Responsibilidad Limitada 8 703 f
- Unternehmen 6 26
- verdeckte 6 709 f; 11 283 ff
Sachenrechtlicher Bestimmtheitsgrundsatz s. Bestimmtheitsgrundsatz
Sachfirma 1 195
Sachgründung 6 11, 471 ff
- verdeckte/verschleierte 6 19
Sachgründungsbericht 6 15
Sachkapitalerhöhung s. Kapitalerhöhung
Sachliche Verflechtung
- mitunternehmerische 14 62 ff
Sachliche Zurechnung (Betriebsvermögen)
- Pächter 13 92 ff
Sachverhaltsaufklärung 1 651 ff
Sachverständige 2 138
Sanierung 6 339; 11 20, 53, 161, 222
Sanierungsgemeinschaften 6 883
Sanierungsgewinne
- im Konzern 14 368 ff
Sanierungsprivileg
- mitunternehmerische 14 133 ff
Satzung 6 891, 418 f, 475 ff, 480 ff, 787 ff, 854 ff
- Änderung 6 58, 399 ff, 456 ff, 746 ff
- Aufnahme eines persönlich haftenden Gesellschafters 6 854 f
- Delaware Corporation 8 739 ff
- Feststellung 6 791
- Form 6 792
- Inhalt 6 787 ff
- Mindestinhalt 6 475
- Private Limited Company 8 486 ff
- Satzungsstrenge 6 476, 747
- Sociedad de Responsibilidad Limitada 8 638 ff
Satzungsänderung 6 841, 875 ff, 896, 971, 997
- Dreiviertelmehrheit 6 972
- erschwerte 6 974
- Kündigungsrecht 6 954
- Neunzehntelmehrheit 6 974
- Rechtsgrundlage 6 875
- unzulässige 6 974
- Vermögenseinlage s. dort
Satzungssitz
- Delaware Corporation 8 745 f
- Private Limited Company 8 493 ff
- Sociedad de Responsibilidad Limitada 8 644 f
Satzungsstrenge s. Gestaltungsspielraum
Schadensersatz 1 501 ff, 839 ff, 859 ff; 6 912, 924 f, 959, 966, 983; 11 32 f
- Anspruch 1 643 ff
- Auskunft und Rechnungslegung 1 305
- bei Nichtausführung 1 560 ff
- Geschäftsführer 6 107, 109
- Lizenzanalogie 1 304

- Verjährungsfrist 1 309
- Verletzergewinn 1 308
Schädigungsverbot 1 516 ff
Scheinauslandsgesellschaft 8 12, 407 ff
Scheingewinne 5 513 ff, 675 ff
Schicksalsteilungsgrundsatz 1 882 ff
Schickschuld 2 137
Schiedsgericht 11 176 f
Schiedsverfahren 1 33
    - Anerkennung 1 45
    - Anwendungsbereich 1 35
    - Bildung des Schiedsgerichts 1 40
    - gerichtliches Verfahren 1 46
    - Organisation 1 39
    - Rechtsgrundlagen 1 34
    - Schiedsspruch 1 43
    - Schiedsvereinbarung 1 36
    - Territorialitätsprinzip 1 35
    - Verfahren 1 42
    - Vollstreckung 1 45
    - Zuständigkeit 1 41
    - Zweck 1 33
Schifffahrtsvertreter 1 676 ff
Schlussbilanz 10 17 f
Schlussnote 1 842 ff
    - unter Vorbehalt 1 849 ff
Schmiergelder 1 614 ff
Schriftform 11 24, 72, 77, 173
Schuldrecht 11 7, 9 f, 14 f, 73, 125, 197, 210, 214, 277, 283
SchuldRModG
    - Bestimmungs-/Spezifikationskauf 2 110
    - Fixgeschäft 2 116
    - Rügeobliegenheit 2 125, 130, 133 f, 149 f
Schuldübernahme 11 16
Schutzrechte 11 207
Schweigen auf Antrag 2 13 ff
    - Anfechtungsmöglichkeit 2 18
    - Risikoverteilung 2 16
Schweigen auf kaufmännisches Bestätigungsschreiben 2 19 ff
    - Gutgläubigkeit 2 23
    - organisatorische Vorkehrungen 2 29
    - sich kreuzende Bestätigungsschreiben 2 21
Sekundärgenossenschaft 6 901
Selbständige Voraussetzung 1 731 ff
Selbständigkeit 1 453 ff
    - einheitliche 14 53 ff
Selbstkontrahierungsverbot 5 662 ff
Selbstorganschaft 5 142 ff, 545 ff
Sevic-Entscheidung 10 10
Shadow directors 8 616
Share Deal 11 11
Sicherheiten 11 60, 97 f, 117 f, 163 ff, 179, 223 ff, 257 ff
    - aufsteigende 11 257 ff, 264
    - Kontokorrent 2 57
Sicherheitengeber 11 60, 179
Sicherheitenübergabe 11 97
Side Letter 11 73
Sitz 6 482
Sitztheorie 8 10, 410 ff, 50 f
Sitzverlegung 8 12, 28, 49 ff, 159
Sitzverlegungsrichtlinie 8 52, 159
Skonto 2 113
Sociedad de Responsibilidad Limitada
    - Anteilsübertragung 8 682 ff
    - Auflösung 8 722 ff
    - Bezugsrecht der Gesellschafter 8 696
    - Einsichts- und Informationsrechte 8 688, 691

- Erwerb eigener Geschäftsanteile 8 708 f
- escritura de constitución 8 635 ff
- estatutos sociales 8 638 ff
- Finanzverfassung 8 700 ff
- Firma 8 639 ff
- Gläubigerschutzvorschriften 8 706 ff, 717 ff
- Gründung 8 634 ff
- Haftung der Gesellschafter 8 715 f
- Haftung der Verwalter 8 717 ff
- Hauptversammlung 8 669 ff
- Kapitalerhaltungsgrundsätze 8 706 ff
- Kapitalerhöhung 8 680 f
- Kapitalherabsetzung 8 710 ff
- Klassen von Geschäftsanteilen 8 690
- Liquidation der Gesellschaft 8 728 ff
- Nachtragsliquidation 8 731
- Nebenleistungsverpflichtungen 8 705
- Organisationsverfassung 8 648, 654 ff
- Rechtsquellen 8 632
- Sacheinlagen 8 703 f
- Sorgfalts- und Treuepflichten der Verwalter 8 665 ff
- Stammkapital 8 700 ff
- Unternehmensgegenstand 8 643
- Verwalter 8 655 ff
- Verwaltungsrat 8 655, 658
Societas Europea s. Europäische Aktiengesellschaft
Software 11 204
Sogwirkung der Marke 1 801 ff
Sonderabschreibungen
    - typisierte Nutzungsdauer 13 153 ff
Sonderbetrieb
    - verdeckte Einlage 14 12 ff
Sonderbetriebsvermögen
    - verdeckte Einlage 14 13 ff
Sonderkündigungsrecht 6 951
Sonderprüfung 6 693
Sondervergütungen
    - verdeckte Einlage 14 14 ff
Sondervermögen 11 75
Sorgfaltsmaßstab 2 58
Sozialansprüche 5 166, 217 ff, 648 ff
Sozialplan 16 61
    - Abfindungen 16 113 f, 118
    - Differenzierungskriterien 16 115
    - Gegenstand 16 110 ff
    - gerichtliche Überprüfung 16 116
    - Härtefonds 16 115
    - Inhalt 16 111 ff
    - Insolvenz 16 118
    - Personalabbau 16 119
    - Tarifvorrang 16 61
Sozialsphäre 5 75
Sozialversicherung 6 894
Sozialversicherungsbeiträge 6 141, 143 ff; 11 175
Sozialversicherungspflicht 5 618 ff
Spaltung 6 896; 10 151 ff
    - Abspaltung 10 156
    - Anmeldung 10 206, 209 ff
    - Anteilsgewährungspflicht 10 197
    - Anwendung des Verschmelzungsrechts 10 179
    - Arten der 10 154 ff
    - Aufhebung von 132 UmwG 10 188 ff
    - Aufspaltung 10 155
    - Aufteilungsfreiheit 10 183, 185
    - Ausgliederung 10 157
    - bare Zuzahlung 10 167
    - Bestimmbarkeit der Vermögensgegenstände 10 186
    - beteiligte Rechtsträger 10 172 ff, 174

- Betriebsrat 16 22
- Beweggründe, Anlässe, Ziele 10 153
- Firma 10 220
- Freigabeverfahren 10 207
- Gewährung von Teilrechten 10 167
- Gläubigerschutz 10 218
- GmbH & Co. KG 10 176 ff
- Grundbuchberichtigung 10 219
- Kapitalaufbringung 10 203 ff
- Kapitalerhaltung 10 203 ff
- Mehrfachspaltung 10 177
- Misch-Spaltung 10 175
- nicht-verhältniswahrende 10 164
- partielle Gesamtrechtsnachfolge 10 151 f
- Rechtsschutz gegen die Spaltung 10 221
- relevante Zeitpunkte 10 169
- Spaltungsfähigkeit 10 170
- Spaltungsplan 10 180 ff
- Spaltungsvertrag 10 180 ff
- Tochter auf Mutter 10 198
- Totalausgliederung 10 184
- Übertragungshindernisse 10 188 f
- verhältniswahrende 10 164
- von Schwestergesellschaften 10 199
- Wesensmerkmale 10 151
- Wirkungen der Eintragung 10 208
- zu Null 10 165, 200
- zur Aufnahme 10 162
- zur Neugründung 10 163
- Zustimmungsbeschluss 10 168

Spaltungsbericht 10 195
Spaltungsbeschluss 10 201 f
Spaltungsfähigkeit 10 170
- AG 10 171
- BGB-Gesellschaft 10 171
- Verein 10 171
- Vorgesellschaft 10 171

Spaltungsplan 10 180 s.a. Spaltungsvertrag
Spaltungsprüfung 10 196
Spaltungsrichtlinie 8 95 ff
- Anwendungsbereich 8 96
- Spaltungsbericht 8 96
- Spaltungsplan 8 96
- Spaltungsprüfung 8 96
- Umsetzung 8 97

Spaltungsvertrag 10 180 ff
- Änderung der Satzung/des Gesellschaftsvertrages 10 193
- Auffangklauseln 10 192
- Bedingungen und Befristungen 10 194
- bei der Auf- und Abspaltung 10 182
- fakultativer Inhalt 10 191
- Inhalt 10 181, 191

Special meetings 8 771
Special resolutions 8 542
Spenden
- Feststellungsbescheid 6 1217 ff
Spendenabzug
- Umsatzsteuer 6 1051 ff
Sperrjahr 6 989
Spezifikationskauf 2 109 f
Sphärenvermischung 6 392
Spiegelbildmethode
- immaterielle Wirtschaftsgüter 13 89 ff
Sponsoring
- Betriebsausgabe 6 1226 ff
- Feststellungsbescheid 6 1217 ff
- Spendenhaftung 6 1224 ff
- Unentgeltlichkeit/Entgeltlichkeit 6 1227 ff

Sprecherausschuss 16 122 f
Squeeze out 6 656 f
Staffelkontokorrent 2 53
Stammeinlage 5 571 ff; 6 4, 372, 376; 11 283, 285
Stammkapital 6 7, 188, 287 ff, 317 ff, 332 ff, 382, 443; 11 117, 255, 271
- Delaware Corporation 8 799 ff
- Erhaltung 6 315
- Private Limited Company 8 571 f
- Sociedad de Responsibilidad Limitada 8 700 ff
Stammkunden
- Ermittlung bei Tankstellenhaltern 1 717 ff
Standardklauseln 2 103 ff
Ständige Betrauung 1 458 ff
Status Quo 11 51
Statusstreitigkeiten 5 219 ff
Steuerentlastungen
- Rechtsformneutralität 6 1045 ff
Steuerfreistellungen 11 156 ff 221
Steuerlicher Übertragungsstichtag 10 22
Steuermesszahl
- mitunternehmerische 14 178 ff
Steuern 6 1003 ff; 11 157, 220 ff
- der Genossenschaft 6 1003 f
- des Mitglieds 6 1005
- Einkommensteuer 6 1005
- Gewerbesteuer 6 1004
- Kapitalertragsteuer 6 1003
- Körperschaftsteuer 6 1003, 1005
- Umsatzsteuer 6 1004
- Vermögensteuer 6 1004
Steuerrecht 6 768; 12 74
Steuerwirkungen, fremdbestimmte
- mitunternehmerische 14 185 ff
Stichproben 2 139
Stichtag 10 16 ff, 56, 103; 11 83 ff, 94, 101 ff, 111 ff, 132, 135, 141, 157
Stiftung
- AG 6 1030 ff
- Allzweck 6 1028 ff
- Anerkennung 6 1028 ff, 1074 ff, 1116 ff
- Anspruch 6 1028 ff, 1074 ff
- Auflage 6 1087 ff, 1132 ff, 1135 ff
- Auflösung 6 1109 ff
- Aufsicht 6 1122 ff, 1239 ff
- ausländische 6 1253 ff
- Begriff 6 1072 ff
- Begünstigungsverbot 6 1195 ff
- bekannte 6 1013 ff
- Beurkundung 6 1080 ff, 1133 ff
- bürgerlichen Rechts 6 1070 ff
- Destinatäre 6 1072 ff, 1106 ff, 1123 ff, 1237 ff, 1257 ff
- Doppelstiftung 6 1035 ff, 1037 ff, 1237 ff, 1240 ff
- Drittelregelung 6 1047 ff, 1093 ff, 1102 ff, 1200 ff, 1237 ff
- Einzelwirtschaftsgüter 6 1055 ff
- Erbeinsetzung 6 1085 ff
- Erbersatzsteuer 6 1243 ff, 1249 ff
- Erbschaftsteuer 6 1046 ff
- Errichtung 6 1077 ff
- Ersatzformen 6 1140 ff
- Familienstiftung 6 1033 ff, 1233 ff, 1259 ff
- Flexibilität 6 1031 ff, 1066 ff, 1126 ff
- Fundraising 6 1217 ff
- gemeinnützige 6 1018 ff, 1041 ff, 1098 ff, 1184 ff
- gemeinnützige Zwecke 6 1187 ff
- Gestaltungspraxis 6 1064 ff
- Gestaltungsvorschläge 6 1111 ff

- Gewerbesteuer 6 1049 ff
- GmbH 6 1030 ff, 1146 ff
- Grundprinzip 6 1016 ff
- Grundstock 6 1039 ff, 1053 ff
- Grundstockvermögen 6 1104 ff
- Gründungsberatung 6 1058 ff
- ideeller Bereich 6 1204 ff
- Kapitalertragssystem 6 1017 ff
- Kapitalquellen 6 1012 ff
- kirchliche 6 1024 ff
- kirchliche Zwecke 6 1190 ff
- Körperschaftsteuerpflicht 6 1048 ff
- Liechtenstein 6 1266 ff
- mildtätige Zwecke 6 1189 ff
- Mittelverwendung 6 1193 ff
- Motive 6 1015 ff
- Mustersatzung 6 1098 ff, 1102 ff, 1149 ff, 1201 ff
- Name 6 1099 ff
- nicht rechtsfähige 6 1029 ff, 1127 ff
- öffentliche 6 1020 ff
- Österreich 6 1262 ff
- parteinahe 6 1012 ff
- Praktikerrecht 6 1098 ff
- privatrechtliche 6 1020 ff, 1025 ff
- Recht 6 1042 ff
- rechtliche 6 1020 ff, 1022 ff
- rechtsfähige 6 1011 ff, 1027 ff, 1070 ff, 1076 ff, 1128 ff
- Rechtsformneutralität 6 1044 ff
- Rücklagen 6 1105 ff, 1199 ff
- Satzung 6 1098 ff
- Schenkungsteuer 6 1046 ff
- Schriftform 6 1080 ff
- Schweiz 6 1273 ff
- selbständige 6 1027 ff
- Selbstlosigkeit 6 1191 ff
- Sitz 6 1100 ff
- Spenden 6 1217 ff
- Spendenabzug 6 1051 ff
- Spendenhaftung 6 1224 ff
- Sponsoring 6 1217 ff, 1225 ff
- Steuerbefreiung 6 1046 ff
- steuerbegünstigte 6 1018 ff, 1041 ff
- Steuerentlastungen 6 1045 ff
- Stiftungsgeschäft 6 1028 ff, 1074 ff, 1078 ff
- Stiftungsorganisation 6 1073 ff
- Stiftungsvermögen 6 1067 ff, 1073 ff, 1095 ff, 1103 ff
- Stiftungszweck 6 1073 ff, 1091 ff, 1101 ff
- Testamentsvollstreckung 6 1089 ff
- treuhänderische 6 1127 ff, 1130 ff
- Trusts 6 1277 ff
- Umsatzsteuer 6 1049 ff
- unselbständige 6 1029 ff, 1127 ff
- unter Lebenden 6 1062 ff, 1075 ff, 1078 ff, 1113 ff, 1129 ff
- Unterhaltsregelung 6 1200 ff
- unternehmensverbundene 6 1035 ff, 1094 ff
- Verein 6 1032 ff, 1166 ff
- Verfassung 6 1098 ff
- Vermächtnis 6 1086 ff
- Vermögensausstattung 6 1095 ff, 1126 ff, 1138 ff
- Vermögensbindung 6 1194 ff, 1201 ff
- Vermögensstock 6 1053 ff, 1104 ff
- Vermögensverselbständigung 6 1016 ff
- Vermögensverselbständigungen 6 1072 ff
- Vermögensverwaltung 6 1048 ff, 1203 ff, 1206 ff, 1211 ff
- Verwaltungsvermögen 6 1039 ff
- von Todes wegen 6 1062 ff, 1075 ff, 1082 ff, 1114 ff, 1136 ff
- Vorstand 6 1107 ff
- Vorstiftung 6 1120 ff
- Widerruf 6 1081 ff, 1134 ff
- wirtschaftliche Bedeutung 6 1012 ff
- wirtschaftlicher Geschäftsbetrieb 6 1048 ff, 1202 ff, 1207 ff
- Zuwendungen 6 1051 ff
- Zuwendungsbestätigung 6 1222 ff
- Zweckbetriebe 6 1048 ff, 1209 ff

Stiftung & Co. KG
- Doppelstiftung 6 1241 ff
- unternehmensverbundene 6 1036 ff

Stiftung Bürgerlichen Rechts
- Stiftungsvermögen 6 1070 ff

Stiftung unter Lebenden
- Errichtung 6 1078 ff
- Gründungsberatung 6 1062 ff
- rechtsfähige 6 1129 ff
- Stiftungsgeschäft 6 1075 ff

Stiftung von Todes wegen
- Auflage 6 1136 ff
- Gründungsberatung 6 1062 ff
- Stiftungsgeschäft 6 1075 ff
- Widerruf 6 1082 ff

Stiftungen des Privatrechts
- kirchliche 6 1025 ff

Stiftungsaufsicht
- Drittelregelung 6 1239 ff
- Vorstiftung 6 1122 ff

Stiftungsbegriff
- rechtsfähige 6 1072 ff

Stiftungsboom 6 1010 ff

Stiftungsgeschäft
- Errichtung 6 1078 ff
- rechtsfähige 6 1028 ff
- Stiftungszweck 6 1074 ff

Stiftungs-GmbH
- Ersatzformen 6 1146 ff
- nicht rechtsfähige 6 1030 ff

Stiftungsgründungszuwendung
- Grundstock 6 1054 ff

Stiftungskapitalgesellschaft
- nicht rechtsfähige 6 1030 ff
- Vermögensausstattung 6 1140 ff

Stiftungskörperschaften
- Vermögensausstattung 6 1140 ff

Stiftungsorganisation
- Vermögensverselbständigungen 6 1073 ff

Stiftungssatzung
- Stiftungsvermögen 6 1098 ff

Stiftungsverbände
- bekannte 6 1014 ff

Stiftungsverein
- Ersatzformen 6 1141 ff
- Flexibilität 6 1032 ff
- Mustersatzung 6 1166 ff

Stiftungsvermögen
- Drittelregelung 6 1103 ff
- Flexibilität 6 1067 ff
- unternehmensverbundenes 6 1095 ff
- Vermögensverselbständigungen 6 1073 ff

Stiftungszweck
- Sitz 6 1101 ff
- Testamentsvollstreckung 6 1091 ff
- Vermögensverselbständigungen 6 1073 ff

Stille Gesellschaft 4 38 ff; 6 943
- Abgrenzung von anderen Rechtsverhältnissen 7 27 ff
- Abwicklungsgesellschaft 7 136 ff
- atypische 7 17 ff
- Auflösung 7 135 ff
- Auflösungsgründe 7 137 ff
- Auflösungsklage 7 142 ff
- Auseinandersetzung 7 151 ff
- Auseinandersetzungsguthaben 7 104 ff, 156 ff
- Begriff 7 6 ff
- Beitragsleistung 7 101 ff, 116 ff, 127 ff
- Beitragspflicht 7 116 ff, 127 ff
- Besteuerung 7 33 ff
- Betriebsgeheimnisse 7 131 ff
- Dauer 7 107 ff
- Eigenkapitalcharakter 7 174 ff
- Einkünftequalifikation 7 45 ff
- Einkünfteverlagerung 7 61 ff
- Einlage 7 127 ff
- Entscheidungskriterien 7 66 ff
- Erfolgsermittlungsbilanz 7 154 ff
- Familienunternehmen 7 57 ff
- Formfragen 7 85 ff
- Gegenstand 7 98 ff
- Geheimhaltung 7 54 ff, 109 ff, 123 ff
- Geschäftsführungsbeteiligung 7 19 ff, 99 ff
- Geschäftsführungspflicht 7 117 ff
- Geschäftsinhaber 7 115 ff
- Gesellschafter 7 67 ff
- Gesellschaftsvertrag 7 78 ff, 92 ff, 112 ff
- gesplittete Einlagen 7 177 ff
- Gestaltungsfreiheit 7 112 ff, 92 ff
- Gewinnbeteiligung 7 102 ff
- GmbH & Still 7 24 ff
- Haftungsbegrenzung 7 54 ff
- Handelsgewerbeinhaber 7 68 ff, 115 ff
- im Konzern 14 335 ff
- Informationspflicht 7 121 ff
- Informationsrechte 7 99 ff, 121 ff
- Innengesellschaft 7 11 ff, 95 ff
- Insolvenz 7 145 ff, 165 ff
- Kapitalanlage 7 55 ff
- Kapitalausstattung 7 55 ff
- Kontrollrechte 7 99 ff, 130 ff
- Kündigung 7 107 ff, 140 ff
- Liquidation 7 135 ff
- mehrgliedrige 7 22 ff
- Merkmale 7 13 ff
- Mitarbeiterbeteiligung 7 59 ff
- Mitunternehmer 7 34 ff
- Mitunternehmerinitiative 7 39 ff
- Mitunternehmerrisiko 7 40 ff
- Mitwirkungsbefugnisse 7 19 ff, 100 ff
- Motive 7 53 ff
- Parteifähigkeit 7 97 ff
- Passives Einlagekonto 7 162 ff, 173 ff
- Personengesellschaft 7 9 ff
- Rechnungslegung 7 103 ff
- Rechtsnachfolge 7 110 ff
- rechtsunfähig 7 12 ff, 97 ff
- Regelungsgegenstände 7 112 ff
- schwebende Geschäfte 7 105 ff, 163 ff
- steuerliche Anerkennung 7 50 ff
- Steuervorteile 7 63 ff
- stille Reserven 7 18 ff
- Stufenklage 7 161 ff
- Teilgewinnabführungsvertrag 7 83 ff
- Tod 7 146 ff
- Treuepflicht 7 122 ff, 131 ff
- typische 7 16 ff
- Übertragbarkeit 7 106 ff
- ungewöhnliche Geschäfte 7 119 ff
- Unternehmensnachfolge 7 57 ff
- Verlustabdeckung 7 173 ff
- Verlustbeteiligung 7 102 ff
- Verlusttransfer 7 62 ff
- Vermögensbeteiligung 7 21 ff
- Vermögensbilanz 7 154 ff
- Vermögensnachfolge 7 57 ff
- Vertragsfreiheit 7 14 ff
- Vertragsinhalt 7 112 ff
- Wettbewerbsbeschränkungen 7 124 ff
- Wettbewerbungsbeschränkungen 7 132 ff
- zwingende Regelungen 7 14 ff

Stille Reserven 11 105, 280
- Aufschub der Besteuerung 13 159 ff
- typisierte Nutzungsdauer 13 158 ff

Stilllegung 11 160
Stimmbindungsvereinbarung 6 61
Stimmenmehrheit
- einfache 6 902
- qualifizierte 6 904

Stimmrecht 5 78 ff; 6 900 f, 11 91
- Ausschluss 6 63
- Vertretung 6 60

Stimmrechtsvertretung 5 191
Stimmverbot 6 64
Stornoreserve 1 694 ff
Strukturrichtlinie 8 157
Stufenklage 1 600 ff
Subsidiäre Anwendung der §§ 652 f BGB 1 814 ff
Subsidiaritätsthese
- verdeckte Einlage 14 15 ff

Sukzessivlieferungsvertrag 2 140
Suspendierung
- Vorstandsmitglied 15 111

Synergie-Effekt 11 3
Synergien 11 3, 20
Tagebuch 1 862 ff
Tagebuchauszüge 1 866 ff
Tarifvertrag 11 234
Tätigkeit des Handelsmaklers 1 832 ff
Tätigkeitsverbote 1 264
- Gebietsschutz 1 270
- Kundenschutzklauseln 1 271
- Mandantenschutzklauseln 1 272
- Wettbewerber 1 269

Tatsächliche Nutzung 1 799 ff
Tausch
- dingliche und obligatorische 13 191 ff

Tauschgutachten
- Übertragung zwischen Schwestergesellschaften 13 221 ff

Tax Due Diligence s. Due Diligence
Teilbeendigung 1 703 ff
Teilbetrieb 11 7, 17, 228
Teileinkünfteverfahren
- mitunternehmerische 14 131 ff

Teilhaberechte 5 78
Teilkündigung
- Änderungskündigung 1 624 ff

Teilübertragung
- mitunternehmerische 14 232 ff

Teilungsanordnung 12 39
Teilwert
- Abschreibung 13 152 ff
- Sondebetriebsvermögen 13 118 ff

Testament 12 23
Testamentsvollstrecker 6 945
Testamentsvollstreckung 5 129 ff; 12 41
– Abwicklungsvollstreckung 12 303
– Kapitalgesellschaften 12 316 f
– Personengesellschaften 12 311 ff
– Verwaltungsvollstreckung 12 304
Theorie der verhältnismäßigen Gesamtaufrechnung 2 54
Thesaurierungsbegünstigung
– mitunternehmerische 14 76 ff
Tilgung 11 250
Tod 6 422
– Gesellschafter 5 47
– Kommanditist 5 481 ff
– Mitglied 6 960
Tracking stocks 8 798
Transaktionskosten 11 243
Transparenzrichtlinie 8 36, 87
Trennungsprinzip
– steuerlich 4 151
Treuepflicht 1 379, 518 ff; 5 95 ff, 591 ff; 6 193 ff, 325, 327, 389
Treuhand 11 73
Treuhandbeteiligung 7 238 ff
– Beendigung 7 279 ff
– Formerfordernisse 7 252 ff
– Geschäftsbesorgungsverhältnis 7 271 ff
– Insolvenz 7 246 ff
– Stimmrecht aus dem Anteil 7 261 ff
– Treuhandtypen 7 241 ff
– Verfügungen 7 268 ff
– Zustimmungserfordernisse 7 254 ff
– Zwangsvollstreckung 7 246 ff
Treuhänder 5 19, 756 ff
Treuhandkonto 11 167
Treupflicht 6 749
Treuwidrige Geltendmachung 1 773 ff
Trusts
– Schweiz 6 1277 ff
Typisch Stille Gesellschaft
– im Konzern 14 339 ff
Typische GmbH & Co. KG 5 540 ff
Typische Unterbeteiligung
– im Konzern 14 355 ff
Überlassene Kunden 1 708 ff
Überleitung 1 604 ff
Übernahme 11 16, 60, 81, 84, 144
Übernahmeergebnis
– mitunternehmerische 14 202 ff
Übernahmefolgegewinn
– mitunternehmerische 14 211 ff
Übernahmerecht 8 138 ff
Übernahmerichtlinie 8 138 ff
– allgemeine Grundsätze 8 144
– Andienungsrecht 8 155
– Anwendungsbereich 8 143
– Ausschluss von Minderheitsaktionären 8 155
– Durchbrechungsregelung 8 153 ff
– Entstehungsgeschichte 8 138 ff
– Gegenleistung 8 147
– Information über das Angebot 8 148
– Neutralitätspflicht 8 150
– Opt-in 8 154
– Opt-out 8 154, 156
– Pflichtangebot 8 145 ff
– Richtlinienvorschläge 8 139 ff
– sell-out 8 155
– squeeze-out 8 155
– Stimmrechtsbeschränkungen 8 153

– Übertragungsbeschränkungen 8 153
– Umsetzung 8 156 ff
– Verteidigungsmaßnahmen 8 149 ff
Überschuldung 5 320, 733 ff; 6 123 ff, 317, 991; 11 137, 292
Überschuldungsbilanz 5 734 ff
Überseering-Entscheidung 8 416
Übertragung 11 10 f, 13 f, 16 f, 26, 45, 51, 59, 68, 70, 74 f, 77, 79 ff, 88, 90, 95, 98, 105, 110, 132, 170, 184, 187, 201, 204, 210, 214, 303
– dingliche 11 26, 81, 85, 88, 90, 132, 210, 214
– Unternehmensträger 11 11
– Geschäftsführung 5 156
– Geschäftsanteile 6 949 ff
Übertragungsgewinn
– mitunternehmerische 14 193 ff, 218 ff
Übertragungsstichtag 11 83 ff, 94, 101 ff, 111 f, 132, 135, 141, 157
– dinglicher 11 85, 106 ff, 132, 135, 157
– wirtschaftlicher 11 84, 103
Übertragungsvertrag 11 14
Überwachungspflicht
– Aufsichtsrat 6 925
Ultra vires-Lehre 8 18
– Delaware Corporation 8 747
– Private Limited Company 8 497
Umlaufverfahren, schriftliches 6 898
Umlaufvermögen
– Ausleihungen 13 22 ff
Umsatzsteuer 6 1004; 11 221
– Handelskauf 2 112, 164 f
– mitunternehmerische 14 278 ff
Umtauschverhältnis 10 23, 41, 150
– Verbesserung 10 150
Umwandlung 10 3, 1 ff
– Abgrenzung zu sonstigen Restrukturierungen 10 4
– Abgrenzung zur Einzelrechtsnachfolge 10 5
– Analogieverbot 10 4
– außerhalb des UmwG 10 6
– Betriebsrat 16 22
– Beziehungen zu sonstigen Rechtsgebieten 10 8
– Gestaltungsalternativen 10 7
– grenzüberschreitende 8 29
– mit Auslandberührung 10 9
– mit Vermögensübergang 10 3
– Möglichkeiten 10 3
– Numerus clausus der Umwandlungsmöglichkeiten 10 4
– ohne Vermögensübergang 10 3
Umwandlungsgesetz 10 1 ff
Umwandlungsrecht 8 90 ff
Umwandlungssteuerrecht
– mitunternehmerische 14 187 ff
Umweltlasten
– Freistellungen für 11 159
Unabdingbare Vorschriften 1 478 ff
Unabdingbarkeit 1 506 ff, 519 ff, 562 ff, 591 ff, 635 ff
Unberechtigte Kündigung 1 757 ff
Uncalled share capital 8 572
Unechte Vorgesellschaft 6 39
Unechtes Kontokorrent 2 51
Unentgeltliche Übertragung
– Einzelwirtschaftsgut 13 203 ff
– privilegierte Betriebseinheit 13 199 ff
UN-Kaufrecht
– Abbedingung 3 55 ff
– Abnahme 3 156 ff
– Abnahmepflicht 3 146 ff
– AGB 3 81 ff, 86 ff, 90 ff

- Allgemeine Geschäftsbedingungen 3 21 ff
- Annahme 3 67 ff, 71 ff
- Anspruch auf Aufhebung des Vertrages bei Nichtlieferung 3 115 ff
- Anspruch auf Kaufpreisminderung 3 115 ff
- Anspruch auf Nacherfüllung durch Ersatzlieferung 3 115 ff
- Anspruch auf Nacherfüllung durch Nachbesserung 3 115 ff
- Anwendbarkeit 3 53 ff
- Anwendungsbereich 3 29 ff
- Anzeigepflicht des Käufers 3 117 ff
- Ausschluss 3 32 ff, 52 ff
- Bedeutung 3 11 ff
- Bestimmtheit 3 60 ff
- Beweislast 3 145 ff, 155 ff, 169 ff
- Bringschuld 3 107 ff
- CISG 3 3 ff
- Computerprogramme 3 35 ff
- Einheitsrecht 3 2 ff
- Erfüllungsanspruch 3 130 ff
- Erfüllungsverlangen 3 162 ff
- Form 3 78 ff
- Frist 3 69 ff
- Gefahrübergang 3 94 ff, 110 ff
- Gerichtsstandsklausel 3 90 ff
- Gerichtsstandsvereinbarung 3 89 ff
- Historie 3 12 ff
- Holschuld 3 105 ff
- INCOTERMS 3 100 ff, 113 ff, 154 ff, 169 ff
- internationale Kaufverträge 3 40 ff
- internationales Kaufrecht 3 2 ff
- Kaufpreis 3 29 ff
- Kaufpreiszahlung 3 146 ff
- Kaufvertrag 3 28 ff
- kollidierende AGB 3 85 ff
- Letter of Intent 3 62 ff
- Lieferort 3 99 ff
- Lieferpflicht 3 98 ff, 103 ff
- Lieferung 3 96 ff
- Lieferzeit 3 108 ff
- mangelhafte Lieferung 3 122 ff
- Mengenabweichungen 3 114 ff
- Minderung des Kaufpreises 3 135 ff
- Nachteile 3 22 ff
- Nichtlieferung 3 120 ff
- Niederlassung 3 43 ff
- Niederlassungen 3 41 ff, 44 ff, 47 ff
- Pflichten des Verkäufers 3 94 ff
- Preis 3 61 ff
- Rechtsbehelfe 3 162 ff
- Rechtsbehelfe des Käufers 3 114 ff
- Rechtswahl 3 48 ff
- Rechtswahlklausel 3 10 ff
- Rügepflicht 3 128 ff
- Schadensersatz 3 115 ff, 139 ff, 166 ff
- Schadensersatzanspruch 3 137 ff
- Schadensersatzanspruchs 3 136 ff
- Schuldrechtsmodernisierungsgesetz 3 95 ff
- Schuldrechtsreform 3 25 ff
- Spezifikationskauf 3 29 ff
- Sukzessivlieferungsvertrag 3 29 ff
- UNCITRAL 3 13 ff
- Uniform Commercial Code (U.C.C.) 3 19 ff
- Untersuchungsobliegenheit 3 126 ff
- Untersuchungsobliegenheit und Rügeobliegenheit 3 125 ff
- Verbrauchsgüterkauf 3 11 ff
- Versendungskauf 3 29 ff, 101 ff
- Vertragsabschluss 3 51 ff, 58 ff
- Vertragsangebot 3 50 ff, 59 ff
- Vertragsaufhebung 3 133 ff, 164 ff
- Vertragsstaaten 3 26 ff
- Verzug 3 121 ff
- Vorbehalte 3 5 ff
- Vorschaltlösung 3 7 ff, 48 ff
- Vorteile 3 14 ff
- Währung 3 151 ff
- Waren 3 33 ff
- wesentliche Vertragsverletzung 3 118 ff
- Widerruf 3 64 ff
- zeitlicher Anwendungsbereich 3 49 ff
- Zinsen 3 142 ff, 153 ff, 168 ff
- Zugang 3 63 ff, 68 ff

Unlawful return of share capital 8 594
Unselbständige Stiftung
- Flexibilität 6 1127 ff

Unteilbarkeit, Grundsatz
- Pächter 13 94 ff

Unterbeteiligung 12 105
- Anwendungsbereich 7 181 ff
- atypische 7 189 ff
- Auseinandersetzung 7 230 ff
- Beiträge 7 201 ff
- Ergebnisermittlung 7 215 ff
- Form 7 193 ff
- Geschäftsführung 7 202 ff
- im Konzern 14 350 ff
- Rechtsgrundlage 7 179 ff
- typische 7 187 ff

Unterbilanz 6 371, 316 f
Unterbilanzhaftung 6 30, 504 f
Unterbrechung des Kausalzusammenhangs 1 828 ff
Unterkapitalisierung 6 397
Unternehmen 1 292
Unternehmensbegriff 11 6
Unternehmensberater 11 Fn. 108
Unternehmensbewertung 10 23, 41, 78; 11 5, 20 f, 50, 138
Unternehmenserwerb 11 20, 159
Unternehmensgegenstand 5 33 ff
Unternehmensgemeinschaften 6 883
Unternehmensidentität
- mitunternehmerische 14 173 ff

Unternehmenskauf
- Rügeobliegenheit 2 129

Unternehmensmitbestimmung 16 124 ff,
- Arbeitnehmervertreter 16 126 f, 134 ff, 145
- Arbeitsdirektor 16 139
- Aufsichtsrat 16 126, 132 f, 143 ff
- Drittelbeteiligungsgesetz 16 125 ff
- Mitbestimmungsergänzungsgesetz 16 150
- Mitbestimmungsgesetz 16 128 ff
- Montan-Mitbestimmungsgesetz 16 141 f
- Neutrales Mitglied 16 147

Unternehmensnachfolge 7 57 ff; 12 96
Unternehmensprüfung 11 4, 23, 25, 32, 44 ff, 134, 145 f, 159, 207, 244
- steuerliche 11 49, 52, 134

Unternehmensregister 1 49
Unternehmensteuerreform 4 135 f
Unternehmensträger 11 8 f, 11, 14, 179
Unternehmensträgerstiftung
- Familienstiftung 6 1035 ff
- rechtsfähige 6 1012 ff

Unternehmensübertragung 11 10, 13, 51
Unternehmer 1 4
Unternehmer-Genossenschaften 6 901, 951

Unternehmergesellschaft/UG 6 10
Unternehmeridentität
– mitunternehmerische 14 174 ff
Unterpariemission 6 290
Untersagungsverfahren 6 1002
Unterstützungskassenkorrekturgewinn
– mitunternehmerische 14 210 ff
Untreue 11 260
Upstream Merger s. Verschmelzung
Ursächlichkeit
– Mitursächlichkeit 1 529 ff
– Mitursächlichkeit, Vorkenntnis 1 827 ff
Veranlassungsprinzip
– Zurückbezahlung 13 56 ff
Veräußerer 11 58, 60, 68, 126, 183, 232 ff, 276
– Betriebsveräußerer 11 232 ff
Veräußerung 6 216
– dingliche und obligatorische 13 190 ff
Veräußerungsverbot 11 68
Verbandsautonomie
– Ersatzformen 6 1145 ff
Verbindlichkeiten 11 14, 107 f, 140, 199, 205 ff, 215 f, 221, 223, 236, 252, 255, 259, 263, 266, 292, 297
– Finanzverbindlichkeiten 11 107
– Rückstellungen 13 25 ff
Verbraucher 2 127
Verbraucherschutz 5 72 ff; 6 946
Verdeckte Einlage
– mitunternehmerische 14 120 ff
– Nutzungen und Nutzungsrechte 13 172 ff
Verdeckte Gewinnausschüttung 4 168; 6 318
– mitunternehmerische 14 96 ff
Verdeckte Sacheinlage 6 297 f, 301 ff, 307, 310, 315 ff
– Heilung 6 314
– Verkehrsgeschäfte 6 311
Vereinbarung
– Abweichende 11 142, 206
– Betriebsvereinbarung 11 232 f
– Debt Free-Vereinbarung 11 107
– ehevertragliche 11 68 f
– Fixkaufpreis 11 105
– Geheimhaltungsvereinbarung 11 23
– Gerichtsstands- und Rechtswahlvereinbarung 11 175 ff
– Joint Venture 11 28
– Nebenvereinbarung 11 24 f
– rechtlich bindende 11 36, 40
– Schiedsvereinbarung 11 176 ff
– Sekundärvereinbarung 11 38
– selbständige Garantien 11 12, 134, 155
– variabler Kaufpreis 11 106
– Vertraulichkeitsvereinbarung s. dort
– Vorvertragliche 11 41 ff
Verfahrensmangel 1 811 ff
Verflechtung 1 824 ff
Verfristung 1 641 ff
Verfügung von Todes wegen 12 22
Verfügungsbeschränkung 11 182, 294
Vergütungsanspruch 2 58
Verjährung 1 602 ff, 841 ff; 6 139, 192; 11 79, 151 f, 162, 165, 303
– gesonderte 11 162
– Hilfsansprüche 1 605 ff
– nach altem Recht 1 603 ff
Verjährungsbeginn 11 152
Verkaufsprozess 11 46, 243 f
Verlust 11 52, 140, 150
– Mitgliedschaft 5 99

Verlustabzugsbeschränkung
– mitunternehmerische 14 137 ff
Verlustdeckungshaftung 5 577 ff; 6 36
Verlustverwertungsbeschränkung
– mitunternehmerische 14 71 ff
Verlustvortrag
– Rückstellungen 13 32 ff
Verlustvortragskonten
– Zurückbezahlung 13 44 ff
Vermächtnis 12 36
Vermittlungsfremde (verwaltende) Provision 1 721 ff
Vermögenseinlage 6 766, 768, 789, 794, 798, 874, 859 ff
– Einlagefähigkeit von Dienstleistungen 6 860
– Prüfung 6 861
– Umwandlung in Grundkapital 6 874
Vermögenserwerb 11 92
Vermögensnachfolge 7 57 ff
Vermögensrechte 5 85 ff, 475 ff
– Verfügung 5 88
Vermögensstock
– Spendenabzug 6 1053 ff
– Stiftungsvermögen 6 1104 ff
Vermögensteuer 6 1004
Vermögensübertragung 10 273
– mitunternehmerische 14 232 ff
Vermögensverwaltung
– Drittelregelung 6 1048 ff
– ideeller Bereich 6 1206 ff
– Zweckbetriebe 6 1211 ff
Verpächterwahlrecht
– mitunternehmerische 14 65 ff
Verpackung 2 149
Verpfändungsverbot 2 48
Verpflichtungen 11 73, 98, 117, 222, 228, 290 f
Versammlung der Anteilsinhaber 10 109 ff
– Durchführung 10 113
– Vorbereitung 10 112
Verschleierte Sacheinlage
– Nutzungen und Nutzungsrechte 13 172 ff
Verschmelzung 11 266 ff, 273 f
– s.a. Verschmelzungsrichtlinie
– s.a. Grenzüberschreitende Verschmelzung
– Arten 10 13 ff
– aufsteigende Verschmelzung 10 39, 106, 108, 116, 87 f
– Begriff 10 12
– dingliches Wirksamwerden 10 21
– durch Aufnahme 10 13
– Gegenleistung 10 12, 40
– grenzüberschreitende 10 11
– Rechtsschutz 10 141 ff
– relevante Zeitpunke 10 16 ff
– Stichtage 10 16 ff
– Wesensmerkmale 10 12
Verschmelzung durch Aufnahme
– Anfechtungsklage 6 981
– Anmeldeunterlagen 6 982, 997
– Anmeldung beim Genossenschaftsregister 6 982
– Auseinandersetzung 6 978
– Ausschlagungsrecht 6 978
– Eintragung 6 979
– Eintragung im Genossenschaftsregister 6 975, 982
– Eintragungssperre 6 982
– Ersatz der Nichtanfechtungserklärung 6 983
– Geschäftsanteil, Geschäftsguthaben 6 977
– Gläubigerschutz 6 976
– Haftung 6 980
– Nichtanfechtungserklärung 6 981
– Nichtigkeitsklage 6 981

- Prüfungsgutachten 6 975
- Schadensersatz 6 983
- Schlussbilanz 6 975
- Unterrichtungspflichten 6 979
- Verschmelzungsbericht 6 975
- Verschmelzungsbeschluss 6 975
- Verschmelzungsvertrag 6 975
- Verzichtserklärung 6 982

Verschmelzung durch Neugründung 6 984 f; 10 13
Verschmelzungsbericht 10 66 ff
- Erforderlichkeit 10 73 ff
- Form 10 77
- gemeinsamer Verschmelzungsbericht 10 76
- Inhalt 10 74
- Verzicht 10 74

Verschmelzungsbeschluss 10 30, 91 ff
- aufsteigende Verschmelzung 10 106
- Erforderlichkeit 10 105 ff
- Klage s. Klage gegen den Verschmelzungsbeschluss
- Sonderbeschluss 10 118
- Versammlung der Anteilsinhaber s. Versammlung der Anteilsinhaber
- Zustimmungsvorbehalte 10 110

Verschmelzungsfähigkeit 10 24 ff
- aufgelöster Rechtsträger 10 27, 30
- grenzüberschreitende Verschmelzung 10 28
- maßgeblicher Zeitpunkt 10 29
- natürliche Person 10 26
- SE 10 25
- überschuldeter Rechtsträger 10 31
- Vorgesellschaft 10 24, 29, 69 f

Verschmelzungsplan 10 32 ff
Verschmelzungsprüfung 10 80 ff
- Antrag auf Bestellung 10 82
- Bestellung des Prüfers 10 82 f
- Erforderlichkeit 10 81
- Prüfungsbericht 10 84

Verschmelzungsrichtlinie 8 91 ff
- Anwendungsbereich 8 92
- Umsetzung 8 94
- Verschmelzungsbericht 8 93
- Verschmelzungsplan 8 93
- Verschmelzungsprüfung 8 93

Verschmelzungsstichtag 10 19
Verschmelzungsvertrag 10 32 ff
- Abfindungsangebot s. dort
- bare Zuzahlung s. dort
- Bedingungen 10 70, 67 f
- Bekanntmachung 10 113
- besondere Vorteile 10 47
- Beteiligte 10 37 f
- Beurkundung im Ausland 10 59
- Entwurf 10 34, 60
- Folgen für die Arbeitnehmer 10 48, 62 ff
- Form 10 58 ff
- Inhalt 10 39 ff
- Kosten der Beurkundung 10 60
- Rechte beim übernehmenden Rechtsträger 10 46
- Rechtsfolgen eines inhaltlichen Mangels 10 57
- Rechtsnatur 10 36
- Umtauschverhältnis der Anteile s. Umtauschverhältnis
- Vertretung 10 37 f
- Wirksamkeitsvoraussetzungen, sonstige 10 61
- Zuleitung an den Betriebsrat 10 71

Verschwiegenheitspflicht 1 505 ff
- Vorstandsmitglied 15 131

Versendungskauf 2 137
Versicherungsmakler 1 873 ff

Versicherungsvertreter 1 677 ff
Verstoß gegen Kartellrecht 1 499 ff
Verteilung des Gesellschaftsvermögens
- Gesellschafterstreit 5 427
- Schlussverteilung 5 424
- Zwischenverteilung 5 422

Vertrag mit Schutzwirkung für Dritte 5 681 ff
Verträge auf bestimmte Zeit 1 626 ff
Vertragsabschluss 11 31, 33
Vertragsabwicklung 11 26
Vertragsgestaltung 1 483 ff
Vertragshändler (Eigenhändler) 1 462 ff, 791 ff
Vertragsmuster 2 103
Vertragsschluss 1 851 ff
Vertragsstrafe 2 58, 120, 149; 11 33
Vertragsurkunde 1 477 ff
Vertragsverhandlung 1 485 ff
Vertraulichkeit 11 23, 54, 171, 277
Vertraulichkeitsvereinbarung 11 54, 171
Vertreterversammlung 6 913, 954, 978
- Abschaffung 6 896
- Anfechtungsbefugnis 6 910
- Einberufungsantrag 6 905
- Ermächtigungsbeschluss 6 917
- Liste 6 914
- Mehrstimmrechte 6 913
- Mindestanzahl 6 913
- Nichtigkeitsklage 6 910
- passives Wahlrecht 6 913
- Rückkehr zur Generalversammlung 6 917
- Tagesordnung 6 897
- Vertretungsverbot 6 913
- Wahl 6 914
- Wahlordnung 6 914
- Wahlverfahren 6 914

Vertretung 5 461 ff, 657 ff; 6 80, 803, 805, 816, 918, 921
- Beschränkung 6 922
- Einschränkung 6 91
- Einzelvertretung 6 90
- Ermächtigung einzelner Vorstandsmitglieder 6 921
- Gesamtvertretung 6 90
- Insichgeschäfte 6 922
- Rechtsschein 6 922
- Schranken 6 93
- Vorgenossenschaft 6 886
- Vorgründungsgesellschaft 6 885

Vertretungsmacht 6 89, 166, 452
- Verletzung 6 94
- Vollmacht 1 210

Vertriebsrechtliche Beratung 1 482 ff
Verwendungsreihenfolge
- mitunternehmerische 14 92 ff

Verzögerungsschaden 2 121
Vollbeendigung 5 729 ff
Vollmacht des Handelsvertreters 1 663 ff
Vollmacht, handelsrechtliche 1 210
- Handlungsvollmacht 1 247
- Prokura 1 223

Vollmacht, zivilrechtliche 1 211
- Anscheinsvollmacht 1 222
- Duldungsvollmacht 1 221
- Erlöschen 1 215
- Erteilung 1 212
- Handeln unter fremdem Namen 1 219
- Identitätstäuschung 1 219
- Inhalt und Umfang 1 213
- Insichgeschäft 1 216
- Namenstäuschung 1 219
- schwebend unwirksam 1 220

Stichwortverzeichnis

- Vertrauensschutz 1 214
- Vertretung ohne Vertretungsmacht 1 220

Vollstreckung 1 601 ff
Vollzug 11 81, 92, 96, 224, 242
Vollzugsverbot 11 81
Vonselbsterwerb 12 8
Vor-AG 6 501 ff
Vorausbewertung 1 636 ff
Vorbehalt der Bestätigung 1 848 ff
Vorbelastungsbilanz 6 33
Vorbelastungshaftung 6 30, 42
Vorgenossenschaft
- Beginn 6 886
- Eintragungsverfahren 6 1000
- Gründungsversammlung 6 886
- Haftung 6 887
- Haftungsbeschränkung 6 887 f
- unechte 6 889
- Verbindlichkeiten 6 888
- Vertretung 6 886

Vorgesellschaft 6 23
- Geschäftsführung 6 26, 28
- Kündigung 6 27
- Vertretung 6 26

Vor-GmbH 5 561 ff, 564 ff, 576 ff; 6 23
Vorgründungsgesellschaft 5 573 ff; 6 21, 499 f
- Austritt 6 885

Vorkaufsrecht 6 213 ff; 11 40, 186, 192
Vorlagepflicht 6 85
Vorlegungspflicht 1 868 ff
Vormundschaftsgericht 11 70
Vormundschaftsgerichtliche Genehmigung 11 70
Vorratsgesellschaft 6 40, 506 ff
Vorschuss 1 550 ff, 883 ff
Vorschusspflicht 6 995
Vorsitzender des Vorstands
- Bestellung 15 156
- Widerruf der Bestellung 15 157

Vorstand 6 487 f, 511 ff, 918 ff, 997
- Abberufung 6 523 ff, 920, 926
- Amtsenthebung 6 896
- Amtsniederlegung 6 530
- Anstellungsverhältnis 6 533 ff
- Anzahl Vorstandsmitglieder 6 918
- Arbeitsdirektor 16 139 f
- Bestellung 6 520, 886, 891, 920
- Dienstvertrag 6 920
- Entlastung 6 903, 934
- Gesamtverantwortung 6 512
- Geschäftsführung 6 512 ff
- Geschäftsordnung 6 924
- Haftung 6 549 ff, 930 ff
- Haftung bei Verschmelzungen 6 980
- Leitungsmacht 6 921, 923
- Mitgliedsfähigkeit 6 919
- Pflichten 6 546 ff
- Pflichtverletzungen 6 931
- Sorgfaltspflicht 6 930
- Vergütung 6 540 ff
- Verschwiegenheitspflicht 6 931
- Vertretung 6 514 f
- Vorsitzender 6 522
- Wahl 6 896
- Zuständigkeit 6 511

Vorstandshaftung 6 930 ff
- Beginn 6 932
- Beweislast 6 933
- Einzelverantwortung 6 933
- Ende 6 932
- Gesamtverantwortung 6 933
- Haftungsausschluss 6 934
- Kreditgenossenschaften 6 930
- Prozessführungsbefugnis 6 937, 941
- Schadensvermutung 6 934
- Verjährung 6 935
- Verschulden 6 933
- zuständiges Gericht 6 935

Vorstandsmitglied
- Abberufung 15 102
- Amtsniederlegung 15 110
- Annahme der Bestellung 15 92
- Anstellungsvertrag 15 113
- Arbeitsdirektor 15 159
- arbeitsrechtliche Schutzvorschriften 15 120
- Bestellung 15 88
- Bestellungshindernisse 15 89
- Dauer der Bestellung 15 94, 96
- Eignung zum Vorstandsamt 15 89
- Entlastung 15 141
- fehlerhafte Bestellung 15 101
- Geschäftsführung 15 138
- Haftung 15 140
- Organstellung 15 86
- Sorgfaltspflicht 15 140
- stellvertretendes 15 158
- Suspendierung 15 111
- Verlängerung der Bestellung 15 94, 97
- Verschwiegenheitspflicht 15 131
- Vertretung 15 137
- Verzicht auf Ansprüche 15 141
- Vorsitzender des Vorstands 15 156
- Wettbewerbsverbot 15 132
- Widerruf der Bestellung 15 102
- Zuständigkeit für Bestellung 15 90

Vorteil
- bei Geschäftsaufgabe, Geschäftsänderung 1 715 ff
- bei Geschäftsveräußerung, Verpachtung 1 714 ff

Vorvertrag 11 27, 31, 23 f, 39 ff
Vorweggenommene Erbfolge
- Aktiengesellschaft 12 161
- Eherecht 12 110 ff
- Einführung 12 89
- Einwilligungs- und Genehmigungserfordernisse 12 110
- einzelkaufmännisches Unternehmen 12 150
- Ergänzungspfleger 12 118
- familien-/vormundschaftsgerichtliche Genehmigung 12 127
- Gestaltungsmöglichkeiten 12 91
- GmbH 12 159
- güterrechtliche Regelungen 12 142
- letztwillige Verfügungen 12 144
- Minderjährigenrecht 12 117 ff
- Nießbrauch 12 93
- Personengesellschaften 12 153
- Pflichtteilsverzicht 12 143
- Rückforderungsrecht nach Rückabwicklung 12 135
- Sicherung des Übergebers 12 92
- steuerliche Aspekte 12 166 ff
- Unterbeteiligung 12 105
- Vorsorgevollmacht 12 145

Warengeschäfte im Kleinverkehr 1 872 ff
Wegfall eines Gesellschafters 5 700 ff
Wegzugsbeschränkung 8 53 ff
Weisungen 1 502 ff
Weisungsgebundenheit
- Weisungsbefugnis 1 503 ff

Wertminderung, voraussichtliche Dauer
– historische 13 132 ff
Wertpapier 2 101
Wertverzehr
– historische 13 135 ff
Wettbewerb 11 3, 23, 74, 170, 204
– Gefahr konkurrierenden 11 170
Wettbewerbsfähigkeit 11 3
Wettbewerbsverbot 1 497 ff; 5 97 ff, 446 ff, 592 ff; 6 197 ff; 11 170, 204
– § 1 GWB 1 288
– Abgrenzung 1 263
– Adressat 1 380
– Anwendungsbereich 5 350
– Arbeitnehmer 1 306
– Art. 81 EGV 1 298
– Aufhebung 1 349
– Ausnahmen 5 355
– Ausübung des Wahlrechts 1 397
– Bedingung 1 311
– Befreiung 1 406
– Begriff 1 262
– berechtigtes Interesse 1 279, 316, 444
– BGB-Gesellschafter 1 368
– Dauer 1 319, 445
– doppeltes 1 446
– Eintrittsrecht 1 303, 393
– Erhaltungsklausel 1 287
– Ersetzungsklausel 1 287
– Form 1 310, 339
– Freiheit der Berufsausübung 1 276
– Freizügigkeitsgarantie Art 39 EGV 1 297, 325
– gegenständliches 1 282
– Inhalt 5 353
– inhaltliche Reduktion 1 295
– Karenzentschädigung 1 312, 346, 432
– Kündigung 1 350
– Leistungstreuepflicht 1 290
– Nachvertraglich 1 408
– nachvertragliches Wettbewerbsverbot 5 350
– Nichtigkeit 1 285
– OHG-Gesellschafter 1 378
– Persönlich haftender Gesellschafter 1 405
– räumliches 1 280
– Rechtsfolgen von Verstößen 5 356
– sachliches Interesse 1 277
– Salvatorische Klausel 1 286
– Schadensersatz 1 301, 334, 347, 392
– Schranken 1 275, 315, 333, 341, 442
– Sittenwidrigkeit 1 323
– Spürbarkeit 1 293, 326
– Tätigkeitsverbot 1 313
– teilweise Unwirksamkeit 1 322
– Treuepflicht 1 377, 410, 443
– unbillige Erschwerung 1 318
– Unterlassungsanspruch 1 300
– Unverbindlichkeit 1 321
– verbotene Beteiligung 1 395
– Verjährung 1 398
– vermutete Einwilligung 1 387
– Verstoß 1 345, 358, 389
– vertragliches 1 404
– Verzicht 1 328, 348, 435
– Vorstandsmitglied 15 132
– zeitliches 1 284
– Zeitpunkt 1 338
– Zulässigkeit 1 433
– Zustimmung der Gesellschafter 1 386
Wichtiger Grund 1 629 ff, 756 ff

Widerruf der Bestellung Geschäftsführer 15 11 ff
Widerruf der Bestellung
– Nachschieben von Widerrufsgründen 15 109
– Rechtsschutz des Vorstandsmitglieds 15 107
– Vorstandsmitglied 15 102
– Wichtiger Grund 15 104
Widerspruchsrecht 5 151 ff
Wirksamkeit der GmbH & Co. KG 5 656 ff
Wirksamkeit von AGB 1 481 ff
Wirkungen der Verschmelzung 10 131 ff
– Arbeitsrechtliche Folgen 10 62 ff, 134
– Erlöschen des übertragenden Rechtsträgers 10 137
– gutgläubiger Erwerb 10 133
– Heilungswirkung 10 139
– mittelbare Wirkungen 10 140
– unmittelbare Wirkungen 10 132 ff
– Verbindlichkeiten 10 136
– Vermögensübergang 10 132
– Wechsel der Anteilsinhaberschaft 10 138
Wirtschaftlicher Geschäftsbetrieb
– Mustersatzung 6 1202 ff
– Vermögensverwaltung 6 1207 ff
Wirtschaftsausschuss 11 240, 242; 16 96 ff
Wirtschaftsgut
– Übertragung zwischen Schwestergesellschaften 13 214 ff
Wirtschaftsgut, Überführung und Übertragung
– Einzelwirtschaftsgut 13 209 ff
Wirtschaftsgüter 11 7, 10, 14 ff, 21, 26, 44, 51, 56, 59 f, 77, 119, 126, 135 ff, 179 ff
Wirtschaftsgüterkauf 11 10, 14 ff, 56, 59, 70, 77, 119, 136, 179 ff, 187, 189, 193 f, 197, 208, 210, 217, 242 ff, 246, 265, 277, 297 f
Wirtschaftsprüfer 11 111
Wohnsitzwechsel 6 952
Wrongful trading 8 616 f
Zahlungspflicht des Versicherungsunternehmens 1 887 ff
Zahlungsunfähigkeit 5 314, 732 ff; 6 122, 991
– drohende 6 991
Zahlungsverbot 6 992
Zebragesellschaft
– einheitliche 14 50 ff
Zeichnungspflicht 5 338
Zeit- oder Leibrenten
– Sondebetriebsvermögen 13 112 ff
Zielgesellschaft 11 2, 11 ff, 20, 57 ff, 62, 80, 84, 96, 128 ff, 136, 159 f, 171, 218, 245, 248, 251 ff, 261 ff, 266 ff, 269 ff, 277, 279 ff, 285
Zinsansprüche 2 58
Zinsen 1 738 ff; 11 113, 250
Zinsschranke
– Verlustabzug 13 64 ff
Zivilmakler 1 813 f
Zugewinngemeinschaft 11 68
Zurückbehaltungsrecht 1 617 ff; 11 116
Zurückbehaltungsverbot 2 114
Zusammenschluss 11 89 ff
Zusammenschlusskontrolle
– kartellrechtliche 11 90
Zusammenschlusstatbestand 11 91
Zusicherung 11 122
Zustellung
– Unterzeichnung 1 845 ff
Zustiftung
– Doppelstiftung 6 1039 ff
Zustimmung 11 14, 16, 26, 51, 59 ff, 80, 92, 144, 181, 225, 277, 281, 294
– Behörde 11 189 f
– Gesellschafterversammlung 11 59, 62, 65, 80

Stichwortverzeichnis

- Hauptversammlung 11 64
- Kartellbehörde 11 92, 144
- vorläufiger Insolvenzverwalter 11 294
Zustimmungserfordernisse 11 61 ff, 187, 181 ff
Zustimmungsersetzung 16 88 f
Zustimmungspflicht 5 190 ff
Zustimmungsverbot 11 294
Zustimmungsvorbehalt 10 70; 10 110; 11 65 f, 184 ff, 189
Zuweisung 1 535 ff
Zuwendungsbestätigung
- Sponsoring 6 1222 ff
Zuzugsbeschränkung 8 53 ff

Zweck der Rechte des § 87 c HGB 1 597 ff
Zweckbetriebe
- Drittelregelung 6 1048 ff
- wirtschaftlicher Geschäftsbetrieb 6 1209 ff
Zweckgemeinschaften 6 883
Zweigniederlassung
- grenzüberschreitende 8 24
Zweigniederlassungsrichtlinie 8 88 f
- Umsetzung 8 89
- Zweigniederlassung 8 89
Zweites Gesetz zur Änderung des UmwG 10 11, 15
Zwischenbilanz 11 105
Zwischenhändler 2 147 ff